# Wahrig

## ILLUSTRIERTES WÖRTERBUCH

DER DEUTSCHEN SPRACHE

# Wahrig

# ILLUSTRIERTES WÖRTERBUCH

## DER DEUTSCHEN SPRACHE

von Renate Wahrig-Burfeind

**Aktualisierte Sonderausgabe für die ADAC Verlag GmbH, München 2004**

**Aktualisierung:** Dr. Sabine Krome, Mariele Radmacher-Martens, Bernhard Roll

**Produktion und Herstellung:** John C. Bergener

**Titelgestaltung:** Parzhuber & Partner, München

**Druck und Bindung:** Mateu Cromo Artes Graficas, Pinto (Madrid)



Das Werk *Wahrig, Illustriertes Wörterbuch* wurde entwickelt auf der Grundlage des Standardwerks *Wahrig, Deutsches Wörterbuch* von Gerhard Wahrig, neu herausgegeben und bearbeitet von Dr. Renate Wahrig-Burfeind, Bertelsmann Lexikon Verlag, Gütersloh/München 2000.

Die Illustrationen stammen zum größten Teil aus dem *Illustrated Oxford Dictionary* von Dorling Kindersley. Hierfür gilt:


**Chefredaktion:** Dr. Beate Varnhorn

**Projektleitung:** Dr. Sabine Krome

**Textredaktion:** Oliver Mingers

**Bildredaktion:** Paul Kaltefleiter

**Redaktionelle Mitarbeit:** Christiane Ackermann • Dr. Heiko Hartmann • Dr. Ulrike Hönsch • Antje Kleinelümern-Depping • Michael Müller • Andrea Rocha-Lieder • Bernhard Roll • Monika Starke

**Übersetzung der Illustrationstexte:** Dr. Marcus Würmli

**Datentechnik:** Peter Göddecke • Ulrike Schaper

**Satz und Layout:** Böcking & Sander, Kommunikationsdesign, Bochum

Fragen zur Rechtschreibung, Grammatik
und Zeichensetzung beantwortet die
WAHRIG-Sprachberatung unter

**(0190) 89 89 60** **(1,86 Euro pro Minute deutschlandweit)**
und unter der Internet-Adresse
**www.wahrig-sprachberatung.de**

Hier finden Sie auch weitere aktuelle Informationen und
Serviceangebote des Verlages.


Printed in Spain

ISBN 3-577-10051-6

# Vorwort

In der heutigen Zeit wird die Vermittlung von Wissen sehr viel stärker als früher mit optischer Wahrnehmung verknüpft. Dies ist insbesondere durch visuelle Medien wie Fernsehen und Computer bedingt, deren Einfluss auf viele Lebensbereiche in den letzten Jahren und Jahrzehnten beträchtlich zugenommen hat.

Die Visualisierung von Text mithilfe von Illustrationen wie sie im vorliegenden Werk *Wahrig, Illustriertes Wörterbuch* vorgenommen wurde, trägt diesem Trend Rechnung und schließt gleichzeitig eine Lücke in der deutschsprachigen Lexikographie, die bislang noch nicht über ein vergleichbares Bildwörterbuch dieses Standards verfügte.

Die Datengrundlage für die Auswahl der in dem vorliegenden Bildwörterbuch verzeichneten Stichwörter bot das Werk *Wahrig, Deutsches Wörterbuch,* das ein umfassendes Bedeutungswörterbuch ist. Es stellt den aktuellen Wortschatz der deutschen Standardsprache, darüber hinaus aber auch sehr viele Ausdrücke aus den unterschiedlichsten Fachsprachen – z. B. aus den Bereichen Biologie, Chemie, Medizin, Mathematik, EDV, Geographie, Geschichte, Handwerk, Literatur, Musik, Rechtswesen usw. – umfassend dar. Für das *Illustrierte Wörterbuch* wurden ca. 110.000 Stichwörter ausgewählt: zum einen der Grundwortschatz der deutschen Standardsprache sowie ein großer Teil der im *Deutschen Wörterbuch* verzeichneten Fremd- und Fachwörter, zum anderen alle für eine Visualisierung von Text wesentlichen Stichwörter.

Der gesamte Text ist in neuer Rechtschreibung verfasst. Tabellen zur Deklination von Substantiven und zur Konjugation von Verben ergänzen die in die Stichworteinträge integrierten grammatischen Angaben. Außerdem erweitern ein Verzeichnis geographischer Einwohnernamen sowie eine Übersicht über die Länder der Erde die im Wörterverzeichnis gegebenen Informationen und machen dieses Werk zu einer Fundgrube enzyklopädischen Wissens.

Die Verwendung von Illustrationen in einem Wörterbuch ermöglicht die Visualisierung lexikographisch dargestellter Begriffe. Die Illustrationen wurden zur Veranschaulichung schriftsprachlich nur schwer vermittelbarer Information ausgewählt. Alle Abbildungen sind jeweils mit einem Stichwort, also mit Text verknüpft, aber selbstverständlich nicht alle Stichwörter mit einem Bild. Nur ein Teil des Wortschatzes lässt sich grafisch darstellen, abstrakte Wörter wie *Ausweg, Denken, Struktur* usw. sind schwerlich zu bebildern. Dennoch wurde beispielhaft versucht, auch solche Ausdrücke (z. B. das Wort *Einblick*) zu illustrieren.

Das Erfassen von Zusammenhängen soll mithilfe von Bildern unterstützt werden, deshalb geben einerseits die hier verwendeten hochwertigen Illustrationen häufig neben der sprachüblichen Benennung des abgebildeten Dinges zusätzliche Erklärungen seiner einzelnen Teile. Andererseits fassen Übersichtsbildtafeln mehrere Exemplare einer Gattung oder Teile eines Systems zusammen und stellen auf diese Weise ganze Wortfelder illustratorisch dar.

Viele Detailinformationen, die mit den Abbildungen gegeben werden, ergänzen die schriftlichen Definitionen, wie beispielsweise das Schaubild zum Stichwort „Blüte“, das eine differenzierte Darstellung der gesamten pflanzlichen Teile einer Blüte einschließlich ihrer Funktionen wiedergibt. Mehrdimensionale Grafiken geben einen interessanten Einblick in den Aufbau und die Funktionsweise einer Sache, z. B. in menschliche Organe oder technische Apparaturen. Die Illustrationen sind in erster Linie gegenwartsbezogen, es werden jedoch auch zahlreiche Abbildungen historischer Gegenstände oder Sachverhalte gezeigt.

Durch die Verbindung von Wort und Bild kommt dieses Wörterbuch bezüglich seiner Klassifizierung dem Lexikon bzw. der Enzyklopädie nahe, denn ein Wörterbuch verzeichnet und definiert an sich nur die Wörter, ihren Gebrauch und ihre Herkunft, während ein Lexikon weniger Wort-, dafür aber mehr Sachinformationen bietet. Das vorliegende Werk *Wahrig, Illustriertes Wörterbuch* ist eine gelungene Kombination aus Lexikon und Wörterbuch.

*Renate Wahrig-Burfeind*

# Inhaltsverzeichnis

# Hinweise zur Benutzung

Auf dieser Doppelseite wird veranschaulicht, welche Informationen das vorliegende Wörterbuch bietet. Die im *Wahrig, Illustriertes Wörterbuch* verfolgte Konzeption sowie die genaue Funktion der einzelnen lexikographischen Elemente sind auf den nachfolgenden Seiten noch ausführlicher erläutert (z. B. → 3.2: siehe Abschnitt 3, Punkt 2).

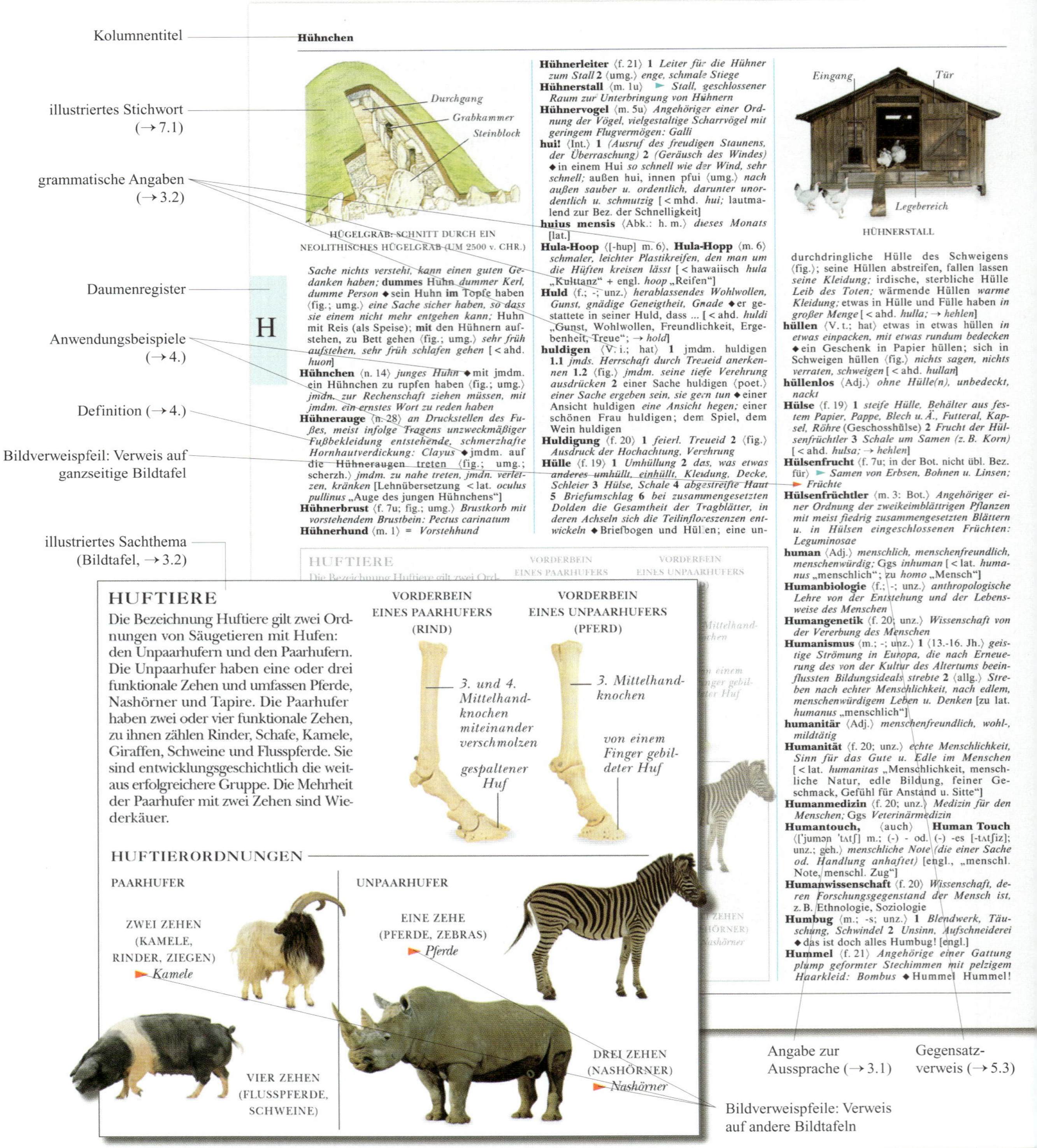


**Hühnchen**

HÜGELGRAB: SCHNITT DURCH EIN NEOLITHISCHES HÜGELGRAB (UM 2500 v. CHR.)

*Sache nichts versteht, kann einen guten Gedanken haben;* **dummes** Huhn *dummer Kerl, dumme Person* ◆ sein Huhn **im** Topfe haben ⟨fig.; umg.⟩ *eine Sache sicher haben, so dass sie einem nicht mehr entgehen kann;* Huhn mit Reis (als Speise); **mit** den Hühnern aufstehen, zu Bett gehen ⟨fig.; umg.⟩ *sehr früh aufstehen, sehr früh schlafen gehen* [< ahd. *huon*]

**Hühnchen** ⟨n. 14⟩ *junges Huhn* ◆ mit jmdm. ein Hühnchen zu rupfen haben ⟨fig.; umg.⟩ *jmdn. zur Rechenschaft ziehen müssen, mit jmdm. ein ernstes Wort zu reden haben*

**Hühnerauge** ⟨n. 28⟩ *an Druckstellen des Fußes, meist infolge Tragens unzweckmäßiger Fußbekleidung entstehende, schmerzhafte Hornhautverdickung: Clayus* ◆ jmdm. auf die Hühneraugen treten ⟨fig.; umg.; scherzh.⟩ *jmdm. zu nahe treten, jmdn. verletzen, kränken* [Lehnübersetzung < lat. *oculus pullinus* „Auge des jungen Hühnchens"]

**Hühnerbrust** ⟨f. 7u; fig.; umg.⟩ *Brustkorb mit vorstehendem Brustbein: Pectus carinatum*

**Hühnerhund** ⟨m. 1⟩ = *Vorstehhund*

**Hühnerleiter** ⟨f. 21⟩ **1** *Leiter für die Hühner zum Stall* **2** ⟨umg.⟩ *enge, schmale Stiege*

**Hühnerstall** ⟨m. 1u⟩ ► *Stall, geschlossener Raum zur Unterbringung von Hühnern*

**Hühnervogel** ⟨m. 5u⟩ *Angehöriger einer Ordnung der Vögel, vielgestaltige Scharrvögel mit geringem Flugvermögen: Galli*

**hui!** ⟨Int.⟩ **1** *(Ausruf des freudigen Staunens, der Überraschung)* **2** *(Geräusch des Windes)* ◆ in einem Hui *so schnell wie der Wind, sehr schnell;* außen hui, innen pfui ⟨umg.⟩ *nach außen sauber u. ordentlich, darunter unordentlich u. schmutzig* [< mhd. *hui;* lautmalend zur Bez. der Schnelligkeit]

**huius mensis** ⟨Abk.: h. m.⟩ *dieses Monats* [lat.]

**Hula-Hoop** ⟨[-hup] m. 6⟩, **Hula-Hopp** ⟨m. 6⟩ *schmaler, leichter Plastikreifen, den man um die Hüften kreisen lässt* [< hawaiisch *hula* „Kulttanz" + engl. *hoop* „Reifen"]

**Huld** ⟨f.; -; unz.⟩ *herablassendes Wohlwollen, Gunst, gnädige Geneigtheit, Gnade* ◆ er gestattete in seiner Huld, dass ... [< ahd. *huldi* „Gunst, Wohlwollen, Freundlichkeit, Ergebenheit, Treue"; → *hold*]

**huldigen** ⟨V. i.; hat⟩ **1** jmdm. huldigen **1.1** *jmds. Herrschaft durch Treueid anerkennen* **1.2** ⟨fig.⟩ *jmdm. seine tiefe Verehrung ausdrücken* **2** einer Sache huldigen ⟨poet.⟩ *einer Sache ergeben sein, sie gern tun* ◆ einer Ansicht huldigen *eine Ansicht hegen;* einer schönen Frau huldigen; dem Spiel, dem Wein huldigen

**Huldigung** ⟨f. 20⟩ **1** *feierl. Treueid* **2** ⟨fig.⟩ *Ausdruck der Hochachtung, Verehrung*

**Hülle** ⟨f. 19⟩ **1** *Umhüllung* **2** *das, was etwas anderes umhüllt, einhüllt, Kleidung, Decke, Schleier* **3** *Hülse, Schale* **4** *abgestreifte Haut* ► *Früchte* **5** *Briefumschlag* **6** *bei zusammengesetzten Dolden die Gesamtheit der Tragblätter, in deren Achseln sich die Teilinfloreszenzen entwickeln* ◆ Briefbogen und Hüllen; eine undurchdringliche Hülle des Schweigens ⟨fig.⟩; seine Hüllen abstreifen, fallen lassen *seine Kleidung;* irdische, sterbliche Hülle *Leib des Toten;* wärmende Hüllen *warme Kleidung;* etwas in Hülle und Fülle haben *in großer Menge* [< ahd. *hulla;* → *hehlen*]

HÜHNERSTALL

**hüllen** ⟨V. t.; hat⟩ etwas in etwas hüllen *in etwas einpacken, mit etwas rundum bedecken* ◆ ein Geschenk in Papier hüllen; sich in Schweigen hüllen ⟨fig.⟩ *nichts sagen, nichts verraten, schweigen* [< ahd. *hullan*]

**hüllenlos** ⟨Adj.⟩ *ohne Hülle(n), unbedeckt, nackt*

**Hülse** ⟨f. 19⟩ **1** *steife Hülle, Behälter aus festem Papier, Pappe, Blech u. Ä., Futteral, Kapsel, Röhre* (Geschosshülse) **2** *Frucht der Hülsenfrüchtler* **3** *Schale um Samen (z. B. Korn)* [< ahd. *hulsa;* → *hehlen*]

**Hülsenfrucht** ⟨f. 7u; in der Bot. nicht übl. Bez. für⟩ ► *Samen von Erbsen, Bohnen u. Linsen;*

**Hülsenfrüchtler** ⟨m. 3: Bot.⟩ *Angehöriger einer Ordnung der zweikeimblättrigen Pflanzen mit meist fiedrig zusammengesetzten Blättern u. in Hülsen eingeschlossenen Früchten: Leguminosae*

**human** ⟨Adj.⟩ *menschlich, menschenfreundlich, menschenwürdig;* Ggs *inhuman* [< lat. *humanus* „menschlich"; zu *homo* „Mensch"]

**Humanbiologie** ⟨f.; -; unz.⟩ *anthropologische Lehre von der Entstehung und der Lebensweise des Menschen*

**Humangenetik** ⟨f. 20; unz.⟩ *Wissenschaft von der Vererbung des Menschen*

**Humanismus** ⟨m.; -; unz.⟩ **1** ⟨13.-16. Jh.⟩ *geistige Strömung in Europa, die nach Erneuerung des von der Kultur des Altertums beeinflussten Bildungsideals strebte* **2** ⟨allg.⟩ *Streben nach echter Menschlichkeit, nach edlem, menschenwürdigem Leben u. Denken* [zu lat. *humanus* „menschlich"]

**humanitär** ⟨Adj.⟩ *menschenfreundlich, wohl-, mildtätig*

**Humanität** ⟨f. 20; unz.⟩ *echte Menschlichkeit, Sinn für das Gute u. Edle im Menschen* [< lat. *humanitas* „Menschlichkeit, menschliche Natur, edle Bildung, feiner Geschmack, Gefühl für Anstand u. Sitte"]

**Humanmedizin** ⟨f. 20; unz.⟩ *Medizin für den Menschen;* Ggs *Veterinärmedizin*

**Humantouch,** ⟨auch⟩ **Human Touch** ⟨['jumən 'tʌtʃ] m.; (-) - od. (-) -es [-tʌtʃiz]; unz.; geh.⟩ *menschliche Note (die einer Sache od. Handlung anhaftet)* [engl., „menschl. Note, menschl. Zug"]

**Humanwissenschaft** ⟨f. 20⟩ *Wissenschaft, deren Forschungsgegenstand der Mensch ist,* z. B. Ethnologie, Soziologie

**Humbug** ⟨m.; -s; unz.⟩ **1** *Blendwerk, Täuschung, Schwindel* **2** *Unsinn, Aufschneiderei* ◆ das ist doch alles Humbug! [engl.]

**Hummel** ⟨f. 21⟩ *Angehörige einer Gattung plump geformter Stechimmen mit pelzigem Haarkleid: Bombus* ◆ Hummel Hummel!

HUFTIERE

Die Bezeichnung Huftiere gilt zwei Ordnungen von Säugetieren mit Hufen: den Unpaarhufern und den Paarhufern. Die Unpaarhufer haben eine oder drei funktionale Zehen und umfassen Pferde, Nashörner und Tapire. Die Paarhufer haben zwei oder vier funktionale Zehen, zu ihnen zählen Rinder, Schafe, Kamele, Giraffen, Schweine und Flusspferde. Sie sind entwicklungsgeschichtlich die weitaus erfolgreichere Gruppe. Die Mehrheit der Paarhufer mit zwei Zehen sind Wiederkäuer.

VORDERBEIN EINES PAARHUFERS (RIND)

*3. und 4. Mittelhandknochen miteinander verschmolzen*

*gespaltener Huf*

VORDERBEIN EINES UNPAARHUFERS (PFERD)

*3. Mittelhandknochen*

*von einem Finger gebildeter Huf*

HUFTIERORDNUNGEN

PAARHUFER

ZWEI ZEHEN (KAMELE, RINDER, ZIEGEN) ► *Kamele*

VIER ZEHEN (FLUSSPFERDE, SCHWEINE)

UNPAARHUFER

EINE ZEHE (PFERDE, ZEBRAS) ► *Pferde*

DREI ZEHEN (NASHÖRNER) ► *Nashörner*

**Bildverweispfeile:**

- ► verweist auf die dazugehörige Illustration, mit Richtungsangabe
- ► = verweist auf den Haupteintrag mit Illustration
- ►► verweist auf eine Illustration auf der nächsten oder vorigen (◄◄) Doppelseite
- ► verweist im Text auf ganzseitige Bildtafeln, in Bildtafeln auf andere Bildtafeln

fachsprachliche Bezeichnung

Stichworteintrag (→ 2.)

Bildunterschrift (ggf. mit fachsprachlichem Terminus)

*(Erkennungsruf der Hamburger)* [nach dem Spitznamen eines Hamburger Wasserträgers u. Originals]; eine wilde Hummel ⟨fig., umg.⟩ *sehr lebhaftes, temperamentvolles Mädchen;* Hummeln unterm Hintern haben ⟨umg.⟩ *lebhaft, unruhig sein* [< ahd. *humbal*]

**Hummer** ⟨m. 3⟩ *Angehöriger einer Familie sehr großer Speisekrebse mit stark entwickeltem erstem Scherenpaar: Homaridae* ◆ Amerikanischer Hummer *auch Seegras u. Algen fressender Hummer der amerikanischen Küsten: Homarus americanus;* Echter Hummer ► *bis zu 4 kg schwerer Hummer der europäischen u. Mittelmeerküsten: Homarus gammarus* [< nddt. < altnord. *humarr,* eigtl. „überwölbtes Tier"]

**Humor** ⟨m.; -s; unz.⟩ **1** *Fähigkeit, auch die Schattenseiten des Lebens mit heiterer Gelassenheit u. geistiger Überlegenheit zu betrachten* **2** *überlegene Heiterkeit, heitere seel. Grundhaltung* [< lat. *humor* „Feuchtigkeit", von der mittelalterl. Medizin auf die Körpersäfte angewendet, die (nach ihrer Lehre) die innere Art des Menschen bestimmen]

**Humorist** ⟨m. 16⟩ *Verfasser od. Vortragender humorvoller Dichtungen*

HUMMER:
ECHTER HUMMER
*(Homarus gammarus)*

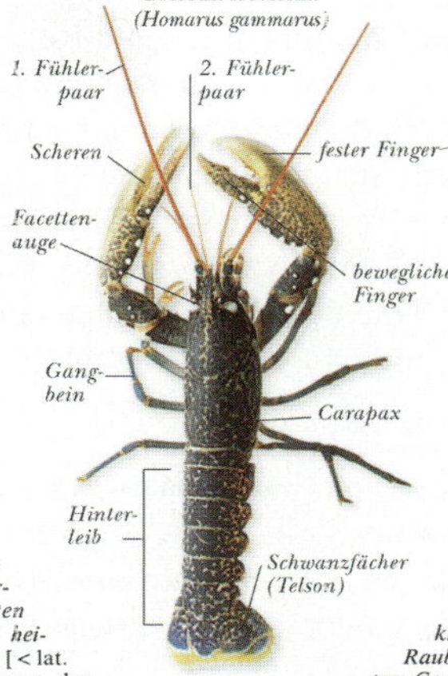


**humoristisch** ⟨Adj.⟩ **1** *auf Humor beruhend, im Sinne des Humors* **2** *mit Humor, liebenswürdig-scherzhaft, heiter* ◆ eine Sache humoristisch betrachten, aufnehmen; eine humoristische Ader haben *die Fähigkeit, humorvoll zu erzählen od. zu schreiben*

**humorvoll** ⟨Adj.⟩ *voller Humor, mit Humor, launig, liebenswürdig-scherzhaft*

**humpeln** ⟨V. i.; ist, (selten:) hat⟩ *hinken*

**Humpen** ⟨m. 4⟩ ► *großes, meist zylinderförmiges Trinkgefäß* ◆ den Humpen schwingen *zechen, sich betrinken* [seit dem 16. Jh., vermutl. aus der Leipziger Studentensprache]

**Humus** ⟨m.; -; unz.⟩ *oberste, aus organischen Resten gebildete, fruchtbare bräunliche Bodenschicht* [lat., „Erdboden, Erdreich"]

**Hund**[1] ⟨m. 1; Zool.⟩ **1** ⟨i. w. S.⟩ ►► *Angehöriger einer Familie weltweit verbreiteter, kleiner bis mittelgroßer Raubtiere mit gut ausgebildetem Geruchs- u. Gehörsinn, der zu den ersten Haustieren des Menschen gehört: Canidae* **2** ⟨i. e. S.⟩ = *Haushund* **3** ⟨umg.⟩ *Kerl, Bursche* **4** *gemeiner Kerl* ◆ der Hund! der *gemeine Kerl* ◆ **anschlagen:** der Hund schlägt an, gibt Laut; den Letzten **beißen** die Hunde *der Letzte muss für alle einstehen;* Hunde, die **bellen,** beißen nicht ⟨Sprichw.⟩ *wer mit etwas (lauthals) droht, tut es nicht;* **hervorlocken:** damit lockt man keinen Hund hinterm Ofen hervor *damit kann man niemanden reizen, verlocken;* der Hund **heult,** kläfft, winselt; **hinausjagen:** bei dem Wetter jagt man keinen Hund vor die Tür *das Wetter ist so schlecht, dass man nicht ausgehen mag;* von ihm **nimmt** kein Hund ein Stück Brot *er wird von allen verachtet, gemieden* ◆ er ist ein **armer** Hund; da liegt der Hund **begraben!** *das ist die Quelle des Übels, der Kern der (unangenehmen) Angelegenheit;* Vorsicht, **bissiger** Hund! *(Warnungstafel);* das ist ein **dicker** Hund! ⟨fig.; umg.⟩ *ein grober Fehler; eine unangenehme Sache;* der Hund ist auf den Mann **dressiert** *greift Eindringlinge auf Zuruf an;* er ist ein **falscher,** fauler, feiger Hund; er steht da wie ein **geprügelter** Hund *beschämt;* der **Große** Hund, der Kleine Hund *zwei Sternbilder;* ein **toter** Hund beißt nicht mehr *vor Toten ist man sicher* ◆ jmdn. **auf** den Hund bringen ⟨fig.; umg.⟩ *jmdn. zugrunde richten;* auf den Hund kommen ⟨fig.; umg.⟩ *schwach u. elend werden, moralisch sinken, wirtschaftlich zugrunde gehen;* er ist **mit** allen Hunden gehetzt ⟨fig.; umg.⟩ *in allen Schlichen u. Tricks erfahren, schlau, durchtrieben;* **vor** die Hunde gehen ⟨fig.; umg.⟩ *zugrunde gehen;* jmdn. **wie** einen Hund behandeln *jmdn. schlecht, unwürdig behandeln;* frieren wie ein (junger) Hund *sehr frieren;* sie leben wie Hund und Katze miteinander *sie vertragen sich nicht, können sich nicht ausstehen* [< ahd. *hunt*]

HUMPEN AUS ZINN MIT DECKEL

H

**Hund**[2] ⟨m. 1; Bgb.⟩ *sehr kleiner Förderwagen;* oV *Hunt* [< slowen. *hyntow,* ungar. *hintó*]

**hundeelend** ⟨Adj.; meist präd.; umg.⟩ mir ist hundeelend *mir ist sehr übel*

**Hundefänger** ⟨m. 3⟩ *jmd., der herrenlos auf der Straße herumlaufende Hunde einfängt*

**Hundeleben** ⟨n. 14; unz.⟩ *elendes Dasein* ◆ ein Hundeleben führen

**Hundemarke** ⟨f. 19⟩ *Blechmarke mit der Steuernummer am Hundehalsband*

**hundert** ⟨Num.; in Ziffern⟩ *100* ◆ ein paar, einige hundert/Hundert Menschen; mehrere hundert/Hundert Stück bestellen; an die hundert Menschen; da war ich auf hundert ⟨fig.; umg.⟩ *sehr wütend, böse, aufgebracht, erbost;* in, nach, vor hundert Jahren; hundert Mal = *hundertmal;* → a. *Hundert* [< asächs. *hunderod,* ahd. *hunt*]

**Hundert** ⟨n. 11⟩ *Menge von 100 Dingen, Stück, Lebewesen* ◆ ein halbes Hundert; der Schaden geht in die Hunderte (von Mark); unter Hunderten/hunderten ist nur einer, ⟨od.⟩ nicht einer zu finden, der das kann; 2 vom Hundert *2 Prozent, 2%;* er kam vom Hundertsten ins Tausendste *er hörte nicht auf mit Erzählen, wusste immer wieder etwas Neues;* Hunderte und Tausende/hunderte und tausende von Menschen, Tieren; Hunderte und Aberhunderte/hunderte und aberhunderte von Menschen; sie kamen zu Hunderten/hunderten; → a. *hundert*

**Hunderter** ⟨m. 3⟩ **1** *eine der durch 100 teilbaren Zahlen von 100 bis 900* **2** *in einer mehrstelligen Zahl die drittletzte Ziffer (vor dem Komma)* **3** ⟨umg.⟩ *Hundertmarkschein*

HÜLSENFRÜCHTE

Die Hülsenfrüchte stammen von Schmetterlingsblütlern. Sie enthalten verhältnismäßig viele Proteine und stellen in Gebieten, in denen es wenig Fleisch oder Fisch gibt, ein Hauptnahrungsmittel dar. Zu den Hülsenfrüchten zählen vor allem die Bohnen, die aus Südamerika stammen, ferner die einheimischen Erbsen, Saubohnen und Linsen.

VERSCHIEDENE HÜLSENFRÜCHTE

WEISSE BOHNE *(Phaseolus vulgaris)*

FEUERBOHNE *(Phaseolus coccineus)*

ROTE RIESENBOHNE *(Phaseolus vulgaris)*

FLAGEOLETBOHNE *(Phaseolus vulgaris)*

LIMABOHNE *(Phaseolus lunatus)*

MONDBOHNE *(Phaseolus lunatus)*

BRAUNE LINSE *(Lens esculenta)*

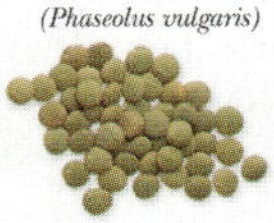

GRÜNE LINSE *(Lens esculenta)*

SAUBOHNE *(Vicia faba)*

KICHERERBSE *(Cicer arietinum)*

ERBSE *(Pisum sativum)*

SOJABOHNE *(Glycine max)*

399

Annotation (genaue Benennung der einzelnen Teile einer Illustration)

Bildverweispfeil

etymologische Angaben (→ 6.)

Leitwörter in beispielhaften Wendungen (→ 4.)

doppelter Bildverweispfeil

Angaben zur Stilebene od. zum Fachgebiet (→ 3.3)

orthographische Variante (→ 5.2)

Verweis auf weiterführendes Stichwort (→ 5.4)

Rückverweis auf Haupteintrag

illustriertes Sachthema (Bildtafel, → 7.2)

Bedeutungsebenen (→ 4.)

# Hinweise zur Benutzung

Dem vorliegenden Werk *Wahrig, Illustriertes Wörterbuch* liegt das einbändige Bedeutungswörterbuch *Wahrig, Deutsches Wörterbuch* zugrunde. Das Stichwortverzeichnis des *Illustrierten Wahrig* basiert auf dem dort umfassend dargestellten aktuellen Wortschatz der deutschen Sprache und verzeichnet die grundlegenden Wörter der Standard- und Fachsprache. So finden sich neben dem Grundwortschatz der Alltagssprache auch zahlreiche Wörter aus den Bereichen Sport, Medien, neue Technologien, Naturwissenschaften oder Geisteswissenschaften, die in der Standardsprache ebenfalls gebräuchlich sind.
Ergänzt wird das *Illustrierte Wörterbuch* durch rund 4.500 hochwertige Farbillustrationen mit informativen und prägnanten Bildlegenden. Das ausgesuchte Bildmaterial ist dem renommierten *Illustrated Oxford Dictionary* von Dorling Kindersley entnommen und deckt Themenschwerpunkte aus allen wesentlichen Sachgebieten ab.

Die Orthographie folgt den seit dem 1. August 1998 in Kraft getretenen neuen Regeln zur deutschen Rechtschreibung. Sofern es zugelassene Schreibvarianten gibt, sind diese als Stichworteinträge nebeneinander oder als Verweise aufgeführt (vgl. hierzu auch Abschnitt 5 der Benutzerhinweise).
Der Stichworttext ist ebenfalls in neuer Rechtschreibung verfasst.

Zum leichteren Auffinden der einzelnen Stichwörter geben die Kolumnentitel jeweils das erste Stichwort auf der linken und das letzte Stichwort auf der rechten Seite an. Darüber hinaus dient ein alphabetisches Griffregister am Seitenrand als Orientierungshilfe.

## 1. Aufbau der Wörterbuchartikel

Die Wörterbuchartikel im *Illustrierten Wörterbuch* sind nach dem folgenden Grundprinzip aufgebaut:

- **Stichworteintrag**
- **Angaben zu Aussprache, Grammatik, Stilebene, Fachgebiet**
- **Definition *(Worterklärung)***
- **Redewendungen und Anwendungsbeispiele**
- **Etymologie *(Wortherkunft)***

Innerhalb des Wörterbuchartikels ist die Worterklärung *kursiv* gesetzt, Anwendungsbeispiele sind mit einer Raute ♦ versehen und erscheinen in Normalschrift.

## 2. Der Stichworteintrag

Alle Stichwörter sind streng alphabetisch angeordnet. Umlaute (ä, ö, ü) sind wie nicht umgelautete Vokale eingeordnet, z. B.:

**Fähigkeit**
**fahlgelb**
**Fähnchen**
**fahnden**
**Fahndung**

Jeder Stichworteintrag beginnt mit einer neuen Zeile. Das Stichwort selbst ist in **fetter Schrift** gedruckt.
Wörter mit mehreren Bedeutungen (so genannte „Polyseme") werden, sofern sie auf eine gemeinsame Wortherkunft zurückgehen, in einem Artikel zusammengefasst. So erhält z. B. das Stichwort *Birne* nur einen Eintrag, während gleich lautende Wörter unterschiedlicher Herkunft, wie *Star* mehrere Einträge erhalten: *Star*[1], *Star*[2], *Star*[3].

Mitunter stehen mehrere fett gedruckte Stichworteinträge hintereinander in einer Zeile. Dies bedeutet, dass es sich um Schreibvarianten, so genannte orthographische Varianten (oV), handelt, oder um sinnverwandte Wörter, so genannte Synonyme (Sy) (vgl. 5.).

## 3. Angaben zu Aussprache, Grammatik, Stilebene und Fachgebiet

### 3.1 Angaben zur Aussprache

Eine phonetische Umschrift wird bei denjenigen Wörtern angegeben, deren Aussprache Schwierigkeiten bereitet. Dies betrifft insbesondere die Fremdwörter oder Wörter, bei denen es regional (mundartlich) abweichende Artikulationen gibt. Die Aussprache ist in eckigen Klammern mit den Zeichen der internationalen Lautschrift (IPA) dargestellt (vgl. dazu auch die Tabelle auf S. 15). Die Wortbetonung wird mit dem Zeichen ' angegeben, jedoch nur, wenn der ganze Ausdruck in Lautschrift umgesetzt wurde.
Ist nur ein Teil der Aussprache angegeben, steht für die übrigen Teile des Wortes ein Bindestrich:

**Flageolett** <[flaʒo'lɛt] ...> ...

**Archäologie** <[-çɛ-] ...> ...

### 3.2 Grammatische Angaben

Die grammatischen Angaben stehen in spitzen Klammern < > und sind in Normalschrift gesetzt. Grundsätzlich wird bei jedem Stichwort angegeben, zu welcher Wortart es gehört. Bei Pronomina und den unveränderlichen Wortarten wie Adverb, Konjugation, Präposition und Partikel entfallen in der Regel weitere grammatische Angaben. Dagegen sind bei den veränderlichen Wortarten Substantiv, Verb und Adjektiv die Informationen zur Deklination, Konjugation, Steigerung usw. angeführt.

a) bei Substantiven

Bei allen Substantiven wird das grammatische Geschlecht bezeichnet. Hierbei steht m. für maskulinum (= männlich), f. für femininum (= weiblich) und n. für neutrum (= sächlich).
Die Zahlen verweisen auf die Deklinationstabelle (vgl. S. 16–18), nach der sich die jeweilige Flexion des Wortes erschließen lässt. Das Genus (Geschlecht) von Komposita (zusammengesetzten Wörtern) richtet sich dabei ausschließlich nach dem Grundwort:

**Labyrinth** <n. 11> ...
**Labyrinthfisch** <m. 1> ...
**Lache** <f. 19> ...

Kann ein Substantiv nicht nach einem der aufgeführten 31 Musterbeispiele dekliniert werden, so ist die jeweilige Genitiv- und Pluralendung beim Stichwort selbst angegeben, z. B.:

**Kolloquium** <n.; -s, -quien> ...

Grundsätzlich werden alle Substantive im Singular aufgeführt, mit Ausnahme der Wörter, die keine Pluralform bilden (z. B. *Leute*) oder nur im Plural verwendet werden (z. B. *Innereien*). Substantive, die keinen Plural bilden, erhalten die Abkürzung „unz." für „unzählbar". Weisen mehrdeutige Wörter nur in bestimmten Bedeutungen einen Plural auf, so wird dieser Anwendungsbereich angegeben und die unterschiedlichen grammatischen Kategorien werden durch römische Ziffern kenntlich gemacht.

b) bei Verben

Bei Verben findet sich immer die Angabe, ob sie transitiv <V. t.>, intransitiv <V. i.> oder reflexiv <V. refl.> gebraucht werden. Ferner wird angegeben, ob sie die Perfektform mit „haben" oder „sein" bilden.
Alle unregelmäßig konjugierten Verben erhalten eine Nummer, die auf die Konjugationstabelle (S. 19–22) verweist. Alle sonstigen Verben werden regelmäßig und schwach konjugiert.

**herziehen** ⟨V. 287⟩ **I** ⟨V. t.; hat⟩ *hierher ziehen, zu sich heranziehen* ◆ etwas od. jmdn. hinter sich herziehen *mit sich ziehen, nachziehen* **II** ⟨V. i.; ist; umg.⟩ über etwas od. jmdn. herziehen *über jmdn. od. etwas ungünstig, hässlich sprechen, klatschen*
**hervortun** ⟨V. refl. 267; hat; umg.⟩ sich hervortun **1** *sich auszeichnen* **2** *sich wichtig tun, sich hervordrängen*

c) bei Adjektiven

Die regelmäßige Steigerung (mit der Endung auf *-(e)r* für den Komparativ und der Endung auf *-sten* für den Superlativ) ist nicht aufgeführt.

Auf die unregelmäßige Steigerung der Adjektive wird dagegen immer dann hingewiesen, wenn
- ein anderer Wortstamm verwendet wird, z. B.: **viel** <Adj.; mehr, am meisten>
- die Komparationsform mithilfe eines Umlautes gebildet wird, z. B.: **arm** <Adj.; ärmer, am ärmsten>
- ein Vokal eingeschoben wird, z. B.: **laut** <Adj.; -er, am -esten>
- ein Vokal wegfällt, z. B.: **edel** <Adj.; edler, am edelsten>

### 3.3 Angaben zu Stilebene und Fachgebiet

Alle nicht gekennzeichneten Wörter und Redewendungen können als standardsprachliche Ausdrücke betrachtet werden. Eine zusätzliche Angabe wird dagegen bei Wörtern gemacht, die nur in einem bestimmten Sprachgebiet vorkommen (Dialektwörter, Regionalismen), die einer bestimmten Stilebene angehören (z. B. umgangssprachlich <umg.>, scherzhaft <scherzh.> oder figurativ <fig.>) oder die einer Sonder- oder Fachsprache zuzurechnen sind (z. B. Jugendsprache <Jugendspr.>, Rechtswesen <Rechtsw.> oder Zoologie <Zool.>).

**maulen** ⟨V. i.; hat; umg.⟩ *murren, mürrisch, trotzig reden*
**Maulesel** ⟨m. 5; Zool.⟩ *Kreuzung von Pferdehengst u. Eselstute;* → a. *Maultier* [< mhd. *mulesel* < lat. *mulus*]

## 4. Definition, Redewendungen und Anwendungsbeispiele

Die Definition beschreibt die Bedeutung eines Wortes in einem nicht durch weitere sprachliche Elemente bestimmten Kontext, woraus folgt, dass die Erklärungen zu den Wörtern und Redewendungen möglichst einfach und verständlich gehalten sind. Sie ersetzen keine fachwissenschaftliche Definition.

Bei Stichwörtern, die mehrere Bedeutungen besitzen, sind diese durch **arabische Ziffern** innerhalb eines Artikels gekennzeichnet (z. B. **1, 2, 3,** ggf. auch weiter untergliedert in **1, 1.1, 1.2, 1.3, 2, 2.1, 2.2** usw.). In der Regel wird zunächst die gebräuchlichste bzw. grundlegende Bedeutung genannt, im Anschluss daran die figurativen, spezielleren Bedeutungen.

**Wendungen und Anwendungsbeispiele** folgen den Definitionen, sie sind mit einer **Raute** (Zeichen: ♦) markiert.

Gibt es mehrere, durch arabische Ziffern unterschiedene, Definitionen (z. B. **1, 2, 3,** ggf. auch **1, 1.1, 1.2, 2, 2.1, 2.2** usw.), so beziehen sich die Wendungen und Anwendungsbeispiele auf alle Definitionen. Bei längeren Artikeln sind die Leitwörter der Anwendungsbeispiele durch Fettdruck hervorgehoben. Diese bezeichnen die Abgrenzung unterschiedlicher Wortarten. Die Anordnung innerhalb des Beispielblocks ist folgendermaßen:

Wendungen ohne Leitwörter
Wendungen mit **Substantiven**
Wendungen mit **Verben**
Wendungen mit **Adjektiven**
Wendungen mit **Partikeln** (Adverbien, Präpositionen, Konjunktionen)
Wendungen mit **Pronomina**
Wendungen mit **Fragewörtern**
Wendungen im **Passiv**
Wendungen als **Partizip Präsens** oder **Partizip Perfekt**

Stichwörter, die unterschiedlichen grammatischen Kategorien zugeordnet werden können, sind mithilfe römischer Ziffern untergliedert, z. B.:

**fahren** <V. 130> **I** <V. i.; ist> ... **II** <V. t.; hat> ...

Dies betrifft auch Stichwörter, die verschiedenen Wortarten zugeordnet werden, z. B.:

**gleich I** <Adj.> ... **II** <Adv.> ... **III** <Konj.> ...

Wenn nötig, werden weitere Differenzierungen innerhalb der grammatischen Kategorien vorgenommen: **I.i, I.ii, I.ii, II.i, II.ii, II.iii** usw.
Ist ein Artikel mithilfe römischer Ziffern untergliedert, so sind die durch die Raute gekennzeichneten Anwendungsbeispiele jeweils den entsprechenden Wortarten bzw. den verschiedenen grammatischen Kategorien zugeordnet.

**fahren** ⟨V. 130⟩ **I** ⟨V. i.; ist⟩ **1** *ein Fahrzeug benutzen, sich mit einem Fahrzeug fortbewegen* **2** ⟨fig.⟩ *sich schnell (fort)bewegen* **3** ⟨Bgb.⟩ *sich unter Tage fortbewegen (auch dann, wenn man geht)* ♦ **Auto** fahren; Auto oder Rad fahren; **Karussel** fahren; erster **Klasse** fahren; **Ski** fahren ♦ **können** Sie fahren? (mit dem Auto); etwas fahren **lassen** *loslassen;* sie kann das Fahren nicht **vertragen** ♦ er fährt **ausgezeichnet,** gut, schlecht, sicher; **langsam,** schnell fahren; zehn Jahre **unfallfrei** fahren (mit dem Auto) ♦ **auf** und ab fahren; **aus** dem Bett fahren *emporschrecken;* **gegen** einen Baum fahren; was ist bloß **in** ihn gefahren? *was ist nur auf einmal mit ihm los?;* in die Ferien, in Urlaub fahren *verreisen;* **mit** dem Auto, der Bahn, dem Fahrrad, Schiff fahren; **nach** Berlin fahren; **rechts,** links fahren; der Zug fährt nur **sonntags;** sich mit der Hand **über** die Augen fahren *Tränen wegwischen;* mit dem Staubtuch über die Möbel fahren *leicht streichen, wischen;* **um** die Ecke, Kurve fahren ♦ **wie** fahre ich am kürzesten, schnellsten nach ...?; ⟨umg.⟩ wie lange fahren wir bis Berlin? ♦ fahrende Habe, fahrendes Gut *bewegl. Vermögen, Mobilien;* fahrende Leute, fahrendes Volk **II** ⟨V. t.; hat⟩ **1** *führen, lenken, steuern* (Fahrzeug) **2** *mit einem Fahrzeug von einem Ort zum andern bringen, befördern, transportieren* (Güter, Person) ♦ die **Kamera** fahren ⟨Film; TV⟩ *die Kamera bedienen;* **Mist,** Müll, Steine fahren ♦ den Wagen **in** die Garage fahren, setzen; jmdn. **nach** Hause fahren **III** ⟨V. refl.; hat; unpersönl.; umg.⟩ auf dieser Straße fährt es sich gut *kann man gut fahren* [ < ahd. *faran*]

## 5. Verweissystem

Das *Illustrierte Wörterbuch* zeichnet sich durch ein komplexes Verweissystem aus, das vielfältige Verknüpfungsmöglichkeiten bietet. Innerhalb der Textstruktur werden zahlreiche Verweise aufgeführt, um Benutzerinnen und Benutzer auf bedeutungsgleiche, gegensätzliche oder in einem bestimmten Kontext weiterführende Stichwörter aufmerksam zu machen. Darüber hinaus wird bei vielen Stichwörtern auf Einzelillustrationen oder auf Bildtafeln verwiesen, die entweder das Stichwort selbst oder ein dem Stichwort übergeordnetes Sachgebiet bebildern (zum Bildverweissystem vgl. auch S. 8/9).

Folgende Verweise finden sich in den Artikeln:

### 5.1 Synonyme

Synonyme sind bedeutungsgleiche oder bedeutungsähnliche Wörter. Sie sind am Ende einer Definition aufgeführt und mit dem Hinweis Sy gekennzeichnet. Diese Wörter werden in der Regel nur unter einem einzigen Stichwort erklärt und zwar unter dem in der Hochsprache üblichen bzw. unter dem Wort, das als das gebräuchlichste angenommen wird, z. B.:

**Heidelbeere** <f. 19> ...; Sy *Bickbeere, Blaubeere, Schwarzbeere*

Das als Synonym gekennzeichnete Lemma verweist mit einem Ist-Gleich-Zeichen (=) auf den Haupteintrag zurück, der die Definition beinhaltet:

**Bickbeere** <f. 19> = *Heidelbeere*

**Blaubeere** <f. 19> = *Heidelbeere*

**Schwarzbeere** <f. 19> = *Heidelbeere*

Stehen Synonyme im Stichwortverzeichnis in direkter Abfolge, so können sie auch als fett gedruckte Stichwörter in eine Zeile gesetzt werden, z. B.:

**Frikativ, Frikativlaut** <m. 1> ...

### 5.2 Orthographische Varianten

Orthographische Varianten stehen nebeneinander, wenn sie sich lediglich durch eine Variation der Groß- oder Kleinschreibung, der Bindestrichschreibung oder nur durch eine geringfügige Abweichung (Anhängen eines Endvokals o. Ä.) unterscheiden, z. B.:

**frigid, frigide** <Adj.> ...

Orthographische Varianten, die nicht unmittelbar im Alphabet aufeinander folgen oder bezüglich der Getrennt- und Zusammenschreibung, Deklination, Aussprache u. Ä. voneinander abweichen, erhalten eigene Stichworteinträge. Der Verweis erfolgt hier – wie bei den Synonymen – am Ende der Stichwortdefinition und wird mit dem Kürzel oV angegeben, z. B.:

**Schi** <m.; -s, -er; meist Pl.> = *Ski*

**Ski** <m.; -s, -er; meist Pl.> ...; oV *Schi*

**hochgewachsen** <Adj.> ...; oV *hoch gewachsen*

**hoch gewachsen** = *hochgewachsen*

### 5.3 Antonyme

Antonyme sind Wortpaare mit gegensätzlicher oder komplementärer Bedeutung und werden mit dem Hinweis Ggs gekennzeichnet. Unter gegensätzlichen Wortpaaren kann dabei auch eine konträre Bedeutung in einer sprachlich ähnlichen Situation verstanden werden, z. B.:

**Nadelhölzer** <Pl.> ...; Ggs *Laubhölzer*

**Laubhölzer** <Pl.> ...; Ggs *Nadelhölzer*

### 5.4 Weiterführende Stichwörter

Das Zeichen → a. („siehe auch“) weist auf ein oder mehrere Stichwörter hin, die in einem inhaltlichen oder etymologischen Zusammenhang mit dem Haupteintrag stehen und somit weiterführende Informationen bieten.

## 6. Etymologie *(Wortherkunft)*

Die Angaben zur Wortherkunft stehen jeweils am Ende eines Wortartikels. Für die deutschen Wörter – und zwar jeweils für die Grundwörter, nicht für die Ableitungen und Zusammensetzungen – werden die Formen ihrer historischen Entwicklung angegeben. Die Sprachen, aus denen ein Wort stammt, sind gerade gedruckt, die historischen Formen und die verwandten Wörter kursiv, während die Angaben zur Bedeutung eines Wortes gerade und in Anführungszeichen gesetzt sind. Das Zeichen < bedeutet „... stammt aus der folgenden Sprache“ oder „hat sich aus dem folgenden Wort entwickelt“. Leitet sich das Stichwort von einem Begriff ab, das nicht derselben grammatischen Kategorie entspricht, so wird diese Ableitung mit „zu“ gekennzeichnet. Das Zeichen * bedeutet, dass es sich um eine nur erschlossene, aber nicht belegte Form handelt.

Bei Fremdwörtern werden die Herkunftssprache und die entsprechenden Bedeutungen und Ableitungen angegeben. In der Regel wird zu der ursprünglichen Form des Stichwortes (= Etymon) die Bedeutung in Anführungszeichen wiedergegeben, ist das nicht der Fall, so hat das Etymon dieselbe Bedeutung wie das Stichwort. Fehlt dagegen das Etymon, so deckt es sich in seiner Schreibung mit dem Stichwort.
Stimmen Stichwort, Etymon und Bedeutung überein, so ist nur die Herkunftssprache angegeben.

Wird in der etymologischen Klammer mit einem Pfeil (→) auf ein anderes Stichwort verwiesen, so kann unter diesem die etymologische Angabe nachgelesen werden.

**happy** ⟨['hæpi] Adj.; umg.⟩ *sehr glücklich, zufrieden, hocherfreut* [engl.]
**Happyhour,** ⟨auch⟩ **Happy Hour** ⟨[hæpi'-auə(r)] f.; (-) -, (-) -s⟩ *(in Lokalen od. Bars) verbilligter Tarif für den Ausschank alkohol. Getränke während einer bestimmten Tageszeit, z. B. nachmittags od. am frühen Abend* [engl., „glückliche Stunde“]
**Haptik** ⟨f. 20; unz.⟩ *Gesamtheit der Tastwahrnehmungen* [zu grch. *haptein* „fassen“]
**haptisch** ⟨Adj.⟩ *den Tastsinn betreffend, auf ihm beruhend* ◆ haptische Täuschung *Gefühlstäuschung* [→ *Haptik*]
**Harakiri** ⟨n.; - od. -s, -s; beim altjapan. Adel⟩ *(zeremonieller) Selbstmord durch Bauchaufschlitzen* [ < jap. *harakiri* < *hara* „Bauch“ + *kiri* „schneiden“; in Japan gebräuchlich ist das Wort *Seppuku*]

## 7. Illustrationen

Die Illustrationen veranschaulichen entweder einzelne Stichwörter (z. B. *Dachs, Gladiole, Fahrgestell, Harfe, Honigwabe* usw.) oder sie erläutern auf halb- oder ganzseitigen Bildtafeln mehrteilige Begriffe, Wortfelder oder komplexe Sachgebiete.

Ein Teil der Abbildungen sind Fotografien, dies betrifft insbesondere die Stichwörter aus dem Bereich Botanik und Zoologie. Andere Illustrationen bestehen aus Zeichnungen oder Grafiken (z. B. *Herzklappe*), welche teilweise auch dreidimensional dargestellt sind. Die Dreidimensionalität vermittelt dem Betrachter einen intensiven Einblick in die Struktur der dargestellten Sache, der noch über die fotografische bzw. zweidimensionale Wiedergabe hinausgeht (z. B. *Atmosphäre*).

Eine besonders anschauliche Form der Illustrierung ist die so genannte „Explosionsgrafik". Dabei werden zusammengehörige Elemente einer komplexen Grafik aufgelöst dargestellt, um die einzelnen Teile genauer unterscheiden und benennen zu können (z. B. *Bohrinsel* und *Raumanzug*).

BLITZ

Blitze entstehen im Inneren von Gewitterwolken, wenn heftige Luftströmungen Wassertröpfchen und Eisteilchen immer wieder hochwirbeln. Dadurch bilden sich große Mengen statische Elektrizität. Die positiv geladenen Teilchen sammeln sich oben in der Wolke, die negativen unten. Wenn der Spannungsunterschied so groß wird, dass er die isolierende Wirkung der Luft überwindet, erfolgt ein Ausgleich in Form eines Blitzes, der dabei meist auch die positiv geladene Erdoberfläche erreicht.

ENTSTEHUNG EINES BLITZES IN EINER GEWITTERWOLKE (KUMULONIMBUS)

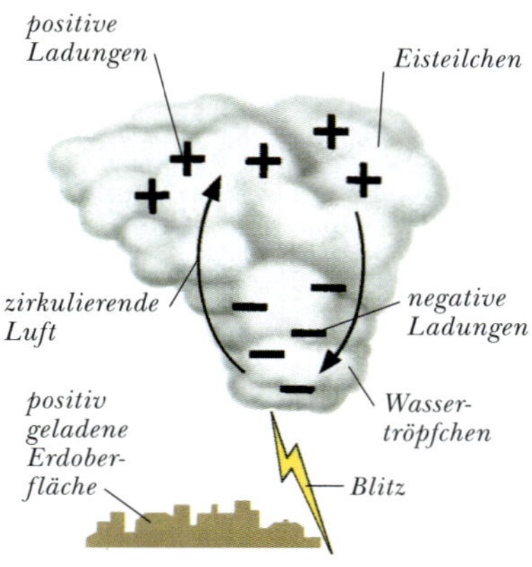


### 7.1 Einzelillustrationen

Illustrationen zu Einzelstichwörten können Einzelbegriffe oder -vorgänge veranschaulichen. Sie sind mit der *Bildsachbezeichnung* (ggf. mit fachsprachlichem Terminus) oder auch zusätzlich mit Annotationen und kurzen Bildlegenden versehen.

DACHS:
GEWÖHNLICHER DACHS
*(Meles meles)*

### 7.2 Halb- oder ganzseitige Bildtafeln

Halb- oder ganzseitige Bildtafeln dienen zur Veranschaulichung von mehrteiligen Begriffen, Wortfeldern oder komplexen Sachgebieten.

So werden etwa verschiedene Exemplare einer Tier- oder Pflanzengattung in einer Übersichtstafel gezeigt (z. B. *Blüten, Hülsenfrüchte, Hunde, Huftiere*) oder es werden Sachthemen wie z. B. *Musikinstrumente* in ihren Einzelaspekten auf ganzseitigen Bildtafeln illustratorisch dargestellt (*Blechblasinstrumente, Holzblasinstrumente*). Bildtafeln etwa zum Thema „Drucken" oder zur Stilrichtung „Actionpainting" in der Malerei vermitteln kompaktes Hindergrundwissen zu den verschiedensten Epochen, Sachgebieten und Themenkomplexen.

Ausführliche Bildlegenden in den Bildtafeln vertiefen das in den Definitionen des Wörterverzeichnisses vermittelte Sachwissen.

Ein konsequentes Verweissystem stellt Verknüpfungen zwischen Stichwörtern und Illustrationen sowie auch zwischen den verschiedenen Illustrationen her. Auf diese Weise werden die verschiedenen Informationselemente eng verzahnt und bilden ein Netzwerk, das die Erschließung ganzer Wortschatzbereiche erlaubt (so z. B. die Bildtafel *Fische* und die untergeordnete Bildtafel *Haie* oder die Bildtafel *Huftiere* und die untergeordneten Bildtafeln *Kamele, Nashörner, Pferde*).
(Zum System der Bildverweiszeichen im *Wahrig, Illustriertes Wörterbuch* vgl. Seite 8/9.)

# Tabelle der Aussprachezeichen

## I. Vokale

[:] der Doppelpunkt bezeichnet die Länge eines Vokals; Vokale ohne Doppelpunkt sind kurz bis halblang zu sprechen
[a] kurzes a (wie in k*a*nn)
[a:] langes a (wie in H*ah*n)
[æ] sehr offenes, kurzes, dem [a] zuneigendes ä (wie in G*a*ngway ['gæŋwɛi])
[ʌ] dumpfes, kurzes a (wie in R*u*gby [rʌgbi])
[ã] kurzes, nasaliertes a (wie in Ch*am*bre ['ʃãbrə])
[ai] Diphthong (wie in Br*ei*, L*ai*b)
[au] Diphthong (wie in k*au*m)
[e] kurzes, geschlossenes e (wie in D*e*bauche [de'bo:ʃ])
[e:] langes, geschlossenes e (wie in R*e*h)
[ə] kurzes, dumpfes e (wie in Pini*e* [-iə], G*e*birg*e*)
[ə:] langes, dumpfes e (wie in g*i*rl [gə:l])
[ɛ] kurzes, offenes e (wie in F*e*st, G*ä*nse)
[ɛ:] langes, offenes e (wie in B*ä*r)
[ɛi] Diphthong (wie in engl. W*a*les [wɛilz] und niederl. *Ij*muiden [ɛi'mœydən])
[ɛ̃] nasaliertes e (wie in französ. jard*in* [ʒar'dɛ̃])
[i] kurzes i (wie in b*i*n)
[i:] langes i (wie in W*ie*n)
[ɔ] kurzes, offenes o (wie in R*o*ss)
[ɔ:] langes, offenes o, ein dem a angenähertes o (wie in engl. W*a*llstreet ['wɔ:lstri:t])
[ɔ̃] offenes, nasales o (wie in M*o*nt Blanc [mɔ̃'blã])
[ɔi] Diphthong (wie in L*eu*te)
[o] kurzes, geschlossenes o (wie in V*o*kativ)
[o:] langes, geschlossenes o (wie in L*oh*n, L*o*s)
[œ] offenes ö (wie in K*ö*ln)
[ø:] langes, geschlossenes ö (wie in K*öh*ler)
[œ̃] nasales ö (wie in Verd*un* [vɛr'dœ̃])
[ou] Diphthong (wie Sh*ow* [ʃou])
[u] kurzes u (wie in r*u*nd)
[u:] langes u (wie in Gr*u*ß)
[y] kurzes ü (wie in J*ü*nger)
[y:] langes ü (wie in f*üh*ren)

## II. Konsonanten

[ç] ch (wie in i*ch*)
[ŋ] ng (wie in Lä*ng*e, Ba*nk* [baŋk])
[s] stimmloses s (wie in mü*ss*en)
[ʃ] stimmloses sch (wie in *Sch*af)
[ʒ] stimmhafter sch-Laut (wie in Etage [e'ta:ʒə])
[θ] stimmloser Lispellaut (wie in engl. Common-weal*th* [-wɛlθ])
[ð] stimmhafter Lispellaut (wie in engl. mo*th*er ['mʌðə(r)])
[v] w (wie in *W*asser)
[w] mit stark vorgewölbten Lippen gesprochenes englisches w (wie in *w*ater ['wɔ:tə(r)]) oder flüchtiges, gleitendes u (wie in Z*ł*oty ['zwɔti])
[x] ch (wie in ma*ch*en)
[z] stimmhaftes s (wie in Wei*s*e)

Buchstaben, die zwei Laute wiedergeben, werden in der Lautschrift durch zwei Zeichen dargestellt, z. B.
[ts] wie z in rei*z*en ['raitsən]
[ks] wie x in He*x*e ['hɛksə]

# Tabelle der Deklinationen

*Beachte:* Die Kennzeichnung eines Deklinationsschemas durch „u“ (z. B. 1u, 2u usw.) bedeutet, dass der Stammvokal im Plural umgelautet wird:

| | | |
|---|---|---|
| a wird zu ä | au wird zu äu | u wird zu ü |
| aa wird zu ä | o wird zu ö | |

*Anmerkung:* Bei einer Reihe von Wörtern lässt sich nicht entscheiden, ob sie der starken, schwachen oder gemischten Deklination angehören. Zu dieser Gattung von Hauptwörtern gehören insbesondere weibliche Substantive, die keinen Plural bilden. Ein Hinweis von einem solchen Wort im Wörterbuchteil auf ein bestimmtes Schema geschieht daher nur aus praktischen Gründen.

## Starke Deklination

*Beachte:* Bei Wörtern, die auf Zischlaut enden, steht im Genitiv Singular immer -es: Hals – Halses, Bass – Basses, Maß – Maßes, Schmaus – Schmauses.

### Maskulinum

| | | Singular | Plural |
|---|---|---|---|
| **1** | Nom. | der Tag | die Tage |
| | Gen. | des Tag(e)s | der Tage |
| | Dat. | dem Tag(e) | den Tagen |
| | Akk. | den Tag | die Tage |

ebenso: der Greis, des Greises, die Greise; der Riss, des Risses, die Risse

| | | Singular | Plural |
|---|---|---|---|
| **1u** | Nom. | der Bach | die Bäche |
| | Gen. | des Bach(e)s | der Bäche |
| | Dat. | dem Bach(e) | den Bächen |
| | Akk. | den Bach | die Bäche |

ebenso: der Bass, des Basses, die Bässe; der Saal, des Saales, die Säle; der Sohn, des Sohnes, die Söhne; der Kloß, des Kloßes, die Klöße

| | | Singular | Plural |
|---|---|---|---|
| **2** | Nom. | der Leib | die Leiber |
| | Gen. | des Leibes | der Leiber |
| | Dat. | dem Leib(e) | den Leibern |
| | Akk. | den Leib | die Leiber |
| **2u** | Nom. | der Wald | die Wälder |
| | Gen. | des Waldes | der Wälder |
| | Dat. | dem Wald(e) | den Wäldern |
| | Akk. | den Wald | die Wälder |

ebenso: der Wurm, des Wurmes, die Würmer; der Gott, des Gottes, die Götter; der Strauch, des Strauches, die Sträucher

| | | Singular | Plural |
|---|---|---|---|
| **3** | Nom. | der Adler | die Adler |
| | Gen. | des Adlers | der Adler |
| | Dat. | dem Adler | den Adlern |
| | Akk. | den Adler | die Adler |

ebenso: der Käse, des Käses, die Käse

| | | Singular | Plural |
|---|---|---|---|
| **3u** | Nom. | der Vater | die Väter |
| | Gen. | des Vaters | der Väter |
| | Dat. | dem Vater | den Vätern |
| | Akk. | den Vater | die Väter |

ebenso: der Bruder, des Bruders, die Brüder

| | | Singular | Plural |
|---|---|---|---|
| **4** | Nom. | der Lappen | die Lappen |
| | Gen. | des Lappens | der Lappen |
| | Dat. | dem Lappen | den Lappen |
| | Akk. | den Lappen | die Lappen |
| **4u** | Nom. | der Faden | die Fäden |
| | Gen. | des Fadens | der Fäden |
| | Dat. | dem Faden | den Fäden |
| | Akk. | den Faden | die Fäden |

ebenso: der Ofen, des Ofens, die Öfen

| | | Singular | Plural |
|---|---|---|---|
| **5** | Nom. | der Deckel | die Deckel |
| | Gen. | des Deckels | der Deckel |
| | Dat. | dem Deckel | den Deckeln |
| | Akk. | den Deckel | die Deckel |
| **5u** | Nom. | der Vogel | die Vögel |
| | Gen. | des Vogels | der Vögel |
| | Dat. | dem Vogel | den Vögeln |
| | Akk. | den Vogel | die Vögel |

ebenso: der Apfel, des Apfels, die Äpfel

| | | Singular | Plural |
|---|---|---|---|
| **6** | Nom. | der Uhu | die Uhus |
| | Gen. | des Uhus | der Uhus |
| | Dat. | dem Uhu | den Uhus |
| | Akk. | den Uhu | die Uhus |

### Femininum

| | | Singular | Plural |
|---|---|---|---|
| **7** | Nom. | die Drangsal | die Drangsale |
| | Gen. | der Drangsal | der Drangsale |
| | Dat. | der Drangsal | den Drangsalen |
| | Akk. | die Drangsal | die Drangsale |
| **7u** | Nom. | die Hand | die Hände |
| | Gen. | der Hand | der Hände |
| | Dat. | der Hand | den Händen |
| | Akk. | die Hand | die Hände |

ebenso: die Not, der Not, die Nöte; die Kuh, der Kuh, die Kühe; die Nuss, der Nuss, die Nüsse; die Braut, der Braut, die Bräute

| | | Singular | Plural |
|---|---|---|---|
| **8u** | Nom. | die Mutter | die Mütter |
| | Gen. | der Mutter | der Mütter |
| | Dat. | der Mutter | den Müttern |
| | Akk. | die Mutter | die Mütter |

ebenso: die Tochter, der Tochter, die Töchter

| | | Singular | Plural |
|---|---|---|---|
| **9** | Nom. | die Kenntnis | die Kenntnisse |
| | Gen. | der Kenntnis | der Kenntnisse |
| | Dat. | der Kenntnis | den Kenntnissen |
| | Akk. | die Kenntnis | die Kenntnisse |
| **10** | Nom. | die Bar | die Bars |
| | Gen. | der Bar | der Bars |
| | Dat. | der Bar | den Bars |
| | Akk. | die Bar | die Bars |

ebenso: die Avocado, der Avocado, die Avocados; die Bagpipe, der Bagpipe, die Bagpipes

**Neutrum**

| | | Singular | Plural |
|---|---|---|---|
| **11** | Nom. | das Brot | die Brote |
| | Gen. | des Brot(e)s | der Brote |
| | Dat. | dem Brot(e) | den Broten |
| | Akk. | das Brot | die Brote |

ebenso: das Maß, des Maßes, die Maße; das Ross, des Rosses, die Rosse

| | | Singular | Plural |
|---|---|---|---|
| **11u** | Nom. | das Floß | die Flöße |
| | Gen. | des Floßes | der Flöße |
| | Dat. | dem Floß(e) | den Flößen |
| | Akk. | das Floß | die Flöße |
| **12** | Nom. | das Kind | die Kinder |
| | Gen. | des Kind(e)s | der Kinder |
| | Dat. | dem Kind(e) | den Kindern |
| | Akk. | das Kind | die Kinder |

ebenso: das Ei, des Ei(e)s, die Eier

| | | Singular | Plural |
|---|---|---|---|
| **12u** | Nom. | das Dach | die Dächer |
| | Gen. | des Dach(e)s | der Dächer |
| | Dat. | dem Dach(e) | den Dächern |
| | Akk. | das Dach | die Dächer |

ebenso: das Dorf, des Dorfes, die Dörfer; das Schloss, des Schlosses, die Schlösser; das Gut, des Gut(e)s, die Güter

| | | Singular | Plural |
|---|---|---|---|
| **13** | Nom. | das Messer | die Messer |
| | Gen. | des Messers | der Messer |
| | Dat. | dem Messer | den Messern |
| | Akk. | das Messer | die Messer |

ebenso: das Gebirge, des Gebirges, die Gebirge; das Schnitzel, des Schnitzels, die Schnitzel

| | | Singular | Plural |
|---|---|---|---|
| **13u** | Nom. | das Kloster | die Klöster |
| | Gen. | des Klosters | der Klöster |
| | Dat. | dem Kloster | den Klöstern |
| | Akk. | das Kloster | die Klöster |
| **14** | Nom. | das Mädchen | die Mädchen |
| | Gen. | des Mädchens | der Mädchen |
| | Dat. | dem Mädchen | den Mädchen |
| | Akk. | das Mädchen | die Mädchen |
| **15** | Nom. | das Echo | die Echos |
| | Gen. | des Echos | der Echos |
| | Dat. | dem Echo | den Echos |
| | Akk. | das Echo | die Echos |

ebenso: das Abonnement, des Abonnements, die Abonnements; das Dementi, des Dementis, die Dementis

## Schwache Deklination

**Maskulinum**

| | | Singular | Plural |
|---|---|---|---|
| **16** | Nom. | der Bär | die Bären |
| | Gen. | des Bären | der Bären |
| | Dat. | dem Bären | den Bären |
| | Akk. | den Bären | die Bären |

ebenso: der Bauer, des Bauern, die Bauern; der Absolvent, des Absolventen, die Absolventen; der Geck, des Gecken, die Gecken

| | | Singular | Plural |
|---|---|---|---|
| **17** | Nom. | der Riese | die Riesen |
| | Gen. | des Riesen | der Riesen |
| | Dat. | dem Riesen | den Riesen |
| | Akk. | den Riesen | die Riesen |

ebenso: der Kollege, des Kollegen, die Kollegen; der Franke, des Franken, die Franken

**Femininum**

| | | Singular | Plural |
|---|---|---|---|
| **18** | Nom. | die Frau | die Frauen |
| | Gen. | der Frau | der Frauen |
| | Dat. | der Frau | den Frauen |
| | Akk. | die Frau | die Frauen |
| **19** | Nom. | die Gabe | die Gaben |
| | Gen. | der Gabe | der Gaben |
| | Dat. | der Gabe | den Gaben |
| | Akk. | die Gabe | die Gaben |

ebenso: die Harmonie, der Harmonie, die Harmonien; die Hostie, der Hostie, die Hostien; die Liebe, der Liebe, die Lieben

| | | Singular | Plural |
|---|---|---|---|
| **20** | Nom. | die Uhr | die Uhren |
| | Gen. | der Uhr | der Uhren |
| | Dat. | der Uhr | den Uhren |
| | Akk. | die Uhr | die Uhren |

ebenso: die Leistung, der Leistung, die Leistungen; die Attraktion, der Attraktion, die Attraktionen; die Abnormität, der Abnormität, die Abnormitäten

| | | Singular | Plural |
|---|---|---|---|
| **21** | Nom. | die Tafel | die Tafeln |
| | Gen. | der Tafel | der Tafeln |
| | Dat. | der Tafel | den Tafeln |
| | Akk. | die Tafel | die Tafeln |

ebenso: die Leiter, der Leiter, die Leitern

| | | Singular | Plural |
|---|---|---|---|
| **22** | Nom. | die Beamtin | die Beamtinnen |
| | Gen. | der Beamtin | der Beamtinnen |
| | Dat. | der Beamtin | den Beamtinnen |
| | Akk. | die Beamtin | die Beamtinnen |

ebenso: die Königin, der Königin, die Königinnen

## Gemischte Deklination

### Maskulinum

| | | Singular | Plural |
|---|---|---|---|
| **23** | Nom. | der Schmerz | die Schmerzen |
| | Gen. | des Schmerzes | der Schmerzen |
| | Dat. | dem Schmerz(e) | den Schmerzen |
| | Akk. | den Schmerz | die Schmerzen |

ebenso: der Korrektor, des Korrektors, die Korrektoren

| | | Singular | Plural |
|---|---|---|---|
| **24** | Nom. | der See | die Seen |
| | Gen. | des Sees | der Seen |
| | Dat. | dem See | den Seen |
| | Akk. | den See | die Seen |

| | | Singular | Plural |
|---|---|---|---|
| **25** | Nom. | der Stachel | die Stacheln |
| | Gen. | des Stachels | der Stacheln |
| | Dat. | dem Stachel | den Stacheln |
| | Akk. | den Stachel | die Stacheln |

ebenso: der Vetter, des Vetters, die Vettern

| | | Singular | Plural |
|---|---|---|---|
| **26** | Nom. | der Name | die Namen |
| | Gen. | des Namens | der Namen |
| | Dat. | dem Namen | den Namen |
| | Akk. | den Namen | die Namen |

### Neutrum

| | | Singular | Plural |
|---|---|---|---|
| **27** | Nom. | das Ohr | die Ohren |
| | Gen. | des Ohr(e)s | der Ohren |
| | Dat. | dem Ohr | den Ohren |
| | Akk. | das Ohr | die Ohren |

ebenso: das Juwel, des Juwels, die Juwelen

| | | Singular | Plural |
|---|---|---|---|
| **28** | Nom. | das Auge | die Augen |
| | Gen. | des Auges | der Augen |
| | Dat. | dem Auge | den Augen |
| | Akk. | das Auge | die Augen |

ebenso: das Hibernakel, des Hibernakels, die Hibernakeln

## Adjektivische Deklination

### Maskulinum

**29**

| | | Singular | Plural |
|---|---|---|---|
| *stark* | Nom. | ein Abgeordneter | Abgeordnete |
| | Gen. | eines Abgeordneten | Abgeordneter |
| | Dat. | einem Abgeordneten | Abgeordneten |
| | Akk. | einen Abgeordneten | Abgeordnete |
| *schwach* | Nom. | der Abgeordnete | die Abgeordneten |
| | Gen. | des Abgeordneten | der Abgeordneten |
| | Dat. | dem Abgeordneten | den Abgeordneten |
| | Akk. | den Abgeordneten | die Abgeordneten |

### Femininum

**30**

| | | Singular | Plural |
|---|---|---|---|
| *stark* | Nom. | eine Illustrierte | Illustrierte |
| | Gen. | einer Illustrierten | Illustrierter |
| | Dat. | einer Illustrierten | Illustrierten |
| | Akk. | eine Illustrierte | Illustrierte |
| *schwach* | Nom. | die Illustrierte | die Illustrierten |
| | Gen. | der Illustrierten | der Illustrierten |
| | Dat. | der Illustrierten | den Illustrierten |
| | Akk. | die Illustrierte | die Illustrierten |

### Neutrum

**31**

| | | Singular | Plural |
|---|---|---|---|
| *stark* | Nom. | ein Geräuchertes | |
| | Gen. | eines Geräucherten | |
| | Dat. | einem Geräucherten | |
| | Akk. | ein Geräuchertes | |
| *schwach* | Nom. | das Geräucherte | |
| | Gen. | des Geräucherten | |
| | Dat. | dem Geräucherten | |
| | Akk. | das Geräucherte | |

**32**

| | | Singular | Plural |
|---|---|---|---|
| *stark* | Nom. | | Isomere |
| | Gen. | | Isomerer |
| | Dat. | | Isomeren |
| | Akk. | | Isomere |
| *schwach* | Nom. | | die Isomeren |
| | Gen. | | der Isomeren |
| | Dat. | | den Isomeren |
| | Akk. | | die Isomeren |

# Tabelle der Konjugationen

| Infinitiv | Infinitiv Präsens 1., 2., 3. Sing. | Indikativ Präteritum | Konjunktiv Präteritum | Imperativ | Partizip Perfekt |
|---|---|---|---|---|---|

## I. Schwache Konjugation (Verben ohne Ziffern)

| Infinitiv | Infinitiv Präsens 1., 2., 3. Sing. | Indikativ Präteritum | Konjunktiv Präteritum | Imperativ | Partizip Perfekt |
|---|---|---|---|---|---|
| machen | mach\|\|e, ~st, ~t | macht\|\|e, ~est, ~e | machte | mach(e) | gemacht |
| achteln | achtel\|\|e, ~st, ~t | achtelt\|\|e, ~est, ~e | achtelte | achtele | geachtelt |

Wenn der Verbstamm auf unbetontes ~el od. ~er endet, werden (a) Infinitiv und 1., 3. Person Plural Präsens auf ~n, der Imperativ des Singular auf ~e gebildet; kann (b) in der 1. Person Indikativ Präsens das unbetonte ~e~ des Stammes ausfallen: ich angle, zittre od. angele, zittere

| Infinitiv | Infinitiv Präsens 1., 2., 3. Sing. | Indikativ Präteritum | Konjunktiv Präteritum | Imperativ | Partizip Perfekt |
|---|---|---|---|---|---|
| rasen | ras\|\|e, ~t, ~t | rast\|\|e, ~est, ~e | raste | rase | gerast |

Wenn der Stamm des Verbs auf [z] od. [s] = s, ß, z, x endet, fällt in der 2. Pers. Sing. Präs. das ~s~ aus, veraltet lautet die Form auch ras\|\|est

| Infinitiv | Infinitiv Präsens 1., 2., 3. Sing. | Indikativ Präteritum | Konjunktiv Präteritum | Imperativ | Partizip Perfekt |
|---|---|---|---|---|---|
| prassen | prasse, prasst | prasst\|\|e, ~est, ~e | prasste | prasse | geprasst |
| retten | rett\|\|e, ~est, ~et | rettet\|\|e, ~est, ~e | rettete | rette | gerettet |
| rechnen | rechn\|\|e, ~est, ~et | rechnet\|\|e, ~est, ~e | rechnete | rechne | gerechnet |

Wenn der Stamm des Verbs auf ~d, ~t, Konsonant + m, Konsonant + n endet, wird in der 2. Pers. Sing. und vor dem ~t~ des Präteritums ein ~e~ eingefügt

## II. Starke Konjugation (Verben mit Ziffern)

| Nr. | Infinitiv | Infinitiv Präsens 1., 2., 3. Sing. | Indikativ Präteritum | Konjunktiv Präteritum | Imperativ | Partizip Perfekt |
|---|---|---|---|---|---|---|
| **101** | backen | backe, bäckst/backst, bäckt/backt | backte (älter: buk) | büke | back(e) | gebacken |
| **102** | befehlen | befehle, befiehlst, befiehlt | befahl | beföhle/befähle | befiehl | befohlen |
| **103** | befleißen | befleiß\|\|e, ~(es)t, ~t | befliss, ~est | beflisse | befleiß(e) | beflissen |
| **104** | beginnen | beginn\|\|e, ~st, ~t | begann | begönne/begänne | beginn(e) | begonnen |
| **105** | beißen | beiß\|\|e, ~(es)t, ~t | biss, bissest | bisse | beiß(e) | gebissen |
| **106** | bergen | berge, birgst, birgt | barg | bärge | birg | geborgen |
| **107** | bersten | berste, berstest (älter: birst), berstet (älter: birst) | barst (borst, berstete), ~est | bärste | birst | geborsten |
| **108** | bewegen | beweg\|\|e, ~st, ~t | bewog | bewöge | beweg(e) | bewogen |
| | | wird in der ursprünglichen Bedeutung schwach konjugiert, im übertragenen Sinn dagegen stark | | | | |
| **109** | biegen | bieg\|\|e, ~st, ~t | bog | böge | bieg(e) | gebogen |
| **110** | bieten | biet\|\|e, ~(e)st, ~et | bot, ~(e)st | böte | biet(e) | geboten |
| **111** | binden | bind\|\|e, ~est, ~et | band, ~(e)st | bände | bind(e) | gebunden |
| **112** | bitten | bitt\|\|e, ~est, ~et | bat, ~(e)st | bäte | bitte | gebeten |
| **113** | blasen | blase, bläst, bläst | blies, ~est | bliese | blas(e) | geblasen |
| **114** | bleiben | bleib\|\|e, ~st, ~t | blieb, ~(e)st | bliebe | bleib(e) | geblieben |
| **115** | braten | brate, brätst, brät | briet, ~(e)st | briete | brat(e) | gebraten |
| **116** | brechen | breche, brichst, bricht | brach | bräche | brich | gebrochen |
| **117** | brennen | brenn\|\|e, ~st, ~t | brannte | brennte | brenn(e) | gebrannt |
| **118** | bringen | bring\|\|e, ~st, ~t | brachte | brächte | bring(e) | gebracht |
| **119** | denken | denk\|\|e, ~st, ~t | dachte | dächte | denk(e) | gedacht |
| **120** | dingen | ding\|\|e, ~st, ~t | dingte (älter: dang) | ding(e)te (älter: dünge, dänge) | ding(e) | gedungen (selten: gedingt) |
| **121** | dreschen | dresche, drischst, drischt | drosch, ~(e)st (älter: drasch) | drösche | drisch | gedroschen |
| **122** | dringen | dring\|\|e, ~st, ~t | drang, ~(e)st | dränge | dring(e) | gedrungen |
| **123** | dünken | mich dünkt (älter: deucht) | dünkte (älter: deuchte) | - | - | gedünkt (älter: gedeucht) |
| **124** | dürfen | darf, ~st, ~; dürfen | durfte | dürfte | - | gedurft |
| **125** | empfehlen | emp\|\|fehle, ~fiehlst, ~fiehlt | empfahl | empföhle | empfiehl | empfohlen |
| **126** | erbleichen | erbleich\|\|e, ~st, ~t | erbleichte (älter: erblich) | erbleichte (älter: erbliche) | erbleich(e) | erbleicht (älter: erblichen) |
| **127** | erkiesen | erkies\|\|e, ~t, ~t | erkor | erköre | erkies(e) | erkoren |
| **128** | erlöschen | erlösche, erlischst, erlischt | erlosch, ~est | erlösche | erlisch | erloschen |
| **129** | essen | esse, isst, isst | aß, ~est | äße | iss | gegessen |
| **130** | fahren | fahre, fährst, fährt | fuhr | führe | fahr(e) | gefahren |
| **131** | fallen | falle, fällst, fällt | fiel | fiele | fall(e) | gefallen |
| **132** | fangen | fange, fängst, fängt | fing | finge | fang(e) | gefangen |
| **133** | fechten | fechte, fich(t)st, ficht | focht, ~(e)st | föchte | ficht | gefochten |
| **134** | finden | find\|\|e, ~est, ~et | fand, ~(e)st | fände | find(e) | gefunden |
| **135** | flechten | flechte, flich(t)st (flechtest), flicht (flechtet) | flocht, ~est | flöchte | flicht (flecht(e)) | geflochten |
| **136** | fliegen | flieg\|\|e, ~st, ~t | flog, ~(e)st | flöge | flieg(e) | geflogen |
| **137** | fliehen | flieh\|\|e, ~st, ~t | floh, ~(e)st | flöhe | flieh(e) | geflohen |
| **138** | fließen | fließ\|\|e, ~t, ~t | floss, ~est | flösse | fließ(e) | geflossen |
| **139** | fressen | fresse, frisst, frisst | fraß, ~est | fräße | friss | gefressen |

<table>
<tr><th></th><th>Infinitiv</th><th>Infinitiv Präsens 1., 2., 3. Sing.</th><th>Indikativ Präteritum</th><th>Konjunktiv Präteritum</th><th>Imperativ</th><th>Partizip Perfekt</th></tr>
<tr><td>**140**</td><td>frieren</td><td>frier||e, ~st, ~t</td><td>fror</td><td>fröre</td><td>frier(e)</td><td>gefroren</td></tr>
<tr><td>**141**</td><td>gären</td><td>gär||e, ~st, ~t</td><td>gärte (älter: gor)</td><td>gärte (älter: göre)</td><td>gär(e)</td><td>gegoren (gegärt)</td></tr>
<tr><td>**142**</td><td>gebären</td><td>gebär||e, ~st (älter: gebierst), ~t (älter: gebiert)</td><td>gebar</td><td>gebäre</td><td>gebär(e) (älter: gebier)</td><td>geboren</td></tr>
<tr><td>**143**</td><td>geben</td><td>gebe, gibst, gibt</td><td>gab</td><td>gäbe</td><td>gib</td><td>gegeben</td></tr>
<tr><td>**144**</td><td>gedeihen</td><td>gedeih||e, ~st, ~t</td><td>gedieh</td><td>gediehe</td><td>gedeih(e)</td><td>gediehen</td></tr>
<tr><td>**145**</td><td>geh(e)n</td><td>geh||e, ~st, ~t</td><td>ging</td><td>ginge</td><td>geh(e)</td><td>gegangen</td></tr>
<tr><td>**146**</td><td>gelingen</td><td>es gelingt</td><td>es gelang</td><td>es gelänge</td><td>geling(e)</td><td>gelungen</td></tr>
<tr><td>**147**</td><td>gelten</td><td>gelte, giltst, gilt</td><td>galt, ~(e)st</td><td>gälte (gölte)</td><td>gilt</td><td>gegolten</td></tr>
<tr><td>**148**</td><td>genesen</td><td>genes||e, ~(es)t, ~t</td><td>genas, ~est</td><td>genäse</td><td>genese</td><td>genesen</td></tr>
<tr><td>**149**</td><td>genießen</td><td>genieß||e, ~t, ~t</td><td>genoss, ~est</td><td>genösse</td><td>genieß(e)</td><td>genossen</td></tr>
<tr><td>**150**</td><td>geschehen</td><td>es geschieht</td><td>es geschah</td><td>es geschähe</td><td>-</td><td>geschehen</td></tr>
<tr><td>**151**</td><td>gewinnen</td><td>gewinn||e, ~st, ~t</td><td>gewann, ~(e)st</td><td>gewänne (gewönne)</td><td>gewinn(e)</td><td>gewonnen</td></tr>
<tr><td>**152**</td><td>gießen</td><td>gieß||e, ~t, ~t</td><td>goss, gossest</td><td>gösse</td><td>gieß(e)</td><td>gegossen</td></tr>
<tr><td>**153**</td><td>gleichen</td><td>gleich||e, ~st, ~t</td><td>glich, ~(e)st</td><td>gliche</td><td>gleich(e)</td><td>geglichen</td></tr>
<tr><td>**154**</td><td>gleißen</td><td>gleiß||e, ~t, ~t</td><td>gleißte (gliss), ~st (glissest)</td><td>glisse</td><td>gleiß(e)</td><td>gegleißt (geglissen)</td></tr>
<tr><td>**155**</td><td>gleiten</td><td>gleit||e, ~est, ~et</td><td>glitt, ~(e)st</td><td>glitte</td><td>gleit(e)</td><td>geglitten</td></tr>
<tr><td>**156**</td><td>glimmen</td><td>glimm||e, ~st, ~t</td><td>glimmte (älter: glomm)</td><td>glömme</td><td>glimm(e)</td><td>geglommen (geglimmt)</td></tr>
<tr><td>**157**</td><td>graben</td><td>grabe, gräbst, gräbt</td><td>grub, ~(e)st</td><td>grübe</td><td>grab(e)</td><td>gegraben</td></tr>
<tr><td>**158**</td><td>greifen</td><td>greif||e, ~st, ~t</td><td>griff, ~(e)st</td><td>griffe</td><td>greif(e)</td><td>gegriffen</td></tr>
<tr><td>**159**</td><td>haben</td><td>habe, hast, hat</td><td>hatte</td><td>hätte</td><td>hab(e)</td><td>gehabt</td></tr>
<tr><td>**160**</td><td>halten</td><td>halte, hältst, hält</td><td>hielt, ~(e)st</td><td>hielte</td><td>halt(e)</td><td>gehalten</td></tr>
<tr><td>**161**</td><td>hängen (hangen)</td><td>hänge (hange), hängst, hängt<br>transitiv schwach konjugiert</td><td>hing, ~(e)st</td><td>hinge</td><td>häng(e)</td><td>gehangen (gehängt)</td></tr>
<tr><td>**162**</td><td>hauen</td><td>hau||e, ~st, ~t</td><td>haute (älter: hieb)</td><td>hiebe</td><td>hau(e)</td><td>gehauen</td></tr>
<tr><td>**163**</td><td>heben</td><td>heb||e, ~st, ~t</td><td>hob (älter: hub), ~(e)st</td><td>höbe (älter: hübe)</td><td>heb(e)</td><td>gehoben</td></tr>
<tr><td>**164**</td><td>heißen</td><td>heiß||e, ~t, ~t</td><td>hieß, ~est</td><td>hieße</td><td>heiß(e)</td><td>geheißen</td></tr>
<tr><td>**165**</td><td>helfen</td><td>helfe, hilfst, hilft</td><td>half, ~(e)st</td><td>hülfe</td><td>hilf</td><td>geholfen</td></tr>
<tr><td>**166**</td><td>kennen</td><td>kenn||e, ~st, ~t</td><td>kannte</td><td>kennte</td><td>kenn(e)</td><td>gekannt</td></tr>
<tr><td>**167**</td><td>klimmen</td><td>klimm||e, ~st, ~t</td><td>klimmte (älter: klomm)</td><td>klömme</td><td>klimm(e)</td><td>geklommen (geklimmt)</td></tr>
<tr><td>**168**</td><td>klingen</td><td>kling||e, ~st, ~t</td><td>klang, ~(e)st</td><td>klänge</td><td>kling(e)</td><td>geklungen</td></tr>
<tr><td>**169**</td><td>kneifen</td><td>kneif||e, ~st, ~t</td><td>kniff</td><td>kniffe</td><td>kneif(e)</td><td>gekniffen</td></tr>
<tr><td>**170**</td><td>kommen</td><td>komm||e, ~st, ~t</td><td>kam</td><td>käme</td><td>komm(e)</td><td>gekommen</td></tr>
<tr><td>**171**</td><td>können</td><td>kann, ~st, ~; können</td><td>konnte</td><td>könnte</td><td>-</td><td>gekonnt</td></tr>
<tr><td>**172**</td><td>kriechen</td><td>kriech||e, ~st, ~t</td><td>kroch</td><td>kröche</td><td>kriech(e)</td><td>gekrochen</td></tr>
<tr><td>**173**</td><td>laden</td><td>lad||e, lädst (älter: ~est), lädt (älter: ~et)</td><td>lud (ladete), ~(e)st</td><td>lüde (ladete)</td><td>lad(e)</td><td>geladen</td></tr>
<tr><td>**174**</td><td>lassen</td><td>lasse, lässt, lässt</td><td>ließ, ~est</td><td>ließe</td><td>lass (lasse)</td><td>gelassen</td></tr>
<tr><td>**175**</td><td>laufen</td><td>laufe, läufst, läuft</td><td>lief, ~(e)st</td><td>liefe</td><td>lauf(e)</td><td>gelaufen</td></tr>
<tr><td>**176**</td><td>leiden</td><td>leid||e, ~est, ~et</td><td>litt, ~(e)st</td><td>litte</td><td>leid(e)</td><td>gelitten</td></tr>
<tr><td>**177**</td><td>leihen</td><td>leih||e, ~st, ~t</td><td>lieh, ~(e)st</td><td>liehe</td><td>leih(e)</td><td>geliehen</td></tr>
<tr><td>**178**</td><td>lesen</td><td>lese, liest, liest</td><td>las, ~est</td><td>läse</td><td>lies</td><td>gelesen</td></tr>
<tr><td>**179**</td><td>liegen</td><td>lieg||e, ~st, ~t</td><td>lag</td><td>läge</td><td>lieg(e)</td><td>gelegen</td></tr>
<tr><td>**180**</td><td>lügen</td><td>lüg||e, ~st, ~t</td><td>log, ~(e)st</td><td>löge</td><td>lüg(e)</td><td>gelogen</td></tr>
<tr><td>**180a**</td><td>mahlen</td><td>mahl||e, ~st, ~t</td><td>mahlte, ~est</td><td>mahlte</td><td>mahl(e)</td><td>gemahlen</td></tr>
<tr><td>**181**</td><td>meiden</td><td>meid||e, ~est, ~et</td><td>mied, ~(e)st</td><td>miede</td><td>meid(e)</td><td>gemieden</td></tr>
<tr><td>**182**</td><td>melken</td><td>melk||e, ~st (milkst), ~t (milkt)</td><td>melkte (molk)</td><td>mölke</td><td>melk(e)</td><td>gemelkt (gemolken)</td></tr>
<tr><td>**183**</td><td>messen</td><td>messe, misst, misst</td><td>maß, ~est</td><td>mäße</td><td>miss</td><td>gemessen</td></tr>
<tr><td>**184**</td><td>misslingen</td><td>es misslingt</td><td>es misslang</td><td>es misslänge</td><td>-</td><td>misslungen</td></tr>
<tr><td>**185**</td><td>mögen</td><td>mag, ~st, ~; mögen</td><td>mochte</td><td>möchte</td><td>-</td><td>gemocht</td></tr>
<tr><td>**186**</td><td>müssen</td><td>muss, ~t, ~; müssen, müssen</td><td>musste</td><td>müsste</td><td>-</td><td>gemusst</td></tr>
<tr><td>**187**</td><td>nehmen</td><td>nehme, nimmst, nimmt</td><td>nahm, ~(e)st</td><td>nähme</td><td>nimm</td><td>genommen</td></tr>
<tr><td>**188**</td><td>nennen</td><td>nenn||e, ~st, ~t</td><td>nannte</td><td>nennte</td><td>nenn(e)</td><td>genannt</td></tr>
<tr><td>**189**</td><td>pfeifen</td><td>pfeif||e, ~st, ~t</td><td>pfiff, ~(e)st</td><td>pfiffe</td><td>pfeif(e)</td><td>gepfiffen</td></tr>
<tr><td>**190**</td><td>pflegen</td><td>pfleg||e, ~st, ~t<br>wird meist schwach konjugiert</td><td>pflegte (pflog), ~st (pflogst)</td><td>pflegte (pflöge)</td><td>pfleg(e)</td><td>gepflegt (gepflogen)</td></tr>
<tr><td>**191**</td><td>preisen</td><td>preis||e, ~t, ~t</td><td>pries, ~est</td><td>priese</td><td>preis(e)</td><td>gepriesen</td></tr>
<tr><td>**192**</td><td>quellen</td><td>quelle, quillst (quellst), quillt (quellt)<br>transitiv schwach konjugiert</td><td>quoll (quellte)</td><td>quölle</td><td>quill (quelle)</td><td>gequollen (gequellt)</td></tr>
<tr><td>**193**</td><td>raten</td><td>rate, rätst, rät</td><td>riet, ~(e)st</td><td>riete</td><td>rat(e)</td><td>geraten</td></tr>
<tr><td>**194**</td><td>reiben</td><td>reib||e, ~st, ~t</td><td>rieb, ~(e)st</td><td>riebe</td><td>reib(e)</td><td>gerieben</td></tr>
<tr><td>**195**</td><td>reißen</td><td>reiß||e, ~t, ~t</td><td>riss, ~est</td><td>risse</td><td>reiß(e)</td><td>gerissen</td></tr>
<tr><td>**196**</td><td>reiten</td><td>reit||e, ~est, ~et</td><td>ritt, ~(e)st</td><td>ritte</td><td>reit(e)</td><td>geritten</td></tr>
<tr><td>**197**</td><td>rennen</td><td>renn||e, ~st, ~t</td><td>rannte</td><td>rennte</td><td>renn(e)</td><td>gerannt</td></tr>
</table>

<table>
<tr><th></th><th>Infinitiv</th><th>Infinitiv Präsens 1., 2., 3. Sing.</th><th>Indikativ Präteritum</th><th>Konjunktiv Präteritum</th><th>Imperativ</th><th>Partizip Perfekt</th></tr>
<tr><td>198</td><td>riechen</td><td>riech||e, ~st, ~t</td><td>roch</td><td>röche</td><td>riech(e)</td><td>gerochen</td></tr>
<tr><td>199</td><td>ringen</td><td>ring||e, ~st, ~t</td><td>rang</td><td>ränge</td><td>ring(e)</td><td>gerungen</td></tr>
<tr><td>200</td><td>rinnen</td><td>rinn||e, ~st, ~t</td><td>rann, ~(e)st</td><td>ränne (rönne)</td><td>rinn(e)</td><td>geronnen</td></tr>
<tr><td>201</td><td>rufen</td><td>ruf||e, ~st, ~t</td><td>rief, ~(e)st</td><td>riefe</td><td>ruf(e)</td><td>gerufen</td></tr>
<tr><td>202</td><td>salzen</td><td>salz||e, ~t, ~t</td><td>salzte</td><td>salzte</td><td>salz(e)</td><td>gesalzen</td></tr>
<tr><td>203</td><td>saufen</td><td>saufe, säufst, säuft</td><td>soff, ~(e)st</td><td>söffe</td><td>sauf(e)</td><td>gesoffen</td></tr>
<tr><td>204</td><td>saugen</td><td>saug||e, ~st, ~t</td><td>saugte (älter: sog), ~(e)st</td><td>söge</td><td>saug(e)</td><td>gesaugt (älter: gesogen)</td></tr>
<tr><td>205</td><td>schaffen</td><td>schaff||e, ~st, ~t</td><td>schuf, ~(e)st</td><td>schüfe</td><td>schaff(e)</td><td>geschaffen</td></tr>
<tr><td></td><td></td><td colspan="5">wird in der Bedeutung „arbeiten" und in Ableitung mit ver- und an- schwach konjugiert</td></tr>
<tr><td>206</td><td>schallen</td><td>schall||e, ~st, ~t</td><td>schallte (älter: scholl)</td><td>schallete (schölle)</td><td>schall(e)</td><td>geschallt (älter: geschollen)</td></tr>
<tr><td>207</td><td>scheiden</td><td>scheid||e, ~est, ~et</td><td>schied, ~(e)st</td><td>schiede</td><td>scheid(e)</td><td>geschieden</td></tr>
<tr><td>208</td><td>scheinen</td><td>schein||e, ~st, ~t</td><td>schien, ~(e)st</td><td>schiene</td><td>schein(e)</td><td>geschienen</td></tr>
<tr><td>209</td><td>scheißen</td><td>scheiß||e, ~t, ~t</td><td>schiss, ~est</td><td>schisse</td><td>scheiße</td><td>geschissen</td></tr>
<tr><td>210</td><td>schelten</td><td>schelte, schiltst, schilt</td><td>schalt, ~(e)st</td><td>schölte</td><td>schilt</td><td>gescholten</td></tr>
<tr><td>211</td><td>scheren</td><td>scher||e, ~st, ~t</td><td>scherte (schor)</td><td>schöre</td><td>scher(e)</td><td>geschoren</td></tr>
<tr><td></td><td></td><td colspan="5">wird in den Bedeutungen „kümmern, fortgehen" schwach konjugiert</td></tr>
<tr><td>212</td><td>schieben</td><td>schieb||e, ~st, ~t</td><td>schob, ~(e)st</td><td>schöbe</td><td>schieb(e)</td><td>geschoben</td></tr>
<tr><td>213</td><td>schießen</td><td>schieß||e, ~t, ~t</td><td>schoss, ~est</td><td>schösse</td><td>schieß(e)</td><td>geschossen</td></tr>
<tr><td>214</td><td>schinden</td><td>schind||e, ~est, ~et</td><td>schund, ~(e)st</td><td>schünde</td><td>schind(e)</td><td>geschunden</td></tr>
<tr><td>215</td><td>schlafen</td><td>schlafe, schläfst, schläft</td><td>schlief, ~(e)st</td><td>schliefe</td><td>schlaf(e)</td><td>geschlafen</td></tr>
<tr><td>216</td><td>schlagen</td><td>schlage, schlägst, schlägt</td><td>schlug, ~(e)st</td><td>schlüge</td><td>schlag(e)</td><td>geschlagen</td></tr>
<tr><td>217</td><td>schleichen</td><td>schleich||e, ~st, ~t</td><td>schlich, ~(e)st</td><td>schliche</td><td>schleich(e)</td><td>geschlichen</td></tr>
<tr><td>218</td><td>schleifen</td><td>schleif||e, ~st, ~t</td><td>schliff, ~(e)st</td><td>schliffe</td><td>schleif(e)</td><td>geschliffen</td></tr>
<tr><td></td><td></td><td colspan="5">wird in den Bedeutungen „zerstören, ziehen" schwach konjugiert</td></tr>
<tr><td>219</td><td>schleißen</td><td>schleiß||e, ~t, ~t</td><td>schleißte (schliss), ~st</td><td>schlisse</td><td>schleiß(e)</td><td>geschlissen (geschleißt)</td></tr>
<tr><td>220</td><td>schließen</td><td>schließ||e, ~t, ~t</td><td>schloss, ~est</td><td>schlösse</td><td>schließ(e)</td><td>geschlossen</td></tr>
<tr><td>221</td><td>schlingen</td><td>schling||e, ~st, ~t</td><td>schlang, ~(e)st</td><td>schlänge</td><td>schling(e)</td><td>geschlungen</td></tr>
<tr><td>222</td><td>schmeißen</td><td>schmeiß||e, ~t, ~t</td><td>schmiss, schmissest</td><td>schmisse</td><td>schmeiß(e)</td><td>geschmissen</td></tr>
<tr><td>223</td><td>schmelzen</td><td>schmelze, schmilzt, schmilzt</td><td>schmolz, ~est (schmelzte)</td><td>schmölze</td><td>schmilz</td><td>geschmolzen (geschmelzt)</td></tr>
<tr><td></td><td></td><td colspan="5">transitiv häufig schwach konjugiert</td></tr>
<tr><td>224</td><td>schneiden</td><td>schneid||e, ~est, ~et</td><td>schnitt, ~(e)st</td><td>schnitte</td><td>schneid(e)</td><td>geschnitten</td></tr>
<tr><td>225</td><td>schrecken</td><td>schrecke, schrickst (schreckst), schrickt (schreckt)</td><td>schrak, ~(e)st (schreckte)</td><td>schräke (schreckte)</td><td>schrick (schrecke)</td><td>erschrocken (erschreckt)</td></tr>
<tr><td></td><td></td><td colspan="5">transitiv schwach konjugiert</td></tr>
<tr><td>226</td><td>schreiben</td><td>schreib||e, ~st, ~t</td><td>schrieb, ~(e)st</td><td>schriebe</td><td>schreib(e)</td><td>geschrieben</td></tr>
<tr><td>227</td><td>schreien</td><td>schrei||e, ~st, ~t</td><td>schrie</td><td>schriee</td><td>schrei(e)</td><td>geschrie(e)n</td></tr>
<tr><td>228</td><td>schreiten</td><td>schreit||e, ~est, ~et</td><td>schritt, ~(e)st</td><td>schritte</td><td>schreit(e)</td><td>geschritten</td></tr>
<tr><td>229</td><td>schweigen</td><td>schweig||e, ~st, ~t</td><td>schwieg, ~(e)st</td><td>schwiege</td><td>schweig(e)</td><td>geschwiegen</td></tr>
<tr><td>230</td><td>schwellen</td><td>schwelle, schwillst (schwellst), schwillt (schwellt)</td><td>schwoll, ~(e)st (schwellte)</td><td>schwölle (schwellte)</td><td>schwill (schwelle)</td><td>geschwollen (geschwellt)</td></tr>
<tr><td></td><td></td><td colspan="5">transitiv schwach konjugiert</td></tr>
<tr><td>231</td><td>schwimmen</td><td>schwimm||e, ~st, ~t</td><td>schwamm, ~(e)st</td><td>schwömme (schwämme)</td><td>schwimm(e)</td><td>geschwommen</td></tr>
<tr><td>232</td><td>schwinden</td><td>schwind||e, ~est, ~et</td><td>schwand, ~(e)st</td><td>schwände</td><td>schwind(e)</td><td>geschwunden</td></tr>
<tr><td>233</td><td>schwingen</td><td>schwing||e, ~st, ~t</td><td>schwang, ~(e)st</td><td>schwänge</td><td>schwing(e)</td><td>geschwungen</td></tr>
<tr><td>234</td><td>schwören</td><td>schwör||e, ~st, ~t</td><td>schwor (älter: schwur), ~(e)st</td><td>schwüre</td><td>schwör(e)</td><td>geschworen</td></tr>
<tr><td>235</td><td>sehen</td><td>sehe, siehst, sieht</td><td>sah, ~st</td><td>sähe</td><td>sieh(e)</td><td>gesehen</td></tr>
<tr><td>236</td><td>sein</td><td>bin, bist, ist; sind, seid, sind</td><td>war, ~st</td><td>wäre<br>Präsens: sei, sei(e)st, sei; seien, seiet, seien</td><td>sei; seid</td><td>gewesen</td></tr>
<tr><td>237</td><td>senden</td><td>send||e, ~est, ~et</td><td>sandte (sendete), ~st</td><td>sendete</td><td>send(e)</td><td>gesandt (gesendet)</td></tr>
<tr><td>238</td><td>sieden</td><td>sied||e, ~est, ~et</td><td>siedete (älter: sott)</td><td>siedete (älter: sötte)</td><td>sied(e)</td><td>gesiedet (älter: gesotten)</td></tr>
<tr><td></td><td></td><td colspan="5">intransitiv schwach konjugiert</td></tr>
<tr><td>239</td><td>singen</td><td>sing||e, ~st, ~t</td><td>sang, ~(e)st</td><td>sänge</td><td>sing(e)</td><td>gesungen</td></tr>
<tr><td>240</td><td>sinken</td><td>sink||e, ~st, ~t</td><td>sank, ~(e)st</td><td>sänke</td><td>sink(e)</td><td>gesunken</td></tr>
<tr><td>241</td><td>sinnen</td><td>sinn||e, ~st, ~t</td><td>sann, ~(e)st</td><td>sänne (sönne)</td><td>sinn(e)</td><td>gesonnen</td></tr>
<tr><td>242</td><td>sitzen</td><td>sitz||e, ~t, ~t</td><td>saß, ~est</td><td>säße</td><td>sitz(e)</td><td>gesessen</td></tr>
<tr><td>243</td><td>spalten</td><td>spalt||e, ~est, ~et</td><td>spaltete</td><td>spaltete</td><td>spalt(e)</td><td>gepalten</td></tr>
<tr><td>244</td><td>speien</td><td>spei||e, ~st, ~t</td><td>spie</td><td>spiee</td><td>spei(e)</td><td>gespie(e)n</td></tr>
<tr><td>245</td><td>spinnen</td><td>spinn||e, ~st, ~t</td><td>spann, ~(e)st</td><td>spönne (spänne)</td><td>spinn(e)</td><td>gesponnen</td></tr>
<tr><td>246</td><td>sprechen</td><td>spreche, sprichst, spricht</td><td>sprach, ~(e)st</td><td>spräche</td><td>sprich</td><td>gesprochen</td></tr>
<tr><td>247</td><td>sprießen</td><td>sprieß||e, ~t, ~t</td><td>spross, ~est</td><td>sprösse</td><td>sprieß(e)</td><td>gesprossen</td></tr>
<tr><td>248</td><td>springen</td><td>spring||e, ~st, ~t</td><td>sprang, ~(e)st</td><td>spränge</td><td>spring(e)</td><td>gesprungen</td></tr>
</table>

| | Infinitiv | Infinitiv Präsens 1., 2., 3. Sing. | Indikativ Präteritum | Konjunktiv Präteritum | Imperativ | Partizip Perfekt |
|---|---|---|---|---|---|---|
| **249** | stechen | steche, stichst, sticht | stach, ~(e)st | stäche | stich | gestochen |
| **250** | stecken | steck‖e, ~st, ~t | stak | stäke | steck(e) | gesteckt |
| | | transitiv schwach konjugiert | | | | |
| **251** | steh(e)n | steh‖e, ~st, ~t | stand, ~(e)st | stände (stünde) | steh(e) | gestanden |
| **252** | stehlen | stehle, stiehlst, stiehlt | stahl | stöhle (stähle) | stiehl | gestohlen |
| **253** | steigen | steig‖e, ~st, ~t | stieg, ~(e)st | stiege | steig(e) | gestiegen |
| **254** | sterben | sterbe, stirbst, stirbt | starb | stürbe | stirb | gestorben |
| **255** | stieben | stieb‖e, ~st, ~t | stob (stiebte), ~(e)st | stöbe | stieb(e) | gestoben (gestiebt) |
| **256** | stinken | stink‖e, ~st, ~t | stank, ~(e)st | stänke | stink(e) | gestunken |
| **257** | stoßen | stoße, stößt, stößt | stieß, ~est | stieße | stoß(e) | gestoßen |
| **258** | streichen | streich‖e, ~st, ~t | strich, ~(e)st | striche | streich(e) | gestrichen |
| **259** | streiten | streit‖e, ~est, ~et | stritt, ~(e)st | stritte | streit(e) | gestritten |
| **260** | tragen | trage, trägst, trägt | trug | trüge | trag(e) | getragen |
| **261** | treffen | treffe, triffst, trifft | traf, ~(e)st | träfe | triff | getroffen |
| **262** | treiben | treib‖e, ~st, ~t | trieb | triebe | treib(e) | getrieben |
| **263** | treten | trete, trittst, tritt | trat, ~(e)st | träte | tritt | getreten |
| **264** | triefen | trief‖e, ~st, ~t | troff (triefte), ~(e)st | tröffe (triefte) | trief(e) | getroffen (getrieft) |
| **265** | trinken | trink‖e, ~st, ~t | trank, ~(e)st | tränke | trink(e) | getrunken |
| **266** | trügen | trüg‖e, ~st, ~t | trog, ~(e)st | tröge | trüg(e) | getrogen |
| **267** | tun | tue, tust, tut; tun | tat, ~(e)st | täte | tu(e) | getan |
| **268** | verderben | verderbe, verdirbst, verdirbt | verdarb | verdürbe | verdirb | verdorben |
| **269** | verdrießen | verdrieß‖e, ~t, ~t | verdross, ~est | verdrösse | verdrieß(e) | verdrossen |
| **270** | vergessen | vergesse, vergisst, vergisst | vergaß, ~est | vergäße | vergiss | vergessen |
| **271** | verlieren | verlier‖e, ~st, ~t | verlor | verlöre | verlier(e) | verloren |
| **272** | wachsen | wachse, wächst, wächst | wuchs, ~(es)t | wüchse | wachs(e) | gewachsen |
| **273** | wägen | wäg‖e, ~st, ~t | wog (wägte) | wöge (wägte) | wäg(e) | gewogen (gewägt) |
| **274** | waschen | wasche, wäschst, wäscht | wusch, ~(e)st | wüsche | wasch(e) | gewaschen |
| **275** | weben | web‖e, ~st, ~t | webte (wob, wobest) | webte (wöbe) | web(e) | gewebt (gewoben) |
| **276** | weichen | weich‖e, ~st, ~t | wich, ~(e)st | wiche | weich(e) | gewichen |
| | | wird in den Bedeutungen „weich werden, einweichen“ schwach konjugiert | | | | |
| **277** | weisen | weis‖e, ~t, ~t | wies, ~(e)st | wiese | weis(e) | gewiesen |
| **278** | wenden | wend‖e, ~est, ~et | wandte (wendete) | wendete | wende | gewandt (gewendet) |
| **279** | werben | werbe, wirbst, wirbt | warb | würbe | wirb | geworben |
| **280** | werden | werde, wirst, wird | wurde (älter: ward) | würde | werd(e) | geworden |
| | | das Partizip des Hilfsverbs lautet „worden“ | | | | |
| **281** | werfen | werfe, wirfst, wirft | warf, ~(e)st | würfe | wirf | geworfen |
| **282** | wiegen | wieg‖e, ~st, ~t | wog | wöge | wieg(e) | gewogen |
| **283** | winden | wind‖e, ~est, ~et | wand, ~(e)st | wände | wind(e) | gewunden |
| **284** | wissen | weiß, ~t, ~; wissen, wisst, wissen | wusste | wüsste | wisse | gewusst |
| **285** | wollen | will, ~st, ~; wollen | wollte | wollte | wolle | gewollt |
| **285a** | wringen | wring‖e, ~st, ~t | wrang | wränge | wring(e) | gewrungen |
| **286** | zeihen | zeih‖e, ~st, ~t | zieh (zeihte), ~(e)st | ziehe | zeih(e) | geziehen (gezeiht) |
| **287** | ziehen | zieh‖e, ~st, ~t | zog, ~(e)st | zöge | zieh(e) | gezogen |
| **288** | zwingen | zwing‖e, ~st, ~t | zwang, ~(e)st | zwänge | zwing(e) | gezwungen |

# Abkürzungen und Zeichen

| | |
|---|---|
| a. | auch |
| Abk. | Abkürzung |
| Adj. | Adjektiv |
| Adv. | Adverb |
| adv. | adverbial |
| aengl. | altenglisch |
| afrik. | afrikanisch |
| afrz. | altfranzösisch |
| ahd. | althochdeutsch |
| Akk. | Akkusativ |
| alem. | alemannisch |
| allg. | allgemein |
| amerik. | amerikanisch |
| Anat. | Anatomie |
| Anthrop. | Anthropologie |
| aram. | aramäisch |
| Arch. | Architektur |
| Archäol. | Archäologie |
| Art. | Artikel |
| asächs. | altsächsisch |
| Astron. | Astronomie |
| AT | Altes Testament |
| attr. | attributiv |
| Ausspr. | Aussprache |
| Bankw. | Bankwesen |
| Bauw. | Bauwesen |
| bes. | besonders |
| Bez. | Bezeichnung |
| Bgb. | Bergbau |
| Biol. | Biologie |
| Bot. | Botanik |
| Buchw. | Buchwesen |
| bzw. | beziehungsweise |
| Chem. | Chemie |
| chin. | chinesisch |
| Chir. | Chirurgie |
| Dat. | Dativ |
| Dekl. | Deklination |
| d. h. | das heißt |
| dt. | deutsch |
| Dtschld. | Deutschland |
| EDV | Elektronische Datenverarbeitung |
| ehem. | ehemalig |
| eigtl. | eigentlich |
| Eisenb. | Eisenbahn |
| El. | Elektronik |
| erg. | ergänze |
| eskim. | eskimoisch |
| europ. | europäisch |
| ev., evang. | evangelisch |
| evtl. | eventuell |
| f. | femininum, weiblich |
| Fem. | Femininum, weibliches Geschlecht |
| fig. | figürlich, bildlich |
| finn.-ugr. | finnisch-ugrisch |
| Flugw. | Flugwesen |
| Forstw. | Forstwirtschaft |
| Fot. | Fotografie |
| frz. | französisch |
| Funkw. | Funkwesen |
| Fußb. | Fußball(spiel) |
| geh. | gehoben |
| Gen. | Genitiv |
| Geogr. | Geographie |
| Geol. | Geologie |
| Geom. | Geometrie |
| germ. | germanisch |
| Gesch. | Geschichte |
| Ggs | Gegensatz |
| Gramm. | Grammatik |
| grch. | griechisch |
| Handb. | Handball(spiel) |
| hebr. | hebräisch |
| Her. | Heraldik |
| hind. | hindustanisch |
| i. Allg. | im Allgemeinen |
| i. e. S. | im engeren Sinne |
| Inf. | Infinitiv |
| insbes. | insbesondere |
| Int. | Interjektion |
| intr. | intransitiv |
| isl. | isländisch |
| ital. | italienisch |
| i. w. S. | im weiteren Sinne |
| jap. | japanisch |
| Jh. | Jahrhundert |
| jmd. | jemand |
| jmdm. | jemandem |
| jmdn. | jemanden |
| jmds. | jemandes |
| Jt. | Jahrtausend |
| Kart. | Kartenspiel |
| Kartogr. | Kartographie |
| Kfz | Kraftfahrzeug |
| kath. | katholisch |
| Kochk. | Kochkunst |
| Komp. | Komparativ |
| Konj. | Konjunktion |
| Kunstw. | Kunstwort |
| Kurzw. | Kurzwort |
| Kyb. | Kybernetik |
| Landw. | Landwirtschaft |
| lat. | lateinisch |
| Lit. | Literaturwissenschaft |
| m. | maskulinum, männlich |
| MA | Mittelalter |
| Mal. | Malerei |
| Mar. | Marine |
| Mask. | Maskulinum, männliches Geschlecht |
| Math. | Mathematik |
| Med. | Medizin |
| Met. | Metallurgie |
| Meteor. | Meteorologie |
| mhd. | mittelhochdeutsch |
| Mil. | Militärwesen |
| Min. | Mineralogie |
| mlat. | mittellateinisch |
| Mus. | Musik |
| Myth. | Mythologie |
| n. | neutrum, sächlich |
| nddt. | niederdeutsch |
| ndrl. | niederländisch |
| Neutr. | Neutrum, sächliches Geschlecht |
| nhd. | neuhochdeutsch |
| nlat., neulat. | neulateinisch |
| Nom. | Nominativ |
| NT | Neues Testament |
| Num. | Numerale, Zahlwort |
| o. Ä. | oder Ähnliche(s) |
| oberdt. | oberdeutsch |
| Obj. | Objekt |
| od. | oder |
| Okk. | Okkultismus |
| Opt. | Optik |
| österr. | österreichisch |
| oV | orthographische Variante |
| Päd. | Pädagogik |
| Part. | Partizip |
| Pass. | Passiv |
| Perf. | Perfekt |
| Pharm. | Pharmazie, Pharmakologie |
| Philol. | Philologie |
| Philos. | Philosophie |
| phön. | phönizisch |
| Phon. | Phonetik |
| Phonol. | Phonologie |
| Phys. | Physik |
| Physiol. | Physiologie |
| Pl. | Plural |
| Pol. | Politik |
| port., portug. | portugiesisch |
| präd. | prädikativ |
| Präp. | Präposition |
| Präs. | Präsens |
| Prät. | Präteritum |
| Pron. | Pronomen |
| Psych. | Psychologie |
| rd. | rund |
| Rechtsw. | Rechtswesen |
| refl. | reflexiv |
| Rel. | Religion |
| relig. | religiös |
| Rhet. | Rhetorik |
| rom. | romanisch |
| rotw. | rotwelsch |
| S. | Seite |
| scherzh. | scherzhaft |
| schweiz. | schweizerisch |
| Schulw. | Schulwesen |
| Sg., Sing. | Singular |
| sog. | so genannte(r, -s) |
| Soziol. | Soziologie |
| Sp. | Sport |
| Spr., ...spr. | Sprache, ...sprache |
| Sprachw. | Sprachwissenschaft |
| Sprichw. | Sprichwort |
| Stat. | Statistik |
| Subst. | Substantiv |
| süddt. | süddeutsch |
| Superl. | Superlativ |
| Sy | Synonym |
| Tech. | Technik |
| Tel. | Fernsprechwesen |
| Textilw. | Textilwesen |
| Theat. | Theater |
| tibet. | tibet(an)isch |
| TV | Television |
| Typ. | Typografie |
| u. | und |
| u. a. | unter anderem, und anderes |
| umg. | umgangssprachlich |
| undekl. | undeklinierbar |
| unz. | unzählbar |
| urspr. | ursprünglich |
| usw. | und so weiter |
| V. | Verb |
| Vet. | Veterinärmedizin |
| V. i. | intransitives Verb |
| Völkerk. | Völkerkunde |
| volksetym. | volksetymologisch |
| Vors. | Vorsilbe |
| V. refl. | reflexives Verb |
| V. t. | transitives Verb |
| Web. | Weberei |
| Wirtsch. | Wirtschaft |
| zählb. | zählbar |
| z. B. | zum Beispiel |
| Zool. | Zoologie |
| Zus. | Zusammensetzung(en) |
| þ | Runenzeichen für den Laut [θ] |
| → | siehe |
| → a. | siehe auch |
| = | Hinweis auf ein Wort gleicher Bedeutung |
| * | erschlossene, nicht belegte Form eines Wortes; grammatisch/ sprachlich nicht korrekter Ausdruck |
| < | kommt aus der ... Sprache bzw. aus dem folgenden Wort |
| † | gestorben |

Die Endung ...isch ist oft weggelassen worden, ...lich wurde häufig durch ...l. abgekürzt. Weitere Abkürzungen befinden sich im Wörterverzeichnis als Stichwörter.

# Von geographischen Namen abgeleitete Einwohnernamen

Namen, die durch Anhängen der Endung -er an das unveränderte Grundwort gebildet werden und von denen es darüber hinaus keine unregelmäßige Form gibt, sind nicht aufgeführt, z. B. Schweiz – Schweizer, Mali – Malier.
Namen, die von Ländernamen auf -ien und -land abgeleitet sind und regelmäßig gebildet werden (-ier, -länder), sind nicht aufgeführt, z. B. Argentinien – Argentinier, England – Engländer.

Biblische Namen sind nicht aufgeführt. Zusammengesetzte Namen sind unter dem Grundwort zu finden, z. B. Äquatorialguinea unter Guinea.

| | |
|---|---|
| Afghanistan | Afghane |
| Afrika | Afrikaner |
| Ägina | Äginete |
| Ägypten | Ägypter |
| Albanien | Albaner |
| Aleppo | Aleppiner |
| Alexandria | Alexandriner |
| Alpen | Älpler |
| Amerika | Amerikaner |
| Andorra | Andorraner |
| Angola | Angolaner |
| Antigua | Antiguaner |
| Antiilen | Antill(i)aner |
| Arabien | Araber |
| Aragonien | Aragonier/Aragonese |
| Ardennen | Ardenner |
| Arosa | Aroser |
| Asien | Asiat |
| Azoren | Azorer |
| Baden | Badener/Badenser |
| Bahamas | Bahamaer |
| Balearen | Balearer |
| Balkan | Balkanese |
| Baltikum | Balte |
| Barbados | Barbadier |
| Barcelona | Barcelonier |
| Basel | Basler |
| Bayern | Bayer |
| Belarus | Belarusse |
| Belutschistan | Belutsche |
| Bengalen | Bengale |
| Bergamo | Bergamaske |
| Bermudas | Bermuder |
| Birma | Birmane |
| (engl. Burma | Burmese) |
| Böhmen | Böhme |
| Bolivien | Bolivianer/Bolivier |
| Bologna | Bolognese |
| Bordeaux | Bordelese |
| Bosnien | Bosnier/Bosniak(e) |
| Botsuana | Botsuaner |
| Brasilien | Brasilianer |
| Bremen | Bremer |
| Bretagne | Bretone |
| Bulgarien | Bulgare |
| Burkina Faso | Burkiner |
| Byzanz | Byzantiner |
| Capri | Caprese |
| Celle | Celler |
| Ceylon | Ceylonese |
| Chile | Chilene |
| China | Chinese |
| Costa Rica | Costa-Ricaner/ Costa Ricaner |
| Côte d'Ivoire | Ivorer |
| Cottbus | Cottbusser/Cottbuser |
| Dalmatien | Dalmatiner |
| Damaskus | Damaszener |
| Dänemark | Däne |
| Den Haag | Haager |
| Deutschland | Deutscher |
| Dithmarschen | Dithmarscher |
| Dominica | Dominicaner |
| Dominikanische Republik | Dominikaner |
| Dresden | Dresdner |
| Ecuador | Ecuadorianer |
| Ellwangen | Ellwanger |
| El Salvador | Salvadorianer |
| Elsass | Elsässer |
| Emden | Emder/Emdener |
| Epirus | Epirot |
| Eritrea | Eritreer |
| Erlangen | Erlanger |
| Estland | Este |
| Etrurien | Etrusker |
| Euböa | Euböer |
| Färöer | Färöer/Färinger |
| Fidschi | Fidschianer |
| Finnland | Finne |
| Flandern | Flame |
| Florenz | Florentiner |
| Franken | Franke |
| Frankreich | Franzose |
| Friesland | Friese |
| Gambia | Gambier |
| Genua | Genuese |
| Ghana | Ghanese/Ghanaer |
| Graubünden | Graubündner/Bündner |
| Grenada | Grenader |
| Griechenland | Grieche |
| Großbritannien | Brite |
| Guatemala | Guatemalteke |
| Guinea | Guineer |
| Guyana | Guyaner |
| Haiti | Haitianer/Haitier |
| Halle (Saale) | Hallenser |
| Halle (Westf.) | Haller |
| Hameln | Hameler/Hamelner |
| Hannover | Hannoveraner |
| Hawaii | Hawaiianer/Hawaiier |
| Hellas | Hellene |
| Herzegowina | Herzegowiner |
| Hessen | Hesse |
| Honduras | Honduraner |
| Ibiza | Ibizenker |
| Indien | Inder |
| Irak | Iraki/Iraker |
| Iran | Irani/Iraner |
| Irland | Ire |
| Ischia | Ischianer |
| Israel | Israeli |
| Jamaika | Jamaikaner |
| Java | Javaner |
| Jemen | Jemenit |
| Jena | Jenaer/Jenenser |
| Jever | Jeveraner |
| Jugoslawien | Jugoslawe |
| Jütland | Jüte |
| Kaiserslautern | Kaiserslauterer |
| Kaiserstuhl | Kaiserstühler |
| Kalabrien | Kalabrese/Kalabrier |
| Kalmückien | Kalmücke |
| Kambodscha | Kambodschaner |
| Kamtschatka | Kamtschadale |
| Kanada | Kanadier |
| Kanaren (Kanarische Inseln) | Kanarier |
| Kap Verde (Kapverden) | Kapverdier |
| Kärnten | Kärntner/Kärntener |
| Karthago | Karthager |
| Kasachstan | Kasache |
| Kaschubien | Kaschube |
| Kassel | Kasselaner/Kasseler, Kassler |
| Kastilien | Kastilianer/Kastilier |
| Katalonien | Katalane |
| Kenia | Kenianer |
| Kirgisistan | Kirgise |
| Kleve | Klever |
| Kolumbien | Kolumbianer/Kolumbier |
| Komoren | Komorer |
| Kongo | Kongolese/Kongoer |
| Konstantinopel | Konstantinopolitane/ Konstantinopeler |
| Korea | Koreaner |
| Korfu | Korfiot |
| Korsika | Korse |
| Kreta | Kreter |
| Kroatien | Kroate |
| Kuba | Kubaner |
| Kurdistan | Kurde |
| Laos | Laote |
| Lappland | Lappe |
| Latium | Latiner |
| Lausanne | Lausanner |
| Leer | Leeraner/Leerer |
| Lesbos | Lesbier |
| Lesotho | Lesother |
| Lettland | Lette |
| Levante | Levantiner |
| Libanon | Libanese |
| Liberia | Liberianer |
| Libyen | Libyer |
| Ligurien | Ligurer |
| Lissabon | Lissabonner |
| (Lisboa | Lisbonenser) |
| Litauen | Litauer |
| Lombardei | Lombarde |
| Lothringen | Lothringer |
| Lugano | Luganese |
| Lyon | Lyonese/Lyoner |
| Madagaskar | Madagasse |
| Madeira | Madeirer |
| Madrid | Madrilene/Madrider |
| Malaysia | Malaysier |
| Malediven | Malediver |
| Mallorca | Mallorquiner |
| Malta | Malteser/Maltese |
| Mantua | Mantuaner |
| Marokko | Marokkaner |
| Marseille | Marseillese/Marseiller |
| Marshallinseln | Marshaller |
| Martinique | Martinikaner |
| Masuren | Masure |
| Mauritius | Mauritier |
| Menorca | Menorquiner |
| Mexiko | Mexikaner |
| Milet | Milesier |
| Monaco | Monegasse |
| Mongolei | Mongole |
| Montenegro | Montenegriner |
| Montevideo | Montevideaner |
| Mosambik | Mosambikaner/ Mosambiker |
| München | Münch(e)ner |
| Münster | Münsteraner |
| Myanmar | Myanmare |
| Namibia | Namibier |
| Navarra | Navarrese |
| Neapel | Neapolitaner/Neap(e)ler |
| Nepal | Nepalese |
| Nicaragua | Nicaraguaner |
| Niederlande | Niederländer |
| Niger | Nigrer |
| Nigeria | Nigerianer |
| Nikosia | Nikosianer |
| Ninive | Ninivit |
| Norwegen | Norweger |
| Numidien | Numider |
| Orleans | Orleaner |
| Padua | Paduaner |
| Pakistan | Pakistani/Pakistaner |
| Palästina | Palästinenser |
| Palermo | Palermitaner/Palermer |

| | |
|---|---|
| Panama | Panamene/Panamese/Panamaer |
| Pandschab | Pandschabi |
| Parma | Parmesane/Parmer |
| Pavia | Pavianer |
| Persien | Perser |
| Peru | Peruaner |
| Pfalz | Pfälzer |
| Philadelphia | Philadelphier |
| Philippinen | Filipino/Philippiner |
| Piemont | Piemontese |
| Pisa | Pisaner |
| Polen | Pole |
| Pommern | Pommer/Pommeraner |
| Pompeji | Pompejaner |
| Portugal | Portugiese |
| Preußen | Preuße |
| Provence | Provenzale |
| Puerto Rico | Puerto-Ricaner/Puerto Ricaner |
| Rätien | Räter |
| Rhodos | Rhodier |
| Rom | Römer |
| Ruanda | Ruander |
| Rumänien | Rumäne |
| Russland | Russe |
| Sachsen | Sachse |
| Saint Louis | Saint-Louisianer/Saint Lousianer |
| Saint Lucia | Lucianer |
| Saint Vincent | Vincenter |
| Salamanca | Salamanquese |
| Salomonen | Salomoner |
| Salzgitter | Salzgitteraner |
| Sambia | Sambier |
| Samoa | Samoaner |
| Sankt Gallen | Sankt-Galle(ne)r/Sankt Galle(ne)r |
| San Marino | San-Marinese |
| Sansibar | Sansibari |
| Sardinien | Sarde |
| Saudi-Arabien | Saudiaraber/Saudi |
| Schottland | Schotte |
| Schwaben | Schwabe |
| Schwalm | Schwälmer |
| Schweden | Schwede |
| Schwiebus | Schwiebusser/Schwiebuser |
| Senegal | Senegalese |
| Serbien | Serbe |
| Sevilla | Sevillaner |
| Seychellen | Seycheller |
| Siam | Siamese |
| Sibirien | Sibiriak(e) |
| Siebenbürgen | Siebenbürger |
| Siena | Sienese |
| Sierra Leone | Sierra-Leoner/Sierra Leoner |
| Simbabwe | Simbabwer |
| Sizilien | Sizilianer |
| Slowakei | Slowake |
| Slowenien | Slowene |
| Sofia | Sofioter |
| Somalia | Somalier |
| Sparta | Spartaner |
| Sri Lanka | Sri-Lanker/Sri Lanker |
| Stadthagen | Stadthäger |
| Steiermark | Steirer/Steiermärker |
| Steinhagen | Steinhäger |
| Sudan | Sudanese/Sudaner |
| Suriname | Surinamer |
| Swasiland | Swasi/Swasiländer |
| Syrien | Syrer |
| Tadschikistan | Tadschike |
| Taiwan | Taiwanese |
| Tanganjika | Tanganjiker |
| Tansania | Tansanier |
| Tarent | Tarentiner |
| Tatarstan | Tatar |
| Texas | Texaner |
| Thailand | Thai/Thailänder |
| Thale | Thalenser |
| Theben | Thebaner |
| Thüringen | Thüringer |
| Tibet | Tibetaner/Tibeter |
| Togo | Togolese/Togoer |
| Tokio | Tokioter/Tokioer |
| Toledo | Toledaner |
| Toronto | Toronter |
| Toskana | Toskaner |
| Treviso | Trevisaner |
| Trient | Tridentiner/Trientiner |
| Tripolis | Tripolitaner |
| Troja | Trojaner/Troer |
| Tschechische Republik | Tscheche |
| Turan | Turanier |
| Türkei | Türke |
| Turkmenistan | Turkmene |
| Uelzen | Uelzer/Uelzener |
| Uganda | Ugander |
| Ukraine | Ukrainer |
| Umbrien | Umbrer |
| Ungarn | Ungar |
| Uri | Urner |
| Usbekistan | Usbeke |
| Valencia | Valencianer |
| Valparaiso | Valparaiser |
| Venedig | Venezianer |
| Venetien | Veneter |
| Venezuela | Venezolaner |
| Vereinigte Staaten von Amerika (USA) | (US-)Amerikaner |
| Verona | Veronese(r) |
| Vietnam | Vietnamese |
| Walachei | Walache |
| Wales | Waliser |
| Wallis | Walliser |
| Wallonien | Wallone |
| Weimar | Weimaraner/Weimarer |
| Werder | Werderaner |
| Westfalen | Westfale |
| Wiesbaden | Wiesbad(e)ner |
| Wittenberge | Wittenberger |
| Zaire | Zairer |
| Zürich | Zürcher |
| Zypern | Zyprer; Zypriot (nur für griechische Zyprer) |
| -beuren | -beurer (Ottobeurer) |
| -brücken | -brücker (Saarbrücker) |
| | -brückener (Zweibrückener) |
| -felde | -felder (Oebisfelder) |
| -hausen | -hausener (Oberhausener) |
| | -häuser (Mühlhäuser) |
| -hofen | -hofener (Sonthofener) |
| | -hofer (Solnhofer) |
| | -höfer (Königshöfer) |
| -ingen | -inger (Überlinger) |
| -kirch | -kircher (Neukircher) |
| | -kirch(e)ner (Lenzkirch[e]ner) |
| -mark | -märker (Altmärker) |
| -leben | -leber (Eisleber) |
| -loe | -loer (Buchloer) |
| -see | -seer (Tegernseer) |
| -stadt | -städter (Neustädter) |
| -statt | -stätter (Hallstätter) |
| -wald | -wälder (Schwarzwälder) |
| -weiler | -weiler (Ahrweiler) |
| -werda | -werder (Bischofswerder) |

# Wörterverzeichnis

# A

**a** **I** ⟨n.; -, - od. -s; Mus.⟩ *Tonbezeichnung, Grundton der a-Moll-Tonleiter* **II** ⟨ohne Art.⟩ **1** ⟨Mus.; Abk. für⟩ *a-Moll (Tonartbezeichnung)* **2** ⟨Zeichen für⟩ *Ar[2]*

**A** **I** ⟨n.; -, - od. -s⟩ **1** *erster Buchstabe des Alphabetes* **2** ⟨Mus.⟩ *Tonbezeichnung, Grundton der A-Dur-Tonleiter* ◆ das A und das O *Anfang und Ende* (nach *Alpha* und *Omega,* dem ersten und letzten Buchstaben des grch. Alphabets); von A bis Z *von Anfang bis Ende, alles;* wer A sagt, muss auch B sagen *wer mit einer Sache anfängt, muss damit fortfahren* **II** ⟨ohne Art.⟩ **1** ⟨Phys.; Zeichen für⟩ *Ampere* **2** ⟨auf der Rückseite von Uhren; Abk. für frz.⟩ *avance (vorwärts), (zeigt an, dass man eine Schraube od. einen Hebel in der bezeichneten Richtung verstellen muss, um ein Schnellergehen der Uhr zu bewirken);* Ggs *R (2)* **3** ⟨Mus.; Abk. für⟩ *A-Dur (Tonartbezeichnung)* **4** ⟨Münzbuchstabe der Münzstätte⟩ *Berlin, Paris, Wien*

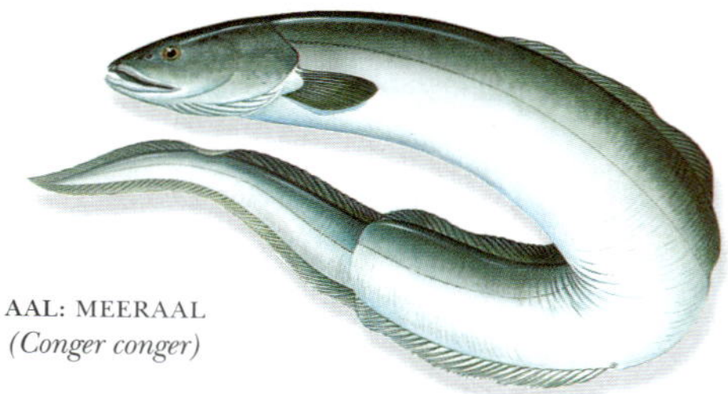

AAL: MEERAAL
*(Conger conger)*

**à** ⟨Adv.⟩ **1** *(für) je* **2** *(zu) je* ◆ 20 Weinflaschen à 10 DM [frz.]

**a.** **1** ⟨Abk. für⟩ *am* **2** ⟨bes. österr.; Abk. für lat.⟩ *anno* ◆ Düsseldorf a. Rhein

**A.** ⟨Abk. für lat.⟩ *Anno*

**a. a.** ⟨Abk. für lat.⟩ *ad acta*

**a...[1], A...[1]** ⟨vor Vokalen⟩ an...[1], An...[1] ⟨Vors.⟩ *un..., nicht, ohne,* z.B. alogisch, amoralisch [grch.]

**a...[2], A...[2]** ⟨Vors.⟩ = *ab...[2], Ab...[2]* [lat.]

**AA** ⟨Pol.; Abk. für⟩ *Auswärtiges → Amt*

**Aal** ⟨m. 1; Zool.⟩ ▲ *langer, schlangenähnlicher Fisch, der zur Familie der Anguilliden (Aale) oder zur Familie der Congriden (Meeraale) gehört* ◆ **geschmeidig** wie ein Aal *außerordentlich wendig od. geschickt* ◆ er **windet** sich wie ein Aal *er versucht (mit allen Mitteln), aus einer unangenehmen od. gefährlichen Lage herauszukommen* [< ahd., asächs. *al,* aengl. *æl,* engl. *eel,* ndrl. *aal,* anord. *all*]

**Aalquappe** ⟨f. 19; Zool.⟩ ► *dorschartiger Raubfisch: Lota lota*

**a. a. O.** ⟨bei Zitaten; Abk. für⟩ *am angeführten Ort*

**Aas** **I** ⟨n. 11⟩ **1** *verwesende Tierleiche* **2** *Köder* **II** ⟨n. 11; Pl.: Äser; derb⟩ **1** *gemeiner Kerl* **2** *schlauer Kopf* **3** *hinterlistige Person* ◆ kein Aas ließ sich blicken *niemand* [< ahd., asächs. *as;* → *essen* (wie *Fraß* zu *fressen*)]

**Aasfliege** ⟨f. 19⟩ ► = *Schmeißfliege*

**Aasgeier** ⟨m. 3⟩ **1** *zur Familie der Geier gehörender, rabenähnl. Vogel: Neophron percnopterus* **2** ⟨fig.; umg.⟩ *habgierige Person*

**Aasseite** ⟨f. 19⟩ *die dem Fleisch zugewandte Seite der Tierhaut, Fleischseite;* Ggs *Haarseite, Narbenseite*

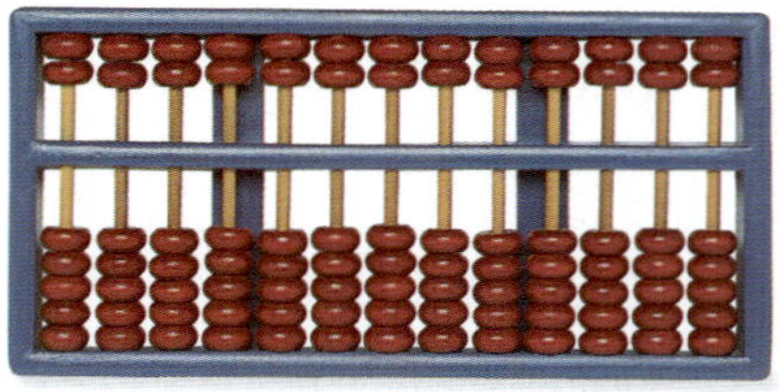

ABAKUS

**ab** **I** ⟨Adv.⟩ **1** *weg* **2** *ausgehend von* **3** *beginnend mit* **4** *mehr als* **5** *vermindert um* **6** ⟨Theat.⟩ *abgehen (von der Bühne)* ◆ ab **sein:** der Knopf ist ab ⟨umg.⟩ *abgegangen* ◆ ab und **an** *manchmal;* **auf** und ab; ab **heute** *beginnend mit dem heutigen Tage;* ab und **zu** *gelegentlich, manchmal* **II** ⟨Präp. m. Dat.; umg. a. mit Akk.⟩ ab 3 Mark *(etwas kostet) 3 DM od. mehr; frei ab Lager wird spesenfrei nur vom Lager geliefert;* ab zweitem (⟨umg. a.⟩ zweiten) Mai; ab 2 Uhr, von 2 Uhr ab *2 Uhr oder später;* ab Werk *im Werk abzuholen* [< ahd. *aba* „von ... weg, von ... hinab"]

**ab...[1], Ab...[1]** ⟨Vors.; in der Bedeutung⟩ **1** ⟨Trennung, Beseitigung⟩ abschaffen, abschaben **2** ⟨Verminderung⟩ abblenden, abziehen **3** ⟨Beginn⟩ abreisen, abfahren **4** ⟨Bewegung oder Richtung nach unten⟩ abspringen, abfallen **5** ⟨Verneinung, Rückgängigmachung⟩ absagen, ablehnen **6** ⟨Verstärkung⟩ abbetteln, abängstigen **7** ⟨Nachahmung⟩ abschreiben, abmalen [→ *ab*]

**ab...[2], Ab...[2]** ⟨vor einigen Konsonanten⟩ a...[2], A...[2] ⟨vor t und c (= z) a.⟩ abs..., Abs... ⟨Vors.⟩ *ab..., ent..., weg...,* z.B. abnorm, Absolvent, Abusus, abstrahieren, Abszisse [lat.]

**Abakus** ⟨m.; -, -⟩ **1** ⟨Math.⟩ ▲ *Rahmen mit zehn mal zehn an Drähten verschiebbaren, durchbohrten Kugeln als Rechenhilfsmittel;* Sy *Rechenbrett* **2** *Säulendeckplatte über dem Kapitell* [< lat. *abacus* < grch. *abax* „Brett"]

**abändern** ⟨V. t.; hat⟩ **1** *anders machen, umändern, umbilden* **2** *verbessern*

**abarbeiten** ⟨V.; hat⟩ **1** ⟨V. t.⟩ ein Pensum abarbeiten *durch Arbeit schrittweise erledigen* **2** eine Schuld abarbeiten *für eine Schuld Arbeit leisten*

**Abart** ⟨f. 20⟩ *Abweichung von einer Art, Spielart*

**Abb.** ⟨Abk. für⟩ *Abbildung*

**Abbau** ⟨m. 1; unz.⟩ **1** *Verringerung, Beseitigung* **2** ⟨Bgb.⟩ *Gewinnung von Bodenschätzen* **3** *Entlassung von Arbeitnehmern, Verringerung des Personalbestandes* **4** *Herabsetzung von Preisen, Gehältern usw.* **5** *völlige Aufhebung von Einrichtungen* **6** ⟨Physiol.; Chem.⟩ *Zerlegung chem. Verbindungen in kleinere Moleküle* ◆ Abbau einer **Maschine** *Demontage;* Abbau der **Waffen** *Abrüstung*

AALQUAPPE
*(Lota lota)*

**abbauen** **I** ⟨V. t.; hat⟩ **1** *abbrechen, niederreißen, beseitigen, wegnehmen* (Haus, Gerüst) **2** *verringern, verkleinern* **3** ⟨Bgb.⟩ **3.1** *ausbeuten* (Grube) **3.2** *gewinnen* (Erze) ◆ **Gang** abbauen ⟨Bgb.⟩ *ausbeuten, die Bodenschätze gewinnen;* **Misstrauen,** Vorurteile abbauen; **Personal** abbauen *entlassen;* **Preise,** Gehälter abbauen *verringern* **II** ⟨V. i.⟩ *Kräfte, Fähigkeiten einbüßen* ◆ der Mensch baut im Alter körperlich ab

**abbeißen** ⟨V. t. 105; hat⟩ *durch Beißen abtrennen* ◆ sich lieber die Zunge abbeißen, als etwas zu sagen, zu verraten ⟨fig.⟩

**abbekommen** ⟨V. t. 170; hat⟩ **1** *entfernen können;* Sy *abkriegen* **2** *geschlagen werden;* Sy *abkriegen* **3** = *bekommen (2)* ◆ ich bekomme die Briefmarke nicht (vom Umschlag) ab; sein(en) Teil abbekommen *bei einer Verteilung etwas bekommen, erhalten;* ⟨fig.⟩ *bestraft werden*

**abberufen** ⟨V. t. 201; hat⟩ **1** jmdn. abberufen *von einem Posten zurückrufen* (Beamte, Diplomaten) **2** abberufen werden (nach) **2.1** *versetzt werden* **2.2** ⟨fig.⟩ *sterben, aus dem Leben scheiden*

**abbestellen** ⟨V. t.; hat⟩ etwas abbestellen *eine Bestellung rückgängig machen*

**abbezahlen** ⟨V. t.; hat⟩ *völlig bezahlen, in Raten zahlen;* Sy *abzahlen*

**abbiegen** ⟨V. 109⟩ **I** ⟨V. i.; ist⟩ *die Richtung ändern* ◆ nach rechts abbiegen *eine Rechtskurve fahren* **II** ⟨V. t.; hat⟩ *krümmen* (Blech, Draht) ◆ wir konnten das abbiegen ⟨umg.⟩ *wir konnten es verhindern*

**Abbild** ⟨n. 12⟩ *Darstellung einer Person od. eines Gegenstandes, Wiedergabe, Spiegelbild* ◆ ein getreues Abbild *genaue Darstellung*

**abbilden** ⟨V. t.; hat⟩ Personen od. Gegenstände abbilden *darstellen, abzeichnen, abmalen*

**Abbildung** ⟨f. 20; Abk.: Abb.⟩ *etwas Abgebildetes, Illustration*

**abbinden** ⟨V. 111; hat⟩ **I** ⟨V. t.⟩ **1** eine verletzte Ader abbinden *(zur Unterbrechung des Blutkreislaufs) das betroffene Glied fest umwickeln;* Sy *abschnüren (3)* **2** einen angebundenen Gegenstand abbinden *losbinden, lösen* **3** ein Kalb abbinden *entwöhnen* **II** ⟨V. i.⟩ *erhärten* (Mörtel, Beton usw.)

**abblättern** ⟨V. i.; ist⟩ **1** *die Blätter verlieren* (Bäume) **2** ► *sich in kleinen Blättchen lösen* (Farbe, Mauerputz)

ABBLÄTTERN: ABBLÄTTERNDE BIRKENRINDE

**abblenden** ⟨V.; hat⟩ **I** ⟨V. t.⟩ Lampe, Licht abblenden *so weit abdecken, dass sie, es nicht blendet* **II** ⟨V. i.⟩ **1** ⟨Fot.⟩ *die Blende verkleinern* **2** ⟨bei Kfz⟩ *die Autoscheinwerfer so einschalten, dass sie (den entgegenkommenden Verkehr) nicht blenden;* Ggs *aufblenden*

**Abblendlicht** ⟨n. 12; bei Kfz⟩ *Licht des abgeblendeten Scheinwerfers;* Ggs *Fernlicht*

**abblocken** ⟨V. t.; hat⟩ **1** ⟨Sp.⟩ *abwehren* **2** ⟨allg.⟩ *energisch verhindern, ablehnen* ◆ einen Angriff, ein Vorhaben abblocken

**Abbrand** ⟨m. 1⟩ **1** *Rückstand beim Rösten* **2** ⟨Hüttenw.⟩ *Metallverlust durch Verbrennung* **3** ⟨Chem.⟩ *Verbrennung von Feststoffen in der Raketentechnik* **4** ⟨Kerntech.⟩ *Abnahme der Menge des spaltbaren Kernbrennstoffes infolge des Reaktorbetriebs*

**abbrechen** ⟨V. 116⟩ **I** ⟨V. t.; hat⟩ *durch Brechen abtrennen* ◆ ein **Bauwerk,** Gebäude abbrechen *nieder-, abreißen;* die **Beziehungen,** Verhandlungen abbrechen *einstellen, unterbrechen;* alle **Brücken** hinter sich abbrechen ⟨fig.⟩ *sich eine Rückkehr unmöglich machen;*

eine Erzählung, **Rede** abbrechen *(vorzeitig) beenden; unterbrechen* **II** ⟨V. i.; ist⟩ *sich (von selbst) abtrennen, aufhören*

**abbrennen** ⟨V. 117⟩ **I** ⟨V. t.; hat⟩ **1** *verbrennen, durch Verbrennen beseitigen* **2** *in Brand stecken* ◆ ein **Feuerwerk** abbrennen *veranstalten;* **Urwald** abbrennen *durch Verbrennung roden* **II** ⟨V. i.; ist⟩ **1** *nach und nach verbrennen, durch Brand zerstört werden* **2** *Besitz durch Feuer verlieren* **3** *versengt werden* ◆ abgebrannt sein ⟨fig.⟩ *mittellos sein*

**abbringen** ⟨V. t. 118; hat⟩ *entfernen können* ◆ ich bringe das Brett nicht ab; jmdn. vom rechten Weg abbringen ⟨fig.⟩ *jmdn. ungünstig beeinflussen;* das bringt uns von unserem Gegenstand ab *lenkt ab;* jmdn. von seiner Meinung, seinem Vorsatz abbringen *jmdn. seine M., seinen V. ändern lassen;* sich von seiner Meinung nicht abbringen lassen *auf seiner M. bestehen*

**abbröckeln** **I** ⟨V. t.; hat⟩ Mauerwerk, Verputz usw. abbröckeln *stückweise lösen* **II** ⟨V. i.; ist⟩ *in Stücken abfallen* ◆ die Preise, Kurse bröckeln ab *sinken allmählich*

**Abbruch** ⟨m. 1u; unz.⟩ **1** *Niederreißen, Schaden* **2** *Beendigung, Einstellung* ◆ Abbruch der **Beziehung;** Abbruch eines **Gebäudes;** Abbruch eines **Lagers** *Vorbereitung zum Verlegen eines Lagers, Einpacken der Sachen u. Geräte;* Abbruch einer **Reise** ◆ Abbruch **erleiden** ⟨fig.⟩ *Schaden erleiden;* das **tut** der Liebe keinen Abbruch *schadet ihr nicht*

**abbrühen** ⟨V. t.; hat⟩ *mit kochendem Wasser oder einer anderen Flüssigkeit übergießen*

**abbuchen** ⟨V. t.; hat⟩ *als Ausgabe eintragen* ◆ einen Betrag vom Konto abbuchen

**abbürsten** ⟨V. t.; hat⟩ **1** Staub abbürsten *mit der Bürste entfernen* **2** Kleider abbürsten *mittels Bürste reinigen*

**Abc** ⟨n.; -, -⟩ = *Alphabet* ◆ Namen nach dem Abc ordnen

**abchecken** ⟨[-tʃɛkən] V. t.; hat⟩ *checken, prüfen, kontrollieren*

**Abc-Schütze** ⟨m. 17⟩ *Kind im Alter des Lesenlernens, Erstklässler*

**ABC-Waffen** ⟨Pl.; Mil.⟩ *atomare, biologische u. chemische Kampfmittel;* Ggs *konventionelle Waffen*

**abdanken** ⟨V.; hat⟩ **I** ⟨V. t.⟩ Beamte, Offiziere, Truppen abdanken *entlassen* **II** ⟨V. i.⟩ **1** *auf eine Stellung verzichten, sich zur Ruhe setzen, pensionieren lassen* (Offiziere, Beamte) **2** *auf den Thron verzichten* (Herrscher)

**abdecken** ⟨V. t.; hat⟩ **1** *die Decke, Bedeckung abnehmen von* **2** *schützend zudecken* ◆ ein **Gebäude** abdecken *das Dach abnehmen;* den **Tisch** abdecken *Geschirr, Besteck vom Tisch wegnehmen;* eine **Schuld** abdecken *tilgen; für eine Schuld Deckung gewähren;* ein verendetes Tier abdecken ⟨veraltet⟩ *den Kadaver beseitigen* ◆ **mit** einer Plane abdecken *zudecken*

**Abdecker** ⟨m. 3; früher⟩ *jmd., der nicht zum Verzehr geeignete Tiere (tötet u.) beseitigt*

**abdichten** ⟨V. t.; hat⟩ etwas abdichten *eine Dichtung an etwas anbringen, ein unerwünschtes Loch in etwas schließen*

**Abdomen** ⟨n.; -s, - od. -mina⟩ **1** ⟨Anat.⟩ *Bauch, Unterleib* **2** ⟨Zool.⟩ *Hinterleib der Insekten* [lat.]

**abdrängen** ⟨V. t.; hat; a. fig.⟩ jmdn. abdrängen *mit (geringer) Gewaltanwendung vom Weg od. der Fahrbahn verdrängen, wegschieben*

**abdrehen** **I** ⟨V. t.; hat⟩ *durch Drehen abtrennen* ◆ einem Schlüssel den **Bart** abdrehen *den Bart im Schloss abbrechen;* einen **Film,** eine Filmszene abdrehen *bis zu Ende drehen;* Geflügel den **Hals** abdrehen *durch Umdrehen des Halses töten;* einen **Knopf** abdrehen *durch Herumdrehen losreißen;* **Licht** abdrehen *ausschalten;* **Schrauben** abdrehen *lösen, abschrauben;* den **Wasserhahn** abdrehen *schließen* **II** ⟨V. i.; ist; Mar. u. Flugw.⟩ *den Kurs wechseln* ◆ das Flugzeug, Schiff dreht wieder ab

**abdriften** ⟨V. i.; ist; a. fig.⟩ *vom Kurs abweichen, (in eine andere Richtung, auf einen anderen Weg) getrieben werden*

**Abdruck** **I** ⟨m. 1⟩ **1** *Wiederholung eines anderen Druckes* **2** *Wiedergabe durch Druck, Stempel usw.* ◆ einen Abdruck anfertigen, erstellen **II** ⟨m. 1u⟩ *Form, die ein Körper in anderem Material hinterlässt, Spur* (Fingerabdruck, Gipsabdruck)

**abdrucken** ⟨V. t.; hat⟩ etwas abdrucken **1** *im Druck wiedergeben* **2** *einen Abdruck von etwas anfertigen*

**abdrücken** ⟨V.; hat⟩ **I** ⟨V. i.⟩ *durch Hebeldruck einen Schuss auslösen* **II** ⟨V. t.⟩ jmdn. abdrücken ⟨umg.⟩ *herzlich umarmen, an die Brust drücken* **III** ⟨V. refl.⟩ sich abdrücken *(in einem Material) als Abdruck entstehen* ◆ sein Fuß hat sich im weichen Boden abgedrückt

**abdunkeln** ⟨V. t.; hat⟩ *dunkler machen* ◆ ein Zimmer abdunkeln

**abebben** ⟨V. i.; ist⟩ *schwächer, weniger werden* ◆ das Hochwasser, der Lärm ebbt ab ⟨fig.⟩

ABERDEEN-ANGUS-RIND

**Abend** ⟨m. 1⟩ **1** *Zeit vom Sonnenuntergang bis um Mitternacht, Tagesende* **2** ⟨fig.⟩ *Ende* (Lebensabend) **3** *Richtung des Sonnenuntergangs, Westen* ◆ Abend des **Lebens** ⟨poet.⟩ *Ende des Lebens;* noch ist nicht aller **Tage** Abend ⟨fig.⟩ *man kennt das Ende noch nicht* ◆ einen **gemütlichen** Abend verbringen; **guten** Abend! *(Begrüßung od. Abschiedsgruß am Abend);* **Heiliger** Abend *Tag vor dem Weihnachtstag;* **literarischer,** musikalischer Abend *der Literatur, Musik usw. gewidmeter Abend;* ich wünsche euch noch einen **schönen** Abend! ◆ **gestern,** heute, morgen Abend; sie verabreden sich auf, für **heute** Abend ◆ **am** Abend; am Abend vorher; **bis** in den späten Abend hinein; Abend **für** Abend *jeden Abend;* **gegen** Abend *Zeit gegen Ende des Tages; in westl. Richtung;* man soll den Tag nicht **vor** dem Abend loben ⟨fig.⟩ *man soll nichts loben, dessen Ende man noch nicht kennt;* **zu** Abend essen *die abendliche Mahlzeit einnehmen* [< ahd. *aband*]

**Abendbrot** ⟨n. 11; unz.; norddt. u. mitteldt.⟩ = *Abendessen*

**abendelang** ⟨Adv.⟩ *eine unbestimmte Zahl von Abenden ausfüllend* ◆ er hat abendelang nichts gegessen; abendelang vor dem Fernsehgerät sitzen; ⟨aber⟩ drei Abende lang

**Abendessen** ⟨n. 14⟩ *Mahlzeit am Abend;* Sy *Abendbrot*

**abendfüllend** ⟨Adj.⟩ *einen Abend ausfüllend* ◆ eine abendfüllende Beschäftigung; abendfüllendes Stück *Theaterstück, dessen Aufführung einen Großteil des Abends einnimmt*

**Abendkasse** ⟨f. 19⟩ *Stelle zum Verkauf von Theaterkarten vor der Abendvorstellung*

**Abendkleid** ⟨n. 12⟩ *elegantes Damenkleid für Abendgesellschaften*

**Abendland** ⟨n. 12u; unz.⟩ *die westlichen Länder,* ⟨meist nur⟩ *die westlichen Länder Europas;* Sy *Okzident (2);* Ggs *Morgenland*

**abendländisch** ⟨Adj.⟩ *das Abendland betreffend, aus ihm stammend;* Sy *okzidental, okzidentalisch;* Ggs *morgenländisch, orientalisch*

**Abendmahl** ⟨n. 11⟩ **1** ⟨allg.⟩ *abendl. Mahlzeit* **2** ⟨Rel.⟩ das heilige Abendmahl *Tisch des Herrn, Altarsakrament, in den christl. Kirchen gottesdienstl. Handlung zur Erinnerung an das letzte Mahl Christi mit seinen Jüngern*

**Abendrot** ⟨n. 15; unz.⟩ *rötl. Färbung des Himmels bei Sonnenuntergang;* Ggs *Morgenrot*

**abends** ⟨Adv.⟩ *am Abend* ◆ abends (um) 8 Uhr, um 8 Uhr abends; abends spät, spät abends

**Abendzeitung** ⟨f. 20⟩ *am Abend erscheinende Zeitung*

**Abenteuer** ⟨n. 13⟩ **1** *gefährl. Wagnis, nicht alltägl. Ereignis* **2** *(kurze) außereheliche Bindung* ◆ Abenteuer bestehen *Gefahr bestehen, gut überstehen;* auf Abenteuer ausgehen, sich in Abenteuer stürzen *unerwartete Erlebnisse suchen* [< mhd. *aventiure* < frz. *aventure* „Wagnis“ < lat. *adventura* „was auf einen zukommen wird“]

**abenteuerlich** ⟨Adj.⟩ **1** *mit Abenteuern verbunden, von Abenteuern handelnd* **2** *bizarr, seltsam* ◆ abenteuerliche Erzählung; abenteuerliches Unternehmen *Unternehmen, dessen Ausgang ungewiss ist*

**aber** **I** ⟨Konj.⟩ *(zwei Sätze od. Satzteile als gegensätzlich bezeichnend, wobei meist ein Zugeständnis eingeschränkt wird)* ◆ er wird kommen, aber er kann nicht lange bleiben; klein, aber fein; oder aber *(schließt Alternative ein);* er ist nicht klug, wohl aber fleißig *(beteuert das Zugeständnis);* aber dennoch, aber doch *trotz allem* **II** ⟨Partikel⟩ das ist aber schrecklich!; aber ja! *natürlich!, selbstverständlich!;* aber nein! *keineswegs!;* aber, aber! *(drückt Tadel oder Erstaunen aus)* **III** ⟨Adv.⟩ *wieder, noch einmal* ◆ aber und abermals *immer wieder* [< mhd. *aber, aver* < ahd. *abur, avar* „wieder, nochmals, dagegen“]

**Aber** ⟨n.; -s, - od. -s⟩ *Einschränkung, Einwand* ◆ es ist ein Aber dabei; wenn das Wenn und das Aber nicht wäre *wenn es nicht so viele andere Möglichkeiten gäbe*

**Aberdeen-Angus-Rind** ⟨[æbədi:næŋgəs-] n. 12; Zool.⟩ ▲ *aus Schottland stammendes Fleischrind der Angusrasse* [nach den ehemaligen schottischen Grafschaften *Aberdeenshire* und *Angus*]

**Aberglaube** ⟨m. 26; unz.⟩ *rückständiger, auf überholten religiösen Entwicklungsstufen beruhender od. der Lehrmeinung der Kirche widersprechender Glaube* [zu mhd. *abe* „ab, weg, ohne“]

**abergläubisch** ⟨Adj.⟩ *auf Aberglauben beruhend, einem Aberglauben anhängend* ◆ abergläubische Furcht; abergläubisch sein

**aberhundert,** ⟨auch⟩ **Aberhundert** ⟨Adj.⟩ *unzählige hundert* ◆ es kamen aberhundert/Aberhundert Menschen

**aberkennen** ⟨V. t. 166; hat⟩ **1** jmdm. etwas aberkennen ⟨Rechtsw.⟩ *erklären od. entscheiden, dass jmd. ein Recht nicht habe, dass jmdm. ein Besitz nicht zustehe* **2** jmdm. eine Eigenschaft, eine Fähigkeit aberkennen *erklären, dass er sie nicht besitze* ◆ ich erkenne es ihm ab, ⟨od.⟩ ich aberkenne es ihm

**abermals** ⟨Adv.⟩ *noch einmal*

**abertausend,** ⟨auch⟩ **Abertausend** ⟨Adj.⟩ *unzählige tausend* ◆ tausend und abertausend/Tausend und Abertausend *unzählbare Tausend*

A

**abfahren** ⟨V. 130⟩ **I** ⟨V. t.; hat⟩ Güter abfahren *mittels Wagen abtransportieren;* eine Strecke abfahren *entlangfahren;* ihm ist ein Bein abgefahren worden *durch Überfahren abgetrennt worden;* ein Rad abfahren *ein Rad durch (unvorsichtiges) Fahren abbrechen;* jmdn. abfahren lassen *jmdn. abweisen, jmdm. eine barsch ablehnende Antwort geben;* auf etwas od. jmdn. abfahren ⟨salopp⟩ *über etwas od. jmdn. in Begeisterung geraten, sich plötzlich für etwas od. jmdn. stark interessieren;* ⟨Drogenszene⟩ *die Wirkung einer Droge spüren, genießen* **II** ⟨V. i.; ist⟩ **1** *eine Fahrt, Reise beginnen* (mit Wagen, Eisenbahn, Schiff), *losfahren, abreisen* **2** ⟨fig.⟩ *sich eine Abfuhr holen, eine Bitte abgeschlagen bekommen* **III** ⟨V. refl.; hat⟩ sich abfahren *sich abnutzen* (Reifen)

**Abfahrt** ⟨f. 20⟩ **1** *Beginn einer Fahrt, Abreise* **2** ⟨Skisp.⟩ *Talfahrt*

**abfallen** ⟨V. i. 131; ist⟩ **1** *herunterfallen* **2** *sich (ab)lösen* **3** *übrig bleiben, nicht verwendbar sein* **4** *sich allmählich senken* (Gebäude) **5** *den Kurs eines Segelschiffes so ändern, dass der Wind voller in die Segel fällt* ◆ **Kunden** *fallen ab Kunden kaufen nicht mehr;* ein **Trinkgeld** *wird abfallen ein Trinkgeld wird dabei zu verdienen sein* ◆ **körperlich** abfallen *an Gewicht verlieren* ◆ etwas fällt **für** dich ab *du wirst einen Teil abbekommen;* **vom** Glauben abfallen *den Glauben verlieren*

**abfällig** ⟨Adj.⟩ **1** *ungünstig* **2** *absprechend, verächtlich* ◆ abfällige Bemerkung

**abfangen** ⟨V. t. 132; hat⟩ **1** eine Person oder Sache abfangen *sie erwischen, indem man ihr auflauert* **2** ein Bauwerk abfangen *durch Stützen vor Einsturz bewahren* **3** Briefe abfangen *vor Aushändigung an den Empfänger wegnehmen*

**abfassen** ⟨V. t.; hat⟩ **1** *verfassen, schreiben, formulieren* **2** *jmdn. erwischen, indem man ihm auflauert* **3** ⟨ostdt.; fig.; umg.⟩ *erwerben, besorgen, bekommen* ◆ er fasste einen Text ab; den Flüchtenden abfassen

**abfertigen** ⟨V. t.; hat⟩ *bedienen, fertig machen* ◆ **Fahrzeug,** Flugzeug, Schiff abfertigen *zur Abfahrt, zum Abflug vorbereiten;* **Gepäck** abfertigen ⟨Eisenb.⟩ *zum Versand annehmen;* **Kundschaft** abfertigen *(weniger zuvorkommend) bedienen;* **Sendung** abfertigen ⟨Post⟩ *annehmen* ◆ jmdn. **kurz** abfertigen *jmds. Verlangen kurz behandeln und sich nicht weiter um ihn kümmern* ◆ jmdn. **mit** Geld abfertigen *jmdn. nur materiell entschädigen*

**abfeuern** ⟨V. t.; hat⟩ **1** eine Pistole abfeuern *einen Schuss mit einer P. abgeben* **2** einen Schuss abfeuern *(einmal) schießen*

**abfinden** ⟨V. 134; hat⟩ **I** ⟨V. t.⟩ jmdn. mit etwas abfinden *jmds. Ansprüche durch Geld o. Ä. befriedigen* **II** ⟨V. refl.⟩ **1** sich mit jmdm. abfinden *widerwillig dessen Anwesenheit ertragen, sich mit ihm zufrieden geben* **2** sich mit etwas abfinden *sich notgedrungen in eine Lage schicken, sich zufrieden geben*

**Abfindung** ⟨f. 20⟩ *Geldzahlung zur Abgeltung rechtlicher Ansprüche*

**abflauen** ⟨V. i.; ist⟩ **1** *abnehmen, nachlassen* (Wind) **2** ⟨fig.⟩ *nachlassen, geringer werden, sinken* (Interesse, Börsenkurse, Preise)

**abfliegen** ⟨V. i. 136; ist⟩ **1** *anfangen zu fliegen* (Pfeil, Vogel) **2** *starten* (Flugzeug)

**abfließen** ⟨V. i. 138; ist⟩ *ablaufen, wegfließen* (Flüssigkeit) ◆ das Wasser floss nicht ab

**Abflug** ⟨m. 1u⟩ **1** *das Abfliegen* **2** *Start eines Flugzeugs*

**Abfluss** ⟨m. 1u⟩ **1** *Zustand, Tätigkeit des Abfließens* **2** *Rohr, Rinne usw., wodurch etwas abfließt od. abgeleitet wird* **3** *Wassermenge, die in der Sekunde einen bestimmten Querschnitt durchfließt* **4** ⟨fig.⟩ *Abgang, Verminderung* (von Kapital, Arbeitskräften usw.)

**Abfolge** ⟨f. 19⟩ *bestimmte Reihenfolge*

**abfordern** ⟨V. t.; hat⟩ jmdm. etwas abfordern *verlangen, dass jmd. etwas hergibt oder tut* ◆ er hat ihm viel abgefordert

**abfragen** ⟨V. t.; hat⟩ **1** jmdn. od. jmdm. etwas abfragen *durch Fragen Antwort zu erhalten suchen* **2** ⟨EDV⟩ *ermitteln, sich geben lassen* ◆ die Lektion abfragen; das Pensum abfragen; Daten abfragen

**Abfuhr** ⟨f. 20⟩ **1** *Wegbringen von Gegenständen durch Fahrzeuge* **2** ⟨Sp.; Fechten⟩ *Fehlschlag, Niederlage* **3** ⟨fig.⟩ *Zurückweisung (einer Forderung, auch moralisch)* ◆ eine Abfuhr erleiden *zurückgewiesen werden;* jmdm. eine Abfuhr erteilen *jmdn. zurückweisen, jmdm. eine Forderung nicht erfüllen*

**abführen** ⟨V.; hat⟩ **I** ⟨V. t.⟩ **1** *wegführen, wegleiten, wegschaffen* **2** *(vorläufig) festnehmen (als Gefangenen)* **3** ⟨Sp.; Fechten⟩ *besiegen* ◆ einen Betrag an jmdn. abführen *bezahlen* **II** ⟨V. i.; Med.⟩ *Stuhlgang, Darmentleerung herbeiführen*

**abfüllen** ⟨V. t.; hat⟩ **1** (etwas) abfüllen *aus einem (größeren) in ein anderes (kleineres) Gefäß füllen* **2** ⟨umg.⟩ jmdn. abfüllen *jmdn. betrunken machen* ◆ Wein in Flaschen abfüllen

**Abgabe** ⟨f. 19⟩ **1** *das Abgeben, Auslieferung, Verkauf* **2** *Aushändigung* **3** ⟨meist Pl.⟩ *Steuer, Miete, Pacht* **4** *Tratte, Gegenwert des gezogenen Wechsels* **5** ⟨Sp.; Fußb.⟩ *das Zuspielen des Balles*

**Abgang** ⟨m. 1u⟩ **1** *Abfahrt* (Eisenbahn, Schiff) **2** *Verlust, Schwund* **3** *Aufgeben, Verlassen einer Tätigkeit* **4** ⟨Theat.⟩ *Abtreten von der Bühne* **5** ⟨Med.⟩ *Ausscheidung (z. B. von Nierensteinen od. Sekret)* **6** ⟨fig.⟩ *Sterben, Tod* **7** *Verkauf* (Waren) **8** ⟨österr.⟩ *Fehlbetrag* **9** *Ausgang* ◆ ⟨Handel⟩ guten Abgang haben *gut verkauft werden;* sich einen effektvollen Abgang sichern

**Abgas** ⟨n. 11⟩ **1** *Auspuffgas* **2** *abgeblasenes, entweichendes Gas* **3** *gasförmiges Abfallprodukt der Verbrennung*

**Abgaskatalysator** ⟨m. 23; bei Kfz⟩ ▼ *Einrichtung zur Verminderung der Kohlenmonoxid- und Stickstoffanteile im Auspuffgas*

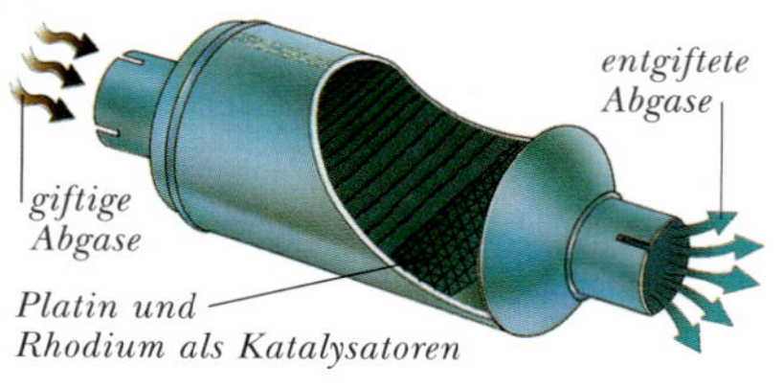


ABGASKATALYSATOR: SCHNITT DURCH EINEN ABGASKATALYSATOR

**Abgassonderuntersuchung** ⟨f. 20; bei Kfz; Abk.: ASU⟩ *regelmäßig durchzuführende Untersuchung von Kraftfahrzeugen, bei der der Anteil an Kohlenmonoxid im Abgas bei Leerlauf des Motors festgestellt wird*

**abgeben** ⟨V. 143; hat⟩ **I** ⟨V. t.⟩ **1** *weggeben, sich trennen von, ausliefern* **2** *zurückgeben, wieder hergeben* **3** jmdm. etwas abgeben *überlassen* ◆ ein **Geschäft** abgeben *jmd. anderem übergeben;* **Handgepäck** abgeben *aufbewahren lassen;* seine **Meinung** abgeben *kundtun;* einen **Schuss** abgeben *schießen;* seine **Stimme** abgeben (für, gegen) *wählen* ◆ etwas **an** jmdn. abgeben *jmdm. geben* **II** ⟨V. refl.⟩ sich mit etwas od. jmdm. abgeben *sich beschäftigen*

**abgebrüht** ⟨Adj.; -er, am -esten; fig.⟩ **1** *gewitzt, schlau, gerissen* **2** *(durch schlimme Erfahrungen) unempfindlich (geworden)* **3** *ohne moralische Grundsätze, skrupellos*

**abgehen** ⟨V. 145⟩ **I** ⟨V. i.; ist⟩ **1** *sich wegbewegen, sich entfernen* **2** *aus einem Amt, einer Stellung scheiden* **3** *sich lösen* **4** ⟨umg.⟩ *fehlen* ◆ du gehst mir sehr ab ⟨umg.⟩; es geht ihm nichts ab ⟨umg.⟩ *er hat alles, was er braucht;* die **Farbe,** der Knopf geht ab; **Schauspieler** gehen ab ◆ der Weg geht **nach** rechts ab *biegt ab;* es wird (nicht) **ohne** Streit abgehen *Streit wird sich (nicht) vermeiden lassen;* **von** einer Absicht, Meinung abgehen *sie ändern, nachgeben;* von der Schule abgehen *sie verlassen, entlassen werden;* davon gehen 2% ab *werden abgezogen, abgerechnet* **II** ⟨V. t.; hat⟩ einen Platz abgehen *abschreiten, um den ganzen Platz herumgehen*

**abgeklärt** ⟨Adj.⟩ **1** *geklärt* **2** ⟨fig.⟩ *durch Erfahrung reif geworden*

**abgelegen** ⟨Adj.⟩ *entfernt, schwer zugänglich, einsam* (Ort)

**abgeneigt** ⟨Adj.⟩ *keine Lust habend* ◆ einer Sache abgeneigt sein; nicht abgeneigt sein, etwas zu tun *willens sein*

**Abgeordnete(r)** ⟨f. 30 (m. 29)⟩ **1** *jmd., der abgeordnet worden ist* **2** *Mitglied des Parlaments* **3** *Delegierte(r), Deputierte(r)*

**Abgesandte(r)** ⟨f. 30 (m. 29)⟩ *jmd., der als Vertreter einer od. mehrerer Personen od. einer amtl. Stelle geschickt wird*

**abgeschieden** ⟨Adj.⟩ *einsam, von anderen Menschen od. Wohnungen entfernt*

**abgesehen** ⟨Adj.; undekl.⟩ **1** es auf jmdn. od. etwas abgesehen haben *sein Interesse auf jmdn. od. etwas richten* **2** abgesehen von *ohne ... zu rechnen, zu berücksichtigen*

**abgestanden** ⟨Adj.⟩ **1** *durch langes Stehen geschmacklos od. schal geworden* (Flüssigkeit) **2** ⟨fig.⟩ *durch häufigen Gebrauch fad, inhaltslos geworden* (Redensart)

**abgetakelt** ⟨Adj.⟩ **1** *außer Betrieb gesetzt* (Schiff) **2** ⟨fig.; abwertend⟩ *heruntergekommen, verlebt* (Person) ◆ sie sieht schon ziemlich abgetakelt aus

**abgetragen** ⟨Adj.⟩ *durch häufiges Tragen abgenutzt u. unansehnlich geworden*

**abgewinnen** ⟨V. t. 151; hat⟩ jmdm. etwas abgewinnen **1** *auf Kosten eines anderen gewinnen* **2** *an der Eigenschaft eines anderen Gefallen finden* ◆ einer Sache etwas abgewinnen *an einer Sache Gefallen finden*

**abgewöhnen** ⟨V. t.; hat⟩ **1** jmdm. etwas abgewöhnen *jmdm. eine Gewohnheit ablegen lassen (durch Beeinflussung)* **2** sich etwas abgewöhnen *eine Gewohnheit ablegen* ◆ noch einen zum Abgewöhnen trinken ⟨scherzh.⟩ *(Entschuldigung vor sich selbst, wenn man weitertrinken will)*

**abgießen** ⟨V. t. 152; hat⟩ **1** *(von einem Bodensatz) weggießen* **2** ⟨Gießerei⟩ *durch Gießen nachformen*

**Abglanz** ⟨m.; -es; unz.⟩ **1** *zurückgeworfener Glanz, Reflex, Widerschein* **2** ⟨fig.⟩ *geborgter Glanz, Nachklang*

**Abgott** ⟨m. 2u⟩ **1** *falscher Gott, Götze* **2** *innig Geliebter*

**Abgottschlange** ⟨f. 19; Zool.⟩ *südamerikanische Riesenschlange, die ihre Beute durch Umschlingen erwürgt, angeblich als Gottheit verehrt: Boa constrictor;* ► *Schlangen*

**abgraben** ⟨V. t. 157; hat⟩ *durch Graben ableiten* ◆ Hügel abgraben *abtragen;* Wasser abgraben *wegleiten;* jmdm. das Wasser abgraben ⟨fig.⟩ *seine Existenz gefährden od. vernichten*

**abgrasen** ⟨V. t.; hat⟩ **1** eine Wiese abgrasen *Gras von einer Wiese abfressen* **2** ⟨fig.⟩ ein Gebiet abgrasen *es so bearbeiten, dass ein anderer nichts mehr erreichen kann*

**abgreifen** ⟨V. t. 158; hat⟩ **1** *belasten* **2** *abnutzen* **3** etwas abgreifen ⟨ostdt.; fig.; umg.⟩ *erwerben, besorgen, bekommen* ◆ eine Strecke mit dem Zirkel abgreifen *mit den beiden*

*Spitzen eines Zirkels die Endpunkte einer Strecke berühren, um ihre Länge zu messen*

**abgrenzen** ⟨V.; hat⟩ **I** ⟨V. t.⟩ *eine Grenze festlegen, bilden zwischen* ◆ Einflussbereiche gegeneinander abgrenzen **II** ⟨V. refl.⟩ sich von etwas, jmdm. abgrenzen *auf Distanz gehen zu etwas, jmdm.*

**Abgrund** ⟨m. 1u⟩ **1** *(unermesslich) große Tiefe* ⟨a. fig.⟩ **2** *moral. Tiefstand* ◆ jäher Abgrund; am Rande des Abgrundes ⟨fig.⟩ *kurz vor dem Untergang, der Vernichtung*

**abgucken** ⟨V. t.; hat⟩ jmdm. etwas abgucken **1** *eine Information erspähen, die man nicht sehen soll od. darf* **2** *sich Eigenschaften od. Tätigkeiten aneignen, die man bei anderen gesehen hat;* Sy *abschauen* ◆ etwas von od. bei jmdm. abgucken

**Abguss** ⟨m. 1u⟩ **1** *Abformung durch einen später erhärtenden Stoff* **2** *die so entstandene Form, Nachbildung* **3** *Flüssigkeit, die von anderen od. einem Rückstand abgegossen wurde*

**abhaken** ⟨V. t.; hat⟩ *vom Haken nehmen, lösen* ◆ Namen auf einer Liste abhaken *mit Haken versehen (bei Vergleich, Nachprüfung usw.);* das können wir abhaken ⟨fig.; umg.⟩ *damit können wir nicht mehr rechnen*

**abhalten** ⟨V. 160; hat⟩ **I** ⟨V. t.⟩ **1** *fern halten* **2** *hindern* **3** Versammlung, Besprechung, Gottesdienst abhalten *durchführen* ◆ ein Kind abhalten *zur Verrichtung der Notdurft halten;* jmdn. von der Arbeit abhalten *hindern zu arbeiten;* das kann uns nicht abhalten von ...; sich abhalten lassen; lassen Sie sich nicht abhalten! *(Höflichkeitsformel)* **II** ⟨V. i.; Mar.⟩ *sich abwenden* ◆ vom Lande abhalten *Kurs vom Lande weg nehmen*

**abhandeln** ⟨V. t.; hat⟩ **1** *erschöpfend behandeln* (Thema) **2** jmdm. etwas abhandeln *durch Herunterhandeln des Preises von jmdm. etwas erhalten*

**abhanden** ⟨Adv.⟩ abhanden kommen *verloren gehen, verschwinden*

**Abhandlung** ⟨f. 20⟩ **1** *Aufsatz, schriftl. wissenschaftl. Arbeit* **2** *amtl. Bericht* ◆ gelehrte, wissenschaftliche Abhandlung

**Abhang** ⟨m. 1u⟩ *geneigte Fläche des Erdbodens* ◆ jäher, steiler, sanfter Abhang

**abhängen** ⟨V. 161; hat⟩ **I** ⟨V. t.⟩ *vom Haken nehmen* ◆ ein Bild abhängen; einen unerwünschten Begleiter abhängen ⟨fig.; umg.⟩ *sich von ihm lösen, ihm entfliehen;* einen Eisenbahnwagen abhängen **II** ⟨V. i.⟩ **1** von jmdm. od. etwas abhängen **1.1** *auf jmdn. od. etwas angewiesen sein* **1.2** *aufeinander bezogen sein, durch, von etwas stark (fremd)bestimmt sein* **2** Fleisch hängt ab *hängt eine Zeit lang, bis es genießbar ist*

**abhängig** ⟨Adj.⟩ **1** *unselbständig* **2** abhängig von jmdm. od. etwas *angewiesen auf jmdn. od. etwas* ◆ er ist alkoholabhängig; abhängiger Satz ⟨Gramm.⟩ *Nebensatz*

**Abhängigkeit** ⟨f. 20⟩ **1** *abhängige Beschaffenheit* **2** *Drogen- od. Arzneimittelsucht* ◆ physische, psychische Abhängigkeit

**abhauen** ⟨V. 162⟩ **I** ⟨V. t.; hat⟩ *abschlagen, abhacken* ◆ einen Baum abhauen *fällen* **II** ⟨V. i.; ist/hat; Prät. nur: ich haute ab; umg.⟩ **1** *weggehen, fortgehen* **2** *ausreißen* ◆ ich bin sofort abgehauen

**abheben** ⟨V. 163; hat⟩ **I** ⟨V. t.⟩ *durch Heben wegnehmen* ◆ ein Dach abheben *abdecken;* Geld abheben *vom Bankkonto holen;* die Karten abheben ⟨Kart.⟩ *einen Teil der Karten wegnehmen u. den Rest obenauf legen* **II** ⟨V. i.⟩ **1** *sich in die Luft erheben* **2** auf etwas abheben *auf etwas hinweisen* ◆ das Flugzeug hebt von der Startbahn ab **III** ⟨V. refl.⟩ sich von etwas abheben *sich abzeichnen, unterscheiden* ◆ eine Farbe hebt sich von einer anderen ab

**abhelfen** ⟨V. i. 165; hat⟩ einem Übel abhelfen *ein Übel beseitigen* ◆ dem muss abgeholfen werden *das muss man ändern;* dem ist nicht abzuhelfen

**Abhilfe** ⟨f. 19; unz.⟩ Abhilfe schaffen *Schwierigkeiten, Missstände beseitigen*

**abholen** ⟨V. t.; hat⟩ jmdn. od. etwas abholen *von einem Ort herbringen*

**abholzen** ⟨V. t.; hat; Landw.⟩ **1** Bäume abholzen *fällen* **2** Unterholz abholzen *beseitigen* **3** Wald abholzen *roden*

**abhören** ⟨V. t.; hat⟩ **1** eine Radiosendung, Schallplatte abhören *einer R., S. prüfend zuhören* **2** ein Gespräch abhören *heimlich mit anhören* **3** eine Lektion abhören *abfragen, hersagen lassen*

**Abi** ⟨n. 15; Pl. selten; umg.; kurz für⟩ *Abitur*

**abirren** ⟨V. t.; ist⟩ **1** *vom Weg oder Thema abkommen, den Weg verlieren* **2** ⟨fig.⟩ *in gutem Glauben etwas Unrechtes tun*

**Abitur** ⟨n. 11; Pl. selten⟩ *Abschlussprüfung an Gesamtschule u. Gymnasium;* Sy ⟨kurz⟩ *Abi* [zu lat. *abire* „abgehen"]

**Abiturient** ⟨m. 16⟩ *jmd., der die Reifeprüfung ablegen will od. abgelegt hat*

**Abiturientin** ⟨f. 22⟩ *weibl. Person, die die Reifeprüfung ablegen will od. abgelegt hat*

**abkanten** ⟨V. t.; hat⟩ **1** scharfe Kanten abkanten *abrunden* **2** Bleche abkanten *winklig biegen, so dass eine Kante entsteht*

**abkassieren** ⟨V. i.; hat⟩ **1** *vor Schließung des Lokals mit den letzten Gästen die Zeche abrechnen* **2** *Geld kassieren, einnehmen*

**abkaufen** ⟨V. t.; hat⟩ jmdm. etwas abkaufen *von jmdm. etwas kaufen* ◆ das kaufe ich dir nicht ab! ⟨fig.; umg.⟩ *das glaube ich dir nicht!*

**Abkehr** ⟨f. 20; unz.⟩ *Abwendung*

**abkehren**[1] ⟨V. refl.; hat⟩ sich von etwas od. jmdm. abkehren **1** *sich ab- od. umwenden, um etwas od. jmdn. nicht zu sehen* **2** *sich um etwas od. jmdn. nicht mehr kümmern*

**abkehren**[2] ⟨V. t.; hat⟩ **1** *mit dem Besen entfernen* (Schmutz) **2** *mit dem Besen säubern* (Gegenstand)

**Abklatsch** ⟨m. 1⟩ **1** *Abdruck, genaues Abbild, Klischee* **2** ⟨fig.⟩ *Nachahmung ohne eigenen Wert*

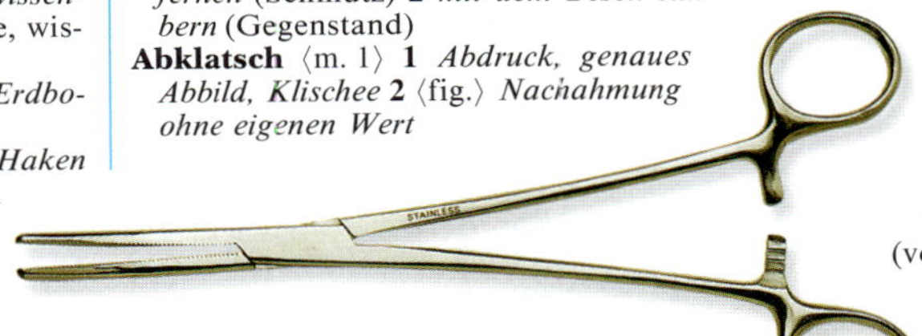

ABKLEMMEN: GEFÄSSKLEMME ZUM ABKLEMMEN OFFENER GEFÄSSE

**abklemmen** ⟨V. t.; hat⟩ **1** ▲ *durch eine Klemme unterbrechen, verschließen, zusammendrücken* **2** ⟨schweiz.; fig.⟩ *abbrechen, beenden* (Geschäft, Unterredung, Beziehung)

**abklingen** ⟨V. i. 168; ist⟩ *nachlassen, weniger werden* (von Krankheiten, Tönen, Erscheinungen)

**abklopfen** ⟨V.; hat⟩ **I** ⟨V. t.⟩ **1** *durch Klopfen entfernen* (Schmutz) **2** *durch Klopfen reinigen* (Kleidungsstück) ◆ den Staub vom Rock abklopfen; einen Kranken abklopfen ⟨Med.⟩ *durch Klopfen feststellen, ob sich im Körperinnern Flüssigkeit angesammelt hat;* etwas auf etwas hin abklopfen ⟨fig.⟩ *untersuchen, prüfen;* Argumente auf ihre Stichhaltigkeit hin abklopfen **II** ⟨V. i.⟩ *(bei Musikproben) durch Klopfen mit dem Taktstock das Zeichen zum Unterbrechen des Spiels geben*

**abknicken** **I** ⟨V. t.; hat⟩ *knicken, durch Knick abbrechen (auch ohne den Teil ganz abzutrennen)* **II** ⟨V. i.; ist⟩ *eine Kurve bilden* (Straße) ◆ abknickende Vorfahrt

**abkommandieren** ⟨V. t.; hat; Mil.⟩ *durch Befehl zu anderer Tätigkeit bestimmen, abordnen* ◆ jmdn. zu einer Einheit, nach einem Ort abkommandieren

**abkommen** ⟨V. i. 170; ist⟩ *sich entfernen, freikommen, loskommen* ◆ ein aufgelaufenes **Schiff** kommt ab *gelangt wieder in Fahrwasser* ◆ abkommen **können** *sich (von einer Tätigkeit) für eine bestimmte Zeit freimachen können* ◆ der Schwimmer, Läufer ist **gut,** schlecht abgekommen *hat einen guten, schlechten Start gehabt*

**Abkommen** ⟨n. 14⟩ *Vertrag, Vereinbarung, Übereinkunft* ◆ ein Abkommen treffen, brechen; einem Abkommen beitreten

**abkratzen** **I** ⟨V. t.; hat⟩ **1** *durch Kratzen entfernen* (Schmutz, Flecke) **2** *durch Kratzen säubern* (Schuhe usw.) **II** ⟨V. i.; ist; umg.; derb⟩ *sterben*

**abkriegen** ⟨V. t.; hat⟩ = *abbekommen (1, 2)*

**abkühlen** **I** ⟨V. t.; hat⟩ *kälter werden lassen* ◆ seine Leidenschaften abkühlen *im Temperament ruhiger werden;* seinen Ärger, Zorn abkühlen *verrauchen, vorübergehen lassen* **II** ⟨V. i.; ist⟩ *kalt, kälter werden* (bes. von Speisen) **III** ⟨V. refl.; hat⟩ sich abkühlen **1** *kälter werden* **2** ⟨fig.⟩ *Aufregung abklingen lassen*

**abkürzen** ⟨V. t.; hat⟩ etwas abkürzen *kürzer machen, einen Teil davon weglassen* ◆ ein Wort abkürzen

**Abkürzung** ⟨f. 20; Sprachw.⟩ *Kürzung eines Wortes, abgekürztes Wort,* z. B. „usw." ◆ eine Abkürzung nehmen *einen kürzeren Weg*

**abladen** ⟨V. 173; hat⟩ **I** ⟨V. t.⟩ **1** *entleeren* (Wagen) **2** *von einem Fahrzeug herunternehmen* (Güter) **II** ⟨V. i.⟩ bei jmdm. abladen ⟨fig.⟩ *jmdm. sein Herz ausschütten*

**Ablage** ⟨f. 19⟩ *Stelle od. Raum zum Aufbewahren von Schriftsachen, bes. in Büros*

**ablagern** ⟨V.; hat⟩ **I** ⟨V. t.⟩ **1** Güter ablagern *abstellen, aufs, ins Lager bringen* **2** ein Fluss lagert Sand ab *lässt mitgeführten Sand (an einer Stelle) liegen* **II** ⟨V. i.⟩ *(zur Verbesserung) einige Zeit liegen bleiben* ◆ Wein ablagern lassen **III** ⟨V. refl.⟩ sich ablagern **1** *niedersinken u. liegen bleiben* **2** ⟨Geol.⟩ *Sedimente (Ablagerungen) bilden* ◆ Flusssand lagert sich am Ufer ab

**Ablass** ⟨m. 1u⟩ **1** *etwas, das abgelassen wird* **2** *Ort od. Vorrichtung zum Ablassen* (von Flüssigkeit), *Abfluss* **3** ⟨kath. Lehre⟩ *Erlassen, Nachlass zeitl. Sündenstrafen* **4** *Rabatt, Nachlass (vom Preis)* ◆ jmdm. Ablass gewähren

**ablassen** ⟨V. 174; hat⟩ **I** ⟨V. t.⟩ **1** *leer laufen, auslaufen, ablaufen lassen* (Teich, Flüssigkeit) **2** *entweichen lassen* (Dampf) **3** *abfahren lassen* (Zug) ◆ jmdm. etwas ablassen *überlassen, abgeben, verkaufen;* etwas vom Preis ablassen *mit dem Preis heruntergehen* **II** ⟨V. i.⟩ *aufhören* ◆ von etwas ablassen *aufhören, etwas zu tun*

**Ablativ** ⟨m. 1; Gramm.⟩ *Kasus der indogerman. Sprachen, der die Richtung „von ... weg" bezeichnet, im Latein erhalten, auch als Instrumentalis gebraucht (Ablativ des Mittels: „womit?", „wodurch?")* [verkürzt < lat. *casus ablativus* „Fall, der die Entfernung, die Trennung bezeichnet"]

**ablaufen** ⟨V. 175⟩ **I** ⟨V. t.; hat⟩ **1** *durch vieles Laufen abnützen* (Absätze, Sohlen, Schuhe) **2** Geschäfte, Straßen ablaufen *durch viele Geschäfte, Straßen laufen, um etwas od. jmdn. zu finden* **3** *verlaufen, vonstatten gehen, vor sich gehen* ◆ wie soll das Fest ablaufen?; jmdm. den Rang ablaufen ⟨fig.⟩ *jmdn. übertreffen;* sich die Beine nach etwas ablaufen *sich sehr um etwas bemühen* **II** ⟨V. i.; ist⟩ **1** *abfließen* (Flüssigkeit) **2** *abrollen* (Kabel) **3** *zu Ende gehen* (Vertrag) **4** *stehen bleiben, wenn die Feder nicht aufgezogen wird* (Uhr)

5 *fällig werden* (Wechsel) **6** *vergehen* (Zeit) **7** *vorgeführt werden* (Film, Schallplatte, Programm) ◆gut ablaufen *vorteilhaft, günstig enden*

**Ablaut** ⟨m. 1; Gramm.⟩ *Vokalwechsel in der Stammsilbe wurzelverwandter Wörter,* z. B. trinken, trank, Trunk

**ablegen** ⟨V.; hat⟩ **I** ⟨V. t.⟩ **1** *weglegen* **2** *ausziehen* (Mantel, Jacke) ◆bitte legen Sie ab! *(Aufforderung an einen Besucher);* ein **Bekenntnis,** Gelübde ablegen *etwas bekennen, geloben;* einen **Eid** ablegen *schwören, leisten;* einen **Fehler** ablegen *sich abgewöhnen;* seine **Kleider** ablegen *sich ausziehen;* eine **Probe** ablegen *eine Probe als Beispiel seines Könnens, Tuns zeigen;* eine **Prüfung** ablegen *eine Prüfung machen;* **Rechenschaft** (über etwas) ablegen *Auskunft über sein Tun u. Lassen geben;* **Vorurteile,** Gewohnheiten ablegen *aufgeben, sich von ihnen frei machen;* **Zeugnis** von etwas, für od. gegen jmdn. ablegen *über etwas aussagen, für oder gegen jmdn. zeugen* **II** ⟨V. i.; Bot.⟩ *sich vegetativ, durch Ableger vermehren*

**Ableger** ⟨m. 3⟩ **1** ⟨Bot.⟩ ► *Pflanzenteil zur vegetativen Vermehrung;* Sy *Senker* **2** ⟨fig.⟩ *Zweigunternehmen* **3** *Teil eines Getreidemähers, der die abgeschnittenen Halme in Bündeln neben der Fahrspur ablegt*

**ablehnen** ⟨V. t.; hat⟩ *zurückweisen, nicht annehmen, ausschlagen* ◆mit Dank ablehnen

**ableiten** ⟨V. t.; hat⟩ **1** *von einer eingeschlagenen Richtung abbringen, wegführen, weglenken* **2** *die Ursache feststellen von, nachweisen* **3** ⟨Sprachw.⟩ *die sprachl. Verwandtschaft feststellen von* **4** ⟨Math.⟩ *den Differentialquotienten (die Ableitung) bilden von* ◆einen Fluss ableiten *in ein anderes Bett verlegen;* eine Flüssigkeit ableiten *abfließen lassen;* Vergünstigungen aus einem Gesetz ableiten *Vergünstigungen aufgrund eines Gesetzes feststellen;* jmdn. vom Ziel ableiten *so beeinflussen, dass er das Ziel nicht erreicht*

**Ableitung** ⟨f. 20⟩ *Vorgang od. Ergebnis des Ableitens*

**ablenken** ⟨V. t.; hat⟩ **1** *in eine andere Richtung lenken* **2** jmdn. ablenken **2.1** *auf andere Gedanken bringen* **2.2** *irreleiten* ◆das Gespräch ablenken *vom Thema wegführen;* den Verdacht auf jmdn. ablenken *jmd. anderen verdächtigen;* jmdn. von einem Vorhaben, Ziel ablenken *wegbringen*

**ablesen** ⟨V. t. 178; hat⟩ **1** einen Text ablesen *vom beschriebenen, bedruckten Blatt lesen* **2** einen Wert, ein Maß ablesen *die Anzeige auf einer Skala feststellen* **3** Beeren ablesen *vom Strauch abpflücken* **4** jmdm. etwas an der Miene, am Gesicht ablesen *die Gefühle, Wünsche eines anderen erkennen*

**abliefern** ⟨V. t.; hat⟩ *abgeben, pflichtgemäß überreichen, aushändigen*

**ablöschen** ⟨V. t.; hat⟩ **1** *löschen* (Brennendes) **2** *mit einem Löschblatt trocknen* (Geschriebenes) **3** *mit kalter Flüssigkeit verrühren* (Mehlschwitze)

**ablösen I** ⟨V. t.; hat⟩ **1** etwas ablösen *loslösen, von der Unterlage entfernen, vorsichtig abmachen* (Festgeklebtes) **2** jmdn. ablösen *die Tätigkeit eines andern übernehmen* ◆Pfand ablösen *gegen Zahlung zurückerhalten;* Rente ablösen *durch Kapitalabfindung ersetzen;* Schuld ablösen *bezahlen;* eine rechtliche Verpflichtung ablösen *gegen Entschädigung beseitigen;* die Wache ablösen *durch andere Wachtposten ersetzen* **II** ⟨V. refl.⟩ sich ablösen *von selbst abgehen*

**Ablösung** ⟨f. 20⟩ *das Ablösen, das Abgelöstwerden*

**ABM 1** ⟨Abk. für⟩ *Arbeitsbeschaffungsmaßnahme* **2** ⟨Mil.; Abk. für engl.⟩ *Anti-Ballistic-Missile (Abwehrrakete)*

**abmachen** ⟨V. t.; hat⟩ **1** *entfernen, losmachen, lösen* (Haftendes) **2** *vereinbaren, verabreden* **3** *zu Ende führen* (Angelegenheit) **4** *abschließen* (Geschäft)

**Abmachung** ⟨f. 20⟩ *Vereinbarung, Verabredung* ◆eine Abmachung treffen *etwas abmachen, vereinbaren*

**abmagern** ⟨V. i.; ist⟩ *mager werden*

**abmalen** ⟨V. t.; hat⟩ **1** *durch Malen wiedergeben* **2** ⟨fig.; umg.⟩ *nachahmen*

**abmelden** ⟨V. t.; hat⟩ jmdn. abmelden *melden, dass jmd. einen Ort verlässt, eine Tätigkeit aufgibt* ◆sich **polizeilich** abmelden ◆sich **beim** Meister abmelden; jmdn. **von** der Schule abmelden

**abmessen** ⟨V. t. 183; hat⟩ *die Maße feststellen von* ◆seine Worte genau abmessen *genau überlegen;* etwas nach etwas anderem abmessen ⟨fig.⟩ *einer Sache genau anpassen*

**abmühen** ⟨V. refl.; hat⟩ sich abmühen *sich Mühe machen, sich anstrengen*

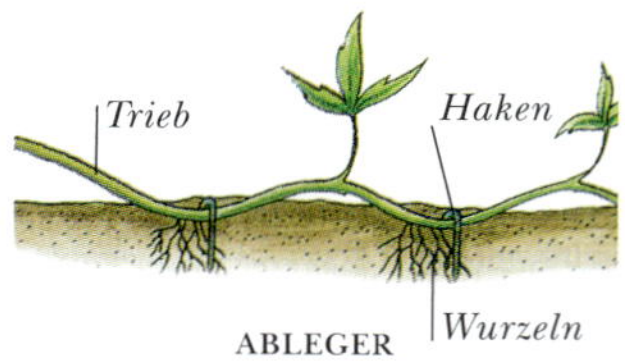

ABLEGER

**abnabeln** ⟨V.; hat⟩ **I** ⟨V. t.⟩ ein Neugeborenes abnabeln *durch Zerschneiden der Nabelschnur aus der Verbindung mit dem Mutterleib lösen* **II** ⟨V. refl.; fig.; umg.⟩ sich abnabeln *sich endgültig von etwas lösen (bes. als Jugendlicher vom Elternhaus)*

**abnähen** ⟨V. t.; hat⟩ *durch eine Naht enger machen*

**Abnahme** ⟨f. 19; unz.⟩ **1** *das Abnehmen, Wegnehmen, Entfernen* **2** *Verringerung, Verlust* (Gewichtsabnahme), *Rückgang* **3** *Entgegennahme, Annahme, Kauf* ◆Abnahme eines **Bauwerks** *(amtl.) Anerkennung der richtigen Fertigstellung;* Abnahme eines **Gliedes** ⟨Chir.⟩ *Amputation;* Abnahme der **Kräfte** *Verlust, Schwächung der (Muskel-)Kräfte;* Abnahme einer **Ladung** *Abholung u. Anerkennung der richtigen Lieferung;* Abnahme des **Mondes** *Übergang vom Vollmond zum Neumond;* Abnahme einer **Ware**

**abnehmen** ⟨V. 187; hat⟩ **I** ⟨V. t.⟩ **1** *(nach oben) wegnehmen* (Deckel, Hut) **2** *(von oben) wegnehmen* (Vorhang, Bild) **3** *ablösen, abtrennen* **4** jmdm. etwas abnehmen *wegnehmen, beschlagnahmen* **5** *abkaufen* ◆jmdm. die **Arbeit** abnehmen *für jmdn. die Arbeit tun;* den **Bart** abnehmen *entfernen, abschneiden, rasieren;* **Bauwerke,** techn. Einrichtungen abnehmen *die Herstellung gemäß den Vorschriften überprüfen;* jmdm. einen **Eid** abnehmen *jmdn. schwören lassen;* den **Hörer** abnehmen *den Telefonhörer von der Gabel nehmen;* **Maschen** abnehmen ▼ *Maschen zusammenstricken u. dadurch ihre Zahl verringern;* einen **Verband** abnehmen *entfernen, abwickeln;* jmdm. ein **Versprechen** abnehmen *sich ein V. geben lassen;* **Wäsche** abnehmen *von der Leine nehmen* **II** ⟨V. i.⟩ *Umfang, Gewicht verlieren, kleiner, schmaler, kürzer werden* ◆das **Fieber,** der Mond, der Regen nimmt ab ◆er hat **viel,** wenig, stark abgenommen ◆**an** Gewicht abnehmen

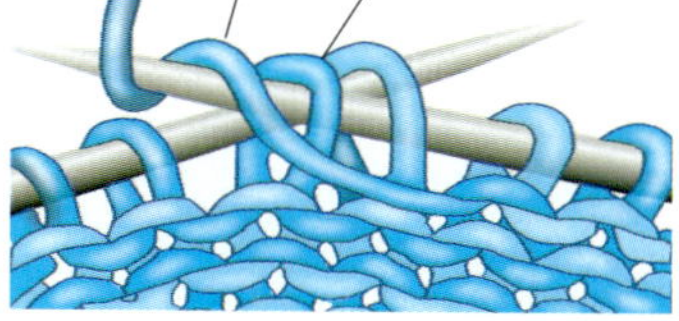

ABNEHMEN (STRICKEN)

**Abneigung** ⟨f. 20⟩ *Widerwille;* Ggs *Zuneigung* ◆eine Abneigung gegen etwas od. jmdn. haben; er flößt mir Abneigung ein

**abnorm, abnormal** ⟨Adj.⟩ *nicht normal, gegen die Regel, krankhaft, ungewöhnlich* ◆abnorme Veranlagung [< lat. *abnormis;* zu *norma* „Richtschnur"]

**abnutzen, abnützen** ⟨V.; hat⟩ **I** ⟨V. t.⟩ *durch Gebrauch schadhaft machen, Wert od. Brauchbarkeit verringern von, beschädigen* **II** ⟨V. refl.⟩ sich abnutzen/abnützen *schadhaft, unbrauchbar werden* ◆diese Geräte nutzen sich ab

**Abo** ⟨n. 15; kurz für⟩ *Abonnement*

**Abonnement** ⟨[-n(ə)'mã] n. 15⟩ Sy ⟨kurz⟩ *Abo* **1** *Bezug von Waren (meist Zeitungen, Zeitschriften usw.) auf bestimmte Zeit* **2** *Bezug von Theater-, Kino-, Konzertkarten für die Dauer einer Spielzeit, Anrecht* **3** *Dauerfahrkarte (Zeitkarte)* [frz.]

**Abonnent** ⟨m. 16⟩ *Inhaber eines Abonnements*

**abonnieren** ⟨V. t. u. V. i.; hat⟩ *ein Abonnement (über etwas) abschließen* ◆eine Konzertreihe abonnieren; eine Zeitschrift, Zeitung abonnieren [< frz. *abonner*]

**Abort**[1] ⟨m. 1⟩ *Ort zur Verrichtung der Notdurft;* Sy *Klosett, Toilette (3)* [eigtl. „abgelegener Ort" < *ab...*[2] + *Ort*]

**Abort**[2] ⟨m. 1; Med.⟩ = *Fehlgeburt* [zu lat. *abortus,* Part. Perf. zu *aboriri* „abgehen"]

**abpassen** ⟨V. t.; hat⟩ **1** *ausgleichen, zu einer anderen Sache passend machen* **2** *abwarten* (Zeitpunkt) ◆jmdn. abpassen *jmdm. auflauern, warten, bis man jmdn. trifft;* die Täter haben ihn nahe seiner Wohnung abgepasst

**abpfeifen** ⟨V. t. u. V. i. 189; hat; Sp.⟩ *das Ende od. die Unterbrechung eines Spieles durch Pfeifen anzeigen*

**abprallen** ⟨V. i.; ist⟩ *beim Auftreffen auf einen Gegenstand zurückgeworfen werden* ◆das prallt an ihm ab ⟨fig.⟩ *das macht keinen Eindruck auf ihn*

**Abrasion** ⟨f. 20⟩ **1** ⟨Geol.⟩ *abtragende Wirkung der Brandungswelle an Meeresküsten;* → a. *Abtragung (1)* **2** ⟨Med.⟩ *Ausschabung der Gebärmutter* [< lat. *abrasio;* zu *abradere* „abkratzen"]

**abraten** ⟨V. i. 193; hat⟩ jmdm. von etwas abraten *jmdm. raten, etwas nicht zu tun*

**Abraum** ⟨m. 1u; Bgb.⟩ **1** *Erdschicht über Bodenschätzen* **2** ⟨fig.⟩ *Schutt, Abfall*

**abreagieren** ⟨V. t.; hat⟩ **1** eine Spannung od. Erregung abreagieren *durch eine Reaktion zum Abklingen bringen* **2** sich abreagieren *durch eine Reaktion eine Spannung, Erregung loswerden*

**abrechnen** ⟨V.; hat⟩ **I** ⟨V. i.⟩ **1** *Rechenschaft ablegen* **2** *eine (endgültige) Rechnung aufstellen u. bezahlen* **3** ⟨fig.⟩ mit jmdm. abrechnen *jmdm. Rechenschaft über die Ausgaben ablegen (erhalten) u. das nicht verbrauchte Geld zurückgeben (zurückerhalten)* **4** ⟨fig.⟩ *die moral. Schuld eines anderen feststellen u. ihn zur Rechenschaft ziehen* **II** ⟨V. t.⟩ einen Betrag abrechnen *rechnend (von einer Summe) abziehen* ◆das musst du abrechnen ⟨fig.⟩ *das darfst du nicht berücksichtigen*

**Abrechnung** ⟨f. 20⟩ **1** *das Abrechnen* **2** *Rechnung*

**Abrede** ⟨f. 19⟩ *Verabredung, Abkommen* ◆gegen eine Abrede handeln *eine Vereinbarung nicht einhalten;* nach Abrede *entsprechend der Vereinbarung;* etwas in Abrede stellen *leugnen, sagen, dass etwas nicht wahr sei;* das ist wider die Abrede!

A

**abreiben** ⟨V. t. 194; hat⟩ **1** *durch Reiben entfernen, säubern, trocknen* **2** ⟨fig.⟩ *scharf tadeln* **3** *prügeln* ◆ die Schale einer Zitrone abreiben *mit der Reibe entfernen;* sich, jmdn. mit dem Badetuch abreiben

**Abreise** ⟨f. 19; unz.⟩ *Verlassen eines Ortes, Antritt einer Reise, Abfahrt*

**abreisen** ⟨V. i.; ist⟩ *eine Reise antreten*

**abreißen** ⟨V. 195⟩ **I** ⟨V. t.; hat⟩ **1** *losreißen* **2** ein Gebäude abreißen *niederreißen, abbrechen* **II** ⟨V. i.; ist⟩ **1** *sich von einer Befestigung ablösen, zerreißen, durchreißen* (Faden) **2** *sich vom Faden ablösen* (Knopf) ◆ es riss überhaupt nicht ab ⟨fig.⟩ *es nahm kein Ende;* den abgerissenen Faden des Gesprächs wieder aufnehmen; er läuft ziemlich abgerissen herum *schäbig angezogen*

**abrichten** ⟨V. t.; hat⟩ **1** Tiere abrichten *dressieren* **2** ein Geschütz abrichten *in Schussrichtung bringen* **3** Bretter, Holz abrichten *durch Glätten in eine exakte Form bringen* **4** jmdn. zu etwas abrichten *unterweisen, wie er sich zu verhalten hat*

**abriegeln** ⟨V. t.; hat⟩ **1** *zuriegeln* **2** *absperren* **3** *verbarrikadieren* **4** ⟨fig.⟩ *Schluss machen mit, unterbinden* ◆ Zugangswege abriegeln *sperren*

**abringen** ⟨V. t. 199; hat⟩ jmdm. etwas abringen *etwas von jmdm. gegen seinen anfängl. Widerstand erhalten* ◆ jmdm. ein Versprechen, eine Zusage abringen; ich habe ihm sein Einverständnis abgerungen

**Abriss** ⟨m. 1⟩ **1** *Abbruch, etwas Zerrissenes* **2** *Entwurf, Skizze* **3** *Schema, kurze Darstellung, wissenschaftliche Übersicht*

**abrollen** **I** ⟨V. t.; hat⟩ *auf Rollen fortbewegen* ◆ Film abrollen *abspulen u. zugleich abspielen, vorführen;* Spule abrollen *abspulen, abwickeln;* Waren abrollen *mit Rollfuhre abholen od. wegbringen* **II** ⟨V. i.; ist⟩ **1** *sich auf Rollen fortbewegen* **2** ⟨Sp.⟩ **2.1** ⟨Turnen⟩ *eine rollende Bewegung mit einem Körperteil od. dem ganzen Körper machen* **2.2** ⟨Volleyball⟩ *sich nach dem Schlagen des Balles über den Rücken rollen*

**abrücken** **I** ⟨V. t.; hat⟩ *durch Rücken von etwas entfernen, wegrücken* ◆ einen Schrank von der Wand abrücken **II** ⟨V. i.; ist⟩ *wegziehen, abmarschieren* (Truppen) ◆ von jmdm. abrücken, von einer Partei abrücken ⟨fig.⟩ *nichts mehr mit ihm, mit ihr zu tun haben wollen*

**abrufen** ⟨V. t. 201; hat⟩ **1** *wegrufen, wegbefehlen* **2** ⟨Eisenb.⟩ *(einen Zug) zur Abfahrt ausrufen* **3** *zur Teillieferung anweisen* (Waren) ◆ einen (hohen) Beamten abrufen *von seinem Posten entfernen*

**abrunden** ⟨V. t.; hat⟩ **1** *rund machen* **2** *schräg kanten* ◆ eine Darstellung abrunden ⟨fig.⟩ *(zusammenfassend) ergänzen*

**abrupt** ⟨Adj.⟩ **1** *abgebrochen, zusammenhanglos* **2** *plötzlich* [ < lat. *abruptus* „abgerissen"]

**abrüsten** ⟨V.; hat⟩ **I** ⟨V. i.⟩ *Kriegsrüstung abschaffen, vermindern od. begrenzen;* Sy *demobilisieren* **II** ⟨V. t.⟩ ein Gebäude abrüsten *das Gerüst von ihm wegnehmen*

**Abrüstung** ⟨f. 20; unz.⟩ *das Abrüsten*

**abrutschen** ⟨V. i.; ist⟩ **1** *nach unten gleiten, den Halt verlieren* **2** ⟨fig.⟩ *an gesellschaftlichem Ansehen verlieren* **3** *auf die schiefe Bahn geraten, etwas Unrechtes tun* **4** *in den Leistungen nachlassen* **5** ⟨Flugw.⟩ ein Flugzeug rutscht ab *gleitet über einen Flügel nach unten* **6** ⟨Skisp.⟩ *seitlich nach unten gleiten*

**ABS** ⟨bei Kfz; Abk. für⟩ *Antiblockiersystem*

**Abs.** ⟨Abk. für⟩ **1** *Absatz* **2** *Absender*

**abs..., Abs...** ⟨Vors.⟩ = *ab...*[2], *Ab...*[2]

**absacken** ⟨V. i.; ist⟩ **1** *sinken* **2** *in den Baugrund ganz od. teilweise einsinken* **3** ⟨fig.⟩ *abrutschen, in den Leistungen nachlassen* **4** *zurückbleiben* **5** *nach unten gedrückt werden* (Flugzeug) **6** *untergehen, sinken*

**Absage** ⟨f. 19⟩ **1** *Weigerung, Ablehnung (ggüb. einer Idee usw.)* **2** *Rücknahme* ◆ beleidigende Absage; glatte Absage

**absagen** ⟨V.; hat⟩ **I** ⟨V. t.⟩ etwas absagen *mitteilen, dass etwas nicht stattfindet* ◆ eine Versammlung, Veranstaltung absagen **II** ⟨V. i.⟩ **1** *die Beteiligung an etwas ablehnen* **2** *die Anmeldung für etwas zurückziehen* ◆ er hat im letzten Augenblick abgesagt

**Absatz** ⟨m. 1u⟩ **I** ⟨zählb.⟩ **1** *Unterbrechung, Ruhepause* **2** ⟨Geol.⟩ *Ablagerung von im Wasser befindlichen gelösten od. festen Stoffen* **3** *mit einer neuen Zeile beginnender Abschnitt in einem geschriebenen od. gedruckten Text* **4** *Zeileneinrückung* **5** ⟨Abk.: Abs.; in Gesetzestexten⟩ *Abschnitt, Paragraph, Teil eines Paragraphen* **6** ⟨am Schuhwerk⟩ *verstärkter Teil unter der Ferse* **7** ⟨an der Treppe⟩ *ebene Stelle, Unterbrechung der Stufen* (Treppenabsatz) ◆ neuer Absatz *Beginn eines neuen Abschnittes* **II** ⟨unz.⟩ *Verkauf* ◆ diese Güter haben keinen (guten) Absatz *lassen sich schwer, nicht verkaufen*

**abschaffen** ⟨V. t.; hat⟩ *aufheben, beseitigen* (Unsitten, Missbräuche, Steuern, Gesetze)

**abschalten** ⟨V.; hat⟩ **I** ⟨V. t.⟩ *durch Schalten unterbrechen* (Strom) **II** ⟨V. i.; umg.⟩ **1** *nicht mehr zuhören od. mitmachen* **2** *sich erholen, an nichts Berufliches, Ärgerliches, Belastendes denken* ◆ er hat abgeschaltet

**abschätzen** ⟨V. t.; hat⟩ *schätzen, einschätzen*

**abschätzig** ⟨Adj.⟩ *geringschätzig, verächtlich*

**abschauen** ⟨V. t.; hat⟩ = *abgucken (2)*

**Abscheu** ⟨m. 1 od. f. 7; unz.⟩ *Ekel* ◆ jmdm. Abscheu einflößen; Abscheu haben vor jmdm. od. etwas; er ist mir ein Gegenstand des Abscheus *mich ekelt vor ihm*

**abscheulich** ⟨Adj.⟩ **1** *ekelhaft, grauenhaft* **2** *gehässig, hässlich, böse* **3** *verabscheuenswürdig, scheußlich* ◆ ein abscheuliches Verbrechen; der abscheuliche Bengel

**abschicken** ⟨V. t.; hat⟩ *absenden, wegschicken*

**abschieben** ⟨V. 212⟩ **I** ⟨V. t.; hat⟩ *wegschieben* ◆ eine Arbeit, Schuld, die Verantwortung abschieben *(von sich weg) jmdm. zuschieben;* unerwünschte Personen abschieben *polizeilich ausweisen* **II** ⟨V. i.; ist; umg.⟩ *(ein wenig widerwillig) weggehen* ◆ er schob beleidigt ab

**Abschied** ⟨m. 1; Pl. selten⟩ **1** *Trennung* **2** *Lebewohl* **3** *Entlassung* ◆ den Abschied bekommen od. erhalten (Beamte, Offiziere) *entlassen werden;* Abschied nehmen (von) *sich verabschieden*

**abschießen** ⟨V. 213⟩ **I** ⟨V. t.; hat⟩ *schießen, losschießen, erschießen* ◆ ein **Flugzeug** abschießen *durch Beschießen zum Abstürzen bringen;* ein **Geschoss,** eine Rakete, einen Torpedo abschießen *losschießen, abfeuern;* das **Gewehr** *einen Schuss lösen;* den **Vogel** abschießen *beim Schützenfest den besten Schuss tun;* ⟨fig.⟩ *alle anderen übertreffen; viel Glück haben* **II** ⟨V. i.; ist⟩ das Auto schoss ab ⟨umg.⟩ *fuhr sehr schnell (davon)*

**Abschlag** ⟨m. 1u⟩ **1** *Abholzung* **2** ⟨Sp.; Hockey, Eishockey⟩ *erster Schlag des Balles nach einer Spielunterbrechung;* Sy *Bully* **3** *Abzugskanal der Mühle* **4** *Teillohn, Vorschuss* **5** *Preisnachlass* **6** ⟨Typ.⟩ *Probedruck* ◆ auf Abschlag *auf Raten, mittels Teilzahlung*

**abschlagen** ⟨V. t. 216; hat⟩ **1** *durch Schlagen abtrennen* **2** jmdm. etwas abschlagen *verweigern, nicht bewilligen* ◆ schlag es mir nicht ab! einen **Angriff** abschlagen *abwehren;* eine **Bitte** abschlagen *versagen;* ein **Gesuch** abschlagen *abweisen, nicht genehmigen;* ein **Zelt** abschlagen *abbauen* ◆ etwas **mit** Stöcken abschlagen; etwas **vom** Preis abschlagen *weniger berechnen*

**Abschlagszahlung** ⟨f. 20; hat⟩ *Teilzahlung, Ratenzahlung*

**abschleifen** ⟨V. t. 218; hat⟩ **1** einen Gegenstand abschleifen *seine Oberfläche durch Schleifen od. Reiben glätten* **2** schlechte Gewohnheiten, Fehler usw. abschleifen *sich (langsam) abgewöhnen* **3** sich abschleifen *durch Reibung glatt werden, sich abnutzen* ⟨a. fig.⟩

**abschleppen** ⟨V. t.; hat⟩ *wegschleppen* ◆ ein Fahrzeug abschleppen *ein nicht mehr fahrfähiges Fahrzeug abtransportieren;* jmdn. abschleppen ⟨fig.; umg.⟩ *jmdn. (meist gegen seinen Willen) mitnehmen;* sich mit etwas abschleppen *durch schweres Tragen abplagen, sich mit einer zu großen Last abmühen*

**abschließen** ⟨V. 220; hat⟩ **I** ⟨V. t.⟩ **1** *mit Schlüssel verschließen* (Raum, Tür) **2** *beenden* (Sitzung) **3** *gültig, endgültig machen* (Geschäft, Versicherung, Vertrag) **4** *Schlussabrechnung machen von* (Rechnung, Konto) **5** *abtrennen, absondern, isolieren* ◆ einen **Vertrag** abschließen *vereinbaren;* **Wette** abschließen *eingehen, vereinbaren* **II** ⟨V. i.⟩ **1** mit etwas abschließen *etwas beenden, mit etwas Schluss machen* **2** mit einem Saldo abschließen ⟨Buchführung⟩ *einen Unterschied zwischen Soll u. Haben ausweisen* ◆ so können wir abschließend sagen, dass ...; eine abschließende Bemerkung

**Abschluss** ⟨m. 1u⟩ **1** *das Abschließen* **2** *Ende, Beendigung* **3** *Schlussabrechnung* (Jahresabschluss, Kontoabschluss) **4** *Vereinbarung* (Vertragsabschluss) ◆ Abschluss eines **Geschäftes** ◆ einen Abschluss **tätigen** ◆ ein **günstiger** Abschluss; das war ein **schöner** Abschluss des Abends ◆ etwas **zum** Abschluss bringen; zum Abschluss ein Lied singen

**abschmecken** ⟨V. t.; hat⟩ *auf den Geschmack prüfen* (Getränke, Speisen) ◆ ein Gericht mit Salz u. Pfeffer abschmecken *Salz u. Pfeffer nach Geschmack hinzufügen*

**abschminken** ⟨V.; hat⟩ **I** ⟨V. t.⟩ *von Schminke säubern* **II** ⟨V. refl.⟩ sich etwas abschminken ⟨umg.⟩ *auf etwas verzichten, etwas aufgeben*

**abschneiden** ⟨V. 224; hat⟩ **I** ⟨V. t.⟩ **1** *wegschneiden* **2** *durch Schneiden entfernen, abtrennen* **3** *abkürzen* ◆ jmdm. die **Ehre** abschneiden *wegnehmen, rauben;* **Lebensmittelzufuhr** abschneiden *(durch Blockierung der Zufahrtswege) unmöglich machen;* **Rückzug** abschneiden *verhindern, unmöglich machen;* jmdm. das **Wort** abschneiden *jmdn. nicht ausreden lassen* **II** ⟨V. i.⟩ bei einem Wettbewerb, einer Prüfung gut, schlecht usw. abschneiden *ein gutes (schlechtes usw.) Ergebnis haben, erreichen, erzielen*

**Abschnitt** ⟨m. 1⟩ **1** *Stück vom Ganzen, Teil, Teilstück* (Kugelabschnitt) **2** *abtrennbarer Teil eines Formulars* **3** ⟨Autobahn, Eisenbahn⟩ *Teil einer Strecke* **4** *Teil eines Kapitels, Absatz* **5** ⟨Gesetzbuch⟩ *Teil eines Paragraphen* **6** ⟨Metrik⟩ *Einschnitt, kurze Pause* **7** *Zeiteinheit, Zeitraum, Epoche* (Zeitabschnitt)

**abschnüren** ⟨V. t.; hat⟩ **1** *ganz fest umwickeln* **2** *(zu) fest drücken* **3** ⟨Med.⟩ = *abbinden (I, 1)* ◆ eine gerade Linie abschnüren *mithilfe einer Schnur markieren*

**abschöpfen** ⟨V. i.; hat⟩ ◄ *durch Schöpfen wegnehmen* ◆ Schaum abschöpfen; das Fett abschöpfen; den Rahm abschöpfen ⟨fig.⟩ *sich das Beste aussuchen*

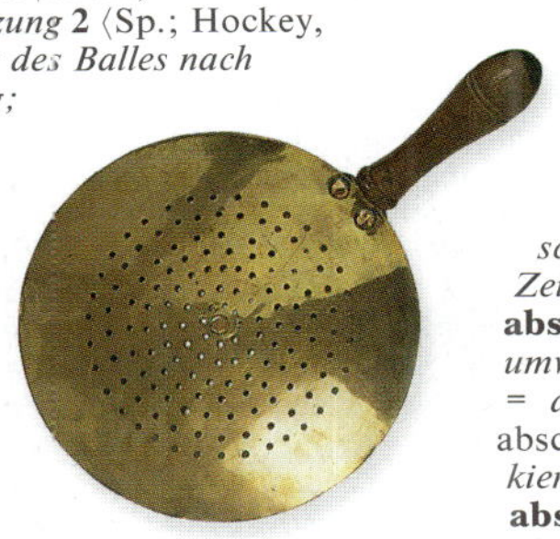

ABSCHÖPFEN: GERÄT ZUM ABSCHÖPFEN DER SAHNE

**abschrecken** ⟨V. t.; hat⟩ **1** jmdn. abschrecken *jmdn. von einer Sache abbringen, indem man ihm ihre unangenehmen Seiten zeigt* **2** *verscheuchen* **3** ⟨Chem.; Met.⟩ erhitzte Stoffe abschrecken *plötzlich abkühlen, um gewünschte Eigenschaften zu erzielen* **4** gekochte Eier abschrecken *mit kaltem Wasser übergießen* ◆ diese Warnung schreckt mich nicht ab!

**abschreiben** ⟨V. 226; hat⟩ **I** ⟨V. t.⟩ **1** *nochmals unter Benutzung der Vorlage schreiben* (Schriftstück) **2** das können wir abschreiben! ⟨umg.⟩ *darauf werden wir wohl verzichten müssen* **3** etwas von einem andern abschreiben *das, was ein anderer geschrieben hat, im eigenen Werk verwenden* **4** einen Auftrag abschreiben *für ungültig erklären, aufgeben, streichen* **5** Ausgaben abschreiben *wegen Abnutzung aus der (steuerlichen) Bilanz ausbuchen, nicht versteuern* **6** sich die Finger abschreiben ⟨fig.; umg.⟩ *sehr viel (erfolglos) schreiben* **7** Geldbeträge vom Bankkonto abschreiben *abziehen* **II** ⟨V. i.⟩ jmdm. abschreiben *jmdm. schriftlich absagen*

**Abschreibung** ⟨f. 20⟩ **1** *etwas, das abgeschrieben wird* **2** ⟨bes. Wirtsch.⟩ *Ausbuchung von Beträgen aus der (steuerlichen) Bilanz infolge von Abnutzung, Verlust, Wertminderung usw.*

**abschreiten** ⟨V. t. 228; hat⟩ *prüfend entlanggehen (zur Erfüllung eines Zeremoniells)* ◆ die Front abschreiten

**abschürfen** ⟨V. t.; hat⟩ *ritzen, oberflächlich verletzen, schürfen*

**Abschuss** ⟨m. 1u⟩ **1** *Schuss* **2** *Vorgang od. Ergebnis des Abschießens* **3** *Treffer*

**abschüssig** ⟨Adj.⟩ *steil, stark abfallend* (Gelände)

**abschütteln** ⟨V. t.; hat⟩ **1** *durch Schütteln abwerfen* **2** ⟨fig.⟩ *nichts mehr mit etwas od. jmdm. zu tun haben wollen* ◆ er hat die Erinnerung an seine erste Liebe noch nicht (von sich) abgeschüttelt

**abschweifen** **I** ⟨V. i.; ist⟩ **1** *abkommen, weggehen (vom Weg)* **2** *abweichen (vom Thema)* **II** ⟨V. t.; hat⟩ **1** Textilien abschweifen *vor dem Färben kochen, damit sie die Farbe besser annehmen* **2** Holz abschweifen *mit der Schweifsäge trennen*

**abschwellen** ⟨V. i. 230; ist⟩ **1** ⟨Med.⟩ *zurückgehen* (Geschwulst) **2** ⟨Mus.⟩ *leiser werden* (Ton) **3** *abnehmen* (Flut)

**absehen** ⟨V. 235; hat⟩ **I** ⟨V. t.⟩ **1** *wegsehen, übersehen* **2** *erkennen* ◆ sich die Augen nach etwas absehen *lange vergeblich ausschauen;* das Ende von etwas absehen *bereits frühzeitig erkennen;* jmdm. eine Fertigkeit absehen *beobachtend von ihm erlernen;* jmdm. etwas an den Augen absehen *von den Augen ablesen, einen Wunsch erahnen, ohne dass er ausgesprochen wurde* **II** ⟨V. i.⟩ von etwas absehen ⟨fig.⟩ *auf etwas verzichten, etwas nicht berücksichtigen* ◆ das Gericht sieht von einer Strafe ab

**abseilen** ⟨V.; hat⟩ **I** ⟨V. t.⟩ ▲ *mithilfe eines Seiles hinablassen* (Bergsteiger) **II** ⟨V. refl.; umg.⟩ sich abseilen *unauffällig weggehen*

**Abseite** ⟨f. 19⟩ **1** *Nebenraum, Nebenbau* **2** *Rückseite* **3** ⟨Arch.⟩ *senkrechte Wand unter einer Dachschräge* **4** ⟨Textilw.⟩ *angewebtes Futter, Untergewebe* **5** *Rückseite eines beidseitig verwendbaren Gewebes* [→ *Seite*]

**abseits** ⟨Adv. u. Präp. m. Gen.⟩ **1** *fern, entfernt* **2** ⟨Theat.⟩ *zur Seite, für sich (zu sprechen)*

**Abseits** ⟨n.; -, -; Sp.; bes. Fußb.⟩ *regelwidrige Stellung eines Spielers zwischen dem ballführenden Spieler seiner Mannschaft u. dem gegnerischen Tor, ohne dass ein gegnerischer Feldspieler seinem Tor näher steht als er* ◆ ins Abseits geraten ⟨fig.; umg.⟩ *die Wirksamkeit einbüßen, nicht mehr beachtet werden, an den Rand des Geschehens geraten*

**absenden** ⟨V. t. 237; hat⟩ *wegschicken, abschicken* (Brief)

**Absender** ⟨m. 3; Abk.: Abs.⟩ *jmd., der etwas absendet, abschickt (bes. Briefe, Pakete)*

**absenken** ⟨V. t.; hat⟩ **1** etwas absenken *mit einem Senkblei die Vertikale von etwas bestimmen* **2** den Grundwasserstand absenken *senken* **3** Senk- od. Schwimmkästen absenken *für Unterwassergründungen auf tragfähigen Baugrund bringen* **4** sich absenken *nach unten sinken* (Erdreich)

**absetzen** ⟨V.; hat⟩ **I** ⟨V. t.⟩ **1** *hinstellen, niederlegen* **2** *Zwischenraum, Pause einfügen vor* (Zeile, Ton) **3** *abziehen, annullieren* **4** *verkaufen* **5** *des Amtes entheben, entlassen, entthronen* **6** *abheben, abnehmen* (Kopfbedeckung) **7** jmdn. absetzen *aussteigen lassen (u. weiterfahren)* ◆ das **Glas** (vom Mund) absetzen; den **Hut** absetzen; einen **König** absetzen; **Waren** absetzen *verkaufen;* eine **Zeile** absetzen *einrücken* ◆ jmdn. **an** einer bestimmten Stelle absetzen; **beim** Singen absetzen *kurz pausieren;* sich **gegen** etwas absetzen *sich von etwas abheben, unterscheiden;* **ohne** abzusetzen *ohne Pause, unaufhörlich;* einen Posten **von** der Rechnung absetzen *abziehen;* ein Stück vom Spielplan absetzen *nicht mehr aufführen;* Ausgaben von der Steuer absetzen *nicht versteuern* **II** ⟨V. refl.⟩ sich absetzen **1** *sich niederschlagen* (Stoff in Flüssigkeit) **2** *(heimlich) weggehen, seinen Wohnsitz verlegen* ◆ im Wasser hat sich Eisen abgesetzt

ABSEILEN: KLETTERER BEIM ABSEILEN

**absichern** ⟨V. t.; hat; verstärkend⟩ *sichern* ◆ einen Balken mit Stützen absichern; sich gegen eventuelle Vorwürfe absichern

**Absicht** ⟨f. 20⟩ **1** *Entscheidung, etwas zu tun* **2** *Wunsch, Vorsatz* **3** *Bewusstheit, klarer Wille* **4** *Versuch* ◆ es war nicht meine Absicht, das zu tun *ich wollte es nicht;* die Absichten des **Gegners** erraten ◆ seine Absicht **erreichen;** Absichten auf etwas **haben** *seine Wünsche auf etwas richten;* die Absicht **hegen,** etwas zu tun *etwas wollen;* jmds. Absichten **vereiteln** ◆ er hat **ernste** Absichten *er will heiraten* ◆ **in** der Absicht, etwas zu tun *mit dem Vorsatz, Ziel;* in der besten Absicht *das Beste wollend;* **mit** Absicht *absichtlich, vorsätzlich;* **ohne** böse Absicht *ohne etwas Böses zu wollen*

**absichtlich** ⟨Adj.⟩ *mit Absicht, vorsätzlich* ◆ ein absichtliches Foul ⟨Sp.⟩

**Absinth** ⟨m. 1; unz.⟩ **1** ⟨Bot.⟩ *die Heilpflanze Artemisia absinthium, ein Korbblütler* **2** *(gesundheitsschädlicher) Trinkbranntwein aus Wermut* [< grch. *absinthion* „Wermut" < pers. *sipand*]

**absitzen** ⟨V. 242⟩ **I** ⟨V. t.; hat⟩ **1** eine Zeit absitzen *so lange sitzen, bis sie zu Ende ist* **2** ein Kleidungsstück absitzen *durch vieles Sitzen abschaben* **3** eine Strafe absitzen *verbüßen* **II** ⟨V. i.; ist⟩ vom Pferd, Fahr-, Motorrad absitzen *absteigen*

**absolut** ⟨Adj.⟩ **I** ⟨attr., präd.⟩ **1** *unabhängig, losgelöst, für sich betrachtet;* Ggs *relativ (1)* **2** *unbeschränkt, ganz, völlig, unbedingt, rein;* Ggs *relativ (2)* **3** *höchstrein* (von Flüssigkeiten) ◆ absoluter **Alkohol** *wasserfreier Äthylalkohol (Äthanol);* absolute **Bewegung** *(physikalisch nicht denkbare) Bewegung ohne Bezugssystem;* absolute **Feuchtigkeit** *Feuchtigkeitsgehalt der Luft ohne Rücksicht auf die Temperatur;* absolutes **Gehör** *Fähigkeit, ohne vergleichbare Töne die Höhe eines Tones zu erkennen;* absolute **Kunst** *nicht gegenständl., abstrakte K.;* absolute **Mehrheit** *Mehrheit von mehr als 50%;* absolute **Monarchie** *M., bei der der Monarch unbeschränkter Herrscher ist, Absolutismus;* absoluter **Nullpunkt** *die tiefste erreichbare Temperatur (–273,15 °C);* absolute **Rechte** *R., die gegenüber jmdm. wirksam sind;* absolute **Temperatur** *auf den absoluten Nullpunkt bezogene T.;* ⟨Gramm.⟩ absolutes **Verb** *V. ohne zusätzliches Objekt* **II** ⟨Partikel⟩ *durchaus, gänzlich, überhaupt, völlig* ◆ das ist absolut unmöglich [< lat. *absolutus* „abgelöst"]

**Absolution** ⟨f. 20; bes. Rel.⟩ *Freisprechung, Lossprechung von Sünden* ◆ jmdm. die Absolution erteilen [< lat. *absolutio*]

**Absolutismus** ⟨m.; -; unz.; Pol.⟩ *Alleinherrschaft eines Monarchen, der das Amt des obersten Gesetzgebers, Gerichtsherren, Regierungsoberhaupts u. Militärbefehlshabers in seiner Person vereint, absolute Monarchie*

**absolutistisch** ⟨Adj.⟩ *den Absolutismus betreffend, auf ihm beruhend*

**Absolvent** ⟨[-vɛnt] m. 16⟩ *jmd., der eine Ausbildung, Schule, einen Lehrgang, ein Studium erfolgreich beendet hat*

**absolvieren** ⟨[-viː-] V. t.; hat⟩ **1** jmdn. absolvieren *befreien, los-, freisprechen* **2** das Gymnasium, einen Lehrgang, Studien, ein Pensum absolvieren *durchlaufen* *erfolgreich beenden, abschließen* **3** einen Besuch absolvieren ⟨umg.⟩ *pflichtgemäß machen, hinter sich bringen* [< lat. *absolvere* „loslösen"]

**absondern** ⟨V. t.; hat⟩ **1** *(ab)trennen, isolieren* **2** *ausscheiden* ◆ Nadelhölzer sondern Harz ab; er sondert sich von uns ab

**Absonderung** ⟨f. 20⟩ **1** *Abtrennung, Isolierung* **2** ⟨Geol.⟩ *Ausgliederung u. Gesteinsbildung der durch vulkanische Erscheinungen ausgeworfenen Lava während der Erstarrung*

**Absorber** ⟨m. 3⟩ **1** *Einrichtung, Material zur Absorption von Strahlung od. Gasen* **2** *Kühlschrank mit Absorptionsverfahren;* Ggs *Kompressor* **3** ⟨Hochfrequenztech.⟩ *Widerstand zur Dämpfung von Zentimeterwellen in Leitern, die als Rohre ausgebildet sind*

**absorbieren** ⟨V. t.; hat⟩ **1** *einsaugen, aufsaugen, aufzehren* **2** *(völlig) in Anspruch nehmen* ◆ von einer Arbeit (völlig) absorbiert sein [< lat. *absorbere* „verschlucken"]

**Absorption** ⟨f. 20⟩ **1** *Einsaugung, Aufsaugung, Aufzehrung* ⟨a. fig.⟩ **2** ⟨Chem.⟩ *Aufnahme eines Gases od. Dampfes durch feste Körper od. Flüssigkeit unter vollständiger Durchdringung* **3** ⟨Phys.⟩ *Schwächung einer Wellen- od. Teilchenstrahlung durch Energieabgabe an das von der Strahlung durchdrungene Medium* **4** ⟨Physiol.⟩ *die Aufnahme von Stoffen oder Strahlung durch Lebewesen, häufig durch Organe oder Gewebe* [zu lat. *absorbere* „verschlucken"]

**abspalten** ⟨V. t. 243; hat⟩ *durch Spalten abtrennen*
**abspecken** ⟨V. i.; hat; umg.⟩ *an Speck, Gewicht, Umfang verlieren, abnehmen* ◆ er hat im letzten Jahr einige Kilo abgespeckt; den öffentlichen Haushalt abspecken ⟨fig.⟩ *öffentl. Ausgaben vermindern*
**absperren** ⟨V. t.; hat⟩ *(durch Sperre) schließen, zuschließen* ◆ den Dampf absperren *(mit Hilfe eines Ventils) am Ausströmen hindern;* eine Straße, den Hafen absperren *für den Verkehr sperren;* die Tür, einen Raum absperren; den Weg absperren
**abspielen** ⟨V.; hat⟩ **I** ⟨V. t.⟩ **1** Tonträger abspielen *ablaufen lassen, vorführen* **2** *durch häufiges Spielen abnutzen* **3** ⟨Sp.⟩ den Ball abspielen *an einen Mitspieler der eigenen Mannschaft abgeben* **4** die Billardkugel von der Bande abspielen *von der Bande aus abstoßen* **5** ⟨Mus.⟩ ein Musikstück abspielen *nach Noten spielen, ohne vorher geübt zu haben* ◆ stark abgespielte Schallplatten **II** ⟨V. refl.⟩ sich abspielen *sich ereignen, stattfinden*
**Absprache** ⟨f. 19⟩ *Verabredung, Vereinbarung*
**absprechen** ⟨V. t. 246; hat⟩ **1** etwas (mit jmdm.) absprechen *verabreden* **2** jmdm. Kenntnisse od. Fähigkeiten absprechen *erklären, dass er sie nicht hat* **3** jmdm. das Recht absprechen, etwas zu tun *verweigern*
**abspringen** ⟨V. i. 248⟩ **1** *herunterspringen, empor-, wegschnellen, losspringen, sich abstoßen* **2** *sich abtrennen* (Splitter) **3** *abprallen, aufschlagen u. zurückspringen* **4** ⟨fig.⟩ *(aus einer Gemeinschaft) austreten, sich distanzieren, sich von etwas lossagen* ◆ mit dem Fallschirm aus einem Flugzeug abspringen *(während des Fluges) aussteigen;* von einem (fahrenden) Fahrzeug abspringen; vom Pferd abspringen
**Absprung** ⟨m. 1u⟩ **1** *das Ab-, Herunter-, Losspringen* **2** *das Empor-, Wegschnellen* **3** ⟨Bot.; meist Pl.⟩ *durch Pflanzenkrankheit verursachtes Abbrechen der Kieferntriebe des vergangenen Jahres, Abbrüche* ◆ Absprung aus dem Flugzeug; Absprung von einer Partei ⟨fig.⟩
**abspulen** ⟨V. t.; hat⟩ *von einer Spule abwickeln* (Garn, Tonband) ◆ einen Text, eine Rede abspulen ⟨fig.⟩ *eintönig hersagen*
**abstammen** ⟨V. i.; ohne Perf.⟩ abstammen von jmdm. *jmds. Nachkomme sein* ◆ dieses Wort stammt vom Lateinischen ab *leitet sich vom Lateinischen her*
**Abstammung** ⟨f. 20; unz.⟩ **1** *Herkunft, Ursprung* **2** *Stammbaum* ◆ er ist von edler Abstammung; Abstammung eines Wortes *Herleitung, etymolog. Herkunft*
**Abstand** ⟨m. 1u⟩ **1** *Entfernung* **2** *Zwischenraum* **3** *Fernhaltung* **4** *Zahlung für die Überlassung einer Sache* ◆ Abstand **halten** von etwas od. jmdm. *in einer bestimmten Entfernung bleiben, Distanz wahren, sich jmdm. nicht zu sehr nähern* ◆ **von** etwas Abstand nehmen *etwas nicht tun, auf etwas verzichten*
**abstechen** ⟨V. 249; hat⟩ **I** ⟨V. t.⟩ *durch Stechen öffnen od. abtrennen* ◆ den **Gegner** abstechen ⟨Sp.; Fechten⟩ *besiegen;* einen **Hochofen** abstechen *das flüssige Metall ausfließen lassen;* **Rasen** abstechen *mit dem Spaten abteilen;* einen **Teich** abstechen *das Wasser daraus ablaufen lassen;* **Tiere** abstechen *erstechen, schlachten* **II** ⟨V. i.⟩ gegen od. von etwas abstechen *anders sein als etwas, sich gegen etwas abheben, sich stark von etwas unterscheiden* ◆ vom Lande abstechen ⟨Mar.⟩ *in See gehen*
**abstecken** ⟨V. t.; hat⟩ **1** eine Fläche, Strecke abstecken *dadurch kennzeichnen, dass man Stangen od. Nadeln an ihre Grenzen steckt* **2** etwas Zusammengestecktes abstecken *lösen* **3** jmdm. ein Kleid abstecken *mithilfe von Nadeln anpassen*
**abstehen** ⟨V. 251⟩ **I** ⟨V. i.; hat/ist⟩ **1** *zu lange stehen, ungenießbar, schal, lauwarm werden* (Getränke) **2** *einige Zeit stehen* (Flüssigkeiten) **3** *sterben* (Fische) ◆ das Wasser ist abgestanden; abstehen von *entfernt sein von, vom Ansatzpunkt wegstreben* **II** ⟨V. t.; hat; nur umg.⟩ sich die Beine abstehen *lange stehen müssen*
**absteigen** ⟨V. i. 253; ist⟩ **1** *heruntersteigen, bergab gehen* **2** *sinken* **3** *nach unten, abwärts führen* (Weg, Kurve) **4** *(vorübergehend) Wohnung nehmen* **5** ⟨fig.⟩ *an Ansehen, Rang verlieren* ◆ im Hotel absteigen; vom Pferd absteigen; Blutsverwandte in der absteigenden Linie *alle Nachkommen*
**abstellen** ⟨V. t.; hat⟩ **1** *wegstellen, hinstellen, niederlegen* **2** *aufbewahren* ◆ **Gas,** Licht, Wasser abstellen *ausschalten, ausdrehen, die Zuleitung unterbrechen;* **Maschine,** Wecker, Uhr abstellen *aufhören lassen zu gehen, außer Betrieb setzen;* **Missstand,** Schaden abstellen *beseitigen* ◆ eine Sache **auf** etwas abstellen *eine S. nach etwas ausrichten, passend zu etwas machen*
**Abstieg** ⟨m. 1⟩ **I** ⟨meist unz.⟩ **1** *das Absteigen, Hinabsteigen* **2** ⟨fig.⟩ *Verschlechterung, Niedergang* **II** ⟨zählb.⟩ *bergab führender Weg*
**abstimmen** ⟨V.; hat⟩ **I** ⟨V. i.⟩ *wählen, seine Stimme abgeben* ◆ über etwas (z. B. eine Gesetzesvorlage) abstimmen *seine Stimme abgeben für od. gegen etwas* **II** ⟨V. t.⟩ **1** ⟨Mus.⟩ Musikinstrumente abstimmen *im Vergleich mit anderen stimmen, den Ton übereinstimmend machen* **2** etwas aufeinander abstimmen *übereinstimmend, zueinander passend machen, gestalten* **3** etwas miteinander abstimmen *(gemeinsam) vergleichen, einander angleichen* **4** etwas mit jmdm. abstimmen *besprechen u. dann auf gleiche Weise gestalten*
**Abstimmung** ⟨f. 20⟩ **1** *Anpassung, Angleichung, Übereinstimmung* **2** *Wahl, Stimmabgabe* **3** *Einstellung (der Wellenlänge)* ◆ zur Abstimmung schreiten *(feierlich) mit der Stimmabgabe beginnen*
**abstinent** ⟨Adj.⟩ **1** *enthaltsam,* ⟨bes.⟩ *Alkohol meidend* **2** *auf Geschlechtsverkehr verzichtend (z. B. bei kath. Geistlichen)* [zu lat. *abstinere* „abhalten, zurückhalten“]
**Abstinenz** ⟨f. 20; unz.⟩ **1** *Enthaltsamkeit, Enthaltung von Alkohol usw.* **2** *das Fasten* [→ *abstinent*]
**Abstoß** ⟨m. 1u⟩ **1** *Stoß, der von einer Sache weg gerichtet ist* **2** ⟨Sp.; Fußb.⟩ *Abschuss des Balles (vom Tor)*
**abstoßen** ⟨V. 257; hat⟩ **I** ⟨V. t.⟩ **1** *wegstoßen* **2** *durch einen Gegenstoß in Schwung bringen* **3** *abnutzen* (Möbel) **4** *durch Stoß beschädigen* (Obst) **5** *(schnell, billig, günstig) verkaufen* **6** ⟨Chem.⟩ *ausscheiden* **7** ⟨Phys.⟩ ► *gleichnamig geladene Ione, Moleküle oder Molekülgruppen stoßen sich ab, trennen sich* ◆ es stößt mich ab *erregt meinen Widerwillen, Ekel, Abscheu;* den **Ball** abstoßen ⟨Sp.; Fußb.⟩ *vom Tor ins Spiel bringen;* die **Ecken** abstoßen (von) *abnutzen, abschlagen, abbrechen;* (sich) die **Hörner** abstoßen *abwerfen;* ⟨fig.⟩ *jugendl. Übermut ablegen;* einen **Ton** (kurz) abstoßen *staccato spielen;* ein **Transplantat** abstoßen ⟨Physiol.⟩ *übertragene Gewebe oder Organe nicht annehmen;* **Ware, Wertpapiere** abstoßen ◆ sich **vom** Ufer abstoßen **II** ⟨V. i.⟩ *sich vom Land entfernen, abfahren* (Schiffe)
**abstoßend** ⟨Adj.⟩ *Ekel erregend, widerlich* ◆ abstoßender Anblick; abstoßendes Verbrechen; abstoßend hässlich
**abstrahieren** ⟨V. t.; hat⟩ etwas abstrahieren **1** *abziehen* **2** *das Wesentliche von etwas aus dem Zufälligen herausheben* **3** *zum Begriff erheben, verallgemeinern* [< lat. *abstrahere* „wegziehen“]
**abstrakt** ⟨Adj.⟩ *von der Wirklichkeit abgetrennt, begrifflich verallgemeinert, nur gedacht, nicht anschaulich;* Ggs *konkret* ◆ abstrakte **Kunst** ►► *Kunstrichtung, die durch frei erfundene Formen Eigenes schaffen will, das seine Vorlage unabhängig von der uns umgebenden Wirklichkeit findet;* abstraktes **Rechtsgeschäft** *ein selbständiges, vom Rechtsgrund unabhängiges Rechtsgeschäft* [< lat. *abstractus* „weggezogen“; zu *abstrahere* „wegziehen“]
**Abstraktion** ⟨f. 20⟩ **1** *Verallgemeinerung zum Begriff, Begriffsbildung* **2** *allgemeiner Begriff*
**Abstraktum** ⟨n.; -s, -strakta⟩ **1** *allgemeiner, ungegenständl. Begriff* **2** ⟨Gramm.⟩ *begriffliches Substantiv* ◆ „Verstand“ und „Gerechtigkeit“ sind Abstrakta
**abstreifen** ⟨V. t.; hat⟩ *mit leichter Bewegung ausziehen* (Kleidung), *wegwischen* (Erinnerung ⟨fig.⟩) ◆ einen Aal abstreifen *einem Aal die Haut abziehen;* Beeren abstreifen *von den Stielen lösen;* die Schlange streift die Haut ab *häutet sich*
**abstreiten** ⟨V. t. 259; hat⟩ etwas abstreiten *in Abrede stellen, bestreiten, leugnen* ◆ er streitet es ab, beim gestrigen Banküberfall dabei gewesen zu sein; es lässt sich nicht abstreiten, dass ...
**Abstrich** ⟨m. 1⟩ **1** *das Abstreichen* **2** *das, was abgestrichen wurde* **3** *Strich nach unten (beim Schreiben)* **4** *Verringerung* **5** ⟨Med.⟩ *Entnahme von Wund- und Schleimhautabsonderungen zur mikroskop. od. bakteriolog. Untersuchung* **6** *der entnommene Schleim selbst* ◆ Abstriche machen ⟨fig.⟩ *sich bescheiden, sich begnügen, etwas verringern, verkleinern, weniger beanspruchen*
**abstrus** ⟨Adj.; -er, am -esten⟩ *verworren, schwer verständlich* [< lat. *abstrusus* „verborgen, heimlich“]
**abstufen** ⟨V. t.; hat⟩ *stufenförmig gliedern, stufenförmig einteilen* ◆ Farben abstufen *in verschiedenen Schattierungen gegeneinander absetzen;* Gelände abstufen *stufenförmig machen*
**abstumpfen I** ⟨V. t.; hat⟩ **1** *stumpf machen* **2** *Schneide, Kante, Spitze entfernen von* **II** ⟨V. i.; ist⟩ **1** *stumpf werden* **2** ⟨fig.⟩ *unempfindlich, träge, gleichgültig werden* **3** *sich übersättigen* ◆ abgestumpft gegen Lärm, bestimmte Einflüsse, Ermahnungen, Vorwürfe sein

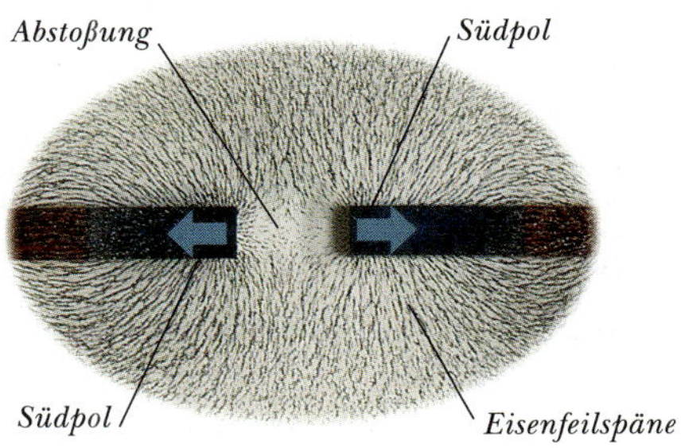


ABSTOSSEN: GEGENSEITIGE ABSTOSSUNG GLEICHNAMIGER POLE VON MAGNETEN

**Absturz** ⟨m. 1u⟩ **1** *(tödlicher) Fall, Sturz in die Tiefe* **2** *Abgrund* **3** ⟨EDV⟩ = *Crash*
**abstürzen** ⟨V. i.; ist⟩ **1** *herunterfallen, in die Tiefe stürzen* **2** *steil abfallen* (Hang) **3** ⟨EDV⟩ *zusammenbrechen* (von Computersystemen)
**absuchen** ⟨V. t.; hat⟩ etwas absuchen *gründlich überall in od. an etwas nach etwas suchen* ◆ mit den Augen den Horizont absuchen
**absurd** ⟨Adj.; -er, am -esten⟩ **1** *abwegig, widersinnig* **2** *unsinnig, unvernünftig* [< lat. *absurdus* „misstönend“]

A

## ABSTRAKTE KUNST

Obwohl der Begriff „abstrakte Kunst“ die gesamte Kunstgeschichte durchzieht, wird mit diesem Terminus speziell eine Stilepoche bezeichnet, die mit avantgardistischen Bewegungen in den frühen zwanziger Jahren des 20. Jahrhunderts in Europa und den USA begann. Diese Bewegungen wandten sich gegen eine gegenständliche Form der Darstellung und zielten darauf ab, die Objekte auf einfache Formen zu reduzieren, wie dies Brancusi und Henry Moore in der Bildhauerei taten, oder gegenstandslose Gemälde ohne Vorlagen in der realen Welt zu schaffen, wie etwa Kandinsky und Mondrian nach 1917.

*Komposition in Rot, Blau, Gelb und Schwarz* (1929) PIET MONDRIAN

ZEITLEISTE

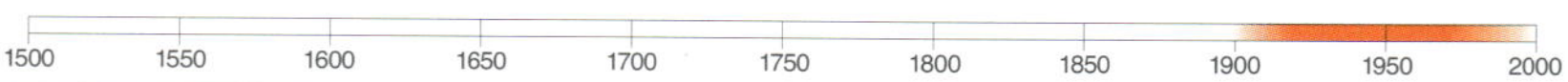


**Abszess** ⟨m. 1; Med.⟩ ► *durch Einschmelzung entstandene Eiteransammlung im Gewebe, Eitergeschwulst* [< lat. *abscessus* „Weggang, Entfernung“]

**Abszissenachse** ⟨f. 19; Math.⟩ *waagerechte Achse im Koordinatensystem;* Sy *x-Achse;* Ggs *Ordinatenachse* [< lat. *abscissum* „das Abgerissene“]

**Abt** ⟨m. 1u⟩ *Vorsteher eines Klosters* [< ahd. *abbat*, engl. *abbot* < lat. *abbatum*, Akk. zu *abbas* (kirchenlat. 4. Jh.) < bibelgrch. *abbas* < aram. *abba* „Vater“]

**Abt.** ⟨Abk. für⟩ *Abteilung (II)*

**Abtei** ⟨f. 18⟩ *Kloster, dem ein Abt (od. eine Äbtissin) vorsteht* [< ahd. *abbateia* < mlat. *abbatia;* → *Abt*]

**Abteil 1** *abgetrennter Raum im Eisenbahnwagen* **2** *Schrankfach*

**abteilen** ⟨V. t.; hat⟩ **1** *einteilen, trennen* **2** *absondern* ◆ Haare abteilen *scheiteln;* ein Wort abteilen *nach Silben trennen;* von einem Braten Portionen abteilen

**Abteilung** ⟨f. 20⟩ **I** ⟨['---] unz.⟩ *das Abteilen, Abtrennung, Loslösung, Zerlegung* **II** ⟨[-'--] zählb.; Abk.: Abt.⟩ **1** *Abschnitt, Teil eines gegliederten Ganzen* **2** *Einteilungsmerkmal der systemat. Biologie, zwischen Gruppe u. Klasse angeordnet* **3** ⟨Geol.⟩ *Teil einer Formation* **4** ⟨Mil.⟩ *Einheit von 2 bis 4 Kompanien od. Batterien* **5** *Zweig eines Betriebes mit bestimmtem Aufgabengebiet* **6** ⟨Forstw.⟩ *Teil eines Waldes*

**abtöten** ⟨V. t.; hat⟩ *töten, vernichten* ◆ Bakterien abtöten *vernichten;* einen Nerv abtöten ⟨Med.⟩ *empfindungslos machen, zerstören;* er tötet mir den Nerv ⟨fig.⟩ *er geht mir sehr auf die Nerven*

**abtragen** ⟨V. t. 260; hat⟩ *nach u. nach entfernen, beseitigen* ◆ ein **Gebäude** abtragen; **Gelände** abtragen *einebnen;* eine **Geschwulst** abtragen *durch Operation schichtweise entfernen;* **Kleider,** Schuhe abtragen *durch Tragen abnutzen;* eine **Schuld** abtragen *(in Raten) abzahlen;* die **Speisen** abtragen *vom Esstisch entfernen* ◆ sich **mit** etwas abtragen ⟨umg.⟩ *etwas mühsam tragen, schleppen*

**Abtragung** ⟨f. 20⟩ **1** ⟨Geol.⟩ ► *allg. Massenverlust des festen Landes durch Erosion, Deflation u. Abrasion* **2** ⟨allg.⟩ *Einebnung, Niederreißung* **3** *Abzahlung*

**abtransportieren** ⟨V. t.; hat⟩ *mit einem Fahrzeug weg-, fortbringen*

**abtreiben** ⟨V. 262⟩ **I** ⟨V. t.; hat⟩ **1** *weg-, hinaus-, zurücktreiben* **2** *fortschwemmen* **3** *eine Schwangerschaft abbrechen* ◆ jmdm. seine **Beute** abtreiben *abjagen;* **Edelmetalle** abtreiben *von Bleibestandteilen befreien;* die **Leibesfrucht,** ein Kind abtreiben **II** ⟨V. i.; hat⟩ *einen Schwangerschaftsabbruch vornehmen lassen* ◆ sie hat abgetrieben **III** ⟨V. i.; ist; Mar. u. Flugw.⟩ *durch Wind od. Seegang vom Kurs abkommen*

**Abtreibung** ⟨f. 20; Med.⟩ *künstl. Herbeiführung einer Fehl- od. Frühgeburt;* Sy *Schwangerschaftsabbruch*

**abtrennen** ⟨V. t.; hat⟩ **1** *(los)lösen* **2** *ablösen, abschneiden* ◆ **Gebietsteile** abtrennen *(aus einem Staatsverband) ausgliedern;* ein **Glied** abtrennen *durch Gewalt od. operativ vom Körper lösen* ◆ etwas od. sich **von** etwas abtrennen *loslösen*

**abtreten** ⟨V. 263⟩ **I** ⟨V. t.; hat⟩ **1** *durch Treten ablösen, abbrechen* **2** jmdm. etwas abtreten *überlassen* ◆ jmdm. **Rechte,** Sachen abtreten *überlassen, übertragen;* sich die **Schuhe** abtreten *säubern, den Schmutz von den Schuhen abstreichen* **II** ⟨V. i.; ist⟩ **1** *sich entfernen* **2** *sich von etwas zurückziehen* **3** *die Toilette aufsuchen* ◆ abtreten **lassen** ⟨Mil.⟩ *wegtreten lassen* ◆ **aus** dem öffentlichen Leben abtreten; **von** der Bühne abtreten; vom Schauplatz abtreten ⟨fig.⟩ *auf (weiteren) Einfluss verzichten*

**Abtreter** ⟨m. 3⟩ *Matte zum Entfernen des Schmutzes von den Schuhen*

**Abtritt** ⟨m. 1; Theat.⟩ *Abgang eines Schauspielers von der Bühne* ◆ Abtritt eines Beamten od. Politikers *Weggang, Ausscheiden aus einer Position*

**abtrocknen I** ⟨V. t.; hat⟩ *trocken machen* **II** ⟨V. i.; ist⟩ *trocken werden*

**abtropfen** ⟨V. i.; ist⟩ **1** *tropfenweise Feuchtigkeit absondern* **2** *in Tropfen herabfallen* ◆ langsam tropft das Wasser von der Wäsche ab

**abtun** ⟨V. t. 267; hat⟩ **1** *beendigen, erledigen* **2** *weglegen* ◆ Gewohnheiten abtun *ablegen;* Kleider abtun *ablegen, ausziehen;* eine Angelegenheit, einen Streit abtun

**abverlangen** ⟨V. t.; hat⟩ jmdm. etwas abverlangen *von jmdm. etwas verlangen, fordern*

**abwägen** ⟨V. t. 273; hat⟩ *bedächtig überlegen, abschätzend erwägen* ◆ zwei Dinge gegeneinander abwägen *die Vorzüge und Nachteile zweier Dinge vergleichen*

**abwählen** ⟨V. t.; hat⟩ jmdn. abwählen *so wählen, dass jmd. zugunsten eines andern auf sein Amt verzichten muss*

**abwälzen** ⟨V. t.; hat⟩ *von sich wälzen, abschieben* ◆ Steuern auf den Verbraucher abwälzen *Steuern durch Preiserhöhung den Verbraucher zahlen lassen*

**abwandeln** ⟨V. t.; hat⟩ **1** ⟨allg.⟩ *umwandeln, abändern* **2** ⟨Gramm.⟩ *in verschiedene Formen umwandeln* ◆ Substantive abwandeln *beugen, deklinieren;* Verben abwandeln *beugen, konjugieren*

**Abwandlung** ⟨f. 20⟩ **1** *Umwandlung, Abänderung* **2** ⟨Gramm.⟩ *Beugung, Konjugation, Deklination*

**abwarten** ⟨V. t. u. V. i.; hat⟩ etwas abwarten *auf etwas warten* ◆ einen günstigen Augenblick abwarten

**abwärts** ⟨Adv.⟩ *nach unten* ⟨a. fig.⟩ ◆ Kinder von 3 Jahren abwärts *von Jahren u. jünger;* abwärts gehen, fahren, steigen

**Abwasch I** ⟨m. 1; unz.⟩ *schmutziges Geschirr, das abgewaschen werden soll, Aufwasch* ◆ alles in einem Abwasch erledigen ⟨umg.⟩ *alles auf einmal tun* **II** ⟨f. 20; unz.; regional⟩ *Becken für den Abwasch*

A

## ABSZESS

Als Abszess bezeichnet man eine Eitergeschwulst, die durch die Zerstörung von Körpergewebe entsteht und Folge einer lokalen Infektion ist. Der Eiter besteht aus zerfallenen weißen Blutkörperchen und Mikroorganismen wie Bakterien. Der Abszess wird von einer Membran begrenzt.

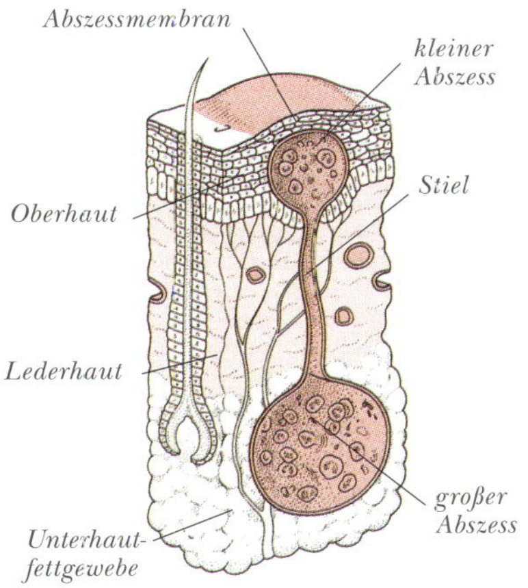


SCHNITT DURCH DIE HAUT MIT EINEM GESTIELTEN DOPPELTEN ABSZESS

**abwaschen** ⟨V. t. 274; hat⟩ *mit Wasser reinigen, säubern* ◆ Geschirr abwaschen; Ufer, Gelände abwaschen *durch Wassereinwirkung wegschwemmen*

**Abwasser** ⟨n. 13u⟩ *(aus Haushalt u. Betrieben) abfließendes schmutziges Wasser*

**abwechseln** ⟨[-ks-] V. i. u. V. refl.; hat⟩ **1** *wechselweise handeln, vorgehen* **2** *wechseln* ◆ einander bei der Arbeit abwechseln *eine Arbeit im regelmäßigen Wechsel mit einem andern tun*

**Abwechslung** ⟨[-ks-] f. 20⟩ *unterhaltsame Unterbrechung des Alltags, Zerstreuung* ◆ in einen Raum od. eine Gesellschaft Abwechslung bringen *einen Raum vielfältig, bunt usw. gestalten, zur Unterhaltung einer Gesellschaft beitragen*

**Abwehr** ⟨f.; -; unz.⟩ **1** ⟨bes. Sp.⟩ *Verteidigung, Schutz* ⟨a. fig.⟩ **2** *Widerstand, Zurückweisung* ◆ Abwehr einer Krankheit

**abwehren** ⟨V. t.; hat⟩ *ablenken, zurückschlagen, zurückweisen* ◆ einen **Angriff** abwehren; üble **Folgen** abwehren *verhindern;* **Kälte** abwehren *fern halten, sich dagegen schützen;* Anerkennung, Dank, **Lob** abwehren *(bescheiden) zurückweisen*

**Abwehrspieler** ⟨m. 3; Sp.⟩ = *Verteidiger (2)*

**abweichen**[1] **I** ⟨V. t.; hat⟩ *ablösen durch Einweichen* **II** ⟨V. i.; ist⟩ *sich durch Feuchtigkeit loslösen* [→ *weich*]

**abweichen**[2] ⟨V. i. 276; ist⟩ **1** *sich von der Nordsüdrichtung entfernen* (Magnetnadel) **2** von jmdm. od etwas abweichen *anders, verschieden sein, nicht gleichen* ◆ vom (vorgegebenen) Kurs abweichen ⟨Mar.⟩ *den (vorgegebenen) Kurs verlassen;* von der Regel abweichen *eine Ausnahme bilden;* vom Weg abweichen *abkommen, abgehen, den Weg verlassen;* vom rechten Weg abweichen ⟨fig.⟩ *etwas (moralisch) Unrechtes tun* [→ *weichen*]

**Abweichung** ⟨f. 20⟩ **1** *das Abweichen* **2** *Verschiedenheit* ◆ innerhalb zweier Proben Abweichungen feststellen

**abweisen** ⟨V. t. 277⟩ *ablehnen, zurückweisen* ◆ ein **Anerbieten** abweisen; einen **Angriff** abweisen *zurückschlagen;* eine **Klage** abweisen; einen **Liebhaber** abweisen ◆ sich nicht abweisen **lassen** ◆ jmdn. **barsch,** höflich, kurz, schroff abweisen

**abweisend** ⟨Adj.⟩ *zurückweisend, von sich weisend, ablehnend* ◆ sich abweisend verhalten; ein abweisendes Gesicht machen

**abwenden** ⟨V. t. 278; hat⟩ **1** *wegwenden* **2** *verhindern, beseitigen* ◆ den **Blick** abwenden *beiseite blicken, wegschauen;* eine **Gefahr** abwenden *von sich fern halten;* einen **Hieb** abwenden *abwehren, parieren* ◆ seine Hand **von** jmdm. abwenden ⟨fig.⟩ *jmdm. seine Gunst (Fürsorge) entziehen;* sich vom Wege abwenden *den Weg verlassen*

**abwerfen** ⟨V. t. 281; hat⟩ **1** *wegwerfen, nach unten, zur Erde werfen* **2** *sich befreien von, ablegen* **3** *einbringen* ◆ das **Geweih** abwerfen; **Karten** abwerfen ⟨Kart.⟩ *weglegen;* die **Maske** abwerfen ⟨fig.⟩ *sein wahres Gesicht zeigen;* **Nutzen** abwerfen *bringen;* **Zinsen** abwerfen *einbringen*

**abwerten** ⟨V. t.; hat⟩ **1** ⟨allg.⟩ *im Wert herabsetzen* **2** ⟨Bankw.⟩ eine Währung abwerten *im Kurswert herabsetzen*

**abwesend** ⟨Adj.⟩ **1** *nicht anwesend, nicht da, ferngeblieben* **2** *zerstreut, mit den Gedanken nicht bei der Sache* (geistesabwesend) ◆ abwesend sein [zu mhd. *abwesen* „abwesend sein" < ahd. *abawesan*]

**Abwesenheit** ⟨f.; -; unz.⟩ *Nicht-gegenwärtig-Sein, Nichtanwesenheit* ◆ kurze, ständige, zeitweilige Abwesenheit; jmdn. in Abwesenheit verurteilen *ihn verurteilen, ohne dass er beim Gerichtsverfahren gegenwärtig ist*

**abwickeln** ⟨V. t.; hat⟩ **1** Binde, Garn, Knäuel abwickeln *von der Rolle wickeln, davon abrollen* **2** ein Geschäft, einen Auftrag abwickeln *ordnungsgemäß erledigen, für einen reibungslosen Ablauf sorgen* **3** ⟨DDR⟩ *auflösen von Institutionen, Einrichtungen, (volkseigenen) Betrieben*

**Abwicklung** ⟨f. 20⟩ **1** *ordnungsgemäße, schrittweise Erledigung* **2** ⟨DDR⟩ *Auflösung von Institutionen, Einrichtungen, (volkseigenen) Betrieben*

**abwinken** ⟨V. i.; hat⟩ **1** *etwas durch Winken abweisen, beenden* **2** *das Zeichen zur Abfahrt geben*

**abwischen** ⟨V. t.; hat⟩ **1** *durch Wischen entfernen* **2** *putzen, abreiben*

**Abwurf** ⟨m. 1u⟩ *das Abwerfen* ◆ Abwurf von Bomben

**abzahlen** ⟨V. t.; hat⟩ = *abbezahlen*

**abzählen** ⟨V. t.; hat⟩ **1** *zählen* **2** *in Gruppen zusammenfassend zählen, durchzählen, auszählen* **3** *durch Zählen abziehen* ◆ sich etwas an den Fingern abzählen *mithilfe der F. zählen;* das Geld abgezählt bereithalten *passend bereithalten*

**abzapfen** ⟨V. t.; hat⟩ *durch ein Bohrloch abfließen lassen, entnehmen* ◆ jmdm. **Blut** abzapfen *aus den Adern entnehmen;* jmdm. **Geld** abzapfen ⟨umg.⟩ *durch unbescheidenes Fordern von jmdm. erhalten;* Bäumen **Harz** abzapfen *Bäume anbohren und das Harz abfließen lassen u. auffangen* ◆ etwas **aus** einem Fass abzapfen

**Abzeichen** ⟨n. 14⟩ *Kennzeichen, Merkmal, Plakette, Orden*

**abzeichnen** ⟨V. t.; hat⟩ **1** etwas abzeichnen **1.1** *nach einer Vorlage zeichnen, nachzeichnen* **1.2** *(mit dem abgekürzten Namenszug) unterschreiben, signieren* **2** sich gegen etwas abzeichnen *sich gegen etwas abheben, vor od. neben etwas deutlich sichtbar sein*

**abziehen** ⟨V. 287⟩ **I** ⟨V. t.; hat⟩ **1** *vermindern, wegziehen, wegnehmen* **2** *ablenken, abwenden* **3** ⟨Math.⟩ *subtrahieren* **4** ⟨Pharm.⟩ *destillieren* **5** ⟨Typ.⟩ *einen Andruck, Abzug machen von* (Satz) ◆ das **Bett** abziehen *die Bettbezüge abnehmen;* **Bilder** abziehen *kopieren, vervielfältigen;* den **Schlüssel** abziehen *aus dem Schloss ziehen;* ein totes **Tier** abziehen *das Fell, die Haut von einem Tier ziehen;* **Wein** abziehen *Wein vom Fass entnehmen u. in*

## ABTRAGUNG

Alle Gesteine an der Erdoberfläche verwittern und zerfallen in Bruchstücke. Diese werden von der Schwerkraft, von fließendem Wasser, von Eis und Wind verfrachtet – ein Vorgang, der als Abtragung bezeichnet wird.

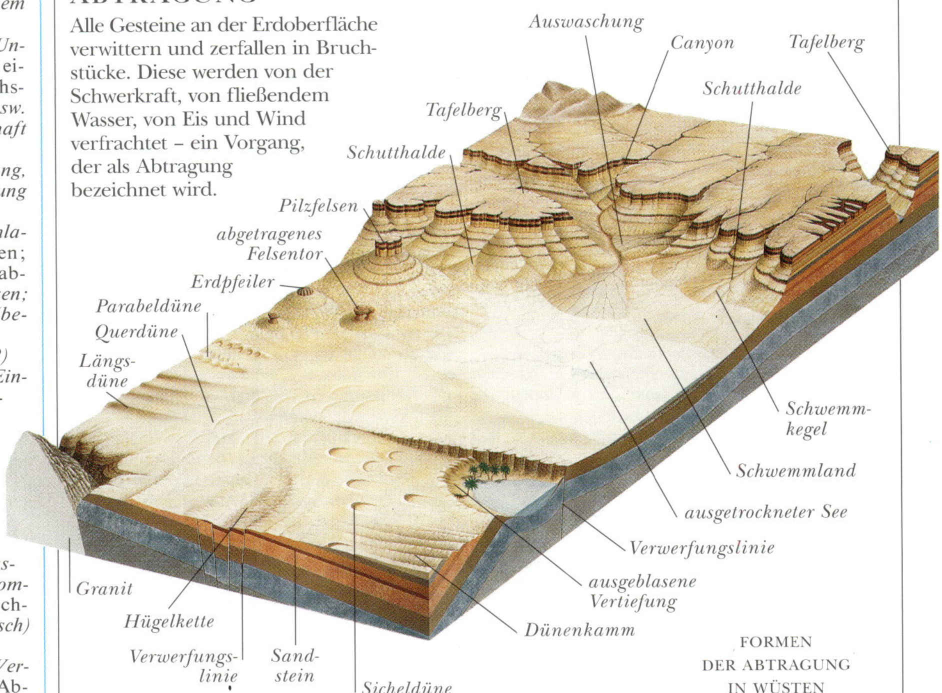


FORMEN DER ABTRAGUNG IN WÜSTEN

A

*Flaschen füllen* ◆ die Blicke **von** etwas od. jmdm. abziehen *abwenden;* jmdn. von seinen Gedanken abziehen *ablenken;* Steuern vom Lohn abziehen *zurückbehalten;* eine Summe vom Preis abziehen *sie nicht mit berechnen* **II** ⟨V. i.; ist⟩ **1** *fortgehen, wegmarschieren* **2** *entweichen* (Rauch) **3** *sich verziehen, weiterwandern* (Gewitter, Wolken) ◆ zieh ab! ⟨umg.⟩ *fort mit dir!, verschwinde!, geh!;* er zog beschämt ab; mit langem Gesicht abziehen ⟨umg.⟩ *enttäuscht, traurig weggehen*

**Abzug** ⟨m. 1u⟩ **1** ⟨allg.⟩ *Vorgang des Abziehens* **2** *Vorrichtung zum Abziehen* **3** ⟨Tech.; Chem.⟩ *Vorrichtung zum Ableiten von Dämpfen u. Gasen* **4** *Graben oder Rohr zum Ableiten von Flüssigkeit* **5** ⟨Fot.⟩ *positive Kopie von einem Negativ* (Kontaktabzug) **6** ⟨Mil.⟩ *Rückzug, Abmarsch* (von Truppen) **7** *Vorrichtung an Schusswaffen zum Auslösen des Schusses* **8** ⟨Typ.⟩ Einzelabdruck vom Schriftsatz ◆ nach Abzug der Kosten *nachdem ein Betrag um die Kosten gekürzt wurde;* ohne Abzug *zum vollen Rechnungsbetrag*

**abzupfen** ⟨V. t.; hat⟩ **1** *durch Zupfen entfernen* **2** *durch Zupfen säubern*

**abzweigen I** ⟨V. i.; ist⟩ *wie ein Zweig nach der Seite verlaufen* ◆ der Weg zweigt an dieser Stelle ab **II** ⟨V. t.; hat; umg.⟩ etwas für sich abzweigen *heimlich beiseite schaffen*

**Abzweigung** ⟨f. 20⟩ **1** *abzweigender Weg, Nebenlinie, Nebenleitung* **2** *Gabelung* (einer Straße, Eisenbahnweiche)

**Ac** ⟨Chem.; Zeichen für⟩ *Actinium*

**Academy Award** ⟨[ə'kædemi ə'wɔ:d] m.; - - od. - -s, - -s⟩ = *Oscar* [engl., „Preis der Akademie"]

**a cappella** ⟨Mus.⟩ *für Singstimmen allein, ohne Instrumentalbegleitung* [ital., „wie in der Kapelle oder Kirche"]

**Accent aigu** ⟨[aksãtɛ'gy:] m.; - -, -s -s; Zeichen: ´⟩ = *Akut* [frz., „scharfes Ton-, Aussprachezeichen"]

**Accent circonflexe** ⟨[aksãsirkɔ̃'flɛks] m.; - -, -s -s; Zeichen: ˆ⟩ = *Zirkumflex* [frz., „gebogenes Ton-, Aussprachezeichen"]

**Accent grave** ⟨[aksã'gra:v] m.; - -, -s -s; Zeichen: `⟩ = *Gravis* [frz., „schweres Ton-, Aussprachezeichen"]

**Accessoire** ⟨[aksɛ'soa(r)] n. 15; meist Pl.⟩ *modisches Zubehör* [frz., „Nebensache, Zubehör"]

**Ace** ⟨[ɛis] n.; -s [-siz], -s [-siz]; Sp.⟩ **1** ⟨Tennis⟩ = *Ass (4)* **2** ⟨Golf⟩ *das Erreichen des Loches mit einem Schlag* [engl., „Ass"]

**Acetaldehyd** ⟨m. 1; unz.; fachsprachl.⟩ = *Azetaldehyd*

**Acetamid** ⟨n. 11; fachsprachl.⟩ = *Azetamid*

**Acetat** ⟨n. 11; unz.; fachsprachl.⟩ = *Azetat*

**Aceton** ⟨n. 11; unz.; fachsprachl.⟩ = *Azeton*

**Acetonurie** ⟨f.; -, -n; Med.; fachsprachl.⟩ = *Azetonurie*

**Acetyl...** ⟨fachsprachl.⟩ = *Azetyl...*

**Acetylen** ⟨n. 11; unz.; fachsprachl.⟩ = *Azetylen*

**ach!** ⟨Int.⟩ *(drückt Erstaunen, Schmerz usw. aus)* ◆ ach Gott! *nein, so was!;* ach ja! *na ja, ja schon, gewiss doch;* ach nein! *gewiss nicht!, ich glaube kaum!;* ach so! *so ist das!;* ach was? *wirklich?;* Ach und Weh schreien *laut jammern* [< mhd. *ach* < ahd. *ah* „ah" (des Behagens)]

**Achat** ⟨[a'xa:t] m. 1⟩ ► *Mineral, Edelstein, aus Kieselsäurelösungen entstanden, häufig in Lagen verschiedener Färbung aufgebaut* [nach dem Fluss *Achates* im südl. Sizilien, in dem der Achatstein zuerst gefunden worden sein soll]

ACHAT: POLIERTE SCHEIBE

**Achillesferse** ⟨[axil-] f. 19⟩ **1** *einzige Stelle, an der Achilles verwundbar war* **2** ⟨fig.⟩ *empfindliche, verwundbare Stelle, schwacher Punkt* [nach *Achill,* dem Helden der grch. Sage]

**Achillessehne** ⟨[axil-] f. 19⟩ ► *Sehne, die die Wadenmuskeln mit dem hinteren Rand des Fersenbeins verbindet* [→ *Achillesferse*]

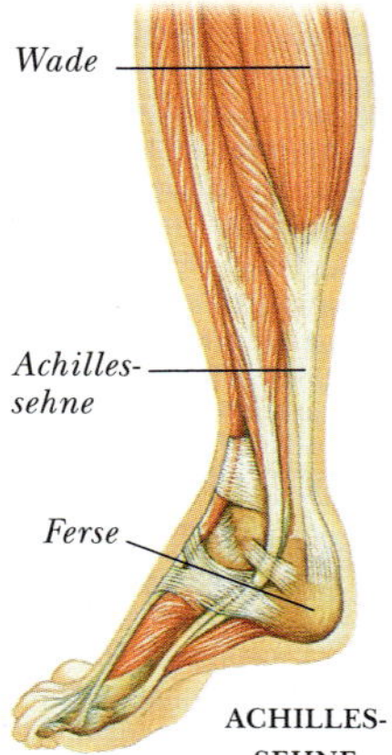


ACHILLES-SEHNE

**Achlaut,** ⟨auch⟩ **Ach-Laut** ⟨[ax-] m. 1; Phon.⟩ *der Laut ch nach a, o, u, am hinteren (weichen) Gaumen gesprochen, wie in „ach", „Loch";* → a. *Ichlaut*

**Achse** ⟨[-ks-] f. 19⟩ **1** *längl. Vorrichtung zum Aufhängen der Räder eines Fahrzeuges* **2** ⟨Math.; Optik⟩ ► *Gerade, die bei einer Drehung ihre Lage nicht verändert* (z. B. Koordinatenachse u. Symetrieachse) **3** *Mittellinie, um die eine Drehung erfolgt* **4** ⟨Phys.; Tech.⟩ *gerade Linie innerhalb eines Körpers mit besonderer physikalischer od. technischer Bedeutung* ◆ ständig auf (der) Achse sein ⟨fig.; umg.⟩ *unterwegs, auf Reisen* [< ahd. *ahsa,* engl. *axle*]

**Achsel** ⟨[-ks-] f. 21⟩ **1** ⟨Anat.⟩ **1.1** ⟨i. w. S.⟩ *Schulter* **1.2** ⟨i. e. S.⟩ *Höhle zwischen Brust, Oberarm u. Schulterblatt* **2** ⟨Bot.⟩ *Winkel zwischen Sprossachse u. Blatt, Blattachsel* [< ahd. *ahs(a)la* „Achsel, Schulter"]

**...achser** ⟨[-ks-] m. 3; in Zus.⟩ *mit einer bestimmten Zahl von Achsen versehenes Fahrzeug,* z. B. Zweiachser

**achsig** ⟨[-ks-] Adj.⟩ *mit einer Achse versehen, axial*

**...achsig** ⟨[-ks-] Adj.; in Zus.⟩ *mit einer bestimmten Zahl von Achsen versehen (von Fahrzeugen),* z. B. zweiachsig

**Achsstand** ⟨[-ks-] m. 1u⟩ *Abstand der (am weitesten voneinander entfernten) Radpaare eines Fahrzeugs*

**acht** ⟨Num.⟩ *8* (Ziffernschreibung in Zusammensetzungen usw.: 8-eckig, 8fach, 8-jährig, 8-jährlich, 8-malig, 8 mal 4 ist 32, 6-8-mal, 8-Stunden-Tag) ◆ zwei und acht ist (macht) zehn *2 + 8 = 10* ◆ er war acht (**Jahre** alt); acht **Mal** = *achtmal (1);* es ist **Punkt,** Schlag acht *genau 8 Uhr;* es ist (ein) **Viertel** acht *7.15 Uhr;* drei Viertel acht *7.45 Uhr* ◆ **halb** acht *7.30 Uhr* ◆ **binnen** acht Stunden; **gegen** acht (Uhr) *kurz vor, etwa um 8 Uhr;* **in** acht Tagen *eine Woche später (d. h. eigtl. 7 Tage später);* es ist ein Viertel **nach** acht *8.15 Uhr;* es ist **um** acht *8 Uhr;* **vor** acht Tagen *eine Woche vorher (d. h. eigtl. 7 Tage)* [< ahd. *ahto,* engl. *eight*]

**Acht**[1] ⟨f. 20⟩ *die Zahl, Ziffer 8* ◆ eine Acht drucken; mit der Acht fahren *Straßenbahn-, Buslinie Nr. 8*

**Acht**[2] ⟨f. 20; unz.⟩ *Aufmerksamkeit, Fürsorge* ◆ hast du Acht gegeben? *aufgepasst;* hab Acht! *sieh dich vor, pass auf;* etwas außer Acht lassen *versäumen, nicht beachten;* sich, etwas in Acht nehmen *vorsichtig sein, gut auf etwas aufpassen;* sich vor etwas in Acht nehmen *sich vor etwas vorsehen, bei etwas vorsichtig sein*

**achtbändig** ⟨Adj.⟩ *aus acht Bänden bestehend*

**achtbar** ⟨Adj.⟩ *anständig, rechtschaffen* ◆ ein achtbarer Mensch

**achte** ⟨Ordnungszahl von⟩ *acht* ◆ ⟨Kleinschreibung⟩ das achte Mal; der achte Januar; ⟨Großschreibung⟩ er ist der Achte in seiner Klasse; er war der Achte, der bestraft wurde; sie kommen am Achten dieses Monats; Heinrich der Achte

**Achteck** ⟨n. 11; Geom.⟩ ► *geometr. Figur mit acht Ecken;* Sy *Oktogon (1)*

**achteckig** ⟨Adj.; in Ziffern: 8-eckig⟩ *mit acht Ecken versehen*

**achteinhalb** ⟨Num.⟩ *8 ½ oder 8,5*

**achtel** ⟨Adj.⟩ *1/8* ◆ ein achtel Zentner/ein Achtelzentner; drei achtel Liter/Achtelliter Wein

**Achtel** ⟨n. 13 od. schweiz.: m. 5⟩ **1** *achter Teil* **2** ⟨Mus.⟩ *Achtelnote* ◆ ein Achtel vom Kuchen; drei Achtel Wurst; die Geige beginnt zwei Achtel später als die Flöte

**Achtelfinale** ⟨n. 15 od. n. 13; Sp.⟩ *drittletzte Etappe vor der Schlussrunde, in der in acht parallelen Kämpfen um den Eintritt ins Viertelfinale gekämpft wird*

**Achtelliter** ⟨n. 13 od. m. 3⟩ *der achte Teil eines Liters;* → a. *achtel*

**achten** ⟨V.; hat⟩ **I** ⟨V. t.⟩ jmdn. od. etwas achten *schätzen* ◆ **Ansichten** achten, Gesetze achten, Sitten achten *darauf Rücksicht nehmen, sich danach richten* ◆ jmdn. od. etwas **gering** achten, **hoch** achten ◆ etwas **für** nichts achten *nichts davon halten, gering schätzen* ◆ eine geachtete Firma, Persönlichkeit *Firma, Persönlichkeit von gutem Ruf, von hohem Ansehen* **II** ⟨V. i.⟩ auf etwas od. jmdn. achten *Rücksicht nehmen, aufpassen, sich um etwas od. jmdn. kümmern* [< ahd. *ahton* „beachten, werten, glauben"]

**ächten** ⟨V. t.; hat⟩ **1** *in die Acht erklären, tun, aus einer Gemeinschaft ausstoßen* **2** *missachten* [< ahd. *ahten*]

**achter** ⟨Adj.; Mar.⟩ *hinter* [nddt. für *after;* → *After*]

**Achter** ⟨m. 3⟩ **1** ⟨Mar.⟩ *Ruderboot für acht Mann* **2** ⟨süddt.⟩ *Biegung in Form einer 8* ◆ er hat einen Achter im Rad

**Achterdeck** ⟨n. 11 od. n. 15; Mar.⟩ *hinteres Deck;* Sy *Hinterdeck;* Ggs *Vordeck*

**Achterschiff** ⟨n. 11; unz.; Mar.⟩ *hinterer Schiffsteil, Hinterschiff;* Ggs *Vorderschiff*

**achtfach** ⟨Adj.; in Ziffern: 8fach⟩ *achtmal (so viel)*

**Achtfache** ⟨n. 31; unz.; in Ziffern: 8fache⟩ *das mit acht Malgenommene* ◆ etwas um das Achtfache erhöhen; ein Achtfaches

**Achtflach** ⟨n. 11⟩, **Achtflächner** ⟨m. 3; unz.; Geom.⟩ ► = *Oktaeder*

**Achtfüß(l)er** ⟨m. 3; Zool.⟩ *Kopffüßer mit acht Füßen od. Fangarmen;* Sy *Oktopode*

**achthundert** ⟨Num.⟩ *800*

**achtjährig** ⟨Adj.; in Ziffern: 8-jährig⟩ *acht Jahre alt*

**Achtjährige(r)** ⟨f. 30 (m. 29); in Ziffern: 8-Jährige(r)⟩ **1** *Kind, das acht Jahre alt ist* **2** *achtjähriges Tier (bes. Pferd)*

**achtjährlich** ⟨Adj.; in Ziffern: 8-jährlich⟩ *alle(r) acht Jahre*

**achtlos** ⟨Adj.; -er, am -esten⟩ **1** *sorglos, zerstreut* **2** *unbesonnen, leichtsinnig*

**achtmal** ⟨Adv.; in Ziffern: 8-mal/8 Mal⟩ **1** *achtfach wiederholt;* oV *acht Mal* **2** *mit acht multipliziert* ◆ 8-10-mal; ⟨aber⟩ acht mal acht ist vierundsechzig

**achtmalig** ⟨Adj.; in Ziffern: 8-malig⟩ **1** *achtmal stattfindend* **2** *in achtfacher Wiederholung* ◆ eine achtmalige Wiederholung; er ist achtmaliger Meister

**achtprozentig** ⟨Adj.; in Ziffern: 8-prozentig⟩ *acht Prozent enthaltend* ◆ achtprozentiger Alkohol

A

**achttägig** ⟨Adj.; in Ziffern: 8-tägig⟩ **1** *acht Tage dauernd* **2** *acht Tage alt* **3** *einwöchig*

**achttäglich** ⟨Adj.; in Ziffern: 8-täglich⟩ *alle(r) acht Tage, wöchentlich (wiederkehrend)*

**achttausend** ⟨Num.⟩ *8000*

**Achttonner** ⟨m. 3; in Ziffern: 8-Tonner⟩ *Lastkraftwagen mit einer Ladekapazität von acht Tonnen*

**achtundeinhalb** ⟨Num.⟩ *8½, achteinhalb*

**Achtung** ⟨f. 20; unz.⟩ **1** *(gespannte) Aufmerksamkeit* **2** *Wertschätzung, Hochschätzung, Ehrfurcht, Respekt* ◆ Achtung! *(militär. Kommando) aufgepasst!, Vorsicht!* ◆ jmdm. Achtung **einflößen;** sich Achtung **verschaffen;** jmdm. Achtung **zollen** ◆ es **an** Achtung fehlen lassen; **aus** Achtung vor jmdm.

**Ächtung** ⟨f. 20; unz.⟩ **1** *Missachtung* **2** *Ausstoßung aus der Gemeinschaft*

**achtzehn** ⟨Num.⟩ *18*

**achtzig** ⟨Num.⟩ *80* ◆ er ist Mitte (der) achtzig *etwa 85 Jahre alt;* er ist über (die) achtzig *älter als 80 Jahre;* auf achtzig sein, kommen ⟨umg.⟩ *sehr wütend, zornig sein, werden;* achtzig Mal = *achtzigmal*

**Achtzig** ⟨f. 20⟩ *die Zahl 80*

**achtziger** ⟨Adj.⟩ **1** *das Jahr 80 betreffend* **2** *zwischen den Jahren 80 u. 90 eines Jahrhunderts (geschehen)* ◆ ein achtziger Jahrgang *ein Wein aus dem Jahre 1880 od. 1980; ein im Jahre 1980 geborener Mensch;* die achtziger Jahre/Achtzigerjahre ⟨in Ziffern: 80er-Jahre⟩ *die Jahre zwischen 80 u. 90 eines Jahrhunderts*

**Achtziger I** ⟨m. 3⟩ **1** *Mann im Alter von 80 Jahren* **2** *Wein aus dem Jahre 1880 bzw. 1980* **3** *Mann zwischen 80 u. 90 Jahren* ◆ er ist ein rüstiger Achtziger **II** ⟨Pl.⟩ **1** *die Lebensjahre zwischen 80 u. 90* **2** *die Jahre zwischen 1980 u. 1990* ◆ er ist Mitte der Achtziger *etwa 85 Jahre alt;* das geschah in den Achtzigern *in den achtziger Jahren;* er ist hoch in den Achtzigern *er ist weit über 80 Jahre alt*

**achtzigfach** ⟨Adj.⟩ *mit 80 multipliziert*

**achtzigjährig** ⟨Adj.⟩ *80 Jahre alt*

**achtzigmal** ⟨Adv.⟩ *80fach wiederholt;* oV *achtzig Mal*

**achtzigste** ⟨Ordnungszahl von⟩ *achtzig;* → a. *achte*

**achtzigstel** ⟨Bruchzahl von⟩ *achtzig;* → a. *achtel*

**Achtzigstel** ⟨n. 13 od. schweiz: m. 5⟩ *der 80. Teil;* → a. *Achtel*

**Achtzylinder** ⟨m. 3; in Ziffern: 8-Zylinder⟩ *(Kraftwagen mit einem) Motor mit 8 Zylindern*

**ächzen** ⟨V. i.; hat⟩ **1** *stöhnen, seufzen* **2** *klagen, wehklagen* ◆ vor Hunger, Schmerz ächzen [< mhd. *echzen;* → *ach!*]

**Acker I** ⟨m. 3⟩ *altes Feldmaß (landschaftlich verschieden gemessen, zwischen 19,065 a in Hessen u. 64,43 a in Sachsen-Altenburg)* ◆ den Acker bestellen, pflügen **II** ⟨m. 3u⟩ *landwirtschaftlich bebauter Boden, Feld* [< ahd. *akkar,* engl. *acre*]

**Ackerbau** ⟨m.; -(e)s; unz.⟩ **1** ⟨i. e. S.⟩ *systematischer Bebauen des Bodens mit Nutzpflanzen* **2** ⟨i. w. S.⟩ *die zusätzliche Viehhaltung* ◆ Ackerbau treiben

**Ackerdistel** ⟨f. 21; Bot.⟩ *ein Korbblütler, gefürchtetes Ackerunkraut: Cirsium arvense*

**Ackerhahnenfuß** ⟨m. 1u; unz.; Bot.⟩ *Angehöriger einer Gattung der Hahnenfußgewächse (Ranunculaceae), ein bis zu 60 cm hohes Samenunkraut auf Getreideäckern: Ranunculus arvensis*

**ackern** ⟨V. i.; hat⟩ **1** *den Acker bestellen, pflügen* **2** ⟨fig.⟩ *schwer arbeiten, sich hart mühen* ◆ er ackert von früh bis spät ⟨fig.⟩

**Ackerröte** ⟨f. 19; Bot.⟩ *Ackerunkraut aus der Familie der Rubiazeen, Wurzel wird zum Rotfärben benutzt: Sherardia arvensis*

**Ackerschachtelhalm** ⟨m. 1; Bot.⟩ *Art des Schachtelhalms: Equisetum arvense;* Sy *Zinnkraut*

**Ackerwinde** ⟨f. 19; Bot.⟩ *ein Windengewächs, gefürchtetes Wurzelunkraut: Convolvulus arvensis*

**Aconitin** ⟨n. 11⟩ *giftiges Alkaloid aus den Knollen des Blauen Eisenhuts: Aconitum napellus, das in der pharmakologisch wirksamen Akonittinktur enthalten ist;* oV *Akonitin* [< grch. *akone* „Feldstück"]

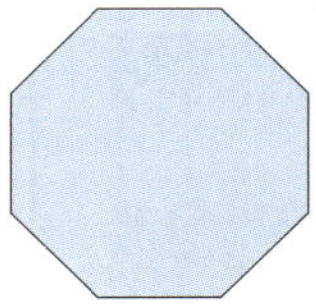

ACHTECK

**Acrolein** ⟨n. 11; unz.⟩ *übel riechende, augenreizende Flüssigkeit, ungesättigtes aliphatisches Aldehyd, chemische Formel $CH_2{=}CH\text{-}CHO$ (Ausgangsstoff zur Synthese von Glyzerin);* oV *Akrolein* [< lat. *acer* „scharf" + *olere* „riechen" + *oleum* „Öl"]

**Acryl** ⟨n.; -s; unz.; kurz für⟩ *Acrylglas* [Kunstw. zu lat. *acer* „scharf"]

**Acrylglas** ⟨n. 12; unz.⟩ *glasklares Polymerisationsprodukt der Methacrylsäureester, optisch hochwertige, in der Wärme biegsame Kunststoffe,* z. B. Plexiglas (Warenzeichen); oV *Akrylglas;* Sy ⟨kurz⟩ *Acryl*

**Acrylsäure** ⟨f. 19; unz.⟩ oV *Akrylsäure* **1** *ungesättigte Monocarbonsäure, chem. Formel $CH_2{=}CO-COOH$* **2** *Ausgangsstoff zur Herstellung von glasartigen Kunststoffen, Lacken, Klebe- u. Bindemitteln*

**Actin** ⟨n. 11⟩ *Eiweißstoff, der gemeinsam mit Myosin als komplexes Protein (Actomyosin) in der Muskelsubstanz vorkommt;* oV *Aktin* [< grch. *aktis* „Strahl"]

**Actinium** ⟨n.; -s; unz.; Chem.; Zeichen: Ac⟩ *radioaktives chemisches Element mit der Ordnungszahl 89, das beim radioaktiven Zerfall von Uran entsteht;* oV *Aktinium* [< grch. *aktis, aktinos* „Strahl"]

**Action** ⟨[ˈækʃn] f.; -; unz.⟩ **1** *heftig bewegte (Film-)Handlung* **2** ⟨umg.⟩ *Trubel, lebhafte Bewegung* [engl.]

**Actionpainting** ⟨[ˈækʃnpɛintiŋ] n.; - od. -s; unz.; Mal.⟩ ►► *Richtung innerhalb der amerikanischen abstrakten Malerei, in der der physische Schaffensprozess sichtbar wird* [engl., „Aktionsmalerei"]

**Actionthriller** ⟨[ˈækʃnθrilə(r)] m. 3; Film; Lit.⟩ *Buch od. Film mit abwechslungsreicher, turbulenter Handlung;* → a. *Thriller* [engl.]

**acyclisch** ⟨Adj.⟩ acyclische Verbindungen = *aliphatische Verbindungen*

**Acyle** ⟨Pl.⟩ *organ. Verbindungen, die die Acylgruppe enthalten, z. B. Azetyl ($CH_3$-CO-), Benzoyl ($C_6H_5$-CO-);* oV *Azyle*

**Acylgruppe** ⟨f. 19⟩ *organ. Säurerest mit der allg. chem. Formel R-CO-;* oV *Azylgruppe*

**ad** ⟨Präp.⟩ *zu;* → a. *ad acta* [lat.]

**a. d.** ⟨in geograph. Namen Abk. für⟩ *an der*

**a. D.** ⟨Abk. für⟩ *außer Dienst (hinter dem Namen von Beamten od. Offizieren)*

**A. D.** ⟨Abk. für lat.⟩ *Anno Domini*

**ad..., Ad...** ⟨vor f⟩ af..., Af..., ⟨vor g⟩ ag..., Ag..., ⟨vor k (eingedeutscht)⟩ ak..., Ak..., ⟨vor l⟩ al..., Al..., ⟨vor n⟩ an..., An..., ⟨vor p⟩ ap..., Ap..., ⟨vor r⟩ ar..., Ar..., ⟨vor s⟩ as..., As..., ⟨vor t⟩ at..., At... ⟨Vors.⟩ *an, zu, heran* [lat.]

**ad absurdum** eine Behauptung ad absurdum führen *jmdm. die Unsinnigkeit einer Behauptung beweisen, indem man ihm ihre (unmöglichen) Folgen vor Augen führt u. sie dadurch lächerlich macht* [lat., „zum Misstönenden, zur Untauglichkeit" (führen)]

**ad acta** ⟨Abk.: a. a.⟩ *zu den Akten* ◆ etwas ad acta legen ⟨fig.⟩ *als erledigt betrachten, weglegen*

**adagio** ⟨[-dʒo] Adj.; Mus.⟩ *langsam, ruhig (zu spielen)* [ital.]

**Adam** ⟨m. 6⟩ **1** ⟨nach bibl. Überlieferung⟩ *der erste Mensch* **2** ⟨fig.⟩ *der Mensch schlechthin* ◆ eine Geschichte bei Adam und Eva zu erzählen anfangen *weitschweifig erzählen, ganz von vorn anfangen* [hebr., „der Mensch"]

**Adamsapfel** ⟨m. 5u; Anat.⟩ ►► *der beim Mann am Hals häufig stark hervortretende Schildknorpel (Kehlkopf)*

**Adaptation** ⟨f. 20; unz.⟩ Sy *Adaption* **1** *Anpassung von Sinnesorganen an äußere Reize (z. B. des Auges an Licht)* **2** *Anpassungsvermögen an die Umwelt* **3** ⟨Gramm.⟩ *Übertragung eines Formelements mit bestimmter Funktion auf andere Wörter* **4** *Umarbeitung eines literarischen Werkes für Film od. Funk* [→ *adaptieren*]

**Adapter** ⟨m. 3⟩ **1** *Vorrichtung zur Verbindung von Geräten, deren Anschlüsse voneinander abweichen* **2** *Vorrichtung zur Anpassung der Netzspannung an die Betriebsspannung* [engl.]

## ACHSEN

Mithilfe von Achsen und Koordinaten werden grafische Darstellungen von Funktionen erstellt. Geschwindigkeit ist z. B. Entfernung pro Zeit. Man trägt die Entfernung auf der y-Achse auf, die dazugehörige Zeit auf der x-Achse. Der Punkt, der beiden entspricht, wird markiert.

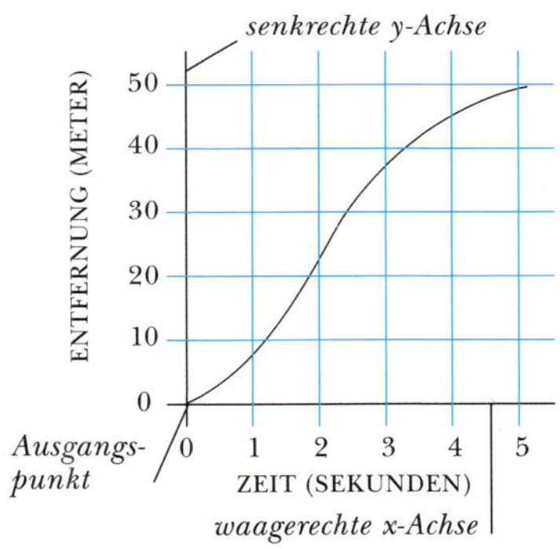


GRAFISCHE DARSTELLUNG DES ZURÜCKGELEGTEN WEGES IN ABHÄNGIGKEIT VON DER ZEIT

**adaptieren** ⟨V. t.; hat⟩ **1** *anpassen (an die Umwelt)* **2** ⟨Lit.⟩ *für Film od. Funk umarbeiten* (Drama, Roman) **3** ⟨österr.⟩ eine Wohnung adaptieren *herrichten* [< lat. *adaptare* „anpassen"]

**Adaption** ⟨f. 20; unz.⟩ = *Adaptation*

**adäquat** ⟨Adj.; -er, am -esten⟩ *angemessen, entsprechend* [< lat. *adaequatus* „gleich gemacht"]

**Adäquatheit** ⟨f. 20; unz.; geh.⟩ *adäquate Beschaffenheit*

**Addend** ⟨m. 16; Math.⟩ = *Summand* [zu lat. *addendus* „was hinzugefügt werden muss"]

**addieren** ⟨V. t.; hat⟩ **1** ⟨allg.⟩ *hinzufügen, ergänzen* **2** ⟨Math.⟩ *zusammenzählen* [< lat. *addere* „hinzufügen"]

**Addition** ⟨f. 20; Math.⟩ **1** *das Addieren, Zusammenzählung* **2** *Ergebnis, Summe des Addierens* [< lat. *additio* „Hinzufügung, Zusammenzählung"]

**additiv** ⟨Adj.⟩ *auf Addition beruhend* ◆ additive Gesamtschule *Typ der Gesamtschule, bei dem verschiedene, nebeneinander bestehende Schularten in gemeinsamen Gebäuden untergebracht sind*

A

## ACTIONPAINTING

Actionpainting ist die amerikanische Bezeichnung für einen Kunststil, der in den vierziger Jahren entstand. Man rechnet ihn heute dem abstrakten Expressionismus zu. Beim Actionpainting wollten die Künstler den Schaffensprozess, die Entstehung des Kunstwerks selbst dokumentieren. Das Bild sollte den Akt des Malens darstellen. Die Gemälde sind oft extrem lebendig und pulsierend, sie bringen die Spontaneität und Impulsivität ihrer Gestaltung zum Ausdruck. Die besten Beispiele für diese Stilrichtung sind die Bilder Jackson Pollocks. Sie dokumentieren deutlich die energiegeladenen Gesten des Künstlers, der die Farbe auf die Leinwand spritzte, schleuderte oder herabtropfen ließ.

ZEITLEISTE — *Convergence* (1952), JACKSON POLLOCK

1500 · 1550 · 1600 · 1650 · 1700 · 1750 · 1800 · 1850 · 1900 · 1950 · 2000

**Additiv** ⟨n. 11; Chem.⟩ *Zusatz, der die gewünschte Eigenschaft eines chem. Stoffes wesentlich verbessert, z. B. zur Steigerung der Oktanzahl bei Treibstoffen*

**ade** ⟨volkstüml. Form von⟩ *adieu, leb wohl* ◆ jmdm. ade/Ade sagen [< mhd. *ade* < frz. *adé* < lat. *ad Deum* „(ich empfehle dich) Gott"]

**Ade** ⟨n. 15⟩ *Abschieds-, Lebewohlgruß*

**Adel** ⟨m. 5; unz.⟩ **1** *in einer nach Ständen gegliederten Gesellschaftsordnung der oberste, mit besonderen Vorrechten ausgestattete Stand, aufgrund von Landbesitz* (Feudaladel, Geburtsadel) *od. von besonderen Verdiensten durch Verleihung* (Briefadel, Verdienstadel) **2** ⟨fig.⟩ *vornehme, edle Gesinnung* (Seelenadel) **3** *geistige Kultiviertheit* (Geistesadel) ◆ von altem Adel sein *aus einem alten adligen Geschlecht stammen* [< ahd. *adol, edili* „vornehmes Geschlecht"]

**adelig** ⟨Adj.⟩ = *adlig*

**Adelige(r)** ⟨f. 30 (m. 29)⟩ = *Adlige(r)*

**adeln** ⟨V. t.; hat⟩ jmdn. adeln **1** *jmdn. in den Adelsstand erheben, jmdm. einen Adelstitel verleihen* **2** ⟨fig.⟩ *bes. hervorheben, auszeichnen* ◆ seine Gesinnung adelt sein Handeln, seine Tat ⟨fig.⟩

**Adelstitel** ⟨m. 5⟩ *Titel, aus dem die Zugehörigkeit zum Adel hervorgeht,* z. B. Durchlaucht, Hoheit

**Adenin** ⟨n. 11⟩ *Purinbase, wichtiger Baustein von Nukleinsäuren;* → a. *Thymin* [< grch. *aden* „Drüse"]

**adeno..., Adeno...** ⟨in Zus.⟩ *drüsen..., Drüsen...* [< grch. *aden* „Drüse"]

**adenoid** ⟨Adj.; Med.⟩ *drüsenähnlich, lymphknotenähnlich* [→ *Adenom*]

**Adenom** ⟨n. 11.; Med.⟩ *gutartige Geschwulst, die vom Drüsengewebe ausgeht*

**Adenosin** ⟨n. 11; unz.⟩ *Baustein der Ribonukleinsäure, wirkt als Pharmazeutikum gefäßerweiternd*

**Adenosintriphosphat** ⟨n. 11; unz.; Abk.: ATP⟩ *Nukleosid, aufgebaut aus Adenin, Ribose und 3 Molekülen Phosphorsäure, eine Speicherform von Energie in der Zelle, dessen Synthese für das Leben von entscheidender Bedeutung ist*

**Ader** ⟨f. 21⟩ **1** ⟨Anat.⟩ = *Blutgefäß* **2** ⟨Bot.⟩ *Blattnerv, Rippe* (Blattader) **3** ⟨Geol.⟩ *Minerallagerstätte, Gang* (Erzader) **4** *Linie der Maserung* (Marmorader) **5** ⟨Tech.⟩ *Strom führender Teil eines Kabels* ◆ eine Ader für od. zu etwas haben *Veranlagung, Neigung* [< ahd. *ad(a)ra* „Ader, Sehne, Muskel, Darm, Eingeweide"]

**Aderhaut** ⟨f. 7u; Med.⟩ *die gefäßführende, hinter der Netzhaut gelegene Schicht des Auges: Chorioidea*

**aderig, äderig** ⟨Adj.⟩ *reich an Adern, wie Adern gebildet, mit Adern durchsetzt* (Blatt, Körper); oV *adrig, ädrig*

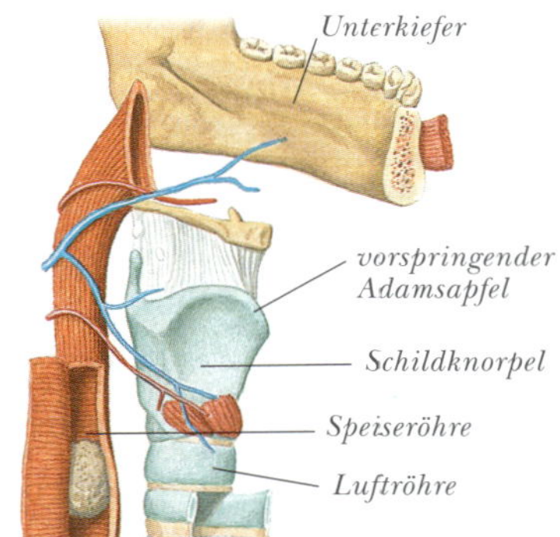


ADAMSAPFEL: LAGE DES ADAMSAPFELS IM KEHLKOPF DES MENSCHEN

**Aderlass** ⟨m. 1u⟩ **1** ⟨Med.⟩ *Öffnung einer Blutader (Vene) zur Entziehung von Blut* **2** ⟨fig.⟩ *(großer) Verlust, Schwund*

**ädern** ⟨V. t.; hat⟩ **1** *mit Adern versehen* **2** *mit einem aderähnl. Muster verzieren*

**Äderung** ⟨f. 20; unz.⟩ **1** *das Ädern* **2** *das Geädertsein, Durchsetzung mit Adern*

**Adhäsion** ⟨f. 20⟩ **1** ⟨allg.⟩ *Beitritt, Mitgliedschaft* **2** ⟨Med.⟩ *Verwachsung zweier Organe miteinander* **3** ⟨Phys.⟩ *das Haften verschiedener flüssiger u. fester Stoffe aneinander, hervorgerufen durch zwischenmolekulare Kraftwirkungen an den Kontaktflächen;* → a. *Kohäsion* [< lat. *adhaesio* „das Anhängen, Anhaften"]

**ad hoc** *eigens zu diesem Zweck, hierfür* [lat. „für dieses", d. h. nur für den vorliegenden Fall]

**Adhortativ** ⟨m. 1; Gramm.⟩ *Imperativ der 1. Person Plural,* z. B. „fangen wir an!"; Sy *Hortativ* [zu lat. *adhortativus* „mahnend"; zu *adhortari* „mahnen, anfeuern"]

**adieu** ⟨[a'djø:]⟩ *lebe wohl, Gott befohlen (als Abschiedsgruß)* ◆ jmdm. adieu/Adieu sagen [< frz. *à Dieu;* → *ade*]

**Adieu** ⟨[a'djø:] n. 15⟩ *Lebewohl-, Abschiedsgruß* ◆ jmdm. ein Adieu zurufen, zuwinken

**Adjektiv, Adjektivum** ⟨[-vum] n. 11; Gramm.⟩ *Wort, das ein Substantiv oder Verb näher bestimmt u. dekliniert werden kann, Beiwort, Eigenschaftswort* [< lat. *adiectio* „Hinzufügung"]

**adjektivisch** ⟨[-viʃ] Adj.; Gramm.⟩ *in der Art eines Adjektivs, als Adjektiv verwendet* ◆ adjektivische Form; ein Wort adjektivisch gebrauchen

**Adjunktion** ⟨f. 20⟩ **1** ⟨Logik⟩ = *Disjunktion* **2** ⟨allg.⟩ *Hinzufügung* [zu lat. *adiunctus* „hinzufügen"]

**adjustieren** ⟨V. t.; hat⟩ **1** *anpassen, zurichten* **2** *eichen, berichtigen* **3** ⟨österr.⟩ *ausrüsten, mit Dienstkleidung versehen* [< lat. *ad* „zu" + *iustus* „gerecht"]

**Adjutant** ⟨m. 16⟩ **1** *einem höheren Offizier beigeordneter Offizier, Helfer des Kommandeurs* **2** ⟨schweiz.⟩ *Kompaniefeldwebel* ◆ persönlicher Adjutant [< lat. *adiutans* „helfend, unterstützend"; Part. Präs. zu *adiutare*]

**Adler** ⟨m. 3⟩ **1** ⟨Zool.⟩ ► *großer Raubvogel mit kräftigem, hakenförmigen Schnabel: Aquila* **2** ⟨Astron.⟩ *Sternbild der Äquatorzone des Himmels* [< mhd. *adelare* „edler Aar"]

**Adlerfarn** ⟨m. 1; unz.; Bot.⟩ *weit verbreiteter Waldfarn: Pteridium aquilinum*

**Adlerhorst** ⟨m. 1⟩ *Nest des Adlers*

**ad lib.** ⟨Abk. für lat.⟩ *ad libitum*

**ad libitum** ⟨bes. Mus.; Abk.: ad lib.⟩ *nach Belieben;* Ggs *obligat (2)* ◆ Ad-libitum-Besetzung ⟨Mus.⟩ *Besetzung, bei der ein Instrument nach Belieben benutzt od. weggelassen werden kann* [lat.]

**adlig** ⟨Adj.⟩ oV *adelig* **1** *von Adel* **2** *edel, vornehm* ⟨a. fig.⟩

**Adlige(r)** ⟨f. 30 (m. 29)⟩ *Angehörige(r) des Adelsstandes;* oV *Adelige(r)*

**Administration** ⟨f. 20⟩ **1** *Verwaltung, Verwaltungsbehörde* **2** *Regierung der USA* [< lat. *administratio* „Leitung, Verwaltung"]

**administrativ** ⟨Adj.⟩ *Verwaltungs..., zur Verwaltung gehörend, auf dem Verwaltungswege* [→ *Administration*]

**Administrator** ⟨m. 23⟩ *Verwalter, Vertreter, Bevollmächtigter* [lat., „Leiter, Verwalter"]

**Admiral** ⟨m. 1 od. österr.: m. 1u⟩ **1** ⟨Mil.⟩ *Offizier der Seestreitkräfte im Generalsrang* **2** ⟨Zool.⟩ ► *Tagschmetterling mit rotem Band u. weißen Flecken auf schwarzen Flügeln: Vanessa atalanta* **3** ⟨Kochk.⟩ *Rotwein, der mit Vanille (od. anderen Gewürzen) erhitzt u. mit Eigelb verquirlt wird* [< arab. *alamir* „Befehlshaber"]

## ADLER

Adler sind die mächtigsten Taggreifvögel. Mit ihren kräftigen Krallen oder Fängen packen und töten sie ihre Beute und zerschneiden deren Fleisch mit ihrem Hakenschnabel. Weltweit gibt es über 50 Adlerarten – viele davon sind bedroht.

ÄUSSERE MERKMALE DES WEISSKOPFSEEADLERS *(Haliaeetus leucocephalus)*

### WEITERE ADLERARTEN

STEINADLER *(Aquila chrysaëtos)*

RAUBADLER *(Aquila rapax)*

AFRIKANISCHER HABICHTSADLER *(Hieraaetus spilogaster)*

**Admiralsschiff** ⟨n. 11⟩ *Schiff im Flottenverband, auf dem sich der Admiral befindet, Flottenführungsschiff*
**Admiralstab** ⟨m. 1u⟩ *oberste zentrale Leitung der Seestreitkräfte*
**adnominal** ⟨Adj.⟩ *zu einem Nomen gehörig od. hinzutretend* ◆ adnominales Attribut
**adoleszent** ⟨Adj.⟩ *in der Adoleszenz stehend, im Heranwachsen begriffen*
**Adoleszenz** ⟨f. 20; unz.⟩ *Jugendalter* [< lat. *adolescentia* „Jünglingsalter, Jugend"]
**Adonis** ⟨m.; -, -se⟩ *schöner Mann* ◆ er ist ein Adonis [nach *Adonis*, dem schönen Jüngling der grch. Sage]
**Adonisröschen** ⟨n. 14; Bot.⟩ *Angehöriges einer Gattung der Hahnenfußgewächse: Adonis*
**adoptieren** ⟨V. t.; hat⟩ *sich aneignen* ◆ ein Kind adoptieren *an Kindes statt annehmen* [< lat. *adoptare* „erwählen, als etwas annehmen"]
**Adoption** ⟨f. 20⟩ *Aneignung* ◆ Adoption eines Kindes *Annahme an Kindes statt* [< lat. *adoptio*]
**Adoptiveltern** ⟨Pl.⟩ *Eltern durch Adoption eines Kindes*
**Adoptivkind** ⟨n. 12⟩ *adoptiertes Kind*
**Adrenalin** ⟨n. 11; unz.⟩ *im Nebennierenmark gebildetes Hormon*
**Adressant** ⟨m. 16⟩ *jmd., der eine Sendung adressiert, Absender (einer Postsendung)*
**Adressat** ⟨m. 16⟩ *jmd., an den eine Sendung adressiert ist, Empfänger (einer Postsendung)*
**Adressatin** ⟨f. 22⟩ *weibl. Adressat*
**Adresse** ⟨f. 19⟩ **1** = *Anschrift* **2** *schriftl. Kundgebung, Eingabe* **3** *Glückwunschschreiben* (Glückwunschadresse) **4** ⟨EDV⟩ *Teil eines Befehls, der angibt, wo (im Speicher) der Befehl ausgeführt werden soll* ◆ sich jmds. Adresse **notieren** ◆ eine Adresse **an** jmdn. richten; der Brief ist (nicht) an seine Adresse gelangt; **per** Adresse ⟨auf Briefen; Abk.: p. A., p. Adr.⟩ *an die Anschrift (einer dritten Person), zu erreichen über;* Herrn Heinrich Müller, p. A. Familie Koch [< frz. *adresse* < lat. *ad* „zu" + mlat. *directiare* „richten, lenken"]
**adressieren** ⟨V. t.; hat⟩ *mit der Adresse versehen* (Brief, Paket) ◆ ein kleines Paket an jmdn. adressieren
**adrett** ⟨Adj.; -er, am -esten⟩ *hübsch u. zugleich sauber* ◆ ein adrettes Mädchen; für die Konfirmation solltest du adrett angezogen sein [< frz. *adroit* „geschickt" < lat. *ad* „zu" + *directus* „gerade gerichtet"]
**adrig, ädrig** ⟨Adj.⟩ = *aderig*
**a due** ⟨[- 'due:] Mus.⟩ *zu zweit, in doppelter Besetzung (zu spielen)* [ital.]
**A-Dur** ⟨n.; -; unz.; Mus.; Abk.: A⟩ *auf dem Grundton A beruhende Dur-Tonart*
**Advent** ⟨[-vɛnt] m. 1; Rel.⟩ *Zeit vor Weihnachten;* Sy *Adventszeit* ◆ erster Advent *der erste der vier Sonntage vor Weihnachten, Beginn des Kirchenjahres* [< lat. *adventus* „Ankunft"]
**Adventist** ⟨[-vɛn-] m. 16; Rel.⟩ *Angehöriger der evangelischen Glaubensgemeinschaft der Adventisten, die die Wiederkunft Christi erwarten* [→ *Advent*]
**Adventskalender** ⟨[-vɛnts-] m. 3⟩ *Kalender bes. für Kinder mit 24 Türchen, von denen während der Adventszeit täglich eines geöffnet wird*
**Adventssonntag** ⟨[-vɛnts-] m. 1⟩ *jeder der vier Sonntage im Advent*
**Adventszeit** ⟨[-vɛnts-] f. 20; Rel.⟩ = *Advent*
**Adverb** ⟨[-vɛrb] n.; -s, -ien od. -en; Gramm.⟩ *Wort, das ein Adjektiv, Verb od. anderes Adverb genauer bestimmt,* z. B. „sehr" gut; Sy *Umstandswort* [< lat. *adverbium* „Umstandswort"]
**adverbial** ⟨[-vɛr-] Adj.; Gramm.⟩ *das Adverb betreffend, in der Art eines Adverbs, umstandswörtlich;* oV *adverbiell* ◆ ein Wort adverbial gebrauchen
**adverbiell** ⟨[-vɛr-] Adj.; Gramm.⟩ = *adverbial*
**adversativ** ⟨[-vɛr-] Adj.; Gramm.⟩ *gegensätzlich, entgegensetzend, entgegenstellend* [zu lat. *adversus* „gegenüberstehend"]
**Advokat** ⟨[-vo-] m. 16; veraltet⟩ *Anwalt, Rechtsanwalt* [< lat. *advocatus* „der Herbeigerufene; Rechtsbeistand"]
**AE** ⟨Abk. für⟩ *astronomische Einheit*
**aero..., Aero...** ⟨[a|e-] od. [ɛ:-] vor Vokalen⟩ aer..., Aer... ⟨in Zus.⟩ *luft..., Luft..., gas..., Gas...* [zu lat., grch. *aer* „Luft"]
**aerob** ⟨[a|e-] od. [ɛ-] Adj.⟩ **1** ⟨Biol.⟩ *mit Sauerstoff lebend, ihn brauchend* **2** ⟨Chem.⟩ *in Gegenwart von Sauerstoff ablaufend;* Ggs *anaerob* ◆ aerober Stoffwechsel; aerobe Mikroorganismen
**Aerobic** ⟨[ɛ-] n.; -; unz.⟩ *tänzerische, die Fitness steigernde Gymnastik*
**Aerodynamik** ⟨[a|e-] od. [ɛ-] f. 20; unz.⟩ *Lehre von den strömenden Gasen u. den ihnen zugrunde liegenden Gesetzmäßigkeiten* [< lat. *aer* „Luft" + grch. *dynamis* „Kraft"]
**aerodynamisch** ⟨[a|e-] od. [ɛ-] Adj.⟩ *die Aerodynamik betreffend, auf ihr beruhend, ihr unterliegend* ◆ aerodynamischer Widerstand = *Luftwiderstand*
**aerogen** ⟨[a|e-] od. [ɛ-] Adj.⟩ **1** ⟨Biol.⟩ *Gas bildend* (von Mikroorganismen) **2** ⟨Med.⟩ *durch die Luft übertragen* (von Infektionen) [< lat. *aer* „Luft" + grch. *gennan* „erzeugen"]
**Aerostatik** ⟨[a|e-] od. [ɛ-] f. 20; unz.⟩ *Lehre von den Gleichgewichtszuständen der Gase*
**aerostatisch** ⟨[a|e-] od. [ɛ-] Adj.⟩ *die Aerostatik betreffend, zu ihr gehörig, auf ruhende Luft u. a. Gase bezüglich*
**Affäre** ⟨f. 19⟩ **1** *Angelegenheit, (unangenehmer) Vorfall, Streitsache* **2** *Liebesverhältnis, -abenteuer* (Liebesaffäre) [< frz. *affaire* „Angelegenheit"]
**Affe** ⟨m. 17; Zool.⟩ *zur Unterordnung der Herrentiere (Primates) gehörendes, gesellig lebendes Säugetier mit Greifhand u. gut entwickeltem Gehirn: Simiae;* ► *Säugetiere* ◆ ich dachte, mich laust, kratzt der Affe ⟨umg.⟩ *ich war vollkommen davon überrascht;* du bist wohl vom Affen gebissen? ⟨umg.⟩ *du bist wohl verrückt?* [< ahd. *affo*, engl. *ape*]
**Affekt** ⟨m. 1⟩ *heftige Gemütsbewegung, Erregung* ◆ im Affekt handeln; ein Verbrechen im Affekt begehen [< lat. *affectus* „Gemütsstimmung, Erregung"]
**Affekthandlung** ⟨f. 20⟩ *eine Handlung ausschließl. aus einem Affekt heraus, unbedachte, unbesonnene Handlung*
**affektiert** ⟨Adj.; -er, am -esten⟩ *geziert, gekünstelt, unnatürlich* ◆ affektiertes Benehmen, Lachen, Reden; affektierte Person; affektierter Stil
**Affektion** ⟨f. 20⟩ **1** *Erregung, Reizung* **2** *Zuneigung, Gunst* **3** *Liebhaberei* [< lat. *affectio* „Einwirkung, Stimmung, Neigung"]
**affektiv** ⟨Adj.⟩ = *emotional*
**Affektivität** ⟨[-vi-] f. 20; unz.; Psych.⟩ *Neigung zur gefühlsmäßigen Erregung* [< lat. *affectus* „Gemütsstimmung, Erregung"]

UNTERSEITE

OBERSEITE

ADMIRAL *(Vanessa atalanta)*

**Affenbrotbaum** ⟨m. 1u⟩ ▼ *Steppenbaum im trop. Afrika, mit essbaren, gurkenähnl. Früchten, im Sommer Laub abwerfend: Adansonia digitata;* Sy *Baobab*

**afferent** ⟨Adj.⟩ *zuführend, zuleitend (besonders von Nervenbahnen, die von einem Sinnesorgan zum Zentralnervensystem führen)* [< lat. *afferre* „herbeitragen“]

AFFENBROTBAUM (*Adansonia digitata*)

**Afferenz** ⟨f. 20⟩ *Leitung von Sinneswahrnehmungen durch die Sinnesorgane über die Nervenfasern zum Zentralnervensystem;* Ggs *Efferenz*

**Affidavit** ⟨[-vit] n. 15⟩ **1** *eidesstattliche Erklärung* **2** *Bürgschaftserklärung für einen Einwanderer* [mlat., „er hat versichert“]

**affig** ⟨Adj.; fig.; umg.⟩ *geziert, gekünstelt, eitel* ◆ ein affiges Benehmen

**affin** ⟨Adj.; Geom.⟩ affine Figuren *(parallelverwandte) Figuren, bei denen entsprechende Punkte auf parallelen Strahlen liegen* [< lat. *affinis* „angrenzend“]

**Affinität** ⟨f. 20; unz.⟩ **1** *Verwandtschaft durch Heiratsschwägerschaft* **2** *Neigung zur Verbindung, Annäherung* **3** ⟨Geom.⟩ *Verwandtschaft zwischen einem ebenen Bild und dessen Abbildung auf eine andere Ebene durch Parallelprojektion* **4** ⟨Chem.⟩ *chem. Verwandtschaft, Kraft, sich mit Atomen od. Gruppen von Atomen zu verbinden*

**Affirmation** ⟨f. 20⟩ *Bejahung;* Ggs *Negation (1)* [< lat. *affirmatio* „Beteuerung“]

**affirmativ** ⟨Adj.⟩ *bejahend;* Ggs *negativ (1)* [zu lat. *affirmare* „bekräftigen“]

**affirmieren** ⟨V. t.; hat⟩ *bejahen;* Ggs *negieren (1)* [< lat. *affirmare* „bekräftigen“]

**Affix** ⟨n. 11; Gramm.⟩ **1** *vorangesetzte od. angefügte Wortbildungssilbe* **2** ⟨zusammenfassende Bez. für⟩ *Präfix und Suffix* [< lat. *affixus,* Part. Perf. zu *affigere* „anheften“]

**affizieren** ⟨V. t.; hat⟩ **1** *(auf die Sinne) einwirken* **2** *erregen* **3** ⟨Med.⟩ *krankhaft verändern* **4** *reizen* [< lat. *afficere* „einwirken“]

**Affodill** ⟨m. 1; Bot.⟩ ► *ein Liliengewächs, Gattung der Liliazeen: Asphodelus* [< grch. *a* „nicht“ + *sphodros* „heftig, stürmisch“]

**Affrikata** ⟨f.; -, -tae [-tɛː]⟩, **Affrikate** ⟨f. 19; Phon.⟩ *Verschlusslaut mit nachfolgendem, der Artikulationsstelle entsprechendem Spiranten (Reibelaut), angeriebener Laut,* z. B. „pf“, „z“ [ts] [< lat. *affricare* „anreiben“]

AFGHANE

**Affront** ⟨[a'frɔ̃] m. 6⟩ *Beleidigung, Kränkung, Verhöhnung* ◆ dieser Zeitungsbericht ist ein Affront gegen den Bundeskanzler [frz., „Beschimpfung“]

**Afghane** ⟨m. 17⟩ **1** *Einwohner von Afghanistan* **2** ▼ *eine Windhundrasse;* ► *Hunde*

**Afghanin** ⟨f. 22⟩ *Einwohnerin von Afghanistan*

**afokal** ⟨Adj.⟩ *ohne Brennpunkt* [< *a...*[1] + lat. *focus* „Feuerstätte, Herd“]

**Afrikaans** ⟨n.; -; unz.⟩ *Sprache der Buren in Südafrika*

**Afrikaner** ⟨m. 3⟩ *Einwohner Afrikas*

**Afrikanistik** ⟨f. 20; unz.⟩ *Wissenschaft von der Kultur, der Geographie u. den Sprachen Afrikas*

**afrikanistisch** ⟨Adj.⟩ *die Afrikanistik betreffend, zu ihr gehörig*

**afro..., Afro...** ⟨in Zus.⟩ *Afrika betreffend, von dort stammend*

**afroamerikanisch** ⟨Adj.⟩ *die in Amerika lebenden Schwarzen betreffend, von ihnen abstammend*

**Afrolook** ⟨[-luk] m. 6⟩ *Frisur mit sehr dichtem, gekräuseltem Haar, das vom Kopf absteht* [< *Afro...* + engl. *look* „Aussehen“]

**After** ⟨m. 3; Anat.⟩ *Mastdarmöffnung nach außen;* Sy *Anus* [< ahd. *aftaro* „der zweite, hintere“; zu *aftar* „hinten, hinter“, engl. *after,* ndrl. *achter*]

**Aftershave** ⟨['aːftə(r)ʃɛiv] n.; -s, -s⟩, **Aftershavelotion,** ⟨auch⟩ **After-Shave-Lotion** ⟨[-louʃn] f. 10⟩ = *Rasierwasser* [< engl. *after* „nach“ + *shave* „rasieren“ + *lotion* „Lotion, Gesichtswasser“]

**Ag** ⟨Chem.; Zeichen für⟩ *Silber (Argentum)*

**AG, AG., A. G., A.-G.** ⟨Abk. für⟩ *Aktiengesellschaft*

**agam** ⟨Adj.; Biol.⟩ *ohne vorausgehende Befruchtung zeugend* [< grch. *agamos* „ungeschlechtlich“]

**Agamet** ⟨m. 16; Biol.⟩ *Zelle niederer Lebewesen, die durch Fortpflanzung ohne Befruchtung entstanden ist*

**Agar-Agar** ⟨m. 6 od. n. 15; unz.⟩ *sülzartiger Stoff aus Rotalgen-arten für Nährböden von Bakterienkulturen, als Gelatine u. a.* [mal.]

AGGREGAT

**Agave** ⟨[-və] f. 19⟩ *Angehörige einer Gattung der Agavengewächse in Amerika* [< grch. *agauos* „edel, ruhmvoll“]

**Agenda** ⟨f.; -, -genden⟩ **1** *Schreibtafel* **2** *Merkbuch, Notizkalender* **3** *Tagesordnung* [lat., „das zu Betreibende“]

**Agens** ⟨n.; -, Agenzien⟩ **1** ⟨allg.⟩ *handelnde Kraft* **2** ⟨Med.⟩ *wirkendes Mittel* **3** ⟨Philos.⟩ *tätiges, wirksames, handelndes Prinzip* **4** ⟨Chem.; Phys.⟩ *Mittel od. Ursache, das bzw. die eine Wirkung erzeugt, einen Einfluss ausübt* **5** ⟨Gramm.⟩ *Träger eines Geschehens innerhalb eines Satzes;* Ggs *Patiens* [lat., „das Treibende“; zu *agere* „handeln, treiben, in Bewegung setzen“]

**Agent** ⟨m. 16⟩ **1** *Vertreter* **2** *Vermittler, Makler* **3** *Beauftragter* **4** *Spion* [< lat. *agens* „der Treibende“]

**Agentin** ⟨f. 22⟩ **1** *Vertreterin* **2** *Vermittlerin, Maklerin* **3** *Beauftragte* **4** *Spionin*

**Agent provocateur,** ⟨auch⟩ **Agent Provocateur** ⟨[a'ʒã prɔvoka'tøːr] m.; - -, -s -s⟩ = *Lockspitzel* [frz., „Unruhestifter“ (in fremdem Auftrag)]

**Agentur** ⟨f. 20⟩ **1** *Vertretung, Geschäftsnebenstelle* **2** *Geschäftsstelle eines Agenten, Vermittlungsstelle*

**Agenzien** ⟨Pl. von⟩ *Agens*

**Agglomerat** ⟨n. 11⟩ **1** *aus eckigen und scharfkantigen Lavabrocken bestehende Gesteinsmasse* **2** *Vorprodukt der Hüttenfabrikation aus oberflächl. zusammengeschmolzenen, feinkörnigen Erzen* **3** *Angehäuftes*

AFFODILL (*Asphodelus aestivus*)

**Agglutination** ⟨f. 20⟩ **1** *Verklebung, Verklumpung* **2** ⟨Physiol.⟩ *eine Zusammenballung von Antikörpern (Agglutininen und Antigenen)* **3** ⟨Gramm.⟩ *Anhängen von Wortteilen (Morphemen) an den unveränderten Stamm*

**Aggregat** ⟨n. 11⟩ **1** *Anhäufung, mehrgliedriges Ganzes* **2** ⟨Math.⟩ *durch „+“ od. „–“ verbundene, mehrgliedrige Größe* **3** ⟨Tech.⟩ *Kopplung mehrerer Maschinen, besonders von Kraft- u. Arbeitsmaschinen* **4** ⟨Min.⟩ ▼ *Gestein, das aus mehreren mineralischen Bestandteilen zusammengesetzt ist* [zu lat. *aggregare* „beigesellen“]

**Aggregatzustand** ⟨m. 1u⟩ *jede der drei Erscheinungsformen der Materie* ◆ gasförmiger, flüssiger, fester Aggregatzustand

**Aggression** ⟨f. 20⟩ **1** *(bes. militär.) Angriff, Überfall* **2** *Streitsüchtigkeit, Angriffslust* [zu lat. *aggredi* „hinzugehen, angreifen“]

**aggressiv** ⟨Adj.⟩ **1** *angreifend* **2** *angriffslustig, streitsüchtig*

**Aggressivität** ⟨[-vi-] f. 20; unz.⟩ *aggressives Verhalten od. Wesen*

**Aggressor** ⟨m. 23⟩ *Angreifer*

**Ägide** ⟨f. 19; unz.; geh.⟩ *Obhut, Schutz, Leitung* ◆ er handelt unter der Ägide von [< lat. *aegis* < grch. *aigis* „der Schild des Zeus“]

**agieren** ⟨V. i.; hat⟩ **1** *handeln, wirken* **2** agieren als *wirken als, eine Rolle darstellen* [< lat. *agere* „handeln, treiben, wirken“]

**agil** ⟨Adj.⟩ *flink, gewandt, beweglich* [< lat. *agilis* „beweglich, flink“]

**Agio** ⟨['aːdʒo] n. 15; unz.⟩ *Betrag, um den der Kurs einer Währung od. eines Wertpapiers über dem Nennwert steht;* Ggs *Disagio* [< ital. *aggio;* zu *aggiungere* „hinzufügen“]

**Agitation** ⟨f. 20⟩ **1** *aggressive politische Werbung, politische Propaganda* **2** ⟨DDR⟩ *ideologische Bearbeitung der Tagespolitik, zusammen mit der Propaganda Bestandteil der politischen Überzeugungs- u. Erziehungsarbeit* [< lat. *agitatio* „Betreiben, Tätigkeit“]

**Agitator** ⟨m. 23⟩ *jmd., der (für etwas) agitiert*

**agitieren** ⟨V. i.; hat⟩ *werben, politische Propaganda treiben* ◆ für eine Idee, eine Sache, eine Überzeugung agitieren [< lat. *agitare* „in Bewegung setzen“]

**Agnostizismus** ⟨m.; -; unz.; Philos.⟩ *Lehre von der Unerkennbarkeit des wahren Seins, d. h. der übersinnl. Welt od. (nach Kant) des Dinges an sich*

**Agnus Dei** ⟨[- 'deːi] n.; - -; unz.; Theol.⟩ *Lamm Gottes (Bezeichnung Christi nach Joh. 1,29)*

**Agonie** ⟨f. 19⟩ = *Todeskampf* [< grch. *agonia* „Kampf; Angst“]

**Agraffe** ⟨f. 19⟩ **1** ⟨urspr.⟩ *Spange zum Zusammenhalten von Kleidungsstücken* **2** ⟨dann⟩ *Schmuckspange, Brosche* **3** ⟨Med.⟩ *Wundklammer* [< frz. *agrafe* „Haken, Spange“]

**agrar..., Agrar...** ⟨in Zus.⟩ *landwirtschaftlich, landwirtschafts..., Landwirtschafts...* [< lat. *agrarius* „zu den Feldern gehörig"; zu lat. *ager* „Acker, Feld"]

**Agrarbiologie** ⟨f. 19; unz.⟩ *Wissenschaft, die die biologischen Aspekte der Landwirtschaft, des Gartenbaus u. der Forstwirtschaft untersucht*

AHORN
*(Acer saccharinum)*

**agrarisch** ⟨Adj.⟩ *landwirtschaftlich*

**Agrarprodukt** ⟨n. 11⟩ *landwirtschaftliches Erzeugnis*

**Agrarstaat** ⟨m. 23⟩ *Staat mit überwiegend landwirtschaftl. Erzeugung;* Ggs *Industriestaat*

**agri..., Agri...** ⟨in Zus.⟩ *die Landwirtschaft betreffend, landwirtschafts..., Landwirtschafts...* [< lat. *ager* „Feld, Acker"]

**Agrikultur** ⟨f. 20; unz.⟩ *Ackerbau, Landwirtschaft*

**agro..., Agro...** ⟨in Zus.⟩ *die Landwirtschaft betreffend, landwirtschafts..., Landwirtschafts...* [< grch. *agros,* lat. *ager* „Feld, Acker"]

**Aguti** ⟨m. 6 od. n. 15; Zool.⟩ *Angehöriger einer Gattung südamerik. Nagetiere von Kaninchengröße mit nur je drei Zehen an den Hinterfüßen: Dasyprocta*

**ägyptisch** ⟨Adj.⟩ *Ägypten betreffend, zu ihm gehörig, aus ihm stammend* ◆ ägyptische Finsternis *tiefe Dunkelheit, Stockdunkelheit* [nach 2. Buch Mose 11,22]

**Ägyptologie** ⟨f. 19; unz.⟩ *Wissenschaft von Sprache u. Kultur der ägypt. Antike*

**Aha-Erlebnis** ⟨n. 11; umg.⟩ *plötzliche Erkenntnis eines Sinnzusammenhanges* ◆ ein Aha-Erlebnis haben

**Ahle** ⟨f. 19⟩ *Werkzeug zum Löcherstechen in Leder od. Pappe;* Sy *Pfriem* [< ahd. *ala,* engl. *awl*]

**Ahn** ⟨m. 23⟩ **1** *Vorfahre* **2** ⟨oberdt.⟩ *Groß-, Urgroßvater* ◆ die Ahnen, unsere Ahnen [< ahd. *ano* „Vorfahr", lat. *anus* „altes Weib", grch. *annis* „Großmutter"]

**Ahne** ⟨m. 17 od. f. 19⟩ **1** *Ahn, Ahnin, männl. od. weibl. Vorfahr* **2** ⟨oberdt.⟩ *Groß-, Urgroßvater, Groß-, Urgroßmutter*

**ähneln** ⟨V. i.; hat⟩ **1** *ähnlich sein, ähnlich sehen, ähnlich klingen* **2** *so ähnlich aussehen, klingen wie, so ähnlich sein wie* ◆ das Bild ähnelt einem anderen, das ich kenne

**ahnen** ⟨V. t.; hat⟩ *vorher-, vorausfühlen, vermuten* ◆ ich habe es doch (fast) geahnt, dass du heute kommen würdest [< mhd. *anen,* zur Präp. *an;* mhd. *ez anet mir* „mich kommt an, überkommt"]

**Ahnenforschung** ⟨f. 20⟩ *Lehre von den Geschlechtern bezüglich ihrer Abstammung u. den sich daraus ergebenden gesellschaftl., rechtl. usw. Beziehungen, histor. Hilfswissenschaft von der Herkunft u. Zusammensetzung bedeutender Geschlechtsverbände, Genealogie*

**ähnlich** ⟨Adj.⟩ **1** *in wichtigen Merkmalen übereinstimmend, erinnernd an* **2** ⟨Math.; Zeichen⟩ *in entsprechenden Winkeln übereinstimmend* ◆ ein ähnlicher **Fall** hat sich kürzlich zugetragen ◆ mir **geht** es ähnlich *mir geht es fast ebenso;* ähnlich **klingen,** riechen wie ...; jmdm. ähnlich **sehen** od. sein; ähnlich **sein:** das Bild ist sehr ähnlich *es entspricht der Natur, der abgebildeten Person* ◆ einander **täuschend** ähnlich sehen ◆ ich habe nie **etwas** Ähnliches erlebt; **und** Ähnliches ⟨Abk.: u.Ä.⟩ *und anderes, was dem Genannten entspricht;* die Zwillinge sind einander **zum** Verwechseln ähnlich [< ahd. *angelih* „dem Ahnen gleich"; → *Ahn*]

**Ähnlichkeit** ⟨f. 20⟩ *das Ähnlichsein, Übereinstimmung in wesentl. Merkmalen* ◆ er, sie, es hat (einige) Ähnlichkeit mit ...; die Ähnlichkeit zwischen beiden ist auffallend, täuschend, verblüffend

**Ahnung** ⟨f. 20⟩ **1** *Vorgefühl, Vermutung, gefühlsmäßige Erwartung* **2** ⟨umg.⟩ *Begriff, Vorstellung* ◆ meine Ahnung hat sich (nicht) **erfüllt; hast** du eine Ahnung, wo ich meine Brille hingelegt habe? *weißt du vielleicht ...* ◆ **bange,** böse, dunkle, schlimme Ahnung; ich habe keine **blasse** Ahnung, wo er ist; **keine** Ahnung! ⟨umg.⟩ *ich weiß es nicht!* ◆ ich habe keine Ahnung **davon** *ich weiß es absolut nicht*

**ahoi!** ⟨Seemannsspr.⟩ *(Anruf eines Schiffes)* ◆ Boot, Schiff ahoi!

**Ahorn** ⟨m. 1; Bot.⟩ ◄ *Angehöriger einer Gattung der Ahorngewächse (Aceraceae) der nördlichen Halbkugel: Acer;* ► *Bäume* [< ahd. *ahorn*]

**Ähre** ⟨f. 19; Bot.⟩ *Blütenstand mit ungestielten Einzelblüten an der verlängerten Hauptachse* ◆ die Ähren der Getreidearten u. vieler Gräser *ähren- oder rispenartige Blütenstände, die aus Ährchen aufgebaut sind;* Ähren lesen *vom abgeernteten Getreidefeld die zurückgebliebenen Getreideähren aufsammeln;* goldene ⟨poet.⟩, reife, schwere, taube Ähren; in die Ähren schießen *schnell reifen* (vom Getreide) [< ahd. *ehir, ahar,* engl. *ear*]

**AIDS, Aids** ⟨[ɛidz] ohne Art.; Med.; Kurzw. für engl.⟩ *Acquired Immune Deficiency Syndrome (erworbenes Immundefekt-Syndrom), durch ein Virus hervorgerufenes Syndrom von Immunschwäche, das den Zusammenbruch des körpereigenen Abwehrsystems zur Folge haben kann*

**Aikido** ⟨n. 15; unz.; Sp.⟩ *(als Sport betriebene) Form der Selbstverteidigung;* → a. *Jiu-Jitsu* [jap.]

**air..., Air...** ⟨[ɛ:(r)] in Zus.⟩ *luft..., Luft...* ◆ Airbag, Airline [engl.]

**Air** ⟨[ɛ:(r)] n. 15; Mus.⟩ **1** *Lied, Arie* **2** *liedartiges, einfach komponiertes Instrumentalstück* [frz., „Melodie" < ital. *aria* „Weise, Melodie"]

AIREDALETERRIER

**Airbag** ⟨['ɛ:(r)bæg] m. 6⟩ **1** *luftgefülltes Kissen* **2** ⟨bei Kfz⟩ ▼ *in der Lenksäule und auf der Beifahrerseite* (Front~) *sowie in den Türen oder Sitzen* (Seiten~) *untergebrachte Kunststoffhülle, die sich im Falle eines Aufpralles in Sekundenbruchteilen aufbläst, um die Fahrzeuginsassen vor Verletzungen zu schützen* [< engl. *air* „Luft" + *bag* „Tasche, Sack"]

AIRBAG: AUFPRALLTEST MIT AUFBLASBAREN AIRBAGS

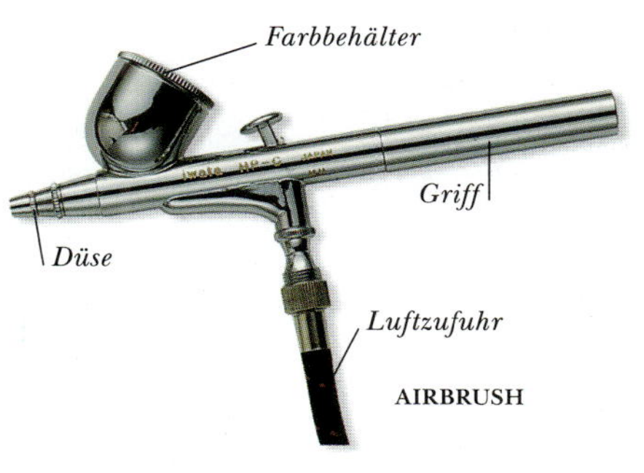


AIRBRUSH

**Airbrush** ⟨['ɛ:(r)brʌʃ] n. 15⟩ **I** ⟨unz.⟩ *Stilrichtung der modernen Malerei u. Grafik, in der eine Spritzpistolentechnik angewendet wird* **II** ⟨zählb.⟩ ▲ *die dafür verwendete Spritzpistole selbst* [< engl. *air* „Luft" + *brush* „bürsten; Bürste, Pinsel"]

**Airbus** ⟨[ɛ:(r)-] m.; -ses; -se; Serienname für⟩ *von einem europäischen Gemeinschaftsunternehmen entwickeltes Flugzeug, das vor allem für Nah- und Mittelstrecken eingesetzt wird* [< engl. *air* „Luft" + Omni*bus*]

**Airedaleterrier** ⟨['ɛ:(r)dɛil-] m. 3⟩ ◄ *mittelgroße Hunderasse mit kurzem, gelocktem Fell, hellbraun, Rücken u. Oberseite von Hals u. Kopf schwarz;* ► *Hunde* [nach dem Tal (engl. *dale*) des Flusses *Aire* in Yorkshire, Nordengland]

**Air Force** ⟨['ɛ:(r) fɔ:(r)s] f.; - -; unz.; Mil.; in England u. Amerika Bez. für⟩ *Luftstreitkräfte* [engl.]

**Airport** ⟨[ɛ:(r)-] m. 6⟩ *Flughafen* [engl.]

**ais, Ais** ⟨['a:is] n.; -, -; Mus.⟩ *das um einen halben Ton erhöhte a bzw. A*

**aisis, Aisis** ⟨['a:isis] n.; -, -; Mus.⟩ *das um zwei halbe Töne erhöhte a bzw. A*

**Akademie** ⟨f. 19⟩ **1** *Vereinigung, Gesellschaft von Gelehrten, Dichtern u. Ä.* (Dichterakademie, Sprachakademie) **2** *Fachschule* **3** ⟨DDR a.⟩ *Institution zur Erwachsenenbildung, insbesondere Weiterbildung von Berufstätigen* (Betriebsakademie, Frauenakademie, Dorfakademie) **4** *Anstalt zur Förderung der Wissenschaften, wissenschaftliche Forschungsanstalt* (Bergakademie, Kunstakademie, Musikakademie) **5** *Gebäude einer Akademie* **6** ⟨österr.⟩ *literarische od. musikalische Veranstaltung* [< grch. *akademia,* angebl. ein nach einem Heros *Akademos* benannter Lusthain bei Athen, wo Plato lehrte]

**Akademiker** ⟨m. 3⟩ **1** ⟨selten⟩ *Mitglied einer Akademie* **2** ⟨allg.⟩ *jmd., der auf einer Akademie, besonders auf der Universität, studiert hat*

**Akademikerin** ⟨f. 22⟩ **1** ⟨selten⟩ *Mitglied einer Akademie* **2** ⟨allg.⟩ *Frau, die auf einer Akademie, besonders auf der Universität, studiert hat*

**akademisch** ⟨Adj.⟩ **1** *eine Akademie betreffend, zur Akademie gehörig, auf ihr beruhend* **2** ⟨fig.⟩ *weltfremd, trocken, überlieferungstreu* ◆ eine akademische Bildung vorweisen können; akademisches Viertel *Viertelstunde nach der (für den Beginn der Vorlesungen) angegebenen Zeit*

**Akanthus** ⟨m.; -, -; Bot.⟩ ► = *Bärenklau* [< grch. *akantha* „Dorn"]

**Akanthusblatt** ⟨n. 12u; Arch.⟩ ►► *Zierform an den Kapitellen der korinthischen Säulen* [< grch. *akantha* „Dorn"]

**akatalektisch** ⟨Adj.; (antike) Metrik⟩ *unverkürzt, vollständig* ◆ akatalektischer Vers *(antiker) Vers mit vollständigem letztem Fuß* [< grch. *a* „nicht" + *katalegein* „aufhören, enden"]

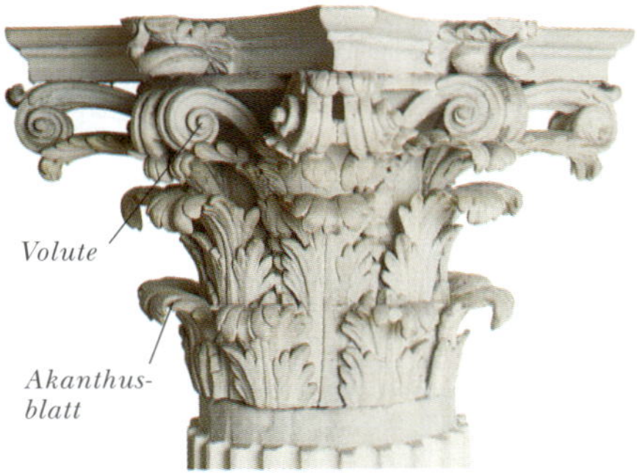


AKANTHUSBLATT: KORINTHISCHES KAPITELL MIT AKANTHUSBLÄTTERSCHMUCK

**Akazie** ⟨[-tsjə] f. 19; Bot.⟩ ▼ *Angehörige einer Gattung der Mimosengewächse (Mimosaceae) mit zahlreichen Bäumen u. Sträuchern der wärmeren Klimazonen: Acacia;* Sy *Kameldorn* ◆ falsche Akazie ► = *Robinie* [< grch. *akakia;* zu *ake* „Spitze"]

**Akelei** ⟨f. 18; Bot.⟩ *Angehörige einer Gattung der Hahnenfußgewächse: Aquilegia* ◆ Gemeine Akelei ► *30–70 cm hohe Pflanze mit violettblauen, rosa od. weißen Blüten: Aquilegia vulgaris* [< ahd. *agaleia* < mlat. *aquileia,* vermutl. < lat. *aquila* „Adler"]

**Akephalie** ⟨f. 19; unz.⟩ = *Azephalie*

**akklimatisieren** ⟨V. t.; hat; meist refl.⟩ *an veränderte Klima- od. Umweltbedingungen gewöhnen, diesen anpassen* [< lat. *ad* „zu" + grch. *klima* „Neigung (der Erdachse)"]

**Akkommodation** ⟨f. 20; unz.⟩ **1** *Anpassung* **2** *Scharfeinstellung des Auges durch Anpassung der Augenlinse an die Entfernung des Gegenstandes*

**akkommodieren** ⟨V. t.; hat⟩ **1** *anpassen, angleichen* **2** *durch Anpassung an die erforderliche Entfernung die Sehschärfe der Augenlinse einstellen* ◆ sich akkommodieren *sich über eine Schuldenzahlung einigen* [< frz. *accommoder* „in Ordnung bringen, zurechtmachen"]

AKAZIE: MIMOSE (*Acacia dealbata*)

**Akkord** ⟨m. 1⟩ **1** *Übereinstimmung* **2** ⟨Rechtsw.⟩ *Vergleich, Vereinbarung (mit Gläubigern)* **3** ⟨Mus.⟩ *Zusammenklang von drei od. mehr Tönen verschiedener Höhe* **4** *Leistungslohn, Stücklohn, Bezahlung nach der Stückzahl* ◆ einen Akkord abschließen ⟨Rechtsw.⟩; einen Akkord anschlagen, greifen ⟨Mus.⟩; im Akkord arbeiten [< frz. *accord* „Übereinstimmung" < lat. *ad* „zu" + *cor* „Herz", unter Einwirkung von grch. *chorde* „Saite"]

**Akkordanz** ⟨f. 20; Geol.⟩ *(durch Anpassung an vorhandene Strukturen) scheinbar gleichartige Lagerung geologischer Schichten;* → a. *Konkordanz* [zu lat. *accordare* „in Übereinstimmung bringen"]

**Akkordarbeit** ⟨f. 20; unz.⟩ *Arbeit im Akkord*

**Akkordeon** ⟨n. 15; Mus.⟩ ► *Handharmonika mit gleichem Ton bei Zug und Druck;* Sy *Schifferklavier* [< *Akkord;* Kunstwort des Erfinders]

**akkreditieren** ⟨V. t.; hat⟩ **1** jmdn. akkreditieren **1.1** *jmdm. Kredit einräumen od. verschaffen* **1.2** *bevollmächtigen, beglaubigen* (leit. Angestellten, Diplomaten) **2** *zur Zahlung an jmdn. anweisen* (Bank) [< frz. *accréditer* „in Ansehen bringen"; zu lat. *credere* „glauben"]

**Akkreditiv** ⟨n. 11⟩ **1** *Kreditbrief* **2** *Zahlungsauftrag, Anweisung* (an eine Bank) **3** *Beglaubigungsschreiben* (für einen Diplomaten)

**Akku** ⟨m. 6; kurz für⟩ *Akkumulator*

**Akkumulation** ⟨f. 20⟩ **1** *Anhäufung, Ansammlung* **2** ⟨Geol.⟩ *Aufschüttung von vulkan. Lockermassen zu Vulkankegeln od. Gesteinsmaterial durch Flüsse (Schotter) od. Gletscher (Moränen)* **3** *Anreicherung von Erdöl in Strukturen (Antiklinalen u. a.) der Erdkruste* **4** ⟨Biochem.⟩ *Anreicherung von Schadstoffen in Organismen oder inerten Materialien* **5** ⟨Wirtsch.⟩ *Anhäufung von Gewinn zur Bildung von Kapital* [< lat. *accumulatio* „Anhäufung"]

**Akkumulator** ⟨m. 23; kurz: Akku⟩ **1** *Gerät zum Speichern elektr. Energie mittels elektrochem. Vorgänge* **2** *ein Druckwasserbehälter mit konstantem Wasserdruck für hydraulische Pressen* [< lat. *accumulator* „Anhäufer"]

AKELEI: GEMEINE AKELEI (*Aquilegia vulgaris*)

**akkumulieren** ⟨V. t.; hat; geh.⟩ *sammeln, speichern* [< lat. *accumulare* „aufhäufen"]

**akkurat** ⟨Adj.; -er, am -esten⟩ *genau, sorgfältig, sehr ordentlich* ◆ akkurat arbeiten [< lat. *accuratus* „sorgfältig"]

**Akkusativ** ⟨m. 1; Gramm.⟩ *vierter Fall der Deklination;* Sy *Wenfall* [verkürzt < lat. *casus accusativus* „der die Anklage betreffende Fall"; nicht korrekt übersetzt < grch. *(ptosis) aitiatike* „der die Ursache und die Wirkung betreffende Fall"]

**Akne** ⟨f. 19; unz.⟩ *eine von den Talgdrüsen ausgehende, bes. in den Entwicklungsjahren vorkommende eitrige Hauterkrankung: Acne vulgaris* [grch., „Hautblüte im Gesicht"; vermutl. Entstellung von *akme* „Blüte"]

**Akonitin** ⟨n. 11⟩ = *Aconitin*

**Akquisition** ⟨f. 20⟩ **1** *Anschaffung, Erwerbung* **2** *Werbung* [< lat. *acquisitio* „Erwerb"]

**Akribie** ⟨f. 19; unz.⟩ *peinl. Genauigkeit, höchste Sorgfalt* [< grch. *akribeia*]

**akribisch** ⟨Adj.⟩ *sorgfältig, gründlich*

**Akrobat** ⟨m. 16⟩ *Turner, der besondere körperliche Kraft, Gewandtheit u. Beweglichkeit erfordernde Übungen vollbringt* [< grch. *akros* „zuoberst" + *bainein* „gehen"]

**Akrobatik** ⟨f. 20; unz.⟩ *besondere körperliche Kraft, Gewandtheit u. Beweglichkeit erfordernde Turnkunst, Kunstturnen*

**akrobatisch** ⟨Adj.⟩ *die Akrobatik betreffend, zu ihr gehörend, auf ihr beruhend*

**Akrolein** ⟨n. 11; unz.⟩ = *Acrolein*

**Akronym** ⟨n. 11⟩ *aus den Anfangsbuchstaben mehrerer Wörter gebildetes Kurzwort,* z. B. „Agfa"; Sy *Initialwort* [< grch. *akros* „der höchste, äußerste" + *onyma* „Name"]

**Akropolis** ⟨f.; -, -polen⟩ ► *altgrch., auf einem Hügel gelegene Stadtburg (bes. die von Athen)* [< grch. *akros* „oberst" + *polis* „Stadt"]

**Akrylglas** ⟨n. 12u; unz.⟩ = *Acrylglas*

**Akrylsäure** ⟨f. 19; unz.⟩ = *Acrylsäure*

**Akt I** ⟨m. 23⟩ = *Akte* **II** ⟨m. 1⟩ **1** *Handlung, Vorgang, Tätigkeit* **2** *Vorführung* (Zirkusakt) **3** ⟨Theat.⟩ = *Aufzug (7)* **4** ⟨Kunst⟩ *Darstellung des nackten menschlichen Körpers* **5** ⟨kurz für⟩ *Geschlechtsakt* ◆ ein Akt der Verzweiflung; ein Drama in fünf Akten [< lat. *actus* „Antrieb, Bewegung"]

**Akte** ⟨f. 19⟩ *schriftl. Unterlagen eines geschäftl. oder gerichtl. Vorgangs* (Gerichtsakte, Polizeiakte, Prozessakte); oV *Akt (I)* ◆ jmdn. in den Akten führen *Unterlagen über ihn besitzen;* Schriftstücke zu den Akten legen *zu den schon vorhandenen, gesammelten Schriftstücken über den gleichen Vorgang*

**Aktenordner** ⟨m. 3⟩ *stabile Sammelmappe aus Pappe od. Kunststoff zum Aufbewahren u. Ordnen von Akten u. a. Schriftstücken*

**Aktfoto** ⟨n. 15⟩ *Fotografie eines Aktes, eines nackten menschl. Körpers*

**Aktie** ⟨[-tsiə] f. 19⟩ *Anteil am Grundkapital einer Aktiengesellschaft* ◆ Aktien **ausgeben,** auswerfen, kaufen; die Aktien **fallen,** steigen ◆ sein Geld **in** Aktien anlegen [< lat. *actio* „Handlung, Tätigkeit"]

**Aktiengesellschaft** ⟨[-tsi-] f. 20; Abk.: AG, AG., A.G., A.-G.⟩ *Handelsgesellschaft, deren Grundkapital aus den Einlagen der Gesellschafter besteht, mit denen diese (beschränkt od. voll) haften u. aus denen sie in Form von Dividenden Erträge beziehen*

**Aktienindex** ⟨[-tsi-] m. 1 od. m.; -, -dizes/-dices⟩ *Messzahl des durchschnittl. Börsenkurses der Aktien der bedeutendsten Aktiengesellschaften, die an der Börse notiert werden*

**Aktin** ⟨n. 11; unz.⟩ = *Actin*

**Aktinie** ⟨[-niə] f. 19⟩ *Angehörige einer Ordnung der Hexacorallia, festsitzende, meist lebhaft gefärbte, einzeln lebende Polypen des Meeres: Actiniaria;* Sy *Seerose* [< grch. *aktis* „Strahl"]

**Aktinium** ⟨n.; -s; unz.; Chem.; Zeichen: Ac⟩ = *Actinium* [< grch. *aktis* „Strahl"]

**Aktion** ⟨f. 20⟩ **1** *Handlung, Vorgehen, Unternehmung* **2** *Maßnahme* **3** *Ereignis, Geschehnis* ◆ eine gemeinsame Aktion starten ⟨umg.⟩; in Aktion treten *zu handeln, zu wirken beginnen* [< lat. *actio* „Handlung"; zu *agere* „handeln, betreiben"]

**Aktionär** ⟨m. 1⟩ **1** *Aktienbesitzer, Teilhaber* **2** *Mitglied einer Aktiengesellschaft*

**aktiv** ⟨Adj.⟩ **1** *tätig, wirksam, unternehmend;* Ggs *passiv* **2** ⟨Mil.⟩ *ständig im Dienst stehend* **3** ⟨Gramm.⟩ *im Aktiv (stehend)* ◆ aktiver **Offizier** *Berufsoffizier;* aktives **Verb;** aktives **Wahlrecht** *das Recht, zu wählen;* Ggs *passives Wahlrecht;* aktiver **Wortschatz** *Wortschatz, den man selbst anwendet;* Ggs *passiver Wortschatz* [< lat. *activus* „tätig"; zu *agere* „treiben, handeln"]

AKKORDEON: ITALIENISCHES AKKORDEON, 20. JH.

A

## AKROPOLIS

Akropolis ist die altgriechische Bezeichnung für den Burgbezirk oder die Oberstadt. Sie liegt auf der Spitze eines Hügels oder Berges. Am bekanntesten ist die Akropolis von Athen, die im 5. Jh. v. Chr. erbaut wurde. Sie enthält heute die Reste mehrerer Tempel, darunter auch den Parthenon.

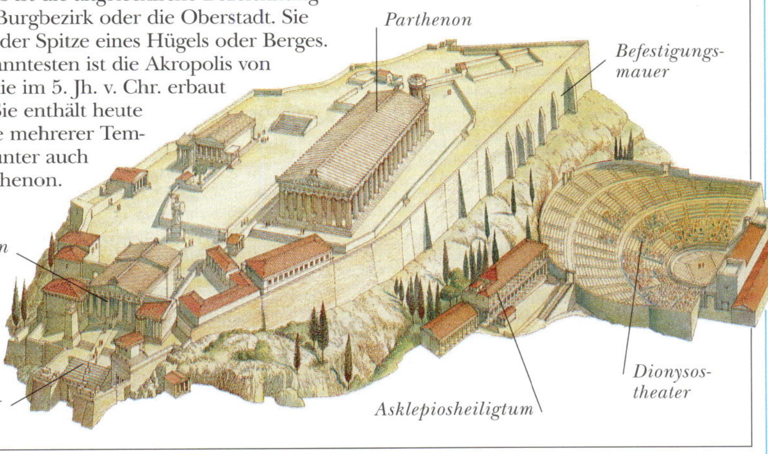


REKONSTRUKTION DER AKROPOLIS, ATHEN

**Aktiv**[1] ⟨n.; -s; unz.; Gramm.⟩ *Handlungsrichtung des Verbums, drückt aus, was das Subjekt des Satzes tut;* Sy *Tatform, Tätigkeitsform;* Ggs *Passiv*

**Aktiv**[2] ⟨n. 11; DDR⟩ *kleine Arbeitsgruppe, die innerhalb eines größeren Kollektivs aktivierend einwirken soll* (Parteiaktiv, Gewerkschaftsaktiv, FDJ-Aktiv, Verkehrssicherheitsaktiv)

**Aktiva** ⟨Pl.; Sing.: -tivum⟩ *Vermögenswerte, Guthaben, Sollseite;* Ggs *Passiva* ◆ Aktiva und Passiva *Vermögenswerte u. Schulden* [→ *aktiv*]

**Aktivgeschäft** ⟨n. 11; Bankw.⟩ *Kreditgeschäft der Banken mit kurz- und langfristigen Krediten (auf der Aktivseite der Bankbilanz);* Ggs *Passivgeschäft*

**aktivieren** ⟨[-viː-] V. t.; hat⟩ **1** *in Tätigkeit setzen, in Schwung bringen, zu größerer Wirkung bringen;* Ggs *deaktivieren* **2** ⟨Chem.⟩ *einen Stoff in einen reaktionsbereiten Zustand bringen* **3** ⟨Phys.⟩ *radioaktive Kerne durch Neutronenbeschuss erzeugen*

**Aktivität** ⟨[-vi-] f. 20⟩ **I** ⟨unz.⟩ **1** *aktives Verhalten, Geschäftigkeit;* Ggs *Passivität* **2** *Wirksamkeit, Wirkungsfähigkeit* **3** ⟨Phys.⟩ *Umwandlungsrate eines radioaktiven Stoffes* **II** ⟨zählb.⟩ *(lebhafte) Handlung, Tätigkeit*

**aktualisieren** ⟨V. t.; hat⟩ *aktuell, zeitnah machen*

**Aktualität** ⟨f. 20; unz.⟩ *Bedeutung für die Gegenwart, Zeitnähe* [< mlat. *actualitas;* zu *actus* „Handlung"]

**aktuell** ⟨Adj.⟩ *für die Gegenwart bedeutsam, zeitgemäß* (Frage, Theaterstück) [< frz. *actuel* „wirklich" < mlat. *actualis;* zu lat. *actus* „Handlung"]

**Akupressur** ⟨f. 20⟩ *der Akupunktur entsprechende Heilbehandlung, wobei anstelle der Nadeln der Druck der Finger benutzt wird* [< lat. *acus* „Nadel" + *pressare* „drücken"]

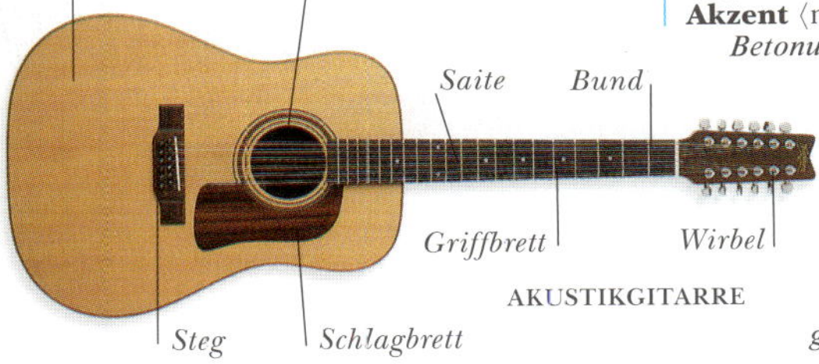


AKUSTIKGITARRE

**Akupunktur** ⟨f. 20⟩ *jahrtausendealtes chines., Heilverfahren, bei dem durch Einstich goldener u. silberner Nadeln an lehrmäßig festgelegten Hautpunkten erkrankte innere Organe beeinflusst werden, auch zur Anästhesie verwendet* [< lat. *acus* „Nadel" + *punctura* „das Stechen"]

**Akustik** ⟨f. 20; unz.⟩ **1** *Lehre vom Schall* **2** ⟨Mus.⟩ *Lehre von den Tönen* **3** *Klangwirkung, Beschaffenheit eines Raumes bezügl. des Widerhalls von Klang* ◆ der Saal hat eine gute Akustik [zu grch. *akuein* „hören"]

**Akustikgitarre** ⟨f. 19; Mus.⟩ ▼ *Gitarre ohne elektronische Verstärkung (bei akustischen Instrumenten wird mechanische Energie in Schallenergie umgewandelt);* ► *Saiteninstrumente*

**akustisch** ⟨Adj.⟩ **1** *die Akustik betreffend, auf ihr beruhend* **2** *das Gehör, den Schall betreffend* **3** *mit dem Gehör wahrnehmbar* ◆ akustische Sinneseindrücke; akustischer Typ *Menschentyp, der sich Gehörtes besser merken kann als Gesehenes;* Ggs *visueller Typ;* akustische Wahrnehmung

ALBATROS: WANDERALBATROS *(Diomedea exulans)*

**Akustochemie** ⟨[-çe-] f. 19; unz.⟩ = *Ultraschallchemie*

**akut** ⟨Adj.⟩ **1** *plötzlich auftretend, scharf, heftig* **2** *vordringlich* **3** ⟨Med.⟩ *rasch u. heftig verlaufend;* Ggs *chronisch* [< lat. *acutus* „scharf, spitz"]

**Akut** ⟨m. 1; Zeichen: ´; frz.: accent aigu⟩ *Zeichen für Länge, Betonung, geschlossene bzw. offene Aussprache eines Vokals*

**Akzent** ⟨m. 1; Zeichen: ´, ` od. ^⟩ **1** *Zeichen für Betonung, Qualität od. Quantität eines Lautes, Akut, Gravis, Zirkumflex* **2** *Betonung, Nachdruck, Schwerpunkt, Gewicht* **3** *Aussprache, Tonfall, Sprachmelodie* ◆ auf ein Wort besonderen Akzent **legen** [< lat. *accentus* „Betonung"]

**akzentuieren** ⟨V. t.; hat⟩ **1** *mit Nachdruck betonen* **2** *abgemessen, genau aussprechen*

**akzeptabel** ⟨Adj.; akzeptabler, am -sten⟩ *so beschaffen, dass man es akzeptieren kann, annehmbar* ◆ der Vorschlag ist (nicht) akzeptabel

**Akzeptant** ⟨m. 16⟩ *jmd., der einen Wechsel akzeptiert*

**Akzeptanz** ⟨f. 20; unz.⟩ *das Akzeptieren, das Bereitsein, etwas anzunehmen* ◆ in der Bevölkerung besteht keine Akzeptanz für den weiteren Ausbau der Atomenergie

**akzeptieren** ⟨V. t.; hat⟩ *annehmen* (Vorschlag, Wechsel) [< frz. *accepter* „annehmen" < lat. *acceptare*]

**akzidentell, akzidentiell** ⟨Adj.⟩ *zufällig (eintretend, hinzutretend), unwesentlich* [< frz. *accidentel* „unwesentlich"; zu lat. *accidere* „sich ereignen"]

**Akzidenz** ⟨f. 20⟩ **1** *bes. wirkungsvoll gestalteter, meist im Handsatz hergestellter Druck, z. B. Zeitungskopf, Werbeanzeige, Geschäfts- od. Privatdrucksache* **2** *Nebeneinnahme, Gelegenheitsauftrag* **3** ⟨Mus.⟩ *Versetzungszeichen*

**Al** ⟨Chem.; Zeichen für⟩ *Aluminium*

**à la** *nach Art von* ◆ er versucht, einen Stil à la Thomas Bernhard zu schreiben; à la **carte** [kaː(r)t] essen *nach der Speisekarte, nicht das Menü essen;* sich à la **mode** [mɔd] kleiden *sich nach der Mode kleiden* [frz.]

**Alabaster** ⟨m. 3; Pl. selten⟩ **1** *marmorähnliche, feinkörnige, reinweiße, durchscheinende Abart des Gipses, monoklin, chem. Formel:* $CaSO_4 \cdot 2H_2O$ **2** *weißer od. gelber, durchscheinender Kalksinter (Kalkalabaster, Onyxalabaster, Onyxmarmor), härter als Gips, Werkstoff für Schalen, Vasen u. a. Kunstgegenstände* [< grch. *alabastron,* nach der oberägypt. Stadt *Alabastron*]

**Alarm** ⟨m. 1⟩ **1** *Ruf zur Bereitschaft, Warnung, Gefahrmeldung, Gefahrensignal* (Feueralarm, Fliegeralarm) **2** ⟨im 2. Weltkrieg a.⟩ *die Zeit der Gefahr, vom Signal bis zur Entwarnung* ◆ Alarm geben, schlagen; blinder, falscher Alarm [< frz. *à l'arme!* „zur Waffe!"]

**alarmieren** ⟨V. t.; hat⟩ jmdn. alarmieren **1** *jmdm. Alarm geben, jmdn. warnen, zum Einsatz aufrufen* **2** ⟨fig.⟩ *beunruhigen* ◆ nach einem Verkehrsunfall die Polizei alarmieren; alarmiert dich sein seltsames Verhalten nicht?

**Alaun** ⟨m. 1; Chem.⟩ *natürlich vorkommendes Kalium-Aluminium-Sulfat, als Beizmittel in der Färberei, als Gerbmittel, zum Leimen von Papier u. zum Blutstillen verwendet* [< mhd. *alun,* engl. *alum* < lat. *alumen*]

**Alb**[1] ⟨f. 20⟩ **1** *Alm, Weide im Hochgebirge, bes. in geograph. Namen* (Fränkische Alb, Schwäbische Alb) **2** = *Alp*[1]

**Alb**[2] ⟨m. 23; germ. Myth.⟩ = *Elf*[2]

**Alb**[3] ⟨m. 23; germ. Myth.⟩ = *Alp*[2]

**Alba** ⟨f.; -, Alben⟩ *langes weißes Messhemd der kath. u. anglikan. Priester;* oV *Albe* [< ahd. *alba* „weißes, beim Messopfer gebrauchtes Chorhemd", engl. *alb* < lat. *alba,* Fem. zu *albus* „weiß"]

**albanisch** ⟨Adj.⟩ *Albanien betreffend, aus ihm stammend* ◆ albanische Sprache ⟨Sprachw.⟩ *isoliert stehende indogermanische Sprache der Albaner*

**Albatros** ⟨m. 1⟩ **1** ⟨Zool.⟩ ▲ *Angehöriger einer Familie der Sturmvögel, vorzügliche, ausdauernde Segelflieger der Südozeane: Diomedeidae* **2** ⟨Sp.; Golf⟩ *das Spielen des Loches mit drei Schlägen weniger als vorgegeben* [< engl. *albatross* < port. *alcadroz* < span. *alcaduz* „Brunnenrohr" < arab. *al kadus* „der Krug" (wegen der hornigen Röhre, in der sich die Nasenhöhle des Vogels auf dem Oberschnabel fortsetzt)]

**Albe** ⟨f. 19⟩ = *Alba*

A

**Alben** ⟨Pl. von⟩ *Alb [1], Alb [2], Alb [3], Album*

**albern [1]** ⟨Adj.⟩ **1** *dumm, einfältig* **2** *lustig, heiter (ohne Grund)* **3** *fad, abgeschmackt, töricht* ◆ albernes **Benehmen,** Gerede, Getue; ein alberner **Film** [< mhd. *alwære* „allzu gütig, dumm" < ahd. *alawari* „gütig, freundlich, zugeneigt"]

**albern [2]** ⟨V.i.; hat⟩ **1** *sich albern, dumm benehmen* **2** *Spaß, Unsinn treiben* ◆ mit den Kindern beim Spielen albern

ALBINO: KRALLENFROSCH (*Xenopus laevis*)

**Albinismus** ⟨m.; -; unz.; Med.⟩ *Unfähigkeit od. mangelhafte Fähigkeit in Augen, Haut u. Haaren, Farbstoff zu bilden, Weißsucht*

**Albino** ⟨m. 6; Biol.⟩ ▲ *Mensch od. Tier mit mangelhafter od. fehlender Farbstoffbildung;* Sy *Weißling (3)* [< port. < lat. *albus* „weiß"]

**Albtraum** ⟨m. 1u⟩ = *Alptraum*

**Album** ⟨n.; -s, Alben⟩ **1** *Gedenkbuch, Sammelbuch* (Fotoalbum, Poesiealbum) **2** *zwei (selten auch drei) zusammengehörige Schallplatten in einer aus vier Seiten bestehenden Plattenhülle* [lat., „das Weiße"; bei den Römern eine weiße Tafel zum Eintragen öffentl. Verordnungen, Namenslisten usw.]

**Alchemie** ⟨[-çe-] f. 19; unz.⟩ = *Alchimie*

**Alchimie** ⟨[-çi-] f. 19; unz.⟩ *mittelalterl. Chemie, bes. Goldmacherkunst;* oV *Alchemie* [< arab. *alkimia* < grch. *chemeia;* → *Chemie*]

**Aldehyd** ⟨m. 1⟩ *aliphatische od. aromatische chemische Verbindung, die die Aldehydgruppe -CHO enthält* [< neulat. *alcohol dehydrogenatus* „eines Teils seines Wasserstoffs beraubter Alkohol"]

**al dente** ⟨Adv.; ital. Kochk.⟩ *bissfest, nicht ganz weich gekocht* (von Nudeln) ◆ Spaghetti al dente [ital., „halb gar, körnig"]

ALEXANDRIT

**Alemanne** ⟨m. 17⟩ *Angehöriger eines german. Stammes an Oberrhein u. Oberdonau*

**alemannisch** ⟨Adj.⟩ *die Alemannen betreffend, zu ihnen gehörig, von ihnen stammend* ◆ alemannische Mundart *deutsche, im Elsass, in Baden u. in der Schweiz sowie Südwürttemberg gesprochene Mundart*

**Alexandriner** ⟨m. 3⟩ **1** *Einwohner von Alexandria* **2** *unter den römischen Kaisern in Alexandria (Ägypten) geprägtes Provinzialgeld aus legiertem Silber* **3** ⟨Metrik⟩ *alexandrinischer Vers, besonders im 17. Jh. beliebter, sechsfüßiger, jambischer, gereimter Vers mit 12 od. 13 Silben* [nach den französischen Epen des 12. Jh. um Alexander den Großen, in denen er besonders verwendet wurde]

**Alexandrit** ⟨m. 1; Min.⟩ ▲ *grüne, bei künstlichem Licht rote, fettig glasglänzende Abart des Chrysoberylls* [nach dem Zaren *Alexander II.*]

**Alfalfa** ⟨f. 10; unz.⟩ = *Luzerne*

**al fine** ⟨Mus.⟩ *(nochmals) bis zum Schluss (eines Musikstückes zu spielen)* ◆ da capo al fine [ital., „bis zum Ende"]

**Alge** ⟨f. 19⟩ ► *chlorophyllhaltige niedere Pflanze aus der arten- u. formenreichen gleichnamigen Gruppe Phycophyta* [< lat. *alga* „Seegras, Tang"]

**Algebra** ⟨f.; -; unz.⟩ *Teilgebiet der Mathematik, Lehre von den Gleichungen, Buchstabenrechnung* [< arab. *al-dschebr* „Verbindung getrennter Teile"]

**Algenpilz** ⟨m. 1⟩ *Angehöriger einer Klasse der echten Pilze: Phycomycetes;* Sy *Fadenpilz*

**Algonkin I** ⟨m.; -, - od. m. 6⟩ *Angehöriger einer Gruppe nordamerikanischer Indianerstämme* **II** ⟨n.; -s; unz.⟩ *nordamerikanische Sprachfamilie*

**algorithmisch** ⟨Adj.; Math.⟩ *den Algorithmus betreffend, zu ihm gehörend, mit seiner Hilfe* ◆ algorithmische Sprache ⟨EDV⟩

**Algorithmus** ⟨m.; -, -men; Math.⟩ *Anleitung für Rechenverfahren* [nach Abu-Jafar Mohammed Ibn-Musa *Al-Chwarizmi,* pers. Mathematiker des 9. Jh.]

**alias** ⟨Adv.⟩ **1** *anders* **2** *auch ... genannt, eigentlich ...* ◆ Hans Weber alias Schulze [< lat. *alius* „ein anderer"]

**Alibi** ⟨n. 15⟩ *Nachweis der Abwesenheit vom Tatort zur Tatzeit* [lat., „anderswo"]

**Aliment** ⟨n. 11; meist Pl.⟩ *Unterhaltsbeitrag, (bes.) Unterhaltspflicht gegenüber unehel. Kindern* ◆ Alimente zahlen (müssen) [< lat. *alimentum* „Nahrung"]

**alimentär** ⟨Adj.⟩ *ernährungsbedingt* ◆ alimentärer Mangelzustand [< lat. *alimentum* „Nahrung"]

**Alimentation** ⟨f. 20; unz.⟩ *Gewährung von Lebensunterhalt* [< lat. *alimentum* „Nahrung"]

**aliphatisch** ⟨Adj.; Chem.⟩ aliphatische Verbindungen *organ. Verbindungen mit in geraden od. verzweigten offenen Ketten angeordneten Kohlenstoffatomen;* Sy *acyclische Verbindungen;* → a. *aromatische Verbindungen* [zu grch. *aleipha* „Fett"]

**Aliquote** ⟨f. 19; Math.⟩ *gleichteilende Zahl, die im Ganzen ohne Rest aufgeht*

**Aliquotton** ⟨m. 1u; Mus.⟩ = *Oberton*

**Alk** ⟨m. 1; Zool.⟩ ▲ *Angehöriger einer Familie der regenpfeiferartigen Vögel, Schwimmvogel der Nordozeane: Alcidae;* ► *Vögel* [< isl., schwed. *alka*]

**Alkali** ⟨n.; -s, -en; Chem.⟩ *Hydroxid der in der ersten Gruppe des Periodensystems stehenden Elemente sowie das Ammoniumhydroxid* [< arab. *al-qaly* „die salzhaltige Asche, die man aus der Pflanze Salicornia gewinnt"]

**Alkalimetall** ⟨n. 11; Chem.⟩ *die Elemente Lithium, Natrium, Kalium, Rubidium, Zäsium, Francium*

**alkalisch** ⟨Adj.; Chem.⟩ *laugenhaft, basisch* ◆ alkalische Erden ⟨Chem.⟩ *Erdalkalien, die Oxide der Elemente der 2. Gruppe des Periodensystems der Elemente: Beryllium, Magnesium, Kalzium, Strontium, Barium u. Radium;* alkalische Reaktion *basische Reaktion, Reaktion mit Laugenwirkung*

**Alkane** ⟨Pl.; Chem.⟩ ► *gesättigte aliphatische Kohlenwasserstoffe, z. B. Methan, Ethan, Propan, auf denen sich die gesamte aliphatische Chemie aufbaut*

**Alkene** ⟨Pl.; Chem.⟩ ► *ungesättigte Kohlenwasserstoffe mit der allgemeinen chemischen Formel $C_nH_{2n}$ mit Äthylen als einfachstem Vertreter;* Sy *Olefine*

ALK: KRABBENTAUCHER (*Alle alle*)

**Alkine** ⟨Pl.; Chem.⟩ ► *Gruppe organischer, aliphatischer Verbindungen, die durch eine Dreifachbindung im Molekül gekennzeichnet sind, einfachster Vertreter: Azetylen, CH ≡ CH*

**Alkohol** ⟨m. 1⟩ **1** ⟨i. w. S.⟩ *organ. chem. Verbindung der aliphatischen od. aromatischen Reihe, in der ein od. mehrere Wasserstoffatome durch ein od. mehrere Hydroxyl-(OH-)Gruppen ersetzt sind, allgemeine Formel $C_nH_{2n+1}$-OH, wichtiges Ausgangsprodukt für organische Synthesen u. gute Lackzusätze* **2** ⟨i. e. S.⟩ = *Äthylalkohol* [< arab. *alkohol* „Bleiglanz zum Färben der Brauen"]

**alkoholfrei** ⟨Adj.⟩ *ohne Alkohol*

**Alkoholika** ⟨Pl.⟩ *alkohol. Getränke*

**Alkoholiker** ⟨m. 3⟩ *jmd., der an Alkoholismus leidet, Alkoholabhängiger*

**alkoholisch** ⟨Adj.⟩ *Alkohol enthaltend* (Getränk) ◆ alkoholische Gärung *Gärung, bei der Alkohol entsteht*

**Alkoven** ⟨[-vən] m. 4⟩ *Bettnische, sehr kleiner Nebenraum an einem Zimmer* [< span. *alcoba* „Schlafgemach" < arab. *al-qobbah* „Gemach, Gewölbe"]

**all** ⟨unbest. Pron.⟩ **1** *gesamt, ganz* ⟨meist Sing.⟩ **2** *sämtliche* ⟨meist Pl.⟩ ◆ wie viele sind gekommen? alle!; wie viel (davon) hast du ihm gegeben? alles! **wir,** ihr, sie alle; alle **beide** *beide zusammen, jeder von beiden;* all **das** hat keinen Sinn; du bist mein **Ein** und Alles *du bist mir das Liebste auf der Welt, du*

## ALGEN

Es gibt über 20 000 Algenarten. Sie umfassen einzellige Kieselalgen ebenso wie riesenhafte Seetange. Fast alle Algen leben im Wasser und sind autotroph: Wie alle grünen Pflanzen produzieren sie bei der Fotosynthese ihre eigene Nahrung.

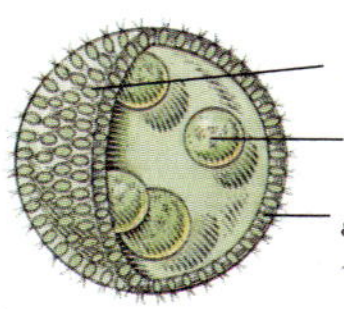


GRÜNALGE (*Volvox* species)

### VERSCHIEDENE ALGENARTEN

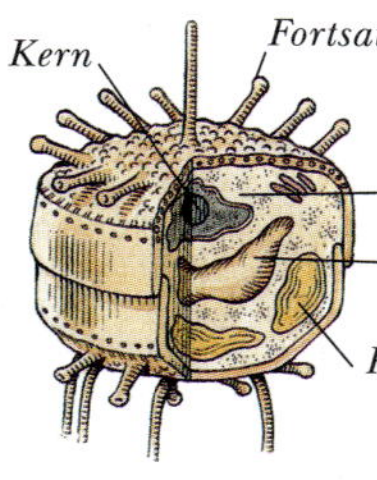


KIESELALGE (*Thalassiosira* species)

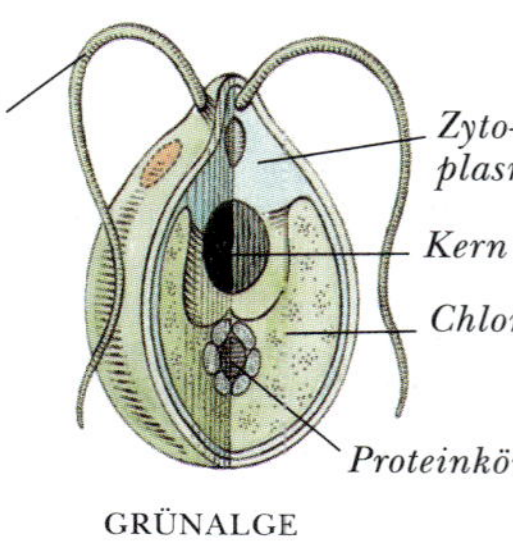


GRÜNALGE (*Chlamydomonas* species)

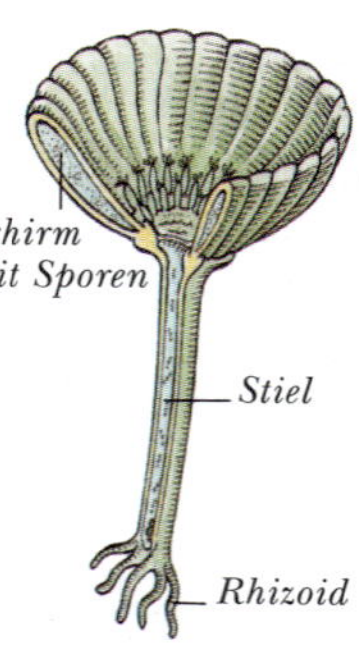


GRÜNALGE (*Acetabularia* species)

A

## ALKANE, ALKENE, ALKINE

Alkane, Alkene und Alkine sind Kohlenwasserstoffe und bestehen daher nur aus Kohlenstoff und Wasserstoff. Die drei Gruppen unterscheiden sich durch die Art der chemischen Bindung zwischen den Kohlenstoffatomen. Alkane haben nur Einfachbindungen: Zwei benachbarte Kohlenstoffatome teilen sich in je ein Elektronenpaar. Alkene weisen mindestens eine Doppelbindung mit zwei gemeinsamen Elektronenpaaren auf. Bei den Alkinen finden wir sogar Dreifachbindungen.

ALKAN

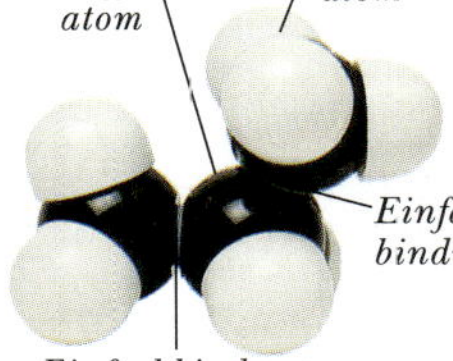


MOLEKÜLSTRUKTUR DES PROPANS

ALKEN

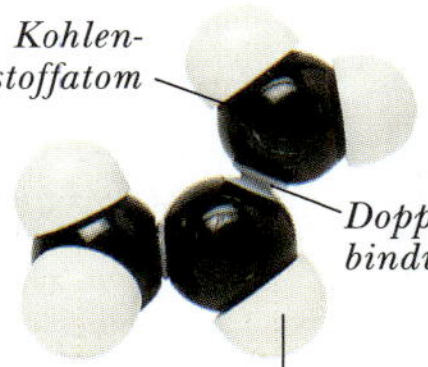


MOLEKÜLSTRUKTUR DES PROPENS

ALKIN

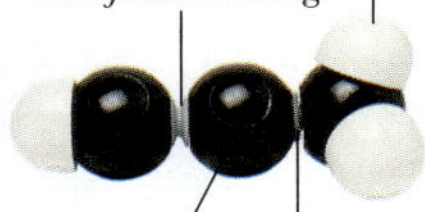


MOLEKÜLSTRUKTUR DES PROPINS

*bedeutest mir am meisten auf der Welt;* alles, was ich gesehen, gehört, gesagt, getan habe; alles, was recht ist! *(Ausruf des Unwillens) das geht wirklich nicht!* ◆aller **Anfang** ist schwer; ich muss alle **Arbeit** allein tun; Gebrauchsgegenstände aller **Art** *jeder Art;* aller **Augen** waren auf ihn gerichtet *die Augen aller (Anwesenden);* all das **Fremde,** Neue, Ungewohnte; ich habe all mein **Geld** verloren; ich wünsche dir alles **Gute;** alle **Jahre** wieder *jedes Jahr;* die Ursache allen **Leides,** Übels; alle **Leute;** allen **Mahnungen** zum Trotz; alle paar **Schritte** stolperte er; wir sehen ihn alle **Tage;** alle **Ursache** haben, etwas zu tun *Ursache genug;* alle **Welt** *jeder(mann)* ◆**aufhören:** da hört doch alles auf! *das ist ja die Höhe! das ist doch unerhört!;* alles, ⟨umg.; eigtl.⟩ alle **aussteigen!;** es **hat** alles einmal seine Grenze(n); man kann es nicht allen **recht machen; sein:** das ist alles *mehr habe nicht zu sagen, zu berichten;* ist das alles? *hast du noch etwas zu sagen?; ist es nichts Schlimmeres?;* (beim Verkaufen) *genügt das?, brauchen Sie noch etwas?;* ich will alles dafür **tun,** was ich kann ◆alle **fünf** ◆er ist alles **andere** als dumm *gar nicht dumm;* alles **eingerechnet;** alles **fressend** ⟨Zool.⟩ = *pantophag;* alles **Mögliche** tun; alles **Übrige** erledige ich ◆bitte nicht alle **auf** einmal!; auf alle Fälle komme ich morgen vorbei *bestimmt;* sie kamen **aus** allen Ländern; Mädchen **für** alles ⟨umg.; urspr.⟩ *Mädchen für jede Arbeit;* ⟨fig.⟩ *jmd., der die verschiedensten Arbeiten tun muss;* nimm für alle Fälle den Schirm mit *vorsichtshalber;* für alle Zeiten *für immer;* man muss nicht **in** allem und jedem etwas Schlechtes sehen; in aller Eile *in großer Eile, eilig(st);* in aller Frühe ⟨umg.⟩ *ganz früh, sehr früh;* in aller Ruhe *ruhig, ohne die Ruhe zu verlieren;* **mit** aller Gewalt, Kraft, Liebe; alles **oder** nichts; **ohne** alle Gefahr *ohne jede G., gefahrlos;* ohne allen Zweifel *ohne jeden Z.;* **trotz** alledem ⟨verstärkend⟩ *trotzdem;* trotz allem Zureden; ein gutes Buch geht mir **über** alles *ist mir das Höchste, Liebste;* jmdn. über alles lieben *sehr, mehr, als man sagen kann;* **um** alles in der Welt nicht *auf gar keinen Fall;* **unter** allen Umständen *auf jeden Fall, unbedingt;* **vor** allem *hauptsächlich, zuerst;* er wurde vor allen andern gerügt *im Beisein der anderen;* vor allen Dingen musst du versuchen, zu ... *zuerst, besonders;* er ist **zu** allem fähig *jeder Tat fähig;* zu allem Unglück hat er auch noch seine Brieftasche verloren *damit noch nicht genug, u. noch dazu;* das ist zu allen Zeiten so gewesen *jederzeit, immer* ◆und Gott weiß, **was** alles noch; was hast du alles gesehen? [< ahd. *all* „gesamt, jeder", engl. *all*]

**All** ⟨n.; -s; unz.⟩ **1** *Weltall, Weltraum* **2** *alles Seiende*

**all..., All...** ⟨in Zus.; vor Vokalen⟩ = *allo..., Allo...*

**alla** ⟨bes. Mus.⟩ *nach Art, in der Art von* ◆alla **breve** ⟨[-və]⟩ *auf kurze Weise, mit verkürztem Tempo;* Alla-breve-Takt *Takt, bei dem statt vier Viertel nur zwei Halbe gezählt werden, um ein bewegteres Tempo zu erreichen;* alla **marcia** ⟨['martʃa]⟩ *in der Art eines Marsches, im Marschtempo* [ital.]; alla **turca** *nach türkischer Art, in der Art der Janitscharenmusik* [ital.]

**Allah** ⟨ohne Art.; im Islam Bez. für⟩ *Gott* [arab.]

**alle** ⟨Adv.; umg.; mdt.⟩ *zu Ende, verbraucht, erschöpft* ◆etwas alle **machen** ⟨umg.⟩ *verbrauchen, aufessen;* es alle machen ⟨derb⟩ *sterben;* alle **sein** *zu Ende sein, verbraucht sein;* ⟨fig.⟩ *erschöpft sein;* ich bin ganz alle; das Brot, mein Geld ist alle; alle werden *nahezu verbraucht sein, zur Neige gehen*

**Allee** ⟨f. 19⟩ ► *von Bäumen gesäumte Straße, von Bäumen eingefasster Weg* [frz.; zu *aller* „gehen"]

**Allegorie** ⟨f. 19; in bildender Kunst u. Dichtung⟩ ►► *bildhafte Darstellung eines Begriffs od. eines Vorgangs mit enger, erkennbarer Verbindung zu diesem, Sinnbild, Gleichnis,* z. B. Frau mit verbundenen Augen und einer Waage in der Hand für „Gerechtigkeit"; → a. *Symbol* [< grch. *allegoria;* zu *allegorein* „etwas anderes sagen"]

**allegorisch** ⟨Adj.⟩ *in der Art einer Allegorie, mit ihrer Hilfe, sinnbildlich, gleichnishaft*

**allegretto** ⟨Mus.⟩ *ein wenig allegro, mäßig bewegt (zu spielen)* [Verkleinerungsform zu *allegro*]

**allegro** ⟨Mus.⟩ *schnell, lebhaft (zu spielen)* [ital., „munter"]

**Allegro** ⟨n.; -s, -s od. -legri; Mus.⟩ *schnelles, lebhaftes Musikstück od. Teil davon*

**allein I** ⟨Adv.⟩ **1** *einsam* **2** *getrennt, für sich* **3** *ohne Zeugen* **4** *ohne Hilfe* ◆allein **Erziehende(r)** = *Alleinerziehende(r)* ◆ich habe ihn (nicht) allein **angetroffen;** danke, ich **kann** es allein; ein Unglück **kommt** selten allein; ich kann das Kind nicht allein **lassen;** kann ich dich einen Augenblick allein **sprechen?;** das Haus **steht** (ganz) allein; **sein:** ich bin so allein ◆**einsam** und allein; **einzig** und allein seine Geistesgegenwart hat uns gerettet *ausschließlich, nur;* allein **erziehend** *ein Kind, Kinder allein großziehend und erziehend (ohne den anderen Elternteil)* ◆**ganz** allein ◆er war allein **im** Zimmer; er war allein **mit** ihr (auf der Weltreise); **nicht** allein ..., sondern auch ... **II** ⟨Konj.; meist poet.⟩ *aber, doch* ◆die Botschaft hör' ich wohl, allein mir fehlt der Glaube (Goethe, Faust I, „Nacht") **III** ⟨Partikel⟩ *nur, lediglich* ◆allein (schon) der Gedanke daran macht mich schaudern [< mhd. *alein(e),* engl. *alone*]

**Alleinerbe** ⟨m. 17⟩ *einziger Erbe;* Sy *Gesamterbe, Universalerbe*

**Alleinerziehende(r)** ⟨f. 29 (m. 30)⟩ *Elternteil (Mutter od. Vater), der ein od. mehrere Kinder allein großzieht u. erzieht;* oV *allein Erziehende(r)*

**alleluja** ⟨n. 15⟩ = *halleluja*

**Alleluja** ⟨n. 15⟩ = *Halleluja*

**allenfalls** ⟨Adv.⟩ **1** *vielleicht, gegebenenfalls, eventuell, nötigenfalls* **2** *höchstens, gerade noch* **3** ⟨veraltet⟩ *auf alle Fälle, jedenfalls* ◆sie hat allenfalls ein Kopfnicken für mich übrig

**aller...** ⟨in Zus.; umg. zur Verstärkung des Superl.⟩ er ist der Allergeschickteste von ihnen

**allerbeste(r, -s)** ⟨Adj.; verstärkend⟩ *beste(r, -s)* ◆ich wünsche Ihnen das Allerbeste (zum Geburtstag usw.); du bist meine Allerbeste; das gefällt mir am allerbesten; von der allerbesten Sorte

**allerdings** ⟨Partikel⟩ **I** ⟨bejahend⟩ *in der Tat, selbstverständlich, gewiss, freilich* ◆bist du denn selbst vor Ort gewesen? allerdings! **II** ⟨zögernd zugestehend⟩ *ich muss zugeben, dass ...* ◆das ist allerdings richtig, was du sagst, aber es ist nicht die volle Wahrheit **III** ⟨einschränkend⟩ *jedoch* ◆sein Vortrag war ausgesprochen gut, ich muss allerdings sagen, dass seine Sprechweise mich etwas störte

**Allergen** ⟨n. 11; meist Pl.; Med.⟩ *eine allerg. Krankheit bewirkender Stoff* [< *Allergie* + grch. *gennan* „erzeugen"]

**Allergie** ⟨f. 19; Med.⟩ *Überempfindlichkeit gegen bestimmte Stoffe* [< grch. *allos* „anders" + *ergon* „Werk"]

**Allergiker** ⟨m. 3; Med.⟩ *jmd., der allergisch auf bestimmte Stoffe reagiert*

ALLEE: VIA APPIA, ITALIEN

## ALLEGORIE

Dieses komplexe allegorische Gemälde von Agnolo Bronzino basiert auf Motiven der klassischen Mythologie und will den Betrachter vor den Gefahren und der Enttäuschung durch falsche Liebe warnen. Venus, die Göttin der Liebe, verführt Cupido mit einem Kuss, während sie gleichzeitig den Pfeil aus seinem Köcher stiehlt. Hinter diesen zentralen Figuren erkennt man den Betrug in Form einer hohlen Maske und die Lust. Diese ist als junges Mädchen dargestellt, das Honig anbietet, aber gleichzeitig den Unterkörper einer Schlange besitzt. Die Zeit macht den Betrug sichtbar, während sich die Eifersucht im Schatten die Haare rauft.

ALLEGORIE *(VENUS, CUPIDO, TORHEIT UND ZEIT)* (1540–45), AGNOLO BRONZINO

**allergisch** ⟨Adj.; Med.⟩ **1** *auf Allergie beruhend* (Krankheit) **2** *überempfindlich gegen bestimmte Stoffe* (Person) ◆ allergisch gegen etwas sein

**Allerheiligen** ⟨ohne Art.; undekl.; kath. Kirche⟩ *Feiertag am 1. November zum Gedenken an alle Heiligen* ◆ an Allerheiligen; zu Allerheiligen

**allerlei** ⟨Adj.; undekl.⟩ *Verschiedenes, verschiedene Dinge, allerhand* ◆ allerlei gute Sachen; er hatte allerlei Unsinn im Kopf

**Allerlei** ⟨n. 15; unz.⟩ **1** *kunterbuntes Durcheinander* **2** ⟨Kochk.⟩ Leipziger Allerlei *gemischtes Gemüse aus Erbsen, Karotten, Pilzen u. Spargelstückchen*

**Allerseelen** ⟨ohne Art.; undekl.; kath. Kirche⟩ *Feiertag am 2. November zum Gedenken an die Verstorbenen* ◆ an Allerseelen; zu Allerseelen

**allerseits** ⟨Adv.⟩ *alle, alle zusammen* ◆ gute Nacht, guten Tag allerseits!; haben Sie sich schon allerseits bekannt gemacht?

**alles** ⟨unbest. Pron.⟩ → *all*

**allesamt** ⟨Adv.⟩ *alle miteinander, alle zusammen*

**Allesfresser** ⟨m. 3⟩ **1** ⟨Zool.⟩ = *Pantophage* **2** ⟨umg.; scherzh.⟩ *jmd., der alles gerne isst*

**allgemein** ⟨Adj.⟩ **1** *grundsätzlich* **2** *überall (verbreitet, bekannt)* **3** *bei allen* **4** *für alle bestimmt* (Dienstpflicht, Wahlrecht) **5** *(fast) ausnahmslos, bei allen vorhanden* (Entrüstung, Zustimmung) ◆ um 11 Uhr war allgemeiner **Aufbruch** *um 11 Uhr gingen, verabschiedeten sich alle, brachen alle auf;* die allgemeine (politische, wirtschaftliche usw.) **Lage;** Allgemeiner **Studentenausschuss** ⟨Kurzw.: AStA⟩ *gewählte Interessenvertretung der Studenten an Hoch- u. Fachhochschulen;* der Vorschlag fand allgemeine **Zustimmung** ◆ seine Tüchtigkeit wird allgemein **anerkannt** *wird überall, von allen anerkannt;* allgemein **gesprochen,** verhält es sich doch so, dass ... ◆ das ist allgemein **bekannt;** er ist allgemein **beliebt;** das Allgemeine und das **Besondere;** allgemein **verständlich** *für jeden verständlich, leicht verständlich, volkstümlich;* das Museum ist allgemein **zugänglich** *für alle zugänglich* ◆ vom Besonderen **auf** das Allgemeine schließen ⟨Philos.⟩; **im** Allgemeinen *im Großen u. Ganzen, meist, fast immer;* **vom** Allgemeinen auf das Besondere schließen ⟨Philos.⟩

**Allgemeinbildung** ⟨f. 20; unz.⟩ *allseitige Bildung, universelles Wissen*

**Allgemeinheit** ⟨f. 20; unz.⟩ *die Öffentlichkeit, das Volk, die anderen* ◆ historische Funde der Allgemeinheit zugänglich machen; diese Briefe sind nicht für die Allgemeinheit bestimmt

**Allgemeinmedizin** ⟨f.; -; unz.⟩ *Bereich der medizin. Wissenschaft und Praxis ohne Spezialisierung auf ein Gebiet* ◆ Arzt für Allgemeinmedizin *praktischer Arzt*

**Allianz** ⟨f. 20⟩ *Bündnis* [< frz. *alliance*]

**Alligator** ⟨m. 23; Zool.⟩ ▼ *Angehöriger einer Familie der Krokodile mit relativ kurzer Schnauze: Alligatoridae* [< span. *el lagarto* „die Eidechse" < lat. *lacerta* „Eidechse"]

**Alliierte(r)** ⟨f. 30 (m. 29)⟩ **1** ⟨allg.⟩ *Verbündete(r)* **2** ⟨Mil.⟩ die Alliierten *die gegen Dtschld. verbündeten Länder im 1. u. 2. Weltkrieg*

**Alliteration** ⟨f. 20⟩ **1** *Gleichklang (von Anlauten)* **2** ⟨Metrik⟩ = *Stabreim* [< lat. *ad* „zu" + *littera* „Buchstabe"]

**alljährlich** ⟨Adj.⟩ *jedes Jahr (stattfindend, sich wiederholend)*

**allmächtig** ⟨Adj.⟩ *Allmacht habend* ◆ der allmächtige Gott; Gott, der Allmächtige

**allmählich** ⟨Adj.⟩ **1** *langsam u. stetig, fortschreitend* **2** *schrittweise, nach u. nach* ◆ eine allmähliche Entwicklung; ich begreife allmählich, was das für dich bedeutet; sein Befinden bessert sich allmählich; jetzt konnten sie sich allmählich näher kommen [< älter *allmächlich* und *allgemach* < mhd. *almechlich* „langsam"]

**Allmend** ⟨f. 20⟩, **Allmende** ⟨f. 19; Landw.⟩ *der ganzen Gemeinde gehörendes Land, das gemeinsam bewirtschaftet u. genutzt wird* [< mhd. *al(ge)meinde, almente* „was allen gemein ist"]

**allo..., Allo...** ⟨vor Vokalen⟩ all..., All... ⟨in Zus.⟩ *anders* [< grch. *allos*]

**Allomorphie** ⟨f. 19; unz.; Chem.⟩ ► = *Allotropie* [< grch. *allos* „anders" + *morphe* „Gestalt"]

**Allonym** ⟨n. 11⟩ *Name eines anderen als Deckname für sich selbst* [< *Allo...* + grch. *onyma* „Name"]

**Allopathie** ⟨f. 19; unz.; Med.⟩ *das übliche Heilverfahren, gegen eine Krankheit Mittel anzuwenden, die eine der Krankheitsursache entgegengesetzte Wirkung haben;* Ggs *Homöopathie* [< grch. *allos* „anders" + *pathos* „Leiden"]

**allothigen** ⟨Adj.; Geol.⟩ *durch tektonische Vorgänge (Wind- und Wassereinwirkung) von ihrem Entstehungsort entfernt* (Gesteine und Mineralien) [< grch. *allothi* „anderswo" + grch. *gennan* „erzeugen"]

**Allotria** ⟨n.; -s; unz.; früher Pl.⟩ **1** ⟨urspr.⟩ *nicht zur Sache gehörige Dinge* **2** ⟨allg.⟩ *Unfug, Unsinn, Dummheiten* ◆ Allotria treiben [< grch. *allotrios* „fremd, fremdartig"]

**Allotropie** ⟨f. 19; unz.; Chem.⟩ ► *das Vorkommen eines Elements in verschiedenen Zustandsformen (Modifikationen), beim Kohlenstoff z. B. im Graphit u. Diamant;* Sy *Allomorphie* [< grch. *allos* „anders" + *trepein* „wenden"]

**all'ott.** ⟨Mus.; Abk. für⟩ *all'ottava*

**all'ottava** ⟨[-va] Mus.; Abk.: all'ott. od. 8^va⟩ **1** *eine Oktave höher (zu spielen)* **2** all'ottava bassa *eine Oktave tiefer (zu spielen)* [ital., „in der Oktave"]

**Allradantrieb** ⟨m. 1; unz.; bei Kfz⟩ *Antrieb aller Räder eines Kraftfahrzeugs, Vierradantrieb*

**allseits** ⟨Adv.⟩ *überall, nach, von allen Seiten*

**Alltag** ⟨m. 1; unz.⟩ *Gesamtheit der Wochen-, Werktage* ◆ im Alltag

**alltäglich** ⟨Adj.⟩ **1** *zum Alltag gehörend, für den Alltag bestimmt* **2** *täglich, jeden Tag (stattfindend, sich wiederholend)* **3** ⟨fig.⟩ *durchschnittlich, nicht ausgeprägt, fad* ◆ alltägliche Pflichten; etwas Alltägliches *etwas, was alle Tage vorkommt od. vorkommen kann, nichts Besonderes*

**alltags** ⟨Adv.⟩ *im Alltag, werktags, wochentags*

**Alltagssprache** ⟨f. 19⟩ = *Umgangssprache*

**allumfassend** ⟨Adj.⟩ *alles umfassend* ◆ eine allumfassende Organisation

**Allüren** ⟨Pl.⟩ *(ungewöhnl.) Benehmen, (auffallende) Umgangsformen, Gewohnheiten* ◆ komische, merkwürdige, unangenehme Allüren [< frz. *allure* „Gangart"]

**Alluvion** ⟨[-vi-] f. 20; Geol.⟩ **1** *Landbildung durch Ablagerung von Sinkstoffen am Ufer;* Sy *Anschwemmung (2)* **2** *angeschwemmtes Land* [zu lat. *alluvere* „anspülen"]

**Allwissenheit** ⟨f. 20; unz.⟩ *Wissen über alles (als Eigenschaft Gottes)*

**allzu** ⟨Adv.⟩ **1** *viel zu* **2** *in zu großem Maße, übertrieben* ◆ er sorgt sich allzu sehr; er macht allzu viele Fehler; allzu viel ist ungesund *man soll nichts übertreiben*

**Alm** ⟨f. 20⟩ *Weide im Hochgebirge;* Sy *Alp[1]* [< mhd. *albe;* → *Alp[1]*]

ALLIGATOR: MISSISSIPPI-ALLIGATOR *(Alligator mississippiensis)*

## ALLOTROPIE

Ein chemisches Element wie der Kohlenstoff tritt unter mehreren Formen oder Modifikationen auf. Diese Erscheinung bezeichnet man als Allotropie. Bei den beiden hier dargestellten allotropen Formen, dem Diamanten und dem Graphit, sind die Kohlenstoffatome ganz unterschiedlich angeordnet. Die pyramidenfömige Struktur ist für die Härte des Diamanten verantwortlich. Der weiche Graphit besteht aus Schichten, zwischen denen nur schwache Atombindungen bestehen.

DIAMANT

RÄUMLICHE STRUKTUR DES DIAMANTEN

GRAPHIT

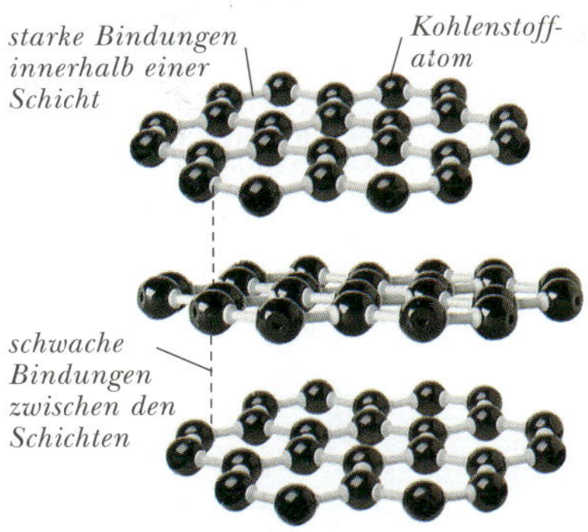

RÄUMLICHE STRUKTUR DES GRAPHITS

**Alma Mater** ⟨f.; - -; unz.; poet.⟩ *Hochschule, Universität* [lat., „nährende Mutter"]

**Almanach** ⟨m. 1⟩ **1** ⟨Astron.⟩ *ursprünglich im Orient verwendete astronomische Tafeln* **2** *Kalender, Jahrbuch mit Bildern* **3** ⟨Lit.⟩ *Gedichtsammlung* **4** *Verlagsverzeichnis mit repräsentativen Textproben aus neuen Büchern* [< mlat. *almanachus* < grch. *alemenichiaka* „Kalender"]

**Almosen** ⟨n. 14⟩ **1** *Gabe an Arme, Bedürftige, milde Gabe* **2** ⟨fig.⟩ *herablassend gegebenes kleines (Geld-)Geschenk* ◆ jmdm. ein Almosen geben; um Almosen bitten [< ahd. *alamuosa* < engl. *alms* < kirchenlat. *eleemosyna* < grch. *eleemosyne*]

**Aloe** ⟨[-lo|e:] f. 19⟩ *Angehörige einer Gattung der Liliengewächse mit mehr oder weniger langen, stammartigen Achsen mit rosettig angeordneten, meist dickfleischigen Blättern* [< lat. *aloe* < grch. *aloe* < hebr. *ahalim*]

**Alp**[1] ⟨f. 20⟩ = *Alm;* oV *Alpe;* → a. *Alb*[1] [< mhd. *albe* „Weideplatz auf einem Berg"]

**Alp**[2] ⟨m. 1⟩ *Nachtmahr, (nach dem Volksglauben) Gespenst, das sich dem Schläfer auf die Brust setzt u. dadurch schwere Träume (Alpdrücken) verursacht;* oV *Alb*[3] [< ahd. *alb* „Gespenst, Wesen", urspr. Benennung der Elfen, engl. *elf,* aisl. *alfr,* zu „tückischen Wesen" umgestaltet]

**Alpaka** ⟨n. 15; Zool.⟩ **I** ⟨zählb.⟩ ► *südamerikanisches Kamelschaf, das zur Fleisch- u. Wollgewinnung in den Anden halb wild gehalten wird: Lama pacos* **II** ⟨unz.⟩ *die vom Alpaka gewonnene Wolle* [< peruan. *alpaco* „Kamelziege"]

**Alpe** ⟨f. 19⟩ = *Alp*[1]

**Alpenglühen** ⟨n.; -s; unz.⟩ *Rotleuchten der Alpengipfel bei Sonnenuntergang*

**Alpenmolch** ⟨m. 1⟩ *Schwanzlurch der mittel- u. südosteurop. Gebirge, bis 11 cm lang, Oberseite blau-schwarz marmoriert, Unterseite leuchtend orangerot: Triturus alpestris;* Sy *Bergmolch*

**Alpenveilchen** ⟨n. 14; Bot.⟩ ► *Angehöriges einer Gattung der Primelgewächse mit scheibenförmiger Knolle u. meist herzförmigen Blättern: Cyclamen;* Sy *Zyklamen*

**Alpha** ⟨n. 15; Zeichen: $\alpha$, A⟩ *erster Buchstabe des griechischen Alphabets* ◆ das Alpha und das Omega *der Anfang und das Ende;* → a. *A, Omega*

**Alphabet** ⟨n. 11⟩ *die geordnete Folge der Buchstaben einer Sprache;* Sy *Abc* ◆ musikalisches Alphabet *die Buchstabenfolge zur Bezeichnung der Stammtöne c, d, e, f, g, a, h oder ut (do), re, mir, fa, sol, la, si;* Wörter, Namen nach dem Alphabet ordnen [< lat. *alphabetum* < grch. *alphabetos* < *alpha* + *beta,* den ersten beiden Buchstaben des grch. Alphabets]

**alphabetisch** ⟨Adj.⟩ *nach dem Alphabet, in der Ordnung des Alphabets* ◆ Namen, Wörter in alphabetischer Reihenfolge aufschreiben

**alphabetisieren** ⟨V. t.; hat⟩ *nach dem Alphabet ordnen* (Begriffe, Namen, Wörter)

**alphanumerisch** ⟨Adj.⟩ alphanumerische Zeichen ⟨EDV⟩ *Zeichen aus Dezimalziffern u. Buchstaben*

**Alphastrahlen, $\alpha$-Strahlen** ⟨Pl.⟩ *aus $\alpha$-Teilchen (Heliumkernen) von hoher Geschwindigkeit bestehende Strahlenart radioaktiver Substanzen* [nach dem ersten Buchstaben des grch. Alphabets]

ALPAKA
*(Lama pacos)*

**alpin** ⟨Adj.⟩ *die Alpen, das Hochgebirge betreffend, Alpen-, Hochgebirgscharakter zeigend* ◆ alpine (Dreier-)Kombination ⟨Sp.⟩ *Abfahrtslauf, Slalom u. Riesenslalom*

**Alpinistik** ⟨f. 20; unz.; Sp.⟩ *sportl. betriebenes Bergsteigen (in den Alpen, im Hochgebirge), Bergsport*

**Alptraum** ⟨m. 1u⟩ *durch Beklemmungsgefühle hervorgerufener, schwerer, beängstigender Traum;* oV *Albtraum* [→ *Alp*[2]]

**Alraun** ⟨m. 1⟩ ► = *Alraune*

**Alraune** ⟨f. 19⟩ ►► *Nachtschattengewächs mit großer Blattrosette u. kurzstieligen violetten Blütenglocken: Mandragora osficinarum;* oV *Alraun;* Sy *Erdmännchen (1)* [< ahd. *alruna;* vermutl. < *Alp*[2] + *raunen*]

**Alraunwurzel** ⟨f. 21⟩ *Wurzel der Alraune, die menschenähnliche Gestalt hat u. seit der Antike als Zaubermittel für Reichtum, Glück u. Liebe galt*

**als** ⟨Konj.⟩ **1** ⟨zur Bez. einer Eigenschaft⟩ ich schenke dir die Kette als **Andenken;** 100 Mark als **Belohnung,** Unterstützung erhalten; ich komme als **Bittender** zu Ihnen; als **Fachmann** wusste er genau, dass ...; als **Kind** bin ich oft dort gewesen; sie hatte als **„Maria Stuart"** großen Erfolg **2** ⟨zur Bez. eines Vergleichs, bes. zur Bildung des Komp.⟩ eins ist größer, höher, schöner als das **andere;** ich verlange nichts (anderes) als **dies;** er ist älter als **ich** **3** ⟨zur Aufzählung⟩ wir haben eine Menge Obst im Garten, als da sind: Äpfel, Pflaumen usw. *wie, zum Beispiel* **4** ⟨zur Einleitung von Nebensätzen, um die Gleichzeitigkeit zu der im Hauptsatz ausgedrückten Handlung zu bezeichnen⟩ als ich noch ein Kind war, bin ich oft bei den Großeltern gewesen *zu der Zeit, da* **5** ⟨zur Einleitung von Nebensätzen, um eine Folge der im Hauptsatz angedeuteten Handlung zu bezeichnen („als dass") od. um eine Annahme, Täuschung auszudrücken, oft in der Wendung: „als ob"⟩ er ist zu brav, als dass er sich so etwas trauen würde; du tust ja, als ob, ⟨od. umg.⟩ als wenn ich dir überhaupt nicht geholfen hätte [< mhd. *als, alse, also* „ebenso, so, als, als ob, weil" (hier mit *also* identisch) < ahd. *also* „ebenso, wie" < *al* „ganz" + *so* „so"]

ALPENVEILCHEN
*(Cyclamen repandum)*

**Alse** ⟨f. 19; Zool.⟩ *Heringsfisch, besonders im Mai in großen Schwärmen auftretend: Alosa alosa;* oV *Else* [< frz. *alose* < lat. *alausa*]

**also** **I** ⟨Partikel; zusammenfassend⟩ *aus diesem Grunde, folglich, deswegen, infolgedessen* ◆ also! *endlich!; siehst du!; nun gut!, nun denn;* also, lass sehen!; also **gut,** also **schön!** *nun gut!, es sei denn!* ◆ also **doch!** *es ist doch so, wie ich es gesagt habe!;* also **los,** gehen wir!; **na** also! *ich habe es doch gleich gesagt!* du kommst also **nicht** mit? **II** ⟨Adv.⟩ *auf diese Art, so* ◆ also hat Gott die Welt geliebt; also sprach Zarathustra [→ *als*]

**Alsterwasser** ⟨n. 13; norddt.⟩ *Erfrischungsgetränk aus Limonade u. Bier*

**alt** ⟨Adj.; älter, am ältesten⟩ **1** *hoch an Jahren, nicht mehr jung, betagt* (Person, Tier); Ggs *jung (2)* **2** *eine bestimmte Anzahl von Jahren bestehend, vorhanden;* Ggs *neu (3)* **3** *langjährig, bewährt, vertraut, lieb* (Freund); Ggs *neu (4)* **4** *erfahren* (Arbeiter, Spieler); Ggs *neu (5)* **5** *unverändert, immer gleich* (Methode); Ggs *neu (6)* **6** *ehemalig, früher* (Schüler); Ggs *neu (7)* **7** *nicht mehr frisch* (Lebensmittel, Ware); Ggs *neu (8)* **8** *aus früheren Zeiten stammend* (Möbel, Bilder); Ggs *neu (9)* **9** *überkommen, längst vergangen* (Mode, Technik); Ggs *neu (10)* **10** *traditionell, seit langem überliefert* (Sitten und Gebräuche); Ggs *neu (11)* **11** *einst bestehend, einst lebend* **12** *gebraucht, aus zweiter Hand* (Bücher) **13** *abgenutzt, abgetragen* (Kleider, Schuhe) ◆ ein viele Jahrhunderte altes **Bauwerk;** altes **Eisen** *unbrauchbare Gegenstände,* ⟨fig.; umg.⟩ *nicht mehr arbeitsfähige Menschen;* ein alter **Freund** von mir *ein langjähriger, lieber Freund;* die alten **Germanen,** Griechen, Römer *Germanen, Griechen, Römer in der Antike;* immer die alte **Geschichte,** Leier, Platte! ⟨fig.; umg.⟩ *immer dasselbe!;* alte Geschichten aufwärmen ⟨fig.; umg.⟩ *oft Wiederholtes erzählen;* ein alter **Hase** (auf diesem Gebiet) *ein erfahrener Fachmann;* die alten **Leute;** ein alter **Lehrer** von mir *ein früherer Lehrer, jmd., der vor langer Zeit mein Lehrer war;* sie ist eine alte **Liebe** von mir *ich habe sie in meiner Jugend geliebt; ich habe sie schon immer geliebt;* ein alter **Meister** *Künstler des Mittelalters od. dessen Werk;* der Alte **Orient** *die Kultureinheit Ägyptens, Palästina-Syriens, Kleinasiens, Mesopotamiens u. der iran. Hochebene zwischen 3000 v. Chr. bis etwa zur Zeitenwende;* das Alte **Testament** ⟨Abk.: AT⟩ *der erste, ältere, hebräisch geschriebene Teil der Bibel, der die Zeit der Propheten vor der Geburt Jesu beschreibt;* in alter **Weise** ein Fest begehen *nach überkommenem Brauch;* die Alte **Welt** *Europa, im Unterschied zur Neuen Welt (Amerika)* ◆ wir **bleiben** die Alten *immer gute Freunde od. dieselben, unverändert;* sich (noch nicht) alt **fühlen; sein:** er ist immer der Alte *derselbe, unverändert;* er ist 20 Jahre alt; das Kind ist noch nicht 1 Jahr alt ◆ **auf** seine alten Tage *im Alter;* beliebt **bei** Alt und Jung *bei allen, jedermann beliebt;* **in** alter Freundschaft ◆ **wie** alt sind Sie? [< ahd. *alt,* engl. *old*]

**Alt** ⟨m. 1; unz; Mus.⟩ **1** *die tiefe Stimmlage bei Frauen und Knaben bzw. jungen Männern* **2** = *Altstimme* **3** = *Altist(in)* **4** *Gesamtheit der Altstimmen im Chor* ◆ sie hat einen sehr schönen Alt; sie singt (im) Alt [< ital. *alto* „hoch"; urspr. zur Bez. einer hohen Männerstimme]

**Alt...** ⟨in Zus.⟩ *aus dem Amt ausgeschieden u. noch lebend,* z. B. Altbundespräsident

**Altar** ⟨m. 1u⟩ ► *Opferstein, Opferstätte, blockartiger Platz zur Opferdarbringung* ◆ ein Mädchen zum Altar führen ⟨fig.⟩ *es heiraten* [< ahd. *altari, altar(e), altre, alter,* engl. *altar* < lat. *altare* „Opfertisch"]

**Altbau** ⟨m.; -(e)s, -ten⟩ *vor dem 20. 6. 1948 fertig gestellter Wohnbau;* Ggs *Neubau (1)*

**altdeutsch** ⟨Adj.⟩ **1** ⟨Gesch.⟩ alles Deutsche vor der Reformation betreffend, charakterisierend **2** ⟨Kunstgewerbe⟩ *dem Stil der dt. Renaissance nachgeahmt*

**Alte(r)** ⟨f. 30 (m. 29)⟩ *alte Frau, Greisin bzw. alter Mann, Greis* ◆ der Alte ⟨umg.⟩ *der Chef;* die Alten *die alten Leute;* ⟨umg.⟩ *die Eltern, die Vorfahren;* komische Alte ⟨Theat.⟩ *Rollenfach der „typischen" absonderl. alten Frau;* Alte und Junge

**altenglisch** ⟨Adj.⟩ *den Zeitraum der altenglischen Sprache betreffend, aus ihm stammend, zu ihm gehörig* ◆ altenglische **Sprache** *älteste Entwicklungsstufe der engl. Sprache von etwa 500-1100 n. Chr.;* Sy *angelsächsische Sprache*

**Alter** ⟨n. 13; unz.⟩ **1** *Zeitdauer, die seit der Entstehung eines Lebewesens verstrichen ist* **2** *Lebenszeit, Zeit des Bestehens eines Gegenstandes (z. B. eines Kunstwerkes)* **3** *der spätere Teil des Lebens, Lebensabend* ◆ Alter eines **Baumes;** Alter einer **Münze** ◆ dem Alter den Vortritt **lassen** *alte Leute vorangehen lassen, zuerst bedienen;* **sein:** er ist in meinem Alter *so alt wie ich* ◆ **biblisches** Alter *sehr hohes A.* ◆ **für** sein Alter ist das Kind schon recht gewandt *wenn man seine Jugend berücksichtigt;* **im** besten Alter *in den Lebensjahren, in denen man schon gereift, aber noch rüstig u. unternehmend ist;* im zarten Alter von fünf Jahren

ALRAUNE
*(Mandragora officinarum)*

**Alter Ego** ⟨n.; - -; unz.⟩ **1** *das andere Ich, zweites Ich* **2** ⟨fig.⟩ *treuer Freund* [lat., „das andere Ich"]

**altern** ⟨V. i.; ist; selten a.: hat⟩ **1** *(sichtlich) alt werden* (Lebewesen) **2** *die ursprüngl. Beschaffenheit verändern* (Metalle, Aromen, Weine) ◆ er ist früh gealtert

**alternativ** ⟨Adj.⟩ **1** *zwischen zwei Möglichkeiten, Dingen usw. abwechselnd, wahlweise, wechselweise* **2** ⟨fig.⟩ *anders als die Übrigen, anders als üblich* (Lebens-, Ernährungsweise) **3** *eine ablehnende Haltung gegenüber bestimmten gesellschaftl. Erscheinungen (z. B. der wachsenden Technisierung, Umweltverschmutzung) einnehmend* ◆ alternative Gruppen; alternative Politik; alternative Partei [< frz. *alternatif* „abwechselnd"; zu lat. *alter* „der andere"]

**Alternative** ⟨[-və] f. 19⟩ *Wahl, Entscheidung zwischen zwei Möglichkeiten, Dingen usw.* ◆ vor einer Alternative stehen [frz., „Wahl zwischen zwei Dingen"; zu lat. *alter* „der andere"]

**alternieren** ⟨V. i.; hat⟩ **1** ⟨allg.⟩ *wechseln, abwechseln zwischen zweien* **2** ⟨Metrik⟩ *regelmäßig zwischen einsilbiger Hebung und Senkung wechseln* **3** ⟨Math.⟩ *das Vorzeichen wechseln* ◆ alternierendes Fieber *Wechselfieber;* alternierende Reihe ⟨Math.⟩ *Reihe mit wechselnden Vorzeichen der einzelnen Glieder;* alternierender Strom *Wechselstrom* [< frz. *alterner* „regelmäßig abwechseln"; zu lat. *alter* „der andere"]

**Altersheilkunde** ⟨f. 19⟩ = *Geriatrie*

**Altersheim** ⟨n. 11⟩ *Heim, in dem alte Menschen leben u. betreut werden*

**Altersklasse** ⟨f. 19⟩ **1** ⟨zusammenfassende Bez. für⟩ *Personen etwa gleichen Alters;* Sy *Altersstufe* **2** ⟨Forstw.⟩ *nach dem Alter zusammengefasster Waldbestand*

**Altersschwäche** ⟨f. 19; unz.⟩ *die in höherem Alter auftretende Abnahme der körperl. u. geistigen Kräfte;* Sy *Senilität*

**Altersstufe** ⟨f. 19⟩ = *Altersklasse (1)*

**Altertum** ⟨n. 12u; unz.⟩ *der Zeitraum von den Anfängen menschlicher Kultur bis etwa zum Untergang des weströmischen Reiches* ◆ klassisches Altertum = *Antike*

**altertümlich** ⟨Adj.⟩ **1** *für vergangene Zeiten typisch* **2** *aus alter Zeit stammend* **3** *im Stil einer vergangenen Zeit* (Gebäude, Schreibweise)

**Ältestenrat** ⟨m. 1u⟩ **1** ⟨bei Naturvölkern⟩ *Gruppe der Ältesten eines Gemeindewesens zur Regelung des gesellschaftlichen Lebens* **2** ⟨in der BRD⟩ *aus dem Präsidium des Bundestages u. weiteren 23 Bundestagsmitgliedern zur Unterstützung des Präsidenten gebildeter Ausschuss*

**altfranzösisch** ⟨Adj.⟩ *den Zeitraum der altfranzösischen Sprache betreffend, aus ihm stammend, zu ihm gehörig* ◆ altfranzösische Sprache *älteste Entwicklungsstufe der französ. Sprache von der Mitte des 9. Jh. bis etwa 1350*

**Altgeige** ⟨f. 19; Mus.⟩ = *Bratsche*

**Altgrad** ⟨m. 1; bei Zahlenangaben Pl.: -; Zeichen: °⟩ *Maßeinheit für den ebenen Winkel, im Unterschied zum Neugrad der 360. Teil des Vollkreises;* → a. *Grad*

**altgriechisch** ⟨Adj.⟩ *den Zeitraum der altgriechischen Sprache betreffend, daraus stammend, dazu gehörig* ◆ altgriechische Sprache ⟨Sprachw.⟩ *älteste Entwicklungsstufe der griechischen Sprache in der Antike bis zum 5. Jh. n. Chr.*

**althochdeutsch** ⟨Adj.⟩ *den Zeitraum der althochdeutschen Sprache betreffend, zu ihm gehörig, aus ihm stammend* ◆ althochdeutsche Sprache *die mittel- u. oberdt. Mundarten vom Beginn der schriftl. Überlieferung (etwa 500-1050)*

**Althochdeutsch** ⟨n.; - od. -s; unz.; Sprachw.⟩ *die althochdeutsche Sprache*

**Altist** ⟨m. 16; Mus.⟩ *Knabe od. junger Mann mit Altstimme;* Sy *Alt (3)*

**Altistin** ⟨f. 22; Mus.⟩ *Sängerin mit Altstimme;* Sy *Alt (3)*

**Altklarinette** ⟨f. 19; Mus.⟩ = *Bassetthorn*

**altklug** ⟨Adj.⟩ *frühreif u. vorlaut*

**Altmeister** ⟨m. 3⟩ **1** ⟨urspr.⟩ *Vorsteher einer Innung* **2** ⟨allg.⟩ *ältester u. bedeutendster Vertreter eines Faches (z. B. der Wissenschaft, der Kunst, des Sports)* ◆ Altmeister Goethe; Altmeister der Turner

**Altmetall** ⟨n. 11⟩ *alte, gebrauchsunfähige Gegenstände aus Metall, aus denen durch Umschmelzen wieder neuwertiges Metall gewonnen wird;* Sy *Schrott (2)*

ALTAR IN EINER KATHOLISCHEN KIRCHE IN IRLAND, 19. JH.

A

**altmodisch** ⟨Adj.⟩ *nicht der augenblickl. Mode entsprechend, unmodern, rückständig, veraltet* (Möbel, Kleidung, Ansichten)

**altnordisch** ⟨Adj.⟩ *den Zeitraum der altnordischen Sprache betreffend, aus ihm stammend, zu ihm gehörig* ◆ altnordische Sprache *die nordischen Dialekte (Altisländisch und Altnorwegisch, Altschwedisch und Altdänisch) in ihrer ältesten Form vom 9. Jh. bis etwa 1530*

ALTWEIBER-KNOTEN

**Altphilologie** ⟨f.; -; unz.⟩ *Wissenschaft von den Sprachen des klass. Altertums (Altgriechisch, Latein), klassische Philologie*

**altrosa** ⟨Adj.; undekl.⟩ *dunkelrosa, rosa mit leicht bläulichem Schimmer*

**Altruismus** ⟨m.; -; unz.⟩ *durch hohe Rücksicht auf andere gekennzeichnete Denk- und Handlungsweise, Selbstlosigkeit, Uneigennützigkeit;* Ggs *Egoismus* [< frz. *altruisme* „Nächstenliebe"; zu lat. *alter* „der andere"]

**Altruist** ⟨m. 16⟩ *selbstloser, uneigennütziger Mensch;* Ggs *Egoist* [< frz. *altruiste* „Menschenfreund"; zu lat. *alter* „der andere"]

**altruistisch** ⟨Adj.⟩ Ggs *egoistisch* **1** *selbstlos, uneigennützig* **2** *bereit, für andere Opfer zu bringen*

**Altschlüssel** ⟨m. 5; Mus.⟩ *in der Notenschrift die beiden C-Schlüssel, Bratschen- u. Tenorschlüssel*

**Altstadt** ⟨f. 7u⟩ *ältester Teil einer Stadt;* Ggs *Neustadt*

**Altsteinzeit** ⟨f. 20; unz.⟩ *älteste Stufe menschl. Kulturentwicklung, vom ersten Auftreten des Menschen am Ende des Tertiärs bis zum Ende der Eiszeit;* Sy *Paläolithikum*

**Altstimme** ⟨f. 19; Mus.⟩ *Knaben- od. Frauenstimme in tiefer Lage;* Sy *Alt (2)*

**Altweiberknoten** ⟨m. 4; Mar.⟩ ▲ *unrichtig geknüpfter Knoten, der bei Beanspruchung nicht hält;* ► *Knoten*

**Altweibersommer** ⟨m. 3⟩ **1** *vom Wind getragene Spinnfäden im Spätsommer, fliegender Sommer* **2** *warme Tage im Spätsommer*

**Alu** ⟨n.; - od. -s; unz.; kurz für⟩ *Aluminium*

**Alufolie** ⟨[-liə] f. 19; kurz für⟩ *Aluminiumfolie*

**Aluminium** ⟨n.; -s; unz.; Chem.; Zeichen: Al⟩ *chem. Element, silberweißes Leichtmetall;* Sy ⟨kurz⟩ *Alu* [zu lat. *alumen* „Alaun"]

**Aluminiumfolie** ⟨[-liə] f. 19⟩ *auf ganz geringe Dicke ausgewalztes Reinaluminium für Verpackungszwecke, Isolationen usw.;* Sy ⟨kurz⟩ *Alufolie*

**Alveolar** ⟨[-ve-] m. 1⟩ = *Dental*

**Alveole** ⟨[-ve-] f. 19; Med.⟩ *Hohlraum in Zellen u. Geweben (z. B. Zahnfach, Lungenbläschen)* [< lat. *alveoli*, Verkleinerungsform zu *alveus* „Höhlung"]

**Alzheimerkrankheit,** ⟨auch⟩ **Alzheimer-Krankheit** ⟨f. 20; unz.; Med.⟩ *unaufhaltsam voranschreitendes, meist zwischen dem 50. u. 60. Lebensjahr auftretendes, starkes Nachlassen der geistigen Fähigkeiten bis zum gänzlichen Verfall der Persönlichkeit u. völliger Pflegebedürftigkeit durch bisher nicht geklärten Hirngewebsschwund* [nach dem dt. Neurologen Alois *Alzheimer*, 1864-1915]

**am** ⟨Verschmelzungsform von Präp. + Art.⟩ *an dem* ◆ ⟨zur Bildung des Superl.⟩ das ist am schönsten; er hat am besten gespielt; ⟨zeitlich⟩ am Abend; am Montag, den 15. Mai; am Tage vorher; ⟨örtlich⟩ jmdn. am Arm führen; am Ende der Straße; am Fluss; am Fuße des Berges; Frankfurt am Main ⟨Abk.: a. M.⟩; am Griff anfassen; am angeführten (od. angegebenen) Ort ⟨Abk.: a. a. O. (bei Zitaten aus Büchern u. Ä.)⟩; ⟨zur Zeit stattfindender Vorgang⟩ er ist am Schreiben ⟨umg.⟩ *er ist mit Schreiben beschäftigt, er schreibt gerade*

**a. m.** ⟨Abk. für lat.⟩ *ante meridiem (vor dem Mittag)*

**Am** ⟨Chem.; Zeichen für⟩ *Americium*

**Amalgam** ⟨n. 11⟩ **1** *Legierung von Quecksilber u. anderen Metallen* **2** ⟨Zahnmed.⟩ *Dentallegierung des Quecksilbers mit über 50 % Silber* [< arab. *al-malgham* < grch. *malagma* „Erweichung"]

**Amarelle** ⟨f. 19⟩ *eine Art Sauerkirsche* [< ital. *amarello;* zu lat. *amarus* „bitter"]

**Amaretto** ⟨m.; -s, -s od. -retti⟩ *ital. Mandellikör* [zu ital. *amaretto* „etwas bitter"]

**Amaryllis** ⟨f.; -, -ryllen⟩ *Angehörige einer Gattung der Amaryllisgewächse, den Liliengewächsen ähnl., einkeimblättrige Staude* [zu grch. *amaryssein* „glänzen"]

**Amateur** ⟨[-tøːr] m. 1⟩ *jmd., der eine Beschäftigung aus Liebhaberei, nicht berufsmäßig betreibt* ◆ er spielt Fußball nur als Amateur; ein Amateur auf seinem Gebiet sein [frz., „Liebhaber, Verehrer, Freund"]

**Amaurose** ⟨f. 19⟩ *schwarzer Star*[2] [zu grch. *amauros* „dunkel"]

**Amazone** ⟨f. 19⟩ **1** ⟨grch. Myth.⟩ ▼ *Angehörige eines berüchtigten, kriegerischen Frauenvolkes in Kleinasien* **2** ⟨Reitsp.⟩ *Springreiterin* ◆ Amazonenspringen *Springpferdeprüfung für Reiterinnen* [< grch. *ammazon* < *a* „nicht" + *mazos* „weibl. Brust"]

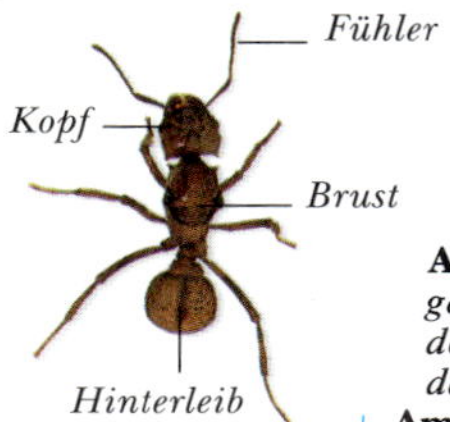


AMEISE

**ambi..., Ambi...** ⟨in Zus.⟩ *doppel..., Doppel..., nach beiden Seiten* [< lat. *ambo* „beide"]

**Ambiente** ⟨n.; -s; unz.; geh.⟩ **1** *Umgebung, Umwelt, Milieu* **2** ⟨Kunst⟩ *Umgebung einer Gestalt eines Kunstwerks (Licht, Gegenstände u. a.)* ◆ das Lokal hat ein besonderes, italienisches, orientalisches Ambiente [ital., < lat. *ambi* „um herum"]

**Ambiguität** ⟨f. 20⟩ *Doppelsinn, Zwei-, Mehrdeutigkeit* [< lat. *ambiguitas*]

**Ambition** ⟨f. 20⟩ *Ehrgeiz, Bestrebung* ◆ in dieser Richtung habe ich keine Ambitionen [< lat. *ambitio* „regelmäßige Bewerbung um ein Amt, Ehrgeiz"]

**ambitioniert** ⟨Adj.⟩ *ehrgeizig, strebsam*

AMAZONE WIRD VON DEM GRIECHISCHEN HELDEN ACHILLES GETÖTET

**ambivalent** ⟨[-va-] Adj.⟩ *doppelwertig* (von Gefühlen) [< lat. *ambo* „beide" + *valere* „gelten"]

**Ambivalenz** ⟨[-va-] f. 20⟩ **1** *Doppelwertigkeit, Zwiespältigkeit* **2** *Möglichkeit bei Gefühlen, ihr Gegenteil mit einzuschließen, z. B. Hassliebe* [< lat. *ambo* „beide" + *valere* „gelten"]

**Amboss** ⟨m. 1⟩ **1** *eiserner Block mit ebener Fläche, auf dem der Schmied das Eisen schmiedet* **2** ⟨Anat.⟩ *das mittlere der drei Gehörknöchelchen* [< ahd. *anaboz* < *ana* „an, zu, auf" + *bozzan* „stoßen, schlagen"]

**Ambra** ⟨f. 10 od. m. 6⟩ *wohlriechendes Stoffwechselprodukt aus dem Darm des Pottwals, das in der Parfümerie verwendet wird (heute zumeist durch synthetische Stoffe ersetzt)* [< arab. *anbar* „Ambra"]

**Ambrosia** ⟨f.; -; unz.⟩ **1** ⟨grch. Myth.⟩ *Speise der Götter, der sie ihre Unsterblichkeit verdanken* **2** ⟨fig.⟩ *köstl., wohlschmeckende Speise* [zu grch. *ambrosios* „unsterblich"]

**ambulant** ⟨Adj.⟩ Ggs *stationär* **1** *von Ort zu Ort herumziehend, wandernd* **2** *nicht ortsgebunden* **3** ⟨Med.⟩ *während der Sprechstunde, d. h. ohne Krankenhausaufenthalt* ◆ ambulante Behandlung; ambulantes Gewerbe; ambulanter Handel

**Ambulanz** ⟨f. 20; urspr.⟩ **1** *leicht bewegl. Feldlazarett* **2** *Station im Krankenhaus für ambulante Behandlung* **3** *fahrbare Einrichtung für ärztliche Untersuchungen, Krankenwagen* [zu lat. *ambulare* „einher-, umhergehen"]

**Ameise** ⟨f. 19; Zool.⟩ ◄ *Angehörige einer zu den Hautflüglern gehörenden Familie Staaten bildender Insekten: Formicidae;* ► *Insekten* [< ahd. *ameiza*]

**Ameisenbär** ⟨m. 16; Zool.⟩ ►► *Angehöriger einer Familie zahnloser, Ameisen fressender Säugetiere Südamerikas: Myrmecophagidae;* Sy *Ameisenfresser;* ► *Säugetiere*

**Ameisenfresser** ⟨m. 3; Zool.⟩ ► = *Ameisenbär*

**Ameisengrille** ⟨f. 19; Zool.⟩ *Art der Grillen, die in Ameisennestern lebt: Myrmecophila acervorum*

**Ameisenigel** ⟨m. 5; Zool.⟩ *Angehöriger einer Ordnung der Schnabeligel, stacheliges Kloakentier Australiens, das Ameisen frisst: Echidnidae;* ► *Säugetiere*

**Ameisenjungfer** ⟨f. 21; Zool.⟩ *libellenähnl. Netzflügler, dessen Larve im Sand trichterförmige Gruben anlegt u. Ameisen fängt: Myrmeleonidae*

**Ameisensäure** ⟨f. 19; unz.⟩ *in Ameisen-, Bienengift u. Brennnesseln vorkommende Säure, chemische Formylsäure, Formel HCOOH*

**Amelkorn** ⟨n. 12u; unz.⟩ ► = *Emmer* [< ahd. *amar(o)* „Sommerdinkel" + *Korn;* → *Ammer*]

**Amen** ⟨n. 14⟩ **1** *Zustimmung der Gemeinde zu Rede, Segen, Gebet usw.* **2** *Gebets-, Segensschluss, aus der israelit. Rechtsordnung in den christl. u. islam. Gottesdienst übernommen* ◆ zu allem Ja und Amen sagen ⟨fig.⟩ *mit allem einverstanden sein; sich allem fügen;* das ist so sicher wie das Amen in der Kirche ⟨Sprichw.⟩ *ganz sicher, bestimmt* [< hebr. *amen* „wahrhaftig, so sei es"]

**Amenorrhö** ⟨f. 18⟩, **Amenorrhöe** ⟨[-røː] f. 19; Med.⟩ *Ausbleiben der Menstruation* [< *A...*[1] + *men* „Monat" + *rhein* „fließen"]

**Amentia** ⟨f.; -, -tien⟩, **Amenz** ⟨f.; -, -ien; Med.⟩ *vorübergehende geistige Verwirrtheit* [lat.]

**American Football** ⟨[əˈmɛrikən ˈfutbɔːl] m.; - -s; unz.; Sp.⟩ *amerikan. Mannschaftsspiel, eine Variante des Rugby;* Sy *Football* [engl., „amerikan. Fußball"]

**Americium** ⟨n.; -s; unz.; Chem.; Zeichen: Am⟩ *künstlich hergestelltes radioaktives Element;* oV *Amerizium* [nach *Amerika*]

A

**Amerikaner** ⟨m. 3⟩ **1** *Einwohner von Amerika* (Nordamerikaner, Südamerikaner) **2** ⟨umg.⟩ *annähernd halbkugelförmiges Gebäck mit Zucker- od. Schokoladenglasur auf der flachen Seite*

**Amerikanismus** ⟨m.; -, -men⟩ **1** *Eigentümlichkeit des amerikan. Englisch* **2** *in eine andere Sprache übernommene amerikan. Spracheigentümlichkeit* **3** *die Eigenart der Bevölkerung der USA in Geisteshaltung, Lebensstil, Kultur- u. Wirtschaftsformen*

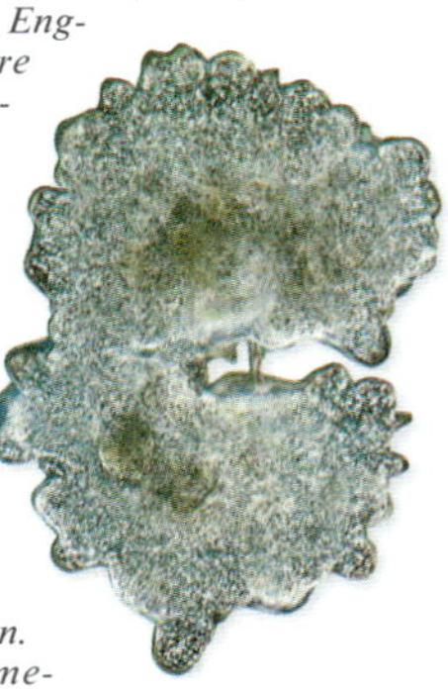

AMÖBE

**Amerikanistik** ⟨f. 20; unz.⟩ *Lehre von den Sprachen u. der Kultur der indian. Urbevölkerung Amerikas sowie der USA*

**amerikanistisch** ⟨Adj.⟩ *die Amerikanistik betreffend, zu ihr gehörend*

**Amerizium** ⟨n.; -s; unz.⟩ = *Americium*

**Amethyst** ⟨m. 1⟩ *violetter Halbedelstein, Abart des Quarzes;* ► *Schmucksteine* [< grch. *amethystos* < *A...*[1] + *methyein* „trunken sein" (galt als Talisman gegen Trunkenheit); verwandt mit *Met*]

**Amid** ⟨n. 11; Chem.⟩ *Derivat organischer Säuren, bei dem die Hydroxylgruppe der Carboxylgruppe durch eine Aminogruppe ersetzt ist,* z. B. Azetamid $CH_3 \cdot CONH_2$ [nach den beiden ersten Buchstaben von *Ammoniak* ]

**Amin** ⟨n. 11; Chem.⟩ *basisch reagierendes Derivat des Ammoniaks, bei dem ein od. mehrere Wasserstoffatome durch Alkyle od. Aryle ersetzt sind,* z. B. Methylamin, $CH_3NH_2$ [nach den beiden ersten Buchstaben von *Ammoniak*]

**Amino...** ⟨Chem.; in Zus.⟩ *die Aminogruppe* $-NH_2$ *enthaltend (organ. Verbindungen)*

**Aminosäure** ⟨f. 19; Chem.⟩ *Karbonsäure, die eine Aminogruppe im Molekül enthält, Baustein der Proteine, z. B. Aminoessigsäure*

**Amme** ⟨f. 19⟩ **1** *Mutter, die ein fremdes Kind stillt* **2** *Kinderfrau* [< mhd. *amme* „Mutter, insofern das Kind von ihr genährt wird, Amme" < ahd. *amma;* vermutl. Lallwort]

**Ammenmärchen** ⟨n. 14; fig.⟩ *unglaubwürdige Geschichte* ◆ erzähl mir doch keine Ammenmärchen!

**Ammer** ⟨f. 21; Zool.⟩ *Angehöriger einer Gattung der Finkenvögel: Emberiza* [< spätahd. *amaro* „Sommerdinkel"; → *Emmer*]

**Ammonchlorid** ⟨[-klo-] n. 11⟩ = *Ammoniumchlorid*

**Ammoniak** ⟨n. 11; unz.; Chem.⟩ *farbloses, stechend riechendes Gas, chem. Formel* $NH_3$ [< grch. *ammoniakon,* nach einer Pflanze, die in der Nähe des dem Jupiter *Ammon* geweihten Tempels in der Oase *Siwa* (in der Antike *Ammonione*) in Libyen wuchs]

**Ammonit** ⟨m. 16⟩ ► *ausgestorbener Kopffüßer mit sehr großen Kalkschalen, als Versteinerung erhalten;* Sy *Ammonshorn (1)* [nach den Widderhörnern des ägyptischen Gottes *Ammon*]

**Ammonium** ⟨n.; -s; unz.⟩ *die Atomgruppe* $NH_4$ [nach dem Gott *Ammon;* → *Ammoniak*]

**Ammoniumchlorid** ⟨[-klo-] n. 11; Chem.⟩ *anorgan. Verbindung aus Ammoniak u. Salzsäure, chem. Formel* $NH_4Cl$*, vielseitig verwendete Chemikalie, u. a. als Düngemittel, in Salmiakpastillen enthalten, wirkt als Hustenmittel;* oV *Ammonchlorid;* Sy *Salmiak*

**Ammoniumhydroxid** ⟨n. 11; unz.; Chem.⟩ *chem. falsche Bezeichnung für die wässrige Ammoniaklösung*

**Ammoniumsulfat** ⟨n. 11; Chem.⟩ *ein Ammoniumsalz, chem. Formel* $(NH_4)_2SO_4$*, u. a. wichtiger Stickstoffdünger*

**Ammonshorn** ⟨n. 12u⟩ **1** ► = *Ammonit* **2** *hornartig gekrümmter Teil im Großhirn der Säugetiere*

**Amnesie** ⟨f. 19; Med.⟩ *Gedächtnisstörung, (vorübergehender) Gedächtnisverlust* [< grch. *a* „nicht" + *mnesis* „Erinnerung"]

**Amnestie** ⟨f. 19⟩ *Straferlass, Begnadigung für eine Gruppe von Gefangenen* [< grch. *amnesteia* < *a* „nicht" + *mnestis* „Gedanken"]

**Amnionwasser** ⟨n. 13; unz.⟩ = *Fruchtwasser*

**Amniozentese** ⟨f. 19; Med.⟩ *Punktion der Fruchtblase für eine Fruchtwasseruntersuchung während der Schwangerschaft* [< *Amnion* + grch. *kentesis* „das Stechen"]

**Amöbe** ⟨f. 19⟩ ◄ *Angehörige einer Gruppe einfach gebauter, einzelliger Wurzelfüßer: Amoeboidae, Amoebozoae;* Sy *Wechseltierchen* [< grch. *amoibe* „Wechsel"]

**Amok** ⟨m. 6; unz.; Psych.⟩ *plötzlicher Anfall von Geistesgestörtheit, der mit einem unkontrollierten Ausbruch von Aggressivität einhergeht* ◆ Amok laufen infolge einer Geistesstörung blindwütig u. unkontrolliert mit einer Waffe um sich schießen u. dabei andere Menschen schwer verletzen od. töten [< mal. *amuk* „Wut; wütend"]

**a-Moll** ⟨n.; -; unz.; Mus.; Abk.: a⟩ *auf dem Grundton a beruhende Moll-Tonart*

**Amor** ⟨m; -s; unz.; röm. Myth.⟩ *römischer Gott der Liebe* ◆ von Amors Pfeil getroffen werden ⟨fig.⟩ *sich verlieben*

**amoralisch** ⟨Adj.⟩ **1** *sich über die Moral hinwegsetzend* **2** *jenseits der Moralbegriffe* [< grch. *a* „nicht" + *Moral*]

AMEISENBÄR: GROSSER AMEISENBÄR (*Myrmecophaga tridactyla*)

**Amorette** ⟨f.19; bild. Kunst⟩ *der Liebesgott als geflügeltes Kind;* Sy *Eros (III)* [< ital. *amoretto,* Verkleinerungsform zu *amore* „Liebe"]

**amorph** ⟨Adj.⟩ **1** *formlos, gestaltlos* **2** *ohne Kristallform;* Ggs *kristallin* [< grch. *a* „nicht" + *morphe* „Gestalt"]

**Amortisation** ⟨f. 20⟩ Sy *Amortisierung* **1** *allmähl., planmäßige Abtragung (einer Schuld), Tilgung, Abschreibung* **2** *Kostendeckung, Abwerfen von Gewinn* [→ *amortisieren*]

**amortisieren** ⟨V.; hat⟩ **I** ⟨V. t.⟩ *tilgen, abschreiben* **II** ⟨V. refl.⟩ *Kosten wieder einbringen, Gewinn abwerfen* ◆ die Investition hat sich amortisiert [< mlat. *amortisare* < lat. *ad* „zu" + *mors,* Gen. *mortis* „Tod"]

**Amortisierung** ⟨f. 20⟩ = *Amortisation*

**amourös** ⟨[-mu-] Adj.⟩ **1** *eine Liebschaft betreffend, auf ihr beruhend* **2** *verliebt* ◆ amouröses Abenteuer; amouröse Beziehungen [< frz. *amoureux* „verliebt"]

**Ampel** ⟨f. 21⟩ **1** *Hängelampe in Form einer Schale* **2** *hängende Blumenschale* **3** *Lichtanlage zur Verkehrsregelung* (Verkehrsampel) [< ahd. *amp(ul)la* < lat. *ampulla* „kleine Flasche"; Verkleinerungsform zu *amp(h)ora;* verwandt mit *Eimer*]

**Ampere** ⟨[am'pɛ:r] n.; - od. -s, -; Zeichen: A⟩ *Maßeinheit der elektr. Stromstärke* [nach dem frz. Mathematiker u. Physiker André Marie *Ampère,* 1775-1836]

**Amperemeter** ⟨[ampɛ:r-] n. 13⟩ *Gerät zum Messen der elektr. Stromstärke;* Sy *Strommesser*

**Amphetamin** ⟨n.; -s; unz.⟩ *Weckamin mit zentral erregender Wirkung*

**Amphibie** ⟨[-biə] f. 19; Biol.⟩ ► *Tier, das im Wasser u. auf dem Land leben kann;* Sy *Lurch* [< grch. *amphibion* < *amphi* „zweifach" + *bios* „Leben"]

**amphibisch** ⟨Adj.⟩ **1** *in der Art der Amphibien, ihnen eigentümlich* **2** *im Wasser u. auf dem Land lebend, sich bewegend*

**Amphibolie** ⟨f. 19; Sprachw.⟩ **1** *Mehrdeutigkeit, Doppelsinn* **2** *sprachliche Formulierung, die mehrere Deutungen zulässt* [< grch. *amphi* „zweifach" + *ballein* „werfen"]

**Amphigonie** ⟨f. 19; unz.; Biol.⟩ *zweigeschlechtige Fortpflanzung durch Ei u. Samenzelle;* Ggs *Monogenese, Monogonie* [< grch. *amphie* „zweifach" + *gone* „Erzeugung"]

**Amphioxus** ⟨m.; -; unz.⟩ *niedrigste Form der Wirbeltiere, auf dem Meeresgrund lebend;* Sy *Lanzettfisch* [< grch. *amphi* „von beiden Seiten, von allen Seiten" + *oxys* „scharf"]

**Amphitheater** ⟨n. 13; in der Antike⟩ *Theater unter freiem Himmel mit kreisrundem od. elliptischem Grundriss u. ansteigenden Sitzreihen* [< grch. *amphitheatron* < *amphi* „auf allen Seiten, um ... herum" + *theatron* „Schauspielhaus"]

**Amphore** ⟨f.; -, -n⟩ ► *griechische Vase in Form eines Kruges mit zwei Henkeln* [< lat. *amphora* < grch. *amphoreus* „Gefäß mit einem Henkel auf beiden Seiten" < *amphi* „auf beiden Seiten" + *pherein* „tragen"; verwandt mit *Ampel, Ampulle, Pulle*]

**Amplitude** ⟨f. 19⟩ *größter Ausschlag eines Schwingungsvorgangs* [frz., „Umfang in Länge u. Breite"]

**Ampulle** ⟨f. 19⟩ **1** *bauchiges Gefäß, bauchige Flasche* **2** *zugeschmolzenes Glasröhrchen mit sterilen Lösungen zum Einspritzen* **3** *kolbenartig erweiterter Teil röhrenförmiger Organe (Mastdarm, Eileiter)* ◆ Kind aus der Ampulle ⟨umg.⟩ *durch künstl. Besamung entstandenes Kind* [< lat. *ampulla* „kleine Flasche"]

**Amputation** ⟨f. 20; Chir.⟩ *operative Entfernung eines Körpergliedes* [< lat. *amputatio* „das Abschneiden"]

**amputieren** ⟨V. t.; hat; Chir.⟩ *durch Operation abtrennen* (Körperglied) [< lat. *amputare* „ringsum beschneiden, abschneiden"]

**Amsel** ⟨f. 21⟩ *Singvogel, bei dem die Männchen schwarzes Gefieder mit gelbem Schnabel, die Weibchen graubraunes Gefieder mit braunem Schnabel haben;* Sy *Merle, Schwarzdrossel* [< ahd. *ams(a)la,* engl. *ousel*]

**Amt** ⟨n. 12u⟩ **1** *fester, dauernder Aufgabenkreis im Dienste anderer, Stellung, Beruf* **2** *fest umrissene, auferlegte Tätigkeit* **3** ⟨fig.⟩ *Aufgabe, Pflicht* **4** *Gebäude, in dem ein Amt erledigt wird, Diensträume* (Finanzamt, Postamt) **5** *staatl. Verwaltungsbezirk aus mehreren Gemeinden* **6** *Vermittlungsstelle des Fernmeldedienstes der Post* (Fernamt) **7** ⟨kath. Kirche⟩ *die gesungene Messe* (Hochamt) ◆ das Amt des **Bürgermeisters** ausüben ◆ ein Amt **antreten;** ein Amt **ausüben,** bekleiden, innehaben, versehen; sich um ein Amt **be-**

AMMONIT

A

## AMPHIBIEN

Die Amphibien sind die ältesten Vertreter der Vertebraten an Land, deren mehr als 4500 Arten sich aus Larven bzw. Kaulquappen in erwachsene Tiere verwandeln. Im Laufe dieser Metamorphose verlieren sie ihre äußeren Atmungsorgane, die Kiemen, und entwickeln inwendige Lungen, wobei sie jedoch den größten Teil des Sauerstoffs über ihre schleimige Haut aufnehmen. Die drei wichtigsten Gruppen bilden die Schwanz- und Froschlurche sowie die im Gegensatz zu diesen beinlosen, schlangenartigen Blindwühlen, deren größte Art die bis zu 1,5 m langen Wurmwühlen sind.

SCHWANZLURCHE
(Molche, Salamander)
► *Molche, Salamander*

APODA
(Blindwühlen)

FROSCHLURCHE
(Frösche, Kröten, Unken)
► *Frösche, Kröten*

werben; jmdn. in ein Amt **einführen,** einweisen, einsetzen; jmdn. seines Amtes **entheben** *ihn absetzen;* sein Amt **niederlegen;** seines Amtes **walten** *seine amtl. Pflichten ausüben* ◆ **Auswärtiges** Amt ⟨Pol.; Abk.: AA⟩ *Außenministerium;* **öffentliches** Amt *begrenzter Aufgabenkreis der Staatsgewalt od. Selbstverwaltung* ◆ **im** Amt bleiben, sein; in Amt und Würden sein ⟨umg.⟩ *ein Amt u. die damit verbundenen Rechte haben;* **kraft** seines Amtes *aufgrund seiner Amtsgewalt;* etwas **von** Amts wegen bekannt machen, untersagen, verbieten, verkünden; ich bin von Amts wegen hier *amtlich, in öffentl. Auftrag* [< ahd. *ambaht(i)* „Dienst, Amt"]

**amtieren** ⟨V. i.; hat⟩ *in einem Amt tätig sein, die Amtsgeschäfte führen*

**amtlich** ⟨Adj.⟩ **1** *auf einem Amt beruhend, von einem Amt stammend* **2** *von Amts wegen, nicht privat* **3** *aufgrund der Amtsgewalt* ◆ amtliche Bescheinigung; ist das amtlich? ⟨umg.⟩ *offiziell, verbürgt, feststehend*

**Amtmann** ⟨m. 2u; Pl. a.: -leute⟩ **1** *Beamter der Bezirksverwaltung* **2** *Beamter des gehobenen Dienstes in Verwaltung od. Justiz*

**Amtsarzt** ⟨m. 1u⟩ *von einer Behörde angestellter Arzt (im Beamtenverhältnis), der bestimmte amtl. Zeugnisse ausstellt*

**Amtsdeutsch** ⟨n.; -; unz.⟩ *geschraubtes, unlebendiges Deutsch der Ämter u. Behörden, Kanzleideutsch*

**Amtsgericht** ⟨n. 11⟩ *unterstes Gericht der deutschen Gerichtsbarkeit*

**Amtsrichter** ⟨m. 3⟩ *Richter an einem Amtsgericht*

**Amtssprache** ⟨f. 19⟩ **1** *offizielle Sprache (eines Staates)* **2** ⟨in internationalen Organisationen⟩ *zur Verständigung der Mitglieder untereinander dienende Sprache*

**Amtstracht** ⟨f. 20⟩ *feierl. Kleidung (Barett, Talar) einiger Beamtengruppen (Geistliche, Richter, Universitätsprofessoren) bei bestimmten öffentl. Amtshandlungen*

**Amulett** ⟨n. 11⟩ *kleiner Gegenstand, der als vermeintl. Zauberschutzmittel gegen böse Mächte am Körper getragen wird (meist um den Hals)* [< lat. *amuletum* „Speise, Brei aus Kraftmehl"; volksetymol. bezogen auf *amoliri* „abwenden"]

**amüsant** ⟨Adj.; -er, am -esten⟩ *unterhaltsam, belustigend* [< frz. *amusant* „unterhaltend, belustigend"]

**Amüsement** ⟨[-mã] n. 15⟩ *Belustigung, Unterhaltung, heiterer Zeitvertreib* [< frz. *amusement* „Unterhaltung, Belustigung"]

**amüsieren** ⟨V. t.; hat⟩ *unterhalten, belustigen, vergnügen* ◆ die Geschichte hat mich amüsiert; wir haben uns prächtig, königlich ⟨umg.⟩ amüsiert [< frz. *amuser* „unterhalten, belustigen"]

**amusisch** ⟨Adj.⟩ *ohne Kunstverständnis, ohne Sinn für Kunst;* Ggs *musisch (2)* [< grch. *a* „nicht" + *musisch*]

**Amyl** ⟨n. 11; Chem.⟩ *einwertiger aliphatischer Kohlenwasserstoffrest, chem. Formel $C_5H_{11}$* [< grch. *amylon* „Stärke" + *hyle* „Stoff"]

**Amylalkohol** ⟨m. 1; unz.⟩ *im Fuselöl vorkommender, giftiger Alkohol, chem. Formel $C_5H_{11} \cdot OH$;* Sy *Pentanol*

**amylo..., Amylo...** ⟨in Zus.⟩ *stärke..., Stärke...* [< grch. *amylon* „Stärke"]

**an I** ⟨Präp. m. Dat. u. Akk.⟩ **1** ⟨örtlich⟩ **1.1** *dicht bei, nahe, auf, in, bei* **1.2** *von einem Ort, einem bestimmten Punkt aus* **2** ⟨zeitlich⟩ *mit einem bestimmten Zeitpunkt beginnend, zu einer bestimmten Zeit* **3** ⟨mit Zahlenangaben⟩ *etwa, ungefähr* **4** *mit, mithilfe* **5** *bestimmt für* **6** ⟨umg.; kurz für⟩ *anschalten, angeschaltet* **7** ⟨umg.; kurz für⟩ *angezogen, bekleidet mit* ◆ geh an deine **Aufgaben!** ⟨umg.⟩ *beschäftige dich mit deinen A.!;* ⟨nahe⟩ an der **Autobahn;** er wohnt an der **Bahnhofstraße** ⟨schweiz.⟩ *in der B.;* Lehrer an einer **Berufsschule** sein *dort beschäftigt sein;* ich habe eine **Bitte,** Frage an dich *die B., F. ist für dich bestimmt;* ein **Brief** an ihn; an **Entkräftung** sterben *infolge;* an den **Fingern** abzählen; an **Gott** glauben; bis an den **Hals** im Wasser stehen; dort steht **Haus** an Haus; sie ist noch jung an **Jahren;** von **Jugend,** Kindheit an; an einer **Krankheit** leiden *verursacht durch;* an **Krücken** gehen; das **Licht** ist an; an (die) 100 **Mark;** von 5 Mark an aufwärts; an (die) 200 **Menschen;** 14.30 an **München** ⟨auf Fahrplänen⟩ *Ankunft in München;* Frankfurt an der **Oder** ⟨Abk.: a. d. O.⟩; der **Ort,** an dem er starb; Dekan an der **Philosophischen Fakultät;** du bist an der **Reihe;** an der **Sache** ist kein wahres Wort; an einem heißen **Sommertag;** an **Stelle** = *anstelle;* an der gleichen Stelle; jmdn. an der **Stimme** erkennen; etwas an die **Tafel** schreiben; der **Tag,** an dem ...; an die **Tür** klopfen; es ist an der **Zeit,** zu ... ◆ es **fehlt** ihm an der nötigen Ausdauer; ich weiß nicht, was du an ihm **findest;** es **liegt** nur an ihm *er ist schuld;* **sein:** jetzt ist es an dir, zu handeln *es ist deine Aufgabe* ◆ von **heute** an; von **hier** an ◆ **ohne** etwas an *unbekleidet* **II** ⟨Adv.⟩ ab und an *ab und zu, hin und wieder;* an und für sich *eigentlich, genau genommen* [< ahd. *ana* „an, in, auf", engl. *on*]

**an...** ⟨Vors.⟩ **1** ⟨zur Bez. des Befestigens, Annäherns, Berührens⟩ anbinden, angrenzen, anhängen **2** ⟨Richtung auf etwas od. jmdn. hin⟩ jmdn. anschreiben, antippen; einen Punkt anpeilen **3** ⟨Beginn einer Handlung, eines Vorgangs⟩ anstimmen, anfaulen **4** ⟨Verstärkung, Zuwachs⟩ anschwellen, anbauen, anhäufen **5** ⟨Eindringlichkeit, Genauigkeit⟩ sich etwas anhören, ansehen

**an...**[1], **An...**[1] ⟨Vors.⟩ = *a...*[1], *A...*[1]

**an...**[2], **An...**[2] ⟨Vors.⟩ = *ana..., Ana...*

**ana..., Ana...** ⟨vor Vokalen⟩ an...[2], An...[2] ⟨Vors.⟩ **1** *auf, hinauf* **2** *zurück* **3** *wieder* **4** *nach Art von* [grch.]

**Anabolie** ⟨f. 19⟩ **1** = *Anabolismus* **2** *Erwerb neuer Merkmale in der Individualentwicklung* [< grch. *anabole* „Erdaufwurf"]

**Anabolikum** ⟨n.; -s, -lika⟩ *den Aufbaustoffwechsel fördernder Wirkstoff* [< grch. *anabole* „Erdaufwurf"]

**Anabolismus** ⟨m.; -; unz.⟩ *Aufbaustoffwechsel;* Sy *Anabolie (1)* [→ *Anabolikum*]

**Anachronismus** ⟨[-kro-] m.; -, -men⟩ **1** *Zeitwidrigkeit* **2** ⟨in der Dichtung⟩ *das Verlegen von Erscheinungen der Gegenwart in die Vergangenheit* [zu grch. *anachronizein* „in eine andere Zeit versetzen"; zu *chronos* „Zeit"]

**anachronistisch** ⟨[-kro-] Adj.⟩ *zeitlich falsch eingeordnet, in den betreffenden Zeitabschnitt nicht hineingehörend*

**anaerob** ⟨[-a|e-] od. [-ɛ-] Adj.; Chem.⟩ *in Abwesenheit von Sauerstoff ablaufend, lebend;* Ggs *aerob (2)* ◆ anaerober Stoffwechsel; anaerobe Mikroorganismen [< grch. *an* „nicht" + lat. *aer* „Luft" + grch. *bios* „Leben"]

AMPHORE:
GRIECHISCHE AMPHORE
DES 6. JH. v. CHR.

**Anagramm** ⟨n. 11⟩ *Buchstabenversetzrätsel, Wortumbildung durch Buchstaben- od. Silbenversetzung,* z. B. Lampe – Palme [< grch. *anagramma;* zu *anagraphein* „umschreiben"]

**Anakoluth** ⟨n. 11 od. m. 1; Gramm.⟩ *folgewidrige Fortsetzung einer angefangenen Satzkonstruktion, wird oft als Stilmittel gebraucht* [< grch. *an* „nicht" + *akolouthein* „folgen"]

**Anakonda** ⟨f. 10; Zool.⟩ ►► *südamerikanische, ungiftige Riesenschlange, die an den Gewässern des nördlichen Südamerika zu finden ist: Eunectes murinus;* ► *Schlangen*

**anal** ⟨Adj.⟩ *den After betreffend, in seiner Nähe liegend* [zu lat. *anus* „After"]

**Analeptikum** ⟨n.; -s, -tika; Pharm.⟩ *Anregungsmittel für den Kreislauf, z. B. Koffein, Kampfer, Belebungsmittel* [zu grch. *analeptikos* „wiederherstellend"]

**analgetisch** ⟨Adj.⟩ *schmerzstillend* [zu grch. *analgetos* „unempfindlich, schmerzlos“]

**analog** ⟨Adj.⟩ **1** *entsprechend, ähnlich, sinngemäß (anwendbar)* **2** analoges Signal *kontinuierliches Signal, als physikalische Größe dargestelltes Signal* **3** ⟨Phys.⟩ *durch die gleichen mathematischen Beziehungen darstellbar* [< grch. *analogos* < *ana* „gemäß“ + *logos* „Vernunft“]

**Analog-Digital-Wandler** ⟨m. 3⟩ *elektronisches Gerät zur Umwandlung einer kontinuierlich veränderbaren Gleichspannung in eine digitale Form zur direkten Weiterverarbeitung z. B. in Digitalrechnern;* Ggs *Digital-Analog-Wandler*

**Analogie** ⟨f. 19⟩ **1** *Ähnlichkeit, Entsprechung* **2** *sinngemäße Anwendung, Übertragung*

**Analogierechner** ⟨m. 3⟩ = *Analogrechner*

**Analogrechner** ⟨m. 3; EDV⟩ *Rechenanlage auf der Grundlage des Analogieprinzips, die mit kontinuierlichen Größen arbeitet;* Sy *Analogierechner*

**Analphabet** ⟨m. 16⟩ *des Lesens u. Schreibens Unkundiger* [< grch. *an* „nicht“ + *Alphabet*]

**analphabetisch** ⟨Adj.⟩ *Schreiben u. Lesen nicht beherrschend*

**Analyse** ⟨f. 19⟩ *Zergliederung eines Ganzen in seine Teile, genaue Untersuchung der Einzelheiten, Auflösung* ◆ qualitative Analyse ⟨Chem.⟩ *Bestimmung eines Stoffes nach Art seiner Bestandteile;* quantitative Analyse ⟨Chem.⟩ *Bestimmung eines Stoffes nach der mengenmäßigen Zusammensetzung;* spektrochemische Analyse = *Spektralanalyse* [< grch. *analysis* „Auflösung“]

**analysieren** ⟨V. t.; hat⟩ *eine Analyse machen von, in Einzelteile zerlegen, untersuchen*

**Analysis** ⟨f.; -; unz.; Math.⟩ **1** *Untersuchung der Lösung geometrischer Konstruktionsaufgaben* **2** *Gebiet, auf dem die Infinitesimalrechnung benutzt wird*

**Analytik** ⟨f.; -; unz.⟩ **1** *Lehre, Kunst od. Verfahren der Analyse* **2** ⟨Math.⟩ *zergliedernde, bes. rechner. Verfahren bei math. Problemen;* Ggs *Synthetik*

**analytisch** ⟨Adj.⟩ **1** *die Analyse betreffend, mit ihrer Hilfe* **2** *zergliedernd, in Einzelteile zerlegend* ◆ analytische **Chemie** *Teil der Chemie, der die Analyse zum Gegenstand hat;* analytische **Geometrie** *rechner. Geometrie, die geometr. Gebilde, wie Kurven u. Flächen, untersucht u. mithilfe von Funktionsgleichungen darstellt;* analytische **Sprachen** *S., in denen die Flexion durch mehrere Wörter ausgedrückt wird,* z. B. „ich habe gelesen“ im Unterschied zu lat. „legi“; Ggs *synthetische Sprachen*

**Anämie** ⟨f. 19; unz.; Med.⟩ *Mangel an roten Blutkörperchen* [< grch. *anaimia* „Blutlosigkeit“ < *an* „nicht“ + *haima* „Blut“]

**anämisch** ⟨Adj.; Med.⟩ = *blutarm (1)*

**Anamnese** ⟨f. 19⟩ **1** ⟨Med.⟩ *Vorgeschichte einer Krankheit* **2** ⟨bei Plato⟩ *Wiedererkennung der (vorgeburtlichen) Ideen* [< grch. *anamnesis* „Rückerinnerung“ < *ana* „zurück“ + *mimneskein* „erinnern“]

**Ananas** ⟨f.; -, - od. -se⟩ *in Mittelamerika heim. Gewächs, das in Plantagen angebaut wird: Ananas sativus* [< port. *ananas* < indian. (Tupi, Brasilien)]

**Ananym** ⟨n. 11⟩ *Deckname aus den rückwärts gelesenen (u. nicht od. nur wenig veränderten) Buchstaben des eigenen Namens,* z. B. Keisgreb aus Bergsiek [< grch. *ana* „gemäß“ + *onyma* „Name“]

**Anapäst** ⟨m. 1; Verslehre⟩ *Versfuß aus zwei kurzen u. einer langen Silbe* [zu grch. *anapaistos* „zurückgeschlagen“]

**Anapher** ⟨f. 21⟩, **Anaphora** ⟨f.; -, -rae [-rɛ:]; Lit.⟩ **1** *Wiederholung des Anfangswortes in aufeinander folgenden Sätzen od. Satzteilen,* z. B. „das Wasser rauscht, das Wasser schwoll“ **2** *sprachliche Einheit, die auf etwas Vorausgegangenes verweist,* z. B. „es“ in dem Satz „Das Essen war gut, es war jedoch zu reichhaltig.“ [< grch. *ana* „zurück“ + *pherein* „tragen“]

**anaphorisch** ⟨Adj.⟩ **1** ⟨Lit.⟩ *auf einer Anapher beruhend, in der Art einer Anapher* **2** *zurückverweisend*

**Anarchie** ⟨f. 19⟩ *Zustand der Gesetzlosigkeit, polit. Unordnung* [< grch. *anarchia* „Herrenlosigkeit“ < *an* „nicht“ + *arche* „Herrschaft“]

**anarchisch** ⟨Adj.⟩ *auf Anarchie beruhend*

**Anarchismus** ⟨m.; -; unz.⟩ *politische Lehre, die jede staatliche Ordnung ablehnt u. das menschliche Zusammenleben nur vom Willen u. von der Einsicht des Einzelnen bestimmt wissen will*

**Anästhesie** ⟨f. 19; unz.; Med.⟩ *Schmerzunempfindlichkeit, Betäubung von Schmerzen* [< grch. *an* „nicht“ + *aisthesis* „Empfindung“]

**Anästhesist** ⟨m. 16⟩ *Facharzt für Anästhesie, Narkosefacharzt*

ANAKONDA
*(Eunectes murinus)*

**Anästhetikum** ⟨n.; -s, -tika; Pharm.⟩ *Arzneimittel, das schmerzunempfindlich macht*

**Anatomie** ⟨f. 19⟩ **1** ⟨i. e. S.⟩ *Wissenschaft vom Körperbau der Pflanzen, Tiere u. des Menschen* **2** *wissenschaftliches Institut für anatomische Studien* **3** ⟨i. w. S.⟩ *Strukturbestimmung* **4** ⟨salopp⟩ *anziehende Körperformen* [zu grch. *anatemnein* „zerschneiden“]

**anatomisch** ⟨Adj.⟩ *die Anatomie betreffend, auf ihr beruhend, mit ihrer Hilfe*

**anbahnen** ⟨V.; hat; fig.⟩ **I** ⟨V. t.⟩ etwas anbahnen *beginnen, den Weg für etwas bereiten* **II** ⟨V. refl.⟩ sich anbahnen *sich eröffnen* ◆ neue Möglichkeiten bahnen sich an

**Anbau I** ⟨m. 1; unz.⟩ *Anpflanzung* (Getreideanbau) **II** ⟨m.; -(e)s, -ten⟩ *angebautes Nebengebäude*

**anbauen** ⟨V. t.; hat⟩ **1** *(in größerem Umfang) pflanzen, säen, aufziehen* (Feldfrüchte) **2** *dazu-, hinzubauen* ◆ eine Garage anbauen; Bücherregale zum Anbauen

**anbei** ⟨Adv.⟩ *beiliegend, beigefügt* ◆ anbei senden wir Ihnen ein Muster

**anbeißen** ⟨V. 105; hat⟩ **I** ⟨V. t.⟩ etwas anbeißen *in etwas beißen, hineinbeißen* (Brot) **II** ⟨V. i.⟩ **1** *den Köder annehmen* (Fisch) **2** ⟨fig.; umg.⟩ *sich verlocken, überreden lassen* ◆ als wir ihm Geld boten, bis er sofort an ⟨fig.⟩; hat was angebissen? (am Angelhaken)

**anberaumen** ⟨V. t.; hat⟩ *festsetzen* (Termin) ◆ eine Versammlung zum (auf den) 3. März anberaumen [< *an* + mhd. *beraumen* „festsetzen“; zu *ramen* „Vorschläge machen“]

**anbeten** ⟨V. t.; hat⟩ etwas od. jmdn. anbeten **1** *zu etwas od. jmdm. beten, durch Gebet verehren* (Gottheit) **2** ⟨fig.⟩ *sehr verehren, vergöttern* ◆ er betet seine Frau an ⟨fig.⟩

**Anbetracht** ⟨nur noch in der Wendung⟩ in Anbetracht *mit Rücksicht auf, im Hinblick auf* ◆ in Anbetracht der kritischen Situation

**Anbetung** ⟨f. 20; unz.⟩ **1** *Verehrung des Göttlichen, Heiligen* **2** *übertriebene Bewunderung*

**anbiedern** ⟨V. refl.; hat⟩ *sich jmdm. aufdrängen, in aufdringl. Weise jmds. Gesellschaft suchen, sich einschmeicheln*

**anbieten** ⟨V. 110; hat⟩ **I** ⟨V. t.⟩ **1** *darreichen* (Tasse Kaffee) **2** *zeigen, vorweisen (zum Verkauf), feilbieten* (Waren) **3** *zur Verfügung stellen* (Hilfe) **4** *(fragend) vorschlagen* **5** *drohen (mit)* ◆ er bot mir an, mich mit dem Wagen heimzufahren; jmdm. seine Dienste anbieten; darf ich Ihnen ein Glas Wein anbieten?; jmdm. eine lukrative Stellung anbieten **II** ⟨V. refl.⟩ sich anbieten *sich zur Verfügung stellen, sich aus eigenem Antrieb bereit erklären* ◆ die Gelegenheit bot sich an *war sehr günstig, passte gut*

**anbinden** ⟨V. 111; hat⟩ **I** ⟨V. t.⟩ *mit Faden, Schnur usw. befestigen* **II** ⟨V. i.; umg.⟩ mit jmdm. anbinden *Streit beginnen, Händel suchen* ◆ kurz angebunden sein *barsch, wortkarg sein*

**Anblick** ⟨m. 1⟩ **1** *das Anblicken* **2** *das, was man beim Anblicken sieht* **3** *das Aussehen des betrachteten Gegenstandes* **4** *das sich bietende Bild* ◆ ein herrlicher Anblick bot sich uns; bei ihrem Anblick erschrak er

**anblicken** ⟨V. t.; hat⟩ etwas od. jmdn. anblicken **1** *ansehen, anschauen* **2** *den Blick zu etwas od. jmdn. hinwenden*

**anbrechen** ⟨V. 116⟩ **I** ⟨V. t.; hat⟩ **1** *zu verbrauchen beginnen* (Vorrat) **2** *das erste Stück abbrechen, zu essen beginnen* (Brot, Tafel Schokolade) **3** *das erste Glas ausschenken* (Flasche) **4** *nicht ganz durchbrechen* (Holzstab, Knochen, Bein, Arm) **II** ⟨V. i.; ist⟩ *beginnen, anfangen* (Tag, Nacht) ◆ bei anbrechender Nacht

**anbrennen** ⟨V. 117⟩ **I** ⟨V. i.; ist⟩ **1** *anfangen zu brennen* **2** *sich am Boden des Kochtopfes ansetzen* (Speisen) ◆ das Holz brannte endlich an; Milch brennt leicht an **II** ⟨V. t.; hat⟩ *zum Brennen, Glühen, Leuchten bringen* (Kerze, Lampe, Zigarette usw.), *anzünden* ◆ sich eine Zigarette anbrennen

**anbringen** ⟨V. t. 118; hat⟩ **1** *herbeibringen, herbeitragen* **2** *befestigen, festmachen, anmachen, installieren* **3** *machen, hinzufügen* (Änderungen, Verbesserungen) **4** *absetzen, verkaufen* (Waren) **5** *vortragen, äußern, mitteilen* (Klage, Beschwerde) **6** ⟨süddt.⟩ *loswerden* (Gegenstand) ◆ ich konnte meine Bitte nicht anbringen *es ergab sich keine Gelegenheit, sie zu äußern;* an der Wand muss noch eine Lampe angebracht werden

**Anchovis** ⟨[-ʃo:vis] od. [-ço:vis] f.; -, -⟩ = *Anschovis*

**Andacht** ⟨f. 20⟩ **I** ⟨unz.⟩ **1** *geistige u. seel., bes. religiöse Versenkung* **2** *feierl., ehrfürchtige Stimmung, innere Sammlung* ◆ jmds. Andacht (nicht) stören **II** ⟨zählb.⟩ **1** *kurzer Gottesdienst* **2** *stille, religöse Feier* (Morgenandacht, Abendandacht) ◆ eine Andacht halten [→ *denken*]

**andächtig** ⟨Adj.⟩ *geistig u. seel. tief versunken, ehrfürchtig-still, ehrfürchtig-aufmerksam* ◆ andächtig lauschen, zuhören

**andante** ⟨Adv.; Mus.⟩ *gehend, ruhig (zu spielen)* ◆ andante con moto *gehend, (doch) mit Bewegung* [ital., „gehend“]

**andauern** ⟨V. i.; hat⟩ **1** *lange dauern, anhalten, nicht aufhören* ◆ die Verhandlungen dauerten über 12 Stunden an

**andauernd** ⟨Adj.⟩ **1** *dauernd, ununterbrochen, unaufhörlich* **2** ⟨umg.; adv.⟩ *immerzu, immer wieder* ◆ durch den andauernden Regen droht eine Überschwemmung; sie fragt andauernd dasselbe

**Andenken** ⟨n. 14⟩ **I** ⟨unz.⟩ *Gedenken, Gedächtnis, Erinnerung* **II** ⟨zählb.⟩ *Geschenk zur Erinnerung, Erinnerungsstück* ◆ ich schicke dir das Foto zum Andenken an unsere Reise; der Ring ist ein Andenken an meine Mutter

**andere(r, -s)** ⟨unbest. Pron.⟩ oV *andre(r, -s)* **1** *nicht diese(r, -s), nicht der-, die-, dasselbe* **2** *der, die, das zweite, verschiedene* ◆ ein and(e)rer/⟨wenn qualifizierend im Sinne von „ein Andersartiger" auch⟩ And(e)rer; die and(e)ren/⟨wenn qualifizierend im Sinne von „die Andersartigen" auch⟩ And(e)ren; wir, ihr and(e)ren; jeder andere ist mir lieber; ein anderes **Mal** komme ich mit; ich bin anderer **Meinung;** anderen **Tags** *am nächsten Tag;* dort herrscht ein anderer **Ton** *ein strengerer Ton* ◆ ich habe ihn eines anderen **belehrt** *habe ihm seinen Irrtum nachgewiesen;* sich eines anderen **besinnen** *seine Meinung ändern* ◆ **kein** anderer kann das besser; und **vieles** andere mehr ◆ **am** anderen Tag *am nächsten Tag;* **auf** ein anderes Mal!; das ist **etwas** and(e)res/⟨wenn qualifizierend im Sinne von „etwas Andersartiges" auch⟩ And(e)res; **mit** anderen Worten: ...; immer einer **nach** dem anderen! *immer der Reihe nach!;* es blieb ihm **nichts** anderes/⟨wenn qualifizierend im Sinne von „nichts Andersartiges" auch⟩ Anderes übrig, als zu ...; entweder das eine **oder** das andere!; einen Tag **um** den anderen *jeden zweiten Tag;* ein Mal ums andere *jedes zweite Mal;* **und** andere(s) ⟨Abk.: u.a.⟩; und anderes mehr ⟨Abk.: u.a.m.⟩; **unter** anderem ⟨Abk.: u.a.⟩ habe ich auch Schuhe gekauft; es kam eins **zum** anderen, und am Schluss war eben das Unglück passiert [< ahd. *andar,* engl. *other*]

**anderenfalls** ⟨Adv.⟩ *im anderen Falle, sonst;* oV *andernfalls* ◆ Sie müssen pünktlich kommen, anderenfalls bekommen Sie keine Eintrittskarte mehr

**andererseits** ⟨Adv.⟩ *auf der anderen Seite, hingegen, wenn man (aber) berücksichtigt;* oV *andrerseits* ◆ auf der einen Seite möchte ich ins Kino gehen, andererseits müsste ich aber noch arbeiten

**andermal** ⟨Adv.⟩ *anderes Mal* ◆ wir treffen uns ein andermal wieder

**ändern** ⟨V.; hat⟩ **I** ⟨V. t.⟩ *anders machen, eine andere Form, ein anderes Aussehen geben* ◆ ich will mir das **Kleid** ändern (lassen); seine **Meinung,** seine Pläne ändern; die **Richtung** ändern; das ändert allerdings die **Sache;** das ändert nichts an der **Tatsache,** dass ... *trotzdem bleibt die Tatsache bestehen, dass ...* **II** ⟨V. refl.⟩ sich ändern *anders werden* ◆ das Wetter ändert sich

**andernfalls** ⟨Adv.⟩ = *anderenfalls*

**anders** ⟨Adv.⟩ **1** *auf andere Weise* **2** *unterschiedlich* **3** *verändert, nicht so wie früher od. wie üblich* **4** *außer, außerdem, noch, sonst* ◆ jemand anders; anders **Denkende(r)** = *Andersdenkende(r)* ◆ anders **ausgedrückt** *mit anderen Worten;* **aussehen:** sie sieht (ganz) anders aus als ihre Schwester; ich **denke** anders (als ihr); das **klingt** schon anders ⟨umg.⟩ *besser;* das **macht** man anders; sich eine Sache anders **überlegen** *den Entschluss ändern* ◆ sie muss um diese Zeit **irgendwo** anders gewesen sein; ich habe es **nicht** anders erwartet; wenn es nicht anders geht ...; ich konnte nicht anders als ihn (höflich) empfangen; **wem** anders sollte ich vertrauen, wenn nicht dir?; **wer** anders könnte es gewesen sein?

**andersartig** ⟨Adj.⟩ *anders geartet, von anderer Art* ◆ ein ganz andersartiger Charakter

**Andersdenkende(r)** ⟨f. 30 (m. 29)⟩ *jmd., der anders denkt als man selbst, bes. in relig. u. polit. Hinsicht;* oV *anders Denkende(r)*

**anderswo** ⟨Adv.⟩ = *woanders*

**anderthalb** ⟨Num.⟩ *einundeinhalb* ◆ anderthalb Stunden *eine u. eine halbe Stunde;* dieses Haus ist anderthalbmal so groß wie jenes

**Änderung** ⟨f. 20⟩ **1** *das Ändern, Veränderung, Umgestaltung, Abwandlung* **2** *Wechsel, Tausch* **3** *Neuerung* ◆ Änderungen vorbehalten (im Programm); eine Änderung an einem Kleid vornehmen lassen ⟨besser⟩ *etwas (daran) ändern lassen;* ist eine Änderung im Befinden des Kranken eingetreten?

**anderweitig** ⟨Adj.⟩ *auf andere Weise* [eigtl. „zum anderen, d.h. zweiten Mal"; zu mhd. *weide* „Fahrt, Reise"]

**andeuten** ⟨V. t.; hat⟩ etwas andeuten **1** *einen versteckten Hinweis geben, vorsichtig zu verstehen geben, ahnen lassen, auf etwas anspielen, vorsichtig, versteckt ankündigen* **2** *bezeichnen, durch Zeichen kenntlich machen* ◆ er hat so etwas angedeutet, als ob er heute Abend kommen wollte; den Weg durch Fähnchen auf der Landkarte andeuten

ANEMONE:
BUSCHWINDRÖSCHEN
*(Anemone nemorosa)*

**Andeutung** ⟨f. 20⟩ **1** *Anspielung, Hinweis, kurze Bemerkung, Erwähnung* **2** *schwache Bezeichnung* **3** *Vorzeichen, Anzeichen* ◆ sich in Andeutungen ergehen

**andeutungsweise** ⟨Adv.⟩ *(nur) in Andeutungen, als Andeutung* ◆ er sprach andeutungsweise von seiner Absicht

**andocken** ⟨V. t.; hat⟩ *ankoppeln* ◆ ein Raumschiff dockt an

**Andrang** ⟨m.; -(e)s; unz.⟩ **1** *das An- u. Herandrängen, -strömen* (Wellen) **2** *Wallung, heftiger Zustrom* (Blutandrang) **3** *Gedränge, drängender Zustrom einer Menschenmenge* ◆ am Tag der Premiere herrschte großer Andrang an der Kasse

**andre(r, -s)** ⟨unbest. Pron.⟩ = *andere(r, -s)*

**Andreaskreuz** ⟨n. 11⟩ *Kreuz aus gleich langen, weiß-roten, diagonal verlaufenden Balken mit spitzen Winkeln nach oben und unten (als Warnkreuz an Bahnübergängen)* [nach dem Apostel *Andreas,* der an einem solchen Kreuz den Tod erlitten haben soll]

**andrehen** ⟨V. t.; hat⟩ **1** *zu drehen beginnen* (Kurbel) **2** *durch Drehen in Bewegung setzen* (Motor) **3** *ein-, ausschalten* (Heizung, Licht) **4** ⟨umg.⟩ *anfangen, zuwege, zustande bringen* ◆ jmdm. etwas andrehen ⟨umg.⟩ *jmdm. etwas betrügerisch od. wider dessen Willen verkaufen;* wem willst du das andrehen? ⟨umg.⟩; jmdm. eine Arbeit andrehen ⟨umg.⟩ *jmdn. zu einer Arbeit überreden, zu der man selbst keine Lust hat*

**andrerseits** ⟨Adv.⟩ = *andererseits*

**androgyn** ⟨Adj.⟩ *zweigeschlechtig, zwitterhaft* [< grch. *aner,* Gen. *andros* „Mann" + *gyne* „Weib"]

**Androgynie** ⟨f. 19; unz.⟩ *Zweigeschlechtigkeit, Zwittertum*

**androhen** ⟨V. t.; hat⟩ jmdm. etwas androhen *jmdm. mit etwas drohen, ihm etwas drohend in Aussicht stellen* (Prügel, Strafe, Vergeltungsmaßnahmen)

**Androide** ⟨m. 17⟩ *künstlicher Mensch* [< grch. *aner,* Gen. *andros* „Mensch" + *eides* „ähnlich"]

**Andrologie** ⟨f.; -; unz.; Med.⟩ = *Männerheilkunde* [< grch. *aner,* Gen. *andros* „Mann" + *logos* „Lehre, Kunde"]

**andrücken** ⟨V. t.; hat⟩ *an etwas od. jmdn. drücken, festdrücken* ◆ ein Pflaster fest andrücken

**anecken** ⟨V. i.; ist⟩ **1** *an eine Ecke stoßen, anstoßen* **2** ⟨fig.; umg.⟩ *Anstoß, Missfallen erregen* ◆ pass auf, dass du mit dem Tablett nicht aneckst!; ich bin bei ihm angeeckt ⟨fig.; umg.⟩

**aneignen** ⟨V. refl.; hat⟩ sich etwas aneignen **1** *sich zu Eigen machen, in Besitz nehmen, Besitz ergreifen (von)* **2** *lernen* (Sprache) ◆ sich Kenntnisse aneignen

**aneinander** ⟨Adv.⟩ *einer an den anderen* ◆ wir haben während der Arbeit oft aneinander gedacht; wegen Meinungsverschiedenheiten mit jmdm. aneinander geraten *in Streit geraten;* die Grundstücke grenzten aneinander; Zugwaggons aneinander hängen; sie hingen aneinander *liebten sich, waren unzertrennlich;* aneinander vorbeireden *sich gegenseitig missverstehen*

**Anekdote** ⟨f. 19⟩ *kurze, witzige, unbeglaubigte, aber charakterist. Erzählung od. Begebenheit, meist eine bekannte Persönlichkeit betreffend* ◆ Anekdoten erzählen [< grch. *an* „nicht" + *ektodon* „herausgegeben"]

**Anemone** ⟨f. 19; Bot.⟩ ◄ *Angehörige einer Gattung der Hahnenfußgewächse: Anemone* [< grch. *anemone* < *anemos* „Wind"]

**anerkannt** ⟨Adj.⟩ **1** *bewährt, von gutem Ruf, unbestritten* (Fachmann) **2** *zugelassen, bestätigt* ◆ er ist auch in Fachkreisen anerkannt; staatlich anerkannte Prüfung

**anerkennen** ⟨V. t. 166; hat⟩ *bestätigen, als gültig, richtig bejahen, gelten lassen, würdigen, gutheißen, loben* ◆ wir erkennen es an, ⟨od.⟩ wir anerkennen es; eine **Forderung** anerkennen; ein **Kind** anerkennen *als das eigene Kind bestätigen;* die **Meinung** eines anderen anerkennen ◆ sich anerkennend **äußern**

**Anerkennung** ⟨f. 20⟩ **1** *Lob, Billigung* **2** *Bestätigung* **3** *Würdigung* ◆ in Anerkennung seiner Verdienste; jmdm. seine Anerkennung aussprechen

**anfachen** ⟨V. t.; hat⟩ **1** *durch Blasen zum Lodern bringen, schüren* (Feuer, Glut) **2** ⟨fig.⟩ *entzünden, wecken* (Hass, Leidenschaft) [→ *Fächer*]

**anfahren** ⟨V. 130⟩ **I** ⟨V. i.; ist⟩ *anfangen zu fahren* (Wagen) ◆ der Wagen macht beim Anfahren ein lautes, schepperndes Geräusch **II** ⟨V. t.; hat⟩ **1** etwas anfahren *heran-, herbeifahren* **2** jmdn. od. etwas anfahren *gegen jmdn. od. etwas fahren* ◆ einen Fußgänger aus Versehen anfahren

**Anfall** ⟨m. 1u⟩ **I** ⟨zählb.⟩ **1** *plötzliches Auftreten (einer krankhaften Erscheinung, Gemütsbewegung usw.)* **2** *Ausbruch* ◆ Anfall von Fieber, Schwermut, von Zorn, Heiterkeit **II** ⟨unz.⟩ **1** *Ertrag, Ausbeute* **2** *das, was anfällt, vorkommt, was zu erledigen ist* (Arbeitsanfall)

**anfallen** ⟨V. 131⟩ **I** ⟨V. t.; hat⟩ *überfallen, angreifen* ◆ sie wurde auf dem Heimweg angefallen **II** ⟨V. i.; ist⟩ *vorkommen, entstehen* ◆ wir werden sehen, wie viel Arbeit anfällt

**anfällig** ⟨Adj.⟩ *nicht widerstandsfähig, zu etwas neigend* ◆ anfällig gegen Erkältungen sein; er ist sehr anfällig für Schmeicheleien

**Anfang** ⟨m. 1u⟩ *etwas Erstes, Beginn, Grundlage, Ursprung, Ausgangspunkt* ◆ aller Anfang ist schwer ⟨sprichwörtl.⟩; der Anfang einer **Erzählung;** Anfang **März** kommt er zurück; Anfang nächster **Woche** ◆ **zu** Anfang hatte ich noch Schwierigkeiten ◆ **wer** macht den Anfang? *wer fängt an?*

**anfangen** ⟨V. 132; hat⟩ **I** ⟨V. t.⟩ **1** *beginnen, in Gang bringen* **2** *tun, machen* **3** *zuwege bringen* **4** *unternehmen* **5** *antreten* (Dienst, Stellung) **6** ⟨umg.⟩ *gründen* (Geschäft) ◆ hast du den **Brief** schon angefangen? ◆ etwas **geschickt,** schlau anfangen ◆ was soll ich **damit** anfangen?; ich kann **mit** ihr nichts anfangen *wir haben uns nichts zu sagen; haben keine Berührungspunkte* ◆ **was** fangen wir nun an?; sie weiß überhaupt nicht, was sie vor lauter Freude anfangen soll *tun, sagen soll* **II** ⟨V. i.⟩ **1** *den Anfang machen, beginnen* **2** *der Erste sein, den ersten Schritt tun* ◆ das fängt ja **gut** an! ⟨umg.; iron.⟩ ◆ **mit** einer Arbeit anfangen; der Unterricht fängt **um** 8 Uhr an ◆ **wer** fängt an? (beim Spiel)

**Anfänger** ⟨m. 3⟩ **1** *jmd., der anfängt, etwas zu lernen, der auf einem Gebiet nur geringe Kenntnisse besitzt, Neuling* **2** Anfänger! ⟨umg.; meist abwertend⟩ *ungeschickter Mensch* ◆ er ist noch ein blutiger Anfänger im Autofahren ⟨umg.⟩

**anfangs** **I** ⟨Adv.⟩ *zu Anfang, zuerst* ◆ anfangs waren die Kinder noch ziemlich schüchtern; anfangs ging alles gut **II** ⟨Präp. m. Gen.⟩ *am, zu Beginn* ◆ anfangs der Dreißigerjahre

**anfassen** ⟨V. t.; hat⟩ **1** *mit der Hand berühren* **2** *ergreifen, in die Hand nehmen* **3** ⟨fig.⟩ *behandeln, umgehen mit, in Angriff nehmen, unternehmen* ◆ das Kind hat den heißen **Ofen** angefasst ◆ jmdn. **hart** anfassen *ihn streng behandeln;* eine Sache **richtig,** verkehrt anfassen ◆ **mit** anfassen *helfen*

**anfechten** ⟨V. t. 133; hat⟩ **1** etwas anfechten *angreifen, bestreiten, Einspruch gegen etwas erheben* **2** jmdn. anfechten ⟨geh.⟩ *beunruhigen, bekümmern, in Versuchung bringen* ◆ ein Testament, Urteil anfechten; das ficht mich nicht an ⟨geh.⟩

**anfertigen** ⟨V. t.; hat⟩ *herstellen, (kunstgerecht) machen* (Kleider, Schriftstück) ◆ eine Arznei nach Rezept anfertigen

**anfeuchten** ⟨V. t.; hat⟩ *ein wenig feucht machen* (Schwamm, Briefmarke, Lippen)

**anfeuern** ⟨V. t.; hat⟩ **1** *Feuer machen in, anheizen, zum Brennen bringen* (Ofen) **2** ⟨fig.⟩ *kräftig ermuntern, ermutigen, durch Zuruf antreiben, anreizen*

**anflehen** ⟨V. t.; hat⟩ *flehend, inständig bitten* ◆ ich flehe dich an: tu es nicht; jmdn. um Hilfe anflehen

**Anflug** ⟨m. 1u⟩ **1** *das Heranfliegen* (von Vögeln, Flugzeugen) **2** ⟨Forstw.⟩ *Holznachwuchs aus angeflogenem, geflügeltem, leichtem Samen* **3** ⟨Min.⟩ *dünner Überzug bei manchen Mineralien* **4** ⟨fig.⟩ *Hauch, Spur, Andeutung, Kleinigkeit* ◆ beim Anflug auf die Stadt; mit dem Anflug eines Lächelns

**anfordern** ⟨V. t.; hat⟩ etwas anfordern *die Lieferung, Zusendung von jmdm. fordern* ◆ einen Bericht von jmdm. anfordern

**Anforderung** ⟨f. 20⟩ **1** *das Anfordern, Mahnung* **2** *Anspruch (an die Leistungsfähigkeit)* ◆ große, hohe Anforderungen stellen; die Anforderungen sind mir zu hoch

**Anfrage** ⟨f. 19⟩ *Frage, Erkundigung, Ersuchen, Bitte um Auskunft (auch im Parlament)* ◆ eine Anfrage **einbringen** (im Parlament) ◆ **große** Anfrage *durch besondere Wichtigkeit u. größere Anzahl von Unterzeichnern gekennzeichnete parlamentar. Anfrage;* **kleine** Anfrage *kurze parlamentar. Anfrage, die schriftl. beantwortet werden kann* ◆ eine Auskunft **auf** Anfrage erhalten

**anfreunden** ⟨V. refl.; hat⟩ *Freunde werden, Freundschaft schließen (mit)* ◆ sich mit etwas anfreunden ⟨umg.⟩ *sich an etwas gewöhnen, Gefallen an etwas finden*

**anfühlen** ⟨V. t.; hat⟩ *befühlen, fühlend untersuchen* ◆ jmdm. etwas anfühlen ⟨fig.⟩ *durch Gefühl merken, verstehen;* sich anfühlen *ein Gefühl (von etwas) vermitteln;* man fühlt es ihm an, dass er unglücklich ist; fühl den Stoff einmal an, wie weich er ist; sich weich, hart, rau anfühlen

**anführen** ⟨V. t.; hat⟩ **1** etwas anführen **1.1** *der Anführer von etwas sein, befehligen, leiten* (Expedition, Faschingszug) **1.2** *zitieren, wörtlich wiederholen* (Textstelle, Ausspruch) **1.3** *erwähnen, sich auf etwas berufen* (Buch, Schriftstück) **1.4** *mitteilen, an-, vorbringen* (Gründe) **2** jmdn. anführen **2.1** *listig hintergehen* **2.2** ⟨umg.⟩ *zum Besten halten, foppen* ◆ nach dieser beschwerlichen Expedition wollte er erstmal keine weiteren Grupen anführen; ich möchte hier ein Wort von Lessing anführen; da hat er dich schön angeführt! ⟨umg.⟩

**Anführungszeichen** ⟨Pl.⟩ *Zeichenpaar („"), das wörtlich wiederholte Aussprüche, Büchertitel, ironisch gemeinte Wendungen usw. anzeigt;* Sy ⟨umg.⟩ *Gänsefüßchen*

**Angabe** ⟨f. 19⟩ **1** *Aussage, Mitteilung* **2** *Erwähnung* **3** *Anweisung, Befehl, Anordnung* **4** ⟨Sp.; Tennis⟩ ► = *Aufschlag (2)* **5** ⟨umg.⟩ *Prahlerei, Aufschneiderei* **6** ⟨Gramm.⟩ freie Angabe *weglassbare Elemente in grammatisch vollständigen Sätzen* ◆ es **ist** alles nur Angabe, was er erzählt ⟨umg.⟩ ◆ können sie **genaue** Angaben über das gesamte Projektbudget machen?

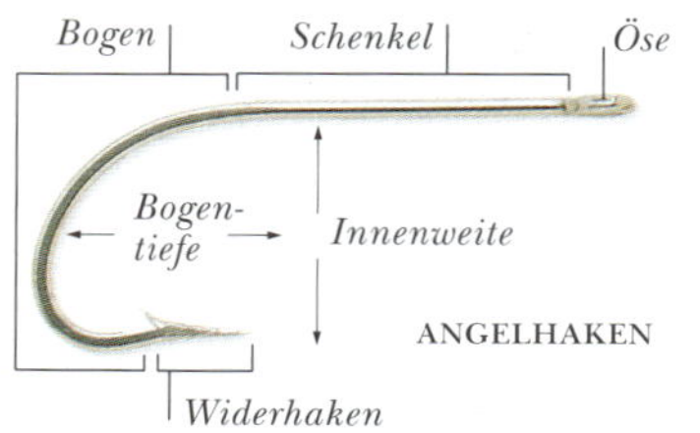

ANGELHAKEN

**angeben** ⟨V. 143; hat⟩ **I** ⟨V. t.⟩ **1** *sagen, aussagen, nennen, mitteilen* (Namen, Gründe) **2** *Auskunft geben über* **3** *zeigen, hinweisen auf* **4** *verraten, melden, denunzieren, anzeigen* **5** *behaupten* ◆ er gibt an, krank gewesen zu sein; den **Ton** angeben ⟨Mus.⟩ *das A anschlagen od. blasen zum Stimmen der Instrumente;* ⟨fig.⟩ *in einer Gesellschaft, Gemeinschaft bestimmen, führen* ◆ er **kann** nicht angeben, wer ihn niedergeschlagen hat ◆ er hat ihn **bei** der Polizei (als Zeugen) angegeben **II** ⟨V. i.⟩ **1** ⟨umg.⟩ *sich wichtig tun, prahlen, aufschneiden* **2** ⟨Kart.⟩ *geben* **3** ⟨Sp.; Tennis⟩ = *aufschlagen (I, 2)* ◆ gib bloß nicht so an! ⟨umg.⟩

**angeblich** ⟨Adj.⟩ *vermeintlich, vorgeblich, wie man behauptet, vorgibt* ◆ der angebliche Verfasser des Buches; er ist angeblich Musiker

**angeboren** ⟨Adj.⟩ *von Geburt an, von Natur aus, als Veranlagung vorhanden* (Eigenschaft, Krankheit) ◆ sein Taktgefühl ist angeboren *nicht anerzogen, ererbt*

**Angebot** ⟨n. 11⟩ **1** *Vorschlag aus eigenem Antrieb (etwas für einen anderen zu tun), freiwillige Bereiterklärung* **2** *Vorschlag (für Honorar, Preis, Stellung)* **3** *Gesamtheit der zum Verkauf stehenden Waren* **4** ⟨umg.⟩ *Sonderangebot* ◆ ein Angebot **ablehnen,** annehmen, ausschlagen; **machen** Sie mir ein Angebot! ◆ ich habe ein sehr **günstiges** Angebot bekommen ◆ Rindfleisch ist heute **im** Angebot ⟨umg.⟩ *besonders preiswert*

**angehen** ⟨V. 145⟩ **I** ⟨V. i.; ist⟩ **1** *anfangen, beginnen* (Theater, Vorstellung) **2** *anfangen zu brennen* (Feuer, Licht), *zu spielen* (Radio) **3** *leidlich, erträglich sein* ◆ es geht nicht an, dass ... *es ist nicht möglich, nicht schicklich;* dass er nicht gekommen ist, mag noch angehen, aber dass er sich nicht entschuldigt hat, ärgert mich sehr; das **Feuer** geht nicht an *ich bringe es nicht zum Brennen* ◆ **gegen** etwas od. jmdn. angehen *etwas oder jmdn. bekämpfen;* gegen eine Krankheit angehen **II** ⟨V. t.; hat⟩ **1** *herangehen an, angreifen* (Feind) **2** *in Angriff nehmen* (Arbeit) **3** *betreffen, anlangen* ◆ das geht mich **nichts** an *das betrifft mich nicht, damit will ich nichts zu tun haben*

**angehören** ⟨V. i.; hat⟩ jmdm. od. einer Sache angehören *zu jmdm. od. einer S. gehören, zu Eigen sein* ◆ einer Partei (als Mitglied) angehören

**Angehörige(r)** ⟨f. 30 (m. 29)⟩ **1** *jmd., der einer Gemeinschaft angehört* (Staatsangehörige(r)), *Mitglied (eines Vereins)* **2** *Verwandte(r)* (Familienangehörige(r)) ◆ meine Angehörigen *meine nächsten Verwandten*

**Angeklagte(r)** ⟨f. 30 (m. 29)⟩ *jmd., der einer Straftat beschuldigt ist u. gegen den das Gericht die Eröffnung des Hauptverfahrens beschlossen hat*

**Angel** ⟨f. 21⟩ **1** *Scharnier, drehbare Befestigung* (Türangel) **2** *Fischfanggerät aus Rute, Schnur, Vorfach u. Haken, an dem der Köder befestigt wird u. der Fisch beim Anbeißen hängen bleiben soll* **3** *Vorrichtung zum Schwimmenlernen aus einem vom Beckenrand über das Wasser ragenden Gerüst mit Seil u. Schwimmgürtel* **4** *Falle* (Fußangel) **5** ⟨Jägerspr.⟩ *Verlängerung der Klinge bei blanken Waffen (Weidmesser)* **6** ⟨Film; TV⟩ = *Giraffe (2)* [< ahd. *angul*, engl. *angle*]

**Angelegenheit** ⟨f. 20⟩ *Sache, Begebenheit, Geschehen, Fall* ◆ diese Angelegenheit muss heute noch erledigt, geregelt werden

**Angelhaken** ⟨m. 4⟩ ◄ *metallenes, hakenförmiges Endstück an einer Angel, an dem der (Fisch-)Köder befestigt wird*

**Angelika** ⟨f.; -, -liken; Bot.⟩ *Angehörige einer Gattung der Doldengewächse, deren Wurzeln arzneilich u. als aromat. Bittermittel verwendet werden: Angelica;* Sy *Engelwurz, Heiliggeistwurz, Zahnwurzel (2)*

**angeln** ⟨V. t. u. V. i.; hat⟩ *mit der Angel fischen* ◆ nach etwas angeln ⟨fig.⟩ *versuchen zu greifen, zu bekommen;* sich etwas, jmdn. angeln ⟨fig.; scherzh.⟩ *mit Mühe erreichen, fassen, für sich gewinnen*

**Angeln**[1] ⟨n.; -s; unz.⟩ ► *sportlich betriebenes Angeln*

**Angeln**[2] ⟨Pl.⟩ *germanischer Volksstamm in Schleswig, seit dem 5. Jh. in Britannien u. Thüringen*

**Angelsachsen** ⟨[-ks-] Pl.; Sammelbez. für⟩ *die germanischen Stämme der Angeln, Sachsen u. Jüten*

**angelsächsisch** ⟨[-ks-] Adj.⟩ **1** *die Angelsachsen betreffend, von ihnen stammend* **2** *den Britischen Commonwealth, bes. Großbritannien u. die USA, den engl. Sprachraum betreffend* **3** ⟨Sprachw.⟩ angelsächsische Sprache **3.1** *Sprache der Angelsachsen* **3.2** = *altenglische Sprache*

**angemessen** ⟨Adj.⟩ *passend, entsprechend* (Belohnung, Frist, Gehalt, Preis, Strafe) ◆ jmdn. angemessen entschädigen *in angemessener Weise*

**angenehm** ⟨Adj.⟩ **1** *erfreulich, erwünscht, willkommen* (Abwechslung, Besuch, Beschäftigung, Pflicht) **2** *verbindlich, freundlich, unaufdringlich* (Wesen, Benehmen) **3** *mild, heiter* (Wetter) **4** *fein, hübsch, gepflegt* (Äußeres) **5** *köstlich* (Geschmack) **6** *wohltuend*

A

## ANGELN

Zum Angeln braucht man eine Rute und möglichst auch eine Rolle mit aufgedrehter Leine. Damit kann man die Angel mit dem Köder weit ins Wasser hinauswerfen. Man unterscheidet verschiedene Arten zu angeln: Posenangeln mit natürlichem Köder, Angeln auf Raubfische mit Kunstködern, z. B. Spinner, Blinker und Wobbler, und das Angeln mit der künstlichen Fliege.

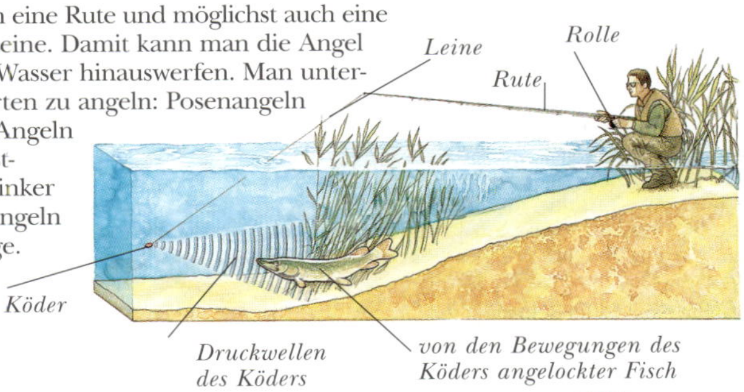


SÜSSWASSERANGELN

ANGELAUSRÜSTUNG

(Kühle) ◆ haben Sie eine angenehme **Fahrt,** Reise gehabt?; angenehme **Ruhe!** *(Grußformel beim Schlafengehen)* ◆ **sein:** Ihr Besuch ist uns jederzeit angenehm ◆ das Angenehme **mit** dem Nützlichen verbinden ⟨sprichwörtl.⟩

**angenommen** ⟨Adj.⟩ *wenn man annimmt, (dass) ...* ◆ angenommen, dass ... *vorausgesetzt, dass ...;* angenommen, ich hätte ...

**Anger** ⟨m. 3⟩ **1** *freier Grasplatz im Dorf* **2** *Weide, Wiese* **3** *Platz für Kadaver, Abdeckerplatz* (Schindanger) [< ahd. *angar*]

**angesehen** ⟨Adj.⟩ **1** *geachtet, geschätzt* (Persönlichkeit) **2** *gut eingeführt* (Firma) ◆ sehr angesehen sein (bei)

**Angesicht** ⟨n. 12 od. österr. a.: n. 11; Pl. selten; poet.⟩ **1** *Gesicht, Antlitz* **2** ⟨fig.⟩ *Anblick* ◆ im Schweiße meines Angesichts ⟨scherzh.⟩ *mit großer Mühe, Anstrengung* ⟨nach dem Bibelwort⟩; im Angesicht des Todes; jmdm. von Angesicht zu Angesicht gegenüberstehen

**angesichts** ⟨Präp. m. Gen.⟩ *gegenüber, im Hinblick auf* ◆ angesichts dieser Tatsache ist es besser; angesichts der erdrückenden Last von Beweisen

**angespannt** ⟨Adj.; -er, am -esten⟩ **1** *angestrengt* (Arbeit, Aufmerksamkeit), *aufmerksam* **2** *kritisch, von einer Krise bedroht* (Lage) **3** *die angespannte Versorgungslage der Nachkriegszeit* **4** *angespannt arbeiten, lauschen*

**Angestellte(r)** ⟨f. 30 (m. 29)⟩ *jmd., der gegen ein festes Gehalt bei einer Firma, Behörde (überwiegend geistig) arbeitet*

**angewöhnen** ⟨V. t.; hat⟩ *zur Gewohnheit machen* ◆ sich das Rauchen angewöhnen

**Angewohnheit** ⟨f. 20⟩ *Gewohnheit*

**Angina** ⟨f.; -, -ginen; Med.⟩ *mit Schwellung des Rachens u. der Mandeln verbundene, entzündl., fieberhafte Erkrankung des Halses* [lat., „Halsentzündung", eigtl. „Beklemmung"; verwandt mit *Angst, eng*]

**Angiospermen** ⟨Pl.; Bot.⟩ ► = *Bedecktsamer;* Ggs *Gymnospermen* [< grch. *angeion* „Gefäß" + *sperma* „Same"]

**angleichen** ⟨V. t. 153; hat⟩ *jmdm. od. etwas anderem ähnlich od. gleich machen, anpassen* ◆ die beiden Eheleute haben sich einander sehr angeglichen

**Angler** ⟨m. 3⟩ **1** *jmd., der angelt* **2** = *Anglerfisch*

**Anglerfisch** ⟨m. 1; Zool.⟩ *essbarer Seefisch mit angelköderartigem Kopfanhängsel zum Anlocken von Beutetieren;* Sy *Angler (2), Seeteufel*

**anglikanisch** ⟨Adj.; Rel.⟩ *die engl. Staatskirche betreffend, ihr angehörend* ◆ anglikanische Kirche *die engl. Staatskirche* [< mlat. *Anglicanus;* zu lat. *Angli* „die Angeln" (= *Engländer*)]

**Anglistik** ⟨f.; -; unz.⟩ *Lehre von der engl. Sprache u. Literatur*

**Anglizismus** ⟨m.; -, -men⟩ *in eine andere Sprache übernommene englische Spracheigentümlichkeit,* z. B. „einmal mehr" aus „once more" (= *noch einmal*)

**Angloamerikaner** ⟨m. 3⟩ **1** *Amerikaner engl. Abstammung* **2** ⟨Sammelbez. für⟩ *Engländer u. Amerikaner (bzgl. ihrer gemeinsamen Politik im 2. Weltkrieg)*

**angloamerikanisch** ⟨Adj.⟩ *die Angloamerikaner betreffend, von ihnen stammend*

**Angorakaninchen** ⟨n. 14⟩ *Mitglied einer Kaninchenrasse, deren seidiges Haar zu Angorawolle verarbeitet wird*

**Angorakatze** ⟨f. 19⟩ *Angehörige einer Katzenrasse mit langem, seidigem Haar von weißer, gelblicher od. grauer Färbung;* ► *Katzen* [nach der türk. Hauptstadt *Ankara,* früher *Angora*]

**Angoraziege** ⟨f. 19; Zool.⟩ ► *Angehörige einer Ziegenrasse mit langem Fell*

**angreifen** ⟨V. 158; hat⟩ **I** ⟨V. t.⟩ **1** *mit der Hand berühren, anfassen, in die Hand nehmen* **2** *tastend erkunden, anfühlen* **3** ⟨fig.⟩ *unternehmen, in Angriff nehmen, anfassen, anpacken* **4** *den Kampf beginnen, feindlich losgehen gegen, sich stürzen auf, überfallen, tätlich werden gegen* **5** *zu verbrauchen beginnen* (Ersparnisse, Vorräte) **6** *schwächen, ermüden, anstrengen* (Herz, Nerven, Gesundheit) **7** *beschädigen, zersetzen, fressen* (von Säuren, Rost) **8** *in Gemütsbewegung versetzen, innerlich bewegen, erregen, rühren* **9** *beleidigen, beschimpfen* **10** *scharf kritisieren, anklagen* ◆ ich kann das **Buch** nicht lesen, es greift mich zu sehr an ◆ eine Arbeit **geschickt** angreifen; der Redner wurde **heftig** angegriffen ◆ jmdn. **mit** dem Messer angreifen ◆ **was** er auch angreift, es gelingt ihm immer alles **II** ⟨V. refl.⟩ sich angreifen *sich anfühlen* ◆ der Stoff greift sich hart, weich an

**angrenzen** ⟨V. i.; hat⟩ an etwas angrenzen *an etwas grenzen, eine gemeinsame Grenze mit etwas haben* ◆ das (an unseren Garten) angrenzende Grundstück

**Angriff** ⟨m. 1⟩ **1** *das Angreifen* **2** *Beginn, Eröffnung des Kampfes, auch des sportl. Wettkampfes* **3** ⟨fig.⟩ *Beleidigung, Vorgehen gegen, Beschimpfung, Anklage, scharfer Vorwurf* ◆ einen Angriff abwehren, verhindern, zurückschlagen

**angriffslustig** ⟨Adj.⟩ *stets bereit anzugreifen, gerne in der Position des Angreifers* ◆ die Mannschaft spielt heute angriffslustig ⟨Sp.⟩

**angst** ⟨Adj.; urspr. Subst.; nur präd. u. adv.; in Verbindung mit den Verben „sein", „bleiben", „werden"⟩ *ängstlich (zumute)* ◆ mir ist angst (um ihn); → a. *Angst*

**Angst** ⟨f. 7u⟩ **1** *große Sorge, Unruhe* **2** *unbestimmtes, oft grundloses Gefühl des Bedrohtseins;* → a. *Furcht* ◆ die Angst (in sich) **bekämpfen,** unterdrücken; Angst **bekommen;** vor der Prüfung brauchst du keine Angst zu haben; jmdm. Angst **einjagen;** jmdm. Angst **machen;** jmdm. Angst und Bange machen ◆ es **mit** der Angst zu tun bekommen; Angst **um** jmdn. haben; Angst **vor** jmdm. od. etwas haben [< ahd. *angust*]

**Angsthase** ⟨m. 17; umg.; scherzh.⟩ *ängstlicher Mensch*

**ängstigen** ⟨V.; hat⟩ **I** ⟨V. t.⟩ *in Angst versetzen, Angst machen* **II** ⟨V. refl.⟩ sich ängstigen *Angst haben, sich große Sorgen machen* ◆ sich um jmdn. od. etwas ängstigen; sich vor jmdm. ängstigen; sich (im Dunkeln) zu Tode ängstigen ⟨fig.⟩

**ängstlich** ⟨Adj.⟩ **1** *angsterfüllt, voller Angst, schüchtern* (Kind) **2** *innerlich unruhig, sehr besorgt* **3** *peinlich genau, übertrieben gewissenhaft* ◆ mir wurde ängstlich zumute

**Angstschweiß** ⟨m. 1; unz.⟩ *vor Angst ausbrechender Schweiß* ◆ ihm bricht der Angstschweiß aus; der Angstschweiß steht ihm auf der Stirn

**angucken** ⟨V. t.; hat; umg.⟩ *anschauen*

**anhaben** ⟨V. t. 159; hat⟩ **1** etwas anhaben ⟨umg.⟩ *am Körper haben, tragen,* ⟨eigtl.⟩ *angezogen haben* (Kleidungsstücke) **2** jmdm. etwas anhaben können *schaden können* ◆ nur noch Schuhe und Strümpfe anhaben; er kann mir nichts anhaben

ANGORAZIEGE

**anhalten** ⟨V. 160; hat⟩ **I** ⟨V. i.⟩ **1** *stehen bleiben* (Fahrzeug) **2** *(fort)dauern* (Regen, Kälte) ◆ halten Sie an! *(Aufforderung an den Fahrer eines Fahrzeugs);* die Spannung hielt den ganzen Film hindurch an; der Zug hielt auf freier Strecke an; lang anhaltender Beifall, Regen **II** ⟨V. t.⟩ **1** *daneben halten, davor halten* **2** *an der Weiterbewegung hindern* **3** *zum Stehen bringen* (Uhr, Motor, Fahrzeug, einen Vorbeilaufenden) **4** *aushalten, weiterklingen lassen* (Ton) ◆ den **Atem,** die Luft anhalten ◆ jmdn. **zur** Arbeit anhalten; die Mutter hält die Kinder zur Höflichkeit an **III** ⟨V. refl.⟩ sich anhalten (an) *sich festhalten (an)* ◆ sich am Geländer anhalten

**Anhalter** ⟨m. 3⟩ *jmd., der ein Fahrzeug anhält und bittet, (kostenlos) mitfahren zu dürfen;* Sy *Tramper* ◆ per Anhalter fahren, unterwegs sein

ANHÄNGER

**anhand** ⟨Präp. m. Gen.⟩ *mithilfe* ◆ anhand seines Berichtes

**Anhang** ⟨m. 1u⟩ **1** *Zusatz, Beigabe* (bes. zu Schriftstücken) **2** *(erläuterndes od. ergänzendes) Schlusskapitel* **3** ⟨Anat.⟩ *Endstück* (Knochenanhang) **4** ⟨scherzh.; umg.⟩ *Familienmitglieder* **5** *Gesamtheit an Freunden, Bekannten (die stets mitgeführt werden)* ◆ die Anmerkung steht im Anhang; er ist samt Anhang erschienen

**anhängen** ⟨V. t. 161; hat⟩ **1** etwas an etwas anhängen **1.1** *einen Gegenstand so an etwas befestigen, dass er hängt* **1.2** *hinzufügen, beigeben* **2** jmdm. etwas anhängen ⟨fig.⟩ *jmdn. einer Sache beschuldigen, jmdm. etwas Unangenehmes nachsagen* **3** jmdm. eine Last, Arbeit anhängen *aufbürden* ◆ eine Endung an ein Wort anhängen; einen Wagen an den Zug anhängen

**Anhänger** ⟨m. 3⟩ **1** *Vertreter gleicher Interessen, Auffassungen od. Ziele* **2** *Mitglied, Glaubensgenosse* **3** *Schüler, Jünger* **4** *angehängtes Fahrzeug (bes. Last- od. Straßenbahnwagen)* **5** ▲ *an einer Kette zu tragendes Schmuckstück* **6** *Namen- od. Nummernzettel für Gepäckstücke* (Kofferanhänger) ◆ Anhänger einer Theorie, Bewegung, eines Politikers

**anhauchen** ⟨V. t.; hat⟩ *behauchen, leicht anblasen* ◆ jmdn. anhauchen ⟨umg.; scherzh.⟩ *anfahren, grob anreden;* (leicht) romantisch angehaucht ⟨scherzh.⟩ *mit einem Anflug von Romantik*

**anhäufen** ⟨V.; hat⟩ **I** ⟨V. t.⟩ *in Mengen sammeln, in Haufen zusammentragen, speichern* (Geld, Schätze, Vorräte, Waren) **II** ⟨V. refl.⟩ sich anhäufen *sich ansammeln, immer mehr werden*

**anheften** ⟨V. t.; hat⟩ *mit Nadeln, Klammern od. groben Stichen befestigen*

**anheim** ⟨Adv.⟩ **1** jmdm. anheim fallen *jmds. Eigentum werden* **2** jmdm. anheim geben *jmdm. überlassen, übergeben* **3** jmdm. etwas anheim stellen *etwas jmds. Entscheidung überlassen* ◆ dieses Grundstück fällt später dem Staat anheim; eine Sache der Vergessenheit anheim geben *nicht mehr darüber sprechen*

**anheizen** ⟨V. t.; hat⟩ etwas anheizen *Feuer in etwas entfachen, zu heizen beginnen* ◆ den Ofen anheizen; die Stimmung anheizen ⟨fig.⟩ *steigern*

**anheuern** ⟨V. t.; hat⟩ *für Schiffsdienste einstellen, anwerben*

**Anhieb** ⟨m. 1⟩ *der erste Hieb* ◆ auf Anhieb ⟨umg.⟩ *gleich beim ersten Mal*

**Anhöhe** ⟨f. 19⟩ *kleiner Hügel*

**anhören** ⟨V.; hat⟩ **I** ⟨V. t.⟩ **1** jmdn. anhören *jmdm. Gehör schenken, jmdn. eine Sache vorbringen lassen u. zuhören* **2** eine Sache anhören *einer S. prüfend od. aufmerksam zuhören* ◆ jmds. Klagen anhören; ein Musikstück anhören; ich habe ihn bis zu Ende angehört; man hört ihm die ausländische Herkunft an *er spricht mit ausländ. Akzent, der seine Herkunft verrät* **II** ⟨V. refl.⟩ das hört sich gut an *das ist angenehm zu hören, klingt gut*

**Anhörung** ⟨f. 20⟩ **1** *Vernehmung von Zeugen durch einen Parlamentsausschuss* **2** *öffentl. Anhören von Sachverständigen*

**Anilin** ⟨n. 11; unz.⟩ *Ausgangsstoff für viele Farb-, Kunststoffe u. Arzneimittel, chem. Phenylamin, Aminobenzol, Formel* $C_6H_5NH_2$ [< *Anil* (Indigopflanze in Indien) < arab. *an-nil* „das Blaue“ < ind. *nila* „blau“]

**animalisch** ⟨Adj.⟩ **1** *tierisch, den Tieren eigentümlich* **2** *belebt* **3** *leiblich* **4** *grobsinnlich* [zu lat. *animal* „Lebewesen, Geschöpf“]

**Animateur** ⟨[-tø:r] m. 1⟩ *Angestellter eines Reiseunternehmens, der für die Unterhaltung u. Freizeitgestaltung einer Reisegesellschaft zuständig ist* [frz., „Unterhalter“]

**Animation** ⟨f. 18⟩ **1** *(von einem Animateur organisierte) Unterhaltung u. Freizeitgestaltung für Urlauber* **2** ⟨EDV; Film⟩ *Verfahren zur Belebung u. Bewegung von Figuren im Trickfilm* [frz., „Unterhaltung“]

**animieren** ⟨V. t.; hat⟩ *beleben, ermuntern, anregen, in Stimmung bringen* [zu lat. *animare* „beleben“]

**Animismus** ⟨m.; -; unz.⟩ *Glaube an die Beseeltheit der Natur u. an die Existenz von Geistern* [zu lat. *animus* „Geist, Seele“]

**Anion** ⟨n. 27; Phys.⟩ *negativ geladenes Teilchen, das im elektr. Feld zur (positiv geladenen) Anode wandert;* Ggs *Kation* [< *Anode* + *Ion*]

**Anis** ⟨m. 1⟩ ▼ *Gewürz- u. Arzneipflanze: Pimpinella anisum* [< mhd. *anis, enis* < frz. *anis* < lat. *anisum* < grch. *anison* „Anis“]

**Ankathete** ⟨f. 19; im rechtwinkligen Dreieck⟩ *eine der beiden dem rechten Winkel anliegenden Seiten*

**Ankauf** ⟨m. 1u⟩ *Erwerb durch Kauf (bes. von Grundstücken), Kauf in größeren Mengen*

ANIS

**ankaufen** ⟨V. t.; hat⟩ **1** *käuflich erwerben* **2** sich (an einem Ort) ankaufen *Grundbesitz erwerben*

**Ankenballen** ⟨m. 4; Bot.⟩ ► = *Sumpfdotterblume*

**Anker** ⟨m. 3⟩ **1** ⟨Mar.⟩ *an Kette od. Tau befestigter, schwerer Doppelhaken zum Festmachen von Schiffen auf dem Meeresgrund* **2** ⟨Bauw.⟩ *Eisenstange od. -schiene mit Öse, durch die ein Querstück (Splint) zum Zusammenhalten von Bauteilen gesteckt wird* **3** ⟨El.⟩ *derjenige Teil einer umlaufenden elektr. Maschine, in dessen Wicklungen der Hauptstrom läuft, der die Maschine in Drehung versetzt* **4** ⟨Tech.⟩ *hin- u. herbewegter Teil der Hemmung einer Uhr* ◆ die Anker **lichten,** hieven, werfen ◆ **vor** Anker gehen *ankern, den Anker auswerfen;* vor Anker liegen *mit Anker festgemacht sein* [< lat. *ancora* < grch. *ankyra* „das Gekrümmte“]

**ankern** ⟨V. i.; hat⟩ **1** *das Schiff mit Anker festmachen* **2** *vor Anker liegen, mit Anker festgemacht sein*

**Ankerwinde** ⟨f. 19⟩ *Winde zum Auf- und Niederlassen der Ankerkette*

**anketten** ⟨V. t.; hat⟩ *mit einer Kette befestigen* ◆ einen Hund anketten *an die Kette legen*

**Anklage** ⟨f. 19⟩ *Beschuldigung vor Gericht* ◆ gegen jmdn. Anklage erheben (wegen Mordes usw.) *jmdn. vor Gericht beschuldigen;* die Anklage vertritt ...

**anklagen** ⟨V. t.; hat⟩ *vor Gericht anschuldigen, beschuldigen* ◆ jmdn. wegen eines Verbrechens anklagen

**Ankläger** ⟨m. 3⟩ *jmd., der gerichtlich Klage erhebt od. erhoben hat* ◆ öffentlicher Ankläger *(meist) Staatsanwalt*

**Anklang** ⟨m. 1u⟩ **1** *flüchtiger Schimmer, Spur, leichte Ähnlichkeit* **2** *(freudiger) Widerhall, Beifall, Anerkennung* ◆ (freudigen) Anklang finden; in dieser Oper findet man Anklänge an Wagner

**ankleben** ⟨V. t.; hat⟩ *durch Kleben befestigen, anleimen* ◆ Zettel ankleben verboten

**ankleiden** ⟨V. t.; hat⟩ jmdn. ankleiden *jmdm. Kleidung anlegen, jmdn. anziehen* ◆ jmdm. beim Ankleiden helfen; sich (zum Ausgehen) ankleiden

**anklopfen** ⟨V. i.; hat⟩ *(um Einlass bittend) an die Tür klopfen* ◆ bei jmdm. wegen etwas anklopfen ⟨fig.; umg.⟩ *behutsam eine Bitte um etwas vorbringen*

**anknüpfen** ⟨V.; hat⟩ **I** ⟨V. t.⟩ *durch Knüpfen befestigen, anknoten* ◆ Beziehungen mit, zu jmdm. anknüpfen ⟨fig.⟩ *zu jmdm. aufnehmen;* ein Gespräch anknüpfen *ein Gespräch beginnen* **II** ⟨V. i.⟩ an od. bei etwas anknüpfen *sich auf etwas beziehen, eine Verbindung mit, zu etwas herstellen, etwas als Ausgangspunkt für etwas anderes benutzen* ◆ er knüpfte in seinem Vortrag an die Argumente seines Vorredners an

**Anknüpfungspunkt** ⟨m. 1⟩ **1** *etwas Gemeinsames, was Menschen verbindet (z. B. Erlebnis, Neigung), Berührungspunkt* **2** *günstiger Ausgangspunkt* ◆ einen Anknüpfungspunkt für ein Gespräch suchen

**ankommen** ⟨V. 170; ist⟩ **I** ⟨V. i.⟩ **1** *eintreffen, anlangen, einen Ort erreichen* **2** ankommen auf ⟨unpersönl.⟩ *abhängen, abhängig sein von; wichtig sein* ◆ bist du **gut** angekommen? ◆ ich bin in dem Roman **an** der Stelle angekommen, wo ...; es kommt mir bei dieser Arbeit mehr **auf** Genauigkeit als auf Schönheit an *Genauigkeit ist mir wichtiger als Schönheit;* das kommt (ganz) darauf an, ob ..., wie ... *das hängt davon ab, ob ..., wie ...;* es drauf ankommen lassen *eine Sache sich entwickeln lassen, ohne einzugreifen;* **bei** Lohmeiers ist ein Baby angekommen *geboren worden*

**ankündigen** ⟨V. t.; hat⟩ *vorher bekannt machen, anmelden (etwas Kommendes, ein Vorhaben)*

**Ankündigung** ⟨f. 20⟩ **1** *Bekanntmachung, Anmeldung (von etwas Kommendem)* **2** *Schriftstück, auf dem etwas angekündigt wird*

**Ankunft** ⟨f. 7u; unz.⟩ *Eintreffen, Ankommen* ◆ jmds. Ankunft erwarten; seine Ankunft mitteilen; bei, nach meiner Ankunft

**anlächeln** ⟨V. t.; hat⟩ jmdn. anlächeln *sich jmdm. zuwenden u. lächeln*

**Anlage** ⟨f. 19⟩ **1** *Tätigkeit des Anlegens, Gründung* **2** *Bereitstellung* **3** *Keim, Ansatz* **4** *Nutzbau, bebautes Gelände* **5** *Gesamtheit eines Betriebes* (Fabrikanlage, Befestigungsanlage) **6** *Plan, Aufbau* (eines Dramas, einer Novelle) **7** ⟨Psych.⟩ *Veranlagung, Begabung, angeborene Fähigkeit* **8** *angeborene Neigung (zu Krankheiten o. Ä.)* **9** *Einsatz von Geld, Kapital* (Kapitalanlage)

**Anlass** ⟨m. 1u⟩ **1** *Veranlassung, (äußerer) Anstoß* **2** *Gelegenheit* **3** ⟨schweiz.⟩ *Veranstaltung* ◆ zu Klagen Anlass **geben;** Anlass **nehmen,** etwas zu tun ⟨Amtsdt.⟩ *die Gelegenheit ergreifen*

**anlassen** ⟨V. t. 174; hat⟩ **1** *in Gang setzen* (Motor) **2** ⟨umg.⟩ *nicht ablegen, anbehalten* (Kleid, Schuhe) **3** *angeschaltet lassen, brennen, laufen lassen* (Licht, Motor)

**Anlasser** ⟨m. 3⟩ **1** *Hebel, Vorrichtung zum Anlassen des Motors* **2** ⟨bei Elektromotoren⟩ *vorgeschalteter regelbarer Widerstand, der ein allmähliches Anlaufen einer Maschine ermöglicht*

**anlaufen** ⟨V. 175⟩ **I** ⟨V. i.; ist⟩ **1** *durch kurzen Lauf Schwung nehmen* **2** *zu arbeiten, zu wirken beginnen* (Versuch, Versuchsreihe) **3** *sich häufen, anwachsen* (Kosten, Zinsen) **II** ⟨V. t.; hat⟩ einen Hafen anlaufen *aufsuchen, im Hafen einfahren*

**anlegen** ⟨V.; hat⟩ **I** ⟨V. t.⟩ **1** *an etwas anderes legen, daneben legen, anlehnen* (Brett, Leiter) **2** *(flächenhaft) einrichten, errichten, bauen, pflanzen* (Bahnstrecke, Straße, Stadt, Garten) **3** *Farbe auftragen, streichen* (Wände) **4** *festlegen, mit Nutzen unterbringen, ausgeben* (Geld, Kapital) **5** *in Grundzügen festlegen, entwerfen* (Plan, Roman) **6** *zusammenstellen, aufstellen, zusammentragen, aufbauen* (Verzeichnis, Sammlung) **7** *anziehen, überziehen* (Kleid, Rüstung) **8** *anbringen, umbinden* (Verband) **9** *umbinden, an sich befestigen* (Waffen) ◆ jmdm. **Fesseln** anlegen *jmdn. fesseln, mit Fesseln binden;* sein **Kapital** (in Aktien, in Pfandbriefen, in Schmuck) anlegen; einen **Säugling** anlegen *an die Brust legen, stillen;* **Trauer** anlegen *Trauerkleidung anziehen* **II** ⟨V. i.⟩ *landen* (Schiff) ◆ im Hafen anlegen

**anlehnen** ⟨V. t.; hat⟩ **1** etwas od. sich anlehnen *gegen etwas lehnen, gegen etwas stützen* (Leiter, Rücken) **2** etwas anlehnen *nicht ganz schließen, nicht einklinken* (Fenster, Tür)

**anleiten** ⟨V. t.; hat⟩ jmdn. anleiten *jmdm. zeigen, wie etwas zu tun ist*

**Anleitung** ⟨f. 20⟩ *Unterweisung, Richtlinie(n)* ◆ Anleitung bekommen (für, zu ...); jmdm. Anleitungen geben (für, zu ...)

**anliegen** ⟨V. 179; hat⟩ **I** ⟨V. t.⟩ (mit dem Schiff) einen Punkt anliegen *genau darauf zusteuern* **II** ⟨V. i.⟩ **1** *beigefügt, beigelegt sein* (in Briefen) **2** *eng am Körper liegen, sich eng anschmiegen* (Kleid)

**Anlieger** ⟨m. 3⟩ *Anwohner, jmd., der an einem öffentlichen Verkehrsweg ein Grundstück hat;* Sy ⟨oberdt.⟩ *Anrainer* ◆ nur für Anlieger *(auf Sperrschildern an Straßen)*

**anmachen** ⟨V. t.; hat⟩ **1** *festmachen, befestigen* **2** *einschalten, anknipsen, andrehen* (Licht, Radio) **3** ⟨umg.⟩ jmdn. anmachen **3.1** *jmdn. anreden, sich jmdm. in aufdringl. Weise nähern* **3.2** *jmdn. beschimpfen, ihm Vorhaltungen machen*

**anmelden** ⟨V. t.; hat⟩ **1** *ankündigen, melden, (vorher) mitteilen, anzeigen* (Ankunft, Besuch, Konkurs) **2** *vormerken lassen* (Anspruch, Teilnahme) **3** *(in eine Einwohner-, Teilnehmerliste usw.) einschreiben lassen* ◆ würden Sie mich bitte anmelden? *meine Anwesenheit als Besucher mitteilen;* ein Patent anmelden *im Patentamt eintragen lassen*

**Anmeldung** ⟨f. 20⟩ **1** *das Anmelden* **2** *Mitteilung der Anwesenheit oder Ankunft* **3** *Geltendmachen* (von Ansprüchen) **4** *Bitte um Vormerkung* **5** *Einschreibung* **6** *Eintragung* (in Liste, Verzeichnis) ◆ polizeiliche Anmeldung; ohne vorherige Anmeldung

**anmerken** ⟨V. t.; hat⟩ **1** *erläuternd od. ergänzend bemerken* **2** *be-, anzeichnen, mit einem Zeichen versehen* **3** jmdm. etwas anmerken *an jmdm. etwas bemerken, es ihm ansehen* ◆ man merkt dem Kadidaten seine Unruhe, Verlegenheit (deutlich) an; sich etwas anmerken lassen *sich verraten, die andern etwas merken, sehen lassen*

**Anmut** ⟨f.; -; unz.⟩ **1** *Liebreiz, Wohlgefälligkeit (der Bewegung), Grazie* **2** *Beschwingtheit* (Form) **3** *harmonische, liebliche Schönheit* (Landschaft) **4** *heitere, gewandte Leichtigkeit* (Schreibstil)

**Annahme** ⟨f. 19⟩ **1** *das Annehmen* **2** *Zulassung, Zustimmung, Entgegennahme, Empfang, Übernahme* **3** *Meinung, Voraussetzung, Vermutung*

**annehmen** ⟨V. 187; hat⟩ **I** ⟨V. t.⟩ **1** *an sich nehmen, entgegennehmen, empfangen* (Anerbieten, Auftrag, Dienste, Einladung, Erbschaft, Geschenk, Paket, Rat) **2** *übernehmen, aufnehmen* (anderen Namen, Stellung, Titel) **3** *zu sich nehmen* (Speise) **4** *in Dienst nehmen, ein-, anstellen* **5** *vorlassen, zulassen* (Besuch, Studienbewerber) **6** *sich zu Eigen machen, nachahmen, sich angewöhnen* (Gewohnheit, Glauben, Meinung) **7** *entstehen lassen, zustande bringen* (Aussehen, Form, Gestalt, Umfang) **8** *vermuten, voraussetzen* (Bedingungen) **II** ⟨V. refl.⟩ **1** sich jmds. (hilfreich, liebevoll) annehmen *sich um jmdn. kümmern* **2** sich einer Sache annehmen *eine Sache unterstützen*

**Annelide** ⟨f. 19; Zool.⟩ ► = *Ringelwurm*

**anno, Anno** ⟨Abk.: a., A.⟩ *im Jahre* ◆ anno 1848; Anno Domini 1492 ⟨Abk.: A. D.⟩ *im Jahre des Herrn 1492, 1492 nach Christi Geburt* [lat.]

**Annonce** ⟨[-nɔ̃sə] f. 19⟩ = *Inserat* [frz., „Ankündigung, Anzeige"]

**annullieren** ⟨V. t.; hat⟩ **1** *für ungültig, für nichtig erklären* **2** *außer Kraft setzen* [< frz. *annuler* „für ungültig erklären" < lat. *ad* „zu" + *nullus* „keiner"]

**Anode** ⟨f. 19; Phys.⟩ *positive Elektrode;* Ggs *Kathode* [< grch. *anodos* „Aufgang"]

**anonym** ⟨Adj.⟩ *ungenannt, namenlos, ohne Namensangabe*

**Anorak** ⟨m. 6⟩ *Windbluse, Windjacke, meist mit Kapuze* [< eskim. *anoraq*]

**anordnen** ⟨V. t.; hat⟩ **1** *befehlen, bestimmen, festsetzen* **2** *in bestimmter Ordnung, Reihenfolge gliedern*

**anorganisch** ⟨Adj.⟩ **1** *unbelebt, nicht von Lebewesen stammend, nicht durch Lebewesen entstanden* **2** *nicht Kohlenstoff enthaltend;* Ggs *organisch (4)* ◆ anorganische Chemie *Lehre von den Stoffen, die keine Bindungen zwischen Kohlenstoffatomen untereinander aufweisen* [< grch. *an* „nicht" + *organisch*]

**anpassen** ⟨V.; hat⟩ **I** ⟨V. t.⟩ etwas jmdm. od. einer Sache anpassen *etwas für jmdn. od. zu etwas Vorhandenem passend machen, mit etwas in Einklang bringen* **II** ⟨V. refl.⟩ sich anpassen *sich seiner Umwelt gut einfügen, sich nach den jeweiligen Umständen richten*

**anpreisen** ⟨V. t. 191; hat⟩ *öffentl. rühmen, loben (bes. Ware, um sie verkaufen zu können)*

**anprobieren** ⟨V. t.; hat⟩ ein Kleidungsstück anprobieren *es anziehen, um zu sehen, wie es passt*

**Anrainer** ⟨m. 3; oberdt.⟩ = *Anlieger* [→ *Rain*]

**anraten** ⟨V. t. 193; hat⟩ *raten, empfehlen, nahe legen (etwas Bestimmtes zu tun)* ◆ auf Anraten von *auf die Empfehlungen von*

**Anrede** ⟨f. 19⟩ **1** *persönl. Ansprechen* **2** *Bezeichnung für den, den man anredet (z. B. Ihr, Sie, Frau, Mademoiselle, Herr Professor)* ◆ „Signor" ist die italienische Anrede für den „Herrn"

**anreden** ⟨V. t.; hat⟩ *ansprechen, das Wort richten an*

**anregen** ⟨V. t.; hat⟩ **1** *in Tätigkeit setzen, in Gang bringen, veranlassen* (Entwicklung, Forschung) **2** *reger, stärker machen, beschleunigen* (Kreislauf, Appetit) **3** *vorschlagen* (Spiel, Gedanken) **4** *in Stimmung bringen, ermuntern, begeistern, beleben* ◆ können Sie nicht einmal anregen, dass ...; dieses Mittel wirkt anregend **auf** den Kreislauf; dieses Buch regt **zum** Nachdenken an ◆ er ist ein anregender Mensch; ein den Kreislauf anregendes Mittel

**Anregung** ⟨f. 20⟩ **1** *das Anregen* **2** *Veranlassung* **3** *Beschleunigung* **4** *Vorschlag, Anstoß* **5** *Ermunterung, Belebung, Zerstreuung* **6** ⟨Phys.⟩ *Übergangsprozess eines physikal. Systems von dem Zustand niedrigster Energie in einen stationären Zustand höherer Energie, den angeregten Zustand*

**anreisen** ⟨V. i.; ist⟩ *nach einer Reise am Ziel ankommen* ◆ die Gäste reisen morgen an

**Anreiz** ⟨m. 1⟩ *Reiz, Ansporn, Lockung, Versuchung* ◆ die Anerkennung war ihm ein Anreiz zu weiterer Forschung

**Anrichte** ⟨f. 19⟩ **1** *Raum od. Tisch zum Bereitstellen von Speisen* **2** *niedriger, breiter Schrank für Geschirr, Kredenz*

**Anruf** ⟨m. 1⟩ **1** *laute Anrede, Zuruf* **2** *Rufzeichen* **3** *Signalruf* **4** *Telefongespräch*

**anrufen** ⟨V. t. 201; hat⟩ **1** *laut anreden, durch Rufen aufmerksam machen* **2** *um Beistand, Hilfe bitten* (Gericht, Gott) **3** *telefonisch sprechen* ◆ ruf mich morgen Nachmittag an!

**Ansage** ⟨f. 19⟩ **1** ⟨allg.⟩ *Ankündigung, Mitteilung* **2** *Diktat* **3** ⟨Kart.⟩ *Angabe des Wertes der Karten* ◆ Ansage einer Sendung, Darbietung im Rundfunk, Varietee usw.; einen Text nach Ansage schreiben

**ansagen** ⟨V. t.; hat⟩ **1** *ankündigen, vorher mitteilen* (Programm) **2** *anmelden* ◆ bitte schreiben Sie, was ich Ihnen ansage; er hat seinen Besuch für heute angesagt

**ansammeln** ⟨V.; hat⟩ **I** ⟨V. t.⟩ *zusammentragen, aufhäufen* (Vorräte) **II** ⟨V. refl.⟩ **1** sich ansammeln *sich häufen, sich türmen* **2** *sich versammeln, zusammenkommen* (Menschen)

**Ansatz** ⟨m. 1u⟩ **1** *das Ansetzen* **2** ⟨Sp.⟩ *Anlauf* **3** *Beginn, erstes Anzeichen* **4** *Keim, Ausgangspunkt* **5** ⟨Pharm.⟩ *Zusammenstellung aller notwendigen Bestandteile für ein Präparat* **6** *Maschinenteil, Werkstück, an das ein anderes angesetzt werden kann, Zusatzstück, Mundstück* **7** *etwas, das sich angesetzt hat* (Fettansatz) **8** *Stelle, an der ein zum Körper gehörender Teil beginnt* (Haaransatz, Brustansatz)

**anschalten** ⟨V. t.; hat⟩ **1** *mithilfe eines Schalters in Gang setzen* (Motor) **2** *einschalten* (Licht) ◆ etwas an etwas anschalten *mit etwas koppeln, verbinden, Kontakt herstellen*

**Anschein** ⟨m. 1; unz.⟩ *Schein, äußerer Eindruck* ◆ er erweckt den Anschein, als ob *es macht den Eindruck, als ob*

**anscheinend** ⟨Adv.⟩ *dem Anschein nach, offensichtlich, offenbar, wie man sieht;* → a. *scheinbar* ◆ anscheinend kann er doch mehr, als wir anfangs vermutet haben

**Anschlag** ⟨m. 1u⟩ **1** *das Anschlagen* (einer Glocke) **2** *Niederdrücken* (einer Taste) **3** *etwas, das angeschlagen worden ist, Plakat, Bekanntmachung* (an einer Mauer, am schwarzen Brett) **4** ⟨Tech.⟩ *vorspringender Teil, Hemmung an einer Maschine als Begrenzung* **5** *verstellbare Kante an Schneid- und Hobelmaschinen zur Einführung eines Werkstückes* **6** ⟨Arch.⟩ *Mauervorsprung zur Aufnahme von Fenster- od. Türblendrahmen*

**anschlagen** ⟨V. 216; hat⟩ **I** ⟨V. t.⟩ **1** *mit Nägeln befestigen* (Brett) **2** *ankleben* (Plakat) **3** *durch Schlag beschädigen, Ecken abschlagen von* (Geschirr) **4** *durch Schlag erklingen lassen* (Glocke) **5** *mit dem Finger niederdrücken* (Taste) **II** ⟨V. i.⟩ **1** *warnend bellen, Laut geben* (Hund) **2** *an-, aufprallen, branden* (Wellen) **3** *von Erfolg sein, wirken* (Kur, Arznei)

**anschließen** ⟨V. 220; hat⟩ **I** ⟨V. t.⟩ **1** *befestigen an, verbinden mit* **2** *einer Reihe hinzufügen* **3** ⟨El.⟩ *mit einem Stromkreis verbinden* ◆ das **Fahrrad** anschließen *mittels Schlosses fahrunfähig machen;* einen **Hund** anschließen *anketten, an die Kette legen* ◆ das Rad **an** einen Zaun anschließen *mittels Schlosses an einem Zaun befestigen* **II** ⟨V. refl.⟩ **1** sich anschließen **1.1** *einander unmittelbar folgen* (Züge, Kolonnen) **1.2** *aneinander angrenzen (Häuser)* **1.3** *mitmachen, an etwas teilnehmen* **2** sich jmdm. anschließen *mit jmdm. mitgehen, sich jmdm. zugesellen* **III** ⟨V. i.⟩ *eng anliegen* (Kleidungsstück)

**anschließend** ⟨Adv.⟩ *danach, darauf* ◆ anschließend gingen wir ins Kino

**Anschluss** ⟨m. 1u⟩ **I** ⟨zählb.⟩ *Verbindung* (Zuganschluss, Lichtanschluss, Gasanschluss, Wasseranschluss, Telefonanschluss) ◆ keinen Anschluss **bekommen** (beim Telefonieren); den Anschluss **verpassen** *den nächsten Zug beim Umsteigen versäumen,* ⟨umg.⟩ *die (letzte) Gelegenheit zum (berufl.) Voran-, Weiterkommen* **II** ⟨unz.⟩ **1** *das Anschließen, das sich Anschließen* **2** *Bekanntschaften* **3** *politische Vereinigung, Zusammenschluss*

**anschneiden** ⟨V. t. 224; hat⟩ **1** *nicht ganz durchschneiden* **2** *durch Abschneiden des ersten Stückes zu verbrauchen beginnen* (Brot, Kuchen) **3** *durch kleinen Schnitt öffnen* (Geschwür) **4** ⟨fig.⟩ *zur Sprache bringen, zu sprechen beginnen von* (Thema, Frage)

**Anschove** ⟨f. 19⟩, **Anschovis** ⟨f.; -, -⟩ *pikant, süßsauer zubereitete Sardelle od. Sardine;* oV *Anchovis* [< ndrl. *ansiovis* < bask. *anchu* (Name des Fisches)]

**anschreien** ⟨V. 227; hat⟩ **I** ⟨V. t.⟩ jmdn. anschreien *sehr laut u. sehr zornig anreden* **II** ⟨V. i.; umg.⟩ gegen etwas anschreien *etwas durch Schreien zu übertönen versuchen, um sich verständlich zu machen* ◆ gegen Motorenlärm anschreien

**Anschrift** ⟨f. 20⟩ *Orts-, Straßen- u. Hausbezeichnung der Wohnung;* Sy *Adresse*

**anschwemmen** ⟨V. t.; hat⟩ **1** *ans Ufer schwemmen, am Ufer ablagern, ans Ufer anspülen* (Sand, Strandgut) **2** *auf Flößen heranbringen*

**Anschwemmung** ⟨f. 20; Geol.⟩ **1** *Ablagerung (am Ufer)* **2** = *Alluvion (1)* **3** *angeschwemmtes Land*

**ansehen** ⟨V. t. 235; hat⟩ **1** etwas od. jmdn. ansehen *die Augen auf etwas od. jmdn. richten, betrachten* **2** jmdn. ansehen *jmdm. ins Gesicht, in die Augen sehen* **3** jmdm. od. einer Sache etwas ansehen *durch Blick den (inneren) Zustand erkennen* ◆ sieh (mal einer) an! *wer hätte das gedacht!, nicht zu glauben!;* man sieht ihm an, dass er überarbeitet ist; sieh mich an!; ich möchte mir den Patienten ansehen *ihn untersuchen*

**Ansehen** ⟨n.; -s; unz.⟩ **1** *Würde, Geltung, Hochachtung, Wertschätzung* **2** ⟨umg.⟩ *Anschein, Äußeres* ◆ das Ansehen unserer **Familie,** unseres Hauses steht auf dem Spiel ◆ Ansehen **genießen;** seine Stellung **verleiht** ihm Ansehen

**ansetzen** ⟨V.; hat⟩ **I** ⟨V. t.⟩ *ein zusätzliches Stück annähen, anleimen, anfügen* ◆ eine **Bowle** ansetzen *Früchte mit Zucker bestreuen u. mit Alkohol übergießen als Vorbereitung zur Bowle;* **Braten,** Kartoffeln ansetzen *aufs Feuer stellen;* **Fett** ansetzen *dick, fett werden* ◆ **an** einen Rock ein Stück ansetzen; einen Hund **auf** die Fährte ansetzen *ihn auf die Fährte bringen, die er verfolgen soll* **II** ⟨V. i.⟩ zu etwas ansetzen *etwas beginnen, versuchen* ◆ zum Sprung ansetzen *die Haltung zum Springen einnehmen*

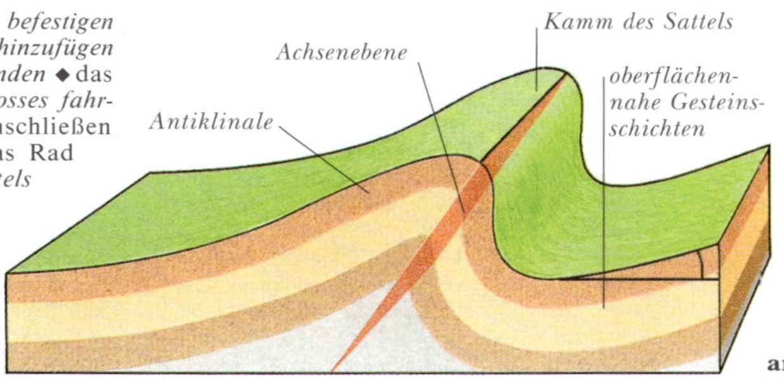


ANTIKLINALE: SCHNITT DURCH DIE ERDKRUSTE, DER DEN AUFBAU EINER ANTIKLINALE ZEIGT

**Ansicht** ⟨f. 20⟩ **I** ⟨unz.⟩ *das Ansehen, Betrachten* ◆ können Sie mir die Ware zur Ansicht schicken? **II** ⟨zählb.⟩ **1** *Anblick* **2** *Abbildung, Bild* (Vorderansicht, Seitenansicht) **3** *Blickwinkel, Seite, von der man etwas sieht* **4** ⟨fig.⟩ *Anschauung, Auffassung, Meinung* ◆ eine Ansicht des Straßburger Münsters

**anspannen** ⟨V. t.; hat⟩ **1** *spannen, straff machen* (Muskel, Seil) **2** *vor dem Wagen festmachen* (Zugtiere) **3** ⟨fig.⟩ *zusammennehmen, anstrengen* (Kräfte) ◆ seine Aufmerksamkeit anspannen *sehr aufmerksam sein, scharf aufpassen;* die Pferde, den Wagen anspannen

**anspielen** ⟨V.; hat⟩ **I** ⟨V. t.; Mus.⟩ **1** ein Instrument anspielen *zum ersten Mal darauf spielen* **2** ein Musikstück anspielen *den Anfang probeweise spielen* **II** ⟨V. i.⟩ **1** ⟨Kart.; Sp.⟩ *das Spiel beginnen, eröffnen* **2** auf etwas anspielen *versteckt auf etwas hinweisen, etwas andeuten*

**Anspielung** ⟨f. 20⟩ *versteckter Hinweis, absichtsvolle Andeutung*

**Ansporn** ⟨m. 1; unz.⟩ *Antrieb, Reiz*

**anspornen** ⟨V. t.; hat⟩ **1** ⟨urspr.⟩ *die Sporen geben, antreiben* (Pferd) **2** ⟨fig.⟩ *anreizen, den Ehrgeiz anstacheln, geistigen Antrieb geben* ◆ jmdn. durch Lob, Vorbild zu guten Leistungen anspornen

**Ansprache** ⟨f. 19⟩ **I** ⟨zählb.⟩ *kleine, förml. Rede* ◆ eine Ansprache halten **II** ⟨unz.⟩ *geistige Anregung, seel. Austausch, Unterhaltung*

**ansprechen** ⟨V. 246; hat⟩ **I** ⟨V. t.⟩ *anreden, das Wort richten an* ◆ einen **Punkt,** ein Ziel ansprechen *erkennen, seinen Standort bestimmen;* ein **Thema,** ein Problem ansprechen *es erwähnen, darauf hinweisen* **II** ⟨V. i.⟩ **1** *gefallen, für sich einnehmen* **2** *wirksam werden, reagieren*

**anspringen** ⟨V. 248⟩ **I** ⟨V. t.; hat⟩ jmdn. anspringen *mit Sprung angreifen, sich auf jmdn. stürzen, an jmdm. hochspringen* ◆ der Hund sprang den Einbrecher an **II** ⟨V. i.; ist⟩ **1** *in Gang kommen, zu laufen beginnen* **2** *mit Sprung zum Lauf ansetzen*

**Anspruch** ⟨m. 1u⟩ **1** *Recht, Anrecht (auf etwas)* **2** *Forderung* ◆ (keinen) Anspruch **erheben** (auf etwas) *(nicht) haben wollen, (nicht) beanspruchen;* allen Ansprüchen **gerecht werden** od. genügen *alle Wünsche berücksichtigen;* Ansprüche **stellen** *etwas fordern*

**Anstalt** ⟨f. 20⟩ **1** *einem bestimmten Zweck dienende öffentl. Einrichtung sowie das Gebäude dafür* (Erziehungsanstalt, Justizvollzugsanstalt) **2** *Schule* (Unterrichtsanstalt, Lehranstalt) **3** *Heilstätte* (Heilanstalt, Pflegeanstalt) **4** *Betrieb* (meist des graf. Gewerbes; Lithoanstalt) **5** *Vorbereitung*

**Anstand** ⟨m. 1u⟩ **I** ⟨unz.⟩ *Schicklichkeit, der guten Sitte entsprechendes Benehmen* ◆ die **Regeln** des Anstands beachten ◆ den Anstand **verletzen;** den Anstand **wahren** ◆ er hat **keinen** Anstand ◆ du hast wohl kein Gefühl **für** Anstand? **II** ⟨zählb.⟩ **1** *Schwierigkeit, Einwand* **2** *Bedenken*

**anständig** ⟨Adj.⟩ **1** *dem Anstand entsprechend, gesittet, höflich* (Benehmen, Verhalten) **2** *ehrbar, ordentlich* (Mensch, Firma) **3** *sittlich einwandfrei* (Gesinnung, Charakter) **4** *angemessen* (Preis) **5** *auskömmlich* (Gehalt, Entlohnung) **6** *gut* (Kleidung) **7** ⟨umg.⟩ *ziemlich heftig, tüchtig* ◆ er ist ein anständiger **Kerl;** gibt es bei euch keinen anständigen **Wein?** ◆ **benimm** dich anständig!; anständig **gekleidet** sein, anständig **handeln** *ehrbar, ehrlich*

**anstatt** ⟨Präp. m. Gen.⟩ *anstelle von* ◆ anstatt des Hutes hättest du lieber eine Mütze aufsetzen sollen; anstatt seiner kam sein Freund; → a. *statt*

**anstecken** ⟨V.; hat⟩ **I** ⟨V. t.⟩ **1** *mit Nadel befestigen* **2** *an den Finger stecken* (Ring) **3** *in Brand stecken, setzen, anzünden* (Haus, Kerze) **4** jmdn. anstecken **4.1** *eine Krankheit auf jmdn. übertragen* **4.2** ⟨fig.⟩ *eine Stimmung auf jmdn. übertragen* **II** ⟨V. i.⟩ *ansteckend, übertragbar sein* ◆ diese Krankheit steckt an; Lachen, Gähnen steckt an **III** ⟨V. refl.⟩ sich anstecken *eine ansteckende Krankheit bekommen* ◆ ich habe mich bei ihm, irgendwo angesteckt

**ansteckend** ⟨Adj.⟩ *übertragbar* ◆ ansteckende Krankheit; ansteckendes Lachen

**Ansteckung** ⟨f. 20; Med.⟩ *Übertragung von Krankheitserregern;* Sy *Infektion* ◆ sich vor Ansteckung hüten

**anstehen** ⟨V. i. 251; hat; süddt., österr., schweiz.: ist⟩ **1** *stehend in einer Reihe warten, sich anstellen, Schlange stehen* **2** *zögern, Bedenken haben* **3** *nicht beglichen, nicht bezahlt sein, fällig sein* (Rechnung, Schuld) **4** ⟨geh.⟩ *passen, zukommen, geziemen*

**anstelle** ⟨Präp. m. Gen.⟩ *statt;* oV *an Stelle* ◆ anstelle des Lehrers; anstelle von Briefen

**anstellen** ⟨V.; hat⟩ **I** ⟨V. t.⟩ **1** *anlehnen, heranrücken an* (Leiter) **2** *in Gang setzen, einschalten* (Radio, Heizung) **3** *in Dienst nehmen, in ein Arbeitsverhältnis aufnehmen* **4** *zur Arbeit heranziehen, beschäftigen, Anordnungen geben* **5** *machen, ausführen, tun, zustande bringen* ◆ **Betrachtungen** über etwas anstellen *etwas überlegend, nachdenklich betrachten;* alles **Mögliche** anstellen, um etwas zu erreichen; **Versuche** anstellen ◆ es **lässt** sich nichts damit anstellen *es ist zu nichts zu gebrauchen* **II** ⟨V. refl.⟩ sich anstellen **1** *sich an eine Reihe wartend anschließen, Schlange stehen* **2** *sich erweisen, zeigen* **3** *so tun als ob* **4** *sich zieren* ◆ sich **geschickt** anstellen ◆ er stellt sich an, **als** ob er nicht bis drei zählen könnte ⟨umg.⟩

**Anstellung** ⟨f. 20⟩ **1** *Amts-, Dienstübertragung* **2** *Posten, Amt, Stelle*

**Anstieg** ⟨m. 1⟩ **1** *das Hinaufsteigen* **2** *das Ansteigen, Höherwerden* (Weg, Preise) **3** *emporführender Weg* ◆ der letzte Anstieg bis auf den Berggipfel

**Anstoß** ⟨m. 1u⟩ **1** *der erste Stoß* **2** ⟨Sp.; Fußb.⟩ *Spieleröffnung (vom Mittelkreis aus)* **3** ⟨fig.⟩ *Anlass, Veranlassung, Antrieb* **4** *Ermunterung, Anregung* **5** *Ärgernis, Ärger*

**anstoßen** ⟨V. 257⟩ **I** ⟨V. i.; ist/hat⟩ **1** *anprallen, anschlagen* **2** *zur Bekräftigung eines Wunsches die Gläser aneinander klingen lassen und einander zutrinken* ◆ auf gutes Gelingen, auf jmds. Wohl anstoßen; darauf wollen wir anstoßen!; an etwas anstoßen *unmittelbar neben etwas liegen, an etwas angrenzen, benachbart sein* **II** ⟨V. t.; hat⟩ **1** *einen Stoß geben* **2** *durch Stoß in Bewegung setzen, ins Rollen bringen* (Wagen, Ball) **3** *durch Stöße, Druck beschädigen* (Obst) ◆ jmdn. mit dem Ellbogen od. Fuß anstoßen *mit dem Ellbogen od. Fuß ein (heiml.) Zeichen geben*

**anstreichen** ⟨V. t. 258; hat⟩ **1** *mit Farbe versehen, bemalen, tünchen* **2** ⟨Mus.⟩ *mit dem Bogen probeweise über eine Saite streichen*

**Anstreicher** ⟨m. 3⟩ *jmd., der Malerarbeiter ausführt, Maler*

**anstrengen** ⟨V. t.; hat⟩ *anspannen, beanspruchen, bemühen* ◆ seinen Geist anstrengen; alle Kräfte anstrengen; eine Klage, einen Prozess anstrengen (gegen) *einen Rechtsstreit beginnen;* sich anstrengen *sich Mühe geben, sich sehr bemühen*

**Anstrich** ⟨m. 1⟩ **1** *angestrichene Farbe* **2** *aufgetragener Oberflächenschutz* **3** *Farb- od. Lacküberzug* **4** ⟨fig.⟩ *Anschein, Schein, Aussehen, Äußeres* ◆ das Haus mit einem neuen Anstrich versehen; der Veranstaltung einen künstlerischen Anstrich geben

**ant...**[1], **Ant...**[1] ⟨Vors.⟩ = *ante..., Ante...*

**ant...**[2], **Ant...**[2] ⟨Vors.⟩ = *anti..., Anti...*

**Antagonismus** ⟨n.; -, -men⟩ **1** *Widerstreit, (unversöhnl.) Gegensätzlichkeit* **2** *Gegenwirkung* **3** ⟨Biol.⟩ *Prinzip der Zusammengehörigkeit von Wirkung u. Gegenwirkung (z. B. eines Muskels u. seines Gegenspielers)*

**Antagonist** ⟨m. 16⟩ **1** ⟨allg.⟩ *Gegner, Widersacher* **2** ⟨Chem.⟩ = *Hemmstoff* [< grch. *anti* „gegen“ + *agonistes* „Kämpfer“]

**Antarktis** ⟨f.; -; unz.⟩ = *Südpolargebiet* [< grch. *anti* „gegen“ + *Arktis*]

**antarktisch** ⟨Adj.⟩ *die Antarktis betreffend, in der Antarktis gelegen*

**ante..., Ante...** ⟨vor Vokalen⟩ ant...[1], Ant...[1] ⟨Vors.⟩ *vor* [lat.]

**Anteil** ⟨m. 1⟩ **1** *zustehender, zufallender Teil, Teilsumme* (Geschäftsanteil, Gewinnanteil) **2** *Teilnahme, Mitgefühl* ◆ wie hoch ist mein Anteil an den Kosten?; er hat seinen Anteil schon bekommen

**Anteilnahme** ⟨f. 19; unz.⟩ **1** *Teilnahme, Mitgefühl, Mitempfinden* **2** *Beileid* ◆ seine Anteilnahme ausdrücken, aussprechen (bei einem Todesfall); seine Anteilnahme an ihrem Kummer ist groß, herzlich, warm

**Antenne** ⟨f. 19⟩ **1** *Anordnung eines od. mehrerer elektr. Leiter zum Empfang oder Senden elektromagnet. Wellen* **2** ⟨Zool.⟩ *Fühler* ◆ dafür habe ich keine Antenne ⟨umg.⟩ *keinen Sinn* [< lat. *antenna* „Segelstange, Rahe“]

**Anthologie** ⟨n. 19; Lit.⟩ *Sammlung von Gedichten, Sprüchen od. Prosastücken* [< grch. *anthos* „Blume“ + *legein* „lesen“]

**Anthropologie** ⟨f. 19; unz.⟩ *Wissenschaft vom Menschen (bes. unter Berücksichtigung naturwissenschaftl. Aspekte)* [< grch. *anthropos* „Mensch“ – *logos* „Wort, Rede, Kunde“]

**Anthroposophie** ⟨f. 19; unz.⟩ *von R. Steiner (1861-1925) begründete Lehre vom Menschen in seiner Beziehung zur übersinnl. Welt*

**anti..., Anti...** ⟨vor Vokalen⟩ ant...[2], Ant...[2] ⟨Vors.⟩ *gegen..., Gegen...* [grch.]

**antiautoritär** ⟨Adj.⟩ *gegen Autorität eingestellt, Autorität ablehnend*

**Antibabypille** ⟨[-be:bi-] f. 19; Pharm.⟩ *empfängnisverhütendes Mittel auf hormonaler Grundlage;* Sy ⟨kurz; umg.⟩ *Pille (2)* [< grch. *anti* „gegen“ + engl. *baby* „Säugling“ + *Pille*]

**antibakteriell** ⟨Adj.⟩ *gegen Bakterien (wirkend)*

**Antibiotikum** ⟨n.; -s, -tika; Pharm.⟩ *Stoff, der Antibiose bewirkt, wird als Arzneimittel verwendet, z. B. Penicillin*

**Antiblockiersystem** ⟨n. 11; Abk.: ABS; bei Kfz⟩ *Vorrichtung, die das Blockieren der Räder beim Bremsvorgang verhindert und so das Fahrzeug auch bei maximaler Verzögerung (Vollbremsung) noch lenkbar macht*

**Antidot** ⟨n. 11⟩, **Antidoton** ⟨n.; -s, -dota; Pharm.⟩ = *Gegenmittel* [zu grch. *antidoton* „dagegen gegeben“ < *Anti...* + *didonai* „geben“]

**Antigen** ⟨n. 11⟩ *artfremder Eiweißstoff, der im Blut von Mensch u. Tier die Bildung von Antikörpern anregt* [< grch. *anti* „gegen“ + *genos* „Art, Geschlecht“]

**antik** ⟨Adj.⟩ **1** *die Antike betreffend, zu ihr gehörend, aus ihr stammend* **2** *alt, altertümlich* ◆ antike Möbel [< frz. *antique* „altertümlich“ < lat. *antiquus* „alt“]

**Antike** ⟨f. 19; unz.⟩ *das grch.-röm. Altertum vom 5. Jh. v. Chr. bis zum 5. Jh. n. Chr.;* Sy *klassisches Altertum*

**antiklinal** ⟨Adj.; Geol.⟩ *sattelförmig* [< grch. *anti* „gegen“ + *klinein* „beugen, neigen“]

**Antiklinale** ⟨f. 19; Geol.⟩ ◄ *Sattel einer geologischen Falte*

**Antikörper** ⟨m. 3; Pharm.⟩ *durch ein Antigen im Körper gebildeter Gegen-, Schutzstoff, z. B. gegen Krankheitserreger;* Sy *Immunkörper* [< grch. *anti* „gegen“ + *Körper*]

**Antilope** ⟨f. 19; Zool.⟩ *Angehörige einer Unterfamilie der Rinder in Asien u. Afrika: Antilopinae;* ► *Säugetiere* [< frz. *antilope*, engl. *antelope* < mlat. *antalopus* „Blumenauge“]

**Antimon** ⟨n. 11; unz.; Chem.; Zeichen: Sb⟩ *chem. Element, ein Metall, silberweiß, glänzend, in Legierungen für Letternmetall u. für lichtelektr. Zellen verwendet, Ordnungszahl 51;* Sy *Stibium* [< mlat. *antimonium* < arab. *alithmidun* „Spießglanz“]

**Antipassat** ⟨m. 1; unz.; Meteor.⟩ = *Gegenpassat* [< grch. *anti* „gegen“ + *Passat*]

**Antipasto** ⟨n. od. m.; -s, -pasti; meist Pl.; ital. Kochk.⟩ *Vorspeise*

**Antipathie** ⟨f. 19⟩ *Abneigung, Widerwille;* Ggs *Sympathie* [< grch. *anti* „gegen“ + *pathos* „Leiden“]

**antipathisch** ⟨Adj.⟩ Ggs *sympathisch* **1** *auf Antipathie beruhend* **2** *unsympathisch*

**Antipode** ⟨m. 17⟩ **1** ⟨eigtl.⟩ *auf dem entgegengesetzten Punkt der Erdkugel lebender Mensch;* Sy *Gegenfüßler* **2** ⟨Chem.⟩ optische Antipode *Kristall, das die Polarisationsebene des Lichtes um den gleichen Betrag, aber – im Vergleich zu einem anderen – in die entgegengesetzte Richtung dreht* **3** ⟨fig.⟩ *Mensch, der den entgegengesetzten Standpunkt vertritt, Mensch von gegensätzlicher Natur, anderer Eigenart* [< grch. *anti* „gegen“ + *pous, podos* „Fuß“]

**antippen** ⟨V. t.; hat⟩ *leicht u. kurz berühren*

**Antiqua** ⟨f. 10; unz.; eigtl.⟩ *„alte“ Schrift, rundbogige Lateinschrift;* → a. *Fraktur, gotisch* [lat., weibl. Form zu *antiquus* „alt“]

**Antiquar** ⟨m. 1⟩ **1** ⟨Lit.⟩ *jmd., der mit gebrauchten, oft seltenen, wertvollen Büchern, Drucken handelt* **2** ⟨allg.⟩ *Antiquitätenhändler* [< lat. *antiquarius* „Altertümler, Liebhaber der alten Literatur“]

**Antiquariat** ⟨n. 11⟩ **1** *Handel mit gebrauchten (oft wertvollen) Büchern* **2** *Handel mit Antiquitäten* (Kunstantiquariat)

**antiquarisch** ⟨Adj.⟩ *alt, gebraucht, aus zweiter Hand*

**Antiquität** ⟨f. 20⟩ *altertüml. Kunstwerk, altertüml. (kostbarer) Gegenstand* [zu lat. *antiquus* „alt“]

**Antisemit** ⟨m. 16⟩ *Judengegner, Judenfeind* [< grch. *anti* „gegen“ + *Semit*]

**Antisemitismus** ⟨m.; -; unz.⟩ *Judenfeindschaft, Judenhass*

**antistatisch** ⟨Adj.; El.⟩ *sich elektrisch nicht aufladend*

**Antithese** ⟨f. 19⟩ *der These gegenübergestellte Behauptung, Gegenbehauptung, Entgegenstellung*

**antithetisch** ⟨Adj.⟩ *gegensätzlich, entgegenstellend*

**Antizipation** ⟨f. 20⟩ *Vorwegnahme* [< lat. *anticipatio* „ursprüngliche Vorwegstellung, Vorbegriff“]

**antizyklisch** ⟨Adj.⟩ **1** *unregelmäßig wiederkehrend* **2** ⟨Wirtsch.⟩ *einem schwankenden Konjunkturverlauf entgegenwirkend*

**Antizyklone** ⟨f. 19; Meteor.⟩ = *Hochdruckgebiet* [< grch. *anti* „gegen“ + *Zyklone*]

**Antlitz** ⟨n. 11; poet.⟩ *Gesicht* [< ahd. *antlizzi*, urspr. „das Entgegenblickende“]

**Antonym** ⟨n. 11⟩ *Wort von entgegengesetzter Bedeutung,* z. B. „hell“ im Ggs. zu „dunkel“; Ggs *Synonym* [< grch. *anti* „gegen“ + *onyma* „Name“]

**Antonymie** ⟨f.; -; unz; Sprachw.⟩ *Gegensätzlichkeit von Wörtern*

**Antrag** ⟨m. 1u⟩ **1** *Gesuch, schriftl. vorgebrachte Bitte, förml. Vorschlag* **2** *Heiratsangebot*

**antreffen** ⟨V. t. 261; hat⟩ *treffen, vorfinden* ◆ er ist nie, nur selten anzutreffen; von 9 bis 12 triffst du mich nie im Büro an

**antreiben** ⟨V. 262⟩ **I** ⟨V. t.; hat⟩ **1** *drängen, anregen, zur Eile mahnen* **2** *in Bewegung setzen* (Wagen, Boot) **3** *rascher vorwärts treiben* (Pferde) ◆ jmdn. zur Arbeit antreiben

**antreten** ⟨V. 263⟩ **I** ⟨V. t.; hat⟩ **1** *durch Treten in Gang setzen* (Motorrad) **2** *übernehmen* (Amt, Stellung) **3** *beginnen* (neues Jahr, Reise, Rückzug) ◆ den Beweis antreten, dass ... *den Beweis liefern, dass ...;* seinen Dienst antreten; eine Erbschaft antreten **II** ⟨V. i.; ist⟩ *herantreten, sich aufstellen, sich sammeln, versammeln* ◆ antreten gegen ⟨Sp.⟩ *spielen gegen*

**Antrieb** ⟨m. 1⟩ **1** *bewegende Kraft, Triebkraft* **2** *die einer techn. Vorrichtung zugeführte Bewegungsenergie* **3** *Teil einer Maschine, der diese Energie liefert od. überträgt* **4** ⟨fig.⟩ *Ansporn, Anreiz, Anregung* ◆ Maschine mit elektrischem Antrieb; aus eigenem od. freiem Antrieb *aus freiem Willen, von sich aus, von selbst;* aus innerem Antrieb (heraus)

**Antritt** ⟨m. 1; unz.⟩ **1** *das Antreten, Beginnen* **2** *Beginn, Anfang, Übernahme (Amtsantritt, Dienstantritt)*

**Antrittspfosten** ⟨m. 4⟩ ▼ *erster, verstärkter Pfosten eines Treppengeländers*

**antun** ⟨V. t. 267; hat⟩ **1** ⟨umg.⟩ *anziehen* (Kleid) **2** jmdm. od. sich etwas antun *etwas zufügen, bereiten* ◆ er musste sich **Gewalt,** Zwang antun, um ruhig zu bleiben; jmdm. **Leid,** Schaden antun; bitte tun Sie sich keinen **Zwang** an! ⟨halb iron.⟩ *benehmen Sie sich ganz so, wie es Ihnen gefällt* ◆ ich habe Angst, dass sie sich **etwas** antut *dass sie Selbstmord begeht*

ANTRITTSPFOSTEN: TREPPENGELÄNDER MIT ANTRITTSPFOSTEN

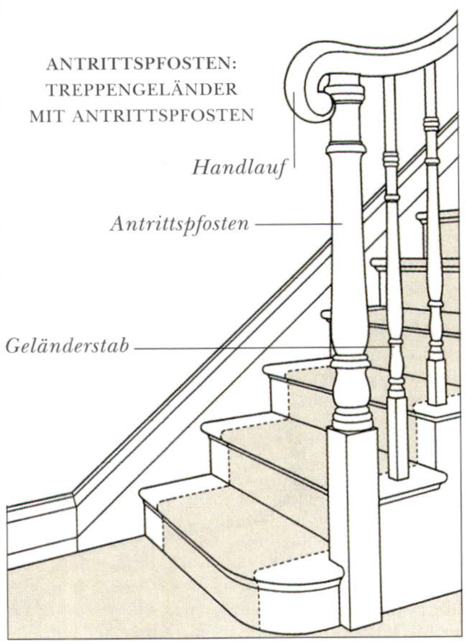

A

**Antwort** ⟨f. 20⟩ **1** ⟨allg.⟩ *Erwiderung, Entgegnung* **2** *Bescheid* **3** ⟨fig.⟩ *Gegenhandlung, Rückwirkung* ◆ **Rede** und Antwort stehen *Rechenschaft über etwas geben* ◆ du **hast,** weißt auch auf alles eine Antwort; keiner Antwort **würdigen** ◆ jmdm. eine **abschlägige** Antwort erteilen *Absage;* eine **ausweichende,** bejahende, dumme, freundliche, verneinende Antwort geben ◆ **auf** Antwort warten (beim Überbringen einer Botschaft); **um** Antwort wird gebeten ⟨Abk.: u. A. w. g.; bei schriftl. Einladungen⟩ *Zusage bzw. Absage erbeten* [< ahd. *antwurti*]

**antworten** ⟨V. i.; hat⟩ *erwidern, entgegnen* ◆ er antwortete mit „Ja"; was hast du (ihm) geantwortet?

**Anus** ⟨m.; -, -⟩ = *After* [lat.]

**Anus praeter** ⟨[- prɛ:-] m.; - -; unz.⟩ *künstlicher Darmausgang* [verkürzt < *anus praeternaturalis* < lat. *anus* „After" + lat. *praeter* „außer" + *naturalis* „von Geburt an"]

**anvertrauen** ⟨V. t.; hat⟩ **1** jmdm. etwas anvertrauen **1.1** *zu treuen Händen überlassen, in Obhut geben* **1.2** *vertraulich, im Geheimen mitteilen* **2** sich jmdm. anvertrauen **2.1** *jmdm. ein bisher gewahrtes Geheimnis offenbaren* **2.2** *sich in jmds. Obhut begeben* ◆ du kannst dich mir ruhig anvertrauen; sich einem Arzt anvertrauen; jmdm. ein Geheimnis anvertrauen; jmdm. Geld, ein Geschäft anvertrauen; jmdm. seinen Kummer anvertrauen

**Anverwandte(r)** ⟨f. 30 (m. 29)⟩ *Verwandte(r)*

**anvisieren** ⟨[-vi-] V. t.; hat⟩ *ins Auge fassen, sich als Ziel setzen*

**anwachsen** ⟨[-ks-] V. t. 272; ist⟩ **1** *Wurzel(n) schlagen* **2** ⟨fig.⟩ *zunehmen, immer mehr werden, anschwellen* ◆ die Pflanzen sind (gut, noch nicht) angewachsen

**Anwalt** ⟨m. 1u⟩ **1** *Rechtsanwalt* **2** *bevollmächtigter Vertreter* **3** ⟨fig.⟩ *Fürsprecher, Verfechter* ◆ sich als Anwalt niederlassen *eine Praxis als Rechtsanwalt eröffnen;* er ist ein guter Anwalt für unsere Sache [< ahd. *anwalto* „einer, der Gewalt über etwas hat"; zu *anawalt* „Gewalt"]

**Anwältin** ⟨f. 22⟩ **1** *Rechtsanwältin* **2** *bevollmächtigte Vertreterin* **3** ⟨fig.⟩ *Fürsprecherin, Verfechterin*

**Anwandlung** ⟨f. 20⟩ *Sinnesänderung, Laune* ◆ war seine Großzügigkeit echt oder nur eine plötzliche Anwandlung?; in einer Anwandlung von Freigebigkeit

**Anwärter** ⟨m. 3⟩ *jmd., der Anspruch od. Aussicht auf ein Recht od. Amt hat* ◆ Anwärter auf einen Posten [zu mhd. *anewarten* „auf etwas sehen, etwas erwarten"]

**anweisen** ⟨V. t. 277; hat⟩ **1** *anordnen, befehlen* **2** *belehren, unterweisen* **3** *überweisen* (Geld) **4** *zuteilen* ◆ er hat mich angewiesen, die Sachen wegzubringen; jmdm. einen **Betrag** (durch die Bank, die Post) anweisen; bitte weisen Sie Ihre **Leute** an, mit den Kisten vorsichtig umzugehen ◆ jmdn. **bei** einer neuen Arbeit anweisen ◆ auf etwas od. jmdn. angewiesen sein *etwas od. jmdn. nötig haben, unbedingt brauchen;* ich bin ganz auf ihn, auf seine Hilfe angewiesen

**Anweisung** ⟨f. 20⟩ **1** *Ermächtigung zur Auszahlung an jmdn.* (Postanweisung, Zahlungsanweisung) **2** *Überweisung, Scheck* **3** *Befehl, Anordnung* **4** *Anleitung, Belehrung* ◆ Anweisungen zu etwas geben; einer Anweisung (nicht) Folge leisten; eine Anweisung missachten

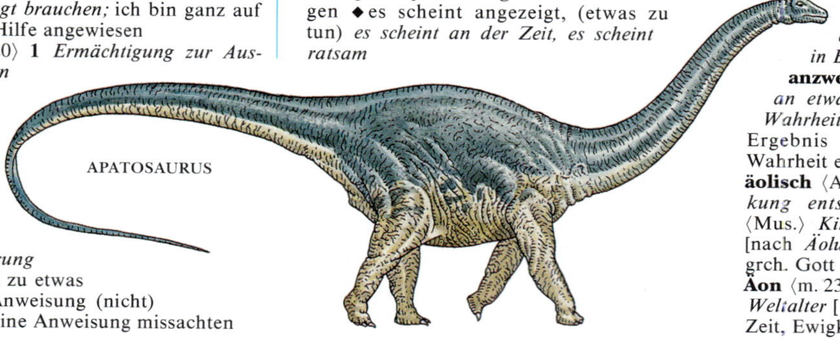

APATOSAURUS

**anwenden** ⟨V. t. 278; hat⟩ **1** *verwenden, gebrauchen* (Heilmittel) **2** *zur Wirkung bringen, in die Tat umsetzen, in der Praxis verwerten* (Regel, Methode) ◆ Vorsicht anwenden; etwas falsch, geschickt, gut, richtig, schlecht anwenden

**Anwendung** ⟨f. 20⟩ **I** ⟨unz.⟩ *Verwendung, Gebrauch, Umsetzung in die Tat* ◆ Anwendung finden *angewendet werden;* zur Anwendung bringen *anwenden* **II** ⟨zählb.; Med.⟩ *Heilbehandlung* (bei Kuren) ◆ mehrere Anwendungen pro Tag

**Anwesen** ⟨n. 14⟩ *Haus mit größerem Grundbesitz* [eigtl. „das Gegenwärtigsein"; → *anwesend*]

**anwesend** ⟨Adj.⟩ *zugegen, an Ort und Stelle, da, dabei, versammelt, erschienen* ◆ bitte teilen Sie den heute nicht anwesenden Mitgliedern mit, dass...; er war bei der Feier (nicht) anwesend; sind alle Gäste bereits anwesend? [zu mhd. *anewesen* < ahd. *anawesan* „darin und da sein"; → *Wesen*]

**Anwesenheit** ⟨f. 20; unz.⟩ *das Zugegensein, Da-, Dabeisein* ◆ die Anwesenheit feststellen (bei Versammlungen); in Anwesenheit von *im Beisein von*

**anwidern** ⟨V. t.; hat⟩ *anekeln, widerlich sein* ◆ dieses Buch widert mich an; das Essen widert den Kranken an

**Anzahl** ⟨f. 20⟩ **1** *gewisse Menge, bestimmte Stückzahl* **2** *Zahl* ◆ die Anzahl der Teilnehmer steht noch nicht fest

**anzahlen** ⟨V. t.; hat⟩ etwas anzahlen *die erste Rate für etwas zahlen, zunächst einen Teilbetrag zahlen* [< mhd. *anzal(e)* „dem Einzelnen zufallender Anteil"]

**Anzahlung** ⟨f. 20⟩ **1** *erste Rate* **2** *Teilzahlung* (beim Kauf) ◆ eine Anzahlung leisten *etwas anzahlen*

**Anzeichen** ⟨n. 14⟩ **1** *Zeichen (von etwas Kommendem)* **2** *ankündigendes Ereignis, Ankündigung, Vorbote* ◆ die ersten Anzeichen des Frühlings; Fieber ist oft das erste Anzeichen einer nahenden Krankheit

**anzeichnen** ⟨V. t.; hat⟩ **1** *an die Wandtafel zeichnen* **2** *anmerken, Merkzeichen machen über* ◆ etwas im Buch, Kalender anzeichnen

**Anzeige** ⟨f. 19⟩ **1** *Meldung, Mitteilung* (bei Behörde, Polizei), *Inserat, Annonce* (Zeitungsanzeige) **2** *Bekanntmachung* (in der Zeitung) **3** *(gedruckte) Mitteilung* (Heiratsanzeige, Todesanzeige) **4** *kaufmänn. Rundschreiben, Prospekt* **5** *Ankündigung* (einer Sendung) **6** *Anzeichen (für eine Krankheit)* ◆ eine Anzeige (bei der Zeitung) **aufgeben;** Anzeige (bei der Polizei) **erstatten** (wegen)

**anzeigen** ⟨V. t.; hat⟩ **1** etwas anzeigen **1.1** *schriftl. od. durch Zeitungsanzeige ankündigen, mitteilen, bekannt machen* **1.2** *erkennen lassen, angeben* **2** jmdn. anzeigen *bei der Polizei melden, verklagen, beschuldigen* ◆ ein **Buch** (in der Zeitung) anzeigen; einen **Diebstahl** anzeigen; meine Armbanduhr zeigt auch die **Sekunden** an; seine **Vermählung** anzeigen ◆ jmdn. **wegen** Diebstahls anzeigen ◆ es scheint angezeigt, (etwas zu tun) *es scheint an der Zeit, es scheint ratsam*

ANZUG: ZWEITEILIGER ANZUG

**anziehen** ⟨V. 287⟩ **I** ⟨V. t.; hat⟩ **1** *an sich heranziehen* **2** *aufnehmen, annehmen* (Geruch) **3** *an-, aufsaugen* (Wasser) **4** *anspannen, straffer ziehen* (Seil, Saite, Schraube, Handbremse) **5** ⟨fig.⟩ *heran-, anlocken, anreizen* (Käufer, Publikum) **6** *gefallen* **7** jmdn. od. sich anziehen **7.1** *jmdm. od. sich Kleidung anlegen, jmdn. od. sich ankleiden* **7.2** *überziehen, anlegen* (Kleid, Handschuhe, Strümpfe) ◆ ihr heiteres **Wesen** zieht alle an; die **Zügel** anziehen *straffer ziehen;* ⟨fig.⟩ *strenger werden* ◆ das Kind kann sich schon, noch nicht **allein** anziehen ◆ sich **zum** Ausgehen anziehen **II** ⟨V. i.; hat/ist⟩ **1** *sich in Bewegung setzen u. dadurch ziehen* **2** *steigen, sich erhöhen* (Preise, Börsenkurse) **3** ⟨Brettspiel⟩ *den ersten Zug tun, am Zug sein*

**Anziehung** ⟨f. 20⟩ **I** ⟨unz.⟩ *das Anziehen, Heranziehen* **II** ⟨zählb.⟩ *Reiz, Anreiz, Lockung* ◆ sie übt eine starke Anziehung auf ihn aus; eine große Anziehung verspüren

**Anziehungskraft** ⟨f. 7u⟩ **1** ⟨Phys.⟩ **1.1** *Kraft, durch die ein Gegenstand angezogen wird, z. B. durch einen Magneten* **1.2** *Schwerkraft* (der Erde) **2** ⟨fig.⟩ *Vermögen, andere Menschen anzuziehen, zu locken, zu fesseln, für sich einzunehmen, gewinnendes Wesen*

**Anzug** ⟨m. 1u⟩ **I** ⟨unz.⟩ **1** *das Herannahen, Anrücken* **2** ⟨Brettspiel⟩ *erster Zug* **3** *Kleidung* **4** *die Art, sich anzuziehen* ◆ dieser Rock mit dem Pullover zusammen ist ein hübscher Anzug; etwas ist im Anzug *nähert sich;* ein Gewitter ist im Anzug **II** ⟨zählb.⟩ ▲ *Hose mit dazugehöriger Jacke (u. Weste)* (Herrenanzug) ◆ sich einen Anzug schneidern lassen

**anzünden** ⟨V. t.; hat⟩ *entzünden, anbrennen* (Licht, Feuer, Kerze), *in Brand setzen* (Holz, Gebäude)

**anzweifeln** ⟨V. t.; hat⟩ etwas anzweifeln *an etwas zweifeln, etwas bezweifeln, die Wahrheit einer Sache infrage stellen* ◆ das Ergebnis einer Analyse anzweifeln; die Wahrheit einer Aussage anzweifeln

**äolisch** ⟨Adj.⟩ **1** ⟨Geol.⟩ *durch Windeinwirkung entstanden* **2** äolischer Kirchenton ⟨Mus.⟩ *Kirchentonart mit dem Grundton a* [nach *Äolus,* latinisiert < grch. *Aiolos,* dem grch. Gott der Winde]

**Äon** ⟨m. 23⟩ *unendlicher Zeitraum, Ewigkeit, Weltalter* [< grch. *aion* „unermesslich lange Zeit, Ewigkeit"]

**Aorta** ⟨f.; -, -ten; Anat.⟩ = *Hauptschlagader* [< grch. *aorte;* zu *aeirein* „emporheben"]

**ap..., Ap...** ⟨Vors.⟩ = *ad..., Ad...*

**Apache** ⟨[a'patʃə] m. 17⟩ *Angehöriger eines Indianerstammes im Westen der USA;* oV *Apatsche* [span. < mexikan.]

**apart** ⟨Adj.; -er, am -esten⟩ **1** *eigenartig, reizvoll* **2** *ungewöhnlich, besonders* **3** ⟨veraltet⟩ *abgesondert, beiseite* ◆ sie ist nicht hübsch, aber apart; ein apartes Gesicht, Kleid [< frz. *à part* „beiseite"]

**Apartheit** ⟨f. 18; unz.⟩ *aparte, ansprechende Art u. Weise, das Apartsein, Reiz* [→ *apart*]

**Apartment** ⟨[ə'pa:(r)tmənt] n. 15⟩ = *Appartement (2)*

**Apathie** ⟨f. 19; unz.⟩ **1** *Teilnahmslosigkeit, Gleichgültigkeit* **2** *Abstumpfung, Abgestumpftsein* [< grch. *a* „nicht" + *pathos* „Leiden"]

**apathisch** ⟨Adj.⟩ **1** *teilnahmslos, gleichgültig* **2** *abgestumpft*

**Apatosaurus** ⟨m.; -, -saurier⟩ ◄ *Pflanzen fressender Riesensaurier aus der Kreidezeit* [< nlat. *apato-* < grch. *apate* „Täuschung" + *Saurier*]

**Apatsche** ⟨m. 17⟩ = *Apache*

**Aperçu** ⟨[-sy:] n. 15⟩ *geistreiche Bemerkung* [frz., „Überblick, (geistreiche) Bemerkung"; zu *apercevoir* „bemerken"]

**Aperitif** ⟨[-ti:f] m. 6⟩ *alkohol. Getränk vor dem Essen* [< frz. *apéritif* „appetitanregend"; zu lat. *aperire* „öffnen"]

**Apfel** ⟨m. 5u; Bot.⟩ *Frucht des Apfelbaumes;* ► *Früchte* ◆ der Apfel fällt nicht weit vom Stamm ⟨sprichwörtl.⟩ *wie der Vater, so der Sohn, das liegt in der Familie;* in den sauren Apfel beißen ⟨fig.⟩ *etwas Unangenehmes auf sich nehmen, sich ins Unvermeidliche fügen* [< ahd. *apful,* engl. *apple*]

**Apfelbaum** ⟨m. 1u⟩ *rötlich-weiß blühendes Kernobstgewächs der Familie der Rosaceae mit fleischigen, rundl. Früchten: Malus*

**Apfelkuchen** ⟨m. 4⟩ *mit Äpfeln belegter Kuchen*

**Apfelmus** ⟨n. 11; Pl. selten⟩ *süßes Mus aus gekochten Äpfeln*

**Apfelschimmel** ⟨m. 5⟩ ▼ *Pferd mit weißgrauen Ringen od. Flecken* [< ahd. *apfulgra ros* „apfelgraues Ross"]

**Apfelsine** ⟨f. 19⟩ *Frucht des Apfelsinenbaumes;* Sy *Orange (I)* [< ndrl. dialekt. *appelsien* < nddt. (Hamburg, um 1700) *appelsina* „Apfel aus China"]

**Aphasie** ⟨f. 19⟩ **1** ⟨Philos.⟩ *Enthaltung des Urteils* **2** ⟨Med.⟩ *Verlust des Sprechvermögens infolge einer Störung im Gehirn* [< grch. *a* „nicht" + *phanai* „sprechen"]

**Aphorismus** ⟨m.; -, -men; Lit.⟩ *in sich geschlossener, kurz u. treffend formulierter Gedanke, geistreicher Sinnspruch* [< grch. *aphorizein* „abgrenzen"; → *Horizont*]

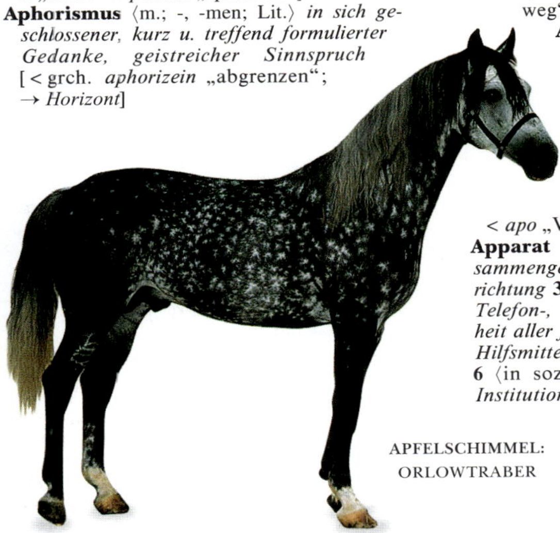

APFELSCHIMMEL: ORLOWTRABER

**Apodiktik** ⟨f. 20; unz.⟩ **1** ⟨Philos.⟩ *Lehre vom Beweis* **2** *keinen Widerspruch duldende Darstellungsweise* [zu grch. *apodeiknynai* „aufzeigen"]

**apodiktisch** ⟨Adj.⟩ **1** *in der Art der Apodiktik, auf ihr beruhend* **2** *unwiderleglich, unumstößlich* **3** *keinen Widerspruch duldend*

**Apokalypse** ⟨f. 19; Rel.⟩ *prophetische Schrift über das Weltende, besonders die Offenbarung des Johannes im NT* [zu grch. *apokalyptein* „enthüllen" < *apo* „von, weg" + *kalyptein* „verhüllen"]

**apokalyptisch** ⟨Adj.⟩ **1** ⟨Rel.⟩ *die Apokalypse betreffend, auf ihr beruhend, in der Apokalyptik vorkommend* **2** ⟨allg.⟩ *geheimnisvoll, dunkel* ◆ die Apokalyptischen Reiter *die vier in der Offenbarung des Johannes geschilderten Reiter, die Pest, Krieg, Hungersnot u. Tod symbolisieren*

**apolar** ⟨Adj.⟩ **1** apolare Bindung *Atombindung* **2** apolare Verbindung *Verbindung, die sich weder elektrolytisch zerlegen lässt noch ein elektrisches Dipolmoment aufweist*

**Apologetik** ⟨f. 20⟩ **1** *Verteidigung eines Bekenntnisses usw.* **2** ⟨Rel.⟩ *Rechtfertigungslehre (bes. des christl. Glaubens)*

**apologetisch** ⟨Adj.⟩ *verteidigend, rechtfertigend*

**Apologie** ⟨f. 19⟩ *(besonders in religiösen Auseinandersetzungen) Verteidigungs-, Rechtfertigungsrede, -schrift, Verteidigung, Rechtfertigung*

**Apoplexie** ⟨f. 19⟩ = *Schlaganfall* [< grch. *apoplexia;* zu *apoplessein* „niederschlagen"]

**Apostel** ⟨m. 5⟩ **1** ⟨Rel.⟩ *Jünger Jesu* **2** ⟨allg.⟩ *Sendbote, Verkünder einer neuen Lehre, Vorkämpfer* [< grch. *apostolos* < *apo* „von, weg" + *stellein* „senden"]

**a posteriori** Ggs *a priori* **1** *aus der Erfahrung stammend* **2** *nachträglich, später* [lat. „vom Späteren her"]

**apostolisch** ⟨Adj.⟩ *die Apostel od. ihre Lehre betreffend* ◆ apostolischer Delegat *päpstl. Gesandter;* das Apostolische Glaubensbekenntnis *ältestes Bekenntnis des Christentums;* Apostolischer Stuhl *Päpstlicher Stuhl, Heiliger Stuhl, der Bischofssitz in Rom*

**Apostroph** ⟨m. 1; Zeichen: '⟩ *Zeichen für einen weggelassenen Vokal (bes. e),* z. B. „er ist's" statt „er ist es" [< grch. *apo* „ab, weg" + *strophein* „wenden"]

**apostrophieren** ⟨V. t.; hat⟩ **1** *mit einem Apostroph versehen* **2** *mit einer Apostrophe feierlich anreden*

**Apotheke** ⟨f. 19⟩ *Verkaufs- u. Herstellungsstelle für Arzneimittel* [< grch. *apo* „ab, weg" + *tithenai* „legen"]

**Apotheker** ⟨m. 3⟩ *jmd., der (nach Hochschulstudium u. Praktikantenzeit) berechtigt ist, eine Apotheke zu leiten*

**Apotheose** ⟨f. 19⟩ **1** *Vergöttlichung* **2** *Verherrlichung, Idealisierung* **3** ⟨Theat.⟩ *verherrlichendes Schlussbild* [< grch. *apotheoun* „vergöttern" < *apo* „Verwandlung in" + *theos* „Gott"]

**Apparat** ⟨m. 1⟩ **1** *aus mehreren Teilen zusammengesetztes Gerät* **2** *Vorrichtung, Einrichtung* **3** *Ausrüstung, Zubehör* **4** ⟨kurz für⟩ *Telefon-, Fotoapparat usw.* **5** ⟨fig.⟩ *Gesamtheit aller für eine Tätigkeit od. Arbeit nötigen Hilfsmittel u. Personen* (Verwaltungsapparat) **6** ⟨in sozialist. Staaten⟩ *Gesamtheit sowie Institution der hauptamtlichen Funktionäre, die die Politik der Partei- und Staatsführung umsetzen* (Parteiapparat, Staatsapparat) ◆ nimmst du deinen Apparat mit? (zum Fotografieren) [< lat. *apparatus* „Zubereitung, Werkzeug"]

APPLIKATION: AUSSCHNITT AUS EINEM AMERIKANISCHEN QUILT DES 19. JH.

**Apparatur** ⟨f. 20⟩ **1** *Gesamtheit von Apparaten* **2** *aus mehreren Apparaten zusammengesetzes Werk*

**Appartement** ⟨[apart(ə)'mã] n. 15 od. schweiz. a.: [-mɛnt] n. 11⟩ **1** *(im Hotel) Zimmerflucht aus Wohn- u. Schlafzimmer, meist mit Bad* **2** *komfortable Kleinstwohnung aus einem Zimmer, Bad u. Küche bzw. Kochnische;* oV *Apartment* [frz., „Wohnung"]

**Appell** ⟨m. 1⟩ **1** *Aufruf, Mahnruf* **2** *Ruf zum Versammeln, Antreten (zur Befehlsausgabe, zum Hissen der Fahne usw.)* **3** ⟨Jägerspr.⟩ *Gehorsam* (des Hundes) ◆ jeden Morgen um 7 Uhr ist Appell; der Hund hat guten, schlechten, keinen Appell; einen Appell an jmds. Hilfsbereitschaft richten; zum Appell antreten; zum Appell blasen [< frz. *appel* „Aufruf"]

**appellieren** ⟨V. i.; hat⟩ an jmdn. od. etwas appellieren *sich an jmdn. od. etwas wenden, jmdn. od. etwas anrufen* [< lat. *appellare* „anreden, anrufen"]

**Appendix I** ⟨m.; -, -dizes; allg.⟩ *Anhang, Zusatz* **II** ⟨f.; -, -dizes; Anat.⟩ ► = *Wurmfortsatz* [lat., „Anhang"; zu *appendere, adpendere* „zuwägen"]

**Appendizitis** ⟨f.; -, -tiden; Med.⟩ = *Blinddarmentzündung (2)*

**Appetenz** ⟨f. 20⟩ *Suchen, Streben, Trieb*

**Appetit** ⟨m. 1⟩ *Esslust, Verlangen nach einer Speise* ◆ den Appetit **anregen;** der Appetit **kommt** beim Essen; Bewegung und frische Luft **machen** Appetit ◆ einen **gesegneten,** großen, gar keinen Appetit haben; **guten** Appetit! ◆ Appetit **auf** etwas haben [< frz. *appétit* < lat. *appetitus* „Begehren"; zu lat. *appetere* „anstreben"]

**applaudieren** ⟨V. i.; hat⟩ *Beifall spenden, klatschen* [< lat. *applaudere* „schlagen, Beifall schlagen" < *ad* „zu" + *plaudere* „klatschend schlagen"]

**Applaus** ⟨m. 1; unz.⟩ *Beifall, Händeklatschen* ◆ begeisterter, donnernder, starker Applaus; Applaus (auf offener Szene) erhalten [zu lat. *applausus* „geschlagen"]

**Applikation** ⟨f. 20⟩ **1** ⟨veraltet⟩ *Gesuch, Bittschrift* **2** *Anwendung, Verabreichung* (von Heilmitteln) **3** ▲ *aufgenähtes Muster*

**applizieren** ⟨V. t.; hat⟩ **1** *aufnähen* (Stoffmuster u. Ä.) **2** *anwenden, verabreichen* (Heilmittel) **3** *auftragen* (Farben) [< lat. *applicare* „zusammenfügen" < *ad* „zu" + *plicare* „zusammenfalten"]

**apportieren** ⟨V. t.; hat⟩ das erlegte Wild apportieren *herbeibringen* (vom Hund) [< frz. *apporter* „herbeibringen"]

**Apposition** ⟨f. 20; Gramm.⟩ *Beifügung im gleichen Kasus,* z. B. Friedrich „der Große"; Sy *Beisatz* [zu lat. *apponere* „hinzufügen" < *ad* „zu" + *ponere* „setzen, stellen, legen"]

**Approbation** ⟨f. 20⟩ **1** *Genehmigung, Bewilligung, Zuerkennung* **2** *staatl. Genehmigung*

A

*zur Berufsausübung für Ärzte u. Apotheker* **3** ⟨kath. Kirche⟩ *Bestätigung eines Priesters, Ordens usw.* **4** *amtliche kirchliche Erlaubnis zum Druck von Schriften* [< lat. *approbatio* „Billigung, Zustimmung“]

**approximativ** ⟨Adj.⟩ *annähernd, ungefähr*

**Aprikose** ⟨f. 19⟩ *Frucht des Aprikosenbaumes;* Sy ⟨österr.⟩ *Marille*

**Aprikosenbaum** ⟨m. 1u⟩ *Steinobstgewächs aus der Familie der Rosengewächse mit eiförmigen, orangefarbenen Früchten: Prunus armeniaca* [< ndrl. *abrikoos,* engl. *apricot*]

**April** ⟨m.; - od. -s, -e⟩ *vierter Monat im Jahr* ◆ April, April! *Hereingefallen! (Ausruf nach einem Aprilscherz);* der erste April ⟨fig.⟩ *Tag, an dem man andere zum Besten hält, foppt;* jmdn. in den April schicken *jmdn. am 1. April foppen* [< ahd. *abrello* < lat. *Aprilis,* vielleicht zu *aperire* „öffnen“ (der Monat, in dem sich die Erde neuer Fruchtbarkeit öffnet)]

AQUAMARIN

**a priori** Ggs *a posteriori* **1** *ohne Erfahrungsgrundlage (gegeben), allein aus der Vernunft, dem Denken stammend* **2** *rein begrifflich* **3** *von vornherein* [lat., „vom Früheren her“]

**apropos** ⟨[-po:] Adv.⟩ *nebenbei (bemerkt), übrigens, was ich noch sagen wollte* [< frz. *à propos* „bei passender Gelegenheit“; zu *propos* „Gesprächsthema“]

**Apsis** ⟨f.; -, -siden⟩ *Altarnische, äußerstes Ende des Chors* [< grch. *hapsis* „Verbindung, Fügung, Rundung, Wölbung“]

**Aquädukt** ⟨n. 11⟩ ▲ *altröm. Wasserleitung in Gestalt einer Brücke, die eine Rinne trägt* [< lat. *aquaeductus* „Wasserleitung“ < *aqua* „Wasser“ + *ducere* „führen“]

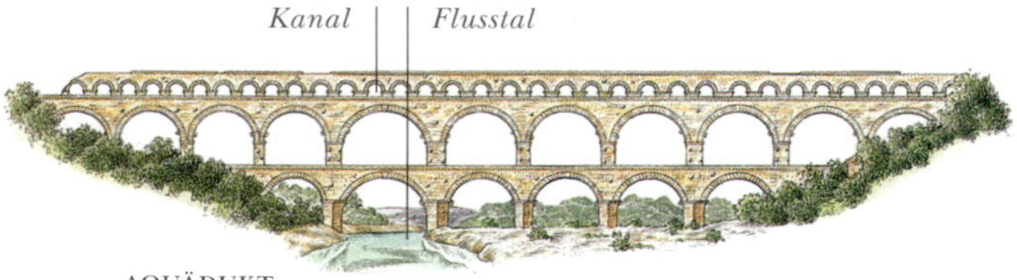


AQUÄDUKT
AUS DER RÖMISCHEN ANTIKE

**Aquamarin** ⟨m. 1⟩ ▲ *Edelstein, meergrün od. blau gefärbter Beryll;* ► *Schmucksteine* [< lat. *aqua marina* „Meereswasser“]

**Aquaplaning** ⟨n. 15; unz.⟩ *Rutschen der Autoreifen auf nasser Fahrbahn bei höherer Geschwindigkeit; Wasserglätte* [< lat. *aqua* „Wasser“ + engl. *plane* „gleiten“]

**Aquarell** ⟨n. 11⟩ ► *mit Wasserfarben gemaltes Bild* [< ital. *acquerello* „Wasserfarbe“; zu lat. *aqua* „Wasser“]

**Aquarellfarbe** ⟨f. 19⟩ = *Wasserfarbe*

**aquarellieren** ⟨V. t.; hat⟩ *mit Wasserfarben malen*

**Aquarium** ⟨n.; -s, -rien⟩ **1** ▼ *Glasbehälter, in dem Fische u. andere Wassertiere (z. B. Schnecken) gehalten od. gezüchtet werden* **2** *Gebäude (Museum), in dem kleine Wassertiere gezeigt werden* [< lat. *aquarius* „das Wasser betreffend“]

**Aquatinta** ⟨f.; -, -tinten⟩ *Kupferstichart, bei der die Zeichnung aus einer mit Kolophoniumstaub präparierten Platte herausgeätzt wird* [< lat. *aqua* „Wasser“ + ital. *tinta* „gefärbt“]

**aquatisch** ⟨Adj.⟩ *dem Wasser zugehörig, im Wasser lebend* [zu lat. *aqua* „Wasser“]

**Äquator** ⟨m. 23⟩ ► *größter Breitenkreis auf der Erd- od. Himmelskugel* [zu lat. *aequare* „gleichmachen“]

**äquatorial** ⟨Adj.⟩ *zum Äquator gehörig, in Äquatornähe befindlich*

**Aquavit** ⟨[-vit] m. 1⟩ *mit Kümmel gewürzter, farbloser Branntwein* [< lat. *aqua vitae* „Lebenswasser“]

**äquinoktial** ⟨Adj.⟩ *das Äquinoktium betreffend, zu ihm gehörig*

**Äquinoktium** ⟨n.; -s, -tien⟩ = *Tagundnachtgleiche (an den beiden Tagen 21. März u. 23. September)* [< lat. *aequinoctium* „Tagundnachtgleiche“ < *aequus* „gleich“ + *nox* „Nacht“]

**äquivalent** ⟨[-va-] Adj.⟩ *gleichwertig* [< lat. *aequus* „gleich“ + *valere* „wert sein, gelten“]

**Äquivalent** ⟨[-va-] n. 11⟩ *Gegenwert, vollwertiger Ersatz*

**Äquivalenz** ⟨[-va-] f. 20; unz.⟩ *Gleichwertigkeit*

**Ar**[1] ⟨Chem.; Zeichen für⟩ *Argon*

**Ar**[2] ⟨n. 11 od. selten: m. 1; Zeichen: a⟩ *Flächenmaß, 100 Quadratmeter* [< frz. *are* „Flächenraum“ < lat. *area*]

**ar..., Ar...** ⟨Vors.⟩ = *ad..., Ad...*

**Ara** ⟨m. 6; Zool.⟩ ► *Angehöriger einer Gattung südamerikan. Papageien mit langem, keilförmigem Schwanz: Arara* [< span.]

## AQUARIUM

Die Haltung von Fischen geht auf die Zeit der Römer zurück. Bereits im 17. Jh. wurden Aquarien in Europa zu einem beliebten Hobby. In Aquarien kann man vier Gruppen von Fischen halten: tropische Süßwasserfische, tropische Meeresfische, Kaltwasserfische des Süßwassers und Kaltwasserfische des Meeres. Im Aquarium wird der natürliche Lebensraum der Fische und der anderen Wassertiere nachgeahmt.

KORALLENRIFF IN EINEM MEERESAQUARIUM

**Ära** ⟨f.; -, Ären⟩ *Zeitalter, Zeitabschnitt, Amtszeit* ◆ die Ära Eisenhower; eine neue Ära zieht herauf; die Wilhelminische Ära [< spätl. *aera* „Zeitalter“]

**Araber** ⟨m. 3⟩ **1** *Bewohner Arabiens* **2** *in Südwestasien u. Nord- bis Mittelafrika verbreiteter Volksstamm* **3** ⟨Zool.⟩ *arabisches Vollblutpferd;* ► *Pferde*

**Arabeske** ⟨f. 19⟩ **1** *Blatt-, Rankenornament, Schnörkel* **2** ⟨Mus.⟩ *heiteres Musikstück* **3** ⟨Ballett⟩ *Körperhaltung, bei der ein Bein waagerecht nach hinten gestreckt wird;* oV *Arabesque* [< frz. *arabesque* „arabische“ (Verzierung); zu ital. *arabesco* „arabisch“]

**Arabesque** ⟨[-bɛsk] f.; -, -s; Ballett⟩ = *Arabeske (3)*

**arabisch** ⟨Adj.⟩ *Arabien u. die Araber betreffend, zu ihnen gehörig, von ihnen stammend* ◆ arabische Sprache *die Sprache der Araber, südsemitische Sprache;* arabische Ziffern *die Ziffern des dekadischen Zahlensystems, z. B. 1, 2, 3*

**Arabistik** ⟨f.; -; unz.⟩ *Lehre von der arabischen Sprache u. Literatur*

**Aramäer** ⟨m. 3⟩ *Angehöriger einer Gruppe semit. Volksstämme Syriens und Arabiens, zu denen Hebräer, Chaldäer u. a. gehören*

**aramäisch** ⟨Adj.⟩ *die Aramäer betreffend, zu ihnen gehörend* ◆ aramäische Sprache *die nordwestsemit. Sprache der Aramäer*

AQUARELL

**Arbeit** ⟨f. 20⟩ **1** *körperl. od. geistige Betätigung, Tätigkeit, Beschäftigung* (Gartenarbeit, Hausarbeit, Forschungsarbeit) **2** *Beruf, berufl. Tätigkeit, Stellung* (Berufsarbeit) **3** *Mühe, Anstrengung* **4** *schriftl. od. prakt. Prüfung* (Prüfungsarbeit, Schularbeit, Mathematikarbeit) **5** *Ausführung, Gestaltung* (Einlegearbeit, Goldschmiedearbeit) **6** *Herstellung, Produktion* **7** ⟨Mechanik⟩ *das Produkt aus der an einem Körper angreifenden Kraftkomponente und dem vom Körper unter ihrem Einfluss zurückgelegten Weg* **8** *das bearbeitete Ergebnis der Tätigkeit, Leistung* (Doktorarbeit) ◆ eine **Menge** Arbeit; das kostet ein schönes **Stück** Arbeit ◆ seine Arbeit **abgeben;** die Arbeit **einstellen;** saubere Arbeit **liefern;** eine Arbeit **schreiben** (in der Schule) ◆ eine **anstrengende,** einträgliche, geistige, harte, körperliche, schwere, wissenschaftliche Arbeit; meine **berufliche** Arbeit; **durchbrochene** Arbeit *Lochstickerei od. Filigran;* **eingelegte** Arbeit *Intarsien;* **erhabene** Arbeit (auf Metall); **getriebene** Arbeit *Treibarbeit* ◆ er hat Arbeit **als** Tischler gefunden; **an** die Arbeit gehen; sich an die Arbeit machen; ich habe ein Wörterbuch **in** Arbeit; jmdn. in Arbeit nehmen *jmdn. in Dienst nehmen, an-, einstellen;* der Schuh ist noch in Arbeit *an ihm wird noch gearbeitet;* **mit** Arbeit überhäuft, überlastet sein; **nach** des Tages Arbeit [< ahd. *arabeit(i)*]

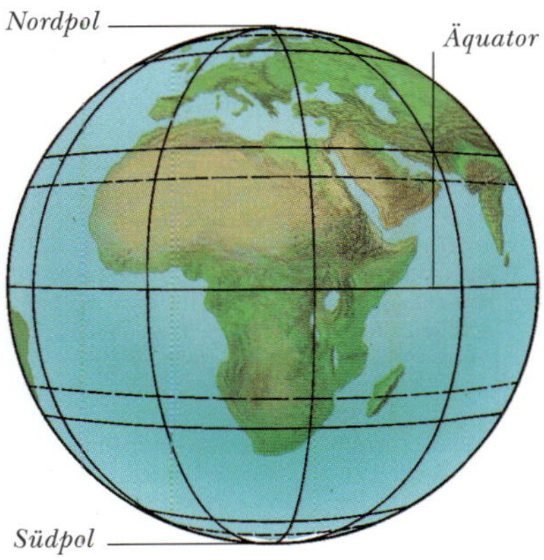


ÄQUATOR

**arbeiten** ⟨V.; hat⟩ **I** ⟨V. i.⟩ **1** *Arbeit leisten, Arbeit verrichten* **2** *sich bemühen, sich anstrengen* **3** *tätig sein, in Gang sein* (Maschine) **4** *sich verändern, sich verziehen* (Holz) **5** *gären* (Most) **6** *treiben, aufgehen* (Teig) **7** *Zinsen tragen, Gewinn, Erträge bringen* (Geld) **8** *angestellt sein* ◆ **angestrengt,** fleißig, sauber, schlecht, sorgfältig, tüchtig arbeiten; sein Herz, der Motor arbeitet **einwandfrei,** normal; der Ring, das Wörterbuch ist **gut** gearbeitet ◆ er arbeitet **als** Tischler; **an** etwas arbeiten *etwas bearbeiten;* an einer Erfindung arbeiten; an sich selbst arbeiten *seine Fähigkeiten erweitern, Schwächen abbauen;* **auf** dem Feld arbeiten; **mit** *einer Firma arbeiten geschäftl. Beziehungen pflegen; er arbeitete mit aller Kraft, um aus dem Schnee herauszukommen; arbeiten* **wie** *ein Pferd* ⟨umg.⟩ *sehr viel u. angestrengt* **II** ⟨V. t.⟩ *anfertigen, herstellen* (Kleid, Möbelstück) ◆ ich habe mir einen Anzug arbeiten lassen **III** ⟨V. refl.; umg.; in bestimmten Wendungen⟩ es arbeitet sich gut mit ihm zusammen *man kann gut mit ihm arbeiten*

ARA: HELLROTER ARA
*(Ara macao)*

**Arbeiter** ⟨m. 3⟩ **1** ⟨i. w. S.⟩ **1.1** *jmd., der arbeitet* **1.2** *jeder, der einen Beruf ausübt* **2** ⟨i. e. S.⟩ *jmd., der gegen Lohn körperl. Arbeit leistet* (Bergarbeiter, Industriearbeiter, Metallarbeiter) ◆ er ist ein guter Arbeiter *er ist tüchtig*

**Arbeiterin** ⟨f. 22⟩ **1** *weibl. Arbeiter* **2** ⟨Zool.⟩ *weibl., unfruchtbare Biene, Ameise od. Termite*

**Arbeitgeber** ⟨m. 3⟩ *jmd., der Arbeitnehmer gegen Lohn od. Gehalt beschäftigt*

**Arbeitnehmer** ⟨m. 3⟩ *jmd., der für einen Arbeitgeber gegen Lohn od. Gehalt arbeitet*

**Arbeitsamt** ⟨n. 12u⟩ *Amt für Arbeitsvermittlung, Arbeitslosenversicherung u. Berufsberatung*

**Arbeitsbeschaffungsmaßnahme** ⟨f. 19; meist Pl.; Abk.: ABM⟩ *staatliche Maßnahme zur (kurzfristigen) Schaffung zusätzlicher Arbeitsplätze*

**Arbeitsbiene** ⟨f. 19⟩ **1** ⟨Zool.⟩ *weibliche, unfruchtbare Biene, Futterbiene;* → a. *Arbeiterin (2)* **2** ⟨fig.; umg.⟩ *jmd., der unermüdlich emsig arbeitet*

**arbeitsintensiv** ⟨Adj.⟩ *viel Arbeit erfordernd* ◆ ein arbeitsintensives Vorhaben

**Arbeitskollege** ⟨m. 17; verstärkend für⟩ *Kollege* ◆ er ist ein toller Arbeitskollege

**Arbeitskraft** ⟨f. 7u⟩ **I** ⟨unz.⟩ *Leistungskraft, Schaffenskraft, geistige u. körperl. Kraft zur Arbeit* ◆ sich seine Arbeitskraft erhalten **II** ⟨zählb.⟩ *Mensch im Hinblick auf seine Arbeitsleistung* ◆ Mangel an Arbeitskräften; mehr Arbeitskräfte anfordern, einstellen

**arbeitslos** ⟨Adj.⟩ *ohne Arbeit;* Sy *erwerbslos*

**Arbeitslose(r)** ⟨f. 30 (m. 29)⟩ *Erwerbsfähige(r) ohne Arbeitsverhältnis*

**Arbeitslosigkeit** ⟨f. 20; unz.⟩ *Mangel an Arbeitsgelegenheit mit Verdienst, Erwerbslosigkeit*

**Arbeitsmarkt** ⟨m. 1u⟩ *Angebot von u. Nachfrage nach Arbeitskräften u. Arbeitsplätzen*

**Arbeitspapier** ⟨n. 11⟩ **1** *schriftl. Darstellung, die einer Diskussion zugrunde liegt* **2** *Thesenpapier* **3** Arbeitspapiere ⟨Pl.⟩ *Dokumente über ein Arbeitsverhältnis*

**Arbeitsplatz** ⟨m. 1u⟩ **1** *Platz, an dem man arbeitet, Arbeitsstätte* **2** *Anstellung, Beschäftigung* ◆ Mangel an Arbeitsplätzen

**Arbeitstag** ⟨m. 1⟩ *Tag im Hinblick auf die währenddessen geleistete od. zu leistende Arbeit* ◆ 14 Arbeitstage Urlaub haben; achtstündiger Arbeitstag

**Arbeitsteilung** ⟨f. 20; unz.⟩ *Teilung der zu leistenden Arbeit in bestimmte Arbeitsgänge od. Verrichtungen*

**arbeitsunfähig** ⟨Adj.⟩ *aufgrund von Krankheit o. Ä. vorübergehend od. dauernd unfähig zur Arbeit*

**Arbeitsunfall** ⟨m. 1u⟩ = *Betriebsunfall*

**Arbeitsvertrag** ⟨m. 1u⟩ *Vertrag, in dem sich jmd. einem anderen gegenüber zur Arbeit gegen Entgelt verpflichtet*

**Arbeitswissenschaft** ⟨f. 20; unz.⟩ *Wissenschaft, die das Verhältnis von Mensch und Arbeit untersucht (insbesondere die Vereinbarkeit der Wirtschaftlichkeit einer Tätigkeit mit humanen Arbeitsbedingungen)*

**Arbeitszeit** ⟨f. 20⟩ *Zeitdauer, während der gearbeitet wird* ◆ gesetzlich festgelegte Arbeitszeit

**arbiträr** ⟨Adj.⟩ *willkürlich, nach Ermessen* [< lat. *arbitrarius* „willkürlich angenommen"]

**arc** ⟨Zeichen für⟩ **1** *Arkus* **2** *Bogenmaß*

**arc.** ⟨Mus.; Abk. für⟩ *coll'arco*

**Archaikum** ⟨[-ça:-]⟩, **Archäikum** ⟨[-çɛ:-] n.; -s; unz.⟩ *ältester Abschnitt der Erdgeschichte;* Sy *Erdurzeit*

**archaisch** ⟨[-ça:-] Adj.⟩ **1** *frühzeitlich, altertümlich, veraltet* **2** *aus der Frühzeit einer Kunst stammend* [zu grch. *archaios* „alt"]

**Archäologie** ⟨[-çɛ-] f. 19; unz.⟩ *Altertumskunde* [< grch. *archaios* „alt" + *logos* „Wort, Rede"]

**archäologisch** ⟨[-çɛ-] Adj.⟩ *die Archäologie betreffend, zu ihr gehörig, auf ihr beruhend*

**Archäopteryx** ⟨[-çɛɔp-] f. od. m.; -, -e od. -pteryges⟩ ► *Urvogel mit Reptilienmerkmalen: Aerchäopteryx* [< grch. *archaios* „alt" + *pteryx* „Flügel"]

**Archäozoikum** ⟨[-çɛotso:-] n.; -s; unz.⟩ *zweitältester Abschnitt der Erdgeschichte, in dem die ersten Lebewesen auftreten, Erdfrühzeit* [< grch. *archaios* „alt" + *zoon* „lebendiges Geschöpf"]

**Arche** ⟨[-çə] f. 19⟩ *kastenartiges Schiff* ◆ die Arche Noah(s) *im AT Schiff Noahs, in dem während der Sintflut Menschen u. Tiere Zuflucht fanden*

**archetypisch** ⟨[-çə-] Adj.⟩ **1** ⟨i. e. S.⟩ *dem Archetyp entsprechend, urbildlich* **2** ⟨i. w. S.⟩ *vorbildlich, mustergültig*

**Archetyp** ⟨[-çə-] m. 27⟩, **Archetypus** ⟨m.; -, -typen⟩ **1** *Urform, Urbild, älteste erreichbare Vorlage einer Handschrift od. eines Druckes* **2** *Muster, Vorbild* **3** *Ausgangsform, von der sich die stammesgeschichtliche Verwandtschaft von Lebewesen ableitet* [< grch. *arche* „Anfang" + *typos* „Schlag, durch den Schlag Bewirktes, Geprägtes"]

**Archipel** ⟨[-çipe:l] m. 1; urspr.⟩ **1** *Archipelagos, die Inseln zwischen Griechenland u. Kleinasien* **2** ⟨danach⟩ *Name auch anderer Inselgruppen,* z. B. Malaiischer Archipel [< grch. *archein* „herrschen" + *pelagos* „Meer"]

**Architekt** ⟨[-çi-] m. 16⟩ *Baufachmann, jmd., der Bauwerke entwirft und ihre Fertigstellung überwacht* [< lat. *architectus* < grch. *architekton* < *archein* „anfangen, herrschen" + *tekton* „Zimmermann", eigtl. „oberster Zimmermann"]

**architektonisch** ⟨[-çi-] Adj.⟩ **1** *die Architektonik od. Architektur betreffend, zu ihr gehörig, auf ihr beruhend* **2** *baulich, baukünstlerisch*

**Architektur** ⟨[-çi-] f. 20⟩ *Baukunst, Baustil*

**Archiv** ⟨[-çi:f] n. 11⟩ **1** *Dokumente-, Urkundensammlung* **2** *Raum zum Aufbewahren derartiger Sammlungen* [< grch. *archeion* „Obrigkeits-, Rathaus"]

**Archivalien** ⟨[-çiva:-] Pl.; Sing.: -lium⟩ *Urkunden, Schriftstücke, Archivakten* [→ *Archiv*]

**archivalisch** ⟨[-çiva:-] Adj.⟩ oV *archivarisch* **1** *urkundlich* **2** *zu einem Archiv gehörend*

**Archivar** ⟨[-çiva:r] m. 1⟩ *Angestellter, Leiter eines Archivs*

**archivarisch** ⟨[-çiva:-] Adj.⟩ = *archivalisch*

**ARD** ⟨Abk. für⟩ *Arbeitsgemeinschaft der öffentlich-rechtlichen Rundfunkanstalten der Bundesrepublik Deutschland*

**Areal** ⟨n. 11⟩ **1** *Fläche, Bezirk* **2** *Siedlungsgebiet* **3** *Verbreitungsgebiet (von Tieren od. Pflanzen)* [< lat. *area* „freier, ebener Platz"]

**areligiös** ⟨Adj.⟩ *nicht religiös, der Religion ablehnend gegenüberstehend;* Ggs *religiös (2)* [< grch. *a* „nicht" + *religiös*]

**Arena** ⟨f.; -, -nen⟩ **1** *mit Sand bestreuter Kampfplatz im Amphitheater* **2** *Sportplatz mit Zuschauersitzen* **3** ⟨Zirkus⟩ = *Manege (2)* [< lat. *harena, arena* „Sand"]

**arg** ⟨Adj.; ärger, am ärgsten⟩ **1** *schlimm, böse, bösartig* **2** *ärgerlich* **3** ⟨oberdt.⟩ *sehr, stark, tüchtig* ◆ arges **Pech** haben; arge **Schmerzen** haben; er ist ein arger **Spötter** ◆ damit **machst** du alles ja nur noch ärger!; jmdm. arg **mitspielen;** ihr **treibt** es aber auch gar zu arg ◆ das ist arg **teuer** ◆ **im** Argen liegen *der Regelung bedürfen, vernachlässigt sein;* das ist denn doch **zu** arg! [< ahd. *ar(a)g* „nichtswürdig, geizig, feige"]

**Argentum** ⟨n.; -s; unz.⟩ ► = *Silber (1)* [lat.]

ARCHÄOPTERYX: VERSTEINERTES SKELETT
*(Archaeopteryx lithographica)*

A

**Ärger** ⟨m. 3; unz.⟩ **1** *Unwille, Verdrossenheit, leichter Zorn* **2** *Unannehmlichkeit, Verdruss* ♦ seinen Ärger an jmdm. **auslassen;** du **bereitest,** machst mir Ärger; seinem Ärger **Luft machen** ♦ **beruflichen** Ärger haben; ich habe damit, mit ihm, ihr noch **viel** Ärger gehabt ♦ nichts **als** Ärger und Verdruss hat man damit!; grün sein od. werden **vor** Ärger ⟨umg.; scherzh.⟩ [→ *ärgern*]

**ärgerlich** ⟨Adj.⟩ **1** *voller Ärger, verärgert, verdrossen, leicht zornig* **2** *Ärgernis erregend, unangenehm* ♦ ein ärgerlicher Vorfall; das ist wirklich ärgerlich; er war darüber sehr ärgerlich [Rückbildung < *ärgern*]

**ärgern** ⟨V.; hat⟩ **I** ⟨V. t.⟩ **1** *Ärger, Verdruss bereiten, ärgerlich machen, in Zorn versetzen* **2** *boshaft necken* ♦ es ärgert ihn, dass ...; du darfst deine kleine Schwester, den Hund nicht immer ärgern **II** ⟨V. refl.⟩ sich ärgern *ärgerlich sein, ärgerlich werden* ♦ ich habe mich sehr über dich, darüber geärgert [< ahd. *argiron* „schlechter machen", zum Komparativ von *arg,* in der Bibelsprache „zum Bösen veranlassen, Anstoß nehmen"]

**Ärgernis** ⟨n. 11⟩ **1** *Ärger, Anstoß, etwas Ärgerliches* **2** *eine Anstoß erregende Handlung, Verletzung des religiösen od. sittlichen Gefühls* ♦ Ärgernis erregen

**Arge(s)** ⟨n. 31; unz.⟩ *Böses, Schlimmes* ♦ Arge(s)s im Sinne haben; ich habe mir nichts Arge(s)s dabei gedacht

**Arglist** ⟨f.; -; unz.⟩ *Hinterlist, Heimtücke*

**arglistig** ⟨Adj.⟩ *hinterlistig, heimtückisch, verschlagen*

**arglos** ⟨Adj.⟩ **1** *ohne Arg, nichts Böses vorhabend* **2** *nichts Böses ahnend, vertrauensselig*

**Argon** ⟨n. 11; unz.; Chem.; Zeichen: Ar⟩ *chemischer Grundstoff, ein Edelgas, Ordnungszahl 18, z. B. in Leuchtstoffröhren verwendet* [zu grch. *argos* „untätig"]

**Argument** ⟨n. 11⟩ **1** *stichhaltige Entgegnung, Beweis(grund)* **2** ⟨Math.⟩ *unabhängige Veränderliche einer Funktion* ♦ das ist kein Argument (gegen meine Behauptung)!; ein schwer wiegendes Argument für, gegen etwas; ihm gehen die Argumente aus [< lat. *argumentum* „Gehalt, Beweis"]

**Argumentation** ⟨f. 20⟩ *Beweisführung, Begründung*

**argumentieren** ⟨V. i.; hat⟩ *Argumente vorbringen* ♦ gut, richtig argumentieren

**Argwohn** ⟨m. 1; unz.⟩ *schlimme Vermutung, Verdacht, Misstrauen* ♦ jmds. Argwohn beschwichtigen, zerstreuen; jmds. Argwohn erregen; Argwohn (bei jmdm.) erwecken; Argwohn hegen (gegen) [< ahd. *arcwan* < *arg* + *Wahn*]

**argwöhnisch** ⟨Adj.⟩ *voller Argwohn, misstrauisch*

**Arie** ⟨[-riə] f. 19; Mus.⟩ *kunstvolles Sologesangstück mit Instrumentalbegleitung* [< ital. *aria* „Luft, Wind; Melodie"; zu lat. *aer* „Luft"]

**Arier** ⟨m. 3⟩ **1** ⟨Bez. für⟩ *Inder und Iraner* **2** ⟨fälschl. für⟩ *nicht semit. Angehöriger der weißen Rasse* [< grch. *Arioi*]

**Arillus** ⟨m.; -, -rilli; Bot.⟩ *Samenmantel (z. B. der Eibe)* [lat.]

**arios, arioso** ⟨Adj.; Mus.⟩ *sanglich, melodiös, arienartig* [ital.]

ARMBANDUHR: QUARZUHR

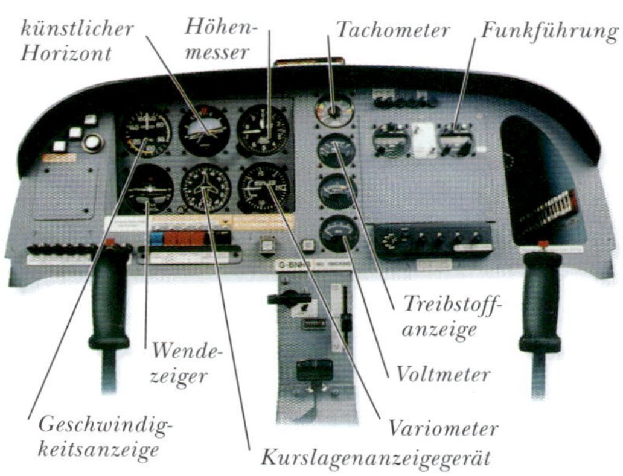


ARMATURENBRETT EINES KLEINFLUGZEUGS

**Arioso** ⟨n. 15; Pl. a.: -riosi; Mus.⟩ **1** *melodiöser, selbständig gewordener Teil der Rezitation* **2** *kleines arien-, liederartiges Sologesangs- od. auch Instrumentalstück*

**arisch** ⟨Adj.⟩ *die Arier betreffend, zu ihnen gehörig, von ihnen stammend* ♦ arische Sprachen *der indo-iran. Zweig der idg. Sprachfamilie*

**Aristokrat** ⟨m. 16⟩ **1** *Angehöriger der Aristokratie, Adliger* **2** ⟨fig.⟩ *Mensch von vornehmer Gesinnung*

**Aristokratie** ⟨f. 19⟩ **1** *Adel* **2** *Adelsherrschaft* **3** *Oberschicht* (Geldaristokratie, Geistesaristokratie) [< grch. *aristokrateia* < grch. *aristos* „der Beste" + *kratein* „herrschen"]

**aristokratisch** ⟨Adj.⟩ **1** *die Aristokratie betreffend, zu ihr gehörig, von ihr stammend, ihr gemäß* **2** *adelig* **3** *vornehm*

**Arithmetik** ⟨f. 20; unz.⟩ *Gebiet der Mathematik, welches sich mit Zahlen, Kombinatorik, Reihentheorien u. Ä. beschäftigt* [zu grch. *arithmos* „Zahl"]

**arithmetisch** ⟨Adj.⟩ *die Arithmetik betreffend, zu ihr gehörig* ♦ arithmetisches Mittel *die Summe mehrerer Zahlen geteilt durch ihre Anzahl*

**Arkade** ⟨f. 19⟩ **1** *auf Säulen od. Pfeilern ruhender Bogen* **2** Arkaden ⟨Pl.⟩ *Bogenreihe, Bogengang* [< frz. *arcade* „Schwibbogen"; zu lat. *arcus* „Bogen"]

**Arkadien** ⟨n.; -s; unz.⟩ **1** *Landschaft in Griechenland* **2** ⟨sinnbildl. für⟩ *Ort eines glücklichen, beschaulichen Lebens (auf dem Lande)*

**Arktis** ⟨f.; -; unz.⟩ = *Nordpolargebiet* [zu grch. *arktos* „Bär"]

**arktisch** ⟨Adj.⟩ *die Arktis betreffend, zu ihr gehörig, aus ihr stammend*

**Arkus** ⟨m.; -, -; Math.; Zeichen: arc⟩ *Bogen, Bogenmaß eines Winkels* [< lat. *arcus* „Bogen"]

**arm** ⟨Adj.; ärmer, am ärmsten⟩ **1** *wenig besitzend, geld-, mittellos, bedürftig; Ggs reich (1)* **2** *unglücklich, beklagenswert, bedauernswert* **3** *kümmerlich* **4** *jämmerlich, gering, dürftig, armselig* ♦ armer **Kerl,** Schlucker; du armes **Kind!;** arme **Seele;** quäl das arme **Tier** doch nicht so! ♦ Arm und **Reich** *jedermann, die Armen u. die Reichen* ♦ arm **sein,** werden ♦ arm **an** *Mangel leidend an, von geringem Gehalt an;* arm an Freunden; arm an Nährstoffen und Vitaminen; der Ärmste! *(Ausruf des Mitleids)* [< ahd. *ar(a)m*]

**Arm** ⟨m. 1⟩ **1** *Vordergliedmaße von Menschen u. Affen* **2** *armähnlicher Teil eines Gegenstandes, Gerätes* (Hebelarm) **3** *Maschinenteil mit armähnlicher Bewegung* **4** *Abzweigung* (Flussarm) **5** ⟨fig.⟩ *Arbeitskraft, Hilfskraft* ♦ der Arm des **Gesetzes** ⟨fig.⟩ *das Gericht, die Polizei;* zwei Arme eines **Leuchters** ♦ die Arme **ausbreiten;** jmdm. die Arme **entgegenstrecken** ♦ wir können hier noch zwei **starke** Arme gebrauchen; Arm **voll** *so viel, wie man in einem Arm tragen kann;* zwei Arm voll Brennholz ♦ **am** Arm packen; jmdn. **auf** den Arm nehmen ⟨fig.; scherzh.⟩ *zum Besten haben, veralbern;* jmdm. **in** den Arm fallen *ihn hindern, etwas zu tun;* Arm in Arm gehen; jmdm. in die Arme laufen *zufällig begegnen;* jmdn. in die Arme nehmen oder schließen; jmdm. **unter** die Arme greifen ⟨fig.⟩ *helfen;* die Beine unter den Arm, unter die Arme nehmen ⟨umg.⟩ *rasch davonlaufen, sich beeilen* [< ahd. *ar(a)m,* engl. *arm*]

**Armada** ⟨f.; -, -s od. -maden⟩ **1** ⟨Mil.⟩ *Kriegsflotte, bes. die Flotte Philipps II. von Spanien* **2** ⟨fig.; umg.⟩ *Pulk, Anhäufung* [span. < mlat. *armata* „Flotte, Heer"]

**Armatur** ⟨f. 20⟩ **1** *Zubehör von Maschinen u. technischen Anlagen* **2** *Bedienungsteil von Maschinen u. Apparaten* [< lat. *armature* „Bewaffnung"; zu lat. *armare* „bewaffnen"]

**Armaturenbrett** ⟨n. 12⟩ ▲ *Schaltbrett, Tafel mit Schalt- u. Messgeräten*

**Armbanduhr** ⟨f. 20⟩ ◄ *am Arm (Handgelenk) zu tragende Uhr*

**Armbeuge** ⟨f. 19⟩ *Innenseite des Ellbogengelenks*

**Armbinde** ⟨f. 19⟩ **1** ⟨Med.⟩ *Dreiecktuch als Stützverband bei schwereren Armverletzungen, Armschlinge* **2** *Binde um den Oberarm als Kennzeichen, z. B. für Sanitäter*

**Armbrust** ⟨f. 7 od. 7u⟩ ▼ *alte Schusswaffe mit Pfeilen, Bogenschleuder* [< mhd. *armbrust* < ags. *arblast* < afrz. *arbaleste* < mlat. *arbalista* < lat. *arcuballista* „mit Bogen versehene Schleuder" < lat. *arcus* „Bogen" + grch. *ballista* „Wurfmaschine"]

**Armee** ⟨f. 19⟩ **1** *Gesamtheit der (Land-, Luft- u. See-)Streitkräfte* **2** *Heer* **3** *Truppenverband aus mehreren Divisionen* ♦ in die Armee eintreten; Dienst in der Armee tun; eine Armee von Reportern ⟨fig.⟩ *eine große Menge, große Zahl* [< frz. *armée* „Heer"; zu frz. *armer* „bewaffnen"]

**Ärmel** ⟨m. 5⟩ *den Arm ganz oder teilweise bedeckender Teil eines Kleidungsstückes* (Hemdärmel, Mantelärmel) ♦ kurzer, langer, angeschnittener Ärmel; jmdn. am Ärmel zupfen *verstohlen mahnen* [< ahd. *ermillo, armillo;* Verkleinerungsform zu *Arm*]

**Armenier** ⟨m. 3⟩ *Angehöriger eines indogerman. Volkes in der Türkei u. in Armenien*

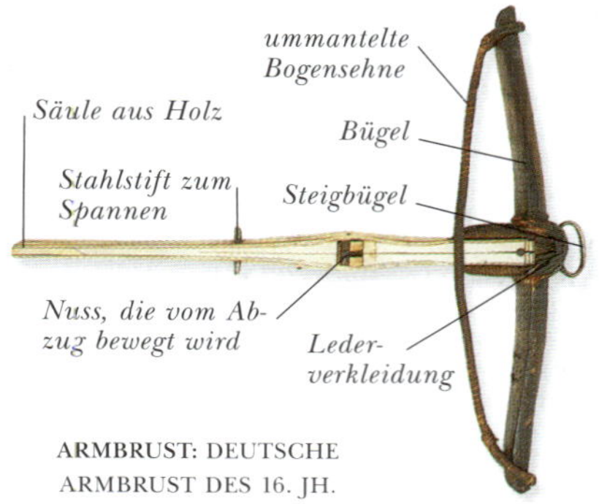


ARMBRUST: DEUTSCHE ARMBRUST DES 16. JH.

A

**armenisch** ⟨Adj.⟩ *die Armenier od. Armenien betreffend, zu ihnen gehörig, von ihnen stammend* ◆ armenische Sprache *isoliert stehende indogerman. Sprache der Armenier*

**Armfüßer, Armfüßler** ⟨m. 3; Zool.⟩ ▼ *Angehöriger einer Klasse festsitzender Meerestiere, deren Mundarme zum Atmen u. zur Nahrungsaufnahme dienen: Brachiopoden*

**ärmlich** ⟨Adj.⟩ **1** *elend, dürftig* **2** *gering (ausgestattet), kümmerlich* ◆ ein ärmliches Zimmer; ärmlich gekleidet

ARMFÜSSER: SCHALE

**Armreif** ⟨m. 11⟩, **Armreifen** ⟨m. 4⟩ *als Schmuck am Arm zu tragender Reif(en)*

**armselig** ⟨Adj.⟩ *arm, ärmlich, kümmerlich, dürftig* [zu mhd. *armsal* „Elend"]

**Armut** ⟨f.; -; unz.⟩ *das Armsein, Mangel am Notwendigsten, Not, Elend, Bedürftigkeit, Entbehrung* ◆ Armut ist keine Schande; Armut schändet nicht; bittere Armut; geistige Armut *geistige Anspruchslosigkeit;* in Armut geraten *arm werden;* in Armut leben [< ahd. *ar(a)muoti* < *arm* + *-oti* „versehen mit"; Substantiv durch Anlehnung an *Mut*]

**Arnika** ⟨f.; -; unz.; Bot.⟩ *Angehörige einer Gattung gelb blühender Korbblütler, Heilpflanze mit anregender Wirkung: Arnica (montana)* [zu grch. *arnos* „Lamm", eigtl. „Schafkraut"]

**Aroma** ⟨n.; -s, -s od. -men⟩ **1** *würziger Wohlgeruch od. Wohlgeschmack* **2** *künstlich hergestellter Geschmacksstoff für Speisen* [< grch. *aroma* „Würze"]

**aromatisch** ⟨Adj.⟩ *voller Aroma, wohlriechend, wohlschmeckend, würzig* ◆ aromatische **Kohlenwasserstoffe;** aromatische **Verbindungen** *ringförmig angeordnete Kohlenwasserstoffe mit bestimmter Anordnung der Bindungen innerhalb des Ringes;* → a. *aliphatische Verbindungen;* aromatische **Wässer** *Auszüge von Blüten u. Kräutern mit Duftstoffen*

**aromatisieren** ⟨V. t.; hat⟩ *mit Aroma versehen*

**Aronstab** ⟨m. 1u; unz.; Bot.⟩ ► *zu den Kesselfallenblumen gehörende Giftpflanze schattiger Laubwälder: Arum maculatum*

**Aronstabgewächs** ⟨[-ks] n. 11; Bot.⟩ *Mitglied einer Familie der Kolbenblütler, mit tütenförmigem Hochblatt u. Aasgeruch: Araceen* [zu lat. *arum* < grch. *aron,* nach einer ägyptischen Bez., nicht nach dem bibl. Hohenpriester *Aaron,* dessen Stab grünt und blüht]

**Arpanet** ⟨n. 15; unz.; EDV⟩ *in den 60er Jahren in den USA eingerichtetes Computernetzwerk;* → a. *Internet, Intranet* [verkürzt < engl. *ad*vanced *r*esearch *p*rojects *a*gency + *net*work „Netzwerk"]

**Arrangement** ⟨[arãʒ(ə)'mã] n. 15⟩ **1** *Anordnung, Vorbereitung* **2** *Vergleich* **3** *Übereinkommen, Abmachung* **4** ⟨Mus.⟩ *Bearbeitung eines Musikstücks für andere Instrumente* [frz., „Anordnung, Einrichtung"]

**arrangieren** ⟨[arãʒiː-] V.; hat⟩ **I** ⟨V. t.⟩ **1** *anordnen, vorbereiten* (Besprechung) **2** *ausgleichen, übereinkommen, abmachen* **3** ⟨Mus.⟩ *für andere Instrumente bearbeiten* (Musikstück) **II** ⟨V. refl.⟩ sich arrangieren *sich mit den (vorgefundenen) Gegebenheiten abfinden, sich darauf einstellen* [< frz. *arranger* „(an)ordnen, einrichten"]

**Arrest** ⟨m. 1⟩ **1** *Haft, Freiheitsentzug* (für Personen) **2** *leichte Freiheitsstrafe* **3** *vorläufige Beschlagnahmung* (von Sachen) **4** ⟨Schule⟩ *Nachsitzen, Strafstunde* ◆ dinglicher Arrest ⟨Rechtsw.⟩ *vorläufige Pfändung, Eintragung einer Zwangshypothek zur Sicherung von Forderungen eines Gläubigers* [< mlat. *arrestum* „Verhaftung" < lat. *ad* „zu" + *restare* „bleiben"]

**arrivieren** ⟨[-viː-] V. i.; ist⟩ **1** *Erfolg haben, beruflich vorwärts kommen, anerkannt werden* **2** *gesellschaftlich aufsteigen* ◆ arriviert sein; arrivierter Komponist, Schriftsteller [< frz. *arriver* „ankommen"]

**arrogant** ⟨Adj.; -er, am -esten⟩ *anmaßend, dünkelhaft, eingebildet* [frz., „anmaßend" < lat. *ad* „zu" + *rogare* „verlangen, fragen"]

**Arroganz** ⟨f. 20; unz.⟩ *Anmaßung, Dünkel* [< *arrogance* „Anmaßung" < lat. *arrogantia*]

**Arsch** ⟨m. 1u; derb⟩ *Gesäß, Popo, Hintern* ◆ **leck** mich am Arsch! ⟨derb⟩ *(Ausdruck der Verachtung);* du kannst mich mal am Arsch lecken ⟨derb⟩ ◆ **am** Arsch der Welt ⟨derb⟩ *sehr weit abgelegen, entfernt;* sie wohnen am Arsch der Welt; jmdm. **in** den Arsch kriechen ⟨derb⟩ *jmdm. unterwürfig, kriecherisch ergeben sein* [< ahd. *ars,* engl. *arse*]

**Arsen** ⟨n. 11; unz.; Chem.; Zeichen: As⟩ *chem. Element, Ordnungszahl 33* [zu grch. *arsenikon* „männlich" od. < arab. *sernik* „Operment, Gelbglas"]

**Arsenal** ⟨n. 11⟩ *Zeughaus, Rüstkammer, Geräte-, Waffenlager* [frz., „Zeughaus" < ital. *arsenale* < arab. *dar(es)sina'a* „Haus der Handwerksarbeit, Schiffswerft"]

ARONSTAB
*(Arum maculatum)*

**Art** ⟨f. 20⟩ **1** *Weise, Eigenart, Eigentümlichkeit* **2** *Beschaffenheit, Wesen* **3** *Gattung, Sorte* **4** *Brauch, Gewohnheit* **5** *Benehmen, Verhalten* **6** *etwas Ähnliches (wie)* **7** ⟨Biol.⟩ *Ordnungseinheit, die alle diejenigen Individuen umfasst, die eine Fortpflanzungsgemeinschaft bilden, d. h. fruchtbare Nachkommen erzeugen können: Species* ◆ diese Art **Leute** ist unangenehm; der Stoff ist (so) eine Art **Taft** ◆ er **hat** eine Art, mit Menschen umzugehen, die ihm sofort Freunde gewinnt ◆ kannst du es nicht **auf** eine andere Art versuchen?; dieses Gebäude ist einzig **in** seiner Art *ein solches gibt es nur einmal* [< mhd. *art* „angeborene Eigentümlichkeit, Natur, Beschaffenheit, Herkunft, Abkunft, Art u. Weise"]

**Art déco** ⟨[aːr 'deːko] f. od. n.; - -; unz.⟩ ▼ *dem Jugendstil folgende Stilrichtung in der Kunst u. bes. im Kunstgewerbe von etwa 1920 bis 1940* [verkürzt < frz. *art décorative* „dekorative Kunst"]

**Artefakt** ⟨n. 11⟩ **1** *Erzeugnis menschlichen Könnens, Kunsterzeugnis* **2** ⟨Gesch.⟩ *vorgeschichtliches Werkzeug* **3** ⟨Med.⟩ *künstl. hervorgerufener Körperschaden* [< lat. *arte factum* „mit Kunst gemacht"]

**artefiziell** ⟨Adj.⟩ = *artifiziell*

**arten** ⟨V. i.; ist⟩ *werden, sich entwickeln* ◆ arten nach *ähnlich werden wie, geraten nach;* er ist nach seinem Vater geartet; anders geartet als ...; gut, schlecht geartet *gut, schlecht beschaffen, veranlagt, von gutem, schlechtem Wesen;* er ist (nun einmal) so geartet, dass ...

**Arterie** ⟨[-riə] f. 19; Anat.⟩ ►► *vom Herzen wegführendes Blutgefäß;* Sy *Schlagader* [< grch. *arteria* „Schlagader, Pulsader"]

**arteriell** ⟨Adj.⟩ *aus der Schlagader stammend, Sauerstoff enthaltend* ◆ arterielles Blut

**artesisch** ⟨Adj.⟩ artesischer Brunnen **1** ►► *durch hydrostatischen Druck zutage tretendes Grundwasser, Springquelle* **2** ►► *Bohrbrunnen, dessen Wasser durch Überdruck steigt* [nach der Grafschaft *Artois* in Frankreich]

**artfremd** ⟨Adj.⟩ *der Art nicht entsprechend, wesensfremd*

**Artgenosse** ⟨m. 17⟩ *Lebewesen gleicher Art*

**Arthritis** ⟨f.; -, -tiden; Med.⟩ *durch Unfall od. Infektion verursachte Gelenkentzündung* [< grch. *arthron* „Glied, Gelenk"]

**Arthrose** ⟨f. 19; Med.⟩ *degenerative Gelenkerkrankung* [< grch. *arthron* „Glied, Gelenk"]

**artifiziell** ⟨Adj.⟩ oV *artefiziell* **1** *künstlich* **2** *gekünstelt* [< frz. *artificiel* „künstlich"; zu lat. *artificium* „Kunstwerk"]

**artig** ⟨Adj.⟩ **1** *brav, folgsam, gehorsam* (von Kindern) **2** *höflich, zuvorkommend, gut erzogen* **3** ⟨veraltet⟩ *hübsch, nett, niedlich* ◆ jmdm. ein artiges Kompliment machen ⟨veraltet⟩; sei artig!; der Kleine war heute

## ART DÉCO

Der Begriff Art déco geht auf eine Pariser Ausstellung des Jahres 1923 zurück, bei der Objekte des Schmuck- und Industriedesigns gezeigt wurden. Das Art déco ist aus dem Jugendstil hervorgegangen, betonte jedoch stärker geometrische als organische Formen. In den zwanziger und dreißiger Jahren wurde es zum führenden Einrichtungsstil. Das Art déco verbindet sich mit handwerklicher Meisterschaft und edlen Materialien. Der Stilbegriff wird vor allem bei Schmuck und Möbeln angewandt, beeinflusste aber auch die gesamte Architektur. Ein klassisches Beispiel für diesen Stil ist das Chrysler Building von William van Alen. Das gilt sowohl für dessen Gesamtstruktur wie für Details der Inneneinrichtung, etwa die hier abgebildeten Aufzugtüren.

NIEDERLÄNDISCHE BROSCHE AUS MESSING UND EMAIL (um 1925)

AUFZUGTÜREN IM CHRYSLER BUILDING (1930), NEW YORK, USA

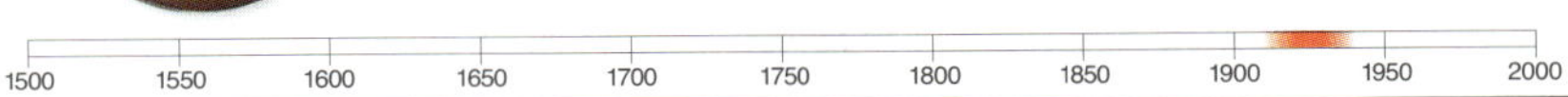

A

sehr artig; er ist ihr gegenüber sehr artig [< mhd. *ertec, ertic* „von angestammter guter Beschaffenheit"; → *Art*]

**Artikel** ⟨m. 5⟩ **1** ⟨Gramm.⟩ *das grammatische Geschlecht anzeigende Wortart* **2** *kleiner Aufsatz* (Zeitungsartikel) **3** *Abschnitt* (eines Gesetzes, eines Vertrages) **4** *Warengattung* **5** ⟨Rel.⟩ *Glaubenssatz* (Glaubensartikel) ◆ einen Artikel **schreiben** (über) ◆ **bestimmter** Artikel *der, die, das;* unbestimmter Artikel *ein, eine;* ein **billiger,** häufig verlangter Artikel; diesen Artikel führen wir **leider** nicht mehr *diese Ware(ngattung)* [< lat. *articulus* „Gelenk", Verkleinerungsform zu *artus* „Gelenk, Glied"]

**Artikulation** ⟨f. 20⟩ **1** ⟨Anat.⟩ *Gliederung, Gelenkverbindung* **2** ⟨Phon.⟩ *Erzeugung, Hervorbringen von Lauten, Lautbildung* **3** *(deutl.) Aussprache* **4** ⟨Mus.⟩ *beim Gesang Wiedergabe der Vokale u. Konsonanten, beim Instrumentalspiel Gliederung, Verbindung, Betonung der Töne* **5** ⟨Zahnmed.⟩ *Art der Bewegung der unteren Zahnreihe gegen die obere*

ARTISCHOCKE
*(Cynara scolymus)*

**artikulieren** ⟨V. t. u. V. i.; hat⟩ **1** ⟨Phon.⟩ *(deutlich hörbar) aussprechen, sagen* **2** *mit Worten wiedergeben, formulieren* (Gedanken, Ideen, Überzeugungen) **3** ⟨Mus.⟩ *Töne gliedern, verbinden, betonen* [→ *Artikel*]

**Artillerie** ⟨f. 19⟩ **1** *Geschützausrüstung* **2** *mit Geschützen ausgerüstete Truppe* ◆ leichte, schwere, reitende Artillerie [frz., eigtl. „Bestückung eines Festungswerks"; zu prov. *artilla* „Festungswerk" < mlat. *articula;* zu lat. *ars* „Kunst"]

**Artischocke** ⟨f. 19; Bot.⟩ ▲ *in wärmeren Ländern angebaute, zu den Korbblütlern gehörende Gemüsepflanze: Cynara scolymus* [< ital. *carciofo,* frz. *artichaut,* span. *alcarchofa* < arab. *alcharsof*]

**Artist** ⟨m. 16⟩ *Varietee- od. Zirkuskünstler* [< frz. *artiste* „Künstler"; zu lat. *ars* „Kunst"]

**artistisch** ⟨Adj.⟩ *die Artistik betreffend, zu ihr gehörend*

**Art nouveau** ⟨['a:r nu'vo:] f. od. n.; --; unz.; in England u. Frankreich Bez. für⟩ *Jugendstil* [frz., „neue Kunst"]

**Arznei** ⟨f. 18⟩ *Heilmittel, Medikament* ◆ eine Arznei **einnehmen,** verordnen, verschreiben ◆ eine **bittere,** heilsame Arznei ⟨fig.⟩ *eine bittere, heilsame Lehre* [< mhd. *arzenie, erzenie* „Heilkunst, Heilmittel"; zu mhd. *erzenen* „heilen" < ahd. *arzinon;* → *Arzt*]

**Arzneikunde** ⟨f. 19; unz.⟩, **Arzneilehre** ⟨f. 19; unz.⟩ = *Pharmazie*

**Arzneimittel** ⟨n. 13⟩ ► = *Medikament*

**Arzt** ⟨m. 1u⟩ *Medizin-, Heilkundiger mit Hochschulausbildung u. Approbation* ◆ praktischer Arzt ⟨nur noch umg.⟩ *Arzt, der sich nicht auf ein Fachgebiet spezialisiert hat;* Ggs *Facharzt;* den Arzt konsultieren; zum Arzt gehen [< ahd. *arzat* < spätlat. *archiater* < grch. *archiatros* „Oberarzt"]

**Arzthelferin** ⟨f. 22; Berufsbez. für⟩ *Sekretärin u. Sprechstundenhilfe eines Arztes*

**Ärztin** ⟨f. 22⟩ *Medizin-, Heilkundige mit Hochschulausbildung und Approbation*

**ärztlich** ⟨Adj.⟩ *den Arzt betreffend, mit seiner Hilfe, durch den Arzt* ◆ ärztliche Hilfe in Anspruch nehmen; ärztliche Tätigkeit; eine ärztliche Untersuchung durchführen; ärztliche Verordnung; ärztliches Zeugnis; sich ärztlich behandeln, beraten, untersuchen lassen

ÄSCHE
*(Thymallus thymallus)*

**as I** ⟨n.; -, -; Mus.⟩ *Tonbezeichnung, das um einen halben Ton erniedrigte a* **II** ⟨Mus.; Abk. für⟩ *as-Moll (Tonartbezeichnung)*

**As¹ I** ⟨n.; -,-; Mus.⟩ *Tonbezeichnung, das um einen halben Ton erniedrigte A* **II** ⟨Mus.; Abk. für⟩ *As-Dur (Tonartbezeichnung)*

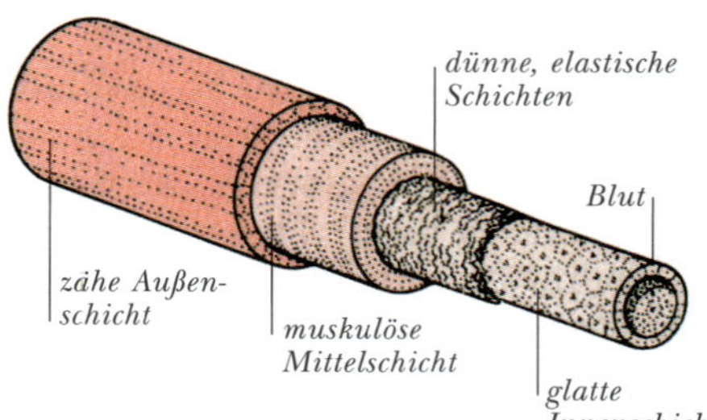


ARTERIE: SCHNITT DURCH EINE ARTERIE DES MENSCHEN

**As²** ⟨Chem.; Zeichen für⟩ *Arsen*

**a/s** ⟨Abk. für engl.⟩ *account of sales (Verkaufsrechnung)*

**as..., As...** ⟨Vors.⟩ = *ad..., Ad...*

**ASA** ⟨Abk. für engl.⟩ *American Standards Association, Maß für die Lichtempfindlichkeit von Filmen*

**Asbest** ⟨m. 1⟩ *faseriges, grausilbernes Mineral, Verwitterungsprodukt von Hornblende od. Serpentinstein, Wärme dämmend (jedoch aus Gesundheitsgründen als Baustoff zunehmend z. B. durch Glasfasern ersetzt)* [zu grch. *asbestos* „unauslöschlich" < grch. *a* „nicht" + *sbennyein* „löschen"]

**Asche** ⟨f. 19⟩ **1** *Verbrennungsrückstand* **2** ⟨fig.⟩ *Zerstörtes* **3** ⟨Jugendspr.⟩ *Geld* ◆ **Friede** seiner Asche! *der Tote ruhe in Frieden* ◆ sich Asche **aufs** Haupt streuen *sich schuldig bekennen, bereuen, büßen;* (wie Phoenix) **aus** der Asche erstehen *(auf wundersame Art) auf-, wiedererstehen, neu aufgebaut werden;* eine Stadt **in** Sack und Asche gehen *büßen;* in (Schutt und) Asche legen *verbrennen,* ⟨fig.⟩ *zerstören* [< ahd. *asca,* engl. *ash*]

**Äsche** ⟨f. 19; Zool.⟩ ▲ *Speisefisch aus der Familie der Lachsartigen: Thymallus thymallus;* Sy *Umber²* [< ahd. *asco*]

**Aschenbahn** ⟨f. 20; Sp.⟩ *Rennbahn mit Schotter- od. Schlackendecke auf Sportplätzen*

**Aschenbecher** ⟨m. 3⟩ *kleine Schale zum Ablegen der Zigarette od. Zigarre u. zum Abstreifen der Asche*

**Ascheneimer** ⟨m. 3⟩ *Eimer für Asche (aus dem Herd od. Kamin)*

**Aschermittwoch** ⟨m. 1⟩ **1** *der Tag nach Fastnacht, erster Tag der Fastenzeit* **2** *letzter Tag der Karnevalswoche* [der Priester streut an diesem Tag Asche über die Gläubigen oder zieht ihnen mit Asche ein Kreuz auf die Stirn]

**Aschkenasim** ⟨Pl.⟩ *die mittel- u. osteuropäischen Juden* [< hebr. *Aschkenas* „Deutscher", urspr. Bez. für ein Volk in Kleinasien, nach *Aschkenas,* dem Urenkel Noahs]

**Ascorbinsäure** ⟨f. 19; unz.; Chem.; fachsprachl.⟩ = *Askorbinsäure*

**As-Dur** ⟨n.; -; unz.; Mus.; Abk.: As⟩ *auf dem Grundton As beruhende Dur-Tonart*

**Ase** ⟨f. 19⟩ *germ. Gottheit*

**ASEAN** ⟨Abk. für engl.⟩ *Association of South-East Asian Nations, Vereinigung südostasiatischer Staaten*

**äsen** ⟨V. i.; Jägerspr.⟩ *fressen* (vom Wild, außer Schwarz- u. Raubwild) [→ *Aas*]

**Asepsis** ⟨f.; -; unz.; Med.⟩ *Keimfreiheit* [< grch. *a* „nicht" + *sepsis* „Fäulnis"]

**aseptisch** ⟨Adj.; Med.⟩ *keimfrei*

**Äser¹** ⟨m. 3; Jägerspr.⟩ *Maul* (des Wildes, außer beim Schwarz- u. Raubwild)

**Äser²** ⟨Pl. von⟩ *Aas*

## ARTESISCHER BRUNNEN

Bei artesischen Brunnen nutzt man den hydrostatischen Druck, um Wasser an die Erdoberfläche steigen zu lassen. Man bohrt eine Grundwasser führende Schicht an, die zwischen zwei wasserundurchlässigen Gesteinsschichten liegt. Der oberste Punkt der Grundwasserschicht liegt dabei höher als der Entnahmepunkt des Wassers. Nach dem Prinzip der kommunizierenden Röhren steigt das Wasser von selbst zur Oberfläche.

SCHNITT MIT GRUNDWASSER FÜHRENDEN SCHICHTEN UND ARTESISCHEM BRUNNEN

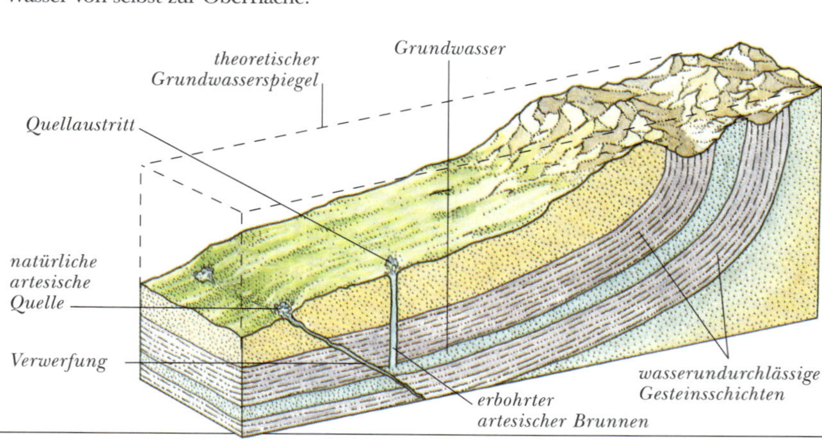

**asexuell** ⟨Adj.⟩ *sexuell nichts empfindend, sexuell zurückgeblieben* [< grch. *a* „nicht“ + *sexuell*]

**Ashram** ⟨[aʃ-] m. 6 od. n. 15; im Hinduismus⟩ *relig. Zentrum zur Meditation* [Sanskrit]

ASS: ASSE DER SPIELKARTEN

**Asiat** ⟨m. 16⟩ *Einwohner Asiens*

**asiatisch** ⟨Adj.⟩ *Asien betreffend, zu ihm gehörig, aus ihm stammend*

**Askese** ⟨f. 19; unz.⟩ *streng enthaltsame Lebensweise, Selbstüberwindung, Entsagung, Bußübung, um Begierden abzutöten u. Laster zu überwinden, z. B. in bestimmten Mönchsorden* [zu grch. *askein* „üben“]

**Asket** ⟨m. 16⟩ *jmd., der Askese übt* [< grch. *asketes* „Büßer“; zu *askein* „üben“]

**asketisch** ⟨Adj.⟩ *zur Askese gehörend, darauf beruhend*

**Askorbinsäure** ⟨f. 19; unz.; Chem.; Bez. für⟩ *Vitamin C;* oV ⟨fachsprachl.⟩ *Ascorbinsäure* [< *A...*[1] + *Skorbut* + *Säure*]

**as-Moll** ⟨n.; -; unz.; Mus.; Abk.: as⟩ *auf dem Grundton as beruhende Moll-Tonart*

**Asparagus** ⟨m.; -, -; Bot.⟩ ► = *Spargel* [< grch. *asparagos* „Spargel“]

**Aspekt** ⟨m. 1⟩ **1** *Blickrichtung, Ansicht, Gesichtspunkt* (einer Diskussion, einer Fragestellung) **2** ⟨Gramm.; bes. in den slaw. Sprachen⟩ *Aktionsart des Verbums, die einen Vorgang danach bezeichnet, ob er vollendet ist od. nicht* **3** ⟨Astron.⟩ *bestimmte Stellung von Sonne, Mond u. Planeten zur Erde* [< lat. *aspectus* „Anblick“]

**Asphalt** ⟨m. 1⟩ **1** *Rückstand der Erdöl- u. Teerdestillation, als Isoliermittel gegen Feuchtigkeit, im Straßenbau u. a. verwendet;* → a. *Bitumen* **2** ⟨Geol.⟩ *natürlich vorkommende teerartige Stoffmischung (Bitumen), Erdpech* [< spätlat. *asphaltus* < grch. *asphaltos* „Erdpech“]

**asphaltieren** ⟨V. t.; hat⟩ *mit einer Asphaltdecke versehen* ◆ eine Straße, eine Auffahrt asphaltieren

**Aspik** ⟨[-piːk] m. 1 od. österr.: n. 11⟩ *Sülze mit Fisch- od. Fleischeinlage* ◆ Aal, Ei, Ente in Aspik servieren [< lat. *aspis* < grch. *aspis* „Natter“]

**Aspirata** ⟨f.: -, -raten od. -ratae [-tɛː]; Phon.⟩ *mit einem deutlich hörbaren „h“ ausgesprochener Laut,* z. B. das grch. „rho“; Sy *Hauchlaut* [zu lat. *aspirare* „einhauchen“]

ASTER: GLATTBLATTASTER
*(Aster novi-belgii)*

**Aspiration** ⟨f. 20; meist Pl.⟩ **1** *Streben, Bestrebung* **2** *Ehrgeiz, Hoffnung* **3** *ehrgeiziger Plan* **4** *Ansaugung von Luft, Flüssigkeiten usw.* **5** ⟨Phon.⟩ *Behauchung (eines Lautes), behauchte Aussprache* [< lat. *aspiratio* „das Hauchen“]

**aspiratorisch** ⟨Adj.; Phon.⟩ *mit Hauchlaut (gesprochen)*

**aspirieren** ⟨V.; hat⟩ **I** ⟨V. i.⟩ **1** *erstreben, anstreben, erhoffen, ansaugen* **2** *mit Hauchlaut aussprechen* **II** ⟨V. i.; österr.⟩ auf etwas aspirieren *sich um etwas bewerben, etwas anstreben* [< lat. *aspirare* „einhauchen“]

**Aspirin** ⟨n.; -s; unz.; Pharm.; Warenzeichen⟩ *ein Schmerz- u. Fiebermittel, chem. Azetylsalicylsäure* [verkürzt < *Azetyl* + *Spirsäure*]

**Ass** ⟨n. 11⟩ **1** ⟨urspr.⟩ *die Eins auf dem Würfel* **2** ⟨heute⟩ ◄ *Spielkarte mit dem höchsten Wert, Daus* **3** ⟨fig.⟩ *Spitzenkönner auf einem Gebiet, bes. im Sport* **4** ⟨Sp.; Tennis⟩ *für den Gegner unerreichbarer Aufschlag;* Sy *Ace (1)*

**Assagai** ⟨m. 1⟩ ► *afrikanischer Wurfspieß mit hölzernem Schaft u. (meist vergifteter) Eisenklinge* [< altspan. *azagaya* < arab. *al-zaghaya* „Berber“]

**assai** ⟨Mus.⟩ **1** *sehr viel* **2** *genug, ziemlich* ◆ vivace assai *sehr, ziemlich lebhaft (zu spielen)* [ital.]

**Assam** ⟨m. 6⟩ *eine würzige Teesorte* [nach dem ind. Bundesstaat *Assam*]

**Assel** ⟨f. 21⟩ *Angehörige einer Ordnung der höheren Krebse;* Sy *Isopode* [vielleicht < lat. *asellus* „kleiner Esel“]

**Asselspinne** ⟨f. 19⟩ *Angehörige einer Klasse der Gliederfüßer: Pantopoda;* Sy *Seespinne*

**Assertion** ⟨f. 20; Philos.⟩ *Feststellung, einfache, bestimmte Behauptung* [< lat. *assertio* „gerichtl. Behauptung, dass jmd. frei sei“]

**assertorisch** ⟨Adj.⟩ *feststellend, bestimmt behauptend* ◆ assertorische Aussage ⟨Philos.⟩ *eine A., deren Prädikat ihrem Subjekt wirklich zukommt* [→ *Assertion*]

**Assessor** ⟨m. 23⟩ *Anwärter auf die Beamtenlaufbahn im höheren Staatsdienst* [lat., „Beisitzer im Amt“; zu lat. *assidere* „beisitzen“]

**assessorisch** ⟨Adj.⟩ *zu einem Assessor od. einer Assessorin gehörig*

**Assimilat** ⟨n. 11⟩ *durch biolog. Assimilation entstandenes Produkt,* z. B. Stärke

**Assimilation** ⟨f. 20⟩ Sy *Assimilierung* **1** *Anpassung, Angleichung;* Ggs *Dissimilation (1)* **2** ⟨Biol.⟩ *Umwandlung der von einem Lebewesen aufgenommenen Stoffe in körpereigene Substanz;* Ggs *Dissimilation (4)* **3** ⟨Genetik⟩ *erbliche Fixierung eines erworbenen Merkmals* **4** ⟨Pol.⟩ *das Aufgehen einer nationalen Minderheit in einem anderen Volk* **5** ⟨Psych.⟩ *Verschmelzung einer Vorstellung mit einer anderen, bereits vorhandenen* **6** ⟨Gramm.⟩ *Angleichung eines Lautes an den benachbarten,* z. B. mhd. „zimber“ an „Zimmer“; Ggs *Dissimilation (3.1)* [< lat. *assimilatio* „Angleichung“]

**assimilieren** ⟨V. t.; hat⟩ **1** *angleichen* **2** *einverleiben, verschmelzen* [< lat. *assimilare* „angleichen“ < lat. *ad* „an, zu“ + *similis* „ähnlich“]

**Assimilierung** ⟨f. 20⟩ = *Assimilation*

**Assistent** ⟨m. 16; Abk.: Ass.⟩ **1** *(bes. wissenschaftl.) Helfer, Mitarbeiter* **2** *Nachwuchswissenschaftler mit besonderen Aufgaben* [zu lat. *assistens* „sich dazustellend, dabeistehend“]

**Assistenz** ⟨f. 20⟩ *Mitarbeit, Mitwirkung* ◆ Assistenz leisten

**assistieren** ⟨V. i.; hat⟩ *beistehen, helfen, mitarbeiten* ◆ bei einer Operation assistieren [< lat. *assistere* „sich dazustellen, dabeistehen“]

**Assoziation** ⟨f. 20⟩ **1** *Vereinigung, Zusammenschluss* **2** ⟨Psych.⟩ *(unwillkürl.) Aneinanderreihung, Verknüpfung von Vorstellungen* **3** ⟨Chem.⟩ *Vereinigung mehrerer Moleküle in Flüssigkeiten zu größeren Gebilden, die durch zwischen den Molekülen wirkende Kräfte zusammengehalten werden* **4** ⟨Bot.⟩ *Pflanzengesellschaft* **5** ⟨Astron.⟩ *Gruppe von dicht beieinander stehenden Sternen mit ähnl. Eigenschaften* [< frz. *association* „Verbindung“ < lat. *ad* „zu“ + *socius* „Gefährte“]

**assoziativ** ⟨Adj.⟩ *verbindend, verknüpfend*

**assoziieren** ⟨V. t.; hat⟩ **1** *verbinden, verknüpfen* **2** *zu einer Handelsgesellschaft vereinigen* ◆ sich assoziieren *eine Assoziation bilden;* assoziierte Staaten *durch Assoziierung verbündete Staaten*

ASSAGAI

**Assoziierung** ⟨f. 20; unz.⟩ **1** *Zusammenschluss (per Vertrag)* **2** *auf Teilbereiche beschränkte Aufnahme in ein Bündnis* [< frz. *associer* „zugesellen, verbinden“ < lat. *ad* „zu“ + *socius* „Gefährte“]

**Assyrer, Assyrier** ⟨m. 3⟩ *Angehöriger eines Volkes in Mesopotamien, das vom 2. Jahrtausend bis 600 v. Chr. im Vorderen Orient kulturell führend war*

**assyrisch** ⟨Adj.⟩ *die Assyrer betreffend, zu ihnen gehörend, von ihnen stammend* ◆ assyrische Sprache *zum ostsemitischen Zweig der hamitisch-semitischen Sprachfamilie gehörende Sprache*

**Ast** ⟨m. 1u⟩ **1** *unmittelbar aus dem Stamm bzw. der Wurzel hervorgehender Teil des Baumes bzw. Strauches* **2** *Astansatz, Astloch* (im Holz) **3** *Verzweigung, astartiges Glied, astartiger Teil* (Nervenast) **4** ⟨fig.⟩ *Höcker, Buckel* ◆ den Ast **absägen,** auf dem man sitzt ⟨fig.⟩ *sich selbst schädigen, sich seine Existenz nehmen;* Äste **beschneiden,** verschneiden; einen Ast **durchsägen** ⟨fig.; scherzh.⟩ *laut schnarchen;* sich einen Ast **lachen** ⟨fig.⟩ *sehr lachen* ◆ auf dem **absteigenden** Ast sein, sich befinden ⟨fig.⟩ *im Niedergang begriffen sein* [< ahd. *ast*]

**AStA** ⟨m.; - od. -s, - od. -s od. Asten; Kurzw. für⟩ *Allgemeiner Studentenausschuss*

**Ästchen** ⟨n. 14⟩ *kleiner, dünner Ast*

**Aster** ⟨f. 21; Bot.⟩ ◄ *Angehörige einer Gattung der Korbblütler: Aster;* Sy *Sternblume* [< grch. *aster* „Stern“]

**Asteriskus** ⟨m.; -, -ken; Zeichen: *⟩ **1** ⟨Typ.⟩ *Sternchen* **2** ⟨Gramm.⟩ *Markierung einer erschlossenen, nicht belegten Wortform* [< grch. *asteriskos* „kleiner Stern“]

**Asteroid** ⟨m. 16 od. 23; Astron.⟩ = *Planetoid* [< grch. *aster* „Stern“ + *eides* „ähnlich“]

**Astgabel** ⟨f. 21⟩, **Astgabelung** ⟨f. 20⟩ *Gabelung, Verzweigung von Ästen*

**Ästhet** ⟨m. 16⟩ *(überfeinerter, schwärmerischer) Freund des ästhetisch Vollkommenen*

**Ästhetik** ⟨f. 20; unz.⟩ *Lehre von den Gesetzen u. Grundlagen des Schönen, bes. in Natur u. Kunst* [< grch. *ästhetike;* zu *aistanesthai* „empfinden“]

**Ästhetiker** ⟨m. 3⟩ *Erforscher, Kenner, Lehrer der Ästhetik*

**ästhetisch** ⟨Adj.⟩ *die Ästhetik betreffend, ihren Forderungen entsprechend, zu ihr gehörig, auf ihr beruhend, ausgewogen schön, geschmackvoll, ansehnlich, ansprechend*

**Asthma** ⟨n. 15; unz.; Med.⟩ *anfallsweise auftretende Atemnot, Kurzatmigkeit infolge einer Erkrankung entweder der Bronchien od. des Herzens* [grch., „Engbrüstigkeit“]

**Asthmatiker** ⟨m. 3; Med.⟩ *jmd., der an Asthma leidet*

**asthmatisch** ⟨Adj.; Med.⟩ *auf Asthma beruhend, daran leidend*

**Astloch** ⟨n. 12u⟩ *durch Abzweigung eines Astes entstandenes Loch od. als Fleck sichtbare Ansatzstelle des Astes im Brettholz*

**astral** ⟨Adj.⟩ *die Sterne betreffend, zu ihnen gehörig, von ihnen stammend* [zu lat. *astrum* < grch. *astron* „Gestirn, Sternbild“]

**astrein** ⟨Adj.; Jugendspr.⟩ **1** *großartig, prima, toll* **2** ⟨umg.; meist in der Fügung⟩ nicht (ganz) astrein *anrüchig* (Sache)

**astro..., Astro...** ⟨in Zus.⟩ *stern..., Stern...* [zu grch. *astron* „Gestirn“]

**Astrolabium** ⟨n.; -s, -bien⟩ *von den Arabern erfundenes Gerät zur Sternmessung* [< grch. *astron* „Gestirn“ + *labis* „Zange“]

A

**Astrologie** ⟨f. 19; unz.⟩ *Lehre vom (angebl.) Einfluss der Gestirne auf das menschl. Schicksal;* Sy *Sterndeutung* [< grch. *astrologia* „Sternkunde"]

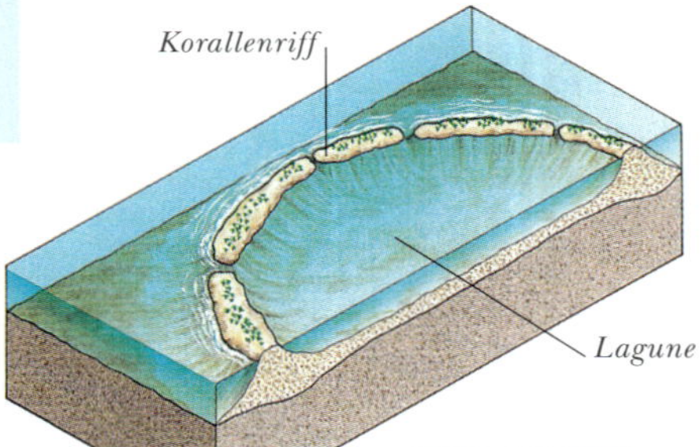


ATOLL: SCHNITT DURCH EIN ATOLL

**astrologisch** ⟨Adj.⟩ *die Astrologie betreffend*
**Astronaut** ⟨m. 16⟩ = *Raumfahrer*
**Astronautik** ⟨f. 20; unz.⟩ = *Raumfahrt* [< grch. *astron* „Gestirn" + *nautes* „Seemann"]
**Astronom** ⟨m. 16⟩ *Wissenschaftler, Student der Astronomie* [< grch. *astronomos* < *astron* „Gestirn" + *nomos* „Gesetz"]
**Astronomie** ⟨f. 19; unz.⟩ *Wissenschaft von den Himmelskörpern;* Sy *Sternkunde, Himmelskunde* [< grch. *astronomia;* → *Astronom*]
**astronomisch** ⟨Adj.⟩ **1** *die Astronomie betreffend, darauf beruhend* **2** ⟨fig.⟩ *ungeheuer, sehr hoch* ◆ astronomische **Einheit** ⟨Abk.: AE⟩ *mittlere Entfernung der Erde von der Sonne, 1 AE = 149,6 Mill. km;* eine astronomische **Miete** zahlen ⟨fig.; scherzh.⟩; astronomischer **Ort** *Richtung nach einem Gestirn vom Erdmittelpunkt aus;* astronomische **Uhr** *Präzisionsuhr für Sternwarten usw.;* er nannte für die Verluste astronomische **Zahlen;** astronomische **Zeichen** *Zeichen für Tage, Himmelskörper, Sternbilder, Konstellationen u. Mondphasen*
**ASU** ⟨Abk. für⟩ *Abgassonderuntersuchung*
**Asyl** ⟨[aˈzyːl] n. 11⟩ *Freistätte, Zufluchtsort, Unterkunft, die Schutz bietet* ◆ ein Asylsuchender/Asyl Suchender; jmdm. Asyl gewähren; politisches Asyl *Aufnahme u. Unterkunft für polit. Flüchtlinge;* um Asyl bitten, nachsuchen [< grch. *asylon* „unberaubt, unverletzt" < *a* „nicht" + *sylan* „berauben"]
**Asylant** ⟨[azy-] m. 16⟩ *jmd., der sich aus polit. Gründen (in einem Staat) um Asyl beworben hat;* Sy *Asylbewerber*
**Asylbewerber** ⟨[azyːl-] m. 3⟩ = *Asylant*
**Asylrecht** ⟨[azyːl-] n. 11; unz.⟩ *Recht auf Verfolgungsfreiheit in einem Asyl* ◆ Asylrecht in Anspruch nehmen
**Asymmetrie** ⟨f. 19; unz.⟩ *Mangel an Symmetrie, Uneben-, Ungleichmäßigkeit* [< grch. *a* „nicht" + *Symmetrie*]
**asymmetrisch** ⟨Adj.⟩ **1** *auf Asymmetrie beruhend* **2** *uneben-, ungleichmäßig*
**asynchron** ⟨[-kroːn] Adj.⟩ *nicht gleichzeitig;* Ggs *synchron* [< grch. *a* „nicht" + *synchron*]
**Aszendent** ⟨m. 16⟩ **1** *Verwandter in aufsteigender gerader Linie, Vorfahr, z. B. Großvater* **2** ⟨Astron.⟩ **2.1** *Ausgangspunkt eines Gestirns;* Ggs *Deszendent (2)* **2.2** *aufgehendes Gestirn* [zu lat. *ascendens* „hinaufsteigend"]
**Aszendenz** ⟨f. 20⟩ **1** *Verwandtschaft in aufsteigender gerader Linie* **2** ⟨Astron.⟩ *Aufgang eines Gestirns*
**at** ⟨[æt] Zeichen: @; EDV⟩ *Trennungszeichen zwischen Anwendername u. Zielort bei E-Mail-Adressen;* Sy ⟨umg.⟩ *Klammeraffe (2)* [< engl. *at* „bei"]
**AT** ⟨Abk. für⟩ *Altes Testament*

**at..., At...** ⟨Vors.⟩ = *ad..., Ad...*
**Atavismus** ⟨[-vis-] m.; -, -men⟩ **1** *plötzliches Wiederauftreten stammesgeschichtlicher ursprünglicher Merkmale* **2** *Rückschlag* ⟨a. fig.⟩ [zu lat. *atavus* „Vater des Großvaters, Vorfahr"]
**Atelier** ⟨[-ljeː] n. 15⟩ **1** *Werkstatt (eines Künstlers od. Fotografen)* **2** *Raum für Filmaufnahmen* (Filmatelier) **3** *Modegeschäft, in dem Damenkleidung nach Maß angefertigt wird* (Modeatelier) [frz., „Werkstatt"; zu mlat. *astella* „Holzsplitter, Span"]
**Atem** ⟨m.; -s; unz.⟩ **1** *Luft zum Atmen* **2** *ausgeatmete Luft, Hauch* **3** ⟨fig.⟩ *Lebenskraft* ◆ der Atem des **Todes** hatte ihn gestreift ⟨poet.⟩ ◆ den Atem **anhalten** *kurze Zeit keine Luft holen;* ⟨fig.⟩ *außerordentlich gespannt od. erschreckt sein;* (tief) Atem **holen,** schöpfen *Luft einziehen, einatmen* ◆ einen **kurzen** Atem haben *kurzatmig sein;* einen **längeren** Atem haben als der Gegner ◆ wieder **zu** Atem kommen *nach einer Anstrengung sich erholen, zu keuchen aufhören;* ⟨fig.⟩ *eine Pause machen (bei einer körperlich od. geistig anstrengenden Tätigkeit)* [< ahd. *atum* „Hauch, Geist"]

**atemberaubend** ⟨Adj.⟩ **1** *den Atem nehmend* **2** *so, dass man den Atem anhalten muss* ◆ atemberaubende Spannung
**Atemnot** ⟨f. 7u; unz.⟩ *Schwierigkeit beim Atmen*
**Atempause** ⟨f. 19⟩ **1** *Pause zwischen den Atemzügen* **2** ⟨fig.⟩ *kurze Ruhepause*
**a tempo** ⟨Mus.⟩ **1** *wieder im gleichen Tempo (zu spielen)* **2** ⟨umg.⟩ *schnell, sofort* [ital., „zur Zeit, im Zeitmaß"]
**Atemschutz** ⟨m.; -es; unz.⟩ *Schutz gegen das Einatmen von Staub, Dämpfen, Gasen durch Atemgeräte, z. B. Gasmaske*
**Atemwege** ⟨Pl.⟩ *Wege der Atemluft im Körper (Nase, Luftröhre, Lunge)*
**Atemzug** ⟨m. 1u⟩ **1** *auf einmal eingeatmete Luft* **2** *einmaliges Ein- u. Ausatmen* ◆ er **schwieg** einige Atemzüge lang ◆ der **letzte** Atemzug (kurz vorm Tode) ◆ **bis** zum letzten Atemzug *bis zum Tode;* **in** einem Atemzug ⟨fig.⟩ *ohne Pause;* **nach** einem tiefen Atemzug sagte er ...
**Äthan** ⟨n. 11; unz.; Chem.⟩ *als Heizgas verwendetes, geruch- u. geschmackloses Gas, chem. Formel $CH_3-CH_3$;* oV ⟨fachsprachl.⟩ *Ethan* [< grch. *aither* „die obere Luft"]

## ATMOSPHÄRE

Die Erdatmosphäre ist etwa 700 km dick. Nach der Höhe über dem Boden und der Temperatur unterteilt man sie in fünf Hauptschichten. Die unterste Schicht oder Troposphäre enthält 75 % des gesamten Gases der Atmosphäre sowie große Wassermengen. Durch die Luftbewegungen in dieser Schicht entsteht das Wetter. Oberhalb der Troposphäre liegen die Stratosphäre, die Mesosphäre, die Thermosphäre und die Exosphäre. Die Ozonschicht befindet sich innerhalb der Stratosphäre, sie schützt die Lebewesen vor den schädlichen ultravioletten Strahlen der Sonne. Die Signalübertragung durch Radiowellen ist deshalb möglich, weil diese von der Ionosphäre reflektiert werden. Diese Schicht befindet sich in der Thermosphäre und besteht aus elektrisch geladenen, ionisierten Gasteilchen.

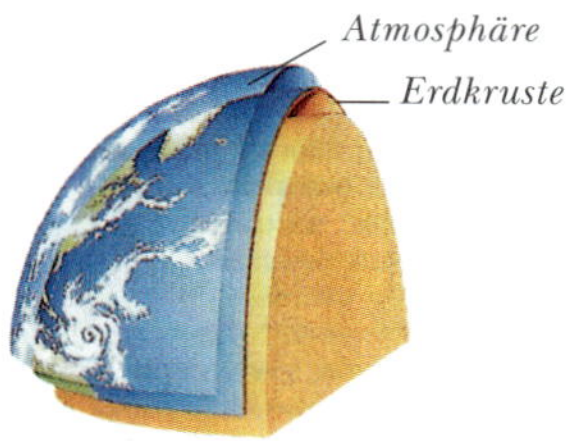


RELATIVE MÄCHTIGKEIT DER ERDATMOSPHÄRE

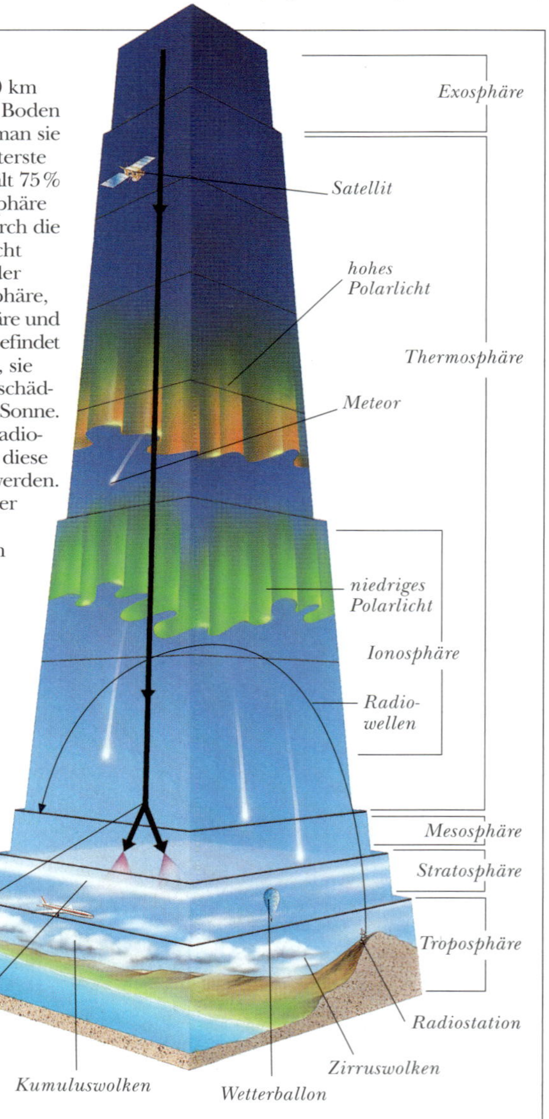


UNTERTEILUNG DER ERDATMOSPHÄRE

A

## ATOM

Im Inneren eines Atoms befindet sich ein Atomkern, der aus Protonen und Neutronen besteht. Um den Kern kreisen Elektronen so schnell, dass es den Anschein hat, sie bildeten feste Schalen. Der Kern des Kohlenstoff-12 enthält 6 Protonen und 6 Neutronen. Seine Elektronen sind in zwei getrennten Schalen untergebracht. Weitere Kohlenstoffisotope haben andere Neutronenzahlen.

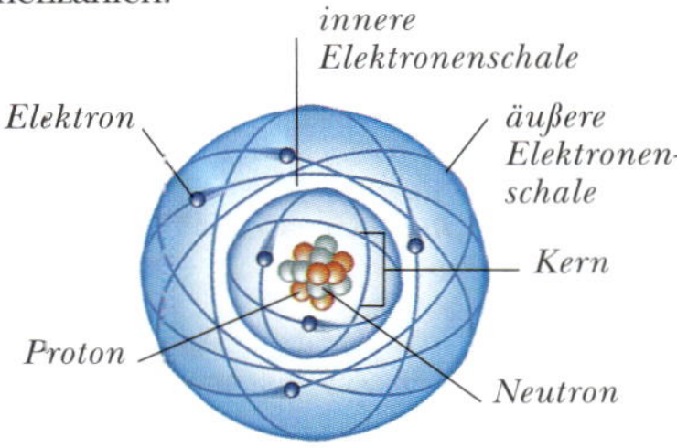


ATOM DES KOHLENSTOFFS-12

**Äthanol** ⟨n. 11; unz.; Chem.⟩ oV ⟨fachsprachl.⟩ *Ethanol* **1** ⟨i. w. S.⟩ *brennbare Flüssigkeit, die, mit Wasser verdünnt, trinkbar ist u. berauschend wirkt, chem. Formel* $CH_3-CH_2OH$ **2** ⟨i. e. S.⟩ = *Alkohol;* Sy *Äthylalkohol*
**Äthansäure** ⟨f. 19; unz.⟩ = *Essigsäure*
**Atheismus** ⟨m.; -; unz.⟩ **1** *Ablehnung, Verneinung der Existenz Gottes* **2** *Weltanschauung ohne Gott*
**Atheist** ⟨m. 16⟩ *Vertreter, Anhänger des Atheismus* [< grch. *atheos* „gottlos, die Götter verwerfend" < *a* „nicht" + *theos* „Gott"]
**atheistisch** ⟨Adj.⟩ *den Atheismus betreffend, auf ihm beruhend*
**Äther** ⟨m. 3; unz.⟩ **1** *Himmel, Himmelsluft* **2** ⟨Phys.⟩ *hypothetisches, den Raum durchdringendes Medium, welches zur Erklärung der Wirkung von Fernkräften benutzt wurde* **3** ⟨Chem.⟩ *organ. Verbindung, bei der zwei gleiche od. verschiedene Alkyle über ein Sauerstoffatom verbunden sind* **4** ⟨Med.⟩ *Narkosemittel;* oV ⟨fachsprachl.⟩ *Ether* [< grch. *aither* „die obere Luft"; nach grch. Vorstellung Feuerluft, in der die Sterne schweben u. die Götter wohnen]
**ätherisch** ⟨Adj.⟩ **1** *himmlisch* **2** ⟨fig.⟩ *hauchzart* **3** ätherische Öle ⟨Chem.⟩ *meist stark aromat. riechende, vollständig verdunstende, aus Pflanzen zu gewinnende Öle*
**äthiopisch** ⟨Adj.⟩ *Äthiopien betreffend, zu ihm gehörig, aus ihm stammend* ◆ äthiopische Sprache *tote südsemitische Sprache des alten Äthiopien*
**Athlet** ⟨m. 16⟩ **1** *kraftvoller, muskulöser Mensch* **2** *Kraftmensch* **3** *Wettkämpfer* (Leichtathlet, Schwerathlet) [< grch. *athletes* „Wettkämpfer"; zu *athlos* „Wettkampf"]
**athletisch** ⟨Adj.⟩ *stark, starkknochig, kraftvoll, muskulös*
**Äthyl** ⟨n. 11; unz.; Chem.⟩ *einwertiger Kohlenwasserstoffrest vieler organ. Verbindungen, chem. Formel* $CH_3-CH_2$; oV ⟨fachsprachl.⟩ *Ethyl* [→ *Äther*]
**Äthylalkohol** ⟨m. 1; unz.⟩ = *Äthanol (2);* oV ⟨fachsprachl.⟩ *Ethylalkohol*
**Atlanten** ⟨Pl. von⟩ *Atlas*[1] *(I)*
**Atlantik** ⟨m.; -s; unz.⟩ *der Atlantische Ozean* [< grch. *Atlantis* „Atlantischer Ozean"; nach dem Riesen *Atlas*]
**Atlas**[1] ⟨m. 1 od. m.; -, Atlanten⟩ **I** ⟨zählb.⟩ **1** *Sammlung von Landkarten in Buchform* **2** *umfangreiches Buch mit Abbildungen aus einem Wissensgebiet* **II** ⟨unz.; Anat.⟩ *der oberste, den Kopf tragende Halswirbel der höheren Wirbeltiere* [zu I: nach Mercators kartografischem Werk *Atlas,* Duisburg 1595, das seinerseits nach einem myth. König *Atlas* von Mauretanien benannt war; zu II: nach dem Riesen *Atlas* der grch. Sage, der die Welt auf seinen Schultern trägt]
**Atlas**[2] ⟨m. 1⟩ *Seidengewebe mit glänzender Ober- u. matter Unterseite* [zu arab. *atlas* „glatt"]
**atmen** ⟨V. t. u. V. i.; hat⟩ **1** *Luft mit den Lungen einziehen u. ausstoßen* (ausatmen, einatmen) **2** ⟨fig.⟩ *ausströmen* ◆ der Verunglückte atmete noch; tief, unruhig atmen; tief die reine, frische Luft atmen
**Atmosphäre** ⟨f. 19⟩ **1** ◄ *Gashülle eines Planeten, bes. die Lufthülle der Erde* **2** *nicht mehr übliche Maßeinheit für den Druck von 760 mm Quecksilbersäule,* ⟨heute⟩ *Bar* **3** ⟨fig.⟩ *Umwelt, Einfluss, Stimmung* ◆ eine Atmosphäre des Friedens, der Harmonie, der Kameradschaft; zwischen den beiden herrscht eine sehr gespannte Atmosphäre [< grch. *atmos* „Dampf" + *sphaira* „Kugel"]
**atmosphärisch** ⟨Adj.⟩ *die Atmosphäre betreffend, zu ihr gehörig, auf ihr beruhend* ◆ atmosphärische Dampfmaschine *auf dem Luftdruck beruhende alte Form der D.;* atmosphärische Elektrizität *die in der Luft enthaltene E., z. B. bei Gewitter;* atmosphärische Störungen *elektromagnet. Wellen u. Entladungen, die den Rundfunkempfang stören;* atmosphärische Zirkulation *Kreislauf der Luft innerhalb der Lufthülle der Erde*
**Atmung** ⟨f. 20; unz.⟩ ▼ *das Atmen, Lufteinzug u. -ausstoßung;* ► *Körper* ◆ künstliche Atmung ⟨Med.⟩ *Erweiterung u. Verengung der Lungen durch Zusammenpressen des Brustkorbes von Hand od. maschinell (bei Verunglückten, an Kinderlähmung Erkrankten usw.)*
**Atoll** ⟨n. 11⟩ ◄ *ringförmige Koralleninsel in den tropischen Gebieten des Stillen Ozeans*
**Atom** ⟨n. 11⟩ **1** ⟨Phys.⟩ ◄ *kleinstes, mit chem. Mitteln nicht mehr spaltbares Teilchen eines chem. Elements* **2** ⟨fig.⟩ *winziges Teilchen, Winzigkeit* [< grch. *atomos* „unteilbar" < *a* „nicht" + *tome* „Schnitt"]
**atomar** ⟨Adj.⟩ **1** *das Atom betreffend, auf ihm beruhend* **2** *die Atomwaffen betreffend, auf ihnen beruhend, mit ihrer Hilfe* ◆ atomare Masseneinheit = *Atommasse*
**Atombombe** ⟨f. 19⟩ *Bombe mit Kernsprengstoff als Ladung*
**Atomenergie** ⟨f. 19; unz.⟩ = *Kernenergie*

## ATMUNG

Die Atmung erfolgt beim Menschen mithilfe des Zwerchfells und der Zwischenrippenmuskeln. Die Lunge selbst enthält keine Muskeln. Wenn sich das Zwerchfell zusammenzieht, bewegt es sich nach unten und erzeugt einen Unterdruck in der Lunge. Dabei wird Luft durch die Nase und die Luftröhre in die Lunge gesogen. Dort findet der Gasaustausch statt: Das Blut nimmt Sauerstoff auf und gibt Kohlendioxid ab. Wenn sich das Zwerchfell entspannt, bewegt es sich nach oben und bewirkt, dass wir die kohlendioxidreiche Luft ausatmen. Die Atmung erfolgt unwillkürlich.

SCHNITT DURCH DAS ATMUNGSSYSTEM DES MENSCHEN

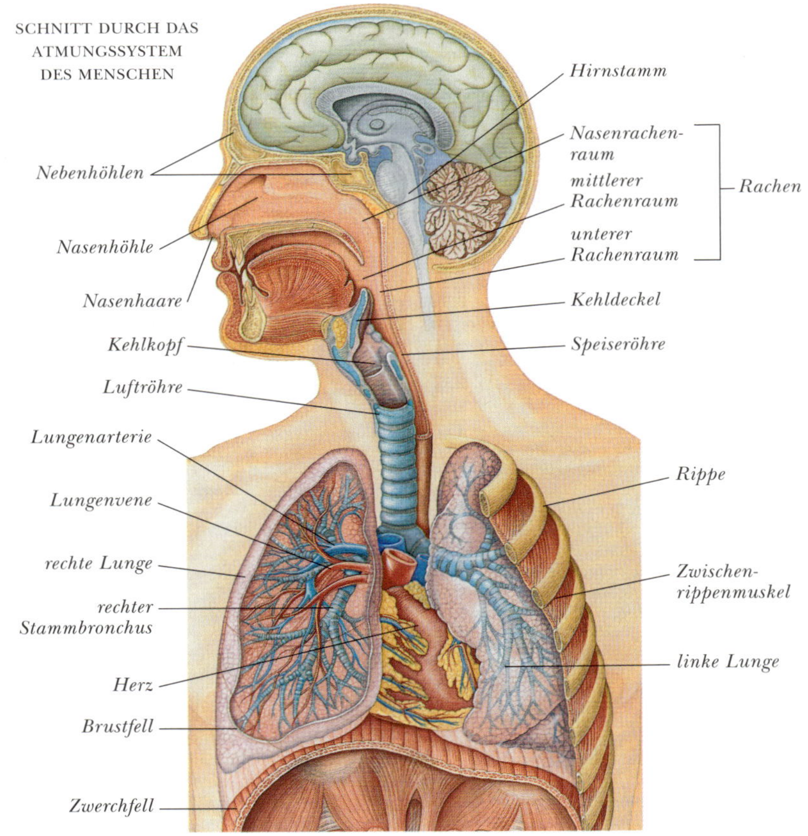

A

## ATOMKERN

Atomkerne bestehen aus Neutronen und Protonen. Die Neutronen ihrerseits setzen sich aus Quarks zusammen, die von Gluonen zusammengehalten werden.

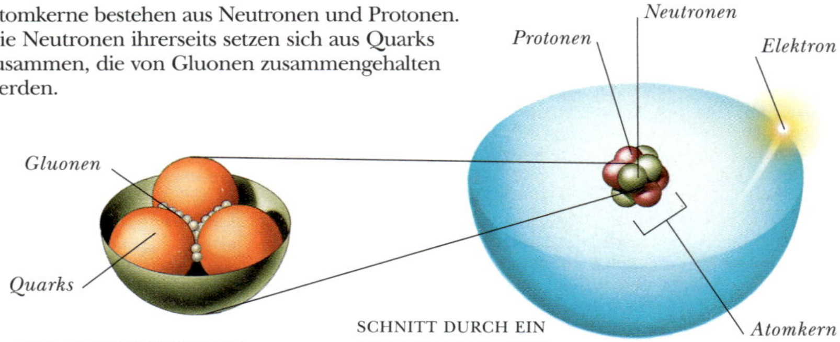


AUFBAU EINES NEUTRONS

SCHNITT DURCH EIN ATOM MIT DEM KERN

**Atomgitter** ⟨n. 13⟩ *Kristallgitter, dessen Gitterplätze nicht mit Ionen, sondern mit ungeladenen Atomen besetzt sind, tritt auf beim Diamanten u. vielen organ. Verbindungen*
**atomisieren** ⟨V. t.; hat⟩ *in Atome zerkleinern, völlig zerstören, vernichten*
**Atomkern** ⟨m. 1; Kernphys.⟩ ▲ *zentraler, aus Protonen und Neutronen bestehender Kern eines Atoms*
**Atomkraft** ⟨f. 7u; unz.⟩ = *Kernkraft*
**Atomkraftwerk** ⟨n. 11⟩ ► = *Kernkraftwerk*
**Atomkrieg** ⟨m. 1⟩ *Krieg, in dem Atombomben verwendet werden*
**Atommacht** ⟨f. 7u⟩ *Staat, der im Besitz von Atomwaffen ist*
**Atommasse** ⟨f. 19; unz.⟩ *Verhältnis der Masse eines Atoms od. Atomkerns zur Masse des Kohlenstoff-Isotops 12;* Sy *atomare Masseneinheit*
**Atommüll** ⟨m.; -s; unz.⟩ *durch Kernreaktionen od. Absorption von Neutronen entstehender radioaktiver Abfall, der nicht vernichtet werden kann*
**Atomphysik** ⟨f.; -; unz.⟩ *Lehre von den Atomen, insbes. von den Vorgängen in der Atomhülle*
**Atompilz** ⟨m. 1⟩ *Rauchpilz, der durch die Explosion einer Atombombe entsteht*
**Atomreaktor** ⟨m. 23⟩ = *Kernreaktor*
**Atomsprengkopf** ⟨m. 1u⟩ *Bombe mit Kernbrennstoff im vorderen Teil einer Rakete od. eines Geschosses*
**Atomstrom** ⟨m. 1u; unz.⟩ *in einem Kernkraftwerk gewonnener elektr. Strom*
**Atomuhr** ⟨f. 20⟩ ► *auf der Eigenschwingungszahl bestimmter Atome beruhende Uhr höchster Genauigkeit*
**Atomvolumen** ⟨[-vo-] n. 14; Chem.⟩ *der Raum, der von 1 Mol eines beliebigen Elements bei -273,16 °C eingenommen wird*
**Atomzeitalter** ⟨n. 13; unz.⟩ *das mit der Entdeckung der Atomkernumwandlung eingeleitete Zeitalter*
**Atomzerfall** ⟨m.; -s; unz.⟩ = *radioaktiver Zerfall*
**atonal** ⟨Adj.; Mus.⟩ *nicht tonal, zwölftonig, nicht auf einen Grundton bezogen;* Ggs *tonal* ◆ atonale Musik *Musik, die die 12 Töne der Tonleiter gleichberechtigt nebeneinander u. ohne Bezug auf einen Grundton verwendet;* Sy *Dodekaphonie, Zwölftonmusik*
**Atonalität** ⟨f. 20; unz.; Mus.⟩ *atonale Kompositionsweise*
**atoxisch** ⟨Adj.⟩ *ungiftig* [< *a...*[1] + *toxon* „Bogen; Gift (für die Pfeilspitzen)"]
**ATP** ⟨Abk. für⟩ *Adenosintriphosphat*
**Atrium** ⟨n.; -s, Atrien⟩ **1** ⟨Arch.⟩ *Hauptraum u. Mittelpunkt eines römischen Hauses in der Antike* **2** *Säulenvorbau altchristlicher Kirchen* **3** ⟨Anat.⟩ = *Vorhof (2)* [lat., „Vorhalle"]
**Atrophie** ⟨f. 19⟩ *meist auf Ernährungsstörungen beruhender Schwund von Muskeln, Zellgewebe od. Organen* [< grch. *a* „nicht" + *trophe* „Nahrung"]
**Atropin** ⟨n. 11; unz.⟩ *starkes Gift, chem. das in der Atropa (Tollkirsche) entdeckte Alkaloid, als Arzneimittel verwendet* [zu grch. *atropos* „unabwendbar" (wegen der tödl. Wirkung) < *a* „nicht" + *trepein* „wenden"]
**Attaché** ⟨[-ʃeː] m. 6⟩ **1** *Begleiter eines Gesandten, meist Nachwuchsdiplomat* **2** *Berater einer Auslandsvertretung* (Kulturattaché, Militärattaché) [zu frz. *attacher* „befestigen"]
**Attacke** ⟨f. 19⟩ **1** ⟨urspr.⟩ *Angriff mit der blanken Waffe, Reiterangriff* **2** ⟨allg.⟩ *Angriff, Anfall, bes. Krankheitsanfall* (Herzattacke) [< frz. *ataque* „Angriff"]
**attackieren** ⟨V. t.; hat⟩ **1** *angreifen* **2** *stark bedrängen* ◆ jmdn. mit Worten, Vorwürfen attackieren
**Attentat** ⟨n. 11⟩ *(polit.) Mordanschlag, Gewalttat* ◆ ein Attentat auf jmdn. verüben; ein Attentat auf jmdn. vorhaben ⟨umg.; scherzh.⟩ *jmdn. um eine (große) Hilfeleistung bitten wollen* [frz., „Anschlag" < lat. *attentatum;* zu *attentare* „abtasten"]
**Attentäter** ⟨m. 3⟩ *jmd., der ein Attentat verübt (hat)* [volksetymolog. umgebildet nach *Missetäter, Übeltäter*]

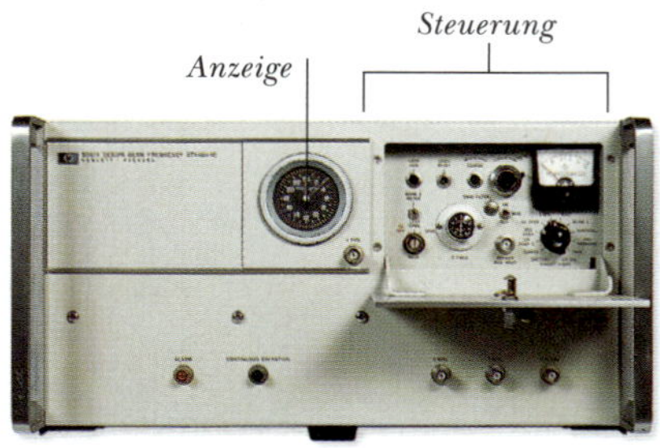


ATOMUHR

**Attest** ⟨n. 11⟩ *schriftl. (bes. ärztl.) Bescheinigung, Zeugnis* [zu lat. *attestari* „bezeugen" < *ad* „zu" + *testis* „Zeuge"]
**attestieren** ⟨V. t.; hat⟩ jmdm. etwas attestieren *jmdm. ein Attest über etwas ausstellen, jmdm. etwas bescheinigen*
**attisch** ⟨Adj.⟩ *die grch. Halbinsel Attika betreffend, zu ihr gehörig, von ihr stammend* ◆ attisches Salz ⟨fig.⟩ *geistreiche, witzige Bemerkung, feiner Witz, Geist*
**Attitüde** ⟨f. 19⟩ **1** *ausdrucksvolle Körperhaltung, Stellung, Gebärde* **2** *(geistige, innere) Einstellung* [< frz. *attitude* „Haltung, Stellung(nahme)"]
**Attraktion** ⟨f. 20⟩ **1** *Anziehung* **2** *Anziehungskraft* **3** ⟨Theat.⟩ *Zugstück* **4** ⟨Zirkus⟩ *Glanznummer* **5** *bes. gut gehende Ware* [< frz. *attraction* „Anziehung(skraft)"]
**attraktiv** ⟨Adj.⟩ *anziehend, anziehungskräftig, verlockend*
**Attraktivität** ⟨[-vi-] f.; -; unz.⟩ *Anziehungskraft, attraktive Beschaffenheit*
**Attrappe** ⟨f. 19⟩ **1** *Falle, Schlinge* **2** *(täuschend ähnl.) Nachbildung, Schaupackung* **3** *trüger. Schein* [< frz. *attrape* „Falle, Scherzartikel"]
**Attribut**[1] ⟨n. 11⟩ **1** *wesentl. Merkmal* **2** *bleibende Eigenschaft* **3** *Kennzeichen, Abzeichen, Beigabe, sinnbildl., zugehöriges Zeichen*
**Attribut**[2] ⟨n. 11; Gramm.⟩ *Wort, das ein Substantiv, Adjektiv od. Adverb näher bezeichnet;* Sy *Beifügung (II)* ◆ der Dreizack als Attribut Neptuns [< lat. *attributum* „das beigelegte (Merkmal)"; zu *attribuere* „zuschreiben, beilegen"]
**attributiv** ⟨Adj.; Gramm.⟩ *als Attribut gebraucht, beifügend*
**Attributsatz** ⟨m. 1u; Gramm.⟩ *Attribut in Form eines Gliedsatzes;* Sy *Beifügungssatz*
**atypisch** ⟨Adj.⟩ *nicht typisch* ◆ ein atypischer Krankheitsverlauf [< grch. *a...* „nicht, un..." + *typisch*]
**ätzen** ⟨V. t.; hat⟩ etwas ätzen *mit chem. Mitteln auf etwas einwirken* ◆ Gewebe ätzen *zu Heilzwecken durch chem. Mittel zerstören;* eine Zeichnung ätzen *auf einer Druckplatte durch Einwirkung von Säure eine Zeichnung erhaben od. vertieft herausarbeiten*
**Ätzung** ⟨f. 20⟩ **I** ⟨unz.⟩ *das Ätzen* **II** ⟨zählb.⟩ *Druckplatte mit einem durch Ätzen erhaben od. vertieft herausgearbeiteten Bild*
**Au** ⟨Chem.; Zeichen für⟩ *Gold (Aurum)*
**Aubergine** ⟨[obɛrˈʒiːnə] f. 19⟩ ► *fleischige, gurkenförmige, dem Kürbis ähnelnde Frucht der Eierpflanze (Solanum melongena) von violetter od. gelblichweißer Farbe;* Sy *Eierfrucht* [< frz. < katalan. *alberginia* < arab.]
**auch I** ⟨Konj.⟩ *gleichfalls, ebenfalls, ebenso, zugleich* ◆ das kann dir auch passieren; ich gehe jetzt, du auch? sie ist schön und auch klug **II** ⟨Partikel⟩ **1** *sogar* **2** *wirklich, tatsächlich, bestimmt, gerade* **3** *(als verallgemeinernde Verstärkung)* **4** *(als Einschränkung, meist mit „wenn")* ◆ hast du dich auch nicht getäuscht?; sie war auch zu leicht angezogen [< ahd. *ouh*]
**Audienz** ⟨f. 20⟩ **1** *feierlicher offizieller Empfang* **2** *Unterredung (mit hohen polit. od. relig. Würdenträgern)* [< lat. *audientia* „Aufmerksamkeit, Gehör"]
**Audiochemie** ⟨[-çe-] f. 19; unz.⟩ = *Ultraschallchemie*
**Auditorium** ⟨n.; -s, -rien⟩ **1** *Hörsaal* **2** *Zuhörerschaft* ◆ Auditorium maximum *größter Hörsaal einer Universität, der bes. für offizielle Anlässe genutzt wird* [lat., „Hörsaal"]
**Aue** ⟨f. 19⟩ *feuchtes, oft mit Laubwald bestandenes Flusstal, Niederung, Wiesengrund* [< ahd. *auwia, ouwa* „Land am Wasser, nasse Wiese, Insel"]
**Auerhahn** ⟨m. 1u od Jägerspr.: m. 23⟩ *männl. Auerhuhn* [< ahd. *or(re)han*]
**Auerhuhn** ⟨n. 12u⟩ *größtes Waldhuhn: Tetrao urogallus*
**auf** ⟨Präp.; auf die Frage „wo?" m. Dat., auf die Frage „wohin?" m. Akk.⟩ **I** ⟨örtl.⟩ **1** *an der Oberfläche von, unmittelbar oberhalb od. seitlich* **2** *in,* ⟨fig.⟩ *mit* ◆ auf beiden **Augen** blind; auf dem **Baum,** dem Dach; auf einem **Fuß** hinken; auf **Grund** = *aufgrund;* auf der **Insel;** den Hut auf dem **Kopf** behalten; auf der **Landstraße** nach ...; auf **Rügen,** Malta; auf dem **Schloss II** ⟨Richtung⟩ **1** *an die Oberfläche, an die Seite* **2** *herauf, hinauf, empor* **3** *nach, hin zu* **4** *nach, hinter, eins nach dem andern* ◆ auf den **Bahnhof,** die Post, den

Markt gehen; auf einen **Berg** steigen; auf die **Erde** fallen; das Fenster geht auf den **Hof** hinaus ◆auf ihn **(ent)fallen** von dem Erbe 500 DM ⟨fig.⟩ *er hat Anspruch auf ...;* auf **sein** *geöffnet sein, offen sein; nicht mehr, noch nicht im Bett sein* **III** ⟨zeitl.⟩ *bis, für, zu* ◆jmdn. auf den **Abend** einladen *zum, für den Abend;* auf einen **Augenblick** verschwinden; auf die **Minute,** Sekunde (genau); jmdn. auf eine **Tasse** Kaffee einladen **IV** ⟨Art u. Weise⟩ jmdn. aufs Beste unterbringen; auf einmal *plötzlich* **V** ⟨Ziel⟩ auf dem **Ball;** auf **Besuch;** auf der **Flucht;** im **Hinblick** auf; auf der **Jagd;** ein Kind auf den **Namen** „Leon" taufen; auf **Reisen;** auf der **Suche** nach; er geht auf die **Universität** *besucht die Universität* **VI** ⟨auffordernd⟩ auf! *vorwärts!, fang an!; aufmachen!; aufstehen;* auf **geht's!** *es geht los, wir gehen!;* auf, an die Arbeit! **VII** ⟨in best. Fügungen: bis auf, auf hin, von auf⟩ **bis** auf *außer, ganz* [< ahd. *uf,* engl. *up*]

**auf...** ⟨Vorsilbe⟩ **1** *hinauf, empor, nach oben,* z. B. aufblicken, auffliegen **2** *öffnen,* z. B. aufbrechen, aufschließen **3** *bis zu Ende, ganz,* z. B. aufbrauchen, aufessen, aufsammeln **4** *plötzlich u. kurz,* z. B. aufflammen, aufschreien

**Aufbau I** ⟨m. 1; unz.⟩ **1** *das Aufbauen* (Gebäude, Industrieanlage), *Aufstellen* (Zelt, Gerüst) **2** *Wiedererrichtung von Zerstörtem* (z. B. Stadt) **3** *Errichtung, Schaffung* (Unternehmen) **4** *Gliederung, Anordnung* (Drama, Bild, Musikstück) **5** *Karosserie* (Auto) **II** ⟨m.; -(e)s, -ten⟩ **1** *aufgesetztes Stockwerk* **2** *auf dem Deck befindliche Schiffsräume* (Deckaufbau)

**aufbauen** ⟨V.; hat⟩ **I** ⟨V. t.⟩ **1** *bauen* **2** *errichten, schaffen* (Industrie, Unternehmen) **3** *zusammensetzen* **4** *(geschmackvoll) anordnen, hinlegen* **5** *gliedern, anlegen* (Drama, Bild, Musikstück) **6** jmdn. aufbauen ⟨fig.; umg.⟩ **6.1** *bei seinem Aufstieg unterstützen, heranbilden* **6.2** *jmdn. aufmuntern* ◆ein Gebäude, eine Stadt wiederaufbauen **II** ⟨V. i.⟩ auf etwas aufbauen *sich auf etwas gründen* ◆das Drama baut auf den Regeln der antiken Dramentechnik auf **III** ⟨V. refl.⟩ sich vor jmdm. aufbauen ⟨fig.; umg.⟩ *sich drohend od. Aufmerksamkeit heischend vor jmdn. hinstellen, in Angst einflößender, militärischer Haltung aufstellen*

**aufbereiten** ⟨V. t.; hat⟩ **1** das für die Herstellung von Baustoffen benötigte Material aufbereiten *vorarbeiten, bearbeiten* **2** die aus der Erde gewonnenen Rohstoffe aufbereiten *so bearbeiten, dass sie eine zur Weiterverwendung geeignete Form erhalten* **3** gebrauchte Mineralöle, Kernbrennstoffe aufbereiten *auffrischen, wieder gebrauchsfähig machen*

**aufbewahren** ⟨V. t.; hat⟩ *verwahren, aufheben, hüten, lagern* ◆ein Andenken, Wertgegenstände aufbewahren; etwas gut, sicher, sorgfältig aufbewahren

**aufblasen** ⟨V. t. 113; hat⟩ *durch Blasen dick machen, spannen* (Luftballon, Schwimm-, Luftkissen) ◆sich aufblasen ⟨fig.⟩ *sich wichtig tun*

**aufblenden** ⟨V. i.; hat; bei Kfz⟩ *die Autoscheinwerfer auf größte Helligkeit schalten;* Ggs *abblenden (II, 2)*

**aufblicken** ⟨V. i.; hat⟩ **1** *emporblicken* **2** *die Lider aufschlagen* ◆zum Himmel aufblicken; (bewundernd, ehrfurchtsvoll) zu jmdm. aufblicken ⟨fig.⟩ *jmdn. als überlegen, vorbildlich ansehen*

**aufblühen** ⟨V. i.; ist⟩ **1** *sich öffnen, entfalten* (Knospen) **2** *sich gut entwickeln, gedeihen* (Geschäft, Ort) **3** ⟨fig.⟩ *gesünder, fröhlicher, hübscher werden* ◆seit sie bei uns lebt, ist sie richtig aufgeblüht

**aufbrechen** ⟨V. 116⟩ **I** ⟨V. t.; hat⟩ **1** *durch Brechen, Stemmen öffnen* (Kiste, Schloss, Tür) **2** *unbefugt öffnen* (Brief, Siegel) **3** *mit Brechwerkzeug auseinander brechen, vom Boden lösen* (Pflaster) **II** ⟨V. i.; ist⟩ **1** *plötzlich sich öffnen, aufspringen* **2** *fortgehen, abreisen, weiterwandern*

**Aufbruch** ⟨m. 1u; unz.⟩ **1** *das Aufbrechen* **2** *das Weggehen, Abmarsch, Abreise*

**aufdecken** ⟨V.; hat⟩ **I** ⟨V. t.⟩ **1** *die Bedeckung abnehmen von, öffnen* (Bett, Topf) **2** ein Geheimnis, Verbrechen aufdecken ⟨fig.⟩ *enthüllen* **3** die Karten aufdecken ⟨Kart.⟩ *offen hinlegen* **4** seine Karten aufdecken ⟨fig.⟩ *seine Pläne enthüllen, die Wahrheit gestehen* ◆das Tischtuch aufdecken *auflegen* **II** ⟨V. i.; umg.⟩ *den Tisch decken*

**aufdrängen** ⟨V.; hat⟩ **I** ⟨V. t.⟩ jmdm. etwas aufdrängen *jmdm. etwas gegen seinen Willen geben, zuschieben* ◆jmdm. Essen, eine Ware, seine Freundschaft, Hilfe, Meinung aufdrängen **II** ⟨V. refl.⟩ **1** sich aufdrängen *zudringlich sein* **2** sich jmdm. aufdrängen *aufdringlich, zudringlich werden, lästig fallen*

**aufdrehen** ⟨V.; hat⟩ **I** ⟨V. t.⟩ **1** *durch Drehen öffnen* (Leitungshahn) **2** *durch Drehen lockern* (Schraube) **3** *durch Drehen in Gang setzen, aufziehen* (Uhrwerk) **4** *durch Drehen (in einzelne Fäden) auflösen* (Strick) ◆den Gashahn aufdrehen ⟨umg.⟩ *Selbstmord (durch Gas) begehen* **II** ⟨V. i.; umg.⟩ **1** ⟨bei Kfz⟩ *Gas geben, schneller fahren* **2** *lustig, fidel werden* ◆er hat auf der Heimfahrt mächtig aufgedreht

**aufeinander** ⟨Adv.⟩ *eins auf, über das andere od. auf, über dem anderen* ◆gegenseitig aufeinander einwirken; aufeinander folgen; aufeinander passen; aufeinander stoßen

AUBERGINE
*(Solanum melongena)*

**Aufenthalt** ⟨m. 1⟩ **1** *Zeit, während deren man sich an einem Ort aufhält, Zeit des Bleibens* **2** *Pause, Rast, Unterbrechung* **3** ⟨Eisenb.⟩ *Wartezeit* **4** *Aufenthaltsort* ◆warum **haben** wir so lange Aufenthalt?; der Zug hat nur 10 Minuten Aufenthalt ◆**angenehmer,** dauernder, kurzer, längerer, ständiger, vorübergehender Aufenthalt

**auferstehen** ⟨V. i. 251; ist⟩ *wieder erstehen, neu entstehen, wiederaufleben* ◆Christus ist auferstanden; er ist von langer Krankheit wieder auferstanden

**auffahren** ⟨V. 130⟩ **I** ⟨V. i.; ist⟩ **1** ⟨Bgb.⟩ *hinauffahren* **2** ⟨Theol.⟩ *in die Höhe, emporsteigen, aufschweben* **3** *(sich) festfahren* (Schiff) **4** *aufeinander fahren, zusammenstoßen* **5** *feierlich vorfahren* **6** *sich plötzlich u. schnell aufrichten, aufspringen, emporschnellen* ◆die **Wagen** der königl. Familie fahren auf ◆**zornig** auffahren ◆er fährt immer **gleich** auf, wenn man davon spricht ◆das Auto ist **auf** ein anderes aufgefahren; **aus** tiefen Gedanken plötzlich, erschrocken auffahren **II** ⟨V. t.; hat⟩ **1** *auf Rädern heranbringen u. aufschütten* (Erde, Kies) **2** *in Angriffsstellung bringen* (Geschütz) **3** ⟨umg.⟩ *reichlich herbeibringen* (Speisen) ◆am späten Abend ließ er noch Sekt und Kaviar auffahren

**auffallen** ⟨V. i. 131; ist⟩ **1** *auf etwas fallen, aufschlagen, -prallen* **2** ⟨fig.⟩ *Aufmerksamkeit erregen, sich bemerkbar machen, ins Auge fallen, hervorstechen* ◆der Körper ist erst auf einen Felsvorsprung aufgefallen u. dann in die Tiefe gestürzt

**auffangen** ⟨V. t. 132; hat⟩ **1** *durch Fangen, Greifen erreichen, bekommen* **2** *im Fallen, Fliegen fassen* (Ball, Maschen, Schwingungen, Wellen) **3** *zufällig u. nur unvollständig hören, aufschnappen* (Worte) **4** *zufällig od. durch List erhalten u. nicht weiterbefördern, abfangen* (Nachrichten, Briefe) **5** *vorübergehend (in Lagern) aufnehmen* (Flüchtlinge, Auswanderer) ◆fang auf!; einen Hieb auffangen

**auffassen** ⟨V. t.; hat⟩ **1** *auffädeln* (Perlen) **2** *auffangen* (Maschen) **3** ⟨fig.⟩ *begreifen, verstehen* **4** *auslegen, deuten*

**Auffassung** ⟨f. 20⟩ **1** *Ansicht, Anschauung, Meinung* **2** *Auslegung, Deutung* ◆er ist der Auffassung, dass ...; seine Auffassung **ändern;** jmds. Auffassung (nicht) **teilen** ◆ich habe davon eine **andere** Auffassung als Sie

**auffinden** ⟨V. t. 134; hat⟩ *(nach Suchen) finden, entdecken*

**auffordern** ⟨V. t.; hat⟩ **1** *bitten, einladen, ersuchen* **2** *ermahnen (etwas zu tun)* **3** *befehlen, verlangen (etwas zu tun)*

**aufführen** ⟨V.; hat⟩ **I** ⟨V. t.⟩ **1** *in die Höhe führen, aufbauen* (Bau, Mauer) **2** *anführen, nennen* (Namen, Zahlen) **3** *spielen, darstellen, vorführen, zeigen* (Drama, Film, Konzert) ◆dein Name ist in der Liste nicht aufgeführt **II** ⟨V. refl.⟩ sich aufführen ⟨umg.⟩ *sich benehmen, verhalten*

**Aufführung** ⟨f. 20⟩ **I** ⟨unz.⟩ **1** *das Aufführen* **2** *Betragen, Benehmen, Verhalten* ◆deine Aufführung war sehr lobenswert ⟨besser⟩ *dein Betragen* **II** ⟨zählb.⟩ *Dar-, Vorstellung, Vorführung*

**auffüllen** ⟨V. t.; hat⟩ **1** *(bis zum Rand) nachfüllen* **2** *ergänzen* (Bestand, Vorrat)

**Aufgabe** ⟨f. 19⟩ **I** ⟨unz.⟩ **1** *das Aufgeben* **2** *Verzicht* **3** *Schließung* (Geschäftsaufgabe) **4** *Beendigung* **5** *Meldung* (von Waren) ◆Aufgabe einer Anzeige, eines Briefes, des Gepäcks; Aufgabe eines Amtes, des Dienstes **II** ⟨zählb.⟩ **1** *Pflicht, Sendung* (Lebensaufgabe) **2** *Arbeit, Anforderung* **3** *Übung, Übungsstück* (Rechenaufgabe)

**aufgeben** ⟨V. 143; hat⟩ **I** ⟨V. t.⟩ **1** *zur Beförderung (durch Post od. Bahn) geben* (Brief, Paket, Telegramm, Gepäck) **2** *zur Veröffentlichung, zum Druck herausgeben* (Zeitungsanzeige) **3** *auflegen, auf den Teller tun* (Fleisch, Suppe) **4** *verzichten auf* (Hoffnung, Unternehmung) **5** jmdm. etwas aufgeben *auftragen, zur Erledigung od. Lösung geben* (Rätsel, Schularbeiten) **6** *angeben, mitteilen, übermitteln* (Einzelheiten, Adresse) ◆gib's auf! ⟨umg.; oft abwertend⟩ *hör auf!, lass sein!* **II** ⟨V. i.; Sp.⟩ *nicht weiterspielen od. -kämpfen*

**Aufgebot** ⟨n. 11⟩ **1** *das, was aufgeboten wird* (Menschen, Material, Kraft) **2** *Aufforderung, Ansprüche u. Rechte anzumelden, z. B. bei Erbschaften* **3** *amtliche Bekanntgabe, Veröffentlichung*

**aufgehen** ⟨V. i. 145; ist⟩ **1** *sich öffnen* (Fenster, Geschwür, Knopf, Knospe, Tür) **2** *sich lösen* (Haar, Knoten, Naht) **3** *emporsteigen, über dem Horizont erscheinen, sichtbar werden* (Gestirne) ◆ die **Gleichung,** die Rechnung geht auf *stimmt, bleibt ohne Rest;* jetzt geht mir ein **Licht** auf *auf einmal verstehe ich es;* die **Saat** ist aufgegangen *beginnt aus der Erde zu sprießen, keimt* ◆das Fenster geht **schwer** auf ◆ein Unternehmen ist **in** einem größeren aufgegangen *ist von ihm aufgenommen worden, mit ihm verschmolzen*

**Aufgeld** ⟨n. 12⟩ **1** *zusätzlich zu leistende Zahlung, Zuzahlung* **2** = *Handgeld*

**aufgeregt** ⟨Adj.; -er, am -esten⟩ *erregt, unruhig*

**aufgeschlossen** ⟨Adj.; fig.⟩ *empfänglich, zugänglich für alle Eindrücke, Anregungen, Neuerungen usw.*

**aufgeweckt** ⟨Adj.; -er, am -esten; fig.⟩ *lebhaft u. klug, intelligent*

**aufgreifen** ⟨V. t. 158; hat⟩ **1** *ergreifen, erwischen* (Dieb) **2** *ergreifen u. nutzen* (Anregung, Gedanken)

**aufgrund** ⟨Präp.⟩ *wegen, veranlasst durch;* oV *auf Grund* ◆aufgrund einer Anzeige; aufgrund seiner Aussage

**aufhaben** ⟨V. 159; hat⟩ **I** ⟨V. t.⟩ **1** *auf dem Kopfe haben* (Hut) **2** ⟨umg.⟩ *offen haben* (Augen, Mund) **3** *aufgetragen bekommen haben, zu Hause für die Schule tun müssen* (Schularbeiten) ◆er hat einen neuen Hut auf; wir haben heute viel, wenig, nichts auf; was habt ihr für morgen auf? **II** ⟨V. i.; umg.⟩ *geöffnet haben, offen sein* ◆der Laden hat noch auf; die Gaststätte hat bis 24 Uhr auf

**aufhalten** ⟨V. 160; hat⟩ **I** ⟨V. t.⟩ **1** *zurückhalten, am Weitergehen hindern, an einer Tätigkeit hindern, stören* **2** *den Lauf, Betrieb unterbrechen, anhalten* (Maschine) **3** *auffangen, abwehren* (Hieb, Schlag) **4** ⟨umg.⟩ *offen, geöffnet halten* **II** ⟨V. refl.⟩ sich aufhalten **1** *an einem Ort sein* **2** *bleiben, verweilen*

**aufhängen** ⟨V. t.; hat⟩ **1** *durch Hängen befestigen* (Bild, Mantel) **2** *durch Hängen, Erhängen töten, henken* ◆sich aufhängen *Selbstmord durch Erhängen begehen*

**aufheben** ⟨V. t. 163; hat⟩ **1** *in die Höhe heben* (Gegenstand), *erheben* (Hand), *abheben* (Deckel) **2** *außer Kraft setzen, für ungültig erklären* (Befehl, Gesetz) **3** *beenden* (Strafe, Belagerung) **4** *verwahren, aufbewahren* **5** *zurücklegen* (Waren, Theaterkarte) **6** einander aufheben *einander gleichkommen an Wert od. Wirkung u. dadurch an Wert od. Wirkung verlieren, sich ausgleichen* ◆Druck u. Gegendruck heben einander auf; können Sie mir das Buch bis morgen aufheben?; einen Gestürzten aufheben

**aufheitern** ⟨V.; hat⟩ **I** ⟨V. t.⟩ jmdn. *aufheitern heiter machen, aufmuntern* **II** ⟨V. refl.⟩ sich aufheitern *heiter werden, aufklaren* (Wetter)

**aufholen** ⟨V.; hat⟩ **I** ⟨V. t.⟩ **1** *einholen, nachholen, wettmachen* (Verlust) **2** *heraufziehen* (Anker, Boot) ◆der Zug hat die Verspätung aufgeholt **II** ⟨V. i.⟩ *Vorsprung (des anderen) verringern, nachkommen* ◆er hat im letzten halben Jahr (mächtig) aufgeholt

**aufhören** ⟨V. i.; hat⟩ *(mit etwas) nicht weitermachen, Schluss machen, etwas beenden* ◆hör (doch endlich) auf!; da hört (⟨umg.⟩ sich) doch alles auf! *das geht über alles Maß hinaus!; das ist ja die Höhe!*

**aufklären** ⟨V.; hat⟩ **I** ⟨V. t.⟩ **1** jmdn. aufklären **1.1** *über Zusammenhänge belehren* **1.2** *jmds. Unwissenheit, Vorurteile beseitigen, bes. in polit., religiösen, weltanschaul. Fragen* **2** ein Kind, Jugendliche aufklären *über die geschlechtl. Vorgänge belehren* **3** eine Sache aufklären *die Wahrheit darüber ans Licht bringen, Klarheit darüber schaffen, ihr auf den Grund gehen* **II** ⟨V. refl.⟩ sich aufklären **1** *klarer, freundlicher werden* (Himmel, Wetter) **2** *klar, offenbar werden*

**Aufklärung** ⟨f. 20⟩ **1** *das Aufklären* **2** *Belehrung, Unterrichtung, bes. über politische, weltanschauliche, sexuelle Fragen* **3** *Bestreben, das Denken von Vorurteilen zu befreien u. auf Vernunft zu gründen* **4** ⟨als Epoche⟩ *die im Europa des 18. Jh. herrschende Bewegung zur Erneuerung von Wissenschaft u. Bildung, die gegen Willkürherrschaft, religiösen Aberglauben u. Unwissenheit (insbesondere der niederen Volksklassen) auftrat*

**aufkleben** ⟨V. t.; hat⟩ *mit Klebstoff auf einer anderen Sache befestigen* (Briefmarke)

**aufkommen** ⟨V. i. 170; ist⟩ *entstehen, sich bilden, sich erheben* ◆ein Gewitter kommt auf *zieht sich zusammen, kommt näher;* eine neue Mode, Sitte kommt auf

**Aufkommen** ⟨n. 14⟩ **1** *erhobener Ertrag, Leistung* (Steueraufkommen) **2** *Genesung* ◆der Arzt zweifelt am neuerlichen Aufkommen seines Patienten

**aufkündigen** ⟨V. t.; hat⟩ = *kündigen* ◆jmdm. die Freundschaft aufkündigen *erklären, dass man die Freundschaft mit ihm als beendet betrachtet*

**Aufl.** ⟨Buch-, Zeitungsw.; Abk. für⟩ *Auflage (4)*

**aufladen** ⟨V. t. 173; hat⟩ **1** *auf etwas laden* (Heu, Kohlen, usw.) **2** *mit Energie speisen* (Akku, Batterie) **3** *aufbürden*

**Auflage** ⟨f. 19⟩ **1** *etwas Aufgelegtes, Überzug* (Metallauflage, Goldauflage) **2** *Stelle, an der man etwas (z. B. Gewehr) auflegen kann, damit es nicht wackelt* **3** *geforderte Leistung, Verpflichtung für einen Zeitabschnitt* (Steuerauflage) **4** ⟨Buch-, Zeitungsw; Abk.: Aufl.⟩ *Gesamtzahl der auf einmal hergestellten od. ausgelieferten Exemplare eines Buches od. einer Zeitung*

**Auflauf** ⟨m. 1u⟩ **1** *(rechtswidrige) Ansammlung* (Menschenauflauf) **2** *in einer Form überbackene, lockere Speise* (Kartoffelauflauf, Kirschenauflauf, Nudelauflauf)

**auflaufen** ⟨V. 175⟩ **I** ⟨V. i.; ist⟩ **1** *anschwellen* (Beule) **2** *sich ansammeln* (Beträge) **3** *in die Höhe steigen* (Wasser, Flut) **4** *auf Grund stoßen, festfahren* (Schiff) ◆das Schiff ist auf ein Riff, auf eine Sandbank aufgelaufen **II** ⟨V. t.; hat⟩ sich die Füße auflaufen *wund laufen*

**auflegen** ⟨V. t.; hat⟩ *auf etwas anderes legen, offen hinlegen* ◆ein Buch (neu) auflegen *eine (neue) Auflage herausbringen;* ein Gedeck mehr auflegen; die Hand auflegen *(zum Zeichen des Segnens);* den (Telefon-)Hörer auflegen *den Hörer auf die Gabel legen u. damit die Verbindung abbrechen*

**auflehnen** ⟨V.; hat⟩ **I** ⟨V. t.⟩ *stützen, lehnen* (Arm) **II** ⟨V. refl.⟩ sich auflehnen (gegen) *sich empören, Widerstand leisten (gegen)*

**auflesen** ⟨V. t. 178; hat⟩ **1** *vom Boden, vom Tisch aufheben, sammeln, zusammensuchen* **2** ⟨fig.⟩ *unfreiwillig bekommen* (Krankheit, Ungeziefer) **3** jmnd. auflesen ⟨fig.; umg.⟩ *finden und mitnehmen*

**aufliegen** ⟨V. 179; hat⟩ **I** ⟨V. i.⟩ **1** *auf etwas liegen* **2** *offen daliegen, ausliegen* (zur Ansicht: Waren; zur Benutzung: Zeitschriften) **II** ⟨V. refl.⟩ sich aufliegen *wund liegen, durch langes Liegen wund werden* (Kranker)

**auflockern** ⟨V. t.; hat⟩ **1** *locker machen* **2** ⟨fig.⟩ *abwechslungsreicher gestalten*

**auflösen** ⟨V. t.; hat⟩ **1** *von einem Zusammenhang, von einer Bindung befreien* **2** *lösen, entwirren, aufknoten, aufknüpfen* (Verschlungenes, Knoten) **3** *flüssig machen, in einer Flüssigkeit zerfallen lassen* (Zucker) **4** *beenden, außer Kraft setzen* (Kontrakt) **5** *schließen, aufgeben* (Firma) ◆**Gleichung** *auflösen lösen;* ein **Rätsel** *auflösen die Lösung dafür finden* ◆Salz löst sich **im** Wasser auf; eine Tablette in Wasser auflösen

**aufmachen** ⟨V.; hat⟩ **I** ⟨V. t.⟩ **1** *öffnen* (Tür, Fenster, Mantel, Augen) **2** *aufhängen, befestigen* (Bild, Gardinen) **3** *lösen* (Knoten) **4** *eröffnen* (Geschäft) **5** *ausstatten, verzieren* (Partyraum, Wand) **II** ⟨V. refl.⟩ **1** sich aufmachen *sich auf den Weg machen, weggehen* **2** ein Wind hat sich aufgemacht *hat sich erhoben*

AUFSCHLAG: SERVICE BEIM TENNIS

**Aufmachung** ⟨f. 20⟩ **1** *Kleidung, Aufputz* **2** *Ausstattung, äußere Gestaltung*

**aufmerksam** ⟨Adj.⟩ **1** *Sinneswahrnehmungen gut, scharf aufnehmend* **2** *scharf beobachtend* **3** *geistig wach, gespannt, wachsam* **4** *mit gesammelten Gedanken auf etwas gerichtet, gesammelt* **5** ⟨fig.⟩ *liebenswürdig, höflich, zuvorkommend, rücksichtsvoll* ◆ein aufmerksamer junger Mann; aufmerksamer Zuhörer, Zuschauer

**Aufmerksamkeit** ⟨f. 20⟩ **I** ⟨unz.⟩ **1** *die Fähigkeit, Sinneswahrnehmungen gut aufzunehmen* **2** *geistige Spannung, Sammlung* **3** *Gerichtetsein aller Gedanken auf etwas* **4** *Sorgfalt* **5** *liebenswürdige Höflichkeit* **6** *Zuvorkommenheit, Rücksicht(nahme)* ◆einer Sache od. jmdm. Aufmerksamkeit schenken **II** ⟨zählb.⟩ **1** *Artigkeit, liebenswürdig-höfliche, rücksichtsvolle Behandlung* **2** *kleines Geschenk* ◆die Blumen für Sie waren nur eine kleine Aufmerksamkeit

**Aufnahme** ⟨f. 19⟩ **I** ⟨unz.⟩ **1** *das Aufnehmen* **2** *Wiedergabe, Nachbildung (durch Fernsehen, Film, Fotografie, Rundfunk, Schallplatte, Tonband)* **3** *das Festhalten, Aufschreiben* (der Krankengeschichte, eines Stenogramms, Telegramms; Bestandsaufnahme) **4** *das Zusichnehmen, Essen* (Nahrungsaufnahme) **5** *Unterkunft, Obdach, Empfang (z. B. in Krankenhäusern)* **6** *Zulassung* **7** *das Erfassen, Begreifen, Ansprechen, Eingehen auf* ◆die Aufnahme von Beziehungen; die Aufnahme einer Nachricht, eines Vorschlags **II** ⟨zählb.⟩ **1** *das Aufgenommene od. Aufzunehmende* (Filmaufnahme, Röntgenaufnahme, Tonbandaufnahme) **2** *Empfangsraum im Krankenhaus*

**aufnehmen** ⟨V. t. 187; hat⟩ **1** *(vom Boden, vom Tisch) aufheben, einsammeln* **2** *(mechanisch) abbilden, nachbilden (durch Fernsehen, Film, Funk, Fotografie, Schallplatte, Tonband)* **3** *mit dazunehmen, einfügen* **4** *aufschreiben, schriftl. festhalten* **5** *zu sich nehmen* (Nahrung) **6** *ein-, aufsaugen* **7** *empfangen, bewirten, willkommen heißen* **8** *beherbergen, Obdach, Zuflucht gewähren* **9** *zulassen, Eintritt, Zutritt, Teilnahme gewähren* **10** *auffassen, aufgreifen, ergreifen, annehmen* (Gedanken, Vorschlag) **11** *beginnen* (Arbeit, Gespräch, Kampf) **12** *leihen* (Geld, Kredit) ◆jmdn. freundlich, herzlich, kühl, unfreundlich aufnehmen; einen Vorschlag gut, schlecht aufnehmen; das Stück ist vom Publikum gut aufgenommen worden

**aufpassen** ⟨V.; hat⟩ **I** ⟨V. i.⟩ *Acht geben, aufmerksam sein* ◆pass doch auf!; aufgepasst!; auf jmdn. aufpassen *jmdn. fürsorglich, genau beobachten;* in der Schule gut, nicht aufpassen **II** ⟨V. t.⟩ etwas (auf etwas) aufpassen *probeweise etwas auf etwas anderes setzen, um zu sehen, ob es passt, aufprobieren*

**aufplatzen** ⟨V. i.; ist⟩ *durch Druck von innen od. einen Schlag auseinander platzen* (Knospe, Naht)

**aufräumen** ⟨V.; hat⟩ **I** ⟨V. t.⟩ **1** *ordnen, in Ordnung bringen* (Wohnung, Lager) **2** *beiseite räumen, beiseite schaffen* (Schutt, umherliegende Gegenstände) **II** ⟨V. i.⟩ mit etwas aufräumen *mit etwas Schluss machen, etwas beseitigen* ◆mit Missständen, Vorurteilen aufräumen

A

**aufrecht** ⟨Adj.⟩ **1** *gerade, in aufgerichteter Haltung, steif, senkrecht* **2** ⟨fig.⟩ *aufrichtig, rechtschaffen, unbestechlich* (Charakter, Mensch) ◆ aufrecht gehen, sitzen, stehen; sich vor Müdigkeit nicht mehr aufrecht halten können

**aufrechterhalten** ⟨V. t. 160; hat⟩ *beibehalten, gültig, verbindlich erhalten, sichern* ◆ ein Angebot, eine Behauptung aufrechterhalten

**aufregen** ⟨V. t.; hat⟩ *unruhig machen, erregen, empören* ◆ sich aufregen; viel Besuch regt den Kranken auf; regen Sie sich nicht darüber auf!

**Aufregung** ⟨f. 20⟩ *Erregung, Unruhe, Spannung* ◆ Aufregung verursachen; in Aufregung bringen *aufregen;* in Aufregung geraten

**aufreißen** ⟨V. 195⟩ **I** ⟨V. t.; hat⟩ **1** *durch Reißen öffnen* (Brief) **2** *auseinander reißen, zerreißen* (Naht, Kleid) **3** *aufbrechen, aufhacken* (Fußboden, Pflaster, Straße) **4** ⟨fig.⟩ *schnell u. weit öffnen* (Augen, Mund) **5** jmdn. aufreißen ⟨umg.⟩ *jmdn. ansprechen, um sexuellen Kontakt zu suchen* ◆ jede Woche riss er ein anderes Mädchen auf; ein Gebäude aufreißen *einen Aufriss von einem Gebäude zeichnen* **II** ⟨V. i.; ist⟩ *durch Druck od. Schlag sich öffnen, aufplatzen, sich spalten* (Wunde)

**aufrichten** ⟨V. t.; hat⟩ **1** *empor-, gerade richten* **2** *errichten, aufbauen* (Denkmal, Gebäude, System) **3** *aufstellen* (Mast, Pfahl, Zeichen) ◆ jmdn. aufrichten ⟨fig.⟩ *trösten, ermuntern, seelisch stärken, Mut zusprechen*

**aufrichtig** ⟨Adj.⟩ **1** *ehrlich, ohne Falsch* **2** *offen freimütig* ◆ aufrichtigen **Dank!;** er ist ein aufrichtiger **Mensch;** aufrichtige **Teilnahme!** ◆ aufrichtig seine Meinung **sagen**

**Aufriss** ⟨m. 1⟩ *geometr. (unperspektiv.) Zeichnung eines senkrechten Schnittes od. der Außenseite eines Gegenstandes*

**aufrollen** ⟨V. t.; hat⟩ **1** *auf eine Rolle wickeln* (Garn, Seil) **2** *von einer Rolle abwickeln* **3** *öffnen, entrollen* (Zusammengerolltes, Papierrolle) ◆ ⟨fig.⟩ eine Sache aufrollen *darstellen und gründlich untersuchen, umfassend behandeln*

**Aufruf** ⟨m. 1⟩ **1** *öffentl. Aufforderung, Appell* **2** *Vorladung* ◆ Aufruf des Namens; nach Aufruf bitte vortreten

**aufrufen** ⟨V. t. 201; hat⟩ **1** *(öffentl.) beim Namen nennen* **2** *durch Rufen zum Erheben od. Sichmelden veranlassen* **3** *zu einem bestimmten Zweck rufen, auffordern, vorladen* (Zeugen) ◆ Banknoten aufrufen *für ungültig erklären;* jmds. Gewissen aufrufen ⟨fig.⟩ *das Gewissen wachrufen, an das Gewissen appellieren*

**Aufruhr** ⟨m. 1; Pl. selten⟩ **1** *Erhebung, Auflehnung (gegen die Staatsgewalt), Empörung* **2** *Durcheinander, Tumult* **3** *heftige Unruhe, starke Erregung* ◆ Aufruhr der **Elemente** (der Natur); Aufruhr der **Gefühle** ◆ die ganze Stadt war **in** Aufruhr

**aufrunden** ⟨V.; hat⟩ **I** ⟨V. t.⟩ eine Zahl aufrunden *die Endziffer(n) einer Zahl durch Null(en) ersetzen u. die letzte verbleibende Stelle um 1 erhöhen* **II** ⟨V. i.; Sp.⟩ *(beim Laufen od. Fahren von Runden) die andern einholen*

**aufrüsten** ⟨V.; hat⟩ **I** ⟨V. t.⟩ *aufstellen, errichten* (Gerüst) **II** ⟨V. i.⟩ *die Armee u. ihre Ausrüstung verstärken*

**aufsagen** ⟨V. t.; hat⟩ *(auswendig) hersagen* ◆ ein Gedicht aufsagen; jmdm. die Freundschaft aufsagen *jmdm. erklären, dass die Freundschaft beendet sei*

**aufsässig** ⟨Adj.⟩ *widerspenstig, trotzig* [zu mhd. *ufsaze* „Hinterhalt"]

**Aufsatz** ⟨m. 1u⟩ **1** *aufgesetztes Stück, Aufbau* **2** *aufgesetzter Schmuck* (Tafelaufsatz) **3** *kurze Abhandlung, schriftliche Darstellung* (Schulaufsatz, Zeitschriftenaufsatz)

**aufschauen** ⟨V. i.; hat⟩ **1** *in die Höhe schauen, aufsehen* **2** zu jmdm. aufschauen ⟨fig.⟩ *sich jmdn. zum Vorbild nehmen, bewundern*

**aufschieben** ⟨V. t. 212; hat⟩ **1** *durch Schieben öffnen* (Schiebetür) **2** *auf etwas anderes schieben* **3** ⟨Bgb.⟩ *in den Förderkorb schieben* (Förderwagen) **4** ⟨fig.⟩ *hinausschieben, verschieben bis später, verzögern* ◆ eine Reise, ein Vorhaben aufschieben; etwas von einem Tage zum anderen aufschieben

**Aufschlag** ⟨m. 1u⟩ **1** *Auftreffen von etwas auf einer Fläche* **2** ⟨Sp.; Tennis⟩ ◄ *erster Schlag, der von der Grundlinie aus über Kopf ausgeführt wird;* Sy *Angabe (4), Service[2] (3)* **3** *Verteuerung, Preiserhöhung* (Preisaufschlag) **4** ▼ *nach oben gewendeter Stoffteil an Kleidungsstücken* (Ärmelaufschlag, Rockaufschlag) **5** ⟨Weberei⟩ *Kette* **6** ⟨Forstw.⟩ *die aus schwerem, ungeflügeltem Samen ohne menschl. Nachhelfen entstandenen Bäume u. Sträucher*

**aufschlagen** ⟨V. 216⟩ **I** ⟨V. i.; ist/hat⟩ **1** *auf einer Fläche auftreffen, aufprallen* **2** ⟨Sp.; Tennis⟩ *den ersten Schlag ausführen;* Sy *angeben (6), servieren (3)* **3** *teurer werden* (Ware), *sich erhöhen* (Preis) ◆ eine Ware schlägt auf; die Flammen schlugen hoch auf *loderten empor* **II** ⟨V. t.; hat⟩ **1** *durch Schlag öffnen* (Ei, Nuss) **2** *durch Schlag verletzen* (Kopf) ◆ die Ärmel aufschlagen *aufkrempeln, umschlagen;* die Augen aufschlagen; ein Bett aufschlagen *aufstellen;* ein Buch aufschlagen *öffnen*

AUFSCHLAG: AUFSCHLÄGE AN EINER UNIFORMJACKE

**aufschließen** ⟨V. 220; hat⟩ **I** ⟨V. t.⟩ **1** *mit Schlüssel öffnen* (Tür, Schubfach) **2** ⟨Bgb.⟩ *abbaureif machen* (Mine) **3** ⟨Chem.⟩ *(wasserunlösliche Stoffe) in wasserlösliche Stoffe umwandeln* **4** ⟨fig.⟩ *zugänglich machen, (für bestimmte Eindrücke) aufnahmebereit machen* ◆ Erde aufschließen *aufbereiten, zerkleinern;* er schloss ihr sein Herz auf ⟨fig.⟩ *öffnete ihr sein Herz, vertraute sich ihr an* **II** ⟨V. refl.⟩ sich aufschließen *sich anvertrauen, andere am eigenen Erleben teilnehmen lassen*

**Aufschluss** ⟨m. 1u⟩ **1** *Aufklärung* **2** ⟨Geol.⟩ *Stelle, an der ein sonst verborgenes Gestein zutage tritt* **3** ⟨Bgb.⟩ *Fundstelle, Lagerstätte, Grubenbau, die bzw. der (noch) nicht der Förderung von Bodenschätzen dient* ◆ Aufschluss erhalten (über)

**aufschlussreich** ⟨Adj.⟩ *der Aufklärung, Klärung dienend, lehrreich*

**aufschrecken I** ⟨V. t.; hat⟩ **1** *plötzlich erschrecken, aufscheuchen* **2** *aus dem Lager aufscheuchen, aufjagen* (Wild, bes. Hasen u. Füchse) **II** ⟨V. i. 225; ist⟩ *plötzlich erschreckt aufschauen, hochfahren, aufwachen* ◆ aus dem Schlaf aufschrecken

**aufschreiben** ⟨V. t. 226; hat⟩ *schriftl. festhalten, niederschreiben, notieren*

**Aufschrift** ⟨f. 20⟩ **1** *etwas Daraufgeschriebenes, Beschriftung (auf Briefumschlägen, Etiketten)* **2** *Inschrift (auf Denkmälern usw.)* ◆ etwas mit einer Aufschrift versehen

**Aufschub** ⟨m. 1u⟩ *Zeit, für od. um die etwas aufgeschoben wird, Verzögerung, Frist* ◆ Aufschub gewähren

**aufschwingen** ⟨V. refl. 233; hat⟩ **1** sich aufschwingen **1.1** *emporfliegen* (Vogel) **1.2** *sich in die Höhe schwingen* (Gedanken) **2** ⟨fig.⟩ sich zu etwas aufschwingen ⟨fig.; umg.⟩ *sich mit Mühe entschließen, etwas zu tun, sich aufraffen zu etwas* ◆ ich kann mich nicht (dazu) aufschwingen, dieses Buch zu lesen

**Aufschwung** ⟨m. 1u⟩ **1** *das Sichaufschwingen, Aufstieg, Blüte(zeit)* **2** *Turnübung, Hochschwingen des Körpers auf das Gerät* ◆ die Industrie, Wirtschaft usw. erlebte od. nahm einen bedeutenden, großen, ungeheuren Aufschwung; Aufschwung am Reck

**Aufsehen** ⟨n.; -s; unz.⟩ *allgemeine Aufmerksamkeit*

**Aufseher** ⟨m. 3⟩ *Aufsichtführender, Wächter*

**aufsetzen** ⟨V.; hat⟩ **I** ⟨V. t.⟩ **1** *auf etwas anderes setzen, bauen, nähen usw.* **2** *aufstützen* **3** *(vorläufig schriftlich) abfassen, entwerfen, aufstellen, ins Unreine schreiben* (Rechnung, Text) ◆ die Brille aufsetzen *auf die Nase setzen;* Essen, Kartoffeln, Wasser aufsetzen *zum Kochen auf den Herd stellen;* den Hut aufsetzen *auf den Kopf setzen;* eine mürrische, unfreundliche Miene aufsetzen ⟨umg.⟩ *ein mürrisches, unfreundliches Gesicht machen;* ein Stockwerk (auf ein Haus) aufsetzen; den Text für eine Rede aufsetzen **II** ⟨V. i.; Jägerspr.⟩ **1** Hirsche, Rehe setzen auf *bilden Gehörn, Geweih neu* **2** ⟨Flugw.⟩ das Flugzeug setzte hart, weich (auf dem Boden) auf *landete, berührte den Boden hart, weich* **III** ⟨V. refl.⟩ sich aufsetzen *sich (aus dem Liegen) zum Sitzen aufrichten*

**Aufsicht** ⟨f. 20⟩ **I** ⟨unz.⟩ *Überwachung, Beaufsichtigung, Kontrolle* ◆ die Aufsicht führen, haben (über); unter jmds. Aufsicht stehen **II** ⟨zählb.⟩ **1** *Aufsichtsbeamter* **2** ⟨Geom.⟩ *Sicht von oben, Draufsicht* ◆ melden Sie sich bitte bei der Aufsicht!

**Aufsichtsrat** ⟨m. 1u⟩ **1** *Vereinigung von Personen zur Beaufsichtigung von Aktiengesellschaften, Genossenschaften usw.* **2** *Mitglied dieser Vereinigung*

**aufsitzen** ⟨V. i. 242; ist/hat⟩ **1** *aufs Pferd, aufs Motorrad steigen* **2** ⟨Mar.⟩ *auf-, festlaufen, stranden* ◆ jmdm. aufsitzen ⟨umg.⟩ *sich von ihm täuschen, betrügen lassen; jmdm. beschwerlich fallen, lästig werden*

**aufspielen** ⟨V.; hat⟩ **I** ⟨V. t. u. V. i.⟩ *Musik machen* ◆ zum Tanz aufspielen **II** ⟨V. refl.⟩ **1** sich aufspielen *sich wichtig tun, angeben, prahlen* **2** sich als etwas aufspielen *so tun, als ob man etwas Bestimmtes sei*

**Aufstand** ⟨m. 1u⟩ *Empörung, Erhebung* ◆ Aufstand der Massen; ein Aufstand bricht aus; bewaffneter Aufstand

**aufstecken** ⟨V. t.; hat⟩ **1** *auf etwas stecken, draufstecken* (Flagge) **2** *mit Nadeln auf etwas befestigen* **3** *höher hinaufstecken* (Rock, Kleid)

**aufstehen** ⟨V. i. 251; ist⟩ **1** *sich auf die Füße stellen, sich zum Stehen aufrichten, sich erheben* **2** *das Bett verlassen* **3** ⟨umg.⟩ *offen stehen* (Fenster, Tür, Schubfach) ◆ das Aufstehen am Morgen fällt mir schwer ◆ **früh,** spät aufstehen

**aufsteigen** ⟨V. i. 253; ist⟩ **1** *ein Pferd besteigen* **2** *auf ein Fahrzeug (Fahrrad, Motorrad, Fuhrwerk) steigen* **3** *in die Höhe fliegen, sich in die Luft erheben* (Flugzeug, Vogel) **4** *in die Höhe steigen* (Nebel, Rauch) **5** *am Himmel emporsteigen* (Gestirne) **6** ⟨Sp.⟩ *in eine höhere Spiel- bzw. Leistungsklasse eintreten*

A

## AUGE

Das menschliche Auge liegt geschützt in der knöchernen Augenhöhle. Lichtstrahlen dringen durch die Pupille ein, passieren die Linse und erzeugen ein scharfes Bild auf der Netzhaut. Sinneszellen verwandeln die Lichtstrahlen in elektrische Signale. Diese gelangen über den Sehnerv ins Gehirn.

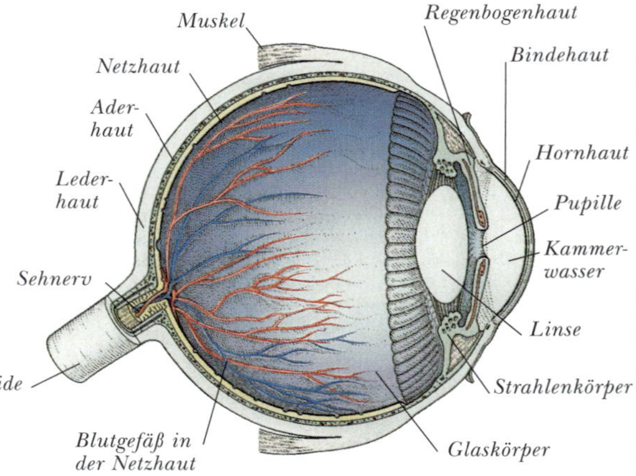


SCHNITT DURCH EIN MENSCHLICHES AUGE

**7** ⟨fig.⟩ *befördert werden, sich hocharbeiten* ♦ mir stieg der **Gedanke** auf *mir kam der Gedanke;* ein **Gewitter** steigt auf *zieht herauf* ♦ einen Drachen aufsteigen **lassen**

**aufstellen** ⟨V.; hat⟩ **I** ⟨V. t.⟩ **1** *aufrichten, errichten* (Denkmal), *aufbauen* (Maschine, Zelt) **2** *an eine bestimmte Stelle stellen* (Leiter, Falle, Posten, Wachen) **3** *erdenken (u. veröffentlichen od. anwenden)* (System, Theorie, Grundsatz, Regel) **4** *(schriftlich) zusammenstellen, zusammenfassen* **5** *ordnen* (Liste, Rechnung) ♦ eine Behauptung aufstellen *etwas behaupten;* ein Bett aufstellen *zusammensetzen, aufschlagen* **II** ⟨V. refl.⟩ sich aufstellen **1** *antreten* **2** *sich (wartend) hinstellen* ♦ sich hintereinander aufstellen

**Aufstellung** ⟨f. 20⟩ **I** ⟨unz.⟩ **1** *das Aufstellen* **2** ⟨Sp.⟩ *vorgeschriebene Verteilung der Spieler am Anfang eines Spieles od. nach einer Unterbrechung* ♦ Aufstellung eines Denkmals; Aufstellung nehmen ⟨besser⟩ *sich aufstellen, antreten* **II** ⟨zählb.⟩ *das, was aufgestellt worden ist, Liste* ♦ eine Aufstellung beifügen, einreichen, machen, vorlegen

**Aufstieg** ⟨m. 1⟩ **I** ⟨unz.⟩ **1** *das Aufsteigen, Hinaufsteigen* **2** ⟨fig.⟩ *berufl. Vorwärtskommen, Karriere* **3** *Fortschritt, Höherentwicklung, Aufschwung* ♦ leichter, schwerer, rascher Aufstieg; beim Aufstieg auf den Berggipfel **II** ⟨zählb.⟩ *aufwärts führender Weg* ♦ bequemer, steiler, steiniger Aufstieg

**aufstoßen** ⟨V. 257; hat⟩ **I** ⟨V. t.⟩ **1** *durch Stoß öffnen, ruckartig öffnen* (Fenster, Tür) **2** etwas aufstoßen auf **2.1** *heftig mit etwas auf eine Oberfläche stoßen* **2.2** *heftig etwas auf etwas anderes setzen, stellen* ♦ sein Glas auf den Tisch aufstoßen **II** ⟨V. i.⟩ *Luft aus dem Magen heraufdringen lassen* ♦ bei der Durchsicht der Bücher sind mir einige Dinge aufgestoßen, über die wir sprechen müssen **III** ⟨V. t.; refl.⟩ sich etwas aufstoßen *durch Stoß verletzen* ♦ er hat sich den Kopf aufgestoßen

**aufstützen** ⟨V. t.; hat⟩ etwas auf etwas aufstützen *zum besseren Halt auf etwas lehnen, stützen* ♦ sich aufstützen *sich (mit den Armen) auf etwas stützen, lehnen*

**Auftakt** ⟨m. 1⟩ **1** ⟨Mus.⟩ *unvollständiger Takt zu Beginn eines Musikstückes* **2** ⟨Metrik⟩ *unbetonter Teil eines Verses vor der ersten Hebung* **3** ⟨fig.⟩ *Beginn, Vorbereitung, Eröffnung* (einer Veranstaltung)

**auftauchen** ⟨V. i.; ist⟩ **1** *aus dem Wasser hervorkommen, über dem Wasser sichtbar werden* **2** ⟨fig.⟩ *erscheinen, plötzlich da sein*

**Auftrag** ⟨m. 1u⟩ **1** *zugeteilte Arbeit, Anweisung (zur Ausführung einer Arbeit, zur Lieferung usw.), Lieferungsvertrag, Bestellung* **2** ⟨im BGB⟩ *Vertrag zur unentgeltlichen Besorgung eines Geschäftes* **3** *aufgetragene Botschaft* **4** *Aufstrich, aufgetragene Schicht* (Farbauftrag) ♦ **im** Auftrag ⟨Abk.: i. A.⟩ *(bei Briefen, die nicht vom Bevollmächtigten, sondern von einem Beauftragten einer Firma, Behörde usw. unterzeichnet werden)*

**auftragen** ⟨V. 260; hat⟩ **I** ⟨V. t.⟩ **1** *auf eine Oberfläche streichen, aufstreichen* (Farbe, Lack, Puder, Schminke) **2** *auf den Esstisch bringen, servieren* (Speisen) **3** *so lange tragen, bis es kaputt ist* (Kleidungsstück, Schuhe) **4** jmdm. etwas auftragen *einen Auftrag geben, jmdn. mit etwas beauftragen, ihn anweisen, etwas zu tun* **II** ⟨V. i.; umg.⟩ *dick machen*

**auftreiben** ⟨V. t. 262; hat⟩ **1** *aufjagen, aufscheuchen* **2** *aufwirbeln* (Staub) **3** *blähen, durch inneren Druck erweitern* **4** *nach mühevollem Suchen finden*

**auftreten** ⟨V. i. 263; ist⟩ **1** *auf den Boden treten, den Fuß aufsetzen* **2** *die Bühne betreten, auf der Bühne erscheinen* **3** *sich öffentlich zeigen* **4** *sich (auf bestimmte Weise) benehmen* **5** *vorkommen, eintreten* (Erscheinung, Krankheit) ♦ als Bewerber auftreten

**Auftritt** ⟨m. 1⟩ **1** *das Auftreten, Erscheinen, bes. auf der Bühne* **2** ⟨Theat.⟩ *Teil des Aktes, Szene, durch Auf- od. Abtreten eines Schauspielers bzw. Änderung des Bühnenbildes gekennzeichnet* **3** ⟨fig.⟩ *heftiger Streit, Wortwechsel* **4** ⟨selten⟩ *Tritt(brett), Stufe, Podest*

**aufwachen** ⟨V. i.; ist⟩ **1** *vom Schlaf erwachen, wach werden* **2** ⟨fig.⟩ *Interesse an der Umwelt gewinnen, lebhafter werden, vernünftiger werden* (bes. von heranwachsenden Kindern)

**aufwachsen** ⟨[-ks-] V. i. 272; ist⟩ *größer, älter werden, heranwachsen*

**Aufwand** ⟨m.; -(e)s; unz.⟩ **1** *das, was aufgewendet worden ist* **2** *Einsatz (von Mitteln),* z. B. Kraftaufwand

**aufwändig** ⟨Adj.⟩ *mit viel Aufwand verbunden, betrieben, hergestellt, kostspielig* (Hochzeitskleid); oV *aufwendig*

**aufwärts** ⟨Adv.⟩ *empor, nach oben, in die Höhe* ♦ aufwärts fahren, fliegen, gehen, steigen; der Weg führt aufwärts

**aufwecken** ⟨V. t.; hat⟩ **1** *wach machen* **2** *ermuntern* ♦ sei leise, damit du das Kind nicht aufweckst!; dieser Krach weckt ja Tote wieder auf! ⟨umg.; scherzh.⟩ *ist kaum zu ertragen*

**aufweichen** **I** ⟨V. t.; hat⟩ **1** *(durch Flüssigkeit) weich machen, erweichen* **2** *(durch Wärme) schmelzen, ergehen lassen* **3** ⟨fig.⟩ *lockern* ♦ hartes Brot in Wasser, Kaffee, Suppe aufweichen; ein Bündnis aufweichen ⟨fig.⟩; die Wege sind vom Regen aufgeweicht **II** ⟨V. i.; ist⟩ *weich werden*

**aufwenden** ⟨V. t. 278; hat⟩ **1** *leisten, aufbieten* (Energie, Mühe) **2** *zahlen, ausgeben* (Geld) ♦ für eine Arbeit viel Fleiß, Zeit aufwenden

**aufwendig** ⟨Adj.⟩ = *aufwändig*

**aufwerfen** ⟨V. t. 281; hat⟩ **1** *emporwerfen, in die Höhe werfen, aufwirbeln* (Schnee, Erde) **2** *aufhäufen, aufschütten* (Wall, Erdhaufen, Kohlen) ♦ eine Frage aufwerfen *eine Frage stellen, zur Sprache bringen*

**aufwiegeln** ⟨V. t.; hat⟩ *aufhetzen, zur Empörung, Auflehnung, zum Aufstand anstiften*

**Aufwind** ⟨m. 1⟩ **1** *aufsteigende Luftbewegung* **2** ⟨fig.; umg.⟩ *Schwung, Auftrieb* ♦ das Segelflugzeug hat guten Aufwind

**aufwühlen** ⟨V. t.; hat⟩ **1** *durch Wühlen, Graben an die Oberfläche bringen* **2** *umwühlen, durch Wühlen in Unordnung bringen* (Erde) **3** ⟨fig.⟩ *aufrühren, entfachen* (Gemüt, Leidenschaften) **4** *in starke innere Bewegung versetzen, erschüttern*

**aufzeichnen** ⟨V. t.; hat⟩ **1** *(erklärend) hinzeichnen* **2** *aufschreiben, notieren, schriftl. niederlegen*

**Aufzeichnung** ⟨f. 20⟩ **1** *(erklärende) Zeichnung, Niederschrift, Notiz* **2** *Film-, Magnetbandaufnahme* ♦ Aufzeichnungen machen *Notizen;* eine Aufzeichnung anhören

**aufzeigen** ⟨V.; hat⟩ **I** ⟨V. t.⟩ **1** *darlegen, dartun, vorführen* **2** *beweisen* **3** *namhaft machen* **II** ⟨V. i.⟩ *die Hand heben, sich melden* (Kursteilnehmerin, Schüler)

**aufziehen** ⟨V. 287⟩ **I** ⟨V. t.; hat⟩ **1** *durch Ziehen öffnen* (Schublade, Vorhang) **2** *in die Höhe ziehen* (Flagge, Jalousie, Schleuse, Zugbrücke) **3** *durch Ziehen (des Fadens) auftrennen* **4** *großziehen, zum Gedeihen bringen, erziehen* (Kind, Pflanze, Tier) **5** *organisieren, ins Werk setzen* **6** jmdn. aufziehen ⟨fig.; umg.⟩ *necken, hänseln* ♦ ein **Fest,** einen bunten Abend aufziehen; die **Leinwand** aufziehen *auf einen Rahmen spannen;* die **Uhr,** ein Uhrwerk aufziehen *die Feder spannen* **II** ⟨V. i.; ist⟩ **1** *heranziehen, näher kommen* (Gewitter, Wolken) **2** *aufmarschieren* ♦ in Marschordnung aufziehen **III** ⟨V. refl.; hat⟩ der Himmel zieht sich auf *klärt sich allmählich auf, klart langsam auf*

**Aufzucht** ⟨f. 20; unz.⟩ *das Aufziehen* (von Tieren, Pflanzen)

**Aufzug** ⟨m. 1u⟩ **1** *Aufmarsch, Vorbeimarsch* **2** *Festzug* **3** *Prozession* **4** *Fahrstuhl, Lift* (Lastenaufzug, Personenaufzug) **5** *Flaschenzug* **6** *Seilbahn* **7** *Abschnitt eines Bühnenwerkes;* Sy *Akt (II, 3)* **8** ⟨Web.⟩ *Gesamtheit der Kettfäden* **9** *Art der Kleidung, Aufmachung*

**Auge** ⟨n. 28⟩ **1** ⟨Anat.⟩ ▲ *Sehorgan des Menschen u. der Tiere* **2** ⟨Bot.⟩ *ruhende Knospe, Knospenansatz* („schlafendes" Auge; Pfropfauge) **3** ⟨Arch.⟩ *Kuppelöffnung* **4** *Punkt, Figur, Zahl (auf Würfeln, Dominosteinen, Spielkarten)* **5** *(auf der Suppe, Soße) schwimmender Fetttropfen* (Fettauge) **6** *kreisrunde, farbige Zeichnung in den Schwanzfedern des Pfaus* (Pfauenauge) **7** ⟨Geom.⟩ *Projektionszentrum bei perspektivischen Darstellungen* **8** ⟨Meteor.⟩ *Zentrum eines Tiefdruckgebietes* **9** ⟨Müllerei⟩ *Einfüllöffnung am Mühlstein* **10** ⟨Maschinenbau⟩ *Verdickung am Bohrungsende* ♦ das Auge des **Gesetzes** *die Polizei;* das Auge der **Vernunft** *die menschl. Erkenntnisfähigkeit* ♦ die Augen **anstrengen** *angestrengt auf etwas schauen;* die Augen **aufmachen** ⟨fig.⟩ *auf alles achten;* mach doch die Augen auf! ⟨umg.⟩ *pass doch auf!;*

ein Auge auf etwas od. jmdn. haben *etwas od. jmdn. sorglich beobachten, darauf od. auf ihn aufpassen;* Augen machen *staunen;* die Augen **niederschlagen;** so weit das Auge **reicht** *so weit man sehen kann;* die Augen (vor einer Tatsache) **verschließen** *(etwas) nicht sehen wollen, vor sich selbst nicht zugeben wollen* ◆ **blaue,** braune, graue Augen *Augen mit blauer, brauner, grauer Regenbogenhaut;* **blitzende,** funkelnde, glänzende, strahlende, sanfte, schöne, treue Augen; er war **ganz** Auge (u. Ohr) *schaute (u. lauschte) gespannt, voller Aufmerksamkeit;* **geistiges,** inneres Auge *Vorstellung;* Augen rechts!; die Augen links! *(militär. Kommandos);* **große** Augen machen *staunen;* **gute,** schlechte Augen haben *gut, schlecht sehen;* ein **sicheres** Auge für etwas haben *bestimmte Eindrücke bes. gut aufnehmen, das Wesentliche von etwas erfassen; gut schießen können* ◆ jmdm. etwas **an** den Augen ablesen, absehen *einen unausgesprochenen Wunsch erraten;* das passt wie die Faust **aufs** Auge ⟨umg.⟩ *das passt gar nicht zusammen;* ein Auge auf etwas werfen *etwas gern besitzen wollen;* er hat ein Auge auf sie geworfen *er hat sich in sie verliebt;* jmdn. **aus** den Augen verlieren *nichts mehr von ihm hören;* etwas (genau) **im** Auge behalten *(genau) beobachten;* ich werde die Sache im Auge behalten *ich werde daran denken, sie weiterverfolgen;* Auge in Auge *von Angesicht zu Angesicht, einander fest ansehend;* jmdm. zu tief in die Augen sehen *sich in ihn verlieben;* **mit** den Augen rollen; mit den Augen zwinkern; etwas mit anderen Augen ansehen *von einem anderen Gesichtspunkt aus beurteilen;* mit niedergeschlagenen Augen; mit offenen Augen durch die Welt gehen; jmdm. nicht mehr **unter** die Augen treten können *ein schlechtes Gewissen ihm gegenüber haben, sich vor ihm schämen;* unter meinen Augen *in meiner Gegenwart;* es fiel ihm wie Schuppen **von** den Augen *plötzlich erkannte er die Zusammenhänge;* mir wurde schwarz **vor** den Augen *mir wurde schlecht, ich drohte ohnmächtig zu werden;* etwas vor seinem geistigen Auge sehen *sich vorstellen* ◆ Augen **wie** ein Luchs haben *sehr gut sehen können* [< ahd. *ouga,* engl. *eye*]

**Augenarzt** ⟨m. 1u; Med.⟩ *Facharzt für Augenerkrankungen;* Sy *Ophthalmologe*

**Augenblick** ⟨m. 1⟩ **1** *sehr kurze Zeit* **2** *bestimmter Zeitpunkt* ◆ er kam im letzten Augenblick *gerade noch rechtzeitig;* der große, erwartete Augenblick war gekommen

**augenblicklich** ⟨Adj.⟩ **1** *im Augenblick, gegenwärtig, zurzeit, zu diesem Zeitpunkt* **2** *sofort, jetzt* ◆ eine augenblickliche Schwäche; er ist augenblicklich nicht da; er verschwand augenblicklich

**Augenbraue** ⟨f. 19⟩ *behaarter Halbbogen über dem Auge;* Sy ⟨kurz⟩ *Braue* ◆ die Augenbrauen hochziehen *(Zeichen des Erstaunens, Unglaubens od. der Missbilligung)*

**augenfällig** ⟨Adj.⟩ *sofort erkennbar, leicht sichtbar, auffällig*

**Augenlicht** ⟨n. 12; unz.⟩ *Sehkraft* ◆ das Augenlicht verlieren *blind werden*

**Augenlid** ⟨n. 12⟩ = *Lid*

**Augenmaß** ⟨n. 11; unz.⟩ **1** *Schätzung nach bloßem Ansehen, ohne nachzumessen* **2** *Fähigkeit, Entfernungen zu schätzen* ◆ ein gutes, schlechtes Augenmaß haben

**Augennerv** ⟨m. 23 od. fachsprachl.: m. 16; Med.⟩ ► = *Sehnerv*

**Augenpunkt** ⟨m. 1; darstellende Geom.⟩ *auf dem Horizont liegender Fußpunkt des Lotes, das man vom Auge auf die Zeichenebene fällt, zu ihm laufen die perspektivischen Abbildungen aller Geraden, die senkrecht zur Bildebene stehen*

**Augenschein** ⟨m.; -s; unz.⟩ **1** *äußerer Anschein* **2** *Prüfung durch (eigene) Besichtigung* ⟨a. Rechtsw.⟩ ◆ der Augenschein trügt in diesem Falle

**Augenspiegel** ⟨m. 5⟩ ► = *Ophthalmoskop*

**Augentrost** ⟨m. 1; unz.; Bot.⟩ ▼ *Angehöriger einer Gattung der Rachenblütler, kleines, halbparasitisches Kraut: Euphrasia* [nach dem dunklen Fleck in der Mitte der Blüte, der der menschl. Pupille ähnelt]

**Augenweide** ⟨f. 19; unz.; poet.⟩ *erfreulicher, hübscher Anblick*

**Augenzeuge** ⟨m. 17⟩ *Beobachter (eines Vorfalls)* ◆ Augenzeuge bei einem Unfall sein

**August** ⟨m. 1⟩ *achter Monat des Jahres* [nach dem Ehrennamen *Augustus* („der Erhabene, Ehrwürdige") des Kaisers Oktavian; zu lat. *augere* „vermehren"]

**Auktion** ⟨f. 20⟩ = *Versteigerung* [< lat. *auctio* „Vermehrung, Versteigerung"; zu lat. *augere* „vermehren"]

**auktionieren** ⟨V. t.; hat; selten⟩ = *versteigern* [< lat. *auctionari* „Versteigerung halten"]

**Aula** ⟨f.; -, Aulen⟩ **1** *Vorhof des grch. Hauses* **2** *Festsaal in Schule od. Universität* [< lat. *aula* < grch. *aule* „Vorhof, Königspalast"]

**Au-pair-Mädchen,** ⟨auch⟩ **Aupairmädchen** ⟨[opɛːr-] n. 14⟩ *Mädchen, das im Ausland gegen Unterkunft, Verpflegung u. Taschengeld in einer Familie arbeitet* [< frz. *au pair* „zum gleichen (Wert)"]

**Aura** ⟨f.; -, Auren⟩ **1** *okkulte Strahlungserscheinungen, die einen Menschen (angeblich) umgeben* **2** ⟨Med.⟩ *Sinnesempfindungen verschiedener Art vor Anfällen, auch vor See- u. Luftkrankheit* **3** ⟨fig.⟩ *Gesamtheit der Wirkungen, die von einem Menschen ausgehen* [lat., „Lufthauch, Luft"]

**Aurorafalter** ⟨m. 3; Zool.⟩ *Angehöriger einer Gattung der Weißlinge, geschützte Schmetterlingsart, die in Mitteleuropa von April bis Juni fliegt: Anthocaris cardamines*

**Aurum** ⟨n.; -s; unz.⟩ *Gold* [lat.]

**aus I** ⟨Präp. m. Dat.⟩ **1** ⟨örtlich, Richtung⟩ *von ... her, etwas verlasend, weg von, aus etwas hinaus, heraus* **2** ⟨zeitlich⟩ *von ... her* **3** ⟨Beschaffenheit⟩ *bestehend, hergestellt aus* **4** ⟨Ursache, Grund, Anlass⟩ *infolge (von)* ◆ aus ihm spricht er Hass ⟨fig.⟩ *er spricht hasserfüllt, man merkt ihm seinen Hass an;* einen Brief aus **Berlin** bekommen; ein Gegenstand aus meinem **Besitz;** das habe ich aus einem **Buch** gelernt; er stammt aus guter **Familie;** aus dem **Fenster** fallen; aus der **Mode** kommen *unmodern werden* ◆ wie Sie aus der beigefügten Rechnung **ersehen;** ein Wort, einen Begriff aus dem Zusammenhang **herauslösen;** das Bild **stammt** aus dem vorigen Jahrhundert ◆ ein Lied aus **alten** Zeiten; aus **geschliffenem** Glas; der Roman besteht aus **mehreren** Teilen **II** ⟨Adv.; Richtung⟩ *heraus, hinaus, hervor, etwas verlassen* ◆ ein und aus gehen *durch die Tür hereinkommen und hinausgehen;* bei einer Familie ein und aus gehen ⟨fig.⟩ *bei einer Familie häufig u. ungezwungen verkehren;* weder ein noch aus wissen *völlig ratlos sein;* von hier aus kann man es sehen; von mir aus ⟨umg.⟩ *meinetwegen, ich habe nichts dagegen* **III** ⟨präd.⟩ **1** auf etwas aus sein *eine Absicht verfolgen, etwas verfolgen* **2** ⟨umg.; kurz für⟩ *ausgeschaltet, ausgegangen* **3** ⟨umg.⟩ aus! *Schluss! Ruhe!* ◆ sie ist nur auf Männer aus; er ist nur darauf aus, Geld zu verdienen; das Licht ist aus, das Feuer ist aus *ausgegangen;* alles ist aus *es gibt keine Hoffnung, keinen Ausweg mehr* [< ahd. *uz,* engl. *out*]

AUGENTROST
(*Euphrasia* species)

**Aus** ⟨n.; -; unz.; Sp.⟩ *Raum außerhalb des Spielfeldes* ◆ einen Ball ins Aus spielen

**aus...** ⟨Vors.⟩ **1** *weg von, hinaus,* z. B. ausgehen, aussenden, ausrufen, ausstellen **2** *hervor, heraus,* z. B. ausbrechen, ausgraben **3** *bis zu Ende, gründlich,* z. B. ausstrecken, auskochen, sich ausweinen **4** *wählend,* z. B. auslesen, aussuchen

**ausarbeiten** ⟨V.; hat⟩ **I** ⟨V. t.⟩ **1** *schriftl. zusammenstellen, in gültige Form bringen, (ausführlich) abfassen, verfassen* (Gesetze, Vortrag) **2** *vervollkommnen, verbessern, den letzten Schliff geben* (Verfahren) **3** *handwerklich die Feinheiten herausholen* (Ornamente) **II** ⟨V. refl.⟩ sich ausarbeiten *sich körperl. Bewegung schaffen, seine Kräfte in körperl. Bewegung anstrengen*

**ausatmen** ⟨V. t. u. V. i.; hat⟩ *die Luft durch Mund od. Nase ausstoßen*

**ausbauen** ⟨V. t.; hat⟩ **1** *aus einem Bau, einem Gefüge herausnehmen* (Maschinenteil, Motor) **2** *durch Bauen erweitern* (Haus, Hafen) **3** *die Einzelheiten vollenden von, vervollständigen, Inneneinrichtung fertig stellen von* **4** *vergrößern* (Geschäft) **5** *weiterentwickeln* (Beziehungen, System, Theorie) ◆ einen Schacht, Tunnel ausbauen *sicher u. benutzbar machen;* eine Abhandlung zur Doktorarbeit ausbauen

**ausbessern** ⟨V. t.; hat⟩ **1** *Schäden beseitigen an, instand setzen, reparieren* (Dach, Gebäude, Gerät) **2** *flicken, stopfen* (Kleidung, Wäsche) **3** *restaurieren* (Gemälde)

**Ausbeute** ⟨f. 19; Pl. selten⟩ *Ertrag, Gewinn, Einnahmen* ◆ gute, geringe, reiche Ausbeute; Ausbeute an Erzen ⟨Bgb.⟩

**ausbeuten** ⟨V. t.; hat⟩ **1** etwas ausbeuten *sich etwas zunutze machen, Nutzen aus etwas ziehen, verwerten* **2** Bodenschätze ausbeuten *fördern u. verwerten* **3** jmdn. ausbeuten *jmds. Arbeitskraft über Gebühr ausnutzen*

**Ausbeuter** ⟨m. 3⟩ *jmd., der andere ausbeutet*

**ausbilden** ⟨V.; hat⟩ **I** ⟨V. t.⟩ **1** *gestalten, formen* **2** *weiterbilden, entwickeln, vervollkommnen* (Fähigkeiten) **3** *schulen, lehren* (Schüler, Nachwuchs) **4** *militär. unterweisen, üben, stählen* ◆ seine **Stimme** ausbilden *singen lernen, Gesang studieren* ◆ sie lässt sich **als,** zur Schauspielerin ausbilden; er ist **am** Konservatorium ausgebildet (worden); sich an einem Instrument, einer Waffe ausbilden (lassen); sich **in** der Malerei ausbilden ◆ sie ist ausgebildete Röntgenassistentin **II** ⟨V. refl.⟩ sich ausbilden *sich entwickeln, entstehen* ◆ im 19. Jh. bildete sich der historische Roman aus

**Ausbildung** ⟨f. 20⟩ **1** *das Ausbilden* **2** *Schulung* **3** *Gestaltung* **4** *Entwicklung* **5** *Lehrzeit* ◆ eine gediegene, gute, lange, mangelhafte, schlechte Ausbildung gehabt haben; sich (noch) in der Ausbildung befinden; während meiner Ausbildung

**ausbleiben** ⟨V. i. 114; ist⟩ **1** *nicht kommen, weg-, fernbleiben* **2** *aufhören* ◆ unser Besuch ist ausgeblieben; der Erfolg ist seit längerem ausgeblieben; die Menstruation ist ausgeblieben

**Ausblick** ⟨m. 1⟩ **1** *Rundblick, Fernblick* **2** ⟨fig.⟩ *Blick in die Zukunft* ◆ von dort oben genießt man einen wunderschönen Ausblick

**ausbrechen** ⟨V. 116⟩ **I** ⟨V. t.; hat⟩ **1** *durch Brechen herauslösen* (Mauersteine, Zähne) **2** *ausspeien, erbrechen* (Speisen) **II** ⟨V. i.; ist⟩ **1** *sich mit Gewalt befreien* **2** *plötzlich beginnen, entstehen* (Brand, Feuer, Krieg, Seuche, Streik) ◆ der Häftling ist ausgebrochen; der Schweiß brach mir aus *ich begann heftig zu schwitzen*

**ausbreiten** ⟨V.; hat⟩ **I** ⟨V. t.⟩ **1** *auseinander bzw. nebeneinander legen* **2** *entfalten* (Decke, Tischtuch) **3** *nach den Seiten ausstrecken* (Arme, Flügel) **4** *verbreiten* (Gerücht) ◆ die Karten ausbreiten; sie breitete ihre ganze Lebensgeschichte vor mir aus ⟨fig.⟩; Wäsche zum Trocknen ausbreiten **II** ⟨V. refl.⟩ sich ausbreiten **1** *sich ausdehnen, sich erstrecken* (Landschaft) **2** *schnell an Boden gewinnen, schnell bekannt werden* (Nachricht, Panik) **3** *immer größer werden* (Fleck, Feuer)

**Ausbruch** ⟨m. 1u⟩ **1** *das Ausbrechen, gewaltsame Befreiung* **2** *plötzlich einsetzende Vulkantätigkeit* (Vulkanausbruch) **3** *plötzlicher Beginn* **4** *plötzlich einsetzender Gefühlsüberschwang* ◆ Ausbruch der **Freude,** des Zorns; Ausbruch einer **Seuche** ◆ Ausbruch **aus** einem Gefängnis

**ausbrüten** ⟨V. t.; hat⟩ **1** ⟨Zool.⟩ Eier ausbrüten *so lange brüten, bis der junge Vogel ausschlüpft* **2** etwas ausbrüten ⟨fig.⟩ *so lange über etwas grübeln, bis ein Ergebnis zustande kommt* ◆ einen Plan ausbrüten

**Ausdauer** ⟨f.; -; unz.⟩ *Beharrungsvermögen, Geduld, Zähigkeit, zäher Eifer, anhaltender Fleiß* ◆ mit Ausdauer arbeiten

**ausdehnen** ⟨V. t.; hat⟩ etwas ausdehnen **1** *dehnen, erweitern, den Umfang, Geltungsbereich, zeitl. Erstreckung von etwas vergrößern* **2** *verlängern* (Frist, Lieferzeit) ◆ seinen **Einfluss** ausdehnen; **Metall** dehnt sich durch Erwärmung aus; die **Stadt** dehnt sich immer mehr, immer weiter aus ◆ Vorschriften **auf** einen größeren Personenkreis ausdehnen

**Ausdehnung** ⟨f. 20⟩ **1** *das Ausdehnen* **2** *räuml. Erstreckung* **3** ⟨Math.⟩ *die Haupteigenschaft des Raumes, Dimension* **4** ⟨Phys.⟩ *Vergrößerung des Volumens od. der Länge infolge Erwärmung* ◆ die Stadt hat eine Ausdehnung von 100 $km^2$

**ausdenken** ⟨V. t. 119; hat⟩ *durch Denken schaffen, sich vorstellen* ◆ (sich) einen Plan ausdenken; sich etwas ausdenken

**Ausdruck** **I** ⟨m. 1u⟩ **I.i** ⟨unz.⟩ **1** *die Art, sich auszudrücken, zu sprechen, zu singen, zu spielen* **2** *äußerl. Zeichen, Kundgeben inneren Erlebens* (Gefühlsausdruck) **3** *Miene, Mienenspiel* (Gesichtsausdruck) **4** *Betonung, Nachdruck* **5** *künstlerische Gestalt(ung), Form(ung)* ◆ dein Aufsatz ist inhaltlich gut, aber der Ausdruck muss besser werden; der Ausdruck seines **Gesichts** wechselte ständig ◆ seinen Gefühlen Ausdruck **geben;** einem Lied (beim Singen) mehr Ausdruck geben ◆ eine Äußerung **mit** dem Ausdruck des Bedauerns zurücknehmen; etwas **zum** Ausdruck bringen *(deutlich) sagen, ausdrücken, in Worte fassen* **I.ii** ⟨zählb.⟩ **1** *Redensart, Redewendung* **2** *Wort, Bezeichnung* (Fachausdruck, Kraftausdruck) ◆ den richtigen Ausdruck (nicht) **finden;** Ausdrücke **gebrauchen** *schlechte Ausdrücke, Schimpfwörter* ◆ kannst du mir einen **anderen** Ausdruck für „romantisch" sagen?; **beleidigende** Ausdrücke; **beschönigender,** bildlicher, geläufiger, neuer, richtiger, treffender, veralteter, volkstümlicher Ausdruck **II** ⟨m. 1⟩ **1** *Ergebnis des Ausdruckens* **2** ⟨EDV⟩ *von einem Drucker ausgegebene Informationen*

**ausdrücken** ⟨V.; hat⟩ **I** ⟨V. t.⟩ **1** *durch Drücken von Flüssigkeit befreien* (Kleidungsstück, Schwamm) **2** *durch Drücken Flüssigkeit herausholen aus* (Zitrone) **3** *äußerlich zeigen, kundtun* **4** *in Worte fassen, aussprechen* (Gefühle, Dank) **5** *bezeichnen, nennen* ◆ seine Freude ausdrücken (über etwas); jmdm. seine Hochachtung ausdrücken; eine Zigarette ausdrücken *durch Drücken auslöschen* **II** ⟨V. refl.⟩ sich ausdrücken *sich äußern, etwas sagen, erklären* ◆ sich derb, deutlich, falsch, gewählt, gut, klar, richtig, unklar ausdrücken

**ausdrücklich** ⟨Adj.⟩ *betont, bestimmt, deutlich, klar* ◆ ausdrückliche Erlaubnis, ausdrückliches Verbot

**ausdruckslos** ⟨Adj.⟩ *ohne Ausdruck*

**ausdrucksvoll** ⟨Adj.⟩ *voller Ausdruck* ◆ ausdrucksvolle Augen, Hände, Bewegungen

**auseinander** ⟨Adv.⟩ **1** *abgesondert, getrennt (vom, von anderen)* **2** *einer (eines) weg vom andern* **3** *weg voneinander* ◆ die **Ereignisse** liegen um zwei Tage auseinander; unsere **Meinungen** gehen stark, weit auseinander *weichen voneinander ab, sind sehr verschieden* ◆ sie ist in den letzten Jahren recht auseinander **gegangen** ⟨umg.⟩ *dick geworden;* beim Auseinandergehen *beim Abschied;* die Kinder **laufen** auseinander; das Paar hat sich auseinander **gelebt;** einen Motor auseinander **nehmen;** jmdn. auseinander nehmen ⟨fig.; umg.⟩ *jmdm. die Meinung sagen, ihn zur Rechenschaft ziehen*

**Auseinandersetzung** ⟨f. 20⟩ **1** *ernstes, energisches Gespräch* **2** *Streit* ◆ wir hatten eine (heftige) Auseinandersetzung

**ausfahren** ⟨V. 130⟩ **I** ⟨V. i.; ist⟩ **1** *spazieren fahren* **2** *(erstmalig im Jahr) zur Arbeit auf den Acker fahren* **3** *den Bahnhof verlassen* (Zug) **4** *den Hafen verlassen, in See stechen* (Schiff) **5** ⟨Bgb.⟩ *das Bergwerk verlassen* **6** ausfahrende Bewegungen ⟨Med.⟩ *plötzliche, unwillkürl. Bewegungen* **II** ⟨V. t.; hat⟩ jmdn. ausfahren *spazieren fahren*

**Ausfahrt** ⟨f. 20⟩ **1** *das Ausfahren, Spazierfahrt* **2** *Fahrt (des Zuges) aus dem Bahnhof* **3** *Erlaubnis dazu* **4** *Ausgang für Wagen* (Torausfahrt) *od. Schiffe* (Hafenausfahrt)

**Ausfall** ⟨m. 1u⟩ **1** *Verlust* (Haarausfall, Lohnausfall) **2** *Wegfall (einer Silbe, eines Lautes im Wort)* **3** *Fehlbetrag* **4** *Mangel einer Befriedigung* (im Konkurs) **5** ⟨Sp.⟩ **5.1** ⟨Fechten⟩ *rasches Vorsetzen des rechten Fußes mit Beugen des Knies u. Vorschnellen des Körpers sowie der damit verbundene Stoß od. Hieb* **5.2** ⟨Turnen⟩ *Schritt vorwärts mit Beugen des Knies* **6** *Ergebnis, Erfolg bzw. Misserfolg* (der Ernte, einer Klassenarbeit usw.) **7** *Unterbleiben, Nichtstattfinden* (einer Sitzung, Ausführung usw.)

**ausfallen** ⟨V. i. 131; ist⟩ **1** *herausfallen* (Haar, Zahn) **2** *verloren gehen* (Lohn) **3** ⟨Sp.; Fechten⟩ *einen Ausfall machen, angreifen* **4** *enden, ein Ergebnis zeitigen* (Prüfung, Ernte) **5** *nicht stattfinden, unterbleiben* (Sitzung) ◆ der Unterricht fällt heute aus

**ausfindig** ⟨Adj.; nur adv. in der Wendung⟩ etwas, jmdn. ausfindig machen *(nach langem, angestrengtem Suchen, Nachdenken) finden*

**Ausflucht** ⟨f. 7u⟩ *Vorwand, Ausrede* ◆ immer eine Ausflucht haben

**Ausflug** ⟨m. 1u⟩ **I** ⟨unz.⟩ *Wegflug, das Wegfliegen* (der Bienen, Vögel) **II** ⟨zählb.⟩ *kleine Wanderung, Wanderfahrt* ◆ einen Ausflug (an den Niederrhein usw.) machen

**Ausfuhr** ⟨f. 20; unz.⟩ *Verkauf von Waren ins Ausland, Export;* Ggs *Einfuhr*

**ausführen** ⟨V. t.; hat⟩ **1** *spazieren führen* **2** *ins Theater, in ein Lokal usw. führen* **3** *ins Ausland verkaufen, exportieren* (Waren); Ggs *einführen* **4** *durchführen, vollenden* (Arbeit, Auftrag, Plan) **5** *errichten* (Bauten) **6** *auseinander setzen, darlegen* **7** *ausführlich, umständlich erklären* ◆ wie ich oben bereits ausgeführt habe

**ausführlich** ⟨Adj.⟩ *eingehend, sehr genau, breit darstellend (Brief, Bericht)* ◆ ein Thema ausführlich behandeln; etwas ausführlich erklären

**Ausführung** ⟨f. 20⟩ **1** *das Hinausführen, Ausscheiden, Abführen* (von Stoffen, Flüssigkeiten) **2** *Durchführung, Vollendung* (einer Arbeit, eines Auftrags, Plans) **3** *Ausarbeitung* **4** *Ausstattung* **5** *Errichtung* (von Bauten) **6** *ausführliche Erklärung, Darlegung* (eines Themas)

**ausfüllen** ⟨V. t.; hat⟩ **1** *voll machen, ganz füllen* (Loch, Lücke) **2** *bedecken* (Fläche) **3** *voll schreiben, beantworten* (Formular) **4** *erfüllen, in Anspruch nehmen*

**Ausgabe** ⟨f. 19⟩ **1** *Zahlung, Geldaufwand* **2** *das Ausgeben* **3** *Verteilung, Herausgabe* (Warenausgabe, Essenausgabe) **4** *Rückgabe* **5** *Mitteilung, Bekanntgabe* (Befehlsausgabe) **6** *Veröffentlichung* (von Zeitungen, Schriftwerken, Abendausgabe, Erstausgabe) **7** *die einzelne Nummer einer Zeitung* **8** *Ausstattung, Form eines Druckwerkes* (Prachtausgabe, Liebhaberausgabe, Taschenausgabe) **9** ⟨EDV⟩ *Abgabe von Daten nach deren Bearbeitung durch ein Programm, z. B. eine Datei an ein Terminal*

**Ausgang** ⟨m. 1u⟩ **1** *das Aus-, Hinausgehen, Spaziergang* **2** *Ausgehtag, freier Tag od. Nachmittag* (Soldaten) **3** *Erfolg bzw. Misserfolg* (einer Verhandlung, eines Unternehmens) **4** ⟨Buchführung⟩ *Ergebnis* **5** *Ende* (eines Romans, Wortes, Verses, einer Zeile) **6** *Lösung* (eines Konflikts) **7** *Tür zum Hinausgehen, Tür ins Freie* **8** *Öffnung, Loch* (eines Stollens, unterirdischen Ganges usw.) ◆ alle Ausgänge **besetzen;** das Personal **hat** heute Ausgang *dienstfrei;* den Ausgang **versperren** ◆ **am** Ausgang des 19. Jh.; bitte den Ausgang an der linken Seite benutzen!

**ausgeben** ⟨V. 143; hat⟩ **I** ⟨V. t.⟩ **1** *weg-, her-, fortgeben, bezahlen* (Geld) **2** *verteilen* (Essen) **3** *(zum Verkauf) herausgeben, herausbringen, in Umlauf setzen* (Aktien, Briefmarken, Eintrittskarten) **4** *bekannt geben* (Befehle, Parole) ◆ sich ausgeben *sich verausgaben, seine Kraft verbrauchen;* einen Schnaps ausgeben ⟨umg.⟩ *spendieren* **II** ⟨V. i.⟩ *Ertrag bringen, ausgiebig sein, weit, lange reichen* ◆ diese Wolle gibt viel aus

**ausgeglichen** ⟨Adj.⟩ *ruhig, schwer zu erschüttern, gleichmäßig* (Charakter, Wesen)

**ausgehen** ⟨V. i. 145; ist⟩ **1** *weg-, fortgehen, spazieren gehen* **2** *zur Neige gehen, sich aufbrauchen* (Waren, Geld) **3** *ausfallen* (Haare) **4** *(beim Waschen) ineinander laufen, auslaufen* (Farben) **5** *erlöschen* (Feuer) **6** *auslaufen, enden* ◆ es geht sich nicht aus ⟨österr.⟩ *es reicht nicht, passt nicht;* der **Atem** ging ihm aus; jetzt geht mir die **Geduld** aus! ◆ das Feuer ausgehen **lassen** ◆ **frei** ausgehen *keine Aufgabe, Strafe usw. bekommen;* nicht **gern** ausgehen *lieber zu Hause bleiben;* die Sache wird **gut** od. schlecht ausgehen

**ausgelassen** ⟨Adj.; fig.⟩ *übermütig, sehr fröhlich u. wild* ◆ ein ausgelassenes Kind

**ausgenommen** **I** ⟨Präp. m. Akk.⟩ *außer, mit Ausnahme von* ◆ wir alle, mich ausgenommen; Anwesende ausgenommen **II** ⟨Konj.⟩ *außer* ◆ er erinnert sich des Vorfalls genau, ausgenommen der letzten Sekunden

**ausgesprochen** **I** ⟨Adj.⟩ *sehr groß* ◆ er ist ein ausgesprochener Freund guten Essens **II** ⟨Partikel⟩ *sehr, besonders, unverkennbar* ◆ ich mag ihn ausgesprochen gern

**ausgezeichnet** ⟨Adj.⟩ *sehr gut, vorzüglich (a. als Zensur)* ◆ ein ausgezeichneter Wein; danke, es geht (mir) ausgezeichnet

**ausgiebig** ⟨Adj.⟩ **1** *reichlich* **2** *ertragreich* ◆ eine ausgiebige Mahlzeit; ausgiebig frühstücken; ausgiebig schlafen

**ausgießen** ⟨V. t. 152; hat⟩ **1** *herausgießen* **2** *weggießen* (Flüssigkeit), *leeren, ausschütten* (Behälter) **3** *in Formen gießen* (flüssiges Metall) **4** *mit Gussmasse füllen* (Mater)

**Ausgleich** ⟨m. 1; Pl. selten⟩ **1** *das Ausgleichen* **2** *Angleichung* (der Soll- u. Habenseite des Kontos) **3** *Verrechnung, Bezahlung* **4** *Angleichung des Gewichts (das die Pferde beim Rennen zu tragen haben)* **5** *Entschädigung, Wiedergutmachung, Ersatz* (Lastenausgleich) **6** *Vermittlung, Versöhnung* ♦ einen Ausgleich für etwas schaffen; zum Ausgleich Ihres Kontos

**ausgleichen** ⟨V. t. 153; hat⟩ **1** *glätten, ebnen* (Unebenheit) **2** *Unterschiede (zwischen mehreren Dingen) beseitigen* **3** *begleichen, bezahlen, verrechnen* (Rechnung) **4** *wiedergutmachen, ersetzen* (Schaden, Verluste) **5** *vermitteln, versöhnen* (Gegensätze, Meinungen)

**ausgliedern** ⟨V. t.; hat⟩ *aus einem (gegliederten) Ganzen systematisch herausnehmen, aussondern*

**ausgraben** ⟨V. t. 157; hat⟩ **1** *durch Graben ans Licht bringen, freilegen* (Altertümer, Pflanzen) **2** ⟨fig.⟩ *neu beleben, neu herausbringen* ♦ vergessene Literatur- oder Musikwerke ausgraben

**Ausgrabung** ⟨f. 20⟩ *das Ausgraben von Überresten vergangener Zeiten* ♦ die Ausgrabungen von Pompeji

**ausgrenzen** ⟨V. t.; hat⟩ *ausklammern, herausnehmen, herauslösen* ♦ ein Thema, eine Problematik ausgrenzen; jmdn. ausgrenzen *jmdn. aus einer Gemeinschaft hinausdrängen, isolieren*

**Ausguss** ⟨m. 1u⟩ *Becken mit Abfluss zum Ausgießen von Schmutzwasser (in der Küche)*

**aushalten** ⟨V. t. 160; hat⟩ **1** *ertragen* (Schmerzen, Lärm, Kälte usw.) **2** *durchhalten* (Strapazen) **3** *lange tönen lassen, anhalten* (Note, Ton) ♦ eine Geliebte aushalten *unterhalten, Lebensunterhalt für sie zahlen*

**aushandeln** ⟨V. t.; hat⟩ *durch Verhandeln erreichen, vereinbaren*

**Aushang** ⟨m. 1u⟩ *öffentlich ausgehängte Bekanntmachung od. Anzeige*

**aushängen** ⟨V.; hat⟩ **I** ⟨V. i. 161⟩ *im Aushang stehen* (Bekanntmachung, Anzeige) ♦ die Namen der Brautpaare hängen im Standesamt aus **II** ⟨V. t.; schwach konjugiert⟩ **1** *ins Schaufenster hängen, im Schaufenster präsentieren* (Ware) **2** *aus den Angeln od. Scharnieren herausheben* (Tür, Fenster)

**ausheben** ⟨V. t. 163; hat⟩ **1** *vom Haken, Verschluss usw. lösen u. herunternehmen, aushängen* (Tür) **2** ⟨Sp.⟩ *hochheben u. dadurch besiegen* (Gegner im Ringkampf) **3** *durch Graben herausheben* (Erdreich) **4** *graben, ausschachten* (Gräben) **5** *mit den Wurzeln ausgraben* (Bäume) **6** *zum Wehrdienst verpflichten* (Rekruten) **7** *ausrenken* (Arm)

**aushelfen** ⟨V. i. 165; hat⟩ *Hilfe leisten, in einer vorübergehenden Notlage helfen* ♦ sie arbeitet nicht mehr, hilft aber gelegentlich noch bei uns aus

**Aushilfe** ⟨f. 19⟩ **I** ⟨unz.⟩ *das Aushelfen* ♦ Verkäuferin zur Aushilfe gesucht **II** ⟨zählb.; umg.⟩ *Aushilfskraft, Arbeitskraft zur Aushilfe*

**ausholen** ⟨V.; hat⟩ **I** ⟨V. i.⟩ **1** *Abstand nehmen u. die Hand erheben (zum Schlag, Wurf)* **2** *ausgreifen, große Schritte machen* **3** ⟨fig.⟩ *in der Vergangenheit beginnen* (bei einer Erzählung) **II** ⟨V. t.⟩ jmdn. ausholen *ausfragen, aushorchen*

**auskennen** ⟨V. refl. 166; hat⟩ sich auskennen *Bescheid wissen* ♦ sich in einem Gebiet, Fach, einer Gegend, Stadt auskennen

**ausklammern** ⟨V. t.; hat⟩ **1** *aus den Klammern nehmen* **2** ⟨fig.⟩ *beiseite lassen, da es nicht in Betracht kommt* ♦ diese Angelegenheit können wir hierbei ausklammern

**auskochen** ⟨V. t.; hat⟩ **1** *durch Kochen Nährstoffe, Fett usw. herauslösen* **2** *durch Kochen säubern* (Wäsche) **3** *keimfrei machen* (medizin. Instrumente)

**auskommen** ⟨V. i. 170; ist⟩ **1** mit etwas auskommen *zurechtkommen, mit etwas reichen* **2** mit jmdm. auskommen *sich mit jmdm. vertragen* ♦ wir kommen gut miteinander aus

**Auskommen** ⟨n.; -s; unz.⟩ **1** *Lebensunterhalt* **2** *Einverständnis, das Vertragen* ♦ sein gutes Auskommen haben

**auskosten** ⟨V. t.; hat⟩ *(bis ins Letzte) genießen* ♦ er hat seine Ferien bis zum letzten Tag ausgekostet

**Auskunft** ⟨f. 7u⟩ **1** *Rat, Belehrung, (erbetene) Mitteilung, Antwort, Angabe* **2** *Dienststelle, Schalter, an dem Auskunft erteilt wird* (Bahnhofsauskunft) ♦ ich hätte gern eine Auskunft; darüber kann, darf ich keine Auskunft geben

**auslachen** ⟨V. t.; hat⟩ jmdn. auslachen *durch Lachen verspotten, sich über jmdn. lustig machen* ♦ lass dich nicht auslachen! *so ein Unsinn!*

**ausladen** ⟨V. 173; hat⟩ **I** ⟨V. t.⟩ **1** *entladen, leeren* (Wagen) **2** *abladen* (Waren) **3** *aussteigen lassen* (Truppen) ♦ Gäste (wieder) ausladen ⟨umg.⟩ *eine Einladung rückgängig machen* **II** ⟨V. i.; Arch.⟩ *auskragen, vorspringen (von Bauteilen)*

**auslagern** ⟨V. t.; hat⟩ *an einen andern Ort bringen u. dort aufbewahren*

**Ausland** ⟨n. 12u; unz.⟩ **1** *das nicht zum eigenen Staat gehörige Gebiet, fremdes Land;* Ggs *Inland* **2** ⟨fig.⟩ *die Bewohner des Auslands*

**Ausländer** ⟨m. 3⟩ *Angehöriger eines fremden Staates*

**ausländerfeindlich** ⟨Adj.⟩ *Ausländer (im eigenen Staat) ablehnend, ihnen gegenüber feindlich gesinnt* ♦ ausländerfeindliche Tendenzen; ausländerfeindliches Verhalten

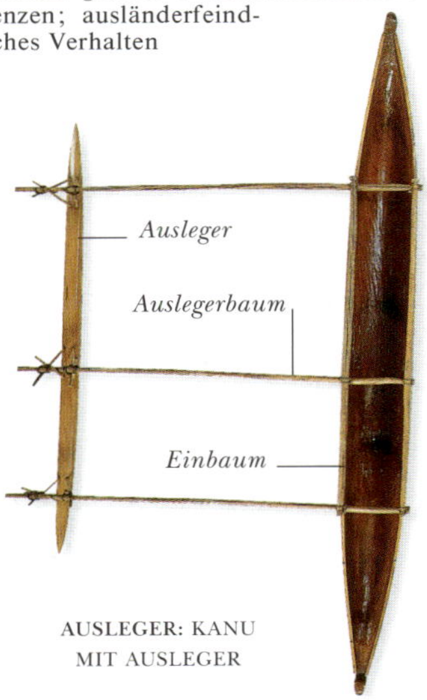


AUSLEGER: KANU MIT AUSLEGER

**auslassen** ⟨V. t. 174; hat⟩ **1** *herauslaufen, herausfließen lassen* **2** *nicht nennen, nicht schreiben, weglassen, überschlagen* (Wort im Satz, Zahl) **3** *durch Auftrennen der Naht od. des Saums erweitern, verlängern* (Kleider) **4** *ausschmelzen, flüssig werden lassen* (Butter, Speck) **5** seinen Zorn, seine schlechte Laune an jmdm. auslassen *Zorn, schlechter Laune ungehemmt, zügellos Ausdruck geben u. jmd. anderen spüren lassen* **6** sich über etwas od. jmdn. auslassen *seine Meinung über etwas od. jmdn. sagen*

**Auslauf** ⟨m. 1u⟩ **1** *Aus-, Abfluss (von Flüssigkeiten)* **2** *Abflussöffnung* **3** *das Auslaufen, Abfahrt (eines Schiffes)* **4** *Abschluss des Laufs* **5** *Spielraum zum Stoppen des Laufs* **6** *umzäuntes Areal zur freien Bewegung* (von Hunden) **7** *Bewegungsfreiheit*

**auslaufen** ⟨V. 175⟩ **I** ⟨V. i.; ist⟩ **1** *herauslaufen* (von Flüssigkeiten) **2** *sich entleeren* (von Flüssigkeitsbehältern) **3** *ineinander laufen, sich ausbreiten* (Farben im Stoff) **4** *aus dem Hafen hinausfahren, in See stechen* (Schiff) **5** *langsamer laufen bis zum Stillstand* (Maschine) **6** *langsam aufhören, sich seinem Abschluss nähern* **7** *ausgehen, zu Ende gehen, ablaufen* ♦ das **Öl** ist ausgelaufen; wir lassen diese **Serie** jetzt auslaufen *wir verkaufen die noch vorhandenen Bestände u. stellen davon nichts Neues mehr her* ♦ ist die Sache noch **gut** ausgelaufen? ♦ die Farben des Stoffes sind **beim** Waschen ausgelaufen; die Straße läuft **in** einen Park aus *endet in einem Park;* die Säule läuft in eine Spitze aus **II** ⟨V. t.; hat⟩ eine Kurve auslaufen *in einer Kurve genau in der Bahn laufen, die Kurve nicht schneiden* **III** ⟨V. refl.; hat⟩ sich auslaufen ⟨umg.⟩ *sich müde laufen, weit umherlaufen*

**Ausläufer** ⟨m. 3⟩ **1** *letzter, flacher od. schmaler werdender Berg eines Gebirgsmassivs, Vorberg* **2** ⟨Bot.⟩ *Seitentrieb, Spross*

**Auslaut** ⟨m. 1; Phon.⟩ *letzter Laut* (eines Wortes od. einer Silbe) ♦ das „t“ steht beim Wort „alt“ im Auslaut

**ausleeren** ⟨V. t.; hat⟩ **1** *ganz leeren, ausschütten, austrinken* (Schublade, Topf, Glas) **2** *ausscheiden* (Kot)

**auslegen** ⟨V. t.; hat⟩ **1** *ausgebreitet, offen zur Ansicht hinlegen* (Waren, Zeitschriften) **2** *versteckt verteilen* (Fallen, Minen, Schlingen) **3** *leihweise bezahlen, vorstrecken* (Geld) **4** ⟨Lit.⟩ *deuten, erklären, interpretieren* (Text, Ausspruch) **5** ⟨Sp.; Fechten⟩ sich auslegen *sich vorbeugen* ♦ den Text der Bibel auslegen; ein Wort falsch, richtig auslegen

**Ausleger** ⟨m. 3⟩ **1** *Sportruderboot mit Auslegern, Auslegerboot* **2** *beim Auslegerboot außen am Bootsrand befestigtes Gestell, auf dem der Riemen ruht zwecks Vergrößerung des Hebelarms* **3** ◄ *am Bootsrand quer zum Boot befestigter Balken mit Gleitkufe zum Verhindern des Kenterns* **4** ⟨Arch.⟩ *über die Unterstützung vorspringender Träger von Bauteilen (z. B. bei Kränen)* **5** *Erklärer, Deuter, Interpret (z. B. der Bibel)*

**Auslegung** ⟨f. 20⟩ *Erklärung, Deutung, Interpretation* ♦ Auslegung eines Textes, einer Bibelstelle, einer Äußerung

**ausleiern** ⟨V. t.; hat; umg.⟩ *durch vieles Drehen (Leiern) abnutzen* ♦ ausgeleiertes Gewinde

**Ausleihe** ⟨f. 19⟩ *Stelle in Bibliotheken, an der die Bücher ausgegeben werden*

**ausleihen** ⟨V. t. 177; hat⟩ **1** *verleihen* **2** *sich etwas leihen* ♦ ein Buch ausleihen

**Auslese** ⟨f. 19⟩ **1** *Auswahl (der Besten), Siebung* **2** *aus überreifen Trauben bereiteter Wein* ♦ eine Auslese treffen

**ausliefern** ⟨V. t.; hat⟩ **1** *zum Verkauf ausgeben* (Ware, Bücher) **2** *aushändigen, übergeben* (Brief-, Blumensendung) **3** ⟨Rechtsw.⟩ *dem Heimatstaat, der zuständigen Gerichtsbarkeit übergeben* (Verbrecher)

**ausloggen** ⟨V. t.; hat; EDV⟩ *beenden, abschalten* (Programm, Computer); Ggs *einloggen* [zu engl. *log* „eintragen“]

**auslösen** ⟨V. t.; hat⟩ **1** *durch Lösegeld befreien, loskaufen* (Gefangene) **2** *wieder eintauschen* (Verpfändetes) **3** *zurückkaufen, loskaufen*

**Auslöser** ⟨m. 3⟩ **1** ⟨Fot.⟩ *Knopf od. Kabel zum Auslösen des Kameraverschlusses* **2** ⟨Psych.⟩ = *Signalreiz*

**ausloten** ⟨V. t.; hat⟩ etwas ausloten **1** *durch Loten die Tiefe von etwas feststellen* **2** *etwas genau lotrecht stellen* **3** ⟨fig.; umg.⟩ *(gedanklich) ganz ausschöpfen, zu erkennen versuchen*

A

## AUSSCHEIDUNG

Das Ausscheidungssystem regelt sowohl die Menge als auch die chemische Zusammensetzung der Körperflüssigkeiten. Die Nieren filtern Blut und erzeugen dabei Urin, mit dessen Hilfe Giftstoffe aus dem Körper ausgeschieden werden. Die Harnleiter befördern den Urin zur Harnblase, wo er bis zur endgültigen Ausscheidung gespeichert wird. Dabei zieht sich die Blase zusammen, die Schließmuskeln öffnen sich und der Urin oder Harn fließt aus. Die Harnblase der Frau ist kleiner und liegt tiefer als die des Mannes.

AUSSCHEIDUNGSSYSTEM DES MANNES

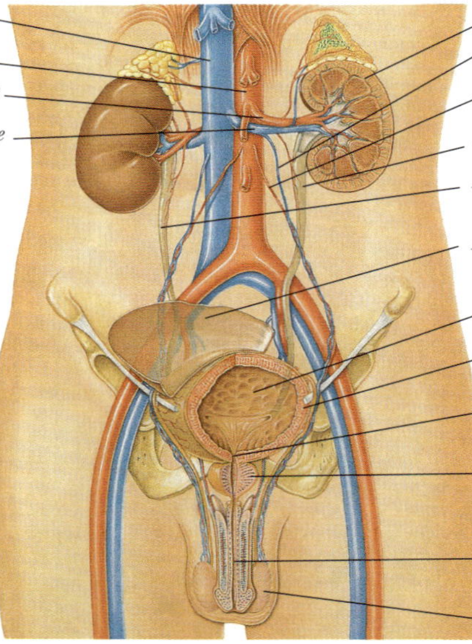


LAGE BEI DER FRAU

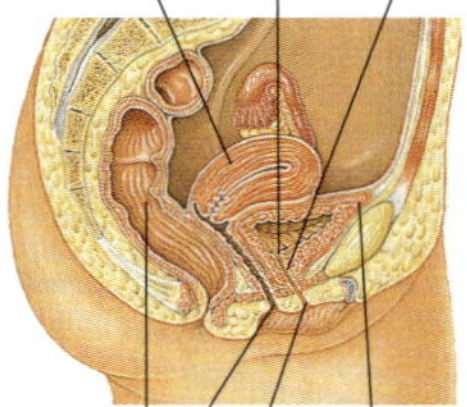


**ausmachen** ⟨V. t.; hat⟩ **1** *löschen, auslöschen* (Licht, Feuer) **2** *verabreden, vereinbaren* (Termin) **3** *betragen, sich belaufen auf* (Preis) **4** *ausgraben, aus der Erde holen* (Kartoffeln) **5** ⟨Jägerspr.⟩ *aufspüren, entdecken* **6** jmdn. od. etwas ausmachen ⟨schweiz.; mitteldt.⟩ *erkennen, wahrnehmen* ◆ wir haben ausgemacht, dass ...; etwas **in** Güte ausmachen; das machen wir **unter** uns aus! ◆ das macht **nichts** aus *ist nicht schlimm, schadet nichts;* wenn es Ihnen nichts ausmacht *wenn es Ihnen keine Mühe macht, wenn es Sie nicht stört*

**ausmalen** ⟨V. t.; hat⟩ **1** *anstreichen* (Zimmer) **2** *mit Farbe bedecken, bemalen, mit Farbe ausfüllen* **3** ⟨fig.⟩ *schildern, anschaulich darstellen* ◆ sich etwas ausmalen ⟨fig.⟩ *anschaulich vorstellen*

**Ausmaß** ⟨n. 11⟩ *Umfang, Ausdehnung* ◆ die Sache hat ein Ausmaß angenommen, das sich nicht mehr übersehen lässt

**ausmisten** ⟨V. t.; hat⟩ **1** *von Mist befreien* (Stall) **2** ⟨fig.; umg.⟩ *von Unbrauchbarem befreien* (Schrank)

**ausmustern** ⟨V. t.; hat⟩ **1** *auswählen, aussortieren* (Unbrauchbares, Schlechtes), *entfernen* **2** *wegen Krankheit aus dem Militärdienst entlassen*

**Ausnahme** ⟨f. 19⟩ **1** *Abweichung (von der Regel)* **2** *Regelwidrigkeit* ◆ Ausnahmen **bestätigen** die Regel; eine Ausnahme **bilden,** sein ◆ **mit** Ausnahme von zwei Schülern

**ausnahmsweise** ⟨Adv.⟩ *als Ausnahme, hin u. wieder, ganz selten* ◆ er darf nur ausnahmsweise mitkommen

**ausnehmen** ⟨V. t. 187; hat⟩ **1** etwas ausnehmen **1.1** *den Inhalt aus etwas herausnehmen* **1.2** *berauben* **1.3** *ausschließen, nicht meinen, nicht berücksichtigen, nicht mitzählen* **2** jmdn. ausnehmen ⟨umg.⟩ **2.1** *verhören, jmdm. Geständnisse entlocken* **2.2** *ihm Geld abnehmen* (beim Spiel usw.) ◆ einen Fisch, ein Huhn ausnehmen *die Innereien herausnehmen;* ein Vogelnest ausnehmen

**ausnutzen, ausnützen** ⟨V. t.; hat⟩ etwas od. jmdn. ausnutzen *Vorteil aus etwas od. jmdm. ziehen, (rücksichtslos) gebrauchen*

**auspacken** ⟨V.; hat⟩ **I** ⟨V. t.⟩ **1** *aus der Umhüllung herausnehmen* (Gegenstände) **2** *leeren* (Paket, Koffer) **3** ⟨fig.; umg.⟩ *bereitwillig, ausführlich erzählen* (Geheimnis, Neuigkeit) ◆ ich will zuerst (den Koffer) auspacken **II** ⟨V. i.; umg.⟩ **1** *gründlich seine Meinung sagen, den wahren Sachverhalt erzählen* **2** *sein Herz ausschütten, alles (bisher Verschwiegene) erzählen*

**ausprägen** ⟨V.; hat⟩ **I** ⟨V. t.⟩ **1** *prägen* (Münzen) **2** *deutlich, kennzeichnend gestalten, formen* ◆ eine ausgeprägte Persönlichkeit besitzen; er hat einen ausgeprägten Sinn für Musik **II** ⟨V. refl.⟩ sich ausprägen *deutlich zum Ausdruck kommen*

**Auspuff** ⟨m. 1 od. 1u; bei Verbrennungsmotoren⟩ **1** *Ausstoß von Abgasen* **2** *die Vorrichtung zu deren Wegleitung*

**ausrangieren** ⟨[-raŋʒiː-] V. t.; hat⟩ **1** ⟨Eisenb.⟩ *durch Rangieren entfernen, fort-, wegschieben* **2** ⟨fig.⟩ *aussondern, aussortieren, wegwerfen*

**ausräumen** ⟨V. t.; hat⟩ **1** *ganz vom Inhalt befreien, leer machen, leeren* (Zimmer, Schrank, Darm, verstopfte Leitung) **2** ⟨fig.⟩ *beseitigen*

**Ausrede** ⟨f. 19⟩ *Vorwand, Ausflucht, Entschuldigung* ◆ faule Ausreden! ⟨umg.⟩; immer eine Ausrede bei der Hand, bereit haben

**ausreden** ⟨V.; hat⟩ **I** ⟨V. i.⟩ *zu Ende, fertig reden* ◆ jmdn. ausreden lassen; lass mich doch erst ausreden! **II** ⟨V. t.⟩ jmdm. etwas ausreden *jmdn. durch Reden zu einer anderen Meinung über etwas bringen, ihn von einer Meinung od. einem Vorhaben abbringen* **III** ⟨V. refl.⟩ sich ausreden **1** *sein Herz ausschütten, sich aussprechen* **2** ⟨umg.⟩ *sich herausreden, Ausflüchte machen*

**ausreichen** ⟨V. i.; hat⟩ *reichen, auskommen (mit einem Vorrat)*

**ausreichend** ⟨Adj.⟩ **1** *genügend, genug* **2** *gerade noch genügend (als Zensur)*

**Ausreise** ⟨f. 19⟩ *Reise hinaus, ins Ausland, Grenzübertritt (ins Ausland)*

**ausreißen** **I** ⟨V. t. 195; hat⟩ *herausreißen, durch Reißen entfernen* (Unkraut, Federn) ◆ ausgerissenes Blatt (aus einem Buch); er fühlt sich schon wieder so kräftig, als könnte er Bäume ausreißen; sich kein Bein ausreißen (wegen, für) ⟨fig.; umg.⟩ *keine Mühe auf sich nehmen, sich nicht anstrengen* **II** ⟨V. i.; ist⟩ **1** *durch Reißen kaputtgehen, sich lösen, sich trennen* (Stoff, Naht) **2** ⟨umg.⟩ *die Flucht ergreifen, fliehen, davonlaufen*

**ausrichten** ⟨V.; hat⟩ **I** ⟨V. t.⟩ **1** *gerade richten, genau in eine Reihe stellen* **2** *genau einpassen, einstellen* (Arbeitsstück) **3** *veranstalten, gestalten u. die Kosten tragen* (Fest, Hochzeit) **4** ⟨schweiz.⟩ *zahlen* **5** ⟨fig.⟩ *bestellen, übermitteln, weitergeben* (Auftrag, Botschaft, Gruß) **6** *erreichen, erwirken, durchsetzen* **7** ⟨Jägerspr.⟩ *aufspüren* ◆ ausrichten! *(Kommando);* ich werde ihm deine Nachricht ausrichten **II** ⟨V. refl.⟩ sich nach etwas od. jmdm. ausrichten ⟨fig.⟩ *sich (in seiner Gesinnung) nach etwas od. jmdm. richten*

**Ausruf** ⟨m. 1⟩ **1** *plötzliche kurze, laute Äußerung* **2** *verhaltener Schrei* **3** *öffentliche mündliche Bekanntmachung*

**ausrufen** ⟨V. t. 201; hat⟩ **1** *plötzlich laut, kurz äußern* **2** *öffentl. verkünden* (Bekanntmachung) **3** *laut anpreisen, feilbieten* (Ware) **4** *öffentlich wählen u. in ein Amt einsetzen*

**Ausrufezeichen** ⟨n. 14; Zeichen: !⟩ *Satzzeichen zur Kennzeichnung eines Ausrufs*

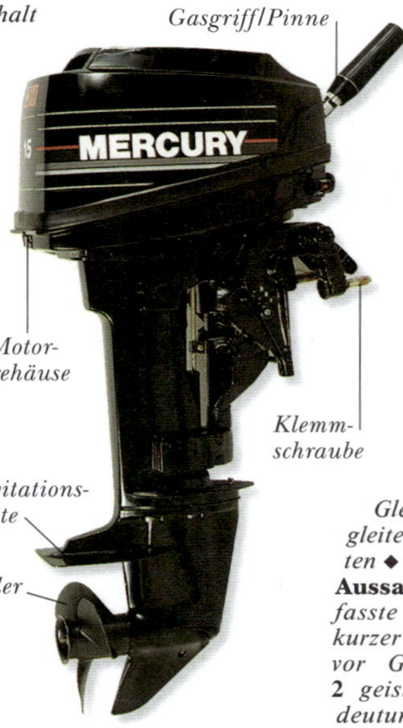


AUSSENBORDMOTOR

**ausruhen** ⟨V. i.; hat⟩ *ruhen, sich erholen, durch Ruhen Kräfte sammeln* ◆ von, nach den Anstrengungen des Tages, der Arbeit ausruhen; sich ausruhen

**ausrüsten** ⟨V. t.; hat⟩ **1** *mit allem Nötigen versehen, ausstatten* (Expedition, Schiff) **2** ⟨fig.⟩ *mit dem nötigen (geistigen) Rüstzeug versehen*

**Ausrüstung** ⟨f. 20⟩ **1** *das Ausrüsten* **2** *die Gegenstände dazu* (Waffenausrüstung, Werkzeugausrüstung)

**ausrutschen** ⟨V. i.; ist⟩ **1** *durch Rutschen das Gleichgewicht verlieren, ausgleiten* **2** *ins Schleudern geraten* ◆ auf dem Eis ausrutschen

**Aussage** ⟨f. 19⟩ **1** *sprachl. gefasste Mitteilung, Feststellung, kurzer Bericht, Erklärung, bes. vor Gericht* (Zeugenaussage) **2** *geistiger Inhalt, Gehalt, Bedeutung* ◆ dem Bild fehlt die Aussage; eine Aussage machen

**aussagen** ⟨V.; hat⟩ **I** ⟨V. t.⟩ **1** *etwas sprachlich mitteilen, erklären, berichten* **2** *einen inneren, geistigen Gehalt haben u. diesen ausdrücken* ◆ das Bild, der Film sagt etwas aus; alle sagen übereinstimmend aus, dass ... **II** ⟨V. i.⟩ *eine Aussage machen* ◆ wollen Sie aussagen? *(Frage an den Zeugen)*

**Aussatz** ⟨m.; -es; unz.; Med.⟩ *chronische Infektionskrankheit mit Veränderungen der Haut, der Nerven u. Knochen;* Sy *Lepra* [< ahd. *uzsazeo* „einer, der von der Gesellschaft ausgesetzt ist"]

**ausschaben** ⟨V. t.; hat⟩ **1** *durch Schaben aushöhlen* **2** ⟨Med.⟩ eine Körperhöhle, bes. Gebärmutter ausschaben *von krankem Gewebe od. Geweberesten mit löffelartigem Gerät reinigen, auskratzen*

**ausschalten** ⟨V. t.; hat⟩ **1** Licht, Strom ausschalten *mittels Schalters den Stromkreis unterbrechen* **2** das Radio ausschalten *abstellen, ausdrehen* **3** etwas od. jmdn. ausschalten ⟨fig.⟩ *nicht mitarbeiten, nicht mitwirken lassen, jmdn. kaltstellen* **4** *nicht berücksichtigen, beiseite lassen* **5** *beseitigen* (Fehlerquelle) ◆ diesen Fall wollen wir zunächst ausschalten

**Ausschank** ⟨m. 1u⟩ **1** *Ausgabe von Getränken* (Bierausschank) **2** *Schankwirtschaft, Kneipe* **3** *Schanktisch*

**ausschauen** ⟨V. i.; hat⟩ *aussehen* ◆ nach jmdm. ausschauen *erwartend hinaussehen, sich umsehen;* es schaut nach Gewitter aus

**ausscheiden** ⟨V. 207⟩ **I** ⟨V. t.; hat⟩ **1** *ohne Hilfsmittel aus dem Körper entfernen, absondern* (Harn, Schweiß) **2** ⟨Met.⟩ *aus einer Legierung lösen* **II** ⟨V. i.; ist⟩ **1** *nicht mehr mitwirken, mitspielen, mitarbeiten, den Dienst, die Stellung verlassen* **2** *nicht in Betracht kommen*

**Ausscheidung** ⟨f. 20⟩ **1** ◄ *das Ausscheiden;* Sy *Exkretion* **2** *(von Mensch od. Tier) ausgeschiedenes Stoffwechselprodukt (besonders Harn, Kot, Schweiß);* Sy *Exkret;* ► *Körper* **3** ⟨Met.⟩ *Absonderung von Kristalliten aus einer Schmelze*

**ausschenken** ⟨V. t.; hat⟩ **1** Getränke ausschenken *am Ausschank abgeben* **2** *ausgießen, kredenzen* ◆ ins Glas ausschenken

**ausschlafen** ⟨V. 215; hat⟩ **I** ⟨V. i.⟩ *so lange schlafen, bis man völlig erholt, nicht mehr müde ist* ◆ ich habe, bin heute nicht ausgeschlafen **II** ⟨V. t.; umg.⟩ *durch Schlaf beseitigen* ◆ seinen Rausch ausschlafen

**Ausschlag** ⟨m. 1u⟩ **1** ⟨Med.⟩ *krankhafte Hautveränderung;* Sy *Hautausschlag* **2** ⟨Bot.⟩ *Spross, Trieb* **3** *Abweichen von der Ruhe-, Gleichgewichtslage* (der Waage, des Zeigers bei Messinstrumenten) **4** *Schwingungsweite* (eines Pendels) **5** *das Gewicht, die Menge, die bei der Waage das Sinken einer Waagschale veranlasst, Gutgewicht, Draufgabe*

**ausschlagen** ⟨V. 216⟩ **I** ⟨V. i.; hat/(selten) ist⟩ **1** *Knospen treiben, sprossen, grünen* (Bäume) **2** *mit dem Hinterhuf heftig treten, schlagen* (Pferd); Sy *austreten (4)* **3** *um sich schlagen, von der Ruhe-, Gleichgewichtslage abweichen, schwingen* (Waage, Pendel, Zeiger eines Messinstruments) **4** *zu Ende schlagen, zu schlagen aufhören* (Uhr) **5** *sich entwickeln, Wirkung haben* ◆ er schlug vor Wut **mit** Händen u. Füßen aus **II** ⟨V. t.; hat⟩ **1** *herausschlagen, durch Schlag entfernen, zerstören* **2** *auskleiden, bedecken* (Innenraum) **3** ⟨fig.⟩ *zurückweisen, ablehnen* (Angebot, Einladung, Erbschaft)

**ausschließen** ⟨V. t. 220; hat⟩ **1** *durch Zuschließen fern halten, aussperren* **2** ⟨fig.⟩ *aus einer Gemeinschaft entfernen* **3** *nicht berücksichtigen* **4** *nicht mitwirken, mitarbeiten, teilnehmen lassen* **5** ⟨Typ.⟩ eine Zeile ausschließen *die Wortzwischenräume einer Z. mit Ausschluss füllen u. ihr die richtige Länge geben*

## AUSSENSKELETT

Nur wenige Tiere haben ein knöchernes Innenskelett. Viel häufiger tritt ein hartes Außenskelett auf. Es schützt die zarten inneren Organe und bietet Anheftungsstellen für die Muskeln. Während der Wachstumsphase müssen sich viele Tiere mit einem Außenskelett regelmäßig häuten.

SCHNITT DURCH DAS AUSSENSKELETT EINES INSEKTS

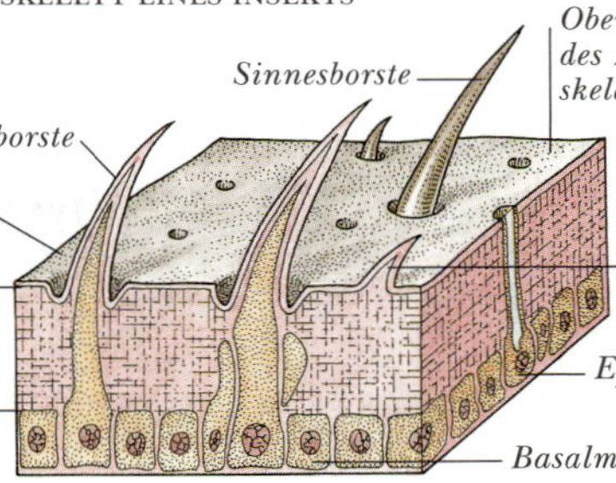


WEITERE TIERE MIT AUSSENSKELETT

INSEKTEN
► *Insekten*

WEICHTIERE
► *Weichtiere*

SPINNENTIERE
► *Spinnen*

**ausschließlich I** ⟨Adj.⟩ *alleinig, ungeteilt, uneingeschränkt* ◆ sein ausschließliches Recht **II** ⟨Partikel⟩ *nur, nichts anderes als* ◆ sie ist jetzt ausschließlich Hausfrau und Mutter; ich beschäftige mich ausschließlich mit ... **III** ⟨Präp. m. Gen.⟩ *nicht mitgerechnet, ungerechnet, außer* ◆ Gewicht ausschließlich der Verpackung

**Ausschluss** ⟨m. 1u⟩ **1** *Ausschließung, Fernhaltung* **2** ⟨Typ.⟩ *nicht mitdruckendes, niedrigeres Setzmaterial (ohne Schriftbild) zum Ausfüllen der Wortzwischenräume* ◆ den Ausschluss eines Mitgliedes beantragen

**ausschneiden** ⟨V. t. 224; hat⟩ **1** *(formgerecht) herausschneiden* **2** *durch Schneiden erweitern* (Ausschnitt, Armloch am Kleid) **3** *von überflüssigen Zweigen befreien* (Bäume) ◆ Schattenbilder, Scherenschnitte ausschneiden; Figuren aus Papier ausschneiden

**Ausschnitt** ⟨m. 1⟩ **1** *das Ausschneiden* **2** *das Ausgeschnittene* (Zeitungsausschnitt) **3** *ausgeschnittene Stelle* (Kleidausschnitt, Ärmelausschnitt) **4** *Loch, Lücke, z. B. am Visier für die Augen* **5** ⟨fig.⟩ *Einzelheit, Teil*

**ausschreiben** ⟨V. t. 226; hat⟩ **1** *schreiben, ausstellen* (Rezept, Rechnung) **2** *in Buchstaben schreiben* (nicht in Ziffern) **3** *mit allen Buchstaben schreiben (nicht abkürzen)* **4** *ausfüllen* (Formular) **5** *durch Inserat bekannt machen, veröffentlichen*

**Ausschuss** ⟨m. 1u⟩ **I** ⟨unz.⟩ *als fehlerhaft, mangelhaft Ausgesondertes, Abfall* **II** ⟨zählb.⟩ *für besondere Aufgaben ausgewählte Leute, Kommission, Komitee* (Prüfungsausschuss)

**ausschütten** ⟨V. t.; hat⟩ **1** *durch Umkippen, durch Schütten leeren* (Eimer, Glas, Korb) **2** *wegschütten, aus etwas herausschütten* **3** *verteilen* (Dividenden, Gewinnanteile)

**aussehen** ⟨V. i. 235; hat⟩ *einen Anblick bieten* ◆ bei mir sieht es aus ...! ⟨umg.⟩ *bei mir ist es sehr unordentlich* ◆ **gut,** schlecht, schön, hässlich, vergnügt aussehen; die Sache sieht nicht gut aus *scheint bedenklich, gefährlich;* er sieht **jünger** (älter) aus (als er ist)

**Aussehen** ⟨n.; -s; unz.⟩ *Anschein, äußerer Eindruck, der Anblick, den jmd. od. etwas bietet* ◆ sein Aussehen gefällt mir nicht *er sieht schlecht, krank aus u. macht mir deshalb Sorgen*

**außen** ⟨Adv.⟩ *außerhalb eines Raumes, nicht innen, an der äußeren Seite* ◆ außen am Topf; außen an der Tür; das Fenster ist nach außen zu öffnen; einen Mantel von innen nach außen kehren, drehen, wenden [< ahd. *uzan(a)* „außen, außerhalb, ohne"]

**Außenbordmotor** ⟨m. 23⟩ ◄ *Motor, der außen am Boot befestigt ist*

**Außendienst** ⟨m. 1; unz.⟩ *Arbeit außerhalb der Dienststelle;* Ggs *Innendienst*

**Außenseiter** ⟨m. 3⟩ **1** *jmd., der seine eigenen Wege geht, Eigenbrötler* **2** *Nichtfachmann* **3** ⟨Sp.⟩ **3.1** ⟨allg.⟩ *Sportler mit geringen Gewinnchancen* **3.2** ⟨Reitsp.⟩ *Rennpferd, auf das nicht od. wenig gewettet wird u. das deshalb beim Sieg eine bes. hohe Quote bringt*

**Außenskelett** ⟨n. 11; Anat.⟩ ▲ *Stützskelett, z. B. Chitinskelett der Gliederfüßer*

**Außenwelt** ⟨f. 20; unz.⟩ **1** *gesamte Sinnenwelt (außerhalb des Ichs);* Ggs *Innenwelt* **2** *Umwelt, Welt außerhalb des eigenen Heims*

**außer I** ⟨Präp. mit Dat. od. Akk., selten mit Gen.⟩ **1** *außerhalb von, nicht (mehr) in* **2** ⟨fig.⟩ *ohne* **3** *mit Ausnahme von, ausgenommen, abgesehen von* **4** *noch dazu, darüber hinaus* ◆ außer sich geraten *sich sehr erregen, die Beherrschung verlieren;* außer sich sein (vor Empörung, Zorn) *sehr empört, sehr zornig sein, besinnungslos vor Empörung, Zorn sein;* außer **Acht** lassen *nicht beachten, missachten;* außer **Atem** sein *atemlos sein, keuchen;* die Maschine ist außer **Betrieb,** außer Tätigkeit; außer **Dienst** ⟨Abk.: a. D.⟩ *pensioniert, im Ruhestand* (Beamter, Offizier); ein Schiff außer Dienst stellen; außer **Gefecht** setzen ⟨bes. Mil.⟩ *kampfunfähig machen;* außer **Stande** = *außerstande* **II** ⟨Konj.⟩ *es sei denn (dass), wenn nicht* [< ahd. *uzar* „aus, aus ... heraus"]

**außerdem** ⟨Konj.⟩ *(noch) dazu, überdies, darüber hinaus, ferner*

**äußere(r, -s)** ⟨Adj.⟩ **1** *an der Außenseite, an der Oberfläche (befindlich), von außen sichtbar* **2** *außerhalb eines Raumes (befindlich)*

**Äußere(s)** ⟨n. 31⟩ **1** *Außenseite, Oberfläche* **2** ⟨fig.⟩ *äußere Erscheinung, äußere Ansicht, Anblick von außen, Aussehen*

**außergewöhnlich I** ⟨Adj.⟩ *über das Gewöhnliche, Gewohnte weit hinausgehend, auffallend* ◆ eine außergewöhnliche Leistung **II** ⟨Partikel⟩ *ungewöhnlich, sehr, überaus* ◆ sie ist außergewöhnlich klug, groß

**außerhalb** ⟨Präp. m. Gen.⟩ **1** *nicht in einem bestimmten Raum od. Zeitraum* **2** *draußen,* ⟨umg.⟩ *auswärts* ◆ er wohnt außerhalb *nicht in der Stadt;* außerhalb der Arbeitszeit

**äußerlich** ⟨Adj.⟩ **1** *das Äußere betreffend* **2** ⟨fig.⟩ *dem äußeren Schein nach, auf ihm beruhend, oberflächlich, nicht wesentlich* **3** *scheinbar*

**äußern** ⟨V. t.; hat⟩ **1** *aussprechen, sagen, vorbringen* **2** *offen zeigen* ◆ eine Bitte, einen Wunsch äußern; Gefühle äußern

**außerstande** ⟨Adv.⟩ außerstande sein, etwas zu tun *nicht imstande, nicht in der Lage sein, etwas zu tun;* oV *außer Stande*

**äußerste(r, -s)** ⟨Adj.⟩ **1** *am weitesten draußen (befindlich), der, die, das am weitesten entfernte* **2** ⟨fig.⟩ *der, die, das letzte (höchste, tiefste, schlimmste, größte usw.)*

**Äußerung** ⟨f. 20⟩ **1** *das Geäußerte* **2** *Aussage, Ausspruch* (einer Meinung)

**aussetzen** ⟨V.; hat⟩ **I** ⟨V. t.⟩ **1** *festsetzen, festlegen, ausschreiben, zur Verfügung stellen* (Belohnung, Preis, Summe) **2** *hinaussetzen, ins Freie setzen* (Pflanzen) **3** *unterbrechen, verschieben* (Spiel, Verfahren) **4** sich od. jmdn. einer Sache aussetzen *preisgeben, ausliefern* **II** ⟨V. i.⟩ *aufhören, stocken* (Bewegung, Puls, Motor)

**Aussicht** ⟨f. 20⟩ **1** *begründete Hoffnung, wahrscheinl. Zukunft* **2** *Rundblick, Ausblick, Fernblick* ◆ es **besteht** (keine) Aussicht, dass ...; vom Gipfel **bietet** sich eine herrliche Aussicht; er **hat** (keine) Aussicht zu gewinnen ◆ Aussicht **auf** den Hof, auf die Straße; Aussicht auf Erfolg, Gewinn

**Aussiedler** ⟨m. 3⟩ *jmd., der ein Land für dauernd verlässt*

**ausspannen** ⟨V.; hat⟩ **I** ⟨V. t.⟩ **1** *aus dem Gespann nehmen* (Zugtiere) **2** *spannen* (Seil), *dehnen* **3** *gestreckt, gespannt aufhängen od. aufstellen* **II** ⟨V. i.⟩ *ausruhen, sich erholen*

**Aussprache**[1] ⟨f. 19; Sprachw.⟩ **1** *das Aussprechen* **2** *Art des Aussprechens*

**Aussprache**[2] ⟨f. 19⟩ *Meinungsaustausch, Unterredung*

**aussprechen** ⟨V. 246; hat⟩ **I** ⟨V. t.⟩ **1** *mit den Sprechwerkzeugen bilden, formen, artikulieren* (Laute, Wörter) **2** *zum Ausdruck bringen, äußern, in Worte fassen* ◆ eine **Bitte,** einen Wunsch aussprechen ◆ etwas **deutlich,** falsch, richtig aussprechen **II** ⟨V. i.⟩ *zu Ende sprechen* ◆ er hatte kaum ausgesprochen, als die Tür aufging **III** ⟨V. refl.⟩ sich aussprechen *seine Meinung sagen, seine Gedanken äußern, mitteilen*

**Ausspruch** ⟨m. 1u⟩ *(meist kurze) Äußerung mit bedeutendem Inhalt, Sinnspruch*

**ausstatten** ⟨V. t.; hat⟩ **1** jmdn. ausstatten *jmdm. eine Ausstattung geben, ihn mit einer A., mit allem Notwendigen versehen, ausrüsten* **2** einen Raum ausstatten *einrichten*

**Ausstattung** ⟨f. 20⟩ **1** *Ausrüstung* **2** *Aussteuer, Heiratsgut* **3** *Aufmachung, äußere Gestaltung* (Buch) **4** *Einrichtung* (Zimmer)

**ausstehen** ⟨V. 251; hat⟩ **I** ⟨V. t.⟩ *erleiden, ertragen, aushalten* ◆ ich habe große Angst ausgestanden **II** ⟨V. i.⟩ *fehlen, nicht bezahlt sein* ◆ seine Antwort steht noch aus

**ausstellen** ⟨V. t.; hat⟩ **1** *zur Schau stellen, zur Ansicht hinstellen, hinlegen* (Ware) **2** *an den geeigneten Platz stellen* (Wachen) **3** *ausschreiben, ausfertigen* (Urkunde)

**Ausstellung** ⟨f. 20⟩ **1** *zur Ansicht zusammengestellte Sammlung, Schaustellung* (Bilderausstellung, Hundeausstellung, Möbelausstellung) **2** *(amtl.) Ausfertigung* (von Pässen, Wechseln usw.) ◆ Ausstellung alter Meister

**aussterben** ⟨V. i. 254; ist⟩ **1** *sich nicht mehr fortpflanzen, von der Erde verschwinden* (Geschlecht, Volk, Pflanzen, Tiere) **2** *allmählich in Vergessenheit geraten* (Brauch)

**Ausstieg** ⟨m. 1⟩ Ggs *Einstieg* **1** *das Aussteigen* **2** *Tür, Öffnung zum Aussteigen (an Straßenbahnen, Autobussen)*

**ausstrahlen** ⟨V. t.; hat⟩ **1** *in Form von Strahlen aussenden, von sich geben* (Licht) **2** ⟨fig.⟩ *ringsum verbreiten* **3** ⟨Rundfunk⟩ *senden*

**ausstrecken** ⟨V. t.; hat⟩ *ganz strecken, gerade strecken, von sich strecken*

**ausströmen I** ⟨V. i.; ist⟩ **1** *herausströmen, entweichen* (Dampf, Gas) **2** *(stark) herausfließen* (Flüssigkeit) ◆ durch ausströmendes Gas getötet, vergiftet werden **II** ⟨V. t.; hat⟩ *von sich geben, ausstrahlen, verbreiten*

**aussuchen** ⟨V. t.; hat⟩ *aus einer Menge heraussuchen, auswählen*

**Austausch** ⟨m. 1⟩ **1** *das Austauschen* **2** *das Sichaustauschen, wechselseitige Mitteilung* **3** *Auslandsaufenthalt auf Gegenseitigkeit* (Schüler-, Studierendenaustausch)

**austauschen** ⟨V. t.; hat⟩ *gegen etwas anderes tauschen, auswechseln* (Maschinenteile, Waren) ◆ sich mit jmdm. über etwas austauschen *sich wechselseitig etwas mitteilen*

**austeilen** ⟨V. t.; hat⟩ *verteilen, mehreren Personen geben, zukommen lassen* ◆ Geschenke austeilen; Hefte austeilen (Schule)

**Auster** ⟨f. 21⟩ *essbare Muschel in warmen u. gemäßigten Meeren: Ostreidae* [ < nddt. *uster* < ndrl. *oester,* engl. *oyster* < lat. *osterum* < grch. *osteron* „Auster"]

**austragen** ⟨V. t. 260; hat⟩ **1** *erledigen, entscheiden, entscheidend beenden* (Streit, Wettkampf) **2** *den Empfängern, Kunden ins Haus tragen, austeilen* (Briefe, Zeitungen, Waren)

**austral** ⟨Adj.⟩ *südlich, auf der südl. Halbkugel* [ < lat. *australis* „zum Südwind gehörig"]

**austreiben** ⟨V. t. 262; hat⟩ **1** *vertreiben, verdrängen* **2** *auf die Weide treiben* (Vieh) **3** *aus dem Körper ausstoßen, hervorbringen* (Leibesfrucht, Schweiß)

**austreten** ⟨V. 263⟩ **I** ⟨V. i.; ist⟩ **1** *heraustreten, einen Raum verlassen* **2** *eine Gemeinschaft, Vereinigung verlassen, die Mitgliedschaft, Zugehörigkeit aufgeben* **3** ⟨umg.⟩ *die Toilette aufsuchen* **4** = *ausschlagen (2)* ◆ aus einem Geschäft, einer Partei austreten; aus der Kirche austreten **II** ⟨V. t.; hat⟩ **1** *durch Treten abnutzen* (Stufen) **2** *breit treten* (Schuhe)

**austrinken** ⟨V. t. 265; hat⟩ **1** *durch Trinken leeren* (Glas) **2** *zu Ende trinken* (Getränk) ◆ ein Glas mit, in einem Zuge austrinken

**Austritt** ⟨m. 1⟩ **1** *das Austreten, das Verlassen* **2** *kleiner Balkon, Treppenabsatz* ◆ seinen Austritt erklären (aus der Kirche)

**austrocknen I** ⟨V. i.; ist⟩ *völlig trocken werden, vertrocknen* ◆ der Bach, Boden, Sumpf trocknet aus; der Neubau muss noch austrocknen; meine Kehle ist (vor Durst) ganz ausgetrocknet **II** ⟨V. t.; hat⟩ *(innen) trocken machen, trocknen*

**ausüben** ⟨V. t.; hat⟩ **1** *betreiben, gewohnheitsgemäß tun* (Beruf, Gewerbe) **2** *innehaben* (Amt) **3** *(längere Zeit) in die Tat umsetzen, anwenden, wirksam machen* (Druck, Einfluss, Kontrolle, Macht) ◆ er hat Musik studiert, übt sie aber nicht aus; ausübender **Arzt** = *praktizierender Arzt;* ausübende **Gewalt** ⟨Rechtsw.⟩ = *Exekutive*

**Ausverkauf** ⟨m. 1u⟩ **1** *(meist verbilligter) Warenverkauf, um die Lager zu leeren* **2** ⟨fig.⟩ *Scheitern, Misslingen*

**Auswahl** ⟨f. 20; unz.⟩ **1** *das Auswählen* **2** *Wahl* **3** *ausgewählte Menge, Auslese* ◆ eine Auswahl der, des **Besten,** Schönsten ◆ die Auswahl **haben** *die Möglichkeit zu wählen;* eine reiche Auswahl (zu bieten) haben (an); eine Auswahl **treffen** *auswählen*

**auswählen** ⟨V. t.; hat⟩ etwas od. jmdn. auswählen *aus einer Menge wählen, sich durch Wahl für etwas od. jmdn. entscheiden* ◆ das Beste, die Besten auswählen

**Auswanderer** ⟨m. 3⟩ *jmd., der auswandert od. ausgewandert ist;* Sy *Emigrant;* Ggs *Einwanderer*

**auswandern** ⟨V. i.; ist⟩ *(aus wirtschaftlichen, politischen Gründen) das Heimatland für immer verlassen;* Sy *emigrieren;* Ggs *einwandern*

**Auswanderung** ⟨f. 20⟩ *das Auswandern;* Sy *Emigration;* Ggs *Einwanderung*

**auswärtig** ⟨Adj.⟩ **1** *nicht einheimisch, nicht im gleichen Ort (lebend)* **2** *ausländisch* **3** *von auswärts (her)*

**auswärts** ⟨Adv.⟩ *nach außen, nach draußen, außerhalb (des Hauses, des Ortes, der Stadt)* ◆ auswärts essen

**auswechseln** ⟨[-ks-] V. t.; hat⟩ etwas auswechseln *etwas an die Stelle eines anderen setzen, eins gegen ein anderes austauschen* ◆ ein Rad auswechseln

**Ausweg** ⟨m. 1⟩ **1** *Ausgang* **2** *Rettungsweg* **3** ⟨fig.⟩ *Hilfe (in der Not), Lösung*

**ausweichen** ⟨V. i. 276; ist⟩ **1** *aus dem Wege gehen, Platz machen* **2** ⟨fig.⟩ *Ausflüchte machen, nicht präzise antworten* ◆ jmdm. ausweichen; einem Fahrzeug ausweichen

**Ausweis** ⟨m. 1⟩ **1** *Urkunde, die etwas (Mitgliedschaft, Zugehörigkeit, Persönlichkeit) beglaubigt* (Mitgliedsausweis, Personalausweis, Schüler-, Studentenausweis) **2** *Urkunde als Berechtigungsnachweis*

**ausweisen** ⟨V. 277; hat⟩ **I** ⟨V. t.⟩ jmdn. ausweisen *jmdm. den Aufenthalt verbieten, jmdn. fortschicken, verweisen* ◆ jmdn. aus dem Lande ausweisen; jmdn. aus der Schule ausweisen **II** ⟨V. refl.⟩ sich ausweisen *Personalausweis vorzeigen, Nachweis über seine Person erbringen, sich legitimieren*

**auswendig** ⟨adv.⟩ *aus dem Gedächtnis, ohne auf eine Vorlage zu sehen*

**auswerten** ⟨V. t.; hat⟩ etwas auswerten **1** *dem Wert nach bestimmen, den Wert von etwas ermitteln* **2** *durch Ordnen wertvoll, nutzbar machen, verwerten* (Sammlung)

**Auswirkung** ⟨f. 20⟩ *Folge, Wirkung*

**Auswurf** ⟨m. 1u⟩ **1** ⟨Med.⟩ *aus den Atemwegen entleerter Stoff (Schleim, Blut)* **2** *vom Vulkan ausgeworfene Masse*

**auszeichnen** ⟨V.; hat⟩ **I** ⟨V. t.⟩ **1** *mit einem Preis(schild) versehen* (Ware) **2** jmdn. auszeichnen **2.1** *jmdn. ehrenvoll mit Vorzug behandeln, jmdn. hervorheben (aus der Menge)* **2.2** *hervorragen lassen* ◆ sein **Mut** zeichnet ihn (vor anderen) aus; einen **Text,** ein Manuskript auszeichnen *Schriftarten u. -größen angeben, anzeichnen;* ein **Wort** (im Text) auszeichnen *durch Sperrung, andere Schriftart od. -größe hervorheben* **II** ⟨V. refl.⟩ sich auszeichnen *sich hervortun, sich (aus einer Menge) herausheben* ◆ er hat sich durch Entschlossenheit ausgezeichnet

**Auszeichnung** ⟨f. 20⟩ **1** *Preisangabe* (bei Waren) **2** *Ehrung, Belobigung* **3** *auszeichnendes Abzeichen, Kennzeichen, Orden, Titel*

**ausziehen** ⟨V. 287⟩ **I** ⟨V. t.; hat⟩ **1** *herausziehen* (Nagel, Zahn) **2** *in die Länge, auseinander ziehen* (Fernrohr, Stativ, Tisch) **3** *dehnen, spannen, straff ziehen* (Gummiband, Seil) **4** *ablegen, von sich ziehen* (Kleidungsstück)

A

## AUTO

Das erste von einem Benzinmotor angetriebene Auto stammt von Carl Benz (1886). Das erste in Massen produzierte Auto war das Modell T von Ford, das 1908 auf den Markt kam – bis 1930 wurden 15 Millionen Stück davon hergestellt. Seitdem hat sich am Auto im Prinzip nur wenig verändert, moderne Kraftwagen sind allerdings unvergleichlich bequemer, effizienter und sicherer. Heutige Motoren brauchen durch computergesteuerte Einspritzung und Zündung deutlich weniger Treibstoff. Und für die Reinigung der Abgase sorgt der Katalysator. Die Sicherheit wurde durch Gurte, Airbags, Knautschzonen in der Karosserie und Seitenaufprallschutz erhöht. Raffinierte Stoßdämpfer, Hochleistungsreifen und gepolsterte Sitze erhöhen den Fahrkomfort.

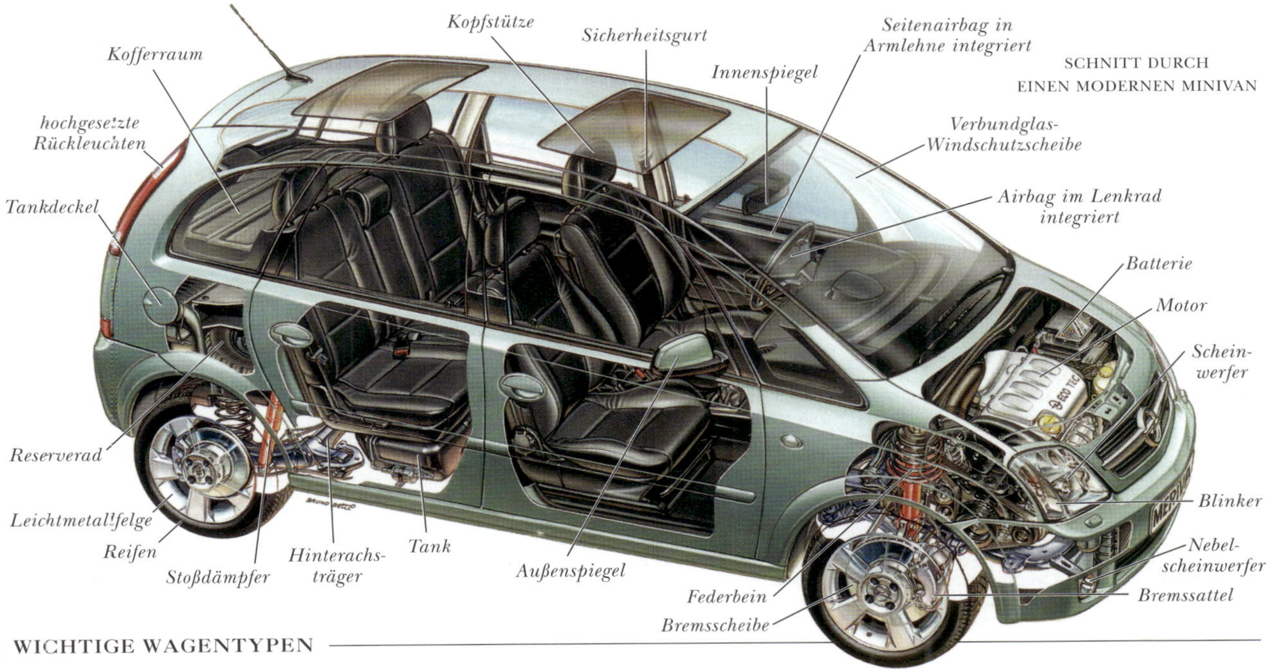


SCHNITT DURCH EINEN MODERNEN MINIVAN

WICHTIGE WAGENTYPEN

KOMBI

SCHRÄGHECKMODELL

LIMOUSINE

MINIBUS/VAN

GELÄNDEWAGEN

SPORTWAGEN

KABRIO

DRAGSTER

**5** jmdn. od. sich ausziehen *jmdm. od. sich die Kleider abnehmen, jmdn. od. sich aus-, entkleiden* ◆ Handschuhe, Kleid, Mantel, Schuhe ausziehen **II** ⟨V. i.; ist⟩ **1** *wegmarschieren, wegziehen* **2** *die Wohnung mit allem Eigentum verlassen* ◆ sie sind schon vor einem Jahr ausgezogen

**Auszubildende(r)** ⟨f. 30 (m. 29); Kurzw.: Azubi⟩ *jmd., der ausgebildet werden soll, der eine Berufsausbildung, -fortbildung od. Umschulung durchläuft*

**Auszug** ⟨m. 1u⟩ **1** *das Ausziehen* **2** *Abmarsch* **3** *Auswanderung* **4** *ausziehbarer Teil* (Kameraauszug) **5** *Teilabschnitt* (Kontoauszug, Rechnungsauszug) **6** *herausgeschriebene wichtige Stellen, kurze Fassung* (eines Buches, einer Abhandlung) **7** ⟨Mus.⟩ *Bearbeitung eines Orchesterstückes für ein einzelnes Instrument* (Klavierauszug)

**aut..., Aut...** ⟨Vors.⟩ = *auto..., Auto...*

**autark** ⟨Adj.⟩ *wirtschaftlich unabhängig, selbständig* (Staat)

**authentisch** ⟨Adj.⟩ *verbürgt, echt, zuverlässig* ◆ eine authentische Ausgabe eines Literaturwerkes ⟨Lit.⟩ *(text)kritische Ausgabe* [< grch. *authentikos* „gültig, echt"]

**Authentizität** ⟨f. 20; unz.⟩ *Echtheit, Glaubwürdigkeit, Zuverlässigkeit*

**Auto** ⟨n. 15⟩ **1** ▲ *(meist) mit Benzin betriebenes, vierrädriges Personenkraftfahrzeug;* Sy ⟨veraltet⟩ *Automobil* **2** ⟨Typ.; kurz für⟩ *Autotypie*

**auto..., Auto...** ⟨vor Vokalen⟩ aut..., Aut... ⟨in Zus.⟩ *selbst..., Selbst...* [< grch. *autos* „selbst"]

**Autobiografie** ⟨f. 19⟩ *Selbstbeschreibung, Beschreibung des eigenen Lebens;* oV *Autobiographie* ◆ eine Autobiografie verfassen, veröffentlichen [< grch. *autos* „selbst" + *bios* „Leben" + *graphein* „schreiben"]

**autobiografisch** ⟨Adj.⟩ *auf einer Autobiografie beruhend, wie eine Autobiografie, aus ihr stammend;* oV *autobiographisch*

**Autobiographie** ⟨f. 19⟩ = *Autobiografie*

**autobiographisch** ⟨Adj.⟩ = *autobiografisch*

**Autodidakt** ⟨m. 16⟩ *jmd., der sich durch Selbstunterricht bildet od. gebildet hat* [< grch. *autos* „selbst" + *didaskein* „lehren"]

**autodidaktisch** ⟨Adj.⟩ *in der Art eines Autodidakten, sich in Selbstunterricht bildend*

**autogen** ⟨Adj.⟩ *ursprünglich, selbsttätig* ◆ autogenes Schweißen und Schneiden *Bearbeitung von Metall durch die Stichflamme eines Gemisches von Brenngas u. Sauerstoff;* autogenes Training *allein auszuführende Entspannungsübungen* [< grch. *autos* „selbst" + *gennan* „erzeugen"]

## AUTONOMES NERVENSYSTEM

Das autonome Nervensystem umfasst vor allem jene Nerven, die die Versorgung der Eingeweide steuern. Es steuert Funktionen, die dem Willen nicht unterliegen, etwa den Herzschlag, die Ausscheidung und die Verdauung. Beim autonomen oder vegetativen Nervensystem unterscheidet man zwei Teile, Sympathikus und Parasympathikus. Der Sympathikus erhöht z. B. die Herzschlagfrequenz und den Blutdruck und ist bei Stress aktiv. Der Parasympathikus, der vom 10. Gehirnnerv (Nervus vagus) gebildet wird, wirkt dem entgegen. Er senkt Herzschlag und Blutdruck und stimuliert gleichzeitig die Verdauung.

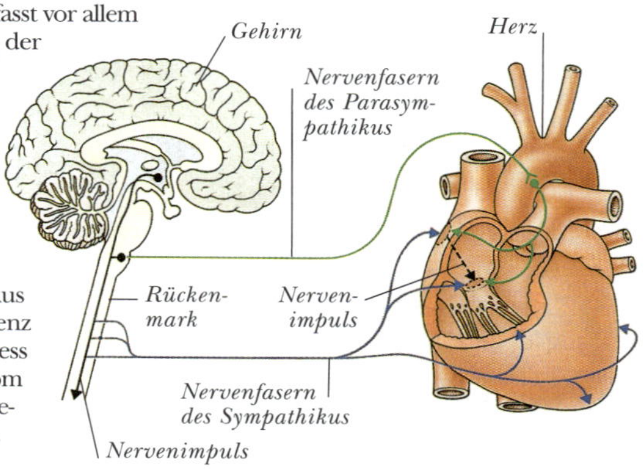


VERBINDUNGEN DES AUTONOMEN NERVENSYSTEMS ZUM HERZEN

**Autograf** ⟨n. 11 od. 27⟩ = *Autograph*

**Autogramm** ⟨n. 11⟩ *handschriftl. Namenszug (einer bekannten Persönlichkeit)* ◆ nach der Vorstellung gab der Künstler Autogramme; Autogramme sammeln [< grch. *autos* „selbst" + *gramma* „Schriftzeichen"]

**Autograph** ⟨n. 11 od. 27⟩ *eigenhändig geschriebenes Schriftstück (einer bedeutenden Persönlichkeit), Urschrift;* oV *Autograf* ◆ Versteigerung von Autographen [< grch. *autos* „selbst" + *graphein* „schreiben"]

**Automat** ⟨m. 16⟩ **1** *selbsttätiger Arbeitsapparat od. Verkaufsapparat* (Kaugummiautomat) **2** *selbsttätige Maschine* **3** ⟨Kyb.⟩ *ein System (z. B. eine Maschine), das Informationen aus der Umgebung aufnimmt, speichert, verarbeitet u. Informationen an die Umgebung abgibt* [< grch. *automatos* „aus eigener Bewegung handelnd, freiwillig"]

**Automatikgetriebe** ⟨n. 13; bei Kfz⟩ *Getriebe, das sich selbsttätig auf die beste Übersetzung einstellt*

**Automation** ⟨f. 20; unz.⟩ = *Automatisierung*

**automatisch** ⟨Adj.⟩ **1** *mithilfe eines Automaten* **2** *selbsttätig* **3** ⟨fig.⟩ *wie ein Automat, unwillkürlich, zwangsläufig*

**automatisieren** ⟨V. t.; hat⟩ *automatisch machen, mit Automaten ausstatten*

**Automatisierung** ⟨f. 20⟩ Sy *Automation* **1** *das Automatisieren* **2** *Einführung automatischer Arbeitsgänge*

**Automatismus** ⟨m.; -, -men⟩ *dem Bewusstsein entzogener Ablauf von Bewegungen u. Sinneseindrücken, z. B. der Hypnose*

**automobil** ⟨Adj.⟩ *durch das Auto bestimmt*

**Automobil** ⟨n. 11; veraltet⟩ ► = *Auto (1)* [< grch. *autos* „selbst" + lat. *mobilis* „beweglich"]

**autonom** ⟨Adj.⟩ *selbständig, unabhängig, nach eigenen Gesetzen selbstbestimmt lebend;* Ggs *heteronom (1)* ◆ autonomes Nervensystem ⟨Biol.⟩ ▲ *alle Nerven, die nicht bewusst beeinflussbar sind;* Sy *Lebensnervensystem, unwillkürliches Nervensystem, vegetatives Nervensystem;* → a. *vegetativ;* ► *Körper* [< grch. *autos* „selbst" + *nomos* „Gesetz"]

**Autonome(r)** ⟨f. 30 (m. 29)⟩ *Mitglied einer Gruppierung junger Anarchisten, die Staat u. Gesellschaft ablehnend gegenüber steht u. dies z. T. durch Gewaltbereitschaft zum Ausdruck bringt*

**Autonomie** ⟨f. 19; unz.⟩ Ggs *Heteronomie (1)* **1** *Recht (von Gemeinden od. Ländern), sich eigene Gesetze zu geben, Selbstverwaltung* **2** *Unabhängigkeit, Eigengesetzlichkeit*

**autopoietisch** ⟨Adj.⟩ *das eigene Schaffen, Wirken betreffend* [< *auto...* + grch. *poiesis* „Dichtung, Dichtkunst"]

**Autopsie** ⟨f. 19⟩ **1** ⟨allg.⟩ *Selbstbeobachtung, Selbstwahrnehmung, (eigener) Augenschein* **2** ⟨Med.⟩ *Betrachtung, Beobachtung des Kranken, ohne diesen zu befragen* **3** = *Leichenöffnung* [< grch. *autos* „selbst" + (Stamm) *op-* „sehen"]

**Autor** ⟨m. 23⟩ *Verfasser, Urheber (eines Kunst- od. Schriftwerkes)* [< frz. *auteur* „Verfasser", in Anlehnung an lat. *auctor* „Vermehrer, Urheber"]

**Autoradio** ⟨n. 15⟩ *im Auto eingebautes Radio*

**Autorin** ⟨f. 22⟩ *Verfasserin, Urheberin (eines Kunst- od. Schriftwerkes)* ◆ Romanautorin

**autorisieren** ⟨V. t.; hat⟩ jmdn. autorisieren *jmdn. (als Einzigen zu etwas) ermächtigen, jmdm. die Vollmacht erteilen* ◆ jmdn. zu etwas autorisieren; (eine vom Verfasser) autorisierte Übersetzung

**autoritär** ⟨Adj.⟩ **1** *auf Autorität beruhend* **2** *mit (unumschränkter) Autorität herrschend* ◆ autoritäre Erziehung, autoritäres Regime, autoritärer Staat [< frz. *autoritaire* „diktatorisch, herrisch"]

**Autorität** ⟨f. 20⟩ **I** ⟨unz.⟩ *Geltung, Ansehen, maßgebender Einfluss* ◆ jmds. Autorität untergraben; sich (gegenüber einem Dritten, innerhalb einer Gruppe) Autorität verschaffen; seine Autorität wahren **II** ⟨zählb.⟩ *Person mit maßgebendem Einfluss, Person, deren Wissen u. Urteil allgemein anerkannt werden, anerkannter Fachmann* ◆ eine Autorität auf einem Gebiet sein [< frz. *autorité* „Machtbefugnis"; zu lat. *auctoritas* „Bürgschaft, Sicherheit, Ermächtigung"]

AVOCADO
*(Persea americana)*

**Autorschaft** ⟨f. 20; unz.⟩ *Eigenschaft als Autor, das Autorsein, Urheberschaft* ◆ er leugnet die Autorschaft *er leugnet, der Autor zu sein;* jmds. Autorschaft anzweifeln

**Autosom** ⟨n. 11; Genetik⟩ *nicht geschlechtsgebundenes Chromosom* [< grch. *autos* „selbst" + *soma* „Körper"]

**Autosport** ⟨m. 1; unz.; Sp.⟩ *sportl. betriebenes Autofahren, Teil des Motorsportes*

**Autostunde** ⟨f. 19⟩ *eine Stunde Fahrzeit mit dem Auto* ◆ der Ort liegt eine Autostunde entfernt

**Autosuggestion** ⟨f. 20; Psych.⟩ *Erweckung von Vorstellungen ohne äußere Einflüsse* [< grch. *autos* „selbst" + *Suggestion*]

**autotroph** ⟨Adj.⟩ *sich selbst ernährend* (von Pflanzen); Ggs *heterotroph* [< grch. *autos* „selbst" + *trophe* „Nahrung"]

**Autotypie** ⟨f. 19; unz.; Typ.⟩ Sy *Auto (2)* **1** *Druckstock, -platte* **2** *das davon hergestellte Druckbild, mit durch Raster entstandenen Halbtönen* [< grch. *autos* „selbst" + *typos* „Abdruck"]

**Autoverkehr** ⟨m. 1; unz.⟩ *Straßenverkehr der Kraftfahrzeuge*

**Avantgarde** ⟨[avã-] f. 19⟩ *Gruppe von Vorkämpfern (für eine Idee od. Bewegung)* [frz., „Vorhut" (einer Streitmacht)]

**avantgardistisch** ⟨[avã-] Adj.⟩ **1** *zur Avantgarde gehörig* **2** *vorkämpferisch*

**Ave** ⟨[-və]⟩ **1** *Sei gegrüßt!, Lebe wohl!* **2** ⟨Rel.; kurz für⟩ *Ave-Maria* ◆ Ave Maria *Gegrüßet seist du, Maria (Anfangsworte eines kath. Gebetes);* das Ave läuten *zum Gebet „Ave-Maria" läuten* [lat.]

**Ave-Maria** ⟨[-və-] n. 15 od. n.; -, -; Rel.⟩ *nach seinen Anfangsworten benanntes katholisches Gebet, englischer Gruß;* Sy ⟨kurz⟩ *Ave (2)* ◆ ein, drei Ave-Maria beten

**Avers** ⟨[a'vɛrs] m. 1⟩ *Vorderseite (einer Münze), Bildseite (einer Medaille);* Ggs *Revers (II)* [frz.]

**Aversion** ⟨[-vɛr-] f. 20⟩ *Abneigung, Widerwille* [< lat. *aversio* „das Abwenden"]

**avisieren** ⟨[-vi-] V. t.; hat; geh.⟩ etwas avisieren *jmdn. über etwas benachrichtigen, in Kenntnis von etwas setzen, schriftlich ankündigen* ◆ wir haben das Hotel avisiert, dass Sie morgen um Viertel vor Zwölf ankommen [< frz. *aviser* „benachrichtigen"]

**Avocado** ⟨[-vo-] f. 10; Bot.⟩ oV *Avokado* **1** *kleiner Baum aus der Familie der Lorbeergewächse mit birnenförmigen, dunkelgrünen bis braunroten Früchten: Persea americana* **2** ▼ *dessen Frucht* [< span. *aguacate* < Nahuatl *ahuacatl;* verkürzt < *ahuactl* „Hoden" + *cuahuitl* „Baum" (als Aphrodisiakum angesehen)]

**Avokado** ⟨[-vo-] f. 10; Bot.⟩ ► = *Avocado*

**Awesta** ⟨n.; -; unz.; Rel.⟩ *Sammlung heiliger Schriften der Parsen* [< pers. *apastak* „Grundtext"]

**axial** ⟨Adj.⟩ **1** *auf eine Achse bezogen* **2** *in Richtung einer Achse* **3** *symmetrisch angeordnet* (Schriftsatz) [zu lat. *axis* „Achse"]

**axillar** ⟨Adj.⟩ **1** *zur Achselhöhle gehörig, darin gelegen* **2** ⟨Bot.⟩ *in der Blattachsel stehend* [zu lat. *axilla* „Achselhöhle"]

**Axiom** ⟨n. 11⟩ **1** *grundlegender Lehrsatz, der ohne Beweis einleuchtet, der nicht weiter bewiesen zu werden braucht* **2** *Annahme als Grundlage eines wissenschaftl. Systems* [zu grch. *axioun* „für recht halten"]

**Axiomatik** ⟨f. 20; unz.⟩ *Lehre von den Axiomen*

**axiomatisch** ⟨Adj.⟩ **1** *auf Axiomen beruhend* **2** *gewiss, unmittelbar einleuchtend*

**Axolotl** ⟨m. 5; Zool.⟩ ► *mexikanischer Wassermolch, der schon im Larvenstadium fortpflanzungsfähig ist: Ambystoma mexicanum* [aztek., „Diener des Wassers"]

**Axon** ⟨n. 11 od. n. 27⟩ *faserartiger Fortsatz der Nervenzelle, über den Erregungsprozesse geleitet werden* [grch., „Achse"]

**Axonometrie** ⟨f. 19⟩ *eine geometrische Parallelprojektion, deren Bilder den Eindruck perspektivischer Abbildungen erzeugen, nur dass parallele Linien wieder parallel erscheinen;* Sy *Parallelperspektive* [< *Axon* + grch. *metron* „Maß"]

## AZIMUTALPROJEKTION

Bei der Azimutalprojektion denkt man sich das Projektionszentrum in der Erdmitte, während die Projektionsebene die Erdoberfläche berührt. Im Fall rechts erscheinen die Breitenkreise als parallele Geraden, die Längenkreise als gekrümmte Linien. Azimutalprojektionen sind günstig für die Darstellung von Gebieten mit ungefähr gleicher Ausdehnung in alle Richtungen. Die Richtungen zwischen zwei Punkten werden dabei unverzerrt wiedergegeben.

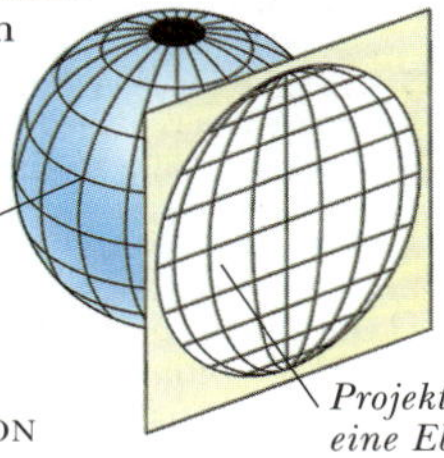


PRINZIP DER AZIMUTALPROJEKTION

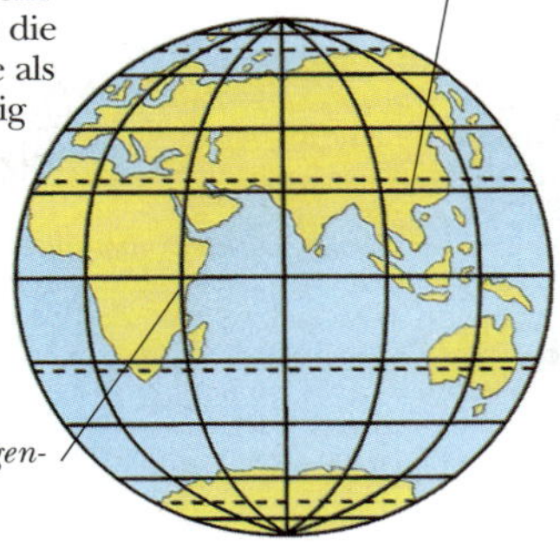


KARTENDARSTELLUNG IN AZIMUTALPROJEKTION

**Axt** ⟨f. 7u⟩ *Hauwerkzeug zum Fällen von Bäumen, Spalten u. Zurichten von Holz, mit längerem Stiel u. schmalerer Schneide als das Beil* ◆ die Axt an die Wurzel(n) legen ⟨bibl.⟩ *ein Übel von Grund aus beseitigen;* die Axt im Haus erspart den Zimmermann ⟨sprichwörtl. nach Schillers „Wilhelm Tell"⟩ [< ahd. *ackus,* engl. *ax(e);* verwandt mit Ähre, Ecke, Egge]

**Aye-Aye** ⟨[aˈjai] n.; - od. -s, - od. -s; Zool.⟩ ► = *Fingertier* [< frz. < madagass. *ajai*]

**Azalee** ⟨[atsaˈleːə] f. 19⟩, **Azalie** ⟨[aˈtsaliə] f. 19; Bot.⟩ *Angehörige einer Gattung der Erikagewächse, meist immergrüner Strauch, mit dem Rhododendron verwandt* [zu grch. *azaleos* „dürr"]

**Azarole** ⟨f. 19⟩ *kleine, mispelartige Frucht der mittelmeerischen ital. Mispel: Crataegus azarolus* [< span. *acerola* < arab. *azzurur* „Mispel"]

**Azephalie** ⟨f. 19; unz.⟩ *Fehlen des Kopfes;* oV *Akephalie* [< grch. *a* „nicht" + *kephale* „Kopf"]

**Azetaldehyd** ⟨m. 1; unz.; Chem.⟩ *stechend riechende, gesundheitsschädliche Flüssigkeit, chem. Formel* $CH_3CHO$*, Ausgangsstoff für zahlreiche Synthesen;* oV ⟨fachsprachl.⟩ *Acetaldehyd*

**Azetamid** ⟨n. 11; Chem.⟩ *gesundheitschädliche organ. Verbindung mit der chem. Formel* $CH_3–CONH_2$*, die u. a. als Vulkanisationsbeschleuniger verwendet wird;* oV ⟨fachsprachl.⟩ *Acetamid*

**Azetat** ⟨n. 11; unz.; Chem.⟩ *Salz der Essigsäure;* oV ⟨fachsprachl.⟩ *Acetat* [< lat. *acetum* „Essig"]

**Azeton** ⟨n. 11; unz.; Chem.⟩ *flüchtige Flüssigkeit, vielseitiges Lösungsmittel, chem. das einfachste Keton, chem. Formel CH3COCH3;* oV ⟨fachsprachl.⟩ *Aceton* [< lat. *acetum* „Essig"]

**Azetonurie** ⟨f.; -, -n; Med.⟩ *Auftreten von Azeton im Harn;* oV ⟨fachsprachl.⟩ *Acetonurie*

**Azetyl...** ⟨in Namen von organischen Verbindungen Bez. für⟩ *Atomgruppierung-CO-CH;* oV ⟨fachsprachl.⟩ *Acetyl...* [< lat. *acetum* „Essig" + grch. *hyle* „Holz, Stoff"]

**Azetylen** ⟨n. 11; unz.⟩ *farbloses, fast geruchloses, brennbares Gas, wird aus der thermischen Zersetzung von Methan gewonnen u. besonders für das autogene Schweißen verwendet;* oV *Acetylen* [< lat. *acetum* „Essig" + grch. *hyle* „Holz, Stoff"]

**Azimut** ⟨n. 11 od. m. 1; Astron. u. Geodäsie⟩ *Winkel, den ein Vertikal- oder Höhenkreis mit dem Meridian bildet* [< arab. *as-sumut* „die Wege"]

**azimutal** ⟨Adj.; Geodäsie⟩ *auf den Azimut bezogen, ihn betreffend*

**Azimutalprojektion** ⟨f. 20; Geodäsie⟩ ◄ *Kartenprojektion, bei der eine die Erde in einem Punkt berührende Ebene die Projektionsfläche bildet*

**azo..., Azo...** ⟨in Zus.⟩ *stickstoff..., Stickstoff...* [< frz. *azote* < grch. *a...* „nicht" + *zoe* „Leben"]

**Azogruppe** ⟨f. 19; Chem.⟩ *die Stickstoffverbindung – N = N –*

**Azteke** ⟨m. 17⟩ *Angehöriger eines ehemals hochkultivierten (14./15. Jh.) indian. Volksstammes in Mexiko*

**aztekisch** ⟨Adj.⟩ *die Azteken betreffend, zu ihnen gehörig, von ihnen stammend*

**Azubi** ⟨m. 6; umg.; Kurzw. für⟩ *Auszubildende(r)*

**Azur** ⟨m. 1; unz.⟩ *Himmelsblau, Himmelsbläue* [< frz. *azur* < ital. *azzurro* < pers. *ladschuward* „Lasurstein, Blaustein"]

**azurblau, azurn** ⟨Adj.⟩ *leuchtend himmelblau, tiefblau*

AXOLOTL
*(Ambystoma mexicanum)*

**azyklisch** ⟨Adj.⟩ oV *acyclisch* **1** *nicht zyklisch* **2** *nicht kreisförmig* **3** *zeitlich unregelmäßig* **4** ⟨Bot.⟩ *spiralig* **5** ⟨Med.⟩ *unregelmäßig verlaufend (ohne die üblichen Zwischenräume)* ◆ azyklische Verbindungen = *aliphatische Verbindungen* [< *a...*[1] + *kyklos* „Kreis"]

**Azyle** ⟨Pl.⟩ = *Acyle*

**Azylgruppe** ⟨f. 19⟩ = *Acylgruppe*

# B

**b** **I** ⟨n.; -, - od. -s; Mus.⟩ *Tonbezeichnung, das um einen halben Ton erniedrigte h* **II** ⟨ohne Art.⟩ **1** ⟨Mus.; Abk. für⟩ *b-Moll (Tonartbezeichnung)* **2** ⟨Phys.; Zeichen für⟩ *Barn*

**B** **I** ⟨n.; -, - od. -s; Mus.⟩ *Tonbezeichnung, das um einen halben Ton erniedrigte H* **II** ⟨ohne Art.⟩ **1** ⟨Mus.⟩ **1.1** ⟨Abk. für⟩ *B-Dur (Tonartbezeichnung)* **1.2** *Versetzungszeichen* ⟨Zeichen: b⟩, *erniedrigt den folgenden Ton um einen halben Ton* **2** ⟨Chem.; Zeichen für⟩ *Bor* **3** ⟨Abk. für⟩ *Bundesstraße* **4** ⟨EDV; Abk. für engl.⟩ *Byte*

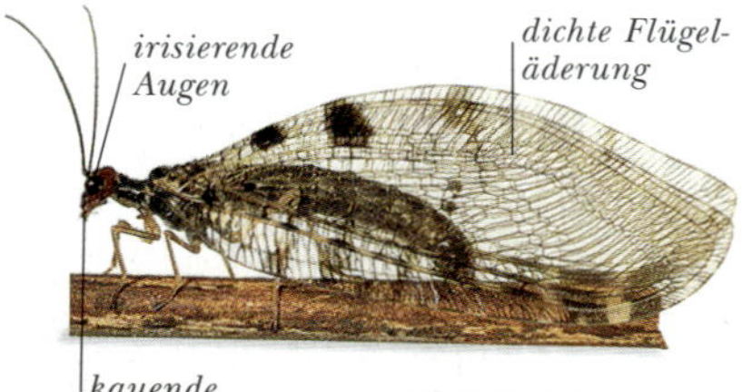

BACHHAFT
(*Osmylus fulvicephalus*)

**Ba** ⟨Chem.; Zeichen für⟩ *Barium*

**Baal** ⟨m.; -s, -e od. -im; im Vorchristentum Bez. für⟩ *Gottheit* [hebr.]

**Babel** ⟨n. 13; unz.⟩ **1** *Ort der Sünde, des Lasters* **2** *Ort, an dem viele Sprachen gesprochen werden* [nach der antiken Stadt *Babylon* in Mesopotamien]

**Babesie** ⟨[-ziə] f. 19⟩ *durch Zeckenbiss auf Mensch u. Tier übertragbarer einzelliger Krankheitserreger* [nach dem rumän. Mediziner V. *Babes*, 1854-1926]

**Baby** ⟨['be:bi] n.; s, -s⟩ *Säugling* [engl.]

**babylonisch** ⟨Adj.⟩ *Babylonien betreffend, zu ihm gehörig, aus ihm stammend* ◆ babylonische Sprache *zu den ostsemit. Sprachen gehörende Sprache der Babylonier;* babylonische Sprachverwirrung *Sprachendurcheinander*

**Babysitter** ⟨[be:bi-] m. 3⟩ *jmd., der während der Abwesenheit ihrer Eltern Babys oder Kleinkinder betreut* [< engl. *baby* „Säugling" + *sit* „sitzen"]

**Baccarat** ⟨[-ra] n. 15; unz.⟩ = *Bakkarat*

**Bacchant** ⟨[-xant] m. 16⟩ **1** *Diener des Weingottes Bacchus* **2** *trunkener Schwärmer*

**bacchantisch** ⟨[-xan-] Adj.⟩ *ausgelassen, ausschweifend, trunken*

**Bach** ⟨m. 1u⟩ *kleiner Fluss* ◆ im Sommer spielen die Kinder am Bach [< ahd. *bah*]

**Bachbett** ⟨n. 27⟩ *Bodenrinne, in der der Bach fließt*

**Bache** ⟨f. 19; Zool.⟩ *weibl. Wildschwein, Wildsau vom 3. Lebensjahr an*

**Bacher** ⟨m. 3; Zool.; selten⟩ *männliches Wildschwein zwischen dem 1. und 4. Lebensjahr,* ⟨meist⟩ *Keiler*

**Bachforelle** ⟨f. 19; Zool.⟩ *in Bächen lebende Forelle*

**Bachhaft** ⟨m. 1; Zool.⟩ ▲ *an Bächen lebender Angehöriger einer Familie der Netzflügler mit rotbraunem Kopf: Osmylidae;* ► *Insekten*

**Bachstelze** ⟨f. 19; Zool.⟩ *Sperlingsvogel aus der Familie der Stelzen, kleiner, schlanker Vogel mit hohen, langzehigen Füßen: Motacillidae* [< *Bach* + mhd., ahd. *sterz* „Schwanz"; od. vielleicht volksetymolog. zu *stelzen*]

**Back** ⟨f. 20; Mar.⟩ **1** *Essschüssel* **2** *Tischgemeinschaft an Bord* **3** *erhöhtes Deck auf dem Vorderschiff* [< nddt. *back* „Schüssel", engl. *back* „Gefäß" < spätlat. *bacca* „Wassergefäß"]

**Backbord** ⟨n. 11; unz.⟩ *linke Seite eines Schiffes;* Ggs *Steuerbord* [< engl. *backboard* < *back* „Rücken" (in alter Zeit war das Steuer auf der rechten Seite des Schiffes, so dass die linke dem Steuermann im Rücken lag) + *board* „Brett, Schiffsbord"]

**backbord(s)** ⟨Adv.; Mar.⟩ *links;* Ggs *steuerbord(s)*

**Backe**[1] ⟨f. 19⟩ **1** ⟨Anat.⟩ = *Wange (1)* **2** *jede der beiden verstellbaren Flächen eines Werkzeugs (Schraubstocks u. Ä.), zwischen denen ein Werkstück zum Bearbeiten festgeklemmt wird* **3** *Fläche der Bremsvorrichtung, die an die Räder des Fahrzeugs angedrückt wird* (Bremsbacke) ◆ die Backen aufblasen; dicke, rote, runde Backen haben; eine geschwollene Backe haben; mit vollen Backen kauen [< ahd. *backe, bahho* „Backe, Kinnlade"]

**Backe**[2] ⟨f. 19⟩ **1** ⟨Anat.⟩ *Teil des menschl. Gesäßes, des Hinterteils* (Hinterbacke); oV *Backen* **2** ⟨Mar.⟩ **2.1** *die Rundung an beiden Seiten des Bugs eines Schiffes* **2.2** *die Konsole am oberen Teil eines Mastes* [< ahd. *bahho* „Schinken, Speckseite"; zu ahd. *bah*, engl. *back* „Rücken"]

**backen**[1] ⟨V. 101; hat⟩ **I** ⟨V. t.⟩ **1** *durch trockene Hitze (im Ofen) gar machen* (Brot, Kuchen) **2** *in heißem Fett (in der Pfanne) gar machen, braten* (Eier, Fleisch, Fisch, Teig) **3** *dörren, trocknen* (Obst) ◆ die Brötchen sind braun, leicht, knusprig, scharf gebacken; gebackener Fisch; frisch gebackenes Brot **II** ⟨V. i.⟩ **1** *als Bäcker arbeiten* **2** *(im Ofen od. in der Pfanne) gar werden* **3** ⟨norddt.⟩ *kleben, sich zusammenballen* (Schnee) ◆ der Kuchen bäckt noch; der Schnee backt an den Skiern [< ahd. *bahhan*, engl. *bake*]

**backen**[2] ⟨V. i.; hat; Mar.⟩ *Essen fassen*

**Backen** ⟨m. 4; Anat.⟩ = *Backe*[2] *(1)*

**Backenknochen** ⟨m. 4; Anat.⟩ = *Jochbein*

**Backenzahn** ⟨m. 1u; Anat.⟩ ► *jeder der auf den Eckzahn folgenden Zähne;* Sy *Mahlzahn, Molar*

**Bäcker** ⟨m. 3⟩ *Hersteller von Backwaren* (Brotbäcker, Feinbäcker, Kuchenbäcker)

**Bäckerei** ⟨f. 18⟩ **1** *das Backen* (Weihnachtsbäckerei) **2** *Betrieb, in dem Backwaren hergestellt werden* **3** *Ladengeschäft für Backwaren* **4** ⟨österr.⟩ *Gebäck*

**Backfisch**[1] ⟨m. 1⟩ *gebackener Fisch*

**Backfisch**[2] ⟨m. 1; umg.⟩ *halbwüchsiges, unerfahrenes Mädchen* [→ *backen*[1]; unter Einfluss von *baccalaureus* „junger Gelehrter" zuerst Bez. für unreife Studenten, dann in Anlehnung an junge Fische, die sich ihrer Zartheit wegen besser zum Backen eignen als die ausgewachsenen Fische]

**Backform** ⟨f. 20⟩ *Form zum Backen von Teig (zu Kuchen)*

**Backgammon** ⟨[bæk'gæmən] n.; - od. -s; unz.⟩ *Brettspiel* [< engl. *back* „zurück" + vermutl. mengl. *gamen, gammon* „Spiel"]

**Backhähnchen** ⟨n. 14⟩ = *Brathuhn*

**Backlist** ⟨[bæk-] f. 10⟩ *Verzeichnis der (neben den Neuerscheinungen) lieferbaren Bücher eines Verlages* [< engl. *back* „zurück" + *list* „Liste, Verzeichnis"]

**Backobst** ⟨n.; -es; unz.⟩ *getrocknetes Obst;* Sy *Trockenobst*

**Backofen** ⟨m. 4u⟩ *Ofen zum Backen* ◆ hier ist eine Hitze wie in einem Backofen ⟨fig.⟩

**Backpulver** ⟨[-vər] n. 13⟩ *Treibmittel zum Kuchenbacken*

**Backslash** ⟨['bækslæʃ] m. 6; Zeichen: \⟩ *Schrägstrich von links oben nach rechts unten;* Ggs *Slash* [< engl. *back* „zurück" + *Slash*]

**Backstag** ⟨n. 11⟩ *Haltetau am Mast* [< nddt. *back* „hinterwärts" + *Stag*]

**Backstein** ⟨m. 1; Bauw.⟩ ► = *Ziegel (1)*

**Backsteinbau** ⟨m.; -(e)s, -ten; Bauw.⟩ *Gebäude aus unverputzten Backsteinen*

**Backstube** ⟨f. 19⟩ *Raum, in dem in einer Bäckerei gebacken wird*

**Backwaren** ⟨Pl.; Sammelbez. für⟩ *Brot, Brötchen, Kuchen, kleines Gebäck*

**Bad** ⟨n. 12u⟩ **1** *das Baden* **2** *Körperreinigung od. -erfrischung durch Eintauchen in Wasser* (Duschbad, Mineralbad, Wannenbad) **3** ⟨Med.⟩ *Eintauchen in Wasser od. heilkräftige Flüssigkeit zu Heilzwecken* (Kohlensäurebad, Moorbad) **4** *Wasser zum Baden* **5** ⟨Fot.⟩ *Flüssigkeit zum Entwickeln, Fixieren, Wässern* (Fixierbad, Wasserbad) **6** *Flüssigkeit zum Erhitzen* **7** *Lösung zum Galvanisieren von Metallen* **8** *Raum zum Baden, Badezimmer* **9** *öffentl. Schwimmhalle, Badeanstalt, Schwimmbad* (Freibad, Hallenbad) **10** *Kurort mit Heilquelle* (Heilbad, Mineralbad) *oder an der See* (Seebad); Sy *Badeort* [< ahd. *bad*, engl. *bath*]

**Badeanzug** ⟨m. 1u⟩ *einteiliges Kleidungsstück zum Baden (Schwimmen)*

**Badehose** ⟨f. 19⟩ *kurze Hose zum Baden (Schwimmen)*

**Badekappe** ⟨f. 19⟩ *wasserdichte Kappe zum Baden (Schwimmen);* Sy *Bademütze*

**Bademantel** ⟨m. 5u⟩ *Mantel aus Frotteestoff zum Abtrocknen nach dem Baden*

**Badematte** ⟨f. 19⟩ *kleiner Teppich, kleine Matte vor der Badewanne, Badevorleger*

**Bademeister** ⟨m. 3⟩ *Aufseher in einer Badeanstalt*

**Bademütze** ⟨f. 19⟩ = *Badekappe*

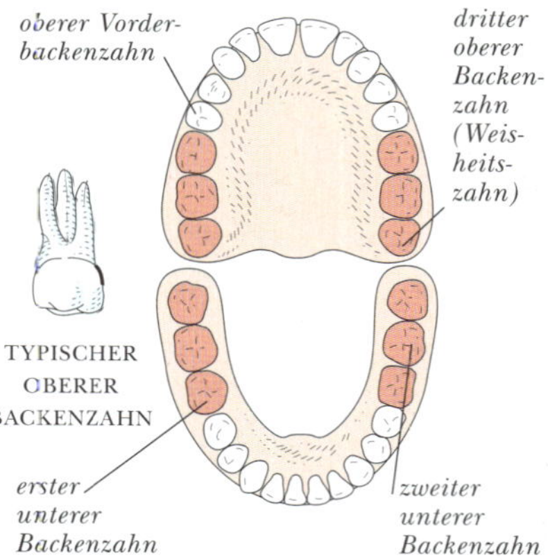

BACKENZÄHNE
PLAN DES MENSCHLICHEN GEBISSES

**baden** ⟨V.; hat⟩ **I** ⟨V. i.⟩ *ein Wannenbad nehmen, den Körper in Wasser od. heilkräftige Flüssigkeit tauchen, in der Badeanstalt schwimmen* ◆ baden **gehen** (ins Schwimmbad); damit kannst du baden gehen ⟨fig.; umg.⟩ *damit wirst du (wahrscheinlich) einen Misserfolg haben, scheitern* ◆ **kalt,** warm, heiß baden; **täglich** baden ◆ er war (wie) in Schweiß gebadet *nass vor Schweiß* **II** ⟨V. t.⟩ jmdn. od. sich baden *jmdn. od. sich im Bad reinigen* ◆ ich habe mich gebadet; ein Kind baden [< ahd. *badon*]

## BADMINTON

Badminton ist ein dem Tennis ähnliches Rückschlagspiel. Es wird meist in der Halle gespielt, weil der Federball empfindlich auf Wind reagiert. Der Spielgedanke ist, den Federball über ein hohes Netz so zurückzuspielen, dass der Gegner ihn nicht mehr erreicht – nur der Aufschlagende kann dabei einen Punkt gewinnen.

FEDERBALL

BADMINTON-SCHLÄGER

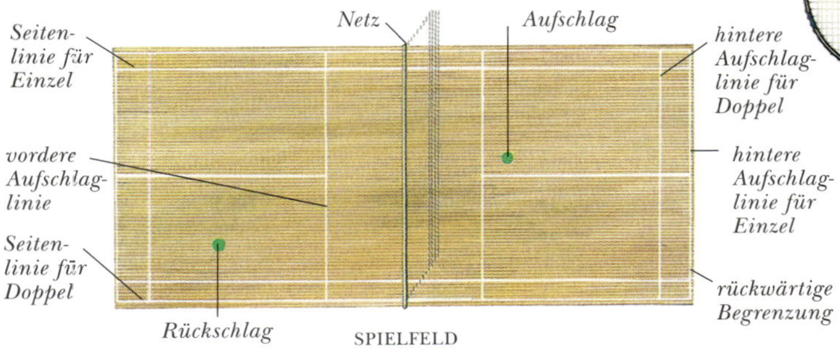


SPIELFELD

**Badener** ⟨m. 3⟩, **Badenser** ⟨m. 3; abwertend⟩ *Einwohner von Baden*
**badensisch** ⟨Adj.; abwertend⟩ = *badisch*
**Badeort** ⟨m. 1⟩ = *Bad (10)*
**Badesalz** ⟨n. 11⟩ *wohlriechender Zusatz für das Badewasser*
**Badeschwamm** ⟨m. 1u⟩ *Schwamm zur Körperreinigung*
**Badestrand** ⟨m. 1u⟩ *Meeres-, See- od. Flussstrand, an dem gebadet werden kann*
**Badetuch** ⟨n. 12u⟩ *Tuch aus Frotteestoff zum Abtrocknen nach dem Baden*
**Badewanne** ⟨f. 19⟩ *Wanne zum Baden*
**Badezimmer** ⟨n. 13⟩ *Zimmer mit Badeeinrichtung innerhalb einer Wohnung*
**badisch** ⟨Adj.⟩ *Baden betreffend, aus Baden stammend;* oV ⟨abwertend⟩ *badensisch*
**Badminton** ⟨[ˈbædmintən] n. 15; unz.; Sp.⟩ ▲ *Rückschlagspiel mit einem (bis zu 5,5 g schweren) Federball, der ohne vorherige Bodenberührung über das 1,55 m hohe Netz geschlagen werden muss, wobei nur der aufschlagende Spieler Punkte erzielen kann;* Sy *Federball (II)* [nach der gleichnamigen englischen Kleinstadt im Besitztum des Herzogs von Beaufort]
**baff** ⟨Schallwort⟩ baff sein *verblüfft sein, verdutzt sein* ◆ da bist du (wohl) baff? *da staunst du (wohl)?* [lautmalende Bezeichnung für den Schall eines Schusses; danach: *baff sein* = „überrascht sein wie bei einem plötzl. Schuss"]
**BAföG, Bafög** ⟨n.; - od. -s; unz.⟩ **1** ⟨Abk. für⟩ *Bundesausbildungsförderungsgesetz, Gesetz zur Förderung von Schülern u. Studierenden* **2** *Stipendium aufgrund dieses Gesetzes*
**Bagatelldelikt** ⟨n. 11; Rechtsw.⟩ *kleineres Vergehen mit geringer Schuld des Täters*
**Bagatelle** ⟨f. 19⟩ **1** ⟨Mus.⟩ *kurzes, leicht spielbares Musikstück* **2** *Kleinigkeit, Geringfügigkeit* [frz., „Kleinigkeit", Verkleinerungsform zu lat. *baca* „Beere"]
**bagatellisieren** ⟨V. t.; hat⟩ *als Bagatelle behandeln, als geringfügig hinstellen*
**Bagger** ⟨m. 3⟩ ► *Maschine zum Lösen, Heben u. Ausschütten von Erdreich* [< mndrl. *bagghe*r „Schlamm"]
**baggern** ⟨V. t. u. V. i.; hat⟩ **1** *mit dem Bagger arbeiten* **2** *mit dem Bagger ausheben, abtragen, wegtragen*
**Baguette** ⟨[baˈgɛt]⟩ **I** ⟨f. 19⟩ *Schliffform für Edelsteine* **II** ⟨n. 15⟩ *langes, dünnes französisches Weißbrot* [frz., eigtl. „dünner Stab" < *bague* „Stab" < lat. *baculum* „Stock, Stab"]
**Bahn** ⟨f. 20⟩ **1** *glatter Weg* (Rodelbahn), *ebene Strecke* (Rennbahn) **2** *Fahrstraße* (Fahrbahn) **3** *Schienenweg* **4** *Platz, weite Fläche für Kampf- od. Sportveranstaltungen* (Eisbahn, Kampfbahn, Reitbahn) **5** *Weg, Verlauf* (Planetenbahn, Geschossbahn) **6** *Arbeitsseite eines Werkzeuges, z. B. des Amboses, Hammers* **7** *langer Streifen* (Papierbahn, Stoffbahn, Tapetenbahn, Zeltbahn) **8** ⟨kurz für⟩ *Straßenbahn, Eisenbahn, Bahnstrecke, Bahngleis* ◆ einer neuen Entwicklung die Bahn **brechen** *für sie kämpfen, ihr den Weg bereiten;* sich durch eine Menschenmenge Bahn brechen *sich einen Weg schaffen;* die Bahn **nehmen** *mit der Eisen- bzw. Straßenbahn fahren* ◆ Bahn **frei!** *Achtung!, aus dem Weg gehen!;* wann fährt die **letzte** (Straßen-)Bahn?; ein Rock aus **mehreren** Bahnen; auf die **schiefe** Bahn geraten *vom rechten Weg abkommen* ◆ jmdn. **an** die Bahn bringen *jmdn. zum Bahnhof begleiten;* er war an der Bahn, um mich abzuholen *auf dem Bahnhof;* jmdn. **auf** die rechte Bahn bringen ⟨fig.⟩ *jmdn. auf den rechten Weg bringen;* **aus** der Bahn geworfen werden ⟨fig.⟩; er ist **bei** der Bahn beschäftigt; etwas **in** die richtigen Bahnen lenken; **mit** der Bahn fahren; etwas mit der Bahn schicken; **per** Bahn *mit der Eisenbahn;* jmdn. **von** der Bahn abholen *vom Bahnhof abholen* [<mhd. *ban(e);* Grundbedeutung anscheinend „Schlag, Schlagfläche" (der Fortbewegung dienend)]
**Bahnarbeiter** ⟨m. 3⟩ *Schienenarbeiter, Streckenarbeiter, Arbeiter bei der Eisenbahn*
**bahnbrechend** ⟨Adj.⟩ *umwälzend, neue Möglichkeiten weisend* ◆ eine bahnbrechende Entdeckung machen
**Bahndamm** ⟨m. 1u⟩ *erhöhte Gleisanlage*
**bahnen** ⟨V. t.; hat⟩ *ebnen, gangbar machen* ◆ der Fluss hat sich ein neues Bett gebahnt; jmdm. den Weg (zum Ziel) bahnen; sich einen Weg bahnen
**bahnenweise** ⟨Adv.⟩ *nach Bahnen gemessen, in Bahnen* (Stoff)
**Bahngleis** ⟨n. 11⟩ *Schienen für die Eisen- od. Straßenbahn*
**Bahnhof** ⟨m. 1u; Abk.: Bhf., Bf.⟩ *Haltestelle der Eisenbahn* ◆ im Bahnhof einfahren; jmdn. vom Bahnhof abholen; jmdn. zum Bahnhof begleiten
**Bahnlinie** ⟨[-niə] f. 19⟩ *Eisenbahnstrecke, Gleisabschnitt*
**Bahnsteig** ⟨m. 1⟩ *auf Personenbahnhöfen erhöhter Weg zwischen den Schienen für den Personen- u. Gepäckverkehr von u. zu den Zügen*
**Bahnstrecke** ⟨f. 19⟩ **1** *Teilstrecke der Eisenbahn, Gleisabschnitt* **2** *von der Eisenbahn zurückgelegte od. zurückzulegende Strecke*
**Bahnübergang** ⟨m. 1u⟩ *höhengleicher Weg über Bahngleise* ◆ beschrankter, unbeschrankter Bahnübergang

## BAGGER

Bagger dienen zur Abtragung von Erdreich: Man hebt damit Gruben und Gräben aus und bewegt dabei größere Erdmassen. Anstelle des Zweischalenlöffels kann man auch andere Löffelformen oder Ladeschaufeln montieren.

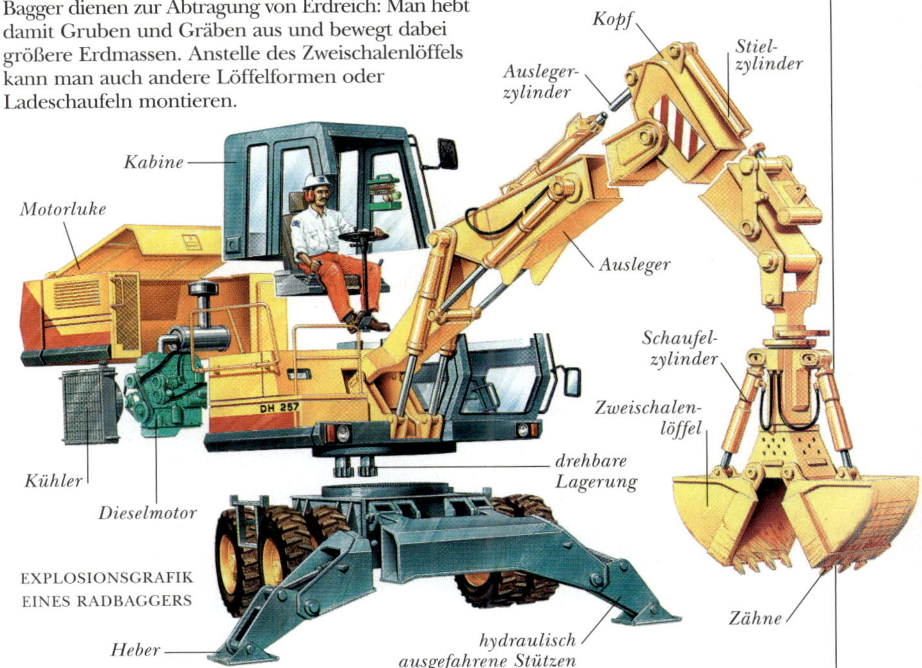


EXPLOSIONSGRAFIK EINES RADBAGGERS

**Bahre** ⟨f. 19⟩ *längl. Traggestell für Kranke, Verletzte od. Tote* (Tragbahre, Totenbahre) ◆ von der Wiege bis zur Bahre *von Anfang bis Ende des Lebens* [< ahd. *bara*, engl. *bier*]

**Bai** ⟨f. 18⟩ *Meeresbucht* [< frz. *baie* „Bucht"]

**bairisch** ⟨Adj.⟩ bairische Mundart ⟨sprachwiss. Schreibung für die⟩ *in Bayern gesprochene Mundart*

**Baiser** ⟨[bɛ'ze:] n. 15⟩ *Schaumgebäck aus Eischnee u. Zucker* [frz., „Kuss"]

**Baisse** ⟨[bɛ:s] f. 19; Börsenw.⟩ *Kurssturz, niedriger Stand (von Aktien), Preisfall;* Ggs *Hausse (2)* ◆ auf (die) Baisse spekulieren *fallende Kurse ausnützen* [frz., „Senkung, Abstieg"]

**Bajazzo** ⟨m. 6⟩ *Hanswurst, Spaßmacher* [< ital. *pagliaccio* „Strohsack" (wegen seiner sackähnl. Bekleidung)]

**Bajonett** ⟨n. 11⟩ ► *Seitengewehr, an der Seite getragene, auf den Gewehrlauf aufsteckbare Stoß- u. Stichwaffe für den Nahkampf* [< frz. *baionnette*, nach dem Herstellungsort, der Stadt *Bayonne* im südwestl. Frankreich]

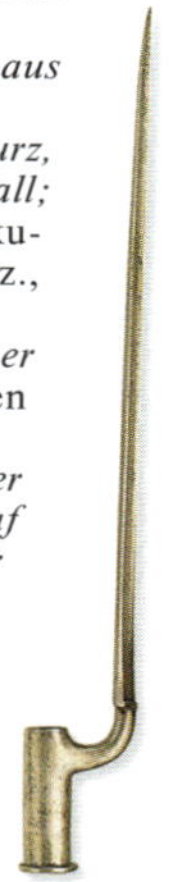

BAJONETT: AUFSTECK-BAJONETT

**Bake** ⟨f. 19⟩ **1** *feststehendes Seezeichen zum Kennzeichnen des Fahrwassers* **2** *vor Bahnübergängen schmale Tafel mit roten Schrägstreifen auf weißem Grund als Hinweiszeichen* **3** ⟨Eisenb.⟩ *schmale Tafel mit schwarzen Schrägstreifen als Hinweis auf Signale* **4** *Absteckpfahl bei Vermessungen* [< mnddt. *bake* „Leuchtfeuer" < afries. *baken*, engl. *beacon*, ahd. *bouhhan* „Signal"]

**Bakelit** ⟨n. 11; unz.⟩, **Bakelite** ⟨n. 28; unz.⟩ **1** ▼ *einer der ersten Kunststoffe, eine Pressmasse aus Phenolharz* **2** ⟨heute Warenzeichen für⟩ *Kunststoffe verschiedener Zusammensetzung* [nach dem amerikan. Chemiker L.H. *Baekeland*, 1863-1944]

BAKELIT: BABYFON (1937)

**Bakkarat** ⟨[-ra] n. 15; unz.⟩ *Glücksspiel mit zwei Whistkartenspielen, wobei ein Bankhalter gegen zwei Partner spielt;* oV *Baccarat* [< frz. *baccara*]

**Bakschisch** ⟨n. 11⟩ *kleines Geschenk, Almosen, Trinkgeld, Bestechungsgeld* [< pers. *bakhschisch* „Geschenk"]

**Bakterie** ⟨[-riə] f. 19; umg.; fälschlich für⟩ *Bakterium*

**bakteriell** ⟨Adj.⟩ *die Bakterien betreffend, durch Bakterien hervorgerufen*

**Bakteriologie** ⟨f. 19; unz.⟩ *Wissenschaft von den Bakterien, Erforschung der Bakterien* [< *Bakterium* + grch. *logos* „Lehre, Kunde"]

**bakteriologisch** ⟨Adj.⟩ *die Bakteriologie betreffend, auf ihr beruhend, mit ihrer Hilfe*

**Bakteriolyse** ⟨f. 19⟩ *Auflösung von Bakterien* [< *Bakterium* + grch. *lysis* „Lösung"]

**Bakteriophage** ⟨m. 17⟩ *Bakterien zerstörendes Virus* [< *Bakterium* + grch. *phagein* „essen"]

**Bakterium** ⟨n.; -s, -rien⟩ ► *einzelliger, kugel- od. stäbchenförmiger Organismus* (Gärungsbakterium, Fäulnisbakterium), *Krankheitserreger;* Sy *Spaltpilz* [< lat. *bacterium* < grch. *bakterion* „Stäbchen"]

**bakterizid** ⟨Adj.⟩ *Bakterien tötend* [< *Bakterium* + lat. *caedere* „töten"]

**Balalaika** ⟨f. 10; Pl. a.: -laiken; Mus.⟩ ▲ *russ. Zupfinstrument mit drei Saiten, dreieckigem Klangkörper u. langem Hals;* ► *Saiteninstrumente* [< russ., tatar.]

**Balance** ⟨[ba'laŋsə] od. [ba'lãs] f. 19⟩ *Gleichgewicht* ◆ die Balance halten [frz., „Waage"]

**balancieren** ⟨[balaŋ'si:rən] od. [balã'si:rən] V. t. u. V. i.; hat/ist⟩ **1** *(sich) im Gleichgewicht halten* **2** *ausgeglichen sein* ◆ auf einem Baumstamm, auf dem Seil balancieren [< frz. *balancer* „schaukeln"]

**Balanitis** ⟨f.; -, -tiden; Med.⟩ *Entzündung der Eichel des männl. Gliedes* [< grch. *balanos* „Eichel"]

**bald** ⟨Adv.⟩ **1** *innerhalb kurzer Zeit, in kurzem* **2** *wenig später, kurz danach* **3** ⟨umg.⟩ *beinahe, fast* ◆ ich werde bald kommen; ich wäre bald hingefallen; bald lachte, bald weinte sie vor Freude *manchmal, abwechselnd;* ich hätte bald etwas gesagt! *wäre fast unhöflich od. energisch geworden;* er wäre bald verzweifelt; bald danach, bald drauf; möglichst bald; sehr bald; er wird so bald nicht kommen; so bald wie möglich; (all)zu bald *(all)zu schnell, (all)zu rasch* [< ahd. *bald* „kühn", engl. *bold*]

**Baldachin** ⟨[-xi:n] m. 1⟩ **1** *Stoffdach über einem Thron, einem Bett, Traghimmel (bei Prozessionen)* **2** *steinernes Schutzdach über Standbildern, Altären, Kultgegenständen u. Ä.* **3** *kegelförmige Hülle um die Austrittsstelle eines Kabels in der Zimmerdecke* [< ital. *baldacchino*, nach *Baldacco*, der ital. Bez. für *Bagdad;* urspr. „golddurchwirkter Seidenstoff aus Bagdad"]

**Bälde** ⟨geh.; nur in der Wendung⟩ in Bälde *bald*

**baldig** ⟨Adj.⟩ *kurz bevorstehend* ◆ ich rechne mit seiner baldigen Ankunft

**baldigst** ⟨Adv.⟩ *möglichst bald*

**baldmöglichst** ⟨Adv.; besser⟩ *möglichst bald*

**Baldrian** ⟨m. 1; unz.⟩ *Heilpflanze, deren Wurzeln das als Beruhigungsmittel verwendete Baldrianöl liefern: Valeriana;* Sy *Speik* [< spätmhd. *baldrian* < lat. *valeriana*]

**Balg** I ⟨m. 1u⟩ **1** *abgezogenes Fell, abgezogene Haut (von Tieren)* **2** ⟨oberdt.⟩ *Hülse (von Hülsenfrüchten);* ► *Früchte* **3** ⟨Mus.; bei Dudelsack, Orgel, Harmonium, Ziehharmonika; kurz für⟩ *Blasebalg* **4** *ausziehbares Verbindungsteil zwischen D-Zug-Wagen* **5** *ausgestopfter Körper, Strohmann, Puppenrumpf* **6** ⟨westdt.⟩ *Wanst, Fettbauch* ◆ einem Tier den Balg abziehen; den Balg (der Puppe) neu ausstopfen; die Bälge treten (bei der Orgel, um ihr Luft zuzuführen) **II** ⟨n. 12u od. m. 2u⟩ *(ungezogenes) Kind* ◆ freches, unerzogenes Balg; ein süßes kleines Balg [< ahd. *balg*, eigtl. „die zum Aufbewahren von Flüssigkeiten abgestreifte Tierhaut", engl. *belly* „Bauch", engl. *bellows* „Blasebalg"; im 16. Jh. Schmähwort für Dirnen u. Kupplerinnen, dann „unartiges Kind"]

**Balgen** ⟨m. 4⟩ ▼ *harmonikaartig ausziehbare Hülle, z. B. an alten Fotoapparaten* [→ Balg]

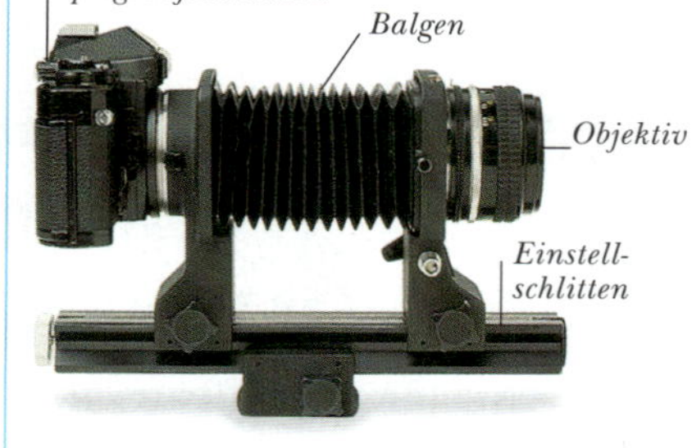


BALGEN: BALGENKAMERA AUF EINEM SCHLITTEN

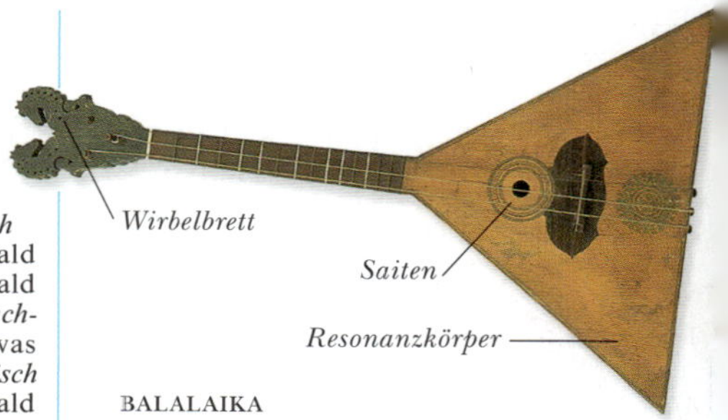


BALALAIKA

**Balgerei** ⟨f. 18; umg.⟩ *(spielerische) Rauferei, Rangelei*

**Balken** ⟨m. 4⟩ **1** *vierkantig gesägtes Bauholz* **2** *Träger aus Holz od. Stahl* (Querbalken, Stützbalken) **3** *jeder der beiden Arme der Waage* **4** *vom Pflug aufgeworfene Erde* **5** ⟨Anat.⟩ *Nervenbrücke zwischen den Großhirnhälften: Corpus callosum* ◆ lügen, dass sich die Balken biegen *so sehr lügen, dass es jeder merkt;* das Wasser hat keine Balken *im Wasser kann man sich nicht festhalten* [< ahd. *balko*, *balcho*, engl. *balk*]

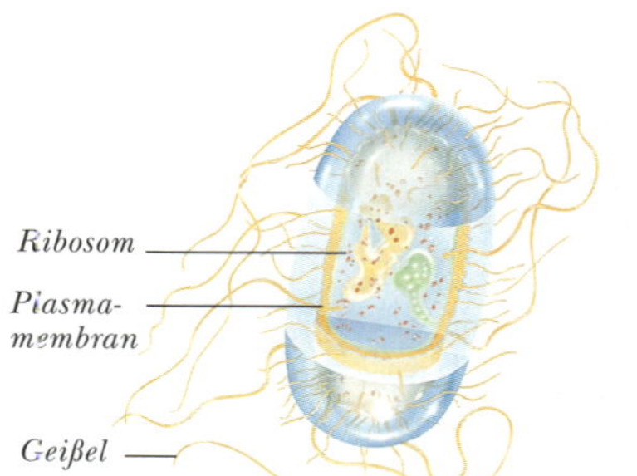


BAKTERIUM: SCHNITT DURCH EIN BAKTERIUM

**Balkendecke** ⟨f. 19⟩ *Zimmerdecke aus (unverputzten) Balken*

**Balkon** ⟨[bal'kɔ̃] od. umg. [-kɔŋ] m. 6 od. [bal'ko:n] m. 1⟩ **1** *durch Gitter od. Brüstung abgeschlossener Vorsprung eines Hauses* **2** *erster Rang im Theater* (Mittelbalkon, Seitenbalkon) [< frz. *balcon* < ital. *balcone*]

**Ball**[1] ⟨m. 1u⟩ **1** *(meist) kugelförmiges Spielzeug od. Sportgerät* (Fußball, Handball, Tennisball, Federball, Wasserball, Gummiball, Lederball) **2** *kugelförmiges, meist hohes Signal* (Signalball) **3** ⟨poet.⟩ *Kugel* (Erdball, Sonnenball) [< ahd. *bal*]

**Ball**[2] ⟨m. 1u⟩ *Tanzvergnügen (in größerem Umfang)* ◆ einen Ball eröffnen; einen Ball geben; auf den Ball gehen [< frz. *bal* „Tanz"; zu lat. *ballare* „tanzen"]

**Ballade** ⟨f. 19; Mus.⟩ **1** ⟨urspr.⟩ *einstimmiges Tanzlied* **2** ⟨heute; a. Lit.⟩ *episches, dramatisch bewegtes Gedicht* [< engl. *ballad* „erzählendes Gedicht sagenhaften Inhalts" < afrz. *balade* „Tanzlied"]

**Ballast** ⟨m. 1⟩ **1** *wertlose Fracht zum Ausgleich des Gewichts od. (bei Schiffen) des Tiefgangs* **2** ⟨fig.⟩ *unnützes Beiwerk, Bürde, Last, Belastung* ◆ Ballast abgeben, ab- od. auswerfen (um das Gewicht od. den Tiefgang zu verringern) [→ *Last;* erster Wortteil unklar: entweder zu *bar* „bloß" od. < ags. *bearm scipes* „Schoß des Schiffes" od. < anord. *barmr* „Rand" od. zu ahd. *balu* „schlecht"]

**Ballaststoffe** ⟨Pl.⟩ *kaum verwertbare, pflanzliche Bestandteile der Nahrung, die der Anregung der Darmtätigkeit dienen*

**ballen** ⟨V.; hat⟩ **I** ⟨V. t.⟩ **1** *zusammendrücken, verdichten* **2** *zu einem Ball formen* ◆ die Faust, die Fäuste ballen; die Hand zur Faust ballen; mit geballter Faust **II** ⟨V. refl.⟩ sich ballen *eine dichte Masse, einen Klumpen bilden* ◆ die Erde, der Schnee, der Lehm ballt sich (zu Klumpen); Menschen in geballten Massen *sehr viele Menschen auf einmal* **III** ⟨V. i.⟩ *mit dem Ball spielen*

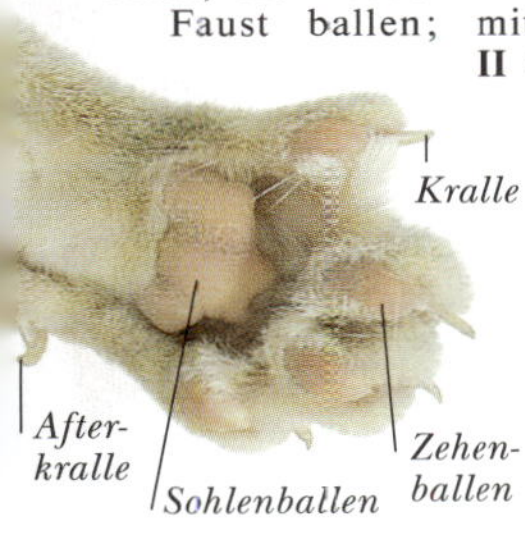

BALLEN EINER HAUSKATZE

**Ballen** ⟨m. 4⟩ **1** *in Leinwand o. Ä. fest verpacktes Frachtstück (z. B. Kaffee, Baumwolle, Tabak)* **2** *Zählmaß für Papier, Tuch u. Leder* **3** *zusammengerollte od. auf Pappe gewickelte Stoffbahn* (Stoffballen) **4** ▲ *verdickte Stellen an den Laufflächen der Gliedmaßen der Säugetiere sowie unter Daumen u. Zehen beim Menschen* **5** ⟨Med.⟩ *(krankhafte) Verdickung an der Innenseite des ersten Mittelknochens* [< ahd. *balo;* Nebenform zu *Ball[1]* „kugelrunder Körper“, eigtl. „rundlich gepackte (Papier- od. Tuch-) Rolle“]

**Ballerina, Ballerine** ⟨f.; -, -rinen⟩ *Ballettsolistin, Tänzerin* [ital., frz., „Kunsttänzerin“ < ital. *ballo* „Tanz, Tanzfest“; → *Ball[2]*]

**ballern** ⟨V.; hat⟩ **I** ⟨V. i.; umg.⟩ *knallen (beim Schießen)* ◆ sie ballerten durch die Gegend **II** ⟨V. t.; umg.⟩ *heftig werfen* ◆ einen Stein gegen das Fenster ballern [vermutl. lautmalend]

**Ballett** ⟨n. 11⟩ **1** *Bühnentanz* **2** *Bühnentanzgruppe* ◆ beim Ballett sein; zum Ballett gehen [< ital. *balletto* „kleines Tanzfest“; → *Ball[2]*]

**Balletteuse** ⟨[balɛ'tøːzə] f. 19⟩ *Balletttänzerin* [französisierend zu *Ballett,* statt frz. *ballerine*]

**Ballettmeister** ⟨m. 3⟩ *Leiter, Ausbilder einer Bühnentanzgruppe*

**Balletttänzer** ⟨m. 3⟩ *Tänzer beim Ballett*

**Balletttänzerin** ⟨f. 22⟩ *Tänzerin beim Ballett;* → a. *Ballerina*

**Balletttheater** ⟨n. 13⟩ *Theater für Ballettaufführungen*

**Balletttruppe** ⟨f. 19⟩ *Tanztruppe für Ballettaufführungen*

**Ballistik** ⟨f. 20; unz.⟩ *Lehre von den Flugbahnen geworfener od. geschossener Körper*

**ballistisch** ⟨Adj.⟩ *die Ballistik betreffend, zu ihr gehörig, auf ihr beruhend* ◆ ballistische Kurve *Bahn, die ein geworfener od. abgeschossener Körper beschreibt;* ballistische Rakete ▲ *Rakete, die nach der Erschöpfung ihres Treibstoffs u. damit dem Versiegen des beschleunigenden Schubs eine ballistische Kurve beschreibt*

BALLISTISCHE RAKETE: NACHRICHTENRAKETE DES II. WELTKRIEGS

**Balljunge** ⟨m. 17; Sp.⟩ *Junge, der bei Tennisturnieren zwischen den Ballwechseln die Bälle aufhebt u. den Spielern wieder zuwirft*

**Ballkleid** ⟨n. 12⟩ *festl. Kleid für einen Ball, eine größere Feierlichkeit* ◆ beim Abschlussball trägt Christina ein rotes Ballkleid

**Ballmädchen** ⟨m. 17; Sp.⟩ *Mädchen, das bei Tennisturnieren zwischen den Ballwechseln die Bälle aufhebt u. den Spielern wieder zuwirft*

**Ballon** ⟨[ba'lɔ̃] od. umg. [-lɔŋ] m. 6 od. [ba'loːn] m. 1⟩ **1** *mit Gas od. Luft gefüllter Ball, der leichter als Luft ist, Kinderspielzeug* (Luftballon) **2** *mit Gas gefülltes, ballförmiges Luftfahrzeug* (Fesselballon); ► *Luftfahrzeuge* [frz., „großer Ball“ < ital. *pallone* < *palla* „Kugel“; beeinflusst von frz. *balle*]

**Ballonflasche** ⟨[-lɔ̃-] od. umg. [-lɔŋ-] f. 19⟩ *große, bauchige Flasche (zum Aufbewahren von Säuren, Herstellen von Most usw.)*

**Ballungsgebiet** ⟨n. 11⟩ *Landschaft mit überdurchschnittl. Bevölkerungsdichte u. sehr viel Industrie*

**balneo..., Balneo...** ⟨in Zus.⟩ *bad..., Bad...* [< lat. *balneum* „Badezimmer, Badewanne, Bad“]

**Balneologie** ⟨f. 19; unz.⟩ *Lehre von den Heilbädern* [< lat. *balneum* „Bad“ + grch. *logos* „Rede, Kunde“]

**Balsam** ⟨m. 1⟩ **1** *natürl. Gemisch von Harzen u. ätherischen Ölen* **2** ⟨fig.; poet.⟩ *Linderung, Wohltat* ◆ deine Worte sind Balsam für meine Seele; Balsam auf jmds. Wunde träufeln *jmds. seel. Schmerz lindern, jmdn. trösten* [< ahd. *balsamo,* engl. *balm* < lat. *balsamum* < grch. *balsamon* < hebr. *basam* „Balsamstrauch u. sein Harz“]

**Balsamapfel** ⟨m. 5u⟩ *Angehöriger einer Gattung ein- od. mehrjähriger Kräuter: Momordica*

**Balsambaum** ⟨m. 1u⟩ *Angehöriger einer trop. Pflanzenfamilie, insbes. Holzgewächse mit Balsamgängen, die Storax liefern, Hamamelidazeen: Balsamifluae*

**balsamieren** ⟨V. t.; hat⟩ *mit Balsam behandeln, einsalben*

**Balsaminengewächs** ⟨n. 11⟩ *einjähriges Kraut mit aufspringenden Kapselfrüchten (z. B. Springkraut): Balsaminaceae* [< lat. *balsamina* < grch. *balsamine;* → *Balsam*]

**Balte** ⟨m. 17⟩ *Einwohner des Baltikums*

**baltisch** ⟨Adj.⟩ *das Baltikum betreffend, zu ihm gehörig, aus ihm stammend* ◆ baltische Sprachen ⟨Sammelbez. für⟩ *Lettisch, Litauisch u. Altpreußisch*

**Balustrade** ⟨f. 19⟩ *Brüstung, Balkon mit Geländer aus Balustern* [frz., „Geländer“ < ital. *balaustrata*]

**Balz** ⟨f. 20; Zool.⟩ ► *Werbezeremonie bestimmter Tierarten (bes. bei Vögeln) vor der Paarung, bei der z. B. durch Gesang od. Zurschaustellung bestimmter Körperteile der Paarungspartner angelockt u. auf die Paarung eingestimmt werden soll* [< mhd. *balze;* Herkunft unsicher, Grundbedeutung „klopfen“]

**balzen** ⟨V. i.; hat; Zool.⟩ *durch Lockruf u. Bewegungen werben* (vom Federwild)

**Bambus** ⟨m. 1⟩ ▲ *tropische Riesengraspflanze, deren Stängel verholzen* [< mal. *bambu, mambu*]

**Bambuspalme** ⟨f. 19; Bot.⟩ = *Raphia (1)*

**Bammel** ⟨m. 5; unz.; umg.⟩ *Angst, Furcht, Lampenfieber* ◆ Bammel vor einer Prüfung haben [< jidd. *baal emoh* „Furchtsamer“]

**bammeln** ⟨V. i.; hat; umg.; scherzh.⟩ *hängen, baumeln* [wohl lautmalend neben *bimmeln* und *bummeln*]

**banal** ⟨Adj.⟩ *alltäglich, geistlos, abgedroschen, nichts sagend, fade* [frz., „gemeinnützig, alltäglich, gewöhnlich“; zu afrz. *ban* „Gerichtsbezirk“]

**Banalität** ⟨f. 20⟩ **I** ⟨unz.⟩ *Alltäglichkeit, Geistlosigkeit, Fadheit* **II** ⟨zählb.⟩ *banale Bemerkung, banaler Witz*

**Banane** ⟨f. 19⟩ *Angehörige einer tropischen Pflanzengattung, von der einige Arten Früchte, andere Fasern liefern* [< port. *banana* < Kongospr.]

**Banause** ⟨m. 17⟩ *Mensch ohne Kunstverständnis, ohne Sinn für Kunst* [< grch. *banausos* „Handwerker“]

**Band[1]** **I** ⟨n. 12u⟩ **1** *schmaler Streifen aus Gewebe* (Haarband, Seidenband, Trägerband), *aus Leder als Treibriemen, aus Metall als Fassreifen od. als Beschlag an Türen od. Fenstern, der die Angel trägt, aus Plastik* (Tonband) **2** ⟨kurz für⟩ ► = *Tonband* **3** *faseriger Verstärkungsstrang aus Bindegewebe zur Befestigung der gegeneinander bewegl. Knochen, Ligamentum* ◆ ein Band **annähen;** ein Band **besprechen,** bespielen ◆ am **laufenden** Band *am Fließband,* ⟨fig.⟩ *ohne Unterbrechung* ◆ etwas **auf** Band aufnehmen; ein Band **im** im Haar tragen **II** ⟨m. 1u⟩ *einzelnes Buch, ein Buch als Teil eines Gesamtwerkes* ◆ darüber könnte man Bände erzählen, schreiben *sehr viel erzählen, schreiben;* das spricht Bände! *das sagt genug, das sagt alles;* in Leinen gebundene Bände **III** ⟨n. 11⟩ **1** *Fessel* **2** ⟨meist Pl.; fig.⟩ *Verbindung, Verknüpfung* ◆ das Band der Ehe; Bande der Freundschaft, der Liebe; außer Rand und Band sein *nicht zu bändigen sein, sehr übermütig sein* [< ahd. *bant,* engl. *bend*]

BAMBUS: ART
*Phyllostachys nigra*

**Band[2]** ⟨[bænd] f. 10; Mus.⟩ *Kapelle, Gruppe für Tanzmusik, Pop- u. Rockmusik od. Jazz* [< engl. *band* „Schar, Trupp“ < frz. *bande* „Schar“]

**Bandage** ⟨[-ʒə] f. 19⟩ **1** ⟨Med.⟩ *Stütz- od. Schutzverband* **2** *Stahlbereifung für Räder von Eisenbahnwagen u. Lokomotiven* ◆ mit harten Bandagen kämpfen ⟨fig.⟩ *hart, mit allen Mitteln kämpfen* [frz., „Verband“; zu *bander* „verbinden“]

**bandagieren** ⟨[-ʒiː-] V. t.; hat; Med.⟩ *eine Bandage anlegen* ◆ den Fuß bandagieren

BALZ DES AUERHAHNS

B

B

**Bandbreite** ⟨f. 19⟩ **1** *Frequenzbereich eines Signals* **2** *Frequenzbereich, der von einem Filter durchgelassen od. von einem Verstärker o. ä. Gerät verarbeitet wird* **3** ⟨fig.⟩ *Vielfalt, Spannweite* ◆ eine Ausstellung von großer Bandbreite

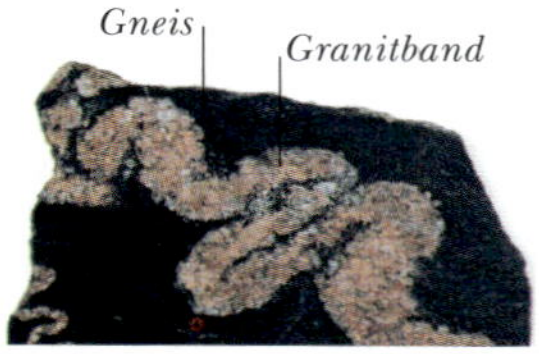

BÄNDERUNG
IN METAMORPHEM GESTEIN

**Bande**[1] ⟨f. 19; umg.⟩ **1** *Vereinigung von Verbrechern unter einem Anführer* (Diebesbande, Räuberbande, Verbrecherbande) **2** *Schar, Pack* **3** ⟨scherzh.⟩ *Gesellschaft (bes. von Kindern od. jungen Leuten)* ◆ ihr seid ja eine verrückte Bande!; eine Bande von Herumtreibern [< frz. *bande* „Schar, Trupp"]

**Bande**[2] ⟨f. 19⟩ **1** *innere Umrandung des Billardtisches* **2** *Einfassung der Reitbahn u. der Zirkusmanege* **3** *seitl. Begrenzung einer Kegel- od. Eisbahn* ◆ den Ball an die Bande spielen [< frz. *bande* „Binde"]

**Bändel** ⟨n. 13⟩ *kleines, schmales Band* ◆ jmdn. am Bändel haben ⟨fig.; umg.⟩ *einen Verehrer, Liebhaber haben*

**Banderilla** ⟨[-rilja] f. 10⟩ *bunt geschmückter Spieß mit Widerhaken, den der Stierkämpfer dem Stier in den Nacken stößt* [span., „Fähnchen", Verkleinerungsform zu *banda* „Fahne"; → *Banner*]

**Banderole** ⟨f. 19⟩ **1** *Steuerband, besonders an Tabakwaren* **2** *Spruchband* [frz., „Wimpel, Streifband" < ital. *banderuola* < *bandiera* „Fahne"; → *Banner*]

**Bänderriss** ⟨m. 1; Med.⟩ *Riss in den Bändern der Knochengelenke*

**Bänderung** ⟨f. 20⟩ ▲ *gebändertes Muster, bänderartige Struktur (bei Pflanzen, Tieren u. in Gesteinen)*

**Bänderzerrung** ⟨f. 20; Med.⟩ *Überdehnung der Bänder der Knochengelenke*

**bändigen** ⟨V. t.; hat⟩ **1** ⟨eigtl.⟩ *an ein Band legen, am Band halten* **2** ⟨allg.⟩ *zähmen, unterwerfen* (Tiere) **3** *zur Ruhe, zum Gehorsam bringen, beruhigen* **4** *bezwingen, unterdrücken* (Wut) ◆ einen wilden Löwen bändigen; ich weiß nicht, wie ich das wilde Kind bändigen soll; der sich wehrende Gefangene war kaum zu bändigen

**Bandit** ⟨m. 16⟩ *gewerbsmäßiger Verbrecher* [< ital. *bandito* „des Landes Verwiesener"; zu *bandire* „verbannen"]

**Bandleader** ⟨['bændli:də(r)] m. 3; Mus.⟩ **1** ⟨i. e. S.⟩ *Mitglied einer Jazzband, das die Führungsstimme (Lead), meist Trompete od. Kornett, übernimmt* **2** ⟨i. w. S.⟩ *Leiter einer Rock- od. Popband* [< engl. *band* „Schar, Truppe" + *lead* „führen, leiten"]

**Bandmaß** ⟨n. 11⟩ *aufrollbares Metermaß*

BANKNOTE:
ITALIENISCHE 10 000-LIRE-NOTE

**Bandnudeln** ⟨Pl.⟩ *bandförmige Nudeln*

**Bandoneon, Bandonion** ⟨n. 15; Mus.⟩ *im Querschnitt quadrat. Handharmonika mit beiderseits verlaufenden Knopfreihen* [nach dem Erfinder Heinrich *Band,* 1821-1860]

**Bandscheibe** ⟨f. 19; Anat.⟩ ▼ *elast. Scheibe zwischen den Wirbelkörpern;* Sy *Gelenkscheibe, Zwischenwirbelscheibe*

**Bandscheibenvorfall** ⟨m. 1u; Med.⟩ *Bandscheibenschaden, bei dem der gallertartige Kern der Bandscheibe zwischen den Wirbeln hervortritt*

**Bandura** ⟨f. 10; Mus.⟩ *ukrain. lautenartiges Saiteninstrument mit 12 Saiten* [< ital. *pandura* < spätlat. u. grch. *pandura* „dreisaitiges Musikinstrument"]

**Bandwurm** ⟨m. 2u⟩ *Angehöriger einer Klasse der Plattwürmer, Schmarotzer im Darm der Wirbeltiere u. des Menschen: Cestodes*

**bange** ⟨Adj.⟩ *furchtsam, ängstlich, beklommen, besorgt* ◆ bange **Erwartung;** bange **Stunden** durchleben ◆ jmdm. Angst und Bange **machen** *ihm Furcht, Besorgnis einflößen* ◆ mir ist **angst** und bange geworden ⟨verstärkend⟩ ◆ mir ist **bange** um ihn *ich habe Angst, bin ängstlich, besorgt*

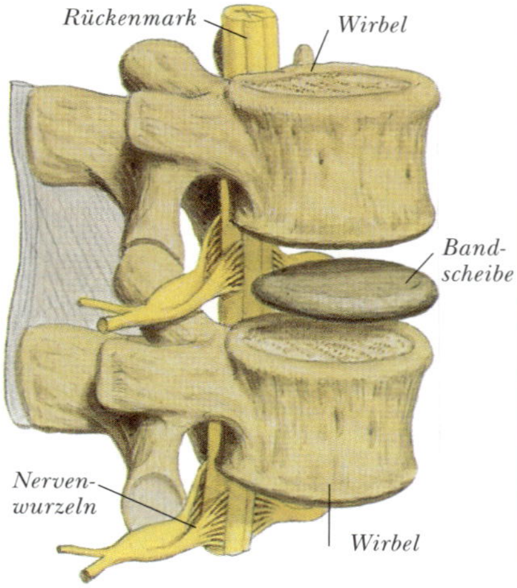

BANDSCHEIBE: AUSSCHNITT AUS
DER WIRBELSÄULE DES MENSCHEN
MIT EINER BANDSCHEIBE

**bangen** ⟨V. i.; hat⟩ *Angst, Furcht, Sorge haben* ◆ mir bangt, es bangt mir davor *ich habe Angst davor;* ich bange um sein Leben; er bangt um seine Stellung *er fürchtet, seine Stellung zu verlieren*

**Banjo** ⟨a. engl. ['bændʒo] n. 15; Mus.⟩ *fünf- bis neunsaitiges Zupfinstrument der nordamerikan. Schwarzen mit kreisrundem Klangkörper u. langem Hals* [→ *Bandura*]

**Bank**[1] ⟨f. 7u⟩ **1** *Sitzmöbel für mehrere Personen* **2** *Untiefe (geringe Tiefe) im Ozean* **3** *Kies- u. Sandablagerung in Flussläufen* (Sandbank) **4** *Gesteinsschicht, die von einem anderen Gestein eingefasst ist* **5** *dichte Ansammlung von Meereslebewesen* (Austernbank, Korallenbank) **6** ⟨Sp.⟩ **6.1** ⟨Ringen⟩ *eine Kampfstellung* **6.2** ⟨Turnen⟩ *kombiniertes Turngerät in Form einer Bank, die umgekehrt als Schwebebalken dient* (Turnbank) **7** *Arbeitsgerät in Form eines Tisches* (Hobelbank, Kürschnerbank) ◆ etwas auf die lange Bank schieben ⟨fig.⟩ *etwas hinausschieben, verzögern;* (alle) durch die Bank *allesamt, alle miteinander ohne Ausnahme;* vor leeren Bänken predigen ⟨fig.⟩ *Ratschläge erteilen, die keiner befolgt u. niemand hören will* [< ahd. *bank,* engl. *bench*]

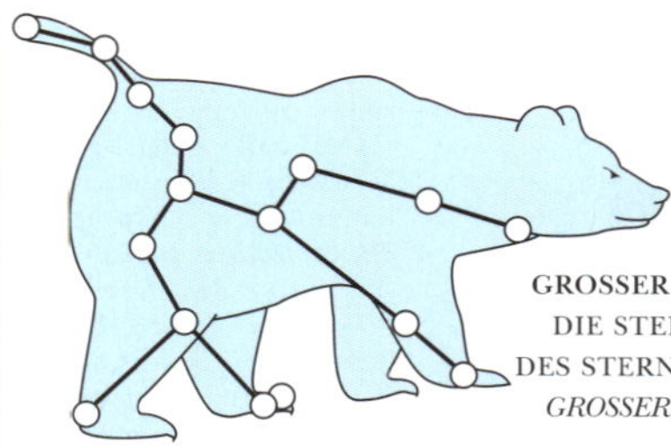
GROSSER BÄR:
DIE STERNE
DES STERNBILDS
*GROSSER BÄR*

**Bank**[2] ⟨f. 20⟩ **1** *Anstalt, Unternehmen für Geldverkehr* **2** ⟨Glücksspiel⟩ *die vom Bankhalter verwaltete Kasse;* → a. Spielbank **3** ⟨Med.⟩ *Sammelstelle für Blut- u. Organkonserven* (Blutbank, Augenbank) ◆ die Bank halten *das Amt des Bankhalters ausüben, gegen alle Mitspieler spielen, setzen;* die Bank sprengen *das gesamte Geld des Bankhalters gewinnen;* Deutsche Bank, Dresdner Bank (Name von Banken); Geld auf der Bank einzahlen; bei der Bank sein *Bankangestellter sein;* ein Konto bei einer Bank eröffnen; Geld von der Bank holen [< ital. *banca,* mhd. *banc* „Tisch des Wechslers, Wechselbank"]

**Bänkelsang** ⟨m.; -(e)s; unz.; im 17./18. Jh.⟩ *einförmiger, kunstloser Vortrag von Liedern über meist schaurige Ereignisse, bes. auf Jahrmärkten*

**Banker** ⟨a. engl. ['bæŋkə(r)] m. 3; umg.⟩ *Bankkaufmann, Bankfachmann, Bankier* [engl.]

**Bankett** ⟨n. 11⟩ *Festmahl, Festessen* [< frz. *banquet* „Festmahl" < ital. *banchetto* ]

**Bankgeheimnis** ⟨n. 11; unz.⟩ *Recht u. Verpflichtung einer Bank, Bankbeziehungen u. Höhe der Konten ihrer Kunden geheim zu halten*

**Bankier** ⟨[baŋ'kje:] m. 6; geh.⟩ *Inhaber, Besitzer einer Bank, eines Bankinstituts* [< frz. *banquier*]

**Bankkauffrau** ⟨f. 18; Berufsbez.⟩ *Frau, die eine abgeschlossene kaufmännische Ausbildung für Banken hat*

**Bankkaufmann** ⟨m.; -(e)s, -kaufleute; Berufsbez.⟩ *jmd., der eine abgeschlossene kaufmännische Ausbildung für Banken hat*

**Bankkonto** ⟨n. 15; Pl. a.: -konten⟩ *Konto bei der Bank;* Sy ⟨kurz⟩ *Konto (3)*

**Bankleitzahl** ⟨f. 20; Abk.: BLZ⟩ *Banken u. Sparkassen kennzeichnende, achtstellige Zahl*

**Banknote** ⟨f. 19⟩ ◄ *von der Notenbank ausgegebener Geldschein*

**bankrott** ⟨Adj.⟩ *zahlungsunfähig* (von Geschäftsleuten) ◆ bankrott sein, werden; eine bankrotte Firma

**Bankrott** ⟨m. 1⟩ *Zahlungsunfähigkeit, finanzieller Zusammenbruch* ◆ Bankrott machen, gehen *zahlungsunfähig werden;* betrügerischer Bankrott *strafbare Bankrotterklärung mit der Absicht, seine Gläubiger zu benachteiligen, indem man noch vorhandenes Vermögen verheimlicht* [< ital. *bancarotta* „zerbrochene Bank"]

BANTAMHUHN

**Bankwesen** ⟨n.; -s; unz.⟩ *alle die Bank(en) betreffenden Ereignisse u. Vorgänge*

**Bann** ⟨m. 1⟩ **1** ⟨im MA⟩ **1.1** *königliche bzw. gräfliche Regierungsgewalt*

(Heerbann, Gerichtsbann) **1.2** *das Recht, Verbote zu erlassen u. Strafen zu verhängen* **1.3** *Verbannung* **2** ⟨Rel.⟩ *(meist vom Papst verhängter) Ausschluss aus der kath. Kirche* **3** ⟨fig.⟩ **3.1** *Zauber, Verzauberung, Fessel* **3.2** *Kreis, Bereich, in dem ein solcher Zauber wirkt* ◆ den Bann brechen *den Eid brechen, nicht vor Ablauf des Bannes zurückzukehren;* ⟨fig.⟩ *eine Befangenheit, eine verlegene Stimmung überwinden;* die Zuhörer standen noch ganz im Bann der Erzählung; jmdn. in Bann schlagen ⟨fig.⟩ [< ahd. *ban* „Gebot unter Strafandrohung, Verbot, Gerichtsbarkeit u. deren Gebiet", engl. *ban* „Bann, Acht, Aufgebot, Bekanntmachung"]

KLEINER BÄR: DIE STERNE DES STERNBILDS *KLEINER BÄR*

**bannen** ⟨V. t.: hat⟩ **1** *mit dem Bann belegen* **2** *verbannen* **3** *an einem Ort festhalten, zu bleiben zwingen* **4** ⟨fig.⟩ *durch Spannung fesseln* ◆ eine Gefahr bannen; Geister, den Teufel bannen; wie gebannt lauschen, zuhören, stehen bleiben, gucken

**Banner** ⟨n. 13⟩ **1** *an einer mit dem Fahnenschaft verbundenen Querstange befestigte Fahne* **2** *Feldzeichen* [< mhd. *banier(e)* < afrz. *bannière* „Heerfahne"]

**Bannmeile** ⟨f. 19⟩ *Sperrbezirk von einer Meile um einen Ort*

**Bantamgewicht** ⟨n. 11; unz.; Sp.⟩ *Gewichtsklasse in der Schwerathletik* [nach dem zum Hahnenkampf benutzten *Bantam*huhn]

**Bantamhuhn** ⟨n. 12u⟩ ◄ *englische Zwerghuhnrasse* [nach der Hafenstadt *Bantam* an der Nordwestküste Javas]

**Bantu** ⟨m. 6 od. m.; -, -⟩ *Angehöriger der Gruppe von etwa 200 Eingeborenenstämmen in Mittel- u. Südafrika*

**Bantusprachen** ⟨Pl.⟩ *Sprachen der Bantu mit Agglutination u. grammat. Klassen*

**Baobab** ⟨m. 6⟩ ► = *Affenbrotbaum* [Herkunft unbekannt]

**Baptismus** ⟨m.; -; unz.; Rel.⟩ *Lehre christl. Gemeinschaften, die nur Erwachsene taufen* [zu grch. *baptizein* „untertauchen, taufen"]

**Baptisterium** ⟨n.; -s, -rien⟩ **1** *Taufkirche, Taufkapelle* **2** *antikes Schwimmbad* [< lat. < grch. *baptisterion* „Badeplatz"]

**baptistisch** ⟨Adj.⟩ *zum Baptismus gehörend, die Baptisten betreffend*

**bar** ⟨Adj.⟩ **1** *nackt, unbekleidet, bloß, entblößt* ⟨a. fig.⟩ **2** *in Geldscheinen od. Münzen (nicht in Schecks od. Wechseln, nicht durch Überweisung)* **3** *rein, lauter* ◆ bar aller **Hoffnung** ⟨fig.⟩ *ohne jede Hoffnung;* das ist barer **Unsinn** ◆ bar **bezahlen** ◆ eine Bemerkung, Behauptung, einen Scherz **für** bare Münze nehmen ⟨fig.⟩ *als wahr hinnehmen, glauben;* etwas nur **gegen** bar verkaufen; **in** bar bezahlen [< ahd. *bar* „nackt, bloß, entblößt, ledig, leer", engl. *bare*]

**...bar** ⟨Nachsilbe für Adj.⟩ *so, dass man etwas Bestimmtes damit tun kann,* z. B. heilbar *so, dass man es heilen kann;* auswechselbar *so, dass man es auswechseln kann* [< ahd. *-bari, -bare* „tragend"]

**Bar**[1] ⟨n.; -, -⟩ *Maßeinheit des Drucks (Luftdrucks)* [< grch. *baros* „Schwere"]

**Bar**[2] ⟨f. 10⟩ **1** *Gaststätte od. Raum mit erhöhter Theke zur Einnahme von Getränken* **2** *der Schanktisch selbst* **3** *engl. Anwaltskammer* [<engl. *bar* „Stange, Schranke, Schanktisch"]

**Bär** ⟨m. 16⟩ **1** ⟨Zool.⟩ ▼ *großes Raubtier (Säugetier) mit dickem Pelz u. gedrungener Gestalt: Ursidae;* ► *Säugetiere* **2** *eisernes Fallgewicht an Schmiedehämmern* (Schlagbär) *u. Rammen* (Rammbär), *Rammklotz* **3** ⟨Astron.⟩ ◄ *jedes der beiden ähnl. Sternbilder des nördl. Himmels* ◆ jmdm. einen Bären aufbinden ⟨fig.⟩ *jmdm. eine Lügengeschichte erzählen;* Großer Bär, Kleiner Bär ⟨Astron.⟩; brummig, unbeholfen, ungeschickt wie ein Bär [< ahd. *bero,* engl. *bear*]

**Baracke** ⟨f. 19⟩ *einfacher, flacher, nicht unterkellerter Holzbau (als Notwohnung od. Schuppen)* [< frz. *baraque*]

**Barbar** ⟨m. 16⟩ **1** ⟨urspr.⟩ *Nichtgrieche* **2** ⟨allg.⟩ *Ungebildeter, Rohling* [< lat. *barbarus* < grch. *barbaros* „Nichtgrieche, Ausländer"]

**Barbarei** ⟨f. 18; unz.⟩ **1** *Rohheit, Unmenschlichkeit, Grausamkeit* **2** *völlige Unbildung, Unkultur*

**barbarisch** ⟨Adj.⟩ **1** *unmenschlich, roh, grausam* **2** *völlig ungebildet, unkultiviert*

**Barbe** ⟨f. 19; Zool.⟩ **1** ⟨i. w. S.⟩ *Karpfenfisch tropischer u. subtropischer Gewässer: Barbinae* **2** ⟨i. e. S.⟩ ► *Flussbarbe, karpfenartiger Flussfisch: Barbus barbus* [< ahd. *barbo* < lat. *barba* „Bart"]

**Barbenkraut** ⟨n. 12u⟩ ► = *Laichkraut*

**Barbier** ⟨m. 1; veraltet⟩ *Bart- u. Haarpfleger* [frz., „Barbier, Friseur"; zu *barbe* „Bart"]

**Barbiton** ⟨n. 15⟩, **Barbitos** ⟨f. od. m.; -, -bitoi; Mus.⟩ *altgriechisches harfenartiges Saiteninstrument* [grch.]

**Barbiturat** ⟨n. 11; Pharm.⟩ *Derivat der Barbitursäure (pharmakolog. als Beruhigungs- u. Schlafmittel, als Hypnotikum, Antiepilektikum u. als Narkotikum eingesetzt)* [nach der *Barbitursäure,* die von dem dt. Chemiker Adolf v. *Baeyer,* 1835-1917 zum ersten Mal dargestellt u. von ihm nach dem weibl. Vornamen *Barbara* benannt wurde]

**Barbitursäure** ⟨f. 19; unz.; Pharm.⟩ *Grundsubstanz zur Synthese der Barbiturate*

**Barboy** ⟨[-bɔi] m. 6⟩ *knie- od. hüfthoher, beweglicher Schanktisch*

**Barchent** ⟨m. 1⟩ *einseitig angerautes Baumwoll-, Flanellgewebe* [< mhd. *barchan(t)* < mlat. *barraccanus* < arab. *barrakan* „grober Stoff"]

BARBE: FLUSSBARBE
*(Barbus barbus)*

**Barcode** ⟨[-ko:d] m. 6; EDV⟩ *Strichcode, eine Form der Verschlüsselung binärer Daten über die Darstellung von Balken mit verschiedenen Breiten u. Zwischenräumen,* z. B. der EAN-Code [engl., „Balkencode"]

## BÄREN

Bären gehören zur Ordnung der Raubtiere. Aber nur der Eisbär ist ein reiner Fleischfresser, der vor allem von Robben lebt. Die übrigen sechs Arten der Großbären sind Allesfresser, die häufig pflanzliche Kost bevorzugen. Bären sehen im Allgemeinen schlecht und verlassen sich bei der Nahrungssuche eher auf ihren Geruchs- und Gehörsinn. Mit Ausnahme des Eisbären bewohnen sie Waldgebiete und leben als ausgesprochene Einzelgänger. In warmen Gebieten sind die Großbären das ganze Jahr über aktiv, in kühleren Regionen ziehen sie sich zu einer Winterruhe zurück, in der die Lebensfunktionen leicht herabgesetzt werden.

ÄUSSERE MERKMALE EINES AMERIKANISCHEN BRAUNBÄREN *(Ursus arctos)*

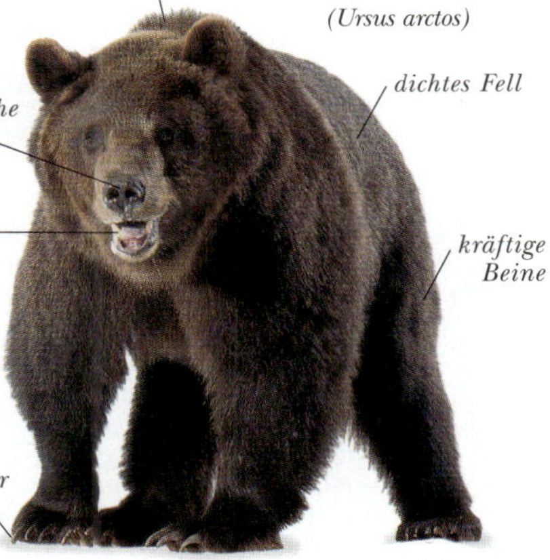


### WEITERE BÄRENARTEN

BRILLENBÄR
*(Tremarctos ornatus)*

LIPPENBÄR
*(Melursus ursinus)*

KRAGENBÄR
*(Ursus thibetanus)*

EISBÄR
*(Ursus maritimus)*

B

**Bardame** ⟨f. 19⟩ *Angestellte, die an der Bar Getränke ausschenkt*
**Barde**[1] ⟨m. 17⟩ *Dichter u. Sänger* [< frz. *barde* < mlat. *bardus* < kelt. *bard* „Sänger"]
**Barde**[2] ⟨f. 19⟩ *Speckscheibe um gebratenes Geflügel* [< frz. *barde* „Speckschnitte (zum Braten von Vögeln)" < span. *albarda* „Saumsattel, Speckschnitte" < arab. *al-barda;* zu *barda ah* „Sattelunterlage"]
**Bärenfellmütze** ⟨f. 19⟩ *hoch aufragende Fellmütze, die bes. in Großbritannien Bestandteil der Uniform einiger Garderegimenter ist*

BÄRENKLAU *(Heracleum sphondylium)*

**Bärenklau** ⟨f.; -, - od. m.; -s, -; Bot.⟩ ► *Angehöriger einer Gattung der Akanthusgewächse, deren mediterrane Arten als Zierpflanzen gezogen werden;* Sy *Akanthus* [nach den mit einer *Bärenklaue* vergleichbaren Blättern]
**Bärenlauch** ⟨m.; -(e)s; unz.; Bot.⟩ *in feuchten Wäldern vorkommendes, zwiebelartiges Liliengewächs mit knoblauchähnl. Geruch, daher fälschl. oft als Knoblauch bezeichnet: Allium ursinum;* Sy *Bärlauch*
**Bärenraupe** ⟨f. 19; Zool.⟩ ▼ *Raupe des Bärenspinners*
**Bärenspinner** ⟨m. 3; Zool.⟩ *Angehöriger einer welweit verbreiteten Gattung bunt gefärbter Schmetterlinge mit fast 6000 Arten: Arctiidae*
**Bärentraube** ⟨f. 19⟩ *der Preiselbeere ähnl. Heidekrautgewächs: Arcostaphylos*
**Barett** ⟨n. 11⟩ *schirmlose, flache, runde od. eckige Kopfbedeckung, besonders zur Amtstracht von Geistlichen, Richtern, Professoren usw.* [< frz. *barrette* „zusammenlegbare Mütze" < ital. *baretta* < mlat. *barretum, biretum;* zu lat. *birrus* „Oberkleid, Mantel mit Kapuze"]

BÄRENRAUPE: RAUPE DES BÄRENSPINNERS *(Arctia caja)*

**barfuß** ⟨Adj.; undekl.⟩ *mit bloßen Füßen, ohne Schuhe u. Strümpfe* ◆ barfuß gehen, laufen
**Bargeld** ⟨n. 12; unz.⟩ *Geldscheine u. Münzen*
**bargeldlos** ⟨Adj.⟩ *ohne (Gebrauch von) Bargeld* ◆ bargeldlos zahlen *durch Kreditkarte, Scheck od. Überweisung zahlen;* bargeldloser Zahlungsverkehr
**Bargeschäft** ⟨n. 11⟩ *Geschäft gegen Bargeld*
**Barhocker** ⟨m. 3⟩ *besonders hoher Hocker an der Bar*
**Bärin** ⟨f. 22; Zool.⟩ *weibl. Bär*
**barisch** ⟨Adj.⟩ *den Luftdruck betreffend, auf ihm beruhend* ◆ barisches Windgesetz ⟨Meteor.⟩ *Regel, nach der sich die Luft von einem Gebiet hohen zu einem Gebiet niederen Luftdrucks bewegt u. dabei auf der Nordhalbkugel der Erde eine Ablenkung nach rechts, auf der Südhalbkugel nach links erfährt*

BARTE

**Bariton** ⟨m. 1; Mus.⟩ **1** *mittlere Stimmlage der Männer* **2** *Baritonstimme* **3** *Sänger mit Baritonstimme* **4** = *Baryton* [< ital. *baritone* < grch. *barys* „schwer, tief" + *tonos* „Ton"]
**Barium** ⟨n.; -s; unz.; Chem.; Zeichen: Ba⟩ *chem. Element, Erdalkalimetall, Ordnungszahl 56* [zu grch. *barys* „schwer"]
**Bariumsulfat** ⟨n. 11; Chem.⟩ *farbloses ungiftiges Pulver, chem. Formel* $BaSO_4$*, hauptsächlich bei der Erdölgewinnung zur Flotation von Gesteinsbrocken u. als weiße Malerfarbe (Permanentweiß) verwendet (natürl. Vorkommen in Baryt)*
**Bark** ⟨f. 20⟩ *Segelschiff mit mindestens drei Masten* [< engl. *bark* „Barke, Nachen", frz. *barque* „Kahn, Boot"]
**Barkane** ⟨f. 19⟩ *zwei- od. dreimastiges Fischereifahrzeug im Mittelmeer;* oV *Barkone* [< ital. *barcone,* Vergrößerungsform von *barca* „Barke"]
**Barkarole** ⟨f. 19; in mittelmeer. Ländern⟩ **1** *Ruderboot* **2** *Lied des Barkenführers, Schiffer-, Gondellied* [< ital. *barcarola* „Liedchen der venezian. Gondolieri"]
**Barkasse** ⟨f. 19⟩ **1** *größtes Beiboot von Kriegsschiffen* **2** *kleines Dampfboot, Hafenverkehrsboot* [< ndrl. *barkas,* span. *barcaza,* ital. *barcaccia,* Vergrößerungsform von *barca* „Barke"]
**Barkauf** ⟨m. 1u⟩ *Kauf gegen Barzahlung*
**Barke** ⟨f. 19⟩ **1** ⟨bes. in Mittelmeerländern⟩ *kleines Boot* **2** ⟨poet.; allg.⟩ *Boot, Kahn* [< frz. *barque* „ Boot, Kahn"]
**Barkeeper** ⟨[-ki:pə(r)] m. 3⟩ **1** *Besitzer einer Bar* **2** *Kellner hinter der Bar* [< *Bar*[2] + engl. *keeper* „Besitzer"]
**Barkone** ⟨f. 19⟩ = *Barkane*
**Bärlapp** ⟨m. 1⟩ ► *Angehöriger einer Gattung der Sporenpflanzen, Schlangenmoos: Lycopodium* [< *Bär* + ahd. *lappo* „flache Hand", nach der Vordertatze des Bären]
**Bärlauch** ⟨m.; -(e)s; unz.; Bot.⟩ = *Bärenlauch*
**barmherzig** ⟨Adj.⟩ *mitleidig u. hilfreich* ◆ Barmherzige Brüder *urspr. Laienvereinigung zur Krankenpflege, seit 1572 Orden;* barmherziger Himmel! *(Ausruf des Erstaunens, des Schreckens)*
**Barmherzigkeit** ⟨f. 20; unz.⟩ *Mitleid u. (herzliche) Hilfsbereitschaft, tätige Nächstenliebe*
**Barmixer** ⟨m. 3⟩ *Mixer von Getränken hinter der Bar*
**Bar-Mizwa I** ⟨m. 6; Rel.⟩ *jüdischer Junge nach seinem 13. Geburtstag, der verpflichtet ist, die religiösen Vorschriften zu beachten* **II** ⟨f. 10; Rel.⟩ *(festlicher) Tag der Aufnahme eines 13-jährigen jüdischen Jungen in die Glaubensgemeinschaft* [hebr., „Gebotspflichtiger"]

BAROMETER: ANEROID-BAROMETER

**Barn** ⟨n. 15; Phys.; Zeichen: b⟩ *Maßeinheit für Wirkungsquerschnitte, die nicht gesetzlich ist (bes. in der Kernphysik), 1b =* $10^{-28}$ $m^2$ [engl.]
**baro..., Baro...** ⟨in Zus.⟩ *den Luftdruck od. die Schwere betreffend,* z. B. barotrop, Barometer, barometrisch [< grch. *baros* „Schwere"]
**barock** ⟨Adj.⟩ **1** *zum Barock gehörend, aus ihm stammend* **2** ⟨fig.⟩ *verschnörkelt, überladen* ◆ eine barocke Ausdrucksweise ⟨fig.⟩
**Barock** ⟨n. od. m.; -s; unz.⟩ **1** ▼ *schmuckreicher, schwungvoller Kunststil vom Anfang des 17. bis zur Mitte des 18. Jh.;* Sy *Barockstil* **2** *das Zeitalter selbst* [zu port. *barroco* „unregelmäßig, schief"]
**Barockstil** ⟨m. 1; unz.⟩ ► = *Barock (1)*
**Barometer** ⟨n. 13⟩ ▲ *Luftdruckmesser* ◆ das Barometer steht auf Schönwetter; das Barometer fällt, steigt [< grch. *baros* „Schwere" + *metron* „Maß"]
**barometrisch** ⟨Adj.⟩ *das Barometer betreffend, mit seiner Hilfe* ◆ barometrische Höhenmessung *Ermittlung der Höhe eines Punktes durch Messung des dort herrschenden Luftdruckes*

BÄRLAPP *(Lycopodium* species)

**Baron** ⟨m. 1⟩ **1** *Freiherr* **2** ⟨fig.⟩ *jmd., der als Besitzender in einem Wirtschaftszweig einflussreich ist* (Kohlenbaron) [< frz. *baron* < mlat. *baro* „streitbarer Mann"]
**Baroness** ⟨f. 20⟩, **Baronesse** ⟨f. 19⟩ *Freifräulein* [französisierend < *baron,* statt frz. *baronne*]
**Baronet** ⟨['bærənət] m. 6⟩ *vererbbarer Titel des englischen unteren Adels in der männlichen Folge* [< engl. *baronet;* zu frz. *baron*]
**Baronin** ⟨f. 22⟩ *Freifrau*
**Barrakuda** ⟨m. 6; Zool.⟩ ► *räuberischer Knochenfisch;* Sy *Pfeilhecht* [span.; zu *barra* „(Metall-)Barren"]
**Barre** ⟨f. 19⟩ **1** *Schlammbank, Sandbank an Flussmündungen* **2** *Querstange, Metallstange, Schlagbaum, Schranke* [frz., „Schranke, Stange"]
**Barrel** ⟨['bærəl] n. 15⟩ *engl. u. nordamerikan. Hohlmaß, z. B. für Öl, 158,7 l* [engl., „Fass, Tonne"]
**Barren** ⟨m. 4⟩ **1** *Gussform (Stangen, Ziegel) der Edelmetalle als Zahlungsmittel* (Goldbar-

## BAROCK

Der Barockstil entwickelte sich im 17. Jh. von Italien aus und ging mit der Gegenreformation der katholischen Kirche einher. Die prachtvollen, üppigen Formen dieses Kunststils sollten den Glanz der Kirche widerspiegeln und ein Gegenbild zur nüchternen protestantischen Religionsausübung sein. Der theatralisch wirkende Barock breitete sich auch in anderen europäischen Ländern aus, durch den Einfluss der katholischen Kirche sogar bis nach Amerika. In der Barockzeit entstanden in Deutschland prunkvolle Schlösser und reich geschmückte Kirchen, einer der berühmtesten Maler dieser Zeit war der Niederländer Peter Paul Rubens.

*Verzückung der heiligen Theresa* (1646), GIANLORENZO BERNINI

ZEITLEISTE

1400 1450 1500 1550 1600 1650 1700 1750 1800 1850 1900

BARRAKUDA: ATLANTISCHER BARRAKUDA
*(Sphyraena barracuda)*

ren, Silberbarren) **2** ⟨Sp.⟩ **2.1** *Turngerät aus zwei feststehenden, waagerechten Stangen* **2.2** ⟨Reiten⟩ *breites Stangenhindernis bei Springprüfungen* [< frz. *barre* „Stange"]

**Barriere** ⟨[-rie:-] f. 19⟩ *Schranke, Schlagbaum, Sperre, Hindernis* [< frz. *barrière* „Schranke"; zu *barre* „Stange"]

**Barrikade** ⟨f. 19⟩ **1** *Schanze, Hindernis, Straßensperre, bes. zur Verteidigung* **2** *Sinnbild der Revolution* ◆ auf die Barrikaden gehen, steigen ⟨fig.⟩ *sich erheben, empören* [< frz. *barricade* „Barrikade" < *barrer* „sperren" + *barrique* „Stückfass"]

**Barriquewein** ⟨[barik-] m. 1⟩ *im Barrique gereifter Wein (der gehobenen Qualität)*

**barsch** ⟨Adj.⟩ **1** *grob, unfreundlich* **2** *herb (schmeckend)* ◆ eine barsche Antwort geben; jmdn. barsch anreden [< nddt. *barsch* „scharf, strenge (von Geschmack); ranzig"]

**Barsch** ⟨m. 1; Zool.⟩ **1** ⟨i. w. S.⟩ *Angehöriger einer Ordnung der heutigen Knochenfische: Perciformes* **2** ⟨i. e. S.⟩ *Süßwasserbewohner: Percidae* [< mhd. *bars,* engl. *barse*]

**Barsoi** ⟨m. 6⟩ *russ. Windhund, Hetzhund* [< russ. *borsoi* „schnell"]

**Barsortiment** ⟨n. 11; unz.⟩ *Form des Zwischenbuchhandels, Verkaufslager von Büchern, das den Buchhändlern den Bezug von Büchern aus verschiedenen Verlagen erleichtern soll (urspr. nur gegen Barzahlung)*

**Bart**[1] ⟨m. 1u⟩ **1** ⟨bei Menschen u. Säugetieren⟩ *Haarwuchs im Gesicht u. am Hals* **2** ⟨bei Hunden, Katzen u. a. Tieren⟩ **2.1** *Schnauzhaare* **2.2** *zottiges Anhängsel, Fleischlappen an Schnauze bzw. Schnabel* ◆ **ab sein:** der Bart ist ab ⟨fig.; umg.⟩ *es ist zu Ende, es ist aus;* das **hat** doch so einen (langen) Bart! *das ist doch längst bekannt!;* sich den Bart **raufen** (vor Wut, Verzweiflung) ◆ etwas **in** seinen Bart brummen, murmeln *undeutlich vor sich hin sprechen;* jmdm. **um** den Bart gehen ⟨fig.⟩ *jmdn. (übermäßig) umschmeicheln* [< ahd. *bart,* engl. *beard*]

BARTGEIER
*(Gypaetus barbatus)*

**Bart**[2] ⟨m. 1u⟩ *der das Schloss bewegende Teil des Schlüssels;* Sy *Schlüsselbart*

**Bartaffe** ⟨m. 17⟩ *Angehöriger einer Gattung aus der Familie der Schmalnasen, meerkatzenartiger Affe: Makak*

**Barte** ⟨f. 19⟩ **1** *Beil, Streitaxt* **2** ⟨Zool.⟩ ◄ *vom Oberkiefer der Bartenwale herabhängende, zerfaserte Hornplatte, liefert Fischbein* [< ahd. *barta,* verwandt mit *Bart*[1]*;* die Alten sahen in der Axt die „Bärtige"]

**Bartenwal** ⟨m. 1; Zool.⟩ ► *Wal, der anstelle der Zähne eine Fangeinrichtung aus Hornplatten besitzt, die zum Abfiltern von Kleinlebewesen dienen*

**Bartflechte** ⟨f. 19; unz.⟩ **1** ⟨Med.⟩ *Hautkrankheit im Bereich des Kinn- und Backenbartes* **2** ⟨Bot.⟩ *Angehörige einer Gattung der Flechten, meist an Rinden in nebelreichen Gebirgsgegenden: Usnea*

**Bartgeier** ⟨m. 3; Zool.⟩ ▼ *ein Raubvogel mit Federbart: Gypaëtus barbatus;* Sy *Lämmergeier*

**Bartgrundel** ⟨f. 21⟩ *zu den Schmerlen gehörender, 10 – 15 cm langer Fisch, der am Grunde von Bächen lebt: Nemachilus barbatulus*

**Barthaar** ⟨n. 11⟩ *einzelnes sowie auch das gesamte Haar des Bartes*

**Bärtierchen** ⟨n. 14⟩ *sehr widerstandsfähiges kleines Gliedertier, wird bis zu 1,2 mm lang: Tardigrada*

**bärtig** ⟨Adj.⟩ *mit Bart*

**bartlos** ⟨Adj.⟩ *ohne Bart*

BARYT

**Bartnelke** ⟨f. 19⟩ *früh blühende Gartennelke: Dianthus barbatus*

**Bartwuchs** ⟨[-ks] m.; -es; unz.⟩ *Wachstum der Barthaare* ◆ einen spärlichen, sehr dichten Bartwuchs haben

**bary..., Bary...** ⟨in Zus.⟩ *schwer..., Schwer...,* z. B. Barymetrik [grch.]

**Baryon** ⟨n.; -s, -en; Phys.⟩ *schweres Elementarteilchen, z. B. Neutron, Proton, Hyperon;* → a. *Lepton* [zu grch. *barys* „schwer"]

**Baryonenzahl** ⟨f. 20; Phys.⟩ *allen Elementarteilchen zugeordnete additive Größe, deren Summe bei allen Reaktionen erhalten bleibt*

**Barysphäre** ⟨f. 19; unz.⟩ *der (im Verhältnis zum restlichen Erdkörper sehr schwere) Erdkern* [< grch. *barys* „schwer" + *Sphäre*]

**Baryt** ⟨m. 1⟩ **1** ▲ *am weitesten verbreitetes Bariummineral, chem. Bariumsulfat, chem. Formel $BaSO_4$;* Sy *Schwerspat* **2** *Bariumhydroxid, chem. Formel $Ba(OH)_2$* [zu grch. *barys* „schwer"]

**Baryton** ⟨n. 11; Mus.⟩ *sechssaitiges Streichinstrument im 18. Jh., ähnlich dem Cello;* oV *Bariton (4)*

**Barytwasser** ⟨n. 13; Chem.⟩ *wässrige Lösung von Bariumhydroxid*

**baryzentrisch** ⟨Adj.⟩ *auf das Baryzentrum bezüglich* ◆ baryzentrische Unterteilung

**Baryzentrum** ⟨n.; -s, -tren⟩ *Schwerpunkt, Massenmittelpunkt* [< grch. *barys* „schwer" + *Zentrum*]

**Barzahlung** ⟨f. 20⟩ *sofortige Bezahlung mit Bargeld (bei Warenempfang)*

**basal** ⟨Adj.; Anat.; Geol.⟩ *unten, an der Grundfläche (Basis) gelegen, von ihr stammend, zu ihr gehörend*

**Basaliom** ⟨n. 11; Med.⟩ *langsam in die Haut wachsender Tumor* [< *Basis* + Endung *-om* (bei Geweben zur Bezeichnung einer Geschwulst)]

**Basalt** ⟨m. 1; Geol.⟩ ▲ *schwärzliches Vulkangestein in charakteristischen säulenförmigen Absonderungen* [< lat. *basaltes,* älter *basanites,* nach der Landschaft *Basan* im Osten Palästinas]

**basalten** ⟨Adj.⟩ *aus Basalt*

**Basar** ⟨m. 1⟩ **1** *oriental. Markt* **2** *offene Kaufhalle* **3** *Verkauf zu Wohltätigkeitszwecken* (Wohltätigkeitsbasar; Weihnachtsbasar) [< pers., türk. *bazar* „Markt"]

**Base**[1] ⟨f. 19; veraltet⟩ **1** = *Kusine* **2** ⟨schweiz. a.⟩ *Tante* [< ahd. *basa* „Schwester des Vaters", vermutlich Koseform für *faderswester* „Vaterschwester"]

BASALT

**Base**[2] ⟨f. 19⟩ *chem. Verbindung, die mit Säuren Salze bildet od. in wässriger Lösung Hydroxid-Ionen abspaltet (viele Basen reagieren alkalisch, basisch)* [< grch. *basis* „Grundlage"]

**Baseball** ⟨['bɛisbɔ:l] m. 6; unz.; Sp.⟩ *nordamerikanisches, dem Schlagball ähnliches Ballspiel* [< engl. *base* „Grundlage, Schranke; Mal" + *ball* „Ball"]

**Baseline** ⟨['bɛislain] f. 10⟩ **1** *Grundlinie, Basis* **2** ⟨Typ.⟩ *die unterste Zeile, der Schlusssatz einer Anzeige;* Ggs *Headline* **3** ⟨Sp.⟩ *beim Baseball die Verbindungslinie zwischen zwei Malen* [< engl. *base line* „Grundlinie, Schnittlinie"]

**Basidie** ⟨[-diə] f. 19⟩ *Sporenträger der Ständerpilze* [grch. *basis* „ Grundlage"]

**basieren** ⟨V. i.; hat⟩ basieren auf *beruhen, sich gründen, sich stützen auf* ◆ der Film basiert auf einem Buch von ...

**Basilie** ⟨[-liə] f. 19⟩, **Basilienkraut** ⟨n. 12u; unz.⟩ = *Basilikum*

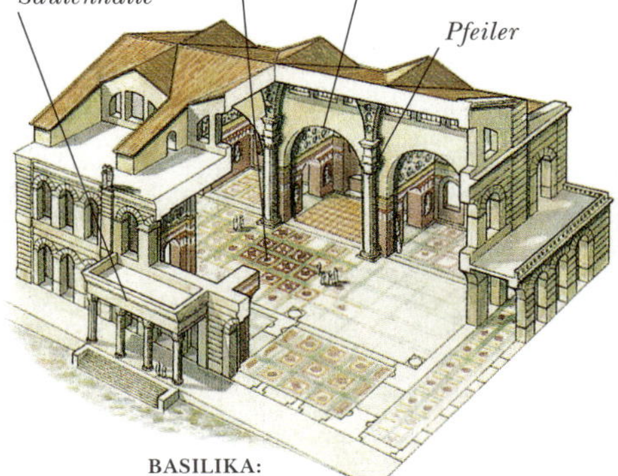


BASILIKA:
SCHNITT DURCH EINE
RÖMISCHE BASILIKA DES 4. JH.

**Basilika** ⟨f.; -, -liken⟩ **1** ⟨urspr.⟩ *altgrch. Amtsgebäude, altröm. Markt- u. Gerichtshalle* **2** ⟨dann⟩ ▲ *altchristl. Versammlungsraum der Gemeinde, Kirche mit Mittelschiff u. zwei niedrigeren Seitenschiffen* [< grch. *stoa basilike* „Königshalle"]

**basilikal** ⟨Adj.⟩ *in der Art einer Basilika*

**Basilikum** ⟨n.; -s; unz.⟩ *Basilikumöl enthaltender Lippenblütler: Ocimum basilicum;* Sy *Basilie;* ► *Kräuter*

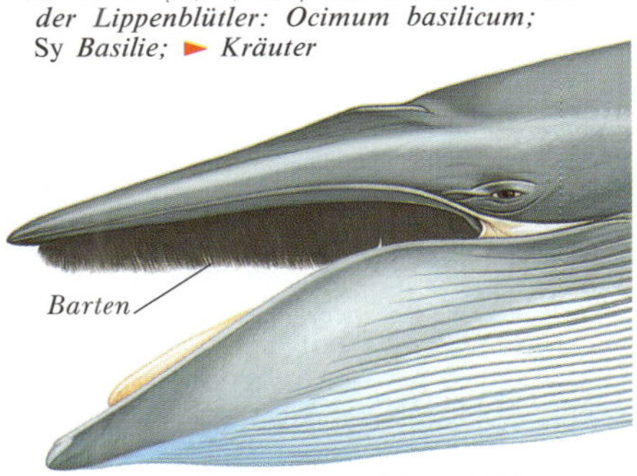


BARTENWAL: BLAUWAL
*(Balaenoptera musculus)*

**Basilisk** ⟨m. 16⟩ **1** ⟨Zool.⟩ ▼ *auf Bäumen lebender Leguan in Mittel- u. Südamerika: Basiliscus* **2** ⟨Myth.⟩ *schlangenhaftes Fabeltier mit tödl. Blick* [< mhd. *basiliske* < lat. *basiliskos* „asiatische Königseidechse"; zu grch. *basileus* „König"; benannt nach einem weißen, einer Krone ähnelnden Fleck auf dem Kopf]

BASILISK: STIRNLAPPEN-BASILISK (*Basiliscus plumifrons*)

**Basis** ⟨f.; -, Basen⟩ **1** *Grundlage, Ausgangspunkt* **2** *Unterlage* **3** ⟨Mil.⟩ *Stützpunkt von Streitkräften* **4** ⟨Math.⟩ *Grundzahl (einer Potenz od. eines Logarithmus)* **5** ⟨Geom.⟩ *Grundlinie, Grundfläche* **6** ⟨Arch.⟩ *Grundlage, Sockel, Unterbau* **7** ⟨histor. Materialismus⟩ *die ökonomische Struktur einer Gesellschaftsordnung* **8** ⟨Pol.⟩ *die Mitglieder einer politischen Organisation, die nicht der Führungsspitze angehören* ◆ an der Basis einer Partei; die Basis eines **Gebäudes** ◆ unsere Freundschaft ruht auf einer **festen** Basis; seine vielseitige Ausbildung ist eine **sichere** Basis für sein Vorwärtskommen ◆ die Basis **für** ein Gespräch finden [grch., „Schritt, Gang, Grundlage", dann „der betretene Boden"; zu *bainein* „gehen"]

BASKENMÜTZE

**basisch** ⟨Adj.⟩ **1** ⟨Chem.⟩ *alkalisch, auf eine Base bezüglich* **2** ⟨Geol.⟩ basische Gesteine *Gesteine mit sehr niedrigem Kieselsäuregehalt*

**Basisdemokratie** ⟨f. 19; unz.; Pol.⟩ *Art der Demokratie, in der die Basis der Bevölkerung aktiv mitwirkt u. mitentscheidet*

**Basizität** ⟨f. 20; unz.⟩ **1** ⟨Chem.⟩ **1.1** *Anzahl der Wasserstoffatome je Molekül, die eine Säure bei der Salzbildung od. Neutralisation durch Metallatome ersetzen kann* **1.2** *Stärke od. Alkalität einer Base* **2** ⟨Met.⟩ *Verhältnis von Kalk zu Kieselsäure in der flüssigen Schlacke*

**Baske** ⟨m. 17⟩ *Angehöriger eines Volkes in den Pyrenäen, Bewohner des Baskenlandes*

**Baskenmütze** ⟨f. 19⟩ ▲ *schirm- u. randlose Mütze (der Basken)*

**Basketball** ⟨m.; -s; unz.; Sp.⟩ ► *Ballspiel zwischen zwei Mannschaften, bei dem der Ball in den etwa 2,50 m hoch aufgehängten Korb des Gegners geworfen werden muss* [< engl. *basket* „Korb" + *ball* „Ball"]

**baskisch** ⟨Adj.⟩ *die Basken betreffend, zu ihnen gehörig, von ihnen stammend* ◆ baskische Sprache *Sprache der Basken, nichtindoeuropäische Sprache*

**Basküle** ⟨f. 19⟩ **1** *Fensterverschluss, bei dem ein drehbarer Griff je eine Stange nach oben u. unten in zwei Vertiefungen od. an der Füllung befestigte Ösen schieben* **2** ⟨Reitsp.⟩ *gute Manier (angezogene Vorderbeine u. runder Rücken) des Pferdes über dem Sprung* [< frz. *bascule* „Klappe, Wippe"]

**Bass** ⟨m. 1u; Mus.⟩ **1** *Kontrabass, Bassgeige;* ► *Saiteninstrumente* **2** *tiefste Tonlage bei Musikinstrumenten, z. B. Bassflöte, Bassklarinette* **3** *tiefste Lage der männl. Stimme* **4** *Gesamtheit der Bassstimmen im Chor u. im Orchester* ◆ bezifferter Bass *Basso continuo mit Ziffern über den einzelnen Noten, nach denen der Spieler die Akkorde auf einem Tasteninstrument zu spielen hat;* die Bässe mehr hervortreten lassen; Bass singen; den Bass streichen; einen schönen, warmen Bass haben [< ital. *basso;* zu mlat. *bassus* „niedrig"]

**bassa** ⟨Adj.; Mus.⟩ *tief, niedrig (zu spielen)* ◆ ottava bassa (Zeichen: 8bassa, 8$^{va}$bassa) *eine Oktave tiefer (zu spielen)* [ital., feminine Form zu *basso*]

**Bassbariton** ⟨m. 1; Mus.⟩ **1** *Stimmlage zwischen Bass u. Bariton* **2** *Sänger mit dieser Stimmlage*

**Basset** ⟨engl. ['bæsit] od. frz. [ba'sɛ] m. 6⟩ *kurzbeiniger Jagdhund mit Hängeohren* [frz., eigtl. „kurzbeinig"; zu *bas* „niedrig"]

**Bassetthorn** ⟨n. 12u; Mus.⟩ *Klarinette in tiefer Tonlage;* Sy *Altklarinette*

**Bassgeige** ⟨f. 19; Mus.⟩ ► = *Kontrabass*

**Bassin** ⟨[ba'sɛ̃:] n. 15⟩ *künstl. angelegtes Wasser-, Schwimmbecken* (Schwimmbassin) [frz., „Becken"]

**Bassklarinette** ⟨f. 19; Mus.⟩ *um eine Oktave tiefer gestimmte Klarinette;* ► *Holzblasinstrumente*

**Basso** ⟨m.; -, Bassi; Mus.⟩ *Bass* ◆ Basso continuo ⟨Abk.: B. c.⟩ *in der Musik des 17. u. 18. Jh. Bassstimme zur Unterstützung oder Begleitung von Instrumentalstücken, meist auf Gambe oder (wenn beziffert) Tasteninstrument gespielt;* Sy ⟨kurz⟩ *Continuo;* Basso ostinato *ständig wiederkehrendes, variiertes Motiv im Bass* [< ital. *basso* „Bass", *continuo* „fortlaufend, ununterbrochen", *ostinato* „eigensinnig, hartnäckig"]

**Bassschlüssel** ⟨m. 5; unz.; Mus.⟩ *Notenschlüssel auf der 4. Linie;* Sy *F-Schlüssel*

**Bast** ⟨m. 1⟩ **1** *unter der Rinde liegendes pflanzl. Fasergewebe* **2** *äußere, gelbliche Schicht der Naturseide* **3** ⟨Jägerspr.⟩ *behaarte Haut am wachsenden Geweih od. Gehörn* [< ahd. *bast,* engl. *bast*]

**Bastard** ⟨m. 1; Biol.⟩ ► = *Mischling (2)* [< afrz. *bastard* „anerkannter Sohn eines Adligen, der nicht von der rechtmäßigen Frau stammt"]

**Bastei** ⟨f. 18⟩ *vorspringender Teil eines Festungsbaues* [< ital. *bastia* „Bollwerk"]

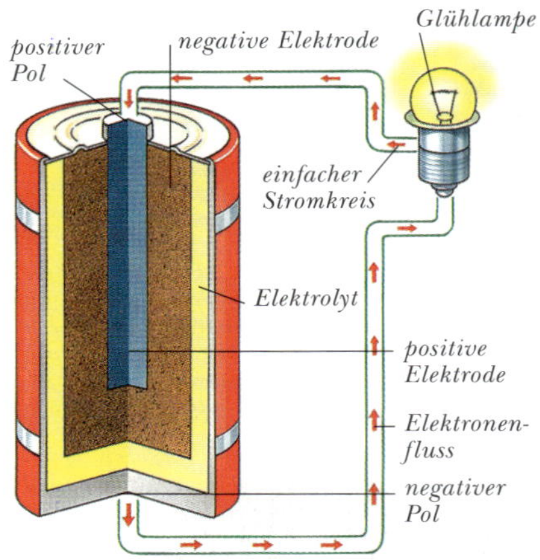


BATTERIE: SCHNITT DURCH EIN TROCKENELEMENT MIT STROMKREIS

**basteln** ⟨V. t. u. V. i.; hat⟩ *spielerisch etwas zusammenbauen, aus Liebhaberei handwerklich fertigen* ◆ er bastelt gern; sich ein Radio basteln; Weihnachtsarbeiten basteln [früher *bästeln;* wohl zu mhd. *besten* „binden, schnüren"]

**bastfarben** ⟨Adj.⟩ *in der Farbe von Bast, zartgelb, hellgelb, beige*

**Bastion** ⟨f. 20⟩ *Bastei, Schutzwehr, Befestigung, Bollwerk* [< ital. *bastione,* Vergrößerungsform von *bastia;* → *Bastei*]

**Bastler** ⟨m. 3⟩ *jmd., der gern bastelt* ◆ sein Bruder ist ein leidenschaftlicher Bastler

**Bataillon** ⟨[bata'ljo:n] n. 11⟩ *Truppenabteilung, Teil eines Regimentes* [frz.; zu *bataille* „Schlacht"]

**Batate** ⟨f. 19⟩ = *Süßkartoffel* [< span. *patata* < südamerikan., indian. *batata* „Süßkartoffel"]

**Bathymeter** ⟨n. 13⟩ *Gerät zum Messen der Meerestiefe* [< grch. *bathys* „tief" + *metron* „Maß"]

## BASKETBALL

Beim Basketball stehen sich zwei Mannschaften zu je fünf Spielern gegenüber. Ziel ist, möglichst viele Würfe durch den gegnerischen Korb für die eigene Mannschaft zu verbuchen. Aufgrund verschiedener Zeitbegrenzungsregeln ist Basketball das schnellste Ballspiel.

SPRUNGWURF

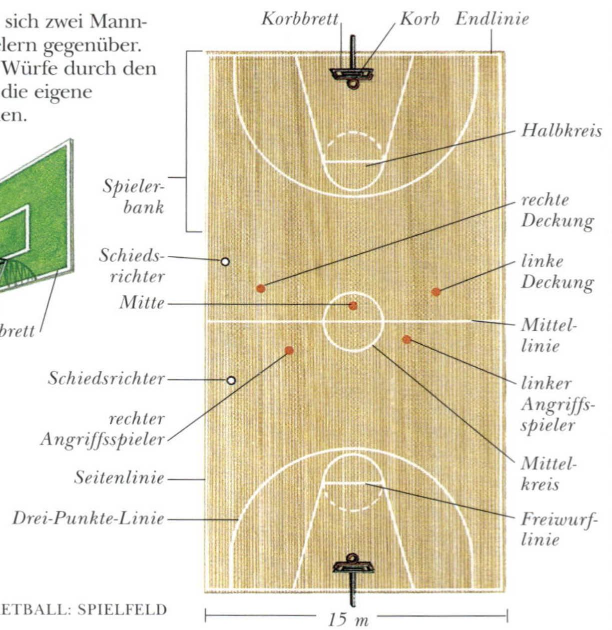


BASKETBALL: SPIELFELD

**Bathyskaph** ⟨m. 16; Mar.⟩ ► *von Piccard 1953 geschaffenes, unterseebootartiges Tiefseetauchgerät* [< grch. *bathys* „tief" + lat. *scapha* „Kahn, Boot" < grch. *skaphe* „Trog, Schiff"]

**Bathysphäre** ⟨f. 19⟩ **1** *Tiefenbereich der Ozeane* **2** *magmahaltige Tiefenzone der Erde* **3** *von einem Begleitschiff aus bewegte Tiefseetauchkugel* [< grch. *bathys* „tief" + *sphaira* „Kugel"]

**Batik** ⟨f. 20⟩ **I** ⟨unz.⟩ *auf Java entwickeltes, kunstvolles Stofffärbeverfahren, bei dem die Muster mit Wachs abgedeckt u. dann nacheinander gefärbt werden* **II** ⟨zählb.⟩ *dessen Erzeugnis* [javan., „gesprenkelt"]

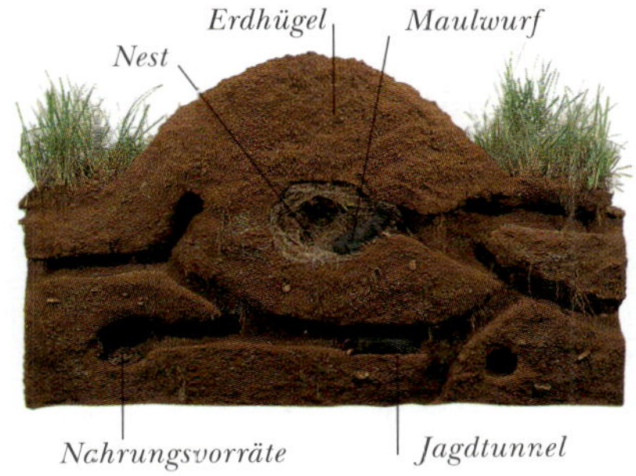


BAU: SCHNITT DURCH EINEN MAULWURFSBAU

**batiken** ⟨V. t.; hat⟩ *eine Batik herstellen, mit Hilfe der Batik färben*

**Batter** ⟨['bætə(r)] m. 3; Sp.; Baseball⟩ *derjenige Spieler, der am Schlag ist* [< engl. *bat* „Schläger, Schlagknüppel"]

**Batterie** ⟨f. 19⟩ **1** ⟨Mil.⟩ *aus mehreren Geschützen (mit Bedienungsmannschaft) bestehende kleinste Artillerieeinheit* **2** ⟨Tech.⟩ *mehrere gleichartige Geräte, die hinter- od. nebeneinander gekuppelt od. zusammengeschlossen werden, um ihre Leistung zusammenzufassen* **3** ⟨El.⟩ ◄ *zu einer Stromquelle zusammengeschlossene elektr. Elemente* (Akkumulatorenbatterie, Taschenlampenbatterie) ◆die Batterie ist erschöpft; die Batterie erneuern; eine leere Batterie wieder aufladen [frz., „schlagende Kriegsschar, Artillerie"; zu *battre* „schlagen"]

**Bau I** ⟨m. 1; unz.⟩ **1** *das Bauen* **2** *Bauarbeit, Errichtung, Anbau (von Früchten, Getreide)* **3** *Aufbau, Bauweise* **4** *techn. od. organ. Gefüge* **5** *Körperbau, Gestalt, Wuchs* **6** ⟨Mil.⟩ *Arrest* ◆den Bau einer **Blüte,** eines Dramas, einer Maschine untersuchen; der Bau eines **Hauses,** eines Schiffes, einer Straße ◆er hat drei Tage Bau **bekommen** ⟨Mil.⟩ ◆er ist gerade **auf** dem Bau *auf der Baustelle (eines Gebäudes);* auf dem Bau arbeiten *Bauarbeiter sein;* (noch) **im** Bau; **mit** dem Bau beginnen; er ist **vom** Bau *er ist vom Fach, kennt sich (in einer Sache) gut aus* **II** ⟨m.; -(e)s, -ten⟩ *Gebäude, Bauwerk* ◆ein **düsterer,** gewaltiger, mächtiger, schöner, solider, stattlicher Bau **III** ⟨m. 1⟩ **1** *Bergwerksanlage* **2** ▲ *Erdhöhle, Tierwohnung unter der Erde* (von Fuchs, Dachs, Otter, Kaninchen u. a.) ◆ich bin tagelang nicht **aus** dem Bau gekommen ⟨fig.; umg.⟩ *nicht aus der Wohnung, nicht unter Menschen* [< ahd. *bu*]

**Bauart** ⟨f. 20⟩ *Art eines Baues, eines Gefüges*

**Bauch** ⟨m. 1u⟩ **1** ⟨Anat.⟩ *unterer Teil des Rumpfes* **2** ⟨fig.⟩ *Wölbung, gewölbter Teil eines Gegenstandes* (Flaschenbauch) **3** *Hohl-, Innenraum* (Schiffsbauch) ◆einen Bauch **bekommen,** haben; den Bauch **einziehen;** sich den Bauch **halten** vor Lachen ⟨fig.⟩ *sehr heftig lachen;* sich den Bauch **voll schlagen** (mit) ⟨derb⟩ *viel essen (von);* **wehtun:** der Bauch tut mir weh ◆ein **dicker** Bauch; ein **voller** Bauch studiert nicht gern ⟨sprichwörtl.⟩ *zu viel essen macht träge* ◆sich **auf** den Bauch legen; auf dem Bauch liegen; **aus** dem hohlen Bauch ⟨umg.⟩ *unvorbereitet;* die Ladung verschwand **im** Bauch des Schiffes; Wut im Bauch haben ⟨umg.⟩ *wütend sein;* Kinder fragen einem manchmal ein Loch in den Bauch ⟨umg.⟩ [< ahd. *buh*]

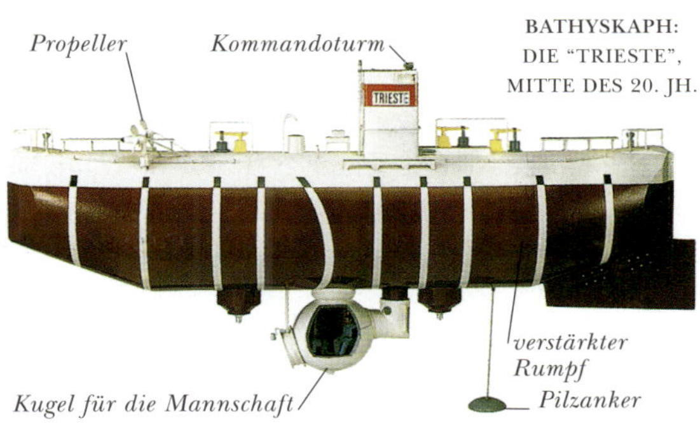


BATHYSKAPH: DIE "TRIESTE", MITTE DES 20. JH.

**Bauchbinde** ⟨f. 19⟩ **1** *Binde um den Bauch zum Stützen od. Wärmen* **2** ⟨fig.⟩ *Papierband um die Zigarre* **3** ⟨Buchw.⟩ *schmaler Papierstreifen um ein Buch mit kurzem Werbetext*

**Bauchfell** ⟨n. 11; Anat.⟩ *von Häuten gebildeter Überzug der Baucheingeweide zur Auskleidung der Bauchhöhle, Peritoneum*

**Bauchflosse** ⟨f. 19⟩ ▼ *Flosse am Bauch von Fischen*

**Bauchhöhle** ⟨f. 19; Anat.⟩ *die Baucheingeweide enthaltende Leibeshöhlung*

**Bauchhöhlenschwangerschaft** ⟨f. 20; Med.⟩ *Schwangerschaft, bei der sich die befruchtete Eizelle nicht in der Gebärmutter, sondern im Eileiter entwickelt u. oft in die Bauchhöhle durchbricht*

**Bauchladen** ⟨m. 4u⟩ *Kasten zum Umhängen mit Waren, der vor dem Bauch getragen wird*

**bäuchlings** ⟨Adv.⟩ *auf dem Bauch, mit dem Bauch voran* ◆bäuchlings auf dem Bett liegen

**Bauchpilz** ⟨m. 1; Bez. für⟩ *mehrere Pilzarten, deren Sporen in rundlichen Fruchtkörpern reifen: Gasteromycetes*

**Bauchredner** ⟨m. 3⟩ *jmd., der ohne Mundbewegungen sprechen kann*

**Bauchschmerz** ⟨m. 23; Med.⟩ *Schmerz innerhalb der Bauchhöhle als Ausdruck von Anspannung u. Verkrampfung der glatten Eingeweidemuskulatur der inneren Organe;* Sy *Bauchweh*

**Bauchspeicheldrüse** ⟨f. 19; Anat.⟩ ▼ *längliche Drüse hinter dem Magen, die Verdauungssäfte für Fette, Eiweiß u. Kohlenhydrate liefert;* Sy *Pankreas*

BAUCHFLOSSE

**Bauchtanz** ⟨m. 1u⟩ *Schautanz asiatischer u. afrikanischer Völker mit rhythmischen Bewegungen der Hüften u. des Bauches* ◆N. mochte den Bauchtanz sehr

**Bauchweh** ⟨n.; -s; unz.⟩ = *Bauchschmerz*

**Baud** ⟨a. [bo:d] n.; -s, -; EDV; Zeichen: Bd⟩ *Maßeinheit für die Übertragungsgeschwindigkeit von Datenverarbeitungsanlagen, 1 Bit/Sekunde* [nach dem französ. Ingenieur E. *Baudot,* 1845-1903]

**bauen** ⟨V. t.; hat⟩ **1** *planmäßig zusammenfügen, errichten, aufbauen* **2** *anlegen* (Wege, Straßen) **3** *anpflanzen, anbauen* (Kartoffeln, Rüben) **4** ⟨umg.⟩ *machen, zustande bringen* ◆eine **Brücke,** ein Haus, eine Maschine, ein Schiff bauen; eine **Höhle** bauen; **Mist** bauen ⟨umg.⟩ *einen Fehler machen;* der Vogel baut sein **Nest;** einen **Unfall** bauen ⟨umg.⟩ *einen Unfall verursachen* ◆**auf** jmdn. bauen *auf ihn vertrauen, auf ihn zählen;* seine Hoffnung auf etwas od. jmdn. bauen *auf etwas od. jmdn. hoffen* ◆breit, kräftig, stark usw. gebaut sein *breiten, kräftigen, starken usw. Körperbau haben* [< ahd. *buan* „(be-)wohnen, bebauen, pflanzen"]

**Bauer**[1] ⟨m. 16⟩ **1** *jmd., der berufsmäßig ein eigenes od. gepachtetes Stück Land bebaut* (Ackerbauer, Weinbauer) **2** *kleinste Schachfigur* **3** *Spielkarte* (Bube, Unter, Wenzel) ◆freier Bauer; die dümmsten Bauern haben die größten Kartoffeln ⟨umg.; sprichwörtl.⟩ *Erfolg hat mitunter der, der ihn eigentlich am wenigsten verdient* [< ahd. *buari*]

## BAUCHSPEICHELDRÜSE

Bei den Wirbeltieren liegt die Bauchspeicheldrüse (Pankreas) hinter dem Magen und nahe am Zwölffingerdarm. Ein Teil der Drüse produziert Verdauungsenzyme, die durch einen Gang in den Zwölffingerdarm gelangen. Die so genannten langerhansschen Inseln stellen zwei Hormone her: Glukagon und Insulin. Sie spielen eine wichtige Rolle bei der Regelung des Zuckerspiegels im Blut und werden direkt in das Kreislaufsystem abgegeben.

SCHNITT DURCH DIE BAUCHSPEICHELDRÜSE DES MENSCHEN

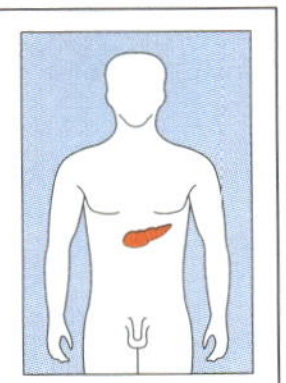

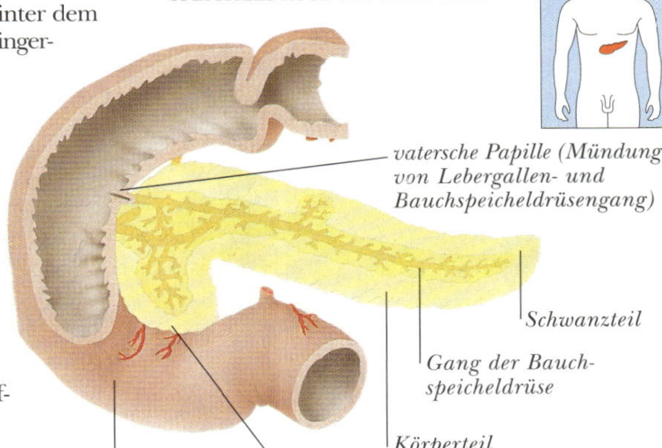

# BÄUME

Seit über 210 Millionen Jahren gibt es Bäume auf der Erde. Sie zeichnen sich durch verholzte Stämme aus, die sich erst ab einer Höhe von ungefähr 2 m zu verzweigen beginnen. Nadelbäume kommen überwiegend in Gebieten mit kalten Wintern vor, Laubbäume wachsen allgemein in wärmeren Gebieten mit regelmäßigen Niederschlägen. Arten in gemäßigten Regionen werfen in der kühlen Jahreszeit ihr Laub ab, in den Tropen hingegen wechseln die Bäume ihr Laub nach und nach. Bäume können ein hohes Alter erreichen, wobei 200 Jahre keine Seltenheit sind.

## NADELBÄUME

CUPRESSACEAE
SCHEINZYPRESSE
(*Chamaecyparis* species)

PINACEAE
KIEFER
(*Pinus* species)

TAXODIACEAE
SICHELTANNE
(*Cryptomeria japonica*)

## LAUBBÄUME

ACERACEAE
BERGAHORN
(*Acer pseudoplatanus*)

BETULACEAE
GRAUBIRKE
(*Betula populifolia*)

BIGNONIACEAE
TROMPETENBAUM
(*Catalpa speciosa*)

ERICACEAE
ERDBEERBAUM
(*Arbutus menziesii*)

FAGACEAE
FÄRBEREICHE
(*Quercus velutina*)

LAURACEAE
BERGLORBEER
(*Umbellularia californica*)

LEGUMINOSAE
ROBINIE
(*Robinia pseudoacacia*)

MAGNOLIACEAE
MAGNOLIE
(*Magnolia* species)

MELIACEAE
SURENBAUM
(*Toona sinensis*)

MYRTACEAE
EUKALYPTUS
(*Eucalyptus dalrympleana*)

OLEACEAE
AMERIKANISCHE ESCHE
(*Fraxinus americana*)

PALMAE
HANFPALME
(*Tachycarpus fortunei*)

PLATANACEAE
AMERIKANISCHE PLATANE
(*Platanus occidentalis*)

ROSACEAE
HIGANKIRSCHE
(*Prunus x subhirtella*)

RUTACEAE
KLEEULME
(*Ptelea trifoliata*)

SALICACEAE
CHINESISCHE HÄNGEWEIDE
(*Salix babylonica*)

STYRACACEAE
SCHNEEGLÖCKCHENBAUM
(*Halesia carolina*)

THEACEAE
SOMMERKAMELIE
(*Stewartia malacodendron*)

TILIACEAE
SILBERLINDE
(*Tilia tomentosa*)

ULMACEAE
NORDAM. ZÜRGELBAUM
(*Celtis occidentalis*)

**Bauer**[2] ⟨n. 13⟩ *Vogelkäfig* (Vogelbauer) [< ahd. *bur* „Haus, Kammer", engl. *bower* „Wohnung"]
**Bäuerin** ⟨f. 22⟩ *Frau des Bauern, Bauersfrau*
**bäuerisch** ⟨Adj.⟩ *wie ein Bauer, urwüchsig;* oV *bäurisch*
**bäuerlich** ⟨Adj.⟩ *den Bauern betreffend, zu ihm gehörend, von ihm stammend*
**Bauernhaus** ⟨n. 12u⟩ *Wohnung u. Betriebsgebäude des Bauern*
**Bauernhof** ⟨m. 1u⟩ = *Bauerngut*
**Bauernschläue** ⟨f.; -; unz.⟩ *Gewitztheit, Pfiffigkeit, Schläue*
**Bauersleute** ⟨Pl.⟩ **1** *der Bauer u. seine Angehörigen* **2** *Leute vom Land*
**baufällig** ⟨Adj.⟩ *dem Zusammenbruch nahe, erneuerungsbedürftig* (Gebäude)
**Baugelände** ⟨n. 13⟩ **1** *bebaubares Gelände;* Sy *Bauland* **2** *Gelände, auf dem ein Bau errichtet wird od. werden soll* ♦ Baugelände erschließen *ein Gelände durch Rohrlegung (Wasser, Gas), Stromzuführung u. Anlegen von Wegen zum Bauen zugänglich machen*

BAUMFARN
(*Dicksonia antarctica*)

**Baugenehmigung** ⟨f. 20⟩ *Genehmigung einer baulichen Maßnahme durch die Bauaufsicht* ♦ eine Baugenehmigung beantragen, erhalten
**Bauhaus** ⟨n. 12u; unz.⟩ Staatliches Bauhaus *1919-1933 Kunstschule in Weimar, später in Dessau, die eine Verbindung zwischen Kunst, Architektur u. Werkkunst zu einem Gesamtkunstwerk im Sinne der neuen Sachlichkeit anstrebte*
**Bauindustrie** ⟨f. 19⟩ *Industriezweig, der im Bauwesen tätig ist*
**Bauingenieur** ⟨[-inʒənjø:r] m. 1⟩ *Absolvent einer Fachschule für Bauwesen*
**Baujahr** ⟨n. 11⟩ *Jahr, in dem ein Gegenstand, eine Maschine, Ware usw. hergestellt worden ist* ♦ ein Volkswagen, Baujahr 1975
**Baukosten** ⟨Pl.⟩ *Kosten für einen Bau*
**Bauland** ⟨n. 12u; unz.⟩ = *Baugelände (1)*
**Bauleitung** ⟨f. 20⟩ **1** *die (verantwortl.) Leitung eines Baues* **2** *der Bauleiter zusammen mit seinen Büroangestellten*
**baulich** ⟨Adj.⟩ *den Bau betreffend* ♦ bauliche Veränderungen vornehmen; das alte Haus ist baulich erstaunlich gut erhalten
**Baum** ⟨m. 1u⟩ **1** ◄ *Holzgewächs aus Stamm u. verzweigtem Wipfel (Krone) mit Blättern od. Nadeln* **2** *Walze am Webstuhl, auf die die Kettfäden* (Kettbaum) *od. das fertige Gewebe* (Zeugbaum) *gewickelt werden* **3** *Balken, dicke Stange* (Hebebaum, Ladebaum, Schlagbaum) **4** *Rundholz der Takelung* (Klüverbaum, Mastbaum) ♦ der Baum des **Lebens;** der Baum der **Menschheit** ♦ den (Weihnachts-)Baum **anzünden,** schmücken; ich fühle mich wieder so gesund, als könnte ich Bäume **ausreißen;** der Baum **blüht,** nadelt, schlägt aus; der Sturm hat viele Bäume **entwurzelt;** einen Baum **fällen,** pflanzen, veredeln, be- od. verschneiden; einen alten Baum soll man nicht **verpflanzen** ⟨fig.⟩ *einen alten Menschen soll man in seiner gewohnten Umgebung lassen;* es ist immer dafür gesorgt, dass die Bäume nicht in den Himmel **wachsen** *dass alles seine Grenze findet, dass keine zu großen Erwartungen entstehen* ♦ ein **alter,** belaubter, blühender, hoher, junger, morscher, verdorrter Baum ♦ das ist ja, um **auf** die Bäume zu klettern! ⟨umg.⟩ *das ist ja zum Verzweifeln!;* er sieht den Wald **vor** lauter Bäumen nicht *er steht davor u. sieht es doch nicht (was er sucht)* [< ahd. *boum,* engl. *beam* „Baum, Balken, Strahl"]

BAUMLÄUFER: WALDBAUMLÄUFER
(*Certhia familiaris*)

**Baumachat** ⟨m. 1⟩ *helles Quarzmineral (Chalcedon) mit moos- od. baumartigen Zeichnungen;* Sy *Moosachat*
**Baumaschine** ⟨f. 19⟩ *Maschine, die bei der Ausführung von Hoch- u. Tiefbauten verwendet wird*
**Baumeister** ⟨m. 3; geschützte Berufsbez. für⟩ *Diplomingenieur als Bauunternehmer*
**baumeln** ⟨V. i.; hat⟩ **1** *lose, schwingend hängen* **2** *schwingen, schaukeln* ♦ an einem Ast baumelte ein Seil; die Beine baumeln lassen; am Galgen baumeln; er saß auf der Bank u. baumelte mit den Beinen; die Seele baumeln lassen ⟨fig.⟩ *(für kurze Zeit) sorglos, unbekümmert sein* [thür.-obersächs. Variante zu *bammeln,* eigtl. „an einem Baum hängen u. schwingen"]
**bäumen** ⟨V. refl.; hat⟩ **1** sich bäumen *sich in Erregung od. erschrocken auf die Hinterbeine aufrichten* (Pferd) **2** sich bäumen gegen ⟨fig.⟩ *sich widersetzen, sich sträuben gegen, sich empören gegen, sich auflehnen gegen*

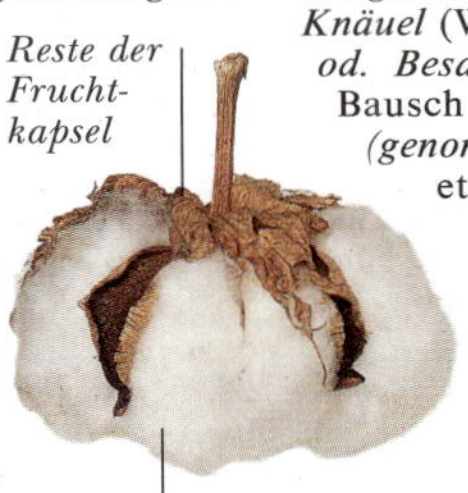

BAUMWOLLE: OFFENE FRUCHT

**Baumfarn** ⟨m. 1⟩ ▲ *baumförmiger, tropischer Farn*
**Baumgrenze** ⟨f. 19; unz.⟩ *Höhenlinie, bis zu der Bäume vorkommen*
**Baumheide** ⟨f. 19⟩ *im Mittelmeergebiet wachsende Art des Heidekrautes, aus der Bruyèreholz gewonnen wird: Erica arborea*
**Baumkrone** ⟨f. 19⟩ *Gesamtheit der Äste u. Zweige des Baumes*
**Baumkuchen** ⟨m. 4⟩ *hoher, ringförmiger Kuchen, der in feinen Schichten auf einer sich drehenden Walze gebacken wird*
**Baumläufer** ⟨m. 3; Zool.⟩ ◄ *kleiner Singvogel mit dünnem, gekrümmtem Schnabel, klettert an Bäumen: Certhiidae;* Sy *Baumsteiger*
**Baumlaus** ⟨f. 7u⟩ *Angehörige einer an Holzgewächsen schmarotzenden Familie der Blattläuse: Lachnidae*
**baumlos** ⟨Adj.⟩ *ohne Bäume* ♦ baumlose Steppe
**Baummarder** ⟨m. 3⟩ ► = *Edelmarder*
**Baumschläfer** ⟨m. 3⟩ *etwa 14 cm langes, zu den Schlafmäusen gehöriges Nagetier der Mittelgebirge: Eliomys quercinus*
**Baumschule** ⟨f. 19⟩ *Gärtnerei zur Aufzucht von Bäumen*
**Baumsteiger** ⟨m. 3; Zool.⟩ ► = *Baumläufer*
**Baumstumpf** ⟨m. 1u⟩ *nach dem Fällen des Baumes stehen gebliebenes Ende des Baumstammes*
**Baumwachs** ⟨[-ks] n. 11; unz.⟩ *Masse aus Bienen-, Fichtenharz, Talg zum wasserdichten Verschließen von Wunden an Baumstämmen*
**Baumwanze** ⟨f. 19⟩ *Angehörige einer artenreichen Familie 5–20 mm großer Wanzen, die von pflanzl. od. tier. Säften leben: Pentatomidae;* Sy *Schildwanze*
**Baumwollbaum** ⟨m. 1u⟩ = *Kapokbaum*
**Baumwolle** ⟨f. 19; unz.⟩ ▼ *Samenhaare des Baumwollstrauches*
**Baumwollstrauch** ⟨m. 2⟩ *Angehöriger einer Gattung der Malvengewächse: Gossypium, dessen gelblich blühenden Sträucher walnussgroße Fruchtkapseln liefern, die bei der Reife aufspringen und deren Samenhaare als Baumwolle gepflückt werden*
**Baumwuchs** ⟨[-ks] m. 1u; unz.⟩ **1** *Wachstum der Bäume* **2** *das Bewachsensein mit Bäumen* ♦ Berge mit reichem Baumwuchs
**Bauordnung** ⟨f. 20⟩ *alle den Hochbau betreffenden Vorschriften*
**Bauplan** ⟨m. 1u⟩ **1** *Plan, Vorhaben zu einem Bau;* Sy *Bauvorhaben* **2** *Zeichnung eines Baues, Aufriss u. Grundriss*
**Bauplatz** ⟨m. 1u⟩ *zu bebauendes Stück Boden, auf dem ein Gebäude errichtet werden darf*
**bäurisch** ⟨Adj.⟩ = *bäuerisch*
**Bausatz** ⟨m. 1u⟩ *Satz von Fertigteilen zum Zusammenbauen* ♦ ein Bausatz für ein Modellflugzeug
**Bausch** ⟨m. 1u⟩ **1** *Wulst, Verdickung* **2** *zusammengeknülltes Stück* (Papier, Stoff, Watte), *Knäuel* (Wattebausch) **3** ▼ *gefältelter Stoff od. Besatz (an Vorhängen, Kleidern)* ♦ in Bausch und Bogen ⟨fig.⟩ *alles in einem (genommen), ohne es genau zu nehmen;* etwas in Bausch und Bogen verurteilen [< mhd. *busch* „Knüttel; Schlag, der Beulen gibt; Wulst"]
**bauschen** **I** ⟨V. t.; hat⟩ *in Falten zusammenlegen u. dadurch weiter machen, hervortreten lassen* **II** ⟨V. refl.⟩ sich bauschen *Falten schlagen, abstehen, sich blähen* ♦ der Ärmel bauscht sich
**bauschig** ⟨Adj.⟩ *in lockeren Falten hervortretend, abstehend, weit, gebläht*
**Bauschutt** ⟨m.; -(e)s; unz.⟩ *Abfälle beim Bauen*
**bausparen** ⟨V. i.; hat; meist im Präsens; Bankw.⟩ *für einen Hausbau (bei einem Bankinstitut) begünstigt sparen*
**Bausparkasse** ⟨f. 19; Bankw.⟩ *Sparkasse zum Bausparen*
**Baustein** ⟨m. 1⟩ **1** *ein Stein zum Bauen* **2** ⟨fig.⟩ *Beitrag, Unterstützung, Teil* ♦ einen Baustein zum Gelingen des Plans beitragen
**Baustelle** ⟨f. 19⟩ *Stelle, an der gebaut wird*
**Baustil** ⟨m. 1; Arch.⟩ *vom Zeitalter beeinflusste Art der Gestaltung von Bauten*
**Baustoff** ⟨m. 1⟩ *zum Bauen notwendiger Rohstoff*
**Bautätigkeit** ⟨f. 20; unz.⟩ *das Bauen, Umfang des Bauens*
**Bautechniker** ⟨m. 3⟩ *Tiefbau- u. Vermessungstechniker*

BAUSCH BEI EINEM KLEID AUS DEM 19. JH.

B

B

**Bauvorhaben** ⟨n. 14⟩ = *Bauplan (1)*
**Bauweise** ⟨f. 19⟩ **1** *Art der Ausführung eines (Haus-)Baues* (Holzbauweise, Steinbauweise) **2** *Bauart von einzelnen sowie mehreren Gebäuden insgesamt, Anordnung von Häusern* ◆ geschlossene Bauweise *Reihenbau;* offene Bauweise *Bau in Einzelgebäuden*
**Bauwerk** ⟨n. 11⟩ **1** *das Erbaute* **2** *größerer, bes. künstlerisch bedeutender Bau* ◆ ein Bauwerk errichten; ein antikes Bauwerk besichtigen
**Bauxit** ⟨m. 1⟩ ► *aluminiumhaltiges Gemenge, Rohstoff für die Aluminiumgewinnung* [nach dem ersten Fundort *Les Baux* in Südfrankreich]

BAUXIT

**Bavaria** ⟨[-vaː-] f.; -; unz.⟩ *Frauengestalt als sinnbildl. Verkörperung Bayerns*
**Bazille** ⟨f. 19; umg. für⟩ *Bazillus, Bakterium* ◆ eine linke Bazille ⟨fig.; umg.⟩ *eine unehrliche, zwielichtige Person*
**Bazillus** ⟨m.; -, -zillen⟩ *stäbchenförmiger Spaltpilz, Sporen bildendes Bakterium* [< lat. *bacillus* „Stäbchen"]
**BBC** ⟨[biːbiːˈsiː] m.; -; unz.; Abk. für engl.⟩ *British Broadcasting Corporation (die brit. Rundfunkgesellschaft)*
**B. c.** ⟨Mus.; Abk. für ital.⟩ *Basso continuo*
**Bd** ⟨EDV; Abk. für⟩ *Baud*
**B-Dur** ⟨n.; -; unz.; Mus.; Abk.: B⟩ *auf dem Grundton B beruhende Dur-Tonart*
**Be** ⟨Chem.; Zeichen für⟩ *Beryllium*
**BE** ⟨Abk. für⟩ *Broteinheit*
**beabsichtigen** ⟨V. t.; hat⟩ etwas beabsichtigen *wollen, vorhaben (zu tun)* ◆ ich beabsichtige, nächste Woche nach Rom zu fahren; ich hatte nicht beabsichtigt, ihn zu beleidigen
**beachten** ⟨V. t.; hat⟩ *achten auf, Aufmerksamkeit schenken* ◆ einen Ratschlag, ein Verbot, Verkehrszeichen beachten; etwas od. jmdn. nicht beachten
**beachtenswert** ⟨Adj.; -er, am -esten⟩ *so beschaffen, dass man es beachten sollte, Beachtung verdienend* ◆ die Sache ist durchaus beachtenswert
**beachtlich** ⟨Adj.⟩ *ziemlich groß, beträchtlich* ◆ ein beachtlicher Erfolg; eine beachtliche Leistung; er hat schon Beachtliches erreicht
**Beachtung** ⟨f.; -; unz.⟩ *das Beachten* ◆ jmdm. od. einer Sache (keine) Beachtung schenken
**Beachvolleyball** ⟨[biːtʃvɔlεi-] m. 1u; unz.; Sp.⟩ *besondere Form des Volleyballs mit leicht modifizierten Regeln, die meist in Zweier- oder Viererteams auf Sand gespielt wird* [< engl. *beach* „Strand" + *Volleyball*]
**beackern** ⟨V. t.; hat⟩ **1** *pflügen* (Feld) **2** ⟨fig.; umg.⟩ *gründlich durcharbeiten, genau bearbeiten* (Wissenschaftsgebiet)
**Beagle** ⟨[ˈbiːg(ə)l] m.; -s, - od. -s⟩ ► *kurzbeinige, schwarz, braun u. weiß gescheckte Spürhunderasse* [engl.]
**Beamtenbeleidigung** ⟨f. 20⟩ *(strafbare) Beleidigung eines Beamten*
**Beamtenschaft** ⟨f. 20; unz.⟩ *Gesamtheit der Beamten*
**Beamte(r)** ⟨m. 29⟩ *Inhaber eines öffentl. Amtes, entweder im Staatsdienst* (Staatsbeamte(r)) *od. im Dienst privatwirtschaftl. Unternehmen* (Privatbeamte(r))
**Beamtin** ⟨f. 22⟩ *weibl. Beamter*
**beanspruchen** ⟨V. t.; hat⟩ **1** *(zu Recht od. Unrecht) fordern, verlangen* **2** *brauchen, nötig haben* ◆ viel Platz, Raum, Zeit beanspruchen; ich bin zurzeit stark beansprucht *habe viel Arbeit*
**beanstanden** ⟨V. t.; hat⟩ **1** *tadeln, rügen, etwas auszusetzen haben an* **2** *Einspruch erheben gegen, sich beschweren über;* Sy *reklamieren* ◆ eine Rechnung, Ware beanstanden; es gab nichts zu beanstanden
**beantragen** ⟨V. t.; hat⟩ etwas beantragen **1** *einen Antrag stellen, um etwas zu bekommen, förmlich um etwas bitten* **2** ⟨Rechtsw.⟩ *fordern* **3** *vorschlagen* ◆ eine Änderung der Tagesordnung beantragen; die frühzeitige Entlassung (aus dem Gefängnis) beantragen; der Staatsanwalt beantragte die Höchststrafe
**beantworten** ⟨V. t.; hat⟩ etwas beantworten *auf etwas antworten, eine Antwort auf etwas geben* ◆ einen Brief, eine Frage beantworten; das kann ich nicht beantworten
**bearbeiten** ⟨V. t.; hat⟩ **1** *arbeiten an, sich eingehend beschäftigen mit* **2** *bebauen* (Land) **3** *Form geben, zurechtmachen, zurichten* (Holz, Metall, Stein) **4** *bessere Form geben, überarbeiten, redigieren* (Buch, Text) ◆ jmdn. bearbeiten ⟨fig.⟩ *jmdn. zu beeinflussen versuchen;* einen **Antrag,** den **Boden** bearbeiten; ein Stück **Land** bearbeiten ◆ ein Theaterstück **für** die Bühne bearbeiten *es bühnengerecht machen;* ein Musikstück für Orchester bearbeiten *so umarbeiten, dass es für Orchester spielbar wird, instrumentieren;* jmdn. **mit** den Fäusten bearbeiten *jmdn. heftig verprügeln;* Metall mit dem Hammer, Stein, mit dem Meißel bearbeiten ◆ neu bearbeitete Auflage (eines Buches)
**Bearbeiter** ⟨m. 3⟩ *jmd., der etwas bearbeitet (hat), z. B. ein Buch, ein Stück, ein Sachgebiet* (Sachbearbeiter)
**Beat** ⟨[biːt] m. 6; unz.; Mus.⟩ **1** *betonter Taktteil* **2** *Schlagrhythmus* **3** *Art des Drive, Musik mit Betonung eines Taktteiles od. mit rhythmischer Verschiebung* [engl., „Schlag"]
**Beatle** ⟨[ˈbiːt(ə)l] m. 6; Mus.⟩ *Angehöriger der ehemaligen engl. Beatgruppe „The Beatles"*
**beatmen** ⟨V. t.; hat⟩ jmdn. beatmen *Luft, Sauerstoff in jmds. Atemwege einführen (wenn die Eigenatmung nicht mehr möglich ist)*
**Beatmusik** ⟨[biːt-] f. 20; unz.; Mus.⟩ *Stil der Rockmusik, der stark rhythmisch geprägt ist* [< engl. *beat* „Schlag"]
**Beaufortskala,** ⟨auch⟩ **Beaufort-Skala** ⟨[boːfət-] od. [bofɔːr-] f.; -; unz.⟩ ► *Skala für Windstärken* [von dem engl. Admiral Sir Francis *Beaufort* 1806 eingeführt]
**beaufsichtigen** ⟨V. t.; hat⟩ *Aufsicht führen über, überwachen, kontrollieren* ◆ Kinder beaufsichtigen; Schularbeiten beaufsichtigen; jmdn. beim Arbeiten beaufsichtigen
**beauftragen** ⟨V. t.; hat⟩ jmdn. beauftragen *jmdm. einen Auftrag erteilen, ihm etwas zu tun aufgeben* ◆ ich habe ihn beauftragt, die Bücher abzuholen; jmdn. mit einer Arbeit beauftragen
**beäugen** ⟨V. t.; hat⟩ *forschend, misstrauisch, neugierig anschauen, betrachten*
**Beaujolais** ⟨[boʒɔˈlεː] m.; -, -⟩ *aus der französ. Landschaft Beaujolais stammender Rotwein*
**bebauen** ⟨V. t.; hat⟩ *bearbeiten, (landwirtschaftlich) nutzen* ◆ Gelände bebauen *mit Gebäuden versehen;* Land bebauen *etwas darauf anpflanzen, beackern*
**beben** ⟨V. i.; hat⟩ *zittern* ◆ die **Erde** bebte; das **Haus** bebte beim Einschlag der Bombe; seine **Stimme** bebte ◆ **mit** bebender Stimme sprechen; **vor** jmdm. beben *vor jmdm. Angst haben;* vor Erregung, Furcht, Grimm, Kälte, Wut, Zorn beben [< ahd. *biben*]

BEAGLE

**bebildern** ⟨V. t.; hat⟩ *mit Bildern versehen, illustrieren* (Buch)
**Bebop** ⟨[ˈbiːbɔp] m. 6; Mus.⟩ *seit 1940 entwickelter, kunstvoller nordamerikan. Jazzstil;* Sy ⟨kurz⟩ *Bop* [engl.; die bedeutungslosen Silben *be-bop* sollen die verminderte Quinte, die bei dieser Jazzspielweise im Vordergrund steht, sprachlich nachahmen]
**Béchamelsoße** ⟨[beʃamεl-] f. 19; Kochk.⟩ *Soße aus Butter, Mehl, Milch u. Gewürzen* [nach dem Haushofmeister Ludwig XIV., Marquis de *Béchamel*]
**Becher** ⟨m. 3⟩ **1** *Trinkgefäß, bes. ohne Fuß u. ohne Henkel* **2** *etwas Becherförmiges, z. B. Fruchthülle, unterster Teil der Holzblasinstrumente, Gefäß zum Würfeln* (Würfelbecher) **3** *Gefäß am Förderband zum Aufnehmen des Materials* (Förderbecher) **4** ⟨Astron.⟩ *Sternbild des südl. Himmels: Crater* ◆ ein Becher Eis, Milch, Wein; den Becher füllen, heben, leeren, kreisen lassen; den Becher an den Mund setzen [< ahd. *behhari,* engl. *beaker* < mlat. *bicarium;* zu grch. *bikos* „irdenes Gefäß"]
**Becherfrucht** ⟨f. 7u⟩ *Frucht in Form eines Bechers, z. B. von Buchen;* ► *Blüten*
**Becherwerk** ⟨n. 11⟩ *Fördermittel mit endlosem Band, an dem Becher zum Aufnehmen u. Transportieren von körnigem Material befestigt sind*
**Becken** ⟨n. 14⟩ **1** *große, flache Schüssel, Schale, Vertiefung* (Taufbecken, Spülbecken, Waschbecken) **2** *eingefasster, ausgemauerter, großer Wasserbehälter* (Schwimmbecken) **3** *Mulde, Vertiefung in der Erdoberfläche* **4** ⟨Mus.⟩ *Schlaginstrument aus zwei flach gewölbten Metallscheiben* **5** *Knochenring der höheren Wirbeltiere u. des Menschen, der aus Kreuz- u. Schambein gebildet ist* [< ahd. *beckin* < mlat. *baccinum* „Becken"]
**beckmessern** ⟨V. i.; hat⟩ *kleinliche Kritik üben*
**Becquerel** ⟨[bεkəˈrεl] n.; -s, -; Zeichen: Bq⟩ *SI-Einheit für die Stärke der Radioaktivität, 1 Bq entspricht einem radioaktiven Zerfallsakt pro Sekunde* [nach dem frz. Physiker H.A. *Becquerel,* 1852-1908]
**Bedacht** ⟨m. 1; unz.⟩ *Überlegung, Ruhe, Besonnenheit, Umsicht* ◆ etwas mit Bedacht tun
**bedächtig** ⟨Adj.⟩ *vorsichtig, ruhig, besonnen, langsam* ◆ bedächtig essen, gehen, handeln, sprechen
**bedanken** ⟨V. refl.; hat⟩ sich bedanken *Dank sagen* ◆ sich bei jmdm. für etwas bedanken *jmdm. für etwas danken*
**Bedarf** ⟨m. 1; unz.⟩ **1** *Bedürfnis, Erfordernis, erforderliche Menge* **2** *Verbrauch, Nachfrage* ◆ einem Bedarf **abhelfen;** seinen Bedarf **decken** ◆ (dringender) Bedarf **an** Lebensmitteln; **bei** Bedarf bitte wieder nachbestellen; **nach** Bedarf auswählen, einkaufen; wir haben **über** unsern Bedarf (hinaus) Vorräte ◆ mein Bedarf ist gedeckt *ich brauche nichts mehr, ich habe genug davon*
**bedauerlich** ⟨Adj.⟩ *Bedauern hervorrufend, unerfreulich* ◆ ein bedauerliches Ereignis, Missgeschick, Unglück; ein bedauerlicher Vorfall, Zustand; es ist sehr bedauerlich, dass ... *es ist schade, dass ...*
**bedauern** ⟨V. t.; hat⟩ **1** jmdn. bedauern *bemitleiden* **2** etwas bedauern **2.1** *bereuen, ungeschehen wünschen* **2.2** *als schade empfinden* ◆ ich bedauere den Vorfall; der arme Kerl ist zu bedauern [< mhd. *beturen;* → *teuer;* urspr. unpersönl.: *mich beturet* „es ist mir teuer", dann „es verdrießt mich"]
**Bedauern** ⟨n.; -s; unz.⟩ **1** *Mitgefühl, (leichtes) Mitleid* **2** *(formelle) Betrübnis, Trauer* **3** *(oberflächl.) Reue* ◆ jmdm. sein Bedauern ausdrücken; wir haben mit Bedauern zur Kenntnis genommen, dass ...

**bedecken** ⟨V. t.; hat⟩ **1** *zudecken, verhüllen* (Fläche, Öffnung) **2** *verschleiern* (Himmel) ◆ Schnee bedeckt die **Erde;** der Rock bedeckt (gerade noch) die **Knie** ◆ das Gesicht **mit** den Händen bedecken ◆ der Himmel ist bedeckt; bei bedecktem Himmel

**Bedecktsamer** ⟨Pl.; Bot.⟩ ►► *Samenpflanzen, deren Samenanlagen von einem Fruchtknoten umschlossen sind;* Sy *Angiospermen;* Ggs *Nacktsamer*

**Bedeckung** ⟨f. 20⟩ **I** ⟨unz.⟩ *das Bedecken* **II** ⟨zählb.⟩ **1** *Gegenstand zum Bedecken, Decke, Tuch, Brett, Deckel usw.* **2** *Schutz, Schutzdach* **3** *Kleidung*

**bedenken** ⟨V. 119; hat⟩ **I** ⟨V. t.⟩ **1** etwas bedenken *über etwas nachdenken, sich etwas überlegen, etwas erwägen* **2** jmdn. bedenken *jmdn. beschenken* ◆ es ist zu bedenken, dass ...; du solltest die **Folgen** bedenken ◆ das hast du nicht **genug** bedacht; etwas **gründlich** bedenken; wenn man es **recht** bedenkt ◆ **auf** etwas bedacht sein *etwas bezwecken;* auf Rettung bedacht sein; er war stets nur darauf bedacht, seinen Vorteil auszunützen **II** ⟨V. refl.⟩ sich bedenken *(über etwas) nachdenken, sich besinnen, eine Entscheidung überlegend aufschieben* ◆ sich eines Besseren bedenken

**Bedenken** ⟨n. 14⟩ **1** *Überlegung, Besinnung* **2** *Erwägung* **3** *Zweifel, Einwendung* ◆ dagegen muss ich Bedenken **anmelden;** er **äußerte** seine Bedenken zu diesem Plan; **bestehen** noch Bedenken?; Bedenken **haben,** hegen, tragen; jetzt **kommen** mir doch Bedenken, ob ...; ich **teile** deine Bedenken ◆ **nach** langem, reiflichem Bedenken stimmte er zu; etwas **ohne** Bedenken tun

**bedenklich** ⟨Adj.⟩ **1** *Bedenken erregend, gefährlich* **2** *(ernsthafte) Zweifel, Misstrauen erregend* **3** *zweifelnd* ◆ er machte ein bedenkliches **Gesicht,** als er den Vorschlag hörte; er befindet sich in einer bedenklichen **Lage;** das wirft ein bedenkliches **Licht** auf ihn ◆ das **scheint** mir recht bedenklich; **sein:** der Zustand des Patienten ist bedenklich

**bedeuten** ⟨V. t.; hat⟩ **1** *einen bestimmten Sinn haben, ein Zeichen sein für, gleichzusetzen sein mit* **2** *wichtig sein* ◆ die Kinder bedeuten ihr **alles;** das hat **etwas** (nichts) zu bedeuten; es bedeutet **Folgendes:** ...; das bedeutet nichts **Gutes** ◆ „Hobbyraum" bedeutet so viel **wie** „Werkraum, Bastelzimmer"; **was** soll das eigentlich bedeuten?

**bedeutend I** ⟨Adj.⟩ **1** *umfangreich, beträchtlich, groß* **2** *wichtig, bekannt, berühmt, einflussreich* ◆ er hat bereits bedeutende **Erfolge** erzielt; es handelt sich um eine bedeutende **Persönlichkeit;** er gehört zu den bedeutendsten **Vertretern** seines Fachbereiches **II** ⟨Adv.⟩ *sehr, wesentlich* ◆ in letzter Zeit hat er sich bedeutend verbessert

**bedeutsam** ⟨Adj.⟩ *voller (tieferer) Bedeutung, wichtig* ◆ eine bedeutsame Sache; sie blickte ihn bedeutsam an

**Bedeutung** ⟨f. 20⟩ **1** *Sinn, Wortsinn* **2** *Wichtigkeit* **3** *Ernst* **4** *Tragweite* ◆ die Bedeutung eines **Wortes** kennen ◆ einer Sache Bedeutung **beimessen** *eine Sache für wichtig halten* ◆ seine Arbeit hat **große** Bedeutung erlangt; dieser Angelegenheit kommt **keinerlei** Bedeutung zu; dieser Ausdruck wird in **übertragener** Bedeutung verwendet; die **wörtliche** Bedeutung lautet anders ◆ **an** Bedeutung gewinnen *wichtiger werden;* bist du dir **über** die Bedeutung deiner Aussage im Klaren?; **von** Bedeutung *wichtig*

**bedeutungslos** ⟨Adj.⟩ *ohne Bedeutung, unwichtig, banal*

**bedeutungsvoll** ⟨Adj.⟩ *voller Bedeutung, wichtig, wesentlich*

**bedienen** ⟨V.; hat⟩ **I** ⟨V. t.⟩ **1** jmdn. bedienen *jmdm. Dienste leisten, ihm bei Tisch Speisen auf- u. abtragen, ihm Waren vorlegen u. ihn beim Kauf beraten* **2** etwas bedienen *handhaben, damit umgehen* (Maschinen) ◆ werden Sie schon bedient? *(Frage an den Kunden);* hier wird die **Kundschaft** gut bedient; kannst du diese **Maschine** bedienen? **II** ⟨V. refl.⟩ sich bedienen *zugreifen (beim Essen), sich nehmen* ◆ bitte bedienen Sie sich! *(Aufforderung zum Essen)* **III** ⟨V. refl. m. Gen.-Obj.⟩ sich einer Sache bedienen *sie benutzen, Gebrauch davon machen*

**Bedienstete(r)** ⟨f. 30 (m. 29)⟩ **1** *Beamtin, Beamter (im öffentlichen Dienst)* **2** *Angestellte(r)* ◆ eine Bedienstete, ein Bediensteter des Landes Hessen

**Bedienung** ⟨f. 20⟩ **I** ⟨unz.⟩ **1** *das Bedienen* **2** *das Bedientwerden* ◆ die Bedienung der Küchenmaschine ist einfach *die Ausführung der notwendigen Handgriffe;* Bedienung ist im Preis inbegriffen **II** ⟨zählb.; umg.⟩ *Kellner(in), Verkäufer(in)*

**Bedingung** ⟨f. 20⟩ **1** *Voraussetzung* **2** *Verpflichtung, Bestimmung, Abmachung, Klausel* **3** ⟨Philos.⟩ *Grund der Möglichkeit (eines Dinges), Ursache (eines Ereignisses)* **4** ⟨meist Pl.⟩ *Zustand, Verhältnis* ◆ die Bedingungen **anerkennen,** einhalten; jmdm. Bedingungen **auferlegen,** stellen, vorschreiben; wir müssen noch die Bedingungen **vereinbaren,** unter denen ... ◆ **günstige,** harte, (un)annehmbare, (un)vorteilhafte Bedingungen stellen ◆ sich **an** die Bedingung halten; **mit** der Bedingung nicht einverstanden sein

**bedrängen** ⟨V. t.; hat⟩ jmdn. bedrängen *(mit etwas) bedrücken, quälen, in Kummer versetzen, hart verfolgen, heftig umwerben, unter Druck setzen* ◆ jmdn. hart, heftig bedrängen; von Hunger, Not, Sorgen bedrängt werden

B

## BEAUFORTSKALA

Der englische Admiral Sir Francis Beaufort (1774–1857) schuf 1806 eine Einteilung der Windstärken nach den Auswirkungen der Winde auf Wellen und Segelschiffe. Später wurden auch die Auswirkungen des Windes in Bodenoberflächennähe (z. B. auf Bäume, Äste und Blätter) einbezogen. Die Beaufortskala reicht von Windstärke 0 (Windstille) bis Windstärke 12 (Orkan). Sie wird auch heute noch oft verwendet, wobei den Windstärken instrumentell gemessene Windgeschwindigkeitsangaben zugeordnet sind.

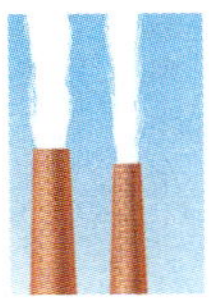

WINDSTÄRKE 0 WINDSTILLE (weniger als 1 kn, 1 km/h)

WINDSTÄRKE 1 LEICHTER ZUG (1–3 kn, 1–6 km/h)

WINDSTÄRKE 2 LEICHTE BRISE (4–6 kn, 7–12 km/h)

WINDSTÄRKE 3 SCHWACHE BRISE (7–10 kn, 13–19 km/h)

WINDSTÄRKE 4 MÄSSIGE BRISE (11–16 kn, 20–30 km/h)

WINDSTÄRKE 5 FRISCHE BRISE (17–21 kn, 31–39 km/h)

WINDSTÄRKE 6 STARKER WIND (22–27 kn, 40–50 km/h)

WINDSTÄRKE 7 STEIFER WIND (28–33 kn, 51–62 km/h)

WINDSTÄRKE 8 STÜRMISCHER WIND (34–40 kn, 63–74 km/h)

WINDSTÄRKE 9 STURM (41–47 kn, 75–87 km/h)

WINDSTÄRKE 10 SCHWERER STURM (48–55 kn, 88–102 km/h)

WINDSTÄRKE 11 ORKANARTIGER STURM (56–63 kn, 103–117 km/h)

WINDSTÄRKE 12 ORKAN (über 63 kn, 117 km/h)

B

# BEDECKTSAMER

Die Bedecktsamer oder Angiospermen umfassen mindestens 250 000 Arten und bilden somit die größte Gruppe des Pflanzenreichs. Im Gegensatz zu den Nacktsamern, die etwa die Nadelhölzer umfassen, entwickeln sich ihre Samen geschützt im Inneren des Fruchtknotens, der zu einer Frucht heranreift. Man unterscheidet über 250 Familien, die zwei ungleich großen Gruppen zugeordnet werden. Am artenreichsten sind die zweikeimblättrigen Pflanzen oder Dikotyledonen, zu denen sehr viele Kräuter, Sträucher und alle echten Bäume zählen. Ihre Jungpflanzen haben bei der Keimung immer zwei Keimblätter. Die Einkeimblättrigen oder Monokotyledonen umfassen krautige Pflanzen (meist mit dreizähligen Blüten) und nur wenige baumähnliche Formen, so z. B. Palmen.

## FAMILIEN DER ZWEIKEIMBLÄTTRIGEN

CRUCIFERAE
(Kreuzblütler)

MYRTACEAE
(Myrtengewächse)

ERICACEAE
(Heidekrautgewächse)

UMBELLIFERAE
(Doldenblütler)

SOLANACEAE
(Nachtschattengewächse)

EUPHORBIACEAE
(Wolfsmilchgewächse)

LEGUMINOSAE
(Schmetterlingsblütler)

LABIATAE
(Lippenblütler)

ROSACEAE
(Rosengewächse)

► *Rosen*

COMPOSITAE
(Korbblütler)

## FAMILIEN DER EINKEIMBLÄTTRIGEN

GRAMINEAE
(Gräser)

► *Gräser*

CYPERACEAE
(Sauergräser)

LILIACEAE
(Lilien)

PALMAE
(Palmen)

ORCHIDACEAE
(Orchideen)

**Bedrängnis** ⟨f. 9⟩ *bedrängte Lage, Not, Konflikt* ◆ sich in Bedrängnis befinden; in Bedrängnis sein, geraten

**bedrohen** ⟨V. t.; hat⟩ jmdn. bedrohen *jmdm. drohen, ihm Unheil od. Gewalt ankündigen* ◆ jmdn. tätlich bedrohen *ungesetzlicher Gewaltanwendung ankündigen;* mit Strafe bedrohen; mit einer Waffe bedrohen

**Bedrohung** ⟨f. 20⟩ *Drohung, Ankündigung von Unheil od. Gewalt* ◆ tätliche Bedrohung ⟨Rechtsw.⟩ *Ankündigung von ungesetzlicher Gewaltanwendung*

**bedrucken** ⟨V. t.; hat⟩ Papier, Stoff bedrucken *etwas darauf drucken*

**bedrückend** ⟨Adj.⟩ *Bedrückung verursachend* ◆ bedrückende Sorge, Not

**Beduine** ⟨m. 17⟩ *nomadisch od. halbnomadisch lebender Araber* [< arab. *bedawi* „in der Wüste umherstreifend"]

**bedürfen** ⟨V. i. 124; hat⟩ jmds. od. einer Sache bedürfen *jmdn. od. eine Sache nötig haben* ◆ das bedarf einer Erklärung; sie bedürfen unserer Hilfe

**Bedürfnis** ⟨n. 11⟩ *Notwendigkeit od. Wunsch, einem Mangel abzuhelfen* ◆ einem Bedürfnis abhelfen *einem Wunsch entsprechen;* ein Bedürfnis befriedigen ⟨fig.⟩ *die Notdurft verrichten;* ich habe das Bedürfnis (zu) *ich möchte gern ...*

**bedürftig** ⟨Adj.; mit Gen.⟩ *Mangel leidend, arm* ◆ jmds. od. einer Sache bedürftig sein *jmdn. od. eine Sache nötig haben, brauchen*

**Beefsteak** ⟨[ˈbiːfsteːk] n. 15⟩ **1** englisches Beefsteak *gebratene Lendenscheibe vom Rind* **2** deutsches Beefsteak *gebratenes Fleischklößchen* [< engl. *beef* „Rindfleisch" + *steak* „Fleischschnitte"]

**beehren** ⟨V. t.; hat; geh.⟩ jmdn. beehren **1** *jmdm. eine Ehre erweisen* **2** *ihn besuchen*

**beeiden** ⟨V. t.; hat⟩ etwas beeidigen *einen Eid auf etwas leisten, etwas beschwören*

**beeilen** ⟨V. refl.; hat⟩ sich beeilen *schnell, rasch machen* ◆ beeil dich!

**beeindrucken** ⟨V. t.; hat⟩ jmdn. beeindrucken *Eindruck auf jmdn. machen* ◆ das Theaterstück hat mich sehr beeindruckt

**beeinflussen** ⟨V. t.; hat⟩ etwas od. jmdn. beeinflussen *lenken, auf etwas od. jmdn. einwirken* ◆ er ist leicht zu beeinflussen

**beeinträchtigen** ⟨V. t.; hat⟩ *schmälern, vermindern, verringern, schädigen* ◆ dadurch wird der Wert erheblich beeinträchtigt

**beenden** ⟨V. t.; hat⟩ *zu Ende bringen, fertig machen, Schluss machen mit (Arbeit, Streit)*

**beerben** ⟨V. t.; hat⟩ jmdn. beerben *jmds. Nachlass erhalten, jmds. Erbe antreten*

**beerdigen** ⟨V. t.; hat⟩ *begraben, bestatten, zur letzten Ruhe betten*

**Beerdigung** ⟨f. 20⟩ **1** *das Beerdigen* **2** *Bestattung, Begräbnis*

**Beere** ⟨f. 19⟩ ► *eine Fruchtform mit völlig fleischiger Fruchtwand;* ► *Früchte* [< ahd. *beri,* engl. *berry*]

**Beerenfrucht** ⟨f. 7u⟩ *aus einer od. mehreren Beeren bestehende Frucht*

**Beerenobst** ⟨n.; -es; unz.; Sammelbez. für⟩ *alle Beerenfrüchte*

**Beet** ⟨n. 11⟩ *begrenztes, gärtnerisch bearbeitetes Stück Boden* (Blumenbeet, Gemüsebeet, Mistbeet) [< ahd. *betti* „Bett, Stück Gartenland", engl. *bed;* → *Bett*]

**Beete** ⟨f. 19⟩ = *Bete*

**befähigen** ⟨V. t.; hat⟩ jmdn. befähigen (zu etwas) *jmdn. in die Lage versetzen (etwas zu tun)* ◆ seine Kenntnisse befähigen ihn zu dieser Arbeit

**Befähigung** ⟨f. 20; unz.⟩ **1** *Tauglichkeit, Eignung* **2** *Begabung*

**befahrbar** ⟨Adj.⟩ *so beschaffen, dass man es befahren kann* ◆ während der Reparaturen ist die Straße nicht befahrbar

**befahren**[1] ⟨V. t. 130; hat⟩ *fahren auf, mit Fahrzeugen benutzen* (Straßen, Wege) ◆ das Bergwerk wird nicht mehr befahren

**befahren**[2] ⟨Adj.⟩ *von Fahrzeugen benutzt* ◆ eine stark befahrene Straße

**befallen** ⟨V. t. 131; hat⟩ *treffen, überfallen, ergreifen* ◆ von einer Krankheit befallen sein; die Obstbäume sind von Schädlingen befallen

**befassen** ⟨V.; hat⟩ **I** ⟨V. refl.⟩ sich mit etwas od. jmdm. befassen *sich beschäftigen, abgeben* ◆ mit dieser Angelegenheit haben wir uns nun lange genug befasst **II** ⟨V. t.⟩ jmdn. mit etwas befassen *jmdm. etwas zu tun geben* ◆ er ist mit dieser Angelegenheit nicht befasst

**Befehl** ⟨m. 1; bes. Mil.⟩ **1** *bindender Auftrag, bes. von Vorgesetzten, strenges Gebot* **2** *Befehlsgewalt, Kommando* ◆ einen Befehl **ausführen,** befolgen, verweigern; einen Befehl **bekommen,** empfangen, erhalten; einem Befehl **Folge** leisten; **sein:** Befehl ist Befehl *einem Befehl muss gehorcht werden;* sich einem Befehl **widersetzen** ◆ **auf** höheren Befehl (hin); den Befehl haben **über** ⟨Mil.⟩

**befehlen** ⟨V. t. 102; hat⟩ jmdm. etwas befehlen *einen Befehl od. Befehle erteilen, anordnen, gebieten* ◆ „Komm her!", befahl er; bitte befehlen Sie! *äußern Sie Ihre Wünsche;* befehlen Sie sonst noch etwas? *haben Sie noch einen Wunsch?;* du hast mir gar nichts zu befehlen! [< ahd. *bifel(a)han* „anvertrauen, übergeben, bergen, begraben"]

**Befehlsform** ⟨f. 20; Gramm.⟩ = *Imperativ*

**Befehlssatz** ⟨m. 1u; Gramm.⟩ = *Imperativsatz*

**Befehlsverweigerung** ⟨f. 20⟩ *Weigerung (eines Soldaten), einen Befehl auszuführen*

**befestigen** ⟨V. t.; hat⟩ **1** *festmachen, festbinden, -nageln, -kleben usw.* **2** *zur Verteidigung bereiten* **3** *haltbar machen, stärken* ⟨a. fig.⟩ ◆ einen Deich befestigen; eine Stadt befestigen; ein Schild an der Tür befestigen

**befinden** ⟨V. 134; hat⟩ **I** ⟨V. t.⟩ befinden für *beurteilen, erkennen als* ◆ etwas für gut, richtig, schlecht befinden **II** ⟨V. i.⟩ über etwas befinden *über etwas bestimmen, entscheiden* ◆ ich habe nicht darüber zu befinden, darüber zu urteilen **III** ⟨V. refl.⟩ sich befinden **1** *sich aufhalten, anwesend sein* **2** *enthalten sein* **3** *sich fühlen* ◆ sich **unpässlich,** wohl befinden ◆ sich **auf** dem Land, in der Stadt, im Zimmer befinden; wir befanden uns **in** einer schwierigen Lage; meine Wohnung befindet sich im zweiten Stock(werk)

**Befinden** ⟨n. 14; unz.⟩ **1** *körperl. od. seel. Zustand* **2** *Gutachten, Urteil, Meinung* ◆ sich nach jmds. Befinden erkundigen; das Befinden des Kranken ist gut, schlecht

**beflecken** ⟨V. t.; hat⟩ **1** *mit Flecken versehen, fleckig machen* **2** ⟨fig.⟩ *entehren, entheiligen* ◆ jmds. Ehre beflecken; mit Farbe, Ruß beflecken

**befolgen** ⟨V. t.; hat⟩ *ausführen, sich richten nach, handeln nach* ◆ Befehle, Gebote, Gesetze, einen Rat, Vorschläge befolgen

**befördern** ⟨V. t.; hat⟩ **1** *an einen anderen Ort bringen, fortschaffen* (Gepäck); Sy *transportieren* **2** *im Rang erhöhen, in eine höhere Stellung aufrücken lassen* **3** eine Sache befördern *eine Sache fördern, unterstützen, voranbringen* ◆ **Briefe,** Gepäck, Güter, Pakete, Waren befördern; die Fähre befördert täglich etwa 100 **Fahrgäste** ◆ die Fahrgäste **mit** (dem) Bus, Flugzeug, Schiff befördern; jmdn. **zum** Oberleutnant befördern

**befragen** ⟨V. t.; hat⟩ jmdn. befragen *an jmdn. Fragen richten, um Auskunft bitten*

**befreien** ⟨V.; hat⟩ **I** ⟨V. t.⟩ **1** *frei machen, in Freiheit setzen* (Gefangene) **2** *erlösen, entlasten, erretten* ◆ jmdn. **aus** einer Gefahr, aus einer unangenehmen Lage befreien; Sklaven **gegen** Lösegeld befreien; jmdn. **vom** Militärdienst befreien; er ist von Steuern befreit **II** ⟨V. refl.⟩ sich befreien *sich frei machen, retten, entlasten* ◆ sich endlich von Schulden befreien

**befremden** ⟨V. t.; hat⟩ **1** *in Erstaunen setzen, stutzig machen* **2** *unangenehm berühren* ◆ sein Verhalten ist befremdend; seine ironischen Bemerkungen haben sie befremdet

**befreunden** ⟨V. refl.; hat⟩ **1** sich mit jmdm. befreunden *mit jmdm. Freundschaft schließen* **2** sich mit etwas befreunden *sich an etwas gewöhnen, mit etwas vertraut werden* ◆ ich habe mich sehr schnell mit ihm befreundet

**befreundet** ⟨Adj.⟩ *in Freundschaft verbunden, nahe stehend* ◆ befreundete Familien; befreundete Staaten

**befriedigen** ⟨V. t.; hat⟩ jmdn. befriedigen *zufrieden stellen* ◆ jmds. **Ansprüche,** Forderungen, Verlangen, Wünsche befriedigen; seinen **Appetit,** Durst, Hunger befriedigen; um ein dringendes **Bedürfnis** zu befriedigen, ...; hast du deine **Neugierde** befriedigt? ◆ er ist **leicht,** schwer zu befriedigen

**Befriedigung** ⟨f. 20⟩ *Zufriedenheit, Zufriedenstellung, Erfüllung von Wünschen*

## BEEREN

Als Beeren werden fleischige Früchte bezeichnet. Sie treten in verschiedenen Pflanzenfamilien auf, die Pflanze lockt mit dem süßen Fruchtfleisch Tiere an: Diese fressen die Beeren und verbreiten dabei die Samen, die den Darm der Tiere unbeschädigt passieren. Viele Beeren wurden zu Kulturpflanzen weiterentwickelt.

SCHNITT DURCH EINE ZITRONE
*(Citrus limon)*

### WEITERE BEERENFORMEN

KAPSTACHELBEERE
*(Physalis peruviana)*

BANANE
*(Musa nana)*

TOMATE
*(Lycopersicum esculentum)*

KAKAOFRUCHT
*(Theobroma cacao)*

MELONE
*(Cucumis melo)*

**Befriedung** ⟨f. 20; unz.⟩ **1** *das Versetzen in den Friedenszustand, Herbeiführen des Friedens* **2** *tiefe innerl. Beruhigung* ◆ zur Befriedung des zerrütteten Landes beitragen

**befristen** ⟨V. t.; hat⟩ **1** *eine Frist setzen für* **2** *die Geltungsdauer begrenzen von* ◆ einen Vertrag, Wechsel befristen

**befruchten** ⟨V. t.; hat⟩ **1** etwas befruchten *den männl. Samen auf das weibl. Fortpflanzungsorgan übertragen, begatten* **2** etwas od. jmdn. befruchten *fruchtbar machen,* ⟨fig.⟩ *zu fruchtbarer (geistiger, kreativer) Tätigkeit anregen* ◆ der Samen befruchtet das Ei; aus dem befruchteten Ei entwickelt sich der Embryo; Blüten werden von Insekten oder vom Wind befruchtet; seine Ausführungen haben meine eigene Arbeit (geistig) befruchtet

**Befruchtung** ⟨f. 20⟩ **1** ► *Vereinigung einer männl. Samenzelle mit einer weibl. Eizelle* **2** ⟨fig.⟩ *Anregung zu fruchtbarer (geistiger, kreativer) Tätigkeit* ◆ künstliche Befruchtung ⟨besser⟩ Besamung *künstl. Einbringen von Samenflüssigkeit in die Scheide*

**Befugnis** ⟨f. 9⟩ *Erlaubnis, Berechtigung, Ermächtigung* ◆ jmdm. Befugnisse einräumen, erteilen, vergeben; besondere Befugnisse besitzen, erhalten, erlangen, haben

**Befund** ⟨m. 1⟩ **1** *Feststellung* **2** *Ergebnis einer Untersuchung* ◆ wir müssen noch den Befund abwarten; der Befund war negativ, positiv; ärztlicher Befund

**befürchten** ⟨V. t.; hat⟩ *Sorge haben vor, besorgt ahnen* ◆ ich befürchte das Schlimmste; es ist zu befürchten, dass ...

**Befürchtung** ⟨f. 20⟩ *Sorge, Besorgnis, schlimme Ahnung* ◆ die Befürchtung haben, hegen, dass ...; deine Befürchtungen sind leider begründet

**befürworten** ⟨V. t.; hat⟩ *wohlwollend unterstützen, eintreten für* ◆ eine Bitte befürworten; der Plan wurde von ihm befürwortet

**Begabung** ⟨f. 20⟩ *angeborene Befähigung, Anlage zu besonderen Fähigkeiten* ◆ eine Begabung für Sprachen haben

**Begebenheit** ⟨f. 20⟩ *Ereignis, Geschehnis, Geschehen, Vorkommnis*

**begegnen** ⟨V. i.; ist⟩ **1** jmdm. begegnen *jmdm. entgegenkommen, jmdn. treffen* **2** einer Sache begegnen *Gegenmaßnahmen treffen, ihr zuvorkommen* **3** sich, ⟨eigtl.⟩ einander begegnen *sich, einander treffen* ◆ ihre **Blicke** begegneten sich; einem **Fehler,** einer Gefahr, drohendem Unheil begegnen ◆ jmdm. **unterwegs,** zufällig begegnen

**Begegnung** ⟨f. 20⟩ **1** *Treffen, Zusammentreffen* **2** ⟨Sp.⟩ *Wettkampf zwischen zwei Mannschaften* ◆ eine unangenehme, zufällige, erfreuliche Begegnung

**begehen** ⟨V. t. 145; hat⟩ **1** *(prüfend) abschreiten, entlanggehen;* Sy *belaufen (I, 1)* **2** *gehen auf, zu Fuß benutzen* **3** *tun, verüben* **4** *feiern* ◆ eine Dummheit, eine Eisenbahnstrecke, Felder begehen; ein Jubiläum begehen; er beging Selbstmord

**begehren** ⟨V. t.; hat⟩ *sehnlich wünschen, heftig verlangen, Verlangen haben nach* ◆ eine Frau begehren *sexuelles Verlangen nach ihr haben;* etwas zu wissen begehren [< mhd. *begern* < ahd. *geron;* → *Gier, Geier*]

**Begehren** ⟨n. 14⟩ *Verlangen, Wunsch* ◆ das ist sein leidenschaftliches Begehren

**begeistern** ⟨V.; hat⟩ **I** ⟨V. t.⟩ *zur Begeisterung bringen, mit Begeisterung erfüllen* ◆ jmdn. für eine Sache begeistern; er ist für nichts zu begeistern; ihm wurde ein begeisterter Empfang zuteil **II** ⟨V. refl.⟩ sich begeistern *in Begeisterung geraten* ◆ dafür könnte ich mich (nicht) begeistern

**Begeisterung** ⟨f. 20; unz.⟩ **1** *freudige Erregung, Jubel* **2** *leidenschaftl. Eifer* ◆ einen **Sturm** der Begeisterung entfesseln ◆ Begeisterung **auslösen,** entfachen, erwecken, hervorrufen; **anhalten:** die Begeisterung hielt nicht lange an; die Begeisterung **kannte** keine Grenzen; **nachlassen:** die Begeisterung ließ schnell nach ◆ **voller** Begeisterung ans Werk gehen

**begießen** ⟨V. t. 152; hat⟩ *Flüssigkeit gießen auf* (Blumen, Braten) ◆ das müssen wir begießen! ⟨umg.; scherzh.⟩ *mit Alkohol feiern*

**Beginn** ⟨m. 1; unz.⟩ *Anfang, Start* ◆ Beginn des neuen **Schuljahres,** der Vorlesungen; Beginn der **Vorstellung** ist um 20 Uhr ◆ **pünktlicher,** verfrühter, verspäteter Beginn ◆ **am** Beginn, bei Beginn, zu Beginn der Sendung; **seit** Beginn dieses Jahres

## BEFRUCHTUNG

Beim Menschen beginnt die Befruchtung damit, dass eine Samenzelle in die Follikelepithelschicht (Corona radiata) einer Eizelle eindringt. Chemische Veränderungen verhindern den Zugang weiterer Samenzellen. Der Kopf der Samenzelle mit dem genetischen Material dringt ins Zentrum der Eizelle vor und verschmilzt mit ihr, während der Schwanz abgestoßen wird.

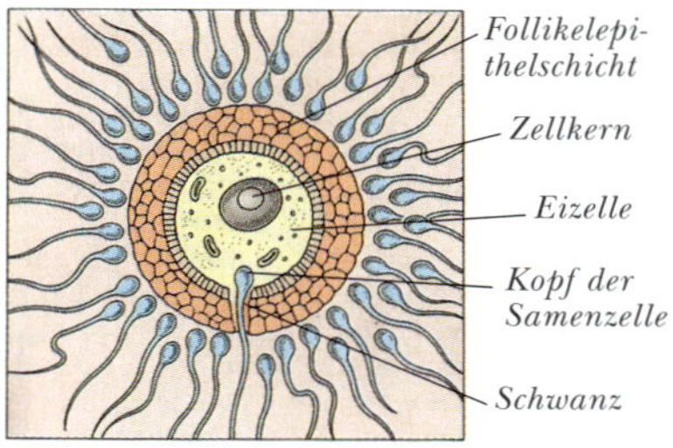


SAMENZELLE DRINGT IN EIZELLE EIN

**beginnen** ⟨V. t. u. V. i. 104⟩ etwas od. mit etwas beginnen **1** *anfangen* **2** ⟨fig.⟩ *anstellen, treiben, unternehmen* ◆ seinen **Bericht** beginnen ◆ **mit** einer Arbeit beginnen; gegen Abend begann es **zu** schneien; zu weinen beginnen [< ahd. *biginnan,* engl. *begin*]

**beglaubigen** ⟨V. t.; hat⟩ **1** *glaubhaft machen* **2** *(amtl.) bestätigen, bezeugen* ◆ eine Unterschrift, Urkunde, Vollmachten beglaubigen

**Beglaubigung** ⟨f. 20⟩ *das Beglaubigen* ◆ die Beglaubigung eines Botschafters, eines Gesandten

**begleiten** ⟨V. t.; hat⟩ **1** *mitgehen, hinführen, hinbringen* **2** ⟨Mus.⟩ *zum Gesang od. zu einem melodieführenden Instrument auf einem anderen Instrument spielen* ◆ darf ich Sie begleiten?; er begleitete die Sängerin auf dem Klavier; kannst du mich beim Einkaufen begleiten?

**Begleiter** ⟨m. 3⟩ **1** ⟨allg.⟩ *jmd., der einen anderen begleitet, Weggefährte, -genosse* **2** ⟨Mus.⟩ *jmd., der einen anderen auf einem Instrument begleitet* **3** *Führer, Beschützer auf dem Weg* ◆ er war ihr **ständiger** Begleiter

**Begleitung** ⟨f. 20⟩ **1** *das Begleiten, Hinführen, Mitgehen* **2** *Begleiter, Gefolge* **3** ⟨Mus.⟩ *das Mitspielen auf einem Instrument* ◆ wäre Ihnen meine Begleitung angenehm?; sich jmds. Begleitung **anvertrauen** ◆ ich bin **in** Begleitung von Freunden hier

**beglückwünschen** ⟨V. t.; hat⟩ jmdn. zu etwas beglückwünschen *jmdm. Mitfreude, Anerkennung aussprechen* ◆ feierlich, herzlich, offiziell beglückwünschen; zum Geburtstag, zum Jubiläum, zur bestandenen Führerscheinprüfung beglückwünschen

**begnadigen** ⟨V. t.; hat⟩ jmdn. begnadigen *jmds. Strafe vermindern od. jmdm. die Strafe erlassen* ◆ einen zum Tode Verurteilten zu lebenslanger Freiheitsstrafe begnadigen

**Begnadigung** ⟨f. 20⟩ *das Begnadigen, Begnadigtwerden, Straferlass, Strafminderung*

**begnügen** ⟨V. refl.; hat⟩ sich mit etwas begnügen *sich zufrieden geben, sich mit etwas bescheiden* [< mhd. *begenüegen* „zufrieden stellen"; → *genug*]

**Begonie** ⟨[-niə] f. 19; Bot.⟩ *Angehörige einer trop. Pflanzengattung mit unsymmetrischen Blättern, Zierpflanze;* Sy *Schiefblatt* [nach Michel *Bégon,* 1638-1710, Gouverneur von Santo Domingo]

**begraben** ⟨V. t. 157; hat⟩ **1** *beerdigen, bestatten, zu Grabe tragen* **2** etwas begraben ⟨fig.⟩ *aufgeben, darauf verzichten* ◆ eine **Feindschaft,** Freundschaft, Liebe begraben; die **Hoffnung** habe ich längst begraben; da liegt der **Hund** begraben ⟨fig.; umg.⟩ *das ist der Kern der Sache* ◆ damit kannst du dich begraben **lassen!** ⟨fig.; umg.⟩ *damit hast du keine Aussichten (auf Erfolg)* ◆ gestern haben sie ihn **auf** dem Südfriedhof begraben ◆ **wo** ist, liegt er begraben?

**Begräbnis** ⟨n. 11⟩ *Bestattung, Beerdigung* (Staatsbegräbnis)

**begradigen** ⟨V. t.; hat⟩ *gerade machen, gerade richten* (Fluss, Grenzlinie, Straße)

**begreifen** ⟨V. t. 158; hat⟩ *verstehen, auffassen, erfassen* ◆ können Sie sein **Verhalten** begreifen? ◆ etwas **allmählich,** langsam, leicht, mühsam, schnell, schwer begreifen; hast du es **endlich** begriffen?

**begrenzen** ⟨V. t.; hat⟩ **1** *in Grenzen einschließen, mit Grenzen versehen, umranden* **2** *die Grenze bilden zu, anschließen an, angrenzen* **3** ⟨fig.⟩ *beschränken, einengen* ◆ **Schaden** begrenzen ◆ ein Thema **auf** einen bestimmten Bereich begrenzen

**Begriff** ⟨m. 1⟩ **1** *Bedeutungsinhalt eines Wortes, Vorstellungsinhalt* **2** *Ahnung, vage Vorstellung* **3** *Auffassungsgabe* ◆ ich weiß diesen Begriff nicht klar zu **benennen,** bezeichnen; **sein:** ist dir das ein Begriff? *kennst du das?* ◆ ein **deutlicher,** eindeutiger, falscher Begriff ◆ **im** Begriff sein, stehen zu ... *anfangen, beginnen, gerade dabei sein, zu ...;* sich einen Begriff **von** etwas machen *sich etwas vorstellen;* einen, keinen deutlichen Begriff von etwas haben

**begrifflich** ⟨Adj⟩ *gedanklich, abstrakt;* Ggs *gegenständlich (1)*

**begründen** ⟨V. t.; hat⟩ **1** *Gründe anführen für, durch Gründe erklären* **2** *den Grund legen für, untermauern, als Grundlage sichern* **3** *gründen, stiften* ◆ seine **Ablehnung,** seine Abwesenheit, seinen Antrag, sein Verhalten begründen; eine wissenschaftl. **Behauptung,** eine neue Lehre begründen ◆ sie begründete ihr Fehlen **mit** Krankheit ◆ **wie** willst du das begründen? **womit** begründest du das? ◆ eine begründete Abneigung gegen etwas haben, hegen; es besteht begründete Hoffnung, dass ...

**Begründung** ⟨f. 20⟩ *Angabe von Gründen, stichhaltige Erklärung* (Urteilsbegründung) ◆ eine Begründung **anführen,** (an-)geben, nennen; das ist keine **ausreichende** Begründung ◆ **als** Begründung nannte er ...; die Begründung **für** etwas; **mit** der Begründung, dass ...; **ohne** (jede) Begründung

**begrünen** ⟨V.; hat⟩ **I** ⟨V. t.⟩ *mit Pflanzen, Bäumen, Sträuchern bepflanzen, eine Grünfläche anlegen* ◆ den Schulhof begrünen

**begrüßen** ⟨V. t.; hat⟩ **1** *beim Kommen grüßen, willkommen heißen* **2** ⟨fig.⟩ *billigen, für erfreulich, gut, richtig halten* ◆ wir begrüßen es sehr, dass ...; jmdn. freundlich, herzlich, kühl begrüßen

**Begrüßung** ⟨f. 20⟩ *Gruß bei jmds. Kommen, Willkommen, Willkommensgruß* ◆ eine aufmerksame, freundliche, herzliche, kühle, offizielle Begrüßung

**begünstigen** ⟨V. t.; hat⟩ **1** *vorziehen, bevorzugen, bevorrechten* **2** etwas begünstigen *fördern, Beihilfe zu etwas leisten* ◆ ein Verbrechen begünstigen ⟨Rechtsw.⟩

**Begünstigung** ⟨f. 20⟩ **1** *Bevorzugung, Förderung* **2** *Beihilfe* **3** ⟨Rechtsw.⟩ *Beistand nach der Tat* ◆ jmdn. wegen Begünstigung verurteilen

**begutachten** ⟨V. t.; hat⟩ *fachmännisch beurteilen, prüfen*

**behaart** ⟨Adj.⟩ *mit Haaren bewachsen* ◆ die behaarten Stellen des Körpers

**behäbig** ⟨Adj.⟩ *beleibt, dicklich u. dabei bequem, langsam, schwerfällig*

**Behagen** ⟨n. 14; unz.⟩ *Zufriedenheit, Wohlbehagen, Wohlgefallen* ◆ sein Behagen **finden** an, in ... ◆ **mit** Behagen essen; den Wein mit Behagen schlürfen

**behaglich** ⟨Adj.⟩ *Behagen verbreitend, gemütlich, angenehm, anheimelnd* ◆ ein behagliches **Leben** führen; der Ofen verbreitet eine behagliche **Wärme;** ein behagliches **Zimmer** ◆ die Wohnung behaglich **einrichten**

**behalten** ⟨V. t. 160; hat⟩ **1** *nicht weg-, hergeben, zurückhalten, bei sich lassen* **2** *aufbewahren* **3** ⟨fig.⟩ *im Bewusstsein, im Gedächtnis bewahren, sich merken, nicht vergessen* **4** *unverändert erhalten, innehaben* ◆ er hat sein jugendliches **Aussehen** behalten; wenn wir bis dahin unser **Leben** behalten; ich kann seinen **Namen** einfach nicht behalten!; die **Oberhand** behalten; du hast **Recht** behalten ◆ etwas **widerrechtlich** behalten ◆ den Hut **auf** dem Kopf behalten; ein Geheimnis **für** sich behalten *es nicht ausplaudern;* jmdn. **im** Auge behalten *nicht aus den Augen lassen, weiterbeobachten;* etwas im Auge behalten ⟨fig.⟩ *nicht davon abkommen, weiter daran denken;* im Gedächtnis, im Kopf behalten [< ahd. *bihaltan* „für und in sich haben und bewahren, in Obhut haben, rein erhalten, heben und pflegen, beobachten, bewachen"]

**Behälter** ⟨m. 3⟩ *Gefäß, Möbelstück, Raum zum Aufbewahren (Becken, Etui, Kasten, Topf, Tank, Truhe usw.)*

**behänd, behände** ⟨Adj.⟩ *flink u. geschickt, gewandt* [< ahd. *bi henti*]

**behandeln** ⟨V. t.; hat⟩ **1** *einwirken auf* **2** *handhaben, verfahren, verkehren, umgehen mit* **3** *fertig werden mit* **4** *abhandeln, handeln von* **5** *ärztl. beistehen, helfen* ◆ eine **Angelegenheit** bevorzugt behandeln; wir wollen heute ein **Thema** behandeln, das ... ◆ sich **ärztlich** behandeln lassen; etwas **ausführlich,** behandeln; jmdn. **gut,** freundlich, liebevoll behandeln; er ist **leicht,** schwierig zu behandeln ◆ er hat ihn **als** Freund behandelt; jmdn. **mit** Hochachtung behandeln ◆ von **wem** werden Sie behandelt?

**Behandlung** ⟨f. 20⟩ *das Behandeln, das Behandeltwerden* ◆ gute, schlechte, grausame Behandlung; bei wem sind Sie in Behandlung? *welcher Arzt behandelt Sie?*

**behängen** ⟨V. t.; hat⟩ etwas mit etwas behängen *überreich mit etwas ausstatten* ◆ die Wände mit Bildern, Fotografien, Gemälden, Teppichen behängen; den Christbaum mit bunten Kugeln und Lametta behängen

**beharren** ⟨V. i.; hat⟩ auf, in etwas beharren *zäh an etwas festhalten, auf etwas bestehen* ◆ auf einem Entschluss, einer Meinung beharren

**beharrlich** ⟨Adj.⟩ *ausdauernd, zäh, hartnäckig* ◆ beharrlich schweigen; beharrlich ein Ziel verfolgen

**behaupten** ⟨V.; hat⟩ **I** ⟨V. t.⟩ **1** *überzeugt, nachdrücklich aussprechen, sehr bestimmt vertreten, für wahr erklären, versichern, ohne es beweisen zu können* **2** *erfolgreich verteidigen, behalten, aufrechterhalten* ◆ er behauptete, mich (nicht) gesehen zu haben; seine Meinung, seinen Standpunkt, seine (berufliche) Stellung behaupten **II** ⟨V. refl.⟩ sich behaupten *standhaft bleiben, standhalten, unverändert bleiben, sich durchsetzen* [< mhd. *behoubeten* „sich als Herr (mhd. *houbet*) von etwas zeigen, siegreich gegen Angriffe verteidigen, eine Meinung verteidigen, als Meinung aufstellen"]

**Behauptung** ⟨f. 20⟩ *bestimmte, aber nicht bewiesene Erklärung, Versicherung* ◆ eine Behauptung **aufstellen;** die Tatsachen **beweisen,** widerlegen deine Behauptung; wir wollen diese Behauptung **gelten** lassen ◆ **bei** seiner Behauptung bleiben; er geht **von** seiner Behauptung nicht ab

**beheben** ⟨V. t. 163; hat⟩ *beseitigen* (Mängel, Schwierigkeiten, Zweifel)

**Behelf** ⟨m. 1⟩ **1** *vorübergehende Hilfe, notdürftiger Ersatz* (Notbehelf) **2** *Ausrede, Vor-, Einwand*

**behelfen** ⟨V. refl. 165; hat⟩ sich behelfen *sich helfen, sich (einstweilen) einen Ersatz nehmen* ◆ sich allein (nicht) zu behelfen wissen

**beherbergen** ⟨V. t.; hat⟩ **1** jmdn. beherbergen *jmdm. Nachtlager, Unterkunft geben, ihn unterbringen* **2** etwas beherbergen ⟨fig.⟩ *bei sich, in sich haben, den Raum für etwas bieten* ◆ Schloss Moyland beherbergt seit einigen Jahren ein Museum

**beherrschen** ⟨V. t.; hat⟩ **1** *herrschen über, Macht haben über, regieren* **2** *können, meistern, sehr bewandert sein in* **3** *(wirkungsvoll) überragen* **4** etwas od. sich beherrschen *in der Gewalt haben, zügeln* ◆ sie beherrscht ihn völlig; ich kann mich beherrschen! ⟨umg.⟩ *ich denke nicht daran, ich werde mich hüten!*

**Beherrschung** ⟨f. 20; unz.⟩ *das Beherrschen, Sichbeherrschen* ◆ die sichere Beherrschung mehrerer Sprachen; die Beherrschung verlieren

**beherzigen** ⟨V. t.; hat⟩ *sich zu Herzen nehmen, sich merken u. danach richten* ◆ einen Rat, seine Worte beherzigen

**behilflich** ⟨Adj.⟩ *hilfreich* ◆ behilflich sein *helfen;* würden Sie mir dabei behilflich sein?

**behindern** ⟨V. t.; hat⟩ jmdn. behindern **1** *jmdm. hinderlich sein, Hindernisse in den Weg legen* **2** ⟨Sp.⟩ *einem Mitspieler den Wettkampf unfair erschweren (durch Festhalten, Versperren des Weges u. Ä.)* ◆ den Verkehr behindern; jmdn. in seinem Fortkommen behindern

**behindert** ⟨Adj.⟩ *von einer dauerhaften körperlichen od. geistigen Beeinträchtigung betroffen* ◆ behinderte Kinder; geistig, körperlich behindert sein

**Behinderte(r)** ⟨f. 30 (m. 29)⟩ *jmd., dessen geistiger od. körperlicher Zustand dauerhaft beeinträchtigt ist* (Körperbehinderter, Hörbehinderte)

**Behinderung** ⟨f. 20⟩ **1** *das Behindern* **2** *bleibende Beeinträchtigung* ◆ geistige, körperliche Behinderung

**Behörde** ⟨f. 19⟩ **1** *von Staat, Stadt, Gemeinde od. Kirche mit der Erledigung von Amtsgeschäften beauftragte Gruppe von Beamten* **2** *deren Dienststelle* ◆ meine vorgesetzte Behörde; die hierfür zuständige Behörde

**behüten** ⟨V. t.; hat⟩ *beschützen, sorgsam bewachen, bewahren* ◆ jmdn. liebevoll, fürsorglich, sorgsam behüten

**behutsam** ⟨Adj.⟩ *sorgsam, vorsichtig, umsichtig, zart* ◆ jmdm. eine Nachricht behutsam beibringen; ein Problem behutsam anfassen

**bei** ⟨Präp. m. Dat.⟩ **I** ⟨örtl.⟩ **1** *in der Nähe von, neben* **2** *an einem bestimmten Ort, unter bestimmten Leuten* **3** *an einem bestimmten Punkt* ◆ er ist bei der **Bahn** ⟨umg.⟩ *dort angestellt;* bei den **Engländern** wird Weihnachten so gefeiert *in England;* dicht bei der **Fabrik** gelegen; gleich beim **Flugplatz** befindet sich ...; bei der **Hand** fassen, nehmen; bei **mir** zu Hause *in meiner Wohnung,* ⟨a. für⟩ *in meiner Heimat;* in der Schlacht bei **Waterloo** **II** ⟨zeitl.⟩ **1** *während, als, zur Zeit von* **2** *unter bestimmten Umständen* **3** *in Zusammenhang mit einer Person* **4** *in einem bestimmten Zustand, verbunden mit* **5** *augenblicklich beschäftigt mit* **6** *mithilfe* ◆ bei meiner **Abfahrt,** Ankunft, meinem Aufenthalt in ...; alles beim **Alten** lassen *nicht ändern;* das Unangenehme bei dieser **Angelegenheit** ist ...; bei der **Arbeit** sein; Vorsicht beim **Aussteigen;** nicht bei **Besinnung** sein; bei näherer **Betrachtung;** bei einer **Flasche,** einem Glas Wein gemütlich zusammensitzen; (noch nicht) wieder bei **Kräften** sein; bei (guter) **Laune** sein; bei **Lebzeiten** meiner Eltern; bei dieser **Nachricht,** diesen Worten; jmdn. bei seinem, beim **Namen** rufen; kein Geld bei **sich** haben; bei **Sonnenaufgang;** der Tenor ist heute nicht bei **Stimme;** sie sind schon bei **Tisch** *sie essen bereits* [< ahd. *bi,* engl. *by*]

**beibehalten** ⟨V. t. 160; hat⟩ *weiterhin behalten* ◆ eine Gewohnheit beibehalten

**beibringen** ⟨V. t. 118; hat⟩ **1** *herbeiholen, beschaffen* (Zeugen, Zeugnisse) **2** *einflößen* (Arznei, Gift) **3** *zufügen* (Niederlage, Schlag, Verluste, Wunde) **4** *lehren, unterweisen in* (gutes Benehmen, Tennisspielen, Zeichensetzung) ◆ jmdm. etwas schonend beibringen *schonend mitteilen, zu verstehen geben*

**Beichte** ⟨f. 19⟩ *öffentl. od. geheimes Aussprechen seiner Sünden, Sündenbekenntnis* ◆ die Beichte ablegen; jmdm. die Beichte abnehmen; die Beichte hören [< ahd. *bigiht, bijiht* „Bekenntnis"; zu *bijehan* „beichten, bekennen"; zu *jehan* „sagen, aussagen"]

**beichten** ⟨V. t. u. V. i.; hat⟩ **1** *öffentl. od. geheim Sünden bekennen* **2** ⟨fig.⟩ *Vergehen eingestehen* ◆ etwas, eine Sünde beichten

**Beichtstuhl** ⟨m. 1u⟩ *dreiteiliges Holzgehäuse mit einem Mittelteil für den Beichtvater (Pastor, Kaplan usw.) u. zwei abgeteilten, mit einem Gitter zum Sprechen versehenen Seitenteilen für den Beichtenden*

**beide** **I** ⟨Pronominaladj.⟩ *alle zwei* **II** ⟨ohne Art. stark gebeugt⟩ **1** ⟨Nom.⟩ beide Kinder; alle beide erschienen zu spät; alles beides ist richtig **2** ⟨Gen.⟩ beider Leben war in Gefahr **3** ⟨Dat.⟩ ich habe es beiden, beiden Kindern, allen beiden gesagt **4** ⟨Akk.⟩ es betrifft beide, beide Kinder, alle beide, uns, euch, sie beide **III** ⟨mit Art. schwach gebeugt⟩ **1** ⟨Nom.⟩ die beiden kamen zu spät **2** ⟨Gen.⟩ das Leben der beiden Kinder **3** ⟨Dat.⟩ ich habe es den beiden (Kindern) gesagt **4** ich habe die beiden Kinder heute Morgen abgeholt [< ahd. *beide, bede,* engl. *both*]

**beiderlei** ⟨Adj.⟩ *zweierlei, von zwei genannten Arten* ◆ Tiere beiderlei Geschlechts

**beiderseits** ⟨Präp. m. Gen.⟩ **1** *auf beiden Seiten* **2** *von beiden Beteiligten* ◆ beiderseits des Flusses

**Beidhänder** ⟨m. 3⟩ **1** *großes Schwert, das mit beiden Händen gefasst wird;* Sy *Zweihänder;* ► *Schwerter* **2** *jmd., der mit beiden Händen gleich geschickt ist od. dieselbe Kraft aufwenden kann*

**beidseitig** ⟨Adj.⟩ **1** *auf allen zwei Seiten* **2** *gegenseitig* ◆ in beidseitigem Einvernehmen eine Entscheidung treffen

**beieinander** ⟨Adv.⟩ *einer beim andern, nahe zusammen* ◆ gut beieinander sein *gesund sein, sich wohl fühlen;* schlecht beieinander sein *nicht gesund, hinfällig sein*

**Beifahrer** ⟨m. 3⟩ *Begleiter des Kraft- od. Motorradfahrers*

B

B

**Beifall** ⟨m. 1u; unz.⟩ **1** *Billigung, Zustimmung* **2** *Händeklatschen (als Ausdruck der Zustimmung, Begeisterung)* ◆ Beifall **äußern,** ernten, finden, haben, klatschen, zollen; **losbrechen:** ein Sturm des Beifalls brach los; der Vorschlag **findet** allgemein Beifall *er wird allgemein gutgeheißen* ◆ **unter** dem Beifall von Tausenden

**beifällig** ⟨Adj.⟩ *billigend, zustimmend, zustimmend* ◆ beifällig nicken

**beifügen** ⟨V. t.; hat⟩ *beilegen, hinzufügen* ◆ einer Sendung etwas beifügen

**Beifügung** ⟨f. 20⟩ **I** ⟨unz.; Amtsdt.⟩ *das Beifügen* ◆ unter Beifügung der nötigen Unterlagen **II** ⟨zählb.; Gramm.⟩ = *Attribut*[2]

**Beifügungssatz** ⟨m. 1u; Gramm.⟩ = *Attributsatz*

BEIFUSS *(Artemisia tridentata)*

**Beifuß** ⟨m. 1; unz.; Bot.⟩ ► *Angehöriger einer Gattung der Korbblütler, Kraut od. Strauch von meist aromatischem Geruch, Gewürzpflanze: Artemisia;* Sy *Edelraute* [< ahd. *pipoz, boboz,* frühnhd. *peipus*]

**beige** ⟨[beːʒ] Adj.; undekl.⟩ **1** *naturfarben* (Wolle) **2** *sandfarben* [frz., „ungefärbt"]

**Beige** ⟨[beːʒ] n.; -; unz.⟩ *beige Farbe*

**beigeben** ⟨V. t. 143; hat⟩ **1** *mitgeben* **2** *beilegen, beifügen* ◆ einer Sendung ein Begleitschreiben beigeben; klein beigeben ⟨fig.; umg.⟩ *sich fügen*

**Beigeschmack** ⟨m. 1u⟩ **1** *Nebengeschmack, der den eigentl. Geschmack beeinträchtigt oder verdrängt* **2** ⟨fig.⟩ *störende Nebeneigenschaft* ◆ ein bitterer, süßlicher, fader Beigeschmack; diese Angelegenheit hat einen unangenehmen Beigeschmack ⟨fig.⟩

**Beihilfe** ⟨f. 19⟩ **1** *finanzielle Hilfe, Unterstützung (bes. für Beamte)* **2** *Stipendium* (Studienbeihilfe) **3** *Hilfeleistung bei einer Straftat* ◆ jmdn. mit einer Beihilfe unterstützen; Beihilfe zu einem Verbrechen leisten

**beikommen** ⟨V. i. 170; ist⟩ **1** jmdm. beikommen *jmdn. zu fassen bekommen* **2** einer Sache beikommen *mit einer Sache fertig werden, sie meistern* ◆ ihm ist nicht beizukommen; ich weiß nicht, wie ich der Sache beikommen soll

**Beil** ⟨n. 11⟩ *kurzstieliges Werkzeug mit breiter, einseitiger Schneide (bes. zum Be- u. Zerhauen von Holz u. Fleisch, auch als Hinrichtungsgerät)* (Fallbeil) ◆ Holz mit dem Beil zerhacken, spalten [< ahd. *biahl*]

**Beilage** ⟨f. 19⟩ **1** *etwas, das beigelegt, ergänzt, hinzugefügt wird* (Gemüsebeilage, Zeitungsbeilage) **2** ⟨bei Maschinen⟩ *Blechstreifen zum Ausgleichen von Spielräumen*

**beiläufig** ⟨Adj.⟩ *nebenbei (gesagt)* ◆ eine beiläufige Frage; etwas nur beiläufig erwähnen

**beilegen** ⟨V. t.; hat⟩ **1** *hinzulegen, beifügen* **2** *beimessen, zuschreiben, zusprechen* **3** *schlichten* ◆ einem Brief ein Foto, Rückporto beilegen; einen Streit beilegen

BEINWELL *(Symphytum officinale)*

**beileibe** ⟨Adv.; nur in Verneinungen⟩ *bestimmt, wirklich* ◆ beileibe nicht *auf keinen Fall, um keinen Preis* [eigtl. „beim Leben"]

**Beileid** ⟨n.; -(e)s; unz.⟩ *Mitgefühl, Anteilnahme (bei Todesfällen)* ◆ mein Beileid!; herzliches Beileid!; sein Beileid ausdrücken, aussprechen, bezeigen

**beiliegen** ⟨V. i. 179; hat⟩ **1** *einem Brief beigelegt, beigefügt sein* **2** ⟨Mar.⟩ *vor dem Wind liegen* ◆ Zeugnisse liegen dem Schreiben bei

**beim** ⟨Präp. u. Art.; Verschmelzungsform für⟩ **1** *bei dem* **2** *bei einem*

**beimessen** ⟨V. t. 183; hat⟩ *zuschreiben* ◆ einer Angelegenheit besondere, geringe, große, keine, nur wenig, zu viel Bedeutung beimessen

**Bein** ⟨n. 11⟩ **1** *Gliedmaße höherer Wirbeltiere* **2** *untere Gliedmaße des Menschen* **3** *beinähnl. Stütze* (Stuhlbein, Tischbein) **4** *Knochen* ◆ sich die Beine nach etwas **ablaufen** ⟨fig.⟩ *viele Wege machen, um etwas zu bekommen;* die Beine **anziehen,** ausstrecken; alles, was Beine **hatte,** war unterwegs ⟨umg.⟩ *jedermann;* soll ich dir Beine **machen?** ⟨fig.; umg.⟩ *willst du dich wohl beeilen?;* jmdm. ein Bein **stellen** *versuchen, ihn zu Fall zu bringen;* sich die Beine (ein wenig) **vertreten** ⟨fig.; umg.⟩ *sich Bewegung machen* ◆ **gerade,** dicke, krumme, kurze, lange, schlanke, schöne Bein haben; Lügen haben **kurze** Beine ⟨Sprichw.⟩ *Lügen werden schnell aufgedeckt;* das **linke,** rechte Bein heben ◆ einen Klotz **am** Bein haben ⟨fig.⟩ *mit etwas belastet sein;* einen Kranken wieder **auf** die Beine bringen ⟨umg.⟩ *zu seiner Genesung beitragen;* auf einem Bein hüpfen; nach langer Krankheit wieder auf die Beine kommen *gesund werden, genesen;* den ganzen Tag, von früh an auf den Beinen sein; noch gut auf den Beinen sein ⟨fig.⟩ *noch rüstig sein;* die Beine **in** die Hand nehmen ⟨fig.⟩ *schnell entwischen;* sich die Beine in den Leib (Bauch) stehen ⟨fig.; umg.⟩ *lange warten müssen;* ein Schemel **mit** drei Beinen; mit den Beinen baumeln; du bist wohl heute mit dem linken Bein (zuerst) aufgestanden? ⟨fig.⟩ *du hast aber heute schlechte Laune;* mit beiden Beinen auf der Erde stehen *lebenstüchtig sein;* er ist **über** seine eigenen Beine gestolpert (vor Ungeschick); die Beine **unter** den Tisch strecken ⟨fig.⟩ *sich ernähren lassen, nichts tun;* jmdm. einen Knüppel **zwischen** die Beine werfen ⟨fig.⟩ *ein Hindernis in den Weg legen, Schwierigkeiten bereiten* [< ahd. *bein,* engl. *bone*]

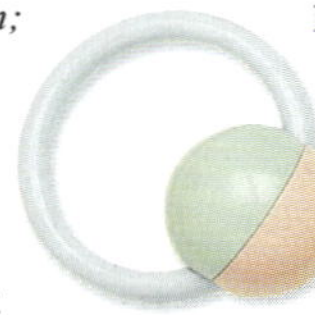

BEISSRING

**beinah, beinahe** ⟨Partikel⟩ *nicht ganz, fast*

**Beinbrech** ⟨m. 1; unz.⟩ **1** ⟨Bot.⟩ *in nordwestdeutschen Torfmooren vorkommendes Liliengewächs, Gemeine Ährenlinie: Nartheticum ossifragum* **2** ⟨Geol.⟩ = *Kalksinter*

**Beinbruch** ⟨m. 1u⟩ **1** ⟨Med.⟩ *Bruch eines Beinknochens* **2** ⟨Geol.⟩ = *Kalksinter* ◆ das ist kein Beinbruch ⟨fig.⟩ *das ist nicht schlimm*

**beinhart** ⟨Adj.; bes. süddt.; österr.⟩ *knochenhart, sehr hart* ◆ eine beinharte Skipiste

**Beinhaus** ⟨n. 12u; auf Friedhöfen⟩ *Gebäude zum Aufbewahren ausgegrabener Gebeine;* Sy *Ossarium*

**Beinheil** ⟨n. 11; unz.; Bot.⟩ ► = *Beinwell*

**Beinwell** ⟨m. od. n.; -s; unz.; Bot.⟩ ◄ *Angehöriger einer Gattung der Borretschgewächse, früher als Heilmittel gegen Lungenleiden u. Husten angesehen: Symphytum;* Sy *Beinheil* [< *Bein* „Knochen" + *wallen* „zusammenheilen"]

**Beipackzettel** ⟨m. 5; Pharm.⟩ *einer Packung beiliegender Zettel mit Hinweisen für den Gebrauch*

**beipflichten** ⟨V. i.; hat⟩ *Recht geben, zustimmen* ◆ jmdm., einer Meinung, einem Vorschlag beipflichten

**Beirat** ⟨m. 1u⟩ *beigeordneter Berater, beratende Körperschaft* ◆ Elternbeirat

**beisammen** ⟨Adv.⟩ *zusammen, beieinander* ◆ wir waren vorgestern Abend noch sehr lange gemütlich beisammen

**Beisammensein** ⟨n.; -s; unz.⟩ *Zusammen-, Beieinandersein* ◆ geselliges Beisammensein

**Beisatz** ⟨m. 1u; Gramm.⟩ = *Apposition*

**beischaffen** ⟨V. t.; hat⟩ *herbeischaffen, beschaffen* ◆ kannst du mir zwei Bücher beischaffen?

**Beischlaf** ⟨m.; -(e)s; unz.⟩ = *Koitus* ◆ den Beischlaf ausüben

**Beisein** ⟨n.; -s; unz.⟩ *Dabeisein, Anwesenheit* ◆ im Beisein von

**beiseite** ⟨Adv.⟩ *seitwärts, nach der Seite, fort, weg* ◆ **Geld** beiseite legen *sparen;* **Spaß** beiseite! ⟨umg.⟩ *das ist kein Scherz, es ist ernst gemeint* ◆ beiseite **gehen,** treten; jmdn. beiseite **nehmen** (um ihm unter vier Augen etwas zu sagen); beiseite **(sprechen)** ⟨Theat.⟩ *nur für die Zuschauer bestimmt, für sich (sprechen)*

**Beisetzung** ⟨f. 20⟩ *Beerdigung, Begräbnis, Feuerbestattung* (Urnenbeisetzung)

**beisitzen** ⟨V. i. 242; hat⟩ *das Amt des Beisitzers ausüben*

**Beisitzer** ⟨m. 3⟩ **1** *Richter neben dem Vorsitzenden* **2** *Nebenrichter* **3** *Ausschuss-, Vorstandsmitglied neben einem Vorsitzenden*

**Beispiel** ⟨n. 11⟩ **1** *Vorbild, Muster* **2** *veranschaulichendes Gleichnis* **3** *ausgewählte Probe* ◆ ich **folgte** seinem Beispiel ◆ ein **abschreckendes,** warnendes Beispiel; ein **gutes** Beispiel ◆ etwas **als** Beispiel anbringen, nennen, setzen; ich will es **an** einem Beispiel klar machen; nimm dir ein Beispiel an deinem älteren Bruder!; **mit** gutem Beispiel vorangehen; **nach** dem Beispiel von; **zum** Beispiel ⟨Abk.: z. B.⟩ [< ahd. *bispel* „Sprichwort, Fabel, Gleichnis" < ahd. *bi* + *spel* „Rede, Bericht, Erzählung, Sage", engl. *spell*]

**beispielhaft** ⟨Adj.⟩ *mustergültig, vorbildlich*

**beispielsweise** ⟨Adv.⟩ *zum Beispiel*

**beißen** ⟨V. t. u. V. i. 105; hat⟩ **1** *die Zähne aufeinander pressen* **2** *die Zähne in etwas hineindrücken, -schlagen, mit den Zähnen packen* **3** *essen, kauen, mit den Zähnen zerkleinern* **4** *stechen* (Insekten) **5** *brennen, ätzen* (Geruch, ⟨fig.⟩ Spott) **6** *scharf sein* (Säure, Speisen) ◆ der alte Mann kann das harte **Brot** nicht mehr beißen; die **Farben** beißen sich *passen nicht zueinander;* die **Hunde** haben einander, ⟨umg.⟩ sich gebissen ◆ **auf** einen Kirschkern beißen; Pfeffer beißt auf der Zunge; sich auf die Lippen beißen (um das Lachen od. ein Wort zurückzuhalten); der Rauch beißt **in** den Augen; ins Gras beißen ⟨fig.; umg.⟩ *sterben;* jmdn. in die Hand beißen; der Hund biss **nach** ihm *suchte ihn mit den Zähnen zu fassen* ◆ ein beißender Geruch; beißender Hohn, Spott; eine beißend scharfe Soße [< ahd. *bizzan,* engl. *bite*]

**Beißring** ⟨m. 1⟩ ▲ *Ring aus hartem Material (meistens Kunststoff), an dem zahnende Kleinkinder spielerisch ihre ersten Beißversuche unternehmen können*

**Beißzahn** ⟨m. 1u; Anat.⟩ ► = *Schneidezahn*

**Beistand** ⟨m. 1u⟩ **I** ⟨unz.⟩ *Hilfe, Stütze, Unterstützung* ◆ (keinen) Beistand haben, finden; jmdm. Beistand leisten; jmdn. um Beistand bitten **II** ⟨zählb.⟩ **1** ⟨allg.⟩ *Helfer* **2** *Helfer des Angeklagten im Prozess* (Rechtsbeistand) **3** ⟨österr.⟩ *Trauzeuge*

**beistehen** ⟨V. i. 251; hat⟩ jmdm. beistehen *jmdm. helfen, jmdn. unterstützen* ◆ Gott steh(e) mir bei!; jmdm. mit Rat und Tat beistehen

**beistimmen** ⟨V. i.; hat⟩ = *zustimmen (1)* ◆ ich stimme Ihnen bei; einer Meinung beistimmen

**Beitrag** ⟨m. 1u⟩ **1** *einzelne Gabe für etwas Umfassendes, Anteil zum Ganzen* **2** *Zahlung* (als Mitglied; Jahresbeitrag, Monatsbeitrag, Mitgliedsbeitrag) **3** *Artikel, Aufsatz* ◆ einer Zeitung Beiträge **einschicken,** liefern; seinen Beitrag **leisten** (zu) *einen Anteil geben (zu)*

BEIWAGEN: MOTORRAD UM 1965 MIT BEIWAGEN

**beitragen** ⟨V. t. u. V. i. 260; hat⟩ **1** *seinen Anteil geben* **2** ⟨fig.⟩ *mitwirken, mithelfen* ◆ (mit) zur Unterhaltung beitragen

**beitreten** ⟨V. i. 263; ist⟩ *mitmachen (bei), sich beteiligen, sich anschließen (an)* ◆ einer Partei, einem Verein beitreten *Mitglied werden*

**Beiwagen** ⟨m. 4⟩ **1** ▲ *Seitenwagen am Motorrad* **2** *Anhänger der Straßenbahn*

**Beiwerk** ⟨n. 11; unz.⟩ **1** *Ausschmückung, Aufwand, Zutat* **2** *Unwichtiges, Nebensächliches* ◆ die Bühnenshow war unnötiges Beiwerk

**beiwohnen** ⟨V. i.; hat⟩ *(bei einem Ereignis) zugegen sein, Zeuge sein* ◆ einer Feier, einer Gerichtsverhandlung beiwohnen

**Beize** ⟨f. 19⟩ **1** *Mittel zur Oberflächenbehandlung von Hölzern, Metallen* **2** *Färbemittel für Fasern* **3** *Mittel zum Einpökeln von Fisch u. Fleisch* **4** *Mittel zum Gerben* **5** ⟨Kochk.⟩ = *Marinade (1)* **6** *konzentrierte Kochsalzlösung (zum Salzen von Käse)* **7** *Mittel zur Saatgutdesinfektion* **8** *Jagd mit abgerichteten Raubvögeln, bes. Falken* (Falkenbeize)

**beizen** ⟨V. t.; hat⟩ **1** *mit Beize behandeln* **2** *ausbrennen* (Wunden) [< ahd. *beizzen* „beißend machen", dann „mürbe machen"; zu ahd. *bizzan* „beißen", engl. *bait*]

**bejahen** ⟨V. t.; hat⟩ Ggs *verneinen* **1** *Ja sagen zu, sich positiv, zustimmend äußern zu, billigen* **2** ⟨fig.⟩ *positiv eingestellt sein zu* ◆ eine Frage bejahen; jmds. Handeln bejahen; das Leben bejahen

**bekämpfen** ⟨V. t.; hat⟩ *kämpfen gegen, angreifen, zu besiegen versuchen* ◆ einander (bis aufs Blut) bekämpfen; einen politischen Gegner bekämpfen

**bekannt** ⟨Adj.; -er, am -esten⟩ *von vielen gewusst, nicht neu* ◆ eine bekannte **Tatsache** ◆ das Ergebnis der Prüfung bekannt **geben** *öffentlich mitteilen, verkünden;* den Rücktritt des Ministers bekannt **machen**

**Bekanntenkreis** ⟨m. 1⟩ *Gesamtheit der Personen, die man näher kennt* ◆ im Bekanntenkreis

**Bekannte(r)** ⟨f. 30 (m. 29)⟩ *jmd., den man kennt* ◆ ein Bekannter, eine Bekannte von mir

**Bekanntmachung** ⟨f. 20⟩ **1** *amtl. öffentl. Mitteilung, Veröffentlichung* **2** *Zettel, Plakat, auf dem etwas bekannt gemacht wird, Anzeige, Anschlag*

**Bekanntschaft** ⟨f. 20⟩ **I** ⟨unz.⟩ *das Bekanntsein, Vertrautsein (mit)* ◆ unsere Bekanntschaft besteht schon seit Jahren; meine Bekanntschaft mit ihm ist schon alt; jmds. Bekanntschaft machen *jmdn. kennen lernen;* ich freue mich (sehr), Ihre Bekanntschaft zu machen **II** ⟨zählb.⟩ **1** *Bekanntenkreis, Freundeskreis* **2** *Person, die man kennt*

**Bekassine** ⟨f. 19; Zool.⟩ *Schnepfenvogel der nördlichen Halbkugel mit langem Schnabel: Gallinago;* Sy *Sumpfschnepfe* [< frz. *bécassine* „Bekassine, Sumpfschnepfe"; zu *bec* „Schnabel"]

**bekehren** ⟨V. t.; hat; bes. Rel.⟩ jmdn. od. sich zu etwas bekehren *von etwas überzeugen, dazu bringen, etwas zu glauben od. zu tun* ◆ sich zu einem Glauben, einer Weltanschauung bekehren; jmdn. od. sich zum Christentum bekehren [< *kehren* im Sinne von „wenden"]

**Bekehrung** ⟨f. 20; bes. Rel.⟩ *das Bekehren, das Bekehrtwerden* ◆ nach, seit seiner Bekehrung zum Christentum

**bekennen** ⟨V. t. 166; hat⟩ **1** *gestehen, zugeben* (Fehler, Schuld) **2** *seine wahre Meinung offenbaren über* ◆ die Wahrheit bekennen; etwas öffentlich bekennen; sich schuldig bekennen; sich zum Christentum bekennen; Bekennende Kirche *Widerstandsbewegung der evangelischen Kirche gegen den Nationalsozialismus, Bekenntniskirche*

**Bekenntnis** ⟨n. 11⟩ **1** *Geständnis, Eingeständnis, Beichte* (Sündenbekenntnis) **2** *öffentl. Bezeugung, Erklärung* **3** *das Eintreten für etwas od. jmdn.* **4** *Glaubenssätze einer Religionsgemeinschaft* (Glaubensbekenntnis) ◆ ein Bekenntnis ablegen

**beklagen** ⟨V.; hat⟩ **I** ⟨V. t.⟩ etwas beklagen *über etwas klagen, etwas bedauern* ◆ jmds. Tod beklagen; einen Verlust beklagen; Menschenleben sind nicht zu beklagen *es gab keine Toten* **II** ⟨V. refl.⟩ sich beklagen (über) *sich beschweren, Klage führen* ◆ Sie können sich nicht beklagen

**Beklagte(r)** ⟨f. 30 (m. 29); Rechtsw.⟩ *jmd., gegen den eine zivilrechtl. Klage erhoben worden ist;* Ggs *Kläger*

**bekleben** ⟨V. t.; hat⟩ etwas mit etwas bekleben *etwas an etwas kleben, voll kleben* ◆ einen Gegenstand mit Papier, mit Folie bekleben

**bekleiden** ⟨V. t.; hat⟩ **1** *mit Kleidern versehen, ankleiden, anziehen* **2** *beziehen, überziehen* **3** ⟨Bgb.⟩ *abstützen* ◆ sich bekleiden; ein Amt bekleiden *ein Amt innehaben*

**Bekleidung** ⟨f. 20⟩ **1** *das Bekleiden* **2** *Gesamtheit der Kleidung* **3** *Folie, Papier, Stoff, Tapete usw., womit etwas bekleidet ist* (Wandbekleidung)

**beklemmen** ⟨V. t.; hat⟩ **1** *bedrücken, ängstigen* **2** *den Atem nehmen, ersticken* ◆ ein beklemmendes Angstgefühl

**Beklemmung** ⟨f. 20⟩ **1** *beklemmendes Gefühl* (Atembeklemmung) **2** *Angst, Sorge, Bangnis* ◆ wenn ich in einem engen Raum bin, bekomme ich Beklemmungen

**bekommen** ⟨V. 170⟩ **I** ⟨V. t.; hat⟩ **1** ⟨meist im posit. Sinne⟩ *erlangen, erreichen, erhalten* (Geld, Liebe, Ruhm) **2** ⟨meist im negat. Sinne⟩ *mitkriegen, einstecken müssen* (Prügel); Sy *abbekommen (3)* **3** *sich zuziehen* (Schnupfen) ◆ **Angst** bekommen; (keine) **Antwort** bekommen; **Besuch** bekommen; einen **Brief** bekommen; die **Erlaubnis** bekommen (etwas zu tun); **Gehalt,** Geld bekommen; graue **Haare** bekommen; **Hunger** bekommen *hungrig werden;* sie bekommt ein **Kind** *sie ist schwanger;* eine **Krankheit** bekommen *erkranken (an);* **Lust** bekommen, etwas zu tun; einen **Schrecken** bekommen ◆ was kann ich zu **essen** bekommen?; du wirst es noch zu **hören** bekommen; etwas **geschenkt** bekommen ◆ ich habe die Arbeit nicht **fertig** *bekommen ich bin nicht fertig geworden;* er bekommt es fertig und erscheint mitten in der Nacht bei uns *er ist imstande, ist so unverfroren* ◆ etwas od. jmdn. **in** seine Gewalt bekommen *sich einer Sache od. einer Person bemächtigen* ◆ **was** bekommen Sie? *was habe ich zu zahlen?* **II** ⟨V. i.; ist⟩ *bekömmlich sein, gut tun* ◆ es bekommt mir *ich vertrage es;* das Essen ist mir nicht bekommen; es bekommt mir gut, schlecht *ich vertrage es gut, schlecht*

**bekömmlich** ⟨Adj.⟩ *gesund, zuträglich* ◆ eine bekömmliche Mahlzeit; fette Speisen sind schwer bekömmlich

**bekräftigen** ⟨V. t.; hat⟩ *nachdrücklich bestätigen, unterstützen, Geltung verschaffen* ◆ die Meinung eines anderen bekräftigen; einen Vorschlag bekräftigen

**bekreuzigen** ⟨V. refl.; hat⟩ sich bekreuzigen *das Kreuzzeichen (vor sich selbst) machen*

**Bekrönung** ⟨f. 20; Arch.⟩ ▼ *ornamentaler, krönender Abschluss der Spitzen eines Daches, eines Giebels, eines Turms usw.*

**bekümmern** ⟨V.; hat⟩ **I** ⟨V. t.⟩ jmdn. bekümmern *jmdm. Kummer, Sorge bereiten, jmdn. betrüben* ◆ das bekümmert ihn gar nicht; das braucht dich wirklich nicht zu bekümmern

**bekümmert** ⟨Adj.⟩ *betrübt, besorgt, bedrückt* ◆ ein bekümmertes Gesicht machen

**bekunden** ⟨V. t.; hat⟩ **1** *kundtun, öffentl. aussprechen* **2** *bezeigen, zeigen* ◆ er bekundete keinerlei Absicht, Neigung, zu ...; sein Beileid, Mitgefühl bekunden; seine Reue, Unwissenheit bekunden

**beladen** ⟨V. t. 173; hat⟩ *mit einer Last belegen, befrachten, belasten* ◆ ein Lasttier beladen; er belud sich mit ihrem Gepäck

**Belag** ⟨m. 1u⟩ **1** *dünne Schicht, dünner Überzug* **2** *Aufstrich, Aufschnitt auf dem Brot* (Brotbelag) ◆ Belag auf der Fensterscheibe, auf dem Spiegel

**belagern** ⟨V. t.; hat⟩ **1** ⟨Mil.⟩ *mit einem Heer umschlossen halten* (Festung, Stadt) **2** ⟨fig.⟩ *sich drängen um, von allen Seiten bedrängen, bestürmen* ◆ die Theaterkasse, einen Verkaufsstand belagern

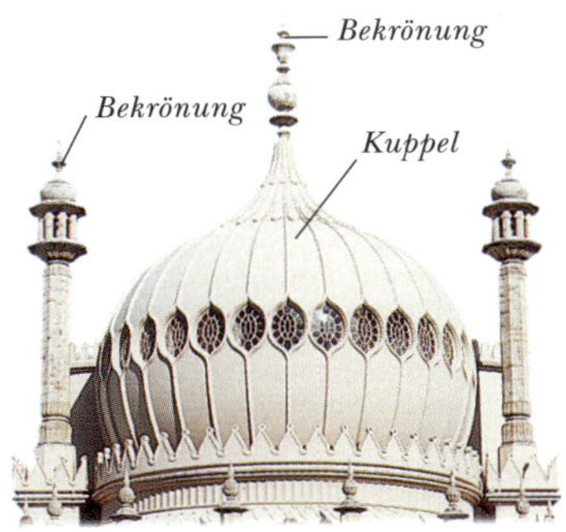


BEKRÖNUNGEN AN EINEM PAVILLON DER REGENCYZEIT

**Belagerung** ⟨f. 20⟩ *das Belagern* ◆ die Belagerung einer Stadt aufheben

**belangen** ⟨V. t.; hat⟩ *betreffen, angehen* ◆ jmdn. belangen ⟨Rechtsw.⟩ *zur Verantwortung ziehen, verklagen;* jmdn. gerichtlich (wegen einer Straftat) belangen

**belassen** ⟨V. t. 174; hat⟩ *lassen* ◆ die Möbel vorläufig in einem Raum belassen; können wir nicht alles beim Alten belassen?

**belastbar** ⟨Adj.⟩ *so beschaffen, dass man es belasten kann*

B

**belasten** ⟨V. t.; hat⟩ **1** eine Sache belasten *einer Sache eine Last auflegen, sie beladen* **2** jmdn. belasten *jmdm. Sorgen aufbürden, jmdn. beschuldigen* ♦ ein **Kummer** belastet ihn; sein **Unglück** belastet mich sehr ♦ den Angeklagten **durch** eine Aussage belasten; ein Konto **mit** einem Betrag belasten *einen Betrag auf der Sollseite eintragen;* ein Haus mit Hypotheken belasten *Hypotheken auf ein Haus aufnehmen* ♦ ein belastender Umstand

**belästigen** ⟨V. t.; hat⟩ jmdn. belästigen *jmdm. unangenehm sein, jmdn. stören, sich jmdm. aufdrängen* ♦ jmdn. auf der Straße belästigen; jmdn. mit seiner Anwesenheit, mit seinen Besuchen belästigen; jmdn. mit Fragen belästigen

**Belästigung** ⟨f. 20⟩ *lästige Störung* ♦ jmds. Belästigungen ausgesetzt sein; jmds. Belästigungen entgehen wollen

**Belastung** ⟨f. 20⟩ **1** *Traglast, Gewicht, Schwere* **2** *Schuld, Verpflichtung, Eintragung auf der Sollseite* **3** ⟨fig.⟩ *Sorge, Bedrückung, seel. Druck* ♦ Belastung eines Hauses mit Hypotheken; Belastung eines Kontos; zulässige Belastung eines Fahrstuhls, einer Brücke, Maschine

**belaufen** ⟨V. 175; hat⟩ **I** ⟨V. t.⟩ **1** = *begehen (1)* **2** *bespringen* (vom Eber) **II** ⟨V. refl.⟩ sich belaufen auf *die Summe, Zahl, Höhe erreichen von* ♦ die Kosten für die Reparatur belaufen sich auf 300 Mark

**Belcanto** ⟨m.; - od. -s; unz.; Mus.⟩ = *Belkanto*

**Belche** ⟨f. 19⟩ ► = *Blässhuhn* [< ahd. *belihda* < germ. **bala-* „weiß"; Name nach dem weißen Stirnfleck]

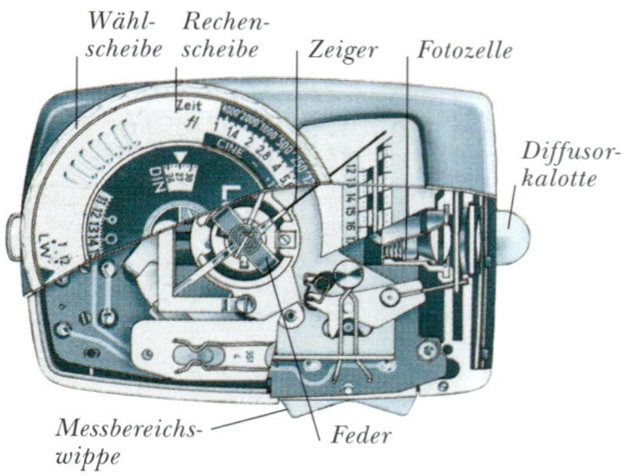


BELICHTUNGSMESSER: SCHNITT DURCH EINEN ANALOGEN BELICHTUNGSMESSER

**beleben** ⟨V.; hat⟩ **I** ⟨V. t.⟩ **1** *zum Wiederatmen bringen* **2** ⟨fig.⟩ *anregen, fördern, in Schwung bringen, lebendig(er) gestalten* ♦ einen Erschöpften durch stärkende Getränke beleben; Kaffee hat eine belebende Wirkung **II** ⟨V. refl.⟩ sich beleben *(wieder) lebhaft, lebendiger werden* ♦ sein Gesicht belebt sich

**Belebungsversuch** ⟨m. 1⟩ *Versuch, Leben einzuflößen, die Atmung u. Herztätigkeit wieder in Gang zu bringen*

**Beleg** ⟨m. 1⟩ **1** *Zeugnis* **2** *Beweisstück* **3** *Originalunterlage für die Buchung* (Rechnungsbeleg) **4** = *Belegstelle* ♦ kann ich für die Zahlung einen Beleg haben?

**belegen** ⟨V. t.; hat⟩ **1** *(mit einem Belag) bedecken* **2** *beweisen, nachweisen* **3** *besetzen* (Zimmer) **4** *bespringen, begatten* (von Tieren) ♦ **Ausgaben** (durch Quittungen) belegen; ein **Boot** belegen *am Lande festmachen;* **Brote** (mit Wurst-, Käsescheiben) belegen; ein **Kolleg** belegen, einen **Kursus** belegen *sich als Hörer, Teilnehmer dafür einschreiben;* einen **Platz** belegen *sich einen Platz sichern, freihalten* ♦ eine Stadt **mit** Abgaben belegen *ihr Abgaben auferlegen;* eine Behauptung mit Beweisen belegen; eine Stadt mit Bomben belegen *bombardieren;* dein Brot mit Käse belegen; jmdn. mit einer Geldstrafe belegen *jmdn. bestrafen* ♦ seine Stimme klingt belegt *gedämpft, nicht frei;* im Gasthaus sind alle Zimmer belegt *besetzt;* seine Zunge ist belegt *hat einen Belag;* diese Form ist schon (ist nicht) im Germanischen belegt *kommt (nicht) im Germanischen vor;* belegte Brötchen *Brötchen mit Aufschnitt o. Ä.*

**Belegschaft** ⟨f. 20⟩ *alle Beschäftigten eines Betriebes, einer Firma*

**Belegstelle** ⟨f. 19; Lit.⟩ *Stelle in einer Quelle, einem Buch, wo ein zitiertes Wort vorkommt;* Sy *Beleg (4)* ♦ Belegstellen für eine These anführen, suchen

**belehren** ⟨V. t.; hat⟩ *aufklären, unterrichten* ♦ jmdn. eines Besseren belehren *jmds. Meinung berichtigen;* ich habe mich belehren lassen (müssen); jmdn. über etwas belehren

**beleidigen** ⟨V. t.; hat⟩ *verletzen, kränken* ♦ dieser Anblick beleidigt das Auge; solche Klänge beleidigen das Ohr; sie ist leicht, schnell beleidigt; sich beleidigt fühlen

**Beleidigung** ⟨f. 20⟩ **1** *das Beleidigen, Kränkung* **2** *beleidigende Äußerung* ♦ ich höre mir Ihre Beleidigungen nicht länger an; jmdn. wegen Beleidigung verklagen

**beleuchten** ⟨V. t.; hat⟩ **1** *in helles Licht setzen, mit Licht bestrahlen* **2** ⟨fig.⟩ *zeigen, ins rechte Licht setzen, (anschaulich) darstellen* ♦ einen Gegenstand **einseitig** beleuchten ⟨a. fig.⟩; der Platz, die Straße ist **gut** beleuchtet ♦ einen Gegenstand **von** allen Seiten beleuchten ⟨a. fig.⟩ *erschöpfend behandeln*

**Beleuchtung** ⟨f. 20⟩ **1** *das Beleuchten* **2** *Lichtverteilung, Licht* **3** *künstl. Erhellung, künstl. Licht* ♦ hier ist die Beleuchtung (zum Fotografieren) nicht günstig; gute, schlechte, indirekte Beleuchtung

**Beleuchtungsstärke** ⟨f. 19; Fot.⟩ *fotometrische Größe, Verhältnis des auf eine Fläche einfallenden Lichtstroms zur Größe dieser Fläche, wird angegeben durch die SI-Einheit Lux*

**belichten** ⟨V. t.; hat; Fot.⟩ *dem Licht aussetzen* ♦ einen Film, eine Platte belichten; kurz, lang belichten; 1/100 Sekunde belichten

**Belichtungsmesser** ⟨m. 3; Fot.⟩ ◄ *Messgerät zur Ermittlung der richtigen Belichtungszeit u. Blendenöffnung*

**Belichtungszeit** ⟨f. 20; Fot.⟩ ► *für eine fotografische Aufnahme verwendete Zeitdauer der Belichtung*

**belieben** ⟨V.; hat⟩ **I** ⟨V. t. u. V. i.; persönl.⟩ **1** *wünschen* **2** *geneigt sein, sich herablassen (etwas zu tun)* ♦ er beliebt beizeiten zu scherzen; wann belieben Seine Majestät zu speisen? **II** ⟨V. i.; unpersönl.⟩ *gefallen* ♦ es beliebt mir nicht, ihn zu sehen

**Belieben** ⟨n. 14; unz.⟩ *Ermessen, Wunsch, Wille* ♦ nach Belieben *wie man will*

**beliebig** **I** ⟨Adj.⟩ *irgendein* ♦ jeder Beliebige *irgendeiner, jeder;* du kannst jeden Beliebigen fragen; ein beliebiges Beispiel herausgreifen; ein beliebiger Gegenstand **II** ⟨Adv.⟩ *nach Wunsch, nach Wahl, wunschgemäß* ♦ du kannst hier beliebig spazieren gehen; beliebig lange, beliebig viel, beliebig oft

**beliebt** ⟨Adj.; -er, am -esten⟩ **1** *von Wohlwollen umgeben, überall, von jedem gern gesehen* (Person) **2** *gern u. oft gebraucht* (Sache) ♦ eine beliebte **Ausrede;** ein beliebter **Lehrer,** Schauspieler ♦ sich beliebt **machen** (bei) ♦ er ist **bei** allen Kollegen beliebt

**Belkanto** ⟨m.; - od. -s; unz.; Mus.; bes. 17. bis 19. Jh.⟩ *italienischer Kunstgesang, bei dem der Hauptwert auf Klangschönheit gelegt wird;* oV *Belcanto* [< ital. *bel canto* „schöner Gesang"]

**Belladonna** ⟨f.; -, -donnen⟩ **1** ⟨Bot.⟩ *Tollkirsche, Gift- u. Heilpflanze* **2** ⟨Pharm.⟩ *das aus der Tollkirsche gewonnene Alkaloid Belladonin* [< ital. *bella donna* „schöne Frau" (weil der in die Augen geträufelte Extrakt die Pupillen weitet u. dem Augapfel ein interessantes Aussehen gibt)]

**bellen** ⟨V. i.; hat⟩ **1** *Laut geben* (von Hund u. Fuchs) **2** ⟨fig.⟩ *heftig u. hart, trocken husten* ♦ Hunde, die bellen, beißen nicht ⟨Sprichw.⟩ *wer viel droht, handelt nicht;* bellender Husten *sehr starker, lauter Husten* [< ahd. *bellan,* engl. *bell* „röhren"]

**Belletristik** ⟨f. 20; unz.; Lit.⟩ *schöngeistige Literatur, Unterhaltungsliteratur* [< frz. *belles lettres* „schöne Literatur"]

**belletristisch** ⟨Adj.; Lit.⟩ *in der Art der Belletristik, zu ihr gehörig*

**beloben, belobigen** ⟨V. t.; hat⟩ *loben, lobend erwähnen*

**belohnen** ⟨V. t.; hat⟩ jmdn. belohnen *jmdm. einen Lohn, eine Belohnung geben* ♦ jmdn. reichlich belohnen; für ihre Zuverlässigkeit wurde sie reich belohnt

**Belohnung** ⟨f. 20⟩ *Gabe, Geschenk zum Dank* ♦ eine Belohnung aussetzen für etwas; als od. zur Belohnung für ...

**Beluga** ⟨m. 6; Zool.⟩ ► *bis 5 m langer Gründel(zahn)wal an den Nordküsten der nördl. Halbkugel: Delphinapterus leucas;* Sy *Weißwal* [zu russ. *bjelyj* „weiß"; verwandt mit *Belche*]

**belügen** ⟨V. t. 180; hat⟩ jmdn. belügen *jmdm. Unwahres sagen* ♦ er belog seine Mutter, um aus dem Haus zu dürfen

**belustigen** ⟨V. t.; hat⟩ jmdn. belustigen *jmdn. erheitern* ♦ sich über etwas belustigen

**bemächtigen** ⟨V. refl.; hat; m. Gen.⟩ **1** sich einer Sache bemächtigen *sie gewaltsam nehmen, sich aneignen* **2** sich jmds. bemächtigen *jmdn. in seine Gewalt bekommen*

**bemalen** ⟨V. t.; hat⟩ *mit Farbe anstreichen, anmalen, bunt machen* ♦ sich bemalen ⟨umg.; scherzh.⟩ *sich schminken*

**bemerkbar** ⟨Adj.⟩ *so beschaffen, dass man es bemerken kann* ♦ sich bemerkbar machen *seine Anwesenheit (durch Geräusche, Bewegungen) deutlich machen*

BELICHTUNGSZEIT: NACHTAUFNAHME EINER STRASSE MIT FAHRENDEN AUTOS

**bemerken** ⟨V. t.; hat⟩ **1** *wahrnehmen, sehen, hören, entdecken* **2** *Notiz nehmen von* **3** *äußern, sagen* ♦ „...", bemerkte er; einen Schaden rechtzeitig, zu spät bemerken; jmdn. nicht bemerken *jmdn. nicht sehen,* ⟨od.⟩ *nicht sehen wollen, übersehen;* nebenbei bemerkt, ich habe ihn gar nicht gesehen

**bemerkenswert** ⟨Adj.; -er, am -esten⟩ *beachtlich, Aufmerksamkeit verdienend* ◆ ein bemerkenswertes Talent; es ist bemerkenswert, wie geschickt er den Auftrag ausgeführt hat

BELUGA
*(Delphinapterus leucas)*

**Bemerkung** ⟨f. 20⟩ *kurze mündliche od. schriftliche Äußerung, Anmerkung* ◆ eine kritische, spöttische, treffende, unpassende, zynische Bemerkung; eine Bemerkung über jmdn. od. etwas machen

**bemitleiden** ⟨V. t.; hat⟩ jmdn. bemitleiden *mit jmdm. Mitleid haben*

**bemühen** ⟨V.; hat⟩ **I** ⟨V. t.⟩ jmdn. bemühen **1** *jmdm. Mühe machen, Arbeit bereiten* **2** *jmdn. veranlassen, etwas zu tun* ◆ darf ich Sie noch einmal bemühen, mir zu helfen? **II** ⟨V. refl.⟩ sich bemühen *sich Mühe geben, sich anstrengen* ◆ ich danke Ihnen, dass Sie sich hierher bemüht haben; bitte, bemühen Sie sich nicht! *(als höfliche Ablehnung einer angebotenen Dienstleistung)*

**Bemühung** ⟨f. 20⟩ **1** *das Sichbemühen* **2** *Anstrengung, Bestreben* ◆ ich danke Ihnen für Ihre Bemühung(en); trotz aller Bemühungen gelang es nicht

**benachrichtigen** ⟨V. t.; hat⟩ jmdn. benachrichtigen *jmdm. eine Nachricht übermitteln*

**benachteiligen** ⟨V. t.; hat⟩ *in Nachteil setzen, zurücksetzen*

**Benediktiner** ⟨m. 3⟩ **1** *Mönch des Benediktinerordens* **2** *ein Kräuterlikör*

**Benediktinerorden** ⟨m. 4; unz.⟩ *vom hl. Benedikt von Nursia (wahrscheinlich 480 bis 543) gegr. Mönchsorden mit weibl. Zweig*

**Benefiz** ⟨n. 11⟩ **1** ⟨kurz für⟩ *Benefizvorstellung* **2** ⟨veraltet⟩ *Lehen* **3** *Wohltat* [< frz. *bénéfice* „Vorteil, Nutzen" < lat. *beneficium* „Wohltat"]

**Benefizvorstellung** ⟨f. 20⟩ *Theater- od. Musikaufführung zugunsten einer Person od. eines wohltätigen Zweckes;* Sy ⟨kurz⟩ *Benefiz*

**benehmen** ⟨V. 187; hat⟩ **I** ⟨V. t.⟩ jmdm. etwas benehmen *rauben, entziehen* ◆ der Wind, ⟨fig.⟩ der Schreck benahm ihm den Atem **II** ⟨V. refl.⟩ sich benehmen *sich betragen, sich verhalten* ◆ sich anständig, gut, schlecht, tadellos benehmen; er hat sich unmöglich benommen ⟨umg.⟩ *sehr schlecht*

**Benehmen** ⟨n. 14; unz.⟩ **1** *Betragen, Gesamtheit der Umgangsformen* **2** *Verhalten, Handlungsweise* ◆ **albernes,** anständiges, bescheidenes, unmögliches Benehmen; sein Benehmen war **einwandfrei** ◆ sich **mit** jmdm. ins Benehmen setzen ⟨Amtsdt.⟩ *mit jmdm. übereinkommen*

**beneiden** ⟨V. t.; hat⟩ **1** jmdn. beneiden **1.1** *jmdm. etwas nicht gönnen* **1.2** *sein wollen wie jmd.* **2** jmdn. um etwas beneiden *dasselbe haben wollen wie jmd.* ◆ ich beneide ihn nicht um sein Schicksal

**Beneluxländer** ⟨Pl.⟩ *die Länder Belgien, Niederlande u. Luxemburg* [Kurzw. < *Be*lgique, *Ne*derland, *Lux*emburg]

**benennen** ⟨V. t. 188; hat⟩ eine Sache, jmdn. benennen *einer Sache, jmdm. einen Namen geben*

**benetzen** ⟨V. t.; hat⟩ *befeuchten, nass machen*

**Bengel** ⟨m. 5 od. umg. m. 6⟩ *(frecher) kleiner Junge* ◆ hübscher, süßer Bengel

**benigne** ⟨Adj.; Med.⟩ *gutartig* (Geschwulst, Geschwür); Ggs *maligne* [< lat. *benignus* „gutmütig"]

**Bennuss** ⟨f. 7u⟩ **1** *Baum, der am Rande der arab. Wüsten vorkommt u. dessen Früchte ein Speise- u. Schmieröl liefern: Moringa arabica* **2** *Frucht dieses Baumes* [< arab. *ban*]

**benommen** ⟨Adj.⟩ *verstört, verwirrt, leicht betäubt* ◆ er ist von dem Unfall noch ganz benommen

**Benommenheit** ⟨f. 20; unz.⟩ *das Benommensein, Verwirrt-, Verstörtsein, leichte Betäubung, leichtes Schwindelgefühl*

**benoten** ⟨V. t. hat⟩ *mit einer Note (Zensur) versehen* ◆ einen Aufsatz benoten

**benötigen** ⟨V. t.; hat⟩ *notwendig brauchen, dringend haben müssen* ◆ Geld, Kleidung benötigen; ich benötige deine Hilfe

**Bentonit** ⟨m. 1; Min.⟩ *Tonmineral, das sich durch hohe Quell- u. Adsorptionsfähigkeit auszeichnet u. durch Verwitterung vulkanischer Tuffe entstanden ist;* Sy *Quellton* [nach der ersten Fundstätte bei Fort *Benton,* USA]

**benutzen** ⟨V. t.; hat⟩ **1** *Nutzen ziehen aus, verwenden, gebrauchen, vorteilhaft anwenden* **2** *zu Rate ziehen* (Buch, Nachschlagewerk) ◆ die Gelegenheit benutzen *die Gelegenheit ergreifen*

**Benutzer** ⟨m. 3⟩ *jmd., der etwas benutzt* ◆ Benutzer eines Buches (bes. in Bibliotheken gebräuchlich)

**Benzin** ⟨n. 11; unz.⟩ *die bis 200 °C siedenden Bestandteile des Erdöls, als Motorentreibstoff, Fleckentferner u. Lösungsmittel verwendet;* Sy ⟨umg⟩ *Sprit*

**Benziner** ⟨m. 3; umg.⟩ *Auto mit Benzinmotor;* Ggs *Diesel*

**Benzinkutsche** ⟨f. 19; umg.; scherz.⟩ *Auto*

**Benzinmotor** ⟨m. 23⟩ *mit Benzin betriebener Motor*

**Benzoe** ⟨[-tso:e:] f. 19; unz.⟩ *wohl riechendes Harz des auf den Sundainseln vorkommenden Benzoebaumes* [< frz. *benjoin* < arab. *luban dschawi* „javan. Weihrauch"]

**Benzoesäure** ⟨[-tso:e:-] f. 19; unz.; Chem.⟩ *einfachste aromatische Carbonsäure, chem. Formel $C_6H_5COOH$ (in großem Umfang als Salz (Natriumbenzoat) zur Konservierung von Lebensmitteln verwendet)*

**Benzol** ⟨n. 11; unz.; Chem.⟩ *zur Darstellung vieler organischer Verbindungen verwendete, stark lichtbrechende, leicht entzündliche, Krebs erregende Flüssigkeit, einfachster Vertreter der Kohlenwasserstoffe der aromatischen Reihe, chemische Formel $C_6H_6$* [verkürzt < *Benzoe* + Alkoh*ol*]

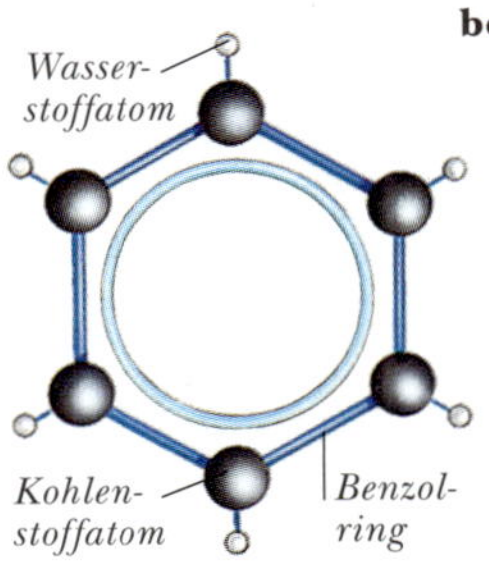


BENZOLRING EINES BENZOLMOLEKÜLS

**Benzolring** ⟨m. 1; Chem.⟩ ► *ringförmige Verknüpfung der 6 Kohlenstoffatome des Benzols*

**Benzyl** ⟨n. 11; unz.; Chem.⟩ *die einwertige chem. Gruppierung $-CH_2-C_6H_5$* [verkürzt < *Benzoe* + grch. *hyle* „Stoff"]

**Beo** ⟨m. 6; Zool.⟩ *südostasiat. schwarzer Singvogel mit orangefarbenem Schnabel, der (menschliche) Laute täuschend echt nachahmen kann* [indones.]

**beobachten** ⟨V. t.; hat⟩ **1** *eine Zeit lang genau betrachten, mit den Augen verfolgen* **2** *bemerken, feststellen, wahrnehmen* **3** *sich danach richten* ◆ jmdn. **ärztlich** beobachten (lassen) ◆ das habe ich noch nie **an** ihr beobachtet; **aus** der Nähe beobachten

**bepflanzen** ⟨V. t.; hat⟩ etwas bepflanzen *mit Pflanzen versehen, Pflanzen auf etwas setzen*

**bequem** ⟨Adj.⟩ **1** *träge, jeder Mühe abgeneigt* (Person) **2** *behaglich* (Sessel) **3** *angenehm* (Weg) **4** *gut passend* (Schuhe, Kleid) **5** *leicht, mühelos* ◆ ein bequemes Leben führen [< ahd. *biquami* „passend, tauglich"; zu ahd. *kuman* „kommen", dann „sich ziemen, passen"]

**Bequemlichkeit** ⟨f. 20⟩ **I** ⟨unz.⟩ **1** *Annehmlichkeit* **2** *Behaglichkeit, Mühelosigkeit* **3** *Faulheit, Nachlässigkeit* ◆ er liebt die Bequemlichkeit; er hat aus Bequemlichkeit die Tür nicht abgeschlossen **II** ⟨zählb.⟩ *Gegenstand, Einrichtung zur Bequemlichkeit* ◆ ein Zimmer mit allen Bequemlichkeiten ausstatten

**beraten** ⟨V. t. u. V. i. 193; hat⟩ **1** jmdn. beraten *jmdm. einen Rat geben, ratend beistehen* **2** etwas beraten *gemeinsam überlegen u. besprechen;* Sy *beratschlagen* ◆ wir haben den neuen **Plan,** das neue Projekt beraten ◆ sich von jmdm. beraten **lassen** ◆ damit bist du **gut,** wohl beraten *das ist ein guter Rat* ◆ (sich) **mit** jmdm. beraten ◆ beratendes Mitglied einer Körperschaft, Vereinigung

**Berater** ⟨m. 3⟩ *jmd., der Rat erteilt, der einen anderen berät* ◆ einer Gesandtschaft einen politischen Berater mitgeben

**beratschlagen** ⟨V. i.; hat⟩ = *beraten (2)*

**Beratung** ⟨f. 20⟩ **1** *das Beraten* **2** *Erteilung von Rat* (Berufsberatung) **3** *gemeinsame Überlegung, Besprechung* **4** *Beratungsstelle*

**berauben** ⟨V. t.; hat⟩ jmdn. berauben **1** *jmdm. etwas (mit Gewalt, durch Überfall) rauben, jmdn. ausrauben, ausplündern* **2** *jmdm. etwas wegnehmen, entziehen* ◆ jmdn. seiner Freiheit berauben; jmdn. seines Geldes, seiner gesamten Habe berauben

**berauschen** ⟨V.; hat⟩ **I** ⟨V. t.⟩ **1** *betrunken machen* **2** ⟨fig.⟩ *leicht betäuben* **3** *in Begeisterungstaumel versetzen* ◆ der Wein hatte ihn berauscht; in berauschtem Zustand sein **II** ⟨V. refl.⟩ sich berauschen (an) *in Begeisterungstaumel geraten (über)* ◆ sich an einem Anblick berauschen

**berauschend** ⟨Adj.⟩ *in Rausch versetzend, trunken machend* (Getränke, Mittel, Gifte) ◆ ein berauschender Duft von Rosen

**Berber** ⟨m. 3⟩ **1** *Angehöriger einer nordafrik. hamitischen, mohammedanischen Völkergruppe* **2** *Pferderasse der Berber;* ► *Pferde* **3** *von Berbern hergestellter Teppich* **4** ⟨umg.⟩ *Nichtsesshafter, Obdachloser, Landstreicher*

**Berberaffe** ⟨m. 17; Zool.⟩ *schwanzloser Affe NW-Afrikas: Simia inuus;* Sy *Magot*

**berechenbar** ⟨Adj.⟩ *so beschaffen, dass man es berechnen, voraussehen kann*

**berechnen** ⟨V. t.; hat⟩ **1** *ausrechnen* (Kosten, Preis, Zinsen) **2** *genau überlegen, erwägen, berücksichtigen, kalkulieren* **3** jmdm. etwas berechnen *in Rechnung stellen, anrechnen, Bezahlung dafür verlangen* ◆ den Umfang eines Kreises berechnen

**berechnend** ⟨Adj.⟩ *stets vorausschauend, bes. die Vorteile bedenkend, eigennützig* ◆ sie ist sehr berechnend; ein (kalt, kühl) berechnender Mensch

**berechtigen** ⟨V. t.; hat⟩ jmdn. berechtigen, etwas zu tun *jmdm. das Recht geben, etwas zu tun* ◆ berechtigt sein, etwas zu tun *das Recht, die Befugnis, Vollmacht haben*

**Berechtigung** ⟨f. 20; unz.⟩ **1** *das Berechtigen* **2** *das Berechtigtsein, Recht, Anrecht, Anspruch* **3** *Vollmacht* **4** *Befugnis* ◆ mit voller Berechtigung; ohne Berechtigung

**beredsam** ⟨Adj.⟩ *viel redend, redegewandt*

**Beredsamkeit** ⟨f. 20; unz.⟩ *Redegewandtheit, Redegabe* ◆ mit großer Beredsamkeit etwas erklären

B

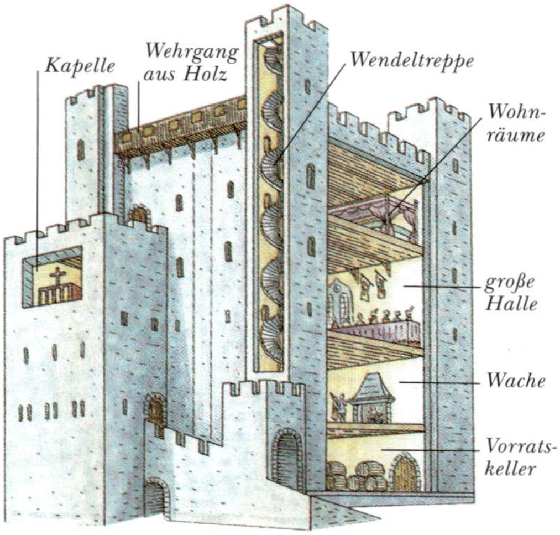


BERGFRIED: BERGFRIED EINER ENGLISCHEN BURG AUS DEM 11. JH.

**Bereich** ⟨m. 1 od. n. 11⟩ **1** *Bezirk, Umgebung, Gebiet* **2** *Umkreis, Umfang* **3** *Wirkungskreis* (Arbeitsbereich, Einflussbereich, ⟨Phys.⟩ Wellenbereich, Frequenzbereich) ◆ dieses Stück Garten ist mein Bereich; im Bereich seiner Macht

**bereichern** ⟨V. t.; hat⟩ **1** *reich(er) machen, etwas zukommen lassen* **2** *vergrößern, erweitern, ergänzen* **3** sich bereichern (an) *seinen Vorteil unredlich wahrnehmen, Gewinn ziehen (aus)* ◆ er hat sich während des Krieges ungeheuer bereichert; sich am Eigentum anderer bereichern

**bereinigen** ⟨V. t.; hat⟩ *in Ordnung bringen, klären, lösen, beseitigen* ◆ eine Angelegenheit, Schwierigkeiten bereinigen

**bereisen** ⟨V. t.; hat⟩ **1** *umherreisen in* **2** *durch vieles Umherreisen kennen lernen* ◆ ein Land, die Welt bereisen

**bereit** ⟨Adj.⟩ *fertig, willens, geneigt* ◆ seid ihr bereit?; wärest du bereit, mir zu helfen? [< ahd. *(bi)reiti* „bereits gemacht, zur Hand, ausgerüstet", engl. *ready*]

**bereiten** ⟨V. t.; hat⟩ **1** *bereitmachen, fertig machen, zurichten* **2** *zubereiten, herstellen* (Speisen) **3** *verursachen, zuteil werden lassen* (Freude, Kummer, Schmerz) ◆ jmdm. ein Bad bereiten; jmdm. einen guten Empfang bereiten; das Essen bereiten

**bereithalten** ⟨V. t. 160; hat⟩ *bereit, parat haben, zur Verfügung, gebrauchsfertig halten* ◆ sich zur Abfahrt bereithalten; eine Überraschung bereithalten

**bereits** ⟨Partikel⟩ *schon* ◆ ich habe bereits gegessen; ich bin bereits fertig

**Bereitschaft** ⟨f. 20⟩ **I** ⟨unz.⟩ **1** *Bereitsein* **2** *Bereithaben* **3** *Vorrat, Verfügung* ◆ in Bereitschaft sein *einsatzbereit sein* **II** ⟨zählb.⟩ *Gruppe der Polizei*

**bereitstellen** ⟨V. t.; hat⟩ *zur Verfügung stellen, bereithalten* (Geld, Maschinen, Arbeitskräfte, Essen usw.)

**bereitwillig** ⟨Adj.⟩ *gern bereit (zu etwas), geneigt, entgegenkommend, dienstfertig* ◆ er sagte seine Hilfe bereitwillig zu

**bereuen** ⟨V. t.; hat⟩ *Reue empfinden über, bedauern, ungeschehen wünschen* ◆ eine Geldausgabe bereuen; seine Sünden bereuen; eine Tat bereuen

**Berg** ⟨m. 1⟩ **1** *deutlich sichtbare, größere Geländeerhebung* **2** Berge ⟨Pl.; Bgb.⟩ *taubes Gestein* **3** ⟨fig.⟩ *große Menge* ◆ ein Berg (von) **Arbeit** ⟨fig.⟩; einen Berg **Briefe** zu beantworten haben ⟨fig.⟩; Berg und **Tal** ◆ einen Berg **besteigen;** der Berg **kreißt** und gebiert eine Maus *der große Aufwand hat ein lächerlich kleines Ergebnis;* der Glaube kann Berge **versetzen** ◆ **auf** einen Berg steigen; mit etwas **hinter** dem Berge halten *etwas verheimlichen;* **in** die Berge fahren, reisen *ins Gebirge;* wir sind mit den Schwierigkeiten noch lange nicht **über** den Berg *das Schwerste (Schlimmste) steht uns noch bevor;* er ist über alle Berge *er ist fort, ist (weit weg) geflohen;* die Haare standen ihm **zu** Berge ⟨fig.⟩ *sein Haar sträubte sich (vor Schreck)* [< ahd. *berg*]

**bergab** ⟨Adv.⟩ *den Berg hinunter, abwärts, talwärts* ◆ bergab fahren, fließen, steigen; es geht finanziell, wirtschaftlich bergab mit ihm *seine finanzielle, wirtschaftl. Lage verschlechtert sich;* mit seiner Gesundheit geht es immer mehr bergab *seine Gesundheit verschlechtert sich immer mehr*

**bergabwärts** ⟨Adv.⟩ *den Berg hinunter, bergab*

**Bergahorn** ⟨m. 1; Bot.⟩ ► *in den Alpen vorkommender, großer Angehöriger der Familie der Ahorngewächse mit mächtiger Krone: Acer pseudoplatanus;* ► *Bäume*

**Bergamotte** ⟨f. 19⟩ **1** *Pomeranzenart mit länglichen, blassgelben, glattschaligen Früchten: Citrus aurantium var. bergamia* **2** *eine Birnensorte* [< frz. *bergamote* < ital. *bergamotta* < türk. *beg armudy* „Herrenbirne"; beeinflusst von der ital. Stadt *Bergamo*]

**bergaufwärts** ⟨Adv.⟩ *den Berg hinauf, bergauf*

**Bergbahn** ⟨f. 20⟩ *auf Berge führende kleine Bahn, Seil-, Zahnradbahn*

**Bergbau** ⟨m.; -(e)s; unz.⟩ *gewerbl. Gewinnung, Abbau von Bodenschätzen*

**bergen** ⟨V. t. 106; hat⟩ **1** *in Sicherheit bringen, retten* **2** ⟨poet.⟩ *verbergen, verhüllen* **3** *enthalten* ◆ der Wald birgt ein **Geheimnis;** die **Segel** bergen *niederholen, einziehen;* tote, **Verunglückte** bergen (nach Unfällen) ◆ etwas **in** sich bergen *enthalten, in sich fassen, in sich schließen;* das Unternehmen birgt Gefahren in sich ◆ sich geborgen fühlen *sich zu Hause fühlen, geschützt, behaglich fühlen;* geborgen sein *in Sicherheit sein* [< ahd. *bergan* „(ver)bergen"]

**Bergfried** ⟨m. 1⟩ ◄ *Hauptturm einer Burg* [< mhd. *perfrit* „hölzernes Turmgerüst, das an die Mauern einer belagerten Feste geschoben wird"; vermutlich Umdeutung < grch. *pyrgos phoretos* „Tragturm", urspr. von Elefanten getragen; aus der oströmischen Belagerungskunst]

**Berghuhn** ⟨n. 12u; Zool.⟩ = *Steinhuhn*

**bergig** ⟨Adj.⟩ *mit Bergen versehen* (Landschaft, Gelände)

**Bergleute** ⟨Bgb.; Pl. von⟩ *Bergmann*

BERGAHORN: FLÜGELFRUCHT (*Acer pseudoplatanus*)

**Bergmann** ⟨m.; -(e)s, -leute; Bgb.⟩ *Bergarbeiter*

**Bergminze** ⟨f. 19; Bot.⟩ *Angehörige einer Gattung der Lippenblütler: Satureja*

**Bergmolch** ⟨m. 1⟩ = *Alpenmolch*

**bergsteigen** ⟨V. i.; ist; nur Inf. od. Part. Perf.⟩ **1** *im Gebirge wandern u. klettern* **2** ▼ *einen Berg besteigen, Bergtouren unternehmen* ◆ wir sind im vergangenen Urlaub drei Wochen lang berggestiegen

**Bergsteiger** ⟨m. 3⟩ **1** ⟨i. w. S.⟩ *jmd., der oft u. gern auf Berge steigt* **2** ⟨i. e. S.⟩ *geschulter Hochgebirgswanderer*

**Bergung** ⟨f. 20; unz.⟩ **1** *das Bergen* **2** *Rettung von Schiffbrüchigen, eines in Seenot geratenen Schiffes od. seiner Ladung* **3** ⟨allg.⟩ *Rettung von Menschen u. Material bei Unfällen*

**Bergwanderung** ⟨f. 20⟩ *Wanderung, Ausflug in die Berge, auf einen Berg*

**Bergwelt** ⟨f. 20; unz.⟩ **1** *Fauna, Flora u. Landschaft der Berge* **2** *mit den Bergen Zusammenhängendes*

**Bergwerk** ⟨n. 11; Bgb.⟩ ► *Einrichtung für Bergbau, Anlage zur Gewinnung von Bodenschätzen, Grube*

**Beriberi** ⟨f.; -; unz.; Med.⟩ *eine Vitaminmangelkrankheit (bei Fehlen von Vitamin B)* [< singhales. *beri* „Schwäche"]

**Bericht** ⟨m. 1⟩ *sachliche, nicht ausgeschmückte Darstellung, Erzählung, Wiedergabe von Tatsachen in Wort od. Bild* (Bildbericht,

## BERGSTEIGEN

Das Bergsteigen hat sich in den vergangenen Jahrzehnten teilweise zum Klettersport entwickelt. Oberstes Gebot bleibt die Sicherheit. Dazu bildet man eine Seilschaft: Der Seilerste steigt voraus, während ihn der Seilzweite sichert. Der Erste bringt in der Wand immer wieder Sicherungen an, etwa mit Friends oder Klemmkeilen. So verhindert er, dass er im Fall eines Sturzes zu tief fällt, das Seil kann seine Fallenergie absorbieren. Der Zweite kann nachsteigen, wenn der Erste einen Sicherungsplatz gefunden hat.

ZWEIERSEILSCHAFT

AUSRÜSTUNG

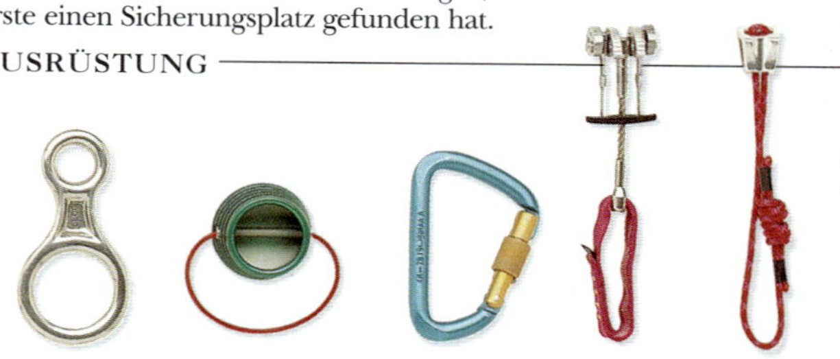

ABSEILACHTER · STICHTBREMSE · KARABINERHAKEN · FRIEND · KLEMMKEIL

Erlebnisbericht, Tatsachenbericht) ◆ einen Bericht **anfordern;** Bericht **erstatten** (über); einen Bericht schreiben, verfassen ◆ **laut** Bericht vom 10.1.; **nach** Berichten unserer Mitarbeiter [< mhd. *beriht* „Belehrung"; → *recht*]

**berichten** ⟨V. t.; hat⟩ **1** *sachlich erzählen, sachlich darstellen* **2** *melden, mitteilen* ◆ „...", berichtete er; man hat mir berichtet, dass ...; ein **Erlebnis** berichten ◆ **ausführlich,** atemlos, genau, stockend berichten ◆ **an** seine Dienststelle berichten; jmdm. **über** etwas berichten; über einen Vorgang berichten; **von** einer Reise berichten

**berichtigen** ⟨V. t.; hat⟩ *richtig stellen, richtig machen, verbessern, korrigieren* ◆ bitte berichtigen Sie mich, wenn ich etwas Falsches sage

**Berichtigung** ⟨f. 20⟩ *das Berichtigen, Richtigstellung, Verbesserung, Korrektur*

**beringen** ⟨V. t.; hat⟩ **1** *mit einem Ring am Fuß versehen* (Vögel) **2** *mit Ring(en) schmücken* ◆ mit Brillanten beringte Finger

**Beritt** ⟨m. 1⟩ *das Bereiten* (von Pferden)

**beritten** ⟨Adj.⟩ **1** *mit Pferden ausgestattet* **2** *zu Pferde* ◆ sie waren beritten; gut beritten sein *ein gutes Pferd zum Reiten haben*

**Berkelium** ⟨n.; -s; unz.; Chem.; Zeichen: Bk⟩ *künstlich hergestelltes radioaktives chem. Element, Ordnungszahl 97* [nach der Stadt *Berkeley* in Kalifornien]

**Berliner I** ⟨m. 3⟩ *Einwohner Berlins* **II** ⟨Adj.⟩ *berlinisch* ◆ Berliner Blau *dunkelblauer Farbstoff, Preußischblau;* Berliner = *Krapfen;* Berliner Weiße mit oder ohne Schuss *Berliner Weißbier mit od. ohne Himbeer- od. Waldmeistersirup*

**berlinern** ⟨V. i.; hat⟩ *in der Berliner Mundart sprechen*

**Bernhardiner** ⟨m. 3⟩ **1** *Angehöriger des Bernhardinerordens* **2** ▼ *ursprünglich auf dem St. Bernhard gezüchteter, großer, schwerer, langhaariger Hund, Wach- u. Rettungshund;* ► *Hunde*

**Bernstein** ⟨m. 1; unz.⟩ ► *fossiles Harz von ausgestorbenen Nadelholzbäumen, oft mit Einschlüssen;* ► *Schmucksteine* [< mnddt. *born-, barn-, bernsten;* → *brennen*]

**bernsteinfarben** ⟨Adj.⟩ *von der Farbe des Bernsteins, goldbraun*

**Berserker** ⟨m. 3; anord. Myth.⟩ *Mann von außergewöhnl. Kraft, der in der Raserei ohne Waffe kämpft* ◆ wie ein Berserker kämpfen, toben, wüten [< anord. *berserkr,* eigtl. „in Bärenfell gehüllter Krieger"]

**bersten** ⟨V. i. 107; ist⟩ *aufplatzen, zerspringen, aufbrechen, Sprünge, Risse bekommen* ◆ das Eis birst; wir sind vor Lachen fast geborsten *haben unmäßig gelacht;* der Saal war zum Bersten voll *überfüllt* [< ahd. *brestan,* engl. *burst*]

BERNHARDINER

**berüchtigt** ⟨Adj.⟩ *übel beleumdet, in schlechtem Ruf stehend, verrufen, auf traurige Weise berühmt, gefürchtet* ◆ eine berüchtigte Kneipe; er war für seine, ⟨od.⟩ wegen seiner

## BERGWERKE

In Bergwerken gewinnt man Bodenschätze aus der Erdkruste. Metalle und Erze baut man im Tagebau wie auch unter Tage ab. Auch die Kohlebergwerke richten sich nach der Lage der Flöze. Die tiefsten haben senkrechte Schächte, bei denen seitliche Abzweigungen zu den Flözen führen. Oberflächennahe Flöze lassen sich oft durch waagerechte Stollen nutzen. Braunkohle wird meist im Tagebau gewonnen, man muss dazu allerdings die obersten Gesteinsschichten mit riesigen Baggern entfernen.

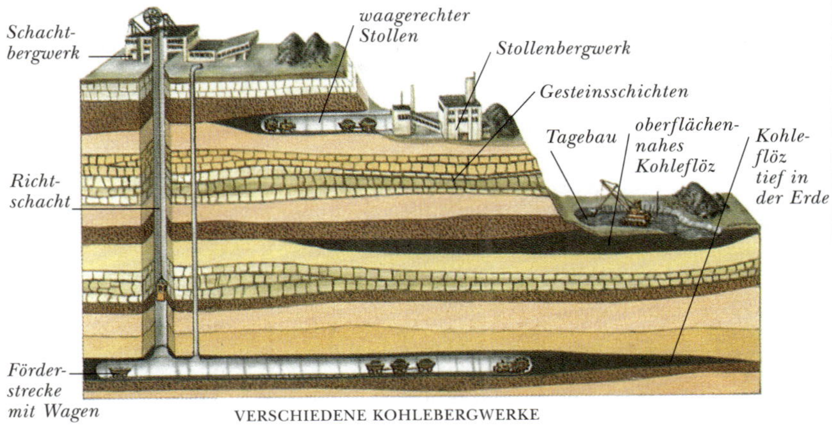


VERSCHIEDENE KOHLEBERGWERKE

Grausamkeit im ganzen Ort berüchtigt [zu frühnhd. *berüchtigen* „ins Gerede bringen"]

**berücken** ⟨V. t.; hat⟩ **1** *bezaubern, entzücken* **2** *verlocken* ◆ ihre Anmut, Schönheit berückte ihn; sich berücken lassen von etwas od. jmdm. [→ *Ruck;* urspr. vom Fisch- u. Vogelfang: „mit dem Netz über sein Opfer rücken"]

**berücksichtigen** ⟨V. t.; hat⟩ *beachten, in Rechnung stellen, zu seinem Recht kommen lassen* ◆ jmds. Eigenart(en), Gesundheitszustand berücksichtigen; ein Gesuch berücksichtigen; man muss in diesem Fall berücksichtigen, dass ...; bei unseren Überlegungen sollten wir dieses Argument mit berücksichtigen/mitberücksichtigen *zusätzlich bedenken*

**Beruf** ⟨m. 1⟩ **1** ⟨fig.⟩ *Berufung, innere Bestimmung, Aufgabe, Sendung* **2** *gewerbl. ausgeübte od. auszuübende Tätigkeit, Erwerb des Lebensunterhaltes, Zugehörigkeit zu einem Erwerbszweig* ◆ einen Beruf **ausüben;** einen Beruf **ergreifen;** seinem Beruf **nachgehen** ◆ **keinen** festen Beruf haben ◆ er ist **von** Beruf Lehrer

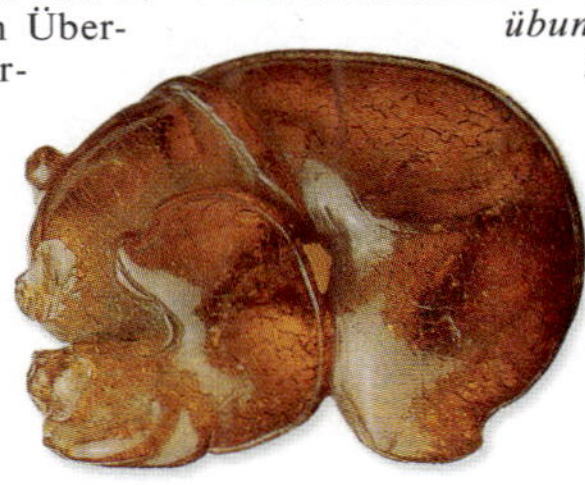

BERNSTEIN: SCHMUCKSTÜCK IN DER FORM EINES PANDABÄREN

**berufen**[1] ⟨V. 201; hat⟩ **I** ⟨V. t.⟩ **1** *ernennen* **2** *in ein Amt einsetzen* **3** *bestellen, kommen lassen* ◆ einen Professor an eine Universität berufen; jmdn. zu sich berufen **II** ⟨V. refl.⟩ sich auf jmdn. od. etwas berufen *jmdn. od. etwas als Zeugen od. als Beweis nennen*

**berufen**[2] ⟨Adj.⟩ *auserwählt, vorbestimmt, in besonderem Maße befähigt, mit einer speziellen Begabung ausgestattet* ◆ viele sind berufen, aber wenige sind auserwählt (Matth. 20, 16); sich zu etwas berufen fühlen; ein berufener Musiker

**Berufkraut** ⟨n. 12u; unz.; Bot.⟩ *einer Gattung der Korbblütler angehörende, bis 1 m hohe Pflanze mit schmutzig weißen bis lila Randblüten: Erigeron*

**beruflich** ⟨Adj.⟩ *den Beruf betreffend, zu ihm gehörig, auf ihm beruhend* ◆ beruflicher Ärger; berufliche Sorgen; wie geht es Ihnen beruflich?

**Berufsbild** ⟨n. 12⟩ *Beschreibung eines Berufs u. der dazugehörigen Ausbildung u. Aufstiegsmöglichkeiten sowie der dabei vorausgesetzten u. zu erwerbenden Fähigkeiten*

**Berufserfahrung** ⟨f. 20⟩ *Erfahrung im Beruf*

**Berufsgeheimnis** ⟨n. 11⟩ **1** *Schweigepflicht über das, was jmdm. innerhalb seiner Berufsausübung anvertraut wird (z. B. bei Ärzten)* **2** *eine Fertigkeit, die nur einer Berufsgruppe bekannt ist*

**Berufskleidung** ⟨f. 20; unz.⟩ *für die Ausübung eines Berufs notwendige Kleidung*

**Berufskrankheit** ⟨f. 20⟩ *in der Berufsausübung entstandene Gesundheitsschädigung (rechtlich den Betriebsunfällen gleichgestellt)*

**Berufsschule** ⟨f. 19⟩ *Pflichtschule, die auf der Hauptschule aufbaut, zur Weiterbildung berufstätiger Jugendlicher*

**Berufsstand** ⟨m. 1u⟩ *Gesamtheit aller, die den gleichen Beruf ausüben, innerhalb einer sozialen Ordnung*

**berufstätig** ⟨Adj.⟩ *im Beruf tätig, einen Beruf ausübend, erwerbstätig*

**Berufstätige(r)** ⟨f. 30 (m. 29)⟩ *jmd., der einen Beruf ausübt, Erwerbstätige(r)*

**Berufsverband** ⟨m. 1u⟩ *freier Zusammenschluss von Angehörigen eines Berufes* ◆ der Berufsverband der Ärzte, der Architekten

**Berufsverbot** ⟨n. 11⟩ *gerichtliches Verbot der Berufsausübung*

**Berufung** ⟨f. 20⟩ **1** *das Berufen, Sichberufen* **2** *Befehl* **3** *Einsetzung in ein Amt, Ernennung* **4** ⟨Rechtsw.⟩ *Einspruch, Rechtsmittel zur Nachprüfung od. Änderung eines gerichtlichen Urteils* **5** ⟨fig.⟩ *innere Bestimmung für einen Beruf od. etwas zu tun, Aufgabe, Sendung* ◆ Berufung gegen etwas einlegen ⟨Rechtsw.⟩ *Einspruch gegen etwas erheben;* Berufung eines Professors an eine Universität; eine Berufung an eine Universität erhalten *einen Lehrauftrag angeboten bekommen*

B

**beruhen** ⟨V. i.; hat⟩ beruhen auf *sich gründen auf, sich stützen auf, seine Ursache haben in, folgen aus* ◆ die Abneigung, Zuneigung beruht auf Gegenseitigkeit; etwas auf sich beruhen lassen *etwas nicht weiterverfolgen*

**beruhigen** **I** ⟨V. t.; hat⟩ *zur Ruhe, zum Schweigen bringen, beschwichtigen, trösten* ◆ ich habe das Kind nur mit Mühe beruhigen können; beruhigt einschlafen; beruhigt sein *ohne Sorge, unbesorgt sein* **II** ⟨V. refl.⟩ sich beruhigen **1** *ruhig werden* **2** *sich legen* (Sturm, Aufregung) ◆ mein Gewissen hat sich wieder beruhigt

**Beruhigung** ⟨f. 20; unz.⟩ **1** *das Beruhigen* **2** *beruhigendes Gefühl, Gefühl der Ruhe, Sicherheit* ◆ es ist mir eine Beruhigung, zu wissen, dass ...

**berühmt** ⟨Adj.; -er, am -esten⟩ *weithin bekannt, überall hoch angesehen* ◆ dein Aufsatz ist nicht (gerade) berühmt ⟨iron.⟩ *ist nicht besonders gut, mittelmäßig;* ein berühmtes Buch, Werk; ein berühmter Dichter, Musiker, Politiker [→ *Ruhm*]

**berühren** ⟨V.; hat⟩ **I** ⟨V. t.⟩ **1** *(leicht) anfassen, (vorsichtig) betasten, streifen* ⟨a. fig.⟩ **2** *(an etwas) grenzen, stoßen* (Grundstück) **3** ⟨fig.⟩ *angehen, betreffen* **4** *(flüchtig) erwähnen* **5** *Gefühle erwecken* ◆ das Berühren (der Gegenstände usw.) ist verboten; das berührt mich (nicht) *das betrifft mich (nicht), das geht mich (nichts) an; das lässt mich kalt, erweckt kein Gefühl in mir;* ihre **Interessen** berühren einander od. sich ◆ es berührt mich **angenehm** ◆ die Tangente berührt den Kreis **in** einem Punkt; **mit** der Hand berühren **II** ⟨V. refl.⟩ sich berühren *sich (gegenseitig) anfassen, betasten* ◆ sie standen so nahe beisammen, dass sie einander fast berührten

**Berührung** ⟨f. 20⟩ **1** *das Berühren* **2** *Zusammenhang, Kontakt* ◆ er empfindet bei jeder, bei der kleinsten Berührung Schmerzen; Ansteckung durch Berührung; zwei Dinge miteinander in Berührung bringen

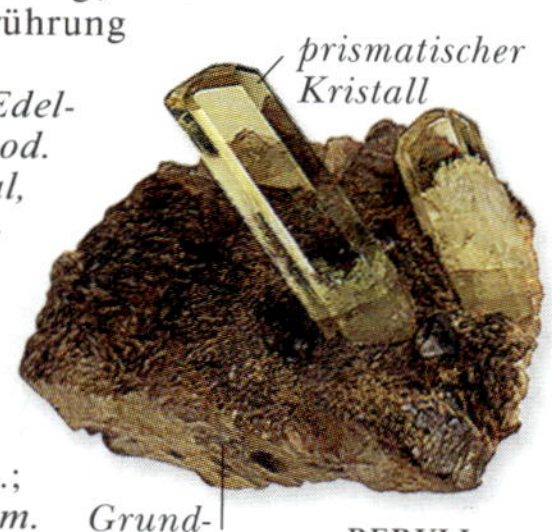

BERYLL

**Beryll** ⟨m. 1; Min.⟩ ► *Edelstein, ein durchsichtiges od. durchscheinendes Mineral, chemisch Beryllium-Aluminium-Silicat, Formel:* $Be_3Al_2(Si_6O_{18})$ [< grch. *beryllos* < Sanskrit *waidūrya* „Meerwasserstein, Meergrünstein"]

**Beryllium** ⟨n.; -s; unz.; Chem.; Zeichen: Be⟩ *chem. Element, zweiwertiges Erdalkalimetall, Ordnungszahl 4*

**bes.** ⟨Abk. für⟩ *besonders*

**besagen** ⟨V. t.; hat⟩ *(inhaltlich) angeben, aussagen, zum Ausdruck bringen, bedeuten* (nur von Sachen) ◆ der Abschnitt besagt Folgendes; das hat nichts zu besagen

**besänftigen** ⟨V. t.; hat⟩ *beruhigen, beschwichtigen, mildern* (Zorn) ◆ einen Wütenden besänftigen

**Besatz** ⟨m. 1u⟩ **1** *aufgenähte Bänder oder Spitzen (am Kleid)* **2** ⟨Jägerspr.⟩ *Bestand (eines Reviers) an Niederwild od. einer Niederwildart* (Hühnerbesatz)

**Besatzung** ⟨f. 20⟩ **1** *Truppen eines Standortes, einer Verteidigungsanlage* **2** *Bemannung eines Schiffes od. Luftfahrzeuges* **3** *Truppen, die fremdes Staatsgebiet besetzt halten*

**Besäufnis** **I** ⟨f. 9; unz.; umg.; scherzh.⟩ *Betrunkenheit* **II** ⟨n. 11; umg.⟩ *Sauf-, Zechgelage* ◆ der Abend endete in einem großen Besäufnis

**beschädigen** ⟨V. t.; hat⟩ *schadhaft machen* ◆ sich beschädigen *sich verletzen*

**beschaffen** **I** ⟨V. t.; hat⟩ *herbeibringen, herbeischaffen, besorgen, kaufen* ◆ sich das Geld für etwas beschaffen; das nötige Material für eine Arbeit beschaffen **II** ⟨Adj.⟩ *geartet, veranlagt, in einem bestimmten Zustand* ◆ ich bin nun einmal so beschaffen; der Gegenstand ist so beschaffen, dass ...

**Beschaffenheit** ⟨f. 20; unz.⟩ **1** *das Beschaffensein, Sosein, Natur, natürl. Eigenart* **2** *Zustand* ◆ Beschaffenheit eines Materials, eines Stoffes; Beschaffenheit einer Ware; körperliche Beschaffenheit

**beschäftigen** ⟨V.; hat⟩ **I** ⟨V. t.⟩ **1** *Arbeit geben, zu tun geben* **2** *im Arbeitsverhältnis haben* ◆ die Sache beschäftigt mich sehr ⟨fig.⟩ *die Sache gibt mir sehr zu denken;* Kinder beschäftigen *sie ablenken, unterhalten;* er beschäftigt in seinem Betrieb 50 Arbeiter; sehr, stark beschäftigt sein, *stark in Anspruch genommen sein, viel Arbeit haben;* beschäftigt sein bei, in *im Arbeitsverhältnis stehen, angestellt sein bei, in;* in der Fabrik sind 100 Arbeiter beschäftigt **II** ⟨V. refl.⟩ sich beschäftigen *sich die Zeit vertreiben, etwas tun, arbeiten* ◆ er kann sich gut, nicht (allein) beschäftigen; sich mit jmdm. beschäftigen [< mhd. *scheftic* „tätig" + *bescheften* „beschäftigen"; → *schaffen*]

**Beschäftigung** ⟨f. 20⟩ *Beruf, Arbeit, Betätigung, Tätigkeit, Zeitvertreib* ◆ einer Beschäftigung nachgehen; eine Beschäftigung suchen; die Beschäftigung mit der englischen Sprache

**beschallen** ⟨V. t.; hat⟩ **1** einen Raum, ein Gebiet beschallen *mithilfe von Lautsprechern unter Schalleinwirkung bringen* **2** Werkstoffe beschallen *die Struktur von Werkstoffen mit Schall- u. Ultraschallwellen untersuchen*

**beschämen** ⟨V. t.; hat⟩ *Scham (u. Reue) bereiten, demütigen* ◆ beschämt sein *sich schämen; sehr gerührt sein;* sie schlug beschämt die Augen nieder; ein beschämendes Gefühl

**beschatten** ⟨V. t.; hat⟩ **1** *vor Sonne schützen, in Schatten bringen, einen Schatten werfen auf* **2** ⟨fig.⟩ jmdn. beschatten *heimlich verfolgen u. beobachten, überwachen* ◆ eine alte Linde beschattete das Haus; einen üblichen Verdächtigen von Detektiven beschatten lassen

**beschauen** ⟨V. t.; hat⟩ *anschauen, betrachten, besichtigen* ◆ das muss ich mir genauer, näher, gründlich beschauen

**Beschauer** ⟨m. 3⟩ **1** *jmd., der etwas beschaut, Betrachter* **2** *Fleischprüfer* (Fleischbeschauer) **3** *Warenprüfer* ◆ vom Beschauer aus gesehen rechts vorn

**beschaulich** ⟨Adj.⟩ **1** *behaglich, friedlich* **2** *besinnlich in Betrachtungen versunken, ruhig sinnend* ◆ ein beschauliches Dasein führen; beschaulich auf einer Bank sitzen

**Bescheid** ⟨m. 1⟩ **1** *Antwort, Nachricht, Auskunft* **2** *(behördl.) Entscheidung* ◆ **abschlägiger** Bescheid *Absage;* der **endgültige** Bescheid geht Ihnen schriftlich zu; **vorläufiger** Bescheid ◆ Sie **bekommen** (noch) Bescheid; jmdm. Bescheid **geben** *Auskunft erteilen, jmdn. benachrichtigen;* Bescheid **wissen** *von etwas Kenntnis haben, etwas gut kennen;* danke, ich weiß Bescheid!; in, auf einem Fachgebiet Bescheid wissen

**bescheiden** ⟨Adj.⟩ **1** *genügsam, anspruchslos* **2** *nicht eingebildet* **3** *einfach, gering, mäßig, mittelmäßig* ◆ wie geht es dir? bescheiden! *mäßig;* bescheidene **Ansprüche,** Forderungen; ein bescheidenes **Gehalt,** Einkommen beziehen; bescheiden **leben** ◆ etwas **zu** einem bescheidenen Preis einkaufen

**Bescheidenheit** ⟨f. 20; unz.⟩ **1** *bescheidenes Wesen, bescheidene Art, bescheidene Mentalität* **2** *Genügsamkeit, Einfachheit*

**bescheinigen** ⟨V. t.; hat⟩ *schriftlich bestätigen, bezeugen* ◆ den Empfang eines Briefes, einer Sendung bescheinigen

**Bescheinigung** ⟨f. 20⟩ **1** *Bestätigung, Beglaubigung* **2** *Ausweis(papier)* **3** *Schein, Quittung* ◆ eine Bescheinigung ausstellen

**beschenken** ⟨V. t.; hat⟩ jmdn. beschenken *jmdm. ein Geschenk machen, jmdm. etwas schenken* ◆ jmdn. mit Blumen beschenken

**bescheren** ⟨V. t. u. V. i.; hat⟩ *Geschenke austeilen (bes. zu Weihnachten)* ◆ bei uns wird nachmittags um fünf Uhr beschert (am Heiligen Abend); jmdm. etwas bescheren *schenken, als Geschenk darbringen;* was hat dir das Christkind beschert? [< ahd. *scerjan* „bestimmen, zuteilen"]

**Bescherung** ⟨f. 20⟩ **1** *das Bescheren* **2** *das Austeilen, Darbringen, Überreichen von Geschenken* **3** ⟨fig.; umg.; scherzh.⟩ *unangenehme Überraschung* ◆ am 24. Dezember ist abends (die) Bescherung; das ist ja eine schöne Bescherung! ⟨iron.⟩

**bescheuert** ⟨Adj.; derb⟩ *dumm, einfältig*

**beschichten** ⟨V. t.; hat⟩ *mit einer Schicht (Kunststoff, Lack u. Ä.) versehen*

**beschimpfen** ⟨V. t.; hat⟩ *schimpfen auf, durch Beschimpfungen beleidigen*

**beschissen** ⟨Adj.; derb⟩ *sehr unangenehm* ◆ es ist beschissen!; eine beschissene Sache

**Beschlag** ⟨m. 1u⟩ **1** *Metallstück zum Zusammenhalten von bewegl. Teilen (z. B. von Fenstern, Türen)* **2** *Metallstück zum Schutz (z. B. der Ecken eines Buchdeckels, des Pferdehufes usw.)* **3** *Hufeisen, Metallverzierung (an Schränken, Schubfächern)* **4** *feiner Niederschlag, Hauch, Überzug (auf Fensterscheiben, Metallflächen usw.)* **5** *Schimmel (auf Speisen)* **6** *Begattung* (des Edelwildes) **7** *Beschlagnahme, Wegnehmen* (Dinge, ⟨fig.⟩ Zeit) **8** *Beanspruchung* ◆ etwas in Beschlag nehmen, mit Beschlag belegen *sich aneignen, beanspruchen, beschlagnahmen;* einen Raum mit Beschlag belegen

**beschlagen**[1] ⟨V. 216⟩ **I** ⟨V. t.; hat⟩ *einen Metallbeschlag anbringen an* ◆ ein Pferd beschlagen *ihm Hufeisen aufnageln;* Segel beschlagen *befestigen;* weibl. Tiere beschlagen ⟨Jägerspr.⟩ *begatten, befruchten* (beim Edelwild); mit Eisen beschlagen **II** ⟨V. i.; ist⟩ *sich mit einem Beschlag bedecken od. überziehen, anlaufen* (Glas, Metall, Wurst) ◆ die Fensterscheibe beschlägt

**beschlagen**[2] ⟨Adj.⟩ *viele Kenntnisse besitzend, gut Bescheid wissend* ◆ auf dem Gebiet der Astronomie ist sie sehr beschlagen

**beschlagnahmen** ⟨V. t.; hat⟩ *mit behördliche Genehmigung wegnehmen;* Sy *konfiszieren* ◆ Bücher, Zeitschriften beschlagnahmen

**beschleunigen** ⟨V. t.; hat⟩ etwas beschleunigen **1** *schneller werden lassen, für rascheren Ablauf von etwas sorgen* **2** ⟨Phys.⟩ *die Geschwindigkeit eines Körpers innerhalb einer Zeiteinheit ändern* ◆ eine Bewegung beschleunigen; die Fahrt beschleunigen

**Beschleunigung** ⟨f. 20⟩ **1** *das Beschleunigen* **2** *das Schnellerwerden* **3** ⟨Phys.⟩ *Geschwindigkeitsänderung innerhalb einer Zeiteinheit*

**beschließen** ⟨V. t. 220; hat⟩ **1** *den Beschluss fassen, sich entscheiden, etwas zu tun, sich vornehmen, etwas zu tun* **2** *beenden, Schluss machen mit* ◆ es ist noch nichts (endgültig) beschlossen; was habt ihr beschlossen?; es ist beschlossene Sache *die Sache ist beschlossen, entschieden*

**Beschluss** ⟨m. 1u⟩ *Entschluss, Übereinkommen, Entscheidung, Resultat einer Beratung* ◆ einen Beschluss fassen

**beschlussfähig** ⟨Adj.⟩ *(aufgrund einer bestimmten Anzahl von Anwesenden) fähig, einen Beschluss zu fassen* ◆ die Versammlung war (nicht) beschlussfähig

**beschmieren** ⟨V. t.; hat⟩ **1** *bestreichen, vollschmieren* **2** *unsauber bemalen* **3** *beschmutzen* ◆ eine Brotschnitte mit Butter beschmieren; sich den Anzug mit Farbe, Speiseresten beschmieren

**beschmutzen** ⟨V. t.; hat⟩ **1** *schmutzig machen, beflecken, verunreinigen* **2** ⟨fig.⟩ *entweihen, verunglimpfen, schänden*

**beschneiden** ⟨V. t. 224; hat⟩ **1** *den Rand glatt schneiden von* (Papier, Leder, Stoff usw.) **2** *kürzer machen, stutzen, zurückschneiden* (Äste, Bart, Bäume, Finger-, Fußnägel, Hecke) **3** ⟨fig.⟩ *herabsetzen, einschränken, schmälern* (Ausgaben, Löhne, Rechte) ◆ einem Vogel die Flügel beschneiden

**Beschneidung** ⟨f. 20; unz.⟩ **1** *das Beschneiden* (von Ästen, ⟨fig.⟩ Rechten usw.) **2** ⟨bei manchen Völkern⟩ *Kürzen od. Einschneiden der Vorhaut des männl. Gliedes;* Sy *Zirkumzision*

**beschnuppern** ⟨V. t.; hat⟩ *beriechen, aneinander riechen* (von Tieren)

**beschönigen** ⟨V. t.; hat⟩ *schönfärben, mildernd schildern, in einem besseren Licht erscheinen lassen* (Fehler, Vergehen)

**beschränken** ⟨V. t.; hat⟩ **1** eine Sache beschränken *einer Sache Schranken setzen, eine Sache einengen* **2** sich beschränken auf *sich begnügen mit* ◆ Ausgaben beschränken; er muss sich auf das Notwendigste, das Wesentliche beschränken

**beschränkt** ⟨Adj.; -er, am -esten⟩ **1** *begrenzt, knapp* **2** *ärmlich, dürftig* **3** ⟨fig.⟩ *unbegabt, einfältig* ◆ einen beschränkten geistigen Horizont haben; wir haben nur beschränkte Mittel zur Verfügung; meine Zeit ist beschränkt

**beschreiben** ⟨V. t. 226; hat⟩ **1** *mit Schriftzeichen versehen, voll schreiben* **2** *schildern, in Worte fassen* (Eindruck, Erlebnis, Gefühl), *erläutern* **3** *zeichnen, ziehen* (Kreis, Kurve) ◆ das **Flugzeug,** der Wagen beschrieb einen Kreis; eine **Person** beschreiben ◆ etwas **anschaulich,** ausführlich, genau, näher beschreiben

**Beschreibung** ⟨f. 20⟩ **1** *das Beschreiben* **2** *Schilderung* **3** *genaue Angaben (über etwas od. jmdn.),* z. B. Personenbeschreibung, Wegbeschreibung ◆ eine Beschreibung des Täters geben

**beschriften** ⟨V. t.; hat⟩ *mit Schrift(zeichen), mit einer Beschriftung versehen* ◆ ein Etikett, Schild beschriften

**beschuldigen** ⟨V. t.; hat⟩ jmdn. beschuldigen *jmdm. die Schuld geben, jmdn. für den Täter erklären* ◆ jmdn. falsch, zu Unrecht beschuldigen

**Beschuldigung** ⟨f. 20⟩ *das Beschuldigen, Zuschieben einer Schuld* ◆ Beschuldigungen gegen jmdn. erheben

**beschuppt** ⟨Adj.⟩ *mit Schuppen bedeckt, schuppig* (Fisch)

**Beschuss** ⟨m. 1u; unz.⟩ **1** *Beschießung* **2** *Prüfung von Schusswaffen mit verstärkter Ladung*

**beschützen** ⟨V. t.; hat⟩ jmdn. beschützen *jmdm. Schutz gewähren, jmdn. schützen, verteidigen, decken, behüten* ◆ jmdn. vor einer Bedrohung beschützen

**Beschützer** ⟨m. 3⟩ *jmd., der einen anderen beschützt, Verteidiger, Schirmherr, Schutzherr*

**Beschwerde** ⟨f. 19⟩ **1** *Mühe, Last, Mühsal, Mühseligkeit* **2** *körperl. Leiden* **3** *Schmerz* **4** *Klage, Reklamation, Protest* **5** *Rechtsmittel gegen Beschlüsse (von Verwaltungsbehörden)* ◆ die Beschwerden des **Alters** ◆ Beschwerde **einlegen,** einreichen; Beschwerde **führen** *sich beschweren* ◆ **keinerlei** Beschwerden (mehr) haben, verspüren ◆ **über** Beschwerden (beim Atmen, bei der Verdauung usw.) klagen; jmdm. (keinen) Grund **zur** Beschwerde geben [→ *schwer*]

**beschwerdefrei** ⟨Adj.⟩ *ohne Beschwerden (einer Krankheit)* ◆ er ist seit einer Woche beschwerdefrei

**beschweren** ⟨V.; hat⟩ **I** ⟨V. t.⟩ *belasten, schwerer machen* ◆ den Magen mit fetten Speisen beschweren **II** ⟨V. refl.⟩ sich beschweren *eine Beschwerde vorbringen, sich beklagen* ◆ sich beim Geschäftsführer beschweren; sich über ungerechte Behandlung beschweren

**beschwerlich** ⟨Adj.⟩ **1** *Beschwerde(n) bereitend, mühselig, mühsam, ermüdend* (Arbeit) **2** *unbequem* (Reise, Weg)

**beschwichtigen** ⟨V. t.; hat⟩ **1** *besänftigen, beruhigen* **2** *trösten* ◆ jmds. Erregung, Zorn beschwichtigen; sein Gewissen beschwichtigen [< mhd. *swiften* „stillen"; zu ahd. *giswifton* „still werden"]

**beschwören** ⟨V. t. 234; hat⟩ **1** *durch Schwur bekräftigen, beeiden* (Aussage, Tat) **2** jmdn. beschwören, etwas (nicht) zu tun *flehentlich bitten* **3** Erinnerungen beschwören *ins Gedächtnis rufen*

**beseitigen** ⟨V. t.; hat⟩ **1** *wegbringen, wegschaffen, wegtragen, entfernen* (Gegenstände, Schmutz) **2** *zum Verschwinden bringen, aus der Welt schaffen* (Fehler, Hindernisse, Schwierigkeiten, Störung, Ursache) **3** jmdn. beseitigen *unschädlich machen, töten*

**Besen** ⟨m. 4⟩ **1** *Werkzeug zum Kehren* (Handbesen, Kehrbesen) **2** *Gerät zum Schaumschlagen* (Schneebesen) **3** *zänkische Frau* ◆ ich fresse einen Besen, wenn das stimmt ⟨umg.; scherzh.⟩ *ich glaube es nicht!, ich kann es mir kaum vorstellen!* [< ahd. *bes(e)mo,* engl. *besom*]

**besessen** ⟨Adj.⟩ **1** *so, als ob ein böser Geist in jmdm. steckte, tobsüchtig, irr* **2** *übermäßig erfüllt, schwärmerisch begeistert (von)* ◆ er ist vom Teufel besessen; von einer Idee besessen sein

**Besessenheit** ⟨f. 20; unz.⟩ **1** *das Besessensein (von etwas), Wahn, Geistesstörung* **2** ⟨fig.⟩ *schwärmerische Begeisterung, leidenschaftlicher Drang*

**besetzen** ⟨V. t.; hat⟩ **1** *in Besitz nehmen, erobern, mit Truppen belegen* (Staatsgebiet) **2** *belegen, freihalten* (Platz) **3** *bepflanzen* (Beet) **4** *benähen* (Jacke, Hose) **5** *vergeben* (Posten, Stelle) ◆ ein **Land,** eine Stadt besetzen; die **Rollen** besetzen ⟨Theat.⟩ *verteilen;* alle **Plätze** waren schon besetzt *belegt, nicht mehr frei* ◆ einen Stuhl **für** jmdn. besetzen ◆ Besetzt *(Aufschrift auf den Schlössern von Toilettentüren)*

**besichtigen** ⟨V. t.; hat⟩ *ansehen, anschauen (zwecks Bildung od. Prüfung)* ◆ ein Bauwerk, ein Museum, eine Stadt besichtigen

**besiegeln** ⟨V. t.; hat⟩ **1** *mit Siegel versehen, durch Siegel fest verschließen* **2** *bekräftigen, bindend bestätigen* ◆ ein Versprechen mit Handschlag besiegeln

**besiegen** ⟨V. t.; hat⟩ *den Sieg erringen über, im Kampf gewinnen gegen* ◆ Schwierigkeiten besiegen *überwinden;* jmdn. im Wettkampf, im Spiel besiegen

**besinnen** ⟨V. refl. 241; hat⟩ **1** sich besinnen *überlegen, nachdenken* **2** sich besinnen (auf) *sich erinnern (an)* ◆ sich einen Augenblick besinnen; sich anders od. eines Besseren besinnen *sich etwas anders od. besser überlegen;* wenn ich mich recht besinne *wenn ich nicht irre, wenn mich meine Erinnerung nicht täuscht*

**besinnlich** ⟨Adj.⟩ *nachdenklich, beschaulich* ◆ eine besinnliche Stunde verbringen

**Besinnung** ⟨f. 20; unz.⟩ **1** *das Besinnen, Überlegung, Erinnerung* **2** *Bewusstsein* ◆ die Besinnung verlieren *bewusstlos werden;* ⟨fig.⟩ *unbesonnen handeln;* jmdn. zur Besinnung bringen *jmdn. zum Bewusstsein bringen;* ⟨fig.⟩ *jmdn. zur Vernunft bringen*

**Besitz** ⟨m. 1; unz.⟩ **1** *tatsächl. Herrschaft, Gewalt über eine Sache;* → a. *Eigentum* **2** *die Sache selbst, deren Gebrauchs- u. Nutzungsrecht man hat* **3** *alles, worüber man (begrenzt) verfügen darf* **4** ⟨umg.⟩ *Eigentum* **5** *Grundstück, Landgut* ◆ von etwas Besitz **ergreifen** *sich etwas aneignen* ◆ das Haus ist sein **rechtmäßiger** Besitz; **unerlaubter** Besitz (z. B. von Waffen) ◆ **in** den Besitz einer Sache kommen; etwas in Besitz nehmen; das Haus ging vor einigen Jahren in seinen Besitz über

**besitzen** ⟨V. t. 242; hat⟩ **1** *(als Besitz) haben, beherrschen* **2** *sein Eigen nennen* **3** *haben* ◆ er hat die Frechheit besessen, zu behaupten ... ⟨fig.⟩; ein Grundstück, ein Haus, viel Geld, großen Reichtum besitzen; fünf Kinder besitzen; Mut, Fantasie, ein Talent besitzen; die besitzende Klasse

**Besitzer** ⟨m. 3⟩ *jmd., der etwas besitzt, jmd., der die Gewalt, die Herrschaft über eine Sache hat;* → a. *Eigentümer, Inhaber* (Grundbesitzer, Hausbesitzer) ◆ Besitzer einer Wohnung

**Besitzerin** ⟨f. 22⟩ *weibl. Besitzer*

**besohlen** ⟨V. t.; hat⟩ *mit neuen Sohlen versehen* (Schuhe)

**besolden** ⟨V. t.; hat⟩ *bezahlen* (Beamte, Offiziere, Truppen)

**Besoldung** ⟨f. 20; unz.⟩ **1** *Zahlung von Sold, Beamtengehalt* **2** *Diensteinkommen, Dienstbezüge, Löhnung*

**besondere(r, -s)** ⟨Adj.⟩ **1** *eigen, eigenartig, eigentümlich* **2** *außerordentlich* **3** *einzeln, nicht allgemein, nicht auf alle zutreffend, nicht für alle geeignet, für sich* ◆ besonderes Kennzeichen, Umstände, Wünsche; das ist etwas ganz Besonderes, nichts Besonderes; im Allgemeinen und im Besonderen

**besonders** ⟨Abk.: bes.⟩ **I** ⟨Adv.⟩ **1** *getrennt, gesondert, abseits, für sich* **2** *ausdrücklich, nachdrücklich* ◆ einen Gegenstand besonders aufstellen **II** ⟨Partikel⟩ **1** *hauptsächlich, vor allem* **2** *in hohem Maße, sehr hervorragend*

**besorgen** ⟨V. t.; hat⟩ **1** *kaufen, einkaufen, beschaffen, verschaffen, holen* **2** *betreuen, pflegen, versorgen, sich kümmern um* (Kinder, Kranke, Hauswesen) **3** *erledigen* (Botengang, Einkauf, Geschäfte) ◆ sich etwas besorgen lassen; bitte besorge mir ein Taxi

**Besorgnis** ⟨f. 9⟩ *Sorge, Furcht, Bangnis*

**Besorgung** ⟨f. 20⟩ **1** *das Besorgen, Beschaffung, Einkauf* **2** *Erledigung* **3** *Botengang* **4** *Betreuung, Pflege* ◆ in der Stadt Besorgungen machen

**bespielen** ⟨V. t.; hat⟩ **1** eine (Musik-)Kassette bespielen *ein Musikstück auf (Musik-)Kassette aufnehmen (lassen)* **2** ⟨Theat.⟩ verschiedene Bühnen bespielen *Gastspiele auf verschiedenen Bühnen geben*

**besprechen** ⟨V. t. 246; hat⟩ **1** *sprechen über, erörtern, beraten* **2** *beurteilen, eine Kritik schreiben über* **3** *durch Zauberworte bannen, vertreiben* ◆ ein neu erschienenes **Buch** besprechen; eine **Frage,** ein Problem, einen Vorfall besprechen; eine **Krankheit,** Warzen besprechen; eine **Theateraufführung** besprechen ◆ etwas **eingehend,** gründlich besprechen ◆ sich **mit** jmdm. besprechen *mit jmdm. über etwas sprechen, Meinungen austauschen*

**Besprechung** ⟨f. 20⟩ **1** *das Besprechen, Unterredung, Beratung, Erörterung* **2** *Rezension, Kritik, Kommentar* **3** *Behandlung mit Zaubersprüchen, Beschwörung* ◆ die Besprechung des Films, Theaterstücks war sehr gut, schlecht; eine lebhafte Besprechung

**besser** ⟨Adj. u. Adv.; Komp. von „gut"⟩ *mehr als gut* ◆ meine bessere **Hälfte** ⟨umg.; scherzh.⟩ *meine Frau;* er ist nur ein besserer **Hilfsarbeiter** *kaum mehr als etwas Ähnliches*

B

*wie ein Hilfsarbeiter;* mein besseres **Ich** *mein Gewissen;* ich komme wieder, wenn du bessere **Laune** hast ◆ **fühlst** du dich (wieder) besser?; du **kannst** das besser als ich; das kann man besser **machen; sein:** ihre Leistungen sind besser als deine; er will immer alles besser **wissen** ◆ besser **spät** als nie ◆ das ist besser **als** nichts; auf bessere Zeiten hoffen; **desto** besser!; **für** ein besseres Leben arbeiten; **in** besseren Kreisen verkehren *in höheren Gesellschaftsschichten* [< ahd. *bezziro,* engl. *better*]

**Bessere(s)** ⟨n. 31⟩ *etwas, das besser ist als anderes* ◆ ich habe Besseres zu tun als ...; jmdn. eines Besseren belehren *jmdn. von einer falschen Meinung abbringen;* sich eines Besseren besinnen *es sich anders (besser) überlegen;* in Ermangelung von etwas Besserem; eine Wendung zum Besseren

**bessern** ⟨V. t.; hat⟩ *besser machen, verbessern* ◆ sich bessern *besser werden;* du musst dich bessern; er hat versprochen, sich zu bessern

**Besserung** ⟨f. 20; unz.⟩ **1** *das Besserwerden, Sichbessern* **2** *Hinwendung zum Guten, Bessern* ◆ es ist eine (merkliche) Besserung eingetreten

**Bestand** ⟨m. 1u⟩ **I** ⟨unz.⟩ *das Bestehen, Fortbestehen, Dauer* ◆ das hat keinen Bestand *ist nicht von Dauer;* das ist nicht von Bestand **II** ⟨zählb.⟩ **1** *augenblicklicher Vorrat, das Vorhandene* (Kassenbestand, Warenbestand) **2** ⟨Forstw.⟩ *Gesamtheit der Nutzbäume eines Reviers*

**beständig** **I** ⟨Adj.⟩ **1** *andauernd, ständig, ununterbrochen, dauerhaft, widerstandsfähig* (wetterbeständig) **2** *beharrlich, treu, nicht wankelmütig* ◆ ein beständiger **Mensch;** der beständige **Regen** macht einen ganz trübselig; beständiges **Wetter** ◆ er ist sehr beständig **in** seiner Arbeit, seinem Eifer, seinem Fleiß; in beständiger Angst, Sorge, Unruhe leben **II** ⟨Adv.⟩ *immer(zu), in einem fort* ◆ es hat heute beständig geregnet

**Bestandteil** ⟨m. 1⟩ *Teil einer größeren Einheit* ◆ die Methodik ist ein wesentlicher Bestandteil der Pädagogik

**bestärken** ⟨V. t.; hat⟩ *bestätigen, unterstützen* ◆ jmdn. in seiner Meinung, in einem Vorsatz bestärken

**bestätigen** ⟨V.; hat⟩ **I** ⟨V. t.⟩ **1** *zur Kenntnis nehmen* **2** *als richtig anerkennen, für gültig erklären* **3** *versichern* ◆ jmds. **Ansicht,** Meinung bestätigen; eine **Urkunde** (amtlich) bestätigen; das bestätigt meinen **Verdacht** ◆ **eidlich** bestätigen; **unterschriftlich** bestätigen ◆ damit sehe ich meine Auffassung bestätigt **II** ⟨V. refl.⟩ sich bestätigen *sich als wahr herausstellen, sich bewahrheiten* ◆ es hat sich bestätigt, dass ...; meine schlimmsten Befürchtungen haben sich bestätigt [< ahd. *statigon;* zu *statig* „stetig"]

**bestatten** ⟨V. t.; hat⟩ *begraben, beerdigen, einäschern*

**Bestattung** ⟨f. 20⟩ **1** *Begräbnis, Beerdigung* **2** *Einäscherung* (Feuerbestattung), *Leichenbegräbnis*

**bestäuben** ⟨V. t.; hat⟩ **1** ⟨allg.⟩ *mit feinem Pulver od. Puder bestreuen* **2** eine Pflanze bestäuben ⟨Bot.⟩ *den Blütenstaub (Pollen) der Staubgefäße auf die weibl. Blütenorgane einer Pflanze übertragen* ◆ einen Kuchen mit Puderzucker bestäuben; mit ⟨od.⟩ von Mehl bestäubte Kleider; Blüten werden von Bienen, vom Wind bestäubt

**Bestäubung** ⟨f. 20⟩ **1** ⟨allg.⟩ *das Bestreuen mit feinem Puder od. Pulver* (Kuchen) **2** ⟨Bot.⟩ ► *die Übertragung des Blütenstaubs der Staubgefäße auf die weibl. Blütenorgane* (bei Pflanzen)

**bestaunen** ⟨V. t.; hat⟩ etwas od. jmdn. bestaunen *über etwas od. jmdn. staunen*

**beste(r, -s)** ⟨Adj.; Superl. von „gut"⟩ *in höchstem Grade* ◆ es wird das **Beste** sein, wenn wir gleich hingehen *am besten;* der beste **Freund,** Schüler ◆ der, die, das **erste** Beste, ⟨od.⟩ der, die, das nächste Beste *irgend jemand, irgendein* ◆ es ist **am** besten, du kommst sofort; das musst du selbst am besten wissen; er ist **auf** dem besten Wege, ein großer Künstler zu werden; es war alles aufs beste/Beste bestellt, geordnet *so gut wie möglich, sehr gut;* das geht **beim** besten Willen nicht *wirklich nicht, mit aller Mühe nicht;* mit seiner Gesundheit steht es nicht **zum** Besten *nicht gut;* ein Lied, einen Witz zum besten geben *zur Unterhaltung vortragen, erzählen* [< ahd. *bezzisto,* engl. *best*]

**bestechen** ⟨V. 249; hat⟩ **I** ⟨V. t.⟩ *durch unerlaubte Geschenke für sich gewinnen, beeinflussen* ◆ Beamte bestechen; einen Richter, Zeugen bestechen **II** ⟨V. i.⟩ *für sich einnehmen, einen gewinnenden, günstigen Eindruck machen* ◆ sie besticht durch ihr gutes Aussehen

**Bestechung** ⟨f. 20⟩ *das Bestechen, Beeinflussung durch unerlaubte Geschenke*

**Besteck** ⟨n. 11 od. 15⟩ **1** *die Esswerkzeuge für eine Person: Messer, Gabel, Löffel* (Essbesteck, Tischbesteck) **2** *Gegenstände zur Einnahme von Drogen (bes. zur Injektion von Rauschgift)* **3** ⟨Med.⟩ *tragbare Instrumentenausrüstung* **4** ⟨Mar.⟩ *Stand eines Schiffes auf See, nach Längen- u. Breitengrad* ◆ chirurgisches Besteck; nautisches Besteck; ein Besteck mehr auflegen

## BESTÄUBUNG

Damit Samen entstehen können, müssen Pollen von einer männlichen Blüte auf eine weibliche übertragen werden. Diese Bestäubung erfolgt meist über den Wind oder über Insekten. Auch Vögel, Beuteltiere und Fledermäuse treten als Bestäuber auf, sie werden von der Form der Blüten und ihrem Duft angelockt.

INSEKTEN-BESTÄUBUNG

**bestehen** ⟨V. 251; hat⟩ **I** ⟨V. t.⟩ *erfolgreich durchstehen, siegreich überstehen* ◆ Abenteuer, Kampf, Prüfung bestehen; er hat die Probe gut, nicht bestanden **II** ⟨V. i.⟩ **1** *Bestand haben* **2** *in Kraft, gültig sein* **3** *vorhanden, da sein, existieren, (weiter)leben* **4** *(moralisch) standhalten, sich behaupten* ◆ die **Firma** besteht schon seit zehn Jahren ◆ bestehen **bleiben** *fortdauern, weiterhin existieren;* diese Institution sollte bestehen bleiben ◆ **auf** etwas bestehen *etwas beharrlich wollen, verlangen;* wenn du darauf bestehst, muss ich es dir sagen; bestehen **aus** *zusammengesetzt sein aus;* **darüber** besteht kein Zweifel; bestehen **in** *ausgefüllt sein mit, gebildet werden durch;* in einer Gefahr, einem Kampf bestehen *sich behaupten, sich bewähren;* **seit** Bestehen des Geschäfts; **vor** jmdm. bestehen *jmds. Zweifel od. Ansprüchen standhalten* ◆ die bestehenden Gesetze

**bestehlen** ⟨V. t. 252; hat⟩ jmdn. bestehlen *jmdm. etwas stehlen* ◆ ich bin bestohlen worden *man hat mir etwas gestohlen*

**besteigen** ⟨V. t. 253; hat⟩ **1** *hinauf-, hineinsteigen* **2** ⟨beim Federwild u. Hahn⟩ *bespringen* ◆ einen Berg besteigen; den Thron besteigen *die Herrschaft antreten*

**bestellen** ⟨V. t.; hat⟩ **1** *verlangen, anfordern* (Lieferung, Ware) **2** *bearbeiten, bebauen* (Acker, Feld) **3** *beordern, kommen lassen* ◆ jmdm. etwas bestellen *jmdm. etwas ausrichten, eine Botschaft überbringen;* ich soll Ihnen bestellen, dass meine Mutter nicht kommen kann; sein **Haus** bestellen *(abschließend) versorgen, ordnen;* ein **Taxi** bestellen; eine Flasche **Wein** bestellen ◆ die Felder sind **gut,** schlecht bestellt; Ware **telefonisch** bestellen ◆ jmdm. od. **an** jmdn. einen Gruß (von jmdm.) bestellen *jmdn. grüßen lassen* ◆ ich bin hierher bestellt worden; er stand da wie bestellt und nicht abgeholt ⟨umg.; scherzh.⟩ *er stand wartend da u. wusste nicht, was er tun sollte;* amtlich bestellter Vormund *amtlich ernannter, eingesetzter Vormund*

**Bestellung** ⟨f. 20⟩ **1** *das Bestellen* (Buchbestellung, Feldbestellung) **2** *Auftrag zur Lieferung* **3** *Botschaft*

**bestenfalls** ⟨Adv.⟩ *im besten Fall* ◆ er kann bestenfalls in einer Stunde da sein

**bestens** ⟨Adv.⟩ *aufs Beste, so gut wie möglich, sehr gut, ausgezeichnet* ◆ wie geht es dir? bestens!

**bestialisch** ⟨Adj.⟩ *viehisch, unvorstellbar roh, grausam* [< lat. *bestialis* „tierisch"]

**besticken** ⟨V. t.; hat⟩ **1** *mit Stickerei versehen* **2** *befestigen* (Uferrand)

**Bestie** ⟨[-tiə] f. 19⟩ **1** *wildes Tier, großes Raubtier* **2** ⟨fig.⟩ *roher, grausamer, brutaler Mensch* ◆ eine wilde Bestie in Menschengestalt [< lat. *bestia* „wildes Tier"]

**bestimmen** ⟨V. t.; hat⟩ **1** *genau feststellen* (Sachverhalt) **2** *genau klären, definieren* (Begriffe) **3** *festsetzen, festlegen* (Ort, Preis, Zeit) **4** ⟨Bot.⟩ *sachl. einordnen* **5** *ermitteln, feststellen* **6** *ernennen, einsetzen, auswählen* (Person) **7** *befehlen, anordnen* **8** *beeinflussen, veranlassen (zu), überreden (zu)* ◆ hier bestimme ich!; sie hat hier nichts zu bestimmen *sie darf nichts entscheiden;* einen **Nachfolger** bestimmen; **Pflanzen** bestimmen *nach Art, Familie, Gattung ermitteln u. einordnen;* einen **Tag,** einen Termin bestimmen ◆ jmdn. **als,** zum Nachfolger bestimmen; den Gewinner **durch** das Los bestimmen; das Geld ist **für** die Kinder bestimmt; du hast hier nichts **zu** bestimmen!; nicht zum Verzehr bestimmt ◆ bestimmenden Einfluss auf jmdn. haben *entscheidenden Einfluss*

**bestimmt** **I** ⟨Adj.; -er, am -esten⟩ **1** *genau festgesetzt, festgelegt, begrenzt* **2** *entschieden, energisch, stark ausgeprägt* ◆ eine sehr bestimmte Anordnung; der bestimmte Artikel ⟨Gramm.⟩ *der, die, das;* bestimmtes Pronomen *durch Person u. Numerus festgelegtes Pronomen,* z. B. „ich, mein"; seine Rede war sehr bestimmt; er trat sehr bestimmt auf; ich suche etwas Bestimmtes **II** ⟨Adv.⟩ *sicher, gewiss* ◆ wir kommen bestimmt (nicht); ich kann es nicht bestimmt sagen

**Bestimmtheit** ⟨f. 20; unz.⟩ *Entschiedenheit, Festigkeit, Gewissheit, Deutlichkeit* ◆ etwas mit Bestimmtheit wissen

**Bestimmung** ⟨f. 20⟩ **1** *das Bestimmen, Einordnung* **2** *Festsetzung, Festlegung* (Begriffsbestimmung) **3** *Ernennung* **4** *Schicksal, Los* **5** *Aufgabe, Sendung* **6** *Anordnung, Vorschrift* ◆ gesetzliche Bestimmungen; seiner Bestimmung getreu; ein Adjektiv als nähere Bestimmung zum Subjekt, Objekt ⟨Gramm.⟩; mit Bestimmung nach ⟨Mar.⟩ *mit dem Ziel*

BETELNUSS

**bestmöglich** ⟨Adj.⟩ *so gut wie möglich* ◆ einen bestmöglichen Ausgleich erzielen; das Bestmögliche aus einer Sache machen

**bestrafen** ⟨V. t.; hat⟩ jmdn. bestrafen *jmdm. eine Strafe geben* ◆ mit Gefängnis, mit dem Tode bestrafen

**Bestrafung** ⟨f. 20⟩ *das Bestrafen, Erteilen einer Strafe*

**bestrahlen** ⟨V. t.; hat⟩ **1** *hell beleuchten, mit Strahlen bescheinen, Strahlen aussetzen* **2** ⟨Med.⟩ *mit Strahlen behandeln* ◆ jmdn. mit Höhensonne, mit Kurzwellen, mit radioaktiven Substanzen bestrahlen

**Bestrahlung** ⟨f. 20⟩ **1** *das Bestrahlen, Einwirkung von Strahlen* (Sonnenbestrahlung) **2** ⟨Med.⟩ *Behandlung mit Strahlen*

**bestreben** ⟨V. refl.; hat⟩ sich bestreben, etwas zu tun ⟨geh.⟩ *sich bemühen, ernstl. versuchen, etwas zu tun* ◆ er ist bestrebt, dieses Jahr sein Diplom zu machen

**Bestreben** ⟨n. 14; unz.⟩ *Bemühen* ◆ es ist mein einziges Bestreben, zu ...; im Bestreben, es allen recht zu machen

**bestreichen** ⟨V. t. 258; hat⟩ **1** *mit einem Aufstrich, Anstrich versehen* **2** *darüber hin streichen, streichend berühren* **3** *unter Feuer nehmen, beschießen* ◆ der Wind bestreicht die Felder; eine Scheibe Brot mit Butter bestreichen; einen Zaun mit Farbe bestreichen

**bestreiten** ⟨V. t. 259; hat⟩ **1** *für unrichtig erklären, in Zweifel ziehen, anzweifeln, nicht glauben, das Gegenteil behaupten von, leugnen* (Aussage, Behauptung, Tatsache, Urteil) **2** *bezahlen, finanzieren, aufbringen, aufkommen für* ◆ du kannst doch nicht bestreiten, dass ...; das hat ja auch gar niemand bestritten!; ich will seine gute Absicht gar nicht bestreiten, aber ...; die Kosten von etwas bestreiten; einen Teil des Programms bestreiten *gestalten;* den Unterhalt einer Familie bestreiten; ich bestreite entschieden, dass ...; ein Spiel um einen Pokal bestreiten *spielen, durchführen*

**bestreuen** ⟨V. t.; hat⟩ *mit einer losen, lockeren Schicht bedecken* ◆ mit Blumen, Erde, Sand, Saatgut, Zucker bestreuen

**bestricken** ⟨V. t.; hat⟩ **1** *bezaubern, einen gewinnenden Eindruck machen auf* **2** ⟨umg.; scherzh.⟩ *viel stricken für, mit selbst gestrickter Kleidung versorgen* ◆ sie hat ihn durch ihren natürlichen Charakter bestrickt

**Bestseller** ⟨m. 3⟩ *Buch mit dem größten Verkaufserfolg (in einem bestimmten Zeitabschnitt)* [< engl. *best* „am besten" + *sell* „verkaufen"]

**bestürmen** ⟨V. t.; hat⟩ *heftig angreifen, stürmen, anrennen gegen* ◆ jmdn. mit Bitten, Fragen bestürmen *stürmisch, heftig bitten, fragen, mit B., F. überschütten, bedrängen*

**bestürzen** ⟨V. t.; hat⟩ *erschrecken, aus der Fassung bringen, ratlos machen* ◆ die Nachricht hat mich sehr, tief bestürzt; bestürzt sein *fassungslos, ratlos, erschreckt sein*

**Besuch** ⟨m. 1⟩ **1** *das Besuchen, das Besuchtwerden* **2** *das Aufsuchen einer Person in ihrem Heim, Büro u. Ä.* **3** *Aufenthalt als Gast* **4** *der Gast od. die Gäste selbst* ◆ Besuch einer **Stadt;** der Besuch der **Versammlung** lässt zu wünschen übrig ◆ seinen Besuch **absagen,** ausdehnen; Besuch **empfangen,** erwarten; jmds. Besuch **erwidern** *einen Gegenbesuch machen;* wir **haben** heute Besuch; es **kommt** Besuch ◆ wir wollen unserem Besuch die Stadt zeigen; seine **häufigen,** vielen Besuche werden uns allmählich lästig; wir haben **viel** Besuch ◆ bei jmdm. **auf,** ⟨besser⟩ zu Besuch sein; er hat seinen Besuch **für** Montag angekündigt; **während** meines Besuchs [< ahd. *besuoh* „Heimsuchung"]

**besuchen** ⟨V. t.; hat⟩ **1** jmdn. besuchen **1.1** *jmds. Gast sein, bei jmdm. zu Gast sein* **1.2** *jmdn. aufsuchen* **2** etwas (Ort, Veranstaltung) besuchen *aufsuchen u. sich ansehen, anhören* ◆ einen **Freund,** einen Kranken besuchen; ein **Konzert,** Museum, Theater besuchen; die **Schule** besuchen *zur Schule gehen;* **Vorlesungen** besuchen ◆ das Theater war **gut,** schlecht besucht *es waren viele, wenige Leute da;* jmdn. od. etwas **häufig,** regelmäßig, selten besuchen ◆ besuchen Sie mich **bald** einmal, bald wieder!

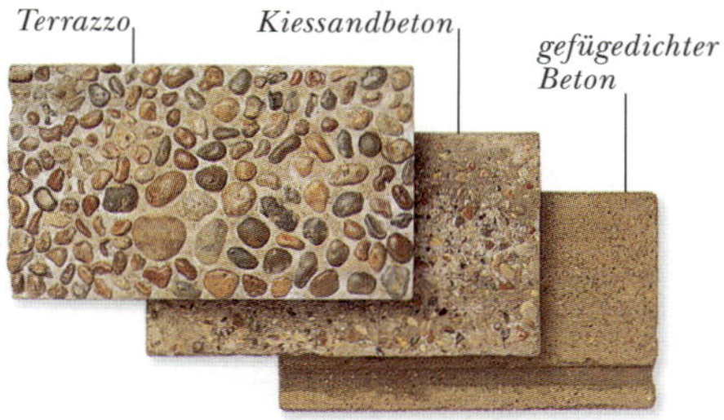

BETON: DREI BETONARTEN

**Besucher** ⟨m. 3⟩ *jmd., der einen anderen od. etwas (Ort, Veranstaltung) besucht, Gast, Teilnehmer* ◆ lästige Besucher abweisen

**Beta** ⟨n. 15; Zeichen: β, B⟩ *zweiter Buchstabe des grch. Alphabets* [grch.]

**betagt** ⟨Adj.⟩ *alt, hoch an Jahren* ◆ ein Mann, schon etwas betagt, kam vorbei

**betanken** ⟨V. t.; hat⟩ *mit Treibstoff versehen* ◆ ein Schiff betanken

**betasten** ⟨V. t.; hat⟩ *mit den Fingern befühlen, prüfend, forschend berühren* ◆ das Betasten der Waren ist verboten

**betätigen** ⟨V.; hat⟩ **I** ⟨V. t.⟩ **1** *in die Tat umsetzen* (Gesinnung) **2** *zur Wirkung bringen, bedienen* (Hebel, Mechanismus) ◆ die Bremse, ein Signal betätigen **II** ⟨V. refl.⟩ sich betätigen *arbeiten, sich beschäftigen, eine Tätigkeit ausführen*

**betäuben** ⟨V. t.; hat⟩ **1** *(völlig od. teilweise) bewusstlos machen, einschläfern* (Kranken, Opfer) **2** ⟨bes. Med.⟩ *empfindungsunfähig machen* (Körperteil) **3** ⟨fig.⟩ *aus der Fassung bringen, gewaltig erschüttern* ◆ ein Glied, eine Stelle des Körpers, einen Zahn betäuben; ein Glied örtlich betäuben; jmdn. mittels Narkose betäuben

**Betäubung** ⟨f. 20; unz.⟩ **1** *das Betäuben* **2** *Zustand des Betäubtseins* **3** ⟨Med.⟩ *Bewusstlosigkeit, Narkose* **4** ⟨fig.⟩ *Fassungslosigkeit (vor Schmerz, Kummer, Schreck)*

**Bete** ⟨f. 19; Bot.⟩ *Angehöriger einer Gattung aus der Familie der Gänsefußgewächse, aus der durch Züchtung die Rüben hervorgegangen sind: Beta;* oV *Beete* ◆ Rote Bete *Rote Rübe* [< nddt. *bete,* engl. *beet* < lat. *beta* „Rote Rübe"]

**beteiligen** ⟨V.; hat⟩ **I** ⟨V. t.⟩ jmdn. an etwas beteiligen *jmdm. einen Anteil geben von etwas* ◆ Arbeiter am Gewinn beteiligen; beteiligt sein an *teilhaben an, sich beteiligt haben an, verwickelt sein in;* mit wie viel Prozent ist er an dem Geschäft beteiligt? **II** ⟨V. refl.⟩ sich beteiligen *teilnehmen, mitwirken* ◆ sich an einem Gespräch beteiligen

**Beteiligung** ⟨f. 20⟩ **1** *das Beteiligen, Sichbeteiligen* **2** *das Beteiligtsein* **3** *Mitwirkung* ◆ die Beteiligung an dem Wettbewerb ist gering; unter großer, zahlreicher Beteiligung *mit zahlreichen Teilnehmern*

**Betel** ⟨m. 5; unz.⟩ *südostasiat. Genussmittel, in Scheiben geschnittene Nüsse der Arekapalme, vermischt mit Betelpfeffer u. a. Zusätzen* [zu port. *betel* < mal. *butul* „echt, wahr", dann „einfaches, bloßes Blatt"]

**Betelnuss** ⟨f. 7u⟩ ◄ *Frucht der Betelpalme*

**Betelpalme** ⟨f. 19⟩ *10–15 m hohe Palme Südostasiens: Areka catechu*

**beten** ⟨V. i.; hat⟩ *zu Gott sprechen, Gott anrufen* ◆ bete und arbeite!; das Ave-Maria, den Rosenkranz, das Vaterunser beten; für etwas beten *Gott um Schutz od. Hilfe für jmdn. bitten;* zu Gott beten [< ahd. *beton;* zu *beta,* got. *bida* „Bitte, Gebet"]

**beteuern** ⟨V. t.; hat⟩ *feierlich, nachdrücklich versichern, erklären* ◆ seine Unschuld beteuern; er beteuerte (hoch u. heilig), es nicht getan zu haben

**Beton** ⟨[bəˈtɔ̃], umg. [-tɔŋ] od. bes. oberdt. [-toːn] m.; -s; unz.⟩ ◄ *Mörtel aus Sand mit Zement, meist in Schalungen od. Formen eingebracht, ein Baustoff* [< frz. *beton* < lat. *bitumen* „Erdharz"]

**betonen** ⟨V. t.; hat⟩ **1** *durch stärkere Tongebung hervorheben* **2** ⟨fig.⟩ *Nachdruck legen auf* **3** *mit Nachdruck aussprechen od. spielen* (Note, Silbe, Wort) **4** *eindringlich zur Geltung bringen* ◆ ich möchte betonen, dass ich mit der Sache nichts zu tun habe; eine schwach, stark, wenig betonte Silbe, Note; betonter Taktteil; → a. *betont*

**Betonie** ⟨[-niə] f. 19; Bot.⟩ ▼ *zur Familie der Lippenblütler gehörende Wiesenblume* [lat.]

**betonieren** ⟨V. t.; hat⟩ *mit Beton befestigen, ausmauern*

**betont** ⟨Adj.⟩ **1** ⟨bes. Mus.⟩ *hervorgehoben, akzentuiert* **2** *auffallend, nachdrücklich* **3** *besonders, ausgesucht*

**Betonung** ⟨f. 20⟩ **1** ⟨Sprachw.⟩ **1.1** *das Betonen, Hervorheben durch einen stärkeren Ton* **1.2** *der Ton selbst, Akzent* **2** ⟨fig.⟩ *Nachdruck, Eindringlichkeit* ◆ die Betonung schwankt, wechselt; Betonung auf der zweiten Silbe; du musst das Gedicht mit mehr Betonung sprechen

BETONIE
(*Stachys officinalis*)

**Betr.** ⟨Abk. für⟩ *Betreff*

**Betracht** ⟨m.; -(e)s; unz.⟩ *Erwägung, Berücksichtigung* ◆ das bleibt außer Betracht *bleibt unberücksichtigt;* jmdn. od. eine Sache außer Betracht lassen *von jmdm. od. einer Sache absehen;* etwas in Betracht ziehen *etwas erwägen*

**betrachten** ⟨V. t.; hat⟩ *längere Zeit u. nachdenklich od. genussvoll ansehen, anschauen, beobachten* ◆ ein Bild, eine Landschaft betrachten; jmdn. forschend, wohlwollend betrachten; das muss ich mir einmal genauer, näher betrachten; betrachten als ... *ansehen als, halten für;* eine Angelegenheit als erledigt betrachten; wenn man

B

die Sache aus der Nähe betrachtet, erscheint sie doch etwas anders; sich im Spiegel betrachten

**beträchtlich** ⟨Adj.⟩ **1** *erheblich, beachtlich, wesentlich* **2** *ziemlich groß, ziemlich viel* ◆ eine beträchtliche Entfernung, Summe; ein beträchtliches Stück; beträchtlich größer als ...; ein Gegenstand von beträchtlichen Ausmaßen; um ein Beträchtliches höher

**Betrachtung** ⟨f. 20⟩ **1** *das Betrachten* **2** *Überlegung, Gedanke* ◆ bei der Betrachtung des Bildes; Betrachtungen über etwas anstellen *sich Gedanken über etwas machen;* in Betrachtung(en) versunken sein

**Betrag** ⟨m. 1u⟩ *Geldsumme* (Geldbetrag, Gesamtbetrag) ◆ Betrag dankend erhalten *(auf Quittungen, Rechnungen);* ein Betrag von 50 DM steht noch offen; überweisen Sie den Betrag bitte auf mein Konto

**betragen** ⟨V. 260; hat⟩ **I** ⟨V. t.⟩ *sich belaufen auf, ausmachen, die Summe erreichen von* ◆ die Breite, Höhe, Länge beträgt 1,50 m; die Gebühr, Rechnung beträgt 40 DM; die Kosten betragen mehr als der Gewinn; wie viel beträgt es? **II** ⟨V. refl.⟩ sich betragen *sich benehmen, sich verhalten* ◆ betrage dich anständig!

**Betragen** ⟨n. 14; unz.⟩ *Benehmen, Verhalten, Manieren* ◆ Betragen lobenswert, sehr gut (früher in Schulzeugnissen); sein Betragen war einwandfrei

**betrauen** ⟨V. t.; hat⟩ jmdn. mit etwas betrauen *jmdn. mit etwas beauftragen* ◆ jmdn. mit einer Arbeit, Aufgabe betrauen

**betrauern** ⟨V. t.; hat⟩ jmdn., jmds. Tod betrauern *um jmdn. trauern*

**betreff** ⟨Präp.; Amtsdt.⟩ in betreff (Ihrer Anfrage, Lieferung usw.) *betreffend, betreffs*

**Betreff** ⟨m. 1; unz.; Abk.: Betr.; Amtsdt.⟩ *Inhalt, Thema (Überschrift von Akten od. Briefen)* ◆ in diesem Betreff *in dieser Beziehung, in dieser Hinsicht*

**betreffen** ⟨V. t. 261; hat⟩ **1** *angehen, anbelangen, sich beziehen auf* **2** *treffen, befallen* ◆ das betrifft dich!; was mich betrifft, ich bin einverstanden; von etwas betroffen werden *etwas erleiden, etwas Negatives erleben;* er wurde von der Epidemie nicht betroffen; der betreffende Kollege *der genannte, zuständige Kollege;* alle den Unfall betreffenden Hinweise

**betreiben** ⟨V. t. 262; hat⟩ **1** *sich beschäftigen mit* (Studien) **2** *leiten, führen* (Geschäft) **3** *ausüben* (Handwerk) **4** *vorantreiben, zu beschleunigen suchen, weiterführen* (Angelegenheit, Pläne) **5** *handhaben, betätigen, antreiben* (Maschine) **6** ⟨schweiz.⟩ *zum Zahlen einer Schuld veranlassen* ◆ **Ackerbau** betreiben; er betreibt einen **Handel** mit gebrauchten Büchern ◆ das Fotografieren **eifrig** betreiben; eine Lokomotive **elektrisch** betreiben; ich habe diesen Sport nicht **länger** betrieben ◆ **auf** mein Betreiben (hin) geht es mit der Sache nun endlich vorwärts; einen Motor **mit** Benzin betreiben

**betreten**[1] ⟨V. t. 263; hat⟩ **1** *auf etwas treten u. darauf weitergehen wollen* **2** *sich auf etwas stellen* **3** *in etwas eintreten* **4** ⟨beim Federwild u. Hahn⟩ *bespringen, treten* ◆ das Betreten der **Baustelle,** des Grundstückes ist verboten; nach einer Schiffsreise wieder festen **Boden** betreten; bitte den **Rasen** nicht betreten!; kaum hatte ich das **Zimmer** betreten, als ... ◆ häufig betretener Weg *häufig begangener, ausgetretener Weg*

**betreten**[2] ⟨Adj.⟩ *verlegen, verwirrt, peinlich berührt, beschämt* ◆ ein betretenes Gesicht machen; betreten dastehen, dreinschauen

**betreuen** ⟨V. t.; hat⟩ **1** jmdn. betreuen *jmdn. pflegen, sich um jmdn. kümmern* **2** ein Arbeits-, Sachgebiet betreuen *bearbeiten*

**Betreuung** ⟨f. 20; unz.⟩ *das Betreuen*

**Betrieb** ⟨m. 1⟩ **I** ⟨zählb.⟩ **1** ⟨i. w. S.⟩ *Einheit von zusammenwirkenden Personen u. Produktionsmitteln zum Hervorbringen von Gütern u. Leistungen* **2** ⟨i. e. S.⟩ *die dazu nötige räuml.-techn. Anlage* **3** *Fabrik, größere Werkstatt, Geschäft* (Industriebetrieb, Schneidereibetrieb) ◆ einen Betrieb **aufbauen,** stilllegen; einen Betrieb **leiten** ◆ Vater ist noch **im** Betrieb, geht jeden Morgen in den, in seinen Betrieb **II** ⟨unz.⟩ **1** *das Arbeiten, Wirken dieser Einheit od. einer Maschine, Wirksamkeit* **2** *Ablauf, Gang, Antrieb* **3** ⟨fig.⟩ *Verkehr, lebhaftes Treiben, Rummel* **4** *Stimmung* ◆ die Firma hat den Betrieb **aufgenommen** *hat zu arbeiten begonnen* ◆ **elektrischer** Betrieb; auf der Straße, im Geschäft war **lebhafter** Betrieb; hier herrscht **viel,** wenig, gar kein Betrieb ◆ die Maschine ist **außer** Betrieb *wird nicht mehr benutzt, arbeitet nicht mehr;* die Maschine ist **in** Betrieb; einen Mechanismus, eine neue Maschine in Betrieb nehmen; eine Maschine in Betrieb setzen

BEUTELDACHS: GROSSER KANINCHEN-NASENBEUTLER *(Macrotis lagotis)*

**betrieblich** ⟨Adj.⟩ *den Betrieb betreffend, zu ihm gehörig* ◆ betriebliche Angelegenheiten

**Betriebsklima** ⟨n.; -s; unz.⟩ *menschl. Atmosphäre innerhalb eines Beriebes* ◆ angenehmes, gutes, schlechtes Betriebsklima

**Betriebsleitung** ⟨f. 20⟩ **1** *die Leitung, Führung eines Betriebes* **2** *die Gruppe der einen Betrieb leitenden Personen (kaufmännischer, technischer Leiter usw.)*

**Betriebsrat** ⟨m. 1u⟩ *Vertretung der Arbeitnehmer eines Betriebes zur Wahrung ihrer wirtschaftl. u. sozialen Interessen*

**Betriebssystem** ⟨n. 11; EDV⟩ *Sammlung von Programmen zur Übersetzung u. Bearbeitung der Benutzerprogramme sowie zur Steuerung u. Verwaltung der verschiedenen Bestandteile eines EDV-Systems*

**Betriebsunfall** ⟨m. 1u⟩ *Unfall im Betrieb oder auf dem Wege vom oder zum Betrieb;* Sy *Arbeitsunfall*

**Betriebswirt** ⟨m. 1⟩ *Wissenschaftler auf dem Gebiet der Betriebswirtschaft*

**Betriebswirtschaft** ⟨f. 20; unz.⟩, **Betriebswirtschaftslehre** ⟨f. 19; unz.⟩, **Betriebswissenschaft** ⟨f. 20⟩ *Wissenschaft von Betrieben u. Unternehmen, Teil der Wirtschaftswissenschaft*

**betrinken** ⟨V. refl. 265; hat⟩ sich betrinken *zu viel Alkohol trinken, sich an Alkohol berauschen* ◆ er ist (völlig) betrunken

**betroffen** ⟨Adj.⟩ **1** *bestürzt* **2** *unangenehm od. schmerzlich überrascht* ◆ jmdn. betroffen ansehen; betroffen schweigen

**Betrug** ⟨m. 1; unz.⟩ **1** *Hintergehen eines anderen* **2** *Täuschung in der Absicht, sich zu bereichern* **3** *Übervorteilung, Schwindel* ◆ (einen) Betrug begehen

**betrügen** ⟨V. t. u. V. i. 266; hat⟩ **1** *einen Betrug begehen, sich einen Vorteil erschleichen* **2** *jmdn. hintergehen, täuschen, übervorteilen, beschwindeln* ◆ sich (selbst) betrügen *sich nicht die Wahrheit eingestehen;* er hat seine **Frau,** sie hat ihren **Mann** betrogen *Ehebruch begangen* ◆ **beim** od. im Spiel betrügen *falsch spielen;* er hat seine Frau **mit** ihrer Freundin betrogen; jmdn. **um** sein Geld, sein Vermögen betrügen

**Betrüger** ⟨m. 3⟩ *jmd., der Betrug begeht od. begangen hat*

**Betrügerei** ⟨f. 18⟩ **1** *kleiner Betrug* **2** *anhaltendes, ständiges Betrügen* ◆ sich durch (kleine) Betrügereien Geld erschwindeln

**betrügerisch** ⟨Adj.⟩ *betrügen wollend, absichtlich täuschend* ◆ in betrügerischer Absicht *Betrug beabsichtigend*

**Betstuhl** ⟨m. 1u⟩ *Bank mit Kniestütze zum Hinknien beim Beten*

**Bett** ⟨n. 27⟩ **1** *Möbelstück zum Schlafen* (Eisenbett, Ehebett, Kinderbett) **2** *Nachtlager* **3** *großes Federkissen zum Zudecken* (Federbett) **4** *von fließendem Gewässer ausgespülte Rinne, Vertiefung* (Bachbett, Flussbett) **5** *waagerechter Hauptteil, Träger einer Werkzeugmaschine, z. B. einer Drehbank, auf dem die übrigen Teile befestigt sind* **6** *Lager des Hochwildes* ◆ das Bett (frisch) **beziehen;** die Betten **lüften;** das Bett, die Betten **machen** ◆ jmdm. das Frühstück **ans** Bett bringen; einen Fluss **in** ein neues Bett leiten; ins Bett fallen, sinken (vor Müdigkeit); mit einer Frau, einem Mann ins Bett gehen *Geschlechtsverkehr haben;* **zu** Bett gehen *schlafen gehen;* mit den Hühnern zu Bett gehen *früh am Abend schlafen gehen* [< ahd. *betti,* engl. *bed*]

**Bettag** ⟨m. 1; Rel.⟩ *dem Gebet gewidmeter Tag* ◆ Buß- und Bettag

## BEUGUNG

Kommen Wellen mit einem Hindernis in Berührung, werden sie gebeugt und breiten sich nicht mehr geradlinig aus. Trifft z. B. eine Wasserwelle auf eine kleine Öffnung in einer Wand, so kann sie sich hinter der Öffnung nach allen Seiten ausbreiten, wobei allerdings Interferenzen durch Überlagerungen entstehen.

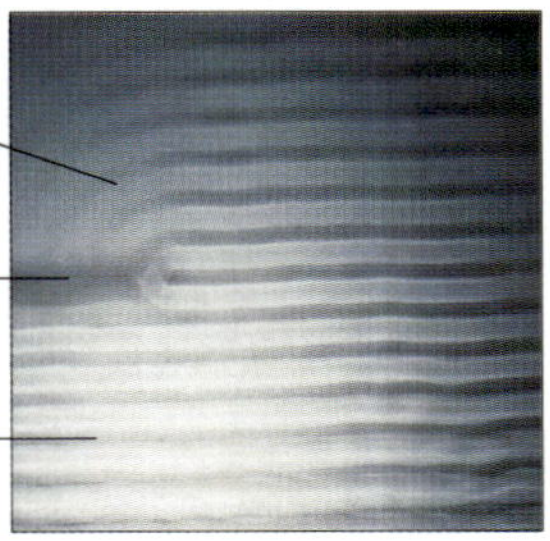


BEUGUNG AN EINER KANTE

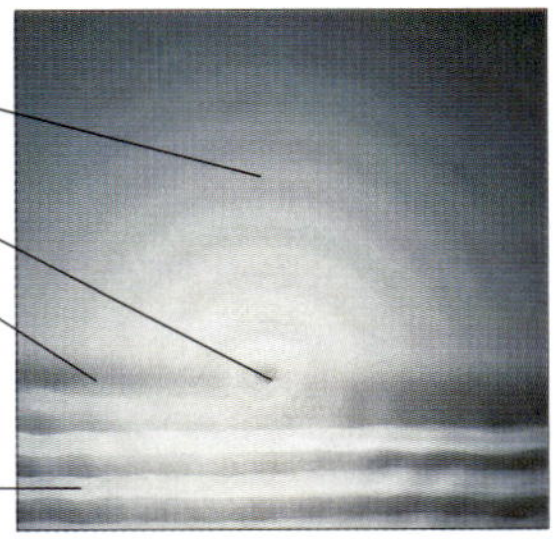


BEUGUNG AN EINEM SPALT

**Bettdecke** ⟨f. 19⟩ *Decke zum Zudecken im Bett*

**bettelarm** ⟨Adj.⟩ *so arm, dass man betteln muss, sehr arm*

**betteln** ⟨V. i.; hat⟩ **1** *öffentlich (auf der Straße u. in Häusern) um Almosen bitten* **2** ⟨fig.⟩ *unaufhörl., dringl., flehentl. bitten* (bes. von Kindern) ◆ der Junge hat so (darum) gebettelt, mitkommen zu dürfen [< ahd. *betalon* < *beton* „bitten"]

**betten** ⟨V. t.; hat⟩ **1** jmdn. betten **1.1** *jmdm. ein Ruhelager bereiten* **1.2** *jmdn. behutsam, sorglich so hinlegen, dass er bequem liegt* **2** sich betten **2.1** *sich zur Ruhe legen, sich hinlegen* **2.2** ⟨fig.⟩ *sein Schicksal gestalten*

**Bettfedern** ⟨Pl.⟩ *von den Kielen befreite Gänsefedern als Füllung für Deckbett, Kopfkissen u. Daunendecke*

**Bettgestell** ⟨n. 11⟩ *Gestell aus Holz od. Metall für ein Bett*

**bettlägerig** ⟨Adj.⟩ *(wegen Krankheit) gezwungen, im Bett zu liegen*

**Bettlaken** ⟨n. 14⟩ = *Betttuch*

**Bettler** ⟨m. 3⟩ *jmd., der öffentlich um Almosen bettelt*

**Bettnässen** ⟨n.; -s; unz.⟩ *ungewollter Harnabgang im Schlaf*

**Bettruhe** ⟨f. 19; unz.⟩ *Liegen, Ruhen im Bett* ◆ der Arzt hat Bettruhe verordnet

**Betttuch** ⟨n. 12u⟩ *die Matratze bedeckendes Stofftuch;* Sy *Bettlaken*

**Bettvorlage** ⟨f. 19⟩, **Bettvorleger** ⟨m. 3⟩ *kleiner Teppich vor dem Bett*

**Bettwäsche** ⟨f. 19; unz.⟩ *Betttuch sowie Überzüge für Kopfkissen u. Deckbett*

**Bettzeug** ⟨n. 11; unz.⟩ **1** *Bettwäsche* **2** *Bettbezugstoffe u. Inlettstoff*

**betucht** ⟨Adj.; -er, am -esten; umg.⟩ *wohlhabend* [< hebr. *batuach* „sicher"]

**betupfen** ⟨V. t.; hat⟩ *mit Tupfen versehen* ◆ mit Alkohol, mit Watte betupfen *abtupfen, vorsichtig berühren u. dabei Flüssigkeit auftragen od. wegnehmen*

**beugbar** ⟨Adj.⟩ **1** *so beschaffen, dass man es beugen kann* **2** ⟨bes. Gramm.⟩ *flektierbar, deklinierbar, konjugierbar*

**Beuge** ⟨f. 19⟩ *Biegung, Turnstellung mit gebeugtem Rumpf* (Rumpfbeuge)

**Beugehaft** ⟨f.; -; unz.⟩ *Haft, durch die jmd. zu einer Zeugenaussage, einem Offenbarungseid o. Ä. gezwungen werden soll*

**Beugemuskel** ⟨m. 25; Anat.⟩ = *Beuger*

**beugen** ⟨V. t.; hat⟩ **1** *biegen, krümmen* **2** *anwinkeln* (Arm, Knie) **3** *neigen, senken* (Kopf, Rumpf) **4** ⟨Gramm.⟩ **4.1** *flektieren* **4.2** ⟨beim Verbum⟩ = *konjugieren* **4.3** ⟨beim Subst., Adj., Pron.⟩ = *deklinieren* **5** ⟨Opt.⟩ *vom geradlinigen Strahlengang ablenken* (Lichtstrahlen) **6** sich beugen ⟨fig.⟩ *sich unterordnen, sich fügen, sich unterwerfen* ◆ sich dem Stärkeren, dem Schicksal beugen *sich ihm unterwerfen;* der Kummer hat ihn gebeugt *niedergedrückt;* das **Recht** beugen *das Recht missachten od. unehrl. anwenden* ◆ sich **aus** dem Fenster beugen; sich **nach** vorn beugen; sich **über** ein Geländer beugen ◆ **unter** einer Last gebeugt; vom Alter gebeugt [< ahd. *bougen*]

**Beuger** ⟨m. 1; Anat.⟩ *Muskel zur Beugung (eines Gliedes);* Sy *Beugemuskels;* Ggs *Strecker*

**Beugung** ⟨f. 20⟩ **1** *das Beugen* **2** ⟨Anat.⟩ *Zusammenziehung des Beugers, Beugermuskels* **3** ⟨Gramm.⟩ = *Flexion (Deklination, Konjugation)* **4** ⟨Opt.⟩ ◄ *Ablenkung vom geradlinigen Strahlengang bei der Ausbreitung von Wellen;* Sy *Diffraktion*

**Beule** ⟨f. 19⟩ **1** *durch Stoß od. Schlag entstandene Wölbung nach außen, Ausbuchtung* **2** *Schwellung, Vorwölbung der Haut* **3** *Auswuchs* ◆ ein Kessel, Topf voller Beulen; eine Beule am Kopf, an der Stirn

## BEUTELTIERE

Beuteltiere unterscheiden sich von den übrigen Säugetieren durch ihre Art der Fortpflanzung. Nach einer kurzen Trächtigkeit gebärt das Weibchen kleine, völlig unreife Jungtiere, die sich selbst einen Weg in den Beutel am Unterleib der Mutter suchen. Dort heften sie sich an einer Zitze fest und vollenden ihre weitere Entwicklung. Die Beuteltiere umfassen rund 250 Arten und kommen hauptsächlich in Australasien vor.

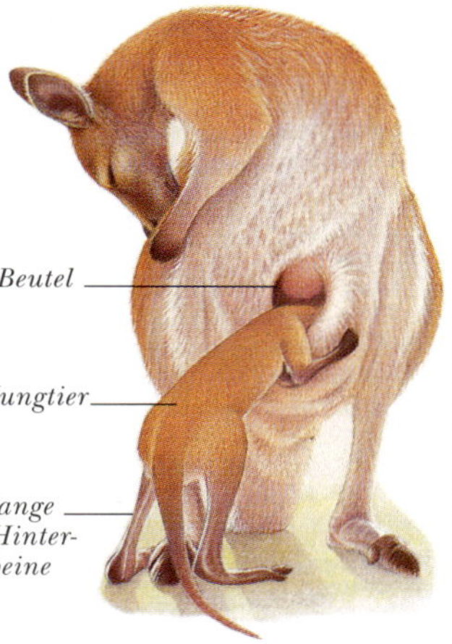

ROTES RIESENKÄNGURU (*Macropus rufus*)

### WEITERE BEUTELTIERARTEN

OPOSSUM (*Didelphis virginiana*)

KOALA (*Phascolarctos cinereus*)

WOMBAT (*Vombatidae ursinus*)

**beunruhigen** ⟨V.; hat⟩ **I** ⟨V. t.⟩ jmdn. beunruhigen *jmdm. Unruhe verursachen, Sorge bereiten* ◆ sein schlechtes Aussehen beunruhigt mich; eine beunruhigende Nachricht bekommen, erhalten **II** ⟨V. refl.⟩ sich beunruhigen *sich sorgen, sich Sorgen machen* ◆ bitte beunruhigen Sie sich nicht!

**Beunruhigung** ⟨f. 20; unz.⟩ **1** *das Beunruhigen* **2** *das Beunruhigtsein, Besorgnis, Sorge, innere Unruhe*

**beurkunden** ⟨V. t.; hat⟩ **1** *durch Urkunde(n) beweisen, bezeugen* **2** *aufgrund von Urkunden bescheinigen, beglaubigen* **3** *zu Protokoll geben* ◆ den Kauf des Hauses beurkunden; den Studiumsabschluss beurkunden

**beurteilen** ⟨V.; hat⟩ *urteilen über, sich ein Urteil bilden, ein Urteil abgeben, bewerten, abschätzen, begutachten* ◆ jmds. **Arbeit,** Leistung beurteilen; einen **Menschen,** einen Schüler beurteilen ◆ etwas od. jmdn. **abfällig,** das kann man nur schwer beurteilen ◆ ich kann die Dinge nur **danach** beurteilen, was ich in der Zeitung darüber lese; das kann ich **nicht** beurteilen

**Beurteilung** ⟨f. 20⟩ *das Beurteilen, Urteil, Bewertung, Begutachtung, Kritik*

**Beute** ⟨f. 19; unz.⟩ *Gewinn bei Jagd, Krieg, Plünderung, Einbruch u. Diebstahl* (Diebesbeute, Jagdbeute, Kriegsbeute) ◆ das Munitionslager wurde eine Beute des **Feindes** *fiel dem Feind in die Hände* ◆ einem Dieb seine Beute wieder **abjagen;** Beute **machen** *etwas erbeuten* ◆ der Schmuck war für den Dieb eine **leichte** Beute *fiel ihm leicht in die Hände* ◆ **auf** Beute ausgehen (von Raubtieren, Verbrechern) [< mnddt. *bute* „Tausch, Wechsel, Verteilung"; zu *(ut)buten* „(aus)tauschen, verteilen, Beute machen"]

**Beutegreifer** ⟨m. 3; Zool.; neuere Bez. für⟩ ► *Raubtier*

**Beutel** ⟨m. 5⟩ **1** *Säckchen* (Leinwandbeutel, Schuhbeutel, Wäschebeutel) **2** *säckchenartige Tasche* **3** *Geldbörse, Geldtasche* (Geldbeutel) **4** ⟨Med.⟩ *Schleimbeutel, Grützbeutel* **5** ⟨Zool.; bei Beuteltieren⟩ *Bauchfalte des Muttertieres, in der sich die Jungen fertig entwickeln* [< ahd. *butil* „Sack"]

**Beuteldachs** ⟨m. 1; Zool.⟩ ◄ *Angehöriger einer Familie ratten- bis hasengroßer Beuteltiere: Peramelidae;* Sy *Nasenbeutler*

**Beutelmarder** ⟨m. 3; Zool.⟩ *den Mardern ähnelnder Raubbeutler: Dasyurina*

**beuteln** ⟨V.; hat⟩ **I** ⟨V. t.⟩ **1** *schütteln* **2** *mit dem Beutel sieben* (Mehl) **3** *klopfen* (Flachs) ◆ er packte den Jungen im Nacken und beutelte ihn ein wenig, tüchtig **II** ⟨V. i.⟩ *einen Beutel bilden, sich bauschen* (von Kleidern)

**Beuteltier** ⟨n. 11; Zool.⟩ ▲ *Säugetier, das seine Jungen in einem Beutel am Unterleib trägt: Marsupialia u. Didelphia;* Sy *Marsupialier;* ► *Säugetiere*

**bevölkern** ⟨V. t.; hat⟩ **1** *mit Bewohnern besetzen, erfüllen* **2** ⟨fig.⟩ *in Scharen belegen*

**Bevölkerung** ⟨f. 20⟩ *Gesamtheit der Einwohner (eines Gebietes)*

**Bevölkerungsdichte** ⟨f. 19⟩ *Bevölkerungszahl je km²*

**Bevölkerunglehre** ⟨f. 19; unz.⟩ = *Demographie*

**Bevölkerungspolitik** ⟨f. 20; unz.⟩ *Politik, die Größe od. Zusammensetzung einer Bevölkerung zu beeinflussen sucht*

**bevollmächtigen** ⟨V. t.; hat⟩ jmdn. bevollmächtigen *jmdm. eine Vollmacht erteilen* ◆ jmdn. zum Abschluss eines Kaufs, eines Vertrages bevollmächtigen

**Bevollmächtigung** ⟨f. 20; unz.⟩ *Erteilung einer Vollmacht*

**bevor** ⟨Konj.⟩ *ehe, früher als* ◆ bevor ich nicht weiß, was geschehen ist, kann ich dir nicht helfen

**bevormunden** ⟨V. t.; hat⟩ **1** *unter Vormundschaft stellen* **2** ⟨fig.⟩ *nicht selbständig entscheiden lassen, gängeln* ◆ ich lasse mich von dir nicht bevormunden

**bevorstehen** ⟨V. i. 251⟩ *in Aussicht stehen, zu erwarten sein* (Ereignis, Freude, Gefahr)

**bevorteilen** ⟨V. t.; hat⟩ jmdn. bevorteilen *jmdm. einen Vorteil zukommen lassen, jmdn. fördern*

**bevorzugen** ⟨V. t.; hat⟩ jmdn. od. eine Sache bevorzugen *jmdm. od. einer Sache den Vorzug geben, jmdn. begünstigen, günstiger behandeln* ◆ einen Schüler bevorzugen

**bewachen** ⟨V. t.; hat⟩ **1** *Wache halten vor, über, dienstl. aufpassen auf, scharf beobachten* **2** *behüten, beschützen* ◆ Gefangene, Grenzen, ein Haus, eine Tür bewachen; der Hund bewacht das Kind

**Bewachung** ⟨f. 20; unz.⟩ *das Bewachen* ◆ jmdn. unter Bewachung stellen *bewachen lassen*

**bewaffnen** ⟨V. t.; hat⟩ **1** *mit Waffen versehen* **2** ⟨umg.; scherzh.⟩ *ausrüsten* ◆ leicht, schwer bewaffnet; mit einem Fernglas bewaffnet

**Bewaffnung** ⟨f. 20⟩ **1** *das Bewaffnen, Ausrüstung mit Waffen* **2** *die Waffen selbst* ◆ leichte, schwere, starke Bewaffnung

**bewahren** ⟨V. t.; hat⟩ **1** etwas bewahren **1.1** *verwahren, für längere Zeit aufheben* **1.2** *halten, erhalten* **2** jmdn. bewahren *schützen, behüten* ◆ Gott bewahre! ⟨umg.⟩ *absolut nicht!, aber nein!;* wir werden dem Toten ein ehrendes **Andenken** bewahren; über eine Sache **Stillschweigen** bewahren; jmdm. die **Treue** bewahren; sich seine **Unabhängigkeit** bewahren ◆ bewahre es mir **gut,** bis ich wiederkomme! ◆ dieser Brauch hat sich **bis** heute bewahrt; jmds. Worte **im** Gedächtnis, im Herzen bewahren; jmdn. od. etwas **vor** einer Gefahr bewahren

**bewähren** ⟨V. refl.; hat⟩ sich bewähren *sich als zuverlässig erweisen, sich als geeignet herausstellen, sich erproben, eine Probe bestehen* ◆ er hat sich stets als treuer Freund, als guter Schwimmer bewährt; diese Einrichtung hat sich (noch) nicht bewährt; ein bewährtes Mittel gegen Heuschnupfen [< ahd. *biswar(r)ren* „wahr machen, als wahr, wirklich beweisen"]

**Bewährung** ⟨f. 20; unz.⟩ **1** *das Sichbewähren, Fähigkeitsnachweis* **2** ⟨Rechtsw.⟩ *Bewährungsfrist* ◆ jmdn. zu drei Jahren Gefängnis ohne Bewährung verurteilen

**Bewährungshelfer** ⟨m. 3; Rechtsw.⟩ *jmd., der einen Verurteilten während der Bewährungsfrist betreut u. überwacht*

**bewalden** ⟨V. refl.; hat⟩ sich bewalden *sich mit Wald bedecken* ◆ die Berge haben sich im Lauf der Zeit bewaldet; bewaldete Hügel

**bewältigen** ⟨V. t.; hat⟩ **1** *fertig werden mit, überwinden* (Schwierigkeiten) **2** *ausführen, erledigen* (Arbeit) ◆ ich kann es nicht bewältigen *ich schaffe es nicht* [→ *walten*]

**bewandert** ⟨Adj.⟩ *erfahren, kenntnisreich, gut unterrichtet* ◆ in einem Fachgebiet bewandert sein

**Bewandtnis** ⟨f. 9; unz.⟩ *Beschaffenheit, Umstand* ◆ das hat od. damit hat es eine andere Bewandtnis *dafür sind andere Umstände maßgebend, damit verhält es sich anders*

**bewegen** ⟨V.; hat⟩ **I** ⟨V. t.⟩ **1** etwas bewegen *die Lage von etwas verändern, fortbewegen, in Schwung bringen od. halten* **2** ⟨fig.⟩ jmdn. bewegen *jmdn. rühren, innerlich ergreifen, erregen* ◆ die **Arme,** die Füße bewegen; er konnte kein **Glied** bewegen; **Pferde** bewegen *Pferde (regelmäßig) reiten* ◆ das Lied, der Vortrag, sein Tod, seine Worte haben mich sehr, **tief** bewegt ◆ es war ein bewegender Moment *ein ergreifender Moment;* bewegt *unruhig,* ⟨od. fig.⟩ *ergriffen;* ein bewegtes Leben führen *ein unruhiges, ereignisreiches Leben;* bewegte See; bewegtes Meer **II** ⟨V. refl.⟩ sich bewegen *die Lage od. Stellung seines Körpers verändern, umhergehen, umherkriechen* ◆ sich **anmutig,** geziert, unbeholfen bewegen ◆ langsam bewegte er sich **auf** uns zu *langsam kam er auf uns zu;* sie bewegt sich **in** der Öffentlichkeit genauso sicher wie zu Hause; der Zug bewegte sich **durch** die Straßen; ich muss mich noch **etwas** bewegen *ich muss noch etwas an die frische Luft gehen;* der Raum war so überfüllt, dass man sich **kaum** bewegen konnte; die Erde bewegt sich **um** die Sonne; er bewegte sich nicht **vom** Fleck, von der Stelle **III** ⟨V. t. 108⟩ jmdn. bewegen, etwas zu tun *jmdn. zu etwas bestimmen, veranlassen* ◆ ich habe mich dazu bewegen lassen, einzugreifen; er war durch nichts dazu zu bewegen; was hat dich dazu bewogen, so schnell abzureisen? [< ahd. *(bi)wegan* „sich bewegen" + *(bi)wekken, (bi)wegen* „machen, dass sich etwas bewegt"]

**beweglich** ⟨Adj.⟩ **1** *so beschaffen, dass man es bewegen kann* **2** ⟨fig.⟩ *leicht zu bewegen, sich leicht, gern bewegend, regsam* **3** *rührend, herzergreifend* ◆ bewegliche Feste *Feste, die sich nach dem Mondjahr richten u. nicht jedes Jahr auf den gleichen Tag fallen, z. B. Ostern;* bewegliche Habe, bewegliches Kapital (im Unterschied zum Grund- u. Hausbesitz); die einzelnen Teile des Spielzeugs sind sehr beweglich

**Beweglichkeit** ⟨f. 20; unz.⟩ **1** *bewegl. Beschaffenheit;* Sy *Mobilität (1)* **2** ⟨fig.⟩ *bewegl. Wesen, Gelenkigkeit, Behändigkeit, Regsamkeit* ◆ geistige Beweglichkeit *rasche Auffassungsgabe, geistige Anpassungsfähigkeit*

**Bewegung** ⟨f. 20⟩ **1** *Lage-, Ortsveränderung* (Kreisbewegung, Pendelbewegung, Vorwärtsbewegung) **2** *geistiges od. weltanschaul. Bestreben mehrerer od. einer Masse* (Arbeiterbewegung, Freiheitsbewegung) **3** ⟨fig.⟩ *Rührung, innere Anteilnahme, Ergriffenheit* ◆ sich seine (innere) Bewegung nicht **anmerken** lassen; sich Bewegung **machen** *sich körperlich (zur Erhaltung der Gesundheit) bewegen, spazieren gehen* ◆ **anmutige** Bewegungen haben (von Personen od. Tieren); eine **unbedachte,** unvorsichtige Bewegung machen; politische, religiöse Bewegung; du hast zu **wenig** Bewegung ◆ jeder war **in** emsiger, geschäftiger Bewegung

**Bewegungsfreiheit** ⟨f. 20; unz.⟩ **1** *Freiheit, Möglichkeit, sich (ungehindert) zu bewegen* **2** ⟨fig.⟩ *Freiheit zum selbständigen Handeln*

**bewegungslos** ⟨Adj.⟩ *ohne Bewegung*

**Bewegungsunschärfe** ⟨f. 19; unz.⟩ *Unschärfe auf einem Bild, die durch Bewegung entstanden ist (bei Fotografien) od. Bewegung vortäuschen soll, z. B. als Stilmittel der (impressionist.) Malerei*

**Beweis** ⟨m. 1⟩ **1** *Darlegung von Zeugnissen, Gründen u. Ä. zur Sicherung, zur Bestätigung der Richtigkeit einer Behauptung od. Erkenntnis, Nachweis* **2** *Zeichen, sichtbarer Ausdruck* **3** ⟨Philos.⟩ *Schluss, Bestätigung* ◆ Beweis des **Gegenteils;** unter der **Last** der Beweise zusammenbrechen *ein Geständnis ablegen* ◆ den Beweis für etwas **antreten,** führen, liefern ◆ **deduktiver** Beweis *Bestätigung eines Urteils durch andere, als wahr anerkannte Urteile;* **indirekter** Beweis *Widerlegung des Gegenteils eines Urteils, um dieses zu bestätigen;* **induktiver** Beweis *Bestätigung eines Urteils durch Tatsachen, tatsächl. Erfahrungen;* **logischer** Beweis; ein **schlagender,** sprechender, untrüglicher Beweis ◆ **als** Beweis seiner Verehrung; einen Angeklagten aus Mangel **an** Beweisen freisprechen; eine Behauptung, eine Fähigkeit **unter** Beweis stellen ⟨besser⟩ *beweisen*

**Beweisaufnahme** ⟨f. 19; Rechtsw.⟩ *Benutzung, Sichtung der zusammengetragenen Beweise in der Verhandlung*

**beweisen** ⟨V. t. 277; hat⟩ etwas beweisen *einen Beweis für etwas liefern, etwas durch Beweis(e) glaubhaft machen, sichern, bestätigen* ◆ jmdm. beweisen, dass er Unrecht hat; er hat seine **Aufrichtigkeit,** seinen Mut oft bewiesen; eine **Behauptung** beweisen; jmds. **Schuld,** Unschuld beweisen ◆ etwas **durch** Belege, Urkunden beweisen ◆ es ist längst bewiesen, dass ...

**Beweisführung** ⟨f. 20⟩ *das Führen, Liefern eines Beweises, die Art, in der ein Beweis geführt wird* ◆ geschickte, glänzende, logische Beweisführung

**bewerben** ⟨V. refl. 279; hat⟩ sich bewerben *seine Arbeitskraft anbieten* ◆ ich habe mich schon mehrmals (vergeblich) beworben; sich an der Universität (um Zulassung) bewerben; sich bewerben um *sich bemühen um*

**Bewerber** ⟨m. 3⟩ *jmd., der sich um etwas od. um eine Frau bewirbt* ◆ einen Bewerber abweisen, annehmen; es sind zu viele Bewerber vorhanden

**Bewerbung** ⟨f. 20⟩ **1** *das Bewerben* **2** *Stellungsgesuch* ◆ meine Bewerbungen sind erfolglos geblieben

**bewerfen** ⟨V. t. 281; hat⟩ etwas od. jmdn. bewerfen **1** *mit etwas nach etwas anderem od. jmdm. werfen* **2** *mit einem Bewurf bedecken* ◆ eine Mauer mit Kalk bewerfen; jmdn. mit Schmutz bewerfen ⟨fig.⟩ *jmdn. verleumden, hässlich über ihn reden*

**bewerkstelligen** ⟨V. t.; hat⟩ *zustande bringen, ausführen* ◆ es bewerkstelligen, dass ... *es so einrichten, dass ...;* ich weiß nicht, wie ich das bewerkstelligen soll

**bewerten** ⟨V. t.; hat⟩ **1** *den Wert schätzen, bestimmen von, beurteilen* **2** ⟨fig.⟩ *würdigen* ◆ etwas **hoch,** niedrig bewerten ◆ ein Schmuckstück **mit** 500 Mark bewerten; man soll Menschen nicht **nach** ihrem Äußeren bewerten

**bewilligen** ⟨V. t.; hat⟩ *genehmigen, gewähren* ◆ Gelder, Kredite, Zuschüsse bewilligen; eine Gehaltserhöhung bewilligen; eine Summe bewilligen (für)

**bewirken** ⟨V. t.; hat⟩ *zustande bringen, hervorbringen, hervorrufen, herbeiführen, veranlassen* ◆ Vitamin C bewirkt eine größere Widerstandsfähigkeit des Körpers gegen Erkältungen

**bewirtschaften** ⟨V. t.; hat⟩ *leiten u. bearbeiten* (landwirtschaftl. Betrieb, Restaurant) ◆ das Hotel ist im Winter nicht bewirtschaftet; bewirtschaftete Waren

**bewohnen** ⟨V. t.; hat⟩ etwas bewohnen *in etwas wohnen, sein Heim in etwas haben* ◆ eine ganze Etage bewohnen; ein Gebiet, ein Haus, ein Zimmer bewohnen; die Insel ist nicht bewohnt

**Bewohner** ⟨m. 3⟩ *jmd., der etwas bewohnt* ◆ die Bewohner eines Gebietes, Hauses, einer Insel, einer Wohnung

**bewölken** ⟨V. refl.; hat⟩ sich bewölken **1** *sich mit Wolken bedecken, beziehen* (Himmel) **2** ⟨fig.⟩ *finster, unfreundlich werden* (Miene, Stirn)

**Bewölkung** ⟨f. 20; unz.⟩ **1** *das Bewölktsein* **2** *Aufziehen von Wolken, Bedeckung mit Wolken* ◆ die Bewölkung nimmt ab, nimmt zu, lockert sich auf

**bewundern** ⟨V. t.; hat⟩ *anerkennend bestaunen, verehrend aufsehen zu* ◆ jmds. Leistung, Mut bewundern; jmdn. od. etwas aufrichtig, ehrlich, glühend, heimlich, neidlos bewundern

**Bewunderung** ⟨f. 20; unz.⟩ *große Anerkennung, Verehrung, anerkennendes Staunen* ◆ jmdm. Bewunderung zollen

**bewusst** ⟨Adj.⟩ **1** *klaren Geistes, klar erkennend, geistig wach* **2** *ins Bewusstsein gedrungen, im Bewusstsein vorhanden, bekannt* **3** ⟨fig.⟩ *genannt, erwähnt* **4** *gewollt, absichtlich* ◆ der Bewusste *der Genannte, Erwähnte;* dies ist das bewusste **Haus** (von dem ich sprach); bewusste **Irreführung** ◆ du hast mich bewusst **betrogen; machen:** sie hat ihm die Folgen seines Planes bewusst gemacht; sich einer Sache bewusst **sein** *sich über eine Sache klar sein;* mir ist nicht bewusst, dass ...

**bewusstlos** ⟨Adj.⟩ *ohne Bewusstsein, besinnungslos, ohnmächtig*

**Bewusstlosigkeit** ⟨f. 20; unz.⟩ *bewusstloser Zustand, Ausgeschaltetsein des Bewusstseins, Ohnmacht* ◆ aus seiner Bewusstlosigkeit erwachen ⟨a. fig.⟩

**Bewusstsein** ⟨n.; -s; unz.⟩ **1** *geistige Klarheit, Besinnung* **2** *das Wissen um etwas (eine Sache, einen Zusammenhang u. a.)* ◆ das Bewusstsein **verlieren** *ohnmächtig werden;* das Bewusstsein **wiedererlangen** *aus der Ohnmacht erwachen, zur Besinnung kommen;* er ist (nicht) bei Bewusstsein ◆ **im** Bewusstsein seiner Stärke

**Bewusstseinsspaltung** ⟨f. 20; unz.; Psych.⟩ = *Schizophrenie*

**bezahlbar** ⟨Adj.⟩ *so beschaffen, dass man es bezahlen kann, erschwinglich*

**bezahlen** ⟨V. t.; hat⟩ **1** etwas bezahlen *Geld für etwas geben* **2** jmdn. bezahlen *jmdm. für eine Leistung Geld aushändigen* ◆ eine **Arbeit,** Leistung bezahlen; Schulden bezahlen ◆ das **kann** ich gar nicht bezahlen *das ist viel zu teuer;* sich bezahlen **lassen** ◆ eine Ware (in) **bar** bezahlen; das habe ich **teuer** bezahlen müssen ⟨a. fig.⟩ *das habe ich büßen müssen* ◆ wenn es **ans** Bezahlen geht, zieht er sich zurück *wenn bezahlt werden muss;* er hat es **mit** dem Leben bezahlen müssen *er musste dafür sterben* ◆ bezahlter Urlaub *Urlaub mit ununterbrochener Lohnzahlung*

BIBER: KANADISCHER BIBER
*(Castor canadensis)*

**Bezahlung** ⟨f. 20⟩ **1** *das Bezahlen* **2** *Gehalt, Lohn, Löhnung, Entgelt* ◆ die Bezahlung ist gut, schlecht

**bezaubern** ⟨V. t.; hat⟩ **1** *durch Zauber bannen* **2** ⟨fig.⟩ *einen Zauber ausüben auf, entzücken, begeistern* ◆ die Sprache dieser Dichtung bezaubert mich

**bezeichnen** ⟨V. t.; hat⟩ **1** *durch Zeichen kenntlich machen* **2** *nennen, angeben, kennzeichnen, charakterisieren* **3** *bedeuten, als Zeichen dienen für* ◆ dieses Wort bezeichnet verschiedene **Dinge** ◆ etwas od. jmdn. bezeichnen **als** *benennen (mit), nennen;* jmdn. als Betrüger bezeichnen

**bezeichnend** ⟨Adj.⟩ *kennzeichnend, charakteristisch* ◆ ein (für den Sprecher) bezeichnender Ausspruch; das ist bezeichnend für ihn

**Bezeichnung** ⟨f. 20⟩ **1** *das Bezeichnen, Kenntlichmachen* **2** *Name, Benennung* ◆ die Bezeichnung der Kisten; eine charakteristische, treffende Bezeichnung

**bezeugen** ⟨V. t.; hat⟩ etwas bezeugen **1** *Zeugnis für, über etwas ablegen* **2** *bestätigen, bescheinigen* **3** *aufgrund eigenen Augenscheins, eigenen Wissens erklären* ◆ er konnte bezeugen, dass der Angeklagte die Wahrheit gesprochen hatte

**beziehen** ⟨V. 287; hat⟩ **I** ⟨V. t.⟩ **1** *mit einem Überzug versehen* (Bett, Kissen) **2** *bespannen (bes. mit Saiten)* **3** *einbeziehen in* (Haus, Wohnung) **4** *erhalten, bekommen (bes. regelmäßig), geliefert bekommen* ◆ ein **Gehalt** beziehen; **Polstermöbel** neu beziehen; **Prügel** beziehen ⟨umg.⟩; **Quartier** beziehen *Quartier nehmen;* eine kleine **Rente** beziehen; ein **Saiteninstrument,** einen Tennisschläger beziehen; eine **Zeitschrift** monatlich beziehen ◆ ein Bett **frisch,** neu beziehen ◆ beziehen **auf** *in Beziehung setzen zu;* diese Regel kann man nicht auf diesen Fall beziehen; etwas auf sich beziehen **II** ⟨V. refl.⟩ **1** sich beziehen *sich (mit Wolken) bedecken* (Himmel) **2** sich beziehen auf **2.1** *sich berufen auf, verweisen auf, anspielen auf* **2.2** *Beziehung haben zu* ◆ seine Äußerung bezieht sich auf unser gestriges Gespräch

**Beziehung** ⟨f. 20⟩ **1** *Verbindung, Zusammenhang* **2** *Bezug(nahme), Anspielung* **3** *Hinsicht* **4** ⟨umg.⟩ *(intime) Partnerschaft* ◆ die Beziehungen zu jmdm. **abbrechen,** wiederaufnehmen; Beziehungen **anknüpfen** (mit, zu); die Beziehungen (zu jmdm.) **einschlafen** lassen; (gute) Beziehungen **haben** ⟨umg.⟩ *einflussreiche Bekannte haben, die einem nützlich sein können;* eine Beziehung mit jmdm. haben ⟨umg.⟩ *mit jmdm. intim befreundet sein* ◆ **diplomatische** Beziehungen (zu einem Staat) aufnehmen; **freundschaftliche** Beziehungen; **sexuelle,** intime Beziehungen mit jmdm. haben *Geschlechtsverkehr haben* ◆ zwei Dinge miteinander **in** Beziehung bringen; eine Sache, Tatsache zu einer anderen in Beziehung setzen

**beziehungsweise** ⟨Konj.; Abk.: bzw.⟩ **1** *oder, oder auch* **2** *oder vielmehr, besser gesagt* ◆ habt ihr, beziehungsweise haben Sie eigentlich gewusst, dass ...

**beziffern** ⟨V. t.; hat⟩ *mit Ziffern versehen, nummerieren* (Seiten) ◆ bezifferter Bass ⟨bes. in der Barockmusik⟩ *mit Ziffern versehene Bassnoten im Generalbass zur Akkordbezeichnung*

**Bezirk** ⟨m. 1⟩ **1** *abgegrenztes Gebiet* (Wohnbezirk) **2** *Verwaltungseinheit in Ländern, Städten u. Gemeinden* (Landbezirk, Stadtbezirk) **3** ⟨umg.⟩ *Umkreis, Gegend, Landstrich* **4** ⟨fig.⟩ Bereich, Gebiet [zu spätmhd. *bezirken* „im Umfang bestimmen"; zu mhd. *zirc* „Umkreis" < lat. *circus* „Kreis"]

**Bezug** ⟨m. 1u⟩ **I** ⟨unz.⟩ **1** *Bezugnahme* **2** *Hinsicht, Beziehung* **3** *das Beziehen (von Waren, Zeitungen usw.)* **4** *das Einziehen (in Häuser, Wohnungen)* ◆ auf etwas Bezug nehmen *auf etwas verweisen;* bei Bezug von mehr als 10 Stück; in Bezug *bezüglich, betreffend, hinsichtlich;* mit Bezug auf unser Schreiben vom 12.6. teilen wir Ihnen mit; der Erstbezug einer Wohnung **II** ⟨zählb.⟩ **1** *Überzug (für Betten, Polstermöbel usw.)* **2** Bezüge ⟨nur Pl.⟩ *Einnahme, Gehalt* ◆ die Couch mit einem neuen Bezug versehen; wie hoch sind Ihre Bezüge?

**bezüglich I** ⟨Adj.⟩ *(auf etwas) bezogen, Beziehung habend (zu etwas)* ◆ bezügliches Fürwort = *Relativpronomen* **II** ⟨Präp. m. Gen.; Abk.: bzgl.⟩ *mit Beziehung auf* ◆ bezüglich Ihres Briefes, Schreibens

**Bezugnahme** ⟨f. 19; Amtsdt.⟩ *das Bezugnehmen* ◆ unter Bezugnahme auf Ihr Schreiben vom 12.6. teilen wir Ihnen Folgendes mit, ... *wir beziehen uns auf Ihr Schreiben vom 12.6. und ...*

**Bezugspunkt** ⟨m. 1⟩ *hervorgehobener Punkt in einem Bezugs-, Koordinatensystem*

**bezwecken** ⟨V. t.; hat⟩ etwas bezwecken *einen Zweck verfolgen, beabsichtigen* ◆ was bezweckst du damit?; was soll das bezwecken? *was soll das für einen Zweck haben?*

**bezweifeln** ⟨V. t.; hat⟩ *in Zweifel ziehen, nicht glauben wollen* ◆ ich bezweifle (es), dass ...; das möchte ich stark bezweifeln

**bezwingen** ⟨V. t. 288; hat⟩ **1** *besiegen, überwinden* (Festung, Gegner) **2** *fertig werden mit, bewältigen, erreichen* **3** *unterwerfen, im Zaum halten* (Tiere) **4** *in Schranken halten, unterdrücken, beherrschen* (Leidenschaften) ◆ einen Berg bezwingen; seine Liebe, seinen Zorn nicht bezwingen können

B

**Bf.** ⟨Abk. für⟩ *Bahnhof*

**BfA** ⟨Abk. für⟩ *Bundesversicherungsanstalt für Angestellte*

**BFH** ⟨Abk. für⟩ *Bundesfinanzhof*

**BGB** ⟨Rechtsw.; Abk. für⟩ *Bürgerliches Gesetzbuch*

**BGH** ⟨Rechtsw.; Abk. für⟩ *Bundesgerichtshof*

**BGS** ⟨Abk. für⟩ *Bundesgrenzschutz*

**BH** ⟨umg.; Abk. für⟩ *Büstenhalter*

**Bhf.** ⟨Abk. für⟩ *Bahnhof*

**bi** ⟨Adj.; umg.; kurz für⟩ *bisexuell* [lat.]

**Bi** ⟨Chem.; Zeichen für⟩ ► *Bismut* [< lat. *bismutum*]

**bi..., Bi...** ⟨vor Vokalen a.⟩ bin..., Bin... ⟨Vors.⟩ *zwei..., doppel..., Zwei..., Doppel...* [< lat. *bis* „zweimal, doppelt"]

**Biathlon** ⟨n.; -s; unz.; Sp.⟩ *olympische Disziplin aus Skilanglauf (7,5, 10, 15 od. 20 km) u. vier eingeschobenen Schießübungen* [< *Bi...* + grch. *athlon* „Kampf"]

**Bibel** ⟨f. 21⟩ **1** *Buch der Bücher, Heilige Schrift, heiliges Buch der Christen* **2** ⟨fig.⟩ *wichtiges, bedeutsames Buch* ◆ die Bibel auslegen, übersetzen; der „Hamlet" ist seine Bibel [< mhd. *biblie* < kirchenlat. *biblia* < grch. *biblia,* Pl. von *biblion* „Buch"; nach dem phönik. Hafen *Byblos* (heute Dschebel), von dem der Papyrus kam]

**Biber I** ⟨m. 3; Zool.⟩ **1** ◄ *an Gewässern, in Höhlen od. in aus Ästen, Zweigen u. Schlamm gebauten „Burgen" lebendes Nagetier: Castorida;* ► *Säugetiere* **2** *dessen Pelz* **II** ⟨m. 3 od. n. 13; Textilw.⟩ *raues Baumwollgewebe in Köperbindung* [< ahd. *bibar,* engl. *beaver*]

**Biberburg** ⟨f. 20; Zool.⟩ ▼ *aus Ästen, Zweigen u. Schlamm errichtete burgähnliche Behausung des Bibers, deren Eingang unter Wasser liegt;* Sy *Burg (3)*

**Bibernelle** ⟨f. 19; Bot.⟩ = *Pimpinelle*

**Biberratte** ⟨f. 19; Zool.⟩ = *Nutria*

**biblio..., Biblio...** ⟨in Zus.⟩ *buch..., Buch...* [zu grch. *biblion* „Buch"]

**Bibliografie** ⟨f. 19⟩ oV *Bibliographie* **1** *Lehre von den Bücher- u. Literaturverzeichnissen* **2** *Verzeichnis von Büchern mit ausführlichen Angaben von Verfasser, Titel, Erscheinungsort u. -jahr u. a.*

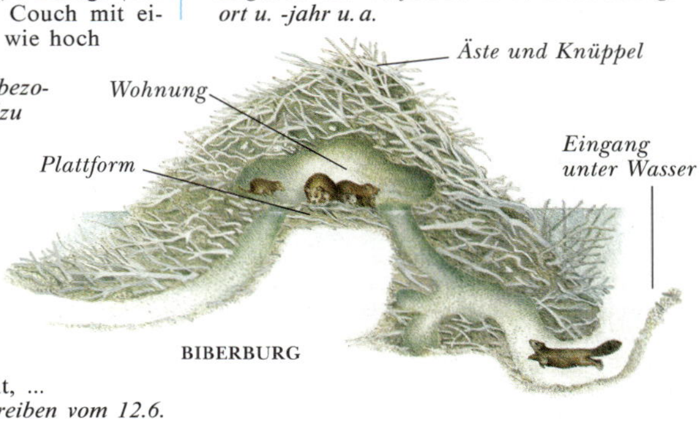


BIBERBURG

**bibliografieren** ⟨V. t.; hat⟩ ein Buch bibliografieren *Titel, Verfasser, Erscheinungsjahr u. -ort, Auflage, Seiten- u. Bändezahl eines Buches aufschreiben, erfassen;* oV *bibliographieren*

**Bibliographie** ⟨f. 19⟩ = *Bibliografie*

**bibliographieren** ⟨V. t.; hat⟩ = *bibliografieren*

**Bibliomanie** ⟨f. 19.; unz.⟩ *Büchersammelwut* [< *Biblio...* + grch. *mania* „Wahn, Wut"]

B

## BIENEN

Die Gruppe der Bienen umfasst über 20 000 Arten. Bei allen ist der Hinterleib stark eingeschnürt und bildet eine Taille. Die meisten Bienen leben einzeln, einige Arten bilden jedoch komplexe Staaten, etwa die Honigbiene und die Hummeln. Bienen tragen Nektar und Pollen für ihre Larven ein und bestäuben bei der Nahrungssuche zahlreiche Blüten. Ohne die Honigbiene würden unsere Obstbäume längst nicht so viele Früchte tragen.

ÄUSSERE MERKMALE EINER HONIGBIENE
*(Apis mellifera)*

### WEITERE BIENENARTEN

BERGHUMMEL
*(Bombus monticola)*

HOLZBIENE
*(Xylocopa laticeps)*

ORCHIDEEN-BIENE
*(Euglossa assarophora)*

PARASITISCHE BIENE
*(Aglae caerulea)*

**bibliophil** ⟨Adj.⟩ **1** *Bücher liebend* **2** *für Bücherliebhaber, -sammler* ◆ bibliophile Ausgabe *kostbar u. sorgfältig ausgestattete, häufig besonders schön illustrierte Ausgabe eines Buches*

**Bibliothek** ⟨f. 20⟩ Sy *Bücherei* **1** *Büchersammlung* **2** *Raum od. Gebäude, in dem diese aufbewahrt wird* (Fachbibliothek, Leihbibliothek, Universitätsbibliothek, Werksbibliothek) ◆ öffentliche, private, wissenschaftliche Bibliothek; eine umfangreiche Bibliothek besitzen; eine Bibliothek von ungefähr 2000 Bänden [< grch. *bibliotheke* < biblion *„Buch"* + *theke* „Behältnis"]

**Bibliothekar** ⟨m. 1; Berufsbez.⟩ *Angestellter in einer Bibliothek mit drei- od. mehrjähriger Ausbildung*

**biblisch** ⟨Adj.⟩ *die Bibel betreffend, zu ihr gehörig, aus ihr stammend* ◆ eine biblische Geschichte *eine Geschichte aus der Bibel*

**Bicinium** ⟨[-tsi:-] n.; -s, -nien; Mus.⟩ Sy *Bizinie* **1** ⟨urspr.⟩ *Zwiegesang* **2** ⟨dann⟩ *kurzes, zweistimmiges Musikstück, bes. im 15./16. Jh.*

**bicyclisch** ⟨Adj.⟩ = *bizyklisch*

**bieder** ⟨Adj.⟩ *rechtschaffen, ehrenwert, brav, treuherzig* [< ahd. *biderbi, bidarpi* < *bi* + *durfan* „nötig haben", eigtl. „dem Bedürfnis entsprechend"]

**Biedermeier** ⟨n. 13; unz.⟩ *Kunststil der ersten Hälfte des 19. Jh., gekennzeichnet durch Zierlichkeit (bei Möbeln) u. gemütvolle, kleinbürgerliche Beschaulichkeit (in der Malerei)* [< *Bieder*mann + Bummel*maier*, zwei 1848 von Victor v. Scheffel geschaffene Philistertypen in den „Fliegenden Blättern" und den darin veröffentlichten Gedichten „Biedermaiers Liederlust" von L. Eichrodt]

**biegen** ⟨V. t. 109; hat⟩ **1** *krumm machen, krümmen* **2** *eine Krümmung verändern von, eine Biegung wieder herausbringen* (gerade biegen) ◆ **auf** Biegen oder Brechen *auf jeden Fall, um jeden Preis,* die Bäume biegen sich **im** Wind; **um** die Ecke biegen *um die Ecke gehen od. fahren;* die Zweige biegen sich **unter** der Last der Früchte, sich biegen **vor** Lachen ⟨umg.; fig.⟩ *heftig, sehr lachen;* Zweige **zur** Seite biegen ◆ mit vor Alter krumm gebogenem Rücken [< ahd. *biogan,* engl. *bow* „sich verbeugen"]

**Biegung** ⟨f. 20⟩ **1** *bogenförmige Richtungsänderung, Abweichung von der Geraden, Rundung* **2** *Wendung, Krümmung, Kurve* (Flussbiegung, Wegbiegung)

**Biene** ⟨f. 19; Zool.⟩ ▲ *Angehörige einer Familie der Stechwespen, Hautflügler, die zuweilen komplexe Staaten bilden* (Honigbiene): *Apidae;* ► *Insekten* ◆ emsig, fleißig wie eine Biene [< ahd. *bini, bina,* engl. *bee*]

**Bienenfresser** ⟨m. 3; Zool.⟩ ▼ *Angehöriger einer bunt gefiederten Zugvogelart, der im Flug Insekten fängt u. in Erdröhren brütet: Merops;* ► *Vögel*

**Bienengift** ⟨n. 11; unz.⟩ *Absonderung aus der Giftdrüse der Honigbienen, Heilmittel gegen Rheumatismus u. a. Krankheiten*

**Bienenhonig** ⟨m. 1⟩ *von der Honigbiene gesammelter Honig*

**Bienenkönigin** ⟨f. 22⟩ *das einzige fruchtbare Weibchen eines Bienenvolkes;* Sy *Weisel*

**Bienenkorb** ⟨m. 1u⟩ ► *Korb mit kleiner Öffnung (Flugloch) als Bienenwohnung*

**Bienenmotte** ⟨f. 19; Zool.⟩ = *Wachsmotte*

BIENENFRESSER: SCHARLACHSPINT
*(Merops nubicus)*

**Bienenschwarm** ⟨m. 1u⟩ *schwärmender Teil eines Bienenvolkes*

**Bienenstich** ⟨m. 1⟩ **1** *Stich einer Biene* **2** ⟨fig.⟩ *mit Creme gefüllter Kuchen mit einer Decke aus Mandelsplittern*

**Bienenstock** ⟨m. 1u⟩ ► *Kasten mit kleiner Öffnung (Flugloch) als Bienenwohnung mit Vorrichtungen zum Wabenbau, Futterstelle, Honigraum usw.;* Sy ⟨kurz⟩ *Stock (5)*

**Bienenvolk** ⟨n. 12u⟩ *Bienenfamilie, bestehend aus Königin, Drohnen u. Arbeitsbienen*

**Bienenwabe** ⟨f. 19⟩ ► = *Honigwabe*

**Bienenzucht** ⟨f. 20; unz.⟩ *das Züchten von Bienenvölkern zur Honig- u. Wachsgewinnung;* Sy *Imkerei*

**Bienenzüchter** ⟨m. 3⟩ *jmd., der Bienen züchtet;* Sy *Imker*

**Bier** ⟨n. 11⟩ *aus Hopfen, Malz, Hefe u. Wasser durch Gärung gewonnenes, alkohol. Getränk* ◆ ein Glas, ein Krug Bier; ein Liter, ein, ⟨bair.⟩ eine Maß Bier; Bier ausschenken, brauen, zapfen; das ist (nicht) sein Bier ⟨umg.⟩ *das ist (nicht) seine Sache, seine Angelegenheit;* beim Bier (im Gasthaus) sitzen [< ahd. *bior,* engl. *beer,* vermutl. < vulgärlat. *biber* „Trunk"; zu lat. *bibere* „trinken"]

**Bierdeckel** ⟨m. 5⟩ *Untersatz aus Filz od. fester Pappe für das Bierglas (im Gasthaus)*

**Biereifer** ⟨m. 3; unz.; umg.; scherzh.⟩ *übertriebener Eifer, unverhältnismäßige Geschäftigkeit*

**Biergarten** ⟨m. 4u⟩ *Gartenlokal, in dem vorzugsweise Bier ausgeschenkt wird*

**Bierglas** ⟨n. 12u⟩ *Trinkglas für Bier*

**Bierhefe** ⟨f. 19; unz.⟩ *Hefe zur Biergärung;* Sy ⟨bair.-österr.⟩ *Germ (2)*

**Bierkeller** ⟨m. 3⟩ **1** *Keller zum Aufbewahren von Bier* **2** ⟨süddt.⟩ *Gasthaus, in dem vorwiegend Bier angeboten u. getrunken wird, meist mit Biergarten*

**Bierzelt** ⟨n. 11; auf Jahrmärkten usw.⟩ *großes Zelt mit Gaststättenbetrieb*

**Biese** ⟨f. 19⟩ **1** *farbiger Vorstoß an Uniformen* **2** *schmal abgenähtes Fältchen an Kleidungsstücken* **3** *Ziernaht am Schuh* [vermutl. < frz. *bisette* „Besatz, Zwirnspitze" < mndrl. *bisetten* „besetzen, einfassen"]

**Biest** ⟨n. 12; nddt.⟩ **1** *Vieh, bes. Rinder* **2** ⟨fig.⟩ *Ungetüm, schreckl. od. unangenehmes, lästiges Tier* **3** ⟨umg.; Schimpfwort⟩ *gemeiner Mensch, hinterhältige, intrigante Person* [< lat. *bestia* „wildes Tier"; beeinflusst von engl. *beast,* ndrl. *beest*]

**bieten** ⟨V. 110; hat⟩ **I** ⟨V. t.⟩ **1** *(dar)reichen, anbieten, entgegenhalten* **2** ⟨bei Versteigerungen⟩ *ein Angebot machen* **3** ⟨Skat⟩ *reizen* ◆ jmdm. etwas bieten *jmdn. vor die Wahl stellen, etwas zu nehmen* (Geld, Stellung); jmdm. den **Arm** bieten (als Stütze, zum Unterhaken); jmdm. eine **Belohnung,** eine Entschädigung bieten (für etwas); die beiden Kinder boten ein hübsches **Bild;** jmdm. **Gelegenheit** bieten, etwas zu tun; jmdm. die **Hand** bieten ⟨fig.⟩ *jmdm. die Hand zur Versöhnung reichen;* der Künstler bot ein ausgezeichnetes **Programm** ◆ das darf oder kann man sich nicht bieten **lassen** *das darf od. kann man sich nicht gefallen lassen* ◆ er hat mir 800 Mark **für** das Bild geboten ◆ 100 Mark sind geboten (worden), **wer** bietet mehr? **II** ⟨V. refl.⟩ sich bieten *sich anbieten, sich zeigen, vorkommen* ◆ uns bot sich ein herrlicher Anblick; es hat sich mir noch keine Gelegenheit dazu geboten [< ahd. *biotan* „anbieten,darreichen, gebieten", engl. *bid*]

**Bifokalglas** ⟨n. 12u; Opt.⟩ *Brillenglas mit zweifachem Schliff für Nah- und Fernsicht* [< lat. *bis* „doppelt" + *focus* „Feuerstätte, Herd"]

**Bigamie** ⟨f. 19; unz.⟩ *(strafbare) Ehe mit zwei Ehepartnern zugleich, Doppelehe* [< lat. *bis* „doppelt" + grch. *gamos* „Ehe"]

**bigamisch** ⟨Adj.⟩ *nach Art der Bigamie*

**Bigband,** ⟨auch⟩ **Big Band** ⟨[big'bænd] f.; (-) -, (-) -s; Mus.⟩ *großes Jazz- od. Tanzorchester* [engl.]

**Bigbang,** ⟨auch⟩ **Big Bang** ⟨[big'bæŋ] m.; (-) -s; unz.⟩ *Urknall* [engl., „großer Knall"]

B

**Bigbusiness,** ⟨auch⟩ **Big Business** ⟨[big-'biznis] n.; (-) -; unz.⟩ **1** *Gesamtheit der Großunternehmer (u. ihre Geschäftswelt)* **2** *einträgliches, großes Geschäft* ◆die Interessen des Bigbusiness [engl., „großes, wichtiges Geschäft"]

**Bignonie** ⟨[-niə] f. 19; Bot.⟩ *tropische Liane, die bes. im Urwald wächst u. ihn undurchdringlich macht: Bignonia;* Sy *Trompetenblume* [nach dem frz. Abbé *Bignon*]

BIENENKORB

**bigott** ⟨Adj.; -er, am -esten⟩ *blindgläubig, frömmelnd, scheinheilig* [< frz. *bigot* „abergläubisch, fromm, buchstabengläubig" < ags. *bi got* „bei Gott"]

**Bikini** ⟨m. 6; umg.⟩ *knapper zweiteiliger Badeanzug für Damen* [nach dem Atoll *Bikini* der Ralikinseln in der Gruppe der Marshallinseln]

**bikonkav** ⟨Adj.; Opt.⟩ *beiderseits hohl geschliffen* (Linse); Sy *doppelkonkav* [< lat. *bis* „doppelt" + *konkav*]

**bikonvex** ⟨[-vɛks] Adj.; Opt.⟩ *beiderseits erhaben geschliffen* (Linse); Sy *doppelkonvex*

**bilabial** ⟨Adj.; Phon.⟩ *mit beiden Lippen gebildet* ◆bilabiale Laute (b, m, p) [< lat. *bis* „doppelt" + *labial*]

**Bilanz** ⟨f. 20⟩ **1** *Übersicht über zwei verschiedene Zahlenreihen* **2** *das durch den Vergleich beider Zahlenreihen gewonnene Ergebnis* **3** *jährlicher Kontenabschluss* **4** ⟨fig.⟩ *abschließender Überblick* ◆die Bilanz aufstellen, die Bilanz ziehen *abrechnen* [< ital. *bilancio* < *bilancia* „Waage, Gleichgewicht"; verwandt mit *Balance*]

**bilateral** ⟨Adj.⟩ *zweiseitig* (Vertrag); Ggs *unilateral* [< lat. *bis* „doppelt" + *latus* „Seite"]

**Bilateralia, Bilateria** ⟨Zool.; Pl.⟩ ▼ *zweiseitig symmetrisch gebaute, vielzellige Tiere*

BILATERALIA: SCHMETTERLING

**Bilch** ⟨m. 1⟩, **Bilchmaus** ⟨f. 7u; Zool.⟩ = *Schlafmaus* [< ahd. *bilih* < aslaw. *pluchu* „Bilchmaus"]

**Bild** ⟨n. 12⟩ **1** *Darstellung von etwas od. jmdm. auf einer Fläche, z. B. Gemälde, Zeichnung, Druck, Fotografie* (Lichtbild, Ölbild), *od. plastisch* (Marmorbild, Standbild) **2** ⟨Opt.⟩ *Abbildung* **3** ⟨bes. Lit.⟩ *Darstellung einer Sache durch eine andere, Zeichen, Symbol* (Sinnbild) **4** *Erscheinungsform* (Krankheitsbild) **5** *Ebenbild* **6** *Anblick* **7** *Vorstellung von etwas* ◆er ist ganz das Bild seines **Vaters** *er sieht dem Vater sehr ähnlich* ◆ein Bild **aufhängen,** aufnehmen ⟨Fot.⟩, betrachten, malen, zeichnen; als wir ins Zimmer traten, **bot** sich uns ein überraschendes Bild; sich ein Bild (von etwas) **machen** (können) *sich etwas vorstellen (können)* ◆er vermittelte uns ein **anschauliches** Bild (von ...); ein **deutliches,** flüchtiges Bild (in der Erinnerung); ein **falsches,** richtiges Bild von etwas haben *eine falsche, richtige Vorstellung von etwas haben;* ein **gerahmtes,** ungerahmtes Bild; ein **scharfes,** unscharfes, verwackeltes Bild ⟨Fot.⟩ ◆ein Bild **auf** Glas, Holz, Leinwand; ein Bild **aus** dem vorigen Jahrhundert ⟨Mal.⟩; es war ein Bild **für** die Götter ⟨umg.; scherzh.⟩ *ein köstl., komischer Anblick;* ich bin **im** Bilde *ich weiß Bescheid, die Sache ist mir klar;* jmdn. ins Bild setzen (über) *jmdn. aufklären (über);* sie ist ein Bild **von** einem Mädchen *ein sehr schönes Mädchen;* und Gott schuf den Menschen ihm (= sich) **zum** Bilde (1. Buch Mose 1,27) [< ahd. *bilodi, -adi, -idi* „Wesen, Gestaltetes", dann „Abbild, Nachbildung"]

**bilden** ⟨V.; hat⟩ **I** ⟨V. t.⟩ **1** *erzeugen, machen, hervorbringen, schaffen* **2** *gründen, einrichten* (Gesellschaft, Staat, Verein) **3** *formen, gestalten* **4** *sein* **5** *Bildung vermitteln, belehren, erziehen* ◆**Bücher** können bilden; jmds. **Charakter,** Verstand bilden; die **Fälle,** Verbformen (von Wörtern) bilden; sein Vortrag bildete den **Höhepunkt** des Abends *war der H.;* die Kinder bildeten einen **Kreis;** das Wort „Vieh" bildet keinen **Plural;** eine **Regierung** bilden; aus zehn Buchstaben ein **Wort** bilden (bei Buchstabenrätseln) ◆eine Gestalt, Figur **aus** od. **in** Marmor, Ton bilden ◆bildende Kunst ⟨Sammelbez. für⟩ *Baukunst, Plastik, Malerei, Grafik;* gebildet sein *Bildung besitzen;* wissenschaftlich gebildet sein **II** ⟨V. refl.⟩ sich bilden **1** *entstehen, sich entwickeln* **2** *sich Bildung aneignen* ◆ein Geschwür, Nebel, Rauch, Staub bildet sich; sich eine Meinung, ein Urteil über etwas bilden [< ahd. *biliden* „einer Sache Gestalt u. Wesen geben", dann *bilidon* „eine vorgebildete Gestalt nachbilden"]

**Bilderbuch** ⟨n. 12u⟩ *Buch mit vielen Bildern u. wenig Text, bes. für Kinder*

**Bilderbuch...** ⟨in Zus.; umg.⟩ *sehr gut, sehr schön, ohne Probleme, wie im Bilderbuch,* ◆z. B. Bilderbuchlandung (eines Flugzeugs), Bilderbuchwetter

**Bilderschrift** ⟨f. 20⟩ *Vorform der Schrift, bei der ein Wort, Satz od. Gedankenzusammenhang durch ein Bild od. bildhaftes Zeichen ausgedrückt wird, z. B. die Hieroglyphen, die Schrift der Maya;* Sy *Piktographie*

**Bilderverehrung** ⟨f. 20; unz.; Rel.⟩ *Bilderkult, religiöse Verehrung von Bildern Gottes, Christi, der Muttergottes sowie von Heiligen;* Sy *Ikonolatrie*

**Bildfrequenz** ⟨f. 20⟩ **1** ⟨Film⟩ *Zahl der in einer Sekunde aufgenommenen bzw. vorgeführten Bilder (Stummfilm 16, Tonfilm 24)* **2** ⟨TV⟩ *Anzahl der in einer Sekunde gesendeten Bilder (Europa 25, USA 30)*

**bildhaft** ⟨Adj.; -er, am -esten⟩ **1** *in der Art eines Bildes* **2** ⟨fig.⟩ *plastisch, anschaulich, deutlich* ◆bildhafte Darstellung; bildhafte Vorstellung

**bildhübsch** ⟨Adj.⟩ *sehr hübsch, sehr schön anzusehen*

**bildlich** ⟨Adv.⟩ *in Bildern, mithilfe eines Bildes od. von Bildern* ◆bildlicher Ausdruck *Ausdruck, der ein Bild gebraucht, um einen Gegenstand od. Sachverhalt anschaul. od. poet. darzustellen,* z. B. „Segler der Lüfte" für „Wolken" (Schiller); eine Sache bildlich darstellen; ich kann mir seine Begeisterung bildlich vorstellen ⟨fig.⟩ *sehr gut, genau*

**Bildnis** ⟨n. 11⟩ *bildl. Darstellung eines Menschen;* Sy *Porträt*

**Bildredaktion** ⟨f. 20⟩ *Redaktion in Verlag u. Zeitung od. Zeitschrift, die für die Beschaffung von Bildern u. die Bebilderung der Verlagswerke zuständig ist*

**Bildschärfe** ⟨f. 19; unz.⟩ *Schärfe, Klarheit des (fotograf.) Bildes*

**Bildschirm** ⟨m. 1⟩ *Vorderteil der Fernsehempfangsröhre od. eines Monitors, auf dem das Bild erscheint*

**bildschön** ⟨Adj.⟩ *schön wie ein Bild, sehr schön*

**Bildstörung** ⟨f. 20⟩ *Ausfall od. Störung des Fernsehbildes*

**Bildung** ⟨f. 20⟩ **I** ⟨zählb.⟩ **1** *das Bilden, Sichbilden* **2** *Gestalt, Gesichtsschnitt* (Gesichtsbildung, Körperbildung) **3** *Form, Gestalt* (Wolkenbildung) ◆Bildung eines **Ausschusses,** einer Regierung, eines Vereins; Bildung einer **Form;** Bildung eines Wortes ◆Bildung **von** Nebel **II** ⟨unz.⟩ **1** *geistige u. innere Formung* **2** *Anstand, Takt u. Herzensgüte* (Herzensbildung) ◆sich Bildung **aneignen;** jmdm. Bildung **beibringen;** (keine) Bildung **haben** ⟨umg.⟩ *(nicht) gebildet sein* ◆ein Mann **von** Bildung; das zu wissen gehört **zur** allgemeinen Bildung *das muss man wissen, wenn man als gebildet gelten will* [< spätahd. *bildunga* „Schöpfung, Verfertigung", dann „äußere Erscheinung, bes. des Gesichts" (18. Jh.), dann „Geisteskultur"]

**Bildungsgewebe** ⟨n. 13; unz.⟩ *pflanzl. Gewebe, in dem Zellteilung u. Neubildung stattfinden, Teilungsgewebe*

**Bildungspolitik** ⟨f. 20; unz.⟩ *das Bildungswesen betreffende Politik*

**Bildungswärme** ⟨f. 19; unz.⟩ *bei der Bildung einer chem. Verbindung aufgenommene od. abgegebene Wärme*

**Bildwandler** ⟨m. 3; Opt.; Med.⟩ *optisches Gerät, das die nicht sichtbaren (infra- u. ultravioletten) Lichtstrahlen in sichtbare umwandelt u. sowohl in der Röntgenpraxis als auch für Nachtaufnahmen verwendet wird*

**Bildweite** ⟨f. 19⟩ **1** ⟨Phys.⟩ *Abstand des Schnittpunktes von Bild u. optischer Achse vom Mittelpunkt der Linse* **2** ⟨Fot.⟩ *Entfernung zwischen Objektiv u. Film bei näherer Einstellung als „unendlich";* → a. *Brennweite*

**Bildwörterbuch** ⟨n. 12u⟩ *Wörterbuch, in dem die Wörter u. a. durch Bilder erklärt werden*

**Bilge** ⟨f. 19⟩ *Kielraum des Schiffes* [engl., „Schiffsbauch"]

**Bilharzie** ⟨[-tsiə] f. 19; Zool.⟩ = *Pärchenegel*

**bili..., Bili...** ⟨in Zus.⟩ *galle(n)..., Galle(n)...,* z. B. biliös, Bilirubin [< lat. *bilis* „Galle"]

**bilingual** ⟨Adj.⟩ = *zweisprachig*

**Bilingualismus** ⟨m.; -; unz.⟩ = *Zweisprachigkeit*

**bilinguisch** ⟨Adj.⟩ *zweisprachig* [< lat. *bis* „doppelt" + *lingua* „Sprache"]

**Bilis** ⟨f.; -; unz.⟩ *Gallenflüssigkeit, Galle* [lat.]

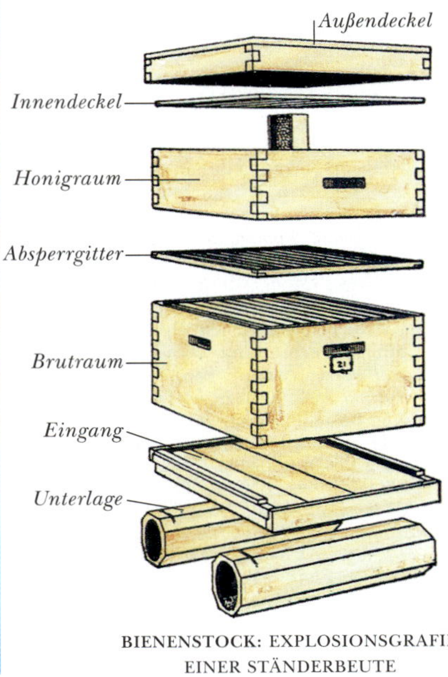


BIENENSTOCK: EXPLOSIONSGRAFIK EINER STÄNDERBEUTE

B

**Billard** 〈['biljart] od. österr. [bi'ja:r] n. 11〉 **1** *Kugelstoßspiel mithilfe eines Stabes (Queue) auf stoffbezogenem Tisch mit federndem Rand (Bande)* **2** *der Tisch dafür* [< frz. *billard* „krummer Stab", *bille* „Kugel"]

**Bille**[1] 〈f. 19〉 *Heckrundung des Schiffes* [eigtl. „Hinterbacke" < mnddt. *(ars)bille;* → *Ball*[1]]

**Bille**[2] 〈f. 19〉 *doppelschneidige Hacke, Steinhaue* [< ahd. *bil* „Spitzhacke, Steinhaue", engl. *bill*]

**Billett** 〈[bil'jɛt] n. 15 od. n. 11〉 *Fahrkarte, Eintrittskarte* [< frz. *billet* „kleines (versiegeltes) Handschreiben"]

BIMSSTEIN

**Billiarde** 〈f. 19〉 *1000 Billionen*

**billig** 〈Adj.〉 **1** *wohlfeil, preiswert, günstig;* Ggs *teuer (1)* **2** *gerecht, berechtigt, angemessen, vernünftig* **3** *minderwertig, dürftig* **4** *abgedroschen, nichts sagend* ◆ eine billige **Ausrede,** Redensart; ein billiges **Kleid;** ein billiger **Trost** ◆ eine Ware billig **kaufen,** verkaufen; hier kann man sehr billig **leben** [< ahd. *billich* „ebenmäßig, angemessen, geziemend"]

**billigen** 〈V. t.; hat〉 *gutheißen, genehmigen, einwilligen in, einverstanden sein mit* ◆ jmds. Verhalten, einen Vorschlag billigen [< mhd. *billichen* „für angemessen erklären"]

**Billigung** 〈f. 20; unz.〉 **1** *das Billigen* **2** *Zustimmung, Einverständnis* ◆ die Sache findet (nicht) meine Billigung 〈besser〉 *ich kann sie (nicht) billigen*

**Billigware** 〈f. 19〉 *Ware zu herabgesetztem Preis*

**Billion** 〈f. 20; Dtschld.; Engl.〉 **1** *eine Million Millionen* **2** 〈Frankr. bis 1948, USA, Russland〉 *1000 Milliarden = eine Milliarde* [frz.]

**Billionstel** 〈n. 13〉 *der billionste Teil*

**Bimetall** 〈n. 11; unz.〉 *zwei aufeinander geschweißte Metallstreifen mit verschiedenen Ausdehnungskoeffizienten* [< lat. *bis* „doppelt" + *metallum* „Metall"]

**bimmeln** 〈V. i.; hat; umg.; scherzh.〉 *klingeln, läuten*

**Bimsstein** 〈m. 1; unz.〉 ▲ *graues, schaumiges Vulkangestein, als Schleif- u. Poliermittel u. zum Reinigen der Hände verwendet* [< ahd. *bumiz* < lat. *pumex* „Bimsstein"]

**bin** 〈1. Pers. Sing. Präs. von〉 *sein* [< ahd. *bin,* älter *bim*]

**bin..., Bin...** 〈Vors.〉 = *bi..., Bi...*

**binar, binär** 〈Adj.〉 *aus zwei Einheiten bestehend* (Stoff, System, Ziffer); Sy *binarisch* ◆ binare Nomenklatur 〈Biol.〉 *die aus zwei Namen bestehende Nomenklatur für die wissenschaftl. Systematik des Tier- u. Pflanzenreiches;* binares System 〈Math.〉 = *Dualsystem;* binares System 〈Chem.〉 *Gemisch aus zwei verschiedenen Bestandteilen;* Sy *Zweistoffsystem;* binare Verbindung *chem. Verbindung aus zwei verschiedenen Elementen mit der allg. Formel* $A_xB_y$ [< frz. *binaire* „aus zwei Einheiten bestehend"; zu lat. *bini* „je zwei"]

**Binärcode** 〈[-ko:d] m. 6; EDV; fachsprachl.〉 *aus zwei Zeichen bestehender Code*

**binarisch** 〈Adj.〉 = *binar, binär*

**Binärziffer** 〈f. 21; EDV; Zeichen: Bit〉 *einzelne, mit nur zwei verschiedenen Zeichen (meist 0 u. 1) belegte Stelle einer im binären System dargestellten Zahl*

**Binde** 〈f. 19〉 **1** *Streifen aus Verbandstoff zum Verbinden* (Mullbinde) **2** *Stoffstreifen als Schmuck* (Stirnbinde), *Schlips, Krawatte* (Halsbinde) *od. Abzeichen* (Armbinde) ◆ einen hinter die Binde gießen 〈umg.; scherzh.〉 *Alkohol trinken;* den Arm in der Binde tragen

BINSE: HAINBINSE (*Luzula* species)

**Bindegewebe** 〈n. 13; unz.; Anat.〉 *Stützgewebe aus Zellen u. Fasern, das zum Aufbau des Körpers dient u. Bänder u. Sehnen bildet*

**Bindeglied** 〈n. 12〉 **1** *Zwischenstück (in einer Kette)* **2** 〈fig.〉 *Verbindung, Vermittler*

**Bindehaut** 〈f. 7u〉 *schleimige, die Innenseite der Augenlider u. die Vorderseite des Augapfels überziehende Haut*

**Bindemittel** 〈n. 13〉 *Stoff zum Binden, Zusammenhalten, Verkleben anderer Stoffe*

**binden** 〈V. 111; hat〉 **I** 〈V. t.〉 **1** *mit Band, Faden, Riemen, Kette o. Ä. festmachen, verbinden, verknüpfen, zusammenfügen* **2** 〈Gramm.; Mus.〉 *miteinander verbinden, ohne Unterbrechung aufeinander folgen lassen* (Töne) **3** 〈Chem.〉 *miteinander vereinigen* (Stoffe) **4** 〈allg.〉 *fesseln* (Personen) ◆ **Besen** binden; **Bücher** binden *mit Rücken u. Deckeln versehen;* **Fässer** binden *bereifen;* einem Gefangenen die **Hände** (u. Füße) binden; feindliche **Kräfte** binden *kämpfend festhalten;* die **Krawatte,** eine Schleife binden *formgerecht schlingen;* mehrere **Töne** binden ◆ einen Baum **an** einen Pfahl binden; einen Kranz **aus** Blumen binden; Korn **in** Garben binden; eine Soße **mit** Mehl binden; jmdm. ein Tuch **um** die Augen binden ◆ ihm sind die Hände gebunden 〈fig.〉 *er kann nicht handeln, wie er möchte;* sich als gebunden betrachten *sich durch Abmachung, Zusage verpflichtet fühlen, sich als verlobt betrachten;* eine bindende Abmachung *eine verpflichtende Abmachung;* mehrere Töne gebunden singen od. spielen **II** 〈V. refl.〉 **1** sich binden 〈fig.〉 **1.1** *sich verpflichten* **1.2** *sich verloben* **2** sich an eine Frau, einen Mann binden *mit ihr, ihm ein festes Verhältnis eingehen, sich verloben* [< ahd. *bintan,* engl. *bind*]

**Binder** 〈m. 3〉 **1** *jmd., der etwas bindet* (Besenbinder, Fassbinder) **2** *Maschine, die etwas bindet* (Garbenbinder, Mähbinder) **3** *Schlips, Krawatte* **4** 〈Arch.〉 ▼ *auf den Mauern ruhender Trag- od. Versteifungsbalken des Dachstuhls* (Dachbinder) **5** *Mauerstein, der mit der Schmalseite nach außen liegt;* Ggs *Läufer (5)*

**Bindestrich** 〈m. 1〉 *kurzer Querstrich, der zwei Wörter verbindet od. als Silbentrennungszeichen*

**Bindewort** 〈n. 12u; Gramm.〉 *Wort, das zwei Haupt- bzw. Nebensätze od. einen Haupt- u. einen Nebensatz miteinander verbindet;* Sy *Konjunktion (1)*

**Bindfaden** 〈m. 4u〉 *Faden zum Binden, dünne Schnur, dünner Strick* ◆ es regnet wie so oft Bindfäden 〈umg.; scherzh.〉 *sehr stark und lange andauernd*

**Bindung** 〈f. 20〉 **1** *das Binden* **2** *das Gebundensein* **3** *Zusammenhalt* **4** *Verbindung, Verknüpfung* **5** *pausenlose Folge* **6** *Schnalle u. Riemen am Ski od. Schlittschuh zum Festhalten des Stiefels* **7** *die Art, wie sich in einem Gewebe die Fäden kreuzen* (Leinwandbindung, Kreuzbindung, Atlasbindung) **8** 〈Phys.〉 *Zusammenhalt zweier od. mehrerer atomarer od. subatomarer Teilchen* **9** 〈Chem.; kurz für〉 *chemische Bindung* **10** 〈fig.〉 *Verpflichtung* ◆ freundschaftliche Bindungen; eine feste Bindung eingehen

**Bingo** 〈n.; - od. -s; unz.〉 *Glücksspiel, bei dem jeder Mitspieler eine od. mehrere Karten mit unterschiedlichen Zahlenreihen erhält, der Spielleiter nennt verschiedene Zahlen, u. es gewinnt derjenige, der als erster eine zusammenhängende Reihe von fünf Zahlen vorzuweisen hat u. „Bingo" ruft* [nach dem Ausruf des Gewinners, vielleicht zu engl. *bing* „kling (lautmalend, den Klang einer angestoßenen Glocke nachahmend)"]

**binnen** 〈Präp.; meist zeitl.〉 *innerhalb, im Laufe von* ◆ binnen Jahresfrist; binnen 24 Stunden; binnen kurzem *bald* [< ahd. *bi* + *innan;* → *bei, innen*]

**Binnenland** 〈n. 12u〉 *küstenfernes Land*

**Binnenmeer** 〈n. 11〉 *mit den Weltmeeren nur durch enge Durchlässe verbundenes Meer,* z. B. das Schwarze Meer

**Binode** 〈f. 19〉 *zwei Systeme von Elektronenröhren innerhalb eines Glaskolbens* [< lat. *bini* „zwei auf einmal" + grch. *hodos* „Weg"]

**binokular** 〈Adj.〉 *für das Sehen mit beiden Augen eingerichtet* [< frz. *binocle* < lat. *bini* „zwei auf einmal" + *oculus* „Auge"]

**Binom** 〈n. 11〉 **1** *mathemat. Ausdruck mit zwei Gliedern,* z. B. (a + b) **2** *zweigliedriger Tier- od. Pflanzenname* [< lat. *bis* „doppelt" + *nomen* „Name"]

**binomisch** 〈Adj.; Math.〉 *in der Art eines Binoms, zweigliedrig* ◆ binomischer Lehrsatz *Lehrsatz zur Entwicklung der Potenz eines Binoms,* z. B. $(a + b)^2 = a^2 + 2ab + b^2$

**Binse** 〈f. 19; Bot.〉 ◄ *zur Familie der Binsengewächse (Juncaceae) gehörige, linienartige Pflanze mit stängelähnl., markerfüllten Blättern, die für Geflechte verwendet werden: Juncus* ◆ in die Binsen gehen 〈fig.〉 *verloren, kaputt-, schief gehen* [< ahd. *binuz,* engl. *bent;* in der fig. Bedeutung wahrscheinlich nach der vor dem Hund in die Binsen flüchtenden Wildente]

**Binsenwahrheit** 〈f. 20〉, **Binsenweisheit** 〈f. 20〉 *eine selbstverständliche, unbestrittene Behauptung, eine allgemein bekannte Wahrheit, Tatsache* [nach dem Geheimnis des Königs Midas (dem Apoll Eselsohren angezaubert hatte), das sein Barbier, zum Schweigen verpflichtet, den Binsen am Flussufer anvertraute, die es natürlich sofort in alle Winde flüsterten]

**bio..., Bio...** 〈in Zus.〉 *leben(s)..., Leben(s)...* [zu grch. *bios* „Leben"]

**Biochemie** 〈[-çe-] f. 19; unz.〉 *Wissenschaft von den molekularen Grundlagen der Lebenserscheinungen, die das Zusammenwirken der chem. Verbindungen, die am Aufbau der Lebewesen u. an ihrem Stoffwechsel beteiligt sind, untersucht;* Sy *physiologische Chemie* [< grch. *bios* „Leben" + *Chemie*]

**biochemisch** 〈[-çe-] Adj.〉 *die Biochemie betreffend, zu ihr gehörig, auf ihr beruhend*

**Biochorion** 〈[-ko:-] n.; -s, -rien〉 *engerer Lebensbereich innerhalb eines bestimmten Biotops* [< grch. *bios* „Leben" + *chora* „Raum, Ort"]

**Biogas** 〈n. 11〉 *durch bakterielle Zersetzung organ. Substanzen entstehendes (Faul-)Gas*

**biogen** 〈Adj.〉 *von Lebewesen stammend*

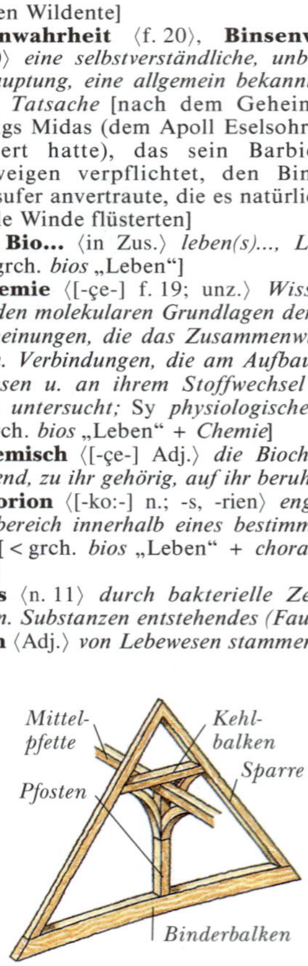


BINDER ALS VERBINDUNG DER SPARREN IM DACHSTUHL

B

**Biogenese** ⟨f. 19⟩ **1** *Entstehung des Lebens* **2** *Entstehungsgeschichte der Lebewesen*

**biogenetisch** ⟨Adj.⟩ *die Biogenese betreffend, zu ihr gehörig, auf ihr beruhend* ◆ biogenetische Grundregel *biologische Regel, nach der die Entwicklung eines Einzelwesens einer verkürzten Stammesentwicklung entspricht*

BIRKE: PAPIERBIRKE
*(Betula papyrifera)*

**Biograf** ⟨m. 16; Lit.⟩ *Verfasser einer Biografie;* oV *Biograph*

**Biografie** ⟨f. 19; Lit.⟩ = *Lebensbeschreibung;* oV *Biographie* [< grch. *bios* „Leben" + *graphein* „schreiben"]

**biografisch** ⟨Adj.; Lit.⟩ *eine Biografie betreffend, in der Art einer Biogr.;* oV *biographisch*

**Biograph** ⟨m. 16; Lit.⟩ = *Biograf*

**Biographie** ⟨f. 19; Lit.⟩ = *Biografie*

**biographisch** ⟨Adj.; Lit.⟩ = *biografisch*

**Biologe** ⟨m. 17⟩ *Wissenschaftler, Student der Biologie*

**Biologie** ⟨f. 19; unz.⟩ *Wissenschaft vom Leben u. von den Lebewesen* [< grch. *bios* „Leben" + *logos* „Rede, Kunde"]

**biologisch** ⟨Adj.⟩ **1** *die Biologie betreffend, zu ihr gehörig, auf ihr beruhend* **2** *ohne chem. Stoffe, ohne Giftstoffe* ◆ biologischer Anbau von Gemüse; biologische Waffen *Bakterien, Viren u. a. Seuchen verbreitende Mittel einer Kriegsführung (völkerrechtlich verboten)*

**Biolyse** ⟨f. 19⟩ *Zersetzung von organischer Substanz durch lebende Organismen* [< grch. *bios* „Leben" + *lysis* „Lösung"]

**biolytisch** ⟨Adj.⟩ *auf Biolyse beruhend*

**Biomasse** ⟨f. 19⟩ *Gesamtheit der durch Lebewesen entstehenden organischen Substanz*

**biomorph** ⟨Adj.⟩ *von den natürlichen Lebensvorgängen beeinflusst*

**Bionik** ⟨f. 20; unz.⟩ *Wissenschaft, die die Grenzgebiete zwischen Biologie und Technik untersucht* [verkürzt < *Bio*logie + Tech*nik*]

**bionisch** ⟨Adj.⟩ *die Bionik betreffend, zu ihr gehörig*

**Bionomie** ⟨f. 19; unz.⟩ *Lehre von den Gesetzen des organ. Lebens* [< grch. *bios* „Leben" + *nomos* „Gesetz"]

**Biont** ⟨m. 16⟩ *(selbständiges) Lebewesen* [< grch. *bios* „Leben" + *on,* Gen. *ontos* „seiend"]

**Biophysik** ⟨f. 20; unz.⟩ *Wissenschaft von den physikal. Vorgängen in Lebewesen*

**Biopsie** ⟨f. 19⟩ *Untersuchung von Gewebe, das einem lebenden Organismus entnommen ist*

**Bios** ⟨m.; -; unz.⟩ *das Leben* [grch.]

**Biosphäre** ⟨f. 19⟩ *der von Lebewesen bewohnte od. bewohnbare Raum* [< grch. *bios* „Leben" + *sphaira* „Ball, Kugel, Erdkugel"]

**Biosynthese** ⟨f. 19⟩ *Aufbau organischer Substanzen in der lebenden Zelle*

**Biotechnik** ⟨f. 20; unz⟩ *Nutzbarmachung biologischer Vorgänge unter technisch kontrollierten Bedingungen, um eine hohe Ausbeute (z. B. an bestimmten Wirkstoffen) zu erzielen;* Sy *Biotechnologie* [< grch. *bios* „Leben" + *Technik*]

**biotechnisch** ⟨Adj.⟩ *die Biotechnik betreffend, zu ihr gehörig, auf ihr beruhend*

**Biotechnologie** ⟨f. 19; unz.⟩ = *Biotechnik*

**Biotin** ⟨n.; -s; unz.⟩ *das Vitamin H* [zu grch. *bios* „Leben"]

**biotisch** ⟨Adj.⟩ *auf Lebewesen, auf das Leben bezüglich, Lebens...*

**Biotonne** ⟨f. 19⟩ *Mülltonne für organische Haushaltsabfälle*

**Biotop** ⟨m. 1 od. n. 11⟩ *Lebensraum von Tier- u. Pflanzenarten, die ähnl. Umweltbedingungen verlangen* [< grch. *bios* „Leben" + *topos* „Ort, Raum"]

**Biozönose** ⟨f. 19; Biol.⟩ *Lebensgemeinschaft verschiedener Tier- u. Pflanzenarten, die ähnliche Umweltbedingungen verlangen* [< grch. *bios* „Leben" + *koinos* „gemeinsam"]

**biozönotisch** ⟨Adj.; Biol.⟩ *auf Biozönose beruhend, in der Art der Biozönose*

**Biphenyl** ⟨n. 11; unz.⟩ *aromatische Verbindung aus zwei Phenylringen, die zur Konservierung von Zitrusfrüchten verwendet wird*

**bipolar** ⟨Adj.⟩ = *zweipolig*

**Bipolarität** ⟨f. 20; unz.⟩ = *Zweipoligkeit* [< lat. *bis* „doppelt" + *Polarität*]

**Birke** ⟨f. 19; Bot.⟩ ▲ *einhäusiger Laubbaum aus der Familie der Birkengewächse (Betulaceae) mit weißer Borke, Kätzchenblüten u. geflügelten Früchten: Betula;* ► *Bäume* [< ahd. *birka,* engl. *birch*]

**Birkhahn** ⟨m. 1u⟩ *männl. Birkhuhn*

**Birkhuhn** ⟨n. 12u⟩ *Raufußhuhn europäischer Moore u. Heiden von der Größe des Haushuhns: Lyrurus tetrix*

**Birmane** ⟨m. 17⟩ *Angehöriger eines tibetochines. Volkes in Birma;* Sy *Burmane, Myanmare*

**Birnbaum** ⟨m. 1u⟩ *Kernobstgewächs mit längl. Früchten: Pyrus*

**Birne** ⟨f. 19⟩ **1** *Frucht des Birnbaums* **2** *elektrischer Glühkörper* (Glühbirne) **3** *birnenförmiges Glasgefäß* **4** ⟨Mus.⟩ *Teil der Klarinette zwischen Mundstück u. Röhre* **5** ⟨umg.; scherzh.⟩ *Kopf* ◆ eine 100-**Watt**-Birne ◆ die Birne ist **durchgebrannt;** eine neue Birne **einsetzen,** einschrauben ◆ eine **gelbe,** reife, süße Birne ◆ jmd. eins (= einen Schlag) **auf** od. **vor** die Birne geben ⟨umg.⟩ *ihn auf den Kopf schlagen*

**bis I** ⟨Präp.⟩ **1** *hin, nach (zum Endpunkt einer örtlichen od. zeitlichen Strecke)* ⟨a. fig.⟩ **1.1** ⟨örtl.⟩ *hin zu einem bestimmten Punkt od. Ort* **1.2** ⟨zeitl.⟩ *hin zu einem bestimmten Zeitpunkt* **2** ⟨zur Bez. einer nicht genau bestimmten Menge od. Güte, eines Zwischenwertes⟩ *hin zu einem ungefähren Wert* ◆ eine Arbeit mit „zwei bis drei" zensieren; vier bis fünf Mark; von Berlin bis **München** ◆ bis **an** die Knie im Wasser stehen; bis **auf** weiteres *solange keine neuen Anweisungen erfolgen, auf unbestimmte Zeit;* der Ball ist bis aufs Dach geflogen *aufs Dach hinauf;* alle bis auf einen *alle mit einer Ausnahme;* bis auf Widerruf; bis **bald!,** bis gleich!, bis später! *(umg. Grußformeln) wir sehen uns bald, gleich, später wieder;* bis **dahin** vergeht noch viel Zeit; bis dahin begleite ich dich noch; ich warte bis **drei** Uhr; bis **gegen** Mitternacht; bis **heute;** bis **hierher;** bis **in** den Abend hinein; bis ins Kleinste, Letzte *sehr genau, sehr gründlich;* bis **jetzt;** bis **morgen;** bis **nach** Weihnachten; bis nach Hannover; bis **übers** Jahr; er brachte sie bis **vor** die Tür; von morgens bis abends; bis **wann** kann ich das Buch behalten?; Eintritt für Kinder bis **zu** sechs Jahren frei; wir wollen es nicht bis zum Äußersten kommen lassen **II** ⟨Konj.; zur Einleitung eines Temporalsatzes⟩ ich warte, bis er kommt; du überlegst so lange, bis es zu spät ist [< mhd. *biz* < bi + *ze;* → *bei, zu*]

BISMUT

**Bisamratte** ⟨f. 19; Zool.⟩ *amphibisch lebendes Nagetier von der Größe eines Kaninchens aus der Familie der Wühlmäuse: Ondathra zibethica;* Sy *Zibetratte*

**Bisamtier** ⟨n. 11; Zool.⟩ ► = *Moschustier (2)*

**Bischof** ⟨m. 1u⟩ **1** *oberster geistl. Würdenträger eines begrenzten Gebietes (eines Bistums, einer Diözese)* **2** *kaltes Getränk aus Rotwein u. Pomeranzenschalen* [< ahd. *biscof,* engl. *bishop,* got. *aipiskaupus* < grch. *episkopos* „Aufseher"]

**Bischofsstab** ⟨m. 1u⟩ ▼ *elfenbeinerner Stab des Bischofs mit hakenförmig gekrümmter Krücke;* Sy *Hirtenstab, Krummstab*

**Bisexualität** ⟨f. 20; unz.⟩ **1** ⟨Biol.⟩ *Zweigeschlechtigkeit* **2** ⟨allg.⟩ *Zuneigung sowohl zum eigenen als auch zum anderen Geschlecht* [< lat. *bis* „doppelt" + *Sexualität*]

**bisexuell** ⟨Adj.⟩ Sy ⟨kurz⟩ *bi* **1** *zweigeschlechtig* **2** *mit beiden Geschlechtern sexuell verkehrend* [< lat. *bis* „doppelt" + *sexuell*]

**bisher** ⟨Adv.; schweiz.⟩ *bis jetzt, bislang*

**bisherig** ⟨Adj.⟩ *bisher gewesen, bisher stattgefunden habend, vergangen* ◆ meine bisherige Wohnung

BISCHOFSSTAB: ORNAMENT AM OBEREN ENDE EINES BISCHOFSSTABES

**Biskuit** ⟨n. 15 od. n. 11⟩ *leichtes, feines Gebäck aus Eiern, Mehl u. Zucker ohne Fett* [< frz. *biscuit* < ital. *biscotto* < lat. *bis* „doppelt" + *coctus* „gebacken"]

**bislang** ⟨Adv.⟩ *bisher, bis jetzt* [eigtl. „bis so lange"]

**Bismut** ⟨n.; -s od. -es; unz.; Chem.; Zeichen: Bi⟩ ▼ *silberweißes Metall, Ordnungszahl 83;* oV *Wismut* [< *Wiese* + *muten* < mhd. *muoten* „etwas haben wollen", bergmänn. „an einem unverliehenen Ort Erz abbauen"]

**Bison** ⟨m. 6⟩ *in Nordamerika heimisches, braunes Wildrind mit schwarzer Mähne: Bison bison* [< lat. *bison;* → *Wisent*]

**Biss** ⟨m. 1⟩ **1** *das Hineinbeißen mit den Zähnen* **2** *Verletzung durch Beißen* (Hundebiss) **3** ⟨fig.⟩ *Ehrgeiz, Durchsetzungsvermögen* ◆ Biss beweisen, zeigen ⟨fig.⟩

**bisschen** ⟨unbest. Num.⟩ *wenig* ◆ das bisschen Schnee, das heute gefallen ist; **ein** bisschen *ein wenig, eine Kleinigkeit, etwas;* ein bisschen Brot, Geld, Liebe; **kein** bisschen *gar nicht(s), überhaupt nicht(s), gar kein;* es ist kein bisschen Wurst mehr da; das Kind hat kein bisschen geweint; geh ein bisschen **schneller!** [eigtl. „kleiner Bissen"]

**Bissen** ⟨m. 4⟩ **1** *die Menge, die man auf einmal abbeißen kann, Mund voll* **2** ⟨fig.⟩ *eine Kleinigkeit zu essen, Happen* ◆ ein Bissen **Brot** ◆ ich muss rasch erst einen Bissen **essen;** einen **großen** Bissen machen, nehmen; er hat sich jeden Bissen vom Munde abgespart *er hat auf vieles verzichtet;* ich mag heute **keinen** Bissen anrühren; ihm blieb vor Schreck der Bissen **im** Halse stecken

**bissig** ⟨Adj.⟩ **1** *schnell, gern beißend, durch Beißen angreifend* (Tier, bes. Hund u. Pferd) **2** ⟨fig.⟩ *scharf, höhnisch, auf barsche Weise verletzend* ◆ eine bissige Bemerkung, Kritik; Vorsicht, bissiger Hund! *(Warnungsschild an Hof- od. Gartentüren)*

**bist** ⟨2. Pers. Sing. Präs. von⟩ *sein*

**Bistro** ⟨[-tro:] n. 15; in Frankreich⟩ *kleines Gasthaus* [frz., „Weinhändler, Getränkehändler"]

**Bistum** ⟨n. 12u⟩ *Verwaltungsbereich eines Bischofs;* Sy *Diözese* [< ahd. *biscoftuom*]

**bisweilen** ⟨Adv.⟩ *manchmal, ab und zu*

**bit** ⟨EDV; Zeichen für engl.⟩ *Bit*

**Bit** ⟨n.; - od. -s, - od. -s; Zeichen: bit, bt; EDV⟩ *Maßeinheit für den Informationsgehalt, entsprechend einer Binärziffer (0 od. 1)* [verkürzt < engl. *binary digit* „Binärziffer"]

**bitte** ⟨Adv.; Höflichkeitsformel⟩ **1** *sei od. seien Sie so freundlich!* **2** *wenn ich dich od. Sie darum bitten darf!* **3** *gern, selbstverständlich, ja* **4** *wenn du willst, wenn Sie wollen!* ◆ bitte! hab' ich's nicht gesagt? *dazu braucht man nichts weiter zu sagen!; ich hab's doch gewusst!;* sieh dir das bitte an!; oh, Verzeihung! bitte! *es macht nichts, schadet nichts;* vielen Dank! - bitte!; bitte, langen Sie zu, nehmen Sie sich!; hören Sie bitte!; ja, bitte! *(Meldung am Telefon);* Herr Ober, bitte einen **Kaffee!** ◆ **entschuldigen** Sie bitte!; würden Sie mir bitte **helfen?; sagen** Sie mir bitte ...; bitte **wenden!** ⟨Abk.: b. w.⟩ *(Aufforderung am Ende einer Seite eines Formulars o. Ä.)* ◆ komm bitte etwas **später** ◆ **wie** bitte? *(Rückfrage bei nicht verstandener Äußerung)*

BLASENTANG
*(Fucus vesiculosus)*

**Bitte** ⟨f. 19⟩ *Mitteilung eines Wunsches, Wunsch, höfliches Verlangen, Gesuch, Ersuchen* ◆ jmdm. eine Bitte **abschlagen;** eine Bitte **aussprechen,** äußern; eine Bitte **erfüllen,** gewähren; ich **habe** eine Bitte ◆ **dringende,** flehentliche Bitte ◆ ich habe, ⟨od.⟩ hätte eine Bitte **an** Sie; an jmdn. eine Bitte richten, stellen *jmdn. bitten;* **auf** seine dringende Bitte hin bin ich gekommen

**bitten** ⟨V. t. 112; hat⟩ *höfl. auffordern, ersuchen* ◆ „...?", bat er; ich bitte Sie, mir zu helfen; ich bitte Sie! *aber nein!, hält man das für möglich?;* aber ich bitte dich! *aber selbstverständlich!, das ist doch keine Frage!* ◆ wenn ich bitten **darf;** sich lange bitten **lassen;** da **muss** ich doch sehr bitten! *das gehört sich nicht!* ◆ jmdn. **dringend,** flehentlich bitten ◆ **auf** Bitten von Herrn Müller; **durch** vieles Bitten hat er schließlich erreicht, dass ...; **für** jmdn. bitten *zu jmds. Gunsten sprechen;* **um** etwas bitten *eine Bitte aussprechen, um etwas zu erhalten;* ich bitte Sie (herzlich) darum; ich bitte (tausendmal) um Entschuldigung; ich bitte ums Wort *ich möchte jetzt sprechen (in einer Versammlung);* du kannst bitten **und** betteln, so viel du willst, ich tue es doch nicht; ich hatte ihn mehrfach gebeten **zu** warten; jmdn. zu sich bitten *jmdn. einladen, jmdn. zu sich kommen lassen;* jmdn. zu Tisch bitten *auffordern, zum Essen zu kommen* ◆ darum möchte ich gebeten haben! *das bitte ich mir aus, das verlange ich;* er will immer erst gebeten sein [< ahd. *bitten,* engl. *bid*]

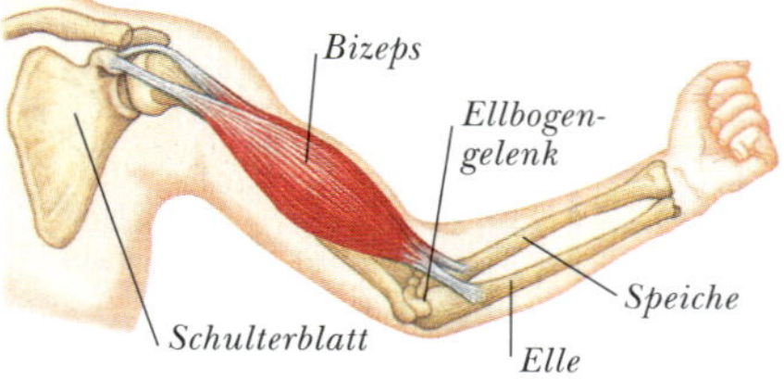


BIZEPS: ARM DES MENSCHEN MIT DEM BIZEPS

**bitter** ⟨Adj.⟩ **1** *sehr herb* (Geschmack) **2** ⟨fig.⟩ *hart, schmerzlich* **3** ⟨fig.; verstärkend⟩ *sehr, tüchtig* **4** ⟨fig.⟩ *verbittert, unfroh, an nichts mehr Freude habend* ◆ aus dem harmlosen Streit wurde bitterer **Ernst;** einen bitteren **Geschmack** im Munde haben; bittere **Kälte;** bittere **Not** leiden; jmdm. bittere **Vorwürfe** machen ◆ eine Tat bitter **bereuen;** einen Bitteren **trinken** *einen stark gewürzten Likör, einen Magenbitter;* er ist durch böse Erfahrungen bitter **geworden** ◆ bitter **arm** sein; es ist mir bitter **ernst** damit!; es ist bitter **kalt;** er hat das Geld bitter **nötig** [< ahd. *bittar,* engl. *bitter*]

**Bitterkeit** ⟨f. 20; unz.⟩ **1** *bittere Beschaffenheit, bitterer Geschmack* **2** ⟨fig.⟩ *bitteres Wesen, Verbitterung*

**bitterlich** ⟨Adv.⟩ *heftig, sehr schmerzlich* ◆ bitterlich weinen

**Bitterspat** ⟨m. 1; unz.; Min.⟩ ► = *Dolomit*

**Bitterstoff** ⟨m. 1⟩ *bitterer pflanzl. Stoff zur Herstellung der Bittermittel*

**Bittersüß** ⟨n.; -; unz.⟩ *zu den Nachtschattengewächsen gehörender giftiger, rankender Halbstrauch: Solanum dulcamara*

**Bitterwurz** ⟨f. 20⟩, **Bitterwurzel** ⟨f. 21⟩ *gelber Enzian*

**bitteschön** ⟨Adv.; verstärkend⟩ *bitte*

**Bittschreiben** ⟨n. 14⟩, **Bittschrift** ⟨f. 20⟩ *an eine höhere Stelle gerichtete, förmliche, schriftliche Bitte*

**Bittsteller** ⟨m. 3⟩ *jmd., der förml. etwas erbittet, Verfasser einer Bittschrift*

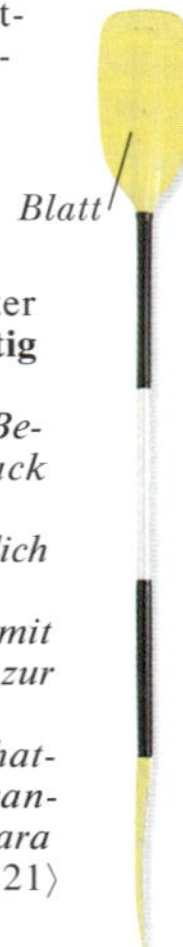


BLATT EINES RUDERS

**Bitumen** ⟨n. 14; unz.⟩ **1** *bei der Aufbereitung von Erdöl anfallende u. natürlich vorkommende teerartige Stoffmischungen, die hauptsächl. im Straßenbau u. zur Dachpappenfertigung verwendet werden* **2** ⟨im amerik. Sprachgebrauch Bez. für⟩ *Asphalte* [lat., „Erdpech"]

**bivalent** ⟨[-va-] Adj.⟩ = *zweiwertig*

**Bivalenz** ⟨[-va-] f. 20; unz.⟩ = *Zweiwertigkeit* [< lat. *bis* „zweimal" + *valere* „gelten, wert sein"]

**Biwak** ⟨n. 11 od. n. 15; Mil.⟩ *Lager im Freien, Feldlager* [< frz. *bivouac* < nddt. *biwake* „Beiwache im Freien neben der in einem Gebäude untergebrachten Hauptwache"]

**bizarr** ⟨Adj.⟩ **1** *seltsam, ungewöhnlich* **2** *wunderlich, verschroben, eigentümlich* ◆ bizarre Formen; bizarres Wesen [< frz. *bizarre* „seltsam" < ital. *bizarro*]

**Bizeps** ⟨m. 1; Anat.⟩ ◄ *zweiköpfiger Muskel, z. B. am Oberarm u. am Oberschenkel* [< lat. „zweiköpfig" < *bis* „doppelt" + *caput* „Kopf"]

**Bizinie** ⟨[-niə] f. 19; Mus.⟩ = *Bicinium*

**bizyklisch** ⟨Adj.⟩ *aus einem Kohlenstoffdoppelring bestehend* (chemischen Verbindung); oV *bicyclisch* [< lat. *bis* „doppelt" + grch. *kyklos* „Kreis"]

**Bk** ⟨Chem.; Zeichen für⟩ *Berkelium*

**Bl.** ⟨Abk. für⟩ *Blatt (14)*

**Blackbox,** ⟨auch⟩ **Black Box** ⟨[blæk-] f.; (-) -, (-) -es; Kyb.⟩ **1** ⟨i. w. S.⟩ *System, das nicht od. nicht vollständig bekannt ist, auf dessen Verhalten man aber durch Beobachtung von Eingabe u. Ausgabe schließen kann* **2** ⟨i. e. S.⟩ *Flugschreiber* [engl., „schwarzer Kasten"]

**Blackout,** ⟨auch⟩ **Black-out** ⟨[blæk'aut] n. 15 od. m. 6⟩ **1** ⟨Theat.⟩ *plötzliches Verdunkeln der Bühne beim Szenenschluss* **2** ⟨umg.⟩ *plötzliche, vorübergehende Bewusstseinstrübung* **3** ⟨Raumfahrt⟩ **3.1** *vorübergehender Verlust der Sehfähigkeit infolge hoher Beschleunigung* **3.2** *vorübergehendes Aussetzen der Funkverbindung mit der Erde beim Eintritt in die Atmosphäre* **4** *vollständiger nächtlicher Stromausfall (in einer Stadt)* [< engl. *black* „schwarz" + *out* „aus"]

**blähen** ⟨V.; hat⟩ **I** ⟨V. t. u. V. i.⟩ **1** *aufblasen, dicht machen* **2** *Darmgase bilden* (Speise) ◆ Hülsenfrüchte, Kohl, Zwiebeln blähen; der Wind bläht die Segel, Gardinen **II** ⟨V. refl.⟩ sich blähen *hohl werden, (an)schwellen* [< ahd. *blajan,* engl. *blow*]

**Blähung** ⟨f. 20⟩ *Gasbildung im Darm* ◆ Blähungen haben; an Blähungen leiden

**blamabel** ⟨Adj.; -bler, am -sten⟩ *eine Blamage verursachend, beschämend* [< frz. *blâmable* „tadelnswert"]

**Blamage** ⟨[-ʒə] f. 19⟩ *beschämende, peinl. Bloßstellung* [zu frz. *blâmer* „tadeln"]

**blamieren** ⟨V. t.; hat⟩ *bloßstellen, zum Gespött machen* ◆ da habe ich mich ja ganz schön blamiert!; jmdn. vor allen Leuten blamieren [< frz. *blâmer* „tadeln"]

**blanchieren** ⟨[blãʃiː-] V. t.; hat⟩ *abbrühen* (Geflügel, Mandeln) [< frz. *blanchir* „weiß machen"]

**blank** ⟨Adj.⟩ **1** *blinkend, glänzend, hell* (Augen, Fensterscheiben, Metall) **2** *sauber, rein* (Fußboden) **3** *abgegriffen, abgewetzt* (Hosenboden, Ärmel) **4** *unverhüllt, bloß, nackt* (Degen, Körper) **5** ⟨nur präd. u. adv.; umg.⟩ *ohne Geld* ◆ auf der blanken **Erde** sitzen; der Blanke **Hans** ⟨poet.⟩ *die Nordsee bei Sturm;* blanker **Unsinn** *barer, bloßer, offensichtl. Unsinn* ◆ eine Farbe blank **haben** ⟨Kart.⟩ *nur eine Karte von einer Farbe haben; die letzte, unstechbare Karte haben;* Fenster, Schuhe blank **putzen,** reiben; den Fußboden, Tisch blank **scheuern; sein:** ich bin (völlig) blank ⟨umg.⟩ *ich habe kein Geld mehr* [< ahd. *blanc* „blinkend, weiß", engl. *blank*]

**blanko** ⟨Adv.⟩ *leer, nicht vollständig ausgefüllt* (Formular, Scheck) [< ital. *bianco* „weiß, unbeschrieben"]

**Blankovollmacht** ⟨f. 20⟩ *unbeschränkte Vollmacht (z. B. über eine Geldsumme)*

**Blankvers** ⟨m. 1; Metrik⟩ *reimloser, fünffüßiger Jambus* [< engl. *blank verse* „reiner, leerer, reimloser Vers"]

BLÄSSHUHN
*(Fulica atra)*

**Bläschen** ⟨n. 14⟩ *kleine Blase*

**Blase** ⟨f. 19⟩ **I** ⟨zählb.⟩ **1** *häutiges Hohlorgan bei Menschen u. Tieren für Flüssigkeit* (Gallenblase, Harnblase) *od. Luft* (Schwimmblase) **2** *mit Schwellung verbundene Flüssigkeitsansammlung unter der obersten Schicht der Haut* (Brandblase) **3** *Ansammlung von Gas od. Flüssigkeit unter der Oberfläche od. mit feiner Haut* (Seifenblase, Wasserblase) **4** *Hohlraum in Glas, Gestein usw.* **5** *Behälter zum Verdampfen od. Destillieren* **6** ⟨kurz für⟩ *Harnblase* ◆ eine Blase **aufstechen;** die (Harn-)Blase **entleeren;** sich Blasen (an den Füßen) **laufen;** der Teig **schlägt** Blasen ◆ eine Blase **am** Fuß, an der Hand haben **II** ⟨unz.; derb⟩ *Bande, Pack, Gesindel* [< ahd. *blasa;* → *blasen*]

**Blasebalg** ⟨m. 1u⟩ *Gerät aus zwei durch einen Lederbalg verbundenen Platten zum Erzeugen eines Luftstroms;* Sy ⟨kurz⟩ *Balg (3)*

**blasen** ⟨V. 113; hat⟩ **I** ⟨V. i.⟩ **1** *Luft aus dem Munde ausstoßen, pusten* **2** *wehen* (Wind) **3** ⟨Brettspiel⟩ *einen feindl. Stein entfernen*

◆ **daher** bläst der Wind! *also das steckt dahinter!;* ein eisiger Wind blies mir **ins** Gesicht; in die Hände blasen (um sie zu erwärmen); **woher** bläst der Wind? ⟨fig.⟩ *was steckt dahinter?* **II** ⟨V. t.⟩ **1** *durch Ausstoßen von Luft kühlen od. erzeugen* **2** ⟨Mus.⟩ *zum Tönen bringen, spielen* (Blasinstrument) ◆ **Flöte,** Trompete blasen; **Glas** blasen *mittels Luftstroms u. Glasbläserpfeife Glasgegenstände herstellen;* jmdm. die **Meinung** blasen *jmdm. die Meinung sagen, ihn energisch zurechtweisen;* **Trübsal** blasen *trübselig, hoffnungslos sein* [< ahd. *blasen* „hauchen, schnauben", engl. *blast* „Sturmwind"]

**Blasenspiegel** ⟨m. 5; Med.⟩ *durch die Harnröhre einzuführender Spiegel zur Untersuchung der Harnblase*

**Blasensprung** ⟨m. 1u; Med.⟩ *Platzen der Fruchtblase vor der Geburt*

**Blasenstein** ⟨m. 1⟩ *Stein, der sich in der Harnblase gebildet hat od. aus den Nieren dorthin gelangt ist*

**Blasentang** ⟨m. 1; unz.⟩ ◄ *mit Luftblasen versehener, in deutschen Meeren sehr häufiger Tang: Fucus vesiculosus*

**Bläser** ⟨m. 3⟩ **1** *jmd., der etwas bläst* (Glasbläser) **2** ⟨Mus.⟩ *Musiker, der ein Blasinstrument spielt* (Blechbläser, Flötenbläser, Holzbläser)

**Bläserquartett** ⟨n. 11; Mus.⟩ *Quartett aus Blasinstrumenten*

**Blasinstrument** ⟨n. 11; Mus.⟩ *durch Atemluft betriebenes Musikinstrument,* z. B. Flöte, Horn, Trompete

**Blasmusik** ⟨f. 20; Mus.⟩ *Musik für (von) Blasinstrumente(n)*

**Blasphemie** ⟨f. 19; Rel.⟩ *Beschimpfung, Verhöhnung von Heiligem, Gotteslästerung* [< grch. *blasphemia* „Lästerung"]

**blasphemisch** ⟨Adj.; Rel.⟩ *in der Art einer Blasphemie, Gott lästernd, lästerlich, Heiliges verletzend*

**blass** ⟨Adj.; -er, am -esten (auch: blässer, am blässesten)⟩ *bleich, farblos, fahl, weißlich* ◆ ich habe keine blasse **Ahnung,** keinen blassen Dunst od. Schimmer, was das heißen soll *ich weiß wirklich nicht, überhaupt nicht;* ein blasses **Blau;** ich habe nur noch eine blasse **Erinnerung** an ihn *eine schwache, dunkle Erinnerung* ◆ blass **aussehen;** diese Farbe **macht** dich blass; blass **werden** (vor Schreck usw.) [< mhd. *blas* „kahl, schwach, gering, nichtig"]

**Blässe** ⟨f. 19; unz.⟩ *das Blasssein, Farblosigkeit* ◆ ihre Haut hat eine vornehme Blässe

**Blässhuhn** ⟨n. 12u⟩ ◄ *hühnergroßer, schwarzer Rallenvogel mit weißer Blesse (Stirnplatte), ein Wasservogel: Fulica atra;* oV *Blesshuhn;* Sy *Belche, Wasserhuhn*

**Blastoderm** ⟨n. 11; unz.⟩ *epithelartig angeordnete Furchungszellen der Blastula*

**Blastogenese** ⟨f. 19; unz.⟩ **1** *ungeschlechtl. Vermehrung durch Knospung des Muttertieres* **2** *bei der geschlechtl. Vermehrung das früheste Embryonalstadium vor dem Beginn der Organbildung* [< grch. *blaste* „Spross, Keim, Schössling" + *Genese*]

**Blastula** ⟨f.; -; unz.⟩ *frühe embryonale Entwicklungsstufe der mehrzelligen Tiere;* Sy *Keimblase* [< grch. *blaste* „Spross, Keim, Schössling"]

**Blatt I** ⟨n. 12u⟩ **1** ▼ *flaches, durch Blattgrün gefärbtes Organ höherer Pflanzen, das in typischer Form aus Blattspreite, Blattstiel u. Blattscheide besteht* (Baumblatt, Blütenblatt) **2** *gleichmäßig beschnittenes Stück Papier, Zettel* **3** *Zeichnung, Abzug einer Radierung, eines Holzschnitts, Kupfer- od. Stahlstichs* **4** *Zeitung, Zeitschrift* (Tageblatt, Wochenblatt) **5** ⟨Kart.⟩ *Karte, auch Gesamtheit der ausgeteilten Karten eines Spielers* **6** *breiter, flacher Teil eines Werkzeugs, Klinge* (Ruderblatt, Sägeblatt) **7** ⟨Met.⟩ *sehr dünn ausgeschlagene Metallschicht* **8** *bewegl. Teil des Webstuhls, durch den die Kettfäden geführt sind u. mit dem der Schuss an das bereits fertige Gewebe angedrückt wird* **9** *Flügel einer Luftschraube od. Tragschraube* **10** ◄ *breites, flaches Ende eines Riemens für Ruderboote* **11** *Teil des Schuhs über dem Spann* **12** ⟨beim Schalenwild⟩ *vorderer Rumpfteil mit Schulterblatt* **13** ⟨beim Rind⟩ *Schulterstück* **14** Blatt ⟨Pl.; Abk.; Bl.⟩ *Papierbogen als Mengenbezeichnung* ◆ 50 Blatt Papier; die Blätter **fallen,** knospen, sprießen; die Bäume **treiben** Blätter; das Blatt hat sich **gewendet** ⟨fig.⟩ *die Umstände haben sich geändert* ◆ Fliegende Blätter *Titel einer humoristischen illustrierten Wochenzeitschrift;* ein **frisches,** gelbes, grünes, verwelktes Blatt; ein **gutes** Blatt

## BLÄTTER

Ein typisches Blatt besteht aus dem Blattgrund, dem Blattstiel und der Blattspreite. Am Grund ist das Blatt am Ast oder Zweig befestigt. In der Blattspreite liegen netz- oder parallelnervige Adern, die häufig die Form einer Rippe zeigen. Nach dem Aussehen der Spreite unterscheidet man zahlreiche Blattformen. Zusammengesetzte Blätter haben mehrere Fiedern. Die Blätter der Nadelhölzer sind meist einfach strukturiert und nadelförmig, sie sind immergrün, weil sie auch im Winter nicht abgeworfen werden. Die Blätter der übrigen Bäume sind sommergrün.

EINFACHES BLATT

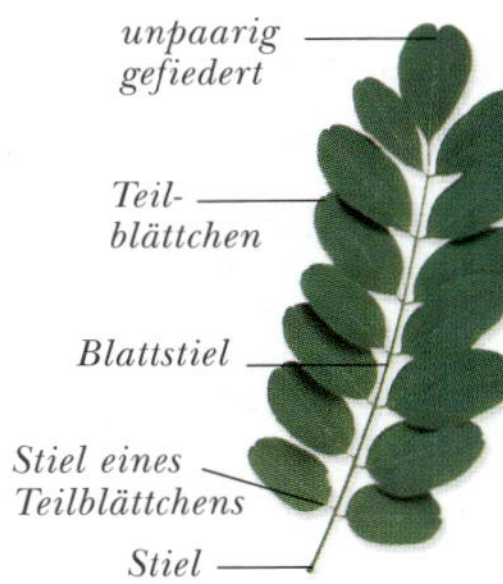


ZUSAMMENGESETZTES BLATT

### BLATTTYPEN UND BLATTFORMEN

NADELHÖLZER

PFRIEMENFÖRMIG

NADELIG

SCHUPPENFÖRMIG

GETEILT ODER ZUSAMMENGESETZT

GELAPPT

HANDFÖRMIG EINGESCHNITTEN

GEFINGERT

GEFIEDERT

DOPPELT GEFIEDERT

DREIFACH GEFIEDERT

BLATTSPREITEN

LANZETTLICH

HERZFÖRMIG

DREIECKIG

SPATELIG

NIERENFÖRMIG

PFEILFÖRMIG

ELLIPTISCH

VERKEHRT-HERZFÖRMIG

FÄCHERFÖRMIG

B

haben *eine günstige Zusammenstellung von Spielkarten;* ein **neues** Blatt beginnen (beim Schreiben); ein **unbeschriebenes** Blatt ⟨fig.⟩ *ein Mensch noch ohne Erfahrung od. Erfolge* ◆ alles **auf** ein Blatt setzen *ein Risiko eingehen;* das steht auf einem anderen Blatt ⟨fig.⟩ *das ist eine andere Sache, das gehört nicht hierher;* **vom** Blatt singen, spielen *ohne ein vorheriges Üben nach Noten singen, spielen;* kein Blatt **vor** den Mund nehmen ⟨fig.⟩ *rückhaltlos, unbekümmert seine Meinung sagen* [< ahd. *blat,* engl. *blade*]

BLÄTTERPILZ: RÖTENDER SCHIRMLING
*(Macrolepiota rhacodes)*

**Blättchen** ⟨n. 14⟩ **1** *kleines Blatt* **2** *Kleinstadtzeitung, Zeitschrift für breiteste Leserkreise*

**Blatter** ⟨f. 21⟩ **1** ⟨veraltet⟩ *Pockennarbe* **2** ⟨schweiz.⟩ *Blase* **3** Blattern ⟨Pl.; Med.⟩ = *Windpocken* ◆ schwarze Blattern = *Pocken* [< ahd. *blattara* „Blase", engl. *bladder*]

**blättern** ⟨V.; hat⟩ **I** ⟨V. i.⟩ *die Seiten (eines Buches, einer Zeitung) umschlagen, ohne dabei alles zu lesen* **II** ⟨V. t.⟩ *in einzelnen Blättern hinlegen*

**Blätterpilz** ⟨m. 1⟩ ▲ *Pilz mit Stiel u. senkrechten Lamellen („Blättern") unter dem Hut: Agaricales;* Sy *Blätterschwamm*

**Blätterschwamm** ⟨m. 1u⟩ ► = *Blätterpilz*

**Blätterteig** ⟨m. 1; unz.⟩ *durch häufiges Ausrollen u. Zusammenlegen blätteriger Butterteig*

**Blattfisch** ⟨m. 1; Zool.⟩ *Süßwasserfisch (Zierfisch) mit seitl. zusammengedrücktem, eiförmigem Körper: Monocirrhus polyacanthus*

**Blattfloh** ⟨m. 1u⟩ *Angehöriger einer Familiengruppe der Blattläuse mit Sprungbeinen, richtet durch Saugen an Kulturpflanzen oft Schäden an: Psyllina*

**Blattfüßer** ⟨m. 3⟩, **Blattfußkrebs** ⟨m. 1; Zool.⟩ *Angehöriger einer Ordnung niederer Krebse mit blattförmigen Beinen, lebt meist im Süßwasser: Phyllopoda*

Blatt-stiel

BLATTSTIEL DES MAULBEERBAUMES

**Blattgold** ⟨n. 11; unz.⟩ *fein ausgewalztes, reines Gold;* Sy *Schlaggold*

**Blattgrün** ⟨n. 11; unz.; Biol.⟩ = *Chlorophyll*

**Blatthornkäfer** ⟨m. 3⟩ *Angehöriger einer Familie der Käfer, die von faulenden oder frischen Pflanzensäften, Kot oder Pollen leben: Scarabaeidae*

**Blattlaus** ⟨f. 7u⟩ *Angehörige einer Unterordnung der Pflanzensauger: Amphidina*

**Blattlauskäfer** ⟨m. 3⟩ ► = *Marienkäfer (1)*

**Blattpflanze** ⟨f. 19⟩ *Zierpflanze mit schönen Blättern*

**Blattstiel** ⟨m. 1⟩ ▲ *Teil des Pflanzenblattes, der die Blattspreite mit der Sprossachse verbindet*

**Blattwespe** ⟨f. 19⟩ *Angehörige einer Familie der Pflanzenwespen, die ihre Eier unter der Oberhaut des Pflanzengewebes ablegen, in großer Artenzahl vor allem in der gemäßigten Zone vertreten: Tenthredinidae*

**Blattwickler** ⟨m. 3⟩ *Angehöriger einer Gruppe der Rüsselkäfer, die Blätter trichterförmig einwickeln, um ihre Eier dort abzulegen*

**blau** ⟨Adj.; -er, am -(e)sten⟩ **1** *von blauer Farbe, von der Farbe des Himmels* **2** ⟨fig.; umg.; scherzh.⟩ *betrunken* ◆ blaue **Augen** haben; blaues Auge ⟨fig.⟩ *(durch Schlag od. Sturz) blutunterlaufenes Auge;* blaue **Blume** *nach Novalis Sinnbild der Romantik;* die Blaue **Grotte** auf Capri; der blaue **Himmel;** blauer **Montag** *Montag, an dem jmd. (unentschuldigt) nicht zur Arbeit erscheint* ◆ etwas oder sich blau **machen** *blau färben, mit etwas Blauem beschmutzen;* → a. *blaumachen* ◆ jmdn. grün und blau **schlagen** *so schlagen, dass er grüne und blaue Flecken bekommt* ◆ er war schon am Nachmittag **völlig** blau *stark betrunken* ◆ sie ging blau **in** blau; **mit** einem blauen Auge davonkommen *mit dem Schrecken od. einer geringfügigen Verletzung davonkommen;* blau **vor** Kälte sein [< ahd. *blao, blawer*]

**Blau** ⟨n. 15⟩ *Farbe des wolkenlosen Himmels* ◆ das Blau des **Himmels** ◆ sie ging ganz **in** Blau *sie war blau gekleidet;* eine Fahrt ins Blaue *Fahrt mit unbekanntem Ziel;* er lügt das Blaue **vom** Himmel herunter *er lügt außerordentlich*

**Blaualge** ⟨f. 19⟩ *einzelliger, fadenförmiger, autotropher Pflanzenorganismus ohne echten Zellkern: Cyanophyceae*

**Blaubart** ⟨m. 1u; unz.⟩ *Märchengestalt, Ritter, der seine Frauen umbringt, weil sie seinem Gebot nicht gehorchen*

**Blaubeere** ⟨f. 19⟩ ► = *Heidelbeere*

**blaublütig** ⟨Adj.; iron.⟩ *adelig*

**Blaueisenerz** ⟨n. 11; unz.⟩ *Mineral, wasserhaltiges Eisenphosphat, dessen Kristalle sich an der Luft bläulich färben;* Sy *Blauerz*

**Blauerz** ⟨n. 11; unz.⟩ = *Blaueisenerz*

BLAUMEISE
*(Parus caeruleus)*

**Blaufuchs** ⟨m. 1u⟩ **1** *bläulich graubraune Abart des Polarfuchses* **2** *dessen Pelz*

**blaugrau** ⟨Adj.⟩ *bläulich grau*

**blaugrün** ⟨Adj.⟩ *bläulich grün*

**Blauhelm** ⟨m. 1; meist Pl.; Mil.⟩ *(in politischen Krisengebieten) im Auftrag der UNO eingesetzter Soldat*

**Blaukehlchen** ⟨n. 14⟩ *nachtigallartiger Drosselvogel mit blauer Kehle: Luscinia svecica*

**Blaukraut** ⟨n. 12u; unz.⟩ = *Rotkohl*

**bläulich** ⟨Adj.⟩ *etwas blau, mit blauem Schimmer*

**blaumachen** ⟨V. i.; hat; umg.⟩ *nicht arbeiten* ◆ zwei Tage blaumachen

**Blaumann** ⟨m. 2u; umg.⟩ *Arbeitsanzug aus blauem Drillich*

**Blaumeise** ⟨f. 19; Zool.⟩ ▲ *blaugelb gefärbte Art der Meisen: Parus caeruleus*

**Blaupause** ⟨f. 19⟩ *bläul. Kopie einer durchsichtigen Vorlage auf lichtempfindl. Papier*

**Blaurückenlachs** ⟨[-ks] m. 1; Zool.⟩ ► *an der nordamerikanischen Pazifikküste lebender Lachs, der keine Laichwanderungen ausführt: Oncorhynchus nerka*

**Blausäure** ⟨f. 19; unz.⟩ *giftige, farblose Flüssigkeit mit bittermandelähnl. Geruch, chem. Formel HCN: Acidum hydrocyanicum*

**Blauschimmel** ⟨m. 5⟩ = *Grauschimmel*

**blauschwarz** ⟨Adj.⟩ *bläulich schwarz*

**Blauspat** ⟨m. 1; unz.; Min.⟩ *himmelblaues, glasglänzendes Phosphatmineral, kommt als Einsprengling in Quarz u. Quarziten vor (Schmuckstein);* Sy *Lazulit(h)*

**Blauspecht** ⟨m. 1; Zool.⟩ ► = *Kleiber (1.2)*

**Blaustern** ⟨m. 1; Bot.⟩ ► = *Szilla*

**Blaustich** ⟨m. 1; unz.; Farbfotografie⟩ *blaugrüne Farbabweichung ins Bläuliche*

**blaustichig** ⟨Adj.⟩ *mit einem Blaustich versehen*

**Blauwal** ⟨m. 1⟩ *Wal mit blaugrauer Oberseite, mit einer Länge von etwa 30 m das größte aller Säugetiere*

**Blazer** ⟨['blɛizə(r)] od. umg. ['ble:zə(r)] m. 3⟩ **1** *Klubjacke mit Ärmelabzeichen* **2** *sportlich-elegantes Herren- od. Damenjackett mit aufgesetzten Taschen* [engl.]

**Blech** ⟨n. 11⟩ **I** ⟨zählb.⟩ *zu Tafeln od. Folien ausgewalztes Metall* ◆ eine Kiste mit Blech ausschlagen **II** ⟨unz.⟩ **1** ⟨Mus.; Sammelbez. für⟩ *die Bläser von Blechblasinstrumenten im Orchester* **2** ⟨fig.; umg.⟩ *Unsinn, Blödsinn* ◆ red nicht immer solches Blech! ⟨fig.⟩ [< ahd. *bleh* „Blech"]

**Blechblasinstrument** ⟨n. 11; Mus.⟩ ► *Blasinstrument aus Messing*

**blechen** ⟨V. t. u. V. i.; hat; umg.⟩ *zahlen* ◆ er wird tüchtig, ⟨od.⟩ eine Menge dafür blechen müssen

**blechern** ⟨Adj.⟩ **1** *aus Blech* **2** *metallisch klappernd, dünn* (Klang, Stimme)

**Blechlawine** ⟨f. 19; umg.⟩ *sehr dichter Autoverkehr in einer Richtung*

**Blechmusik** ⟨f. 20; Mus.⟩ *Musik der Blechblasinstrumente, bes. Militärblasmusik*

**blecken** ⟨V. t.; hat; nur in der Wendung⟩ die Zähne blecken *die Zähne zeigen, fletschen (von Tieren)* [< ahd. *blechen* „sichtbar werden lassen, blitzen, glänzen"]

**Blei**[1] ⟨m. 1; Zool.⟩ ► = *Brassen* [< mnddt. *bleie,* engl. *blay* < germ. **blajjon,* eigtl. „weiß schimmernder Fisch"]

**Blei**[2] **I** ⟨n. 11; unz.⟩ **1** ⟨Zeichen: Pb⟩ *chem. Element, weiß glänzendes Metall, das an der Luft grau anläuft, leicht schmelzbar, weich u. schwer ist, Plumbum* **2** ⟨sinnbildl.⟩ *lastende Schwere* ◆ das Gefühl, Blei in den Gliedern zu haben **II** ⟨zählb.⟩ *Lot* ◆ (Senkblei, Richtblei) **III** ⟨m. 6 od. südwestdt.: n. 15; umg.⟩ *Bleistift* [< ahd. *blio*]

**Bleibe** ⟨f. 19; unz.; umg.⟩ *Unterkunft, Herberge, Obdach* ◆ keine Bleibe haben

**bleiben** ⟨V. i. 114; ist⟩ **1** *sich an einem Ort aufhalten, verweilen* **2** *in einem Zustand verharren, die Lage, Stellung nicht verändern* **3** *sich nicht verändern* **4** *als Rest verbleiben, übrig bleiben* ◆ bleibt! ⟨bei Korrekturen⟩ *nichts ändern!;* er ist derselbe geblieben *er hat sich (im Lauf der Jahre) nicht verändert;* wir bleiben **Freunde!;** eine **Zeit lang** bleiben ◆ das bleibt **abzuwarten** *das muss (noch) abgewartet werden;* **kannst** du nicht noch etwas, eine Weile bleiben? ◆ bleiben Sie **gesund!;** es bleibt sich **gleich** *es ist eines wie das andere, es läuft auf dasselbe heraus;* ich kann nicht **länger** bleiben; seinen Grundsätzen **treu** bleiben; **wach** bleiben ◆ **am** Leben bleiben *nicht sterben;* hier ist alles **beim** Alten geblieben *hier hat sich nichts verändert;* bei den Kindern, bei dem Kranken bleiben; bei der Sache bleiben *sich nicht ablenken lassen;* bei der Wahrheit bleiben *die Wahrheit sagen;* es bleibt dabei! *abge-*

BLAURÜCKENLACHS
*(Oncorhynchus nerka)*

# BLECHBLASINSTRUMENTE

Die heutigen Blechblasinstrumente gehen auf Muscheln und Hörner zurück, mit denen man früher einfache Töne erzeugte. Moderne Versionen dieser Instrumente wurden erst aus Messing hergestellt, einer leicht zu bearbeitenden Metalllegierung. Daher stammt die deutsche Bezeichnung „Blech“, auch wenn sie nicht mehr überall zutrifft. Die Musiker erzeugen die Töne bei den Blechblasinstrumenten auf zwei Arten: entweder durch unterschiedliche Spannung der Lippen am Kesselmundstück oder durch Längenveränderung der Röhre, durch die die Luft strömt. Dazu verwendet man entweder Ventile, die unterschiedlich lange Züge öffnen, oder man verändert die Rohrlänge durch Ausziehen eines Zuges wie bei der Zugposaune. Je länger jedenfalls die Röhre, desto tiefer der Ton.

ERSTES VENTIL (HERAUSGELÖST UND VERGRÖSSERT)

MUNDSTÜCKE

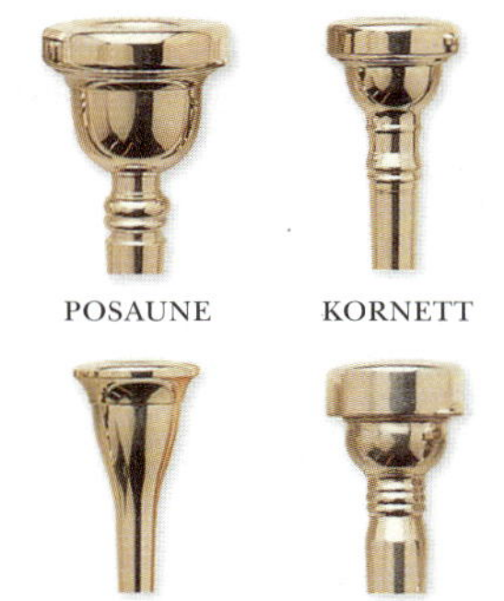


B

TEILE EINER TROMPETE

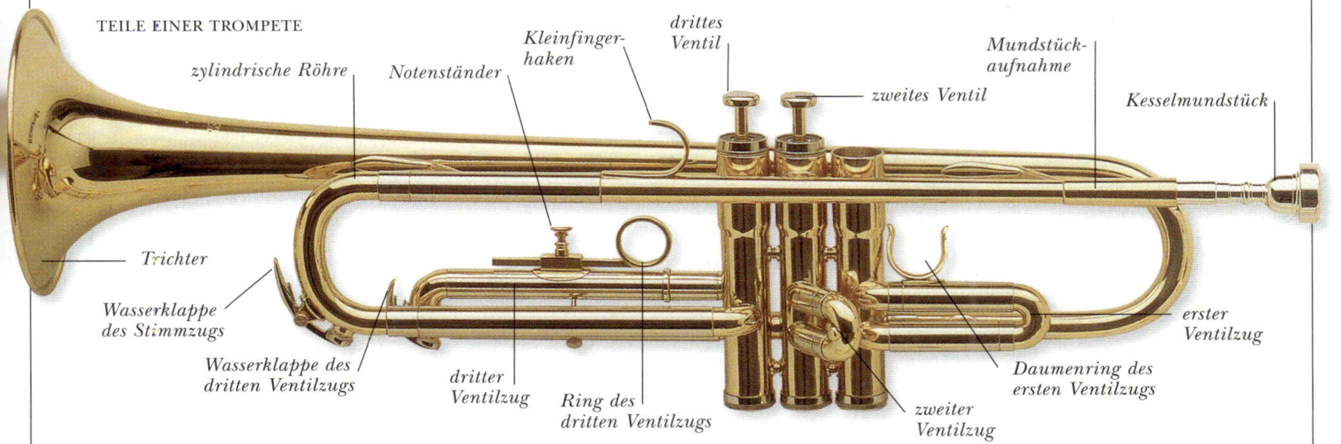


## WEITERE BLECHBLASINSTRUMENTE

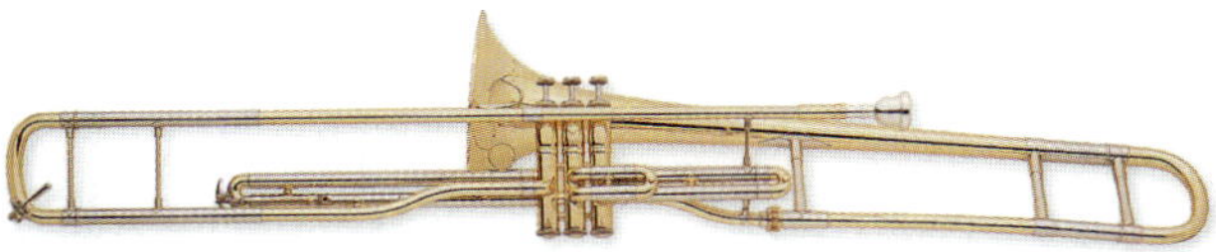

VENTILPOSAUNE

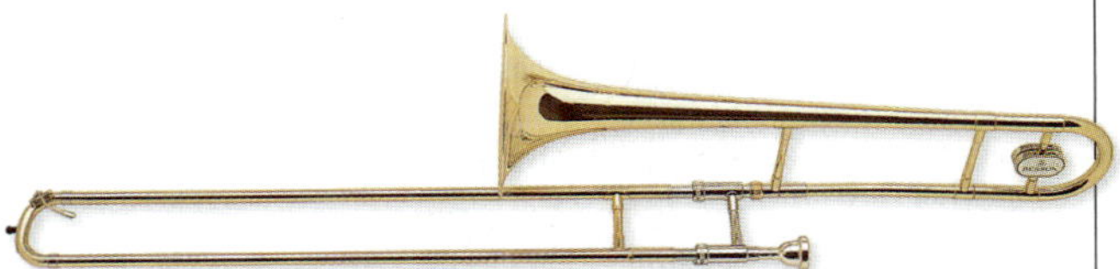

ZUGPOSAUNE

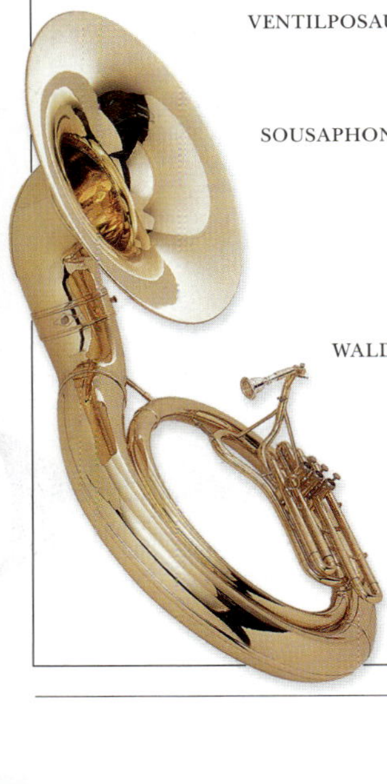

SOUSAPHON

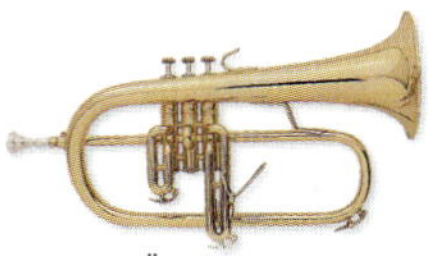

FLÜGELHORN

KORNETT

WALDHORN

TENORHORN

BARITONHORN

TUBA

*macht, wie besprochen!;* **in** Berlin bleiben; in Bewegung, in Gang bleiben; das ist mir deutlich im Gedächtnis geblieben; die Sache wird nicht **ohne** Folgen, ohne Nachspiel, ohne Wirkung bleiben; das bleibt **unter** uns! *darüber sprechen wir nicht zu anderen;* bleibe mir (damit) **vom** Halse *lass mich (damit) in Ruhe!* ◆ **wo** bleiben Sie denn? *warum kommen Sie nicht?* ◆ ein bleibender Erfolg *ein dauerhafter Erfolg;* das ist von bleibendem Wert [< ahd. *biliban*]

**bleich** ⟨Adj.⟩ *fahl, blass, farblos* ◆ das bleiche Entsetzen überkam ihn ⟨fig.⟩; ein bleiches Gesicht; das bleiche Licht des Mondes; er wurde bleich vor Schreck, vor Zorn [< ahd. *bleih*, engl. *bleak*]

**bleichen I** ⟨V. t.; hat⟩ **1** *bleich, weiß machen, aufhellen* (Weißwäsche, Farben) **2** *grau, weiß machen, blondieren* (Haar) **3** *vom Alter gebleichtes Haar* **II** ⟨V. i.; ist (wie 126)⟩ *farblos werden, sich entfärben* [< ahd. *blihhan* „bleich werden“]

**Bleie** ⟨f. 19; Zool.⟩ ► = *Brassen*

**bleiern** ⟨Adj.⟩ **1** *aus Blei* **2** ⟨fig.⟩ *wie Blei, schwer lastend* ◆ bleierner Himmel; bleierner Schlaf

**Bleierz** ⟨n. 11; unz.⟩ *bleihaltiges Erz*

**bleifrei** ⟨Adj.; in der Fügung⟩ bleifreies Benzin *Benzin ohne das umweltschädliche Antiklopfmittel Bleitetraäthyl*

**Bleigießen** ⟨n.; -s; unz.⟩ *ein Silvesterbrauch, bei dem man geschmolzenes Blei in kaltes Wasser gießt u. aus den so entstandenen Formen die Zukunft zu deuten sucht*

BLEIGLANZ: KUBISCHE KRISTALLE

**Bleiglanz** ⟨m.; -es; unz.; Min.⟩ ▲ *bleigrau glänzendes Mineral, chem. Bleisulfid, PbS;* Sy *Galenit*

**bleigrau** ⟨Adj.⟩ *grau wie Blei*

**Bleihütte** ⟨f. 19⟩ *Werkstatt, Fabrik zur Gewinnung u. Verarbeitung von Blei*

**Bleikristall** ⟨n. 11; unz.⟩ *Bleioxid enthaltendes, bes. schweres u. wertvolles Kristallglas von hohem Glanz*

**Bleilot** ⟨n. 11; Mar.⟩ = *Lot (4)*

**bleischwer** ⟨Adj.⟩ *schwer wie Blei* ◆ die Lider waren mir bleischwer vor Müdigkeit ⟨fig.⟩

**Bleistift** ⟨m. 1 od. südwestdt.: n. 11⟩ *Graphitstift mit Holzfassung*

**Bleitetraäthyl** ⟨n. 11; unz.⟩ *den bleihaltigen Kraftstoffen als Antiklopfmittel zugesetzter Stoff, wird wegen seiner umweltschädigenden Eigenschaften zunehmend durch andere Stoffe ersetzt*

**Bleiwurz** ⟨f. 20; Bot.⟩ ▲ *Angehörige einer Gattung der Bleiwurzgewächse, einer Pflanzenfamilie, deren 500 Arten auf trockenen u. salzhaltigen Böden gedeihen: Plumbago*

**Blendbogen** ⟨m. 4 od. süddt.: m. 4u⟩ *zur Zierde auf Mauern aufgesetzter Bogen*

**Blende** ⟨f. 19⟩ **1** ⟨Fot.⟩ **1.1** ► *Einrichtung in der Kamera zur Verkleinerung u. Vergrößerung der Objektivöffnung* **1.2** *durch eine Zahl bezeichnete Öffnungsweite des Objektivs* **2** ⟨Arch.⟩ *zur Verzierung od. Gliederung der Mauer eingesetzter Bauteil, blinde Tür, blindes Fenster, blinder Bogen o. Ä.* **3** *Panzerung, Schutzwand (z. B. am Schießstand)* **4** *innerer Laden des Bullauges* **5** *angesetzter Zierstreifen am Kleid*

**blenden** ⟨V.; hat⟩ **I** ⟨V. t.⟩ **1** jmdn. blenden **1.1** *jmdm. unmittelbar, schmerzhaft ins Auge strahlen, jmds. Sehvermögen beeinträchtigen* **1.2** ⟨MA⟩ *jmdm. die Augen ausstechen, ihn blind machen (als Strafe)* **1.3** ⟨fig.⟩ *so stark beeindrucken, dass der Betreffende nichts anderes mehr sieht* **2** etwas blenden **2.1** ⟨Mil.⟩ *tarnen, verdecken, dem Einblick entziehen* **2.2** *dunkel färben* (Pelzwerk) ◆ das helle Licht blendet (mich, meine Augen); einen Verurteilten blenden ⟨MA⟩; sich durch den schönen oder äußeren Schein blenden lassen; Wild blenden ⟨Jägerspr.⟩ *durch aufgehängte Lappen zurückscheuchen;* er war von ihrer Schönheit (wie) geblendet **II** ⟨V. i.⟩ *mehr scheinen, als man ist, Angenehmes vortäuschen* ◆ er blendet durch seine geistreichen Einfälle [< ahd. *blenten*]

**blendend** ⟨Adj.; umg.⟩ *großartig, ausgezeichnet, hervorragend* ◆ wie hat es dir gefallen? blendend!; ein blendender Redner, Schauspieler; wir haben uns blendend amüsiert

**Blendenzahl** ⟨f. 20; Fot.⟩ *Quotient aus Brennweite und Durchmesser der Eintrittsöffnung des Objektivs, bestimmt die durchtretende Lichtmenge*

**Blendleder** ⟨n. 13⟩ ► = *Scheuklappen*

**Blesse** ⟨f. 19⟩ **1** *weißer Stirnfleck (bei Pferden, Kühen)* **2** *Tier (bes. Kuh, Pferd) mit weißem Stirnfleck* [< ahd. *blassa* „weißer Fleck (bes. an der Stirn von Tieren)“]

**Blesshuhn** ⟨n. 12u; Zool.⟩ ► = *Blässhuhn*

**Blessur** ⟨f. 20⟩ *das Blessiertsein, Verletzung, Verwundung* [< frz. *blessure* „Wunde, Verwundung“]

**Blick** ⟨m. 1⟩ **1** *kurzes Hinschauen* **2** *Ausdruck der Augen* **3** *Aussicht, Fernsicht* (Ausblick, Rundblick) ◆ den Blick **abwenden; ausweichen:** sie wich seinem Blick aus; er **begegnete** ihrem Blick; das Flugzeug **entschwand** unseren Blicken; einer Sache od. jmdm. keinen Blick **schenken** *sie od. ihn nicht ansehen, nicht beachten;* sich (durch Einzelheiten) den Blick (aufs Ganze) **trüben** lassen; einen Blick (des Einverständnisses mit jmdm.) **wechseln;** jmdn. keines Blickes **würdigen;** jmdm. einen Blick **zuwerfen** ◆ **dankbarer,** durchdringender, scharfer, stechender Blick; ein **flüchtiger** Blick genügte, um festzustellen ...; von hier aus hat man einen **herrlichen,** weiten Blick ◆ Liebe **auf** den ersten Blick *Liebe beim ersten Ansehen;* ein Zimmer mit Blick aufs Meer; den Blick auf jmdn. od. etwas richten; einen Blick **in** ein Buch tun *es kurz betrachten, durchblättern;* er durchbohrte mich **mit** seinem Blick; etwas mit sicherem Blick erkennen; er verschlang sie mit seinen Blicken *er sah sie aufdringlich an* [< mhd. *blick* „Glanz, Blick, Blitz“ < ahd. *blic* „Blitz“]

BLEIWURZ: KAPLAND-BLEIWURZ *(Plumbago auriculata)*

**blicken** ⟨V. i.; hat⟩ *schauen, sehen* ◆ er hat sich nie mehr bei uns blicken **lassen** *er ist nie mehr gekommen;* lass dich ja nicht wieder hier blicken! ◆ **böse,** finster, freundlich blicken ◆ von hier aus kann man weit **in** die Ferne blicken

**Blickfeld** ⟨n. 12⟩ **1** *das durch Augenbewegungen erweiterte Gesichtsfeld* **2** ⟨fig.⟩ *Betrachtungsweise, Gesichtspunkt;* Sy *Blickwinkel (1)* ◆ etwas ins Blickfeld rücken ⟨fig.⟩ *die Aufmerksamkeit, das Interesse auf etwas lenken*

**Blickpunkt** ⟨m. 1⟩ *vom Auge fixierter Punkt* ◆ im Blickpunkt der Öffentlichkeit stehen ⟨fig.⟩ *öffentliches Interesse genießen*

**Blickwinkel** ⟨m. 5⟩ **1** = *Blickfeld (2)* **2** ⟨fig.; in Wendungen wie⟩ unter diesem Blickwinkel betrachtet *von diesem Standpunkt ausgehend*

**blind** ⟨Adj.⟩ **1** *ohne Sehvermögen* **2** *angelaufen, nicht spiegelnd, nicht durchsichtig* (Glas, Spiegel) **3** *vorgetäuscht, falsch* (Alarm, Fenster) **4** ⟨fig.⟩ *unbesonnen, ohne Einsicht, ohne*

BLENDEN

*Überlegung* (Eifer, Hass, Zorn) ◆ blinder **Fleck** *Stelle an der der Sehnerv ins Auge eintritt und an der die Sehzellen fehlen;* blinder **Passagier** *Passagier, der heimlich und ohne Fahrkarte mitfährt;* blindes **Vertrauen** *unbedingtes, uneingeschränktes Vertrauen;* blinde **Wut** ◆ Liebe **macht** blind *der Liebende sieht oft nicht die Fehler des geliebten Menschen;* jmdm. blind **vertrauen** *bedingungslos vertrauen* ◆ er war blind **für** die Schönheit der Landschaft *er sah sie nicht oder wollte sie nicht sehen;* er war blind **vor** Eifersucht, vor Liebe, vor Zorn [< ahd. *blint,* engl. *blind*]

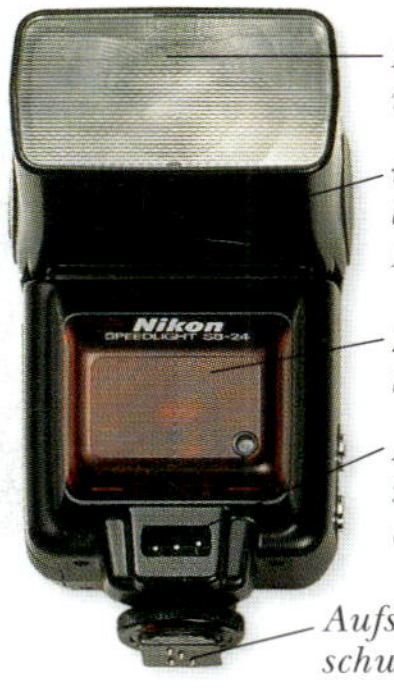

BLITZLICHT

**Blinddarm** ⟨m. 1u; Anat.⟩ **1** *nicht weiterführender Teil des Dickdarms;* Sy *Typhlon* **2** ⟨umg.; fälschl. für⟩ *Wurmfortsatz (Appendix) des Blinddarms*

**Blinddarmentzündung** ⟨f. 20; Med.⟩ **1** *Entzündung des Blinddarms (nicht des Wurmfortsatzes);* Sy *Typhlitis* **2** ⟨nicht korrekte Bez. für⟩ *Entzündung des Wurmfortsatzes des Blinddarms;* Sy *Appendizitis*

**Blinde(r)** ⟨f. 30 (m. 29)⟩ *jmd., der blind ist, sehunfähig ist* ◆ das sieht doch ein Blinder (im Dunkeln, ⟨od.⟩ mit dem Krückstock)! ⟨umg.; scherzh.⟩ *das sieht doch jeder sofort;* unter Blinden ist der Einäugige König ⟨Sprichw.⟩

**Blindekuh** ⟨ohne Art.⟩ *Spiel, bei dem ein Spieler mit verbundenen Augen versuchen muss, einen anderen zu fangen*

**Blindenhund** ⟨m. 1⟩ *speziell ausgebildeter Hund, der einen Blinden führt*

**Blindenschrift** ⟨f. 20⟩ *Schrift für Blinde aus einem System von erhabenen Punkten zum Tasten;* Sy *Brailleschrift*

**Blindflug** ⟨m. 1u⟩ *Flug nur mithilfe der Instrumente*

**Blindgänger** ⟨m. 3⟩ **1** *nicht explodiertes Geschoss, Bombe, Mine* **2** ⟨fig.; umg.⟩ *Versager, untauglicher Mensch*

**Blindheit** ⟨f. 20; unz.⟩ **1** *das Blindsein, fehlendes Sehvermögen* **2** ⟨fig.⟩ *Verblendung, Mangel an Urteilskraft* ◆ wie mit Blindheit geschlagen sein *verblendet sein, die Tatsachen nicht erkennen*

**blindlings** ⟨Adv.⟩ **1** *ohne hinzusehen* **2** ⟨fig.⟩ *ohne jede Überlegung, unbesonnen* ◆ er stürmte blindlings über die Straße; jmdm. blindlings glauben

**Blindschleiche** ⟨f. 19⟩ *nützliches, ungiftiges Kriechtier (Schleiche): Anguis fragilis*

**blindwütig** ⟨Adj.⟩ *wütend ohne Überlegung u. Vernunft, besinnungslos wütend*

BLOCKFLÖTE: SOPRANBLOCKFLÖTE DES FRÜHEN 18. JH.

**blinken** ⟨V. i.; hat⟩ **1** *blitzen, glänzen, glitzern* **2** ⟨bei Kfz⟩ *den Fahrtrichtungsanzeiger betätigen* **3** *mit Blinkfeuer signalisieren* **4** *blinzeln* ◆ mit den Augen blinken; vor dem Abbiegen rechts blinken

**Blinker** ⟨m. 3⟩ **1** *jmd., der ein Blinkgerät bedient* **2** *an der Angel blinkendes Metallstückchen über dem Haken zum Anlocken der Fische* **3** ⟨bei Kfz⟩ *Fahrtrichtungsanzeiger*

**Blinklicht** ⟨n. 12⟩ *blinkendes Lichtsignal zur Verkehrsregelung, bes. an Bahnübergängen u. Kreuzungen*

**blinzeln** ⟨V. i.; hat⟩ **1** *die Augenlider bis auf einen Spalt zusammenkneifen (bei grellem Licht)* **2** *die Augenlider rasch bewegen, zwinkern, unter halb geschlossenen Lidern verstohlene Zeichen mit den Augen geben* [< mhd. *blinzen* < bair. *blinkitzen, blink(e)zen,* eigtl. „glänzen"]

**Blitz** ⟨m. 1⟩ ► *elektrische Entladung bei Gewitter* ◆ ein Blitz des **Geistes** ⟨fig.⟩ *ein guter Einfall* ◆ der Blitz hat **eingeschlagen** ◆ wie ein **geölter** Blitz davonsausen ⟨fig.; umg.; scherzh.⟩ *ganz schnell, in großer Eile* ◆ wie ein Blitz **aus** heiterem Himmel *ganz plötzlich, unerwartet;* **vom** Blitz erschlagen werden; ein vom Blitz getroffener Baum; wie vom Blitz getroffen zu Boden stürzen [< mhd. *blitze, blicze, blicz;* zu *bliczen* „blitzen" < ahd. *blecchazzen*]

**Blitzableiter** ⟨m. 3⟩ *Einrichtung zum Schutz von Gebäuden gegen Blitzeinschlag*

**blitzen** ⟨V.; hat⟩ **I** ⟨V. i.⟩ *plötzlich aufleuchten* ◆ es blitzt *ein Blitz leuchtet auf* **II** ⟨V. t.⟩ *bei zu hoher Fahrgeschwindigkeit ertappen u. (mittels Radargeräts) fotografieren*

**Blitzlicht** ⟨n. 12; Fot.⟩ **1** *kurz aufblitzendes künstl. Licht zum Fotografieren* **2** ▲ *Gerät, das das Blitzlicht erzeugt u. per externem Kabel, Aufsteckschuh od. im Gehäuse mit dem Auslöser des Fotoapparates verbunden ist*

**Blitzlichtaufnahme** ⟨f. 19; Fot.⟩ *fotograf. Aufnahme mithilfe von Blitzlicht*

**Blitzschach** ⟨n.; -(e)s; unz.⟩ *Form turniermäßigen Schachspiels, bei dem die Dauer der einzelnen Züge zeitlich begrenzt ist*

**blitzschnell** ⟨Adj.⟩ **1** *schnell wie ein Blitz* **2** ⟨fig.⟩ *außerordentl. schnell*

**Blitzwürfel** ⟨m. 5; Fot.⟩ *auf den Fotoapparat aufsteckbarer Würfel aus mehreren Blitzlichtlampen, die nacheinander gezündet werden*

**Blizzard** ⟨['blizə(r)d] m. 6; Meteor.⟩ *Schneesturm in Nordamerika* [engl.]

**Block I** ⟨m. 1u⟩ **1** *großes, ungefüges Stück aus Holz, Metall od. Stein* (Felsblock, Marmorblock) **2** *kurzer Baumstamm, Klotz* **3** *in Formen mit rechteckigem Querschnitt gegossene Rohmetallmasse* **4** *Gebirgsmassiv* **5** *Einrichtung zum Sperren von Eisenbahnstrecken durch Signale* **6** ⟨Geol.⟩ *ursprüngliche Anlage eines Kontinents* **7** ⟨Pol.⟩ *Verbindung mehrerer Staaten mit dem Ziel einer Vergrößerung der Staatsmacht* (Ostblock) **8** *Verbindung mehrerer Parteien* ◆ roher, unbehauener Block **II** ⟨m. 6⟩ **1** *Gesamtheit mehrerer zusammengebauter Mietshäuser* (Häuserblock, Wohnblock) **2** *an einer Seite od. an allen vier Seiten zusammengeklebte od. -geheftete Papierbogen, die man abreißen kann* (Notizblock, Schreibblock) ◆ sie wohnt mit uns im selben Block; abends noch einmal um den Block gehen [nddt. Nebenform zu oberdt. *Bloch* < ahd. *bloh* „Klotz, Bohle"]

**Blockade** ⟨f. 19⟩ **1** *Absperrung eines Staatsgebietes von jeglicher Zufuhr* (Militärblockade) **2** *Ausschaltung von Teilen des Nervensystems zu Heilzwecken* **3** ⟨Typ.⟩ *blockierte Stelle* ◆ die Blockade brechen; über ein Land, eine Stadt eine Blockade verhängen [< ital. *bloccata*]

## BLITZ

Blitze entstehen im Inneren von Gewitterwolken, wenn heftige Luftströmungen Wassertröpfchen und Eisteilchen immer wieder hochwirbeln. Dadurch bilden sich große Mengen statische Elektrizität. Die positiv geladenen Teilchen sammeln sich oben in der Wolke, die negativen unten. Wenn der Spannungsunterschied so groß wird, dass er die isolierende Wirkung der Luft überwindet, erfolgt ein Ausgleich in Form eines Blitzes, der dabei meist auch die positiv geladene Erdoberfläche erreicht.

ENTSTEHUNG EINES BLITZES IN EINER GEWITTERWOLKE (KUMULONIMBUS)

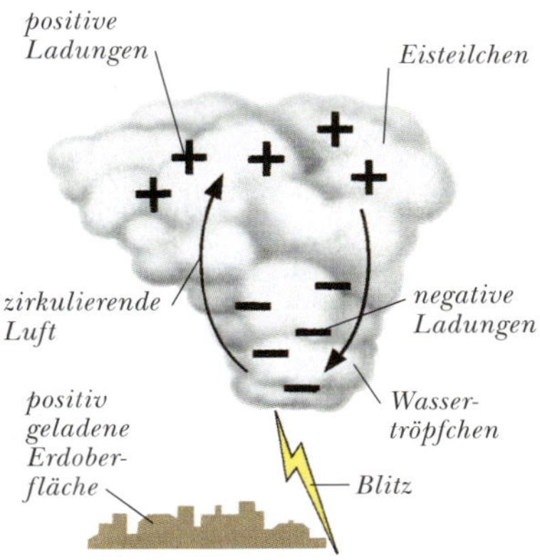


**Blockbuchstabe** ⟨m. 26⟩ *in Blockschrift geschriebener Buchstabe*

**Blockflöte** ⟨f. 19; Mus.⟩ ◄ *Holzblasinstrument, bei dem das Blasrohr oben bis auf einen Spalt durch einen Block verschlossen ist;* ► *Holzblasinstrumente*

**blockfrei** ⟨Adj.⟩ *nicht zu einem polit. Block gehörend* ◆ blockfreie Staaten

**Blockhaus** ⟨n. 12u⟩ *Haus aus roh behauenen Stämmen*

**blockieren** ⟨V. t.; hat⟩ **1** ⟨Eisenb.⟩ *durch einen Block sperren* **2** ⟨allg.⟩ *sperren, absperren* **3** fehlende Wörter od. Zahlen blockieren ⟨Typ.⟩ *durch auf den Kopf gestellte Typen kenntlich machen* ◆ die Räder blockieren ⟨bei Kfz⟩ *reagieren nicht auf die Lenkung* [< frz. *bloquer* „blockieren, sperren"]

**Blockschrift** ⟨f. 20; unz.⟩ *lateinische Druckschrift aus Großbuchstaben mit gleichmäßig starken Strichen*

**Blockwart** ⟨m. 1; im Nationalsozialismus⟩ *parteitreuer Vertrauensmann eines Häuserblocks, der eine Überwachungsfunktion ausübte*

**blöd** ⟨Adj.; -er, am -esten⟩ = *blöde*

**blöde** ⟨Adj.⟩ oV *blöd* **1** *dumm, einfältig, geistig beschränkt* **2** *schwachsinnig* **3** ⟨umg.⟩ *närrisch* **4** *langweilig, einfallslos* ◆ ein blödes Buch; es war ein blödes Gefühl; ein blöder Kerl; sei nicht so blöde! [< ahd. *blodi*]

**blödeln** ⟨V. i.; hat⟩ *sich absichtl. albern benehmen, bewusst Unsinn reden*

**Blödheit** ⟨f. 20; unz.⟩ **1** *blöde Beschaffenheit* **2** *blödes Wesen, geistige Beschränktheit*

**Blödsinn** ⟨m. 1; unz.⟩ **1** *Schwachsinn* **2** ⟨umg.⟩ *Unsinn, Dummheit, dummes Zeug* ◆ Blödsinn machen, reden; so ein Blödsinn!

**blödsinnig** ⟨Adj.⟩ **1** *blöde, schwachsinnig* **2** *unsinnig, widersinnig*

**blöken** ⟨V. i.; hat⟩ *schreien* (Kalb u. Schaf) [lautnachahmend]

B

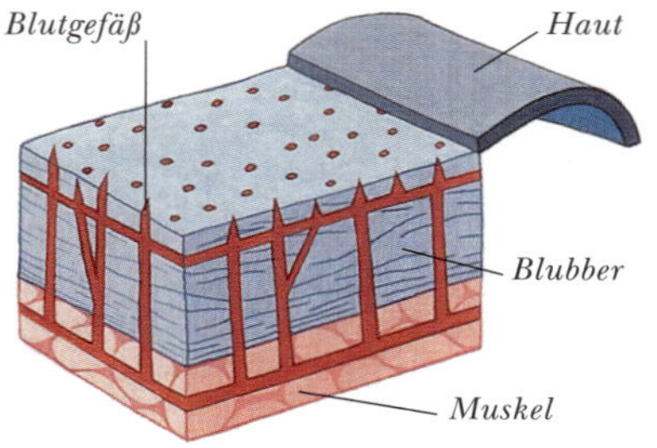


BLUBBER: SCHNITT DURCH DEN BLUBBER EINES WALS

**blond** ⟨Adj.; -er, am -esten⟩ **1** *hell, gelblich* (Haar) **2** *hellhaarig* **3** ⟨umg.; scherzh.⟩ *hell, nicht scharf gebacken* (Brötchen) ◆ blondes Haar; ein blondes Mädchen; ein (kühles) Blondes *ein Glas helles Bier* [frz., „blond"]

**Blond** ⟨n. 15⟩ *blonde Haarfarbe*

**blondieren** ⟨V. t.; hat⟩ *künstlich aufhellen* (Haar)

**Blondine** ⟨f. 19; häufig abwertend⟩ *Frau mit (auffallend) blondem Haar*

**bloß**[1] ⟨Adj.⟩ **1** *nackt, unbekleidet* **2** *entblößt, nicht bedeckt* **3** *alleinig, nichts weiter als* ◆ das sind bloße **Redensarten** ◆ **auf** der bloßen Erde liegen; **im** bloßen Hemd dastehend; ich kann es **mit** bloßem Auge nicht erkennen *ohne Brille, Fernglas od. Lupe;* mit bloßen Füßen herumlaufen; nackt **und** bloß; **vom** bloßen Hinschauen wird mir schon schwindlig [< mhd. *bloz* „unverhüllt, unbedeckt; unvermischt, rein" < ahd. *bloz* „stolz"]

BLUTEGEL (*Hirudo medicinalis*)

**bloß**[2] ⟨Partikel⟩ **1** *nur* **2** *ja* ⟨verstärkend⟩ ◆ was kann dort bloß **passiert** sein? ◆ bloß **nicht!;** geh bloß nicht hin!; ich habe bloß **noch** fünf Mark

**Blöße** ⟨f. 19⟩ **1** *Nacktheit* **2** *Lichtung (im Wald)* **3** ⟨Gerberei⟩ *gereinigte, ungegerbte Lederhaut* **4** *Mangel an Deckung* **5** ⟨fig.⟩ *schwache Stelle, Schwäche* ◆ dem Gegner eine Blöße bieten *ihm Gelegenheit zum Angriff geben;* sich eine Blöße geben *es an Deckung fehlen lassen, einen Angriffspunkt bieten*

**Blouson** ⟨[blu'zɔ̃] od. umg. [blu'zɔŋ] m. 6 od. n. 15⟩ *weit geschnittene sportliche Jacke mit einem auf den Hüften anliegenden Bund* [frz.; zu *blouse* „Bluse"]

**Blubber** ⟨['blʌbə(r)] m. 3; unz.; Zool.⟩ ▲ *der Speck, d. h. das kälteisolierende, dicke Unterhautfettgewebe der Robben u. Wale* [engl., „Walfischspeck"]

**blubbern** ⟨V. i.; hat⟩ **1** *Bläschen bilden, sprudeln, glucksen* **2** ⟨umg.⟩ *undeutlich sprechen* [vermutlich lautnachahmend; beeinflusst von *Blase* und *blähen*]

**Blues** ⟨[blu:z] m.; -, -; Mus.⟩ **1** *schwermütiges Musikstück der nordamerikan. Schwarzen* **2** *daraus hervorgegangener langsamer Gesellschaftstanz im 4/4 Takt* [engl.; verkürzt < *blue devils* „Anfall von Schwermut"]

**Bluff** ⟨[blœf] od. [blʌf] m. 6⟩ **1** *auf Prahlerei beruhende Irreführung* **2** *durch dreistes Auftreten, Verblüffung erzielte Täuschung* [engl. „Täuschung"]

**bluffen** ⟨['blœfən] od. ['blʌfən] V. t. u. V. i.; hat⟩ *durch prahlerische Behauptungen, dreistes Auftreten, Verblüffung irreführen, täuschen* [< engl. *bluff* „täuschen"]

**blühen** ⟨V. i.; hat⟩ **1** ⟨Bot.⟩ *offene Blüten haben* **2** ⟨fig.⟩ *gedeihen, günstig, rege sein* ◆ das **Geschäft,** der Handel blüht; wer weiß, **was** uns noch (alles) blüht *wer weiß, was uns noch (alles) geschieht* ◆ blühende Bäume; sie sieht blühend aus ⟨fig.⟩ *frisch, rotwangig, gesund;* im blühenden Alter von 18 Jahren [< ahd. *bluoen,* engl. *blow*]

**Blümchenkaffee** ⟨m. 6; unz.; scherzh.; regional⟩ *zu dünner Kaffee, Ersatzkaffee, Muckefuck* [angeblich nach dem Kaffee der Sachsen, der so dünn ist, dass man das Blümchenmuster auf dem Tassenboden sehen kann]

**Blume** ⟨f. 19⟩ **1** ⟨Bot.⟩ *Pflanze, die Blüten treiben kann bzw. die blühende Pflanze selbst* **2** ⟨beim Wein⟩ = *Bukett (2)* **3** ⟨beim Bier⟩ *Schaum* **4** ⟨Jägerspr.⟩ *der kurze weiße Schwanz des Hasen, die weiße Schwanzspitze von Fuchs u. Wolf* **5** *Rindskeulenstück* **6** ⟨sinnbildl.⟩ *Schönheit, Zartheit, das Vorzüglichste* ◆ Blumen **gießen,** pflanzen, pflücken, schneiden; (bei einer Hochzeit) Blumen **streuen** ◆ eine Blume **am** Hut, **im** Knopfloch tragen; etwas **durch** die Blume sagen *in Andeutungen, verhüllt sagen* [< ahd. *bluoma,* engl. *bloom*]

**Blumenkohl** ⟨m. 1; unz.⟩ *Kreuzblütler mit einer kopfförmigen weißen Blütensprosse, die als Gemüse dient: Brassica oleracea var. botrydis subvar. cauliflora*

**Blumenpracht** ⟨f.; -; unz.⟩ *große Menge an blühenden Blumen*

**Blumenschmuck** ⟨m. 1; unz.⟩ **1** *Verzierung aus natürlichen Blumen od. Blumenornamenten* **2** *Blumenfülle* ◆ die Gärten prangten in reichem Blumenschmuck

**Blumenstrauß** ⟨m. 1u⟩ *Strauß aus geschnittenen Blumen*

**Blumentier** ⟨n. 11⟩ ► = *Koralle (1)*

**Blumentopf** ⟨m. 1u⟩ **1** *Tongefäß zum Einpflanzen eines Ziergewächses* **2** *die Pflanze im Topf* ◆ damit kannst du keinen Blumentopf gewinnen ⟨umg.⟩ *damit kannst du nichts erreichen, das ist nicht viel wert*

**Blumenzwiebel** ⟨f. 21⟩ *zur Vermehrung verwendeter unterirdischer Spross bestimmter blühender Pflanzen*

**blumig** ⟨Adj.⟩ **1** *von Blumen bedeckt* (Wiese) **2** ⟨beim Wein⟩ *mit einer Blume (= Duft) versehen*

**Bluse** ⟨f. 19⟩ **1** *Bekleidungsstück für den Oberkörper, bes. für Frauen* (Hemdbluse, Seidenbluse) **2** *Oberteil der Matrosenuniform* (Matrosenbluse) [< frz. *blouse* „Kittel, Jacke, Bluse" < mlat. *pelusia* „pelus. Gewand", nach der ägypt. Stadt *Pelusium,* in der mit Indigo blau gefärbte Kittel hergestellt wurden, die schon die Kreuzfahrer über die Rüstungen zogen]

**Blut** ⟨n. 11; unz.⟩ **1** ► *Flüssigkeit zum Transport von Sauerstoff u. Nährstoffen im Körper der Menschen u. Tiere* **2** ⟨fig.⟩ *Abstammung, Herkunft* **3** ⟨Tierzucht⟩ *Eigenart eines Tieres hinsichtl. seiner Abstammung* (Kaltblut, Vollblut, Warmblut) **4** ⟨fig.⟩ *Gemütslage, Temperament* ◆ das Blut **Christi** *Wein beim Abendmahl;* ein **Tropfen** Blut ◆ das Blut **erstarrte** in meinen Adern *mich packte Entsetzen;* das Blut **fließt,** quillt, schießt, sickert, strömt aus einer Wunde; an seinen Händen **klebt** Blut ⟨fig.⟩ *er hat jmdn. ermordet;* Blut **konservieren** ⟨Med.⟩; er hat Blut **geleckt** ⟨fig.⟩ *er ist auf den Geschmack gekommen;* das Blut **pocht** (in den Adern, den Schläfen); das Blut **schoss,** stieg ihm vor Scham, vor Zorn in den Kopf, ⟨od.⟩ zu Kopfe *er wurde rot vor Scham, vor Zorn;* Blut **schwitzen** vor Angst, Aufregung *große Angst haben, sehr aufgeregt sein;* Blut **spenden;** das Blut **stillen** *eine blutende Wunde verschließen;* Blut **übertragen;** Blut **vergießen** *töten;* im Kampf wurde viel Blut vergossen; der Verletzte hat viel Blut **verloren** ◆ alles Blut war aus ihrem Gesicht gewichen *sie war totenblass;* Blut **bildend** = *blutbildend;* **blaues** Blut in den Adern haben *adelig sein;* das macht **böses** Blut *das erregt Unwillen, Zwietracht;* **feuriges,** heißes Blut haben *leicht erregbar, sehr temperamentvoll sein;* nur **ruhig** Blut! *ruhig bleiben, nicht aufregen!;* Blut stillend = *blutstillend* ◆ jmdn. bis **aufs** Blut peinigen *jmdn. bis zum Letzten peinigen;* das liegt ihm **im** Blute *das ist seine Veranlagung* [< ahd. *bluot,* engl. *blood*]

**Blutader** ⟨f. 21⟩ ► = *Vene*

**blutarm** ⟨Adj.⟩ **1** ⟨Med.⟩ *an Blutarmut leidend;* Sy *anämisch* **2** ⟨umg.⟩ *blass, schwächlich, sehr leicht ermüdbar*

**Blutbad** ⟨n. 12u⟩ *grausiges Morden, Gemetzel*

**Blutbahn** ⟨f. 20⟩ *System der Blutgefäße des Körpers*

**Blutbild** ⟨n. 12; Med.⟩ **1** *mikroskop. Untersuchung hinsichtl. der Zahl der roten u. weißen Blutkörperchen, des Blutfarbstoffes usw.* **2** *die so festgestellte Beschaffenheit des Blutes;* Sy *Hämogramm* ◆ ein Blutbild machen; ein schlechtes Blutbild haben

**blutbildend** ⟨Adj.; Med.⟩ *zur Vermehrung der roten Blutkörperchen beitragend;* oV *Blut bildend*

**Blutdruck** ⟨m. 1; unz.; Med.⟩ *Druck des Blutes in den Schlagadern*

**Blüte** ⟨f. 19⟩ **1** ⟨Bot.⟩ ► *Fortpflanzungsorgan höherer Pflanzen* **2** *das Blühen* **3** ⟨fig.⟩ *Höhepunkt einer Entwicklung* **4** *falsche Banknote* **5** ⟨Med.⟩ *Pustel, Pickel* **6** ⟨sinnbildl.⟩ *das Beste, die Besten* ◆ eine neue Blüte der **Malerei,** Literatur ◆ Blüten **treiben** *Knospen bilden;* ihre Fantasie treibt seltsame Blüten ⟨fig.⟩ ◆ = die Bäume standen **in** (voller) Blüte; in der Blüte seiner Jahre stehen *in der Mitte des Lebens* [< ahd. *bluot*]

**Blutegel** ⟨m. 5⟩ ◄ *10-15 cm langer, blutsaugender Kieferegel, der medizinisch zur Blutentnahme u. Blutgerinnungssteuerung verwendet wird: Hirudo medicinalis* [< mhd. *egel* < ahd. *egala*]

**bluten** ⟨V. i.; hat⟩ **1** *Blut verlieren* **2** *Harz ausfließen lassen* (Baum) **3** *Saft verlieren* (Rebe) **4** *Wasser auf der Oberfläche abstoßen* (Beton) **5** *Farbe abgeben* (Garn, Farb-

## BLUT

Das Blut transportiert im Körper Sauerstoff, Nährstoffe und Hormone. Im Blutplasma schwimmen die Blutzellen. Die weißen Blutkörperchen schützen vor Infektionen, die roten Blutkörperchen transportieren den Sauerstoff. Die Blutplättchen spielen eine wichtige Rolle bei der Blutgerinnung.

SCHNITT DURCH EINE KAPILLARE

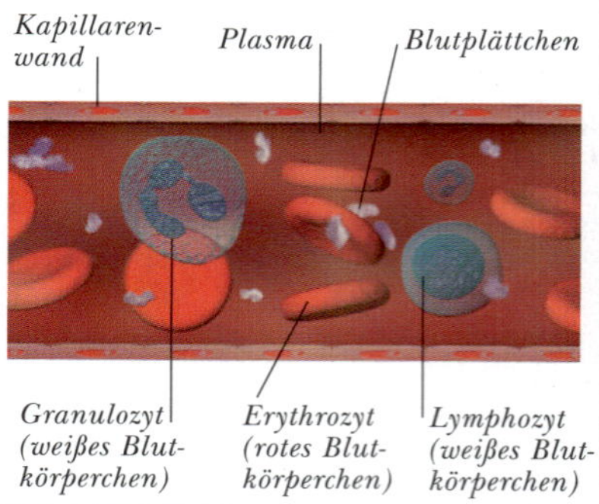

# BLÜTEN

Blüten sind die Fortpflanzungsorgane der Blüten- oder Samenpflanzen. Bei den Nacktsamern erscheinen die Blüten einfach und unscheinbar. Bei den Bedecktsamern sind die Staubblätter die männlichen, die Fruchtblätter die weiblichen Organe. Diese setzen sich aus Narbe, Griffel und Fruchtknoten zusammen. Die bedecktsamigen Pflanzen unterteilt man in Ein- und Zweikeimblättrige. Die Blüten der Zweikeimblättrigen haben grüne Kelch- und meist bunte Kronblätter. Bei den Einkeimblättrigen lässt sich diese Unterscheidung nicht treffen. Ihre Blütenhülle heißt auch Perigon.

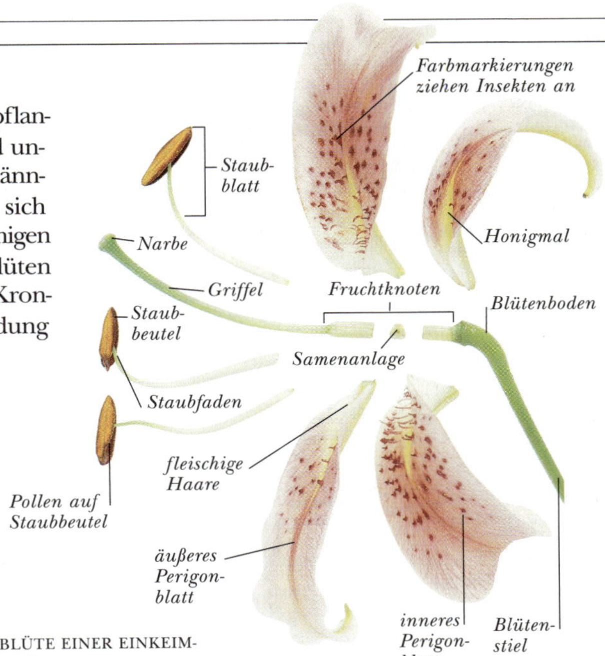


BLÜTE EINER EINKEIMBLÄTTRIGEN PFLANZE (*Lilium* species)

## EIN- UND ZWEIKEIMBLÄTTRIGE IM VERGLEICH

ZWEIKEIMBLÄTTRIGE (*Agrostemma githago*)

EINKEIMBLÄTTRIGE (*Lilium* species)

## BLÜTENSTELLUNG

AUFRECHT

NICKEND

HÄNGEND

## BLÜTENFARBEN

EINFARBIG

ZWEIFARBIG

GEBÄNDERT

GESTREIFT

## ANORDNUNG DER BLÜTENBLÄTTER

ZURÜCKGEBOGEN

ZURÜCKGESCHLAGEN

EINFACH

HALB GEFÜLLT

GEFÜLLT

GROSSKÖPFIG

## BLÜTENFORMEN

KREUZBLÜTE

STERNFÖRMIG

WEIT GEÖFFNET

BECHERFÖRMIG

GLOCKENBLÜTE

RÖHRENBLÜTE

TRICHTERBLÜTE

FLACH AUSGEBREITET

TROMPETENFÖRMIG

ROSETTENARTIG

KUGELFÖRMIG

SCHMETTERLINGSBLÜTE

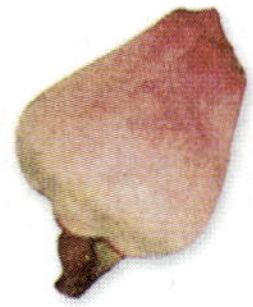

KRUGFÖRMIG

ORCHIDEENBLÜTE

anstrich des Untergrundes) **6** ⟨fig.⟩ *zahlen, büßen* ◆ das Herz blutet mir dabei *es tut mir unendlich Leid, es macht mir großen Kummer;* er wird schön bluten müssen! ⟨fig.⟩; an der Hand bluten; aus der Nase bluten; stark blutende Wunden

**Blütenachse** ⟨[-ks-] f. 19; Bot.⟩ *Achse des Sprosses, der die Blüte trägt*

**Blütenboden** ⟨m. 4u; Bot.⟩ ► *vorderes, verbreitertes od. eingestulptes Ende der Blütenachse*

**Blütenhonig** ⟨m. 1; unz.⟩ *Bienenhonig von Blüten*

**Blütenkelch** ⟨m. 1⟩ *äußerer, oft verwachsener Teil einer doppelten Blütenhülle;* Sy *Calyx*

**Blütenpflanze** ⟨f. 19⟩ *Pflanze, die Blüten treiben kann, Samenpflanze*

**blütenreich** ⟨Adj.⟩ *mit vielen Blüten*

**Blütenscheide** ⟨f. 19; Bot.⟩ ► *großes Hochblatt an der Basis von Blütenständen (besonders bei Aronstabgewächsen u. Palmen);* Sy *Spatha (1)*

**Blütenstand** ⟨m. 1u; Bot.⟩ ▼ *der Blüten tragende, blattlose Teil des Pflanzensprosses;* Sy *Infloreszenz*

**Blütenstaub** ⟨m. 1; unz.; Bot.⟩ ► = *Pollen*

**blütenweiß** ⟨Adj.⟩ *glänzend, leuchtend weiß, rein weiß*

**Bluter** ⟨m. 3; Med.⟩ *jmd., der an der Bluterkrankheit leidet*

**Bluterguss** ⟨m. 1u⟩ *Blutung innerhalb des Körpergewebes;* Sy *Hämatom*

**Bluterkrankheit** ⟨f. 20; unz.; Med.⟩ *mangelnde od. fehlende Gerinnungsfähigkeit des Blutes*

**Blütezeit** ⟨f. 20⟩ **1** *Zeit des Blühens* **2** ⟨fig.⟩ *Glanzzeit, Höhepunkt* ◆ die Blütezeit der deutschen Literatur

**Blutfaktor** ⟨m. 23; Med.⟩ *erbliche Eigenschaft der Blutkörperchen, z. B. Rhesusfaktor, Blutgruppe*

**Blutfarbstoff** ⟨m. 1; unz.⟩ = *Hämoglobin*

**Blutfleck** ⟨m. 1⟩ *durch Blut entstandener Fleck*

**Blutgefäß** ⟨n. 11; Anat.⟩ *röhrenförmiges Organ zum Bluttransport u. zur Ernährung der Zellen u. Gewebe (Gasaustausch);* Sy *Ader (1)*

**Blutgerinnung** ⟨f. 20; unz.⟩ *Erstarren des Blutes (in den Blutgefäßen)*

**Blutgruppe** ⟨f. 19; Med.⟩ *bestimmte Merkmale aufweisender, unveränderl. Typus des Blutes*

**Bluthochdruck** ⟨m. 1; unz.; Med.⟩ *(zu) hoher Blutdruck* ◆ an Bluthochdruck leiden

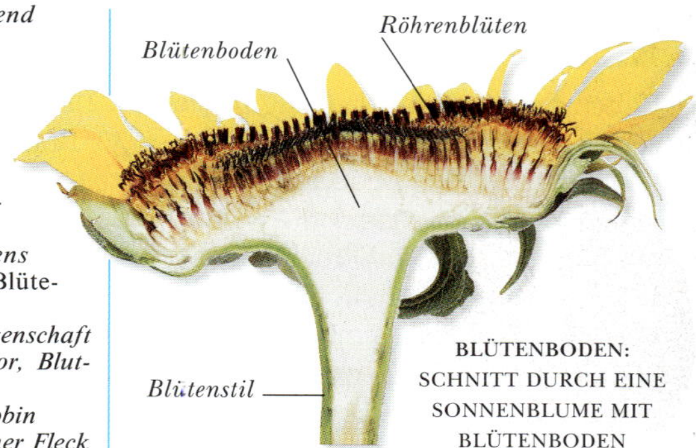

BLÜTENBODEN: SCHNITT DURCH EINE SONNENBLUME MIT BLÜTENBODEN

**Bluthund** ⟨m. 1⟩ **1** ► = *Schweißhund* **2** ⟨fig.⟩ *sehr grausamer, gewissenloser Mensch*

**blutig** ⟨Adj.⟩ *voller Blut, mit Blut vermischt, mit Blut befleckt* ◆ ein blutiger Anfänger, blutiger Laie ⟨fig.; umg.⟩ *jmd., der von einer Sache (noch) nicht das Geringste versteht;* es ist mein blutiger Ernst *völliger, tiefer Ernst* [zu mhd. *blut* „bloß, nackt"]

**Blutkonserve** ⟨[-və] f. 19⟩ *für Blutübertragungen konserviertes Blut*

**Blutkörperchen** ⟨n. 14; Med.⟩ *fester Bestandteil des Blutes, der zum Transport von Sauerstoff u. Kohlensäure* (rotes Blutkörperchen: Sy *Erythrozyt*) *u. zum Töten von Krankheitserregern* (weißes Blutkörperchen: Sy *Leukozyt*) dient; → a. *Blutplättchen*

**Blutkreislauf** ⟨m. 1u; Med.⟩ ► *Kreislauf des Blutes im Körper;* ► *Körper*

**blutleer** ⟨Adj.⟩ **1** *ohne Blut* **2** ⟨fig.⟩ *farblos, ohne Ausdruckskraft*

**...blütler** ⟨m. 3; in Zus.⟩ *mit einer bestimmten Form von Blüten versehene Pflanze,* z. B. Lippenblütler, Schmetterlingsblütler

**blutlos** ⟨Adj.⟩ *blutleer*

**Blutplasma** ⟨n.; -s, -men⟩ *Blut ohne Blutkörperchen, enthält Eiweißstoffe, darunter Immunstoffe u. Blutgruppen- u. Blutgerinnungssubstanzen, Nährstoffe, Stoffwechselprodukte u. Hormone*

**Blutplättchen** ⟨n. 14⟩ *zur Eigenbewegung fähiges Blutkörperchen, dessen Zerfall die Blutgerinnung einleitet;* Sy *Thrombozyt*

**blutrünstig** ⟨Adj.⟩ **1** *mordgierig* **2** *von viel Mord u. Totschlag handelnd* (Buch, Geschichte) [< mhd. *bluotruns(ec)* „wund"; zu ahd., mhd. *bluotruns(t)* „das Rinnen von Blut"]

**Blutsauger** ⟨m. 3⟩ **1** ⟨Zool.⟩ *der Gattung Calotes zugehörige Echse Südasiens* **2** ► = *Vampir (1)* **3** ⟨fig.⟩ *jmd., der sich auf Kosten anderer rücksichtslos bereichert, Ausbeuter*

**Blutsbruder** ⟨m. 3u⟩ *Freund, mit dem man Blutsbrüderschaft geschlossen hat*

**Blutschwamm** ⟨m. 1u⟩ *schwammige, gutartige Geschwulstbildung an Haut, Schleimhaut und inneren Organen*

**Blutsenkung** ⟨f. 20; Med.⟩ **1** *das Sinken der roten Blutkörperchen in ungerinnbar gemachtem Blut (die Geschwindigkeit lässt auf bestimmte Krankheiten schließen);* Sy ⟨kurz⟩ *Senkung (4)* **2** *die Untersuchung selbst*

**Blutserum** ⟨n.; -s, -seren⟩ *bei der Blutgerinnung sich absondernde, klare Flüssigkeit aus Wasser, gelösten Eiweißstoffen u. Salzen*

**Blutspender** ⟨m. 3⟩ *jmd., der eigenes Blut (zur Bluttransfusion) abgibt*

**Blutstein** ⟨m. 1⟩ ► = *Hämatit*

**blutstillend** ⟨Adj.⟩ *Blutungen zum Stillstand bringend;* oV *Blut stillend* ◆ blutstillende Watte

## BLÜTENSTAND

Als Blütenstand bezeichnet man jenen Teil des Sprosses, der die oft zahlreichen Blüten trägt. Diese können auf die unterschiedlichste Art angeordnet sein. Zu den einfachsten Blütenständen zählen die Ähre und die Traube. Bei der Dolde entspringen die Blütenstiele einem einzigen Punkt. Bei der zusammengesetzten Dolde trägt jede Seitenachse selbst wieder eine kleine Dolde. Das Körbchen gehört zu den komplizierteren Blütenständen, sieht aber wie eine einzige Blüte aus. Auf einer Scheibe sitzen innen viele winzige Röhrenblüten und außen auffälligere Zungenblüten.

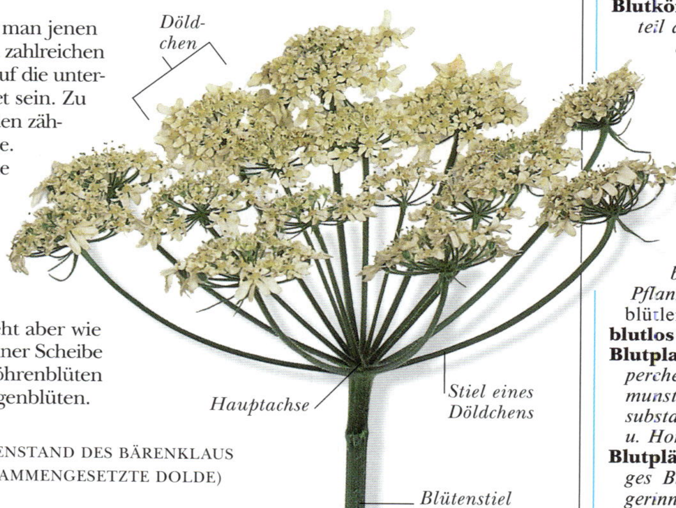

BLÜTENSTAND DES BÄRENKLAUS (ZUSAMMENGESETZTE DOLDE)

### WEITERE FORMEN

EINZELN STEHEND

DOLDE

KORBBLÜTE

TRUGDOLDE

ÄHRE

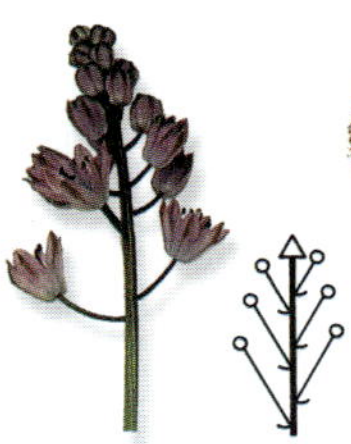
TRAUBE

DOLDENTRAUBE

RISPE

**Blutströpfchen** ⟨n. 14⟩ **1** *Tröpfchen von Blut* **2** ⟨Zool.⟩ *Angehöriger einer Schmetterlingsfamilie, dessen stahlblaue Flügel rote Flecken aufweisen: Anthrocerida;* Sy *Widderchen, Zygäne* **3** ⟨Bot.⟩ **3.1** *Herbstadonisröschen: Adonis autumnalis* **3.2** *Schattensteinbrech: Saxifraga umbrosa*

BLÜTENSCHEIDE UND BLÜTENKOLBEN DER FLAMINGOBLUME (*Anthurium andreanum*)

**Bluttransfusion** ⟨f. 20; Med.⟩ = *Blutübertragung*

**bluttriefend** ⟨Adj.⟩ *von, vor Blut triefend* ◆ ein bluttriefender Wundverband; eine bluttriefende Wunde

**Blutübertragung** ⟨f. 20; Med.⟩ *Einführung menschl. Blutes in den Blutkreislauf eines anderen;* Sy *Bluttransfusion*

**Blutung** ⟨f. 20; Med.⟩ **1** *Austritt von Blut aus der Blutbahn* **2** ⟨meist Pl.⟩ = *Menstruation*

**blutunterlaufen** ⟨Adj.⟩ *durch Austritt von Blut aus der Blutbahn ins Unterhautzellgewebe (meist dunkelrot od. dunkelblau) verfärbt* ◆ ein blutunterlaufenes Auge

**Blutuntersuchung** ⟨f. 20; Med.⟩ *Untersuchung des Blutes zur Feststellung des Hämoglobingehalts, der Zahl der Blutkörperchen, etwaiger blutfremder Stoffe, der Blutsenkungsgeschwindigkeit usw.*

**Blutvergiftung** ⟨f. 20; Med.⟩ *Erkrankung durch Eintritt von Bakterien in die Blutbahn;* Sy *Sepsis*

**Blutvergießen** ⟨n.; -s; unz.⟩ *Tötung* ◆ unnötiges Blutvergießen vermeiden

**Blutverlust** ⟨m. 1; unz.⟩ *Verlust an Blut*

**Blutwäsche** ⟨f. 19⟩ ► = *Dialyse (2)*

**Blutwurst** ⟨f. 7u⟩ *Wurst aus Schweinefleisch u. Speckstücken mit viel Blut, Rotwurst*

**Blutzoll** ⟨m. 1u; unz.; fig.⟩ *Anzahl an Todesopfern (die durch etwas verursacht werden)* ◆ der Straßenverkehr fordert seinen Blutzoll

**Blutzucker** ⟨m. 3; unz.⟩ *im Blut enthaltener Traubenzucker*

**BLZ** ⟨Abk. für⟩ *Bankleitzahl*

**b-Moll** ⟨n.; -; unz.; Mus.; Abk.: b⟩ *auf dem Grundton b beruhende Moll-Tonart*

**Bö** ⟨f. 18⟩ *heftiger Windstoß;* oV *Böe* [< ndrl. *bui, buy(d)e*]

**Boa** ⟨f. 10⟩ **1** ⟨Zool.; kurz für⟩ ► *Boaschlange* **2** ⟨umg.⟩ *langer, schmaler Damenpelz zum Umlegen* **3** *Umhang aus Straußenfedern* [< lat. *boa* „Wasserschlange"]

**Boaschlange** ⟨f. 19; Zool.⟩ ►► *Angehörige einer Unterfamilie der Riesenschlangen, die sich durch einen Augenbrauenknochen u. das Lebendgebären der Jungen auszeichnet: Boinae;* Sy ⟨kurz⟩ *Boa (1)* [< lat. *boa* „Wasserschlange"]

**Bob** ⟨m. 6; Sp.; kurz für⟩ ►► *Bobsleigh, ein lenkbarer Rennschlitten für zwei bis sechs Personen*

**Bobbahn** ⟨f. 20; Sp.⟩ *(meist künstlich angelegte) Eisbahn für Bobrennen*

**Bobby** ⟨m. 6; volkstüml. engl. Bez. für⟩ *Polizist* [nach dem Reorganisator der engl. Polizei, Robert *(Bobby)* Peel]

**Bobsleigh** ⟨['bɔbslɛi] m. 6; Sp.⟩ ► = *Bob* [< engl. *bob* „sich ruckweise bewegen" + *sleigh* „Schlitten"]

**Bobtail** ⟨['bɔbtɛil] m. 6⟩ *langzottiger, grauer Hütehund;* ► *Hunde* [engl., eigtl. „gestutzter Schwanz" < *bob* „Quaste, Gehänge" + *tail* „Schwanz"]

**Boccia** ⟨['bɔtʃa] n. 15; unz.⟩ *ital. Rasenspiel, bei dem eine Kugel mit anderen Kugeln getroffen werden muss* [ital., „Kugel"]

**Bock¹** ⟨m. 1u⟩ **1** ⟨Zool.⟩ *männliches Tier, besonders bei geweih- od. gehörntragenden Arten, auch beim Kaninchen* (Rehbock, Schafbock, Ziegenbock) **2** *Gestell, Stützkonstruktion zum Auflegen von Werkstücken* (Rüstbock, Sägebock) **3** ⟨Sp.; Turnen⟩ *gepolsterter, lederbezogener Holzkasten auf vier ausziehbaren Beinen als Turngerät für Springübungen* **4** *Sitz des Kutschers auf dem Wagen* (Kutschbock) ◆ ⟨fig.; Jugendspr.⟩ keinen (null) Bock (auf etwas) **haben** *keine Lust (auf etwas);* einen (kapitalen) Bock **schießen** ⟨fig.⟩ *einen (großen, folgenreichen) Fehler machen, einen (deutlichen) Missgriff begehen* ◆ ein **sturer** Bock ⟨umg.⟩ *ein sturer, dickköpfiger Kerl* ◆ **über** den Bock springen; den Bock **zum** Gärtner machen ⟨fig.⟩ *jmdn. am falschen Platz einsetzen* [< ahd. *boc,* engl. *buck*]

**Bock²** ⟨n.; -s, -; kurz für⟩ *Bockbier*

**Bockbier** ⟨n. 11; unz.⟩ *ein Starkbier, Märzenbier;* Sy ⟨kurz⟩ *Bock²* [für *Oambock, Ambock* statt *Einbecker* Bier, nach der niedersächs. Stadt *Einbeck,* die für ihr Bier berühmt ist]

**bocken** ⟨V. i.; hat⟩ **1** *nach dem Bock verlangen* (Schaf, Ziege usw.) **2** *mit den Hörnern stoßen* **3** *sich aufbäumen, ausschlagen* (Pferd) **4** ⟨fig.⟩ *trotzen, trotzig, störrisch sein* (Kind)

**bockig** ⟨Adj.⟩ *trotzig, störrisch, widersetzlich, eigensinnig*

**Bockkäfer** ⟨m. 3⟩ *Angehöriger einer Familie der Käfer mit zahlreichen farbigen Arten: Cerambycidae;* ► *Insekten*

## BLUTKREISLAUF

In den Blutkreislauf des Menschen sind das Herz, die Blutgefäße und das Blut einbezogen. Das Herz pumpt das Blut durch die Arterien in den Körper und transportiert in der Lunge aufgenommenen Sauerstoff und im Darm aufgenommene Nährstoffe über die Kapillaren zu den Körperzellen. Das sauerstoffarme Blut kehrt in den Venen zum Herzen zurück. Von dort gelangt es in die Lunge, fließt wieder zum Herzen und wird erneut in den Körper gepumpt.

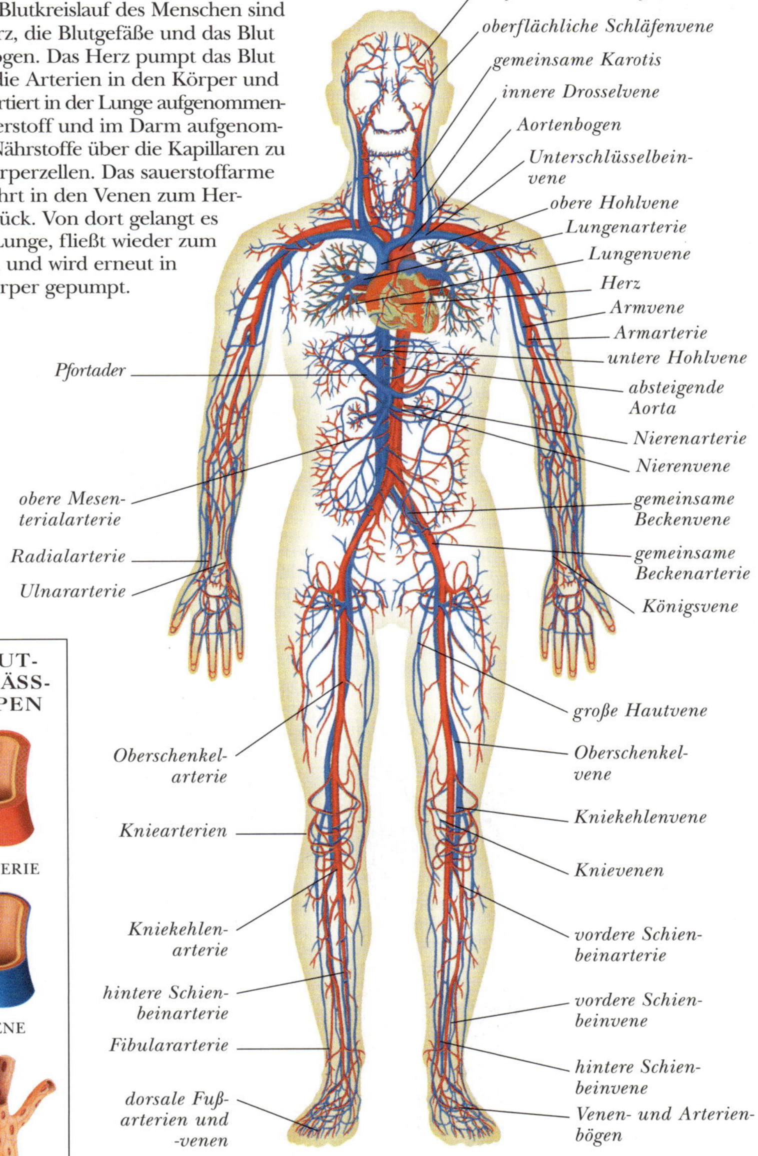


BLUTKREISLAUF DES MENSCHEN

### BLUTGEFÄSS-TYPEN

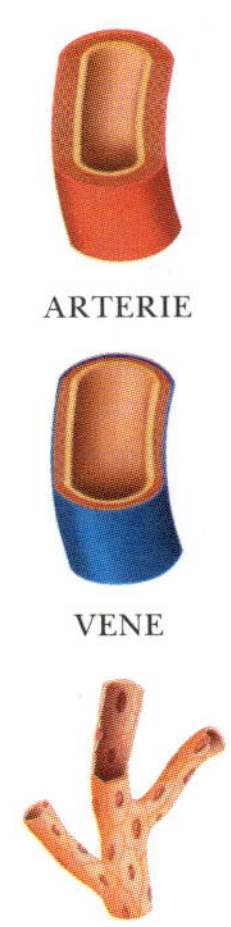

ARTERIE

VENE

KAPILLARE

B

**Bockmühle** ⟨f. 19⟩ ► *auf einem Bock ruhende, im Ganzen drehbare Windmühle*

**Bocksbart** ⟨m. 1u⟩ **1** *Kinnbart des Ziegenbocks, Ziegenbart* **2** ⟨Bot.⟩ *Angehöriger einer Gattung der Korbblütler mit gelben Blüten: Tragopogon*

BOASCHLANGE: ABGOTTSCHLANGE (*Boa constrictor*)

**Bocksbeutel** ⟨m. 5⟩ **1** *bauchige, abgeplattete Flasche für edle Frankenweine* **2** ⟨fälschl. a.⟩ *der Wein selbst*

**Bockshorn** ⟨n. 12u; nur in der Wendung⟩ jmdn. ins Bockshorn jagen *jmdn. einschüchtern, in die Enge treiben* [Herkunft umstritten]

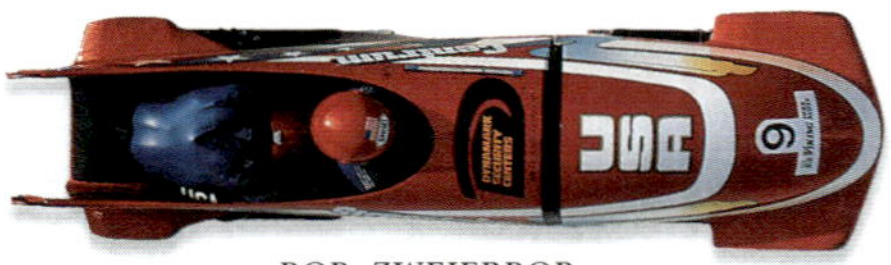
BOB: ZWEIERBOB

**Bockspringen** ⟨n.; -s; unz.⟩ *mit gegrätschten Beinen über den Bock (Turngerät) od. eine gebückt stehende Person springen, wobei man sich mit den Händen abstützt*

**Bocksprung** ⟨m. 1u⟩ **1** *Sprung mit gegrätschten Beinen* **2** *komisch steifer, ungelenker Sprung*

**Bockwurst** ⟨f. 7u⟩ *aus Rind- u. Schweinefleisch gemischte Brühwurst* [nach der zur *Bockbierzeit* (um Fronleichnam) gegessenen *Wurst*]

**Bodden** ⟨m. 4⟩ *seichte Meeresbucht an der deutschen Ostseeküste* [< nddt. *boddem* „Meeresgrund"; → *Boden*]

**Boden** ⟨m. 4u⟩ **1** ▼ *Erde, Erdoberfläche, Grund* (Erdboden, Meeresboden) **2** *Erdreich (im Hinblick auf Bodenschätze)* **3** *Stück Land (zum Bebauen)* **4** *Grund, untere Fläche eines Raumes* (Fußboden, Küchenboden) *od. Hohlgefäßes* (Fassboden, Flaschenboden) **5** *Abstell-, Speicher- od. Trockenraum unter dem Dach* (Dachboden, Trockenboden, Wäscheboden) **6** ⟨fig.⟩ *sichere Grundlage, fester Grund* ◆ den Boden **bearbeiten,** bebauen; den Boden (für ein Ziel) **bereiten** ⟨fig.⟩ *für ein Ziel vorarbeiten, z. B. andere beeinflussen;* der Boden **brennt** ihm unter den Füßen ⟨fig.⟩ *er muss fliehen;* Boden **gewinnen** ⟨fig.⟩ *Sicherheit gewinnen, andere für seine Ziele gewinnen, überzeugen* ◆ **fruchtbarer,** guter, sandiger, schwerer, steiniger Boden ◆ **am** Boden zerstört sein ⟨fig.; umg.; scherzh.⟩ *völlig erschöpft sein;* **auf** dem Boden der Tatsachen stehen *real denken, sachlich sein, Wirklichkeitssinn besitzen;* auf den Boden fallen; auf dem Boden liegen; auf deutschem Boden *innerhalb Deutschlands, auf rechtl. zu Deutschland gehörendem Gebiet;* seine Vorschläge fielen auf fruchtbaren Boden *fanden Anklang, wurden aufgenommen;* etwas **aus** dem Boden stampfen *aus dem Nichts schaffen;* sie hätte vor Verlegenheit **in** den Boden (ver)sinken mögen; Moral **mit** doppeltem Boden ⟨fig.⟩ *eine Moral, die man je nach Sachlage zum eigenen Vorteil anwenden kann;* das ist ein Fass **ohne** Boden *eine endlose od. vergebl. Sache;* wieder festen Boden **unter** den Füßen haben (nach einer Flug- od. Schiffsreise od. im Wasser); **zu** Boden gehen ⟨Boxsp.⟩ *niederstürzen* [< ahd. *bodam,* engl. *bottom*]

**Bodenbelag** ⟨m. 1u⟩ *oberste Schicht od. Bedeckung des Fußbodens,* z. B. Parkett, Fliesen, Linoleum, Teppich

## BODEN

Das Ökosystem Boden entsteht durch die Tätigkeit von Mikroorganismen, Pflanzen und Tieren. Ein reifer Boden hat mehrere Horizonte: Die oberste Schicht besteht aus Laubstreu und Humus. Der Oberboden ist humus- und nährstoffreich, im Unterboden reichern sich häufig Mineralstoffe an. In den tieferen Schichten dominiert das Ausgangsgestein.

SCHNITT DURCH EINEN BODEN MIT DEN FÜNF HORIZONTEN

**Bodenbelastung** ⟨f. 20; unz.⟩ *Belastung des Bodens (durch chem. Stoffe)*

**Bodenertrag** ⟨m. 1u; Landw.⟩ *Ertrag des bearbeiteten Bodens*

**Bodenfläche** ⟨f. 19⟩ *Fläche als Maß eines Grundstücks ohne Gebäude* ◆ ein schönes Grundstück mit 1000 $m^2$ Bodenfläche

**Bodenfrost** ⟨m. 1u⟩ *Frost am Erdboden*

**Bodenhaftung** ⟨f. 20; unz.; bei Kfz⟩ *Haftung der Reifen auf der Fahrbahn* ◆ der Wagen hat auch bei Nässe gute Bodenhaftung

**bodenlos** ⟨Adj.⟩ **1** *unergründlich tief* **2** ⟨fig.⟩ *unerhört* ◆ eine bodenlose Frechheit

**Bodennebel** ⟨m. 5⟩ *niedriger, über dem Boden liegender Nebel*

BOCKMÜHLE (MODELL)

**Bodenpersonal** ⟨n.; -s; unz.⟩ *die zur Bodenorganisation gehörenden Mitarbeiter des Flugwesens*

**Bodenreform** ⟨f. 20⟩ *Reform des Bodenrechtes, Aufhebung des Grundbesitzes*

**Bodenschätze** ⟨Pl.⟩ *Werte (z. B. Kohle, Metalle) im Erdboden*

**bodenständig** ⟨Adj.⟩ *nicht von außen eingeführt, heimatgebunden, ortsverbunden, verwurzelt*

**Bodenstation** ⟨f. 20⟩ *Überwachungsstelle auf der Erde für (Weltraum-)Flugunternehmen*

**Bodenturnen** ⟨n.; -s; unz.⟩ *Turnübungen auf mit Matten belegtem Fußboden*

**Bodenwelle** ⟨f. 19⟩ **1** *kleine Erhebung des Erdbodens* **2** ⟨Radio⟩ *hochfrequente Welle des Lang- u. Mittelwellenbereiches, die am Boden entlanglaufend der Erdkrümmung folgt*

**Body** ⟨m.; - od. -s, -s⟩ **1** ⟨allg.⟩ *Körper, Leib* **2** *Rumpf* **3** ⟨kurz für engl.⟩ *Bodysuit (einteiliges Kleidungsstück für Damen, das den Rumpf bedeckt u. meist als Unterwäsche getragen wird)* [engl., „Körper, Rumpf"]

**Bodybuilding** ⟨['bɔdibildiŋ] n.; - od. -s; unz.⟩ *körperliches Training zur Ausbildung guter Körperformen* [< engl. *body* „Körper" + *building* „Bauen, Gebäude"]

**Bodyguard** ⟨['bɔdiga:d] m. 6⟩ *Beschützer, Leibwächter (einer möglichen Gewalttaten ausgesetzten Persönlichkeit)* [< engl. *body* „Körper" + *guard* „beschützen"]

**Böe** ⟨f. 19⟩ = *Bö*

**Bœuf Stroganoff** ⟨[bœf -] n.; - -, - -; Kochk.⟩ *geschnetzeltes, gut gewürztes Rinderfilet in einer mit saurer Sahne abgeschmeckten Soße* [< frz. *bœuf* „Rind"; nach dem Grafen Sergej Grigorjewitsch *Stroganow,* der einem russ. Kaufmannsgeschlecht entstammte, das im 16. Jh. im Ural herrschte]

**Bofist** ⟨m. 1⟩ = *Bovist*

## BOHRMASCHINE

Mit der elektrischen Bohrmaschine und einem Spiralbohrer kann man in die meisten Werkstoffe Löcher bohren. Bei Beton muss man zusätzlich das Schlagwerk einschalten. Handbetriebene Bohrer finden in der Tischlerei Anwendung.

### WEITERE BOHRGERÄTE

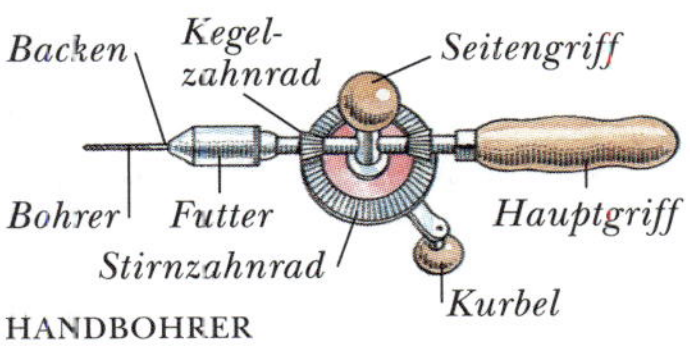


HANDBOHRER

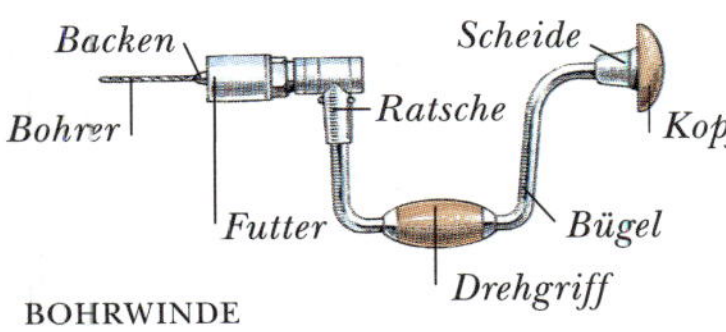


BOHRWINDE

ELEKTRISCHE BOHRMASCHINE

SPIRALBOHRER

**Bogen** ⟨m. 4 od. süddt.: m. 4u⟩ **1** *Teil einer gekrümmten Linie, Krümmung, Kurve* (Kreisbogen, Regenbogen, U-Bogen) **2** *Umweg* **3** ⟨Arch.⟩ *gekrümmtes Tragstück aus gebundenen Steinen zum Überbrücken einer Öffnung, Wölbung* (Gewölbebogen, Rundbogen, Spitzbogen, Torbogen, Brückenbogen) **4** *Holzgerüst des Sattels, Sattelbaum* (Sattelbogen) **5** *aus einem biegsamen, mit einer Sehne bespannten Holzstab bestehende Waffe zum Abschießen von Pfeilen* **6** *biegsamer, mit Ross- od. Kunsthaaren bespannter Holzstab zum Streichen der Saiten von Steichinstrumenten* (Fiedelbogen, Geigenbogen) **7** *rechteckig beschnittenes Schreib- od. Packpapier* (Papierbogen) **8** *ungefaltetes großes Blatt zum Drucken, das je nach gewünschtem Format des Buches gefaltet wird* (Druckbogen) **9** ⟨Typ.⟩ *durch den Umbruch in Druckseiten eingeteilter Satz* **10** ⟨Mus.⟩ **10.1** *Zeichen über zwei Noten gleicher Höhe zur Verlängerung des ersten Tones um die Länge des zweiten* **10.2** *Zeichen für die Bindung zweier Noten ungleicher Höhe* ◆ in **Bausch** und Bogen ⟨fig.⟩ *alles in einem, (dabei) ungenau* ◆ einen Bogen **beschreiben,** zeichnen; den Bogen **heraushaben** ⟨fig.⟩ *auf geschickte Weise mühelos etwas erreichen, zustande bringen;* man soll den Bogen nicht **überspannen** ⟨fig.⟩ *nichts übertreiben* ◆ **gotischer,** romanischer Bogen ◆ ein Druckwerk **aus** od. von 60 Bogen; **in** hohem Bogen hinausfliegen, hinausgeworfen werden ⟨fig.; umg.⟩; **mit** Pfeil und Bogen schießen; einen Bogen **um** jmdn. od. etwas machen *jmdm. od. einer Sache aus dem Wege gehen* [< ahd. *bogo,* engl. *bow*]

**Bogenlänge** ⟨f. 19; Math.⟩ *Länge eines Stückes einer mathemat. Kurve*

**Bogenmaß** ⟨n. 11; Math.; Zeichen: arc⟩ *Quotient aus Kreisbogenlänge u. Radius*

**Bogenschießen** ⟨n.; -s; unz.; Sp.⟩ ► *sportlich betriebenes Schießen mit Pfeil u. Bogen*

**Bogenschütze** ⟨m. 17⟩ *jmd., der mit Pfeil u. Bogen schießt*

**...bogig** ⟨Adj.; in Zus.⟩ *in der Art eines bestimmten Bogens,* z.B. rundbogig, spitzbogig

**Boheme** ⟨[bo'ɛ:m] f. 19; unz.⟩ *unbürgerliche Welt od. ungebundenes Leben der Studenten u. Künstler* [< frz. *bohème* „Künstlerwelt, Künstlerleben"; zu *Bohème* „Böhme, Zigeuner"]

**Bohemien** ⟨[boe'mjɛ̃] m. 6⟩ *Angehöriger der Boheme, jmd., der in der Art der Boheme lebt* [< frz. *bohèmien* „böhmisch, zigeunerisch"]

**Bohle** ⟨f. 19⟩ *dickes Brett, Planke* [< mnddt. *bol(l)e* „Planke"]

**böhmisch** ⟨Adj.⟩ *Böhmen betreffend, zu ihm gehörig, aus ihm stammend* ◆ das sind für mich böhmische Dörfer ⟨fig.⟩ *davon habe ich keine Ahnung*

**Bohne** ⟨f. 19⟩ **1** ⟨Bot.⟩ *Angehörige einer Gattung der Schmetterlingsblütler, Gemüsepflanze: Phaseolus* **2** *Kaffee- od. Kakaofrucht* (Kaffeebohne, Kakaobohne) **3** *Vertiefung an der Reibfläche des Schneidezahns beim Pferd (aufschlussreich für die Altersbestimmung);* Sy *Kunde*[3] ◆ grüne, weiße Bohnen; davon verstehe ich keine Bohne ⟨umg.⟩ *überhaupt nichts* [< ahd. *bona,* engl. *bean*]

**Bohnenkaffee** ⟨m. 6; unz.⟩ *Kaffee aus Kaffeebohnen*

**Bohnenstange** ⟨f. 19⟩ **1** *Stange für Bohnenranken* **2** ⟨fig.; umg.; scherzh.⟩ *sehr lange u. dünne Person*

**Bohner** ⟨m. 3⟩ *dichte, kurze, schwere Bürste mit langem Stiel zur Fußbodenreinigung;* Sy *Bohnerbesen*

**Bohnerbesen** ⟨m. 4⟩ = *Bohner*

**bohnern** ⟨V. t.; hat⟩ *mit der Bohnerbürste blank reiben* [< mnddt. *bonen*]

**bohren** ⟨V. t. u. V. i.; hat⟩ **1** *mit dem Bohrer, Finger od. einem spitzen Gegenstand drehend ein Loch machen od. in einem Loch suchen, prüfend umhertasten* **2** ⟨fig.⟩ *drängen, inständig bitten* ◆ einen **Brunnen,** Gang, Schacht bohren; ein **Gewinde** bohren *ein Gewinde in die Wände eines Loches schneiden;* ein **Loch** bohren ◆ jmdm. ein Messer **in** den Leib bohren; (mit dem Finger) **in** der Nase bohren; sich in etwas bohren *bohrend eindringen;* das Schiff bohrte sich in den Grund; **nach** Öl bohren *mittels Bohrern in der Erde nach Öl suchen* ◆ ein bohrender Schmerz *peinigender Schmerz* [< ahd. *boron,* engl. *bore*]

**Bohrer** ⟨m. 3⟩ **1** *spitzes, spiralenförmiges Werkzeug zum Bohren* (Gewindebohrer, Metallbohrer) **2** *jmd., der bohrt, Arbeiter an der Bohrmaschine*

**Bohrinsel** ⟨f. 21⟩ ►► *künstl. Insel für Tiefbohrungen zur Gewinnung von Bodenschätzen aus dem Meeresuntergrund*

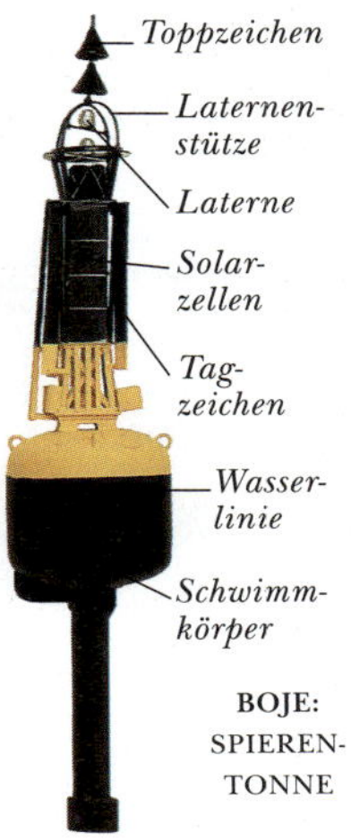


BOJE: SPIERENTONNE

**Bohrmaschine** ⟨f. 19⟩ ▲ *Maschine zum Bohren*

**Bohrturm** ⟨m. 1u⟩ *Turm zur Aufnahme des Bohrgestänges für Tiefbohrungen*

**Bohrung** ⟨f. 20⟩ **1** *das Bohren* **2** *Stelle, an der gebohrt wurde, Bohrloch*

**Boiler** ⟨m. 3⟩ = *Warmwasserspeicher* [engl., „Kessel"; zu *boil* „kochen" (Wasser)]

**Boje** ⟨f. 19⟩ ▲ *verankerter Schwimmkörper, Seezeichen* [< mndrl. *bo(e)ye* < afrz. *boye*]

**Bol** ⟨m. 1⟩ = *Bolus*

**Bola** ⟨f. 10⟩ *südamerikanische Schleuderwaffe* [span., „Kugel"]

## BOGENSCHIESSEN

Die Ursprünge des heutigen Bogenschießens liegen in der Steinzeit, als man den Bogen noch als Jagd- und Kriegswaffe verwendete. Heute schießt man bei sportlichen Wettkämpfen aus einer Entfernung von 18 bis 90 m auf Strohscheiben, die mit Papier überzogen sind. Moderne Sportbogen sind aus Holzlaminat, Stahl oder Kunststoff, die Pfeile meist aus Karbon. Zur Ausrüstung gehören auch Visiere, Stabilisatoren und Ausgleichsgewichte.

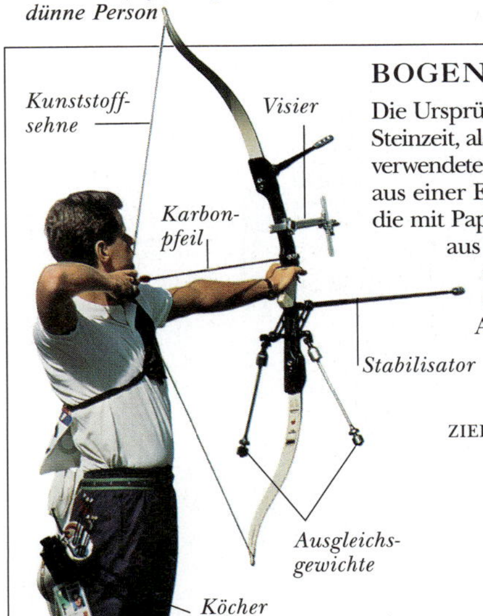


BOGENSCHÜTZE MIT WETTKAMPFBOGEN

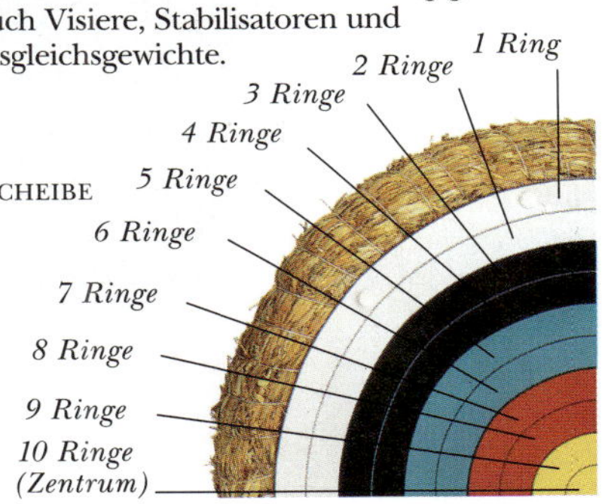


ZIELSCHEIBE

## BOHRINSEL

Der größte Teil der Erdölreserven liegt eingeschlossen zwischen Gesteinsschichten unter dem Meeresboden. Sie können mithilfe von Bohrinseln angezapft werden. Dies sind hochkomplizierte Strukturen, die man durchaus mit einer Kleinstadt vergleichen kann. Im Zentrum steht der Bohrturm, der die Bohrung niederbringt. An der Spitze des Bohrgestänges, das durch den Drehtisch gedreht wird, frisst sich der Bohrmeißel durch das Gestein, oben wird Rohr für Rohr in das Bohrgestänge eingefügt. Wenn man auf eine Öl führende Schicht trifft, steigt das Erdöl unter dem Druck, dem es im Erdinneren ausgesetzt ist, von selbst nach oben. Ein unkontrollierter Austritt muss dabei mit allen Mitteln verhindert werden. Pipelines oder Öltanker transportieren das gewonnene Erdöl zum Festland.

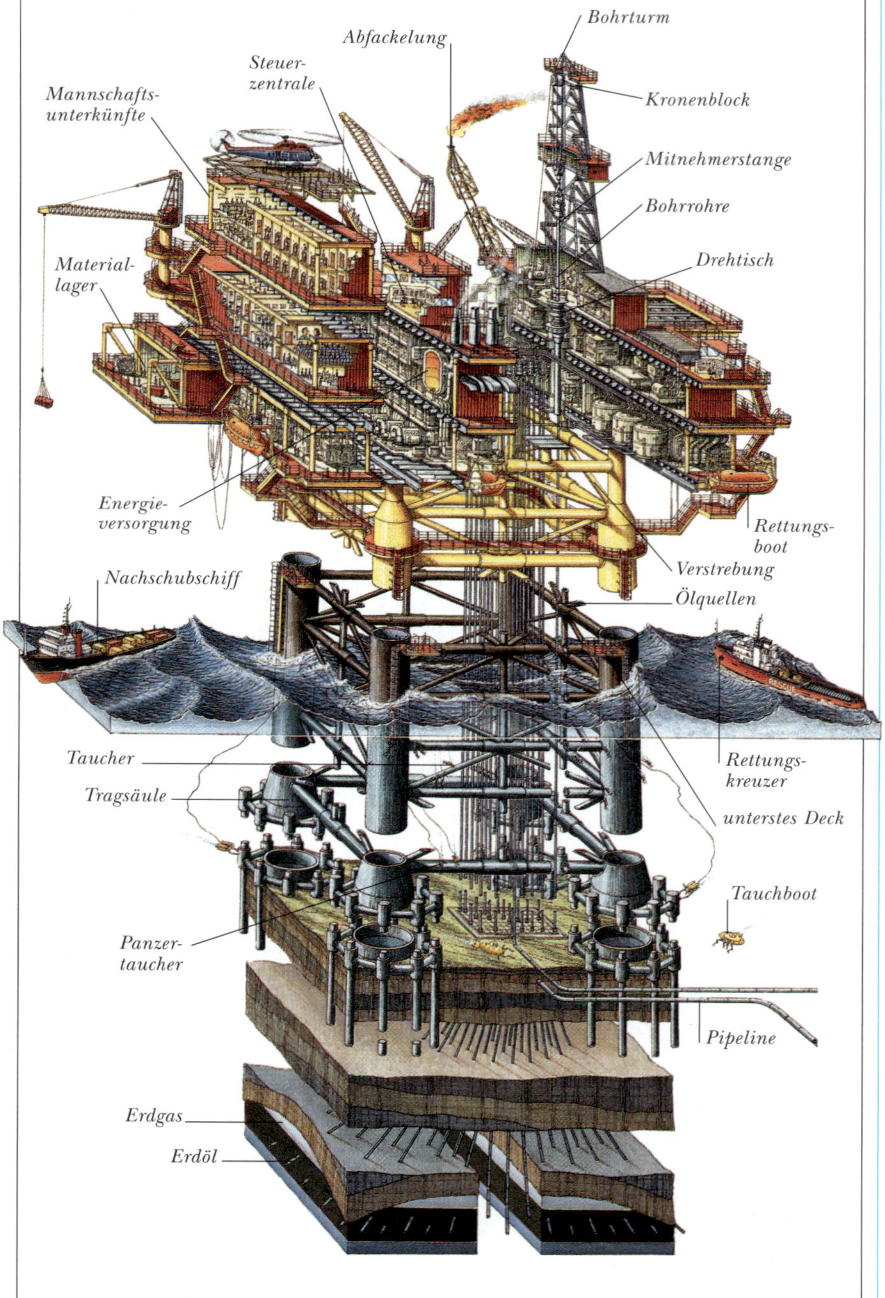


EXPLOSIONSGRAFIK EINER NORDSEE-BOHRINSEL

**Bolero** ⟨m. 6⟩ **1** *mäßig schneller spanischer Tanz im ¾-Takt* **2** ⟨Mus.⟩ *Orchesterstück von Maurice Ravel* **3** *kurzes Damenjäckchen* [span., „Volkstanz", „Jäckchen"; zu span. *bola* „Kugel" < frz. *boule* „Kugel" < lat. *bulla* „Blase"]

**Boletus** ⟨m.; -, -leti; Bot.⟩ *Pilz der Gattung der Röhrlinge, z. B. Steinpilz* [< lat. *boletus* „Pilz"]

**Bolle** ⟨f. 19; nddt.⟩ **1** ⟨Bot.⟩ = *Zwiebel (1.2)* **2** *Knospe* **3** *Samenkapsel* **4** ⟨umg.; scherzh.⟩ *(große) Nase* [< ahd. *bolla* „Fruchtbalg, Knolle, Schale"; engl. *bowl* „Napf"]

**Böller** ⟨m. 3; oberdt.⟩ **1** ⟨16. Jh.⟩ *kleiner Mörser zum Schießen* **2** *lauter Schuss, Knall (als Signal zu Festtagen od. zum Salut)* **3** ⟨umg.⟩ *lauter Feuerwerkskörper* [zu mhd. *boln* < ahd. *bolon* „rollen, werfen"]

**Bollerwagen** ⟨m. 4; norddt.⟩ *hölzerner Handwagen mit einer Deichsel zum Ziehen* [nach der Molkerei *Bolle* in Berlin]

**Bollwerk** ⟨n. 11⟩ **1** *Bastion, Befestigung, Schutzwehr* **2** *Kai* ◆ ein Bollwerk des Friedens ⟨fig.⟩

**Bolognese** ⟨[bolɔ'nje:ze] m. 17⟩ **1** *Einwohner von Bologna* **2** *Zwerghunderasse* **3** Spaghetti Bolognese ⟨Pl.⟩ *Spaghetti mit einer Tomaten-Hackfleisch-Soße*

**Bolschewik** ⟨m. 16; Pol.⟩ oV *Bolschewist* **1** ⟨1917-1952⟩ *Angehöriger der Kommunistischen Partei der Sowjetunion* **2** ⟨abwertend⟩ *Kommunist* [zu russ. *bolschinstwo* „Mehrheit"]

**Bolschewismus** ⟨m.; -; unz.; Pol.⟩ *auf der leninschen Auslegung des Marxismus beruhende Doktrin der Kommunistischen Partei der Sowjetunion*

**Bolschewist** ⟨m. 16; Pol.⟩ = *Bolschewik*

**bolschewistisch** ⟨Adj.; Pol.⟩ *den Bolschewismus betreffend, auf ihm beruhend*

**Bolus** ⟨m.; -; unz.⟩ *fette, rotbraun-gelbe Tonerde, Siegelerde;* oV *Bol* [< grch. *bolos* „Erdscholle"]

**bolzen** ⟨V.; hat⟩ **I** ⟨V. t.; umg.⟩ *prügeln* **II** ⟨V. i.; Sp.; Fußb.⟩ **1** *hart, regelwidrig (gegen die Mitspieler) spielen* **2** *regellos u. mehr zum Spaß spielen, kicken* [→ *Bolzen*]

**Bolzen** ⟨m. 4⟩ **1** *Eisenstift mit Kopf zum Verbinden von Maschinenteilen* **2** *Geschoss für Armbrust od. Luftgewehr* **3** ⟨allg.⟩ *längliches, spitz zulaufendes Metallstück, Keil, Pflock, Zapfen* [< ahd. *bolz,* engl. *bolt;* zu idg. **bheid-* „pochen"]

**Bombage** ⟨[-ʒə] f. 19⟩ *Aufwölben der Deckel von Konservendosen infolge der Zersetzung des Inhaltes* [zu frz. *bomber* „wölben, ausbauchen"]

**Bombarde**[1] ⟨f. 19; Mil.⟩ *altes Steinschleudergeschütz;* Sy *Mörser (2.1)* [frz.]

**Bombarde**[2] ⟨f. 19; Mus.⟩ **1** *tiefes Orgelregister* **2** *altes, schalmeiähnliches Holzblasinstrument, wahrscheinlich Vorläufer von Oboe u. Fagott* [frz., < ital. *bombarda* „Bassbrummer"; zu grch. *bombos* „das Brummen"]

**Bombardement** ⟨[-mã] n. 15; Mil.⟩ *Beschießung mit schweren Waffen od. Angriff durch Bomben* [frz.]

**bombardieren** ⟨V. t.; hat⟩ **1** ⟨Mil.⟩ *mit Bomben angreifen, belegen* **2** ⟨umg.; scherzh.⟩ *bewerfen* **3** ⟨fig.⟩ *bedrängen* ◆ einen schlechten Redner mit faulen Eiern bombardieren [< frz. *bombarder* „beschießen, bombardieren"; zu *bombarde* „Donnerbüchse"]

**Bombast** ⟨m. 1; unz.⟩ **1** ⟨urspr.⟩ *Baumwollstoff zum Aufbauschen der Kleider* **2** ⟨heute⟩ *Schwulst (des Rede- od. Schreibstils), Wortschwall* **3** *übertriebener Prunk, Überladenheit* [engl., „Wortschwall, Schwulst"]

**bombastisch** ⟨Adj.⟩ **1** *mit viel Bombast, schwülstig, hochtrabend* **2** *prunkvoll, überladen*

BONITO: ECHTER BONITO *(Katsuwonus pelamis)*

**Bombe** ⟨f. 19⟩ **1** ▼ *mit Spreng- od. Brandstoff gefüllter Metallkörper mit Zünder* (Brandbombe, Sprengbombe) **2** ⟨fig.⟩ *rundl., bombenähnl. Gegenstand* (Eisbombe) ◆ Bomben **abwerfen;** eine Bombe **platzt,** schlägt ein, zündet; gestern ist die Bombe geplatzt ⟨fig.⟩ *ist die Wahrheit ans Licht gekommen* ◆ eine Stadt **mit** Bomben belegen ⟨Mil.⟩ *von Flugzeugen aus Bomben darauf werfen* ◆ die Nachricht schlug **wie** eine Bombe ein *verursachte große Aufregung* [< frz. *bombe* „Bombe" < ital. *bomba* < lat. *bombus* „dumpfes Geräusch"]

**Bomben...** ⟨umg.; in Zus., verstärkend⟩ *groß, riesig,* z. B. Bombengehalt, Bombenstimmung [zu jidd. *bompe* „pomphaft"; zunächst Schauspielersprache]

**Bombenform** ⟨f. 20; unz.; umg.⟩ *sehr gute Form, Hochform* (bes. von Sportlern) ◆ er ist heute in einer Bombenform

**Bombengeschäft** ⟨n. 11; umg.⟩ *Riesengeschäft, großer Verkaufserfolg* ◆ er hat ein Bombengeschäft gemacht

**Bombenstellung** ⟨f. 20; umg.⟩ *sehr gute, sehr gut bezahlte Stellung*

**Bombenstimmung** ⟨f. 20; unz.; umg.⟩ *sehr gute Stimmung*

**Bombentrichter** ⟨m. 3⟩ *durch Explosion einer Bombe im Boden entstandener Trichter*

BOMBE: DEUTSCHE BRANDBOMBEN DES II. WELTKRIEGS

**Bomber** ⟨m. 3; Mil.⟩ ▼ *Kriegsflugzeug zum Angriff auf gegnerische Ziele aus der Luft durch Abwurf von frei fallenden od. computergesteuerten Explosionskörpern*

**Bommel** ⟨f. 21; umg.; bes. norddt.⟩ *Troddel, Quaste*

**Bon** ⟨[bɔ̃] od. umg. [bɔŋ] m. 6⟩ **1** *Gutschein* **2** *Kassenzettel* [frz., „gut; Gutschein"]

**Bonbon** ⟨[bɔ̃'bɔ̃] od. [bɔŋ'bɔŋ] n. 15 (österr. u. schweiz. nur so) od. m. 6⟩ *kleines Zuckerzeug, Zuckerware* [frz., „Bonbon"; zu *bon* „gut"]

**Bonboniere** ⟨[bɔ̃bɔ'nje:rə] f. 19⟩ = *Bonbonniere*

**Bonbonniere** ⟨[bɔ̃bɔ'nje:rə] f. 19⟩ *Geschenkpackung mit Pralinen;* oV *Bonboniere* [frz.]

**Bond** ⟨m. 6; Bankw.; in Großbritannien u. den USA⟩ *verzinsliche Schuldverschreibung* [engl., „Schuldverschreibung"]

**bongen** ⟨V. t.; hat⟩ *einen Bon an der Registrierkasse ausstellen* ◆ eine gekaufte Ware, eine bestellte Speise bongen; die Sache ist gebongt ⟨fig.; umg.⟩ *die Sache ist erledigt, abgemacht*

**Bongo** ⟨['bɔŋgo] n. 15 od. f. 10; Mus.⟩ *kubanische Trommel im Jazzorchester, paarweise verwendet, wird mit den Fingern geschlagen* [span. (kuban.)]

**Bonität** ⟨f. 20⟩ **1** *Güte, (innerer) Wert* **2** ⟨Forstw.⟩ *Bodengüte* **3** ⟨Kaufmannsspr.⟩ *Zahlungsfähigkeit, Sicherheit* **4** *kaufmänn. Ruf* [< lat. *bonitas* „gute Beschaffenheit einer Sache, Güte"]

**Bonito** ⟨m. 6; Zool.⟩ ◄ *Bezeichnung zweier Thunfischarten: Echter Bonito (Katsuwonus pelamis) bzw. Unechter Bonito (Auxis thazard)* [< span. *bonito* < arab. *bainit*]

**Bonmot** ⟨[bɔ̃'mo:] n. 15⟩ *treffende, geistreiche Wendung, witzige Bemerkung* [< frz. *bon mot* „Witz", eigtl. „gutes Wort"]

**Bonsai I** ⟨m. 6⟩ ▼ *durch Verschneiden der Wurzeln u. Zweige künstlich klein gehaltener Baum, japanischer Zwergbaum* **II** ⟨n.; -s; unz.⟩ *Kunst, Bäume in dieser Form zu gestalten* [jap., „Baum in der Schale, auf dem Tablett"]

**Bonus** ⟨m.; - od. -ses, - od. -se⟩ **1** *zusätzlicher Gewinnanteil* **2** *Sondervergütung, z. B. an Groß- od. Dauerabnehmer als zusätzl. Rabatt* **3** *staatl. Beihilfe zu förderungswürdigen Geschäften* (Exportbonus) **4** *geringerer Versicherungsbeitrag bei andauernder Schadensfreiheit;* Ggs *Malus (1)* **5** ⟨Schule; Sp.⟩ *verbessernder Punktausgleich bei ungünstiger Ausgangsposition;* Ggs *Malus (2)* [lat., „gut"]

BONSAI: STIELEICHE *(Quercus robur)*

**Bonze** ⟨m. 17⟩ **1** *lamaistischer Priester, Mönch* **2** ⟨fig.; umg.; abwertend⟩ *engstirniger, überhebl. einflussreicher Funktionär (bei Partei, Gewerkschaft u. Ä.)* [< japan. *bonso* „buddhistischer Priester"]

**Boom** ⟨[bu:m] m. 6⟩ *plötzlicher, kurzer, besonders wirtschaftl. Aufschwung* [engl. „Hochkonjunktur"]

**boomen** ⟨[bu:-]⟩ **I** ⟨V. i.; hat; umg.⟩ *einen Boom erleben, in einem Boom begriffen sein* **II** ⟨V. t.⟩ ein Unternehmen boomen *ihm zu einem Boom verhelfen, Aufschwungshilfe leisten*

**Booster** ⟨[bu:s-] m. 3⟩ **1** *Starthilfetriebwerk mit hoher Schubkraft für Raketen* **2** *nachträglich zugeschalteter Verstärker, z. B. für Autoradios* [< engl. *booster* „Verstärker"]

**Boot** ⟨n. 11; Pl. regional a.: Böte⟩ ►► *kleines, meist offenes Wasserfahrzeug* (Motorboot) ◆ das Boot ist leck; wir fahren gern Boot; wir sind in, mit einem Boot (über den See) gefahren; wir sitzen alle in einem Boot ⟨fig.⟩ *sind alle in der gleichen Lage, der gleichen Gefahr ausgesetzt* [< mnddt. *boot,* engl. *boat*]

**Boots** ⟨[bu:ts] Pl.⟩ ►► *über die Knöchel reichende Wildlederschuhe zum Schnüren* [engl., „Stiefel"]

**Bootsdeck** ⟨n. 11 od. n. 15⟩ *Plattform, Dach über dem Bootsraum, oberstes Deck*

**Bootssteg** ⟨m. 1⟩ *Steg zum Anlegen der Boote*

**Bop** ⟨m. 6; Mus.; kurz für⟩ *Bebop*

**Bor** ⟨n. 11; unz.; Chem.; Zeichen: B⟩ *chem. Element, schwärzlich graues, sehr hartes Halbmetall, Ordnungszahl 5 (kommt in der Natur nur in Verbindungen vor)* [< frühnhd. *borros* < spätmhd. *buras* < mlat. *borax*]

**Borago** ⟨m. 6; unz.⟩ = *Borretsch*

**Boran** ⟨n. 11⟩ *Wasserstoffverbindung des Bors*

**Borat** ⟨n. 11⟩ *Salz der Borsäure*

**Borax** ⟨n. 11; unz.; Chem.⟩ ►► *zur Herstellung von temperaturbeständigen Glassorten u. a. verwendete Borverbindung, chemische Formel* $Na_2B_4O_7 \cdot 10H_2O$ [< mlat. *borax* < arab. *burak* < pers. *burah* „borsaures Natron"]

**Bord**[1] ⟨m. 1⟩ **1** *Deckplatte, Seitenplatte* **2** *Rand, Einfassung* **3** *oberster Rand des Schiffes* **4** ⟨Her.⟩ *Schildrand* ◆ an Bord *auf dem Schiff, im Flugzeug;* an Bord gehen *sich einschiffen, ins Flugzeug einsteigen;* Mann über Bord! *Hilfe! jmd. ist aus dem Schiff ins Wasser gefallen!;* über Bord gespült werden; die Sorgen über Bord werfen ⟨fig.⟩ *sich davon frei machen, entledigen;* von Bord gehen *das Schiff, Flugzeug verlassen* [< ahd. *bort,* engl. *board;* verwandt mit *Borte* „Rand"]

**Bord**[2] ⟨n. 11; norddt.⟩ *Gestell, Regal, Brett* (Bücherbord) [<nddt. *bo(o)rd,* engl. *board*]

**Börde** ⟨f. 19⟩ *fruchtbarer, ebener Landstrich* (Magdeburger Börde) [< mnddt. *gebörde* < ahd. *giburida* „was einem zukommt, zufällt"; zu *beran* „(ein)tragen"; urspr. ein der Stadt zins- od. steuerpflichtiges Landgebiet; verwandt mit *Bürde, gebühren*]

**Bordeaux** ⟨[bɔr'do:] m.; -, - [-do:s]⟩ *Rotwein aus der Umgebung der französischen Stadt Bordeaux*

**Bordell** ⟨n. 11⟩ *Haus, in dem Prostitution ausgeübt wird;* Sy *Freudenhaus,* ⟨umg.⟩ *Puff (IV)* [< frz. *bordel,* urspr. „Hütte" < mlat. *bordellum;* zu mhd. *bort* „Brett"]

**Borderline** ⟨['bɔ:də(r)lain] f. 10⟩ **1** ⟨Med.⟩ *Gewebe, das Veränderungen aufweist, die im Vorfeld einer malignen Weiterentwicklung auftreten* **2** ⟨Psych.⟩ *(oft schwer bestimmbarer) Unterschied zwischen normal u. pathologisch* (von Verhaltensmustern usw.) [engl., „Grenze, Grenzlinie"]

**Bordfunk** ⟨m. 1; unz.⟩ *Funkeinrichtung u. -verkehr auf Schiffen u. Flugzeugen*

**bordieren** ⟨V. t.; hat⟩ *mit Borte besetzen, einfassen* [< frz. *border* „den Rand besetzen, einfassen"; zu afränk. **bord* „Rand"]

**Bordun** ⟨m. 1; Mus.⟩ **1** *Orgelpunkt (lang ausgehaltener Basston, über dem sich die übrigen Stimmen bewegen)* **2** *tiefes Orgelregister* [< lat. *bordunus*]

**Bordüre** ⟨f. 19⟩ **1** *Einfassung, Besatz (für) Kleidung* **2** *umrahmtes Ornament (eines Bildes)* **3** *den Rand betonende Musterung (bei Geweben)* [< frz. *bordure* „Rand, Saum"]

**Bordwand** ⟨f. 7u; am Schiff u. Flugzeug⟩ *seitliche Außenwand*

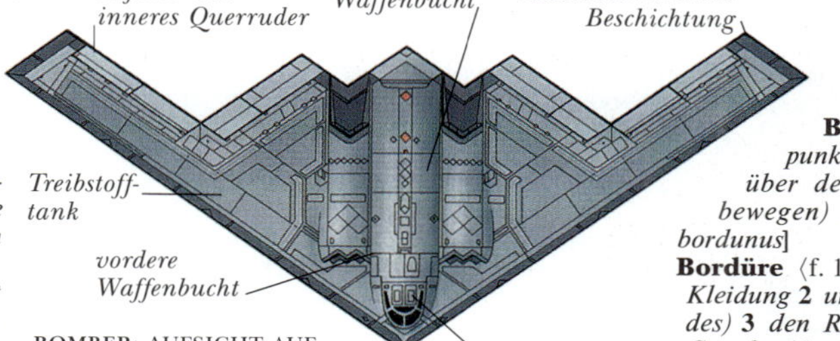


BOMBER: AUFSICHT AUF EINEN AMERIKANISCHEN TARNKAPPENBOMBER

## BOOTE

Als Boote bezeichnet man in der Regel kleinere Wasserfahrzeuge, die auf Binnengewässern und in Küstengebieten fahren. Antrieb, Form und Ausstattung hängen von ihren Funktionen ab. Einfache Boote wie Einbäume werden seit ältesten Zeiten für den Transport von Menschen und Gütern eingesetzt und sind in abgelegenen Gebieten noch heute häufig anzutreffen. In der westlichen Welt finden Boote mehrheitlich im Sport- und Freizeitbereich Verwendung. Rennboote sind zum Beispiel auf Geschwindigkeit ausgelegt. Segelboote und Segeljachten gibt es für Regatten ebenso wie für erholsame Kreuzfahrten. Rettungsboote dienen der Rettung von Menschen, die in Seenot geraten sind. Bei ihnen und bei vielen anderen Booten ist der Übergang zum Schiff fließend.

### BOOTSTYPEN

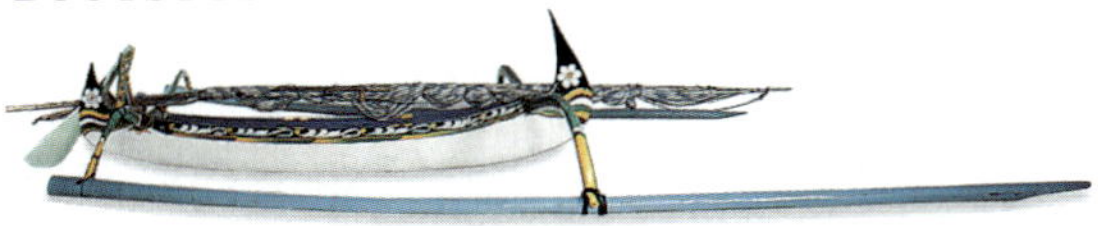

AUSLEGERBOOT

SAMPAN

EINBAUM

DINGHI
► *Dinghi*

SEGELJACHT
► *Jacht*

RENNBOOT
► *Rennboot*

MOTORJACHT

RETTUNGSBOOT

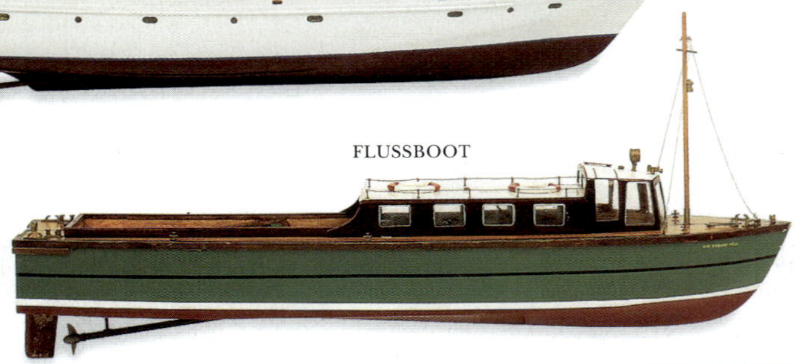

FLUSSBOOT

**borgen** ⟨V. t.; hat⟩ **1** *verleihen* **2** *entleihen* ◆ ich borge dir dieses Buch; kannst du mir etwas Geld borgen? [< ahd. *bor(a)gen* „sich vor etwas hüten, sich schonen", dann „jmdn. mit Zahlung verschonen"]

**Borke** ⟨f. 19⟩ **1** *Rinde (des Baumes)* **2** ⟨nddt.⟩ *Wundschorf* [< nddt., engl. *bork*]

**Borkenkäfer** ⟨m. 3⟩ *bis 5 mm langer Käfer, dessen Weibchen unter der Rinde von Bäumen einen Gang zur Eiablage nagt;* Sy *Holzbohrer (3)*

**Born** ⟨m. 1; poet.⟩ *Quell, Brunnen*

**borniert** ⟨Adj.; -er, am -esten⟩ *geistig beschränkt, engstirnig* ◆ er ist ein bornierter Typ [< frz. *borné* „beschränkt"]

BOOTS

**Borretsch** ⟨m. 1; unz.; Bot.⟩ *als Salatgewürz verwendete Art der Borretschgewächse mit kurzröhriger, rad- od. breit glockenförmiger, von den Staubblättern überragter Blumenkrone;* Sy *Borago* ◆ Gemeiner Borretsch ► *Art mit gurkenartig schmeckenden Blättern: Borago officinalis;* Sy *Gurkenkraut;* ► *Kräuter* [< frz. *bourrache* < mlat. *borago* < arab.]

**Borschtsch** ⟨m.; -; unz.⟩ *russische Kohlsuppe mit Fleisch, roten Rüben u. a.* [russ., „Roterübensuppe" sowie Bez. für die Pflanze „Bärenklau"]

**Börse** ⟨f. 19⟩ **1** *Geldbeutel, Geldtäschchen, Portemonnaie* (Geldbörse) **2** ⟨Kaufmannsspr.⟩ *regelmäßige Zusammenkunft von Händlern bestimmter Warengattungen u. Effekten zu Geschäftsabschlüssen* (Warenbörse, Wertpapierbörse) **3** *Gebäude hierfür* [< mlat. *bursa* „Geldbeutel"; zu grch. *byrsa* „Leder"]

**Börsenkurs** ⟨m. 1⟩ *Geldwert eines an der Börse gehandelten Wertpapiers*

**Börsenschluss** ⟨m. 1u; unz.⟩ *Ende der Versammlung in der Börse*

**Börsenspekulant** ⟨m. 16⟩ *jmd., der an der Börse spekuliert, unter Ausnutzung der Kurs- u. Preisschwankungen Geschäfte macht*

**Börsenverein** ⟨m. 1; unz.⟩ Börsenverein des Deutschen Buchhandels *Spitzenverband des deutschen Buchhandels zur Wahrnehmung aller buchhändlerischen Interessen*

**Börsianer** ⟨m. 3⟩ **1** *Börsenmitglied* **2** *Börsenmakler*

BORAX

**Borste** ⟨f. 19⟩ **1** *steifes, dickes Haar (besonders beim Schwein)* **2** ⟨umg.; scherzh.⟩ *Haar* [< ahd. *burst,* engl. *bristle* „Borste"]

**Borstenwurm** ⟨m. 2u; Zool.⟩ ► *Angehöriger einer meist meeresbewohnenden u. mit Borsten ausgestatteten Gruppe der Ringelwürmer: Chaetopoda*

**Borte** ⟨f. 19⟩ *Besatz, Saum, Tresse* (Hosenborte) ◆ ein Kleid mit Borten besetzen [< ahd. *borto* „Saum, Besatz" < *Bord* „Rand"]

**bös** ⟨Adj.⟩ = *böse*

**bösartig** ⟨Adj.⟩ **1** *tückisch, hinterhältig* (Charakter) **2** *lebensgefährlich* (Krankheit)

**Böschung** ⟨f. 20⟩ *Abhang, schräge Grabenwand, Aufschüttung* [< *Busch,* eigtl. „ein mit Grasbüscheln bewachsenes Stück Boden"]

**böse** ⟨Adj.⟩ oV *bös* **1** *schlecht, unangenehm* (Wetter) **2** *boshaft, schädigend* (Geist) **3** *böswillig, unartig* (Kind) **4** *zornig, wütend* **5** *sündhaft* **6** *entzündet, schmerzend, krank* (Fuß, Knie) ◆ das ist eine böse **Angelegenheit,** Sache; ein böser **Geist** *Dämon, Teufel* ◆ **aussehen:** die Verletzung sieht böse aus; etwas Böses **sagen,** tun, vorhaben; böse **sein** (auf jmdn., mit jmdm.) *zornig sein (auf jmdn.),* er hat es nicht böse **gemeint;** jmdm. etwas Böses **wünschen** ◆ **im** Bösen auseinander gehen *sich trennen, ohne sich zu einigen, in Unfrieden;* wenn es im Guten nicht geht, dann im Bösen *mit Gewalt od. Zwang;* man soll Böses nicht **mit** Bösem vergelten; jenseits **von** gut und böse *die Grenzen von gut u. böse überschreitend, sich jeglicher Wertung entziehend* [< ahd. *bosi*]

BORRETSCH: GEMEINER BORRETSCH *(Borago officinalis)*

**boshaft** ⟨Adj.; -er, am -esten⟩ *schadenfroh, hinterlistig, spottsüchtig*

**Bosheit** ⟨f. 20⟩ **I** ⟨unz.⟩ *Hinterlist, Spottsucht, Schadenfreude* ◆ etwas nur aus Bosheit tun **II** ⟨zählb.⟩ *boshafte Äußerung od. Handlung*

**Boss** ⟨m. 1⟩ **1** *Arbeitgeber, Chef* **2** *Parteiführer* [engl., „Arbeitgeber, Vorgesetzter" < ndrl. *baas* „Herr, Meister"]

**Bossa-Nova** ⟨[-va] m.; -, -s⟩ *lateinamerikanischer Modetanz* [port., eigtl. „neue Neigung, neue Tendenz"]

**bosseln** ⟨V.; hat⟩ **I** ⟨V. i.⟩ *kegeln, Eisschießen spielen* **II** ⟨V. t.⟩ = *bossieren* [< ahd. *bozzan* „stoßen", mhd. a. „Kegel schieben"; verwandt mit *Beutel* „Werkzeug" u. dem 2. Teil von Am*boss*]

**bossieren** ⟨V. t.; hat⟩ oV *bosseln (II)* **1** *grob behauen, meißeln* (Stein) **2** *formen* (weiches Material) [< frz. *bosseler* „Reliefarbeit machen"; zu *bosse* „Beule, Reliefarbeit"; zu afränk. *botan* „(aus)schlagen, sprießen", dasselbe wie ahd. *bozzan* „stoßen"]

**böswillig** ⟨Adj.⟩ *absichtlich böse, in böser Absicht* ◆ etwas böswillig beschädigen; eine böswillige Äußerung

**Botanik** ⟨f. 20; unz.⟩ = *Pflanzenkunde* [zu grch. *botane* „Kraut, Gewächs"]

**botanisch** ⟨Adj.⟩ *die Botanik betreffend, zu ihr gehörig* ◆ botanischer Garten *Garten, in dem Pflanzen aus allen Erdteilen gezogen u. zu Unterrichtszwecken verwendet werden;* botanisches Institut *Pflanzenforschungsstelle*

**Bote** ⟨m. 17⟩ **1** *Überbringer von Dingen od. Nachrichten* (Postbote, Zeitungsbote), *Laufbursche* **2** ⟨poet.⟩ *Gesandter, Abgesandter, Verkünder* ◆ Schneeglöckchen als erste Boten des Frühlings ⟨fig.⟩; ein reitender, schneller, zuverlässiger Bote [< ahd. *boto* < germ. **buðan-*]

**Botin** ⟨f. 22⟩ *weibl. Bote* ◆ der Brief wurde per Botin überbracht

BORSTENWURM

**Botschaft** ⟨f. 20⟩ **1** *Nachricht, Meldung* **2** ⟨bes.⟩ *feierl. amtl. Verlautbarung, polit. Kundgebung* **3** *ständige diplomat. Vertretung 1. Klasse* **4** *das ihr zur Verfügung stehende Gebäude* ◆ eine Botschaft des **Bundespräsidenten;** eine Botschaft **bekommen,** erhalten, hören, vernehmen; jmdn. eine Botschaft **senden,** überbringen, übermitteln, zukommen lassen; eine Botschaft durch Rundfunk u. Fernsehen **verbreiten;** zur **deutschen** Botschaft in Paris gehen [< ahd. *botoscaft*]

**Botschafter** ⟨m. 3⟩ *Gesandter 1. Klasse, oberste Rangstufe eines diplomat. Vertreters* ◆ der deutsche Botschafter in Tokio; päpstlicher Botschafter *Nuntius*

**Bottich** ⟨m. 1⟩ *großes, offenes Holzgefäß, Zuber, Fass* [< ahd. *potega, poteche* < lat. *apotheca* „Vorratskammer, Weinlager", später „Vorratsgefäß" < grch. *apotheke* „Speicher"]

**Botulismus** ⟨m.; -; unz.⟩ *Fleisch-, Wurstvergiftung* [zu lat. *botulus* „Wurst"]

**Bouclé** ⟨[bu'kle:]⟩ oV *Buklee* **I** ⟨n. 15⟩ *frotteeartiger Effektzwirn* **II** ⟨m. 6⟩ *Gewebe, Teppich daraus* [frz., „gelockt"]

**Boudoir** ⟨[budo'a:r] n. 15; früher⟩ *kleines elegantes, privates Damenzimmer* [frz., „elegantes Damenzimmer"]

**Bougainvillea** ⟨[bugɛ̃'vilea] f.; -, -s od. -villeen [-vilean]⟩ *als Topfpflanze kultivierter, in den Tropen u. im südl. Mittelmeergebiet heim. Kletterstrauch mit rosa-violetten Blütenständen* [nach dem frz. Seefahrer L.A. *Bougainville,* 1729-1811]

**Bouillon** ⟨[bul'jɔ̃:] od. österr. [bu'jɔ̃:] f. 10⟩ = *Fleischbrühe* [frz.]

**Boule** ⟨[bu:l] n.; - od. -s, -s od. f. 10; unz.⟩ *französisches Kugelspiel (ähnlich dem Boccia)* [frz., „Kugel"]

**Boulevard** ⟨[bulə'va:r] m. 6⟩ *Ring-, Prachtstraße, urspr. anstelle früherer Festungswerke (bes. in Paris)* [frz. < mndrl. *bolwerc*]

**Boulevardpresse** ⟨[bulәva:r-] f. 19; unz.⟩ *überwiegend auf der Straße verkaufte Sensationszeitungen u. -zeitschriften, Sensationspresse;* Sy *Yellowpress*

**Boulevardtheater** ⟨[buləva:r-] n. 13; Theat.⟩ *kleines Theater (urspr. an den Boulevards in Paris) für leichte Unterhaltungsstücke aus dem Leben der Gesellschaft*

**Bouquet** ⟨[bu'ke:] n. 15⟩ = *Bukett* [frz.]

**Bouquinist** ⟨[buki-] m. 16⟩ *Händler mit gebrauchten Büchern;* oV *Bukinist* [frz.]

**Bourbon** ⟨['bɔ:bən] m. 6⟩ *amerik. Whiskey, dessen Rohmasse zu mindestens 51% aus Mais besteht* [nach dem Bezirk *Bourbon* im US-Bundesstaat Kentucky]

**Bourbone** ⟨[bur-] m. 17⟩ *Angehöriger eines französ. Herrschergeschlechts*

**bourbonisch** ⟨[bur-] Adj.⟩ *die Bourbonen betreffend, zu ihnen gehörend, von ihnen stammend*

**bourgeois** ⟨[bur'ʒoa] Adj.⟩ *die Bourgeoisie betreffend, zu ihr gehörend, bürgerlich*

**Bourgeois** ⟨[bur'ʒoa] m.; -, -[bur'ʒoas]⟩ *wohlhabender Bürger, Mitglied der besitzenden Klasse* [frz., „Bürger"]

**Bourgeoisie** ⟨[burʒoa'zi:] f. 19; unz.⟩ *das besitzende Bürgertum (als Klasse)* [frz, „Bürgerstand"]

**Boutique** ⟨[bu'tik] f. 19; Pl. [-kən]⟩ *kleiner Laden, bes. für Modeartikel* [frz.]

**Bouzouki** ⟨[bu'zuki] f. 10; Mus.⟩ *in der grch. Volksmusik verwendetes, lautenähnliches Zupfinstrument;* oV *Busuki*

**Bovist** ⟨a. [-vist] m. 1⟩ *Angehöriger verschiedener, auf faulenden Stoffen lebender Gattungen der Bauchpilze;* oV *Bofist* [< *vohenfist* (15. Jh.) < mhd. *vohe* „Füchsin" + nhd. *Fist*]

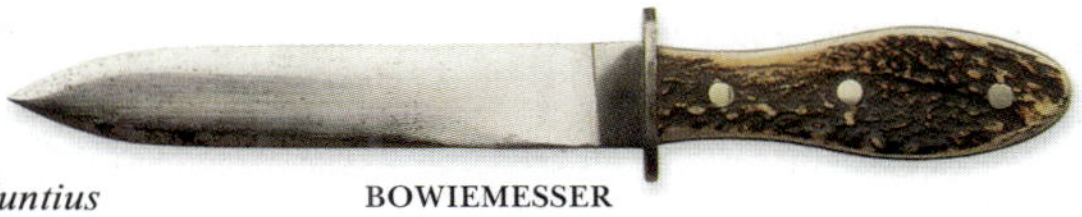

BOWIEMESSER

**Bowiemesser,** ⟨auch⟩ **Bowie-Messer** ⟨[bowi-] n. 13⟩ ▲ *langes Jagdmesser* [nach dem amerikan. Oberst James *Bowie,* 1796-1836]

**Bowle** ⟨['bo:lə] f. 19⟩ **1** *Getränk aus Wein, Früchten, Gewürzen, Zucker u. Sekt* **2** *Gefäß, in dem das Getränk angesetzt wird* [< engl. *bowl* „Napf, Schale"]

**bowlen** ⟨['bo:lən] V. i.; hat⟩ *Bowling spielen* [< engl. *bowl* „kegeln"]

**Bowler** ⟨['boulə(r)] m. 3⟩ *steifer Herrenhut, Melone* [engl., nach dem engl. Hutmacher *Bowler*]

**Bowling** ⟨['bo:liŋ] n. 15⟩ **1** *amerik. Art des Kegelspiels mit 10 Kegeln, die in einem gleichseitigen Dreieck angeordnet sind* **2** *engl. Kugelspiel auf Rasenplätzen* [zu engl. *bowl* „Kugel"]

**Box** ⟨f. 20⟩ **1** *Abteil im Pferdestall od. in der Garage* (Autobox, Stallbox) **2** *Unterstellraum* **3** *Behältnis, Schachtel* **4** *einfache fotograf. Kamera in Kastenform* [engl., „Kasten"]

**boxen** ⟨V.; hat⟩ **I** ⟨V. i.; Sp.⟩ *den sportl. Faustkampf nach bestimmten Regeln ausüben* **II** ⟨V. t.⟩ *mit den Fäusten schlagen* [< engl. *box* „mit der Hand schlagen, boxen"]

**Boxen** ⟨n.; -s; unz.; Sp.⟩ *sportl. Faustkampf nach bestimmten Regeln*

**Boxer** ⟨m. 3⟩ **1** ⟨Sp.⟩ *Faustkämpfer* **2** ⟨Zool.⟩ ▼ *mittelgroße Hunderasse mit kurzem Fell u. schwarzer Maske;* ► *Hunde*

BOXER

**Boxkalf** ⟨a. engl. [-ka:f] n. 15⟩ *chromgegerbtes, feinnarbiges Kalbleder für Schuhe* [< engl. *box calf* „in Lattenverschlägen" (= *box*) versandtes Kalbleder]

**Boxkampf** ⟨m. 1u; Sp.⟩ *sportl. Wettkampf im Boxen*

**Boxring** ⟨m. 1; Sp.⟩ *Kampfplatz für Boxkämpfe*

**Boy** ⟨m. 6⟩ *Laufjunge, Bote, jugendl. Angestellter in Hotels* (Liftboy) [engl., „Knabe, junger Mann, Diener"]

**Boykott** ⟨[bɔi-] m. 1⟩ *wirtschaftl., soziale od. polit. Verrufserklärung, Absperrung, Weigerung des Warenverkaufs* ◆ jmdm. den Boykott erklären; den Boykott über etwas verhängen; jmdn. mit Boykott belegen [nach dem irischen Gutsverwalter *Boycott,* über den die irische Landliga 1880 ihren Bann aussprach, so dass niemand für ihn arbeitete oder mit ihm verkehrte]

**boykottieren** ⟨[bɔi-] V. t.; hat⟩ *mit Boykott belegen*

**Bq** ⟨Phys.; Zeichen für⟩ *Becquerel*

**Br** ⟨Chem.; Zeichen für⟩ *Brom*

**brabbeln** ⟨V. t.; hat⟩ *undeutlich murmeln* [lautmalend zu *babbeln*]

**brach** ⟨Adv.⟩ *unbebaut, unbestellt* (Acker); → a. *brachliegen*

**Brache** ⟨f. 19⟩ **1** *gepflügter, unbebauter Acker;* Sy *Brachland* **2** *Zustand des Unbebautseins, Anbauphase* [< ahd. *brahha* „Umbrechung des Bodens im Juni"]

**brachen** ⟨V. t.; hat⟩ *brachliegen lassen*

**brachial** ⟨[-xi-] Adj.⟩ *den Oberarm betreffend, zu ihm gehörig* [< lat. *bracchialis* „zum Arm gehörig, Arm-"; zu *bracchium* „Arm"; verwandt mit *Bratsche, Brasse*[2]]

**Brachialgewalt** ⟨[-xi-] f. 20; unz.⟩ *rohe Körperkraft, körperl. Gewalt zur Durchsetzung von Zielen* ◆ etwas mit Brachialgewalt öffnen, mit Brachialgewalt eindringen

B

**Brachiosaurus** ⟨[-xi-] m.; -, -rier⟩ ► *Pflanzen fressender Dinosaurier mit langen Vorderbeinen* [< grch. *brachion* „Arm" + *sauros* „Eidechse"]

**Brachland** ⟨n. 12u; unz.⟩ = *Brache (1)*

**brachliegen** ⟨V. i. 179; hat⟩ **1** *unbebaut, unbestellt sein* (Acker) **2** ⟨fig.⟩ *ungenutzt sein* (Kräfte)

**Brachse** ⟨['braksə] f. 19⟩, **Brachsen** ⟨['braksən] m. 4; Zool.⟩ ► = *Brassen* [< ahd. *brahs(i)a*]

**Brachvogel** ⟨m. 5u⟩ *Angehöriger einer Gattung der Schnepfen, schlank gebauter Vogel: Numenius*

**brackig** ⟨Adj.; nddt.⟩ *mit Salzwasser gemischt, nicht trinkbar* [< mndrl. *brac* „salzig"]

**Brackwasser** ⟨n. 13⟩ **1** *Mischung von Süß- u. Salzwasser, bes. in Flussmündungen* **2** *schlammiges Wasser*

**Bradykardie** ⟨f. 19; unz.; Med.⟩ *Verlangsamung des Herzschlags* [< grch. *bradys* „langsam" + *kardia* „Herz"]

**Brahmane** ⟨m. 17; Rel.⟩ *Angehöriger der obersten Kaste der Hindus, Priester, Gelehrter*

**brahmanisch** ⟨Adj.; Rel.⟩ *den Brahmanismus betreffend, zu ihm gehörig, von ihm stammend, auf ihm basierend*

**Brahmanismus** ⟨m.; -; unz.; Rel.⟩ *indische Religion, Kult des Brahma*

**Brailleschrift,** ⟨auch⟩ **Braille-Schrift** ⟨[bra:j(ə)-] f. 20; unz.⟩ = *Blindenschrift* [nach ihrem Erfinder, dem französischen Blindenlehrer Louis *Braille,* 1809-1862]

**Brainstorming** ⟨['brɛinstɔ:rmiŋ] n. 15; unz.⟩ *(bei Konferenzen, Versammlungen, usw.) Methode, durch das Sammeln und Auswerten spontan vorgebrachter Einfälle der Teilnehmer zu einem Problem die beste Lösung zu finden* [< engl. *brain* „Verstand" + *storming* „das Stürmen"]

**Bram** ⟨f. 20; Mar.⟩ *zweitoberste Verlängerung des Mastes;* Sy *Bramstänge* [vermutl. < ndrl. *bram* „Prunk"]

**Brambusch** ⟨m. 1u⟩ = *Ginster*

**Bramrahe** ⟨f. 19⟩ *an der Bram geführte Rahe*

**Bramsegel** ⟨n. 13⟩ *an der Bram geführtes Segel*

**Bramstänge** ⟨f. 19⟩ = *Bram*

**Branche** ⟨['brã:ʃə] f. 19; Kaufmannsspr.⟩ **1** *Geschäfts-, Wirtschaftszweig* **2** ⟨allg.⟩ *Fach* ◆ er ist (nicht) aus meiner Branche; die Branche wechseln [frz., „Zweig"]

**Branchenverzeichnis** ⟨[brã:ʃən-] n. 11⟩ *Adressenverzeichnis nach Branchen*

**Branchiat** ⟨[-çi-] m. 16⟩ *durch Kiemen atmendes Glieder- od. Wirbeltier* [zu grch. *branchos* „Kehle"]

**Branchie** ⟨[-çiə] f. 19; Zool.⟩ ► = *Kieme* [< grch. *branchia* „Kiemen"]

**Branchiosaurus** ⟨[-çi-] m.; -, -rier⟩ *Vertreter ausgestorbener geschwänzter Amphibien des Karbons*

**Brand** ⟨m. 1u⟩ **1** *Feuer, Feuerbrunst* (Dachstuhlbrand) **2** *das Brennen, Ausglühen (von Porzellan, Ziegeln usw.)* **3** *Feuerung, Heizmaterial, Brandmal, eingebrannte Marke (als Gestütszeichen)* **4** ⟨poet.⟩ *große Hitze, Glut* **5** ⟨umg.⟩ *Durst* **6** ⟨Bez. für⟩ *verschiedene Pflanzenkrankheiten, die Ähnlichkeit mit einer äußeren Verbrennung haben* (Maisbrand) **7** ⟨Med.⟩ *Absterben von Körperzellen* ◆ einen Brand eindämmen, entfachen, löschen; einen tüchtigen Brand haben ⟨umg.⟩; in Brand geraten; ein Haus, einen Wohnwagen in Brand stecken [< ahd. *brant* „brennendes Stück Holz, verwüstendes Feuer"]

BRANDENTE
*(Tadorna tadorna)*

**brandaktuell** ⟨Adj.; umg.⟩ *sehr aktuell, ganz neu* ◆ diese Nachricht ist brandaktuell; eine brandaktuelle Neuausgabe erstehen

BRACHIOSAURUS
*(Brachiosaurus* species)

**Brandblase** ⟨f. 19⟩ *durch Verbrennung entstandene Hautblase*

**brandeilig** ⟨Adj.; selten⟩ *sehr eilig*

**branden** ⟨V. i.; hat⟩ *sich brechen* (Wellen) ◆ die Wogen der Empörung brandeten hoch ⟨fig.⟩ [nddt., urspr. „sich wie Flammen bewegen"]

**Brandente** ⟨f. 19; Zool.⟩ ▼ *in Nordeuropa häufige Schwimmente mit auffallend bunter Färbung: Tadorna tadorna;* Sy *Brandgans*

**Brandgans** ⟨f. 7u; Zool.⟩ ► = *Brandente*

**brandheiß** ⟨Adj.; umg.⟩ *ganz aktuell, ganz neu* ◆ brandheiße Mode; eine brandheiße Information

**Brandherd** ⟨m. 1⟩ *Ausgangspunkt eines Brandes*

**Branding** ⟨['brændiŋ] n. 15; unz.⟩ **1** *das Einbrennen von Mustern in die Haut mittels Nadeln* **2** ⟨Wirtsch.⟩ *Kennzeichnung von neuen Produkten mit Markennamen* [< engl. *brand* „Marke, Brandzeichen, Brandmal"]

**Brandmal** ⟨n. 11 od. n. 12u⟩ **1** ⟨im MA⟩ *in die Haut gebranntes Mal für Verbrecher, Aussätzige* **2** *Muttermal* **3** *eingebranntes Zeichen bei Zuchtvieh*

**brandmarken** ⟨V. t.; hat⟩ **1** ⟨urspr.⟩ *ein Schandmal einbrennen* **2** ⟨heute fig.⟩ *öffentl. bloßstellen, anprangern, scharf kritisieren, verurteilen* [zu frühmhd. *brandmerk,* eigtl. „Brandmarke", Zeichen, das Gefangenen u. Verbrechern eingebrannt wurde]

**Brandmauer** ⟨f. 21⟩ *starke Mauer ohne Öffnungen zwischen zwei aneinander stoßenden Häusern, die das Übergreifen von Feuer verhindern soll;* Sy *Feuermauer*

**Brandmeister** ⟨m. 3⟩ *Leiter der Löscharbeiten*

**brandneu** ⟨Adj.; umg.⟩ *ganz neu* (bes. Kleidung)

**Brandpilz** ⟨m. 1; Bot.⟩ *Erreger vieler Getreidekrankheiten*

**brandschatzen** ⟨V. t.; hat; früher⟩ eine Stadt brandschatzen *unter Androhung von Brand u. Plünderung eine Geldzahlung von ihr erpressen* [< spätmhd. *brantschatzen* „eine Geldauflage festsetzen, durch die Gebäude usw. von kriegsüblichem (Plündern und) Niederbrennen losgekauft wurden"]

**Brandsohle** ⟨f. 19⟩ *Innensohle des Schuhs* [eigtl. *Brandledersohle,* d.h. Sohle aus dem Leder, das durch das Brandzeichen der Tiere geschädigt ist]

**Brandstifter** ⟨m. 3⟩ *jmd., der eine Brandstiftung begangen hat*

**Brandstiftung** ⟨f. 20⟩ *vorsätzl. Beschädigung od. Zerstörung von Gegenständen, bes. Gebäuden, durch Verbrennen*

**Brandung** ⟨f. 20⟩ *das Brechen, Überstürzen der Wellen an der Küste*

**Brandwunde** ⟨f. 19⟩ *durch Verbrennung entstandene Wunde*

**Brandy** ⟨['brændi] m.; -, -s⟩ *Branntwein* [< engl. *brandy* < *brand(y)wine* „Branntwein"]

**Branntwein** ⟨m. 1⟩ *aus gegorenen Flüssigkeiten durch Destillation („Brennen") gewonnenes alkohol. Getränk* [< spätmhd. *brantwin* < *(ge)brant win*]

**Brasil I** ⟨m. 1 od. m. 6⟩ *Tabak-, Kaffeesorte* **II** ⟨f.; -, -⟩ *Zigarre aus dunklem Brasiltabak* [nach dem Herkunftsland *Brasilien*]

**Brasilholz** ⟨n. 12u⟩ *Farbhölzer verschiedener Arten der Caesalpinia, die ihren Farbstoff Brasilin leicht an kochendes Wasser abgeben*

**Brasilianer** ⟨m. 3⟩ *Einwohner von Brasilien, Brasilier*

**brasilianisch** ⟨Adj.⟩ *Brasilien betreffend, zu Brasilien gehörig, brasilisch*

**Brasilnuss** ⟨f. 7u⟩ = *Paranuss*

**Brasse**[1] ⟨f. 19; nddt. u. mitteldt.; Zool.⟩ ► = *Brassen*

**Brasse**[2] ⟨f. 19; Mar.⟩ *Haltetau zum Drehen (Brassen) der Rahen* [< ndrl. *bras* < frz. *bras* „Arm"]

**brassen** ⟨V. t.; hat; Mar.⟩ Segel brassen *die Rahen mit der Brasse nach dem Wind drehen*

**Brassen** ⟨m. 4; Zool.⟩ ▼ *bleigrauer Karpfenfisch mit rötlichen Flossen: Abramis brama;* Sy *Blei*[1]*, Bleie, Brachse(n), Brasse*[1]

**Brasserie** ⟨f. 19⟩ *Gastwirtschaft* [frz.]

**Brät** ⟨n. 11; unz.; fachsprachl. a. schweiz.⟩ *rohe Wurstmasse* (Wurstbrät)

**Bratapfel** ⟨m. 5u⟩ *gebratener Apfel*

**bräteln** ⟨V. t.; hat⟩ *leicht braten, anbraten*

**braten** ⟨V. 115; hat⟩ **I** ⟨V. t.⟩ *in Fett ohne Wasser erhitzen* ◆ **Fisch,** Fleisch, Kartoffeln braten ◆ etwas **braun,** goldgelb, knusprig braten ◆ Hähnchen **am** Spieß braten; Fleisch, Würstchen **auf** dem Rost braten; **in** Butter, Öl, zerlassenem Speck braten; in der Pfanne braten ◆ Gebratenes und Gesottenes **II** ⟨V. i.⟩ **1** *ohne Wasser mit Fett erhitzt werden* **2** ⟨umg.⟩ *vor Hitze vergehen* ◆ das Fleisch brät schon **in** der Pfanne; in der Sonne braten ⟨umg.⟩ *sich von der Sonne bräunen lassen* [< ahd. *bratan*]

BRASSEN
*(Abramis brama)*

**Braten** ⟨m. 4⟩ *gebratenes Fleisch* ◆ den Braten **anbrennen** lassen; den Braten **riechen** ⟨fig.; umg.⟩ *etwas Unangenehmes frühzeitig bemerken od. ahnen* ◆ ein **fetter** Braten ⟨fig.⟩ *ein guter Gewinn, eine reiche Beute;* **kalter** Braten zum Brot [< ahd. *brat(o)* „Fleisch ohne Speck u. Knochen"]

**bratfertig** ⟨Adj.⟩ *fertig vorbereitet zum Braten* ◆ bratfertiges Hühnchen

**Bratfett** ⟨n. 11⟩ *Fett zum Braten von Fisch, Fleisch, Kartoffeln*

**Bratfisch** ⟨m. 1⟩ *gebratener Fisch*

**Brathendl** ⟨n. 28; oberdt.⟩ *Brathühnchen*

**Brathuhn** ⟨n. 12u⟩, **Brathühnchen** ⟨n. 14⟩ *(bes. am Spieß) gebratenes Huhn;* Sy *Backhähnchen*

**Bratkartoffeln** ⟨Pl.⟩ *gebratene Kartoffelscheiben, Röstkartoffeln*

**Brätling** ⟨m. 1⟩ *essbarer Pilz mit bräunlich goldgelbem Hut, vollem Stiel u. weißem Fleisch: Lactarius volemus*

**Bratpfanne** ⟨f. 19⟩ *Pfanne zum Braten*

**Bratsche** ⟨f. 19; Mus.⟩ *Streichinstrument, etwas größer als die Violine u. eine Quinte tiefer gestimmt;* Sy *Altgeige, Viola (II, 1)* [verkürzt < *Bratschgeige,* übersetzt aus ital. *viola da braccio* „Armgeige"; verwandt mit *brachial, Brasse*[2], *Brezel*]

**Bratscher** ⟨m. 3⟩, **Bratschist** ⟨m. 16; Mus.⟩ *Musiker, der die Bratsche spielt*

**Bratwurst** ⟨f. 7u⟩ **1** *Wurst zum Braten* **2** *gebratene Wurst* [< ahd., mhd. *bratwurst*]

**Brauch** ⟨m. 1u⟩ *Sitte, Gewohnheit* ◆ alte Bräuche am Leben erhalten; das ist bei uns so Brauch *so üblich;* es ist alter Brauch, ... [< ahd. *bruh*]

**brauchen** ⟨V. t.; hat⟩ jmdn. od. etwas brauchen **1** *nötig haben, seiner bedürfen* (Freund, Pflege, Ruhe, Zeit) **2** *anwenden, verwenden, gebrauchen* ◆ ich kann dich jetzt nicht brauchen; **Beistand,** Erholung, Geld, Unterstützung brauchen; dieses Gerät braucht viel elektr. **Strom;** der Zug braucht für diese Strecke zwei **Stunden** *der Zug fährt zwei Stunden lang* ◆ etwas **dringend,** rasch, sofort, später brauchen; das kann ich **gut** brauchen ◆ dieses Buch kann ich gut **für** meine Arbeit brauchen; bei diesem Gerät braucht man nur den Knopf **zu** drücken; du brauchst es ihr nicht zu sagen *es ist nicht nötig, dass du es ihr sagst;* er hätte es nicht zu wissen brauchen *es wäre besser gewesen, er hätte es nicht gewusst;* er hat 6 Jahre zum Studium gebraucht ◆ **was** braucht es da noch vieler Erklärungen?; **wie viel** Zeit braucht man, um zu ... *wie lange dauert es, um zu ...* [< ahd. *bruhhan*]

**Brauchtum** ⟨n.; -s; unz.⟩ *Gesamtheit der Bräuche eines Volkes, die Volksbräuche*

**Braue** ⟨f. 19; kurz für⟩ *Augenbraue* [< ahd. *brawa,* engl. *brow*]

**brauen** ⟨V.; hat⟩ **I** ⟨V. t.⟩ *herstellen, zubereiten* (Bier, Punsch) **II** ⟨V. i.⟩ *brodeln, wallen* ◆ Nebel braut im Tal [< ahd. *briuwan, bruwan,* engl. *brew*]

**Brauer** ⟨m. 3⟩ *Facharbeiter in der Brauerei*

**Brauerei** ⟨f. 18⟩ **I** ⟨unz.⟩ **1** *das Brauen (von Bier), Bierherstellung* **2** *Braugewerbe* **II** ⟨zählb.⟩ *Unternehmen, in dem Bier hergestellt wird*

**Brauhaus** ⟨n. 12u⟩ *Unternehmen zur Herstellung von Bier, Brauerei*

**braun** ⟨Adj.⟩ *gelb-rot-schwarz gemischt* (Erde, Holz) ◆ braune Augen, braunes Haar haben; er hat braune Haut; von der Sonne braun gebrannt sein [< ahd. *brun,* engl. *brown*]

**Braunalge** ⟨f. 19⟩ *braune Art der Algen: Phaeophycea*

**Braunbär** ⟨m. 16; Zool.⟩ *Hauptart der Bären verschiedener Größe u. Färbung: Ursus arctos*

**Braunbier** ⟨n. 11; unz.⟩ *Malzbier, dunkles Bier*

**Bräune** ⟨f.; -; unz.⟩ *braune Tönung der Haut, bräunlicher Teint* [→ *braun*]

**Brauneisenerz** ⟨n. 11; unz.⟩, **Brauneisenstein** ⟨m. 1⟩ *aus Eisenhydroxid bestehendes, wirtschaftlich wichtiges Eisenerz, chem. Formel* $H_6Fe_4O_9$ *od.* $2Fe_2O_3 + 3H_2O$

**Braunelle**[1] ⟨f. 19; Zool.⟩ *Insekten u. Körner fressender Singvogel von Finkengröße: Prunella;* oV *Brunelle*[1] [< lat. *prunella;* zu *prunum* „Pflaume"]

**Braunelle**[2] ⟨f. 19; Bot.⟩ *Lippenblütler mit aufsteigendem Stängel u. in Scheinähren stehenden Blüten mit blauvioletter Krone: Prunella vulgaris;* oV *Brunelle*[2] [< spätmhd. *brunelle* < frz. *brunelle;* zu *brun* „braun"]

**bräunen I** ⟨V. t.; hat⟩ *braun machen, braun färben* ◆ das Fleisch, das Omelett, die Zwiebeln in der Pfanne bräunen; die Sonne bräunt die Haut **II** ⟨V. i.⟩ *braun werden* ◆ ich bräune langsam, leicht, schnell, schwer

**Braunerz** ⟨n. 11; zusammenfassende Bez. für⟩ *verwitterte, urspr. kohlensaure Eisenerze mit vorwiegend Eisenhydroxid, wenig Kieselsäure u. Tonerde*

BRAUNWURZ: GARTENFORM
*(Scrophularia auriculata* 'Variegata'*)*

**Braunfisch** ⟨m. 1; Zool.⟩ = *Kleiner* → *Tümmler*

**braunhaarig** ⟨Adj.⟩ *mit braunen Haaren versehen*

**Braunkohle** ⟨f. 19⟩ *dem geolog. Alter nach zwischen dem Torf- u. der Steinkohle liegende, hell- bis dunkelbraun gefärbte Kohle von holziger, erdiger od. mulmiger Beschaffenheit*

**bräunlich** ⟨Adj.⟩ *etwas braun, mit braunem Schimmer*

**Braunspat** ⟨m. 1; unz.; Min.⟩ *ein Mineral, eisenhaltiger Dolomit*

**Braunstein** ⟨m. 1; unz.; Min.⟩ *dunkelstahlgraues, seidenglänzendes Mineral, chem. Formel* $MnO_2$*: Pyrolusit*

**Bräunung** ⟨f. 20⟩ *Braunfärbung*

**Braunwurz** ⟨f. 20; Bot.⟩ ▲ *Angehörige einer bes. im Mittelmeergebiet heim. Gattung der Rachenblütler: Scrophularia*

**Brause** ⟨f. 19⟩ **1** *siebartig durchlöchertes Kopfstück an Gießkannen* **2** ⟨umg.; veraltet⟩ *Dusche* **3** ⟨umg.⟩ *Limonade* ◆ eine kalte Brause trinken; ein Blumenbeet mit der Brause gießen; unter die Brause gehen *sich duschen* [< nddt. *bruse*]

**brausen** ⟨V.; hat/ist⟩ **I** ⟨V. i.⟩ **1** *aufwallen, wallen, brodeln* (Wasser) **2** *rauschen, sausen* (Wind) **3** *lärmen, tosen* (Beifall, Wellen) **4** *schäumen, zischen* (Limonade) **5** ⟨umg.⟩ *eilen, jagen* ◆ der Künstler erntete brausenden Beifall; es braust mir in den Ohren *es saust, rauscht mir in den Ohren;* das Motorrad ist um die Ecke gebraust **II** ⟨V. refl.⟩ sich brausen ⟨veraltet⟩ *sich duschen* ◆ ich brause mich täglich kalt [< mhd. *brusen*]

**Braut** ⟨f. 7u⟩ *Verlobte (besonders am Hochzeitstag)* ◆ Braut Christi ⟨Rel.⟩ *Nonne;* Braut sein *bald heiraten;* Braut in Haaren ⟨Bot.⟩ *im Mittelmeergebiet verbreitete Hahnenfußart mit hellblauen, von einer vielteiligen Hülle umgebenen Blüten: Nigella damascena* [< ahd. *brut,* engl. *bride*]

**Brautführer** ⟨m. 3⟩ *Führer der Brautjungfer im Hochzeitszug*

**Bräutigam** ⟨m. 1⟩ *Verlobter, junger Mann am Hochzeitstag* ◆ Bräutigam und Braut [< ahd. *brutogomo* „junger Ehemann am Hochzeitstag" < ahd. *brut* + *gomo,* got. *guma* „Mann" < lat. *homo*]

**Brautjungfer** ⟨f. 21⟩ *ledige Freundin od. Verwandte der Braut, die sie zur Kirche führt od. ihr im Hochzeitszug folgt*

**Brautkleid** ⟨n. 12⟩ *Hochzeitskleid der Braut*

**Brautkrone** ⟨f. 19⟩ *kostbarer Kopfschmuck der Braut aus Perlen, Flitter, Bändern*

**Brautmutter** ⟨f. 8u⟩ *Mutter der Braut*

**Brautnacht** ⟨f. 7u; veraltet⟩ = *Hochzeitsnacht*

**Brautpaar** ⟨n. 11⟩ *verlobtes Paar, Braut u. Bräutigam*

**Brautschleier** ⟨m. 3⟩ *langer Hochzeitsschleier der Braut*

BRECCIE

**Brautstrauß** ⟨m. 1u⟩ *kunstvoll gestalteter Blumenstrauß, den die Braut während der Trauungszeremonie in der Hand hält*

**Brautvater** ⟨m. 3u⟩ *Vater der Braut*

**brav** ⟨Adj.⟩ **1** *gehorsam, artig* **2** *bieder* **3** *ordentlich* **4** *schulmäßig* **5** *tüchtig, tapfer, wacker* ◆ brav! *(Lob an den Hund);* der brave Mann denkt an sich selbst zuletzt (Schiller); sich brav halten *sich wacker halten, tapfer sein;* er hat die Lektion brav gelernt [< frz. *brave* „tüchtig", span. *bravo* „unbändig" (von Tieren) < mlat. *barbarus* „wild" < lat. „ausländisch"]

**bravo** ⟨[-vo]⟩ *sehr gut! (als Beifallskundgebung)* [ital., „meisterhaft, tüchtig"]

**Bravo** ⟨[-vo] n. 15⟩ *Beifallsruf*

**Bravour** ⟨[-vu:r] f.; -; unz.⟩ oV *Bravur* **1** *Geschicklichkeit, Meisterschaft* **2** *Kühnheit* ◆ etwas mit großer Bravour meistern [< frz. *bravoure* „Tapferkeit"]

**Bravur** ⟨[-vu:r] f.; -; unz.⟩ = *Bravour*

**BRD** ⟨nicht amtl. Abk. für⟩ *Bundesrepublik Deutschland*

**Breccie** ⟨['brɛtʃə] f. 19⟩ ▼ *zertrümmertes Sedimentgestein;* oV *Brekzie* [< ital. *breccia* < frz. *brèche*]

**Brecheisen** ⟨n. 14⟩ ► = *Brechstange*

**brechen** ⟨V. 116⟩ **I** ⟨V. t.; hat⟩ **1** *durch Druck in Stücke teilen, entzweibrechen, knicken* (Stock, Zweig) **2** *falzen* (Papier) **3** *bearbeiten, Holzteilchen lösen* (Flachs) **4** *knacken, zerknacken* (Nüsse) **5** *im Steinbruch gewinnen, abschlagen* (Marmor) **6** ⟨poet.⟩ *pflücken* (Blumen, Früchte) **7** *falten, knicken* (Papier) **8** *von der Richtung abweichen lassen, zurückwerfen* (Lichtstrahlen, Wellen) **9** ⟨umg.⟩ *durch den Mund aus dem Magen wieder herausbringen* **10** ⟨fig.⟩ *nicht halten* (Ehe, Eid, Gelübde, Vertrag, Wort) **11** ⟨fig.⟩ *übertreten* (Gesetz) **12** ⟨fig.⟩ *bezwingen, überwinden* (Widerstand) ◆ den **Acker** brechen *pflügen, umpflügen* die **Ehe** brechen *Ehebruch begehen;* das **Fasten** brechen *das Fastengebot nicht einhalten; das verordnete Fasten beenden;* das brach ihm das **Genick** ⟨fig.⟩ *daran ging er zugrunde;* **Körner** brechen *schroten;* Bundesrecht bricht **Landesrecht** *Bundesrecht geht vor Landesrecht;* einen **Rekord** brechen *überbieten;* das **Schweigen** brechen *es beenden, wieder reden;* den **Streik** brechen *sich nicht an ihn halten, trotzdem arbeiten;* jmds. **Trotz,** Widerstand, Zorn brechen ⟨fig.⟩ *überwinden;* der Felsen bricht die **Wellen** ◆ gebrochene Akkorde auf dem Klavier spielen *kurz hintereinander angeschlagene Akkorde;* der gebrochene Arm muss geschient werden; ein gebrochener Mensch ⟨fig.⟩ *ein in seiner körperl., geistigen od. seelischen Existenz vernichteter Mensch;* gebrochene Zahl ⟨Math.⟩ *Bruch(zahl);* eine Sprache gebrochen sprechen *unvollkommen, fehlerhaft* **II** ⟨V. i.; ist⟩ **1** *unter Druck in Stücke gehen, brüchig, fadenscheinig werden, zerfallen* **2** *im Tode starr werden* (Auge) **3** *aussetzen* (Stimme) **4** ⟨umg.⟩ *den Magen durch den Mund entleeren, sich erbrechen* ◆ ich muss brechen ⟨umg.⟩; fast brach ihr das Herz ⟨fig.⟩ *sie starb fast vor Kummer;* ihm brach die Stimme *sie versagte, er konnte nicht weitersprechen* ◆ **aus** etwas brechen *plötzlich hervorkommen;* das Wild bricht aus dem Gebüsch; **mit** jmdm. brechen *sich entzweien, sich von ihm lossagen;* der Raum war **zum** Brechen voll *überfüllt* ◆ der Versammlungsraum war brechend voll *überfüllt* **III** ⟨V. refl.; hat⟩ sich brechen **1** *von der Richtung abweichen, abprallen, zurückgeworfen werden* (Lichtstrahlen) **2** *sich überstürzen, überschlagen* (Wellen) ◆ die Wellen brechen sich **am** Felsen, am Strand [< ahd. *brehhan,* engl. *break*]

B

**Brechnuss** ⟨f. 7u; Bot.⟩ ▼ *Samen der südasiatischen baumartigen Strychnosart Strychnos nux vomica, giftig durch Gehalt an Strychnin u. Brucin*

**Brechpunkt** ⟨m. 1; Opt.⟩ *Punkt, an dem ein Lichtstrahl gebrochen wird*

**Brechstange** ⟨f. 19⟩ ► *kurze, am Ende gebogene Eisenstange zum Heben von Lasten, Ausreißen von Haken, usw.;* Sy *Brecheisen*

**Brechung** ⟨f. 20⟩ **1** ⟨Phys.⟩ ► *Richtungsänderung einer Welle, z. B. Licht-, Schall- od. Wasserwelle beim Auftreffen auf eine Grenzfläche zweier Medien mit unterschiedlicher Ausbreitungsgeschwindigkeit;* Sy *Refraktion* **2** ⟨Sprachw.⟩ *Wechsel von e und i, bzw. o und u im Althochdeutschen*

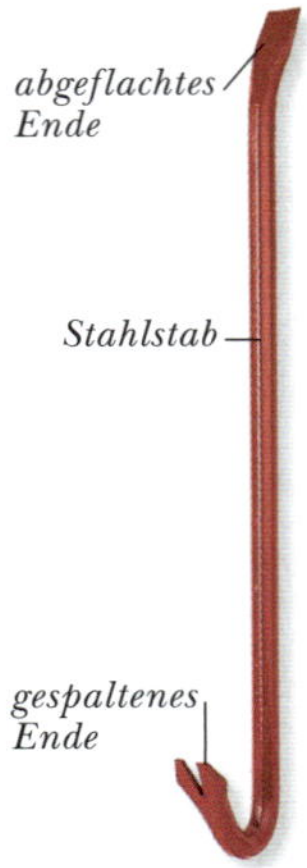


BRECHSTANGE

**Brechzahl** ⟨f. 20; Phys.⟩ *das Verhältnis der verschiedenen Lichtgeschwindigkeiten in zwei Stoffen, die eine opt. Brechung bewirken*

**Bredouille** ⟨[bre'duljə] f. 19; unz.; umg.⟩ *Verlegenheit, Bedrängnis* ◆ in der Bredouille sein; in die Bredouille geraten [frz., „im Matsch stecken" bzw. „ausweglose Situation beim Tricktrackspiel"]

**Brei** ⟨m. 1⟩ **1** *dickflüssige Masse* (Grießbrei, Kartoffelbrei) **2** *Kindernahrung* ◆ wie die Katze um den heißen Brei (herum)gehen ⟨fig.; umg.⟩ *um eine Sache herumreden* [< ahd. *brio*]

**breit** ⟨Adj.; -er, am -esten⟩ **1** *in der Querrichtung gemessen* **2** *seitlich ausgedehnt, geräumig;* Ggs *schmal (1)* **3** ⟨fig.⟩ *weitschweifig, umständlich* **4** ⟨Mus.⟩ *langsam u. ausdrucksvoll* **5** ⟨umg.⟩ *betrunken* **6** *im Drogenrausch* ◆ ein breiter **Graben;** auf breitester **Grundlage** *so, dass jeder Nutzen davon haben kann;* die breite **Masse,** breite **Schichten** der Bevölkerung *der Allgemeinheit, ein großer Teil der Bevölkerung* er hat breite **Schultern** ◆ einen Gegenstand breit **drücken,** schlagen, treten; ein breit **gefächertes** Angebot; dieser Stoff **liegt** 90 cm breit; sich an einem Ort breit **machen** *viel Platz beanspruchen* [< ahd. *breit,* engl. *broad*]

**Breite** ⟨f. 19⟩ **1** *seitliche Ausdehnung, Querrichtung* **2** *große Ausdehnung* **3** ⟨fig.⟩ *Weitschweifigkeit* **4** *Abstand eines Ortes vom Äquator, Polhöhe* **5** *Abstand eines Sternortes vom Himmelsäquator* ◆ die Breite des **Stoffes** beträgt 140 cm ◆ einen Vorgang in **aller,** in großer Breite schildern; **geographische** Breite; **nördliche** Breite ⟨Abk.: n. Br., nördl. Br.⟩; **südliche** Breite ⟨Abk.: s. Br., südl. Br.⟩; der Ort liegt auf 34 Grad südlicher Breite ◆ in **unseren** Breiten ist das nicht üblich ⟨umg.⟩ *hierzulande* ◆ sie ist in letzter Zeit sehr **in** die Breite gegangen ⟨umg.⟩ *sehr dick geworden;* die Fahrbahn hat eine Breite **von** fünf Metern

**breiten** ⟨V. t.; hat⟩ **1** *ausbreiten* **2** *verbreiten* ◆ eine Decke über den Tisch breiten; die Hände schützend über etwas breiten

**Breitengrad** ⟨m. 1⟩ *der Streifen Erdoberfläche, der von zwei um 1° voneinander entfernten Breitenkreisen eingeschlossen wird*

**Breitenwirkung** ⟨f. 20; unz.⟩ *Wirkung in großem Umfang, die große Teile der Bevölkerung erfasst*

**Breitenkreis** ⟨m. 1⟩ *Parallelkreis zum Äquator;* → a. *Längenkreis*

**Breithacke** ⟨f. 19⟩ *Hacke mit Querschneide*

**Breitling** ⟨m. 1⟩ = *Sprotte*

**breitschlagen** ⟨V. t. 216; hat; fig.; umg.⟩ jmdn. breitschlagen *überreden, durch Überredung beeinflussen* ◆ sich breitschlagen lassen *sich überreden lassen*

**Breitschwanz** ⟨m. 1u⟩ *eine Persianerpelzart vom Fell des jungen Karakulschafs*

**Breitseite** ⟨f. 19⟩ **1** *Längsseite eines Schiffes* **2** ⟨auf Kriegsschiffen⟩ *die dort aufgestellten Geschütze* **3** *das gleichzeitige Abfeuern dieser Geschütze nach einer Seite auf ein Ziel* ◆ eine Breitseite abgeben, erhalten; die Breitseite bieten *die größte Angriffsfläche bieten*

**breittreten** ⟨V. t. 263; hat; fig.; umg.⟩ *umständl., zu ausführl., zu häufig besprechen* ◆ ein Thema, eine Neuigkeit breittreten

**Breitwand** ⟨f. 7u⟩ *besonders breite Leinwand im Kino*

**Brekzie** ⟨[-tsiə] f. 19⟩ ► = *Breccie*

**Bremsbacke** ⟨f. 19⟩ *beweglicher Teil einer Bremse, das gegen ein Rad, eine Bremstrommel od. Bremsscheibe gepresst wird*

**Bremse**[1] ⟨f. 19⟩ **1** ▼ *Gerät zum Verlangsamen od. Aufheben einer Bewegung* **2** ⟨fig.⟩ *Hemmung* **3** *Nasenklemme zur Bändigung von Pferden* ◆ die Bremse anziehen, betätigen, ziehen; die Bremse funktioniert nicht [< frühnhd. *bremes* „Klemme, Maulkorb" < mnddt. *premes(e);* zu *pramen* „drücken"]

**Bremse**[2] ⟨f. 19; Zool.⟩ ► *kräftige Fliege mit dickem, meist graubraunem Hinterleib: Tabanidae;* ► *Insekten* [< ahd. *bremo,* mndrl. *bremse*]

**bremsen** ⟨V. t. u. V. i.; hat⟩ **1** *die Bremse betätigen, die Fahrt verlangsamen, anhalten* (Wagen, Zug) **2** ⟨fig.⟩ *aufhören lassen, hindern, hemmen, Einhalt gebieten* ◆ er ist nicht zu bremsen ⟨fig.; umg.⟩ *man kann ihn nicht hindern, etwas zu sagen od. zu tun*

BRECHNUSS
*(Strychnos nux vomica)*

**Bremsflüssigkeit** ⟨f. 20⟩ *in hydraulischen Bremssystemen von Kraftfahrzeugen verwendetes Druckübertragungsmittel*

**Bremskraft** ⟨f. 7u; unz.⟩ *von einer Bremsvorrichtung auf den zu bremsenden Körper übertragene Kraftwirkung*

**Bremslicht** ⟨n. 12⟩ *Licht am Heck eines Fahrzeugs, das beim Bremsen aufleuchtet*

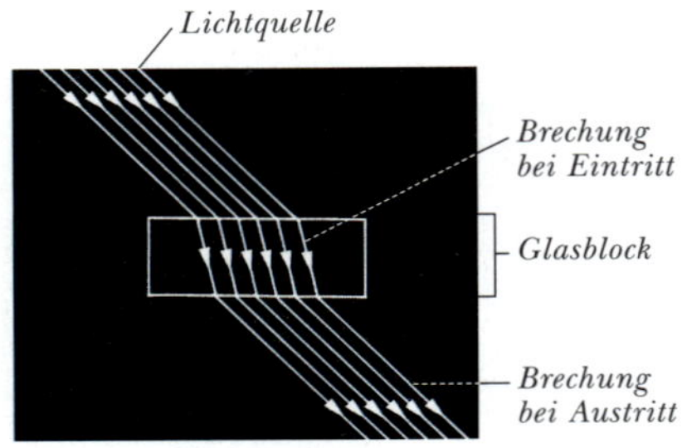


BRECHUNG VON LICHTSTRAHLEN DURCH EINEN GLASBLOCK

**Bremsspur** ⟨f. 20⟩ *durch scharfes Bremsen von einem Kraftfahrzeug auf der Straße hinterlassene Spur*

**Bremsweg** ⟨m. 1⟩ *die vom Anziehen od. Treten der Bremse bis zum Stehenbleiben des Wagens zurückgelegte Entfernung* ◆ langer, kurzer Bremsweg

**brennbar** ⟨Adj.⟩ *so beschaffen, dass es brennen kann, entzündlich* ◆ brennbare Flüssigkeit; brennbares Gas

**brennen** ⟨V. 117; hat⟩ **I** ⟨V. i.⟩ **1** *in Flammen stehen, Feuer fangen, zünden* **2** *glühend heiß sein, so dass man sich daran Brandwunden zuziehen kann* **3** *heiß wie Feuer scheinen* (Sonne) **4** *leuchten, strahlen* (Lampe) **5** *prickelnd schmerzen* **6** ⟨fig.⟩ *leidenschaftlich erregt sein* ◆ es brennt! *(Alarmruf bei Ausbruch eines Feuers);* mir brennen die **Augen** (vom vielen Lesen, vor Kälte); dem Verbrecher brennt der **Boden** unter den Füßen ⟨fig.⟩ *er möchte fliehen;* der **Dachstuhl** brannte lichterloh; meine **Haut** brennt (vom Sonnenbad); das **Licht** brennen lassen; **Öl** brennt am besten; die **Sonne** brannte; das **Streichholz** brennt nicht ◆ **auf** etwas brennen ⟨fig.⟩ *es kaum noch erwarten können;* die Arbeit brennt mir auf den Nägeln ⟨fig.⟩ *sie ist eilig, dringend;* der Pfeffer brannte auf der Zunge; ich brenne darauf, sie zu sehen; er brennt **vor** Begierde, Ehrgeiz, Erwartung, Liebe, Neugier, Ungeduld; die Wunde brennt **wie** Feuer ◆ **wo** brennt es? *wo ist Feuer ausgebrochen?;* wo brennt's denn? ⟨fig.; umg.⟩ *warum so eilig?;*

## BREMSE

Bremsen sind absolut notwendig für die Fahrsicherheit von Kraftfahrzeugen. In der Grafik unten sind die beiden meistverbreiteten Bremstypen abgebildet. Sie verwandeln die Bewegungsenergie in Reibungswärme: die modernen Scheibenbremsen mit Hilfe eines Bremssattels, die herkömmlichen Trommelbremsen über Bremsbacken. Beide Bremsen funktionieren hydraulisch: Der Druck, den der Fahrer mit dem Pedal erzeugt, wird von der Flüssigkeit im Bremsschlauch übertragen.

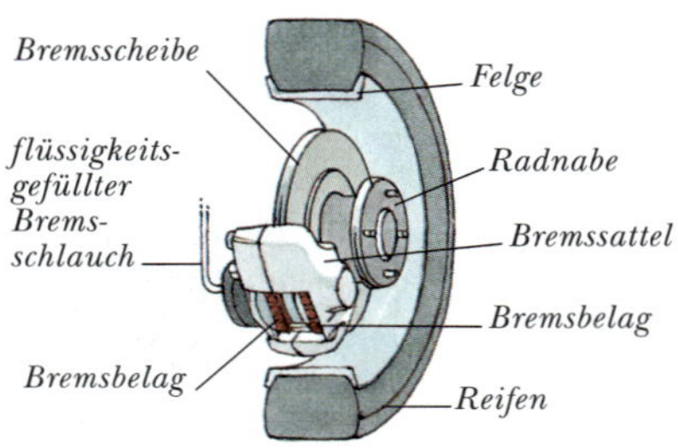


SCHNITT DURCH EINE SCHEIBENBREMSE

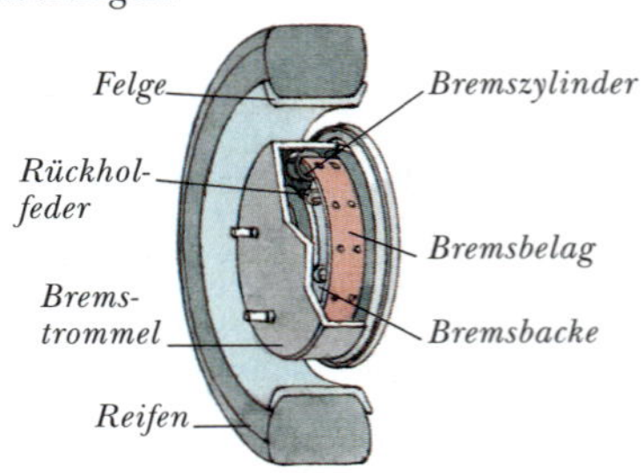


SCHNITT DURCH EINE TROMMELBREMSE

*ein schwer zu bewahrendes Geheimnis* ◆ die brennende Glut der Mittagssonne; Brennende Liebe ⟨Bot.⟩ = *Feuernelke;* ein brennendes Problem *sehr wichtiges, dringendes Problem;* mit brennender Sorge ...; ich möchte es brennend gern wissen *sehr gern;* ich wünsche es mir brennend *sehr, sehnlichst* **II** ⟨V. t.⟩ **1** *als Heizstoff od. Lichtquelle verwenden* (Briketts, Kerzen) **2** *mit Feuer, Hitze behandeln* (Kaffee, Porzellan) **3** *zubereiten, herstellen* (Branntwein) **4** *mit einem Brandmal versehen, brandmarken* (Vieh) ◆ **Glas** brennen *schmelzen;* die **Kerzen** brennen gleichmäßig ab; er hat mir mit der Zigarette ein **Loch** ins Tischtuch gebrannt; die **Pferde** wurden gebrannt *mit dem Gestütszeichen versehen* ◆ gebranntes Kind scheut das Feuer ⟨Sprichw.⟩ *wenn einem einmal ein Missgeschick passiert ist, sieht man sich beim nächsten Mal vor;* gebrannte Mandeln *gezuckert u. geröstet* **III** ⟨V. refl.⟩ sich brennen *sich verbrennen, sich eine Brandwunde zuziehen* ◆ am Wegrand brennt man sich leicht an den Brennnesseln; ich habe mich am Bügeleisen gebrannt [< ahd. *brinnan, brennen,* engl. *burn*]

BREMSE

**Brennerei** ⟨f. 18⟩ **I** ⟨unz.⟩ *Herstellung von Branntwein* **II** ⟨zählb.⟩ **1** ▼ *Betrieb, Anlage hierfür* **2** *Kaffeerösterei* (Kaffeebrennerei)

**Brennglas** ⟨n. 12u⟩ *konvex geschliffene Linse*

**Brennholz** ⟨n. 12u; unz.⟩ *(trockenes) Holz zum Heizen*

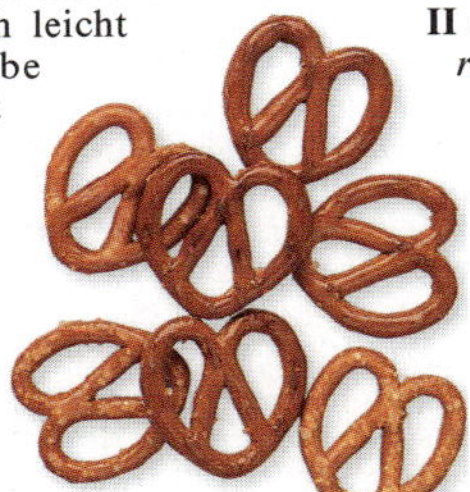
BREZELN

**Brennnessel** ⟨f. 21⟩ *mit Brennhaaren ausgestattetes Kraut der Nesselgewächse: Urtica;* Sy *Nessel (I)*

**Brennofen** ⟨m. 4u⟩ ► *Ofen zum Brennen von Kalk, Porzellan, Tonwaren, Zement, Ziegeln*

**Brennpunkt** ⟨m. 1⟩ **1** ⟨Phys.⟩ *Punkt, in dem sich achsenparallele Lichtstrahlen nach Durchgang durch Linsen od. nach Reflexion in Hohlspiegeln treffen* **2** ⟨Math.⟩ *Punkt, von dem aus Kegelschnitte konstruiert werden können* **3** ⟨Chem.⟩ *niedrigste Temperatur, bei der nach vorübergehender Annäherung einer Zündflamme eine Substanz von selbst weiterbrennt* **4** ⟨fig.⟩ *Blickpunkt, Mittelpunkt, Stelle, auf die die allg. Aufmerksamkeit gerichtet ist* ◆ den Brennpunkt einer Linse bestimmen; im Brennpunkt des Interesses stehen

**Brennspiritus** ⟨m.; -; unz.⟩ *ungenießbar gemachter Spiritus für techn. Zwecke*

**Brennstoff** ⟨m. 1⟩ *leicht entzündl. u. bei der Verbrennung Wärme abgebender Stoff, bes. zur Heizung*

**Brennstoffzelle** ⟨f. 19⟩ *Sonderform des galvanischen Elements, kann mit Brennstoffen so gespeist werden, dass die frei werdende chem. Energie vorwiegend in elektr. Energie umgewandelt wird, weshalb man von einer kalten Verbrennung spricht*

**Brennweite** ⟨f. 19; Opt.⟩ **1** *Abstand des Brennpunktes vom Mittelpunkt einer Linse* **2** ⟨Fot.⟩ *Entfernung zwischen Objektiv u. Film bei der Einstellung „unendlich“;* → a. *Bildweite*

**brenzlich,** ⟨österr. a. für⟩ **brenzlig** ⟨Adj.⟩ **1** *nach Brand riechend* **2** ⟨fig.; umg.⟩ *bedenklich, gefährlich, heikel* ◆ einen brenzligen Geruch wahrnehmen; in eine brenzlige Situation geraten ⟨fig.; umg.⟩

**Bresche** ⟨f. 19; Mil.⟩ *Lücke (in einer Befestigung), an der man angreifen kann* ◆ eine Bresche schlagen ⟨a. fig.⟩ *Widerstand überwinden, Bahn brechen;* in die Bresche springen ⟨fig.⟩ *einspringen, jmdm. zuhilfe kommen* [< frz. *breche* „Bruch, Riss, Scharte“]

**Brett** ⟨n. 12⟩ **1** *aus einen Baumstamm geschnittene, flache Holzplatte, Planke* **2** *flacher Holzträger für Bücher, Geschirr usw.* (Bücherbrett) **3** *Holztafel zum Aufhängen von kleinen Gegenständen* (Schlüsselbrett) **4** *umränderte Platte, Spieltafel* (Schachbrett) **5** *lange, schmale, federnde Holztafel* (Sprungbrett) **6** *Schalttafel zur Bedienung von Maschinen, Kraftfahrzeugen usw.* (Schaltbrett) **7** Bretter ⟨Pl.⟩ *Skier, Schneeschuhe* **8** ⟨fig.⟩ *Bühne* ◆ sich die Bretter **anschnallen** *Skier* ◆ die Figuren **auf** das Brett stellen; auf den Brettern, die die Welt bedeuten, stehen *auf der Bühne;* er hat bei ihr einen Stein **im** Brett ⟨fig.; umg.⟩ *er steht bei ihr in Gunst* (eigtl.: er hat einen Stein auf dem Spielbrett); ein Fenster **mit** Brettern vernageln; ein Brett **vorm** Kopfe haben ⟨fig.; umg.⟩ *begriffsstutzig, beschränkt sein* [< mhd. *bret*]

**brettern I** ⟨Adj.⟩ *aus Brettern bestehend* **II** ⟨V. i.; ist; umg.⟩ *sehr schnell fahren, rasen* ◆ über die Autobahn brettern

**Brettspiel** ⟨n. 11⟩ *Unterhaltungsspiel mit Figuren od. runden Steinen auf einem Brett (Schach, Mühle, Halma usw.)*

**Bretzel** ⟨f. 21; schweiz.⟩ ► = *Brezel*

**Brevier** ⟨[-viːr] n. 11⟩ **1** ⟨Rel.⟩ *Gebetbuch der kath. Geistlichen* **2** ⟨Lit.⟩ *kleine Auswahl aus den Werken eines Dichters* [< lat. *breviarium* „kurzes Verzeichnis“; zu *brevis* „kurz“]

**Brevis** ⟨[-vis] f.; -, Breves [-veːs]; Mus.⟩ *Note im Wert von zwei ganzen Noten, dargestellt als quer liegendes Rechteck* [ital.]

**Brezel** ⟨f. 21⟩ ▲ *Gebäck etwa in Form einer 8;* oV ⟨schweiz.⟩ *Bretzel* ◆ das geht ja wie's Brezel backen! ⟨fig.; umg.⟩ *flink, sehr schnell* [< ahd. *brez(i)tella, brecedela* < klosterlat. **brachiatellum;* zu **brachitum* „Gebäck in Gestalt verschlungener Arme“]

BRENNOFEN MIT NOCH UNGEBRANNTER KERAMIK

**Bridge** ⟨[bridʒ] n.; -s; unz.; Kart.⟩ *aus dem Whist entstandenes Kartenspiel zu viert mit französischen Karten* [zu engl. *bridge* „Brücke“]

**Brief** ⟨m. 1⟩ **1** *schriftl., bes. durch die Post zugestellte Mitteilung* **2** *Urkunde* (Gesellenbrief) **3** *kleines Päckchen od. Heftchen mit einer Ware, besonders Nadeln, Streichhölzer* **4** ⟨Börse⟩ **4.1** *Wertpapier, Wechsel* **4.2** *Kurswert von angebotenen Aktien* ◆ ein Brief **Nähnadeln,** Streichhölzer ◆ einen Brief **bekommen,** erhalten; einen Brief **frankieren,** freimachen; einen Brief **verschicken,** versenden ◆ einen **blauen** Brief bekommen *Kündigungsschreiben, Beschwerdeschreiben der Schule an die Eltern;* ein **einfacher,** doppelter, eingeschriebener Brief [< ahd. *briaf, brief* < lat. *brevis* „kurz“]

**Briefbogen** ⟨m. 4 od. südd.: m. 4u⟩ *Papierblatt für schriftl. Mitteilungen*

**Briefgeheimnis** ⟨n. 11; unz.⟩ *Unverletzlichkeit von Briefsendungen* ◆ das Briefgeheimnis verletzen *einen Brief unbefugt öffnen*

**Briefkasten** ⟨m. 4u⟩ **1** *auf der Straße, an Häusern usw. aufgestellter Behälter für Briefe, der regelmäßig von der Post geleert wird;* Sy *Postkasten* **2** *Behälter an der Wohnungstür zum Einwerfen von Briefen*

**Briefkuvert** ⟨[-veːr] od. [-vɛrt] n. 15⟩ = *Briefumschlag*

**brieflich** ⟨Adj.⟩ *im Brief, durch Brief* ◆ jmdm. etwas brieflich mitteilen

## BRENNEREI

In der Brennerei werden vergorene und damit alkoholhaltige Säfte erhitzt. Dies geschieht bei der Whisky- und der Cognacbereitung in einer Brennblase aus Kupfer. Die Temperatur muss dabei mindestens 78,5 °C erreichen, den Siedepunkt des Alkohols. Der aufsteigende Dampf gelangt in das Sammelgefäß, wo er kondensiert. Das Kondensat hat einen ungleich höheren Alkoholgehalt und enthält auch die konzentrierten Geruchs- und Geschmacksstoffe.

BRENNEREI FÜR DIE WHISKYHERSTELLUNG

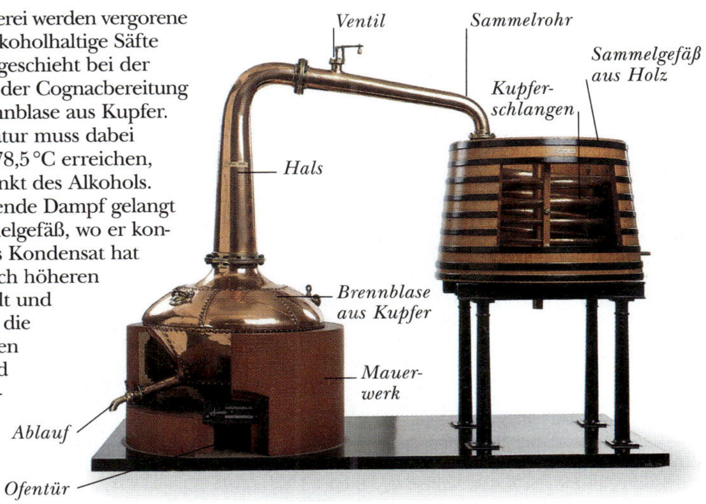

**Briefmarke** ⟨f. 19⟩ *von der Post herausgegebenes, käufliches, aufklebbares Wertzeichen zum Freimachen von Postsendungen* ◆ Briefmarken sammeln

**Briefmarkenkunde** ⟨f. 19; unz.⟩ = *Philatelie*

**Brieföffner** ⟨m. 3⟩ *messerartiges Gerät zum Öffnen von Briefumschlägen*

**Brieftasche** ⟨f. 19; Zool.⟩ *Mappe in Brusttaschengröße für Ausweise, Geld u. Ä.*

**Brieftaube** ⟨f. 19⟩ *Taubenart, die dank ihres Ortssinnes über weite Entfernungen zum Heimatschlag zurückfindet u. die man deshalb zur Nachrichtenübermittlung benutzt*

BROKAT: BROKATKLEID DES 18. JH.

**Briefträger** ⟨m. 3⟩ *Angestellter der Post, der die Briefe austrägt;* Sy *Postbote*

**Briefumschlag** ⟨m. 1u⟩ *zuklebbare Papierhülle zum Verschicken von Briefen;* Sy *Briefkuvert*

**Briefwaage** ⟨f. 19⟩ *Waage für leichte Postsendungen*

**Briefwahl** ⟨f. 20; Pol.; bei Wahlen⟩ *briefliche Abgabe des Stimmzettels* ◆ Briefwahl beantragen; durch Briefwahl wählen

**Briefwechsel** ⟨[-ks-] m. 5⟩ *Verkehr mit anderen Personen durch Briefe* ◆ in Briefwechsel mit jmdm. stehen; den Briefwechsel mit jmdm. aufnehmen; in Briefwechsel mit jmdm. treten; einen regen Briefwechsel mit jmdm. pflegen

**Brigade** ⟨f. 19⟩ **1** *Einheit aus mehreren Truppenteilen verschiedener Waffengattungen* **2** ⟨DDR⟩ *Gruppe mehrerer Arbeiter od. Angestellter im Wettbewerb* [frz., „Trupp" < ital. *brigata* „Streithaufen"]

**Brigg** ⟨f. 10; Mar.⟩ *Segelschiff mit zwei Masten* [< engl. *brig;* verkürzt < *brigantine* „Brigantine, kleiner Zweimaster" < ital. *brigantino* „Raubschiff"]

**Brikett** ⟨n. 15 od. n. 11⟩ *in Form gepresste Braun- od. Steinkohle, die bes. als Heizstoff verwendet wird* [< frz. *briquette,* Verkleinerungsform zu *brique* „Backstein, Ziegel"]

**brikettieren** ⟨V. t.; hat⟩ *in Briketts pressen*

**brillant** ⟨[-ljant] Adj.⟩ *glänzend, hervorragend* [frz., „glänzend"]

**Brillant** ⟨[-ljant] m. 16⟩ **1** *ein besonderer Diamantschliff, der sich durch starke Lichtbrechung auszeichnet* **2** ⟨Typ.⟩ *ein Schriftgrad (3 Punkt)*

**Brillanz** ⟨[-ljants] f. 20; unz.⟩ **1** *Glanz* **2** ⟨Fot.⟩ *gestochene Schärfe* **3** ⟨fig.⟩ *virtuose Fertigkeit und Genauigkeit* ◆ die Brillanz seines Klavierspiels

**Brille** ⟨f. 19⟩ **1** *Augenglas, Vorrichtung zum Ausgleich von Augenfehlern od. zum Schutz gegen Licht, Funken, Staub u. Ä.* (Schutzbrille, Sonnenbrille) **2** *ringförmiger Rand um eine runde Öffnung* (Klosettbrille) ◆ eine schärfere, schwächere Brille brauchen; alles durch eine rosige Brille sehen ⟨fig.⟩ *allzu optimistisch, zuversichtlich sein;* alles durch eine schwarze Brille sehen ⟨fig.⟩ *sehr pessimistisch, negativ denken, sein* [< spätmhd. *b(e)rylle* (eigtl. Pl.)]

**Brillenschlange** ⟨f. 19⟩ **1** ⟨Zool.⟩ *bis 2,20 m lange indische (Kobra) od. afrikan. Schlange (Aspis), deren Biss Tiere und Menschen töten kann; zeigt bei Erregung eine brillenartige Zeichnung am Hals* **2** ⟨umg.; scherzh.⟩ *Brillenträger(in)*

**Brillenträger** ⟨m. 3⟩ *jmd., der eine Brille tragen muss*

**brillieren** ⟨[-lji:rən] V. i.; hat⟩ *glänzen, sich durch bes. Leistungen hervortun* [< frz. *briller* „glänzen, strahlen"]

**bringen** ⟨V. t. 118; hat⟩ **1** *herbeischaffen* (Stuhl) **2** *überbringen, abliefern* (Paket) **3** *übermitteln* (Nachricht) **4** *an eine bestimmte Stelle schaffen, hinschaffen, fortbewegen* **5** *begleiten, führen* **6** *zeitigen, zur Folge haben* (Ehre, Nutzen, Schaden, Verluste) **7** *darbieten* (Opfer) **8** *schenken, zuteil werden lassen* (Hilfe, Trost, Unterstützung) **9** *Ertrag geben, abwerfen* (Gewinn, Rente, Zinsen) **10** *veröffentlichen, erscheinen lassen* **11** ⟨umg.⟩ *(leisten) können, schaffen, vermögen* ◆ bringen Sie es mir!; das bringe ich nicht ⟨umg.⟩ *das kann ich nicht, das gelingt mir nicht;* das wird uns noch viel **Ärger,** Verdruss bringen; die heutige Zeitung bringt einen **Artikel** über ...; jmdm. eine **Botschaft,** Mitteilung, Nachricht bringen; der Talisman soll **Glück** bringen; unser Theater bringt zur Zeit eine neue **Oper** von ... *führt sie auf;* dem Jubilar ein **Ständchen** bringen; ein Geheimnis ans Licht, an den Tag bringen *ein Geheimnis lüften, offenbar werden lassen, verraten* ◆ jmdn. **auf** etwas bringen *jmdm. einen Gedanken eingeben, ihm zu einem Plan u. Ä. verhelfen, ihn darauf lenken;* er hat es auf 90 Jahre gebracht *er ist 90 Jahre alt geworden;* einen neuen Artikel auf den Markt bringen *eine neue Ware anbieten, verkaufen;* dieser Hinweis brachte die Polizei auf die Spur des Verbrechers; das Gespräch auf ein Thema bringen; das Essen auf den Tisch bringen *auftragen;* er war nicht **aus** der Fassung zu bringen; etwas oder jmdn. **dahin** bringen, dass ... *dazu veranlassen, dass ...;* ich brachte ihn **darauf,** einen Abendkursus zu besuchen; jmdn. **dazu** bringen, dass ... *jmdn. veranlassen, zu ...;* das Fernsehprogramm bringt **heute** Abend ... *sendet;* jmdn. **in** Aufregung, Erregung, Unruhe, Verlegenheit, Wut, Zorn bringen *Aufregung usw. in ihm hervorrufen;* etwas in seinen Besitz, in seine Hand bringen *erwerben;* den Kranken ins Krankenhaus bringen; etwas in Ordnung, ins Reine bringen *ordnen, regeln;* etwas in Unordnung bringen; etwas in die Zeitung bringen *in der Zeitung veröffentlichen;* **mit** sich bringen *nach sich ziehen;* etwas **über** sich bringen *sich zu etwas überwinden;* ich kann es nicht über mich bringen, abzusagen; jmdn. **um** etwas bringen *ihm etwas nehmen;* etwas **vom** Fleck, von der Stelle bringen *bewegen;* etwas **vor** Gericht, vor den Richter bringen *anzeigen, melden;* er wird es nicht **weit** bringen ⟨fig.⟩ *er wird im Leben nicht viel erreichen;* es **zu** etwas bringen *Erfolg haben;* jmdn. wieder zu sich bringen *jmdm. helfen, wieder zu Bewusstsein, zur Vernunft, zur Besinnung zu kommen;* zum Abschluss, zu Ende bringen *beenden, vollenden;* zum Schweigen bringen *verstummen lassen;* etwas zur Sprache bringen *als Gesprächsthema vorbringen, erörtern wollen;* du kannst mich zur Verzweiflung bringen ⟨fig.⟩ *mich bis zur Verzweiflung reizen;* was bringt das Haus monatlich an Miete? [< ahd. *bringen,* engl. *bring*]

BROMELIE (*Bromelia balansae*)

**Bringschuld** ⟨f. 20⟩ *Schuld, die der Schuldner auf eigene Rechnung u. Gefahr dem Gläubiger übermitteln muss;* Ggs *Holschuld*

**brisant** ⟨Adj.; -er, am -esten⟩ **1** *zermalmend, mit großer Sprengkraft* **2** ⟨fig.⟩ *von zündender Aktualität, heikel, zu heftigen Reaktionen führend* (Nachricht) [zu frz. *briser* „zerschlagen, zerbrechen"]

**Brisanz** ⟨f. 20; unz.⟩ **1** *Sprengkraft* **2** ⟨fig.⟩ *zündende Aktualität* ◆ ein aktuelles Thema von großer Brisanz

**Brise** ⟨f. 19⟩ *gleichmäßiger Wind mittlerer Geschwindigkeit, guter Segel-, Fahrtwind* ◆ eine frische, steife Brise [< engl. *breeze* „leichter Wind"]

**britisch** ⟨Adj.⟩ *Großbritannien betreffend, zu ihm gehörend, von dort stammend*

**Broccoli** ⟨nur Pl.⟩ = *Brokkoli*

**bröckelig** ⟨Adj.⟩ = *bröcklig*

**bröckeln** ⟨V. i.; ist⟩ *in kleine Stücke zerfallen* (Gestein) ◆ der alte Putz bröckelt von den Wänden

**Brocken** ⟨m. 4⟩ **1** *kleines abgebrochenes Stück, Bissen* (Brot, Käse) **2** *Bruchstück* (Gestein) **3** ⟨Jägerspr.⟩ *Köder einer Fangvorrichtung* **4** ⟨fig.⟩ *zusammenhangloses, einzelnes Teil* ◆ ein paar Brocken **Französisch** können ⟨fig.⟩ *einige Sätze* ◆ da hat er an einem harten Brocken zu **kauen** ⟨fig.; umg.⟩ *er muss eine schwierige Aufgabe lösen;* jmdm. ein paar Brocken **hinwerfen** ⟨fig.; umg.⟩ *jmdn. mit ein paar Worten abfertigen* ◆ das ist ein **harter** Brocken! ⟨fig.; umg.⟩ *eine schwierige Sache, Aufgabe* [< ahd. *brocco, brocho*]

**bröcklig** ⟨Adj.⟩ *in Brocken zerfallen od. zu zerfallen drohend* (Brot, Gestein); oV *bröckelig*

**brodeln** ⟨V. i.; hat⟩ *wallen, sieden, dampfen* (Wasser); → a. *brutzeln* [< mhd. *brodelen;* zu ahd. *prot* „Brühe"]

**Broiler** ⟨m. 3; ostdt.⟩ *gegrilltes Hähnchen* [engl.; zu *broil* „schmoren"]

**Brokat** ⟨m. 1⟩ ◄ *schwerer, gemusterter Seidenstoff mit eingewebten Gold- od. Silberfäden* (Goldbrokat, Silberbrokat) [< ital. *broccato* „mit Kräuselungen versehen"; zu *brocco* „Kräuselung"]

**Brokkoli** ⟨nur Pl.⟩ *dem Blumenkohl ähnliches Gemüse mit grünen, langstieligen Blütensprossen;* oV *Broccoli* [< ital. *broccolo* „Kohlsprossen, Art Blumenkohl"]

**Brom** ⟨n. 11; unz.; Chem.; Zeichen: Br⟩ **1** *chem. Element, ein Halogen* **2** *die Schleimhaut reizende Dämpfe entwickelnde Flüssigkeit* [< grch. *bromos* „Gestank"]

**Bromat** ⟨n. 11⟩ *Salz der Bromsäure*

**Brombeere** ⟨f. 19; Bot.⟩ *Angehörige einer Gruppe der Gattung Rubus* ◆ Gemeine Brombeere *Rosengewächs mit glänzend schwarzen Früchten, Kroatzbeere: Rubus fructicosus;* ► *Früchte* [< ahd. *bramberi* „Beere des Brama genannten Dornenstrauchs"]

**Bromelie** ⟨[-liə] f. 19; Bot.⟩ ◄ *Ananasgewächs* [nach dem schwedischen Botaniker Olaf *Bromel,* 1639-1705]

**Bromid** ⟨n. 11⟩ *Salz des Bromwasserstoffs*

**Bromit** ⟨m. 1; unz.; Min.⟩ *im Wesentlichen aus Bromsilber bestehendes Mineral*

**Bromsäure** ⟨f. 19; unz.⟩ *Sauerstoffsäure des Broms, chemische Formel* $HBrO_3$

**Bromsilberdruck** ⟨m. 1; Typ.⟩ **I** ⟨unz.⟩ *Verfahren zur Herstellung von Kontaktabzügen u. Vergrößerungen von fotografischen Negativen auf Bromsilberpapier* **II** ⟨zählb.⟩ *dessen Erzeugnis*

**Bromwasserstoff** ⟨m. 1⟩ *Verbindung des Broms mit Wasserstoff, chem. Formel HBr*

**bronchial** ⟨[-çi-] Adj.; Anat.⟩ *von den Bronchien ausgehend, Luftröhren...* [→ *Bronchus*]

**Bronchien** ⟨[-çiən] Pl. von⟩ *Bronchus*

**Bronchiole** ⟨[-çi-] f. 19; Anat.⟩ ► *feiner Zweig der Bronchien*

**Bronchitis** ⟨[-çi-] f.; -, -tiden; Med.⟩ *entzündl. Erkrankung der Schleimhaut der Bronchien*

**Bronchus** ⟨m.; -, -chien; meist Pl.; Anat.⟩ *Ast der Luftröhre* [< grch. *bronchos* „Kehle, Luftröhre"]

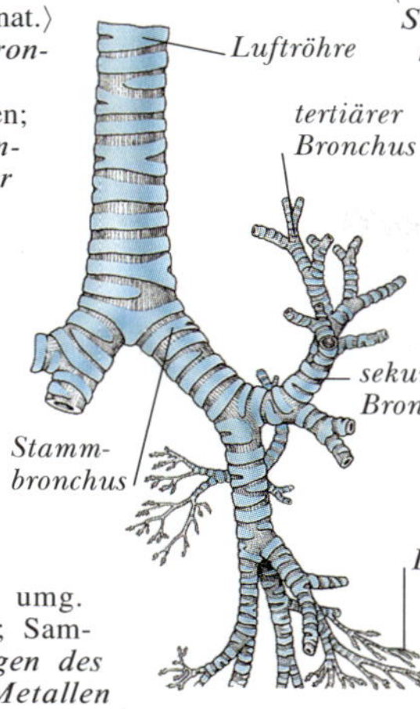

BRONCHIOLE DES MENSCHEN

**Brontosaurus** ⟨m.; -, -rier⟩ *riesiger Saurier aus der unteren Kreidezeit Nordamerikas* [< grch. *bronte* „Donner" + *saura* „Eidechse"]

**Bronze** ⟨['brɔ̃sə] od. umg. ['brɔŋsə] f. 19⟩ **I** ⟨zählb.; Sammelbez. für⟩ **1** *Legierungen des Kupfers mit anderen Metallen* **2** ▼ *daraus hergestellter Kunstgegenstand* **II** ⟨unz.⟩ **1** *rotbrauner Farbton* **2** *Mischung von Metallstaub mit Anstrichmitteln zur Erzielung eines Metalleffektes* [< frz. *bronze* < mlat. *bronzium;* weitere Herkunft unklar]

**bronzefarben** ⟨[brɔ̃sə-] od. umg. [brɔŋsə-] Adj.⟩ *gelblich braun*

**Bronzemedaille** ⟨['brɔ̃səmedaljə] od. umg. [brɔŋsə-] f. 19⟩ *bronzene Medaille, dritthöchste Auszeichnung bei Wettbewerben* ◆ eine Bronzemedaille gewinnen

**bronzen** ⟨['brɔ̃sən] od. umg. ['brɔŋsən] Adj.⟩ *aus Bronze, bronzefarben*

**Bronzezeit** ⟨[brɔ̃sə-] od. umg. ['brɔŋsə-] f. 20; unz.⟩ *vorgeschichtl. Zeitalter zwischen Jungstein- u. Eisenzeit*

**Brosame** ⟨f. 19; meist Pl.; poet.⟩ *Brotkrume, Krümel* [< ahd. *bros(a)ma* „Krume, Brötchen"]

**brosch.** ⟨Buchw.; Abk. für⟩ *broschiert*

**Brosche** ⟨f. 19⟩ *Schmuckstück mit Nadel zum Anstecken* [< frz. *broche* „Spieß"]

BRONZE: BRONZEBESCHLAG EINES KELTISCHEN STREITWAGENS (UM 100 v. CHR.–100 n. CHR.)

**broschieren** ⟨V. t.; hat⟩ **1** *heften* (Druckbogen) **2** *einweben* (Muster) **3** broschiert ⟨Buchw.; Abk.: brosch.⟩ *nur geheftet, nicht gebunden* ◆ broschierte Schriften, Bücher [< frz. *brocher* „broschieren, heften"]

**Broschur** ⟨f. 20⟩ **I** ⟨unz.⟩ *das Heften* **II** ⟨zählb.⟩ *das Geheftete* [zu frz. *brocher* „broschieren, heften"]

**Broschüre** ⟨f. 19⟩ **1** *geheftetes Buch* **2** *kleine, nicht eingebundene Druckschrift, Flugschrift* [< frz. *brochure* „Broschüre, kleine Schrift"]

**Brösel** ⟨m. 5 od. österr.: n. 13; Pl. umg. a.: -n⟩ *Krümel, Bröckchen* [eigtl. *Bröselein,* Verkleinerungsform von *Brosame*]

**bröseln** **I** ⟨V. t.; hat⟩ *in Brösel zerreiben, zerbröckeln, zerkrümeln* **II** ⟨V. i.; ist⟩ *in Brösel zerfallen, krümeln* ◆ der Kuchen, das Brot bröselt

**Brot** ⟨n. 11⟩ **1** *Gebäck aus Mehl, Wasser, etwas Salz u. einem Treib- od. Auflockerungsmittel* **2** ⟨fig.⟩ *Nahrung, Unterhalt* ◆ ein **Laib,** eine Schnitte, eine Scheibe, ein Stück Brot ◆ Brot **backen,** brechen, schneiden; sein Brot **verdienen** ⟨fig.⟩ *seinen Unterhalt* ◆ **altbackenes,** frisches, geriebenes, geröstetes Brot; ein **belegtes** Brot; das ist ein **hartes,** saures Brot ⟨fig.⟩ *schwere, mühsame Arbeit;* unser **täglich** Brot (im Vaterunser); Brot **und** Wein ⟨Rel.⟩ *Hostie u. Wein beim Abendmahl, Leib u. Blut Jesu* ◆ **wes** Brot ich ess', des Lied ich sing' ⟨Sprichw.⟩ *in wessen Dienst ich stehe, auf dessen Seite muss ich mich stellen* [< ahd. *prot,* engl. *bread*]

**Brotbaum** ⟨m. 1u⟩ = *Brotfruchtbaum*

**Brotbeutel** ⟨m. 5⟩ *Segeltuchtasche für die Marschverpflegung*

**Brötchen** ⟨n. 14⟩ *kleines Gebäck aus Weizenmehl;* Sy *Semmel* ◆ seine Brötchen verdienen ⟨fig.; umg.⟩ *seinen Lebensunterhalt verdienen;* kleine Brötchen backen ⟨fig.; umg.⟩ *genügsam sein, nicht ehrgeizig sein*

**Broteinheit** ⟨f. 20; Abk.: BE⟩ *Einheit zur Berechnung der Kohlenhydratmenge für die Diät, 1 BE = 12 g Kohlenhydrate*

**Broterwerb** ⟨m. 1⟩ *Verdienst, Unterhalt*

**Brotfrucht** ⟨f. 7u⟩ ► *Frucht des Brotfruchtbaumes*

**Brotfruchtbaum** ⟨m. 1u⟩ *wichtiger Nutzbaum Polynesiens, dessen Holz u. Früchte vielseitig genutzt werden: Artocarpus incisa;* Sy *Brotbaum*

**Brotgetreide** ⟨n. 13⟩ *die Getreideart, die in einem Land hauptsächlich für Brot verwendet wird, z. B. in Deutschland: Roggen*

**Brotkasten** ⟨m. 4u⟩ *Holz- od. Blechbehälter zum Aufbewahren von Brot*

**Brotkorb** ⟨m. 1u⟩ **1** ⟨urspr.⟩ *in der Küche von der Decke herabhängender Korb für Brotreste* **2** ⟨heute⟩ *kleiner flacher Korb für aufgeschnittenes Brot* ◆ ⟨noch in der Wendung⟩ jmdm. den Brotkorb höher hängen *jmdn. knapp mit Nahrung halten, jmdm. den Verdienst schmälern*

**Brotlaib** ⟨m. 1⟩ *ein ganzes Brot*

**brotlos** ⟨Adj.⟩ *ohne Verdienst, erwerbslos* ◆ brotlose Kunst *eine Fertigkeit, die nichts (zumindest kein Geld) einbringt*

**Brotmesser** ⟨n. 13⟩ *langes Messer zum Brotschneiden*

**Brotrinde** ⟨f. 19⟩ *äußerer, schärfer gebackener Überzug des Brotes*

**Brotzeit** ⟨f. 20; unz.; oberdt.⟩ *Zwischenmahlzeit, Frühstück od. kaltes Mittagessen* ◆ Brotzeit halten

**BRT** ⟨Abk. für⟩ *Bruttoregistertonne*

**Bruch**[1] ⟨m. 1u⟩ **1** *Auseinandergehen, Zerbrechen durch Druck, Stoß, Schlag usw.* (Achsenbruch, Dammbruch) **2** *Zerstörung unter Gewaltanwendung* **3** *entzweigegangene, zerbrochene, minderwertige Ware* **4** *Scherben* **5** ⟨kurz für⟩ *Steinbruch* **6** *durch Auseinanderbrechen entstandene Fläche, Spalt, Riss* **7** *durch Faltung entstandene Kante, Knick* (Stoffbruch) **8** *Falte, Bügelfalte* **9** ⟨Med.; kurz für⟩ ► = *Knochenbruch* **10** *Heraustreten von Eingeweide od. Gewebe durch eine schwache Stelle im bedeckenden Gewebe* (Eingeweidebruch) **11** ⟨Math.⟩ *Verhältnis zwischen zwei ganzen Zahlen* **12** ⟨Jägerspr.⟩ *ein als Kennzeichen auf erlegtes Wild od. auf die Fährte gelegter grüner Zweig* **13** *Zweig als Hutschmuck des erfolgreich gewesenen Jägers* **14** *Milchgerinnsel bei der Käseherstellung* **15** ⟨Geol.⟩ ► = *Verwerfung (2)* **16** ⟨Forstw.⟩ *Schaden an Baumkronen* (Windbruch) **17** *Weinfehler* **18** ⟨fig.⟩ *Lösung einer Beziehung, eines Verhältnisses, Verletzung eines Abkommens u. Ä.* (Vertragsbruch) **19** *Unterbrechung, Abgehen von einer bestimmten Darstellungsweise* (Stilbruch) ◆ der Bruch eines **Arms,** Beins, Fingers, Wirbels, Zehs ⟨Med.⟩; der Bruch einer **Freundschaft,** einer Geschäftsverbindung, eines Verlöbnisses ◆ einen scharfen Bruch in die Hose **bügeln;** einen Bruch **erweitern,** kürzen, verwandeln ⟨Math.⟩; sich einen Bruch **heben,** zuziehen ⟨Med.⟩; einen Bruch **machen** ⟨umg.⟩ *einen Einbruch verüben, eine Straftat begehen;* einen Bruch **operieren** ◆ ein **echter** Bruch ⟨Math.⟩ *ein Bruch, bei dem der Zähler kleiner als der Nenner ist* ($^2/_3$)*;* ein **einfacher,** *glatter komplizierter Bruch* ⟨Med.⟩ *Knochenbruch;* ein **eingeklemmter** *Bruch* ⟨Med.⟩ *Einklemmung der Eingeweide durch einen Bruch;* ein **unechter** *Bruch* ⟨Math.⟩ *ein Bruch, bei dem der Zähler größer ist als der Nenner* ($^4/_3$) ◆ sich **am** Bruch operieren lassen; ihre Ehe ist **in** die Brüche gegangen ⟨fig.⟩ *wurde geschieden;* unser Plan ist in die Brüche gegangen ⟨fig.⟩ *gescheitert;* rechnet ihr in der Schule schon **mit** Brüchen?; ein Bruch mit der Vergangenheit; der Bruch **von** Keks, Schokolade, Waffeln; **zu** Bruch gehen *in Trümmer gehen;* es kam zwischen ihnen zum Bruch ⟨fig.⟩ *sie verkehrten nicht mehr miteinander* [< ahd. *bruh;* → *brechen*]

**Bruch**[2] ⟨m. 1u od. (selten) n. 11u⟩ *Moor(landschaft), Sumpfland, Sumpfwald* [< ahd. *bruoh* „Moorboden, Sumpf", engl. *brook* „Bach"]

**bruchfest** ⟨Adj.⟩ *unzerbrechlich* ◆ bruchfestes Geschirr

**bruchig** ⟨Adj.⟩ *sumpfig* [→ *Bruch*[2]]

**brüchig** ⟨Adj.⟩ **1** *zerbrechlich, morsch* (Gestein) **2** *rissig* (Lehm) **3** *zerfallend* (Seide) **4** ⟨fig.⟩ *ungleichmäßig* (Stimme) **5** *uneinheitlich, nicht einwandfrei* (Moral)

**Brüchigkeit** ⟨f. 20; unz.⟩ *brüchige Beschaffenheit (z. B. von Brot, Gestein)*

BROTFRUCHT (*Artocarpus incisa*)

**Bruchlandschaft** ⟨f. 20⟩ *Sumpfwald, Moor;* → a. *Bruch*[2]

**Bruchlandung** ⟨f. 20⟩ *Landung, bei der das Flugzeug stark beschädigt wird*

**bruchrechnen** ⟨V. i.; Math.; nur Inf.⟩ *mit Brüchen rechnen*

**Bruchrechnung** ⟨f. 20; Math.⟩ *Rechnung mit Brüchen*

**Bruchspinne** ⟨f. 19⟩ *die beim Schlag auf eine Glasscheibe vom Aufschlagpunkt nach allen Seiten verlaufenden Risse*

**Bruchstelle** ⟨f. 19⟩ *Stelle, an der ein Gegenstand zerbrochen ist*

**Bruchstrich** ⟨m. 1; Math.⟩ *Strich zwischen Zähler u. Nenner*

**Bruchstück** ⟨n. 11⟩ **1** *von einem Ganzen abgebrochenes Stück* **2** ⟨fig.⟩ *übrig gebliebener Teil eines nicht mehr vorhandenen Ganzen* **3** *unvollendes Kunstwerk, Fragment, Torso*

**Bruchteil** ⟨m. 1⟩ **1** *Teil eines Ganzen* **2** *sehr kleiner Teil* ◆ der Bruchteil eines Millimeters, einer Sekunde, einer Summe, eines Wertes; im Bruchteil einer Sekunde ⟨fig.⟩ *ungeheuer schnell, kaum wahrnehmbar*

**Bruchwald** ⟨m. 2u⟩ *auf wasserreichem, saurem Humusboden stockender Wald aus Erlen u. Eiben*

**Bruchzahl** ⟨f. 20; Math.⟩ *Zahl in Form eines Bruches, gebrochene Zahl;* Ggs *ganze* → *Zahl*

B

## BRÜCKEN

Je nach Spannweite und Tragfähigkeit sind Brücken völlig unterschiedlich konstruiert. Auslegerbrücken sind ideal für hohe Belastungen, brauchen jedoch in regelmäßigen Abständen Stützen. Die größten Hängebrücken sind heute über einen Kilometer lang. Bogenbrücken aus Stein bauten schon die alten Römer.

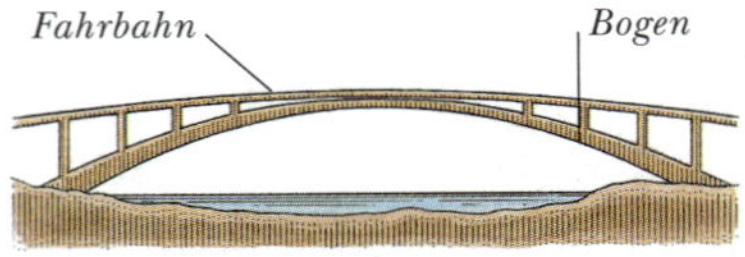


BOGENBRÜCKE

### BRÜCKENTYPEN

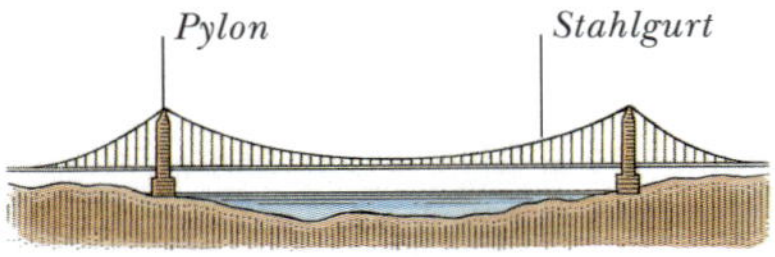


HÄNGEBRÜCKE

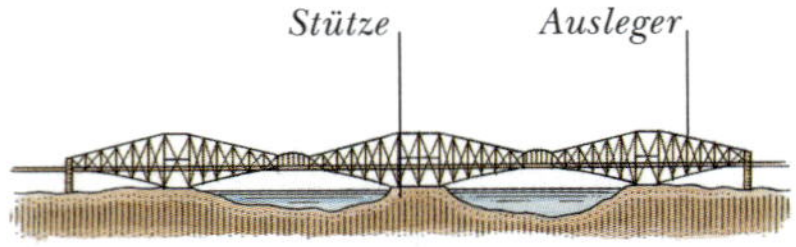


AUSLEGERBRÜCKE

**Brücke** ⟨f. 19⟩ **1** ▲ *Bauwerk zur Führung von Verkehrswegen über Straßen, Eisenbahnlinien, Flüsse, Schluchten usw.* **2** *Haltevorrichtung für künstliche Zähne an den benachbarten, gesunden Zähnen* **3** ⟨Tech.⟩ *Querleitung bei Messschaltungen* **4** ⟨Theat.⟩ *Steg über der Bühne* (Beleuchterbrücke) **5** ⟨Sp.⟩ **5.1** *Rückbeuge des Körpers, bis die Hände den Boden erreichen, als turnerische Übung* **5.2** *Verteidigungsstellung beim Ringen* **6** ⟨Textilw.⟩ *kleiner, schmaler Teppich* **7** ⟨schweiz.⟩ *Fußbank* **8** ⟨schweiz.⟩ *Heuboden* **9** ⟨österr.⟩ *Schlachthof* **10** ⟨fig.⟩ *Verbindung* ◆ eine Brücke **abbrechen,** bauen, konstruieren, schlagen, sprengen; alle Brücken hinter sich abbrechen ⟨fig.⟩ *alle Verbindungen lösen;* die Brücke **machen** (Turnübung) ◆ eine **breite,** hölzerne, schmale, schwankende, stählerne, steinerne Brücke ◆ eine Brücke **über** eine Autobahn, Eisenbahnlinie, einen Fluss [< ahd. *brucka,* engl. *bridge*]

**Brückenkopf** ⟨m. 1u; Mil.⟩ *Befestigung zur Sicherung eines Flussübergangs* ◆ einen Brückenkopf bilden

**Bruder** ⟨m. 3u⟩ **1** *von demselben Elternpaar abstammende männl. Person* **2** *Kamerad, Genosse, enger Freund* **3** *Mitchrist, Nächster* **4** *Mönch* (Klosterbruder, Laienbruder, Ordensbruder) **5** *Mitglied derselben Vereinigung od. Gemeinschaft* (Bundesbruder, Kegelbruder, Vereinsbruder) ◆ der Schlaf ist der Bruder des **Todes** ⟨poet.⟩ ◆ ich **habe** einen Bruder; **sein:** er ist ihr Bruder ◆ mein **älterer,** großer, kleiner, jüngerer, leiblicher Bruder; **feindliche** Brüder; ein **geistlicher** Bruder *Mönch;* **warmer** Bruder ⟨abwertend für⟩ *Homosexueller* ◆ das Bild ist **unter** Brüdern 500 Mark wert ⟨umg.⟩ *billig gerechnet, in ehrlichem, freundschaftl. Handel* [< ahd. *bruoder,* engl. *brother*]

**brüderlich** ⟨Adj.⟩ **1** *wie bei sich liebenden Brüdern üblich* **2** ⟨fig.⟩ *gleichberechtigt* **3** *rücksichtsvoll gegen andere Menschen* ◆ jmdm. einen brüderlichen Kuss geben; etwas brüderlich teilen

**Brüderlichkeit** ⟨f. 20; unz.⟩ *liebevolle, brüderl. Gesinnung;* → a. *Freiheit*

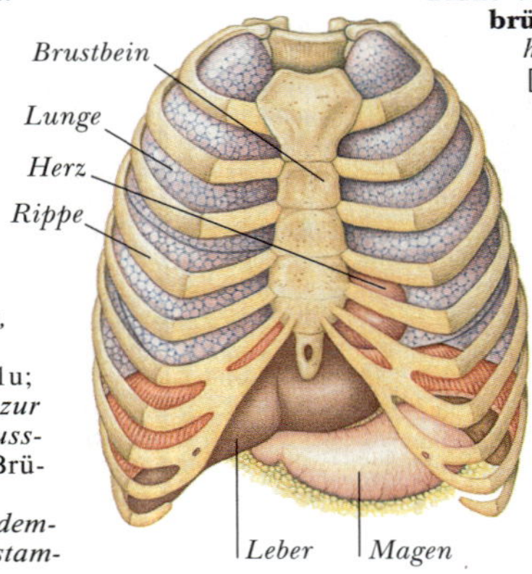


BRUSTBEIN: BRUSTKORB DES MENSCHEN MIT BRUSTBEIN

**Bruderschaft** ⟨f. 20⟩ *freiwillige kath. Vereinigung von Klerikern u. Laien ohne Gelübde*

**Brüderschaft** ⟨f. 20; unz.⟩ *enge Freundschaft, brüderl. Verhältnis* ◆ jmdm. Brüderschaft antragen, anbieten *die Anrede mit Du anbieten;* Brüderschaft schließen, trinken *in der Anrede vom Sie zum Du übergehen*

**Brühe** ⟨f. 19⟩ **1** *durch Kochen von Nahrungsmitteln, bes. Fleisch, Knochen, gewonnene Flüssigkeit* (Fleischbrühe, Hühnerbrühe, Knochenbrühe) **2** *trübe Flüssigkeit, z. B. Lauge zum Kochen der Wäsche* (Wäschebrühe), *Lösung von Färbemitteln* (Farbbrühe) *u. Ä.* ◆ diese **dünne** Brühe soll Kaffee sein? ⟨umg.⟩; eine **heiße,** klare, kräftige, würzige Brühe ◆ Brühe **mit** Ei [< mhd. *brüeje*]

**brühen** ⟨V. t.; hat⟩ **1** *kochen* **2** *mit heißer Flüssigkeit übergießen* [< mhd. *brü(ej)en*]

**brühwarm** ⟨Adj.⟩ *ganz frisch* ◆ eine brühwarme Neuigkeit ⟨fig.; umg.⟩; etwas brühwarm weitererzählen *sofort weitererzählen*

**Brüllaffe** ⟨m. 17; Zool.⟩ ▼ *Angehöriger einer Gattung der südamerikan. Breitnasenaffen mit starkem Stimmorgan u. Greifwickelschwanz;* Sy *Heulaffe*

**brüllen** ⟨V. i.; hat⟩ **1** *laut schreien, heftig, laut heulen* **2** *lärmend brausen, tönen* (Sturm, Wogen) **3** *laut schelten, schimpfen* ◆ vor Schmerz, Wut, Zorn brüllen; wie am Spieß brüllen ⟨umg.⟩; das ist ja zum Brüllen! ⟨umg.⟩ *so komisch, dass man lauthals darüber lachen muss* [< mhd. *brüelen*]

**brummen** ⟨V. i.; hat⟩ **1** *tiefe, dumpfe Laute von sich geben* (Bär) **2** *summen* (Käfer) **3** *tief tönen* (Orgel, Glocke) **4** *leise dröhnen* (Motor) **5** *murmelnd, undeutlich od. ärgerlich leise sprechen* **6** *dumpf schmerzen* (Kopf) **7** ⟨fig.⟩ *mürrisch sein, schmollen* **8** ⟨fig.; umg.⟩ *im Gefängnis eine Strafe abbüßen* ◆ mir brummt der Kopf, der Schädel vor lauter Lernen ⟨umg.⟩; was brummst du vor dich hin? ⟨umg.⟩; was brummst du da in deinen Bart? ⟨umg.⟩ *was sprichst du da leise, unverständlich vor dich hin?* [< ahd., mhd. *brummen* < ahd. *breman* „brummen, brüllen"]

BRÜLLAFFE: ROTER BRÜLLAFFE *(Alouatta seniculus)*

**brummig** ⟨Adj.; fig.; umg.⟩ *mürrisch, übellaunig, verdrießlich*

**Brunch** ⟨[brʌntʃ] n.; -(e)s, -(e)s od. -e⟩ *Frühstück u. Mittagessen zugleich am späten Vormittag* [verkürzt < engl. *br*eakfast „Frühstück" + l*unch* „Mittagessen"]

**Brunelle**[1] ⟨f. 19; Zool.⟩ = *Braunelle*[1]

**Brunelle**[2] ⟨f. 19; Bot.⟩ = *Braunelle*[2]

**brünett** ⟨Adj.⟩ *bräunlich, braunhaarig* [< frz. *brunette* „braunhaarig"; zu *brun* „braun"]

**Brünette(r)** ⟨f. 30 (m. 29)⟩ *braunhaarige Person* [< frz. *brunette* „braunhaarig" (weibl.); zu *brun* „braun"]

**Brunft** ⟨f. 7u; Jägerspr.⟩ *Brunst, Paarung u. Paarungszeit bei Hochwild* [zu ahd. *breman*]

**Brunnen** ⟨m. 4⟩ **1** *Anlage zur Förderung von Grundwasser durch Schöpfeimer od. Pumpe* (Ziehbrunnen) **2** *Badeort* **3** *Wasser einer natürl. Quelle, bes. Heilquelle* (Mineralbrunnen) ◆ ein **artesischer,** künstlicher, natürlicher Brunnen ◆ einen Brunnen **anlegen,** bohren, graben; den Brunnen **zudecken,** wenn das Kind hineingefallen ist ⟨sprichwörtl.⟩ *erst dann Maßnahmen treffen, wenn ein Unglück geschehen ist* [< ahd. *brunno,* engl. *bourn* „Gießbach"]

**Brunnenkresse** ⟨f. 19; unz.; Bot.⟩ *Angehörige einer Gattung der Kreuzblütler, Salatpflanze: Roripa* ◆ Echte Brunnenkresse *wächst an zahlreichen Gewässern mit wintergrünen Blättern: Roripa nasturtium aquaticum*

**Brunnenmoos** ⟨n. 11; unz.⟩ *im Wasser flutende Moose mit meist langen u. verzweigten Stängeln: Fontinalis* ◆ Fieber heilendes Brunnenmoos *in fließenden u. stehenden Gewässern u. sogar in Brunnen u. Wassertrögen häufig: Fontinalis antipyretica*

BRUNNENWÜRMER

**Brunnenwurm** ⟨m. 2u; Zool.⟩ ▲ *3-8 cm langer, rot gefärbter Ringelwurm aus der Gruppe der wasserbewohnenden Oligochäten, der in großer Zahl gemeinschaftlich im Schlamm lebt u. als Futtertier für Aquarienfische verwendet wird;* Sy *Tubifex*

**Brunst** ⟨f. 7u; Zool.⟩ *heftige geschlechtl. Erregung, Paarungszeit;* → a. *Brunft* [< ahd. *brunst*]

**brünstig** ⟨Adj.⟩ **1** ⟨Zool.⟩ *geschlechtl. erregt* **2** ⟨allg.; umg.⟩ *leidenschaftlich*

**brüsk** ⟨Adj.; -er, am -esten⟩ *barsch, schroff* ◆ eine Anfrage brüsk abweisen [< frz. *brusque* „barsch, schroff"]

**brüskieren** ⟨V. t.; hat⟩ *brüsk, kränkend behandeln* [< frz. *brusquer* „barsch anfahren, schroff behandeln"]

**Brust** ⟨f. 7u⟩ **1** ⟨Anat.⟩ *vordere Hälfte des Rumpfes der Menschen u. Wirbeltiere;* Sy *Brustkasten, Brustkorb* **2** ⟨sinnbildl. für⟩ *Lungenkraft u. Sitz des Gefühls* **3** ⟨meist Pl.⟩ ► *Busen* **4** *Brustdrüse* **5** ⟨sinnbildl. für⟩ *mütterl. Nahrung* ◆ dem Säugling die Brust **geben,** reichen; die Brust **nehmen** (Säugling); die Brust **schwillt** ihm vor Freude, Glück, Stolz ⟨fig.⟩ *er ist sehr glücklich, stolz* ◆ eine **breite,** schmale Brust *Brustkorb* ◆ sich **an** jmds. Brust ausweinen; jmdn. an die Brust drücken *ihn umarmen;* an jmds. Brust sinken *in dessen Arme;* ich bin heute schwach **auf** der Brust ⟨fig.; umg.⟩ *zahlungsunfähig, habe wenig Geld bei mir;* **aus** voller Brust singen *kräftig, laut, mit voller Lungenkraft;* den Säugling **von** der Brust entwöhnen *abstillen* [< ahd. *brust,* engl. *breast*]

**Brustbein** ⟨n. 11; Anat.⟩ ◄ *bei den höheren Wirbeltieren der die vordere Mitte des Brustkorbs bildende Knochen, an dem das Schlüsselbein u. die Rippen mit Knorpelverbindungen ansetzen;* Sy *Sternum*

**Brustbeutel** ⟨m. 5⟩ *an einem Band um den Hals gehängtes, auf der Brust getragenes Geldtäschchen*

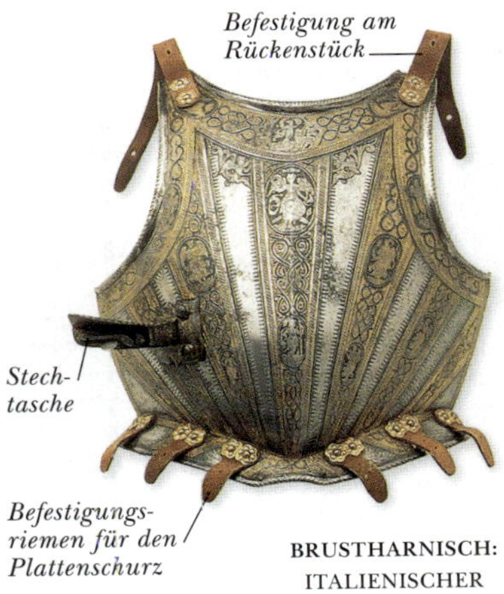


BRUSTHARNISCH: ITALIENISCHER BRUSTHARNISCH DES 16. JH.

**Brustbild** ⟨n. 12⟩ *Bildnis, auf dem Kopf u. Oberkörper zu sehen sind*

**Brustdrüse** ⟨f. 19⟩ *paariges, drüsiges Organ der Menschen u. Säugetiere, dessen Aufgabe die Milchbildung ist;* Sy *Milchdrüse*

**Brustdrüsenkrebs** ⟨m. 1; unz.⟩ = *Brustkrebs*

**brüsten** ⟨V. refl.; hat⟩ sich brüsten *prahlen, angeben* ◆ sich mit etwas brüsten

**Brustfell** ⟨n. 11; Biol.⟩ *die den Brustraum der Wirbeltiere innen auskleidende Membran, Rippenfell: Pleura*

**Brustflosse** ⟨f. 19; Zool.⟩ *Flosse an der Brust der Fische*

**Brustharnisch** ⟨m. 1⟩ ▲ *Brustschutz der mittelalterlichen Rüstung*

**brusthoch** ⟨Adj.⟩ *in Brusthöhe befindlich*

**Brusthöhe** ⟨f. 19; unz.⟩ *Höhe vom Boden bis etwa zur Brust* ◆ sich in Brusthöhe befinden

**...brüstig** ⟨in Zus.⟩ *mit einer bestimmten Art von Brust versehen,* z. B. engbrüstig, schmalbrüstig

**Brustkasten** ⟨m. 4u⟩ = *Brust (1)*

**Brustkorb** ⟨m. 1u⟩ = *Brust (1)*

**Brustkrebs** ⟨m. 1; unz.⟩ *Krebs der weibl. Brustdrüsen;* Sy *Brustdrüsenkrebs*

**Brustschwimmen** ⟨n.; -s; unz.⟩ *Schwimmen in Brustlage, gebräuchlichster Schwimmstil*

## BRUST

Die weibliche Brust liegt über dem großen Brustmuskel. Sie besteht aus 15 bis 20 läppchenförmigen Milchdrüsen, die in festes Bindegewebe eingebettet sind. Gegen Ende der Schwangerschaft vergrößert sich die Brust und bereitet sich so auf die Milchproduktion vor. Die Milch sammelt sich in erweiterten Ausführgängen. Wenn das Baby an der Brustwarze saugt, wird die Milch abgegeben.

SCHNITT DURCH EINE WEIBLICHE BRUST

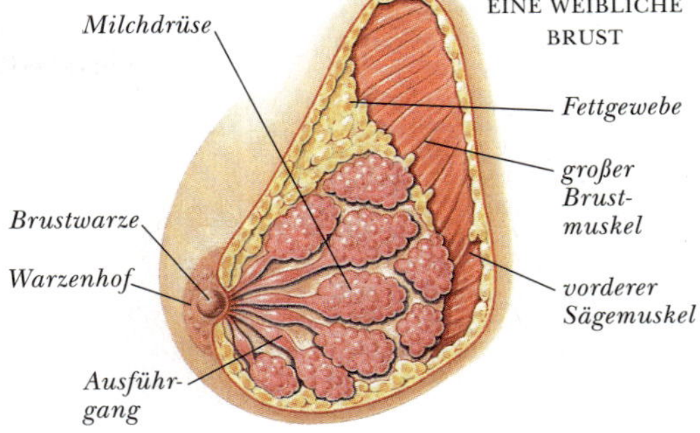


**Bruststück** ⟨n. 11⟩ **1** ⟨Kochk.⟩ *Fleisch von der Brust beim Schlachtvieh, Wild, Geflügel* **2** ⟨Zool.⟩ *der mittlere Körperabschnitt der Insekten, zwischen Kopf u. Hinterleib*

**Brustumfang** ⟨m. 1u; unz.⟩ *Umfang des Brustkorbes bei Ein-, Ausatmung od. mittlerer Atemstellung, Brustweite*

**Brüstung** ⟨f. 20⟩ *bis in halbe Körperhöhe od. Brusthöhe reichende Schutzwand, Lehne, Geländer* (Fensterbrüstung, Balkonbrüstung)

**Brustwarze** ⟨f. 19⟩ *warzenförmige Mündung der Milchgänge der Brustdrüsen;* Sy *Mamilla*

**Brustwirbel** ⟨Pl.; Anat.⟩ *die im Bereich des Brustkorbs liegenden zwölf Wirbel;* Sy *Rückenwirbel*

**brut** ⟨[bryt] Adj.⟩ *trocken* (von Champagner) [frz., „roh, unbearbeitet"]

**Brut** ⟨f. 20⟩ **1** *Nachkommenschaft aller brutpflegenden Tiere, bes. der Eier legenden* **2** *Pflanzenteile zur Aufzucht neuer Pflanzen* **3** *ungeschliffene Edelsteine* **4** ⟨fig.⟩ *Gezücht, Gesindel* ◆ die Brut der Fische, Fliegen, Insekten, Vögel; die Brut aufziehen, ausrotten [< mhd. *bruot* „durch Wärme Belebtes, Belebung durch Wärme", engl. *brood*]

**brutal** ⟨Adj.⟩ *roh, grob u. grausam* [< spätlat. *brutalis* „unvernünftig"; zu lat. *brutus* „schwerfällig, gefühllos"; verwandt mit *brutto*]

**Brutalität** ⟨f. 20; unz.⟩ *Rohheit, grobe Grausamkeit*

**Brutapparat** ⟨m. 1⟩ ► *Maschine zum künstl. Ausbrüten von Eiern;* Sy *Brutmaschine*

**brüten** ⟨V.; hat⟩ **I** ⟨V. i.⟩ **1** *die Eier durch eigene Körperwärme erwärmen bis zum Ausschlüpfen der Jungen* **2** ⟨Atomphys.⟩ *im Brutreaktor spaltbares Material erzeugen* **3** ⟨poet.⟩ *drückend, dumpf lasten* ◆ die Glucke, der Vogel brütet; über etwas brüten ⟨fig.⟩ *über etwas (lange, intensiv) nachgrübeln, nachsinnen;* über einem Entschluss brüten ⟨fig.⟩; über den Schulaufgaben brüten ⟨umg.⟩; brütende Hitze; es ist brütend heiß **II** ⟨V. t.; nur fig.⟩ *sinnen auf, trachten nach* ◆ Rache brüten [< ahd. *bruoten,* engl. *breed* „erzeugen, erziehen"]

**Bruthenne** ⟨f. 19⟩ *brütende Henne, Glucke (oft zum Ausbrüten fremder Eier benutzt)*

**Bruthitze** ⟨f. 19; unz.; fig.⟩ *drückende Hitze, Sonnenglut*

**Brutkasten** ⟨m. 4u; Med.⟩ *Gerät zur Aufzucht von Frühgeburten;* Sy *Inkubator (2)*

**Brutmaschine** ⟨f. 19⟩ ► = *Brutapparat*

**Brutpflege** ⟨f. 19; unz.⟩ *Sorge der Elterntiere, meist des Weibchens, für die Nachkommenschaft*

**Brutschrank** ⟨m. 1u; Mikrobiol.⟩ *beheizbares Laborgerät, das der Vermehrung von Zellen, besonders von Mikroorganismen, dient;* Sy *Inkubator (1)*

**Brutstätte** ⟨f. 19⟩ **1** *Brutplatz, Ort zum Ausbrüten der Eier* **2** ⟨fig.⟩ *Ort an dem sich Seuchen, Ungeziefer, Verbrechen usw. besonders günstig entwickeln können* ◆ Seevögel haben ihre Brutstätte oft auf der Erde

**brutto** ⟨Adv.; Abk.: btto.; Kaufmannsspr.⟩ **1** *einschließl. Verpackung* **2** ⟨bei Gehältern⟩ *ohne Kosten- od. Steuerabzug;* Ggs *netto* [< ital. *brutto* „roh" < lat. *brutus* „schwerfällig", verwandt mit *brutal*]

**Bruttoeinkommen** ⟨n. 14⟩ *Einkommen ohne Abzug von Steuern u. Sozialabgaben;* Ggs *Nettoeinkommen*

**Bruttogehalt** ⟨n. 12u⟩ *Gehalt vor Abzug von Steuern u. Sozialabgaben*

**Bruttogewicht** ⟨n. 11⟩ *Gewicht einschließl. Verpackung;* Ggs *Nettogewicht*

**Bruttolohn** ⟨m. 1u⟩ *Lohn ohne Abzug von Steuern u. Sozialabgaben*

**Bruttopreis** ⟨m. 1⟩ *Gesamtpreis vor Abzug von Rabatt;* Ggs *Nettopreis*

**Bruttoregistertonne** ⟨f. 19; Abk.: BRT⟩ *Raummaß für Schiffe (2,8316 $m^3$)*

**Bruttosozialprodukt** ⟨n. 11; unz.⟩ *die Summe der von den ständigen Bewohnern des Wirtschaftsbereiches (Inländern) im In- u. Ausland erzielten Nettoproduktionswerte, bewertet zu Marktpreisen*

**brutzeln** ⟨V. t. u. V. i.; hat; umg.⟩ *(in der Pfanne) brodelnd u. spritzend braten* (Fett, Fleisch) [Ableitung von *brodeln*]

**Bryonie** ⟨[-o:niə] f. 19⟩ *Angehörige einer Gattung der Kürbisgewächse, Kletterpflanze: Bryonia* [< grch. *bryonia;* zu *bryein* „üppig wachsen"]

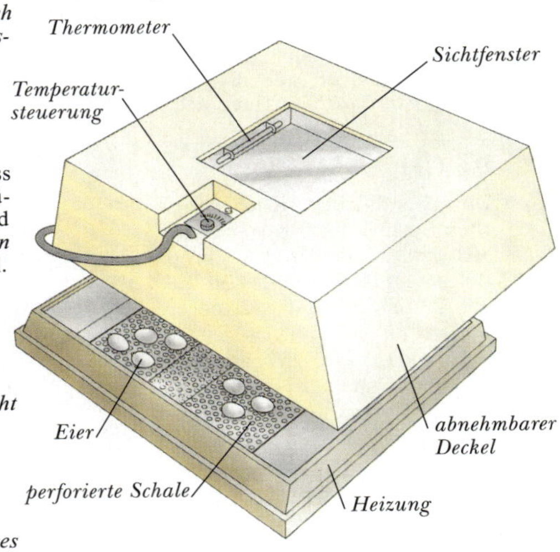


BRUTAPPARAT ZUM AUSBRÜTEN VON VOGELEIERN

**Bryophyt** ⟨m. 16; Bot.⟩ ► = *Moospflanze*

**BSB** ⟨Abk. für⟩ *Biochemischer Sauerstoffbedarf, wichtiger Parameter zur Beurteilung*

B

*der Qualität eines Gewässers anhand des oxidativen Abbaus organischer Substanzen durch Mikroorganismen, der mit einem Sauerstoffverbrauch gekoppelt ist*
**bt** ⟨EDV; Zeichen für⟩ *Bit*
**btto.** ⟨Abk. für⟩ *brutto*
**Bube** ⟨m. 17⟩ **1** ⟨verächtl.⟩ *Schurke* (Spitzbube) **2** ⟨veraltet⟩ *Lehrling, Schildknappe, Knecht* **3** ⟨Kart.⟩ ► *vierthöchste französische Spielkarte, entspricht dem deutschen „Unter" od. Wenzel* ◆ den Buben ausspielen ⟨Kart.⟩ [< mhd. *buobe* „Knabe, Diener, Trossknecht, zuchtloser Mensch, Spieler" < ahd. *buoba* (nur als Männername), engl. *boy* „Knabe"]

BUBEN: SPIELKARTEN

**bübisch** ⟨Adj.⟩ *schändlich, gemein, tückisch* ◆ Andreas macht häufig bübische Streiche
**Buch** ⟨n. 12u⟩ **1** ⟨urspr.⟩ *zusammengebundene Täfelchen aus Buchenholz zum Schreiben* **2** ⟨dann⟩ ▼ *zusammengeheftete od. eingebundene, beschriebene od. bedruckte, oft illustrierte Papierbogen* **3** *größeres Druckwerk* **4** *ein Satz Spielkarten* **5** *Teil eines größeren Schriftwerkes, z. B. der Bibel* **6** ⟨Kaufmannsspr.; meist Pl.⟩ *Geschäftsbuch* **7** *Wettliste bei Pferderennen* **8** *eine bestimmte Menge von Papierbogen (= 100 Bogen)* **9** *Maß für Blattgold u. -silber* ◆ ein Buch **Blattgold** oder -silber *250 Blatt;* das Buch **Hiob** *ein Teil der Bibel;* das Buch des **Monats** *bes. empfohlene Neuerscheinung;* ein Buch **Papier** *100 Bogen* ◆ ein Buch **auflegen,** binden, erscheinen lassen, verlegen, vertreiben; Buch **führen** (über) *systematisch Ausgaben, Vorfälle usw. aufschreiben;* Buch **machen** ⟨Sp.⟩ *Rennwetten eintragen;* die Bücher **prüfen** ⟨Kaufmannsspr.⟩ *Geschäftsbücher* ◆ ein Buch **antiquarisch** kaufen; ein **gutes,** interessantes, langweiliges, spannendes Buch lesen ◆ ein Buch **für** anspruchsvolle, junge Leser; damit hat er sich **ins** Buch der Geschichte eingetragen ⟨fig.⟩ *unsterblichen Ruhm verdient;* du solltest öfter ein Buch in die Hand nehmen! ⟨umg.⟩ *du solltest mehr lesen!;* in einem Buch blättern, lesen; in jmds. Seele wie in einem Buch lesen können ⟨fig.⟩ *ihn genau kennen;* ein Gelehrter, wie er im Buche steht *ein typischer Gelehrter;* das ist für mich ein Buch **mit** sieben Siegeln ⟨fig.⟩ *das ist mir unverständlich, ein großes Geheimnis;* **über** den Büchern sitzen ⟨umg.⟩ *fleißig lernen;* er redet **wie** ein Buch *gewandt, pausenlos;* das Haus steht mit 80 000 Mark **zu** Buch ⟨Kaufmannsspr.⟩ *ist mit diesem Wert eingetragen;* das Buch zum Film, zu einer Oper *Drehbuch, Textbuch* [< ahd. *buoh,* engl. *book,* nach dem Holz der Buche so genannt, aus dem die Schreibtafeln zuerst geschnitten wurden]
**Buchbinder** ⟨m. 3⟩ *Handwerker, der Bücher einbindet*
**Buchdeckel** ⟨m. 5⟩ *Einbanddeckel*
**Buchdruck** ⟨m. 1; unz.; Typ.⟩ **1** ⟨i. w. S.⟩ *Gesamtheit der mechanischen Verfahren zur Vervielfältigung von Schriftwerken* **2** ⟨i. e. S.⟩ ► = *Hochdruck*
**Buchdrucker** ⟨m. 3⟩ **1** *Handwerker in der Buchdruckerei* **2** ⟨Zool.⟩ *bes. an Fichten sehr schädlicher Borkenkäfer: Ips typographus*
**Buchdruckerei** ⟨f. 18⟩ **I** ⟨unz.⟩ *mechan. Vervielfältigung von Schriftwerken mittels Druck* **II** ⟨zählb.⟩ *techn. Betrieb zur Herstellung von Büchern*
**Buchdruckerkunst** ⟨f. 7u; unz.⟩ *Kunst des Buchdrucks*
**Buche** ⟨f. 19⟩ ▼ *Laubbaum mit silbriger, glatter Rinde u. rötl. Holz: Fagus sylvatica;* Sy *Rotbuche* [< ahd. *buohha,* engl. *beech*]
**Buchecker** ⟨f. 21⟩ ► *dreikantige Nuss, Frucht der Buche*
**buchen**[1] ⟨V. t.; hat⟩ **1** ⟨Kaufmannsspr.⟩ *in Geschäftsbuch od. Liste eintragen* **2** ⟨allg.⟩ *anmerken, vermerken* ◆ einen Platz (im Flugzeug, auf dem Schiff, im Schlafwagen), buchen *rechtsverbindl. bestellen;* er bucht es als Erfolg seiner Bemühungen, wenn ... ⟨fig.⟩ *er sieht es als Erfolg an;* eine Summe auf ein Konto buchen
**buchen**[2] ⟨Adj.⟩ *aus Buchenholz*
**Buchengewächs** ⟨[-ks] n. 11⟩ *Angehöriges einer Familie der Fagales, Holzgewächs, dessen Früchte von einem mit Schuppen u. Stacheln versehenen Fruchtbecher umgeben sind: Fagaceae oder Cupuliferae*
**Bücherbord** ⟨n. 11⟩, **Bücherbrett** ⟨n. 12⟩ *Wandbrett zum Aufstellen von Büchern*
**Bücherei** ⟨f. 18⟩ = *Bibliothek*
**Büchernarr** ⟨m. 16⟩ *leidenschaftlicher Bücherliebhaber*
**Bücherverbrennung** ⟨f. 20⟩ *öffentliche Verbrennung u. anschließendes Verbot von Büchern jüdischer u. politisch befehdeter Autoren durch die Nationalsozialisten am 10.5.1933*
**Bücherverzeichnis** ⟨n. 11⟩ = *Bibliografie*
**Bücherwurm** ⟨m. 2u⟩ **1** *in Büchern lebende Art der Bohrkäfer* **2** ⟨fig.; umg.⟩ *Bücherliebhaber, eifriger Bücherleser*
**Buchfink** ⟨m. 16⟩ *Singvogel lockerer Gehölze Europas u. Westasiens, Zugvogel: Fringilla coelebs* [< spätmhd. *buochvinke;* → *Buche*]
**Buchführung** ⟨f. 20; unz.⟩ *systemat. Aufschreiben aller Geschäftseinnahmen und -ausgaben* ◆ doppelte Buchführung *doppelte Aufzeichnung, so dass jede Minderung auf einem Konto zugleich als Mehrung auf einem anderen erscheint;* einfache Buchführung *Aufzeichnung aller Einnahmen und Ausgaben unabhängig voneinander*
**Buchhalter** ⟨m. 3⟩ *für die Buchführung zuständiger kaufmännischer Angestellter* [nach ital. *tenere i libri* „die Bücher halten", im Sinne von „die Handelsbücher führen"]
**Buchhaltung** ⟨f. 20⟩ **1** *kaufmänn. Rechnungsführung, Buchführung* **2** *die dafür zuständige Abteilung eines Betriebes*
**Buchhandel** ⟨m.; -s; unz.⟩ *Herstellung (Verlag) u. Vertrieb (Sortiment) von Büchern, Zeitschriften, Noten, Bilddrucken usw.*
**Buchhändler** ⟨m. 3⟩ **1** *Händler mit Büchern* **2** *Angestellter in einer Buchhandlung, in einem Verlag u. Ä. mit dreijähriger Lehrzeit*
**Buchhandlung** ⟨f. 20⟩ *Ladengeschäft, in dem Bücher verkauft werden*
**Buchmacher** ⟨m. 3⟩ *gewerbsmäßiger Wettunternehmer, besonders bei Pferderennen* [< engl. *bookmaker*]
**Buchmesse** ⟨f. 19⟩ *Großhandelsmarkt, Ausstellungsveranstaltung für Bücher*
**Buchrücken** ⟨m. 4⟩ *zwischen beiden Deckeln befindl. Teil des Bucheinbandes*

BUCHE
(*Fagus sylvatica*)

**Buchs** ⟨[-ks] m. 1; Bot.⟩ = *Buchsbaum*
**Buchsbaum** ⟨[-ks-] m. 1u; unz.; Bot.⟩ Gemeiner Buchsbaum *immergrüner Strauch od. kleiner Baum der Buchsbaumgewächse (Buxaceae) mit ledrigen, ganzrändigen Blättern: Buxus sempervirens;* Sy *Buchs* [< ahd. *buhsboum;* zu lat. *buxus* < grch. *pyxos;* verwandt mit *Büchse*]
**Buchse** ⟨[-ks-] f. 19⟩ **1** ⟨Tech.⟩ *Hohlzylinder als Lager von Achsen u. Wellen* **2** ⟨El.⟩ *Hohlzylinder zum Aufnehmen eines Steckers, wodurch ein elektronischer Kontakt hergestellt wird, Steckdose*
**Büchse** ⟨[-ks-] f. 19⟩ **1** *kleiner Behälter aus Holz, Metall o. Ä., Dose* (Blechbüchse, Konservenbüchse) **2** ⟨veraltet⟩ *jede Art Handfeuerwaffe od. Geschütz* **3** ⟨später⟩ *Gewehr mit gezogenem Lauf* **4** ⟨heute meist⟩ *Jagdgewehr* ◆ eine Büchse **Ananas,** Thunfisch, Würstchen *Konservendose* ◆ die Büchse **laden,** spannen, umhängen ◆ ein Geldstück **in** die Büchse werfen *Sammelbüchse* [< ahd. *buhsa,* engl. *box* < lat. *buxis* < grch. *pyxis* „Dose aus Pyxosholz"; → *Buchs(baum);* mhd. *bühse* als „Feuerwaffe" erst in der 2. Hälfte des 14. Jahrhunderts]
**Büchsenmacher** ⟨[-ks-] m. 3⟩ **1** *Hersteller von Gewehren* **2** *Heeresbeamter, der die Handfeuerwaffen instand hält*
**Büchsenmeister** ⟨[-ks-] m. 3⟩ *Leiter des Geschützwesens*
**Büchsenöffner** ⟨[-ks-] m. 3⟩ *Gerät zum Öffnen von Konservenbüchsen;* Sy *Dosenöffner*
**Buchstabe** ⟨m. 26⟩ *Schriftzeichen für einen Sprechlaut* ◆ A, der erste Buchstabe des Alphabets; **deutsche,** griechische, kyrillische, lateinische Buchstaben; ein **gedruckter,** geschriebener, großer, kleiner Buchstabe ◆ eine Zahl **in** Buchstaben schreiben *nicht in Ziffern, sondern als Wort schreiben* [< ahd.

## BUCH

Die ersten Bücher schrieben die alten Ägypter auf Papyrusstreifen. Später verwendete man in Europa Pergament als Beschreibstoff. In den Schreibstuben der Klöster wurden vor allem religiöse Bücher von Hand kopiert. 1455 entwickelte Johannes Gutenberg den Druck mit Metalllettern, womit er in kurzer Zeit zahlreiche Kopien eines Buches erzeugen konnte. Heute stellt man Bücher mithilfe des Computers her, Druck und Bindung sind vollständig automatisiert.

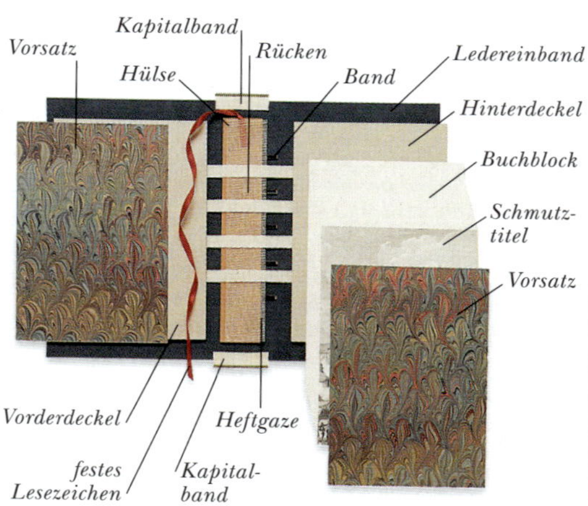


TEILE EINES LEDERGEBUNDENEN BUCHES

BUCKELWAL
*(Megaptera novaeangliae)*

*buohstap* „Buchstabe" als Bezeichnung für die im „Buch" verwandten lat. Schriftzeichen im Gegensatz zu den „Stäbchen" der Runen]

**Buchstabenglaube** ⟨m. 26; unz.⟩ *starrer Glaube an das geschriebene Wort (an Gebote, Gesetze, Dogmen usw.)*

**buchstabengläubig** ⟨Adj.⟩ buchstabengläubig sein *ausschließlich an das glauben, was man geschrieben sieht oder was überliefert ist, ohne selbständig zu denken*

**Buchstabengleichung** ⟨f. 20; Math.⟩ *Gleichung, in der zur allgemeineren Formulierung konstante u. variable Größen durch Buchstaben ausgedrückt werden*

**Buchstabenrätsel** ⟨n. 13⟩ *Rätsel, bei dem aus einem Wort neue Wörter gebildet od. entwickelt werden*

**Buchstabenrechnung** ⟨f. 20⟩ *Rechnen mit allgemeinen Größen, die durch Buchstaben bezeichnet werden, anstelle von Zahlen,* z. B. $(a+b)^2 = a^2+2ab+b^2$

**Buchstabenschrift** ⟨f. 20⟩ *Einzellautzeichenschrift, Schrift, die aus einzelnen Buchstaben besteht;* → a. *Bilderschrift*

**buchstabieren** ⟨V. t.; hat⟩ **1** *in einzelnen Buchstaben lesen od. sprechen* **2** *langsam, schülerhaft lesen*

**buchstäblich** ⟨Adj.⟩ **1** *dem Wortlaut, nicht dem Sinn entsprechend* (Übersetzung) **2** ⟨fig.⟩ *dem genauen Wortsinn nach, nicht übertrieben, wirklich* ◆ eine Textstelle buchstäblich übersetzen

**Bucht** ⟨f. 20⟩ **1** *ins Land eingreifender Teil von Meeren od. Binnengewässern* **2** *Flachlandvorsprung am Gebirgsrand* (Tieflandbucht) **3** *Schweinekoben, Verschlag* (Saubucht) **4** ⟨Mar.⟩ *seitl. Krümmung des Schiffsdecks* **5** *Biegung, Schleife, Windung in einem Tau od. einer Leine* **6** *durch Markierung auf der Straße gekennzeichneter Parkplatz* (Parkbucht) [< nddt. *bucht,* engl. *bight*]

**Buchtitel** ⟨m. 5⟩ *Titel od. Titelblatt eines Buches* ◆ der Buchtitel klingt interessant

**Buchumschlag** ⟨m. 1u⟩ *Schutzumschlag eines Buches*

**Buchung** ⟨f. 20⟩ *Eintragung (ins Rechnungsbuch)*

BUGSPRIET EINES HANDELSSEGLERS AUS DEM 19. JH.

**Buchweizen** ⟨m. 4; unz.⟩ *Angehöriger einer Gattung der Knöterichgewächse, dessen dreikantige Früchte den Bucheckern ähneln u. dessen Mehl als Grütze gegessen wird: Fagopyrum* ◆ Gemeiner Buchweizen: *Fagopyrum esculentum;* Tatarischer Buchweizen: *Fagopyrum tataricum* [< mnddt. *bokewete,* engl. *buckwheat,* nach der Form der Samen, die an Bucheckern erinnern]

**Buchwert** ⟨m. 1⟩ *Wert, mit dem Vermögensbestandteile oder Verbindlichkeiten in der Bilanz aufgeführt sind*

**Buchwesen** ⟨n.; -s; unz.⟩ *alle Vorgänge u. Einrichtungen, die zur Herstellung u. zum Vertrieb von Büchern gehören*

**Buckel** ⟨m. 5⟩ **1** *Höcker, Beule, Ausbuchtung* **2** ⟨Med.⟩ *Wölbung der Wirbelsäule nach hinten* **3** ⟨umg.⟩ *Rücken* ◆ sie **hat** einen Buckel ⟨umg.⟩ *sie ist verwachsen;* sich einen Buckel **lachen** ⟨fig.; umg.⟩ *tüchtig lachen* ◆ er hat einen **breiten** Buckel ⟨fig.; umg.⟩ *er verträgt viel, lässt sich nicht aus der Ruhe bringen;* den Buckel **voll** kriegen ⟨umg.⟩ *eine Tracht Prügel* ◆ er hat schon lange seine 90 Jahre **auf** dem Buckel ⟨fig.; umg.⟩ *ist schon älter als 90 Jahre* [< afrz. *boucle* „halbrund erhabener Metallbeschlag in der Mitte des Schilds" < lat. *buccula,* Verkleinerungsform zu *bucca* „aufgeblasene Backe"]

BUCHECKER: SAMEN MIT FRUCHTBECHER

**buckeln** ⟨hat⟩ **I** ⟨V. i.⟩ *einen Buckel machen, katzbuckeln* **II** ⟨V. t.⟩ *auf dem Buckel tragen*

**Buckelrind** ⟨n. 12; Zool.⟩ ► = *Zebu*

**Buckelwal** ⟨m. 1; Zool.⟩ ▲ *Angehöriger einer Gattung bis 15 m langer Wale, der mitunter hoch aus dem Wasser springt: Megaptera novaeangliae*

**bücken** ⟨V. refl.; hat⟩ sich bücken *sich niederbeugen, den Rücken krumm machen, biegen* [< mhd. *bücken, bucken;* Intensivform zu *biegen*]

**bucklig** ⟨Adj.⟩ **1** *mit einer Rückgratverkrümmung versehen* (Mensch) **2** *mit kleinen Buckeln versehen, verziert* (Metall) **3** *gewölbt*

**Bückling**[1] ⟨m. 1⟩ *Verbeugung, Diener*

**Bückling**[2] ⟨m. 1⟩ *warm geräucherter Hering;* → a. *Räucherhering* [< mndrl. *buckinc;* zu *bok* „Ziegenbock"; nach dem strengen Geruch]

**Buckram** ⟨m. 1; unz.⟩ *Bucheinbandstoff aus gepresstem, groben Leinen- oder Baumwollgewebe mit dichter u. glatter Oberfläche* [< engl. *buckram,* nach der Stadt *Buchara* in Usbekistan]

**buddeln** ⟨V. i.; hat⟩ *wühlen, graben, im Sand spielen* ◆ Kinder buddeln stets gern im Sand [< nddt.]

**Buddhismus** ⟨m.; -; unz.; Rel.⟩ *die von Buddha (560-480 v. Chr.) gestiftete indische Religion*

**buddhistisch** ⟨Adj.; Rel.⟩ *auf dem Buddhismus beruhend, zu ihm gehörig*

**Bude** ⟨f. 19⟩ **1** *leichtes Bretterhäuschen* (Bretterbude), *bes. als Verkaufsstelle* (Verkaufsbude, Jahrmarktsbude) **2** ⟨umg.⟩ *baufälliges Haus, alte Wohnung* **3** ⟨umg.; scherzh.⟩ *Stube* (Studentenbude), *Heim, Büro u. Ä.* ◆ jmdm. die Bude **einlaufen,** einrennen ⟨fig.; umg.⟩ *ihn wiederholt aufsuchen u. mit Wünschen belästigen* ◆ jmdm. **auf** die Bude rücken ⟨umg.⟩ *jmdn. überraschend in seiner Wohnung besuchen; ihn zur Rede stellen* [< mhd. *buode*]

**Budget** ⟨[by'dʒe:] n. 15⟩ *Haushaltsplan od. Voranschlag öffentl. Körperschaften* [< engl. *budget* „Vorrat, verfügbare Mittel, Staatshaushaltsplan"]

**Budo** ⟨n.; -; unz.; Sp.; Sammelbegriff für⟩ *die jap. Sportarten Judo, Aikido, Karate, Jiu-Jitsu, Kendo, Kyudo u. Taekwondo* [jap.]

**Büfett** ⟨n. 11⟩ oV *Buffet* **1** *Anrichte, Porzellan- u. Glasschrank* **2** *Schanktisch* ◆ kaltes Büfett *Tisch mit kalten Speisen zum Selbstbedienen* [< frz. *buffet* „Speiseschrank, Anrichte, Schenktisch"]

**Büffel** ⟨m. 5⟩ *Angehöriger einer Gruppe der Rinder mit langen, im Querschnitt fast dreieckigen Hörnern mit Ringen an der Basis, Schulterhöhe 180 cm* [< spätmhd. *büffel* < frz. *buffle* < lat. *bubalus* „Gazelle" < grch. *bubalos*]

**Büffelkalb** ⟨n. 12u⟩ *junger Büffel*

**Büffelkuh** ⟨f. 7u⟩ *weibl. Büffel*

**Büffelleder** ⟨n. 13⟩ *zu Leder verarbeitetes Büffelfell*

**büffeln** ⟨V. i.; hat; umg.⟩ *angestrengt (auswendig) lernen, intensiv für die Schule, für Prüfungen arbeiten* [zu *Büffel,* eigtl. „arbeiten wie ein Büffel"]

**Buffet** ⟨[by'fe:] od. schweiz. ['byfe:] n. 15⟩ = *Büfett*

**Buffo** ⟨m. 6; Pl. a.: Buffi; Mus.⟩ *Sänger einer komischen Rolle in der Oper* (Tenorbuffo, Baritonbuffo, Bassbuffo) [ital.]

**Bug** ⟨m. 1 od. 1u⟩ **1** *Vorderteil (des Schiffes)* **2** ⟨bei Pferd, Rind⟩ *Schulterteil* **3** *Schulterstück (vom Schlachttier)* [< ahd. *buog,* engl. *bough* „Zweig", *bow* „Schiffsbug"]

**Bügel** ⟨m. 5⟩ **1** *leicht gebogener Griff (an Bügeleisen, Handtasche usw.)* **2** ⟨an der Straßenbahn⟩ *Vorrichtung auf dem Dach zum Überleiten des Stroms* ◆ den Mantel auf den Bügel hängen; dem Reiter in den Bügel helfen

**Bügeleisen** ⟨n. 14⟩ *elektr. heizbares Gerät zum Bügeln* [ungeklärt, ob zu *Bügel* oder *Bug* „Vorderteil"]

**Bügelfalte** ⟨f. 19⟩ *scharfe Falte (an langen Hosen)*

**Bügelhorn** ⟨n. 12u; Mus.⟩ ► = *Flügelhorn*

**bügeln** ⟨V. t.; hat⟩ *Kleidungsstücke u. Wäsche mit dem Bügeleisen glätten*

**Buggy** ⟨['bʌgi] m. 6⟩ **1** *leichter, kleiner zwei- od. vierrädriger Wagen* **2** *kleines, offenes Auto* **3** *offener, zusammenklappbarer Kinderwagen* [engl.]

**Bugspriet** ⟨n. 11; Mar.; am Segelschiff⟩ ◄ *schräg über den Bug hinausragender Mastbaum* [< ndrl. *boegspriet*]

**Bugwelle** ⟨f. 19; Mar.⟩ *Wellenberg vor dem fahrenden Schiff*

**buhen** ⟨V. i.; hat; umg.⟩ *Buh! rufen (als Missfallenskundgebung im Theater)*

**Buhne** ⟨f. 19⟩ *dammartiger Küsten- oder Ufervorbau aus Steinen, Pfählen oder Faschinen als Schutz vor Abspülung oder zur Anlandung, Damm* [< ndrl. *bun;* vermutl. verwandt mit *Bühne*]

**Bühne** ⟨f. 19⟩ **1** *der nach dem Zuschauerraum hin geöffnete, für die Aufführung bestimmte Teil des Theaters* **2** *Podium, erhöhter Teil des Fußbodens (z. B. in Sälen), Tribüne* (Rednerbühne) **3** ⟨fig.⟩ *Theater* ◆ die Bühne **betreten** *auftreten* (Schauspieler) ◆ die **Städtischen** Bühnen der Stadt Hamburg *die städt. Theater* ◆ ein Stück **auf** die Bühne bringen *aufführen;* **von** der Bühne abtreten ⟨fig.⟩ *sich (von der Öffentlichkeit) zurückziehen;* sich von der Bühne zurückziehen *nicht mehr Theater spielen* [< mhd. *bün(e)* < ahd., germ. **buni,* eigtl. „Brettergerüst mit waagerechter Fläche, erhöhte Bretterlage"]

BULLDOGGE

**Bühnenbild** ⟨n. 12⟩ *künstler. gestaltete Ausstattung der Bühne mit Kulissen, plast. Bauten, Vorhängen usw.*

**Bühnenbildner** ⟨m. 3⟩ *Entwerfer von Bühnenbildern* (Berufsbez.)

**Bühnenmusik** ⟨f. 20⟩ **1** ⟨i. w. S.⟩ *Musik, die zu einer Bühnenhandlung gehört* **2** ⟨i. e. S.⟩ *Musik, die unentbehrlich für die Handlung auf der Bühne ist*

**bühnenreif** ⟨Adj.⟩ **1** *gut genug für eine Aufführung auf der Bühne* **2** ⟨fig.⟩ *sehr amüsant, komisch* ◆ ein bühnenreifer Auftritt

**Bühnenstück** ⟨n. 11⟩ *Theaterstück, Schauspiel*

**Buhruf** ⟨m. 1⟩ *der Ruf „Buh!" (als Ausdruck des Missfallens)*

**Bukett** ⟨n. 11⟩ oV *Bouquet* **1** *Blumenstrauß* **2** ⟨beim Wein⟩ *Duft, Aroma;* Sy *Blume (2)* **3** ⟨bei Parfüms⟩ *Duft* [< frz. *bouquet* „Blumenstrauß"]

**Bukinist** ⟨m. 16⟩ = *Bouquinist*

**bukkal** ⟨Adj.⟩ *zur Backe gehörend, auf der Backenseite* [zu lat. *bucca* „Backe"]

**Buklee** ⟨n. 15 od. m. 6⟩ = *Bouclé*

**Bukolik** ⟨f. 20; unz.; Lit.⟩ *Hirten-, Schäferdichtung;* Sy *bukolische Dichtung* [< grch. *bukolos* „Rinderhirt, Hirt"]

**bukolisch** ⟨Adj.⟩ *schäferlich, ländlich idyllisch* ◆ bukolische Dichtung ⟨Lit.⟩ = *Bukolik*

**bulbär** ⟨Adj.; Anat.⟩ *zum verlängerten Mark gehörend*

**Bulette** ⟨f. 19⟩ = *Frikadelle* [< frz. *boulette,* eigtl. „Kügelchen"]

**Bulgare** ⟨m. 17⟩ **1** *Einwohner von Bulgarien* **2** *jmd., der aus Bulgarien stammt*

BULLDOZER

**bulgarisch** ⟨Adj.⟩ *Bulgarien betreffend, zu ihm gehörig, aus ihm stammend* ◆ bulgarische Sprache *zu den südslawischen Sprachen gehörende Sprache der Bulgaren*

**Bulimie** ⟨f. 19; unz.; Med.⟩ *psychosomatische Erkrankung, bei der versucht wird, Heißhungerattacken mit unkontrollierter Nahrungsaufnahme durch künstlich herbeigeführtes Erbrechen zu korrigieren* [< grch. *bulimia* „Heißhunger; Ochsenhunger"]

**Bulin** ⟨f. 20⟩, **Buline** ⟨f. 19; Mar.⟩ *Haltetau für Rahsegel* [< engl. *bouline,* eigtl. „Bugleine"]

**Bullauge** ⟨n. 28; an Schiffen⟩ *rundes Fenster* [< engl. *bull's eye* „Ochsenauge"]

**Bulldogge** ⟨f. 19; Zool.⟩ ◄ *stämmige engl. Hunderasse* [< engl. *bulldog* „Bullenbeißer, Bulldogge", urspr. „Hund für Stierhetze"]

**Bulldozer** ⟨[-do:zə(r)] m. 3⟩ ▼ *Raupenfahrzeug, das mit einer horizontalen Stahlschneide das Gelände einebnet* [engl.]

**Bulle**[1] ⟨m. 17⟩ **1** ⟨Zool.⟩ *geschlechtsreifes männl. Rind, Zuchtstier* **2** ⟨fig.; umg.⟩ *großer starker Mann* **3** ⟨abwertend für⟩ *Polizist* [< nddt., engl. *bull*]

**Bulle**[2] ⟨f. 19⟩ **1** *Kapsel für Urkundensiegel* **2** *das Siegel selbst* **3** *Urkunde mit Metallsiegel,* ⟨bes.⟩ *päpstl. Erlass* ◆ Goldene Bulle *kaiserliche bzw. königliche Urkunde* [< lat. *bulla* „Blase, Buckel, Kapsel"]

**bullerig** ⟨Adj.; umg.⟩ *dröhnend, polternd, aufbrausend;* oV *bullrig*

**bullern** ⟨V. i.; hat; umg.⟩ **1** *wallen, kochen* **2** *laut klopfen* **3** *werfen* **4** *schießen* **5** *dröhnen, donnern, poltern* **6** ⟨fig.⟩ *schimpfen* [nddt. Nebenform zu *poltern*]

**Bulletin** ⟨[byl(ə)'tɛ̃:] n. 15⟩ **1** *Tagesbericht,* ⟨bes.⟩ *Kriegsbericht* **2** *öffentl. Bekanntmachung* **3** *Zeitschriftentitel* ◆ ein Bulletin verlesen [frz., „Wahlzettel, Bericht" < ital. *bollettino* „Zettel, Blatt", Verkleinerungsform zu lat. *bulla*]

**bullig** ⟨Adj.; umg.⟩ *massig, plump* ◆ bullig heiß *sehr, übermäßig heiß*

**bullrig** ⟨Adj.⟩ = *bullerig*

**Bullterrier** ⟨m. 3⟩ *eine Hunderasse, Kreuzung von Bulldogge u. Terrier*

**Bully** ⟨n. 15; Sp.; (Eis-)Hockey⟩ = *Abschlag (2)*

**Bumerang** ⟨m. 1 od. m. 6⟩ *Wurfholz, das zum Werfer zurückkehrt, wenn es sein Ziel verfehlt* [< austral. *wumera* „Wurfbrett"]

**Bummel** ⟨m. 5; umg.⟩ *gemütl. Spaziergang* (Stadtbummel, Schaufensterbummel) ◆ einen Bummel durch die Stadt machen [zu *bummeln* „schlendern"]

**bummeln** ⟨V. i.; ist/hat; umg.⟩ **1** *gemütlich spazieren gehen, umherschlendern* **2** *trödeln* **3** *sehr langsam arbeiten* **4** *nichts tun, leichtsinnig leben* ◆ wir sind durch die Straßen gebummelt; bummel nicht so! *beeil dich* [→ *bammeln;* nach der schweren Pendelbewegung der ausschwingenden Glocke „hin u. her schwanken, schlendern, nichts tun"]

**bumsen** ⟨V. i.; hat; umg.⟩ **1** *dröhnen, aufprallen* **2** ⟨derb für⟩ *koitieren*

**Bund I** ⟨n. 11⟩ **1** *etwas Zusammengebundenes* (Strohbund) **2** *Maßeinheiten für zusammengebundene Gegenstände, bes. Gemüse, Blumen* **3** *Verschlussstück, Ring* (Schlüsselbund) **4** *eingefasster oberer Rand an Hose u. Rock* (Hosenbund, Rockbund) **5** *die Heftschnüre am Buchrücken* **6** ⟨bei Zupfinstrumenten⟩ *Querleiste auf dem Griffbrett* **7** *ringförmige Auflage zur Begrenzung od. Verstärkung bei Achsen u. Wellen* ◆ ein Bund Radieschen, Tomaten **II** ⟨m. 1u⟩ **1** *enge, dauernde Verbindung* (Ehebund) **2** *Vereinigung, Gemeinschaft* (Jugendbund), *Vereinsverband* **3** *Partei* **4** *Standesvereinigung* (Lehrerbund) **5** *Zusammenschluss von Staaten* (Staatenbund) **6** ⟨Kurzw. für⟩ *die oberste staatl. Instanz der BRD* **7** ⟨Soldatenspr.; kurz für⟩ *Bundeswehr* ◆ ein Bund der **Freundschaft** ◆ einen Bund **eingehen,** erneuern, festigen, lösen, schließen ◆ der Bund **an** der Hose, am Rock ist 70 cm weit; **beim** Bund sein ⟨Soldatenspr.⟩; den Bund **fürs** Leben schließen *heiraten;* der Dritte **im** Bunde sein *sich einem Freundespaar anschließen;* im Bunde **mit** jmdm. sein *mit jmdm. verbündet sein, ihn unterstützen* [< mdh. *bunt*]

**Bündel** ⟨n. 13⟩ **1** *etwas Zusammengebundenes* (Reisigbündel, Aktenbündel) **2** ⟨früher⟩ *in ein Tuch gebundene Habseligkeiten* **3** *Maßeinheit für Garn* **4** ⟨Math.⟩ *unendl. Schar von Geraden od. Ebenen im Raum, die sich in einem Punkt od. einer Geraden schneiden* ◆ sein Bündel **schnüren** ⟨fig.; umg.⟩ *sich zum Aufbruch fertig machen;* auch er hat sein Bündel zu **tragen** ⟨fig.; umg.⟩ *auch er hat seine Sorgen* [< mhd. *bündel*]

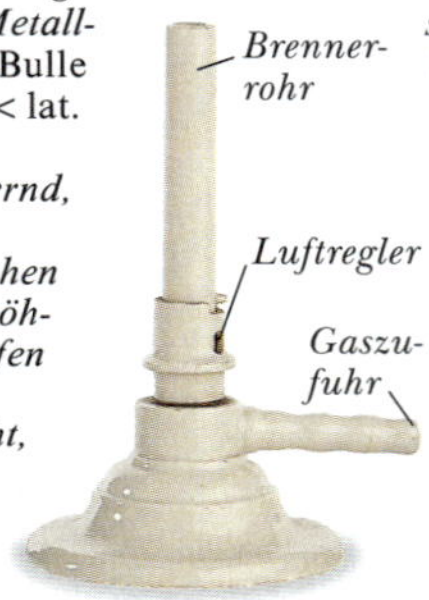


BUNSENBRENNER

**bündeln** ⟨V. t.; hat⟩ *in Bündel zusammenschnüren* ◆ gebündelte Karotten

**Bundesamt** ⟨n. 12u⟩ *obere Verwaltungsbehörde in der BRD;* Sy *Bundesbehörde*

**Bundesanstalt** ⟨f. 20⟩ *obere Bundesbehörde, die teils Verwaltungsaufgaben erfüllt, teils der Forschung dient*

**Bundesanwalt** ⟨m. 1u; Rechtsw.⟩ **1** *Beamter der Staatsanwaltschaft am Bundesgerichtshof* **2** ⟨Schweiz⟩ *Staatsanwalt in Bundesstrafsachen, Chef der polit. Polizei*

**Bundesaufsicht** ⟨f. 20; unz.⟩ *die den obersten Bundesbehörden gegenüber den Länderverwaltungen zustehende Aufsicht über die Ausführung der Bundesgesetze durch die Länder*

**Bundesbank** ⟨f. 20; unz.⟩ Deutsche Bundesbank *Zentralbank der BRD*

**Bundesbehörde** ⟨f. 19⟩ = *Bundesamt*

**Bundesebene** ⟨f. 19; unz.; fig.⟩ auf Bundesebene (stattfinden, sich einigen usw.) *in der Zuständigkeit der Bundesregierung*

**Bundesfinanzhof** ⟨m. 1u; unz.; Abk.: BFH⟩ *oberstes Bundesgericht der BRD für die Finanzgerichtsbarkeit*

**Bundesgebiet** ⟨n. 11; unz.⟩ *Gebiet der BRD* ◆ im gesamten Bundesgebiet

**Bundesgericht** ⟨n. 11; Rechtsw.⟩ **1** *ein in Bundesstaaten vom Gesamtstaat errichtetes Gericht im Gegensatz zu denen der Gliedstaaten* **2** ⟨BRD; Bez. für⟩ *oberstes Gericht* ◆ Schweizerisches Bundesgericht *höchstes Gericht der Schweiz. Eidgenossenschaft*

**Bundesgerichtshof** ⟨m. 1u; unz.; Rechtsw.; Abk.: BGH⟩ *oberstes Bundesgericht für die Zivil- u. Strafgerichtsbarkeit der BRD*

**Bundesgrenzschutz** ⟨m. 1; unz.; Abk.: BGS⟩ *polizeiähnl. Behörde der BRD zum Schutz ihrer Grenzen*

**Bundeshauptstadt** ⟨f. 7u⟩ *Hauptstadt eines Bundesstaates*

**Bundeskabinett** ⟨n. 11; unz.; BRD; Sammelbez. für⟩ *Bundeskanzler u. sämtliche Bundesminister*

**Bundeskanzlei** ⟨f. 18⟩ **1** ⟨BRD⟩ *Teil des Bundeskanzleramtes* **2** ⟨Schweiz⟩ *Geschäftsstelle des Bundesrates*

BUNTBARSCH:
SCHMETTERLINGSBUNTBARSCH
*(Anomalachromis thomasi)*

**Bundeskanzler** ⟨m. 3⟩ **1** ⟨BRD u. Österr.⟩ *Leiter der Bundesregierung* **2** ⟨Schweiz⟩ *Leiter der Bundeskanzlei*

**Bundeslade** ⟨f. 19; unz.; Rel.; AT⟩ *heiliger Schrein der Israeliten mit den Gesetzestafeln des Moses*

**Bundesland** ⟨n. 12u⟩ **1** ⟨i. w. S.⟩ *zu einem Bundesstaat gehörendes Land* **2** ⟨i. e. S.⟩ *Land der BRD* ◆ alte Bundesländer *die westdeutschen Bundesländer (die bereits vor der dt. Wiedervereinigung der BRD angehörten);* neue Bundesländer *die ostdeutschen Bundesländer (die nach der dt. Wiedervereinigung der BRD beitraten)*

**Bundesliga** ⟨f.; -; unz.; Sp.⟩ *oberste Spielklasse im Fußball der BRD seit 1963* ◆ der Hamburger SV spielt seit 1963 in der Bundesliga

**Bundesminister** ⟨m. 3⟩ *Minister der Bundesregierung*

**Bundespräsident** ⟨m. 16⟩ *Staatsoberhaupt eines Bundesstaates*

**Bundesrat** ⟨m. 1u⟩ **1** *aus den Vertretern der Bundesgliedstaaten bestehendes Organ eines Bundesstaates* **2** *Regierung der Schweiz. Eidgenossenschaft*

**Bundesrechnungshof** ⟨m. 1u; unz.; BRD⟩ *oberste Prüfungsstelle für die Rechnungslegung der Bundesdienststellen*

**Bundesregierung** ⟨f. 20⟩ *Regierung eines Bundesstaates*

**Bundesrepublik Deutschland** ⟨f.; - -; unz.; nicht amtl. Abk.: BRD⟩ *der aus dem Zusammenschluss der westdeutschen Länder 1949 entstandene Bundesstaat, seit 1990 einschließlich der ostdeutschen Länder*

**Bundesstaat** ⟨m. 23⟩ **1** *Vereinigung mehrerer Gliedstaaten zu einem souveränen Gesamtstaat* **2** *einzelner Gliedstaat eines Bundesstaates*

**Bundesstraße** ⟨f. 19; Abk.: B⟩ *für den Fernverkehr in der BRD bestimmte, besonders gekennzeichnete u. nummerierte Autostraße,* z. B. B12

**Bundestag** ⟨m. 1; unz.; BRD⟩ *Volksvertretung* ◆ Deutscher Bundestag *Gesetzgebungsorgan des Bundes u. Repräsentanz des Volkes*

**Bundestrainer** ⟨[-tre:-] m. 3; Sp.⟩ *Trainer einer Nationalmannschaft in einem Bundesstaat* (Fußballbundestrainer)

**Bundesverfassungsgericht** ⟨n. 11; unz.; Rechtsw.; BRD⟩ *oberstes Gericht*

**Bundesversammlung** ⟨f. 20⟩ **1** *Organ zur Wahl des Bundespräsidenten (alle Mitglieder des Bundestages u. in gleicher Anzahl gewählte Mitglieder der Landtage)* **2** *im Deutschen Bund Gesandtenkongress der Gliedstaaten* **3** ⟨Schweiz⟩ *gemeinsame Sitzung des Nationalrates und des Ständerates*

BUNTGLASFENSTER
IM AUGSBURGER DOM

**Bundeswehr** ⟨f. 20; unz.; Mil.⟩ *die Streitkräfte der BRD;* Sy ⟨kurz⟩ *Bund (II, 7)*

**bündig** ⟨Adj.⟩ **1** *überzeugend, treffend, schlagend* **2** ⟨Arch.⟩ bündige Balken *auf gleicher Ebene liegend* ◆ ein bündiger Beweis, Schluss; etwas kurz und bündig beantworten, erklären; die Dielenbretter liegen bündig [→ *binden*]

**Bündnis** ⟨n. 11⟩ **1** *völkerrechtlicher Vertrag zwischen Staaten zur Verfolgung gemeinsamer Interessen* **2** *Vereinbarung gemeinsamen Vorgehens* ◆ ein Bündnis eingehen, erneuern, lösen; das Bündnis der beiden Staaten besteht seit Jahren

**Bundweite** ⟨f. 19⟩ *Weite des Bundes an Hose od. Rock*

**Bungalow** ⟨[-lo:] m. 6; Bauw.⟩ **1** ⟨urspr.; i. e. S.⟩ *leicht gebautes, ebenerdiges Haus der Europäer in Indien* **2** ⟨i. w. S.⟩ *ebenerdiges Wohnhaus mit flachem Dach* **3** ⟨ostdt.⟩ *kleines, meist nur im Sommer benutzbares Wochenend- od. Ferienhaus* [< engl. *bungalow* < ind. (Bengali) *bangla*]

BUNTBLÄTTRIGKEIT
BEI EFEU
*(Hedera helix* 'Goldschild'*)*

**Bunker** ⟨m. 3⟩ **1** *Schutzraum, betonierter Unterstand mit hoher Wanddicke* (Luftschutzbunker) **2** *Sammelbehälter für Kohle, Getreide, Öl usw.* **3** *Sandloch beim Golfspiel* [< engl. *bunker* „Kohlenbunker"]

**bunkern** ⟨V. i.; hat⟩ **1** ⟨Mar.⟩ Kohle, Massengüter bunkern *in den Bunker laden, dort speichern* **2** ⟨Jugendspr.⟩ *horten, verstecken, sichern* ◆ Geld bunkern

**Bunsenbrenner** ⟨m. 3; Chem.⟩ ◄ *Gasbrenner, bei dem das Gas aus einer Düse in ein weiteres Rohr strömt u. dabei durch in dem Rohr befindlichen Löcher Luft ansaugt* [nach dem deutschen Chemiker R.W. *Bunsen,* 1811-1899]

**bunt** ⟨Adj.; -er, am -esten⟩ **1** *farbig (nicht nur schwarz-weiß)* **2** *mehrfarbig* **3** *gefleckt* (Kuh) **4** ⟨fig.⟩ *mannigfaltig, vielgestaltig, abwechslungsreich* ◆ ein bunter **Abend** *Veranstaltung mit verschiedenen unterhaltsamen Darbietungen;* bunte **Blumen,** Fahnen, Kleider, Tücher; bekannt wie ein bunter **Hund** ⟨fig.⟩ *überall bekannt;* buntes **Laub** *herbstl. gefärbtes Laub;* in bunter **Reihe** sitzen *immer abwechselnd ein Herr neben einer Dame;* bunter **Teller** *Teller mit verschiedenem Gebäck u. Süßigkeiten* ◆ bunt gestreift; **treibt** es nicht zu bunt! *werdet nicht übermütig!* ◆ **in** schreiendes Bunt gekleidet sein *grelle Farben tragen;* jetzt wird mir der Lärm aber **zu** bunt! [< mhd. *bunt* „schwarzweiß" (von Pelzwerk) < mlat. *punctus* „punktiert", eigtl. „das mit verschieden gefärbten Fäden auf Zeug Gestickte" (Klosterwort)]

**Bünt** ⟨f. 20; schweiz.⟩ **1** *eingezäuntes Landstück* **2** *Schreber-, Pflanzgarten*

**Buntbarsch** ⟨m. 1; Zool.⟩ ◄ *Angehöriger einer tropischen Barschfamilie: Chichlidae*

**Buntblättrigkeit** ⟨f. 20; unz.; Bot.⟩ ▼ *durch gestörte Blattgrünbildung bewirkte Weiß-, Gelb- od. Rotfärbung mancher Arten höherer Pflanzen;* Sy *Panaschierung*

**buntfarbig** ⟨Adj.⟩ *bunt*

**Buntglasfenster** ⟨n. 13⟩ ▼ *aus bunten Glasstücken zusammengesetztes Fensterbild*

**Buntheit** ⟨f. 20; unz.⟩ **1** *bunte Beschaffenheit, Farbenfülle* **2** ⟨fig.⟩ *Vielgestaltigkeit, Mannigfaltigkeit, Abwechslungsreichtum*

**Buntpapier** ⟨n. 11⟩ *(gummiertes) einseitig farbiges Papier (zum Basteln)*

**Buntsandstein** ⟨m. 1; unz.; Geol.⟩ **1** *ältester Abschnitt der Triasformation* **2** *buntfarbige, meist rote Sandsteine, Schiefertone, Gips u. Steinsalz*

**buntscheckig** ⟨Adj.⟩ *mit unregelmäßigen bunten Flecken versehen*

**Buntspecht** ⟨m. 1⟩ *drosselgroßer, farbiger Specht*

**Buntstift** ⟨m. 1⟩ *farbiger Zeichenstift*

**Bur** ⟨m. 16⟩ = *Bure*

**Bürde** ⟨f. 19⟩ **1** *schwere Traglast* **2** ⟨fig.⟩ *seel. Last, Mühe, Kummer* ◆ eine drückende, leichte, schwere Bürde; mit dieser Aufgabe hast du mir eine große Bürde aufgeladen ⟨fig.⟩; eine Bürde auf sich nehmen ⟨fig.⟩; schwer unter der Bürde des Alters leiden [< ahd. *burdi*]

**Bure** ⟨m. 17⟩ *Südafrikaner niederländ. Herkunft;* oV *Bur* [ndrl., „Bauer"]

**Burg** ⟨f. 20⟩ **1** *befestigte Gebäudeanlage,* ⟨bes.⟩ *Ritterwohnung, Festung, befestigte Siedlung* **2** *Bau aus Sand, bes. am Strand* (Sandburg) **3** ⟨Jägerspr.; kurz für⟩ ► = *Biberburg* **4** ⟨umg. kurz für⟩ *Wiener Burgtheater* [< ahd. *burg, bur(u)c* „Burg, Stadt", engl. *borough, burrow, -bury*]

**Bürge** ⟨m. 17⟩ *jmd., der für einen anderen haftet, Sicherheit für diesen leistet* [< ahd. *burigo, purgeo*]

**bürgen** ⟨V. i.; hat⟩ für jmdn. bürgen *für ihn haften, Sicherheit leisten*

**Bürger** ⟨m. 3⟩ *Bewohner einer Stadt od. eines Staates* (Staatsbürger)

**Bürgerbewegung** ⟨f. 20⟩ = *Bürgerinitiative*

**Bürgerhaus** ⟨n. 12u⟩ *städt. Wohnhaus, bes. des 15. – 17. Jh.*

**Bürgerinitiative** ⟨[-tsjati:və] f. 19⟩ *Vereinigung von Bürgern zur Durchsetzung bestimmter Forderungen u. Interessen;* Sy *Bürgerbewegung* ◆ eine Bürgerinitiative gründen

**Bürgerkrieg** ⟨m. 1⟩ *Krieg zwischen Bewohnern derselben Stadt od. desselben Staates*

**bürgerlich** ⟨Adj.⟩ **1** *das Bürgertum betreffend, ihm zugehörig* **2** *nach hergebrachter Art, nicht überfeinert* (Küche) **3** *zivil, nicht militärisch* ◆ Bürgerliches Gesetzbuch ⟨Abk.: BGB⟩ *einheitl. deutsches Gesetzbuch zu Regelung des bürgerlichen Rechts*

**Bürgerliche(r)** ⟨f. 30 (m. 29)⟩ *Angehöriger des Bürgertums, Nichtadliger*

**Bürgermeister** ⟨m. 3⟩ *Oberhaupt einer Stadt od. Gemeinde*

**Bürgerrecht** ⟨n. 11⟩ *Gesamtheit der einem Staatsbürger bzw. einem Gemeindemitglied zustehenden Rechte* ◆ das Bürgerrecht beantragen, erwerben

**Bürgerrechtler** ⟨m. 3⟩ **1** ⟨i. w. S.⟩ *jmd., der für gleiches, tatsächl. Recht für alle Staatsbürger eintritt und kämpft* **2** ⟨i. e. S.⟩ *Anhänger der Bürgerrechtsbewegung*

**Bürgerschaft** ⟨f. 20⟩ **1** ⟨i. w. S.⟩ *Gesamtheit der Bürger (eines Staates, einer Stadt od. Gemeinde)* **2** ⟨i. e. S.⟩ *Parlament der Hansestädte Hamburg u. Bremen*

**Bürgersteig** ⟨m. 1⟩ = *Gehweg*
**Bürgertum** ⟨n.; -s; unz.⟩ **1** *Gesamtheit aller Bürger* **2** *Mittelstand* **3** *die bürgerl. Gesellschaft*
**Burgherr** ⟨m. 16; früher⟩ *Inhaber einer Burg, Ritter*
**Bürgschaft** ⟨f. 20⟩ **1** *Sicherheit, Haftung für jmdn. durch einen Bürgen* **2** ⟨Rechtsw.⟩ *der Vertrag darüber*
**Burgunder** ⟨m. 3⟩ **1** *Angehöriger eines ostgermanischen Volksstammes* **2** *Bewohner von Burgund* **3** *Wein aus den französischen Bezirken Ober- sowie Niederburgund u. Beaujolais*
**burlesk** ⟨Adj.⟩ *derb-komisch, possenhaft* [< ital. *burlesci* < *burla* „Posse"]
**Burleske** ⟨f. 19; Lit.; Theat.⟩ *Posse, Schwank*

BURMAKATZE

**Burmakatze** ⟨f. 19; Zool.⟩ ► *aus Thailand u. Birma stammende, schlanke Kurzhaarkatze mit glänzendem, sehr weichem Fell u. kleinen ovalen Pfoten;* ► *Katzen*
**Burmane** ⟨m. 17⟩ = *Birmane*
**Büro** ⟨n. 15⟩ **1** *Dienstzimmer* **2** *Geschäftsstelle* **3** *kleine Firma* (Schreibbüro) **4** *Gesamtheit der in einer Geschäftsstelle od. Firma tätigen Angestellten* [< frz. *bureau* „Schreib-, Arbeitstisch"; zu *bure* „grober Wollstoff", da urspr. mit diesem Stoff überzogen]
**Büroklammer** ⟨f. 21⟩ *kleine Klammer zum Zusammenhalten, Zusammenheften von Papierbogen;* Sy *Heftklammer (2)*
**Bürokratie** ⟨f. 19⟩ **1** *Beamtenherrschaft* **2** *der gesamte, aus den Beamten bestehende Verwaltungsstab* **3** ⟨fig.⟩ *engstirnige, schwerfällige Beamtenwirtschaft*
**bürokratisch** ⟨Adj.⟩ **1** *in der Art einer Bürokratie* **2** *beamtenhaft* **3** ⟨fig.⟩ *kleinlich, schematisch*
**Bursche** ⟨m. 17⟩ **1** *junger Mann, Halbwüchsiger* **2** ⟨umg.⟩ *Junge, Lausejunge* **3** ⟨Studentenspr.⟩ *älteres Mitglied einer Studentenverbindung* **4** ⟨veraltet⟩ *Botenjunge* (Laufbursche) **5** *Hoteldiener, Hausdiener* (Hotelbursche) ◆ ein flinker Bursche; die jungen Burschen; er ist ein leichtsinniger Bursche [< frühnhd. *bursch(e)* „Haus, das von einer aus gemeinsamem Beutel lebenden Gesellschaft bewohnt wird; aus einer Kasse zehrende Gesellschaft von Studenten, Handwerkern, Soldaten" < mhd. *burse* < mlat. *bursa* „Geldbeutel" < grch. *byrsa* „Fell, Leder"]
**Burschenschaft** ⟨f. 20; seit 1815⟩ *studentische Verbindung*
**Burschenschafter** ⟨m. 3⟩ *Mitglied einer Burschenschaft*
**burschikos** ⟨Adj.; -er, am -esten⟩ *jungenhaft ungezwungen, formlos, salopp* [zu *Bursche* „Student" mit grch.-lat. Endung]
**Bürste** ⟨f. 19⟩ **1** *Reinigungsgerät mit Borsten* **2** ⟨beim Elektromotor⟩ *Kohlestückchen zum Zu- u. Ableiten des Stroms* **3** *Gerät zum Glätten u. Rauen* [→ *Borste*]
**bürsten** ⟨V. t.; hat⟩ *mit der Bürste reinigen, glätten, aufrauen*

BUSSARD: WÜSTENBUSSARD *(Parabuteo unicintus)*

**Bürzel** ⟨m. 5⟩ **1** *Schwanzwurzel der Vögel* **2** ⟨Jägerspr.⟩ *Schwanz des Schwarzwildes u. des Dachses* [< frühnhd. *bürtzel;* zu *borzen* „hervorstehen"; verwandt mit *purzeln*]
**Burzelkraut** ⟨n. 12u; unz.; Bot.⟩ ► = *Portulak*
**Bus** ⟨m.; -ses, -se; kurz für⟩ ► *Omnibus* [verkürzt < *Omnibus*]
**Busch** ⟨m. 1u⟩ **1** *Strauch, dichter trop. Wald* **2** *Büschel, Bündel* (Federbusch) ◆ bei jmdm. auf den Busch klopfen ⟨fig.; umg.⟩ *ihn auszuhorchen versuchen;* hinter dem Busch halten mit seinen Absichten, Plänen u. Ä. ⟨fig.; umg.⟩ *sie verheimlichen, nicht preisgeben* [< mhd. *busc,* engl. *bush*]
**Büschel** ⟨n. 14⟩ **1** *kleiner Busch, kleines Bündel* (Haarbüschel) **2** ⟨Geom.⟩ *eine unendl. Schar von Geraden in einer Ebene durch einen Punkt* (Geradenbüschel) *oder eine unendl. Schar von Ebenen durch eine Gerade* (Ebenenbüschel) [Verkleinerungsform zu *Busch*]
**Büschelschön** ⟨n.; -s; unz.⟩ *zu den Wasserblattgewächsen gehörende, blau blühende Pflanze, wichtige Nahrungsquelle der Bienen: Phacelia*
**büschelweise** ⟨Adj.⟩ *in Büscheln* ◆ die Haare gehen mir büschelweise aus
**buschig** ⟨Adj.⟩ **1** *wie ein Busch* **2** *mit Gebüsch bewachsen* **3** *dicht, voll, abstehend* (Bart, Brauen, Haar)
**Buschmesser** ⟨n. 13⟩ *großes Messer mit fest stehender Klinge, Hackmesser*
**Busen** ⟨m. 4⟩ **1** *weibl. Brust* **2** ⟨fig.⟩ *Inneres des Menschen* **3** *große, tief in die Küste einschneidende Meeresbucht* (Meerbusen) ◆ am Busen der Natur ruhen ⟨poet.⟩ *im Freien;* eine Schlange am Busen nähren ⟨fig.; umg.⟩ *jmdm. zu stark vertrauen;* einen Brief in den Busen stecken *in den Halsausschnitt, in das Dekolleté* [< ahd. *buosam, -um,* engl. *bosom*]
**Busenfreundin** ⟨f. 22⟩ *innige, beste Freundin, Herzensfreundin*
**Bussard** ⟨m. 1; Zool.⟩ ▼ *Angehöriger einer Unterfamilie der Raubvögel mit kräftiger Gestalt u. breiten Flügeln: Buteonina* [< frz. *busard* „Feldweih"]
**Buße** ⟨f. 19⟩ **1** *relig. Handlung zur Wiedergutmachung einer Tat od. zur Besserung (Opfer, Fasten, Beten, Wallfahren)* **2** *Reue u. Wille zur Besserung* **3** *Entschädigung, Schadenersatz* (Geldbuße) ◆ jmdm. für ein Vergehen eine Buße **auferlegen;** Buße **entrichten,** leisten, zahlen; die Buße wird ihm **erlassen** [< ahd. *buoz(a),* engl. *boot*]
**büßen** ⟨V. t. u. V. i.; hat⟩ **1** *Buße tun, eine Schuld sühnen, wiedergutmachen* **2** *eine Strafe auf sich nehmen, erleiden* **3** *Schadenersatz leisten* ◆ das soll er mir büßen! *(Drohung);* er musste seinen Leichtsinn mit dem Tode büßen; → a. *Lückenbüßer* [< ahd. *buozzen,* got. *(ga)botjan* „bessern, wiederherstellen"; → *Buße*]
**Büßer** ⟨m. 3⟩ *reuiger, reumütiger Buße tuender Sünder*
**Bußgeld** ⟨n. 12⟩ *Geldstrafe wegen einer Ordnungswidrigkeit (bes. im Straßenverkehr)*
**Bussole** ⟨f. 19; Mar.⟩ **1** *Kompass* **2** *elektr. Messgerät, in dem der durch eine Spule hindurchgehende Strom eine Magnetnadel ablenkt* [< frz. *boussole* „Bussole, Schiffskompass"]
**Büste** ⟨f. 19⟩ **1** *plast. Darstellung des Menschen vom Kopf bis zur Brust* **2** *Nachbildung des Oberkörpers zum Anprobieren* (Schneiderbüste) **3** *weibliche Brust* [< frz. *buste* „Brustbild, Büste"]
**Büstenhalter** ⟨m. 3; Abk.: BH⟩ *Kleidungsstück, das der weibl. Brust Form u. Halt gibt*
**Busuki** ⟨f. 10; Mus.⟩ = *Bouzouki*

BUTTERFASS: DREHBARES BUTTERFASS AUS DEM 18. JH.

**Butan** ⟨n. 11; unz.⟩ *gasförmiger, aliphat. Kohlenwasserstoff,* $CH_3$-$CH_2$-$CH_2$-$CH_3$, *aus Erdöl u. Erdgas gewonnen, verwendet für Heizzwecke, als Motorentreibstoff sowie zur Herstellung von Butadien* [nach der 1. Silbe von lat. *butyrum* „fette Bestandteile der Milch"]
**Buten** ⟨n. 11⟩ *ungesättigter Kohlenwasserstoff mit vier Kohlenstoffatomen, in den Crackgasen der Erdölverarbeitung enthalten, für zahlreiche Synthesen verwendet*
**Butler** ⟨['bʌtlə(r)] m. 3⟩ *Haushofmeister* [engl., „Kellermeister" < frz. *bouteillie* < *bouteille* „Flasche"]
**butt** ⟨Adj.; nddt.⟩ **1** *stumpf* **2** *kurz u. dick* **3** *unansehnlich klein* **4** ⟨fig.⟩ *stumpfsinnig, dumm* [wohl zu ahd. *bozzan* „schlagen"]
**Butt** ⟨m. 1⟩ *ein Schollenfisch* [→ *butt;* nach der ungegliederten, massigen Gestalt benannt]
**Bütte** ⟨f. 19⟩ **1** *hölzernes Wassergefäß, Waschfass, Kübel* **2** *auf dem Rücken tragbares Gefäß, eisenbeschlagene Kiepe* **3** *Holzfass für den Papierbrei bei der Papierherstellung* **4** *Rednerpult des Karnevalsredners* [< ahd. *butin(a),* engl. *butt* „Stückfass" < lat. *butina* < grch. *pytine* „umflochtene Weinflasche"]
**Bütten** ⟨n. 14⟩, **Büttenpapier** ⟨n. 11⟩ *aus der Bütte mit dem Sieb von Hand geschöpftes Papier*
**Büttenrede** ⟨f. 19⟩ *Karnevalsrede (urspr. auf einer Bütte gehalten)*
**Butter** ⟨f.; -; unz.⟩ *aus Milch gewonnenes Speisefett* ◆ **braune,** gesalzene, ranzige, zerlassene Butter ◆ alles **in** Butter! ⟨fig.; umg.⟩ *alles in Ordnung;* in Butter braten, dünsten; **mit** Butter backen; jmdm. die Butter **vom** Brote nehmen ⟨fig.⟩ *ihm zuvorkommen, ihn hemmen, lahm legen* [< ahd. *butera,* engl. *butter,* vielleicht < kelt.]
**Butterblume** ⟨f. 19; volkstüml. Name für⟩ *viele gelb blühende Pflanzen, bes. für viele Hahnenfußgewächse (Ranunculaceae), auch für den Löwenzahn (Taraxacum officinalis) u. die Ringelblume (Calendula)*

**Butterbrot** ⟨n. 11⟩ *mit Butter bestrichene Scheibe Brot* ◆ belegtes Butterbrot *Butterbrot mit Wurst, Käse u. Ä.;* jmdm. etwas aufs Butterbrot schmieren ⟨fig.; umg.⟩ *sehr deutlich zu verstehen geben;* etwas für ein Butterbrot bekommen ⟨fig.; umg.⟩ *sehr billig*
**Buttercreme** ⟨[-kre:m] f. 10; unz.⟩ *Creme aus Butter, Zucker u. Milch als Füllung für Torten;* oV *Butterkrem, Butterkreme*
**Butterfass** ⟨n. 12u⟩ ◄ *Fass zur Herstellung von Butter aus Milch*
**Butterfisch** ⟨m. 1; Zool.⟩ *zu den Schleimfischen gehörender, 20–25 cm langer Küstenfisch nördlicher Meere, ohne wirtschaftl. Bedeutung: Centronotus gunellus*
**Butterfly** ⟨['bʌtə(r)flai] m. 6; Sp.⟩ **I** ⟨zählb.⟩ **1** ⟨Eiskunstlauf⟩ *bestimmter Spreizsprung* **2** ⟨Turnen⟩ = *Schmetterling (2)* **II** ⟨unz.; Schwimmen; kurz für⟩ *Butterflystil* [engl., „Schmetterling"]
**Butterflystil** ⟨['bʌtə(r)flai-] m. 1; unz.; Sp.; Schwimmen⟩ = *Schmetterlingsstil*
**Butterkäse** ⟨m. 3⟩ *butterartig weiche, milde Käsesorte*
**Butterkrem,** ⟨auch⟩ **Butterkreme** ⟨f. 10; unz.⟩ = *Buttercreme*
**Butterkuchen** ⟨m. 4⟩ *lockerer, vor dem Backen mit Butterstückchen u. Zucker bestreuter Hefekuchen*
**Buttermaschine** ⟨f. 19⟩ *elektrisches Gerät zum Buttern*
**Buttermilch** ⟨f. 20; unz.⟩ *beim Buttern zurückbleibender Milchrest mit wenig Fett*
**Butterpilz** ⟨m. 1⟩, **Butterröhrling** ⟨m. 1⟩ *Speisepilz: Boletus luteus*
**Buttersäure** ⟨f. 19; unz.⟩ *Fettsäure, die in starker Verdünnung einen üblen, ranzigen Geruch besitzt, aus Azetylen darstellbar ist u. als Glycerinester in der Kuhbutter enthalten*
**butterweich** ⟨Adj.⟩ **1** *sehr weich, knetbar* **2** ⟨fig.; umg.⟩ *mitleidig, teilnahmsvoll, nachgiebig* **3** *ängstlich*
**Butyl** ⟨n. 11; unz.⟩ *vom Butan abgeleiteter, zweiwertiger Alkylrest:* $-C_4H_9$ [< lat. *butyrum* (→ *Butter*) + grch. *hyle* „Stoff"]
**Butzen** ⟨m. 4⟩ **1** *Kerngehäuse* **2** *Klümpchen* **3** *Verdickung im Glas* **4** *verkohlter Dochtteil der Kerze* **5** *verdickte Flüssigkeit, z. B. Eiter* **6** ⟨Bgb.⟩ *unregelmäßige Erzeinsprengung im Gestein*
**Butzenscheibe** ⟨f. 19⟩ *kleine, runde, bleigefasste Fensterscheibe mit einer Verdickung (Butzen) in der Mitte*
**Buzentaur** ⟨m. 16⟩ **1** *Stiermensch der griech. Sage* **2** *venezian. Prunkschiff* [< grch. *bous* „Stier" + *kentauros* „Kentaur"]
**b. w.** ⟨Abk. für⟩ *bitte* → *wenden*
**Bypass** ⟨[bai-] m.; -es, -pässe; Med.⟩ *Umgehungstransplantat (bei Herzoperationen)* [engl., „Umgehung"]
**Byte** ⟨[bait] n.; - od. -s, -s od. bei Zahlenangaben: -; EDV; Zeichen: B⟩ *kleinste im Speicher einer EDV-Anlage adressierbare Dateneinheit, umfasst acht Bit, die zwei Dezimalziffern od. ein alphanumerisches Zeichen kodieren können, u. ein od. zwei Prüfbits* [engl., erweiterte Form von *Bit*]
**Byzantiner** ⟨m. 3⟩ *Einwohner von Byzanz (heute: Istanbul)*
**byzantinisch** ⟨Adj.⟩ *Byzanz betreffend, zu Byzanz gehörig* ◆ byzantinische Baukunst ⟨Arch.⟩ ▲ *insbesondere Kirchenarchitektur, in der sich die Form der Kuppelbasilika herausbildete*
**Byzantinismus** ⟨m.; -; unz.⟩ **1** *byzantin. Hof-, Staatsform* **2** ⟨fig.; veraltet⟩ *kriecher. Unterwürfigkeit gegenüber Höherstehenden*
**Byzantinist** ⟨m. 16⟩ *Wissenschaftler der Byzantinistik*
**bzgl.** ⟨Abk. für⟩ *bezüglich (II)*
**bzw.** ⟨Abk. für⟩ *beziehungsweise*

## BYZANTINISCHE BAUKUNST

Als das Römische Reich 395 n. Chr. aufgeteilt wurde, hatte der östliche Teil sein Zentrum in der Stadt Byzanz (heute Istanbul). Byzantinische Architekten entwickelten eine Mischform zwischen dem römischen und dem orientalischen Baustil und errichteten mächtige Kirchen mit Kuppeln. Diese byzantinischen Kirchen waren Vorbild für die Baukunst der gesamten orthodoxen Kirche.

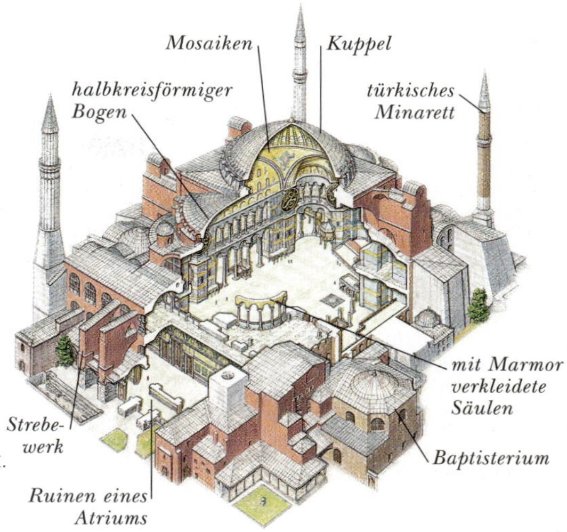


SCHNITT DURCH EINE BYZANTINISCHE KIRCHE DES 6. JH. (HAGIA SOPHIA, ISTANBUL, TÜRKEI, HEUTE EIN MUSEUM)

ZEITLEISTE

400 500 600 700 800 900 1000 1100 1200 1300 1400

# C

C

**c** **I** ⟨n.; -, - od. -s; Mus.⟩ *Tonbezeichnung, Grundton der c-Moll-Tonleiter* **II** ⟨ohne Art.⟩ **1** ⟨Mus.; Abk. für⟩ *c-Moll (Tonartbezeichnung)* **2** ⟨vor Maßeinheiten; Zeichen für⟩ *zenti..., Zenti...*
**C** **I** ⟨n.; -, - od. -s; Mus.⟩ *Tonbezeichnung, Grundton der C-Dur-Tonleiter* **II** ⟨ohne Art.⟩ **1** ⟨Mus.⟩ **1.1** ⟨Abk. für⟩ *C-Dur (Tonartbezeichnung)* **1.2** ⟨Zeichen für⟩ *C-Schlüssel* **2** ⟨Phys.; Zeichen für⟩ **2.1** *Celsius* **2.2** *Coulomb* **3** ⟨Chem.; Zeichen für⟩ *Kohlenstoff (Carboneum)*
**Ca** ⟨Chem.; Zeichen für⟩ *Kalzium*
**ca.** ⟨Abk. für⟩ *zirka*
**Ca.** ⟨Med.; Abk. für⟩ *Karzinom (Cancer)*
**Cabanossi** ⟨f.; -, -⟩ *sehr dünne, stark gewürzte u. geräucherte ital. Brühwurst;* oV *Kabanossi*
**Cabaret** ⟨[kaba'reː] od. ['kabareː] n. 15⟩ = *Kabarett*
**Cabochon** ⟨[kabo'ʃɔː] m. 6⟩ ► *an der Oberseite od. auch an der Unterseite rund geschliffener Edelstein* [frz.; zu *caboche* „Kuppe"]

CABOCHON DES SODALITHS

**Cabrio** ⟨n. 15⟩ = *Kabrio*
**Cabriolet** ⟨[kabrio'leː] n. 15⟩ ► = *Kabriolett (2)*
**Cache** ⟨[kaʃ] m. 6; EDV⟩ *Speicher, in dem Daten vorübergehend abgelegt werden, um einen Zeitausgleich zwischen den mit unterschiedlichen Geschwindigkeiten laufenden Komponenten eines EDV-Systems zu schaffen* [frz., „Versteck"]
**Caddie** ⟨['kædi] m. 6⟩ **1** ⟨Sp.⟩ *Junge, der die Schläger von Golfspielern trägt* **2** *Einkaufswagen (in Lebensmittelgeschäften)* [engl.]
**Cadmium** ⟨n.; -s; unz.; Chem.; Zeichen: Cd; fachsprachl.⟩ = *Kadmium*
**Caesium** ⟨n; -s; unz.; Chem.; Zeichen: Cs; fachsprachl.⟩ = *Zäsium;* oV *Cäsium*
**Caesiumuhr** ⟨f. 20; fachsprachl.⟩ = *Zäsiumuhr*
**Café** ⟨[-feː] n. 15⟩ *Kaffeehaus, Konditorei* [frz., „Kaffee, Café"]
**Cafeteria** ⟨f.; -, -rien⟩ *Café, Restaurant mit Selbstbedienung* [span., „Kaffeehaus"]
**Cairnterrier** ⟨[kɛːrn-] m. 3; Zool.⟩ ▲ *Angehöriger einer kleinen Hunderasse mit kurzen Beinen* [< engl. *cairn,* eigtl. „Steinhügel"]
**Caisson** ⟨[kɛ'sɔ̃ː] m. 6⟩ *unten offener Kasten für Unterwasserarbeiten, Senkkasten* [frz., „Kastenwagen, Senkkasten"]
**Cake** ⟨[kɛik] m. 6; schweiz.⟩ *in einer länglichen Form gebackener Sandkuchen* [engl., „Kuchen"]
**cal** ⟨Abk. für⟩ *Kalorie*
**Calamares** ⟨Pl.; Kochk.⟩ *frittierte Tintenfischringe* [< span. *calamar* „Tintenfisch"]
**calando** ⟨Mus.⟩ *nachlassend (in Tempo u. Lautstärke zu spielen)* [ital., „nachlassend"]
**Calciferol** ⟨n. 11; unz.; fachsprachl.⟩ = *Kalziferol*
**calcinieren** ⟨V. t.; hat⟩ *Kristallwasser durch Erhitzen ganz od. teilweise entfernen*
**Calcispongiae** ⟨[-giɛː] Pl.⟩ *zum Tierstamm der Schwämme gehörende Kalkschwämme* [< lat. *calx,* Gen. *calcis* „Kalk" + *Sponia*]
**Calcit** ⟨m. 1; Chem.; fachsprachl.⟩ = *Kalzit*
**Calcium** ⟨n.; -s; unz.; Chem.; Zeichen: Ca; fachsprachl.⟩ = *Kalzium*
**Calciumcarbonat** ⟨n. 11; Chem.; fachsprachl.⟩ = *Kalziumkarbonat*
**Calciumoxid** ⟨n. 11; Chem.; fachsprachl.⟩ = *Kalziumoxid*
**Calciumphosphat** ⟨n. 11; Chem.; fachsprachl.⟩ = *Kalziumphosphat*
**Calciumsulfat** ⟨n. 11; Chem.; fachsprachl.⟩ = *Kalziumsulfat*
**Caldera** ⟨f.; -, -deren⟩ *durch Einsturz oder explosionsartigen Auswurf von Material entstandener Vulkantrichter*
**Calendula** ⟨f.; -, -dulae [-lɛː]⟩ *Ringelblume aus der Familie der Korbblütler* [spätlat.]
**Calf** ⟨a. engl. [kaːf] n. 15; unz.⟩ *Kalbsleder* [engl., „Kalb"]
**Californium** ⟨n.; -; unz.; Chem.; Zeichen: Cf⟩ *künstlich hergestelltes, radioaktives chem. Element;* oV *Kalifornium* [nach *Kalifornien,* Bundesstaat der USA]
**Callanetics** ⟨[kælə'nætiks] Pl.; Sp.⟩ *gymnastisches Training bestimmter Muskelschichten* [nach der Amerikanerin *Callan* Pickney]
**Callboy** ⟨['kɔːlbɔi] m. 6⟩ *Prostituierter, den man telefonisch bestellt* [engl., eigtl. „Hotelpage" < *call* „anrufen" + *boy* „Junge"]
**Callgirl** ⟨['kɔːlgəːl] n. 15⟩ *Prostituierte, die man telefonisch bestellt* [< engl. *call* „anrufen" + *girl* „Mädchen"]
**Calvados** ⟨[kalva-] m.; -, -⟩ *ein Apfelbranntwein* [frz.; nach dem gleichnamigen frz. Département in der Normandie]
**Calvinismus** ⟨[-vi-] m; -; unz.; Rel.⟩ = *Kalvinismus*
**calvinistisch** ⟨[-vi-] Adj.; Rel.⟩ = *kalvinistisch*
**Calypso** ⟨m. 6⟩ **1** ⟨urspr.⟩ *Tanz der Schwarzen in Mittelamerika* **2** ⟨danach⟩ *Modetanz im Samba- u. Rumbarhythmus* **3** ⟨grch. Myth.⟩ *Nymphe aus der homerischen Odyssee, die Odysseus einige Jahre gefangen hielt*
**Calyx** ⟨m.; -, -lyces⟩ **1** ⟨Bot.⟩ = *Blütenkelch* **2** ⟨Zool.⟩ *Körperteil der meeresbewohnenden, stachelhäutigen Haarsterne* [< grch. *kalyx* „Kelch"]
**Camcorder** ⟨[kam-] od. engl. ['kæmkɔːdə(r)] m. 5⟩ ▼ *Videokamera mit eingebautem Aufnahme- u. Wiedergabegerät* [< engl. *camera* „Kamera" + *recorder* „Aufnahmegerät"]

CAIRNTERRIER

**Camembert** ⟨[kamã'bɛːr] m. 6⟩ *vollfetter Weichkäse mit leichtem Schimmelbelag u. champignonartigem Geschmack* [nach dem französ. Ort *Camembert* in der Normandie]
**Camera obscura** ⟨f.; - -, -rae -rae [-rɛː -rɛː]⟩ ► *Kamera mit kleinem Loch statt der Linse;* Sy *Lochkamera* [lat., „dunkle Kammer"]
**Camorra** ⟨f.; -; unz.⟩ = *Kamorra*
**Camp** ⟨[kæmp] n. 15⟩ **1** *Feld-, Zeltlager* **2** *Gefangenenlager* [engl.]
**Campagne** ⟨[-panjə] f. 19⟩ = *Kampagne*
**Campanula** ⟨f.; -, -lae [-lɛː]; Bot.⟩ *Glockenblume* [ital., „Glockenblume"; zu *campana* „Glocke"]
**campen** ⟨['kæmpən] V. i.; hat⟩ *zelten, im Wohnwagen leben;* Sy ⟨schweiz.⟩ *campieren* [→ *Camp*]
**Camper** ⟨['kæmpə(r)] m. 3⟩ **1** *jmd., der Camping betreibt* **2** *motorisierter Wohnwagen;* Sy *Campmobil, Wohnmobil*
**Campher** ⟨m. 3; unz.⟩ = *Kampfer*
**campieren** ⟨V. i.; hat; schweiz.⟩ = *campen*
**Campignien** ⟨[kãpi'njɛ̃] n.; -s; unz.⟩ *Kulturstufe am Ende der Mittelsteinzeit* [nach dem Hügel *Campigny* bei Blagny-sur-Bresle im Département Seine-Intérieure (Frankreich)]
**Camping** ⟨[kæm-] n.; -s; unz.⟩ *das Wohnen im Zelt od. Wohnwagen (während des Urlaubs)* [engl.]
**Campmobil** ⟨[kæmp-] n. 11⟩ = *Camper (2)*
**Campus** ⟨m.; -; unz.⟩ *Gelände einer Universität od. eines Colleges* [< engl. < lat. „Lager"]
**Canaille** ⟨[-naljə] f. 19⟩ = *Kanaille*
**Canapé** ⟨[-peː] n. 15⟩ = *Kanapee*
**Canasta** ⟨n.; -s; unz.⟩ *aus Südamerika stammendes Kartenspiel mit zweimal 52 Karten u. sechs Jokern für zwei bis sechs Spieler* [< span. *canasta* „Körbchen"]

## CAMCORDER

Ein Camcorder besteht aus einer Videokamera und einem Videorekorder. Sensoren wandeln Farbe und Helligkeit in elektrische Signale um, die auf einem Videoband magnetisch gespeichert werden. Über den als Monitor genutzten Sucher ist die Aufnahme sofort einsehbar. Der Ton kann über den Kopfhörer kontrolliert werden.

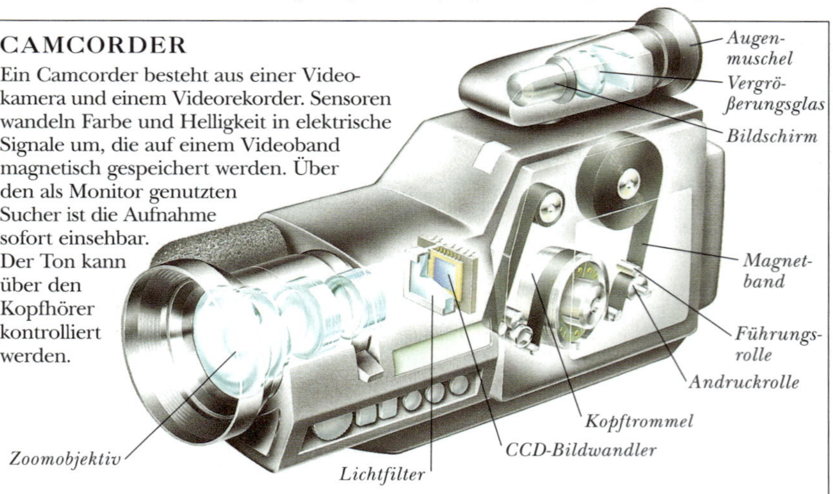

MECHANISMUS EINES CAMCORDERS

**Cancan** ⟨[kã'kã] m. 6⟩ *Bühnentanz in schnellem Tempo mit Hochwerfen der Beine* [< lat. *quamquam* „obgleich", womit lat. „Schulreden" oft anfingen; urspr. „Universitätsrede, böse Nachrede, überflüssiger Lärm"]
**Cancer** ⟨m. 3; Med.⟩ = *Karzinom*
**cancerogen** ⟨Adj.; Med.⟩ = *karzinogen;* oV *kanzerogen*
**Canción** ⟨[-çiɔn] od. [-θiɔn] n. 15; Mus.; Lit.⟩ **1** ⟨urspr.⟩ *fünfzeiliges spanisches Lied des 15./16. Jh.* **2** ⟨danach⟩ *lyrisches Gedicht mit regelmäßigem Strophenaufbau* [span., „Lied"]

CAMERA OBSCURA: DEMONSTRATION DES STRAHLENGANGS

**Canna** ⟨f. 10; unz.; Bot.⟩ *eine Gartenzierpflanze, 2 m hohe Staude aus dem trop. Amerika, Blumenrohr;* Sy *Kanna* [lat., „Schilfrohr"]
**Cannabis** ⟨m.; -; unz.⟩ **1** *Hanf* **2** = *Haschisch*
**Cannelloni** ⟨Pl.⟩ *Röllchen aus Nudelteig, mit Hackfleisch gefüllt u. mit Käse überbacken* [ital., Pl. zu *cannellone,* Vergrößerungsform zu *canello* „Röhrchen"]
**Canossagang** ⟨m. 1u⟩ = *Kanossagang*
**cantabile** ⟨[-le:] Mus.⟩ *gesangvoll, beseelt (zu spielen)* ◆ Andante cantabile [ital., „singbar, beseelt"]
**Cantus firmus** ⟨m.; - -, - firmi; Mus.⟩ *Hauptmelodie im kontrapunktischen Satz* [lat.]
**Cape** ⟨[keip] n. 15⟩ *ärmelloser Umhang* [engl., „Umhang"]
**capito** ⟨umg.⟩ *(hast du es) begriffen?* [ital.; zu *capire* „verstehen"; → *kapieren*]
**Cappuccino** ⟨[-tʃi:-] m. 6⟩ *ital. Kaffee mit einer Haube aus geschlagener Sahne* [ital., „Kapuziner", nach der braunen Farbe der Kutte]
**Caprese** ⟨m. 17⟩ *Bewohner der Insel Capri*
**Capriccio** ⟨[-pritʃɔ] n. 15⟩ oV *Caprice* **1** ⟨Mus.⟩ *heiteres, eigenwilliges Musikstück* **2** *Laune, Grille* [ital., „Laune"]
**Caprice** ⟨[-sə] f. 19⟩ = *Capriccio* [frz., „Laune, launischer Einfall"]
**Capronsäure** ⟨f. 19⟩ *schweißähnlich riechende, gesättigte Fettsäure, chemische Formel* $CH_3\text{-}(CH_2)_4\text{-}COOH$, *zur Herstellung von Riechstoffen u. Caprolactam verwendet;* oV *Kapronsäure* [zu lat. *capra* „Ziege"]
**Caravan** ⟨['karava:n] m. 6; Warenzeichen⟩ **1** *Kombiwagen* **2** *Wohnwagen als Autoanhänger* [< engl. *caravan* „Karawane, Wohnwagen"]
**Carbamid** ⟨n. 11; unz.⟩ = *Harnstoff* [verkürzt < *Carbid* + *Amid*]
**Carbid** ⟨n. 11; fachsprachl.⟩ = *Karbid*
**Carbonat** ⟨n. 11; fachsprachl.⟩ = *Karbonat* [zu lat. *carbo* „Kohle"]
**Carbonsäure** ⟨f. 19; unz.; fachsprachl.⟩ = *Karbonsäure*
**carcinogen** ⟨[-tsi-] Adj.⟩ = *karzinogen*
**care of** ⟨['kɛ:r ɔv] Abk.: c/o; in engl. u. amerik. Anschriften⟩ *(wohnhaft) bei* [engl., „per Adresse"]
**Cargo** ⟨m. 6⟩ = *Kargo*

**Carillon** ⟨[kari'jɔ̃] n. 15⟩ *Glockenspiel* [frz.]
**Caritas** ⟨f.; -; unz.; kurz für⟩ *Caritasverband;* → a. *Karitas* [lat., „Hochschätzung, aus Hochachtung entspringende Liebe"]
**Caritasverband** ⟨m. 1u; unz.⟩ *kath. Verband zur Wohlfahrtspflege;* Sy ⟨kurz⟩ *Caritas*
**Carneol** ⟨m. 1⟩ ► = *Karneol*
**Carol** ⟨['kærəl] n. 15; Mus.; seit dem 16. Jh.⟩ *englisches Volkslied* ◆ Christmascarol *Weihnachtslied* [engl.]
**Carotin** ⟨n. 11; unz.; fachsprachl.⟩ = *Karotin*
**Carotis** ⟨f.; -, -tiden⟩ = *Karotis*
**Carpaccio** ⟨[-patʃo] n. 15; ital. Kochk.⟩ *Speise aus sehr fein geschnittenem (rohem) Fleisch*
**Carragen** ⟨n. 11⟩ *gelb bildender Stoff aus Rotalgen* [nach dem irischen Küstenort *Carragheen*]
**Carrier** ⟨['kæriə(r)] m. 3⟩ **1** ⟨internationale Bez. für⟩ *Transport-, Luftverkehrsgesellschaft* **2** ⟨Chem.⟩ *Stoff, der den Transport von Substanzen besorgt* [engl., „Spediteur, Beförderer, Träger"]
**Carsharing** ⟨['ka:ʃɛriŋ] n. 15; unz.⟩ *abwechselnde (leihweise) Nutzung eines Kraftfahrzeuges von mehreren Personen* [< engl. *car* „Auto" + *share* „teilen"]
**Cartoon** ⟨[kar'tu:n] m. 6 od. n. 15⟩ **1** *gezeichnete od. gemalte, häufig satir. Geschichte in Bildern;* Sy *Comicstrip* **2** *Karikatur, satir. Zeichnung* [engl., „Witzzeichnung, Karikatur", eigtl. „Karton, Vorlage, Entwurf"]
**carven** ⟨[-vən] V. i.; hat/ist; Sp.⟩ *Ski laufen mit Carvingskiern, die 10 cm kürzer sind als Standardskier u. sich an Vorder- u. Hinterkante schaufelartig verbreitern* [< engl. *carve* „schnitzen, einritzen, bahnen"]
**Casanova** ⟨[-va] m. 6⟩ *Frauenliebling, Frauenverführer* [nach dem ital. Schriftsteller u. Abenteurer Giacomo Girolamo *Casanova,* 1725-1798]
**cäsarisch** ⟨Adj.⟩ *kaiserlich, diktatorisch* [nach dem römischen Feldherrn u. Diktator Gaius Iulius *Caesar,* 100-44 v. Chr.]
**Casein** ⟨n. 11; unz.; fachsprachl.⟩ = *Kasein*
**Cash** ⟨[kæʃ] n.; -; unz.⟩ **1** *Barzahlung* **2** *Bargeld* [engl., „Bargeld"]
**Cashewnuss** ⟨[kæʃu:-] f. 7u; Bot.⟩ *Frucht des brasilian. Baumes Anacardium occidentale* [< engl. < port. *acaju* < indian.]
**Cashgeschäft** ⟨[kæʃ-] n. 11⟩ *Barzahlungsgeschäft*
**Casino** ⟨n. 15⟩ = *Kasino*
**Cäsium** ⟨n.; -s; unz.; Chem.; Zeichen: Cs; fachsprachl.⟩ = *Zäsium;* oV *Caesium* [zu lat. *caesium* „blaugrau"]
**Cassa** ⟨f. 10; unz.⟩ *Kasse, Bargeld* ◆ per Cassa *in bar* [ital., „Kasten, Kiste"]
**Cassata** ⟨f. 10 od. n. 15⟩ *ital. Eisspezialität mit kandierten Fruchtstücken u. Krokant* [ital., „Gefrorenes"]
**Casserole** ⟨f. 19⟩ = *Kasserole*
**Cassiaöl** ⟨n. 11; unz.⟩ = *Kassiaöl*
**Cast** ⟨[ka:st]⟩, **Casting** ⟨[ka:s-] n. 15⟩ **I** ⟨unz.⟩ *alle Mitwirkenden bei einem Film* **II** ⟨zählb.⟩ *Auswahl der Mitwirkenden (Schauspieler usw.) für einen Film* [engl., „Besetzung"]
**Casus** ⟨m.; -, -; Gramm.; fachsprachl.⟩ = *Kasus*
**Casus rectus** ⟨m.; - -, - recti; Gramm.⟩ *unabhängiger Fall, Nominativ u. Vokativ* [lat., „gerader Fall"]
**Catechin** ⟨[-çi:n] n. 11; meist Pl.; Chem.⟩ *in Pflanzen enthaltene organische Verbindung, die als Grundlage für natürliche Gerbstoffe verwendet wird* [lat.]
**Catering** ⟨['kætəriŋ] n. 15; unz.⟩ *Herstellung, Anlieferung u. Bereitstellung von Speisen u. Getränken für eine größere Anzahl von Personen, z. B. bei Kongressen od. Partys* [zu engl. *cater* „für das leibliche Wohl sorgen"]

**Catsuit** ⟨['kætsju:t] m. 6⟩ *eng am ganzen Körper anliegendes, einteiliges Kleidungsstück, Hosenanzug* [engl.]
**Caudillo** ⟨[kau'diljo] m. 6⟩ *politischer (u. militärischer) Machthaber, Diktator* [span., urspr. „Häuptling"]
**Causa** ⟨f.; -, -sae [-sɛ:]⟩ *Ursache, Rechtsgrund, Rechtsfall* [lat., „Ursache, Angelegenheit, Rechtssache"]
**Cayennepfeffer** ⟨[kajɛn-] m. 3; unz.⟩ *scharfes Gewürz aus Chilis, Guineapfeffer* [nach *Cayenne,* der Hauptstadt von Französisch-Guayana]
**CC** ⟨Abk. für frz.⟩ *Corps consulaire*
**CCD** ⟨n. 15; Film⟩ *als Bildsensor u. Strahlungsempfänger eingesetztes Ladeverschiebeelement (bei Videokameras)* [Abk. für engl. *charge coupled device* „ladungsgekoppeltes Bauelement"]
**Cd** ⟨Chem.; Zeichen für⟩ *Kadmium*
**CD I** ⟨Abk. für engl.⟩ *Compactdisc* **II** ⟨Abk. für frz.⟩ *Corps diplomatique*
**CD-Player** ⟨[tse'de:plɛiə(r)] m. 3⟩ *Gerät zum Abspielen von Compactdiscs* [< *CD* + engl. *player* „Abspielgerät"]
**CD-ROM** ⟨f. 10; EDV⟩ *eine optische Speicherplatte mit großer Speicherkapazität (bis zu 682 MByte), die nur gelesen, aber nicht beschrieben werden kann* [Abk. für engl. *compact disc read only memory* „kompakte Platte (mit) nur Lesespeicher"]
**CDU** ⟨Pol.; Abk. für⟩ *Christlich-Demokratische Union (Deutschlands)*
**C-Dur** ⟨n.; -; unz.; Mus.; Abk.: C⟩ *auf dem Grundton C beruhende Dur-Tonart*
**Ce** ⟨Chem.; Zeichen für⟩ *Cer*
**Cedille** ⟨[se'di:j(ə)] f. 19⟩ *Häkchen unter dem C (ç) in frz., türk. u. portugies. Wörtern, in denen vor a, o, u das c wie s auszusprechen ist* [span., „kleines c"]

CELLO MIT BOGEN

**Cello** ⟨[tʃɛl-] n. 15; Pl. a.: Celli; Mus.; kurz für⟩ ▲ *Violoncello, Streichinstrument in Form einer Violine, doch größer, beim Spielen zwischen den Knien gehalten u. auf einem Stachel ruhend;* ► *Saiteninstrumente* [< ital. *violoncello,* Verkleinerungsform von *Violine; cello:* ital. Endung zur Bildung der Verkleinerungsform]
**Cellophan** ⟨n. 11; unz.; fachsprachl.; Warenzeichen⟩ = *Zellophan*

**Cellulitis** ⟨f.; -, -tiden⟩ = *Zellulitis*
**Celluloid** ⟨n. 11; unz.; fachsprachl.⟩ = *Zelluloid (1)*
**Cellulose** ⟨f. 19; unz.; Biochem.; fachsprachl.⟩ = *Zellulose*
**Celsius** ⟨n.; -, -; Zeichen: C⟩ *internationale Einheit der Temperatur* ◆ 10 Grad Celsius, 10 °C
**Celsiusskala** ⟨f.; -; unz.⟩ *Temperaturskala mit einer 100-Grad-Einteilung* [nach dem schwed. Erfinder Anders *Celsius,* 1701-1744]
**Cembalist** ⟨[tʃɛm-] m. 16; Mus.⟩ *Cembalospieler*
**Cembalo** ⟨[tʃɛm-] n. 15; Pl. a.: -bali; Mus.⟩ *altes Tasteninstrument, bei dem die Saiten nicht angeschlagen, sondern angerissen werden;* Sy *Clavicembalo, Harpsichort* [ital. < lat. *cymbala;* → *Zimbel*]
**Center** ⟨['sɛntə(r)] n. 13⟩ *Ort, Mittelpunkt bestimmter Tätigkeiten od. Dienstleistungen* ◆ Vergnügungscenter, Eroscenter, Einkaufscenter [engl. (amerik.), „Mittelpunkt" < frz. *centre* < lat. *centrum;* → *Zentrum*]
**Cer** ⟨n.; -s; unz.; Chem.; Zeichen: Ce⟩ *chem. Element, silberglänzendes Metall aus der Gruppe der Lanthanoide;* oV *Zer* [nach dem Asteroiden *Ceres,* der nach der röm. Göttin *Ceres* benannt ist]
**Ceran** ⟨n. 11; Warenzeichen⟩ *Kochfläche von Elektro- od. Gasherden aus Glaskeramik*
**Cerberus** ⟨m.; -, -se; fig.; a. scherzh.⟩ = *Zerberus*
**Cerebrum** ⟨n.; -s, -rebra; Anat.⟩ = *Zerebrum*
**cerise** ⟨[sə'ri:z] Adj.; undekl.⟩ *kirschrot* [frz., „Kirsche"]
**CERN** ⟨Abk. für frz.⟩ *Conseil Européen pour la Recherche Nucléaire (europäische Organisation für Kernforschung)*
**Cervelat** ⟨a. [zærvə-] f. 10 od. m. 6; schweiz.⟩ = *Zervelatwurst*
**ces I** ⟨n.; -, -; Mus.⟩ *Tonbezeichnung, das um einen Halbton erniedrigte c* **II** ⟨ohne Art.; Mus.; Abk. für⟩ *ces-Moll (Tonartbezeichnung)*
**Ces I** ⟨n.; -, -; Mus.⟩ *Tonbezeichnung, das um einen Halbton erniedrigte C* **II** ⟨ohne Art.; Mus.; Abk. für⟩ *Ces-Dur (Tonartbezeichnung)*
**Ces-Dur** ⟨n.; -; unz.; Mus.; Abk.: Ces⟩ *auf dem Grundton Ces beruhende Dur-Tonart*
**ceses, Ceses** ⟨n.; -, -; Mus.⟩ *das um zwei Halbtöne erniedrigte c bzw. C*
**ces-Moll** ⟨f. 21; Mus.; Abk.: ces⟩ *auf dem Grundton ces beruhende Moll-Tonart*
**Čevapčici,** ⟨auch⟩ **Cevapcici** ⟨[tʃe'vaptʃitʃi] Pl.⟩ *scharf gewürzte, gegrillte Hackfleischröllchen* [mit serb. Verkleinerungsform < türk. *kebab* „gegrilltes Fleisch"]
**ceylonesisch** ⟨Adj.⟩ *die Insel Ceylon betreffend, zu ihr gehörig*
**cf** ⟨Seehandel; Abk. für engl.⟩ *cost and freight (Verladekosten u. Fracht im Preis eingeschlossen)*
**Cf** ⟨Chem.; Zeichen für⟩ *Californium*
**cg** ⟨Zeichen für⟩ *Zentigramm*
**CH** ⟨Abk. für lat.⟩ *Confoederatio Helvetica*
**Chablis** ⟨[ʃa'bli:] m.; - [-bli:(s)], - [-bli:(s)]⟩ *frz. Weißwein aus Burgund* [nach der frz. Stadt *Chablis*]
**Cha-Cha-Cha** ⟨[-tʃa] m. 6⟩ *ein aus Lateinamerika stammender Tanz*
**Chaiselongue** ⟨[ʃɛ:z(ə)'lɔ̃g] f. 19; Pl.: [-gə:n]⟩ *Liegesofa ohne Rückenlehne* [< frz. *chaise longue* „Liegestuhl", eigtl. „langer Stuhl"]
**Chalcedon** ⟨[kal-] m. 1; Min.⟩ *ein Quarzmineral;* oV *Chalzedon* [nach der Landschaft *Chalzedonien* in Kleinasien, dem ergiebigsten Fundort]
**Chaldäer** ⟨[kal-] m. 3⟩ *Angehöriger eines semitisch-aramäischen Volksstammes*
**Chalet** ⟨[ʃa'lɛ:] n. 15⟩ ► *schweizer. Landhaus* [frz., „Schweizerhaus, Sennhütte"]
**Chalzedon** ⟨[kal-] m. 1; Min.⟩ = *Chalcedon*
**chalzedonisch** ⟨[kal-] Adj.⟩ *aus Chalzedonien stammend* ◆ Chalzedonische Lichtnelke ⟨Bot.⟩ = *Feuernelke*
**Chamäleon** ⟨[ka-] n. 15⟩ **1** ⟨Zool.⟩ ► *Baumeidechse mit herausschnellbarer Klebezunge u. veränderl. Hautfarbe;* ► *Echsen* **2** ⟨fig.; umg.⟩ *häufig seine Überzeugung wechselnder Mensch* [< grch. *chamai* „am Boden" + *leon* „Löwe"]

CHAMÄLEON: RIESENCHAMÄLEON *(Chamaeleo ousteleti)*

**Champ** ⟨[tʃæmp] m. 6; kurz für⟩ *Champion*
**Champagner** ⟨[ʃam'panjər] m. 3⟩ *frz. Schaumwein* [nach der frz. Landschaft *Champagne*]
**Champignon** ⟨['ʃampinjɔ̃] od. [ʃãpi'njɔ̃] m. 6⟩ *Speisepilz: Psalliota;* Sy *Egerling* [frz., „Pilz"; zu lat. *campus* „Feld"]
**Champion** ⟨['tʃæmpiən] od. frz. [ʃã'piɔ̃] m. 6; Sp.⟩ *Meistersportler, z. B. erfolgreichster Sportler einer Sportart;* Sy ⟨kurz⟩ *Champ* [engl., frz., „Meister (im Sport), Vorkämpfer"; zu lat. *campus* „Feld"]
**Championat** ⟨[ʃam-] n. 11; Sp.⟩ *sportl. Meisterschaft* [< frz. *championat*]
**Championsleague** ⟨['tʃæmpjənsli:g] f.; -; unz.; Sp.; Fußb.⟩ *europäischer Fußballpokalwettbewerb der Landes- bzw. Vizemeister (u. U. auch Dritt- u. Viertplatzierten), bei dem erst aus acht, später aus vier Vierergruppen die besten acht Mannschaften ermittelt werden, die im K.o.-Modus gegeneinander die Siegermannschaft ausspielen* [< *Champion* + engl. *league* „Verband, Liga"]
**Chan** ⟨m. 1⟩ = *Khan*
**Chance** ⟨['ʃãs(ə)] f. 19⟩ **1** *Glücksfall* **2** *Glücksaussicht* **3** *günstige Gelegenheit* ◆ eine Chance **ausnutzen,** ergreifen, verpassen, versäumen, wahrnehmen; jmdm. eine Chance **bieten,** geben *Möglichkeit zur Bewährung geben;* Chancen **haben** *gute Aussichten auf einen gewünschten Erfolg haben;* er hat noch eine (letzte) Chance, das Spiel zu gewinnen ◆ **geringe,** große, keine, wenig Chancen haben ◆ Chancen **auf** einen Gewinn haben; ich habe bei ihr leider **keine** Chancen ⟨umg.⟩ *ich bin ihr nicht sonderlich sympathisch, sie wird sich nie in mich verlieben* [frz., „Zufall"]
**Chancengleichheit** ⟨[ʃãsən-] f. 20; unz.⟩ *Gleichheit der (schulischen u. beruflichen) Chancen* ◆ Chancengleichheit für alle
**changieren** ⟨[ʃãʒi:-] V. i.; hat⟩ *schillern* [< frz. *changer* „(sich) verändern"]

CHALET: TRADITIONELLES SCHWEIZER CHALET AUS HOLZ

**Chanson** ⟨[ʃã'sɔ̃] n. 15⟩ **1** ⟨urspr.⟩ *in der Renaissance in höchster Blüte stehendes, singbares lyrisches od. episches Gedicht in der altfrz. Dichtung* **2** ⟨heute⟩ *Kabarettlied* [frz., „Lied"]
**Chansonier** ⟨[ʃãsɔ'nje:] m. 6; Mus.⟩ = *Chansonnier*
**Chansonnier** ⟨[ʃãsɔ'nje:] m. 6; Mus.⟩ *Kabarettsänger;* oV *Chansonier* [frz., „Chansondichter, -sänger"]
**Chanukka** ⟨[xa-] f.; -; unz.; jüd. Rel.⟩ *achttägiges Fest im Dezember zur Erinnerung an die Wiedereinweihung des Jerusalemer Tempels durch Judas Makkabäus (165 v. Chr.), bei dem jeden Abend am achtflammigen Chanukkaleuchter ein Licht mehr entzündet wird* [hebr., „Einweihung, Weihe"]
**Chaos** ⟨['ka:ɔs] n.; -, unz.⟩ **1** ⟨Myth.⟩ *der ungeordnete Urstoff vor der Weltschöpfung* **2** ⟨allg.⟩ *Durcheinander, Wirrwarr* [< grch. *chaos* „wirre, gestaltlose Masse"]
**Chaot** ⟨[ka'o:t] m. 16⟩, **Chaote** ⟨[ka'o:tə] m. 17⟩ **1** *extrem radikaler Anarchist* **2** *jmd., der Unruhe, Verwirrung stiftet*
**chaotisch** ⟨[kao-] Adj.⟩ **1** ⟨allg.⟩ *ungeordnet, wirr* **2** chaotische Systeme ⟨Math.⟩ *Systeme, deren Entwicklung nicht berechenbar ist*
**Chapeau claque,** ⟨auch⟩ **Chapeau Claque** ⟨[ʃapo'klak] m.; - -, -x -s⟩ *zusammenklappbarer Zylinder* [< frz. *chapeau* „Hut" + *claque* „Schlag (mit der Hand)"]
**chaplinesk** ⟨[tʃap-] Adj.⟩ *von ähnlicher Komik wie die Darstellungen des engl. Filmschauspielers Charlie Chaplin*
**Chaps** ⟨[tʃæps] Pl.⟩ *lederne Überziehhosen zum Reiten* [verkürzt < nord-amerik. *chaparajos* < mexik.-span. *chaparreras*]
**Charakter** ⟨[ka-] m.; -s, -tere⟩ **1** *Merkmal, Gepräge, Eigenart* **2** *sittl. Veranlagung, Wesensart* **3** *Mensch von ausgeprägter Eigenart* **4** ⟨fig.⟩ *feste, standhafte Haltung* **5** *Duktus, Stil einer Schrift* **6** *Rang* ◆ der Charakter der **Landschaft** wird durch zahlreiche Seen bestimmt ◆ die Geschwulst hat einen bösartigen Charakter **angenommen;** Charakter **beweisen,** haben ⟨fig.⟩ ◆ ein **ausgeprägter,** edler, guter, schlechter, schwieriger, starker Charakter; er hat **keinen** Charakter *er ist wankelmütig;* die Besprechungen hatten **vertraulichen** Charakter ◆ ein Mann **von** Charakter *ein Mann, der zu seiner Meinung steht* [grch. *charakter* „Gepräge"]
**charakterisieren** ⟨[ka-] V. t.; hat⟩ *kennzeichnen, treffend schildern*
**Charakteristik** ⟨[ka-] f. 20⟩ **1** *Kennzeichnung, treffende Beschreibung* **2** ⟨Math.⟩ = *Kennziffer (2)*
**Charakteristikum** ⟨[ka-] n.; -s, -tika⟩ *kennzeichnendes Merkmal*
**charakteristisch** ⟨[ka-] Adj.⟩ *kennzeichnend, unterscheidend*
**charakterlos** ⟨[ka-] Adj.⟩ *wankelmütig, ohne feste Haltung*
**Chardonnay** ⟨[ʃardɔ'nɛ] m. 6; unz.⟩ *frz. Rebsorte gehobener Qualität (für Weißweine u. Champagner)* [frz.]
**Charge**[1] ⟨['ʃarʒə] f. 19⟩ **1** *Würde, Rang, Amt (z. B. in einer Studentenverbindung)* **2** ⟨Tech.⟩ *Beschickung eines metallurg. Ofens, z. B. des Hochofens* **3** ⟨Pharm.; Chem.⟩ *Serie von Wirkstoffen, die in einem best. Prozess hergestellt u. verpackt worden sind* [frz., „Last, Bürde"]
**Charge**[2] ⟨['ʃarʒə] f. 19; Theat.⟩ *kleine, aber ausgeprägte Charakterrolle, die übertreibend dargestellt wird* [frz., „Übertreibung"]
**Charisma** ⟨[ka-] od. [ça-] n.; -, -ta od. -rismen⟩ **1** *göttl. Gnadengabe, Berufung* **2** *Ausstrahlung* [< grch. *charisma* „Gnadengeschenk"]
**Charleston** ⟨['tʃa:rlstən] m. 6; urspr.⟩ **1** *Tanz der amerik. Schwarzen* **2** ⟨seit 1926⟩ *Modetanz im $^4/_4$-Takt* [nach der Stadt *Charleston* in Süd-Carolina, USA]

**charmant** ⟨[ʃar-] Adj.; -er, am -esten⟩ *von gewinnendem Wesen, voller Charme, liebenswürdig;* oV *scharmant* [frz., „bezaubend"]
**Charme** ⟨[ʃarm] m. 6⟩ *Liebreiz, gewinnendes Wesen;* oV *Scharm* [frz., „Zauber"]
**Charta** ⟨[kar-] f. 10⟩ **1** ⟨in der Antike⟩ *Papierblatt zum Schreiben* **2** ⟨im MA⟩ *Urkunde* **3** ⟨heute⟩ *Verfassungsurkunde* ♦ Charta der Vereinten Nationen [< lat. *charta* „Papier" < grch. *chartes* „Blatt der Papyrusstaude", vermutl. < ägypt.]
**Charter** ⟨[(t)ʃar-] m. 6⟩ **1** *Schutzbrief* **2** *Miete eines Schiffes oder Schiffsraums zum Befrachten, Frachtvertrag* [engl., „Urkunde"; → *Charta*]
**chartern** ⟨[(t)ʃar-] V. t.; hat⟩ **1** ein Schiff oder Flugzeug chartern *zur Beförderung von Fracht od. Personen pachten od. mieten* **2** ⟨fig.⟩ sich ein Fahrzeug chartern *es sich zu Beförderungszwecken sichern* [< engl. *charter* „(Schiff) mieten"; → *Charter*]
**Charts** ⟨['tʃa:ts] Pl.; Mus.⟩ *(wöchentlich veröffentlichte) Liste der Spitzenschlager* ♦ in die Charts kommen [engl.]
**Chassis** ⟨[ʃa'si:] n.; - [ʃa'si:s], - [ʃa'si:s]⟩ **1** *Fahrgestell (beim Auto)* **2** *Gestell für die Bauteile elektron. Geräte* [< frz. *châssis* „Einfassung, Rahmen"]
**Chateau,** ⟨auch⟩ **Château** ⟨[ʃa'to:] n. 15⟩ **1** ► *französisches Schloss* **2** *französisches Land-, Weingut* [frz., „Schloss"]
**Chateaubriand** ⟨[ʃatobri'ã] n. 15; Kochk.⟩ *gebratene Rindslende* [nach dem frz. Schriftsteller François-René Vicomte de *Chateaubriand,* 1768-1848]
**Chatte** ⟨[çat-] m. 17⟩ *Angehöriger eines germanischen Volksstammes zwischen Fulda u. Lahn, Katte*
**Chauffeur** ⟨[ʃo'fø:r] m. 1⟩ *Kraftwagenfahrer* [frz., urspr. „Lokomotivheizer"]
**chauffieren** ⟨[ʃɔf-] V. i.; hat⟩ *einen Kraftwagen lenken*
**Chaussee** ⟨[ʃɔ-] f. 19; veraltet⟩ *Landstraße (Schotterstraße)* [< frz. *chaussée* „Fahrdamm, Straßendecke"; verwandt mit *Kalk*]
**Chauvi** ⟨['ʃo:vi] m. 6; umg.⟩ = *Chauvinist*
**Chauvinismus** ⟨[ʃovi-] m.; -; unz.⟩ **1** *übersteigerte Vaterlandsliebe, verbunden mit Hass u. Verachtung gegen andere Völker* **2** *Zurschaustellen vermeintlicher männlicher Überlegenheit gegenüber der Frau* [nach dem Rekruten *Chauvin,* einer Figur in dem am 19.3.1831 in Paris aufgeführten Lustspiel „La cocarde tricolore" der Brüder Cogniard]
**Chauvinist** ⟨[ʃovi-] m. 16⟩ *Vertreter des Chauvinismus;* Sy ⟨umg.⟩ *Chauvi*
**chauvinistisch** ⟨[ʃovi-] Adj.⟩ *auf Chauvinismus beruhend, ihm anhängend*
**checken** ⟨['tʃɛkən]; V. t.; hat⟩ **1** *vergleichen, vergleichend prüfen* (Texte) **2** ⟨Eishockey⟩ *einen Gegenspieler behindern* **3** ⟨umg.⟩ *verstehen, begreifen* ♦ hast du es endlich gecheckt? [< engl. *check* „kontrollieren, hindern"]
**Checkout,** ⟨auch⟩ **Check-out** ⟨[tʃɛk'aut] n. 15⟩ **1** *Abfertigung der Fluggäste nach dem Flug* **2** *(nach der Herstellung erfolgende abschließende) Kontrolle u. Funktionsprüfung von techn. Geräten* [engl.; < *check* „Prüfung, Kontrolle" + *out* „aus, heraus"]
**Cheddar** ⟨['tʃɛdə(r)] m.; -s; unz.⟩ *fette Hartkäsesorte* [nach dem engl. Ort *Cheddar*]
**Cheerleader** ⟨['tʃi:rli:də(r)] m. 3; Sp.⟩ *Mitglied einer Gruppe von jungen Mädchen, Frauen und (selten) Männern, die bei sportlichen Großveranstaltungen während der Spielpausen einstudierte Choreografien u. Sprechgesänge vortragen* [< engl. *cheer* „Anfeuerungsruf" + *leader* „Anführer, Leiter"]
**Chef** ⟨[ʃɛf] m. 6⟩ **1** *Vorgesetzter* **2** *Vorsteher, Leiter (einer Dienststelle)* **3** *Arbeitgeber* [frz., „Führer, Oberhaupt"]

## CHATEAU

Im ausgehenden Mittelalter begannen die französischen Adligen ihre Burgen bequemer zu gestalten. So entstanden aus den wehrhaften Befestigungen die Chateaus, deren besondere Kennzeichen große Fenster und Prunkräume sind. Die Befestigungsanlagen wurden z. T. als schmückender Bestandteil der Außenanlagen beibehalten.

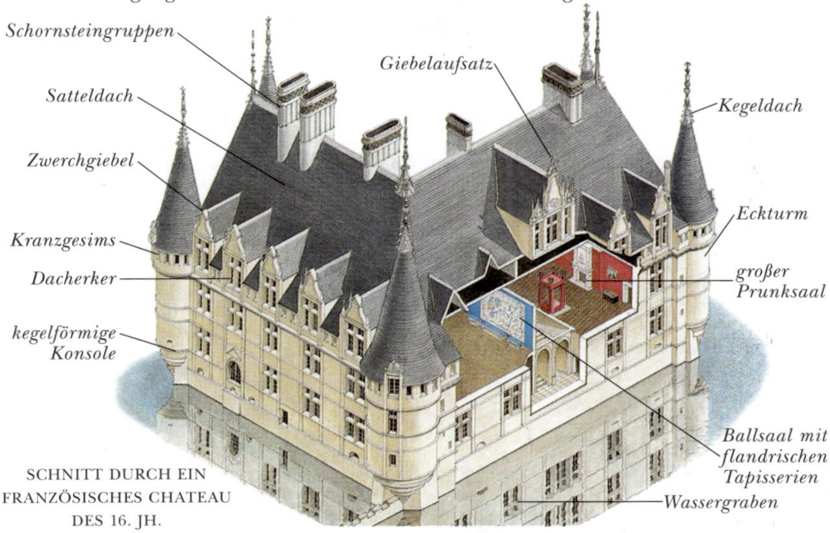


SCHNITT DURCH EIN FRANZÖSISCHES CHATEAU DES 16. JH.

**Chefarzt** ⟨[ʃɛf-] m. 1u⟩ *leitender Arzt (eines Krankenhauses)*
**Chefcoach** ⟨['ʃɛfkoutʃ] m. 6; Sp.⟩ = *Cheftrainer*
**Chef de Cuisine** ⟨['ʃɛf də kyi'zin] m.; - - -, -s [ʃɛf] - -⟩ *Küchenchef* [frz.]
**Chefetage** ⟨['ʃɛfeta:ʒə] f. 19⟩ **1** *Stockwerk in einem Firmengebäude, in dem sich die Büros der Geschäftsführung befinden* **2** ⟨fig.; umg.⟩ *Führungsposition*
**Chefin** ⟨[ʃɛ-] f. 22⟩ *weibl. Chef*
**Chefpilot** ⟨[ʃɛf-] m. 16⟩ *Flugkapitän*
**Chefredakteur** ⟨[ʃɛf-] m. 1⟩ *Hauptschriftleiter einer Zeitung, Abteilungsleiter einer Verlagsredaktion*
**Chefsache** ⟨[ʃɛf-] f. 19⟩ *wichtige Angelegenheit, die vom Chef persönlich in die Hand genommen wird*
**Chefsekretär** ⟨[ʃɛf-] m. 1⟩ **1** *Sekretär des Chefs* **2** *Geschäftsführer einer Vereinigung*
**Cheftrainer** ⟨[ʃɛftrɛ:-] m. 3; Sp.⟩ *wichtigster, leitender Trainer einer Mannschaft bzw. eines Sportvereins;* Sy *Chefcoach*
**Chefvisite** ⟨[ʃɛfvi-] f. 19; im Krankenhaus⟩ *Visite des Chefarztes*
**Chemie** ⟨[çe-] od. süddt., österr. [ke-] f. 19; unz.⟩ *Wissenschaft von den chem. Grundstoffen u. den chem. Verbindungen sowie deren Veränderungen, soweit sie nicht auf Atomkernreaktionen beruhen* [< grch. *chemeia, chymeia;* zu *chymos* „Flüssigkeit"]
**Chemiefaser** ⟨[çe-] od. süddt., österr. [ke-] f. 19⟩ *auf chem. Weg hergestellter Faserstoff, sowohl aus Naturstoffen (z. B. Kunstseide) wie auch aus vollsynthet. Produkten (z. B. Nylon, Perlon);* Sy *Kunstfaser*
**Chemielaborant** ⟨[çe-] od. süddt., österr. [ke-] m. 16⟩ *chemisch-technischer Assistent, der in Forschungs- u. Entwicklungslaboratorien chemische bzw. chemisch-physikalische Analysen durchführt*
**Chemiewaffe** ⟨[çe-] od. süddt., österr. [ke-] f. 19⟩ *auf chemischer, giftiger Wirkung beruhende Waffe*
**Chemikalien** ⟨[çe-] od. süddt., österr. [ke-] Pl.⟩ *Werkstoffe (i. w. S.), die zu chem. Zwecken Verwendung finden*
**Chemiker** ⟨[çe:-] od. süddt., österr. [ke-] m. 3⟩ *auf dem Gebiet der Chemie arbeitender Wissenschaftler*
**chemisch** ⟨[çe:-] od. süddt., österr. [ke:-] Adj.⟩ *die Chemie betreffend, auf ihr beruhend, mit Stoffumwandlung verbunden* ♦ chemische **Bindung** *intra- oder intermolekulare Kräfte, die den Zusammenhalt von Atomen in Molekülen oder von Molekülen untereinander bewirken;* Sy ⟨kurz⟩ *Bindung (9);* chemisches **Element,** chemischer Grundstoff *mithilfe chem. Methoden nicht weiter in einfachere Stoffe zerlegbarer Grundbestandteil der Materie;* Sy ⟨kurz⟩ *Element (5);* chemische **Formel** *symbol. Darstellung der chem. Verbindungen;* Sy ⟨kurz⟩ *Formel (5);* chemische **Gleichung** *in Form einer Gleichung geschriebene symbol. Darstellung einer chem. Reaktion;* chemische **Reaktion** *Vorgang, durch den verschiedene chem. Stoffe od. Verbindungen ineinander übergeführt werden;* chemische **Reinigung** *Reinigung von Kleidungsstücken durch chem. Lösemittel;* chemisches **Zeichen** *für chem. Grundstoffe verwendete Abkürzung*
**Chemismus** ⟨[çe-] od. süddt., österr. [ke-] m.; -; unz.⟩ *Ablauf chem. Stoffumsetzungen (bes. im Tier- u. Pflanzenkörper)*
**Chemose** ⟨[çe-] f. 19⟩ *Ödem der Bindehaut des Auges* [zu grch. *cheme* „Gienmuschel"]
**chemotherapeutisch** ⟨[çe-] Adj.; Pharm.⟩ *die Chemotherapie betreffend, ihr entsprechend, auf ihr beruhend*
**Chemotherapie** ⟨[çe-] f. 19; unz.⟩ *Heilverfahren mit Chemotherapeutika*
**Chenille** ⟨[ʃə'niljə] od. [ʃə'ni:jə] f. 19; Textilw.⟩ *Garn mit abstehenden Fasern, ein Raupenzwirn* [frz., „Raupe"]
**Cherub** ⟨[çe-] m.; -s, -rubim od. -rubinen; AT⟩ *Engel, Paradieswächter;* oV *Kerub* [hebr., urspr. „geflügeltes Wundertier mit menschlichem Antlitz"; verwandt mit *Greif*]
**Cherusker** ⟨[çe-] m. 3⟩ *Angehöriger eines germ. Volksstammes zwischen Weser u. Elbe*
**Chester** ⟨['tʃɛstə(r)] m. 3⟩ *harter Fettkäse* [nach der engl. Stadt *Chester*]
**Chevalier** ⟨[ʃeva'lje:] m. 6⟩ **1** *Ritter, Edelmann* **2** *frz. Adelstitel* [frz. „Ritter"]

**Chevreau** ⟨[ʃəˈvro:] n.; -s; unz.⟩, **Chevreauleder** ⟨[ʃəvro:-] n. 13⟩ *feines Ziegenleder (für Schuhe)* [< frz. *chevreau* „Zicklein"]

**Chevron** ⟨[ʃəˈvrɔ̃] m. 6⟩ **1** ⟨Mil.⟩ ► *Dienstgradabzeichen* **2** *Mantelstoff mit diagonalem, fischgrätenähnlichem Muster* **3** ⟨Her.⟩ *Sparren, pfeilspitzenähnliche Verbindung zweier Schrägbalken im Wappen* [frz., „Dachsparren"]

CHEVRON AN DER UNIFORM EINES NAPOLEONISCHEN KORPORALS

**Chi** ⟨[çi:] n. 15; Zeichen: χ, X⟩ *22. Buchstabe des grch. Alphabets*

**Chianti** ⟨[ki-] m. 6⟩ *ein ital. Rotwein* [nach der Weingegend in der Toskana (Italien)]

**Chiasmus** ⟨[çi-] m.; -, -men⟩ *Stilmittel, kreuzweise Gegenüberstellung von je zwei gleichen Begriffen,* z. B.: Ein Dirigent sollte nicht den Kopf in der Partitur, sondern die Partitur im Kopf haben (von Bülow) [nach dem ein Kreuz bildenden grch. Buchstaben *Chi*]

**chiastisch** ⟨[çia-] Adj.⟩ *über Kreuz gestellt* [→ *Chiasmus*]

**chic** ⟨[ʃik]⟩ = *schick*

**Chickadeemeise** ⟨[tʃikədi:-] f. 19; Zool.⟩ ▼ *Angehörige einer Gattung der Waldmeisen: Parus atricapillus*

CHICKADEEMEISE
*(Parus atricapillus)*

**Chicorée** ⟨[ʃikoˈre:] od. [ˈʃikore:] f.; -; unz. od. m.; -s; unz.; Bot.⟩ *bleicher, zarter Wintertrieb der Zichorie (Cichorium intybus), wird unter Lichtabschluss, meistens in Kellern, getrieben u. als Gemüse u. Salat verwendet;* oV *Schikoree* [frz., „Zichorie"]

**Chiffon** ⟨[ʃiˈfɔ̃] m. 6; Textilw.⟩ *sehr dünnes, schleierartiges Gewebe aus Baumwolle, Seide od. Kunstseide* [frz., „Lumpen, Lappen, Chiffon(stoff)"]

**Chiffre** ⟨[ˈʃifrə] od. [ˈʃifər] f. 19⟩ **1** *Ziffer, Zahl* **2** *Namenszeichen, Monogramm* **3** *Geheimzeichen* **4** *Kennnummer (in Anzeigen)* ◆ unter einer Chiffre annoncieren [frz., „Ziffer, Zahl"; → *Ziffer*]

**chiffrieren** ⟨[ʃif-] V. t.; hat⟩ *in Geheimschrift schreiben, verschlüsseln*

**Chiffriermaschine** ⟨[ʃif-] f. 19⟩ ▼ *Gerät zum Verschlüsseln u. Entziffern von Schriftstücken*

**chiffriert** ⟨[ʃif-] Adj.⟩ *verschlüsselt, in Geheimschrift geschrieben*

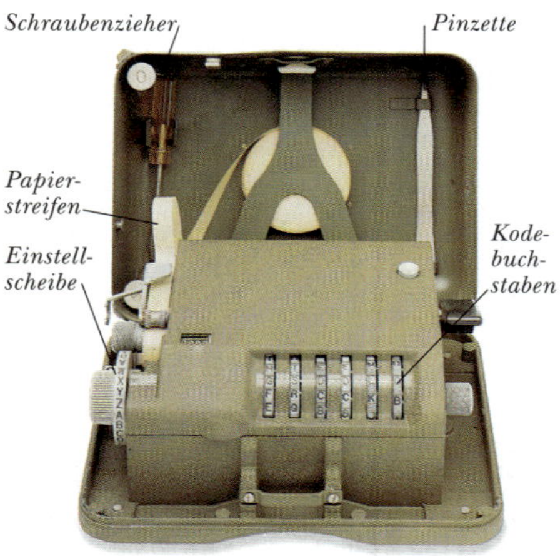


CHIFFRIERMASCHINE: AMERIKANISCHE CHIFFRIERMASCHINE DES II. WELTKRIEGS

**Chignon** ⟨[ʃiˈnjɔ̃] m. 6⟩ **1** *Nackenknoten, Nackenzopf* **2** *Haarunterlage* [frz., „Haarknoten"]

**Chihuahua** ⟨[tʃiˈwawa] m. 6⟩ ► *kleiner, dem Zwergpinscher ähnelnder Hund* [nach dem gleichnamigen mexikan. Bundesstaat]

**Chilene** ⟨[tʃi-] m. 17⟩ *Einwohner von Chile*

**Chilenin** ⟨[tʃi-] f. 22⟩ *Einwohnerin von Chile*

**chilenisch** ⟨[tʃi-] Adj.⟩ *Chile betreffend, zu Chile gehörig, aus Chile stammend*

**Chilesalpeter** ⟨[tʃi-] m. 3; unz.⟩ *das aus der in den Nordprovinzen von Chile u. Peru vorkommenden u. aus Salpeter, Kochsalz u. Gestein bestehenden Caliche (Kalitsche) durch Umkristallisieren gewonnene Natriumnitrat (Natronsalpeter)*

**Chili** ⟨[ˈtʃi:li] m. 6⟩ **1** ► *paprikaähnliche Beerenfrucht eines in Afrika, Indien u. Japan angebauten Nachtschattengewächses, aus der Cayennepfeffer gewonnen wird: Capsicum frutescens* **2** *scharfe, mit Cayennepfeffer gewürzte Soße* ◆ Chili con Carne *scharf gewürztes Rinderragout* [< span. *chile* < Nahuatl]

**Chiliade** ⟨[çi-] f. 19⟩ **1** *Zahl, Reihe, Sammlung von Tausend* **2** *Jahrtausend* [zu grch. *chilioi* „tausend"]

**Chiliasmus** ⟨[çi-] m.; -; unz.⟩ *Glaube an ein Tausendjähriges Reich (nach Christi Wiederkunft)* [zu grch. *chilioi* „tausend"]

**chiliastisch** ⟨[çi-] Adj.⟩ *dem Chiliasmus entsprechend, zu ihm gehörig*

**Chimära** ⟨[çi-] f.; -, -ren⟩, **Chimäre** ⟨[çi-] f. 19⟩ **1** ► *grch. Sagenungeheuer (vorn Löwe, in der Mitte Ziege, hinten Drache)* **2** *Pflanze mit genotyp. verschiedenen Geweben, bedingt durch Plastidenspaltung, Mutationen, irreguläre Mitose oder künstliche Gewebeverschiebung durch Pfropfung, Pfropfbastard* **3** = *Schimäre* [< grch. *chimaira* „Ziege"]

**Chinablau** ⟨[çi:-] n.; -s; unz.⟩ = *Wasserblau*

**Chinacracker** ⟨[ˈçi:nakrækə(r)] m. 3⟩ *Knallbzw. Feuerwerkskörper, oft Chinakracher genannt* [nach dem Land *China* + engl. *crack* „zerspringen"]

**Chinakohl** ⟨[çi:-] m. 1; unz.⟩ *eine Kohlart von länglicher Form: Brassica sinensis*

**Chinapapier** ⟨[çi:-] n. 11; unz.⟩ *sehr feines, festes Papier aus Bambus od. Reisstroh*

**Chinarinde** ⟨[çi:-] f. 19; unz.⟩ *chininhaltige Rinde des Chinarindenbaumes (Cinchona), einer Gattung der Rötegewächse (Rubiaceae) mit fieberheilender Wirkung: Cortex Chinae* [zu *China:* < peruan. *quinaquina* „Rinde der Rinden", d. h. „beste der Rinden"; → *Chinin, Chinablau*]

**Chinatown** ⟨[ˈtʃainataun] f. 10⟩ *Viertel einer Großstadt (vor allem in Europa u. Nordamerika), das überwiegend von chinesischen Emigranten bewohnt wird* ◆ die Chinatown in Newcastle upon Tyne gehört zu den Sehenswürdigkeiten der Stadt [< engl. *china* „China" + *town* „Stadt"; in Anlehnung an die *Chinatown* von New York]

**Chinchilla** ⟨[tʃinˈtʃil(j)a]⟩ **I** ⟨f. 10 od. österr.: n. 15⟩ ► *südamerikanisches Nagetier aus der Familie der Hasenmäuse, bei dem zwei Arten unterschieden werden: Langschwanzchinchilla: Chinchilla laniger bzw. Kurzschwanzchinchilla: Chinchilla chinchilla* **II** ⟨m. 6⟩ *Pelz der Chinchilla* [span.]

CHINCHILLA
*(Chinchilla laniger)*

CHIHUAHUA: LANGHAARIGER CHIHUAHUA

**Chinese** ⟨[çi-] od. süddt., österr. [ki-] m. 17⟩ *Einwohner von China*

**chinesisch** ⟨[çi-] od. süddt., österr. [ki-] Adj.⟩ *China betreffend, zu China gehörig, aus China stammend* ◆ die Chinesische Mauer *etwa 2450 km langer Schutzwall um das chines. Reich (um 210 v. Chr. erbaut);* chinesische Sprache *Sprache der Chinesen aus meist einsilbigen Stammwörtern, bei denen die Stellung im Satz u. die Tonhöhe entscheidend für die Bedeutung sind*

**Chinin** ⟨[çi-] od. süddt., österr. [ki-] n. 11; unz.⟩ ► *Alkaloid der Chinarinde (gegen Malaria)* [→ *Chinarinde*]

CHIMÄRA

**Chintz** ⟨[tʃints] m. 1; Textilw.⟩ *durch Wachsüberzug glänzend gemachter Baumwollstoff, meist bunt gemustert* [engl. < ind. *chint;* urspr. bedruckter oder bemalter Kattun aus Indien]

**chintzen** ⟨[ˈtʃintsən] V. t.; hat⟩ *mit dünnem Wachsüberzug versehen* (Stoff)

**Chip** ⟨[tʃip] m. 6⟩ **1** *Splitter, Span* **2** ⟨Roulette⟩ *Spielmarke* **3** Chips ⟨Pl.⟩ *in Fett gebackene Scheiben roher Kartoffeln, pikant gewürzt* **4** *kleine Platte aus Halbleitermaterial, auf der elektron. Halbleiterschaltungen untergebracht sind* [engl., „Schnitzel, Stückchen"]

**Chipkarte** ⟨[tʃip-] f. 19⟩ *(nahezu fälschungssichere) Plastikkarte mit integriertem Schaltkreis u. Mikroprozessor, die u. a. als Bargeldersatz eingesetzt wird,* z. B. als Kreditkarte, Telefonkarte usw.

**Chippendale** ⟨[ˈtʃipəndɛil] n.; -s; unz.⟩ *um 1750 in England entstandener Möbelstil* [nach dem engl. Kunsttischler Thomas *Chippendale,* 1718-1779]

**Chiropraktik** ⟨[çi-] f. 20; unz.⟩ *Heilverfahren zur Behandlung von unvollständigen Wirbelverrenkungen mit den Händen* [< grch. *cheir* „Hand" + *Praktik*]

**Chiroptera** ⟨[çi-] Pl.⟩ *Fledermäuse* [< grch. *cheir* „Hand" + *pteron* „Flügel"]

**Chirurg** ⟨[çir-] m. 16; Med.⟩ *Facharzt für Chirurgie, Operateur* [< grch. *cheirurges*, eigtl. „Handarbeiter" < cheir „Hand" + *ergon* „Werk, Arbeit"]
**Chirurgie** ⟨[çir-] f. 19; unz.⟩ **1** *Heilkunst durch operative Eingriffe* **2** *chirurgische Klinik*
**chirurgisch** ⟨[çir-] Adj.⟩ *mit den Mitteln der Chirurgie, operativ*
**Chitin** ⟨[çi-] n. 11; unz.⟩ ► *stickstoffhaltiger Grundstoff des Panzers der Gliederfüßer* [< grch. *chiton* „Gewand, Panzer"]
**Chiton** ⟨[çi-] m. 1⟩ *altgriech. Gewand aus einem Stück, um die Hüften gegürtet od. lose fallend* [< grch. *chiton* „Gewand, Panzer"]
**Chlor** ⟨[klo:r] n. 11; unz.; Chem.; Zeichen: Cl⟩ *chem. Element, gelbgrünes, stechend riechendes Gas, das in der Natur nicht frei vorkommt* [< grch. *chloros* „hellgrün, gelb"]
**Chlorate** ⟨[klo-] Pl.; Chem.⟩ *unterschiedl. verwendete Salze der Chlorsauerstoffsäure $HClO_3$ (= Chlorsäure)* [→ *Chlor*]
**chloren** ⟨[klo:-] V. t.; hat⟩ *durch Behandlung mit Chlor keimfrei machen* ◆ das Wasser ist stark gechlort
**Chloride** ⟨[klo-] Pl.⟩ *Salze der Salzsäure*
**chlorieren** ⟨[klo-] V. t.; hat⟩ *eine chem. Verbindung mit Chlor eingehen lassen*
**chlorig** ⟨[klo:-] Adj.⟩ *Chlor enthaltend, dem Chlor ähnlich* ◆ chlorige Säure *leicht zersetzliche Chlorsauerstoffsäure, chem. Formel $HClO_2$*
**Chlorit** ⟨[klo-]⟩ **I** ⟨n. 11⟩ *Salz der chlorigen Säure $HClO_2$* **II** ⟨m. 1; Min.⟩ *grünliches Mineral aus wasserhaltigem Magnesiumsilicat* [→ *Chlor*]
**Chlorkohlenwasserstoff** ⟨[klo:r-] m. 1; meist Pl.; Chem.; Abk.: CKW⟩ *aliphatischer od. aromatischer Kohlenwasserstoff, bei dem ein od. mehrere Wasserstoffatome durch Chloratome ersetzt sind, zu den Chlorkohlenwasserstoffen zählen zahlreiche umweltrelevante Chemikalien,* z. B. Hexachlorbenzol
**Chloroform** ⟨[klo-] n. 11; unz.⟩ *farblose, alkohollösliche, nicht brennbare Flüssigkeit, die ehemals bei Narkosen verwendet wurde, chemisch Trichlormethan, $CHCl_3$* [< *Chlor* + *Formyl*]
**Chlorophyll** ⟨[klo-] n. 11; unz.⟩ *dem Einfangen der Lichtenergie dienender grüner Pflanzenfarbstoff;* Sy *Blattgrün* [< grch. *chloros* „hellgrün" + *phyllon* „Blatt"]
**Chlorophyzee** ⟨[klorofy'tse:ə] f. 11⟩ *durch Besitz von Chlorophyll rein grün gefärbte Alge* [< grch. *chloros* „grün" + *phykos* „Tang"]
**Chlorsäure** ⟨[klo:r-] f. 19; Chem.⟩ *die Chlorsauerstoffsäure mit der chem. Formel $HClO_3$*
**Chlorwasserstoff** ⟨[klo:r-] m. 1; unz.; Chem.⟩ *Salzsäuregas, HCl*
**Choane** ⟨[koa:-] f. 19⟩ *hintere Nasenöffnung zum Rachenraum* [grch., „Trichter"]
**Choke** ⟨[tʃouk]⟩, **Choker** ⟨['tʃoukə(r)] m. 6⟩ *Luftklappe am Vergaser, die beim Start bei tiefen Temperaturen geschlossen wird, um ein zündfreudigeres Gemisch einzustellen* [engl., „Klappe, Ventil"; zu *choke* „sperren, hemmen"]
**Cholera** ⟨[ko-] f. 10; unz.⟩ **1** asiatische oder echte Cholera *schwere Infektionskrankheit mit heftigem Erbrechen, starkem Durchfall u. schnellem Kräfteverfall* **2** einheimische, europäische Cholera *Brechdurchfall* [< grch. *cholera* „Gallensucht" < *chole* „Galle, Zorn"]
**Choleriker** ⟨[ko-] m. 3⟩ *aufbrausender, jähzorniger Mensch* [→ *Cholera*]
**cholerisch** ⟨[ko-] Adj.⟩ *aufbrausend, jähzornig*

CHININ: CHININHALTIGE RINDE DES CHINARINDENBAUMS

**Cholesterin** ⟨[ko-] n. 11; unz.⟩ *lebensnotwendiger Nahrungsmittelbestandteil aus der Stoffklasse der Sterine, Ausgangsstoff für die Herstellung von Gallensäure, Vitamin D u. Steroidhormone, krankhafte Ablagerung in Gefäßwänden u. Gallensteinen* [< grch. *chole* „Galle" + *stear* „Fett"]
**Chor** ⟨[ko:r]⟩ **I** ⟨m. 1u⟩ **1** ⟨Antike⟩ **1.1** *Platz für den Kultgesang u. -tanz* **1.2** *Kulttanzgruppe* **2** ⟨grch. Theat.⟩ *derjenige Teil der Tragödie, der – von mehreren Sprechern gleichzeitig gesprochen – die Meinung des Volkes repräsentiert* **3** ⟨Mus.⟩ **3.1** *mehrstimmige Gesangsgemeinschaft, größere Sängergruppe* (Kirchenchor, Knabenchor, gemischter Chor) **3.2** *gemeinsamer, meist mehrstimmiger Gesang* **3.3** *Musikstück für Sängergruppe* **3.4** *Vereinigung gleicher od. verwandter Instrumente* (Bläserchor) ◆ einem Chor angehören; im Chor sprechen, singen; ein Werk für Chor und Orchester **II** ⟨m. 1 od. 1u od. n. 11 od. 11u⟩ *den Geistlichen vorbehaltener, das Kirchenschiff abschließender Raum mit Hochaltar u. Chorgestühl* [< lat. *chorus* „Rundtanz, Chor" < grch. *choros* „Reigentanz, Chor der Tänzer u. Sänger"]
**Choral** ⟨[ko-] m. 1u⟩ **1** *einstimmiger, unbegleiteter Chorgesang der römischen Kirche (Gregorian. Choral)* **2** *protestantisches Kirchenlied* [verkürzt < *Choralgesang* = Übersetzung < lat. *cantus choralis;* → *Chor*]

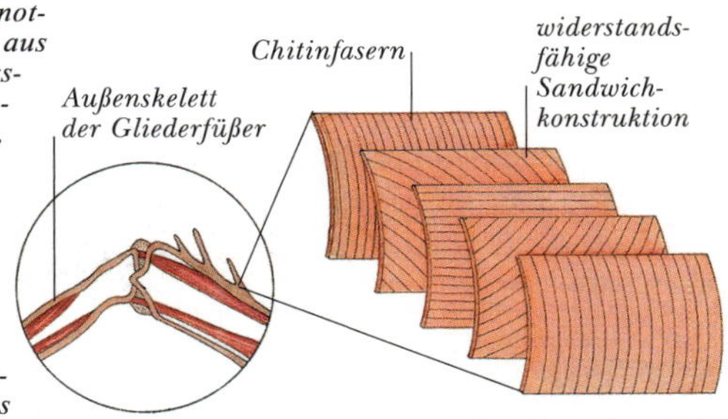


CHITIN: SCHNITT DURCH DAS AUSSENSKELETT EINES GLIEDERFÜSSERS MIT MEHREREN CHITINSCHICHTEN

**Chorda** ⟨[kɔr-] f.; -, Chorden⟩ *Sehne, Darmsaite;* oV *Chorde* ◆ Chorda dorsalis *knorpelige Vorstufe der Wirbelsäule beim Embryo der Wirbeltiere;* Sy *Rückensaite* [< grch. *chorde* „Darm, Darmseite"]
**Chordate** ⟨[kɔr-] m. 17⟩ *Angehöriger eines Tierstammes aus der Gruppe der Rückenmarktiere, deren Kennzeichen die Chorda dorsalis ist: Chordata*
**Chorde** ⟨[kɔr-] f. 19⟩ = *Chorda*
**Chordofon** ⟨[kɔr-] n. 11; Mus.⟩ = *Chordophon*
**Chordophon** ⟨[kɔr-] n. 11; Mus.⟩ *jedes Musikinstrument, dessen Ton auf der periodischen Schwingung einer oder mehrerer gespannter Saiten beruht;* oV *Chordofon* [< grch. *chorde* „Darm, Darmsaite" + *...phon*]

## CHILI

Die Chilischote ist am bekanntesten in der Form der fleischigen Paprika. In tropischen und subtropischen Ländern werden aber viele unterschiedliche Sorten gezüchtet. Für die Zubereitung schmackhafter Gerichte bieten Chilis eine reiche Auswahl an Aromen, wobei meist die kleineren Schoten die schärfsten sind. Das mexikanische Nationalgericht Chili con Carne erhält seine Schärfe besonders durch den Chilipfeffer.

### CHILISORTEN

C

**Choreograf** 〈[ko-] m. 16〉 *jmd., der Ballettänze entwirft (u. mit einem Ballettensemble einstudiert);* oV *Choreograph* [< grch. *choreia* „Tanz" + *graphein* „schreiben"]
**Choreografie** 〈[ko-] f. 19〉 *Tanzschrift, Entwurf von Balletttänzen;* oV *Choreographie*
**choreografieren** 〈[ko-] V. t.; hat〉 *Balletttänze entwerfen u. mit einem od. mehreren Tänzern einstudieren;* oV *choreographieren*
**choreografisch** 〈[ko-] Adj.〉 *die Choreografie betreffend, zu ihr gehörig, auf ihr beruhend;* oV *choreographisch*
**Choreograph** 〈[ko-] m. 16〉 = *Choreograf*
**Choreographie** 〈[ko-] f. 19〉 = *Choreografie*
**choreographieren** 〈[ko-] V. t.; hat〉 = *choreografieren*
**choreographisch** 〈[ko-] Adj.〉 = *choreografisch*
**Choreutik** 〈[ko-] f. 20; unz.〉 *Tanzkunst* [zu grch. *choreuein* „Reigen tanzen"]
**Chorgestühl** 〈[ko:r-] n. 11〉 *Sitze der Geistlichen im Altarraum*
**Choriambus** 〈[ko:r-] m.; -, -iamben; Metrik〉 *aus einem Choreus u. einem Jambus bestehender Versfuß*
**chorisch** 〈[ko-] Adj.〉 *durch einen Chor ausgeführt*
**Chorknabe** 〈[ko:r-] m. 17〉 *Mitglied des Knabenchors einer Kirche*
**Chorwerk** 〈[ko:r-] n. 11〉 *für den Chor komponiertes größeres Musikstück*
**Chow-Chow** 〈[tʃau'tʃau] m. 6〉 *chines. Spitz mit blauer Zunge* [engl. < chin.]
**Christ** 〈[krist] Rel.〉 **I** 〈m.; -; unz.; kurz für〉 *Christus* ◆ der heilige Christ *Christkind* **II** 〈m. 16〉 *Anhänger des Christentums, sich (durch die Taufe) zur christlichen Religion Bekennender* [< mhd. *kriste;* zu *kristen* „christlich" < ahd. *kristani* < lat. *christianus*]
**Christ...** 〈Vors.〉 → a. *Weihnachts...*
**Christbaum** 〈[krist-] m. 1u〉 *Weihnachtsbaum*
**Christdemokrat** 〈[krist-] m. 16; Pol.〉 *Parteimitglied der Christlich-Demokratischen Union (Deutschlands)*

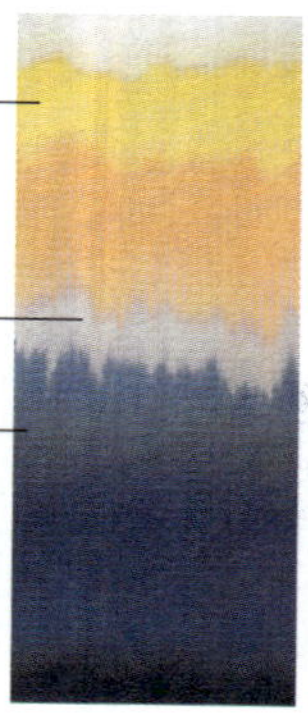

CHROMATOGRAPHIE: DEMONSTRATION DES PRINZIPS MIT TINTE UND LÖSCHPAPIER

**Christenheit** 〈[kris-] f. 20; unz.; Rel.〉 *Gesamtheit aller Christen*
**Christenmensch** 〈[kris-] m. 16; Rel.〉 *christl. getaufter u. christl. gesinnter Mensch*
**Christentum** 〈[kris-] n.; -s; unz.; Rel.〉 **1** *relig., auf Jesus Christus zurückgeführte Lehre* **2** *christl. Glaube, die gelebte Lehre Christi*
**Christfest** 〈[krist-] n. 11〉 = *Weihnachten*
**Christkind** 〈[krist-] n. 12〉 **I** 〈unz.〉 **1** *der kleine, neugeborene Jesus* **2** 〈regional〉 *Weihnachtsmann* **II** 〈zählb.〉 *Weihnachtsgabe*
**christlich** 〈[krist-] Adj.; Rel.〉 *dem Christentum entsprechend, zu Christus u. dem Christentum gehörig, von Christus stammend, auf Christus gerichtet* ◆ Christlich-Demokratische Union (Deutschlands) 〈Abk.: CDU〉 *1945 gegründete polit. Partei auf christl. Grundlage;* Christlicher Verein Junger Männer 〈Abk.: CVJM〉 *1883 gegründete evang. Jugendverband mit religiösen u. sozialen Zielen;* Christliche-Soziale Union 〈Abk.: CSU〉 *bayrische Entsprechung der CDU*
**Christmesse** 〈[krist-] f. 19; Rel.〉 *kath. Gottesdienst in der Christnacht*
**Christmette** 〈[krist-] f. 19; Rel.〉 *Gottesdienst in der Christnacht*
**Christnacht** 〈[krist-] f. 7u; Rel.〉 *die Nacht vom 24. zum 25. Dezember*
**Christogramm** 〈[kris-] n. 11; unz.; Rel.〉 = *Christusmonogramm*
**Christologie** 〈[kris-] f. 19; unz.; Rel.〉 *Lehre von der Person u. dem Werk Christi als dem Gottmenschen* [< *Christus* + grch. *logos* „Rede, Darstellung, Kunde"]

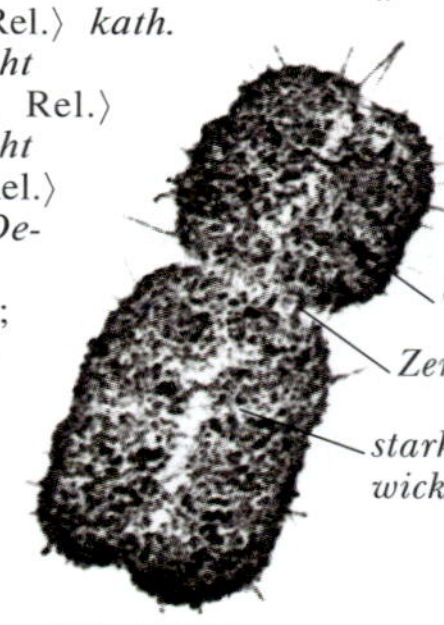

CHROMOSOM: MENSCHLICHES CHROMOSOM UNTER DEM MIKROSKOP

**christologisch** 〈[kris-] Adj.; Rel.〉 *die Christologie betreffend, zu ihr gehörig, auf ihr beruhend*
**Christrose** 〈[krist-] f. 19; Bot.〉 *in den Ost- u. Südalpen heim. Hahnenfußgewächs (Ranunculacea), dessen weiße od. rötl. Blüten bereits von Dezember bis Februar erscheinen: Helleborus niger;* Sy *Schneerose*
**Christstolle** 〈[krist-] f. 19〉, **Christstollen** 〈m. 4〉 = *Stolle*
**Christus** 〈[kris-] ohne Art.; Gen.: -ti, Dat.: -to od. -, Akk.: -tum od. -〉 *der Messias, Ehrenname Jesu;* Sy 〈kurz〉 *Christ (I)* ◆ nach Christo, nach Christus, nach Christi Geburt 〈Abk.: n. Chr.〉 *nach der Zeitrechnung;* vor Christo, vor Christus, vor Christi Geburt 〈Abk.: v. Chr.〉 *vor der Zeitrechnung* [< grch. *Christos* „der Gesalbte"; zu *chriein* „salben"]
**Christusdorn** 〈[kris-] m. 23; Bot.〉 *verschiedene Pflanzen (Stechpalme u. a.), aus denen die Dornenkrone Christi geflochten worden sein soll*
**Christusmonogramm** 〈[kris-] n. 11; unz.〉 *die ineinander gesetzten grch. Anfangsbuchstaben des Namens Jesus Christus, Chi u. Rho* (☧); Sy *Christogramm*
**Chrom** 〈[kro:m] n. 11; unz.; Chem.; Zeichen: Cr〉 *chem. Element, silberweiß glänzendes Schwermetall* [< grch. *chroma* „Farbe"]
**Chromatide** 〈[kro-] f. 19〉 *Spalthälfte eines Chromosoms* [zu grch. *chroma* „Farbe"]
**Chromatin** 〈[kro-] n. 11; unz.〉 *bei basischen Färbungen sich bes. stark färbende Zellkernbestandteile* [zu grch. *chroma* „Farbe"]
**chromatisch** 〈[kro-] Adj.〉 **1** 〈Mus.〉 *in Halbtönen fortschreitend;* Ggs *diatonisch* **2** 〈Opt.〉 *auf Farbenzerlegung beruhend* ◆ chromatische Aberration = *Farbabweichung;* chromatische Tonleiter *aus den 12 Halbtönen gebildete Tonleiter*
**Chromatografie** 〈[kro-] f. 19〉 ► = *Chromatographie*
**Chromatographie** 〈[kro-] f. 19〉 ◄ *Verfahren zur Trennung gelöster od. gasförmiger Verbindungen, beruht darauf, dass eine bewegliche Phase wandert u. die zu trennenden Stoffe mit unterschiedl. Geschwindigkeiten transportiert;* oV *Chromatografie* [< grch. *chroma* „Farbe" + *graphein* „schreiben"]
**Chromeisenerz** 〈[kro:m-] n. 11; Chem.〉 ► = *Chromit*
**Chromerz** 〈['kro:m-] n. 11〉 *chromhaltiges Mineral,* z. B. Chromit
**chromieren** 〈[kro-] V. t.; hat〉 *gefärbte Wollgewebe mit Chromsalzen zur Erhöhung der Farbtiefe u. -echtheit nachbehandeln*
**Chromit** 〈[kro-] m. 1; Chem.〉 ► *einziges wichtiges Chromerz, chem. Formel* $FeO \cdot Cr_2O_3$*;* Sy *Chromeisenerz*
**Chromnickelstahl** 〈[kro:m-] m.; -s; unz.〉 *chrom- u. nickelhaltige Eisenlegierung*
**Chromolith** 〈[kro-] m. 1 od. m. 16〉 *unglasiertes, farbiges Steinzeug* [< grch. *chroma* „Farbe + *lithos* „Stein"]
**Chromolithografie** 〈[kro-] f. 19〉 = *Chromolithographie*
**Chromolithographie** 〈[kro-] f. 19; Typ.〉 oV *Chromolithografie* **I** 〈unz.〉 *Mehrfarbensteindruck* **II** 〈zählb.〉 *nach diesem Verfahren hergestelltes Druckerzeugnis* [< grch. *chroma* „Farbe" + *lithos* „Stein" + *graphein* „schreiben"]
**Chromoplast** 〈[kro-] m. 16 〉 *Farbstoffträger verschiedener Pflanzenzellen, der die Gelb- bis Rotfärbung zahlreicher Blüten u. Früchte bewirkt* [< grch. *chroma* „Farbe" + *plastes* „Bildner"]
**Chromoskop** 〈[kro-] n. 11〉 *Bildröhre für Farbfernsehen* [< grch. *chroma* „Farbe + *skopein* „schauen"]
**Chromosom** 〈[kro-] n. 27〉 ▲ *hauptsächl. aus Chromatin bestehendes, bei der Kernteilung auftretendes Teilstück der Zellkernmasse, Träger der Erbanlagen* [< grch. *chroma* „Farbe" + *soma* „Körper"]
**chromosomal** 〈[kro-] Adj.〉 *das Chromosom betreffend, zu ihm gehörig*
**Chromosomenaberration** 〈[kro-] f. 20; Genetik〉 *Abweichung von der normalen Chromosomenzahl od. -form, die Fehlgeburten od. Missbildungen verursacht* [< *Chromosom* + *Aberration*]
**Chromosphäre** 〈[kro-] f. 19; unz.; Astron.〉 *obere Schicht der Sonnenatmosphäre, die aus leichten Gasen, hauptsächlich aus Wasserstoff besteht* [< grch. *chroma* „Farbe" + *sphaira* „Kugel"]
**Chromotypie** 〈[kro-] f. 19; unz.〉 *das Drucken mit mehr als einer Farbe (Mehrfarbendruck, oft Drei- u. Vierfarbendruck) in allen Druckverfahren* [< grch. *chroma* „Farbe" + *typos* „Druck, Schlag"]
**Chromsäure** 〈[kro:m-] f. 19; unz.; Chem.〉 *nicht beständige Säure des sechswertigen Chroms,* $H_2CrO_4$, 〈auch Bez. für〉 *das Anhydrid dieser Säure, das Chrom (VI)-Oxid (*$CrO_3$*)*
**Chronik** 〈[kro:-] f. 20; Lit.〉 *Bericht über geschichtl. Vorgänge in der Reihenfolge ihres Geschehens* ◆ eine Chronik verfassen; die Chronik des Sports [< grch. *chronika biblia* „Zeitbuch"; zu *chronos* „Zeit"]
**chronisch** 〈[kro:-] Adj.; Med.〉 *langsam verlaufend, schleichend;* Ggs *akut* [→ *Chronik*]
**Chronist** 〈[kro-] m. 16; Lit.〉 *Verfasser einer Chronik*

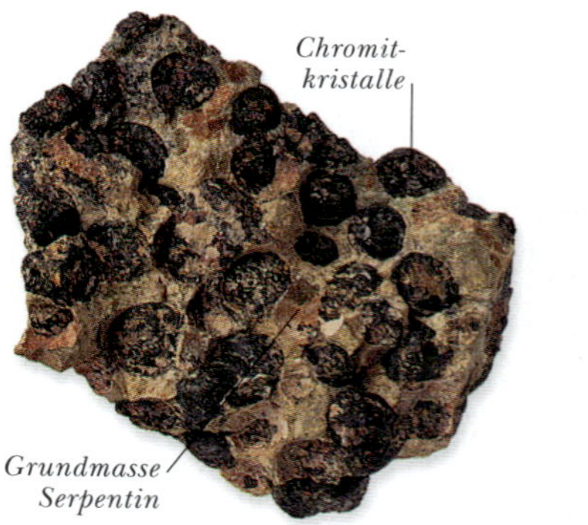

CHROMIT

**Chronograf** ⟨[kro-] m. 16⟩ = *Chronograph*
**Chronografie** ⟨[kro-] f. 19⟩ = *Chronographie*
**Chronograph** ⟨[kro-] m. 16⟩ *Gerät zur Aufzeichnung der Zeitdauer eines Vorgangs;* oV *Chronograf* [ < grch. *chronos* „Zeit" + *graphein* „schreiben"]
**Chronographie** ⟨[kro-] f. 19⟩ *Geschichtsschreibung nach der Zeitfolge;* oV *Chronografie*
**Chronologie** ⟨[kro-] f. 19; unz.⟩ *Zeitkunde, Zeitfolge, zeitl. Ablauf* [ < grch. *chronos* „Zeit" + *logos* „Lehre, Kunde"]
**chronologisch** ⟨[kro-] Adj.⟩ *nach dem zeitl. Ablauf* ◆ Ereignisse chronologisch aufzeichnen; Schriften chronologisch ordnen
**Chronometer** ⟨[kro-] n. 13⟩ **1** *Zeitmesser, Taktmesser* **2** *sehr genau gehende Uhr* [ < grch. *chronos* „Zeit" + *metron* „Maß"]
**Chrysalide** ⟨[çry-] od. [kry-] f. 19; Zool.⟩ ► *Puppe einiger Schmetterlingsarten mit goldglänzenden Flecken;* oV *Chrysalis* [zu grch. *chrysos* „Gold"]
**Chrysalis** ⟨[çry-] od. [kry-] f.; -, -liden; Zool.⟩ ► = *Chrysalide*
**Chrysantheme** ⟨[krys-] f. 19; Bot.⟩ = *Wucherblume* [ < grch. *chrysos* „Gold" + *anthemion* „Blume"]
**Chrysoberyll** ⟨[çry-] od. [kry-] m. 1; unz.; Min.⟩ ▼ *durchscheinendes bis durchsichtiges grünes Mineral, Schmuckstein, chem. Formel* $Al_2BeO_4$ [ < grch. *chrysos* „Gold" + *Beryll*]
**Chrysolith** ⟨[çry-] od. [kry-] m. 1 od. m. 16; Geol.⟩ *grüne Variante des Olivins* [ < grch. *chrysos* „Gold" + *lithos* „Stein"]
**Chrysopras** ⟨[çry-] od. [kry-] m. 1⟩ *apfelgrüne Abart des Chalcedons* [ < grch. *chrysos* „Gold" + *prason* „Lauch"]
**Chutney** ⟨['tʃʌtni] n. 15⟩ *dickflüssige, scharf gewürzte Sauce aus Früchten* [engl. < Hindi *catni;* zu *catt-* „kosten, lecken"]
**Chuzpe** ⟨[xuts-] f.; -; unz.⟩ *Dreistigkeit, Unverschämtheit* [jidd.]
**Chymosin** ⟨[çy-] n. 11; unz.⟩ = *Lab* [ < grch. *chymos* „Flüssigkeit"]
**Chymus** ⟨[çy-] m.; -; unz.⟩ *der mit Magensalzsäure durchsetzte Speisebrei im Magen* [ < grch. *chymos* „Flüssigkeit"]

CHRYSOBERYLL

**CIA** ⟨[si:ai'ɛi] Abk. für engl.⟩ *Central Intelligence Agency (US-amerikanischer Geheimdienst)*
**CIC** ⟨Abk. für lat.⟩ *Codex Iuris Canonici*
**Cie.** ⟨Wirtsch.; Abk. für ⟩ *Kompanie (1)*
**Cicero** ⟨[tsitsə-] f. 10; unz.⟩ *ein Schriftgrad (12 Punkt)* [nach dem röm. Staatsmann u. Redner Marcus Tullius *Cicero,* 106-43 v. Chr.]
**Cidre** ⟨['si:drə] m. 6; unz.⟩ *frz. Apfelwein* [frz.; → *Zider*]
**cif.** ⟨Abk. für engl.⟩ *cost, insurance, freight: Kosten, Versicherung, Fracht (Handelsklausel beim Überseekauf, nach der Fracht-, Versicherungs- u. Ladekosten im Kaufpreis enthalten sind)*
**Cineast** ⟨[si-] m. 16⟩ **1** *Filmfachmann, Filmschaffender* **2** *Filmfan* ◆ sie sind beide begeisterte Cineasten
**Cineastik** ⟨[si-] f.; -; unz.⟩ *Filmkunst* [zu frz. *cinéma* „Kino"]
**cineastisch** ⟨[si-] Adj.⟩ *die Cineastik betreffend, auf ihr beruhend, zu ihr gehörig*
**Cinzano** ⟨[tʃin-] m. 6; Warenzeichen⟩ *ein (roter od. weißer) ital. Wermutwein*
**circa** ⟨['tsirka] Abk.: ca.⟩ = *zirka*
**Circulus vitiosus** ⟨[tsir- vitsjo:-] m.; - -, -culi -tiosi⟩ *Beweis, in dem das zu Beweisende schon zur Beweisführung benutzt wird,* z. B. Kaffee regt an, da er eine anregende Wirkung hat; Sy *Zirkelschluss* [lat., „fehlerhafter Zirkel"]
**Circus** ⟨m.; -, -se⟩ = *Zirkus (2.1)*
**cis I** ⟨n.; -, -; Mus.⟩ *Tonbezeichnung, das um einen halben Ton erhöhte c, Grundton der cis-Moll-Tonleiter* **II** ⟨ohne Art.; Mus.; Abk. für⟩ *cis-Moll (Tonartbezeichnung)*
**Cis I** ⟨n.; -, -; Mus.⟩ *Tonbezeichnung, das um einen halben Ton erhöhte C, Grundton der Cis-Dur-Tonleiter* **II** ⟨ohne Art.; Mus.; Abk. für⟩ *Cis-Dur (Tonartbezeichnung)*
**cis-..., Cis-...** ⟨in Zus.; Chem.; Med.⟩ *diesseits, auf derselben Seite einer Ebene liegend;* Ggs *trans..., Trans...* [lat.]
**Cis-Dur** ⟨n.; -; unz.; Mus.; Abk.: Cis⟩ *auf dem Grundton Cis beruhende Dur-Tonart*
**cis-Moll** ⟨n.; -; unz.; Mus.; Abk.: cis⟩ *auf dem Grundton cis beruhende Moll-Tonart*
**Citrat** ⟨n. 11; fachsprachl.⟩ = *Zitrat*
**Citrin** ⟨n. 11; fachsprachl.⟩ = *Zitrin*
**Citronenöl** ⟨n. 11⟩ = *Zitronenöl;* Sy *Citrusöl*
**Citronensäure** ⟨f. 19; Biochem.; fachsprachl.⟩ = *Zitronensäure*
**Citronensäurezyklus** ⟨m.; -, -klen; fachsprachl.⟩ = *Zitronensäurezyklus*
**Citrusöl** ⟨n. 11⟩ = *Zitronenöl;* Sy *Citronenöl*
**City** ⟨['siti] f. 10⟩ *Stadtkern, Zentrum einer Großstadt, Geschäftsviertel* [engl., „Stadt", bes. „Altstadt"]
**CKW** ⟨Abk. für⟩ *Chlorkohlenwasserstoffe*
**cl** ⟨Zeichen für⟩ *Zentiliter*
**Cl** ⟨Chem.; Zeichen für⟩ *Chlor*
**Claim** ⟨[klɛim] n. 15⟩ **1** *Anspruch, Anrecht* **2** *Anteil (bes. an einer Goldmine)* [engl., „Anspruch"]
**Clairon** ⟨[klɛ'rɔ̃] n. 15; Mus.⟩ **1** *Bügelhorn, Signalhorn* **2** = *Clarino (2)* [ < frz. *clair* „hell, hell klingend"]
**Clan** ⟨[klæn] m. 6 od. eindeutschend [kla:n] m. 1⟩ oV *Klan* **1** *alter schottischer u. irischer Sippenverband* **2** ⟨Völkerkunde⟩ *Stammesuntergruppe* **3** ⟨umg.; bes. scherzh.⟩ *Gruppen-, Familienverband mit festem Zusammenhalt* [engl., „schottischer Lehns- u. Stammverband"]
**Clarino** ⟨n.; -s, -s od. -rini; Mus.⟩ **1** *hohe Trompete, Bachtrompete* **2** *trompetenähnliche Zungenstimme der Orgel;* Sy *Clairon (2)* **3** *hohes Register der Klarinette* [ital., „helle Trompete"; zu lat. *clarus* „hell"]
**Clavicembalo** ⟨[-vitʃɛm-] n. 15; Pl. a.: -bali; Mus.⟩ = *Cembalo* [ < lat. *clavis* „Schlüssel, Taste" + *Cembalo*]
**Clavus** ⟨[-vus] m.; -, Clavi [-vi]⟩ oV *Klavus* **1** *Besatzstreifen aus Gold od. Purpur an der römischen Tunica, der gleichzeitig den Rang angab* **2** ⟨Med.⟩ *Hühnerauge, Hornverdickung der Fußhaut* [lat., „Nagel"]
**Claymore** ⟨['klɛimɔ:(r)] n.; -, -s⟩ ▼ *besonders im 16. u. 17. Jh. in Schottland verbreitetes zweischneidiges Langschwert mit langem Griff* [ < gälisch *claidheamh mór* „großes Schwert"]

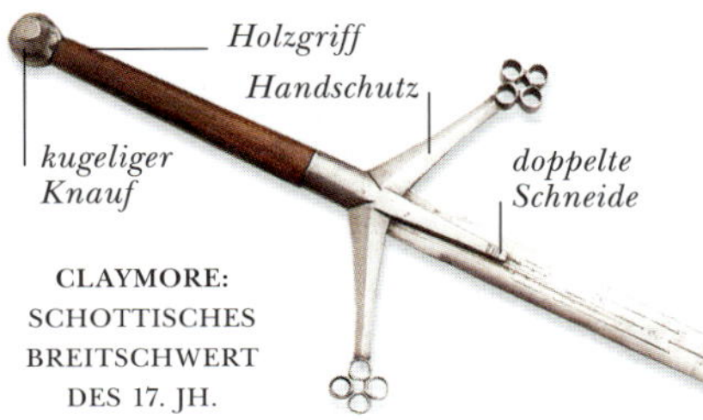

CLAYMORE: SCHOTTISCHES BREITSCHWERT DES 17. JH.

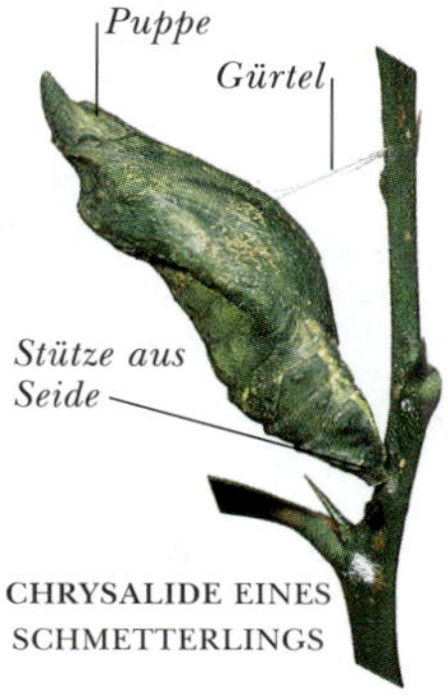

CHRYSALIDE EINES SCHMETTERLINGS

**clean** ⟨[kli:n] Adj.⟩ *nicht mehr drogenabhängig, rauschgiftsüchtig* [engl., „sauber"]
**Clearance** ⟨['klirəns] f.; -, -s [-siz]⟩ **1** *Unbedenklichkeitserklärung (nach Überprüfung einer Person, einer Maschine),* z. B. *im Militärwesen* **2** ⟨Med.⟩ *Maß für die Ausscheidung einer Substanz aus dem Blut* [engl., „Reinigung, Beseitigung"]
**Clearing** ⟨['kli:riŋ] n. 15⟩ *Verrechnungsverfahren* [engl.; zu *clear* „klar machen, klären"]
**Clematis** ⟨f.; -, -; Bot.⟩ ► = *Waldrebe;* oV *Klematis*
**Clementine** ⟨f. 19⟩ = *Klementine*
**Clenbuterol** ⟨n. 11; unz.; Pharm.⟩ *entkrampfend wirkender Stoff, der in einigen Asthma- u. Hustenmitteln medizinisch eingesetzt wird, gelegentlich als Anabolikum missbraucht, sowohl bei der Kälbermast als auch zur Leistungssteigerung im Spitzensport*
**Cleveland Bay** ⟨['kli:vlənd 'bɛi] m.; -s, -s⟩ **I** ⟨unz.⟩ *vermutlich älteste engl. Pferderasse, welche meist als Wagenpferd eingesetzt wird* **II** ⟨zählb.⟩ *einzelnes Pferd dieser Rasse* [nach dem engl. Bezirk *Cleveland,* in dem diese Pferderasse bereits im Mittelalter gezüchtet wurde + engl. *bay* „(kastanien)braun"]
**clever** ⟨['klɛvə(r)] Adj.⟩ *schlau, durchtrieben, gewandt* ◆ sie ist sehr clever [engl., „klug"]
**Clinch** ⟨[klintʃ] od. [klinʃ] m.; -es; unz.⟩ **1** ⟨Sp.; Boxen⟩ *Umklammerung des Gegners* **2** ⟨fig.⟩ *allzu starke Verbindung* **3** *Zwistigkeit, Streitigkeit, Auseinandersetzung* ◆ mit jmdm. im Clinch liegen [engl., „Umklammerung"]
**Clip** ⟨m. 6⟩ **1** = *Klipp (2)* **2** ⟨TV; bes. Mus.; kurz für⟩ *Videoclip*
**Clipper** ⟨m. 3; Warenzeichen⟩ *schnelles amerikanisches Verkehrsflugzeug, das Überseestrecken fliegt* [engl., eigtl. „Schnellsegler"]
**Clique** ⟨['klikə] f. 19⟩ *durch gemeinsame Interessen verbundene Gruppe, Sippschaft, Klüngel* ◆ sich in der Clique stark fühlen [frz., „Sippschaft"]
**Clivia** ⟨[-via] f.; -, -vien [-viən]; Bot.⟩ *Angehörige einer Gattung der Amaryllisgewächse, beliebte Zierpflanze mit linealischen, in zwei Zeilen stehenden Blättern u. roten od. orangefarbenen Blüten;* oV *Klivie* [nach einer engl. Herzogin, Lady *Clive*]
**Clochard** ⟨[klɔ'ʃa:r] m. 6⟩ *Vagabund in Großstädten (bes. in Paris), Stadtstreicher* [frz.]
**Clog** ⟨m. 6; meist Pl.⟩ *pantoffelähnlicher Schuh mit Holzsohle* [engl.]
**Clon** ⟨m. 1⟩ = *Klon*
**clonen** ⟨V. t.; hat⟩ = *klonen*
**Clonus** ⟨m.; -, -se⟩ = *Klon*
**Close-up** ⟨['klousʌp] n. 15; Film⟩ *Nah- bzw. Großaufnahme einer Person, eines Gegenstands od. einer Lokalität* ◆ die Schlussszene des Films endete mit einem Close-up der Hauptdarstellerin [ < engl. *close-up* „Nah-, Großaufnahme"]
**Cloth** ⟨[klɔθ] m.; -; unz.⟩ *dichtes Atlasgewebe* [ < engl. *cloth* „Tuch"]
**Clou** ⟨[klu:] m. 6⟩ *Höhepunkt, Knalleffekt* ◆ das war der Clou!; der Clou des Abends, der Saison, der Vorstellung; der Clou vom Ganzen [frz., „Nagel, Stift, Höhepunkt"]
**Clown** ⟨[klaun] m. 6⟩ **1** ⟨urspr.⟩ *die lustige Person der englischen Bühne* **2** ⟨heute⟩ *Spaßmacher in Zirkus u. Varietee* ◆ den Clown spielen [engl., „Tölpel, Hanswurst"]
**clownesk** ⟨[klau-] Adj.⟩ *in der Art eines Clowns* ◆ clowneskes Verhalten
**Club** ⟨m. 6⟩ = *Klub*
**Cluster** ⟨[klʌs-] m. 3⟩ **1** ⟨Mus.⟩ *flächenhafter Klang (durch übereinander geschichtete Intervalle)*

C

C

## COMPUTER

Computer wurden im II. Weltkrieg entwickelt und bestehen heute aus vier grundlegenden Einheiten: der Eingabeeinheit (z. B. der Tastatur), über die Daten eingespeist werden, der Zentraleinheit, in der die eigentliche Verarbeitung der Daten stattfindet, der Ausgabeeinheit (z. B. dem Bildschirm), die die Ergebnisse der Verarbeitung anzeigt, und der Speichereinheit, in der die Daten gespeichert werden.

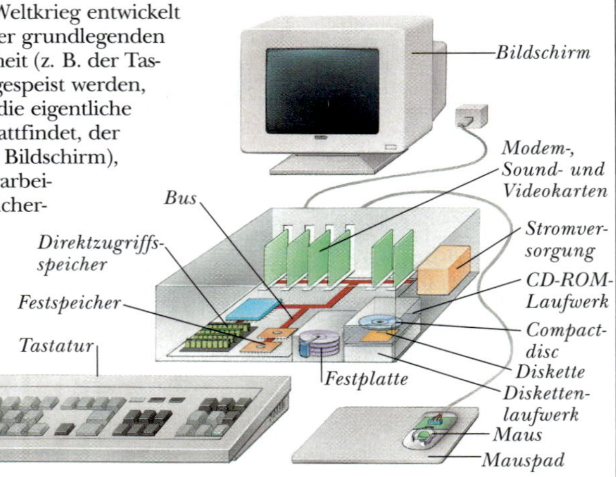


SCHNITT DURCH EINEN COMPUTER

**2** ⟨Phys.⟩ *System, Menge von Einzelteilchen* **3** ⟨Sprachw.⟩ *Häufung, ungeordnete Menge (semantischer Merkmale)* [engl., „Büschel, Haufen, Menge"]

**cm** ⟨Abk. für⟩ *Zentimeter*

**$cm^2$** ⟨Abk. für⟩ *Quadratzentimeter*

**$cm^3$** ⟨Abk. für⟩ *Kubikzentimeter*

**Cm** ⟨Chem.; Zeichen für⟩ *Curium*

**c-Moll** ⟨n.; -; unz.; Mus.; Abk.: c⟩ *auf dem Grundton c beruhende Moll-Tonart*

**cm/s, cm/sec** ⟨Abk. für⟩ *Zentimeter in der Sekunde (Geschwindigkeitseinheit)*

**c/o** ⟨Abk. für engl.⟩ *care of*

**Co** ⟨Chem.; Zeichen für⟩ *Kobalt*

**Co.** ⟨Wirtsch.; Abk. für⟩ *Kompanie (1)*

**Coach** ⟨[koutʃ] m. 6; Sp.⟩ *Trainer (von Sportlern)* [verkürzt < engl. *coachman* „Kutscher, jmd., der die Pferde lenkt"]

**coachen** ⟨['koutʃən] V. t.; Sp.⟩ jmnd. coachen *als Coach betreuen, trainieren*

**Cob** ⟨m. 6⟩ *kleines, gedrungenes Pferd, das zum Reiten u. Fahren eingesetzt wird* [engl., „kleines Pferd"]

**Cobalt** ⟨n. 11; Chem.; fachsprachl.⟩ = *Kobalt*

**Coca** ⟨f.; -, -⟩ = *Koka*

**Coca-Cola** ⟨f. 10 od. n. 15; Warenzeichen für⟩ *mit Kohlensäure versetztes, koffeinhaltiges Erfrischungsgetränk;* Sy ⟨kurz⟩ *Coke, Cola* [*Coca:* < indian.; nach dem in den Anden Südamerikas heimischen Strauch Erythroxylon *coca;* → *Kokain; Cola:* < westafrik.: nach der im tropischen Afrika heimischen *Kola*nuss]

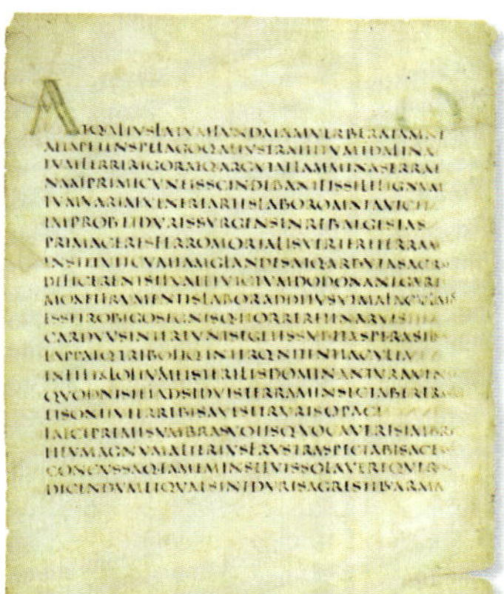

CODEX: DETAIL AUS DEM *CODEX VATICANUS 3256*

**Cocain** ⟨n. 11; unz.⟩ = *Kokain*

**Cochlea** ⟨[kɔx-] f.; -, -leae [leɛ:]⟩ *Teil des Innenohrs, Hörschnecke* [lat., „Schnecke"]

**Cockerspaniel** ⟨m. 6⟩ *Angehöriger einer englischen Jagdhundrasse;* ► *Hunde* [< engl. *cocker* „Schnepfenjäger" (< *woodcock* „Schnepfe") + *Spaniel*]

**Cockney** ⟨['kɔkni]⟩ **I** ⟨n.; - od. -s; unz.⟩ *Dialekt der unteren Schichten im Osten Londons* **II** ⟨m. 6⟩ *jmd., der zu diesen Schichten gehört u. Cockney spricht* [engl.]

**Cockpit** ⟨n. 15⟩ **1** ⟨Mar.⟩ **1.1** *tief gelegener Sitz des Steuermanns* **1.2** *Vorratsraum des Schiffes* **2** ⟨Flugw.⟩ *Sitz des Piloten* [engl., „Kampfplatz" (urspr. für Hahnenkämpfe: *cock* = „Hahn")]

**Cocktail** ⟨['kɔktɛil] m. 6⟩ *alkohol. Mischgetränk* ◆ einen Cocktail mixen [engl., „Getränk aus gemischten Spirituosen"]

**Cocktailkleid** ⟨[kɔktɛil-] n. 12⟩ *festl. Kleid mit meist kurzem Rock*

**Cocktailparty** ⟨[kɔktɛil-] f.; -, -s⟩ *zwanglose Geselligkeit in den frühen Abendstunden*

**Code** ⟨[ko:d] m. 6; fachsprachl.⟩ = *Kode;* → a. *Codex, Kodex*

**Code civil** ⟨[ko:d si'vi:l] m.; - -; unz.⟩ *auf Veranlassung von Napoleon 1804 geschaffenes französisches Zivilgesetzbuch* [frz., „Bürgerliches Gesetzbuch"; → *Kodex*]

**Codein** ⟨n.; -s; unz.⟩ = *Kodein*

**Coder** ⟨['ko:də(r)] m. 3⟩ → a. *Decoder* **1** ⟨Fernsehtech.⟩ *Einrichtung zur Erzeugung eines Farbfernsehsignals* **2** ⟨Rundfunktech.⟩ *Einrichtung zur Erzeugung eines Stereosignals aus dem Rechts- u. Linkssignal einer Stereoaufnahmeeinrichtung*

**Codex** ⟨m.; -, -dices [-tse:s]⟩ ◄ *handgeschriebenes Buch im MA;* → a. *Kodex* ◆ Codex iuris Canonici ⟨Abk.: CIC⟩ *Gesetzbuch der kath. Kirche von 1917 (ergänzt 1983)* [lat., „Rechnungsbuch, Verzeichnis"; → *Kode*]

**codieren** ⟨V. t.; hat⟩ = *kodieren*

**Coenzym** ⟨n. 11⟩ *wirksame Gruppe eines Enzyms, die als prosthetische Gruppe fest mit dem Eiweißanteil verbunden ist, kann bei verschiedenen enzymatischen Katalysen mitwirken;* oV *Koenzym;* Sy *Coferment*

**Coferment** ⟨n. 11⟩ = *Coenzym*

**Coffein** ⟨[-i:n] n. 11; unz.⟩ = *Koffein*

**cogito, ergo sum** ⟨Philos.⟩ *ich denke, also bin ich (Hauptgrundsatz des frz. Philosophen Descartes)* [lat.]

**Cognac** ⟨[-njak] m. 6; Warenzeichen⟩ *in Cognac hergestellter Weinbrand;* → a. *Kognak*

**Coiffeur** ⟨[koa'fø:r] od. schweiz.: [kwa-] m. 1 od. m. 6; bes. schweiz.⟩ *Friseur* [frz.]

**Coiffeuse** ⟨[koa'fø:z(ə)] f. 19⟩ *Friseuse* [frz.]

**Coiffure** ⟨[koa'fy:r] f. 19; Pl. [-rən]⟩ *kunstvolle Frisur, Haarputz* [frz., „Kopfbedeckung, Kopfputz, Haartracht"]

**Cointreau** ⟨[koɛ̃'tro:] m. 6; Warenzeichen für⟩ *frz. Orangenlikör*

**Coitus** ⟨['ko:itus] m.; -; unz.⟩ = *Koitus* ◆ Coitus interruptus *unterbrochener Geschlechtsverkehr, bei dem das Glied vor dem Samenerguss aus der Scheide gezogen wird* [lat.]

**Coke** ⟨[kouk] f. 10 od. n. 15; umg. Abk. für⟩ *Coca-Cola*

**Cola** ⟨f. 10 od. n. 15; kurz für⟩ *Coca-Cola*

**Colchicin** ⟨n.; -s; unz.⟩ *giftiges Alkaloid des Herbstzeitlosensamens;* oV *Kolchizin* [nach *colchicum autumnale* „Herbstzeitlose"]

**cold** ⟨[kould] Adj.; Drogenszene⟩ *nüchtern, nicht unter dem Einfluss von Drogen stehend* [engl., eigtl. „kalt"]

**Collage** ⟨[-ʒə] f. 19⟩ ▼ *aus Papier, Fotos od. anderem Material künstlerisch gestaltetes, geklebtes Bild* [< frz. *collage* „Klebearbeit"; zu *colle* „Klebstoff"]

**collagen** ⟨Adj.⟩ = *kollagen*

**Collagen** ⟨n. 11⟩ = *Kollagen*

**coll'arco** ⟨Mus.; Abk.: arc.⟩ *(für Streichinstrumente) mit den Bogenhaaren (zu streichen)* [ital., „mit dem Bogen"]

**College** ⟨['kɔlidʒ] n.; - od. -s [-dʒiz], -s [-dʒiz]⟩ **1** ⟨England⟩ **1.1** *Haus, in dem die Studenten u. Lehrer zusammen wohnen, vielfach den Universitäten angegliedert, mit Stipendien u. Freistellen* **1.2** *Unterrichts- u. Forschungsinstitut der Universitäten bzw. die Universität selbst* (University College) **1.3** *Akademie, die noch nicht Volluniversität ist* **2** ⟨USA⟩ **2.1** *höhere Lehranstalt, die auf der Highschool aufbaut u. nach vierjährigem Kurs zur Bachelorprüfung u. damit zur Universitätsreife führt* **2.2** *Universitätsinstitut od. Fachhochschulreife einzelner Fakultäten* [engl., „unabhängige Korporation von Gelehrten u. Studenten an einer Universität; Hochschule gewisser Berufe", umg. „Universität"]

**Collège** ⟨[kɔ'lɛ:ʒ] n.; - od. -s, -s⟩ *höhere Schule in Frankreich, Belgien u. in der frz. Schweiz* [frz., „Kollegium, städtische höhere Schule"]

**Collie** ⟨m. 6⟩ *schott. Schäferhund;* ► *Hunde* [engl., kelt. Ursprungs]

**Collier** ⟨[kɔ'lje] n. 15⟩ = *Kollier*

**Collodium** ⟨n.; -s; unz.⟩ = *Kollodium*

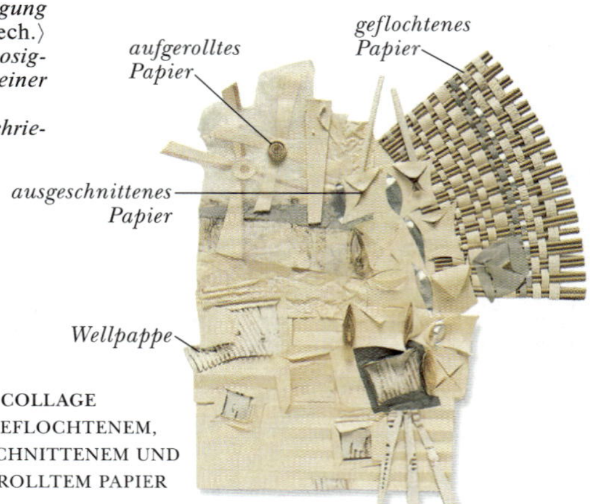


COLLAGE AUS GEFLOCHTENEM, AUSGESCHNITTENEM UND AUFGEROLLTEM PAPIER

**Colón** ⟨[ko'lon] m.; - od. -s, -s; bei Wertangaben Pl.: -⟩ *Währungseinheit in Costa Rica u. El Salvador* [nach der span. Form des Namens *Kolumbus*]

**Colonel** ⟨engl. ['kə:nəl] od. frz. [kɔlɔ'nɛl] m. 6⟩ *Oberst* [engl. u. frz., „Oberst"]

**color..., Color...** ⟨in Zus.⟩ *farbig, in Farbe* [lat., „Farbe, Färbung"]

**Colorbild** ⟨n. 12; Fot.⟩ *Farbbild*

**Colt** ⟨[kɔlt] m. 6; Warenzeichen⟩ *ein Revolver* [nach dem amerik. Ingenieur Samuel *Colt,* 1814-1862]

**Combo** ⟨f. 10; Mus.; Jazz⟩ *Kapelle mit kleiner Besetzung* [engl.; zu *combination* „Vereinigung, Verknüpfung"]

**Comeback,** ⟨auch⟩ **Come-back** ⟨[kʌm'bæk] n. 15⟩ *Wiederauftreten eines bekannten Künstlers, Politikers od. Sportlers nach längerer Pause* ◆ nach zehnjähriger Bühnenabstinenz feierte sie ein großartiges Comeback [engl., „Rückkehr, Zurückkommen"]

**Comedy** ⟨['kɔmədi] f.; -, -s; TV⟩ **1** *als Einzelbeitrag od. (häufiger) als Serie produzierte Komödie* **2** ⟨kurz für⟩ *Comedyshow* [engl., „Komödie"]

**Comedyshow** ⟨['kɔmədiʃou] f. 10; TV⟩ *Unterhaltungssendung im Fernsehen, deren Programm vor allem aus einzelnen Sketch- u. Gageinlagen besteht u. in der verschiedene Schauspieler(innen) kurze, witzige Szenen aufführen;* Sy ⟨kurz⟩ *Comedy (2)*

CONGA

**Comes** ⟨m.; -, - od. Comites; Mus.⟩ *Beantwortung (bzw. Wiederholung) des Fugenthemas* [lat., „Begleiter"]

**Comic** ⟨['kɔmik] n. 15; Lit.; kurz für⟩ **1** *Comicheft* **2** *Comicstrip*

**Comicheft** ⟨[kɔmik-] n. 11; Lit.⟩ *Magazin mit Comicstrips, z. B. über Micky Maus, Asterix u. Obelix u. a.;* Sy ⟨kurz⟩ *Comic (1)*

**Comicstrip** ⟨[kɔmik-] m.; -s, -s; Lit.⟩ *gezeichnete Bilderfolge in Streifen mit komischem od. abenteuerlichem Inhalt;* Sy *Cartoon,* ⟨kurz⟩ *Comic (2)* [engl., eigtl. „drolliger Streifen"]

**Comingout,** ⟨auch⟩ **Coming-out** ⟨[kʌmiŋ'aut] n. 15⟩ *Öffentlichmachen, Preisgabe (von etwas, das die eigene Person betrifft)* ◆ sein Coming-out haben *sich seiner Homosexualität bewusst werden u. zu ihr stehen* [engl., eigtl. „das Herauskommen"]

**Commedia dell'Arte** ⟨f.; - -; unz.⟩ *um 1550 entstandenes ital. Stegreiflustspiel* [ital., eigtl. (im damaligen Sprachgebrauch) „Berufstheater"]

**commodo** ⟨Mus.⟩ = *comodo*

**Commonsense,** ⟨auch⟩ **Common Sense** ⟨['kɔmənsɛns] m.; (-) -; unz.⟩ *gesunder Menschenverstand* [engl.]

**Commonwealth** ⟨['kɔmənwɛlθ] n.; -; unz.⟩ **1** *Gemeinwesen* **2** *Völkergemeinschaft, Staatenbund* ◆ Commonwealth of Australia [- ɔv ɔ:strɛiljə] *Austral. Bund (Australien und Tasmanien);* Commonwealth of Nations [- ɔv 'nɛiʃənz] *Staatengemeinschaft des Brit. Reiches* [engl., „Gemeinwesen, Freistaat"]

**comodo** ⟨Mus.⟩ *ruhig, gemäßigt (zu spielen);* oV *commodo* [ital.]

**Compactdisc,** ⟨auch⟩ **Compact Disc** ⟨[kɔm'pɛkt disk] f.; (-) -, (-) -s; EDV; Mus.; Abk.: CD⟩ ► *kleine Platte, auf der Musik od. andere digitale Informationen gespeichert sind, die zum Lesen der Daten mit einem Laser abgetastet wird* [engl., eigtl. „kompakte, dichte (Schall-)Platte"]

**Compiler** ⟨[-pai-] m. 3; EDV⟩ *Programm, das eine Programmiersprache in eine andere, meist niedrigere, maschinenorientierte Sprache übersetzt, kompiliert* [zu engl. *compile* „zusammenstellen"]

**Compoundkern** ⟨[-paund-] m. 1; Phys.⟩ *durch Beschuss eines Atomkernes mit einem Teilchen entstehender neuer, hochangeregter Kern, der nach kurzer Zeit durch Kernumwandlung weiterreagiert* [zu engl. *compound* „zusammengesetzt"]

**Computer** ⟨[-pju:-] m. 3⟩ ◄ *elektron. Datenverarbeitungsmaschine* [engl.]

**Computeranimation** ⟨[-pju:-] f. 18; EDV⟩ *bewegte, mehrdimensionale, computererzeugte Bildsequenz, die z. B. in Videoclips u. Kinofilmen verwendet wird*

**Computerdiagnostik** ⟨[-pju:-] f. 20; unz.⟩ *Teilgebiet der Diagnostik, in dem die EDV zur Krankheitserkennung eingesetzt wird*

**computergestützt** ⟨[-pju:-] Adj.⟩ *mit Unterstützung eines Computers durchgeführt, mithilfe von Computereinsatz* ◆ computergestützter Fremdsprachenunterricht

**computerlesbar** ⟨[-pju:-] Adj.⟩ *in einer vom Computer lesbaren Schrift geschrieben* ◆ computerlesbare Adressen, Rechnungen, Zeichen

**Computersimulation** ⟨[-pju:-] f. 20⟩ *Methode, bei der von einem Vorgang eine vom Computer bearbeitbare Modellvorstellung entwickelt wird, um Informationen über den Verlauf des Vorgangs zu gewinnen*

**Computertomografie** ⟨[-pju:-] f. 19; Med.; Abk.: CT⟩ = *Computertomographie*

**Computertomographie** ⟨[-pju:-] f. 19; Med.; Abk.: CT⟩ *computerunterstütztes Röntgenschichtverfahren mit hoher Kontrastauflösung;* oV *Computertomografie*

**computerunterstützt** ⟨[-pju:-] Adj.⟩ *unter Zuhilfenahme eines Computers* ◆ computerunterstütztes Arbeiten; computerunterstützte Fertigung

**Comte** ⟨[kɔ̃t] m. 6⟩ *französischer Graf* [frz.]

**con brio** ⟨Mus.⟩ *mit Feuer, lebhaft (zu spielen)* [ital., „mit Lebhaftigkeit"]

**Concerto grosso** ⟨[kɔn'tʃɛrto -] n.; - -, -certi grossi; in der Barockmusik⟩ *Konzert für Orchester u. Soloinstrumente* [ital., „großes Konzert"]

**Conductus** ⟨m.; -, -; Mus.; im MA⟩ *ursprünglich einstimmiger, die Liturgie begleitender Gesang in lat. Sprache, später auch mehrstimmig mit weltlichem Inhalt* [lat., „Geleit; Eingangslied"]

**Conférencier** ⟨[kɔ̃ferã'sje:] m. 6⟩ *witzig-unterhaltender Ansager* [frz., „Vortragender"]

**conferieren** ⟨V. i.; hat; österr.⟩ *Darbietungen ansagen;* → a. *konferieren* [< frz. *conférer* mit einer von *Conférencier* abgeleiteten Bedeutung]

**Confessio** ⟨f.; -, -nes; Theol.⟩ **1** *Bekenntnis des Glaubens, Bekenntnisschrift* **2** *Sündenbekenntnis, Beichte* [lat., „Eingeständnis, Bekenntnis"]

**Confiserie** ⟨f. 19⟩ = *Konfiserie*

**Confoederatio Helvetica** ⟨[-ve-] f.; - -; unz.; Abk.: CH⟩ *Schweizerische Eidgenossenschaft* [lat.]

**con forza** ⟨Mus.⟩ *kraftvoll (zu spielen)* [ital., „mit Kraft"]

**Conga** ⟨f. 10⟩ **1** ⟨Mus.⟩ ◄ *(besonders im modernen Jazz verwendete) kubanische Trommel;* ► *Schlaginstrumente* **2** *kuban. Tanz* [amerik.-span., nach dem afrik. Staat *Kongo*]

**Congelifraktion** ⟨f. 20; Geol.⟩ **1** *Verwitterung, Verfall durch Frosteinwirkung* **2** *Absprengung von Gesteinsblöcken durch Frostwechsel* [< *Con...* + lat. *gelidus* „eisig, eiskalt" + *Fraktion*]

**con moto** ⟨Mus.⟩ *bewegt (zu spielen)* [ital., „mit Bewegung"]

**Connaisseur** ⟨[-nɛsø:r] m. 6⟩ *Kenner, Feinschmecker, qualifizierter Begutachter, Sachverständiger* [frz.; zu *connaître* „kennen"]

**Connections** ⟨[kɔ'nɛkʃəns] Pl.; Jugendspr.⟩ *Beziehungen, Kontakte, Verbindungen* ◆ du hast wohl Connections zur Firmenleitung? [engl.]

**Consommé** ⟨[kɔ̃sɔ'me:] f. 10 od. n. 15⟩ *bes. kräftige, klare Fleischbrühe;* oV *Konsommee* [frz.; zu *consommer* „verbrauchen, aufzehren", weil die Brühe während des Kochens den gesamten Fleischsaft aufzehrt]

**con spirito** ⟨Mus.⟩ *spritzig, geistvoll (zu spielen)* [ital., „mit Geist"]

**Consultant** ⟨[kən'sʌltənt] m.; -s, -s; Wirtsch.⟩ = *Unternehmensberater* [engl., „Berater"]

**Consulting** ⟨[kən'sʌltiŋ] n. 15; unz.; Wirtsch.⟩ *(Unternehmens-)Beratung* [zu engl. *consult* „beraten, konsultieren, zu Rate ziehen" < lat. *consultare* „beraten"]

**Container** ⟨[-tɛi-] m. 3⟩ *Großbehälter zur Güterbeförderung od. -aufbewahrung* ◆ Altpapiercontainer [engl., „Behälter"; zu *contain* „enthalten"]

**Containerhafen** ⟨[-tɛi-] m. 4u⟩ *Hafen(teil) für den Umschlag von Containern*

C

## COMPACTDISC

Die Compactdisc (CD) kam 1982 auf den Markt und diente anfänglich ausschließlich als Speichermedium für Musik. Diese wird als digitaler Code in Millionen winzigen Vertiefungen, den Pits, gespeichert. Ein die CD abtastender Laserstrahl des CD-Players verwandelt diesen Code wieder in die ursprüngliche analoge Form.

COMPACTDISC

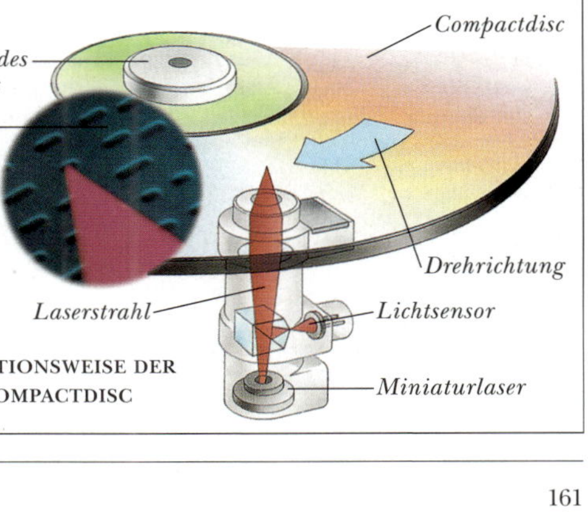

FUNKTIONSWEISE DER COMPACTDISC

**Containerlastzug** ⟨[-tɛi-] m. 1u⟩ *Lastkraftwagen mit besonderem Aufbau für den Transport von Containern*
**Containerschiff** ⟨[-tɛi-] n. 11⟩ ► *für die Beförderung von Containern bes. eingerichtetes Schiff*
**Conte** ⟨m.; -, Conti od. -s⟩ *Graf* [ital.]
**Contenance** ⟨[kɔ̃tə'nãs] f.; -; unz.; geh.⟩ *Selbstbeherrschung, Haltung, Fassung, Gelassenheit (in schwierigen Situationen);* oV *Kontenance* [frz., < lat. *continentia* „Selbstbeherrschung, Mäßigung"]
**Contessa** ⟨f.; -, -tessen⟩ *Gräfin* [ital.]
**Contest** ⟨m. 6⟩ *(musikalischer od. sportlicher) Wettbewerb* [engl.]
**Continuo** ⟨m. 6; Mus.; kurz für⟩ *Basso continuo* [lat., „ohne Unterbrechung, sofort"]
**contra** ⟨Präp.⟩ *gegen;* oV *kontra;* → a. *pro* [lat.]
**Contra** ⟨n. 15⟩ = *Kontra*
**Contratenor** ⟨m. 1u; Mus.; im frühen mehrstimmigen Satz⟩ *Gegenstimme zum Tenor innerhalb des Bereichs der Tenorstimmlage;* oV *Kontratenor;* → a. *Countertenor*
**Controller** ⟨[-trou-] m. 3⟩ **1** ⟨allg.⟩ *Prüfer, Tester* **2** ⟨Wirtsch.⟩ *Leiter des Rechnungswesens* **3** *elektr. Regler* [engl.; zu *control* „kontrollieren, prüfen"]
**cool** ⟨[ku:l] Adj.⟩ **1** *kühl, lässig, leidenschaftslos, ruhig u. überlegen, gelassen, distanziert* **2** ⟨Jugendspr.⟩ *sehr gut, hervorragend;* Sy *funkig* ◆ er ist ein ganz cooler Typ ⟨Jugendspr.⟩; coole Musik ⟨Jugendspr.⟩ [engl., „kühl"]
**Cooler** ⟨[ku:-] m. 3⟩ **1** *Longdrink, anregendes alkoholisches Mischgetränk* **2** *Kühlschrank, -automat* [< engl. *cool* „kühl, frisch"]
**Cooljazz,** ⟨auch⟩ **Cool Jazz** ⟨['ku:l'dʒæz] m.; (-) -; unz.; Mus.⟩ *moderne, undynamische Form des Jazz*
**Coolwool,** ⟨auch⟩ **Cool Wool** ⟨['ku:lwu:l] f.; (-) -; unz.⟩ *leichter Sommerwollstoff* [engl.]
**Cop** ⟨[kɔp] m. 6; salopp⟩ *Polizist* [engl.-amerik.]
**Copilot** ⟨m. 16⟩ = *Kopilot*
**Coprozessor** ⟨m. 23; EDV⟩ = *Koprozessor*
**Copyright** ⟨['kɔpirait] n. 15; Zeichen: ©⟩ *Urheberrecht* [engl.]
**Cord** ⟨m. 1⟩ oV *Kord* **1** *strapazierfähiges Gewebe mit dichtem, schnurartigen Rippen* **2** *Gewebe, das in Fahrzeugreifen als Zwischenlage dient* [< engl. *cord* „Schnur, Seil, Bindfaden, gerippter Stoff" < frz. *corde* „Seil, Schnur" < lat *chorda* < grch. *chorde* „Darm, Darmsaite"; → *Kordel, Kordon*]
**Cordon bleu** ⟨[kɔrdɔ̃ 'blø:] n.; - -, -s -s [kɔrdɔ̃ 'blø:]⟩ *zwei dünne, zusammengeklappte Kalbsschnitzel mit Zwischenlage aus Käse u. Schinken, paniert u. gebraten* [frz., „blaues Band" (wegen der besonderen Wertschätzung dieses Gerichtes)]
**Core** ⟨[kɔ:(r)] n. 15; Phys.⟩ *innerer Teil eines Kernreaktors, in dem die Kernreaktion abläuft* [engl., „Kern, Kerngehäuse"]
**Corioliskraft** ⟨f. 7u; unz.⟩ *Trägheitskraft, die auf einen Körper wirkt, der sich in einem rotierenden Bezugssystem bewegt, beeinflusst z. B. die über der Erde strömenden Luftmassen* [nach dem frz. Physiker Gustave Gaspard *Coriolis,* 1792-1843]
**Corium** ⟨n.; -s; unz.⟩ *Lederhaut* [lat.]
**Cornea** ⟨f.; -; unz.⟩ *Hornhaut des Auges*
**Cornedbeef,** ⟨auch⟩ **Corned Beef** ⟨[kɔ:rn(ə)d'bi:f] n; (-) -; unz.⟩ *gepökeltes Rindfleisch* [engl., „eingesalzenes Rindfleisch"]
**Cornflakes** ⟨['kɔ:rnflɛiks] Pl.⟩ *knusprig geröstete Maisflocken* [< engl. *corn* „Mais" + *flake* „Flocke"]
**Cornichon** ⟨[kɔrni'ʃɔ̃] n. 15⟩ *kleine, sauer eingelegte Gurke* [frz.]

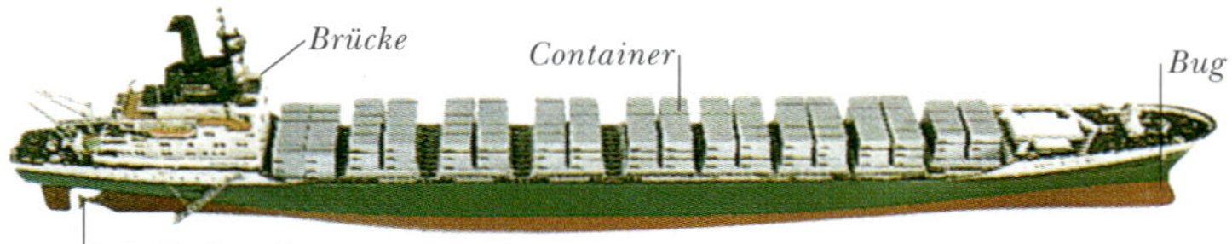

CONTAINERSCHIFF

**Corno** ⟨n.; -s, Corni; Mus.⟩ *Horn* ◆ Corno da caccia *Jagdhorn* [ital. < lat. *cornu* „Horn"]
**Corporate Identity** ⟨['kɔpərit ai'dɛntiti] f.; - -; unz.⟩ *Selbstdarstellung, Präsentation eines Unternehmens in der Öffentlichkeit (durch Kennzeichnung, Verpackung ihrer Produkte u. Ä.)* [engl., „Unternehmensidentität" < *corporate* „gemeinsam, korporativ" + *identity* „Identität"]
**Corps** ⟨[kɔ:r] n.; - [kɔ:rs], - [kɔ:rs]⟩ = *Korps*
**Corps de Ballet** ⟨[kɔ:r də ba'lɛ:] n.; - - -, - - -⟩ *die (nicht solistische) Ballettgruppe* [frz. „Balletttruppe"]
**Corps consulaire** ⟨[kɔ:r kɔ̃sy'lɛ:r] n.; - -, - -s [-'lɛ:r]; Abk.: CC⟩ *Gesamtheit der Angehörigen von ausländischen Konsulaten in einem Staat* [frz.]
**Corps diplomatique** ⟨[kɔ:r -ti:k] n.; - -, - -s [-ti:k]; Abk.: CD⟩ *Diplomatisches Korps* [frz.]
**Corpus** ⟨n.; -, -pora⟩ = *Korpus*
**Corpus Delicti** ⟨n.; - -, -pora -⟩ *Gegenstand eines Verbrechens (z. B. Waffe), Beweisstück* [lat., „Körper des Vergehens"]
**Corrente** ⟨f. 19; Mus.⟩ = *Courante* [ital.]
**Corrida** ⟨f.; -, -s⟩ = *Stierkampf* [span., eigtl. „Lauf, Hetze"]

COUPÉ: VOLVO P1800 VON 1961
MIT ZWEI NOTSITZEN

**Cortex** ⟨m. 1⟩ = *Kortex*
**cortische(s) Organ,** ⟨auch⟩ **Corti'sche(s) Organ** ⟨n. 11; unz.; Anat.⟩ *Organ in der Schnecke des Innenohres, das die schallempfindlichen Sinneszellen enthält* [nach dem ital. Anatomen *Corti,* 1822-1876]
**Cortison** ⟨n.; -s; unz.; Med.; fachsprachl.⟩ = *Kortison* [zu lat. *cortex* „Rinde"]
**cos** ⟨Math.; Abk. für⟩ *Kosinus*
**Cosmea** ⟨f.; -, -meen; Bot.⟩ *Korbblütler mit gespaltenen Blättern u. schmückenden Blüten* [nlat. < grch. *kosmos* „Schmuck, Zierde"]
**Costa**[1] ⟨f.; -, -tae [-tɛ:]; Anat.⟩ *Rippe* [lat.]
**Costa**[2] ⟨f. 10; Geogr.⟩ *Küste* ◆ Costa Brava; Costa del Sol [span.]
**cost and freight** ⟨['kɔst ənd 'frɛit]⟩ = *cf*
**cot** ⟨Abk. für⟩ *Kotangens*
**Cotton** ⟨['kɔtən] m. od. n.; -s; unz.⟩ *Baumwolle, Kattun* [engl., „Baumwolle"]
**Couch** ⟨[kautʃ] f.; -, -es [-tʃiz] od. -en⟩ *Liegesofa mit niedriger Lehne* [engl., „Liegesofa"]
**Couchtisch** ⟨[kautʃ-] m. 1⟩ *niedriger, vor eine Couch zu stellender Tisch*
**Couleur** ⟨[ku'lœ:r] f. 10 od. 20⟩ **1** *Farbe* **2** ⟨Kart.⟩ *Trumpf* **3** *Farbe einer student. Verbindung* **4** ⟨fig.⟩ *(individuelle) Weltanschauung, polit. Überzeugung* ◆ Politiker verschiedener Couleur [frz., „Farbe"]
**Coulomb** ⟨[ku'lɔ̃] n.; -s, -; Zeichen: C⟩ *Maßeinheit der elektr. Ladung, 1 C ist diejenige Ladungsmenge, die von einem elektr. Strom von 1 Ampere (A) Stärke in 1 Sekunde (s) transportiert wird, 1 C = 1 As* [nach dem frz. Physiker Charles A. de *Coulomb,* 1736-1806]

**Countdown,** ⟨auch⟩ **Count-down** ⟨[kaunt'daun] n. 15⟩ **1** *lautes Rückwärtszählen von einer beliebigen Ausgangsziffer bis null als Einleitung zum Startkommando für einen Vorgang* **2** *die dafür festgelegte Zeitspanne* **3** *die für einen Raketenstart notwendigen Vorbereitungen* [< engl. *count* „zählen" + *down* „herunter, hinunter"]
**Counterpart** ⟨[kauntə(r)-] m. 6⟩ *Ergänzung(sstück), Gegenstück, Pendant* [engl.]
**Countertenor** ⟨[kauntə(r)-] m. 1u; Mus.⟩ *männliche Altstimme, ein hoher Tenor;* → a. *Contratenor* [< engl. *counter* „entgegengesetzt" + *Tenor*]
**Countess** ⟨['kauntis] f.; -, -tesses [-tisiz]; in England⟩ *Gräfin (Frau eines Earls od. Counts)* [engl., „Gräfin"]
**Countrymusic** ⟨['kʌntri'mju:sik] f.; -; unz.⟩ *amerikanische Volksmusik* [engl.]
**County** ⟨['kaunti] f.; -, -s⟩ **1** *englische Grafschaft* **2** *Verwaltungsbezirk* [engl., „Grafschaft"]
**Coup** ⟨[ku:] m. 6⟩ **1** *Schlag, Hieb* **2** *Kniff, Kunstgriff* **3** *überraschendes Vorgehen* ◆ Coup **d'Etat** [- deta] *Staatsstreich* ◆ einen Coup **ausführen,** machen, planen ◆ ein **erfolgreicher,** großer Coup [frz., „Schlag, Stoß"]
**Coupé** ⟨[ku'pe:] n. 15⟩ oV *Kupee* **1** ⟨veraltet; noch österr.⟩ *Eisenbahnabteil* **2** ⟨heute⟩ *geschlossener Wagen (meist Auto, selten Kutsche)* **3** ◄ *sportl., geschlossener, meist zweitüriger Personenkraftwagen mit hinten schräg abfallendem Dach* [zu frz. *coupé* „abgeschnitten, durchschnitten"]
**Coupon** ⟨[ku'pɔ̃] m. 6⟩ = *Kupon*
**Courage** ⟨[ku'ra:ʒə] f. 19; unz.⟩ *Mut, Schneid* [frz., „Mut"]
**couragiert** ⟨[-ʒi:rt] Adj.⟩ *mutig, tapfer*
**Courante** ⟨[ku'rãt] f. 19; Pl. [-tən]; Mus.⟩ oV *Corrente* **1** *altfrz. Tanz* **2** *schneller Satz der Suite* [frz., „eilend, laufend"]
**Courbette** ⟨[kur'bɛt] f. 19; hohe Schule⟩ = *Kurbette* [frz.]
**Court** ⟨[kɔ:t] m. 6; Sp.; Tennis⟩ *Spielfeld (bei Tennis- u. Squashturnieren)* [engl.]
**Courtage** ⟨[kur'ta:ʒ(ə) f. 19⟩ *Maklergebühr;* Sy *Kurtage*
**Courtoisie** ⟨[kurtoa'zi:] f. 19; unz.⟩ *ritterl. Höflichkeit* [frz., „Höflichkeit"]
**Couscous** ⟨['kuskus] m. od. n.; -, -; Kochk.⟩ ► = *Kuskus*
**Cousin** ⟨[ku'zɛ̃] m. 6⟩ = *Vetter* [frz.]
**Cousine** ⟨[ku-] f. 19⟩ = *Kusine* [frz.]
**Cover** ⟨['kʌvə(r)] n. 15⟩ **1** *Schallplattenhülle* **2** *Titelseite (von Illustrierten)* [engl., „Bedeckung"]
**Cowboy** ⟨['kaubɔi] m. 6⟩ *berittener nordamerikanischer Rinderhirt* [engl.-amerik., „Rinderhirt"]
**Cr** ⟨Chem.; Zeichen für⟩ *Chrom*
**Crack**[1] ⟨[kræk] m. 6; Sp.⟩ **1** *Spitzensportler* **2** *hervorragendes Rennpferd* ◆ er ist ein Crack in mehreren Leichtathletikdisziplinen [engl., u. a. „Elite, erstklassiger Sportler"]
**Crack**[2] ⟨[kræk] n.; -s; unz.⟩ *kokainhaltiges Rauschmittel, aus Kokainkristallen u. Natriumhydrogencarbonat hergestellt* [engl., „Sprung, Riss; zerspringen"]
**Cracker** ⟨['krækə(r)] m. 3⟩ **1** *hartes, sprödes, salziges Kleingebäck* **2** *Feuerwerkskörper, Kracher* [engl.; zu *crack* „zerspringen"]

**Crash** ⟨[kræʃ] m. 6; umg.⟩ **1** *Zusammenstoß von Fahrzeugen im Straßen- u. Bahnverkehr* **2** ⟨EDV⟩ *Zusammenbruch eines EDV-Systems, durch Geräte-, Bedienungs- od. Programmfehler verursacht;* Sy *Absturz* [engl., „Krach, Zusammenbruch"]

**Crashtest** ⟨[kræʃ-] m. 1 od. m. 6⟩ *Test, mit dem das Verhalten von Kraftfahrzeugen bei Unfällen untersucht wird*

**Credo** ⟨n. 15⟩ = *Kredo*

**creme** ⟨[kre:m] Adj.; undekl.⟩ = *cremefarben*

**Creme** ⟨[kre:m] f. 10⟩ oV *Krem, Kreme* **I** ⟨zählb.⟩ **1** *feine, mit Sahne zubereitete Süßspeise* **2** *Füllung für Torten* **3** *kosmet. Salbe zur Hautpflege* **II** ⟨unz.; fig.⟩ *das Erlesenste* [< frz. *crème* < lat. *chrisma;* zu grch. *chriein* „salben"; verwandt mit *Christus*]

**cremefarben** ⟨[kre:m-] Adj.; undekl.⟩ *beige, blassgelb;* Sy *creme*

**Crème fraîche** ⟨['krɛ:m 'frɛʃ] f.; - -, -s -s ['krɛ:m 'frɛʃ]⟩ *(bes. zur Verfeinerung von Soßen verwendete) sehr fetthaltige saure Sahne* [frz., „frische Sahne"]

**cremig** ⟨[kre:-] Adj.⟩ *cremeartig, dickflüssig wie Creme* ◆ Butter cremig rühren

**Crêpe** ⟨[krɛp]⟩ **I** ⟨m. 6⟩ = *Krepp (I)* **II** ⟨m. 6 od. f. 10⟩ = *Krepp (II)*

**cresc.** ⟨Mus.; Abk. für ital.⟩ *crescendo*

**crescendo** ⟨[krɛ'ʃɛndo] Mus.; Abk.: cresc.; Zeichen: < ⟩ *im Ton anschwellend;* Ggs *decrescendo* [ital., „wachsend"]

**Crescendo** ⟨[krɛ'ʃɛndo] n.; -s, -s od. -scendi; Mus.⟩ *Anschwellen im Ton, zunehmende Tonstärke;* Ggs *Decrescendo*

**Crevette** ⟨[krə'vɛt] f. 19⟩ = *Krevette*

**Crew** ⟨[kru:] f. 10⟩ **1** *Besatzung (eines Schiffes od. Flugzeugs)* **2** *Jahrgang der Kriegsmarine* **3** ⟨allg.⟩ *Gruppe, Team* [engl., „Schiffsmannschaft, Belegschaft"]

**Croissant** ⟨[kroa'sã] n. 15⟩ *Hörnchen aus Blätterteig* [frz., eigtl. „Halbmond"]

**Croquette** ⟨[krɔ'kɛtə] f. 19⟩ = *Krokette*

**cross** ⟨[krɔs] Adj.; bes. Sp.⟩ *diagonal* [engl.]

**Cross** ⟨[krɔs] m.; -, -; Sp.; Tennis⟩ *Ball der diagonal über den Platz geschlagen wird, Crossschlag;* Ggs *Longline*

**Crosslauf** ⟨[krɔs-] m. 1u; Sp.⟩ *Geländelauf, Querfeldeinlauf* [zu engl. *cross* „quer, schräg"]

**Croupier** ⟨[kru'pje:] m. 6⟩ *Bankhalter einer Spielbank* [frz.]

**Crux** ⟨f. 20; unz.⟩ oV *Krux* **1** *Kreuz* **2** ⟨fig.⟩ *Last, Bürde, Kummer, Leid* [lat., „Kreuz"]

**Cs** ⟨Chem.; Zeichen für⟩ *Zäsium*

**Csárdás,** ⟨auch⟩ **Csardas** ⟨['tʃardaʃ] m.; -, -⟩ *ungar. Nationaltanz;* oV *Tschardasch*

**C-Schlüssel** ⟨m. 5; Mus.; Zeichen: C⟩ *Notenschlüssel, Alt- od. Bratschenschlüssel*

**CSU** ⟨Abk. für⟩ *Christlich-Soziale Union*

**c. t.** ⟨Abk. für lat.⟩ *cum tempore*

**CTG** ⟨Med.; Abk. für⟩ *Kardiotokograph*

**Cu** ⟨Chem.; Zeichen für⟩ *Kupfer (I, 1)* [zu lat. *cuprum*]

**cum laude** *mit Auszeichnung (bei akadem. Prüfungen)* ◆ ein Examen cum laude bestehen [lat., „mit Lob"]

**cum tempore** ⟨Abk.: c. t.⟩ *mit akadem. Viertel, eine Viertelstunde nach der angegebenen Zeit;* Ggs *sine tempore* ◆ das Seminar beginnt um 9 Uhr cum tempore [lat., „mit Zeit"]

**Cunnilingus** ⟨m.; -; unz.⟩ *Reizung des weibl. Geschlechtsteils durch Lecken;* oV *Kunnilingus* [< lat. *cunnus* „weibl. Scham" + *lingere* „lecken"]

**Cup** ⟨[kʌp] m. 6; Sp.⟩ **1** *Pokal* **2** *Ehrenpreis bei Sportwettkämpfen* **3** ⟨fig. a.⟩ *der Wettkampf selbst* (Daviscup) [engl., „Pokal, Schale"]

**Curaçao** ⟨[kyra'sao] m. 6⟩ *aus den Schalen einer Pomeranzenart hergestellter Likör, Apfelsinenlikör* [nach der Insel *Curaçao* im Karibischen Meer]

**Curium** ⟨n.; -s; unz.; Chem.; Zeichen: Cm⟩ *künstl. hergestelltes radioaktives chem. Element, silberglänzendes Metall aus der Gruppe der Transurane* [nach dem frz. Physikerehepaar Pierre, 1859-1906, und Marie *Curie,* 1867-1934]

**Curriculum** ⟨n.; -s, -cula⟩ *Gesamtplan für den Unterricht, umfasst Inhalte, Methoden u. Ergebnisse;* oV *Kurrikulum (2)* [lat., „Rennen, Rennbahn"; zu *currere* „laufen, rennen"]

**Curry** ⟨['kœri] od. ['kʌri] m. od. n.; -s; unz.⟩ *Mischung scharfer indischer Gewürze* [engl. < Tamil *kari*]

**Cursor** ⟨['kə:sə(r)] m. 6; EDV⟩ *bewegliche Markierung auf dem Bildschirm, die anzeigt, an welcher Stelle des Bildschirmes das nächste eingegebene Zeichen erscheint od. der nächste Steuerbefehl wirksam wird* [engl., eigtl. „Läufer"]

**Custard** ⟨['kʌstə(r)d] m.; -, -s; engl. Kochk.⟩ *eine Milchsüßspeise*

**Cuticula** ⟨f.; -, -s od. -culen⟩ = *Kutikula*

**Cutis** ⟨f.; -; unz.⟩ oV *Kutis* **1** *die Haut, bestehend aus Ober- u. Lederhaut* **2** *nachträglich verkorktes Pflanzengewebe* [lat., „Haut"]

**cutten** ⟨['kʌtən] V. t.; hat; Film; Rundfunk⟩ Tonband- od. Filmaufnahmen cutten *aus dem Ton- od. Filmstreifen herausschneiden, nach künstler. Gesichtspunkten umstellen u. wieder zusammenkleben* [zu engl. *cut* „schneiden"]

**$c_w$-Wert** ⟨m. 1⟩ *Verhältniszahl, die den Luftwiderstandsbeiwert eines bewegten Körpers angibt*

**Cyan** ⟨n. 11; unz.; Chem.; fachsprachl.⟩ = *Dicyan;* oV *Zyan*

**Cyanit** ⟨m. 1; unz.; Chem.; fachsprachl.⟩ = *Disthen;* oV *Zyanit*

**Cyankali** ⟨n. 15; unz.; Chem.; fachsprachl.⟩ = *Zyankali*

**Cyansäure** ⟨f. 19; unz.; Chem.; fachsprachl.⟩ = *Zyansäure*

**Cyberspace** ⟨['saibə(r)spɛis] n.; -; unz.; EDV⟩ *nur in einem EDV-System existenter Raum, in dem Wahrnehmung und Fortbewegung über spezielle Geräte möglich ist;* → a. *Virtual Reality* [< grch. *kybernetike* „Steuermannskunst" + engl. *space* „Raum"]

**Cyclamate** ⟨Pl.⟩ *Salze der Cyclohexylsulfamsäure, als künstliche Süßstoffe verwendet;* oV *Zyklamate*

**cyclisch** ⟨Adj.⟩ = *zyklisch* ◆ cyclische Verbindung ⟨Chem.⟩ = *zyklische Verbindung*

**cyclo..., Cyclo...** ⟨in Zus.⟩ *kreisförmig, periodisch auftretend;* oV *zyklo..., Zyklo...* [zu grch. *kyklos* „Kreis"]

**cyrillisch** ⟨Adj.⟩ = *kyrillisch*

C

# D

**d** **I** ⟨n.; -, - od. -s; Mus.⟩ *Tonbezeichnung, Grundton der d-Moll-Tonleiter* **II** ⟨ohne Art.⟩ **1** ⟨Mus.; Abk. für⟩ *d-Moll (Tonartbezeichnung)* **2** ⟨Math.; Abk. für⟩ *Differenzial* **3** ⟨Zeichen für⟩ *Durchmesser* **4** ⟨Abk. für lat.⟩ *Denar* **5** ⟨vor Maßeinheiten⟩ *Dezi..., $^1/_{10}$* **6** ⟨Phys. u. Astron.; Zeichen für⟩ *Tag (1)*

**D** **I** ⟨n.; -, - od. -s; Mus.⟩ *Tonbezeichnung, Grundton der D-Dur-Tonleiter* **II** ⟨ohne Art.⟩ **1** ⟨Mus.; Abk. für⟩ *D-Dur (Tonartbezeichnung)* **2** ⟨röm. Zahlzeichen für⟩ *fünfhundert* **3** ⟨Chem.; Zeichen für⟩ *Deuterium* **4** ⟨Abk. für⟩ *Dezimalpotenz (zur Bezeichnung der Verdünnung 1:10 homöopath. Medikamente)* **5** ⟨Abk. für⟩ *D-Zug*

DACHS: GEWÖHNLICHER DACHS *(Meles meles)*

**da¹** ⟨Adv.⟩ **I** ⟨örtlich⟩ **1** *hier, an dieser Stelle* **2** *dort, an jener Stelle* ◆ hallo, du da, ... ⟨umg.⟩; der **Mann** da kommt mir verdächtig vor ⟨umg.⟩ ◆ das Unglück **geschah** da, wo die Straße stark abfällt; da **habe** ich vor Jahren einmal gewohnt; da **kommt** er endlich!; lass das da **liegen!**; da **sehen** Sie die höchste Erhebung des Taunus; sieh da!, da schau her! *(Ausrufe des Erstaunens)*; **sein:** da bin ich ◆ **als** da sind, ⟨od. umg.⟩ wären ... *(bei Aufzählungen:) nämlich ...;* da **draußen,** drinnen, drüben wartet er; der Weg führt da **entlang,** hinab, hinauf, hinüber, hinunter; da **hinten,** oben, unten, vorn liegt das Buch; **nichts** da! ⟨umg.⟩ *das gibt es nicht!, das kommt nicht in Frage!;* da ging es **weiter** zur Raststätte ◆ **wer** ist da? **II** ⟨zeitlich⟩ *zu dieser Zeit, in diesem Augenblick* ◆ **haben** wir da alle gelacht!; da hast du's! *jetzt musst du auch einsehen, was ich schon voraussah* ◆ es kommt **hier** und da vor, dass ... *ab u. zu, hin und wieder* ◆ **von** da an war nicht mehr mit ihm zu rechnen **III** ⟨folgernd; umg.⟩ *unter diesen Umständen, in diesem Fall* ◆ da **haben** Sie Unrecht!; da **muss** man vorsichtig sein!; da soll noch einer **sagen,** die Menschen hier seien begriffsstutzig!; und da **wagst** du noch zu behaupten, dass ... **IV** ⟨Konj.⟩ *weil* ◆ da ich nicht kommen kann, wird mein Bruder mich vertreten [zu I: < ahd. *dar,* engl. *there;* zu II u. IV: < ahd. *do*]

**da²** ⟨Zeichen für⟩ *deka ..., Deka... (2)*

**dabei** ⟨[-'-] od. (wenn mit bes. Nachdruck auf etwas hingewiesen wird) ['--]; Adv.⟩ **I** ⟨hinweisend auf das, wovon gerade gesprochen wird⟩ **1** ⟨allg.⟩ *bei diesem* **2** ⟨örtlich⟩ *nahe, in der Nähe, daneben* **3** *bei alledem* **4** *gleichzeitig, außerdem* **5** dabei sein, etwas zu tun *im Begriff sein* ◆ er bleibt dabei, dass er Bescheid gesagt habe *er beharrt darauf;* wir wollen dabei bleiben, dass ... *wir wollen unsere Absicht nicht ändern;* was ist denn schon dabei? *was soll denn daran bedenklich sein?;* ich kann dabei nichts finden ⟨umg.⟩ *ich habe bei dieser Angelegenheit keine Bedenken;* dabei ['--] kann ich nichts finden, die andere Sache dagegen gefällt mir nicht; ein Haus mit Garten dabei *gleich daneben, angrenzend;* nahe dabei sein; er ist immer dabei, wenn ein Streich geplant wird; das ist dabei noch nicht einmal das Schlimmste; er fühlt sich wohl dabei; dabei kommt nichts heraus *das führt zu nichts;* er arbeitete und hörte dabei Radio *zur gleichen Zeit, zusätzlich;* er ist taub und dabei gelähmt; ich bin gerade dabei, den Koffer zu packen **II** ⟨entgegengesetzt zu dem, wovon gerade gesprochen wird⟩ *doch* ◆ er ist reich und dabei bescheiden

**dabeibleiben** ⟨V. i. 114; ist⟩ *bei einer Person, Sache, Beschäftigung bleiben* ◆ er ist lange dabeigeblieben

**dabeisitzen** ⟨V. i. 242; hat; süddt., österr., schweiz.: ist⟩ *bei jmdm. od. etwas sitzen (bleiben)* ◆ ich möchte gern dabeisitzen, wenn ihr plaudert

**dableiben** ⟨V. i. 114; ist⟩ **1** *nicht fortgehen, hierbleiben* **2** *(in der Schule) nachsitzen* ◆ könnt ihr noch eine Weile dableiben?

**da capo** ⟨Mus.; Abk.: d.c.⟩ *noch einmal von vorn (zu spielen)* ◆ da capo rufen, da capo singen oder spielen [ital., „vom Kopf (= Anfang) an"]

**d'accord** ⟨[da'kɔːr] geh.⟩ *einig, einer Meinung* ◆ mit jmdm. d'accord gehen [frz., „einverstanden"]

**Dach** ⟨n. 12u⟩ **1** ⟨Bauw.⟩ ▼ *oberer Abschluss eines Gebäudes* (Flachdach, Schieferdach, Ziegeldach) **2** *Bedeckung* (Schirmdach, Wagendach, Wetterdach) **3** ⟨Bgb.⟩ *über dem Abbau überhängendes Gestein* **4** ⟨fig.⟩ *Sicherheit, Schutz* **5** ⟨meist in Zus.⟩ *Zentrale, übergeordnete Organisation* **6** ⟨fig.; umg.⟩ *Kopf* ◆ das Dach der **Welt** ⟨fig.⟩ *das Hochland von Pamir* ◆ ein Dach **abtragen,** aufsetzen, ausbessern, decken ◆ ein **abgeschrägtes,** flaches, spitzes Dach ◆ jmdm. **aufs** Dach steigen; noch kein Dach **überm** Kopf haben ⟨fig.⟩ *noch nirgends untergekommen sein;* eine Angelegenheit **unter** Dach und Fach bringen ⟨fig.⟩ *abschließend besprechen, beenden, sichern;* unterm Dach wohnen *im obersten Stockwerk, in einer Mansarde* [< ahd. *dah,* engl. *thatch* „Strohdach"]

**Dachboden** ⟨m. 4u⟩ *Speicher unter dem Dach*

**Dachdecker** ⟨m. 3⟩ *Bauhandwerker, der Dächer herstellt u. ausbessert*

**Dachfirst** ⟨m. 1⟩ *Kante zweier zusammenstoßender Dachflächen*

**Dachgeschoss** ⟨n. 11⟩ *oberstes Stockwerk unter dem Dach*

**Dachreiter** ⟨m. 3⟩ *kleiner Turm auf dem Dachfirst, auf Kirchen meist Glockentürmchen*

**Dachrinne** ⟨f. 19⟩ *Abflussrinne für Regenwasser an der unteren Dachkante;* Sy *Dachtraufe, Regenrinne, Traufrinne*

**Dachs** ⟨[-ks] m. 1⟩ **1** ⟨Zool.⟩ ◄ *Angehöriger einer Unterfamilie der Marder, plumpes Tier mit fast rüsselförmiger Schnauze, nachtaktiv, Vorderbeine mit starken Grabkrallen: Melina* **2** ⟨fig.; umg.⟩ *unerfahrener, junger Bursche* ◆ so ein junger Dachs!; schlafen wie ein Dachs *sehr fest u. lange schlafen* [< ahd. *dahs;* Grundbedeutung vermutl. „bauen"; verwandt mit *Dechsel*]

**Dachschiefer** ⟨m. 3; unz.⟩ ► *natürliches Sedimentgestein, das sich in einer Ebene leicht in dünne Platten spalten lässt, meist grau od. dunkelblau, zum Dachdecken*

**Dachshund** ⟨[-ks-] m. 1⟩ = *Dackel*

**Dachstuhl** ⟨m. 1u⟩ *das tragende Gerüst des Daches*

**Dachtraufe** ⟨f. 19⟩ = *Dachrinne*

**Dachziegel** ⟨m. 5⟩ ► *gebrannter Ton- od. Lehmziegel zum Dachdecken*

**Dackel** ⟨m. 5⟩ *zur Dachsjagd besonders geeignete, krumm- u. kurzbeinige Hunderasse;*

## DACH

Die meisten Dächer besitzen eine Schräge und bestehen aus einem hölzernen Fachwerkträger mit einer Deckschicht aus Ziegeln, Schiefer, Stroh oder Metall. Parallel zum Dachfirst verlaufen die Pfetten, senkrecht dazu die Sparren. Zur zusätzlichen Stabilisierung des Rahmens dienen Streben und Kehlbalken.

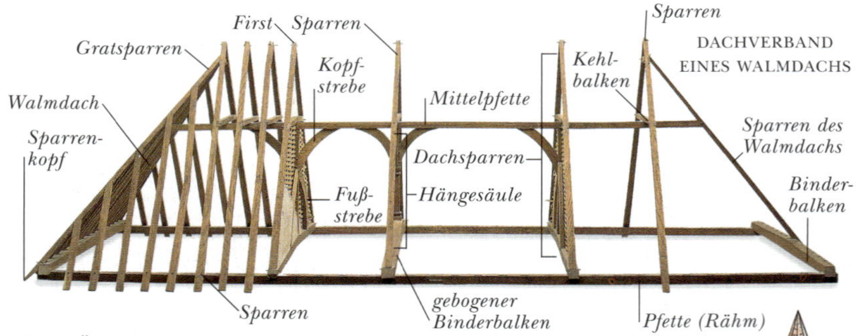


DACHVERBAND EINES WALMDACHS

### SCHRÄGDACHFORMEN

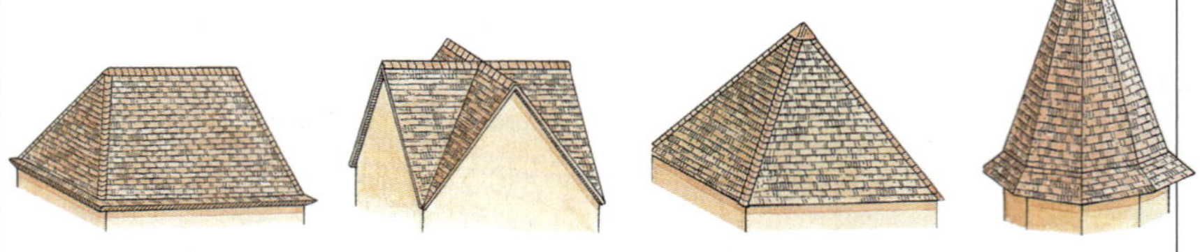

WALMDACH — KREUZDACH — ZELTDACH — TURMDACH

Sy *Dachshund, Teckel;* ► *Hunde* [Verkleinerungsform zu *Dachshund*]

**Dadaismus** ⟨m.; -; unz.⟩ *literar.-künstler. Bewegung nach dem 1. Weltkrieg, die bewusste Primitivität pflegte* [nach dem Stammellaut *dada*]

**dadurch** ⟨[-'-] od. (wenn mit bes. Nachdruck auf etwas hingewiesen wird) ['--]; Adv.⟩ *durch diesen Umstand* ◆ dadurch geriet er in Rückstand; er hatte dadurch große Verluste; dadurch, dass mein Zug Verspätung hatte, konnte ich nicht rechtzeitig kommen; er genießt viele Vorteile dadurch, dass er der Älteste ist

DACHSCHIEFER

**dafür** ⟨[-'-] od. (wenn mit bes. Nachdruck auf etwas hingewiesen wird) ['--]; Adv.⟩ **1** *für dieses, stattdessen, als Ersatz, Entgelt od. im Tausch für etwas* **2** *zugunsten von, für etwas, für eine Sache, für diesen Umstand;* Ggs *dagegen (I, 2)* ◆ dafür! *(bei Abstimmungen);* und dies ist nun der **Dank** dafür! ⟨iron.⟩ ◆ er ist dafür **bestraft** worden, dass er ...; dafür **gibt** es kein passenderes Mittel; dafür **halten** = *dafürhalten;* dafür **können** = *dafürkönnen;* dafür **sein** *zustimmen, einverstanden sein, einer bestimmten Ansicht sein;* wer ist dafür? *wer stimmt zu?;* ich werde dafür **sorgen;** alles **spricht** dafür, dass es sich so zugetragen hat ◆ er beherrscht die französische Sprache nur schlecht, dafür **aber** die englische um so besser

**dafürhalten** ⟨V. i. 160; hat⟩ *der Meinung sein, meinen;* oV *dafür halten* ◆ nach meinem Dafürhalten *nach meiner Ansicht, Meinung;* ich halte dafür, dass ...

**dafürkönnen** ⟨V. t. 171; hat; umg.⟩ *Schuld haben;* oV *dafür können* ◆ ich kann nichts dafür *ich habe keine Schuld daran*

**dafürsprechen** ⟨V. i. 246; hat⟩ *etw. od. jmdn. positiv od. negativ kennzeichnen, auf etw. hindeuten, eine Annahme od. Handlung nahe legen* ◆ vieles spricht dafür, dass er der Täter ist

**DAG** ⟨Abk. für⟩ *Deutsche Angestelltengewerkschaft*

**dagegen I** ⟨[-'-] od. (wenn mit bes. Nachdruck auf etwas hingewiesen wird) ['--]; Adv.⟩ **1** *hierauf, hierzu* **2** *gegen etwas, eine Sache od. einen Umstand;* Ggs *dafür (2)* ◆ dagegen! *(bei Abstimmungen);* er hat 1000 **Einwendungen** dagegen; gibt es ein **Mittel** dagegen? ◆ dagegen ist nichts zu **machen;** er **sagte** nichts dagegen, aber auch nichts dafür; dagegen **sein** *nicht zustimmen;* wer ist dagegen?; was kann man nur dagegen **tun?** **II** ⟨Konj.⟩ *jedoch, im Gegensatz dazu* ◆ die jüngeren Teilnehmer der Wandergruppe gingen zu Fuß, die älteren dagegen fuhren mit der Bergbahn

**dagegenhalten** ⟨V. t. 160; hat⟩ **1** *vergleichen, nebeneinander stellen* **2** *entgegnen, antworten* ◆ was hast du ihm dagegengehalten?

**Daguerreotypie** ⟨[-gɛro-] f. 19; Fot.⟩ **I** ⟨unz.⟩ *eine jodierte Silberplatte benutzendes fotografisches Verfahren* **II** ⟨zählb.⟩ ► *danach hergestelltes Lichtbild* [nach dem frz. Erfinder Louis *Daguerre,* 1787-1851]

**daheim** ⟨Adv.⟩ *zu Hause* ◆ daheim **bleiben;** wie **geht's** daheim? ⟨umg.⟩ *den nächsten Angehörigen;* für niemanden daheim **sein** *nicht zu sprechen sein* ◆ **auf** einem Gebiet daheim sein ⟨fig.; umg.⟩ *es beherrschen;* auf eine Nachricht **von** daheim warten

**daher I** ⟨Adv.⟩ *von dort her* ◆ von daher muss er gekommen sein; daher weht also der Wind! ⟨fig.; umg.⟩ *so ist das also, jetzt merke ich die Absicht* **II** ⟨Konj.⟩ *deshalb, deswegen, darum* ◆ daher also! *das ist der Grund;* und daher sage ich ...; das kommt nur daher, weil du nicht Bescheid gesagt hast

**dahergelaufen** ⟨Adj.; abwertend⟩ *von unsicherer, zweifelhafter Herkunft* ◆ ein dahergelaufener Kerl

**daherkommen** ⟨V. i. 170; ist⟩ *gemächlich kommen, hinzukommen*

**daherreden** ⟨V. i.; hat⟩ *planlos, ohne Überlegung reden* ◆ red nicht so viel, so dummes Zeug daher!

**dahin** ⟨[-'-] od. (wenn mit bes. Nachdruck auf etwas hingewiesen wird) ['--]; Adv.⟩ **1** ⟨örtlich⟩ *an diesen Ort, zu dieser bestimmten Stelle* **2** ⟨zeitlich⟩ bis dahin *bis zu einem bestimmten Zeitpunkt* **3** ⟨hinweisend⟩ **3.1** *so weit, bis zu diesem Zustand* **3.2** *auf eine bestimmte Absicht, ein Ziel hin* **4** ⟨Betonung nur [-'-]⟩ **4.1** *vergangen, verloren, vorbei* **4.2** *tot* ◆ dahin und dorthin blicken; bis dahin kannst du fahren, den Rest des Weges musst du gehen; es ist noch genug Zeit bis dahin; bis dahin müssen wir warten; ich freue mich auf unser Wiedersehen, bis dahin viele Grüße *inzwischen* ◆ alles **Geld** ist dahin; **Jugend** und Schönheit sind schnell dahin; sein **Leben** ist dahin; sein guter **Ruf** ist endgültig dahin ◆ jmdn. dahin **bringen,** dass er ... *beeinflussen;* dahin hat ihn seine Trägheit nun gebracht; er hat es dahin gebracht, dass ... *er hat es erreicht, dass ...;* seine Bemühungen **gehen** dahin, dass ... *zielen darauf;* meine Meinung geht dahin, dass ...; sich dahin gehend äußern, einigen, dass ...; schließlich ist es dahin **gekommen,** dass ...; musste es dahin mit dir kommen?

**dahinauf** ⟨Adv.⟩ *auf diesem Weg hinauf*

**dahinaus** ⟨Adv.⟩ *durch diese Öffnung, Tür hinaus*

**dahineilen** ⟨V. i.; ist⟩ **1** *in stetiger Bewegung eilen* **2** ⟨fig.⟩ *verfliegen, schnell vergehen* ◆ der Zug eilte dahin; die Jahre eilen dahin ⟨fig.⟩

**dahinein** ⟨Adv.⟩ *in diesen Raum, Behälter hinein*

**dahinfliegen** ⟨V. i. 136; ist⟩ **1** *in stetiger Bewegung fliegen* **2** ⟨fig.⟩ *schnell vorübergehen* ◆ die Jahre flogen dahin ⟨fig.⟩

**dahingeben** ⟨V. t. 143; hat⟩ *weggeben, opfern* ◆ sein Leben (für etwas) dahingeben

**dahingegen** ⟨Konj.⟩ *jedoch* ◆ sie dahingegen wollte noch bleiben

**dahinleben** ⟨V. i.; hat⟩ **1** *in den Tag hineinleben* **2** *sein Dasein fristen, vegetieren* ◆ kümmerlich dahinleben

DAGUERREOTYPIE

**dahinraffen** ⟨V. t.; hat⟩ *töten, vernichten* ◆ die Seuche hatte Tausende dahingerafft; vom Tod dahingerafft

**dahinschleppen** ⟨V. refl.; hat⟩ sich dahinschleppen **1** *sich mühsam fortbewegen* **2** ⟨fig.⟩ *träge vorankommen* ◆ sie konnten sich nur noch müde dahinschleppen; die Angelegenheit schleppt sich über Wochen dahin

**dahinschwinden** ⟨V. i. 232; ist⟩ *verschwinden, vorüber-, vergehen, weniger werden* ◆ die Jahre schwinden dahin; seine Kräfte schwinden immer mehr dahin; mein Geld schwindet dahin

**dahinsiechen** ⟨V. i.; ist⟩ *lange sehr schwer krank u. dem Tode nahe sein*

**dahinstellen** ⟨V. t.; hat⟩ *unentschieden lassen* ◆ dahingestellt *auf sich beruhend, nicht näher untersucht, unentschieden, unkommentiert;* das wollen wir einstweilen dahingestellt sein lassen; es bleibe dahingestellt, ob ...

**dahinten** ⟨Adv.⟩ *dort hinten*

**dahinter** ⟨Adv.⟩ *hinter diesem;* Ggs *davor (1)* ◆ bald kommen Sie ans Ende des Ortes, und dahinter beginnt gleich der Wald; es ist nichts, nicht viel dahinter ⟨fig.; umg.⟩ *es ist nichts wert;* viel Aufhebens und nichts dahinter ⟨umg.⟩; ich konnte einfach nicht dahinter kommen, was das bedeuten sollte; da steckt etwas dahinter!

**dahinüber** ⟨Adv.⟩ *auf diesem Weg, an diesen Ort, an dieser Stelle hinüber*

**dahinunter** ⟨Adv.⟩ *auf diesem Weg, an diesen Ort hinunter*

**dahinvegetieren** ⟨[-ve-] V. i.; hat⟩ *elend, nahe am Zugrundegehen leben*

**Dahlie** ⟨[-liə] f. 19⟩ *Zierpflanze mit Körbchenblüten;* Sy *Georgine* ◆ die Veränderliche Dahlie: *Dahlia variabilis* [nach dem finn. Botaniker Andreas *Dahl,* 1751-1789]

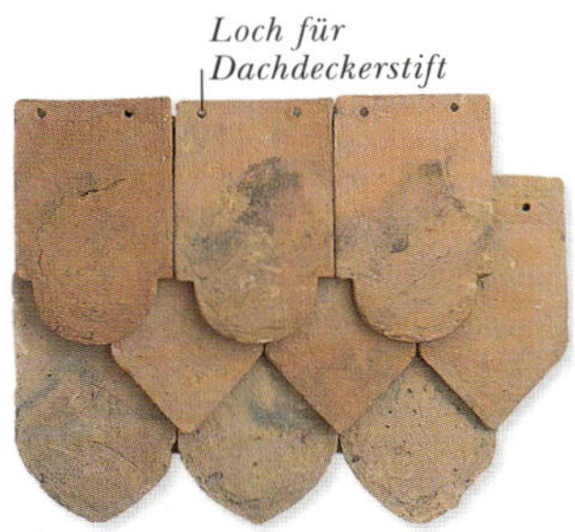


DACHZIEGEL AUS GEBRANNTEM TON

**Dailysoap,** ⟨auch⟩ **Daily Soap** ⟨['dɛili'soup] f.; (-) -, (-) -s; TV⟩ *während der Woche täglich ausgestrahlte Fernsehserie mit einfach strukturierter Handlung und festgelegten Charakteren,* z. B. „Verbotene Liebe", „Gute Zeiten, schlechte Zeiten"; → a. *Soapopera* [< engl. *daily* „täglich" + *soap* „Seife; Seifenoper"]

**Dajak** ⟨m. 6 od. m.; -, -⟩ *Einwohner von Borneo*

**Dakapo** ⟨n. 15; Mus.⟩ *Wiederholung*

**Dakota I** ⟨m. 6 od. m.; -, -⟩ *Angehöriger eines nordamerikanischen Indianervolkes vom mittleren Missouri;* → a. *Sioux* **II** ⟨n.; - od. -s; unz.⟩ *Sprache der Dakotas*

**Daktylogramm** ⟨n. 11⟩ = *Fingerabdruck*

**Daktylologie** ⟨f. 19; unz.⟩ *Finger- u. Gebärdensprache der Taubstummen* [< grch. *daktylos* „Finger" + *logos* „Rede, Darstellung"]

**Daktylus** ⟨m.; -, -tylen; Metrik⟩ *Versfuß aus einer langen, betonten u. zwei kurzen, unbetonten Silben* [< grch. *daktylos* „Finger"]

**Dalai-Lama** ⟨m.; - od. -s, -s; Rel.⟩ *kirchliches Oberhaupt der Tibeter* [*Dalai:* < mongol. „Meer"; *Lama:* < tibet. „der Höhere, großer Priester"]

**dalassen** ⟨V. t. 174; hat⟩ *zurücklassen* ◆ den Mantel kannst du dalassen; er hat versehentlich seine Tasche dagelassen; lass die Tüte da

**daliegen** ⟨V. i. 179; hat; süddt., österr., schweiz.: ist⟩ **1** *hingestreckt liegen* **2** *offen bereitliegen* ◆ ich sah sie hilflos daliegen

**Dalmatiner** ⟨m. 3⟩ **1** *Einwohner von Dalmatien* **2** *eine Hunderasse* **3** *Wein aus Dalmatien*

**dalmatinisch, dalmatisch** ⟨Adj.⟩ *zu Dalmatien gehörig, Dalmatien betreffend* ◆ dalmatinische Sprache *zu den ostroman. Sprachen gehörige, ausgestorbene Sprache Dalmatiens*

**damalig** ⟨Adj.⟩ *damals vorhanden, damals geschehen* ◆ um auf die damalige Angelegenheit zurückzukommen ...

**damals** ⟨Adv.⟩ *zu einem bestimmten vergangenen Zeitpunkt, zu jener Zeit* ◆ das war schon damals der Fall

**Damast** ⟨m. 1; Textilw.⟩ *Gewebe mit eingewebtem gleichfarbigem Muster* [nach der syrischen Hauptstadt *Damaskus*]

**Damaszenerrose** ⟨f. 19; Bot.⟩ ► *Angehörige einer alten englischen, stark duftenden Kulturrosensorte: Rosa damascena;* ► *Rosen*

**Damaszenerstahl** ⟨m.; -(e)s; unz.⟩ *durch Verschweißen dünner, harter u. weicher Stahlstäbe u. Bearbeiten (Damaszieren) hergestellter Stahl mit adrigem od. flammigem Ziermuster*

**Dame** ⟨f. 19⟩ **I** ⟨zählb.⟩ **1** ⟨urspr.⟩ *adlige Frau* **2** ⟨danach⟩ **2.1** *vornehme, kultivierte Frau od. Mädchen aus guter Familie* **2.2** *Tischnachbarin, Tanzpartnerin* **3** *höchster Stein des Damespiels* **4** ⟨Schach⟩ *die Königin* **5** ⟨Kart.⟩ *dritthöchste Spielkarte* ◆ meine Damen und Herren! *(Anrede);* nach dem Tanz führt der Herr seine Dame an ihren Platz zurück; die Dame des **Hauses** *Hausherrin, Gastgeberin;* die Dame seines **Herzens** ⟨scherzh.⟩ ◆ ⟨Kart.⟩ die Dame **ausspielen;** die vornehme Dame **hervorkehren,** spielen ⟨umg.⟩ ◆ eine **alte,** ältere, junge, jüngere, vornehme, würdige Dame; meine alte Dame ⟨umg.⟩ *meine Mutter;* eine **junge** Dame möchte Sie sprechen **II** ⟨unz.⟩ = *Damespiel* ◆ wollen wir (eine Partie) Dame spielen? [frz., urspr. „Frau von Stande"]

**Damenbinde** ⟨f. 19⟩ = *Monatsbinde*

**Damensattel** ⟨m. 5; früher⟩ ▼ *Reitsattel, der so eingerichtet ist, dass sich beide Beine der Reiterin auf einer Seite des Pferdes befinden*

**Damespiel** ⟨n. 11⟩ *ein Brettspiel für zwei Personen mit je zwölf Spielsteinen, bei dem diagonal gezogen u. durch Überspringen geschlagen wird;* Sy *Dame (II)*

**Damhirsch** ⟨m. 1⟩ *Angehöriger einer in kleinen Rudeln lebenden Hirschgattung mit schaufelartig verbreitertem Geweih u. weißgelben Flecken im Fell, Schulterhöhe 90 cm: Dama dama* [< ahd. *tam(o),* engl. *doe* „Reh"; vielleicht verwandt mit *zahm*]

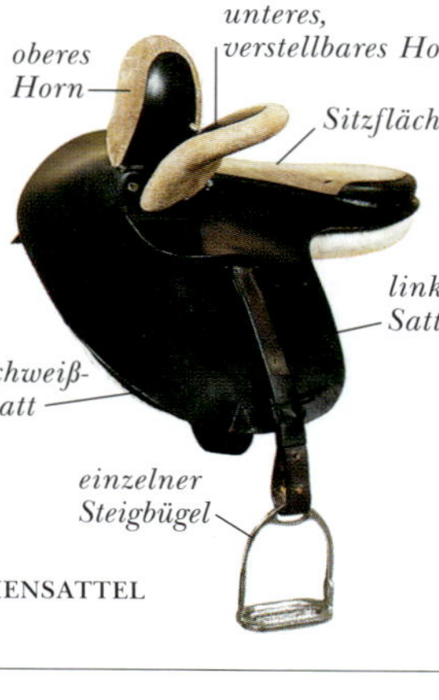


DAMENSATTEL

**damit I** ⟨[-'-] od. (wenn mit bes. Nachdruck auf etwas hingewiesen wird) ['--]; Adv.⟩ *mit dieser Sache* ◆ wir wollen endlich damit **anfangen** zu ...; du sollst endlich damit **aufhören!;** wie **steht's** damit? *wie weit ist diese Angelegenheit gediehen?;* er kann nicht damit **umgehen** ◆ damit ist es jetzt **aus!** *das wird von nun an nicht mehr gemacht;* es ist aus damit *die Angelegenheit ist erledigt;* und damit **basta!** ⟨umg.⟩ *Schluss jetzt!;* **her** damit! ⟨umg.⟩ *gib es mir!;* **heraus** damit! ⟨umg.⟩ *nun sag es schon!;* es ist **nichts** damit *es taugt nichts;* es wird nichts daraus **II** ⟨Konj.; Betonung nur [-'-]⟩ *in der Absicht, zu dem Zweck, dass ...* ◆ ich sage es, damit ihr Bescheid wisst; damit wir uns recht verstehen

**dämlich** ⟨Adj.; umg.⟩ *dumm, einfältig*

**Damm** ⟨m. 1u⟩ **1** *aufgeschütteter, fester Erdkörper als Unterbau von Eisenbahnlinien, Straßen usw.* (Bahndamm, Straßendamm), *zum Schutz gegen Hochwasser (Deich), gemauert zur Sicherung von Hafenanlagen* (Hafendamm) **2** ⟨veraltet; noch in Straßennamen⟩ *befestigte Fahrstraße* (Kurfürstendamm) **3** ⟨Anat.⟩ *Körperstück zwischen After u. Geschlechtsteilen, Perineum* **4** ⟨Orgelbau⟩ *Holz, auf dem der Stimmstock liegt* ◆ einen Damm **aufschütten,** errichten; der Willkür einen Damm **entgegensetzen** ⟨fig.⟩ *sich dagegen sichern* ◆ jmdn. wieder **auf** den Damm bringen ⟨fig.; umg.⟩ *ihm helfen, ihn aufrichten, ermuntern, gesund machen;* wieder auf dem Damm sein ⟨fig.; umg.⟩ *gesund, munter sein* [< mhd. *tam,* engl. *dam;* verwandt mit *tun, Tat*]

DAMASZENERROSE
*(Rosa damascena)*

**dämmen** ⟨V. t.; hat⟩ **1** *stauen, durch einen Damm aufhalten* (Wasser) **2** ⟨Tech.⟩ *vor Temperatur-, Schalleinwirkungen schützen* ◆ gegen Schall, Wärme dämmen ⟨fig.⟩ *einschränken, hemmen* (Schmerzen)

**dämmerig** ⟨Adj.⟩ *halbdunkel, schwach hell, vom Tageslicht zum Dunkel od. von der Finsternis ins Helle übergehend;* oV *dämmrig* ◆ es wird dämmerig *der Abend bzw. der Tag bricht an*

**dämmern** ⟨V. i.; hat⟩ **1** *langsam hell bzw. dunkel werden* **2** *sich im Halbschlaf befinden, vor sich hin träumen* **3** ⟨fig.; umg.⟩ *klar, deutlich werden* ◆ es dämmert *der Morgen bzw. Abend bricht an;* der Morgen dämmert; der Kranke dämmerte den ganzen Tag vor sich hin; es dämmert mir *es wird mir klar;* dämmert's endlich? *wird es dir endlich klar?; verstehst du es endlich?;* endlich dämmerte mir die schreckliche Wahrheit

**Dämmerung** ⟨f. 20⟩ **1** *Übergang zwischen Nacht u. Tag, Halbdunkel* (Morgendämmerung, Abenddämmerung) **2** ⟨Astron.⟩ *Zeit zwischen Sonnenuntergang u. Sternenaufgang bzw. vom Verblassen der Sterne bis Sonnenaufgang*

**dämmerungsaktiv** ⟨Adj.; Zool.⟩ *tagsüber schlafend, in der Dämmerung jagend* (bei Tieren)

**Dämmerzustand** ⟨m. 1u; Med.⟩ *Stunden bis Tage (Wochen) dauernde Bewusstseinsstörung, bei der die bewusste Wahrnehmung der Außenwelt eingeengt bzw. verfälscht ist*

**dämmrig** ⟨Adj.⟩ = *dämmerig*

**Dammriss** ⟨m. 1; Med.⟩ *Einreißen des Damms bei der Geburt*

**Dämmung** ⟨f. 20; unz.; Tech.⟩ *Schall- u. Wärmeschutz*

**Damoklesschwert** ⟨n. 12; Sinnbild für⟩ *im Glück ständig drohende Gefahr* ◆ er fühlte ständig ein Damoklesschwert über seinem Haupt schweben [nach *Damokles,* Höfling des jüngeren Dionysos von Syrakus, um 396-337 v. Chr.]

**Dämon** ⟨m.; -s, -monen; Myth.⟩ **1** *(meist) böser Geist* **2** ⟨fig.⟩ *das dem Menschen innewohnende Gesetz* ◆ von seinem Dämon getrieben ⟨fig.⟩ [< grch. *daimon* „göttliches Wesen, Teufel, Schicksal"]

**dämonisch** ⟨Adj.⟩ **1** *teuflisch* **2** *urgewaltig* **3** *unheimlich, im Besitz übernatürl. Kräfte*

**Dampf** ⟨m. 1u⟩ **1** ⟨Phys.⟩ *Zustand eines Stoffes beim Übergang vom flüssigen in den gasförmigen Zustand* **2** *feinstverteiltes Wasser, feuchte Luft, Nebel, Dunst* **3** ⟨fig.; umg.⟩ *Hunger* **4** *Angst* ◆ **Hansdampf** in allen Gassen ⟨fig.; umg.⟩ *jmd., der angebl. überall Bescheid weiß* ◆ jmdm. Dampf **machen** *jmdn. antreiben* ◆ Dampf **hinter** etwas setzen od. machen ⟨fig.; umg.⟩ *eine Angelegenheit beschleunigen, dazu antreiben;* eine Maschine **mit** Dampf betreiben; einen Kessel **unter** Dampf halten *weiterheizen;* die Lokomotive steht unter Dampf ⟨früher⟩ *ist bereit zur Abfahrt* [< ahd. *damph,* engl. *damp* „Feuchtigkeit"]

**dampfen** ⟨V. i.; hat⟩ *Dampf entwickeln, ausstoßen* ◆ das Essen dampfte noch, als es aufgetragen wurde; die Täler, die Wiesen dampfen; das Wasser dampft bereits auf dem Herd; die Lokomotive, der Zug dampft aus dem Bahnhof ⟨umg.⟩ *fährt dampfend ab* [→ *Dampf*]

**dämpfen** ⟨V. t.; hat⟩ **1** *im eigenen Saft mit wenig Fett u. Wasser kochen, dünsten* (Fleisch, Gemüse) **2** *mit Dampf gar machen* (Kartoffeln) **3** *mit Wasserdampf behandeln* (Fasern, Stoffe) **4** *feucht bügeln* (Stoff, Wolle) **5** *abschwächen, unterdrücken, mildern* (Lärm, Gefühle) ◆ einen **Aufprall,** einen Stoß noch dämpfen können; **Farben,** Lärm, Licht dämpfen; ich muss deinen **Optimismus** dämpfen; gepolsterte Türen, die den **Schall** dämpfen [< ahd. *dempfan* „rauchen machen, (das Feuer) mäßigen, ersticken"; → *Dampf*]

**Dampfer** ⟨m. 3; kurz für⟩ *Dampfschiff* ◆ auf dem falschen Dampfer sein, sitzen ⟨fig.; umg.⟩ *auf einem Irrtum beharren, eine falsche Auffassung vertreten* [→ *Dampf*]

DÄMPFER: MODELL EINES DÄMPFERS BEIM KLAVIER

**Dämpfer** ⟨m. 3⟩ **1** ⟨bei Musikinstrumenten⟩ ▲ *Vorrichtung zum Abschwächen des Tons, beim Klavier das die Hämmer verschiebende Pedal, bei Streichinstrumenten ein auf die Saiten zu setzender Holzbügel, bei Blasinstrumenten ein durchbohrter Holzkegel* **2** ⟨Mech.⟩ ► = *Stoßdämpfer* **3** ⟨Kochk.⟩ *Gerät zum Dämpfen von Speisen* (Kartoffeldämpfer)

## DAMPFLOKOMOTIVE

Für den Antrieb einer Dampflokomotive wird Kohle in der Feuerbüchse verbrannt. Dabei entstehen heiße Abgase, die das Wasser im Kessel zu Dampf werden lassen. In den Zylindern bewegt dieser die Kolben, die diese Bewegung auf die Treibräder übertragen.

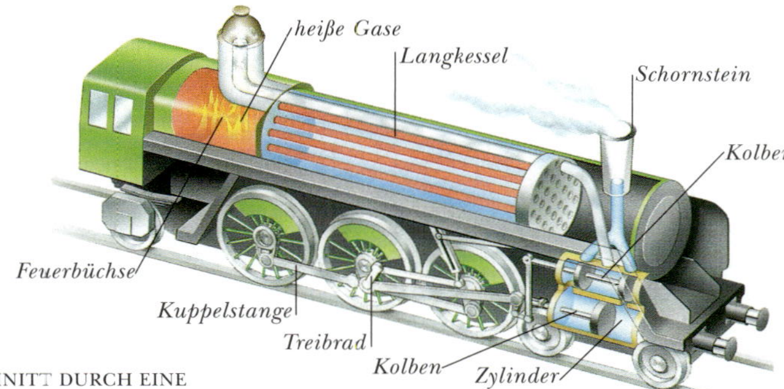


SCHNITT DURCH EINE DAMPFLOKOMOTIVE

◆ jmdm. einen Dämpfer aufsetzen ⟨fig.; umg.⟩ *jmds. Überschwang zügeln, mäßigen* [zu *dämpfen* im Sinne von „mäßigen"]

**Dampfkochtopf** ⟨m. 1u⟩ ► = *Schnellkochtopf*

**Dampfkraft** ⟨f. 7u; unz.⟩ *die aus der dem Wasserdampf innewohnenden Druck- u. Wärmeenergie gewonnene Kraftwirkung*

**Dampflokomotive** ⟨[-və] f. 19; Tech.⟩ ▲ *mit Dampf betriebene Lokomotive*

**Dampfmaschine** ⟨f. 19; Tech.⟩ *Kraftmaschine, die mit gespanntem Wasserdampf betrieben wird*

**Dampfnudel** ⟨f. 21⟩ *in Wasserdampf zubereiteter, süßer Kloß aus Hefeteig*

**Dampfschiff** ⟨n. 11⟩ *mit Dampf betriebenes Schiff,* Sy ⟨kurz⟩ *Dampfer*

**Dampfschifffahrt** ⟨f. 20; unz.⟩ *Schifffahrt mit Dampfern*

**Dampfstrahl** ⟨m. 23⟩ *Strahl von Dampf*

**Dampfturbine** ⟨f. 19; Tech.⟩ ► *Turbine, Kraftmaschine, die die Druckenergie eines Dampfes in mechanische Energie umwandelt*

**Dämpfung** ⟨f. 20⟩ **1** *das Dämpfen, Abschwächung, Verringerung* **2** ⟨Mus.⟩ *das Abschwächen, Mildern von Ton u. Schall* **3** ⟨Med.⟩ *bei der Perkussion ein verkürzter, dumpfer Klopfschall über luftleeren Körperteilen* **4** *Beruhigung durch Medikamente*

**Damwild** ⟨n.; -(e)s; unz.; Sammelbez. für⟩ *Damhirsch, Damtier u. deren Junge(s)*

**danach** ⟨['-'] od. (wenn mit bes. Nachdruck auf etwas hingewiesen wird) ['--]; Adv.⟩ **1** ⟨allg.⟩ *nach diesem Gegenstand, nach dieser Sache, Angelegenheit* **2** ⟨zeitlich⟩ *hinterher, dann, hierauf, später;* Ggs *davor (2)* **3** ⟨umg.⟩ *so, entsprechend* ◆ wir fahren zuerst in die Bayerischen Alpen, u. danach halten wir uns noch einige Tage in München auf; sie streckte schon die **Hand** danach aus; mir steht der **Sinn** (nicht) danach *ich habe hieran (kein) Interesse;* das **Verlangen** danach war stärker ◆ **aussehen:** es sieht ganz danach aus, als ob ...; ich habe mich noch nicht danach **erkundigt;** wenn es danach **ginge,** dann ...; du solltest danach **handeln** ◆ **bald,** kurze Zeit danach geschah das Unglück

**Däne** ⟨m. 17⟩ *Einwohner von Dänemark*

**daneben** ⟨['-'] od. (wenn mit bes. Nachdruck auf etwas hingewiesen wird) ['--]; Adv.⟩ **1** ⟨räumlich⟩ *neben diesem, in unmittelbarer Nähe von diesem* **2** ⟨anreihend⟩ *außerdem, ferner* ◆ sein Haus befindet sich gleich daneben; ich bin heute ziemlich daneben ⟨fig.; umg.⟩ *fühle mich unwohl, krank;* ich stand daneben, als es geschah; wir einigten uns über etliche Fachfragen, doch daneben fanden wir noch Zeit für ein persönliches Gespräch

**danebenschießen** ⟨V. i. 213; hat⟩ *beim Schießen das Ziel verfehlen*

**danieder** ⟨Adv.⟩ *unten, nach unten*

**dänisch** ⟨Adj.⟩ *Dänemark betreffend, zu ihm gehörend, aus ihm stammend* ◆ dänische Sprache *zu den nordgerman. Sprachen gehörende Sprache der Dänen*

**dank** ⟨Präp. mit Dat. od. Gen.⟩ *durch, mithilfe von, infolge* ◆ dank seinem guten Willen, dank seines guten Willens

**Dank** ⟨m. 1; unz.⟩ *Freude über, Vergeltung für eine erwiesene Wohltat, Hilfe usw.* ◆ jmdm. seinen Dank **abstatten,** ausdrücken, aussprechen; **haben** Sie vielen Dank!; jmdm. Dank **sagen** = *danksagen;* jmdm. Dank schulden, wissen; **sein:** Gott sei Dank! ◆ **aufrichtigen,** besten, herzlichen, innigen, verbindlichen, vielen Dank! ◆ ist das der Dank **dafür?;** keinen Dank **für** etwas beanspruchen, erfahren, erhalten, ernten [< ahd. *danc,* engl. *thank,* zu *denken,* eigtl. „das in gedenkender Gesinnung sich äußernde Gefühl"]

**dankbar** ⟨Adj.⟩ **1** *von Dank erfüllt* **2** *stets zu Dank bereit* **3** *ergiebig lohnend, befriedigend* ◆ eine dankbare **Aufgabe,** Rolle; jmdm. einen dankbaren **Blick** zuwerfen; ein dankbares **Publikum** ◆ jmds. Hilfe dankbar **annehmen; sein:** ich wäre dir äußerst dankbar, wenn du ... ◆ er ist stets dankbar **für** Hinweise, Kritik usw.

**Dankbarkeit** ⟨f. 20; unz.⟩ *dankbare Gesinnung*

**danke** ⟨Adv.; Höflichkeitsformel⟩ *ich danke dir, Ihnen* ◆ ja danke!, nein danke!; danke **gleichfalls!** *(Antwort auf einen Wunsch);* wie geht es Ihnen? danke **gut!;** danke **schön,** sehr, vielmals!

**danken** ⟨V.; hat⟩ **I** ⟨V. i.⟩ **1** *Dank aussprechen, einen Gruß erwidern* **2** ⟨umg.; fig.⟩ *ablehnen, zurückweisen* ◆ na, ich danke, mir reicht es! ⟨umg.; fig.⟩ *ich habe genug davon; ich will nichts mehr davon wissen!* er grüßte sie, u. sie dankte **freundlich;** jmdm. **herzlich,** innig, wiederholt danken ◆ jmdm. **für** etwas danken; für etwas danken *sich für etwas bedanken od. es dankend ablehnen;* im **Voraus** danken; nichts **zu** danken! ◆ eine Einladung dankend ablehnen, annehmen **II** ⟨V. t.⟩ **1** *mit Dank vergelten* **2** *verdanken* ◆ wie kann ich dir das jemals danken!; meine **Ausbildung** danke ich meinen Eltern, ihren **Erfolg** dankt sie ihrem Talent und ihrem Fleiß

**Dankeschön** ⟨n. 15; unz.⟩ *(ausgesprochener) Dank* ◆ ich habe nicht einmal ein Dankeschön für meine Mühe erhalten

**danksagen** ⟨V. i.; hat⟩ jmdm. danksagen *sich mündlich od. schriftlich bei jmdm. bedanken;* oV *Dank sagen* ◆ ich habe ihm dankgesagt; um ihm dankzusagen

**dann** ⟨Adv.⟩ **1** *nachher, später, danach* **2** *ferner, außerdem* **3** *wenn eine bestimmte Voraussetzung erfüllt ist* ◆ dann **müsste** man noch besprechen, ob ...; wenn du Hilfe brauchst, dann **sage** es mir; erst belügst du mich, und dann **versuchst** du auch noch ...

## DAMPFTURBINE

Dampfturbinen erzeugen den größten Teil der auf der Erde benötigten Energie. Feste Leitschaufeln lenken den Dampf auf die beweglichen Turbinenschaufeln, die an einer zentralen Welle befestigt sind. Bei der Ausdehnung des Dampfes wird Druckenergie in mechanische Energie verwandelt, die die Turbine in schnelle Drehung versetzt und besonders zum Antrieb von Generatoren und Schiffsschrauben dient.

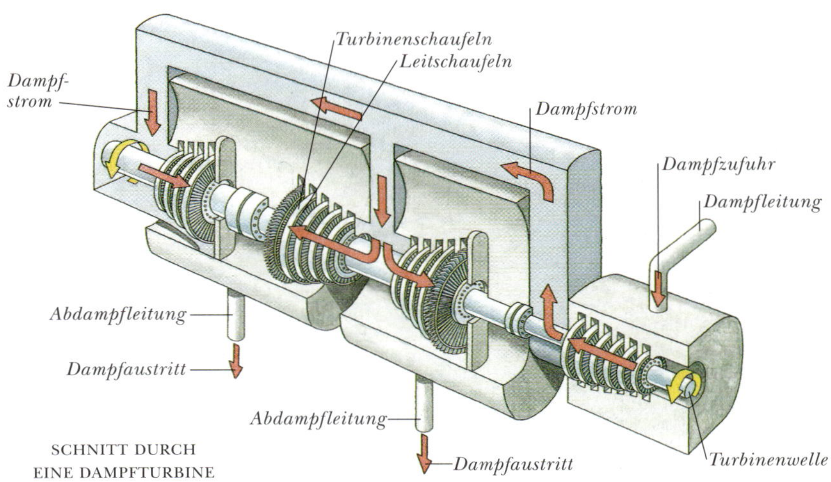


SCHNITT DURCH EINE DAMPFTURBINE

◆ ich werde **erst** dann eurem Plan zustimmen, wenn ...; dann (also) **nicht!** ◆ dann und wann *ab und zu;* und was dann? *u. was soll danach geschehen?* [< ahd. *thanne*]

**daran** ⟨[-'-] od. (wenn mit bes. Nachdruck auf etwas hingewiesen wird) ['--]; Adv.⟩ oV ⟨umg.⟩ *dran* **1** ⟨allg.; a. fig.⟩ *an dieser, an diesem, an dieses* **2** ⟨örtlich⟩ dicht daran *daneben* **3** ⟨zeitlich⟩ *im Begriff* **4** ⟨Reihenfolge⟩ daran sein *an der Reihe sein* ◆ das Kerzenlicht ist nahe daran auszugehen; jetzt bin ich aber endlich daran!; ein Hut mit einer Feder daran; zunächst kommt man an Feldern und Wiesen vorbei, daran schließt sich gleich der Wald an; daran kann keiner mehr etwas **ändern;** ich muss immer daran **denken;** daran **erkennt** man, dass...; er wird daran **glauben** müssen ⟨umg.⟩ *er wird gezwungen werden, er wird sterben;* **sein:** er ist gut, schlecht daran ⟨umg.; fig.⟩ *es geht ihm gut, schlecht;* es ist etwas Wahres daran *an dem, was behauptet wird;* ich **zweifle** daran, dass er ...

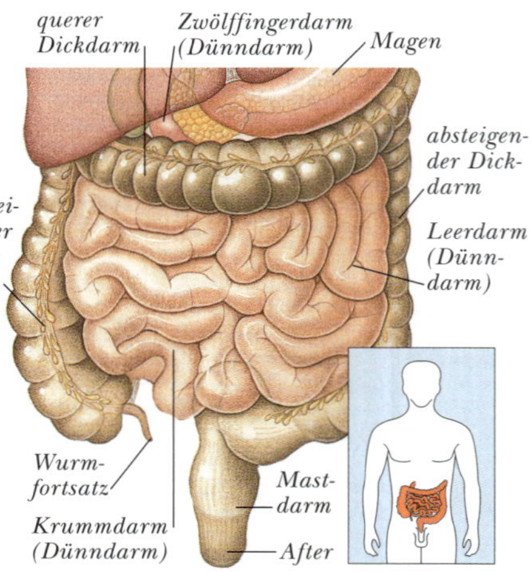


DARM: AUFBAU DES MENSCHLICHEN DARMS

**darauf** ⟨[-'-] od. (wenn mit bes. Nachdruck auf etwas hingewiesen wird) ['--]; Adv.⟩ oV ⟨umg.⟩ *drauf* **1** ⟨allg.; a. fig.⟩ *auf dieses, auf diesem* **2** ⟨örtlich⟩ *auf diesem, auf dieses;* Ggs *darunter (2)* **3** ⟨zeitlich⟩ *danach, später, dann* ◆ die **Hand** darauf! *ich verspreche es dir mit Handschlag;* ein Hut mit einer **Feder** darauf; am **Tag** darauf; eine **Woche** darauf ◆ darauf **folgte** ein lauter Donnerschlag; am darauf folgenden Tag; darauf **freue** ich mich schon; ich habe einen Stein darauf **gelegt;** ich hatte eine Vase darauf **gestellt;** wir wollen Stiefmütterchen darauf **pflanzen;** Sie können sich darauf **verlassen;** ich werde noch darauf **zurückkommen** ◆ du hättest mich darauf **aufmerksam** machen sollen! ◆ **gleich** darauf

**daraufhin** ⟨Adv.⟩ *dann (als Folge)* ◆ daraufhin änderte er seinen Plan

**daraus** ⟨[-'-] od. (wenn mit bes. Nachdruck auf etwas hingewiesen wird) ['--]; Adv.⟩ *aus diesem;* oV ⟨umg.⟩ *draus* ◆ daraus folgt, dass ...; was soll daraus werden? *wie soll die Sache weitergehen?;* es wird nichts daraus *unser Plan lässt sich nicht verwirklichen*

**darben** ⟨V. i.; hat; geh.⟩ *Entbehrung, Mangel leiden* ◆ sie haben gehungert u. gedarbt; er darbte, um sich das Geld zu verdienen; während des Krieges darbten die Menschen [< ahd. *darben*]

**darbieten** ⟨V. t. 110; hat⟩ **1** *hinreichen, reichen, anbieten* **2** *vortragen* ◆ sich darbieten *sich bieten, sich zeigen;* ein herrlicher Anblick bot sich uns dar; es bot sich ihm eine günstige Gelegenheit, Möglichkeit dar; jmdm. die Hand darbieten; den Gästen Konfekt darbieten

**dareinfinden** ⟨V. refl. 134; hat⟩ sich dareinfinden *sich damit zufrieden geben, sich damit abfinden;* oV *dreinfinden* ◆ er hat sich dareingefunden

**darin** ⟨[-'-] od. (wenn mit bes. Nachdruck auf etwas hingewiesen wird) ['--]; Adv.⟩ **1** ⟨allg.; a. fig.⟩ *hierin, in diesem Punkt* **2** ⟨örtlich⟩ *in diesem, in dieser;* oV ⟨umg.⟩ *drin* ◆ er wird es darin nie weit bringen; darin irrst du dich gründlich!; darin ist er mir überlegen; ist etwas darin?; ein Nest mit zwei Vogeljungen darin; ich habe die Zeitung schon gelesen, es steht überhaupt nichts Neues darin; der Unterschied besteht vor allem darin, dass ...; er hat darin gesessen, wie er...

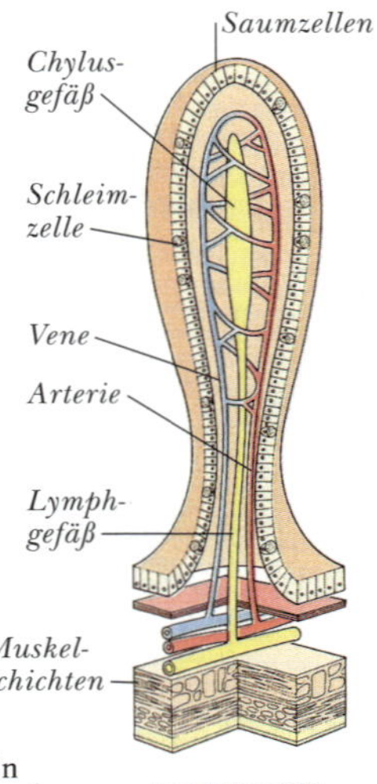


DARMZOTTE: SCHNITT DURCH EINE DARMZOTTE

**Darjeeling** ⟨[-dʒiː-] m. 6⟩ *indische Teesorte* [nach der indischen Distriktshauptstadt *Darjiling*]

**darlegen** ⟨V. t.; hat⟩ *erklären, klärend ausführen* ◆ etwas im Einzelnen darlegen; er versuchte vor Gericht darzulegen, wie es dazu gekommen war

**Darlegung** ⟨f. 20⟩ *Erklärung, Erläuterung, Ausführung*

**Darlehen** ⟨n. 14; Bankw.⟩ *Leihgabe (von Geld), Leihsumme;* oV *Darlehn* [→ *Lehen*]

**Darlehn** ⟨n. 14; Bankw.⟩ = *Darlehen*

**Darm** ⟨m. 1u; Anat.⟩ ◄ *schlauchförmiger Teil des Verdauungssystems, der sich bei den Wirbeltieren zwischen Magen und After befindet u. beim Menschen in Dünndarm, Dickdarm u. Mastdarm unterteilt wird* [< ahd. *dar(a)m*]

**Darmbakterien** ⟨Pl.⟩ *im Darm lebende Bakterien, deren Hauptvertreter Escherichia coli ist*

**Darmdurchbruch** ⟨m. 1u; Med.⟩ *Durchbruch des Darms in die Bauchhöhle;* Sy *Darmperforation*

**Darmentzündung** ⟨f. 20; Med.⟩ = *Darmkatarrh*

**Darmflora** ⟨f.; -; unz.⟩ *Gesamtheit der im Darm lebenden Bakterien*

**Darmgeschwür** ⟨n. 11; Med.⟩ *eitrige Entzündung der Darmwand*

**Darmkatarr** ⟨m. 1; Med.⟩ = *Darmkatarrh*

**Darmkatarrh** ⟨m. 1; Med.⟩ *Entzündung der Darmschleimhaut;* oV *Darmkatarr;* Sy *Darmentzündung*

**Darmkrebs** ⟨m. 1; unz.; Med.⟩ *bösartige Darmgeschwulst*

**Darmperforation** ⟨f. 20; Med.⟩ = *Darmdurchbruch*

**Darmträgheit** ⟨f. 20; unz.⟩ *Trägheit der Darmmuskeln, die zu Verstopfung führt*

**Darmtrakt** ⟨m. 1; Anat.⟩ *der Darm in seiner Gesamtlänge*

**Darmverschluss** ⟨m. 1u; Med.⟩ *Verschluss eines Darmstücks, z. B. durch Darmverschlingung*

DARTS

**Darmzotte** ⟨f. 19; Anat.⟩ ◄ *kleine Erhebung auf den Falten der Dünndarmschleimhaut*

**Darre** ⟨f. 19⟩ **1** *Draht- od. Holzgitter, auch Schuppen zum Trocknen od. Rösten von Obst, Getreide, Hopfen usw.* **2** *das Rösten selbst* **3** ⟨Path.⟩ = *Darrsucht* [< ahd. *darra;* verwandt mit *dörren, dürr, Durst*]

**darreichen** ⟨V. t.; hat⟩ *anbieten, geben* (Arznei, Speisen)

**darren** ⟨V. t.; hat; Tech.⟩ *trocknen, rösten*

**Darrsucht** ⟨f. 7u; unz.⟩ **1** ⟨Path.⟩ *durch Falschernährung od. Schmarotzer verursachte Erkrankung von Fohlen;* Sy *Darre (3)* **2** = *Sklerodermie*

**darstellen** ⟨V. t.; hat⟩ **1** *beschreiben, schildern* (Sachverhalt) **2** *wiedergeben, anschaulich machen* **3** *zeigen, vorführen* (Handlung in einem Bühnenstück) **4** *verkörpern* (Rolle in einem Theaterstück) **5** *sein* ◆ das Gemälde stellt den **Künstler** in jungen Jahren dar; der Bildhauer versuchte in seinem Werk die **Lebensfreude** darzustellen ◆ die zunehmende Berufstätigkeit der Frau **grafisch** darstellen ◆ er versuchte es **so** darzustellen, als ob ...; er vermag den Faust ebenso überzeugend darzustellen **wie** den Mephisto ◆ darstellende Geometrie *Geometrie, die die Abbildung geometrischer Gebilde auf die Bild- od. Zeichenebene behandelt;* die darstellenden Künste *die Künste, die etwas Gegenständliches darstellen (Bildnerei u. Malerei)*

**Darsteller** ⟨m. 3⟩ *Schauspieler, Opernsänger*

**Darstellung** ⟨f. 20⟩ **1** *Beschreibung, Schilderung* **2** *Wiedergabe* **3** *Vorführung* (einer Handlung) **4** *Verkörperung* (einer Rolle) ◆ eine Darstellung von einem Vorfall geben *ihn schildern;* grafische Darstellung

**Dart** ⟨m. 6; Sp.⟩ ▼ *kleiner, meist eine metallene Spitze tragender Pfeil, der beim Darts verwendet wird;* Sy *Wurfpfeil* [engl., „Wurfspieß, Speer"]

**Darts** ⟨Pl.⟩ *engl. Wurfspiel, bei dem kleine Pfeile auf eine runde Scheibe geworfen werden* [→ *Dart*]

**dartun** ⟨V. t. 267; hat⟩ *beweisen, darlegen, darstellen, zeigen*

**darüber** ⟨[-'--] od. (wenn mit bes. Nachdruck auf etwas hingewiesen wird) ['---]; Adv.⟩ oV ⟨umg.⟩ *drüber* **1** ⟨allg.; a. fig.⟩ *über dieses* **2** *mehr* **3** ⟨örtlich⟩ *über diesen od. diesem, über dieses;* Ggs *darunter (2)* **4** ⟨zeitlich⟩ *währenddessen* ◆ ein Haus mit einem flachen **Dach** darüber; ich erhielt 50 DM und eine **Kleinigkeit** darüber *und etwas, ein wenig mehr* ◆ in den beiden unteren Regalen steht die englische Literatur, darüber **befindet** sich die französische; er **beschwert** sich darüber, dass ...; mehr konnte ich darüber nicht **erfahren;** mit einem Lappen darüber **fahren;** ich **freue** mich sehr darüber; viele Jahre **gingen** darüber hin *vergingen während dieser Zeit;* er ist darüber **gestorben;** ich werde mich sofort darüber **machen** ◆ ich dachte, wir sind uns darüber **einig** ◆ darüber **hinaus** möchte ich noch Folgendes bemerken *außerdem*

**darum** oV ⟨umg.⟩ *drum* **I** ⟨[-'-] od. (wenn mit bes. Nachdruck auf etwas hingewiesen wird) ['--]; Adv.⟩ **1** ⟨allg.; a. fig.⟩ *um diesen, um diese, um dieses* **2** ⟨örtlich⟩ *um (etwas) herum* ◆ ein Park mit einer hohen **Mauer** darum ◆ er **bat** mich darum, ihn zu entschuldigen; es **handelt** sich darum, zu erfahren, ob ...;

man wird kaum darum **herumkommen** ⟨umg.⟩ *es wird sich kaum vermeiden lassen;* **sei** es darum! *lassen wir es dabei, nun gut* **II** ⟨Betonung nur ['--]; Konj.⟩ *deshalb, deswegen, daher* ◆ warum? (Antwort:) darum! ⟨umg.⟩ *das geht dich gar nichts an!;* und darum weise ich erneut auf diese Gefahr hin; er hat es nur darum getan, weil ...

**darunter** ⟨[-'--] od. (wenn mit bes. Nachdruck auf etwas hingewiesen wird) ['---]; Adv.⟩ oV ⟨umg.⟩ *drunter* **1** ⟨allg.; a. fig.⟩ *unter dieses, unter diesem, unter diesen* **2** ⟨örtlich⟩ *unter, unterhalb von diesem, unter dieses;* Ggs *darüber (3), darauf (2)* ◆ es betrifft nur Gehälter von 3000 DM und darunter ⟨fig.⟩; diese Schale fällt nicht darunter; ein Tisch mit einem Teppich darunter; unsere Wohnung ist im ersten Stock, darunter befinden sich die Geschäftsräume; du musst noch deinen Namen darunter schreiben; was verstehen Sie darunter?; eine große Menschenmenge, darunter viele Kinder ⟨fig.⟩ *dazwischen, dabei*

**Darwinismus** ⟨m.; -; unz.⟩ *Abstammungs- u. Entwicklungslehre, welche annimmt, dass die zu große Zahl der Nachkommen von Lebewesen auf der Erde zu einem Kampf ums Dasein führt, bei dem nur die am besten angepassten überleben* [nach dem engl. Naturforscher Charles *Darwin,* 1809-1882]

DATTELPFLAUME *(Diospyros virginiana)*

**darwinistisch** ⟨Adj.⟩ *auf dem Darwinismus beruhend*

**das I** ⟨best. Art.; n.⟩ das Buch, das Haus, das Kind **II** ⟨Demonstrativpron.⟩ *dies, dieses, dasjenige* ◆ das habe ich nicht **behauptet!;** von wem hast du denn das **gehört?;** das **heißt** ⟨Abk.: d.h.⟩; **sein:** das ist ⟨Abk.: d.i.⟩; ja, das ist es!; das ist die Wahrheit; das ist sehr freundlich von Ihnen; das hätte ich ihm wirklich nicht **zugetraut** ◆ das **da,** dort, hier; nur das **nicht! III** ⟨Relativpron.⟩ dies ist das beste Theaterstück, das ich in letzter Zeit gesehen habe [< mhd., ahd. *daz*]

**Dasein** ⟨n.; -s; unz.⟩ **1** *Vorhandensein, Bestehen, Existenz* **2** *Leben, bes. die einfachsten Voraussetzungen dafür* ◆ ein besseres Dasein erstreben; ein elendes, trauriges Dasein führen, haben

**dasjenige** ⟨Demonstrativpron.; n.; Gen.: desjenigen; Pl.: diejenigen⟩ dasjenige Kind, welches ...; dasjenige Vergehen, dessen man ihn beschuldigt

**dass I** ⟨Konj.⟩ dass du kommst, ist doch wohl sicher; ich hoffe, dass ich bald fertig bin; sein schlechtes Gewissen mir gegenüber zeigt sich daran, dass er mir aus dem Weg geht **II** ⟨umg. als Einleitung zu einem Gliedsatz, der einen Imperativ vertritt⟩ dass dich der Teufel (hole)!; dass du mir ja nicht auf die Straße gehst! [→ *das;* Schreibung mit *ß* oder *ss* seit dem 16. Jh.]

**dasselbe** ⟨Demonstrativpron.; n.; Gen.: desselben, Pl.: dieselben⟩ *(genau) das, eben das* ◆ ein und dasselbe; genau dasselbe; es ist dasselbe Haus, in dem ich aufgewachsen bin; es läuft auf dasselbe hinaus; es ist immer wieder dasselbe; dasselbe habe ich auch schon gesagt; ⟨umg. oft fälschl. für⟩ *das gleiche;* sie hat sich gestern dasselbe Kleid gekauft wie ich ⟨richtig⟩ *das gleiche*

**dastehen** ⟨V. i. 251; hat; süddt., österr., schweiz.: ist⟩ **1** *auf einer Stelle stehen, im Leben stehen* **2** ⟨fig.⟩ *Geltung haben* ◆ wenn der Vater stirbt, wird sie ganz **allein** dastehen; jetzt steht er ganz **anders** da ⟨fig.⟩ *jetzt genießt er weit mehr Ansehen;* **glänzend,** gut, mittellos dastehen ⟨fig.; umg.⟩ ◆ dastehen **und** zuschauen ◆ **wie** versteinert dastehen; wie stehe ich nun da? ⟨fig.; umg.⟩ *habe ich das nicht gut gemacht?*

**Datei** ⟨f. 18; EDV⟩ **1** *Sammlung sachlich zusammengehöriger Daten* **2** *ein (auf Diskette, Magnetband) gespeicherter Bestand an Daten* [verkürzt < *Da*ten + Kar*tei*]

**Daten** ⟨Pl. von⟩ **1** *Datum* **2** ⟨nur Pl.; Informatik⟩ *Informationen über Größen u. Werte*

**Datenbank** ⟨f. 20; EDV; kurz für⟩ *Datenbanksystem*

**Datenbanksystem** ⟨n. 11; EDV⟩ *System, bestehend aus einer EDV-Anlage, einer Menge von Daten einschließlich der Menge der Beziehungen zwischen diesen Daten u. speziellen Verwaltungsprogrammen, die mehreren Benutzern einen Zugriff auf die Daten(analysen) ermöglichen;* Sy ⟨kurz⟩ *Datenbank*

**Datenschutz** ⟨m.; -es; unz.⟩ *Schutz vor missbräuchl. Verwendung (Weitergabe) persönl. Daten des Bürgers (z. B. bei der Einführung von EDV-Maschinen im Meldewesen)*

**Datenträger** ⟨m. 3; EDV⟩ *Mittel (Festplatte, Magnetband, Diskette o. Ä.) zum Speichern von Daten, die maschinell lesbar sind*

**Datenübertragung** ⟨f. 20; EDV⟩ *Übertragung von Informationen zwischen EDV-Anlagen über öffentl. Fernsprech- od. Fernschreibeleitungen od. über eigens dafür angelegte Fernübertragungssysteme*

**Datenverarbeitung** ⟨f. 20; EDV⟩ *Sammeln, Sichten, Speichern, Bearbeiten u. Auswerten von Informationen, die als Größen u. Werte miteinander in Beziehung gesetzt werden können*

**datieren** ⟨V.; hat⟩ **I** ⟨V. t.⟩ **1** *mit Datum versehen* (Brief) **2** *die Entstehungszeit bestimmen von* ◆ das Schreiben ist vom 10. Januar datiert; ein Historiker erhielt die neuen Ausgrabungsfunde zum Datieren **II** ⟨V. i.⟩ *stammen* ◆ dieser Schrank datiert aus dem 18. Jh. [→ *Datum*]

**Dativ** ⟨m. 1; Gramm.; Abk.: Dat.⟩ *dritter Fall der Deklination;* Sy *Wemfall* [verkürzt < lat. *casus dativus* „Gebefall"; zu lat. *datum* „gegeben" < *dare* „geben"]

**Dattel** ⟨f. 21⟩ *saftige, zuckerreiche, z. T. mehlige, dickfleischige Frucht der Dattelpalme* [< ahd. *dahtil* < lat. *dactylus* < grch. *daktylos* „Finger"]

**Dattelpalme** ⟨f. 19⟩ *Angehörige einer in Afrika u. im südl. Asien heimischen Palmengattung* ◆ ⟨insbes.⟩ Echte Dattelpalme: *Phoenix dactylifera, bis 20 m hoch, in den afrikan. Oasen die wichtigste Nutzpflanze*

**Dattelpflaume** ⟨f. 19⟩ **1** *Angehörige einer Gattung der Ebenholzgewächse mit wichtigen Kulturpflanzen: Götterpflaume, Diospyros* **2** ▲ *Frucht der amerikanischen Art Diospyros virginiana od. der Kakipflaume: Diospyrus kaki*

**Datum** ⟨n.; -s, -ten⟩ **1** *Zeitangabe nach dem Kalender, bestimmter Zeitpunkt, Tag* **2** Daten ⟨Pl.⟩ **2.1** ⟨allg.⟩ *Tatsachen, Angaben* **2.2** ⟨Informatik⟩ *Informationen über Werte, Größen u. a.* ◆ das Datum des **Poststempels;** eine Übersicht mit den wichtigsten Daten der **Weltgeschichte** ◆ **neueren** Datums *noch nicht lange zurückliegend, aus der letzten Zeit* ◆ der Reporter fragte nach einigen Daten **aus** dem Leben des Künstlers; **unter** dem heutigen Datum [zu lat. *datum* „gegeben" < *dare* „geben"]

**Datumsgrenze** ⟨f. 19⟩ *180. geograph. Längengrad, bei dessen Überschreiten von Westen nach Osten derselbe Tag doppelt gezählt u. in umgekehrter Richtung ein Tag übersprungen wird*

**Dau** ⟨f. 18⟩ ► *arab. Segelschiff mit Lateinsegel;* oV *Dhau* [< arab. *dawa*]

**Dauer** ⟨f.; -; unz.⟩ **1** *Zeitspanne* **2** *lange Zeit* **3** *Bestand, Fortbestehen* ◆ die Dauer seines **Aufenthaltes** steht noch nicht fest ◆ **auf** die Dauer ist das unerträglich; **für** die Dauer eines Augenblicks ◆ ihr Glück war nur **von** kurzer Dauer [→ *dauern*]

**Dauerarbeitslosigkeit** ⟨f. 20; unz.⟩ *Arbeitslosigkeit über einen langen Zeitraum hinweg;* Sy *Langzeitarbeitslosigkeit*

**Dauerauftrag** ⟨m. 1u⟩ *Auftrag eines Kontoinhabers an seine Bank, regelmäßig einen bestimmten Betrag an einen bestimmten Empfänger zu überweisen*

**Dauerbeschäftigung** ⟨f. 20⟩ *ständige Beschäftigung*

**Dauerbrenner** ⟨m. 3⟩ **1** *Ofen, der bei regelmäßigem Heizen ununterbrochen brennt* **2** ⟨fig.⟩ *Sache, die über einen längeren Zeitraum hinweg sehr erfolgreich betrieben od. verkauft wird* (Theaterstück, Musiktitel, Film o. Ä.) ◆ dieser Film ist ein Dauerbrenner

**dauerhaft** ⟨Adj.; -er, am -esten⟩ *fest, beständig, widerstandsfähig über einen längeren Zeitraum, ausdauernd* ◆ über einen dauerhaften Wohnsitz verfügen

**Dauerlauf** ⟨m. 1u⟩ *längerer Lauf (in einem gemäßigten Tempo)*

**dauern** ⟨V. i.; hat⟩ **1** *währen, anhalten, bestehen bleiben* **2** *unverändert bleiben* ◆ es kann nur noch einige **Minuten** dauern; die Krankheit dauert nun schon drei **Wochen** ◆ es dauert mir **zu** lange ◆ **wie** lange dauert der Flug? ◆ er ist dauernd unterwegs [< mhd. *turen, duren* < lat. *durare* „währen, fortdauern"]

**Dauerwelle** ⟨f. 19⟩ *durch Einwirkung bestimmter Chemikalien gelocktes Haar, das über einen längeren Zeitraum die Locken behält* ◆ eine Dauerwelle haben

**Dauerwurst** ⟨f. 7u⟩ *geräucherte, lange haltbare Wurst*

**Daumen** ⟨m. 4⟩ **1** *zweigliedriger, stärkster Finger der Hand, der sich gegen die übrigen vier Finger bewegen lässt* **2** ⟨Tech.⟩ *Griffhebel* ◆ den Daumen darauf **drücken** *mit Nachdruck auf etwas bestehen;* (die) Daumen **drehen** ⟨fig.⟩ *faul sein, sich langweilen;* jmdm. den Daumen aufs Auge **setzen** ⟨fig.; umg.⟩ *jmdn. zwingen, ihm hart zusetzen* ◆ **am** Daumen lutschen *(Angewohnheit von Kindern);* ich habe mich **in** den Daumen geschnitten; eine Entfernung **über** den Daumen peilen *ungefähr schätzen* [< ahd. *thumo,* engl. *thumb*]

**Daumenbreite** ⟨f. 19⟩ *Breite des Daumens* ◆ um Daumenbreite ⟨fig.⟩ *um eine Kleinigkeit*

**Daumenlutscher** ⟨m. 3⟩ *Kind, das viel am Daumen lutscht*

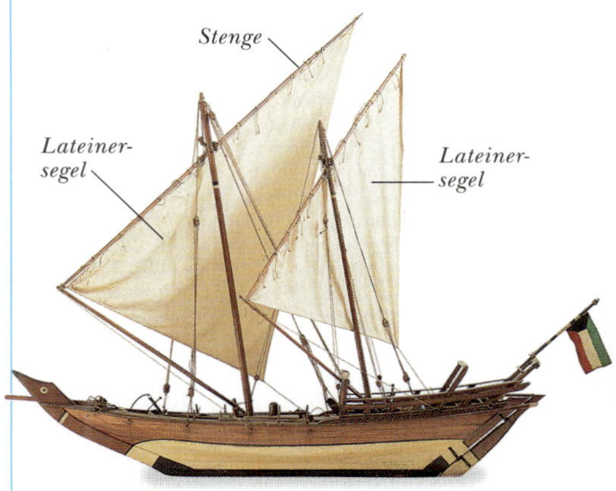


DAU: PERLENFISCHERBOOT AUS KUWAIT

D

**Daumenschraube** ⟨f. 19⟩ ▼ *durch Schrauben betätigtes Folterwerkzeug zum Zerquetschen des Daumens* ◆ jmdm. Daumenschrauben anlegen ⟨fig.; umg.⟩ *jmdn. unter Druck setzen, bedrängen*

**Däumling** ⟨m. 1⟩ **1** *Märchengestalt in Größe eines Daumens* **2** *Teil des Handschuhs für den Daumen*

DAUMENSCHRAUBEN DES 16. ODER 17. JH.

**Daune** ⟨f. 19⟩ **1** ⟨i. w. S.⟩ *Flaumfeder der Vögel, bei der die Federäste locker angeordnet sind u. sich nicht zu einer Federfahne zusammenschließen* **2** ⟨i. e. S.⟩ *Gänse- oder Entenflaumfeder zum Füllen von Kissen und Decken* [< nddt. *dune,* engl. *down*]

**Davidsstern, Davidstern** ⟨m. 1⟩ ► *sechszackiger Stern aus zwei gekreuzten gleichseitigen Dreiecken, Symbol der Juden*

**davon** ⟨[-'-] od. (wenn mit bes. Nachdruck auf etwas hingewiesen wird) ['--]; Adv.⟩ *von diesem* ◆ wer **will** noch etwas davon? (z. B. von dieser Speise) ◆ **genug** davon!; davon ['--] habe ich genug; das nächste Mal **mehr** davon; **nichts** mehr davon! *sprechen wir nicht mehr darüber;* **weg** davon; nicht **weit** davon *nicht weit entfernt von diesem Platz, von dort*

**davoneilen** ⟨V. i.; ist⟩ *sich eilig entfernen*

**davonkommen** ⟨V. i. 170; ist⟩ **1** *gerettet werden* **2** ⟨fig.⟩ *unverletzt bleiben od. nur einen geringen Schaden haben* ◆ er ist noch einmal davongekommen; mit dem Leben, mit heiler Haut, mit dem Schrecken davonkommen

**davonstehlen** ⟨V. refl. 252; hat; umg.⟩ sich davonstehlen *sich unbemerkt, heimlich entfernen*

**davontragen** ⟨V. t. 260; hat⟩ **1** *fort-, wegtragen, als Folge bekommen* (Krankheit) **2** *erringen* (Preis) ◆ diesmal konnten wir den Sieg davontragen; er hat von dem Unfall schwere Verletzungen davongetragen

**davor** ⟨[-'-] od. (wenn mit bes. Nachdruck auf etwas hingewiesen wird) ['--]; Adv.⟩ **1** ⟨örtlich⟩ *vor diesem. vor dieses;* Ggs *dahinter* **2** ⟨zeitlich⟩ *vor diesem, vorher, zuvor;* Ggs *danach (2)* ◆ ich habe Angst davor; hüte dich davor!; er hat mich davor gewarnt; er hat fassungslos davor gestanden; ein Haus mit einem Baum davor; fünf Minuten davor musste ich feststellen, dass ...

**davysche Lampe,** ⟨auch⟩ **Davy'sche Lampe** ⟨['deiviʃə-] f.; -n -, -n -n; Bgb.⟩ ► = *Grubenlampe* [nach dem engl. Chemiker Sir Humphry *Davy,* 1778-1829]

**DAX** ⟨Abk. für⟩ *Deutscher Aktienindex*

**dazu** ⟨[-'-] od. (wenn mit bes. Nachdruck auf etwas hingewiesen wird) ['--]; Adv.⟩ **1** ⟨allg.⟩ *zu diesem Zweck, zu dieser Gelegenheit, Sache* **2** ⟨anreihend⟩ *außerdem* ◆ sie sang, und er **begleitete** sie dazu; und dazu **brauche** ich ... *dafür, hierzu;* ich brauche hierfür Draht, dazu Bast und Klebstoff *zudem; darüber hinaus;* wollen wir nicht Eggers noch mit dazu **einladen?** *zusätzlich;* dazu **gehört** noch mehr; was **meinen** sie dazu? ◆ sie ist nicht sehr begabt, dazu ist sie noch **faul** ◆ er ist dazu **da,** um ... *das ist seine Aufgabe*

**dazugehörig** ⟨Adj.⟩ *zu diesem gehörig* ◆ die dazugehörigen Einzelteile

**dazukommen** ⟨V. i. 170; ist⟩ *hinzukommen, hinzugefügt werden*

**dazumal** ⟨Adv.⟩ *damals* ◆ Anno dazumal *vor langer Zeit, einst*

**dazutun** ⟨V. t. 267; hat⟩ *hinzufügen* ◆ noch eine Kleinigkeit dazutun; ohne jmds. Dazutun *ohne jmds. Unterstützung, Einwirkung;* ohne sein Dazutun wäre der Plan niemals verwirklicht worden

**dazwischen** ⟨Adv.⟩ **I** ⟨örtlich⟩ *zwischen, unter, inmitten zweier od. mehrerer* ◆ zwei Felder mit einer Hecke dazwischen; es war viel Unkraut dazwischen **II** ⟨zeitlich⟩ *zwischendurch, ab u. zu* ◆ dazwischen liegen immer fünf Jahre

**dazwischenkommen** ⟨V. i. 170; ist⟩ *zwischen etwas kommen, störend eintreten* (Ereignis) ◆ musst du mir immer dazwischenkommen? ⟨fig.⟩ *dich in meine Angelegenheiten einmischen;* wenn nichts dazwischenkommt ...; ihm ist eine schwere Grippe dazwischengekommen

**dazwischenreden** ⟨V. i.; hat⟩ *jmdm. ins Wort fallen, jmdn. unterbrechen* ◆ bitte red (mir) nicht immer dazwischen!

**dazwischentreten** ⟨V. i. 263; ist⟩ *vermittelnd eingreifen* ◆ ich konnte gerade noch rechtzeitig dazwischentreten; seinem Dazwischentreten war es zu verdanken, dass ...

**db** ⟨Abk. für⟩ *Dezibel*

**DB** ⟨Abk. für⟩ *Deutsche Bahn AG*

**d.c.** ⟨Mus.; Abk. für⟩ *da capo*

**DDR** ⟨1949-1990; Abk. für⟩ *Deutsche Demokratische Republik*

**D-Dur** ⟨n.; -; unz.; Mus.; Abk.: D⟩ *auf dem Grundton D beruhende Dur-Tonart*

**de..., De...** ⟨vor Vokalen⟩ des..., Des... ⟨Vors.⟩ *von, weg, ent...* [lat., frz. < lat. *de*]

**Deadline** ⟨['dɛdlain] f. 10⟩ *letztmöglicher Termin, äußerste einzuräumende Frist (zur Fertigstellung einer Arbeit usw.)* [engl., eigtl. „Grenzlinie"]

**deaktivieren** ⟨[-vi:-] V. t.; hat⟩ *aus- od. abschalten;* Ggs *aktivieren (1)* [< *de...* + lat. *agere* „treiben, handeln"]

**Deal** ⟨[di:l] m. 6 od. n. 15; umg.⟩ *Handel, Geschäft (mit Rauschgift)* [engl.]

**dealen** ⟨[di:-] V. i.; hat; umg.⟩ *mit Rauschgift handeln* [→ *Dealer*]

**Dealer** ⟨[di:-] m. 6; umg.⟩ *Rauschgifthändler,* ⟨urspr. nur⟩ *Händler mit weichen („harmloseren") Drogen, z. B. Haschisch;* Sy *Drogendealer* [zu engl. *deal* „handeln"]

**Debakel** ⟨n. 13⟩ *(totaler) Zusammenbruch, (katastrophale) Niederlage* [< frz. *débâcle* „Zusammenbruch"]

**Debatte** ⟨f. 19⟩ **1** *Erörterung* **2** *(parlamentar.) Verhandlung* (Parlamentsdebatte), *Wortgefecht* ◆ er **eröffnete** die Debatte ◆ eine **erregte,** lebhafte, stürmische, sachliche Debatte ◆ **in** eine Debatte eingreifen; sich in eine Debatte einlassen; diese Angelegenheit steht nicht **zur** Debatte *darum geht es nicht;* das steht noch zur Debatte *das ist noch zu klären, zu erörtern;* zur Debatte stellen *zur Erörterung vorschlagen* [< frz. *débat* „Debatte, Diskussion"]

**debattieren** ⟨V. t. u. V. i.; hat⟩ etwas od. über etwas debattieren *über etwas mündl. verhandeln, etwas erörtern*

**Debet** ⟨n. 15⟩ **1** ⟨allg.⟩ *Soll, Schuld* **2** ⟨Buchführung⟩ *die linke Seite, Sollseite des Kontos;* Ggs *Kredit (II)*

**debil** ⟨Adj.⟩ *an Debilität leidend* [< frz. *débile* „schwächlich" < lat. *debilis* „gebrechlich, schwach"]

**Debilität** ⟨f. 20; unz.⟩ **1** *körperliche od. geistige Schwäche* **2** ⟨Med.⟩ *leichteste Form des Schwachsinns* [< lat. *debilitas* „Entkräftung" < frz. *débilité* „Schwäche"]

**Debitor** ⟨m. 23; Buchführung⟩ *Schuldner;* Ggs *Kreditor* [lat.]

**Debugging** ⟨[di'bʌgiŋ] n. 15; EDV⟩ *Fehlersuche im Programm* [engl. umg., „Entstörung"]

**Debüt** ⟨[də'by:] n. 15⟩ **1** *erstes öffentl. Auftreten, bes. auf der Bühne* **2** *erste Vorstellung bei Hofe* ◆ sein Debüt geben, liefern [< frz. *début* „Anspiel, erstes Auftreten"]

**debütieren** ⟨V. i.; hat⟩ *sein Debüt geben* ◆ die Schauspieler debütierten am Stadttheater [< frz. *débuter* „(Spiel) anfangen, zum ersten Mal an die Öffentlichkeit treten"]

**Decamerone** ⟨n.; -s; unz.; Lit.⟩ = *Dekameron* [< grch. *deka* „zehn" + *hemera* „Tag"]

**dechiffrieren** ⟨[deʃifri:-] V. t.; hat⟩ *entziffern, entschlüsseln* [< frz. *déchiffrer*]

**Deck** ⟨n. 11 od. n. 15⟩ **1** *Bedachung des Schiffsrumpfes* **2** *Stockwerk im Schiff, bes. das oberste* ◆ alle Mann **an** Deck!; **auf** Deck promenieren; nicht (recht) auf Deck sein ⟨umg.⟩ *sich gesundheitlich nicht wohl fühlen;* **von** Deck gehen [engl., „Deck, Verdeck"; → *decken*]

**Deckbett** ⟨n. 27⟩ *Federbett zum Zudecken, Oberbett*

DAVIDSSTERN

**Decke** ⟨f. 19⟩ **1** *etwas zum Zudecken, Bedecken* (Bettdecke, Tischdecke), *Auflage, (obere) Schicht* (Lavadecke, Schneedecke, Straßendecke) **2** *Mantel des Radreifens* (Reifendecke) **3** *oberer Abschluss eines Raumes, Wagens o. Ä.* (Zimmerdecke) **4** *Bucheinband* (Buchdecke, Einbanddecke) **5** ⟨Jägerspr.⟩ *Haut vom Schalenwild (ausgenommen Schwarzwild), vom Bären u. vom Wolf* **6** *mittlere Schwanzfedern des Flugwildes, bes. der Raubvögel* **7** ⟨Geol.⟩ *tektonisch aufgeschobene Gesteinsmasse von bedeutender Länge u. Breite* **8** *flächenhafter, vulkan. Lavaerguss* ◆ eine Decke **auflegen** *auf den Tisch legen;* das Eis **bildet** eine feste Decke zum Schlittschuhlaufen ◆ eine **dicke,** dünne, karierte, wollene Decke; die Räume haben **getäfelte,** hohe, niedrige Decken ◆ sich **in** eine Decke hüllen, kuscheln, wickeln [< ahd. *decchi, decki;* → *decken*]

**Deckel** ⟨m. 5⟩ **1** *Platte zum Bedecken von offenen Behältern* (Topfdeckel) **2** *Bucheinband* (Buchdeckel) **3** ⟨fig.; umg.⟩ *Hut* ◆ der Deckel passt **auf** diesen Topf [→ *decken*]

**decken** ⟨V.; hat⟩ **I** ⟨V. t.⟩ **1** *bedecken, zudecken, belegen* (Dach) **2** *verdecken* (Farben) **3** *schützen, sichern, abschirmen* (Rückzug) **4** ⟨Sp.⟩ *bewachen* (einen Gegner) **5** ⟨Kaufmannsspr.⟩ *befriedigen* (Bedarf) **6** ⟨Viehzucht⟩ *begatten* ◆ jmdn. decken *jmds. Unrecht, Verbrechen, Fehler verhüllen, verbergen;* decken Sie jetzt Ihren **Bedarf** an Weihnachtsartikeln!; das **Dach** (mit Schiefer, Ziegeln) decken; ein **Defizit,** einen Fehlbetrag decken *auffüllen, ausgleichen* ◆ **gegen** diese Beschuldigungen müsste ich ihn decken ◆ ich habe gut deckende Farben verwendet **II** ⟨V. refl.⟩ sich decken **1** *sich sichern* **2** *in der Form übereinstimmen* (geometrische Figuren) **3** *gleich sein, übereinstimmen* (Interessen) ◆ unsere **Ansichten** decken sich (nicht);

ihre **Aussage** deckt sich mit der seinen (nicht) ◆ sich **gegen** einen Angriff decken [< ahd. *decchen, decken,* engl. *thatch* „mit Stroh decken" verwandt mit *Dach*]

**Deckenfluter** ⟨m. 3⟩ *zur Zimmerdecke strahlende elektr. Lichtquelle, Deckenstrahler*

**Deckfarbe** ⟨f. 19⟩ *undurchsichtige Farbe, die den Malgrund verdeckt, eine darunter befindliche Farbe nicht durchscheinen lässt;* Ggs *Lasurfarbe*

**Deckfedern** ⟨Pl.; Jägerspr.⟩ ► *die Federn eines Vogels, die die Schwanz- u. Schwungfedern teilweise bedecken*

**Deckflügler** ⟨m. 3; Zool.⟩ ► = *Käfer (1)*

**Deckhengst** ⟨m. 1⟩ = *Zuchthengst*

**Deckmantel** ⟨m. 5u; unz.; fig.⟩ *vorgetäuschte Eigenschaft od. Tätigkeit, Vorwand* ◆ unter dem Deckmantel der Freundschaft hat er uns sehr geschadet

**Deckname** ⟨m. 26⟩ *angenommener Name (zum Schutz vor Entdeckung od. als Künstlername)* ◆ sich einen Decknamen zulegen

**Deckung** ⟨f. 20; meist unz.⟩ **1** *deckende Schicht* (Dach) **2** ⟨Bankw.⟩ *Sicherheit für eine Forderung* **3** ⟨Sp.⟩ *Bewachung der Gegner im Mannschaftsspiel, Verteidigung* **4** ⟨Mil.⟩ *Schutz vor feindl. Feuer od. gegen Sicht* ◆ die Deckung des **Linksaußen** ließ viel zu wünschen übrig ⟨Sp.⟩ ◆ Deckung **fordern,** verlangen ⟨Bankw.⟩ ◆ **volle** Deckung! *(militär. Kommando)* ◆ **als,** zur Deckung von ... ⟨Bankw.⟩; für diesen Scheck ist keine Deckung vorhanden

**deckungsgleich** ⟨Adj.; Math.⟩ *in der Form übereinstimmend;* Sy *kongruent (2)*

**Deckungssumme** ⟨f. 19⟩ *Summe, bis zu der eine Versicherung haftet*

**Deckweiß** ⟨n.; -; unz.⟩ *weiße Deckfarbe*

**Decoder** ⟨m. 3⟩ *Gerät zum Entschlüsseln kodierter Nachrichten* [engl.]

**decodieren** ⟨V. t.; hat; fachsprachl.⟩ = *dekodieren*

**Decoding** ⟨engl. [dikoʊ-] n. 15⟩ *das Decodieren* [engl. < lat. *de-* „weg von" + engl. *code* „chiffrieren, verschlüsseln"]

**Décolleté** ⟨[dekɔl'teː] n. 15⟩ = *Dekolletee*

**decrescendo** ⟨[dekrɛ'ʃɛndo] Adj.; Mus.⟩ *leiser werdend;* Ggs *crescendo*

**Decrescendo** ⟨[dekrɛ'ʃɛndo] n.; -s, -s od. -di; Mus.⟩ *das Abnehmen der Tonstärke, das Leiserwerden;* Ggs *Crescendo*

**Deduktion** ⟨f. 20; Philos.⟩ *Ableitung des Besonderen aus dem Allgemeinen;* Ggs *Induktion (1)* [< lat. *deductio* „Hinführung, Weiterführung"]

**deduktiv** ⟨Adj.; Philos.⟩ *durch Deduktion gewonnen;* Ggs *induktiv (1)* [→ *Deduktion*]

**deduzieren** ⟨V. t.; hat; Philos.⟩ *deduktiv ableiten, folgern* [< lat. *deducere* „fortführen, ableiten"]

**de facto** ⟨Adv.; Rechtsw.⟩ *tatsächlich, den Tatsachen entsprechend, nach Lage der Tatsachen;* Ggs *de jure* [lat., „von der Tatsache aus"]

**defekt** ⟨Adj.⟩ **1** *fehlerhaft, mangelhaft* **2** *beschädigt, schadhaft* [< lat. *defectus* „geschwächt, mangelhaft"]

**Defekt** ⟨m. 1⟩ **1** *Mangel, Fehler, Gebrechen* **2** *Beschädigung, Schaden* (Motordefekt, Reifendefekt) **3** *Ausfall, Fehlbetrag* ◆ körperlicher, geistiger Defekt [→ *defekt*]

**defensiv** ⟨Adj.⟩ *abwehrend, verteidigend;* Ggs *offensiv* [zu lat. *defendere* „verteidigen"]

**Defensive** ⟨[-və] f. 19⟩ *Abwehr, Verteidigung, Abwehrstellung;* Ggs *Offensive* ◆ sich in der Defensive befinden; in der Defensive bleiben [< frz. *défensive* „Verteidigungsstellung"]

**definieren** ⟨V. t.; hat⟩ *(genau) erklären, begrifflich bestimmen, festlegen* [< lat. *definire* „abgrenzen, festsetzen, bestimmen"]

**Definition** ⟨f. 20⟩ **1** *Begriffsbestimmung* **2** ⟨kath. Kirche⟩ *unfehlbare Entscheidung in dogmat. Fragen* ◆ Definition eines Dogmas [< lat. *definitio* „Begriffsbestimmung"]

**definitiv** ⟨Adj.⟩ *endgültig, bestimmt* ◆ etwas definitiv aussagen, bestellen, verabreden [< lat. *definitivus* „bestimmend, entscheidend"]

**Defizit** ⟨n. 11⟩ **1** *Mangel* **2** *Fehlbetrag, Einbuße, Verlust* ◆ die Bilanz weist ein Defizit auf [< lat. *deficit* „es fehlt"]

**defizitär** ⟨Adj.⟩ *ein Defizit ergebend* [< frz. *déficitaire* „mit Verlust abschließend"; → *Defizit*]

**Deflation** ⟨f. 20⟩ **1** ⟨Wirtsch.⟩ *Verringerung des Geldumlaufs ohne entsprechende Einschränkung der Produktion;* Ggs *Inflation* **2** ⟨Geol.⟩ *Abtragung von lockerem Gestein u. Sand durch Wind;* → a. *Abtragung (1)* [als Gegenstück zu *Inflation* gebildet]

**deformieren** ⟨V. t.; hat⟩ *verformen, verunstalten, entstellen, missbilden* [< lat. *deformare* „entstellen"]

**deftig** ⟨Adj.; norddt.; umg.⟩ **1** *tüchtig, stark* **2** *kräftig, grob* ◆ eine deftige Ohrfeige; ein deftiges Essen [< nddt., engl. *deft* „flink, geschickt"]

**Degen** ⟨m. 4⟩ **1** *Hieb- u. Stoßwaffe* **2** *Offizierssäbel;* ► *Schwerter* ◆ den Degen ziehen; zum Degen greifen [< frz. *dague* „großer Dolch" < mlat. *dagua* < gäl.-brit. *dag(er)* „Dolch" < engl. *dagger* „Dolch"]

**Degeneration** ⟨f. 20⟩ **1** *Rückbildung (von Geweben, Organen);* Ggs *Regeneration (1)* **2** *Entartung, körperl. od./u. geistiger Verfall* [< lat. *degeneratio*]

**degenerieren** ⟨V. i.; ist⟩ *sich zurückbilden, entarten;* Ggs *regenerieren* [< lat. *degenerare* „entarten"]

**Degradation** ⟨f. 20⟩ **1** ⟨Mil.⟩ *Herabsetzung im Rang* **2** ⟨Landw.⟩ *Verschlechterung des Bodens durch den Entzug wertvoller Nährstoffe* **3** Degradation der Energie ⟨Phys.⟩ *Zerstreuung der Energie, Aufspaltung in andere, weniger nutzbare Energiearten* [< frz. *dégradation* „Herabsetzung, Herabwürdigung"]

**degradieren** ⟨V. t.; hat⟩ **1** jmdn. degradieren *im Rang herabsetzen* **2** den Boden degradieren *durch Entzug wertvoller Nährstoffe verschlechtern* **3** Energie degradieren ⟨Phys.⟩ *zerstreuen* ◆ einen Offizier zum Gemeinen degradieren [< frz. *dégrader* „degradieren, herabsetzen"]

**degustieren** ⟨V. t.; hat; schweiz.⟩ *probieren, kosten, versuchen* [< frz. *déguster* „probieren, kosten, genießen"]

**dehnbar** ⟨Adj.⟩ **1** *so beschaffen, dass es gedehnt werden kann* **2** ⟨fig.⟩ *vieldeutig* ◆ ein dehnbarer Begriff

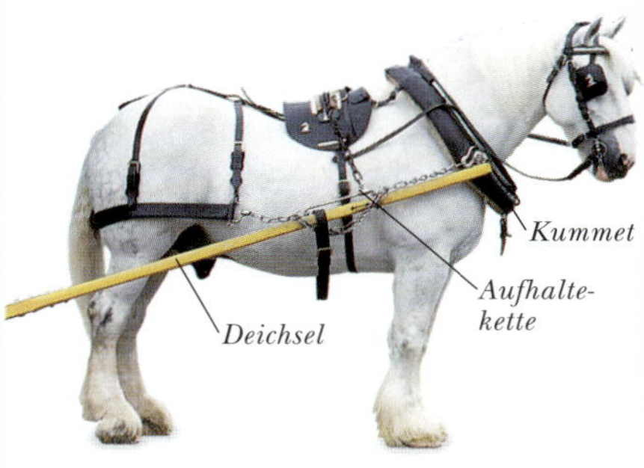


DEICHSEL: BEFESTIGUNG DER DEICHSEL AM KUMMET

**dehnen** ⟨V.; hat⟩ **I** ⟨V. t.⟩ **1** *durch Ziehen verlängern, strecken, spannen, weiten* **2** *lang ziehen, lang gezogen aussprechen* (Vokale) **3** *lange aushalten, klingen lassen* (Musiknoten) ◆ du darfst das Gummiband, den Stoff nicht zu sehr dehnen; eine Silbe, ein Wort beim Sprechen dehnen **II** ⟨V. refl.⟩ sich dehnen *sich recken, die Glieder strecken* ◆ sich nach dem Schlaf recken und dehnen [< ahd. *den(n)en*]

**Dehnung** ⟨f. 20⟩ **1** *Verlängerung, Erweiterung durch Ziehen* **2** ⟨Gramm.⟩ *längeres Aushalten eines Lautes*

DECKFEDERN EINER ENTE

**Deich** ⟨m. 1⟩ *Schutzdamm gegen Hochwasser am Meer od. Flussufer* (Flussdeich, Seedeich) [< mhd. *dich,* engl. *dike* „Deich" u. *ditch* „Graben"]

**Deichbruch** ⟨m. 1u⟩ *Bruch des Deiches durch Wassermassen*

**Deichkrone** ⟨f. 19⟩ *obere Kante des Deichs*

**Deichland** ⟨n. 12u; unz.⟩ *hinter dem Deich liegendes Land*

**Deichsel** ⟨[-ks-] f. 21⟩ ▼ *an der Vorderachse eines Wagens angebrachte Stange od. Doppelstange zum Ziehen u. Lenken od. zum Anschirren der Zugtiere* [< ahd. *dihsala*]

**deiktisch** ⟨a. [deːik-] Adj.⟩ *hinweisend, zeigend, durch Beispiele lehrend* ◆ deiktisch begründet [zu grch. *deiktikos* „hinweisend"]

**dein**[1] ⟨Possessivpron.⟩ *dir gehörig, von dir ausgehend, dir zukommend* ◆ infolge deines Fleißes, deines Könnens ...; es grüßt dich dein Fritz, deine Inge *(Formel für den Briefschluss);* es ist nicht deine **Angelegenheit,** Aufgabe; steht dein **Entschluss** schon fest?; ich bin nicht deiner **Meinung;** das ist ausschließlich deine **Schuld** ◆ sich über Mein und Dein streiten, zanken *über die Besitzverhältnisse;* Mein und Dein verwechseln ⟨geh.⟩ *stehlen* [< ahd. *thin, din*]

**dein**[2] ⟨Personalpron.; Gen. von „du"⟩ ich gedenke, erinnere mich dein *ich denke, ich erinnere mich an dich;* oV *deiner*

**deine** ⟨Possessivpron.⟩ *dir gehörig, dir zukommend* ◆ wessen Aufgabe ist das?, die deine?; dies Haus soll das deine sein; ewig der deine/Deine; du musst das deine/Deine dafür tun *deinen Teil;* die deinen *deine Angehörigen*

**deiner** ⟨Pron.⟩ = *dein*[2]

**deinerseits** ⟨Adv.⟩ *von dir, von dir aus, von deiner Seite* ◆ du musst auch deinerseits etwas unternehmen

**deinetwegen** ⟨Adv.⟩ *um dich, für dich* ◆ ich tue es nur deinetwegen

**Deismus** ⟨[deːis-] m.; -; unz.; Philos.⟩ *religionsphilos. Anschauung, die aus Vernunftsgründen einen Weltschöpfer anerkennt, aber den Glauben an sein weiteres Einwirken auf das Weltgeschehen ablehnt* [zu lat. *deus* „Gott"]

**deistisch** ⟨[deːis-] Adj.⟩ *zum Deismus gehörig, auf ihm beruhend*

**Déjà-vu-Erlebnis** ⟨[deʒavy-] n. 11⟩ *Erlebnis, von dem man glaubt, es schon einmal erlebt zu haben, Erinnerungstäuschung* [< frz. *déjà* „schon" + *vu* „gesehen"]

**de jure** ⟨Adv.; Rechtsw.⟩ *von Rechts wegen, auf rechtl. Grundlage;* Ggs *de facto* [< lat. *de iure* „vom Recht her"]

**dek..., Dek...** ⟨in Zus.; vor Vokalen⟩ = *deka..., Deka...*

**deka..., Deka...** ⟨vor Vokalen⟩ dek..., Dek... ⟨in Zus.⟩ **1** *zehn..., Zehn...* **2** ⟨Zeichen: da; Vorsatz bei Maßeinheiten⟩ *das Zehnfache der genannten Einheit,* z. B. Dekameter, Dekar [< grch. *deka* „zehn"]

## DELTA

Bei der Mündung eines Flusses ins Meer verringert sich seine Strömungsgeschwindigkeit, wodurch sich eine größere Menge Sinkstoffe ablagert, die den Mündungsbereich fächerförmig ausweitet. Dieses Delta (entsprechend der Form des grch. Δ) ist mit einem Netz von Flussarmen durchsetzt, da sich das Wasser zahlreiche Nebenwege suchen muss.

DELTAFORMEN

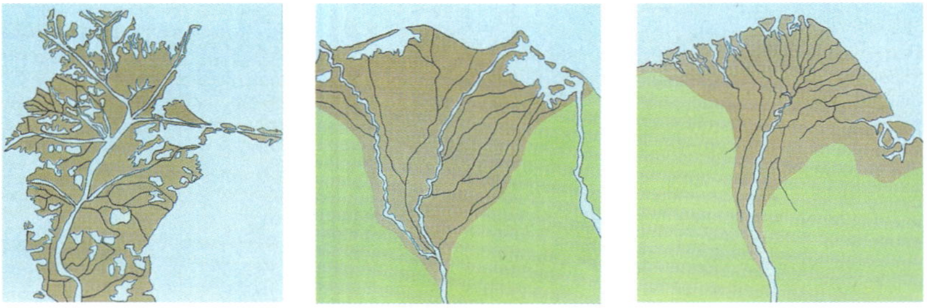

MISSISSIPPIDELTA NILDELTA PODELTA

**Dekade** ⟨f. 19⟩ **1** *Zeitraum von zehn Tagen* **2** *zehn Stück* [< frz. *décade* „Dekade"; zu grch. *dekas* „Menge von zehn Stück"]
**dekadent** ⟨Adj.⟩ **1** *mit künstler. Mitteln überfrachtet* **2** *kulturell degeneriert* **3** *sittenlos* ◆ eine dekadente Kunst, Epoche [< frz. *décadent*]
**Dekadenz** ⟨f. 20; -; unz.⟩ *kultureller Niedergang, sittlicher Verfall, Kraftlosigkeit, künstlerische Entartung* ◆ die Dekadenz dieser Epoche ist offenkundig [< frz. *décadence*]

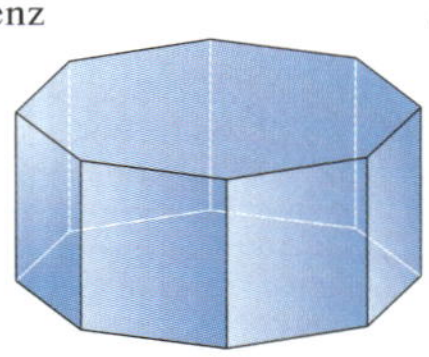

DEKAEDER

**Dekaeder** ⟨m. 3; Geom.⟩ ► *von zehn gleichmäßigen Vielecken begrenzter Körper;* Sy *Zehnflach, Zehnflächner* [< grch. *deka* „zehn" + *hedra* „Grundfläche"]
**Dekagon** ⟨n. 11; Geom.⟩ ▼ *Zehneck* [< grch. *deka* „zehn" + *gony* „Knie"]
**Dekalog** ⟨m. 1; unz.⟩ *die Zehn Gebote* [< grch. *deka* „zehn" + *logos* „Rede"]
**Dekameron** ⟨n.; -s; unz.; Lit.⟩ *Boccaccios Sammlung von Novellen, die an zehn Tagen erzählt wurden;* oV *Decamerone* [< grch. *deka* „zehn" + *hemera* „Tag"]
**Dekan** ⟨m. 1⟩ **1** *Leiter einer Hochschulfakultät* **2** ⟨evang. Kirche⟩ *Superintendent* **3** ⟨kath. Kirche⟩ *Vorsteher eines geistl. Kollegiums* [< ahd. *techan* < lat. *decanus* „Führer von 10 Mann, Vorgesetzter von 10 Mönchen"; zu *decem* „zehn"]
**Dekanat** ⟨n. 11⟩ *Verwaltung einer Fakultät, Amt od. Bezirk eines Dekans*
**Dekapode** ⟨m. 17; Zool.⟩ ► = *Zehnfüßer* [< grch. *deka* „zehn" + *pous, podos* „Fuß"]
**Deklamation** ⟨f. 20⟩ **1** *kunstgerechter Vortrag (z. B. einer Dichtung)* **2** ⟨Mus.⟩ *Einheit von sprachl. u. musikal. Gestaltung* **3** ⟨umg.; scherzh.⟩ *übertreibende, pathet. Wiedergabe* [< lat. *declamatio* „Redeübung, Vortrag"]

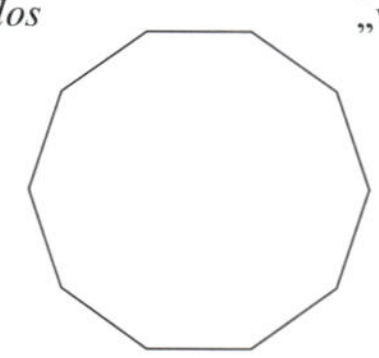

DEKAGON

**deklamatorisch** ⟨Adj.⟩ **1** *vortragskünstlerisch,* ⟨umg.; scherzh.⟩ *übertrieben pathetisch* **2** *nur dahingeredet, ohne praktische Folgen*
**deklamieren** ⟨V. t.; hat⟩ **1** *Texte ausdrucksvoll vortragen* **2** *(beim Gesang) deutlich sprechen* **3** ⟨umg.; scherzh.⟩ *übertrieben sprechen*
**Deklaration** ⟨f. 20⟩ **1** *offizielle Erklärung* **2** *Zoll-, Steuererklärung* **3** *Inhalts-, Wertangabe* [< lat. *declaratio* „Kundgebung, Erklärung"]
**deklarieren** ⟨V. t.; hat⟩ etwas deklarieren *eine Deklaration über etwas abgeben, erklären, den Inhalt, Wert von etwas angeben* [< lat. *declarare* „zeigen, darlegen, erklären"]
**deklassieren** ⟨V. t.; hat⟩ *in eine (sozial) niedrigere Klasse verweisen, herabsetzen* [< frz. *déclasser* „umordnen, aus der Bahn werfen, die Standesunterschiede verwischen"]
**Deklination** ⟨f. 20; Gramm.⟩ **1** *Abwandlung der Substantive, Adjektive, Pronomen u. Numeralien, Bildung der vier Fälle;* Sy *Beugung* **2** ⟨Astron.⟩ *Winkelabstand eines Gestirns vom Himmelsäquator* **3** ⟨Geophysik⟩ *Abweichung, Missweisung der Richtung einer Magnetnadel von der wahren Nordrichtung*
**deklinieren** ⟨V. t.; hat; Gramm.⟩ Substantive, Adjektive, Pronomen u. Numeralien deklinieren *abwandeln, in die vier Fälle setzen;* Sy *beugen* [< lat. *declinare* „abbiegen, abändern, beugen"]
**dekodieren** ⟨V. t.; hat⟩ *entschlüsseln;* oV ⟨fachsprachl.⟩ *decodieren;* Ggs *kodieren*
**Dekolleté** ⟨[-kɔlte:] n. 15⟩ = *Dekolletee*
**Dekolletee** ⟨[-kɔlte:] n. 15⟩ *tiefer Kleidausschnitt;* oV *Decolleté, Dekolleté* [< frz. *décolleté*]
**Dekompensation** ⟨f. 20; Anat.⟩ *deutl. Nachlassen der Leistungsfähigkeit eines Organs, besonders des Herzens, das durch Kompensation überbeansprucht wurde;* Ggs *Kompensation (3)* [< lat. *de-* „weg von, ent-" + *Kompensation*]
**Dekomposition** ⟨f. 20⟩ *Auflösung* [< lat. *de-* „weg von, ent-" + *compositio* „Zusammensetzung"]
**Dekompression** ⟨f. 20⟩ *Druckabfall, Druckentlastung* [< lat. *de-* „weg von" + *Kompression*]
**Dekompressionskammer** ⟨f. 21⟩ ► *abgeschlossener Raum, in dem für einen Organismus eine allmähliche Druckreduzierung erfolgt, nachdem dieser sich längere Zeit in Überdruckräumen aufgehalten hat, z. B. für Tiefseetaucher*
**Dekontamination** ⟨f. 20; Kernphys.⟩ *Reinigung von Lebewesen od. Sachen von radioaktiven Stoffen;* Ggs *Kontamination (2)*
**dekontaminieren** ⟨V. t.; hat; Kernphys.⟩ *entgiften, radioaktive Verunreinigungen von Kleidern, Geräten, der Luft, dem Wasser u. Ä. durch physik. od. chem. Verfahren beseitigen od. verringern;* Ggs *kontaminieren (2)*
**Dekor I** ⟨m. 6⟩ **1** *Schmuck, Verzierung* **2** *Muster (auf Glas- u. Tonwaren)* **II** ⟨n. 11; unz.⟩ *Ausstattung (besonders eines Theaterstücks)* [< frz. *décor*]
**Dekoration** ⟨f. 20⟩ **1** *Ausschmückung, Verzierung, Schmuck* **2** *Ausstattung* (Bühnendekoration) **3** *Orden, Ehrenzeichen* [< frz. *décoration* „Ausschmückung, Ausstattung"]
**Dekorationsstoff** ⟨m. 1⟩ *schwerer Stoff für Bezüge u. Gardinen;* Sy ⟨kurz⟩ *Dekostoff*
**dekorativ** ⟨Adj.⟩ *wirkungsvoll schmückend* [< frz. *décoratif*]
**dekorieren** ⟨V. t.; hat⟩ **1** *schmücken, verzieren* **2** *(mit einem Orden) auszeichnen* ◆ er ist mit einem Orden dekoriert worden [< frz. *décorer*]
**Dekostoff** ⟨m. 1; kurz für⟩ *Dekorationsstoff*
**dekreditieren** ⟨V. t.; hat⟩ *den Kredit herabsetzen von* [< frz. *décréditer* „diskreditieren, in Verruf bringen"]
**Dekret** ⟨n. 11⟩ *behördl. Verordnung, Verfügung* ◆ ein Dekret erlassen [< lat. *decretum* „Beschluss, Verordnung"]
**dekretieren** ⟨V. t.; hat⟩ *ein Dekret erlassen über, verordnen, verfügen* [< mlat. *decretare* „beschließen, verordnen"]
**dekupieren** ⟨V. t.; hat⟩ *mit der Dekupiersäge abschneiden, aussägen, ausschneiden* [< frz. *decouper* „zer-, ausschneiden"]
**Dekupiersäge** ⟨f. 19⟩ *Laubsäge, Tischlersäge mit senkrecht stehendem Blatt*
**Delegation** ⟨f. 20⟩ **1** *Abordnung* **2** ⟨Rechtsw.⟩ *Übertragung einer Vollmacht, Befugnis, Schuld* [< lat. *delegatio* „Zuweisung, Überweisung"]
**delegieren** ⟨V. t.; hat⟩ **1** *abordnen, entsenden* **2** ⟨Rechtsw.⟩ *übertragen* [< lat. *delegare* „zuweisen, überweisen"]
**Delegierte(r)** ⟨f. 30 (m. 29)⟩ **1** *Abgeordnete(r)* **2** *Mitglied einer Delegation* **3** *Beauftragte(r)*
**Delfin** ⟨m. 1⟩ ► = *Delphin*
**delikat** ⟨Adj.⟩ **1** *köstlich, lecker* (Speisen) **2** *empfindlich, zart fühlend* (Mensch) **3** *heikel, behutsam zu behandeln* (Angelegenheiten) [< frz. *délicat*]
**Delikatesse** ⟨f. 19⟩ **I** ⟨zählb.⟩ *Leckerei, Köstlichkeit* ◆ das Gericht heute Mittag war eine Delikatesse!; Geschäft für Obst und Delikatessen **II** ⟨unz.⟩ *Behutsamkeit* ◆ eine Sache mit Delikatesse behandeln [< frz. *délicatesse*]
**Delikt** ⟨n. 11; Rechtsw.⟩ *strafbare Handlung* [< lat. *delictum* „Vergehen, Fehltritt"]
**delinquent** ⟨Adj.; geh.⟩ *straffällig*
**Delinquent** ⟨m. 16; geh.⟩ *Missetäter, Übeltäter, Verbrecher* [< lat. *delinquens,* Part. Präs. zu *delinquere* „sich vergehen, einen Fehltritt begehen"]

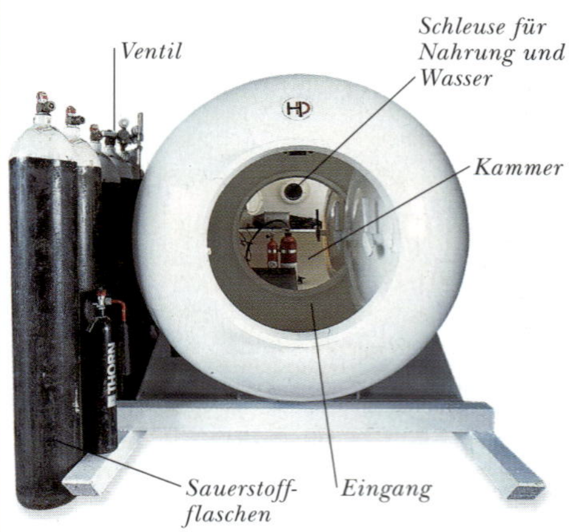


DEKOMPRESSIONSKAMMER

## DELPHINE

Delphine (Delphinidae) sind kleine bis mittelgroße Meeressäugetiere und gehören zur Gattung der Zahnwale. Sie haben eine schnabelartige Schnauze mit vielen Zähnen und einen stromlinienförmigen Körper. Die hochintelligenten Delphine leben gesellig und sind vornehmlich Fischfresser. Mit ihnen verwandt sind die eine eigene Familie bildenden Flussdelphine (Platanistidae), die in den größten Flüssen Asiens und Südamerikas leben.

ANATOMIE EINES DELPHINS

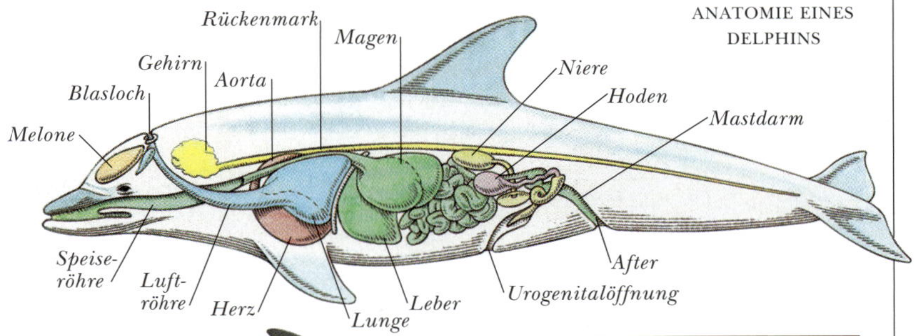


### WEITERE DELPHINARTEN

GEWÖHNLICHER DELPHIN
*(Delphinus delphis)*

ATLANTISCHER WEISSSEITENDELPHIN
*(Lagenorhynchus acutus)*

PAZIFISCHER WEISSSEITENDELPHIN
*(Lagenorhynchus obliquidens)*

WEISSSCHNAUZENDELPHIN
*(Lagenorhynchus albirostris)*

GROSSER TÜMMLER
*(Tursiops truncatus)*

### FLUSSDELPHINE

LA-PLATA-DELPHIN
*(Pontoporia blainvillei)*

AMAZONASDELPHIN
*(Inia geoffrensis)*

INDUSDELPHIN
*(Platanista minor)*

**delirieren** ⟨V. i.; hat⟩ *irre reden, irre sein* [< lat. *delirare* „wahnwitzig sein"]

**Delirium** ⟨n.; -s, -rien⟩ *Zustand der Verwirrung mit Wahnvorstellungen (im Fieber, Rausch)* [lat., „Wahnsinn"]

**Delle** ⟨f. 19⟩ **1** ⟨umg.⟩ *Vertiefung, Druckstelle* **2** ⟨Geomorphologie⟩ *flache, muldenförmige Hohlform ohne eigenes Bachbett im Quellgebiet von Erosionstälern, die langsam durch oberflächlich abfließendes Wasser u. Kriechbewegungen des Bodens entstanden ist* [< spätmhd. *telle,* engl. *dell* „Schlucht, Tal"]

**Delphin** ⟨m. 1⟩ ▲ *Angehörige einer Familie der Zahnwale mit schnabelartig verlängertem Schädel, beide Kiefer mit zahlreichen kegelförmigen Zähnen, vornehmlich Fischfresser: Delphinida;* oV *Delfin;* → a. *Flussdelphin;* ► *Säugetiere* [< lat. *delphinus* < grch. *delphis*]

**delphisch** ⟨Adj.⟩ **1** *Delphi betreffend, zu Delphi gehörig, von, in Delphi* **2** ⟨fig.⟩ *doppelsinnig, rätselhaft, geheimnisvoll* ◆ ein delphisches Orakel *ein doppelsinniges Orakel;* ⟨aber⟩ das Delphische Orakel *das in Delphi bestehende Orakel*

**Delta** ⟨n. 15; Zeichen: δ, Δ⟩ **1** *vierter Buchstabe des grch. Alphabets* **2** ⟨Math.⟩ *Symbol für das Dreieck od. für die Änderung einer Größe* **3** ⟨Geol.; Pl. a.: Delten⟩ **3.1** ◄ *dreieckförmige Flussmündung* **3.2** *das von den äußeren Mündungsarmen umschlossene Gebiet*

**Deltaflügel** ⟨m. 5⟩ ►► *(für Überschallflugzeuge entwickelte) Flügelkonstruktion mit schräg nach hinten verlaufenden Vorderkanten* [nach dem grch. Buchstaben *Delta* (Δ)]

**dem I** ⟨Dat. Sg. vom Artikel „der"⟩ dem Gast etwas anbieten **II** ⟨Dat. Sg. vom Demonstrativpron. „der, das"⟩ ich traue dem, was du sagst; dem, der das gesagt hat ...; dem ist nicht so *es ist anders;* wenn dem so ist; wie dem auch sei **III** ⟨Dat. Sg. vom Relativpron. „der, das"⟩ *welchem* ◆ dies ist der Junge, das Mädchen, dem ich das Buch geborgt habe **IV** ⟨umg. für den Dat. Sg. des Personalpron. „er"⟩ *ihm* ◆ wie konntest du dem nur Vertrauen schenken! **V** ⟨mit unbestimmtem Pron.⟩ nach alledem, was du erzählst [→ *der*]

**Demagoge** ⟨m. 17⟩ **1** ⟨in der Antike⟩ *Volksführer* **2** ⟨heute; abwertend⟩ = *Volksverführer* [< grch. *demos* „Volk" + *agein* „führen"]

**Demarkationslinie** ⟨[-niə] f. 19⟩ *vereinbarte Grenze (auch zwischen Interessensgebieten)*

**demaskieren** ⟨V. t.; hat⟩ **1** jmdn. demaskieren **1.1** *jmdm. die Maske abnehmen* **1.2** ⟨fig.⟩ *jmdn. entlarven* **2** Geschütze demaskieren *die Tarnung von Geschützen entfernen* **3** sich demaskieren **3.1** *sich die Maske abnehmen* **3.2** ⟨fig.⟩ *sich entlarven* [< frz. *démasquer*]

**Dementi** ⟨n. 15⟩ **1** *Ableugnung* **2** *Widerruf* **3** *Richtigstellung (einer Nachricht)* ◆ ein Dementi geben [< frz. *démenti* „Dementi, Verleugnung"]

**dementieren** ⟨V. t.; hat⟩ **1** *leugnen, bestreiten, widerrufen* **2** *berichtigen* ◆ eine Nachricht dementieren [< frz. *démentir* „Lügen strafen, dementieren, widerlegen, ableugnen"]

**Demenz** ⟨f. 20⟩ *erworbene Geistesschwäche, Schwachsinn, Blödsinn* [< lat. *dementia* „Unsinnigkeit, Wahnsinn"]

**demgegenüber** ⟨Adv.⟩ *andererseits, im Vergleich zu dem Gesagten*

**demnach** ⟨Adv. od. Konj.⟩ *also, infolgedessen, aufgrund des Gesagten* ◆ es ist demnach aussichtslos, noch auf Besserung zu hoffen; demnach warst du gestern dort?

**demnächst** ⟨Adv.⟩ *bald*

**Demo** ⟨f. 10; umg.; kurz für⟩ *Demonstration*

**demobilisieren** ⟨V. t.; hat⟩ = *abrüsten;* Ggs *mobilisieren (2)* [< frz. *démobiliser*]

**Demodulation** ⟨f. 20; Phys.⟩ *Auftrennung von Schwingungen in ihre Einzelbestandteile* [zu lat. *demolior* „niederreißen"]

**Demografie** ⟨f. 19⟩ = *Demographie*

DELTAFLÜGEL: MIRAGE 2000, EIN KAMPFFLUGZEUG MIT DELTAFLÜGELN

**Demographie** ⟨f. 19⟩ *Beschreibung von Struktur u. Bewegung der Bevölkerung aufgrund der Bevölkerungsstatistik;* Sy *Bevölkerungslehre;* oV *Demografie* [< grch. *demos* „Volk" + *graphein* „schreiben"]

**Demokrat** ⟨m. 16⟩ *Anhänger der Demokratie*

**Demokratie** ⟨f. 19⟩ *Staatsform, bei der ein Staat nach dem Willen des Volkes regiert wird;* Sy *Volksherrschaft* [< grch. *demos* „Volk" + *kratein* „herrschen"]

**demokratisch** ⟨Adj.⟩ *der Demokratie entsprechend, nach den Grundsätzen der Demokratie*

**demokratisieren** ⟨V. t.; hat⟩ **1** *zur Demokratie machen* (Staat) **2** *nach demokrat. Gesichtspunkten umformen* (Betrieb, Verwaltung)

**demolieren** ⟨V. t.; hat⟩ **1** *niederreißen, schleifen* (Festung) **2** *zerstören* [< frz. *démolir* „ab-, niederreißen"]

**Demonstrant** ⟨m. 16; Pol.⟩ *Teilnehmer an einer Demonstration* [< lat. *demonstrans* „genau zeigend, aufmerksam machend"]

**Demonstration** ⟨f. 20⟩ **1** *Beweisführung, Darlegung* **2** *anschaul. Schilderung, Schau, Vorführung* (Flottendemonstration) **3** ⟨Pol.⟩ *Massenkundgebung;* Sy ⟨kurz⟩ *Demo* [< lat. *demonstratio* „das Zeigen, Darlegung"]

**demonstrativ** ⟨Adj.⟩ **1** *anschaulich darlegend* **2** *beweisend* **3** *absichtlich, auffallend, betont* **4** ⟨Gramm.⟩ *hinweisend* ◆ demonstrativer Beifall; demonstrativ zustimmen [< lat. *demonstrativus* „hinzeigend"]

**Demonstrativpronomen** ⟨n. 14; Pl. a.: -mina; Gramm.⟩ *hinweisendes Fürwort,* z. B. dieser, jener, derjenige

**demonstrieren** ⟨V.; hat⟩ **I** ⟨V. t.⟩ **1** *anschaulich vorführen* **2** *darlegen, beweisen* ◆ etwas ad oculos demonstrieren *etwas anschaulich vor Augen führen* **II** ⟨V. i.⟩ *eine Demonstration veranstalten, an ihr teilnehmen* [< lat. *demonstrare* „genau zeigen, darlegen"]

**Demontage** ⟨[-taːʒə] f. 19⟩ **1** *Abbau, Abbruch (bes. von Industrieanlagen)* **2** ⟨fig.⟩ *systematische Verminderung von etwas* **3** *Abbau des öffentl. Ansehens, der Machtbefugnisse von jmdm.* ◆ die Demontage der freien Marktwirtschaft [< frz. *démontage* „Abbau, Abbruch"]

**demontieren** ⟨V. t.; hat; Tech.⟩ **1** *etwas in seine Bestandteile zerlegen* **2** *abbauen, abtragen* **3** ⟨fig.⟩ *eine Demontage betreiben* ◆ eine Person, eine Sache demontieren [< frz. *démonter* „abbauen, auseinander nehmen"]

**demoralisieren** ⟨V. t.; hat⟩ **1** jmdn. demoralisieren *jmds. Moral u. Anstand untergraben* **2** *jmdn. entmutigen* [< frz. *démoraliser* „verderben, demoralisieren"]

**Demoskopie** ⟨f. 19⟩ *Meinungsforschung, Meinungsumfrage* [< grch. *demos* „Volk" + *skopein* „schauen"]

**demotivieren** ⟨[-viː-] V. t.; hat⟩ *die Motivation, das Interesse für eine Sache geringer machen* ◆ solche Worte demotivieren ihn [< lat. *de-* „weg von" + *motivieren*]

**Demut** ⟨f.; -; unz.⟩ *Liebe zum Dienen, Selbsterniedrigung, tiefe Bescheidenheit, Unterwürfigkeit* [< ahd. *diomuoti;* < **dio* „Knecht" (verwandt mit *dienen*) + *muot* (→ *Mut*), eigtl. „Gesinnung eines Dienenden"]

**demütig** ⟨Adj.⟩ *Demut übend, ergeben, ohne Geltungsbedürfnis*

**demütigen** ⟨V. t.; hat⟩ *erniedrigen, beschämen* ◆ sich vor jmdm. demütigen; das Demütigende daran war ...

**demzufolge** ⟨Konj.⟩ *daher, infolgedessen*

**den I** ⟨Akk. Sg. vom Artikel „der"⟩ den Freund verteidigen; Hamburg, den 1. April **II** ⟨Dat. Pl. aller drei Artikel⟩ den Freunden vertrauen **III** ⟨Akk. Sg. vom Demonstrativpron. „der"⟩ *diesen, denjenigen* ◆ ich meine den, der dort vorn steht; nimm den hier! **IV** ⟨Akk. Sg. vom Relativpron. „der"⟩ *welchen* ◆ der Freund, den er liebt **V** ⟨umg. für den Akk. Sg. des Personalpron. „er"⟩ *ihn* ◆ ich kann den nun einmal nicht leiden! [→ *der*]

**Denar** ⟨m. 1; Abk.: d⟩ **1** ► *kleine altröm. Silbermünze* **2** *im MA Silbermünze, der spätere Pfennig* [< lat. *denarius* (röm. Hauptsilbermünze), eigtl. „je zehn enthaltend"]

DENAR: SILBERDENAR VON JULIUS CÄSAR, 44 v. CHR.

**denaturieren** ⟨V. t.; hat⟩ **1** *ungenießbar machen, vergällen* (Alkohol) **2** *irreversibel verändern* (Eiweißstoffe) [< frz. *dénaturer* „vergällen, verfälschen"]

**Dendrochronologie** ⟨[-kro-] f. 19; unz.⟩ ► *Verfahren der Altersbestimmung von Holzfunden* [< grch. *dendron* „Baum" + *chronos* „Zeit" + *logos* „Rede, Lehre, Kunde"]

**denen I** ⟨Dat. Pl. vom Demonstrativpron. „der, die, das"⟩ *diesen, denjenigen* ◆ denen, die unter diese Bestimmung, dieses Gesetz fallen, wird geraten ... **II** ⟨Dat. Pl. vom Relativpron. „der"⟩ *welchen* ◆ er gab es denjenigen Freunden, denen er schon lange vertraute **III** ⟨umg. für den Dat. Pl. der Personalpron. „er, sie, es"⟩ *ihnen* ◆ wie konntest du denen nur vertrauen! [Erweiterung von *den;* → *den*]

**Denk...** → a. *Gedächtnis...*

**Denkanstoß** ⟨m. 1u⟩ *Anregung, Vorschlag, über etwas nachzudenken* ◆ einen Denkanstoß zu der Lösung eines Problems geben

**denkbar** ⟨Adj.⟩ **1** *so beschaffen, dass es sich denken lässt, vorstellbar, möglich* **2** ⟨adv.⟩ *möglichst* **3** *äußerst* ◆ ein denkbar großzügiger Mensch

**denken** ⟨V. 119; hat⟩ **I** ⟨V. t. u. V. i.⟩ **1** *geistig arbeiten, urteilen, überlegen* **2** *glauben, meinen, sich einbilden* **3** *annehmen, sich vorstellen* **4** *gesonnen sein, beabsichtigen, gedenken* **5** *sich im Geiste vorstellen, im Sinne haben, ersinnen* ◆ ich denke, wir warten noch ein paar Minuten; solange ich denken **kann** ... *so weit meine Erinnerung zurückreicht ...;* das **lässt** sich denken *das versteht sich von selbst* ◆ **logisch,** scharf, vernunftgemäß denken ◆ **an** etwas bzw. jmdn. denken *die Gedanken richten auf, im Geiste sein bei, sich in Gedanken beschäftigen mit, sich erinnern an;* ich denke oft an dich; **bei** sich denken *(heimlich) überlegen;* ich dachte mir nichts Böses **dabei;** er denkt gar nicht **daran,** zu antworten *er hält es nicht für nötig;* ich denke nicht daran! *das kommt gar nicht in Frage!;* **wenn** ich denke, dass ... *wenn ich mir vorstelle, dass ...;* machen Sie es, **wie** Sie denken *wie Sie es für richtig halten* ◆ **wer** hätte das gedacht! *das hätte niemand für möglich gehalten!;* **wo** denkst du hin! *aber nein, wie kannst du das annehmen?* **II** ⟨V. refl.⟩ sich etwas denken *sich vorstellen* ◆ ich dachte mir die **Sache** so: ...; ich denke mir mein **Teil** dabei ⟨umg.⟩ *ich habe da meine eigene Meinung* ◆ das hätte ich mir denken **können!** *das hätte mich nicht überraschen sollen, denn es war zu erwarten gewesen* ◆ das habe ich mir **beinahe** gedacht! *das habe ich vermutet* [< ahd. *denken*]

**...denken** ⟨n. 14; unz.; in Zus.⟩ *auf ein bestimmtes Ziel ausgerichtetes Denken u. Verhalten,* z. B. Profitdenken, Parteidenken, Feinddenken

**Denker** ⟨m. 3⟩ **1** *jmd., der (gut) denken kann* **2** *Philosoph* ◆ ein scharfer, kluger Denker; das Land der Dichter und Denker

**denkfähig** ⟨Adj.⟩ *fähig, klar u. logisch zu denken*

**Denkmal** ⟨n. 12u od. 11⟩ **1** *denk- u. erhaltenswürdiger Gegenstand der Kunst, Geschichte, Natur* (Literaturdenkmal, Sprachdenkmal, Naturdenkmal) **2** ⟨i. e. S.⟩ *Bildwerk, Gedenkstein zur Erinnerung an ein Ereignis od. eine Person* ◆ jmdm. ein Denkmal setzen *eine Persönlichkeit u. ihre Verdienste in einem Kunstwerk (meist literarisch) verewigen* [< *denken* + *Mal*]

**Denkmal(s)pflege** ⟨f. 19; unz.⟩ *Schutz von histor. Denkmälern sowie von kunst- u. kulturgeschichtlich bedeutenden Werken der Baukunst, Bildnerei, Malerei u. Ä.;* Sy *Denkmal(s)schutz*

**Denkmal(s)schutz** ⟨m.; -es; unz.⟩ = *Denkmal(s)pflege*

**denkwürdig** ⟨Adj.⟩ *der Beachtung, Betrachtung, Erinnerung wert* ◆ ein denkwürdiger Tag

**Denkzettel** ⟨m. 5⟩ **1** *Merkzettel* **2** ⟨fig.; umg.⟩ *fühlbare, handgreifl. Lehre, die man nicht so leicht vergessen kann* **3** *Strafe* ◆ einen Denkzettel bekommen, erhalten ⟨fig.; umg.⟩; jmdm einen Denkzettel geben, verpassen ⟨fig.; umg.⟩

**denn I** ⟨Konj.⟩ **1** ⟨allg.⟩ *weil* **2** ⟨einräumend⟩ es sei denn, dass ... *außer ..., außer wenn* **3** ⟨ausschließend; Bibelsprache⟩ außer wenn **4** ⟨umg. norddt. für die temporale Konj.⟩ *dann* **II** ⟨Partikel⟩ wo kann er denn sein? *nur, bloß* ◆ beende erst deine Ausbildung, denn das bringt dich beruflich weiter; was ist denn eigentlich geschehen? [< ahd. *denne,* engl. *then*]

**dennoch** ⟨Konj.⟩ *doch, trotzdem* ◆ er ist schon mehrmals abgewiesen worden, dennoch will er es noch einmal versuchen; ich werde es dennoch tun [< *denn* + *noch* (Adv.)]

**Denotation** ⟨f. 20; Sprachw.⟩ *Bedeutung (eines Wortes), Grundbedeutung, Begriffsumfang;* Ggs *Konnotation* [zu lat. *denotare* „bezeichnen, kenntlich machen"]

**Dental** ⟨m. 1; Phon.⟩ *an den Zähnen gebildeter Laut,* z. B. „d", „t"; Sy *Alveolar, Zahnlaut* [zu lat. *dens,* Gen. *dentis* „Zahn"]

**Denunziation** ⟨f. 20⟩ *Anschwärzung, Anzeige aus niedrigen, meist persönl. Beweggründen* [zu lat. *denuntiare* „ankündigen, anzeigen"]

**denunzieren** ⟨V. t.; hat⟩ *aus niedrigen Beweggründen anzeigen, anschwärzen* [< lat. *denuntiare* „ankündigen, anzeigen"]

**Deo** ⟨n. 15; kurz für⟩ *Deodorant*

**Deodorant** ⟨n. 11 od. n. 15⟩ *kosmetisches Mittel zum Desodorieren;* oV *Desodorant* [< lat. *de-* „weg" + *odorans* „riechend"]

**Departement I** ⟨[depart'mã] n. 15⟩ **1** *Verwaltungs-, Geschäftsbezirk* **2** ⟨Frankreich⟩ *Regierungsbezirk* **II** ⟨[depart'mɛnt] n. 11; schweiz.⟩ *Ministerium* [< frz. *département*]

**deplatzieren** ⟨V. t.; hat⟩ *versetzen, an eine andere Stelle setzen, verdrängen*

**Deponie** ⟨f. 19⟩ **1** *Stelle zum Ablagern u. Verscharren von Müll* (Mülldeponie) **2** *das Ablagern von Müll* ◆ geordnete, wilde Deponie

**deponieren** ⟨V. t.; hat⟩ *hinterlegen, in Verwahrung geben* [< lat. *deponere* „niederlegen"]

**Deportation** ⟨f. 20⟩ *Zwangsverschickung, Verbannung, Verschleppung;* Sy *Deportierung* ◆ die Deportation der Juden (in Dtschld. im 2. Weltkrieg) [< frz. *déportation* „Zwangsverschleppung"]

**deportieren** ⟨V. t.; hat⟩ *zwangsverschicken, verbannen, verschleppen* [< frz. *déporter* < lat. *deportare* „forttragen"]

**Deportierung** ⟨f. 20⟩ = *Deportation*

**Depot** ⟨[de'po:] n. 15⟩ **1** *Niederlage, Aufbewahrungsort* (Sparkassendepot) **2** *Straßenbahnhof* (Straßenbahndepot) **3** *Archiv, Magazin, Lager, Vorratsraum* **4** *Speicher, Ansammlung, Ablagerung* **5** ⟨Med.⟩ *Behandlung mit Depotpräparaten* **6** ⟨schweiz.⟩ *Einsatz, Pfand für Entlehntes* (Flaschendepot) [< frz. *dépôt* „Verwahrung, verwahrter Gegenstand, Verwahrungsort"]

**Depression** ⟨f. 20⟩ **1** ⟨Psych.⟩ *Niedergeschlagenheit, gedrückte Stimmung* **2** ⟨Wirtsch.⟩ *Krise, Tiefstand* **3** ⟨Meteor.⟩ *Tiefdruckgebiet* **4** ⟨Geogr.⟩ *das unter dem Meeresspiegel liegende Land* **5** ⟨Astron.⟩ *der unter dem Horizont liegende Teil des Höhenkreises eines Gestirns, Kimmtiefe* **6** ⟨Bgb.⟩ *Unterdruck bei der Grubenwetterung* **7** ⟨Phys.⟩ *Absinken unter einen Normalwert* [zu lat. *depressus* „niedergedrückt"]

**depressiv** ⟨Adv.; Psych.⟩ *auf Depression beruhend, niedergeschlagen* ◆ depressive Stimmung, Gefühlslage; depressiv sein [zu lat. *depressus* „niedergedrückt"]

**deprimieren** ⟨V. t.; hat⟩ *niederdrücken, entmutigen* ◆ sein Misserfolg hat ihn deprimiert; er hat die deprimierende Gewissheit, dass ... [< lat. *deprimere* „niederdrücken"]

**der I** ⟨m.; bestimmter Art.⟩ der Mann; der Baum; ⟨süddt. a. vor Eigennamen⟩ der Peter; er ist der ⟨betont⟩ Komponist unserer Zeit *der führende Komponist* **II** ⟨Gen. u. Dat. Sg. vom Art. „die": Gen. Pl. vom bestimmten Artikel aller Geschlechter⟩ die Arbeit der Schneiderin; der Schneiderin Arbeit geben **III** ⟨Demonstrativpron.⟩ *dieser, derjenige* ◆ der, den ich gesehen habe; der da, dort, hier war es!; der und der *(als Ersatz für Eigennamen) ein gewisser Herr X;* nach der und der Zeit *nach einer gewissen Zeit* **IV** ⟨Relativpron.⟩ *welcher* ◆ er war der Erste, der die Erde umkreiste **V** ⟨umg. für das Personalpron.⟩ *er* ◆ wie konnte der nur dein Vertrauen gewinnen?; der ist wohl verrückt? [< mhd., ahd. *der*]

**derart** ⟨Adv.⟩ *so* ◆ die Angelegenheit gestaltet sich derart schwierig, dass ...

**derartig** ⟨Adj.⟩ *so beschaffen* ◆ eine derartige Frechheit habe ich noch nicht erlebt!

**derb** ⟨Adj.⟩ **1** *rau, grob, hart* (Stoff) **2** *grobkörnig, unregelmäßig* (Mineral) **3** *kräftig, heftig* (Stoß) **4** *ungeschliffen, bäurisch* (Mensch) **5** *grob, offen ohne jede Rücksicht* (Antwort) **6** *nicht salonfähig, unfein* (Scherz, Witz) [< ahd. *derp, derb* „ungesäuert", übertragen a. „gemein, heftig"; verwandt mit *starren, sterben;* in der Bedeutung beeinflusst von mndt. *derve* „derb, geradezu"]

**Derby** ⟨['dɔ:bi] od. ['da:bi] n.; -s, -s; Sp.⟩ **1** ⟨urspr. nur⟩ *Pferderennen;* Sy *Derbyrennen* **2** ⟨danach a. allg.⟩ *Wettkampf, z. B. zwischen zwei Mannschaften aus einer Region* (Lokalderby) [nach Lord *Derby,* der das Rennen 1780 gründete]

**Derbyrennen** ⟨n. 14; Sp.⟩ = *Derby (1)*

**deren I** ⟨Gen. Sg. f. u. Gen. Pl. m., f., n. vom Relativpron.⟩ die Frau, deren Kind verunglückte; die Wälder, deren Größe unbeschreiblich ist **II** ⟨Gen. Sg. u. Pl. vom Demonstrativpron.⟩ abstrakte Gemälde, ihre Maler und deren Leben **III** ⟨als Ersatz für das Possessivpron., wenn sonst die Beziehung nicht deutl. würde⟩ meine Schwägerin, meine Freundin u. deren Tochter [→ *der*]

**derer** ⟨Pl. vom Demonstrativpron.⟩ *derjenigen* ◆ das Schicksal derer, die im 2. Weltkrieg verschollen sind [→ *der*]

**dergleichen** ⟨Demonstrativpron.; Abk.: dgl.⟩ *solche, ähnliche Dinge* ◆ und dergleichen mehr ⟨Abk.: u. dgl. m.⟩; nicht dergleichen tun *etwas od. jmdn. nicht beachten, nicht reagieren;* nichts dergleichen *nichts davon, nichts in dieser Art*

**Derivat** ⟨[-va:t] n. 11; Pl. a.: -vata [-va:ta]⟩ **1** ⟨Chem.⟩ *chem. Verbindung, die aus einer anderen durch Ersatz (Substitution) von Atomen durch andere Atome oder Atomgruppen abgeleitet u. dargestellt wird* **2** ⟨Gramm.⟩ *durch Derivation gebildetes Wort* [< lat. *derivatus* „abgeleitet"]

**derjenige** ⟨Demonstrativpron.; Gen. desjenigen, Pl. diejenigen⟩ derjenige Gast, der gestern ... ⟨verstärkend für⟩ *der Gast, ...;* du bist also derjenige, welcher! ⟨iron.⟩ *der, von dem die Rede ist, der dafür verantwortlich ist*

**Dermatitis** ⟨f.; -, -titiden⟩ *Hautentzündung*

**Dermatologe** ⟨m. 17⟩ = *Hautarzt*

**Dermatologie** ⟨f. 19; unz.⟩ *Lehre von den Haut- u. Geschlechtskrankheiten* [< grch. *derma* „Haut" + *logos* „Rede, Darstellung, Kunde"]

**dermatologisch** ⟨Adj.⟩ *zur Dermatologie gehörend, auf ihr beruhend*

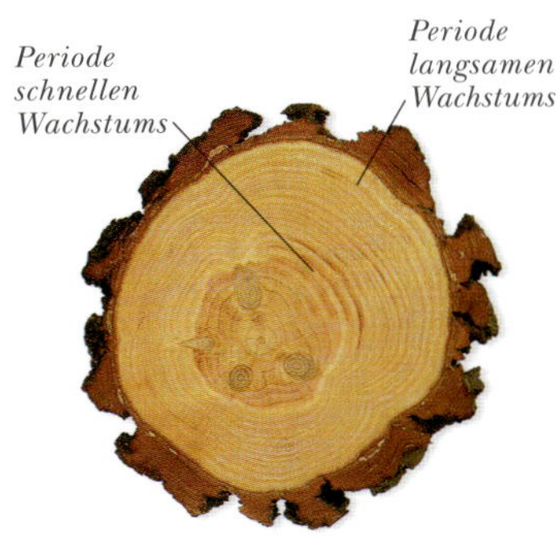


DENDROCHRONOLOGIE: SCHNITT DURCH EINE KIEFER MIT JAHRESRINGEN

**derselbe** ⟨Demonstrativpron.; m.; Gen.: desselben, Pl.: dieselben⟩ **1** *(genau) der, eben der* **2** ⟨veraltet⟩ *er, dieser* ◆ ein und derselbe ⟨verstärkend⟩; es ist immer derselbe; ⟨umg. fälschl. für⟩ *der gleiche;* beide tragen denselben Hut ⟨richtig⟩ *den gleichen*

**derzeit** ⟨Adv.⟩ **1** *zurzeit, augenblicklich, momentan* **2** ⟨veraltet⟩ *damals* ◆ das Buch ist derzeit nicht lieferbar

**derzeitig** ⟨Adj.⟩ **1** *augenblicklich, jetzig* **2** ⟨veraltet⟩ *damalig* ◆ der derzeitige Leiter der Abteilung Buchgeschichte

**des** ⟨Gen. Sg. vom Art. „der" u. „das"⟩ das Buch des Schülers; des Morgens *morgens, am Morgen;* wes Brot ich ess', des Lied ich sing' ⟨veraltet⟩ *dessen* [→ *der*]

**des I** ⟨n.; -, -; Mus.⟩ *Tonbezeichnung, das um einen halben Ton erniedrigte d* **II** ⟨Mus.; Abk. für⟩ *des-Moll (Tonartbezeichndung)*

**Des I** ⟨n.; -, -; Mus.⟩ *Tonbezeichnung, das um einen halben Ton erniedrigte D* **II** ⟨Mus.; Abk. für⟩ *Des-Dur (Tonartbezeichnung)*

**des..., Des...** ⟨Vors.⟩ = *de..., De...*

**Desaster** ⟨n. 13⟩ *Unglück, Unheil, Zusammenbruch* [< frz. *désastre* „Katastrophe, Unheil, Zusammenbruch"]

**Des-Dur** ⟨n.; -; unz.; Mus.; Abk.: Des⟩ *auf dem Grundton Des beruhende Dur-Tonart*

**desensibilisieren** ⟨V. t.; hat⟩ **1** *eine Überempfindlichkeit herabsetzen bei* **2** ⟨Med.⟩ *die Empfindlichkeit bei allergischen Erkrankungen stufenweise verringern (durch Einspritzen der Allergene)* **3** ⟨Fot.⟩ *lichtunempfindlich machen* [< lat. *de-* „von weg, ent-" + *sensibel*]

**Deserteur** ⟨[-tø:r] m. 1⟩ = *jmd., der Fahnenflucht begeht* [< frz. *déserteur*]

**desertieren** ⟨V. i.; ist⟩ *Fahnenflucht begehen* [< frz. *déserter* „verlassen, im Stich lassen"]

**desgl.** ⟨Abk. für⟩ *desgleichen*

**desgleichen I** ⟨Adv.; Abk.: desgl.⟩ *das Gleiche, so, ebenso* ◆ tue desgleichen! **II** ⟨Konj.⟩ *ebenso, auch* ◆ aufgerufen wurden zunächst die Nummern eins bis zehn, desgleichen noch einige dringende Fälle

**deshalb I** ⟨Adv.⟩ *aus diesem Grunde, darum;* Sy *deswegen* ◆ er hat es deshalb getan; eben, gerade deshalb!; er kommt nur deshalb, weil ... **II** ⟨Konj.⟩ dieses Biologiebuch wendet sich nur an den Fachmann, deshalb habe ich kein Interesse daran

**Design** ⟨[di'zain] n. 15⟩ *zeichner. od. plast. Entwurf, Skizze, Modell;* → a. *Muster* [engl.]

**Designation** ⟨f. 20⟩ **1** *Bestimmung, Bezeichnung* **2** *vorläufige Ernennung* [< lat. *designatio* „Bezeichnung"]

**Designerdroge** ⟨[di'zainə(r)-] f. 19⟩ *synthetisch, auf chemischer Basis hergestelltes Rauschmittel, z. B. Ecstasy* [< *Designer* + *Droge*]

**Designermode** ⟨[di'zainə(r)-] f. 19⟩ *Kleidung, die von Modedesignern entworfen u. ursprünglich nur in geringer Stückzahl produziert wurde* [< *Designer* + *Mode*]

**designieren** ⟨V. t.; hat⟩ *für ein Amt vorsehen, bestimmen* ◆ designierter Nachfolger [< lat. *designare* „bezeichnen"]

**Desillusion** ⟨f. 20⟩ *Ernüchterung, Enttäuschung* [< frz. *désillusion*]

**desillusionieren** ⟨V. t.; hat⟩ jmdn. desillusionieren *jmdm. die Illusionen nehmen, ihn ernüchtern, enttäuschen* [< frz. *désillusionner*]

**Desinfektion** ⟨f. 20⟩ *Entseuchung, Vernichtung von Krankheitserregern mit chem. Mitteln* [< lat.-frz. *des-* „von weg, ent-" + *Infektion*]

**desinfizieren** ⟨V. t.; hat⟩ *entseuchen, keimfrei machen* [< lat.-frz. *des-* „von weg, ent-" + *infizieren*]

**Desinformation** ⟨f. 20; unz.⟩ *(bewusst) falsche Information* [< lat.-frz. *des-* „weg von" + *Information*]

**Desinteresse** ⟨n. 13; unz.⟩ *mangelhaftes Interesse, Gleichgültigkeit;* Ggs *Interesse* [< lat.-frz. *des-* „von weg, ent-" + *Interesse*]

**desinteressiert** ⟨Adj.⟩ *nicht interessiert, gleichgültig* ◆ ich bin an dieser Sache völlig desinteressiert; sie zeigte sich bei dieser Angelegenheit desinteressiert [< lat.-frz. *des-* „von weg, ent-" + *interessiert*]

**Deskription** ⟨f. 20⟩ *Beschreibung* [< lat. *descriptio* „Abriss, Beschreibung"]

**Desktop** ⟨m. 6; EDV⟩ *auf dem Schreibtisch installierter Personal Computer;* → a. *Laptop, Tower* [engl., „Schreibtischplatte"]

**Desktoppublishing,** ⟨auch⟩ **Desktop-Publishing** ⟨[-pʌbliʃiŋ] n.; (-) -s; unz.; Abk.: DTP⟩ *Einsatz von Kleinrechnern (Personal Computer) für die Textgestaltung bis zur Veröffentlichungsreife* [engl., „Publikationserstellung am Schreibtisch"]

## DESTILLATION

Zur Destillation einer Flüssigkeit wird diese bis zum Siedepunkt erhitzt. Erreicht z. B. eine Natriumdichromatlösung diese Temperatur, verdampft das Lösungsmittel Wasser und lässt Natriumdichromatkristalle zurück. Der Wasserdampf gelangt in einen Kühler, kondensiert und wird erneut flüssig. Der Vorgang wird bis zur endgültigen Trennung der beiden Lösungsbestandteile fortgesetzt. Die Destillation dient auch zur Trennung von Flüssigkeiten.

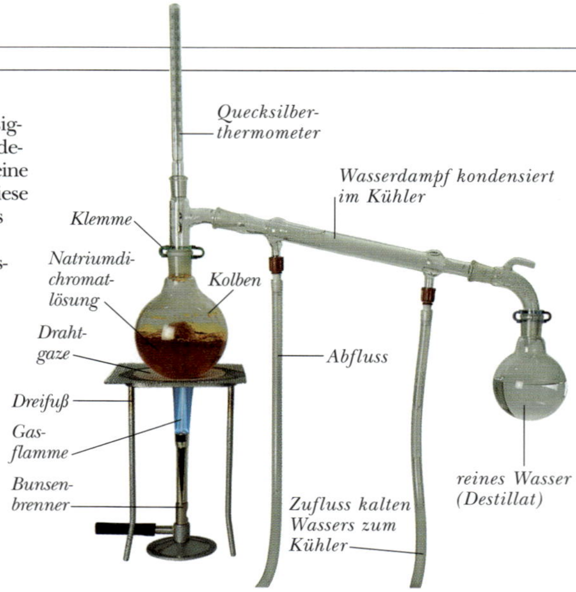


DESTILLATION EINES GEMISCHS

**des-Moll** ⟨n.; -; unz.; Mus.; Abk.: des⟩ *auf dem Grundton des beruhende Moll-Tonart*
**Desodorant** ⟨n. 15⟩ = *Deodorant*
**desolat** ⟨Adj.⟩ **1** *einsam, öde* **2** *hoffnungslos, traurig* [< lat. *desolatus* „vereinsamt, verödet"]
**Desoxyribonucleinsäure** ⟨f. 19; unz.; Genetik; Abk.: DNS; fachsprachl.⟩ = *Desoxyribonukleinsäure*
**Desoxyribonukleinsäure** ⟨f. 19; unz.: Genetik; Abk.: DNS⟩ ► = *DNA;* oV ⟨fachsprachl.⟩ *Desoxyribonucleinsäure* [< lat.-frz. *des-* „von weg, ent-" + *Ribonukleinsäure*]
**despektierlich** ⟨Adj.⟩ *unehrerbietig, respektlos, verächtlich* ◆ er hat sich despektierlich benommen [zu lat. *despectare* „herabsehen, verachten"]
**Desperado** ⟨m. 6⟩ **1** *jmd., der zu jeder Verzweiflungstat fähig ist* **2** *anarchistischer Draufgänger, Umstürzler* [span., "verzweifelt"]
**Despot** ⟨m. 16⟩ *jmd., der durch Gewalt herrscht* [< grch. *despotes* „Herr, Herrscher"]
**despotisch** ⟨Adj.⟩ **1** *herrisch, rücksichtslos, unerbittlich* **2** *gewalttätig* **3** *willkürlich* [< grch. *despotikos* „herrisch"]
**Despotismus** ⟨m.; -; unz.⟩ *System der Gewaltherrschaft* [→ *Despot*]
**dessen I** ⟨Gen. Sg. vom Relativpron. „der" u. „das"⟩ der Tag, dessen wir gedenken; das Buch, dessen Schutzumschlag der Grafiker X entworfen hat, ... **II** ⟨Gen. Sg. vom Demonstrativpron. „der" u. „das"⟩ das Kind dessen, der ...; er erinnert sich dessen nicht; dessen ungeachtet *dennoch, trotzdem* **III** ⟨als Ersatz für das Possessivpron., wenn sonst die Beziehung nicht deutl. würde⟩ mein Vetter, mein Freund u. dessen Sohn [→ *der*]
**Dessert** ⟨[dɛˈsɛːr] n. 15⟩ *Nachspeise, Nachtisch* ◆ ein feines Dessert; es gab Obst zum Dessert [frz.]
**Dessertteller** ⟨[dɛsɛːr-] m. 3⟩ *kleiner Teller für das Dessert*
**Dessous** ⟨[dəˈsuː] n.; -, - [-suːs]; meist Pl.⟩ *Damenunterwäsche* [frz., „unterhalb"]
**destabilisieren** ⟨V. t.; hat⟩ *instabil, unbeständig machen;* Ggs *stabilisieren* ◆ politische Beziehungen, Verhältnisse destabilisieren [< lat. *de-* „weg von" + *stabilisieren*]
**Destillat** ⟨n. 11; Chem.⟩ *Produkt der Destillation* [< lat. *destillatus* „herabgeträufelt"; zu *destillare* ]
**Destillation** ⟨f. 20⟩ **1** ⟨Chem.⟩ ▲ *Verdampfung u. anschließende Kondensation (Wiederverflüssigung durch Abkühlen) einer Flüssigkeit zur Abtrennung einer Flüssigkeit von darin gelösten Feststoffen u. zur Trennung verschiedener Flüssigkeiten* **2** *Schankwirtschaft* ◆ **fraktionierte** Destillation *Trennung von Gemischen verschiedener Flüssigkeiten aufgrund ihrer verschiedenen Siedepunkte;* → a. ► *Fraktionierung;* **trockene** Destillation *Erhitzen fester Stoffe, die dann Zersetzungsprodukte abgeben, welche beim Abkühlen zu Flüssigkeiten kondensieren* [zu lat. *destillare* „herabträufeln"]
**destillieren** ⟨V. t.; hat⟩ *durch Destillation trennen*
**Destillierkolben** ⟨m. 4⟩ ► *kugelförmiger Behälter mit langem Hals, in dem ein zum Destillieren bestimmter Stoff erhitzt wird*
**desto** ⟨Konj.⟩ *um so* ◆ desto besser! *(Ausruf der Erleichterung);* je mehr hierbei mitarbeiten, desto schneller wird die Arbeit beendet sein [< ahd. *des* (Gen. des Art.) + *diu* (Instrumentalis des Art.); → *der*]
**destruieren** ⟨v.t.; hat⟩ *zerstören* [< lat. *destruere* „vernichten"]
**Destruktion** ⟨f. 20⟩ *Zerstörung* [< lat. *destructio*]
**destruktiv** ⟨Adv.⟩ *zerstörend, zersetzend, auf einen Umsturz bedacht* [→ *destruieren, Destruktion*]
**deswegen** ⟨Konj.⟩ = *deshalb*
**Deszendent** ⟨m. 16⟩ **1** *Abkömmling, Nachkomme* **2** ⟨Astron.⟩ *Untergangspunkt eines Gestirns;* Ggs *Aszendent (2.1)* [< lat. *descendens* „herabsteigend"]
**Detail** ⟨a. [deˈtaj] n. 15⟩ *etwas Einzelnes, Einzelheit* ◆ Details **angeben** ◆ er kann sich nicht **an** alle Details erinnern; **auf** jedes Detail eingehen; auf Details verzichten [< frz. *détail* „Einzelnes, Einzelheit"]
**detailliert** ⟨[detaˈjiːrt] Adj.⟩ *in allen Einzelheiten, bis ins Detail, ausführlich, genauestens* ◆ eine detaillierte Beschreibung
**Detektiv** ⟨m. 1⟩ **1** *Geheimpolizist* **2** *privater, berufsmäßiger Ermittler von Straftaten u. zivilrechtl. Angelegenheiten* [< engl. *detective;* → *Detektor*]
**Detektor** ⟨m. 23⟩ **1** *Gerät zum Nachweis u. zur Bestimmung der Eigenschaften von elektromagnetischer od. Teilchenstrahlung* **2** *Gleichrichter für Hochfrequenzströme* [zu lat. *detegere* „aufdecken, enthüllen"]
**Determination** ⟨f. 20⟩ **1** *Begriffsbestimmung, Abgrenzung* **2** ⟨Biol.⟩ *Vorgang, durch den eine bestimmte Entwicklungsrichtung eines Körperteils festgelegt wird* [< lat. *determinatio* „Begrenzung"]
**determinieren** ⟨V. t.; hat⟩ *bestimmen, abgrenzen, entscheiden* [< lat. *determinare* „begrenzen, bestimmen"]
**Detonation** ⟨f. 20⟩ *eine unter Knallerscheinung u. Gasentwicklung sehr rasch vor sich gehende, schneller als eine Deflagration, aber langsamer als eine Explosion verlaufende chem. Reaktion* [< frz. *détonation* ]
**detonieren** ⟨V. i.; ist/hat⟩ **1** *in Form einer Detonation verbrennen* **2** ⟨Mus.⟩ *unrein singen, spielen* ◆ das Gemisch ist detoniert [< frz. *détoner*]
**Deus** ⟨[deːus] m.; Gen. Dei [deːi]⟩ *Gott* [lat.]
**deuten** ⟨V.; hat⟩ **I** ⟨V. t.⟩ *auslegen, erklären, erläutern* ◆ ich kann es mir nicht deuten; ein Gleichnis, Handlinien, die Sterne, einen Text, ein Zeichen deuten **II** ⟨V. i.⟩ deuten auf *erkennen lassen, hinweisen, zeigen auf* ◆ ⟨fig.⟩ sie deutete auf ihn; das deutet auf eine Wetterveränderung hin ⟨fig.⟩; das deutet auf nichts Gutes! ⟨fig.⟩ [< ahd. *diuten*]
**Deuterium** ⟨n.; -s; unz.; Chem.; Zeichen: D⟩ *Isotop des Wasserstoffs* [zu grch. *deuteros* „der zweite"]
**Deuteronomium** ⟨n.; -s; unz.; Rel.; AT⟩ *Titel des 5. Buches Mose* [< grch. *deuteros* „der zweite" + *nomos* „Gesetz, Vorschrift"]
**deutlich** ⟨Adj.⟩ **1** *klar erkennbar* **2** ⟨a. fig.⟩ *leicht festzustellen* (Absicht) **3** *gut verständlich* **4** *leicht lesbar* (Schrift) **5** ⟨fig.⟩ *nachdrücklich, eindeutig, grob* (Ablehnung, Absage) ◆ das war aber deutlich! ⟨fig.⟩ *rücksichtslos offen gesprochen* das war eine deutliche **Antwort!** ⟨fig.⟩ ◆ du musst dich deutlicher **ausdrücken;** ich kann es deutlich **erkennen,** sehen [→ *deuten*]

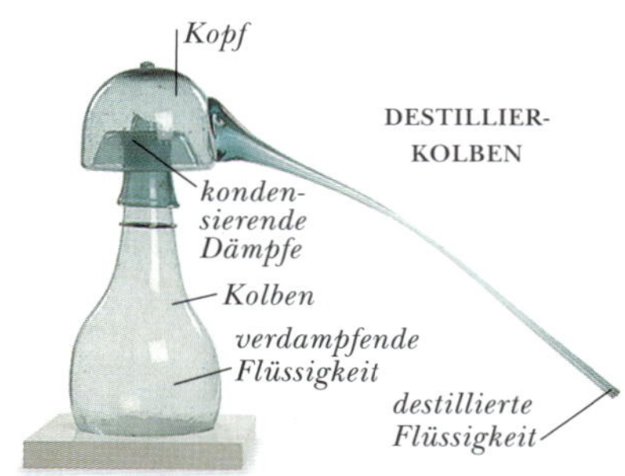


DESTILLIER-KOLBEN

**Deutlichkeit** ⟨f. 20⟩ **I** ⟨unz.⟩ **1** *Erkennbarkeit, Klarheit* **2** ⟨fig.⟩ *Grobheit, Nachdruck* ◆ ihre Antwort ließ an Deutlichkeit nichts zu wünschen übrig ⟨fig.⟩ *ihre Antwort war grob, unhöflich;* etwas mit aller Deutlichkeit sagen ⟨fig.⟩ *mit allem Nachdruck, entschieden, rücksichtslos offen* **II** ⟨zählb.; fig.; umg.⟩ *grobe Antwort, derb Gesprochenes*
**deutsch I** ⟨Adj.⟩ **1** *zu Deutschland gehörig, es betreffend* **2** *aus Deutschland stammend, in Deutschland hergestellt* ◆ ⟨Kleinschreibung⟩ der deutsche **Arbeiter;** die deutsche **Bundesrepublik** ⟨kein Titel; für⟩ *Bundesrepublik Deutschland;* deutsche **Erzeugnisse;** die deutsche **Schweiz** *die Kantone der Deutsch sprechenden Schweiz;* die deutsche **Sprache** ◆ ⟨Großschreibung, in Titeln, Namen⟩ der Deutsch-Französische Krieg (1870/71); Deutscher **Aktienindex** ⟨Abk.: DAX⟩; Deutsche **Angestellten Gewerkschaft** ⟨Abk.: DAG⟩; Deutsche **Bahn AG** ⟨Abk.: DB⟩; die Deutsche **Bibliothek** (in Frankfurt a. M.); die Deutsche **Bücherei** (in Leipzig); Deutscher **Gewerkschaftsbund** ⟨Abk.: DGB⟩;

Deutscher **Industrie- und Handelstag** ⟨Abk.: DIHT⟩; Deutsches **Institut für Normung** ⟨Abk.: DIN⟩; Deutsche **Mark** ⟨Abk.: DM⟩; Deutsche **Post AG** ⟨f.; -n - -; unz.⟩ *aus der Deutschen Bundespost hervorgegangener selbständiger Unternehmensbereich, seit 1. 1. 1995 eine Aktiengesellschaft;* Deutsche **Presse-Agentur** ⟨Abk.: dpa⟩; Deutsches **Rotes Kreuz** ⟨Abk.: DRK⟩ **II** ⟨adv.⟩ **1** *in deutscher Art, auf deutsche Weise* **2** *in deutscher Sprache* ◆ dieses Fremdwort kann man auch deutsch **aussprechen** ◆ **auf,** in zu Deutsch *in deutschem Text, Wortlaut*

**Deutsch** ⟨n.; - od. -s; unz.⟩ **1** *die dt. Sprache als Sprache eines Einzelnen od. einer bestimmten Gruppe od. wenn sie sonstwie näher bestimmt ist* **2** *Kenntnis der dt. Sprache* ◆ er versteht kein **Wort** Deutsch ◆ er **kann,** lehrt, lernt, spricht, versteht (kein) Deutsch ◆ Deutsch **als** Schulfach; wir legen Wert **auf** gutes Deutsch; Unterricht **in** Deutsch erhalten, erteilen, geben, haben, nehmen [< ahd. *diutisc;* zu ahd. *diot,* „Volk"]

**deutsch-deutsch** ⟨Adj.; 1949-1990⟩ *die Bundesrepublik Deutschland u. die Deutsche, Demokratische Republik betreffend, auf sie bezogen* ◆ deutsch-deutsche Beziehungen; deutsch-deutsche Gespräche

**Deutsche** ⟨n. 31⟩ **1** *die deutsche Sprache* **2** ⟨in Zus.⟩ *einzelner Zweig der dt. Sprache* (das Niederdeutsche) **3** ⟨stets mit Art.⟩ *die Aussprache der dt. Sprache, dt. Wesensart* ◆ das typisch Deutsche an ihm; etwas aus dem Deutschen ins Französische übersetzen, übertragen, etwas aus dem Englischen ins Deutsche übersetzen, übertragen

**Deutsche(r)** ⟨f. 30 (m. 29)⟩ *jmd., der aus Deutschland stammt, dessen Muttersprache Deutsch ist, der zum deutschen Volk gehört*

**deutschsprachig** ⟨Adj.⟩ *Deutsch sprechend* ◆ deutschsprachige Bevölkerung der Schweiz; deutschsprachiger Unterricht *Unterricht, der in dt. Sprache gehalten wird*

**deutschsprachlich** ⟨Adj.⟩ *die dt. Sprache betreffend* ◆ deutschsprachlicher Unterricht *Unterricht in der deutschen Sprache*

**Deutung** ⟨f. 20⟩ *Erklärung, Auslegung* ◆ eine Deutung der letzten Ereignisse geben; dieses Wort lässt mehrere Deutungen zu

**Devise** ⟨[-viː-] f. 19⟩ **1** *Wahlspruch* **2** ⟨meist Pl.⟩ *Zahlungsmittel in ausländ. Währung* [frz.]

**Devisengeschäft** ⟨[-viː-] n. 11⟩ *An- und Verkauf von Devisen (durch Banken)*

**Devisenkurs** ⟨[-viː-] m. 1⟩ *Wechselkurs, Umtauschverhältnis zweier Währungen*

**Devisenmarkt** ⟨[-viː-] m. 1u⟩ *Gesamtheit von Angebot u. Nachfrage an Devisen*

**devot** ⟨[-voːt] Adj.; -er, am -esten⟩ *unterwürfig, übertrieben ehrerbietig, diensteifrig, ergeben* [< lat. *devotus* „treu ergeben"]

**Dextrose** ⟨f. 19; unz.⟩ = *Glukose* [zu lat. *dexter* „recht(s)"]

**Dez.** ⟨Abk. für⟩ *Dezember*

**Dezember** ⟨m.; -s od. -, -; Abk.: Dez.⟩ *12. Monat des Jahres* [< lat. *december* „der zehnte (Monat)" des mit dem März beginnenden altröm. Jahres; < lat. *decem* „zehn"]

**Dezennium** ⟨n.; -s, -nien⟩ *Zeitraum von 10 Jahren, Jahrzehnt* [< lat. *decennium* „Jahrzehnt" *decem* „zehn" + *annus* „Jahr"]

**dezent** ⟨Adj.; -er, am -esten⟩ Ggs *indezent* **1** *anständig, geziemend, schicklich* **2** *unauffällig, unaufdringlich* ◆ ein dezentes Kleid; dezente Musik; dezent auf etwas hinweisen [< lat. < *decens* „schicklich, geziemend"]

**dezentral** ⟨Adj.⟩ *vom Mittelpunkt weg verlegt;* Ggs *zentral (1)*

**dezentralisieren** ⟨V. t.; hat⟩ *auseinander legen, aufgliedern;* Ggs *zentralisieren (2)* [< lat. *de-* „von weg, ent-" + *zentralisieren*]

**Dezernat** ⟨n. 11⟩ *Aufgaben-, Sachgebiet, Amts-, Geschäftsbereich* [verkürzt u. irrtümlich aufgefasst aus dem lat. Aktenvermerk: *Decernat collega N.* „Kollege N. möge entscheiden"; zu lat. *decernere* „entscheiden", beeinflusst von Amtsbezeichnungen auf *-at*]

**Dezi...** ⟨von Maßeinheiten, Abk.: d⟩ *Zehntel...* [< lat. *decem* „zehn"]

**Dezibel** ⟨n. 15; bei Maßangaben Pl.: -; Abk.: db⟩ *1/10 Bel*

**dezidiert** ⟨Adj.⟩ *entschieden, bestimmt*

**Dezigramm** ⟨n.; -s, -; Abk.: dg⟩ *1/10 Gramm* [< lat. *decem* „zehn" + *Gramm*]

**Deziliter** ⟨n. 13 od. m. 3; Abk.: dl⟩ *1/10 Liter* [< lat. *decem* „zehn" + *Liter*]

**dezimal** ⟨Adj.⟩ *auf der Zahl 10 beruhend* [< lat. *decimus* „der zehnte"]

**Dezimalstelle** ⟨f. 19⟩ *rechts vom Komma eines Dezimalbruchs stehende Zahl*

**Dezimalsystem** ⟨n. 11; unz.; Math.⟩ *auf der Zahl 10 beruhendes Zahlen- u. Rechensystem;* Sy *Zehnersystem*

**Dezimeter** ⟨n. 13 od. m. 3; Abk.: dm⟩ *1/10 Meter* [< lat. *decem* „zehn" + *Meter*]

**dezimieren** ⟨V. t.; hat⟩ **1** ⟨eigtl.⟩ *jeden zehnten Mann töten* **2** ⟨danach⟩ *stark vermindern, große Verluste zufügen* [< lat. *decimare* „den zehnten Mann bestrafen"]

**Dezitonne** ⟨f. 19; Abk.: dt⟩ *1/10 Tonne* [< lat. *decem* „zehn" + *Tonne*]

**dg** ⟨Abk. für⟩ *Dezigramm*

**DGB** ⟨Abk. für⟩ *Deutscher Gewerkschaftsbund*

**dgl.** ⟨Abk. für⟩ *dergleichen*

**d. h.** ⟨Abk. für⟩ *das heißt*

**Dhau** ⟨f. 18⟩ ► = *Dau*

**d. i.** ⟨Abk. für⟩ *das ist*

**Di** ⟨Abk. für⟩ *Dienstag*

**di..., Di...** ⟨Vors.⟩ *doppelt, zwei* [< grch. *dis* „zweimal"; zu *dyo* „zwei"]

**Dia** ⟨n. 15; kurz für⟩ *Diapositiv*

**dia..., Dia...** ⟨Vors.⟩ **1** *durch, hindurch* **2** *auseinander, getrennt* [grch.]

**Diabetes** ⟨m.; -; unz.; Med.⟩ *mit Erhöhung des Blutzuckers und starker Wasserausscheidung verbundene Krankheit* ◆ Diabetes insipidus *Erkrankung durch Störung des Zwischenhirns u. der Hirnanhangdrüse; führt zu starker Wasserausscheidung u. großem Durst;* Diabetes mellitus *Störung des Kohlenhydratstoffwechsels durch mangelnde Insulinbildung im Körper führt zu Ausscheidung von Zucker im Harn;* Sy *Zuckerkrankheit* [zu grch. *diabainein* „hindurch-, hinübergehen"]

**Diabetiker** ⟨m. 3⟩ *jmd., der an Diabetis (mellitus) leidet*

**diabolisch** ⟨Adj.⟩ *teuflisch* [zu grch. *diabolos* „Teufel", eigtl. „Zwietrachtstifter"]

**Diabolo** ⟨n. 15⟩ *Spiel mit einem Doppelkegel, der mithilfe einer gespannten Schnur in Drehung versetzt, in die Höhe geworfen u. wieder aufgefangen wird* [zu ital. *diavolo* < grch. *diabolos* „Teufel"]

**Diachronie** ⟨[-kroː-] f.; -; unz.; Sprachw.⟩ *historisch vergleichende Sprachwissenschaft;* → a. *Synchronie* [< grch. *dia* „hindurch" + *chronos* „Zeit"]

**Diagnose** ⟨f. 19⟩ **1** *Erkennung, Feststellung (einer Krankheit)* **2** *Bestimmung der systemat. Stellung einer Tier- od. Pflanzenart nach ihren Merkmalen* ◆ eine Diagnose stellen; die Diagnose auf etwas stellen [zu grch. *diagnoskein* „genau untersuchen, unterscheiden"]

**Diagnostik** ⟨f. 20; unz.⟩ *Lehre von der Erkennung einer Krankheit* [→ *Diagnose* ]

**diagnostizieren** ⟨V. t.; hat⟩ *erkennen* (Krankheit) ◆ eine Krankheit als Scharlach diagnostizieren

**diagonal** ⟨Adj.⟩ **1** *zwei nicht benachbarte Ecken eines Vielecks od. Vielflachs gradlinig verbindend* **2** *schräg laufend* ◆ ein Buch diagonal lesen ⟨umg.⟩ *nur sehr flüchtig, oberflächlich* [< lat. *diagonalis;* zu grch. *dia* „hindurch" + *gonia* „Winkel"]

**Diagonale** ⟨f. 19⟩ *Verbindungslinie zweier nicht benachbarter Ecken eines Vielecks od. Vielflachs*

**Diagramm** ⟨n. 11⟩ **1** *grafische Darstellung von zahlenmäßigen Abhängigkeiten zwischen zwei od. mehreren Größen, Schaubild* **2** *schematischer Grundriss der Blüte* [< grch. *diagramma* „Zeichnung, geometrische Figur"]

**Diakon** ⟨m. 1 od. 16⟩ **1** ⟨kath. Kirche⟩ *niederer Geistlicher* **2** ⟨ev. Kirche⟩ *Gemeindehelfer* [< grch. *diakonos* „Diener"]

**Diakonie** ⟨f. 19; unz.; ev. Kirche⟩ *soziale Arbeit in der Gemeinde*

**Diakonisse** ⟨f. 19; ev. Kirche⟩ *Gemeindeschwester, Armen- u. Krankenpflegerin;* Sy *Diakonissin* [< kirchenlat. *diaconissa* „Kirchendienerin"; → *Diakon*]

**Diakonissin** ⟨f. 22⟩ = *Diakonisse*

**Dialekt** ⟨m. 1; Sprachw.⟩ = *Mundart* ◆ er spricht starken Dialekt [< grch. *dialektos* „Unterredung, Redeweise"]

**Dialektik** ⟨f. 20; unz.⟩ **1** *Kunst der wissenschaftl. Gesprächsführung, Redekunst* **2** *Fähigkeit zu diskutieren* **3** ⟨Philos.⟩ *Methode, durch Denken in Gegensatzbegriffen zur Erkenntnis zu gelangen* [verkürzt aus grch. *dialektike techne* „Kunst des (bes. wissenschaftlichen) Streitgesprächs"]

**dialektisch** ⟨Adj.⟩ **1** *die Dialektik betreffend, darauf beruhend* **2** = *mundartlich* ◆ dialektischer Materialismus ⟨umg. Kurzwort: Diamat⟩ *philosophische Anschauung, nach der jede Entwicklung als Ergebnis der sich ständig dialektisch verwandelnden sowie in Wechselbeziehung zueinander stehenden Formen der Materie anzusehen ist, Grundlage der kommunistischen Ideologie*

**Dialog** ⟨m. 1⟩ **1** *Gespräch zwischen zweien od. mehreren, Wechselrede* **2** ⟨EDV⟩ *Wechsel zwischen Frage und Antwort im Rechnersystem* [< grch. *dialogos* „Zwiegespräch"]

**Dialyse** ⟨f. 19⟩ **1** *Verfahren zur Trennung niedermolekularer von höhermolekularen Stoffen (Kolloiden) mittels einer halbdurchlässigen (semipermeablen) Hülle* **2** ⟨Med.⟩ ►► *Reinigung des Blutes von Giftstoffen bei mangelhafter Nierenfunktion;* Sy *Blutwäsche* [< grch. *dialysis* „Auflösung"]

DIAMANT

**Diamant I** ⟨m. 16⟩ ◄ *aus reinem Kohlenstoff bestehendes, härtestes Mineral, ein wertvoller Edelstein wegen der hohen Lichtbrechung seiner Kristalle;* ► *Schmucksteine* ◆ schwarze Diamanten ⟨fig.⟩ *Steinkohle* **II** ⟨f. 7; unz.; Typ.⟩ *ein Schriftgrad (4 Punkt)* [< frz. *diamant*]

**diamanten** ⟨Adj.⟩ **1** *aus einem Diamanten, aus Diamanten bestehend* **2** *hart od. funkelnd wie ein Diamant* ◆ diamantenes Funkeln; diamantene Hochzeit *60. Hochzeitstag,* ⟨in manchen Gegenden⟩ *75. Hochzeitstag*

**Diameter** ⟨m. 3; Geom.⟩ = *Durchmesser* [< grch. *diametros* „durchmessend"]

**diametral** ⟨Adj.⟩ **1** *entgegengesetzt* **2** ⟨fig.⟩ *völlig anders* ◆ diametrale Punkte *beide Endpunkte eines Kreis- oder Kugeldurchmessers* [→ *Diameter*]

**Diapason** ⟨m. 6; Mus.⟩ **1** *Normalstimmungshöhe (Kammerton)* **2** ► = *Stimmgabel* [< grch. *dia pason* „durch alle hindurch" (d. h. alle acht Saiten od. Töne)]

## DIALYSE

Die Dialyse ist ein Verfahren zur Reinigung des Blutes bei Einschränkung oder Ausfall der Nierenfunktion. Die so genannte künstliche Niere filtert die giftigen Abfallstoffe über eine semipermeable Membran aus dem Blut und leitet sie in eine Spülflüssigkeit. Größere Moleküle, z. B. Proteine und rote Blutkörperchen, können die Membran nicht passieren und verbleiben im Blut.

ARBEITSWEISE EINER SEMIPERMEABLEN MEMBRAN

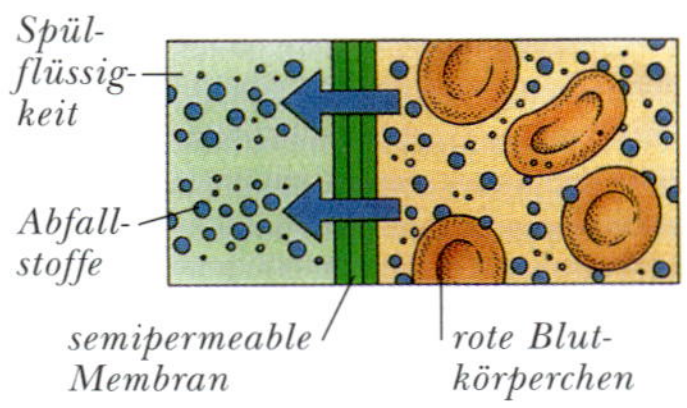


DEMONSTRATION DER DIALYSE

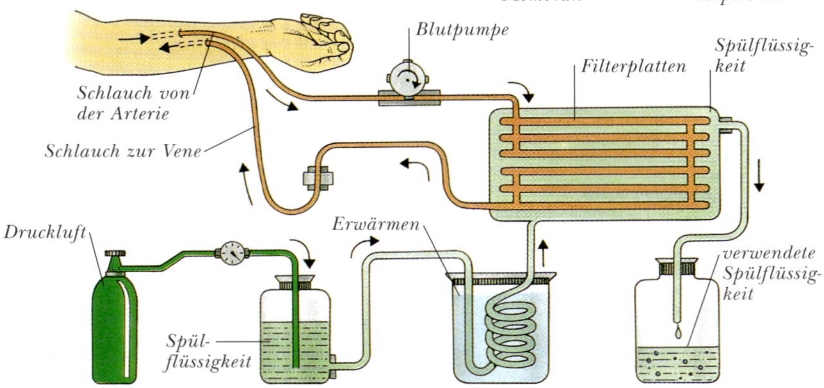


**Diaphragma** ⟨n.; -s, -men⟩ **1** ⟨Anat.⟩ **1.1** = *Zwerchfell* **1.2** *Scheidewand zwischen Körperhöhlen* **2** ⟨Med.⟩ *mechan. Empfängnisverhütungsmittel* **3** ⟨Tech.⟩ *poröse Scheidewand als Filter für Flüssigkeiten oder Gase, z. B. bei techn.-elektrolyt. Verfahren* **4** ⟨Optik⟩ *Blende* [< grch. *diaphragma* „Scheidewand"]

**Diapositiv** ⟨n. 11; kurz: Dia⟩ *durchsichtiges Lichtbild auf Glas od. Film (zur Projektion)* [< *Diaskop* + *positiv*]

**Diaprojektor** ⟨m. 23⟩ *Projektor für Diapositive*

**Diarrhö** ⟨f. 18⟩, **Diarrhöe** ⟨[-rø:] f. 19; Med.⟩ = *Durchfall* [< grch. *diarrhoia;* zu *diarrhein* „durchfließen"]

**Diaspora** ⟨f.; -; unz.; Rel.⟩ Sy *Zerstreuung (I, 2)* **1** *die Mitglieder einer Kirche u. ihre zerstreuten Gemeinden innerhalb einer andersgläubigen Bevölkerung* **2** *kirchl. od. völk. Minderheit* **3** *Gebiet, in dem diese Minderheit lebt* ◆ in der Diaspora leben [< grch. *diaspora* „Zerstreuung"]

**Diastole** ⟨f.; -, -n⟩ **1** *die auf die Kontraktion (Systole) folgende Erweiterung der Herzkammern* **2** ⟨Metrik⟩ *Dehnung kurzer Vokale aus Verszwang* [< grch. *diastole* „Trennung, Unterschied"]

**diät** ⟨Adj.⟩ *der Diät entsprechend, mäßig* ◆ er lebt Diät [→ *Diät*]

**Diät** ⟨f. 20⟩ **1** *eine der Konstitution (des Kranken) gemäße bestimmte Ernährungsweise, Schonkost, Krankenkost* **2** *gezielt kalorienarme Ernährung zum Zwecke der Gewichtsabnahme* ◆ die vorgeschriebene Diät **einhalten;** (strenge) Diät **halten;** eine Diät **machen;** jmdm. eine Diät **verordnen,** vorschreiben ◆ eine Diät **für** Gallen-, Magen-, Zuckerkranke; **nach** einer bestimmten Diät leben; → a. *Diäten* [< grch. *diaita* „Leben, Lebensweise, Lebensunterhalt"]

**Diäten** ⟨nur Pl.⟩ *Gehalt, Bezüge der Abgeordneten eines Parlaments* ⟨urspr. als⟩ *Tagegelder, Aufwandsentschädigung* [< frz. *diète* „polit. Versammlung" < lat. *dieta* „Tagung" < *dies* „Tag"; → *Diät*]

**Diätetik** ⟨f. 20⟩ *Lehre von der gesunden Ernährung u. Lebensweise* [< grch. *diaitetike techne* „Kunst der gesunden Lebensweise"]

**Diathek** ⟨f. 20⟩ *Sammlung von Diapositiven* [→ *Diapositiv;* nach *Bibliothek* gebildet]

**Diatomee** ⟨[-me:ə] f. 19; Bot.⟩ ► *braune, einzellige Alge mit mannigfaltigen Formen: Diatomeae;* Sy *Kieselalge* [zu grch. *diatomos* „halb durchgeschnitten"]

**diatonisch** ⟨Adj.; Mus.⟩ *sich überwiegend durch Ganztonschritte bewegend; in der Tonfolge einer Dur- od. Moll-Tonleiter;* Ggs *chromatisch (1)* [zu grch. *diatonos* „verschieden tönend"]

**dich** ⟨Akk. Sg. vom Personalpron. „du"⟩ er achtet, hasst, kennt, liebt, verehrt dich; an, für, gegen, ohne, über dich [< ahd. *dih*]

**dicht** ⟨Adj.; -er, am -esten⟩ **1** *zusammengefügt ohne od. mit nur wenig Zwischenraum* (Gewebe) **2** *schwer durchdringlich* (Wald) **3** *undurchlässig* (wasserdicht) **4** ⟨adv.⟩ *nahe, eng* ◆ er hat dichtes **Haar;** eine dichte **Hecke;** dichter **Nebel** ◆ die Fenster **schließen** nicht dicht; **sein:** die Schuhsohlen sind nicht mehr dicht; du bist wohl nicht ganz dicht? ⟨umg.⟩ *du bist wohl verrückt?;* dicht **behaart;** dicht **bevölkert** ◆ jmdm. dicht **auf** den Fersen sein *ihm unmittelbar folgen;* er stand dicht **dabei,** als der Unfall geschah; dicht **neben** dem Haus [< mhd. *dihte,* engl. *tight* „dicht", verwandt mit *gedeihen, gediegen*]

**Dichte** ⟨f. 19; unz.⟩ **1** *Verhältnis der Masse eines Stoffes zu seinem Volumen* **2** *Undurchlässigkeit* (von Geweben) **3** *Nähe, Enge, Aufeinanderfolge* [→ *dicht*]

**dichten**[1] ⟨V. t.; hat⟩ **1** *ersinnen, verfassen, ausdenken* (Gedicht, Roman) **2** ⟨umg.⟩ *schwindeln, erträumen* ◆ sein Dichten und Trachten war darauf gerichtet *seine Gedanken, Absichten, Wünsche* [< ahd. *dihton, tihton* „schreiben, schriftlich abfassen, ersinnen", im 9. Jh. beeinflusst von lat. *dictare* „zum Nachschreiben vorsagen, verfassen" (→ *diktieren*)]

**dichten**[2] ⟨V. t.; hat⟩ *dicht, undurchlässig machen, vor Feuchtigkeit schützen* (Leck, Dach, Wasserhahn) [→ *dicht*]

**Dichter** ⟨m. 3⟩ **1** *Schöpfer von Sprachkunstwerken* **2** ⟨fig.⟩ *tiefsinniger Mensch, der die Welt beseelt sieht* [→ *dichten*[1]]

**dichterisch** ⟨Adj.⟩ **1** *zum Dichter, zur Dichtung gehörig, auf sie bezüglich* **2** *in formvollendeter Sprache abgefasst, seelen-, fantasievoll* ◆ ein glänzender dichterischer **Einfall;** dichterische **Freiheit** *die Freiheit des Dichters, aus künstler. Gründen vom Herkömmlichen (sprachlich) u. Wirklichen abzuweichen;* der Roman ist eine große dichterische **Leistung;** wahrhaft dichterische **Worte** finden

**Dichtkunst** ⟨f. 7u; unz.⟩ **1** *künstlerisches Schaffen mit sprachlichen Mitteln* **2** *die Gesamtheit aller Dichtungen* **3** *Poesie*

**Dichtung**[1] ⟨f. 20⟩ **1** *Werk eines Dichters, Sprachkunstwerk* **2** ⟨fig.; umg.⟩ *Schwindel, Fantasiegebilde* ◆ die Dichtung der Romantik, der Klassik, des 20. Jh.; geistliche, weltliche Dichtung; das ist doch reine Dichtung! ⟨fig., umg.⟩ *das ist doch alles erfunden, das stimmt doch alles nicht!* [→ *dichten*[1]]

**Dichtung**[2] ⟨f. 20⟩ **I** ⟨unz.⟩ *das Undurchlässigmachen (gegen Feuchtigkeit, Luft), Verstopfen* **II** ⟨zählb.⟩ *flaches Zwischenstück an Verbindungsstellen technischer Geräte u. Maschinen zum Abdichten* [→ *dicht*]

**dick** ⟨Adj.⟩ **1** *eine große Masse aufweisend, stark, umfangreich* (Buch) **2** *unförmig, fett* (Person, Tier); Ggs *dünn (1)* **3** *geschwollen* **4** ⟨Jägerspr.⟩ *trächtig* (Hündin, Rotwild) **5** *fest, derb* (Tuch) **6** ⟨fig.⟩ *eng, innig, vertraut* (Freundschaft) **7** *dickflüssig* (Brei); Ggs *dünn (3)* **8** *geronnen* (Milch) **9** ⟨fig.; umg.⟩ *lastend, unheilvoll* ◆ dicke **Backe** ⟨Med.⟩ *akute schmerzhafte, entzündl. Anschwellung der Wange im Kieferbereich infolge entzündlich-eitriger Zahnerkrankung;* dicke **Beziehungen** haben ⟨fig.; umg.⟩ *aussichtsreiche Beziehungen zu einflussreichen Personen;* das war ein dicker **Brocken!** ⟨fig.; umg.⟩ *eine unangenehme, schwierige Angelegenheit;* sie sind dicke **Freunde;** im dicksten **Gestrüpp;** sie konnte ein dickes **Lob** ernten ⟨fig.; umg.⟩ *sie wurde sehr gelobt;* eine dicke **Rechnung** bezahlen ⟨fig.; umg.⟩ ◆ das werde ich ihm dick **ankreiden,** anstreichen ⟨fig.; umg.⟩ *das vergesse ich ihm nicht so schnell, das trage ich ihm nach;* dick **auftragen** ⟨fig.; umg.⟩ *übertreiben;* eine Sache dick **haben** ⟨fig.; umg.⟩ *ihrer überdrüssig sein* ◆ die beiden gehen durch dick und **dünn** ⟨fig.; umg.⟩ *sie stehen sich bei allen Gefahren zur Seite* [< ahd. *dicki, dichi,* engl. *thick*]

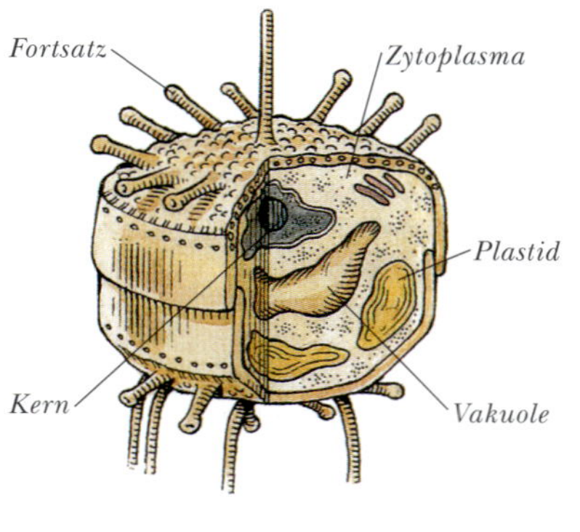


DIATOMEE (*Thalassiosira* species)

**Dickdarm** ⟨m. 1u; Anat.⟩ ► *Teil des Darmes der Wirbeltiere u. des Menschen zwischen Dünndarm u. Mastdarm*

**Dicke** ⟨f. 19⟩ **I** ⟨unz.⟩ *das Dicksein* **II** ⟨zählb.⟩ *Maß von einer Seite zur anderen* **III** ⟨f. 30 od. m. 29⟩ *dicker Mensch* [→ *dick*]

**dicken** ⟨V. t.; hat⟩ *dichter, dickflüssiger, zäher machen, andicken* (Flüssigkeiten) [→ *dick*]

**Dickfelligkeit** ⟨f. 20; unz.; fig.; umg.⟩ *dickfelliges Wesen, Unempfindlichkeit*

**dickflüssig** ⟨Adj.⟩ *breiig, zähflüssig*
**Dickhäuter** ⟨m. 3; Zool.⟩ *Angehöriger einer Tiergruppe mit dicker Haut,* z.B. Elefant, Flusspferd, Nashorn, Schwein
**Dickicht** ⟨n. 11⟩ *dichtes Gebüsch, Gestrüpp* [→ *dick*]
**Dickkopf** ⟨m. 1u; fig.⟩ *eigensinniger Mensch* ◆ einen Dickkopf haben *unbedingt seinen Willen durchsetzen wollen*
**dicklich** ⟨Adj.⟩ *etwas dick*
**Dickmilch** ⟨f. 20; unz.⟩ *saure Milch*
**Dicyan** ⟨n. 11⟩ *giftiges, nach bitteren Mandeln riechendes Gas, chemische Formel ($CN_2$);* Sy ⟨fachsprachl.⟩ *Cyan, Zyan*
**Didaktik** ⟨f. 20; unz.⟩ *Wissenschaft vom Lehren u. Lernen, von den Inhalten der Bildung u. ihrer Auswahl im Lehrplan, Unterrichtslehre, Unterrichtskunde* [< grch. *didaktike techne* „zum Unterricht gehörende, belehrende Kunst"; zu *didaskein* „lehren"]
**Didgeridoo** ⟨[didʒəri'du:] n. 15; Mus.⟩ ▼ *dem Aussehen nach dem Alphorn ähnliches, aus Holz od. Bambus gefertigtes, rohrartiges Blasinstrument der austral. Ureinwohner* [Ursprung unklar]
**die I** ⟨best. Art.; f.⟩ die Mutter, die Schule; ⟨nur umg.; bes. süddt., a. vor Eigennamen⟩ die Grete; die Meiers *Familie Meier;* sie ist die ⟨betont⟩ Schriftstellerin der engl. Kriminalliteratur *die führende Schriftstellerin* **II** ⟨Nom. u. Akk. Pl. vom best. Art. aller Geschlechter⟩ die Bäume; die Häuser; für die Söhne; auf die Berge **III** ⟨Demonstrativpron.⟩ *diese, diejenige* ◆ die, welche ich gesehen habe, hatte ...; die da, dort, hier war es!; die und die *(als Ersatz für Eigennamen) eine gewisse Frau X* **IV** ⟨Relativpron.⟩ *welche* ◆ sie war die erste, die eintrat; die Kinder, die im Garten spielen **V** ⟨Relativpron.; umg. für das Personalpron.⟩ *sie* ◆ wie konnte die nur dein Vertrauen gewinnen?; meinst du etwa die? [zu I: < mhd., ahd. *diu*]
**Dieb** ⟨m. 1⟩ *jmd., der stiehlt bzw. gestohlen hat* ◆ einen Dieb bestrafen, ertappen, fangen, festnehmen; haltet den Dieb! *(Alarmruf, wenn man einen Dieb auf frischer Tat ertappt)* [< ahd. *diob,* engl. *thief*]
**diebisch I** ⟨Adj.⟩ **1** *zum Stehlen neigend, gern stehlend* **2** ⟨umg.⟩ *sehr groß* **3** *mit Schadenfreude vermischt* ◆ eine diebische Freude, an, auf, über etwas haben, empfinden **II** ⟨adv.; umg.⟩ **1** *sehr* **2** *mit Schadenfreude* ◆ ich freue mich diebisch
**Diebstahl** ⟨m. 1u⟩ *das unrechtmäßige Ansichbringen fremden Eigentums, das Stehlen* ◆ Diebstahl geistigen Eigentums *Plagiat;* einen Diebstahl aufdecken, begehen, beobachten, bestrafen, entdecken; einfacher, schwerer Diebstahl [< mhd. *diupstale* < ahd. *diub(i)a* „Diebstahl" + *stale* „Diebstahl"; → *Dieb, stehlen*]
**diejenige** ⟨Demonstrativpron.; f.; Gen.: derjenigen, Pl.: diejenigen⟩ diejenige Person, die gestern ... ⟨verstärkend für⟩ *die Person, ...;* du bist also diejenige, welche! ⟨iron.⟩ *die, von der die Rede ist, die dafür verantwortlich ist*
**Diele** ⟨f. 19⟩ **1** *Fußbodenbrett* **2** *Vorraum, breiter Flur* **3** ⟨regional⟩ *Gaststätte, Vergnügungsstätte* (Tanzdiele, Eisdiele) [< ahd. *dil(o)* „Bretterdiele, Bretterwand", *dilla* „Brett(erdiele), Schiffsdeck"]
**dienen** ⟨V. i.; hat⟩ **1** *für jmdn. wirken, ihm helfen, für ihn da sein* **2** *abhängig, untergeben sein* **3** *in Dienst stehen, angestellt sein (bei)* **4** ⟨Mil.⟩ *Soldat sein, Dienst tun* ◆ er hat ihm sein Leben lang treu gedient; der **Allgemeinheit,** der Bequemlichkeit, dem Fortschritt, der Gerechtigkeit, dem Wohl der Menschheit dienen ◆ **als** etwas dienen *für jmdn., für etwas verfügbar, da sein, benutzt werden;* die Burgruine dient heute als beliebtes Ausflugsziel; als, zur Ausschmückung, Zierde dienen; **bei** der Luftwaffe, Marine dienen ⟨Mil.⟩; kann ich Ihnen **mit** etwas dienen? *(Frage des Verkäufers) kann ich Ihnen etwas zeigen, vorlegen?* ◆ **womit** kann ich (Ihnen) dienen? *(Frage des Verkäufers);* **wozu** soll das dienen? ◆ dienender Bruder *Laienbruder, Mönch, der die Hausarbeit im Kloster verrichtet* [< ahd. *dionon;* verwandt mit *Demut*]

DIDGERIDOO

**Diener** ⟨m. 3⟩ **1** *Hausangestellter, Bediensteter* **2** *jmd., der ein öffentl. Amt innehat* (Staatsdiener) **3** *jmd., der sich jmdm. od. einer Sache mit Inbrunst widmet* **4** *Verbeugung* ◆ Ihr Diener! *(Höflichkeitsformel);* ein Diener **Gottes,** der Kirche, ein treuer Diener seines **Herrn** ◆ einen Diener **machen** *sich verbeugen* ◆ **stummer** Diener *Anrichtetisch od. drehbare Platte in der Mitte des Tisches zum Abstellen von Speise; Kleiderständer*
**dienern** ⟨V. i.; hat⟩ **1** *mehrere Diener, Verbeugungen nacheinander machen* **2** ⟨fig.⟩ *kriecherisch sein*
**dienlich** ⟨Adj.; nur präd.⟩ *förderlich, zuträglich, nützlich* ◆ das Gerät ist mir sehr dienlich
**Dienst** ⟨m. 1⟩ **1** *abhängiges Arbeitsverhältnis* **2** *Amtspflicht, Beruf (bes. bei Beamten u. Soldaten), Ausübung der Berufs-, Amtspflicht* **3** ⟨kurz für⟩ *Gottesdienst,* (bes.) *Messe* **4** *Hilfe, freiwillige Unterstützung* **5** ⟨Arch.⟩ *dünne Säule als Bestandteil eines Bündel- od. Wandpfeilers* ◆ jmdm. seine Dienste **anbieten;** er wird seinen Dienst am 1. März **antreten;** jmdm. einen guten, schlechten, üblen Dienst **erweisen;** Dienst **haben** *an der Arbeitsstelle sein, die Aufsicht führen; geöffnet sein* (von Apotheken); welche Apotheke hat am Wochenende Dienst?; den Dienst **kündigen,** quittieren *sein Arbeitsverhältnis aufgeben;* jmds. Dienste in Anspruch **nehmen;** er **vernachlässigt** seinen Dienst; seinen Dienst gewissenhaft, gut, schlecht **versehen** ◆ Dienst **am** Kunden; mit Vollendung seines 65. Lebensjahres wird er **aus** dem Dienst ausscheiden; ein Beamter **außer** Dienst ⟨Abk.: a. D.⟩ *im Ruhestand;* ärztliche Forschung **im** Dienste der Menschheit; Chef **vom** Dienst ⟨Zeitungswesen⟩ [< ahd. *dionost;* → *dienen*]
**Dienstag** ⟨m. 1; Abk.: Di⟩ *zweiter Tag der Woche* ◆ am Dienstag früh, am Dienstagabend *am Morgen, am Abend des nächsten Dienstags;* dienstagabends od. dienstags abends *am Abend jedes Dienstags;* → a. *Dienstagabend* [< mhd. *dinstac, dienstac,* der dem germ. Kriegsgott Ziu mit dem Beinamen Thingsus (= Schützer des Dings) geweihte Tag; Nachbildung von lat. *Martis dies* „Tag des Mars"]
**Dienstagabend** ⟨m. 1⟩ am Dienstagabend *an einem bestimmten Dienstag am Abend,* ⟨od.⟩ *an jedem Dienstag am Abend* ◆ am Dienstagabend der vergangenen, der nächsten, dieser Woche; jeden Dienstagabend haben wir regelmäßig unsere Theaterprobe
**dienstäglich** ⟨Adj.⟩ *jeden Dienstag*
**dienstags** ⟨Adv.⟩ *jeden Dienstag*

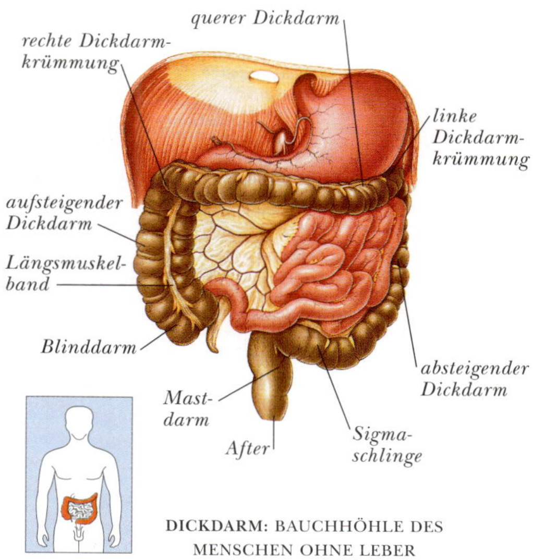

DICKDARM: BAUCHHÖHLE DES MENSCHEN OHNE LEBER

**Dienstälteste(r)** ⟨f. 30 (m. 29)⟩ *diejenige Person, die von mehreren die längste Zeit im Dienst zugebracht hat*
**diensteifrig** ⟨Adj.⟩ **1** *eifrig zu dienen* **2** *übertrieben gefällig*
**Dienstgrad** ⟨m. 1⟩ *Rangstufe*
**Dienstleistung** ⟨f. 20⟩ **1** *Hilfe-, Arbeitsleistung* **2** ⟨Wirtsch.⟩ *nicht im Zusammenhang mit der Herstellung von Waren erbrachte (Arbeits-)Leistung* **3** ⟨Mil.⟩ *vorübergehende Einstellung eines Offiziers bei einer anderen Waffe od. Behörde für eine besondere Aufgabe* ◆ zur Dienstleistung kommandiert sein
**dienstlich** ⟨Adj.⟩ **1** *den Dienst betreffend, zu ihm gehörig* **2** ⟨fig.; umg.⟩ *unpersönlich, ernsthaft* ◆ eine dienstliche Angelegenheit; ein dienstlicher Befehl; ein dienstliches Schreiben
**Dienststelle** ⟨f. 19⟩ *Amt, Behörde, Arbeitsstelle, Büro* ◆ in meiner Dienststelle; meine vorgesetzte Dienststelle
**Dienstweg** ⟨m. 1; unz.⟩ *vorgeschriebene Reihenfolge zur Erledigung behördl. Angelegenheiten;* Sy *Instanzenweg* ◆ sich an den Dienstweg halten, den Dienstweg einhalten
**dies** ⟨unflektiert⟩ *dieser, dieses* ◆ dies ist mein letztes Wort; dies ist unser neuer Wagen; dies und das *verschiedenes*
**diesbezüglich** ⟨Adj.⟩ *sich hierauf beziehend, das Erwähnte betreffend, hierzu, dazu* ◆ die diesbezügliche Vereinbarung
**diese(r, -s)** ⟨Demonstrativpron.; im Unterschied zu „jene" auf etwas hinweisend, was sich näher beim Sprechenden od. Schreibenden befindet od. zuletzt erwähnt wurde⟩ **I** ⟨substantiv. gebraucht⟩ dieser ist es! **II** ⟨adjektiv. gebraucht⟩ dieses eine Mal; dieses Jahres ⟨Abk.: d. J.⟩; dieses Monats ⟨Abk.: d. M.⟩; dieser Tage ⟨eigtl.⟩ *in diesen Tagen, in den letzten Tagen;* in diesen Wochen; die Eltern aller dieser Kinder
**Diesel** ⟨m.; - od. -s, -; kurz für⟩ **1** *Dieselkraftstoff* **2** *Dieselmotor* **3** *Fahrzeug mit Dieselmotor;* Ggs *Benziner* [nach dem Erfinder Rudolf *Diesel,* 1858-1913]
**dieselbe** ⟨Demonstrativpron.; f.; Gen.: derselben, Pl.: dieselben⟩ **1** *(genau) die, eben die* **2** ⟨veraltet⟩ *sie, diese* ◆ ein und dieselbe; es ist immer dieselbe (Frau); wir wohnen seit zehn Jahren in derselben Wohnung; ⟨umg.; oft fälschl. für⟩ *die gleiche;* du hast dieselbe Handtasche wie ich ⟨richtig⟩ *die gleiche*
**Dieselkraftstoff** ⟨m. 1; unz.⟩ *Kraftstoff für Dieselmotoren, der aus verschiedenen Antei-*

D

*len von Paraffinen, Olefinen, Naphthenen sowie aromatischen Kohlenwasserstoffen zusammengesetzt ist;* Sy ⟨kurz⟩ *Diesel (1)*

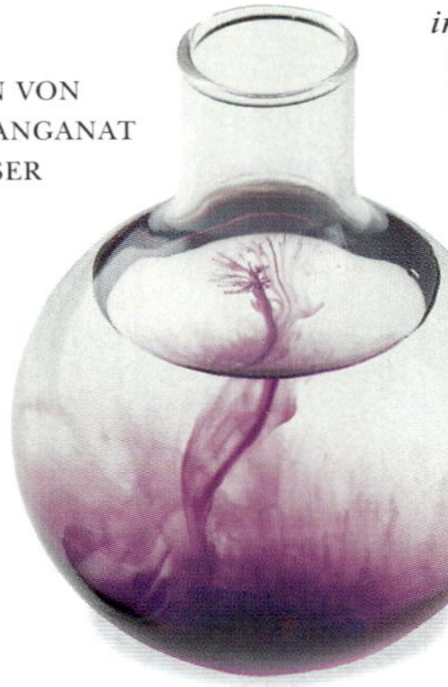
DIFFUSION VON KALIUMPERMANGANAT IN WASSER

**Dieselmotor** ⟨m. 23⟩ *Verbrennungskraftmaschine, bei der im Gegensatz zum Ottomotor der eingespritzte flüssige Kraftstoff (meist Leichtöl) nicht elektrisch, sondern durch das Zusammendrücken u. die damit verbundene Erhitzung entzündet wird;* Sy ⟨kurz⟩ *Diesel (2)* [→ *Diesel*]

D

**diesig** ⟨Adj.⟩ *dunstig, regnerisch*

**diesmal** ⟨Adv.⟩ *dieses eine Mal*

**diesseitig** ⟨Adj.⟩ Ggs *jenseitig* **1** ⟨allg.⟩ *auf dieser Seite befindlich* **2** ⟨Rel.⟩ *im Diesseits, irdisch* ◆ das diesseitige Ufer

**diesseits** ⟨Adv.⟩ *auf dieser Seite;* Ggs *jenseits* ◆ diesseits der Alpen, des Flusses, des Gebirges, der Grenze, der Stadt

**Diesseits** ⟨n.; -; unz.⟩ *die Welt, das irdische Leben;* Ggs *Jenseits*

**Dietrich** ⟨m. 1⟩ *Drahthaken zum Öffnen von Schlössern* [scherzhafte Übertragung des Männernamens *Dietrich* (seit 1400)]

**diffamieren** ⟨V. t.; hat⟩ *herabsetzen, Übles nachreden, verleumden* [< lat. *diffamare* „unter die Leute bringen, in üblen Ruf bringen"]

**different** ⟨Adj.⟩ *unterschiedlich, verschieden, ungleich* [zu lat. *differre* „verschieden sein"; → *Differenz*]

**Differential** ⟨n. 11; Math.; fachsprachl.⟩ = *Differenzial*

**Differentialgetriebe** ⟨f. 20; fachsprachl.⟩ = *Differenzialgetriebe*

**Differentialgleichung** ⟨f. 20; Math.; fachsprachl.⟩ = *Differenzialgleichung*

**Differenz** ⟨f. 20⟩ **1** ⟨allg.⟩ *Unterschied* **2** *Meinungsverschiedenheit, Streit* **3** ⟨Math.⟩ *Ergebnis einer Subtraktion* **4** ⟨Kaufmannsspr.⟩ *Rest, Restposten, Fehlbetrag* ◆ die Differenzen sind beigelegt; die Differenz zwischen 10 und 15 beträgt, ist 5; es gab Differenzen zwischen den Verhandlungspartnern [< lat. *differentia* „Verschiedenheit, Unterschied"; zu *differre* „verschieden sein"]

**Differenzial** ⟨n. 11⟩ oV ⟨fachsprachl.⟩ *Differential* **1** ⟨Math.; Abk.: d⟩ *sehr kleine Größe in der Differenzialrechnung* **2** ⟨kurz für⟩ *Differenzialgetriebe*

**Differenzialgetriebe** ⟨f. 20⟩ *Planetengetriebe, Ausgleichsgetriebe, das den Antrieb zweier Wellen von einer Antriebswelle aus mit gleichem od. verschiedenem Drehmoment gestattet, wobei die angetriebenen Wellen mit verschieden großer Drehschnelle laufen können;* Sy ⟨kurz⟩ *Differenzial (2);* oV ⟨fachsprachl.⟩ *Differentialgetriebe*

**Differenzialgleichung** ⟨f. 20; Math.⟩ *Gleichung zwischen den Variablen einer Funktion u. deren Ableitungen;* oV ⟨fachsprachl.⟩ *Differentialgleichung*

**differenzieren** ⟨V. t.; hat⟩ **1** *unterscheiden, Unterschiede betonen zwischen, trennen* **2** *abstufen, verfeinern* ◆ sich differenzieren *Gestalt, Form, Konturen gewinnen;* ein differenzierter Charakter

**differieren** ⟨V. i.; hat⟩ *verschieden sein, abweichen* [< frz. *différer* „aufschieben, verzögern, voneinander abweichen" < lat. *differre*]

**diffizil** ⟨Adj.⟩ *schwierig, größte Sorgfalt, Fingerspitzengefühl erfordernd, heikel* ◆ ein diffiziles Problem [< lat. *difficilis* u. frz. *difficile* „schwierig"]

**diffrakt** ⟨Adj.⟩ *zerbrochen* [< lat. *diffractus*]

**Diffraktion** ⟨f. 20; Opt.⟩ ► = *Beugung (4)*

**diffundieren** ⟨V. i.; hat⟩ *eine Diffusion erfahren* [< lat. *diffundere* „ausgießen, ausbreiten"]

DILL
*(Anethum graveolens)*

**diffus** ⟨Adj.; -er, -esten⟩ **1** *zerstreut* (Licht) **2** *nicht klar abgegrenzt, wirr, verschwommen* (Gerede) [< lat. *diffusus* „ausgedehnt, weitläufig, zerstreut"]

**Diffusion** ⟨f. 20; unz.⟩ **1** *Zerstreuung* **2** *Verschmelzung* **3** ▲ *die auf der Wärmebewegung (brownschen Bewegung) der Moleküle beruhende, selbständige Vermischung von Gasen, Lösungen od. mischbaren Flüssigkeiten*

## DIGITALISIEREN

Digitalisieren bedeutet, dass ein analoges Signal in ein digitales Signal umgewandelt wird. Kontinuierliche Verläufe werden dabei in diskrete Einheiten zerlegt und mit einer Binärzahl versehen. Bei der Digitalisierung von Schallwellen wird z. B. das analoge Signal viele hundert Male pro Sekunde abgetastet und jedem Messpunkt die entsprechende Lautstärke zugeordnet.

DIGITALISIERUNG EINES ANALOGEN SIGNALS

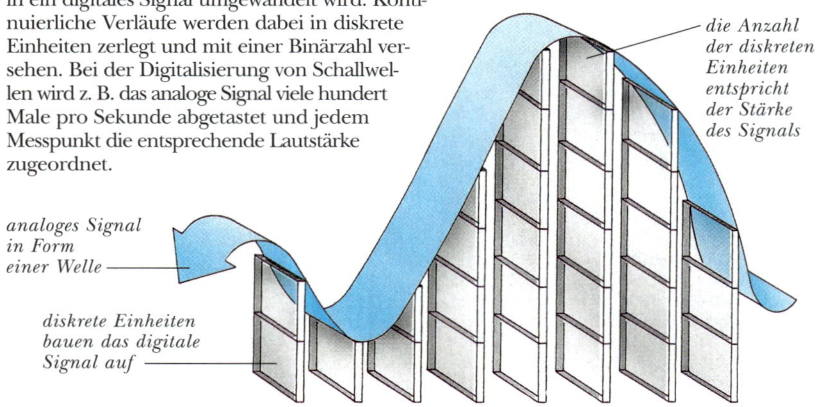


**digerieren** ⟨V. t.; hat⟩ **1** *auslaugen* **2** *verdauen* [< lat. *digerere* „auseinander bringen, trennen, ordnen, einteilen"]

**digital** ⟨Adj.⟩ **1** ⟨Med.⟩ *mit dem Finger* **2** ⟨EDV⟩ *mittels Ziffern, in Ziffern* ◆ digitale Signale *Signale, bei denen ein Wert stufenweise durch Ziffern angezeigt wird;* Ggs *kontinuierliche Signale* [zu lat. *digitus* „Finger"]

**Digital-Analog-Wandler** ⟨m. 3⟩ *elektron. Gerät zur Umsetzung digitaler in analoge Signale;* Ggs *Analog-Digital-Wandler*

**Digitalanzeige** ⟨f. 19⟩ *in Ziffern dargestellte Anzeige (auf Uhren, Messinstrumenten usw.)*

**Digitalaufnahme** ⟨f. 19⟩ **1** *Verfahren für Schall- u. Bildplatten, bei dem die Informationen als digitale Impulse aufgezeichnet werden (erlaubt höchste Ton- u. Bildqualität)* **2** *in diesem Verfahren hergestellte Schall- od. Bildplatte bzw. Kassette, CD od. DVD*

**digitalisieren** ⟨V. t.; hat⟩ **1** ⟨Med.⟩ *eine Krankheit mit Digitalispräperaten behandeln* **2** ⟨EDV⟩ ▼ *Daten u. Ziffern von der analogen in die digitale Darstellung umsetzen*

**Digitalkamera** ⟨f. 10⟩ *Fotoapparat, bei dem das einfallende Licht von einem elektronischen Sensor in digitale Signale umgewandelt und die so erzeugten Daten auf einem Speichermedium abgelegt werden*

**Digitaltechnik** ⟨f. 20; unz.⟩ *alle Verfahren, die sich mit der Umwandlung kontinuierlicher Signale in digitale Signale, deren Aufzeichnung, Wiedergabe u. Verarbeitung befassen*

**Digitaluhr** ⟨f. 20⟩ *Uhr, die die Zeit nicht mit Zeigern auf einem Zifferblatt, sondern in sich sprunghaft verändernden Ziffern angibt, z. B. 13.04*

**Digression** ⟨f. 20⟩ *Abweichung, Abschweifung* ◆ astronomische Digression *der Winkel zwischen dem Vertikalkreis eines polnahen Sterns und der Nordrichtung* [< lat. *digressio* „das Auseinandergehen, Abschweifung (in der Rede)"]

**DIHT** ⟨Abk. für⟩ *Deutscher Industrie- und Handelstag (Spitzenorganisation der deutschen Industrie- und Handelskammern)*

**Diktam** ⟨m. 6; unz.; Bot.⟩ ► = *Diptam*

**Diktat** ⟨n. 11⟩ **1** *Ansage (zum Nachschreiben)* **2** *Nachschrift nach Ansage (als Rechtschreibeübung in der Schule)* **3** ⟨fig.⟩ *aufgezwungene Verpflichtung, Gewaltfriede* ◆ jmdm. ein Diktat auferlegen; ein Diktat aufnehmen; ein Diktat schreiben; nach Diktat schreiben [zu lat. *dictare;* → *diktieren*]

**Diktator** ⟨m. 23⟩ **1** ⟨im antiken Rom⟩ *in Notzeiten für sechs Monate eingesetztes Regierungsoberhaupt mit höchster Gewalt* **2** ⟨allg.⟩ *Herrscher mit unbeschränkter Gewalt* [< lat. *dictator;* → *diktieren*]

**Diktatur** ⟨f. 20⟩ *Herrschaft eines Diktators, unbeschränkte Gewalt* ◆ unter einer Diktatur leben, stehen [< lat. *dictatura* „Diktatur"]

**diktieren** ⟨V. t.; hat⟩ **1** *zum Nachschreiben vorsprechen* **2** *aufzwingen, befehlen* ◆ jmdm. einen Brief diktieren; jmdm. einen Vertrag, Bedingungen diktieren [< lat. *dictare* „vorsprechen, vorschreiben" < *dicere* „sagen"]

**Diktiergerät** ⟨n. 11⟩, **Diktiermaschine** ⟨f. 19⟩ *Gerät zur Aufnahme u. Wiedergabe gesprochener Texte*

**Diktion** ⟨f. 20; unz.⟩ *Stil, Schreibart, Ausdrucksweise, Sprechweise* [< lat. *dictio* „das Sagen, Aussprechen, Vortrag, Redeweise"]

**Dilatation** ⟨f. 20⟩ **1** *Ausdehnung, Dehnung* **2** *Erweiterung, z. B. bei der Rinde von Holzgewächsen od. von Körperhöhlen, Hohlorganen* [frz., „Ausdehnung, Ausweitung"; zu lat. *dilatare* „ausbreiten, ausdehnen"]

## DINGHI

Als Dinghi werden kleinere Bootstypen im Segelsport bezeichnet. Mit einem Dinghi lernt der Anfänger am leichtesten die Grundlagen des Segelns und des Regattasports. Die Besonderheit des Dinghis ist die elastische Takelungsordnung, die zu einer neuen Segeltechnik führte.

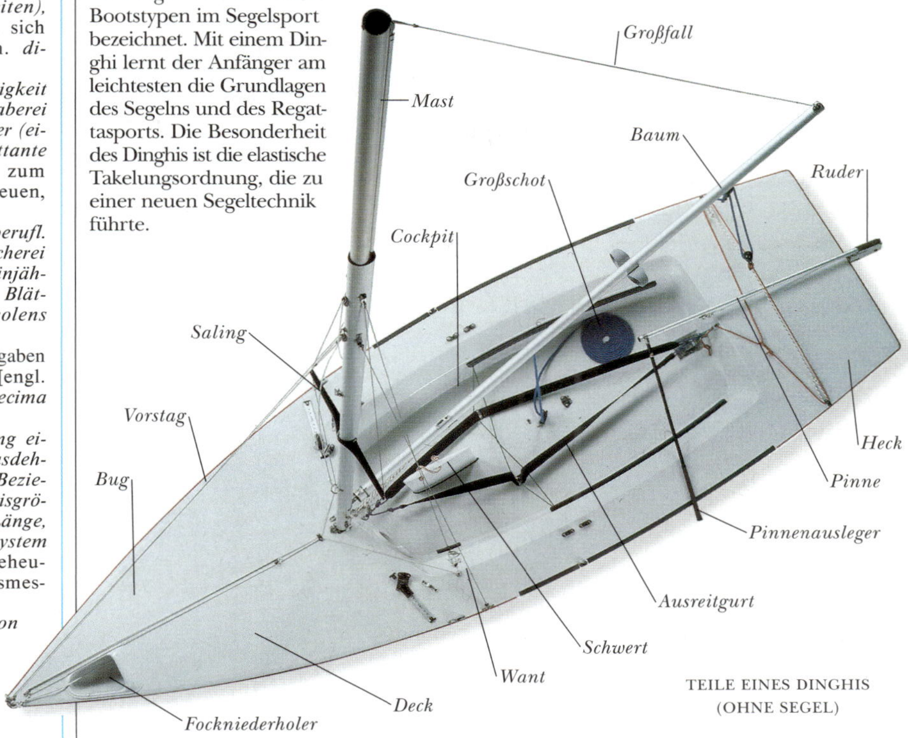


TEILE EINES DINGHIS (OHNE SEGEL)

D

**Dilation** ⟨f. 20⟩ *Aufschub, Frist, Verzögerung* [< lat. *dilatio*]

**Dilemma** ⟨n. 15; Pl. a.: -ta⟩ *Zwangslage (zwischen zwei (un)günstigen Möglichkeiten), Schwierigkeit* ◆ das ist das Dilemma!; sich in einem Dilemma befinden [< grch. *di-* „zweifach" + *lemma* „Annahme"]

**Dilettant** ⟨m. 16⟩ **1** *jmd., der eine Tätigkeit nicht berufsmäßig, sondern aus Liebhaberei betreibt, Nichtfachmann, Laie, Liebhaber (einer Tätigkeit)* **2** *Pfuscher* [< ital. *dilettante* „Liebhaber einer Kunst, die er nur zum Vergnügen betreibt"; zu *dilettare* „erfreuen, ergötzen"]

**Dilettantismus** ⟨m.; -; unz.⟩ **1** *nicht berufl. Betätigung, z. B. aus Liebhaberei* **2** *Pfuscherei*

**Dill** ⟨m. 1; österr. a.⟩, **Dille** ⟨f. 19⟩ ◄ *einjähriges Doldengewächs mit zerschlitzten Blättern, Salatgewürz: Anethum graveolens* [< ahd. *tilli, tilla,* engl. *dill*]

**Dime** ⟨[daim] m.; -s, - od. -s; bei Zahlenangaben Pl.: -⟩ *nordamerikan. Münze, 10 Cent* [engl. < frz. *dîme* „Zehnt" (Steuer) < lat. *decima* „der zehnte (Teil)"]

**Dimension** ⟨f. 20⟩ **1** *Richtungserstreckung eines Körpers (Breite, Höhe, Länge), Ausdehnung* ⟨a. fig.⟩, *Abmessung* **2** ⟨Phys.⟩ *Beziehung einer beliebigen Größe zu den Basisgrößenarten eines Maßsystems, wie z. B. Länge, Temperatur, Masse, u. a. für das SI-System* ◆ vierte Dimension; ein Raum von ungeheuren Dimensionen [< lat. *dimensio* „Ausmessung"]

**dimensional** ⟨Adj.⟩ *auf eine Dimension bezüglich, Dimensionen besitzend* (dreidimensional, zweidimensional)

**Diminutiv** ⟨n. 11⟩, **Diminutivform** ⟨f. 20; Gramm.⟩, **Diminutivum** ⟨[-vum] n.; -s, -va [-va]; Gramm.⟩ = *Verkleinerungsform*

**Dimmer** ⟨m. 3⟩ *Lichtschalter zur stufenlosen Regelung der Helligkeit von Glühlampen;* Sy *Helligkeitsregler* [zu engl. *dim* „verdunkeln, abblenden"]

**Dimorphie** ⟨f. 19; unz.⟩, **Dimorphismus** ⟨m.; -; unz.⟩ *Neben- od. Nacheinanderbestehen zweier verschiedener Formen der gleichen Tier- od. Pflanzenart*

**DIN 1** ⟨urspr. Abk. für⟩ *Deutsche Industrie-Norm* **2** ⟨heute Abk. für⟩ *Deutsches Institut für Normung e. V.* **3** ⟨Zeichen für⟩ *die in den Veröffentlichungen dieses Instituts herausgegebenen Normen u. Empfehlungen*

**Dinar** ⟨m. 1; bei Zahlenangaben Pl.: -⟩ *Währungseinheit in Jugoslawien (100 Para), Irak (1000 Fils) u. Iran (1/100 Rial)* [< pers. *dinar* < lat. *denarius;* → *Denar*]

**DIN-Format** ⟨n. 11⟩ *nach DIN festgelegtes Papierformat*

**Ding I** ⟨n. 11⟩ **1** *Sache, Gegenstand* **2** ⟨umg.⟩ *wertlose Sache* **3** ⟨Bez. für⟩ *Sache, deren Benennung einem nicht einfällt* **4** ⟨a. fig.⟩ *Angelegenheit, Arbeit, Pflicht* ◆ das ist der **Lauf** der Dinge *der Lauf der Welt, wie es nun einmal zu kommen pflegt;* das ist ein Ding der **Unmöglichkeit** *ist unmöglich* ◆ wir müssen den Dingen nun ihren Lauf **lassen;** so, wie die Dinge (nun einmal) **liegen** *so, wie es (nun einmal) ist;* so wie ich die Dinge **sehe** *so, wie ich die Lage beurteile* ◆ ich habe **andere** Dinge im Kopf als ... *ich muss an Wichtigeres denken als an ...* **gut** Ding will Weile haben ⟨sprichwörtl.⟩ *wer Gutes leisten will, braucht dazu genügend Zeit;* es gab allerhand gute, leckere Dinge (zu essen); **jedes** Ding hat (seine) zwei Seiten *man kann alles von zwei Seiten betrachten;* ich habe noch **tausend** Dinge zu erledigen ◆ das Ding **an sich** *nach Kant das wahre Sein, die wahre Wirklichkeit, so wie sie unabhängig vom erkennenden Subjekt existiert;* das geht nicht **mit** rechten Dingen zu *das geschieht nicht auf natürl. od. rechtmäßige Weise;* reden wir lieber **von** anderen, erfreulichen Dingen!; **vor** allen Dingen *vor allem, hauptsächlich* **II** ⟨n. 12; umg.⟩ **1** *wertloser od. unbekannter Gegenstand* **2** ⟨fig.⟩ *kleines, junges Mädchen* ◆ das arme Ding!; sie ist ein hübsches, junges Ding; → a. *drei* **III** ⟨n. 11⟩ *germanische Volks- u. Gerichtsversammlung;* Sy *Thing* ◆ ein Ding abhalten, einberufen [< ahd. *ding,* älter *thing* „Gericht, Gerichts-, Volksversammlung, Rechtssache, Angelegenheit", engl. *thing;* → *Bedingung, dingfest;* verwandt mit *verteidigen, Dienstag*]

DINGO
*(Canis dingo)*

**dingfest** ⟨Adj.; nur in der Wendung⟩ jmdn. dingfest machen *verhaften* [→ *Ding:* für das Gericht festnehmen]

**Dinghi, Dingi** ⟨n. 15⟩ **1** ⟨Mar.⟩ *kleinstes Beiboot eines Schiffes für zwei oder drei Personen* **2** ⟨Sp.⟩ ▲ *zum Sportsegeln genutztes Boot dieses Typs;* → a. *Finn-Dinghi* [< Bengali *dingi*]

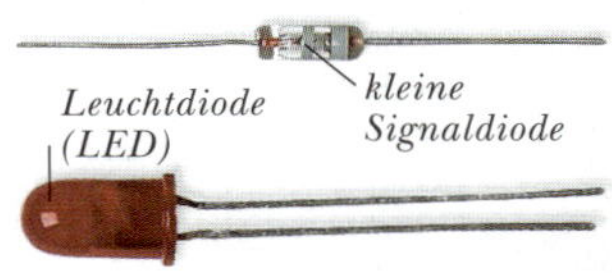


DIODEN

**dinglich** ⟨Adj.⟩ *ein Ding, Dinge betreffend, in der Art eines Dinges* ◆ dinglicher Arrest *Pfändung bewegl. Vermögenswerte od. Eintragung einer Zwangshypothek zur Sicherung von Gläubigerforderungen;* dingliche Klage *Klage, um das Recht an einem Ding geltend zu machen;* dingliche Rechte *Rechte an (bestimmten) Dingen*

**Dingo** ⟨m. 6⟩ ◄ *austral. Rasse wilder Hunde: Canis dingo* [< austral. Eingeborenensprache]

**Dingwort** ⟨n. 12u⟩ = *Substantiv*

**dinieren** ⟨V. i.; hat⟩ *das Diner einnehmen, (festlich) zu Mittag od. Abend speisen* [< frz. *dîner* „zu Abend essen"]

**Dinkel** ⟨m. 5; oberdt.⟩ *Weizenart, bei der die Hülsen am Korn bleiben: Triticum spelta* [< ahd. *dinchel, dinkil;* Herkunft ungeklärt]

**Dinner** ⟨n. 15; in England⟩ *die am Abend eingenommene Hauptmahlzeit des Tages* [engl.]

**Dino** ⟨m. 6; umg.; kurz für⟩ ► *Dinosaurier, Dinosaurus*

**Dinosaurier** ⟨m. 3⟩, **Dinosaurus** ⟨m.; -, -rier; Sammelbez. für⟩ ►► *die ausgestorbenen Reptilordnungen Saurischia u. Ornithischia;* Sy ⟨umg; kurz⟩ *Dino* [< grch. *deinos* „furchtbar" + *sauros* „Eidechse"]

**Diode** ⟨f. 19⟩ ▲ *früher eine Elektronenröhre, heute ein Halbleiterbauelement mit einer Grenzschicht zwischen zwei Halbleitermaterialien zum Gleichrichten od. Richtungsleiten von Gleichströmen, da ein Stromdurchgang nur in einer Richtung möglich ist* [< grch. *di-* „zweifach" + *hodos* „Weg"]

# DINOSAURIER

Die Dinosaurier beherrschten während des größten Teils des Mesozoikums (vor 248–65 Mio. Jahren) die Erde. Sie werden nach dem Aufbau ihres Beckengürtels in zwei Gruppen eingeteilt: Bei den Vogelbecken-Dinosauriern (Ornithischia) ist das Schambein nach hinten, bei den Echsenbecken-Dinosauriern (Saurischia) nach vorne gerichtet. Zum Aussterben der Dinosaurier gibt es verschiedene Theorien.

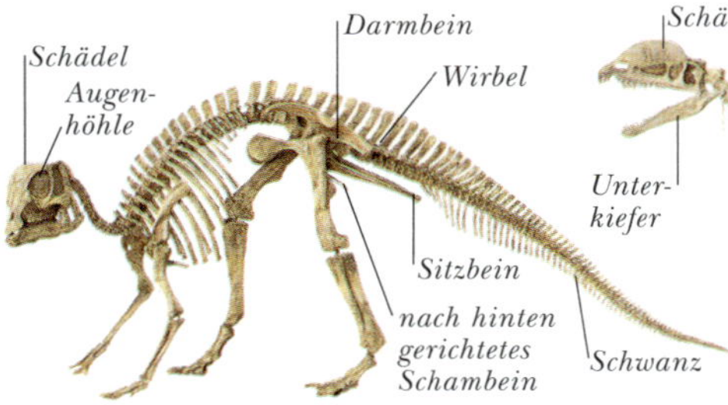


VOGELBECKEN-DINOSAURIER

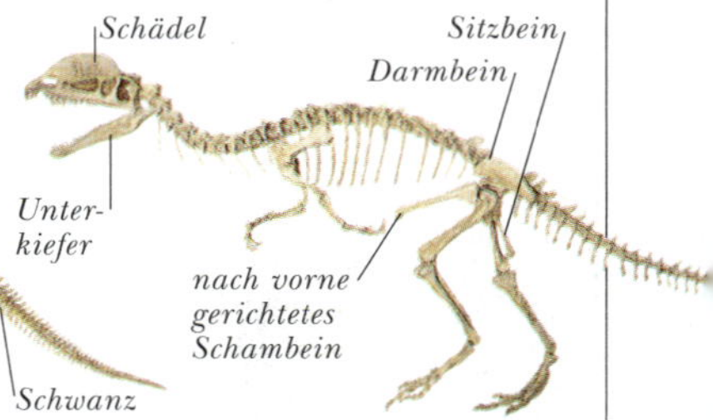


ECHSENBECKEN-DINOSAURIER

## VERSCHIEDENE DINOSAURIER

### VOGELBECKEN-DINOSAURIER

PACHYCEPHALOSAURIA
*(Stegoceras)*

ANKYLOSAURIA
*(Euoplocephalus)*

STEGOSAURIA
*(Stegosaurus)*

CERATOPSIA
*(Triceratops)*

ORNITHOPODA
*(Iguanodon)*

### ECHSENBECKEN-DINOSAURIER

COELUROSAURIA
*(Compsognathus)*

ORNITHOMIMOSAURIA
*(Gallimimus)*

CARNOSAURIA
*(Tyrannosaurus)*

SAUROPODA
*(Barosaurus)*

DEINONYCHOSAURIA
*(Deinonychus)*

DIPTYCHON: INNENSEITE DES WILTON-DIPTYCHONS (UM 1395)

**Dioptrie** ⟨f. 19; Abk.: dptr⟩ *Maßeinheit der optischen Brechkraft*
**dioptrisch** ⟨Adj.⟩ **1** *die Dioptrie betreffend, mit ihrer Hilfe* **2** *durchsichtig, lichtbrechend*
**Diorama** ⟨n.; -s, -ramen⟩ **1** ⟨eigtl.⟩ *Durchscheinbild* **2** *plast. Darstellung mit gemaltem Hintergrund* **3** *Bild auf durchscheinendem Stoff, zur Schaustellung benutzt* [< grch. *dia* „hindurch" + *horama* „Anblick"]
**Diorit** ⟨m. 1⟩ ► *dunkles bis schwarzes Tiefengestein* [zu grch. *diorizein* „abgrenzen, unterscheiden"]
**Dioxid** ⟨n. 11; Chem.⟩ *Oxid mit zwei Sauerstoffatomen;* oV *Dioxyd* [< grch. *di-* „zweifach" + *Oxid*]
**Dioxin** **I** ⟨n. 11; i. e. S.⟩ *hochgiftiges 2,3,7,8-Tetrachlordibenzodioxin (TCDD), das als unerwünschtes Nebenprodukt bei bestimmten industriellen Verfahren u. bei Verbrennungsprozessen auftreten kann* **II** Dioxine ⟨Pl.; i. w. S.⟩ *Gruppe von 75 verschiedenen chemischen Verbindungen, bei denen zwei Benzolringe durch zwei Sauerstoffatome miteinander verknüpft sind*

DIPTAM
(*Dictamnus albus*)

**Dioxyd** ⟨n. 11⟩ = *Dioxid*
**Diözese** ⟨f. 19⟩ = *Bistum* [< grch. *dioikesis* „Haushaltung, Verwaltung"]
**Dip** ⟨m. 6⟩ *dicke, gewürzte Soße, in die man kleine Bissen (Brot, Fleisch u. a.) eintaucht* [zu engl. *dip* „eintauchen"]
**Diphtherie** ⟨f. 19; Med.⟩ *infektiöse Hals- u. Rachenerkrankung, Rachenbräune* [zu grch. *diphthera* „Fell, Leder"]
**Diphthong** ⟨m. 1; Sprachw.⟩ *aus zwei verschiedenen Vokalen zusammengesetzter Laut,* z. B. „ei", „au"; Sy *Zwielaut;* Ggs *Monophthong;* → a. *Doppellaut* [< grch. *di-* „zwei" + *phthongos* „Laut"]
**dipl.** ⟨Abk. für⟩ *diplomiert*
**Dipl.** ⟨Abk. für⟩ *Diplom*
**diploid** ⟨Adj.⟩ *normalen (doppelten) Chromosomensatz enthaltend;* Ggs *haploid* [zu grch. *diploos* „doppelt"]
**Diploidie** ⟨f.; -; unz.⟩ *das Auftreten des normalen (doppelten) Chromosomensatzes in der Zelle;* Ggs *Haploidie*
**Diplom** ⟨n. 11; Abk.: Dipl.⟩ **1** ⟨urspr.⟩ *amtl. Schriftstück* **2** ⟨heute⟩ *Zeugnis, Urkunde über eine Auszeichnung od. abgelegte Prüfung, bes. von einer höheren Schule od. Universität* [< grch. *diploma,* urspr. „gefaltetes (Schreiben)"; zu *diploun* „doppelt legen"]
**Diplomand** ⟨m. 16⟩ *Student, der im Begriff steht, sein Diplom zu machen*
**Diplomat** ⟨m. 16⟩ **1** ⟨urspr.⟩ *Aussteller von Diplomen, Verträgen* **2** ⟨heute⟩ *Staatsmann, höherer Beamter des auswärtigen Dienstes* **3** ⟨fig.; umg.⟩ *geschickt u. vorsichtig verhandelnder Mensch* [< frz. *diplomate;* → *Diplom*]
**Diplomatie** ⟨f. 19; unz.⟩ **1** *Regelung zwischenstaatl. Beziehungen* **2** *Gesamtheit der Diplomaten* **3** ⟨fig.⟩ *geschickte Berechnung, geschicktes Verhandeln* [→ *Diplomat*]
**Diplomatik** ⟨f. 20; unz.⟩ *Lehre von der Entstehung, Überlieferung von den Arten hist. Urkunden, Urkundenlehre* [→ *Diplomat*]
**diplomatisch** ⟨Adj.⟩ **1** *zur Diplomatie gehörig, auf ihr beruhend* **2** *zwischenstaatlich* (Beziehungen) **3** ⟨fig.⟩ *geschickt, gewandt, vorsichtig verhandelnd, berechnend* ◆ wir müssen diplomatisch sein, vorgehen; im diplomatischen Dienst stehen; diplomatisches Korps ⟨Abk.: CD⟩ *die bei einem Staat akkreditierten Vertreter anderer Staaten*

DIORIT: DÜNNSCHLIFF UNTER DEM MIKROSKOP

**diplomiert** ⟨Adj.; Abk.: dipl.⟩ *mit einem Diplom von einer staatlich anerkannten Fachschule versehen* ◆ diplomierter Dolmetscher
**Dipol** ⟨m. 1⟩ *ungleichmäßige Verteilung von Ladungen, wobei die Gesamtladung des Systems verschwindet, z. B. zwei gleich große einander entgegengesetzte elektrische Ladungen* ◆ elektrischer Dipol; magnetischer Dipol [< grch. *di-* „doppelt" + *Pol*]
**Dipolantenne** ⟨f. 19⟩ *für UKW-Rundfunk, Fernsehen u. Radar verwendete, aus einem Dipol bestehende Antenne*
**dippen** ⟨V. t.; hat⟩ **1** *ein wenig eintauchen* **2** ⟨Mar.⟩ die Flagge dippen *zum Gruß niederholen u. wieder hissen;* **3** ⟨Tierzucht⟩ räudige Schafe dippen *baden* [< engl. *dip* „eintauchen"]
**Diptam** ⟨m. 6; unz.; Bot.⟩ ◄ *auf Kalkboden wachsendes, bis 1 m hohes Rautengewächs: Dictamnus albus;* oV *Diktam* [< mlat. *diptamus* < grch. *diktamnos*]
**Diptychon** ⟨n.; -s, -ptychen⟩ **1** ⟨Antike⟩ *Paar von rechteckigen, zusammenklappbaren Holz-, Elfenbein- od. Edelmetalltäfelchen mit Wachseinlage zum Schreiben* **2** ⟨MA⟩ ▲ *Altarbild aus zwei Flügeln* [zu grch. *diptychos* „doppelt gefaltet"]
**dir** ⟨Personalpron., Dat. von „du"⟩ ich sage es dir; wasch dir die Hände; wie du mir, so ich dir! ⟨Sprichw.⟩; von dir hätte ich das nicht gedacht [< ahd. *dir*]
**Dir.** ⟨Abk. für⟩ *Direktor*
**direkt** ⟨umg.⟩ **I** ⟨Adj.; -er, am -esten⟩ **I.i** *unmittelbar, gerade, geradlinig, ohne Umweg;* Ggs *indirekt;* ◆ eine direkte Verbindung von Hamburg nach München; Nachkommen in direkter Linie; wir wohnen direkt am Flugplatz; wenden Sie sich bitte direkt an den Chef; der Ball flog mir direkt ins Gesicht; ich komme direkt von zu Hause **I.ii** ⟨Gramm.⟩ direkte Rede = *wörtl. Rede;* Ggs *indirekte Rede* **II** ⟨Partikel⟩ *geradezu, wirklich* ◆ deine Erlebnisse sind ja direkt ein Roman!; diese Sache ist mir direkt peinlich [< lat. *directus* „gerade gerichtet, geleitet"; zu *dire* „sprechen"]
**Direktflug** ⟨m. 1u⟩ = *Nonstopflug*
**direktiv** ⟨Adj.⟩ *Regeln (des Verhaltens) festsetzend* [zu frz. *directif, directive* „leitend"]
**Direktive** ⟨[-və] f. 19⟩ *Weisung, Anweisung, Richtlinie, Verhaltungsmaßregel* [< frz. *directive* „Richtlinie, Weisung"]
**Direktmandat** ⟨n. 11⟩ *Wählerauftrag in direkter Wahl*
**Direktor** ⟨m. 23; Abk.: Dir.⟩ *Leiter, Vorsteher* (Bankdirektor, Fabrikdirektor, Schuldirektor) [zu lat. *dirigere* „leiten, lenken"]
**Direktorin** ⟨f. 22⟩ *weibl. Direktor*
**Direktorium** ⟨n.; -s, -rien⟩ **1** *aus mehreren Personen bestehender Vorstand eines Unternehmens, leitende Behörde* **2** *oberste französische Staatsbehörde von 1795-1799* [→ *Direktor*]
**Direktübertragung** ⟨f. 20; Radio; TV⟩ *Rundfunk- od. Fernsehsendung, die nicht erst auf Band bzw. Film aufgenommen, sondern unmittelbar gesendet wird, Livesendung*
**Direktwerbung** ⟨f. 20⟩ *direkt auf einen (erhofften) Käufer zielende Werbung, z. B. durch Werbebrief, Mustersendung*
**Dirigent** ⟨m. 16⟩ *musikalischer Leiter eines Orchesters od. Chores* [< lat. *dirigens* „leitend, lenkend"; zu *dirigere*]
**dirigieren** ⟨V.; hat⟩ **I** ⟨V. i.⟩ *Takt schlagen* **II** ⟨V. t.⟩ **1** ein Orchester od. einen Chor dirigieren *musikalisch leiten* **2** ⟨allg.⟩ *führen, lenken, leiten, verwalten* **3** jmdn. dirigieren ⟨umg.⟩ *in eine Richtung, an einen Ort weisen* ◆ Herr Müller-Lüdenscheidt dirigiert heute das Rundfunkorchester, die 9. Sinfonie; er dirigierte mich zu dem zuständigen Abteilungsleiter, in das richtige Zimmer [< lat. *dirigere* „leiten, lenken"]
**Dirn** ⟨f. 20; norddt.⟩ *Mädchen (bes. vom Lande)* ◆ eine hübsche Dirn [→ *Dirne*]
**Dirndl** ⟨n. 28; bair.-österr.⟩ **1** *Mädchen* **2** ▼ *bayerisches od. österreichisches Trachtenkleid;* Sy *Dirndlkleid* [süddt. Verkleinerungsform zu *Dirne*]
**Dirndlkleid** ⟨n. 12⟩ ► = *Dirndl (2)*

DIRNDL

D

**Dirne** ⟨f. 19⟩ **1** ⟨veraltet⟩ *(derbes) Mädchen, bes. vom Lande, Magd* **2** ⟨abwertend⟩ *Freudenmädchen, Prostituierte* [< ahd. *thiorna*]

**dis I** ⟨n.; -, -; Mus.⟩ *Tonbezeichnung, das um einen halben Ton erhöhte d* **II** ⟨Mus.; Abk. für⟩ *dis-Moll (Tonartbezeichnung)*

**Dis I** ⟨n.; -, -; Mus.⟩ *Tonbezeichnung, das um einen halben Ton erhöhte D* **II** ⟨Mus.; Abk. für⟩ *Dis-Dur (Tonartbezeichnung)*

**dis..., Dis...** ⟨Vors.; in Zus.⟩ **1** *auseinander...* **2** *hinweg...* **3** *gegensätzlich* [lat.]

**Disagio** ⟨[-aːdʒo] n. 15; unz.⟩ *Betrag, um den ein Kurs unter dem Nennwert liegt;* Ggs *Agio* [ital., „Abschlag"; → *Agio*]

**Discjockey** ⟨m. 6⟩ = *Diskjockei*

**Disco** ⟨[-ko] f. 10⟩ = *Disko*

**Discothek** ⟨f. 20⟩ = *Diskothek*

**Discount** ⟨[dis'kaunt] m. 6⟩ *Verkauf von Waren zu einem niedrigen Preis* [< engl. *discount* „Rabatt"]

**Dis-Dur** ⟨n.; -; unz.; Mus.; Abk.: Dis⟩ *auf dem Grundton Dis beruhende Dur-Tonart*

**Disharmonie** ⟨f. 19⟩ Ggs *Harmonie* **1** *Missklang* **2** ⟨fig.⟩ *Unstimmigkeit, Uneinigkeit;* [< lat. *dis-* „ent-" + *Harmonie*]

**disharmonieren** ⟨V. i.; hat⟩ Ggs *harmonieren* **1** *eine Disharmonie bilden, nicht od. schlecht zusammenklingen* **2** ⟨fig.⟩ *uneinig sein*

**Disjunktion** ⟨f. 20⟩ **1** *Trennung, Sonderung, Scheidung* **2** *Gegenüberstellung sich ausschließender, aber zusammengehörender Begriffe,* z. B. Mann – Frau, schwarz – weiß **3** ⟨Logik⟩ *Verhältnis des Gegensatzes, Einheit zweier durch „oder" verbundener Aussagen od. Begriffe;* Sy *Adjunktion;* Ggs *Konjunktion (4)* [< lat. *disiunctio* „Trennung, Abweichung"]

**disjunktiv** ⟨Adj.⟩ Ggs *konjunktiv* **1** *einander ausschließend, trennend* **2** *gegensätzlich* ◆ disjunktive Begriffe *einander ausschließende, aber in einer höheren Gattung zusammengehörige Begriffe;* disjunktive Konjunktion ⟨Gramm.⟩ *ausschließendes Bindewort,* z. B. entweder – oder [→ *Disjunktion*]

**Diskant** ⟨m. 1; Mus.⟩ **1** *höchste Stimmlage, Sopran* **2** *höchste Tonlage eines Instruments* **3** *rechte Hälfte der Tastatur des Klaviers u. ähnl. Instrumente* **4** *Melodieseite der Handharmonika* [< mlat. *discantus,* eigtl. „Gegengesang"]

**Diskantschlüssel** ⟨m. 5; unz.; Mus.⟩ *C-Schlüssel, Sopranschlüssel*

**Diskette** ⟨f. 19; EDV⟩ *flexible Magnetplatte zur Datenaufzeichnung für Computer* ◆ einen Text auf Diskette ziehen [mit frz. Verkleinerungsform zu engl. *disk* „Scheibe"]

**Diskjockei** ⟨m. 6; Abk.: DJ⟩ *Conférencier, der im Rundfunk, Fernsehen, in Diskotheken usw. Schallplatten präsentiert;* oV *Discjockey* [< engl. *disk* „Schallplatte" + *Jockei*]

**Disko** ⟨f. 10; kurz für⟩ *Diskothek;* oV *Disco*

**Diskont** ⟨m. 1; Bankw.⟩ *Zinsabzug bei Zahlung einer noch nicht fälligen Forderung* [< ital. *disconto* „Abrechnung, Abzug"; → *Konto*]

**diskontieren** ⟨V. t.; hat; Bankw.⟩ *den Diskont abziehen von* ◆ einen Wechsel diskontieren *vor Fälligkeit mit Zinsabzug kaufen*

**diskontinuierlich** ⟨Adj.⟩ *mit zeitlichen od. räumlichen Unterbrechungen aufeinander folgend;* Ggs *kontinuierlich* [< lat. *dis-* „un-" + *kontinuierlich*]

**Diskothek** ⟨f. 20⟩ oV *Discothek* **1** *Schallplatten-, CD-Sammlung* **2** *Lokal, in dem einzeln od. paarweise zu laut abgespielter Musik getanzt wird* [< engl. *disk* „Schallplatte" + *...thek*]

DISTELFALTER *(Vanessa cardui)*

**Diskredit** ⟨m. 1; unz.⟩ *Misskredit, schlechter Ruf;* Ggs *Kredit (I, 3)* [< lat. *dis-* „auseinander" + *Kredit*]

**diskreditieren** ⟨V. t.; hat; geh.⟩ *in Diskredit bringen, in Verruf bringen, verleumden*

**diskrepant** ⟨Adj.⟩ *abweichend, unstimmig, zwiespältig, widersprüchlich* [< lat. *discrepans* „uneinig, verschieden, nicht übereinstimmend"]

**Diskrepanz** ⟨f. 20⟩ *Abweichung, Unstimmigkeit, Zwiespalt, Widerspruch, Missverhältnis* ◆ zwischen ihnen herrscht eine große Diskrepanz [< lat. *discrepantia* „Uneinigkeit"]

**diskret** ⟨Adj.; -er, am -esten⟩ **1** *verschwiegen, taktvoll, unauffällig;* Ggs *indiskret* **2** ⟨Math.⟩ *nicht zusammenhängend, vereinzelt, gesondert* **3** ⟨Phys.⟩ *unstetig, in endlichen Schritten* ◆ diskretes Benehmen; diskrete Behandlung; diskreten Gebrauch von einer Mitteilung machen; eine Angelegenheit äußerst diskret behandeln [< frz. *discret* „zurückhaltend, taktvoll"]

**Diskretion** ⟨f. 20; unz.⟩ *diskretes Wesen, diskrete Behandlung, Verschwiegenheit, Takt, Unauffälligkeit;* Ggs *Indiskretion* ◆ Diskretion Ehrensache! *unauffällige u. taktvolle Behandlung wird zugesichert;* jmdm. strengste Diskretion (über eine Sache) zusichern [< frz. *discrétion*]

**diskriminieren** ⟨V. t.; hat⟩ **1** *aussondern, unterschiedlich behandeln* **2** *herabsetzen, herabwürdigen* [< lat. *discriminare* „absondern, trennen"]

**Diskriminierung** ⟨f. 20⟩ *das Diskriminieren*

**Diskurs** ⟨m. 1⟩ *lebhafte Erörterung, Unterhaltung* ◆ gesellschaftlicher Diskurs *öffentlich ausgetragene Debatte* [< frz. *discours* „Rede, Ansprache, Abhandlung"]

**diskursiv** ⟨Adj.⟩ Ggs *intuitiv* **1** *gesprächsweise* **2** ⟨Philos.⟩ *schlussfolgernd* [< frz. *discursif*]

**Diskus** ⟨m.; - od. -ses, -se od. Disken; Sp.⟩ ▼ *hölzerne Wurfscheibe mit Metallbeschlag zum Weitwerfen in sportl. Wettkämpfen* [< grch. *diskos* „Wurfscheibe"]

**Diskussion** ⟨f. 20⟩ *lebhafte Erörterung, Meinungsaustausch* ◆ die Diskussion einleiten, eröffnen, schließen [< frz. *discussion* „Erörterung"; → *diskutieren*]

**Diskuswerfen** ⟨n.; -s; unz; Sp.⟩ *sportlich betriebenes Werfen mit dem Diskus*

**diskutieren** ⟨V. t. u. V. i.; hat⟩ *lebhaft erörtern, bereden, Meinungen austauschen (über)* ◆ eine Frage diskutieren; über etwas diskutieren [< lat. *discutere* „auseinander schlagen, auflösen"]

**dis-Moll** ⟨n.; -; unz.; Mus.; Abk.: dis⟩ *auf dem Grundton dis beruhende Moll-Tonart*

**Disparität** ⟨f. 20⟩ *Ungleichheit, Abweichung* [zu lat. *dispar* „ungleich, verschieden"]

**dispensieren** ⟨V. t.; hat⟩ **1** *befreien, beurlauben* **2** *zubereiten u. abgeben* (Arznei) ◆ einen Schüler vom Unterricht dispensieren [< lat. *dispensare* „gleichmäßig austeilen, einrichten, austeilend abwägen"]

**Dispersion** ⟨f. 20⟩ **1** *Zerstreuung* **2** *Verbreitung* **3** ⟨Phys.⟩ *Abhängigkeit von der Wellenlänge bei physikalischen Größen, z. B. unterschiedliche Brechung von Licht verschiedener Farben* **4** ⟨Chem.⟩ *feinste Verteilung, Streuung eines Stoffes in einem anderen in der Art, dass seine Teilchen in dem anderen schweben* **5** ⟨Biol.⟩ *Verteilung verschiedener Individuen einer Art innerhalb eines Lebensraumes* **6** ⟨Math.⟩ *Streuung der Werte in der Wahrscheinlichkeitsrechnung* [< lat. *dispersio* „Zerstreuung"]

**Display** ⟨[-plɛi] n. 15⟩ **1** *optisch wirksames Zurschaustellen (von Waren, Werbematerial u. a.)* **2** *(an elektron. Geräten, z. B. Taschenrechnern) Anzeigeneinheit (entweder mit Leuchtdioden od. als Flüssigkristallanzeige)* [engl., „Schaustellung, Entfaltung"]

**Disponent** ⟨m. 16⟩ *Angestellter, Abteilungsleiter mit begrenzter Vollmacht* [< lat. *disponens* „einteilend, verteilend"; zu *disponere*]

**disponibel** ⟨Adj.⟩ *so beschaffen, dass man darüber disponieren kann, verfügbar* [< frz. *disponible* „verfügbar, zur Verfügung stehend"; zu lat. *disponere* „einteilen"]

**disponieren** ⟨V. i.; hat⟩ **1** *ordnen, gliedern, einteilen* **2** *verfügen (über)* ◆ disponiert sein *bereit sein, imstande sein;* der Sänger ist heute nicht disponiert *nicht gut bei Stimme* [< lat. *disponere* „verteilen, einteilen, anordnen"]

**Disposition** ⟨f. 20⟩ **1** *Plan, Einteilung, Gliederung, Anordnung von gesammeltem Material* **2** *phys. u. psych. Verfassung, Anlage, Empfänglichkeit (zu bzw. für eine Krankheit)* ◆ zur Disposition stellen ⟨Abk.: z. D.⟩ *in den Wartestand od. einstweiligen Ruhestand versetzen* [< lat. *dispositio* „Einteilung, Anordnung"]

**Dispositionskredit** ⟨m. 1⟩ *Kredit, über den ein Kontoinhaber jederzeit verfügen kann, Überziehungskredit*

**Disput** ⟨m. 1⟩ *Streitgespräch, Wortgefecht* ◆ einen heftigen Disput haben [< frz. *dispute* „Wortwechsel, Wortgefecht"; zu lat. *disputare* „erörtern, verhandeln"]

**disputieren** ⟨V. i.; hat⟩ **1** *in Worten (gelehrt) streiten* **2** *seine Meinung gegeneinander verfechten* [< lat. *disputare* „erörtern, abhandeln"]

**Disqualifikation** ⟨f. 20⟩ **1** *Untauglichkeit* **2** *Untauglichkeitserklärung* **3** *Ausschluss von sportlichen Wettkämpfen als Strafe wegen Vergehens gegen die sportlichen Regeln* [< lat. *dis-* „ent-" + *Qualifikation*]

**Diss.** ⟨Abk. für⟩ *Dissertation*

**Dissens** ⟨m. 1⟩ *Meinungsverschiedenheit (z. B. beim Abschluss eines Vertrages);* Ggs *Konsens (2)* [< lat. *dissensus* „Meinungsverschiedenheit"; zu lat. *dissentire* „anders denken, anderer Meinung sein"]

**Dissertation** ⟨f. 20; Abk.: Diss.⟩ *wissenschaftl. Arbeit (bes. zum Erlangen der Doktorwürde)* ◆ an einer Dissertation über Cervantes arbeiten [< lat. *dissertatio* „Erörterung"]

**Dissident** ⟨m. 16⟩ **1** *jmd., der zu keiner staatlich anerkannten Religionsgemeinschaft gehört, Religionsloser* **2** *jmd., der aus der Kirche ausgetreten ist* **3** ⟨allg.⟩ *jmd., der von einer offiziellen Lehrmeinung od. Ideologie abweicht* [< lat. *dissidens* „mit jmdm. uneinig", eigtl. „beiseite sitzend"]

**Dissimilation** ⟨f. 20⟩ **1** *Entähnlichung;* Ggs *Assimilation (1)* **2** *Veränderung* **3** ⟨Gramm.⟩ **3.1** *das Unähnlichwerden zweier benachbarter ähnl. Konsonanten,* z. B. „nhd. fünf < mhd. fimf"; Ggs *Assimilation (6)* **3.2** *das Ausstoßen eines von zwei gleichen od. ähnl. Konsonanten* z. B. „nhd. Welt < mhd. werlt" **4** ⟨Biol.⟩ *Stoffwechselvorgänge, bei denen un-*

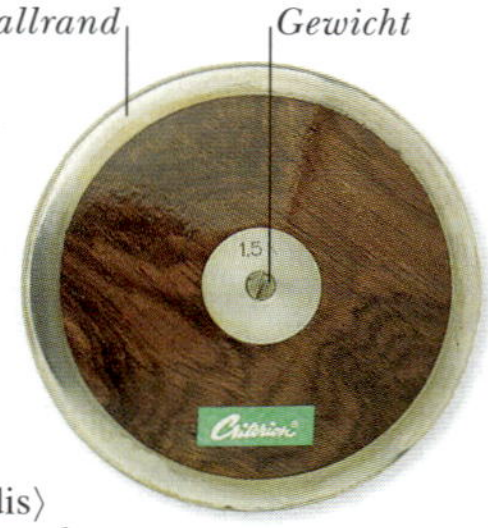


DISKUS

*ter Freisetzung von Energie höhere organische Verbindungen in niedere zerlegt werden;* Ggs *Assimilation (2)* [zu lat. *dissimilis* „unähnlich"]

**dissonant** ⟨Adj.⟩ **1** *misstönend, nicht zusammenklingend* **2** ⟨Mus.⟩ *nach Auflösung verlangend* [< lat. *dis-* „auseinander" + *sonare* „tönen, erschallen"]

**Dissonanz** ⟨f. 20⟩ **1** ⟨Mus.⟩ *Missklang, nach Auflösung verlangender Klang;* Ggs *Konsonanz (1)* **2** ⟨fig.⟩ *Unstimmigkeit* [→ *dissonant*]

**Distanz** ⟨f. 20⟩ *Abstand, Entfernung* ◆ Distanz wahren (von od. zu jmdm.) *Vertraulichkeit vermeiden* [< lat. *distantia* „Abstand, Verschiedenheit"; zu *distare* „entfernt sein"]

**distanzieren** ⟨V. t.; hat⟩ *(im Wettkampf) überbieten, hinter sich lassen* ◆ sich von etwas od. jmdm. distanzieren *von etwas od. jmdm. abrücken, sich innerlich entfernen*

**Distel** ⟨f. 21⟩ **1** ⟨Bot.⟩ *Korbblütler mit dornigen Laubblättern, der in zahlreichen Arten über ganz Eurasien und Afrika verbreitet ist: Carduus* **2** ⟨volkstüml. Bez. für⟩ *verschiedene Gattungen der Korbblütler mit stacheligen Blättern,* z. B. Eselsdistel, Gänsedistel, Kratzdistel [< ahd. *distil,* engl. *thistle*]

**Distelfalter** ⟨m. 3⟩ ◄ *brauner Tagschmetterling mit schwarzen Flecken auf den Vorderflügeln: Vanessa cardui*

**Distelfink** ⟨m. 16⟩ ► = *Stieglitz*

**Disthen** ⟨m. 1⟩ *Mineral, chem. Aluminiumsilikat,* $AL_2O(SiO_4)$*;* Sy ⟨fachsprachl.⟩ *Cyanit, Zyanit*

**distinguiert** ⟨[-giːrt] Adj.; -er, am -esten⟩ *(aus der Allgemeinheit) hervorgehoben, ausgezeichnet, vornehm* ◆ ein distinguierter älterer Herr; von distinguiertem Aussehen

**distinkt** ⟨Adj.⟩ *unterschieden, deutlich, verständlich* [< lat. *distinctus* „gesondert, bestimmt, deutlich"; zu *distinguere* „unterscheiden"]

DÖBEL
*(Leuciscus cephalus)*

**Distinktion** ⟨f. 20⟩ **1** *Ansehen, Auszeichnung, (hoher) Rang, Würde* **2** ⟨österr.⟩ *Rangabzeichen* [< lat. *distinctio* „Sonderung, Unterscheidung"]

**distinktiv** ⟨Adj.⟩ **1** *gegeneinander abgrenzend, unterscheidend* **2** *auszeichnend*

**Distribution** ⟨f. 20⟩ **1** *Verteilung, Austeilung, Auflösung* **2** ⟨Logik⟩ *Gültigkeit für jedes Objekt, das unter einen betimmten Begriff fällt* ◆ Distribution einer sprachl. Einheit (eines Phonems, Morphems u. a.) *Möglichkeit des Vorkommens in der Umgebung anderer sprachl. Einheiten* [< lat. *distributio* „Verteilung, Einteilung"]

**Distrikt** ⟨m. 1⟩ *Verwaltungsbezirk, abgeschlossener Bereich* [< mlat. *districtus* „Gerichtszwang, Gerichtsgebiet"; zu lat. *distringere* „auseinander ziehen, straff spannen, zwingen"]

**Disziplin I** ⟨f. 7; unz.⟩ *Zucht, Ordnung, Einordnung, Unterordnung* ◆ Disziplin halten; die Disziplin wahren; eiserne ⟨fig.⟩, strenge Disziplin; jmdn. od. sich an Disziplin gewöhnen; für Disziplin sorgen **II** ⟨f. 20⟩ *wissenschaftl. od. sportl. Fachrichtung, Fachgebiet* ◆ die verschiedenen Disziplinen der Naturwissenschaften [< lat. *disciplina* „Unterricht; Zucht, Ordnung"]

**disziplinarisch** ⟨Adj.⟩ oV *disziplinell* **1** *die Disziplin od. Disziplinargewalt betreffend, mithilfe einer Disziplinarstrafe* **2** ⟨fig.⟩ *streng*

**Disziplinarmaßnahme** ⟨f. 19⟩ *Strafe für ein Dienstvergehen eines Beamten, z. B. Verwarnung*

## DNA

DNA ist die Abkürzung für Desoxyribonukleinsäure (engl.: **d**e(s)oxyribo**n**ucleic **a**cid), die bei nahezu allen Lebewesen als Träger des Erbgutes fungiert. Sie steuert das Zellwachstum und überträgt die genetischen Informationen von einer Generation zur nächsten. Ein DNA-Molekül besteht aus zwei Strängen, die in Form einer Doppelhelix umeinander geschlungen sind und von zwei Basenpaaren (Adenin-Thymin und Cytosin-Guanin) zusammengehalten werden.

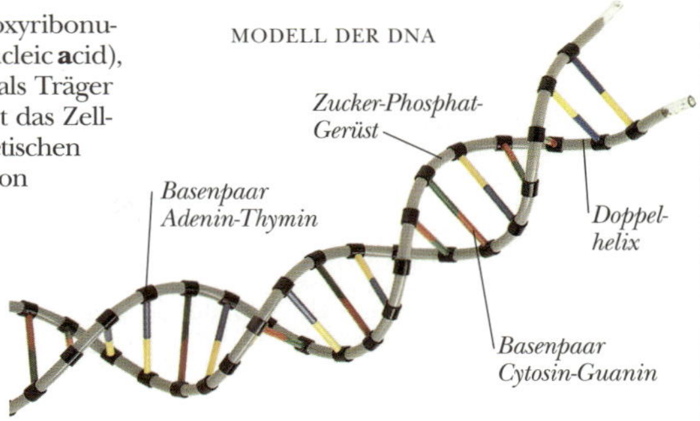


**Disziplinarverfahren** ⟨n. 14⟩ *Verfahren über ein Disziplinarvergehen, Dienststrafverfahren*

**disziplinell** ⟨Adj.⟩ = *disziplinarisch*

**diszipliniert** ⟨Adj.; -er, am -esten⟩ *Disziplin haltend, den Vorschriften u. Regeln folgend* ◆ sie benahmen sich diszipliniert

**dito** ⟨Adv.; Abk.: do.⟩ *gleichfalls, ebenso (wird gebraucht, um sich auf Rechnungen usw. mehrmals vorkommende Bezeichnungen od. Erklärungen zu ersparen)* [< ital. *ditto, detto* < lat. *dictum* „das Gesagte"]

**Dito** ⟨n. 15⟩ **1** *dasselbe, das Nämliche, das bereits Gesagte* **2** *Einerlei*

**Diva** ⟨[-va] f.; -, -s od. -ven [-ven]⟩ *gefeierte Künstlerin, bes. bei Bühne u. Film* [ital., „die Göttliche"]

**Divan** ⟨[-vaːn] m. 1⟩ = *Diwan*

**divergent** ⟨[-vɛr-] Adj.⟩ *auseinander strebend, in entgegengesetzter Richtung verlaufend* [frz., „gegensätzlich, abweichend"]

**Divergenz** ⟨[-vɛr-] f. 20⟩ **1** *Auseinanderlaufen, -streben* **2** *Meinungsverschiedenheit* [< frz. *divergence* „Verschiedenheit"]

**divergieren** ⟨[-vɛr-] V. i.; hat⟩ **1** *auseinander gehen, voneinander abweichen* **2** *anderer Meinung sein* [< frz. *diverger* „auseinander gehen"]

**Diversifikation** ⟨[-vɛr-] f. 20⟩ **1** *Abwechslung, Mannigfaltigkeit* **2** ⟨Wirtsch.⟩ *Ausweitung des Tätigkeitsbereiches eines Unternehmens auf neue Produkte, Märkte usw.*

**diversifizieren** ⟨[-vɛr-] V. t.; hat⟩ *ausweiten, erweitern*

**Diversität** ⟨[-vɛr-] f. 20; unz.⟩ *Vielfältigkeit, Vorhandensein eines breiten Spektrums, Mannigfaltigkeit*

**Dividend** ⟨[-vi-] m. 16; Math.⟩ Ggs *Divisor* **1** *zu teilende Zahl* **2** *Zähler eines Bruches* [< lat. *dividendus (numerus)* „die zu teilende (Zahl)"]

**Dividende** ⟨[-vi-] f. 19; Bankw.⟩ *auf eine Aktie entfallender Gewinnanteil* [< lat. *dividenda* „die zu teilende (Summe)"; zu *dividere* „teilen"]

**dividieren** ⟨[-vi-] V. t.; hat; Math.⟩ *teilen* ◆ eine Zahl durch eine andere dividieren; 27 dividiert durch 9 gibt 3 [< lat. *dividere* „teilen"]

DOC MARTENS

**Division** ⟨[-vi-] f. 20⟩ **1** ⟨Math.⟩ *Aufteilung einer Zahl (Dividend) in so viele gleiche Teile, wie eine andere Zahl (Divisor) angibt* **2** ⟨Mil.⟩ *aus sämtl. Waffengattungen bestehender Truppenverband* **3** ⟨Mar.⟩ *Teil der Schiffsbesatzung in Stärke einer Kompanie* [< lat. *divisio* „Teilung"]

**Divisor** ⟨[-viː-] m. 23; Math.⟩ *teilende Zahl, Nenner eines Bruches;* Ggs *Dividend* [< lat. *divisor (numerus)* „teilende Zahl"; zu *dividere* „teilen"]

**Diwan** ⟨m. 1⟩ oV *Divan* **1** *Sofa, Ruhebett ohne Rückenlehne* **2** *ehem. türk. Staatsrat* **3** *oriental. Gedichtsammlung* ◆ Westöstlicher Diwan (von Goethe) [< pers. *diwan* „Schreibstube, später: Schriftensammlung"]

**DJ** ⟨['diːdʒɛi] m. 6; kurz für⟩ *Diskjockei* [engl.]

**d. J.** ⟨Abk. für⟩ **1** *der Jüngere* **2** *dieses Jahres*

**Djellaba** ⟨[dʒɛl-] f. 10⟩ ► = *Dschellaba*

**dkr** ⟨Abk. für⟩ *dänische* → *Krone*

**dl** ⟨Abk. für⟩ *Deziliter*

**dm** ⟨Abk. für⟩ *Dezimeter*

**dm²** ⟨Abk. für⟩ *Quadratdezimeter*

**dm³** ⟨Abk. für⟩ *Kubikdezimeter*

**DM** ⟨Abk. für⟩ *Deutsche Mark*

**d. M.** ⟨Abk. für⟩ *dieses Monats od. des (laufenden) Monats*

**d-Moll** ⟨n.; -; unz.; Mus.; Abk.: d⟩ *auf dem Grundton d beruhende Moll-Tonart*

**DNA 1** ⟨Genetik; engl. Abk. für⟩ ▲ *Desoxyribonukleinsäure (de(s)oxyribonucleic acid), der Hauptbestandteil der Chromosomen, der als Träger der Erbinformation die stoffliche Substanz der Gene bildet* **2** ⟨Abk. für⟩ *Deutscher Normenausschuss*

**DNA-Fingerabdruck** ⟨m. 1u; Genetik⟩ *durch molekulartechnische Analyse der DNA gewonnenes genetisches Profil einer Person, das z. B. bei der polizeilichen Fahndung von Bedeutung sein kann*

**DNS** ⟨Abk. für⟩ *Desoxyribonukleinsäure*

**do.** ⟨Abk. für⟩ *dito*

**Do I** ⟨n.; -, -; Mus.; ital. u. frz. Bez. für⟩ *Ton C, in der Tonika-Do-Methode jeweils der Grundton einer Tonleiter* **II** ⟨Abk. für⟩ *Donnerstag*

**Döbel¹** ⟨m. 5; Zool.⟩ ◄ *längl. Karpfenfisch mit fast rundem Querschnitt: Leuciscus cephalus*

**Döbel²** ⟨m. 5⟩ = *Dübel*

**Dobermann** ⟨m. 2u⟩, **Dobermannpinscher** ⟨m. 3⟩ *großer Pinscher, der oft als Wachhund eingesetzt wird;* ► *Hunde*

**doch** ⟨Konj.⟩ **I** ⟨betont⟩ **I.i** ⟨bejahend-entgegensetzende od. verstärkende Antwort⟩ hast du ihn wirklich nicht gesehen? doch!; bitte geh nicht weg! doch!; kommst du? ja doch!;

nein doch!; warst du nicht dabei? o doch! **I.ii** *gleichwohl, wirklich, trotzdem, dennoch, wenn es auch schwierig ist* ◆ er kann doch nicht kommen; sein: das war denn doch zu viel; also doch! *ich habe es ja gleich gesagt!;* ⟨in entgegenstehender Aussage⟩ die Luft ist kalt und doch sehr angenehm **II** ⟨unbetont⟩ **II.i** ⟨in Wunschsätzen, bittend-verstärkend⟩ besuche uns doch einmal!; bring mir doch bitte die Zeitung; wenn er doch bald käme; wenn er nicht will, so lass ihn doch; sei doch bitte so nett; wäre ich doch nicht hingegangen!; warte doch! **II.ii** ⟨in Sätzen der Ungewissheit⟩ er hat dir doch geschrieben?; sein: das ist doch nicht dein Ernst!; du weißt doch, dass ...? **II.iii** ⟨bestätigende Partikel⟩ *ja, eben, tatsächlich, wahrhaftig* ◆ das ist doch die Höhe!; du bist doch kein Kind mehr! **III** ⟨zum Anknüpfen eines Hauptsatzes an einen anderen⟩ *aber* ◆ ich wurde eingeladen, doch hatte ich keine Zeit [< ahd. *doh,* engl. *though*]

**Docht** ⟨m. 1⟩ *fadenförmiger Teil der Kerze od. Lampe, an dem die Verbrennung erfolgt* [< ahd. *taht*]

**Dock** ⟨n. 15 od. 11⟩ *Anlage zum Trockensetzen von Schiffen, entweder als Schwimmkörper* (Schwimmdock) *od. als Becken, das leer gepumpt wird* (Trockendock) ◆ ins Dock gehen [engl.]

DOHLE
(*Corvus monedula*)

**docken¹** ⟨V.; hat⟩ **I** ⟨V. t.⟩ **1** *ins Dock legen* (Boot, Schiff) **2** *ankoppeln* (Raumfahrzeug) **II** ⟨V. i.⟩ *im Dock liegen*

**docken²** ⟨V. t.; hat⟩ *in Docken bündeln, zusammendrehen*

**Doc Martens** ⟨Pl.; Warenzeichen⟩ ◄◄ *schwere Schnürschuhe mit gepolsterter Sohle* [nach dem Deutschen Dr. K. *Maertens,* der die bes. Sohle erfunden hat]

**Dodekaeder** ⟨m. 3; Geom.⟩ ► *von zwölf Flächen begrenzter Körper;* Sy *Zwölfflach, Zwölfflächner* [< grch. *dodeka* „zwölf" + *hedra* „Grundfläche"]

**Dodekafonie** ⟨f. 19; unz.; Mus.⟩ = *Dodekaphonie*

**Dodekagon** ⟨n. 11; Geom.⟩ ► *Zwölfeck*

**Dodekaphonie** ⟨f. 19; unz.; Mus.⟩ = *atonale Musik;* oV *Dodekafonie* [< grch. *dodeka* „zwölf" + *phone* „Stimme"]

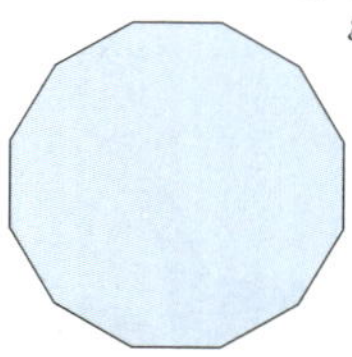

DODEKAGON

**Dogcart** ⟨m. 6⟩ *offener, zweirädriger Einspänner* [engl., eigtl. „Hundewagen"]

**Dogge** ⟨f. 19⟩ ► *Angehörige einer Gruppe von Hunderassen, große, schlanke* (deutsche Dogge) *bis kurzbeinige, schwere Arten* (Bulldogge) [< engl. *dog* „Hund"]

**Dogma** ⟨n.; -s, -men⟩ *Glaubenssatz, Lehrsatz* [grch., „Meinung, Verordnung, Lehrsatz"]

**Dogmatik** ⟨f. 20⟩ *Lehre vom Dogma;* Sy *Glaubenslehre*

**dogmatisch** ⟨Adj.⟩ **1** *zu einem Dogma gehörig, darauf beruhend, daran gebunden* **2** ⟨fig.⟩ *unkritisch, starr an einem Dogma festhaltend*

**Dohle** ⟨f. 19; Zool.⟩ ▲ *schwarzer, taubengroßer Rabenvogel mit grauem Nacken: Corvus monedula, Turmkrähe* [Vermischung aus: 1. mhd. *tahele* < ahd. *tahala, taha* (lautmalend, nach dem Lockruf); 2. mhd. *tole,* zu lautmalendem mundartl. *dalen, tallen, tullen* „schwatzen"]

**doktern** ⟨V. i.; umg.⟩ *den Arzt spielen, ohne das nötige Wissen, laienhaft u. eigenmächtig Arzneien gebrauchen;* → a. *herumdoktern* [→ *Doktor*]

**Doktor** ⟨m. 23; Abk.: Dr.⟩ **1** *akadem. Grad u. Titel nach einer besonderen Prüfung* **2** ⟨umg.⟩ *Arzt* ◆ Dr. h. c. (honoris causa) *Doktor ehrenhalber, Ehrendoktor (nur verliehener Titel);* Dr.-Ing. *Doktor der Ingenieurwissenschaften;* Dr. jur. (juris) *Doktor der Rechte;* Dr. med. (medicinae) *Doktor der Medizin;* Dr. med. dent. (medicinae dentariae) *Doktor der Zahnheilkunde;* Dr. med. vet. (medicinae veterinariae) *Doktor der Tierheilkunde;* Dr. oec. (oeconomiae) *Doktor der Wirtschaftswissenschaften;* Dr. pharm. (pharmaciae) *Doktor der Pharmazie;* Dr. phil. (philosophiae) *Doktor der Philosophie;* Dr. rer. nat. (rerum naturalium) *Dr. der Naturwissenschaften;* Dr. rer. oec. (rerum oeconomicarum) *Doktor der Wirtschaftswissenschaften;* Dr. rer. pol. (rerum politicarum) *Doktor der Staatswissenschaften;* Dr. theol. (theologiae) *Doktor der Theologie;* seinen Doktor machen *die Doktorprüfung ablegen;* den Doktor rufen ⟨umg.⟩; zum Doktor gehen ⟨umg.⟩ [< lat. *doctor* „Lehrer"; zu *docere* „lehren"]

zusammengesetzte Dolde

DOLDENGEWÄCHS: RIESENFENCHEL (*Ferula communis*)

**Doktorand** ⟨m. 16⟩ *jmd., der im Begriff steht, die Doktorprüfung abzulegen*

**Doktorarbeit** ⟨f. 20⟩ *Dissertation zum Erlangen des Doktorgrades*

**Doktorgrad** ⟨m. 1⟩ *akademischer Grad nach der Promotion*

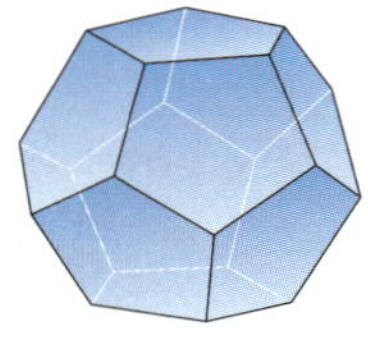

DODEKAEDER

**Doktorhut** ⟨m. 1u; urspr.⟩ **1** *während einer Zeremonie an junge Doktoren verliehener Hut* **2** ⟨heute fig.; scherzh.⟩ *Doktorwürde* ◆ den Doktorhut erwerben ⟨umg.⟩ *die Doktorprüfung machen*

**Doktorin** ⟨f. 22⟩ *weibl. Doktor*

**Doktrin** ⟨f. 20⟩ **1** *Lehre, Lehrsatz* **2** ⟨fig.⟩ *starre Lehrmeinung* [< lat. *doctrina* „Unterricht, Wissenschaft"]

**doktrinär** ⟨Adj.⟩ **1** *auf einer Doktrin beruhend, in der Art einer Doktrin* **2** *sich auf festgelegte Meinungen versteifend, einseitig theoretisch, engstirnig* [< frz. *doctrinaire*]

**Dokument** ⟨n. 11⟩ **1** *Urkunde, amtliche Bescheinigung, amtliches Schriftstück* **2** *als Beweis dienendes Schriftstück* [< lat. *documentum* „Lehre, Beispiel, Beweis, Zeugnis"]

**Dokumentarfilm** ⟨m. 1⟩ *Film, der tatsächl. Begebenheiten realistisch, überzeugend u. beweiskräftig darbietet*

**dokumentarisch** ⟨Adj.⟩ *aufgrund von, mithilfe von Dokumenten, durch Dokumente, urkundlich* ◆ einen Sachverhalt dokumentarisch belegen

**Dokumentation** ⟨f. 20⟩ **1** *Beweisführung durch Dokumente, Beurkundung* **2** *Sammlung, Aufbereitung u. Nutzung von Dokumenten (bes. in den Wissenschaften)*

**dokumentieren** ⟨V. t.; hat⟩ **1** *durch Dokumente belegen, beweisen* **2** *beurkunden*

**Dolch** ⟨m. 1⟩ *kurze, meist zweischneidige Stichwaffe, Faustdegen* [< *tolgken, dolgken, dolch* (16. Jh.); vielleicht beeinflusst von lat. *dolo* „Stockdegen, Stilett"]

**Dolchstoßlegende** ⟨f. 19; unz.⟩ *nach 1918 verbreitete Ansicht, der 1. Weltkrieg sei nicht durch die Niederlage des Heeres od. die wirtschaftl. Unterlegenheit Deutschlands, sondern durch Verrat der Heimat (Dolchstoß von hinten) verloren worden*

**Dolde** ⟨f. 19; Bot.⟩ *büscheliger Blütenstand* (Blütendolde) [< ahd. *toldo* „Pflanzenkrone"; verwandt mit *Tolle* „Haarschopf"]

**Doldengewächs** ⟨n. 11; Bot.⟩ ◄ *Angehöriges einer Familie zweikeimblättriger Kräuter mit doldigen Blütenständen;* ► *Bedecktsamer*

**Dole** ⟨f. 19⟩ *Rinne, verdeckter Abzugsgraben* [< frühnhd. *dol* „Mine" < ahd. *dola* „Röhre, Graben, Rinne"; → *Tülle;* verwandt mit *Delle, Tal*]

**doll** ⟨Adj.; umg.⟩ *toll*

**Dollar** ⟨m. 3 od. 6; Zeichen: $⟩ *Währungseinheit in den USA, 100 Cent* [engl. < nddt. *daler* „Taler"]

**Dolle** ⟨f. 19⟩ ► *gabelförmige, drehbare Vorrichtung aus Holz od. Metall zum Festhalten der Riemen am Ruderboot, Rudergabel* [< mnddt. *dolle,* engl. *thole*]

**Dolmen** ⟨m. 4⟩ ► *vorgeschichtl. große Steingrabkammer* [< breton. *dol* „Tafel" (oder < neubreton. *toul* „Loch") + *men* „Stein"]

**dolmetschen** ⟨V. i. u. V. t.; hat⟩ *als Dolmetscher tätig sein, mündlich übersetzen*

**Dolmetscher** ⟨m. 3⟩ *jmd., der mündlich übersetzt, das Gespräch zwischen zweien übermittelt, die nicht dieselbe Sprache sprechen* [< mhd. *tolmetsche* < ungar. *tolmács* < türk. *tilmatsch, tilmadz* < kleinasiat. Mitannisprache *talami* „Dolmetsch"]

**Dolomit, Dolomitspat** ⟨m. 1; Min.⟩ ► *farbloses, weißes, graues od. gelbes gesteinsbildendes Mineral, chemisch ein Calcium-Magnesium-Carbonat,* $CaCO_3 - MgCO_3$ *(braun verwitternder Dolomit = Braunspat);* Sy *Bitterspat, Perlspat* [nach dem frz. Mineralogen *Dolomieu,* 1750–1801]

**Dom** ⟨m. 1⟩ **1** *Bischofskirche* **2** *Hauptkirche einer Stadt* **3** *Weihnachtsmarkt am Domplatz in Hamburg* ◆ der Dom des Himmels ⟨poet.⟩ *Himmelswölbung;* Aachener, Kölner Dom [verkürzt < *Domkirche* = Kirche, die zum *domus (ecclesiae)* gehört, zum „Gemeinde- u. Wohnhaus des Geistlichen", zum „Kollegium von Geistlichen"]

DOGGE: DEUTSCHE DOGGE

**Domain** ⟨[dɔu'mɛin] f. 10 od. n. 15; EDV⟩ **1** *miteinander verbundene Gruppe von Computern in einem Netzwerk* **2** *logisch (z. B. nach Anbietern von Online-diensten) abgegrenztes Teilsystem im Internet* [engl., „Domäne"]

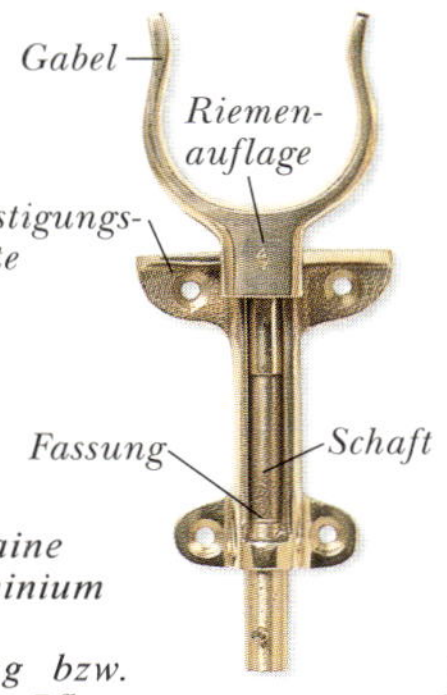

DOLLE

**Domäne** ⟨f. 19⟩ **1** *staatliches od. landesherrliches Landgut* **2** ⟨fig.⟩ *Arbeitsgebiet, Wissensgebiet, auf dem man bes. gut Bescheid weiß* [< frz. *domaine* „(staatl.) Landgut" < lat. *dominium* „Herrschaft"]

**Domestikation** ⟨f. 20⟩ *Zähmung bzw. Züchtung wild lebender Tiere bzw. Pflanzen zu Haustieren bzw. Kulturpflanzen* [zu lat. *domesticus* „häuslich"]

**Domherr** ⟨m. 16⟩ *Mitglied des Domkapitels, Domkapitular*

**Domina** ⟨f.; -, -nae [-nɛ:]⟩ **1** *Hausherrin* **2** *Klostervorsteherin* **3** *Prostituierte, die sadistische Handlungen an masochistisch veranlagten Personen vornimmt* [lat., „Herrin"]

**dominant** ⟨Adj.⟩ **1** *vorherrschend, beherrschend* **2** ⟨Genetik⟩ *überdeckend* (Erbanlage); Ggs *rezessiv* [< lat. *dominans* „herrschend"; zu *dominari*]

**Dominanz** ⟨f. 20; unz.; Genetik⟩ **1** *Vorherrschen bestimmter Merkmale* **2** *Unterdrückung der Merkmalsausprägung eines Gens durch die eines anderen, allelen Gens;* Ggs *Rezessivität* [zu lat. *dominari* „herrschen"]

**dominieren** ⟨V. i.; hat⟩ *überwiegen, herrschen, vorherrschen* [< lat. *dominari* „herrschen"]

**Dominikaner** ⟨m. 3⟩ *Angehöriger des Dominikanerordens*

**Dominikanerorden** ⟨m. 4; unz.⟩ *vom heiligen Dominikus 1216 gegründeter Bettelorden, einflussreichster Orden des Mittelalters* [zu lat. *dominicus* „dem Herrn gehörig"]

DOLMEN: PRÄHISTORISCHER ENGLISCHER DOLMEN MIT TRAG- UND DECKSTEIN

**Domino** ⟨n. 15⟩, **Dominospiel** ⟨n. 11⟩ *Spiel mit 28 Steinen, von denen jeder zwei Felder (mit 0–6 Augen) hat, die jeweils mit der gleichen Augenzahl aneinander gelegt werden müssen* [ital., „Herr"; Bezeichnung nach dem Sieger ( = *Herr*)]

**Dominostein** ⟨m. 1⟩ **1** *Stein des Dominospiels* **2** *würfelförmiges, mit Schokolade überzogenes Lebkuchengebäck*

**Domizil** ⟨n. 11⟩ **1** = *Wohnsitz (1)* **2** ⟨bei Wechseln⟩ *Zahlungsort* [< lat. *domicilium* „Wohnung, Wohnsitz"]

**Dompfaff** ⟨m. 16; Zool.⟩ = *Gimpel (1)* [benannt nach seiner schwarzen Kappe]

**Dompteur** ⟨[-tø:r] m. 1⟩ *jmd., der wilde Tiere dressiert u. mit ihnen Kunststücke vorführt, Tierbändiger* [frz., „Tierbändiger"]

**Dompteuse** ⟨[-tø:zə] f. 19⟩ *weibl. Dompteur* [frz.]

**Döner, Dönerkebab** ⟨m.; - od. -s, - od. -s⟩ *türk. Gericht mit Fleischstückchen, die von einem am senkrechten Drehspieß gegrillten Stück Hammelfleisch abgeschnitten werden* [türk. *döner kebap* „Hammel-, Spießbraten" zu *döner* „sich drehend"]

**Donner** ⟨m. 3⟩ **1** *beim Gewitter dem Blitz folgendes, rollendes, krachendes Geräusch infolge plötzl. Ausdehnens u. Zurückschlagens der vom Blitz erhitzten Luft* **2** *dem Donner ähnl. Geräusch, rollendes Krachen* (Geschützdonner) ◆ der Donner grollt, kracht, rollt; Donner und Doria! ⟨umg.⟩ *da hört doch alles auf! (Fluch des Gianettino Doria in Schillers „Verschwörung des Fiesko", I, 5);* wie vom Donner gerührt stehen bleiben od. dastehen *regungslos vor Überraschung* [< ahd. *thonar,* engl. *thunder*]

**Donnergott** ⟨m. 2u; unz.; germ. Myth.⟩ *der mit seinem Hammer den Donner erzeugende Gott Donar od. Thor*

**Donnerkeil** ⟨m. 1⟩ **1** *als Versteinerung erhaltener Kopffüßer, Belemnit* **2** *(angebl. durch Blitzschlag od. Donner erzeugtes) vorgeschichtl. Steinbeil* ◆ Donnerkeil! *Donnerwetter!*

DOLOMIT
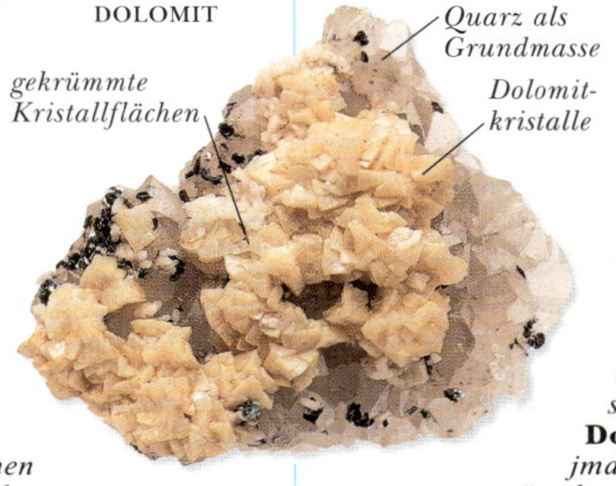


**donnern** ⟨V. i.; hat⟩ **I** ⟨unpersönl.⟩ es donnert *der Donner grollt, rollt, kracht* **II** ⟨persönl., umg.⟩ **1** *laut, brüllend schelten* **2** *dem Donner ähnlichen Lärm machen, laut schlagen, klopfen* ◆ Vater hat mächtig wegen unseres Zuspätkommens gedonnert; an die Tür donnern; donnernder Applaus [→ *Donner*]

**Donnerstag** ⟨m. 1; Abk.: Do⟩ *vierter Tag der Woche* [< ahd. *Donares tag* „Tag des (Wettergottes) Donar"; → *Donner*]

**Donnerwetter** ⟨n. 13⟩ **1** *Gewitter* **2** ⟨umg.; scherzh.⟩ *heftige, laute Schelte* **3** *heftige Auseinandersetzung* ◆ Donnerwetter! *(Ausruf der Anerkennung od. des Zorns);* wenn du heimkommst, gibt's od. setzt's ein Donnerwetter!; da soll doch das Donnerwetter dreinfahren! *(Ausruf des Unwillens);* das Donnerwetter soll ihn holen! *er soll sich zum Teufel scheren!;* das Donnerwetter soll mich holen, wenn ... *das kann doch nicht sein, dass...;* ein Donnerwetter ging auf ihn nieder; zum Donnerwetter, wo bleibt er denn?

**doof** ⟨Adj.; umg.⟩ **1** *dumm, töricht, einfältig* **2** *langweilig* [nddt. Form zu nhd. *taub*]

**dopen** ⟨V. t.; hat; Sp.⟩ jmdn. od. ein Tier dopen *durch verbotene Mittel zu Höchstleistungen zu bringen versuchen* [zu engl. *dope* „Rauschgift, Narkotikum"]

**Doping** ⟨n. 15; Sp.⟩ *unerlaubte Anwendung von leistungssteigernden Mitteln vor Wettkämpfen* [engl.]

**Doppel** ⟨n. 13⟩ **1** *Zweitschrift, vollwertige Abschrift, Durchschlag, Kopie* **2** ⟨Sp.⟩ *Spiel von je zwei Spielern gegeneinander, bes. bei Rückschlagspielen (Tennis, Volleyball usw.)* (Damendoppel, Herrendoppel); Sy *Doppelspiel (1);* Ggs *Einzel* ◆ gemischtes Doppel *Spiel eines gemischten Paares gegen ein anderes, Mixed* [→ *doppelt*]

**Doppelachse** ⟨[-ks-] f. 19; bei Lkw⟩ *Anordnung von zwei Radachsen in geringem Abstand voneinander*

**Doppelagent** ⟨m. 16⟩ *für zwei gegnerische Staaten arbeitender Agent*

**Doppelbelichtung** ⟨f. 20⟩ *doppelte Belichtung desselben Bildes*

**Doppelbesteuerung** ⟨f. 20⟩ *mehrfache Besteuerung desselben Objektes durch verschiedene Steuern*

**Doppelbett** ⟨n. 27⟩ *breites Bett für zwei Personen od. zwei unmittelbar nebeneinander stehende Betten, Ehebett*

**doppelbödig** ⟨Adj.⟩ *nicht eindeutig, unterschiedlich auslegbar*

**Doppelbruch** ⟨m. 1u; Math.⟩ *gemeiner Bruch, dessen Zähler u. Nenner selbst gemeine Brüche sind*

**Doppeldecker** ⟨m. 3⟩ ▼ *Flugzeug mit je zwei Tragflügeln übereinander;* Ggs *Eindecker;* ► *Luftfahrzeuge*

**doppeldeutig** ⟨Adj.⟩ *mit zwei Bedeutungen, mit zwei Möglichkeiten der Auslegung, zweideutig, anbivalent*

**Doppeler** ⟨m. 3⟩ *Glücksspieler, Würfler;* oV *Doppler* [zu *doppeln* < mhd. *toppeln* „würfeln"; zu *toppel* „Würfelspiel" < frz. *doublet* „Wurf mit gleichen Augen"; zu *double* „doppelt"]

**Doppelfenster** ⟨n. 13⟩ *zwei Fensterscheiben hintereinander zur besseren Isolierung*

**Doppelgänger** ⟨m. 3⟩ *jmd., der einem anderen täuschend ähnlich sieht* ◆ einen Doppelgänger haben

**doppelgeschlechtig** ⟨Adj.⟩ *die Merkmale eines Zwitters aufweisend* [→ *Zwitter*]

**Doppelhaus** ⟨n. 12u⟩ *zwei Häuser mit einer gemeinsamen Mauer, die aber jeweils auf eigenem Grundstück stehen* ◆ sie besitzen die rechte Hälfte eines Doppelhauses

**Doppelhelix** ⟨f.; -; unz.⟩ *doppelt wendelförmige Struktur der Desoxyribonukleinsäure*

**Doppelkinn** ⟨n. 11⟩ *Fettwulst unter dem Kinn*

**Doppelklick** ⟨m. 6; EDV⟩ *zweimaliges, schnelles Betätigen der Maustaste am Computer zum Öffnen von Dateien od. Starten von Programmen*

**doppelklicken** ⟨V. i.; hat; EDV⟩ *einen Doppelklick ausführen, die Maustaste am Computer zweimal hintereinander betätigen*

**doppelkonkav** ⟨Adj.⟩ = *bikonkav*

**Doppelkonsonant** ⟨m. 16; Sprachw.⟩ *zwei gleiche Konsonanten nebeneinander,* z. B. ff

**doppelkonvex** ⟨[-vɛks] Adj.⟩ = *bikonvex*

**Doppelkopf** ⟨m. 1u; unz.⟩ *Kartenspiel mit 48 od. 40 Karten unter 4 od. 6 Personen*

D

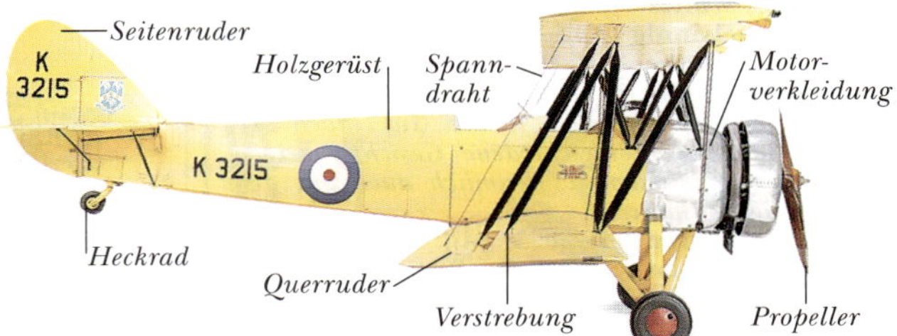

DOPPELDECKER: AVRO TUTOR VON 1951

D

## DRAGSTER

Dragster nennt man leistungsstarke Autos, die paarweise Rennen über eine 402-m-Distanz austragen. Sie sind nach Design, Motorstärke oder Treibstoffart in Klassen eingeteilt. Die schnellsten Dragster legen die Strecke in weniger als 5 Sekunden zurück.

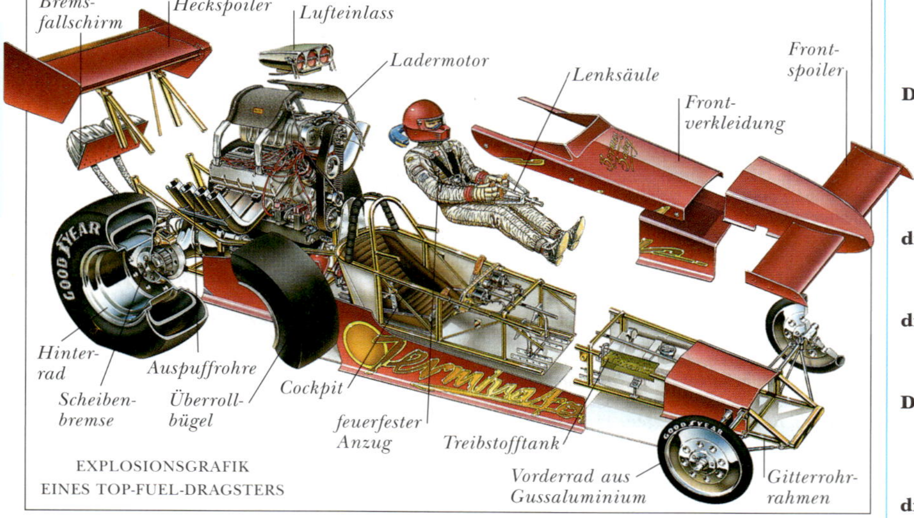


EXPLOSIONSGRAFIK EINES TOP-FUEL-DRAGSTERS

*vom Wind getragen u. an einer langen Schnur gehalten wird* (Papierdrachen) **2** ⟨fig.⟩ *zänkische (bes. weibl.) Person* **3** ⟨eigtl.⟩ *Drache* (Hausdrachen) ◆ sie ist ein (richtiger) Drachen; Drachen steigen lassen [→ *Drache*]

**Drachenbaum** ⟨m. 1u⟩ *Angehöriger einer trop. Gattung baum- od. strauchartiger Liliengewächse: Dracaena*

**Drachenfisch** ⟨m. 1; Zool.⟩ ► *barschähnlicher giftiger Fisch: Trachinidae*

DRACHENFISCH (*Trachinus* species)

**Drachenfliegen** ⟨n.; -s; unz.; Sp.⟩ *Segelfliegen mit einem Fluggerät (Hängegleiter) aus Segeltuch, das durch Gewichtsverlagerung gelenkt wird*

**Drachme** ⟨f. 19⟩ **1** *alt- u. neugrch. Währungseinheit,* ⟨heute⟩ *100 Lepta* **2** *altes Apothekergewicht, ⅛ Unze, 3,75 g* [< grch. *drachme,* urspr. „Griff“]

**Dragee** ⟨[-ʒeː] n. 15 od. f. 19⟩ oV *Dragée* **1** *überzuckerte Frucht* **2** *mit Zuckermasse überzogene Pille* [< frz. *dragée,* urspr. „Mandel mit Zuckerüberzug“]

**Dragée** ⟨n. 15 od. f. 19⟩ = *Dragee*

**Dragster** ⟨[ˈdrægstə(r)] m. 3⟩ ▲ *Rennwagen für Autorennen, die auf einer glatten Asphaltbahn mit stehendem Start für die Distanz einer Viertelmeile (402 m) ausgetragen werden* [engl.-amerikan., „frisiertes Auto“]

**Draht** ⟨m. 1u⟩ **1** *schnurartig ausgewalztes od. ausgezogenes Metall* **2** *mit Pech getränktes Hanfgarn als Nähfaden des Schuhmachers* (Pechdraht) **3** ⟨umg.; veraltet⟩ *Fernsprecher, Fernschreiber* ◆ jmdn. auf Draht **bringen** ⟨fig.⟩ *in Schwung bringen, energisch zu einer Tätigkeit anhalten* ◆ einen **guten** Draht zu jmdm. haben ⟨umg.⟩ *eine gute Verbindung zu jmdm. haben, sich gut mit jmdm. verstehen* ◆ **auf** Draht sein *ein tüchtiger, flinker Kerl sein; gesund, einsatzbereit sein;* er ist heute nicht auf Draht *er ist heute nicht auf der Höhe, heute ist mit ihm nichts anzufangen;* **mit** Draht einzäunen *mit einem Drahtzaun umgeben;* eine Nachricht **per** Draht übermitteln ⟨umg.⟩ *telegrafisch* [< ahd. *drat(t),* engl. *thread* „Faden“]

**Drahtesel** ⟨m. 3; umg.; scherzh.⟩ *Fahrrad*

**Drahthaar** ⟨n. 11; unz.⟩ ▼ *kurzes, raues, hartes Haar (bei Hunden)*

**drahtig** ⟨Adj.⟩ **1** *wie Draht, fest, stark, hart* **2** ⟨fig.⟩ *kräftig, sehnig u. körperlich gewandt*

**drahtlos** ⟨Adj.⟩ *durch Funk* ◆ drahtlose Telegrafie

**Drahtseil** ⟨n. 11⟩ *Seil aus zusammengedrehten Stahldrähten*

**Drahtseilbahn** ⟨f. 20⟩ = *Seilbahn*

**Drahtzieher** ⟨m. 3⟩ **1** *Drahthersteller* **2** ⟨fig.⟩ *jmd., der durch andere seinen Willen ausführen lässt u. dabei selbst im Hintergrund bleibt*

**Drainage** ⟨[drɛˈnaːʒə] f. 19⟩ **1** *Ableitung von Wundflüssigkeit od. Eiter mittels Gummiröhrchen od. Gazestreifen* **2** ⟨österr., schweiz. Schreibung für⟩ *Dränage* [engl., „Entwässerung“]

**Draisine** ⟨[drai-] f. 19⟩ **1** *Gerät aus zwei hintereinander angeordneten Rädern mit Sattelsitz, von dem aus der Fahrer sich mit den Füßen vom Boden abstößt u. so fortbewegt, Vorläufer des Fahrrades, Laufrad* **2** *kleines Schienenfahrzeug zur Kontrolle von Eisenbahnstrecken* [nach dem Erfinder Karl Friedrich *Drais* Freiherr v. Sauerbronn, 1785-1851]

**drakonisch** ⟨Adj.⟩ *sehr streng, hart, rücksichtslos, unerbittlich* ◆ drakonische Maßnahmen ergreifen [nach dem athenischen Gesetzgeber *Drakon* unter dem strenge Gesetze galten (Gesetzgebung 621 v. Chr.)]

**drall** ⟨Adj.⟩ *stämmig, rund und fest, stramm, pausbäckig (Person, bes. Mädchen od. Kind)* [< mnddt. *dral* „rasch (sich drehend)“, nddt. *drall, drell* „fest gedreht, derb“; → *drillen*]

**Drall** ⟨m. 1⟩ **1** *Drehung, Drehbewegung* **2** ⟨Phys.⟩ *zurückstrebende Kraft eines am Faden hängenden Körpers, der aus seiner Ruhelage verdreht wurde* **3** *Windung der Züge im Rohr von Feuerwaffen* **4** *durch die Züge den Geschossen verliehene Drehbewegung um ihre Längsachse nach rechts* (Rechtsdrall) *od. links* (Linksdrall), *um das Überschlagen zu verhindern* **5** *die dadurch entstehende Abweichung nach der Seite* **6** ⟨Spinnerei⟩ *bei Garn u. Zwirn die Anzahl der Drehungen auf eine bestimmte Fadenlänge* [→ *drall, drillen*]

**Drama** ⟨n.; -s, -men; Lit.; Theat.⟩ **1** *Schauspiel, Bühnendichtung, dichter. Gestaltung einer Handlung* **2** *Gesamtheit der dramat. Dichtungen einer Zeit od. eines Landes* **3** ⟨fig.⟩ *aufregendes, meist trauriges Geschehen* ◆ ein Drama aufführen, schreiben, inszenieren; barocke, klassische Dramen [< grch. *drama* „Handlung“; zu *dran* „tätig sein“; verwandt mit *drastisch*]

**Dramatik** ⟨f. 20; unz.⟩ **1** ⟨Lit.; Theat.⟩ *dramat. Dichtkunst, Bühnendichtkunst* **2** ⟨fig.⟩ *Spannung, Lebendigkeit, bewegter Ablauf* ◆ die Dramatik eines Stückes, einer Darstellung

**Dramatiker** ⟨m. 3⟩ *Dichter von Dramen* ◆ Shakespeare ist vor allem als Dramatiker bekannt

**dramatisch** ⟨Adj.⟩ **1** *das Drama od. die Dramatik betreffend, dazu gehörig, darauf beruhend* **2** ⟨fig.⟩ *spannend, bewegt, lebendig, mitreißend*

**dramatisieren** ⟨V. t.; hat⟩ **1** *zu einem Drama umarbeiten* **2** ⟨fig.; umg.⟩ *übertreiben* ◆ wir wollen die Angelegenheit nicht unnötig dramatisieren

**Dramaturgie** ⟨f. 19; unz.⟩ **1** *Wissenschaft vom Drama u. seiner Gestaltung auf der Bühne, Schauspielkunde* **2** *Sammlung von Theaterkritiken,* z. B. Lessings Hamburgische Dramaturgie

**dran** ⟨Adv.; umg.⟩ **1** = *daran* **2** *an der Reihe* ◆ ich bin dran; ich bin noch nicht dran

**Dränage** ⟨[-ʒə] f. 19⟩ oV ⟨österr., schweiz. für⟩ *Drainage* **1** *Entwässerung* **2** *Entwässerungsanlage*

**Drang** ⟨m. 1u⟩ **1** *Druck, Bedrängung, Gedränge* **2** *Drängendes, Bedrängendes, Not, Eile* **3** *dringendes körperl. Bedürfnis* (Harndrang, Stuhldrang) **4** ⟨fig.⟩ *Trieb, heißer Wunsch, Sehnsucht* ◆ im Drang der Geschäfte; im Drang der Zeit; Drang nach Freiheit, Rache; Drang zum Wasserlassen [< mhd. *dranc, drang* „Gedränge, Bedrängnis“, engl. *throng* „Gedränge“; → *dringen*]

**drängeln** ⟨V. i.; V. refl.; hat; umg.⟩ **1** *sich in einer Menge vorschieben* **2** ⟨fig.⟩ *hartnäckig auf etwas dringen* ◆ sich nach vorn drängeln; das Kind hat so lange gedrängelt, bis ich nachgegeben habe [→ *drängen*]

**drängen** ⟨V.; hat⟩ **I** ⟨V. t.⟩ **1** *zusammendrücken, pressen, drücken* **2** *bedrängen* **3** *antreiben, bestürmen* ◆ es drängt mich, Ihnen zu sagen ... *ich muss Ihnen sagen ...;* drängen Sie mich nicht!; einen **Schuldner** drängen ◆ jmds. Drängen **nachgeben** ◆ sich **an** die Wand drängen lassen ⟨fig.⟩ *sich zurücksetzen lassen, zu bescheiden sein;* sich **durch** die Menge drängen; sich **in** den Vordergrund drängen ⟨fig.⟩ ◆ gedrängter Stil *Stil, der mit wenig Worten viel sagt;* gedrängte Übersicht *kurz zusammengefasste Ü.;* gedrängt stehen, sitzen *im dichten Gedränge, sehr eng;* in gedrängter Kürze *sehr kurz zusammengefasst* **II** ⟨V. i.⟩ *eilen, eilig, dringend, knapp sein* ◆ es

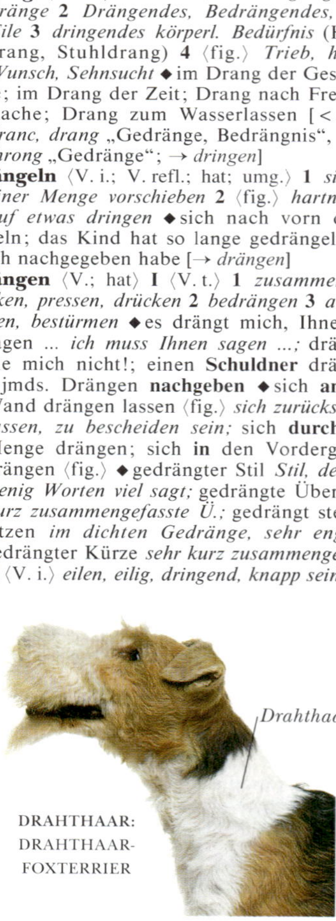


DRAHTHAAR: DRAHTHAAR-FOXTERRIER

**Domain** ⟨[dou'meɪn] f. 10 od. n. 15; EDV⟩ **1** *miteinander verbundene Gruppe von Computern in einem Netzwerk* **2** *logisch (z. B. nach Anbietern von Online-diensten) abgegrenztes Teilsystem im Internet* [engl., „Domäne"]

**Domäne** ⟨f. 19⟩ **1** *staatliches od. landesherrliches Landgut* **2** ⟨fig.⟩ *Arbeitsgebiet, Wissensgebiet, auf dem man bes. gut Bescheid weiß* [< frz. *domaine* „(staatl.) Landgut" < lat. *dominium* „Herrschaft"]

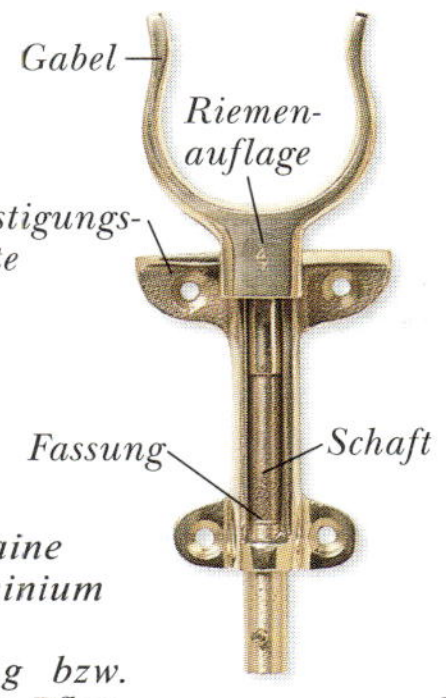


DOLLE

**Domestikation** ⟨f. 20⟩ *Zähmung bzw. Züchtung wild lebender Tiere bzw. Pflanzen zu Haustieren bzw. Kulturpflanzen* [zu lat. *domesticus* „häuslich"]

**Domherr** ⟨m. 16⟩ *Mitglied des Domkapitels, Domkapitular*

**Domina** ⟨f.; -, -nae [-nɛ:]⟩ **1** *Hausherrin* **2** *Klostervorsteherin* **3** *Prostituierte, die sadistische Handlungen an masochistisch veranlagten Personen vornimmt* [lat., „Herrin"]

**dominant** ⟨Adj.⟩ **1** *vorherrschend, beherrschend* **2** ⟨Genetik⟩ *überdeckend* (Erbanlage); Ggs *rezessiv* [< lat. *dominans* „herrschend"; zu *dominari*]

**Dominanz** ⟨f. 20; unz.; Genetik⟩ **1** *Vorherrschen bestimmter Merkmale* **2** *Unterdrückung der Merkmalsausprägung eines Gens durch die eines anderen, allelen Gens;* Ggs *Rezessivität* [zu lat. *dominari* „herrschen"]

**dominieren** ⟨V. i.; hat⟩ *überwiegen, herrschen, vorherrschen* [< lat. *dominari* „herrschen"]

**Dominikaner** ⟨m. 3⟩ *Angehöriger des Dominikanerordens*

**Dominikanerorden** ⟨m. 4; unz.⟩ *vom heiligen Dominikus 1216 gegründeter Bettelorden, einflussreichster Orden des Mittelalters* [zu lat. *dominicus* „dem Herrn gehörig"]

DOLMEN: PRÄHISTORISCHER ENGLISCHER DOLMEN MIT TRAG- UND DECKSTEIN

**Domino** ⟨n. 15⟩, **Dominospiel** ⟨n. 11⟩ *Spiel mit 28 Steinen, von denen jeder zwei Felder (mit 0–6 Augen) hat, die jeweils mit der gleichen Augenzahl aneinander gelegt werden müssen* [ital., „Herr"; Bezeichnung nach dem Sieger ( = *Herr*)]

**Dominostein** ⟨m. 1⟩ **1** *Stein des Dominospiels* **2** *würfelförmiges, mit Schokolade überzogenes Lebkuchengebäck*

**Domizil** ⟨n. 11⟩ **1** = *Wohnsitz (1)* **2** ⟨bei Wechseln⟩ *Zahlungsort* [< lat. *domicilium* „Wohnung, Wohnsitz"]

**Dompfaff** ⟨m. 16; Zool.⟩ = *Gimpel (1)* [benannt nach seiner schwarzen Kappe]

**Dompteur** ⟨[-tø:r] m. 1⟩ *jmd., der wilde Tiere dressiert u. mit ihnen Kunststücke vorführt, Tierbändiger* [frz., „Tierbändiger"]

**Dompteuse** ⟨[-tø:zə] f. 19⟩ *weibl. Dompteur* [frz.]

**Döner, Dönerkebab** ⟨m.; - od. -s, - od. -s⟩ *türk. Gericht mit Fleischstückchen, die von einem am senkrechten Drehspieß gegrillten Stück Hammelfleisch abgeschnitten werden* [türk. *döner kebap* „Hammel-, Spießbraten" zu *döner* „sich drehend"]

**Donner** ⟨m. 3⟩ **1** *beim Gewitter dem Blitz folgendes, rollendes, krachendes Geräusch infolge plötzl. Ausdehnens u. Zurückschlagens der vom Blitz erhitzten Luft* **2** *dem Donner ähnl. Geräusch, rollendes Krachen* (Geschützdonner) ◆ der Donner grollt, kracht, rollt; Donner und Doria! ⟨umg.⟩ *da hört doch alles auf! (Fluch des Gianettino Doria in Schillers „Verschwörung des Fiesko", I, 5);* wie vom Donner gerührt stehen bleiben od. dastehen *regungslos vor Überraschung* [< ahd. *thonar*, engl. *thunder*]

**Donnergott** ⟨m. 2u; unz.; germ. Myth.⟩ *der mit seinem Hammer den Donner erzeugende Gott Donar od. Thor*

**Donnerkeil** ⟨m. 1⟩ **1** *als Versteinerung erhaltener Kopffüßer, Belemnit* **2** *(angebl. durch Blitzschlag od. Donner erzeugtes) vorgeschichtl. Steinbeil* ◆ Donnerkeil! *Donnerwetter!*

DOLOMIT

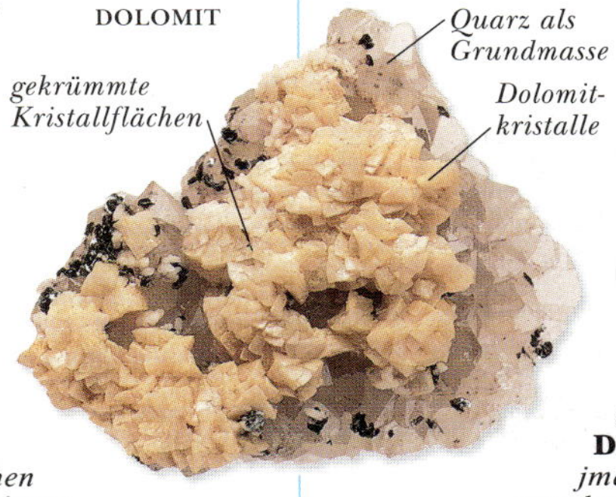


**donnern** ⟨V. i.; hat⟩ **I** ⟨unpersönl.⟩ es donnert *der Donner grollt, rollt, kracht* **II** ⟨persönl., umg.⟩ **1** *laut, brüllend schelten* **2** *dem Donner ähnlichen Lärm machen, laut schlagen, klopfen* ◆ Vater hat mächtig wegen unseres Zuspätkommens gedonnert; an die Tür donnern; donnernder Applaus [→ *Donner*]

**Donnerstag** ⟨m. 1; Abk.: Do⟩ *vierter Tag der Woche* [< ahd. *Donares tag* „Tag des (Wettergottes) Donar"; → *Donner*]

**Donnerwetter** ⟨n. 13⟩ **1** *Gewitter* **2** ⟨umg.; scherzh.⟩ *heftige, laute Schelte* **3** *heftige Auseinandersetzung* ◆ Donnerwetter! *(Ausruf der Anerkennung od. des Zorns);* wenn du heimkommst, gibt's od. setzt's ein Donnerwetter!; da soll doch das Donnerwetter dreinfahren! *(Ausruf des Unwillens);* das Donnerwetter soll ihn holen! *er soll sich zum Teufel scheren!;* das Donnerwetter soll mich holen, wenn ... *das kann doch nicht sein, dass...;* ein Donnerwetter ging auf ihn nieder; zum Donnerwetter, wo bleibt er denn?

**doof** ⟨Adj.; umg.⟩ **1** *dumm, töricht, einfältig* **2** *langweilig* [nddt. Form zu nhd. *taub*]

**dopen** ⟨V. t.; hat; Sp.⟩ jmdn. od. ein Tier dopen *durch verbotene Mittel zu Höchstleistungen zu bringen versuchen* [zu engl. *dope* „Rauschgift, Narkotikum"]

**Doping** ⟨n. 15; Sp.⟩ *unerlaubte Anwendung von leistungssteigernden Mitteln vor Wettkämpfen* [engl.]

**Doppel** ⟨n. 13⟩ **1** *Zweitschrift, vollwertige Abschrift, Durchschlag, Kopie* **2** ⟨Sp.⟩ *Spiel von je zwei Spielern gegeneinander, bes. bei Rückschlagspielen (Tennis, Volleyball usw.)* (Damendoppel, Herrendoppel); Sy *Doppelspiel (1);* Ggs *Einzel* ◆ gemischtes Doppel *Spiel eines gemischten Paares gegen ein anderes, Mixed* [→ *doppelt*]

**Doppelachse** ⟨[-ks-] f. 19; bei Lkw⟩ *Anordnung von zwei Radachsen in geringem Abstand voneinander*

**Doppelagent** ⟨m. 16⟩ *für zwei gegnerische Staaten arbeitender Agent*

**Doppelbelichtung** ⟨f. 20⟩ *doppelte Belichtung desselben Bildes*

**Doppelbesteuerung** ⟨f. 20⟩ *mehrfache Besteuerung desselben Objektes durch verschiedene Steuern*

**Doppelbett** ⟨n. 27⟩ *breites Bett für zwei Personen od. zwei unmittelbar nebeneinander stehende Betten, Ehebett*

**doppelbödig** ⟨Adj.⟩ *nicht eindeutig, unterschiedlich auslegbar*

**Doppelbruch** ⟨m. 1u; Math.⟩ *gemeiner Bruch, dessen Zähler u. Nenner selbst gemeine Brüche sind*

**Doppeldecker** ⟨m. 3⟩ ▼ *Flugzeug mit je zwei Tragflügeln übereinander;* Ggs *Eindecker;* ► *Luftfahrzeuge*

**doppeldeutig** ⟨Adj.⟩ *mit zwei Bedeutungen, mit zwei Möglichkeiten der Auslegung, zweideutig, anbivalent*

**Doppeler** ⟨m. 3⟩ *Glücksspieler, Würfler;* oV *Doppler* [zu *doppeln* < mhd. *toppeln* „würfeln"; zu *toppel* „Würfelspiel" < frz. *doublet* „Wurf mit gleichen Augen"; zu *double* „doppelt"]

**Doppelfenster** ⟨n. 13⟩ *zwei Fensterscheiben hintereinander zur besseren Isolierung*

**Doppelgänger** ⟨m. 3⟩ *jmd., der einem anderen täuschend ähnlich sieht* ◆ einen Doppelgänger haben

**doppelgeschlechtig** ⟨Adj.⟩ *die Merkmale eines Zwitters aufweisend* [→ *Zwitter*]

**Doppelhaus** ⟨n. 12u⟩ *zwei Häuser mit einer gemeinsamen Mauer, die aber jeweils auf eigenem Grundstück stehen* ◆ sie besitzen die rechte Hälfte eines Doppelhauses

**Doppelhelix** ⟨f.; -; unz.⟩ *doppelt wendelförmige Struktur der Desoxyribonukleinsäure*

**Doppelkinn** ⟨n. 11⟩ *Fettwulst unter dem Kinn*

**Doppelklick** ⟨m. 6; EDV⟩ *zweimaliges, schnelles Betätigen der Maustaste am Computer zum Öffnen von Dateien od. Starten von Programmen*

**doppelklicken** ⟨V. i.; hat; EDV⟩ *einen Doppelklick ausführen, die Maustaste am Computer zweimal hintereinander betätigen*

**doppelkonkav** ⟨Adj.⟩ = *bikonkav*

**Doppelkonsonant** ⟨m. 16; Sprachw.⟩ *zwei gleiche Konsonanten nebeneinander,* z. B. ff

**doppelkonvex** ⟨[-vɛks] Adj.⟩ = *bikonvex*

**Doppelkopf** ⟨m. 1u; unz.⟩ *Kartenspiel mit 48 od. 40 Karten unter 4 od. 6 Personen*

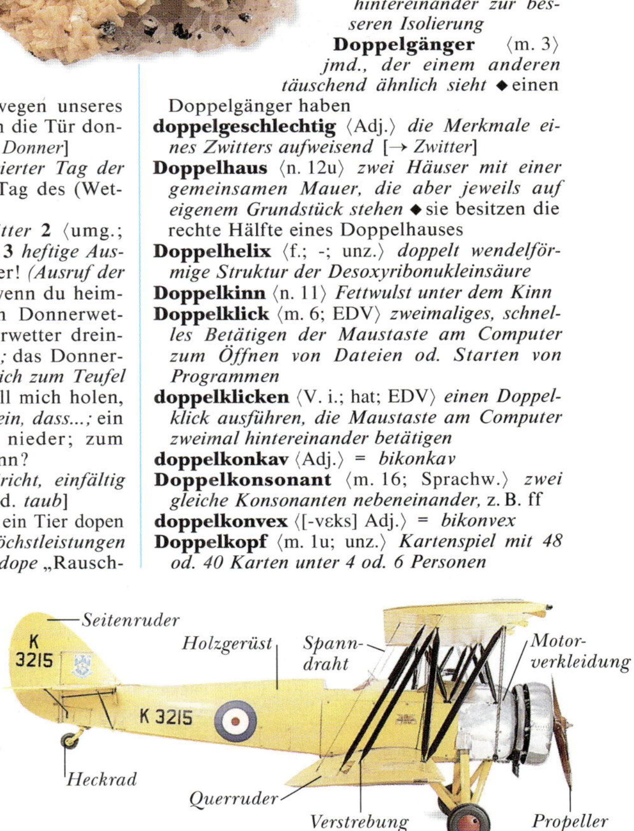


DOPPELDECKER: AVRO TUTOR VON 1951

## DOPPLEREFFEKT

Fährt ein Polizeiauto mit dem Warnsignal der Sirene an einem Beobachter vorbei, so nimmt dieser als Auswirkung des Dopplereffekts zunächst eine steigende und dann eine abfallende Tonhöhe wahr. Bei Annäherung des Autos erhöht sich die Zahl der in 1 Sekunde ankommenden Schallwellen, wodurch ein höherer Ton wahrgenommen wird. Der umgekehrte Effekt tritt ein, wenn das Auto den Beobachter passiert hat.

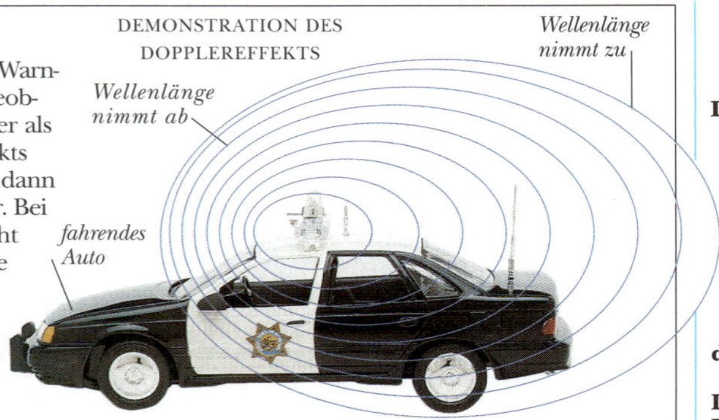


**Doppelkreuz** ⟨n. 11⟩ **1** *Kreuz mit zwei Querarmen* **2** ⟨Mus.; Zeichen: 𝄪⟩ *liegendes Kreuz mit Verdickungen an den Armen, Versetzungszeichen zur Erhöhung eines Tones um zwei halbe Töne*

**Doppellaut** ⟨m. 1; Sprachw.⟩ **1** *zwei gleiche Laute nebeneinander, Doppelkonsonant* (z. B. „ff"), *Doppelvokal* (z. B. „oo") **2** ⟨fälschl. für⟩ *Diphthong*

DOPPELSTANDER

**Doppelleben** ⟨n. 14; unz.⟩ ein Doppelleben führen *zwei verschiedene Lebensstile nebeneinander führen (oft in täuschender Absicht)*

**doppeln** ⟨V. t.; hat⟩ **1** *doppelt machen* **2** *mit einer zweiten Schicht be- od. unterlegen* **3** ⟨österr.⟩ *besohlen* ◆ Lochkarten doppeln; *ein Duplikat von Lochkarten herstellen;* eine Schuhsohle doppeln *eine Schuhsohle an den Rahmen nähen od. eine Zwischensohle an die Sohle nähen* [→ *doppelt*]

**Doppelpunkt** ⟨m. 1; Zeichen: :⟩ **1** ⟨Gramm.⟩ *Satzzeichen vor der direkten Rede, vor angekündigten Sätzen, Satzstücken, Aufzählungen;* Sy *Kolon (3)* **2** ⟨Mus.⟩ **2.1** *zwei Punkte nebeneinander hinter einer Note, der 1. Punkt verlängert die Note um die Hälfte ihres Wertes, der 2. um ein weiteres Viertel* **2.2** *zwei Punkte übereinander vor dem doppelten Taktstrich am Ende eines Teilstücks zum Zeichen der Wiederholung*

**Doppelrolle** ⟨f. 19; Theat.; Film⟩ *zwei unterschiedliche Rollen, die von einem Darsteller gespielt werden*

**doppelseitig** ⟨Adj.⟩ *beiderseitig, auf beiden Seiten* ◆ doppelseitige Lungenentzündung

**Doppelsichtigkeit** ⟨f. 20; unz.⟩ = *Doppeltsehen*

**Doppelsinn** ⟨m. 1; unz.⟩ *doppelter Sinn, Hintersinn* ◆ Doppelsinn einer Bemerkung, eines Wortes

**doppelsinnig** ⟨Adj.⟩ *mit doppelter Bedeutung, zweideutig*

**Doppelspiel** ⟨n. 11⟩ **1** ⟨Sp.⟩ = *Doppel (2)* **2** ein Doppelspiel spielen, treiben ⟨fig.⟩ *nach zwei Seiten zwei verschiedene Gesichter zeigen, sich verstellen, es heimlich auch mit dem Gegner halten*

**Doppelstander** ⟨m. 3; Mil.⟩ ▲ *rechteckige Flagge, die wie ein Schwalbenschwanz in zwei spitzen Enden ausläuft* [< *doppelt* + mnddt. *stander* „dreieckige Flagge (als Signal- u. Kommandozeichen, an Wagen hochgestellter Persönlichkeiten)" < mndrl. *stanthart*]

**Doppelstern** ⟨m. 1; Astron.⟩ ► *zwei (scheinbar) eng benachbarte Fixsterne*

**doppelt** ⟨Adj.⟩ *zweimal das Gleiche;* → a. *zweifach, zweierlei* ◆ doppelte **Buchführung** *B. auf dem Haben- u. auf dem Sollkonto;* geteilte Freude ist doppelte **Freude** ⟨Sprichw.⟩; doppelte **Moral** *M., die man je nach der Sachlage anwendet;* ein doppelter **Mord** *zwei Morde zugleich,* ⟨aber⟩ *ein zweifaches Verbrechen* (Raub u. Mord); ein doppeltes **Spiel** spielen = *Doppelspiel (2)* ◆ das Buch **besitze** ich doppelt; das **freut** mich doppelt; das **kostet** das Doppelte; doppelt **gemoppelt** ⟨umg.⟩ *unnötigerweise zweimal;* doppelt **sehen** (bei Trunkenheit) ◆ dieses Grundstück ist doppelt **so** groß wie das andere; doppelt so viel Arbeit; dieser Mantel ist **um** das Doppelte teurer als jener [< frühnhd. *doppel* < frz. *double* „doppelt" < lat. *duplex* „zweifach"]

**Doppeltsehen** ⟨n.; -s; unz.⟩ *Sehstörung, bei der die beiden von den Augen aufgenommenen Bilder infolge Augenmuskellähmung od. Gehirnkrankheit nicht miteinander verschmolzen werden, Doppelsichtigkeit*

**Doppelung** ⟨f. 20⟩ **1** *das Doppeln, Doppeltnehmen* **2** *Bekleidung durch zweite Schicht*

**doppelwandig** ⟨Adj.⟩ *mit zwei Wänden hintereinander*

**doppelzüngig** ⟨Adj.⟩ *falsch, je nach Bedarf anderes sprechend;* → a. *opportunistisch*

**Doppelzüngigkeit** ⟨f. 20; unz.⟩ *Falschheit, Scheinheiligkeit*

**Doppler** ⟨m. 3⟩ = *Doppeler*

**Dopplereffekt,** ⟨auch⟩ **Doppler-Effekt** ⟨m. 1; unz.⟩ ▲ *die Tatsache, dass ein relativ zu einer Schall- od. Lichtquelle bewegter Beobachter mehr od. weniger Schwingungen pro Zeiteinheit empfängt, je nachdem, ob er sich von dieser entfernt od. sich ihr nähert* [nach dem Physiker C. *Doppler,* 1803-1853]

**Dorer** ⟨m. 3⟩ *Angehöriger eines altgrch. Volksstammes, eines der drei grch. Hauptstämme, urspr. in Thessalien;* oV *Dorier*

**Dorf** ⟨n. 12u⟩ **1** *ländl. Siedlung aus hauptsächlich Bauernhöfen* **2** *Gesamtheit der Dorfbewohner* ◆ das ganze Dorf war versammelt [< ahd. *dorf*]

**dörfisch** ⟨Adj.⟩ *wie auf dem Dorf, wie ein Dorfbewohner, ländl.-einfach*

**Dorfkrug** ⟨m. 1u⟩ *Wirtshaus eines Dorfes*

**dörflich** ⟨Adj.⟩ *zum Dorf gehörend, ländlich, in der Art eines Dorfes*

**Dorfschänke** ⟨f. 19⟩ = *Dorfschenke*

**Dorfschenke** ⟨f. 19⟩ *Dorfgasthaus;* oV *Dorfschänke*

**Dorier** ⟨m. 3⟩ = *Dorer*

**dorisch** ⟨Adj.⟩ *zu den Dorern gehörig, von ihnen stammend* ◆ dorische Säulenordnung ⟨Arch.⟩ ▼ *architektonische Anordnung von Stufenbau, Basis, Säule und Kapitell (seit ca. 625 v. Chr.);* dorische Tonart ⟨Mus.⟩ *altgrch. Tonart, erste Kirchentonart*

**Dorn I** ⟨m. 23⟩ **1** *stechende Spitze an Dornbüschen* **2** *Pflanze mit Dornen* (Rotdorn, Weißdorn, Feuerdorn) ◆ sein Lebensweg war voller Dornen *sein Lebensweg war beschwerlich, mühsam;* er od. das ist mir ein Dorn im Auge *ist mir schwer erträglich, ist mir ein Ärgernis;* sich einen Dorn in den Fuß treten **II** ⟨m. 1⟩ **1** *kegelförmiges kleines Werkzeug zum Erweitern von Löchern* **2** *Stachel, Stift* (Schnallendorn); → a. *Rose* [< ahd. *dorn,* engl. *thorn*]

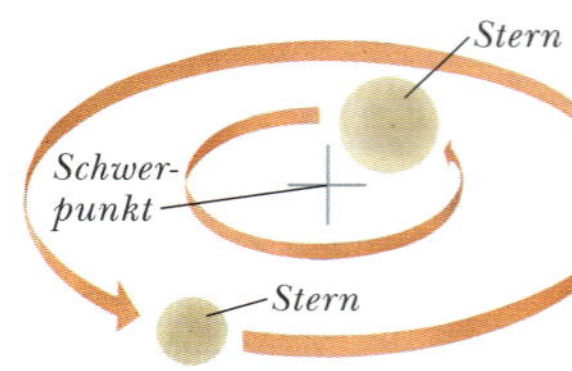


DOPPELSTERN

**Dornenkrone** ⟨f. 19⟩ **1** *Kranz aus einem Dornengewächs, den man Jesus auf das Haupt setzte* **2** *Sinnbild höchsten Leides*

**Dornfortsatz** ⟨m. 1u; Anat.⟩ *nach hinten gerichteter Wirbelfortsatz*

**dornig** ⟨Adj.⟩ *mit Dornen versehen*

**dörren** ⟨V. t.; hat⟩ *am Feuer od. an der Luft austrocknen* ◆ gedörrtes Obst [→ *dürr*]

## DORISCHE SÄULENORDNUNG

Die dorische Säulenordnung geht auf das 7. Jh. v. Chr. zurück und ist somit die älteste der drei griechischen Säulenordnungen. Dorische Tempel zeichnen sich durch konische Säulen ohne Basis aus, deren Kapitelle schlicht gestaltet sind. In den Friesen wechseln einfachere Triglyphen mit reliefartigen Metopen.

FRONTANSICHT EINES DORISCHEN TEMPELS

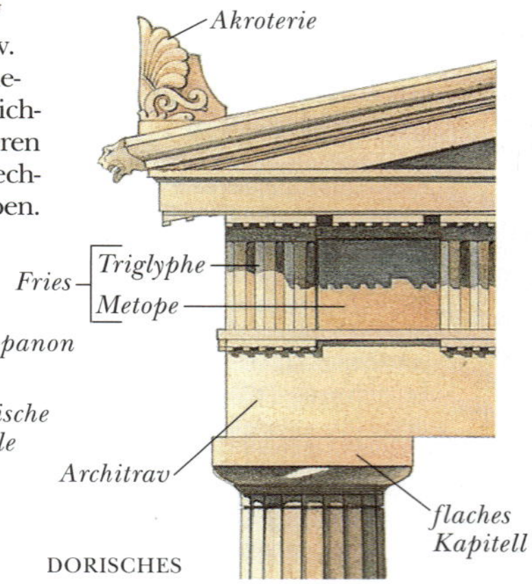


DORISCHES GEBÄLK

DOUGLASIE
*(Pseudotsuga menziesii)*

**dorsal** ⟨Adj.⟩ *den Rücken betreffend, nach dem Rücken zu gelegen* [zu lat. *dorsum* „Rücken"]
**dort** ⟨Adv.⟩ Ggs *hier* **1** *da (weiter weg)* **2** *an dem Ort, von dem ich spreche* ◆ gib mir bitte das Buch dort!; wo ist das Buch? dort liegt es!; **sein:** kennst du Berlin? ja, ich war schon dort; wir **treffen** uns dann dort! ◆ er reist viel umher und ist bald hier, **bald** dort; dort **hinten,** oben, unten, vorn; dort **in** der Ecke; ich komme soeben **von** dort; von dort aus sind es noch 10 km ◆ **wer** ist dort? (am Telefon) [< ahd. *dorot, thorot* < *thar* „dort" + *ot;* → *da* (Ortsadverb) u. vermutl. → *-wärts*]
**dorther** ⟨Adv.⟩ von dorther *von dem erwähnten Ort her, aus dieser Richtung, von da* ◆ „Woher ist er gekommen?" „Von dorther!"
**dorthin** ⟨Adv.⟩ *an den erwähnten Ort hin, in diese Richtung, dahin* ◆ geh nicht dorthin!; er lief dahin und dorthin und fand den Weg nicht
**dorthinab** ⟨Adv.; geh.⟩ *an den erwähnten Ort hinab, in diese Richtung hinunter*
**dorthinauf** ⟨Adv.⟩ *zu dem erwähnten Ort hinauf, in dieser Richtung aufwärts* ◆ der Weg geht dorthinauf
**dortig** ⟨Adj.⟩ *dort befindlich* ◆ der dortige Bürgermeister wird das Weitere veranlassen *der B. des erwähnten Ortes*
**dortselbst** ⟨Adv.; geh.⟩ *ebendort, am selben Ort*
**Dose** ⟨f. 19⟩ **1** *kleiner, meist runder od. ovaler, verschließbarer Behälter aus Holz, Metall od. Porzellan, Büchse* (Blechdose, Butterdose, Puderdose, Tabaksdose, Zuckerdose) **2** *luftdicht verschlossener Blechbehälter* (Konservendose) [seit dem 14. Jh., vermutl. zu *Dose* = *Dosis;* in der Apotheke hatte jede Dosis Arznei ihre eigene *Dose*]
**dösen** ⟨V. i.; hat; umg.⟩ *schlummern, halb schlafen, im Wachen träumen* [< nddt. *dösen,* engl. *doze* „schlummern"]
**Dosenöffner** ⟨m. 3⟩ = *Büchsenöffner*
**dosieren** ⟨V. t.; hat⟩ *in einer bestimmten Dosis abmessen* ◆ ein Medikament genau dosieren [→ *Dosis*]
**Dosierung** ⟨f. 20⟩ **I** ⟨unz.⟩ *das Dosieren* **II** ⟨zählb.⟩ *das Dosiertsein, Dosis* ◆ auf die richtige Dosierung achten
**dösig** ⟨Adj.⟩ **1** *schläfrig, schwindlig, nicht ganz wach* **2** *lahm* [< mnddt. *dösich;* → *dösen*]
**Dosis** ⟨f.; -, Dosen⟩ *genau zugemessene Menge eines Stoffes* (Arznei) *od. einer Strahlung* (Strahlendosis) ◆ eine kleine, geringe, hohe, tödliche Dosis (Letaldosis); Energiedosis, Äquivalentdosis; jmdm. eine Nachricht, eine Wahrheit in kleinen Dosen beibringen ⟨fig.⟩ *nach u. nach, schonend, vorsichtig mitteilen* [< grch. *dosis* „Gabe"]
**Dossier** ⟨[dɔ'sje:] m. 6; schweiz.: n. 15⟩ *Sammlung von Schriftstücken, die eine bestimmte Sache od. einen Vorgang betreffen* ◆ ein Dossier anlegen [frz., u. a. „Rückenlehne, Aktenbündel"]
**Dotation** ⟨f. 20; geh.⟩ *Schenkung, Zuwendung, bes. für öffentl. Einrichtungen od. (an Personen) für besondere Verdienste um den Staat* [zu lat. *dotare* „ausstatten"]
**Dotter** ⟨n. 13 od. m. 3⟩ **1** *das Gelbe im Ei, das dem Keimling zur Nahrung dient* (Eidotter) **2** ⟨Bot.⟩ *selten angebaute Ölpflanze, Gattung gelb blühender Kreuzblütler: Camelina* ◆ das Eiweiß vom Dotter trennen (beim Backen) [< ahd. *totoro;* Herkunft unklar]
**Dottersack** ⟨m. 1u⟩ *beim Embryo der Wirbeltiere blasenartiger Darmanhang mit dem Dotter als Ernährungsorgan*
**doubeln** ⟨[du:-] V.; hat⟩ **I** ⟨V. i.⟩ *eine Rolle als Double spielen* ◆ ich double, doubele Kate Mulgrew **II** ⟨V. t.⟩ **1** *mit einem Double besetzen* **2** *als Double spielen für* ◆ eine Szene doubeln; einen Darsteller doubeln
**Double** ⟨['du:b(ə)l] n. 15⟩ **1** *Doppel* **2** *Schauspieler od. Artist, der dem Hauptdarsteller ähnelt u. ihn bei Proben u. Aufnahmen (Film) ersetzt, wenn dieser die vorgeschriebenen Aufgaben (z. B. artist. Übungen) nicht selbst darstellen kann* **3** *Variation eines Satzes der Suite* [frz., „doppelt" < lat. *duplex* „zweifach"]
**Douglasie** ⟨[du'gla:ziə] f. 19; Bot.⟩, **Douglastanne** ⟨[duglas-] f. 19; Bot.⟩ ▲ *zu den Kieferngewächsen gehörender, rauwüchsiger Nadelbaum: Pseudotsuga menziesii* [nach dem schott. Botaniker David *Douglas*]
**Dow-Jones-Index** ⟨[daudʒounz-] m.; - od. -es; unz.; seit 1897⟩ *täglich ermittelter Durchschnittskurs der wichtigsten an der New Yorker Börse gehandelten Aktien* ◆ der Dow-Jones-Index steht hoch [nach den Amerikanern Charles H. *Dow,* 1851-1902, und Edward D. *Jones,* 1856-1920]
**Download** ⟨['daunloud] n. 15 od. m. 6; EDV⟩ Ggs *Upload* **1** *das Herunterladen, Kopieren von Dateien (z. B. aus dem Internet) auf den eigenen Computer* **2** ⟨umg.⟩ *die heruntergeladenen, kopierten Dateien selbst* [< engl. *down* „unter; herab, herunter" + *load* „laden"]
**downloaden** ⟨['daunloudən] V. t.; hat; EDV⟩ = *herunterladen;* Ggs *uploaden* [→ *Download*]
**Downsyndrom,** ⟨auch⟩ **Down-Syndrom** ⟨[daun-] n.; -s; unz.⟩ = *Mongolismus*
**Dozent** ⟨m. 16⟩ **1** *Lehrer an einer Hochschule, Fachhochschule od. Volkshochschule* **2** *Lehrer an einer Universität, der nicht Professor ist* [< lat. *docens* „lehrend"; → *Doktor*]
**dpa** ⟨Abk. für⟩ *Deutsche Presse-Agentur*
**dptr** ⟨Abk. für⟩ *Dioptrie*
**Dr.** ⟨Abk. für⟩ *Doktor*
**Drache** ⟨m. 17⟩ *riesiges, echsenartiges Fabeltier* [< ahd. *trahho* < lat. *draco* < grch. *drakon,* eigtl. „der scharf Blickende"]
**Drachen** ⟨m. 4⟩ **1** ▼ *Fluggerät, Kinderspielzeug, mit Papier bespanntes Holzgerüst, das*

D

## DRACHEN

Die ersten Drachen entwickelten die Chinesen vor über 2500 Jahren. Sie hoben damit Soldaten zur Beobachtung und zum Angriff des Gegners in die Luft. Heute ist das Steigenlassen von Drachen Freizeitbeschäftigung und Sport. Die einfachsten Drachen bestehen aus einem Gerüst aus Holzstäben mit einer Nylonbespannung. Der Flug des Drachens wird mit einer Steigleine vom Boden aus kontrolliert.

KLASSISCHER HARGRAVE-DRACHEN

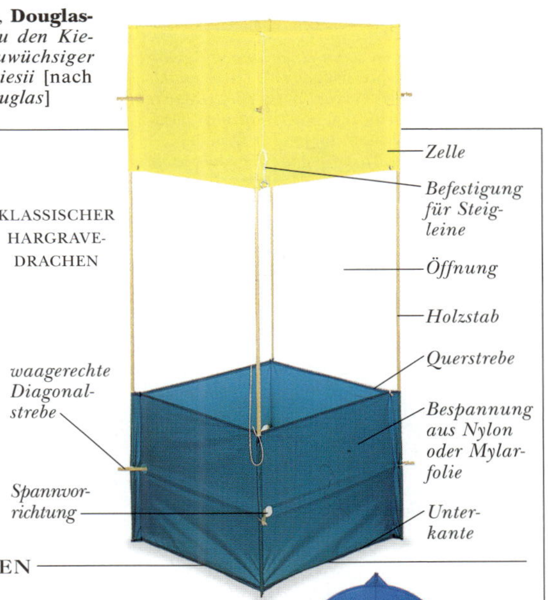


WEITERE DRACHENTYPEN

DELTA-DRACHEN

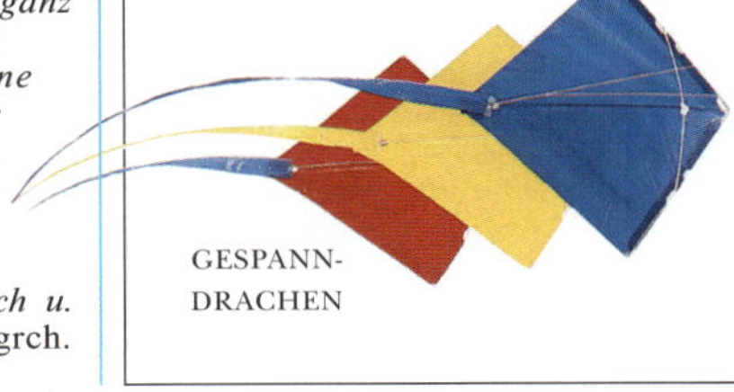

GESPANN-DRACHEN

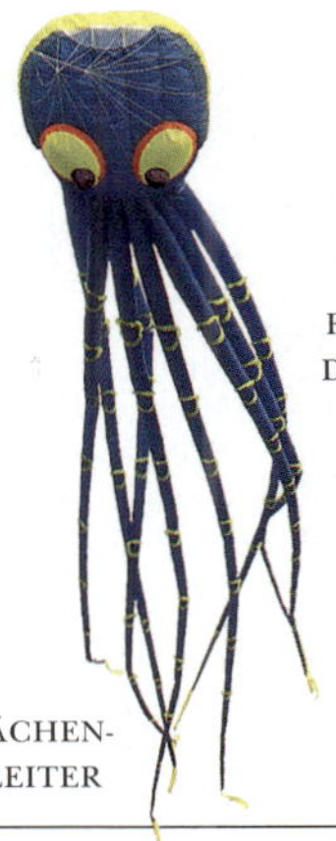

FLÄCHEN-GLEITER

FLACHER DRACHEN

KASTEN-DRACHEN

D

## DRAGSTER

Dragster nennt man leistungsstarke Autos, die paarweise Rennen über eine 402-m-Distanz austragen. Sie sind nach Design, Motorstärke oder Treibstoffart in Klassen eingeteilt. Die schnellsten Dragster legen die Strecke in weniger als 5 Sekunden zurück.

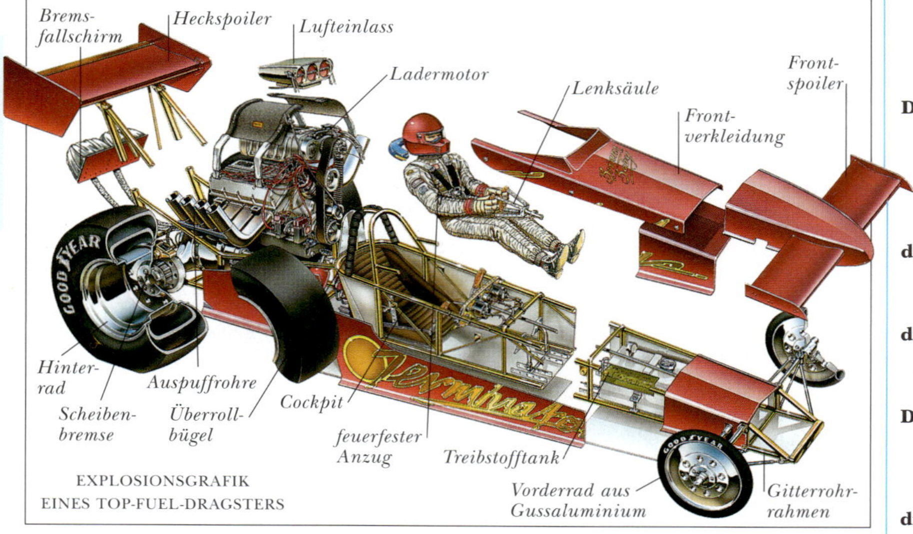


EXPLOSIONSGRAFIK
EINES TOP-FUEL-DRAGSTERS

*vom Wind getragen u. an einer langen Schnur gehalten wird* (Papierdrachen) **2** ⟨fig.⟩ *zänkische (bes. weibl.) Person* **3** ⟨eigtl.⟩ *Drache* (Hausdrachen) ◆sie ist ein (richtiger) Drachen; Drachen steigen lassen [→ *Drache*]

**Drachenbaum** ⟨m. 1u⟩ *Angehöriger einer trop. Gattung baum- od. strauchartiger Liliengewächse: Dracaena*

**Drachenfisch** ⟨m. 1; Zool.⟩ ► *barschähnlicher giftiger Fisch: Trachinidae*

DRACHENFISCH
(*Trachinus* species)

**Drachenfliegen** ⟨n.; -s; unz.; Sp.⟩ *Segelfliegen mit einem Fluggerät (Hängegleiter) aus Segeltuch, das durch Gewichtsverlagerung gelenkt wird*

**Drachme** ⟨f. 19⟩ **1** *alt- u. neugrch. Währungseinheit,* ⟨heute⟩ *100 Lepta* **2** *altes Apothekergewicht, ⅛ Unze, 3,75 g* [< grch. *drachme,* urspr. „Griff"]

**Dragee** ⟨[-ʒeː] n. 15 od. f. 19⟩ oV *Dragée* **1** *überzuckerte Frucht* **2** *mit Zuckermasse überzogene Pille* [< frz. *dragée,* urspr. „Mandel mit Zuckerüberzug"]

**Dragée** ⟨n. 15 od. f. 19⟩ = *Dragee*

**Dragster** ⟨[ˈdrægstə(r)] m. 3⟩ ▲ *Rennwagen für Autorennen, die auf einer glatten Asphaltbahn mit stehendem Start für die Distanz einer Viertelmeile (402 m) ausgetragen werden* [engl.-amerikan., „frisiertes Auto"]

**Draht** ⟨m. 1u⟩ **1** *schnurartig ausgewalztes od. ausgezogenes Metall* **2** *mit Pech getränktes Hanfgarn als Nähfaden des Schuhmachers* (Pechdraht) **3** ⟨umg.; veraltet⟩ *Fernsprecher, Fernschreiber* ◆jmdn. auf Draht **bringen** ⟨fig.⟩ *in Schwung bringen, energisch zu einer Tätigkeit anhalten* ◆einen **guten** Draht zu jmdm. haben ⟨umg.⟩ *eine gute Verbindung zu jmdm. haben, sich gut mit jmdm. verstehen* ◆**auf** Draht sein *ein tüchtiger, flinker Kerl sein; gesund, einsatzbereit sein;* er ist heute nicht auf Draht *er ist heute nicht auf der Höhe, heute ist mit ihm nichts anzufangen;* **mit** Draht einzäunen *mit einem Drahtzaun umgeben;* eine Nachricht **per** Draht übermitteln ⟨umg.⟩ *telegrafisch* [< ahd. *drat(t),* engl. *thread* „Faden"]

**Drahtesel** ⟨m. 3; umg.; scherzh.⟩ *Fahrrad*

**Drahthaar** ⟨n. 11; unz.⟩ ▼ *kurzes, raues, hartes Haar (bei Hunden)*

**drahtig** ⟨Adj.⟩ **1** *wie Draht, fest, stark, hart* **2** ⟨fig.⟩ *kräftig, sehnig u. körperlich gewandt*

**drahtlos** ⟨Adj.⟩ *durch Funk* ◆drahtlose Telegrafie

**Drahtseil** ⟨n. 11⟩ *Seil aus zusammengedrehten Stahldrähten*

**Drahtseilbahn** ⟨f. 20⟩ = *Seilbahn*

**Drahtzieher** ⟨m. 3⟩ **1** *Drahthersteller* **2** ⟨fig.⟩ *jmd., der durch andere seinen Willen ausführen lässt u. dabei selbst im Hintergrund bleibt*

**Drainage** ⟨[drɛˈnaːʒə] f. 19⟩ **1** *Ableitung von Wundflüssigkeit od. Eiter mittels Gummiröhrchen od. Gazestreifen* **2** ⟨österr., schweiz. Schreibung für⟩ *Dränage* [engl., „Entwässerung"]

**Draisine** ⟨[drai-] f. 19⟩ **1** *Gerät aus zwei hintereinander angeordneten Rädern mit Sattelsitz, von dem aus der Fahrer sich mit den Füßen vom Boden abstößt u. so fortbewegt, Vorläufer des Fahrrades, Laufrad* **2** *kleines Schienenfahrzeug zur Kontrolle von Eisenbahnstrecken* [nach dem Erfinder Karl Friedrich *Drais* Freiherr v. Sauerbronn, 1785-1851]

**drakonisch** ⟨Adj.⟩ *sehr streng, hart, rücksichtslos, unerbittlich* ◆drakonische Maßnahmen ergreifen [nach dem athenischen Gesetzgeber *Drakon* unter dem strenge Gesetze galten (Gesetzgebung 621 v. Chr.)]

**drall** ⟨Adj.⟩ *stämmig, rund und fest, stramm, pausbäckig (Person, bes. Mädchen od. Kind)* [< mnddt. *dral* „rasch (sich drehend)", nddt. *drall, drell* „fest gedreht, derb"; → *drillen*]

**Drall** ⟨m. 1⟩ **1** *Drehung, Drehbewegung* **2** ⟨Phys.⟩ *zurückstrebende Kraft eines am Faden hängenden Körpers, der aus seiner Ruhelage verdreht wurde* **3** *Windung der Züge im Rohr von Feuerwaffen* **4** *durch die Züge den Geschossen verliehene Drehbewegung um ihre Längsachse nach rechts* (Rechtsdrall) *od. links* (Linksdrall), *um das Überschlagen zu verhindern* **5** *die dadurch entstehende Abweichung nach der Seite* **6** ⟨Spinnerei⟩ *bei Garn u. Zwirn die Anzahl der Drehungen auf eine bestimmte Fadenlänge* [→ *drall, drillen*]

**Drama** ⟨n.; -s, -men; Lit.; Theat.⟩ **1** *Schauspiel, Bühnendichtung, dichter. Gestaltung einer Handlung* **2** *Gesamtheit der dramat. Dichtungen einer Zeit od. eines Landes* **3** ⟨fig.⟩ *aufregendes, meist trauriges Geschehen* ◆ein Drama aufführen, schreiben, inszenieren; barocke, klassische Dramen [< grch. *drama* „Handlung"; zu *dran* „tätig sein"; verwandt mit *drastisch*]

**Dramatik** ⟨f. 20; unz.⟩ **1** ⟨Lit.; Theat.⟩ *dramat. Dichtkunst, Bühnendichtkunst* **2** ⟨fig.⟩ *Spannung, Lebendigkeit, bewegter Ablauf* ◆die Dramatik eines Stückes, einer Darstellung

**Dramatiker** ⟨m. 3⟩ *Dichter von Dramen* ◆Shakespeare ist vor allem als Dramatiker bekannt

**dramatisch** ⟨Adj.⟩ **1** *das Drama od. die Dramatik betreffend, dazu gehörig, darauf beruhend* **2** ⟨fig.⟩ *spannend, bewegt, lebendig, mitreißend*

**dramatisieren** ⟨V. t.; hat⟩ **1** *zu einem Drama umarbeiten* **2** ⟨fig.; umg.⟩ *übertreiben* ◆wir wollen die Angelegenheit nicht unnötig dramatisieren

**Dramaturgie** ⟨f. 19; unz.⟩ **1** *Wissenschaft vom Drama u. seiner Gestaltung auf der Bühne, Schauspielkunde* **2** *Sammlung von Theaterkritiken,* z. B. Lessings Hamburgische Dramaturgie

**dran** ⟨Adv.; umg.⟩ **1** = *daran* **2** *an der Reihe* ◆ich bin dran; ich bin noch nicht dran

**Dränage** ⟨[-ʒə] f. 19⟩ oV ⟨österr., schweiz. für⟩ *Drainage* **1** *Entwässerung* **2** *Entwässerungsanlage*

**Drang** ⟨m. 1u⟩ **1** *Druck, Bedrängung, Gedränge* **2** *Drängendes, Bedrängendes, Not, Eile* **3** *dringendes körperl. Bedürfnis* (Harndrang, Stuhldrang) **4** ⟨fig.⟩ *Trieb, heißer Wunsch, Sehnsucht* ◆im Drang der Geschäfte; im Drang der Zeit; Drang nach Freiheit, Rache; Drang zum Wasserlassen [< mhd. *dranc, drang* „Gedränge, Bedrängnis", engl. *throng* „Gedränge"; → *dringen*]

**drängeln** ⟨V. i.; V. refl.; hat; umg.⟩ **1** *sich in einer Menge vorschieben* **2** ⟨fig.⟩ *hartnäckig auf etwas dringen* ◆sich nach vorn drängeln; das Kind hat so lange gedrängelt, bis ich nachgegeben habe [→ *drängen*]

**drängen** ⟨V.; hat⟩ **I** ⟨V. t.⟩ **1** *zusammendrücken, pressen, drücken* **2** *bedrängen* **3** *antreiben, bestürmen* ◆es drängt mich, Ihnen zu sagen ... *ich muss Ihnen sagen ...;* drängen Sie mich nicht!; einen **Schuldner** drängen ◆jmds. Drängen **nachgeben** ◆sich **an** die Wand drängen lassen ⟨fig.⟩ *sich zurücksetzen lassen, zu bescheiden sein;* sich **durch** die Menge drängen; sich **in** den Vordergrund drängen ⟨fig.⟩ ◆gedrängter Stil *Stil, der mit wenig Worten viel sagt;* gedrängte Übersicht *kurz zusammengefasste Ü.;* gedrängt stehen, sitzen *im dichten Gedränge, sehr eng;* in gedrängter Kürze *sehr kurz zusammengefasst* **II** ⟨V. i.⟩ *eilen, eilig, dringend, knapp sein* ◆es

DRAHTHAAR:
DRAHTHAAR-
FOXTERRIER

drängt nicht *es eilt nicht, es hat Zeit;* die **Zeit** drängt *es ist keine Zeit mehr* ◆ **auf** etwas drängen *verlangen, bitten, dass etwas schnell geschehen soll* [< mhd. *drengen,* eigtl. „dringend machen"; → *dringen*]

**Drangsal** ⟨f. 7⟩ *Leiden, Not, Bedrückung, Qual* ◆ die Drangsale des Krieges; Drangsal des Lebens [→ *Drang*]

**drapieren** ⟨V. t.; hat⟩ **1** *wirkungsvoll in Falten legen* **2** *schmücken, ausschmücken, behängen* ◆ mit Girlanden drapieren [zu frz. *drap* „Tuch"]

**Dräsine** ⟨f. 19⟩ = *Draisine*

**drastisch** ⟨Adj.⟩ **1** *schnell wirkend* (Arznei) **2** *sehr wirksam* (Maßnahme) **3** *derb, deutlich, handgreiflich* ◆ einen Sachverhalt drastisch ausdrücken, erklären [< grch. *drastikos* „wirksam"; zu *dran* „tätig sein"; verwandt mit *Drama*]

**drauf** ⟨Adv.; umg.⟩ = *darauf* ◆ drauf! *(als Ermunterung bei Raufereien);* immer feste drauf!; drauf und dran sein, etwas zu tun *im Begriff sein, gerade anfangen wollen*

**Draufgänger** ⟨m. 3⟩ *jmd., der viel wagt, ohne sich zu besinnen*

**draus** ⟨Adv.; umg.⟩ = *daraus*

**draußen** ⟨Adv.⟩ **1** *außerhalb, nicht in einem Raum* **2** *auf dem Meer* **3** ⟨umg.⟩ *an der Front* ◆ unsere Brüder und Männer draußen; bleib draußen!; die Kinder sind noch draußen; ich warte solange draußen; wer ist draußen? [< *dar* + *außen*]

DREIBLÄTTERIGES BLATT DES GOLDREGENS

**Dreadlocks** ⟨[drɛd-] Pl.⟩ *Haarfrisur (bes. für Männer), bei der das Haupthaar zu kleinen, oft mit farbigen Kugeln befestigten Zöpfchen verflochten wird, Bestandteil der Rastafari- bzw. Reggaekultur* [< engl. *dread* „Angst, Furcht" + *lock* „(Haar-)Locke"]

**drechseln** ⟨[-ks-] V. t.; hat⟩ **1** *aus Holz, Horn u.a. auf der Drehbank u. mit Schneidwerkzeugen herstellen* **2** ⟨fig.⟩ *geschickt, kunstvoll formen* [< mhd. *drehseln*]

**Dreck** ⟨m. 1; unz.; umg.⟩ **1** *Schmutz, Schlamm* **2** *Kehricht* **3** *Kot* (Fliegendreck, Mäusedreck) **4** ⟨fig.⟩ *wertlose, unbrauchbare Kleinigkeit, ein Nichts, Plunder* ◆ **angehen:** das geht dich einen Dreck an ⟨derb⟩ *das geht dich gar nichts an;* **mach** deinen Dreck allein! ⟨derb⟩ *mach deine Arbeit allein; mach, was du willst, ich kümmere mich nicht mehr darum!* ◆ jmdn. wie den **letzten** Dreck behandeln *sehr schlecht, verächtlich behandeln;* die Sache ist einen Dreck **wert** *ist absolut nichts wert* ◆ der hat selber Dreck **am** Stecken *der hat selbst kein reines Gewissen (u. soll also nicht über andere reden);* jetzt sind wir **aus** dem gröbsten, ärgsten, schlimmsten Dreck heraus *jetzt haben wir die größten Schwierigkeiten überwunden;* die Karre wieder aus dem Dreck ziehen *eine scheinbar hoffnungslos verfahrene Angelegenheit wieder mit einigen Mühen u. Opfern in Ordnung bringen;* **in** den Dreck fallen [< mhd. *drec*]

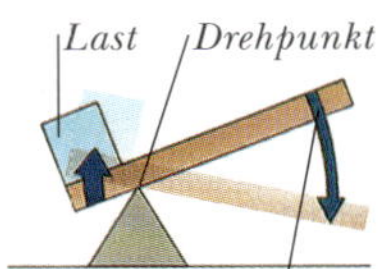


DREHPUNKT

**dreckig** ⟨Adj.; umg.⟩ **1** *voller Dreck, schmutzig* **2** ⟨fig.⟩ *schweinisch, eklig* (Bemerkung, Witz) **3** *hämisch, unangenehm* (Lachen)

**Dreh** ⟨m. 1⟩ **1** *Drehung, Drehbewegung* **2** ⟨fig.; umg.⟩ *entscheidender Handgriff, Kunstgriff* ◆ den Dreh heraushaben od. weghaben ⟨fig.⟩ *wissen, wie man etwas machen muss, wie man zu etwas kommt;* er wird schon den rechten Dreh finden ⟨fig.; umg.⟩ *er wird schon merken, wie er es machen muss;* ich habe den richtigen Dreh noch nicht gefunden, noch nicht heraus; auf den Dreh wäre ich nicht gekommen!; einem Gegenstand einen Dreh nach rechts, links geben

**Drehbank** ⟨f. 7u⟩ *Werkzeugmaschine, die ein Werkstück um eine horizontale Achse in Drehung versetzt, das dann mit Schneidwerkzeugen bearbeitet wird*

**Drehbuch** ⟨n. 12u⟩ *Manuskript für Filmaufnahmen, in dem die Szenen in Einstellungen (kleinste Aufnahmeeinheiten) geteilt u. mit optischen u. akustischen Hinweisen versehen sind*

**drehen** ⟨V.; hat⟩ **I** ⟨V. t.⟩ **1** *um eine Achse od. einen Punkt bewegen, in eine andere Richtung bringen, wenden* **2** *drechseln, auf der Drehbank bearbeiten* **3** *flechten, winden* (Strick, Garn) **4** *rund formen, runden* (Zigarette, Pille) **5** ⟨fig.⟩ *verdrehen, verändern (in der Bedeutung)* ◆ wie man es auch dreht u. wendet ⟨fig.⟩ *von welcher Seite man die Angelegenheit auch betrachtet;* dreh dich bitte mal (beim Anprobieren); sich drehen u. winden *Ausflüchte machen;* einen **Film** drehen *einen Film aufnehmen, herstellen;* eine **Kurbel,** einen Handgriff drehen; den **Leierkasten** drehen *durch Drehen der Kurbel zum Ertönen bringen;* die **Räder** drehen sich; bitte **Türgriff** drehen! *(als Aufschrift);* der **Wind** hat sich gedreht ◆ **am** Lichtschalter drehen; da muss doch jemand daran gedreht haben! ⟨umg.⟩ *da muss doch jemand etwas falsch gemacht haben (weil es nicht klappt), es scheint kaputt zu sein;* sich **im** Kreise drehen; sich im Tanze drehen *tanzen;* **nach** Backbord, Steuerbord drehen *den Kurs wechseln* (Schiff) **II** ⟨V. i.; Tech.⟩ *eine Drehbewegung ausführen* ◆ der Motor dreht freudig [< ahd. *draen*]

**Drehimpuls** ⟨m. 1⟩ *Vektorprodukt des Orts- u. Impulsvektors eines sich drehenden Körpers, z.B. bei einer an einem Faden befestigten kreisenden Kugel das Produkt aus Fadenlänge, Masse u. Geschwindigkeit der Kugel*

**Drehkolbenmotor** ⟨m. 23⟩ *Verbrennungsmotor, dessen Kolben eine drehende Bewegung macht, im Unterschied zum Hin u. Her des Hubkolbenmotors;* Sy *Kreiskolbenmotor*

**Drehkreuz** ⟨n. 11⟩ **1** *drehbare Sperrvorrichtung zum Durchlassen von jeweils einer Person* **2** ⟨fig.⟩ *Kreuzungspunkt wichtiger Verkehrslinien, Knotenpunkt*

**Drehmoment** ⟨n. 11⟩ ▲ *Vektorprodukt aus dem Abstand zwischen Drehpunkt und Angriffspunkt der an einem drehbar gelagerten Körper angreifenden Kraft u. dessen Kraft*

**Drehorgel** ⟨f. 21; Mus.⟩ *fahr- od. tragbare Kleinorgel, bei der eine Kurbel den Blasebalg sowie eine Melodienwalze mit Stiften betätigt, die die Ventile der Pfeifen öffnen;* Sy *Leierkasten*

**Drehpunkt** ⟨m. 1⟩ ▲ *Punkt, um den eine Drehung stattfindet*

**Drehscheibe** ⟨f. 19⟩ **1** *drehbare Scheibe mit Schiene zum Wenden u. Umsetzen von Schienenfahrzeugen* **2** *früher mit dem Fuß, heute mechanisch drehbare Töpferscheibe, auf der die Tongegenstände geformt werden*

**Drehstrom** ⟨m. 1u⟩ *drei um 120° gegeneinander verschobene Wechselströme gleicher Frequenz u. Amplitude;* Sy *Dreiphasenstrom*

**Drehung** ⟨f. 20⟩ *Bewegung um eine Achse od. einen Punkt, Wendung, Umdrehung, Rotation* ◆ halbe Drehung rechts *Wendung um 180° nach rechts*

## DREHMOMENT

Als Drehmoment wird die einen Körper bewegende Drehwirkung bezeichnet. Eine Mutter dreht sich z. B. aufgrund des Drehmoments des Schlüssels. Die Größe des Drehmoments wird bestimmt durch die Multiplikation der Kraft mit ihrem Abstand vom Drehpunkt.

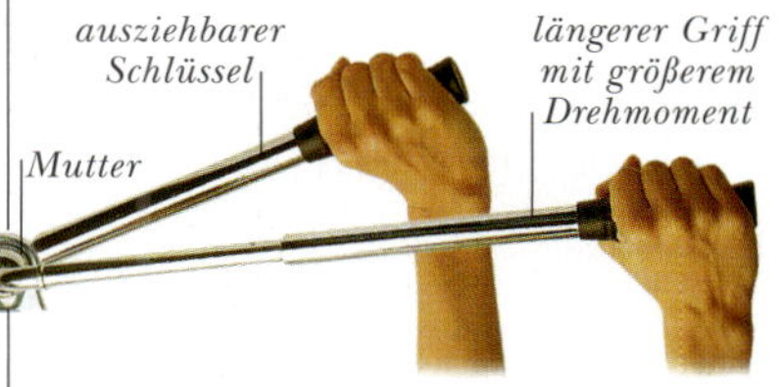


EINSATZ DES DREHMOMENTS ZUM FESTZIEHEN EINER MUTTER

**Drehwurm** ⟨m. 2u; Vet.⟩ *Larve des Quesenbandwurms, Erreger der sog. Drehkrankheit;* Sy *Quese (2)* ◆ da bekommt man ja den Drehwurm! ⟨fig.; umg.; scherzh.⟩ *(bei einer Beschäftigung, bei der man sich viel drehen muss);* den Drehwurm haben ⟨fig.; umg.; scherzh.⟩ *sich schwindlig fühlen*

**Drehzahl** ⟨f. 20⟩ *Tourenzahl, Anzahl der Umdrehungen rotierender Körper in einer bestimmten Zeit*

**Drehzähler** ⟨m. 3⟩, **Drehzahlmesser** ⟨m. 3⟩ *Gerät zum Messen der Drehzahl*

**drei** ⟨Num.⟩ *3;* → a. *acht* ◆ aller guten Dinge sind drei; wir haben keine drei **Worte** miteinander gewechselt *wir kennen uns kaum* ◆ nicht **bis** drei zählen können ⟨fig.⟩ *sehr dumm sein;* ehe man bis drei zählen konnte, war er wieder da *sehr schnell, im Nu;* ich will es **in** drei Worten erklären *kurz erklären;* ich komme **um** drei (Uhr); **zu** dreien *zu dritt, drei Personen miteinander;* zu je dreien *immer drei und drei* [< ahd. *dri;* engl. *three*]

**Drei** ⟨f. 18⟩ **1** *die Zahl, Ziffer 3* **2** *befriedigend (als Schulnote)* ◆ er hat in Musik eine Drei; er hat im Zeugnis zwei Dreien

**Dreiachteltakt** ⟨m. 1⟩ *$^3/_8$-Takt, Takt mit Notenwerten zu jeweils drei Achteln;* → a. *Dreitakt*

**dreiblätterig, dreiblättrig** ⟨Adj.⟩ ◄ *mit drei Blättern versehen* ◆ ein dreiblätt(e)riges Kleeblatt

**dreidimensional** ⟨Adj.⟩ *mit drei Dimensionen versehen, räumlich* ◆ dreidimensionaler Film (kurz: 3-D-Film); eine dreidimensionale Grafik

**Dreieck** ⟨n. 11⟩ ▼ *eine durch die kürzesten Verbindungen zwischen drei Punkten begrenzte Fläche*

**dreieckig** ⟨Adj.⟩ *mit drei Ecken, in Form eines Dreiecks*

**dreieinig** ⟨Adj.; in der Fügung⟩ der dreieinige Gott *Gott in seiner Eigenschaft als Vater, Sohn u. Heiliger Geist*

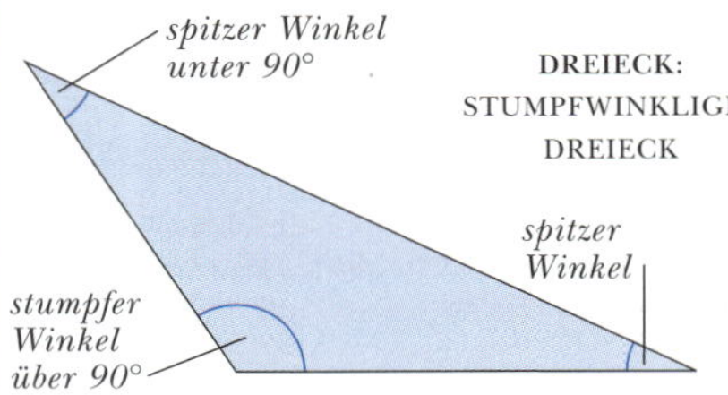


DREIECK: STUMPFWINKLIGES DREIECK

D

**Dreieinigkeit** ⟨f. 20; unz.⟩ die Heilige Dreieinigkeit *Einheit von Vater, Sohn u. Heiligem Geist;* Sy *Dreifaltigkeit, Trinität*
**Dreier** ⟨m. 3⟩ **1** *im 16.–18. Jh. in Norddtschld. geprägtes silbernes, später kupfernes Dreipfennigstück* **2** ⟨oberdt.⟩ *die Schulnote Drei* **3** ⟨umg.⟩ *Omnibus mit der Nummer drei* ◆ das ist keinen Dreier wert *nichts wert;* er hat im Rechnen einen Dreier
**dreierlei** ⟨Adj.; undekl.⟩ *drei Dinge, drei Arten (von)*
**Dreiertakt** ⟨m. 1; Mus.⟩ *aus drei Zeitwerten bestehender Takt,* $^3/_2$, $^3/_4$, $^3/_8$, $^6/_8$, $^6/_4$ *usw.*
**dreifach** ⟨Adj.; in Ziffern: 3fach⟩ *dreimal(ig)* ◆ du bekommst deine Auslagen doppelt und dreifach zurück; ein dreifaches Hoch!; eine Decke, ein Stück Papier dreifach falten, legen; ein Schriftstück in dreifacher Ausfertigung; dieser Hut kostet das Dreifache von jenem
**Dreifaltigkeit** ⟨f. 20; unz.⟩ = *Dreieinigkeit*
**Dreifarbendruck** ⟨m. 1⟩ *Druckverfahren mit drei in Blau, Gelb u. Rot eingefärbten Druckplatten übereinander*
**Dreigespann** ⟨n. 11⟩ = *Troika (2)*
**dreigeteilt** ⟨Adj.⟩ *in drei (zusammenhängenden) Teilen*
**Dreigroschenroman** ⟨m. 1⟩ *in Heften verkaufter, anspruchsloser Kurzroman*
**dreihundert** ⟨Adj.⟩ *dreimal hundert, 300*
**Dreikampf** ⟨m. 1u; Sp.⟩ *Wettkampf mit drei Übungen*
**Dreikäsehoch** ⟨m. 6; umg.; scherzh.⟩ *kleiner Junge (eigtl. so hoch wie drei runde Käse)*
**Dreiklang** ⟨m. 1u⟩ *Zusammenklang von drei Tönen*
**Dreikönigsfest** ⟨n. 11⟩ *Fest der Heiligen Drei Könige, 6. Januar*
**dreimal** ⟨Adv.; in Ziffern: 3-mal⟩ *drei verschiedene Male, dreifach wiederholt* ◆ etwas dreimal tun, sagen
**dreimalig** ⟨Adj.; in Ziffern: 3-malig⟩ *dreifach wiederholt* ◆ erst nach dreimaligem Rufen kam der Kellner an unseren Tisch
**Dreimaster** ⟨m. 3 Mar.⟩ *Segelschiff mit drei Masten*
**dreinblicken** ⟨V. i.; hat⟩ *auf eine bestimmte Weise blicken* ◆ freundlich, finster, schelmisch dreinblicken
**dreinfahren** ⟨V. i. 130; ist; fig.⟩ *dazwischenfahren, dazwischengehen, energisch eingreifen (bei einem Streit u. a.)*
**dreinfinden** ⟨V. refl. 134; hat; umg.⟩ = *dareinfinden*
**dreinreden** ⟨V. i.; hat; umg.⟩ *dazwischenreden* ◆ jmdm. dreinreden *sich einmischen, es anders haben wollen als jmd.;* ich lasse mir in meine Arbeit nicht dreinreden, von niemandem dreinreden
**Dreiphasenstrom** ⟨m. 1u; unz.⟩ = *Drehstrom*
**Dreirad** ⟨n. 12u⟩ **1** *kleines Fahrzeug für Kinder mit drei Rädern* **2** *Lieferwagen mit drei Rädern*
**Dreisatzrechnung** ⟨f. 20; Math.⟩ *einfache Schlussrechnung zum Finden einer unbekannten Größe, wenn drei andere, davon abhängige Größen gegeben sind*
**dreisprachig** ⟨Adj.⟩ *in drei Sprachen, drei Sprachen umfassend, drei Sprachen beherrschend* ◆ dreisprachiges Wörterbuch; dreisprachiges Land *Land, in dem drei Sprachen gesprochen werden, z. B. die Schweiz*
**dreißig** ⟨Num.⟩ *dreimal zehn, 30* [< ahd. *drituc,* engl. *thirty*]

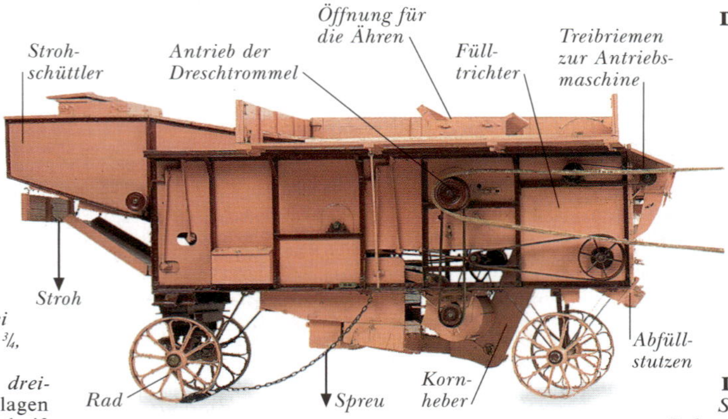

DRESCHMASCHINE: DAMPFBETRIEBENE DRESCHMASCHINE DES 19. JH.

**dreißigjährig** ⟨Adj.; in Ziffern: 30jährig/30-jährig⟩ *30 Jahre alt, 30 Jahre lang dauernd* ◆ der Dreißigjährige Krieg (1618-1648)
**dreist** ⟨Adj.; -er, am -esten⟩ *keck, unverfroren, anmaßend, frech* [< ahd. *dristi*]
**Dreistigkeit** ⟨f. 20⟩ *dreistes Wesen, dreistes Verhalten*
**dreistimmig I** ⟨Adj.⟩ *für drei Stimmen* (Lied, Liedsatz) **II** ⟨Adv.⟩ *in drei Stimmen* ◆ ein Weihnachtslied dreistimmig singen
**dreiteilen** ⟨V. t.; hat⟩ *in drei Teile teilen*
**Dreiviertelmehrheit** ⟨f. 20; unz.⟩ *mehr als 75 % der Stimmen (bei einem Wahlergebnis)*
**Dreiwegekatalysator** ⟨m. 23; bei Kfz⟩ *Vorrichtung zur Verminderung des Kohlenmonoxydausstoßes von Benzinmotoren bei Kraftfahrzeugen;* Sy ⟨umg.; kurz⟩ *Kat (1)*
**dreiwertig** ⟨Adj.⟩ *mit drei Wertigkeiten (Valenzen) versehen* ◆ dreiwertiges Atom; dreiwertiges Verb
**Dreizack** ⟨m. 1⟩ *Speer mit Zacken (Zinken), Symbol des Meergottes Poseidon bzw. Neptun*
**dreizehn** ⟨Num.⟩ *drei und zehn, 13;* → a. *acht* ◆ jetzt schlägt's dreizehn! ⟨fig.; umg.⟩ *jetzt habe ich aber genug!; jetzt wird es mir zu bunt!;* → a. *achtzehn*
**Dres.** ⟨Abk. für lat.⟩ *doctores (Doktoren, wenn mehrere Personen gemeint sind)* ◆ die Dres. Kordes u. Walmsley
**Dresche** ⟨f. 19; unz.; umg.⟩ *Schläge, Prügel* ◆ Dresche bekommen
**dreschen** ⟨V. t. 121; hat⟩ **1** Getreide, Hülsenfrüchte dreschen *Körner durch Schlagen aus ihnen lösen;* **2** jmdn. dreschen ⟨fig.; umg.⟩ *prügeln* ◆ leeres Stroh dreschen ⟨fig.⟩ *fruchtlose Arbeit verrichten, nutzlos daherreden, Altbekanntes wiederholen* [< ahd. *dreskan,* engl. *thrash*]

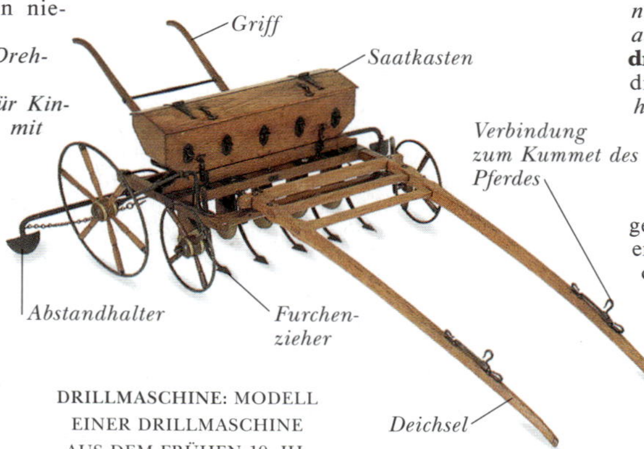

DRILLMASCHINE: MODELL EINER DRILLMASCHINE AUS DEM FRÜHEN 19. JH.

**Dreschmaschine** ⟨f. 19; Landw.⟩ ◄ *Erntemaschine, die Getreidekörner od. Hülsenfrüchte maschinell aus den Ähren, Hülsen löst*
**dressieren** ⟨V. t.; hat⟩ **1** *lehren, abrichten* (Tiere) **2** *gefällig anrichten* (Speisen) **3** *in eine Form pressen* (Filzhüte) ◆ der Hund ist auf den Mann dressiert *der H. ist dazu abgerichtet, Fremde anzugreifen;* das Kind ist zu dressiert *übertrieben wohlerzogen, unkindlich artig* [< frz. *dresser* „abrichten"]
**Dressing** ⟨n. 15⟩ *gewürzte Soße od. Gewürzmischung für Salate, Braten u. andere Speisen* [engl., „Soße, Zubereitung"; zu *dress* „anrichten, zubereiten"]
**Dressur** ⟨f. 20⟩ **1** *Abrichtung, Lehren von Kunststücken* (von Tieren) **2** ⟨Sp.; kurz für⟩ **2.1** *Dressurakt* **2.2** *Dressurreiten* [→ *dressieren*]
**Dressurakt** ⟨m. 1; Sp.⟩ *Vorführung der Kunststücke eines dressierten Tieres;* Sy ⟨kurz⟩ *Dressur (2.1)*
**Dressurreiten** ⟨n.; -s; unz.; Reitsp.⟩ *(grundlegende) dressurmäßige Ausbildung von Reitpferden (auch als Disziplin des Reitsports);* Sy ⟨kurz⟩ *Dressur (2.2)* ◆ Prüfungen im Dressurreiten
**Dr. h. c.** ⟨Abk. für lat.⟩ *Doctor honoris causa (Ehrendoktor)*
**dribbeln** ⟨V. i.; hat; Sp.; Fußb.⟩ *den Ball in kurzen Stößen vor sich her treiben* [< engl. *dribble* „tröpfeln"]
**Drift** ⟨f. 20⟩ **1** *durch regelmäßigen Wind hervorgerufene Strömung auf der Meeresoberfläche* **2** *von Menschen od. Maschinen nicht beeinflusstes Treiben eines schwimmenden Körpers auf dem Wasser* [engl., „das Treiben, Getriebenwerden"]
**driften** ⟨V. i.; ist⟩ *treiben* [< engl. *drift* „getrieben werden, treiben"]
**Drill** ⟨m. 1; unz.⟩ *strenge, harte Ausbildung, z. B. beim Militär* [→ *drillen*]
**drillen** ⟨V. t.; hat⟩ **1** *rasch drehen, wirbeln* **2** *mit dem Drillbohrer bohren* **3** ⟨Landw.⟩ *in Reihen, Furchen säen* **4** *scharf exerzieren, hart ausbilden* **5** *streng erziehen* [< mhd. *drillen,* engl. *thrill;* verwandt mit *drehen, Draht, drechseln, drall, drollig, Dorn, Darm*]
**Drilling** ⟨m. 1⟩ **1** *mit zwei andern gleichzeitig im Mutterleib entwickeltes Kind* **2** *Jagdgewehr mit drei Läufen für Kugel u. Schrot* [früher *Dreiling,* von *Zwilling* beeinflusst; → *drei*]
**Drillmaschine** ⟨f. 19; Landw.⟩ ◄ *Sämaschine, die das Saatgut in gleichem Reihenabstand linienförmig in den Boden einbringt*
**drin** ⟨Adv.; umg.⟩ = *darin (2)* ◆ das ist nicht drin ⟨fig.⟩ *das geht nicht, ist nicht möglich, hat keinen Sinn, keinen Zweck*
**drinbleiben** ⟨V. i. 114; ist⟩ *in einem Raum bleiben, im Zimmer bleiben*
**dringen** ⟨V. i. 122; hat/ist⟩ *sich einen Weg bahnen, drängen* ◆ **auf** etwas dringen *unbedingt verlangen, auf etwas bestehen;* er hat auf Antwort, Zahlung gedrungen; **aus** dem Behälter ist Flüssigkeit gedrungen; aus dem Zimmer drang Geschrei *ertönte, klang;* das Gerücht, der Lärm drang **bis** zu uns; es dringt mir **durchs** Herz ⟨fig.⟩ *es verursacht mir tiefen Schmerz;* **in** jmdn. dringen *jmdn. mit Bitten u. Ä. bedrängen, bestürmen;* das Lied dringt **zu** Herzen *geht nahe, berührt innerlich;* → a. *drängen* [< ahd. *dringan*]

**dringend** ⟨Adj.⟩ **1** *eilig, drängend, keinen Aufschub duldend* (Brief, Geschäft, Verpflichtung) **2** *sehr wichtig, nachdrücklich* (Bedürfnis, Notwendigkeit) **3** *inständig, flehentlich, eindringlich* (Bitte, Mahnung) ◆ dringendes **Ferngespräch,** Telegramm *vorrangiges F., T. mit doppelter Gebühr;* dringende **Gefahr** *unmittelbar drohende G.;* es besteht der dringende **Verdacht,** dass ... *der eindeutige, begründete, zwingende V.* ◆ ich möchte Sie dringend darum **bitten; sein:** die Sache ist sehr dringend

**dringlich** ⟨Adj.⟩ *dringend*

**drinnen** ⟨Adv.⟩ *innerhalb, in etwas darin* ◆ er ist drinnen! (im Zimmer) [< *dar + innen*]

**drinsitzen** ⟨V. i. 242; hat; süddt., österr., schweiz.: ist⟩ **1** *in etwas sitzen* **2** ⟨umg.⟩ *in einer unangenehmen Lage sein* ◆ „Wo ist der Junge?" „Er sitzt schon drin!" (im Auto o. Ä.); wenn wir nicht aufpassen, sitzen wir bald alle drin! ⟨umg.⟩

**dritt...** ⟨Adj.; in Zus.⟩ *an dritter Stelle stehend,* z. B. der dritthöchste, drittgrößte, drittletzte

DROSSEL: SINGDROSSEL *(Turdus philomelos)*

**Dritte(r)** ⟨f. 30 (m. 29)⟩ **1** *der/die im Range od. nach der Leistung an 3. Stelle Stehende;* → a. *erste(r, -s)* **2** *Außenstehender, Unbeteiligter, einer, der nicht dazu, zum engeren Kreis gehört* ◆ er wurde im Wettlauf Dritter; der **lachende** Dritte *derjenige, der bei einem Streit zweier anderer etwas gewinnen kann* ◆ einem Dritten **gegenüber;** ich möchte **vor** Dritten nicht darüber sprechen *im Beisein anderer*

**dritte(r, -s)** ⟨Ordinalzahl zu „drei"⟩ *der/die/das dem zweiten Folgende* ◆ wenn zwei sich streiten, freut sich der Dritte ⟨sprichwörtl.⟩; dritte **Kraft** ⟨meist Pol.⟩ *Kraft, die sich nicht einer von zwei starken, einander entgegengesetzten Parteien od. Weltanschauungen anschließt, sondern einen neuen Weg sucht;* das Dritte **Reich** ⟨nationalsozialist. Sprachgebrauch⟩ *die Zeit des Nationalsozialismus in Dtschld. 1933-1945;* der dritte **Stand** *das Bürgertum (nach Adel u. Geistlichkeit);* die Dritte **Welt** *Gesamtheit der Entwicklungsländer* ◆ der Dritte **im** Bunde (nach Schiller, „Die Bürgschaft"); zum Ersten, zum Zweiten und zum Dritten! *(Ruf des Auktionators bei Versteigerungen vor dem Zuschlag);* → a. *achte* [< ahd. *dritt(i)o,* engl. *third*]

DRONTE *(Raphus cucullatus)*

**Drittel** ⟨n. 13 od. schweiz.: m. 5⟩ *dritter Teil, 1/3* [< *dritt... + Teil*]

**dritteln** ⟨V. t.; hat⟩ *in drei Teile teilen*

**drittens** ⟨Adv.⟩ *an dritter Stelle stehend, als dritter Punkt*

**Dritte-Welt-Laden** ⟨m. 4u⟩ *Geschäft, in dem Produkte aus Entwicklungsländern verkauft werden*

**Drive** ⟨[draiv] m. 6⟩ **I** ⟨unz.; Mus.; Jazz⟩ *rhythm. Intensität u. Spannung mittels Beats oder Breaks* **II** ⟨zählb.; Sp.; Golf; Tennis⟩ *Treibschlag* [engl., eigtl. „treiben"]

**DRK** ⟨Abk. für⟩ *Deutsches Rotes Kreuz*

**Dr. med.** ⟨Abk. für lat.⟩ *Doctor medicinae (Doktor der Medizin)*

**Droge** ⟨f. 19⟩ **1** *pflanzl. od. tier. Erzeugnis, das zu Arzneien verwendet wird* **2** *das daraus hergestellte Präparat* **3** ⟨umg.⟩ = *Rauschmittel* ◆ von Drogen abhängig sein [< frz. *drogue* „chemisches Material", im 14. Jh. < nddt. *droge* „trocken"; → *trocken*]

**dröge** ⟨Adj.; nddt.⟩ **1** *trocken, spröde, vertrocknet* **2** ⟨fig.⟩ *langweilig, humorlos* ◆ ein dröger Mensch [< nddt. *droge* „trocken"]

**drogenabhängig, drogensüchtig** ⟨Adj.⟩ *von Sucht erzeugenden Drogen (wie Koffein, Nikotin), von Rauschgiften abhängig*

**Drogendealer** ⟨[-di:-] m. 3⟩ = *Dealer*

**Drogenmissbrauch** ⟨m. 1u; unz.⟩ *missbräuchliche, medizinisch nicht notwendige Einnahme von Suchtmitteln*

**Drogenszene** ⟨f. 19; unz.⟩ *Milieu, Umgebung der Rauschgiftabhängigen u. Rauschgifthändler* ◆ sich in der Drogenszene auskennen, bewegen

**Drogerie** ⟨f. 19⟩ *Ladengeschäft für Drogen, Chemikalien u. Ä.* [→ *Droge*]

**drohen** ⟨V. i.; hat⟩ **1** *anscheinend bevorstehen* (Gefahr, Unglück, Unheil) **2** jmdm. drohen *für einen bestimmten Fall etwas Böses ankündigen (Zufügung eines Schadens, eines Schmerzes u. Ä.)* ◆ „...!", drohte er; ihm droht **Gefängnis,** eine Geldstrafe, Entlassung, der Tod ◆ das Haus droht **einzustürzen** *es ist zu befürchten, dass das Haus sehr bald einstürzt;* es droht zu **regnen** *es ist zu befürchten, dass ...* ◆ jmdm. **mit** einer Anzeige, Klage drohen; jmdm. mit dem Finger, mit der Faust drohen *den Finger, die Faust warnend erheben* ◆ eine drohende Haltung einnehmen [< mhd. *dron;* zu *dro* „Drohung"]

**Drohgebärde** ⟨f. 19⟩ *drohende Haltung, Gebärde mit abschreckender Wirkung auf einen Angreifer* ⟨a. fig.⟩

**Drohne** ⟨f. 19⟩ **1** *männliche Biene* **2** ⟨fig.⟩ *Nichtstuer, Schnorrer, Schmarotzer* ◆ eine Drohne der Gesellschaft [< ahd. *treno,* engl. *drone*]

**dröhnen** ⟨V. i.; hat⟩ **1** *laut (er)schallen* (Donner, Gelächter, Motor, Schritte) **2** *durch Lärm erzittern* ◆ mir dröhnt der Kopf von all dem Lärm; die Musik dröhnt mir in den Ohren; er lachte mit dröhnender Stimme [< nddt. *dröhnen;* → *Drohne*]

**Drohung** ⟨f. 20⟩ *Ankündigung eines Unheils, von etwas Bösem* ◆ Drohungen **ausstoßen;** seine Drohung **wahrmachen** ◆ in seinen Worten lag eine **versteckte** Drohung; wilde, wüste Drohungen ◆ jmdn. **durch** Drohungen einschüchtern [< ahd. *drawunga, drounga*]

**drollig** ⟨Adj.⟩ *lustig, spaßig, komisch* [ndrl.; zu *drol* „Knirps, Possenreißer", eigtl. „(gedrechselter) Kegel"; → *drall, drillen*]

**Dromedar** ⟨n. 11⟩ *Kamel mit nur einem Höcker: Camelus dromedarius* [zu mlat. *dromedarius* „Kamelreiter" u. afrz. *dromedaire* „Dromedar"; zu grch. *dromas* „laufend"]

**Dronte** ⟨f. 19; Zool.⟩ ▲ *Angehöriger einer Familie ausgerotteter großer, flugunfähiger Tauben: Raphida;* Sy *Walgvogel* [frz.; angeblich aus einer Eingeborenenmundart der Insel Mauritius]

**Droschke** ⟨f. 19⟩ **1** ⟨urspr.⟩ *leichtes Pferdefahrzeug, gemietete Pferdekutsche* (Pferdedroschke) **2** ⟨später; jetzt veraltet⟩ *gemietetes Kraftfahrzeug* (Autodroschke) [< russ. *drožki* „leichter Wagen"; zu *doroga* „Weg"]

**dröseln** ⟨V.; hat⟩ **I** ⟨V. t.⟩ *drehen* (Fäden) **II** ⟨V. i.⟩ *langsam sein, schlendern, trödeln* [zu mundartl. *triseln* „im Kreise drehen"; dann *trisel* „Kreisel"]

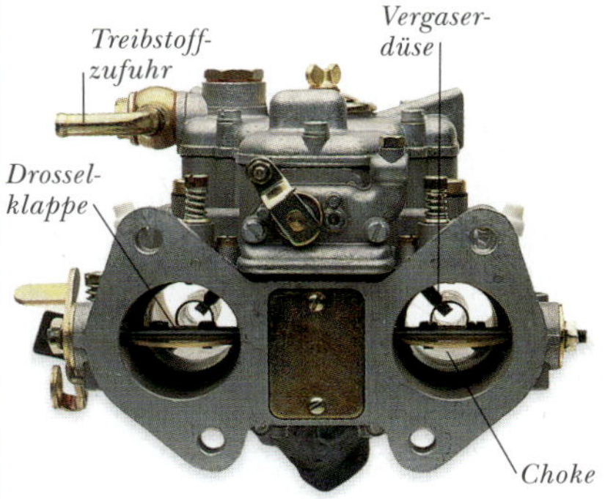


DROSSELKLAPPE: VERGASER EINES AUTOS MIT DROSSELKLAPPEN

**Drossel**[1] ⟨f. 21; Zool.⟩ ◄ *Angehörige einer Familie Insekten u. Beeren fressender Singvögel: Turdida* [< ahd. *drosca(la)*]

**Drossel**[2] ⟨f. 21⟩ **1** ⟨Anat.⟩ *Luftröhre, Kehle* **2** ⟨Tech.⟩ *Vorrichtung zum Absperren od. Regeln der Flüssigkeiten od. Gase, die durch eine Rohrleitung strömen;* Sy *Drosselventil* [zu ahd. *drozza* „Kehle", engl. *throat, throttle* „Kehle"]

**Drosselklappe** ⟨f. 19⟩ ▲ *klappenförmige Drossel in einer Rohrleitung* [zu *Drossel*[2] in Anlehnung an *erdrosseln*]

**drosseln** ⟨V. t.; hat⟩ **1** *würgen* **2** *aufhalten, bremsen, absperren, verringern, hemmen* ◆ die Ein- oder Ausfuhr (von Waren) drosseln; die Geschindigkeit, den Strom drosseln [→ *Drossel*[2]]

**Drosselung** ⟨f. 20; unz.⟩ **1** *das Drosseln* **2** *Absperrung, Verringerung, Hemmung*

**Drosselvene** ⟨[-ve:-] f. 19; Anat.⟩ ▼ *eine der zahlreichen, untereinander verzweigten, vom Kopf u. Hals zur oberen Hohlvene führenden Venen: Vena iugularis*

**Drosselventil** ⟨[-vεn-] n. 11⟩ = *Drossel*[2] *(2)*

**Dr. phil.** ⟨Abk. für lat.⟩ *Doctor philosophiae (Doktor der Philosophie)*

**Dr. theol.** ⟨Abk. für lat.⟩ *Doctor theologiae (Doktor der Theologie)*

**drüben** ⟨Adv.⟩ **1** *auf der (jeweils) anderen Seite* **2** ⟨1949-1990 umg. für⟩ *jenseits der Grenze zur DDR bzw. BRD*

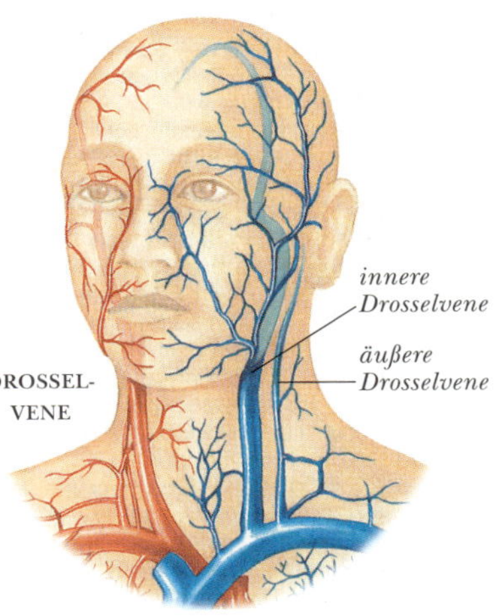


DROSSELVENE

## DRUCK

Druck kann von Flüssigkeiten, Festkörpern und Gasen ausgeübt werden. Definiert als Kraft pro Fläche ist die Einheit des Drucks das Pascal (Pa). Der Druck bei Flüssigkeiten und Gasen wird in Bar (1 bar = $10^5$ Pa) gemessen. Der allseitig in einer Flüssigkeit herrschende Druck wird als hydrostatischer Druck bezeichnet, der mit ansteigender Tiefe zunimmt.

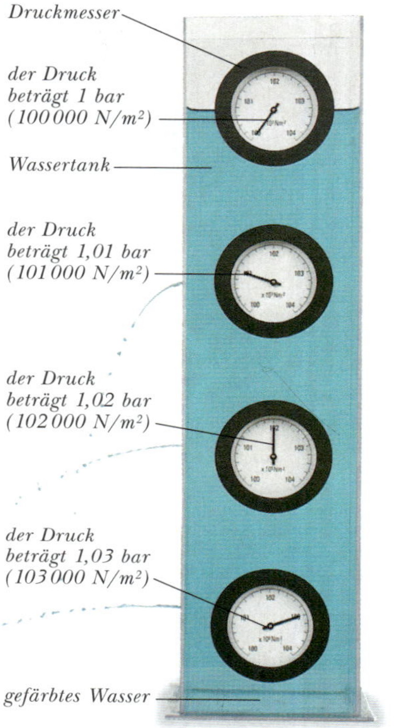


DEMONSTRATION DES WASSERDRUCKS

**drüber** ⟨Adv.⟩ = *darüber;* → a. *drunter*

**Druck**[1] ⟨m. 1u; Pl. nur techn. u. fachsprachl.⟩ **1** *das Drücken* (Händedruck) **2** ▲ *die senkrecht auf eine Fläche wirkende Kraft dividiert durch die Fläche, Belastung* (Gasdruck, Luftdruck, Wasserdruck) **3** *Last, Schwere* **4** ⟨fig.⟩ *Bedrückung, Belastung, unangenehm Lastendes; Bedrängnis, Zwang* **5** *dringende Notwendigkeit* **6** *Zeitnot, Eile* **7** ⟨Drogenszene⟩ *das Spritzen von Rauschgift* ◆ einen ⟨fig.⟩ Druck **ausüben** ◆ **hoher,** niedriger Druck *Luftdruck* ◆ ein Druck **auf** den Knopf (zum Einschalten eines Apparates); auf den Druck der öffentlichen Meinung hin *erzwungen durch die ö. M.;* jmdn. **in** Druck bringen *in Schwierigkeiten, Bedrängnis;* in ⟨od.⟩ im Druck sein *in Bedrängnis sein, es sehr eilig haben;* **unter** dem Druck der Verhältnisse; jmdn. unter Druck halten *nicht selbständig handeln lassen; in Angst u. Sorge halten;* jmdn. unter Druck setzen *mit Forderungen bedrängen; mit Drohungen einschüchtern* [< ahd. *druc;* verwandt mit *drohen*]

**Druck**[2] ⟨m. 1⟩ **I** ⟨zählb.⟩ **1** *Erzeugnis des Druckens* **2** *Buch* (Frühdruck, Wiegendruck) **3** *Auflage, Ausgabe* (Nachdruck, Neudruck) **II** ⟨unz.⟩ **1** *das Drucken* **2** *die Art, wie ein Buch, eine Schrift gedruckt ist* ◆ ein alter, kostbarer, seltener Druck; großer, klarer, kleiner, gut (schlecht) leserlicher, schlechter, sorgfältiger Druck; das Manuskript geht in Druck, wird in Druck gegeben; Druck und Verlag von ... *gedruckt und verlegt bei ...* [→ *Druck*[1]]

**Drückeberger** ⟨m. 3⟩ *jmd., der sich vor etwas, bes. einer Arbeit drückt* [scherzhafte Übertragung von echten Einwohnernamen, wie Nürn*berger;* ähnlich: Schlau*berger*]

**drucken** ⟨V. t.; hat⟩ ► *durch Druck vervielfältigen* ◆ Muster auf Stoffe drucken; ein Buch in 1000 Exemplaren drucken; er lügt wie gedruckt *er lügt dreist* [< ahd. *drucken;* → *Druck*[2]]

**drücken** ⟨V.; hat⟩ **I** ⟨V. t.⟩ **1** *einen Druck ausüben auf, pressen* **2** *unterbieten, rücksichtslos senken* (Preise, Löhne) **3** *durch einen auf der Drückbank ausgeübten Druck umformen* (Blech) **4** *ablegen, weglegen* (Karten beim Spiel) **5** ⟨fig.⟩ *bedrücken, belasten, Sorge bereiten* ◆ die Last der Verantwortung drückt mich ⟨fig.⟩; jmdn. drücken ⟨umg.⟩ *herzlich umarmen;* jmdm. die **Hand** drücken (zur Begrüßung) ◆ die Verantwortung drückt mich **schwer** ◆ jmdn. **an** seine Brust drücken *jmdn. umarmen;* jmdm. einen Kuss **auf** die Lippen, die Stirn drücken; den Saft **aus** der Zitrone drücken; sich **in** eine Ecke drücken *sich schüchtern, ängstlich in einer Ecke verbergen;* jmdm. etwas in die Hand drücken *jmdm. etwas geben;* das Gesicht schluchzend in die Kissen drücken ◆ drückende Hitze, Schwüle; gedrückt *niedergeschlagen, mutlos, bedrückt, kummer-, sorgenvoll;* gedrückte Stimmung **II** ⟨V. i.⟩ **1** *schwer lasten, einen Druck ausüben* **2** ⟨Drogenszene⟩ *sich Rauschgift einspritzen* ◆ die **Hitze** drückt; der **Schuh** drückt *der Schuh ist zu eng, schmerzt;* eine **Speise** drückt (im Magen) ◆ das drückt **aufs** Gemüt *belastet, verursacht melanchol. Stimmung* **III** ⟨V. refl.⟩ sich drücken *leise, heimlich weggehen* ◆ sich **um** eine Sache, **vor** od. **von** einer Sache drücken *sich einer Sache entziehen, ihr aus dem Wege gehen;* sich von od. vor der Arbeit, sich um die Arbeit drücken [→ *Druck*[1]]

DSCHUNKE: TRADITIONELLE CHINESISCHE DSCHUNKE

**Drucker** ⟨m. 3⟩ **1** *Buchdrucker, im Buchdruck ausgebildeter Handwerker* **2** ⟨Mal.⟩ *eine durch kräftigen Farbauftrag betonte Stelle* **3** ⟨EDV⟩ *Peripheriegerät an Datenverarbeitungsanlagen zur Ausgabe von Daten in lesbarer Form*

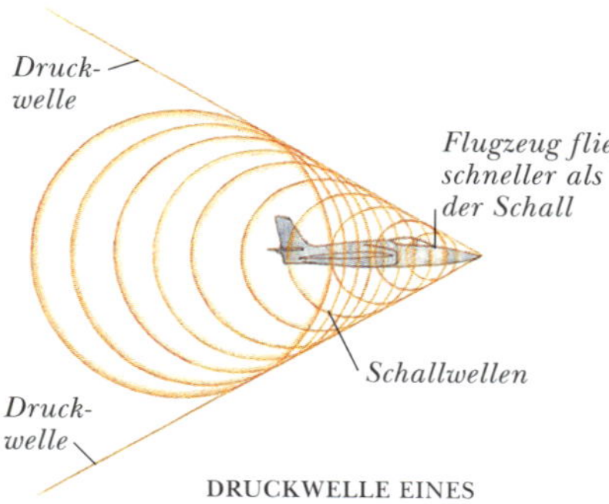


DRUCKWELLE EINES ÜBERSCHALLFLUGZEUGS

DRÜCKERFISCH: LEOPARDENDRÜCKERFISCH (*Balistoides conspicillum*)

**Drücker** ⟨m. 3⟩ **1** *Türklinke* **2** *selbsttätig einschnappendes Türschloss* **3** *Abzug am Jagdgewehr* **4** *Bedienungsknopf für elektrische Anlagen, z. B. zur Türöffnung* **5** *jmd., der an der Haustür Zeitschriften o. Ä. verkaufen will* ◆ die Hand am Drücker haben ⟨fig.; umg.⟩ *jeden Augenblick bereit sein, geeignete Maßnahmen zu ergreifen;* am Drücker sitzen ⟨fig.; umg.⟩ *eine einflussreiche Stellung haben;* auf den letzten Drücker am Bahnhof ankommen *in der Eile des letzten Augenblicks, gerade noch rechtzeitig*

**Druckerei** ⟨f. 18⟩ **1** *Buchdruckunternehmen* **2** *Zeugdruckunternehmen*

**Drückerfisch** ⟨m. 1; Zool.⟩ ▲ *Angehöriger einer Familie der Haftkiefer, meist farbenprächtiger Bewohner der subtropischen Meere und Korallenriffe, erreicht bei einigen Arten eine Länge bis zu 60 cm: Balistidae*

**Druckerschwärze** ⟨f. 19; unz.⟩ *schwarze Farbe zum Drucken*

**Druckfehler** ⟨m. 3⟩ *falsch gesetzte(r) Buchstabe(n), Fehler in einem gedruckten Text*

**druckfertig** ⟨Adj.⟩ *fertig zum Druck*

**Druckgrafik** ⟨f. 20⟩ *reproduzierbares grafisches Kunstwerk;* oV *Druckgraphik*

**Druckgraphik** ⟨f. 20⟩ = *Druckgrafik*

**Drucklegung** ⟨f. 20⟩ *Beginn des Druckvorgangs (eines Textes od. einer Abbildung)*

**Druckluft** ⟨f. 7u; unz.⟩ = *Pressluft*

**Druckmesser** ⟨m. 3⟩ *Gerät zum Messen des Druckes von Flüssigkeiten od. Gasen;* Sy *Manometer*

**Druckmittel** ⟨n. 13; fig.⟩ *Mittel, einen Zwang auszuüben*

**Druckort** ⟨m. 1⟩ *Ort, an dem ein Werk gedruckt worden ist*

**Druckpunkt** ⟨m. 1⟩ **1** ⟨bei Handfeuerwaffen⟩ *durch einen leichten Widerstand gekennzeichneter Punkt beim Abziehen* **2** *Angriffspunkt der Luftkraft am Tragflügelprofil* **3** ⟨Med.⟩ *druckempfindlicher Punkt*

**druckreif** ⟨Adj.⟩ *geeignet, um gedruckt zu werden* ◆ druckreifes Manuskript; sie spricht, formuliert druckreif *so überlegt u. gut, dass man ihre Worte drucken könnte*

**Druckschrift** ⟨f. 20⟩ Ggs *Schreibschrift* **1** *jeder gedruckte, bes. nicht gebundene Text, Broschüre u. Ä.* **2** *Schrift aus Druckbuchstaben*

**drucksen** ⟨V. i.; hat; umg.⟩ *nicht recht mit der Sprache herauswollen, mit dem Sprechen zögern* [→ *drucken*]

**Druckunterschied** ⟨m. 1⟩ *Unterschied in der Stärke des Luftdrucks*

**Druckverband** ⟨m. 1u⟩ *sehr fester Verband (bei verletzten Adern zur sofortigen Blutstillung), Kompressionsverband*
**Druckverbot** ⟨n. 11⟩ *Verbot, etwas durch Druck zu veröffentlichen*
**Druckvorlage** ⟨f. 19⟩ *Manuskript, Zeichnung, Foto usw. als Vorlage für den Druck*
**Druckwasserkessel** ⟨m. 5⟩ *Kessel zur Wasserversorgung einzelner Häuser, in dem Wasser unter Druck gespeichert wird*
**Druckwasserreaktor** ⟨m. 23⟩ *Kernreaktor, bei dem das Kühlmittel Wasser unter Druck gehalten wird, so dass es nicht sieden kann*

DSCHELLABA

**Druckwelle** ⟨f. 19; Phys.⟩ ◄ *plötzliche Druckänderung in Flüssigkeiten od. Gasen, die sich wellenförmig ausbreitet, verursacht durch Explosionen (Explosions-, Detonationswelle) od. Flugzeuge, die mit Überschallgeschwindigkeit fliegen (Verdichtungsstoß)*
**Druide** ⟨m. 17⟩ *keltischer Priester* [< lat. *druides, druidae* < urkeltisch **dru-uid-* „eichenkundig"]
**drum** ⟨Adv.; umg.⟩ = *darum* ◆ sei's drum *es macht nichts, nehmen wir's in Kauf, es soll uns nicht stören;* mit allem, was drum und dran hängt ⟨umg.⟩ *mit allem, was damit zusammenhängt, was dazugehört;* das Drum und Dran *das Zubehör, alles, was dazugehört*
**drunten** ⟨Adv.⟩ *dort unten, da unten* [< *dar* + *unten*]
**drunter** ⟨Adv.⟩ = *darunter* ◆ es geht (alles) drunter und drüber *es geht (alles) durcheinander, es herrscht keine Ordnung mehr*
**Druse**[1] ⟨f. 19⟩ **1** *runder od. ovaler Hohlraum im Gestein, in dem sich von den Innenwänden her Kristalle gebildet haben* **2** *fiebrige Pferdekrankheit mit eitriger Entzündung der Nasenschleimhaut* [< ahd. *druos;* → *Drüse*]
**Druse**[2] ⟨m. 17⟩ *Angehöriger einer syr.-islam. Sekte* [< arab. *Durus,* nach dem Gründer *Ad-Darasi,* 1017 n. Chr.]
**Drüse** ⟨f. 19⟩ *aus spezifischem Gewebe aufgebautes Organ zur Absonderung von Körpersäften (Galle, Schweiß usw.) bei Mensch u. Tier;* ► *Körper* [< ahd. *druosi,* Pl. zu *druos*]
**Drüsenfieber** ⟨n. 13; unz.⟩ pfeiffersches Drüsenfieber *meist harmlose Viruserkrankung mit Angina u. Lymphknoten-, zuweilen auch Milzschwellung* [nach dem Internisten Emil *Pfeiffer,* 1846-1921]
**dry** ⟨[drai] Adj.⟩ *trocken, herb, ohne Zuckerzusatz* (Wein, Sekt) [engl.]
**Dschellaba** ⟨f. 10⟩ ▲ *nordafrikanisches Kapuzengewand für Männer aus grobem Wollstoff;* oV *Djellaba* [arab.]
**Dschihad** ⟨m. 6; unz.; im Islam⟩ *Heiliger Krieg, der gegen die Ungläubigen (Anhänger anderer Glaubensrichtungen) geführt wird* [arab. „Anstrengung"]
**Dschungel** ⟨m. 5, f. 21 od. n. 13⟩ **1** *subtrop. Urwald* **2** *undurchdringl. Dickicht* ⟨a. fig.⟩ [< engl. *jungle* < hind. *dschangal* „öder, unbebauter Boden"]
**Dschungelfieber** ⟨n. 13; unz.⟩ = *Gelbfieber*
**Dschunke** ⟨f. 19⟩ ◄ *hochseetüchtiges chin. Segelschiff mit hölzernem Rumpf, bis zu fünf Masten u. Segeln aus geflochtenen Matten* [< mal. *dschung* „großes Schiff"]
**dt** ⟨Abk. für⟩ *Dezitonne*
**D. theol.** ⟨Abk. für lat.⟩ *Doctor theologiae (Doktor der Theologie, ehrenhalber);* → a. *Dr. theol.*
**DTP** ⟨Abk. für⟩ *Desktoppublishing*
**Dtzd.** ⟨Abk. für⟩ *Dutzend*
**du** ⟨Personalpronomen, 2. Person Sing.⟩ **1** *(Pronomen der Anrede für Verwandte, Freunde, Kinder, Tiere sowie Gegenstände)* **2** ⟨mitunter, bes. bair... für⟩ *man* ◆ du **Dummkopf!**; du mein **Heimatland!**; du armer **Kerl**; du liebe **Zeit!** *(Ausruf des Erstaunens, der Überraschung)* ◆ jmdm. das Du **anbieten** *Brüderschaft schließen wollen;* **geh** du doch zu ihr ⟨betont⟩; und wenn du **glaubst,** es geht nicht mehr *und wenn man glaubt;* du **kannst** mich mal! *Ausdruck derber Zurückweisung;* jmdn. du **nennen** ◆ mit jmdm. **auf** Du und Du stehen; **zu** jmdm. du sagen *sich mit jmdm. duzen, per du sein* [< ahd. *du*]
**D. U.** ⟨Abk. für⟩ *der, die Unterzeichnete*
**Dual** ⟨m. 1; unz.; Gramm.⟩ *Zweizahl, Form für Personen, Dinge u. Verben, um zwei zusammenzufassen,* z. B. bair. „enk" = euch beiden [zu lat. *duo* „zwei"]
**dual** ⟨Adj.⟩ *eine Zweiheit, etwas Zweifaches bildend* ◆ duales System *System der Müllverwertung, bei dem wiederverwertbarer Abfall getrennt von dem übrigen Abfall gesammelt wird*
**Dualismus** ⟨m.; -; unz.⟩ **1** *jede Lehre, die zwei Grundprinzipien des Seins annimmt, z. B. Gut u. Böse, Licht u. Finsternis, männl. u. weibl. Prinzip, Geist u. Materie usw.* **2** *Widerstreit von zwei einander entgegengesetzten Kräften* **3** ⟨Phys.⟩ *Auftreten elektromagnet. Strahlung in Form von Wellen oder Teilchen in Abhängigkeit vom jeweiligen Experiment*

DUBLONEN

**Dualist** ⟨m. 16⟩ *Anhänger des Dualismus*
**Dualität** ⟨f. 20; unz.⟩ *Doppelheit, Zweiheit, Vertauschbarkeit, Wechselseitigkeit* [zu lat. *duo* „zwei"]
**Dualsystem** ⟨n. 11; unz.⟩ *auf der Zahl 2 beruhendes Zahlensystem, in dem alle Zahlen aus Potenzen von 2 aufgebaut u. nur mit zwei Ziffern (0 u. 1) geschrieben werden, bes. wichtig für elektron. Rechenmaschinen;* Sy *binäres System;* → a. *binar, binär*
**Dübel** ⟨m. 5⟩ **1** *kleiner Pflock aus Holz, der Möbelteile zusammenhält* **2** *Hülse (meist aus Kunststoff), die in ein vorgebohrtes Loch (an der Wand, in der Decke) gesteckt wird u. die sich beim Eindrehen einer Schraube spreizt u. dadurch fest hält;* Sy *Döbel*[2] [< ahd. *(gi)tubili,* engl. *dowel*]
**dubios, dubiös** ⟨Adj.; -er, am -esten⟩ *zweifelhaft* [< lat. *dubiosus* „zweifelhaft"]
**Dublone** ⟨f. 19⟩ ◄ *alte span. Goldmünze, 1 Pistole* [< frz. *doublon* < span. *doblon* „Doppelstück"]
**ducken** ⟨V.; hat⟩ **I** ⟨V. t.⟩ jmdn. ducken **1** *jmdm. den Kopf hinunterdrücken* **2** ⟨fig.⟩ *demütigen, fügsam machen* **II** ⟨V. refl.⟩ sich ducken **1** *sich rasch beugen, Kopf u. Schultern einziehen, um sich zu verbergen od. auszuweichen* **2** ⟨fig.⟩ *sich ängstlich fügen* [< mhd. *tücken,* oberdt. *tucken* „sich schnell nach unten neigen"; → *tauchen*]

D

## DRUCKEN

Es werden vier grundlegende Druckverfahren unterschieden: Tiefdruck, Hochdruck, Flachdruck und Siebdruck. Allen gemeinsam ist, dass mit ihrer Hilfe zahlreiche Kopien eines Druckwerks hergestellt werden können. Beim Tiefdruck werden die Vertiefungen, beim Hochdruck die hochstehenden Teile der Druckform eingefärbt. Beim Flachdruck (z. B. Offsetdruck) werden dazu bestimmte Stellen der Druckform chemisch vorbehandelt. Der Siebdruck ist ein Durchdruckverfahren, das mit Sieben und Schablonen arbeitet.

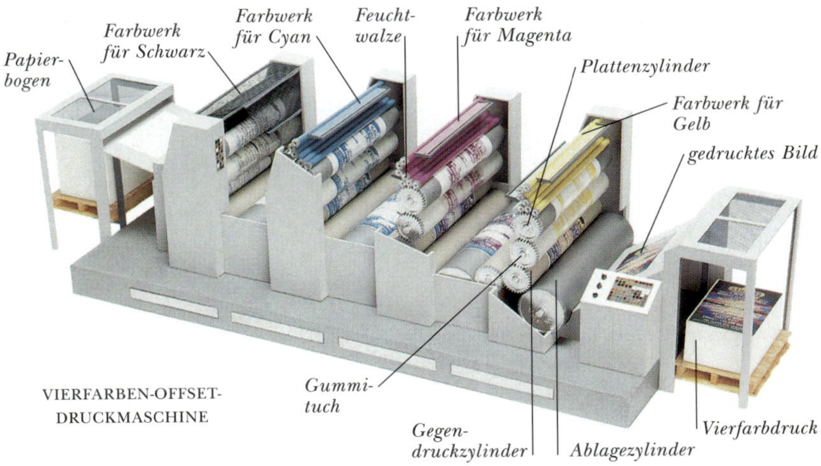

VIERFARBEN-OFFSET-DRUCKMASCHINE

### DRUCKVERFAHREN

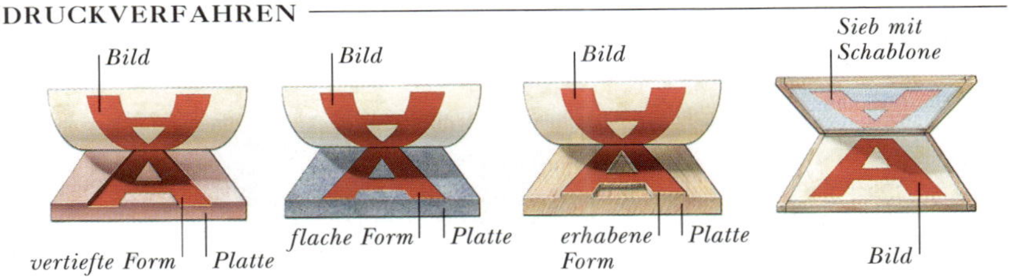

TIEFDRUCK FLACHDRUCK HOCHDRUCK SIEBDRUCK

D

**Duckmäuser** ⟨m. 3⟩ *jmd., der sich sofort beim geringsten Widerstand fügt, der seine Meinung nicht zu sagen wagt, Leisetreter* [zu mhd. *tockelmusen* „Heimlichkeit treiben"; zu *duckeln* „mit heimlichem Betrug umgehen" u. *musen* „mausen, (diebisch) schleichen"; an *ducken* angelehnt]

**Duckstein** ⟨m. 1⟩ ► = *Tuff* [volksetymolog. beeinflusst von ital. *tuffo* „das Eintauchen"]

**dudeln** ⟨V. i.; hat⟩ **1** *auf dem Dudelsack blasen, auf der Drehorgel, dem Leierkasten spielen* **2** ⟨fig.⟩ *eintönig od. leise vor sich hin blasen, singen od. summen* [zu tschech. *dudy* „Dudelsack" < bulg., serb. *duduk* „Pfeife, Schalmei" < türk. *duduk* „Flöte"; urspr. lautmalend]

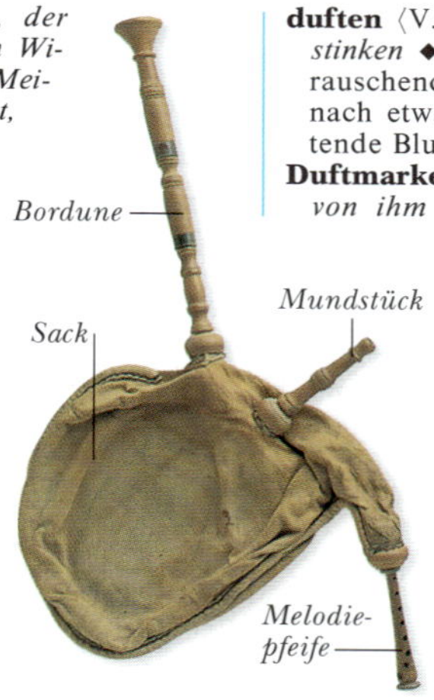


DUDELSACK: FRANZÖSISCHE BINIOU AUS SCHAFLEDER, MITTE 19. JH.

**Dudelsack** ⟨m. 1u; Mus.⟩ ▲ *altes schott., frz. u. südosteurop. Blasinstrument, bei dem aus einem durch ein Mundstück aufgeblasenen Windsack durch Druck mit dem Arm Luft in mehrere Pfeifen (mit u. ohne Grifflöcher) gedrückt wird;* Sy *Sackpfeife* [→ *dudeln*]

**Duell** ⟨n. 11⟩ *Zweikampf* ◆ jmdn. zum Duell herausfordern [< lat. *duellem* (ältere Form von bellum) „Krieg"; volksetymolog. an *duo* „zwei" angelehnt]

**duellieren** ⟨V. t.; hat⟩ sich duellieren ⟨eigtl.⟩ einander duellieren *im Duell bekämpfen*

**Duett** ⟨n. 11; Mus.⟩ *Musikstück für zwei Singstimmen od. zwei gleiche Instrumentalstimmen* (Flötenduett, Klarinettenduett); → a. *Duo* [< ital. *duetto* „Gesang zu zweien"; zu *due* „zwei"]

**Dufflecoat** ⟨['dʌflkout] m. 6⟩ ► *dreiviertellanger, meist mit Schlingen u. Knebeln zu schließender Mantel* [engl., „Mantel aus Düffel", belgische Stadt, aus der dieser Stoff ursprünglich stammte]

**Duft** ⟨m. 1u⟩ **1** *zarter, meist angenehmer Geruch* **2** *Raureif* **3** ⟨poet.⟩ *leichter Nebel* ◆ ein berauschender, herber, süßer Duft; ein Duft von Rosen [< ahd. *duft*]

**dufte** ⟨Adj.; umg.⟩ **1** *fein, großartig* **2** *tüchtig, hervorragend, gerissen* ◆ das ist dufte!; die Party war dufte [< jidd. *toff* „gut" < hebr. *tow* „gut"]

**duften** ⟨V. i.; hat⟩ **1** *Duft verbreiten* **2** ⟨iron.⟩ *stinken* ◆ der Käse duftet ⟨iron.⟩; süß, berauschend, betäubend, verführerisch duften; nach etwas duften *nach etwas riechen;* duftende Blumen

**Duftmarke** ⟨f. 19⟩ *von einem Tier mit einem von ihm ausgeschiedenen Stoff markierte Stelle* ◆ eine Duftmarke setzen

**Duftstoff** ⟨m. 1⟩ *flüchtige Substanz mit charakterist. Geruch*

**Dugong** ⟨m. 6 od. m. 1; Zool.⟩ ► *Art der Seekühe tropischer Meere mit gegabeltem Schwanz: Dugong dugong;* ► *Säugetiere* [< mal. *dujong*]

**Dukaten** ⟨m. 4⟩ *alte, urspr. italien. Goldmünze von hohem Feingehalt, in Dtschld. knapp zehn Mark* [< mhd. *ducate* < ital. *ducato*, nach dem Beinamen Kaiser Konstantins X., *Dukas*, der während seiner Regierungszeit (1059 bis 1067) den byzantin. Goldmünzen aufgeprägt wurde; dann umgedeutet zu mlat. *ducatus* „Herzogtum"]

**Duke** ⟨[dju:k] m. 6⟩ *Herzog, höchster engl. Adelsrang*

**Duktus** ⟨m.; -, -⟩ **1** *Schriftart, Schriftzug* **2** *die Art, beim Schreiben die Feder zu führen* ◆ magerer, teigiger, zügiger Duktus [< lat. *ductus* „Zug, Führung"; zu *ducere* „führen"]

**dulden** ⟨V.; hat⟩ **I** ⟨V. i.⟩ *still leiden* ◆ er duldet schweigend, standhaft **II** ⟨V. t.⟩ **1** *ertragen, erdulden* (Schmerzen) **2** *Nachsicht üben mit, nichts einwenden gegen* **3** *erlauben, zulassen* ◆ ich dulde es nicht, dass ...; die Sache duldet keinen Aufschub; ich kann dein Betragen nicht länger dulden; er duldet keinen Widerspruch [< ahd. *dulten;* → *Geduld*]

**duldsam** ⟨Adj.⟩ **1** *vieles duldend* **2** *andere Meinungen gelten lassend, tolerant*

**Duldung** ⟨f. 20; unz.⟩ *das Dulden, stillschweigendes Hinnehmen von etwas, das man nicht billigt*

**Duma** ⟨f. 10⟩ **1** *russ. Ratsversammlung* **2** *russ. Rathaus, Stadthaus* **3** ⟨1906-17; seit 1994⟩ *das russ. Parlament* [russ.]

**Dumdum** ⟨n. 15; Mil.⟩, **Dumdumgeschoss** ⟨n. 11; Mil.⟩ *wie ein Sprenggeschoss wirkendes Infanteriegeschoss mit abgekniffener Spitze u. dadurch frei liegendem Bleikern, verursacht schwere Wunden* [< ind. *damdam* „Hügel, Erdwall", nach dem Standort der bengal. Artillerie bei Kalkutta, wo die Geschosse zuerst hergestellt wurden]

**dumm** ⟨Adj.; dümmer, am dümmsten⟩ **1** *unwissend, unerfahren* (Kind) **2** *einfältig, unbegabt* **3** *unverständig, unvernünftig* **4** *ärgerlich, unangenehm, peinlich, heikel* (Angelegenheit, Lage) ◆ tu das nicht, sonst bist du bloß der Dumme! *sonst fällst du herein, hast den Schaden davon;* er sucht nur einen Dummen, der ihm die Arbeit machen soll; der dumme **August** *der Clown im Zirkus;* du dumme **Gans!**; es war ein dummes **Gefühl;** ein dummes **Gesicht** machen; du behandelst mich wie einen dummen **Jungen;** eine dumme **Sache;** dummes **Zeug!** *(Ausdruck der ungeduldigen Ablehnung)* ◆ sich dumm **anstellen;** er ist mir dumm **gekommen** *ist frech, zudringlich, unverschämt geworden;* **red** nicht so dumm (daher)!; das ist aber wirklich dumm! ◆ du bist ja dümmer, **als** die Polizei erlaubt!; ich habe **etwas** Dummes angestellt; **so was** Dummes!; du bist gar nicht so dumm, wie du aussiehst!; jetzt wird's mir aber **zu** dumm! *jetzt bin ich mit meiner Geduld am Ende* [< ahd. *tumb* „töricht, stumm, taub, stumpfsinnig", engl. *dumb* „stumm"]

**dummdreist** ⟨Adj.⟩ *dumm u. zugleich dreist*

**Dummheit** ⟨f. 20⟩ **I** ⟨unz.⟩ *Mangel an Einsicht u. Urteilskraft* ◆ Dummheit und Stolz wachsen auf einem Holz ⟨Sprichw.⟩ *Unverstand u. Dünkel gehören zusammen;* gegen Dummheit ist kein Kraut gewachsen; mit der Dummheit kämpfen Götter selbst vergebens (Schiller, „Die Jungfrau von Orleans", 3,6) **II** ⟨zählb.⟩ *unüberlegte Handlung, törichter Streich* ◆ eine Dummheit, Dummheiten machen

DUFFLECOAT

**Dummkopf** ⟨m. 1u⟩ *dummer Mensch* ◆ sei kein Dummkopf! *nimm Vernunft an!*

**dümmlich** ⟨Adj.⟩ *etwas dumm, beschränkt*

**Dummy** ⟨['dʌmi] n. 15⟩ **1** *Schaupackung* **2** *Exemplar eines in Vorbereitung befindlichen Buches mit größtenteils leeren Seiten, einzelnen Textproben, Illustrationen usw.* **3** *Puppe in Lebensgröße für Tests* **4** *Sandsack in menschlicher Form zum Boxtraining* **5** ⟨Kart.⟩ *Strohmann* [engl.]

## DÜNEN

Dünen sind vom Wind gebildete Anhäufungen aus losem Sand. Die Dünenform hängt von der Menge des vorhandenen Sandes, der Vegetationsdecke und der vorherrschenden Windrichtung ab. Querdünen bilden sich senkrecht zum Wind in Gebieten mit großen Mengen Sand. Längsdünen entstehen bei wenig Sand und wechselnden Windrichtungen. Parabeldünen treten häufig an Küsten auf, während Sicheldünen in Ebenen mit wenig Sand zu finden sind.

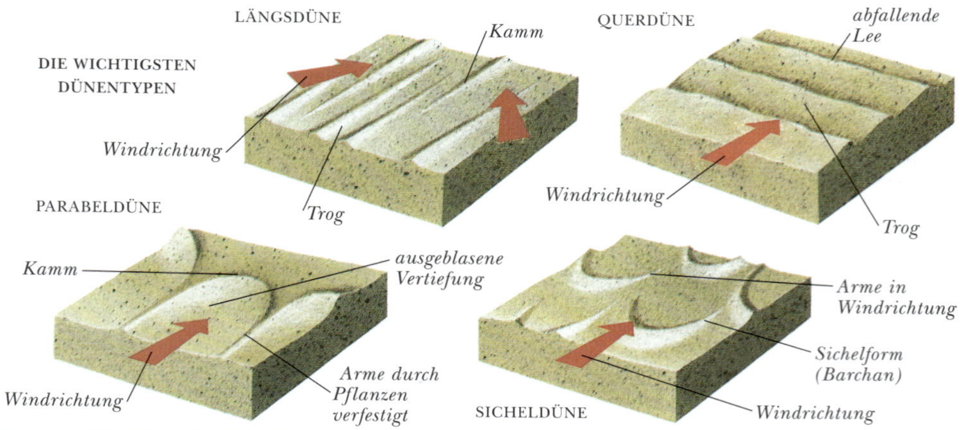

DUGONG
(*Dugong dugong*)

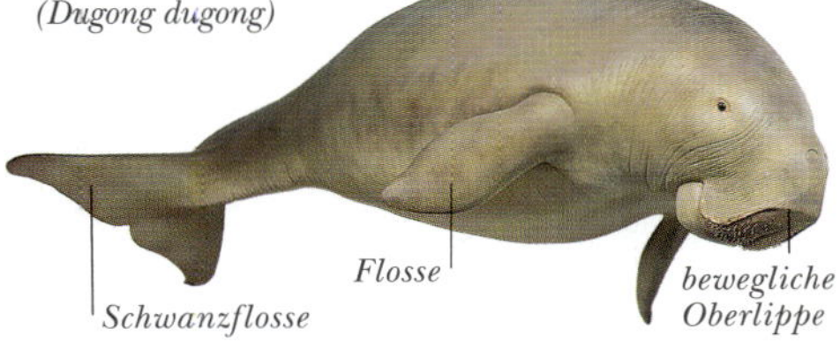


**dumpf** ⟨Adj.⟩ **1** *schwül* **2** *moderig, nach Schimmel riechend od. schmeckend* (Luft, Lebensmittel) **3** *hohl klingend, tief u. undeutlich, gedämpft, erstickt* (Geräusch, Klang, Stimme) **4** *ohne klares Bewusstsein* **5** *unklar, nicht bewusst* (Ahnung) [< *dumpfig, dumpficht* „feucht, schimmelig"; zu mhd. *dumpfe* „Dampf"; → *Dampf*]

**Dumpingpreis** ⟨[dʌmpiŋ-] m. 1⟩ *Preis einer Ware, der erheblich unter dem durchschnittlichen Marktpreis liegt*

**Düne** ⟨f. 19⟩ ◄ *vom Wind zusammengewehter Sandhügel* [< mndrl. *dünen*, engl. *down*]

**Dung** ⟨m. 1; unz.⟩ = *Dünger*

**düngen** ⟨V. t.; hat⟩ *mit Dünger vermischen*

**Dünger** ⟨m. 3⟩ *Zusätze für den Erdboden, die den Ertrag steigern helfen;* Sy *Dung* ◆ anorganischer, künstlicher Dünger *bergmännisch gewonnener od. chem. hergestellter Stoff, der zur Düngung verwendet wird;* natürlicher, organischer Dünger *vorwiegend tierische Ausscheidungsstoffe* [< ahd. *tunga;* zu *tung* „Keller, halb unterird. Webraum"]

**Düngerstreuer** ⟨m. 3⟩ ► *landwirtschaftl. Maschine zum Ausbringen von Dünger od. Mist*

**Dungkäfer** ⟨m. 3⟩ ► = *Mistkäfer*

**dunkel** ⟨Adj.; dunkler, am -sten⟩ **1** *nicht hell, lichtlos, finster* **2** *braun, bräunlich* (Teint) **3** *tief, gedämpft* (Stimme, Ton) **4** *unklar, nebelhaft, unbestimmt, verschwommen, verworren* **5** *ungewiss, geheimnisvoll, rätselhaft* (Andeutung, Gerücht) **6** *fragwürdig* **7** *verdächtig, ehrenrührig, die Öffentlichkeit scheuend* ◆ eine dunkle **Ahnung** stieg in ihm auf; einen dunklen **Anzug** anhaben; dunkle **Augen,** dunkles Haar; eine dunkle **Ecke,** Straße, ein dunkler Winkel; dunkle **Geschäfte,** Machenschaften; eine dunkle **Gestalt** kam auf uns zu; die **Herkunft** dieses Wortes ist dunkel; in seinem Leben gibt es einen dunklen **Punkt** ⟨fig.⟩; ein dunkles **Rot,** Blau, Grün; eine dunkle **Stelle** (in einem Literaturwerk) *unklare, nicht gedeutete S.;* ein dunkler **Typ** *Mensch mit schwarzer Haar- u. bräunl. Hautfarbe;* eine dunkle **Vergangenheit** haben ⟨fig.⟩ ◆ ich kann mich dunkel daran **erinnern;** im Sommer **wird** es spät dunkel ◆ seine Nachrichten **aus** dunklen Quellen beziehen; er hat mich darüber **im** Dunkeln gelassen *im Ungewissen, er hat mich nicht darüber unterrichtet;* das liegt noch im Dunkeln ⟨fig.⟩ *ist noch ungewiss;* im Dunkeln tappen *vergeblich forschen, im Unklaren sein* [< ahd. *tunkal, tunchal, dunkal;* → *Dampf*]

**Dunkel** ⟨n.; -s; unz.⟩ **1** *Dunkelheit* **2** ⟨fig.⟩ *Unklarheit, Ungewissheit* ◆ im Dunkeln ist gut munkeln ⟨sprichwörtl.⟩ *im Verborgenen lassen sich gut Ränke spinnen;* wir saßen im Dunklen od. Dunkeln

**Dünkel** ⟨m. 5; unz.⟩ *Anmaßung, Einbildung, Eitelkeit, Hochmut bei fehlendem geistigen Vermögen* [→ *dünken*]

**Dunkelheit** ⟨f. 20; unz.⟩ *Lichtlosigkeit, Finsternis, Nacht*

**Dunkelkammer** ⟨f. 21⟩ *völlig verdunkelter, nur von grüner od. roter Lampe schwach erhellter Raum zum Arbeiten mit lichtempfindl. Stoffen*

**Dunkelziffer** ⟨f. 21⟩ *Gesamtheit von Fakten, die statistisch nicht erfasst sind oder nicht erfasst werden können, weil sie nicht bekannt sind*

**dünken** ⟨V.; hat⟩ **I** ⟨V. t.; meist unpersönl.⟩ *scheinen* ◆ mir dünkt, mich dünkt; ⟨poet.⟩ mich deucht, es dünkt mir, es dünkt mich, dass ... *mir scheint, ich glaube, dass ...;* wenn es Ihnen gut dünkt; sein Benehmen dünkt mich seltsam **II** ⟨V. refl.⟩ sich dünken *sich vorkommen (wie), sich halten für, sich einbilden, etwas zu sein* ◆ er dünkt sich etwas Großes, etwas Besseres als wir; er dünkt sich sehr geschickt [< ahd. *dunchen*, engl. *think*]

**Dunking** ⟨[ˈdʌnkiŋ] n. 15; Sp.; Basketball⟩ *ein- od. zweihändiges Versenken des Balles im Korb, wobei der Spieler den Ball aus nächster Distanz von oben herab in den Korb drückt;* → a. *Slamdunking* [engl., „das Eintauchen"]

**dünn** ⟨Adj.⟩ **1** *schmal, sehr schlank, mager* (Person, Tier, Glieder); Ggs *dick (2)* **2** *wässerig* (Milch, Suppe) **3** *flüssig* (Teig); Ggs *dick (7)* **4** *fein* (Regen, Schicht) **5** *nicht dicht, durchscheinend* (Haar, Papier, Stoff) **6** *vereinzelt* **7** *schwach* (Lächeln, Stimme) **8** ⟨fig.; umg.⟩ *wenig gehaltvoll, inhaltl. unzureichend* (Buch, Vortrag) ◆ eine dünne **Stelle** im Stoff (am Ellbogen, Knie) ◆ das Land ist dünn **besiedelt;** die Rüben sind dünn **gesät;** Kameradschaft ist bei euch anscheinend dünn gesät ⟨fig.⟩ *wenig vorhanden* ◆ er ist dünn **wie** ein Faden [< ahd. *dunni*, engl. *thin*]

**Dünndarm** ⟨m. 1u; Anat.⟩ *erster Abschnitt des Darmes vom Magenausgang bis zum Blinddarm: Intestinum tenue*

**Dunst** ⟨m. 1u⟩ **1** *(durch kleine Teilchen verursachte) Lufttrübung* **2** *Ausdünstung, Hauch* **3** *Qualm, Rauch* **4** ⟨Jägerspr.⟩ *feinster Schrot* (Vogeldunst) **5** ⟨fig.; umg.⟩ *schwache Ahnung, Schimmer* ◆ keinen **(blassen)** Dunst haben (von etwas) *keine Ahnung haben (von), nichts wissen (von);* der **blaue** Dunst ⟨umg.⟩ *Zigarettenrauch;* jmdm. blauen Dunst vormachen ⟨fig.⟩ *jmdm. etwas Falsches sagen, etwas vorspiegeln;* über der Stadt, den Wiesen liegt ein **leichter,** schwacher Dunst ◆ die Berge liegen **im** Dunst; in Dunst aufgehen ⟨fig.⟩ *zunichte werden* [< ahd. *tun(i)st* „Sturm, Hauch", engl. *dust* „Staub"]

**dunsten** ⟨V. i.; hat⟩ *Dunst ausströmen, Dunst verbreiten, dampfen;* oV *dünsten (I)*

**dünsten** ⟨V.; hat⟩ **I** ⟨V. i.⟩ = *dunsten* **II** ⟨V. t.⟩ *durch Dampf in wenig Fett gar machen, dämpfen* (Fleisch, Gemüse)

**dunstig** ⟨Adj.⟩ **1** *voller Dunst, trüb* (Wetter) **2** *mit schlechter Sicht* (Tag)

**Dünung** ⟨f. 20⟩ *Seegang nach Sturm (trotz Windstille)* [zu nddt. *dünen* „sich heben u. senken" (von Wellen); zu *düne* „Hügel"; → *Düne*]

**Duo** ⟨n. 15; Mus.⟩ **1** *Musikstück für zwei selbständige, verschiedene Instrumente* **2** *die beiden ausführenden Musiker* [lat., „(für) zwei"]

**Duodenum** ⟨n.; -s, -dena; Anat.⟩ ► = *Zwölffingerdarm* [zu lat. *duodecim* „zwölf"]

**duodezimal** ⟨Adj.⟩ *zwölfteilig, in der Art des Duodezimalsystems, auf ihm beruhend*

**Duodezimalsystem** ⟨n. 11; unz.⟩ *Zahlensystem mit der Zahl 12 als Recheneinheit;* Sy *Zwölfersystem* [zu lat. *duodecim* „zwölf"]

**Duplikat** ⟨n. 11⟩ **1** *Doppel (einer Urkunde, eines Schriftstücks)* **2** *Abschrift, Kopie, Durchschlag;* Sy *Zweitausfertigung* [< lat. *duplicatum* „verdoppelt"; zu *duplicare*]

**Duplizität** ⟨f. 20; unz.⟩ *Zweiheit, Zweimaligkeit* ◆ die Duplizität der Fälle *zufälliges Zusammentreffen zweier gleicher od. ähnl. Ereignisse* [zu lat. *duplex* „doppelt"; zu frz. *duplicité* „Doppelheit"]

**Dur** ⟨n.; -s; unz.; Mus.⟩ *eins der beiden Tongeschlechter mit großer Terz im Dreiklang der Tonika;* Ggs *Moll* [zu mlat. *b durum* „der Ton h" eigtl. „hartes b"; zu *durus* „hart", nach der als „harter Klang" empfundenen großen Terz]

**durch** ⟨Präp. m. Akk.⟩ **I** ⟨räuml.; a. fig.⟩ *hindurch, mittendurch, auf der einen Seite hinein u. auf der anderen hinaus* ◆ er ist durchs **Examen** gefallen; einen Ball durchs **Fenster** werfen; durch das **Fernrohr** sehen; durch ein **Land** reisen; durch die **Nase** sprechen ◆ **sein:** der Käse ist durch *reif, weich* **II** ⟨zeitl.⟩ *während eines bestimmten Zeitraumes, einen bestimmten Zeitraum hindurch, über ... hin* ◆ das ganze **Jahr** durch ◆ es ist schon **sechs** (Uhr) durch *schon sechs Uhr vorbei* **III** ⟨Mittel, Werkzeug⟩ **1** *mithilfe von, mittels, durch Vermittlung von* **2** ⟨umg.⟩ *infolge (von)* ◆ durch stichhaltige **Argumente** überzeugen [< ahd. *durah, dur(u)h*, engl. *th(o)rough*]

**durcharbeiten** ⟨V.; hat⟩ **I** ⟨V. i.⟩ *eine gewisse Zeit ohne Pause arbeiten* **II** ⟨V. t.⟩ **1** *sich eingehend u. bis zu Ende mit etwas (Buch, Wissensgebiet) beschäftigen, sehr gründlich lesen, sorgsam studieren* **2** *durchkneten* (Teig) **III** ⟨V. refl.⟩ sich durcharbeiten *mit Anstrengung hindurchdringen, alle Schwierigkeiten überwindend bis zum Ende vordringen* ◆ sich durch ein Buch durcharbeiten

**durchaus** ⟨a. [ˈ--] Adv.⟩ **1** *völlig, vollkommen, aber mit gewisser Einschränkung* **2** *unbedingt, absolut* ⟨verstärkend in verneinenden Sätzen⟩ ◆ ich habe durchaus keinen **Grund,** das zu denken ◆ er möchte durchaus **mitkommen** ◆ durchaus **nicht!** *bestimmt nicht, sicher nicht, keinesfalls;* ich bin durchaus nicht bereit, das zu tun

**durchbeißen** ⟨V. 105; hat⟩ **I** ⟨V. t.⟩ *entzweibeißen, durch Beißen trennen* **II** ⟨V. refl.; fig.⟩ sich durchbeißen *hart kämpfen (im Leben), Widerstände überwinden*

DÜNGERSTREUER

**durchblättern** ⟨V. t.; hat⟩ *rasch die Blätter umschlagen, flüchtig ansehen* (Buch)

**Durchblick** ⟨m. 1⟩ **1** *Lichtung, Ausblick gewährende Stelle* **2** ⟨fig.⟩ *Übersicht, Überblick* ◆ er hat keinen Durchblick ⟨umg.⟩ *er hat keine Ahnung, sein Wissen ist mangelhaft*

**durchblicken** ⟨V. i.; hat⟩ **1** *hindurchschauen* **2** *Zusammenhänge erkennen u. verstehen* ◆ er blickt nicht durch ⟨umg.⟩ *er versteht nichts;* etwas durchblicken lassen *andeuten;* → a. *durchschauen*

**durchbluten** ⟨V. t.; hat⟩ *mit Blut versorgen* ◆ gut, schlecht durchblutete Gefäße

**durchbringen** ⟨V. t. 118; hat⟩ **1** jmdn. durchbringen **1.1** *jmdm. helfen, eine Krankheit od. Schwierigkeiten zu überwinden, eine Prüfung zu bestehen* **1.2** *(mit Mühe) ernähren, für jmds. Lebensunterhalt sorgen* **2** etwas durchbringen **2.1** *durchsetzen gegen den Widerstand anderer zur Geltung, Anerkennung* *bringen (Antrag)* ⟨umg.⟩ **2.2** ⟨fig.⟩ *vergeuden, verschleudern, sinnlos ausgeben* ◆ er hat sein ganzes **Erbteil,** Geld durchgebracht; er weiß nicht, wie er seine **Familie** durchbringen soll ◆ jmdn. **durchs** Examen durchbringen

**Durchbruch** ⟨m. 1u⟩ **1** *das Durchbrechen, gewaltsames Durchdringen, Durchstoßen* **2** ⟨fig.⟩ *Erfolg, der zur Berühmtheit verhilft* **3** *durchgebrochene Öffnung* (Mauerdurchbruch) ◆ Durchbruch von Eigenschaften; Durchbruch einer Krankheit; Durchbruch der Zähne; Durchbruch durch die feindlichen Linien; zum Durchbruch kommen *durchbrechen*

**Durchbrucharbeit** ⟨f. 20⟩ ▼ *Gegenstand aus Holz od. Metall, aus dessen Oberfläche Muster, Figuren u. Ornamente ausgeschnitzt od. ausgestanzt wurden*

**durchchecken** ⟨[-tʃɛkən] V. t.; hat; umg.⟩ **1** *gründlich checken, genau überprüfen, genau untersuchen* **2** *durchdenken, gründlich überlegen*

**durchdenken**[1] ⟨['---] V. t. 119; hat⟩ *bis zu Ende denken, verfolgen* (Frage, Gedankengang, Problem)

**durchdenken**[2] ⟨[-'--] V. t. 119; hat⟩ *genau nachdenken über, gründlich überlegen* ◆ eine gut durchdachte Arbeit

**durchdrehen** **I** ⟨V. t.; hat⟩ **1** *etwas mit Drehbewegung durch eine Maschine laufen lassen* **2** *auf der Stelle bewegen* ◆ Gemüse, Obst, Fleisch (durch den Wolf) durchdrehen; die Autoreifen drehten im Schlamm, im Schnee durch **II** ⟨V. i.; ist; umg.⟩ *die Nerven, die Fassung, den Verstand verlieren* ◆ ich habe Angst, er dreht noch durch

**durchdrücken** ⟨V. t.; hat⟩ *drücken bis zum Widerstand* (Hebel) ◆ die Knie durchdrücken *nach hinten drücken, ganz strecken*

**durcheinander** ⟨Adv.⟩ *aus Reihe u. Ordnung gekommen, unordentlich, regellos (wechselnd)* ◆ ich bin noch ganz durcheinander *ganz aufgeregt, vollkommen verwirrt;* etw., jmdn. durcheinander bringen *etw. in Ordnung bringen, jmdn. nervös machen;* alles durcheinander essen, trinken; durcheinander laufen *ziellos hin u. her laufen* (von mehreren); durcheinander reden *gleichzeitig reden* (von mehreren)

**Durcheinander** ⟨n. 13⟩ *Verwirrung, Unordnung, Regellosigkeit* ◆ es herrschte ein heilloses, wildes, wüstes Durcheinander

**Durchfahrt** ⟨f. 20⟩ **I** ⟨unz.⟩ **1** *das Durchfahren* **2** *durchgehender Fahrverkehr* ◆ Durchfahrt verboten!; freie Durchfahrt gewährleisten, haben **II** ⟨zählb.⟩ *Öffnung zum Durchfahren, kleine Straße, Torweg, Torbogen, Tunnel* ◆ Torweg zur Durchfahrt freihalten!

**Durchfall** ⟨m. 1u⟩ **1** *rasche u. häufige, dünnflüssige Darmentleerung;* Sy *Diarrhö,* ⟨umg., scherzh.⟩ *Durchmarsch (2)* **2** ⟨fig.⟩ *Misserfolg* ◆ das Stück erlebte bei der Premiere einen Durchfall

DURCHBRUCHARBEIT: SKANDINAVISCHE WETTERFAHNE DES 9. JH.

**durchfinden** ⟨V. refl. 134; hat⟩ sich durchfinden **1** *den rechten Weg finden* **2** ⟨fig.; umg.⟩ *sich (in einer Sache) zurechtfinden* ◆ durch dieses Durcheinander kann niemand durchfinden

**Durchfluss** ⟨m. 1u⟩ **I** ⟨unz.⟩ *das Hindurchfließen* **II** ⟨zählb.⟩ *die Öffnung zum Durchfließen*

**durchforschen** ⟨V. t.; hat⟩ etwas durchforschen *nach allen Seiten gründlich in etwas forschen, suchend, forschend durchschreiten, forschend durchqueren* ◆ ein fremdes Land durchforschen; ein Wissensgebiet durchforschen

**Durchfuhr** ⟨f. 20; unz.⟩ *Warenverkehr zwischen zwei Staaten durch einen dritten Staat hindurch;* Sy *Transit*

**durchführen** ⟨V. t.; hat⟩ **1** *durch etwas hindurchführen, führend begleiten durch* **2** ⟨fig.⟩ *verwirklichen, in die Tat umsetzen* (Arbeit, Auftrag, Gesetz, Unternehmen, Untersuchung, Versuch)

**Durchführung** ⟨f. 20; unz.⟩ **1** *das Durchführen, die Verwirklichung, das Umsetzen in die Tat* **2** ⟨Mus.⟩ **2.1** *in der Fuge, Führung des Themas durch alle Stimmen* **2.2** *in der Sonate Verarbeitung des Themas im Hauptteil*

**Durchgang** ⟨m. 1u⟩ **1** *Öffnung, Weg zum Durchgehen, schmale Gasse, Torweg, Torbogen, schmaler Gang, Tunnel* **2** ⟨Astron.⟩ *Zeitpunkt, an dem ein Planet den Meridian überschreitet;* Sy *Passage (6)* **3** *Abschnitt eines mehrteiligen Geschehens, eines Wettbewerbs (bei dem eine engere Wahl getroffen wird)* **4** ⟨Sp.; bes. Fußb.⟩ *Spielabschnitt* ◆ Durchgang gesperrt! hier ist kein Durchgang

**durchgängig** ⟨Adj.⟩ *allgemein geltend*

**Durchgangsverkehr** ⟨m. 1; unz.⟩ *durchgehender Verkehr*

**Durchgangszug** ⟨m. 1u; Kurzw.: D-Zug⟩ *längere Strecken fahrender Zug*

**durchgehen** ⟨V. 145⟩ **I** ⟨V. i.; ist⟩ **1** *sich gehend durch etwas hindurchbewegen* **2** *Zustimmung finden, angenommen, bewilligt werden* (Antrag, Gesetz) **3** *scheuen u. ohne auf Reiter od. Kutscher zu achten davonlaufen* (Pferd) **4** *heimlich davonlaufen, ausreißen* **5** *durch ein Land hindurch befördert werden, ohne dort weiterverkauft od. bearbeitet zu werden* (Waren, Rohstoffe) **6** ⟨bei Kontrollen⟩ *unbeanstandet weitergeleitet werden od. weitergehen* (Nachricht, Waren, Häftling) **7** *ohne Unterbrechung entlang-, hindurchführen* (Balkon, Gang, Röhre) **8** *durch etwas hindurchdringen* (Feuchtigkeit) **9** *sich durch etwas hindurchschieben, -stecken lassen* ◆ das Museum ist nicht groß, man **kann** bequem in einer Stunde durchgehen; das kann ich nicht durchgehen **lassen** *nicht dulden* ◆ der Antrag ist **glatt** durchgegangen ◆ die Heizrohre gehen von unten **bis** oben durch; die Nässe ist **durch** die Jacke durchgegangen **II** ⟨V. t.; hat⟩ **1** *kurz besprechen* (Stoff, Thema, Problem) **2** *prüfen, prüfend ansehen, nachrechnen* (Aufgaben, Rechnungen)

**durchgreifen** ⟨V. i. 158; hat⟩ **1** *durch etwas hindurchgreifen, -fassen* **2** ⟨fig.⟩ *Ordnung schaffen, einen Übelstand beseitigen*

**durchhalten** ⟨V. i. 160; hat⟩ *aushalten, etwas bis zuletzt ertragen* ◆ er hat eisern, standhaft durchgehalten

**durchkämmen** ⟨V. t.; hat⟩ **1** *gründlich kämmen* (Haar) **2** ⟨fig: umg.⟩ *einzeln, sorgfältig durchsuchen, untersuchen, kontrollieren* ◆ jeder Wagen wurde durchgekämmt

**durchkämpfen** ⟨V.; hat⟩ **I** ⟨V. t.⟩ eine Sache durchkämpfen *mit aller Kraft durchsetzen* **II** ⟨V. refl.⟩ sich durchkämpfen **1** *kämpfend hindurchdringen* **2** ⟨fig.⟩ *sich mit Mühe behaupten* ◆ die Übermacht der Feinde war groß, aber er kämpfte sich durch; sich durch unwegsames Gebiet durchkämpfen; sich im Leben durchkämpfen müssen

**durchkommen** ⟨V. i. 170; ist⟩ **1** *durch etwas hindurchkommen, vorbeikommen, entlangkommen* **2** *(hin)durchdringen, sich hindurchzwängen* **3** ⟨fig.⟩ *sich retten* **4** *Prüfung bestehen* **5** *Krankheit überstehen* **6** *Schwierigkeiten überwinden* **7** *mit etwas fertig werden* ◆ wird er durchkommen? *wird er gesund werden?; wird er die Prüfung bestehen?;* ich versuche seit einer Stunde, München anzurufen, aber ich komme nicht durch; es ist (hier) nicht durchzukommen *man kann hier nicht weiter;* er ist heil und unversehrt durchgekommen

**durchkreuzen** ⟨V. t.; hat; fig.⟩ *stören, vereiteln, zunichte machen* ◆ jmds. Pläne durchkreuzen

**durchladen** ⟨V. t. 173; hat; bei Mehrladegewehren⟩ ein Gewehr durchladen *eine Patrone in den Lauf schieben*

**durchlassen** ⟨V. t. 174; hat⟩ **1** jmdn. durchlassen **1.1** *Platz zum Durchgehen, Durchfahren machen vorbeigehen, -fahren lassen* **1.2** *eine Prüfung bestehen lassen* **2** etwas durchlassen **2.1** *durch ein Sieb laufen lassen od. streichen* **2.2** *unbeanstandet weiterbefördern* (Waren) ◆ würden Sie mich bitte durchlassen?; der Vorhang lässt kein Licht durch; der Stoff lässt kein Wasser durch

DURCHPAUSEN: KOPIEREN EINES BILDES MIT PAUSPAPIER

**Durchlässigkeit** ⟨f. 20; unz.⟩ *durchlässige Beschaffenheit*

**Durchlaucht** ⟨f.; -; unz.; Titel für⟩ *Fürst(in)* ◆ Seine, Ihre Durchlaucht; Euer Durchlaucht *(als Anrede)* [zu mhd. *durchliuhten* „durchstrahlen", Lehnübersetzung von lat. *perillustris* „sehr angesehen"; → *leuchten*]

**durchlaufen**[1] ⟨['---] V. 175⟩ **I** ⟨V. i.; ist⟩ **1** *sich laufend durch etwas hindurchbewegen* **2** *bis zum Ziel od. eine gewisse Zeit laufen, ohne Rast zu machen* **3** *hindurchfließen, durchsickern* ◆ er ist zehn **Stunden** durchgelaufen; das Dach ist undicht, das **Wasser** läuft durch ◆ Kaffee durchlaufen **lassen** (durch den Filter) ◆ ich hatte keine Zeit, ich bin (durch die Ausstellung) nur **rasch** durchgelaufen ◆ das Werkstück usw. läuft nebenher **mit** durch *wird mit den anderen wichtigeren nebenher mit bearbeitet* **II** ⟨V. t.; hat⟩ *durch vieles Laufen abnutzen, schadhaft machen* (Schuhe, Schuhsohlen) ◆ die dünnen Sohlen sind schnell durchgelaufen

**durchlaufen**[2] ⟨[-'--] V. t. 175; hat⟩ **1** *im Eilschritt, Laufschritt durchqueren* (Straße, Gebiet) **2** *mitmachen, hinter sich bringen* (Schule, Universität, Lehrgang); Sy ⟨umg.⟩ *durchmachen (3)* **3** *arbeitend kennen lernen* (Abteilung) ◆ er hat jetzt alle Abteilungen des Betriebes durchlaufen

**Durchlauferhitzer** ⟨m. 3⟩ *elektr. od. mit Gas betriebener Heißwasserbereiter, bei dem das Wasser während des Durchlaufens, Abzapfens erhitzt wird;* → a. *Heißwasserspeicher*

**durchleben** ⟨V. t.; hat⟩ *bewusst von Anfang bis Ende erleben* ◆ schreckliche Augenblicke durchleben; eine schwere Zeit durchleben

**durchlöchern** ⟨V. t.; hat⟩ *mit Löchern versehen, viele Löcher hineinbohren, -knipsen, -schneiden, -reißen* ◆ der Strumpf ist ganz durchlöchert

**durchmachen** ⟨V. t.; hat; umg.⟩ **1** *erdulden, erleiden, erleben* **2** *überstehen, hinter sich bringen* (Krankheit) **3** ⟨umg.⟩ = *durchlaufen[2] (2)* (Schule, Kurs) ◆ die Nacht durchmachen *die Nacht in fröhlicher Gesellschaft verbringen;* er hat viel durchgemacht *er hat ein schweres Schicksal hinter sich*

**Durchmarsch** ⟨m. 1u⟩ **1** *Durchquerung, Gang, Marsch durch etwas hindurch* **2** ⟨umg.; scherzh.⟩ = *Durchfall (1)* **3** ⟨Skat⟩ *Ramsch, bei dem die anderen Spieler keinen Stich machen können*

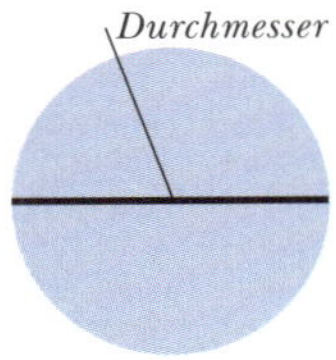


DURCHMESSER

**durchmessen[1]** ⟨['---] V. t. 183; hat⟩ *von Anfang bis Ende messen, gründl. messen*

**durchmessen[2]** ⟨[-'--] V. t. 183; hat⟩ *durchschreiten* ◆ große Strecken durchmessen; er durchmaß den Raum mit großen Schritten

**Durchmesser** ⟨m. 3; Zeichen: d od. Ø⟩ Sy *Diameter* **1** ► *durch den Mittelpunkt eines Kreises, einer Kugel oder eines Zylinders laufende Strecke* **2** *Länge dieser Strecke* ◆ Durchmesser eines Baumstammes

**durchnässen** ⟨V. t.; hat⟩ *völlig nass machen, mit Nässe durchdringen*

**durchnehmen** ⟨V. t. 187; hat⟩ *besprechen, abhandeln, erörtern* ◆ ein neues Kapitel, einen Stoff, ein Thema durchnehmen

**durchpausen** ⟨V. t.; hat⟩ ◄ *durch durchsichtiges Papier nachziehen, nachzeichnen* (Zeichnung); Sy *durchzeichnen*

**durchpeitschen** ⟨V. t.; hat⟩ **1** *mit der Peitsche züchtigen* **2** ⟨fig.⟩ *sehr nachdrücklich gegen Widerstand durchsetzen* (Gesetz)

**durchqueren** ⟨V. t.; hat⟩ einen Raum durchqueren *sich durch einen Raum hindurchbewegen* ◆ einen Fluss, See durchqueren; ein Land, einen Kontinent durchqueren

**durchrechnen** ⟨V. t.; hat⟩ **1** *gründlich rechnen, bis zu Ende rechnen, rechnend erkennen* **2** *prüfend rechnen* ◆ ich muss das Projekt durchrechnen, ehe ich darüber etwas sagen kann; noch einmal durchrechnen

**Durchreiche** ⟨f. 19⟩ *Maueröffnung zwischen Küche u. Essraum zum Durchreichen der Speisen*

**Durchreise** ⟨f. 19; unz.⟩ *Reise durch einen Ort, ein Land* ◆ wir sind auf der Durchreise *wir machen nur eine Zwischenstation, wollen noch weiterreisen*

**durchringen** ⟨V. refl. 199; hat⟩ sich zu etwas durchringen *sich nach inneren Kämpfen zu etwas entschließen* ◆ er hat sich zum Verzicht durchgerungen; ich habe mich dazu durchgerungen, es zu tun

**durchrosten** ⟨V. i.; ist⟩ *durch Rost entzweigehen* ◆ die Stange ist durchgerostet

**durchrufen** ⟨V. t. 201; hat; umg.⟩ *durchsagen, mündlich weitergeben, telefonisch mitteilen*

**durchrütteln** ⟨V. t.; hat⟩ *gründlich rütteln, erschüttern* ◆ wir sind im Wagen tüchtig durchgerüttelt worden

**durchs** ⟨Verschmelzungsform von Präp. u. Art.⟩ *durch das*

**Durchsage** ⟨f. 19⟩ **1** *(meist akustische) Mitteilung von einer zentralen Stelle an alle Personen in jedem einzelnen Raum* **2** *Mitteilung vom einen zum andern*

**durchschalten** ⟨V. t. u. V. i.; hat⟩ *zu Ende schalten, die Schaltung ganz durchführen, Strom (bis zum Endpunkt) durchleiten* ◆ die Leitung ist gelegt, wir können morgen bis zu Ihnen durchschalten

**durchschauen[1]** ⟨['---] V. i.; hat⟩ **1** *durch etwas hindurchschauen* **2** ⟨fig.⟩ *etwas erkennen, verstehen, sich über etwas klar werden*

**durchschauen[2]** ⟨[-'--] V. t.; hat⟩ **1** eine Sache durchschauen *erkennen, was dahintersteckt* **2** jmdn. durchschauen *seine verborgene Absicht, seine Gedanken erraten*

**durchscheinen** ⟨V. i. 208; hat⟩ *durch etwas hindurchscheinen, einen Schein hindurchdringen lassen* ◆ die Vorhänge sind zu dünn, die Sonne scheint durch

**durchschießen** ⟨V. t. 213; hat⟩ **1** *mit Kugel, Pfeil usw. mit einem Schuss durchbohren* **2** ⟨Typ.⟩ *mit Durchschuss versehen* (Zeilen) **3** ein Buch durchschießen *weiße Papierblätter zwischen die Buchblätter heften* (für Korrekturen) ◆ durchschossener Satz; er lag mit durchschossener Stirn auf der Erde; er durchschoss ihm das Herz

**durchschlafen** ⟨V. i. 215; hat⟩ *eine gewisse Zeit lang schlafen, ohne aufzuwachen* ◆ ich habe sechs Stunden durchgeschlafen

**Durchschlag** ⟨m. 1u⟩ **1** *mit Durchschlag- u. Kohlepapier (meist in der Schreibmaschine) hergestelltes Doppel eines Schriftstücks* **2** *großes Sieb zum Durchschlagen von Kartoffeln, Quark u. Ä.* **3** *spitzes Stahlgerät zum Schlagen von Löchern, Punze* **4** *plötzliche elektr. Entladung starker Spannung durch einen Isolator*

**durchschlagen** ⟨V. 216; hat⟩ **I** ⟨V. i.⟩ **1** *heftig u. nachhaltig wirken* (Abführmittel) **2** *wirksam werden, deutlich hervortreten* (Erbanlagen) **3** *durch etwas hindurchdringen* ◆ die Tinte schlägt durch *dringt auf die Rückseite des Papiers durch;* in dem Jungen ist der Großvater durchgeschlagen **II** ⟨V. t.⟩ **1** *durch Schlag trennen, teilen, zerschlagen, entzweischlagen* (Stück Holz) **2** *durch einen Schlag ganz hindurchdringen lassen* (Nagel) **3** *durch ein Sieb rühren, streichen* (Kartoffeln, Früchte, Quark) **4** einen Brief durchschlagen *mit einem od. mehreren Durchschlägen schreiben* **III** ⟨V. refl.⟩ sich durchschlagen **1** *sich einen Weg bahnen, erkämpfen* **2** *Schwierigkeiten mit einiger Mühe überwinden* **3** *sein Leben mit dem notwendigen Unterhalt fristen* ◆ sich mit wenigen Leuten durch die Reihen des Feindes durchschlagen

**Durchschlagpapier** ⟨n. 11⟩ *dünnes Papier für Durchschläge auf der Schreibmaschine*

**durchschleusen** ⟨V. t.; hat⟩ **1** *mittels Schleuse durch etwas hindurchbringen, in tieferes od. höheres Flussbett leiten* (Schiff) **2** jmdn. durchschleusen ⟨fig.⟩ *heiml. durch eine Kontrolle, Sperre bringen*

**durchschlüpfen** ⟨V. i.; ist⟩ **1** *rasch u. gewandt durch etwas hindurchkriechen* **2** ⟨fig.⟩ *unbemerkt hinein- u. wieder hinauskommen* ◆ der Dieb ist der Polizei (zwischen den Fingern) durchgeschlüpft *entkommen*

**durchschneiden[1]** ⟨['---] V. t. 224; hat⟩ **1** *mit dem Messer, der Schere zerteilen* ◆ einen Stoff, ein Stück Papier durchschneiden

**durchschneiden[2]** ⟨[-'--] V. t. 224; hat; fig.⟩ *in schmaler Spur, Rinne durchqueren* ◆ das Schiff durchschneidet die Wellen; der Fluss durchschneidet das Land

**Durchschnitt** ⟨m. 1⟩ **1** *das Durchschneiden, Schnitt durch etwas* **2** *Mittelwert mehrerer gleichartiger Größen;* Sy ⟨kurz⟩ *Schnitt (13)* ◆ er ist guter Durchschnitt *seine Leistungen sind etwas mehr als mittelmäßig;* im Durchschnitt *den Mittelwert gerechnet,* ⟨umg.⟩ *im Allgemeinen, üblicherweise*

**durchschnittlich** ⟨Adj.⟩ **1** *im Durchschnitt, im Mittelwert (gerechnet)* **2** ⟨umg.⟩ *im Allgemeinen* **3** *mittelmäßig, normal, weder gut noch bes. schlecht, weder viel noch wenig* ◆ das durchschnittliche Einkommen unserer Angestellten beträgt ...; seine Leistungen sind durchschnittlich

**Durchschnittsgeschwindigkeit** ⟨f. 20⟩ *von einem Fahrzeug innerhalb eines längeren Zeitraums erzielte durchschnittl. Geschwindigkeit*

**Durchschnittswert** ⟨m. 1⟩ *mittlerer Wert, Mittelwert*

**Durchschrift** ⟨f. 20⟩ *durchgeschriebenes, durchgeschlagenes Schriftstück, Zweitschrift, Durchschlag, Kopie*

**Durchschuss** ⟨m. 1u⟩ **I** ⟨zählb.⟩ *Schuss, bei dem das Geschoss ganz durch den Körper hindurchgeht u. ihn wieder verlässt* **II** ⟨unz.⟩ **1** *Schussfäden, die beim Weben durch die Kettfäden hindurchgeführt (-geschossen) werden* **2** ⟨Typ.⟩ **2.1** ▼ *nicht mitdruckender Metallstreifen zwischen den Zeilen zur Herstellung von Zwischenräumen;* Sy *Reglette* **2.2** *der dadurch entstandene Zeilenzwischenraum selbst* ◆ eine Seite mit viel, wenig, ohne Durchschuss

**durchschütteln** ⟨V. t.; hat⟩ *kräftig schütteln, durch Schütteln erschüttern* ◆ wir wurden auf den holprigen Wegen im Wagen tüchtig durchgeschüttelt

**durchsehen** ⟨V. 235; hat⟩ **I** ⟨V. i.⟩ *durch etwas hindurchschauen* ◆ lass mich einmal durchsehen! (durchs Fernrohr) **II** ⟨V. t.⟩ **1** *prüfend ansehen, nachprüfen, überprüfen* (Papiere, Post, Rechnungen) **2** *flüchtig anschauen, durchblättern* (Bücher) ◆ eine Arbeit noch einmal auf Schreibfehler durchsehen

**durchsetzen[1]** ⟨['---] V.; hat⟩ **I** ⟨V. t.⟩ *nach Überwindung von Widerstand erreichen* ◆ ich habe es durchgesetzt, dass ...; seinen Kopf durchsetzen *unnachgiebig seinen Willen geltend machen* **II** ⟨V. refl.⟩ sich durchsetzen *sich behaupten, seinen Willen geltend machen, Anerkennung erreichen*

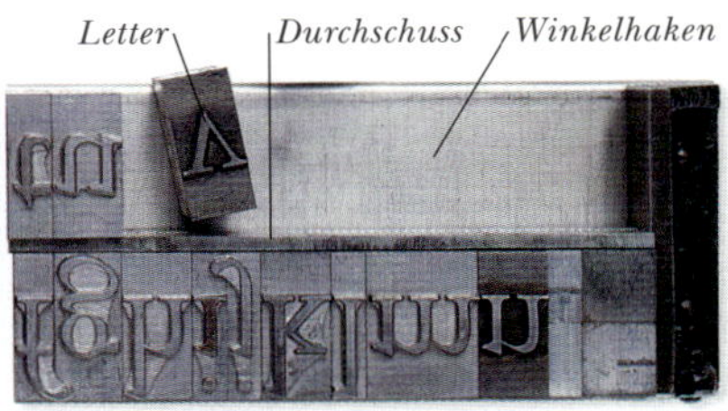


DURCHSCHUSS ZWISCHEN ZWEI ZEILEN BEIM BLEISATZ

**durchsetzen[2]** ⟨[-'--] V. t.; hat⟩ etwas mit etwas anderem durchsetzen *etwas mit etwas anderem vermischen, einer Masse etwas beimengen* ◆ das Gestein ist mit Erzen durchsetzt

**durchsichtig** ⟨Adj.⟩ **1** *Licht hindurchlassend, glasklar* (Gewebe, Papier, Stoff) **2** ⟨fig.⟩ *sehr zart, blass, blutarm* (Erscheinung, Gesicht) **3** *leicht durchschaubar, leicht erkennbar* ◆ sein Plan ist allzu durchsichtig *man bemerkt sofort die (versteckte) Absicht dabei*

**durchsickern** ⟨V. i.; ist⟩ **1** *tropfenweise durch etwas hindurchfließen* (Wasser, Blut) **2** ⟨fig.⟩ *allmählich bekannt werden* (Gerücht, Nachricht)

**durchsprechen** ⟨V. 246; hat⟩ **1** *durch etwas (z. B. Fenster am Schalter) hindurchsprechen* **2** *telefonisch durchgeben, durchsagen, weiterleiten* (Nachricht, Telegramm) **3** *erörtern, besprechen* (Frage, Plan, Problem, Rolle, Thema, Vorfall)

D

**durchstehen** ⟨V. t. 251⟩ *aushalten, bis zu Ende ertragen* ◆ er steht es durch, ⟨od.⟩ er durchsteht es; wir haben böse Zeiten miteinander durchgestanden, ⟨od.⟩ durchstanden

**durchstellen** ⟨V. t.; hat; umg.⟩ *auf einen anderen Anschluss einstellen* (Telefon) ◆ das Telefon (vom Geschäft) nach der Wohnung durchstellen

**durchstoßen** ⟨V. 257⟩ **I** ⟨V. i.; ist⟩ **1** *kämpfend, stoßend, heftig durch etwas hindurchdringen* **2** *stoßend eindringen u. auf der anderen Seite wieder hinauskommen* ◆ ganz durchstoßen **II** ⟨V. t.; hat⟩ *durch häufigen Gebrauch schadhaft machen* ◆ den Ärmel, Ellbogen durchstoßen **III** ⟨V. refl.; hat⟩ sich durchstoßen *sich durch vielen Gebrauch abnutzen, schadhaft werden (Ärmel)*

**durchstreichen** ⟨V. t. 258; hat⟩ *einen Strich hindurchziehen, durch Strich ungültig machen* ◆ Nichtzutreffendes bitte durchstreichen!

**durchströmen**[1] ⟨['---] V. i.; ist⟩ *durch etwas hindurchströmen, -fließen* ◆ die Schleusen öffnen, damit das Wasser (frei) durchströmen kann

**durchströmen**[2] ⟨[-'--] V. t.; hat⟩ *durchfließen* ◆ ein Gefühl der Dankbarkeit durchströmte mich ⟨fig.⟩

**durchsuchen** ⟨V. t.; hat⟩ *gründlich untersuchen, absuchen, um etwas Bestimmtes zu finden* (Gepäck, Wohnung) ◆ das Haus polizeilich durchsuchen (lassen)

**durchtrennen** ⟨V. t.; hat⟩ *zertrennen, zerteilen, zerschneiden* ◆ eine Sehne durchtrennen

**durchtrieben** ⟨Adj.⟩ *listig, verschlagen, schlau*

**Durchwahlnummer** ⟨f. 21⟩ *Telefonnummer, die aus der amtl. Nummer des Betriebes u. der des Hausanschlusses zusammengesetzt ist*

**durchzählen** ⟨V.; hat⟩ **I** ⟨V. i.⟩ *zählen, indem jeder in der Reihe die nächste Zahl nennt* ◆ durchzählen! *(Kommando)* **II** ⟨V. t.⟩ *ohne Abschnitt, Einschnitt zählen, im Ganzen, nicht in Gruppen zählen, bis zu Ende zählen*

**durchzeichnen** ⟨V. t.; hat⟩ **1** ► = *durchpausen* **2** *in Einzelheiten zeichnend sorgfältig ausarbeiten* (Bild, Gestalt) ◆ gut durchgezeichnet *als Zeichnung gut durchgearbeitet*

**durchziehen**[1] ⟨['---] V. 287⟩ **I** ⟨V. i.; ist⟩ **1** *ohne Aufenthalt durchmarschieren* **2** *(in Scharen) vorbei-, dahinfliegen* (Zugvögel) **3** durchziehen lassen *Durchzug machen, durch Zugluft lüften (Zimmer)* **II** ⟨V. t.; hat⟩ **1** etwas durchziehen **1.1** *durch etwas anderes hindurchziehen* **1.2** *ohne Unterbrechung ziehen* (Linien) **2** eine Sache durchziehen ⟨umg.⟩ *sie unbedingt, ohne Verzögerungen zu Ende bringen* **3** ⟨Drogenszene⟩ *Rauschgift rauchen, inhalieren* ◆ einen Joint durchziehen; den Faden (durch ein Öhr) durchziehen

**durchziehen**[2] ⟨[-'--] V. t. 287; hat⟩ **1** *wandernd, fahrend durchqueren* **2** *durchfließen* **3** *sich hindurch erstrecken* **4** *durchdringen, sich vermischen mit* ◆ Flüsse u. Eisenbahnlinien durchziehen das Land; wir durchzogen ganz Spanien

**durchzucken** ⟨V. t.; hat⟩ *zuckend durchlaufen* ◆ ein Gedanke durchzuckte mich ⟨fig.⟩ *kam mir plötzlich;* ein Schmerz durchzuckte meinen Körper

**dürfen** ⟨V. i. 124; hat⟩ **1** *das Recht, die Erlaubnis od. die Macht haben, etwas zu tun (oft als Ausdruck der Höflichkeit)* **2** *Grund haben, etwas zu tun, können* ◆ kommst du mit? Nein, ich darf nicht; darf ich Ihnen meinen Arm **anbieten?**; darf ich um das Salz **bitten?**; ein bisschen rasch, wenn ich bitten darf!; darf ich etwas **fragen?** ◆ es dürfte allen **bekannt** sein, dass ... *es ist sicher allen bekannt;* es dürfte **ratsam** sein, jetzt zu gehen ◆ **was** darf es sein? *(Frage des Verkäufers) was wünschen Sie, was soll ich Ihnen zeigen?* [< ahd. *durfan* „Not leiden, Not haben“, verwandt mit *darben*]

**dürftig** ⟨Adj.⟩ **1** *ärmlich, kümmerlich, armselig* (Wohnung) **2** *knapp, kärglich, unzureichend* (Einnahmen, Essen) **3** *unzulänglich, wenig gehaltvoll* (Aufsatz, Rede) ◆ dürftig ausgestattet; dürftig gekleidet [< ahd. *durftic;* → *dürfen*]

**dürr** ⟨Adj.⟩ **1** *trocken, ausgetrocknet, abgestorben* (Ast, Blatt) **2** *unfruchtbar, ärmlich, unergiebig* (Boden) **3** *mager, abgemagert, sehr dünn* (Gestalt, Mensch, Tier) ◆ etwas in dürren Worten schildern *in wenigen, kurzen, nüchternen W.* [< ahd. *durri*]

**Dürre** ⟨f. 19; unz.⟩ **1** *das Dürrsein* **2** *Trockenheit, Unfruchtbarkeit, Unergiebigkeit* **3** *Magerkeit* **4** ⟨sächs.⟩ *Kälte* **5** = *Darre* ◆ Dürre des Bodens; eine Dürre kam über das Land

**Durst** ⟨m. 1; unz.⟩ **1** *Trinkbedürfnis* **2** ⟨fig.⟩ *drängendes Verlangen, unbezwingl. Sehnsucht* ◆ Durst **erregen,** haben, leiden, machen; seinen Durst **löschen,** stillen ◆ **brennender,** großer, quälender Durst ◆ **an** Durst leiden; Durst **auf** Bier, Kaffee; einen **über** den Durst trinken ⟨umg.⟩ *sich betrinken* [< ahd. *thurst,* engl. *thirst*]

**dursten** ⟨V. i.; hat⟩ *Durst haben, Durst leiden* ◆ er hat zwei Tage lang dursten müssen

**dürsten** ⟨V. i.; hat⟩ **1** ⟨meist unpersönl.⟩ *Durst haben, trinken wollen* **2** ⟨fig.⟩ dürsten nach *heftig verlangen nach* ◆ mich dürstet; nach Rache dürsten [< ahd. *dursten;* → *Durst*]

**durstig** ⟨Adj.⟩ *Durst verspürend, von Durst geplagt*

**Durststrecke** ⟨f. 19⟩ *Zeit mit vielen Entbehrungen*

**Dusche** ⟨f. 19⟩ **1** *Brause, durch viele Ausflussöffnungen verteilter Wasserstrahl* **2** *Bad unter der Dusche* ◆ eine Dusche nehmen; heiße, kalte, warme Dusche; eine kalte Dusche ⟨fig.⟩ *überraschend eintretende Enttäuschung, Ernüchterung* [< frz. *douche* „Dusche, Brausebad“; zu lat. *ductio* „Wasserleitung“]

**duschen** ⟨V. i.; hat⟩ **1** *eine Dusche, ein Duschbad nehmen* **2** ⟨unpersönl.⟩ es duscht *es regnet heftig* ◆ (sich) kalt, warm duschen; es hat nur geduscht *kurz u. heftig geregnet*

**Düse** ⟨f. 19⟩ **1** *Strömungskanal mit stetig veränderlichem Querschnitt zur Erhöhung der Geschwindigkeit des durchströmenden Gases* **2** *Vorrichtung zum Zerstäuben von Flüssigkeiten* [< tschech. *duše* „Inneres eines Rohres“ < altslaw. *duša* „Seele, Atem“]

**Düsenantrieb** ⟨m. 1; unz.⟩ = *Strahlantrieb*

**Düsenflugzeug** ⟨n. 11⟩ *durch Luftstrahltriebwerk angetriebenes Flugzeug*

**Düsenjäger** ⟨m. 3⟩ *Jagdflugzeug mit Luftstrahltriebwerk*

**Düsentriebwerk** ⟨n. 11⟩ ► = *Strahltriebwerk*

**duster** ⟨Adj.⟩ = *düster*

**düster** ⟨Adj.⟩ oV *duster* **1** *schaurig-dunkel, lichtlos* (Raum, Gebäude) **2** *schwermütig* (Gemüt) **3** *Unheil verkündend* (Blick) **4** *finster, verdrießlich, niedergedrückt* (Schweigen, Stimmung) ◆ ein düsteres Gemäuer [< germ. **þiustria-* „dunkel, lichtlos“]

**Düsternis** ⟨f. 9⟩ *Düsterkeit, Dunkelheit*

**Dutt** ⟨m. 1; umg.⟩ *Haarknoten* [vermutlich < nddt. *tute, töte* „Blashorn“, dann „Horn“; → *Tüte, tuten*]

**Dutzend** ⟨n. 11; nach Zahlenangaben Pl.: -; Abk.: Dtzd.⟩ *zwölf Stück* ◆ zwei, drei Dutzend; Dutzende/dutzende von Büchern, Menschen; ein paar Dutzend/dutzend Mal(e) [< frz. *douzaine* „Dutzend“]

**Dutzendware** ⟨f. 19; unz.; abwertend⟩ *billige Massenware*

**duzen** ⟨V. t.; hat⟩ Ggs *siezen* **1** jmdn. duzen *mit du anreden* **2** einander, ⟨umg.⟩ sich duzen *einander mit Du anreden, du zueinander sagen* [→ *du*]

**DVD** ⟨Abk. für engl.⟩ *Digit Versatile Disc, eine beidseitig beschichtete CD, auf der große Datenmengen (z. B. Spielfilme) gespeichert werden können*

**Dynamik** ⟨f. 20; unz.⟩ **1** *Lehre von der Bewegung von Körpern unter Einfluss von Kräften;* Ggs *Statik* **2** ⟨Mus.⟩ **2.1** *Lehre von der Abstufung der Tonstärke* **2.2** *die Abstufung selbst* **3** ⟨fig.⟩ *Triebkraft, Kraftentfaltung, Schwung, Lebendigkeit, lebendige, lebhafte, rhythm. Bewegung* [< grch. *dynamis* „Kraft“]

**dynamisch** ⟨Adj.⟩ Ggs *statisch* **1** *die Dynamik betreffend, auf ihr beruhend* **2** *voll innerer Kraft, lebendig, wirksam, lebhaft bewegt*

**Dynamit** ⟨n.; -s; unz.⟩ *Sprengstoff aus 75 % Nitroglycerin, 24,5 % Kieselgur u. 0,5 % Soda* [< grch. *dynamis* „Kraft“]

**Dynamo** ⟨m. 6⟩ = *Generator (1)*

**Dynastie** ⟨f. 19⟩ *Herrscherhaus, Herrscherfamilie* [< grch. *dynasteia* „Macht, Herrschaft“]

**dynastisch** ⟨Adj.⟩ *zu einer Dynastie gehörig, auf ihr beruhend*

**Dysfunktion** ⟨f. 20⟩ *Funktionsstörung* [< grch. *dys-* „schlecht“ + *Funktion*]

**Dystrophie** ⟨f. 19⟩ *Ernährungsstörung (der Muskeln, Organe) aufgrund einer Beeinträchtigung des Zellstoffwechsels* [< grch. *dys-* „schlecht“ + *trophe* „Ernährung“]

**D-Zug** ⟨m. 1u; Kurzw. für⟩ *Durchgangszug, Schnellzug* ◆ ein alter Mann ist doch kein D-Zug ⟨umg.; scherzh.⟩ *noch schneller kann ich es unmöglich schaffen*

# E

**e I** ⟨n.; -, - od. -s; Mus.⟩ *Tonbezeichnung, Grundton der e-Moll-Tonleiter* **II** ⟨ohne Art.⟩ **1** ⟨Mus.; Abk. für⟩ *e-Moll (Tonartbezeichnung)* **2** ⟨Math.; Zeichen für⟩ *Basis der natürlichen Logarithmen, = 2,718...* **3** ⟨Phys.; Zeichen für⟩ *Elektron, elektrische Elementarladung*

**E I** ⟨n.; -, - od. -s; Mus.⟩ *Tonbezeichnung, Grundton der E-Dur-Tonleiter* **II** ⟨ohne Art.⟩ **1** ⟨Mus.; Abk. für⟩ *E-Dur (Tonartbezeichnung)* **2** ⟨Verkehrsw.; Abk. für⟩ *Europastraße*

**E 605** *sehr giftiges Pflanzenschutzmittel, Phosphorsäureester, Parathion*

**EAN-Code** ⟨[e:a:ˈɛnko:d] m. 6; unz.⟩ ► = *Strichkode* [fachsprachl. Kurzw. für *E*uropäischer *A*rtikel*n*ummer-*Code*]

**Earl Grey** ⟨[ˈə:l ˈgrɛi] m.; - -s; unz.⟩ *Teesorte, die mit dem Öl der Bergamotte aromatisiert ist* [nach dem engl. Politiker Sir Edward Viscount *Grey* of Fallodon, 1862-1933]

**Easyrider,** ⟨auch⟩ **Easy Rider** ⟨[ˈi:ziˈraidə(r)] m.; (-) -s, (-) -⟩ *Motorrad mit hohem Lenker u. hoher Rückenlehne* [< engl. *easy* „leicht, bequem" + *rider* „Reiter, Fahrer"; nach dem gleichnamigen Spielfilm]

**Eau de Cologne** ⟨[o: də koˈlɔnjə] n.; - - -, -x [o:] - -⟩ *Duftwasser, Kölnischwasser* [frz., „Wasser aus Köln"]

**Eau de Toilette** ⟨[o: də toaˈlɛt] n.; - - -, -x [o:] - -⟩ *Duftwasser, das stärker ist als Eau de Cologne u. schwächer als Parfüm* [< frz. *eau* „Wasser" + *de* „von" + *toilette* „Aufmachung, Kleidung; Toilette"; → *Toilette*]

EBERESCHE: GEMEINE EBERESCHE (*Sorbus aucuparia*)

**Ebbe** ⟨f. 19⟩ **1** *Tiefwasser, periodisches Zurückweichen des Meerwassers im Gezeitenwechsel;* Ggs *Flut (1)* **2** ⟨fig.⟩ *Tiefstand* **3** *Geldmangel* ◆ Ebbe und Flut; es ist Ebbe; bei mir, in meiner Kasse ist Ebbe ⟨fig.⟩ [< nddt. *ebbe,* engl. *ebb*]

**eben I** ⟨Adj.⟩ **1** *gleichmäßig hoch, gerade, flach, platt, glatt* **2** *gleichmäßig, ohne Erschütterungen* ◆ eine ebene **Fläche,** Straße; das Pferd hat einen ebenen **Gang** ◆ der Weg **läuft** ganz eben (dahin); etwas eben **machen** ◆ **zu** ebener Erde *in Höhe des Erdbodens;* zu ebener Erde wohnen **II** ⟨Adv.⟩ *gerade in diesem Augenblick, soeben, gerade jetzt* ◆ eben (erst) angekommen, schrieb er mir ...; der eben erwähnte Vorfall; eben habe ich mit ihm gesprochen; eben wollte er fortgehen, als ...; wann ist er hier gewesen? jetzt eben, vor fünf Minuten **III** ⟨Partikel⟩ **1** *schnell einmal* **2** *gerade, gerade dies, genau, genau dies* **3** *gerade passend, gerade noch, kaum, knapp* **4** *gerade, besonders* **5** *nun, ja, nun einmal, einfach* ◆ sag doch bitte mal eben dem Jungen, dass er kommen soll; kann ich eben mal das Buch haben?; eben! *(als verstärkende Bestätigung) das sage ich ja, das ist es ja gerade, genau das, genauso ist es;* eben das wollte er; das ist es ja eben! *davon rede ich ja die ganze Zeit!, das meine ich ja!;* das eben nicht; so eben ⟨umg.⟩ *leidlich;* das reicht (so) eben aus; sie ist nicht eben hübsch, aber ein guter Kerl; das ist eben seine Schwäche; gut, dann eben nicht!; ich hätte eben nicht hingehen sollen; er will eben nicht; es ist eben so und lässt sich nicht ändern [< ahd. *eban* (Adj.) *ebano* (Adv.), engl. *even*]

**Ebenbild** ⟨n. 12⟩ *Abbild, ganz ähnl. Wesen* ◆ er ist das Ebenbild seines Vaters

**ebenbürtig** ⟨Adj.⟩ **1** *von gleichem Stand, gleicher Herkunft* **2** *gleichwertig* **3** *(jmdm.) geistig gewachsen* ◆ er ist mir ebenbürtig

**Ebene** ⟨f. 19⟩ **1** *Flachland* (Hochebene, Tiefebene) **2** ⟨Geom.⟩ *Fläche, die durch drei nicht auf einer Geraden liegende Punkte eindeutig bestimmt ist* **3** ⟨fig.⟩ *Personen mit gleicher Verantwortung in einem System hierarchischer Ordnung* ◆ eine Sache auf der mittleren, unteren, oberen Ebene beraten; schiefe Ebene *geneigte Fläche zum Heben von Lasten* [→ *eben*]

**ebenfalls** ⟨Partikel⟩ *auch, gleichfalls* ◆ er hat ebenfalls ein Buch geschenkt bekommen

**Ebenholz** ⟨n. 12; unz.; Sammelbezeichnung für⟩ *eine Anzahl dunkler, schwerer u. harter Edelhölzer* [< spätahd. *ebenus* < lat. *ebenus* < grch. *ebenos* < arab.-türk. *abenos*]

**Ebenmaß** ⟨n. 11; unz.⟩ *(schönes) Gleichmaß, Regelmäßigkeit*

**ebenso** ⟨Partikel⟩ *genauso, auch so* ◆ er spielt ebenso gut Klavier wie ich; mein Zimmer ist ebenso lang wie breit; ich musste ebenso lange wie vergeblich warten; er hat es mir ebenso oft wie eindringlich gesagt; wir haben ebenso viel wie gut gegessen; er hat ein ebenso großes Zimmer

**Eber** ⟨m. 3⟩ *männl. Schwein* [< ahd. *ebur*]

**Eberesche** ⟨f. 19; Bot.⟩ *Angehörige einer Gattung der Rosengewächse: Sorbus* ◆ Gemeine Eberesche ◄ *bis 10 m hoher Baum mit scharlachroten, zuweilen auch gelben Früchten, die den Vögeln als Nahrung dienen: Sorbus aucuparia;* Sy *Vogelbeerbaum* [Eber: → *Eibe;* urspr. Name verschiedener Bäume, die durch ihre Beeren auffielen]

**ebnen** ⟨V. t.; hat⟩ *flach, glatt machen, glätten* ◆ Boden ebnen; jmdm. den Weg ebnen ⟨fig.⟩ *alle Schwierigkeiten aus dem Weg räumen* [→ *eben*]

**Ebonit** ⟨n. 11; unz.⟩ ► = *Hartgummi* [→ *Ebenholz*]

**Eburneation** ⟨f. 20⟩ *elfenbeinartige Verknöcherung* [< lat. *ebur* „Elfenbein"]

**EC** ⟨Abk. für⟩ *Eurocity*

**Ecce** ⟨[ˈɛktsə] n; -, -⟩ *jährliche Totengedenkfeier* [lat., „siehe da"]

**Echinoderme** ⟨[-çi-] m. 17; Zool.⟩ *Stachelhäuter* [< grch. *echinos* „Igel" + *derma* „Haut"]

**Echinus** ⟨[-çi:-] m.; -, -; Zool.⟩ ► = *Seeigel* [lat.]

**Echo** ⟨n. 15⟩ **1** *reflektierte Schallwellen, die an ihrem Ausgangspunkt wieder wahrgenommen werden;* Sy *Widerhall* **2** *Name mehrerer US-amerikan. Nachrichtensatelliten, deren Oberfläche Radiowellen reflektieren soll* **3** ⟨fig.⟩ *Anklang, Zustimmung* **4** ⟨fig.; abwertend⟩ *Nachbeter fremder Meinungen* ◆ der Vortrag fand **begeistertes,** lebhaftes Echo; ein **einfaches,** dreifaches, mehrfaches Echo ◆ **sein:** sie ist nur das Echo ihres Mannes ⟨fig.; umg.⟩ ◆ das Stück fand kein Echo **bei** den Zuschauern; der Zwischenfall fand sein Echo **in** der Presse ⟨fig.⟩ [< grch. *echo* „Schall"]

**Echokardiografie** ⟨[-ço-] f. 19; Med.⟩ = *Echokardiographie*

**Echokardiographie** ⟨[-ço-] f. 19; Med.⟩ *Herzdiagnostik mittels Ultraschall, Ultraschallkardiographie;* oV *Echokardiografie* [< *Echo* + grch. *kardia* „Herz" + *...graphie*]

**Echolot** ⟨n. 11⟩ *Gerät zur Entfernungs- u. Tiefenmessung mithilfe von Schallwellen*

**Echolotung** ⟨f. 20; Tech.⟩ ▼ *Entfernungsmessung durch Bestimmung der Laufzeit der vom Objekt reflektierten Schallwellen zum Aufspüren, Orten z. B. von Untiefen, Schiffwracks od. Fischschwärmen (in der Schifffahrt) od. zum Navigieren unter Wasser (bei Unterseebooten)*

**Echse** ⟨[-ks-] f. 19; Zool.⟩ ►► *Angehörige einer Unterordnung der Schuppenkriechtiere: Saurier* [→ *Eidechse;* durch falsche Worttrennung entstanden]

**echt I** ⟨Adj.; -er, am -esten⟩ **1** *unverfälscht, nicht nachgemacht* (Schmuck) **2** *original* (Dokument, Kunstwerk) **3** *beständig* (Farbe) **4** *aufrichtig, gut, wahr, ursprünglich* (Gefühle) **5** *wirklich* (Bedürfnisse) ◆ ihre Gefühle sind nicht echt; diese Unterschrift ist nicht echt ◆ ein echter **Bruch** *ein Bruch, der kleiner als 1 ist;* ein echter **Freund** in der Not; sind es echte **Perlen?;** ein echter **Rembrandt** *wirklich von Rembrandt gemaltes Bild;* sie trägt nur echten **Schmuck,** keinen Modeschmuck *nur Schmuck aus Edelmetall u. Edelsteinen;* echt **golden** = *echtgolden* **II** ⟨Partikel⟩ *bezeichnend (für)* ◆ das ist wieder einmal echt Simone! ⟨umg.⟩ ◆ er hat sich echt **gefreut** ⟨umg.⟩ *wirklich, sehr gefreut* [< ahd. *ehaft* „gesetzlich"; zu *Ehe* in der alten Bedeutung „Gesetz"]

**echtgolden** ⟨Adj.⟩ *aus echtem Gold bestehend (nicht vergoldet);* oV *echt golden* ◆ ein echtgoldenes Armband

**Echtheit** ⟨f. 20; unz.⟩ **1** *das Echtsein* **2** *Unverfälschtheit, Glaubwürdigkeit*

**Eckball** ⟨m. 1u; Sp.; Fußb., Hockey u. a.⟩ *Freistoß von einem der äußersten Punkte der Torlinie nahe der Eckfahne, wenn der Ball von einem Spieler über die eigene Torlinie gespielt wurde;* Sy ⟨kurz⟩ *Ecke (6)*

**Ecke** ⟨f. 19⟩ **1** *vorspringende Spitze, Knick* **2** *Punkt, an dem zwei Linien od. Kanten zusammenstoßen* **3** *der dadurch entstehende Winkel* **4** *Punkt, an dem zwei Häuserreihen zusammenstoßen* **5** ⟨Math.⟩ *Treffpunkt zweier Seiten od. mindestens dreier Kanten* **6** ⟨Sp.; kurz für⟩ *Eckball* ◆ die Ecke wird vom Linksaußen getreten ⟨Fußb.⟩ ◆ das ist eine **böse,** gefährliche Ecke *eine Straßenkreuzung, an der viele Unfälle passieren;* das Buch hat **umgebogene** Ecken ◆ ein Eisverkäufer steht **an** der Ecke; ich habe mich an

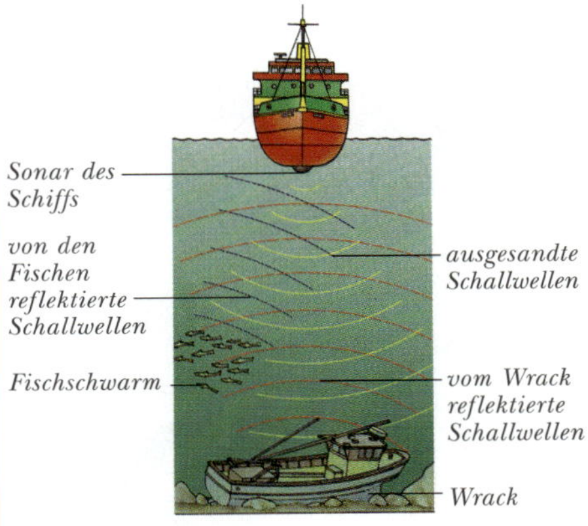

ECHOLOTUNG: AUFSPÜREN VON OBJEKTEN UNTER WASSER MITHILFE DES ECHOLOTS

E

# ECHSEN

Mit ungefähr 3500 Arten stellen die Echsen über die Hälfte aller Reptilien der Erde. Sie sind in 17 Familien eingeteilt, von denen nur die Krustenechsen giftig sind. Die meisten Echsen haben einen langen Schwanz, einen großen Kopf, bewegliche Augenlider, eine schuppige Haut und vier Beine. Bei einigen Familien wie den Schleichen und den Flossenfüßen sind diese allerdings stark rückgebildet oder gar nicht ausgebildet. Viele Echsen (z. B. die Chamäleons und die Geckos) können klettern und sind an das Leben auf Bäumen und Sträuchern angepasst. Die meisten Echsen können ihren Schwanz bei Gefahr abwerfen und in Stummelform regenerieren. Abgesehen von den Pflanzen fressenden Leguanen und den Aas fressenden Waranen ernähren sich die Echsen fast durchweg von kleinen Tieren.

ÄUSSERE MERKMALE EINES GRÜNEN LEGUANS
*(Iguana iguana)*

SKELETT EINER ECHSE

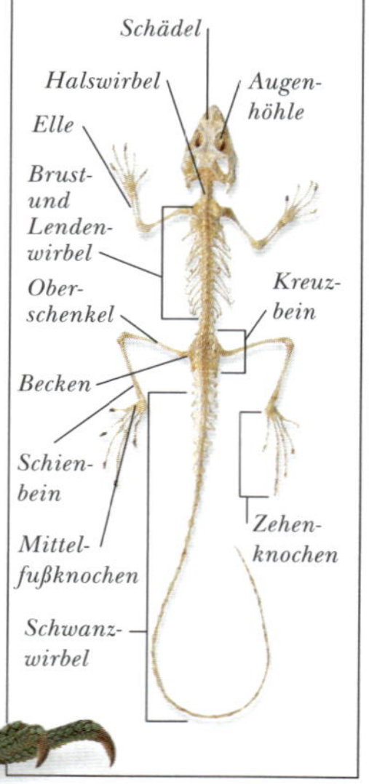


## DIE WICHTIGSTEN ECHSENFAMILIEN

SCINCIDAE
WALZENSKINK
*(Chalcides ocellatus)*

VARANIDAE
STEPPENWARAN
*(Varanus exanthematicus)*

AGAMIDAE
WASSERAGAME
*(Physignathus concincinus)*

TEIIDAE
BÄNDERTEJU
*(Tupinambis teguixin)*

IGUANIDAE
TEXASKRÖTENECHSE
*(Phrynosoma cornutum)*

PYGOPODIDAE
FLOSSENFUSS
*(Pygopodus lepidopodus)*

ANGUIDAE
SCHELTOPUSIK
*(Ophisaurus apodus)*

LACERTIDAE
PERLEIDECHSE
*(Lacerta lepida)*

CHAMAELEONTIDAE
DREIHORNCHAMÄLEON
*(Chamaeleo jacksoni)*

GEKKONIDAE
PANTHERGECKO
*(Eublepharus macularius)*

der Ecke des Tisches gestoßen; es fehlt noch an allen Ecken und Enden ⟨fig.; umg.⟩ *überall, an vielem;* den Besen **in** die Ecke stellen; er wohnt gleich **um** die Ecke ⟨umg.⟩ *in nächster Nähe;* jmdm. um die Ecke bringen ⟨fig.; umg.⟩ *töten, ermorden;* sie kommen **von** allen Ecken und Enden ⟨umg.⟩ *von überallher* [< ahd. *ecka, egga,* engl. *edge* „Kante, Ecke"]

**Eckfenster** ⟨n. 13⟩ *Fenster im Winkel zweier aufeinander treffender Wände*

**Eckhaus** ⟨n. 12u⟩ *Haus an der Stelle, wo zwei Häuserreihen rechtwinklig aufeinander treffen* ◆ im Eckhaus an der Goethestraße hat ein neuer Kiosk eröffnet

**eckig** ⟨Adj.⟩ **1** *mit Ecken versehen (nicht rund)* **2** *mit vielen Ecken versehen, spitz, kantig* **3** ⟨fig.⟩ *unbeholfen* ◆ sich eckig lachen ⟨umg.; scherzh.⟩ *heftig, herzlich lachen*

**Eckpfeiler** ⟨m. 3⟩ **1** *äußerster Pfeiler, Endpfeiler (einer Brücke)* **2** ⟨fig.⟩ *starke Stütze, Grundsatz* ◆ die beiden Eckpfeiler seiner philosophischen Lehre ⟨fig.⟩

**Eckstein** ⟨m. 1⟩ **1** *eine Mauer begrenzender, eine Ecke bildender Stein* **2** *Prellstein an Straßenecken, Grenzstein einer Gemarkung* **3** ⟨fig.⟩ *Hauptstütze (einer Lehre), Grundsatz* **4** ⟨Kart.⟩ *französische Spielkartenfarbe, Karo*

EDELMARDER
*(Martes martes)*

**Eckwert** ⟨m. 1⟩ *für bestimmte dynamische Vorgänge typischer Wert, von dem ausgehend andere Werte berechnet werden können*

**Eckzahn** ⟨m. 1u; Anat.⟩ ► *der auf die Schneidezähne folgende Zahn;* Sy ⟨veraltet; umg.⟩ *Hundszahn (2)*

**Ecstasy** ⟨['ɛkstəsi] n. 15 od. f. 10; unz.⟩ *ein künstlich synthetisiertes Rauschmittel, eine Designerdroge (wird auch in der Psychotherapie verwendet)* [engl., „Ekstase"]

**Ed.** ⟨Abk. für⟩ **1** *Edition* **2** *Editor*[1]

**Edamer** ⟨m. 3⟩ **1** *Einwohner der niederländ. Stadt Edam* **2** ⟨kurz für⟩ *Edamer Käse, eine Käsesorte mit rot gefärbter Rinde*

**edel** ⟨Adj.; edler, am -sten⟩ **1** *adlig, von vornehmer Herkunft* (Geschlecht), *rassig* (Pferd), *kostbar, vortrefflich* (Metall, Wein), *ritterlich, vornehm* (Gesinnung) **2** *menschenfreundlich, hilfsbereit, großherzig* (Charakter, Tat) [< ahd. *edili;* → *Adel*]

**Edelgas** ⟨n. 11⟩ *gasförmiges, farb- und geruchloses Element, das unter normalen Bedingungen keine chem. Verbindungen eingeht, in der 0. bzw. 8. Hauptgruppe des Periodensystems zusammengefasst: Helium, Neon, Argon, Krypton, Xenon u. Radon*

**Edelholz** ⟨n. 12u⟩ *feines, für Kunsttischler- u. Schnitzarbeit bes. geeignetes Holz*

**Edelkastanie** ⟨[-niə] f. 19⟩ ► = *Kastanienbaum (2)*

**Edelmann** ⟨m.; -(e)s, -leute⟩ **1** *Adliger* **2** ⟨fig.⟩ *Mensch von edler, hochherziger Gesinnung*

**Edelmarder** ⟨m. 3; Zool.⟩ ▲ *gelb- bis dunkelbraun gefärbter Marder mit gelbem Kehlfleck, von 55 cm Körperlänge mit 30 cm langem, buschigem Schwanz: Martes martes;* Sy *Baummarder*

**Edelmetall** ⟨n. 11⟩ *Metall, das beim Erhitzen an der Luft nicht oxidiert u. von den meisten Chemikalien nicht angegriffen wird: Gold, Platin, Platinmetalle, Silber, Quecksilber u. Rhenium*

**Edelraute** ⟨f. 19⟩ ► = *Beifuß*

**Edelreis** ⟨n. 12⟩ *Pfropfreis, das zur Veredelung auf einen Wildling aufgepfropft wird*

**Edelstahl** ⟨m. 1 od. 1u⟩ *rostfreier Stahl*

**Edelstein** ⟨m. 1; Min.⟩ *jedes durch Schönheit u. Klarheit der Farbe, Durchsichtigkeit, Glanz, Härte u. hohe Lichtbrechung ausgezeichnete Mineral;* ► *Schmucksteine*

**Edeltanne** ⟨f. 19; Bot.⟩ *aus Nordamerika stammende Art der Tannen mit dichten, kräftigen Nadeln: Abies procera;* Sy *Silbertanne*

**Edelweiß** ⟨n. 11; Bot.⟩ *in den Alpen, Pyrenäen u. Karpaten in über 1700 m Höhe vorkommender Korbblütler: Leontopodium alpinum*

**Eden** ⟨n. 14; unz.⟩ **1** ⟨Rel.; AT⟩ *Paradies* (Garten Eden) **2** ⟨fig.⟩ *herrlicher Ort* [< hebr. *eden* „Wonne, Lust"]

**Edentaten** ⟨Pl.; Zool.⟩ ▼ *zahnlose od. zahnarme (urtümliche) Säugetiere, z. B. Erdferkel, Schuppentiere, Nebengelenker, Ameisenfresser, Faultiere, Gürteltiere* [zu lat. *edentare* „der Zähne berauben"]

**edieren** ⟨V. t.; hat⟩ *herausgeben, veröffentlichen* (Bücher, Musikalien) [< lat. *edere* „herausgeben"]

**Edikt** ⟨n. 11⟩ *Erlass, Verordnung, öffentl. Bekanntmachung* (Regierungsedikt) [< lat. *edictum* „amtliche Bekanntmachung"]

**Edition** ⟨f. 20; Abk.: Ed.⟩ *Ausgabe, Auflage (von Büchern, Musikalien)* ◆ endlich erschien eine neue Edition der Werke von Peter Weiss [< lat. *editio* „Herausgabe"]

**Editor**[1] ⟨m. 23; Abk.: Ed.⟩ *Herausgeber* [zu lat. *edere* „herausgeben"]

**Editor**[2] ⟨['ɛditə(r)] m. 6; EDV⟩ *Programm, mit dessen Hilfe Texte u. Programme in den Computer eingegeben u. korrigiert werden können* [engl., eigtl. „Herausgeber"]

**E-Dur** ⟨n.; -; unz.; Mus.; Abk.: E⟩ *auf dem Grundton E beruhende Dur-Tonart*

**EDV** ⟨Abk. für⟩ *elektronische Datenverarbeitung*

**EEG** ⟨Abk. für⟩ *Elektroenzephalographie*

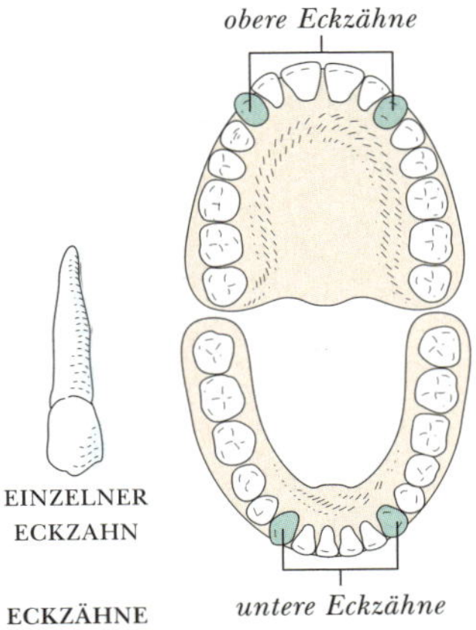


PLAN DES MENSCHLICHEN GEBISSES

**Efeu** ⟨m.; -s; unz.; Bot.⟩ **1** ⟨i. w. S.⟩ *Angehöriger einer Gattung der Efeugewächse mit immergrünen Blättern u. unscheinbaren, gelbgrünen, unangenehm riechenden Blüten: Hedera;* Sy *Immergrün (2)* **2** ⟨i. e. S.⟩ *eine solche Kletterpflanze, die an Gebäuden, in Baumkronen nach oben wächst od. am Boden kriecht: Hedera helix* [eigtl. *Ep-heu* < ahd. *eba-hewi* < *ebah* „Efeupflanze" (urspr. wohl „Kletterer") + *hewi* „Heu" (wurde als Viehfutter getrocknet)]

**Effekt** ⟨m. 1⟩ **1** *Wirkung, Eindruck, Ergebnis* (Beleuchtungseffekt) **2** ⟨Phys.⟩ *nicht mehr verwendeter Ausdruck für Leistung* ◆ dieser Effekt war beabsichtigt; Effekt machen ⟨umg.⟩ *wirkungsvoll sein;* der Effekt dabei ist gleich Null *es ist wirkungslos;* ihr Auftritt war ganz auf Effekt berechnet [< lat. *effectus* „Wirkung, Erfolg"]

## EDENTATEN

Die Bezeichnung „Zahnarme" für die Säugetierordnung der Edentaten ist nicht ganz treffend, denn der einzige zahnlose Vertreter ist der Ameisenbär. Die übrigen Arten haben durchaus Zähne, wenn auch in reduzierter Anzahl und Form.

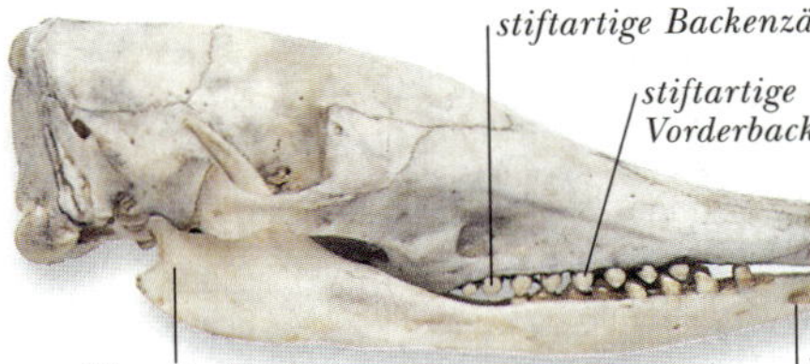


SCHÄDEL EINES GÜRTELTIERS

### VERTRETER DER EDENTATEN

SÜDLICHER TAMANDUA
*(Tamandua tetradactyla)*

RIESENGÜRTELTIER
*(Priodontes maximus)*

GROSSER AMEISENBÄR
*(Myrmecophaga tridactyla)*

DREIZEHENFAULTIER
*(Bradypus tridactylus)*

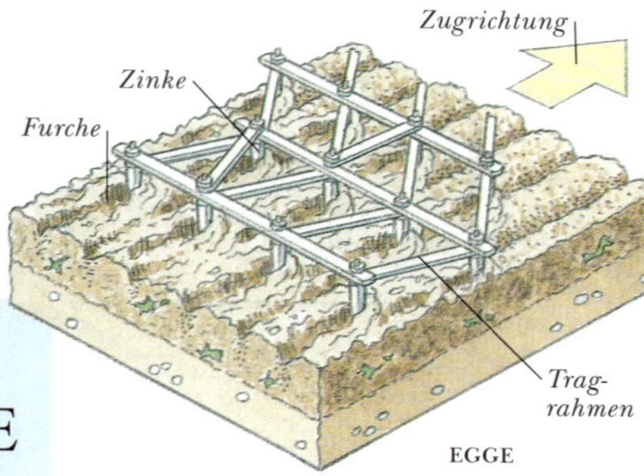

EGGE



**Effekten** ⟨nur Pl.; Wirtsch.⟩ **1** *Wertpapiere* **2** *Urkunden über langfristige Kapitalanlagen, bewegl. Habe, Besitz (an Waren)*
**Effekthascherei** ⟨f. 18; unz.⟩ *Bemühen, Wirkung zu erzielen*
**effektiv** ⟨Adj.⟩ **1** *tatsächlich, wirklich* **2** *wirksam;* Ggs *ineffektiv* ◆ effektive Leistung ⟨bei Maschinen⟩ *die nutzbare Leistung;* Ggs *indizierte Leistung;* effektive Temperatur *die Temperatur eines Sterns, die ein schwarzer Körper haben müsste, der pro Flächeneinheit u. Zeiteneinheit dieselbe Energiemenge ausstrahlt wie der Stern* [→ *Effekt*]
**effektivieren** ⟨[-vi:-] V. t.; hat; bes. ostdt.⟩ etwas effektivieren *die Wirksamkeit, Wirkkraft von etwas steigern*
**Effektivität** ⟨[-vi-] f.; -; unz.⟩ *Wirksamkeit, Wirkkraft;* Ggs *Ineffektivität*
**Effektivlohn** ⟨m. 1u⟩ *tatsächlich bezahlter Lohn, der mindestens mit dem Tariflohn übereinstimmt, im Allgemeinen aber Sonderleistungen enthält*
**Effektor** ⟨m. 23⟩ *Nerv, der Reize zu den Organen weiterleitet u. dort Reaktionen hervorruft* [< lat. *effector* „Schöpfer, Urheber"]
**effektvoll** ⟨Adj.⟩ *auf Effekt bedacht, wirkungsvoll, eine erwünschte Folge bewirkend*
**Efferenz** ⟨f. 20; Med.⟩ *Herausleitung von Sinneswahrnehmungen vom Zentralnervensystem (ZNS) zur Peripherie (bes. zu Muskeln);* Ggs *Afferenz*
**effizient** ⟨Adj.; -er, am -esten⟩ *wirksam, wirkungsvoll;* Ggs *ineffizient* [< engl. *efficient* < lat. *efficiens* „bewirkend"]
**Effizienz** ⟨f. 20; unz.⟩ *effiziente Beschaffenheit;* Ggs *Ineffizienz* [< engl. *efficiency*]
**Effloreszenz** ⟨f. 20⟩ **1** *das Aufblühen, Blütezeit, Hauptblüte* **2** *Bildung eines Mineralüberzugs auf Gesteinen* **3** *der Überzug selbst* [zu lat. *efflorescere* „erblühen"]
**Effusion** ⟨f. 20⟩ *Erguss, Ausströmung, z. B. von Gasen, Lava* [< lat. *effusio* „das Ausgießen"]
**EG** ⟨Abk. für⟩ *Europäische Gemeinschaft(en);* → a. *europäisch*
**egal I** ⟨Adj.⟩ *gleichmäßig, gleichförmig* ◆ die Schuhe, Strümpfe, sind nicht ganz egal **II** ⟨Adv.; umg.⟩ **1** *gleichgültig, einerlei* **2** ⟨sächs.⟩ *fortwährend, immerzu* ◆ das ist mir ganz egal ⟨umg.⟩; im Urlaub hat es egal geregnet ⟨sächs.⟩ [< frz. *égal* „gleich, gleichmäßig"]
**egalitär** ⟨Adj.⟩ *auf polit., soziale usw. Gleichheit gerichtet*
**Egalität** ⟨f. 20; unz.⟩ *Gleichheit, Gleichmäßigkeit* [< frz. *égalité*]
**Egalité** ⟨f.; -; unz.⟩ *Gleichheit (Schlagwort der Französischen Revolution);* → a. *Liberté, Fraternité* [frz.]
**Egel** ⟨m. 5; Zool.⟩ *Angehöriger einer von zwei Wurmgruppen unterschiedlicher Organisation u. Verwandtschaft, die nur die lanzettförmige Gestalt gemeinsam haben;* → a. *Blutegel, Leberegel* [→ *Igel*]
**Egerling** ⟨m. 1⟩ = *Champignon*
**Egge** ⟨f. 19⟩ ◄ *kammartiges Gerät zum Lockern, Zerkrümeln u. Einebnen des Ackerbodens* [< ahd. *egida* < germ. **agido* < idg. **oketa* „die mit Spitzen Besetzte"]
**Egoismus** ⟨m.; -; unz.⟩ *Eigensucht, Ichsucht, Selbstsucht* ◆ sein Verhalten war stark von Egoismus geprägt; Ggs *Altruismus* [< frz. *égoisme* „Selbstsucht"; zu lat. *ego* „ich"]
**Egoist** ⟨m. 16⟩ *jmd., der egoistisch, eigensüchtig ist;* Ggs *Altruist* ◆ er ist wirklich ein Egoist [< frz. *égoiste* „selbstsüchtig"; zu lat. *ego* „ich"]
**egoistisch** ⟨Adj.⟩ *eigensüchtig, selbstsüchtig;* Ggs *altruistisch*
**Egotismus** ⟨m.; -; unz.⟩ *Eigenliebe, Neigung, sich selbst in den Vordergrund zu stellen* [< frz. *égotisme* „Ichbezogenheit"; zu lat. *ego* „ich"]
**Egozentrik** ⟨f. 20; unz.⟩ *egozentrische Haltung;* Sy *Egozentrizität, Egozentrismus*
**Egozentriker** ⟨m. 3⟩ *egozentrischer Mensch* [< lat. *ego* „ich" + *centrum* „Mittelpunkt"]
**egozentrisch** ⟨Adj.⟩ *das eigene Ich in den Mittelpunkt stellend, nur vom eigenen Ich aus denkend u. handelnd*
**Egozentrismus** ⟨m.; -; unz.⟩ = *Egozentrik*
**Egozentrizität** ⟨f. 20; unz.⟩ = *Egozentrik*
**egressiv** ⟨Adj.⟩ *Verlauf u. Abschluss eines Vorgangs ausdrückend (von Verben);* Ggs *ingressiv, inchoativ*
**eh I** ⟨Konj.⟩ = *ehe* ◆ eh dass ⟨veraltet⟩ *bevor* **II** ⟨Adv.⟩ *früher, damals* ◆ wie eh und je; seit eh und je *schon immer* **III** ⟨Partikel; bes. süddt., österr.⟩ *sowieso* ◆ das nützt eh nichts!
**ehe** ⟨Konj.⟩ *bevor;* oV *eh (I)* ◆ ehe wir gehen, wollen wir noch schnell ... [< ahd. *er*]
**Ehe** ⟨f. 19⟩ **1** *durch Sitte od. Gesetz anerkannte Lebensgemeinschaft zwischen Mann u. Frau;* Sy *Ehegemeinschaft* **2** ⟨fig.; bes. poet.⟩ *Verbindung, Bund* **3** ⟨Verhaltensforschung⟩ *Geschlechts- u. Lebensgemeinschaft zwischen weibl. u. männl. Tier* ◆ in den **Stand** der (heiligen) Ehe treten *heiraten* ◆ eine Ehe **auflösen,** scheiden, trennen, für ungültig erklären; die Ehe **brechen** *untreu sein, die ehel. Treue verletzen;* eine glückliche, unglückliche Ehe **führen** ◆ **wilde** Ehe *Lebensgemeinschaft, nicht vor dem Gesetz geschlossene Ehe;* in **zweiter** Ehe verheiratet ◆ in harmonischer Ehe leben; eine Frau, einen Mann **zur** Ehe nehmen ⟨veraltet⟩ *heiraten* [< ahd. *ewa* „(ewig geltendes) Gesetz"; verwandt mit *ewig*]

EHRENPREIS:
GAMANDER-EHRENPREIS
*(Veronica chamaedrys)*

**Ehebruch** ⟨m. 1u⟩ *Verletzung der ehel. Treue, ehel. Untreue*
**ehedem** ⟨Adv.⟩ *einst, vordem, vormals*
**Ehefrau** ⟨f. 18⟩ *weibl. Partner des Ehebundes;* Sy *Ehegattin*
**Ehegatte** ⟨m. 17; geh.⟩ = *Ehemann* ◆ die Ehegatten *Ehemann u. Ehefrau*
**Ehegattin** ⟨f. 22; geh.⟩ = *Ehefrau*
**Ehegemeinschaft** ⟨f. 20⟩ = *Ehe (1)*
**Ehekrach** ⟨m. 1u⟩ = *Ehestreit*
**Eheleute** ⟨nur Pl.⟩ *beide Ehepartner, Ehepaar, die Ehegatten* ◆ die jungen Eheleute
**ehelich** ⟨Adj.⟩ **1** *zur Ehe gehörig, in der Ehe üblich* (Pflichten, Rechte) **2** *aus einer gültigen Ehe stammend* (Kinder) ◆ eheliches Güterrecht *gesetzl. Regelung der vermögensrechtl. Beziehungen zwischen Eheleuten*
**ehemalig** ⟨Adj.⟩ *einstig, früher;* → a. *Ex...*[1]
**ehemals** ⟨Adv.⟩ *einst, früher* ◆ ehemals konnte er gut turnen
**Ehemann** ⟨m. 2u⟩ *männl. Partner des Ehebundes;* Sy *Ehegatte*
**Ehepaar** ⟨n. 11⟩ *Ehemann u. Ehefrau*
**Ehepartner** ⟨m. 3⟩ **1** *jeder der beiden Partner einer Ehe* **2** *männl. Partner einer Ehe*
**Ehepartnerin** ⟨f. 22⟩ *weibl. Partnerin einer Ehe*
**eher** ⟨Adv.⟩ **1** *früher* **2** *lieber, leichter* **3** *mehr, vielmehr* ◆ er ist von mittlerem, eher kleinerem Wuchs; ich konnte leider nicht eher **kommen;** komm doch ein paar Minuten eher; je eher du kommst, um so lieber ist es mir; morgen würde es eher **passen!;** ich würde es um so eher **tun,** als ...; eher will ich **verzichten,** als dass ...; sie **war** eher da als er ◆ je eher, **desto** besser, lieber [< ahd. *er(i)ro;* → *ehe, erst*]
**Ehering** ⟨m. 1⟩ = *Trauring*
**Ehescheidung** ⟨f. 20⟩ *gerichtliche Trennung der Ehe*
**Eheschließung** ⟨f. 20⟩ *Heirat*
**ehestmöglich** ⟨Adj.⟩ *so bald wie möglich*
**Ehestreit** ⟨m. 1⟩ *Streit, Zerwürfnis in der Ehe, zwischen den Ehepartnern;* Sy *Ehekrach*
**Eheversprechen** ⟨n. 14⟩ *mündliches Versprechen, mit jmdm. die Ehe einzugehen*
**ehrbar** ⟨Adj.⟩ **1** *achtenswert, ehrenwert, ehrenhaft* (Mensch) **2** *der Sitte entsprechend* (Benehmen)
**Ehrbegriff** ⟨m. 1⟩ *Auffassung von Ehre*
**Ehre** ⟨f. 19⟩ **1** *Achtung, Anerkennung* **2** *Ruf, Ansehen* **3** *innerer Wert, Sittlichkeit, Ehrgefühl* **4** *Auszeichnung* **5** *Ehrung* **6** ⟨Rel.⟩ *Ruhm, Lobpreisung* **7** *Unbescholtenheit* ◆ zur größeren Ehre **Gottes** ◆ einer Sache alle Ehre **antun** *sie ehrenvoll behandeln;* das **bringt** ihm keine Ehre; seine Ehre **dareinsetzen,** die Prüfung gut zu bestehen *sich ehrgeizig alle Mühe dafür geben;* er wollte damit Ehre **einlegen** *Anerkennung, Erfolg erhalten;* jmdm. die letzte Ehre **erweisen** *ihn zu Grabe geleiten;* wir **geben** uns die Ehre; um der Wahrheit die Ehre zu geben, muss ich gestehen, dass ... *um ehrlich zu sein;* keine Ehre im Leibe **haben;** ich habe die Ehre, zu ... *ich erlaube mir;* mit wem habe ich die Ehre? *(steife Höflichkeitsfloskel) mit wem spreche ich?;* jmdm. Ehre **machen** *Anerkennung einbringen;* das Werk macht seinem Meister Ehre; **sein:** es ist mit eine besondere Ehre; Ehre sei Gott in der Höhe! ◆ **auf** Ehre und Gewissen, auf Ehre und Seligkeit ⟨umg.⟩ *wirklich u. wahrhaftig;* auf seine Ehre achten, bedacht sein, halten; **bei** meiner Ehre! *(Beteuerung);* es ist eine große Ehre **für** mich!; etwas **in** Ehren halten *treu, sorglich bewahren;* jmds. Andenken in Ehren halten *treu, sorglich bewahren;* ein Mann **von** Ehre; eine Sache **zu** Ehren bringen *ihr zu Ansehen verhelfen;* er wird es zu hohen Ehren bringen *Ruhm u. Ansehen gewinnen;* ich rechne es mir zur Ehre an, dass ... *ich fühle mich geehrt, ausgezeichnet* [< ahd. *era* „Gnade, Gabe, Ehre"]
**ehren** ⟨V. t.; hat⟩ **1** *Ehre, Achtung erweisen, achten, verehren* **2** *aus würdigem Anlass feiern* **3** *stolz machen* ◆ Ihr Vertrauen ehrt mich; jmds. Verdienste ehren; man ehrte ihn durch einen Nachruf; er wurde mit einer Festschrift, Rede geehrt; sehr geehrter Herr! *(Anrede im Brief);* er fühlt sich durch die Einladung sehr geehrt [< ahd. *eren, eron;* → *Ehre*]

**Ehrenbürger** ⟨m. 3⟩ *Ehrentitel für jmdn., der sich um eine Stadt (od. Hochschule) bes. verdient gemacht hat*
**Ehrenbürgerschaft** ⟨f. 20; unz.⟩ *Würde eines Ehrenbürgers*
**Ehrendoktor** ⟨m. 23; Abk.: Dr. h. c.⟩ *Doktor ehrenhalber (von Hochschulen ohne Prüfung verliehener Titel);* → a. *Doktor*
**Ehrengast** ⟨m. 1u⟩ *bes. geehrter Gast, prominente Persönlichkeit als Gast*
**Ehrengericht** ⟨n. 11⟩ *Gericht von Standesgenossen zur Beilegung von Ehrenhändeln*
**ehrenhaft** ⟨Adj.; -er, am -esten⟩ *anständig, untadelig, rechtschaffen, würdig* ◆ ehrenhafte Tat
**Ehrenkodex** ⟨m. 1; Pl. a.: -dizes⟩ *Gesamtheit gesellschaftlicher Regeln, die Ehre, Anstand usw. betreffen* ◆ der Ehrenkodex der Offiziere

EIBE: GEMEINE EIBE *(Taxus baccata)*

**Ehrenmal** ⟨n. 11⟩ *Denkmal (Denkstein od. Halle) zum Gedächtnis an die Gefallenen od. andere Kriegsopfer*
**Ehrenmitglied** ⟨n. 12⟩ *Mitglied durch Auszeichnung*
**Ehrenplatz** ⟨m. 1u⟩ *bes. guter Platz (für den Ehrengast)* ◆ den Ehrenplatz einnehmen
**Ehrenpreis** ⟨m. 1⟩ **I** ⟨zählb.⟩ *Gewinn, Auszeichnung* **II** ⟨unz.; Bot.⟩ ◄ *Angehöriger einer Gattung der Rachenblütler mit in der Regel blauen, meist kurzröhrigen Blüten: Veronica;* Sy *Männertreu, Veronika*
**Ehrenrechte** ⟨Pl.⟩ **1** bürgerliche Ehrenrechte *Rechte des Staatsbürgers* **2** *Rechte aus u. bei öffentl. Wahlen, zur Besetzung öffentl. Ämter (Titel, Würden) sowie zur Tätigkeit als Vormund, Pfleger u. Ä.*
**ehrenrührig** ⟨Adj.⟩ *beleidigend, das Ehrgefühl verletzend* ◆ eine ehrenrührige Behauptung, Frage [< spätmhd. *erenrüerec* „an die Ehre rührend"]
**Ehrenrunde** ⟨f. 19; Sp.⟩ *zusätzliche Umrundung des Wettkampfplatzes durch den od. die Sieger, um den Beifall entgegenzunehmen* ◆ eine Ehrenrunde drehen ⟨Schülerspr.⟩ *eine Klasse wiederholen müssen*
**Ehrensache** ⟨f. 19⟩ **1** *die Ehre betreffende Angelegenheit* **2** ⟨umg.⟩ *selbstverständlich, freudig u. stolz erfüllte Pflicht* ◆ es ging um eine Ehrensache; Diskretion ist Ehrensache; es ist uns Ehrensache, daran teilzunehmen ⟨umg.⟩; „Macht ihr mit?" „Ehrensache!" ⟨umg.; scherzh.⟩ *(bekräftigende Zusage)*
**Ehrenschuld** ⟨f. 20⟩ *Schuld, deren pünktl. Begleichung mit Ehrenwort zugesichert wurde*
**Ehrenstrafe** ⟨f. 19⟩ **1** *Verlust der (od. gewisser) Ehrenrechte* **2** *schimpfliche Strafe, z. B. früher das Am-Pranger-Stehen*
**Ehrentitel** ⟨m. 5⟩ *wegen bes. Verdienste verliehener Titel*
**Ehrenurkunde** ⟨f. 19⟩ **1** *Urkunde über die Verleihung einer Würde* **2** *offizielles Dank-, Glückwunschschreiben einer Behörde o. Ä. an eine zu ehrende Persönlichkeit*
**ehrenvoll** ⟨Adj.⟩ **1** *Ehre, Lob, Anerkennung bringend* **2** *ruhmreich, anständig*
**ehrenwert** ⟨Adj.; -er, am -esten⟩ *achtbar, anständig, redlich, rechtschaffen, würdig* ◆ ein ehrenwerter Mann
**Ehrenwort** ⟨n. 12u; urspr.⟩ **1** *Verpfändung der Ehre für eine bestimmte Leistung* **2** ⟨danach⟩ *feierl. Versprechen* **3** *feierl. Bekräftigung einer Aussage* ◆ mein Ehrenwort; sein Ehrenwort geben; auf Ehrenwort!
**Ehrfurcht** ⟨f.; -; unz.⟩ *tiefe Achtung, heiliger Respekt* ◆ jmdm. seine Ehrfurcht bezeigen; vor jmdm. oder etwas Ehrfurcht haben, hegen; eine Ehrfurcht einflößende Persönlichkeit
**ehrfürchtig, ehrfurchtsvoll** ⟨Adj.⟩ *voller Ehrfurcht* ◆ ehrfürchtig stand die Reisegruppe vor dem Tempel
**Ehrgeiz** ⟨m.; -es; unz.⟩ *das Streben, vorwärts zu kommen* ◆ brennender, heftiger, krankhafter, übertriebener Ehrgeiz; er tut es aus Ehrgeiz; er ist vom, von Ehrgeiz besessen [< *Ehre* + *Geiz*]
**ehrgeizig** ⟨Adj.⟩ *Ehrgeiz besitzend* ◆ sie ist sehr ehrgeizig
**ehrlich** ⟨Adj.⟩ **1** *ehrenhaft, redlich, rechtschaffen, aufrichtig, ohne Falsch, die Wahrheit sprechend* **2** *bieder, aufrecht, treuherzig* **3** ⟨umg.; bekräftigend; süddt.⟩ *wirklich, bestimmt* ◆ aber ehrlich!; die ehrliche **Absicht** haben ...; eine ehrliche **Haut** ⟨umg.⟩ *ein rechtschaffener, biederer Mensch* ◆ sich ehrlich um etwas **bemühen;** ehrlich **spielen** *ohne zu betrügen* [< ahd. *erlih* „anständig, ehrlich, ehrenhaft"; → *Ehre*]
**Ehrlichkeit** ⟨f. 20; unz.⟩ *ehrliches Wesen od. Verhalten*
**Ehrung** ⟨f. 20⟩ *sichtbarer Beweis der Achtung für jmdn.* ◆ er wurde mit Ehrungen überhäuft; aus Anlass seines Jubiläums wurden ihm zahlreiche Ehrungen zuteil
**ehrwürdig** ⟨Adj.⟩ *Ehrfurcht einflößend, verehrungswürdig, Achtung gebietend, durch Alter Respekt gebietend* ◆ ein ehrwürdiger Greis
**Ei** ⟨n. 12⟩ **1** ⟨Biol.⟩ ▼ *die weibliche Fortpflanzungszelle der vielzelligen Lebewesen: Ovum;* Sy *Eizelle* **2** ⟨kurz für⟩ *Vogelei, Hühnerei* **3** Eier ⟨Pl.; umg.⟩ *Geld, Geldstücke* ◆ das Ei des **Kolumbus** ⟨fig.⟩ *überraschend einfache Lösung einer Schwierigkeit* ◆ Eier **aufschlagen,** backen, braten, kochen, schälen; die Eier **ausbrüten;** die Henne hat ein Ei **gelegt;** ein Ei **trennen** *Eiweiß u. Eidotter trennen* ◆ das kostet seine 100 Eier ⟨umg.⟩ *100 DM;* ein **angebrütetes,** angeschlagenes, gebratenes, hart bzw. weich gekochtes Ei; das **Nürnberger** Ei *die von Peter Henlein erfundene eiförmige Uhr;* **pochierte,** verlorene Eier *in kochendes Wasser geschlagene Eier;* **russische** Eier *Speise aus gekochten Eiern u. Fleischsalat mit Majonäse* ◆ wie **auf** Eiern gehen ⟨fig.; umg.⟩ *sehr vorsichtig (und unsicher);* die Küken kriechen, schlüpfen **aus** dem Ei; wie aus dem Ei gepellt aussehen ⟨umg.⟩ *sauber u. sorgfältig angezogen, gepflegt sein;* sich **um** ungelegte Eier kümmern ⟨fig.; umg.⟩ *sich über Sachen den Kopf zerbrechen, die noch nicht spruchreif sind* ◆ die Zwillinge gleichen sich **wie** ein Ei dem an-



## EI

Im ersten Entwicklungsstadium besteht das Ei aus einer einzigen befruchteten Eizelle. Bei vielen Tieren durchläuft das Ei die weitere Entwicklung außerhalb des mütterlichen Körpers. Der Embryo wird hier mit dem Dotter ernährt. Ins Wasser abgegebene Eier benötigen keine Schale, während Vogeleier eine harte und Reptilieneier eine ledrige Schale besitzen.

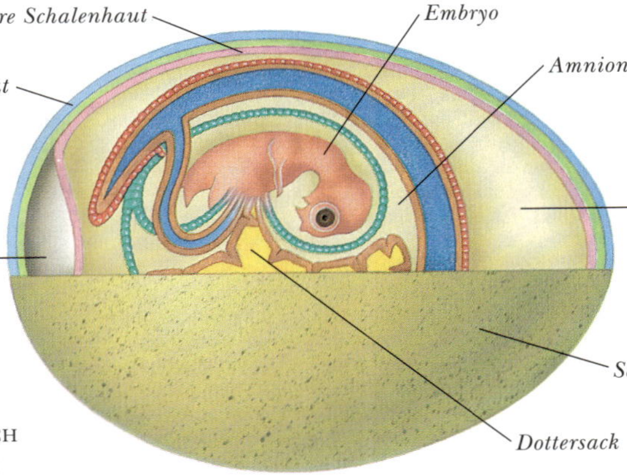

SCHNITT DURCH EIN VOGELEI

### VERSCHIEDENE EIFORMEN

KATZENHAI

BALTIMORETRUPIAL

ERDKRÖTE

GALAPAGOS-SCHILDKRÖTE

MARIENKÄFER

ERDPYTHON

E

deren *sind sich zum Verwechseln ähnlich;* man muss mit ihm, damit umgehen wie mit einem rohen Ei *es, ihn äußerst behutsam behandeln* [< ahd. *ei,* engl. *egg*]

**Eibe** ⟨f. 19; Bot.⟩ *Angehörige einer über die nördl. gemäßigte Zone verbreitete Nadelbaumgattung: Taxus;* Sy *Taxus* ◆ Gemeine Eibe ◄◄ *meist als Unterholz in Wäldern: Taxus baccata* [< ahd. *iwa,* engl. *yew*]

**Eibisch** ⟨m. 1; Bot.⟩ *Angehöriger einer Gattung von Kräutern u. Sträuchern der Malvengewächse: Althaea* ◆ Echter Eibisch *wirkt bei Bronchialkatarrhen schleimlösend u. reizlindernd: Althaea officinalis;* Roter Eibisch ► *oft über mannshohe Zierpflanze: Althaea rosea;* Sy *Stockrose* [< ahd. *ibisca*]

EIBISCH:
ROTER EIBISCH
(*Alcea rosea* 'Nigra')

**Eiche** ⟨f. 19; Bot.⟩ ▼ *Angehörige einer Gattung der Buchengewächse: Quercus;* ► *Bäume* ◆ eine Eiche fällt nicht auf einen Streich ⟨sprichwörtl.⟩ *jedes Ding braucht seine Zeit* [< ahd. *eih,* engl. *oak*]

**Eichel** ⟨f. 21⟩ **1** ⟨Bot.⟩ *Frucht der Eiche;* ► *Früchte* **2** ⟨Kart.⟩ *Farbe der dt. Spielkarte, entspricht dem Kreuz der französischen Spielkarte* **3** ⟨Anat.⟩ *vorderster Teil des männl. Gliedes und des weibl. Kitzlers* [< ahd. *eihila,* Verkleinerungsform zu *eih;* → *Eiche*]

**Eichelhäher** ⟨m. 3; Zool.⟩ ► *einheimischer, rötlich brauner Rabenvogel mit weißen, schwarzen und blauen Abzeichen, nährt sich im Herbst von Eicheln: Garrulus glandarius;* Sy *Gartenkrähe*

**eichen** ⟨V. t.; hat⟩ *Maße, Messgeräte (durch Eichamt oder Eichmeister) prüfen, mit Normen in Übereinstimmung bringen und als geeicht kennzeichnen* ◆ geeichte Gefäße, Gewichte, Waagen, Messgeräte; auf etwas geeicht sein ⟨fig.; umg.⟩ *sich bes. gut auf etwas verstehen* [< spätmhd. *ichen* < spätlat. *aequare* „gleichmachen, vergleichen"]

**Eichengrund** ⟨m. 1u⟩ *Tal mit Eichenwald*

**Eichenwald** ⟨m. 2u⟩ *aus Eichen bestehender Wald*

**Eichhörnchen** ⟨n. 14; Zool.⟩ *in zahlreichen Arten über die ganze Erde (mit Ausnahme Australiens) verbreitetes Nagetier mit langem, buschigem, zum Springen dienendem Schwanz: Sciurinae* ◆ Gemeines Eichhörnchen ► *keinen Winterschlaf haltende Art in Europa u. Asien: Sciurus vulgaris;* Sy *Eichkätzchen, Eichkatze* [< ahd. *eihhurno*]

**Eichkätzchen** ⟨n. 14⟩, **Eichkatze** ⟨f. 19; Zool.⟩ ► = *Gemeines → Eichhörnchen*

**Eichmaß** ⟨n. 11⟩ *geprüftes Maß zum Eichen*

**Eichpilz** ⟨m. 1⟩ = *Steinpilz*

EICHE: WEISSEICHE
(*Quercus alba*)

**Eichung** ⟨f. 20⟩ *das Eichen, amtl. Prüfung von Maßen u. Gewichten*

**Eid** ⟨m. 1⟩ *feierl. Versicherung, in vorgeschriebener Form, die Wahrheit gesagt u. nichts verschwiegen zu haben* ◆ einen Eid **ablegen,** leisten, schwören; ich kann einen Eid darauf ablegen! *ich weiß es genau, sage die Wahrheit!;* jmdm. einen Eid **abnehmen** *jmdn. schwören lassen;* den Eid **brechen;** den Eid **verweigern** ◆ einen **falschen** Eid schwören *einen Meineid* ◆ Erklärung **an** Eides statt *Erklärung, die jederzeit beschworen werden kann;* den Eid **auf** die Verfassung ablegen; etwas auf seinen Eid nehmen *etwas beschwören;* etwas **durch** (einen) Eid bekräftigen; durch einen Eid gebunden sein; **unter** Eid vor Gericht aussagen; jmdn. **zum** Eid zulassen [< ahd. *eid,* engl. *oath*]

**Eidbruch** ⟨m. 1u⟩ *Verletzung, Nichteinhaltung eines Eides*

**eidbrüchig** ⟨Adj.⟩ eidbrüchig werden *den Eid brechen*

**Eidechse** ⟨[-ks-] f. 19⟩ *Angehörige einer Familie der Echsen, die in rd. 2000 Arten bes. in den warmen u. gemäßigten Zonen aller Erdteile verbreitet ist: Lacertidae;* ► *Echsen* [< ahd. *egidehsa*]

**Eiderdaune** ⟨f. 19⟩ *Flaumfeder der Eiderente, bes. für Deckbetten*

**Eiderente** ⟨f. 19⟩ *große, im männl. Geschlecht prächtig schwarz-weiß gefärbte Meerente an der Nordseeküste: Somatoria mollissima;* Sy *Eidergans, Eidervogel*

**Eidergans** ⟨f. 7u⟩, **Eidervogel** ⟨m. 5u⟩ = *Eiderente*

**Eidesformel** ⟨f. 21⟩ *Wortlaut, Formel des Eides, Schwurformel*

**Eidesleistung** ⟨f. 20⟩ *Ablegung des Eides*

**Eidespflicht** ⟨f. 20; unz.⟩ *Verpflichtung, eine Aussage zu beeiden* ◆ in diesem Fall besteht (keine) Eidespflicht

EICHELHÄHER
(*Garrulus glandarius*)

**eidesstattlich** ⟨Adj.⟩ *einen Eid vertretend, jederzeit beschwörbar* ◆ eine eidesstattliche Erklärung abgeben

**Eidgenossenschaft** ⟨f. 20⟩ *relig. od. polit. Zusammenschluss, bes. die Schweizerische Eidgenossenschaft*

**eidgenössisch** ⟨Adj.⟩ *die Eidgenossenschaft betreffend, zu ihr gehörig, von ihr stammend*

**eidlich** ⟨Adj.⟩ *durch, mit Eid* ◆ etwas vor Gericht eidlich bekräftigen

**Eidophor** ⟨n. 11; TV⟩ *Fernsehgerät für Großprojektion* [< grch. *eidos* „Bild" + *pherein* „tragen"]

**Eidotter** ⟨n. 13⟩ *das Gelbe des Vogeleis*

**Eierfrucht** ⟨f. 7u⟩ ► = *Aubergine*

**Eierkuchen** ⟨m. 4⟩ *in der Pfanne gebackene, flache Speise aus Mehl, Milch, Eiern u. Zucker;* Sy *Eierpfannkuchen, Pfannkuchen*

**Eierlikör** ⟨m. 1⟩ *aus Alkohol, Eigelb u. Zucker hergestellter Likör*

**Eiernudeln** ⟨Pl.⟩ *Nudeln (Makkaroni o. Ä.), zu deren Herstellung Eier verwendet wurden*

**Eierpfannkuchen** ⟨m. 4⟩ = *Eierkuchen*

**Eierpilz** ⟨m. 1⟩ ► = *Pfifferling*

**Eierpunsch** ⟨m. 1⟩ *süßes, alkoholisches, heißes Getränk mit Ei*

**Eierschwamm** ⟨m. 1u⟩ ► = *Pfifferling*

**Eierstich** ⟨m. 1; unz.⟩ *Mischung aus Eiern u. Milch, die im Wasserbad gekocht u. als Einlage in klare Suppen gegeben wird*

**Eierstock** ⟨m. 1u; Anat.⟩ ► *die aus einem paarigen Organ bestehende weibl. Keimdrüse;* Sy *Ovarium*

**Eierstockschwangerschaft** ⟨f. 20; Med.⟩ *Schwangerschaft, bei der sich der Fötus im Eierstock entwickelt;* Sy *Ovarialgravidität*

**Eifer** ⟨m. 3; unz.⟩ **1** *ernsthaftes, emsiges Streben* **2** *Tatendrang, Energie, Schwung* ◆ sein Eifer ist schon **erkaltet,** erlahmt ◆ etwas **im** Eifer des Gefechts übersehen, vergessen ⟨fig., umg.⟩ *vor Aufregung;* etwas **mit** Eifer anfangen, betreiben, unternehmen, verteidigen; mit großem Eifer bei der Sache sein; mit neuem Eifer ans Werk gehen [< mhd. **ifer;* zu ahd. *eivar, eibar* „herb"]

**Eifersucht** ⟨f. 7u; unz.⟩ **1** *leidenschaftl. Streben nach Alleinbesitz, Geltung u. Ä.* **2** *Angst vor Nebenbuhlern od. Zurücksetzung* ◆ Eifersucht empfinden, erregen; aus Eifersucht handeln; er verfolgte sie mit seiner Eifersucht [eigtl. „Krankheit des Eiferns"]

**eifersüchtig** ⟨Adj.⟩ *Eifersucht empfindend* ◆ jmdn. eifersüchtig machen; eifersüchtig sein auf etwas od. jmdn.

**eifrig** ⟨Adj.⟩ *mit Eifer tätig, lebhaft strebend, bemüht, emsig* ◆ ein eifriger Arbeiter, Schüler; ein eifriger Anhänger einer Lehre; eifrig arbeiten, lernen, studieren; eifrig um etwas bemüht sein

**eigen** ⟨Adj.⟩ **1** *mit einer Person od. Sache eng verknüpft, ihr zugehörig (als Besitz)* **2** *einem Menschen od. einer Sache eigentümlich, innewohnend (als Eigenschaft)* **3** *wunderlich, sonderbar, merkwürdig, eigentümlich, eigenartig* **4** *peinlich genau, bes. sorgsam* **5** *wählerisch* **6** *getrennt, besonders* ◆ dies ist ihm eigen; er hat es aus eigenem **Antrieb** getan; er wollte es mit eigenen **Augen** sehen ⟨umg.⟩ *sich selbst davon überzeugen;* ein Zimmer mit eigenem **Eingang;** sein eigen **Fleisch** u. Blut ⟨poet.⟩ *sein Kind;* etwas auf eigene **Gefahr,** Rechnung, Verantwortung tun; ein eigenes **Haus,** haben; das ist doch nicht deine eigene **Meinung!**; keine eigene Meinung haben; es ist zu deinem eigenen **Nutzen,** Schaden, Vorteil; etwas in eigener **Person** entscheiden *selbst;* in eigener **Sache** sprechen *über etwas, das einen selbst betrifft;* ich habe es aus eigener **Tasche** bezahlt ⟨umg.⟩ *selbst* ◆ etwas sein Eigen **nennen; sein:** er ist darin sehr eigen; das ist sein Eigen *sein Eigentum* ◆ ein Kind **als** Eigen annehmen *adoptieren;* jmdm. etwas **zu** Eigen geben; etwas zu Eigen haben; ich habe es mir zu Eigen gemacht *mir geistig angeeignet, es gelernt* [< ahd. *eigan,* engl. *own*]

EICHHÖRNCHEN:
GEMEINES
EICHHÖRNCHEN
(*Sciurus vulgaris*)

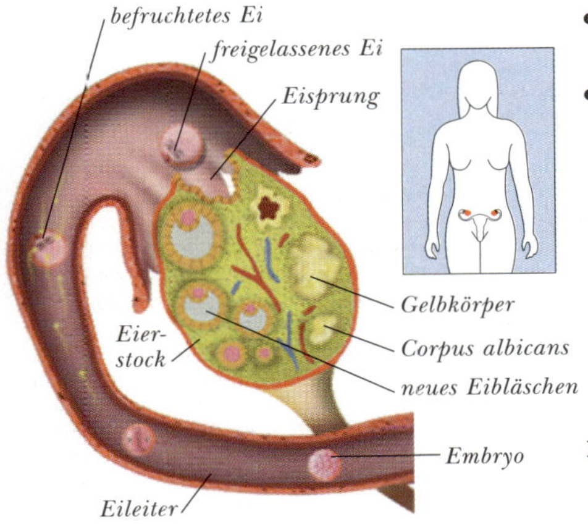


EIERSTOCK: SCHNITT DURCH EINEN EIERSTOCK UND EILEITER

**Eigenart** ⟨f. 20⟩ **1** *Gesamtheit der Merkmale, Wesen* **2** *Eigentümlichkeit, charakteristisches Kennzeichen* ◆ eine Eigenart dieser Pflanze besteht darin, dass ...; dies ist eine Eigenart von ihm; jeder Mensch in seiner besonderen Eigenart

**Eigenbewegung** ⟨f. 20⟩ *tatsächliche, eigene Bewegung eines Fixsterns nach Abzug aller Scheinbewegungen, z. B. verursacht durch Erdbewegung*

**Eigenbrötler** ⟨m. 3⟩ **1** ⟨allg.⟩ *Einzelgänger, Mensch, der sich abkapselt, seine eigenen Wege geht* **2** ⟨abwertend⟩ *Sonderling* [< *eigen + Brot*]

**Eigendrehimpuls** ⟨m. 1⟩ = *Spin (1)*

**eigengesetzlich** ⟨Adj.⟩ *nach besonderen, eigenen Gesetzen (handelnd od. wirkend)*

**Eigengewicht** ⟨n. 11; Tech.⟩ **1** *Gewicht ohne Zuladung* **2** ⟨Kaufmannsspr.⟩ *Gewicht ohne Verpackung* **3** ⟨eindeutschend für⟩ *spezifisches Gewicht*

**eigenhändig** ⟨Adj.⟩ *mit eigenen Händen (getan, gearbeitet, geschrieben usw.)* ◆ eigenhändige Unterschrift; einen Brief eigenhändig abgeben

**Eigeninitiative** ⟨f. 19⟩ *eigene Initiative (einer od. mehrerer Personen) zur Verwirklichung bestimmter Forderungen oder Vorhaben* ◆ einen Kindergarten in Eigeninitiative betreiben; eine Eigeninitiative gründen

**Eigenkapital** ⟨n.; -s; unz.⟩ **1** *das vom Inhaber bzw. den Gesellschaftern einer Firma durch Einlagen od. nicht abgehobene Gewinne im Unternehmen eingesetzte Kapital* **2** ⟨allg.⟩ *das aus eigenen Mitteln erbrachte Kapital*

**Eigenlob** ⟨n. 11; unz.⟩ = *Selbstlob* ◆ hier riecht es nach Eigenlob ⟨fig.; umg.⟩ *(Ausdruck, wenn jmd. sich selbst lobt);* Eigenlob stinkt ⟨fig.; umg.⟩ *ist unangebracht*

**eigenmächtig** ⟨Adj.⟩ *unbefugt, ohne den Zuständigen zu fragen* ◆ eigenmächtiges Handeln, Vorgehen; er hat erneut eigenmächtig gehandelt

**Eigennutz** ⟨m. 1; unz.⟩ **1** *der eigene Vorteil* **2** *das rücksichtslose Streben danach* ◆ aus Eigennutz handeln

**eigennützig** ⟨Adj.⟩ *rücksichtslos auf Eigennutz bedacht*

**Eigenschaft** ⟨f. 20⟩ **1** *besonderes Kennzeichen, Merkmal, Wesensart, Besonderheit* **2** ⟨umg.⟩ *Stellung, Funktion* ◆ die hierfür notwendigen Eigenschaften fehlen ihm; diese eine Eigenschaft schätze ich besonders an ihm; gute, schlechte Eigenschaften haben; in meiner Eigenschaft als Vorsitzender

**Eigensinn** ⟨m. 1; unz.⟩ *zähes, stures Festhalten an einer Meinung, einem Vorhaben usw.*

**eigenständig** ⟨Adj.⟩ *nach eigenen Grundsätzen od. Gesetzen lebend, unabhängig, selbständig*

**eigentlich** ⟨Abk.: eigtl.⟩ **I** ⟨Partikel⟩ **1** *im Grunde genommen, wenn man es recht bedenkt, streng genommen, genau gesagt* **2** *ursprünglich* ◆ was ist eigentlich **geschehen?;** eigentlich **hast** du Recht; das ist ihr Künstlername, eigentlich **heißt** sie ...; eigentlich **wollen** wir nur ein Stündchen bleiben; was will er eigentlich? **sein:** was ist eigentlich mit dir los?; eigentlich **sollte** man sich nicht darum kümmern **II** ⟨Adj.⟩ *wirklich, in Wirklichkeit* ◆ die eigentliche **Bedeutung** dieses Wortes; sein eigentlicher **Beruf** ist Schlosser; die eigentliche **Frage** ist ja die ...; sein eigentlicher **Name** ist ... [→ *eigen*]

**Eigentum** ⟨n.; -s; unz.⟩ *rechtl. Herrschaft über eine Sache mit voller Nutzungs- u. Verfügungsgewalt;* → a. *Besitz* ◆ geistiges Eigentum, persönliches, privates, öffentliches Eigentum; das ist mein Eigentum *das gehört mir*

**Eigentümer** ⟨m. 3⟩ *jmd., dem das Besitzrecht an einer Sache zusteht, ohne dass er es auszuüben braucht;* → a. *Besitzer*

**Eigentumswohnung** ⟨f. 20⟩ *Wohnung, an der man ein Eigentumsrecht hat*

**Eigenverbrauch** ⟨m. 1; unz.⟩ *Verbrauch für sich selbst*

**Eigenwert** ⟨m. 1⟩ **1** *wirkl., innerer Wert, Gehalt* **2** ⟨Math.⟩ *diskreter Parameterwert, der eine Lösung von gewissen Differenzial- u. Integralgleichungen ermöglicht*

**eignen** ⟨V.; hat⟩ **I** ⟨V. i.⟩ jmdm. eignen **1** ⟨eigtl.⟩ *ihm gehören* **2** ⟨heute⟩ *ihm eigentümlich sein* ◆ ihm eignet eine große Güte, viel Verständnis **II** ⟨V. refl.⟩ sich eignen für, zu *passend, brauchbar, tauglich, fähig sein für, zu* ◆ er eignet sich nicht für diese Aufgabe; sie eignet sich zur Schauspielerin; für etwas besonders geeignet sein; ein geeignetes Mittel finden für, gegen [→ *eigen*]

**Eignung** ⟨f. 20⟩ *Tauglichkeit, Befähigung* ◆ eine besondere, keine Eignung für etwas haben

**eigtl.** ⟨Abk. für⟩ *eigentlich*

**...eiig** ⟨Adj.; in Zus.⟩ *aus einer bestimmten Zahl von Eiern bestehend od. entstanden,* z. B. eineiig, zweieiig

**Eilbote** ⟨m. 17⟩ **1** *Überbringer einer dringenden Nachricht* **2** *Postangestellter, der eilige Sendungen rasch zustellt*

**Eilbrief** ⟨m. 1⟩ *Brief, der mit normaler Post befördert, aber durch einen Eilboten sofort zugestellt wird*

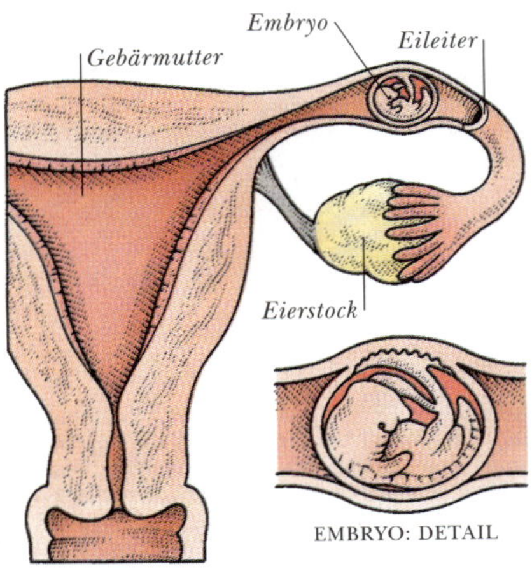


EMBRYO: DETAIL

EILEITERSCHWANGERSCHAFT BEI DER FRAU

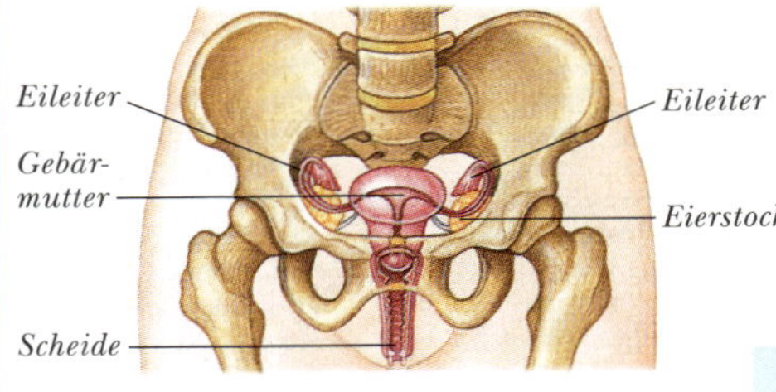


EILEITER: LAGE IM WEIBLICHEN KÖRPER

**Eile** ⟨f. 19; unz.⟩ **1** *Hast, Zeitmangel* **2** *drängende Zeit, Drang zur Schnelligkeit* ◆ er hat große Eile *keine Zeit zu verlieren;* es hat Eile *es hat schnell zu geschehen;* damit hat es keine Eile *es hat Zeit;* in der Eile habe ich das vergessen; in (aller) Eile möchte ich dir mitteilen, dass ...; er ist immer in Eile; in größter Eile noch etwas Wichtiges erledigen [< ahd. *ila;* → *eilen*]

**Eileiter** ⟨m. 3; Anat.⟩ ▲ *jeder der beiden bleistiftdicken Kanäle, welche die von den Eierstöcken abgegebenen Eier auffangen u. in die Gebärmutter weiterleiten;* Sy *Tuba (1.2)*

**Eileiterschwangerschaft** ⟨f. 20; Med.⟩ ▼ *Ansiedelung eines befruchteten Eies im Eileiter*

**eilen** ⟨V. i.; ist⟩ **1** *sich schnell fortbewegen, hasten* **2** *drängen* (Zeit), *dringend sein* ◆ eilt! *(auf Bestellungen usw.);* eilenden **Fußes** aufbrechen *sofort;* die **Sache** eilt! ◆ es eilt mir **damit;** eile **mit** Weile! ⟨Sprichw.⟩ *handle rasch, doch nicht unüberlegt!;* **nach** Hause, nach der Unglücksstelle eilen; jmdm. **zu** Hilfe eilen; zum Arzt eilen [< ahd. *ilen*]

**eilig** ⟨Adj.⟩ **1** *dringend, dringlich* **2** *rasch, schnell* ◆ nur nicht so eilig!; es handelt sich um eine eilige **Angelegenheit,** Mitteilung ◆ eilig **davonlaufen; hast** du es eilig? *bist du in Eile?;* **sein:** die Sache ist sehr eilig ◆ wenn du **nichts** Eiligeres zu tun hast ... [< ahd. *ilig;* → *eilen*]

**Eimer** ⟨m. 3⟩ *Gefäß mit Henkel zum Tragen od. Aufbewahren von Flüssigkeiten, Abfällen usw.* (Mülleimer, Wassereimer) ◆ ein Eimer voll Wasser; es gießt wie aus Eimern ⟨fig.; umg.⟩ *es regnet heftig;* in den Eimer gucken ⟨fig.; umg.⟩ *das Nachsehen haben;* es ist im Eimer ⟨fig.; umg.⟩ *ist kaputt, verloren, vorbei, zerstört* [< ahd. *ambar* < lat. *ampora* = *amphora* < grch. *amphoreus* „Gefäß"; später *eimbar, einbar* in volksetymologischer Anlehnung an *ein, beran* „tragen" ( → *Zuber*)]

**ein**[1] ⟨Adv.⟩ *hinein, herein* ◆ ein und aus; bei jmdm. ein und aus gehen *bei jmdm. häufiger Gast sein;* nicht mehr ein noch aus wissen *sich in einer ausweglosen, verfahrenen Situation befinden*

**ein**[2] **I** ⟨unbest. Art.⟩ *(etwas Einzelnes, den Einzelfall bezeichnend)* ◆ ein Mann, eine Frau, ein Kind; ⟨vor Eigennamen vergleichend im Sinne von⟩ *ein Mann wie ..., eine Frau wie ...;* das konnte nur ein Goethe schreiben; eine andere; ein jedes; ein jeglicher; einen **Eid** ablegen; ein **Mal** = *einmal (1);* das Amt eines **Vorsitzenden** übernehmen; es gab eine **Zeit,** da ... ◆ sich einen **genehmigen** ⟨umg.⟩ *einen Schnaps trinken;* jmdm. eine **kleben,** reinhauen, runterhauen ⟨umg.⟩ *eine Ohrfeige geben* ◆ in einem **derartigen** Fall; eine **günstige** Gelegenheit; bei einem so **wichtigen** Geschäft **II** ⟨unbest. Pron.⟩ **1** *irgendeiner, jemand* **2** *jeden* **3** *man* ◆ ⟨ohne Art. flektiert es stark⟩ einer, eine, eines; ⟨mit bestimmtem Art. flektiert es schwach⟩ der eine, die eine, das eine; wieder einer!; noch einer!; geben Sie mir noch so eines, ⟨od.⟩ eins!; sie stören einer den anderen, ⟨od.⟩ einer stört den anderen *jeder stört den anderen;* sie helfen einer dem anderen, ⟨od.⟩ einer hilft dem andern *jeder hilft dem andern;* er war einer von ihnen; einer von vielen ◆ und das soll einer **glauben!** ⟨umg.⟩ *man;* es **freut** einen, wenn man so etwas hört *man freut sich;* **sein:** das ist einer! ⟨tadelnd od. bewundernd⟩; sie ist sein Ein und Alles ◆ immer eins **nach** dem andern!; weder der eine **noch** der andere; der eine **oder** andere *mancher, einige;* der eine oder andere wird es schon verstehen; der eine **und** der andere; ein und derselbe ⟨verstärkend⟩ *derselbe* ◆ **was** für eine?; er ist so viel wert **wie** der andere; es ist doch einer wie der andere! *es sind doch alle gleich* **III** ⟨Num.⟩ der Eine ⟨fig.⟩ *Gott;* eines, ⟨od.⟩ eins ist wichtig; ich kann dir nichts abgeben, ich habe nur eines, eins, einen; das eine will ich dir sagen ⟨warnend⟩; ein **Drittel,** ein Viertel; das Leben (nur) eines **Kindes;** das Leben dieses einen Kindes; sie sind eines **Sinnes** ⟨fig.⟩ *sie verstehen sich ausgezeichnet;* mit einem **Paar** Strümpfe kommst du nicht aus; sein einer **Sohn** ⟨umg.⟩ *einer seiner Söhne;* er hat nicht einen (einzigen) **Tag** gefehlt; es ist ein **Uhr** ◆ zwei neue Anzüge und ein **alter** ◆ es kommt, läuft **auf** eins hinaus *auf das Gleiche;* es wird einen, ⟨umg⟩ ein **bis** zwei Tage dauern; ein **für** alle Mal *einmal und nicht noch einmal, endgültig;* damit ist ein für alle Mal Schluss; **in** einem fort reden *ununterbrochen;* in einem Zug schreiben *ohne Unterbrechung;* einer **von** beiden; das eine, **was** Not tut, ist ... [< ahd. *ein,* engl. *one*]

**ein...**[1] ⟨in Zus.⟩ *hinein...,* z. B. einfahren, einnehmen, einsaugen, einstecken [< ahd. *in...;* → *hinein, in*]

**ein...**[2] ⟨in Zus.⟩ *aus einem Einzigen bestehend,* z. B. einsilbig, einstündig [< ahd. *ein...;* → *ein*[2]]

**einander** ⟨Adv.⟩ *(sich) gegenseitig* ◆ sie hatten einander so lieb; sie helfen einander

**einatmen** ⟨V.; hat⟩ **I** ⟨V. i.⟩ *Luft durch Mund od. Nase einziehen, Luft holen* **II** ⟨V. t.⟩ *durch Mund und Nase einsaugen* ◆ Staub einatmen

**Einband** ⟨m. 1u⟩ *Rücken und Deckel (eines Buches)*

**Einbau** ⟨m.; -(e)s, -bauten⟩ **1** *baul. Ergänzung in einem Gebäude* **2** *Einfügung, z. B. in eine Maschine* ◆ Einbau eines Bades, Einbau eines Motors

**einbauen** ⟨V. t.; hat⟩ *durch Einbau einfügen* ◆ in ein Zimmer eingebaute Schränke; einen neuen Motor in ein Auto einbauen; Zitate in eine Examensarbeit, einen Vortrag einbauen ⟨fig.; umg.⟩

**Einberufung** ⟨f. 20⟩ *das Einberufen, das Einberufenwerden* ◆ die Einberufung des Parlamentes; er erhielt seine Einberufung zum Militärdienst

**einbeziehen** ⟨V. t. 287; hat⟩ *hinzunehmen, -rechnen, -zählen* ◆ wir sollten dieses neueste Forschungsergebnis mit in unseren Bericht einbeziehen

**einbilden** ⟨V. refl.; hat⟩ sich etwas einbilden *sich etwas fälschlich vorstellen, unberechtigt glauben, sich einreden* ◆ er bildet sich etwas, eine ganze Menge ein ⟨umg.⟩ *er ist hochmütig;* bilde dir ja nicht ein, dass ich dir das glaube!; sie bildet sich ein, unheilbar krank zu sein; sich allerlei einbilden *sich Illusionen machen, Luftschlösser bauen;* er hat sich steif und fest eingebildet, dass ...; er ist bescheiden geblieben und bildet sich nichts auf seinen Erfolg ein; → a. *eingebildet*

**Einbildung** ⟨f. 20⟩ *irrige Vorstellung, Dünkel* ◆ das sind Einbildungen!; Einbildung ist auch eine Bildung ⟨umg.⟩ *du bist eingebildet und sonst gar nichts;* an Einbildung leiden

EINBLICK IN EINE ALLEE

⟨umg.⟩ *dünkelhaft sein;* das gibt es, existiert nur in deiner Einbildung!; das ist doch nur in deiner Einbildung vorhanden

**einbinden** ⟨V. t. 111; hat⟩ **1** *in etwas hineinbinden* **2** *mit Deckel u. Rücken (Einband) versehen* (Buch) **3** *mit Binden, Tüchern usw. einwickeln* ◆ die verletzte Hand einbinden; Bücher in Leinen, Leder einbinden lassen; etwas in etwas einbinden ⟨fig.⟩ *etwas fest mit etwas verbinden; etwas in etwas einfügen;* ein Brauch ist in die Tradition eingebunden; eine Zusicherung, Vergünstigung in einen Vertrag einbinden

**einblenden** ⟨V. t.; hat⟩ eine Filmaufnahme od. eine Funksendung od. -szene einblenden *in eine andere (allmählich stärker werdend) einschalten*

**Einblick** ⟨m. 1⟩ **1** *Kenntnis durch eigenen Augenschein* **2** ▲ *Blick in das, normalerweise verschlossene, Innere eines Gegenstandes* (Koffer) *od. in etwas (oft Unübersichtliches) hinein, meist nur von einer bestimmten Position her möglich* (Allee, Gasse) ◆ Einblick in etwas **bekommen,** gewinnen; jmdm. Einblick in etwas **geben;** der Besuch des Landes sollte der Delegation einen Einblick in die aktuellen politischen Verhältnisse **ermöglichen** ◆ ich habe mir Einblick, einen **gründlichen** Einblick in die Akten verschafft; ein **schmaler** Mauerspalt gewährte ihm einen Einblick in den Hof

EINDECKER: BLACKBURN VON 1912

**einbrechen** ⟨V. 116⟩ **I** ⟨V. t.; hat⟩ **1** *gewaltsam öffnen, eindrücken* (Schale, Tür) **2** *zerstören, einreißen* (Wand) **II** ⟨V. i.; ist⟩ **1** *zu Bruch gehen, zusammen-, nieder-, einstürzen* (Wand) **2** *(hin)einstürzen (ins Eis)* **3** *gewaltsam eindringen* (Einbrecher, Kriegshorden) **4** *plötzlich beginnen* (Dämmerung, Nacht) ◆ bei jmdm. einbrechen ⟨umg.; scherzh.⟩ *bei jmdm. überraschend erscheinen, jmdn. überraschend besuchen;* er ist beim Schlittschuhlaufen auf dem Eis eingebrochen; in unsere Wohnung wurde letzte Nacht eingebrochen; bei einbrechender Dämmerung

**Einbrecher** ⟨m. 3⟩ *jmd., der gewaltsam in fremde Räume eindringt, einbricht*

**einbringen** ⟨V. t. 118; hat⟩ **1** *herbeischaffen, bringen* (Ernte) **2** *mitbringen* (Heiratsgut) **3** *Nutzen bringen, Ertrag abwerfen* **4** *vorlegen* (Gesetz) **5** *ausgleichen, wettmachen* (Verlust) ◆ einen **Antrag** im Parlament einbringen; das **Getreide,** Heu einbringen; sein Geld so anlegen, dass es **Zinsen** einbringt ◆ sie hat ein großes Mietshaus und noch 20 000 Mark bar **in** die Ehe eingebracht; 50 000 Mark in eine Firma einbringen ◆ das Haus ist so alt, dass es seinem Besitzer **nichts** mehr einbringt

**Einbruch** ⟨m. 1u⟩ **1** *Diebstahl durch gewaltsames Eindringen* **2** *Einsturz* (des Bodens) **3** *Eindringen* (von Wasser) **4** ⟨fig.⟩ *Beginn* (Dämmerung) **5** ⟨fig.⟩ *plötzl. Veränderung* **6** ⟨Bgb.⟩ *erste Vertiefung im glatten Stoß* ◆ einen Einbruch in ein Haus, eine Wohnung verüben; bei, mit Einbruch der Nacht

**Einbuchtung** ⟨f. 20⟩ **1** *breiter Einschnitt, Bucht* (an einer Küste) **2** *Windung, Verengung* (eines Weges) **3** *Vertiefung, Delle* (an einem Gefäß) **4** ⟨umg.⟩ *Gefangennahme*

**einbürgern** ⟨V.; hat⟩ **I** ⟨V. t.⟩ jmdn. einbürgern *zum Staatsbürger machen, jmdm. die Staatsangehörigkeit verleihen* **II** ⟨V. refl.⟩ sich einbürgern **1** *Staatsbürger werden, die Staatsangehörigkeit annehmen* **2** ⟨fig.⟩ *heimisch, üblich werden* ◆ es hat sich so eingebürgert ⟨fig.⟩; dieser Brauch hat sich vor Jahrhunderten hier eingebürgert ⟨fig.⟩; in unserer Sprache haben sich viele Fremdwörter eingebürgert ⟨fig.⟩

**Einbuße** ⟨f. 19⟩ *Verlust, Schaden* ◆ (keine) Einbuße erleiden; Einbuße an Ansehen, Einfluss, Vermögen

**eincremen** ⟨[-kre-] V. t.; hat⟩ *mit Creme einreiben;* oV *einkremen*

**eindämmen** ⟨V. t.; hat⟩ **1** *mit einem Damm versehen, stauen* (Fluss) **2** ⟨fig.⟩ *einschränken, beschränken* **3** *an der Ausbreitung hindern* ◆ jmds. Redeschwall, Übermut eindämmen ⟨fig.⟩; es wurde alles getan, um die Seuche einzudämmen

**eindecken** ⟨V. t.; hat⟩ jmdn., sich mit etwas eindecken *(für den Notfall) versorgen* ◆ sich mit Lebensmitteln eindecken; wir haben uns für den Winter ausreichend mit Holz eingedeckt; ich bin mit Arbeit reichlich eingedeckt worden ⟨fig.; umg.⟩

**Eindecker** ⟨m. 3⟩ **1** ⟨Flugw.⟩ ◄ *nur mit zwei einfachen Tragflächen ausgerüstetes Flugzeug;* Ggs *Doppeldecker* **2** ⟨Mar.⟩ *Schiff mit nur einem Deck*

**eindeutig** ⟨Adj.⟩ **1** *nur eine Bedeutung habend, nur eine Deutung zulassend, unmissverständlich, sehr klar* **2** ⟨fig.⟩ *grob, unmissverständlich, derb* ◆ dieser Begriff, diese Terminologie ist eindeutig; ich habe ihm eindeutig klar gemacht, dass ... ⟨fig.⟩

**eindimensional** ⟨Adj.⟩ *nur in einer Dimension ausgedehnt*

**eindringen** ⟨V. i. 122; ist⟩ **1** in etwas eindringen **1.1** *mit Gewalt in etwas vorstoßen, sich Ein-, Zutritt verschaffen* **1.2** *hineingelangen* (Wasser) **1.3** *sich vertraut machen mit, kennen lernen, erforschen* **2** auf jmdn. eindringen *jmdn. handgreiflich bedrohen, überfallen* **3** mit Worten auf jmdn. eindringen *jmdm. nachdrückl. zureden* **4** Worte in sich eindringen lassen *auf sich wirken lassen* ◆ es ist außerordentlich schwer, in seine **Gedankenwelt** einzudringen; er versucht, in das **Geheimnis** einzudringen; in eine **Gemeinschaft**

ungebeten eindringen; der Dieb drang durch ein Fenster in das **Haus,** die Wohnung ein; der Splitter ist tief in die **Haut** eingedrungen; in die **Zusammenhänge** eindringen

**eindringlich** ⟨Adj.⟩ *nachdrücklich, dringend* ◆ jmdn. auf das eindringlichste/Eindringlichste ermahnen; jmdm. etwas eindringlich klar machen

**Eindruck** **I** ⟨m. 1⟩ **1** *eingedrückte Stelle, Druckspur, -vertiefung* **2** *das Bedrucken* (von Tuchen) ◆ der Eindruck des Fußes im weichen Boden **II** ⟨m. 1u⟩ *Einwirkung in das Fühlen u. Denken, Wirkung* ◆ dieser Eindruck **bleibt haften,** dauert an, hat sich noch verstärkt; ich **hatte** den Eindruck, dass ...; ich kann mich des Eindrucks nicht **erwehren,** dass ...; Eindruck **machen** *Wirkung haben, ausüben;* einen guten, schlechten Eindruck machen; deine Warnung hat ihren Eindruck nicht **verfehlt** ◆ sein Verhalten hat einen **ausgezeichneten,** (un)günstigen, guten, schlechten Eindruck auf mich gemacht; das hat einen **großen,** nachhaltigen, unauslöschlichen, unglaublichen Eindruck auf mich gemacht **III** ⟨m. 1u; unz.⟩ *Anschein* ◆ es erweckt, macht den Eindruck, als ob ...; er macht einen nervösen, zerstreuten Eindruck

**eindrücken** ⟨V.; hat⟩ **I** ⟨V. t.⟩ **1** *nach innen drücken* **2** *durch Druck zerstören, beschädigen* (Tür, Rippen) **3** *zerbrechen, zerdrücken* (Fenster) **II** ⟨V. refl.⟩ sich eindrücken *eine Spur hinterlassen* ◆ seine Tritte hatten sich in den Boden eingedrückt

**eineiig** ⟨Adj.; Biol.⟩ *aus einer einzigen Eizelle entstanden (und daher die gleichen Erbanlagen aufweisend);* Ggs *zweieiig*

**eineinhalb** ⟨Num.; in Ziffern⟩ *1½, ein(e, -er, -es) u. noch ein(e) halb(e, -er, -es);* Sy *einundeinhalb* ◆ es hat eineinhalb Stunden gedauert; ⟨aber⟩ eine und eine halbe Stunde; eineinhalb mal so viel

**einengen** ⟨V. t.; hat⟩ **1** *eng, enger machen* **2** ⟨fig.⟩ *begrenzen, beschränken, einschränken* ◆ einen Begriff noch mehr einengen; jmds. Freiheit einengen

**einer** ⟨unbestimmter Art.; unbestimmtes Pron.; Num.⟩ → *ein*[2]

**einerlei** **I** ⟨Adj.; nur präd.⟩ *gleich, gleichgültig* ◆ das ist einerlei; das ist mir ganz einerlei **II** ⟨nur attr.; undekl.⟩ **1** *gleichartig* **2** *eintönig* ◆ einerlei Stoff, Tuch [< mhd. *einer leige, einer leie;* → *ein*[2]*,...lei*]

**einerseits** ⟨Adv.⟩ *bei Berücksichtigung bestimmter Dinge, von der einen Seite her betrachtet, auf der einen Seite, zwar*

**einfach** **I** ⟨Adj.⟩ **1** *nicht zusammengesetzt, aus nur einem Teil bestehend* **2** *einmal, nicht doppelt* **3** *ohne Schwierigkeiten, leicht verständlich, problemlos, unkompliziert* **4** *bescheiden, schlicht, anspruchslos* (Essen, Kleidung) ◆ „Hin- und Rückfahrt?" „Nein, einfach!" ⟨umg.⟩ *ohne Rückfahrkarte;* ein einfacher **Bruch;** einfache **Buchführung** *Buchführung, bei der die Geschäftsvorgänge nur einmal aufgezeichnet werden;* einfache **Lebensweise;** etwas in einfachen **Worten** erklären; einfache **Zahlen** ◆ das ist sehr einfach zu **bewerkstelligen,** zu erledigen, zu machen; einfach **essen,** leben, wohnen; sich einfach **kleiden; sein:** die Sache ist gar nicht so einfach!; es ist das Einfachste, wenn ...; das ist nicht ganz einfach zu **verstehen** **II** ⟨Partikel⟩ **1** *geradezu* **2** *ohne weiteres* ◆ die Sache ist einfach die, dass ...; du kannst doch jetzt nicht einfach **absagen!** ◆ es war einfach **großartig,** herrlich, wunderschön; ich verstehe dich einfach **nicht!**

**einfahren** ⟨V. 130⟩ **I** ⟨V. t.; hat⟩ **1** *hineinfahren in* **2** *durch Hineinfahren beschädigen, zertrümmern* (Schaufenster) **3** *durch Fahren allmähl. leistungsfähig machen* (Wagen) **4** *einbringen, in die Scheune fahren* (Ernte) ◆ wir wollen morgen das Getreide einfahren; den Wagen vorsichtig einfahren (in die Garage) **II** ⟨V. t.; ist⟩ **1** *ankommen, hereingefahren kommen* (Zug) **2** ⟨Bgb.⟩ *zur Arbeit in den Schacht fahren* ◆ die Bergleute sind um 8 Uhr in die Grube eingefahren; das Schiff fuhr in den Hafen ein; der Intercity aus Duisburg wird in wenigen Minuten auf Bahnsteig 3 einfahren **III** ⟨V. refl.; hat⟩ sich einfahren **1** ⟨fig.⟩ *sich im Fahren üben* **2** ⟨fig.; umg.⟩ *zur Gewohnheit werden, sich einspielen* ◆ ich muss mich erst noch einfahren

**Einfahrt** ⟨f. 20⟩ **I** ⟨unz.⟩ **1** *das Hineinfahren* **2** ⟨Eisenb.⟩ *Erlaubnis zur Einfahrt* ◆ der Zug hat noch keine Einfahrt; Vorsicht bei Einfahrt des Zuges! **II** ⟨zählb.⟩ **1** *Öffnung zum Hineinfahren* (Hafeneinfahrt) **2** *Torweg, Tor, breiter Eingang* (Hofeinfahrt) **3** ⟨Jägerspr.⟩ *die zum Bau eines Wildes führende Röhre* ◆ bitte die Einfahrt freihalten

**einfallen** ⟨V. i. 131; ist⟩ **1** *einstürzen, zusammenstürzen* (Mauer) **2** *hereinfallen, -strömen, eindringen* (Lichtstrahlen) **3** *sich plötzlich in ein Gespräch mischen* **4** *mager werden, abmagern, einsinken* (Wangen) **5** ⟨Mus.⟩ *einsetzen* (Stimmen) **6** *in den Sinn kommen* ◆ da fällt mir gerade Folgendes ein; plötzlich fiel ihm ein, dass ...; das fällt mir gar nicht, nicht im Traume ein! ⟨umg.⟩ *ich denke nicht daran, das zu tun!* ◆ mir fällt nichts **Besseres** ein; die alte **Mauer** wird bald einfallen; sein **Name** will mir nicht einfallen; seine **Wangen** sind ganz eingefallen ◆ **in** ein Land einfallen; mir fällt **zu** diesem Thema nichts mehr ein ◆ **was** fällt ihm ein! *was erlaubt er sich?* ◆ einfallende Lichtstrahlen

EINFARBIGE DAHLIE

**Einfalt** ⟨f. 20; unz.⟩ **1** *Arglosigkeit* **2** *gutmütige Beschränktheit, Naivität, Einfältigkeit* **3** *einfältige Person* ◆ die liebe Einfalt!

**einfältig** ⟨Adj.⟩ *gutmütig-beschränkt, töricht, leichtgläubig, naiv*

**einfangen** ⟨V. t. 132; hat⟩ **1** *wieder fangen, in Gewahrsam bringen* **2** ⟨fig.⟩ *schildern, darstellen* (Stimmung, Milieu) ◆ einen entlaufenen Hund, einen Bienenschwarm einfangen; der Autor hat in seinem Roman die Atmosphäre der zwanziger Jahre eingefangen; sich etwas einfangen ⟨umg.⟩ *etwas Unangenehmes bekommen, sich anstecken;* er hat sich zwei Ohrfeigen eingefangen; ich habe mir eine Grippe eingefangen

**einfarbig** ⟨Adj.⟩ ▲ *in nur einer Farbe gehalten, mit nur einer Farbe versehen;* Sy *uni* ◆ einfarbiger Kleiderstoff

**einfassen** ⟨V. t.; hat⟩ **1** *umrahmen, umranden, umschließen, umgeben* **2** *mit Borte versäubern, besetzen* (Naht, Kleid) **3** *in Fässer legen, schichten* (Heringe) ◆ Edelsteine einfassen *mit einer Fassung (aus Gold u.a.) versehen;* einen Garten mit einer Hecke, einer Mauer einfassen

**einfliegen** ⟨V. 136⟩ **I** ⟨V. t.; hat⟩ **1** *durch Fliegen ausprobieren u. leistungsfähig machen* **2** *im Flugzeug hineinbringen* ◆ die Journalisten wurden in die Stadt eingeflogen **II** ⟨V. i.; ist⟩ *hineinfliegen (in)*

**einfließen** ⟨V. i. 138; ist⟩ **1** *hineinfließen in* (Flüssigkeiten), *münden* **2** ⟨fig.⟩ *hinzukommen, einströmen* (Gelder) ◆ seine Spende floss in einen Kinderhilfsfonds ein; er hat gesprächsweise einfließen lassen, dass ... *beiläufig bemerkt*

**einflößen** ⟨V. t.; hat⟩ **1** *zu trinken eingeben* (Med.) **2** ⟨fig.⟩ *bewirken, hervorrufen, erwecken* (Achtung, Furcht, Vertrauen) ◆ jmdm. etwas einflößen [→ *fließen*]

**Einfluss** ⟨m. 1u⟩ **1** *das Münden, Einfließen* **2** ⟨fig.⟩ *Wirkung* ◆ ich habe meinen ganzen Einfluss **aufbieten** müssen, um das zu verhindern; Einfluss auf etwas od. jmdn. **ausüben,** haben, nehmen; Einfluss **gewinnen;** sein Einfluss **schwindet** immer mehr; sein Einfluss **wächst** ständig ◆ ich habe keinen Einfluss **auf** seine Entscheidungen; er steht völlig **unter** ihrem Einfluss; das ist **von** großem, gutem, nachteiligem, unheilvollem Einfluss für uns

**einflussreich** ⟨Adj.⟩ *großen Einfluss ausübend*

**einfordern** ⟨V. t.; hat⟩ *fordern, einziehen*

**einförmig** ⟨Adj.⟩ *wenig Abwechslung bietend, immer gleich leibend, eintönig*

**einfrieren** ⟨V. 140⟩ **I** ⟨V. i.; ist⟩ **1** *festfrieren, im Eis fest stecken bleiben* **2** *durch Kälteeinwirkung unbenutzbar werden* (Wasserleitung) **3** *gefrieren u. dadurch haltbar werden* (Fleisch, Obst) **4** ⟨umg.⟩ *gesperrt, nicht verfügbar sein* (Guthaben) ◆ einige Schiffe sind bereits auf dem Fluss eingefroren **II** ⟨V. t.; hat⟩ **1** *durch Kälteeinwirkung haltbar machen* **2** ⟨fig.; umg.⟩ *(auf dem augenblicklichen Stand) ruhen lassen* ◆ Fleisch, Gemüse, Obst einfrieren; Verhandlungen, Löhne und Gehälter einfrieren

**einfügen** ⟨V.; hat⟩ **I** ⟨V. t.⟩ *dazwischenschieben, -legen, -setzen usw., eingliedern, einschieben, einarbeiten, zusätzlich anbringen* ◆ noch einige Sätze in ein Manuskript einfügen; in beschädigtes Mauerwerk einige Steine einfügen **II** ⟨V. refl.⟩ sich einfügen in *sich anpassen, eingliedern, -ordnen* ◆ er hat sich schnell in die neue Umgebung eingefügt

**einfühlen** ⟨V. refl.; hat⟩ sich in etwas od. jmdn. einfühlen *sich in jmdn., in eine Lage, Stimmung usw. hineinversetzen, jmds. Verhalten, Seelenleben verstehen*

**Einfuhr** ⟨f. 20⟩ *das Hereinbringen ausländischer Waren ins Inland;* Sy *Import;* Ggs *Ausfuhr*

**einführen** ⟨V. t.; hat⟩ **1** etwas einführen **1.1** *hineinschieben, hineingleiten lassen* **1.2** *aus dem Ausland hereinbringen* (Waren); Sy *importieren;* Ggs *ausführen* **1.3** *auf den Markt, in Gebrauch bringen, verbreiten* (neue Artikel, Brauch, Mode, Stil) **2** jmdn. einführen **2.1** *anleiten, unterweisen, vertraut machen mit* **2.2** *in offizieller Form bekannt machen, vorstellen* **2.3** *zum ersten Mal auftreten, in Erscheinung treten lassen* (Romanfigur) ◆ du hast dich ja gut eingeführt! ⟨iron.⟩ *gleich beim ersten Besuch schlecht benommen;* die Firma ist gut eingeführt *gut bekannt und anerkannt* ◆ **bei** jmdm. eingeführt sein *offiziell bekannt gemacht (u. anerkannt);* ich werde dich bei ihm einführen; eine neue Person **im** Roman einführen; der neue Rektor wurde gestern in sein Amt eingeführt

**einfüllen** ⟨V. t.; hat⟩ *hineingießen, -schütten* ◆ Wein in Flaschen, Bier in Fässer, einfüllen

**Eingang** ⟨m. 1u⟩ **I** ⟨zählb.⟩ **1** *Öffnung zum Eintreten, Tür, Tor* (Haupteingang, Nebeneingang) **2** *Beginn, Einleitung* (einer Rede) **3** *Ankunft* (Posteingang, Wareneingang) **4** *die gesamten an einem Tag angekommenen Post-, Geldsendungen usw.* ◆ **am,** vorm Eingang auf jmdn. warten; das Haus **durch**

E

einen seitlichen, zweiten Eingang verlassen **II** ⟨unz.⟩ *Zugang* ◆ in eine Gesellschaft, einen Kreis, ein Wissenschaftsgebiet Eingang finden; jmdm. (bei jmdm.) Eingang verschaffen *ihn (bei jmdm.) einführen*

**eingeben** ⟨V. t. 143; hat⟩ **1** *einreichen* (Arbeit, Gesuch) **2** ⟨EDV⟩ *speichern, eintippen, datentechnisch erfassen* ◆ jmdm. einen Gedanken eingeben *jmdn. auf einen Gedanken bringen;* Daten in einen Computer eingeben

**eingebildet** ⟨Adj.⟩ *vom eigenen Wert, von der eigenen Tüchtigkeit allzu sehr überzeugt, arrogant, dünkelhaft, auf andere herabschauend, überheblich*

**Eingebung** ⟨f. 20⟩ *plötzl. auftauchender (wichtiger, entscheidender) Gedanke, Intuition* ◆ eine Eingebung haben; dichterische Eingebung

**eingehen** ⟨V. 145; ist⟩ **I** ⟨V. i.⟩ **1** *ankommen, eintreffen* (Brief, Geld, Waren) **2** *enger, kleiner werden* (Kleid, Stoff) **3** *aufhören, erlöschen, aufhören zu existieren* (Firma, Geschäft, Zeitung) **4** *sterben* (Tier) **5** *absterben* (Pflanze) **6** ⟨umg.⟩ *Schaden, Verlust haben, den Kürzeren ziehen, bestraft werden* ◆ ist viel **Post** eingegangen? ◆ ein Bergwerk, einen Betrieb eingehen **lassen** ◆ die eingegangene Post durchsehen **II** ⟨V. t.⟩ eine Sache eingehen *einer S. zustimmen, sich mit ihr einverstanden erklären* ◆ (auf) **Bedingungen** eingehen *B. annehmen, sich ihnen unterwerfen;* ein **Geschäft** eingehen *ein G. machen, abschließen;* **Verpflichtungen** eingehen *V. auf sich nehmen;* eine **Versicherung,** einen **Vertrag** eingehen *abschließen;* eine **Wette** eingehen *abschließen*

**eingehend** ⟨Adj.⟩ **1** *ins Einzelne gehend, ausführlich* **2** *genau, sorgfältig* ◆ eine Angelegenheit eingehend prüfen; ein Thema eingehend behandeln, erörtern

**Eingeweide** ⟨nur Pl.⟩ *die in den großen Körperhöhlen (Brust, Bauch, Becken) liegenden inneren Organe* [< mhd. *in* „innerhalb“ + *geweide* „Gedärme“; zu *Weide* „Futterort“]

**Eingeweihte(r)** ⟨f. 30 (m. 29)⟩ *jmd., der eingeweiht, ins Vertrauen gezogen worden ist* ◆ das ist nur den Eingeweihten verständlich

**eingießen** ⟨V. t. 152; hat⟩ *in etwas hineingießen, hineinschütten* ◆ er goss Kaffee, Wein ein

**eingraben** ⟨V. 157; hat⟩ **I** ⟨V. t.⟩ **1** *in die Erde senken, einpflanzen* (Pflanze) **2** *unter der Erde verstecken* (Schätze), *vergraben* **3** *mit einem spitzen Gegenstand eindrücken, einritzen, eingravieren* **4** ⟨fig.⟩ *tief einprägen* ◆ eine Inschrift in Stein eingraben; sich etwas ins Gedächtnis eingraben; das Erlebnis hat sich mir tief ins Herz eingegraben **II** ⟨V. refl.⟩ sich eingraben **1** *sich einen Bau, ein Versteck in die Erde graben (Tier)* **2** ⟨Mil.⟩ *sich zum Schutz einen Graben graben*

**eingreifen** ⟨V. i. 158; hat⟩ **1** *fassen, greifen* (Zahnrad) **2** ⟨fig.⟩ *etwas unternehmen, einschreiten (gegen etwas)* **3** *sich energisch, entschlossen in etwas einmischen* **4** *einen (ärztl.) Eingriff vornehmen, operieren*

**eingrenzen** ⟨V. t.; hat⟩ **1** *eine Grenze (um etwas herum) ziehen* **2** *begrenzen, beschränken* ◆ ein zu Thema eingrenzen

**Eingriff** ⟨m. 1; Med.⟩ **1** *Einwirken von außen, Operation* **2** *(unrechtmäßiges) Eingreifen, Übergriff (auf)* ◆ Eingriff in jmds. Rechte

**einhaken** ⟨V.; hat⟩ **I** ⟨V. t.⟩ *durch Haken verschließen, verbinden* **II** ⟨V. refl.⟩ sich einhaken *seinen Arm mit dem eines anderen verschränken, sich (bei jmdm.) einhängen;* Sy *einhängen (III)* ◆ sich bei jmdm. einhaken; mit jmdm. eingehakt gehen **III** ⟨V. i.; umg.⟩ *eingreifen, sich einmischen, ein Gespräch unterbrechen* ◆ hier muss man einmal einhaken

**Einhalt** ⟨m. 1; unz.⟩ *Halt* ◆ jmdm. Einhalt gebieten *weiteres Tun verhindern, jmdn. zur Beendigung seines Tuns auffordern*

**einhalten** ⟨V. 160; hat⟩ **I** ⟨V. t.⟩ **1** *vereinbarungsgemäß erfüllen* (Verabredung) *pünktlich befolgen* **2** *an etwas festhalten* (Termin) ◆ eine Naht, einen Saum einhalten *etwas zusammenziehen od. kleine Fältchen legen;* die Zeit einhalten *pünktlich sein, zur festgesetzten Zeit kommen* **II** ⟨V. i.⟩ *aufhören, innehalten, zögern* ◆ halt ein!; mit etwas einhalten *mit etwas aufhören, innehalten;* mit Lesen, Sprechen einhalten

**einhängen** ⟨V.; hat⟩ **I** ⟨V. t.⟩ *an der dafür vorgesehenen Stelle durch Hängen befestigen* ◆ das Fenster, die Tür (in die Angeln) einhängen **II** ⟨V. i.⟩ *den Telefonhörer wieder einhängen u. damit das Gespräch abbrechen* ◆ er hat eingehängt **III** ⟨V. refl.⟩ sich (bei jmdm.) einhängen = *einhaken (II)*

**Einheimische(r)** ⟨f. 30 (m. 29)⟩ *jmd., der (in einem Land, Ort) einheimisch ist, Alteingesessene(r)* [< *inheimisch* (15. Jh.) „zu Hause“; zu ahd. *inheima* „Heimat“; → *Heim*]

**Einheit** ⟨f. 20⟩ **1** *etwas Zusammengehöriges, Untrennbares, ein Ganzes* **2** *Maß, Maßzahl, durch Vereinbarung festgelegte, meist physikalisch-technische Größe zum Vergleich gleichartiger Größen oder Mengen* (Gewichtseinheit, Währungseinheit) **3** *Truppenverband,* z. B. Kompanie, Regiment

**einheitlich** ⟨Adj.⟩ **1** *eine Einheit bildend, zusammenhängend* **2** *gleichmäßig, gleich* ◆ einheitliche Kleidung; etwas einheitlich gestalten; einheitlich gekleidet sein

EINHORNWAL
*(Monodon monoceros)*

**einheizen** ⟨V. i.; hat⟩ *heizen, Feuer machen* ◆ jmdm. (tüchtig) einheizen ⟨fig.; umg.⟩ *jmdm. heftige Vorwürfe machen*

**einholen** ⟨V.; hat⟩ **I** ⟨V. t.⟩ **1** *anfordern* (Anweisung, Rat) **2** *einziehen* (Erkundigungen) **3** *einziehen, hereinholen* (Boot, Tau) **4** *herunterholen, herunterlassen* (Flagge, Segel) **5** jmdn. einholen **5.1** *nachlaufend erreichen* **5.2** *jmds. Leistungen nach anfängl. Zurückbleiben gleichkommen* ◆ **Auskunft** einholen; die **Erlaubnis** oder Genehmigung einholen (für, zur ...); jmds. **Urteil** einholen; einen **Verlust** einholen *einen V. ausgleichen, wiedergutmachen, wettmachen* ◆ jmdn. **feierlich** einholen **II** ⟨V. i.; umg.⟩ *den täglichen Bedarf an Lebensmitteln kaufen* ◆ einholen gehen

**Einhorn** ⟨n. 12u⟩ *pferdeähnl. Fabeltier mit einem Horn auf der Stirn*

**Einhornwal** ⟨m. 1; Zool.⟩ ▲ *zu den Delphinen gehörender Zahnwal mit nur zwei nach vorn gerichteten, hohlen Oberkieferzähnen, von denen beim Männchen der eine zu einem schraubenförmigen Stoßzahn wird: Monodon monoceros;* Sy *Narwal*

**einhundert** ⟨Num.; verstärkend⟩ *hundert*

**einig** ⟨Adj.⟩ **1** *geeint* **2** *eines Sinnes, gleichgesinnt;* Ggs *uneinig* **3** *einzig* (Gott) ◆ wir sind uns vollkommen einig, dass ...; **darin** (in dieser Hinsicht) od. darüber sind wir uns einig; (sich) **mit** jmdm. einig sein *einer Meinung sein* [< ahd. *einag;* → *sein*]

**einige** ⟨unbestimmtes Pron.⟩ **I** ⟨Sg.⟩ **1** *ein wenig, etwas, gering* **2** *ziemlich viel* ◆ ich habe dazu noch einiges zu sagen; das hat noch einigen Eindruck gemacht; ich habe darin einige **Erfahrung;** es gehört schon einige **Frechheit,** einiger Mut dazu ◆ **in** einiger Entfernung; **nach** einiger Zeit; einiges **davon** kenne ich schon **II** ⟨Pl.⟩ **1** *manche, mehrere, ein paar, wenige (aber mehr als zwei)* **2** ⟨vor kleingeschriebenen Grundzahlen⟩ *etwas über, etwas mehr als* **3** ⟨vor großgeschriebenen Grundzahlen⟩ *eine unbestimmte (aber nicht sehr große) Zahl von* ◆ einige **hundert** Menschen *etwas mehr als hundert;* einige **Hundert(e)** Packungen Zigaretten *mehrere Hundert(e)* ◆ **an** einigen Stellen; **in** einigen Tagen; **mit** einigen anderen; mit Ausnahme einiger weniger Kollegen

**einigen** ⟨V. t.; hat⟩ **1** *eine (bes. polit.) Einheit bilden aus, einig machen* (Volk) **2** sich einigen *sich einig werden, zu einem gemeinsamen Beschluss kommen* ◆ wir haben uns auf die folgende Form geeinigt [→ *einig*]

**einigermaßen** ⟨Partikel; umg.⟩ **1** *erträglich, leidlich* **2** *ziemlich* **3** *ziemlich gut* ◆ hier kenne ich mich einigermaßen aus

**Einigkeit** ⟨f. 20; unz.⟩ **1** *Einigsein, Zusammenhalt, Zusammengehörigkeit(sgefühl), Eintracht, gutes Einvernehmen* **2** *das Sicheinigsein, volle Übereinstimmung* ◆ Einigkeit macht stark ⟨Sprichw.⟩

**einkaufen** ⟨V.; hat⟩ **I** ⟨V. i.⟩ *Einkäufe, Besorgungen machen* ◆ einkaufen gehen; ohne Geld einkaufen ⟨umg.; scherzh.⟩ *in einem Laden stehlen* **II** ⟨V. t.⟩ *kaufen (bes. auf Vorrat od. für den tägl. Lebensbedarf)* ◆ Brot, Gemüse, Ware einkaufen; sich in eine Firma einkaufen *durch Zahlen einer Summe eine Teilhaberschaft erwerben*

**einkehren** ⟨V. i.; ist⟩ **1** *kurze Rast (im Gasthaus) halten, ein Gasthaus besuchen* **2** ⟨fig.⟩ *sich niederlassen, einziehen* ◆ wir sind heute schon dreimal eingekehrt; bei Freunden einkehren *Freunde unterwegs besuchen*

**einklagen** ⟨V. t.; hat⟩ *durch Klage eintreiben* (Schuld) ◆ sie klagte ihr Recht bei Gericht ein

**Einklang** ⟨m. 1u⟩ **1** *Zusammenklang zweier od. mehrerer Stimmen auf dem gleichen Ton od. im Oktavabstand* **2** *Übereinstimmung* ◆ zwei Dinge miteinander in Einklang bringen; seine Wünsche und Erwartungen mit den gegebenen Möglichkeiten in Einklang bringen

**einkochen** **I** ⟨V. t.; hat⟩ *durch Kochen u. luftdichtes Verschließen haltbar machen* (Obst, Gemüse, Fleisch) **II** ⟨V. i.; ist⟩ **1** *durch langes Kochen verdunsten, verdampfen* (Wasser) **2** *Wasser abgeben und dick werden* ◆ Flüssigkeit, eine Soße einkochen lassen

**Einkommen** ⟨n. 14⟩ *Einnahmen innerhalb eines bestimmten Zeitraumes, Gehalt* ◆ ein sicheres Einkommen **haben;** sein Einkommen **versteuern** ◆ **festes** geringes, gutes, hohes, mäßiges, regelmäßiges, sicheres Einkommen ◆ Einkommen **aus** Grundbesitz; **über** ein sicheres Einkommen verfügen

**einkreisen** ⟨V. t.; hat⟩ **1** *in einem Kreis einschließen, im Kreis umgeben, umzingeln, umstellen* (Feind, Wild) **2** *in die Enge treiben, die Möglichkeit, Bundesgenossen zu gewinnen, nehmen* **3** *in einen Kreis (Verwaltungseinheit) einbeziehen* ◆ eine kreisfreie Stadt einkreisen; einen Staat (durch Bündnisse mit anderen Staaten) einkreisen

**einkremen** ⟨V. t.; hat⟩ = *eincremen*

**Einkünfte** ⟨nur Pl.⟩ *das, was an Geld einkommt, Einnahmen, Einkommen* ◆ geringe, gute, regelmäßige Einkünfte haben; Einkünfte aus einem Amt, aus Hausbesitz; über hohe Einkünfte verfügen [→ *kommen*]

**einladen** ⟨V. t. 173; hat⟩ **1** etwas einladen *in etwas hineinladen, verladen* (Waren) **2** jmdn. einladen *auffordern, bitten, zu kommen od. mitzugehen* ◆ Güter (ins Schiff, in den Waggon) einladen; jmdn. für acht Tage einladen; jmdn. ins Konzert, ins Theater einladen

**einladend** ⟨Adj.⟩ **1** *anziehend, verführerisch, verlockend* (Wetter) **2** *appetitlich* (Speisen) ◆ das Wetter ist nicht gerade sehr einladend (für einen Ausflug)

**Einladung** ⟨f. 20⟩ **1** *das Einladen* **2** *Aufforderung zum Besuch*

**Einlage** ⟨f. 19⟩ **1** *etwas, das hineingelegt, eingefügt, eingeschoben worden ist* (Programmeinlage, Suppeneinlage) **2** *herausnehmbarer Innenteil, Schubfach o. Ä.* **3** *Zwischenfutter* (Krageneinlage) **4** *Anlage, Beilage* (im Brief, Paket) **5** *den Fuß stützende Sohle zum Einlegen in den Schuh* **6** *innerer Tabak der Zigarre* **7** *Einsatz, Beitrag eines Gesellschafters* (Kapitaleinlage) **8** *Sparguthaben* (Sparkasseneinlage) **9** *Spieleinsatz* **10** *Zwischenakt, Zwischenspiel* ◆ Einlagen tragen (in den Schuhen); musikalische Einlage; Fleischbrühe, Suppe mit Einlage

**Einlass** ⟨m. 1u⟩ **1** *Zutritt, Eintritt* **2** *das Öffnen (eines Eingangs)* **3** *Tür, Öffnung, kleine Pforte im od. neben dem Tor* ◆ Einlass begehren; wann ist Einlass? (im Kino, Theater); kein Einlass! *(als Aufschrift an Türen);* Einlass ab, ⟨od.⟩ um 18 Uhr

**einlassen** ⟨V. 174; hat⟩ **I** ⟨V. t.⟩ **1** *eintreten lassen, hereinlassen* **2** *einlaufen lassen, einfüllen* (Wasser) **3** etwas in etwas anderes einlassen **3.1** *fest hineinfügen* **3.2** *hineinlaufen lassen* ◆ Wasser in ein Becken, einen Teich, in die Badewanne einlassen; einen Haken, Ring in eine Mauer einlassen **II** ⟨V. refl.⟩ sich auf etwas einlassen *auf etwas eingehen, nicht ablehnen*

**einlaufen** ⟨V. 175⟩ **I** ⟨V. i.; ist⟩ **1** *einfahren* (Zug, Schiff) **2** *den Sportplatz im Laufschritt betreten* (Spieler, Mannschaft) **3** *ankommen* (Post) **4** *eingehen* (Auftrag, Bestellung, Brief) **5** *eingehen, enger, kleiner werden* (Kleidungsstück, Stoff) **6** *hineinlaufen, -fließen, einfließen* ◆ täglich laufen Angebote, Klagen, Zuschriften ein; das Kleid ist beim Waschen eingelaufen **II** ⟨V. t.; ist/hat; umg.⟩ **1** jmdm. die Bude einlaufen *jmdn. durch wiederholtes Aufsuchen belästigen* **2** Schuhe einlaufen *durch Laufen austreten, der Fußform anpassen* **III** ⟨V. refl.; hat⟩ sich einlaufen *sich an einwandfreien, ruhigen Gang gewöhnen* (Maschine)

**einlegen** ⟨V. t.; hat⟩ **1** *hineinlegen, hineintun* **2** *einschieben, einfügen, einschalten* **3** *in Salz, Essig o. Ä. legen u. dadurch haltbar machen* (Fleisch, Gurken, Eier) ◆ **Beschwerde** einlegen (gegen) *sich beschweren;* einen **Entlastungszug,** Sonderzug einlegen *außerplanmäßig fahren lassen;* einen **Film,** eine Kassette (in die Kamera od. den Rekorder) einlegen; das **Haar** einlegen *in Wellen legen od. auf Lockenwickler drehen;* **Heringe** einlegen *salzen od. in Marinade legen;* ein **Lesezeichen** (ins Buch) einlegen; sein **Veto** einlegen *ein Veto aussprechen;* ein gutes **Wort** für jmdn. einlegen *für jmdn. sprechen, für jmdn. bitten*

**einleiten** ⟨V. t.; hat⟩ **1** *beginnen, in Gang bringen* (Prozess, Verhandlung) **2** *eröffnen* (Fest) **3** *mit einer Einleitung, einem Vorwort versehen* (Buch)

**einlenken** ⟨V. i.; hat; fig.⟩ *milder, versöhnlich werden, nachgeben*

**einliefern** ⟨V. t.; hat⟩ *abgeben, abliefern* (Postsendung, Waren) ◆ jmdn. ins Gefängnis, ins Krankenhaus einliefern *als Gefangenen, als Patienten hinbringen*

**einloggen** ⟨V. t.; hat; EDV⟩ Ggs *ausloggen* **1** *ein Computersystem, Programme mittels eines Passwortes einschalten, aufrufen* **2** *eine Verbindung mit einem anderen Computer innerhalb eines Netzwerks herstellen* [zu engl. *log* „eintragen"]

**einlösen** ⟨V. t.; hat⟩ **1** *zurückkaufen* (Pfand) **2** *sich auszahlen, bezahlen lassen* (Gutschein, Scheck, Wechsel) ◆ sein Versprechen, Wort einlösen *erfüllen, halten*

**einmal** ⟨Adv.⟩ **1** *ein einziges Mal;* oV *ein Mal* **2** ⟨als Partikel⟩ *eben, gerade, doch* **3** *früher, vor langer Zeit* ◆ einmal und nicht, ⟨od.⟩ nie wieder!; einmal ist keinmal *ein einziges Mal zählt nicht;* du wirst doch einmal an mich **denken!;** denk nur einmal; **gib** mir doch einmal das Buch; **komm** doch einmal (her)!; kommen Sie doch einmal zu uns!; **sein:** das war einmal *das ist gewesen, das kommt nicht wieder, ist vorbei*

EINRAD

**Einmaleins** ⟨n. 11; unz.⟩ **1** großes Einmaleins *alle Multiplikationen von je zwei Zahlen zwischen 10 und 20* **2** kleines Einmaleins *alle Multiplikationen von je zwei Zahlen zwischen 1 und 10* ◆ das Einmaleins aufsagen, können, lernen, beibringen

**einmalig** ⟨Adj.⟩ *einzig, unwiederholbar*

**einmischen** ⟨V.; hat⟩ **I** ⟨V. t.⟩ *in etwas hineinmischen, untermischen* **II** ⟨V. refl.⟩ sich einmischen *dazwischenreden, eingreifen*

**einmotten** ⟨V. t.; hat⟩ **1** *mit einem Mittel gegen Motten einpacken* (Kleider) **2** ⟨umg.; fig.⟩ *aussortieren, wegschmeißen* (altes Spielzeug, alte Kleider)

**einmütig** ⟨Adj.⟩ *gleichgesinnt, einträchtig, einstimmig* ◆ etwas einmütig beschließen

**Einnahme** ⟨f. 19⟩ **I** ⟨unz.⟩ *das Einnehmen* ◆ Einnahme eines Landes **II** ⟨zählb.⟩ **1** *Ertrag, Gewinn* (Tageseinnahme) **2** Einnahmen ⟨Pl.⟩ *Einkommen, Einkünfte* ◆ Einnahmen und Ausgaben

**einnehmen** ⟨V. t. 187; hat⟩ **1** *gewinnen, erwerben, verdienen* (Geld) **2** *einziehen* (Gebühren, Steuern) **3** *innehaben, ausfüllen* (Platz, Stellung) **4** *Besitz ergreifen von, erobern, erstürmen, besetzen* (Festung, Land, Stadt) **5** *aufladen, aufnehmen, einladen* (Ladung, Kohle) **6** *sich einverleiben, zu sich nehmen* (Arznei, Mahlzeit) **7** *beschäftigen, beanspruchen* ◆ **viel,** wenig einnehmen ◆ seinen Platz **am** Tisch einnehmen; jmdn. **für** sich, etwas od. jmd. anderen einnehmen *günstig stimmen, anziehen, gewinnen;* seine Unzuverlässigkeit nimmt mich sehr **gegen** ihn ein; die Mahlzeiten **im** Freien einnehmen

**Einöde** ⟨f. 19⟩ **1** *einsame Gegend* **2** *Wüstenei* [< ahd. *einoti* < *ein²* + *...oti* (Suffix wie in *Armut, Heimat*), mhd. volksetymologisch angelehnt an *Öde*]

**einordnen** ⟨V. t.; hat⟩ **1** *an die richtige Stelle in einer Reihe, einem Zusammenhang bringen* **2** sich einordnen *sich in eine Gemeinschaft einfügen, sich ihr anpassen* ◆ er kann sich nicht einordnen

**einpacken** ⟨V.; hat⟩ **I** ⟨V. t.⟩ **1** *einwickeln, verpacken, mit einer Hülle umgeben* **2** *im Koffer verstauen* **3** *zu einem Paket machen* ◆ können Sie mir die Bücher bitte einpacken? **II** ⟨V. i.; umg.⟩ *keinen Erfolg haben* ◆ ⟨nur in den Wendungen⟩ damit kannst du einpacken *das hat keinen Erfolg, damit erreichst du gar nichts*

**einpflanzen** ⟨V. t.; hat⟩ **1** *in die Erde pflanzen* **2** ⟨Med.⟩ *in einen anderen Körper übertragen* ◆ jmdm. etwas einpflanzen

**einprägen** ⟨V.; hat⟩ **I** ⟨V. t.⟩ *scharf eindrücken in* ◆ jmdm. etwas einprägen ⟨fig.⟩ *jmdn. etwas so nachdrücklich lehren, dass er es nicht wieder vergisst;* ich habe den Kindern immer wieder eingeprägt, dass ...; einem Stein, Ring usw. eine Inschrift einprägen; einem Ledereinband ein dekoratives Muster einprägen **II** ⟨V. refl.⟩ **1** sich einprägen (von Dingen) *Eindruck machen* **2** sich (selbst) etwas einprägen *sich merken* ◆ die Melodie prägt sich dem Gehör leicht ein *man kann sie sich gut merken;* das Erlebnis hat sich mir tief, unauslöschlich eingeprägt *hat bei mir einen tiefen unauslöschlichen Eindruck hinterlassen, ich habe es nie vergessen*

**einquartieren** ⟨V. t.; hat⟩ *in Quartieren, Privathäusern unterbringen* (Truppen) ◆ Gäste bei Freunden einquartieren *unterbringen;* sich bei jmdm. od. in jmds. Wohnung einquartieren

**Einrad** ⟨n. 12u⟩ ◄ *einrädriges Fahrrad (für das Kunst- bzw. artistische Radfahren)* ◆ sie ist ein Ass auf dem Einrad

**einrahmen** ⟨V. t.; hat⟩ **1** *mit einem Rahmen versehen* **2** ⟨fig.⟩ *umgeben, umrahmen*

**einräumen** ⟨V. t.; hat⟩ **1** *mit Möbeln einrichten, wohnlich machen* (Wohnung, Zimmer) **2** *mit Gegenständen füllen* (Schubladen, Schrank) **3** *in etwas hineinräumen, einordnen, -sortieren, hineinstellen, -legen* (Gegenstände) **4** ⟨fig.⟩ *zugeben, zugestehen* ◆ ich muss (allerdings) einräumen, dass ...; **Bücher,** Spielsachen, Wäsche (in die Fächer, Schränke) einräumen; jmdm. eine **Frist,** einen Kredit einräumen ⟨fig.⟩; jmdm. einen **Platz** einräumen ⟨fig.⟩ *abtreten, freigeben;* jmdm. das **Recht** einräumen, etwas zu tun ⟨fig.⟩

**einreden** ⟨V.; hat⟩ **I** ⟨V. i.; Rechtsw.⟩ *eine Einrede machen* ◆ auf jmdn. einreden *unaufhörlich u. eindringlich zu jmdm. reden* **II** ⟨V. t.⟩ **1** jmdm. etwas einreden *jmdm. so lange zureden, bis er etwas glaubt od. tut* **2** sich etwas einreden *sich etwas vormachen, sich selbst belügen* ◆ wer hat dir das eigentlich eingeredet?; das lasse ich mir nicht einreden! *das lasse ich mir nicht weismachen, das glaube ich nicht*

**einreichen** ⟨V. t.; hat⟩ **1** *ab-, übergeben* (Antrag, Gesuch, Unterlagen) **2** *formell, schriftlich bitten um* (Abschied, Urlaub)

**Einreise** ⟨f. 19⟩ *ordnungsgemäßes Betreten fremden Staatsgebietes*

**einreißen** ⟨V. 195⟩ **I** ⟨V. i.; ist⟩ **1** *einen Riss bekommen, zu reißen beginnen* **2** ⟨fig.⟩ *zur (schlechten) Gewohnheit werden, sich verbreiten, um sich greifen* (Unsitte, Übelstand) ◆ das Papier, die Seite, die Tapete ist eingerissen; man darf das nicht erst einreißen lassen **II** ⟨V. t.; hat⟩ **1** *einen Riss hineinbringen, verursachen in* (Stoff, Papier) **2** *niederreißen, abbauen* (Gebäude) ◆ mit der schweren Maschine riss er das Haus in wenigen Minuten ein

**einrenken** ⟨V. t.; hat⟩ **1** ein ausgerenktes Glied einrenken *in die richtige Lage zurückführen* **2** eine Angelegenheit (wieder) einrenken ⟨fig.; umg.⟩ *(wieder) in Ordnung bringen*

**einrichten** ⟨V.; hat⟩ **I** ⟨V. t.⟩ **1** *gründen* (Anstalt) **2** *aufstellen, anlegen* (Verzeichnis, Fonds) **3** *gerade richten* (Knochen, Knochenbruch) **4** *einrenken* (Glied) **5** *mit Möbeln ausstatten, wohnlich machen* (Wohnung, Zimmer) **6** *gestalten, ordnen, zurechtmachen* **7** *bewerkstelligen, zustande bringen* ◆ jmdn. einrichten ⟨umg.⟩ *jmdn. in ein Amt, eine neue Arbeit einführen, jmdm. beim Einarbeiten helfen;* sich einrichten ⟨kurz für⟩ sich ein Haus, eine Wohnung einrichten; in unserem Stadtviertel ist eine neue **Schule** eingerichtet worden; jmdm. od. sich eine **Wohnung,** ein Zimmer einrichten ◆ das wird sich einrich-

E

ten **lassen** *das wird zu machen sein, wird möglich sein, wird gehen* ◆ das musst du (dir) **anders,** besser einrichten; sie haben sich (ihre Wohnung) **behaglich,** elegant eingerichtet **II** ⟨V. refl.⟩ sich einrichten **1** *sparsam sein* **2** *sich den Gegebenheiten, der Lage anpassen* ◆ sich **häuslich** einrichten *es sich (für längere Zeit) wohnlich machen, sich (für länger) niederlassen* ◆ sich **auf** etwas (eine zu erwartende Situation) einrichten *sich auf etwas vorbereiten;* bitte sagen Sie es mir vorher, damit ich mich darauf einrichten kann

**Einrichtung** ⟨f. 20⟩ **I** ⟨unz.⟩ *das Einrichten* **II** ⟨zählb.⟩ **1** *Gesamtheit der Gegenstände, mit denen etwas eingerichtet ist* (Geschäftseinrichtung, Wohnungseinrichtung) **2** *öffentl. Anstalt* **3** *Maßnahme* ◆ die Poliklinik ist eine Einrichtung der Stadt; die Müllabfuhr ist eine notwendige Einrichtung; der Rettungsdienst ist eine segensreiche Einrichtung; städtische, staatliche Einrichtungen

**einrücken I** ⟨V. t.; hat⟩ *hineinrücken, einsetzen* ◆ einrücken! ⟨Typ.⟩ *(als Hinweis im Manuskript) Zeilenanfang etwas zurücksetzen;* eine Anzeige (in die Zeitung) einrücken *(in der Zeitung) aufgeben;* eine Zeile einrücken ⟨Typ.⟩ *erst nach einem kleinen Abstand vom Rand beginnen lassen* **II** ⟨V. i.; ist⟩ *zum Militär gehen, in den Heeresdienst eintreten* ◆ in die Garnison, die Quartiere einrücken *heimkehren* (von Truppen); in ein Land, eine Stadt einrücken *einmarschieren, einziehen, es, sie in Besitz nehmen*

**eins I** ⟨Num.⟩ *erste Zahl der Zahlenreihe* ◆ die Note eins erhalten *die Bewertung „sehr gut";* eins a (Ia) *ausgezeichnet, vorzüglich* **II** ⟨Adv.⟩ **1** *einerlei, gleichgültig* **2** *einig, eines Sinnes;* Ggs *uneins* **3** *etwas* **4** *Einheit, ein Ganzes* **5** *das eine* ◆ ein und dasselbe: das ist alles eins; das ist mir eins; das ist doch eins; es kommt auf eins heraus; eins sein; wir sind uns eins darüber, dass ...; jmdm. eins **auswischen** *jmdm. einen (üblen) Streich spielen;* eins muss ich dir **sagen; sein:** das Sehen und auf ihn zuspringen war eins; ich will eins **tun,** nämlich ...; eins **werden** *sich vereinen* ◆ eins **nach** dem anderen!; **noch** eins

**Eins** ⟨f. 20⟩ **1** *die Zahl 1* **2** *sehr gut (als Schulnote, Zensur)* **3** *Straßenbahn mit der Nummer 1* ◆ dem Schüler eine Eins geben; eine Eins schreiben; → a. *Acht*[1]

**einsam** ⟨Adj.⟩ **1** *allein, verlassen* (Mensch) **2** *abgelegen, unbewohnt* (Gegend) **3** *menschenleer, nicht begangen* (Weg) **4** ⟨fig.; umg.⟩ *einzig dastehend* ◆ sich einsam fühlen; einsam leben; einsam gelegenes Haus; das ist einsame Spitze, einsame Klasse ⟨verstärkend für⟩ *das ist Spitze, Klasse, das ist außergewöhnlich gut* [< *ein*[2] + *...sam*]

**Einsatz** ⟨m. 1u⟩ **1** *das Einsetzen* **2** *das Eingesetztsein* **3** *das, was eingesetzt wird, Anteil, den man für Gewinn od. Verlust wagt* **4** *Pfand (für Flaschen, geliehene Gegenstände)* **5** *Beginn eines Instrumentes od. einer Stimme (im Zusammenspiel)* **6** *Kampf an der Front* **7** *Dienst (bes. im Rettungswesen)* **8** *auswechselbarer Teil eines Gerätes* (Glaseinsatz) **9** *auswechselbarer, eingesetzter Teil an Kleidungsstücken* (Bluseneinsatz, Spitzeneinsatz) ◆ den Einsatz des eigenen **Lebens** nicht scheuen; Einsatz einer **Stimme;** Einsatz der **Trompeten** ◆ **freiwilliger,** harter, ununterbrochener Einsatz

**einschalten** ⟨V.; hat⟩ **I** ⟨V. t.⟩ **1** *einfügen, ein-, dazwischenschieben* (Pause, Programmnummer) **2** *den elektr. Stromkreis (einer Leitung) schließen, durch Schalten in Gang bringen, in Bewegung, in Tätigkeit setzen* (Licht, Motor, Radio, Strom) ◆ einen Gang im Auto einschalten; den zweiten Gang einschalten; gesprächsweise einschalten *im Gespräch einflechten, erwähnen;* in einen Roman eine Erzählung einschalten; jmdn. einschalten *jmdn. zum Eingreifen veranlassen, zu Hilfe rufen, hinzuziehen;* die Polizei einschalten **II** ⟨V. refl.⟩ **1** sich einschalten *sich einmischen, eingreifen* **2** *ein Telefongespräch von einem anderen übernehmen* ◆ sich in eine Unterredung, in ein Verfahren, eine Fernsehübertragung einschalten

**einschätzen** ⟨V. t.; hat⟩ *schätzen, bewerten* ◆ jmds. Vermögen, Einkommen, Fähigkeiten, Kräfte falsch, richtig, hoch, niedrig einschätzen; jmdn. zur Steuer einschätzen

**einschlafen** ⟨V. i. 215; ist⟩ **1** *in Schlaf versinken* **2** *gefühllos werden u. prickeln* (Glieder) **3** *nachlassen, aufhören* (Aufmerksamkeit, Tätigkeit) **4** ⟨verhüllend⟩ *sterben* ◆ ich **kann** nicht einschlafen ◆ **fest,** lange nicht, schnell, sofort einschlafen ◆ **bei,** über der Arbeit einschlafen

**Einschlag** ⟨m. 1u⟩ **1** *das Einschlagen, Auftreffen (eines Geschosses)* **2** *Stelle des Einschlags* **3** *Umschlag nach innen, breiter Saum, Knopfleiste* **4** ⟨Web.⟩ = *Einschuss (I, 3)* **5** *das planmäßige Fällen von Bäumen* **6** *die geschlagenen Bäume selbst* **7** ⟨fig.⟩ *Beigabe, Beimischung, leichter Zusatz, Merkmal* ◆ Einschlag der Räder *Abweichung von der geraden Richtung*

EINSIEDLERKREBS: WEISSPUNKTEINSIEDLER
*(Dardanus megistos)*

**einschlagen** ⟨V. 216; hat⟩ **I** ⟨V. t.⟩ **1** *durch Schlagen hineintreiben* (Nagel, Keil, Pfahl, Pflock) **2** *durch Schlagen zerbrechen, zerschlagen* (Fenster, Tür) **3** *durch Schlag verletzen* (Schädel), *entfernen* (Zähne) **4** *einwickeln, einhüllen, einpacken* (Gegenstand, Ware) **5** *wählen u. gehen od. fahren* (Kurs, Richtung, Weg) ◆ ein **Buch** einschlagen *ein B. einbinden, mit einem Schutzumschlag versehen;* **Fäden** einschlagen *einschießen, durchziehen;* eine **Laufbahn** einschlagen *beginnen;* die **Räder** einschlagen *von der geraden Richtung abweichen lassen* ◆ einen Gegenstand **in** Papier, in ein Tuch einschlagen **II** ⟨V. i.⟩ **1** *etwas annehmen, einer Sache zustimmen (u. durch Handschlag bekräftigen)* **2** *etwas treffen u. zerstören od. beschädigen* (Blitz) **3** *Erfolg haben, wirken* ◆ schlag ein!, es hat eingeschlagen *der Blitz hat getroffen;* der neue **Artikel** hat eingeschlagen; die **Bombe,** Granate hat eingeschlagen

**einschleichen** ⟨V. refl. 217; hat⟩ sich einschleichen **1** *heimlich, leise hinein-, hereinkommen* **2** ⟨fig.⟩ *sich langsam ausbreiten, allmählich üblich werden, zur (schlechten) Gewohnheit werden* **3** *unbemerkt geschehen* (Fehler, Irrtum) ◆ hier hat sich (in die Arbeit, Rechnung) ein Fehler eingeschlichen

**einschließen** ⟨V. t. 220; hat⟩ **1** *durch Verschließen, Zuschließen der Tür einsperren, aufbewahren* **2** *von allen Seiten umgeben, umzingeln* (Feind, Stadt, Festung) **3** *enthalten, in sich schließen, mit umfassen* **4** *mit berechnen, in der Rechnung od. Zahl mitberücksichtigen* ◆ einen **Gefangenen,** ein Kind einschließen; Geld, Schmuck einschließen; hohe Mauern schließen den **Park** ein ◆ jmdn. **in** sein Gebet einschließen *auch für ihn beten;* in Klammern einschließen *einklammern* ◆ alle, mich eingeschlossen; Bedienung, Spesen, Trinkgelder eingeschlossen

**einschmeicheln** ⟨V. refl.; hat⟩ sich einschmeicheln *sich durch Schmeicheln, Schmeicheleien beliebt machen* ◆ sich bei seinem Vorgesetzten einschmeicheln

**Einschnitt** ⟨m. 1⟩ **1** *Einkerbung, Schnitt* **2** *Kerbe, Schnittfläche, -öffnung, -wunde* **3** *abgetragene Erdvertiefung, Graben* **4** *das Mähen, Ernte* **5** ⟨fig.⟩ *Pause, Absatz, Zäsur, einschneidende Veränderung, Wandlung, Abschluss u. Neubeginn zugleich* ◆ bedeutsamer, tief greifender Einschnitt; ein Geschwür durch einen Einschnitt öffnen

**einschränken** ⟨V. t.; hat⟩ **1** *beschränken, verringern* (Ausgaben) **2** *begrenzen, einengen* (Freiheit, Bewegungsfeiheit) ◆ sich einschränken *sparsam leben;* sich sehr einschränken müssen

**Einschreibbrief, Einschreibebrief** ⟨m. 1⟩ = *Einschreiben*

**Einschreiben** ⟨n. 14⟩ *Brief, der gegen Quittung auf der Post in eine Liste eingeschrieben u. dem Empfänger nur gegen Empfangsbestätigung ausgehändigt wird sowie gegen Verlust versichert ist;* Sy *Einschreibbrief, Einschreibebrief* ◆ ein Einschreiben erhalten; einen Brief sicherheitshalber als Einschreiben schicken

**einschüchtern** ⟨V. t.; hat⟩ jmdn. einschüchtern *jmdm. Angst machen, jmdn. unsicher, verlegen machen* ◆ sich (nicht) einschüchtern lassen; jmdn. durch, mit Drohungen, Kritik einschüchtern

**einschulen** ⟨V. t.; hat⟩ *zum ersten Mal auf eine Schule geben* (Kind)

**Einschuss** ⟨m. 1u⟩ **I** ⟨zählb.⟩ **1** *Eintrittsstelle eines Geschosses* **2** ⟨bei Raketen⟩ *Erreichen einer bestimmten Umlaufsbahn* **3** ⟨Web.⟩ *die eingeschossenen Querfäden;* Sy *Einschlag (4)* **4** *eingeschossenes Kapital, Einlage* **5** *Einsatz (beim Spiel)* **II** ⟨unz.⟩ **1** *akute Entzündung der Unterhaut an den Beinen der Pferde infolge kleinerer Wunden an Fuß u. Bein* **2** ⟨Web.⟩ = *Schuss (7)*

**einsehen** ⟨V. t. 235; hat⟩ **1** *hineinsehen, hineinschauen in, überblicken* (Gelände) **2** *lesen, zur Kenntnis nehmen* (Akten, Dokumente) **3** *begreifen, verstehen, zu einer Erkenntnis kommen über* ◆ siehst du das nicht ein?; seinen **Irrtum,** sein Unrecht einsehen; man kann den **Garten,** den Balkon (nicht) einsehen; kann ich die **Unterlagen** einsehen?

**einseitig** ⟨Adj.⟩ **1** *nur auf einer Seite stattfindend, befindlich* (Kopfschmerzen, Lähmung, Lungenentzündung) **2** *nur eine Seite (einer Sache), nur einen Gesichtspunkt hervorhebend* **3** *subjektiv, parteiisch* **4** *nur für einen Teil, eine Partei verbindlich* (Beschluss, Erklärung, Vertrag) ◆ einseitiges **Rechtsgeschäft** *Rechtsgeschäft aufgrund der Willenserklärung nur einer Person (z. B. Kündigung, Testament)*

**einsenden** ⟨V. t. 237; hat⟩ *(einer Behörde, Institution, einem Amt) zusenden, einschicken* ◆ Anfragen, Artikel, Manuskripte einem Verlag, einer Zeitung einsenden

**Einser** ⟨m. 3; bes. süddt.⟩ **1** *die Zahl 1* **2** *Schulnote Eins* **3** *Autobus mit der Nummer eins*

**einsetzen** ⟨V.; hat⟩ **I** ⟨V. t.⟩ **1** *in etwas hineinsetzen, dazwischensetzen* **2** *einfügen, einlegen, bestimmen, ernennen, mit einem Amt betrauen* (Bürgermeister, Herrscher, Leiter) **3** *anwenden, arbeiten lassen, wirksam machen, zur Wirkung bringen* (Hilfsmittel, Maschine, Truppen) ◆ jmdn. **als** od. zum Erben einsetzen; jmdn. als Richter einsetzen; seine Kraft **für** eine Sache, für das Gelingen einer Sache einsetzen; jmdn. **in** ein Amt einsetzen; einen Gegenstand **zum** Pfand einsetzen *geben* **II** ⟨V. refl.⟩ **1** sich für etwas od. jmdn. einsetzen *seinen Einfluss, seine Kraft für etwas oder jmdn. verwenden* **2** sich für jmdn. einsetzen *jmdn. fördern, für ihn sprechen* ◆ sich für die Einführung neuer Methoden einsetzen **III** ⟨V. i.⟩ *beginnen* ◆ die **Musik** setzt ein; das kalte **Wetter** hat eingesetzt ◆ die Bläser setzen **im** 3. Takt ein

**Einsicht** ⟨f. 20⟩ **1** *Einblick, Kenntnisnahme* **2** *Verständnis* **3** *Klugheit, Vernunft* **4** *Erkenntnis, Sachkenntnis* ◆ ich habe mich seiner (besseren) Einsicht **gefügt;** Einsicht **gewähren** (in etwas); **haben** Sie doch Einsicht! *versuchen Sie das doch zu verstehen u. geben Sie nach!;* Einsicht in Akten, Unterlagen **nehmen** *sie sich ansehen* ◆ Einsicht **in** Akten, Vorgänge; er wird noch **zur** Einsicht kommen *vernünftig werden;* jmdm. etwas (Akten, Papiere) zur Einsicht vorlegen

**Einsiedler** ⟨m. 3⟩ *einsam lebender Mönch;* Sy *Eremit (1)* ◆ wie ein Einsiedler leben

**Einsiedlerkrebs** ⟨m. 1; Zool.⟩ ◄ *Angehöriger einer Gattung von Zehnfußkrebsen, die im Meer leben: Paguridae;* Sy *Eremit (2)*

**einsilbig** ⟨Adj.⟩ **1** *aus einer Silbe bestehend* (Wort) **2** ⟨fig.⟩ *wortkarg* (Antwort, Mensch) ◆ einsilbiger Reim; sehr einsilbig sein

**einspannen** ⟨V. t.; hat⟩ **1** *in einen Rahmen spannen, in etwas befestigen, fest einlegen, festklemmen* **2** *vor dem Wagen befestigen* (Zugtiere) ◆ ein neues **Blatt** (in die Schreibmaschine) einspannen; einen **Film** (in die Kamera) einspannen; **Pferde,** Ochsen einspannen ◆ er ist **in** seinem Beruf sehr eingespannt *er ist von früh bis spät sehr beschäftigt, hat sehr viel zu tun;* ein Werkstück im od. in den Schraubstock einspannen; jmdn. **für** od. zu etwas einspannen ⟨fig.⟩ *jmdn. zur Mitarbeit bei od. an etwas veranlassen;* ich habe ihn **zum** Möbelräumen eingespannt [→ *spannen;* zu mhd. *spanen* „locken, reizen", von „Zugtiere einspannen" nicht klar zu trennen]

**einspielen** ⟨V.; hat⟩ **I** ⟨V. t.⟩ *durch Spielen zum besseren, volleren Tönen bringen* (Instrument) ◆ eine Geige einspielen; ein Musikstück einspielen *spielen u. auf Schallplatte od. CD aufnehmen;* Gewinn einspielen *durch Spielen Gewinn erzielen;* der Film hat die Herstellungskosten schon längst eingespielt **II** ⟨V. refl.⟩ sich einspielen **1** *sich im Spiel einüben, im Spiel sicher werden* **2** *allmählich gut in Gang kommen* (Betrieb) **3** *sich (nach mehreren Pendelausschlägen) auf einen Messwert einstellen* (Zeiger) ◆ die Mannschaft, der Pianist, der Schauspieler musste sich erst einspielen; aufeinander eingespielt sein *sich gut ergänzen, im Spiel gut zusammenwirken*

**einspringen** ⟨V. i. 248; ist⟩ **1** *etwas ersatzweise, stellvertretend tun, ausnahmsweise die Arbeit eines anderen tun, aushelfen* **2** *durch den Einlauf hereinkommen* (Wild) ◆ könnten Sie heute einmal einspringen?

**Einspritzpumpe** ⟨f. 19⟩ ► *Pumpe zum Einspritzen von Kraftstoff in die Zylinder von Diesel- od. Ottomotoren*

**Einspruch** ⟨m. 1u⟩ **1** *Einwendung, energischer Widerspruch* **2** *Beschwerde* **3** ⟨Rechtsw.⟩ *Protest gegen Unrecht od. gerichtliche Entscheidung* ◆ es erfolgte kein Einspruch; seine Einsprüche vorbringen; Einspruch erheben gegen einen Befehl, eine (gerichtl.) Entscheidung, ein Unrecht

**einst** ⟨Adv.⟩ **1** *weit in der Vergangenheit oder weit in der Zukunft liegend* **2** *früher, damals, seinerzeit* **3** *künftig, später* ◆ einst dienten die Baracken zur Unterbringung von Flüchtlingen; einst wird hier ein Gewerbegebiet entstehen [< ahd. *eines,* Gen. zu *ein;* beeinflusst von Superlativen wie *zuerst, zuletzt*]

**Einstand** ⟨m. 1u⟩ **1** *festlich begangener Dienstantritt* **2** ⟨Sp.; Tennis⟩ *gleicher Punktestand (je 40) für beide Partner* **3** ⟨Jägerspr.⟩ *für den Jäger unzugängl. Zuflucht der Gämse* ◆ er feierte einen erfolgreichen Einstand

**einstecken** ⟨V. t.; hat⟩ **1** *hineinstecken, an sich nehmen, in die Tasche stecken* **2** ⟨umg.⟩ *einnehmen* (Geld, Profit) **3** ⟨umg.⟩ *einsperren, ins Gefängnis bringen* (Missetäter) **4** ⟨fig.; umg.⟩ *ertragen, hinnehmen* ◆ eine **Beleidigung,** Grobheit, Kränkung einstecken müssen; vergiss nicht, deine **Brille,** dein Frühstück, dein Geld einzustecken

**einsteigen** ⟨V. t. 253; ist⟩ **1** *hineinsteigen, hineinklettern* **2** ⟨fig.; umg.⟩ *sich beteiligen (an Geschäften)* ◆ einsteigen! *(Ruf des Stationsvorstehers vor Abfahrt des Zuges);* ins Auto, in den Bus einsteigen; er will in das Geschäft einsteigen ⟨fig.; umg.⟩; durch das Fenster ins Haus, ins Zugabteil einsteigen; der Dieb ist über den Balkon in die Wohnung eingestiegen

**einstellen** ⟨V.; hat⟩ **I** ⟨V. t.⟩ **1** *hineinstellen, unter Dach bringen, unterstellen, unterbringen* **2** *in Arbeit, in den Dienst nehmen* (Arbeiter) **3** *beenden, ruhen lassen, aufhören mit* (Arbeit, Zahlungen) **4** *zur Benutzung fertig machen, einrichten, anpassen, richten* (Fernglas) **5** *auf ein bestimmtes Maß, in eine bestimmte Stellung bringen* (Skala) ◆ die **Arbeit** einstellen *aufhören zu arbeiten; mit dem Streik beginnen;* wir müssen noch einige **Arbeitskräfte** einstellen; die **Bauarbeiten** mussten wegen des Frostes eingestellt werden; das **Fernglas** scharf einstellen; einen **Rekord** einstellen *erreichen;* das **Verfahren** wird wegen Geringfügigkeit eingestellt; den **Wagen** einstellen (in die Garage) **II** ⟨V. refl.⟩ sich einstellen *sich einfinden, erscheinen, kommen* ◆ sich einstellen **auf** *sich richten nach, sich anpassen;* sich auf neue Arbeitsmethoden einstellen

EINTAGSFLIEGE:
ERWACHSENE EINTAGSFLIEGE
(*Ephemera* species)

**einstellig** ⟨Adj.⟩ *aus nur einer Ziffer bestehend* ◆ einstelliger Betrag

**Einstellung** ⟨f. 20⟩ **1** *das Einstellen* **2** ⟨fig.⟩ *Gesinnung, innere Haltung, Denkart* ◆ Einstellung von Arbeitskräften; Einstellung einer Maschine, eines Fernglases; Einstellung der Kompassnadel; die Einstellung des Verfahrens ⟨Rechtsw.⟩; seine politische, religiöse Einstellung; ich kenne seine Einstellung zu dieser Sache

**Einstieg** ⟨m. 1⟩ **1** *das Einsteigen* **2** *Öffnung, Tür zum Einsteigen (z. B. bei der Straßenbahn);* Ggs *Ausstieg* ◆ sie schaffte den Einstieg in das Berufsleben ohne Probleme

**einstimmen** ⟨V.; hat⟩ **I** ⟨V. i.; Mus.⟩ **1** *anfangen mitzusingen* **2** ⟨fig.⟩ *einwilligen, bei-, zustimmen* ◆ der Kirchenchor stimmte ein; in ein Lied einstimmen; in das Gelächter der anderen einstimmen *mit den andern mitlachen* **II** ⟨V. t.⟩ *in Übereinstimmung, Einklang bringen* ◆ die Instrumente, den Ton mit der Stimmgabel einstimmen **III** ⟨V. refl.⟩ sich auf etwas einstimmen ⟨fig.⟩ *sich gefühlsmäßig, in der Stimmung auf etwas einstellen, sich innerlich darauf vorbereiten* ◆ sich auf ein Konzert, einen Vortrag einstimmen

**einstimmig** ⟨Adj.; Mus.⟩ **1** *aus nur einer Stimme bestehend* **2** *mit nur einer Stimme* **3** ⟨fig.⟩ *einmütig, übereinstimmend, ohne Gegenstimme* ◆ einstimmiger **Beschluss;** ein einstimmiges **Lied** singen ◆ der Vorschlag wurde einstimmig **angenommen;** die ganze Klasse antwortete, **rief** einstimmig ... *wie aus einem Munde;* einstimmig **singen,** spielen; er wurde einstimmig zum Vorsitzenden **gewählt**

**Einsturz** ⟨m. 1u⟩ *das Einstürzen, Zusammenbrechen* ◆ Einsturz einer Mauer, Ruine; dem Einsturz nahe sein

**einstürzen** **I** ⟨V.i.;ist⟩ *zusammenstürzen, -brechen, -fallen* ◆ die Neubauten stürzten vollständig ein

**Eintagsfliege** ⟨f. 19⟩ **1** ⟨Zool.⟩ ◄ *Angehörige einer Ordnung der Insekten, unauffällig gelb- bis graubraun gefärbtes, zarthäutiges Tier mit meist zwei Flügelpaaren und langen Schwanzfäden, lebt nach langer Entwicklung meist nur einen Tag als Vollinsekt: Ephemeroptera* **2** ⟨fig.⟩ *kurzlebige Sache, kurzlebige Erscheinung*

**eintauchen** **I** ⟨V. t.; hat⟩ *in Flüssigkeit tauchen* ◆ jmdn. trotz Sträuben ins Wasser eintauchen; die Feder (in die Tinte) eintauchen **II** ⟨V. i.; ist⟩ *im Wasser untertauchen, unter Wasser gehen* (Schwimmer, Taucher, Unterseeboot)

**einteilen** ⟨V. t.; hat⟩ *planmäßig teilen, gliedern* ◆ Lebensmittel, Geld einteilen; er kann sich die Arbeit selbst einteilen; sich seine Zeit

## EINSPRITZPUMPE

Die Einspritzpumpe ist Bestandteil aller Dieselmotoren sowie von Ottomotoren mit Einspritzmündung. Die heute z. T. computergesteuerten Einspritzpumpen spritzen die jeweils benötigte Menge Treibstoff unter hohem Druck in den Verbrennungszylinder, in dessen Verbrennungsraum ein hochexplosives Kraftstoff-Luft-Gemisch entsteht.

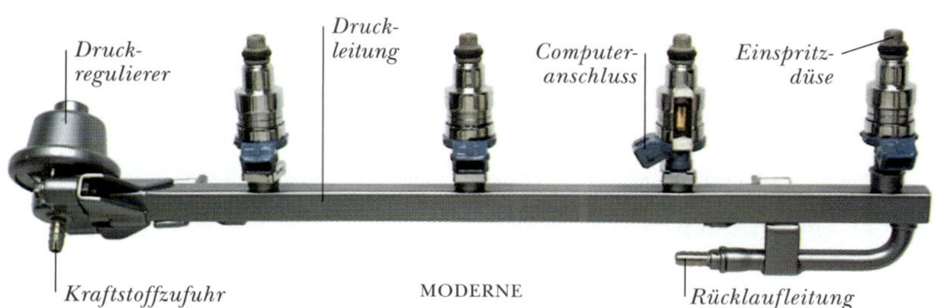


MODERNE
BENZINEINSPRITZPUMPE

besser einteilen; nach welchen Gesichtspunkten ist der Lehrplan eingeteilt?; Personen in Gruppen einteilen; eine Mahlzeit in mehrere Portionen einteilen

**eintönig** ⟨Adj.⟩ **1** *gleichförmig, einförmig, monoton* **2** *langweilig*

**Eintracht** ⟨f. 20; unz.⟩ *gutes Einvernehmen, Einmütigkeit, Einigkeit, Einträchtigkeit* ◆ in Liebe und Eintracht; in Eintracht leben; Eintracht stiften *einen Streit schlichten;* die Eintracht stören [→ *tragen*]

**Eintrag** ⟨m. 1u⟩ **1** *Eintragung, schriftl. Vermerk, Notiz, Buchung* **2** ⟨Schule⟩ *schriftlich (im Klassenbuch) festgehaltener Tadel* **3** *Beeinträchtigung, Abbruch, Schaden* ◆ einen Eintrag ins Klassenbuch bekommen

E

**eintragen** ⟨V. t. 260; hat⟩ **1** *in etwas einschreiben, vermerken* **2** *einbringen, abwerfen* (Nutzen, Ertrag, Schaden) ◆ diese Bäume haben uns bisher wenig Obst eingetragen; bitte tragen Sie sich in diese Liste ein; eingetragener, Eingetragener Verein ⟨Abk.: e.V., E.V.⟩ *behördlich registrierter u. genehmigter Verein mit nichtwirtschaftl. Zielsetzung*

**eintreffen** ⟨V. i. 261; ist⟩ **1** *ankommen* **2** *sich bestätigen, in Erfüllung gehen* ◆ meine Befürchtungen, Vermutungen sind eingetroffen; Spargel frisch eingetroffen *(Anpreisung zum Verkauf)*

**eintreten** ⟨V. 263⟩ **I** ⟨V. t.; hat⟩ **1** *durch Fußtritte eindrücken, zerstören* (Tür) **2** *festtreten, feststampfen* ◆ eine Scheibe eintreten; sich einen Dorn, Nagel eintreten *durch Darauftreten sich eindrücken;* neue Schuhe eintreten *durch Laufen dem Fuß anpassen* **II** ⟨V. i.; ist⟩ **1** *hineingehen, hereinkommen* **2** *geschehen, sich ereignen, Wirklichkeit werden* ◆ bitte treten Sie ein!; bitte eintreten, ohne anzuklopfen *(Türschild);* beim Eintreten blickte er suchend um sich; was wir befürchteten, trat tatsächlich ein; es wird keine **Änderung** eintreten; die **Dunkelheit** trat ein *es begann zu dunkeln;* ein unvorhergesehenes **Ereignis** trat ein ◆ **für** jmdn. od. etwas eintreten *jmdn. od. etwas verteidigen, vertreten, in Schutz nehmen;* er ist sehr für mich eingetreten, für eine Änderung, einen Vorschlag eintreten; **in** einen Betrieb, eine Firma, einen Klub, eine Partei eintreten *Mitglied, Angehöriger werden*

**Eintritt** ⟨m. 1⟩ **1** *das Eintreten, Hereinkommen (in einen Raum)* **2** *Beitritt, Aufnahme, Erwerb einer Mitgliedschaft* **3** *Zulassung* **4** ⟨kurz für⟩ *Eintrittsgeld* **5** *Anfang, Beginn* ◆ jmdm. Eintritt **gewähren;** es **kostet** keinen Eintritt ◆ Eintritt **frei,** Eintritt **verboten!** ◆ **bei** Eintritt der Dunkelheit; beim Eintritt ins väterliche Geschäft; sein Eintritt **in** die höhere Schule

**Eintrittsgeld** ⟨n. 12⟩ *Gebühr für den Besuch einer (kommerziellen) Veranstaltung* (z. B. Kino); Sy ⟨kurz⟩ *Eintritt (4)*

**einüben** ⟨V. t.; hat⟩ *durch Üben lernen* ◆ ein Gedicht, einen Tanz, ein Theaterstück, ein Lied, eine Rolle einüben; jmdm. etwas einüben *es ihm durch Üben beibringen, es ihn lehren*

EISBÄR *(Thalarctos maritimus)*

**einundeinhalb** ⟨Num.⟩ = *eineinhalb*

**Einvernehmen** ⟨n. 14; unz.⟩ **1** *Übereinstimmung, Eintracht, Einigkeit* **2** *Verständigung* ◆ im gegenseitigen Einvernehmen handeln; mit jmdm. im Einvernehmen, in gutem Einvernehmen leben, stehen

**einverstanden** ⟨Adj.⟩ **1** mit einer Sache einverstanden sein *einer S. zustimmen* **2** mit jmdm. einverstanden sein ⟨umg.⟩ *jmds. Teilnahme, Zulassung usw. billigen* ◆ sie ist damit einverstanden, dass ...; sich mit etwas einverstanden erklären *zustimmen, einwilligen;* mit einem Entschluss, einer Maßnahme, einem Plan einverstanden sein; einverstanden! *gut!, in Ordnung!*

**Einverständnis** ⟨n. 11⟩ *Zustimmung, Einwilligung, Übereinstimmung* ◆ zwischen beiden besteht, herrscht geheimes, stillschweigendes, völliges Einverständnis; im Einverständnis mit jmdm. handeln *nach vorherigem Übereinkommen, nach Verabredung*

**Einwand** ⟨m. 1u⟩ **1** *Einwendung, Gegengrund, Gegenargument* **2** *Widerspruch, Protest* ◆ einen Einwand geltend machen, vorbringen *etwas einwenden;* Einwände erheben, machen; jmds. Einwand zurückweisen; ein unbegründeter, berechtigter, begründeter, empörter Einwand

**Einwanderer** ⟨m. 3⟩ *jmd., der in einen fremden Staat übersiedelt, um sich dort dauernd niederzulassen;* Sy *Immigrant;* Ggs *Auswanderer*

**einwandern** ⟨V. i.; ist⟩ *in einen fremden Staat übersiedeln, einreisen, um sich dort dauernd niederzulassen;* Sy *immigrieren;* Ggs *auswandern*

**Einwanderung** ⟨f. 20⟩ *Übertritt, Einreise in einen fremden Staat zur dauernden Übersiedlung, Zuzug von Landfremden;* Sy *Immigration;* Ggs *Auswanderung*

**einwechseln** ⟨[-ks-] V. t.; hat⟩ *eintauschen, umwechseln* (Geld)

**Einwegflasche** ⟨f. 19⟩ *Flasche, die als Leergut vom Händler nicht zurückgenommen wird;* Ggs *Mehrwegflasche, Pfandflasche*

**einweichen** ⟨V. t.; hat⟩ **1** *zum Weichmachen od. Schmutzlösen in Flüssigkeit legen* (Hülsenfrüchte, Wäsche) **2** ⟨fig.; umg.⟩ *durchnässen* ◆ ich bin (vom Regen) völlig eingeweicht

**einweihen** ⟨V. t.; hat⟩ *feierlich in Gebrauch nehmen, zum ersten Mal gebrauchen, der Öffentlichkeit übergeben* (Brücke, Sporthalle, Straße) ◆ ich habe heute mein neues Kostüm eingeweiht ⟨umg.⟩ *zum ersten Mal getragen;* jmdn. in etwas einweihen ⟨fig.⟩ *jmdm. ein Geheimnis anvertrauen, jmdn. in eine geheime Angelegenheit einführen;* wir werden ihn in unseren Plan einweihen ⟨fig.⟩

**einwickeln** ⟨V. t.; hat⟩ **1** *einpacken, einhüllen* **2** ⟨fig.; umg.⟩ *überlisten, übervorteilen* ◆ du hast dich von ihm ganz schön einwickeln lassen! ⟨fig., umg.⟩; jmdn. in Decken einwickeln; eine Ware in Papier einwickeln

**einwirken** ⟨V. i.; hat⟩ *Wirkung ausüben* ◆ eine Säure, ein Arzneimittel kurze Zeit einwirken lassen; auf etwas einwirken; auf jmdn. einwirken *jmdn. beeinflussen, ihm zureden;* ein Klimawechsel könnte günstig auf seinen Gesundheitszustand einwirken; nachteilig, wohltuend einwirken auf

**Einwohner** ⟨m. 3⟩ **1** *dauernder Bewohner, Ansässiger* (eines Landes, einer Stadt) **2** *Bewohner, Mieter* (eines Hauses)

**Einwurf** ⟨m. 1u⟩ **1** *das Hineinwerfen* **2** *Öffnung, Schlitz zum Hineinwerfen (z. B. an Briefkästen)* **3** ⟨fig.⟩ *in ein Gespräch eingeschaltete Bemerkung* **4** ⟨Sp.⟩ *Einwurf des Balles ins Spielfeld*

**Einzahl** ⟨f. 20; unz.; Gramm.⟩ = *Singular;* Ggs *Mehrzahl*

**einzahlen** ⟨V. t.; hat⟩ **1** *in eine Kasse, auf ein Konto zahlen* **2** *zur Weiterbeförderung auf der Post einliefern* (Geldbetrag)

**Einzahlung** ⟨f. 20⟩ *Zahlung auf ein Konto, Einlieferung (eines Betrages) zur Weiterbeförderung auf der Post*

**Einzäunung** ⟨f. 20⟩ **1** *das Einzäunen* **2** *Zaun* ◆ das Gehege ist von einer hohen Einzäunung umgeben

**einzehig** ⟨Adj.; Zool.⟩ *mit nur einer Zehe (statt fünf Zehen) versehen*

**einzeilig** ⟨Adj.; in Ziffern: 1-zeilig⟩ *aus nur einer Zeile bestehend*

**Einzel** ⟨n. 13; Sp.; Badminton, Tennis usw.⟩ *Spiel nur eines Spielers gegen einen andern;* Sy *Einzelspiel (1);* Ggs *Doppel*

**Einzeldosis** ⟨f.; -, -dosen; Med.⟩ *auf einmal zu nehmende Menge (einer Arznei)*

**Einzelfall** ⟨m. 1u⟩ **1** *Sonderfall, einzig dastehender Fall* **2** *einzelner Fall* ◆ etwas als Einzelfall betrachten; im Einzelfall muss die Beurteilung anders sein

**Einzelgänger** ⟨m. 3⟩ **1** *für sich allein lebender, ungeselliger Mensch* **2** ⟨Jägerspr.⟩ *einzeln, nicht im Rudel lebendes Tier*

## EISBERG

Auf der Südhalbkugel haben die Eisberge eine regelmäßige Tafelform. Es sind abgebrochene (gekalbte) Randstücke des antarktischen Schelfeises. Auf der Nordhalbkugel lösen sich die Eisberge unter dem Einfluss von Witterung und Gezeiten in unregelmäßiger Form von den polaren Gletschern. Alle Eisberge bestehen aus gefrorenem Süßwasser und ragen nur zu rund 12% ihrer Masse über die Wasseroberfläche hinaus.

EISBERG DER SÜDHALBKUGEL

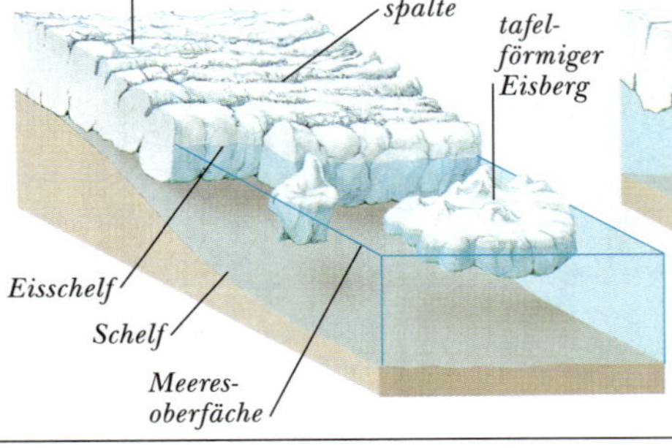


EISBERG DER NORDHALBKUGEL

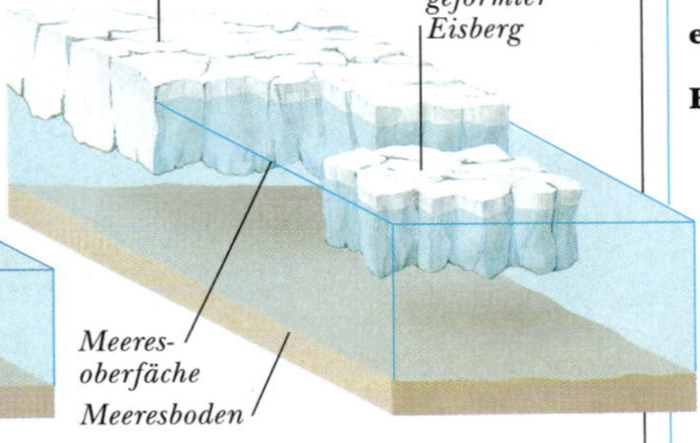

**Einzelhaft** ⟨f.; -; unz.⟩ *gesonderte Verwahrung eines Gefangenen, Haft in Einzelzelle*
**Einzelhandel** ⟨m.; -s; unz.⟩ *Warenverkauf direkt an den Verbraucher;* Ggs *Großhandel (2)*
**Einzelheit** ⟨f. 20⟩ *einzelner Teil (aus einem größeren Ganzen)* ◆ auf Einzelheiten eingehen; etwas bis in die kleinsten Einzelheiten erklären, schildern
**Einzelkämpfer** ⟨m. 3⟩ *jmd., der allein gegen jmdn. oder etwas kämpft*
**Einzeller** ⟨m. 3⟩ ► *einzellige Pflanze (Alge, Bakterium) od. Tier (Protozoon), bei der die eine Zelle in der Lage ist, sämtliche Funktionen zu erfüllen, die bei den vielzelligen Organismen auf verschiedene Zellgruppen verteilt sind;* Ggs *Vielzeller*

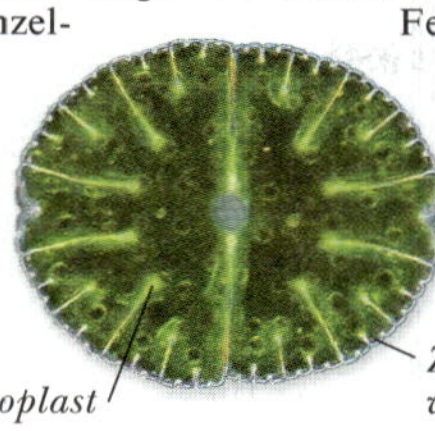

EINZELLER:
SCHMUCKALGE, VERGRÖSSERT

**einzeln** ⟨Adj.⟩ **1** *für sich allein betrachtet, getrennt von anderen* **2** *allein stehend* ◆ der, die, das Einzelne *einer, eine, eines allein;* Einzelnes hat mir gefallen; Einzelne sind der Meinung *einige, manche;* jeder Einzelne von uns weiß, dass ...; als Einzelner kann man sich schwer durchsetzen; bis ins Einzelne gehen *alles genau, mit allen Einzelheiten besprechen;* wir wollen es noch im Einzelnen besprechen *mit allen Einzelheiten;* vom Einzelnen (der Einzelheit) ins Ganze, zum Allgemeinen gehen [< mhd. *einzel;* zu ahd. *einaz,* Adj. zu *ein*]
**Einzelradaufhängung** ⟨f. 20⟩ *Aufhängung jedes Rades an einer einzelnen Achse, insbes. bei Vorderrädern von Kraftwagen*
**Einzelspiel** ⟨n. 11; Sp.; Badminton, Tennis usw.⟩ = *Einzel*
**Einzelstück** ⟨n. 11⟩ *einzelnes Stück, Unikat*
**Einzelwesen** ⟨n. 14⟩ *ein Wesen für sich allein in seiner Besonderheit, im Verhältnis zur Gemeinschaft;* Sy *Individuum (1)*
**Einzelzelle** ⟨f. 19⟩ *Zelle für nur eine Person (im Gefängnis, Schwimmbad)*
**Einzelzimmer** ⟨n. 13⟩ *Zimmer mit nur einem Bett (im Hotel)*
**einziehen** ⟨V. 287⟩ **I** ⟨V. t.; hat⟩ **1** *hineinziehen, einführen* (Faden, Gummiband) **2** *einsaugen* (Luft) **3** *einwärts ziehen* (Feuchtigkeit) **4** *an sich heranziehen* (Krallen) **5** *einklemmen* (Schwanz) **6** *herunterziehen, einholen* (Flagge) **7** *einfordern, einkassieren, eintreiben* (Gelder, Schulden, Steuern) **8** *wegnehmen, beschlagnahmen* (Vermögen), *konfiszieren* (Druckschrift) **9** *zurückziehen, aus dem Handel, Verkehr nehmen* (Banknoten) **10** *zum Heeresdienst einberufen* (Rekruten) **11** *einbauen, dazwischensetzen* (Balken, Wand) **12** ⟨Typ.⟩ *zurücksetzen, nicht am Zeilenanfang beginnen lassen* (Wörter, Zeilen) **13** ⟨fig.⟩ *forschend einholen* (Erkundigungen) ◆ über jmds. Vergangenheit **Erkundigungen** einziehen; einen **Faden** in ein Nadelöhr einziehen; das **Fahrgestell** am Flugzeug einziehen; die alten **Fünfmarkstücke** werden eingezogen; die Katze zieht die **Krallen** ein; die **Ruder,** die Segel einziehen; **Schuldbeträge** gerichtlich einziehen; die **Schultern** einziehen **II** ⟨V. i.; ist⟩ **1** *Wohnung nehmen, sich einmieten, Wohnung, Zimmer beziehen, eindringen* (Feuchtigkeit) **2** *einmarschieren, hereinkommen* ◆ endlich ist der **Frühling** eingezogen ⟨fig.⟩; mit dem Besuch der Kinder zog fröhliches **Leben** bei ihnen ein ⟨fig.⟩; die neuen **Mieter** sind gestern in unser Haus eingezogen
**einzig I** ⟨Adj.⟩ *nur einmal vorhanden, einmalig* ◆ der, die, das Einzige; er ist der Einzige, der mich versteht; Frederik ist unser Einziger *unser einziger Sohn* ◆ ein einziges **Mal;** ein einziger **Schlag** genügte; sein einziger **Sohn;** wenn das deine einzige **Sorge** ist ...; ihr einziger **Trost** im Alter ◆ seine Hilfsbereitschaft **steht** einzig dar; **sein:** es ist einzig in seiner Art; das Einzige wäre, dass ... ◆ dort ist es einzig **schön;** eine einzig schöne Plastik ◆ er hat **als** Einziger keinen Fehler gemacht **II** ⟨Partikel⟩ *nur, bloß, ausschließlich* ◆ ich habe es dir einzig deshalb gesagt, weil ... *allein deshalb, nur deshalb;* einzig und allein das ist der Grund; das ist das einzig Wahre! ⟨umg.⟩ *das Richtige* [< mhd. *einzec* < ahd. *eina,* Adj. zu *ein*]
**Einzug** ⟨m. 1u⟩ **1** *das Beziehen einer Wohnung* **2** *Einmarsch* (von Truppen) **3** *das Einziehen (eines Wechsels)* **4** ⟨fig.⟩ *Beginn* **5** *in ein Loch einer Bürste eingezogenes Borstenbüschel* **6** ⟨Web.⟩ *Einfädelung der Kettfäden* **7** ⟨Typ.⟩ *Einrückung, frei gelassener Raum bei Beginn eines Absatzes* **8** ⟨schweiz.⟩ *Geldabholung* ◆ der Einzug der **Truppen** in die Stadt ◆ wir wollen heute unseren Einzug **feiern;** der Frühling hat seinen Einzug **gehalten** ◆ beim Einzug **in** die neue Wohnung; eine Zeile **mit** Einzug setzen ⟨Typ.⟩
**Einzugsgebiet** ⟨n. 11⟩ **1** *das gesamte, von einem Fluss mit seinen Nebenflüssen bewässerte Gebiet* **2** ⟨fig.⟩ *Versorgungsgebiet eines Verbrauchszentrums, z. B. eines Industriebezirks, einer Stadt*
**eis, Eis**[1] ⟨['e:is] n.; -, -; Mus.⟩ *Tonbezeichnung, das um einen halben Ton erhöhte e bzw. E*
**Eis**[2] ⟨n.; -es; unz.⟩ *gefrorenes Wasser, Speiseeis, Gefrorenes* ◆ ein **Becher,** eine Portion, eine Tüte Eis; ein **Block,** eine Schicht, eine Stange Eis; der Teich ist mit einer dicken, dünnen **Schicht** Eis bedeckt ◆ Eis **laufen** *Schlittschuh laufen;* das Eis **trägt** noch nicht (zum Schlittschuhlaufen) ◆ Eis **am** Stiel; eine Angelegenheit erst einmal **auf** Eis legen ⟨fig.; umg.⟩ *nicht weiterbearbeiten, verschieben;* auf dem Eis Schlittschuh laufen; Eis **mit** Früchten u. Sahne; ein Herz **von** Eis ⟨fig.⟩; kalt **wie** Eis sein ⟨fig.⟩ *gefühllos, hartherzig;* **zu** Eis gefrieren, werden [< ahd. *is,* engl. *ice*]
**Eisbär** ⟨m. 16; Zool.⟩ ◄ *Angehöriger einer der größten Arten der Bären, lebt in der Arktis fast ausschließlich von Fischen und Seehunden: Thalarctos maritimus*
**Eisbein** ⟨n. 11; unz.⟩ **1** *gepökeltes u. gekochtes Bein vom Schwein* **2** ⟨Jägerspr.⟩ *Hüft- u. Kreuzbein (beim Schalenwild)* ◆ Eisbeine bekommen, haben ⟨umg.; scherzh.⟩ *kalte Füße* [< ahd. *ispein* < lat. *ischia* „Hüftgelenk" + ahd. *bein* „Knochen", urspr. Hüftknochen des Menschen]
**Eisberg** ⟨m. 1⟩ ◄ *im Meer schwimmende, abgebrochene Randstücke (ant)arktischen Eises od. polarer Gletscher*
**eisblau** ⟨Adj.⟩ *zwischen blau u. grün*
**Eisblumen** ⟨nur Pl.⟩ *blumen- u. blätterförmiger Eisniederschlag am Fenster*
**Eisbrecher** ⟨m. 3⟩ **1** *Vorbauten an Brückenpfeilern usw. zum Schutz gegen antreibendes Eis* **2** *bes. starkes Schiff zum Aufbrechen vereister Fahrrinnen auf Fluss u. Meer*
**Eischnee** ⟨m.; -s; unz.⟩ *geschlagenes Eiweiß*
**Eiscreme** ⟨[-kre:m] f. 10⟩ oV *Eiskrem, Eiskreme* **1** *Speiseeis* **2** *Halbgefrorenes* ◆ am liebsten mag sie Eiscreme
**Eisen** ⟨n. 14⟩ **1** ⟨Chem.; Zeichen: Fe⟩ *silberweißes, ziemlich weiches, an trockener Luft u. in luft- u. kohlendioxidfreiem Wasser unveränderliches, 2-, 3- und selten 6-wertiges Metall;* → a. *Stahl* **2** *Gerät aus Eisen* (Bügeleisen, Hufeisen) **3** ⟨Jägerspr.⟩ *Tierfalle* **4** ⟨Med.⟩ *eisenhaltiges Heilmittel* **5** ⟨Sp.⟩ *Golfschläger* **6** ⟨nur Pl.⟩ *Ketten, Fesseln* ◆ Eisen **formen,** hämmern, gießen, walzen; er muss Eisen gegen seine Blutarmut **nehmen;** man muss das Eisen **schmieden,** solange es heiß, warm ist ⟨Sprichw.⟩ *eine Sache erledigen, solange es günstig ist* ◆ etwas zum **alten** Eisen werfen ⟨fig.; umg.⟩ *als verbraucht ausscheiden;* das ist ein **heißes** Eisen ⟨fig.⟩ *ein schwieriges, ungelöstes Problem, eine heikle, äußerst verfängliche Angelegenheit;* **mehrere,** zwei Eisen im Feuer haben ⟨fig.⟩ *zwei od. mehrere Pläne gleichzeitig verfolgen, um Erfolg zu haben* ◆ in Eisen liegen *gefesselt sein;* die Pferde **mit** Eisen beschlagen *Hufeisen* [< ahd. *isan,* engl. *iron,* got. *eisarn*]
**Eisenbahn** ⟨f. 20⟩ ▼ *auf Schienen fahrendes Verkehrsmittel auf eigenem Bahnkörper* ◆ mit der Eisenbahn fahren; es ist höchste Eisenbahn ⟨umg.; scherzh.⟩ *es ist höchste Zeit*

E

## EISENBAHN

Die ersten Eisenbahnen mit Dampfmaschinenantrieb wurden zu Beginn des 19. Jh. gebaut. 1835 verkehrte die erste deutsche Eisenbahn zwischen Nürnberg und Fürth. Moderne Züge haben einen elektrischen oder dieselelektrischen Antrieb. Elektrische Lokomotiven erhalten die benötigte Energie von einer Oberleitung. Beim dieselelektrischen Antrieb treibt ein Dieselmotor einen Stromgenerator an, von dem der erzeugte Strom den Elektromotoren zugeführt wird. Hochgeschwindigkeitszüge wie der deutsche ICE oder der französische TGV können Geschwindigkeiten von über 500 km/h erreichen.

AMERIKANISCHE DIESELELEKTRISCHE
LOKOMOTIVE UM 1955

**Eisenblech** ⟨n. 11⟩ = *Stahlblech*
**Eisenchlorid** ⟨[-klo-] n. 11⟩ *Verbindung aus Chlor u. Eisen, $FeCl_3$, schwarzbraune, glänzende Kristalle*
**Eisenerz** ⟨n. 11⟩ *Eisen enthaltendes Mineral*
**eisenhart** ⟨Adj.⟩ **1** *so hart wie Eisen* **2** ⟨fig.⟩ *unnachgiebig, sehr fest* ◆ ein eisenharter Wille
**Eisenhart** ⟨n.; -s; unz.; Bot.⟩ ► = *Eisenkraut (1)*
**Eisenholz** ⟨n. 12u; unz.⟩ *besonders hartes Holz verschiedener Bäume der tropischen Zonen* ◆ rotes Eisenholz *Holz der Hamamelidazee Parrotia persica, ostindisches Holz des Rötegewächses Ixorea ferrea und des Johanniskrautgewächses Mesua ferrea*
**Eisenhut** ⟨m. 1u⟩ **I** ⟨zählb.; im MA⟩ *eiserner Helm mit breiter Krempe, aber ohne Visier u. Nackenschutz* **II** ⟨unz.; Bot.⟩ ► *Angehöriger einer Gattung der Hahnenfußgewächse mit helmartigem, aufrecht stehendem hinterem Blumenblatt, meist meterhohe, giftige Alkaloide enthaltende Staude mit knollig verdickten Wurzeln: Aconitum*

EISENHUT: BLAUER EISENHUT *(Aconitum napellus)*

**Eisenindustrie** ⟨f. 19; unz.⟩ *Eisen gewinnende u. verarbeitende Industrie*
**Eisenkraut** ⟨n. 12u; unz.; Bot.⟩ **1** ▼ *Angehöriges einer Gattung der Eisenkrautgewächse: Verbena;* Sy *Eisenhart* **2** *30–50 cm hohes Unkraut mit kleinen, blassblauen Blüten: Verbena officinalis;* Sy *Verbene*
**Eisenoxid** ⟨n. 11; unz.⟩ **1** *Eisen-Sauerstoff-Verbindung* **2** *Eisen(II)-oxid, chem. Formel FeO* **3** *Eisen(III)-oxid, chem. Formel $Fe_2O_3$* **4** *Eisen(II, III)-oxid, chem. Formel $FeOFe_2O_3 = Fe_3O_4$*
**Eisensulfat** ⟨n. 11; unz.⟩ **1** *als Beize in der Zeugfärberei u. zur Darstellung von Berliner Blau verwendete chem. Verbindung* **2** *$Fe_2(SO_4)_3$;* Sy ⟨veraltet⟩ *Ferrosulfat;* → a. *Eisenvitriol*
**Eisenvitriol** ⟨[-vi-] n. 11; unz.⟩ *grünes, kristallwasserhaltiges Eisensulfat*
**Eisenwaren** ⟨Pl.⟩ *zum Verkauf stehende Gegenstände aus Eisen*
**Eisenzeit** ⟨f. 20; unz.⟩ *vorgeschichtl. Zeitalter nach der Bronzezeit, etwa ab 800 v. Chr.*
**eisern** ⟨Adj.⟩ **1** *aus Eisen bestehend* **2** ⟨fig.⟩ *hart, unnachgiebig, unerbittlich, unbeugsam* **3** *unerschütterlich, zäh, unbeirrbar* ◆ (aber) eisern! ⟨umg.⟩ *ganz bestimmt!, selbstverständlich!;* mit dem eisernen **Besen** auskehren, dazwischenfahren ⟨fig.⟩ *rücksichtslos durchgreifen;* eiserne **Disziplin,** Energie, Gesundheit; mit eiserner **Faust** jmdn. unterdrücken ⟨fig.⟩ *mit unerbittl. Strenge;* eiserner **Fleiß,** Wille ⟨fig.⟩; eiserne **Hochzeit** *65. Hochzeitstag;* der Eiserne **Kanzler** *Bismarck;* Eisernes **Kreuz** ⟨Abk.: EK⟩ *1813 zum ersten Mal gestiftete militär. Auszeichnung in zwei Klassen;* eiserne **Lunge** *Gerät zur künstl. Atmung bei vorübergehender Lähmung der Atemmuskulatur mittels rhythmischer Saugbewegung in einem luftdicht abgeschlossenen Raum;* eiserne **Ration** *Proviant für den Notfall;* mit eiserner **Stirn** lügen *frech, unverschämt lügen;* der eiserne **Vorhang** ⟨Theat.⟩ *feuersicherer Vorhang zwischen Bühne u. Zuschauerraum;* der Eiserne Vorhang ⟨fig.⟩ *die Grenze des sowjet. Machtbereiches gegen die übrige Welt, Grenzscheide zwischen östlichen u. westlichen politischen Machtbereich bis 1989* ◆ in einer Angelegenheit eisern **bleiben,** sein *unerbittlich, durch nichts davon abzubringen sein;* eisern **schweigen** *unerschütterlich, standhaft, fortwährend schweigen*

EISENKRAUT *(Verbena x hybrida* Romance Series*)*

**Eisfuchs** ⟨[-ks] m. 1u⟩ = *Polarfuchs*
**Eisgang** ⟨m. 1u⟩ **1** *das Aufbrechen der Eisdecke eines zugefrorenen Flusses im Frühjahr* **2** *der Abtransport, das Abschwimmen der Eisschollen auf fließenden Gewässern*
**eisgrau** ⟨Adj.⟩ *weißgrau, ergraut vor Alter* (Haar, Bart)
**Eisheiligen** ⟨Pl.⟩ **1** ⟨Rel.⟩ *die Heiligen der Tage 12., 13. u. 14. Mai* **2** *die Tage 11., 12., 13. Mai an sich* **3** *plötzlicher Kälteeinbruch in diesen Tagen*
**Eishockey** ⟨[-hɔke:] od. engl. [-hɔki] n.; -s; unz.; Sp.⟩ *Hockey mit Schlittschuhen auf einer Eisbahn zwischen zwei Teams zu je sechs Spielern, bei dem eine Partie in drei Dritteln ausgetragen wird;* → a. *Hockey*
**eisig** ⟨Adj.⟩ **1** *eiskalt, sehr kalt, bitterkalt* **2** ⟨fig.⟩ *unnahbar, kalt, abweisend* ◆ eisige **Kälte,** Luft; im Konferenzzimmer herrschte eisiges **Schweigen** ⟨fig.⟩; es bläst ein eisiger **Wind** ◆ jmdn. eisig **behandeln,** empfangen ◆ draußen ist es eisig **kalt**
**Eiskaffee** ⟨m. 6⟩ *Kaffee mit Speiseeis*
**eiskalt** ⟨Adj.⟩ **1** *kalt wie Eis* **2** ⟨fig.⟩ *kalt abweisend, mitleidslos*
**Eiskeime** ⟨Pl.⟩ *bisher noch nicht nachgewiesene Teilchen unbekannter Herkunft, die die Bildung von Eisteilchen durch Anlagerung von Wasserdampf möglich machen*
**Eiskrem,** ⟨auch⟩ **Eiskreme** ⟨f. 10⟩ = *Eiscreme*
**Eislauf** ⟨m. 1u; unz.; Sp.⟩ **1** *sportlich betriebene Fortbewegung mit Schlittschuhen auf einer Eisfläche* **2** ⟨Sammelbez. für⟩ *Eiskunstlauf, Eisschnelllauf u. Eistanz*
**Eispalast** ⟨m. 1u⟩ **1** *Gebäude zur Vorführung von Eiskunstläufen auf künstl. Eisbahn* **2** ⟨fig.; umg.; scherzh.⟩ *eiskalte Wohnung*
**Eispickel** ⟨m. 5⟩ *Gerät des Bergsteigers zum Stufenschlagen, zum Sichern usw. in Eis u. Firn*
**Eisprung** ⟨m. 1u; Med.⟩ = *Ovulation*
**Eisschmelze** ⟨f. 19; unz.⟩ *das Schmelzen des Eises auf Flüssen usw. im Frühjahr*
**Eisstadion** ⟨n.; -s, -dien⟩ *Stadion für Eiskunstlauf*
**Eisstand** ⟨m. 1u; unz.⟩ *Zustand, Wasserstand eines Flusses bei geschlossener Eisdecke*
**Eisstock** ⟨m. 1u⟩ *Gerät zum Eisschießen*
**Eisvogel** ⟨m. 5u⟩ **1** *einer der prächtigsten einheimischen Vögel aus der Ordnung der Rackenvögel, Unterseite kastanienbraun, Oberseite metallisch grünblau: Alcedo atthis;* ► *Vögel* **2** *schwarzblauer Tagschmetterling mit weißer Zeichnung: Limenitis camilla* [< ahd. *isarnovogal* „Eisenvogel", verkürzt zu *isarno* „der Eiserne", später gedeutet als *is-aro* „Eis-Aar"]
**Eiswürfel** ⟨m. 5⟩ *im Kühlschrank bereitetes, würfelförmiges Eisstückchen (zum Kühlen von Getränken)*
**Eiszapfen** ⟨m. 4⟩ *Zapfen, Zacken aus herabgelaufenen u. sofort angefrorenen Wassertropfen (bes. an Dächern)*
**Eiszeit** ⟨f. 20⟩ *Zeitalter der Erdgeschichte mit ausgebreiteter Vergletscherung;* Sy *Glazial, Glazialzeit;* Ggs *Warmzeit;* → a. *Kaltzeit*
**eitel** ⟨Adj.; eitler, am -sten⟩ **1** *viel Wert auf das eigene Äußere legend, selbstgefällig, eingebildet* **2** ⟨poet.⟩ *nichtig, gehaltlos, wertlos* **3** ⟨veraltet⟩ *rein, lauter, pur* ◆ eitel Freud und Wonne ⟨veraltet⟩; eitles Gehabe, Gerede, Geschwätz, Getue; eitel Gold; er ist ein überaus eitler Mensch [< ahd. *ital,* engl. *idle,* eigtl. „leer"]
**Eitelkeit** ⟨f. 20; Pl. selten⟩ **1** *eitles Wesen, Selbstgefälligkeit* **2** ⟨poet.⟩ *eitle Beschaffenheit, Nichtigkeit, Gehaltlosigkeit*
**Eiter** ⟨m. 3; unz.⟩ *entzündl. Absonderung des Körpergewebes (Wasser, weiße Blutkörperchen, Gewebezellen) zur Abwehr der Eitererreger* [< ahd. *eitar*]
**Eiterbeule** ⟨f. 19⟩ = *Furunkel*
**eiterig** ⟨Adj.⟩ *Eiter ansammelnd, eiternd;* oV *eitrig*
**eitern** ⟨V. i.; hat⟩ *Eiter bilden, absondern* ◆ eiternde Wunde
**eitrig** ⟨Adj.⟩ = *eiterig*
**Eiweiß** ⟨n. 11⟩ *das Weiße im Ei*
**Eiweiße** ⟨Pl.; Chem.⟩ = *Proteine*
**Eizahn** ⟨m. 1u⟩ *waagerechter, spitzer Zahn an der Schnauzenspitze der aus dem Ei schlüpfenden Schlangen u. Eidechsen, mit dem die Eischale gesprengt wird*
**Eizelle** ⟨f. 19; Biol.⟩ ► = *Ei (1)*
**Ejakulat** ⟨n. 11⟩ *ausgespritzte Samenflüssigkeit*
**Ejakulation** ⟨f. 20⟩ *reflektorische Ausstoßung des Samens, in der Regel bei der Begattung;* Sy *Samenerguss* [→ *ejakulieren*]
**ejakulieren** ⟨V. i.; hat⟩ *sich entsamen, Samen ausspritzen* [< lat. *eiaculari* „herauswerfen, hervorschleudern"]
**EK** ⟨Abk. für⟩ *Eisernes Kreuz*
**ek..., Ek...** ⟨vor Vokalen und h⟩ ex...[3], Ex...[3] ⟨Vors.⟩ *aus, aus... heraus* [grch.]
**Ekart** ⟨[e'ka:r] m. 6⟩ *Kursunterschied, Spielraum, Aufschlag* [< frz. *écart* „Abstand, Unterschied, Spielraum"]
**EKD** ⟨Abk. für⟩ *Evangelische Kirche in Deutschland*
**ekdemisch** ⟨Adj.⟩ *auswärts befindlich, abwesend;* Ggs *endemisch* [< grch. *ekdemos* außer Landes, abwesend"]
**Ekel I** ⟨m. 5; unz.⟩ *Widerwille, Abscheu* ◆ bei, in jmdm. Ekel erregen; vor etwas Ekel empfinden; vor etwas einen Ekel haben; sich schütteln vor Ekel; diese Arbeit wird mir zum Ekel; die ganze Welt ist ihm zum Ekel **II** ⟨n. 13; zählb.; umg.⟩ *unangenehmer, widerwärtiger Mensch* ◆ ein altes Ekel; du Ekel! ⟨scherzh.⟩ [< germ. **aikla-*]
**ekelhaft** ⟨Adj.; -er, am -esten⟩ **1** *Ekel erregend* **2** ⟨umg.⟩ *beschwerlich, unangenehm*
**ekeln** ⟨V.; hat⟩ **I** ⟨V. t.⟩ *Ekel verursachen, anwidern* ◆ der Geschmack, Geruch ekelt mich; es ekelt mir od. mich vor jmdm. od. etwas **II** ⟨V. refl.⟩ sich vor jmdm. oder etwas ekeln *Ekel empfinden*
**EKG, Ekg** ⟨Med.; Abk. für⟩ *Elektrokardiogramm*

ELASMOSAURIER: EIN PLESIOSAURIER AUS DER KREIDEZEIT

**Eklat** ⟨[e'kla:] m. 6⟩ **1** *Glanz, Aufsehen* **2** *Krach, Skandal* ◆ einen Eklat erregen, machen; mit großem Eklat verschwinden [< frz. *éclat* „Knall, Lichtblitz, Getöse, Krach"]

**eklatant** ⟨Adj.; -er, am -esten⟩ **1** *offenbar, offenkundig* **2** *Aufsehen erregend, glänzend* ◆ ein besonders eklatantes Beispiel [< frz. *éclatant* „glänzend, hell, laut schallend, Aufsehen erregend"]

**Eklektiker** ⟨m. 3⟩ **1** *Denker, der sich aus mehreren Lehren eine scheinbar neue Philosophie aufbaut* **2** *Künstler, der unschöpferisch andere Stile nachahmt* [zu grch. *eklegein* „auswählen"]

**eklektisch** ⟨Adj.⟩ *unschöpferisch, nicht eigenständig, nachahmend*

**Eklipse** ⟨f. 19⟩ *Sonnen- od. Mondfinsternis* [< grch. *ekleipsis* „das Ausbleiben"]

**Ekliptik** ⟨f. 20; unz.⟩ *der scheinbare Weg, den die Sonne am Himmel beschreibt* [→ *Eklipse;* in der *Ekliptik* geschieht „das Ausbleiben" von Sonnen- u. Mondlicht, d. h. Sonnen- u. Mondfinsternisse]

**EKS** ⟨Abk. für⟩ *energo-kybernetisches System, (von W. Mewes entwickelte) Managementlehre, die mit der Zielsetzung einer erfolgreichen Entwicklungsförderung eine enge Verbindung von Manager, Umwelt u. zu steuernden Unternehmen zugrunde legt*

**Ekstase** ⟨f. 19⟩ **1** *Außersichsein, Verzückung, Entrückung* **2** *übermäßige Begeisterung* [< grch. *ekstasis* „das Außersichgeraten"]

**ekstatisch** ⟨Adj.⟩ **1** *in Ekstase befindlich, entrückt* **2** *verzückt, schwärmerisch* ◆ sie reagierte nahezu ekstatisch bei Erscheinen der ersten Sonnenstrahlen

**Ektodermie** ⟨f. 19⟩ *operative Entfernung eines Organs od. eines Organteiles* [zu grch. *ektemnein* „herausschneiden"]

**Ektomie** ⟨f. 19⟩ *operative Entfernung* [< grch. *ek* „heraus" + *tome* „Schnitt"]

**Ekzem** ⟨n. 11⟩ *nicht ansteckender, meist auf Überempfindlichkeit beruhender Hautausschlag* [< grch. *ek* „heraus" + *zeein* „kochen, sieden"]

**...el** ⟨oberdt. Verkleinerungssilbe⟩ *...chen,* z. B. Bübel, Kindel, Häusel [< mhd. *-ele, -el* < ahd. *-ili,* früher *-ilo* (Mask.), *-ila* (Fem.); → .. *lein*]

**Elan** ⟨[e'la:n] od. frz. [e'lã] m.; -s; unz.⟩ *Schwung, Begeisterung, Stoßkraft* ◆ etwas mit großem Elan in Angriff nehmen [< frz. *élan*]

**Elasmobranchii** ⟨Pl.; Zool.⟩ *Angehörige einer Unterklasse der Knorpelfische, der Haie u. Rochen angehören* [< grch. *elasma* „Platte, Wanderung" + *branchia* „Kiemen"]

**Elasmosaurier** ⟨m. 3⟩ ◄ *Angehöriger einer marinen Gattung der Plesiosaurier, die in der Oberkreide lebten* [< grch. *elasma* „Platte, Wanderung" + *Saurier*]

**Elastik** ⟨n. 15 od. f. 10⟩ *ein dehnbares Gewebe* [→ *elastisch*]

**elastisch** ⟨Adj.⟩ **1** *dehnbar, biegsam, nachgebend, federnd* **2** ⟨fig.⟩ *spannkräftig, schwungvoll* ◆ er ist für sein Alter noch sehr elastisch [< frz. *élastique* „elastisch, federnd, dehnbar"]

**Elastizität** ⟨f. 20; unz.⟩ **1** *Dehnbarkeit, Federkraft, Biegsamkeit* **2** ⟨Phys.⟩ *Fähigkeit eines Körpers, nach einer durch Belastung verursachten Verformung wieder seine Ausgangsform anzunehmen* **3** ⟨fig.⟩ *Spannkraft, Schwung* ◆ mit jugendlicher Elastizität [< frz. *élasticité* „Elastizität, Schnellkraft, Federkraft, Dehnbarkeit"]

**Elativ** ⟨m. 1; Gramm.⟩ *Steigerungsform der Adjektive, absoluter Superlativ,* z. B. „sehr schön" gegenüber „am schönsten" [zu lat. *elatus* „erhaben, erhöht"]

**Elch** ⟨m. 1⟩ ► *plumpes, bis 2 m hohes Hirschtier mit lang überhängender Oberlippe, Kinnbart u. schaufelförmigem Geweih: Alces alces* [< ahd. *elaho*]

**Eldorado** ⟨n. 15⟩ **1** *(sagenhaftes) Goldland* **2** ⟨fig.⟩ *Wunsch-, Traumland, Paradies* ◆ dieser See ist ein Eldorado für jeden Angler [< span. *el dorado* „der Vergoldete", nach einem myth. Chibchakönig in Südamerika, der sich bei gewissen religiösen Festen den Körper mit Goldstaub puderte]

ELCH
*(Alces alces)*

**Electroniccash,** ⟨auch⟩ **Electronic-Cash** ⟨[ilɛk'trɔnik 'kæʃ] n.; (-) -s; unz.⟩ *bargeldlose Zahlweise (mit Scheck- oder Kreditkarte) an computerunterstützten Kassen* [engl., „elektronisches Bargeld"]

**Electronicmail,** ⟨auch⟩ **Electronic Mail** ⟨[ilɛk'trɔnik'mɛil] f. od. n.; (-) -, (-) -s; EDV⟩ = *E-Mail*

**Elefant** ⟨m. 16; Zool.⟩ ▼ *in Herden lebender Pflanzenfresser mit kurzem Hals u. zum Rüssel (Greiforgan) verlängerter, schlauchförmiger Nase, die oberen Schneidezähne sind als Stoßzähne ausgebildet: Elephantida;* ► *Säugetiere* ◆ er benimmt sich wie ein Elefant im Porzellanladen ⟨fig.; umg.⟩ *er richtet durch seine Ungeschicklichkeit Unheil an;* aus einer Mücke einen Elefanten machen ⟨umg.⟩ *eine Angelegenheit (unnötig) aufbauschen* [< ahd. *elafant, elpfant, helfant* < lat. *elephantus* < grch. *elephas;* → *Elfenbein*]

**Elefantenhochzeit** ⟨f. 20; umg.; scherzh.⟩ *Vereinigung von einflussreichen Unternehmen, Gesellschaften, Verbänden o. Ä.* ◆ die beiden größten Autokonzerne feiern eine Elefantenhochzeit

**elegant** ⟨Adj.; -er, am -esten⟩ **1** *modisch, geschmackvoll u. stilsicher* **2** *verblüffend gewandt* ◆ sich elegant kleiden; ⟨Sp.; Turnen⟩ mit einem eleganten Schwung vom Barren abgehen; eine elegante Lösung; eine elegante Formulierung [< frz. *élégant* „fein, zierlich, geschmackvoll, elegant"]

**Eleganz** ⟨f. 20; unz.⟩ **1** *elegante Beschaffenheit, feiner, vornehmer, stilsicherer, modischer Geschmack* **2** *verblüffende Gewandtheit* ◆ sich mit ausgesuchter, lässiger Eleganz kleiden; die Eleganz seiner Bewegungen, Formulierungen [< frz. *elegance* „Feinheit, Zierlichkeit, Eleganz"]

**Elegie** ⟨f. 19⟩ **1** ⟨Antike⟩ *Gedicht in Distichen* **2** ⟨später⟩ *wehmutsvolles, klagendes Gedicht* [< grch. *elegeia* „lyrisch-episches, in Distichen verfasstes Gedicht"]

**elegisch** ⟨Adj.⟩ **1** *in der Art einer Elegie, in Distichen gedichtet* **2** ⟨fig.⟩ *klagend, wehmütig, traurig* [< *Elegie* in der Bedeutung „Klage, Trauergedicht"]

**Elektrik** ⟨f. 20; unz.; Kurzw. für⟩ *Elektrotechnik* [→ *elektrisch*]

**elektrisch** ⟨Adj.⟩ *mit Elektrizität betrieben* ◆ elektrische **Anlage** *die zweckmäßige Anordnung u. Zusammenschaltung von Einrichtungen u. Geräten zum Gewinnen u. Benutzen von elektr. Energie;* elektrische **Arbeit** *die von einem elektr. Strom bei gegebener Spannung u. Zeiteinheit geleistete Arbeit;* elektrische **Eisenbahn** *(Spielzeug);* elektrische **Elementarladung** ⟨Zeichen: e⟩ *kleinste bisher beobachtete Ladung, Ladung des Elektrons;* Sy *Elementarladung;* elektrisches **Feld** *durch ruhende od. bewegte elektrische Ladung erzeugtes F.;* elektrische **Kraft** *durch das elektrische Feld verursachte Kraft auf einen geladenen Körper;* elektrische **Ladung** ⟨Zeichen: Q⟩ *Vielfaches der Elementarladung, Einheit Coulomb;* elektrische **Leitfähigkeit** *die Fähigkeit, elektrischen Strom zu leiten;* elektrische **Leitung** *Leitung für den Transport elektr. Energie;* elektrische **Linse** *statisches elektr. Feld, das auf Elektronenstrahlen in gleicher Weise wirkt wie eine optische Linse auf Lichtstrahlen;* elektrische **Maschinen** *umlaufende od. ruhende Maschinen, die elektr. Energie in mechan. Energie umwandeln od. umgekehrt;* elektrische **Messtechnik** *Verfahren, Schaltungen, Geräte u. Instrumente für die Anzeige u. Aufzeichnung elektr. Messgrößen, wie Strom, Spannung, Widerstand, Leistung, Frequenz, od. solcher, die sich in elektr. Größen umwandeln lassen;* elektrisches **Musikinstrument** *elektroakust. Musikinstrument;* ► *Saiteninstrumente;* elektrische **Spannung** ⟨Zeichen: V⟩ *Ursache des Stromflusses im Stromkreis, Einheit Volt;* elektrischer **Strom** *sich bewegende elektrische Ladungsträger;* elektrischer **Widerstand** *dem durch eine angelegte Spannung verursachten Stromfluss entgegengesetzter Widerstand eines elektrischen Leiters;* elektrischer **Zaun**

E

## ELEFANTEN

Der Indische und der Afrikanische Elefant sind die letzten Überlebenden der Rüsseltiere, zu denen auch das Mammut zählte. Elefanten sind sehr intelligente Pflanzenfresser und leben in Herden, die von einem älteren Weibchen angeführt werden.

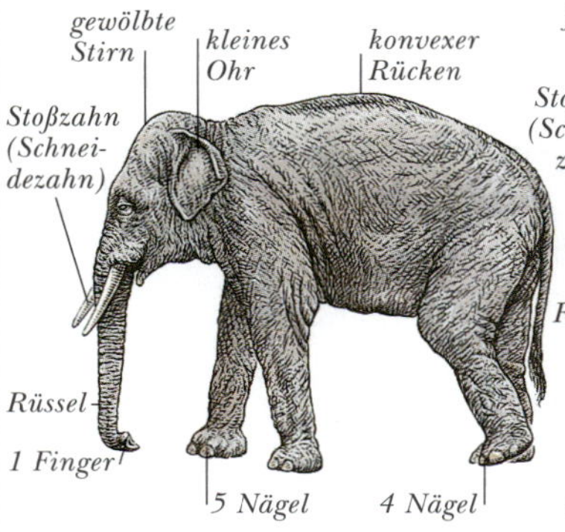


INDISCHER ELEFANT

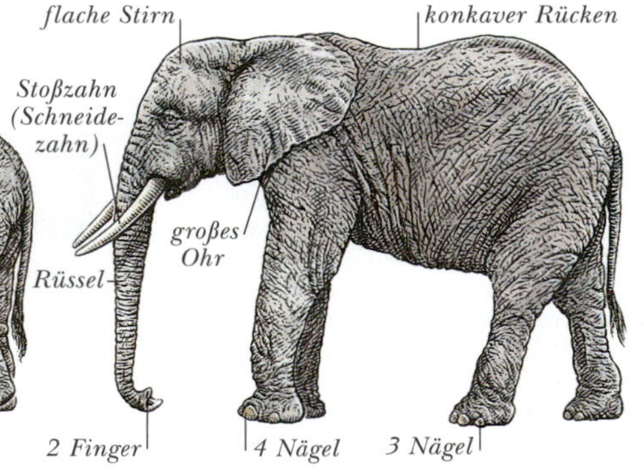


AFRIKANISCHER ELEFANT

*elektr. geladener Draht als Umzäunung* [zu lat. *electrum* < grch. *elektron* „Bernstein"; zu *elektor* „strahlende Sonne"]

**elektrisieren** ⟨V. t.; hat⟩ etwas elektrisieren **1** *elektr. Ladungen in etwas erzeugen, auf etwas übertragen, etwas mit elektr. Strom behandeln* **2** ⟨fig.⟩ *erschrecken, aufrütteln, begeistern* ◆ durch ein Ereignis wie elektrisiert sein [< frz. *électriser* „elektrisieren"]

**Elektrizität** ⟨f. 20; unz.⟩ *alle Erscheinungen, die von elektrischen Strömen, elektrischen Ladungen u. den sie umgebenden Feldern ausgehen;* → a. *statische Elektrizität* [< frz. *électricité* „Elektrizität"]



**Elektrizitätswerk** ⟨n. 11; Kurzw.: E-Werk⟩ ► = *Kraftwerk*

**elektro..., Elektro...** ⟨in Zus.⟩ *auf Elektrizität beruhend, mit ihrer Hilfe, mit ihr arbeitend* [→ *elektrisch*]

**Elektroakustik** ⟨f. 20; unz.⟩ *Wissenschaft u. Technik der Umwandlung des Schalls, in elektr. Wellen u. umgekehrt*

**elektroakustisch** ⟨Adj.⟩ *auf Elektroakustik beruhend*

**Elektroauto** ⟨n. 15⟩ *mit Elektromotor ausgerüstetes Kraftfahrzeug*

**Elektrochemie** ⟨[-çe-] f. 19; unz.⟩ *Teil der physikalischen Chemie, der sich mit den Zusammenhängen u. Wechselwirkungen zwischen chemischen u. elektrischen Erscheinungen befasst*

**Elektrode** ⟨f. 19⟩ *Teil eines elektrischen Leiters, der als Ein- od. Austrittsstelle des elektr. Stromes in Flüssigkeiten od. Gasen od. im Vakuum dient* [< *Elektro...* + grch. *hodos* „Weg"]

**Elektrodynamik** ⟨f. 20; unz.⟩ *Lehre von den bewegten elektrischen Ladungen u. den von ihnen erzeugten Feldern bzw. Erscheinungen;* Ggs *Elektrostatik*

**Elektroenzephalografie** ⟨f. 19⟩ = *Elektroenzephalographie*

**Elektroenzephalographie** ⟨f. 19; Abk.: EEG⟩ *Ableitung u. Aufzeichnung (Elektroenzephalogramm) der durch die Tätigkeit der Hirnrinde entstehenden feinen Ströme u. Auswertung der Unterschiede gegenüber den normalen Kurven zur Krankheitserkennung;* oV *Elektroenzephalografie*

**Elektrofahrzeug** ⟨n. 11⟩ *durch Akkumulatoren betriebenes Fahrzeug;* Sy *Elektromobil*

**Elektrofilter** ⟨m. 3⟩ *elektr. Vorrichtung zum Abschneiden feiner Staube aus Gasen*

**Elektroindustrie** ⟨f. 19; unz.⟩ *elektr. Bedarfsartikel herstellender Zweig der Industrie*

**Elektroingenieur** ⟨[-inʒənjø:r] m. 1⟩ *auf einer technischen Hochschule ausgebildeter Elektrotechniker*

**Elektroinstallateur** ⟨[-tø:r] m. 1⟩ *Handwerker, der elektrische Geräte u. Einrichtungen installiert*

**Elektrokardiograf** ⟨m. 16; Med.⟩ = *Elektrokardiograph*

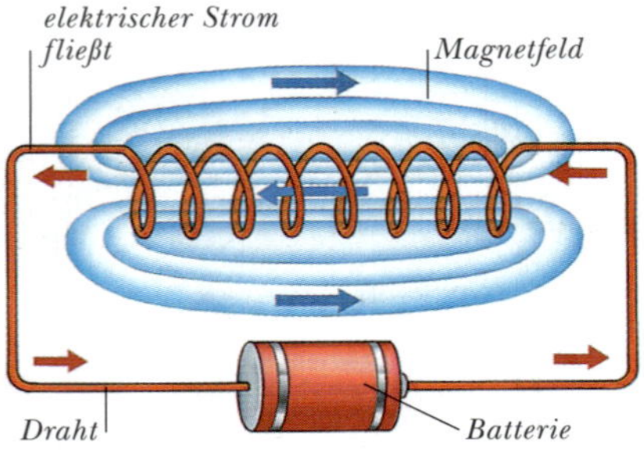


ELEKTROMAGNETISMUS: ELEKTRISCHER STROM ERZEUGT EIN MAGNETFELD

**Elektrokardiogramm** ⟨n. 11; Med.; Abk.: EKG, Ekg⟩ **1** *Aufzeichnung der die Herzmuskeltätigkeit verursachenden und begleitenden elektrischen Impulse* **2** *die dadurch entstandene Verlaufskurve*

**Elektrokardiograph** ⟨m. 16; Med.⟩ *Gerät zur Herstellung, Aufzeichnung eines Elektrokardiogramms;* oV *Elektrokardiograf*

**Elektrolumineszenz** ⟨f. 20⟩ *durch elektr. Entladungen od. starke elektr. Felder bewirkte Leuchterscheinung, z. B. das Elmsfeuer*

**Elektrolyse** ⟨f. 19⟩ *Zersetzung chem. Verbindungen (Basen, Salze, Säuren) durch elektr. Strom* [< *Elektro...* + Ana*lyse*]

**elektrolysieren** ⟨V. t.; hat⟩ *mit Gleichstrom zersetzen* ◆ eine chemische Verbindung elektrolysieren

**Elektromagnet** ⟨m. 16⟩ *Gerät zur Erzeugung eines Magnetfeldes durch elektrischen Strom*

**elektromagnetisch** ⟨Adj.⟩ *auf Elektromagnetismus beruhend* ◆ elektromagnetische **Wechselwirkung** ⟨Phys.⟩ *eine der vier fundamentalen Wechselwirkungen mit unbegrenzter Reichweite, die zwischen allen elektrisch geladenen Teilchen und dem Foton existiert;* elektromagnetische **Wellen** ⟨Phys.⟩ ▼ *Schwingungen des elektrischen u. magnetischen Feldes, die sich im Raum wellenförmig mit Lichtgeschwindigkeit (300 000 km/sec) ausbreiten*

**Elektromagnetismus** ⟨m.; -; unz.⟩ ▲ *Gesamtheit der Effekte, die durch die Wechselwirkung zwischen elektrischen und magnetischen Feldern verursacht werden*

**Elektromechanik** ⟨f. 20; unz.⟩ *Gebiet der Elektrotechnik und der Feinmechanik, das die Umwandlung elektrischer Vorgänge in mechanische behandelt*

**Elektromedizin** ⟨f. 20; unz.⟩ *Bereich der medizin. Technik, in dem elektr. Strom für Heilzwecke verwendet wird*

**Elektrometer** ⟨n. 13⟩ *Gerät zum Messen elektrischer Ladungen u. Spannungen* [< *Elektro...* + *metron* „Maß"]

**Elektromobil** ⟨n. 11⟩ = *Elektrofahrzeug* [< *Elektro...* + Auto*mobil*]

**Elektromotor** ⟨m. 23⟩ *umlaufende Maschine, die elektr. Energie in mechan. Energie umwandelt*

**Elektron** ⟨n.; -s, -en; Zeichen: e⟩ *negativ geladenes, leichtes Elementarteilchen* [< grch. *elektron* „Bernstein"; → *elektrisch*]

**Elektronegativität** ⟨[-vi-] f. 20⟩ *Maß für die Fähigkeit eines Atoms, in einem Molekül Elektronen von Nachbaratomen anzuziehen*

**Elektronengas** ⟨n. 11⟩ *Gesamtheit der frei beweglichen Leitungselektronen in Metallen (als Modellvorstellung)*

**Elektronengehirn** ⟨n. 11; umg.⟩ *elektronisches Rechengerät*

**Elektronenhülle** ⟨f. 19⟩ *die Gesamtheit der Elektronen, die einen Atomkern umschließen*

**Elektronenmikroskop** ⟨n. 11⟩ *Mikroskop, das zur Abbildung sehr kleiner Objekte keine Licht-, sondern Elektronenstrahlen benutzt*

**Elektronenspin** ⟨m. 1; unz.⟩ *(Messgröße für den) Eigendrehimpuls eines Elektrons*

**Elektronenstrahl** ⟨m. 23⟩ *sich in eine bestimmte Richtung bewegender Teilchenstrahl aus Elektronen*

**Elektronenvolt** ⟨[-vɔlt] n.; - od. -s, -; Zeichen: eV⟩ *insbesondere in der Atom- und Kernphysik angewandte Einheit für die Arbeit bzw. Energie*

**Elektronik** ⟨f. 20; unz.⟩ *Gebiet der Elektrotechnik, das sich mit dem Verhalten des elektr. Stromes in Vakuum, Gasen u. Halbleitern, seiner Verwendung zur Steuerung von Licht- u. Schallwellen sowie techn. Prozessen u. Rechenoperationen beschäftigt*

**Elektroniker** ⟨m. 3; Berufsbez.⟩ *jmd., der im Bereich der Elektronik beruflich tätig ist*

**elektronisch** ⟨Adj.⟩ *auf Elektronenfluss beruhend* ◆ elektronische **Datenverarbeitung** ⟨Abk.: EDV⟩ *Datenverarbeitung mittels elektron. Geräte;* elektronische **Fernsehkamera** *F., die opt. Signale in elektron. Signale umwandelt u. an die magnet. Aufzeichnungsanlage weitergibt;* elektronische **Kampfführung** *Maßnahmen, um die feindlichen Fernmeldeverbindungen sowie die elektronischen Ortungs- u. Leitverfahren (Radar) zu täuschen, zu stören od. auszuschalten;* elektronische **Musik** *mit elektron. Klangmitteln erzeugte, auf Lautsprecher übertragene Musik*

**Elektrophorese** ⟨f. 19; unz.⟩ *Bewegung von elektrisch geladenen Kolloidteilchen in einem elektr. Feld, um diese zu trennen oder auszufällen*

**Elektrorezeptor** ⟨m. 23⟩ *Sinnesorgan einiger Fische, das auf elektr. Strom anspricht*

**Elektroschock** ⟨m. 6⟩ *durch elektrischen Strom künstlich erzeugter Schock*

**Elektrosmog** ⟨m.; - od. -s; unz.⟩ *Vorhandensein übermäßiger elektromagnetischer Strahlung, die schädigend wirkt*

**Elektrostatik** ⟨f. 20; unz.⟩ *Lehre von den ruhenden elektr. Ladungen u. ihren Feldern;* Ggs *Elektrodynamik*

## ELEKTROMAGNETISCHE WELLEN

Die elektromagnetischen Wellen sind eine sich in Raum und Zeit ausbreitende Energieform. Sie werden nach der Wellenlänge und der Frequenz unterschieden, deren Produkt die Ausbreitungsgeschwindigkeit ergibt. Radiowellen haben z. B. eine große Wellenlänge und wenig Energie, während Röntgenstrahlen kurzwellig und energiereich sind.

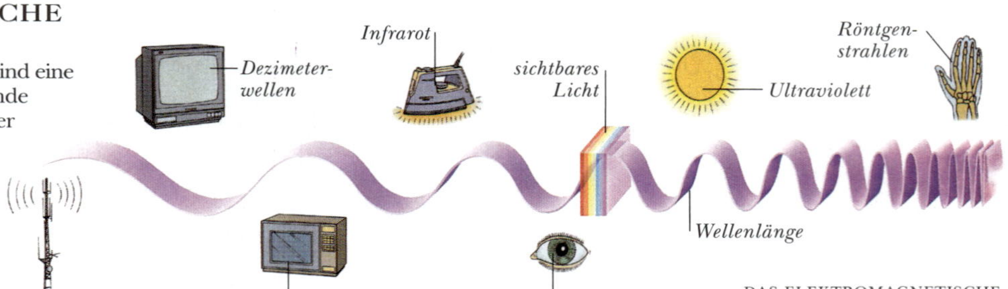


DAS ELEKTROMAGNETISCHE SPEKTRUM

## ELEMENTARZELLE

Die Elementarzelle ist die Grundeinheit eines Kristallgitters. Die Atome der Elementarzelle können nur in sieben Anordnungen zueinander stehen. Diese bestimmen die Form des Kristalls, der in einer regelmäßigen räumlichen Struktur aufgebaut ist.

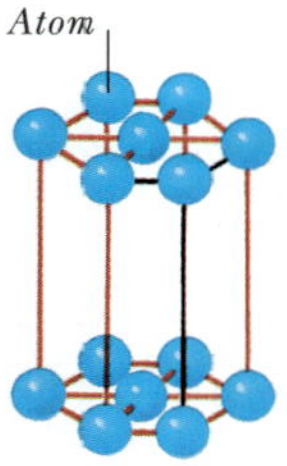


HEXAGONALE ELEMENTARZELLE

HEXAGONALER AQUAMARINKRISTALL

**Elektrotechnik** ⟨f. 20; unz.; kurz: Elektrik⟩ *Lehre von der technischen Anwendung der physikalischen Grundlagen der Elektrizitätslehre*
**elektrotechnisch** ⟨Adj.⟩ *auf Elektrotechnik beruhend, sie betreffend, mit ihrer Hilfe*
**Element** ⟨n. 11; in der Antike⟩ **1** *Urstoff* **2** ⟨allg.⟩ *Grundlage, Grundbestandteil* **3** *Naturkraft, z. B. Wasser, Luft* **4** *Grundsatz, Grundbegriff* **5** ⟨Chem.; kurz für⟩ *chemisches Element* **6** ⟨El.; kurz für⟩ *galvan. Element* **7** ⟨Mengenlehre⟩ *abstrakte Einheit, die als Eigenschaft von Objekten nur ihre Zugehörigkeit zu einer Menge gelten lässt* **8** ⟨Bauw.⟩ *genormtes Bauteil im Fertigbau* **9** ⟨fig.; umg.; meist Pl.⟩ *Person, Mensch* ◆ (potz) Element! ⟨umg.⟩ *potztausend!, Donnerwetter!;* das Toben der Elemente *der Naturkräfte;* die Elemente der **Mathematik,** Physik, Chemie einer Wissenschaft *ihre Grundlagen;* die **vier** Elemente *Feuer, Wasser, Luft u. Erde* ◆ Kohlenstoff, Natrium, Sauerstoff sind **chemische** Elemente; **gefährliche,** schlechte, üble Elemente ⟨fig.; umg.⟩ *schlechte Menschen;* das **nasse** Element *das Wasser* ◆ er ist **in** seinem Element ⟨fig.; umg.⟩ *er hat das ihm Gemäße gefunden, das, was er beherrscht od. worin er sich wohl fühlt* [< lat. *elementum* „Grundstoff"]

ELFENBEIN: INDISCHE ELFENBEINBROSCHE DES 20. JH.

**elementar** ⟨Adj.⟩ **1** *grundlegend, wesentlich* **2** *für Anfänger, Anfangs...* **3** *naturhaft, urwüchsig* **4** *heftig* **5** *Natur..., Ur...* ◆ elementare Begriffe, Kenntnisse; elementare Voraussetzungen; elementare Bedürfnisse befriedigen; das gehört zu den elementarsten Pflichten; mit elementarer Gewalt, Kraft hervorbrechen
**Elementarbuch** ⟨n. 12u⟩ *Lehrbuch für Anfänger, Fibel*
**Elementarladung** ⟨f. 20; Zeichen: e⟩ = *elektrische Elementarladung*
**Elementarmathematik** ⟨f. 20; unz.; meist⟩ *die Gebiete der Schulmathematik, die nicht die Methoden der Analyse benötigen*
**Elementarteilchen** ⟨n. 14⟩ **1** ⟨urspr.⟩ *Bauteil des Atoms (Elektron, Proton, Neutron)* **2** ⟨heute⟩ *alle Teilchen, die nach dem heutigen Stand der Forschung als unteilbar, nicht mehr aus einfacheren Teilchen zusammengesetzt, angesehen werden*
**Elementarzelle** ⟨f. 19⟩ ◄ *kleinste periodische Einheit, aus der ein Kristallgitter aufgebaut ist*
**elend** ⟨Adj.; -er, am -esten⟩ **1** *unglücklich, niedergedrückt* **2** *ärmlich, kärglich, kümmerlich* **3** *verächtlich, gemein, schlecht* **4** *kränklich, matt, abgemagert, nicht wohl* **5** ⟨umg.⟩ *heftig, unangenehm* **6** ⟨schweiz.⟩ *krüppelhaft, idiotisch* ◆ das war eine elende **Arbeit** ⟨umg.⟩; eine elende **Behausung,** Hütte; ein elender **Kerl;** ein elendes **Leben** führen ◆ **aussehen:** du siehst elend aus; **sein:** er ist elend dran; mir ist elend zumute; sich elend **fühlen** ◆ es ist heute elend **heiß** ⟨umg.⟩ [< ahd. *elilenti* „in fremdem Land, aus dem Frieden der angeborenen Rechtsgenossenschaft ausgewiesen, verbannt" < ahd. *eli-,* got. *aljis,* engl. *else* „anders"]
**Elend** ⟨n.; -s; unz.⟩ *Unglück, Not, Armut, Drangsal* ◆ er ist nur noch ein **Häufchen** Elend ⟨umg.⟩ ◆ das **graue,** große, heulende Elend bekommen, haben kriegen *Weltschmerz, wehleidige, weinerl. Stimmung;* er sieht aus wie das **leibhaftige** Elend *sehr leidend, krank* ◆ **im** Elend leben, sterben; ins Elend geraten [< mhd. *ellende* „Ausland, Verbannung, Not" < ahd. *elilenti;* → *elend*]
**elf** ⟨Num.; in Ziffern⟩ *11* [< ahd. *inlif,* engl. *eleven* < ahd. *ein* + *-lif* verwandt mit *leihen;* eigtl. „eins darüber"]
**Elf**[1] ⟨f. 20⟩ *die Zahl, Ziffer 11* ◆ die Elf ⟨Sp.⟩ *aus elf Spielern bestehende Mannschaft* (Fußballelf, Handballelf) [→ *elf*]
**Elf**[2] ⟨m. 16⟩ *Märchengestalt, anmutiger, zarter Geist* (Blumenelf, Lichtelf); Sy *Alb*[2] [→ *Elfe*]
**Elfe** ⟨f. 19⟩ *weibl. Elf* [< engl. *elf* entspr. mhd. *alp, alb;* → *Alp*[2]]
**Elfenbein** ⟨n. 11; unz.⟩ ◄ *Zahnbein der Zähne von Elefanten, Einhornwal, Mammut, Nilpferd u. Walross* ◆ sie besaß ein Amulett aus Elfenbein [< ahd. *helfant* + *bein* „Elefantenknochen"]
**Elfenbeinturm** ⟨m. 1u; in Wendungen wie⟩ im Elfenbeinturm sitzen, leben *sich von seiner Umwelt abschließen, um sich ungestört geistiger od. künstlerischer Arbeit widmen zu können*
**Elfer** ⟨m. 3; umg.⟩ **1** *Omnibus der Linie 11* **2** ⟨Sp.⟩ = *Elfmeter*
**Elferrat** ⟨m. 1u⟩ *die elf Vorsitzenden einer Fastnachtsgesellschaft*
**elfhundert** ⟨Num.; in Ziffern⟩ *1100,* ⟨bes. bei Jahreszahlen⟩ *eintausendeinhundert*
**Elfmeter** ⟨m. 3; Sp.; Fußb.⟩ *Strafstoß aus 11 m Entfernung gegen das Tor;* Sy ⟨umg.⟩ *Elfer (2)*
**elfte** ⟨Ordnungszahl; in Ziffern⟩ *11.* ◆ das elfte Gebot ⟨umg.; scherzh.⟩ *du sollst dich nicht erwischen lassen!*
**eliminieren** ⟨V. t.; hat⟩ **1** *entfernen, ausscheiden, beseitigen* **2** ⟨Chem.⟩ *Atome od. Atomgruppen aus einem Molekül ersatzlos abtrennen* ◆ eine unbekannte Größe eliminieren *aus der Gleichung durch eine Rechenoperation beseitigen;* man hat ihn einfach eliminiert [< frz. *éliminer* „entfernen, beseitigen"]
**elisabethanisch** ⟨Adj.⟩ *zum Zeitalter Elisabeths I. von England (1558-1603) gehörig, daraus stammend* ◆ ⟨aber⟩ das Elisabethanische England *England unter der Regierung Elisabeths I.*
**Elision** ⟨f. 20; Phon.⟩ *das Ausstoßen, Weglassen eines Vokals,* z. B.: in Fried und Freud; [< lat. *elisio* „das Heraustreiben"]
**elitär** ⟨Adj.⟩ *zu einer Elite gehörend od. sich ihr zurechnend, wie in einer Elite üblich, sich überheblich gegenüber anderen abgrenzend* ◆ ein elitäres Verhalten, Denken
**Elite** ⟨österr. a. [ə'li:t] f. 19; unz.⟩ *Auslese, das Beste, die Besten* ◆ die Elite einer Schule; zur geistigen Elite gehören [< frz. *élite* „erstklassige Auswahl"]
**Elitisierung** ⟨f. 20⟩ **1** *Elitebildung* **2** *Zuweisung zu einer Elite* **3** *Entwicklung zum Vorrecht einer Elite*
**Elixier** ⟨n. 11⟩ **1** *Zaubertrank der Alchimisten* (Lebenselixier) **2** *alkohol. Auszug aus pflanzl. Substanzen, dem Zucker, äther. Öle u. a. zugesetzt sind* [< alchimistenlat. *elixirium* „Heiltrank" < arab. *al-iksir* „Stein der Weisen" < grch. *zerion* „trockenes Heilmittel"]

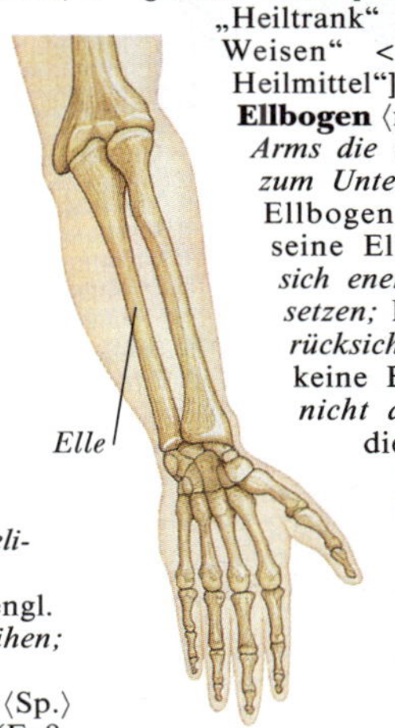


ELLE: SKELETT DES UNTERARMS MIT DER ELLE

**Ellbogen** ⟨m. 4⟩ *an der Streckseite des Arms die Übergangsstelle vom Oberzum Unterarm;* Sy *Ellenbogen* ◆ die Ellbogen **auflegen,** aufstützen; seine Ellbogen **gebrauchen** ⟨fig.⟩ *sich energisch, rücksichtslos durchsetzen;* Ellbogen **haben** ⟨fig.⟩ *sich rücksichtslos durchsetzen können;* keine Ellbogen haben ⟨fig.⟩ *sich nicht durchsetzen können* ◆ **auf** die Ellbogen gestützt [→ *Elle, Bogen*]
**Elle** ⟨f. 19⟩ **1** ◄ *der an der Innenseite liegende Unterarmknochen* **2** *dessen Länge entsprechendes altes Längenmaß (60 – 80 cm)* ◆ vier Ellen Tuch; alles mit der gleichen Elle messen ⟨fig.; umg.⟩ *unterschiedslos behandeln* [< ahd. *elina,* engl. *ell* < germ. **alino* < idg. **olena* „Vorderarm"]
**Ellenbogen** ⟨m. 4⟩ = *Ellbogen*
**ellenlang** ⟨Adj.; eigtl.⟩ **1** *so lang wie eine Elle* **2** ⟨meist fig.; umg.⟩ *viele Ellen lang, sehr lang* ◆ ein ellenlanger Kerl, Weg ⟨fig.; umg.⟩
**Ellenmaß** ⟨n. 11⟩, **Ellenstab** ⟨m. 1u; früher⟩ *Holzstab in der Länge einer Elle zum Messen*
**Ellipse** ⟨f. 19⟩ **1** ⟨Math.⟩ ▼ *eine Form des Kegelschnitts: geschlossene Kurve in der Form eines regelmäßigen Ovals, bei der für alle Punkte auf der Kurve die Summe der Entfernungen zu zwei Festpunkten (Brennpunkten) gleich bleibt u. die auch entsteht, wenn ein Kegel von einer schrägen Fläche, jedoch ohne die Grundfläche zu durchtrennen, geschnitten wird* **2** ⟨Gramm.⟩ *Satz, in dem nur die Hauptbegriffe ausgedrückt sind,* z. B. „Ende gut, alles gut" [zu grch. *elleipein* „unterlassen, auslassen, ermangeln"]

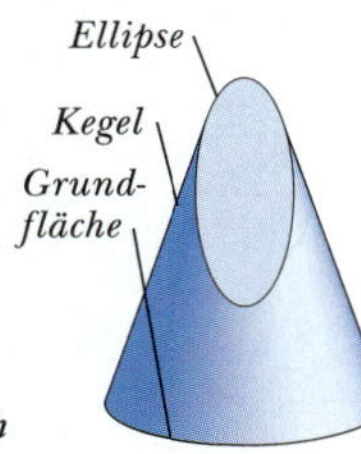


ELLIPSE

**elliptisch** ⟨Adj.⟩ *wie eine Ellipse*
**eloquent** ⟨Adj.; -er, am -esten⟩ *beredt, beredsam* [< lat. *eloquens* „beredt, wohl redend"]
**Eloquenz** ⟨f. 20; unz.⟩ *Beredsamkeit* [< lat. *eloquentia* „Beredsamkeit"]
**Elritze** ⟨f. 19⟩ *bis 13 cm langer Karpfenfisch mit prachtvollem rotem Laichkleid, als Forellenfutter, selten als Speisefisch gebraucht: Phoxinus;* Sy *Pfrelle* [< *erlitz* (16. Jh.) < ahd. *erling;* → *Erle*]
**Else** ⟨f. 19; Zool.⟩ = *Alse*

E

**Elster** ⟨f. 21⟩ **1** ⟨Zool.⟩ ▼ *schwarz-weißer Rabenvogel Eurasiens mit langem Schwanz, schädlich durch Nesträubereien: Pica pica* **2** ⟨fig.; umg. für⟩ *schwatzhafte Person od. Person mit diebischer Veranlagung* ◆ sie ist eine diebische Elster ⟨fig.; umg.⟩; wie eine Elster schwatzen ⟨fig.; umg.⟩ [< mhd. *agelster* < ahd. *agalstra, agazza*]

**elterlich** ⟨Adj.⟩ *den Eltern zukommend, gehörig, von ihnen stammend* ◆ der Junge genießt viel elterliche Liebe und Fürsorge

ELSTER
*(Pica pica)*

**Eltern** ⟨nur Pl.⟩ *Vater u. Mutter* ◆ meine Eltern; die Ohrfeige war nicht von schlechten Eltern ⟨fig.; umg.⟩ *recht kräftig, wirksam* [< ahd. *altiron, eltiron* „die Älteren“; → *alt*]

**Elternabend** ⟨m. 1⟩ *Ausspracheabend zwischen Lehrern u. Eltern der Schüler*

**Elternteil** ⟨m. 1⟩ *jeder der beiden Teile des Elternpaares*

**elysäisch** ⟨Adj.⟩ oV ⟨bes. österr.⟩ *elysisch* **1** *zum Elysium gehörig* **2** ⟨fig.⟩ *wonnevoll, paradiesisch* [→ *Elysium*]

**Elysee** ⟨n.; -s; unz.⟩ *Amtssitz des frz. Präsidenten in Paris* [→ *Elysium*]

**elysisch** ⟨Adj.; bes. österr.⟩ = *elysäisch*

**Elysium** ⟨n.; -s; unz.⟩ *Paradies* [< lat. „Wohnsitz der Seligen“ < grch. *Elydion pedion*]

**em..., Em...** ⟨Vors.⟩ = *en..., En...*

EMAIL:
MOSCHEENLAMPE DES 13. JH.

**Email** ⟨[e'ma:j] od. [e'mail] n. 15⟩ ▲ *meist farbige Glasmasse, die auf eine Unterlage aus Metall, Keramik od. Glas zum Schutz vor Korrosion (bei Metallen) od. als Dekoration aufgeschmolzen wird;* oV *Emaille* [< frz. *émail* < fränk. **smalt;* → *Schmalz, schmelzen*]

**E-Mail** ⟨['i:mɛil] f. 10 od. selten: n. 15; kurz für⟩ *Electronicmail, digitalisierte schriftliche Nachricht an einen anderen Teilnehmer innerhalb eines Computernetzwerks* [engl., „elektronische Post, elektronischer Brief“]

**Emailfarbe** ⟨[e'ma:j-] od. [e'mail-] f. 19⟩ *aus Metalloxiden bestehende Farbe*

**Emaille** ⟨[e'maljə] od. [e'ma:j] f. 19⟩ ► = *Email*

**Emanze** ⟨f. 19; umg.; abwertend⟩ *emanzipierte Frau*

**Emanzipation** ⟨f. 20⟩ *Befreiung von Abhängigkeit und Bevormundung, Gleichstellung* ◆ Emanzipation der Frauen; Emanzipation des Sohnes [< lat. *emancipatio* „Entlassung eines Sohnes aus der väterlichen Gewalt“]

**emanzipieren** ⟨V. t.; meist V. refl.; hat⟩ sich emanzipieren *sich aus Abhängigkeit u. Bevormundung befreien, selbständig machen, gleichstellen* [< lat. *emancipare* „einen Sohn aus der väterlichen Gewalt entlassen“]

**Embargo** ⟨n. 15⟩ **1** *Beschlagnahme eines (eigenen od. fremden) Schiffes u. seiner Ladung* **2** *Ausfahr-, Ausfuhrverbot* ◆ mit Embargo belegen; ein Embargo verhängen [span., „Beschlagnahme, Sperre“]

**Emblem** ⟨[ɛm'ble:m] od. [ã'ble:m] n. 11⟩ *Kennzeichen, Sinnbild, Wahrzeichen* [< grch. *emblema* „eingelegte Arbeit, Zierrat“]

**Embolie** ⟨f. 19⟩ *plötzl. Verschluss einer Schlagader durch einen Embolus* [zu grch. *emballein* „hineinschleudern“]

**Embryo** ⟨m. 6 od. m.; -s, -s od. -nen od. österr. a.: n. 15; Biol.⟩ **1** ► *Keimling, sich aus der befruchteten Eizelle entwickelndes Lebewesen* **2** *Lebewesen vor der Geburt, vor dem Schlüpfen* [< grch. *embryon;* zu *bryein* „quellen, keimen“]

**embryonal** ⟨Adj.⟩ **1** *zum Embryo gehörend, im Zustand des Embryos* **2** *unentwickelt, unreif* ◆ embryonales Stadium

**Embryonentransfer** ⟨m. 6; Med.⟩ *Übertragung eines Embryos, bei der reife Eizellen in vitro mit Samenzellen befruchtet und nach zwei Tagen in die hormonell behandelte Gebärmutter eingesetzt werden;* oV *Embryotransfer* [< *Embryo* + *Transfer*]

**Embryotransfer** ⟨m. 6; Med.⟩ = *Embryonentransfer*

**emeritieren** ⟨V. t.; hat⟩ *in Ruhestand versetzen* (bes. Geistliche, Hochschullehrer) [zu lat. *emeritus* „ausgedienter Soldat“]

**Emetikum** ⟨n.; -s, -tika; Pharm.⟩ *Brechmittel* [zu grch. *emetikos* „Brechen erregend“]

**Emigrant** ⟨m. 16⟩ *jmd., der emigriert od. emigriert ist;* → a. *Auswanderer;* Ggs *Immigrant* ◆ ein türkischer Emigrant [< lat. *emigrans* „auswandernd“; zu *emigrare* „auswandern“]

**Emigration** ⟨f. 20⟩ *das Emigrieren;* → a. *Auswanderung;* Ggs *Immigration* [< lat. *emigratio* „Auswanderung“]

**emigrieren** ⟨V. i.; ist⟩ *(aus politischen Gründen) das Heimatland verlassen;* Ggs *immigrieren;* → a. *auswandern* ◆ 1941 emigrierte er mit seiner Familie in die USA [< lat. *emigrare* „auswandern“]

**Eminenz** ⟨f. 20⟩ *(Titel der Kardinäle, auch Anrede)* ◆ die graue Eminenz *Beiname für Père Joseph, den Berater Richelieus, sowie für Baron Friedrich von Holstein* [< lat. *eminentia* „das Hervorragende“]

**Emission** ⟨f. 20⟩ **1** ⟨Börse⟩ *Ausgabe neuer Anleihen od. Wertpapiere* **2** ⟨schweiz. a.⟩ *Rundfunksendung* **3** ⟨Phys.⟩ *Ausstrahlung von Wellen- oder Teilchenstrahlung* **4** ⟨Chem.⟩ *Aussendung von Schadstoffen od. Energien in die Umwelt;* → a. *Immission* [< lat. *emissio* „das Entsenden, das Herauslassen“]

**Emmer** ⟨m. 3; unz.; südd.⟩ ► *primitive Kulturform des Weizens: Triticum dicoccum;* Sy *Amelkorn* [< ahd. *amari,* Nebenform zu *amar(o);* → *Amelkorn, Ammer* (Vogel)]

EMMER
*(Triticum dicoccum)*

**e-Moll** ⟨n.; -; unz.; Mus.; Abk.: e⟩ *auf dem Grundton e beruhende Molltonart*

**e-Moll-Tonleiter** ⟨f. 21; Mus.⟩ *Tonleiter in e-Moll*

**Emotion** ⟨f. 20⟩ *Gefühls-, Gemütsbewegung, Erregung* ◆ sie war von Emotionen ergriffen [< frz. *émotion* „Erregung, Rührung“]

**emotional** ⟨Adj.⟩ *auf Emotion(en) beruhend, mit Emotion(en) verbunden;* oV *emotionell;* Sy *affektiv*

**Emotionalität** ⟨f. 20; unz.⟩ *emotionales Empfinden, Verhalten*

**emotionell** ⟨Adj.⟩ = *emotional*

**emotionsfrei** ⟨Adj.⟩ *frei von Emotionen*

**emotiv** ⟨Adj.; Psych.⟩ *gefühlsmäßig erregt, auf Emotivität beruhend* ◆ emotive Handlung, Reaktion [zu engl. *emotive* „gefühlvoll“]

**Empathie** ⟨f. 19; Psych.⟩ *Neigung u. Befähigung, sich in andere Menschen einzufühlen sowie die damit verbundene Fähigkeit, neue soziale Rollen zu übernehmen u. fremde (Wert-)Vorstellungen in die eigenen zu integrieren* [< engl. *empathy* „Einfühlung(svermögen)“]

**empathisch** ⟨Adj.; Psych.⟩ *gewillt u. befähigt, sich in (Wert-)Vorstellungen anderer einzufühlen* [< engl. *empathize* „sich einfühlen, sich hineinversetzen“]

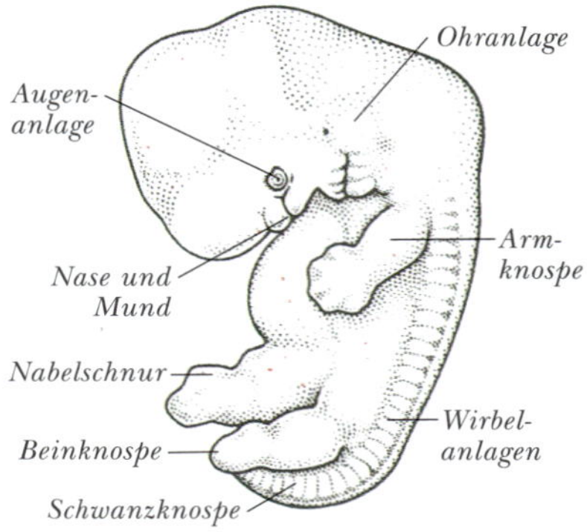


EMBRYO: SECHSWÖCHIGER
MENSCHLICHER EMBRYO

**Empfang** ⟨m. 1u⟩ **1** *Begrüßung, Aufnahme (der Gäste)* **2** *festl., offizielle Einladung, Unterredung (bei einer bedeutenden Persönlichkeit)* **3** *das Empfangen, Erhalten, Annahme, Erhalt* (von Waren) **4** *Aufnahme, Übernahme* (von Funksendungen) ◆ dem Präsidenten einen festl. Empfang **bereiten;** den Empfang einer Ware **bescheinigen,** bestätigen; einen Empfang **geben,** veranstalten; **sein:** der Empfang der Gäste war herzlich; heute ist guter, schlechter Empfang; der Empfang ist durch das Gewitter **gestört;** wir **wünschen** Ihnen einen guten Empfang ◆ Empfang **bei** Hofe; bei Empfang Ihres Schreibens; bei Empfang zahlen; Geld, eine Ware **in** Empfang nehmen; zahlbar **nach** Empfang der Ware; **zum** Empfang geladen sein [→ *empfangen*]

**empfangen** ⟨V. t. 132; hat⟩ **1** *erhalten, annehmen, entgegennehmen* (Geld, Waren) **2** *willkommen heißen, begrüßen* (Gast) **3** *aufnehmen* (Funksendung) ◆ empfängt er heute (erg.: Besucher)?; das heilige **Abendmahl** empfangen; eine **Belohnung,** Briefe,

Geschenke, Waren empfangen; sie empfing ein **Kind** von ihm *sie wurde schwanger durch ihn;* eine **Rundfunksendung** empfangen; die **Weihen** (zum Priester) empfangen ◆jmdn. **herzlich,** kühl empfangen [< ahd. *intfahan;* → *fangen*]

**Empfänger** ⟨m. 3⟩ **1** *jmd., der etwas empfängt, erhält, entgegennimmt* **2** *Gerät zur Aufnahme u. Wiedergabe von Funksendungen* ◆Empfänger unbekannt *(Notiz auf Briefen, die an den Absender zurückgehen)*

**Empfängnis** ⟨f. 9⟩ *Befruchtung einer Eizelle durch eine Samenzelle beim Menschen* ◆die unbefleckte Empfängnis Mariä *kath. Glaubenssatz, dass Maria frei von Erbsünde war*

**Empfangsstörung** ⟨f. 20⟩ *Störung beim Empfang einer Funksendung*

**empfehlen** ⟨V. 125; hat⟩ **I** ⟨V. t.⟩ **1** *raten, für vorteilhaft, brauchbar erklären* **2** *anvertrauen, (vertrauensvoll) übergeben* ◆er empfahl mir, in dieser Angelegenheit noch nichts zu unternehmen; ich empfehle es dir zur treuen Verwahrung; Ihr **Geschäft** ist mir sehr empfohlen worden; einen neuen **Mitarbeiter** empfehlen ◆mit ein paar empfehlenden Worten darauf hinweisen **II** ⟨V. refl.; persönl.⟩ sich empfehlen **1** *sich verabschieden* **2** *seine Dienste anbieten* ◆bitte empfehlen Sie mich Ihrer Frau Gemahlin; gute Ware empfiehlt sich selbst; ich empfehle mich Ihnen als Sachbearbeiter für ...; sich (auf) Englisch, Französisch empfehlen ⟨umg.; scherzh.⟩ *heimlich weggehen, ohne sich zu verabschieden* **III** ⟨V. refl.; unpersönl.⟩ es empfiehlt sich *es ist vorteilhaft, zweckmäßig* ◆es empfiehlt sich, die Karten im Vorverkauf zu besorgen [< mhd. *entfelhen;* zu ahd. *felahan* „bergen"; eigtl. „zur Verbergung, Verwahrung übergeben"; → *befehlen*]

**Empfehlung** ⟨f. 20⟩ **1** *Rat, Anraten* **2** *günstige Auskunft, Befähigungsnachweis, Referenz* **3** *höfl. Gruß* ◆haben Sie eine Empfehlung?; ich komme auf Empfehlung von Frau Kieserling; eine Empfehlung ausrichten

**empfinden** ⟨V. t. 134; hat⟩ **1** *mit den Sinnen wahrnehmen* (Reize) **2** *fühlen, spüren, im Gemüt bewegen* (Leid, Liebe) ◆**Befriedigung,** Freude, Reue, Scham empfinden; **Durst,** Hunger, Kälte, Wärme empfinden ◆einen Verlust **schmerzlich,** tief empfinden ◆Abneigung, Achtung, Antipathie, Bewunderung, Sympathie, Zuneigung **für** jmdn. empfinden [< ahd. *intfindan;* → *finden*]

**empfindlich** ⟨Adj.⟩ **1** *leicht verletzbar, zimperlich, wehleidig, weichlich* **2** *leicht zu beleidigen* **3** *empfänglich für Reize* (kälteempfindlich) **4** *merklich, fühlbar* ◆ein empfindlicher **Mensch** *jmd., der leicht zu beleidigen ist;* eine empfindliche **Stelle** berühren (auf der Haut); ⟨fig.⟩ *eine heikle Angelegenheit erwähnen;* eine empfindliche **Strafe;** einen empfindlichen **Verlust** erleiden ◆jmdn. empfindlich **kränken** ◆empfindlich **gegen** Föhn, Hitze, Kälte sein

**Empfindung** ⟨f. 20⟩ **1** *Sinneswahrnehmung* **2** *Gefühl, Gemütsbewegung, Eindruck, Ahnung* **3** *(innere) Erregung*

**Emphase** ⟨f. 19⟩ *Nachdruck, Redeschwung, Leidenschaftlichkeit (im Ausdruck)* [< grch. *emphasis*]

**emphatisch** ⟨Adj.⟩ *nachdrücklich, schwungvoll, leidenschaftlich* ◆emphatisch erzählt sie über das neu erschienene Buch [< grch. *emphatikos* „nachdrücklich"]

**Emphysem** ⟨n. 11⟩ *abnorme Ansammlung von Luft u. a. Gasen in Geweben od. Organen (bes. Haut, Lunge)* [< grch. *en* „hinein" + *physan* „blasen"]

**Empirie** ⟨f. 19; unz.⟩ **1** *Sinneserfahrung, Erfahrung* **2** *auf Erfahrung beruhende Erkenntnis* [< grch. *empeiria* „Erfahrung"]

**Empirismus** ⟨m.; -; unz.⟩ *erkenntnistheoretische Lehre, dass alle Erkenntnis nur auf Erfahrung beruhe;* Ggs *Rationalismus (2)* [→ *Empirie*]

**empor...** ⟨in Zus.; meist poet.⟩ *hinauf..., hoch..., aufwärts, in die Höhe* [< ahd. *in bor* „in die Höhe", *in bore* „in der Höhe", zu *bor* „Höhe, oberer Raum", *beran* „tragen"]

**Empore** ⟨f. 19⟩ *nach dem Innenraum zu offenes Obergeschoss in Kirchen, Galerie* (Kirchenempore) [gekürzt aus *Emporkirche* (18. Jh.) < mhd. *borkirche;* → *empor...*]

**empören** ⟨V.; hat⟩ **I** ⟨V. t.⟩ *erregen, zornig machen, in (sittl.) Entrüstung bringen* ◆das empörte ihn; sein Auftreten, sein Benehmen, seine Frechheit, sein rüdes Verhalten empört mich **II** ⟨V. refl.⟩ sich empören *zornig werden, sich (gegen jmdn.) erheben, meutern* ◆das Volk empörte sich gegen die Unterdrücker [< ahd. *anaboren,* eigtl. „erheben machen"; → *empor...*]

ENDIVIE
*(Cichorium endivia)*

**emporfliegen** ⟨V. i. 136; ist⟩ *hinauffliegen, in die Höhe fliegen*

**emporsteigen** ⟨V. i. 253; ist⟩ **1** *hinaufsteigen* **2** ⟨fig.⟩ *Karriere machen*

**Empörung** ⟨f. 20⟩ *Entrüstung, Aufstand, Aufruhr, Meuterei*

**Emu** ⟨m. 6; Zool.⟩ *straußenähnlicher, flugunfähiger Vogel Australiens, der zusammen mit einer verwandten Art u. den Kasuaren zu der Ordnung Casuarii gehört: Dromaeus novae-hollandiae* [< engl. *emu,* gekürzt aus port. *ema di gei* „Erdkranich"]

**emulgieren** ⟨V. t.; hat⟩ *aufschwemmen* ◆einen Stoff emulgieren *in einem anderen fein verteilen, mit ihm zu einer Emulsion verbinden* [< lat. *emulgere* „ausmelken"]

**Emulsion** ⟨f. 20⟩ **1** *feinste Verteilung einer Flüssigkeit in einer anderen, nicht mit ihr mischbaren* **2** ⟨Fot.⟩ *die lichtempfindliche fotografische Schicht* [→ *emulgieren*]

**E-Musik** ⟨f.; -; unz.; umg.; kurz für⟩ *ernste Musik* (Klassik); Ggs *U-Musik*

**en..., En...** ⟨vor b, m, p, ph⟩ em..., Em... ⟨Vors.⟩ *in, an, auf* [grch.]

**en bloc** ⟨[ã'blɔk] Adv.⟩ *im Ganzen, im Paket, in Bausch u. Bogen* ◆etwas en bloc verkaufen [frz., „im Ganzen"]

**Ende** ⟨n. 28⟩ **I** ⟨meist unz.⟩ **1** *Schluss, Ausgang* (einer Angelegenheit), *Abschluss, Aufhören, Ort od. Zeitpunkt, an dem es nicht mehr weitergeht* **2** *Untergang* (a. fig.), *Tod* ◆das Ende der **Besprechung,** Unterredung, der Verhandlungen; Ende des **Jahres,** Monats ◆einer Sache ein Ende **bereiten,** machen, setzen; er kann kein Ende damit **finden** *er hört nicht damit auf* ◆das **dicke** Ende kommt noch ⟨umg.⟩ *Unangenehmes steht noch bevor;* das Fest fand ein **frühes,** plötzliches, vorzeitiges Ende; **letzten** Endes *schließlich, wenn man alles zusammenfasst;* das wird noch ein **schlimmes** Ende nehmen ◆**am** Ende kam er doch noch *zuletzt, schließlich;* am Ende kommt er überhaupt nicht? *vielleicht;* **gegen** Ende des Stückes wurde es langweilig; **zu** dem Ende *zu dem Zweck, in der Absicht;* eine Sache zu Ende bringen, führen; eine Sache zum guten, glücklichen Ende führen; der Vorrat geht zu Ende *ist fast verbraucht* **II** ⟨zählb.⟩ **1** *Endstück, letztes Stück, Ausläufer, Spitze* **2** ⟨umg.⟩ *kleines Stück, Zipfel, Teil* **3** ⟨nddt.⟩ *kleine Wurst (Mettwurst)* ◆am anderen Ende der **Stadt** wohnen; das Ende der **Straße** ◆am **äußersten,** oberen, unteren Ende ◆**an** allen Ecken u. Enden ⟨fig.⟩ *überall;* am Ende der Welt ⟨fig.; umg.⟩ *sehr weit weg* [< ahd. *enti,* engl. *end* verwandt mit *ent...*]

**endemisch** ⟨Adj.⟩ **1** *einheimisch* **2** ⟨Bot.; Zool.⟩ *nur auf eng umgrenzten Gebieten (z. B. Inseln) vorkommend* **3** ⟨Med.⟩ *in bestimmten Gebieten ständig auftretend (Infektionskrankheiten)* ◆endemische Pflanzen

**enden** ⟨V. i.; hat⟩ **1** *räumlich od. zeitlich aufhören, einen Abschluss finden* **2** *ablaufen* (Frist) **3** *sterben* **4** ⟨Gramm.⟩ *mit einem Buchstaben od. einer Silbe abschließen* ◆diese **Eisenbahnlinie** endet an der Grenze ◆das wird nicht **gut** enden! ◆Wörter, die **auf** -heit enden; die Auseinandersetzung endete **vor** Gericht ◆**wie** wird das alles enden? ◆nicht enden wollender Beifall [→ *Ende*]

**Endergebnis** ⟨n. 11⟩ *endgültiges Ergebnis*

**endgültig** ⟨Adj.⟩ *für immer, unwiderruflich, unumstößlich* ◆endgültiges Urteil; eine endgültige Entscheidung

**Endivie** ⟨[-viə] f. 19⟩ ◄ *grüne Salatpflanze: Cichorium endivia;* Sy *Eskariol* [< mlat., ital. *endivia,* lat. *intiba, intybum,* grch. *entybioi;* zu ägypt. *tybi* „Januar"]

**endlich** **I** ⟨Adj.⟩ **1** *vergänglich;* Ggs *ewig* **2** *beschränkt, begrenzt;* Ggs *unendlich (I, 1)* ◆endliche Größe, Strecke **II** ⟨adv.⟩ **1** *nach langer Erwartung, Verzögerung, nach langem Zweifel* **2** *schließlich, zuletzt* ◆jetzt begreife ich endlich, warum ...

**endlos** ⟨Adj.⟩ **1** *ohne Ende, ringförmig* (Treibriemen, Seil) **2** *unaufhörlich, unabsehbar, unendlich, grenzenlos* ◆endloses Gerede

**endlos...** ⟨in Zus.⟩ *zusammen-, aneinander hängend, ohne Ende,* z. B. Endlospapier

**Endmoräne** ⟨f. 19; Geol.⟩ *eine um die Gletscherstirn abgelagerte wallartige Moräne, die entweder bei einem Gletschervorstoß (Vorstoßmoräne) oder einem Eisrückzug (Rückzugsmoräne) entsteht* [→ *Moräne*]

**endo..., Endo...** ⟨Vors.⟩ *innerhalb,* z. B. Endokarpium, endokrin [< grch. *endon*]

**endogen** ⟨Adj.⟩ Ggs *exogen* **1** *von innen kommend* **2** *im Innern entstehend, im Innern befindlich* **3** *im Erdinnern erzeugt* [< grch. *endon* „drinnen, innerhalb" + *gennan* „erzeugen"]

**endokrin** ⟨Adj.; Anat.⟩ **1** *mit innerer Sekretion, nach innen, ins Blut absondern* (Drüse) **2** *nach innen, ins Blut abgesondert* (Drüsenprodukt) ◆endokrine Drüse ►► *Drüse, die ihre Sekrete (z. B. Hormone) direkt in die Blutbahn, in die Lymphgefäße od. ins Gewebe absondert;* ► *Körper* [< grch. *endon* „drinnen" + *krinein* „trennen, scheiden"]

**Endokrinologie** ⟨f. 19; unz.⟩ *Lehre von der Funktion endokriner Drüsen*

**Endoparasit** ⟨m. 16⟩ *im Körper seines Wirtes lebender Schmarotzer* [< grch. *endon* „innen" + *Parasit*]

**Endophyt** ⟨m. 16⟩ *in anderen Pflanzen od. Tieren schmarotzende Pflanze* [< grch. *endon* „drinnen, innerhalb" + *phyton* „Pflanze"]

**Endoskop** ⟨n. 11; Med.⟩ ►► *Instrument mit elektr. Lichtquelle u. Spiegel zur Untersuchung von Körperhöhlen* [< grch. *endon* „drinnen" + *skopein* „schauen"]

**Endoskopie** ⟨f. 19; Med.⟩ *Untersuchung von Körperhöhlen mittels eines Endoskops;* oV *Entoskopie*

**Endothel** ⟨n. 11; Anat.⟩ *Zellschicht, die Blut-, Lymphgefäße und Körperhöhlen auskleidet* [< grch. *endon* „drinnen" + *thele* „Mutterbrust, Saugwarze"]

**endotherm** ⟨Adj.; Chem.⟩ *Prozess,bei dem Wärme oder Energie aus der Umgebung aufgenommen wird;* Ggs *exotherm* ◆endotherme Reaktion [< grch. *endon* „drinnen" + *therme* „Wärme"]

E

E

## ENDOKRINE DRÜSEN

Endokrine Drüsen produzieren z. B. Hormone, mit denen der Körper langfristige Vorgänge wie das Wachstum und den Wasserhaushalt steuert. Die Hormone werden direkt in den Kreislauf abgegeben und vom Blut an die Zielorte transportiert, wo sie ihre Wirkung entfalten.

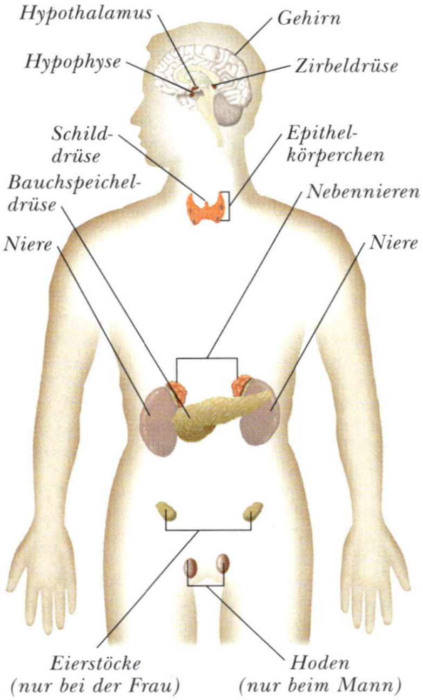


ENDOKRINE DRÜSEN BEIM MENSCHEN

**Endrunde** ⟨f. 19; Sp.⟩ *bei internationalen u. (in manchen Sportarten auch bei) nationalen Meisterschaften die letzte Spielserie zur Ermittlung des Meisters*
**Endsee** ⟨m. 24⟩ *abflussloser See, dessen Lage u. Form sich durch Zuschüttung verändern kann*
**Endsilbe** ⟨f. 19⟩ *Silbe am Ende des Wortes od. der Verszeile*
**Endspurt** ⟨m. 1 od. m. 6; bes. Sp.; sonst a. fig.⟩ *letzte Anstrengung vor dem Ziel*
**Endstück** ⟨n. 11⟩ *letztes Stück (eines Rohres, einer Kette o. Ä.)*
**Endsumme** ⟨f. 19; Math.⟩ *Summe aller Posten in einer Addition*
**Endzeit** ⟨f. 20; unz.⟩ *Zeit des Endes, des Untergangs der bestehenden Welt*
**Endziffer** ⟨f. 21⟩ *letzte Ziffer*

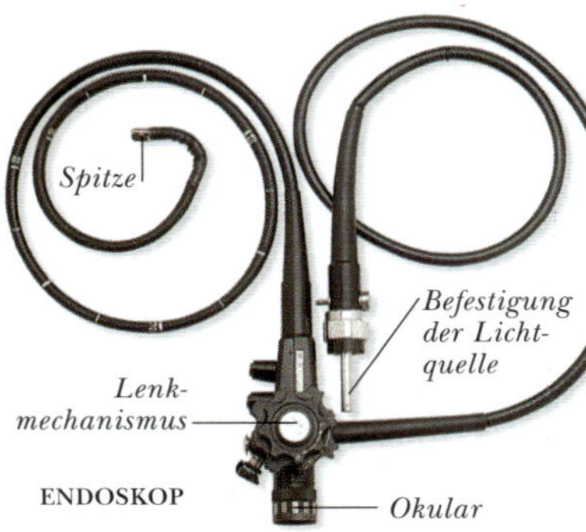


ENDOSKOP

**Energie** ⟨f. 19⟩ **1** ⟨Phys.; Chem.⟩ *Fähigkeit, Arbeit zu leisten* **2** ⟨allg.⟩ *Tatkraft, Kraft, Schwung, Nachdruck* ◆ Energie aufbringen, besitzen, haben; chemische, elektrische Energie; geballte, gesammelte Energie; sich mit aller Energie für etwas einsetzen; Erhaltung, Umwandlung von Energie [< grch. *energeia* „Tatkraft"]
**Energiehaushalt** ⟨m. 1⟩ *Zufuhr u. Verbrauch von Energie in einem bestimmten Bereich*
**Energieversorgung** ⟨f. 20; unz.⟩ *Erzeugung sowie Verteilung von (elektrischer) Energie durch spezielle Abläufe u. Anlagen*
**energisch** ⟨Adj.⟩ **1** *voller Energie, tatkräftig, nachdrücklich* **2** *entschlossen* **3** *Energie verratend* (Auftreten, Gesicht, Kinn) ◆ energische Maßnahmen ergreifen; etwas energisch betonen, anpacken; energisch durchgreifen
**Enfant terrible** ⟨[ãfãtɛˈribl] n.; - -, -s -s [ãfãtɛˈribl]⟩ *jmd., der durch zu große Offenheit u. Direktheit andere in Verlegenheit bringt* [frz., „schreckliches Kind"]
**eng** ⟨Adj.⟩ **1** *schmal, wenig Raum lassend* (Raum, Straße, Zimmer) **2** *dicht (gedrängt)* **3** *klein, fest anliegend* (Kleidungsstück) **4** *beschränkt* (Grenzen, Gesichtskreis) **5** *vertraut, innig* (Freundschaft) ◆ enge **Freunde** ◆ sich ein Kleid enger **machen;** eng **schreiben;** eng (beieinander) **sitzen,** stehen ◆ eng **anschließend;** eng **befreundet** sein ◆ **auf** engem Raum zusammengedrängt; **im** engeren Sinne ⟨Abk.: i. e. S.⟩ *im engeren, eigentlichen, genauen Sinne;* Ggs *im weiteren Sinne (→ weit);* in die engere Wahl kommen, nehmen; der Rock ist mir viel **zu** eng [< ahd. *angi, engi* ⟨Adj.⟩, *ango* ⟨Adv.⟩; verwandt mit *Angst, bange*]
**Engagement** ⟨[ãgaʒ(ə)ˈmã] n. 15⟩ **1** *Verpflichtung (bes. zur Zahlung od. Leistung)* **2** *Stellung, Anstellung* (von Artisten, Künstlern, Schauspielern usw.) **3** *Aufforderung zum Tanz* **4** ⟨Pl. selten⟩ *das Sicheinsetzen, persönliches Bemühen* ◆ politisches, religiöses, soziales Engagement; Engagement für den Umweltschutz [frz., „Verpflichtung"]
**engagieren** ⟨[ãgaˈʒiːrən] V.; hat⟩ **I** ⟨V. t.⟩ **1** *anstellen, einstellen, in Dienst nehmen* **2** *zum Tanz auffordern* ◆ einen Schauspieler für einen Film engagieren; eine Haushaltshilfe engagieren **II** ⟨V. refl.; umg.⟩ sich engagieren **1** *sich binden, sich festlegen* **2** *sich (für etwas) einsetzen* ◆ sich für eine Minderheit engagieren; sich politisch engagieren; sehr engagiert sein ⟨umg.⟩ *sehr beschäftigt sein* [< frz. *engager* „verpflichten"]
**Enge** ⟨f. 19⟩ **I** ⟨unz.⟩ **1** *enge Beschaffenheit* **2** *Gedrängtheit* **3** ⟨fig.⟩ *Ausweglosigkeit, Bedrängnis* ◆ die Enge des Tales bedrückte ihn; jmdn. in die Enge treiben *jmdm. alle Auswege versperren;* ⟨fig.⟩ *alle Ausflüchte, jegliche Ausreden widerlegen* **II** ⟨zählb.⟩ *schmale Stelle* (Landenge, Meerenge)
**Engel** ⟨m. 5⟩ **1** ⟨christl. Rel.⟩ **1.1** *von Gott geschaffener Geist zur Hilfe für den Menschen* **1.2** *Bote Gottes* **2** *Sinnbild der Reinheit, Selbstlosigkeit, Schönheit* ◆ du bist ein Engel!; mein Engel! *(als Kosewort);* er erschien als rettender Engel *als Helfer in der Not;* schön wie ein Engel [< ahd. *angil, engil,* engl. *angel* < lat. *angelus* < grch. *angelos* „Bote" (Übersetzung von hebr. *malak* „Bote")]
**engelgleich** ⟨Adj.⟩ *schön, rein, zart wie ein Engel;* oV *engelsgleich*
**Engelschar** ⟨f. 20⟩ *große Gruppe von Engeln*
**Engelsgeduld** ⟨f.; -; unz.; fig.⟩ *sehr große Geduld*
**engelsgleich** ⟨Adj.⟩ = *engelgleich*
**engelsrein** ⟨Adj.⟩ *rein wie ein Engel*
**engelsschön** ⟨Adj.⟩ *schön wie ein Engel*
**Engelwurz** ⟨f. 20⟩ = *Angelika*
**Engerling** ⟨m. 1⟩ *im Boden lebende Larve des Blatthornkäfers* [< mhd. *enger(l)inc* < ahd. *engirinc* „Wurm, Finne", Verkleinerungsform zu ahd. *angar(i)*]
**engherzig** ⟨Adj.; fig.⟩ *kleinlich, nicht großzügig*
**Engherzigkeit** ⟨f. 20; unz.⟩ *engherziges Wesen oder Verhalten*
**Engländer** ⟨m. 3⟩ **1** *Bewohner Englands, englischer Staatsangehöriger* **2** ◄ *verstellbarer Schraubenschlüssel*

ENGLÄNDER: SCHRAUBENSCHLÜSSEL MIT VERSTELLBARER BACKE

**englisch** ⟨Adj.⟩ *zu England gehörend, England betreffend, aus ihm stammend* ◆ englische **Broschur** *einfache Broschur ohne Rückenleimung u. Beschneidung des Buchblocks;* englischer **Garten** *in England entwickelte, den chines. Gärten nachgeahmte Form des Landschaftsgartens;* englische **Krankheit** = *Rachitis;* englische **Sprache** *eine westgerm. Sprache;* englischer **Walzer** *langsamer Walzer*
**Englischhorn** ⟨n. 12u; Mus.⟩ ▼ *Holzblasinstrument, Alt-Oboe, eine Quinte tiefer als die Oboe gestimmt;* ► *Holzblasinstrumente*
**engmaschig** ⟨Adj.⟩ *mit engen Maschen* (Netz, Strickarbeit)
**Engpass** ⟨m. 1u⟩ **1** *schmaler Weg, Schlucht* **2** ⟨fig.; umg.⟩ *Mangel* **3** *beschränkt verfügbare Materialien, Waren, Arbeitskräfte* ◆ es besteht zur Zeit ein Engpass an Ersatzteilen
**engstirnig** ⟨Adj.⟩ *einseitig denkend, mit begrenztem geistigem Horizont*
**Engstirnigkeit** ⟨f. 20; unz.⟩ *engstirniges, einseitiges Denken*

ENGLISCHHORN

**Enjambement** ⟨[ãʒãb(ə)ˈmã] n. 15; Metrik⟩ *Übergreifen eines Satzes über das Ende einer Verszeile;* Sy *Zeilensprung* [frz., „Hinübergreifen" (eines Verses); zu *enjamber* „überschreiben, überspringen"]
**Enkel**[1] ⟨m. 5⟩ *Sohn des Sohnes od. der Tochter* ◆ die Enkel *die Nachwelt, die Nachkommen;* dies Ereignis werden vielleicht unsere Enkel noch erleben; davon werden unsere Enkel noch sprechen [< spätahd. *eninchili,* Verkleinerungsform zu ahd. *ano* „Ahn"; eigtl. „der wiedergekommene Ahn"]
**Enkel**[2] ⟨m. 5⟩ *Fußknöchel* [< ahd. *enchil, anchal, enchila, anchala, anckla;* zu ahd. *encha* „Schenkel, Schienbein, Knöchel" und *ancha* „Gelenk"]
**Enkelin** ⟨f. 22⟩ *Tochter des Sohnes od. der Tochter*
**Enklave** ⟨[-və] f. 19⟩ *fremdes Staatsgebiet, das vom eigenen eingeschlossen ist;* Ggs *Exklave* [< frz. *enclave* „rings umschlossenes Grundstück"; zu lat. *clavis* „Schlüssel"]
**en masse** ⟨[ãˈmas] Adv.⟩ *in Masse(n), massenhaft, in großer Zahl* [frz., „in Masse"]

**enorm** ⟨Adj.⟩ **1** *sehr groß, riesig* **2** *erstaunlich* **3** *herrlich, wunderbar* ◆ enorme Summen; das ist (ja) enorm!; das Theaterstück war (ganz) enorm; enorm groß, hoch [< frz. *énorme* „ungeheuer"]

**en passant** ⟨[ãpa'sã:] Adv.⟩ **1** *im Vorübergehen* **2** *beiläufig* ◆ eine Sache en passant erwähnen [frz., „im Vorübergehen"]

**Enquetekommission** ⟨[ãkɛt-] f. 20⟩ *vom Parlament gebildeter Ausschuss, der ein bestimmtes Vorkommnis od. Vorhaben (z. B. Gesetz) eingehend untersucht u. berät*

**Ensemble** ⟨[ã'sãbl] n. 15⟩ **1** *Gesamtheit* **2** *alle Mitspielenden eines Theaterstückes* **3** *Gemeinschaft von Künstlern, die zusammen spielen od. musizieren, ohne dass einer als Star hervortritt* **4** *kleines Orchester* (Musikensemble), *Gesangs-, Tanzgruppe* (Gesangsensemble, Tanzensemble) **5** *Spiel des Orchesters* **6** ⟨Oper⟩ *Gesang aller Beteiligten einer Szene* **7** *mehrteiliges Kleidungsstück* **8** *wirkungsvoll zusammengestellte Gruppe (von Gegenständen, z. B. von Häusern, Blumen)* [frz., „zusammen; Gesamtheit"]

**ent..., Ent...** ⟨Vors.; in Zus.⟩ **1** *von etwas weg, aus ... heraus, zum Gegenteil hin* **2** *wegnehmen von* **3** *beginnen* ◆ entbrennen, entfachen, entfließen, entölen, entschuldigen [< ahd. *int-*, verwandt mit *Ende*]

**entarten** ⟨V. i.; ist⟩ **1** *aus der Art schlagen, degenerieren* **2** *sich krankhaft ausbilden, rückbilden* ◆ entartete Kunst ⟨im Sprachgebrauch des Nationalsozialismus⟩ *Kunst, die den polit., propagandist. u. rassist. Zielsetzungen nicht entsprach u. deshalb verboten wurde;* entartete Sitten

**Entartung** ⟨f. 20⟩ **1** *das Entarten, Degeneration* **2** *krankhafte Bildung* **3** *Auftreten krankhafter Erbanlagen* **4** ⟨Phys.⟩ *in der Quantenmechanik das Auftreten von mehreren Zuständen eines Systems mit gleicher Energie*

**entbehren** ⟨V. t. u. V. i.; hat; m. Akk. od. Gen.⟩ *nicht haben, was man gern hätte, Mangel leiden an, vermissen* ◆ ich entbehre es sehr; diese Behauptung entbehrt jeder Grundlage

**entbehrlich** ⟨Adj.⟩ *so beschaffen, dass man es entbehren kann, überflüssig*

**entbieten** ⟨V. t. 110; hat; geh.⟩ *darbieten, mitteilen* ◆ jmdm. einen freundlichen Gruß entbieten *ihn grüßen (lassen)*

**entbinden** ⟨V. 111; hat⟩ **I** ⟨V. t.⟩ *lossprechen, befreien* ◆ eine Frau entbinden *ihr bei der Geburt des Kindes helfen;* jmdn. seiner Verpflichtung, seines Versprechens, seines Wortes entbinden; jmdn. von seiner Verpflichtung, seinem Versprechen, seinem Wort entbinden; sie ist von einem Jungen, einem Mädchen, Zwillingen entbunden worden **II** ⟨V. i.⟩ *gebären, ein Kind zur Welt bringen, niederkommen* ◆ sie hat gestern entbunden; in der Klinik, zu Hause entbinden

**Entbindung** ⟨f. 20⟩ **1** *das Entbinden, Befreien (von etwas)* **2** *das Gebären, Niederkunft, Geburt* ◆ eine leichte, schwere Entbindung

**entblößen** ⟨V. t.; hat; m. Akk. od. Gen.⟩ etwas entblößen *die Hülle von etwas wegnehmen* ◆ sein Haupt entblößen *den Hut abnehmen;* den Oberkörper entblößen

**entbrennen** ⟨V. i. 117; ist⟩ **1** *Feuer fangen, anfangen zu brennen* **2** ⟨fig.⟩ *heftig beginnen* (Kampf) **3** *leidenschaftlich erregt werden* ◆ ein harter Kampf (um die Stadt) entbrannte; in heißer Liebe entbrennen *sich heftig, leidenschaftlich verlieben*

**entdecken** ⟨V. t.; hat⟩ **1** *(als Erster) finden* (Land, Naturgesetz, Stern, Stoff) **2** *(nach langem Suchen, Nachdenken) herausfinden* **3** jmdm. etwas entdecken *offenkundig machen, jmdm. ein Geheimnis offenbaren* **4** sich jmdm. entdecken *offenbaren, anvertrauen* ◆ Kolumbus hat Amerika entdeckt; einen Dieb entdecken; Marie und Pierre Curie haben das Radium entdeckt

**Entdeckung** ⟨f. 20⟩ *das Entdecken* ◆ er machte plötzlich eine grausige Entdeckung

**Ente** ⟨f. 19⟩ **1** ⟨Zool.⟩ **1.1** ⟨i. w. S.⟩ *kleinerer, kurzbeiniger Gänsevogel;* ► *Vögel* **1.2** ⟨i. e. S.⟩ ▼ *von den Gänsen nur durch eine anatomische Eigenheit der Luftröhre unterschiedener Vogel: Anatina* **2** ⟨fig.; umg.; scherzh.⟩ *unverbürgte Nachricht, Falschmeldung* (Zeitungsente) **3** *Gefäß mit langem Hals zum Wasserlassen für bettlägrige Männer* ◆ die Nachricht, das Gerücht war nur eine Ente; kalte Ente *Getränk aus Weißwein, Sekt u. Zitrone u. evtl. Selterswasser* [zu 1: < ahd. *anut, anata, enita;* (Falschmeldung) Übersetzung aus frz. *canard* „Ente"; zu 2: in gewissen Wendungen = „Lüge, Schwindel", oder nach den Erzählungen von wundersamen Tieren in fernen Ländern, zu denen auch blaue Enten zählten]

**enteignen** ⟨V. t.; hat⟩ jmdn. enteignen *jmdm. sein Eigentum entziehen (im Interesse des Staates)*

**Enteignung** ⟨f. 20⟩ *das Enteignen*

**Entenflott** ⟨n.; -s; unz.⟩, **Entengries** ⟨m. 1;⟩ ⟨unz.⟩, **Entengrün** ⟨n. 15; unz.⟩, **Entengrütze** ⟨f. 19; unz.⟩ ► = *Wasserlinse*

**enterben** ⟨V. t.; hat⟩ jmdn. enterben *vom Erbe ausschließen*

**Enterich** ⟨m. 1⟩ *männl. Ente;* Sy *Erpel* [< ahd. *anutrehho*]

**entern** **I** ⟨V. i.; ist; Mar.⟩ *in das Takelwerk eines Schiffes klettern* (auf-, hinaufentern) **II** ⟨V. t.; hat⟩ ein Schiff entern *auf dem Meer erobern, kapern* [< ndrl. *enteren* „ein feindl. Schiff besteigen, um es zu überwältigen" < frz. *entrer* < lat. *intrare* „eintreten, betreten"]

**Entertainer** ⟨[-tɛi-] m. 3⟩ *jmd., der (oft als Beruf) andere unterhält, z. B. Conférencier, Diskjockei* [engl.]

**Entertainment** ⟨[-tɛin-] n. 15; unz.⟩ *leichte Unterhaltung in der Art einer Show* [engl., „Unterhaltung"]

**entfalten** ⟨V.; hat⟩ **I** ⟨V. t.⟩ **1** *auseinander falten, öffnen, in der ganzen Größe, Ausdehnung zeigen* (Fahne, Landkarte, Plan, Serviette) **2** *darlegen* (Plan) **3** ⟨fig.⟩ *zeigen, offenbaren, entwickeln* (Begabung, Kräfte, Talente) ◆ große **Pracht,** großen Prunk entfalten; eine fruchtbare, segensreiche, vielseitige **Tätigkeit** entfalten ◆ er kann sich **beruflich** hier nicht entfalten *seine Fähigkeiten in seinem Beruf nicht zeigen* ◆ die deutsche Schauspielkunst entfaltete sich **zu** hoher Blüte; sich zu voller Pracht, Schönheit entfalten **II** ⟨V. refl.⟩ sich entfalten *aufblühen* (Knospen) ◆ die Blüten sind, haben sich voll entfaltet

**entfernen** ⟨V.; hat⟩ **I** ⟨V. t.⟩ **1** *beiseite tun, aus der Nähe wegtun, wegbringen* **2** *wegnehmen, wegschaffen, beseitigen* **3** *herausnehmen, herausreißen* (Glied, Organ) ◆ Flecke, Schmutz entfernen; eine Geschwulst, die Mandeln operativ entfernen **II** ⟨V. refl.⟩ sich entfernen **1** *weggehen* **2** ⟨fig.⟩ *das Zusammengehörigkeitsgefühl verlieren, fremd werden* ◆ sich heimlich, rasch, schweigend entfernen; bitte entferne dich nicht zu weit; sich aus od. von einer Gesellschaft entfernen *das gastgebende Haus verlassen*

## ENTEN

Auf der ganzen Welt leben über 100 Entenarten. Die meisten halten sich im Süßwasser auf, einige Arten leben auch an Meeresküsten und Flussmündungen. Die Tauchenten suchen ihre Nahrung auf dem Gewässerboden. Schwimmenten wie die Stockente gründeln an der Wasseroberfläche und filtern mit ihrem Schnabel überwiegend Pflanzenteilchen aus dem Wasser.

ÄUSSERE MERKMALE EINES STOCKENTENERPELS
*(Anas platyrhynchos)*

### WEITERE ENTENARTEN

EIDERENTE
*(Somateria mollissima)*

LÖFFELENTE
*(Anas clypeata)*

KRAGENENTE
*(Histrionicus histrionicus)*

BRAUTENTE
*(Aix sponsa)*

STURZBACHENTE
*(Merganetta armata)*

EISENTE
*(Clangula hyemalis)*

**entfernt** ⟨Adj.; -er, am -esten⟩ **1** *abgelegen, entlegen* **2** *abseits, fern* **3** ⟨fig.⟩ *weitläufig, nicht nahe* (Verwandter) ◆ ein entfernter **Vetter** von mir ◆ wir sind nur entfernt **verwandt** miteinander; der Wald ist nicht sehr **weit** entfernt ◆ nicht **im** Entferntesten *nicht im Geringsten, ganz u. gar nicht;* ich denke nicht im Entferntesten daran, das alles zu bezahlen

**Entfernung** ⟨f. 20⟩ **1** *das Entfernen* **2** *das Entferntsein, Abstand, Zwischenraum, Strecke* **3** ⟨umg.⟩ *Ferne* ◆ die Entfernung **beträgt** 220 km ◆ die **operative** Entfernung einer Geschwulst ◆ Hunde hören diese Pfeife **auf** große Entfernung; aus od. in der Entfernung sieht das ganz anders aus; das Tier beäugte mich **aus** einiger Entfernung aufmerksam

**entflammen** **I** ⟨V. t.; hat⟩ *zum Brennen bringen, zur Flamme entfachen* (Feuer, ⟨fig.⟩ Leidenschaft) ◆ jmds. Hass, Liebe, Begeisterung entflammen **II** ⟨V. i.; ist; fast nur fig.⟩ *aufflammen, heftig beginnen* ◆ sein Hass, der Streit entflammte von neuem

**entfremden** ⟨V. t.; hat⟩ jmdn. jmdm. entfremden *fremd machen, jmdm. die Zuneigung zu jmdm. zerstören* ◆ ich habe mich ihm entfremdet *bin ihm fremd geworden*

**entführen** ⟨V. t.; hat⟩ **1** *durch Zwang od. Überredung (meist ungesetzlich) wegführen, rauben* (Person) **2** ⟨scherzh.⟩ *weg-, fort-, mitnehmen, entziehen* ◆ darf ich Ihnen kurz das Buch, die Speisekarte entführen?

**Entführung** ⟨f. 20⟩ *das Entführen, das Entführtwerden*

**entgegen** **I** ⟨Präp. m. Dat.⟩ *in Richtung auf etwas od. jmdn., auf ... zu, auf ... hin* ◆ dem Schnee, dem Regen, dem Wind entgegen **II** ⟨Adv.⟩ **1** *im Gegensatz zu, zuwider* **2** *im Unterschied zu, gegenüber* **3** *gegen* ◆ dem entgegen müssen wir feststellen, dass ...; er hat entgegen meinen Anweisungen, meinem Befehl, Rat gehandelt [< ahd. *ingagan;* → *in, gegen*]

**entgegenkommen** ⟨V. i. 170; ist⟩ jmdm. entgegenkommen **1** *auf jmdn. zukommen, sich einem Kommenden nähern* **2** ⟨fig.⟩ *zum Teil nachgeben, auf seinen Kompromissvorschlag, seine Wünsche, Forderungen eingehen, sie zum Teil erfüllen, ihm gefällig sein, ihn unterstützen* ◆ komm mir bitte ein Stück entgegen; dein Vorschlag kommt mir sehr entgegen *ist mir angenehm, deckt sich mit meinen Wünschen;* er kam ihr freudestrahlend entgegen

**entgegnen** ⟨V. i.; hat⟩ *antworten, erwidern* ◆ „...!", entgegnete er; dem muss ich entschieden entgegnen, dass ... *dagegen muss ich einwenden, dass ...*

**entgehen** ⟨V. i. 145; ist⟩ *entkommen, aus dem Wege gehen, nicht auffallen, nicht bemerkt werden von* ◆ mir ist (völlig) entgangen, dass ... *ich habe (überhaupt) nicht bemerkt, dass ...;* dieser Fehler ist mir entgangen; mir ist keines seiner Worte, keine seiner Bewegungen entgangen; du entgehst mir nicht! *du bekommst noch deine Strafe!;* es dürfte Ihnen nicht entgangen sein, dass ... *sie werden sicherlich bemerkt haben, dass ...*

**Entgelt** ⟨n. 11⟩ **1** *Lohn, Belohnung* **2** *Bezahlung* **3** *Vergütung, Entschädigung, Ersatz (für Leistungen, Mühen)* ◆ er bekommt als Entgelt sechs Mark in der Stunde; für, ⟨od.⟩ gegen ein geringes, kleines Entgelt arbeiten

**entgiften** ⟨V. t.; hat⟩ *von Gift befreien, Gift entfernen aus*

**Entgiftung** ⟨f. 20; unz.⟩ *das Entgiften, Dekontamination*

**enthalten**[1] ⟨V. t. 160; hat⟩ *in sich fassen, umfassen, in sich schließen, in sich haben* ◆ dieser Likör enthält mehr als 40 % Alkohol; das Buch enthält zahlreiche gute Denkansätze [< *in* + *halten*]

**enthalten**[2] ⟨V. refl. 160; hat⟩ sich einer Sache enthalten *etwas nicht tun, auf etwas verzichten* ◆ sich einer Sache nicht enthalten können *etwas tun, obwohl man es nicht tun sollte;* ich konnte mich (leider) nicht enthalten, zu sagen, dass ...; sich des Alkohols, Kaffees enthalten *keinen Alkohol, Kaffee trinken* [< *ent...* + *halten*]

**enthaupten** ⟨V. t.; hat⟩ jmdn. enthaupten *jmdm. den Kopf abschlagen*

**enthüllen** ⟨V. t.; hat⟩ **1** *von seiner Hülle befreien, aufdecken* **2** *aus den Kleidern schälen* **3** ⟨fig.⟩ *entdecken, offenbaren* (Geheimnis) ◆ sein Geständnis hat alles enthüllt; ein Denkmal enthüllen *zum ersten Mal ohne Hülle zeigen*

**Enthüllung** ⟨f. 20⟩ **1** *das Enthüllen, Aufdecken, Entfernung der Hülle* **2** *das Enthülltwerden* ◆ seine Enthüllungen verursachten einen Skandal

**Enthusiasmus** ⟨m.; -; unz.⟩ *Begeisterung, Entzücken, Schwärmerei* [< grch. *enthusiasmos,* eigtl. „Gottesbegeisterung"; zu *entheos* „voll von Gott"]

**enthusiastisch** ⟨Adj.⟩ *begeistert, entzückt* ◆ jmdn., etwas enthusiastisch loben

**Entität** ⟨f. 20⟩ *das Dasein eines Dinges;* Ggs *Quidditas* [zu lat. *ens* „seiend", Präs. zu *esse* „sein"]

**entkleiden** ⟨V. t.; hat⟩ *ausziehen, auskleiden, von den Kleidern befreien* ◆ sich entkleiden; jmdn. seiner Würde entkleiden ⟨fig.⟩ *sie ihm wegnehmen, ihn seiner W. berauben;* ein Kind, einen Kranken entkleiden

**entkommen** ⟨V. t. 170; ist⟩ **1** *entgehen* **2** *entfließen, entweichen* ◆ der Dieb ist der Polizei entkommen; der Flüchtling konnte seinen Verfolgern entkommen

**entladen** ⟨V. 173; hat⟩ **I** ⟨V. t.⟩ **1** *von der Ladung befreien, die Ladung herunternehmen von* (Lastwagen, Schiff) **2** *die Ladung, das Geschoss herausnehmen aus* (Waffe) **3** *die elektrische Ladung entnehmen* (Batterie) **II** ⟨V. refl.⟩ sich entladen **1** *schlagartig od. mit einem Schlag ausgleichen* (elektr. Spannung) **2** ⟨fig.; umg.; scherzh.⟩ *seinem Zorn in einem heftigen Ausbruch Luft machen*

**entlang** **I** ⟨Präp. m. Akk.; schweiz. meist m. Dat.⟩ *neben einer Strecke, längs, hindurch in der Längsrichtung* ◆ immer den Bach, den Fluss, das Ufer, den Weg entlang; die Straße entlang; das Tal entlang **II** ⟨Adv.⟩ am Fluss, am Bach, am Ufer entlang [< nddt. *in lanc;* → *lang;* zu engl. *along* < *on long*]

**entlarven** ⟨V. t.; hat⟩ **1** jmdn. entlarven *jmdm. die Larve abnehmen* **2** ⟨fig.⟩ *jmds. wahren Charakter, wahre Absichten enthüllen* ◆ einen Betrüger entlarven

**entlassen** ⟨V. t. 174; hat⟩ jmdn. entlassen **1** *jmdm. erlauben, sich zu entfernen, jmdn. verabschieden* **2** *aus dem Dienst schicken, nicht mehr beschäftigen, jmds. Arbeitsverhältnis lösen* **3** *aus dem Gewahrsam, aus der Haft befreien* (Gefangene) ◆ jmdn. **fristlos** entlassen ◆ jmdn. **aus** dem Amt entlassen; Soldaten, Truppen aus dem Dienst, aus dem Heer entlassen; jmdn. aus dem Gefängnis entlassen

**Entlassung** ⟨f. 20⟩ **1** *das Entlassen* **2** *das Entlassenwerden* ◆ seine Entlassung einreichen; fristlose Entlassung

**entlaufen** ⟨V. i. 175; ist⟩ *davonlaufen, fliehen, entfliehen* ◆ entlaufener Hund; von zu Hause entlaufen; dem Kloster entlaufene Nonne

**entlehnen** ⟨V. t.; hat⟩ *entleihen, sich borgen, sich leihen, (aus einer anderen Sprache od. einem anderen Wissensbereich) übernehmen* ◆ ich habe mir das Buch aus der Bibliothek entlehnt ⟨veraltet⟩; das Wort „Fenster" ist aus dem Lateinischen entlehnt

**Entlohnung,** ⟨schweiz. a.⟩ **Entlöhnung** ⟨f. 20⟩ *das Entlohnen, Bezahlung, Lohn* ◆ ausreichende, gute, schlechte Entlohnung; etwas gegen Entlohnung, ohne Entlohnung tun

**entmachten** ⟨V. t.; hat⟩ *seiner Macht od. Kraft berauben* ◆ einen Politiker entmachten

**entmündigen** ⟨V. t.; hat⟩ *der Mündigkeit berauben, unter Vormundschaft stellen* ◆ einen geisteskranken od. unzurechnungsfähigen Menschen entmündigen [→ *Mund* (im Sinne von „Schutz")]

**entmutigen** ⟨V. t.; hat⟩ jmdn. entmutigen *jmdm. den Mut wegnehmen, jmdn. seines Mutes berauben, mutlos machen* ◆ lass dich nicht so schnell entmutigen; das alles klingt sehr entmutigend

**Entnazifizierung** ⟨f. 20⟩ *nach 1945 von den Alliierten in Dtschld. vorgenommene Ausschaltung ehemaliger Nationalsozialisten aus staatl., polit. u. wirtschaftl. Stellungen u. Beseitigung aller nationalsozialist. Einflüsse*

**entnehmen** ⟨V. t. 187; hat⟩ **1** *herausnehmen aus* **2** ⟨fig.⟩ *schließen aus, erkennen, erfahren* **3** *folgern* ◆ ich entnahm seinem Brief, seinen Worten, dass er nicht kommen können wird; **Angaben,** Zitate einem wissenschaftl. Werk entnehmen

**Entoskopie** ⟨f. 19; Med.⟩ = *Endoskopie*

**entpuppen** ⟨V. refl.; hat⟩ sich entpuppen **1** *sich aus einer Puppe entwickeln* (Schmetterling) **2** ⟨fig.; umg.⟩ *den eigenen Charakter entwickeln, ein eigenes Gesicht zeigen* ◆ der hat sich ja entpuppt! ⟨umg.; iron.⟩ *der zeigt sich ganz anders, als man erwartet hat;* sich entpuppen als *sich herausstellen als;* die Sache hat sich als Betrug, Schwindel entpuppt; er entpuppte sich als ein lange gesuchter Betrüger [→ *Puppe* (= *Schmetterlingslarve*)]

**entreißen** ⟨V. t. 195; hat⟩ *mit Gewalt wegnehmen, aus den Händen reißen* ◆ sie entriss ihm das Buch, das Kind; jmdn. dem Tode entreißen *ihn vor dem Tode erretten*

**Entropie** ⟨f. 19⟩ **1** ⟨Phys.⟩ **1.1** *Zustandsgröße der Thermodynamik* **1.2** *Maß für die „Unordnung" in einem abgeschlossenen System* **2** ⟨Sprachw.; Kommunikationstheorie⟩ *Größe des Nachrichtengehaltes einer nach statist. Gesetzen gesteuerten Nachrichtenquelle* **3** ⟨Math.; Wahrscheinlichkeitsrechnung⟩ *Maß für den Grad der Ungewissheit für den Ausgang eines Versuches* [zu grch. *entrepein* „umkehren, umwenden"]

**entrümpeln** ⟨V. t.; hat⟩ *von Gerümpel, unbrauchbaren Dingen frei machen* ◆ den Boden entrümpeln

**entsagen** ⟨V. i.; hat⟩ einer Sache entsagen *freiwillig, aber ungern auf eine Sache verzichten* ◆ seinem Glauben entsagen *sich von seinem Glauben abwenden;* dem Rauchen, dem Trinken entsagen; dem Thron entsagen; der Welt entsagen *sich von der Welt abschließen (bes. im Kloster)*

**entschädigen** ⟨V. t.; hat⟩ *Ersatz geben (für Verlust od. Schaden)* ◆ jmdn. für entstandene Kosten, für seine Mühe entschädigen

**Entschädigung** ⟨f. 20⟩ **1** *das Entschädigen* **2** *das Entschädigtwerden* **3** *Ersatz (für Verlust od. Schaden), Schadenersatz* ◆ jmdm. eine Entschädigung geben, zahlen

**Entscheid** ⟨m. 1⟩ = *Entscheidung (2)*

**entscheiden** ⟨V. 207; hat⟩ **I** ⟨V. t. u. V. i.⟩ **1** *ein maßgebendes Urteil fällen über, den Ausschlag geben für* **2** *endgültig bestimmen, anordnen, festlegen* ◆ der Chef hat entschieden, dass es so gemacht werden soll; das Los soll entscheiden, wer gehen oder bleiben soll; es ist noch nichts entschieden; die **Sache** ist bereits entschieden ◆ **nach** deutschem Recht entscheiden; **über** einen Fall, eine Streitfrage entscheiden **II** ⟨V. refl.⟩ sich entscheiden *einen Entschluss fassen* ◆ sich **für** etwas entscheiden *eine Sache einer anderen vorziehen, eine Sache wählen;* ich kann mich für keinen von beiden entscheiden

**entscheidend** ⟨Adj.⟩ *ausschlaggebend, richtunggebend, endgültig* ◆ die entscheidende Aussprache, Begegnung, Schlacht fand am nächsten Tag statt; er hat einen entscheidenden Fehler, Irrtum begangen; er soll das entscheidende Wort sprechen

**Entscheidung** ⟨f. 20⟩ **1** *das Entscheiden* **2** *endgültiges Urteil, Schiedsspruch;* Sy *Entscheid* **3** *das Sichentscheiden* ◆ die Entscheidung des **Richters,** des Unparteiischen ◆ eine Entscheidung **annehmen,** ablehnen, anfechten, erzwingen; wie ist seine Entscheidung **ausgefallen?; ausstehen:** die endgültige Entscheidung steht noch aus; einer Entscheidung **ausweichen,** aus dem Wege gehen ◆ eine **falsche,** gerichtliche, klare, rasche, richtige, schnelle Entscheidung ◆ ein Kampf, Spiel **um** die Entscheidung; sich **vor** einer Entscheidung scheuen

**entschließen** ⟨V. refl. 220; hat⟩ sich entschließen *einen Entschluss fassen* ◆ schnell, entschließ dich! *zögere nicht so lange!*

**entschlossen** ⟨Adj.⟩ *energisch, tatkräftig, beherzt, nicht zögernd* ◆ entschlossen eingreifen, handeln, vorgehen

**Entschlossenheit** ⟨f. 20; unz.⟩ *entschlossenes Verhalten, Tatkraft, Energie*

**Entschluss** ⟨m. 1u⟩ *Entscheidung, Willensakt, Festlegung des Willens* ◆ seinen Entschluss ändern; einen Entschluss fassen *sich zu etwas entschließen;* es ist mein fester Entschluss, das zu tun; er ist schnell, schwer von Entschluss *er entschließt sich schnell, schwer;* sich zu einem Entschluss durchringen [→ *entschließen*]

**entschuldigen** ⟨V. t.; hat⟩ **1** etwas entschuldigen *verzeihen, etwas erklären u. dadurch den Vorwurf mildern* **2** jmdn. entschuldigen **2.1** *Verzeihung, Nachsicht für jmds. Handlungsweise erbitten* **2.2** *jmds. Abwesenheit erklären* **3** sich entschuldigen *Verzeihung, Nachsicht erbitten* ◆ mein Sohn **lässt** sich entschuldigen, er kann leider nicht kommen ◆ sich **bei** jmdm. entschuldigen; seine Unhöflichkeit ist **durch** od. mit nichts zu entschuldigen ◆ einige entschuldigende Worte sagen

**Entschuldigung** ⟨f. 20⟩ **1** *das Entschuldigen* **2** *das Sichentschuldigen* **3** *entschuldigende Worte, Bitte um Verzeihung* **4** *Milderungsgrund* **5** *Rechtfertigung, Erklärung für jmds. Handlungsweise, Vorwand* ◆ einem Kind eine Entschuldigung (für die Schule) **schreiben;** eine Entschuldigung **stammeln;** für solch ein Benehmen **gibt** es keine Entschuldigung ◆ **ohne** Entschuldigung fehlen

**entsenden** ⟨V. t. 237; hat⟩ *ab-, wegsenden, weg-, abschicken* (Abgeordnete, Boten)

**Entsetzen** ⟨n.; -s; unz.⟩ *Erschrecken, Schrecken, Furcht, Grauen* ◆ Entsetzen bemächtigte sich der Zuschauer

**entsetzlich** ⟨Adj.⟩ **1** *so beschaffen, dass es Entsetzen hervorruft, schrecklich, grausig, grässlich* **2** ⟨fig.⟩ *riesig, ungeheuer, sehr, zum Erschrecken* ◆ ein entsetzlicher Anblick

**entspannen** ⟨V.; hat⟩ **I** ⟨V. t.⟩ *die Spannung vermindern (von etwas), lockern* (Glied, Körper) **II** ⟨V. refl.⟩ sich entspannen **1** *an Spannung verlieren* **2** ⟨fig.⟩ *sich ausruhen, sich zerstreuen* ◆ die Lage hat sich entspannt; sich im Urlaub einmal völlig entspannen

**Entspannung** ⟨f. 20; unz.⟩ **1** *das Entspannen, Lockerung der Spannung* **2** *das Sichentspannen, Ausruhen* ◆ politische Entspannung; geistige, körperliche Entspannung

**entsprechen** ⟨V. i. 246; hat⟩ **1** einer Sache entsprechen **1.1** *zu einer Sache passen, einer S. ähnlich sein* **1.2** *ihr genügen* **2** jmdm. entsprechen *jmdm. seinen Willen tun, seinen Wünschen entgegenkommen, seine Wünsche erfüllen* ◆ ich kann ihm nicht entsprechen; den Anforderungen entsprechen *den Anforderungen genügen;* der „Amor" der römischen Mythologie entspricht dem griechischen „Eros"; das entspricht nicht, ⟨od.⟩ nicht völlig meinen Erwartungen, Wünschen

**entsprechend** ⟨Adj.⟩ **1** *ähnlich, ungefähr gleichend* **2** *angemessen, gemäß* ◆ eine der Tat entsprechende Belohnung oder Strafe; ein dem geleisteten Dienst entsprechendes Trinkgeld; jmdn. seinen Leistungen entsprechend bezahlen

**entstehen** ⟨V. i. 251; ist⟩ **1** *hervorgehen, ins Dasein treten, entspringen, sich entwickeln, beginnen, verursacht werden* **2** ⟨Sprachw.⟩ *gebildet werden, sich herleiten* ◆ **daraus** kann großes Unheil entstehen; **durch** die Entwicklung der Technik sind viele neue Wörter und Begriffe entstanden ◆ für entstehenden Schaden, entstehende Verluste haftet der Eigentümer

ENTWALDEN: ENTWALDETER HANG

**entstellen** ⟨V. t.; hat⟩ **1** *hässlich machen, verzerren, verunstalten, verstümmeln* **2** *in hässlicher Weise darstellen* **3** *fälschen, verfälschen, falsch darstellen* (Bericht, Ereignis, Wahrheit) ◆ einen Vorfall, den Inhalt eines Briefes entstellt wiedergeben

**entstören** ⟨V. t.; hat⟩ ein elektr. Gerät entstören *Maßnahmen ergreifen, um eine Störung anderer Geräte zu verhindern bzw. zu verringern*

**enttäuschen** ⟨V. t.; hat; eigtl.⟩ **1** *von einer Täuschung befreien* **2** *den Erwartungen nicht entsprechen* **3** *wider Erwarten nicht gefallen* ◆ er hat mich sehr enttäuscht; das Buch, die Aufführung hat mich enttäuscht; er hat meine Erwartungen, Hoffnungen enttäuscht *zunichte gemacht, nicht erfüllt*

**Enttäuschung** ⟨f. 20⟩ **1** *das Enttäuschen* **2** *das Enttäuschtsein* ◆ jmdm. eine Enttäuschung bereiten *ihn enttäuschen;* eine Enttäuschung erleben, verschmerzen, verwinden; das Theaterstück, das Wiedersehen, das Fest war eine Enttäuschung (für mich, ihn)

**entwalden** ⟨V. t.; hat⟩ ▲ *den Wald entfernen aus, von, des Waldes berauben* ◆ entwaldete Berge, Landstriche

**Entwarnung** ⟨f. 20⟩ **1** *das Entwarnen, Aufhebung der Warnung* **2** *Zeichen (Sirenenton) dazu*

**entwässern** ⟨V. t.; hat⟩ *von Wasser befreien, trockenlegen* (Sumpf) ◆ den Körper entwässern *ihm durch Medikamente überschüssiges Wasser entziehen*

**entweder** ⟨Konj.⟩ entweder ... oder ... **1** *wenn das eine eintritt, so ist es bei dem anderen nicht der Fall;* entweder, oder! *entscheide!, wähle!* **2** *wenn das eine nicht eintritt, so geschieht das andere* **3** *eines von beiden* ◆ du kannst entweder den Apfel oder die Birne haben, aber nicht beides; er ist entweder ihr Vater oder ihr Schwager; ich werde entweder fliegen oder mit dem Nachtzug fahren; entweder gleich oder gar nicht; er kommt entweder heute oder morgen [< mhd. *eintweder* < ahd. *ein weder* „eins von beiden"; → *weder*]

**entwenden** ⟨V. t.; hat⟩ *heimlich, widerrechtlich wegnehmen, stehlen*

**entwerfen** ⟨V. t. 281; hat⟩ **1** *einen Entwurf machen, herstellen von, in großen Zügen darstellen, darlegen* (Plan, Vortrag) **2** *flüchtig zeichnen, in Umrissen zeichnen, skizzieren* (Gemälde) **3** *erste Fassung niederschreiben von* (Vertrag, Vortrag)

**entwickeln** ⟨V.; hat⟩ **I** ⟨V. t.⟩ **1** *zeigen, darlegen* (Gedanken, Pläne) **2** *ausbilden, heranbilden* (Fähigkeit, Kräfte, Talent) **3** *gestalten, entfalten, wirksam machen* ◆ einen Film entwickeln *die Bilder darauf durch Chemikalien sichtbar machen;* Geschmack, Instinkt, Scharfsinn, Sprachgefühl entwickeln; eine Methode, ein neues Verfahren entwickeln; einen Stil (in der Malerei, Schauspielkunst usw.) entwickeln **II** ⟨V. refl.⟩ **1** sich entwickeln *entstehen (Dämpfe, Gase, Rauch, Geruch)* **2** *wachsen, werden* ◆ der Konflikt (im Drama) entwickelt sich; sich früh, spät, günstig, ungünstig, gut, schlecht, rasch, langsam entwickeln; die Kleine hat sich inzwischen zu einer jungen Dame entwickelt

**Entwicklungshilfe** ⟨f. 19; unz.⟩ *Unterstützung eines technisch u. wirtschaftlich wenig entwickelten Landes durch einen Industriestaat*

**Entwicklungsland** ⟨n. 12u⟩ *technisch u. wirtschaftlich wenig entwickeltes Land*

**entwöhnen** ⟨V. t.; hat⟩ **1** jmdn. einer Sache entwöhnen *jmdm. etwas abgewöhnen* **2** sich einer Sache entwöhnen *eine Gewohnheit ablegen, sich etwas abgewöhnen* ◆ sich des Rauchens, Trinkens entwöhnen

**entwürdigen** ⟨V. t.; hat⟩ jmdn. entwürdigen *jmds. Menschenwürde verletzen, jmdn. seiner Würde berauben, ihn demütigen* ◆ entwürdigende Behandlung, entwürdigende Zustände

**Entwürdigung** ⟨f. 20; unz.⟩ *das Entwürdigen, Demütigung, Verletzung der Würde*

**Entwurf** ⟨m. 1u⟩ **1** *flüchtige Zeichnung, Zeichnung in groben Umrissen, Skizze* **2** *flüchtige Niederschrift, Niederschrift in Stichworten, Andeutungen* (Romanentwurf, Vertragsentwurf) ◆ einen Entwurf **ablehnen,** annehmen; einen Entwurf **anfertigen,** herstellen, machen; jmdm. mehrere Entwürfe (zur Auswahl) **vorlegen** ◆ **erster,** zweiter Entwurf ◆ der Vertrag, die Zeichnung ist **im** Entwurf fertig, liegt im Entwurf vor; der Entwurf **zu** einem Gemälde, Konzept, Roman, Vertrag [→ *entwerfen*]

**entziehen** ⟨V. 287; hat⟩ **I** ⟨V. t.⟩ jmdm. etwas entziehen *wegnehmen, nicht mehr zuteil werden lassen, für künftige Fälle verweigern* ◆ jmdm. **Alkohol,** Kaffee, Nikotin entziehen *ihn am Trinken, Rauchen hindern;* jmdm. die **Erlaubnis** entziehen, etwas zu tun; jmdm. seine **Gunst, Unterstützung** entziehen; einem Redner das **Wort** entziehen **II** ⟨V. refl.⟩ sich jmdm. od. einer Sache entziehen *ihm od.*

## ENTZÜNDUNG

Bei Verwundungen oder lokalen Infektionen der Haut strömen Fresszellen (Phagozyten) zu dem geschädigten Gebiet und entfernen dort Bakterien und beschädigte Zellen. Dabei entsteht eine Anschwellung und Entzündung der betroffenen Stelle aufgrund der erhöhten Blutversorgung.

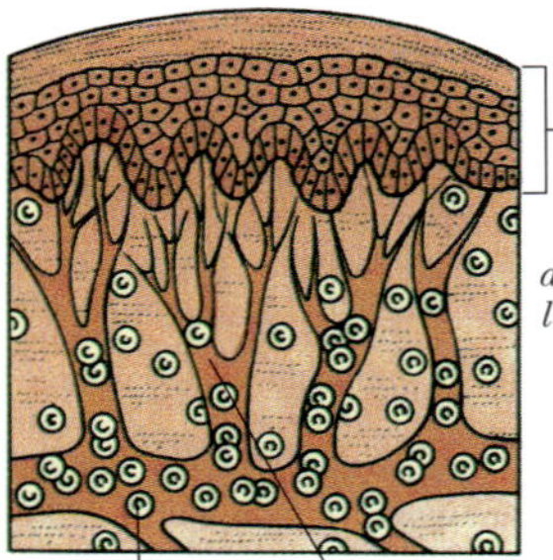


SCHNITT DURCH ENTZÜNDETE MENSCHLICHE HAUT

*ihr rechtzeitig entfliehen, entkommen, sich von ihm od. ihr befreien* ◆ diese Vorgänge entziehen sich der **Beobachtung** *können nicht beobachtet werden;* sich den **Blicken** entziehen *sich verbergen;* das entzieht sich meiner **Kenntnis** *das weiß ich nicht;* sich der **Strafe,** dem Zugriff der Polizei durch die Flucht entziehen

**entziffern** ⟨V. t.; hat⟩ **1** *lesen, obwohl es schlecht geschrieben ist* **2** *in die übl. Schrift umsetzen, die Bedeutung, den Sinn herausfinden aus* ◆ einen **Brief,** eine Handschrift entziffern; die **Hieroglyphen,** die Keilschrift entziffern ◆ ich kann die Schrift kaum, mühelos, nur **mit** Mühe entziffern; eine Geheimschrift (mit einem Schlüssel bzw. Code) entziffern

**Entzücken** ⟨n.; -s; unz.⟩ *Begeisterung, helle Freude* ◆ das Kasperletheater war das Entzücken aller Kinder; in Entzücken geraten; jmdn. in Entzücken versetzen

**entzücken** ⟨V. t.; hat⟩ jmdn. entzücken *jmdm. helle Freude machen, ihn begeistern* ◆ der **Anblick,** das Buch, ihr Gesang entzückt mich ◆ **sein:** ich bin (ganz) entzückt von der Idee [→ *zucken, zücken*]

**entzückend** ⟨Adj.⟩ *begeisternd, reizend, wunderschön* ◆ die beiden zusammen sind ein entzückendes **Bild;** ein entzückender **Film,** ein entzückendes **Kind,** Kleid ◆ **sein:** sie ist einfach entzückend

**Entzug** ⟨m. 1u; unz.⟩ **1** *das Entziehen (von etwas)* **2** *Behandlung Alkohol- oder Drogenabhängiger zur schrittweisen Entwöhnung von Suchtmitteln* ◆ auf Entzug sein; Entzug der Freiheit, der Nahrung, von Vergünstigungen

**entzünden** ⟨V.; hat⟩ **I** ⟨V. t.⟩ **1** *anzünden, entfachen, anbrennen* (Feuer, Holz, Streichholz) **2** ⟨fig.⟩ *verursachen, entflammen* (Begeisterung, Leidenschaften) **II** ⟨V. refl.⟩ **1** sich entzünden *zu brennen beginnen, Feuer fangen* **2** *durch Bakterien, Reiz usw. sich krankhaft röten* (Haut, Wunde)

**Entzündung** ⟨f. 20⟩ **I** ⟨unz.⟩ *das Entzünden* (von Feuer) **II** ⟨zählb.; Med.⟩ ▲ *vom Körper zur Abwehr durch Krankheitserreger verursachter, durch chemische, physikalische u. a. Schädigungen ausgelöster Vorgang an den Körpergeweben, wobei aus den Gefäßen Blutflüssigkeit u. später weiße Blutzellen austreten*

**entzwei** ⟨Adv.⟩ *zerbrochen, zerrissen, kaputt* ◆ der Krug ist entzwei [< mhd. *enzwei* < ahd. *in zwei* „in zwei Teile“]

**entzweibeißen** ⟨V. t. 105; hat⟩ *in Stücke beißen, auseinander beißen, zerbeißen* ◆ der Hund biss im Nu die Leine entzwei

**entzweien** **I** ⟨V. t.; hat⟩ Personen entzweien *Zwietracht zwischen ihnen säen, Streit zwischen ihnen entfachen* ◆ Freunde entzweien; eine Familie entzweien *Unfrieden in ihr stiften* **II** ⟨V. refl.⟩ sich entzweien *uneins werden, einen Zwiespalt schaffen zwischen sich u. dem andern, einen Bruch herbeiführen* ◆ sie hat sich mit ihrem Bruder entzweit; sie haben sich wegen der Erbschaft entzweit

**entzweigehen** ⟨V. i. 145; ist⟩ *in Stücke brechen, reißen, kaputtgehen* ◆ die Beziehung ging nach nur wenigen Monaten entzwei

**Entzweiung** ⟨f. 20; unz.⟩ **1** *das Entzweien* **2** *das Sichentzweien, Bruch*

**Enzian** ⟨m. 1⟩ **1** ⟨Bot.⟩ ► *Angehöriger einer im Gebirge vorkommenden Familie krautiger Pflanzen mit gelben u. blauen Blüten: Gentiana* **2** *aus einem Extrakt der Wurzeln des Enzians hergestellter sehr bitterer Schnaps* [< ahd. *encian,* engl. *gentian* < lat. *gentiane,* vermutl. < illyr.]

ENZIAN: FRÜHLINGSENZIAN *(Gentiana verna)*

**Enzyklika** ⟨f.; -, -kliken⟩ *päpstl. Erlass, Rundschreiben* [zu grch. *enkyklios* „im Kreise laufend“; → *Zyklus*]

**Enzyklopädie** ⟨f. 19⟩ **1** *Gesamtwissen, Gesamtheit des Wissens* **2** *Nachschlagewerk über alle Wissensgebiete od. eines Teilgebietes der Wissenschaft od. Kunst in lexikal. Form* ◆ Enzyklopädie des Rechts [< grch. *enkyklios* „im Kreise laufend“ + *paideia* „Erziehung“]

**enzyklopädisch** ⟨Adj.⟩ *auf einer Enzyklopädie beruhend, in der Art einer Enzyklopädie*

**Enzym** ⟨n. 11; neuere Bez. für⟩ *hochmolekulare Eiweißverbindung, die eine spezifische biochemische Reaktion beschleunigt oder überhaupt erst ermöglicht;* Sy *Ferment* [zu grch. *zyme* „Sauerteig“]

**enzymatisch** ⟨Adj.⟩ *durch Enzyme bewirkt*

**Eozän** ⟨n. 11; unz.⟩ *untere Abteilung des Tertiärs* [< grch. *eos* „Morgenröte“ + *kainos* „neu“]

**ep..., Ep...** ⟨Vors.⟩ = *epi..., Epi...*

**Epaulett** ⟨n. 27⟩, **Epaulette** ⟨[epo'lɛt(ə)] f. 19; Mil.⟩ ► *Schulterklappe der Offiziersuniform* [< frz. *épaulette* „Schulterstück“; zu *épaule* „Schulter“]

EPAULETT AUF DEM MANTEL EINES OFFIZIERS DER GRENADIERE

**Epen** ⟨Pl. von⟩ *Epos*

**Ephedrin** ⟨n. 11; unz.⟩ *Alkaloid verschiedener Arten der Ephedra mit Kreislaufwirkung, das bei Kreislaufschwäche, Asthma, Schnupfen u. a. verordnet wird*

**ephemer** ⟨Adj.⟩ **1** *nur einen Tag dauernd* **2** ⟨fig.⟩ *vergänglich, vorübergehend, nur kurze Zeit dauernd* [< grch. *ephemeros* „auf den Tag“]

**Ephemeride** ⟨f. 19⟩ **1** *Eintagsfliege* **2** *Erscheinung, Vorgang von kurzer Dauer* **3** *Buch, in dem die tägl. Stellungen der Gestirne für ein od. mehrere Jahre im voraus verzeichnet sind*

**epi..., Epi...** ⟨vor Vokalen⟩ ep..., Ep... ⟨Vors.⟩ *auf, darüber, an der Oberfläche, hinzu* [grch.]

**Epidemie** ⟨f. 19⟩ *Seuche, ansteckende, plötzlich auftretende u. abflauende Massenerkrankung* [zu grch. *epidemios* „im Volke verbreitet“; zu *demos* „Volk“]

**Epidemiologie** ⟨f. 19; unz.⟩ *Lehre von den Epidemien* [< *Epidemie* + grch. *logos* „Rede, Kunde“]

**Epidermis** ⟨f.; -, -dermen; Anat.⟩ **1** ► = *Oberhaut* **2** *pflanzliches, meist einschichtiges Abschlussgewebe* [< grch. *epi* „auf, darüber“ + *derma* „Haut“]

**epigonal** ⟨Adj.⟩ *in der Art eines Epigonen, Vorbilder unschöpferisch nachahmend*

**Epigone** ⟨m. 17⟩ *Künstler, der einen Stil unschöpferisch nachahmt* [zu grch. *epigonos* „nachgeboren“]

**Epigraf** ⟨n. 11⟩ = *Epigraph*

**Epigrafik** ⟨f. 20; unz.⟩ = *Epigraphik*

**Epigramm** ⟨n. 11⟩ **1** *altgriechische Auf- od. Inschrift* **2** *kurzes, meist zweizeiliges Sinn- od. Spottgedicht* [< grch. *epigramma* „Auf-, Inschrift“]

**Epigrammatiker** ⟨m. 3⟩ *Verfasser von Epigrammen*

**epigrammatisch** ⟨Adj.⟩ *in der Art eines Epigramms, treffend, geistreich, witzig*

**Epigraph** ⟨n. 11⟩ *(bes. antike) Inschrift, Aufschrift;* oV *Epigraf* [zu grch. *epigraphein* „darauf schreiben“]

**Epigraphik** ⟨f. 20; unz.⟩ *Inschriftenkunde als Teilgebiet der Altertumswissenschaft;* oV *Epigrafik* [→ *Epigraph*]

**Epik** ⟨f. 20; unz.; Lit.⟩ **1** *Gattung der erzählenden Dichtung* **2** ⟨Sammelbez. für⟩ *erzählende Vers-* (Versepik) *u. Prosadichtung* [zu lat. *epicus* „episch“; → *Epos, Erzählkunst*]

**Epikureer** ⟨m. 3⟩ **1** ⟨Philos.⟩ *Anhänger der Lehre des griechischen Philosophen Epikur, 341 – 271 v. Chr.* **2** ⟨fig.⟩ *Genussmensch*

**epikureisch** ⟨Adj.⟩ **1** ⟨Philos.⟩ *auf der Lehre des Epikur beruhend* **2** ⟨fig.⟩ *genießerisch, wohllebend*

**Epilepsie** ⟨f. 19; unz.; Med.⟩ *zeitweilig auftretende Krämpfe am ganzen Körper mit Bewusstlosigkeit, Fallsucht* [< grch. *epilepsia,* eigtl. „Angriff, Anfall“]

**Epileptiker** ⟨m. 3⟩ *jmd., der an Epilepsie leidet, Fallsüchtiger*

**epileptisch** ⟨Adj.; Med.⟩ *auf Epilepsie beruhend, fallsüchtig*

**Epilog** ⟨m. 1; Lit.; Theat.⟩ **1** *Nachwort, Schlusswort (eines Buches);* Ggs *Prolog (1)* **2** *Nachspiel (eines Theaterstückes);* Ggs *Prolog (2)* **3** *Schlussworte eines Schauspielers an das Publikum* ◆ ein sehr langer Epilog [< grch. *epilogos* „Erwägung, Schluss“]

**Epiphania** ⟨f.; -; -nien⟩ = *Epiphanie*

**Epiphanie** ⟨f. 19⟩ *das Erscheinen einer Gottheit (bes. Christi);* oV *Epiphania* [< grch. *epiphaneia* „Erscheinung“]

**Epiphänomen** ⟨n. 11⟩ *Begleiterscheinung, Auswirkung, Effekt, Folge* [< grch. *epi* „darauf“ + *Phänomen*]

**Epiphyllum** ⟨n.; -, -phyllen; Bot.⟩ = *Gliederkaktus* [< grch. *epi* „auf“ + *phyllon* „Blatt“]

**Epiphyse** ⟨f. 19; Anat.⟩ **1** *Endstück der großen Röhrenknochen der Wirbeltiere* **2** *Falte der oberen (dorsalen) Zwischenhirnwand der Wirbeltiere, die sich zu besonderen Organen ausbildet, z. B. Zirbeldrüse bei Säugetieren u. Mensch* [zu grch. *epiphyein* „dazuwachsen“]

**Epiphyt** ⟨m. 16; Bot.⟩ ► *Pflanze, die nicht im Boden wurzelt, sondern auf anderen Pflanzen, meist Bäumen, oft mithilfe bes. Haftwurzeln, festgewachsen ist* [< grch. *epi* „auf“ + *phyton* „Pflanze“]
**episch** ⟨Adj.; Lit.⟩ *in der Art eines Epos, erzählend* ◆ epische Breite *breit ausmalende Erzählform;* epische Dichtung *erzählende Dichtung;* episches Theater *moderne dramatische Form, bei der es weniger um individuelle Schicksale als um gesellschaftliche Beziehungen geht, die z. T. verfremdet dargestellt werden* [< grch. *poiesis epikos* „epische Dichtung“; → *Epos*]
**Episode** ⟨f. 19⟩ **1** ⟨Theat.; urspr.⟩ *im altgriechischen Drama zwischen die Chorgesänge eingeschobene Handlung* **2** ⟨Lit.; Theat.; heute⟩ *eingeschobene Nebenhandlung im Drama oder Roman* **3** ⟨Mus.⟩ *Zwischenspiel in der Fuge* **4** ⟨allg.⟩ *nebensächliches, flüchtiges Erlebnis, Zwischenspiel* [< frz. *épisode* „Nebenhandlung“ < grch. *epeisodion* „Handlung zwischen zwei Chorgesängen“]
**Epistel** ⟨f. 21⟩ **1** *längerer (kunstvoller) Brief* **2** ⟨Rel.⟩ **2.1** *Apostelbrief im NT* **2.2** *für den Gottesdienst vorgeschriebene Lesung aus der Apostelgeschichte od. den Apostelbriefen* ◆ jmdm. die Epistel lesen ⟨fig.⟩ *jmdn. ermahnen, jmdm. eine Strafpredigt halten* [< lat. *epistula* „Brief“ < grch. *epistole* „Sendung“]
**Epithel** ⟨n. 11⟩ *ein- od. mehrschichtige Zelllagen des tierischen Gewebes, die äußere Oberflächen u. innere Hohlräume begrenzen;* Sy *Epithelium* [< grch. *epi* „auf“ + *thele* „Mutterbrust, Saugwarze“]
**Epithelium** ⟨n.; -s, -lien⟩ = *Epithel*
**Epizentrum** ⟨n.; -s, -zentren⟩ *senkrecht über dem Erdbebenherd liegender Punkt der Erdoberfläche* [< grch. *epi* „darüber, an der Oberfläche“ + *Zentrum*]
**epochal** ⟨[-xa:l] Adj.⟩ **1** *für eine Epoche geltend* **2** ⟨fig.; umg.⟩ *Epoche machend, Aufsehen erregend*
**Epoche** ⟨[e'pɔxə] f. 19⟩ **I** ⟨zählb.⟩ **1** ⟨Gesch.⟩ *(bedeutsamer) Zeitraum, histor. Wendepunkt* **2** ⟨Geol.⟩ *erdgeschichtl. unterscheidbarer Zeitabschnitt* **3** ⟨Astron.⟩ *bestimmter Zeitpunkt, auf den irgendwelche Angaben bezogen werden, z. B. die Bahnelemente der Planeten, das Minimum im Lichtwechsel veränderlicher Sterne* ◆ Epoche machen *durch ein bedeutsames Ereignis eine neue Zeit einleiten* **II** ⟨unz.; Philos.⟩ *Zurückhalten der Zustimmung od. des Urteils, Beifalls-, Urteilsenthaltung* [< grch. *epoche* „Innehalten, Haltepunkt in der Zeitrechnung, bedeutsamer Zeitpunkt“]
**Epos** ⟨n.; -, Epen⟩ **1** *langes, erzählendes Gedicht in gleichmäßiger Versform* **2** *groß angelegte, breit ausgemalte Prosadichtung* (Heldenepos, Versepos) [< grch. *epos* „Wort, Ausspruch, Erzählung, Gedicht“]
**Epsilon** ⟨n. 15; Zeichen: ε, E⟩ *fünfter Buchstabe des grch. Alphabets, kurzes e* [< grch. *e psilon* „einfaches e“; zu *psilos (psile, psilon)* „kahl, nackt, bloß, schlicht, einfach“]
**er** ⟨persönl. Pron. für das männl. Geschlecht der 3. Person⟩ er kommt; er ist es; da ist er ja!; ich kenne Schröders schon lange, sie ist eine Schulfreundin von mir, und er hat mit mir zusammen studiert; ein Er und eine Sie ⟨umg.⟩ *ein Mann u. eine Frau* [< ahd. *er*]
**er...** ⟨Vorsilbe⟩ **1** *etwas bewirken, etwas machen,* z. B. sich erkälten, erfreuen, ermuntern, erwärmen **2** *etwas entstehen lassen, hervorbringen,* z. B. erbauen, erzeugen **3** *etwas durch Mühe od. Anstrengung bekommen,* z. B. erbitten, erhalten, ersingen **4** *ein Ergebnis herbeiführen,* z. B. erkunden, erwarten **5** *zur Bezeichnung einer kurzen Handlung od. des Beginns einer Handlung,* z. B. erschauern, erzittern, erblühen, erröten [< ahd. *ar-, ir-, ur-,* unbetonte Entsprechung von *ur...*]

EPIPHYTEN

Epiphyten wie Bromelien oder einige Orchideen leben oberhalb des Bodens auf anderen Pflanzen. Sie sind aber keine Parasiten, weil sie ihren Trägerpflanzen keine Nährstoffe entziehen.

EPIPHYTISCHE BROMELIE
*(Aechmea miniata)*

EPIPHYTISCHE ORCHIDEE
*(Brassavola nodosa)*

**erarbeiten** ⟨V. t.; hat⟩ *durch Arbeit erreichen, erwerben*
**erbarmen** ⟨V.; hat⟩ **I** ⟨V. t.⟩ *Mitleid (u. zugleich Hilfe) hervorrufen* **II** ⟨V. refl.⟩ sich jmds. erbarmen *mit jmdm. Mitleid haben u. ihm zu helfen suchen* ◆ erbarme dich mein, meiner! [< ahd. *armen,* „arm sein“ + *abarmen* „von Armut, Not befreien“]
**Erbarmen** ⟨n.; -s; unz.⟩ *Mitleid u. Hilfe zugleich* ◆ er **kennt** kein Erbarmen ◆ jmdn. **aus** Erbarmen bei sich aufnehmen; mit jmdm. Erbarmen haben; **ohne** Erbarmen; das ist **zum** Erbarmen; er sieht zum Erbarmen aus
**erbärmlich** ⟨Adj.⟩ **1** *erbarmenswert, bedauernswert, jämmerlich* **2** *dürftig, ärmlich* **3** *sehr elend od. schlecht* **4** *kleinlich, sehr od. zu klein, sehr od. zu gering* **5** *abscheulich* (Wetter, Tag) **6** *gemein, schurkisch, schändlich* (Gesinnung) **7** *nichtswürdig, verächtlich, schlecht* (Mensch) ◆ eine erbärmliche Behausung, Hütte; erbärmlicher Lohn; erbärmliches Trinkgeld; erbärmlicher Schuft, Wicht; sich erbärmlich benehmen; sich in einem erbärmlichen Zustand befinden
**erbauen** ⟨V.; hat⟩ **I** ⟨V. t.⟩ **1** *aufbauen, errichten* **2** ⟨fig.⟩ *innerlich stärken, läutern* **3** *in Hochstimmung versetzen* ◆ von etwas (nicht) erbaut sein *davon angenehm (unangenehm) berührt sein, sich (nicht) darüber freuen;* ich bin von der Nachricht nicht besonders erbaut **II** ⟨V. refl.⟩ sich (an etwas) erbauen *sich (an etwas) erfreuen* ◆ sich an einem Anblick, einer Lektüre erbauen
**Erbe** **I** ⟨m. 17⟩ *jmd., der etwas erbt od. erben wird, eine Erbschaft antritt od. antreten wird* ◆ Müller(s) Erben *(als Firmenbezeichnung);* der einzige, gesetzliche Erbe; die lachenden Erben ⟨umg.; scherzh.⟩; jmdn. als od. zum Erben einsetzen *jmdn. bestimmen, der nach dem eigenen Tode die Hinterlassenschaft übernehmen soll* **II** ⟨n. 28; unz.⟩ **1** *Erbschaft, Hinterlassenschaft* **2** *die Gesamtheit dessen, was auf uns überkommen ist, was vor uns geschaffen worden ist* ◆ ein Erbe antreten, ausschlagen; das klassische, kulturelle Erbe [< ahd. *erb(e)o* „der Erbe“, *erbi* „das Erbe als Besitz eines Verwaisten“; verwandt mit *arm, Arbeit, Eremit*]
**erben** ⟨V. t.; hat⟩ etwas erben *ein Erbe od. etwas als Erbe übernehmen* ◆ vielleicht kann ich hier etwas erben ⟨umg.⟩ *etwas geschenkt bekommen, abbekommen;* jmds. Vermögen erben; Geld, ein Haus, Schmuck von jmdm. erben
**erbeuten** ⟨V. t.; hat⟩ *als Beute erringen*
**Erbfolge** ⟨f. 19; unz.⟩ *Reihenfolge der Erbberechtigung innerhalb der Familienmitglieder* ◆ männliche Erbfolge *Erbberechtigung nur des Sohnes;* weibliche Erbfolge *Erbberechtigung auch der Tochter*
**erbitten** ⟨V. t. 112; hat⟩ *durch Bitten erreichen od. zu erreichen versuchen* ◆ jmds. Hilfe, Rat, Verzeihung erbitten; sich (nicht) erbitten lassen *den Bitten (nicht) nachgeben;* ich habe mir das Buch von ihm erbeten; jmdm. das erbetene Buch bringen
**erblassen** ⟨V. i.; ist⟩ *blass werden, erbleichen, Farbe verlieren* ◆ ich erblasse vor ihm *ich bin ihm unterlegen;* vor Neid, vor Zorn erblassen *heftigen Neid, Zorn empfinden;* er ist vor Neid erblasst
**erbleichen** ⟨V. i.; ist⟩ **I** ⟨schwach konjugiert⟩ *bleich werden, erblassen, Farbe verlieren* **II** ⟨V. i. 126; stark konjugiert; poet.⟩ *sterben* ◆ er ist erblichen
**erblich** ⟨Adj.⟩ *vererbbar, vererblich* ◆ er ist vom Vater, von der Mutter her erblich belastet *er zeigt die gleichen Anlagen wie der Vater, die Mutter;* die Krankheit ist erblich ⟨schweiz.; umg.⟩ *übertragbar*
**erblicken** ⟨V. t.; hat⟩ **1** *mit den Augen wahrnehmen, entdecken* **2** ⟨fig.⟩ *erkennen* ◆ das Licht der Welt erblicken *geboren werden;* in ihm erblicke ich meinen schärfsten Gegner; darin kann ich keinen Fehler, Schaden, Vorteil erblicken
**erblinden** ⟨V. i.; ist⟩ **1** *blind werden* **2** ⟨fig.⟩ *glanzlos, matt, undurchsichtig werden* (von Glas, Spiegeln) ◆ das Fensterglas in der Küche ist erblindet
**erblühen** ⟨V. i.; ist; geh.⟩ **1** *aufblühen, zur Blüte kommen* (Knospe) **2** ⟨fig.⟩ *heranwachsen, sich entfalten* ◆ die Knospen sind voll erblüht; zu voller Schönheit erblühen ⟨fig.⟩; ein voll erblühtes Mädchen *ein erwachsenes, ganz entwickeltes, schönes Mädchen*
**erbrechen** ⟨V. t. 116; hat⟩ **1** *gewaltsam öffnen, aufbrechen* (Briefe, Geldschrank, Siegel, Tür) **2** *(den Mageninhalt) durch den Mund entleeren, sich übergeben* ◆ sich erbrechen; das Essen erbrechen; er muss erbrechen; die Sache habe ich satt bis zum Erbrechen ⟨fig.; umg.⟩

**erbringen** ⟨V. t. 118; hat⟩ *herbeischaffen* ◆ den Nachweis erbringen, dass ... *beweisen, dass (etwas) ...*

**Erbse** ⟨f. 19⟩ ▼ *ein Schmetterlingsblütler, Hülsenfrucht: Pisum;* ► *Früchte* [< ahd. *araweiz, arawiz*]

**Erbteil** ⟨n. 11 od. Rechtsw.: m. 1⟩ **1** *Teil der Erbschaft, Anteil eines Miterben* **2** *ererbte Veranlagung*

**Erdachse** ⟨[-ks-] f. 19; unz.⟩ *durch den Nord- u. Südpol gehende gedachte Linie, um die die Erdkugel rotiert*

E

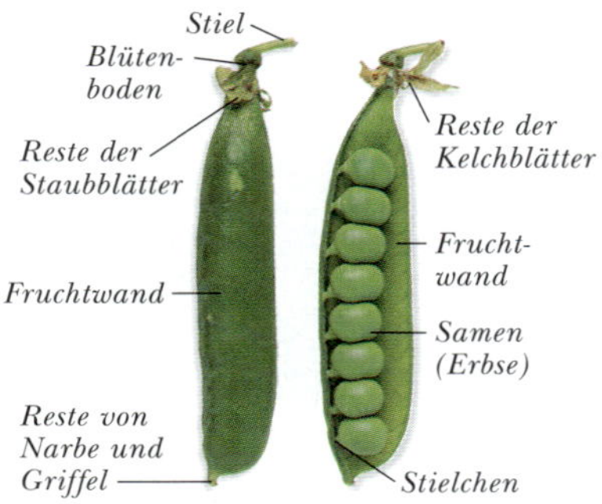


ERBSE: SAATERBSE
*(Pisum sativum)*

**Erdaltertum** ⟨n. 12; unz.⟩ = *Paläozoikum*

**Erdanziehung** ⟨f. 20; unz.⟩ = *Gravitation*

**Erdbahn** ⟨f. 20; unz.; Astron.⟩ *die Bahn der Erde um die Sonne*

**Erdball** ⟨m. 1u; unz.; poet.⟩ = *Erdkugel*

**Erdbeben** ⟨n. 14; Geol.⟩ ► *durch natürliche Vorgänge in der Erdkruste verursachte Erschütterung*

**Erdbebenmesser** ⟨m. 3⟩ ► = *Seismograph*

**Erdbeere** ⟨f. 19⟩ *Angehörige einer Gattung der Rosengewächse: Fragaria;* ► *Früchte*

**Erdboden** ⟨m. 4u; unz.⟩ *Erdoberfläche, Erde, Boden* ◆ eine Stadt dem Erdboden gleichmachen *völlig zerstören*

**Erde** ⟨f. 19⟩ **1** ▼ *von der Sonne aus der dritte der neun Planeten unseres Sonnensystems, die Erdkugel* **2** *Erd-, Ackerkrume, Erdreich, der Boden als Grundlage des Pflanzenwachstums* (Blumenerde) **3** *unsere Welt* **4** ⟨fig.⟩ *der feste Boden* **5** Erden ⟨Chem.⟩ *Oxide der Erdmetalle, z. B. des Aluminiums* ◆ **Himmel** und Erde; unsere **Mutter** Erde ⟨fig.; poet.⟩ ◆ die Erde **erbebte,** erzitterte; die Erde **kreist** um die Sonne ◆ **fette,** feuchte, fruchtbare, schlechte, trockene Erde; bald deckt ihn die **kühle** Erde *bald wird er tot sein* ◆ (in der Elektronik) für das Radio die Wasserleitung **als** Erde benutzen *als Verbindung mit dem Erdboden, zum Erden;* **auf** Erden *im Diesseits, im Leben;* er hat den Himmel auf Erden *er ist sehr glücklich, es geht ihm sehr gut;* mit beiden Beinen fest auf der Erde stehen *im Leben tüchtig sein, sich gut in der Welt zurechtfinden;* ich hätte vor Scham **in** die Erde sinken mögen; er liegt in der kühlen Erde *er ist tot;* **unter** der Erde *unter der Erdoberfläche;* er liegt schon lange unter der Erde *er ist schon lange tot;* **zu** ebener Erde *in gleicher Höhe mit dem Erdboden, im Erdgeschoss* [< ahd. *erda,* engl. *earth*]

**erden** ⟨V. t.; hat⟩ ein elektr. Gerät erden *durch eine Leitung mit dem Erdboden verbinden*

**Erdfarbe** ⟨f. 19⟩ *anorgan. Pigmentfarbstoff (z. B. Ocker, Caput mortuum), der als farbiges Mineral vorkommt u. in Pulverform im Handel ist*

**Erdgas** ⟨n. 11; unz.⟩ ► *überwiegend aus Methan u. geringen Mengen Ethan, Propan u. Butan bestehendes Gemisch von leicht entzündlichen Kohlenwasserstoffen, das häufig in Gegenden mit Erdölvorkommen unter Druck der Erde entströmt*

**Erdgeschoss** ⟨n. 11; Abk.: Erdg.⟩ *Stockwerk zu ebener od. wenig über der Erde;* → a. *Geschoss*[2]

**erdichten** ⟨V. t.; hat⟩ *sich mithilfe der Fantasie ausdenken, erfinden* ◆ Jessica erdichtete eine wilde Geschichte

**erdig** ⟨Adj.⟩ **1** *voller Erde, Erde enthaltend* **2** *wie Erde* ◆ erdiger Säuerling *kohlensäurehaltiges Mineralwasser mit über 1 g Calcium- u. Magnesiumsalzen im Liter*

**Erdkreis** ⟨m. 1; unz.⟩ *Erdkugel, Erdball, Erdenrund* ◆ auf dem ganzen Erdkreis

**Erdkruste** ⟨f. 19; unz.; Geol.⟩ *oberste Schicht der Erde;* Sy *Erdrinde*

**Erdkugel** ⟨f. 21⟩ *die Erde;* Sy ⟨poet.⟩ *Erdball*

**Erdkunde** ⟨f. 19; unz.⟩ = *Geographie*

**erdkundlich** ⟨Adj.⟩ = *geographisch*

**Erdmagnetismus** ⟨m.; -; unz.⟩ *Eigenschaft des Erdkörpers, ein magnet. Feld zu bilden;* Sy *Geomagnetismus*

**Erdmännchen** ⟨n. 14⟩ **1** ⟨Bot.⟩ ► = *Alraune* **2** ⟨Myth.⟩ = *Zwerg (1)* **3** ⟨Zool.⟩ ► *zu den Mangusten gehörende, im südafrikanischen Busch- und Savannenland beheimatete Schleichkatze, die in großen Kolonien ausgedehnte Erdbauten bewohnt: Suricata suricatta*

**Erdneuzeit** ⟨f. 20; unz.⟩ = *Känozoikum*

**Erdnuss** ⟨f. 7u⟩ *Angehörige einer amerikan. Gattung von Schmetterlingsblütlern, deren dünnschalige Samen ein beliebtes Nahrungsmittel sind: Arachis hypogaea*

**Erdoberfläche** ⟨f. 19; unz.⟩ *Oberfläche der Erdkugel*

**Erdöl** ⟨n. 11; unz.⟩ ► *in der Erde vorkommendes, kompliziertes Gemisch von etwa 500 verschiedenen Kohlenwasserstoffen, hauptsächlich Aliphaten, Naphthenen u. Aromaten, mit wechselnden Anteilen ungesättigter Kohlenwasserstoffe;* Sy *Rohöl*

**Erdreich** ⟨n. 11; unz.⟩ *Erdboden, lockere Erde als Grundlage des Pflanzenwachstums*

**erdreisten** ⟨V. refl.; hat⟩ sich erdreisten, etwas zu tun *so dreist sein, etwas zu tun* ◆ wie können Sie sich erdreisten, mir das ins Gesicht zu sagen?

**Erdrinde** ⟨f. 19; unz.⟩ = *Erdkruste*

**erdrosseln** ⟨V. t.; hat⟩ *mit den Händen od. einem Strick erwürgen* [zu ahd. *drozza* „Kehle"; → *Drossel*[2]]

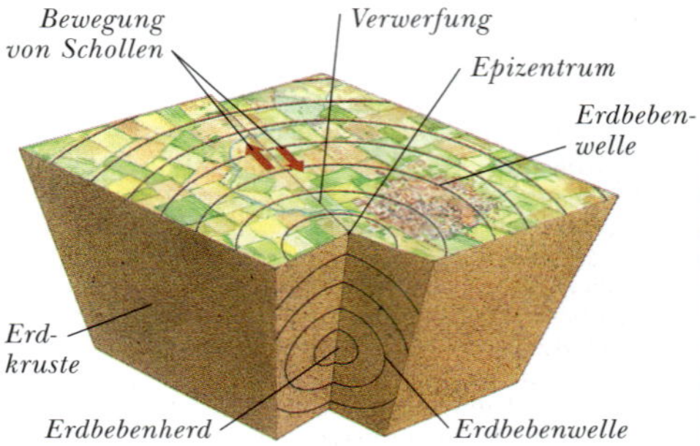


ERDBEBEN: SCHNITT DURCH DIE ERDKRUSTE WÄHREND EINES BEBENS

**erdrücken** ⟨V. t.; hat⟩ **1** *zu Tode drücken, ersticken* **2** ⟨fig.⟩ *in übergroßem Maße belasten* ◆ die Arbeit erdrückt mich fast; durch herabstürzende Erdmassen erdrückt werden

**Erdstoß** ⟨m. 1u⟩ *ruckartige Erschütterung der Erde beim Erdbeben*

**Erdteil** ⟨m. 1⟩ *große Festlandmasse, Kontinent*

**erdulden** ⟨V. t.; hat⟩ *duldend ertragen*

**Erdung** ⟨f. 20⟩ *das Erden, elektrisch leitende Verbindung zwischen einem elektrischen Gerät u. der Erde zur Ableitung störender u. schädlicher Spannungen*

**Erdurzeit** ⟨f. 20; unz.⟩ = *Archaikum*

**ereignen** ⟨V. refl.; hat⟩ sich ereignen *geschehen, vorkommen, stattfinden* ◆ gestern hat sich etwas Merkwürdiges ereignet; hat sich inzwischen irgendetwas (Besonderes) ereignet? [< ahd. *(ir)ougen* „vor Augen stellen"; zu *ouga* „Auge"; mhd. *eröugen, eröugnen,* von *eigen* beeinflusst; → *Auge*]

**Ereignis** ⟨n. 11⟩ **1** *Geschehnis, Vorkommnis, Begebenheit* **2** ⟨fig.; umg.⟩ *großes, eindrucksvolles Erlebnis* ◆ die Aufführung war wirklich ein Ereignis; ein freudiges Ereignis *die Geburt eines Kindes*

**Erektion** ⟨f. 20⟩ *das Erigieren, Aufrichten, Anschwellen (der äußeren Geschlechtsorgane bei geschlechtlicher Erregung)* [< lat. *erectio* „das Emporrichten"]

**Eremit** ⟨m. 16⟩ **1** = *Einsiedler* **2** ⟨Zool.⟩ ► = *Einsiedlerkrebs* [< grch. *eremites;* zu *ere-*

## ERDE

Die Erde ist der fünftgrößte und einzige belebte Planet des Sonnensystems. Sie setzt sich aus vier Schalen zusammen: einem metallischen, festen inneren Kern, einem geschmolzenen äußeren Kern aus Metall, einem hauptsächlich aus dem Gestein Peridotit bestehenden Mantel und der äußeren Erdkruste, die sich in kontinentale und ozeanische Bereiche aufteilt.

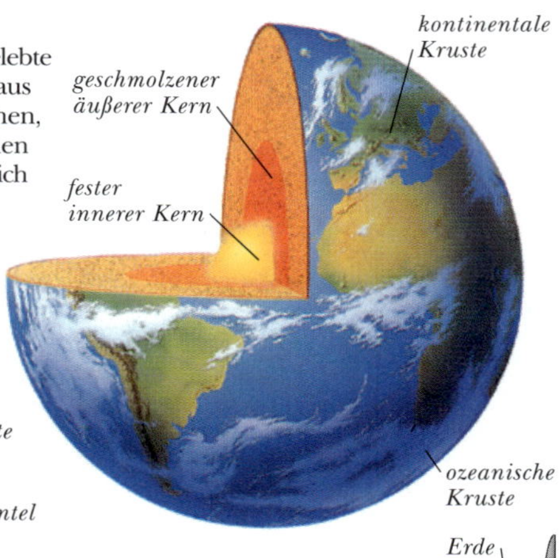


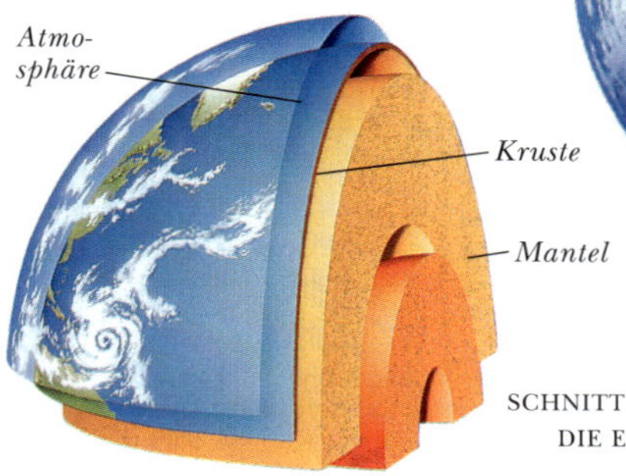


SCHNITT DURCH DIE ERDE

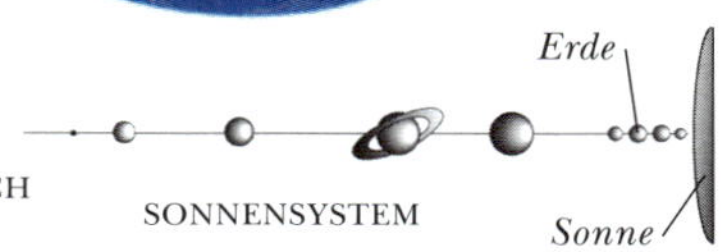


SONNENSYSTEM

*mos* „einsam, verlassen"; verwandt mit *arm, Arbeit, Erbe*]

**erfahren I** ⟨V. t. 130; hat⟩ **1** *Kenntnis erhalten von, mitgeteilt bekommen, zu wissen bekommen* (Neuigkeit) **2** *empfangen, erhalten* (Pflege) **3** *erleben, erleben müssen* (Leid, Verlust) ◆ich habe erfahren, dass er schon hier ist; eine gute, schonende, sorgfältige **Behandlung** erfahren *gut, schonend behandelt werden* ◆ich habe nicht erfahren **können,** ob ... ◆ich habe die Nachricht erst **aus** zweiter Hand erfahren; ich habe es **durch** seinen Brief, durch die Zeitung, durch Zufall erfahren **II** ⟨Adj.⟩ *reich an Erfahrung, Kenntnissen u. Übung, allseits erprobt, bewährt* ◆ein erfahrener Arzt, Fachmann, Lehrer [< mhd. *ervarn* „reisend erkunden"]

**Erfahrung** ⟨f. 20⟩ **1** *ein Erlebnis, aus dem man lernt* **2** *Kenntnisse und Übung* **3** ⟨Philos.⟩ *das durch eigenes Erleben, eigene Anschauung erworbene Wissen* ◆Erfahrung ist die Mutter der Weisheit *aus dem, was man selbst erlebt, lernt man am meisten* ◆Erfahrung **haben;** jeder muss selbst seine Erfahrungen **machen** ◆es ist eine **alte** Erfahrung, dass ...; **berufliche** Erfahrung haben; **böse,** bittere, gute, schlechte, trübe Erfahrungen machen ◆das kenne, weiß ich **aus** (eigener) Erfahrung; **durch** Erfahrung wird man klug

ERDMÄNNCHEN
*(Suricata suricatta)*

**erfassen** ⟨V. t.; hat⟩ **1** *ergreifen, in die Hand nehmen* **2** ⟨fig.⟩ *berühren, beeinflussen, überkommen* **3** *verstehen, begreifen* **4** *in Listen, Verzeichnisse, Statistiken aufnehmen* ◆er hat (noch nicht) erfasst, worauf es ankommt; Entsetzen, Furcht, Zweifel erfasste ihn; alle noch nicht schulpflichtigen Kinder erfassen; Daten erfassen

**erfinden** ⟨V. t. 134; hat⟩ etwas erfinden **1** *ersinnend schaffen, etwas ganz Neues (bes. in der Technik) schaffen* **2** *sich ausdenken, erdichten, lügen* ◆Ausreden erfinden; Edison hat die Glühlampe erfunden

**Erfinder** ⟨m. 3⟩ *Schöpfer von etwas Neuem (bes. in der Technik)* ◆Gutenberg, der Erfinder der Buchdruckerkunst

**Erfindung** ⟨f. 20⟩ **1** *das Erfinden, Einfall des schöpfer. Denkens, erfundene Sache* **2** *Erdichtung, Ausgedachtes, Lüge* ◆eine Erfindung machen; das ist meine Erfindung!; das Radio ist eine großartige praktische Erfindung; es ist reine Erfindung, was er erzählt

**Erfolg** ⟨m. 1⟩ **1** *positives Ergebnis* **2** *Wirkung, Folge* **3** *erfolgreiche Sache* ◆einen Erfolg **erzielen;** Erfolg **haben** *Anklang finden;* keinen Erfolg haben; die Sache **verspricht** (keinen) Erfolg ◆**beispielloser,** durchschlagender, geringer, glänzender, großer, nachhaltiger, voller Erfolg; der Versuch hatte (nicht) den **gewünschten** Erfolg; **viel,** wenig Erfolg haben; das Konzert, Theaterstück wurde ein **voller** Erfolg ◆er od. die Sache hat keine Aussicht **auf** Erfolg; Erfolg(e) **bei** Frauen haben ◆und **was** war der Erfolg? [Rückbildung < mhd. *ervolgen* „erreichen, erlangen"; zu *folgen*]

**erfolgen** ⟨V. i.; ist⟩ *(als Folge auf etwas) geschehen, eintreten* (Ereignis, Wirkung) ◆er rief, aber es erfolgte keine Antwort; es ist nichts weiter darauf erfolgt

**erfolgreich** ⟨Adj.⟩ **1** *mit Erfolg* **2** *von Erfolg gekrönt, Erfolg habend* **3** *wirksam* ◆ein erfolgreicher Mensch

**erfordern** ⟨V. t.; hat⟩ *fordern, unbedingt verlangen, bedürfen, nötig haben* ◆die Sache erfordert viel Arbeit, Geld, Zeit; die Arbeit erfordert meine ganze Aufmerksamkeit

**erforschen** ⟨V. t.; hat⟩ **1** *wissenschaftlich ergründen* (Land, Vorgang) **2** *genau kennen zu lernen suchen* ◆ein Geheimnis erforschen *auskundschaften, herauszubekommen suchen;* sein Gewissen erforschen *prüfen;* jmds. wirkliche Meinung erforschen

**erfreuen** ⟨V.; hat⟩ **I** ⟨V. t.⟩ jmdn. erfreuen *jmdm. Freude machen* ◆jmdn. mit seinem Besuch, mit einem Geschenk erfreuen; „Ja, gern!", sagte er erfreut; sehr erfreut! *(veraltete Formel, wenn man mit jmdm. bekannt gemacht wird);* erfreut sein über etwas *sich über etwas freuen;* er war über ihren Besuch sehr erfreut **II** ⟨V. refl.⟩ sich jmds. od. einer Sache erfreuen *sich (anhaltend) über jmdn. od. eine Sache freuen, etwas genießen, haben*

**erfreulich** ⟨Adj.⟩ **1** *Freude bereitend, freudig stimmend, angenehm, willkommen* **2** *günstig* ◆eine erfreuliche Aussicht; er macht erfreuliche Fortschritte; das ist ja (nicht) sehr erfreulich

**erfrieren** ⟨V. i. 140; ist⟩ *durch Frieren, Kälterwerden, zugrunde gehen* (Lebewesen), *absterben* (Glied, Pflanzenteil) ◆die Blumen sind erfroren; ich bin ganz erfroren *erstarrt vor Kälte*

**Erfrischung** ⟨f. 20⟩ **1** *das Erfrischen, Belebung* **2** *kühlendes Getränk, erquickende kleine Speise* ◆jmdm. eine kleine Erfrischung anbieten

**erfüllen** ⟨V.; hat⟩ **I** ⟨V. t.⟩ **1** *ganz füllen, voll machen* (Gefäß) **2** ⟨fig.⟩ *innerlich ausfüllen, stark beschäftigen, in Anspruch nehmen* **3** *(ein)halten, verwirklichen* (Bedingung, Versprechen) **4** *ausführen, nachkommen* (Aufgabe, Pflicht) **5** *nachgeben, befriedigen* (Bitte, Forderung, Wunsch) ◆seine Arbeit erfüllt ihn ganz **II** ⟨V. refl.⟩ sich erfüllen *wahr werden, Wirklichkeit werden* (Prophezeiung, Wunsch)

**Erfüllung** ⟨f. 20⟩ **1** *das Erfüllen, Verwirklichung* **2** *das Erfülltwerden* **3** *Tilgung einer Schuld durch eine bestimmte Leistung, z. B. Lieferung von Ware, meist zu bestimmter Zeit u. an bestimmtem Ort*

**ergänzen** ⟨V. t.; hat⟩ *vervollständigen, Fehlendes hinzufügen zu* ◆jmds. Bericht ergänzen; das Fehlende ergänzen

**Ergänzung** ⟨f. 20⟩ **1** *das Ergänzen, etwas Zusätzliches, Hinzugefügtes, Zusatz, Hinzufügung* **2** ⟨Gramm.⟩ *Objekt od. Adverbiale, die von einem Verb in einem Satz gefordert werden oder fakultativ zu einem Verb hinzutreten kann* ◆fakultative, freie, notwendige, obligatorische Ergänzung

**ergeben**[1] ⟨V. 143; hat⟩ **I** ⟨V. t.⟩ **1** *Erkenntnis bringen, zeigen, be-, erweisen* **2** *abwerfen, Ertrag erbringen* **3** *Lösung erbringen* ◆4 mal 3 ergibt 12; die Prüfung, Umfrage hat ergeben, dass ... **II** ⟨V. refl.⟩ sich ergeben **1** *keinen Widerstand (mehr) leisten* **2** *kapitulieren, aufgeben* **3** *sich fügen, sich unterwerfen* ◆es hat sich eben so ergeben *es ist eben so gekommen;* er ergab sich der Polizei; es ergibt sich die Frage, ob ...; daraus können sich Nachteile, unangenehme Folgen ergeben; bei der Untersuchung hat sich ergeben; sich ergeben in *sich fügen in, sich schicken in;* sich in sein Los, sein Schicksal ergeben

E

**ergeben**[2] ⟨Adj.⟩ **1** *fügsam, widerspruchslos* **2** *untertänig, hingebungsvoll* ◆jmdm. ergeben sein *demütig zugetan sein, (freiwillig) untertan, hörig sein*

**Ergebenheit** ⟨f. 20; unz.⟩ **1** *demütige Hingabe* **2** *Fügsamkeit*

**Ergebnis** ⟨n. 11⟩ **1** *Erfolg, Resultat* **2** *Ertrag* **3** *Folge* **4** ⟨Math.⟩ *Lösung* ◆das Ergebnis einer **Gleichung,** Prüfung, Rechenaufgabe, Untersuchung, eines Versuchs ◆die Prüfung hat kein Ergebnis **gebracht,** gehabt ◆ein **befriedigendes,** schlechtes Ergebnis ◆das Ergebnis **von** 2 mal 2 ist 4

**ergehen** ⟨V. 145⟩ **I** ⟨V. i.; ist; persönl.⟩ *ausgehen* (Befehl, Gebot), *erlassen werden* (Gesetz) ◆ergehen **lassen** *erlassen, ausgeben;* einen Befehl ergehen lassen (an) ◆die Aufforderung erging **an** ihn, sich am andern Tag dort einzufinden; es erging ein Gebot an alle, dass ...; etwas **über** sich ergehen lassen *mit sich geschehen lassen, geduldig ertragen* **II** ⟨V. i.; ist; unpersönl.⟩ es ergeht mir gut, schlecht *es geht mir, ich befinde mich gut, schlecht;* es wird dir schlecht ergehen, wenn ... **III** ⟨V. refl.; hat⟩ sich an der Luft ergehen ⟨geh.⟩ *im Freien hin u. her gehen u. die frische Luft genießen, einen Spaziergang machen;* sich in etwas ergehen *etwas in übertriebener Weise tun;* sich in Klagen ergehen *unablässig, leidenschaftlich klagen*

**ergiebig** ⟨Adj.⟩ *fruchtbar, ertragreich, nutzbringend* ◆das Fett ist sehr ergiebig *gibt viel aus, reicht lange*

**ergo..., Ergo...** ⟨in Zus.⟩ **1** *Arbeit betreffend* **2** *Arbeits...* [< grch. *ergon* „Werk, Arbeit"]

**Ergotherapie** ⟨f. 19; unz.⟩ *Beschäftigungs- u. Arbeitstherapie* [< grch. *ergon* „Arbeit, Werk" + *Therapie*]

## ERDGAS UND ERDÖL

Erdgas (hauptsächlich Methan) und Erdöl treten in der Regel zusammen auf. Beide sind aus planktonischen Meereslebewesen entstanden, die unter Sedimentschichten vergraben und dort im Lauf der Jahrmillionen abgebaut wurden. Erdgas wie Erdöl können, da sie leichter sind als Wasser, nach oben steigen, wo sie sich unter einer wasserundurchlässigen Gesteinsschicht ansammeln. Anhand der Form dieser Schichten kann auf Lagerstätten dieser Brennstoffe geschlossen werden.

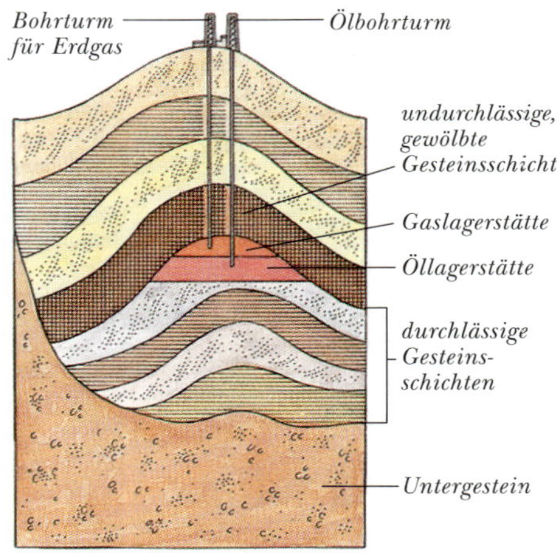


SCHNITT DURCH DIE ERDKRUSTE MIT ERDGAS- UND ERDÖLLAGERSTÄTTE

**ergreifen** ⟨V. t. 158; hat⟩ **1** *nach etwas greifen u. es fest halten, packen, erfassen, in die Hand nehmen* **2** *fest-, gefangen nehmen* (Dieb) **3** ⟨fig.⟩ *innerlich bewegen, erschüttern* ◆ das Theaterstück hat mich **stark,** tief ergriffen ⟨fig.⟩ ◆ **für** jmdn. Partei ergreifen *sich für jmdn. einsetzen, jmds. Meinung unterstützen;* **von** etwas Besitz ergreifen *etwas in Besitz nehmen, sich aneignen*

**ergriffen** ⟨Adj.⟩ *erschüttert, bewegt* ◆ der Musik, einem Vortrag ergriffen lauschen

**Ergriffenheit** ⟨f. 20.; unz.⟩ *das Ergriffensein, innere Bewegung*

**ergründen** ⟨V. t.; hat⟩ eine Sache ergründen *einer Sache auf den Grund gehen, sie erforschen, auskundschaften, durch Forschen genau feststellen* ◆ ein Geheimnis ergründen; Ursachen ergründen

**erhaben** ⟨Adj.⟩ **1** *erhöht über die Umgebung, plastisch hervortretend* ⟨a. fig.⟩ **2** *feierlich, erhebend, großartig* (Anblick, Augenblick, Gedanke, Schauspiel, Stil) ◆ erhabene Arbeit *Relief, Kamee;* der erhabene Herrscher, Kaiser; darüber bin ich erhaben (z. B. über Klatsch) *das berührt mich nicht, dem bin ich, fühle ich mich überlegen* [urspr. Part. zu mhd. *erheben* „in die Höhe heben"]

**erhalten** ⟨V. 160; hat⟩ **I** ⟨V. t.⟩ **1** etwas erhalten **1.1** *bekommen, kriegen* **1.2** *bewahren, für weiteres Bestehen, Fortdauern sorgen* (Andenken, Bauwerk) **2** jmdn. od. sich erhalten *für jmds. od. den eigenen Unterhalt sorgen* ◆ eine **Antwort,** einen Brief, ein Geschenk erhalten; **Beifall** erhalten; **Besuch,** eine Nachricht erhalten ◆ das Denkmal soll der Nachwelt erhalten **bleiben;** von den Bauwerken der Stadt ist nur diese Kirche erhalten geblieben ◆ Betrag **dankend** erhalten *(auf Quittungen);* das Klavier ist noch **gut** erhalten *in gutem Zustand* ◆ jmdn. **am** Leben erhalten; jmdn. **bei** guter Laune (er)halten *dafür sorgen, dass er guter Laune bleibt* **II** ⟨V. refl.⟩ sich erhalten *fortdauern, bestehen bleiben, lebendig bleiben*

**erhältlich** ⟨Adj.⟩ *so beschaffen, dass man es (noch) erhalten kann, zu bekommen, käuflich, lieferbar*

**Erhaltung** ⟨f. 20; unz.⟩ **1** *das Erhalten, Instandhaltung, Pflege* **2** *das Sicherhalten* **3** *Bestehenbleiben, Fortdauern*

**erhängen** ⟨V.; hat⟩ **I** ⟨V. t.⟩ *durch Aufhängen, Henken, durch den Strang töten* ◆ jmdn. zum Tod durch Erhängen verurteilen **II** ⟨V. refl.⟩ sich erhängen *durch Sichaufhängen Selbstmord verüben* ◆ sich an einem Baum, am Fensterkreuz erhängen

**erhärten** ⟨V. t.; hat⟩ **1** *hart machen* **2** ⟨fig.⟩ *bekräftigen, bestätigen* ◆ eine Behauptung, eine These durch Beweise erhärten

**erheben** ⟨V. 163; hat⟩ **I** ⟨V. t.⟩ **1** *emporheben* **2** *loben, lobpreisen, rühmen* **3** *geltend machen* (Anspruch, Beschwerde) **4** *in feierl. Stimmung versetzen* **5** *verlangen, zahlen lassen* (Eintrittsgeld, Gebühren, Steuern, Zoll) **6** *beginnen, anstimmen* (Geschrei, Klage) ◆ die Predigt hat mich sehr erhoben; **Anklage** erheben (gegen); lauten **Protest** erheben (gegen) ◆ den Kopf **stolz** erheben **II** ⟨V. refl.⟩ sich erheben **1** *eine Erhöhung bilden, über etwas hinausragen* **2** *aufstehen, sich aufrichten* **3** *aufkommen, entstehen* (Sturm, ⟨fig.⟩ Frage, Problem) ◆ sich **gegen** jmdn. od. etwas erheben *sich empören, auflehnen*

**erheblich** ⟨Adj.⟩ Ggs *unerheblich* **1** *wichtig, bedeutsam* **2** *groß, beträchtlich* **3** *zahlreich* **4** *viel* ◆ eine erhebliche Menge

**Erhebung** ⟨f. 20⟩ **I** ⟨unz.⟩ **1** *das Erheben* **2** *das Erhobenwerden* **II** ⟨zählb.⟩ **1** *Forderung* (von Gebühren) **2** *Ermittlung, Untersuchung, Erkundigung, Feststellung, Rundfrage* **3** ⟨fig.⟩ *Erbauung* **4** *großes Lob, Lobpreis* (Lobeserhebung) **5** *das Sicherheben (über), Höhe, Berg, Hügel* (Bodenerhebung) **6** *Aufstand, Aufruhr* ◆ gerichtliche, polizeiliche, statistische Erhebungen

**erheitern** ⟨V.; hat⟩ **I** ⟨V. t.⟩ *heiter stimmen, zum Lachen bringen* ◆ dieser Vorfall hat mich sehr erheitert; ein erheiterndes Buch, Erlebnis **II** ⟨V. refl.⟩ sich erheitern *heiter werden* ◆ sich über etwas erheitern *sich darüber belustigen, darüber lachen*

**erhitzen** ⟨V.; hat⟩ **I** ⟨V. t.⟩ **1** *heiß machen* (Flüssigkeit, Metall) **2** ⟨fig.⟩ *in Aufregung, in Zorn bringen* ◆ der Prozess hat die Gemüter erhitzt; Wasser auf 100 °C, bis zum Kochen erhitzen **II** ⟨V. refl.⟩ sich erhitzen **1** *in Hitze, in Schweiß geraten* **2** ⟨fig.⟩ *in Aufregung, Eifer, Zorn geraten*

**erhoffen** ⟨V. t.; hat⟩ *hoffen auf, hoffend erwarten* ◆ er hat nach dieser Aktion nichts mehr (von mir) zu erhoffen

**erhöhen** ⟨V. t.; hat⟩ **1** *höher machen* (Damm, Mauer, Wall) **2** *verstärken, vergrößern, steigern* (Druck, Freude, Geschwindigkeit, Schuld, Wirkung) **3** *umfangreicher machen, heraufsetzen* (Absatz, Gehalt, Gewinn, Preis, Steuern) **4** jmdn. erhöhen *im Rang höher setzen, befördern* ◆ die **Arbeitsfreude** erhöhen; das **Niveau** erhöhen ◆ die Zahl der Todesopfer hat sich **auf** 57 erhöht

**Erhöhung** ⟨f. 20⟩ **I** ⟨unz.⟩ *das Erhöhen* **II** ⟨zählb.⟩ *kleiner Berg, Hügel, Erhebung*

**erholen** ⟨V. refl.; hat⟩ sich erholen **1** *sich ausruhen (nach großer Anstrengung), ausspannen, längere Zeit nicht arbeiten* **2** *wieder zu Kräften kommen (z. B. nach einer Krankheit)* **3** *gesund werden, eine Krankheit völlig überwinden* **4** *Erschöpfung, Schrecken überwinden, wieder zu Atem kommen* **5** *Verluste ausgleichen, besser werden* (Geschäftsgang, Börsenkurse)

**erholsam** ⟨Adj.⟩ *der Erholung dienend, für die Erholung gut*

**Erholung** ⟨f. 20; unz.⟩ *das Sicherholen, Entspannung, Kräftigung, Gesundung* ◆ er hat Erholung dringend nötig; im Gebirge, am Meer Erholung suchen

**erhören** ⟨V. t.; hat⟩ jmdn. erhören **1** *jmds. Bitte, Gebet erfüllen* **2** ⟨umg.⟩ *anhören u. ertragen* ◆ sie erhörte sein Flehen

**Erika** ⟨f.; -, -riken; Bot.⟩ ► *Angehörige einer Gattung der Heidekrautgewächse: Erica* [< ital. *erica* < lat. *erica* < grch. *ereike*]

**erinnern** ⟨V.; hat⟩ **I** ⟨V. t.⟩ jmdn. an etwas erinnern **1** *jmdm. etwas ins Gedächtnis zurückrufen* **2** *jmdn. an etwas mahnen* ◆ erinnern Sie mich bitte daran, damit ich es nicht vergesse **II** ⟨V. refl.⟩ sich erinnern *etwas noch wissen, etwas od. jmdn. noch kennen, noch im Gedächtnis haben, noch nicht vergessen haben* ◆ ja, ich erinnere mich *jetzt fällt es mir wieder ein* [< mhd. *(er)innern* < ahd. *innaron;* zu *innaro* „der Innere"]

**Erinnerung** ⟨f. 20⟩ **1** *das Erinnern, Mahnung* **2** *das Sicherinnern, bewusstes Wiederhervorbringen von Vergangenem, Gelerntem, Erlebtem durch das Gedächtnis* **3** *Gedenken* **4** *Andenken, Bild, das man im Gedächtnis trägt* ◆ alte Erinnerungen **auffrischen,** ausgraben, austauschen ◆ eine **bleibende,** liebe, schöne Erinnerung; ich habe eine **deutliche,** dunkle, schwache, gar keine Erinnerung daran ◆ schenk es mir **als** Erinnerung an dich!

**erkälten** ⟨V. refl.; hat⟩ sich erkälten *eine Erkältung bekommen*

**Erkältung** ⟨f. 20⟩ *Herabsetzung der Abwehrkraft des Körpers gegen Ansteckung durch Abkühlung einzelner Körpergebiete, wodurch Entzündungen hervorgerufen werden können (Schnupfen, Katarrhe, Entzündungen der oberen Luftwege u. der Lungen, der Harnorgane u. des Magens)* ◆ sich eine Erkältung zuziehen; eine leichte, starke, ⟨umg.⟩ tüchtige Erkältung haben

**erkämpfen** ⟨V. t.; hat⟩ **1** *durch Kampf, Einsatz erringen* **2** ⟨fig.⟩ *durch Anstrengung, energ. Vorgehen erreichen*

**erkaufen** ⟨V. t.; hat⟩ **1** *durch Kauf, durch Bestechung erwerben* **2** ⟨fig.⟩ *durch Mühe, Ausdauer, Opfer erwerben, erringen* ◆ sich ein **Amt** erkaufen; sich jmds. **Schweigen,** Verschwiegenheit erkaufen; ich habe diese Erfahrung **teuer** erkaufen müssen ◆ das ist **nicht** mit Geld zu erkaufen *das kann man nicht durch Geld erlangen, sondern nur durch Mühe, o. Ä.*

**erkennen** ⟨V. t. 166; hat⟩ **1** *wahrnehmen, sehen, unterscheiden* **2** *merken, wer od. was es ist* **3** *merken, wie etwas od. jmd. ist* ◆ erkenne dich selbst!; erkennst du mich (mehr)?; ich habe sie nicht gleich erkannt (und deshalb nicht gegrüßt) ◆ etwas zu erkennen **geben** *merken lassen, fühlen lassen;* sich zu erkennen geben *sagen, wer man ist;* erkennen **lassen** *zeigen, durchblicken lassen, sich anmerken lassen* ◆ etwas **als** falsch, richtig erkennen; ich erkannte ihn **am** Gang, an der Sprache, Stimme; **auf** etwas erkennen *ein Urteil fällen*

**erkenntlich** ⟨Adj.⟩ *zu Gegenleistungen bereit, dankbar* ◆ ⟨fast nur in der Wendung⟩ sich erkenntlich zeigen

**Erkenntnis** ⟨f. 9⟩ **1** *Erkennen, Einsicht in Erlebtes, Erfahrenes, Beobachtetes, mit dem Ziel, die Wahrheit zu finden* **2** *Ergebnis des Erkennens* **3** *das, was man erkannt hat, das Erkannte, Wissen um die Wahrheit* ◆ intuitive Erkenntnis *Intuition*

**Erker** ⟨m. 3⟩ *vorspringender Bauteil mit Fenstern an Gebäuden* [< mhd. *arkere, arker, erker(e)* < ält. nordfrz. *arquiere* „Schießscharte", eigtl. „Schützenstand" < mlat. **arcuarium;* zu lat. *arcus* „Bogen"]

**erklären** ⟨V.; hat⟩ **I** ⟨V. t.⟩ **1** *klar machen, erläutern* **2** *äußern, aussprechen, bes. in bindender Form* ◆ das **brauche** ich wohl nicht erst zu erklären; ich **kann** es mir nicht erklären *ich verstehe es nicht* ◆ sich **bankrott** erklären; sich **bereit** erklären, etwas zu tun; etwas **deutlicher,** näher erklären; sich (mit einem Plan, Vorschlag) **einverstanden** erklären; Angeklagter, erklären Sie sich **schuldig?** ◆ ich will es **an** einem Beispiel erklären; ich erkläre hiermit an Eides statt **II** ⟨V. refl.⟩ sich erklären **aus** (von Sachen, Vorgängen) *herrühren von, die Folge sein von, bedingt sein durch* ◆ das erklärt sich aus der Tatsache, dass ...

ERIKA: WIMPERHEIDE *(Erica ciliaris)*

**Erklärung** ⟨f. 20⟩ **1** *das Erklären* **2** *das Erklärtwerden, Erläuterung, Auslegung, Ausdeutung, Exegese* **3** *die erklärenden Worte* **4** *bindende Aussage* ◆ eine Erklärung der **Regierung** ◆ eine Erklärung **abgeben;** eine Erklärung **machen** *Liebeserklärung* ◆ eine **eidesstattliche** Erklärung ◆ das genügt nicht **als** Erklärung; eine Erklärung **an** Eides statt

**erkranken** ⟨V. i.; ist⟩ *krank werden* ◆ er ist an Grippe erkrankt

**Erkrankung** ⟨f. 20⟩ **1** *das Erkranken* **2** *das Erkranktsein, Krankheit* ◆ Facharzt für innere Erkrankungen

**erkunden** ⟨V. t.; hat⟩ **1** *festzustellen suchen, auskundschaften* **2** *erfragen* ◆ ein Gelände erkunden; die Stellungen des Feindes erkunden; kannst du erkunden, ob ...

**erkundigen** ⟨V. refl.; hat⟩ sich erkundigen (nach) *fragen (nach), Auskünfte einholen (über)* ◆ ich möchte mich erkundigen, ob das bestellte Buch schon da ist

**erlangen** ⟨V. t.; hat⟩ *bekommen, erreichen, gewinnen* ◆ die Fähigkeit erlangen, etwas zu tun; die Gewissheit erlangen, dass ...

**Erlass** ⟨m. 1u⟩ **1** *behördl. Verordnung od. Bekanntmachung* (Regierungserlass) **2** *das Erlassen, Aufhebung* (Schulderlass, Straferlass) ◆ königlicher, päpstlicher Erlass

ERLENMEYERKOLBEN

**erlassen** ⟨V. t. 174; hat⟩ **1** *verkünden, veröffentlichen, verordnen, anordnen* (Gesetz, Verfügung) **2** *in Kraft treten lassen* **3** jmdm. etwas erlassen *jmdn. von etwas befreien* (von Arbeit, Schuld, Strafe)

**erlauben** ⟨V.; hat⟩ **I** ⟨V. t.⟩ *gestatten, zugestehen, zustimmen zu* ◆ erlaube mal! *wie kannst du ...? (auch als Einwand gegen eine Behauptung) hier muss ich widersprechen!; das kann nicht stimmen!;* der Arzt hat dem Kranken das **Aufstehen** erlaubt; **Eintritt,** Durchgang nicht erlaubt *(auf Türschildern);* seine finanziellen Verhältnisse erlauben ihm ein behagliches **Leben** ◆ sie erlauben ihren Kindern zu **viel** ◆ erlaubte Mittel anwenden **II** ⟨V. refl.⟩ sich etwas erlauben *sich die Freiheit nehmen, etwas zu tun (bes. als Höflichkeitsformel)* ◆ deshalb erlaube ich mir anzufragen, ob ... *(in Briefen)* ◆ **darf** ich mir erlauben, Sie für morgen einzuladen?; in seiner Stellung **kann** er es sich erlauben, eigenmächtig zu handeln ◆ **was** erlauben Sie sich eigentlich? *was fällt Ihnen ein?, das geht wirklich nicht!* [< ahd. *irlouben;* → *Urlaub*]

**Erlaubnis** ⟨f. 9⟩ **1** *Einwilligung, Zustimmung, Billigung* **2** *Genehmigung zu etwas* (Druckerlaubnis) ◆ jmdm. die Erlaubnis geben, etwas zu tun *jmdm. etwas erlauben*

**erläutern** ⟨V. t.; hat⟩ *erklären, darlegen, begreiflich machen* ◆ der Vortrag wurde später detailliert erläutert [→ *lauter*]

**Erle** ⟨f. 19⟩ *Angehörige einer Gattung der Birkengewächse mit charakteristischen holzigen Fruchtständen: Alnus;* Sy *Erlenbaum* [< ahd. *erila,* (älter) *elira;* verwandt mit *Ulme*]

**erleben** ⟨V. t.; hat⟩ **1** *denkend u. fühlend anwesend, dabei sein* **2** *erfahren, kennen lernen* **3** *zu einer bestimmten Zeit, in der ein Ereignis eintritt, leben* ◆ das werde ich nicht mehr erleben *wenn das geschieht, werde ich schon tot sein;* eine **Enttäuschung,** Überraschung erleben; er erlebte noch die **Freude,** seine Enkelkinder zu sehen ◆ er **durfte** es noch erleben, dass ... ◆ er hat **an** seinen Kindern nur Freude erlebt

**Erlebnis** ⟨n. 11⟩ **1** *Ereignis, das man erlebt* **2** *Vorfall, den man miterlebt hat* **3** *eindrucksvolles, aufregendes Ereignis* **4** ⟨fig.⟩ *Liebelei, Liebschaft* ◆ die Aufführung war ein Erlebnis; ein Erlebnis haben

**erledigen** ⟨V. t.; hat⟩ **1** etwas erledigen **1.1** *ausführen, besorgen* (Auftrag, Geschäft, Formalität) **1.2** *fertig machen, zu Ende arbeiten, zu Ende bringen, in Ordnung bringen* (Angelegenheit) **2** jmdn. erledigen **2.1** *aus dem Weg schaffen, umbringen, töten* **2.2** *beseitigen, zugrunde richten* ◆ **Besorgung,** Bestellung, Botengang, Brief, Einkäufe erledigen; die tägliche **Post** erledigen ◆ etwas **gewissenhaft,** pünktlich, sorgfältig erledigen ◆ kannst du das **für** mich erledigen? ◆ wird erledigt! *wird abgeschlossen (Aktenvermerk)*

**erlegen** ⟨V. t.; hat⟩ *töten, zur Strecke bringen* (Wild)

**erleichtern** ⟨V. t.; hat⟩ *von einer Last befreien, eine Last abnehmen von, leichter machen, Belastung, Gewicht verringern von* ◆ sich erleichtern ⟨fig.⟩ *sich seinen Kummer von der Seele reden,* ⟨a. umg.⟩ *urinieren* ◆ sein **Gewissen** erleichtern *beichten, Buße tun;* sein **Herz** erleichtern *sich aussprechen* ◆ sich **durch** Tränen erleichtern; jmdn. **um** etwas (Besitz, Geld) erleichtern ⟨umg.⟩ *jmdn. bestehlen* ◆ erleichtert sein *von Angst, von einer Last, Sorge befreit sein*

**Erleichterung** ⟨f. 20⟩ *das Erleichtern, das Erleichtertsein* ◆ jmdm. eine Erleichterung od. Erleichterungen verschaffen

**erleiden** ⟨V. t. 176; hat⟩ *Böses, Schweres erleben, durch Leiden erfahren, ertragen, erdulden, aushalten* ◆ eine **Niederlage** erleiden *zugefügt bekommen;* einen **Rückfall** (nach einer Krankheit) erleiden; **Schaden,** Schmerzen, Verluste erleiden

**Erlenbaum** ⟨m. 1u⟩ = *Erle*

**Erlenmeyerkolben,** ⟨auch⟩ **Erlenmeyer-Kolben** ⟨m. 4; Chem.⟩ ◄ *kegelförmiger Glaskolben für Laborversuche* [nach dem dt. Chemiker R.A.C. Emil *Erlenmeyer,* 1825-1909]

**Erlenzeisig** ⟨m. 1; Zool.⟩ ▼ *einheim., Körner fressender Finkenvogel, häufig im Käfig gehalten: Carduelis spinus*

**erlernen** ⟨V. t.; hat⟩ *sich durch Lernen aneignen* ◆ ein Handwerk, eine Sprache, eine Kunst erlernen

**erlesen**[1] ⟨V. t. 178; hat⟩ **1** sich etwas erlesen *durch (intensives) Lesen aneignen* **2** Erbsen, Linsen erlesen ⟨schweiz. für⟩ *auslesen*

**erlesen**[2] ⟨Adj.⟩ *ausgesucht, gewählt, sehr fein, von hervorragender Qualität* ◆ besonders erlesene Genüsse; ein erlesenes Publikum

ERLENZEISIG *(Carduelis spinus)*

**Erleuchtung** ⟨f. 20⟩ **I** ⟨unz.⟩ *das Erleuchten* **II** ⟨zählb.⟩ *plötzliche Erkenntnis* ◆ nach langem Nachdenken ohne Ergebnis endlich eine Erleuchtung haben

**erliegen** ⟨V. i. 179; ist⟩ **1** *unterliegen* **2** *besiegt werden von* **3** ⟨österr.⟩ *zur Einsicht, Kenntnisnahme öffentlich daliegen* ◆ einer Krankheit erliegen *daran sterben;* einer Versuchung erliegen; etwas zum Erliegen bringen *zum Stillstand bringen*

**Erlkönig** ⟨m. 1⟩ *Elfenkönig* [falsche Übersetzung Johann Gottfried Herders von dän. *ellerkonge* < *elverkonge* „Elfenkönig"]

**Erlös** ⟨m. 1⟩ *das, was man erlöst hat, erlöster Betrag, erzielter Gewinn* ◆ der Erlös aus dem Verkauf des Hauses

**erlöschen** ⟨V. i. 128; ist⟩ **1** *zu brennen, zu leuchten aufhören* (Flamme, Licht, ⟨fig.⟩ Gefühl) **2** *zu bestehen aufhören* (Firma); **3** *aussterben* (Geschlecht, Name) **4** ⟨fig.; poet.⟩ *zu Ende gehen* (Leben) ◆ seine **Augen** waren ganz erloschen; in seinem Herzen war alle **Freude,** Liebe, alles Gefühl erloschen; die **Mitgliedschaft** erlischt nach einem Jahr

**erlösen** ⟨V. t.; hat⟩ **1** etwas erlösen *(aus Verkauf) einnehmen* (Geld) **2** jmdn. erlösen *befreien, loskaufen* ◆ der Prinz hat die Prinzessin (aus ihrer Verzauberung) erlöst; jmdn. aus einer unangenehmen Lage, aus großer Not erlösen

**Erlöser** ⟨m. 3⟩ **1** *Befreier, Retter in der Not* **2** *der Heiland, Christus*

**Erlösung** ⟨f. 20; unz.⟩ **1** *das Erlösen, das Erlöstwerden, Befreiung von körperl. od. seel. Schmerz* **2** *Befreiung von Schuld u. Sünde durch Gottes Hilfe*

**ermächtigen** ⟨V. t.; hat⟩ jmdn. zu etwas ermächtigen *Erlaubnis, Vollmacht geben, etwas zu tun* ◆ ich ermächtige Sie zum Abschließen des Vertrages

**ermahnen** ⟨V. t.; hat⟩ *auffordern, endlich etwas zu tun, ernst an eine Pflicht erinnern, mahnen* ◆ ich ermahne Sie noch einmal, das zu unterlassen

**ermäßigen** ⟨V. t.; hat⟩ *verringern, verkleinern, herabsetzen* (Gebühr, Preis) ◆ die Obstpreise werden im Sommer ermäßigt

**Ermäßigung** ⟨f. 20⟩ *das Ermäßigen, Nachlass, Herabsetzung* ◆ Eintrittskarten mit einer Ermäßigung von 30 %

**ermatten** ⟨V. t.; ist⟩ *matt werden* ◆ die Anstrengung, die Schwüle hat mich ermattet; ich bin sehr, ⟨umg.⟩ ganz ermattet

**ermessen** ⟨V. t. 183; hat⟩ *(in seiner Ausdehnung, Bedeutung) erfassen, begreifen, sich vorstellen, abschätzen, beurteilen* ◆ ich kann nicht ermessen, ob sich die Sache lohnen wird

**Ermessen** ⟨n.; -s; unz.⟩ *Urteil, Gutdünken* ◆ ich stelle es Ihrem Ermessen anheim *es steht Ihnen frei*

**ermitteln** ⟨V. t. u. V. i.; hat⟩ **1** *durch Nachforschen, Suchen herausbekommen, feststellen* **2** *nach einem Verbrecher, nach Beweismaterial für ein Verbrechen suchen*

**Ermittlung** ⟨f. 20⟩ *das Ermitteln, Nachforschung, Feststellung* ◆ Ermittlung der Vaterschaft; die Ermittlungen sind (noch nicht) abgeschlossen

**ermöglichen** ⟨V. t.; hat⟩ *möglich machen, Gelegenheit bieten, etwas zu tun* ◆ kannst du es ermöglichen, dass ...; ein Onkel hat ihm sein Studium ermöglicht

**ermorden** ⟨V. t.; hat⟩ *vorsätzlich töten* ◆ er wurde grausam ermordet

**ermüden** **I** ⟨V. t.; hat⟩ *müde machen* ◆ diese Tätigkeit ermüdet mich sehr; das Sprechen ermüdet den Kranken; es ist ermüdend, seinen überaus langweiligen Reden zuzuhören **II** ⟨V. i.; ist⟩ **1** *müde werden* **2** ⟨Tech.⟩ *durch anhaltende Belastung rissig, brüchig, schadhaft werden* ◆ er ermüdet leicht, rasch, nicht so schnell

**ermuntern** ⟨V.; hat⟩ **I** ⟨V. t.⟩ **1** *munter machen, aufwecken* **2** *beleben, aufheitern* ◆ der Kaffee wird dich wieder ermuntern; man kann ihn morgens kaum zu etwas ermuntern **II** ⟨V. refl.⟩ sich ermuntern **1** *munter werden, wach werden* **2** *sich aufraffen* ◆ ich kann mich morgens nur schwer ermuntern; ich habe mich mit Mühe dazu ermuntert, anzufangen

**ermutigen** ⟨V. t.; hat⟩ jmdn. ermutigen *jmdm. Mut machen, Mut zusprechen* ◆ ich versuchte ihn zu ermutigen, aber es war vergeblich; jmdn. zu einer Tat ermutigen

**ernähren** ⟨V. t.; hat⟩ jmdn. ernähren **1** *regelmäßig mit Nahrung versorgen, beköstigen* **2** ⟨fig.⟩ *für jmds. Unterhalt sorgen* ◆ sie muss die ganze Familie allein ernähren; einen Kranken künstlich ernähren

**Ernährung** ⟨f. 20; unz.⟩ **1** *das Ernähren, Zufuhr der zum Leben u. Aufbau des Körpers notwendigen Stoffe, Nahrung* **2** ⟨fig.⟩ *Unterhalt* ◆ ausreichende, falsche, gesunde, gute, mangelhafte, richtige, schlechte, unzureichende Ernährung

**ernennen** ⟨V. t. 188; hat⟩ *bestimmen, einsetzen (in ein Amt)* ◆ er wurde zum Oberschulrat ernannt

E

**erneuern** ⟨V. t.; hat⟩ **1** *instand setzen, ausbessern, verbessern, renovieren* (Gebäude, Gemälde) **2** *durch ein neues Stück ersetzen, auswechseln* (Gegenstände des Hausrats, Ersatzteile) **3** *neu in Kraft treten lassen* (Verträge) **4** *auffrischen, neu beleben* (Beziehungen, Kräfte) **5** *wiederholen* (Gesuch) ◆ ein Abkommen, Bündnis, einen Vertrag erneuern

**erneut** ⟨Adj.⟩ **1** *wiederholt, abermalig* **2** *abermals, von neuem, wieder* ◆ ein erneutes Angebot; erneut etwas anbieten

**erniedrigen** ⟨V. t.; hat⟩ **1** jmdn. erniedrigen *jmdn. herabsetzen, demütigen, degradieren* **2** einen Ton erniedrigen ⟨Mus.⟩ *einen halben Ton tiefer setzen* **3** sich erniedrigen *sich demütigen*

**ernst** ⟨Adj.; -er, am -esten⟩ **1** *streng, sachlich, entschieden* (Gesinnung) **2** *nicht heiter, fast traurig* (Gesicht) **3** *würdevoll, gemessen* (Miene) **4** *ermahnend* (Worte) **5** *aufrichtig* (Absichten) **6** *bedenklich, bedrohlich* (Lage) ◆ er **meint** es ernst *aufrichtig, er heuchelt nicht,* ⟨od.⟩ *er macht wahr, was er sagt*

**Ernst** ⟨m. 1; unz.⟩ **1** *feste, standhafte Gesinnung, Entschiedenheit, Strenge* **2** *Eifer, Zielstrebigkeit im Handeln* **3** *Bedrohlichkeit* ◆ Ernst **machen** *nicht mehr spaßen;* **sein:** ist das Ihr Ernst? *scherzen Sie auch nicht?* ◆ es ist mein **bitterer,** blutiger, völliger Ernst ◆ **im** Ernst sprechen; im Ernst? *wirklich? ist das kein Scherz?* [< ahd. *ernust* „Ernst, Festigkeit", engl. *earnest*]

**Ernstfall** ⟨m. 1u; unz.⟩ *Eintritt eines erwarteten bedrohl. Ereignisses, Augenblick, in dem man sich bewähren muss*

**ernsthaft** ⟨Adj.⟩ *ernst gesinnt, ernst*

**Ernte** ⟨f. 19⟩ **1** *Mähen, Sammeln u. Einbringen der Feld- u. Gartenfrüchte* **2** *die Feld- u. Gartenfrüchte selbst* **3** *Ertrag aus den geernteten Früchten* **4** ⟨sinnbildl. für⟩ *Ertrag der eigenen Arbeit oder Tätigkeit* ◆ die Ernte deines Fleißes ⟨fig.⟩; die Ernte **einbringen,** einholen; die Ernte **reift** ◆ die **diesjährige,** vorjährige Ernte [< ahd. *arnoti* < *ar(a)n* „Ernte"]

**ernten** ⟨V. t.; hat⟩ **1** *mähen od. sammeln u. einbringen* (Feld-, Gartenfrüchte) **2** ⟨fig.⟩ *bekommen, erhalten* ◆ ernten, ohne gesät zu haben ⟨fig.⟩ *den Erfolg anderer für sich ausnutzen*

**ernüchtern** ⟨V. t.; hat⟩ jmdn. ernüchtern **1** *jmdn. nüchtern machen, vom Rausch befreien* **2** ⟨fig.⟩ *von einer Einbildung befreien* **3** *jmdm. die Begeisterung, Freude nehmen* **4** *jmdn. enttäuschen, desillusionieren*

**erobern** ⟨V. t.; hat⟩ **1** *mit Gewalt an sich reißen, im Sturm nehmen, erkämpfen, unterwerfen* (feindl. Gebiet) **2** ⟨fig.⟩ *durch Vorzüge, Schmeichelei usw. erlangen, gewinnen* ◆ jmdn. erobern *Neigung, Gegenliebe bei jmdm. erwecken;* eine Festung, einen feindl. Stützpunkt erobern [< mhd. *(er)obern* < ahd. *obaron,* urspr. „der Obere bleiben oder werden", dann „durch Waffengewalt überwinden"; → *ober ...*]

**Eroberung** ⟨f. 20⟩ *das Erobern* ◆ die Eroberung eines Landes, einer Stadt

**eröffnen** ⟨V. t.; hat⟩ **1** *beginnen* (Feier, Sitzung) **2** *der Öffentlichkeit zugänglich machen* (Geschäft) **3** *förmlich öffnen* (Testament) **4** *förmlich, feierlich od. vertraulich mitteilen, kundtun* **5** ⟨Med.⟩ **5.1** *öffnen, erweitern* (Geschwür) **5.2** *einleiten* (Geburt) **6** sich eröffnen ⟨fig.⟩ *sich zeigen, in Aussicht stellen* ◆ sie hat mir eröffnet, dass ...; die **Ausstellung** wurde vom Kanzler eröffnet; die **Diskussion** eröffnen; ein **Konto** bei der Sparkasse eröffnen; die **Saison** eröffnen; die neue **Spielzeit** wurde mit dem „Rigoletto" eröffnet; den **Tanz** mit einem Walzer eröffnen

**Eröffnung** ⟨f. 20⟩ **1** *Beginn, Zugänglichmachen* **2** ⟨fig.⟩ *Mitteilung* **3** ⟨Med.⟩ *Durchstich, Erweiterung, Öffnung* **4** ⟨Schachspiel⟩ *erste Züge*

**erogen** ⟨Adj.⟩ *geschlechtlich erregend* ◆ erogene Zonen *Körperstellen, deren Berührung (Reizung) sexuell erregt* [< grch. *eros* „Liebe" + *genos* „Erzeugung, Geburt"]

**erörtern** ⟨V. t.; hat⟩ **1** *eingehend besprechen* **2** *diskutieren, debattieren über*

**Erörterung** ⟨f. 20⟩ *Besprechung, Debatte* ◆ sich nicht auf Erörterungen einlassen

**Eros** ⟨['e:rɔs] m.; -, Eroten⟩ **I** ⟨unz.⟩ *(sinnl.) Liebe* **II** ⟨Philos.⟩ *Trieb nach Erkenntnis u. schöpfer. geistiger Tätigkeit* **III** ⟨zählb.⟩ = *Amorette* [< grch. *eros* „Liebe, Liebesgott"]

**Erosion** ⟨f. 20⟩ **1** ⟨Geol.⟩ *Auswaschung, Abtragung (von Land durch Wind od. Wasser);* → a. *Abtragung (1)* **2** ⟨Med.⟩ *Haut- od. Schleimhautabschürfung* [< lat. *erosio* „Zernagung, Durchfressung"]

**Erotik** ⟨f. 20; unz.⟩ **1** *Liebeskunst, (vergeistigtes) Liebes- u. Geschlechtsleben* **2** *Sinnlichkeit* **3** *Liebeslehre* [→ *Eros*]

**erotisch** ⟨Adj.⟩ **1** *die Erotik betreffend, auf sie bezüglich, auf ihr beruhend* **2** *sinnlich* **3** *das Liebes- u. Geschlechtsleben betonend* [< grch. *erotikos* „die Liebe betreffend"]

**Erpel** ⟨m. 5⟩ = *Enterich* [< mnddt. *erpel* „Enterich"; zu ahd. *erpf* „dunkel"]

**erpressen** ⟨V. t.; hat⟩ *unter Drohung od. Androhung von Gewalt verlangen* ◆ er wurde angeblich erpresst

**erproben** ⟨V. t.; hat⟩ *auf die Probe stellen, prüfen* ◆ jmds. Ausdauer, Ehrlichkeit, Geschick, Treue, Zuverlässigkeit erproben

**erraten** ⟨V. t. 193; hat⟩ *durch Raten herausfinden, entdecken, aus versteckten Andeutungen schließen* (Rätsel, Geheimnis) ◆ das errätst du nie!

**erregen** ⟨V. t.; hat⟩ **1** jmdn. od. sich erregen *unruhig machen, reizen, aufregen, anregen* **2** etwas erregen *hervorrufen, bewirken, erzeugen, erwecken*

**Erregung** ⟨f. 20⟩ **1** *Erzeugung, Reizung (von Gefühlen)* **2** *heftige Gefühlswallung, -spannung* ◆ Erregung öffentlichen Ärgernisses

**erreichen** ⟨V. t.; hat⟩ **1** *gelangen an, zu, erlangen* **2** *hinlangen zu, fassen, greifen können* (Gegenstände) **3** *erwirken, durchsetzen* **4** *in Verbindung treten mit, antreffen* ◆ ohne Fleiß, Geduld, Mühe wirst du nicht viel erreichen; unter welcher Nummer kann ich Sie (telefonisch) erreichen?; eine Absicht, einen Zweck (nicht) erreichen

**errichten** ⟨V. t.; hat⟩ **1** *aufrichten, aufstellen* (Bildsäulen) **2** *bauen* (Gebäude) **3** *gründen, bilden, einrichten* (Fabrik, Geschäft)

**erringen** ⟨V. t. 199; hat⟩ *durch Mühe, Anstrengung erlangen* (Preis, Sieg)

**Ersatz** ⟨m. 1u⟩ **1** *Ergänzung von etwas Verlorenem, nicht mehr Brauchbarem* **2** *das, was man als Ergänzung, Behelf benutzen kann* **3** *Entschädigung, Gegenwert, Wiedererstattung* **4** ⟨Mil.⟩ *Reserve, Nachschub, Verstärkung* ◆ dafür brauche ich Ersatz!

**Ersatzmann** ⟨m. 2u; Pl. a.: -leute⟩ **1** *Stellvertreter, der für einen anderen im Notfall einspringt* **2** ⟨Sp.⟩ *Sportler in Bereitschaft, der bei Bedarf eingesetzt wird;* Sy *Ersatzspieler*

**Ersatzspieler** ⟨m. 3; Sp.⟩ = *Ersatzmann (2)*

**erschaffen** ⟨V. t. 205; hat⟩ *schaffen, entstehen lassen*

**erschallen** ⟨V. i. 206; ist; geh.⟩ *ertönen, erklingen* ◆ plötzlich erscholl lautes Gelächter

**erscheinen** ⟨V. i. 208; ist⟩ **1** *sich zeigen, kommen, sich sehen lassen* **2** *herausgegeben werden, in den Handel kommen* (Bücher, Zeitschriften) **3** *scheinen, wirken, sich offenbaren, vorkommen*

**Erscheinung** ⟨f. 20⟩ **1** *das äußerlich Sichtbare der Dinge, Aussehen* **2** *Traumbild, Vision* **3** *Geist, Gespenst* **4** *Sichtbarwerden, Hervortreten, Veröffentlichung* **5** ⟨Philos.⟩ *Wahrnehmung, alles Erkenn- u. Erfahrbare*

**Erscheinungsbild** ⟨n. 12⟩ *die äußeren Merkmale einer Erscheinung* ◆ eine Krankheit mit verschiedenen Erscheinungsbildern

**Erscheinungsform** ⟨f. 20⟩ *äußere Form, in der ein Ding sich zeigt*

**erschießen** ⟨V. t. 213; hat⟩ *durch Schuss töten, durch Schuss hinrichten* ◆ sich erschießen *Selbstmord mit einer Schusswaffe begehen*

**erschlagen** ⟨V. t. 216; hat⟩ *durch Schlag töten, ermorden*

**erschließen** ⟨V. t. 220; hat⟩ **1** *öffnen* **2** *zugänglich, nutzbar machen* **3** *durch Schlussfolgerung feststellen* ◆ neues **Baugelände** erschließen; eine grammat. **Form** ist nur erschlossen ⟨Sprachw.; Zeichen: *⟩ *nicht schriftl. überliefert, nicht belegt*

**erschöpfen** ⟨V. t.; hat⟩ **1** *bis zum Ende der Kräfte ermüden* (jmdn.) **2** *bis zum Letzten verbrauchen* (Kredit, Lager, Mittel, Vorräte) **3** *vollständig, eingehend behandeln* (ein Thema) ◆ sie ist völlig erschöpft *am Ende ihrer Kräfte;* meine Geduld ist erschöpft; der Gesprächsstoff erschöpfte sich schnell

**Erschöpfung** ⟨f. 20; unz.⟩ *anhaltende, vollkommene Ermüdung*

**erschrecken** ⟨V. 225⟩ **I** ⟨V. t.; hat⟩ **1** *in Schrecken, Angst, Erregung versetzen* **2** *Schrecken, Angst einjagen* ◆ habe ich dich erschreckt? **II** ⟨V. i.; ist⟩ *einen Schrecken bekommen, plötzlich in Angst, Erregung geraten* ◆ erschrick nicht!; wir erschraken über sein Aussehen; zu Tode erschrocken wandte er sich um **III** ⟨V. refl.; hat; umg.⟩ sich erschrecken *einen Schrecken bekommen* ◆ ich habe mich erschreckt, ⟨od.⟩ erschrocken

**erschüttern** ⟨V. t.; hat⟩ **1** *ins Wanken bringen* ⟨a. fig.⟩ **2** *aufregen, stark erregen*

**ersetzen** ⟨V. t.; hat⟩ **1** *für etwas anderes geben, ausgleichen, auswechseln* **2** *vertreten, als Ersatz dienen für* **3** *erneuern* (Kräfte) ◆ er kann sich die Auslagen ersetzen lassen

**ersparen** ⟨V. t.; hat⟩ *durch Sparen zusammenbringen, zurücklegen, nicht ausgeben* (Geld) ◆ jmdm. etwas ersparen *jmdn. mit etwas verschonen;* ihm bleibt aber auch nichts erspart!

**Ersparnis** ⟨f. 9 od. österr. a.: n. 11⟩ **1** *Minderverbrauch* **2** ⟨meist Pl.⟩ *ersparte(s) Geld, Summe;* Sy *Ersparte(s)* ◆ eine erhebliche Ersparnis an Arbeit, Gas, Kosten

**Ersparte(s)** ⟨n. 31⟩ = *Ersparnis (2)*

**erst I** ⟨Adv.⟩ *als erstes, zuerst, vor allem andern, zuvörderst, vorher* ◆ erst die Arbeit und dann das Vergnügen ⟨Sprichw.⟩ **II** ⟨Partikel⟩ **1** *nur, nicht länger als, nicht mehr als* **2** *gar, nun gar* ◆ und ich erst! ⟨zustimmend⟩; wir haben erst die **Hälfte** der Strecke hinter uns; er kommt erst am **Sonntag;** es ist erst 7 **Uhr** ◆ wenn er erst **abgereist** ist, dann ... ◆ ich komme erst **dann,** wenn ...; erst **gestern** habe ich ihn getroffen ◆ nun erst **recht!;** ich erfuhr es erst **spät** [< ahd. *erist,* Superl. zu *ehe, eher*]

**erst..., Erst...** ⟨in Zus.⟩ *zuerst, als Erstes, zum ersten Mal* [→ *erst*]

**erstarren** ⟨V. i.; ist⟩ **1** *starr, steif werden* ⟨a. fig.⟩ **2** *dickflüssig, fest werden* ◆ das Blut erstarrte ihm in den Adern vor Furcht, Grauen ⟨fig.⟩; meine Finger sind ganz erstarrt

**Erstarrung** ⟨f. 20; unz.⟩ *das Erstarren, das Erstarrtsein* ◆ jmdn. aus seiner Erstarrung aufrütteln ⟨a. fig.⟩

**Erstarrungsgesteine** ⟨Pl.; Geol.⟩ ► *durch Erstarrung flüssiger Gesteinsschmelze (Magma) entstandene Gesteine*

**erstatten** ⟨V. t.; hat⟩ *zurückgeben, ersetzen, bezahlen* (Unkosten) ◆ jmdm. die Auslagen, den Betrag, die Fahrtkosten erstatten

**erstaufführen** ⟨V. t.; hat; nur im Inf. u. Part. Perf.⟩ *in Erstaufführung herausbringen* ◆ das Stück wurde in Berlin erstaufgeführt

**Erstaufführung** ⟨f. 20⟩ *erste Aufführung eines Theaterstücks od. Films in einem Land od. einer Stadt (nach der Uraufführung)*

**erstaunen I** ⟨V. t.; hat⟩ *in Erstaunen, Verwunderung versetzen* ◆ er erstaunte mich durch seine Kenntnisse **II** ⟨V. i.; ist⟩ *sich wundern, verwundern* ◆ ich bin erstaunt (darüber)

**Erstaunen** ⟨n.; -s; unz.⟩ *Verwunderung, Befremden* ◆ seinem Erstaunen Ausdruck geben, verleihen

**erste(r, -s)** ⟨Num.⟩ **1** *jmd., der ohne Vorgänger ist* **2** *etwas, das es bisher noch nicht gegeben hat* **3** *den Anfang einer Reihe od. die Spitze eines Ranges bildend* ◆ der, die das Erste (in der Reihenfolge); das Erste und das Letzte *Anfang und Ende;* er ist der (sie ist die) Erste in unserer Klasse ◆ erste Hilfe *sofortige behelfsmäßige Maßnahmen bei Unglücksfällen;* der erste Mai (Datum), ⟨aber⟩ der Erste Mai (Feiertag); es war das erste Mal; wir wohnen im ersten Stock

**erstechen** ⟨V. t. 249; hat⟩ *durch Stich töten*

**erstehen** ⟨V. 251⟩ **I** ⟨V. i.; ist⟩ **1** *entstehen, hervorkommen* **2** *aufstehen, wieder aufleben* ◆ hier wird eine neue Stadt erstehen; Christus ist (vom Tod) erstanden **II** ⟨V. t.; hat⟩ *kaufen, erwerben* ◆ ich habe (mir) ein paar Schuhe erstanden

**erstellen** ⟨V. t.; hat⟩ **1** *erzeugen, bauen, anfertigen, herstellen* **2** *bereitstellen*

**erstens** ⟨Adv.⟩ *als Erstes, zum Ersten* ◆ erstens möchte ich sagen ...

**ersticken I** ⟨V. t.; hat⟩ jmdn. od. eine Sache ersticken **1** *jmdm. od. einer Sache Luft, Sauerstoff entziehen (zum Atmen, Brennen)* **2** ⟨fig.⟩ *unterdrücken* ◆ einen **Aufstand** im Keim ersticken; das **Feuer** ersticken; eine **Klage,** einen Seufzer ersticken **II** ⟨V. i.; ist⟩ **1** *durch Luft-, Sauerstoffmangel sterben* **2** ⟨fig.⟩ *vergehen, untergehen, aufhören* ◆ er ist **durch** Gase erstickt [→ *stecken* (eigtl. „mit dem Atem stecken bleiben")]

**erstklassig** ⟨Adj.⟩ *von erster Güte, ausgezeichnet* ◆ erstklassiges Hotel

**Erstkommunion** ⟨f. 20; kath. Kirche⟩ *erstmaliger Empfang der Kommunion*

**erstreben** ⟨V. t.; hat⟩ *streben nach, zu erlangen, erreichen suchen*

**erstrecken** ⟨V. refl.; hat⟩ sich erstrecken **1** *sich räuml. od. zeitl. ausdehnen* **2** ⟨fig.⟩ *betreffen* ◆ die Maßnahmen erstrecken sich auf ...

**Erstsemester** ⟨n. 13 od. m. 3⟩ *Student od. Studentin im ersten Semester*

**Erststimme** ⟨f. 19; Pol.; bei Wahlen⟩ *die erste von zwei Stimmen, die ein Wähler zu vergeben hat*

**ersuchen** ⟨V. t.; hat⟩ *förmlich bitten, auffordern* ◆ ich ersuche Sie dringend, zu ...

**ertappen** ⟨V. t.; hat⟩ *erwischen, bei heimlichem, unrechtem Tun überraschen* ◆ jmdn. auf frischer Tat ertappen [zu frühnhd. *tappe* „Pfote"]

**ertasten** ⟨V. t.; hat⟩ *mit der Hand fühlend suchen u. finden* ◆ die Blindenschrift ertasten; eine Geschwulst ertasten

**erteilen** ⟨V. t.; hat⟩ *zuteilen, zuweisen, geben, gewähren* ◆ jmdm. einen **Auftrag,** einen Befehl, eine Vollmacht erteilen; eine **Auskunft,** einen Rat erteilen; die **Erlaubnis** zum Baden erteilen; jmdm. ein **Lob,** eine Rüge, einen Tadel, Verweis erteilen; **Unterricht** in Deutsch erteilen *Deutsch unterrichten*

**ertönen** ⟨V. i.; ist⟩ *plötzlich tönen, zu tönen beginnen, erklingen, erschallen* (Glocken, Gong)

**Ertrag** ⟨m. 1u⟩ *Gewinn, Nutzen, Ausbeute, Ergebnis* ◆ der Ertrag seiner **Arbeit;** die Erträge des **Bodens,** der Felder

**ertragen** ⟨V. t. 260; hat⟩ *aushalten, erdulden, erleiden* ◆ dieser Anblick ist nicht mehr zu ertragen

**ertragfähig** ⟨Adj.⟩ *so beschaffen, dass es Ertrag, Nutzen bringen kann*

**ertrinken** ⟨V. i. 265; ist⟩ *im Wasser ums Leben kommen, durch Eindringen von Wasser in die Lunge ersticken*

**erübrigen** ⟨V.; hat⟩ **I** ⟨V. t.⟩ **1** *übrig lassen, ersparen* **2** *freihalten* (Zeit) ◆ Ersparnisse, Geld, Vorräte erübrigen; die Zeit erübrigen, um zu ... **II** ⟨V. refl.⟩ etwas erübrigt sich *ist unnötig, überflüssig* ◆ das erübrigt sich; jedes weitere Wort erübrigt sich

**eruieren** ⟨V. t.; hat; geh.⟩ *ermitteln, herausbringen, ergründen, erforschen* [< lat. *eruere* „herausgraben, ausfindig machen"]

**Eruption** ⟨f. 20⟩ **1** *Ausbruch von Magma aus Vulkanen, von Gas auf der Sonne* **2** ⟨Med.⟩ **2.1** *Auftreten eines Hautausschlags* **2.2** *der Hautausschlag selbst* **2.3** *Erbrechen* [< lat. *eruptio* „Ausbruch"]

**Eruptivgestein** ⟨n. 11⟩ *aus Magma entstandenes, erstarrtes Gestein*

**erwachen** ⟨V. i.; ist⟩ **1** *aufwachen, wach werden* **2** ⟨fig.⟩ **2.1** *plötzlich entstehen, geweckt werden* (Gefühle) **2.2** *sich des Lebens u. seiner Forderungen bewusst werden* ◆ sein **Argwohn,** Misstrauen erwachte ⟨fig.⟩; **Erinnerungen** erwachten in mir ⟨fig.⟩; der **Frühling** erwacht ⟨poet.⟩

**erwachsen**[1] ⟨[-ks-] V. i. 272; ist⟩ aus etwas erwachsen *aus etwas hervorwachsen, hervorgehen, entstehen* ⟨a. fig.⟩ ◆ daraus erwuchs ihm großes Leid; daraus erwachsender Segen; es werden uns nur Unannehmlichkeiten daraus erwachsen; die daraus erwachsenden Unkosten

**erwachsen**[2] ⟨[-ks-] Adj.⟩ *der Kindheit entwachsen* ◆ er wird allmählich erwachsen

**Erwachsene(r)** ⟨[-ks-] f. 30 (m. 29)⟩ *voll entwickelter Mensch*

**erwähnen** ⟨V. t.; hat⟩ etwas od. jmdn. erwähnen *kurz von etwas od. jmdm. sprechen, gesprächsweise streifen, nennen* ◆ davon ist nichts erwähnt worden; habe ich das nicht erwähnt?; er hat es nur nebenbei erwähnt

**erwärmen** ⟨V.; hat⟩ **I** ⟨V. t.⟩ *warm machen* ◆ die Heizung, der Ofen erwärmt das Zimmer; die Sonne erwärmt die Erde, die Luft, das Wasser **II** ⟨V. refl.⟩ sich erwärmen *warm werden* ◆ das Meer erwärmt sich nur langsam; sich für etwas erwärmen ⟨fig.; umg.⟩ *sich für etwas begeistern, Interesse für etwas fassen*

**erwarten** ⟨V. t.; hat⟩ *warten, hoffen auf, rechnen mit* ◆ er erwartete sie am Bahnhof; es wird allgemein erwartet, dass ...; das habe ich allerdings nicht erwartet! *das kommt mir überraschend!;* ein **Baby,** ein Kind erwarten *schwanger sein;* wir erwarten heute Abend **Besuch,** Gäste ◆ wir erwarten dich **sehnsüchtig** ◆ ich erwarte **von** dir, dass du ...

**Erwartung** ⟨f. 20⟩ *das Warten auf etwas* ◆ der Erwartung nachhaltigen **Ausdruck** geben, verleihen ◆ die Erwartungen **befriedigen,** enttäuschen, erfüllen, übertreffen; der Erwartung **entsprechen**

**erwecken** ⟨V. t.; hat⟩ **1** *aufwecken, wach machen, beleben* **2** ⟨fig.⟩ *erregen, hervorrufen* (Gefühle) ◆ den Anschein erwecken, als ob ...; Argwohn, Freude, Furcht, Hass, Mitleid, Zweifel erwecken ⟨fig.⟩; Erinnerungen in jmdm. erwecken

**erweisen** ⟨V. 277; hat⟩ **I** ⟨V. t.⟩ *zeigen, bezeigen, leisten, zukommen lassen* ◆ jmdm. einen Dienst, eine Gunst, Gutes, Wohltaten erweisen; bitte, erweisen Sie mir den Gefallen, das Vergnügen, zu ...; es ist erwiesen *es hat sich gezeigt* **II** ⟨V. refl.⟩ sich erweisen *zeigen, offenbar werden, sich herausstellen* ◆ es hat sich erwiesen, dass ...; es erwies sich als ein Fehler, Irrtum; sie hat sich als eine zuverlässige Freundin erwiesen; sich als nützlich, richtig, unbegründet erweisen

**erweitern** ⟨V.; hat⟩ **I** ⟨V. t.⟩ **1** *weiter, größer machen* (Blutgefäße, Gebäude, Rock) **2** ⟨fig.⟩ *auf neue Gebiete ausdehnen* (Befugnisse, Geschäftsbereich) **3** *vermehren* (Kenntnisse) ◆ einen Bruch erweitern ⟨Math.⟩ *Zähler u. Nenner eines Bruches mit derselben Zahl multiplizieren;* seinen Horizont erweitern ⟨fig.⟩ *sein geistiges Blickfeld, sein Wissen vergrößern* **II** ⟨V. refl.⟩ sich erweitern *weiter werden, sich ausdehnen*

**Erwerb** ⟨m. 1⟩ **1** *Erwerbung, Anschaffung, Kauf* **2** *Lohn, Verdienst* **3** *Brotarbeit, Gewerbe, Beruf* ◆ der Erwerb eines Grundstückes, Hauses; einem Erwerb nachgehen

**erwerben** ⟨V. t. 279; hat⟩ **1** *durch Bemühung, Verdienst, Kauf erlangen* **2** *kaufen, anschaf-*

E

## ERSTARRUNGSGESTEINE

Erstarrungsgesteine entstehen aus Magma, dem geschmolzenen Gestein im Erdinneren. Wenn Magma unter der Erdoberfläche in Batholithen und Lakkolithen langsam abkühlen kann, gehen daraus grobkörnige Granite und Dolerite hervor. Der feinkörnigere Basalt entsteht aus schneller an der Erdoberfläche erkalteter Lava. Wenn Lava sehr schnell abkühlt, erstarrt sie als glasiger Obsidian.

SCHNITT DURCH DIE ERDKRUSTE MIT VULKAN

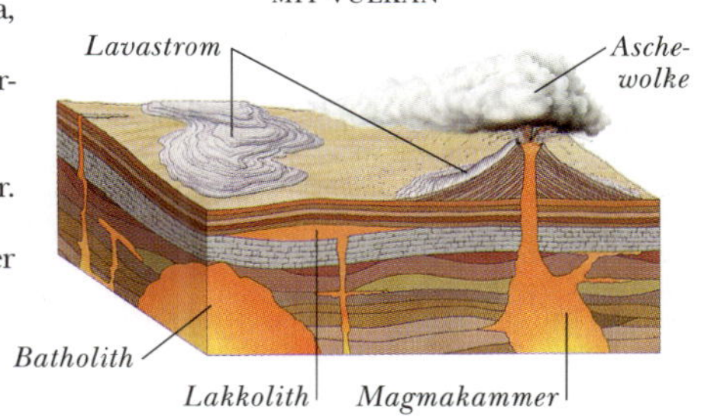


VERSCHIEDENE ERSTARRUNGSGESTEINE

DOLERIT

ROSA GRANIT

BASALT

OBSIDIAN

## ERZE

Erze sind metallhaltige Mineralien. Das Metall kann mechanisch oder durch chemische Verfahren vom Gestein getrennt werden. Bei wertvollen Metallen wie z. B. dem Gold ist bereits ein Gehalt von nur 0,0001 % Gewinn bringend.

### VERSCHIEDENE ERZE

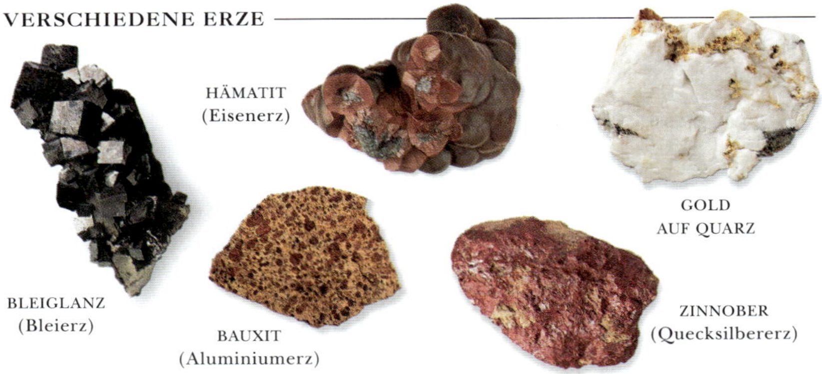


E

*fen* **3** *verdienen, erringen, gewinnen* **4** *erlernen* ◆ sich die **Achtung,** das Vertrauen seines Vorgesetzten erwerben; er hat sich große **Fertigkeiten** auf diesem Gebiet erworben; die Filmgesellschaft erwarb die **Rechte** zur Verfilmung dieses Romans ◆ etwas **käuflich** erwerben; **erworbene** Rechte *nicht durch Geburt od. Erbe erlangte Rechte*

**erwerbsfähig** ⟨Adj.⟩ *arbeitsfähig*

**erwerbslos** ⟨Adj.⟩ = *arbeitslos*

**erwerbstätig** ⟨Adj.⟩ *berufstätig, in Arbeit stehend* ◆ er ist seit drei Monaten erwerbstätig

**erwerbsunfähig** ⟨Adj.⟩ *durch geistige od. körperl. Leiden nicht imstande, sich seinen Lebensunterhalt selbst zu verdienen*

**erwidern** ⟨V. t.; hat⟩ **1** jmdm. etwas erwidern *antworten, entgegnen* **2** etwas mit etwas erwidern *vergelten, etwas für etwas geben* ◆ „Ja", erwiderte er; er erwiderte, dass ...; einen Besuch, eine Gefälligkeit, jmds. Gefühle, Grüße, Wohltaten erwidern; das Feuer erwidern ⟨Mil.⟩ *zurückschießen;* ihre Liebe wurde nicht erwidert

**Erwiderung** ⟨f. 20⟩ *Antwort, Entgegnung, Vergeltung*

**erwirtschaften** ⟨V. t.; hat⟩ *durch (gutes) Wirtschaften erzielen* ◆ Gewinn erwirtschaften

**erwischen** ⟨V. t.; hat; umg.⟩ **1** *ertappen, bei heiml. Tun überraschen* **2** *gerade noch zu fassen bekommen, packen, greifen* **3** ⟨fig.⟩ *durch Zufall bekommen, erlangen* ◆ ihn hat's erwischt ⟨umg.⟩ *er ist verletzt, tot, vernichtet, ruiniert, mit etwas Unangenehmem betraut;* du darfst dich nicht erwischen lassen!; den Bus, Zug gerade noch erwischen

**erwünscht** ⟨Adj.; -er, am -esten⟩ *willkommen, angenehm*

**erwürgen** ⟨V. t.; hat⟩ *durch Zuschnüren der Kehle töten, erdrosseln*

**Erythrozyt** ⟨m. 16⟩ = *rotes* → *Blutkörperchen* [< grch. *erythros* „rot" + *kytos* „Höhlung"]

**Erythrozytose** ⟨f.; -; unz.⟩ *krankhafte Vermehrung roter Blutkörperchen* [→ *Erythrozyt*]

**Erz** ⟨n. 11⟩ **1** ▲ *Metall enthaltendes Mineral* **2** ⟨poet.⟩ *Kupfer, Eisen u. ihre Legierungen* ◆ Erze aufbereiten, brechen, gewinnen, gießen, läutern, schmelzen, verhütten, waschen; gediegene Erze *Erze, die Metall in nahezu reiner Form enthalten* [< ahd. *aruz(zi)* „ungereinigtes, unbearbeitetes Metall", vermutl. < sumer. *urud(u)* „Kupfer"]

**erz..., Erz...** ⟨in Zus. mit Subst. u. Adj. zur Steigerung od. Verstärkung des Begriffs⟩ *sehr, äußerst groß,* z. B. erzdumm, Erzfeind, Erzgauner, Erzübel [< grch. *archi-* „der erste, oberste"; Vorbild: ahd. *erzibischof* < grch. *archiepiskopos*]

**erzählen** ⟨V. t.; hat⟩ **1** *berichten, schildern, in Worten wiedergeben* **2** ⟨umg.⟩ *weismachen, vorreden, vorschwindeln* ◆ man erzählt sich, dass ... *es geht das Gerücht, dass ...;* das kannst du anderen erzählen! ⟨umg.⟩ *das glaube ich dir nicht;* ein **Erlebnis,** Geschichten, Märchen, einen Traum erzählen; den **Hergang,** Verlauf von etwas erzählen; erzähl mir doch keine **Märchen!** ⟨umg.⟩ *das ist eine Lüge* ◆ sie kann **anschaulich,** gut, spannend erzählen; mir kannst du **nichts,** viel erzählen ⟨umg.⟩ *ich lasse mich nicht von dir belügen, ich glaube dir nicht;* kannst du mir etwas **über** ihn erzählen?; er kann **von** seiner Reise etwas erzählen *er hat viel dabei erlebt* [< mhd. *erzeln, erzellen* „der Zahl nach darlegen, aufzählen"]

**Erzähler** ⟨m. 3⟩ **1** ⟨allg.⟩ *jmd., der etwas erzählt* **2** ⟨Lit.⟩ *erzählender Schriftsteller*

**Erzählkunst** ⟨f. 7u; unz.⟩ = *Epik*

**Erzählung** ⟨f. 20⟩ **1** ⟨allg.; i. w. S.⟩ *Bericht, Beschreibung, Schilderung von wirklichen od. erdachten Begebenheiten* **2** ⟨Lit.; i. e. S.⟩ *Form der erzählenden Dichtung, die sich vom Roman durch Begrenzung des Stoffes, von der Novelle durch weniger straffen Aufbau, vom Märchen durch ihre Wirklichkeitsnähe unterscheidet* ◆ Erzählungen herausgeben, schreiben, verfassen, veröffentlichen

**Erzengel** ⟨m. 5; Rel.⟩ *jeder der vier höchsten Engel*

**erzeugen** ⟨V. t.; hat⟩ **1** *hervorbringen, schaffen, herstellen, produzieren* (Waren, Gas) **2** *verursachen, hervorrufen* (Angst) **3** *ins Leben rufen, zeugen* (Kind)

**Erzeuger** ⟨m. 3⟩ **1** *Vater* **2** *Hersteller, Fabrikant* ◆ der Weg einer Ware vom Erzeuger zum Verbraucher

**Erzeugnis** ⟨n. 11⟩ **1** *das, was erzeugt worden ist, Ergebnis einer Tätigkeit, Produkt, Fabrikat* **2** ⟨fig.⟩ *Frucht der Arbeit* ◆ ein fulminantes Buch war das Erzeugnis seiner Arbeit

**Erzfeind** ⟨m. 1⟩ *langjähriger, erbitterter Feind* ◆ der Erzfeind ⟨Rel.⟩ *der Teufel*

**erziehen** ⟨V. t. 287; hat⟩ *durch Einwirkung u. Vorbild lenken, leiten, ausbilden* ◆ ein Kind gut, schlecht erziehen; ein gut, schlecht erzogenes Kind

**Erzieher** ⟨m. 3⟩ **1** ⟨i.w.S.⟩ *jmd., der einen anderen erzieht* **2** ⟨i. e. S.⟩ *Lehrer, Pädagoge* **3** ⟨Berufsbez.⟩ *ausgebildeter Betreuer von Kindern in Kindergärten, -horten u. Ä.* ◆ ein guter, schlechter, der geborene Erzieher sein

**Erziehung** ⟨f. 20; unz.⟩ *planmäßige u. zielgerichtete Einwirkung auf junge Menschen, um sie mit all ihren Fähigkeiten u. Kräften geistig, sittlich u. körperlich zu formen u. zu verantwortungsbewussten u. charakterfesten Persönlichkeiten heranzubilden* ◆ jmdm. eine gute Erziehung **angedeihen** lassen, geben, zuteil werden lassen; ihm **fehlt** jede Erziehung; eine gute, strenge Erziehung **genießen,** haben, erhalten

**Erziehungsberechtigte(r)** ⟨f. 30 (m. 29)⟩ *jeder, der elterliche Gewalt ausübt, Eltern, Vormund*

**erzielen** ⟨V. t.; hat⟩ **1** *erlangen, erreichen* (Erfolg, Ergebnis, Gewinn, Preis) **2** ⟨Sp.⟩ *treffen, schießen, werfen* (ein Tor)

**erzürnen** ⟨V. t.; hat⟩ *zornig machen, reizen* ◆ sich erzürnen über *zornig werden wegen*

**erzwingen** ⟨V. t. 288; hat⟩ *durch Zwang, Drohung, Gewalt erreichen* ◆ etwas von jmdm. erzwingen; erzwungenes Geständnis

**es**[1] ⟨persönl. Pron. für das sächl. Geschlecht der 3. Pers. Sing.⟩ **I** ⟨persönlich⟩ **1** ⟨als Subj.⟩ **1.1** ⟨für ein einzelnes Wort⟩ es (das Kind) spielt; es (das Tor) ist geschlossen **1.2** ⟨für einen Satzinhalt⟩ er brachte mir die Nachricht, dass der Streit beigelegt sei, doch es war mir nicht neu **2** ⟨als Ersatz für das Prädikativ⟩ ist Hans dein Freund?; ja, er ist es (er ist's); du bist gesund, ich bin es nicht **3** ⟨als Akkusativobj.⟩ **3.1** ⟨für ein einzelnes Wort⟩ sie nimmt es (z. B. das Bild, das Buch, das Zimmer); er prüft es noch (das Angebot) **3.2** ⟨für einen Satzinhalt⟩ schade, dass er nicht gekommen ist, er wird es bestimmt bereuen **3.3** ⟨als unbest. Obj.⟩ mit dir nehme ich es noch auf!; ich halte es nicht mehr aus!; du wirst es noch so weit bringen, dass...; er wird es gut bei ihr haben **3.4** ⟨mit Präp., meist ersetzt durch „da..."; z. B.⟩ an es = *daran;* auf es = *darauf;* durch es = *dadurch;* für es = *dafür;* gegen es = *dagegen;* um es = *darum* **4** ⟨als Genitivobj. (für „dessen")⟩ ich bin es (bin's) leid, müde, satt, überdrüssig, zufrieden **II** ⟨unpersönlich⟩ **1** ⟨als unbest. Subj.⟩ **1.1** ⟨für ein einzelnes Wort⟩ es drängt mich, Ihnen mitzuteilen...; es klopft, klingelt; es ist dunkel, hell, kalt, warm; jetzt wird es (wird's) mir zu bunt! ⟨fig.⟩ **1.2** ⟨für einen Satzinhalt⟩ es ist (nicht) ausgeschlossen, dass ...; es entspricht den Tatsachen, dass ...; es freut mich, dass ...; es kann sein; es scheint, als ob ...; es scheint mir, dass ...; es ist Zeit (z. B. zu gehen); es überrascht mich (nicht), dass ... **2** ⟨verstärkend bei nachgestelltem Subj.⟩ es geschah etwas Merkwürdiges; es ist genügend Arbeit da; es ist Tag, Nacht **3** ⟨bei unpersönl. Verben⟩ es blitzt, donnert, hagelt, regnet, schneit **4** ⟨bei persönl. Verben⟩ es dürstet, friert, hungert mich; es gelüstet, verlangt mich nach ... **5** ⟨in unpersönl. Wendungen (für „man")⟩ es wird emsig gearbeitet **6** ⟨in anderen unpersönl. Wendungen⟩ es gibt Stunden, in denen ...; es gibt keine Geister; es gab früher Zeiten ... **7** ⟨rückbezügl.⟩ bei Lampenlicht arbeitet es sich schlechter; auf diesem Weg geht es sich besser [< ahd. *ez,* engl. *it*]

**es**[2] **I** ⟨n.; -, -; Mus.⟩ *Tonbezeichnung, das um einen halben Ton erniedrigte e* **II** ⟨Mus.; Abk. für⟩ *es-Moll* (Tonartbezeichnung)

**Es I** ⟨n; -, -⟩ **I.i** ⟨zählb.; Mus.⟩ *Tonbezeichnung, das um einen halben Ton erniedrigte E* **I.ii** ⟨unz.; Psych.⟩ das Es *in der Psychoanalyse (bes. bei S. Freud) Bezeichnung für den unbewussten, triebhaften Teil der Persönlichkeit* **II** ⟨ohne Art.⟩ **1** ⟨Mus.; Abk. für⟩ *Es-Dur* (Tonartbezeichnung) **2** ⟨Abk. für span.-port.⟩ *Escudo*

**ESA** ⟨Abk. für engl.⟩ *European Space Agency, europäische Weltraumbehörde, die die Aktivitäten der einzelnen Mitgliedsländer im Welt-*

*raum zu koordinieren versucht u. europäische Weltraumprogramme entwickelt*

**Esc** ⟨Abk. für span.-port.⟩ *Escudo*

**Eschatologie** ⟨[εsça-] f. 19; unz.; Theol.⟩ *Lehre vom Weltende u. vom Anbruch einer neuen Welt, von den letzten Dingen, dem Tode u. der Auferstehung* [< grch. *eschaton* „das äußerste, das letzte" + *logos* „Rede, Kunde"]

**Esche** ⟨f. 19⟩ ► *Angehörige einer Gattung der Ölbaumgewächse, in den nördl. gemäßigten Zonen verbreiteter, Laub abwerfender Baum: Fraxinus;* ► *Bäume* [< ahd. *ask*, engl. *ash*]

**Eschenholz** ⟨n. 12u; unz.⟩ *Holz der Esche*

**Escudo** ⟨m.; - od. -s, - od. -s; Abk.: Es, Esc; Zeichen: $⟩ **1** ⟨früher⟩ *span., portugies. u. südamerikan. Goldmünze* **2** ⟨heute⟩ *portugies. Währungseinheit, 100 Centavos* [< span. *escudo* „Schild, Wappenschild"]

**Es-Dur** ⟨n.; -; unz.; Mus.; Abk.: Es⟩ *auf dem Grundton Es beruhende Dur-Tonart*

**Esel** ⟨m. 5⟩ **1** *grau gefärbter Einhufer mit Quastenschwanz u. langen Ohren: Equus asinus* **2** ⟨Schimpfw. für⟩ *Dummkopf, Idiot, Tölpel* **3** *Gestell, Sägebock* ◆ ich alter Esel ⟨fig.; umg.⟩; störrisch wie ein Esel sein ⟨fig.; umg.⟩; wenn es dem Esel zu wohl wird, geht er aufs Eis (tanzen) ⟨Sprichw.⟩ *wer dumm ist, wird leicht übermütig, überschätzt sich* [< ahd. *esil*]

**Eselsbrücke** ⟨f. 19; fig.⟩ *einfache Denkhilfe für schwer merkbare Dinge* ◆ ich muss mir eine Eselsbrücke bauen, sonst vergesse ich das wieder

**Eselsohr** ⟨n. 27; fig.⟩ *umgeknickte Ecke einer Buch- od. Heftseite*

**Eselsrücken** ⟨m. 4; Arch.⟩ *eine spätgot. Bogenform, steile Form des Kielbogens, spitzer, etwas geschweifter Bogen*

**Eskaladierwand** ⟨f. 7u; Sp.⟩ *Holzwand für Kletterübungen*

**Eskalation** ⟨f. 20; unz.⟩ *schrittweise Steigerung,* ⟨bes.⟩ *Vergrößerung des Einsatzes in einem militärischen Konflikt* [< engl. *escalator* „Rolltreppe"; zu lat. *scala* „Leiter"]

**eskalieren** ⟨V. i.; hat⟩ *sich schrittweise steigern, stufenweise zunehmen, anwachsen;* Ggs *deeskalieren*

**Eskapade** ⟨f. 19⟩ **1** ⟨Sp.; hohe Schule⟩ *falscher Sprung eines Pferdes* **2** ⟨fig.⟩ *Seitensprung* **3** *mutwilliger Streich* [< frz. *escapade* „Seitensprung, unüberlegter Streich"]

**Eskariol** ⟨m. 6; unz.⟩ ► = *Endivie* [frz.]

**Eskimo I** ⟨m. 6 od. m.; -, -⟩ *Einwohner Grönlands u. Alaskas* **II** ⟨m. 6; Textilw.⟩ *nach ihnen benannter schwerer Mantelstoff* [indian., „Rohfleischesser"]

**Eskimosprache** ⟨f. 19; unz.⟩ *zu den paläoasiatischen Sprachen gehörende Sprache der Eskimos*

**Eskorte** ⟨f. 19⟩ *Begleitmannschaft, Geleit, Bedeckung* [< frz. *escorte* „Begleitung, Geleit"]

**eskortieren** ⟨V. t.; hat⟩ jmdn. eskortieren *jmdm. das Geleit geben, jmdn. durch Geleit sichern, bewachen*

**es-Moll** ⟨n.; -; unz.; Mus.; Abk.: es⟩ *auf dem Grundton es beruhende Moll-Tonart*

**Esoterik** ⟨f.; -; unz.⟩ **1** *(mystische, religiöse, philosophische) Geheimlehre, die nur Eingeweihten zugänglich ist* **2** *Lehre von den nicht rational zu erfassenden (außersinnlichen) Phänomenen* **3** *esoterische Geisteshaltung, esoterische Beschaffenheit* [→ *esoterisch*]

**esoterisch** ⟨Adj.⟩ **1** *in der Art der Esoterik, nur Eingeweihten zugänglich* **2** *außersinnlich erfassbar, okkult* ◆ ein esoterisches Buch [< grch. *esoteros* „der innere"]

**Espadrille** ⟨[-dri:jə] f. 10; Pl. [-dri:jəs]⟩ *flacher Stoffschuh mit einer Sohle aus Espartogras* [span.; frz.]

**Espe** ⟨f. 19; Bot.⟩ = *Zitterpappel* [< ahd. *aspa*, engl. *esp* < idg. *apsa*]

**Esperanto** ⟨n.; - od. -s; unz.⟩ *künstliche Welthilfssprache* [Kunstwort zu span. *esperare* < lat. *sperare* „hoffen"; unter diesem Decknamen veröffentlichte der Warschauer Arzt Dr. Zamenhof 1887 seine selbst erfundene Sprache]

ESCHE: GEMEINE ESCHE
*(Fraxinus excelsior)*

**Espresso I** ⟨m. 6; Pl. a.: -pressi⟩ *mit der Kaffeemaschine zubereiteter, starker Kaffee nach ital. Art* **II** ⟨n.; -, -⟩ *kleines Lokal, in dem Espresso angeboten wird* [ital., „absichtlich, extra, eigens; (Kaffee, der) eigens für den Gast zubereitet (wird)"]

**Essai** ⟨[ε'se:] m. 6 od. n. 15⟩ = *Essay* [frz., „Versuch"]

**Essay** ⟨['εsεi] m. 6 od. n. 15⟩ *literarische Kunstform, Abhandlung in knapper, geistvoller, allgemein verständlicher Form;* oV *Essai* [engl., „Versuch"]

**Esse** ⟨f. 19; bes. ostmitteldt.⟩ **1** *Schornstein, Kamin* **2** *Rauchfang über dem Herd* **3** ⟨umg.; scherzh.⟩ *Zylinderhut* [< ahd. *essa*]

**essen** ⟨V. t. u. V. i. 129; hat⟩ *als Nahrung zu sich nehmen* ◆ täglich einen **Apfel** essen; **Brot,** Kuchen, Obst, Süßigkeiten, Torte essen; ich möchte nur eine **Kleinigkeit** essen ◆ essen **gehen** *zum Essen in eine Gaststätte gehen* ◆ der Patient darf wieder **alles** essen; etwas (nicht) **gern** essen; man kann dort **gut** und preiswert essen; es wird nichts so **heiß** gegessen, wie es gekocht wird ⟨Sprichw.⟩ *es ist nichts so schlimm, wie es anfangs aussieht;* hast du dich auch **satt** gegessen?; **viel,** wenig essen ◆ ich esse **gerade** ◆ **aus** der Schüssel, vom Teller essen; ich bin gerade **beim** Essen; ich esse **gerade;** jmdm. etwas **zu** essen geben; zu Abend, zu Mittag essen ◆ **was** wollen wir essen?; was gibt's denn heute zu essen? [< ahd. *ezzan*, engl. *eat*]

**Essen** ⟨n. 14⟩ **1** *Nahrung* **2** *Mahlzeit* ◆ das Essen **auftragen** (auf den Tisch); das Essen **bestellen** (beim Kellner); ein festliches Essen **geben,** veranstalten; das Essen **kochen,** machen ⟨umg.⟩; **sein:** das Essen ist angebrannt; das Essen ist fertig; das Essen **steht** bereits auf dem Tisch; das Essen **wird** kalt ◆ ein **gutes,** leichtes, nahrhaftes, schmackhaftes Essen ◆ das Essen **auf** den Tisch bringen, stellen; ein Essen **für** zwanzig Personen; **nach** dem Essen lege ich mich ein Stündchen hin; **vor** dem Essen einen Aperitif trinken; bleiben Sie bitte **zum** Essen!; jmdn. zum Essen einladen

ESTRAGON
*(Artemisia dracunculus)*

**essentiell** ⟨[-'tsjεl] Adj.⟩ = *essenziell*

**Essenz** ⟨f. 20⟩ **I** ⟨unz.⟩ *Wesen, Wesenheit, Hauptbegriff* ◆ die Essenz einer Wissenschaft **II** ⟨zählb.⟩ *konzentrierte Lösung von Geschmacks- od. Duftstoffen zur Aromatisierung von Nahrungs- u. Genussmitteln* ◆ wohlriechende Essenzen [< lat. *essentia* „Wesen"; zu *esse* „sein"]

**essenzial** ⟨Adj.⟩ = *essenziell*

**essenziell** ⟨Adj.⟩ *wesentlich, wesenhaft;* oV *essenzial, essentiell* ◆ essenzielle Fettsäuren, Aminosäuren lebensnotwendige, mit der Nahrung zuzuführende Bestandteile des menschlichen Körpers [< frz. *essentiel* „wesentlich"; → *Essenz*]

**Essgeschirr** ⟨n. 11; unz.⟩ *zum Essen benötigtes Geschirr*

**Essig** ⟨m. 1⟩ *im Wesentlichen aus einer verdünnten, wässrigen Lösung von Essigsäure bestehendes, saures Würz- u. Konservierungsmittel* ◆ es ist Essig damit ⟨fig.; umg.⟩ *es ist aus damit, es wird nichts;* den Salat mit Essig anmachen; Essig und Öl zur Salatsoße nehmen; der Wein ist zu Essig geworden *sauer geworden* [< ahd. *ezzih* < lat. **atecum* für *acetum* „Weinessig"]

**Essigessenz** ⟨f. 20; unz.⟩ *60-80%ige, mit Farb- u. Aromastoffen versetzte Essigsäure*

**Essiggurke** ⟨f. 19⟩ *in Essig eingelegte Gurke*

**Essigsäure** ⟨f. 19; unz.⟩ *aliphat. Monokarbonsäure von stechendem Geruch, kommt in vielen pflanzl. u. tierischen Produkten vor u. ist hauptsächlicher Bestandteil des Speiseessigs, chemische Formel* $CH_3-COOH$*;* Sy *Äthansäure*

**Esskastanie** ⟨[-niə] f. 19⟩ *essbare Frucht der Kastanie*

**Esslöffel** ⟨m. 5⟩ *großer Löffel, Suppenlöffel,* ⟨a. als Mengenbez.⟩ *ein Esslöffel voll*

**Esslust** ⟨f. 7u; unz.⟩ *Appetit*

**Essstäbchen** ⟨Pl.⟩ *aus zwei Stäbchen bestehendes chines. Essbesteck*

**Ester** ⟨m. 3⟩ *chem. Verbindung, die aus einem Alkohol u. einer organischen (od. anorganischen) Säure unter Wasserabspaltung entsteht* [< *Essig* + *Äther*]

**Estrade** ⟨f. 19⟩ **1** *erhöhter Teil des Fußbodens, erhöhter Platz (an Fenstern, am Bett usw.)* **2** *Platzgattung in Theater, Kino, Konzertsaal* [frz.]

**Estragon** ⟨m. 1; unz.; Bot.⟩ ▼ *Korbblütler, der als Zusatz zu Essig u. als Gewürz benutzt wird: Artemisia dracunculus* [< frz. *targon, estragon* < lat. *dracunculus*, eigtl. „kleiner Drache"]

**Estrich** ⟨m. 1⟩ **1** *fugenloser Fußboden (aus Lehm, Zement u. a.)* **2** ⟨schweiz.⟩ *Dachboden* [< ahd. *astrih, estirih* < mlat. *astracus, astricus* „Pflaster"; zu grch. *ostrakon* „Scherbe"]

**Eszett** ⟨n.; -, -⟩ *der Buchstabe „ß"*

**Eta** ⟨['e:ta] od. neugrch. ['i:ta] n. 15; Zeichen: η, H⟩ *siebenter Buchstabe des griechischen Alphabets, langes, offenes e, heute i*

**ETA** ⟨f.; -; unz.; Abk. für bask.⟩ *Euzkadi Ta Azkatasuna (Baskenland und Freiheit), Terrororganisation mit dem Ziel der Eigenständigkeit des Baskenlandes*

**etablieren I** ⟨V. t.; hat⟩ *gründen, errichten* **II** ⟨V. refl.⟩ **1** sich etablieren *sich niederlassen (besonders als Geschäftsmann), ein Geschäft eröffnen* **2** ⟨häufig abwertend⟩ *innerhalb der Gesellschaft eine angesehene Stellung einnehmen* [< frz. *établir* „festsetzen, einrichten, gründen"]

**Etablissement** ⟨[-blis(ə)mã] n. 15⟩ **1** *Geschäft, Unternehmen, Niederlassung* **2** *Vergnügungsstätte* **3** ⟨verhüllend⟩ *Bordell* [< frz. *établissement* „Errichtung, Einrichtung, Gründung, Niederlassung"]

**Etage** ⟨[e'ta:ʒə] f. 19⟩ **1** *Stockwerk, Obergeschoss* **2** *Etagenwohnung* ◆ erste, zweite Etage; sie bewohnen mehrere Etagen in der Kreuzstraße [< frz. *étage* „Stockwerk"]

**Etappe** ⟨f. 19⟩ **1** *Teilstrecke, Abschnitt, Stufe* **2** ⟨Mil.⟩ *besetztes Hinterland, Nachschubgebiet* ◆ eine wichtige Etappe seines Lebens hinter sich bringen ⟨fig.⟩; in der Etappe liegen ⟨Mil.⟩ [< frz. *étape* „Rastplatz, Tagesmarsch, Wegstrecke", eigtl. „Verpflegungsplatz für das Heer"; < mndrl. *stapel* „Stapelplatz"]

**Etappensieg** ⟨m. 1; Sp.⟩ *Sieg auf einer Teilstrecke eines mehrtägigen Rennens (meist beim Radrennen)*

**Etat** ⟨[e'ta:] m. 6⟩ **1** *Voranschlag, Haushaltsplan, Staatshaushalt* **2** *Vermögensstand, Bestand* **3** ⟨schweiz.⟩ *Mitglieder-, Funktionärverzeichnis (eines Verbandes)* **4** ⟨umg.⟩ *Summe, mit der man eine bestimmte Zeit auskommen muss* ◆ den Etat über-, unterschreiten; das geht über meinen Etat ⟨umg.⟩ *das kann ich mir nicht leisten* [< frz. *état* „Zustand, Verzeichnis, Staat"]

**etc.** ⟨Abk. für lat.⟩ *et cetera*

**et cetera** ⟨Abk.: etc. ⟩ *und so weiter* [lat., „und das Übrige"]

**Ethan** ⟨n. 11; unz.; fachsprachl.⟩ = *Äthan*

**Ethanol** ⟨n.; -s; unz.; fachsprachl.⟩ = *Äthanol*

**Ethik** ⟨f. 20; unz.⟩ *Lehre vom sittlichen Verhalten des Menschen;* Sy *Morallehre, Moralphilosophie* [< grch. *ethikos* „sittlich"]

**ethisch** ⟨Adj.⟩ **1** *die Ethik betreffend, hinsichtlich der Ethik, zu ihr gehörend, sittlich, moralisch* **2** *sittlich gut* [< grch. *ethikos* „sittlich"]

**ethnisch** ⟨Adj.⟩ *zur Ethnologie gehörig, auf ihr beruhend, volkseigentümlich* [zu grch. *ethnos* „Volk"]

**Ethnologie** ⟨f. 19; unz.⟩ = *Völkerkunde* [< grch. *ethnos* „Volk" + *logos* „Rede, Kunde"]

**Ethologie** ⟨f. 19; unz.⟩ **1** *Lehre von den Sitten u. Gebräuchen eines Volkes, Charakterforschung* **2** *Lehre von der Lebensweise der Tiere* [< grch. *ethos* „Gewohnheit, Sitte" + *logos* „Kunde"]

**Ethos** ⟨n.; -; unz.⟩ **1** *sittliche Gesinnung, Sittlichkeit* **2** *Sitte* [< grch. *ethos* „Gewohnheit, Sitte"]

**Ethylalkohol** ⟨m. 1; fachsprachl.⟩ = *Äthanol;* oV *Äthylalkohol*

**Etikett** ⟨n. 11 od. n. 15⟩ *Warenkennzeichen, Aufschrift, Preiszettel, Preisschild* ◆ etwas mit einem Etikett versehen [< frz. *étiquette,* urspr. „Stift zum Anheften eines Zettels", dann „Bezeichnungszettel", „Zettel mit der Hofrangordnung", dann „Inbegriff der (bei Hof geübten) Förmlichkeiten" < nddt. *sticke* „Stiftchen"]

**Etikette** ⟨f. 19; unz.⟩ *feine Sitte, gesellschaftliche Umgangsformen* ◆ sich ganz nach der Etikette richten; die höfische Etikette [→ *Etikett*]

**etikettieren** ⟨V. t.; hat⟩ *mit einem Etikett versehen*

**etliche** ⟨unbest. Pron.⟩ *einige, ein paar* ◆ etliche dieser **Beispiele;** etliche **Male;** etliche **neue** kamen hinzu; mit etlichen Neuen; es liegt schon etliche **Tage** zurück; etliche der **Teilnehmer;** nach etlichen **Stunden;** etliche zwanzig **Mark** *ungefähr, etwas über 20 Mark* ◆ etliche **unter,** von den Zuschauern [< ahd. *etalih, eteslih* „irgendeiner", Pl. „manche" < *edde(s)hwelih* < *edde(s)* „irgend" + *hwelih* „welch"]

**etliches** ⟨unbest. Pron.⟩ *einiges, manches, etwas* ◆ er hat etliches Gute getan; es hat sich etliches angesammelt

**Etrusker** ⟨m. 3⟩ *Bewohner der altitalienischen Landschaft Etrurien*

**Etui** ⟨[e'tvi:] od. [ety'i:] n. 15⟩ *Futteral, Behälter* (Brillenetui, Zigarettenetui) ◆ er besaß ein silbernes Zigarettenetui [< frz. *étui* „Futteral, Gehäuse, Behälter"]

**etwa** ⟨Partikel⟩ **1** *ungefähr, annähernd* **2** *vielleicht, am Ende, wohl gar* ◆ etwa nicht? *ist es nicht so?;* nicht etwa, dass du meinst ... *meine nur nicht, dass ...;* es sind jetzt etwa acht Tage, vier Wochen vergangen; es dauerte etwa fünf Minuten; es sind etwa 35 Schüler in einer Klasse; etwa um zwölf Uhr; Sie denken doch nicht etwa, dass ...; wenn wir etwa sagen wollen ⟨umg.⟩ *beispielsweise* [< mhd. *etewar* „irgendwo"]

**etwas** ⟨unbest. Pron.⟩ Sy ⟨kurz; umg.⟩ *was* **1** *ein wenig, ein bisschen* **2** *irgendeine Sache* **3** *Besonderes, Gewichtiges* ◆ etwas, was unangenehme Folgen haben kann; das ist etwas (ganz) anderes; etwas anderes wäre es, wenn ...; etwas **Ähnliches** habe ich schon einmal gesehen; etwas **Ausdauer,** Geduld, Mut, Pflichtbewusstsein; etwas **Brot,** Salz; haben Sie etwas **Passendes** gefunden?; etwas **Schönes** erleben ◆ wenn du etwas **erfahren** solltest; du musst etwas **essen** *eine Kleinigkeit;* er **gilt,** kann etwas; es will schon etwas **heißen,** wenn ...; hast du etwas **gehört?** (über diese Angelegenheit); dort muss etwas **passiert** sein; **sein:** das ist doch wenigstens etwas! *besser als nichts;* zu etwas **taugen;** er **versteht** etwas davon; aus ihm kann noch etwas **werden** ◆ etwas **besser,** mehr, schöner, weniger; die Eier sind etwas zu **hart,** weich gekocht; ich bin etwas **müde;** darf es etwas **mehr** sein? *(Frage des Verkäufers beim Abwiegen)* ◆ **an** etwas denken, glauben; sich **auf** etwas vorbereiten; gib mir etwas **davon; nur** etwas; etwas **oberhalb,** unterhalb davon liegt ...; wir wollen endlich **von** etwas anderem sprechen

**Etwas** ⟨n.; -, -⟩ *nicht näher zu bezeichnende Sache od. Eigenschaft* ◆ sie hat so ein gewisses Etwas *einen Reiz, den man nicht näher beschreiben kann;* so ein winziges Etwas *kleines Wesen* [< ahd., mhd. *etewer* „irgendeiner"]

**Etymologie** ⟨f. 19; Sprachw.⟩ **I** ⟨unz.⟩ *Lehre von der Herkunft der Wörter, Wortforschung* **II** ⟨zählb.⟩ *Herkunft, Geschichte eines Wortes;* Sy *Wortherkunft* [< grch. *etymologia* „Nachweis des Ursprungs eines Wortes"; < grch. *etymos* „wahrhaft" + *logos* „Rede, Kunde"]

**etymologisch** ⟨Adj.⟩ *die Etymologie betreffend, auf ihr beruhend*

**ET-Zeichen** ⟨[ɛt-] n. 14; Zeichen: &⟩ *Und-Zeichen (bes. in Firmennamen)*

**eu..., Eu...** ⟨Vors.⟩ *gut, wohl, schön* [grch.]

**EU** ⟨Abk. für⟩ *Europäische Union*

**Eubulie** ⟨f.19; unz.; geh.⟩ *Wohlberatenheit, Klugheit, Einsicht* [grch.]

**euch** ⟨Dat. u. Akk. des Personalpron. „ihr"; Pl.⟩ ich will es euch sagen; ich habe euch gern; ich grüße euch alle herzlich [< ahd. *iuwih* (Akk.), *iu* (Dat.), engl. *you*]

**Eucharistie** ⟨[-ça-] f. 19; Rel.⟩ **1** *Dankgebet vor dem Abendmahl* **2** *das Abendmahl selbst* **3** *Altarsakrament* [< grch. *eu* „gut" + *charis* „Huld, Dank"]

**Eudämonie** ⟨f. 19; unz.⟩ *Glückseligkeit* [zu grch. *eudaimon* „glückselig", eigtl. „einen guten Dämon habend"]

## EULEN

Es existieren ungefähr 130 Eulenarten, von denen die meisten nachts auf die Jagd gehen. Sie haben große nach vorne gerichtete Augen, die zum Dämmerungssehen geeignet sind. Beutetiere können aber allein durch das ausgezeichnete Gehör geortet werden. Der breite Gesichtsschleier leitet statt der fehlenden Außenohren die Schallwellen direkt auf das Trommelfell. Die Federn der Eulen sind fein gefranst, um Luftturbulenzen und Fluggeräusche zu vermeiden. Als Nahrung bevorzugen sie in der Regel kleine Wirbeltiere und Insekten, deren unverdauliche Bestandteile als Gewölle ausgespien werden.

ÄUSSERE MERKMALE EINER SCHLEIEREULE (*Tyto alba*)

WEITERE EULENARTEN

WALDKAUZ (*Strix aluco*)

SCHNEEEULE (*Nyctea scandiaca*)

UHU (*Bubo bubo*)

KUCKUCKSKAUZ (*Ninox novaeseelandiae*)

**euer I** ⟨Gen. des Possessivpron. „ihr"; Pl.; in Titeln Großschreibung, in Briefen Kleinschreibung⟩ ist dies euer? *gehört es euch?;* Euer, Eure **Exzellenz;** ist das euer **Haus**?; euer **Lehrer** hat mir das gesagt; Euer, Eure **Majestät;** ich kenne euere, eure **Mutter** gut; das haben euere, eure **Söhne** getan; viele Grüße sendet euch euer Thomas **II** ⟨Gen. des Personalpron. „ihr"; Pl.⟩ euer sind drei; euer sind nur wenige; wir gedenken euer [< ahd. *iuwar,* engl. *your*]

**euerseits** ⟨Adv.⟩ *von eurer Seite;* oV *eurerseits* ◆ habt ihr euerseits noch etwas dazu zu sagen?

**Eufonium** ⟨n.; -s,-nien⟩ ► = *Euphonium*

**Eukalyptus** ⟨m.; -, - od. -lypten⟩ ▼ *Angehöriger einer Gattung der Myrtengewächse, der seine Blätter zur Vermeidung von Wasserverlust parallel zur Sonneneinstrahlung stellen kann: Eucalyptus;* ► *Bäume, Bedecktsamer* [< grch. *eu* „gut" + *kalyptos* „bedeckt" (wegen der Kelchform)]

EUKALYPTUS
*(Eucalyptus coccifera)*

**euklidisch** ⟨Adj.; Math.⟩ *von Euklid stammend, auf der Lehre des Euklid beruhend* ◆ euklidischer Algorithmus *Rechenverfahren zur Bestimmung des größten gemeinsamen Teilers von 2 Zahlen;* euklidische Geometrie *Geometrie, die auf den von Euklid aufgestellten Axiomen (Parallelenaxiomen) beruht;* euklidischer Raum *auf der euklidischen Geometrie beruhende, besonders anschauliche Vorstellung vom Raum*

**Eule** ⟨f. 19⟩ **1** ⟨Zool.⟩ ◄ *nächtlich jagender, weltweit verbreiteter Raubvogel mit krummem, kurzem Schnabel, großen Augen, die zum Dämmerungssehen geeignet sind, und sehr weichem Gefieder: Striges;* ► *Vögel* **2** ⟨Entomologie⟩ **2.1** ⟨i. w. S.⟩ *Angehörige einer Überfamilie der Nachtschmetterlinge: Noctuoides* **2.2** ⟨i. e. S.⟩ *Angehörige einer Familie der Nachtschmetterlinge aus der Überfamilie der Eulen, deren Flügel meist düster gefärbt sind, mit charakteristischer Zeichnung aus 3 Binden u. 3 Flecken: Noctuidae* **3** ⟨fig.⟩ *Handfeger aus Federn od. weichen Borsten* **4** *ein Tonpfeifchen* ◆ Eulen nach Athen tragen *etwas Überflüssiges tun;* klug wie die Eulen [< ahd. *uwila,* engl. *owl;* → *Uhu*]

**Eulenspiegel** ⟨m. 5⟩ *Schelm, zu Streichen aufgelegter Mensch* [= *Eulden Spiegel;* < *eulen* < nddt. *ulen* „fegen, säubern" (zu *ule* = runder, wie ein Eulenkopf aussehender Besen aus Borsten) + *Spiegel* „weißer Fleck" um den After des Reh- u. Rotwildes]

**Eulenspiegelei** ⟨f. 18⟩ *Schelmenstreich*

**Eunuch** ⟨m. 16⟩ *verschnittener (zeugungsunfähiger) Mann, Kastrat (im Orient als Haremswächter verwendet)* [< grch. *eunuchos* „Betthüter"]

**Euphemismus** ⟨m.; -, -men⟩ *beschönigende Bezeichnung, sprachliche Verhüllung,* z. B. „einschlafen" für „sterben" [< grch. *eu* „gut" + *pheme* „Rede"]

**Euphonium** ⟨n.; -s, -phonien; Mus.⟩ ► *Kornett in Baritonlage;* oV *Eufonium* [< grch. *eu* „gut" + *phone* „Stimme"]

**Euphorie** ⟨f. 19; unz.⟩ *Gefühl gesteigerten Wohlbefindens, z. B. nach dem Genuss von Rauschgift od. (bei Kranken) unmittelbar vor dem Tode* ◆ die Euphorie breitete sich aus [< grch. *euphoria* „das leichte Ertragen, das Wohlbefinden"; zu *pherein* „tragen"]

**euphorisch** ⟨Adj.⟩ *auf Euphorie beruhend*

**euphorisieren** ⟨V. t.; hat⟩ *in Euphorie versetzen* ◆ durch einen Erfolg euphorisiert

**Eurasier** ⟨m. 3⟩ **1** *jmd., der einen europäischen u. einen asiat. Elternteil besitzt* **2** ⟨Pl.⟩ *eines der Völker des mongol.-europ. Grenzraumes, z. B. die finn.-ugr. Völker, die Turktataren* [verkürzt < *Europa* + *Asien*]

**Euratom** ⟨f.; -; unz.; Kurzw. für⟩ *Europäische Atomenergiegemeinschaft;* → a. *europäisch*

**eure** ⟨2. Pers. Pl. des Possessivpron. „ihr"⟩ der, die, das eure *das, was (von mehreren Dingen) euch gehört;* das Eure/eure *das, was euch gehört, zusteht, zukommt, eure Habe, euer Besitz;* welche von den Büchern sind die euren?; wir haben getan, was wir konnten, tut ihr nun das Eure/eure!; → a. *euer*

**eurerseits** ⟨Adv.⟩ = *euerseits*

**Eurhythmie** ⟨f. 19; unz.⟩ oV *Eurythmie* **1** *Ebenmaß, schöne Ausgeglichenheit von Bewegung u. Ausdruck* **2** ⟨Med.⟩ *Regelmäßigkeit von Herz- u. Pulsschlag* **3** ⟨Tanz⟩ *Harmonie zwischen den Bewegungen der Gliedmaßen u. denen des ganzen Körpers* **4** ⟨Anthroposophie⟩ *die von R. Steiner gegründete Ausdrucks- od. Bewegungskunst aufgrund der Vereinigung von Sprache od. Gesang u. Bewegung, wobei den Bewegungen bestimmte Bedeutungen zugeordnet werden* [< grch. *eu* „gut" + *Rhythmus*]

**Euro** ⟨m. 6; bei Zahlenangaben: -⟩ *europäische Währungseinheit*

**Eurocheque** ⟨[ʃɛ-k] m. 6⟩ = *Euroscheck*

**Eurocity** ⟨[-siti] m.; -, -s; Abk.: EC⟩ *Schnellzug des europäischen Eisenbahnnetzes* [< *Europa* + engl. *city* „Stadt"]

**Europacup** ⟨[-kʌp] m. 6; Sp.⟩ *zwischen den besten od. den nach einem festgelegten Modus qualifizierten Mannschaften ausgetragener Vereinswettbewerb auf europäischer Ebene,* z. B. der UEFA-Pokal [nach dem Kontinent *Europa* + engl. *cup* „Pokal"]

**Europäer** ⟨m. 3⟩ *Bewohner des europäischen Kontinents* [vermutl. < semit. *ereb* „dunkel", grch. *erebos*]

**europäisch** ⟨Adj.⟩ *Europa betreffend, zu ihm gehörig, aus ihm stammend* ◆ Europäische **Gemeinschaft** ⟨Abk.: EG; 1967-1993 Bez. für⟩ *Europäische Gemeinschaft(en);* Europäische Gemeinschaft für Atomenergie ⟨Abk.: Euratom⟩ *Zusammenschluss europäischer Länder zur gemeinsamen Erforschung u. Verwendung der Atomenergie;* Europäische **Sumpfschildkröte** *einzige Schildkröte des mitteleuropäischen Binnenlandes, von Nordwestafrika bis Westasien in stehenden Gewässern verbreitet: Emys orbicularis;* Europäische **Union** ⟨Abk.: EU; seit 1.11.1993⟩ *Nachfolgeorganisation der Europäischen Gemeinschaft (am 7.2.1992 im Vertrag von Maastricht gegründet);* Europäische **Wirtschaftsgemeinschaft** ⟨Abk.: EWG⟩ *durch den Vertrag von Rom 1957 gegründete Gemeinschaft der sechs Mitgliedstaaten der Montanunion zur Schaffung eines gemeinsamen Marktes für alle Wirtschaftsgüter;* Europäische **Zentralbank** ⟨Abk.: EZB; seit 1998⟩ *Institution der Staaten der Europäischen Währungsunion, die u. a. für die Festlegung u. Ausführung der Geldpolitik sowie die Zahlungssysteme verantwortlich ist*

EUPHONIUM

**Europastraße** ⟨f. 19; Abk.: E⟩ *für den Fernverkehr in Europa bestimmte, bes. gekennzeichnete u. nummerierte Autostraße*

**Europol** ⟨ohne Art.; Kurzw. für⟩ *(1994 gegründetes) europäisches Kriminalamt für die internationale Bekämpfung von Terrorismus u. organisierter Kriminalität* [verkürzt < *Europäisches Polizeiamt*]

**Euroscheck** ⟨m. 6⟩ *Barscheck, der bei Vorzeigen der Euroscheckkarte in den meisten europ. Ländern von allen Geldinstituten bis zu einem international vereinbarten Höchstbetrag eingelöst wird;* oV *Eurocheque*

**Eurotunnel** ⟨m. 5; unz.⟩ ►► *aus drei Röhren bestehender, unter dem Ärmelkanal durchführender Eisenbahntunnel, der seit 1994 Frankreich u. England verbindet*

**Eurythmie** ⟨f.; -; unz.⟩ = *Eurhythmie*

**Euter** ⟨n. 13⟩ *Milchdrüse beim weibl. Säugetier* [< ahd. *utar(o), utir,* engl. *udder*]

**Euthanasie** ⟨f. 19; unz.⟩ *Erleichterung des Todeskampfes durch Medikamente (strafbar, wenn damit eine Verkürzung des Lebens verbunden ist);* Sy *Sterbehilfe* [< grch. *eu* „gut" + *thanatos* „Tod"]

**ev.** ⟨Abk. für⟩ *evangelisch*

**eV** ⟨Zeichen für⟩ *Elektronenvolt*

**e. V., E. V.** ⟨Abk. für⟩ *eingetragener bzw. Eingetragener Verein*

**Eva** ⟨f. 10⟩ **1** *nach bibl. Überlieferung der zweite von Gott erschaffene Mensch, Adams Frau, Stammmutter der Menschen* **2** ⟨umg.; scherzh.⟩ *Frau od. Mädchen ohne Kleidung*

**evakuieren** ⟨[eva-] V. t.; hat⟩ **1** einen Raum evakuieren *leer, luftleer machen, leer pumpen* **2** ein Gebiet evakuieren *von Bewohnern räumen* **3** Personen evakuieren *aus einem Gebiet entfernen, aussiedeln* [< frz. *évacuer* „entleeren, abtransportieren, räumen"; zu lat. *vacuus* „leer"]

**Evakuierung** ⟨[eva-] f. 20⟩ *das Evakuieren, das Evakuiertwerden, Aussiedlung*

**evaluieren** ⟨[eva-] V. t.; hat⟩ **1** *schätzen, den Wert bestimmen von* **2** *beurteilen, bewerten* [< frz. *évaluer* „abschätzen, berechnen, veranschlagen"]

**Evangeliarium** ⟨[-vaŋ-] n.; -s, -rien⟩ *Evangelienbuch, Buch mit dem vollständigen Text der vier Evangelien, oft mit Miniaturen u. kostbarem Einband*

**Evangelikale(r)** ⟨[-vaŋ-] m. 29⟩ *Bezeichnung für ein Mitglied von Erweckungsbewegungen, die fundamentalistisch an die Autorität der Evangelien od. des gesamten Neuen Testaments glauben, wie die englische „Low Church" od. die deutsche freikirchliche Gemeinschaft „Kein anderes Evangelium"* [→ *evangelisch*]

**evangelisch** ⟨[-vaŋ-] Adj.⟩ **1** *zum Evangelium gehörend, auf ihm beruhend* **2** *zu den durch die Reformation entstandenen Kirchen gehörend, auf ihnen beruhend, protestantisch*

E

## EUROTUNNEL

1994 wurde der Eurotunnel zwischen Folkestone in England und Calais in Frankreich eröffnet. Der Eurotunnel ist ein System aus drei parallelen Tunneln, die durch Übergänge vielfach miteinander verbunden sind. Die Tunnel sind 50,5 km lang, von denen 38 km bis zu 40 m tief unter dem Meeresboden liegen. In einem Tunnel transportiert ‚Le Shuttle' Passagiere mit Autos und Fracht. In dem anderen äußeren Tunnel verkehrt der ‚Eurostar', ein Passagierzug. Der mittlere Tunnel ist der Versorgungs- und Fluchttunnel.

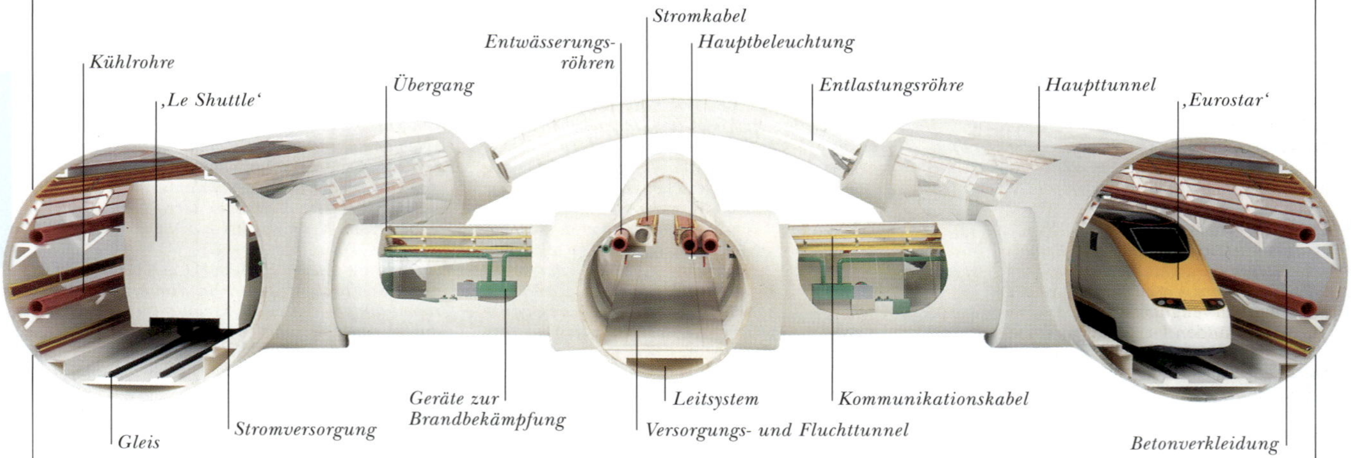


MODELL DES EUROTUNNELS

◆ evangelisches Bekenntnis *auf der Reformation beruhendes Bekenntnis;* evangelisch-lutherisch ⟨Abk.: ev.-luth.⟩ *zur lutherischen Reformationskirche gehörend, auf der lutherischen Reformation beruhend;* evangelisch-reformiert ⟨Abk.: ev.-ref.⟩ *zur Reformationskirche Zwinglis u. Calvins gehörend, auf ihr beruhend* [< lat. *evangelicus* (11. Jh.) „zum Neuen Testament gehörig"; zu grch. *euaggelion* „Gute Botschaft"]

**Evangelist** ⟨[-vaŋ-] m. 16⟩ **1** *Verfasser eines der vier Evangelien* **2** *Wanderprediger* [< lat. *evangelista* < grch. *euaggelistes*]

**Evangelium** ⟨[-vaŋ-] n.; -s, -lien⟩ **1** *die Botschaft Jesu* **2** *die vier Schriften des NT über das Leben Jesu von Matthäus, Markus, Lukas u. Johannes* **3** *jede einzelne der vier Schriften* **4** ⟨fig.⟩ *Wort, Schriftwerk o. Ä., das einem heilig ist, an das man bedingungslos glaubt* ◆ das Evangelium des Matthäus [< grch. *euaggelion* „gute Botschaft"]

**eventuell** ⟨[evɛn-]⟩ **I** ⟨Adj.⟩ *möglicherweise eintretend* ◆ auf einen eventuellen Überfall vorbereitet sein **II** ⟨adv.; Abk.: evtl.⟩ *möglicherweise, gegebenenfalls, vielleicht, unter Umständen* ◆ eventuell komme ich [< frz. *éventuel* „etwaig, möglich"; zu lat. *eventus* „Ereignis"]

**Evergreen** ⟨['ɛvərgri:n] m. 6 od. n. 15; Mus.⟩ *Schlager, der Jahre hindurch immer wieder gespielt wird* [engl., „Immergrün"]

**Evertebrat** ⟨[-vɛr-] m. 16; Zool.⟩ ► = *Invertebrat* [< grch. *e-* „weg ... von" + *vertebra* „Wirbel (in der Wirbelsäule)"]

**evident** ⟨[evi-] Adj.⟩ **1** *augenscheinlich, offenkundig, offenbar* **2** *einleuchtend* ◆ die Lösung war sehr evident [< lat. *evidens* „augenscheinlich, offenbar"]

**Evidenz** ⟨[evi-] f. 20; unz.⟩ **1** *Augenschein, Offenkundigkeit, völlige Klarheit* **2** ⟨österr.⟩ *handl. Übersicht* ◆ er wird in Evidenz geführt ⟨österr.⟩ *er steht auf der Liste* [< lat. *evidentia* „Augenscheinlichkeit, Offensichtlichkeit"]

**ev.-luth.** ⟨Abk. für⟩ *evangelisch-lutherisch*

**Evolution** ⟨[evo-] f. 20⟩ ► *allmähl. Entwicklung, bes. die der Lebewesen von niederen zu höheren Formen* [< lat. *evolutio* „Entwicklung, Entfaltung"]

**Evolutionstheorie** ⟨[evo-] f. 19⟩ **1** ⟨Biol.⟩ *Theorie von der Entstehung u. Entwicklung des Lebens, Abstammungslehre* **2** ⟨Kosmologie⟩ *Theorie, nach der das Weltall in ständiger Expansion begriffen ist*

**ev.-ref.** ⟨Abk. für⟩ *evangelisch-reformiert*

**evtl.** ⟨Abk. für⟩ *eventuell*

**E-Werk** ⟨n. 11; Kurzw. für⟩ *Elektrizitätswerk*

**EWG** ⟨f.; Abk. für⟩ *Europäische Wirtschaftsgemeinschaft;* → a. *europäisch*

**ewig** ⟨Adj.⟩ **1** *nie endend, zeitlos, endlos;* Ggs *endlich* **2** *unveränderlich, unvergänglich* **3** *unsterblich* **4** ⟨fig.; umg.⟩ *sehr lange, zu lange (dauernd) u. daher lästig* ◆ ich habe diese ewigen **Klagen** satt! ⟨umg.⟩; das ewige **Leben;** das ewige **Licht,** die ewige Lampe *immer brennendes Licht in katholischen Kirchen;* Ewiger **Salat** = *Gartenampfer;* ewiger **Schnee** *nie ganz schmelzender Schnee im Hochgebirge;* die Ewige **Stadt** *Rom* ◆ das **dauert** ja ewig! ⟨umg.⟩ ◆ soll das denn **immer** und ewig so bleiben?; **in** den ewigen Frieden eingehen ⟨poet.⟩ *sterben* [< ahd. *ewig;* zu *ewa, ewi(n)* „Ewigkeit"; verwandt mit *Ehe*]

**Ewigkeit** ⟨f. 20⟩ **1** *das Unvergängliche, Unwandelbare* **2** *das ewige Leben nach dem Tode* **3** ⟨fig.; umg.⟩ *sehr lange Dauer* ◆ das dauert ja eine Ewigkeit ⟨umg.⟩ *sehr lange*

**ex 1** *aus, heraus,* z. B. ex officio **2** ⟨umg.⟩ *aus, vorbei, zu Ende, Schluss* ◆ (auf) ex trinken *das Glas (mit einem Zug) leer trinken* [lat., „aus"]

**Ex...**[1] ⟨Vors.⟩ *ehemalig,* z. B. Exminister [lat.]

**ex...**[2], **Ex...**[2] ⟨Vors.⟩ *aus-, heraus, von ... her* [lat.]

**ex...**[3], **Ex...**[3] ⟨vor Vokalen und h⟩ = *ek..., Ek...* [grch.]

**exakt** ⟨Adj.; -er, am -esten⟩ **1** *genau, sorgfältig, pünktlich* **2** *streng wissenschaftlich* ◆ die exakten Wissenschaften *Mathematik u. Naturwissenschaften* [< lat. *exactus* „genau, pünktlich, vollkommen"]

**exaltieren** ⟨V. refl.; hat⟩ sich exaltieren **1** *sich überschwänglich begeistern* **2** *sich hysterisch erregen*

**Examen** ⟨n.; -s, - od. -mina⟩ *Prüfung* ◆ das Examen bestehen; Examen machen; mündliches, schriftliches Examen; er ist durchs Examen gefallen [lat., „Prüfung"; wahrscheinl. < *ex* „aus, heraus" + *agere* „treiben" zu der übertragenen Bedeutung „abwägen, untersuchen" entwickelt]

**examinieren** ⟨V. t.; hat⟩ jmdn. examinieren *prüfen, befragen* [< lat. *examinare* „prüfen"; → *Examen*]

**Exchange** ⟨[iks'tʃɛindʒ] f. 19⟩ **1** *Wechselverkehr, Wechsel* **2** *Geldwechsel* **3** *Wechselstube* **4** *Kurs* [engl., „Austausch, Wechsel, Börse"]

**Exegese** ⟨f. 19⟩ *Ausdeutung (von Schriftwerken, bes. der Bibel)* [< grch. *exegesis,* eigtl. „Ausführung", dann „Erklärung"]

**exekutieren** ⟨V. t.; hat⟩ **1** *vollziehen, ausführen, vollstrecken* (Urteil) **2** *hinrichten* (Person) **3** ⟨österr. a.⟩ *einziehen, pfänden* ◆ im Morgengrauen wurde er exekutiert [frz. *exécuter* „ausführen, vollziehen, hinrichten"]

**Exekution** ⟨f. 20⟩ **1** *Vollstreckung, Vollzug (eines Urteils)* **2** *Hinrichtung* [< lat. *ex(s)ecutio* „Vollzug, Vollstreckung"; zu *exsequi* „vollziehen"]

**exekutiv** ⟨Adj.⟩ *ausführend, vollziehend, vollstreckend* ◆ exekutive Gewalt = *Exekutive*

**Exekutive** ⟨f. 19; unz.⟩, **Exekutivgewalt** ⟨f. 20; unz.⟩ *die vollziehende Staatsgewalt;* Sy *ausübende Gewalt, exekutive Gewalt;* → a. *Judikative, Legislative* [zu frz. *exécutif* „ausübend, vollziehend"]

**Exempel** ⟨n. 13⟩ **1** *Aufgabe, Rechenaufgabe* **2** *(warnendes) Beispiel* ◆ ein Exempel statuieren *ein abschreckendes Beispiel geben;* die Probe aufs Exempel machen *die Richtigkeit einer Annahme, Behauptung durch Probieren nachweisen, überprüfen;* etwas zum Exempel nehmen *als Beispiel anführen* [< lat. *exemplum* „Beispiel"]

**Exemplar** ⟨n. 11; Abk.: Expl.⟩ *Einzelstück, Muster* (Belegexemplar; Freiexemplar) ◆ zehn Exemplare der ersten Auflage [lat., „Abschrift, Abbild, Muster"]

**exemplarisch** ⟨Adj.; eigtl.⟩ **1** *mithilfe eines Exempels* **2** ⟨allg.⟩ *nachdrücklich* **3** *beispielhaft, musterhaft* ◆ eine exemplarische Lösung einer Aufgabe zu Lehrzwecken vorführen [→ *Exempel*]

**exerzieren** ⟨V.; hat⟩ **I** ⟨V. t.⟩ *üben, ausbilden* (Truppen) **II** ⟨V. i.⟩ *üben, sich üben* [< lat. *exercere* „üben, ausbilden"]

**Exhibitionismus** ⟨m.; -; unz.; Med.⟩ *krankhafte Neigung zum öffentl. Entblößen des Geschlechtsteils* [< lat. *exhibitio* „Darbietung, das Zeigen"]

**exhumieren** ⟨V. t.; hat⟩ *(zu gerichtl. Untersuchungen) wieder ausgraben* (Leiche) [< lat. *ex* „aus" + *humare* „beerdigen"]

**Exil** ⟨n. 11⟩ **1** *Verbannung* **2** *Verbannungsort* **3** *Zufluchtsstätte* ◆ freiwilliges Exil [< lat. *exsilium* „Verbannung"]

**existent** ⟨Adj.⟩ *existierend, vorhanden, wirklich;* Ggs *inexistent* [< lat. *exsistens* „ins Leben tretend"; zu *exsistere*]

**existential** ⟨Adj.⟩ = *existenzial*

**Existentialismus** ⟨m.; -; unz.⟩ = *Existenzialismus*

**existentiell** ⟨Adj.⟩ = *existenziell;* oV *existenzial*

**Existenz** ⟨f. 20⟩ **1** *Dasein, Vorhandensein, Leben, Wirklichkeit* **2** ⟨fig.⟩ *Lebensunterhalt, Lebensgrundlage, Auskommen* **3** ⟨umg.⟩ *Mensch, Person* ◆ die Existenz dieser Sache ist nicht zu leugnen; sich eine Existenz aufbauen, gründen [< neulat. *existentia;* zu lat. *exsistere* „ins Leben treten"]

**Existenzgründer** ⟨m. 3⟩ *jmd., der eine Firma gründet oder ein Gewerbe anmeldet (und sich auf diese Weise selbständig macht)*

**existenzial** ⟨Adj.⟩ = *existenziell;* oV *existential*

**Existenzialismus** ⟨m.; -; unz.; Philos.⟩ *Strömung der modernen Philosophie, die den Menschen im Hinblick auf seine Existenz betrachtet;* oV *Existentialismus*

**existenziell** ⟨Adj.⟩ *die Existenz, das Dasein betreffend;* oV *existenzial, existentiell*

**Existenzminimum** ⟨n.; -s; unz.⟩ *Mindestmaß des Einkommens, mit dem der Mensch noch leben kann*

**existieren** ⟨V. i.; hat⟩ **1** *vorhanden sein, bestehen, leben* **2** *auskommen, zurechtkommen* [< lat. *exsistere* „ins Leben treten"]

**Exit** ⟨m. 6⟩ *Ausgang, Notausgang z. B. in öffentlichen Gebäuden usw.* [engl.]

**Exitus** ⟨m.; -; unz.⟩ *Tod, Todesfall* [lat., „Ausgang"]

**exkl.** ⟨Abk. für⟩ *exklusive*

**Exklave** ⟨[-və] f.19⟩ *von fremdem Staatsgebiet umschlossener Gebietsteil eines Staates;* Ggs *Enklave* [gebildet nach dem Vorbild von frz. *enclave;* → *Enklave;* zu lat. *ex* „aus" u. *clavis* „Schlüssel"]

**exklusiv** ⟨Adj.⟩ **1** *ausschließend* **2** *(gesellschaftl.) abgeschlossen, abgesondert* **3** *unnahbar* **4** *sehr vornehm* ◆ eine exklusive Gesellschaft; ein exklusiver Kreis; ein exklusives Restaurant [< engl. *exclusive* „sich absondernd"; zu lat. *excludere* „ausschließen"]

**exklusive** ⟨Adv.; Abk.: exkl.⟩ *ausschließlich, ausgenommen;* Ggs *inklusive* ◆ exklusive Spesen

**Exkretion** ⟨f. 20⟩ ► = *Ausscheidung (1)* [< neulat. *excretio* „Aussonderung"]

**Exkurs** ⟨m. 1⟩ **1** *Abschweifung* **2** *Erörterung* **3** *Anhang* [< lat. *excursus* „das Auslaufen"]

**Exkursion** ⟨f. 20⟩ *Ausflug, bes. unter wissenschaftl. Leitung* [< lat. *excursio* „das Hervorlaufen, Ausflug"; < lat. *ex* „aus" + *currere* „laufen"]

**Exmatrikulation** ⟨f. 20⟩ **1** *Weggang von einer Hochschule* **2** *Streichung aus der Matrikel* [< lat. *ex* „aus" + *Matrikel*]

**Exodos** ⟨m.; -, -; Lit.⟩ *Schlussgesang des Chores im altgrch. Drama* [grch., „Ausgang"]

**Exodus** ⟨m.; -; unz.; Theol.⟩ *Auszug (der Juden aus Ägypten, Titel des 2. Buches Mose)* [< grch. *exodos* „Ausgang, Auszug"]

**exogen** ⟨Adj.⟩ Ggs *endogen* **1** ⟨Biol.⟩ *von außen stammend, von außen wirkend, von außen (in den Körper) eingeführt* **2** *außen entstehend* (Blatt, Knospe) **3** ⟨Geol.⟩ *von außen auf die Erdoberfläche einwirkend* [< grch. *exo* „außerhalb" + *gennan* „erzeugen"]

**Exot** ⟨m. 16⟩ = *Exote*

**Exote** ⟨m. 17⟩ oV *Exot* **1** *Mensch, Tier od. Pflanze aus einem fernen, bes. tropischen Land* **2** *Wertpapier eines solchen Landes* **3** *Baumwolle, die nicht aus den USA od. Ägypten stammt* [→ *exotisch*]

**exotherm** ⟨Adj.⟩ *Wärme abgebend;* Ggs *endotherm* ◆ exotherme Reaktionen *physikal. od. chem. Prozesse, bei denen Energie in Form von Wärme usw. frei wird* [< grch. *exo* „außerhalb" + *therme* „Wärme"]

**Exotik** ⟨f. 20; unz.⟩ **1** *exot. Wesen, exot. Beschaffenheit, das Fremdländische (einer Person od. Sache)* **2** *die Anziehungskraft von Fremd-, bes. Tropenländischem*

**exotisch** ⟨Adj.⟩ *fremd, fremdländisch,* ⟨bes.⟩ *aus den Tropen stammend* [< grch. *exotikos* „ausländisch"]

**expandieren** ⟨V. t.; hat⟩ **1** *auseinander ziehen* **2** *ausdehnen, ausbreiten* [< lat. *expandere* „ausspannen, ausbreiten"]

**Expansion** ⟨f. 20⟩ **1** *Ausdehnung, Ausweitung* **2** *Ausdehnung des staatlichen Machtbereichs* [< neulat. *expansio* „Ausbreitung, Ausdehnung"]

**Expedition** ⟨f. 2⟩ **I** ⟨unz.⟩ **1** *das Versandfertigmachen* **2** *Versendung* **II** ⟨zählb.⟩ **1** *Versandabteilung (eines Unternehmens)* **2** *Forschungsreise* **3** *Kriegszug* [< lat. *expeditio* „Ausfertigung, Erledigung"]

**Experiment** ⟨n. 11⟩ **1** *wissenschaftl. Versuch* **2** ⟨fig.⟩ *(gewagtes) Unternehmen* ◆ chemisches, physikalisches, technisches Experiment [< lat. *experimentum* „Probe, Versuch"]

**experimental** ⟨Adj.⟩ = *experimentell*

**experimentell** ⟨Adj.⟩ *auf einem Experiment beruhend, basierend, mithilfe eines Experimentes;* oV *experimental* ◆ eine Theorie, einen theoretisch ermittelten Vorgang experimentell erproben

**experimentieren** ⟨V. i.; hat⟩ *Experimente durchführen, Versuche machen*

**Experte** ⟨m. 17; häufig in Zus.⟩ *Sachverständiger, Fachmann*

**Expl.** ⟨Abk. für⟩ *Exemplar*

**explizieren** ⟨V. t.; hat⟩ *erklären, erläutern, eingehend darstellen* [< lat. *explicare* „entfalten, ausbreiten, erörtern"]

**explodieren** ⟨V. i.; ist⟩ **1** *in der Art einer Explosion verlaufen;* Ggs *implodieren* **2** *mit Getöse bersten, platzen* **3** ⟨fig.; umg.; scherzh.⟩ *in Zorn ausbrechen* [< lat. *explodere* „(Schauspieler) ausklatschen" (Gegenteil von *applaudere*)]

**Explosion** ⟨f. 20⟩ **1** *sehr plötzliche Krafteinwirkung aufgrund sich rasch ausbreitender Gase oder Dämpfe* **2** ⟨i. e. S.⟩ *sehr schnell verlaufende chemische Umsetzung von Sprengstoffen;* → a. *Detonation* **3** *Bersten eines Hohlkörpers durch Druck von innen;* Ggs *Implosion* **4** ⟨fig.; umg.⟩ *plötzl. Zornausbruch* [frz., „Explosion"; → *explodieren*]

**Explosionsgrafik** ⟨f. 20⟩ *Darstellung eines komplexen Gegenstandes (z. B. einer Bohrinsel), bei der die einzelnen (eigentlich zusammengehörenden) Elemente mit leichtem Abstand voneinander gezeigt werden, um sie genauer unterscheiden u. benennen zu können;* oV *Explosionsgraphik*

**Explosionsgraphik** ⟨f. 20⟩ = *Explosionsgrafik*

**explosiv** ⟨Adj.⟩ **1** *leicht explodierend* **2** *leicht erregbar, leicht aufbrausend, zu Zornausbrüchen neigend* ◆ explosive Stoffe; explosives Temperament ⟨fig.; umg.⟩ [< frz. *explosif* „explosiv"]

**Exponat** ⟨n. 11⟩ *Ausstellungs-, Museumsstück* [zu lat. *exponere* „öffentl. darstellen"]

**Exponent** ⟨m. 16; Math.⟩ **1** *Hochzahl einer Potenz, die angibt, wie oft eine Zahl mit sich selbst multipliziert werden soll,* z. B. $4^3 = 444$ ⟨lies: vier hoch drei ...⟩ **2** ⟨fig.⟩ *herausgehobener Vertreter einer Sache, z. B. einer Partei* [< lat. *exponens* „offen darstellend"]

**exponieren** ⟨V. t.; hat⟩ **1** *herausheben* **2** *auseinander setzen, darlegen* **3** *(einer Gefahr) aussetzen* **4** ⟨Fot.⟩ *(dem Licht) aussetzen, belichten* **5** sich exponieren *sich hervortun u. damit Angriffen aussetzen* ◆ an exponierter Stelle stehen *an hervorgehobener, gefährdeter Stelle* [< lat. *exponere* „öffentl. darstellen"]

**Export** ⟨m. 1⟩ *Ausfuhr (von Waren);* Ggs *Import* [engl.; „Ausfuhr"; → *exportieren*]

**Exporteur** ⟨[-tøːr] m. 1⟩ *Kaufmann im Exporthandel;* Ggs *Importeur* [→ *exportieren* (mit frz. Endung *-eur*)]

**exportieren** ⟨V. t.; hat⟩ *ausführen* (Waren); Ggs *importieren* [< lat. *exportare* „hinaustragen, -schaffen"]

**Exposé,** ⟨auch⟩ **Exposee** ⟨n. 15⟩ **1** *Denkschrift, Bericht* **2** *Erläuterung* **3** *ausgearbeiteter Plan zu einem literar. od. wissenschaftl. Werk* **4** *Handlungsskizze für einen Film* [frz., „Darstellung, Übersicht"]

**Exposition** ⟨f. 20⟩ **1** *Ausstellung* **2** *Darstellung, Darlegung* **3** *Einleitung* **4** ⟨Lit.⟩ *Einführung in*

## EVOLUTION

Seit der Entstehung des Lebens auf der Erde haben sich alle Tier- und Pflanzenarten durch eine ständige Anpassung an ihre Umgebung verändert und weiterentwickelt. Aufgrund von fossilen Funden kann z. B. nachvollzogen werden, dass das heutige Pferd im Lauf der Evolution aus fuchsgroßen Vorfahren (Hyracotherium) entstanden ist.

EVOLUTION DES PFERDES

HYRACOTHERIUM (vor 50 Mio. Jahren) – MESOHIPPUS (vor 30 Mio. Jahren) – MERYCHIPPUS (vor 20 Mio. Jahren) – EQUUS (heutiges Pferd)

E

## EXPRESSIONISMUS

Der Expressionismus bezeichnet einen Kunststil, der sich von der objektiven Weltdarstellung abwendet, um die Stärke des subjektiven Ausdrucks in den Vordergrund zu stellen. Dieses Konzept ist dem auf die wirklichkeitsgetreue Abbildung des augenblicklichen Eindrucks ausgerichteten Impressionismus diametral entgegengesetzt. Der Expressionismus entwickelte sich zu Beginn des 20. Jh. in Mittel- und Nordeuropa. Deutschland wurde zum Zentrum und brachte mit dem „Blauen Reiter“ eine der bedeutendsten Künstlergruppen dieser Bewegung hervor, zu der z. B. Wassily Kandinsky und Paul Klee gehörten. In der Literatur richtete sich der Expressionismus gegen Realismus und Naturalismus und besaß wichtige Vertreter in August Strindberg, Gottfried Benn und Franz Werfel.

*Selbstporträt schreiend* (1910),
EGON SCHIELE

ZEITLEISTE

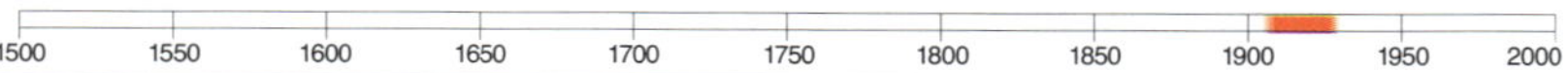


*die Dramenhandlung, Darlegung der vor Beginn des Dramas liegenden Handlung (meist im 1. Akt)* **5** ⟨Mus.⟩ *der erste Teil eines Sonatensatzes* [< lat. *expositio* „Darstellung, Darlegung“]

**express** ⟨Adj.; fast nur adv. gebraucht⟩ **1** *eilig, mit Eilpost* **2** *nachdrücklich* ◆ eine Postsendung express schicken [< lat. *expresse* „ausdrücklich“; „Expressbote“ = „Eilbote“, daher die Bedeutung „eilig“]

**Expressionismus** ⟨m.; -; unz.⟩ ▲ *Kunstrichtung Anfang des 20. Jh., gekennzeichnet in der Malerei, bildenden Kunst, Musik durch Streben nach Vergeistigung unter Verzicht auf sachlich getreue Wiedergabe der Wirklichkeit, in der Literatur durch Ausdruck von Leidenschaft, (oft negativen) Gefühlen mit sparsamsten Mitteln bzw. in der Musik durch Dissonanzen, scharfe Rhythmen usw.* [< lat. *expressio* „Ausdruck“]

**exquisit** ⟨Adj.⟩ *auserlesen, vorzüglich* [< lat. *exquisitus* „ausgesucht, ausgezeichnet“]

**Exsikkator** ⟨m. 23⟩ ► *mit Wasser entziehenden Chemikalien beschicktes gläsernes Gefäß zum Trocknen wasserhaltiger u. zum Aufbewahren wasserfreier chem. Präparate* [zu lat. *exsiccare* „austrocknen“]

**Extension** ⟨f. 20⟩ **1** *Ausdehnung, Ausstreckung* **2** ⟨Med.⟩ = *Streckverband* [< lat. *extensio* „Ausdehnung“]

**Extensität** ⟨f. 20; unz.⟩ **1** *Ausdehnung* **2** *Umfang* [→ *Extension*]

**extensiv** ⟨Adj.⟩ **1** *der Ausdehnung, -breitung nach* **2** *räumlich* **3** *in die Breite gehend, ausgebreitet, umfassend* **4** *viel Raum, Zeit od. Material verwendend* **5** ⟨Rechtsw.⟩ *ausdehnend, erweiternd;* Ggs *restriktiv* [< frz. *extensif* „ausdehnend“]

**extern** ⟨Adj.⟩ Ggs *intern* **1** *draußen befindlich* **2** *auswärtig* **3** *fremd* ◆ externer Schüler *Schüler, der nicht im Schülerheim od. Internat wohnt;* externer Speicher ⟨EDV⟩ [< lat. *externus* „außerhalb befindlich“]

**externalisieren** ⟨V. t.; hat; Psych.⟩ *nach außen verlegen;* Ggs *internalisieren* ◆ einen Konflikt, ein Problem externalisieren [→ *extern*]

**exterritorial** ⟨Adj.⟩ *außerhalb der Landeshoheit stehend* ◆ exterritoriale Organisation [zu lat. *ex* „aus“ + *Territorium*]

**extra I** ⟨Adj.; undekl.; umg.⟩ *besonder(e, -er, -es), über das Übliche hinausgehend* ◆ eine extra Belohnung **II** ⟨adv.; umg.⟩ **1** *besonders, gesondert, für sich* **2** *zusätzlich* **3** *außerordentlich, über das Gewöhnliche hinausgehend* **4** *außerdem, nebenbei* **5** *nur, eigens* ◆ etwas extra Feines; das ist extra zu bezahlen; legen Sie es extra; extra fein, mild, stark [lat., „außerhalb“, daher „besonders, außergewöhnlich“]

**Extra** ⟨n. 15⟩ **1** *Zubehör, das gesondert zu bezahlen ist* **2** *Sonderleistung, die nicht in einer Pauschalsumme enthalten ist*

**extra..., Extra...** ⟨in Zus.⟩ **1** *außer..., außerhalb* **2** *Sonder..., außerordentlich*

**extrahieren** ⟨V. t.; hat⟩ **1** *herausziehen* **2** ⟨veraltet⟩ = *exzerpieren* ◆ einen Zahn extrahieren [< lat. *extrahere* „herausziehen“]

**Extrakt** ⟨m. 1⟩ *Auszug (aus Büchern od. Pflanzen)* [zu lat. *extractus* „herausgezogen“]

**Extraktion** ⟨f. 20⟩ **1** *das Extrahieren, das Herausziehen, Ausziehen, Auszug* **2** *Herstellung eines Extraktes* **3** ⟨Med.⟩ *die künstl. Entwicklung der Geburt des Kindes, eventuell mittels Zange* **4** ⟨Zahnmed.⟩ *das Ziehen eines Zahnes* **5** ⟨Chem.⟩ *das Herauslösen einzelner Stoffe aus einem festen od. flüssigen Gemenge mithilfe eines geeigneten Lösungsmittels* [< lat. *extractio* „das Herausziehen“]

**Extrapolation** ⟨f. 20; Math.⟩ *Schluss auf einen Sachverhalt, der außerhalb eines experimentell zugängl. Bereiches liegt, aufgrund des Verhaltens innerhalb dieses Bereiches;* Ggs *Interpolation (1)*

**extravagant** ⟨[Adj.; -er, am -esten⟩ **1** *ungewöhnlich* **2** *ausgefallen, überspannt* ◆ extravagantes Aussehen, extravagantes Benehmen [frz., „überspannt, närrisch“]

**extravertiert** ⟨[-vɛr-] Adj.⟩ oV *extrovertiert;* Ggs *introvertiert* **1** *nach außen gewandt, weltoffen* **2** *allen äußeren Einflüssen zugänglich* [< lat. *extra* „außerhalb, außen“ + *vertere* „wenden“]

**extrem I** ⟨Adj.⟩ **1** *äußerst, maßlos, übertrieben* **2** *radikal* ◆ die extreme Linke; eine extreme Partei; eine extreme Ansicht vertreten; extreme Werte *Maximum u. Minimum* **II** ⟨Partikel⟩ *sehr, überaus* ◆ die Strafe war extrem hart [< lat. *extremus* „der äußerste“]

**Extrem** ⟨n. 11⟩ **1** *höchster od. niedrigster Grad* **2** *äußerste Grenze* **3** *Übertreibung* **4** *höchster od. tiefster Wert einer Reihe von Messungen od. Berechnungen, Maximum od. Minimum* **5** *Übertreibung* ◆ die Extreme berühren sich *die äußersten Gegensätze führen zu den gleichen Folgerungen*

**Extremismus** ⟨m.; -; unz.⟩ *übersteigert extreme, radikale Haltung*

**Extremist** ⟨m. 16⟩ *Anhänger, Vertreter einer extremen Richtung, übersteigert, radikal eingestellter Mensch*

**Extremität** ⟨f. 20; meist Pl.⟩ = *Gliedmaße (Arm, Bein)* [< lat. *extremitas* „das Äußerste, Grenze“]

**extrinsisch** ⟨Adj., bes. Psych.⟩ *von außen kommend, von außen bewirkt;* Ggs *intrinsisch* [< engl. *extrinsic* < lat. *extrinsecus* „von außen“]

**extrovertiert** ⟨[-vɛr-] Adj.⟩ = *extravertiert*

**exzellent** ⟨Adj.⟩ *hervorragend, außergewönlich gut* [< lat. *excellens* „hervorragend“]

**Exzellenz** ⟨f. 20⟩ **1** ⟨früher⟩ *(Titel von Ministern u. hohen Beamten)* **2** ⟨heute⟩ *(Titel von Gesandten u. Botschaftern)* ◆ seine Exzellenz der Botschafter [< lat. *excellentia* „Erhabenheit, hervorragende Persönlichkeit“]

**Exzentrik** ⟨f. 20; unz.⟩ **1** *mit Komik dargebotene Artistik* **2** ⟨fig.⟩ *Überspanntheit, extreme Eigenwilligkeit* [→ *exzentrisch*]

**exzentrisch** ⟨Adj.⟩ **1** *ohne gemeinsamen Mittelpunkt* (Kreise) **2** ⟨fig.⟩ *überspannt, zu merkwürdigen Einfällen neigend* ◆ er ist ein besonders exzentrischer Mensch [< lat. *ex* „aus“ + *Zentrum*]

**exzerpieren** ⟨V. t.; hat⟩ *(aus einem Buch) herausschreiben;* Sy ⟨veraltet⟩ *extrahieren (2)* [< lat. *excerpere* „herausnehmen, auslesen“]

**Exzerpt** ⟨n. 11⟩ *Auszug (aus einem Buch)* ◆ ein Exzerpt anfertigen [< lat. *excerptum* „das Herausgenommene, Ausgewählte“]

**Exzess** ⟨m. 1⟩ *Ausschreitung, Ausschweifung, Überschreitung gebotener Grenzen* ◆ Exzesse begehen; alkoholische Exzesse [< lat. *excessus* „das Herausgehen, Überschreiten“]

**exzessiv** ⟨Adj.⟩ *übertrieben, übermäßig, maßlos* ◆ exzessives Klima = *Kontinentalklima* [< frz. *excessif* „übermäßig“]

**Eyeliner** ⟨['ailainə(r)] m. 3⟩ *kosmet. Stift od. Pinsel zum Umranden des Auges* [engl.]

**EZB** ⟨f.; -; unz.; Abk. für⟩ *Europäische Zentralbank (seit 1998 Nachfolgeorganisation des Europäischen Währungsinstituts)*

EXSIKKATOR

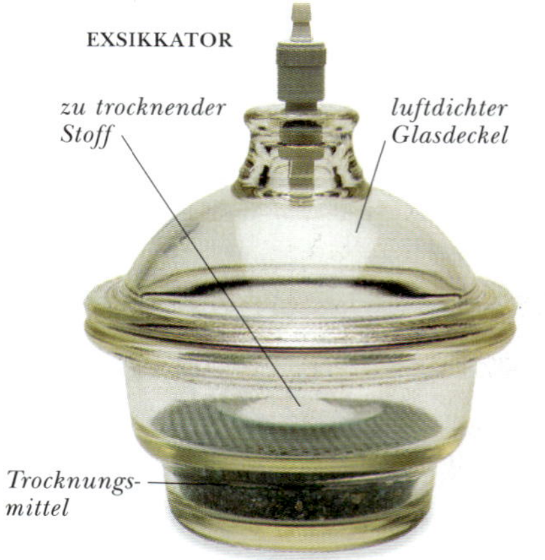

# F

**f I** ⟨n.; -, - od. -s; Mus.⟩ *Tonbezeichnung, Grundton der f-Moll-Tonleiter* **II** ⟨ohne Art.; Mus.⟩ **1** ⟨Abk. für⟩ *f-Moll (Tonartbezeichnung)* **2** ⟨Abk. für ital.⟩ *forte*

**F I** ⟨n.; -, - od. -s; Mus.⟩ *Tonbezeichnung, Grundton der F-Dur-Tonleiter* **II** ⟨ohne Art.⟩ **1** ⟨Mus.; Abk. für⟩ *F-Dur (Tonartbezeichnung)* **2** ⟨auf der Stellscheibe von Uhren Abk. für engl.⟩ *fast (schnell);* → a. *A (II, 2)* **3** ⟨Abk. für frz.⟩ *Franc* **4** ⟨Phys.; Zeichen für⟩ *Farad* **5** ⟨Chem.; Zeichen für⟩ *Fluor* ◆ ⟨umg.⟩ eine Arbeit, einen Auftrag nach Schema F erledigen *in der üblichen, althergebrachten Weise, mechanisch, ohne Nachdenken, ohne Rücksicht auf Besonderheiten od. besondere Wünsche*

**°F** ⟨Phys.; Zeichen für⟩ *Grad Fahrenheit*

**f.** ⟨Abk. für⟩ **1** (und) folgende (Seite) **2** ⟨Gramm.⟩ *Femininum* ◆ siehe Seite 62f.

**Fa** ⟨n.; -, -; Mus.; ital. u. frz. Bez. für⟩ *Ton F, in der Tonika-Do-Methode jeweils der vierte Ton einer Tonleiter*

**Fa.** ⟨Abk. für⟩ *Firma*

**Fabel** ⟨f. 21⟩ **1** ⟨i. e. S.⟩ *lehrhafte, oft witzig-satir. Erzählung, in der Tiere so wie Menschen handeln u. in der eine allgemeine Wahrheit od. Moral zum Ausdruck gebracht wird* **2** ⟨i. w. S.⟩ *der einfache Handlungsablauf einer Dichtung ohne Nebenhandlungen, Grundplan einer Dichtung* **3** ⟨umg.⟩ *erdichtete, unglaubl. Geschichte* ◆ das gehört ins Reich der Fabel *das ist unglaubhaft, ist erfunden* [< mhd. *fabele* „(unwahre) Erzählung, Märchen" < afrz. *fable* < lat. *fabula*]

**fabelhaft** ⟨Adj.⟩ *großartig, hervorragend, vorzüglich, wunderbar* ◆ ein fabelhafter Film, Roman; das ist ja fabelhaft!; die Wohnung ist fabelhaft eingerichtet [eigtl. „wie in einer Fabel", also „unwahrscheinlich"]

**fabeln** ⟨V. t. u. V. i.; hat⟩ *fantastische, unwahre Geschichten erzählen, erfinden*

**Fabeltier** ⟨n. 11⟩, **Fabelwesen** ⟨n. 14; Lit.; Myth.⟩ *Fantasiegeschöpf, erfundenes Tier,* z. B. Drache, Einhorn

**Fabrik** ⟨f. 20⟩ *Betrieb zur maschinellen Massenherstellung von Halb- od. Fertigfabrikaten* [< frz. *fabrique* „Herstellung, Herstellungsart" (17. Jh.), dann „Gebäude zur Herstellung von Waren" < lat. *fabrica* „Handwerkerarbeit"; zu *faber* „Handwerker"]

**Fabrikanlage** ⟨f. 19⟩ *Gelände u. Gebäude einer Fabrik*

**Fabrikarbeiter** ⟨m. 3⟩ *in einer Fabrik beschäftigter Arbeiter*

**Fabrikat** ⟨n. 11⟩ *in einer Fabrik hergestelltes Erzeugnis* [< lat. *fabricatum* „das Hergestellte"]

**Fabrikschiff** ⟨n. 11⟩ ▼ in der Hochseefischerei eingesetztes Schiff, auf dem der Fang verkaufsfertig verarbeitet wird

**fabrizieren** ⟨V. t.; hat⟩ **1** *in einer Fabrik herstellen* **2** ⟨fig.; umg.; scherzh.⟩ *(laienhaft) herstellen, zurechtbasteln* ◆ einen Kuchen fabrizieren [< lat. *fabricare* „verfertigen, herstellen"]

**Facelifting** ⟨[fɛis-] n. 15; Med.⟩ *kosmetische Gesichtsoperation zur Beseitigung von altersbedingten Hautfalten* [< engl. *face* „Gesicht" + *lifting* „Anheben"]

FACETTE: GESCHLIFFENER DIAMANT MIT VIELEN FACETTEN

**Facette** ⟨[fa'sɛtə] f. 19⟩ oV *Fassette* **1** ▼ *Schleiffläche an Edelsteinen od. Glas* **2** ⟨Typ.⟩ *schräger Rand des Klischees zum Befestigen auf der Druckunterlage* **3** ⟨fig.⟩ *Aspekt, Gesichtspunkt, Ausdrucksmöglichkeit* ◆ die vielen Facetten der zeitgenössischen Literatur [< frz. *facette,* Verkleinerungsform zu *face*]

**Facettenauge** ⟨[fasɛtən-] n. 28⟩ ► = *Netzauge;* oV *Fassettenauge*

**...fach** ⟨Adj.; in Zus.⟩ *um eine bestimmte Menge mehr, sovielmal mehr,* z. B. achtfach, das Vierfache [< mhd. *...vach,* eigtl. „... Abteilungen habend"; → *Fach*]

**Fach** ⟨n. 12u⟩ **1** *Unterabteilung in Schrank, Regal, Kommode, Kasten usw.* (Schrankfach, Wäschefach) **2** *innerhalb eines Rahmens liegender Teil* (Fensterfach, Türfach) **3** ⟨Web.⟩ *Zwischenraum zwischen den Kettfäden, in den das Schiffchen mit dem Schussfaden eingeführt wird* **4** *gefugtes Mauerstück, Wissensgebiet, Berufszweig, Spezialität, Branche* (Baufach, Lehrfach, Studienfach) ◆ ein Meister seines Faches sein; welche Fächer hast du studiert?; vom Fach sein *Fachmann sein, etwas von einer Sache verstehen;* hier brauchen wir einen Mann vom Fach [< ahd. *fah* „Teil, Abteilung eines Raumes od. Gewässers"]

**Fachabitur** ⟨n. 11; Pl. selten⟩ **1** *Abschluss nach der 12. Klasse eines Gymnasiums, der zum Studium an der Fachhochschule berechtigt* **2** *Abitur an einer Fachoberschule*

**Facharbeiter** ⟨m. 3⟩ *Arbeiter mit abgeschlossener Lehre (in einem anerkannten Lehrberuf)*

**Facharzt** ⟨m. 1u⟩ *auf ein Gebiet der Medizin spezialisierter Arzt;* Ggs *praktischer* → *Arzt* ◆ Facharzt für innere Krankheiten

**Fachausdruck** ⟨m. 1u⟩ *Fachwort, festgelegter Ausdruck aus einem bestimmten Berufsfach;* Sy *Terminus (technicus)*

## FABRIKSCHIFF

Fabrikschiffe sind gleichzeitig Fang- und Verarbeitungsschiffe. Die gefangenen Fische werden ausgenommen, gereinigt und teilweise filetiert. Der verarbeitete Fisch wird zur Konservierung sofort tiefgefroren, sodass ein Fabrikschiff eine Fangreise über viele Wochen oder sogar Monate ausdehnen kann.

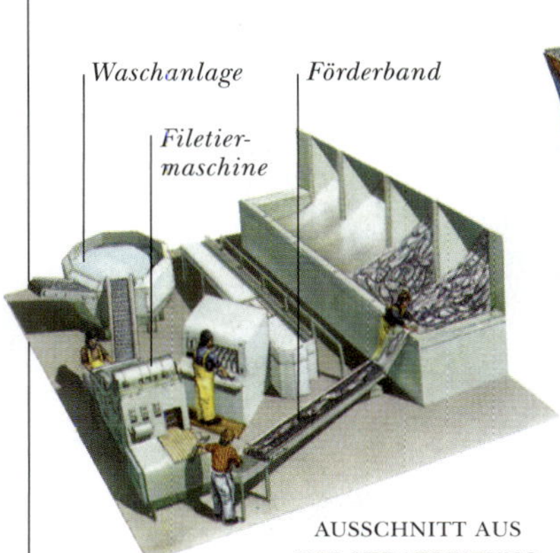


AUSSCHNITT AUS DER VERARBEITUNG

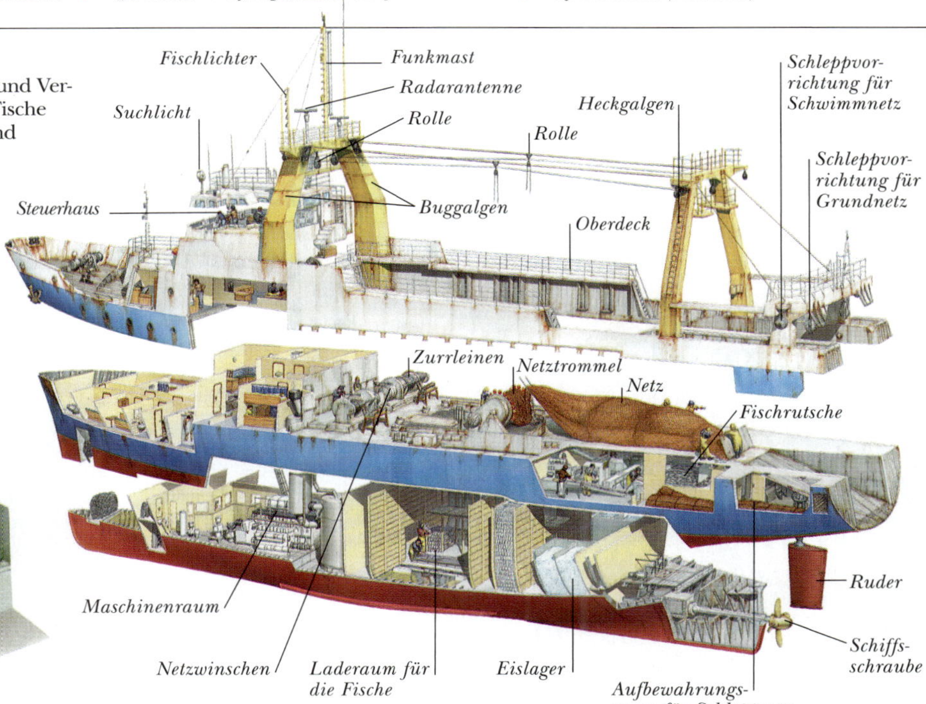


EXPLOSIONSGRAFIK EINES FABRIKSCHIFFS

F

**Fachbereich** ⟨m. 1⟩ **1** *Organisationseinheit an Hochschulen* **2** *Wissenschaftsgebiet, Fachgebiet*

**Fachbibliothek** ⟨f. 20⟩ *ausschließlich aus Fachbüchern (für einen bestimmten Wissenschafts- oder Berufszweig) bestehende Bibliothek*

**fächeln** ⟨V. t.; hat⟩ jmdn. fächeln *jmdm. mit dem Fächer o. Ä. (kühlende) Luft zuwehen* [zu frühnhd. *fechel* „Fächer"; → *Fächer*]

**Fächer** ⟨m. 3⟩ **1** ► *Gerät aus festem, federndem Stoff, Papier od. Seide, rund u. mit Griff od. halbrund, faltbar u. dann meist ohne Griff, mit dem durch rasches Hinundherbewegen ein Luftstrom erzeugt wird, zunächst zum Anfachen des Feuers, später zum Zufächeln von Luft* **2** ⟨Jägerspr.⟩ *die Schwanzfedern des Auerhahns* [< frühmhd. *focher* „Gerät zum Windmachen"; zu spätmhd. *fochen* „blasen" < mlat. *focare* „entfachen"]

**Fächerfisch** ⟨m. 1; Zool.⟩ ► *Angehöriger einer Familie der Makrelenartigen, lebt räuberisch von Fischen: Istiophoridae*

**Fächergewölbe** ⟨n. 13⟩ *Gewölbe, bei dem die Rippen eines Bogens fächerförmig von einem Punkt ausgehen*

**fächern** ⟨V. t.; hat⟩ **1** *in Fächer unterteilen* **2** *Abschnitte wie bei einem Fächer machen*

**fächerübergreifend** ⟨Adj.⟩ *mehrere Fächer berücksichtigend, miteinbeziehend;* oV *fachübergreifend;* → a. *interdisziplinär* ◆ fächerübergreifender Unterricht; eine fächerübergreifende Thematik

**fachfremd** ⟨Adj.⟩ **1** *in einem Fachgebiet nicht ausgebildet* (Person) **2** *außerhalb eines Fachgebietes liegend* (Diskussion)

**Fachgelehrte(r)** ⟨f. 30 (m. 29)⟩ *Wissenschaftler(in) in einem Fachgebiet*

**Fachgeschäft** ⟨n. 11⟩ *Geschäft für bestimmte Warenarten*

**Fachhandel** ⟨m.; -s; unz.⟩ *Handel mit bestimmten Warengruppen*

**Fachhochschule** ⟨f. 19; Abk.: FH⟩ *der Universität vergleichbare, meist staatl. Hochschule mit spezialisiertem Studienangebot*

**Fachkenntnisse** ⟨Pl.⟩ *Kenntnisse auf einem bestimmten Fachgebiet*

**Fachkraft** ⟨f. 7u⟩ *jmd., der in einem bestimmten Fachgebiet ausgebildet u. erfahren ist*

**fachlich** ⟨Adj.⟩ *ein bestimmtes Fachgebiet betreffend*

FACHWERK: ENGLISCHES FACHWERKHAUS AUS DEM 17. JH.

FÄCHER: EUROPÄISCHER FÄCHER DES 19. JH.

**Fachmann** ⟨m.; -(e)s, -leute⟩ *jmd., der in einem bestimmten Fachgebiet bes. ausgebildet und erfahren ist*

**Fachnorm** ⟨f. 20⟩ *für ein bestimmtes Fachgebiet geschaffene DIN-Norm;* Ggs *Grundnorm*

**Fachoberschule** ⟨f. 19⟩ *auf bestimmte Fachgebiete ausgerichtete Schule mit 11. u. 12. Klasse, die zur Fachhochschulreife führt*

**Fachschaft** ⟨f. 20⟩ *Gesamtheit der Angehörigen einer Berufsgruppe, eines Studienfaches*

**Fachschule** ⟨f. 19⟩ *Schule zur Ausbildung in bestimmten Fächern* (Baufachschule)

FÄCHERFISCH: PAZIFISCHER FÄCHERFISCH
*(Istiophorus platypterus)*

**fachübergreifend** ⟨Adj.⟩ = *fächerübergreifend*

**Fachverband** ⟨m. 1u⟩ *Zusammenschluss der Mitglieder eines bestimmten Wirtschafts-, Handels- od. Gewerbezweiges zur gemeinsamen Interessenvertretung* ◆ Fachverband Werkzeugindustrie e.V.

**Fachwerk** ⟨n. 11; unz.⟩ **1** ⟨Arch.⟩ ◄ *bes. im 16./17. Jh. beliebte Art des Hausbaues, bei der die Zwischenräume (Fächer) zwischen dem Balkengefüge mit Lehm od. Ziegeln ausgefüllt wurden;* Sy *Rahmenwerk, Riegelwerk* **2** ⟨Lit.⟩ *umfangreiches, umfassendes Fachbuch*

**Fackel** ⟨f. 21⟩ **1** *Beleuchtungskörper aus harz-, pech- oder teergetränktem Gewebe, das um ein Ende eines kurzen Stockes gewickelt ist und angezündet wird* **2** ⟨sinnbildl. für⟩ *Brennen, Leuchten* ◆ die Fackel des Fortschritts, der Wissenschaft; die Fackel des Krieges über das Land tragen [< ahd. *faccala, faccela* < vulgärlat. *facla* = lat. *facula,* Verkleinerungsform zu *fax, facis* „Fackel"]

**Fackellauf** ⟨m. 1u; im antiken Griechenland⟩ *kultischer Wettbewerb, bei dem eine an einem Altar entzündete Fackel zu einem anderen Altar gebracht wurde u. dort ein weiteres Feuer entfachte (bei den Olympischen Spielen erneuert)*

**Fackellilie** ⟨f. 19; Bot.⟩ ► *Angehörige eines Liliengewächses des südlichen tropischen Afrikas: Kniphofia*

**fackeln** ⟨V. i.; hat; umg.⟩ *zögern, unentschlossen warten* ◆ ich fackle nicht lange *ich mache schnell Ernst;* los, vorwärts, nicht lange gefackelt! [< mhd. *vacklen,* urspr. „unstet sein wie die Flamme einer Fackel"; → *Fackel*]

**Fackelzug** ⟨m. 1u⟩ *Umzug mit Fackeln* ◆ jmdm. einen Fackelzug bringen (als besondere Ehrung)

**Factum** ⟨n.; -s, Facta⟩ = *Faktum*

**fad, fade** ⟨Adj.⟩ **1** *geschmacklos, schal* **2** ⟨fig.⟩ *reizlos* **3** *langweilig, abgeschmackt, geistlos* ◆ einen faden **Geschmack** im Munde haben; ein fader **Kerl;** ein fader **Witz** ◆ fades Zeug **reden; sein:** das Bier, die Suppe schmeckt fad; der Film, das Buch ist fad [frz., „schal, abgestanden, ungesalzen"]

**fädeln** ⟨V.; hat⟩ **I** ⟨V. t.⟩ **1** *durch eine enge Öffnung ziehen* (Faden) **2** *auf einen Faden ziehen, reihen* (Perlen) ◆ Perlen auf eine Schnur fädeln; den Faden durchs Öhr fädeln **II** ⟨V. i.⟩ *Fäden verlieren, abgeben, Fäden lassen, ausfransen* ◆ der Stoff fädelt sehr

**Faden I** ⟨m. 4u⟩ **1** *gesponnene Fasern* (Baumwollfaden, Seidenfaden) **2** *fein ausgezogenes Metall* (Goldfaden, Metallfaden) **3** *zusammengedrehte Fasern* (Bindfaden) ◆ den Faden des **Gesprächs** wieder aufnehmen, fortspinnen ◆ **abbeißen:** da beißt die Maus keinen Faden ab, da beißt keine Maus einen Faden ab ⟨umg., fig.⟩ *das ist ganz sicher, daran ist nicht zu rütteln, das ist nicht zu ändern;* die (zerrissenen) Fäden wieder **anknüpfen** ⟨fig.⟩ *Verbindungen wieder aufnehmen;* alle Fäden **laufen** hier zusammen ⟨fig.⟩ *von hier aus wird alles geleitet;* den Faden **verlieren** ⟨fig.⟩ *nicht weiter wissen (beim Sprechen);* Fäden **ziehen** *so zähflüssig sein, dass beim Schöpfen lange Fäden entstehen* ◆ einen (keinen) **guten** Faden miteinander spinnen *sich (nicht) gut miteinander verstehen* ◆ sein Leben hängt **an** einem Faden *sein Leben ist sehr bedroht;* die Aktion hing an einem (seidenen) Faden *es war sehr unsicher, ob sie gut ausgehen würde* **II** ⟨m. 4⟩ **1** *altes deutsches Längenmaß, bes. für Tiefenangaben u. als Garnmaß 1,70–1,80 m* **2** *Raummaß für Brennholz, 10–15 Kubikfuß;* → a. *Strich* [< ahd. *fadum, fadam* „Faden"]

**Fadengeber** ⟨m. 3⟩ *Teil der Nähmaschine, der den oberen Faden durch den Greifer führt*

**Fadenheftung** ⟨f. 20; unz.; Buchbinderei⟩ *Heftung der Druckbogen mit Fäden*

**Fadennudel** ⟨f. 21⟩ *sehr dünne Nudel*

**Fadenpilz** ⟨m. 1⟩ = *Algenpilz*

**fadenscheinig** ⟨Adj.⟩ **1** *so abgetragen, dass die einzelnen Fäden zu sehen sind, abgenutzt, schäbig* (Stoff) **2** ⟨fig.⟩ *leicht durchschaubar, unglaubwürdig* (Ausrede)

**Fadenwurm** ⟨m. 2u; meist Pl.; Zool.⟩ ► *Angehöriger einer Klasse der Schlauchwürmer (meist getrenntgeschlechtl.), die oft mit einem Bohrstachel versehen sind u. deren Größe zwischen mikroskopisch klein u. 1 m schwankt: Nematodes;* Sy *Nematode*

FACKELLILIE
*(Kniphofia* 'Atlanta'*)*

**Fado** ⟨port. ['faðu] m. 6; Mus.⟩ *schwermütiges portugiesisches Volkslied* [portug., eigtl. „Los, Schicksal"]

**Fagott** ⟨n. 11; Mus.⟩ ▼ *tiefstes Holzblasinstrument mit geknicktem Blasrohr;* ► *Holzblasinstrumente* [< ital. *fagotto* „Reisigbündel", nach dem Aussehen des früher gestreckten Ansatzrohres]

**Fähe** ⟨f. 19; Jägerspr.⟩ *weibl. Tier (beim Raubwild der Niederjagd)* [< mhd. *vohe* < ahd. *foha* „Füchsin"]

**fähig** ⟨Adj.⟩ *befähigt, begabt, tüchtig, in der Lage, imstande* ◆ ein fähiger Kopf, Mensch; einer solchen Bosheit ist er nicht fähig; ich halte ihn für sehr fähig; dazu bin ich nicht mehr fähig (vor Erschöpfung, Müdigkeit usw.) [< mhd. *gevaehic;* zu *fahen,* eigtl. „imstande zu fassen"]

**Fähigkeit** ⟨f. 20⟩ *natürl. Begabung, Können, Tüchtigkeit* ◆ bei deinen Fähigkeiten könntest du viel mehr leisten

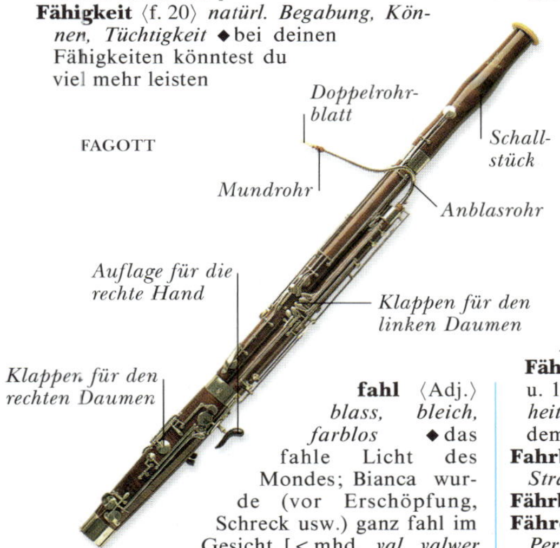


FAGOTT

**fahl** ⟨Adj.⟩ *blass, bleich, farblos* ◆ das fahle Licht des Mondes; Bianca wurde (vor Erschöpfung, Schreck usw.) ganz fahl im Gesicht [< mhd. *val, valwer* < ahd. *falo,* engl. *fallow*]

**fahlgelb** ⟨Adj.⟩ *blassgelb, graugelb*

**Fähnchen** ⟨n. 14⟩ **1** *kleine Fahne;* Sy *Fähnlein (1)* **2** *kleines, an einer Nadel befestigtes, meist dreieckiges Metall- od. Pappstück zum Kennzeichnen von Punkten auf der Landkarte* (Absteckfähnchen) **3** ⟨umg.⟩ *einfaches, billiges, leichtes Kleid* (Sommerfähnchen)

**fahnden** ⟨V. i.; hat⟩ nach etwas, nach jmdm. fahnden *jmdn. zu finden, etwas zu erfahren suchen* ◆ nach einem verschollenen historischen Dokument fahnden [< ahd. *fanton* „besuchen"]

**Fahndung** ⟨f. 20⟩ *auf ein bestimmtes Gebiet, ein spezielles Umfeld ausgedehnte Suche nach einer Person* (Straftäter) *od. einer Sache* (Dokument), *das Fahnden* ◆ eine (polizeiliche) Fahndung einleiten, durchführen

**Fahne** ⟨f. 19⟩ **1** *farbiges, meist rechteckiges, an einer Stange befestigtes Tuch als Hoheitszeichen* (Nationalfahne) **2** *als Kenn- od. Feldzeichen dienendes, an einer Stange befestigtes Stoffstück, bes. als Sinnbild der Zusammengehörigkeit* (Kirchenfahne, Kriegsfahne, Vereinsfahne) **3** *meist dreieckiges, an einer Stange befestigtes Metallstück* (Absteckfahne, Wetterfahne) **4** ⟨Typ.⟩ *Korrekturabzug des gesetzten, noch nicht umbrochenen Textes* **5** *Wolken- od. Dunststreifen* (Rauchfahne) **6** ⟨sinnbildl. für⟩ *Ideal, für das man kämpft* **7** ⟨fig.; umg.⟩ *nach Alkohol riechender Atem* ◆ die Fahne der **Freiheit** vorantragen *für die Freiheit kämpfen* ◆ die Fahne **einholen,** einziehen, hissen, weihen; eine Fahne **haben** ⟨umg.⟩ *einen nach Alkohol riechenden Atem haben;* die Fahne **hoch halten** ⟨umg.; fig.⟩ *unbeirrt bei etwas ausharren;* Fahnen **lesen,** korrigieren ⟨Typ.⟩ ◆ **weiße** Fahne *Zeichen für erbetene Waffenruhe* ◆ der Sieg heftete sich **an** ihre Fahnen ⟨poet.⟩ *sie waren siegreich;* die Fahne **nach** dem Winde drehen *je nach Bedarf seine Anschauung wechseln* [< ahd. *dano*]

FADENWURM
*(Caenorhabditis elegans)*

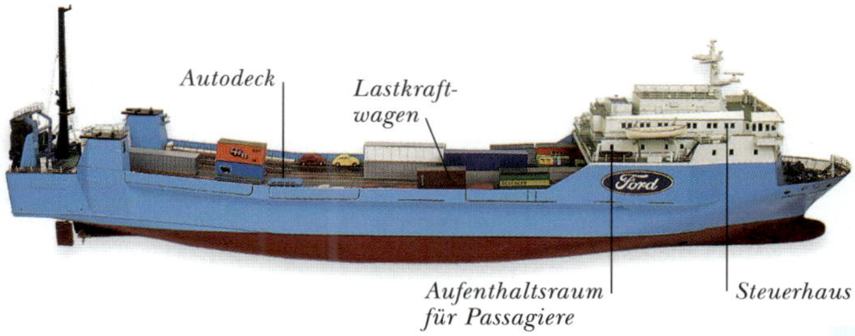


FÄHRE: PASSAGIER- UND AUTOFÄHRE

**Fahneneid** ⟨m. 1; Mil.⟩ *militär. Diensteid (der auf die Fahne geschworen wird)*

**Fahnenflucht** ⟨f. 20; unz.; Mil.⟩ *unerlaubtes Sichentfernen oder Fernbleiben von der Truppe in der Absicht, sich dem Wehrdienst dauernd od. für die Zeit eines bewaffneten Einsatzes zu entziehen;* ◆ Fahnenflucht begehen

**Fähnlein** ⟨n. 14⟩ **1** = *Fähnchen (1)* **2** ⟨im 16. u. 17. Jh.⟩ *Schlachthaufen u. Verwaltungseinheit der Landsknechte (bis 400 Mann)* [nach dem sichtbaren Kampfzeichen; → *Fahne*]

**Fahrbahn** ⟨f. 20⟩ *für Fahrzeuge bestimmter Straßenteil*

**Fährboot** ⟨n. 11⟩ ► = *Fähre*

**Fähre** ⟨f. 19⟩ ▲ *Schiff zum Übersetzen von Personen u. Lasten über Flüsse u. Seen;* Sy *Fährboot* [< mhd. *ver(e),* engl. *ferry*]

**fahren** ⟨V. 130⟩ **I** ⟨V. i.; ist⟩ **1** *ein Fahrzeug benutzen, sich mit einem Fahrzeug fortbewegen* **2** ⟨fig.⟩ *sich schnell (fort)bewegen* **3** ⟨Bgb.⟩ *sich unter Tage fortbewegen (auch dann, wenn man geht)* ◆ **Auto** fahren; Auto oder Rad fahren; **Karussel** fahren; erster **Klasse** fahren (im Schiff od. Zug); **Ski,** Schlittschuh fahren ◆ **können** Sie fahren? (mit dem Auto); etwas fahren **lassen** *loslassen;* sie kann das Fahren nicht **vertragen** ◆ er fährt **ausgezeichnet,** gut, schlecht, sicher; **langsam,** schnell fahren; zehn Jahre **unfallfrei** fahren (mit dem Auto) ◆ **auf** und ab fahren; **aus** dem Bett fahren *emporschrecken;* **gegen** einen Baum fahren; was ist bloß **in** ihn gefahren? *was ist nur auf einmal mit ihm los?;* in die Ferien, in Urlaub fahren *verreisen;* **mit** dem Auto, der Bahn, dem Fahrrad, Schiff fahren; **nach** Berlin fahren; **rechts,** links fahren; der Zug fährt nur **sonntags;** sich mit der Hand **über** die Augen fahren *Tränen wegwischen;* mit dem Staubtuch über die Möbel fahren *leicht streichen, wischen;* **um** die Ecke, Kurve fahren ◆ **wie** fahre ich am kürzesten, schnellsten nach ...?; ⟨umg.⟩ wie lange fahren wir bis Berlin? ◆ fahrende Habe, fahrendes Gut *bewegl. Vermögen, Mobilien;* fahrende Leute, fahrendes Volk **II** ⟨V. t.; hat⟩ **1** *führen, lenken, steuern* (Fahrzeug) **2** *mit einem Fahrzeug von einem Ort zum andern bringen, befördern, transportieren* (Güter, Person) ◆ die **Kamera** fahren ⟨Film; TV⟩ *die Kamera bedienen;* **Mist,** Müll, Steine fahren ◆ den Wagen **in** die Garage fahren, setzen; jmdn. **nach** Hause fahren **III** ⟨V. refl.; hat; unpersönl.; umg.⟩ auf dieser Straße fährt es sich gut *kann man gut fahren* [< ahd. *faran*]

**Fahrenheit** ⟨n.; -s, -; Zeichen: °F⟩ *Maßeinheit einer Temperaturskala, deren Nullpunkt bei −17,78 °C liegt; 0 °C = + 32 °F, 100 °C = 212 °F* [nach dem Physiker Daniel Gabriel *Fahrenheit,* 1686-1736]

**Fahrer** ⟨m. 3⟩ *Führer eines Fahrzeuges*

**Fahrerflucht** ⟨f. 20; unz.⟩ *Flucht eines Fahrers, um der Strafe für einen von ihm verschuldeten Unfall zu entgehen*

**Fahrerlaubnis** ⟨f. 9⟩ **1** *Genehmigung zum Fahren (eines Kraftrades od. Kraftwagens), Führerschein* **2** *Genehmigung zur (weiteren) Inbetriebnahme eines Kraftrades od. Kraftwagens*

**Fahrgast** ⟨m. 1u⟩ **1** *jmd., der ein öffentl. Verkehrsmittel (außer Flugzeug) benutzt, Passagier* **2** *Mitfahrender in einem Fahrzeug*

**Fahrgestell** ⟨n. 11⟩ **1** ▼ *mit Laufrädern versehene, meist einfahrbare Konstruktion an der Unterseite von Flugzeugen, die bei Starts u. Landungen ein Beschleunigen bzw. Ausrollen ermöglicht;* Sy *Fahrwerk* **2** *Gestell eines Personen- od. Lastkraftwagens, an dem die Räder befestigt sind* ◆ das Fahrgestell einziehen, ausfahren (beim Flugzeug)

**fahrig** ⟨Adj.⟩ **1** *unausgeglichen, heftig* (Bewegung) **2** ⟨fig.⟩ *zerstreut, zerfahren*

**Fahrkarte** ⟨f. 19⟩ *Ausweis über bezahltes Fahrgeld;* Sy *Fahrschein*

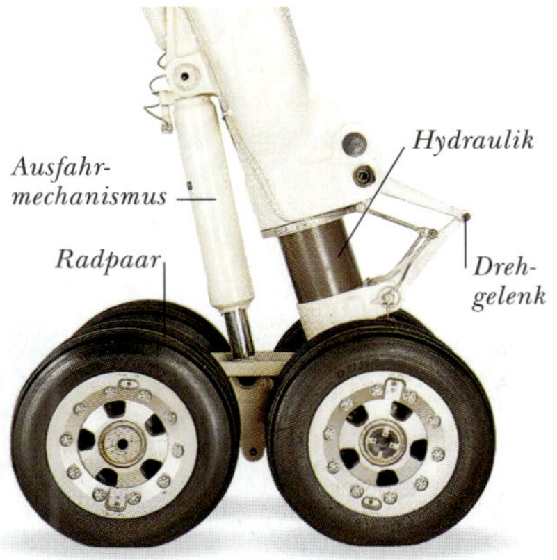


FAHRGESTELL

**fahrlässig** ⟨Adj.⟩ **1** *sorglos, unachtsam, nachlässig, unvorsichtig (bei der Verrichtung von Pflichten)* **2** *die Aufsichtspflicht verletzend* ◆ jmdn. fahrlässig töten; jmdn. wegen fahrlässiger Tötung verurteilen [< mhd. *varn lan* „vernachlässigen"]

**Fahrlehrer** ⟨m. 3⟩ *jmd., der berufl. das Fahren eines Fahrzeugs lehrt*

**Fahrplan** ⟨m. 1u⟩ *Plan über die Fahrzeiten (von Verkehrsmitteln)*

**fahrplangemäß** ⟨Adj.⟩ *nach Fahrplan, mit dem Fahrplan übereinstimmend*
**fahrplanmäßig** ⟨Adj.; umg.; fälschl. für⟩ *fahrplangemäß*
**Fahrprüfung** ⟨f. 20⟩ *Prüfung zum Erlangen des Führerscheins*
**Fahrrad** ⟨n. 12u⟩ ▼ *einspuriges Tretfahrzeug mit zwei Rädern;* Sy ⟨kurz⟩ *Rad*[2] *(3)*
**Fahrschein** ⟨m. 1⟩ = *Fahrkarte*
**Fahrschule** ⟨f. 19⟩ *gewerbl. Betrieb, in dem man das Fahren eines Kraftfahrzeugs erlernen kann*
**Fahrspur** ⟨f. 20⟩ *Teil der Fahrstraße, der jeweils einem von mehreren nebeneinander fahrenden Fahrzeugen vorbehalten ist*
**Fahrstuhl** ⟨m. 1u⟩ **1** *Aufzug, Lift* **2** *Korb, Kabine eines Aufzuges* **3** *Rollstuhl*
**Fahrt** ⟨f. 20⟩ **1** *das Fahren* (Vorfahrt) **2** *Reise* (Autofahrt, Bahnfahrt, Hinfahrt, Rückfahrt, Rundfahrt) **3** *Ausflug, Wanderung* (Klassenfahrt, Wanderfahrt) **4** *Geschwindigkeit eines Fahrzeugs* **5** *unter Tage aufgestellte Leiter zum Klettern in senkrechten od. schrägen Grubenbauen* ◆ die Fahrt **unterbrechen;** gute, wenig Fahrt **machen** (bes. vom Schiff) *schnell, langsam fahren* ◆ **einstündige,** mehrstündige, mehrtägige Fahrt; (ich wünsche Ihnen) **gute** Fahrt! ◆ **auf** der Fahrt nach Berlin; auf Fahrt gehen *einen größeren Ausflug mit Zelten machen (nur in Gruppen);* auf großer Fahrt sein ⟨Mar.⟩ *auf einer Überseefahrt;* Fahrt **durch** die Stadt; **in** rasender Fahrt ging es den Berg hinunter; **mit** halber Fahrt *mit halber Geschwindigkeit, mit halber Kraft;* **nach** drei Stunden Fahrt; eine Fahrt **von** drei Stunden [< ahd. *vart*]

**Fährte** ⟨f. 19⟩ **1** *Spur* **2** ⟨Jägerspr.⟩ *die Fußabdrücke des Schalenwildes* ◆ eine Fährte verfolgen ⟨fig.⟩ *einer Sache nachgehen* [urspr. Pl. zu *Fahrt*]
**Fahrtenschreiber** ⟨m. 3⟩ *bes. in Lastkraftwagen eingebautes Gerät zur Aufzeichnung von Geschwindigkeit, Fahrt- u. Haltezeiten*
**Fahrtrichtung** ⟨f. 20⟩ *Richtung, in der sich ein Fahrzeug bewegt*
**Fahrtrichtungsanzeiger** ⟨m. 3; bei Kfz⟩ *Richtungsänderungen anzeigendes Blinklicht an motorisierten Fahrzeugen;* Sy *Blinker*
**fahrtüchtig** ⟨Adj.⟩ **1** *fähig, ein Kraftfahrzeug ordnungsgemäß zu führen* **2** *so beschaffen, dass man mit ihm ordnungsgemäß fahren kann* (Fahrzeug)
**Fahrtwind** ⟨m. 1; unz.⟩ = *Fahrwind (1)*
**Fahrverbot** ⟨n. 11⟩ *Verbot, mit einem Kraftfahrzeug zu fahren*
**Fahrwerk** ⟨n. 11⟩ ► = *Fahrgestell (1)*
**Fahrwind** ⟨m. 1; unz.⟩ **1** *beim Fahren verursachter Gegenwind;* oV *Fahrtwind* **2** *(günstiger) Segelwind*
**Fahrzeug** ⟨n. 11⟩ *Maschine zum Fahren, Befördern von Personen od. Lasten, z. B. Wagen, Schiff* [< nddt. *fartüg* „Schiff jeder Art"]
**Fahrzeugbrief** ⟨m. 1⟩ *Urkunde über den Besitz eines Kraftfahrzeugs*

## FAHRRÄDER

Das Fahrrad setzt die Muskelkraft des Fahrers in eine Vorwärtsbewegung um. Diese Umwandlung erfolgt über ein Zahnradsystem mit einer Kette. Das moderne Fahrrad entstand gegen Ende des 19. Jh., als die Luftreifen und der Kettenantrieb mit Gangschaltung entwickelt wurden. Heute gibt es von einfachen Straßenrädern, die als umweltfreundliche Transportmittel dienen, bis zu sportlichen Spezialrädern wie Rennrädern oder Mountainbikes zahlreiche verschiedene Fahrradtypen.

TEILE EINES VERKEHRSSICHEREN FAHRRADES

### FAHRRADTYPEN

RENNRAD

VELOCAR

BAHNRENNRAD

FAIRWAY AUF EINEM GOLFPLATZ

**Fahrzeughalter** ⟨m. 3⟩ *Besitzer, Halter eines Kraftfahrzeuges*
**fair** ⟨[fɛːr] Adj.⟩ *ehrlich, anständig, sich an die Spielregeln haltend (bes. im Sport)* ◆ faires Spiel; fair spielen; faires Verhalten (gegenüber einer zweiten Person) [engl., „gerecht, unparteiisch"]
**Fairness** ⟨[fɛːr-] f.; -; unz.⟩ *faires Verhalten, Ehrlichkeit, Anständigkeit (bes. im Sport)* [engl., „Ehrlichkeit, Unparteilichkeit"]
**Fairway** ⟨['fɛːrwɛı] n. 15; Sp.; Golf⟩ ▲ *gepflegte, kurz gemähte, von Hindernissen begrenzte Rasenfläche zwischen dem Abschlagspunkt u. dem Grün, die leicht bespielbar ist* [engl., eigtl. „Fahrrinne, Fahrspur"]
**fäkal** ⟨Adj.⟩ *von Fäkalien herrührend, aus Fäkalien bestehend, kotig* [zu lat. *faeces* „Kot"]
**Fäkalien** ⟨Pl.⟩ *menschl. Ausscheidungen, Kot, Harn*
**Fakir** ⟨m.; -s, -e⟩ *indischer Asket, Gaukler* [< arab. *faqir* „arm"]
**Faksimile** ⟨[-leː] n. 15⟩ *(bes. gedruckte) originalgetreue Nachbildung (einer Handschrift oder eines Druckes)* [< lat. *fac simile* „mach (es) ähnlich"]
**Fakt** ⟨m. 23 od. m. 6 od. n. 15⟩ *Tatsache* ◆ Fakt ist, dass ...; es ist (ein) Fakt [zu lat. *factum* „Tat, Handlung"]
**Fakta, Fakten** ⟨Pl. von⟩ *Faktum*
**faktisch** ⟨Adj.; meist adv.⟩ **1** *tatsächlich, wirklich* **2** *im Hinblick auf die Fakten, in Wirklichkeit* ◆ das bedeutet faktisch den Zusammenbruch; es ist faktisch unmöglich; das kommt faktisch auf dasselbe heraus
**Faktizität** ⟨f. 20; unz.; geh.⟩ *Tatsächlichkeit;* Ggs *Logizität*
**Faktor** ⟨m. 23⟩ **1** *Leiter einer Faktorei* **2** *Werkmeister in einer Druckerei od. Setzerei* **3** *Zahl, die mit einer anderen multipliziert wird, Multiplikator* **4** ⟨fig.⟩ *maßgebender Umstand, bestimmendes Element* [< lat. *factor* „derjenige, der etwas tut, schafft"]
**Faktum** ⟨n.; -s, -ta od. -ten⟩ oV *Factum* **1** *Tatsache* **2** *Geschehnis* ◆ die Fakten sprechen gegen ihn, gegen seine Behauptung [< lat. *factum* „Tat, Handlung"]
**Faktur** ⟨f. 20⟩, **Faktura** ⟨f.; -, -turen⟩ **1** *Rechnung (für eine Ware)* **2** *Lieferschein* [< ital. *fattura* „Warenverzeichnis mit Berechtigung", lat. beeinflusst]
**Fakultät** ⟨f. 20⟩ **I** ⟨zählb.⟩ **1** *Hauptwissenschaft, Gruppe zusammengehöriger Wissenschaften* (z. B. Naturwissenschaft, Philosophie) **2** *eine Hauptwissenschaften umfassende Hochschulabteilung, heute durch anders strukturierte „Fachbereiche" ersetzt* **3** *das Gebäude, in dem eine Fakultät gelehrt wird* ◆ die Fakultät wechseln; juristische, medizinische Fakultät **II** ⟨unz.; Math.⟩ *das Produkt aller natürl.*

F

*Zahlen von 1 bis n* [< lat. *facultas* „Fertigkeit in einem Wissenszweig", dann „Wissenszweig, Forschungsgebiet"]

**fakultativ** ⟨Adj.⟩ *freigestellt, wahlfrei;* Sy *optional;* Ggs *obligatorisch, optional* ◆ fakultative Fächer; fakultativer Aktant ⟨Gramm.⟩ *Aktant, der für die korrekte Satzstruktur nicht notwendig ist,* z. B. sie sang die Oper von Wagner „voller Inbrust" [< frz. *facultatif* „beliebig, unverbindlich"]

**Falbe** ⟨m. 17⟩ *gelblich braunes Pferd mit dunklerem* (Gelbfalbe) *od. hellem* (Isabellfalbe) *Mähnen- u. Schweifhaar* [→ *fahl*]

**Falbel** ⟨f. 21⟩ ► *Besatz von gefälteltem Stoff* [< frz. *falbala* „Faltensaum"]

**Falke** ⟨m. 17; Zool.⟩ ► *Angehöriger einer Familie der Raubvögel, meist zierliche, gewandt fliegende Raubvögel mit einer zahnartigen Spitze an der Seite des Schnabels, ernähren sich von kleinen Wirbeltieren: Falconida* [< ahd. *falc(h)o;* → *Falbe, fahl;* Bezeichnung nach dem graubraunen Gefieder]

**Falkenauge** ⟨n. 28⟩ **1** ⟨fig.⟩ *sehr scharfes Auge* **2** ⟨Min.⟩ *Quarzmineral mit Einschlüssen, graublau mit bläulichem Lichtschein, aus Südafrika*

**Falkenbeize** ⟨f. 19⟩ *Jagd mit abgerichteten Falken;* Sy *Falkenjagd*

**Falkenhaube** ⟨f. 19⟩ *Haube, die der Jagdfalke über dem Kopf trägt, solange er auf der Hand des Falkeniers sitzt;* Sy *Falkenkappe*

**Falkenier** ⟨[-niːr] m. 1; Jägerspr.⟩ **1** *Beizjäger* **2** *jmd., der Falken für die Jagd abrichtet;* Sy *Falkner* [< mlat. *falconarius* < ahd. *falc(h)o;* → *Falke*]

**Falkenjagd** ⟨f. 20⟩ = *Falkenbeize*

**Falkenkappe** ⟨f. 19⟩ = *Falkenhaube*

**Falkner** ⟨m. 3; Jägerspr.⟩ = *Falkenier*

**Falknerei** ⟨f. 18; unz.⟩ **1** *Kunst des Falkeniers* **2** *Jagd mit Falken, alles, was mit der Falkenbeize zusammenhängt*

**Fall** ⟨m. 1u⟩ **1** *das Fallen, Sturz* **2** *das Sinken* (Wasserstand) **3** *Niedergang, Untergang* **4** *Vorkommnis, Geschehen, Ereignis* (Krankheitsfall) **5** *Angelegenheit* (Rechtsfall) **6** *Umstand* **7** ⟨Gramm.⟩ *Form, die ein Substantiv od. Pronomen annehmen kann, um seine Beziehung zu andern Satzteilen usw. auszudrücken* (Beugungsfall, Werfall); Sy *Kasus* ◆ Aufstieg und Fall einer **Familie,** eines Geschlechtes; der Fall **Schulze** gegen Müller ⟨Rechtsw.⟩; der Fall eines **Verses** *Tonfall, Melodie* ◆ die Fälle eines Substantivs **bilden; sein:** das ist (nicht) der Fall *das stimmt (nicht); das ist (nicht) geschehen;* das ist (nicht) mein Fall ⟨umg.⟩ *das sagt mir (nicht) zu, das gefällt mir (nicht)* ◆ erster, zweiter Fall ⟨Gramm.⟩; ein **einmaliger,** heikler, trauriger Fall; der **freie** Fall ⟨Phys.⟩ *die gleichmäßig beschleunigte Bewegung eines Körpers infolge der Anziehungskraft der Erde auf den Erdmittelpunkt zu, d. h. nach unten* ◆ **auf** alle Fälle, auf jeden Fall *ganz bestimmt;* das ist der Fall **bei...** *das ist so bei ...;* **im** Falle, dass ich nicht kommen kann *falls;* wir haben sechs Fälle von Masern gehabt; ein Vorhaben **zu** Fall bringen *zunichte machen, verhindern* [< ahd. *val,* engl. *fall*]

FALLGATTER

FALKE: LANNERFALKE
*(Falco biarmicus)*

**Fallbrücke** ⟨f. 19⟩ **1** = *Zugbrücke* **2** *stegartiges Gerät, das (senkrecht) den Belagerern als Deckung diente, dann emporgehoben u. (schräg) auf die Stadtmauer gelegt wurde, so dass man darüber in die belagerte Stadt gelangen konnte*

**Falle** ⟨f. 19⟩ **1** *Vorrichtung zum Tierfang* (Mausefalle) **2** ⟨fig.⟩ *Hinterhalt* **3** ⟨fig.; umg.; scherzh.⟩ *Bett* ◆ eine Falle aufstellen, bauen; jmdm. eine Falle stellen ⟨fig.⟩ *jmdn. in einen Hinterhalt locken, ihn durch geschickte Fragen überlisten;* (jmdm.) in die Falle gehen *einem Hinterhalt, einer Intrige zum Opfer fallen;* in die Falle gehen ⟨fig.; umg.; scherzh.⟩ *schlafen gehen* [< ahd. *falla* → *Fall*]

**fallen** ⟨V. i. 131; ist⟩ **1** *sich durch die eigene Schwere ohne Hilfsmittel nach unten bewegen, stürzen* **2** *niedriger werden, sinken* (Kurse, Preise, Temperatur, Wasserspiegel) **3** *im Kampf, an der Front sterben* **4** *sich ergeben, erobert werden* (Festung, Stadt) ◆ pass auf, dass du nicht fällst! ◆ das **Barometer,** das Fieber, der Fluss ist gefallen; die **Entscheidung** ist (noch nicht) gefallen; der **Kurs** fällt ⟨Bankw.⟩ *verschlechtert sich;* **Regen,** Schnee fällt, ein **Schuss** fällt *wird abgefeuert, ertönt* ◆ sich fallen **lassen;** ⟨a. fig.⟩ *seine Schwächen eingestehen dürfen;* einen Gegenstand fallen lassen; jmdn. fallen lassen ⟨fig.⟩ *nicht mehr unterstützen* ◆ jmdm. **beschwerlich** fallen *ihm große Mühe machen, lästig werden* ◆ das Haus fällt nach ihrem Tod **an** die Stadt *die Stadt erhält das Haus;* sein Blick fiel **auf** ein Kind, das ... *er bemerkte ein Kind;* Weihnachten fällt dieses Jahr auf einen Montag; ein Sonnenstrahl fällt **ins** Zimmer; **über** einen Stein fallen ◆ die Gefallenen *die auf dem Schlachtfeld gestorben sind* [< ahd. *fallan,* engl. *fall;* → *Fall*]

**fällen** ⟨V. t.; hat⟩ **1** *zum Fallen bringen* (Bäume; Holz) **2** jmdn. fällen ⟨fig.⟩ *jmdn. zu Fall bringen* **3** eine Entscheidung fällen *eine Entscheidung treffen, etwas entscheiden* **4** einen Schiedsspruch, ein Urteil fällen *aussprechen* **5** ⟨Chem.⟩ einen Stoff fällen *einen Stoff aus einer Lösung ausfällen* [< ahd. *fellan,* engl. *fell,* eigtl. „fallen machen"; → *fallen*]

**Fallgatter** ⟨n. 13⟩ ◄ *gitterartiges, senkrecht nach oben zu ziehendes Gatter, z. B. an Festungstoren*

**Fallhöhe** ⟨f. 19⟩ *Höhe, aus der etwas od. jmd. fällt*

**fällig** ⟨Adj.⟩ *(zu einem bestimmten Zeitpunkt) zu geschehen habend, anstehend,* ⟨bes.⟩ *zu bezahlen* ◆ die Arbeit ist schon lange fällig; die Zinsen sind am Ende des Monats fällig

**Fallout,** ⟨auch⟩ **Fall-out** ⟨[fɔːl'aut] n. 15 od. m. 6⟩ **1** *Niederschlag von radioaktiven Stoffen aus der Erdatmosphäre, die z. B. bei Atombombenexplosionen entstanden sind* **2** *Bewusstseinstrübung* **3** *Konzentrationsschwäche (aufgrund häufigen Drogenkonsums)* [< engl. *fall* „fallen" + *out* „aus, heraus"]

**fallreif** ⟨Adj.⟩ *reif zum Abfallen* ◆ fallreifes Obst

**Fallrückzieher** ⟨m. 3; Sp.; Fußb.⟩ *Schuss, bei dem sich der Spieler rückwärts fallen lässt u. den Ball über seinen Kopf hinweg weiterleitet, oft als versuchter Torschuss*

**falls** ⟨Konj.⟩ **1** *wenn* **2** *für den Fall, dass ...* ◆ falls er kommen sollte; falls es regnet

**Fallschirm** ⟨m. 1⟩ *Gerät zum Absprung od. Abwurf aus Luftfahrzeugen*

**Fallschirmjäger** ⟨m. 3⟩ *Angehöriger einer Fallschirmtruppe*

**Fallstudie** ⟨[-diə] f. 19; Soziol.⟩ *genaue Untersuchung u. Beschreibung eines typischen Falles (menschliches Verhalten, Ereignis, sozialer Zusammenhang usw.)*

**Falltür** ⟨f. 20⟩ *in den Fußboden eingelassene Tür*

**falsch** ⟨Adj.⟩ **1** *nicht richtig, unrichtig, fehlerhaft* **2** *irrig* (Meinung) **3** *gefälscht, nachgeahmt* (Edelstein, Geld) **4** *künstlich* (Haar, Zähne) **5** ⟨fig.⟩ *verschlagen, hinterhältig, hinterlistig, doppelzüngig* (Person) ◆ falsche **Anzeige,** falsche Anschuldigung *wider besseres Wissen erstattete Anzeige (strafbar);* falsche **Bescheidenheit,** falsche Scham *übertriebene, unangebrachte Bescheidenheit, Scham;* (ein) falsches **Spiel** mit jmdm. treiben *ihn hintergehen, betrügen* ◆ wie man's macht, **macht** man's falsch ⟨umg.⟩ *manchem kann man nichts recht machen;* ein Wort falsch **schreiben;** falsch **spielen** ⟨Mus.⟩ *beim Musizieren den Ton nicht treffen; sich betrügerisch verhalten, betrügen (beim Glücksspiel usw.)* ◆ er ist **an** den Falschen geraten *er hat bei ihm nichts erreicht, hat sich eine Abfuhr geholt* [< mhd. *vals, valsch,* engl. *false* < afrz. *fals* < lat. *falsus* „falsch"; zu *fallere* „betrügen"]

FALBEL AN EINEM UNTERROCK

**Falsch** ⟨n.; -s; unz.⟩ *Unehrlichkeit* ◆ ⟨nur in den Wendungen⟩ es ist kein Falsch an ihm *er ist ein durch u. durch aufrichtiger Mensch*

**Falschaussage** ⟨f. 19⟩ *wissentlich falsche Aussage (strafbar)*

**fälschen** ⟨V. t.; hat⟩ *in betrüger. Absicht täuschend ähnlich nachmachen* ◆ Geld fälschen [< ahd. *(gi)falscon, (gi)felscen* < spätlat. *falsicare;* verkürzt < *falsificare* < *falsus* „falsch" + *facere* „machen"]

**Fälscher** ⟨m. 3⟩ *jmd., der etwas fälscht* (Wechselfälscher, Geldfälscher)

**Falschgeld** ⟨n. 12⟩ *nachgemachtes, unechtes Geld*

**fälschlich** ⟨Adv.⟩ **1** *irrtümlich* **2** *betrügerisch, in betrügerischer Absicht* ◆ er hatte sie fälschlich für jmd. anders gehalten

**Falschmünzer** ⟨m. 3⟩ *Hersteller von Falschgeld;* Sy *Münzfälscher*

## FARBEN

Gelb, Blau und Rot sind die drei Grundfarben, aus denen die Mischfarben Grün, Orange und Violett erstellt werden können. Die Zusammensetzung dieser Farben stellt der abgebildete doppelte Farbkreis dar. Bei einer Mischung von z. B. Blau mit dem benachbarten Gelb entsteht Grün. Auch die Komplementärfarben lassen sich diesem Farbkreis entnehmen. Sie liegen einander gegenüber, wie z. B. Violett und Gelb. Nebeneinander verwendet verstärken sie ihre Farbreize gegenseitig.

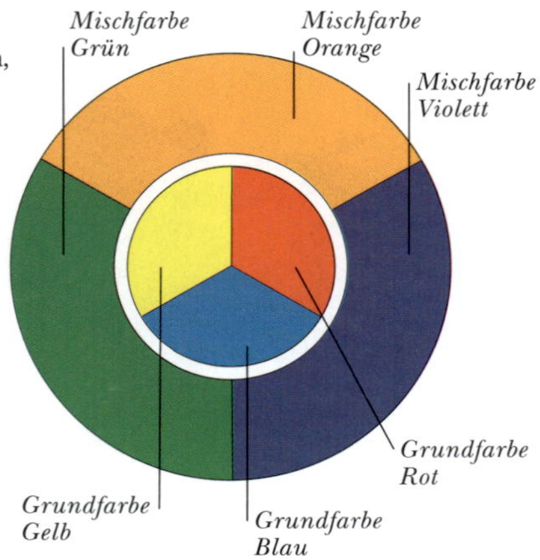


DOPPELTER FARBKREIS MIT GRUND-, MISCH- UND KOMPLEMENTÄRFARBEN

**Fälschung** ⟨f. 20⟩ **1** *das Fälschen, betrügerische Nachahmung* **2** *gefälschter Gegenstand* ♦ eine Fälschung begehen *etwas fälschen, betrügerisch nachahmen*

**Falsett** ⟨n. 11⟩ *durch die Brustresonanz verstärkte Kopfstimme der Männer;* → a. *Fistelstimme (1)* [< ital. *falsetto* „Falsett"]

**Faltboot** ⟨n. 11⟩ *zerlegbares Paddelboot*

**Falte** ⟨f. 19⟩ **1** *Knick, Bruch (in Papier od. Stoff)* **2** *Runzel (im Gesicht)* **3** *übereinander gelegter Stoffteil* **4** ⟨Geol.⟩ ▼ *durch seitlichen Druck entstandene, wellenartige Verbiegung von Erdschichten, aus Sattel u. Mulde zusammengesetzt* [< ahd. *falt;* → *falten*]

**falten** ⟨V. t.; hat⟩ *in Falten legen, zusammenlegen, -knicken* ♦ die Hände falten *ineinander legen, miteinander verschränken* [< ahd. *faldan,* engl. *fold;* verwandt mit *flechten, Flachs*]

**Faltenrock** ⟨m. 1u⟩ *in Falten gelegter Rock*

**Faltenschnecke** ⟨f. 19; Zool.⟩ *Angehörige einer zumeist in tropischen Meeren verbreiteten Familie der Vorderkiemer mit dickschaligem, Gehäuse, die sich räuberisch von anderen Mollusken od. von Aas ernährt: Volutidae*

**Faltenwurf** ⟨m. 1u⟩ *(gefällige) Anordnung der Gewandfalten*

**Falter** ⟨m. 3⟩ = *Schmetterling* (Nachtfalter, Tagfalter) [< ahd. *vivaltra;* verwandt mit *flattern, Fledermaus*]

**faltig** ⟨Adj.⟩ **1** *voller Falten, nicht glatt* (Stoff) **2** *voller Fältchen od. Runzeln* (Gesicht, Haut)

**...fältig** ⟨Adj.; in Zus.⟩ *...fach,* z. B. tausendfältig, vielfältig [< ahd. *...falt,* engl. *...fold;* → *falten*]

**Falz** ⟨m. 1⟩ **1** *Faltlinie, Kniff, Bruch* **2** *Verbindung abgebogener, zusammengepresster Blechränder, ausgesparter Raum od. Vertiefung zum Ineinandergreifen bei Hölzern, Ziegeln, Steinen* **3** *durch Zusammenpressen des Buchblocks gebildete Vertiefung zwischen Buchrücken u. -deckel* **4** *in den Buchrücken eingehefteter Papier- od. Leinwandstreifen, an den Bildtafeln angeklebt werden können* [< mhd. *valz;* → *falzen*]

**falzen** ⟨V. t.; hat⟩ **1** *mit einem Falz versehen* **2** ⟨Buchw.⟩ *zum gewünschten Format zusammenfalten* (Druckbogen) **3** *nach dem Gerben durch „Abfalzen" dünner Späne gleichmäßig dick machen* (Leder) [< ahd. *(ga)falzjan;* Intensivbildung zu *faldan* „falten", eigtl. „zusammenlegen"]

**familiär** ⟨Adj.⟩ **1** *die Familie betreffend* **2** *vertraut zwanglos* **3** *vertraulich, aufdringlich vertraut* ♦ familiäre Angelegenheiten, Sorgen; familiär tun [< lat. *familiaris* „zum Hauswesen gehörig"]

**Familie** ⟨[-liə] f. 19⟩ **1** ⟨i. e. S.⟩ *Eltern u. Kinder* **2** ⟨i. w. S.⟩ *Geschlecht, Sippe, alle Verwandten* **3** ⟨Bot.; Zool.⟩ *natürl. Gruppe aus nächstverwandten Gattungen* ♦ Familie **Schulze** ♦ damit kannst du keine Familie **ernähren;** keine Familie **haben** *unverheiratet sein* ♦ eine **fünfköpfige,** glückliche Familie ♦ **aus** guter Familie sein *von guter Abstammung* [< lat. *familia* „Hausgenossenschaft, Hauswesen"]

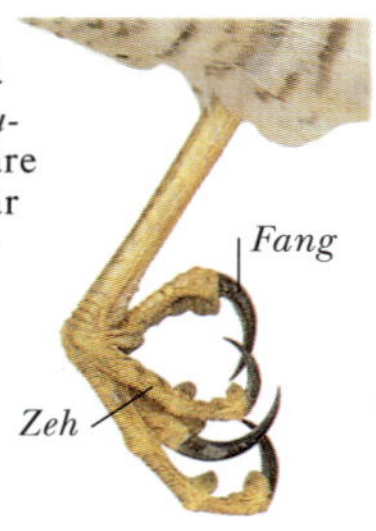


FÄNGE AM FUSS EINES SPERBERS

**Familienangehörige(r)** ⟨f. 30 (m. 29)⟩ *Mitglied der Familie*

**Familienforschung** ⟨f. 20⟩ = *Genealogie*

**Familienname** ⟨m. 26⟩ *vererbl. Sippenname, Zuname;* Sy *Nachname*

**Familienplanung** ⟨f. 20; unz.⟩ *sinnvolles Begrenzen der Anzahl der Kinder durch Geburtenregelung*

**Familienstand** ⟨m. 1u; unz.⟩ *persönl. Verhältnis in Bezug auf einen Ehepartner (ledig, verheiratet, geschieden od. verwitwet)*

**Familienverhältnisse** ⟨Pl.⟩ *die in einer Familie herrschenden Lebensumstände, Zustand des Familienlebens* ♦ in guten, schlechten, zerrütteten Familienverhältnissen aufwachsen, leben

**famos** ⟨Adj.; umg.⟩ *großartig, herrlich* [< lat. *famosus* „viel besprochen, berühmt, berüchtigt"; zu *fama* „Gerücht"; im 18. Jh. durch frz. *fameux* „berühmt" im günstigen Sinne beeinflusst]

**Fan** ⟨[fæn] m. 6⟩ *begeisterter Anhänger* (Filmfan, Jazzfan, Sportfan) [verkürzt < engl. *fanatic* „begeisterter Liebhaber"]

**Fanal** ⟨n. 11⟩ **1** *Feuerzeichen* **2** ⟨fig.⟩ *weithin sichtbares Zeichen, Zeichen für den Beginn großer Ereignisse* ♦ ein Fanal für den Frieden setzen [frz., „Schiffs-, Signallaterne, Leuchtfeuer"]

**Fanatiker** ⟨m. 3⟩ *Eiferer, unduldsamer Verfechter einer Überzeugung* [< lat. *fanaticus* „von der Gottheit ergriffen, rasend"; zu *fanum* „heiliger Ort"; → *profan*]

**Fanatismus** ⟨m.; -; unz.⟩ *übertriebener u. unduldsamer, blinder Eifer (für eine Überzeugung)*

**Fanclub** ⟨[fæn-] m. 6⟩ = *Fanklub*

**Fanfare** ⟨f. 19; Mus.⟩ **1** *Trompetensignal* **2** *kurzes u. signalähnliches Musikstück bes. für Trompete od. Horn* **3** *helle, ventillose Trompete* [frz., „Trompetengeschmetter"; Herkunft unsicher]

**Fang** ⟨m. 1u⟩ **1** *das Fangen, Jagd* (Fischfang) **2** *das Gefangene, Beute* **3** ⟨Jägerspr.⟩ **3.1** *Maul* (von Raubwild u. Hund) **3.2** ⟨meist Pl.⟩ ◄ *Fuß od. Kralle (der Raubvögel)* **4** *Anlage (Grube, Pfahlbau u. a.) zum Fangen wilder Tiere* (Saufang) ♦ einen guten Fang machen, tun *viel fangen, erfolgreich Beute machen* [< ahd. *fang,* engl. *fang* „Fangzahn, Hauer"; → *fangen*]

**fangen** ⟨V. t. 132; hat⟩ **1** *nach etwas od. jmdm. jagen u. es od. ihn erfassen, ergreifen, packen* **2** *erbeuten* (Tiere) ♦ einen **Ball** fangen; einen **Dieb,** Verbrecher fangen

## FALTEN

In der Erdkruste entstehen Falten, wenn Platten der Erdkruste aufeinander stoßen. Durch den entstehenden Druck werden diese in der Waagerechten zusammengedrückt, bis sie sich in der Senkrechten auffalten. Die verschiedenen Faltentypen entstehen in Abhängigkeit von den herrschenden Kräften, der Elastizität der Gesteine sowie ihrer Anordnung.

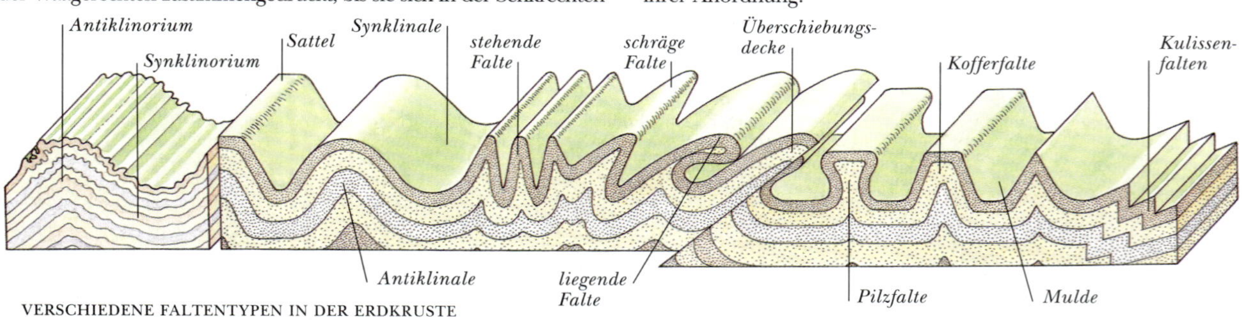


VERSCHIEDENE FALTENTYPEN IN DER ERDKRUSTE

*festnehmen;* **Fische** fangen ◆ Fangen **spielen** *ein Spiel spielen, bei dem einer davonläuft u. die andern ihn zu greifen versuchen* ◆ jmdn. **durch** geschickte Fragen fangen *in Widersprüche verwickeln u. zum Geständnis zwingen* ◆ gefangen (kriegsgefangen) *(im Krieg) festgenommen u. entwaffnet* [< ahd. *fahan,* Grundbedeutung: „festmachen"]

**Fangfrage** ⟨f. 19⟩ *verschlüsselte Frage, durch die eine Auskunft hervorgelockt werden soll, die der Befragte bei offener Fragestellung nicht geben würde*

**Fanggürtel** ⟨m. 5⟩ *klebriger Schutzring gegen schädliche Insekten an Obstbaumstämmen*

**Fango** ⟨m. 6; unz.⟩ *Mineralschlamm vulkanischer Herkunft für Bäder, Packungen u. Umschläge, bes. bei rheumat. Erkrankungen* [ital., „Schlamm"]

**Fangjagd** ⟨f. 20⟩ *Jagd auf Raubwild mithilfe von Fallen, die die Tiere unverletzt fangen (z. B. Kastenfallen) od. die sie sofort töten (z. B. Knüppelfallen)*

**Fangkorb** ⟨m. 1u; früher⟩ *korbartige Sicherheitsvorrichtung, die, vorn unter Straßenbahnwagen knapp über dem Erdboden angebracht, verhindern soll, dass Personen unter die Räder kommen*

**Fangleine** ⟨f. 19⟩ **1** *Trosse, die einem Boot von einem Schiff aus zum Festmachen zugeworfen wird* **2** *jede der Leinen, an denen ein Fallschirm befestigt ist*

**Fangschaltung** ⟨f. 20; Tel.⟩ *Gerät zur Feststellung der Rufnummern von Anrufern, die z. B. anonym in beleidigender od. erpresserischer Absicht anrufen*

**Fangzahn** ⟨m. 1u⟩ *Eckzahn* (vom Haarraubwild u. Hund)

**Fanklub** ⟨[fæn-] m. 6⟩ *Klub von Fans, von Anhängern eines Stars, einer (Musik-)Gruppe od. eines Sportvereins;* oV *Fanclub*

**Fantasie**[1] ⟨f. 19; Mus.⟩ *Musikstück in freier Form* [< ital. *fantasia*]

**Fantasie**[2] ⟨f. 19⟩ oV *Phantasie* **I** ⟨unz.⟩ *Fähigkeit, sich ewas auszudenken, Einbildungskraft, schöpfer. Denken* ◆ Erzeugnis, Produkt, Spiel der Fantasie; er, sie hat viel Fantasie; blühende ⟨iron.⟩, reiche, schmutzige Fantasie **II** ⟨zählb.⟩ **1** *Trugbild, Wahngebilde* **2** *Träumerei, vorgestelltes Bild* [< grch. *phantasia* „Erscheinung, Aussehen, Vorstellung"; zu grch. *phainein* „sichtbar machen"]

**Fantasie...** ⟨in Zus. mit Subst.⟩ *erfunden, frei gestaltet,* z. B. Fantasiegebilde, Fantasievorstellung; oV *Phantasie...*

**fantasieren** ⟨V. i.; hat⟩ oV *phantasieren* **1** *sich den wechselnden Bildern der Fantasie hingeben, wach träumen* **2** *im Fieber unzusammenhängende wirre Dinge reden* **3** ⟨Mus.⟩ *ohne Noten, frei gestaltend spielen* **4** ⟨umg.⟩ *Unsinn reden*

**fantasievoll** ⟨Adj.⟩ oV *phantasievoll* **1** *voll Fantasie, mit Fantasie begabt* (Personen) **2** *reich an Bildern, Ideen*

**Fantast** ⟨m. 16⟩ *Träumer, Schwärmer, Mensch mit überspannten Ideen od. Vorstellungen;* oV *Phantast* [< mlat. *phantasta* < grch. *phantastes* „Prahler"; → *Fantasie*]

**fantastisch** ⟨Adj.⟩ oV *phantastisch* **1** ⟨eigtl.⟩ *nur in der Fantasie bestehend, nicht wirklich* **2** ⟨allg.⟩ *verstiegen, überspannt, etwas verrückt* **3** ⟨fig.⟩ *merkwürdig, seltsam* **4** ⟨fig.; umg.⟩ *wunderbar, herrlich* ◆ wie war es gestern? fantastisch!

**Fantasy** ⟨['fæntəsi] f.; -; unz.; Lit.; Film⟩ *Stilrichtung der Unterhaltungsliteratur od. Filmgattung, in der Märchen- u. Traumwelten dargestellt werden* [engl., „Fantasie"]

**Farad** ⟨n.; -s, -; Zeichen: F⟩ *Maßeinheit der elektr. Kapazität* [nach dem engl. Physiker u. Chemiker Michael *Faraday,* 1791-1867]

**Faradaykäfig,** ⟨auch⟩ **Faraday-Käfig** ⟨[færədɛi-] m. 1⟩ *Käfig aus Drahtgeflecht od. Blechen, der gegen elektr. Felder abschirmt, dient auch als Blitzschutz* [→ *Farad*]

**Farbabweichung** ⟨f. 20⟩ *ein Abbildungsfehler bei opt. Linsen, bei dem die entstehenden Bilder farbige Säume zeigen;* Sy *chromatische Aberration,* → a. *chromatisch*

**Farbe** ⟨f. 19⟩ **1** ◄ *Empfindung, die Lichtstrahlen ihrer Wellenlänge entsprechend dem Auge vermitteln* **2** *Farbstoff, Mittel zum Färben, zum Malen* (Ölfarbe, Pastellfarbe, Wasserfarbe) **3** *Färbung* (Gesichtsfarbe, Hautfarbe) **4** *Buntheit, Farbigkeit* **5** *Schattierung, Tönung* **6** ⟨Kart.⟩ *Spielkartenklasse, z. B. Eichel, Herz, Fahnenfarbe, Wappenfarbe* ◆ die Farben eines **Landes** ◆ **abblättern:** die Farbe blättert ab (vom Bild, von der Wand); Farbe **bekennen** ⟨fig.⟩ *seine Überzeugung, die Wahrheit eingestehen;* ⟨Kart.⟩ *dieselbe Farbe wie der erste Spieler ausspielen;* die Farbe **wechseln** *rot od. blass werden;* ⟨a. fig.⟩ *seine Überzeugung wechseln, die Partei wechseln* ◆ **dunkle,** grelle, helle, kräftige, leuchtende, warme Farbe; **frische** Farbe haben *frisch, gesund aussehen* ◆ **in** allen, verschiedenen Farben schildern [< ahd. *farawa* „Aussehen, Gestalt, Farbe"; zu ahd. *faro*]

**farbecht** ⟨Adj.⟩ *die Farbe (be)haltend, nicht abfärbend, nicht verblassend*

**färben** ⟨V. t.; hat⟩ *farbig machen, Farbe geben, Farbe auftragen auf* ◆ sich die Lippen färben *schminken;* einen Bericht färben *ihn in bestimmter Absicht umformen, verfälschen*

**farbenblind** ⟨Adj.⟩ *Farben nur teilweise od. gar nicht unterscheiden könnend*

**Farbenlehre** ⟨f. 19; unz.⟩ *Wissenschaft von den Farben u. der Farbempfindung*

**farbenreich** ⟨Adj.⟩ *sehr bunt, vielfarbig*

**Farbensinn** ⟨m. 1; unz.⟩ *Unterscheidungsvermögen u. Erkenntnisfähigkeit bei Farben, Fähigkeit zu schönen Farbzusammenstellungen*

**Farbensymbolik** ⟨f. 20; unz.⟩ **1** *symbol. Ausdeutung der Farben (z. B. Rot als Farbe der Liebe)* **2** *symbol. Anwendung von Farben*

**Färberdistel** ⟨f. 21; Bot.⟩ *Angehörige einer mittelmeer. u. vorderasiat. Korbblütlergattung, liefert roten Farbstoff: Carthamus tinctorius;* Sy *Safflor*

**Färberei** ⟨f. 18⟩ **I** ⟨unz.⟩ *Verfahren zum Färben von Textilien* **II** ⟨zählb.⟩ *Betrieb dafür*

**Färbergras** ⟨n. 12u; Bot.⟩ ► = *Reseda (1)*

**Färberwaid** ⟨m. 1; Bot.⟩ ► = *Reseda (1)*

**Farbfilm** ⟨m. 1⟩ *farbempfindlicher Film; Film mit Farbwiedergabe;* Ggs *Schwarzweißfilm*

**Farbfilter** ⟨m. 3; Fot.⟩ *farbiger Filter, der, auf das Objektiv gesetzt, eine bestimmte Farbe nicht durchlässt,* z. B. Gelbfilter

**farbig** ⟨Adj.⟩ **1** *mit einer od. mehreren Farben versehen, bunt, gefärbt* **2** ⟨fig.⟩ *lebendig, anschaulich* (Schilderung)

**Farbige(r)** ⟨f. 30 (m. 29)⟩ **1** *Nicht-Weiße(r)* **2** *Schwarze(r)*

**farblos** ⟨Adj.; -er, am -esten; Steigerung nur fig.⟩ **1** *ohne Farbe, blass* **2** *durchsichtig* (Lack) **3** ⟨fig.⟩ *fade, eintönig, ausdruckslos, unanschaulich* (Schilderung, Stil)

**Farbnegativ** ⟨n. 11; Fot.⟩ *die Komplementärfarben des Positivs aufweisendes Negativbild*

**Farbstift** ⟨m. 1⟩ *Stift aus farbiger Kreide od. mit farbiger Mine*

**Farbstoff** ⟨m. 1⟩ **1** ▼ *anorganischer od. organischer Stoff, der unbelebter u. belebter Materie Farbe verleiht* **2** *lösliches Farbmittel*

**Farbton** ⟨m. 1u⟩ *Farbstufung, Farbtönung, Grad der Farbgebung;* Sy *Farbwert* ◆ heller, dunkler, gelblicher, rötlicher Farbton

**Färbung** ⟨f. 20⟩ **1** *das Färben* **2** *das Farbigsein* **3** *Farbgebung, Schattierung* **4** *Farbstufe* **5** ⟨fig.⟩ *Tendenz, Richtung, Neigung* ◆ die politische Färbung einer Zeitung ⟨fig.⟩; die Blätter zeigten schon früh eine rötliche Färbung

**Farbwert** ⟨m. 1⟩ = *Farbton*

**Farce** ⟨['fars(ə)] f. 19⟩ **1** *derb-komische Einlage im französ. Mirakelspiel, im 14.–16. Jh. selbständiges, kurzes, possenhaftes Spiel in Versen, in dem menschl. Schwächen verspottet wurden* **2** ⟨fig.⟩ *lächerl. Streich* **3** *Verhöhnung* **4** *als wichtig hingestellte, im Grunde aber belanglose Angelegenheit* **5** ⟨Kochk.⟩ *Füllung für Geflügel, Pasteten usw. aus gehacktem Fleisch, Fisch, Ei, Gemüse, Kräutern u. a.* [frz., „Posse(nspiel), Schwank"; zu *facir* „füllen", eigtl. „Füllsel im Schauspiel, lustiger Zwischenakt"]

**farcieren** ⟨[-siː-] V. t.; hat; Kochk.⟩ *mit Farce füllen*

## FARBSTOFFE

Mit Farbstoffen werden andere Materialien gefärbt. Jahrtausendelang wurden dazu nur natürliche Farbstoffe aus Mineralien, Pflanzen und von Tieren verwendet. Seit der Entdeckung des ersten synthetischen Farbstoffs, des Mauveins, im 19. Jh. hat sich die Skala der Farbnuancen stark erweitert und die Haltbarkeit der Farbstoffe deutlich verbessert.

### NATÜRLICHE FARBSTOFFE

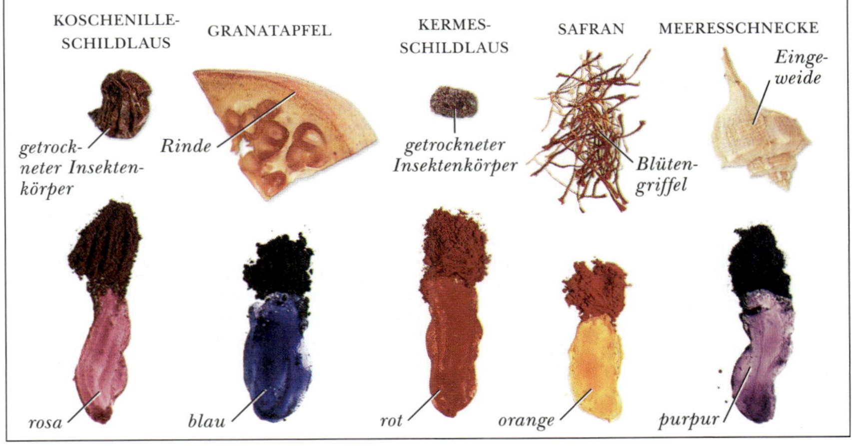

## FARNE

Farne gehören zu den Farnpflanzen, die sich durch Generationswechsel fortpflanzen. Aus der Spore entsteht der Vorkeim (Gametophyt), die so genannte geschlechtliche Generation, die männliche und weibliche Geschlechtsorgane trägt. Nach Befruchtung der Eizelle entwickelt sich die ungeschlechtliche Generation (Sporophyt), die eigentliche Farnpflanze.

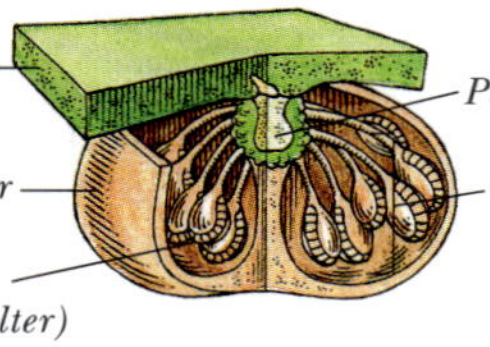


SCHNITT DURCH EINEN REIFEN SORUS

ÄUSSERE MERKMALE DES WURMFARNS
*(Dryopteris filix-mas)*



**Farfalle** ⟨Pl.; Kochk.⟩ *schmetterlingsförmige Nudeln* [ital.]

**Farm** ⟨f. 20⟩ *Landgut, bes. mit Tierzucht* (Geflügelfarm) [engl., „Bauerngut"]

**Farn** ⟨m. 1; Bot.⟩ ▲ *krautige od. baumförmige Pflanze mit gefächerten Blättern: Filicina, Pteropsida* [< ahd. *farn,* engl. *fern*]

**Farre** ⟨m. 17⟩ *junger Stier* [< ahd. *far, farro;* → *Färse*]

**Färse** ⟨f. 19⟩ *junge Kuh, die noch nicht gekalbt hat* [< mnddt. *verse;* verwandt mit *Farre*]

**Fasan** ⟨m. 1 od. 23; Zool.⟩ ► *Angehöriger einer Unterfamilie der Hühnervögel, deren Männchen oft Prachtgefieder aufweisen: Phasianina* [< mhd. *fasan* < frz. *faisan* < lat. *phasianus* < grch. *phasionos;* nach der Stadt *Phasis* am Ostufer des Schwarzen Meeres]

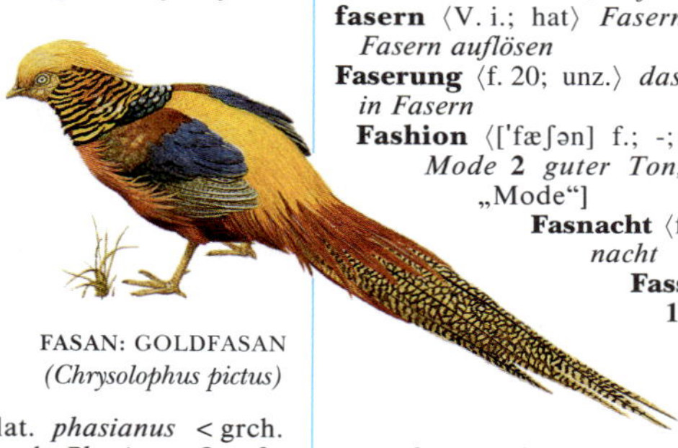

FASAN: GOLDFASAN
*(Chrysolophus pictus)*

**Fasanerie** ⟨f. 19⟩ *Gehege, in dem Fasanen gehalten werden, Fasanengarten*

**Fasching** ⟨m. 1 od. 6; bair.-österr.⟩ = *Fastnacht, Karneval* [< mhd. *vastschang, vaschanc,* urspr. „Ausschenken des Fastentrunks"]

**Faschismus** ⟨m.; -; unz.; Pol.⟩ **1** *zentralist. u. autoritäre polit. Bewegung mit äußerst nationalist. Zielsetzung, mit den Mitteln der Gewaltanwendung u. strenger Zensur gegen die Opposition* **2** *die von Mussolini ins Leben gerufene nationalist. Bewegung mit dem Ziel der Diktatur in Italien, 1919-1945* [< ital. *Fascismo;* zu *fascio* „Rutenbündel" (Emblem der von Mussolini geschaffenen Bewegung) < lat. *fascis*]

**faschistisch** ⟨Adj.; Pol.⟩ *den Faschismus betreffend, zu ihm gehörend, auf ihm beruhend*

**Fase** ⟨f. 19⟩ *abgeschrägte Kante* [< frz. *face* „Gesicht"]

**faseln** ⟨V. i.; hat; umg.⟩ **1** *unbedacht u. zerstreut arbeiten u. reden* **2** *Unsinn reden* [< frühnhd. *fasen* „mit dem Geist irr umherschweifen, ohne Überlegung reden, Albernheiten treiben"; vermutl. < ahd. *fason,* „suchen, aufsuchen, aufspüren"]

**Faser** ⟨f. 21⟩ **1** *längl. Zellform des Pflanzenkörpers* **2** *Bestandteil menschl. u. tier. Gewebes* (Fleischfaser, Muskelfaser) **3** *feines, dünnes, längliches Gebilde, das aus Pflanzen* (Pflanzenfaser), *Tieren* (tier. Faser), *Mineralien* (Mineralfaser) *od. synthetischen Stoffen* (Chemiefaser) *gewonnen u. zu Fäden versponnen wird* **4** *Fädchen* ◆ keine trockene Faser am Leibe haben ⟨fig.; umg.⟩ *völlig durchnässt sein* [< mhd. *vase* „Faser, Franse, Einfassung, Saum eines Gewandes" < ahd. *faso* (Masc.), *fasa* (Fem.)]

**faserig** ⟨Adj.⟩ **1** *voller Fasern, ähnlich wie Fasern* **2** *in Fasern, zerfasern*

**fasern** ⟨V. i.; hat⟩ *Fasern verlieren, sich in Fasern auflösen*

**Faserung** ⟨f. 20; unz.⟩ *das Fasern, Auflösung in Fasern*

**Fashion** ⟨['fæʃən] f.; -; unz.⟩ **1** *(aktuelle) Mode* **2** *guter Ton, Lebensart* [engl., „Mode"]

**Fasnacht** ⟨f. 7u; unz.⟩ = *Fastnacht*

**Fass** ⟨n. 12u⟩ **I** ⟨zählb.⟩ **1** *großes, aus Dauben zusammengesetztes, mit Reifen zusammengehaltene Gefäß mit kreisrundem Boden oben u. unten* (Bierfass, Weinfass, Whiskeyfass) **2** ⟨fig.; umg.; scherzh.⟩ *großer, dicker Mensch* ◆ ein Fass anstechen, anzapfen **II** ⟨unz.⟩ *altes Hohlmaß, 10–1600 l* ◆ 10 Fass Bier, Wein [< ahd. *vaz,* engl. *vat,* ursprünglich „Behälter"]

**Fassade** ⟨f. 19⟩ **1** ⟨Arch.⟩ ▼ *Außenansicht, Vorderfront, Schauseite eines Gebäudes* **2** ⟨meist abwertend⟩ *Äußeres, Außenseite, auf Wirkung oder Täuschung abzielendes Erscheinungsbild* ◆ nichts als eine hübsche Fassade ⟨fig.; umg.⟩ *ein hübsches Gesicht u. nichts dahinter* [< *Facciade* (17. Jh.) < ital. *facciata* „Gesichtsseite"; zu lat. *facies* „Gesicht"]

**fassbar** ⟨Adj.⟩ *so beschaffen, dass man es erfassen, begreifen, verstehen kann, begreiflich, verständlich*

**Fassbier** ⟨n. 11⟩ *Bier, das direkt vom Fass gezapft wird;* Ggs *Flaschenbier*

**fassen** ⟨V.; hat⟩ **I** ⟨V. t.⟩ **1** *ergreifen, packen, nehmen* **2** *erwischen, fangen* (Dieb) **3** *einfassen, einrahmen, mit einer Fassung versehen* (Edelsteine) **4** *in sich aufnehmen, enthalten können, Raum geben* **5** *verstehen, begreifen* **6** *ausdrücken, formulieren* **7** ⟨bes. Mil.⟩ *in Empfang nehmen* (Essen) ◆ fass! *(Befehl an den Hund);* **Abneigung,** Hass, Misstrauen gegen jmdn. fassen; einen **Entschluss** fassen *sich zu etwas entschließen;* ich kann vor lauter Aufregung keinen klaren **Gedanken** fassen *zustande bringen;* **Vertrauen,** Zuneigung (zu jmdm.) fassen; einen **Vorsatz** fassen *sich etwas vornehmen* ◆ etwas **schriftlich** fassen; ein **schön** gefasster Brillant ◆ jmdn. **an,** bei der Hand fassen; jmdn. am, beim Arm fassen; etwas **mit** beiden Händen fassen **II** ⟨V. refl.⟩ sich fassen **1** *sich beruhigen, beherrschen, sich einstellen (auf etwas)* **2** *sich ausdrücken* ◆ er kann sich vor Freude, Überraschung kaum fassen; er nahm sein Urteil gefasst entgegen; auf etwas gefasst sein *mit etwas rechnen* **III** ⟨V. i.⟩ *ineinander greifen, sich einhaken* ◆ das Zahnrad, Gewinde fasst nicht [< ahd. *fazzon*]

**fässerweise** ⟨Adv.⟩ **1** *in (ganzen) Fässern* **2** *in großen Mengen* ◆ er trinkt das Bier, den Wein fässerweise

**Fassette** ⟨f. 19⟩ ► = *Facette*

**Fassettenauge** ⟨n. 28⟩ = *Facettenauge*

**Fassgärung** ⟨f. 20; unz.⟩ *Ablauf der Gärung im Fass;* Ggs *Flaschengärung*

**fasslich** ⟨Adj.⟩ *so beschaffen, dass man es fassen kann, begreiflich* ◆ eine leicht fassliche Abhandlung

**Fassreifen** ⟨m. 4⟩ *Fassband, Holz- od. Eisenband, das den Fasskörper zusammenhält*

**Fassung** ⟨f. 20⟩ **I** ⟨zählb.⟩ **1** *Umrahmung (bes. aus Edelmetall für Edelsteine)* **2** ⟨El.⟩ *Haltevorrichtung für Glühlampen, Leuchtstoff-*

## FASSADE

Die Fassade ist die Schauseite eines Bauwerks. Sie erlaubt es dem Architekten in besonderem Maße, seine künstlerischen Vorstellungen zum Ausdruck zu bringen, und spiegelt meistens die innere Gliederung des Gebäudes (Stockwerke, Anzahl der Schiffe) wider. Angefangen von der strengen Ordnung der Antike über die Detailfreude der Gotik bis zur Theatralik des Barock hat jeder Baustil seinen eigenen Fassadentyp entwickelt. Ein Typus des 20. Jh. ist z. B. die Vorhangfassade aus vorgefertigten Einzelelementen für Verwaltungs- und Industriebauten.

WESTFASSADE DER ST. PAUL'S CATHEDRAL, ENGLAND (1675–1710)

FAUN: ALTRÖMISCHE FIGUR EINES FAUNS

*röhren o.Ä., die auch die elektrische Verbindung herstellt* **3** *Rahmen der Brillengläser* **4** *Form, Wortlaut (bes. von Schriftstücken od. Dichtwerken)* **5** *Bemalung (eines Holzschnitzwerkes, bes. im MA üblich)* ◆ die erste, letzte, ursprüngliche Fassung **II** ⟨unz.⟩ *(Selbst-)Beherrschung Gemütsruhe, Geistesgegenwart, Ergebung* ◆ die Fassung bewahren, (nicht) verlieren; mit Mühe die Fassung wiedergewinnen; er lässt sich durch nichts und niemand so leicht, so schnell aus der Fassung bringen

**Fassungsvermögen** ⟨n.; -s; unz.⟩ *Größe eines Hohlraumes, Fähigkeit, etwas aufzunehmen* ◆ das Fassungsvermögen dieses Gefäßes beträgt 5 l

**Fasswein** ⟨m. 1⟩ *Wein unmittelbar aus dem Fass (statt aus der Flasche)*

**fast** ⟨Partikel⟩ *beinahe, nicht ganz* ◆ wir hatten die Hoffnung fast aufgegeben; sein: wir waren fast am Ziel, als ...; fast wäre er gestürzt [< ahd. *fasto*, Adv. zu *festi* „fest"]

**fasten** ⟨V. i.; hat⟩ *sich aller od. bestimmter Speisen enthalten (in der kath. Kirche als Mittel zur Buße u. inneren Einkehr)* [< ahd. *fasten*, engl. *fast*]

**Fastenzeit** ⟨f. 20; unz.⟩ *die 40 Tage vor Ostern*

**Fastfood,** ⟨auch⟩ **Fast Food** ⟨['fa:stfu:d] n.; (-) -s; unz.⟩ *Schnellimbiss,* z.B. Cheeseburger, Hamburger [engl., „schnelles Essen"]

FAULTIER: ZWEIZEHENFAULTIER *(Choloepus didactylus)*

**Fastnacht** ⟨f. 7u; unz.⟩ *Tag od. Tage,* ⟨i. e. S.⟩ *Abend u. Nacht vor Aschermittwoch, Beginn der Fastenzeit, meist mit bestimmten lustigen Bräuchen verbunden;* oV *Fasnacht;* Sy *Fasching;* → a. *Karneval* [< mhd. *vastnaht*, eigtl. „Vorabend vor der Fastenzeit"; → *fasten, Nacht*]

**Faszikel** ⟨m. 5; geh.⟩ **1** *Akten, Handschriftenbündel, Heft* **2** *Teillieferung eines in Fortsetzungen erscheinenden wissenschaftlichen Werkes* [< lat. *fasciculus* „Bündelchen"; zu *fascis* „Bündel"]

**Faszination** ⟨f. 20⟩ *Bezauberung, Bann* [< lat. *fascionatio* „Bezauberung, Behexung"]

**faszinieren** ⟨V. t.; hat⟩ *bezaubern, blenden, fesseln* ◆ ein faszinierendes Schauspiel; ihre Augen sind faszinierend [< lat. *fascinare* „bezaubern, behexen"]

**fatal** ⟨Adj.⟩ *verhängnisvoll, widrig, unangenehm, peinlich* [< lat. *fatalis* „vom Schicksal gesandt"]

**Fatalismus** ⟨m.; -; unz.⟩ Sy *Schicksalsglaube* **1** *Glaube, dass alles Geschehen durch ein Fatum (Schicksal) vorbestimmt sei* **2** *blinder Glaube an das Schicksal*

**Fata Morgana** ⟨f.; - -, - -s od. - -ganen⟩ **1** ► *durch Luftspiegelung hervorgerufenes Bild, bes. über Wüsten* **2** ⟨fig.⟩ *Sinnestäuschung, Wahn-, Traumbild* [ital., „Fee Morgana" (nach dem Volksglauben die Urheberin der in der Straße von Messina bes. häufigen Luftspiegelungen) < ital. *fata* „Fee" + arab. *margan* „Koralle" < grch. *margarites* „Perle" (als Frauenname aufgefasst)]

**fauchen** ⟨V.; hat⟩ **I** ⟨V. i.⟩ *zischend u. gereizt schnauben, prusten, blasen* (Katze, Dampf, Wind) **II** ⟨V. t.; fig.; umg.⟩ *wütend herausstoßen, beißend schimpfen* ◆ „Raus hier!", fauchte er [< mhd. *pfuchen* (lautmalend)]

**faul** ⟨Adj.⟩ **1** *verfault, moderig, verdorben* (Eier, Fisch, Laub, Obst) **2** ⟨fig.⟩ *nichts wert, sittlich verdorben* **3** *träge, arbeitsunlustig* **4** ⟨Kaufmannsspr.⟩ *säumig* (Schuldner) **5** *unsicher* (Aktien) **6** ⟨Bgb.⟩ *morsch, brüchig, zersetzt* **7** ⟨umg.⟩ *bedenklich, verdächtig* (Angelegenheit) ◆ das sind faule **Ausreden!** ⟨fig.; umg.⟩ *dumme unglaubwürdige Ausreden;* sie liegt den ganzen Tag über auf der faulen **Haut** ⟨fig.; umg.⟩ *sie tut nichts* ◆ faul **riechen,** schmecken; **sein:** an der Sache ist etwas faul ⟨fig.; umg.⟩ *nicht in Ordnung* [< ahd. *ful*, engl. *foul*]

**Fäule** ⟨f. 19; unz.⟩ *das Faulen, Fäulnis*

**faulen** ⟨V. i.; hat⟩ *faul, modrig werden, in Verwesung übergehen* (Fleisch, Obst, Zahn)

**faulenzen** ⟨V. i.; hat⟩ *faul sein, nichts tun, müßig gehen* [< mhd. *vulezen* „faulig schmecken"; die Form *faulenzen* „träge sein" kommt vom Ostmitteldt. her]

**Faulenzer** ⟨m. 3⟩ **1** *fauler, bequemer, arbeitsscheuer Mensch, Müßiggänger* **2** *selbsttätiger Türschließer* **3** *Linienblatt*

**Faulheit** ⟨f. 20; unz.⟩ *Müßiggang, Trägheit, Bequemlichkeit* ◆ jmdm. die Faulheit austreiben ⟨umg.⟩

**Fäulnis** ⟨f. 9; unz.⟩ **1** *Zersetzung organischer Stoffe durch Fäulnisbakterien* **2** ⟨fig.⟩ *moralische und sittliche Verderbnis* ◆ in Fäulnis übergehen *faulen*

**Faulpelz** ⟨m. 1; fig.; umg.⟩ *fauler Mensch*

**Faulschlamm** ⟨m. 1 od. m. 1u; unz.⟩ **1** *bei der Abwasserreinigung sich absetzender Bodensatz* **2** *aus abgestorbenen Pflanzen u. Tieren bestehender Bodenschlamm stehender Gewässer*

**Faultier** ⟨n. 11; Zool.⟩ **1** ▲ *Angehöriges einer südamerikan. Säugetierfamilie, das an hangelnd-kletternde Lebensweise angepasst ist, bewegungsträger Blattfresser ohne Schneidezähne, mit langen Krallen, die das Schlafen im hängenden Zustand ohne Muskelanstrengung ermöglichen: Bradypodidae;* ► *Säugetiere* **2** ⟨fig.; umg.⟩ *fauler Mensch* [nach der Trägheit der Bewegungen]

**Faun I** ⟨m. 1 od. m. 23; Myth.⟩ ▲ *gehörnter, bocksfüßiger, lüsterner Waldgeist* **II** ⟨m. 1; fig.⟩ *Lüstling, lüsterner Mensch* [< lat. *faulnus* „bocksfüßiger Feld- und Waldgott"]

**Fauna** ⟨f.; -, Faunen⟩ *Tierwelt (eines bestimmten Gebietes)* ◆ die Fauna Afrikas [lat., Name der altröm. Fruchtbarkeitsgöttin; → *Faun*]

**Faust** ⟨f. 7u⟩ *geballte Hand* ◆ die Faust **ballen,** öffnen; eine Faust **machen** *ihm drohen;*

## FATA MORGANA

Eine Fata Morgana tritt in heißen Gebieten (besonders in Wüsten) auf, wo über dem erhitzten Erdboden Luftschichten mit unterschiedlichen Temperaturen dicht aufeinander liegen. Die Lichtstrahlen werden an der Grenze dieser Flächen so gespiegelt, dass sie wieder nach oben verlaufen und einem Beobachter mit dieser Luftspiegelung ein auf dem Kopf stehendes Bild vortäuschen.

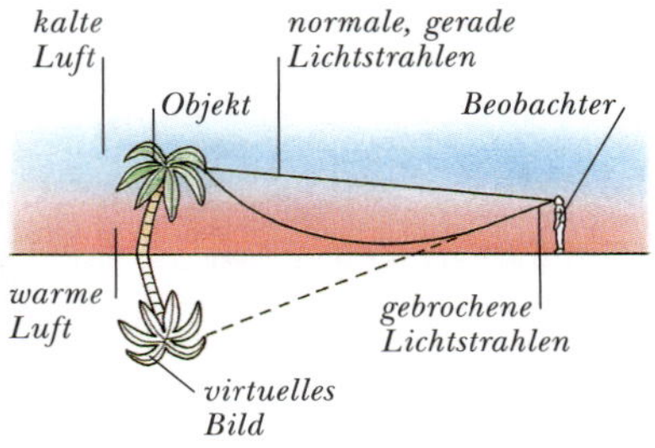


WAHRNEHMUNG EINER FATA MORGANA

jmdm. die Faust **zeigen** ◆ **auf** eigene Faust handeln, etwas tun, unternehmen ⟨fig.⟩ *selbständig, eigenmächtig, auf eigene Verantwortung;* mit dem Schwert **in** der Faust ◆ das passt **wie** die Faust aufs Auge ⟨umg.⟩ *passt überhaupt nicht zueinander;* die Hand **zur** Faust ballen [< ahd. *fust*, engl. *fist*]

**Fäustel** ⟨n. 13⟩ **1** ⟨Bgb.⟩ *Hammer der Bergleute, Schlägel* **2** *Hammer der Steinmetzen* **3** = *Fausthandschuh* **4** = *Faustkeil*

**Fausthandschuh** ⟨m. 1⟩ *Handschuh, bei dem nur der Daumen ein eigenes Fingerfach hat;* Sy *Fäustel (3), Fäustling (1)*

**Faustkampf** ⟨m. 1u; bes. Sp.⟩ *das Boxen*

**Faustkeil** ⟨m. 1⟩ *altsteinzeitl., faustgroßes, zugespitztes Werkzeug;* Sy *Fäustel (4)*

**Fäustling** ⟨m. 1⟩ **1** = *Fausthandschuh* **2** ⟨Bgb.⟩ *faustgroßer Stein*

**Faustpfand** ⟨m. 12u⟩ *bewegl. Sache als Pfand*

**Faustregel** ⟨f. 21⟩ *einfache, grobe Grundregel*

**Faustwaffe** ⟨f. 19⟩ *kurze, mit einer Hand zu bedienende Handfeuerwaffe,* z. B. Revolver, Pistole

**faute de mieux** ⟨['fo:t də 'mjø:]⟩ *in Ermangelung eines Besseren* [frz.]

**Fauteuil** ⟨[fo'tøj] m. 6; veraltet⟩ *Arm-, Lehnsessel* [frz., „Lehn-, Armstuhl, Sessel", fränk. **faldistol* „Faltstuhl"]

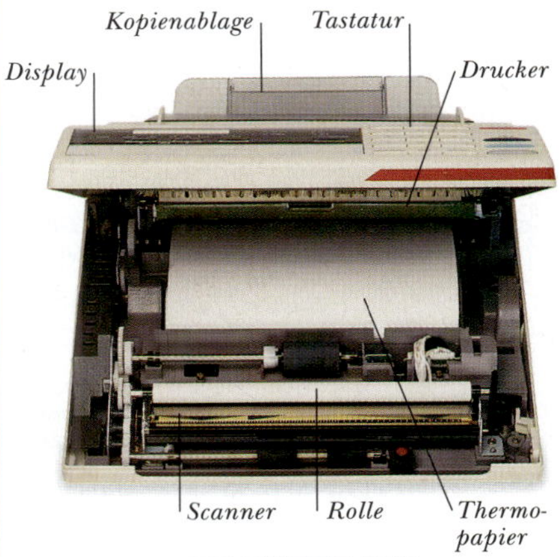


FAX (AUFGEKLAPPT)

F

## FAUVISMUS

Der Fauvismus war eine kurzlebige künstlerische Bewegung, die aus dem Postimpressionismus entstand. Henri Matisse, André Derain und Maurice de Vlaminck, die drei Hauptvertreter des Fauvismus, verwandten die ungebrochenen, leuchtenden Farben als Ausdrucksmittel von Gefühlswelten. Auf dem Gemälde „Das Fenster“ von Matisse sind das Grün der Schatten im Inneren und das Rot der Masten im Hintergrund nicht Wiedergabe genauer Naturbetrachtung, sondern Ausdruck einer emotionalen Reaktion auf den Augenblick. Die Farbverwendung der Fauvisten übte einen besonders großen Einfluss auf den Expressionismus und die Entwicklung der abstrakten Kunst im 20. Jh. aus.

*Das Fenster* (1905),
HENRI MATISSE

ZEITLEISTE

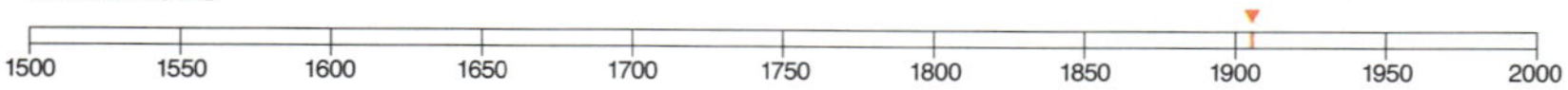


F

**Fauvismus** ⟨[fovis-] m.; -; unz.⟩ ▲ *Richtung der frz. Malerei als Gegenbewegung gegen den Impressionismus* [nach dem Spottnamen für diese Maler, *les Fauves* „die Wilden“]

**Fauxpas** ⟨[fo'pa] m.; -, - [-pas]⟩ *Verstoß gegen die guten Sitten, Taktlosigkeit* [< frz. *faux pas* „Fehltritt“]

**Favela** ⟨[-ve:-] f. 10⟩ *südamerikan. Slum, Elendsquartier* [port.]

**favorisieren** ⟨[-vo-] V. t.; hat⟩ **1** *begünstigen, bevorzugen* **2** ⟨Sp.⟩ *als voraussichtlichen Sieger im Wettkampf nennen* [< frz. *favoriser* „begünstigen“]

**Favorit** ⟨[-vo-] m. 16⟩ **1** *Günstling, Liebling* **2** ⟨Sp.⟩ *voraussichtl. Sieger im Wettkampf* ◆ Favorit in diesem Rennen ist ... [< frz. *favori, favorite* „beliebt; Günstling“]

**Fax** ⟨n. 11⟩ Sy *Telefax* **I** ⟨unz.⟩ *Telekommunikationsdienst, der das Senden von Fernkopien über das Fernsprechnetz ermöglicht* **II** ⟨zählb.⟩ **1** ◄◄ *Gerät, das digitale Kopien von Texten od. Grafiken erstellt, über das Fernsprechnetz sendet u. als Empfangsgerät ausdruckt, Fernkopierer* **2** *die Fernkopie selbst*

**faxen** ⟨V. t.; hat⟩ *eine Fernkopie senden*

**Faxen** ⟨Pl.; Sg. selten; umg.⟩ **1** *Späße, Narrenpossen, Grimassen* **2** *Ausflüchte, Umstände* ◆ Faxen machen, schneiden *Grimassen schneiden, sich albern benehmen* [Pl. zu *fackes, facks;* abgelöst aus *fickesfackes, fixfax* „Possen, lose Streiche“]

**Fayence** ⟨[fa'jãs] f. 19⟩ *glasierte Tonware;* → a. *Keramik* [< frz. *faience;* nach der ital. Stadt *Faenza*]

**Fazit** ⟨n. 11 od. 15⟩ *Endsumme, Ergebnis* ◆ das Fazit ziehen; mit einem Fazit enden [< lat. *facit* „es macht“]

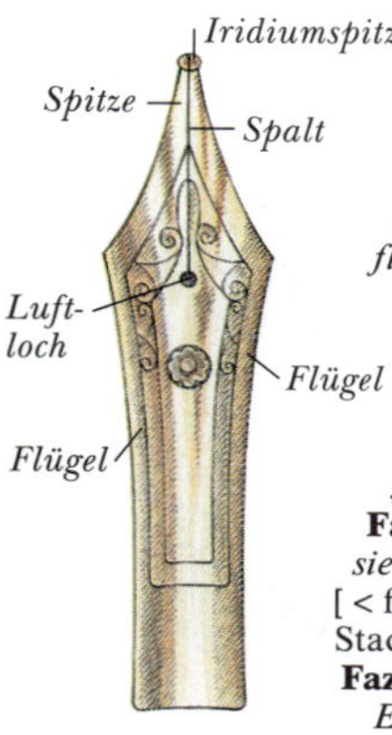


FEDER EINES FÜLLFEDERHALTERS

**FBI** ⟨[ɛfbi:'ai] Abk. für engl.⟩ *Federal Bureau of Investigation (die bundesstaatl. geheime Polizei der USA)*

**FCKW** ⟨Abk. für⟩ *Fluorchlorkohlenwasserstoffe*

**FDP, F. D. P.** ⟨Pol.; Abk. für⟩ *Freie Demokratische Partei*

**F-Dur** ⟨n.; -; unz.; Mus.; Abk.: F⟩ *auf dem Grundton F beruhende Dur-Tonart*

**Fe** ⟨Chem.; Zeichen für⟩ *Eisen* [< lat. *ferrum*]

**Febr.** ⟨Abk. für⟩ *Februar*

**Februar** ⟨m. 1; Abk.: Febr.⟩ *zweiter Monat des Jahres* [< lat. *februarius* „Reinigungsmonat“; zu *februare* „reinigen“ (gegen Ende des letzten Monats im röm. Jahr fanden Sühneopfer statt)]

**fechten** ⟨V. 133; hat⟩ **I** ⟨V. i.; bes. Sp.⟩ *mit Stoß- od. Hiebwaffe kämpfen* ◆ einen Gang fechten; auf Hieb, Stoß fechten; gegen jmdn. fechten; mit jmdm. fechten; mit dem Degen, Säbel fechten; mit Worten fechten ⟨fig.⟩ *eine Meinungsverschiedenheit austragen* **II** ⟨V. i.; früher⟩ *(als wandernder Handwerksbursche) betteln* ◆ fechten gehen [zu I: < ahd. *fehtan,* engl., *fight;* → *Fuchtel*]

**Fechter** ⟨m. 3; Sp.⟩ *jmd., der ficht, der den Fechtsport ausübt*

**Fechtmaske** ⟨f. 19; Sp.⟩ *Maske zum Schutz vor Gesichtstreffern beim Fechten*

**Fechtsport** ⟨m. 1; unz.; Sp.⟩ ▼ *in sportlichen Wettkämpfen betriebenes Fechten*

**Feder** ⟨f. 21⟩ **1** ► *Haargebilde der Vögel aus Horn* **2** ⟨Tech.⟩ *Maschinenteil aus einem elast. geraden, gebogenen od. gedrehten Metallstab* (Sprungfeder, Spiralfeder, Uhrfeder) **3** ⟨als Schreibinstrument⟩ **3.1** ⟨urspr.⟩ *zum Schreiben verwendete zugeschnittene u. gespaltene Flügelfeder von Gans od. Schwan* **3.2** ⟨seit dem 19. Jh.⟩ ◄ *dünnes, gespaltenes spitz zulaufendes Metallplättchen das auf einen Griffel aufgesteckt wird* (Schreibfeder, Füllfeder) **4** ⟨sinnbildl. für⟩ *der Schreibstil, das Geschriebene* **5** ⟨Handwerk⟩ **5.1** *an ein Brett angearbeitete Leiste, die in die Aussparung (Nut) eines anderen passt* **5.2** *Hartholzleiste, die in Nuten zweier benachbarter Bretter eingeschoben wird* **6** Federn ⟨Pl.; umg.⟩ *das Bett* **7** ⟨Jägerspr.⟩ *Rückenborste des Schwarzwildes* **8** *Rippe des Rotwildes* ◆ seiner Feder freien **Lauf** lassen *seinen Gedanken schriftl. freien Lauf lassen* ◆ die Feder **aufziehen,** zusammenpressen; Federn **lassen** ⟨fig.; umg.⟩ *Nachteil, Schaden erleiden* ◆ mit **fliegender** Feder geschrieben ⟨fig.⟩ *eilig, eifrig geschrieben* ◆ **aus** den Federn kriechen ⟨fig.; umg.⟩ *aufstehen* [< ahd. *fedara,* engl. *feather;* verwandt mit *Fittich, Schlafittchen*]

FEDERBALL

**Federball** ⟨m. 1u; Sp.⟩ **I** ⟨zählb.⟩ ▲ *kleiner, mit echten od. Plastikfedern besetzter Spielball, der zum Badminton verwendet wird* **II** ⟨unz.⟩ ► = *Badminton*

**Federbett** ⟨n. 27⟩ *mit Federn gefülltes Deckbett*

**Federbusch** ⟨m. 1u⟩ **1** ⟨Zool.⟩ *Büschel von Federn auf den Köpfen mancher Vögel* **2** ⟨allg.⟩ *zusammengebundene Federn als Schmuck auf Hut od. Helm*

**federführend** ⟨Adj.⟩ *verantwortlich, zuständig* ◆ er ist der federführende Mann in diesem Projekt

## FECHTSPORT

Bereits seit dem 15. Jh. wird das Fechten an Fechtschulen gelehrt und es ist seit 1896 auch eine Disziplin der modernen Olympischen Spiele. Die Wettkämpfe werden auf einer 14 m langen und 2 m breiten Bahn ausgetragen. Es gibt drei Fechtwaffen: Säbel, Florett und Degen. Der Fechtkämpfer bekommt Punkte, wenn er bestimmte Körperregionen seines Gegners trifft. Diese Treffer werden heute elektrisch registriert. Schutzjacken, Handschuhe und Masken schützen die Sportler vor Verletzungen.

FECHTHALTUNG

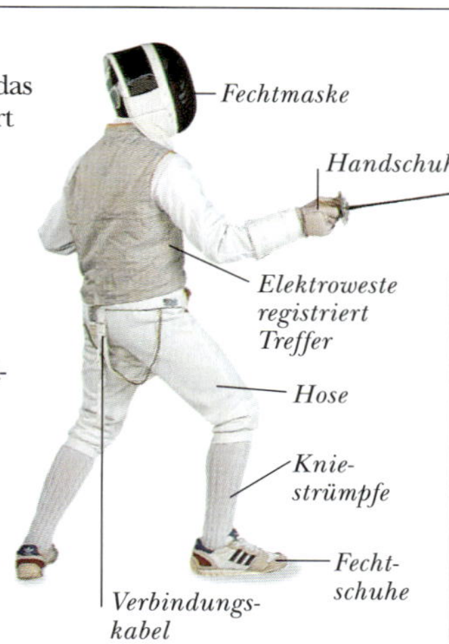


### FECHTWAFFEN

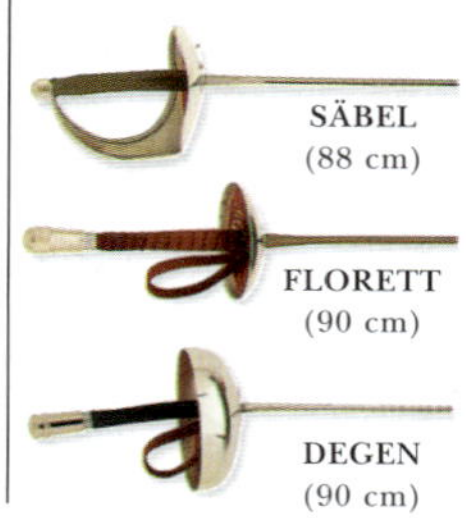

# FEDERN

Federn sind extrem leichte Horngebilde, die in der Haut der Vögel stecken. Sie schützen und isolieren den Vogelkörper, verleihen ihm seine Stromlinienform und ermöglichen den Flug. Die Konturfedern bestimmen die Form des Gefieders. Darunter liegen bei vielen Vögeln die flaumigen Daunenfedern, die direkt an der Haut des Vogels die Wärme festhalten. Flügelfedern haben einen kräftigen, aber sehr biegsamen Kiel zur Erzeugung des Auftriebs. Mit den Schwanzfedern steuert und bremst der Vogel den Flug.

DIE FEDERN EINES VOGELFLÜGELS

MERKMALE EINER FEDER

## ÄUSSERE FLÜGELFEDERN

## INNERE FLÜGELFEDERN

## SCHWANZFEDERN

## KONTURFEDERN

F

**Federführung** ⟨f. 20; unz.⟩ *Verantwortlichkeit, Zuständigkeit, Leitung* ◆ das Projekt stand unter der Federführung von Herrn Wieners

**Federgewicht** ⟨n. 11; unz.; Sp.⟩ *niedrigste Gewichtsklasse beim Boxen, Ringen u. a.*

**federig** ⟨Adj.⟩ *(wie) aus Federn bestehend, federartig;* oV *fedrig*

**Federkernmatratze** ⟨f. 19⟩ *Matratze mit eingearbeiteten Schraubenfedern*

**Federkiel** ⟨m. 1⟩ *unterer Teil des Schaftes der Vogelfeder, wurde früher als Schreibfeder verwendet*

**Federkoralle** ⟨f. 19⟩ = *Seefeder*

**Federkrone** ⟨f. 19⟩ *den fehlenden Kelch vieler Korbblütler ersetzende Haarkrone, die an der Frucht verbleibt und ihrer Verbreitung dient: Pappus*

**federn** ⟨V.; hat⟩ **I** ⟨V. i.⟩ **1** *bei Druck nachgeben u. dann in die alte Lage zurückschnellen* **2** *wippen* ◆ einen federnden Gang haben *einen schwingenden, elastischen Gang* **II** ⟨V. t.⟩ **1** *rupfen* (Vogel) **2** *mit Federn versehen, stopfen* (Bettbezug) **3** *hochschnellen lassen* **III** ⟨V. refl.⟩ sich federn *Federn verlieren* (von Vögeln)

**Federnelke** ⟨f. 19⟩ *Nelke mit federartig geschlitzten Kronblättern: Dianthus plumarius*

**Federschmuck** ⟨m. 1; unz.⟩ *Kopf-, Hut- od. Helmschmuck aus Federn*

**Federstahl** ⟨m.; -s; unz.⟩ *elast. Stahl, der für Federn verwendet werden kann*

**Federung** ⟨f. 20⟩ *Ausstattung mit Federn* (Wagen) ◆ harte, weiche Federung

FEDERWAAGE

**Federwaage** ⟨f. 19⟩ ► *Waage, bei der das Gewicht durch den Ausschlag einer Feder angezeigt wird*

**Federweiße(r)** ⟨m. 29⟩ *junger, in Gärung befindlicher Wein, wenn sich die Hefe abzusetzen beginnt*

**Federwolke** ⟨f. 19; Meteor.⟩ = *Zirruswolke*

**Federzange** ⟨f. 19⟩ ► = *Pinzette*

**fedrig** ⟨Adj.⟩ = *federig*

**Fee** ⟨f. 19⟩ *zarte, anmutige, freundliche od. düstere weibl. Märchengestalt* ◆ die böse und die gute Fee [< frz. *fée* „Fee" < vulgärlat. *fata* „Schicksalsgöttin" < lat. *fatua* „Weissagerin"; → *Fatum, Fata Morgana*]

**Feedback,** ⟨auch⟩ **Feed-back** ⟨[fi:d'bæk] n. 15⟩ **1** ⟨in Steuerungssystemen⟩ = *Rückkopp(e)lung (2)* **2** ⟨Psych.⟩ *Reaktion der andern auf das eigene Verhalten* [engl., „Rückwirkung" < *feed* „zurückführen, versorgen" + *back* „zurück"]

**Fegefeuer** ⟨n. 13; unz.; kath. Lehre⟩ *Ort zur Läuterung der „armen Seelen" vor Eintritt in den Himmel* [< mhd. *vegeviur;* zu mhd. *vegen* „reinigen"; Lehnübersetzung von mlat. *purgatorius ignis*]

**fegen I** ⟨V. t.; hat⟩ *mit dem Besen reinigen, kehren* (Zimmer, Schornstein, Straße) ◆ der Wind fegt die Blätter von den Bäumen; die Treppe fegen **II** ⟨V. i.; ist⟩ **1** *sausen, eilend dahinstreichen* (Sturm) **2** ⟨fig.; umg.⟩ *eilig u. heftig laufen* ◆ der Wind fegt durch die Straßen; der Sturm fegt über das Land [< mhd. *vegen* „reinigen" zu *vager* < ahd. *fagar*]

**Fehde** ⟨f. 19⟩ **1** ⟨im MA⟩ *rechtlich zulässige Selbsthilfe gegen Straftaten* **2** ⟨danach⟩ *Streit, Feindseligkeit, Feindschaft* ◆ mit jmdm. in Fehde liegen [< ahd. *(ge)fehida*]

**Fehdehandschuh** ⟨m. 1; in den Wendungen⟩ jmdm. den Fehdehandschuh hinwerfen *ihn herausfordern;* den Fehdehandschuh aufheben *die Herausforderung annehmen*

**fehl** ⟨Adj.; nur adv.⟩ *falsch* ◆ übertriebene Strenge ist hier völlig fehl am Ort, am Platz *unangebracht* [< afrz. *faille* „das Fehlen, Fehl"; → *fehlen*]

**Fehlanzeige** ⟨f. 19⟩ **1** *falsche, irrtümlich aufgegebene Anzeige* **2** *Meldung, dass etwas nicht vorhanden od. nicht geschehen ist, dass etwas nicht zutrifft*

**Fehlbetrag** ⟨m. 1u; Kaufmannsspr.⟩ *Mangelbetrag, ungedeckter Betrag, Verlust*

**Fehldiagnose** ⟨f. 19; Med.⟩ *falsche Diagnose*

**fehlen** ⟨V.; hat⟩ **I** ⟨V. i.⟩ **1** *abwesend sein, nicht da sein* **2** *mangeln, nicht vorhanden, zu wenig sein, nötig sein* **3** *unrecht tun, sündigen, gegen sittl. Gebote verstoßen* ◆ jmdm. fehlen *von jmdm. schmerzl. vermisst werden;* fehlt dir etwas? *vermisst du etwas?, brauchst du etwas?;* ⟨fig.⟩ *bist du krank?, hast du Beschwerden, Kummer?;* du hast mir sehr gefehlt *ich habe dich schmerzl. vermisst;* der **Schüler** hat zwei Tage unentschuldigt gefehlt ◆ mir fehlt noch **vieles** ◆ es fehlt **am** Notwendigsten; es fehlt ihm an Ausdauer, Mut, Unternehmungsgeist, Zielstrebigkeit; **auf** einem Fest fehlen; **bei** einem Wettkampf fehlen; **daran** soll es nicht fehlen ◆ mir fehlt **nichts** ◆ jmdn. als fehlend melden **II** ⟨V. t.; veraltet⟩ *nicht treffen* ◆ den Hasen, das Wild, den Weg fehlen [< mhd. *velen, vaelen* < afrz. *fa(il)ir* „(ver)fehlen, irren, mangeln" < lat. *fallere* „täuschen"]

**Fehlentscheidung** ⟨f. 20⟩ *falsche Entscheidung* ◆ eine Fehlentscheidung treffen

**Fehler** ⟨m. 3⟩ **1** *Abweichung vom Richtigen, Irrtum, Unrichtigkeit, Verstoß gegen Regeln* **2** *Abweichung eines Messergebnisses von dem „wahren" Wert der gemessenen Größe* **3** *charakterlicher Mangel, Schwäche, Unzulänglichkeit* (Charakterfehler) ◆ einen Fehler im Satz **finden,** korrigieren, übersehen, verbessern; ihr **unterlief** (nie, selten) ein Fehler ◆ ein **angeborener,** organischer Fehler ⟨Med.⟩; ein **grober,** kleiner, leichter, schwerer Fehler; das ist nicht **mein** Fehler *daran bin ich nicht schuld* ◆ **in** einen Fehler verfallen

**fehlerfrei** ⟨Adj.⟩ *keinen Fehler aufweisend, fehlerlos, keine Schwächen, Mängel aufweisend* ◆ fehlerfreie Arbeit; ein Diktat fehlerfrei schreiben; niemand ist völlig fehlerfrei

**fehlerhaft** ⟨Adj.; -er, am -esten⟩ **1** *mit Fehlern behaftet, falsch, nicht ganz richtig* **2** *mangelhaft* ◆ jmds. fehlerhafte Aussprache bemängeln; eine fehlerhafte Arbeit; einen Sachverhalt fehlerhaft wiedergeben

**Fehlermeldung** ⟨f. 20; EDV⟩ *Ausgabe einer EDV-Anlage, die bei fehlerhafter Programmabarbeitung Auskunft über Art u. Stelle des Fehlers gibt*

**Fehlgeburt** ⟨f. 20; Med.⟩ *Geburt einer unreifen, nicht lebensfähigen Leibesfrucht;* Sy *Abort²*

**fehlgehen** ⟨V. i. 145; ist⟩ **1** *in falscher Richtung gehen, sich verlaufen* **2** ⟨fig.⟩ *sich irren* ◆ der Schuss ging fehl; auf diesem Weg kannst du nicht fehlgehen; ich gehe wohl nicht fehl in der Annahme, dass ... ⟨fig.⟩

**Fehlgriff** ⟨m. 1⟩ **1** *falscher Griff, Griff daneben, vorbei* **2** ⟨fig.⟩ *falsche Maßnahme, Auswahl* ◆ einen Fehlgriff tun

**Fehlinvestition** ⟨[-vɛs-] f. 20⟩ *falsche Investition, Investition am falschen Platz*

**Fehlleistung** ⟨f. 20⟩ *fehlerhafte Leistung, z. B. das Sichversprechen, Verlesen, Vergessen*

**Fehlpass** ⟨m. 1u; Sp.; bes. Fuß-, Hand-, Basketball⟩ *Ballabgabe, die den eigenen Mannschaftskameraden nicht erreicht*

**fehlschlagen** ⟨V. i. 216; hat⟩ **1** *vorbei-, danebenschlagen* **2** ⟨meist fig.⟩ *misslingen*

**Fehlschluss** ⟨m. 1u⟩ *falsche Schlussfolgerung*

**Fehlschuss** ⟨m. 1u⟩ **1** *Schuss am Ziel vorbei* **2** ⟨fig.; umg.⟩ *falsches Urteil*

**Fehlstart** ⟨m. 6; bes. Sp.⟩ **1** *ungültiger Start, bei dem der Sportler die Startlinie vorzeitig überquert* **2** *missglückter Start (eines Flugzeugs)* **3** ⟨fig.⟩ *missglückter Anfang eines Projekts, eines Vorhabens* ◆ diesmal haben wir einen eindeutigen Fehlstart hingelegt

**Fehltritt** ⟨m. 1⟩ **1** *falscher Tritt, Tritt vorbei, daneben* **2** ⟨fig.⟩ *Vergehen, Verfehlung, Verstoß gegen sittl. Gebote, Sünde* ◆ einen Fehltritt begehen, tun

**Fehlverhalten** ⟨n. 14; unz.⟩ *einer Situation nicht gemäßes Verhalten*

**Fehlzündung** ⟨f. 20⟩ **1** ⟨beim Verbrennungsmotor⟩ *Zündung zu einem falschen Zeitpunkt* **2** ⟨fig.; umg.⟩ *Geistesaufwand am falschen Platz, unangebrachte Reaktion, Missverständnis*

**FEI** ⟨f.; -; unz.; Reitsp.; Abk. für frz.⟩ *Fédération Equestre Internationale (Internationale Reiterliche Vereinigung);* → a. *FN*

**Feier** ⟨f. 21⟩ **1** *festl. Begehung eines Gedenktages, Ereignisses usw.* (Geburtstagsfeier, Jubiläumsfeier, Weihnachtsfeier) **2** *Fest, Festlichkeit* ◆ eine Feier veranstalten [< mhd. *vire* „Festtag, Feier" < ahd. *fi(r)a* < mlat. *feria* < lat. *feriae* „Tage, an denen keine Geschäfte vorgenommen werden"; verwandt mit *Ferien, Fest*]

**Feierabend** ⟨m. 1⟩ **1** *Arbeitsschluss* **2** ⟨umg.⟩ *Schluss, Ende* ◆ Feierabend haben, machen *das Geschäft schließen, mit der Arbeit aufhören;* nun ist aber Feierabend! ⟨umg.⟩ *jetzt aber Schluss damit!* [< frühnhd. *virabent* „(Beginn der) Ruhezeit am Abend" < spätmhd. „Vorabend eines Festes"]

**feierlich** ⟨Adj.⟩ *festlich, ernst, würde-, weihevoll* ◆ es war ein feierlicher Augenblick; feierliche Stille; in feierlicher Stimmung; mit feierlichen Worten

**feiern** ⟨V.; hat⟩ **I** ⟨V. t.⟩ **1** etwas feiern *ein Fest zum Gedenken an etwas, zu Ehren von etwas begehen* **2** jmdn. feiern *preisen, huldigen, durch ein Fest ehren* ◆ einen Gast, das Geburtstagskind, eine gefeierte Sängerin *berühmte u. sehr beliebte Sängerin* **II** ⟨V. i.⟩ **1** *ausruhen, die Arbeit ruhen lassen, nicht arbeiten* **2** ⟨Bgb.⟩ *eine Feierschicht einlegen, eine Schicht ausfallen lassen* [< ahd. *fir(r)on* „einen Festtag begehen", nach mlat. *feriare;* → *Feier*]

**Feierstunde** ⟨f. 19⟩ *festliche Gedenkstunde*

**Feiertag** ⟨m. 1⟩ *Festtag, arbeitsfreier Tag;* Ggs *Werktag* ◆ gesetzlicher, kirchlicher, staatlicher Feiertag; frohe, vergnügte Feiertage (wünschen); dieser Zug verkehrt nur an Sonn- und Feiertagen

FEIGE: ESSBARE FRUCHT DES FEIGENBAUMS (*Ficus carica*)

**feig, feige** ⟨Adj.; feiger, am feigsten⟩ **1** *ängstlich, furchtsam, kleinmütig* **2** ⟨Bgb.⟩ *faul* (Gestein) [< ahd. *feigi*, engl. *fey*]

**Feige** ⟨f. 19; Bot.⟩ ▲ *kugel- od. birnenförmige Frucht des Feigenbaumes;* ► *Früchte* [< ahd. *figa* < prov. *figa* < lat. *ficus* „Feige"]

**Feigenbaum** ⟨m. 1u; Bot.⟩ *Angehöriger einer artenreichen, bes. in den Tropen verbreiteten Gattung der Maulbeergewächse: Ficus*

**Feigenblatt** ⟨n. 12u⟩ **1** ⟨Bot.⟩ *Blatt eines Feigenbaumes* **2** ⟨fig.⟩ *spärliche, schamhafte Verhüllung*

**Feigendistel** ⟨f. 21; Bot.⟩ = *Feigenkaktus*

**Feigenkaktus** ⟨m.; -, -teen; Bot.⟩ *Angehöriger einer Gattung der Kaktusgewächse mit flachen, zuweilen rot od. bräunlich gefärbten Gliedern: Opuntia;* Sy *Feigendistel* ◆ Echter Feigenkaktus ▼ *in den Trockengebieten der Subtropen u. in den wärmeren Gebieten der gemäßigten Zonen kultivierte Art mit gelben Blüten u. feigenförmiger, essbarer Frucht: Opuntia ficus indica*

**Feigheit** ⟨f. 20; unz.⟩ *Angst, Furchtsamkeit bei Gefahr*

**Feigling** ⟨m. 1⟩ *feiger Mensch*

**feilbieten** ⟨V. t. 110; hat; geh.⟩ *zum Verkauf ausstellen, anbieten*

**Feile** ⟨f. 19⟩ *Stahlwerkzeug mit vielen kleinen Zähnen zur spanabhebenden Oberflächenbearbeitung (Glätten) von Metall, Holz, Kunststoff* [< ahd. *fila,* engl. *file*]

**feilen** ⟨V. t. u. V. i.; hat⟩ **1** *mit der Feile bearbeiten, glätten* **2** ⟨fig.⟩ *glätten, verbessern* (Stil) ◆ ein Werkstück feilen

**feilschen** ⟨V. i.; hat⟩ *um den Preis handeln, den Preis herabzusetzen suchen* ◆ um den Preis feilschen [< ahd. **feilison* „käuflicher machen"]

**fein** ⟨Adj.⟩ **1** *zart, zierlich, dünn* **2** *klein zerteilt, zerkleinert* **3** *sorgfältig* (Arbeit) **4** *sehr gut, erlesen, vorzüglich* (Speisen) **5** ⟨umg.⟩ *sehr erfreulich, hochwillkommen, klug, gescheit, tüchtig, anständig* (Kerl, Kopf) **6** *schlau, geschickt, listig* (Plan) **7** *genau, scharf* **8** *empfindlich* (Gehör) **9** ⟨umg.⟩ *elegant, prächtig* (Kleid) **10** *vornehm, gewandt im Benehmen, weltmännisch* **11** ⟨Met.⟩ *rein, lauter, frei von unedlen Zusätzen, wertvoll* ◆ bei dieser Stickerei handelt es sich um eine besonders feine **Arbeit;** eine feine **Dame;** er hat ein feines **Gehör;** feines **Gold,** Silber *unlegiertes Gold, Silber;* er liebt die feine **Küche** ⟨fig.⟩ *delikate Speisen;* feine **Speisen,** Weine; feine **Unterschiede** erkennen ◆ sich zum Ausgehen fein **anziehen** ⟨umg.⟩ *sorgfältig, gut kleiden;* **sein:** das ist aber fein ⟨umg.⟩ *erfreulich;* er ist jetzt fein heraus ⟨umg.⟩ *es geht ihm gut; er ist der Verantwortung ledig* ◆ fein **gemahlen;** ein fein **geschnittenes** Gesicht ◆ das Feinste **vom** Feinen *das Allerbeste* [< mhd. *fin* < afrz. *fin* „zart" < lat. *finis* „Grenze"]

**Feinarbeit** ⟨f. 20⟩ **1** *(meist abschließende) sorgfältig ausgeführte Kleinarbeit* **2** ⟨fig.⟩ *Arbeit mit Fingerspitzengefühl*

**Feinbäcker** ⟨m. 3⟩ *Bäcker für feine Backwaren;* Sy *Kuchenbäcker*

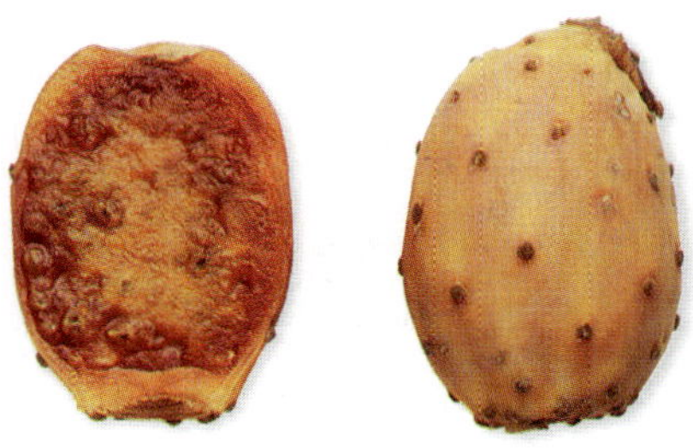

FEIGENKAKTUS: ESSBARE FRUCHT DES ECHTEN FEIGENKAKTUS *(Opuntia ficus indica)*

**Feind** ⟨m. 1⟩ *jmd., der einen anderen mit bösen Absichten verfolgt, Widersacher, Gegner, Gegenspieler* ◆ Freund und Feind *alle;* er ist mein ärgster, größter, schlimmster Feind; der böse Feind ⟨verhüllend⟩ *der Teufel;* er hat keine, viele Feinde; sich jmdn. zum Feind machen; jmdm. Feind sein *feindlich gesinnt* [< ahd. *fiant*]

**Feindbild** ⟨n. 12⟩ *Bild vom Feind, vom Gegner, Vorstellung vom Feind (die jmd. hat)* ◆ ein Feindbild errichten

**feindlich** ⟨Adj.⟩ **1** *in der Art eines Feindes od. von Feinden, als Feind(e), gegnerisch* **2** *böse gesinnt* ◆ ich kenne seine feindliche Einstellung mir gegenüber

**Feindschaft** ⟨f. 20⟩ *Gegnerschaft, böse Gesinnung, Hass* ◆ wir wollen keine Feindschaft aufkommen lassen; zwischen ihnen besteht, herrscht Feindschaft; Feindschaft auf Leben und Tod

**feindselig** ⟨Adj.⟩ *feindl. gesinnt, böse, gehässig* ◆ eine feindselige Haltung einnehmen

**Feineinstellung** ⟨f. 20; Tech.⟩ *genaue Einstellung eines Gerätes, z. B. der Bildschärfe, des Senders od. der Lautstärke*

**feinfühlig** ⟨Adj.⟩ *mit feinem Gefühl, mit Takt und Fingerspitzengefühl begabt, zartfühlend, taktvoll*

**Feingebäck** ⟨n. 11; unz.⟩ *Kuchen, Torten, kleines Gebäck*

**Feingefühl** ⟨n. 11; unz.⟩ *Zartgefühl, Fingerspitzengefühl, Fähigkeit, Stimmungen zu erspüren u. entsprechend zu handeln*

**Feingehalt** ⟨m. 1; unz.⟩ *das Verhältnis des edlen zum unedlen Metall in Gold- und Silberlegierungen* ◆ den Feingehalt bestimmen

**Feingold** ⟨n. 11; unz.⟩ *reines, nicht legiertes Gold*

**Feinheit** ⟨f. 20⟩ **1** *feine Beschaffenheit, Dünne, Kleinheit, Genauigkeit* **2** *Zartheit, Erlesenheit* **3** *Vornehmheit, Untadeligkeit* (Benehmen) **4** *Schönheit im Kleinen* **5** *kluge Andeutung* **6** *Einzelheit, Schattierung, Nuance* **7** *Sorgfalt, Schönheit (einer Arbeit, des Stils)* ◆ die Feinheit eines Gerätes, des Mehls, des Siebes; die Feinheiten beachten, herausarbeiten

**Feinkeramik** ⟨f. 20⟩ *keram. Erzeugnisse, die aus reinem Ton, Kaolin, Sand u.a. mineralischen Rohstoffen fein (gemahlen) aufbereitet u. bei meist hohen Temperaturen gebrannt werden;* Ggs *Grobkeramik*

**feinkörnig** ⟨Adj.⟩ Ggs *grobkörnig* **1** *zu feinsten Körnern zermahlen* **2** ⟨Fot.⟩ *mit feinem Korn versehen* (Film)

**Feinkost** ⟨f.; -; unz.⟩ *die feineren Lebensmittel, Genussmittel, Delikatessen*

**Feinmechanik** ⟨f. 20; unz.⟩ *Herstellung von feinen messtechnischen, elektrischen, akustischen u.ä. Geräten*

**feinnervig** ⟨Adj.⟩ *empfindlich, empfindsam, sensibel*

**Feinschmecker** ⟨m. 3⟩ *jmd., der gern u. mit Verständnis gut isst, Kenner von Leckerbissen;* Sy *Gourmet*

**feinsinnig** ⟨Adj.⟩ **1** *feinfühlig, fein empfindend (bes. künstlerisch)* **2** *fein empfunden, gedacht, gestaltet* (Kunstwerk)

**Feinunze** ⟨f. 19⟩ *Maßeinheit für das Gewicht von Feingold u. Feinsilber*

**Feinwaschmittel** ⟨n. 13⟩ *Waschmittel für feine Textilien (Wolle, Seide, Kunstseide, Chemiefaserstoffe)*

**feist** ⟨Adj.; -er, am -esten⟩ *dick u. dabei fest, prall, wohlgenährt* ◆ ein feistes Gesicht; ein feister Kerl [< ahd. *feiz(z)it;* zu *feizen* „mästen"; verwandt mit *fett*]

**feixen** ⟨V. i.; hat; umg.⟩ *breit, höhnisch lachen, schadenfroh grinsen* [vermutl. verwandt mit *Faxen*]

**Felchen** ⟨m. 4; Zool.⟩ *Lachsfisch der sibirischen Ströme u. der Alpenseen* [< ahd. *forhana;* → *Forelle*]

**Feld** ⟨n. 12⟩ **1** *abgegrenztes Stück Acker, Ackerland* **2** ⟨poet.⟩ *Gefilde, Landschaft* **3** *umgrenztes, abgegrenztes Gebiet* (Spielfeld) **4** *Teil einer Fläche* (Wappenfeld) **5** ⟨fig.⟩ *Abteilung, Fach, Arbeitsgebiet* **6** ⟨Sp.⟩ *geschlossene Gruppe, Zusammenballung von Teilnehmern eines Wettkampfes* (beim Langlauf, Radrennen usw.) **7** ⟨Mil.⟩ *Kriegsschauplatz, Front* (Schlachtfeld) ◆ die **Früchte** des Feldes ernten; nach fünf Runden war das Feld der **Läufer** weit auseinander gezogen ⟨Sp.⟩; die Felder des **Schachbrettes** ◆ das Feld **bebauen,** bestellen, düngen, pflügen; er musste das Feld **räumen** ⟨fig.⟩ *er wurde aus seiner Stellung gedrängt, musste weichen, konnte seine Meinung, seinen Willen nicht durchsetzen* ◆ ein **elektrisches,** magnetisches Feld *Raum, dem in jedem Punkt ein Wert einer Größe, die Feldgröße, zugeordnet wird;* die **weißen,** schwarzen Felder (des Spielbrettes) ◆ zur Ernte **aufs** Feld gehen, fahren; auf freiem Feld übernachten, zelten; ein Feld **mit** Getreide, Kartoffeln, Rüben; **übers** Feld gehen [< ahd. *feld,* engl. *field*]

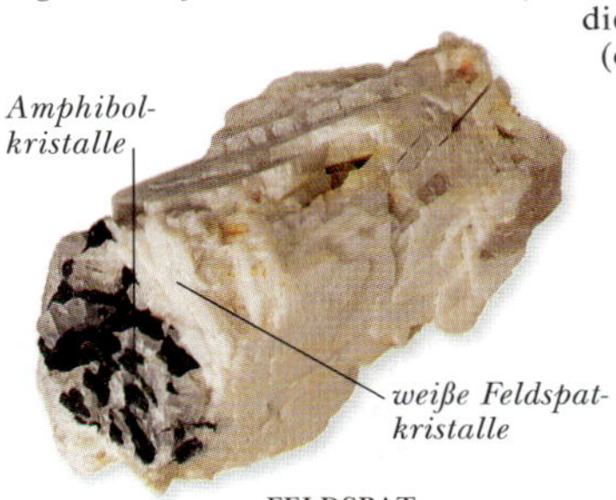


FELDSPAT

**Feldahorn** ⟨m. 1; Bot.⟩ *Ahorn mit stumpfgelappten, kleineren Blättern: Acer campestre*

**Feldartillerie** ⟨f. 19; unz.⟩ *Artillerie einer Infanteriedivision, leichte Artillerie*

**Feldbau** ⟨m.; -(e)s; unz.⟩ *Ackerbau*

**Feldbett** ⟨n. 27⟩ *zusammenklappbares Bett ohne Matratze*

**Feldbohne** ⟨f. 19⟩ = *Saubohne: Vicia faba*

**Felddichte** ⟨f. 19; unz.⟩ *Dichte der Kraftlinien eines Magnetfeldes*

**Feldforschung** ⟨f. 20; unz.⟩ *(meist in der Sozialwiss. betriebene) Forschung an Ort u. Stelle, in der natürlichen Umgebung*

**Feldfrucht** ⟨f. 7u⟩ *landwirtschaftl. Nutzpflanze;* Sy *Feldpflanze*

**Feldhase** ⟨m. 17; Zool.⟩ *nicht geselliges Jagdwild, etwa 70 cm lang u. 6 kg schwer, gräbt sich im Unterschied zum Kaninchen nicht ein: Lepus europaeus*

**Feldherr** ⟨m. 16; Mil.⟩ *Heerführer*

**Feldheuschrecke** ⟨f. 19⟩ *Angehörige einer Familie der Heuschrecken, gekennzeichnet durch kurze Fühler, kurze Legescheiden der Weibchen u. das seitlich jederseits am ersten Hinterleibsring befindliche Hörorgan: Acrididae*

**Feldhuhn** ⟨n. 12u; nicht systematische Bez. für⟩ *Hühnervogel aus der Verwandtschaft der Fasane (z. B. Wachteln, Rebhühner)*

**Feldjäger** ⟨m. 3⟩ **1** *Angehöriger des aus Jägern bestehenden, berittenen preuß. Feldjägerkorps* **2** *Kurier* **3** *Polizist der Bundeswehr*

**Feldlazarett** ⟨n. 11⟩ *Krankenhaus hinter der Front für Soldaten*

**Feldmaus** ⟨f. 7u; Zool.⟩ *zu den Wühlmäusen gehörendes Nagetier von 11 cm Körperlänge, das großen Flurschaden verursachen kann: Microtus arvalis*

**Feldpflanze** ⟨f. 19⟩ = *Feldfrucht*

**Feldsalat** ⟨m. 1; unz.⟩ *auf Äckern, in Weinbergen u. Gemüsefeldern auftretendes Unkraut, das auch als Salatpflanze angebaut wird: Valerianella locusta;* Sy *Rapunze(l)*

**Feldspat** ⟨m. 1 od. 1u; Sammelname für⟩ ▲ *die am weitesten verbreiteten gesteinsbildenden Mineralien von heller Färbung, chem. wasserfreie Alkali- od. Tonerdesilicate*

**Feldstecher** ⟨m. 3⟩ *kleines, handliches Doppelfernrohr*

F

F

**Feldtheorie** ⟨f. 19; Phys.⟩ *Modell zur Beschreibung der physikalischen Realität mittels Feldern, wodurch die Wechselwirkung der Teilchen durch Nahwirkung erklärt werden kann*

**Feldulme** ⟨f. 19⟩ *als Strauch od. Baum in den Wäldern Dtschld.s vorkommende Ulme mit kleinen Blättern: Ulmus campestris*

**Feldversuch** ⟨m. 1⟩ *wissenschaftl. Versuch in der natürl. Umgebung, an Ort u. Stelle*

**Feld-, Wald- und Wiesen...** ⟨in Zus.; umg. Bez. für⟩ *etwas Durchschnittliches, allgemein Übliches, Durchschnitts..., Allerwelts...* ◆ Feld-, Wald- und Wiesen-Doktor *durchschnittlich begabter, nicht bes. tüchtiger Arzt*

**Feldwebel** ⟨m. 5⟩ **1** ⟨Mil.⟩ *höchste Rangstufe der Unteroffiziere* **2** ⟨fig., umg.⟩ *grober, barscher Mensch* [< frühnhd. *feldweibel* < ahd. *weibil* „Gerichts-, Amtsdiener"]

**Feldwespe** ⟨f. 19; Zool.⟩ *Angehörige einer Gattung Staaten bildender Falterwespen: Polistes*

**Feldzeichen** ⟨n. 14; Mil.⟩ ► *Fahnen, Standarten, plastische Tierfiguren od. auch Kokarden, die als Unterscheidungszeichen für Truppen od. Truppenteile dienen*

**Feldzug** ⟨m. 1u⟩ **1** ⟨Mil.⟩ *kriegerisches Unternehmen (zu Lande)* **2** ⟨fig.⟩ *Unternehmung (um etwas zu bekämpfen)*

**Felge**[1] ⟨f. 19⟩ **1** *Krummholz des Rades, Teil des Radkranzes* **2** *der ganze Radkranz, der die Bereifung trägt* **3** *Turnübung am Reck, Schwung aus dem Stütz in den Stütz* [< ahd. *fel(a)ga,* engl. *felly;* verwandt mit *Felge*[2]]

FENNEK
*(Fennecus zerda)*

**Felge**[2] ⟨f. 19; oberdt.⟩ *zweites u. drittes Pflügen, Brachland nach dem Umpflügen* [< mhd. *valgen, velgen* „umackern, umgraben"; zu oberdt. *falg,* engl. *fallow* „Brache"]

**Felgenbremse** ⟨f. 19⟩ *Backenbremse am Rad*

**Fell** ⟨n. 11⟩ **1** *behaarte Tierhaut* **2** ⟨umg.; in Redensarten⟩ *Haut* ◆ dem Hasen das Fell **abziehen;** er sieht seine Felle **fortschwimmen,** wegschwimmen ⟨fig.; umg.⟩ *seine Hoffnungen enttäuscht;* jmdm. das Fell **gerben** ⟨fig.; umg.⟩ *ihn durchprügeln;* ihm **juckt** das Fell ⟨fig.; umg.⟩ *er hat einen Streich vor, für den er sicher Prügel bekommen wird;* dir juckt wohl das Fell? *du willst wohl Prügel?;* der Katze das Fell **kraulen,** streicheln ◆ ein **glänzendes,** glattes, kurzhaariges, langhaariges, struppiges, zottiges Fell ◆ jmdm. das Fell **über** die Ohren ziehen ⟨fig.; umg.⟩ *ihn betrügen, übervorteilen* [< ahd. *vel,* engl. *fell;* verwandt mit *Film, Pelle, Pelz*]

**Fellach** ⟨m. 23⟩, **Fellache** ⟨m. 17⟩ *ägypt. Bauer* [< arab. *fallah* „Pflüger"; zu *falaha* „(die Erde) spalten"]

**Fels** ⟨m. 16⟩ oV *Felsen* **1** *großes Gesteinsgebilde, Gesteinsmasse* **2** *Sinnbild der Härte, Unerschütterlichkeit* ◆ er ist fest wie ein Fels ⟨fig.⟩ *hart, unerbittlich, fest, zuverlässig* [< ahd. *felis, felisa*]

**Felsen** ⟨m. 4⟩ = *Fels*

**Felsenbein** ⟨n. 11; Anat.⟩ *das innere Ohr mit Gehör- u. Gleichgewichtsapparat umschließender, doppelseitig angelegter Teil des menschl. Schädels, zur Schädelbasis gehörig u. Teil des Schläfenbeins: Pyramis*

**felsenfest** ⟨Adj.⟩ *fest, hart wie ein Fels,* ⟨fig.⟩ *unerschütterlich* ◆ Sarah ist felsenfest davon überzeugt, dass...

**Felsennelke** ⟨f. 19; Bot.⟩ *Angehörige einer einheim. Gattung der Nelkengewächse: Tunica* ◆ Sprossende Felsennelke *mit kleinen, rötlich lila Blüten in Blütenköpfchen, die von trockenhäutigen Hochblättern umgeben sind: Tunica prolifera*

**Felsentaube** ⟨f. 19⟩ *wilde Stammform der Haustauben, auf Felsklippen der Mittelmeerländer: Columba livia*

**felsig** ⟨Adj.⟩ *aus Felsen bestehend, mit Felsbrocken durchsetzt*

**Felsmalerei** ⟨f. 18⟩ = *Felszeichnung*

**Felsmassiv** ⟨n. 11⟩ *riesige Felsenmasse*

**Felswand** ⟨f. 7u⟩ *steil abfallende Seite eines Felsens*

**Felszeichnung** ⟨f. 20⟩ *altsteinzeitl. Malerei od. Ritzzeichnung (bes. in Schweden, Frankreich u. Spanien) auf Felsen;* Sy *Felsmalerei*

**Feme** ⟨f. 19⟩, **Femegericht** ⟨n. 11⟩ **1** ⟨im MA⟩ *Landgericht in Westfalen* **2** ⟨vom 14. bis ins 18. Jh. a. im übrigen Dtschld.⟩ *„heimliches Gericht", zu dessen Sitzungen nur Eingeweihte Zutritt hatten* **3** ⟨allg.⟩ *Notgericht, gerichtl. Selbsthilfe* [< mhd. *veime;* vielleicht zu ndrl. *veem* „Vereinigung, Zunft"]

**feminin** ⟨Adj.⟩ **1** *weiblich* **2** *weibisch* ◆ ein femininer Mann [< lat. *faminınus* „weiblich"; zu *femina* „Weib"]

**Femininum** ⟨n.; -s, -nina; Gramm.; Abk.: f.⟩ *weibliches Geschlecht, weibliches Substantiv* [lat., „das Weibliche"]

**Feminismus** ⟨m.; -, -men⟩ **I** ⟨zählb.⟩ *weibliches Merkmal od. Verhalten beim Mann (bes. bei Homosexuellen)* **II** ⟨unz.⟩ *Bewegung der Feministinnen* [→ *feminin*]

**Feministin** ⟨f. 22⟩ *Frau, die für die Aufhebung der Herrschaft des Mannes über die Frau und Gleichberechtigung im gesellschaftl. u. privaten Bereich kämpft*

**Femur** ⟨n.; -s, -a; Anat.⟩ *Oberschenkelknochen* [lat., „Oberschenkel"]

**Fench** ⟨m. 1; Bot.⟩ *kleine, deutsche Kolbenhirse;* Sy *Fennich* [< ahd. *phenih, fenih* < mlat. *panicium* < lat. *panicum* „ital. Hirse"]

FELDZEICHEN: EMBLEM DES 105. FRANZÖSISCHEN REGIMENTS

**Fenchel** ⟨m. 5; unz.⟩ *Doldengewächs, dessen Kraut u. Früchte als Gewürz benutzt werden, die Früchte dienen auch als schleimlösendes u. blähungstreibendes Mittel: Foeniculum vulgare;* ► *Kräuter* [< ahd. *fenihhal, fenich* < mlat. *feniclum* < lat. *feniculum*]

**Fenn** ⟨n. 11; nddt.⟩ *Sumpf-, Moorland* [< ahd. *fenna, fenni* „Sumpf", got. *fani* „Schlamm" < germ. **fanja* „Sumpf"]

**Fennek** ⟨m. 6; Zool.⟩ ◄ *Wüstenfuchs, kleines, hundeartiges Raubtier in den Wüsten und Halbwüsten Nordafrikas: Fennecus zerda* [arab.]

**Fennich** ⟨m. 1; Bot.⟩ = *Fench*

**Fenster** ⟨n. 13⟩ **1** ▼ *Licht- u. Lüftungsöffnung in Gebäuden, Wagen usw.* (Kellerfenster, Zimmerfenster) **2** *Fensterscheibe, Schaufenster* **3** *(viereckige) Öffnung,* ⟨bes.⟩ *durchsichti-*

## FENSTER

Die Römer waren die Ersten, die Glas als Füllung für Fenster verwandten. Bis ins Mittelalter hinein blieben diese aufgrund ihrer Kostbarkeit jedoch eine Seltenheit.

Zunächst konnten auch nur kleine Fensterscheiben hergestellt werden, die in Bleiruten verlegt wurden. Erst Ende des 17. Jh. gelang die Herstellung größerer Glasscheiben.

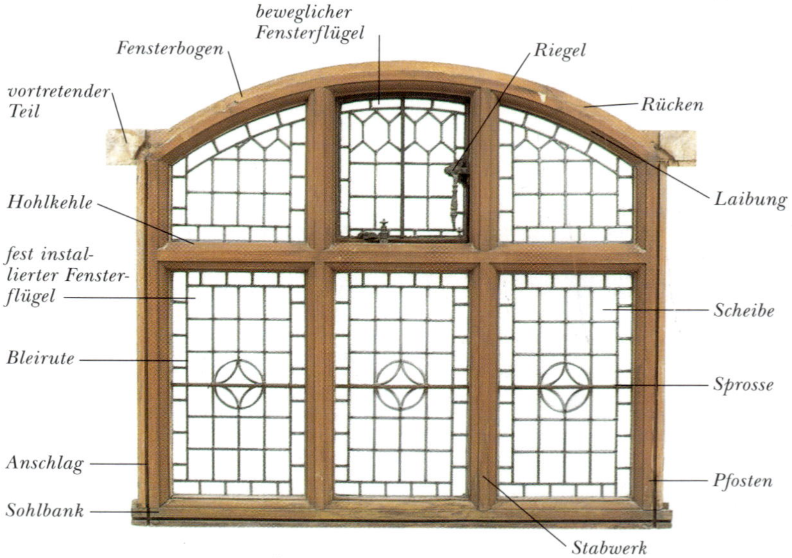


SPÄTVIKTORIANISCHES FENSTER

*ger Teil eines Geschäftsbriefumschlags, durch den die Anschrift zu sehen ist* **4** ⟨EDV⟩ *separater Bereich auf dem Bildschirm, der bei gleichzeitiger Nutzung mehrerer Anwenderprogramme einem Programm zugeordnet ist* ◆ ein Fenster **einschlagen;** die Fenster des Zimmers **gehen** auf die Straße; das Fenster **öffnen,** schließen, zuschlagen; die Fenster **putzen** ◆ ein **hohes,** rundes, vergittertes Fenster ◆ **aus** dem Fenster schauen; sich aus dem Fenster stürzen; ein Briefumschlag **mit** Fenster; sich **zum** Fenster hinauslehnen; Geld zum Fenster hinauswerfen ⟨fig.; umg.⟩ *es vergeuden, unnötig ausgeben* [< ahd. *fenster* < lat. *fenestra* „Maueröffnung, Fenster"]

**Fensterblatt** ⟨n. 12u⟩ ► = *Monstera (2)*

**Fensterbrett** ⟨n. 12⟩ *Brett über der Fensterbrüstung an der Innenwand*

**Fensterflügel** ⟨m. 5⟩ ► *beweglicher Teil des Fensters, Scheibe u. Rahmen*

**Fensterglas** ⟨n. 12u; unz.⟩ **1** *Glas für, im Fenster* **2** *nicht geschliffenes Glas*

**Fensterkreuz** ⟨n. 11⟩ *der mittlere Fensterrahmen*

**Fensterladen** ⟨m. 4u⟩ *hölzerne Klappe außen vor dem Fenster zum Schutz u. Verdunkeln*

FENSTERROSEN AN DER KATHEDRALE NOTRE-DAME IN PARIS

**Fensterrose** ⟨f. 19; Arch.⟩ ▲ *großes, rundes, mit rosettenartigem Maßwerk ausgefülltes Fenster in Kirchenfassaden, meist bunt bemalt*

**Fenstersturz** ⟨m. 1⟩ **1** *obere Mauerbegrenzung des Fensters* **2** ⟨allg.⟩ *Sturz aus dem Fenster*

**Ferien** ⟨nur Pl.⟩ *mehrtägige od. mehrwöchige Arbeitspause, Urlaub* (Schulferien, Semesterferien) ◆ Ferien bekommen, erhalten, haben, machen, nehmen; die großen Ferien ⟨Schule⟩ *Sommerferien* [< lat. *feriae* „Feiertage"; seit 1521 „geschäftsfreie Tage"; verwandt mit *Feier, Fest*]

**Ferienheim** ⟨n. 11⟩ *Erholungsheim für Urlauber* ◆ ihren Urlaub verbrachten sie in einem wunderschönen Ferienheim

**Ferienkolonie** ⟨f. 19⟩ *Einrichtung, durch die bedürftigen Stadtkindern ein Ferienaufenthalt auf dem Land ermöglicht wird*

**Ferienwohnung** ⟨f. 20⟩ *kleine Wohnung, bes. auf dem Land, in der man während der Ferien wohnt*

**Ferkel** ⟨n. 13⟩ **1** ⟨Zool.⟩ *junges Schwein* **2** ⟨fig.; derb⟩ *unsauberer Mensch* [< ahd. *farhili(n),* Verkleinerungsform zu *far(a)h* „Schwein", engl. *farrow* „Wurf Ferkel"]

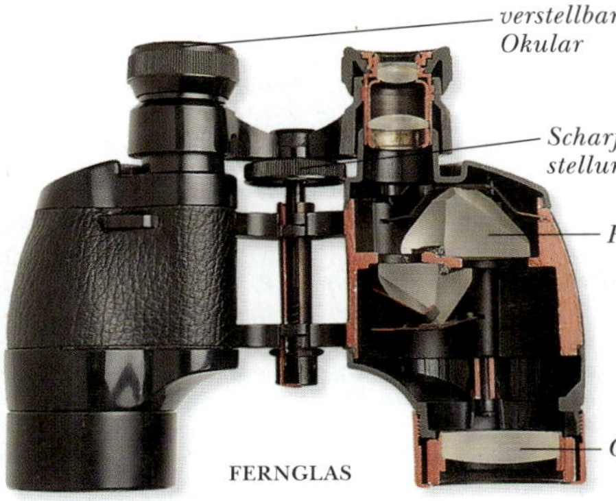


FERNGLAS

**Fermate** ⟨f. 19; Mus.; Zeichen: 𝄐⟩ *Zeichen zum Aushalten eines Tons bzw. Akkords od. Verlängern einer Pause* [< ital. *fermata* „Halt, Ruhepunkt"]

**Ferment** ⟨n. 11⟩ = *Enzym* [lat., „Sauerteig"]

**Fermentation** ⟨f. 20⟩ *die Aufbereitung von Genussmitteln mithilfe von Enzymen (Tee, Tabak u. a.)* [zu lat. *fermentare* „gären (lassen)"]

**Fermium** ⟨n.; -s; unz.; Chem.; Zeichen: Fm⟩ *1952 künstl. hergestelltes Element, Ordnungszahl 100* [nach dem ital.-amerik. Kernphysiker E. *Fermi,* 1901-1954]

**fern I** ⟨Adj.⟩ *weit weg, weit entfernt, abgelegen* ◆ ferne **Gegenden,** Länder; der Ferne **Osten** *Ostasien;* aus fernen **Tagen,** Zeiten; die fernere **Umgebung;** in ferner **Vergangenheit;** in nicht mehr ferner **Zeit** *bald;* das liegt noch in ferner **Zukunft** ◆ jmdn. von einer Sache fern **halten** *nicht herankommen, nicht teilnehmen lassen;* es **liegt** mir völlig fern *ich habe nicht die Absicht;* jmdm. fern **sein** *weit weg von ihm; geistig nicht verwandt, fremd;* das sei ferne von mir! *ich denke nicht daran!;* einer Sache od. jmdn. fern **stehen** *keine Beziehung zu etwas od. jmdn. haben* ◆ **aus** nah und fern, von nah und fern waren Zuschauer herbeigeströmt; **von** ferne her, von fern her; fern von hier, von den Übrigen, von uns, von der Stadt; etwas von fern beobachten, miterleben, sehen **II** ⟨Präp. m. Dat.⟩ fern dem hastigen Treiben des Alltags; fern der Großstadt; fern jeder Zivilisation [< ahd. *ver* (Adj.) < *verrana, verranan* (Adv. „von fern"), engl. *far*]

**Fernauslöser** ⟨m. 3⟩ *Vorrichtung zum Betätigen eines Schalters od. Kameraauslösers aus größerer Entfernung*

**Fernbedienung** ⟨f. 20; unz.⟩ **1** *Bedienung (einer Maschine) aus der Ferne, z. B. über Steuerpult* **2** *Gerät zur Bedienung aus der Ferne* ◆ Fernbedienung eines Fernsehers

**fernbleiben** ⟨V. i. 114; ist⟩ *nicht kommen* ◆ einer Sache fernbleiben *nicht an einer Sache teilnehmen;* der Arbeit, der Schule fernbleiben; entschuldigt fernbleiben; aus Zeitmangel fernbleiben

FENSTERFLÜGEL

**Ferne** ⟨f. 19⟩ *weite Entfernung, räuml. od. zeitl. Abstand* ◆ etwas aus der Ferne beobachten, betrachten, miterleben; in die Ferne blicken; in die Ferne sehen ⟨umg.; scherzh.⟩ *fernsehen;* der Plan liegt noch in weiter Ferne *weit in der Zukunft* [→ *fern*]

**ferner I** ⟨Konj.⟩ *außerdem, weiter, und noch (in der Aufzählung fortfahrend)* ◆ ferner gehören dazu ...; ferner liefen ... (beim Pferderennen); er war unter ferner liefen (beim Wettkampf o. Ä.) ⟨fig.⟩ *nicht erwähnenswert, kaum von Bedeutung* **II** ⟨Adv.⟩ *fernerhin, länger, noch längere Zeit* ◆ möget ihr auch ferner glücklich sein **III** ⟨Adj.; Komp. von⟩ *fern* ◆ die fernere Umgebung, Zukunft

**Ferngas** ⟨n. 11; unz.⟩ *Stadtgas, das über größere Strecken durch Rohrleitungen geleitet wird*

**Ferngespräch** ⟨n. 11⟩ *Telefongespräch mit jmd. außerhalb des eigenen Ortsnetzes;* Ggs *Ortsgespräch (1)*

**Fernglas** ⟨n. 12u⟩ ◄ *optisches Instrument zur Beobachtung weit entfernter Objekte, Doppelfernrohr*

**Fernheizwerk** ⟨n. 11⟩ *Zentralstelle für die Versorgung mit Fernheizung*

**Fernleihe** ⟨f. 19; unz.⟩ *Leihverkehr (einer Bibliothek) mit einer auswärtigen Bibliothek* ◆ ein Buch über die Fernleihe bestellen

**Fernlicht** ⟨n. 12; unz.⟩ *nicht abgeblendetes, starkes Licht von Kraftfahrzeugen;* Ggs *Abblendlicht*

**Fernmeldeamt** ⟨n. 12u⟩ *Dienststelle der Post, die das gesamte Fernmeldewesen für ein größeres Gebiet zusammenfassend bearbeitet*

**Fernmeldeingenieur** ⟨[-inʒənjø:r] m. 1⟩ *Ingenieur auf dem Gebiet des Fernmeldewesens*

**Fernmeldesatellit** ⟨m. 16⟩ *Satellit zur Herstellung interkontinentaler Fernmeldeverbindungen*

**fernmündlich** ⟨Adj.⟩ *mittels Fernsprechers, telefonisch*

**Fernobjektiv** ⟨n. 11; Fot.⟩ ► = *Teleobjektiv*

**Fernost** ⟨ohne Art.; kurz für⟩ *der Ferne Osten, die Länder Ostasiens* ◆ aus, in Fernost

**fernöstlich** ⟨Adj.⟩ *den Fernen Osten, Ostasien betreffend, dazu gehörig*

**Fernrohr** ⟨n. 11⟩ ► = *Teleskop*

**Fernruf** ⟨m. 1⟩ **1** *Fernsprech-, Telefonanruf* **2** *Fernsprechanschluss* **3** *Fernsprechnummer*

**Fernschreiben** ⟨n. 14⟩ *Nachricht, die mittels eines Fernschreibers gesendet wird;* Sy *Telex (II)* ◆ ein wichtiges Fernschreiben erhalten

**Fernschreiber** ⟨m. 3⟩ *Telegrafenapparat mit Schreibmaschinentastatur zur elektronischen Übermittlung von Nachrichten;* Sy *Telex (I)*

**Fernseh...** ⟨in Zus.⟩ → a. *Rundfunk...*

**Fernsehanstalt** ⟨f. 20⟩ *Unternehmen, das Fernsehsendungen produziert u. ausstrahlt*

**Fernsehantenne** ⟨f. 19⟩ *Antenne für den Empfang von Fernsehsendungen*

**Fernsehapparat** ⟨m. 1⟩ = *Fernsehgerät*

**fernsehen** ⟨V. i. 235; hat⟩ *eine Fernsehsendung anschauen* ◆ gestern habe ich ferngesehen

**Fernsehen** ⟨n.; -s; unz.⟩ *funktechn. Übertragung bewegter Bilder;* Sy *Television* ◆ für das Fernsehen Aufnahmen machen; was bringt das Fernsehen heute Abend?

**Fernseher** ⟨m. 3⟩ = *Fernsehgerät*

**Fernsehfilm** ⟨m. 1⟩ *für das Fernsehen eingerichteter u. hergestellter Spielfilm*

**Fernsehgebühr** ⟨f. 20⟩ = *Rundfunkgebühr*

**Fernsehgerät** ⟨n. 11⟩ *Gerät zum Empfang von Fernsehsendungen;* Sy *Fernsehapparat, Fernseher*

**Fernsehkamera** ⟨f. 10⟩ *Gerät zum Aufnehmen von Bildern für das Fernsehen*

**Fernsehsender** ⟨m. 3⟩ *Anlage zum Senden von Fernsehbildern*

**Fernsehstudio** ⟨n. 15⟩ *techn. Einrichtung für die Herstellung u. Übertragung von Fernsehsendungen zu den Fernsehsendern*

**Fernsehübertragung** ⟨f. 20⟩ *Übertragung einer Veranstaltung durch eine Fernsehanstalt*

F

**Fernsicht** ⟨f. 20; unz.⟩ Sy *Weitsicht (1)* **1** *weiter Blick, weite Aussicht, weiter Ausblick* **2** *klare (nicht dunstige) Sicht ins Weite* ◆ von einem Aussichtspunkt aus eine gute Fernsicht haben; heute hat man keine Fernsicht

**Fernsprech...** ⟨in Zus.⟩ **1** *zum Fernsprechen gehörend, darauf beruhend* **2** *Telefon...*

**Fernsprechamt** ⟨n. 12u⟩ *Vermittlungsamt für Fernsprechanschlüsse, Telefongespräche innerhalb des Ortes u. nach auswärts*

**Fernsprechanschluss** ⟨m. 1u⟩ **1** *Anschluss an das Fernsprechnetz des Ortes* **2** *Fernsprechverbindung mit dem anderen Teilnehmer*

**Fernsprechautomat** ⟨m. 16⟩ *öffentl. Münz- od. Kartenfernsprecher*

**Fernsprecher** ⟨m. 3⟩ ► = *Telefon*

**Fernsprechverkehr** ⟨m. 1; unz.⟩ *fernmündlicher Verkehr*

**Fernsprechzelle** ⟨f. 19⟩ = *Telefonzelle*

**fernsteuern** ⟨V. t.; hat⟩ *drahtlos steuern* ◆ eine Rakete fernsteuern

**Fernsteuerung** ⟨f. 20⟩ *drahtlose Steuerung (von Fahrzeugen, Flugkörpern)*

**Fernstudent** ⟨m. 16⟩ *jmd., der ein Fernstudium betreibt*

**Fernstudium** ⟨n.; -s; unz.⟩ *Studium mithilfe von Unterrichtsbriefen ohne Besuch von Hochschulvorlesungen, meist nebenberuflich betrieben*

**Fernthermometer** ⟨n. 13⟩ *elektr. Thermometer, dessen Temperaturfühler vom Anzeigegerät getrennt ist, z. B. in Kühlbehältern, sodass man die Temperatur ablesen kann, ohne den Behälter zu öffnen*

**Ferntrauung** ⟨f. 20; im 2. Weltkrieg⟩ Trauung in Abwesenheit eines Ehepartners

**Fernuniversität** ⟨[-vɛr-] f. 20⟩ *Universität, an der ausschließlich Fernstudien angeboten u. absolviert werden*

**Fernunterricht** ⟨m. 1; unz.⟩ *Unterricht ohne direkten Kontakt zwischen Lehrendem und Lernendem*

FESSEL: FUSSFESSEL DES 18. JH.

**Fernverbindung** ⟨f. 20⟩ **1** *Fernsprechverbindung nach außerhalb* **2** *Eisenbahnverbindung zwischen weit voneinander entfernten Orten*

**Fernverkehr** ⟨m. 1; unz.⟩ **1** *Fernsprechverkehr mit auswärtigen Teilnehmern* **2** *Eisenbahn- od. Straßenverkehr zwischen weit voneinander entfernten Orten*

**Fernwärme** ⟨f. 19; unz.⟩ *durch Fernheizung gelieferte Wärme*

**Fernwasserversorgung** ⟨f. 20; unz.⟩ *Zufuhr von Frischwasser aus weit entfernt liegenden Gebieten*

**Fernweh** ⟨n.; -s; unz.⟩ *unbestimmte Sehnsucht nach der Ferne, nach fernen Ländern*

**Fernwirkung** ⟨f. 20; Phys.⟩ **1** *(früher z. B. zur Erklärung der Elektrizität postulierte) Übertragung von Kraftwirkungen zeitlos u. ohne Vermittlung des dazwischenliegenden Raumes* **2** ⟨fig.⟩ *Einwirkung auf einen anderen Menschen ohne persönl. Kontakt, Gedankenübertragung*

**Fernziel** ⟨n. 11⟩ *noch weit in der Zukunft liegendes Ziel*

**Fernzündung** ⟨f. 20⟩ **1** *Zündung von Gasbeleuchtung von einer Zentralstelle aus z. B. bei Straßenlaternen* **2** *Zündung von Sprengkörpern mittels elektr. Leitungen*

**Ferrat** ⟨n. 11⟩ *Salz der Sauerstoffsäuren des Eisens, z. B. Kaliumferrat(VI), chem. Formel* $K_2FeO_4$ [< lat. *ferrum*]

**Ferrit** ⟨m. 1; unz.⟩ **1** *mikroskop. kleine Kristalle reinen Eisens in Eisenlegierungen (z. B. Stahl)* **2** *keram. Magnetwerkstoff aus kristallinen Verbindungen von Eisen(III)-oxid u. anderen Metalloxiden* [< lat. *ferrum*]

**Ferritantenne** ⟨f. 19⟩ *lang gestreckte, häufig drehbar angeordnete Stabantenne aus magnetisch hochwirksamem Material mit einer darauf gewickelten Spule_*

**ferro..., Ferro...** ⟨in Zus.⟩ **1** *Eisen(II)-Legierungen oder -Verbindungen enthaltend, z. B. Ferrosulfat (Eisen(II)-Sulfat)* **2** *sich wie Eisen verhaltend* [< lat. *ferrum* „Eisen"]

**Ferromagnetismus** ⟨m.; -; unz.⟩ *magnetische Ordnung in Festkörpern (z. B. eisen-, nickel- u. kobalthaltiger Stoffe), bei der die einzelnen atomaren magnetischen Momente bevorzugt parallel gestellt sind u. der Stoff so von sich aus magnetisch sein kann*

**Ferrosulfat** ⟨n. 11⟩ = *Eisensulfat*

**Ferrum** ⟨n.; -s; unz.⟩ *Eisen* [lat.]

**Ferse** ⟨f. 19⟩ **1** *hinterer Teil des Fußes, Schuhs, Strumpfes* **2** *Hacke* ◆ sich die Fersen wund laufen; die Fersen zeigen ⟨fig.; umg.⟩ *fliehen, schnell weglaufen;* jmdm. (hart) auf den Fersen folgen, sein ⟨fig.⟩ *ihn verfolgen u. ihm schon ganz nahe sein; ihm sofort nachfolgend* [< ahd. *fersana*]

**Fersenbein** ⟨n. 11; Anat.⟩ *der bei Sohlengängern die Ferse bildende größte Fußwurzelknochen der Säuger: Calcaneus*

**Fersengeld** ⟨n. 12; unz.; nur noch in der Wendung⟩ ~ geben ⟨fig.; umg.⟩ *fliehen, davonlaufen* [mhd. *versengelt geben* „fliehen"; urspr. vom heiml. Verlassen der Herberge vor der Zahlung, die man mit der Ferse leistete statt mit der Hand]

**fertig** ⟨Adj.⟩ **1** *vollendet, beendet, zu Ende gearbeitet* **2** *bereit (zu), gebrauchsbereit* **3** *erfahren, ausgereift, erwachsen* **4** *zu Ende, am Ende* **5** ⟨fig.; umg.⟩ *abgearbeitet, erschöpft, körperlich u. (od.) geistig ausgelaugt* **6** *drogenabhängig, durch ständigen Drogenkonsum verkommen* ◆ Achtung, fertig, los! ⟨Sp.⟩ *(Befehl zum Start)* ◆ ich **bringe** es nicht fertig, ihm das zu sagen ⟨fig.⟩ *übers Herz bringen;* einen Anzug, ein Kleid fertig **kaufen** (anstatt vom Schneider anfertigen zu lassen); jmdn. fertig **machen** ⟨fig.; umg.⟩ *phsyisch quälen;* sich fertig machen (lassen); fertig **sein:** ich bin fertig (mit meiner Arbeit); ich bin fertig (angezogen, bereit zum Ausgehen); ich bin (vollkommen) fertig ⟨fig.; umg.⟩ *abgearbeitet, erschöpft;* mit dem **werde** ich schon fertig! ⟨umg.⟩ *den kann ich allein überwältigen; den werde ich schon überzeugen, für mich gewinnen* ◆ ich bin **mit** ihr fertig ⟨umg.⟩ *ich will nichts mehr mit ihr zu tun haben* [< ahd. *fartig;* zu *vart,* urspr. „bereit zum Aufbruch"; → *Fahrt*]

**Fertigbauweise** ⟨f. 19; unz.⟩ *Bauweise, bei der die Bauteile (Decken, Wände) in der Fabrik fertig gestellt u. auf dem Bauplatz nur noch zusammengefügt werden*

**fertigen** ⟨V. t.; hat⟩ *herstellen, erzeugen, fabrizieren* ◆ mit der Hand gefertigt

**Fertiggericht** ⟨n. 11⟩ *konservierte Speise, die so weit vorbereitet ist, dass sie vor dem Essen nur noch erwärmt zu werden braucht*

**Fertighaus** ⟨n. 12u⟩ *in Fertigbauweise errichtetes Haus*

**Fertigkeit** ⟨f. 20⟩ *Gewandtheit, Geschicklichkeit, Können, Übung* ◆ hierzu sind keine besonderen Fertigkeiten erforderlich; gewisse Fertigkeiten in dieser Arbeit sind Voraussetzung

**Fertigung** ⟨f. 20⟩ *Herstellung, Anfertigung* ◆ fließende Fertigung *Herstellung am Fließband*

**Fertigungskosten** ⟨nur Pl.⟩ *Kosten der Fertigung, Herstellungskosten* ◆ die ~ sprengten den Etat

**fertil** ⟨Adj.⟩ *fruchtbar;* Ggs *infertil, steril (2)* [< lat. *fertilis*]

**Fertilisation** ⟨f. 20; Med.⟩ *Befruchtung* [lat. *fertilis*]

**Fertilität** ⟨f. 20; unz.⟩ Ggs *Infertilität, Sterilität* **1** *Fruchtbarkeit* **2** *Fähigkeit, ein lebensfähiges Kind auszutragen*

**fes I** ⟨n.; -, -; Mus.⟩ *Tonbezeichnung, das um einen halben Ton erniedrigte f* **II** ⟨ohne Art.; Mus.; Abk. für⟩ *fes-Moll (Tonartbezeichnung)*

**Fes**[1] **I** ⟨n.; -, -; Mus.⟩ *Tonbezeichnung, das um einen halben Ton erniedrigte F* **II** ⟨ohne Art.; Mus.; Abk. für⟩ *Fes-Dur (Tonartbez.)*

**Fes**[2] ⟨[fe:s] m.; - od. -es, - od. -e⟩ ▼ *rote, kegelstumpfförmige oriental. Kopfbedeckung;* oV *Fez*[1] [nach der marokkan. Stadt *Fes,* wo diese Kopfbedeckung zuerst hergestellt worden sein soll]

**fesch** ⟨[fɛʃ] od. österr. [fe:ʃ] Adj.; -er, am -esten; umg.⟩ **1** *flott, elegant, schick* (Kleid, Mädel) **2** ⟨österr. a.⟩ *munter, frisch, tüchtig* **3** *lieb, brav* ◆ sei fesch! [in der Wiener Umgangssprache verkürzt < engl. *fashionable* „modern, elegant"]

**Fes-Dur** ⟨n.; -; unz.; Mus.; Abk.: Fes⟩ *auf dem Grundton Fes beruhende Dur-Tonart*

**fes-Moll** ⟨n.; -; unz.; Mus.; Abk.: fes⟩ *auf dem Grundton fes beruhende Moll-Tonart*

**Fessel**[1] ⟨f. 21⟩ **1** ◄ *Kette, Strick o. Ä. an Händen od. Füßen, um jmdn. gefangen zu halten* **2** ⟨fig.⟩ *Zwang, Einschränkung, Bande, Bindung* ◆ die Fessel des **Berufs;** Fesseln der **Dankbarkeit,** Liebe ◆ seine Fesseln **ablegen,** abstreifen, abwerfen, sprengen ⟨fig.⟩; dem Gefangenen die Fessel **abnehmen,** abstreifen, lösen ◆ **geistige** Fesseln [< ahd. *fezzil,* engl. *fettle*]

**Fessel**[2] ⟨f. 21⟩ **1** ⟨bei Huftieren⟩ *die Zehe vom Huf bis zum Mittelfußknochen* **2** ⟨beim Menschen⟩ *Abschnitt des Unterschenkels über dem Knöchel* [< mhd. *vezzel;* Ablaut zu *Fuß*]

**Fesselballon** ⟨[-lɔ̃] od. [-lɔŋ] od. [-lo:n] m. 6⟩ *bemannter, mit Drahtseilen am Erdboden befestigter Luftballon*

**fesseln** ⟨V. t.; hat⟩ jmdn. fesseln **1** *jmdm. mit Ketten od. Stricken Hände, Füße zusammenbinden; jmdn. binden, anketten, in Ketten legen* (Gefangene) **2** ⟨fig.⟩ *durch Bande der Dankbarkeit od. Liebe binden, verpflichten* **3** *bei jmdm. lebhafte u. anhaltende Aufmerksamkeit erregen, jmdn. in Bann ziehen* ◆ jmds. **Aufmerksamkeit,** Blicke fesseln; der Roman hat mich sehr gefesselt ◆ jmdn. **an** einen Baum fesseln; er war **von** ihr gefesselt ◆ ein fesselndes Buch, Drama, Fernsehspiel *spannend, packend;* sie ist wirklich eine fesselnde Persönlichkeit *eine interessante Frau*

FES

**fest I** ⟨Adj.; -er, am -esten⟩ **1** *starr, steif* **2** *hart, unzerbrechlich* (Holz) **3** *dicht zusammenhängend, dicht verbunden, derb* (Gewebe) **4** *stabil, haltbar, dauerhaft* (Material) **5** *unzerreißbar* (Strick) **6** *straff* (Fleisch) **7** *kräftig, widerstandsfähig, stark* (Gesundheit) **8** *tüchtig, alle Kraft anwendend* (Schlag) **9** *nicht flüssig* (Nahrung) **10** *zäh, schwer löslich, fest verbunden* **11** *sicher, gesichert* (Anstellung, Einkommen) **12** *unveränderlich, gleich bleibend* (Preise) **13** *dauernd, ständig* (Wohnsitz) **14** ⟨fig.⟩ *unabänderlich, unwiderruflich* (Bedingungen) **15** *unerschütterlich* (Vertrauen) **16** *untrennlich, untrennbar, unverbrüchlich* (Freundschaft) **17** *eingewurzelt* (Gewohnheit⟩ **18** *nachdrücklich* (Stimme) ◆ der festen **Ansicht,** Meinung, Überzeugung sein; eine feste **Arbeitszeit** *geregelte;* ein fester **Charakter;** mit einem festen **Griff** zupacken; er hat feste **Grundsätze;** ist sie schon in festen **Händen?** ⟨fig.; umg.⟩ *verlobt od. verheiratet?;* der Patient kann keine feste **Nahrung** zu sich nehmen; feste **Preise;** mit festem **Schritt,** festen Schrittes daherkommen ◆ fest **angestellte** Mitarbeiter; er ist fest **entschlossen** dazu; ich **glaube** fest daran; du musst den Griff ganz fest **halten; sein:** es ist nicht fest *es ist nicht gut befestigt;* er hat es mir fest **versprochen** ◆ sie bleibt fest **bei** ihrer Behauptung; die Vorbereitungen fest **in** der Hand haben ⟨fig.⟩ *sie energisch leiten* **II** ⟨nur adv.; umg.⟩ *sehr, gebührend, tüchtig* ◆ immer feste! ⟨umg.⟩ *tüchtig drauflos (anfeuernder Zuruf);* wir haben feste gefeiert ⟨umg.⟩ [< ahd. *festi,* engl. *fast* hierzu *fast, fasten*]

**Fest** ⟨n. 11⟩ **1** *Feier* (Geburtstagsfest) **2** *Feiertag bzw. zwei od. mehrere Feiertage nacheinander* (Osterfest, Weihnachtsfest) ◆ das war der **Höhepunkt** des Festes; als **Krönung** des Festes wurde ... ◆ ein Fest **abhalten,** begehen, feiern; **sein:** es war mir ein Fest ⟨umg.⟩ *ein Vergnügen, eine Freude* ◆ **frohes** Fest! *(Wunschformel);* ein **fröhliches,** prächtiges, rauschendes Fest; die drei **hohen** Feste *Weihnachten, Ostern, Pfingsten* ◆ **an** einem Fest teilnehmen; **zu** einem Fest (ein)geladen sein [< mdh. *vest(e)* < lat. *festus* „der relig. Feier gewidmet"; verwandt mit *Feier, Ferien*]

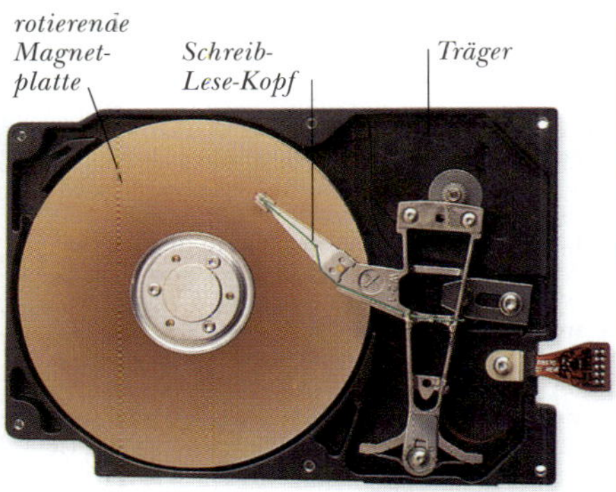


FESTPLATTE

**festbacken** ⟨V. i.; ist; bes. norddt.⟩ *festkleben, sich fest verbinden* ◆ ein an der Mauer festgebackener Lehmklumpen

**festbeißen** ⟨V. refl. 105; hat⟩ sich an etwas festbeißen **1** *so fest in etwas beißen, dass man es nicht mehr loslassen kann* **2** ⟨fig.⟩ *sich in etwas so (gedanklich, inhaltlich) vertiefen, dass man nicht mehr davon loskommt* ◆ der Hund hat sich am Bein des Diebes festgebissen; er hat sich während seiner Magisterarbeit viel zu lange am falschen Thema festgebissen

**Festbeleuchtung** ⟨f. 20; unz.⟩ *strahlend helle Beleuchtung*

**festbinden** ⟨V. t. 111; hat⟩ *anbinden* ◆ ein Boot am Ufer festbinden

**festen** ⟨V. i.; hat; schweiz.⟩ *ein Fest feiern, sich gesellig vergnügen*

**Festessen** ⟨n. 14⟩ *große, festl. Mahlzeit* ◆ jmdm. zu Ehren ein Festessen geben

**festfahren** ⟨V. 130⟩ **I** ⟨V. i.; ist⟩ **1** *auf Grund stoßen u. nicht weiterfahren können* (Schiff) **2** *einklemmen, stecken bleiben, nicht vor- u. nicht rückwärts fahren können* (Fahrzeug) **3** ⟨fig.⟩ *nicht weiterkommen* ◆ eine Sache, Unternehmung ist festgefahren **II** ⟨V. refl.; hat⟩ sich festfahren ⟨fig.⟩ *gedanklich in eine Sackgasse geraten, keinen Ausweg wissen, stecken bleiben* ◆ er hat sich mit seinen Plänen festgefahren

**Festgelage** ⟨n. 13⟩ *üppiges Festessen*

**festhalten** ⟨V. 160; hat⟩ **I** ⟨V. t.⟩ **1** *fest in der Hand halten, gepackt halten, nicht loslassen* (Stock, Tasche) **2** Geld festhalten *nicht weggeben, nicht ausgeben* **3** jmdn. festhalten *zurückhalten, nicht weitergehen lassen* **4** ein Ereignis im Bild festhalten ⟨fig.⟩ *es malen, fotografieren* **II** ⟨V. i.⟩ an etwas festhalten ⟨fig.⟩ *bei etwas bleiben, auf etwas beharren, nicht von etwas abgehen* ◆ an einem Glauben, einer Meinung, Überzeugung festhalten ⟨fig.⟩ **III** ⟨V. refl.⟩ sich (an etwas) festhalten *sich (an etwas) anklammern, sich auf etwas stützen* ◆ in der Kurve (erg.: sich) festhalten!; halte dich am Geländer fest!

**festigen** ⟨V.; hat⟩ **I** ⟨V. t.⟩ **1** *fest, beständig, widerstandsfähig machen, stärken* (Beziehungen, Freundschaft, Gesundheit, Währung) **II** ⟨V. refl.⟩ sich festigen **1** *fest, stark werden* (Glauben) **2** *sich kräftigen* (Gesundheit)

**Festigkeit** ⟨f. 20; unz.⟩ **1** *das Festsein, Dichte, Härte* **2** *Widerstand eines Stoffes gegen äußere Beanspruchung* **3** ⟨fig.⟩ *Standhaftigkeit, Beharrungsvermögen, Widerstandskraft*

**Festival** ⟨[-vəl] od. [-val] n. 15⟩ *große festl. Veranstaltung, Festspiel* (Filmfestival) [engl., „Festtag, Festveranstaltung"]

**festklammern** ⟨V. t.; hat⟩ *mit Klammern befestigen, anklammern* ◆ sich festklammern *sich mit aller Kraft festhalten*

**festklopfen** ⟨V. t.; hat⟩ *durch Klopfen befestigen, verbinden* ◆ einen Termin festklopfen ⟨fig.; salopp⟩ *verbindlich vereinbaren*

**Festkörper** ⟨m. 3; Phys.⟩ **1** ⟨allg.⟩ *fester Körper* **2** ⟨urspr.⟩ *Stoff im festen Aggregatzustand, Körper, der Änderungen des Volumens u. der äußeren Form sowie der Auftrennung in Teile großen Widerstand entgegensetzt* **3** ⟨heute meist⟩ = *Kristall*

**Festkörperphysik** ⟨f.; -; unz.⟩ *Teilgebiet der Physik, das sich mit dem Aufbau der Festkörper u. ihrem Verhalten befasst*

**Festland** ⟨n. 12u; unz.⟩ **1** *fester Teil der Erdoberfläche* **2** *Erdteil, größere Landmasse*

**Festland(s)sockel** ⟨m. 5⟩ ► = *Schelf*

**festlegen** ⟨V.; hat⟩ **I** ⟨V. t.⟩ **1** *endgültig bestimmen* (Termin) **2** Geld festlegen *langfristig anlegen* ◆ die Reihenfolge, die Tagesordnung festlegen **II** ⟨V. refl.⟩ sich festlegen *sich binden, sich endgültig äußern, etwas bestimmen, versprechen* ◆ ich kann, möchte mich noch nicht festlegen, ich möchte mir die Entscheidung noch vorbehalten

**festlich** ⟨Adj.⟩ **1** *freudig-heiter, gehoben* (Stimmung) **2** *feierlich* (Anlass) **3** *feierlich u. fröhlich* (Tag) ◆ einen Tag festlich begehen

**Festmeter** ⟨n. 13; Abk.: fm⟩ *Raummaß (1 $m^3$) für Lang- od. Schnittholz ohne Zwischenraum (durch Schichtung)*

**Festnahme** ⟨f. 19⟩ *vorläufige Gefangennahme*

**festnehmen** ⟨V. t. 187; hat⟩ *gefangen nehmen, verhaften* ◆ jmdn. vorläufig festnehmen

**Festplatte** ⟨f. 19⟩, **Festplattenspeicher** ⟨m. 3; EDV⟩ ▲ *Speicheranlage für große Datenmengen, bei der mehrere Magnetplatten fest installiert sind;* Sy *Magnetplattenspeicher*

**Festpreis** ⟨m. 1⟩ *festgelegter Preis* ◆ etwas zu einem Festpreis anbieten; einen Festpreis vereinbaren

**Festrede** ⟨f. 19⟩ *Rede, in der der Sinn eines Festes zum Ausdruck gebracht wird*

**festschrauben** ⟨V. t.; hat⟩ *mit Schraube(n) befestigen, anschrauben*

**festschreiben** ⟨V. t. 226; hat⟩ *schriftlich festlegen, vertraglich vereinbaren* ◆ etwas in einem Gesetz festschreiben; ein notariell festgeschriebener Kaufpreis

**Festschrift** ⟨f. 20⟩ *Sammlung von Aufsätzen od. Einzeldarstellungen zu Ehren einer Persönlichkeit od. eines Ereignisses*

**festsetzen** ⟨V.; hat⟩ **I** ⟨V. t.⟩ **1** *bestimmen, anordnen, festlegen* (Frist, Gehalt, Preis, Termin) **2** *einsperren, ins Gefängnis bringen* (Verbrecher) ◆ vertraglich festsetzen; die Versicherungssumme auf 5000 DM festsetzen; behördlich festgesetzter Preis; zur festgesetzten Zeit **II** ⟨V. refl.⟩ sich festsetzen **1** *dauernd haften bleiben, sich ansetzen* (Schmutz, Rost) **2** *sich einnisten* (Übel)

**festsitzen** ⟨V. i. 242; hat; süddt., österr., schweiz.: ist⟩ **1** *fest an etwas haften, kleben* (Schmutz) **2** *festgefahren, stecken geblieben sein, nicht mehr weiter können* ◆ der Wagen sitzt im Schlamm, Schnee fest

**Festspiel** ⟨n. 11⟩ **1** *zu einem festl. Anlass verfasstes Theaterstück* **2** Festspiele ⟨Pl.⟩ *period. wiederkehrende Aufführungen von Bühnenstücken od. Filmen in festl. Rahmen* (Musikfestspiele, Filmfestspiele)

**feststehen** ⟨V. i. 251; hat⟩ **1** *bestimmt, festgelegt, ausgearbeitet sein* (Fahrplan, Programm) **2** *beschlossen, angeordnet sein* (Vorhaben) **3** *gewiss, sicher sein* ◆ da es feststeht, dass ...; so viel, eines steht fest

**Feststellbremse** ⟨f. 19⟩ *feststellbare einrastende Bremse*

**feststellen** ⟨V. t.; hat⟩ **1** *durch Haken, Riegel o. Ä. unbeweglich machen* **2** ⟨fig.⟩ *ermitteln, erforschen* (Tatbestand) **3** *wahrnehmen, eine Wahrnehmung bestätigen* ◆ das muss ich erst noch feststellen; kannst du das feststellen?; das wird sich feststellen lassen; es wurde festgestellt, dass ...; jmds. Personalien, Schuld, Unschuld feststellen

**Feststelltaste** ⟨f. 19⟩ *Taste der Schreibtastatur, deren Betätigung bewirkt, dass nur die Großbuchstaben (bzw. oberen Zeichen einer Taste) schreiben*

**Festtag** ⟨m. 1⟩ **1** *festlich begangener Tag, z. B. Jubiläum, Geburtstag* **2** *Feiertag*

**Festung** ⟨f. 20⟩ ▼ *befestigter Ort, stark befestigte, weiträumige Burg*

**Festversammlung** ⟨f. 20⟩ *Gesamtheit der Gäste bei einem Fest*

**festverzinslich** ⟨Adj.; Bankw.⟩ *gleich bleibend hohe Zinsen abwerfend* ◆ festverzinsliche Papiere

**Festwiese** ⟨f. 19⟩ *große Wiese, freier Platz, wo ein Fest (bes. Jahrmarkt) stattfindet*

**Festzug** ⟨m. 1u⟩ *festlicher, prunkvoller Umzug*

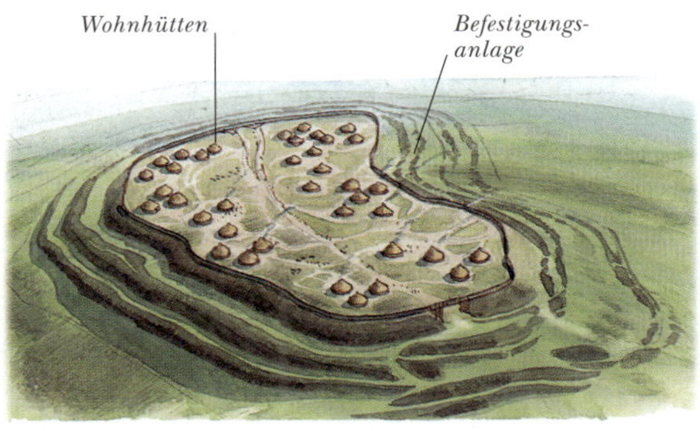


FESTUNG: EISENZEITLICHE HÜGELFESTUNG IN ENGLAND, UM 300 v. CHR.

**Feta** ⟨m. 6; unz.⟩ *griechischer Schafskäse* [grch.]

**Fete** ⟨f. 19; umg.⟩ *Fest, Feier* ◆ eine Fete veranstalten [< frz. *fête* „Fest"]

**Fetisch** ⟨m. 1⟩ **1** ⟨bei den Naturvölkern⟩ ► *Gegenstand religiöser Verehrung, dem übernatürliche Kräfte, z. B. Abwehrzauber gegen Krankheiten, zugeschrieben werden* **2** ⟨allg.⟩ *Kultobjekt, Gegenstand od. Begriff, dem (bes. in der Konsumgesellschaft) eine übermächtige Bedeutung zugemessen wird* ◆ Luxus und Wohlstand zum Fetisch erheben; der Fetisch „Macht" [< frz. *fétiche* < port. *feitiço* „Träger magischer Kraft bei afrik. u. westind. Schwarzen, Zauber" < lat. *factitius* „künstlich"]

FETISCH: MODERNER WESTAFRIKANISCHER FETISCH

**Fetischismus** ⟨m.; -; unz.⟩ **1** *Fetischkult, Verehrung von Fetischen* **2** *geschlechtl. Erregung durch einen Gegenstand, der einer Person des anderen Geschlechts gehört, z. B. Kleidungsstück*

**fett** ⟨Adj.; -er, am -esten⟩ **1** *fetthaltig, fettreich* (Speisen) **2** *dick, sehr beleibt* **3** *fruchtbar* (Ackerboden) **4** *kräftig, saftig* (von Nutzpflanzen) **5** *einträglich, lohnend, Gewinn bringend* (Beute, Pfründe) **6** *dick, breit, stark* (Druckschrift) ◆ einen fetten **Bissen,** Braten, Brocken erwischen ⟨fig.; umg.⟩ *ein lohnendes Geschäft machen, großen Gewinn erzielen;* fetter **Boden,** Klee, Weizen; fette **Brühe,** Kost; eine fette **Ente,** Gans; fettes **Essen,** Fleisch; Fette **Henne** ⟨Bot.⟩ ► = *Fetthenne* ◆ die Überschriften fett **drucken** [< mnddt. *vet,* engl. *fat;* → *feist*]

**Fett** ⟨n. 11⟩ **1** *festes od. halbfestes Tier- od. Pflanzenprodukt, das chemisch hauptsächlich aus Estern des Glycerins u. Fettsäuren besteht* (Pflanzenfett, Tierfett) **2** *ausgelassener Speck, Schmalz* (Schweinefett) **3** *Anhäufung von Fettgewebe im Körper* **4** *fettige Substanz zum Schmieren von Maschinen* (Schmierfett) ◆ das Fett **abschöpfen** *das auf der Suppe od. der Soße schwimmende Fett abschöpfen;* ⟨fig.⟩ *sich das Beste auswählen, seinen Vorteil suchen;* Fett **ansetzen** *dick werden;* Fett **auslassen** ⟨Kochk.⟩; jmdm. sein Fett **geben** ⟨fig.; umg.⟩ *ihn schelten, rügen* ◆ **im** Fett schwimmen, sitzen ⟨fig.; umg.⟩ *im Überfluss, in sehr guten Verhältnissen leben*

**Fettansatz** ⟨m. 1u⟩ *das Sichansetzen von überschüssigem Nahrungsfett im Fettgewebe*

**Fettauge** ⟨n. 28⟩ *geschmolzenes Fett in Form eines runden Fleckes, z. B. auf Fleischbrühe*

**Fettblatt** ⟨n. 12u; unz.⟩ Stängelumfassendes Fettblatt *Mitglied einer Gattung der Rachenblütler, im südlichen Nordamerika heimische Ufer- u. Sumpfpflanze mit aromatisch duftenden Blättern u. kleinen, hellblauen Blüten, bei uns Aquarienpflanze: Bacopa amplexicaulis*

**Fettcreme** ⟨[-kre:m] f. 10⟩ = *Fettsalbe;* oV *Fettkrem, Fettkreme*

**Fettembolie** ⟨f. 19⟩ *durch Fett verursachte Embolie*

**fetten** ⟨V.; hat⟩ **I** ⟨V. t.⟩ *mit Fett einreiben, bestreichen* **II** ⟨V. i.⟩ *Fett absondern, Fettflecken machen* (Salbe)

FETTHENNE: FELSENFETTHENNE
*(Sedum sediforme)*

**Fettgehalt** ⟨m. 1; unz.⟩ *Gehalt, Menge an Fett* ◆ Käse mit 20 % Fettgehalt

**Fettgeschwulst** ⟨f. 7u⟩ *gutartige Neubildung aus Fettgewebe*

**Fettgewebe** ⟨n. 13; unz.; Anat.⟩ ▼ *Gruppen von Zellen, deren Inneres von Fetttröpfchen mehr od. weniger ausgefüllt ist u. die in den meisten Fällen in Bindegewebe unter der Haut eingelagert sind*

**Fetthenne** ⟨f. 19; Bot.⟩ ◄ *Angehörige einer Gattung der Dickblattgewächse mit fleischigen Blättern: Sedum;* oV *Fette Henne;* Sy *Fettkraut (1)* ◆ Große Fetthenne *Art mit großen, flachen, häufig etwas gezähnten Blättern: Sedum telephium*

## FETTGEWEBE

Fett ist ein wichtiger Bestandteil des Körpers von Mensch und Tier. Der größte Teil des Fettes wird im Fettgewebe unter der Haut gespeichert, aber auch innere Organe wie Nieren, Herz und Leber können von einer Fettschicht umgeben sein. Das Fettgewebe hat drei Aufgaben: Es dient als Energiereserve, es isoliert den Körper gegen Wärmeverlust, und es schützt ihn in Bereichen vor Verletzungen, die, wie z. B. das Gesäß, häufig mechanischen Belastungen ausgesetzt sind.

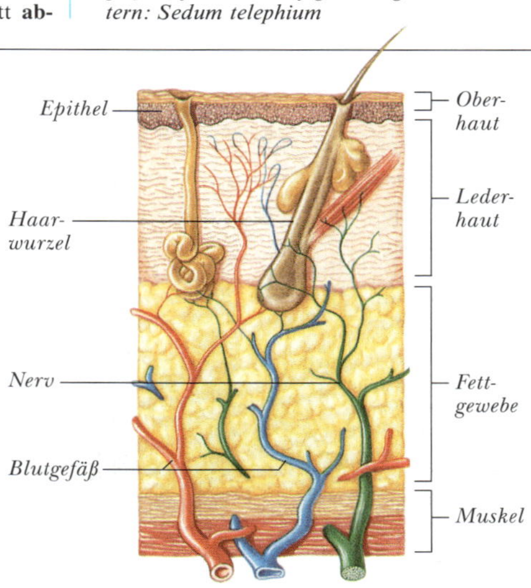


SCHNITT DURCH DIE MENSCHLICHE HAUT MIT FETTGEWEBE

**fettig** ⟨Adj.⟩ **1** *Fett enthaltend* **2** *mit Fett beschmutzt, bestrichen, eingerieben, speckig, ölig, schmierig* (Papier, Pfanne, Salbe)

**Fettkohle** ⟨f. 19; unz.⟩ *Steinkohle mit rd. 88 % Kohlenstoff u., bezogen auf die wasser- u. aschefreie Substanz, 19–28 % flüchtigen Bestandteilen, hauptsächl. zur Kokserzeugung verwendet*

**Fettkraut** ⟨n. 12u; unz.; Bot.⟩ **1** ► = *Fetthenne* **2** *Mitglied einer Gattung Insekten fressender Wasserschlauchgewächse mit klebrigen, einrollbaren Rosettenblättern auf Mooren u. quelligen Böden: Pinguicula*

**Fettkrem,** ⟨auch⟩ **Fettkreme** ⟨f. 10⟩ = *Fettcreme*

**fettlöslich** ⟨Adj.⟩ *in Fetten und fetten Ölen löslich*

**Fettnäpfchen** ⟨n. 14; in der Wendung⟩ ins Fettnäpfchen treten (bei jmdm.) ⟨fig.; umg.⟩ *Anstoß erregen, etwas sagen od. tun, was von den anderen als peinlich empfunden wird*

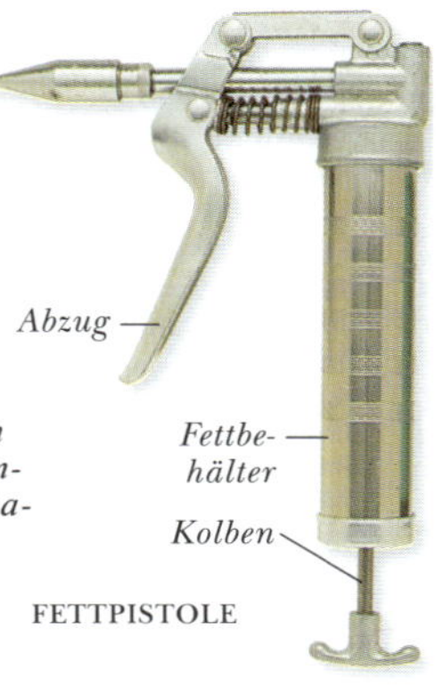


FETTPISTOLE

**Fettpflanze** ⟨f. 19; Bot.⟩ ► = *Sukkulente*

**Fettpistole** ⟨f. 19; Tech.⟩ ◄ *pistolenähnlich aussehendes Gerät zum Abschmieren schwer zugänglicher Maschinenteile*

**Fettsalbe** ⟨f. 19⟩ *stark fettige Salbe, meist Emulsion;* Sy *Fettcreme, Fettkrem, Fettkreme*

**Fettsäure** ⟨f. 19⟩ *gesättigte u. ungesättigte, langkettige (höhere) Monokarbonsäure, wesentlicher Bestandteil der Fette*

**Fettstift** ⟨m. 1⟩ **1** *fetthaltiger Farbstift zum Beschreiben von Fotografien, Glas u. a. glatten Oberflächen* **2** *Fettsalbe enthaltender Lippenstift*

**Fettstoffwechsel** ⟨[-ks-] m. 5; unz.⟩ *Aufnahme, Verwertung u. Ausscheidung der mit der Nahrung aufgenommenen Fette*

**Fettsucht** ⟨f. 7u; unz.⟩ *abnorme bzw. krankhafte Neigung zu übermäßigem Fettansatz im Körper, zu Fettleibigkeit*

**Fetus** ⟨m.; -ses, -se od. Feten⟩ ► = *Fötus* [< lat. *foetus* „Leibesfrucht"]

**Fetzen** ⟨m. 4⟩ **1** *abgerissenes Stück* (Papierfetzen) **2** *Lumpen, zerschlissenes Tuch, zerrissenes Kleidungsstück* ◆ sie prügelten sich, dass die Fetzen flogen ⟨umg.⟩ *heftig, rücksichtslos;* das Kleid hing der Verunglückten in Fetzen am Leibe; etwas in Fetzen reißen [< spätmhd. *vetze;* zu mhd. *vazzen* „sich bekleiden"; zu ahd., mhd. *vaz;* verwandt mit *Fass, fassen, Fessel*]

**Fetzenfisch** ⟨m. 1; Zool.⟩ *zu den Büschelkiemern gehörender, in australischen Gewässern lebender Fisch mit stark zerlappten Flossen, der treibendem Tang sehr ähnlich sieht: Phyllopteryx eques*

**feucht** ⟨Adj.; -er, am -esten⟩ **1** *leicht nass, benetzt* **2** *mit Wasserdampf durchsetzt* (Luft) ◆ ein feuchter Abend ⟨fig.; umg.⟩ *Abend, an dem viel getrunken wurde;* das vom Tau feuchte Gras; feuchtes Wetter *regnerisches Wetter* [< ahd. *fuht(i)*]

**Feuchtbiotop** ⟨n. 11 od. m. 1⟩ *Biotop in Fluss-, Teich- od. Sumpflandschaften*

**feuchten** ⟨V.; hat⟩ **I** ⟨V. t.⟩ *befeuchten, feucht machen, leicht mit Wasser tränken* **II** ⟨V. i.⟩ **1** ⟨Jägerspr.⟩ *Harn lassen* (Wild u. Hunde) **2** ⟨schweiz.⟩ *feucht sein*

**feuchtfröhlich** ⟨Adj.⟩ *fröhlich zechend od. durchzecht* ◆ ein feuchtfröhlicher Abend; feuchtfröhliche Gesellschaft; feuchtfröhlich feiert er am liebsten

**Feuchtigkeit** ⟨f. 20; unz.⟩ **1** *das Feuchtsein, Feuchte* **2** *leichte Nässe* **3** *der Gehalt an Wasser od. Wasserdampf*
**feuchtwarm** ⟨Adj.⟩ *feucht u. warm zugleich* ◆ feuchtwarme Luft; feuchtwarmer Umschlag
**feudal** ⟨Adj.⟩ **1** *lehnsrechtlich, das Lehnsrecht betreffend, Lehns...* **2** ⟨fig.; umg.⟩ *reich (ausgestattet), prunkvoll* (Haus) [< mlat. *feudalis* „das Lehnswesen betreffend"; zu *feudum* „Lehnsgut"; zu ahd. *fihu* „Vieh"]
**Feudalismus** ⟨m.; -; unz.⟩ **1** = *Lehnswesen* **2** *dessen Zeitalter* **3** *soziales, wirtschaftl. u. polit. System, in dem der Geburts- u. grundbesitzende Adel weit gehende Hoheitsrechte genießt*
**Feuer** ⟨n. 13⟩ **1** *Verbrennung unter Flammenentwicklung bei Licht- und Wärmeabgabe, Brand* (Herdfeuer) **2** *Schießen, Beschießen mit, Beschuss aus Feuerwaffen, Glanz, Funkeln* **3** ⟨Mar.⟩ *Leuchtfeuer* **4** ⟨fig.⟩ *innerer Schwung, Temperament, Glut, Begeisterung, ungestümes Wesen* **5** Feuer! *(Ruf bei Ausbruch eines Brandes)* **6** ⟨Mil.⟩ *(Befehl zum Schießen)* ◆ das Feuer ihrer **Augen;** das Feuer des **Diamanten;** Feuer und **Flamme** für etwas sein *hell begeistert sein;* mit dem Feuer des **Südländers** ◆ Feuer **anbrennen,** anfachen, anzünden, entfachen; das Feuer **eröffnen** ⟨Mil.⟩; jmdm. Feuer geben (für die Zigarette); Feuer **machen** ⟨umg.⟩ *den Ofen heizen;* das Feuer **schüren** ⟨a. fig.⟩ *Leidenschaft anfachen, unterstützen* ◆ **loderndes** Feuer; auf, über **offenem** Feuer kochen ◆ etwas zum Trocknen **ans** Feuer stellen; Öl **ins** Feuer gießen ⟨fig.⟩ *ein Übel noch verschlimmern;* **mit** dem Feuer spielen ⟨fig.⟩ *leichtsinnig handeln* ◆ wie Feuer und Wasser sein ⟨fig.⟩ *völlig anders, gegensätzlich* [< ahd. *fiur*, engl. *fire*]

FEUERDORN
*(Pyracantha rogersiana)*

**Feueralarm** ⟨m. 1; unz.⟩ *Warnung, Warnungsruf bei Ausbruch eines Feuers* ◆ Feueralarm geben, schlagen
**feuerbeständig** ⟨Adj.⟩ *widerstandsfähig gegen Feuer*
**Feuerbestattung** ⟨f. 20⟩ *Bestattung durch Verbrennen der Leiche*
**Feuerbohne** ⟨f. 19⟩ *windende, langstängelige Bohne mit scharlachroten Blüten: Phaseolus coccineus*
**Feuerdorn** ⟨m. 1; Bot.⟩ ▲ *ein immergrünes Rosengewächs: Pyracantha*
**feuerfest** ⟨Adj.⟩ *gegen Feuer unempfindlich* (Geldschrank, Glas, Geschirr)
**Feuergefahr** ⟨f. 20; unz.⟩ *Gefahr eines ausbrechenden Feuers*
**Feuergefecht** ⟨n. 11⟩ *Kampf mit Feuerwaffen (im Krieg)* ◆ einander ein Feuergefecht liefern
**Feuerhaken** ⟨m. 4⟩ *Eisenhaken zum Bedienen des Feuers, Stange zum Niederreißen brennender Gebäude*
**Feuerholz** ⟨n. 12u; unz.⟩ *trockenes Kleinholz zum Heizen*
**Feuerkäfer** ⟨m. 3⟩ *Angehöriger einer Familie von schwarzen Käfern mit samtartigen, brennend rot behaarten Flügeldecken, deren Larven in morschem Laubholz leben: Pyrochroida*
**Feuerkröte** ⟨f. 19; Zool.⟩ = *Unke (1)*
**Feuerleiter** ⟨f. 21⟩ *an sehr hohen Häusern außen angebrachte Leiter, über die sich die Bewohner im Falle eines Brandes retten können*

**Feuerlilie** ⟨[-liə] f. 19; Bot.⟩ *Liliengewächs mit hellroten, aufrechten, trichterförmigen Blüten: Lilium bulbiferum*
**Feuerlöscher** ⟨m. 3⟩ ► *mit Wasser, Pulver od. Schaum gefülltes Druckgerät zum Bekämpfen von Bränden*
**Feuermal** ⟨n. 11; Med.⟩ *angeborene farbige Missbildung der Haut;* Sy *Teleangiektasie*
**Feuermauer** ⟨f. 21⟩ = *Brandmauer*
**Feuermelder** ⟨m. 3⟩ *an Straßenecken angebrachtes Gerät zum schnellen Herbeirufen der Feuerwehr*
**feuern** ⟨V.; hat⟩ **I** ⟨V. i.⟩ *Feuer machen, heizen, auf jmdn. od. etwas schießen* ◆ die Artillerie feuerte auf die feindlichen Stellungen; mit Holz, Koks, Öl feuern **II** ⟨V. t.; umg.⟩ **1** etwas feuern *schleudern* **2** jmdn. feuern ⟨umg.⟩ *jmdn. (fristlos) entlassen*
**Feuernelke** ⟨f. 19; Bot.⟩ *in Sibirien u. Kleinasien heim. Pflanze, die in scharlach- bis fleischroten u. weißen Spielarten kultiviert wird: Lychnis chalcedonica;* Sy *Brennende Liebe, Chalzedonische Lichtnelke, Jerusalemblume*
**Feuerqualle** ⟨f. 19⟩ *Qualle mit vielen Nesseln*
**feuerrot** ⟨Adj.⟩ *rot wie Feuer, brand-, brennend rot* ◆ feuerrot werden (vor Scham, Verlegenheit)
**Feuersalamander** ⟨m. 3⟩ *lebend gebärender, etwa 25 cm langer, auf schwarzem Grund grellgelb gefleckter Schwanzlurch der europ. Mittelgebirge: Salamandra salamandra*
**Feuerschiff** ⟨n. 11⟩ ▼ *verankertes Signalschiff mit Leuchtfeuer*
**Feuerschutz** ⟨m. 1; -es; unz.⟩ *Schutzmaßnahmen, -vorrichtungen gegen Brandgefahr*
**Feuerstein** ⟨m. 1⟩ **1** ⟨urspr.⟩ ► *gemeine Form des amorphen Quarzes, sehr hart, zu Klingen spaltbar, viel gebrauchter Werkstoff des vorgeschichtlichen Menschen;* Sy *Flint* **2** ⟨heute⟩ *Cereisenlegierung für Feuerzeuge*
**Feuerstelle** ⟨f. 19⟩ **1** *Herd* **2** *Brandstelle*
**Feuerstoß** ⟨m. 1u⟩ *schnelle Folge von Schüssen aus Maschinengewehr od. -pistole*
**Feuertaufe** ⟨f. 19; fig.⟩ *erstmalige Teilnahme an etwas, Bewährungsprobe* ◆ die Feuertaufe bestehen, erhalten
**Feuerung** ⟨f. 20⟩ **1** *Heizung, Beheizen, das Feuern* **2** *Feuerstelle (bei Dampfkesseln, Heizanlagen usw.), Anlage zum Heizen* **3** *Brennstoffe, Brennmaterial*

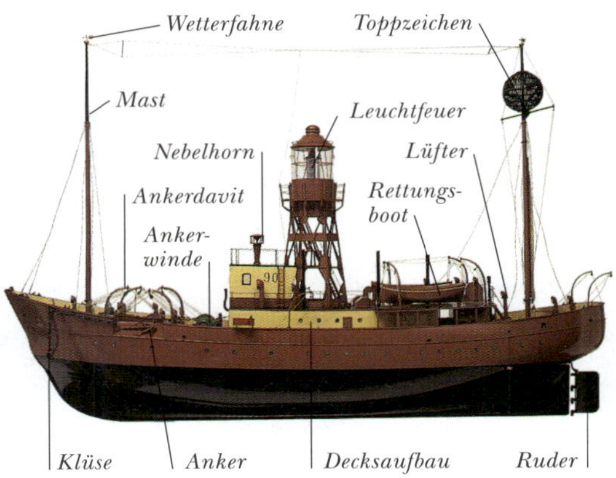


FEUERSCHIFF: BRITISCHES FEUERSCHIFF UM 1935

## FEUERLÖSCHER

Ein Wasserfeuerlöscher enthält eine Druckgasflasche, aus der bei Betätigung des Abzugs Gas in den Löschmittelbehälter gelangt. Der Gasdruck lässt das Wasser in einem scharfen Strahl aus der Düse austreten.

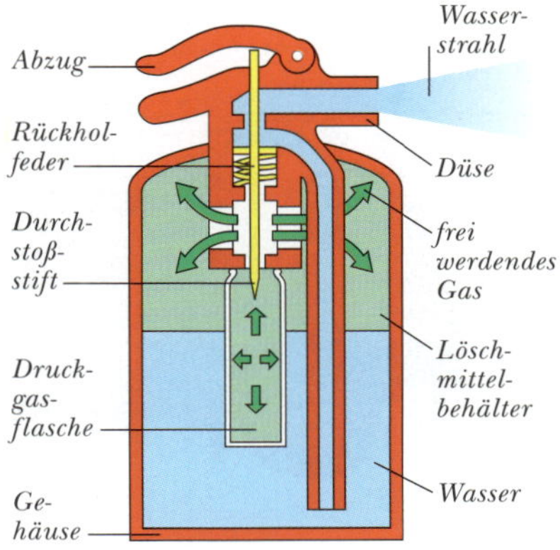


SCHNITT DURCH EINEN WASSERFEUERLÖSCHER

**Feuerwache** ⟨f. 19⟩ *Gebäude der Feuerwehr, in dem die Mannschaften u. Geräte ständig in Bereitschaft stehen*
**Feuerwaffe** ⟨f. 19⟩ *Schusswaffe, Geschütz*

FEUERSTEIN: FAUSTKEIL AUS FEUERSTEIN

**Feuerwanze** ⟨f. 19; Zool.⟩ **1** ⟨i. w. S.⟩ *Angehörige einer Familie schwarz od. rot gezeichneter Landwanzen: Pyrrhocorida;* Sy *Soldat (4), General (4)* **2** ⟨i. e. S.⟩ *die einzige in Dtschld. heimische Art, 10 mm lang, an Linden u. a. Pflanzen saugend: Pyrrhocoris apterus*
**Feuerwehr** ⟨f. 20⟩ *Mannschaften u. Geräte zur Brandbekämpfung* ◆ er braust heran, kommt wie die Feuerwehr ⟨fig.; umg.⟩ *sehr schnell, eiligst*
**Feuerwehrauto** ⟨n. 15⟩ ►► *ein zum Einsatz der Feuerwehr besonders gestaltetes, z. B. mit Schläuchen u. Leitern ausgerüstetes Kraftfahrzeug*
**Feuerwehrleiter** ⟨f. 21⟩ *lange Leiter zum Besteigen brennender Häuser*
**Feuerwehrmann** ⟨m. 2u; Pl. a.: -leute⟩ *Angehöriger, Bediensteter der Feuerwehr*
**Feuerwerk** ⟨n. 11⟩ *Erzeugung von farbigen Lichtfunken u. Knall durch Abbrennen leicht entzündl. Stoffe*
**Feuerwerkskörper** ⟨m. 3⟩ *mit leicht entzündl. Stoffen gefüllter Pappkörper*
**Feuerzangenbowle** ⟨[-bo:-] f. 19⟩ *heißes Getränk aus Rotwein u. hochprozentigem Rum, dabei wird ein Zuckerhut in eine Zange geklemmt, mit dem Alkohol übergossen u. angezündet, so dass der geschmolzene Zucker allmählich in den Rotwein tropft*
**Feuerzeichen** ⟨n. 14⟩ **1** *weithin sichtbares Lichtsignal, früher durch Feuer auf Bergen, heute durch Scheinwerfer, Leuchtturm usw.* **2** *feurige Erscheinung (Komet) am Himmel (früher als Zeichen drohenden Unheils verstanden)* **3** ⟨Astrol.⟩ *best. Tierkreiszeichen* (z. B. Löwe), *dem Element Feuer zugeordnet*
**Feuerzeug** ⟨n. 11⟩ *Gerät zum Entzünden von Feuer (für Rauchwaren)*

## FEUERWEHRAUTO

Feuerwehrautos transportieren die Feuerwehrleute und ihre Ausrüstung zum Brandort. Moderne Fahrzeuge sind mit leistungsstarken Pumpen und hohen Drehleitern ausgestattet, mit denen Menschen auch aus oberen Stockwerken gerettet werden können. Im Stauraum finden Schläuche, Werkzeuge, Messgeräte und Sauerstoffflaschen Platz.

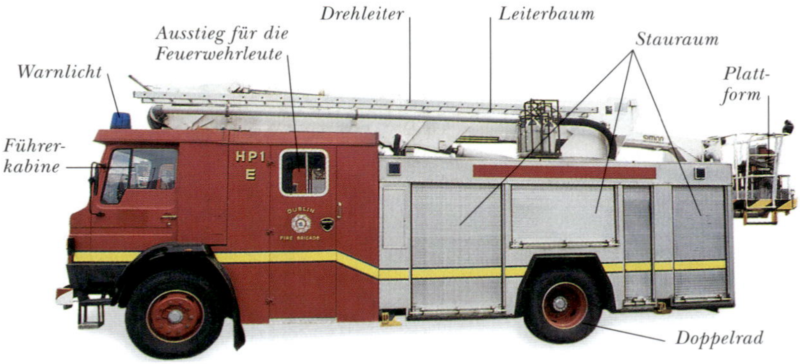


FEUERWEHRAUTO

**Feuilleton** ⟨[fœjə'tɔ̃] n. 15⟩ **1** ⟨urspr.⟩ *Zeitungsbeilage* **2** ⟨heute⟩ *Teil der Zeitung, der sich mit kulturellen Themen befasst (Aufsätze, Geschichten, Kritiken usw.)* [frz., Verkleinerungsform zu *feuille* „Blatt" < lat. *folium* „Blatt"]

**Feuilletonismus** ⟨[fœjə-] m.; -; unz.; oft abwertend⟩ *zwischen Bericht u. Dichtung stehender (journalistischer) Schreibstil, der sich bestimmter rhetorischer Mittel, z. B. Wortspiele, Vergleiche o. Ä., bedient, um die Darstellung zu beleben u. die Meinung des Lesers zu beeinflussen*

FIBERGLAS: FIBERGLASSESSEL (UM 1955)

**feurig** ⟨Adj.⟩ **1** *brennend, glühend* (Kohlen) **2** *(farbig) funkelnd* (Edelstein) **3** ⟨fig.⟩ *leidenschaftlich, temperamentvoll, glühend, lebhaft* (musikal. Vortrag, Rede) **4** *anregend, berauschend, ins Blut gehend* (Wein)

**Fez**[1] ⟨[fe:s] m.; - od. -es, - od. -e⟩ ► = *Fes*[2]

**Fez**[2] ⟨m. 1; unz.; mitteldt. u. schweiz.⟩ *Spaß, Vergnügen, Unsinn* ◆ das gibt Fez!; Fez machen [vermutl. < frz. *fête* „Fest, Feier" od. zu mhd. *fatzen* „foppen"; → *Faxen*]

**ff 1** ⟨Abk. für⟩ *sehr fein* **2** ⟨Mus.; Abk. für ital.⟩ *fortissimo*

**FF** ⟨Abk. für⟩ *französische(r) Franc(s)*

**ff.** ⟨Abk. für⟩ *(und) folgende (Seiten)*

**fff** ⟨Mus.; Abk. für ital.⟩ *fortefortissimo*

**FH** ⟨Abk. für⟩ *Fachhochschule*

**Fiaker** ⟨m. 3; österr.⟩ **1** *Mietkutsche, Pferdedroschke* **2** *Mietlohnkutscher* [nach dem Hôtel *St. Fiacre* in Paris, in dem man seit 1640 Lohnkutscher mieten konnte]

**Fiasko** ⟨n. 15⟩ **1** *Durchfallen eines Theaterstückes od. eines Künstlers* **2** ⟨allg.⟩ *Misserfolg, Zusammenbruch* ◆ ein Fiasko erleben, erleiden *scheitern* [< frz. *faire fiasco* „einen Fehler machen", wobei ital. *fiasco* für frz. *bouteille* „Fehler, Schnitzer" steht (eigtl. „Flasche")]

**Fibel**[1] ⟨f. 21⟩ **1** *Lehrbuch für Anfänger* (Gartenfibel) **2** *bebildertes Lesebuch für Schulanfänger* [kindl. Aussprache von *Bibel*]

**Fibel**[2] ⟨f. 21⟩ *german. Spange, Gewandnadel* [< lat. *fibula* „Schnalle, Spange"]

**Fiber** ⟨f. 21⟩ **1** *Muskel-, Pflanzen-, Kunstfaser* **2** ⟨kurz für⟩ *Vulkanfiber* [< lat. *fibra* „Faser"]

**Fiberglas** ⟨n. 12u; unz.⟩ ◄ *aus Glasfasern hergestellter Kunststoff*

**Fibrille** ⟨f. 19⟩ **1** *feiner, fadenförmiger Ausläufer von Muskelfasern od. Nerven- u. Bindegewebszellen* **2** *faseriger Baustein der pflanzlichen od. Holzfaserzellwand* [< lat. *fibra* „Faser"]

**Fibrin** ⟨n. 11; unz.; Med.⟩ *Eiweißstoff des Blutes, der bei der Blutgerinnung entsteht* [< lat. *fibra* „Faser"]

**Fiche** ⟨[fiʃ] m. 6⟩ *Datenträger in Form einer Filmfolie, auf der große Datenmengen in stark verkleinerter Form gespeichert u. durch besondere Geräte wieder lesbar gemacht werden können* [frz., „Zettel, Karteikarte"]

**Fichte** ⟨f. 19; Bot.⟩ ▼ *Angehörige einer Gattung der Kieferngewächse, auf der nördlichen Halbkugel heimischer Nadelbaum mit vierkantigen, spitzen Nadeln, die Zapfen sind hängend u. fallen als Ganzes ab: Picea* [< ahd. *fiohta, fiuhta*]

**Fichtenharz** ⟨n. 11; unz.⟩ *Ausscheidungsprodukt der Fichte, das hauptsächlich Abietinsäure enthält u. zur Herstellung von Kolophonium u. Firnissen verwendet wird*

**Fichtennadel** ⟨f. 21⟩ *nadelförmiges Blatt der Fichte*

**Fichtenspargel** ⟨m. 5; Bot.⟩ *zu den Wintergrüngewächsen gehörender, in Symbiose mit Pilzfäden lebender Saprophyt mit bleichgelben, zerbrechl. Sprossen, die mit gelblichen Schuppen bedeckt sind, Waldwurz: Monotropa hypopitys*

FICHTE: SITKAFICHTE (*Picea sitchensis*)

**Fichtenzapfen** ⟨m. 4⟩ *Fruchtstand der Fichte*

**Fichu** ⟨[fi'ʃy:] n. 15; Ende 18. Jh.⟩ *dreieckiges, auf der Brust überkreuztes u. auf dem Rücken zur Schleife gebundenes Tuch, Brust-, Miedertuch* [frz., „Halstuch"]

**ficken** ⟨V. t. u. V. i.; -; hat⟩ **1** ⟨mundartl.⟩ *hin u. her reiben, kratzen* **2** ⟨derb; umg.⟩ *mit jmdm. Geschlechtsverkehr haben* [urspr., „jucken, kratzen, scharren, reiben", ahd. *mich vikchit* „mich juckt", engl. *to fidge* „unruhig sein", *fickle* „unbeständig"]

**Ficus** ⟨m.; -, Fici [-tsi]⟩ *Feigenbaum* [lat., „Feigenbaum, Feige"]

**fidel** ⟨Adj.⟩ *vergnügt, fröhlich, lustig, heiter* ◆ ein fideles Fest; eine fidele Runde [< lat. *fidelis* „treu; lustig"; Studentensprache, zuerst in Jena um 1750, unter dem Einfluss des Krambambuli-Liedes]

**Fidel** ⟨f. 21; Mus.⟩ *kleines Streichinstrument in MA, Renaissance u. Barock, Vorform der Geige* [→ *Fiedel*]

**Fidibus** ⟨m.; - od. -ses, -se⟩ *(gefalteter) Papierstreifen zum Feueranzünden* [vermutl. studentensprachl. Umdeutung von Horaz, Oden 1,36: Et ture et *fidibus* iuvat placare deos „mit Weihrauch und Saitenspiel lasst uns die Götter besänftigen" in „mit Tabaksrauch und Anzündern ..."]

**Fieber** ⟨n. 13⟩ **1** *krankhaft erhöhte Eigenwärme des Körpers* **2** ⟨fig.⟩ *Eifer, Betriebsamkeit, geistiger Rausch* (Arbeitsfieber) ◆ 39° Fieber; steigendes, sinkendes Fieber; das Fieber des Ehrgeizes, der Leidenschaft, der Liebe; im Fieber fantasieren, sprechen, träumen [< ahd. *fiebar,* engl. *fever* < lat. *febris* „Fieber"]

**Fieberbaum** ⟨m. 1u⟩ ◄ *Eukalyptusbaum mit glatter, heller Rinde u. bläulich grünen Blättern: Eucalyptus globulus* [der Name geht auf die Annahme zurück, dass der starke Duft des Baumes das Wechselfieber (die Malaria) vertreibt]

FIEBERBAUM (*Eucalyptus globulus*)

**fieberhaft** ⟨Adj.⟩ **1** *mit Fieber verbunden, einhergehend* **2** ⟨fig.⟩ *angespannt, übertrieben eifrig* ◆ fieberhafte Erkältung; fieberhafte Betriebsamkeit ⟨fig.⟩

**fieberig** ⟨Adj.⟩ oV *fiebrig* **1** *fieberhaft, fiebernd, fieberkrank* **2** ⟨fig.⟩ *aufgeregt, erregt, gespannt* ◆ eine fieberige Erkältung; sich fieberig fühlen; fieberig vor Erwartung ⟨fig.⟩

**Fieberklee** ⟨m. 6; unz.; Bot.⟩ *Angehöriger einer Gattung der Enziangewächse, in der nördlichen gemäßigten Zone verbreitete Sumpfpflanze, die in den Blättern einen Bitterstoff enthält, der früher als magenstärkendes Mittel u. gegen Wechselfieber (Malaria) gebraucht wurde: Menyanthes;* Sy *Wasserklee*

**Fieberkraut** ⟨n. 12u; unz.⟩ = *Tausendguldenkraut*

**fiebern** ⟨V. i.; hat⟩ **1** *Fieber haben* **2** ⟨fig.⟩ *erregt, gespannt sein* ◆ der Patient fieberte stark er fieberte vor Aufregung, Erwartung, Spannung ⟨fig.⟩

**Fieberthermometer** ⟨n. 13⟩ *medizinisches Gerät zum Messen der Körperwärme*

**fiebrig** ⟨Adj.⟩ = *fieberig*

**Fiedel** ⟨f. 21; volkstüml.⟩ = *Geige* [< ahd. *fidula,* engl. *fiddle* < vulgärlat. *vitula* „Saiteninstrument"; zu lat. *vitulari* „frohlocken"]

**Fiederblättchen** ⟨n. 14⟩ *kleines Blättchen am gefiederten Blatt*
**fiepen** ⟨V. i.; hat⟩ **1** ⟨Jägerspr.⟩ *einen feinen, hohen, klagenden u. lockenden Ton ausstoßen* (Reh) **2** ⟨umg.⟩ *hohe Pfeiftöne ausstoßen, winseln* [lautmalend]
**fies** ⟨Adj.; -er, am -esten; umg.⟩ **1** *ekelhaft, widerlich* **2** *gemein* ◆ ein fieser Kerl; fies aussehen [zu mhd. *vist*]
**FIFA, Fifa** ⟨f.; -; unz.; Kurzw. für frz.⟩ *Fédération Internationale de Football Association (Internationaler Fußballverband)*
**Figur** ⟨f. 20⟩ **1** *Abbildung, Darstellung, Umriss, Umrissbild, Zeichnung* **2** ⟨Geom.⟩ *Gebilde aus Linien od. Flächen* **3** *Körperwuchs, -form, Gestalt* **4** ⟨umg.⟩ *Person, Erscheinung* **5** *gestaltete Form, Bildwerk* **6** *Spielstein* (Schachfigur) **7** *Bewegungsablauf beim Tanz u. Eiskunstlauf* **8** ⟨Mus.⟩ *kleine, melodisch od. rhythmisch zusammengehörige Tonfolge, Motiv* **9** ⟨Rhet.⟩ *grammat. od. redner. Wendung, bildhafte od. geistreiche Redewendung* (Redefigur, grammatische Figur) ◆ in diesem Anzug, Kleid **machst** du eine (keine) gute Figur ⟨umg.⟩; sie **zeigte** beim Eiskunstlaufen schwierige Figuren ◆ sie hat eine **ebenmäßige,** hübsche, schlanke, zierliche Figur; eine **gegossene,** gemeißelte, geschnitzte Figur ◆ eine Figur **aus** Bronze, Holz, Metall, Stein [< lat. *figura* „Gestalt"]

FIGURENKARTEN

**Figuration** ⟨f. 20; Mus.⟩ *Auflösung eines Akkords in gleichartige Figuren, Verzierung einer Melodie* [< lat. *figuratio* „Gestaltung, Bildung"]
**figurativ** ⟨Adj.⟩ **1** = *figürlich (1)* **2** *im übertragenen Sinn gebraucht, bildlich, durch einen bildlichen Ausdruck;* Sy *figürlich (2);* Ggs *nonfigurativ* ◆ einen Begriff figurativ wiedergeben
**Figurenkarte** ⟨f. 19; Kart.⟩ ▲ *Spielkarte mit einer bildhaften Darstellung;* Ggs *Zahlenkarte*
**Figurine** ⟨f. 19⟩ **1** *Figürchen* **2** *kleine antike Statue* **3** ⟨Theat.⟩ *kleiner Kostümentwurf, Modezeichnung* **4** ⟨Mal.⟩ *Gestalt im Hintergrund von Landschaftsbildern* [frz., „Statuette, Figürchen"]
**figürlich** ⟨Adj.⟩ **1** *anschaulich, gegenständlich, in Form einer Figur* (Darstellung); Sy *figurativ (1)* **2** = *figurativ (2)* **3** *bezüglich der Figur* ◆ etwas figürlich darstellen
**Fiktion** ⟨f. 20⟩ **1** ⟨Lit.⟩ *Erdichtung, Erdichtetes* **2** *Annahme, Unterstellung (eines nicht wirklichen Falles, um daraus Erkenntnisse abzuleiten)* **3** ⟨Rechtsw.⟩ *Gleichsetzung zweier verschiedener Tatsachen* [< lat. *fictio* „Bildung, Formung, Gestaltung"]
**fiktional** ⟨Adj.⟩ *auf einer Fiktion beruhend* ◆ fiktionale Dichtung, Darstellung
**fiktiv** ⟨Adj.⟩ *erdichtet, nur angenommen, auf einer Fiktion beruhend* ◆ eine fiktive Annahme; ein fiktives Argument [→ *Fiktion*]
**Filet** ⟨[fi'le:] n. 15⟩ **1** *Lendenstück* (vom Schlachtvieh u. Wild) **2** *entgrätetes Rückenstück* (vom Fisch) **3** *abgelöstes Bruststück* (vom Geflügel) **4** *durchbrochene Kettenwirkware* **5** *bei Spitzen auf quadrat. od. schrägem Netzgrund aufgestickte u. -gestopfte Musterung* [frz., „Lendenstück; Netz"]
**Filetarbeit** ⟨[file:-] f. 20⟩ *netzartige Knüpfarbeit aus Leinen, Baumwolle od. Seide mittels Nadel u. Stäbchen, Knüpfarbeit*
**filetieren** ⟨V. t.; hat⟩ *in Filets schneiden* (Fleisch, Fisch)
**Filiale** ⟨f. 19⟩ *Zweigstelle, -geschäft, Niederlassung* [< mlat. *filialis,* Adj. zu lat. *filia* „Tochter"]
**filieren** ⟨V. i.; hat⟩ **1** *eine Filetarbeit herstellen, Netzwerk knüpfen, Fäden ausziehen, spinnen* **2** *zwei Spielkarten vertauschen* [< frz. *filer* „spinnen"]
**filigran** ⟨Adj.⟩ *in der Art des Filigrans, sehr fein gearbeitet, sehr feine Formen aufweisend*
**Filigran** ⟨n. 11⟩ *Geflecht feiner Edelmetalldrähte* [< ital. *filigrana* „feine Flechtarbeit aus Goldfäden und Perlchen" < lat. *filum* „Faden" + *granum* „Korn"]
**Film** ⟨m. 1⟩ **1** *dünnes Häutchen, hauchzarte Schicht* (Ölfilm, Fettfilm) **2** ⟨Fot.⟩ ▲ *mit einer lichtempfindlichen Schicht überzogener, durchsichtiger Streifen für fotografische Zwecke* (Negativfilm, Positivfilm, Umkehrfilm) **3** *ein solcher Streifen, der zur Vorführung im Filmprojektoren bestimmt ist* (Kinofilm, Farbfilm, Kurzfilm, Lehrfilm, Reklamefilm, Spielfilm, Stummfilm, Tonfilm) **4** *Filmbranche, Lichtspielwesen* ◆ die **Handlung** des Films spielt in Rom; der **Hauptdarsteller,** Produzent, Regisseur dieses Films ist ... ◆ einen Film **abdrehen** ⟨umg.⟩ *die Filmaufnahmen beenden;* dieser Film **läuft** jetzt in vielen Kinos ◆ ein **interessanter,** lehrreicher, schlechter, spannender Film ◆ er ist **beim** Film; das Drehbuch **zu** einem Film liefern, schreiben [engl., „Membran, dünnes Häutchen"; verwandt mit *Fell*]
**Filmatelier** ⟨[-lje:] n. 15⟩ *Raum, in dem Filmaufnahmen gemacht werden*
**Filmbericht** ⟨m. 1⟩ *durch Filmaufnahmen veranschaulichter Bericht*

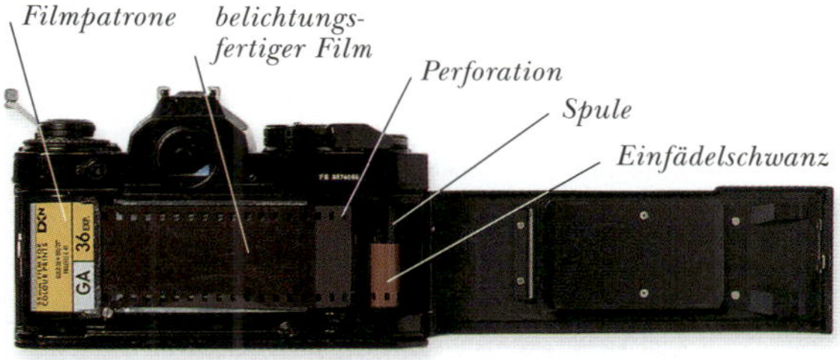

FILM: KLEINBILDFILM IN KAMERA

**Filmbranche** ⟨[-brãʃə] f. 19; unz.⟩ *Wirtschaftszweig, in dem Kinofilme gedreht werden*
**Filmdiva** ⟨[-va] f.; -, -s od. -ven [-vən]⟩ *berühmte Filmschauspielerin*
**filmen** ⟨V.; hat⟩ **I** ⟨V. t.⟩ *mit der Filmkamera aufnehmen* **II** ⟨V. i.⟩ **1** *einen Film aufnehmen, drehen* **2** *in einem Film spielen* ◆ Kinder beim Spielen filmen; eine Komödie filmen
**Filmfestspiele** ⟨Pl.⟩ *Veranstaltung, bei der die besten Filme verschiedener Nationen od. des letzten Jahres zum Wettbewerb gezeigt werden* ◆ Filmfestspiele von Cannes, Venedig
**filmisch** ⟨Adj.⟩ *den Film, die Filmtechnik betreffend, mithilfe des Films* ◆ etwas filmisch darstellen
**Filmkamera** ⟨f. 10⟩ *fotograf. Apparat zum Aufnehmen von Filmen*
**Filmmusik** ⟨f. 20⟩ *eigens für einen Film komponierte Musik*
**Filmprojektor** ⟨m. 23⟩ ▼ *Apparat zum Projizieren eines Films auf die Leinwand, Bildwerfer*
**Filmregisseur** ⟨[-reʒisø:r] m. 1⟩ *Regisseur eines Films*
**Filmriss** ⟨m. 1; in der Wendung⟩ einen Filmriss haben ⟨umg.⟩ *eine plötzliche, vorübergehende Bewusstseinstrübung haben (oft durch Alkoholeinfluss)*
**Filmrolle** ⟨f. 19⟩ **1** *aufgerollter Film (für Kleinbildfotografie)* **2** *darzustellende od. dargestellte Gestalt in einem Film* **3** *aufgezeichneter Text, den der Filmschauspieler zu sprechen hat*

## FILMPROJEKTOR

Im Inneren des Filmprojektors wird helles Licht stark gebündelt und auf den durchlaufenden Filmstreifen gerichtet. Das Malteserkreuz lässt das Licht allerdings nur passieren, wenn sich jedes einzelne Bild in der richtigen Position befindet. Da 24 Bilder in der Sekunde auf der Leinwand erscheinen, lassen sich diese nicht als Einzelbilder erkennen, sondern werden als fließende Bewegung wahrgenommen.

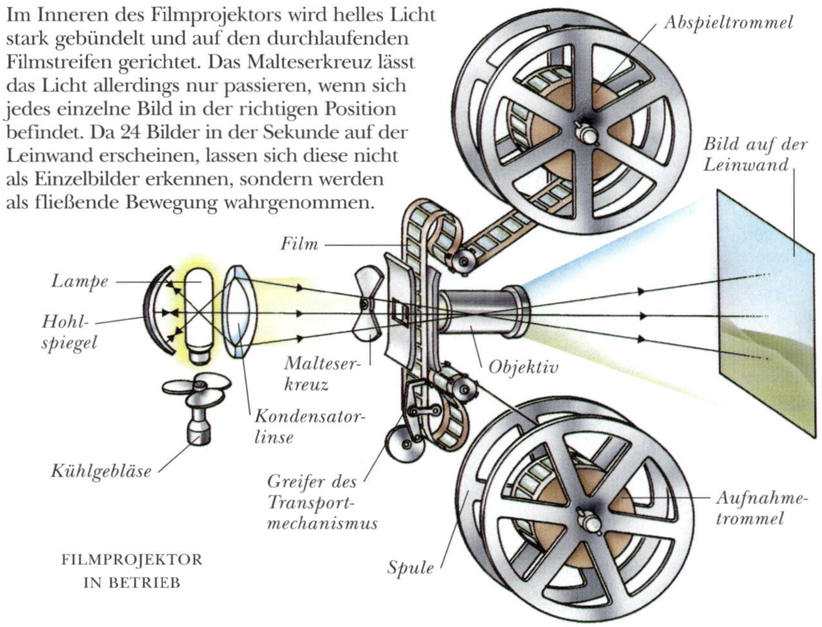

FILMPROJEKTOR IN BETRIEB

## FILTER

Mit Farbfiltern werden bestimmte Farbanteile des Lichts zurückgehalten, wodurch unterschiedliche Farbwirkungen entstehen. Beim Fotografieren muss je nach Grad der Lichtabsorption die Belichtungszeit verlängert werden (Filterfaktor).

BILD OHNE FILTER AUFGENOMMEN – GELBFILTER – ORANGEFILTER – BLAUFILTER

**Filmselbstkontrolle** ⟨f. 19; unz.⟩ *Einrichtung der deutschen Filmwirtschaft zur Feststellung, ob ein Film zur Vorführung in der Öffentlichkeit bzw. vor bestimmten Altersgruppen geeignet ist*

**Filmstar** ⟨m. 6⟩ *berühmter Filmschauspieler, berühmte Filmschauspielerin*

**Filmverleih** ⟨m. 1⟩ **1** *Vermietung von Filmen an die Filmtheaterbesitzer* **2** *Firma, die das Vorführungsrecht an Filmen vom Hersteller kauft u. die Filme dann verleiht*

**Filmwelt** ⟨f. 20; unz.⟩ **1** *Gesamtheit aller am Film Beteiligten, z. B. Schauspieler, Techniker usw.* **2** *die illusionsreiche Welt des Films*

**Filmwirtschaft** ⟨f. 20; unz.⟩ *Gesamtheit der mit Herstellung, Verleih und Aufführung von Filmen zusammenhängenden Unternehmen und Tätigkeiten*

**Filofax** ⟨engl. ['failoufæks] m.; -, -e; Warenzeichen⟩ *Terminkalender in Form eines Ringbuchs mit einlegbaren Tagesblättern, Adressenverzeichnissen, Karten, Registern u. diversen Accessoires* [zu engl. *file* „Ordner, Akte"]

**Filou** ⟨[fi'lu:] m. 6⟩ *Spitzbube, Gauner, Schlaukopf, gerissener od. leichtsinniger Mensch* [frz., „Spitzbube" < engl. *fellow* „Bursche"]

**Filter** ⟨m. 3; Tech. meist: n. 13⟩ **1** *Vorrichtung od. Material zum Trennen fester Stoffe von Flüssigkeiten od. Gasen* **2** ⟨Fot.⟩ ▲ *gefärbte Glasscheibe zum Aufsetzen auf das Objektiv, so dass bestimmte Farben zurückgehalten werden* (Gelbfilter, Rotfilter), *Lichtfilter* **3** ⟨Phys.⟩ *Material od. Gerät zur Veränderung der Intensität od. Zusammensetzung einer (elektromagnet. oder korpuskularen) Strahlung* [< mlat. *filtrum* „Seihgerät aus Filz"; → *Filz*]

**filtern** ⟨V. t.; hat⟩ *mit einem Filter trennen od. klären* (Flüssigkeit, Lichtstrahlen, Schwingungen) ◆ den Kaffee filtern

**Filterpapier** ⟨n. 11⟩ ► *saugfähiges Papier zum Filtrieren von Flüssigkeiten*

**Filterzigarette** ⟨f. 19⟩ *mit einem Filter versehene Zigarette*

**Filtrat** ⟨n. 11⟩ *durch Filtern geklärte, gereinigte Flüssigkeit* [zu mlat. *filtratum* „gefiltert"]

**filtrieren** ⟨V. t.; hat; chem. Fachspr. für⟩ *filtern* [< frz. *filtrer* „filtern" < mlat. *filtrare*]

**Filz** ⟨m. 1⟩ **1** *Stoff aus gepressten, verschlungenen, nicht gewebten, meist tierischen Fasern* **2** ⟨fig.; abwertend⟩ *untereinander eng verflochtener, korrumpierter Personenkreis polit. od. gesellschaftl. Machthaber* **3** ⟨österr.⟩ *unausgeschmolzenes Fett* **4** ⟨umg.⟩ *Geizhals* [< ahd. *vilz*, engl. *felt*]

**filzen** ⟨V.; hat⟩ **I** ⟨V. t.⟩ **1** *zu Filz verarbeiten* **2** ⟨umg.⟩ *schelten* **3** *durchsuchen (nach verbotenen Gegenständen od. Waren)* ◆ ein Tier beim Kauf filzen *befühlen;* ein Kleidungsstück filzen ⟨umg.⟩ *auf Ungeziefer untersuchen* **II** ⟨V. i.; umg.⟩ **1** *geizen, knausern* **2** *sich verfilzen* (Wolle) **3** ⟨umg.⟩ *(fest) schlafen* [< mhd. *vilzen* „einen derben Verweis geben", eigtl. „durchwalken wie Filz", Handwerksburschensprache um 1885; *filzen* = „untersuchen auf Reinlichkeit"]

**Filzlaus** ⟨f. 7u; Zool.⟩ *etwa 1 mm große Laus, die sich fast ausschließlich in der Schambehaarung des Menschen, manchmal auch in den Achselhaaren aufhält: Phthirius pubis*

**Filzschreiber** ⟨m. 3⟩ *Schreib- oder Malstift mit einer faserigen Spitze*

**Fimmel** ⟨m. 5⟩ **1** ⟨Bgb.⟩ *Spaltkeil, schwerer Eisenhammer* **2** ⟨umg.⟩ *kleine Verrücktheit, Verschrobenheit, Schrulle, leidenschaftl. Besessenheit für etwas* (Filmfimmel, Theaterfimmel) ◆ er hat einen Fimmel ⟨umg.⟩ [Herkunft ungeklärt]

**final** ⟨Adj.⟩ **1** *abschließend, beendend, zweckbestimmt* **2** ⟨Gramm.⟩ *den Zweck, die Absicht bezeichnend* (von Konjunktionen) [< neulat. *finalis* „am Ende befindlich, das Ende, den Zweck betreffend"; zu lat. *finis* „Ende"]

**Finale** ⟨n. 13 od. n. 15⟩ **1** ⟨allg.⟩ *Schlussteil* **2** ⟨Mus.⟩ *Schlusssatz (einer Sinfonie), Schlussteil (einer Oper od. Sinfonie)* **3** ⟨Sp.⟩ *Schlussrunde, Endkampf* [ital., „Schlussstück"]

**Finalsatz** ⟨m. 1u; Gramm.⟩ *Nebensatz, der einen Zweck od. eine Absicht ausdrückt*

**Finanzamt** ⟨n. 12u⟩ *die unterste Behörde der Finanzverwaltung, Steuerbehörde*

**Finanzausgleich** ⟨m. 1⟩ *Verteilung der öffentl. Gelder auf Länder u. Gemeinden*

**Finanzen** ⟨nur Pl.⟩ **1** *öffentliches Geldwesen, Staatsgelder, Staatshaushalt* **2** *Vermögen, Vermögenslage* ◆ meine Finanzen ⟨umg.⟩ *meine Geldmittel* [< frz. *finances* < mlat. *finantia* „Beendigung, endgültiger Entscheid, Zahlungsbefehl, Zahlung"; zu mlat. *finare* „beenden", lat. *finire* „beenden"]

**finanziell** ⟨Adj.⟩ *die Finanzen, das Vermögen betreffend, geldlich*

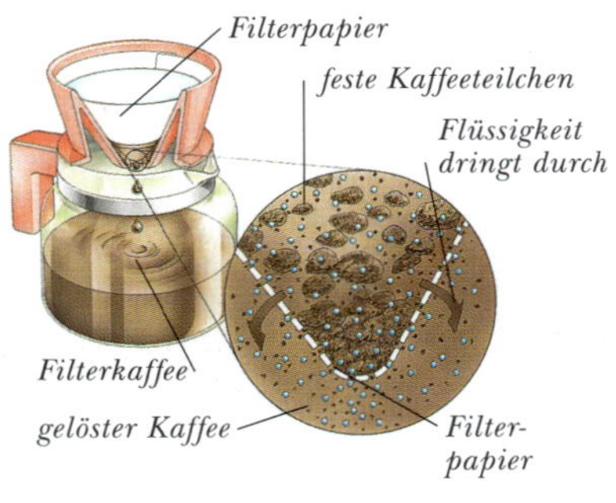


FILTERPAPIER: KAFFEEFILTER

FINGERHUT: ROTER FINGERHUT (*Digitalis purpurea*)

**finanzieren** ⟨V. t.; hat⟩ *mit Geldmitteln ausstatten, durch Geld ermöglichen*

**finanzkräftig** ⟨Adj.⟩ *über reichliche Geldmittel, gute Finanzen verfügend*

**Finanzlage** ⟨f. 19; unz.⟩ *finanzielle Situation, Vermögenslage*

FINGERHUT

**Finanzverwaltung** ⟨f. 20⟩ **1** *Durchführung aller die Finanzwirtschaft betreffenden Maßnahmen* **2** *Gesamtheit der damit beauftragten Behörden*

**Finanzwesen** ⟨n.; -s, unz.⟩ *alles, was mit den öffentl. Finanzen, Finanzbehörden, der Finanzwirtschaft usw. zusammenhängt*

**Findelkind** ⟨n. 12⟩ *von den Eltern ausgesetztes Kind* [< frühnhd. *Fündelkind; Fündel:* süddt. Verkleinerungsform zu *Fund,* dann an *finden* angelehnt]

**finden** ⟨V. 134; hat⟩ **I** ⟨V. t.⟩ **1** *zufällig, durch Suchen od. durch Nachdenken auf etwas stoßen, etwas entdecken, erlangen* **2** *erhalten, erwerben* **3** *der Meinung, Ansicht sein, erachten, halten für, erkennen als* ◆ ich finde, dass ...; gute **Aufnahme** finden *gut aufgenommen werden;* wir müssen einen **Ausweg,** Mittel und Wege finden, damit ...; ich habe die **Lösung** gefunden ◆ jmdn. **bereit** finden, etwas zu tun; etwas **falsch,** gut, praktisch, richtig, schön, unpassend finden ◆ ich finde nichts Schlimmes **dabei;** ich finde nichts **daran** *es gefällt mir gar nicht, es reizt mich gar nicht* ◆ **wie** finden Sie das? *was sagen Sie dazu?* **II** ⟨V. refl.⟩ sich finden **1** *aufgefunden werden* **2** *Freunde werden* **3** ⟨unpersönl.⟩ **3.1** *sich ergeben* **3.2** *sich regeln* **3.3** *sich herausstellen* **3.4** *vorkommen* ◆ er hat sich (wieder) gefunden *ist zur Selbstbesinnung gekommen;* das wird sich (alles) finden *das wird sich ergeben, regeln* ◆ der **Schlüssel** wird sich schon wieder finden *wird wieder zum Vorschein kommen;* das **Verlorene** hat sich gefunden ◆ er kann sich nicht **in** sein Los, Schicksal finden *damit abfinden, es überwinden, sich darein fügen* [< ahd. *findan,* engl. *find;* hierzu: *fahnden*]

**Finderlohn** ⟨m. 1u⟩ *gesetzlich vorgeschriebene Belohnung für jmdn., der etwas Verlorenes gefunden u. abgeliefert hat*

**findig** ⟨Adj.⟩ **1** *klug, schlau, pfiffig, einfallsreich* **2** ⟨Bgb.⟩ = *fündig (1)* ◆ ein findiger Kopf [< mhd. *vündec* „erfinderisch"; zu *vunt* „Erfindung", an *finden* angelehnt]

**Findling** ⟨m. 1⟩ **1** ⟨Geol.⟩ *erratischer Block, von Eiszeitgletschern verschleppter Felsbrocken* **2** *Findelkind* [< mhd. *vundelinc;* zu *vunt* „Fund"; an *finden* angelehnt]

**Finesse** ⟨f. 19⟩ *Feinheit, Schlauheit, Kniff, Trick* ◆ mit allen erdenklichen Finessen [frz., „Feinheit, Scharfsinn"]

**Finger** ⟨m. 3⟩ *jeder der fünf bewegl. einzelnen Endglieder der Hand, die den fünf Mittelhandknochen aufsitzen* (Mittelfinger, Ringfinger, Zeigefinger) ◆ sich die Finger nach etwas **lecken** *gierig nach, begierig auf etwas sein;* er **rührt** keinen Finger, macht keinen Finger krumm für seinen kranken alten Vater ⟨fig., umg.⟩ *er tut nichts für ihn* ◆ **dicke,** kurze, lange, schlanke, zarte Finger; **krumme,** lange Finger machen ⟨fig.; umg.⟩ *stehlen;* etwas mit **spitzen** Fingern anfassen *vorsichtig, um es möglichst wenig zu berühren (vor Ekel)* ◆ etwas **an** den Fingern abzählen; du musst ihm mal **auf** die Finger klopfen ⟨fig.; umg.⟩ *ihn strafen, zurechtweisen;* lass die Finger **davon!** ⟨fig.; umg.⟩ *kümmere dich nicht darum, befasse dich nicht damit;* da hat er sich aber **in** den Finger geschnitten ⟨fig.; umg.⟩ *sich selbst geschadet* [< ahd. *fingar,* engl. *finger;* → *fünf*]

**Fingerabdruck** ⟨m. 1u⟩ *Abdruck der Hautlinien an den Fingerbeeren (zur Feststellung der Identität);* Sy *Daktylogramm*

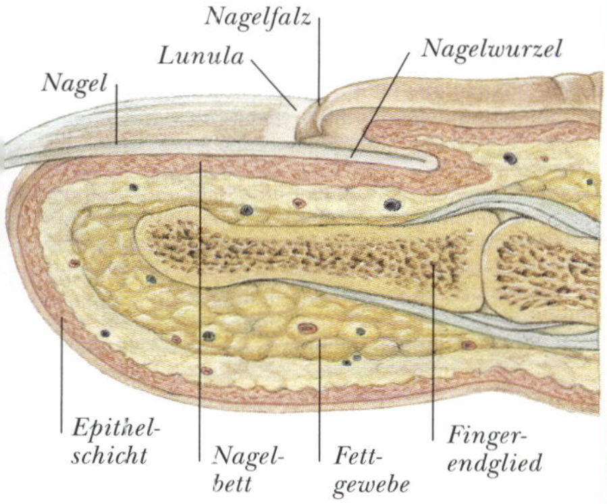


FINGERSPITZE: SCHNITT DURCH DIE FINGERSPITZE MIT DEM NAGEL

**fingerbreit** ⟨Adj.⟩ *so breit wie ein Finger* ◆ ein fingerbreiter Riss, Spalt

**fingerdick** ⟨Adj.⟩ *so dick wie ein Finger* ◆ ein fingerdickes Seil

**fingerfertig** ⟨Adj.⟩ *geläufig, geschickt, flink mit den Fingern*

**Fingerhandschuh** ⟨m. 1⟩ *Handschuh mit einzeln ausgearbeiteten Fingern;* → a. *Fausthandschuh*

**Fingerhirse** ⟨f. 19; unz.⟩ *Angehörige einer in den wärmeren Zonen der Alten Welt heim. Gattung von Gräsern: Eleusine* ◆ Indische Fingerhirse *gemeines Unkraut der Tropen u. Subtropen: E. indica*

**Fingerhut** ⟨m. 1u⟩ **1** ◄ *Metall- od. Plastikkappe zum Schutz des Mittelfingers beim Nähen* **2** ⟨Bot.⟩ *Angehörige einer giftigen, als Herz- u. Kreislaufmittel verwendeten, Glykoside enthaltenden Gattung der Rachenblütler: Digitalis* ◆ ⟨Bot.⟩ Roter Fingerhut: ◄ *Digitalis purpurea;* Großblütiger Fingerhut: *Digitalis grandiflora;* Gelbblütiger Fingerhut: *Digitalis lutea;* einen Fingerhut voll *so viel (Flüssigkeit, Pulver o. Ä.) wie in einen Fingerhut geht;* ⟨fig.⟩ *eine geringe Menge*

**...fingerig** ⟨in Zus.⟩ *mit einer bestimmten Anzahl od. Art von Fingern versehen,* z. B. langfingerig, kurzfingerig, fünffingerig

**Fingerkraut** ⟨n. 12u; unz.⟩ *Rosengewächs mit fingerförmig geteilten Blättern: Potentilla*

**fingern** ⟨V.; hat⟩ **I** ⟨V. i.⟩ an etwas fingern *etwas mit den Fingern berühren, ohne Sinn u. Zweck anfassen u. daran arbeiten* **II** ⟨V. t.; fig.; umg.⟩ eine Sache fingern *geschickt zuwege bringen*

**Fingernagel** ⟨m. 5u⟩ *Hornplättchen am Ende des Fingers*

**Fingersatz** ⟨m. 1u; Mus.⟩ *Bezeichnung des zweckmäßigen Verwendens der einzelnen Finger beim Spielen eines Musikinstrumentes* ◆ Noten mit Fingersatz versehen *die Verwendung der einzelnen Finger mit Zahlen über od. unter den Noten bezeichnen*

**Fingerspitze** ⟨f. 19⟩ ▲ *Kuppe, Ende des Fingers* ◆ er ist musikalisch bis in die Fingerspitzen ⟨fig.⟩ *ganz außerordentlich musikalisch*

**Fingerspitzengefühl** ⟨n. 11; unz.; fig.⟩ *Feingefühl (bes. im Umgang mit Menschen), Ahnungsvermögen* ◆ hierfür braucht man, hierzu gehört Fingerspitzengefühl

**Fingertier** ⟨n. 11; Zool.⟩ ► *nächtlich aktiver Halbaffe Madagaskars mit nagetierähnlichem Gebiss, bis 50 cm lang mit ebenso langem Schwanz, die schlanken, langkralligen Finger dienen zum Hervorholen von Insekten u. Bambusmark: Daubentonia madagascariensis;* Sy *Aye-Aye*

**fingieren** ⟨V. t.; hat⟩ *vortäuschen, erdichten, unterstellen* ◆ eine fingierte Rechnung [< lat. *fingere* „gestalten, ersinnen"]

**finit** ⟨Adj.; Gramm.⟩ *bestimmt;* Ggs *infinit (1)* ◆ finite Verbform *die konjugierte Verbform;* [< lat. *finitus*]

**Fink** ⟨m. 16⟩ ▼ *Angehöriger einer Unterfamilie der Singvögel, starengroß, mit kräftigem Schnabel: Fringillina* [< ahd. *finc(h)o,* engl. *finch*]

**Finkenhabicht** ⟨m. 1; Zool.⟩ ► = *Sperber*

**Finkenkönig** ⟨m. 1; Zool.⟩ ► = *Kernbeißer (1)*

**Finn-Dinghi, Finn-Dingi** ⟨n. 15; Sp.⟩ *kleines Einmannsegelboot, Jolle für Segelsportwettbewerbe;* → a. *Dinghi (2)*

**Finne**[1] ⟨f. 19⟩ **1** *Larve mancher Bandwürmer* **2** Finnen ⟨Pl.⟩ *Finnenausschlag, eine Hautkrankheit* [< mhd. *vinne, pfinne* „Finne, Blasenwurm"]

**Finne**[2] ⟨f. 19⟩ *Flosse, Rückenflosse der Haie u. Wale* [< nddt. *finne,* engl. *fin* „Flosse", Grundbedeutung: „spitzer Auswuchs"; → *Pinne*]

**Finne**[3] ⟨m. 17⟩ *Einwohner von Finnland*

**finnisch** ⟨Adj.⟩ *zu Finnland gehörig, Finnland betreffend* ◆ finnische Sprache *zur finn.-ugr. Sprachgruppe gehörige, in Finnland gesprochene Sprache;* finnisch-ugrische Sprachen *nicht indogerman. Sprachgruppe, die in der Hauptsache die finn., lapp., estn. u. ungar. Sprache umfasst*

FINK: ZEBRAFINKEN *(Poephia guttata)*

**Finnmark** ⟨f.; -, -; Abk.: Fmk⟩ *finnische Währungseinheit, 100 Penni*

**finnougrisch** ⟨Adj.⟩ finnougrische Sprachen *nicht indogerman. Sprachgruppe, die im Wesentlichen die finnische, lappische, estnische u. ungarische Sprache umfasst*

**Finnwal** ⟨m. 1; Zool.⟩ **1** ⟨i. w. S.⟩ *Angehöriger einer Familie der Bartenwale, schlanker Meeressäuger mit Längsfurchen von der Kehle bis zum Bauch u. Rückenflosse (Finne): Balaenopteridae* **2** ⟨i. e. S.⟩ ▼ *bis 25 m lange Art im Nordatlantik u. Nördl. Eismeer: Balaenoptera physalus*

**finster** ⟨Adj.⟩ **1** *dunkel, lichtlos* (Nacht) **2** ⟨fig.⟩ *drohend, ernst, düster, verdrossen* (Blick, Gesicht) **3** *unheilschwer, böse* (Tat, Zukunft) ◆ das scheint eine finstere **Angelegenheit** zu sein ⟨fig.⟩ *unkorrekte, nicht saubere Angelegenheit;* ein finsterer **Bursche** *ein unheiml. Mensch, dem man nichts Gutes zutraut;* finstere **Gedanken** gegen jmdn. hegen ◆ **im** Finsteren *in der Dunkelheit* [< ahd. *finstar* < *dinstar;* verwandt mit *Dämmer, diesig*]

FINNWAL *(Balaenoptera physalus)*

FINGERTIER *(Daubentonia madagascariensis)*

**Finsternis** ⟨f. 9⟩ **1** *tiefe Dunkelheit* **2** ⟨Astron.⟩ ►► *Verdeckung eines Himmelskörpers durch einen andern, von der Erde aus gesehen* (Sonnenfinsternis, Mondfinsternis) ◆ eine ägyptische Finsternis ⟨fig.⟩ *undurchdringliche Dunkelheit*

**Finte** ⟨f. 19⟩ **1** *Scheinangriff* **2** *Täuschung* **3** ⟨fig.⟩ *Vorwand, Ausflucht, List* ◆ jmdn. durch eine Finte ablenken, täuschen [< ital. *finta* „List"; → *fingieren, Fiktion*]

**Firma** ⟨f.; -, Firmen; Abk.: Fa.⟩ **1** *Geschäft, Betrieb* **2** *Geschäfts-, Handelsname* [< ital. *firma* „(sichere) Unterschrift"; zu lat. *firmus* „fest"]

**Firmament** ⟨n. 11; unz.⟩ = *Himmel (1)* [< lat. *firmamentum* „Himmelsgewölbe"; zu *firmus* „fest"]

**firmen** ⟨V. t.; hat; kath. Kirche⟩ jmdn. firmen *jmdm. die Firmung erteilen* [< lat. *firmare* „befestigen"]

**firmieren** ⟨V. i.; hat⟩ *einen Geschäftsnamen führen, mit diesem unterzeichnen* ◆ das Textilwarengeschäft firmiert unter dem Namen Schmidt & Söhne [→ *Firma*]

**Firmung** ⟨f. 20; kathol. Kirche⟩ *vom Bischof durch Salbung u. Handauflegen vollzogenes katholisches Sakrament, dient der Kräftigung im Glauben u. verleiht die Gnade der Standhaftigkeit;* → a. *Konfirmation* [→ *firmen*]

**Firn** ⟨m. 1⟩ *zu Eis gewordener, „ewiger" Schnee im Hochgebirge*

**Firnis** ⟨m.; -ses, -se⟩ **1** *rasch trocknende Flüssigkeit, die eine feine, durchsichtige Schicht ergibt u. die darunter liegende Fläche (z. B. Gemälde) widerstandsfähig (gegen Lufteinflüsse usw.) macht* **2** ⟨sinnbildl. für⟩ *äußerl. Hülle, äußerer Schein* [< mhd. *vernis* < frz. *vernis* < mlat. *veronix* (8. Jh.) < grch. **beronike;* nach der Stadt *Berenike* (heute Bengasi) in der Kyrenaika, diese nach der ägypt. Königin *Berenike II.* (gest. kurz nach 221); aus der Stadt Bengasi kannte das späte Altertum den lackartigen Anstrich]

**First** ⟨m. 1⟩ **1** *oberste Kante des Daches* (Dachfirst) **2** ⟨poet.⟩ *Berggipfel, -kamm* [< ahd. *first*]

**first class** ⟨['fɜːst 'klaːs] Adj.; ohne Dekl.⟩ *erstklassig, von der besten Klasse*

**First Lady** ⟨['fɜːst 'lɛidi] f.; - -, - -s⟩ *Ehefrau eines Staatsoberhauptes* ◆ Englands, Frankreichs First Lady [engl., eigtl. „erste Dame"]

## FINSTERNIS

Zu einer Mondfinsternis kommt es dann, wenn die Erde genau zwischen Sonne und Vollmond steht. Der Erdschatten fällt verdunkelnd auf den Mond. Eine Sonnenfinsternis kommt zustande, wenn der Mond genau zwischen der Erde und der Sonne vorbeizieht und dabei die Sonnenscheibe bedeckt. Bei beiden Phänomenen entstehen Kern- und Halbschatten, sodass sie als totale und partielle Ereignisse beobachtet werden können.

MONDFINSTERNIS

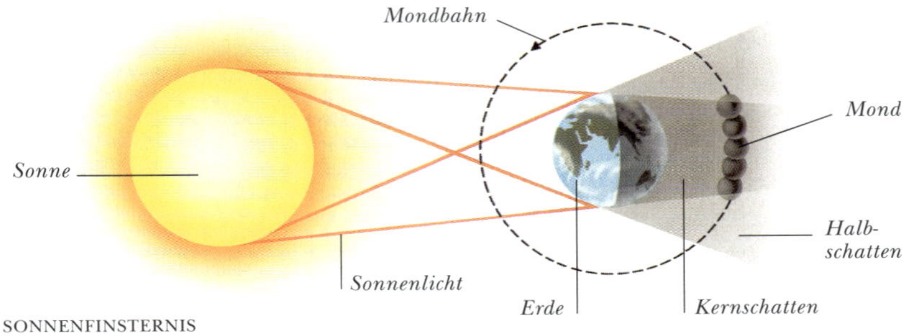


SONNENFINSTERNIS

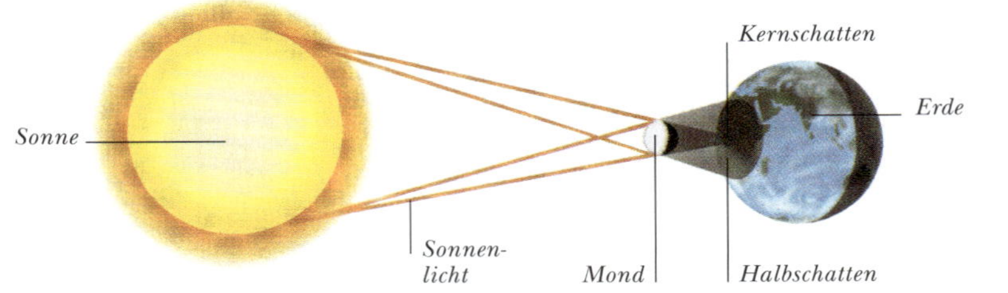


**fis I** ⟨n.; -, -; Mus.⟩ *Tonbezeichnung, das um einen halben Ton erhöhte f* **II** ⟨ohne Art.; Mus.; Abk. für⟩ *fis-Moll (Tonartbezeichnung)*

**Fis** ⟨n.; -, -; Mus.⟩ **I** *Tonbezeichnung, das um einen halben Ton erhöhte F* **II** ⟨ohne Art.; Mus.; Abk. für⟩ *Fis-Dur (Tonartbezeichnung)*

**Fisch** ⟨m. 1⟩ **1** ► *im Wasser lebendes Wirbeltier mit paarig angeordneten Brust- u. Bauchflossen, unpaarigen Rücken- u. Schwanzflossen, Kiemenatmung u. mit Schuppen bedeckter Haut: Pisces* **2** Fische ⟨Pl.; Astron.⟩ ▼ *zwei Sternbilder des südlichen Himmels* ◆ Fische **angeln,** fangen ◆ **Fliegender** Fisch: → *fliegen;* **gebratener,** gekochter, panierter, überbackener Fisch (als Speise); einen **dicken** Fisch fangen ⟨fig.; umg.⟩ *einen Schwerverbrecher fangen;* das sind **kleine** Fische! ⟨fig.; umg.⟩ *das ist eine Kleinigkeit, leicht zu bewältigen* ◆ gesund und munter sein **wie** ein Fisch im Wasser ⟨fig.; umg.⟩ [< ahd. *fisc,* engl. *fish*]

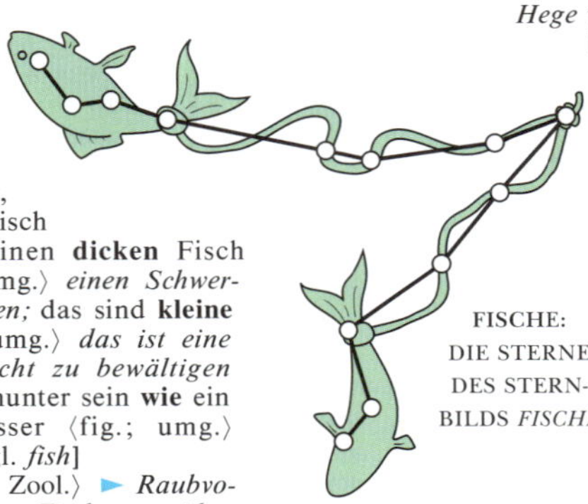

FISCHE: DIE STERNE DES STERNBILDS *FISCHE*

**Fischadler** ⟨m. 3; Zool.⟩ ► *Raubvogel, der sich von Fischen ernährt: Pandion haliaetus;* Sy *Flussadler*

**Fischauge** ⟨n. 28⟩ **1** ⟨allg.⟩ *Auge des Fisches* **2** ⟨Fot.⟩ *Objektiv mit extrem weitem Bildwinkel (ca. 180°)*

**Fischbandwurm** ⟨m. 2u⟩ *im Darm von Fisch fressenden Säugern u. von Menschen lebender Bandwurm: Diphyllobothrium latum*

**Fischbein** ⟨n. 11; unz.⟩ **1** *Horn aus den Barten der Bartenwale* **2** *daraus gefertigte Stäbchen für Mieder*

**Fischblase** ⟨f. 19⟩ **1** *Schwimmblase der Fische* **2** ⟨Arch.⟩ *fischblasenartiges Ornament (bes. im got. Maßwerk)*

**Fischechse** ⟨[-ks-] f. 19⟩ ► = *Ichthyosaurus*

**fischen** ⟨V. t. u. V. i.; hat⟩ **1** *Fische fangen (mit Angel, Netz), angeln* **2** ⟨Jägerspr.⟩ *auf Fischfang ausgehen* (von Fisch fressendem Wild) ◆ etwas od. jmdn. aus dem Wasser fischen ⟨umg.⟩ *herausziehen*

**Fischer** ⟨m. 3⟩ **1** *jmd., der Fische fängt, Angler* **2** *Handwerker der See-, Hochsee-, Küsten-, Binnenfischerei*

**Fischerboot** ⟨n. 11⟩ *Boot für Binnen- od. Küstenfischerei*

**Fischerei** ⟨f. 18; unz.⟩ **1** *das Fischen* **2** *Fang u. Hege von Nutzfischen*

**Fischernetz** ⟨n. 11⟩ *Fangnetz der Fischer;* Sy *Fischnetz*

**Fischgift** ⟨n. 11⟩ **1** *in den Giftdrüsen mancher Fische (z. B. Petermännchen, Austral. Feuerfisch) od. im Rogen der Barbe, im Blut des Aals erzeugter Giftstoff* **2** *durch Zersetzung von Fischfleisch entstehender Giftstoff*

**Fischgräte** ⟨f. 19⟩ *Knochen des Fischs*

**Fischgrätenmuster** ⟨n. 13; Textilw.⟩ *Stoffmuster in Form von Fischgräten bei Köperbindung*

**Fischgrätenstich** ⟨m. 1⟩ *fischgrätenähnlicher Zierstich*

**Fischkunde** ⟨f. 19; unz.⟩ *Wissenschaft von den Fischen;* Sy *Ichthyologie*

**Fischkutter** ⟨m. 3⟩ = *Kutter*

**Fischlaich** ⟨m. 1⟩ *die abgelegten Eier der Fische*

**Fischleim** ⟨m. 1⟩ *dickflüssiger, saurer Leim aus Fischabfällen, Klebstoff für Papier, Gewebe, Glas u. Porzellan*

**Fischmolch** ⟨m. 1; Zool.⟩ *Angehöriger einer Familie der Schwanzlurche mit langem Rumpf u. sehr kleinen Beinen: Amphiumidae*

**Fischnetz** ⟨n. 11⟩ = *Fischernetz*

**Fischöl** ⟨n. 11⟩ = *Tran*

**Fischotter** ⟨m. 3⟩ *langer, niedriger Otter mit starkem Schwanz u. Schwimmhäuten, der von Wassertieren lebt: Lutra lutra*

**Fischreiher** ⟨m. 3; Zool.⟩ *grauer Reiher, nistet auf Bäumen, frisst neben Mäusen u. Fröschen auch Weißfische: Ardea cinerea*

**Fischrogen** ⟨m. 4⟩ *die Eier im Leib des weibl. Fisches*

**Fischschuppe** ⟨f. 19⟩ *Hautplättchen der meisten Fische*

**Fischsterben** ⟨n.; -s; unz.⟩ *Sterben der Fische aufgrund der Belastung von Gewässern mit Schadstoffen*

**Fischtran** ⟨m. 1⟩ *flüssiger Speck größerer Fische*

**Fischzucht** ⟨f. 20⟩ *Haltung u. Pflege verschiedener Fischarten zu wirtschaftlichen Zwecken* ◆ künstliche Fischzucht *Vermehrung des Fischbestandes durch künstl. Befruchtung;* natürliche Fischzucht *natürl. Vermehrung in Laich- u. Brutteichen*

**Fischzug** ⟨m. 1u⟩ **1** *Fischfang mit dem Netz* **2** ⟨fig.⟩ *Unternehmen mit der Aussicht auf reiche Beute*

**Fis-Dur** ⟨n.; -; unz.; Mus.; Abk.: Fis⟩ *auf dem Grundton Fis beruhende Dur-Tonart*

**Fisimatenten** ⟨nur Pl.; umg.⟩ **1** *Ausflüchte, Umstände* **2** leichtfertige Streiche, Flausen [< *visepatentes* (16. Jh.) < lat. *visae patentes (litterae)* „ordnungsgemäß verdientes Patent", dann „überflüssige bürokratische Schwierigkeiten; beeinflusst von mhd. *visament* „Zierrat"]

**Fiskus** ⟨m.; -; unz.⟩ **1** *Staatsvermögen* **2** *der Staat als Besitzer von Vermögen* **3** *Finanzverwaltungsabteilung* (Steuerfiskus) [< lat. *fiscus* „Geldkorb, Geldkasse, Staatskasse"]

**fis-Moll** ⟨n.; -; unz.; Mus.; Abk.: fis⟩ *auf dem Grundton fis beruhende Moll-Tonart*

**Fission** ⟨f. 20; fachsprachl. Bez. für⟩ *Spaltung (2) (z. B. Kernspaltung)* [< lat. *fissio* „das Spalten, Zerteilen"]

**Fissur** ⟨f. 20⟩ **1** *Knochenriss* **2** *kleiner, schon heilender Schleimhautriss* **3** *Furche, Einschnitt, z. B. zwischen einzelnen Hirnlappen* [< lat. *fissura* „Riss"]

**Fistel** ⟨f. 21⟩ **1** *abnorme, natürl. od. künstl. kanalartige Verbindung zwischen zwei Hohlorganen od. zwischen einem Hohlorgan und der Körperoberfläche* **2** = *Fistelstimme* [< ahd. *fistul* „tief gehendes Geschwür" < lat. *fistula* „Rohrpfeife"]

**Fistelstimme** ⟨f. 19⟩ **1** *die hauchige, nicht durch Brustresonanz verstärkte Kopfstimme des Mannes;* Sy ⟨kurz⟩ *Fistel (2);* → a. *Falsett* **2** ⟨umg.⟩ *sehr hohe, feine Stimme* [zu lat. *fistula* „Rohrpfeife"]

**fit** ⟨Adv.; bes. Sp.⟩ *leistungsfähig, gesund, gut in Form* ◆ er ist noch total fit [engl., „passend, angemessen, tauglich"]

**Fitness** ⟨f.; -; unz.; Sp.⟩ *das Fitsein, Leistungsfähigkeit* ◆ die eigene Fitness ausbauen, erhalten, verbessern; sie arbeitet sehr hart an ihrer Fitness [engl., „Angemessenheit, Tauglichkeit, Eignung"]

FISCHADLER
*(Pandion haliaetus)*

# FISCHE

Weltweit gibt es über 20 000 Fischarten. Man teilt sie in zwei Gruppen ein: Knochenfische und Knorpelfische. Die Knochenfische haben ein knöchernes Skelett, eine Schwimmblase und Kiemendeckel, die die Kiemenspalten schützen. Die Knorpelfische, zu denen Haie, Rochen und Seedrachen zählen, haben ein reines Knorpelskelett und zahnartige Plakoidschuppen. Die Rundmäuler gehören trotz ihrer fischähnlichen Gestalt nicht zu den Fischen. Sie besitzen keinen Unterkiefer und saugen sich an anderen Tieren fest.

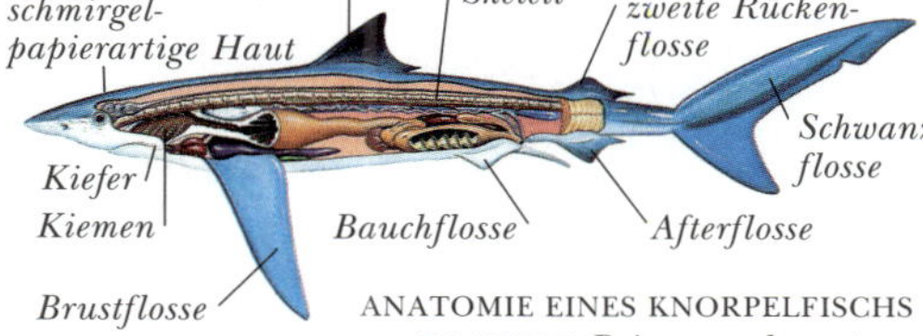


ANATOMIE EINES KNORPELFISCHS (BLAUHAI, *Prionace glauca*)

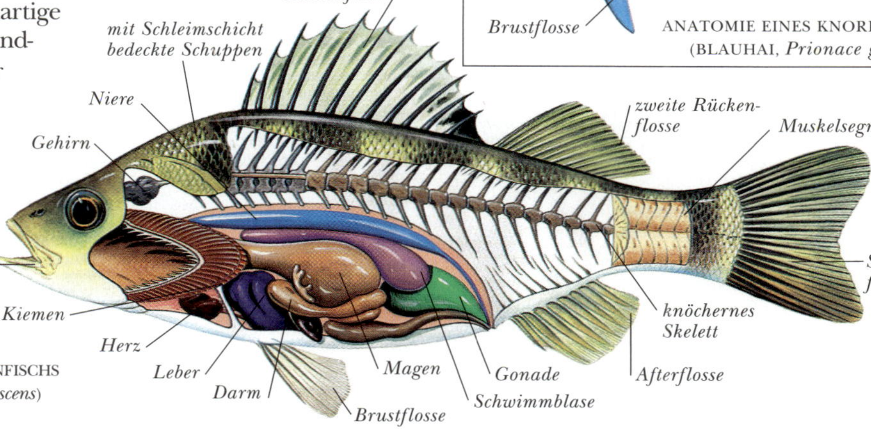


ANATOMIE EINES KNOCHENFISCHS (GELBBARSCH, *Perca flavescens*)

## WEITERE FISCHARTEN

### KNOCHENFISCHE

BLATTNASENMURÄNE (*Rhinomuraena amboinensis*)

ROTFEUERFISCH (*Pterois radiata*)

DOKTORFISCH (*Acanthurus leucosternon*)

SEEPFERDCHEN (*Hippocampus* species)

HECHT (*Esox lucius*)

KOFFERFISCH (*Ostracion meleagris*)

LEIERFISCH (*Synchiropus splendidus*)

### KNORPELFISCHE

STIERKOPFHAI (*Heterodontus francisci*)
► *Haie*

LEOPARDHAI (*Triakis semifasciata*)
► *Haie*

CHIMÄRE (*Chimaera monstrosa*)

ROCHEN (*Raja* species)
► *Rochen*

## RUNDMÄULER

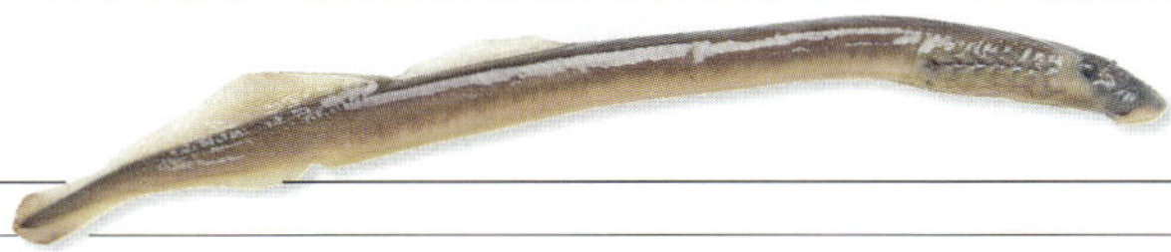

NEUNAUGE (*Lampetra fluviatilis*)

F

**Fitnesscenter** ⟨[-sɛn-] n. 13⟩ *Räumlichkeit, in der man an verschiedenen Sportgeräten seine körperliche Verfassung verbessern od. erhalten kann*

**Fitnesstraining** ⟨[-trɛi-] od. [-tre:-] n. 15⟩ *sportliches Training zur Erlangung od. Erhaltung der körperlichen Leistungsfähigkeit*

**Fittich** ⟨m. 1; poet.⟩ *Flügel, Schwinge* ◆ jmdn. unter seine Fittiche nehmen ⟨fig.; umg.⟩ *in Obhut, unter wohlwollende Aufsicht* [< ahd. *fettah;* verwandt mit *Feder*]

**fitzen**[1] ⟨V. t.; hat; mitteldt.; nddt.⟩ **1** *in Fitzen ordnen* (Garn) **2** *abziehen, entfäden* (Bohnen) **3** ⟨umg.⟩ *mit einer Rute schlagen* [< ahd. *fizza* „eine beim Haspeln abgeteilte Anzahl Fäden"]

**fitzen**[2] ⟨V. i.; hat; fig.; umg.⟩ *aufgeregt, unruhig, überhastet arbeiten* [→ *ficken*]

**fix** ⟨Adj.; nur umg.; -er, am -esten⟩ **1** *fest, feststehend, unverändert* (Kosten) **2** ⟨umg.⟩ *flink, behände, schnell, rasch* ◆ fix! ⟨umg.⟩ *schnell!;* er ist ein fixer Bursche, Junge ⟨umg.⟩ [< frz. *fixe* „fest(stehend), unbeweglich"; in der Bedeutung „flink" vermutlich in der Studentenspr. aus *fix* „fest, sicher" abgeleitet (ein fixer Fechter), zuerst „gewandt", dann „behände"]

FLACHS

**Fixativ** ⟨n. 11⟩ *Mittel zum Härten, Festigen (z. B. von Filmen gegen Licht, von Haar bei der Dauerwelle, von Zeichnungen gegen Verwischen)* [< frz. *fixatif* „Fixativ"]

**fixen** ⟨V. i.; hat⟩ **1** ⟨Kaufmannsspr.⟩ *auf Zeit verkaufen, auf Baisse spekulieren* **2** *sich (selbst) Rauschgift einspritzen* [< engl. *fix* „festlegen, bestimmen"]

**Fixer** ⟨m. 3⟩ **1** ⟨Kaufmannsspr.⟩ *Börsenspekulant, der auf Baisse rechnet* **2** *jmd., der sich regelmäßig Rauschgift einspritzt*

**Fixierbad** ⟨n. 12u; Fot.⟩ *Lösung mit Fixiersalz zum Fixieren*

**fixieren** ⟨V. t.; hat⟩ **1** *mit Fixativ härten, festigen* **2** *festsetzen* (Zeitpunkt) ◆ jmdn. fixieren *starr ansehen, anstarren* [< frz. *fixer* „starr ansehen" < mlat. *fixare* „festsetzen"]

**fixiert** ⟨in den Wendungen⟩ **1** auf etwas fixiert sein *starr auf etwas gerichtet sein, etwas nicht aus den Augen lassen, etwas erstreben, haben wollen* **2** auf jmdn. fixiert sein *an jmdn. gebunden, von jmdm. abhängig sein*

**Fixpunkt** ⟨m. 1⟩ **1** *fester Punkt, der zum Eichen dient, z. B. Siede-, Gefrierpunkt* **2** *Festpunkt*

**Fixstern** ⟨m. 1; Astron.⟩ *sehr weit entfernter, selbstleuchtender Himmelskörper, der scheinbar feststeht, in Wirklichkeit aber seinen Ort sehr langsam ändert*

**Fjord** ⟨m. 1⟩ *schmaler, tief ins Festland eindringender Meeresarm (bes. in Norwegen)*

**FKK** ⟨Abk. für⟩ *Freikörperkultur*

**fl., Fl.** ⟨Abk. für⟩ *Florin (Gulden)*

**flach** ⟨Adj.⟩ **1** *eben, ohne Erhebungen u. Tiefen* (Gelände) **2** *seicht, nicht tief* (Gewässer) **3** ⟨fig.⟩ *platt, uninteressant, oberflächlich, geistlos* ◆ ein flaches Buch, Gespräch, Urteil; ein flaches Dach; flaches Gewässer; flacher Teller; flache Stirn; flache Nase; flaches Land [< ahd. *flah;* verwandt mit *Fladen, Flunder, Flur*]

**Flachbildschirm** ⟨m.1⟩ *Bildschirm mit einer Tiefe von 8 bis 20 cm, der mit LCD- oder Plasmatechnik betrieben wird und als Computermonitor oder als Fernsehbildschirm Verwendung findet*

**Flachbogen** ⟨m. 4 od. süddt.: m. 4u; Arch.⟩ *flach gewölbter Bogen*

**Flachdach** ⟨n. 12u⟩ *Dach mit geringer Neigung (7–15°)*

**Fläche** ⟨f. 19⟩ **1** ⟨Math.⟩ **1.1** *zweidimensionales Gebilde* **1.2** *Begrenzung eines Körpers* (Grundfläche, Oberfläche, Seitenfläche, Schnittfläche) **2** ⟨allg.⟩ *größere freie Strecke, Ebene, Gebiet, Platz* (Spielfläche) [→ *flach*]

**Flächeninhalt** ⟨m. 1; Math.⟩ *Inhalt der von einer Linie begrenzten Fläche*

**Flächenmaß** ⟨n. 11⟩ *Maßeinheit für die Berechnung des Flächeninhalts, z. B.* $m^2$*, Hektar*

**Flächennutzungsplan** ⟨m. 1u⟩ *von einer Gemeinde aufgestellter Plan, aus dem die geplante Nutzung des Bodens (Wohnen, Gewerbe, öffentl. Gebäude usw.) hervorgeht*

**Flachfeuergeschütz** ⟨n. 11⟩ *Geschütz mit gestreckter, d. h. mäßig gekrümmter Flugbahn*

**Flachfisch** ⟨m. 1; Zool.⟩ = *Plattfisch*

**flächig** ⟨Adj.⟩ *flächenhaft, zweidimensional*

**Flachküste** ⟨f. 19⟩ *flache, ebene Küste;* Ggs *Steilküste*

**Flachland** ⟨n. 12u; unz.⟩ *Ebene*

**Flachmann** ⟨m. 2u; umg.⟩ *kleine, flache Schnapsflasche zum Einstecken*

**Flachmeißel** ⟨m. 5⟩ *Meißel mit breiter Schneide zum Bearbeiten großer Flächen sowie zum Abhauen u. Trennen*

**Flachmoor** ⟨n. 11⟩ *Moor, das im Laufe seiner Entwicklung flach bleibt;* Ggs *Hochmoor*

**...flächner** ⟨m. 3; in Zus.⟩ *Körper mit einer bestimmten od. unbestimmten Anzahl von Flächen,* z. B. Sechsflächner, Vielflächner

**Flachs** ⟨[-ks] m. 1; unz.⟩ **1** *einjährige, blau blühende, der Familie der Leingewächse angehörige Pflanze: Linum usitatissimum;* Sy *Lein* **2** ▲ *Stängelfaser dieser Pflanze* **3** ⟨fig.; umg.⟩ *Neckerei, Schabernack* ◆ Flachs brechen, hecheln, riffeln, rösten, schwingen, spinnen [< ahd. *flahs;* verwandt mit *flechten, falten*]

FLAMINGO: ZWERGFLAMINGO *(Phoeniconaias minor)*

**flachsblond** ⟨[-ks-] Adj.⟩ *hell-, weißblond*

**Flachsfliege** ⟨[-ks-] f. 19⟩ *fälschlich als „Fliege" bezeichneter Blasenfuß, bringt durch Massenauftreten in trockenen Jahren den Flachs im Mai u. Juni zum Vergilben: Thrips linearius u. angusticeps*

**Flachslilie** ⟨['flakslilįə] f. 19⟩ Neuseeländische Flachslilie *Liliengewächs mit gelblich roten Blüten auf 2 m hohem Schaft; die schwertförmigen Blätter liefern 1–1,5 m lange Bastfasern (Neuseelandflachs): Phormium tenax*

**Flachssamen** ⟨[-ks-] Pl.⟩ = *Leinsamen*

**Flachzange** ⟨f. 19⟩ *Zange mit flachen Greifbacken*

**flackern** ⟨V. i.; hat⟩ **1** *unruhig, zuckend brennen od. leuchten* (Feuer, Licht) **2** *zucken, zittern* (Blick, Stimme) [< mhd. *vlackern* < ahd. *flogaron* „umherflattern"]

**Flacon** ⟨[fla'kɔ̃] n. 15 od. m. 6⟩ = *Flakon*

**Fladen** ⟨m. 4⟩ **1** *dünne, flache, in der Pfanne gebackene Süßspeise* (Eierfladen, Mehlfladen) **2** *sehr flaches, rundes Brot* **3** *flacher, runder Haufen Kuhmist* (Kuhfladen) [< mhd. *vlade* „breiter, dünner Kuchen; Honigscheibe; Kuhfladen" < ahd. *flado* „Opferkuchen"; verwandt mit *Flunder, Flöz, flach*]

**Flädle** ⟨Pl.; schwäb.⟩ *kleiner fein geschnittener Fladen aus Eierteig (als Suppeneinlage)*

**Flagellant** ⟨m. 16⟩ *Angehöriger einer der Bruderschaften im MA, die sich aus religiösen Gründen (zur Buße, Kasteiung) selbst geißelten;* Sy *Geißler* [< lat. *flagellans* „peitschend"; zu *flagellare* „peitschen"; zu *flagellum* „Peitsche, Geißel"]

**Flageolett** ⟨[flaʒɔ'lɛt] n. 11; Mus.⟩ **1** ▼ *kleine, um 1600 in Frankreich entwickelte Blockflöte mit zwei Daumenlöchern u. einem dünnen Ansatzschnabel meist aus Horn od. Elfenbein, in Europa seit dem 19. Jh. außer Gebrauch;* ► *Holzblasinstrumente* **2** *hohes Flötenregister auf der Orgel* [< frz. *flageolet* „(eine) Art Flöte"]

**Flageolettton** ⟨[flaʒɔlɛt-] m. 1u; Mus.; bei Streichinstrumenten⟩ *feiner, hoher Ton, der erklingt, wenn man die gestrichene Saite an bestimmten Stellen berührt*

**Flagge** ⟨f. 19⟩ ► *viereckige Fahne, die z. B. für ein Land, eine Organisation od. ein bestimmtes Signal stehen kann* ◆ die Flagge einholen, einziehen, hissen; Flagge zeigen ⟨fig.⟩ *seine Überzeugung darlegen, eingestehen;* das Schiff fährt unter neutraler Flagge [< engl. *flag* „Fahne, Flagge"]

**Flaggenalphabet** ⟨n. 11⟩ **1** ►► *Darstellung der einzelnen Buchstaben durch Winkzeichen (zwischen zwei Schiffen), die mit kleinen, quadratischen Flaggen gegeben werden* **2** *Darstellung der einzelnen Buchstaben od. einer kompletten Mitteilung durch meist rechteckige, mehrfarbige Signalflaggen, die zur Kommunikationsaufnahme gehisst werden;* ► *Flaggen*

**Flaggenfisch** ⟨m. 1⟩ *Korallenriffe bewohnender Fisch mit sehr langen, sichelförmig ausgezogenen Brustflossen: Drepanidae*

**Flaggschiff** ⟨n. 11⟩ *Admiralsschiff, Kriegsschiff mit Admiralsflagge*

**flagrant** ⟨Adj.⟩ → a. *in flagranti* **1** *offenkundig, schlagend* **2** *brennend* [< lat. *flagrans* „brennend"]

**Flair** ⟨[flɛ:r] n. od. m.; -s; unz.⟩ **1** *Ausstrahlung u. äußere Aufmachung einer Person* **2** *besondere Note, Atmosphäre (die jmdn. od. etwas umgibt)* ◆ sich mit einem Flair umgeben [frz., „Spürsinn"]

**Flak** ⟨f.; -, - od. -s; Mil.; im 2. Weltkrieg; Kurzw. für⟩ **1** *Flugzeugabwehrkanone* **2** *Flakartillerie*

**Flakartillerie** ⟨f. 19; unz.; Mil.; im 2. Weltkrieg; kurz: Flak⟩ *mit Waffen zur Fliegerabwehr ausgerüstete Truppe*

**Flakon** ⟨[fla'kɔ̃] n. 15 od. m. 6⟩ *geschliffenes Glas-, Riechfläschchen;* oV *Flacon* [< frz. *flacon* „Fläschchen, Flakon"]

**flambieren** ⟨V. t.; hat⟩ **1** ⟨veraltet⟩ *absengen* **2** ⟨heute⟩ *mit Alkohol übergießen u. brennend auf den Tisch bringen* (Speise) [< frz. *flamber* „lodern, (ver-, ab)sengen"]

**Flamboyantstil** ⟨[flɑ̃boajɑ̃-] m. 1; unz.⟩ *spätgotischer französischer Stil mit Ornamenten in Form einer lang gezogenen Flamme, seit dem 19. Jh. Bez. der frz. Spätgotik*

**Flame**[1] ⟨m. 17⟩ oV *Vlame* **1** *Einwohner (germanischer Herkunft) von Belgien* **2** *Einwohner von Flandern*

**Flame**[2] ⟨[flɛim] m. 6 od. n. 15; EDV⟩ *die Konventionen missachtender, beleidigender Internetartikel* [engl., eigtl. „Flamme"]

FLAGEOLETT: GESCHNITZTES INDIANISCHES FLAGEOLETT

# FLAGGEN

Seit Jahrhunderten werden Flaggen als Symbole, Embleme oder Signale verwendet. Sie bestehen in der Regel aus leichtem Tuch und sind meist rechteckig. Alle Länder besitzen eine Nationalflagge in ihren Nationalfarben und viele Organisationen unterschiedlichster Art sind an ihren symbolträchtigen Flaggen zu erkennen. Schiffe verwenden heute noch internationale Signalflaggen, um untereinander Informationen auszutauschen. Diese Flaggen stehen für Buchstaben des Alphabets oder für bestimmte Bedeutungen.

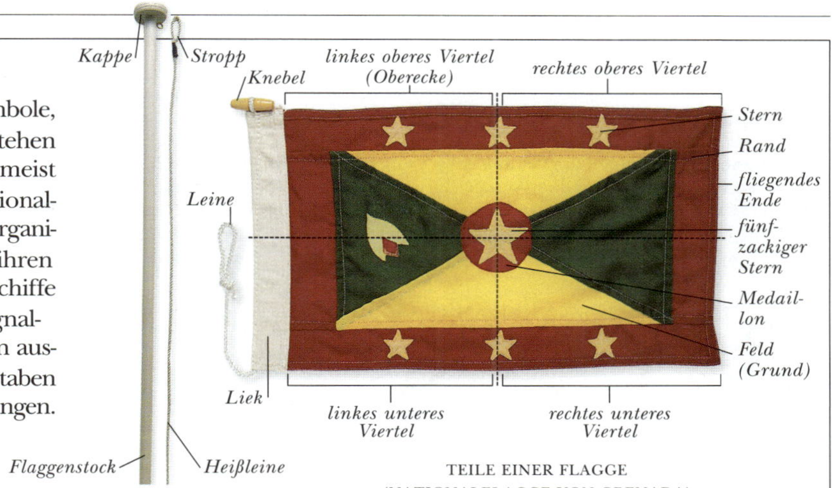


TEILE EINER FLAGGE
(NATIONALFLAGGE VON GRENADA)

## INTERNATIONALE SIGNALFLAGGEN

### FLAGGENALPHABET MIT BEDEUTUNGEN

A Ich habe Taucher unten; halten Sie bei langsamer Fahrt gut frei von mir.

B Ich lade, lösche oder befördere gefährliche Güter.

C Ja.

D Halten Sie frei von mir, ich manövriere unter Schwierigkeiten.

E Ich ändere meinen Kurs nach Steuerbord.

F Ich bin manövrierunfähig; treten Sie mit mir in Verbindung.

G Ich benötige einen Lotsen (Fischereifahrzeug: Ich hole Netze ein).

H Ich habe einen Lotsen an Bord.

I Ich ändere meinen Kurs nach Backbord.

J Ich habe Feuer im Schiff und gefährliche Ladung; halten Sie gut frei von mir.

K Ich möchte mit Ihnen in Verbindung treten.

L Bringen Sie Ihr Fahrzeug sofort zum Stehen.

M Meine Maschine ist gestoppt, ich mache keine Fahrt durchs Wasser.

N Nein.

O Mann über Bord.

P Alle Mann an Bord, da das Fahrzeug auslaufen will.

Q An Bord ist alles gesund, ich bitte um freie Verkehrserlaubnis.

R (Als einzelner Buchstabe keine Bedeutung)

S Meine Maschine geht rückwärts.

T Halten Sie frei von mir, ich bin beim Gespannfischen.

U Sie begeben sich in Gefahr.

V Ich benötige Hilfe.

W Ich benötige ärztliche Hilfe.

X Unterbrechen Sie Ihr Vorhaben und achten Sie auf meine Signale.

Y Ich treibe vor Anker.

Z Ich benötige einen Schlepper.

### ZAHLEN

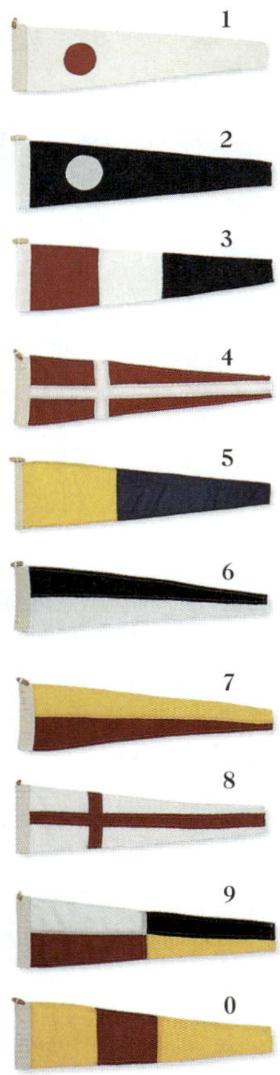


F

F

## FLAGGENALPHABET

Das Flaggenalphabet hat seinen Ursprung wahrscheinlich im Griechenland und Rom der Antike, wo die Darstellung des Alphabets mit zwei Flaggen durch die Veränderung der Armstellung zur Übermittlung von Nachrichten über kurze Distanz genutzt wurde. Durch die Erfindung des Fernrohrs um 1600 vergrößerte sich die Reichweite dieses Systems, das bis ins 20. Jh. hinein der Kommunikation zwischen Schiffen diente. Neben den Buchstaben können mit den Flaggenzeichen auch Zahlen ausgedrückt werden. Die Signale für die ersten neun Buchstaben des Alphabets stehen auch für die ersten neun Ziffern (J ist die Null), wenn diese durch das entsprechende Zahlensignal angekündigt werden.

DAS FLAGGENALPHABET

**Flamenco** ⟨m. 6; Mus.⟩ **1** *andalus. Tanzlied mit starkem maurisch-arab. u. ind. Einfluss* **2** *der dazu gehörende Tanz(stil)* [span.]

**Flamingo** ⟨m. 6; Zool.⟩ ◄◄ *Angehöriger einer Ordnung trop. u. subtrop. Vögel mit langen Beinen u. Hälsen sowie Schwimmhäuten u. rosa bis leuchtend rotem Gefieder: Phoenicopteri* [< port.; zu lat. *flamma* „Flamme"]

**flämisch** ⟨Adj.⟩ *zu den Flamen gehörend, sie betreffend;* oV *vlämisch* ◆ flämische Sprache *westgerm. Sprache, in West- u. Ostflandern, Brabant, Antwerpen u. Limburg gesprochene Form der niederländ. Sprache*

**Flamme** ⟨f. 19⟩ **1** *leuchtende Verbrennungserscheinung, hochschlagendes Feuer* **2** *an der Luft verbrennender Dampf- od. Gasstrom* **3** *Sinnbild heftiger Gefühlsregung* **4** ⟨fig.; umg.⟩ *Angebetete, Geliebte* ◆ Flamme der **Begeisterung,** der Leidenschaft, des Zorns ⟨fig.⟩; ein **Raub** der Flammen werden *verbrennen* ◆ die Flammen **flackern,** lodern, züngeln; einen Toten den Flammen **übergeben** *ihn einäschern* ◆ eine **bläuliche,** gelbe, helle Flamme ◆ **in** Flammen aufgehen *verbrennen;* ein Haus in Flammen setzen *einen Brand in einem Haus anlegen;* in Flammen stehen *lichterloh brennen* [< mhd. *vlamme* < lat. *flamma* „Flamme"]

**flammen** ⟨V. i.; hat⟩ **1** *in Flammen stehen, lichterloh brennen* **2** ⟨a. fig.⟩ *glühen, brennen* **3** *strahlen, funkeln* (Blick) ◆ eine flammende Rede halten *eine mitreißende Rede halten* [→ *Flamme*]

**flämmen** ⟨V. t.; hat⟩ Geflügel flämmen *gerupftem Geflügel die noch in der Haut steckenden Federkiele absengen* [→ *Flamme*]

**Flammpunkt** ⟨m. 1⟩ *Temperatur, bei der ein Stoff beginnt, brennbare Gase zu bilden*

**Flammschutzmittel** ⟨Pl.⟩ *Stoffe, die bes. Holz, Kunststoffe u. Textilien flammfest machen*

**flandrisch** ⟨Adj.⟩ *Flandern betreffend, dazu gehörig, aus Flandern stammend*

**Flanell** ⟨m. 1; Textilw.⟩ *weicher, gerauter Woll-, Zellwoll- od. Baumwollstoff* [< frz. *flanelle* < engl. *flannel* „Wollstoff" < kymr. *gwlanen;* zu *gwlan* „Wolle"]

**flanieren** ⟨V. i.; ist⟩ *müßig umher-, auf u. ab schlendern, bummeln* [< frz. *flaner* „umherschlendern"]

**Flanke** ⟨f. 19⟩ **1** *Seite* **2** ⟨Zool.⟩ *seitl. Weichteile am Rumpf* **3** ⟨Sp.⟩ **3.1** ⟨Turnen⟩ *seitlicher Sprung mit Handstütz über ein Gerät* **3.2** ⟨Fußb., Hockey u.a. Ballspiele⟩ *das Zuspielen des Balles quer über das Spielfeld in Richtung des gegnerischen Tores* **4** ⟨Mil.⟩ *die Seite einer Truppe (bes. bei größeren Verbänden), die eine Abteilung zu ihrer Sicherung herausschieben kann* **5** ⟨Tech.⟩ *bei Zahnrädern die Seiten, von denen die Kräfte übertragen werden* ◆ die Flanken des Pferdes zitterten; eine Flanke über den Barren, Kasten, das Pferd, Reck machen; der gegnerischen Truppe in die Flanke fallen ⟨Mil.⟩ [< frz. *flanc* „Weiche, Flanke"; verwandt mit *Gelenk, lenken*]

**flanken** ⟨V. i.; hat; Sp.⟩ **1** ⟨Turnen⟩ *eine Flanke ausführen, seitlich abspringen* **2** ⟨Fußb., Hockey u.a. Ballspiele⟩ *den Ball quer über das Spielfeld in Richtung des gegnerischen Tores spielen*

**flankieren** ⟨V. t.; hat⟩ **1** jmdn. flankieren *an jmds. Seite stehen, gehen* **2** ⟨Schach⟩ Figuren flankieren *seitlich postieren od. entwickeln*

**Flansch** ⟨m. 1⟩ *verbreitertes Ende eines Rohres od. einer Welle zur Verbindung mit anderen Rohren od. Geräten mittels Verschraubung* [< mhd. *vlans* „Zipfel"]

**flapsig** ⟨Adj.; umg.⟩ *unreif, ungeschliffen, ungeschickt* ◆ wenn sich die beiden sehen, verhalten sie sich sehr flapsig

**Flasche** ⟨f. 19⟩ **1** *verschließbares Gefäß mit Hals zum Aufbewahren von Flüssigkeiten u. Gasen* **2** ⟨Tech.⟩ *Verbindung mehrerer nebenoder hintereinander liegender Rollen beim Flaschenzug* **3** ⟨umg.⟩ *untauglicher, unsportlicher Mensch, Versager* ◆ dem Säugling die Flasche geben; eine Flasche entkorken, leeren, öffnen; er trinkt gleich aus der Flasche [< ahd. *flaska,* engl. *flask* „Feldflasche"; verwandt mit *flechten*]

**Flaschengärung** ⟨f. 20; unz.⟩ *Ablauf der Gärung innerhalb einer Flasche;* Ggs *Fassgärung*

**Flaschenhals** ⟨m. 1u⟩ **1** *schmaler Teil der Flasche zwischen Öffnung u. Bauch* **2** ⟨umg.⟩ *Engpass*

**Flaschenkürbis** ⟨m.; -ses, -se⟩ *Frucht des Flaschenkürbisbaumes, aus der bei Naturvölkern verschiedene Gefäße hergestellt werden*

**Flaschenkürbisbaum** ⟨m. 1u⟩ *Angehöriger einer Gattung der Kürbisgewächse: Lagenaria*

**Flaschenpost** ⟨f.; -; unz.⟩ **1** *Beförderung von Nachrichten in einer luft- und wasserdicht verschlossenen Flasche im Meer (bes. von Schiffbrüchigen, auch zur Erforschung von Meeresströmungen)* **2** *diese Nachricht selbst*

**Flaschenzug** ⟨m. 1u⟩ ► *Vorrichtung zum Heben schwerer Lasten bei geringem Kraftaufwand mittels eines Seiles, das über feste u. lose Rollen läuft*

**Flaschner** ⟨m. 3⟩ **1** ⟨urspr.⟩ *Hersteller von Blechflaschen* **2** ⟨oberdt.⟩ *Klempner*

**Flash** ⟨[flæʃ] m. 6⟩ **1** ⟨Film⟩ *kurze Einblendung in eine Bildfolge* **2** ⟨Drogenszene⟩ *Eintreten des Rauschzustandes mit Aufhören der Entzugsschmerzen* [< engl. *flash* „plötzl. Aufleuchten, Blitz"]

**flat** ⟨[flæt] Mus.⟩ *um einen halben Ton erniedrigt,* z.B. D flat = *Des* [engl., „flach, tief, erniedrigt"]

**Flatterechse** ⟨[-ks-] f. 19⟩, **Flattereidechse** ⟨[-ks-] f. 19⟩ = *Flugdrache*

**Flattergras** ⟨n. 12u; unz.; Bot.⟩ *häufiges, zu den Süßgräsern (Poaceae) gehörendes Gras schattiger Wälder mit großer, überhängender Rispe, deren Äste während der Blüte abstehen, später aber herabgebogen sind: Milium effusum*

**flatterhaft** ⟨Adj.; -er, am -esten⟩ *unstet, oberflächlich, wankelmütig*

**flattern** ⟨V. i.; hat/ist⟩ **1** *unsicher mit raschen Flügelschlägen fliegen* **2** *die Flügel rasch be-*

FLECHTWERK IN VERBINDUNG MIT LEHM ALS BAUMATERIAL

*wegen* **3** *rasch im Winde bewegt werden* (Fahne, Haar, Segel) ◆die Fahnen im Winde flattern lassen; die Wäsche flattert auf der Leine [< mhd. *flatern, vledern, vlodern,* engl. *flutter;* → *flackern*]

**flau** ⟨Adj.; -er, am -(e)sten⟩ **1** *schwach, matt, kraftlos* **2** ⟨Kaufmannsspr.⟩ *durch geringe Nachfrage od. fallenden Preis gekennzeichnet, lustlos* (Börse) **3** *abgestanden, fade* (Geschmack) ◆mir ist, wird flau (vor Hunger) ⟨umg.⟩ der Wind wird flauer *er lässt nach* [< afrz. *flau* (neufrz. *flou*) „sanft, mild"]

**Flaum**[1] ⟨m. 1; unz.⟩ *Bauch- u. Nierenfett (des Schweins)*

**Flaum**[2] ⟨m. 1; unz.⟩ **1** *zarte, feine Federn der Vögel unter dem äußeren Gefieder* **2** *erster Bartwuchs* **3** *feines Haar (z. B. auf dem Kopf des Säuglings)* **4** *samtige, pelzige Haut (z. B. des Pfirsichs)* **5** *feine Fasern (z. B. auf Pflanzen u. Stoffen)* **6** ⟨Anat.⟩ *weiche, kurze Haare auf allen nicht lang behaarten Körperteilen außer Handteller u. Fußsohle* [< ahd. *pfluma* „Flaumfeder" < lat. *pluma* „Flaumfeder"]

**flaumig** ⟨Adj.⟩ *weich, zart wie Flaum*

**flaumweich** ⟨Adj.⟩ **1** *weich wie Flaum* **2** ⟨fig.; umg.⟩ *leicht zu beeinflussen, zu nachgiebig*

**Flausen** ⟨Pl.⟩ **1** *dummes Gerede, Geschwätz* **2** *Ausflüchte, Flunkereien* **3** *dumme Gedanken* ◆sie hat nur Flausen im Kopf *Unsinn* [Webersprache; nach den umherfliegenden Wollflocken u. Fasern, im Gegensatz zum festen Gewebe]

**flautando, flautato** ⟨Adj.; Mus.; Vortragsbez. für Streicher⟩ *mit flötenartigem Klang (zu spielen)* [ital., „flötend"; zu *flauto* „Flöte"]

**Flaute** ⟨f. 19⟩ **1** ⟨Mar.⟩ *absolute Windstille* **2** ⟨Kaufmannsspr.⟩ *Geschäftsstille, geringe wirtschaftliche Nachfrage* **3** ⟨allg.⟩ *niedergedrückte Stimmung, momentane Leistungsschwäche* [→ *flau*]

**Flechtarbeit** ⟨f. 20⟩ **1** *Herstellen von geflochtenen Gegenständen* **2** *geflochtener Gegenstand*

## FLASCHENZUG

Eine einfache Rolle ändert die Richtung der Kraft, aber nicht deren Größe. Eine Masse von 1 kg mit einem Gewicht von 10 Newton wird durch eine Kraft von 10 Newton hochgehoben. Werden mehrere Rollen zu einem Flaschenzug vereint, hat dies mechanische Vorteile. Mit einem einfachen Flaschenzug aus zwei Rollen wird eine Masse von 1 kg mit 5 Newton gehoben. Bei einem Flaschenzug mit vier Rollen werden nur noch 2,5 Newton benötigt. Die Kraft muss dabei aber einen viel längeren Weg zurücklegen.

### VERSCHIEDENE FLASCHENZUGKONSTRUKTIONEN

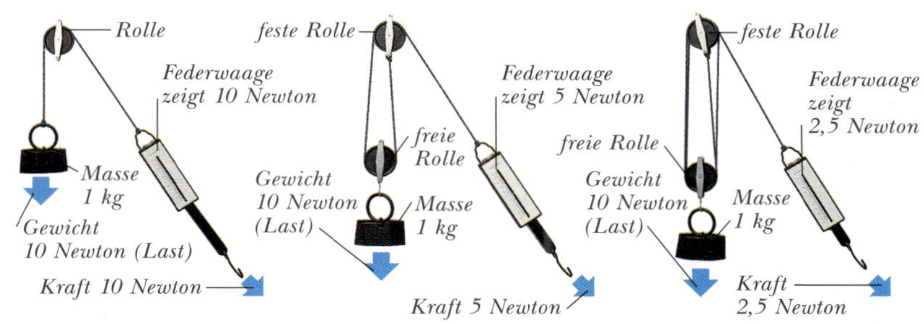


**Flechte** ⟨f. 19⟩ **1** *geflochtenes Haar, Zopf* **2** ⟨Biol.⟩ ▼ *Organismus, der von in Symbiose miteinander lebenden Algen u. Pilzen gebildet wird: Lichenes;* Sy *Lichen (2)* **3** ⟨Med.⟩ *schuppiger, nässender Hautausschlag* (Borkenflechte, Schuppenflechte) [< spätmhd. *vlehte;* → *flechten*]

**flechten** ⟨V. t. 135; hat⟩ **1** *durch regelmäßiges Verschränken verknüpfen* **2** ⟨fig.⟩ *einstreuen, einfließen lassen (in ein Gespräch, eine Rede)* ◆Blumen zu Kränzen flechten; das Haar zu Zöpfen flechten; Körbe, Matten flechten; jmdn. aufs Rad flechten *(als Strafe im MA);* Zitate in eine Rede flechten [< ahd. *flehtan;* verwandt mit *falten, Flachs, Flasche*]

**Flechtwerk** ⟨n. 11; unz.⟩ ◄ *geflochtenes Gefüge, Geflecht*

**Fleck** ⟨m. 1⟩ **1** *Stelle, Punkt, Platz* **2** *kleine Fläche, Stück Land(schaft)* **3** *verschmutzte, verdorbene, verletzte, trübe, andersfarbige Stelle, Klecks, Tupfen* **4** *Flicken* **5** ⟨a. fig.⟩ *Makel* ◆einen Fleck auf das Loch in einer Hose **aufsetzen;** Flecke **bekommen;** Flecke **entfernen** (aus einem Kleidungsstück) ◆ich habe mich an der Tischkante gestoßen u. davon einen **blauen** Fleck bekommen; **blinder** Fleck ⟨Anat.⟩ *lichtunempfindliche Stelle auf der Netzhaut des Auges;* **gelber** Fleck ⟨Anat.⟩ *Stelle des schärfsten Sehens, eine gelblich erscheinende Stelle der Netzhaut des Auges;* ein **weißer** Fleck auf der Landkarte *unerforschtes Gebiet* ◆er hat das Herz **auf** dem rechten Fleck ⟨fig.; umg.⟩ *er ist lebenstüchtig, menschenfreundlich* [< ahd. *flec, fleccho,* engl. *fleck;* → *flicken*]

**Flecken** ⟨m. 4⟩ **1** = *Fleck* **2** *größeres Dorf mit gewissen städtischen Rechten, z. B. Marktrecht*

**Fleckenfalter** ⟨m. 3; Zool.⟩ *Angehöriger einer Familie der Tagschmetterlinge mit mehr als 3000 Arten: Nymphalidae*

**fleckenlos** ⟨Adj.⟩ **1** *keine Flecken (mehr) aufweisend, sauber* **2** ⟨fig.⟩ *tadellos, einwandfrei* (Ehre, Lebenswandel)

**Fleckfieber** ⟨n. 13; unz.; Med.⟩ = *Typhus (2)*

**fleckig** ⟨Adj.⟩ **1** *mit Flecken versehen, beschmutzt, unsauber* **2** *gesprenkelt, gescheckt* (Tierfell)

**fleddern** ⟨V. t.; hat; ursprüngl. Gaunerspr.⟩ *ausplündern, berauben* (bes. Tote) [zu rotw. *fladdern* „waschen"]

**Fledermaus** ⟨f. 7u; Zool.⟩ ►► *Angehörige einer Ordnung der Säugetiere, bei der zwischen den verlängerten Fingern u. den Hintergliedmaßen eine Flughaut ausgespannt ist: Chiroptera;* ► *Säugetiere* [< ahd. *fledarmus* < ahd. *fledaron* „flattern" + *mus* „Maus"]

**Fleece** ⟨[fliːs] n.; -; unz.⟩ *aus Kunstofffasern hergestellter, stark wärmender u. zugleich Wasser abweisender Stoff, der sich vor allem für Skibekleidung u. Ä. eignet* [< engl. *fleece* „Schaffell, Vlies" (wegen des ähnlichen Aussehens u. der vergleichbaren Eigenschaften)]

**Flegel** ⟨m. 3⟩ **1** *Werkzeug zum Dreschen* (Dreschflegel) **2** ⟨fig.⟩ *grober, unerzogener Mensch, Lümmel* [< ahd. *flegil,* engl. *flail*

## FLECHTEN

Flechten sind pflanzliche Organismen, die in einer symbiotischen Lebensgemeinschaft zwischen Algen und Pilzen gebildet werden. Die Alge versorgt den Pilz mit Nährstoffen, die sie aus der Fotosynthese gewinnt, während der Pilz der Alge Wasser und Nährsalze zuführt. Die Fortpflanzung kann geschlechtlich (durch Sporen) oder ungeschlechtlich (durch Soredien) erfolgen. Nach der Wuchsform werden Krustenflechten, Laubflechten und Strauchflechten unterschieden.

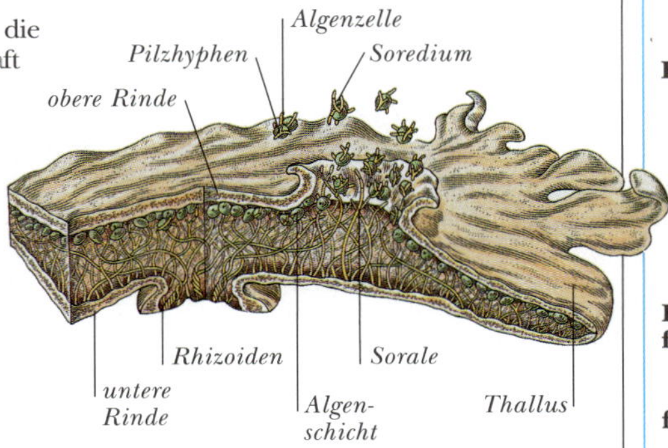


SCHNITT DURCH EINE LAUBFLECHTE

### WEITERE FLECHTENARTEN

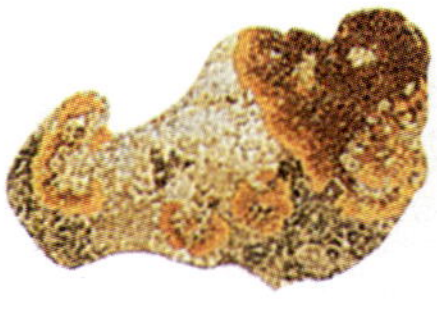

KRUSTENFLECHTE (*Caloplaca heppiana*)

STRAUCHFLECHTE (*Cladonia portentosa*)

GEMISCHTE WUCHSFORM (*Cladonia floerkeana*)

## FLEISCH

Die Art und Weise, wie der Metzger Schlachttiere zerteilt, wird von der Anatomie der Tiere, von unterschiedlich entwickelten Konsumgewohnheiten und auch von religiösen Bräuchen bestimmt. Jede Küche verlangt ihre eigene Art der Fleischeinteilung, wodurch sich die Bezeichnungen der Fleischstücke bereits regional sehr stark unterscheiden können. In Deutschland zählen Rinder, Schweine, Kälber und Schafe zu den Schlachttieren, deren Fleisch u. a. nach dem Geschmack in vier Qualitäten eingeteilt wird.

### AUSGEWÄHLTE FLEISCHSTÜCKE

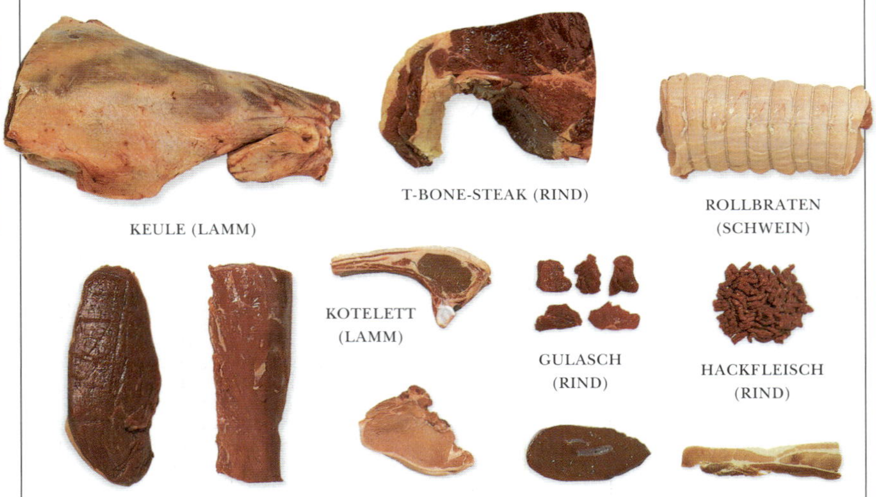

KEULE (LAMM)
T-BONE-STEAK (RIND)
ROLLBRATEN (SCHWEIN)
KOTELETT (LAMM)
GULASCH (RIND)
HACKFLEISCH (RIND)
STEAK (RIND)
FILET (SCHWEIN)
Kotelett (SCHWEIN)
SCHEIBE (KALBSLEBER)
BAUCH (SCHWEIN)

F

< afrz. *flael* (neufrz. fléau) < lat. *flagellum* „Geißel“; dann auf den Menschen übertragen, zunächst zur Bezeichnung des Bauern]

**flehen** ⟨V. i.; hat⟩ *eindringl. u. demütig bitten* ◆ um Hilfe flehen; zu Gott flehen [< ahd. *flehan, flehon* „dringend bitten“, Grundbedeutung „schmeicheln“]

**flehentlich** ⟨Adj.⟩ *eindringlich, inständig* [→ *flehen* (mit Gleitlaut)]

**Fleisch** ⟨n. 11; unz.⟩ **1** ⟨i. e. S.⟩ *die Weichteile des menschl. u. tier. Körpers* **2** ⟨i. e. S.⟩ ▲ *die essbaren Teile des tier. Körpers* (Kochfleisch, Rindfleisch, Schweinefleisch) **3** *weiches, saftreiches Zellgewebe von Pflanzenteilen, bes. der Früchte, Fruchtmasse, Fruchtfleisch* **4** ⟨Typ.⟩ *Teil der Drucktype, der über das Schriftbild hinausragt u. durch den der Zwischenraum zwischen den Buchstaben zustande kommt* **5** ⟨fig.⟩ *der menschl. Körper im Hinblick auf seine Ohnmacht u. Vergänglichkeit im Unterschied zu Geist u. Seele* ◆ ein **Mensch** von Fleisch und Blut *ein lebendiger Mensch (kein Gespenst);* ◆ Fleisch **werden** *menschl. Gestalt annehmen, Mensch werden* (Gott, Christus) ◆ den Weg **allen** Fleisches gehen *vergänglich sein, sterben;* Fleisch **fressende** Pflanze; **gebratenes,** gehacktes, gekochtes, gepökeltes, rohes, zartes, zähes Fleisch; **wildes** Fleisch ⟨Med.⟩ *Fleischwucherung* ◆ dieser Handgriff muss **in** Fleisch und Blut übergehen *muss ganz sicher beherrscht werden;* sich ins eigene Fleisch schneiden ⟨fig.⟩ *sich selbst schaden* [< ahd. *fleisc,* engl. *flesh;* Herkunft unklar]

**Fleischblume** ⟨f. 19⟩ *Art der Lichtnelken: Lychnis flos cuculi;* Sy *Kuckuckslichtnelke*

**Fleischbrühe** ⟨f. 19⟩ *durch das Auskochen von Fleisch od. Knochen entstandene Brühe;* Sy *Bouillon* ◆ Fleischbrühe mit Einlage

**Fleischer** ⟨m. 3⟩ *Handwerker, der Vieh schlachtet u. für die menschl. Ernährung verarbeitet;* Sy *Metzger,* ⟨norddt.⟩ *Schlachter, Schlächter*

**Fleischerei** ⟨f. 18⟩ Sy ⟨süddt., westdt., schweiz.⟩ *Metzgerei* **1** *handwerklicher Betrieb des Fleischers* **2** *Ladengeschäft für Fleisch- u. Wurstwaren* ◆ als Kind half er seinem Vater oft in der Fleischerei

**Fleischextrakt** ⟨m. 1⟩ *eingedickte, fett- u. eiweißfreie Fleischbrühe*

**Fleischfliege** ⟨f. 19⟩ *Angehörige einer Familie bis 14 mm großer, grau-schwarz gestreifter Fliegen, deren Larven sich in fauligem Fleisch, eiternden Wunden u. Exkrementen entwickeln: Sarcophagida*

**Fleischfresser** ⟨m. 3; Zool.⟩ *Tier, das sich überwiegend von Fleisch ernährt;* Sy *Karnivore (1)*

**fleischig** ⟨Adj.⟩ **1** *viel Fleisch enthaltend* **2** *reich an Fruchtfleisch* **3** *üppig, dick* (Gesicht, Nase)

**Fleischkäse** ⟨m. 3⟩ = *Leberkäse*

**fleischlich** ⟨Adj.⟩ **1** *leiblich* **2** ⟨fig.⟩ *sinnlich (bes. hinsichtlich des Geschlechtstriebes)* ◆ fleischliche Begierden, Genüsse

**Fleischsalat** ⟨m. 1⟩ *pikanter Salat aus mageren Fleischstückchen, Gewürzgurken u. a. mit Majonäse*

**Fleischtopf** ⟨m. 1u⟩ **1** *Topf zum Kochen od. Braten von Fleisch* **2** ⟨fig.⟩ *gute Verpflegung, gute Kost* ◆ sich nach den Fleischtöpfen Ägyptens zurücksehnen *nach vergangenen Tagen des Wohllebens*

**Fleischwolf** ⟨m. 1u⟩ *Maschine zum Zerkleinern von Fleisch;* Sy ⟨kurz⟩ *Wolf (3)*

**Fleischwunde** ⟨f. 19⟩ *bis ins Fleisch reichende Verletzung*

**Fleiß** ⟨m.; -es; unz.⟩ *tatkräftiges Streben nach einem Ziel, Eifer u. Sorgfalt* ◆ eiserner, unermüdlicher Fleiß [< ahd. *vliz,* urspr. „Streit, Kampf(eifer), Ärgernis“]

**fleißig** ⟨Adj.⟩ *arbeitsam, strebsam, eifrig* ◆ ⟨Bot.⟩ Fleißiges Lieschen *Zierpflanze, Immerblühende Begonie: Begonia semperflorens;* Museen, Vorlesungen fleißig besuchen *eifrig, oft besuchen*

**flektieren** ⟨V. t.; hat; Gramm.⟩ **1** *beugen* **2** *konjugieren* (Verbum) **3** *deklinieren* (Substantiv) ◆ flektierende Sprachen *Sprachen, die die grammat. Beziehungen im Satz durch an den Wortstamm angefügte Endungen ausdrücken* [< lat. *flectere* „beugen“]

**fletschen** ⟨V. t.; hat⟩ **1** *entblößen, blecken* **2** *zeigen* ◆ die Zähne fletschen [< mhd. *vletzen* „die Zähne weisen“, urspr. „den Mund breit ziehen“; zu ahd. *flaz* „flach, breit“; verwandt mit *Fladen, flach*]

**Fleurop** ⟨[flɔi-] od. [flø-] ohne Art.⟩ *Vereinigung von Blumenhändlern zur*

## FLEDERMÄUSE

Die Fledermäuse bilden mit fast 1000 Arten die zweitgrößte Ordnung der Säugetiere. Die fruchtfressenden Großfledermäuse finden ihre Nahrung mit dem Gesichts- und dem Geruchssinn. Die überwiegend Insekten jagenden Kleinfledermäuse orientieren sich an den Echos der von ihnen ausgestoßenen Ultraschallschreie.

ÄUSSERE MERKMALE DER GROSSEN HUFNASE (*Rhinolophus ferrumequinum*)

### WEITERE FLEDERMAUSARTEN

VAMPIR (*Desmodus rotundus*)
NASENFLEDERMAUS (*Rhynchonycteris naso*)
EPAULETTEN-FLUGHUND (*Epomops franqueti*)
ABENDSEGLER (*Nyctalus noctula*)
TRICHTEROHR (*Natalus tumidirostris*)

*Vermittlung von Blumengeschenken in Europa* [Kurzw. < lat. *Flores Europae* „Blumen Europas"]

**flexibel** ⟨Adj.; flexibler, am -sten⟩ Ggs *inflexibel* **1** *biegsam, nachgiebig, veränderlich* (Bucheinband, Schuhsohle) **2** ⟨fig.⟩ *anpassungsfähig* ◆ er ist sehr flexibel ⟨fig.⟩; flexible Arbeitszeit *gleitende A.* [< lat. *flexibilis* „biegsam"]

**Flexion** ⟨f. 20; Gramm.⟩ *Abwandlung der Verben, Bildung der Fälle bei den Substantiven, Deklination und Konjugation;* Sy *Beugung* [< lat. *flexio* „Biegung"]

**Flexionsendung** ⟨f. 20; Gramm.⟩ *bei der Flexion an den Wortstamm angehängte Endung, Beugungsendung*

**flicken** ⟨V. t.; hat⟩ **1** *ausbessern, in Ordnung bringen* (Fahrradreifen, Kleidungsstück, Strümpfe, Wäsche) **2** jmdm. etwas am Zeuge flicken ⟨fig.⟩ *etwas Tadelnswertes an jmdm. herausfinden* [→ *Fleck*]

**Flicken** ⟨m. 4⟩ *kleines Stück (Stoff, Leder u. Ä.) zum Ausbessern* ◆ einen Flicken aufsetzen, einsetzen; seine Hose war voller Flicken [→ *Fleck*]

**Flickwerk** ⟨n. 11; unz.⟩ **1** *zusammengestückelte Arbeit* **2** ⟨fig.⟩ *stümperhafte, unsachgemäß durchgeführte Arbeit, Pfuscherei*

**Flickzeug** ⟨n. 11; unz.⟩ *alle Gegenstände, die man zum Flicken (des Fahrradreifens, der Wäsche usw.) braucht*

**Flieder** ⟨m. 3; unz.; Bot.⟩ *Angehöriger einer Gattung der Ölbaumgewächse mit in der Mehrzahl ostasiat. Arten: Syringa;* Sy *Nagelblume (2)* ◆ Gemeiner Flieder: *Syringa vulgaris* [< mnddt. *vleder,* mndr. *vlie(de)r*]

**Fliederbeere** ⟨f. 19⟩ = *Holunderbeere*

**fliederfarben, fliederfarbig** ⟨Adj.⟩ *hellviolett gefärbt, helllila*

**Fliege** ⟨f. 19⟩ **1** ⟨Zool.⟩ ► *Angehörige einer in zahllosen Arten über die ganze Erde verbreiteten Unterordnung der Zweiflügler, gedrungene Insekten mit meist kurzen, dreigliedrigen Fühlern: Brachycera;* ► *Insekten* **2** ⟨Schneiderei⟩ *gesticktes Dreieck als Abschluss von Falten u. Nähten*

FLIEGENDER FISCH
*(Exocetus volitans)*

**3** *zur Querschleife gebundene Krawatte* ◆ er tut keiner Fliege etwas zuleide ⟨fig.⟩ *er ist ein sehr gutmütiger Mensch;* zwei Fliegen mit einer Klappe schlagen ⟨fig.⟩ *durch eine Bemühung gleich zwei Ziele erreichen* [< ahd. *fliuga, flioga,* engl. *fly;* → *fliegen*]

**fliegen** ⟨V. 136⟩ **I** ⟨V. i.; ist⟩ **1** *durch die Luft schweben* **2** *sich mit dem Flugzeug fortbewegen, mit dem Flugzeug reisen* **3** ⟨fig.⟩ *sich rasch bewegen, eilen* **4** ⟨umg.⟩ *(aus der Schule, aus einer Stellung) hinausgeworfen werden, fristlos entlassen werden* **5** ⟨Zool.⟩ **5.1** Fliegender Fisch ▲ *Angehöriger einer Gruppe von Fischen mit verbreiterten Brust- u. Bauchflossen, schnellt bei seiner Verfolgung durch Raubfische aus dem Wasser: Exocoitidae;* Sy *Flugfisch* **5.2** Fliegender Drache = *Flugdrache* **5.3** Fliegender Hund ► = *Flughund* ◆ ich komme schon, ich fliege! *ich beeile mich!;* bis Berlin fliegt man etwa eine Stunde; das Fliegen **lernen** (Vogel, Pilot) ◆ **auf** jmdn. od. etwas fliegen *von jmdm. od. etwas stark angezogen werden;* **beim** Fliegen abstürzen; **durchs** Examen fliegen *durchfallen, das E. nicht bestehen;* ein Stein flog durchs Fenster; **in** Stücke fliegen *in Stücke zerfallen, zerbersten, heftig entzweigehen;* **von** der Schule fliegen ◆ in fliegender Eile, Hast *sehr eilig, hastig* **II** ⟨V. t.; hat⟩ *mit dem Flugzeug befördern* ◆ eine Maschine fliegen *ein Flugzeug führen, lenken;* die Verwundeten wurden vom Feldlazarett in die Heimat geflogen [< ahd. *fliogan,* engl. *fly;* → *fließen, fliehen*]

## FLIEGEN

Im Gegensatz zu anderen Insekten haben die rund 90 000 Fliegenarten nur zwei Flügel und gehören daher zur Ordnung der Zweiflügler. Fliegen legen ihre Eier an nährstoffreichen Orten (Dunghaufen, Kadaver) ab, wo die Larven bis zu ihrer Verpuppung und abschließenden Metamorphose unablässig fressen.

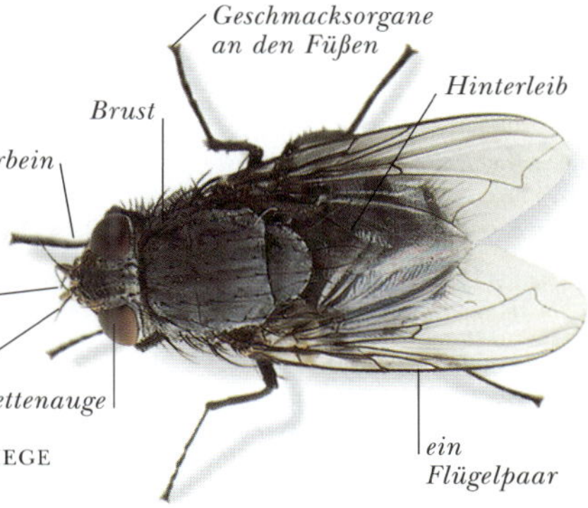


ÄUSSERE MERKMALE EINER STUBENFLIEGE
*(Musca domestica)*

### WEITERE FLIEGENARTEN

PANTOPHTHALMIDE
*(Pantophthalmus bellardii)*

SCHNAKE
*(Holorusia species)*

HUMMELSCHWEBER
*(Ligyra venus)*

RAUBFLIEGE
*(Mallophora atra)*

**Fliegenbaum** ⟨m. 1u; Bot.⟩ ► = *Ulme*

**Fliegenfalle** ⟨f. 19; Bot.⟩ ► = *Venusfliegenfalle*

**Fliegenfänger** ⟨m. 3⟩ **1** *aufgehängter, länglicher Klebestreifen, an dem Fliegen hängen bleiben* **2** ⟨Zool.⟩ ► = *Fliegenschnäpper*

**Fliegengott** ⟨m. 2u; unz.⟩ *Beelzebub*

**Fliegenklappe, Fliegenklatsche** ⟨f. 19⟩ *kleines Draht od. Kunststoffgitter mit Stiel zum Totschlagen von Fliegen*

**Fliegenpilz** ⟨m. 1⟩ *giftiger Blätterpilz mit meist blutrotem Hut, der von Resten der Hüllhaut weiß beflockt ist: Amanita muscaria*

FLIEGENSCHNÄPPER: GRAUSCHNÄPPER
*(Muscicapa striata)*

**Fliegenschnäpper** ⟨m. 3; Zool.⟩ ► *Angehöriger einer der mit rund 1500 Arten umfangreichsten Familie der Singvögel: Muscicapidae;* Sy *Fliegenfänger*

**Fliegenvogel** ⟨m. 5u; Zool.⟩ = *Kolibri*

**Flieger** ⟨m. 3⟩ **1** *Flugzeugführer, Pilot* **2** *Angehöriger der Luftwaffe* **3** ⟨umg.⟩ *Flugzeug* **4** *Radrennfahrer für kurze Strecken ohne Schrittmacher* **5** *Rennpferd für kurze Strecken* **6** *kleinstes, vorderstes Vormastsegel* **7** ⟨rhein.⟩ *kurzes Boot*

**Fliegerabwehr** ⟨f. 20; unz.; Mil.⟩ *Luftverteidigung, Abwehr feindlicher Flugzeuge;* Sy *Flugabwehr*

**Fliegerhorst** ⟨m. 1; Mil.⟩ *Militärflugplatz*

**fliehen** ⟨V. 137⟩ **I** ⟨V. i.; ist⟩ *sich aus Furcht od. Freiheitsdrang rasch od. heimlich entfernen, die Flucht ergreifen, entweichen, ausreißen* ◆ der Gefangene ist geflohen; fliehende Stirn *flache, zurückweichende St.* **II** ⟨V. t.; hat⟩ *sich fern halten von, meiden* ◆ jmdn. fliehen; die Gesellschaft (anderer) fliehen [< ahd. *fliohan,* engl. *flee;* → *fliegen, fließen;* verwandt mit *Floh, Flucht¹*]

**Fliehkraft** ⟨f. 7u; unz.; Phys.⟩ = *Zentrifugalkraft*

**Fliese** ⟨f. 19⟩ *Wand- od. Fußbodenplatte aus Stein, Steingut, Porzellan, Kunststoff* ◆ Fliesen legen [< mnddt. *vlise* „Steinplatte" < mhd. *vlins* „Steinsplitter", ahd. *flins;* verwandt mit *Flinte*]

**fliesen** ⟨V. t.; hat⟩ *mit Fliesen belegen* ◆ gefliester Boden

**Fließband** ⟨n. 12u⟩ *laufendes Band, auf dem Werkstücke von einem Arbeitsgang zum andern befördert werden* ◆ am Fließband arbeiten, stehen

**fließen** ⟨V. i. 138; ist⟩ **1** *sich fortbewegen* (von Flüssigkeiten) **2** *rinnen, rieseln, strömen* ⟨a. fig.⟩ ◆ bei dem Aufstand ist viel **Blut** geflossen *es gab viele Tote* ◆ der Bach fließt **langsam,** rasch; die milden Gaben, die Spenden flossen **reichlich** *es wurde viel gespendet;* seine Rede, sein Redestrom floss **unaufhörlich** ◆ die Worte flossen mir leicht **aus** der Feder *es machte mir keine Mühe, meine Gedanken schriftlich zu formulieren;* aus der Wunde floss Blut; der Fluss fließt **ins** Meer; der Wein floss in Strömen *es gab sehr viel zu trinken* ◆ fließendes Gewand *in weichen Falten fallendes G.;* fließender Verkehr *stetig strö-*

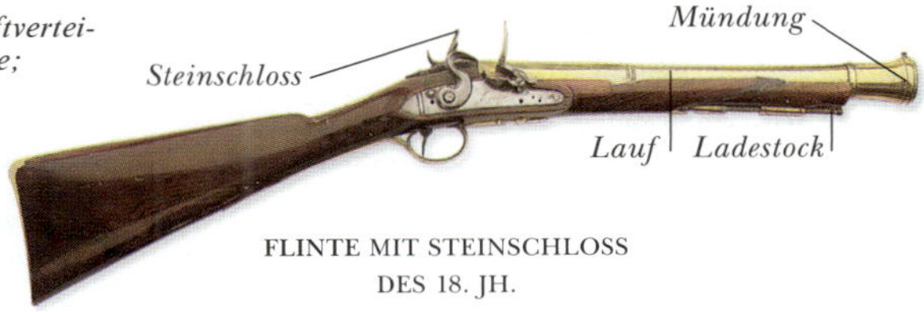


FLINTE MIT STEINSCHLOSS DES 18. JH.

F

*mender, stetiger V.;* eine Sprache fließend sprechen *leicht, flüssig* [< ahd. *fliozan,* engl. *fleet* „schnell dahineilen"; → *fliegen, fliehen;* verwandt mit *Floß, Flosse, Flut*]

**Fließlaut** ⟨m. 1; Phon.⟩ *Laut, bei dem die Zunge durch die ausstömende Luft teilweise in Schwingungen versetzt wird,* z. B. „l", „r"

**Flimmer** ⟨m. 3⟩ **I** ⟨unz.⟩ **1** *zitternder, flackernder Lichtschein* **2** ⟨fig.⟩ *wertloser Glanz, Scheinglanz* **3** ⟨Geol.⟩ *Flimmerstein* **II** ⟨zählb.⟩ *zarter Zellenfortsatz einzelliger Tiere*

**flimmern** ⟨V.; hat⟩ **I** ⟨V. i.⟩ **1** *unruhig glänzen, funkeln, glitzern* **2** *sich rasch, fein, zitternd bewegen* ♦ das Wasser flimmert in den Sonnenstrahlen **II** ⟨V. t.; umg.⟩ *blank reiben, putzen, sauber machen*

FLOCKENBLUME: SCHWARZE FLOCKENBLUME *(Centaurea nigra)*

**flink** ⟨Adj.⟩ **1** *rasch, geschwind* **2** *geschickt, gewandt, behände* ♦ ein flinker Bursche, flinkes Mädchen; flinke Hände haben; ein flinkes Mundwerk haben; flink arbeiten [< nddt.; urspr. „glänzend, blank"; zu *flinken* „glänzen"; verwandt mit *flunkern*]

**Flint** ⟨m. 1⟩ ► = *Feuerstein (1)* [engl.]

**Flinte** ⟨f. 19⟩ **1** ⟨urspr.⟩ ◄◄ *Gewehr mit Feuersteinschloss, das Mitte des 16. Jh. in Frankreich aufkam* **2** *Jagdgewehr mit glattem Lauf zum Schießen mit Schrot* (Jagdflinte) ♦ die Flinte ins Korn werfen ⟨fig.⟩ *etwas aufgeben, den Mut verlieren* [verkürzt < *Flintbüchse;* zu ahd. *flint* „Feuersteinsplitter"; → *Flint*]

**Flip** ⟨m. 6⟩ **1** *Cocktail, alkohol. Mischgetränk mit Zucker u. Ei* **2** ⟨Sp.⟩ *Drehsprung* (beim Eiskunst- u. Rollschuhlauf) [< engl.]

**Flipper** ⟨m. 6⟩ **1** *Endmarkierung im Flipperspiel* **2** ⟨kurz für⟩ *Flipperspiel* [zu engl. *flip* „wegschnipsen"]

**Flipperspiel** ⟨n. 11⟩ *Spielautomat, bei dem eine rollende Kugel Hindernisse passieren muss, wobei das Berühren bestimmter Stellen dem Spieler Plus- od. Minuspunkte bringt, bis die Kugel zwischen zwei Flippern hindurchgerollt u. damit „ausgeflippt" ist;* Sy ⟨kurz⟩ *Flipper (2)*

**flippig** ⟨Adj.; umg.⟩ **1** *ausgeflippt, außerhalb der gesellschaftl. Norm stehend* **2** *sprunghaft, locker, ausgefallen* ♦ sich flippig benehmen; ein flippiges Geschenk

**flirren** ⟨V. i.; hat⟩ **1** *flimmern, flackern, glänzen* **2** *schwirren, surren* [vermutl. Kunstw. < *flimmern + schwirren*]

**Flirt** ⟨[flœ:t] m. 6⟩ *Tändelei, Liebelei* [→ *flirten*]

**flirten** ⟨['flœ:tən] V. i.; hat⟩ *einem (od. einer) möglichen Liebespartner(in) gegenüber mit Worten u. Blicken spielen* ♦ mit jmdm. flirten [< engl. *flirt* (um 1890) „sich benehmen wie ein Courmacher" < afrz. *freureter* „mit Blumen verzieren"; zu frz. *fleur* „Blume"]

**Flittchen** ⟨n. 14; abwertend⟩ *leichtlebige junge Frau, die unstet ist u. häufig Männerbekanntschaften macht* [wohl zu *flittern*]

**Flitter** ⟨m. 3⟩ **1** *kleine, glänzende Metallstückchen (zum Aufnähen auf Kleider)* **2** *glitzernder Schmuck* **3** *Unechtes, Tand, Scheinglanz, unechter Glanz* [zu *flittern* in der allg. Bedeutung „unstete Bewegung"]

**Flitterwochen** ⟨Pl.⟩ *die ersten Wochen der Ehe* ♦ in die Flitterwochen fahren

FLORETT

**Flocke** ⟨f. 19⟩ **1** *lockere kleine Masse aus Eiskristallen* (Schneeflocke) *od. Fasern* (Wollflocke) **2** ⟨meist Pl.⟩ *Hafer, Kartoffeln u. a. in Blättchenform* (Haferflocken, Kartoffelflocken) **3** *lockerer Bodensatz* **4** *heller od. dunkler Fleck im Fell von Haustieren, bes. am Kopf, auch an den Füßen* ♦ die Flocken fallen, wirbeln [< ahd. *foccho, flokko,* engl. *flock*]

**Flockenblume** ⟨f. 19; Bot.⟩ ◄ *auf Wiesen, Rainen u. Äckern vorkommender Korbblütler: Centaurea* ♦ Gemeine Flockenblume *mit pfirsichblütenfarbenen Randblüten u. braunem Hüllkelch: Centaurea jacea*

**Flockseide** ⟨f. 19; unz.⟩ ► *äußere Schicht der Kokons der edlen Seide, fällt beim Putzen der Kokons ab*

**Floh** ⟨m. 1u⟩ ▼ *flügelloses, bis 3 mm langes, seitl. abgeplattetes Insekt mit kräftigen Sprungbeinen u. stechend-saugenden Mundwerkzeugen, lebt als Außenparasit blutsaugend auf Vögeln u. Säugetieren: Aphaniptera, Siphonaptera;* ► *Insekten* ♦ lieber einen Sack Flöhe hüten als das (tun)! [< ahd. *floh,* engl. *flea;* → *fliehen*]

**flöhen** ⟨V. t.; hat⟩ **1** ein Tier flöhen *einem Tier Flöhe ablesen (bes. Hunden, Katzen u. Affen)* **2** jmdn. flöhen ⟨fig.; umg.⟩ *jmdn. um Geld betrügen*

**Flohmarkt** ⟨m. 1u⟩ *Markt für gebrauchte Waren, Trödelmarkt*

**Flop** ⟨m. 6; umg.⟩ *Misserfolg, Fehlschlag, Reinfall* ♦ das war ein Flop [engl., eigtl. „Plumps"]

**Floppydisk,** ⟨auch⟩ **Floppy Disk** ⟨f. 10; EDV⟩ *Datenträger einer kleineren EDV-Anlage in Form einer flexiblen, beidseitig beschichteten Magnetplatte* [engl., „Diskette" < *floppy* „schlaff (= biegsam)" + *disk* „Scheibe"]

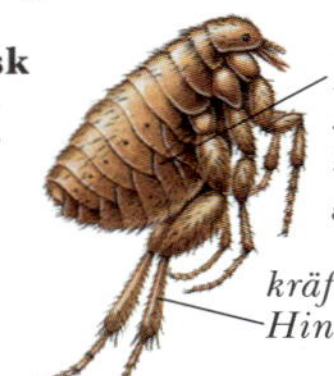


FLOH

**Flor**[1] ⟨m. 1⟩ **1** *alle Blüten einer Pflanze* **2** *Blumenfülle* **3** ⟨fig.⟩ *Zierde, Schmuck, Gedeihen* ♦ ein Flor junger, hübscher Mädchen *eine Menge, Reihe* [< lat. *flos, floris* „Blüte"]

**Flor**[2] ⟨m. 1⟩ **1** *dünner Seidenstoff* **2** *Schleier* **3** *haarige, wollige Oberschicht von Teppichen, Plüsch u. Samt* **4** *schwarzer Seidenstreifen um den Ärmel od. am Rockaufschlag als Zeichen der Trauer* (Trauerflor) [< ndrl. *floers* < afrz. *velous* < lat. *villosus* „haarig"; dasselbe: *Velours*]

**Flora** ⟨f.; -, Floren⟩ **1** = *Pflanzenreich* **2** *systematische Beschreibung dieser Pflanzenwelt* **3** *Pflanzenbestimmungsbuch* [lat., nach *Flora,* der römischen Göttin der Blumen]

**Florentiner** ⟨m. 3⟩ **1** *Einwohner von Florenz* **2** *Damenstrohhut mit breiter, schwingender Krempe;* Sy *Florentinerhut* **3** *süßes Gebäck in Oblatenform, mit gehackten Nüssen od. Mandeln u. Schokoladenüberzug* ♦ Florentiner Flasche *Gefäß, aus dem zwei verschieden schwere Flüssigkeiten, die gemeinsam hineinlaufen, getrennt ablaufen können, zu diesem Zweck ist das Gefäß mit zwei Überlaufrohren versehen, deren eines oben angebracht ist, während das andere bis zum Boden reicht*

**Florentinerhut** ⟨m. 1u⟩ = *Florentiner (2)*

**Florett** ⟨n. 11.; Sp.; Fechten⟩ ◄ *Stoßdegen, Rapier, Stichwaffe mit rechteckiger od. quadratischer Klinge, bis 110 cm Gesamtlänge, bis 500 g schwer;* ► *Schwerter* [< frz. *fleuret* < ital. *fioretto,* eigtl. „Blümchen", vermutl. nach dem knospenähnl. Knopf an seiner Spitze]

FLOCKSEIDE UM DEN KOKON DES SEIDENSPINNERS

**Florfliege** ⟨f. 19; Zool.⟩ *zartes, bis 17 mm langes Insekt mit vier grün schillernden Flügeln, deren Larven als Blattlausvertilger nützlich sind: Chrysopidae;* Sy *Goldauge*

**florieren** ⟨V. i.; hat⟩ *blühen, gedeihen* ♦ das Geschäft floriert ⟨fig.⟩ [< lat. *florere*]

**Floskel** ⟨f. 21⟩ *leere Redensart, Formel* (z. B. Höflichkeitsfloskel) [< lat. *flosculus* „Blümchen, Zierde"]

**Floß** ⟨n. 11u⟩ *flaches Wasserfahrzeug aus zusammengebundenen Baumstämmen od. ähnlichen Schwimmkörpern* [< ahd. *vloz,* auch „Strömung, Flut, Fluss"; → *fließen*]

**Flosse** ⟨f. 19⟩ **1** *abgeplattetes, breites Bewegungs- u. Steuerorgan der Fische, Wale u. Robben* (Rückenflossen, Schwanzflossen) **2** *fest stehendes Steuerungsteil bei Flugzeugen, Torpedos u. a.* **3** ⟨fig.; umg.; scherzh.⟩ *Hand* **4** *Fuß* [< ahd. *flozza;* zu *fliozan* in der Bedeutung „schwimmen"; → *fließen*]

**flößen** ⟨V.; hat⟩ **I** ⟨V. i.⟩ *mit Flößen fahren, mit Flößen übersetzen* **II** ⟨V. t.⟩ **1** *als Treibgut befördern* (Baumstämme) **2** *mit dem Floß befördern* [< mhd. *vlœtzen, vlœzen* „fließen machen, hinabschwemmen"; → *fließen*]

**Flossenfüßer** ⟨m. 3; Zool.⟩ ► = *Robbe*

**Flöte** ⟨f. 19⟩ **1** ⟨Mus.⟩ **1.1** *Blasinstrument aus Holz, Gold- od. Silberlegierung mit einem Rohr, das längs od. seitlich angeblasen wird* (Blockflöte, Querflöte) **1.2** *Blasinstrument aus Holz aus einem od. mehreren nebeneinander liegenden Rohren* (Hirtenflöte, Panflöte); ► *Holzblasinstrumente* **1.3** *Orgelstimme* **2** *hohes Trinkglas* [< mhd. *vloite, flöute* < mndrl. *flute, fleute, floite* < afrz. *flaute, fleute*]

**flöten** ⟨V. i.; hat; bes. Mus.⟩ **1** *Flöte spielen, in hohen Tönen singen od. pfeifen* (Amsel) **2** ⟨norddt.⟩ *pfeifen* **3** *mit süßer Stimme sprechen, schmeichlerisch sprechen* [→ *Flöte*]

**Flötenton** ⟨m. 1u; Mus.⟩ *auf der Flöte geblasener Ton* ♦ jmdm. die Flötentöne beibringen

FLUCHTPUNKT: SCHNITTPUNKT DER FLUCHTLINIEN EINER PERSPEKTIVISCHEN ZEICHNUNG

⟨fig.; umg.; scherzh.⟩ *jmdn. zurechtweisen, ihn Höflichkeit lehren;* ein heller Flötenton

**flott** ⟨Adj.; -er, am -esten⟩ **1** *im Wasser frei schwimmend* (Pflanze) **2** *schwimmfähig* (Schiff) **3** *flink, rasch, ohne Unterbrechung* **4** *schick, elegant* (Person, Kleidungsstück) **5** *leichtsinnig, verschwenderisch* (Leben, Lebenswandel) **6** *leichtlebig, unbekümmert* ◆ flotter **Absatz** einer Ware; ein flotter **Bursche,** Kerl; ein flotter **Dialog** (im Theaterstück); ein flotter **Hut,** flottes Kleid; ein flottes **Leben** führen ◆ flott **arbeiten,** bedienen, spielen; flott **leben;** der Aufsatz ist flott **geschrieben; sein:** das Schiff ist wieder flott ◆ aber bitte **etwas** flott! [< nddt. *vlot* „schwimmend"; → *fließen*]

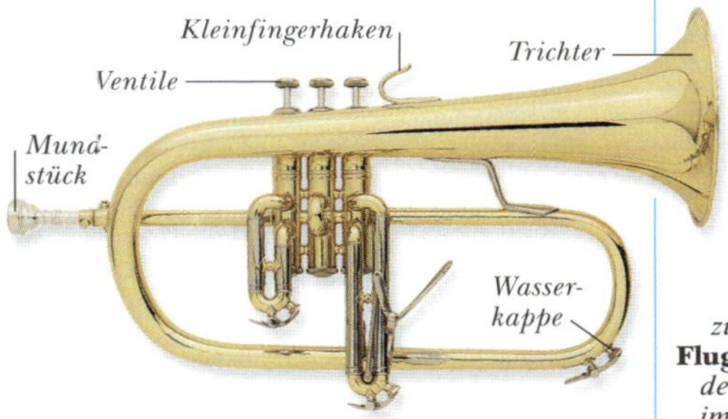


FLÜGELHORN

**Flotte** ⟨f. 19⟩ **1** *alle Schiffe eines Staates* (Handelsflotte, Kriegsflotte) **2** *größerer Verband von Schiffen od. Flugzeugen* [< frühnhd. *flotta* < mnddt. *vlote* „Floß, Wasserfahrzeug"; → *fließen*]

**Flottenverband** ⟨m. 1u; Mil.⟩ *gemeinsam operierende Gruppe von Kriegsschiffen*

**flottmachen** ⟨V. t.; hat⟩ **1** *wieder schwimmfähig machen* (Schiff nach Auflaufen, Kentern) **2** ⟨fig.⟩ *wieder in Gang bringen* (Gerät, Angelegenheit) ◆ im Sommer machte Michael sein Mofa wieder flott

**Flöz** ⟨n. 11⟩ *Schicht abbaufähiger Mineralien* [< oberdt. *Hausflur* < mhd. *vletze, vlez* „geebneter Boden, Tenne, Hausflur" < ahd. *flezzi,* älter *flazzi* „Tenne, Hausboden"; zu *flaz* „flach, eben"; verwandt mit *flach, Fladen, Flunder*]

**Fluch** ⟨m. 1u⟩ **1** *Verwünschung, Wunsch für Unheil* **2** *Strafe Gottes* **3** *Gotteslästerung* **4** *im Zorn gesprochenes Kraftwort* ◆ es liegt ein Fluch auf der Familie; einen Fluch ausstoßen [< ahd. *fluch;* → *fluchen*]

**fluchen** ⟨V. i.; hat⟩ **1** *einen Fluch od. Flüche ausstoßen* **2** *derb, unflätig schimpfen* ◆ jmdm. fluchen *jmdn. verwünschen, für jmdn. Unheil herbeiwünschen* [< ahd. *fluohhan, fluohhon,* Grundbedeutung „sich trauernd oder klagend (an die Brust) schlagen"]

**Flucht¹** ⟨f. 20⟩ **I** ⟨unz.⟩ *das Fliehen, rasches Enteilen, Entweichen* ◆ die Flucht ergreifen; auf der Flucht sein; jmdn. in die Flucht jagen, schlagen; die Flucht nach vorn antreten ⟨fig.⟩ *statt einer erwarteten Verteidigung einen Angriff führen* **II** ⟨zählb.; Jägerspr.⟩ *Sprung* (beim Schalenwild) ◆ das Reh sprang in hohen, langen Fluchten ab [< ahd. *fluht;* zu *fliohan* „fliehen", engl. *flight;* → *fliehen*]

**Flucht²** ⟨f. 20⟩ **1** *Schar, Gruppe (fliegender Vögel)* **2** *gerade Reihe nebeneinander stehender Häuser* (Häuserflucht) **3** *gerade Reihe, Aufeinanderfolge* (Zimmerflucht) **4** *Spielraum* ◆ die Häuser stehen in einer Flucht [< nddt. *flugt,* engl. *flight* „Flug"; → *fliegen*]

**flüchten** ⟨V. i.; hat; oft refl.⟩ *fliehen, sich retten, Schutz, Zuflucht suchen* ◆ die Katze ist auf einen Baum, hat sich auf einen Baum geflüchtet [→ *Flucht¹*]

**Fluchthilfe** ⟨f. 19; unz.⟩ *Hilfe bei der Flucht* ◆ jmdm. Fluchthilfe leisten

**flüchtig** ⟨Adj.⟩ **1** *auf der Flucht befindlich, entflohen* **2** *vorübergehend, vergänglich* **3** *von kurzer Dauer* **4** ⟨poet.⟩ *leichtfüßig, rasch, schnell* (Hirsch, Pferd) **5** *oberflächlich, nachlässig, ungenau* (Bericht) **6** ⟨Chem.⟩ *leicht verdunstend* **7** ⟨Bgb.⟩ *brüchig* ◆ eine flüchtige **Arbeit;** der flüchtige **Augenblick;** eine flüchtige **Bekanntschaft;** einen flüchtigen **Verbrecher** wieder einfangen ◆ sich eine Sache flüchtig **ansehen;** flüchtig **arbeiten;** jmdn. od. etwas nur flüchtig **kennen; sein:** der Gefangene ist flüchtig ◆ **nach** flüchtiger Prüfung [→ *Flucht¹*]

**Flüchtling** ⟨m. 1⟩ *jmd., der flieht, flüchtet od. geflohen, geflüchtet ist* ◆ politischer Flüchtling *jmd., der aus polit. Gründen außer Landes geht*

**Fluchtlinie** ⟨[-niə] f. 19; Arch.⟩ **1** *Linie, die die Bauten an einer Straße bilden* **2** *in einem Fluchtpunkt endende Linie*

**Fluchtpunkt** ⟨m. 1⟩ ◄ *perspektivischer Punkt, in dem sich alle parallelen, geraden, in einer Richtung verlaufenden Linien zu vereinigen scheinen*

**Flug** ⟨m. 1u⟩ **1** *das Fliegen, Fortbewegung in der Luft* **2** *Fortbewegung im Flugzeug, Reise im Flugzeug* **3** ⟨Jägerspr.⟩ *mehrere Ketten von Flugwild* **4** ⟨Sinnbild für⟩ *hohes Steigen* (Gedankenflug), *Schnelligkeit* ◆ ruhiger, unruhiger, stürmischer Flug; im Fluge ⟨fig.⟩ *in großer Eile, sehr schnell;* einen Vogel im Fluge schießen, treffen; die Zeit verging (wie) im Fluge; Flug von Berlin nach Rom; zum Flug ansetzen [< ahd. *flug;* → *fliegen*]

**Flugabwehr** ⟨f. 20; unz.⟩ = *Fliegerabwehr*

**Flugblatt** ⟨n. 12u⟩ **1** *Mitteilungsblatt (Einblattdruck) mit großer Auflage u. Verbreitung, Werbeblatt* **2** = *Flugschrift*

**Flugdatenschreiber** ⟨m. 3; Tech.⟩ ► = *Flugschreiber*

**Flugdrache** ⟨m. 17⟩ *baumbewohnende Echse Südostasiens, kann mit aufstellbaren Hautfalten an den Körperseiten, die als Fallschirm dienen, von Baum zu Baum gleiten: Draco volans;* Sy *Flatterechse, Flattereidechse, Fliegender Drache*

**Flugechse** ⟨[-ks-] f. 19⟩ = *Pterosaurier*

**Flügel** ⟨m. 5⟩ **1** *zum Fliegen dienender Körperteil der Vögel, Insekten u. a. Tiere* **2** *eines der beiden seitl. Blumenblätter der Schmetterlingsblüte* **3** *häutiger Frucht- u. Samenanhang zur Verbreitung durch den Wind* **4** *wie ein Flügel stromlinienförmig gestaltetes Tragwerk des Flugzeugs* **5** *längl. Anbau, Seitenbau eines Gebäudes* **6** *Außenteil eines mehrteiligen Gegenstandes* (Altarflügel, Fensterflügel, Lungenflügel, Türflügel) **7** *treibende Fläche des Windrades, Treibrades, der Flügelschraube u. Ä.* **8** ⟨Mil.; Sp.⟩ *äußere Einheit einer aufgestellten Truppe od. Mannschaft* **9** ⟨Mus.⟩ ▼ *in Form eines Vogelflügels gebautes Klavier mit waagerecht liegenden Saiten* (Konzertflügel); ► *Saiteninstrumente* **10** *Sinnbild für Schwung, Schweben* ◆ die Flügel **hängen lassen** ⟨fig.⟩ *mutlos sein* ◆ der **rechte,** linke Flügel ◆ **am** Flügel: Paul Kuhn (als Begleiter eines Sängers); **mit** den Flügeln schlagen [< mhd. *vlügel;* → *fliegen*]

**Flügelaltar** ⟨m. 1u⟩ *Altar mit zusammenklappbaren Seitenteilen (Flügeln)*

**Flügelhorn** ⟨n. 12u; Mus.⟩ ◄ *in der Militärmusik verwendetes Blechblasinstrument mit drei Ventilen u. konischem Trichter;* Sy *Bügelhorn;* ► *Blechblasinstrumente*

## FLÜGEL

Der Flügel ist ein Klavier mit waagerecht zu den Tasten verlaufendem Saitenbezug. Die Metallsaiten sind unter großem Zug in einen metallischen Rahmen eingespannt. Die Mechanik entspricht der des Klaviers: Beim Drücken einer Taste schlägt ein filzbezogener Hammer auf die Saiten. Daraufhin schwingt der gesamte Resonanzkörper mit, wodurch die typische Klangfarbe des Flügels entsteht.

KONZERTFLÜGEL (VORDERANSICHT)

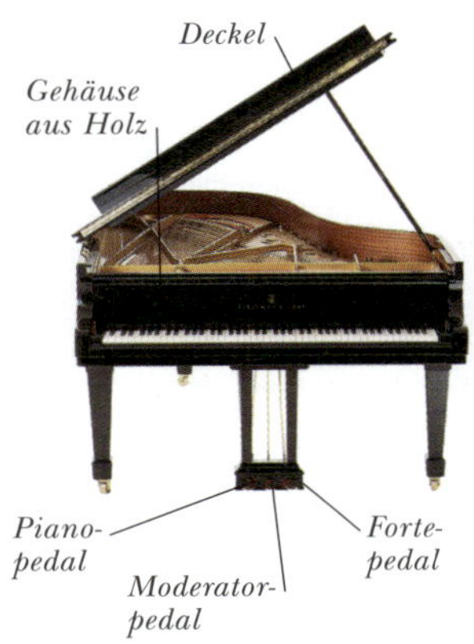


KONZERTFLÜGEL (DRAUFSICHT, OHNE DECKEL)

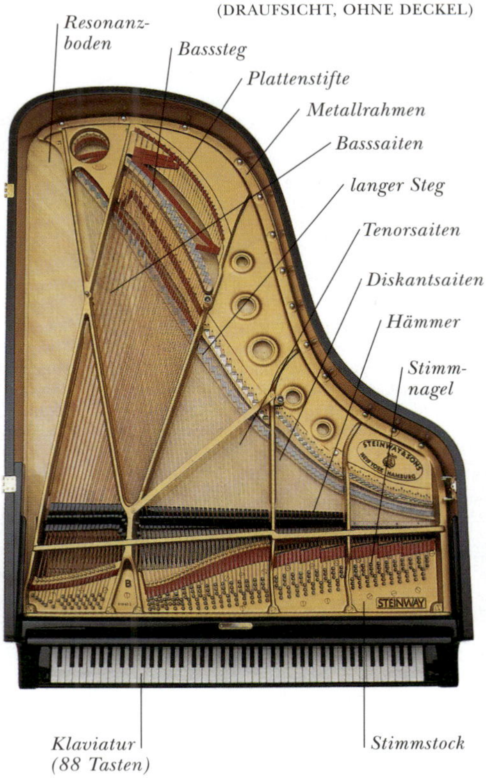

## FLUGSCHREIBER

Die meisten Flugzeuge der zivilen wie der militärischen Luftfahrt sind mit einem Flugschreiber ausgestattet. Dieser ist ein automatisches Registriergerät, das Flugdaten, Messwerte von Bordgeräten und die Gespräche im Cockpit aufzeichnet. Die Informationen werden im Inneren eines hitzebeständigen und stoßfesten Kastens auf Magnetband gespeichert, wodurch in einigen Fällen Flugzeugunfälle aufgeklärt werden können.

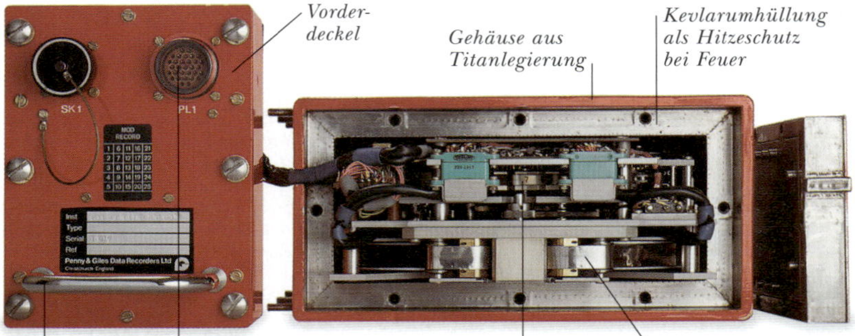


BLICK AUF EINEN GEÖFFNETEN FLUGSCHREIBER

**Flügelkaktus** ⟨m.; -, -kakteen⟩ *Angehöriger einer Kakteengattung mit verbreiterten Stängelgliedern im trop. Amerika, Zierpflanze; Phyllocactus*

**flügellahm** ⟨Adj.⟩ **1** *infolge eines gebrochenen od. angeschossenen Flügels flugunfähig* **2** ⟨fig.⟩ *mutlos, schwunglos*

**Flügelmutter** ⟨f. 21⟩ *Schraubenmutter, die zur besseren Handhabung mit zwei flügelartigen Fortsätzen versehen ist*

**Flügelschlag** ⟨m. 1u⟩ *Bewegung mit dem Flügel* ◆ den Flügelschlag der Zeit verspüren ⟨fig.; geh.⟩ *den Ablauf einer bewegten, großen Zeit (bewusst) erleben*

**Flügelschnecke** ⟨f. 19; Zool.⟩ ► *Angehörige einer im Flachwasser tropischer Meere vorkommenden Gattung der Vorderkiemer mit flügelartiger Verbreiterung am Unterrand, die sich von Algen u. zerfallenen Tier- u. Pflanzenresten ernährt: Strombidae*

**Flügelschraube** ⟨f. 19⟩ *Schraube mit Flügelmutter*

**Flugfisch** ⟨m. 1; Zool.⟩ ► = *Fliegender Fisch*

**flügge** ⟨Adj.⟩ **1** *flugfähig* (Vogel) **2** ⟨fig.⟩ *selbständig, eigenständig, erwachsen, heiratsfähig* (von jungen Leuten) [< mnddt. *vlügge*, engl. *fledge* „flügge werden"; Grundbedeutung: „imstande zu fliegen"; → *fliegen*]

**Flughafen** ⟨m. 4u⟩ *Start- u. Landeplatz für Flugzeuge des öffentl. Verkehrs;* → a. *Flugplatz*

**Flughund** ⟨m. 1; Zool.⟩ ◄ *Angehöriger einer Gruppe der Fledermäuse mit verlängerter Schnauze: Macrochiroptera;* Sy *Fliegender Hund*

FLUGHUND
*(Pteropus species)*

**Flugkörper** ⟨m. 3⟩ *Körper (Geschoss, Flugzeug usw.), der sich durch die Luft auf ein Ziel hin bewegt*

**Flugmaki** ⟨m. 6⟩ = *Pelzflatterer*

**Flugplatz** ⟨m. 1u⟩ *Start- u. Landeplatz für Flugzeuge, die nicht dem öffentl. Verkehr dienen;* → a. *Flughafen*

**flugs** ⟨Adv.⟩ *eilends, schnell, geschwind* [< mhd. *fluges*, erstarrter Gen. zu *Flug*]

**Flugsaurier** ⟨m. 3⟩ = *Pterosaurier*

**Flugschreiber** ⟨m. 3; Tech.⟩ ▲ *Gerät an Bord eines Flugzeugs zum Aufzeichnen von Daten während des Fluges;* Sy *Flugdatenschreiber*

**Flugschrift** ⟨f. 20⟩ *Broschüre, meist polit. Streit- od. Parteischrift, zur öffentl. Meinungsbildung mit möglichst großer Verbreitung;* Sy *Flugblatt (2)*

**Flugsimulator** ⟨m. 23⟩ *Simulator, mit dem das Führen von Flugzeugen erlernt u. trainiert werden kann*

**Flugverkehr** ⟨m. 1; unz.⟩ = *Luftverkehr*

**Flugzeug** ⟨n. 11⟩ *Luftfahrzeug, das schwerer ist als die Luft, die von ihm verdrängt wird, u. das sich daher nur durch dynamischen Auftrieb in die Luft erheben, aufsteigen kann;* ► *Luftfahrzeuge*

FLÜGELSCHNECKE: HAUS
*(Strombus gallus)*

**Flugzeugträger** ⟨m. 3⟩ *Kriegsschiff mit Start- u. Landefläche für Flugzeuge*

**Fluid** ⟨n.; -s, -a⟩ *flüssiges Mittel*

**Fluidum** ⟨n.; -s, -da⟩ **1** *Flüssigkeit, etwas Fließendes* **2** ⟨fig.⟩ *die von etwas od. jmdm. ausgehende Wirkung* ◆ dieser Künstler verbreitet ein besonderes Fluidum [lat., „fließend"]

**Fluktuation** ⟨f. 20⟩ **1** *das Fluktuieren, das Hin- und Herfluten, Schwanken, Schwankung* **2** ⟨Astron.⟩ *unregelmäßige Schwankungen der Erdrotation, die dazu führen, dass die „Erduhr" gegenüber einer völlig gleichmäßig laufenden Uhr bis zu rund einer halben Minute nach- od. vorgehen kann* **3** *Wechsel von Arbeitsplätzen innerhalb einer Volkswirtschaft* [< lat. *fluctuatio* „das Schwanken, Wogen"]

**fluktuieren** ⟨V. i.; hat⟩ *hin u. her fließen, schwanken, schnell wechseln* [< lat. *fluctuare* „wanken, wogen"]

**Flunder** ⟨f. 21; Zool.⟩ *Angehörige einer weit verbreiteten Art der Plattfische: Pleuronectes flesus* [< spätmhd. *flunder, fluoder, fluder*, engl. *flounder* verwandt mit *Fladen, Flöz, flach*]

**flunkern** ⟨V. i.; hat; umg.⟩ *schwindeln, aufschneiden, übertreiben, Lügengeschichten erzählen* [< nddt., mit Ablaut zu frühnhd. *flinken* „glänzen", eigtl. „flimmern"]

**Fluor** ⟨n.; -s; unz.; Chem.; Zeichen: F⟩ *nur in Verbindungen vorkommendes, zu den Halogenen gehörendes, gasförmiges Element von grünlich gelber Farbe u. stechendem Geruch, Ordnungszahl 9* [lat., „das Fließen"; zu *fluere* „fließen"]

**Fluorchlorkohlenwasserstoffe** ⟨[-klo:r-] Pl.; Chem.; Abk.: FCKW⟩ *Kohlenwasserstoffe, die die Halogene Fluor u. Chlor im Molekül enthalten, sie werden als Treibgase u. Aufschäumungsmittel eingesetzt, jedoch in Dtschld. u. anderen Ländern zunehmend vom Markt verdrängt, da sie wesentlich zum Abbau der Ozonschicht beitragen*

**Fluoreszenz** ⟨f. 20; unz.⟩ ▼ *Aussendung von Licht gleicher od. veränderter Frequenz unmittelbar nach Absorption von elektromagnetischer Strahlung;* Ggs *Phosphoreszenz* [→ *Fluor*]

**fluoreszieren** ⟨V. i.; hat⟩ *durch Bestrahlung aufleuchten*

**Fluorit** ⟨m. 1⟩ ► = *Flussspat* [→ *Fluor*]

**Flur I** ⟨m. 1⟩ **1** *Vorraum in Haus od. Wohnung, Diele, Korridor* (Hausflur) **2** *Fußboden* **II** ⟨f. 20⟩ *Nutzland, Äcker u. Wiesen* ◆ Feld und Flur, Wald und Flur [< mhd. *vluor* „Feldflur, Saatfeld; Samen, Saat; Boden(fläche); engl. *floor* „Fußboden"]

**Flurbereinigung** ⟨f. 20⟩ **1** *zweckdienlichere Einteilung der Fluren,* ⟨bes.⟩ *Zusammenlegung von zersplittertem Landbesitz* **2** ⟨fig.⟩ *Klärung von Meinungsverschiedenheiten*

**Fluse** ⟨f. 19⟩ *Endchen vom Faden, Fussel* [nddt. Nebenform zu *Flaus, Flausch*]

**Fluss** ⟨m. 1u⟩ **1** ► *größerer Wasserlauf, Strom* **2** *das Fließen, das fließende Bewegtsein, Lauf, Strömung* (Redefluss) **3** *Schmelzmasse*

## FLUORESZENZ

Die Fluoreszenz ist eine Form der Lumineszenz, der Lichtausstrahlung ohne Erhitzung. Bei der Fluoreszenz erlischt die Leuchtkraft des Stoffes synchron mit dem Wegfall der bestrahlenden Lichtquelle. So leuchtet die eigentlich rote Fluoresceinlösung nur während des Lichteinfalls gelbgrün.

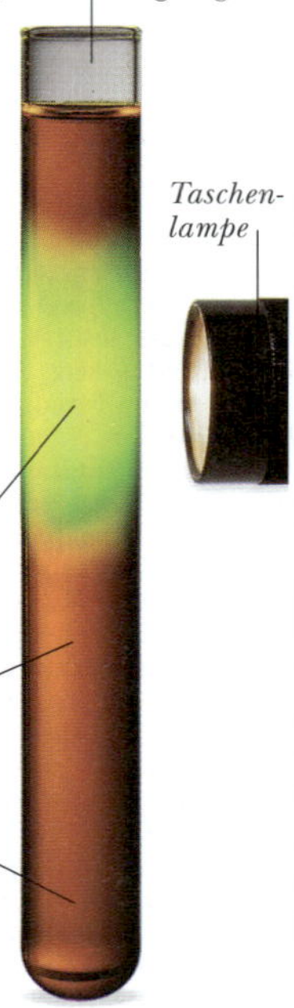


DEMONSTRATION DER FLUORESZENZ

FLUSSBARSCH
*(Perca fluviatilis)*

(Glasfluss) **4** *Schmelzzusatz* **5** ⟨Bez. für⟩ *mehrere Krankheiten* (Schlagfluss, Schleimfluss) ◆ Fluss der Rede, des Gesprächs; eine Sache in Fluss bringen *in Bewegung setzen, in Gang bringen* [< ahd. *vluz*]

**flussab** ⟨Adv.⟩ = *flussabwärts*

**flussabwärts** ⟨Adv.⟩ *mit der Strömung, zur Mündung hin;* Sy *flussab*

**Flussadler** ⟨m. 3⟩ ► = *Fischadler*

**flussauf** ⟨Adv.⟩ = *flussaufwärts*

**flussaufwärts** ⟨Adv.⟩ *gegen die Strömung, zur Quelle hin;* Sy *flussauf*

**Flussbarsch** ⟨m. 1; Zool.⟩ ▲ *in den meisten Seen u. Flüssen der nördlichen Erdhalbkugel heimischer Barsch: Perca fluviatilis*

**Flussbett** ⟨n. 27⟩ *Bodenrinne, in der der Fluss fließt*

**Flussdelfin** ⟨m. 1⟩ = *Flussdelphin*

**Flussdelphin** ⟨m. 1⟩ *Angehöriger einer Familie der Zahnwale: Platanistidae;* oV *Flussdelfin;* → a. *Delphin*

**Flussdiagramm** ⟨n. 11⟩ *graf. Darstellung eines Arbeitsablaufes*

**flüssig** ⟨Adj.⟩ **1** *weder gasförmig noch fest* **2** *wässrig, fließend* **3** *geschmolzen* (Metall) **4** *geläufig, glatt* (Rede, Stil) ◆ flüssige **Gelder** *verfügbare G., Bargeld;* flüssige **Körper** *Flüssigkeiten;* flüssige **Kristalle** *organische Verbindungen, die in der festen (kristallisierten) Phase einen bestimmten Schmelzpunkt besitzen, bei dem sie in eine doppelbrechende Flüssigkeit (wie sonst nur bei festen Kristallen) übergehen;* flüssige **Luft** *durch Kühlung flüssig gemachte Luft;* flüssige **Nahrung** *Flüssigkeiten, z. B. Suppen u. Breie als Krankenspeise* ◆ kein Geld flüssig **haben** *kein Bargeld haben;* Kapital flüssig **machen** *aufbringen;* das Buch ist flüssig **geschrieben** [< ahd. *fluzzig*]

**Flüssiggas** ⟨n. 11⟩ *verflüssigtes Gas, bes. Propan u. Butan, bei hohem Druck in Flaschen verdichtet*

**Flüssigkeit** ⟨f. 20⟩ **I** ⟨zählb.⟩ *flüssiger Körper, Stoff in flüssigem Zustand* **II** ⟨unz.; fig.⟩ *das Flüssigsein, flüssige Beschaffenheit, Gewandtheit (im Ausdruck)*

**Flüssigkristallanzeige** ⟨f. 19⟩ ► = *LCD*

**Flusskrebs** ⟨m. 1⟩ *süßwasserbewohnender, zehnfüßiger Krebs aus der Gruppe der Panzerkrebse, ein Höhlenbewohner, der von Wasserpflanzen, Insektenlarven, Weichtieren u. Würmern lebt: Astacidae* ◆ Amerikanischer Flusskrebs: *Cambarus affinis*

**Flussmittel** ⟨n. 13⟩ **1** ⟨Keramik⟩ *Substanz, die als Zusatz zu keram. Massen od. metallurg. Schmelzen einen Sinter- od. Schmelzprozess bei wesentlich tieferen Temperaturen ermöglicht als ohne diesen Zusatz* **2** *Zusatz zum Lötmetall zur Förderung des Lötens*

**Flussmuschel** ⟨f. 21⟩ **1** ⟨i. w. S.⟩ *Angehörige einer Familie von im Süßwasser lebenden Muscheln: Unionnidae* **2** ⟨i. e. S.⟩ *Muschel, deren Larven zunächst an den Kiemen der Mutter, später an Süßwasserfischen angeheftet als Schmarotzer leben: Unio pictorum*

**Flussperlmuschel** ⟨f. 21⟩ *zu den Blattkiemern gehörende Muschel mit dicker Kalkschale, die nach Verletzungen des Mantels Perlen erzeugt: Margaritana margaritifera*

**Flusspferd** ⟨n. 11; Zool.⟩ **1** ⟨i. w. S.⟩ *Mitglied einer Flüsse bewohnenden Familie der Paarhufer, plumpes, fast unbehaartes Tier: Hippopotamidae* **2** ⟨i. e. S.⟩ *in Strömen u. Flüssen Afrikas lebende Art: Hippopotamus amphibius;* Sy *Nilpferd*

**Flussregulierung** ⟨f. 20⟩ *künstl. Regelung eines Flusslaufes zur besseren Ausnutzung der Wasserkraft, zum Schutz gegen Überschwemmungen usw.*

**Flussspat** ⟨m. 1⟩ ▼ *wasserhelles od. verschieden gefärbtes Mineral, reguläres Kalciumfluorid, $CaF_2$;* Sy *Fluorit*

**flüstern** ⟨V. t. u. V. i.; hat⟩ *leise, ohne Stimme, ohne Ton reden* ◆ der Wind flüstert ⟨poet.⟩ *säuselt, rauscht leise;* jmdm. etwas ins Ohr flüstern; sich flüsternd unterhalten [< nddt., entspricht nhd. *flistern, flisteren* (15. Jh.); lautmalend]

FLUSSSPAT

**Flut** ⟨f. 20⟩ **1** *Steigen, Hochstand des Meerwassers im Gezeitenwechsel;* Ggs *Ebbe (1)* **2** *bewegte Wassermasse* **3** ⟨fig.⟩ *große, strömende, fließende Menge* ◆ die Flut ihres **Haares;** die Fluten des **Meeres** ◆ die Flut **fällt,** steigt; **sein:** es ist Flut (im Gezeitenwechsel) ◆ der Fluss wälzt seine **trägen** Fluten durch das Land ◆ ein Bad **in** den kühlen Fluten (des Flusses, Meeres, Sees) [< ahd. *fluot,* engl. *flood*]

**fluten I** ⟨V. i.; ist⟩ *fließen, strömen, wogen* ⟨a. fig.⟩ ◆ es flutet *die Flut kommt (im Gezeitenwechsel);* die Menge flutete in den Saal; das Wasser flutete über die Ufer, die Deiche **II** ⟨V. t.; hat⟩ *unter Wasser setzen, Wasser schnell einströmen lassen in* (U-Boot) ◆ Fluten! *(Kommando auf dem U-Boot zum Tauchen)* [→ *Flut*]

**Flutlicht** ⟨n. 12; unz.⟩ *Licht aus breit strahlenden Scheinwerfern zum Beleuchten von Gebäuden od. Plätzen, besonders nachts*

**Flutwelle** ⟨f. 19⟩ **1** *anströmende Flut der Gezeiten* **2** *durch Seebeben entstehende Welle*

**Flyer** ⟨[ˈflaiə(r)] m. 3⟩ **1** *Spinnmaschine* **2** *Person, die an einer Spinnmaschine arbeitet* **3** ⟨umg.⟩ *Flugblatt, Handzettel* ◆ auf dem Flyer stehen alle wichtigen Informationen zu der Veranstaltung [engl.; zu *fly* „fliegen“]

**Fmk** ⟨Abk. für⟩ *Finnmark*

**Fm** ⟨chem. Zeichen für⟩ *Fermium*

**f-Moll** ⟨n.; -; unz.; Mus.; Abk.: f⟩ *auf dem Grundton f beruhende Moll-Tonart*

**FN** ⟨f.; -; unz.; Reitsp.: Abk. für frz.⟩ *Fédération Nationale, (der FEI angeschlossene) Nationale Pferdesportorganisation (z B. die Deutsche Reiterliche Vereinigung)*

**fob, f. o. b.** ⟨Abk. für engl.⟩ *free on board*

**Focksegel** ⟨n. 13⟩ *unterstes, größtes Segel am Fockmast*

**Föderalismus** ⟨m.; -; unz.⟩ *Streben nach einem Staatenbund od. Bundesstaat mit weit gehender Selbständigkeit der Einzelstaaten* [< lat. *foedus* „Treubund, Bündnis, Vertrag“]

**Föderation** ⟨f. 20⟩ *Bündnis, Staatenbund, Bundesstaat* [< lat. *foederatus* „verbündet“; zu *foedus* „Bündnis, Vertrag“]

**föderieren** ⟨V. refl.; hat⟩ sich föderieren *sich verbinden, sich verbünden, sich zu einer Föderation zusammenschließen*

**fohlen** ⟨V. i.; hat⟩ *Junge werfen* (Stute)

**Fohlen** ⟨n. 14⟩ *neugeborenes od. sehr junges Pferd;* Sy *Füllen* [< ahd. *folo,* engl. *foal*]

**Föhn** ⟨m. 1⟩ **1** *warmer, trockener Fallwind, bes. nördl. der Alpen* **2** *elektrischer Haartrockner;* → a. *Fön* [< ahd. *phonno* „Regen-, Tau-, Wirbelwind“ < vulgärlat. *faonius* < lat. *(ventus) favonius* „lauer (Wind)“]

F

## FLUSS

Im Oberlauf fließt das Wasser bei starkem Gefälle schnell und schneidet tiefe Täler und Schluchten in den Boden. Wasserfälle entstehen beim Übergang von hartem zu weichem Gestein. Bei verringertem Gefälle verlangsamt sich die Fließgeschwindigkeit und die Ablagerung der mitgeführten Sedimente nimmt zu. Es bildet sich eine Schwemmebene, in der Flussschlingen und Altwasserseen entstehen können.

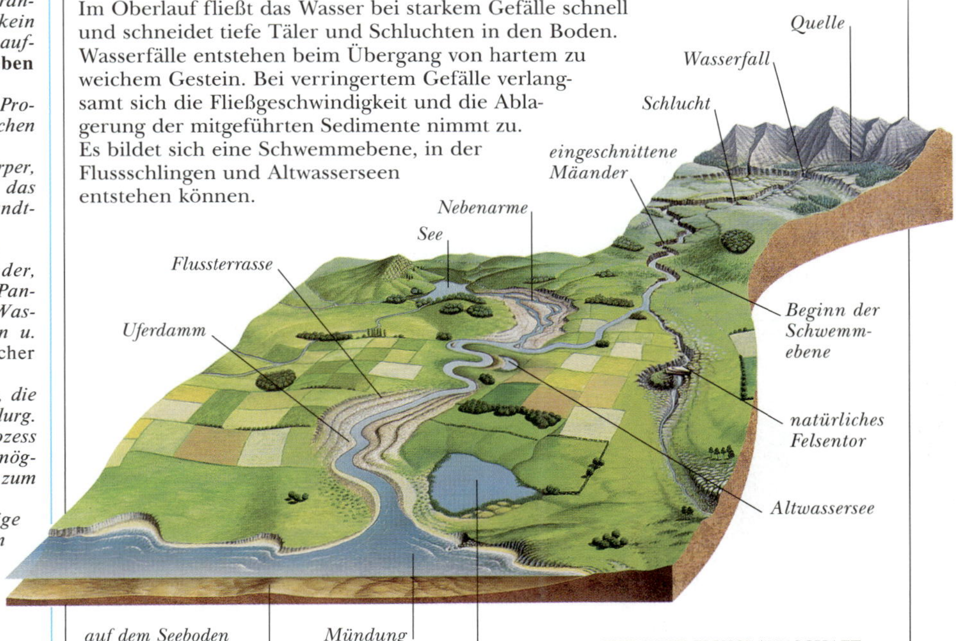


TYPISCHE FLUSSLANDSCHAFT
VON DER QUELLE BIS ZUR MÜNDUNG

**föhnen**[1] ⟨V. i.; hat; unpersönl.⟩ es föhnt *der Föhn weht, es ist föhniges Wetter*
**föhnen**[2] ⟨V. i.; hat⟩ *mit dem Föhn trocknen* (Haar)
**Föhrde** ⟨f. 19⟩ = *Förde*
**Föhre** ⟨f. 19⟩ *Gemeine → Kiefer: Pinus sylvestris* [ < ahd. *for(a)ha,* engl. *fir*]
**fokal** ⟨Adj.⟩ *vom Fokus ausgehend, auf ihn bezüglich*
**Fokus** ⟨m.; -, -se⟩ **1** *Brennpunkt (von Linsen, Spiegeln u. Linsensystemen)* ⟨a. fig.⟩ **2** ⟨Med.⟩ *Bakterien aussendender Herd (bes. in Mund od. Rachen)* [ < lat. *focus* „Feuerstätte"]
**fokussieren** ⟨V. t.; hat⟩ *in einem Punkt vereinigen* (Licht-, Teilchenstrahlen), *ausrichten* (Linsen) [→ *Fokus*]
**Fol.** ⟨Abk. für lat.⟩ *Folio(format)*

F

**Folge** ⟨f. 19⟩ **I** ⟨zählb.⟩ **1** *Ergebnis, Wirkung, Folgeerscheinung* **2** *Reihe, Nacheinander, Aufeinanderfolge* (Reihenfolge, Vortragsfolge) **3** *Reihe zusammengehöriger Dinge* (Tonfolge), *Sequenz* **4** *Gefolge (beim Leichenzug)* **5** *Fortsetzung (einer Arbeit, eines Romans)* **6** ⟨Math.⟩ *Aneinanderreihung von Elementen einer Menge (z. B. Zahlen, Punkte, Funktionen)* ◆ die Folgen eines **Unfalls** ◆ **sein:** die Folge (davon) ist, dass ... ◆ **böse,** schlimme, üble, unangenehme, unerwartete Folgen ◆ **in** bunter Folge; in der nächsten Folge bringen wir ...; eine Folge **von** Tönen; **zur** Folge haben *bewirken, veranlassen* **II** ⟨unz.⟩ **1** *einem Ereignis folgende Zeit, Zukunft* **2** *Befolgen, Gehorsam, Nachgeben* ◆ einer Aufforderung Folge **leisten** *einer A. nachkommen;* einem Befehl Folge leisten *einem B. gehorchen* ◆ **in** der Folge werden wir noch sehen, dass ... *im Folgenden* [→ *folgen*]
**folgen** ⟨V. i.⟩ **I** ⟨ist⟩ **1** *nachgehen, -kommen, nachfolgen, der, die, das Nächste sein* **2** einer Sache folgen *sich danach richten* ◆ folgen Sie mir!; jmds. **Beispiel** folgen *nacheifern;* **Fortsetzung** folgt *(am Ende eines Romanabschnitts in der Zeitung);* jmds. **Rat(schlägen)** folgen; der **Rest** folgt baldigst; dem ersten **Schuss** folgten noch drei weitere; jmds. **Spuren** folgen ◆ **kannst** du mir folgen? *kannst du meine Worte begreifen?;* jmds. Ausführungen, jmds. Rede (nicht) folgen können *geistig (nicht) erfassen, (nicht) verstehen können* ◆ jmdm. **heimlich,** unauffällig folgen ◆ **wie** folgt *wie anschließend ausgeführt wird* **II** ⟨hat⟩ jmdm. folgen *gehorchen, sich jmds. Weisungen fügen* ◆ das Tier folgt ihm aufs Wort; Folgendes *das, was noch folgt;* ich möchte dazu Folgendes sagen; Folgendes hat sich zugetragen [ < ahd. *folgen,* engl. *follow*]
**folgendermaßen** ⟨Adv.⟩ *auf folgende Weise, wie es jetzt folgt* ◆ die Sache hat sich folgendermaßen zugetragen

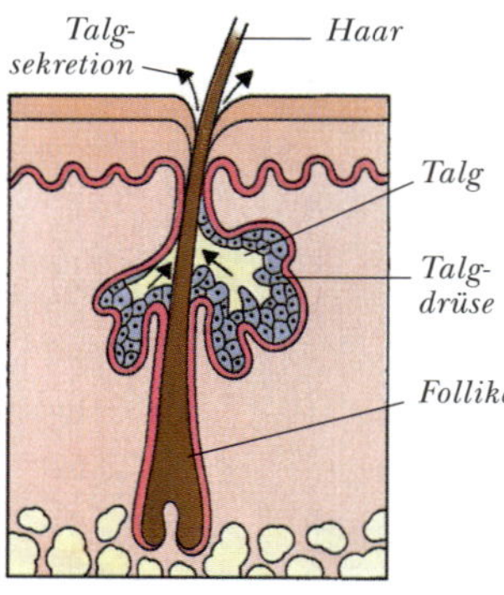


FOLLIKEL: SCHNITT DURCH EINEN HAARFOLLIKEL DES MENSCHEN

**folgenlos** ⟨Adj.⟩ *ohne Folgen, ohne Auswirkung*
**folgenschwer** ⟨Adj.⟩ *mit schweren Folgen, von großer (meist verhängnisvoller) Wirkung* ◆ eine folgenschwere Entscheidung
**folgerichtig** ⟨Adj.⟩ **1** *so wie es die gegebenen Tatsachen vorschreiben od. nahe legen, die richtige Schlussfolgerung ziehend* **2** *planmäßig, konsequent, logisch;* Ggs *folgewidrig* ◆ folgerichtiges Denken
**folgern** ⟨V. t.; hat⟩ etwas aus einer Sache folgern *die Schlussfolgerung aus etwas ziehen, etwas aus etwas logisch schließen* ◆ daraus können wir folgern, dass ... [→ *folgen*]
**Folgerung** ⟨f. 20⟩ *Ergebnis des Denkens, Ableitung, Schluss* ◆ logische Folgerung
**Folgesatz** ⟨m. 1u; Gramm.⟩ = *Konsekutivsatz*
**folgewidrig** ⟨Adj.⟩ *nicht folgerichtig, den gegebenen Tatsachen nicht entsprechend, nicht planmäßig, unlogisch;* Ggs *folgerichtig*
**folglich** ⟨Konj.⟩ *demzufolge, daher, infolgedessen* ◆ ich habe ihn nicht angetroffen, folglich konnte ich den Gruß nicht ausrichten
**folgsam** ⟨Adj.⟩ *gut folgend, gehorsam, fügsam, gefügig* (fast nur von Kindern u. Tieren)
**Foliant** ⟨m. 16; Buchw.⟩ *großformatiges, dickes Buch* [→ *Folio*]
**Folie** ⟨[-liə] f. 19⟩ **1** *dünnes Blättchen, dünne Haut aus Metall od. Kunststoff* (Metallfolie, Plastikfolie) **2** *(auf einen Bucheinband) aufgeprägte Farbschicht* **3** ⟨fig.⟩ *Hintergrund (von dem sich etwas abhebt od. abheben soll)* ◆ einer Sache als Folie dienen *sie bes. deutlich od. wirkungsvoller vortreten, sich abheben lassen* [ < mlat. *folia* „Metallblättchen"; eigtl. Pl. zu lat. *folium* „Blatt"]
**Folio** ⟨n. 15; Abk.: Fol.⟩ **1** ⟨kurz für⟩ *Folioformat* **2** *Blatt im Geschäftsbuch* [lat.]
**Folioformat** ⟨n. 11; unz.; Zeichen: 2°; Abk.: Fol.⟩ *Buchformat, bei dem der Papierbogen einmal gefaltet wird;* Sy ⟨kurz⟩ *Folio (1)* [verkürzt < lat. *in folio* „in Blatt(größe)"; zu *folium* „Blatt"]
**Folk** ⟨[fouk] m.; -s; unz.; Mus.⟩ = *Folkmusic* [engl., eigtl. „Volk"]
**Folklore** ⟨f. 19; unz.; Mus.; Sammelbez. für⟩ **1** *Volkslieder, -tänze, -musik* **2** *Lehre, Wissenschaft davon* [engl.]
**folkloristisch** ⟨Adj.⟩ **1** *die Folklore betreffend, dazu gehörig* **2** *volkskundlich*
**Folkmusic** ⟨['foukmju:zik] f.; -; unz.; Mus.⟩ *(besonders in Großbritannien u. den USA gepflegter) Musikstil, der Melodien u. Texte traditioneller volkstümlicher Musik mit Elementen der modernen Popmusik u. des Blues verbindet;* Sy *Folk* [ < engl. *folk* „Volk, Volks..." + *music* „Musik"]
**Follikel** ⟨m. 5; Anat.⟩ **1** ⟨i. w. S.⟩ ◄ *epithelausgekleidetes bläschenartiges Gebilde, z. B. der die Haarwurzel umschließende Haarbalg* **2** ⟨i. e. S.⟩ *Bläschen, das bei der follikulären Eibildung im Eierstock von Insekten u. Säugetieren durch Hilfs- u. Nährzellen gebildet wird u. dann das heranreifende Ei umgibt* [ < lat. *folliculus* „kleiner Sack, Schlauch, Ballon"; zu *follis* „Schlauch, Balg"]
**Folsäure** ⟨f. 19⟩ *zum Vitamin-B-Komplex gehörende Verbindung (bes. in frischem Blattgemüse, in der Hefe u. in der Milch vorkommend)* [zu lat. *folium* „Blatt"]
**Folter** ⟨f. 21⟩ **1** *Peinigung, Misshandlung zum Erzwingen von Geständnissen, Marter* **2** *Gerät zum Foltern* **3** *körperliche (auch seelische) Pein, Qual* ◆ die Folter anwenden; jmdn. der Folter unterwerfen, aussetzen [ < mlat. *poledrus* „Marterwerkzeug"; eigtl. „kleines Pferd" (wegen der Ähnlichkeit); verwandt mit *Fohlen*]
**foltern** ⟨V. t.; hat⟩ *quälen, peinigen, misshandeln (auch seelisch), um Geständnisse zu erzwingen* ◆ jmdn. zu Tode foltern [→ *Folter*]

**...fon** ⟨in Zus.⟩ = *...phon*
**Fon** ⟨n.; -s, -;⟩ = *Phon*
**Fön** ⟨m. 1; Warenzeichen für⟩ *Föhn, elektr. Haartrockner* [übertragen von *Föhn*]
**Fond** ⟨[fɔ̃] m.; -s, -s [fɔ̃s]⟩ **1** *Grund(lage)* **2** *Hintergrund, Rücksitz (im Wagen)* **3** *(als Soßengrundlage verwendeter) beim Braten an der Pfanne sich ansetzender Fleischsaft* [frz., „Grund, Unter-, Hintergrund"]
**Fonds** ⟨[fɔ̃] m.; -, - [fɔ̃s]⟩ *Geldmittel, Geldvorrat (für einen bestimmten Zweck)* [ < frz. *fonds* „Grundstück, Lager, Vorrat, Bestand, Kapital"]
**Fondue** ⟨[fɔ̃'dy:] n. 15⟩ **1** Käsefondue *Käsegericht aus geschmolzenem Käse, Weißwein u. Gewürzen mit Weißbrot, kochend auf einem Spirituskocher serviert* **2** Fleischfondue *Fleischstückchen, die auf einem Spirituskocher in heißem Fett schwimmend gegart werden* [frz.]

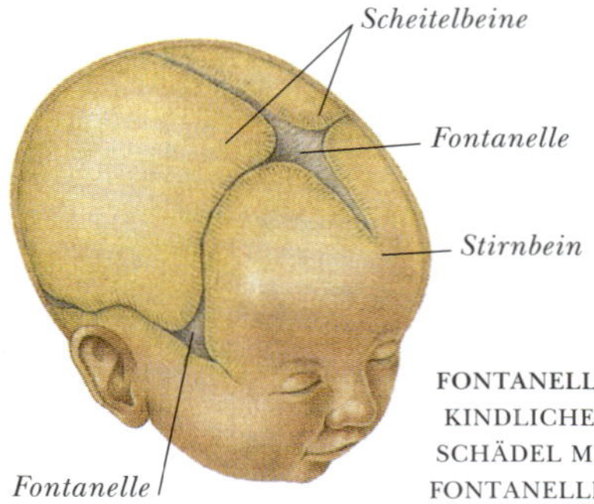


FONTANELLE: KINDLICHER SCHÄDEL MIT FONTANELLEN

**Fonem** ⟨n. 11⟩ = *Phonem*
**Fonemik** ⟨f.; unz.⟩ = *Phonemik*
**Fonetik** ⟨f.; -; unz.⟩ = *Phonetik*
**fonetisch** ⟨Adj.⟩ = *phonetisch*
**...fonie** ⟨in Zus.⟩ = *...phonie*
**Fonograf** ⟨m. 16; Mus.⟩ ► = *Phonograph*
**Fonola** ⟨n. 15 od. f. 10⟩ = *Phonola*
**Fonologie** ⟨f. 19; unz.⟩ = *Phonologie*
**Fonometer** ⟨n 13⟩ = *Phonometer*
**Fonothek** ⟨f. 20⟩ = *Phonothek*
**Font** ⟨m. 6; Typ.; EDV⟩ *Zeichensatz, bes. die verschiedenen innerhalb eines Textverarbeitungsprogramms zur Verfügung stehenden Schriftsätze* [ < engl. *font* „(Textverarbeitungs-)Zeichensatz" < engl. *fount* „Setzkasten (des Druckers)"]
**Fontäne** ⟨f. 19⟩ *Springbrunnen* [ < frz. *fontaine* „Quelle, Springbrunnen"]
**Fontanelle** ⟨f. 19; Anat.⟩ ▲ *Knochenlücke des Schädels von Neugeborenen: Fonticuli* [ < ital. *fontanella* „kleine Quelle"; zu *fontana* „Quelle"]
**Foot** ⟨[fut] m.; -, Feet [fi:t]; Abk.: ft.⟩ *englisches Längenmaß, 30,5 cm, Fuß* [engl.]
**Football** ⟨['futbɔ:l] m. 6⟩ = *American Football*
**foppen** ⟨V. t.; hat⟩ *necken, zum Narren halten* ◆ Foppen und Fangen *Fangspiel, bei dem sich zwei Reihen von Spielern im Abstand von 20 bis 30 m gegenüberstehen u. durch gegenseitiges Herausfordern u. Nachlaufen möglichst viele Gefangene zu machen versuchen* [ < Rotw.]
**Fora** ⟨Pl. von⟩ *Forum*
**forcieren** ⟨[fɔrsi:-] V.; hat⟩ **I** ⟨V. t.⟩ **1** *erzwingen, gewaltsam durchsetzen* **2** ⟨fig.⟩ *heftig vorantreiben, steigern, auf die Spitze treiben* ◆ eine Entwicklung forcieren **II** ⟨V. i.⟩ *mit zu großer Anstrengung singen* [ < frz. *forcer* „(be-, er)zwingen"]
**Förde** ⟨f. 19; nddt.⟩ *tiefe, schmale Meeresbucht;* oV *Föhrde* [ < skand. *fjord;* → *fahren, Furt*]
**Förderband** ⟨n. 12u⟩ *laufendes Band zum Befördern von Material*

**förderlich** ⟨Adj.⟩ *so beschaffen, dass es jmdn. od. eine Sache fördert, nützlich*
**fordern** ⟨V. t.; hat⟩ **1** *verlangen, haben wollen, erfordern* **2** *herausfordern* ♦ Gehorsam fordern; der Unfall forderte viele Opfer; Rechenschaft (von jmdm.) fordern [< ahd. *fordaron;* eigtl. „verlangen, dass jmd. od. etwas hervorkommt"; zu *fordaro* „voranstehend"; → *vordere(r, -s)*]

FORELLE: BACHFORELLE
*(Salmo trutta fario)*

**fördern** ⟨V. t.; hat⟩ **1** jmdn. fördern *jmdm. helfen, jmdn. unterstützen, begünstigen* **2** eine Sache fördern *beschleunigen, vorantreiben* **3** ⟨Bgb.⟩ *emporheben, ans Tageslicht bringen* ♦ eine Angelegenheit, Entwicklung fördern; zutage fördern *ans Licht bringen, hervorbringen* [< ahd. *furdiren* „vorwärts bringen, vorwärts kommen"; zu ahd. *furdir* „vorwärts"]
**Förderpreis** ⟨m. 1⟩ *(Geld-)Preis für Künstler, Wissenschaftler u. a., der ihnen ermöglichen soll, eine gewisse Zeit intensiv und finanziell unabhängig an ihren Projekten zu arbeiten*
**Forderung** ⟨f. 20⟩ **1** *ausdrücklicher, strenger Wunsch, Verlangen* **2** *Anspruch (eines Gläubigers)* **3** *Rechnung* **4** *Herausforderung (zum Zweikampf)* ♦ eine Forderung **anerkennen,** anmelden, zurückweisen; Forderungen **eintreiben,** einziehen *Außenstände eintreiben;* Forderungen **stellen** ♦ Forderungen **an** jmdn. haben, richten, stellen; die Forderung **zu** helfen
**Förderung** ⟨f. 20; unz.⟩ **1** *das Fördern* **2** *Unterstützung, Hilfe* **3** *das Emporbringen (von Bergwerksprodukten)*
**Forelle** ⟨f. 19⟩ ▲ *mit den Lachsen verwandter, schmackhafter Raubfisch: Salmo trutta* [< ahd. *forhana*]
**Foren** ⟨Pl. von⟩ *Forum*
**forensisch** ⟨Adj.⟩ *gerichtlich* ♦ forensische Medizin = *Gerichtsmedizin* [< lat. *forensis* „zum Forum gehörig, auf dem Forum befindlich"]
**Forke** ⟨f. 19⟩ *Heu-, Mistgabel* [< ahd. *furka,* engl. *fork* < lat. *furca* „Gabel"]
**Forle** ⟨f. 19; oberdt.⟩ *Föhre, Kiefer*
**Form** ⟨f. 20⟩ **1** *Gestalt, Umriss, Äußeres* (Blattform, Gesichtsform, Kopfform, Vasenform) **2** *Werkzeug od. Gehäuse zur Gestaltgebung* (Gussform, Kuchenform) **3** *Machart, Modell* (Druckform) **4** *Art, Erscheinungsweise* **5** *körperl. Zustand* **6** *Lösung, Möglichkeit* **7** *Benehmen, Manieren, guter Ton, Anstand* (Umgangsformen) ⟨meist Pl.⟩ ♦ die Formen eines **Substantivs,** Verbums ♦ Form **annehmen;** einem Gegenstand eine andere, die richtige Form **geben;** die gesellschaftlichen Formen **verletzen** ♦ eine **schöne,** hässliche, moderne, altmodische, plumpe, zierliche Form ♦ ich habe den Besuch nur der Form **halber** gemacht; ♦ etwas **aus** der Form bringen; glänzend, groß, gut, schlecht **in** Form sein; jmdn. in aller Form um Entschuldigung bitten [< mhd. *form, forme* < lat. *forma* „Form, Gestalt"]

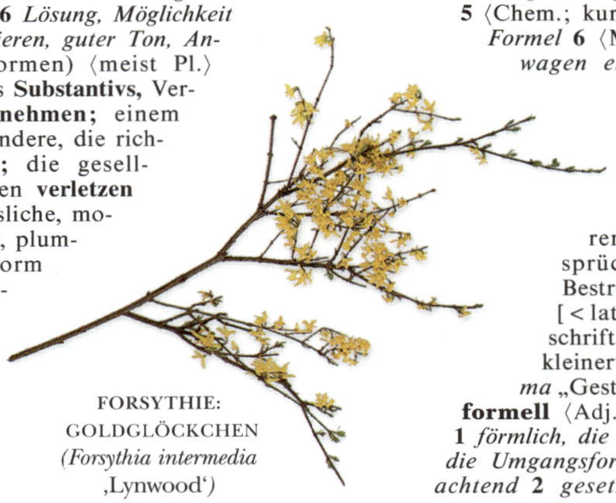

FORSYTHIE:
GOLDGLÖCKCHEN
*(Forsythia intermedia ‚Lynwood')*

**formal** ⟨Adj.⟩ *die Form betreffend, auf einer Form beruhend* ♦ die beiden Wörter sind formal verschieden, bedeuten aber das Gleiche [< lat. *formalis* „an eine gewisse Form gebunden, förmlich"]
**Formaldehyd** ⟨m. 1; unz.; Chem.⟩ *stechend riechendes, gesundheitsschädliches Gas, einfachstes Aldehyd, chemische Formel H–CHO, u. a. als Desinfektionsmittel verwendet;* Sy *Methanal* [< lat. *formica* „Ameise" + *Aldehyd*]
**Formalin** ⟨n. 11; unz.; Warenzeichen⟩ *eine wässerige Formaldehydlösung, Konservierungs- u. Desinfektionsmittel*
**Formalität** ⟨f. 20⟩ **1** *Förmlichkeit, Formsache, Äußerlichkeit* **2** *Formvorschrift* (Zollformalität) ♦ die notwendigen Formalitäten (im Hotel usw.) erledigen
**Format** ⟨n. 11⟩ **1** *Gestalt, Größe, Maß, Ausmaß, Normgröße* (Papierformat, Buchformat) **2** ⟨fig.⟩ *überdurchschnittliche Tüchtigkeit, Bedeutung* **3** *Geradheit, gerade innere Haltung, Überlegenheit* ♦ eine Frau, ein Mann von Format [< lat. *formatus* „gestaltet"]
**Formatierung** ⟨f. 20⟩ **1** *Strukturierung der Daten für die Verarbeitung durch eine EDV-Anlage* **2** *bei Inbetriebnahme erforderliche Einteilung eines Datenträgers (Diskette, Festplatte)*
**Formation** ⟨f. 20⟩ **1** *Gestaltung, Bildung* **2** ⟨Mil.⟩ *Truppenaufstellung, Formierung, Gliederung* **3** ⟨Geol.⟩ *größerer Zeitabschnitt der Erdgeschichte, der sich durch eine bes. charakteristische Schichtenfolge, die während eines langen Zeitraumes abgelagert wurde, auszeichnet* (Quartärformation) **4** ⟨Bot.⟩ *Zusammenfassung von Pflanzen gleicher Wuchsformen ohne Rücksicht auf die Artenzusammensetzung des Bestandes, z. B. sommergrüner Laubwald* (Pflanzenformation, Vegetationsformation) ♦ in geschlossener Formation ⟨Mil.⟩ [< lat. *formatio* „Gestaltung, Bildung"]

FORMSCHNITT:
IN FORM GESCHNITTENER
BUCHSBAUM

**Formblatt** ⟨n. 12u⟩ *vorgedrucktes Blatt mit Raum für Eintragungen, Formular*
**Formel** ⟨f. 21⟩ **1** *feststehender Ausdruck, Redensart, Wendung* (Grußformel, Zauberformel) **2** *kurze, treffende Begriffsbestimmung* **3** *Rechensatz, Buchstabengleichung* **4** *kurze Schreibweise eines mathemat. od. physikal. Zusammenhanges durch Verwendung von Gleichungen u. speziellen Zeichen* **5** ⟨Chem.; kurz für⟩ *chemische Formel* **6** ⟨Motorsp.⟩ *Rennwagen einer bestimmten Klasse* ♦ ein Rennen der Formel 1; eine gemeinsame Formel für mehrere Dinge (Ansprüche, Wünsche, Bestrebungen) finden [< lat. *formula* „Vorschrift, Satzung"; Verkleinerungsform zu *forma* „Gestalt"]
**formell** ⟨Adj.⟩ Ggs *informell* **1** *förmlich, die äußeren Formen, die Umgangsformen (genau) beachtend* **2** *gesetzmäßig, offiziell* **3** *ausdrücklich* **4** *zum Schein* ♦ jmdm. einen formellen Besuch machen [< frz. *formel* „ausdrücklich, förmlich"]
**formen** ⟨V. t.; hat⟩ **1** eine Sache formen *einer Sache Form, Gestalt geben, sie bilden, gestalten* **2** jmdn. formen *jmds. Charakter Form geben, jmdn. erziehen* ♦ Laute, Sätze, Wörter formen; Ton, Wachs zu Figuren formen; ein schön geformter Gegenstand [→ *Form*]
**formieren** ⟨V. t.; hat⟩ *formen, bilden, gestalten* ♦ Truppen formieren *aufstellen* [< lat. *formare* „gestalten" u. frz. *former* „bilden, gestalten"]
**...förmig** ⟨Adj.; in Zus.⟩ *mit einer bestimmten Form versehen,* z. B. kreisförmig, kugelförmig, säulenförmig
**förmlich I** ⟨Adj.⟩ **1** *in festgelegter Form bindend, formell* **2** *steif, ungewandt, in äußeren Formen erstarrt* ♦ eine förmliche Einladung überbringen; er benimmt sich sehr förmlich **II** ⟨adv.⟩ *buchstäblich, geradezu, fast* ♦ er hat sie förmlich auf den Knien darum gebeten
**formlos** ⟨Adj.⟩ **1** *ohne Form* **2** ⟨fig.⟩ *sehr zwanglos, sehr ungezwungen, auf alle Umgangsformen verzichtend, ungeschliffen* (Benehmen) ♦ eine formlose Masse; sich formlos benehmen; es geht dort sehr formlos zu
**Formschnitt** ⟨m. 1⟩ **1** *das gestaltende, auf dekorative Formen abzielende Zuschneiden von Hecken od. Bäumen* **2** ◄ *die dekorative Form, in der eine Hecke, ein Baum zugeschnitten ist*
**formschön** ⟨Adj.⟩ *von schöner Form, von schönem Äußeren*
**Formular** ⟨n. 11⟩ *vorgedrucktes Formblatt, gedruckter Fragebogen, Vordruck* (Anmeldeformular) ♦ ein Formular ausfüllen [< nlat. *formularium;* zu lat. *formula;* → *Formel*]
**formulieren** ⟨V. t.; hat⟩ **1** *in eine endgültige sprachl. Form bringen, in Worte fassen* (Begriff, Vorstellung) **2** *abfassen* (Schriftstück) ♦ genau, geschickt, gut, knapp, präzise formulieren; mündlich, schriftlich formulieren [zu lat. *formula* „Vorschrift"; → *Formel*]
**forsch** ⟨Adj.; -er, am -(e)sten; umg.⟩ **1** *wagemutig, draufgängerisch* **2** *schneidig, frisch u. lebhaft* ♦ ein forscher Kerl [< nddt. *fors* „kräftig" < frz. *force* „Kraft"]
**forschen** ⟨V. t. u. V. i.; hat⟩ *festzustellen suchen, fragen* ♦ nach etwas forschen *wissenschaftl. erkunden, untersuchen;* nach jmdm. forschen *jmds. Aufenthaltsort zu entdecken suchen;* forschender Blick *prüfender Blick;* forschender Geist [< ahd. *forskon* „fragen nach"; zu ahd. *forska* „Frage"; → *fragen*]
**Forscher** ⟨m. 3⟩ *jmd., der etwas erforscht, nach etwas forscht, Forschungsreisender*
**Forschung** ⟨f. 20⟩ *das Forschen, das wissenschaftl. Ergründen, Untersuchen, Streben nach neuen Erkenntnissen, Methoden, Ursachen* (Krebsforschung, Marktforschung)
**Forstbetrieb** ⟨m. 1⟩ *unter einheitlicher Leitung stehender Waldbesitz*
**Förster** ⟨m. 3⟩ *Forstbeamter nach Lehrzeit, Fachschul- u. praktischer Ausbildung*
**Forstwirt** ⟨m. 1⟩ *jmd., der Forstwissenschaft studiert u. die staatl. Prüfung abgelegt hat, aber noch vor der prakt. Ausbildung steht* (Diplomforstwirt)
**Forstwirtschaft** ⟨f. 20; unz.⟩ *Pflege, Bewirtschaftung, Nutzung des Waldes;* Sy *Waldwirtschaft*
**Forsythie** ⟨[-sytsiə] f. 19; Bot.⟩ ◄ *Angehörige einer Gattung der Ölbaumgewächse, beliebter Zierstrauch in Anlagen mit gelben Blüten: Forsythia;* Sy *Goldflieder* [nach dem engl. Botaniker W.A. *Forsyth,* 1737-1804]

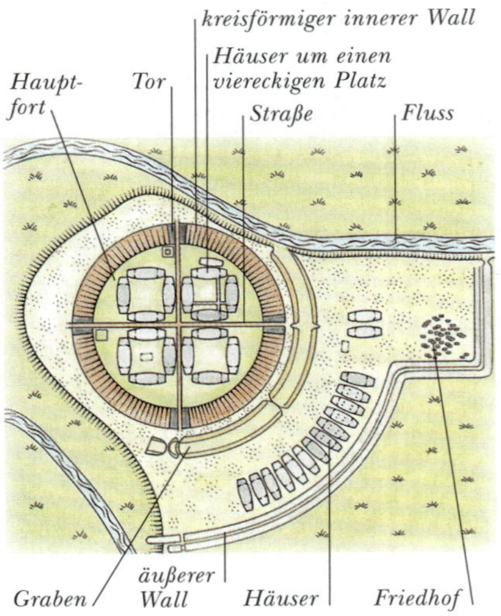


FORT: GRUNDRISS EINES WIKINGERFORTS

**fort** ⟨Adv.⟩ **1** *abwesend, nicht da, nicht hier* **2** *weg, weg von, entfernt von* **3** *verschwunden, beseitigt* **4** *vorwärts, weiter* ◆ **sein:** sie sind fort ◆ **schnell** fort!; **weit** fort ◆ so geht das **in** einem fort *immerzu;* und **so** fort ⟨Abk.: usf.⟩ *und so weiter* [< mhd. *vort* „vorwärts, weiter", engl. *forth* „vorwärts", verwandt mit *fordern, fördern, für, vor*]

**Fort** ⟨[fo:r] n. 15⟩ ▲ *selbständige kleinere Befestigungsanlage zur Verteidigung od. Sicherung strategisch wichtiger Gebiete (Hafeneinfahrten, Handelsstraßen) od. Teil eines größeren Festungswerks* [< frz., „befestigter Platz" < lat. *fortis* „stark"]

**fort...** ⟨in Zus.⟩ **1** *weg..., weg von, an einem anderen Ort* **2** *weiter ...*

**fortbestehen** ⟨V. i. 251; hat⟩ *weiterbestehen, andauern*

**fortbewegen** ⟨V. t.; hat⟩ *an eine andere Stelle bewegen, bringen, wegbringen* ◆ sich fortbewegen *(weg)gehen, (weg)fahren*

**fortbilden** ⟨V. t.; hat⟩ *weiterbilden, die Bildung vervollkommnen*

**fortbringen** ⟨V. t. 118; hat⟩ **1** *an einen anderen Ort bringen, wegschaffen* **2** *durch Pflege am Leben erhalten* (Pflanzen, Tiere) ◆ sich mit od. durch Stundengeben fortbringen *seinen Lebensunterhalt verdienen*

**fortdauern** ⟨V. i.; hat⟩ *weiterbestehen, anhalten, andauern*

**forte** ⟨Adv.⟩ **1** ⟨Mus.; Abk.: f⟩ *laut, stark (zu spielen)* **2** ⟨Pharm.⟩ *stark (wirkend)* ◆ forte einsetzen, spielen [ital., „stark"]

**Fortepiano** ⟨n. 15; unz.; Mus.⟩ *starke u. sofort nachlassende Tonstärke*

**fortefortissimo** ⟨Mus.; Abk. fff⟩ *ganz besonders laut (zu spielen)*

**fortfahren** ⟨V. 130⟩ **I** ⟨V. t.; hat⟩ *im Fahrzeug wegbringen, wegschaffen* **II** ⟨V. i.; ist/hat⟩ **1** *im Fahrzeug wegfahren* **2** fortfahren, etwas zu tun *etwas weiterhin tun, wieder damit beginnen*

**fortführen** ⟨V. t.; hat⟩ **1** *wegführen, wegbringen* **2** *fortsetzen, weiterführen, -machen* ◆ jmdn. behutsam, schnell, unauffällig fortführen; eine Arbeit fortführen

**Fortgang** ⟨m. 1u; unz.⟩ **1** *das Fortgehen, Weggang* **2** *Fortschreiten, Fortdauer, Fortsetzung, Entwicklung* ◆ ihr Fortgang hat alle betrübt; die Sache nahm ihren Fortgang *ging weiter, nahm ihren Lauf*

**fortgehen** ⟨V. i. 145; ist⟩ **1** *weggehen, sich entfernen* **2** ⟨fig.⟩ *andauern, weitergehen* ◆ geh (nicht) fort!; so kann es nicht fortgehen

**Fortgeschrittene(r)** ⟨f. 30 (m. 29)⟩ *jmd., der in einem Fach schon Fortschritte gemacht hat, kein Anfänger mehr ist* ◆ Französisch für Fortgeschrittene

**fortgesetzt** **I** ⟨Adj.⟩ *unaufhörlich, dauernd* ◆ fortgesetzte Bemühungen **II** ⟨Adv.⟩ *immerzu* ◆ jmdn. fortgesetzt belästigen

**fortissimo** ⟨Mus.; Abk. ff⟩ *sehr laut (zu spielen)*

**Fortissimo** ⟨n.; - od. -s; unz.; Mus.⟩ *sehr große Tonstärke* ◆ im Fortissimo spielen

**fortkommen** ⟨V. i. 170; ist⟩ **1** *vorwärts kommen, weiterkommen* **2** ⟨fig.⟩ *Fortschritte machen* **3** *gedeihen* (Pflanzen) **4** ⟨umg.⟩ *weggehen* **5** *versetzt werden* **6** *abhanden kommen* ◆ ich muss machen, schauen, dass ich fortkomme ⟨umg.⟩ *ich muss mich beeilen, wegzugehen;* jmdn. am Fortkommen hindern; mit seiner Arbeit gut, überhaupt nicht, schlecht fortkommen

## FOSSILIEN

Reste und Spuren ausgestorbener Organismen werden als Fossilien bezeichnet. In den meisten Fällen handelt es sich um Versteinerungen. Erhalten sind allerdings oft nur die Panzer, Schalen und Skelettteile. Nur in sehr seltenen Fällen finden sich auch fossilierte Gewebe. Damit ein Lebewesen fossil erhalten bleiben kann, muss es möglichst schnell nach seinem Tod in Sedimente (Ton, Sand) oder Harz eingebettet werden, damit es nicht verwesen kann.

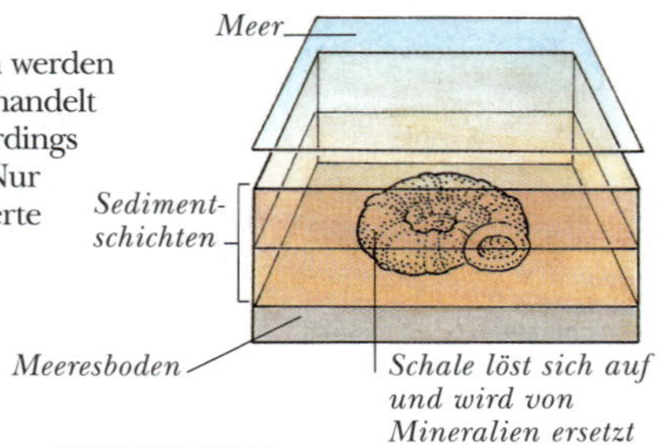


FOSSILBILDUNG

### VERSCHIEDENE FOSSILIEN

CLYPEASTER IN SANDSTEIN

DICROIDIUM-BLATT IN TON

SPINNE IN BERNSTEIN

KÄFER IN TEERSAND

PYRITISIERTER AMMONIT

**fortlaufen** ⟨V. i. 175; ist⟩ *weglaufen, ausreißen* ◆ er ist ihr fortgelaufen *er hat sie verlassen;* der Hund ist (uns) fortgelaufen

**fortpflanzen** ⟨V.; hat⟩ **I** ⟨V. t.⟩ etwas fortpflanzen *für das Weiterleben von etwas sorgen* ◆ die eigene Art fortpflanzen; sein Geschlecht fortpflanzen **II** ⟨V. refl.⟩ **1** sich fortpflanzen *Nachkommen erzeugen, sich vermehren* (Lebewesen); ► *Körper* **2** *sich ausbreiten* (Licht, Schall) ◆ sich geschlechtlich, ungeschlechtlich fortpflanzen; sich durch Knollen, Samen fortpflanzen

**Fortpflanzungsorgan** ⟨n. 11; Anat.⟩ ► = *Geschlechtsorgan*

**fortreisen** ⟨V. i.; ist⟩ *an einen andern Ort reisen, wegreisen, verreisen*

**fortreißen** ⟨V. t. 195; hat⟩ *wegreißen, heftig, schnell wegnehmen, wegziehen* ◆ jmdm. etwas fortreißen *heftig, gewaltsam wegnehmen;* jmdn. fortreißen ⟨fig.⟩ *mitreißen, in leidenschaftl. Anteilnahme versetzen* (Leser, Zuhörer); die Strömung (des Flusses) riss ihn (mit sich) fort; ich riss ihm das Messer fort; sich fortreißen lassen *sich hinreißen lassen, die Beherrschung verlieren, sich von leidenschaftl. Gefühlen überwältigen lassen*

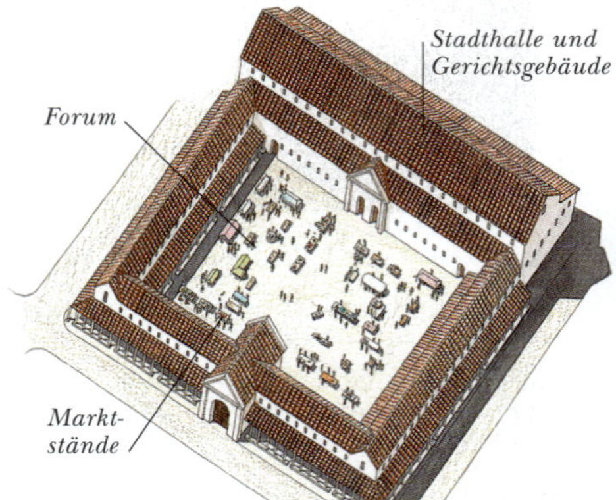


FORUM: RÖMISCHES FORUM VON LONDON, 3. JH. v. CHR.

**fortschleppen** ⟨V.; hat⟩ **I** ⟨V. t.⟩ **1** *an einen anderen Ort schleppen, wegschleppen* **2** *mit Gewalt mitnehmen* **II** ⟨V. refl.⟩ sich fortschleppen **1** *langsam, mühsam weggehen* **2** *dahinsiechen* **3** *sich träge hinziehen* (Unterhaltung)

**fortschreiben** ⟨V. 226; hat⟩ **I** ⟨V. i.⟩ *laufend (wechselnden) Bestand aufnehmen, eine Statistik weiterführen* **II** ⟨V. t.⟩ *nach den bisherigen Richtlinien weiterentwickeln* (Planung)

**fortschreiten** ⟨V. i. 228; ist⟩ **1** *Fortschritte machen, vorangehen* (Arbeiten) **2** *vergehen* (Zeit) **3** *zunehmen, weitergehen* (Krankheit) ◆ die Ausbreitung der Epidemie schreitet fort; im fortgeschrittenen Alter; → a. *Fortgeschrittene(r)*

**Fortschritt** ⟨m. 1⟩ **1** *Entwicklung vom Niederen zum Höheren, vom Einfachen zum Komplizierten* **2** *das Vorwärtskommen, Besserwerden, Wertsteigerung* ◆ Fortschritt der Entwicklung, der Kultur; seine Arbeit macht gute Fortschritte *geht voran;* seine Genesung macht Fortschritte; Ggs *Rückschritt*

**fortschrittlich** ⟨Adj.⟩ **1** *an den Fortschritt glaubend* **2** *ihn unterstützend, modern denkend* **3** *die neuesten Errungenschaften nutzend* ◆ eine fortschrittliche Konstruktion

**fortsetzen** ⟨V.; hat⟩ **I** ⟨V. t.⟩ **1** *weg-, beiseite setzen, stellen, legen* **2** ⟨fig.⟩ *fortfahren mit, weitermachen* (Arbeit, Reise, Spiel, Unterhaltung) **II** ⟨V. refl.⟩ sich fortsetzen *sich weiter ausdehnen, weitergehen*

## FOTOTROPISMUS

Als Fototropismus wird die Wuchsreaktion von Pflanzen bei einseitigem Lichteinfall bezeichnet. Die Wurzeln zeigen einen negativen Fototropismus und wenden sich vom Licht ab. Der Schössling hingegen reagiert positiv fototropisch und wächst dem Licht entgegen, damit die Laubblätter die Fotosynthese durchführen können.

VERSUCH ZUM FOTOTROPISMUS DER PFLANZEN

**Fortsetzung** ⟨f. 20⟩ **1** *Weiterführung nach Unterbrechung* **2** *jeweils in einer Ausgabe veröffentlichter Abschnitt eines Romans in einer Zeitung od. Zeitschrift*

**Fortuna** ⟨f.; -; unz.⟩ **1** ⟨röm. Myth.⟩ *Göttin des Glücks* **2** ⟨danach allg.⟩ *Glück* ◆ Fortuna war ihm hold *er hatte Glück* [lat., „Schicksal, Glück, Schicksals-, Glücksgöttin"]

**Fortune** ⟨[-tyn]⟩, **Fortüne** ⟨f.; -; unz.⟩ *Glück, Erfolg* ◆ er hatte keine Fortüne [< frz. *fortune* „Glück"]

**fortwährend** ⟨Adj.⟩ *dauernd, anhaltend, ununterbrochen, immerzu*

**fortziehen** ⟨V. 287⟩ **I** ⟨V. t.; hat⟩ *ziehend fortbewegen, weg-, weiterziehen* ◆ den Hund mit sich fortziehen **II** ⟨V. i.; ist⟩ **1** *weg-, weiterwandern, -fahren* **2** *umziehen, den Wohnort wechseln* ◆ wir wollen nächstes Jahr von hier fortziehen

**Forum** ⟨n.; -s, Foren od. Fora⟩ **1** ◄ *Markt- u. Gerichtsplatz im antiken Rom* (Forum Romanum) **2** ⟨fig.⟩ **2.1** *Gericht, Richterstuhl* **2.2** *Öffentlichkeit* **2.3** *Gruppe von Personen, bes. Fachleuten, bei denen eine sachverständige Untersuchung gewährleistet ist* ◆ diese wichtige Angelegenheit gehört vor ein öffentliches Forum [lat., „Marktplatz, Geschäftsmarkt; Platz, wo Gerichtsverhandlungen geführt u. öffentliche Angelegenheiten verhandelt wurden"]

**forzando, forzato** ⟨Mus.; Abk.: fz⟩ *sforzando, sforzato*

**fossil** ⟨Adj.; Biol.⟩ *urweltlich, versteinert;* Ggs *rezent (2)* ◆ fossiler Brennstoff *Brennstoff, der sich in erdgeschichtlicher Zeit aus tierischen u. pflanzlichen Ablagerungen gebildet hat, z. B. Erdöl, Kohle;* → a. *Inkohlung* [< lat. *fossilis* „ausgegraben"]

**Fossil** ⟨n.; -s, -lien⟩ ◄ *versteinerter Rest eines urweltl. Lebewesens*

**foto..., Foto...** ⟨in Zus.⟩ *licht..., Licht..., Lichtbild...;* → a. *photo..., Photo...* [< grch. *phos,* Gen. *photos* „Licht"]

**Foto** ⟨n. 15 od. schweiz.: f. 10; umg.; kurz für⟩ *Fotografie (II)*

**Fotoalbum** ⟨n.; -s, -alben⟩ *Buch, in dem Fotografien gesammelt werden* ◆ Urlaubsbilder in ein Fotoalbum kleben

**Fotoapparat** ⟨m. 1⟩ *Apparat zum Herstellen von Lichtbildern*

**Fotochemie** ⟨[-çe] f. 19; unz.⟩ *Teilgebiet der Chemie, das die durch Licht ausgelösten Wirkungen untersucht;* oV *Photochemie*

**Fotoelektrizität** ⟨f. 20; unz.⟩ *alle durch Licht verursachten elektr. Erscheinungen;* oV *Photoelektrizität*

**Fotoelektronik** ⟨f.; -; unz.⟩ *Gebiet der Elektronik, das sich mit der Ausnutzung der durch Licht verursachten elektrischen Effekte befasst;* oV *Photoelektronik*

**fotogen** ⟨Adj.⟩ *bildwirksam, geeignet, fotografiert zu werden;* oV *photogen* [< *Foto...* + grch. *gennan* „erzeugen"]

**Fotograf** ⟨m. 16⟩ *jmd., der gewerbsmäßig fotografiert* [< grch. *phos,* Gen. *photos* „Licht" + *graphein* „schreiben"]

**Fotografie** ⟨f. 19⟩ **I** ⟨unz.⟩ *Verfahren zur Erzeugung von dauerhaften Lichtbildern durch Licht auf lichtempfindlichen Filmen od. Platten* **II** ⟨zählb.⟩ *Abbild eines Gegenstandes mit Hilfe von Kamera u. lichtempfindlichem Film;* Sy ⟨kurz⟩ *Foto, Lichtbild* [→ *Fotograf*]

**fotografieren** ⟨V. t. u. V. i.; hat⟩ *mit dem Fotoapparat ein Lichtbild aufnehmen (von)* ◆ jmdn., einen Gegenstand, eine Landschaft fotografieren

**Fotokopie** ⟨f. 19⟩ *fotograf. Wiedergabe von Schriftstücken od. Bildern*

**fotokopieren** ⟨V. t.; hat⟩ *eine Fotokopie herstellen von*

**Fotometer** ⟨n. 13⟩ *Gerät zur Lichtstärkemessung über den Vergleich mit einer bekannten Lichtquelle;* oV *Photometer* [< grch. *phos,* Gen. *photos* „Licht" + *metrein* „messen"]

**Fotomodell** ⟨n. 11⟩ *jmd., der sich gewerbsmäßig für fotograf. Aufnahmen (bes. zur Werbung) zur Verfügung stellt*

**Fotomontage** ⟨[-ʒə] f. 19⟩ **I** ⟨unz.⟩ *Zusammensetzung von Bildausschnitten zu einem Gesamtbild von bes. wirkungsvollem Charakter u. dessen nochmalige Fotografie* **II** ⟨zählb.⟩ *das dadurch entstehende Bild*

**Foton** ⟨n. 27; Phys.⟩ *kleinstes Energiequant einer elektromagnet. Strahlung;* oV *Photon;* Sy *Lichtquant* [zu grch. *phos,* Gen. *photos* „Licht"]

**Fotorealismus** ⟨m.; -; unz.; Mal.⟩ *Kunstrichtung der späten 1960er u. der 1970er-Jahre, die durch bis zur Augentäuschung gehenden Detailrealismus von fotografischer Genauigkeit gekennzeichnet war u. oft Fotografien als Vorlage benutzte;* oV *Photorealismus*

**Fotosafari** ⟨f. 10⟩ *Reise (bes. nach Afrika) zum Fotografieren wild lebender Tiere*

**Fotosatz** ⟨m. 1u; unz.⟩ *durch lichtelektr. Verfahren hergestellter Schriftsatz;* Sy *Lichtsatz*

**Fotosynthese** ⟨f. 19; unz.⟩ ▼ *Ausnutzung von Licht durch die grüne Pflanze für die Umwandlung von Kohlendioxid in Kohlenhydrate;* oV *Photosynthese*

**Fotothek** ⟨f. 20⟩ *Sammlung von Fotografien (bes. zu wissenschaftl. od. gewerbl. Zwecken)* [< *Foto...* + grch. *theke* „Kiste, Behälter"; nach *Bibliothek* gebildet]

**Fototropismus** ⟨m.; -; unz.⟩ ◄ *Krümmungsreaktion der Organe festgewachsener Pflanzen bei einseitigem Lichteinfall;* oV *Phototropismus*

**Fotovoltaik** ⟨[-vɔl-] f.; -; unz.⟩ *Gebiet der Technik, das sich mit der Gewinnung von elektr. Energie durch Ausnutzung fotoelektrischer Erscheinungen befasst;* oV *Photovoltaik*

**Fotozelle** ⟨f. 19⟩ oV *Photozelle* **1** ⟨früher⟩ *Elektronenröhre mit einer lichtempfindlichen Kathode* **2** ⟨heute meist⟩ *Halbleiterbauelement, das beim Auftreffen von Licht durch Freisetzung von Ladungsträgern einen Stromfluss einleitet;* Sy *lichtelektrische Zelle (3)*

F

## FOTOSYNTHESE

Die Fotosynthese ist der wichtigste biochemische Vorgang auf der Erde und findet in den Chlorophyll enthaltenden Chloroplasten der grünen Pflanzen statt. Die Lichtenergie der Sonne wird dabei für die Umwandlung von Kohlendioxid und Wasser in Kohlenhydrate (Glukose) genutzt. Die Pflanzen decken damit ihren eigenen Kohlenhydratbedarf, aber auch den Bedarf von Tieren und Menschen. Als Nebenprodukt entsteht außerdem Sauerstoff, der als lebensnotwendiges Gas an die Umwelt abgegeben wird.

FOTOSYNTHESE IN EINEM BLATT

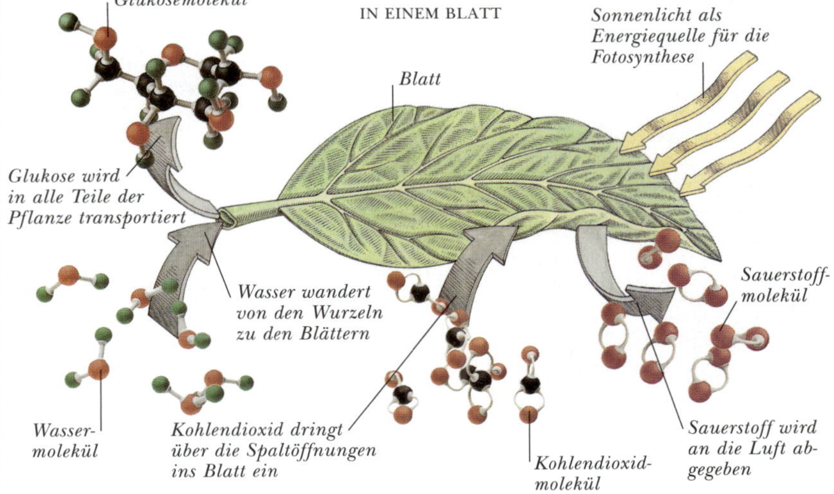

**Fötus** ⟨n.; -ses, -se od. Föten⟩ ► *Leibesfrucht vom dritten Monat an;* oV *Fetus* [< lat. *foetus* „Leibesfrucht"]
**Foul** ⟨[faul] n. 15; Sp.⟩ *Verstoß gegen die (allgemein anerkannten) Spielregeln* [engl., „etwas Unreines, regelwidriger Schlag oder Stoß beim Sport"]
**foulen** ⟨['faulən] V.; hat; Sp.⟩ **I** ⟨V. i.⟩ *regelwidrig, unfair spielen* **II** ⟨V. t.⟩ *durch Foul angreifen od. behindern* [→ *Foul*]
**Fourletterword,** ⟨auch⟩ **Four-Letter-Word** ⟨[fɔː'lɛtə(r)wəːd] n.; -s, -s⟩ *vulgäres Schimpfwort,* z. B. „fuck" [engl., „Wort aus vier Buchstaben"]
**Fox** ⟨m. 1; Kurzw. für⟩ **1** *Foxterrier* **2** *Foxtrott*
**Foxterrier** ⟨m. 3; Kurzw.: Fox⟩ *kleine engl. Hunderasse* [< engl. *foxterrier,* eigtl. „Fuchsterrier"; → *Terrier*]
**Foxtrott** ⟨m. 6 od. 1; Mus.; Kurzw.: Fox⟩ *aus Nordamerika stammender Gesellschaftstanz im ⁴/₄-Takt* [< engl. *fox-trot* „Foxtrott", eigtl. „Fuchstrab"]
**Foyer** ⟨[foa'jeː] n. 15; Theat.⟩ *Wandelgang, -halle* [frz., „Herd, Feuerstätte, Heim"]
**Fr 1** ⟨chem. Zeichen für⟩ *Francium* **2** ⟨Abk. für⟩ *Freitag*
**fr.** ⟨Abk. für frz.⟩ *Franc*
**Fr.** ⟨Abk. für⟩ **1** *Franken* **2** *Frau* **3** *Frater*
**Fracht** ⟨f. 20⟩ **1** *Ladung* **2** *zu befördernde Ware, Frachtgut* **3** *Beförderung von Ware* (Eilfracht, Bahnfracht, Luftfracht) **4** *Vergütung, Preis für Beförderung* [< mndrl. *vracht,* engl. *fraught* „beladen", *freight* „Fracht"; → *ver..., eigen*]

## FRAKTIONIERUNG

Durch die Fraktionierung werden komplexe Mischflüssigkeiten in ihre Einzelbestandteile zerlegt. Bei der hier dargestellten fraktionierten Destillation von Rohöl wird dieses erhitzt in eine Fraktionierkolonne gepumpt. Die aufsteigenden Dämpfe kühlen sich ab und kondensieren in unterschiedlichen Höhen. Glockenböden führen die getrennten Flüssigkeiten ab, während Bitumen als fester Stoff zurückbleibt.

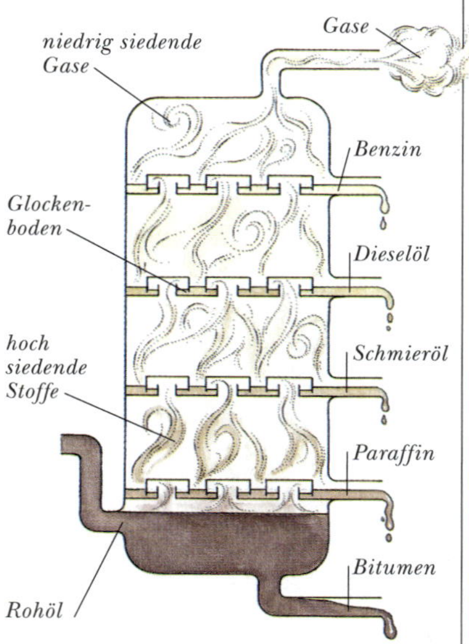


SCHNITT DURCH EINE FRAKTIONIERKOLONNE

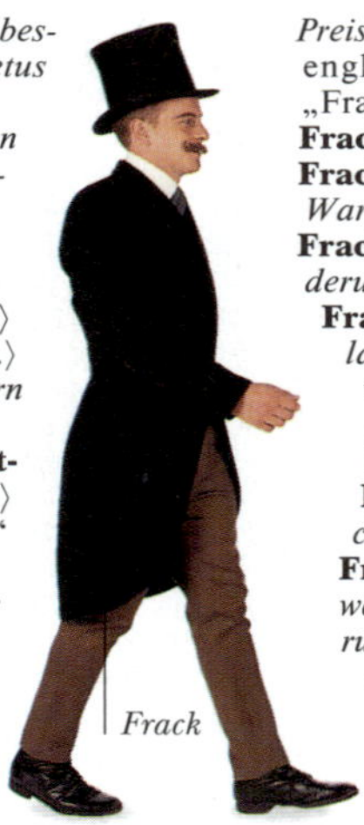


FRACK DES FRÜHEN 20. JH.

**Frachter** ⟨m. 3⟩ = *Frachtschiff*
**Frachtgut** ⟨n. 12u⟩ *die zu befördernde Ware* ◆ als Frachtgut schicken
**Frachtschiff** ⟨n. 11⟩ *Schiff zur Beförderung von Waren;* Sy *Frachter*
**Frack** ⟨m. 1u; umg. a.: m. 6⟩ ◄ *knielanger Herrenschoßrock mit rechtwinklig abgeschnittenen Vorderecken* [< engl. *frock* „Kutte, Kittel, Kleid" < frz. *froc* „Kutte"]
**Frackschoß** ⟨m. 1u⟩ *Schoß am Rückenteil des Fracks*
**Frage** ⟨f. 19⟩ **1** *Äußerung, die Antwort od. Klärung verlangt, Aufforderung zur Antwort* **2** *Problem, Zweifel, unsichere Angelegenheit* ◆ das ist nur eine Frage der **Geschicklichkeit;** es ist nur eine Frage der **Zeit** ◆ eine Frage **anschneiden,** aufrollen, aufwerfen; eine Frage **beantworten,** stellen; eine Frage **bejahen,** verneinen; **sein:** das eben ist die Frage ◆ das ist eine ganz **andere** Frage *etwas ganz anderes;* die **entscheidende** Frage ist ...; eine **gesellschaftliche** Frage ◆ eine Frage **an** jmdn. richten; **in** Frage = *infrage* [→ *fragen*]
**Fragefürwort** ⟨n. 12u⟩ = *Interrogativpronomen*
**fragen** ⟨V.; hat⟩ **I** ⟨V. t.⟩ *um Antwort, Auskunft, Erlaubnis, Rat usw. bitten, sich erkundigen* ◆ „Kommst du mit?", fragte er; er fragte, ob ich mitkäme ◆ jmdn. etwas fragen; da fragst du noch? *das ist doch selbstverständlich!;* Fragen **kostet** nichts ⟨sprichwörtl.⟩ *es ist einfacher, vorher zu fragen* ◆ er hat mich **angelegentlich,** neugierig, wiederholt gefragt ...; frag nicht so **dumm!** ⟨umg.; abweisend⟩ ◆ **danach** frage ich nicht *das interessiert mich nicht;* ⟨fig.⟩ *das bekümmert mich nicht;* hat jmd. **nach** mir gefragt? *wollte mich jmd. sprechen?;* ich habe vergeblich nach ihm gefragt (um ihn zu sprechen); ich habe ihn nach seiner Meinung gefragt; ich muss dich **wegen** des Urlaubs fragen; da fragst du mich **zu viel** *das weiß ich auch nicht* ◆ **wer** fragt heute schon danach? ⟨fig.⟩ *wen bekümmert das heutzutage schon?* ◆ ich warf dem Mann einen fragenden **Blick** zu **II** ⟨V. refl.⟩ sich fragen *überlegen* ◆ ich frage mich, ob ... [< ahd. *frahen, fragen;* verwandt mit *forschen*]
**Fragestellung** ⟨f. 20⟩ *richtiges, genaues Formulieren einer Frage* ◆ das ist eine falsche Fragestellung *die Frage ist falsch gestellt*
**Fragestunde** ⟨f. 19⟩ *festgelegte Zeit, in der den Parlamentsmitgliedern die Möglichkeit zu direkten Fragen an die Regierung gegeben wird*
**Fragewort** ⟨n. 12u; Gramm.⟩ = *Interrogativpronomen*
**Fragezeichen** ⟨n. 14; Zeichen: ?⟩ *Satzzeichen nach direkten Fragesätzen* ◆ diese Behauptung muss man mit einem großen Fragezeichen versehen ⟨fig.⟩ *sie ist unglaubwürdig*
**fragil** ⟨Adj.⟩ *sehr zart, zerbrechlich, hinfällig* [< lat. *fragilis* „zerbrechlich"]
**fraglich** ⟨Adj.⟩ **1** *zweifelhaft, ungewiss, unsicher* **2** *strittig, umstritten* (Problem) **3** *betreffend, erwähnt* ◆ die fragliche Person *die Person, um die es sich handelt*
**Fragment** ⟨n. 11⟩ **1** *Bruchstück, übrig gebliebener Teil eines Ganzen* **2** *unvollendetes Werk* [< lat. *fragmentum* „abgebrochenes Stück, Bruchstück"]
**fragmentarisch** ⟨Adj.⟩ *bruchstückhaft, unvollendet, lückenhaft*

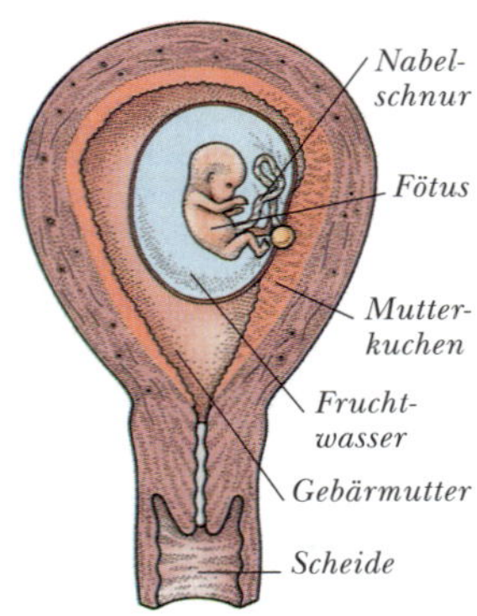


FÖTUS: NEUN WOCHEN ALTER FÖTUS IN DER GEBÄRMUTTER

**fragwürdig** ⟨Adj.⟩ *zweifelhaft, bedenklich, verdächtig*
**Fraktal** ⟨n. 11⟩ *Objekt mit unregelmäßiger Struktur u. gebrochener Dimension, oft von selbstähnlicher Struktur, d.h. ein Ausschnitt einer Struktur gleicht der Gesamtstruktur,* z. B. Schneeflocke [< lat. *fractio* „Bruch"]
**Fraktion** ⟨f. 20⟩ **1** *die Vertreter einer Partei innerhalb der Volks- od. Gemeindevertretung* **2** ⟨Chem.⟩ *ein Teil eines Stoffgemisches, der durch eine physikal. od. chem. Methode davon abgetrennt wurde u. sich hinsichtlich der angewandten Trennungsmethode, also z. B. im Siedepunkt, der Kristallisationstemperatur, der Löslichkeit in einem Lösungsmittel, der Korngröße (bei festen Stoffen) od. dergleichen, einheitlicher verhält als das Ausgangsgemisch* [< lat. *fractio* „Bruch"]
**fraktionieren** ⟨V. t.; hat; Chem.⟩ *in Fraktionen trennen* ◆ fraktionierte → *Destillation;* fraktionierte → *Kristallisation*
**Fraktionierung** ⟨f. 20⟩ ◄ *Zerlegung eines Stoffgemisches z. B. durch Destillation, bei der die unterschiedlichen Siedepunkte eine Trennung in die einzelnen Bestandteile ermöglichen;* → a. *fraktionieren*
**Fraktur** ⟨f. 20⟩ **I** ⟨unz.⟩ ▼ *eine im 15. Jh. entstandene, deutsche, sog. „gotische" Druckschrift, die sich durch „gebrochene" Linien u. einen schmalen Schriftkörper auszeichnet* ◆ mit jmdm. Fraktur reden ⟨fig.; umg.⟩ *ihm deutlich die Meinung sagen* **II** ⟨zählb.; Med.⟩ ► = *Knochenbruch* [< lat. *fractura* „Bruch"]

FRAKTUR AUS EINER DEUTSCHEN BIBEL DES 15. JH.

**Franc** ⟨[frã] m.; -, -s [frã]; bei Zahlenangaben Pl.: -; Abk.: fr.; Pl.: frs.⟩ *Währungseinheit in Frankreich, Belgien, Luxemburg, 100 Centimes* ◆ französischer Franc ⟨Abk.: F; Pl.: FF⟩; belgischer Franc ⟨Abk.: bfr; Pl.: bfrs⟩; Luxemburger Franc ⟨Abk.: lfr; Pl.: lfrs⟩; → a. *Franken*
**Franchising** ⟨['fræntʃaiziŋ] n. 15; unz.⟩ *Einzelhandelsvertrieb von Produkten in Lizenz eines Unternehmens* [engl.]
**Francium** ⟨n.; -s; unz.; Chem.; Zeichen: Fr⟩ *radioaktives Alkalimetall, Ordnungszahl 87;* oV *Franzium* [< nlat. *Francia* „Frankreich" + lat. Endung *...ium*]

**Frangipani** ⟨[frandʒi-] m.; -, -⟩ ▼ *zu den Hundsgiftgewächsen gehörender, ursprünglich aus Mittelamerika stammender, tropischer Baum mit weißen, gelblichen od. rosafarbenen stark duftenden Blüten, der als tropisches Ziergehölz sehr weit verbreitet ist: Plumeria rubra* [vermutl. < frz. *frangipanier* „koagulierte Milch", nach dem austretenden Pflanzensaft oder nach einem im 12. Jh. von der italienischen Adelsfamilie *Frangipane* hergestellten Parfüm]

FRANGIPANI
*(Plumeria rubra)*

**frank** ⟨Adj.⟩ *frei, offen, aufrichtig* ◆ frank und frei etwas aussprechen, erklären [< frz. *franc* „fränkisch; frei" < lat. *francus* „fränkisch"]

**Franke** ⟨m. 17⟩ **1** *Angehöriger eines westgerman. Volksstammes* **2** *Bewohner von Franken*

**Franken** ⟨m. 4; Abk.: Fr, sfr; Pl.: sfrs; schweiz.: sFr⟩ *Währungseinheit in der Schweiz, 100 Rappen;* → a. *Franc*

**frankieren** ⟨V. t.; hat⟩ *freimachen, mit Briefmarke bekleben od. Frankiermaschine stempeln* (Postsendungen) [< ital. *francare* „gebührenfrei machen" (von Postsendungen)]

**fränkisch** ⟨Adj.⟩ *den Stamm der Franken, das Frankenreich od. die Landschaft Franken betreffend* ◆ fränkische Mundarten *westmitteldt. Mundarten, gliedern sich in oberfränkisch (Ostfränkisch: Bayer.-Franken, Nordbaden, Nordwürttemberg; Rheinfränkisch: Hessen, Lothringen, Rheinpfalz, Nordelsass) u. Mittelfränkisch (Teile des Rheinlandes, von Lothringen, Westfalen; Moselfränkisch: Trier; Ripuarisch: Köln, Aachen)*

**Franse** ⟨f. 19⟩ *frei herabhängender Faden od. eine Strähne aus Fäden als Ziersaum von Tüchern, Decken, Teppichen o. Ä.* [< spätmhd. *franze* < frz. *frange* „Franse"]

**Franziskanerorden** ⟨m. 4; unz.⟩ *von Franz von Assisi (1181 od. 1182-1226) gegründeter Bettelorden*

**Franzium** ⟨n.; -s; unz.⟩ = *Francium*

**Franzose** ⟨m. 17⟩ **1** *Einwohner von Frankreich* **2** ⟨Techn.⟩ *verstellbarer Schraubenschlüssel* **3** ⟨Zool.⟩ = *Deutsche* → *Schabe*[1] [< mhd. *Franzois, Franzeis* < frz. *François* „Franzose"]

**französisch** ⟨Adj.⟩ *zu Frankreich gehörig, es betreffend, aus Frankreich stammend* ◆ die französische Schweiz *der französischsprachige Teil der Schweiz;* französische Sprache *zentralromanische Sprache;* die Französische Revolution (1789)

FRAUENSCHUH
*(Cypripedium calceolus)*

**frappant** ⟨Adj.; -er, am -esten⟩ *auffallend, schlagend, überraschend* [frz., zu *frapper* „schlagen", → *frappieren*]

**Frappee,** ⟨auch⟩ **Frappé** ⟨[fra'pe:]⟩ **I** ⟨m. 6⟩ *Stoff mit eingepresstem Muster* **II** ⟨n. 15; österr.⟩ *eisgekühltes Getränk* [zu frz. *frapper* „einpressen, eisgekühlt"]

**frappieren** ⟨V. t.; hat⟩ **1** *überraschen, stutzig machen* **2** *in Eis kühlen* (Wein) ◆ das hat mich frappiert [< frz. *frapper* „schlagen"]

**Fräse** ⟨f. 19⟩ **1** *Werkzeug zur spanabhebenden Formgebung für Werkstoffe aus Holz, Metall usw.* **2** *Bodenbearbeitungsmaschine (in Gärtnereibetrieben), Bodenfräse* [< frz. *fraise* „Gekröse, Halskrause, Fräser"]

**Fraß** ⟨m. 1; unz.⟩ **1** *Futter für Tiere, bes. Raubtiere* **2** ⟨derb⟩ *schlechtes od. nicht gut zubereitetes Essen* [< ahd. *fraz;* → *fressen*]

**Frater** ⟨m.; -s, Fratres; Abk.: Fr.⟩ **1** *Mönch, der noch nicht die Priesterweihen erhalten hat, Klosterbruder* **2** *Ordensbruder;* → a. *Pater* [lat., „Bruder"]

**Fraternité** ⟨f.; -; unz.⟩ *Brüderlichkeit (Schlagwort der Französischen Revolution);* → a. *Egalité, Liberté*

**Fratze** ⟨f. 19⟩ **1** *verzerrtes Gesicht, Grimasse* **2** *Zerrbild, hässliches, abstoßendes Gesicht* **3** *Gesichtsmaske, Larve* **4** *(unschöne) Narretei, Posse* **5** ⟨umg.⟩ *Gesicht* ◆ Fratzen schneiden, ziehen [verkürzt < *Fratzengesicht; Fratze* = „Posse, albernes Gerede" (16. Jh.), < ital. *frasche*, Pl. von *frasca* „Laubast, wie er vor allem als Schankzeichen ausgesteckt wird", dann „ausgelassenes Treiben, Possen"]

**Frau** ⟨f. 18; Abk.: Fr.⟩ **1** *weibl. erwachsener Mensch* **2** *Ehefrau, Gattin* **3** ⟨Anrede (vor Namen) für⟩ *erwachsene weibl. Person* ◆ **Mann** und Frau; in Frau **Müllers** Wohnung ◆ eine Frau **haben** *verheiratet sein;* er **sucht** eine Frau ⟨umg.⟩ *er möchte gern heiraten* ◆ eine **alte,** ältere, ehrwürdige, junge, jüngere Frau; **liebe,** hochverehrte, sehr geehrte, verehrte Frau X *(Anrede in Briefen)* ◆ seine langjährige Lebensgefährtin **zu** seiner Frau machen *sie heiraten* [< ahd. *frouwa* „Herrin", Fem. zu *fro* „Herr"; → *Fron*]

FREESIE
*(Freesia* 'Everett'*)*

**Frauenbewegung** ⟨f. 20; unz.⟩ *Bewegung zugunsten der Gleichberechtigung der Frau*

**Frauenfarn** ⟨m. 1; unz.; Bot.⟩ *einheimischer Farn mit bis zu 1,50 m langen gefiederten Blättern: Athyrium filixfemina*

**Frauenhaar** ⟨n. 11; unz.; Bot.⟩ *Rasen od. Polster bildendes Moos, Widertonmoos*

**Frauenhaus** ⟨n. 12u⟩ **1** ⟨im MA Bez. für⟩ *Bordell* **2** ⟨heute⟩ *Haus, in dem von ihren Lebenspartnern misshandelte Frauen Schutz u. Beratung finden*

**Frauenheilkunde** ⟨f. 19; unz.⟩ *Erkennung u. Behandlung der Frauenkrankheiten;* Sy *Gynäkologie*

**Frauenmantel** ⟨m. 5u; unz.⟩ *Angehöriger einer Gattung der Rosengewächse, dessen Kraut als Blutreinigungsmittel verwendet wird: Alchemilla* ◆ Gemeiner Frauenmantel *auf feuchten Wiesen u. Triften, in Wäldern: Alchemilla vulgaris*

**Frauenschuh** ⟨m. 1; unz.; Bot.⟩ ◄ *auf Kalk vorkommende Orchidee mit großen Blüten, an denen die schuhförmig aufgeblasene, hellgelb gefärbte Lippe bes. auffällig ist: Cypripedium calceolus*

**Fräulein** ⟨n. 14 od. (umg.) n. 15; österr. a.: f.; -, -; Abk.: Frl.⟩ **1** ⟨urspr.⟩ *unverheiratetes, adliges Mädchen* **2** ⟨heute veraltet für⟩ *unverheiratete Frau* **3** ⟨umg.; veraltet als Anrede für⟩ *Kellnerin, Verkäuferin, Kindermädchen u. a.* [< mhd. *vrouwelin;* Verkleinerungsform von *vrouwe* „Herrin"; → *Frau*]

**Freak** ⟨[fri:k] m. 6; umg.⟩ **1** *unangepasster, verrückter Mensch* **2** *jmd., der eine bestimmte Sache intensiv, fanatisch betreibt* (Motorradfreak, Musikfreak) **3** ⟨Jargon⟩ *jmd., der in maßloser u. gefährlicher Weise Drogen konsumiert* [engl., eigtl. „Laune, drolliger Einfall"]

**frech** ⟨Adj.⟩ **1** *übermütig, keck* **2** *dreist, vorlaut, unverschämt, anmaßend* **3** *trotzig, kühn, verwegen* **4** *schamlos, zynisch* [< ahd. *freh* „ungezähmt, geizig, habsüchtig"]

**Frechdachs** ⟨[-ks] m. 1; fig.⟩ *übermütiges, verschmitzt-vorlautes Kind* ◆ so ein (kleiner) Frechdachs!

**Frechheit** ⟨f. 20⟩ *Unverschämtheit, Dreistigkeit, Anmaßung* ◆ diese Frechheit(en) lasse ich mir nicht gefallen

**Freejazz,** ⟨auch⟩ **Free Jazz** ⟨['fri: dʒæs] m.; (-) -; unz.; Mus.⟩ *frei improvisierter Jazz* [engl.]

**Freesie** ⟨[-ziə] f. 19; Bot.⟩ ▼ *Angehörige einer südafrikan. Gattung der Schwertliliengewächse, beliebte Zierpflanze mit weißen, gelben, lila, rosa od. roten, etwas gekrümmten Blüten: Freesia* [nach dem Arzt H.Th. *Frees*]

**Fregatte** ⟨f. 19⟩ **1** ⟨früher⟩ *schnelles, dreimastiges Kriegsschiff* **2** ⟨heute⟩ *ein bes. zur U-Boot-Bekämpfung eingesetztes Kriegsschiff* ◆ eine aufgetakelte Fregatte [< frz. *frégate* „Fregatte"]

**Fregattvogel** ⟨m. 5u; Zool.⟩ *Meeresvogel, der mit 4 verwandten Arten die Küsten der Tropen bewohnt u. zu einer eigenen Familie von Ruderfüßern gehört, fängt fliegende Fische: Fregata aquila*

**frei** ⟨Adj.; -er, am -(e)sten⟩ **1** *nicht gefangen, ungebunden* **2** ⟨fig.⟩ *unabhängig, uneingeschränkt, unbehindert, unbelastet* **3** *nicht besetzt, zur Verfügung stehend* (Sitzplatz) **4** *nicht mit Arbeit od. Pflichten belastet* (arbeitsfrei, dienstfrei) **5** *ohne Hilfsmittel, ohne Stütze* **6** *freimütig, offen* **7** *sehr ungezwungen, gewagt, die Regeln des Anstandes nicht achtend* (Benehmen, Darstellung) **8** *nicht wörtlich, ungenau* (Übersetzung) **9** *offen, offen daliegend, weit, unbegrenzt, ungeschützt* **10** *kostenlos, unentgeltlich* **11** ⟨Kaufmannsspr.⟩ *Beförderung bezahlt bis* **12** *urheberrechtl. nicht mehr geschützt* (Buchveröffentlichung) ◆ freie **Arztwahl** haben; ich hatte gestern keinen freien **Augenblick;** frei **Bahnhof,** Grenze, Hafen, Haus, Schiff ⟨Kaufmannsspr.⟩ *bis dahin kostenlos;* freie **Berufe** *nicht an eine feste Anstellung gebundene Berufe (meist wissenschaftl. u. künstler.);* **Eintritt** frei!; freier **Journalist,** Redakteur, Schriftsteller *J., R., S., der freiberuflich tätig ist;* er ist freier **Mitarbeiter** *nicht angestellter Mitarbeiter;* ein freier **Platz** (z. B. Marktplatz); der Zug hielt auf freier **Strecke;** ich habe heute einen freien **Tag;** freie **Wahl** haben ◆ kann man sich dort frei **bewegen?** *unbeaufsichtigt gehen, wohin man will?;* das ist alles frei **erfunden;** den Oberkörper frei **machen,** sich frei machen (zur ärztl. Untersuchung); **sein:** die Stelle des Personalchefs ist frei *unbesetzt;* frei **sprechen** *ohne abzulesen;* hierbei wird Wärme, **werden** Dämpfe frei ⟨Chem.⟩; die Wohnung wird nächstes Jahr frei ◆ der Weg ist frei **für** unseren Plan ⟨fig.⟩ *es steht ihm nichts mehr entgegen;* **im** Freien *in der Natur, Landschaft, Luft;* sich gern im Freien aufhalten; frei **von** *ohne;* frei von Abgaben, Lasten, Schulden; sprich frei von der Leber weg! ⟨umg.⟩ *rückhaltlos offen* [< ahd. *fri,* engl. *free;* verwandt mit *freien, Freund, Friede*]

**Freibad** ⟨n. 12u⟩ *Schwimmbad unter freiem Himmel;* Ggs *Hallenbad*

**freibekommen** ⟨V. t. 170; hat⟩ **1** *durch Fürsprache, Geld o. Ä. befreien* (Gefangene) **2** *arbeitsfreie Zeit gewährt bekommen* ◆ kann ich heute eine Stunde freibekommen?

**freiberuflich** ⟨Adj.⟩ *nicht fest angestellt, in einem freien Beruf (tätig)*

**Freibetrag** ⟨m. 1u⟩ *Betrag, der nicht der Besteuerung unterliegt*

## FREQUENZ

In der Physik bezeichnet die Frequenz die Anzahl der Schwingungen pro Zeiteinheit. Die Maßeinheit für diese Größe ist das Hertz (Abkürzung Hz), wobei 1 Hertz einer Schwingung pro Sekunde entspricht. Der Mensch kann Schallwellen im Bereich von 20–20000 Hertz hören.

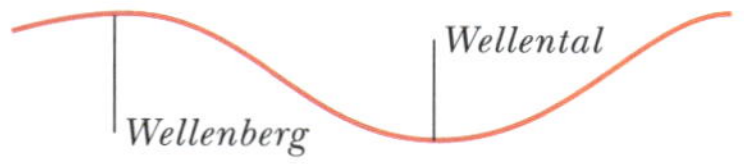


NIEDRIGERE FREQUENZ (EINE WELLENLÄNGE)

HÖHERE FREQUENZ (ZWEI WELLENLÄNGEN)

F

**Freibord** 〈m. 1; Mar.〉 ► *über dem Wasserspiegel liegender Teil des Schiffsbords*
**Freibordmarke** 〈f. 19; bei Handelsschiffen〉 *Markierung mittschiffs, um den Tiefgang nachprüfen zu können;* Sy *Lademarke*
**Freidenker** 〈m. 3〉 **1** *jmd., der sich keiner kirchlichen oder ideologischen Autorität unterwirft* **2** 〈in Frankreich〉 *Atheist*
**Freie(r)** 〈f. 30 (m. 29)〉 *freier Mensch, freier Bürger,* 〈bzw.〉 *freie Bürgerin* [→ *frei*]
**Freier** 〈m. 3〉 **1** 〈veraltet〉 *Werber (um ein Mädchen), Verehrer* **2** 〈heute〉 *Kunde einer Prostituierten*
**freigeben** 〈V. t. 143; hat〉 **1** *in Freiheit setzen* (Sklaven), *entlassen* **2** *beurlauben* ♦ etwas freigeben *die Beschränkung, Sperre für etwas aufheben;* die gesperrte Straße wieder für den Verkehr freigeben; ein neues Arzneimittel zu, für den Verkauf freigeben
**freigebig** 〈Adj.〉 *gern schenkend, großzügig;* oV *freigiebig* ♦ freigebig sein gegenüber jmdm.; mit Geld, Lob usw. freigebig sein
**Freigeist** 〈m. 2〉 *jmd., der sich keiner herrschenden Meinung anschließt*
**freigiebig** 〈Adj.〉 = *freigebig*
**Freihafen** 〈m. 4u〉 *nicht unter Zollkontrolle stehender Hafen*
**freihalten** 〈V. t. 160; hat〉 **1** jmdm. einen Platz, Stuhl freihalten *bereit, unbesetzt halten, nicht besetzen lassen* **2** jmdn. freihalten *für jmdn. den Eintritt, die Zeche bezahlen*
**freihändig** 〈Adj.〉 *ohne sich mit den Händen festzuhalten od. die Arme aufzustützen* ♦ freihändig Rad fahren
**Freiheit** 〈f. 20〉 **1** *Unabhängigkeit von Zwang od. Bevormundung* **2** 〈Rechtsw.〉 *Vorrecht, Privileg* (Abgabenfreiheit) ♦ die Freiheit des **Gewissens,** Handelns, der Presse, Rede; Freiheit, **Gleichheit,** Brüderlichkeit *(Formel für die Ziele der Französ. Revolution)* ♦ jmdn. der Freiheit **berauben** *ihn gefangen setzen;* sich manche Freiheiten **erlauben,** herausnehmen *Sitte u. Konvention nicht beachten* ♦ **für,** um die Freiheit kämpfen; jmdn. od. ein Tier in Freiheit setzen
**Freiheitsstatue** 〈[-tuə] f. 19〉 *große Statue als Sinnbild der Freiheit an der Einfahrt des Hafens von New York*
**Freiheitsstrafe** 〈f. 19〉 *Bestrafung durch Entzug der persönl. Freiheit im Zuchthaus, Gefängnis usw.*
**freiheraus** 〈Adv.〉 *geradeheraus, offen, ohne Umschweife* ♦ etwas freiheraus sagen
**Freikirche** 〈f. 19〉 *eine vom Staat unabhängige Kirche*
**Freikörperkultur** 〈f. 20; unz.; Abk.: FKK〉 *Bewegung, die die Rückkehr zum natürl. Zustand des Nackten anstrebt;* Sy *Nudismus* ♦ Verband für Freikörperkultur
**Freiland** 〈n. 12u〉 *freies Garten- bzw. Weideland*
**freilassen** 〈V. t. 174; hat〉 *auf freien Fuß setzen, aus der Haft, Gefangenschaft, Sklaverei usw. entlassen* ♦ lass den Hund frei!
**freilegen** 〈V. t.; hat〉 *bloßlegen, von Hüllen od. deckenden Schichten befreien* ♦ bei den Ausgrabungen wurde ein Amphitheater freigelegt; bei einer Operation ein Organ freilegen
**freilich** 〈Adv.〉 **1** *allerdings, wie zugegeben werden muss* **2** 〈betonend〉 *selbstverständlich, gewiss, ja* ♦ er hat freilich Recht [< mhd. *vriliche* „unverdeckt, offenbar"; Adv. zu *frei*]
**Freilichtbühne** 〈f. 19〉 *Theater im Freien;* Sy *Freilichttheater*
**Freilichtmuseum** 〈n.; -s, -museen〉 *volkskundl. Museum, das bes. alte Bauernhäuser in ihrer natürl. Umgebung darstellt*
**Freilichttheater** 〈n. 13〉 = *Freilichtbühne*

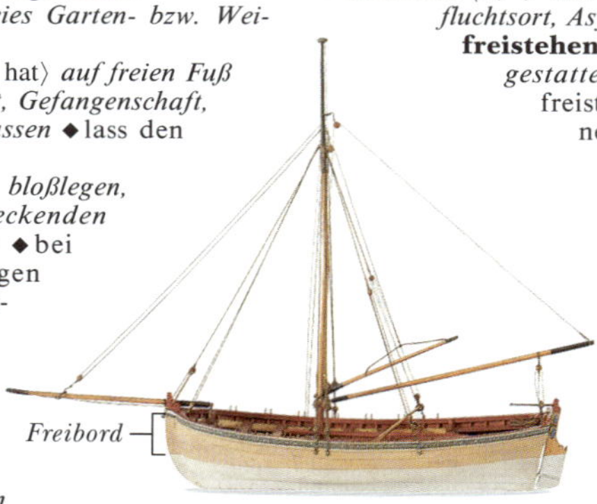


FREIBORD BEI EINEM SEGELBOOT

**freimachen** 〈V. t.; hat〉 **1** *frankieren, mit Briefmarke(n) bekleben, Porto, Zoll bezahlen für* **2** sich freimachen *die Arbeit ruhen lassen*
**Freimaurer** 〈m. 3〉 *Anhänger der Freimaurerei*
**Freimaurerei** 〈f. 18; unz.〉 *weltweite, vom Deismus ausgehende, humanitäre Bewegung auf der Grundlage einer natürl. Ethik*
**Freimut** 〈m.; -(e)s; unz.〉 *unbekümmerte Offenheit, Aufrichtigkeit*
**freimütig** 〈Adj.〉 *arglos-offen, unbekümmertfrei, aufrichtig, geradlinig* ♦ etwas freimütig bekennen
**Freiraum** 〈m. 1u〉 *Möglichkeit, sich frei zu bewegen u. seine eigenen Ideen zu verwirklichen*
**freischaffend** 〈Adj.〉 *freiberuflich arbeitend* ♦ ein freischaffender Künstler, Musiker
**freisetzen** 〈V. t.; hat〉 **1** *aus einer Bindung lösen* Energie, Fähigkeiten, Ressourcen freisetzen **2** Arbeitskräfte freisetzen 〈beschönigend〉 *entlassen*
**freisinnig** 〈Adj.〉 **1** *freiheitl., fortschrittl. gesinnt, liberal* **2** *einer der freisinnigen Parteien angehörend*
**freisprechen** 〈V. t. 246; hat〉 *durch Urteilsspruch von einer Anklage, Schuld befreien* ♦ er wurde mangels Beweises freigesprochen
**Freistaat** 〈m. 23〉 *Republik*
**Freistatt** 〈f.; -, -stätten〉, **Freistätte** 〈f. 19〉 *Zufluchtsort, Asyl*
**freistehen** 〈V. i. 251; hat〉 *erlaubt, gestattet sein* ♦ es sollte jedem freistehen, zu ...; das steht Ihnen völlig frei; ein freistehendes Zimmer *ein leeres Zimmer*
**freistellen** 〈V. t.; hat〉 jmdm. etwas freistellen *zur Wahl stellen, jmdm. die Entscheidung über etwas überlassen* ♦ überraschend wurde uns freigestellt, daran teilzunehmen
**Freistil** 〈m. 1; unz.; Sp.; meist in Zus.〉 *Wettkampfmethode nach Wahl, jedoch nicht ohne Regeln, z. B. Freistilringkampf*
**Freitag** 〈m. 1; Abk.: Fr〉 *fünfter Tag der Woche;* → a. *Dienstag* ♦ Stiller Freitag *Karfreitag* [< ahd. *friatag, frijetag,* engl. *Friday,* der Göttin *Freia,* ahd. *Fria,* der Gemahlin Wotans u. Schutzpatronin der Ehe, geweihter Tag]
**Freitagabend** 〈m. 1〉 *der Abend des Freitags* ♦ am Freitagabend hatten wir Besuch; → a. *Dienstagabend*
**freitags** 〈Adv.〉 *an jedem Freitag* ♦ freitags gehen wir schwimmen; → a. *dienstags*
**Freitod** 〈m. 1; unz.〉 = *Selbstmord*
**Freitreppe** 〈f. 19〉 *große Treppe an der Außenseite eines Gebäudes*
**freiwillig** 〈Adj.〉 *ungezwungen, von selbst, aus eigenem Antrieb* ♦ freiwillige Gerichtsbarkeit *Mitwirkung von Gerichten in Fällen, in denen zwischen den Beteiligten kein Streit besteht;* sich freiwillig melden (für eine Aufgabe, zum Kriegsdienst)
**Freizeit** 〈f. 20〉 **I** 〈unz.〉 *arbeitsfreie Zeit, Mußestunden* **II** 〈zählb.; ev. Kirche〉 *Zusammenkunft mit Andachten, Gesprächen, Bibelarbeit usw.*
**freizügig** 〈Adj.〉 **1** *den Wohnort frei wählend, ihn nach Belieben wechselnd, nicht ortsgebunden* **2** *großzügig* **3** *anderen viel Freiheit lassend* ♦ freizügig mit Geld umgehen; freizügig aufwachsen
**fremd** 〈Adj.; -er, am -esten〉 **1** *aus einem anderen Land, einer anderen Stadt, aus einem anderen Volk, einer anderen Familie, auslän-*

## FRESKO

Das Fresko ist eine Wandmalerei, die auf eine noch feuchte Kalkgrundierung aufgetragen wird. Die Farben verbinden sich beim Trocknen unlöslich mit der Grundierung. Die frühesten Fresken wurden in Knossos, Kreta, gefunden (um 1750–1400 v. Chr.), doch den Höhepunkt erreichte die Freskomalerei in der italienischen Renaissance und hatte in Michelangelo einen ihrer bekanntesten Vertreter.

*Verkündigung an Zacharias* (Detail), (1485–90)
DOMENICO GHIRLANDAIO

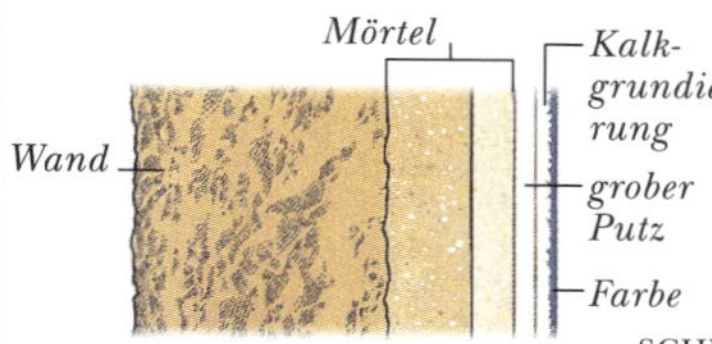


SCHNITT DURCH EIN FRESKO

*disch* **2** *andern gehörig* **3** *andersartig, fremdartig, seltsam* **4** *unbekannt, ungewohnt, unvertraut* ◆mich dich nicht in fremde **Angelegenheiten!;** er hat sich an fremdem **Eigentum** vergriffen *gestohlen;* fremde **Kost,** Länder, Sitten, Sprachen; fremde **Menschen;** für fremde **Rechnung** ⟨Kaufmannsspr.⟩ *auf Rechnung eines Dritten* ◆**sein:** ich bin hier fremd *wohne nicht hier, weiß hier nicht Bescheid;* das ist alles so fremd *anders als gewohnt;* **vorkommen:** dieser Ausdruck, dieser Begriff, dieses Wort kommt mir fremd vor [< ahd. *framadi, fremidi* „fremd“; zu *fram* „vorwärts, weg von“, engl. *from*]

**Fremdbestimmung** ⟨f. 20; unz.⟩ *das Bestimmtwerden durch andere Personen od. Institutionen;* Ggs *Selbstbestimmung*

**Fremde** ⟨f. 19; unz.⟩ *unbekanntes, unheimisches Land, Ausland* ◆in der Fremde leben, umkommen; in die Fremde ziehen

**Fremde(r)** ⟨f. 30 (m. 29)⟩ Sy *Fremdling* **1** *Auswärtige(r)* (Ortsfremde(r)) **2** *Ausländer(in)* **3** *Gast (im Hotel usw.)*

**Fremdenverkehr** ⟨m. 1; unz.⟩ *der besuchsweise Aufenthalt von Personen an Orten, die nicht ihre ständigen Wohngemeinden sind, meist von Urlaubsreisenden*

**fremdgehen** ⟨V. i. 145; ist; umg.⟩ *Ehebruch begehen, einen Seitensprung machen*

**Fremdkörper** ⟨m. 3⟩ **1** *fester, von außen in den Organismus (z. B. ins Auge) eingedrungener Körper* **2** ⟨fig.⟩ *Eindringling (in einer Gemeinschaft)*

**Fremdling** ⟨m. 1⟩ = *Fremde(r)*

**Fremdsprache** ⟨f. 19⟩ *Sprache, die nicht die Muttersprache ist* ◆mehrere Fremdsprachen beherrschen

**Fremdwort** ⟨n. 12u⟩ *aus einer anderen Sprache mehr od. weniger unverändert übernommenes Wort;* → a. *Lehnwort*

**frenetisch** ⟨Adj.⟩ *leidenschaftlich, heftig, rasend* ◆frenetischer Beifall [< frz. *frénétique* „wahnsinnig, rasend“ (nur in übertragener Bedeutung)]

**frequent** ⟨Adj.; geh.⟩ **1** *häufig* **2** *zahlreich* **3** *sehr besucht* **4** ⟨Med.⟩ *beschleunigt* (Pulsschlag) [< lat. *frequens* „häufig, zahlreich“]

**frequentieren** ⟨V. t.; hat; geh.⟩ *häufig besuchen, benutzen, verkehren mit* [< lat. *frequentare* „häufig besuchen“]

**Frequenz** ⟨f. 20⟩ **1** *Häufigkeit* **2** *Besucherzahl* **3** *Verkehrsdichte* **4** ⟨Phys.⟩ ◄ *Anzahl der Schwingungen pro Zeiteinheit (bei Schwingungs- od. Wellenvorgängen);* Sy *Schwingungszahl* [< lat. *frequentia* „zahlreiche Anwesenheit, große Menge“]

**Freske** ⟨f. 19; Mal.⟩ ► = *Fresko*

**Fresko** ⟨n.; -s, Fresken⟩, **Freskogemälde** ⟨n. 13; Mal.⟩ ◄ *auf frische Kalkwand gemaltes Bild, Wandgemälde;* Sy *Freske* [ital., verkürzt < *al fresco (muro)* „auf die frische (Wand)“]

**fressen** ⟨V. i. 139; hat⟩ **1** *Nahrung aufnehmen* (von Tieren) **2** ⟨derb⟩ *viel essen, schlingen, gierig u. unfein essen* (von Menschen) **3** ⟨fig.; umg.⟩ *erfordern, verbrauchen* (Brennmaterial, Treibstoff, Kapital) **4** *weiter um sich greifen* (Geschwür) **5** *sich zerstörend, zersetzend ausbreiten* (Rost) **6** *ätzen* (Säuren) **7** *nagen, zehren* (Kummer) ◆jetzt habe ich es endlich gefressen! ⟨fig.; umg.⟩ *begriffen;* dieser Wagen frisst viel **Benzin;** die Motten haben **Löcher** in den Polsterbezug gefressen ◆**gierig,** hastig fressen ◆der Gram frisst **an** ihr; dem Hund etwas **zu** fressen geben ◆das, den, die habe ich aber gefressen! ⟨fig.; umg.⟩ *kann ich nicht leiden* [< ahd. *frezzan*]

**Fressen** ⟨n. 14; unz.⟩ **1** *Futter (für Tiere)* **2** ⟨derb⟩ *Essen* ◆Haustieren ihr Fressen geben; das ist ein ungenießbares Fressen! ⟨derb⟩

**Fresszelle** ⟨f. 19; Biol.⟩ ► = *Phagozyt*

**frettieren** ⟨V. t.; hat; Jägerspr.⟩ Wildkaninchen frettieren *mit dem Frettchen aus dem Bau jagen* [→ *Frett*]

**Frett** ⟨n. 11⟩, **Frettchen** ⟨n. 14; Zool.⟩ *zur Kaninchenjagd abgerichtete Form des einheim. Iltis, meist Albino* [< frühnhd. *frett(e)* < frz. *furet* < spätlat. *furetus* „Frett“; zu lat. *fur* „Dieb“]

**Freude** ⟨f. 19⟩ **1** *Beglückung, (innere) Befriedigung* **2** *Gefühl des Frohseins, Fröhlichkeit* ◆das Kind ist die Freude seines **Alters;** jmdm. in Freud und **Leid** zur Seite stehen; Freud und Leid mit jmdm. teilen ◆jmdm. eine Freude **bereiten,** machen; **sein:** ist das eine Freude!; es ist eine Freude, zu beobachten, jmdm. die Freude **nehmen,** rauben ◆es ist mir eine **besondere** Freude, zu ... *(Höflichkeitsfloskel);* sein Beruf macht ihm **keine,** wenig Freude ◆er hat **an** seinen Kindern viel Freude; er kann sich **vor** Freude kaum, nicht fassen, halten; **zu** meiner Freude ◆**welche** Freude! [< ahd. *frewida*]

**Freudenhaus** ⟨n. 12u⟩ = *Bordell*

**Freudenmädchen** ⟨n. 14; veraltet⟩ = *Prostituierte*

**Freudentaumel** ⟨m. 5⟩ *große, durch unkontrollierte Bewegungen geäußerte Freude* ◆in einen Freudentaumel geraten

**freudestrahlend** ⟨Adj.⟩ *strahlend vor Freude, sehr glücklich aussehend*

**freudig** ⟨Adj.⟩ **1** *froh-, wohlgemut, fröhlich, heiter gestimmt* **2** *gern, erfreut u. bereitwillig* **3** *Freude od. Glück bringend, beglückend* ◆ein freudiges Ereignis *Geburt eines Kindes;* ein freudiges Gesicht machen; eine freudige Nachricht erhalten

**freudlos** ⟨Adj.⟩ *jeder Freude entbehrend, traurig, öde*

**freuen** ⟨V.; hat⟩ **I** ⟨V. t.⟩ *Freude bereiten, froh machen* ◆es freut mich, ihn, sie; es hat mich sehr gefreut! (erg.: Sie kennen zu lernen; Höflichkeitsfloskel beim Abschied); es freut mich, zu hören, zu sehen ... **II** ⟨V. refl.⟩ sich freuen *Freude, Glück empfinden* ◆sich an jmdm. od. etwas freuen; sich der Sonne, des schönen Wetters freuen; er freut sich seines Lebens; sie freut sich am Glück anderer; ich habe mich sehr über seinen Besuch gefreut [< ahd. *frewen, frouwen;* → *froh*]

**Freund** ⟨m. 1⟩ **1** *in herzlicher, kameradschaftl. Zuneigung Verbundener* **2** *(guter, freundschaftl. verbundener) Kamerad, Genosse, Partner* (Geschäftsfreund, Schulfreund, Sportfreund, Studienfreund) **3** ⟨umg.⟩ *Liebhaber* **4** ⟨veraltet als Anrede, im Sinne von⟩ *(mein) Lieber, (mein) Junge* ◆heda, Freund!; Freund und Feind *alle;* ein Freund der **Kunst,** Musik, Wissenschaften ◆keine, viele, wenige Freunde **besitzen,** finden, gewinnen, haben; **sein:** er ist nicht mehr unser Freund; jmdm. Freund sein; wieder gut Freund werden *sich wieder vertragen, versöhnen* ◆ein **bewährter,** falscher, guter, treuer, uneigennütziger, väterlicher Freund; die beiden sind **dicke** Freunde ⟨umg.⟩ *eng miteinander befreundet* ◆**als** Freund möchte ich dir sagen ... *ich meine es gut, wenn ich es dir sage ...;* jmdn. als, **zum** Freund gewinnen; **unter** Freunden *unter uns (beim Handeln),* billig [< ahd. *friunt* „Freund, Verwandter“, engl. *friend,* → *frei*]

**Freundin** ⟨f. 22⟩ *weibl. Freund*

FRIEDENSPFEIFE

**freundlich** ⟨Adj.⟩ **1** *wohlwollend, leutselig, herzlich* **2** *zutraulich* **3** *gut gemeint* **4** *liebenswürdig, gefällig* **5** *heiter, licht, ansprechend, heimelig* ◆auf Ihr freundliches **Anerbieten** werde ich gern zurückkommen; für jmds. freundliche **Dienste,** Hilfe, Unterstützung danken; eine freundliche **Gegend,** Stadt, Wohnung; ein freundliches **Gesicht;** jmdm. freundliche **Grüße** senden, überbringen, übermitteln ◆etwas freundlich **aufnehmen;** einem Plan freundlich **gegenüberstehen** *ihn unterstützen* ◆jmdm. **gegenüber** freundlich sein; **sehr** freundlich!

**Freundschaft** ⟨f. 20⟩ *auf Zuneigung, Kameradschaft, Vertrauen, Treue gegründetes Verhältnis* ◆**Beweise** der Freundschaft geben; die Freundschaft der **Staaten,** Völker ◆**aufhören:** in Geldsachen hört die Freundschaft auf ◆**enge,** herzliche, langjährige, wahre Freundschaft ◆Freundschaft **auf** Leben und Tod; etwas **aus** Freundschaft tun; **in** Freundschaft verbunden sein; jmdm. in aller Freundschaft etwas raten, sagen; Freundschaft **unter** den Staaten, Völkern

**freundschaftlich** ⟨Adj.⟩ *in Freundschaft verbunden, darauf gegründet* ◆ein freundschaftliches Abkommen treffen; freundschaftliche Beziehungen haben, unterhalten; jmdm. freundschaftliche Gefühle entgegenbringen; in freundschaftlichem Verhältnis zu jmdm. stehen

**Frevel** ⟨m. 5⟩ **1** *Entheiligung, Versündigung (gegen göttliche od. menschliche Gesetze)* **2** ⟨poet.⟩ *Verbrechen, Missetat* **3** ⟨veraltet⟩ *Übertretung des Feld-, Forst- u. Jagdrechts* (Baumfrevel, Forstfrevel) [< ahd. *fravali, frabari* „Kühnheit“]

**freveln** ⟨V. i.; hat⟩ **1** *sündigen, sich versündigen* **2** *sich strafbar machen* ◆gegen die Gesetze freveln *den Gesetzen zuwiderhandeln, die Gesetze übertreten* [→ *Frevel*]

**Frieden** ⟨m. 4⟩ **1** ⟨Pol.⟩ **1.1** *polit. u. rechtl. geordneter Zustand innerhalb eines Staates, Stammes od. Gemeinwesens bzw. zwischen mehreren Staaten usw.* **1.2** *Friedensschluss, -vertrag* **2** ⟨allg.⟩ *Zustand ungestörter Ordnung u. Harmonie, innerer Ruhe u. Ausgeglichenheit* ◆den Frieden **aufrechterhalten,** sichern; den Frieden **brechen,** gefährden, stören; Frieden **bringen,** schließen; Frieden **stiften** *zwischen streitenden Parteien vermitteln;* ich kann dem Frieden nicht **trauen** ⟨umg.⟩ *dem äußeren Schein* ◆ein **dauerhafter,** jahrzehntelanger, ungestörter Frieden; der **ewige** Frieden *Ruhe nach dem Tode, Ewigkeit* ◆**für** Frieden und Freiheit eintreten, kämpfen; **mit** sich selber Frieden machen *das innere Gleichgewicht wiederfinden;* den Gegner **um** Frieden bitten; Frieden **zwischen** den Völkern [< ahd. *fridu* urspr. „Zustand der Freundschaft, Schonung“]

**Friedensbewegung** ⟨f. 20; Pol.⟩ **1** ⟨i. w. S.⟩ *Bestrebung zur Erhaltung des Weltfriedens* **2** ⟨i. e. S.⟩ *die alternative Bewegung der 70er- u. 80er-Jahre in Europa u. den USA*

**Friedensnobelpreis** ⟨[-nobɛl-] m. 1⟩ *einer der sechs Nobelpreise, wird für die bedeutendste Leistung zur Erhaltung des Völkerfriedens verliehen*

**Friedenspfeife** ⟨f. 19⟩ **1** ⟨Völkerk.⟩ ▲ *Tabakspfeife der nordamerik. Indianer, die beim Friedensschluss reihum geraucht wurde* **2** ⟨danach umg.; a. scherzhaft⟩ die Friedenspfeife rauchen ⟨fig.⟩ *Frieden schließen*

F

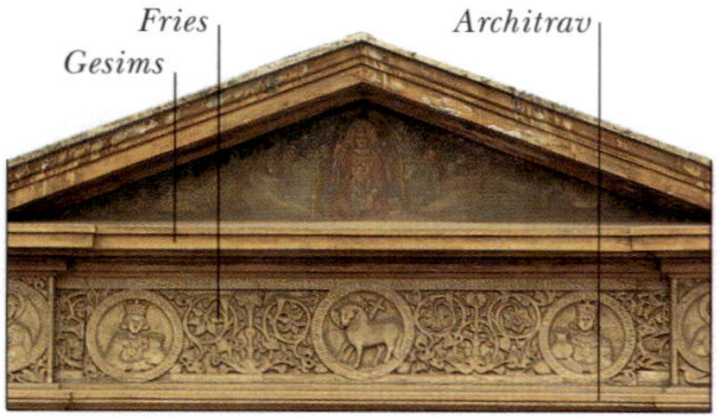


FRIES: RÖMISCHER FRIES AUS DEM 8. JH.

F

**Friedenspflicht** ⟨f. 20; unz.; Pol.⟩ *arbeitsrechtl. Verpflichtung (auf vertragl. Grundlage), Kampfmaßnahmen zu unterlassen*

**Friedensschluss** ⟨m. 1u; Pol.⟩ *Abschluss des Friedensvertrages*

**Friedensvertrag** ⟨m. 1u; Pol.⟩ *Vertrag, in dem die Krieg führenden Staaten den Krieg für beendet erklären u. unter bestimmten Bedingungen den künftigen Frieden sichern*

**friedfertig** ⟨Adj.⟩ *friedenswillig, verträglich, nicht zu Streit geneigt* ◆ er ist ein friedfertiger Mensch

**Friedfisch** ⟨m. 1; Zool.⟩ *nicht räuberisch lebender Fisch;* Ggs *Raubfisch*

**Friedhof** ⟨m. 1u⟩ *(bes. christl.) Begräbnisplatz, Ort, an dem Tote bestattet werden* [< ahd. *vrithof* „Vorhof eines Tempels, Kirchhof"; zu ahd. *friten* „hegen", urspr. „eingefriedigtes Grundstück"; angelehnt an *Friede;* → *frei*]

**friedlich** ⟨Adj.⟩ **1** *ohne Krieg, ohne Kampf, ohne Streit, gütlich* **2** *ungestört, ruhig* **3** *friedfertig, verträglich* **4** *still u. wohltuend ruhig, harmonisch* **5** ⟨umg.⟩ *zufrieden, still* ◆ ein friedlicher Charakter, Mensch; eine friedliche Gegend, Landschaft; eine friedliche Lösung anstreben; friedlich leben [→ *Frieden*]

**friedliebend** ⟨Adj.⟩ *den Frieden liebend, Streit vermeidend, Harmonie suchend* ◆ ein ausgesprochen friedliebender Mensch

**frieren** ⟨V. i. 140; hat⟩ **1** *kalt sein, sich kalt fühlen, Kälte empfinden* **2** *gefrieren* ◆ ich friere, es friert mich, mich friert; mich friert an den Füßen, Händen ⟨älter mit Akk.⟩ an die Füße, Hände; ich friere an den Füßen, Händen ⟨nur Dat. möglich⟩; mir frieren die Füße, Hände; es friert *es herrscht Frost;* es friert heute Stein und Bein ⟨umg.⟩ *es herrscht strenger Frost;* das Fenster ist gefroren *mit einer dünnen Eisschicht bedeckt* [< ahd. *friosan,* engl. *freeze;* verwandt mit *Frost*]

**Fries** ⟨m. 1⟩ **1** *flauschähnliches, gerautes Wollgewebe* **2** ⟨Arch.⟩ ◄ *waagerechter ornamentaler od. figürlicher Zierstreifen zur Gliederung od. zum Schmuck einer Wand* [< frz. *frise,* eigtl. „krause Verzierung" < mlat. *frisium* „Franse, Zipfel" < fränk. *frisi* „Krause"; nach der Stammestracht der *Friesen,* dem Lockenhaar]

**Friesel** ⟨m. 25 od. n. 28; meist Pl.⟩ *hirsekorngroßes, mit wässriger Flüssigkeit gefülltes Bläschen eines bei großer Hitze u. hochfieberhaften Erkrankungen auftretenden Hautausschlages, bes. an Stellen, wo stark geschwitzt wird*

**frigid, frigide** ⟨Adj.⟩ **1** *kühl, frostig* **2** *geschlechtlich nicht erregbar* [< lat. *frigidus* „kalt, kühl, frostig"]

**Frikadelle** ⟨f. 19⟩ *gebratener Fleischkloß;* Sy *Bulette* [< frz. *fricadelle*]

**Frikassee** ⟨n. 15⟩ *klein geschnittenes Fleisch in heller, säuerl. Soße* (Hühnerfrikassee, Kalbsfrikassee) [< frz. *fricassée*]

**Frikativ** ⟨m. 1; Phon.⟩, **Frikativlaut** ⟨m. 1⟩ = *Reibelaut*

**Friktion** ⟨f. 20⟩ **1** *Reibung* **2** ⟨fig.⟩ *Zwist, Misshelligkeit* **3** ⟨Med.⟩ *Abreibung, Reibmassage* [< lat. *frictio* „das Reiben"; zu *fricare* „reiben"]

**frisch** ⟨Adj.; -er, am -(e)sten⟩ **1** *unverbraucht, nicht abgelagert, nicht abgestanden* (Lebensmittel) **2** *neu, jung* (Gemüse) **3** *erneuert, unermüdet* (Kräfte) **4** *sauber, rein, unbenutzt* (Wäsche) **5** *vor kurzem geschehen* **6** *eben erst getan* **7** *munter, keck, keine Scheu zeigend* (Person) **8** *lebhaft, gesund, blühend* (Aussehen) **9** *kühl* (Wetter) **10** *nicht verwischt, deutlich, gut erhalten* (Farben) **11** ⟨Met.⟩ *nicht totgebrannt* (Erze) ◆ ein frisches **Aussehen** haben *eine gesunde Gesichtsfarbe;* frisches **Brot;** frische **Brötchen,** Eier; die **Farben** sind noch ganz frisch; frisches **Gemüse,** Obst; ein frisches **Hemd** anziehen; frische **Luft** schöpfen; jmdn. auf frischer **Tat** ertappen ◆ frisch (und gesund) **aussehen;** die Betten frisch **beziehen; sein:** es ist frisch draußen ◆ frisch **gebackener** Kuchen; frisch gebackener Ehemann ⟨scherzh.⟩ *jung verheirateter Ehemann;* frisch **gefallener** Schnee; frisch **gewaschene** Wäsche ◆ etwas frisch im Gedächtnis haben; Milch, frisch von der Kuh; frisch von der Leber weg (reden) *rückhaltlos, offen;* frisch, fromm, fröhlich, frei *unbekümmert* [< ahd. *frisc,* engl. *fresh*]

FROSCHLÖFFEL: GEMEINER FROSCHLÖFFEL *(Alisma plantago-aquatica)*

**Frische** ⟨f.; -; unz.⟩ **1** *Munterkeit, Lebhaftigkeit, Rüstigkeit* **2** *Kühle* **3** *Sauberkeit* ◆ in alter Frische [→ *frisch*]

**frischen** ⟨V.; hat⟩ **I** ⟨V. t.⟩ **1** ⟨poet.⟩ *erfrischen* **2** ⟨Met.⟩ *unedle Bestandteile durch Oxidation aus einer Eisenlegierung entfernen* **II** ⟨V. i.; Jägerspr.⟩ *Junge gebären* (beim Schwarzwild) **III** ⟨V. refl.; Jägerspr.⟩ sich frischen *trinken* (beim Schalenwild u. beim Hund) [→ *frisch*]

**Frischling** ⟨m. 1⟩ *junges Wildschwein im 1. Jahr* [eigtl. „frisch geborenes, junges Tier"; → *frisch*]

**Frischwasser** ⟨n. 13⟩ **1** *sauberes, nicht verunreinigtes Wasser* **2** *Süßwasser od. destilliertes Meerwasser (als Trinkwasser auf Schiffen)*

**Friseur** ⟨[-zøːr] m. 1⟩ *Handwerker, der anderen Personen das Haar pflegt, schneidet u. in Form bringt sowie den Bart rasiert oder pflegt;* oV *Frisör;* Sy *Haarschneider* [französierende dt. Ableitung von *frisieren*]

**Friseurin** ⟨[-zøː-] f. 22; bes. österr.⟩ = *Friseuse*

**Friseuse** ⟨[-zøːzə] f. 19⟩ *Haarpflegerin, Haarkünstlerin;* oV *Frisöse;* Sy ⟨bes. österr.⟩ *Friseurin* [→ *Friseur*]

**frisieren** ⟨V. t.; hat⟩ **1** jmdn. frisieren, jmdm. das Haar frisieren *jmdm. das Haar kämmen, formen* **2** etwas frisieren ⟨fig.⟩ *schön zurechtmachen, so ändern, dass es die gewünschte Wirkung erzielt* **3** *beschönigend überarbeiten* (Bericht usw.) **4** einen Motor frisieren ⟨bei Kfz⟩ *die Leistung eines Motors durch nachträgliche (meist unerlaubte) Veränderungen steigern* ◆ sie frisiert sich gerade [< frz. *friser* „kräuseln"; verwandt mit *Fries*]

**Frisör** ⟨m. 1⟩ = *Friseur*

**Frisöse** ⟨f. 19⟩ = *Friseuse*

**Frist** ⟨f. 20⟩ **1** *festgesetzter Zeitraum, Wartezeit* **2** *festgesetzter Zeitpunkt, Termin* ◆ **ablaufen:** die Frist läuft heute ab; eine Frist **bestimmen,** festsetzen; eine Frist **bewilligen,** geben, gewähren; die Frist **einhalten;** nur noch wenige Tage Frist **haben;** eine Frist um zwei Tage **verlängern** ◆ eine **dreitägige,** kurze Frist; die **gesetzliche** Frist ◆ eine Frist **von** drei Jahren, Monaten, Tagen, Wochen [< ahd. *frist;* → *frei, Frieden*]

**fristen** ⟨V. t.; hat⟩ **1** *mühsam hinbringen, erhalten* (Leben) **2** *hinausschieben, aufhalten* (Wechsel) [→ *Frist*]

**fristlos** ⟨Adj.⟩ *keine Frist gewährend, unverzüglich* ◆ fristlose Entlassung

**Frisur** ⟨f. 20⟩ *Haartracht, Art u. Weise des Frisierens, Zurechtmachens von jmds. Haar* [< frz. *frisure* „Haartracht"]

**Fritteuse** ⟨[-ˈtøːzə] f. 19⟩ *elektrisches Gerät zum Frittieren von Speisen, z. B. Kartoffeln od. Fleisch* [→ *frittieren*]

**frittieren** ⟨V. t; hat⟩ *in schwimmendem Fett braten* ◆ Kartoffeln frittieren [zu frz. *frit,* Part. Perf. von *frire* „braten"]

**Frittüre** ⟨f. 19⟩ **1** *heißes Fett zum Backen von Teig* **2** *das Gebackene selbst, Schmalzgebäck* [< frz. *friture* „das Backen, Braten (in der Pfanne); Gebratenes"; → *frittieren*]

**frivol** ⟨[-voːl] Adj.⟩ *leichtfertig, schlüpfrig, anstößig, zweideutig* ◆ seine Anspielungen sind meistens äußerst frivol [< frz. *frivole* „oberflächlich, leichtfertig"]

**Frivolität** ⟨[-vo-] f. 20⟩ **I** ⟨unz.⟩ *Leichtfertigkeit, Schlüpfrigkeit, Zweideutigkeit* **II** Frivolitäten ⟨zählb.; nur Pl.⟩ *mit Schiffchen hergestellte Handarbeit*

**Frl.** ⟨Abk. für⟩ *Fräulein*

## FRONT

In der Meteorologie wird die sehr wetteraktive Grenzfläche, die bei dem Zusammentreffen zweier Luftmassen mit unterschiedlicher Temperatur entsteht, als Front bezeichnet. Bei einer Warmfront steigt Warmluft langsam über die Kaltluft hinweg, was zu anhaltendem Regen führt. Bei der Kaltfront zieht Kaltluft unter der Warmluft hindurch und zwingt sie, unter schweren Regenfällen aufzusteigen.

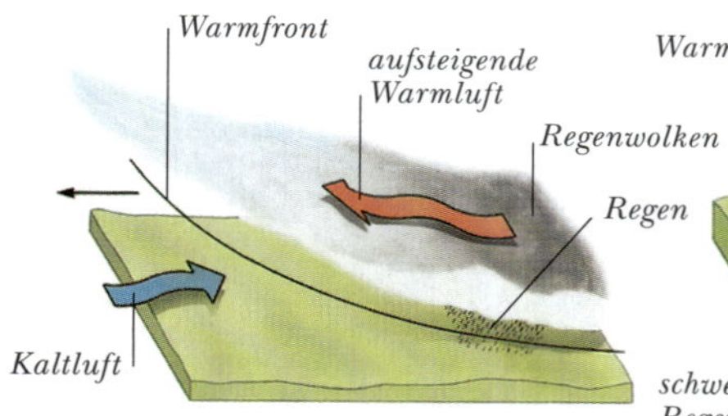


WARMFRONT

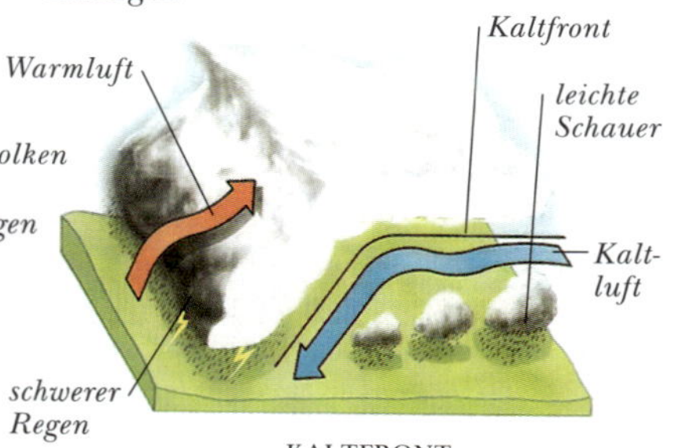


KALTFRONT

**froh** ⟨Adj.; -er, am -(e)sten⟩ **1** *heiter, innerlich fröhlich, ausgeglichen* (Mensch) **2** *erleichtert, erfreut, beglückt* **3** *erfreulich, Freude bereitend* (Nachricht) **4** ⟨mit Gen.⟩ *glücklich (über etwas)* ◆ die Frohe **Botschaft** *das Evangelium;* ein frohes **Ereignis,** Fest feiern; frohen **Mutes,** Sinnes sein ◆ **sein:** ich bin froh, dass du gekommen bist; er kann seines Lebens nicht froh **werden** ◆ **darüber** sind wir alle froh; ich bin über diese Lösung froh [< ahd. *frao, fro* „froh"; urspr. „schnell, eilig"; verwandt mit *Frosch, freuen, Freude*]

**fröhlich** ⟨Adj.⟩ *heiter, unbeschwert, mit Freude erfüllt, vergnügt* [→ *froh*]

**frohlocken** ⟨V. i.; hat⟩ *jubeln, sich freuen* ◆ über jmds. Missgeschick frohlocken *sich schadenfroh freuen* [< mhd. *vrolecken, -löcken* „vor Freude springen"]

**fromm** ⟨Adj.; -er, am -sten; ⟨a.⟩ frömmer, am frömmsten⟩ **1** *gottesfürchtig, gläubig* (Christ, Mensch), *gottgefällig* (Werke) **2** *sanft, leicht lenkbar, gehorsam* (Tier) **3** *ehrfürchtig, gehorsam* (satzungsfromm) **4** *in gutem Glauben, in bester Absicht geschehend* (Betrug, Lüge) **5** *unschuldig* (Augenaufschlag) ◆ ein frommer Wunsch *W., von dem man weiß, dass er wahrscheinlich nicht erfüllt werden wird* [< mhd. *vrum* „förderlich, tüchtig", dann „rechtschaffen, fromm"; zu ahd. *fruma* „Nutzen, Vorteil" (noch in der Formel „zu Nutz u. Frommen")]

**Frömmelei** ⟨f. 18; unz.; abwertend⟩ *übertrieben frommes Gebaren*

**Fron** ⟨f. 20⟩ **1** ⟨früher⟩ *dem Lehnsherrn zu leistende körperl. Arbeit, Arbeit der Leibeigenen* **2** ⟨fig.⟩ *erzwungene, harte, mühsame Arbeit* [< mhd. *vron* „heilig; herrschaftlich; den Herrn betreffend, ihm gehörig"]

**Fronde** ⟨['frɔ̃də] f. 19; Pol.⟩ **1** ⟨urspr.⟩ *Bewegung in Frankreich gegen den Absolutismus* **2** ⟨fig.⟩ *regierungsfeindliche Partei* [frz., „Schleuder"]

**Frondienst** ⟨m. 1⟩ **1** ⟨in der Antike u. MA⟩ *meist unentgelt., zwangsweise Dienstleistung des Bauern für den Grundherrn* **2** ⟨a. fig.⟩ *Zwangsarbeit* [< mhd. *vron(e)* „öffentlich, öffentliche Arbeit, öffentlicher Dienst"; → *Fron*]

**frönen** ⟨V. i.; hat⟩ einem Laster, einer Leidenschaft frönen *sich ihm, ihr rückhaltslos hingeben* [eigtl. „wie einem Herrn dienen"; → *Fron*]

**Fronleichnam** ⟨m. 1; unz.⟩ *kath. Festtag zur Feier der Transsubstantiation (Donnerstag nach Trinitatis)* [< *Fron* „heilig; den Herrn betreffend, ihm gehörig" + *Leichnam* „Leiche, Leibeshülle"]

**Front** ⟨f. 20⟩ **1** *Vorder-, Stirnseite (eines Hauses)* **2** *die dem Feind zugekehrte Seite einer Truppenaufstellung* **3** *Kampfgebiet* **4** *die kämpfende Truppe* **5** *geschlossene Einheit* (Arbeiterfront) **6** *polit. Block, Partei* (Eiserne Front, Rote Front) **7** ⟨Meteor.⟩ ◄ *Grenzfläche einer Luftmasse* (Kaltfront, Warmfront) **8** ⟨Mil.; veraltet⟩ *Wendung nach vorn* ◆ die Front der Streikenden; gegen etwas Front machen ⟨fig.⟩ *sich dagegen wehren, dem widersetzen;* sich einer geschlossenen Front gegenübersehen; die Soldaten an der Front; in vorderster Front stehen *in der Gefechtslinie* [frz., „Stirn, Vorderseite, Front"]

**frontal** ⟨Adj.⟩ **1** *an der Stirnseite befindlich* **2** *von der Stirnseite kommend, von vorn* ◆ die Autos stießen frontal zusammen

**Frontman** ⟨['frʌntmæn] m.; - od. -s, -men [-mən]⟩, **Frontmann** ⟨m. 2u⟩ *Musiker einer Band, der (v. a. bei Konzerten) als Sänger im Vordergrund auftritt;* → a. *Leadsänger* [engl., „Mann an der Spitze, Strohmann"]

FRUCHTBLATT: LILIE MIT FRUCHTBLATT

**Frontscheibe** ⟨f. 19⟩ = *Windschutzscheibe*

**Frosch** ⟨m. 1u⟩ **1** ⟨Zool.⟩ **1.1** ⟨i. w. S.⟩ *jeder glatthäutige, langbeinige, springende Froschlurch* **1.2** ⟨i. e. S.⟩ Echter Frosch ▼ *Angehöriger einer Familie der Froschlurche, zu der die meist in großen Mengen auftretenden Gras- u. Wasserfrösche zählen, viele Arten suchen nur zum Überwintern bzw. zum Überdauern der Trockenzeit u. zur Fortpflanzung das Wasser auf: Ranidae* **2** ⟨fig.⟩ *in Hüpfbewegungen abbrechender, mehrmals knallender Feuerwerkskörper* (Knallfrosch) **3** ⟨Arch.⟩ *Stütze für einen Balken* **4** ⟨Mus.⟩ *verstellbare Platte am Griff des Bogens der Streichinstrumente* **5** *über den Fassboden hinausragender Teil der Dauben* **6** *Explosionsstampfer, Ramme* ◆ sei kein Frosch! ⟨umg.⟩ *kein Spielverderber, zier dich nicht u. mach mit!;* er bläst sich auf wie ein Frosch ⟨umg.⟩ *spreizt sich, prahlt* [< ahd. *frosk*]

**Froschlaich** ⟨m. 1⟩ *die abgelegten Eier der Frösche*

**Froschlöffel** ⟨m. 5; unz.; Bot.⟩ *Angehöriger einer Gattung der Froschlöffelgewächse: Alismataceae* ◆ Gemeiner Froschlöffel ◄ *stattliches, am Rande von Gräben u. stehenden Gewässern wachsendes, bis 1 m hohes Gewächs: Alisma plantago-aquatica;* Sy *Wasserwegerich*

**Froschlurch** ⟨m. 1⟩ *Angehöriger einer Ordnung von im erwachsenen Zustand schwanzlosen Amphibien: Salientia*

**Froschperspektive** ⟨f. 19; unz.⟩ *Ansicht von tief gelegenem Blickpunkt aus, von unten her* ◆ etwas aus der Froschperspektive betrachten *von einem untergeordneten Standpunkt aus*

**Frost** ⟨m. 1u⟩ **1** *Temperatur unter dem Gefrierpunkt sowie die dabei auftretenden Vorgänge, z. B. Frostschäden* **2** *Gefühl der Kälte* ⟨a. fig.⟩ (Schüttelfrost) ◆ die Pflanzen haben Frost abbekommen, bekommen; anhaltender, heftiger, klirrender, strenger Frost; die Pflanzen, Blüten haben durch den Frost gelitten [< ahd. *vrost,* engl. *frost;* → *frieren*]

**Frostbeule** ⟨f. 19⟩ **1** ⟨Med.⟩ *chron. Entzündung von Körpergewebe infolge Kälteeinwirkung: Perniones* **2** ⟨umg.; scherzh.⟩ *jmd., der leicht friert* ◆ du bist aber eine Frostbeule!

**frösteln** ⟨V. i.; hat⟩ **I** ⟨persönl.⟩ *mit leichtem Schauer frieren* ◆ ich fröstele, mich fröstelt **II** ⟨unpersönl.⟩ es fröstelt *es ist leichter Frost, es wird kalt* [< engl. *frost* „schnell einfrieren lassen; Frost"]

**frosten** ⟨V. t.; hat⟩ *zum Gefrieren bringen, zur Konservierung einfrieren* (Gemüse usw.)

**frostig** ⟨Adj.⟩ **1** *kalt, zu Frost neigend* (Wetter) **2** ⟨fig.⟩ *betont zurückhaltend, kühl, unfreundlich* (Begrüßung, Empfang)

**Frostschaden** ⟨m. 4u⟩ *Beschädigung durch Frost (von Pflanzen, Straßen)*

**Frostsprengung** ⟨f. 20⟩, **Frostverwitterung** ⟨f. 20⟩ *Aufsprengen von Gesteinsklüften durch Gefrieren eingedrungenen Wassers*

**Frotté** ⟨n. 15 od. m. 6; schweiz.⟩ = *Frottee*

**Frottee** ⟨n. 15 od. m. 6⟩ *Gewebe mit gekräuselter Oberfläche;* oV ⟨schweiz.⟩ *Frotté* [< frz. *frotté* „gerieben"; zu *frotter* „reiben"]

**Frotteetuch** ⟨n. 12u⟩ *Hand-, Badetuch aus Frottee*

**frottieren** ⟨V. t.; hat⟩ *zur besseren Durchblutung mit Tüchern reiben, abreiben* (Körper) [< frz. *frotter* „reiben"]

**frotzeln** ⟨V. t.; hat; umg.⟩ *necken* [→ *Fratze* (im Sinne von *Posse*)]

**frs.** ⟨Abk. für frz.⟩ *Francs*

## FRÖSCHE

Frösche sind Amphibien und gehören zur Familie der Froschlurche, die auch die Kröten und die Unken umfasst. Sie haben eine schleimige Haut, kräftige Hinterbeine zur springenden Fortbewegung und Schwimmhäute. Sie pflanzen sich im Wasser fort und legen Eier, aus denen Kaulquappen schlüpfen. Die meisten Frösche sind an Feuchtbiotope gebunden.

ÄUSSERE MERKMALE DES GRASFROSCHS (*Rana temporaria*)

### WEITERE FROSCHARTEN

TOMATENFROSCH (*Dyscophus antongilii*)

KORALLENFINGER (*Litoria caerulea*)

PFEILGIFTFROSCH (*Dendrobates species*)

# FRÜCHTE

Die Frucht enthält den oder die Samen und dient der Fortpflanzung und Weiterverbreitung der bedecktsamigen Pflanzen. Sie entwickelt sich aus dem Fruchtknoten einer bestäubten Blüte. Früchte werden nach mehreren Kriterien kategorisiert: Streufrüchte öffnen sich und streuen den Samen aus, während Schließfrüchte ungeöffnet meist von Tieren verbreitet werden. Steinfrüchte besitzen eine fleischige Fruchtwand und als Samen einen Steinkern. Beeren sind dagegen meist mehrsamig. Sammelfrüchte bestehen aus zahlreichen Einzelfrüchten und an der Bildung von Scheinfrüchten sind außer den einzelnen Fruchtknoten noch andere Blütenteile beteiligt.



DIE ENTWICKLUNG EINER FRUCHT (MELONE)

MERKMALE EINER BEERE (KIWI, *Actinidia chinensis*)

## BEEREN

WEINTRAUBE
(*Vitis vinifera*)

MELONE
(*Cacumis melo*)

STACHELBEERE
(*Ribes grossularia*)

ZITRONE
(*Citrus limon*)
► *Zitrusfrüchte*

TOMATE
(*Lycopersicon esculentum*)

KAPSTACHELBEERE
(*Physalis peruviana*)

## SCHEINFRÜCHTE

SAMMELNUSSFRUCHT
ERDBEERE
(*Fragaria* x *ananassa*)

STEINFRUCHTSTAND
FEIGE
(*Ficus carica*)

FRUCHTVERBAND
APFEL
(*Malus sylvestris*)

## STEIN- UND SAMMELFRÜCHTE

PFIRSICH (STEINFRUCHT)
(*Prunus persica*)

MANGO (STEINFRUCHT)
(*Mangifera indica*)

BROMBEERE (SAMMELFRUCHT)
(*Rubus fruticosus*)

## STREUFRÜCHTE

SCHOTE
SILBERBLATT
(*Lunaria annua*)

BALG
RITTERSPORN
(*Delphinium* species)

HÜLSE
ERBSE
(*Pisum sativum*)
► *Hülsenfrüchte*

KAPSEL
JUNGFER IM GRÜNEN
(*Nigella damascena*)

## SCHLIESSFRÜCHTE

ACHÄNE
RINGELBLUME
(*Calendula arvensis*)

NUSS
EICHEL
(*Querus* species)
► *Nüsse*

**Frucht** ⟨f. 7u⟩ **1** ◄ *das nach der Befruchtung aus dem Fruchtknoten der bedecktsamigen Pflanzen gebildete Organ, das die (od. den) Samen bis zur Reife umschließt u. dann ihrer Verbreitung dient* **2** *bei den lebendig gebärenden Säugetieren der in der Gebärmutter heranwachsende Keim* **3** ⟨fig.⟩ *aus einer Handlung entstehende Folgen* ◆ die Früchte der **Arbeit,** des Fleißes, des Studiums ernten ⟨fig.⟩; die Früchte des **Feldes,** unseres Gartens ◆ die Bäume, Sträucher **bringen,** tragen reiche Frucht *reichen Ertrag, viele Früchte;* Früchte **einfrieren,** einkochen, einmachen, einwecken; die Frucht **steht** (dieses Jahr, in diesem Jahr) gut *das Getreide* ◆ eine **große,** saftige, reife, süße, wohlschmeckende Frucht; **verbotene** Früchte ⟨fig.⟩ *unerlaubte Genüsse* ◆ **als** Frucht langer Verhandlungen kam der Vertrag zustande [< ahd. *vruht* < lat. *fructus* „Früchte ⟨fig.⟩, Ertrag"]

**fruchtbar** ⟨Adj.⟩ **1** *reiche Frucht bringend, ertragreich* (Boden) **2** *fähig, Frucht zu tragen, Kinder zur Welt zu bringen* **3** ⟨fig.⟩ *erfolgreich, nützlich* (Arbeit)

**Fruchtblase** ⟨f. 19⟩ *die mit Fruchtwasser gefüllte Eihülle des Embryos*

**Fruchtblatt** ⟨n. 12u⟩ ◄◄ *die Samenanlage tragendes weibl. Geschlechtsorgan der Blüte;* Sy *Karpell*

**fruchten** ⟨V. i.; hat⟩ *nützen, helfen, bewirken* ◆ es fruchtet nichts; alle Mahnungen haben nichts gefruchtet

FRÜHBEET

**Fruchtfleisch** ⟨n. 11; unz.⟩ *der den Samen umgebende, essbare Teil einer Frucht*

**Fruchtfliege** ⟨f. 19; Zool.⟩ = *Taufliege*

**Fruchtfolge** ⟨f. 19; unz.; Bot.⟩ ► *planmäßige Aufeinanderfolge bestimmter Feldfrüchte;* Sy *Fruchtwechsel*

**fruchtig** ⟨Adj.⟩ *stark nach der Frucht schmeckend (eine Geschmacksrichtung beim Wein bezeichnend)*

**Fruchtknoten** ⟨m. 4⟩ *Blütenorgan der Bedecktsamer, das die Samenanlage(n) enthält*

**fruchtlos** ⟨Adj.⟩ **1** *keine Frucht bringend, unfruchtbar* **2** ⟨fig.⟩ *nutzlos, keinen Erfolg bringend* (Anstrengung, Bemühung)

**Fruchtsäure** ⟨f. 19⟩ *in Früchten vorkommende organ. Säure,* z. B. Zitronensäure, Weinsäure

**Fruchtwasser** ⟨n. 13; unz.⟩ *die in der Gebärmutter zwischen Eihäuten u. Frucht eingeschlossene, von der Schafhaut (Amnion) abgesonderte Flüssigkeit, die beim Blasensprung ausfließt;* Sy *Amnionwasser*

**Fruchtwechsel** ⟨[-ks-] m. 5; unz.; Bot.⟩ ► = *Fruchtfolge*

**Fruchtzucker** ⟨m. 3⟩ *Zucker im Saft süßer Früchte u. im Honig;* Sy *Fructose, Fruktose*

**Fructose** ⟨f. 19; unz.; fachsprachl.⟩ = *Fruktose*

**frugal** ⟨Adj.⟩ *einfach, bescheiden, genügsam;* Ggs *opulent* ◆ ein frugales Mahl [< lat. *frugalis* „wirtschaftlich, bieder"]

**früh** I ⟨Adj.; -er, am -(e)sten⟩ **1** *am Beginn eines Zeitabschnitts liegend, zeitig, vorzeitig, gegen die zeitliche Ordnung, vor der gewöhnlichen Zeit (stattfindend, eintretend)* **2** früher ⟨Komp.⟩ *vorangehend, ehemalig, vorherig, einstig* ◆ frühes **Alter;** ein früher **Bote** des Frühlings *die erste Blume, der erste Vogel;* meine frühesten **Erinnerungen** *meine ersten Erinnerungen;* ein früherer **Freund** von mir; der frühere **Kaiser,** Minister; der frühe **Morgen** ◆ **am** frühen Morgen; **in** früheren Fällen; in früheren Zeiten *in vergangenen Zeiten;* **zu** früher Stunde **II** ⟨adv.⟩ **1** *zeitig, (sehr) bald* **2** *am Anfang* **3** *am Morgen* **4** früher ⟨Komp.⟩ **4.1** *eher, zeitiger* **4.2** *damals, ehemals, einst* ◆ um vier **Uhr** früh ◆ früh **aufstehen;** da musst du früher aufstehen! ⟨umg.⟩ *da musst du besser aufpassen, schneller sein;* **sein:** ich war früher oft dort; früh **sterben** ◆ er ist viel früher gekommen, **als** ich dachte; es ist noch früh **am** Tage; **gestern** früh/Früh; wir kommen noch früh **genug** *wir haben noch Zeit;* **heute** früh/Früh; **möglichst** früh (kommen, gehen, wegfahren); **morgen** früh/Früh; ich habe es **von** früh an gelernt *von Jugend an;* wir kennen uns von früher (her); es ist alles noch **wie** früher; er arbeitet von früh bis spät; **zu** früh kommen [< ahd. *fruoji* ⟨Adj.⟩, *fruo* ⟨Adv.⟩]

**Früh** ⟨f.; -; unz.⟩ = *Frühe*

**Frühbeet** ⟨n. 11⟩ ▼ *mit Brettern umgebenes, mit Glasdeckel versehenes Beet mit Pflanzen, die früh im Jahr blühen od. reifen*

**Frühdruck** ⟨m. 1⟩ ► = *Inkunabel*

**Frühe** ⟨f. 19; unz.; geh.⟩ Sy *Früh* **1** *Frühzeit* **2** *erster Teil eines Zeitabschnitts, vor allem des Morgens* **3** *Tagesanbruch* ◆ in der Frühe

**früher** ⟨Adj.; Adv.; Komp. von⟩ *früh*

**frühestens** ⟨Adv.⟩ *nicht eher als* ◆ frühestens morgen

**Frühgeburt** ⟨f. 20; Med.⟩ **1** *Geburt eines lebensfähigen Kindes vor Ablauf der regulär neun Monate dauernden Schwangerschaft* **2** *das (zu) früh geborene Kind selbst*

**Frühjahr** ⟨n. 11; unz.⟩ = *Frühling (1)*

**Frühling** ⟨m. 1⟩ **1** *astronomisch die Zeit vom 21. März bis 21. Juni (auf der nördlichen Halbkugel) bzw. vom 23. September bis 21. Dezember (auf der südlichen Halbkugel);* Sy *Frühjahr* **2** ⟨fig.⟩ *Zeit der Jugend, des Sprossens u. Wachsens, Aufschwung*

**Frühlingsfliege** ⟨f. 19; Zool.⟩ = *Köcherfliege*

**frühreif** ⟨Adj.⟩ **1** *körperlich u. seelisch weit entwickelt (bes. in geschlechtlicher Hinsicht), vor der üblichen Zeit entwickelt* (Kind) **2** *früher gereift als andere Sorten* (Obst)

**Frühschoppen** ⟨m. 4⟩ *kleiner (meist geselliger) Trunk im Gasthaus am Vormittag*

**Frühstart** ⟨m. 6; Sp.⟩ *vorzeitiger (u. dadurch ungültiger) Start, Fehlstart*

FUCHS: ROTFUCHS
*(Vulpes vulpes)*

**Frühstück** ⟨n. 11⟩ *Morgenmahlzeit* ◆ erstes Frühstück *erste Mahlzeit am Tag;* zweites Frühstück *Zwischenmahlzeit am Vormittag zwischen erstem Frühstück u. Mittagessen*

**frühstücken** ⟨V. i.; hat⟩ *das Frühstück zu sich nehmen*

**Frühzeit** ⟨f. 20⟩ *frühester Abschnitt (einer Epoche)* ◆ Frühzeit der griechischen Kunst

**frühzeitig** ⟨Adj.⟩ *früh, zeitig* ◆ frühzeitig da sein, kommen

**Fruktose** ⟨f. 19; unz.⟩ = *Fruchtzucker;* oV ⟨fachsprachl.⟩ *Fructose* [zu lat. *frux* „Frucht"]

**Frust** ⟨m. 1; umg.; kurz für⟩ **1** *Frustration, Frustriertsein* **2** ⟨urspr. bes. Jugendspr.⟩ *Gefühl der Depression* ◆ einen Frust haben

**Frustration** ⟨f. 20⟩ Sy ⟨kurz⟩ *Frust* **1** *Vereitelung, Behinderung* **2** *Enttäuschung durch unfreiwilligen Verzicht*

**frustrieren** ⟨V. t.; hat; Psych.⟩ *jmdn. die Befriedigung eines Bedürfnisses versagen, jmds. Erwartung enttäuschen* ◆ sein Verhalten frustriert mich; frustriert *enttäuscht, entmutigt, ohne inneren Antrieb* [< lat. *frustrare* „vereiteln"]

**F-Schlüssel** ⟨m. 5; unz.; Mus.⟩ = *Bassschlüssel*

**ft.** ⟨Abk. für engl.⟩ *Foot (engl. Längenmaß)*

**Fuchs** ⟨[-ks] m. 1u⟩ **1** ⟨Zool.⟩ **1.1** ▲ *Angehöriger einer Gruppe fast über die ganze Erde verbreiteter, hundeartiger Raubtiere, frisst kleinere bis mittlere Wirbeltiere, Insekten, Früchte, auch Aas, vorsichtiges, „schlaues" Tier: Vulpinas* **1.2** *dessen Fell* **1.3** *Pferd mit rotbraunem Fell, Schweif u. Mähnenhaar*

F

## FRUCHTFOLGE

Durch Fruchtfolge wird verhindert, dass sich Schädlinge und Krankheiten ausbreiten und sich der Boden erschöpft, weil ihm immer die gleichen Nährstoffe entzogen werden. Jede Phase wirkt auf ihre Weise günstig. Hülsenfrüchte z. B. fixieren Luftstickstoff und düngen dadurch den Boden. Bei der Ernte von Wurzelgemüse wird der Boden gelockert und das Unkraut bekämpft. Bei fehlerhaften Fruchtfolgen können sich so genannte Fruchtfolgekrankheiten entwickeln, wobei sich Krankheitserreger im Boden anhäufen.

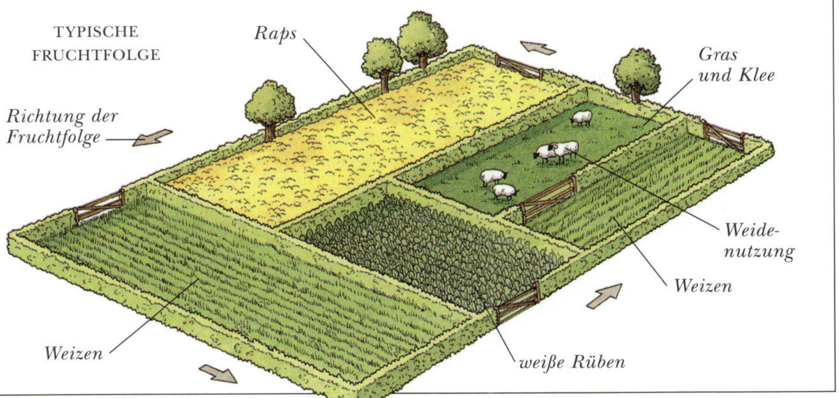

▼ *Tagfalter aus der Gruppe der Zackenfalter mit rötlich gefleckten Flügeln;* Sy Fuchsfalter **2** ⟨Tech.⟩ *schwach ansteigender Kanal zwischen Feuerung u. Schornstein* **3** ⟨fig.⟩ *schlauer, listiger Mensch* **4** *Verbindungsstudent im ersten u. zweiten Semester* ◆ er ist ein (alter) Fuchs ⟨fig.⟩ [< ahd. *fuhs,* engl. *fox*]

**fuchsen** ⟨[-ks-] V. t.; hat; umg.⟩ *ärgern, keine Ruhe lassen* ◆ das fuchst mich; es fuchst mich, dass ... [< mundartl. *fucken* „unruhig hin u. her fahren" od. zu *Fuchs* = Name der Vorrichtung zum Einspannen der Sträflinge bei körperl. Züchtigung in der Berliner Stadtvogtei]

FUCHSIE
*(Fuchsia 'Love's Reward')*

**Fuchsfalter** ⟨[-ks-] m. 3; Zool.⟩ ► = *Fuchs (1.4)*

**Fuchsie** ⟨['fuksiə] f.; -, -n; Bot.⟩ ▲ *Angehörige einer Gattung meist strauchförmiger Nachtkerzengewächse in Zentral- u. Südamerika, beliebte Zierpflanze mit ansehnlichen, strahligen Blüten: Fuchsia* [nach dem Botaniker Leonhart *Fuchs,* 1501-1566]

**Fuchsjagd** ⟨[-ks-] f. 20⟩ **1** *Jagd auf Füchse mit Hundemeute u. meist zu Pferde* **2** ⟨fig.⟩ *bei privaten Funkern, Reitern, Skifahrern u. Waldläufern beliebte Veranstaltung, bei der ein Teilnehmer, der „Fuchs", mit einem gewissen Vorsprung aufbricht u. von den Übrigen, der „Meute", verfolgt wird*

GROSSER FUCHS
*(Nymphalis polychloros)*

KLEINER FUCHS
*(Aglais urticae)*

FUCHSFALTER

**Fuchsschwanz** ⟨[-ks-] m. 1u⟩ **1** *Schwanz des Fuchses* **2** *kurze, einseitig eingespannte Säge* **3** ⟨Bot.⟩ *Angehöriger einer zu den Fuchsschwanzgewächsen (Amaranthaceae) gehörenden Pflanzengattung, deren Blüten in Ähren od. Rispen herabhängen, beliebte Zierpflanze: Amaranthus*

**Fuchtel** ⟨f. 21⟩ *Degen mit breiter Klinge* ◆ unter jmds. Fuchtel stehen ⟨umg.⟩ *unter jmds. strenger Aufsicht, unter seinem Einfluss* [< frühnhd. *fochtel, fuchtel;* → *fechten*]

**fuchteln** ⟨V. i.; hat⟩ mit den Armen fuchteln *sie heftig in der Luft herum bewegen;* ⟨meist⟩ *herumfuchteln* [→ *Fuchtel*]

**Fuder** ⟨n. 13⟩ **1** *altes Raummaß, etwa so viel wie die Ladung eines zweispännigen Wagens, Fuhre* **2** *altes Flüssigkeitsmaß, 800-1000 l* ◆ ein Fuder Heu, Holz; ein Fuder Wein [< ahd. *fuodar*]

**Fug** ⟨m.; veraltet⟩ *Zuständigkeit, Recht* ◆ ⟨nur in der Wendung⟩ mit Fug und Recht; etwas mit Fug und Recht behaupten, beanspruchen, tun [< mhd. *vuoc* „Schicklichkeit"; → *fügen*]

**Fuge**[1] ⟨f. 19⟩ *Öffnung zwischen benachbarten Bauteilen (Mauersteinen, Holzbalken usw.), Ritze, Spalt* ◆ aus den Fugen gehen, ⟨od.⟩ geraten *auseinander od. entzweigehen* (von Teilen, die zusammengehören) [< mhd. *vuoge;* → *fügen*]

**Fuge**[2] ⟨f. 19⟩ *nach strengen Regeln aufgebautes Musikstück, bei dem ein Thema nacheinander durch alle Stimmen geführt wird, meist im Quart- od. Quintabstand* ◆ die Kunst der Fuge von Bach [< mlat. *fuga* „Wechselgesang" < lat. *fuga* „Flucht"]

**fugen** ⟨V. t.; hat⟩ *zusammenfügen, -schließen, miteinander verbinden, fest aneinander setzen* [→ *Fuge*[1]]

**fügen** ⟨V.; hat⟩ **I** ⟨V. t.⟩ **1** *zusammensetzen, aneinander passen, passend aneinander setzen, durch Nägel, Schrauben, Zapfen usw. verbinden* **2** *verhängen, geschehen machen, bewirken* ◆ das Schicksal hat es so gefügt; diesen Satz muss ich etwas anders fügen; einen Balken, Stein auf einen anderen fügen **II** ⟨V. refl.⟩ **1** sich fügen (von Personen) *tun, was befohlen wird, nachgeben, gehorchen* **2** sich fügen (von Ereignissen) *(zufällig od. beabsichtigt) geschehen* ◆ sich jmdm. fügen; sich ins Unvermeidliche fügen [< ahd. *fuogen,* engl. *fay* „verbinden" (Schiffbau)]

**fügsam** ⟨Adj.⟩ *gefügig, sich leicht fügend, gehorsam, artig, anpassungsfähig* ◆ sie ist ein sehr quirliges, zumeist aber auch fügsames Kind [→ *fügen*]

**Fügung** ⟨f. 20⟩ **1** *das Sichfügen* **2** *Walten des Schicksals* ◆ eine Fügung des Schicksals; durch eine glückliche Fügung trafen wir uns wieder

**fühlen** ⟨V.; hat⟩ **I** ⟨V. t.⟩ **1** *mit dem Tastsinn wahrnehmen* **2** *körperlich od. seelisch empfinden, spüren* (Schmerz, Freude) ◆ eine **Berührung** fühlen; **Hunger,** Durst fühlen; jmdm. den **Puls** fühlen ◆ er **ließ** es dich fühlen, dass er sich über dich geärgert hat ◆ ich fühlte die kalte Mauer **durch** meine Kleider hindurch ◆ ein fühlendes Herz haben **II** ⟨V. i.⟩ **1** *körperl. Empfindungen, seel. Regungen haben* **2** *tasten, tastend greifen (nach)* ◆ er fühlte **nach** dem Geld in seiner Tasche **III** ⟨V. refl.⟩ sich fühlen **1** *ein Gefühl von etwas haben* **2** ⟨umg.⟩ *stolz sein, sich wichtig vorkommen* ◆ sich **angesprochen,** getroffen fühlen; sich **beleidigt,** verletzt fühlen; sich **besser,** schlechter fühlen; sich **verpflichtet** fühlen, etwas zu tun; sich für etwas, für jmdn. **verantwortlich** fühlen ◆ **wie** fühlen Sie sich?; sich wie zu Hause fühlen [< ahd. *fuolen,* engl. *feel*]

**Fühler** ⟨Pl.; Zool.⟩ ► *paarige Kopfanhänge (Antennen) von Gliederfüßern, Würmern u. Schnecken, die mit Sinnesorganen des Tast-, Geruchs- u. Geschmackssinnes besetzt sind* ◆ seine Fühler ausstrecken ⟨fig.⟩ *etwas vorsichtig erkunden, zu erfahren suchen*

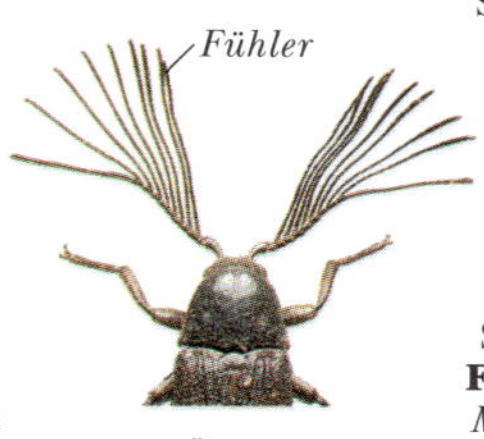


FÜHLER
EINES KÄFERS

**Fühlung** ⟨f. 20; unz.⟩ *Berührung, Verbindung* (Tuchfühlung) ◆ mit jmdm. Fühlung behalten; die Fühlung (nicht) verlieren (mit jmdm.); mit jmdm. in Fühlung bleiben

**Fuhre** ⟨f. 19⟩ **1** *Bestellung, Transport durch Wagen* **2** *Wagenlast, Ladung* **3** *Fahrt* ◆ die erste, zweite Fuhre; zwei Fuhren Holz, Kohlen, Sand; eine lustige Fuhre *ein Wagen voller lustiger Leute* [< ahd. *fuora;* → *fahren*]

**führen** ⟨V.; hat⟩ **I** ⟨V. t.⟩ **1** jmdn. führen **1.1** *jmdm. den Weg weisen* **1.2** *jmdn. leiten, geleiten, stützen* **1.3** *befehligen* **2** eine Sache führen **2.1** *tragen, dauernd haben* (Namen, Wappen) **2.2** *ständig zum Verkauf haben* (Ware) **2.3** *lenken, steuern* (Fahrzeug, Flugzeug) ◆ eine **Armee,** ein Regiment führen; über Einnahmen und Ausgaben **Buch** führen *ständig alle Einnahmen u. Ausgaben aufschreiben u. miteinander vergleichen;* eine glückliche, harmonische, unglückliche **Ehe** führen; jmdm. den **Haushalt** führen *die Hausarbeit für ihn machen*; das Schiff führt **Kohle,** Öl (als Ladung); **Krieg** führen; ein solides, unsolides, ausschweifendes, zurückgezogenes **Leben** führen *solide usw. leben;* eine **Verhandlung** führen *eine Verhandlung leiten* ◆ er führt **gut,** sicher (erg.: seine Partnerin, Tänzerin; beim Tanzen) ◆ jmdn. **am** Arm, an der Hand führen; etwas **bei** od. mit sich führen *bei sich haben, bei sich tragen;* einen Fremden **durch** die Stadt, durch ein Museum führen; einen Briefwechsel **mit** jmdm. führen; eine Verhandlung mit jmdm. führen *mit jmdm. verhandeln;* der Fluss führt Geröll, Schlamm mit sich; ein Unternehmen **zum** Erfolg führen ◆ **was** führt dich zu mir? *was möchtest du von mir?, weshalb bist du gekommen?* ◆ führend *leitend, maßgebend;* eine führende Persönlichkeit; die führende Stelle einnehmen **II** ⟨V. i.⟩ **1** *der Erste sein, voranstehen, herrschen* **2** *gerichtet sein, weisen nach, bringen, leiten* (Weg) ◆ er **will** immer führen ◆ die Tür führt **auf** den Hof, auf die Straße; das würde **zu** weit führen *das würde uns zu weit vom Thema abbringen* ◆ **wohin** soll das führen? *was soll daraus werden?;* wohin führt dieser Weg? **III** ⟨V. refl.⟩ sich führen *sich benehmen, sich betragen* [< ahd. *fuoren;* → *fahren*]

**Führer** ⟨m. 3⟩ **1** *jmd., der jmdn. od. andere od. eine Sache führt, Anführer, Leiter* (Fremdenführer, Fahrstuhlführer, Geschäftsführer, Kompanieführer, Oppositionsführer, Zugführer) **2** ⟨fig.⟩ *maßgebender Mensch* **3** *Reisehandbuch, Buch mit Erklärungen einer Stadt, von Sehenswürdigkeiten usw.* (Reiseführer) ◆ der Führer *(Selbstbezeichnung Hitlers);* der Führer einer (geistigen, politischen) Bewegung; Führer durch das Museum, durch die Stadt München

**Führerschein** ⟨m. 1⟩ *amtlicher Ausweis, der zum Führen eines Kraftfahrzeugs berechtigt, Fahrerlaubnis*

**Führung** ⟨f. 20⟩ **I** ⟨unz.⟩ **1** *das Führen, Leitung, Oberbefehl* **2** *Betragen* **3** *Führer, Gesamtheit der Führer* ◆ die Führung eines Geschäftes, Unternehmens; die Führung haben; die Führung übernehmen; jmdm. die Führung überlassen, übertragen; in Führung gehen *beim Rennen die anderen überholen;* in Führung liegen *beim Rennen der Erste sein;* unter (der) Führung von ...; einen Sträfling wegen guter Führung vorzeitig entlassen **II** ⟨zählb.⟩ **1** *Besichtigung einer Sehenswürdigkeit mit erklärendem Führer* **2** *Maschinenteil, das anderen Teilen ihre Bewegungen vorschreibt* ◆ eine Führung durch ein Museum, ein altes Schloss mitmachen

**Führungsstil** ⟨m. 1; unz.⟩ *die Art, Menschen (als Vorgesetzter) zu führen* ◆ guter, schlechter, harter Führungsstil

**Führungszeugnis** ⟨n. 11⟩ *polizeil. Bescheinigung über etwaige Strafen od. dass keine Strafen vorliegen*

**Fuhrwerk** ⟨n. 11⟩ *bespannter Lastwagen*

**Fulgurit** ⟨m. 1⟩ *durch Blitzeinschlag in Sand durch Schmelzen gebildete glasige Röhre, Blitzröhre* [< lat. *fulgur* „Blitz"]

**Fülle** ⟨f. 19⟩ **I** ⟨unz.⟩ **1** *das Vollsein* **2** *Menge* **3** *Umfang, Dicksein* (Körperfülle) **4** ⟨fig.⟩ *Überfluss* ◆ etwas in (Hülle und) Fülle haben, besitzen; eine Fülle von Anregungen, Ideen, an Material **II** ⟨zählb.; Kochk.⟩ = *Füllung (II, 1)* [< ahd. *full;* → *voll*]

**füllen** ⟨V.; hat⟩ **I** ⟨V. t.⟩ *voll machen, etwas hineintun, bis nichts mehr hineingeht* ◆ einen **Becher,** ein Glas, einen Krug, eine Flasche, Tasse füllen; **Geflügel** füllen *mit einer Füllung versehen;* sich den **Magen** füllen (mit) *viel essen (von);* einen **Zahn** füllen *mit Plombe ausbessern* ◆ ein Gefäß **bis** an den Rand füllen; eine Flüssigkeit **in** ein Gefäß füllen; ein Gefäß **mit** etwas füllen ◆ eine gefüllte Brieftasche haben *(viel) Geld haben;* gefüllte Tomaten **II** ⟨V. refl.⟩ sich mit etwas füllen *von etwas voll werden* ◆ der Saal füllte sich mit Gästen [< ahd. *fullen*]

**Füllen** ⟨n. 14; poet.⟩ = *Fohlen* [< ahd. *fuli(n)*]

**Füller** ⟨m. 3⟩ **1** ⟨kurz für⟩ ► = *Füllfederhalter* **2** *nicht aktueller Zeitungsartikel zum Füllen der Seite*

**Füllfederhalter** ⟨m. 3⟩ ► *Federhalter mit eingebautem Tintenbehälter, aus dem die Tinte beim Schreiben selbsttätig nachfließt;* Sy ⟨kurz⟩ *Füller (1)*

**Füllhorn** ⟨n. 12u⟩ **1** *mit Blumen u. Früchten gefülltes Horn, Sinnbild des Reichtums, des Überflusses (materiell u. geistig)* **2** ⟨Bot.⟩ *blauschwarzer Speise- u. Würzpilz; Craterellus cornucopoides, Totentrompete*

**Füllsel** ⟨n. 13⟩ *etwas, das nur zum Füllen dient u. keine besondere Funktion hat (Gegenstand, Stoff, Wort usw.)*

**Fulltimejob** ⟨[-taimdʒɔb] m. 6⟩ *Ganztagsbeschäftigung* [engl., eigtl. „Vollzeitarbeit"]

**Füllung** ⟨f. 20⟩ **I** ⟨unz.⟩ *das Füllen* **II** ⟨zählb.⟩ **1** ⟨Kochk.⟩ *Masse verschiedener Art* (Käse-, Fleisch-, Marmeladenfüllung), *mit der Lebensmittel gefüllt werden, um ihnen einen spezielle Geschmacksrichtung* (z. B. herb od. süß) *zu verleihen;* Sy *Fülle (II)* **2** *Stoff, mit dem etwas gefüllt ist od. wird* (Zahnfüllung) **3** *Bretter, die z. B. bei einer Tür, den Rahmen ausfüllen* (Türfüllung)

**Fummel** ⟨m. 3; umg.; meist abwertend⟩ *billiges (geschmackloses) Kleidungsstück* ◆ wo hast du denn diesen Fummel erstanden?

**fummeln** ⟨V. i.⟩ **1** ⟨Sp.; bes. Fußb.⟩ *mit dem Ball am Fuß gegner. Spieler ausspielen u. überlaufen* **2** an od. mit etwas fummeln *herumbasteln* **3** *reiben, abreiben* **4** *befühlen, betasten,* ⟨meist⟩ *herumfummeln* [< norw., schwed. *fumla* „betasten; schlecht arbeiten", engl. *fumble* „fühlen, tappen"]

**Funboard** ⟨[ˈfʌnbɔːd] n. 15; Sp.⟩ ▼ *leichtes Kunststoffbrett für eine bes. schnelle Art des Windsurfings* [< engl. *fun* „Spaß" + *board* „Brett"]

**Fund** ⟨m. 1⟩ **1** *das Finden, Entdecken von etwas Verlorenem* **2** *Entdeckung bei Ausgrabungen* **3** *Fundsache, gefundener Gegenstand, der einem nicht gehört* **4** *bei Ausgrabungen entdeckter Gegenstand* (Knochenfund) ◆ einen Fund machen [< mhd. *vunt* „das Finden, das Gefundene"]

**Fundament** ⟨n. 11⟩ **1** *Grundmauer* **2** *Grundlage (auch geistig)* **3** *Platte, Sockel, auf der bzw. auf dem eine Maschine ruht* ◆ das Fundament eines Hauses; das Fundament (zu etwas) legen [< lat. *fundamentum* „Grundlage"]

**fundamental** ⟨Adj.⟩ **1** *das Fundament bildend* **2** *grundlegend, schwer wiegend*

**Fundamentalismus** ⟨m.; -; unz.; Pol.; Rel.⟩ **1** *strenggläubige Richtung der evang. Kirche in den USA gegen Bibelkritik u. Naturwissenschaft* **2** *kompromissloses Beharren auf polit. od. religiösen Grundüberzeugungen* ◆ der islamische Fundamentalismus

**Fundbüro** ⟨n. 15⟩ *Büro, auf dem Fundsachen abgeliefert werden u. abgeholt werden können*

**Fundgegenstand** ⟨m. 1u⟩ *Fund, Fundsache*

**Fundgrube** ⟨f. 19⟩ **1** *fündiger Grubenbau* **2** ⟨fig.⟩ *etwas, das großen Reichtum an ungehobenen Schätzen bietet* ◆ dieses Buch ist eine Fundgrube für Kulturhistoriker

**fundieren** ⟨V. t.; hat⟩ **1** *gründen, begründen* **2** *mit Geldmitteln versehen, finanziell sicherstellen* ◆ ein fundiertes Wissen besitzen *fest, sicher begründetes Wissen;* fundierte Schuld *sichergestellte Schuld (z. B. durch Grundbesitz)* [< lat. *fundare* „mit einem Boden versehen, den Grund zu etwas legen"]

**fündig** ⟨Adj.⟩ **1** ⟨Bgb.⟩ *erfolgreich beim Aufsuchen von Lagerstätten;* oV *findig (2)* **2** fündig werden **2.1** ⟨Geol.⟩ *eine Lagerstätte finden (von Erdöl, Erdgas)* **2.2** ⟨allg.⟩ *etwas (lange Gesuchtes) finden* [→ *finden, Fund*]

**Fundus** ⟨m.; -, - [-du:s]⟩ **1** *Bestand, Grundlage, Grundstock* (Geldfundus), *Mittel* **2** *Bestand der Ausstattungsstücke eines Theaters* (Kostümfundus) [lat., „Boden, Grundstück u. Einkünfte daraus"]

**fünf** ⟨Num.⟩ *5;* → a. *acht* ◆ seine fünf Sinne (nicht) beisammen haben *(nicht) bei Verstand sein* [< ahd. *fünf, finf,* engl. *five*]

**Fünf** ⟨f. 20⟩ **1** *die Zahl, Ziffer 5;* → a. *Acht* **2** *mangelhaft (als Schulnote);* → a. *Drei*

**Fünfeck** ⟨n. 11; Geom.⟩ ► = *Pentagon (I)*

**Fünfflach** ⟨n. 11; Geom.⟩, **Fünfflächner** ⟨m. 3⟩ ► = *Pentaeder*

**Fünfkampf** ⟨m. 1u; unz.; Sp.⟩ *aus fünf Einzelkämpfen bestehender sportlicher Wettkampf*

**Fünftagefieber** ⟨n. 13; unz.; Med.⟩ *akute Erkrankung, die durch den von Läusen übertragenen Erreger Rickettsia quintana verursacht wird u. bei der periodisch alle 4 bis 5 Tage kleine Fieberschübe auftreten: Febris quintana;* Sy *Grabenfieber, Quintanafieber*

**fünftausend** ⟨Num.⟩ *5000;* → a. *achttausend*

**fünftel** ⟨Adj.⟩ *der fünfte Teil vom Ganzen* ◆ ein fünftel Liter Sahne [< *fünf* + *Teil*]

**fünftens** ⟨Adv.⟩ *an fünfter Stelle*

**fünfzig** ⟨Num.⟩ *50;* → a. *achtzig* [< ahd. *fimfzuc, finfzug*]

**Fungi** ⟨Pl.; in der Pflanzensystematik Bez. für⟩ *echte Pilze* [lat. *fungus,* Pl. *fungi* „Pilz"]

**fungieren** ⟨V. i.; hat⟩ *ein Amt verrichten, wirksam sein (als)* ◆ er fungiert dort als Babysitter [< lat. *fungi* „verrichten, besorgen, verwalten"]

**fungizid** ⟨Adj.; Med.⟩ *Pilze vernichtend, Pilze tötend* [zu lat. *fungus* „Pilz"]

**Funk**[1] ⟨m. 1; unz.⟩ **1** *drahtlose Übermittlung von Informationen durch elektromagnet. Wellen* **2** ⟨kurz für⟩ *Rundfunk* ◆ jmdn. über Funk erreichen [→ *funken*]

**Funk**[2] ⟨[fʌŋk] m.; -s; unz.; Mus.⟩ *Stilrichtung der Popmusik mit einem dominanten, gleichberechtigten Bassrhythmus u. meist intonationslosen Melodien* [amerikan.; zu *funky* „irre; feige, ängstlich"]

**Funk...** → a. *Rundfunk...*

**Funke** ⟨m. 17⟩ oV *Funken* **1** *kleine, blitzartige Feuererscheinung* **2** *kleiner, fliegender, brennender Körper* **3** *Aufleuchten, Aufglimmen* **4** ⟨fig.⟩ *Eingebung, außerordentl. Gedanke* **5** *etwas plötzlich Beginnendes* (Lebensfunke) **6** *Kleinigkeit, Winzigkeit, winzige Spur* ◆ das war der Funke, der das Pulverfass zum Explodieren brachte ⟨fig.⟩ *der Anlass für die folgenden Geschehnisse;* er hat keinen Funken **Anstandsgefühl,** Ehrgefühl; keinen Funken **Liebe** fühlen; keinen Funken **Verstand** haben ◆ Funken **sprühen; überspringen:** zwischen beiden sprang ein Funke über *begann plötzlich eine innere Beziehung* ◆ **göttlicher,** zündender Funke ◆ Funken **aus** dem Stein schlagen (zum Feuermachen) ⟨a. fig.⟩ [< mhd. *vunke, vanke* < spätahd. *funcho;* verwandt mit *Feuer*]

FUNBOARD

## FÜLLFEDERHALTER

Die wichtigsten Teile eines Füllfederhalters sind die Feder, die Tintenpatrone und das Gehäuse. Bei einem solchen Patronenfüller wird die Tinte über einen Zuführer zur Feder geleitet. Leere Tintenpatronen werden in der Regel durch neue ersetzt, können aber z. T. auch aufgefüllt werden.

BESTANDTEILE EINES FÜLLFEDERHALTERS

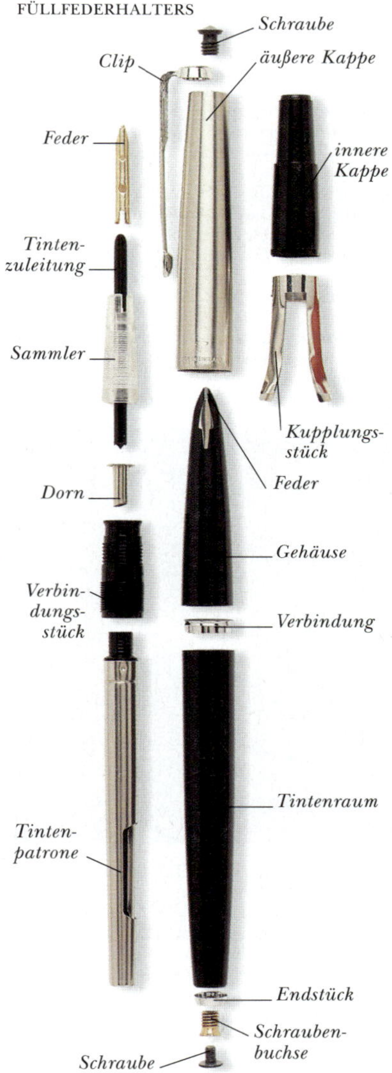


**funkeln** ⟨V. i.; hat⟩ **1** *sehr rasch im Wechsel aufleuchten u. fast verlöschen* **2** *Licht in Funken aussenden od. zurückwerfen* **3** *unruhig leuchten, glitzern* ◆ ihre Augen funkelten;

F

F

die Sonne funkelt auf dem Wasser; der Wein funkelt im Glas [→ *Funke(n)*]

**funken** ⟨V.; hat⟩ **I** ⟨V. i.⟩ **1** *Funken geben* **2** ⟨fig.; umg.⟩ *funktionieren, klappen* ◆ es funkt nicht ⟨umg.⟩; der Lichtschalter funkt beim Knipsen; endlich hat es bei ihm gefunkt ⟨umg.⟩ *endlich hat er verstanden, begriffen* **II** ⟨V. t.⟩ *durch Funk übermitteln, drahtlos senden* [→ *Funke(n)*]

**Funken** ⟨m. 4⟩ = *Funke*

**Funker** ⟨m. 3⟩ **1** *jmd., der drahtlos Nachrichten sendet* (z. B. Bordfunker) **2** ⟨Mil.⟩ *unterster Dienstgrad bei der Nachrichtentruppe*

**Funkfeuer** ⟨n. 13⟩ *Rundfunksender, der der Funknavigation von Schiffen u. Flugzeugen dient*

**Funkie** ⟨[-kiə] f. 19; Bot.⟩ ▼ *Liliengewächs, Gartenzierpflanze mit weißen, blauen od. violetten Blütentrauben: Hosta;* Sy *Herzlilie* [nach dem Apotheker H. Chr. *Funk*, 1771-1839]

**funkig** ⟨[fʌŋ-] Adj.⟩ **1** = *cool* **2** ⟨Mus.⟩ *in der Art des Funks, dem Funk ähnlich* [< engl. *funky* „irre; feige, ängstlich"]

**Funkmesstechnik** ⟨f. 20; unz.; Tech.⟩ ► = *Radar (1)*

**Funkspruch** ⟨m. 1u⟩ *durch Funk übermittelte Nachricht*

**Funkstille** ⟨f. 19; unz.⟩ *Aussetzen, Ruhen des Funkverkehrs* ◆ zwischen uns herrscht Funkstille ⟨fig.; umg.⟩ *wir stehen nicht mehr in Kontakt, reden nicht mehr miteinander*

FUNKIE *(Hosta* 'Tall Boy')

**Funktion** ⟨f. 20⟩ **1** *Tätigkeit, Wirksamkeit* **2** *Amt, Aufgabe* **3** *Zweck* **4** ⟨Math.⟩ *gesetzmäßige u. eindeutige Zuordnung der (unabhängig veränderlichen) Elemente zweier verschiedener Mengen zueinander* **5** ⟨Kyb.⟩ *aus der Beziehung zwischen Eingabe u. Ausgabe eines dynamischen Systems zu erschließendes Verhalten des Systems* **6** ⟨EDV⟩ *Unterprogramm;* → a. *Prozedur (3)* ◆ die Funktion des Herzens, der Nieren, der Schilddrüse; eine bestimmte Funktion ausüben; was hat er in dem Betrieb für eine Funktion? [< lat. *functio* „Verrichtung"]

**funktionalisieren** ⟨V. t.; hat⟩ *einer bestimmten Funktion entsprechend (rationell) gestalten* ◆ die Welt funktionalisieren

**Funktionär** ⟨m. 1⟩ *Beauftragter eines Verbandes, einer Partei od. Gewerkschaft* [< frz. *fonctionnaire* „Beamter"; beeinflusst von *Funktion*]

**funktionell** ⟨Adj.⟩ *die Funktion betreffend, auf einer Funktion beruhend* ◆ funktionelle Erkrankung *auf gestörter Funktion eines Organs beruhende Erkrankung* [< frz. *fonctionnel* „funktionell"; beeinflusst von *Funktion*]

**funktionieren** ⟨V. i.; hat⟩ *ordnungsgemäß, richtig arbeiten, einer bestimmten Funktion entsprechend wirksam sein* [< frz. *fonctionner* „funktionieren"; beeinflusst von *Funktion*]

**Funktionsverb** ⟨[-vɛrb] n. 27; Gramm.⟩ *eng mit einem Nomen verbundenes Verb, das seine semantische Eigenständigkeit verloren hat,* z. B. „gehen" in „in Erfüllung gehen"

**Funktionswort** ⟨n. 12u; Gramm.⟩ *Wort mit rein grammatischer Funktion, das Satzelemente verknüpft,* z. B. Konjunktion, Pronomen, Artikel u. A.

**Funkverkehr** ⟨m. 1; unz.⟩ *drahtloses Senden u. Empfangen von Nachrichten*

**Funsel** ⟨f. 21; umg.⟩ = *Funzel*

**Funzel** ⟨f. 21; umg.⟩ *schlecht brennende, wenig Licht gebende Lampe;* oV *Funsel* ◆ traurige, trübe Funzel ⟨fig.⟩ *langweiliger Mensch;* → a. *Tranfunzel* [vermutl. < *vonksel* (17. Jh.) „Zündstoff, Zunder"; → *Funke*]

FÜSILIER:
FRANZÖSISCHER FÜSILIER

**für** ⟨Präp. m. Akk.⟩ **I** ⟨Vertretung, Ersatz⟩ *an Stelle des, der, von, statt des, der* ◆ für meinen erkrankten Freund; sag mir ein anderes Wort für „springen"! **II** ⟨Zweck, Bestimmung, Hilfe⟩ *zugunsten von, (jmdm.) zuliebe* ◆ sein Leben für jmdn. opfern; das ist für mich (bestimmt); ein Geschenk für die **Mutter;** das Für und **Wider** einer Sache erwägen *die Gründe u. Gegengründe* ◆ er **schwärmt** für Musik; **sein:** das ist gut für den Magen; für einen Kandidaten **stimmen III** ⟨Bezahlung, Dank, Ausgleich⟩ er bekam fünf Mark für seine Arbeit **IV** ⟨Angemessenheit, Vergleich, Verhältnis, Entsprechung⟩ **1** *wenn man ... betrachtet, in Anbetracht des..., der...* **2** das ist nichts für mich *das mag ich nicht, das schätze ich, liebe ich nicht* ◆ für die Geringfügigkeit des Vergehens ist die Strafe sehr hoch **V** ⟨Meinung, Ansicht, Betrachtung⟩ *als* ◆ annehmen: ich nehme es für gegeben an; etwas für gut, richtig befinden, erachten; ich halte es für besser, noch zu warten; ich halte ihn für klug **VI** ⟨Einteilung⟩ *jede(r), (jedes) (allein) betrachtet, gesondert* ◆ für sich ⟨Theat.; Regieanweisung⟩ *leise, zu sich selbst gesprochen;* wenn man die Sache für sich betrachtet; er ist gern für sich *allein;* sich Schritt für Schritt vorwärts tasten; Stück für Stück abzählen, untersuchen; Tag für Tag **VII** ⟨Preis-, Zahlen-, Mengenangabe⟩ ich habe nicht genug Zigaretten für alle; er isst für drei *so viel wie drei Personen;* was, wie viel verlangt er für das Grundstück?; Sie können das Bild für zehn Mark haben **VIII** ⟨Zeitangabe⟩ *zu einem bestimmten, künftigen Zeitpunkt (gedacht)* ◆ den Bund fürs Leben schließen *heiraten;* wir wollen für mehrere Wochen hier bleiben; hast du für heute Nachmittag schon etwas vor? **IX** ⟨was ... betrifft⟩ ich für meine Person; ich für meinen Teil glaube, dass er es tut; fürs Erste *zunächst* **X** ⟨Möglichkeit⟩ für alle Fälle; was für ein, was für welche *von welcher Art;* hast du Schmerzen? Und was für welche! *sehr starke* [< ahd. *furi* „vor, für"]

**Fürbitte** ⟨f. 19; Rel.⟩ *Gebet od. Bitte für andere* ◆ eine Fürbitte sprechen

**fürbitten** ⟨V. i.; nur im Inf. übl.⟩ *Fürbitte einlegen, für jmdn. bitten*

**Furche** ⟨f. 19⟩ **1** *lange, schmale Vertiefung, Rinne, Rille (im Acker durch Pflügen; in Säulen)* **2** *Falte, Runzel (im Gesicht, auf der Stirn, im Gehirn)* ◆ auf dem Feld Furchen ziehen; Boote ziehen Furchen im Wasser; sein Gesicht, seine Stirn ist von (tiefen) Furchen durchzogen [< ahd. *fur(u)h*, engl. *furrow*]

**furchen** ⟨V. t.; hat⟩ etwas furchen *Furchen in etwas ziehen* ◆ eine gefurchte Stirn haben

**Furcht** ⟨f.; -; unz.⟩ **1** *Gefühl des Bedrohtseins durch etwas Bestimmtes (im Unterschied zur unbestimmten Angst), verbunden mit dem Wunsch, es abzuwehren od. zu fliehen* **2** *Ehrfurcht (vor einer Gottheit)* ◆ jmdm. Furcht **einjagen;** Furcht **empfinden,** haben; Furcht **ergriff** mich; Furcht **erregend** = *furchterregend* ◆ **aus** Furcht vor Strafe lügen; Furcht (und Schrecken) **um** sich verbreiten; **von** Furcht ergriffen, gepackt werden; Furcht **vor** dem Tode [< ahd. *for(a)hta*, engl. *fright;* → *fürchten*]

**furchtbar** ⟨Adj.⟩ **1** *so beschaffen, dass man sich davor fürchten muss, furchterregend* **2** ⟨fig.⟩ *sehr, tüchtig, schrecklich, gewaltig* ◆ es war ein furchtbarer **Anblick;** es war eine furchtbare **Arbeit;** furchtbares **Geschrei;** er (es) sieht furchtbar aus; er sah furchtbar elend aus; wir haben furchtbar **lachen müssen;** es ist etwas Furchtbares geschehen [< *Furcht* + *...bar*]

**fürchten** ⟨V.; hat⟩ **I** ⟨V. t.⟩ **1** jmdn. od. etwas fürchten *vor jmdm. od. etwas Furcht empfinden, haben* **2** *besorgt sein* ◆ ich fürchte, er kommt nicht mehr, er wird nicht mehr kommen; er fürchtet ihn nicht; Gott fürchten *Ehrfurcht vor G. haben;* fürchten, etwas zu tun *sich scheuen, es aus Furcht nicht tun wollen;* ich fürchte zu stören **II** ⟨V. i.⟩ für jmdn. od. etwas fürchten *Furcht, Angst um jmdn. od. etwas haben* ◆ ich fürchte für ihn (dass ...) **III** ⟨V. refl.⟩ sich fürchten *Furcht haben* ◆ ich fürchte mich!; ich fürchte mich, allein zu gehen; er fürchtet sich vor dem Hund [< ahd. *furihten, forahtan*]

**fürchterlich** ⟨Adj.⟩ *furchtbar*

**furchterregend** *Angst erzeugend;* oV *Furcht erregend* ◆ mit dieser Maske sah er furchterregend aus

**Furchung** ⟨f. 20⟩ **1** *das Furchen* **2** ⟨Biol.⟩ *erste Periode der Embryonalentwicklung, in der die Eizelle eine Folge gesetzmäßiger Teilungen durchmacht*

**füreinander** ⟨Adv.⟩ *einer für den andern, zum gegenseitigen Guten, Nutzen, Vorteil* ◆ sich füreinander interessieren; füreinander da sein; füreinander arbeiten

**Furie** ⟨[-riə] f. 19; grch. Myth.⟩ *Rachegöttin, Erinnye* ◆ sie stürzte wie eine Furie auf ihn zu [< lat. *Furiae* „die Furien, Rachegöttinnen" < *furia* „Wut, Raserei"]

**furios** ⟨Adj.⟩ *wütend, hitzig, leidenschaftlich* ◆ ein furioser Applaus [< lat. *furiosus* „wütend, rasend"]

**furioso** ⟨Adj.; Mus.⟩ *wild u. leidenschaftlich (zu spielen)* [ital., „sehr heftig, rasend"]

**Furnier** ⟨n. 11⟩ *dünnes Deckblatt aus edlem Holz, das auf weniger wertvollem Holz befestigt wird (z. B. bei Möbeln)* [< frz. *fournir* „versehen, ausstatten"]

**Furore** ⟨n.; - od. -s; unz.; od. f.; -; unz.; fast nur in der Wendung⟩ Furore machen *Aufsehen erregen, großen Erfolg haben* ◆ der Film macht Furore [ital., „Raserei"]
**Fürsorge** ⟨f. 19; unz.⟩ **1** *(staatl. od. private) organisierte Hilfstätigkeit für Bedürftige* (Altersfürsorge, Krankenfürsorge) **2** ⟨allg.⟩ *Sorge für das Wohl des anderen* ◆ liebevolle, zärtliche Fürsorge
**fürsorglich** ⟨Adj.⟩ *auf das Wohl der anderen bedacht, vorsorgend, pfleglich u. liebevoll*
**Fürsprache** ⟨f. 19⟩ *Rede zugunsten eines anderen, Empfehlung, Fürbitte* ◆ Fürsprache bei jmdm. für jmdn. einlegen
**Fürst** ⟨m. 16⟩ **1** ⟨bis zum 16. Jh.⟩ *Titel des hohen Adels nach dem Kaiser* **2** ⟨nach dem 15./16. Jh.⟩ *Landesherr zwischen Herzog u. Graf* **3** ⟨später⟩ *Titel der Herzöge, Mark-, Land- u. Burggrafen, Erzbischöfe, Bischöfe u. Äbte* ◆ geistlicher Fürst *Erzbischof, Bischof od. Abt;* weltlicher Fürst [< ahd. *furisto,* engl. *first* „erster"]
**Fürstin** ⟨f. 22⟩ *weibl. Fürst od. Ehefrau eines Fürsten*
**fürstlich** ⟨Adj.⟩ **1** *den Fürsten betreffend, zu ihm gehörig, ihm zustehend* **2** ⟨fig.⟩ *üppig, sehr reichlich, verschwenderisch* ◆ ein fürstliches Gehalt, fürstliches Mittagessen, Trinkgeld; jmdn. fürstlich bewirten
**Furt** ⟨f. 20⟩ *flache Stelle in einem Fluss* [< ahd. *furt,* engl. *ford*]
**Furunkel** ⟨m. 3 od. n. 13; Med.⟩ *durch Trauben- od. Kettenkokken hervorgerufene, akute, eitrige Entzündung eines Haarbalgs u. seiner Talgdrüse;* Sy *Eiterbeule* [< lat. *furunculus* „Spitzbube", Verkleinerungsform zu *fur* „Dieb"; in der Sprache der röm. Winzer: Nebentrieb am Rebstock, der dem Haupttrieb die Kraft entzieht, Übertragung auf das Blutgeschwür, nach dem Aussehen (schon altröm.)]
**Fürwort** ⟨n. 12u; Gramm.⟩ = *Pronomen*
**fürwörtlich** ⟨Adj.⟩ *in der Art eines Fürworts, als Fürwort (gebraucht)*
**Fusel** ⟨m. 5⟩ *(Fuselöl enthaltender) schlechter Branntwein* [< lat. *fusile* „das Flüssige"; zu *fundere* „gießen"]
**Fuselöl** ⟨n. 11⟩ *Gemisch aus Butyl- u. Amylalkoholen u. höheren Homologen, die bei der alkohol. Gärung entstehen, Geruch u. Geschmack des Branntweins beeinträchtigen u. gesundheitsschädlich sind*
**Füsilier** ⟨[-li:r] m. 1; Mil.⟩ **1** ⟨17. Jh.⟩ ◄ *französischer Infanterist mit Steinschlossgewehr* **2** ⟨dann⟩ *Schütze der leichten Infanterie* **3** ⟨bis 1918⟩ *unterster Dienstgrad der dt. Füsilierregimenter und -bataillone* [< frz. *fusilier* „Füsilier"; zu *fusil* „Flinte, Gewehr"]
**Fusion** ⟨f. 20⟩ *Verschmelzung (z. B. von zwei od. mehreren Firmen, von Zellen od. Chromosomen, von mehreren Atomkernen od. zweier, mit beiden Augen wahrgenommenen, Bilder zu einem)* [< lat. *fusio* „Guss"]
**fusionieren** ⟨V.; hat⟩ **I** ⟨V. t.⟩ *verschmelzen* (Atomkerne) **II** ⟨V. i.⟩ *sich vereinigen* (Unternehmen, Kapitalgesellschaften) ◆ die Konzerne haben fusioniert

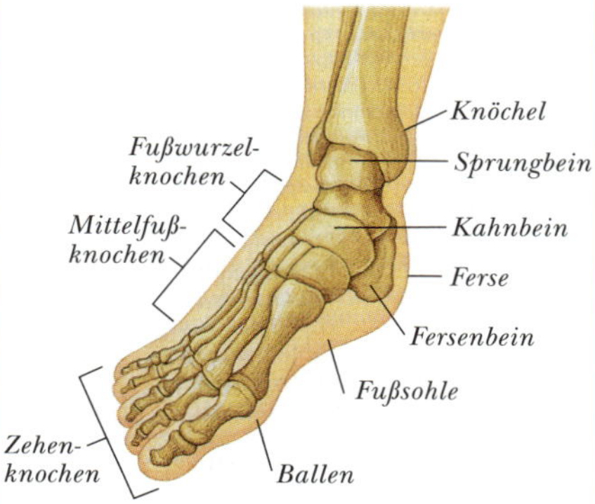


FUSS: ANATOMIE DES MENSCHLICHEN FUSSES

**Fuß** ⟨m. 1u⟩ **I** ⟨zählb.⟩ **1** ⟨Anat.⟩ ▲ *unterster Teil des Beines vom Knöchel bis zu den Zehen bei Mensch u. Wirbeltier* **2** *unterer, tragender Teil eines Bauelementes (z. B. einer Säule), Sockel* **3** *Ständer, Träger, Stütze (von Möbeln, Gefäßen)* **4** *Hebung, betonte Silbe im Vers* (Versfuß) **5** *Teil des Strumpfes, der den Fuß bedeckt* ◆ sich den Fuß **brechen,** *verstauchen;* (festen) Fuß **fassen** *seine Stellung sicher begründen, heimisch werden;* sich die Füße **wund laufen** ◆ **kalte** Füße bekommen ⟨fig.; umg.⟩ *Bedenken bekommen; in eine unangenehme Lage geraten* ◆ **am** Fuß des Berges *unten am Berg;* **auf** die Füße fallen ⟨fig.⟩ *ohne Schaden davonkommen;* auf eigenen Füßen stehen ⟨fig.⟩ *selbständig, unabhängig sein;* auf großem Fuß leben *einen kostspieliegen Lebenswandel führen;* mit jmdm. auf gutem Fuße stehen *sich mit jmdm. gut vertragen;* das Unternehmen steht auf schwachen Füßen *ist unsicher, nicht fest gegründet;* sich **mit** Händen u. Füßen sträuben, wehren *energisch;* mit beiden Füßen auf der Erde stehen *das Leben richtig anpacken, Wirklichkeitssinn haben;* ich habe heute noch keinen Fuß **vor** die Tür gesetzt *ich bin den ganzen Tag zu Hause geblieben;* **zu** Fuß gehen, kommen *(nicht fahren)* **II** ⟨unz.⟩ *altes Längenmaß, 25 – 40 cm* ◆ drei Fuß lang, breit, hoch [< ahd. *fuoz,* engl. *foot*]
**Fußbad** ⟨n. 12u⟩ **1** *erholsames Bad nur für die Füße* **2** ⟨fig.; scherzh.⟩ *Getränk, das versehentlich von der Tasse in die Untertasse gelaufen ist*
**Fußball** ⟨m. 1u; Sp.⟩ **I** ⟨unz.⟩ ▼ *Kampfspiel zwischen zwei Mannschaften zu je 11 Spielern mit einem Lederball von etwa 70 cm Umfang, der hauptsächlich mit dem Fuß od. dem Kopf gespielt wird (nur das Handspiel ist verboten) u. ins gegnerische Tor getrieben werden muss* **II** ⟨zählb.⟩ *Ball, der beim gleichnamigen Spiel gebraucht wird;* Sy ⟨umg.; kurz⟩ *Leder (4)*
**Fußballländerspiel** ⟨n. 11; Sp.⟩ *Fußballspiel zwischen Mannschaften zweier unterschiedlicher Nationen*
**Fußballspiel** ⟨n. 11; Sp.⟩ *(aus zwei Halbzeiten von je 45 Minuten bestehendes) Spiel zwischen zwei Fußballmannschaften zu je elf Spielern*
**Fußballspieler** ⟨m. 3; Sp.⟩ *jmd., der professionell od. als Amateur in einem Verein Fußball spielt, Fußballer*
**Fußbank** ⟨f. 7u⟩ *Schemel, Stütze für die Füße beim Sitzen*
**Fußboden** ⟨m. 4u⟩ *untere Fläche eines Raumes* (Parkettfußboden, Steinfußboden)
**Fußbremse** ⟨f. 19⟩ *Bremse, die mit dem Fuß betätigt wird;* Ggs *Handbremse*

F

## FUSSBALL

Fußball ist ein über die ganze Welt verbreitetes und besonders in Europa und Südamerika beliebtes Ballspiel. Es entstand in seiner heutigen Form in der Mitte des 19. Jh. in England. Die wichtigsten internationalen Wettbewerbe sind die alle 4 Jahre stattfindenden Weltmeisterschaften und Europameisterschaften, die von Nationalmannschaften ausgespielt werden. Die höchste deutsche Fußballklasse ist die 1963 gegründete Bundesliga, in der 18 Vereine um die deutsche Meisterschaft spielen.

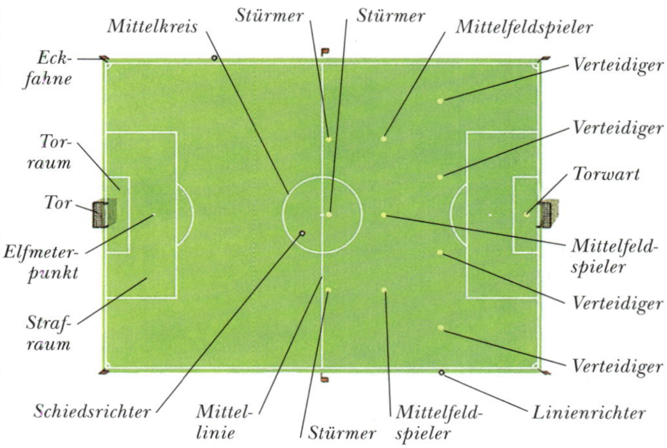


SPIELFELD

FUSSBALL

FUSSBALLSCHUH

FUSSBALLDRESS

**Fußeisen** ⟨n. 14⟩ ► *Eisenring zum Anketten, Eisenfessel für die Füße*

**Fussel** ⟨f. 21⟩ *Faser, kleines, leichtes Gebilde, bes. aus Wolle od. Baumwolle;* oV ⟨österr.⟩ *Fuzel* [< mhd. *vase* „Faser, Franse, Saum eines Gewandes"]

**fusselig** ⟨Adj.⟩ *voller Fusseln, ausgefranst* ◆ man kann sich bei dir den Mund fusselig reden *immer wieder (vergeblich) mahnen, etwas erklären* [→ *Fussel*]

**fußen** ⟨V. i.; hat; fig.⟩ auf etwas fußen *sich auf etwas gründen, von etwas herleiten, auf etwas beruhen* [→ *Fuß*]

**...füßer** ⟨m. 3; in Zus.⟩ *Lebewesen mit einer bestimmten Anzahl od. einer bestimmten Art von Füßen,* z. B. Kopffüßer, Tausendfüßer; oV *...füßler*

**Fußgänger** ⟨m. 3⟩ *jmd., der zu Fuß geht (nicht fährt)*

**...füßig** ⟨Adj.; in Zus.⟩ *mit einer bestimmten Anzahl od. einer bestimmten Art von Füßen versehen,* z. B. fünffüßiger Jambus, leichtfüßig

**Fußknöchel** ⟨m. 5; Anat.⟩ *Knöchel als Teil des Knochengerüstes des Fußes*

**...füßler** ⟨m. 3⟩ = *...füßer*

**Fußmatte** ⟨f. 19⟩ *Abtreter, Matte zum Abstreichen der Schuhe od. zum Aufstellen der Füße als Kälteschutz*

**Fußnagel** ⟨m. 5u⟩ = *Zehennagel*

**Fußnote** ⟨f. 19; Lit.⟩ *Anmerkung zum Text am Ende (Fuß) der Seite*

**Fußpunkt** ⟨m. 1⟩ **1** ⟨Math.⟩ *Punkt einer Geraden, einer Ebene, auf den ein auf diese gefälltes Lot trifft* **2** ⟨Astron.⟩ *der dem Zenit genau gegenüberliegende, nicht sichtbare Punkt der Himmelskugel, Nadir*

**Fußsohle** ⟨f. 19⟩ *untere Fläche des Fußes*

**Fußspur** ⟨f. 20⟩ ► *Eindruck des Fußes in weichem Boden, Abdruck des nassen od. staubigen Fußes auf glattem Boden*

FUSSEISEN

**Fußstapfe** ⟨f. 19⟩, **Fußstapfen** ⟨m. 4⟩ *Fußabdruck in weichem Boden, bes. im Schnee* ◆ in jmds. Fußstapfen(n) treten ⟨fig.⟩ *jmdm. genau folgen, ihm nacheifern* [→ *stapfen*]

**Fußwurzel** ⟨f. 21; Anat.⟩ *Teil des Fußes zwischen Unterschenkel u. Mittelfuß: Tarsus*

**Fußzehe** ⟨f. 19; Anat.⟩ = *Zehe*

**Futon** ⟨m. 6⟩ *aus Japan stammende Art einer aus Baumwolle gefertigten, hart gepolsterten Schlafmatte* [jap.]

**futsch** ⟨Adj.; nur präd. u. adv.; umg.⟩ **1** *kaputt, entzwei, zerstört* **2** *verloren, vorbei* ◆ all mein Geld ist futsch [lautmalend]

**Futter**[1] ⟨n. 13; unz.⟩ *Nahrung der Tiere, bes. der Haustiere* (Grünfutter, Mastfutter, Vogelfutter) ◆ dem Vieh Futter geben; den Vögeln Futter streuen [< ahd. *fuotar,* engl. *fodder*]

**Futter**[2] ⟨n. 13⟩ **1** *dünne Stoffeinlage, innere Stoffschicht in Kleidungsstücken* (Mantelfutter, Seidenfutter) **2** *innere Schicht, Auskleidung eines Behälters* **3** ⟨Bauw.⟩ = *Füllung (z. B. einer Tür)* **4** *Vorrichtung zum Einspannen, Festhalten von Werkstücken in Maschinen* (Spannfutter) [< ahd. *fuotar, fotar* „scheidenartiger Behälter, Überzug"]

**Futteral** ⟨n. 11⟩ *einem Gegenstand in der Form angepasstes Behältnis aus Leder od. Kunststoff, Hülle, Etui* [< mlat. *fotrale, futrale* „Scheide, Kapsel"; → *Futter*[2]]

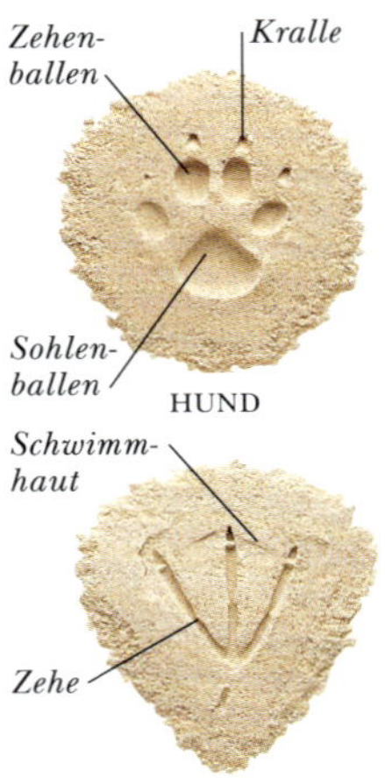


FUSSSPUREN VON TIEREN

**füttern**[1] ⟨V. t.; hat⟩ **1** ein Tier füttern *ihm zu fressen geben, Futter geben* **2** ein Kind, einen Kranken füttern *ihm Nahrung eingeben* **3** einen Computer füttern *ihm Daten eingeben* ◆ Vögel füttern; Füttern verboten! *(als Warnungsschild im Tierpark);* das Kind muss gleich noch gefüttert werden [→ *Futter*[1]]

**füttern**[2] ⟨V. t.; hat⟩ ein Kleidungsstück füttern *Stoff an die Innenseite nähen* ◆ ein Kleid mit Seide, einen Mantel mit Pelz, mit Watte füttern; ein gefütterter Mantel [→ *Futter*[2]]

**Futur** ⟨n. 11; Sprachw.; meist für⟩ *Futurum*

**Futurismus** ⟨m.; -; unz.⟩ *von Italien ausgehende Kunstrichtung (bes. in Malerei u. Dichtung) vor dem 1. Weltkrieg, radikale Form des Expressionismus, die Krieg u. Technik verherrlicht (Darstellung des Maschinenzeitalters) u. alle überlieferten Formen ablehnt, z. B. das Nacheinander von Geschehnissen nebeneinander in einem Bilde vereinigt (Malerei), Wörter u. Laute als reinen Ausdruck des Inneren aneinander reiht u. gramm. Konstruktionen auflöst* [→ *Futurum*]

**Futurum** ⟨n.; -s, -tura; Gramm.⟩ *Zukunftsform des Verbums* ◆ erstes, zweites Futurum; Futurum exactum *zweites Futurum* [lat., „das Zukünftige"; *futurum exactum* „vollendete Zukunft"]

**Fuzel** ⟨m. 25; österr.⟩ = *Fussel*

**fz** ⟨Mus.; Abk. für⟩ *forzando, forzato*

# G

**g** **I** ⟨n.; -, - od. -s; Mus.⟩ *Tonbezeichnung, Grundton der g-Moll-Tonleiter* **II** ⟨ohne Art.⟩ **1** ⟨Mus.; Abk. für⟩ *g-Moll (Tonartbezeichnung)* **2** ⟨Zeichen für⟩ *Gramm* **3** ⟨früher; heute nur noch in Österreich Abk. für⟩ *Groschen (1, 2)*

**G** **I** ⟨n.; - od. -s; Mus.⟩ *Tonbezeichnung, Grundton der G-Dur-Tonleiter* **II** ⟨ohne Art.⟩ **1** ⟨Mus.; Abk. für⟩ *G-Dur (Tonartbezeichnung)* **2** ⟨Börse; Abk. für⟩ *Geld (3)* **3** ⟨bei Maßeinheiten Zeichen für⟩ *Giga...*

**Ga** ⟨Chem.; Zeichen für⟩ *Gallium*

**Gabardine** ⟨[-din(ə)] m.; -s, -; Textilw.⟩ *fein gerippter Mantel- od. Kleiderstoff* [nach der französ. Firma *Gabartin*]

**Gabe** ⟨f. 19⟩ **1** *etwas, das gegeben wird, Geschenk* (Opfergabe, Weihnachtsgabe) **2** *Arzneimenge, Dosis* **3** ⟨fig.⟩ *Fähigkeit, Anlage, Veranlagung, Begabung* ◆ die Gabe der Dichtkunst, des Gesanges, der Rede [< mhd. *gabe;* → *geben*]

GABELANTILOPE *(Antilocapra americana)*

**Gabel** ⟨f. 21⟩ **1** *Essgerät mit vier od. zwei Zinken zum Anspießen od. Aufnehmen von festen od. breiigen Speisen* (Küchengabel, Fleischgabel, Vorlegegabel) **2** *landwirtschaftl. Gerät mit drei od. vier Zinken u. langem Stiel zum Heben von Heu, Mist u. Ä.* (Heugabel, Mistgabel) **3** *deichselartiger Teil des Fahrradrahmens, in dem das Vorder- bzw. Hinterrad befestigt ist* **4** *Gehörn od. Geweih des Gabelbockes od. -hirsches* **5** *Teil des Telefonapparates, auf dem der Hörer ruht* **6** *Abzweigung* (Astgabel) **7** ⟨Schach⟩ *Angriff eines Bauern od. Springers auf zwei gegner. Figuren* ◆ den Hörer auf die Gabel legen; mit Messer u. Gabel essen [< ahd. *gabala*]

**Gabelantilope** ⟨f. 19; Zool.⟩ ▲ *Art der Gabelhorntiere, die ihre gegabelten Hörner regelmäßig abwerfen: Antilocapra americana;* Sy *Gabelbock (2)*

**Gabelbein** ⟨n. 11; Anat.⟩ ▲ *die zusammengewachsenen Schlüsselbeinknochen der Vögel: Furcula*

**Gabelbissen** ⟨m. 4; Kochk.⟩ *kleine Delikatesse als Zwischenmahlzeit*

**Gabelbock** ⟨m. 1u; Zool.⟩ **1** *junger Rehbock, dessen Gehörn nur jeweils zwei Enden hat;* Sy *Gabler (1)* **2** ► = *Gabelantilope*

**Gabeldeichsel** ⟨[-ks-] f. 21⟩ *Doppeldeichsel, zweiarmige Deichsel des Einspänners*

**gabelförmig** ⟨Adj.⟩ *in der Form einer Gabel, verzweigt, sich in zwei Arme teilend*

**Gabelgriff** ⟨m. 1⟩ **1** ⟨Sp.; Turnen⟩ *Griff, bei dem der Daumen den anderen Fingern gegenübersteht* **2** ⟨Mus.; bei Blasinstrumenten⟩ *Griff, bei dem Zeige- u. Ringfinger je ein Loch decken, während der Mittelfinger gehoben ist*

**Gabelhirsch** ⟨m. 1; Zool.⟩ **1** *junger Hirsch, dessen Geweih nur jeweils zwei Enden hat;* Sy *Gabler (2)* **2** *Angehöriger einer Gattung der Hirsche, deren Geweih nur eine einfache Gabel bildet: Hippocamelus*

**gabeln** ⟨V.; hat⟩ **I** ⟨V. t.⟩ *aufgabeln, mit der Gabel aufspießen* **II** ⟨V. i.⟩ nach etwas gabeln *mit einer Gabel od. einem Stock (nach etwas) greifen* **III** ⟨V. refl.⟩ sich gabeln *abzweigen, sich verzweigen, sich in zwei Arme spalten* ◆ der Ast, der Weg gabelt sich

**Gabelstapler** ⟨m. 3⟩ *motorisiertes Fahrzeug mit zwei in ihrer Höhe verstellbaren Stahlschienen („Gabel") zum Heben von Lasten, bes. von Stapelwaren auf Paletten*

**Gabler** ⟨m. 3; Zool.⟩ **1** = *Gabelbock (1)* **2** = *Gabelhirsch (1)*

**gackern** ⟨V. i.; hat⟩ *schreien, Laut geben* (von Hühnern) [< ahd. *gackizon, gackazzen* „schnattern"; lautmalend]

**Gadolinium** ⟨n.; -s; unz.; Chem.; Zeichen: Gd⟩ *zu den Metallen der Lanthanoiden gehörendes Element, Ordnungszahl 64* [nach dem finnischen Chemiker J. *Gadolin,* 1760-1852]

**gaffen** ⟨V. i.; hat; umg.; abwertend⟩ *neugierig, staunend, bes. mit offenem Mund schauen, starren* [< ahd. **gaffen* „mit offenem Mund anstarren", engl. *gape* „gaffen, gähnen", *gap* „Spalte, Riss"; Herkunft unklar]

**Gaffer** ⟨m. 3; umg.; abwertend⟩ *jmd., der gafft, der neugierig u. untätig bei etwas zusieht*

**Gag** ⟨[gæg] m. 6; Film, Kabarett⟩ *witziger, effektvoller, dramaturgisch aber nicht notwendiger Einfall* [engl., „komische Improvisation, Ulk"]

**Gagat** ⟨m. 1; Min.⟩ ► *feste, muschelige Braunkohle, Schmuckstein;* Sy *schwarzer Bernstein, Jett;* ► *Schmucksteine* [< grch.-lat. *gagates* „Glanzkohle", nach Fluss und Stadt *Gagas* in Lykien]

**Gage** ⟨['ga:ʒə] f. 19⟩ *Gehalt* (von Künstlern) [frz., „Pfand, Lohn" < fränk. *kwaddi;* verwandt mit *Wette*]

**gähnen** ⟨V. i.; hat⟩ **1** *langsam u. tief durch den weit offenen Mund einatmen (vor Müdigkeit od. Langeweile)* **2** ⟨fig.⟩ *Gefahr drohend offen stehen, sich tief öffnen, klaffen* (Abgrund) ◆ herzhaft, laut gähnen; vor uns gähnte eine tiefe Schlucht; gähnende Leere *fast völlige Leere (eines Saals, Zuschauerraumes)* [< ahd. *ginen, geinon,* engl. *yawn;* verwandt mit *begehren, Geest, Geier, Gier*]

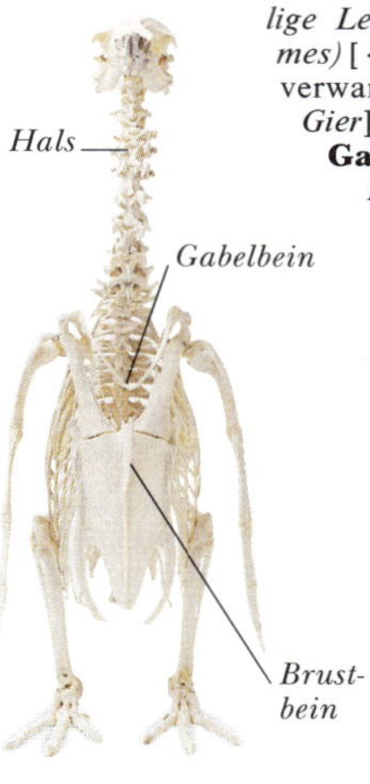


GABELBEIN IM SKELETT EINES PINGUINS

**Gala** ⟨f.; -; unz.⟩ **1** *Festkleidung, Festuniform* **2** ⟨kurz für⟩ *Galavorstellung* ◆ in Gala erscheinen; sich in Gala werfen [< span. *gala* „Kleiderpracht" < arab. *chila* „Ehrengewand, wie es morgenländ. Herrscher ihren Günstlingen schenken"]

**Galago** ⟨m. 6; Zool.⟩ ►► *Angehöriger einer Gattung nächtlich aktiver Halbaffen mit großen, häutigen Ohren u. großen Augen: Galago;* Sy *Ohrenmaki*

**Galan** ⟨m. 1⟩ *vornehm auftretender Liebhaber* [< span. *galano* „in Gala gekleidet, höfisch, artig"; → *Gala*]

**galant** ⟨Adj.; -er, am -esten⟩ *höflich, ritterlich, rücksichtsvoll, zuvorkommend (bes. gegenüber Frauen)* ◆ seine galante Art kam bei seiner Schwiegermutter sehr gut an [frz.]

**Galater** ⟨Pl.; Gesch.⟩ *mehrere kelt. Volksstämme, die in der nach ihnen benannten kleinasiat. Landschaft Galatien um 235 v. Chr. angesiedelt wurden*

**Galavorstellung** ⟨f. 20; Theat.⟩ *Festvorstellung;* Sy ⟨kurz⟩ *Gala (2)* ◆ die Galavorstellung im Berner Theater war gelungen

GAGAT: GEBETSKETTE AUS GAGAT

**Galaxie** ⟨f. 19⟩, **Galaxis** ⟨f.; -, -xien; Astron.⟩ **I** ⟨unz.⟩ *die Milchstraße* **II** ⟨zählb.⟩ ▼ *jedes der selbständigen Sternsysteme außerhalb unseres eigenen Milchstraßen- od. galaktischen Systems im Weltall* [< grch. *gala, galaktos* „Milch"]

**Gäle** ⟨m. 17⟩ *kelt. Einwohner Schottlands und Irlands*

**Galeere** ⟨f. 19⟩ **1** *mittelalterl. langes Kriegsruderfahrzeug, meist mit mehreren Ruderbänken übereinander* **2** *Galeerenstrafe* ◆ zu zehn Jahren Galeere verurteilt werden [< ital. *galera* < mlat. *galea* „Ruderschiff"]

**Galenit** ⟨m. 1⟩ ► = *Bleiglanz* [< lat. *galena*]

**Galeone** ⟨f. 19; Mar.⟩ *mittelalterl. drei- bis viermastiges Kriegs- u. Handelsschiff mit drei bis vier Decks;* oV *Galione* [ital.; zu mlat. *galea* „Ruderschiff"]

## GALAXIEN

Galaxien sind Milchstraßensysteme, die aus Milliarden von Sternen bestehen. Nach der äußeren Form werden vier Galaxietypen voneinander unterschieden. Unsere Galaxis ist ein Spiralnebel mit einem rundlichen Kern. Balkenspiralen haben dagegen einen balkenartig verbreiterten Kern. Elliptische Nebel sind mehr oder weniger abgeplattet, während unregelmäßige Nebel keine besondere geometrische Form aufweisen.

GALAXIETYPEN

SPIRALNEBEL

BALKENSPIRALE

UNREGELMÄSSIGER NEBEL

ELLIPTISCHER NEBEL

G

GALERIE IN EINER AUSTRALISCHEN EINKAUFSSTRASSE AUS DEM 19. JH.

**Galerie** ⟨f. 19⟩ **1** *langer, an einer Seite offener od. verglaster Gang (in Kirchen, alten Schlössern od. über einem Saal), Empore* **2** *Laufgang mit Schießscharten (an Burgen, Festungen)* **3** *balkonartiger Aufbau (am Heck von Schiffen)* **4** ⟨Theat.⟩ *oberster Rang* **5** *Bilder-, Gemäldesammlung* (Bildergalerie, Gemäldegalerie) **6** *Kunsthandlung mit Ausstellungsräumen* **7** ▲ *überdeckte Einkaufspassage, Reihe mehrerer direkt nebeneinander liegender, z. T. mit einer einheitlichen Glasfront versehener Geschäfte* **8** ⟨österr. u. schweiz.⟩ *Halbtunnel* [frz., „gedeckter Gang"]

**Galerist** ⟨m. 16⟩ **1** *Besitzer einer Gemäldesammlung* **2** *Besitzer, Leiter einer Galerie (Kunsthandlung)* [→ *Galerie*]

GALIONSFIGUR EINES FRANZÖSISCHEN FISCHERBOOTS AUS DEM 19. JH.

**Galgen** ⟨m. 4⟩ **1** *Gerüst aus einem oder mehreren senkrechten Balken u. einem Querbalken zur Hinrichtung durch den Strang* **2** ⟨Tech.⟩ *Vorrichtung zum Aufhängen von Lasten* **3** ⟨Film; scherzh.⟩ = *Giraffe (2)* ◆ jmdn. an den Galgen bringen *jmdn. anzeigen od. verklagen u. veranlassen, dass er gehenkt wird* [< ahd. *galgo,* engl. *gallows,* urspr. „Stange", a. Bezeichnung des Kreuzes Christi]

**Galgenfrist** ⟨f. 20⟩ **1** ⟨urspr.⟩ *Zeitraum, der dem Verurteilten bis zum Tod am Galgen bleibt* **2** ⟨fig.⟩ *Zeitraum bis zu einem bestimmten (unangenehmen) Geschehen*

**Galion** ⟨n. 15; früher⟩ *erkerartiger Vorbau am Bug eines Holzschiffes;* oV *Gallion* [< span. *galeón* „großes Schiff"; zu mlat. *galea* „Ruderschiff"]

**Galione** ⟨f. 19; Mar.⟩ = *Galeone*

**Galionsfigur** ⟨f. 20⟩ oV *Gallionsfigur* **1** ⟨Mar.⟩ ▲ *geschnitzte, meist weibliche Figur am Galion* **2** ⟨fig.; umg.⟩ *allg. bekannte, in den Vordergrund gerückte Person* ◆ die Galionsfigur einer Partei

**gälisch** ⟨Adj.⟩ *die Gälen betreffend, zu ihnen gehörig, von ihnen stammend* ◆ gälische Sprache *keltische Sprache der Gälen*

**Gallapfel** ⟨m. 5u⟩ ▼ *apfelförmige Galle an Blättern von Laubbäumen* [< lat. *galla* „Gallapfel"; → *Galle²*]

**Galle¹** ⟨f. 19⟩ **1** *flüssige Absonderung der Leber bei Wirbeltieren;* → a. *Gallenblase* **2** ⟨fig.; Sinnbild für⟩ *Ärger, schlechte Laune, Bosheit* ◆ Gift und Galle speien ⟨fig.⟩ *seine Wut, Bosheit austoben;* die Galle läuft ihm über ⟨fig.⟩ [< ahd. *galla,* engl. *gall;* verwandt mit *gelb, Gold*]

**Galle²** ⟨f. 19⟩ **1** *Flüssigkeitsansammlung in den Sehnenscheiden der Gliedmaßen von Tieren infolge einer Entzündung der Schleimbeutel* **2** ⟨Bot.; Zool.⟩ *Wucherung an Pflanzenteilen, z. B. an Blättern od. Blattstielen, als Reaktion der Pflanze auf die Einwirkung bestimmter Tiere (Einstich, Eiablage, Entwicklung der Larven) od. einiger Pilze* [< spätmhd. *galle* „Geschwulst am Pferdefuß", engl. *gall* „wunde Stelle" < lat. *galla* „Gallapfel"]

**Gallenblase** ⟨f. 19; Anat.⟩ ▼ *dünnwandige Blase an der Leber zur Aufnahme der Gallenflüssigkeit: Vesica fellea;* → a. *Galle¹*

**Gallenpilz** ⟨m. 1⟩, **Gallenröhrling** ⟨m. 1⟩ *ungenießbarer Röhrenpilz mit gallebitterem Geschmack, dem Steinpilz sehr ähnlich: Tylopilus feleus*

**Gallenstein** ⟨m. 1; Med.⟩ *fester, sandkorn- bis walnussgroßer Körper, der aus ausgeschiedenen Bestandteilen der Galle gebildet wird u. einzeln od. zahlreich in der Gallenblase vorkommt*

GALLAPFEL

**Gallert** ⟨n. 11⟩ = *Gallerte* [< mhd. *galreide, galrede, galered* < spätlat. *gelatria, geladia* < lat. *gelata* „gefroren"; zu *gelare* „gefrieren machen"]

**Gallerte** ⟨f. 19⟩ *zähe, durchsichtige, gelatinöse Masse, die beim Erkalten erstarrt;* oV *Gallert;* Sy *Gelee (3)* [< mhd. *galreide, galrede, galered* < spätlat. *gelatria, geladia* < lat. *gelata* „gefroren"; zu *gelare* „gefrieren machen"; verwandt mit *Gelatine*]

**Gallion** ⟨n. 15⟩ = *Galion*

**Gallionsfigur** ⟨f. 20⟩ ► = *Galionsfigur (1)*

**Gallium** ⟨n.; -s; unz.; Chem.; Zeichen: Ga⟩ *seltenes Metall, chemisches Element, Ordnungszahl 31* [nach der lat. Bezeichnung *Gallia* für Frankreich]

GALAGO: SENEGALGALAGO *(Galago senegalensis)*

**Gallmücke** ⟨f. 19; Zool.⟩ *Angehörige einer Familie zarter Mücken mit behaarten Fühlern, legen ihre Eier in Pflanzenteile, wobei sich eine geschwulstähnlichen Vorwölbung (Galle) bildet, in der sich die Larve entwickelt: Cecidomydae, Itonidae*

**Gallone** ⟨f. 19⟩ *altes englisches Hohlmaß, etwa 4,5 l* [< engl. *gallon*]

**galloromanisch** ⟨Adj.; Sprachw.⟩ galloromanische Sprache *aus der Vermischung der gallischen Sprache mit dem Vulgärlatein entstandene Sprache, Vorstufe des Altfranzösischen* [< *Gallia,* der lat. Bezeichnung für Frankreich + *romanisch*]

**Galloway** ⟨[ˈgæləwɛi] n. 15⟩ *robuste Rinderrasse* [nach der nordschottischen Landschaft *Galloway*]

**Gallupmethode,** ⟨auch⟩ **Gallup-Methode** ⟨a. [gæləp-] f. 19; unz.⟩ *Methode der repräsentativen Meinungsumfrage, die auf der Auswertung systematischer Stichproben beruht* [nach dem US-Amerikaner G.H. *Gallup,* 1901-1984]

**Gallussäure** ⟨f. 19; unz.⟩ *aus tanninhaltigen Galläpfeln, Tee u.a. Pflanzenstoffen gewonnene Säure* [zu lat. *galla* „Gallapfel"]

**Gallustinte** ⟨f. 19; unz.⟩ *mit Gallussäure hergestellte Tinte* [zu lat. *galla* „Gallapfel"]

## GALLENBLASE

Galle ist eine basische Flüssigkeit, die von der Leber produziert wird. Durch den Leberteil der Gallengänge gelangt sie in die Gallenblase, wo sie in konzentrierter Form gespeichert wird. Beim Essen gibt die Gallenblase ihren Inhalt über den Gallenblasengang und den Galle führenden Gang in den Zwölffingerdarm ab. Dort hilft die Galle bei der Fettverdauung.

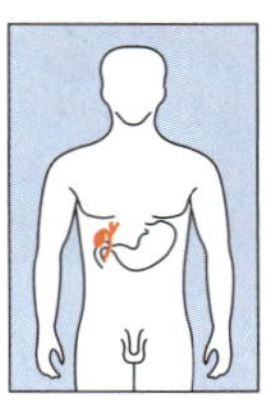

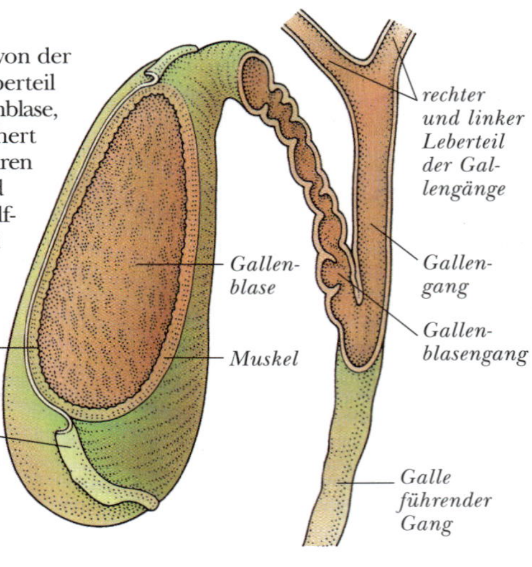


SCHNITT DURCH DIE GALLENBLASE DES MENSCHEN

GALLWESPE
*(Andricus kollari)*

**Gallwespe** ⟨f. 19; Zool.⟩ ◄ *meist dunkel gefärbter, kleiner od. winziger Hautflügler aus der Gruppe der Legimmen, die wie die Gallmücken ihre Eier in Pflanzenteile legen, wobei diese Gallen bilden: Cynipidae* [→ *Galle* [2]]

**Galmei** ⟨m.; -s; unz.; Chem.⟩ *Mineral, chemisch Zinksilikat,* $Zn_2SiO \cdot H_2O$ [< mhd. *kalemine* < frz. *chalmin(e)* < mlat. *calamina* < grch. *kadmia, kadmeia* „kohlensaures Zink"; zu hebr. *kedem* „Osten"]

**Galon** ⟨[ga'lɔ̃] m. 6⟩, **Galone** ⟨f. 19; bes. Mil.⟩ *Tresse, Litze, Borte (an Uniformen als Rangabzeichen)* [< frz. *galon*]

**Galopp** ⟨m. 1 od. 6⟩ **1** *schnellste Gangart des Pferdes* **2** *in seitlichen Wechselschritten getanzter Spring-Rundtanz im ²⁄₄-Takt* **3** ⟨fig.⟩ *rascher Lauf, Geschwindigkeit, Schnelligkeit* ◆ Galopp reiten; gestreckter Galopp

**galoppieren** ⟨V. i.; ist⟩ **1** *im Galopp laufen* (Pferd) **2** *im Galopp reiten* (Person) ◆ galoppierende Schwindsucht *letztes Stadium der Schwindsucht, die schnell zum Tode führt* [< frz. *galoper,* afrz. *waloper*]

**Galopprennbahn** ⟨f. 20; Sp.⟩ ▲ *Rennbahn, auf der Pferderennen ausgetragen werden*

**Galopprennen** ⟨n. 14; Sp.⟩ *Pferderennen im Galopp*

**Galosche** ⟨f. 19; veraltet⟩ *Überschuh aus Gummi* [< frz. *galoche* „Überschuh"]

**Galt** ⟨m. 1; unz.; Vet.⟩ *durch Streptokokken hervorgerufene, ansteckende Erkrankung des Kuheuters*

**Galtvieh** ⟨n.; -s; unz.; Zool.; schweiz.⟩ *Jungvieh*

**Galvanisation** ⟨[-va-] f. 20; Tech.⟩ Sy *Galvanisierung* **1** *das Galvanisieren* **2** *das Galvanisiertwerden*

**galvanisch** ⟨[-va:-] Adj.; Tech.⟩ **1** *von dem Naturforscher Galvani stammend* **2** *auf Galvanisation beruhend, mit ihrer Hilfe* ◆ galvanisches Bad *Bad zum Galvanisieren;* galvanisches Element *elektrolytische Anordnung (Zelle), die in der Lage ist, elektrische Energie durch elektrochemische Prozesse zu erzeugen* [→ *galvanisieren*]

**galvanisieren** ⟨[-va-] V. t.; hat; Tech.; Chem.⟩ ▼ *durch Elektrolyse mit Metall überziehen* [nach dem italienischen Naturforscher Luigi *Galvani,* 1737-1798]

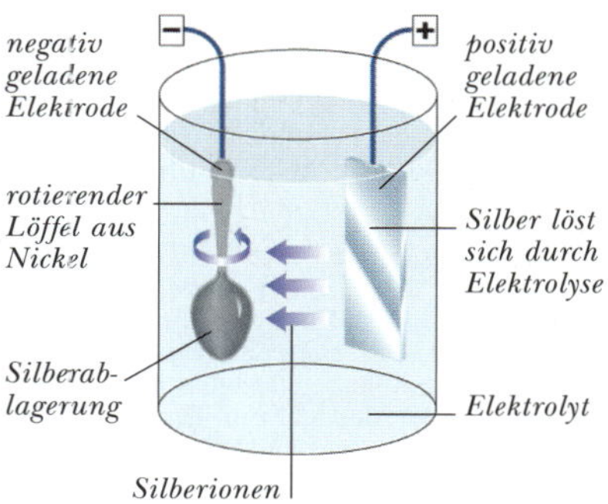


GALVANISIEREN: ÜBERZIEHEN EINES LÖFFELS MIT EINER SILBERSCHICHT

## GALOPPRENNBAHN

Die meisten heutigen Galopprennbahnen sind symmetrisch, oval und rund 1,6 km (eine Meile) lang. Die Pferde laufen meist auf Gras. Unterschiede zwischen verschiedenen Bahnen ergeben sich durch die Bodenbeschaffenheit und die Kurvenenge.

GALOPPRENNBAHN VON SARATOGA, USA

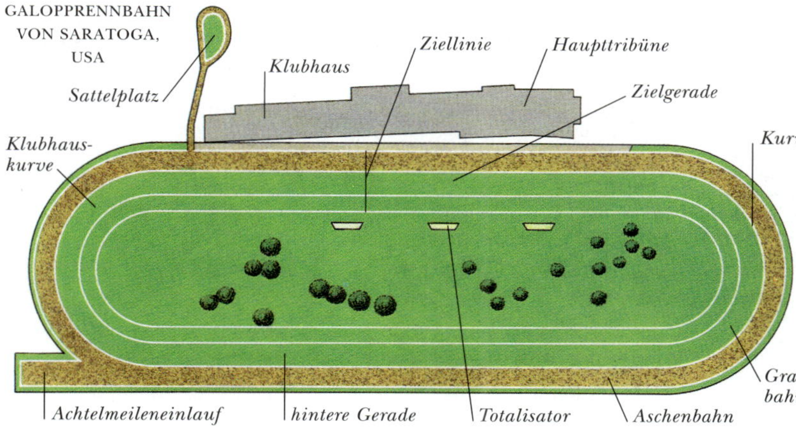

GAMBE: ENGLISCHE GAMBE DES 18. JH.

**Galvanisierung** ⟨[-va-] f. 20; Tech.⟩ = *Galvanisation*

**Galvanismus** ⟨[-va-] m.; -; unz.; Tech.⟩ *Lehre von der Umwandlung chemischer in elektrische Energie*

**Galvano** ⟨[-va-] n. 15; Tech.⟩ *im galvanischen Bad hergestellter Druckstock für hohe Auflagen*

**Galvanokaustik** ⟨[-va-] f. 20; Med.⟩ *Durchtrennung bzw. Zerstörung von Gewebe mit Instrumenten, die mit elektrischem Strom glühend gemacht worden sind* [zu lat. *causticus* „beizend"; zu grch. *kausis* „Brand"]

**galvanokaustisch** ⟨[-va-] Adj.; Med.⟩ *auf Galvanokaustik beruhend, mit ihrer Hilfe*

**Galvanokauter** ⟨[-va-] m. 3; Med.⟩ *chirurg. Instrument für die Galvanokaustik*

**Galvanometer** ⟨[-va-] n. 13; Tech.⟩ ▼ *elektrisches Messinstrument zum Nachweis kleinster Ströme und Spannungen, das zugunsten der Empfindlichkeit auf die Genauigkeit der Messwerte verzichtet;* Sy *Galvanoskop*

**galvanometrisch** ⟨[-va-] Adj.; Tech.⟩ *mithilfe des Galvanometers*

**Galvanoplastik** ⟨[-va-] f. 20; Tech.; Typ.⟩ *galvanische Nachbildung von Druckstöcken, Klischees;* Sy ⟨veraltet⟩ *Galvanotypie*

**galvanoplastisch** ⟨[-va-] Adj.; Tech.⟩ *auf Galvanoplastik beruhend, mit ihrer Hilfe*

**Galvanopunktur** ⟨[-va-] f. 20⟩ *Entfernung (von Haaren u. Ä.) mit einer durch galvanischen Strom erhitzten Nadel*

**Galvanoskop** ⟨[-va-] n. 11; Tech.⟩ ► = *Galvanometer*

**galvanoskopisch** ⟨[-va-] Adj.; Tech.⟩ *mithilfe des Galvanoskops*

**Galvanotaxis** ⟨[-va-] f.; -, -taxen; Tech.⟩ *nur unter künstlichen Bedingungen vorkommende Erscheinung, dass sich zahlreiche Einzeller u. manche Tiere in einem elektrischen Feld einem der Pole zuwenden*

**Galvanotechnik** ⟨[-va-] f. 20; unz.; Tech.⟩ *elektrolytische Behandlung der Oberfläche von Metallen u. Nichtmetallen*

**galvanotechnisch** ⟨[-va-] Adj.; Tech.⟩ *zur Galvanotechnik gehörend, auf ihr beruhend, mit ihrer Hilfe*

**Galvanotherapie** ⟨[-va-] f. 19; unz.; Med.⟩ *Heilbehandlung mit elektr. Strom*

**Galvanotypie** ⟨[-va-] f. 19; Tech.; Typ.; veraltet⟩ = *Galvanoplastik*

**...gam** ⟨in Zus.⟩ **1** *die Befruchtung, Bestäubung, Begattung betreffend* **2** *die Ehe betreffend* [< grch. *gamos* „Ehe"]

**Gamander** ⟨m. 3; Bot.⟩ *Angehöriger einer Gattung der Lippenblütler: Teucrium* [< mhd. *gamandre* < mlat. *chamandros* „Bodeneiche"]

**Gamasche** ⟨f. 19⟩ **1** *Beinbekleidung vom Fuß bis zum Knie aus Stoff od. Leder* **2** *Fußbekleidung aus festem Stoff um den Knöchel u. über den Spann, durch einen Steg unter der Schuhsohle gehalten* **3** *Beinschutz für Reitpferde* [< frz. *gamaches* „knöpfbare Überstrümpfe" < span. *gorromazos* „Reiterstiefel der Lederart *guadameci*" < arab. *dadamsi* „Leder aus Gadames (in Tripolis)"]

**Gambe** ⟨f. 19; Mus.; 16.-18. Jh.⟩ ◄ *Kniegeige, Vorläufer des Cellos* [< ital. *viola da gamba* „Kniegeige"; zu ital. *gamba* „Bein"]

**Gambit** ⟨engl. [gæmbit] n. 15; Schach⟩ *Zug zur Eröffnung des Spiels, bei dem meist ein Bauer geopfert wird, um den Weg zu schnellem Angriff frei zu machen* [< span. *gambito* < arab. *ganbi* „seitlich"; zu *ganba* „Seite"]

GALVANOMETER DES 19. JH.

G

**Gamelan, Gamelang** ⟨n. 15; Mus.⟩ ▼ *javan. Orchester mit Schlaginstrumenten, auch Blas- u. Streichinstrumenten, zu kultischen Veranstaltungen u. Schattenspielen* [< malaiisch]

**Gamet** ⟨m. 16⟩ *männl. od. weibl. Fortpflanzungszelle, Keimzelle* [zu grch. *gamein* „heiraten"]

**...gamie** ⟨in Zus.⟩ **1** *Befruchtung, Bestäubung, Begattung* **2** *Ehe* [→ *...gam*]

**Gamma** ⟨n. 15; Zeichen: γ, Γ⟩ *dritter Buchstabe des grch. Alphabets*

**Gammaeule** ⟨f. 19; Zool.⟩ *Nachtschmetterling, der auf den Vorderflügeln eine dem griech. Buchstaben Gamma ähnelnde Zeichnung trägt, schädliche Raupe: Plusia gamma*

**Gammaquanten** ⟨Pl.⟩ = *Gammastrahlen*

**Gammaspektrum** ⟨n.; -s, -spektren⟩ *charakteristisches Spektrum der Energie von Gammastrahlen eines radioaktiven Stoffes, je nach Entstehung der Gammastrahlen kontinuierliches Spektrum od. Linienspektrum*

**Gammastrahlen, γ-Strahlen** ⟨Pl.⟩ Sy *Gammaquanten* **1** *energiereiche Strahlung aus dem Atomkern* **2** *hochenergetische elektromagnetische Strahlung*

**gammelig** ⟨Adj.; umg.⟩ *verdorben, alt, nicht mehr brauchbar, zu dünn od. zu schwach zum Verwenden;* oV *gammlig*

**gammeln** ⟨V. i.; hat; umg.⟩ **1** *ein liederl. Leben führen, nichts arbeiten, faul sein* **2** *langsam, langweilig sein* [vielleicht zu dän. *gamle* „alt"]

**gammlig** ⟨Adj.; umg.⟩ = *gammelig*

**Gams** ⟨f. 20; oberdt.; Zool.⟩ ► = *Gämse*

**Gamsbart** ⟨m. 1u; oberdt.⟩ *gebündelte Rückenhaare des Gamsbockes als Hutschmuck des Jägers*

**Gamsbock** ⟨m. 1u; oberdt.; Zool.⟩ *männl. Gämse;* oV *Gämsbock*

**Gämsbock** ⟨m. 1u; Zool.⟩ = *Gamsbock*

**Gämse** ⟨f. 19; Zool.⟩ ► *zu den Antilopen gehörendes Horntier von 75 cm Schulterhöhe u. ziegenähnl. Gestalt in den höheren Lagen der Alpen, Pyrenäen, Abruzzen u. Kleinasiens: Rupicapra rupicapra;* oV ⟨oberdt.⟩ *Gams* [< ahd. *gamiza* < spätlat. *camox* „Gämse"]

**Gämskraut** ⟨n. 12u; Bot.⟩ = *Gamswurz*

**Gämskresse** ⟨f. 19; unz.; Bot.⟩ *Angehörige einer vorwiegend in Südeuropa verbreiteten Gattung der Kreuzblütler: Hutchinsia*

**Gamswurz** ⟨f. 20; oberdt.; Bot.⟩ *Angehörige einer Gattung der Korbblütler mit großen, gelben Blüten, die vorwiegend in den Alpen u. als Zierpflanze vorkommt: Doronicum;* oV *Gämswurz;* Sy *Gämskraut*

**Gämswurz** ⟨f. 20⟩ = *Gamswurz*

**Gang**[1] ⟨[gæŋ] f. 10⟩ *organisierte Bande (von Verbrechern)* [engl.-amerik.]

GAMELAN: GONGSPIEL DES INDONESISCHEN GAMELANORCHESTERS

GÄMSE
*(Rupicapra rupicapra)*

**Gang**[2] ⟨m. 1u⟩ **I** ⟨zählb.⟩ **1** *das Gehen, Fortbewegung zu Fuß* (Spaziergang) **2** *Weg, Ausgang, um etwas zu besorgen, zu erledigen* (Bittgang, Botengang) **3** *einmaliger Arbeitsaufwand, Abschnitt im Arbeits-, Kampfverlauf* (Arbeitsgang, Fechtgang, Mahlgang) **4** *Übersetzungsstufe eines Wechselgetriebes, z. B. in Kraftfahrzeugen* (Vorwärtsgang, Rückwärtsgang) **5** *Gericht in der Speisenfolge* (Hauptgang) **6** *schmaler, überdachter od. umschlossener Weg* (Durchgang, Verbindungsgang, Wandelgang) **7** *schmaler, langer Vorraum einer Wohnung, Korridor, Flur* **8** *längl. Hohlraum als Verbindung zwischen Organen* (Gehörgang) **9** *Spalte im Gestein, die mit Erz od. anderem Gestein gefüllt ist* **10** *Windung, Umdrehung eines Gewindes* ◆ den ersten, zweiten Gang **einschalten** (im Auto) ◆ ein **enger,** langer Gang; **erster,** zweiter Gang (bei der Mahlzeit); mein erster Gang nach meiner Ankunft war (der) zu dir ◆ **als** ersten Gang gab es eine Vorspeise; aus dem Zugabteil **in** den Gang hinaustreten; den Schrank können wir in den Gang stellen **II** ⟨unz.⟩ **1** *die Art zu gehen* (Passgang, Watschelgang) **2** *Bewegung* **3** *Fortschreiten, Lauf, Verlauf, Ablauf* (Ausbildungsgang, Entwicklungsgang, Geschäftsgang) ◆ der Gang der **Ereignisse** ◆ die Sache **geht** ihren Gang ◆ einen **anmutigen,** aufrechten, leichten, schwerfälligen, trippelnden Gang haben; alles geht seinen **gewohnten** Gang ◆ jmdn. **am** Gang, an seinem Gang erkennen; einen Motor **in** Gang bringen, setzen [< ahd. *gang;* zu ahd. *gangan* „gehen"]

**Gangart** ⟨f. 20⟩ **1** *die Art des Gehens bei Pferden, z. B. Trab, Galopp* **2** ⟨Bgb.⟩ *taube, wertlose Gesteinseinlagerungen in Erzgängen (Gang) u. Steinsalz- u. Kalilagerstätten*

**gängeln** ⟨V. t.; hat⟩ **1** ⟨urspr.⟩ *am Gängelband (Gürtel mit Schulterbändern) führen* (Kind) **2** ⟨heute nur noch fig.⟩ *bevormunden* [< mhd. *gengen* „laufen machen"; zu ahd. *gangan* „gehen"; → *Gang*[2]]

**...gänger** ⟨m. 3; in Zus.⟩ *Wortbildungselement, das Ziel, Art od. Absicht der Bewegung einer Person bezeichnet,* z. B. Doppelgänger, Einzelgänger, Rutengänger

**gängig** ⟨Adj.⟩ **1** *gebräuchlich, üblich* (Wort) **2** *gern gekauft, gut gehend* (Ware) **3** *gültig, in Umlauf befindlich* (Münze) **4** *benutzbar, funktionstüchtig* (Maschine, Türschloss) ◆ eine gängige Ausdrucksweise; gängige Kleidergröße [→ *Gang*[2]]

**Gangliom** ⟨n. 11; Med.⟩ *bösartiger Tumor, der von Ganglien des Sympathikus ausgeht*

**Ganglion** ⟨n.; -s, Ganglien⟩ **1** ⟨Med.⟩ *knotenförmige Anhäufung von Nervenzellen in den Zentralnervensystemen der Würmer, Weich- u. Gliedertiere od. Gehirn u. Rückenmark der Wirbeltiere u. des Menschen;* Sy *Nervenknoten* **2** ⟨Anat.⟩ = *Überbein* [< grch. *gagglion* „schmerzlose Geschwulst unter der Haut, Überbein"]

**Gangrän** ⟨n. 11⟩, **Gangräne** ⟨f. 19; Med.⟩ *Brand, Gewebstod, Nekrose* [< grch. *gaggraina* „kalter Brand"]

**Gangschaltung** ⟨f. 20⟩ *Schaltung für Wechselgetriebe an Kraftfahrzeugen*

**Gangster** ⟨[gæŋs-] m. 3⟩ **1** *Verbrecher, Mitglied einer kriminellen Bande* **2** *Schmuggler* [engl.-amerikan.]

GANS:
GÄNSERICH DER HÖCKERGANS
*(Anser cygnoides)*

**Gangway** ⟨[ˈgæŋwɛi] f. 10⟩ *Laufsteg zum Schiff od. Flugzeug* [engl., „Durchgang (zwischen Sitzreihen), Laufplanke"]

**Ganove** ⟨[-və] m. 17⟩ *Dieb, Gauner, Spitzbube* [< jidd. *gannaw* „Dieb", Plural *gannowim*]

**Gans** ⟨f. 7u⟩ **1** ⟨Zool.⟩ **1.1** ⟨i. w. S.⟩ *Angehörige einer Untergruppe der Siebschnäbler, der neben den Gänsen (i. e. S.) auch die Schwäne angehören: Anserina* **1.2** ⟨i. e. S.⟩ ◄ *Angehörige einer der 14 Arten der Schwimmvogelgattung Anser u. Branta;* ► *Vögel* **2** ⟨fig.; umg.; Schimpfwort⟩ *einfältige weibliche Person* ◆ eine Gans ausnehmen, braten, rupfen, schlachten [< ahd. *gans,* engl. *goose*]

**Gänseblümchen** ⟨n. 14; Bot.⟩ *auf Wiesen u. Grasplätzen häufig vorkommender, das ganze Jahr hindurch blühender Korbblütler: Bellis perennis;* Sy *Maßlieb, Maßliebchen*

**Gänseblume** ⟨f. 19; Bot.⟩ = *Margerite*

**Gänsedistel** ⟨f. 21; Bot.⟩ *Angehörige einer Gattung der Korbblütler, in Deutschland meist Unkräuter: Sonchus;* Sy *Saudistel* ◆ Dornige Gänsedistel: *Sonchus asper*

**Gänsefeder** ⟨f. 21⟩ *früher als Schreibfeder benutzte, zugespitzte Flügelfeder der Gans*

**Gänsefingerkraut** ⟨n. 12u; unz.; Bot.⟩ *auf nassen Äckern wachsendes Fingerkraut: Potentilla anserina;* Sy *Gänserich (2)*

**Gänsefuß** ⟨m. 1u; unz.⟩ *Angehöriger einer Gattung der Gänsefußgewächse mit einfachen Blüten: Chenopodium* ◆ Weißer Gänsefuß *weißmehlig bestäubtes, verbreitetes Unkraut auf bebautem Boden u. Schutt: Chenopodium album*

**Gänsefüßchen** ⟨Pl.; umg.⟩ = *Anführungszeichen* ◆ ein Wort in Gänsefüßchen setzen

**Gänsegeier** ⟨m. 3⟩ *großer Geier der Mittelmeerländer, Afrikas, Südwestasiens, brütet gern gesellig, Aasfresser: Gyps fulvus*

**Gänsehaut** ⟨f. 7u; unz.; fig.⟩ *Hervortreten der Talgdrüsen in der Haut durch Kälte od. Angst* ◆ eine Gänsehaut bekommen

**Gänsemarsch** ⟨m. 1u; in der Wendung⟩ im Gänsemarsch gehen *einer hinter dem anderen*

**Gänserich** ⟨m. 1⟩ **1** ⟨Zool.⟩ *männliche Gans* **2** ⟨Bot.⟩ = *Gänsefingerkraut* [< *Gans* nach dem Vorbild von *Enterich*]

**Gänsevogel** ⟨m. 5u; Zool.⟩ ► *Angehöriger einer weltweit verbreiteten Vogelordnung, mit den Familien der Siebschnäbler u. der Wehrvögel: Anseres*

**Ganter** ⟨m. 3; nddt.⟩ *Gänserich* [< nddt. *ganter;* → *Gans*]

**ganz I** ⟨Adj.⟩ **1** *unversehrt, heil, unbeschädigt* **2** *ungeteilt, all, gesamt* **3** *voll, völlig, vollkommen* **4** ⟨umg.⟩ *nur, nicht mehr als* ◆ ganz **Berlin;** ein ganzes **Brot;** das Kind ist seine ganze **Freude;** ich habe mein ganzes **Geld** ausgegeben; ich habe ganze zwei **Stunden** warten müssen; den ganzen **Tag;** ganz der **Vater** *dem Vater sehr ähnlich;* die ganze **Welt;** ganze **Zahl** ⟨Math.⟩ *ungeteilte Zahl;* Ggs *Bruchzahl* ◆ er hat den Kuchen ganz **aufgegessen;** ganz **sein** *in Ordnung sein, heil sein, vollständig sein* ◆ **im** (Großen und)

Ganzen *im Allgemeinen, alles in allem;* im Ganzen genommen *im Allgemeinen, insgesamt betrachtet;* etwas im Ganzen kaufen, verkaufen *in größeren Mengen, ungeteilt;* **mit** ganzer Kraft; **während** der ganzen Zeit sagte er kein Wort **II** ⟨Adv.⟩ **1** *sehr, gänzlich, völlig* **2** *ziemlich, einigermaßen, leidlich* ◆ es ist ganz **dasselbe** ◆ ganz **begeistert,** erstaunt usw. sein; das ist mir ganz **gleich;** ein ganz klein **wenig** ◆ ganz **allein;** er steht ganz **auf** meiner Seite; das gefällt mir ganz **besonders** gut; ich verstehe es **nicht** ganz; voll **und** ganz *völlig, vollkommen* [< ahd. *ganz* „heil, unverletzt, vollständig" (Adj.), *ganzo* (Adv.); Grundbedeutung wohl „genügen"]

**Ganze(s)** ⟨n. 31; unz.⟩ *Einheit, Gesamtheit, alles* ◆ eine Ganze bestellen *ein ganzes Maß, ein großes Glas Bier;* sie bilden ein einheitliches Ganzes *Einheit;* das Ganze gefällt mir nicht *es gefällt mir alles nicht*

**Ganzheit** ⟨f. 20; unz.⟩ **1** *das Ganzsein, Unversehrtheit* **2** *Vollständigkeit, Geschlossenheit, umfassende Einheit* ◆ eine Erscheinung nicht in ihren Einzelerscheinungen, einzelnen Elementen, sondern in ihrer Ganzheit betrachten

**Ganzleinen** ⟨n. 14; unz.⟩ **1** *Stoff, der vollständig aus Flachs besteht* **2** *Leineneinband* ◆ ein Buch in Ganzleinen

**gänzlich** ⟨Adj.; meist adv.⟩ *ganz vollständig, völlig* ◆ unser Vorrat ist gänzlich verbraucht; ich habe es gänzlich vergessen

**Ganzton** ⟨m. 1u; Mus.⟩ **1** *einen ganzen Ton bzw. zwei halbe Töne betragender Abstand zwischen zwei Tönen* **2** *große Sekunde*

**gar I** ⟨Adj.⟩ **1** *fertig zubereitet* (Leder, Metall) **2** *fertig gekocht, od. gebraten* (Fleisch, Kartoffeln) ◆ gar machen *fertig zubereiten;* das Gemüse ist noch nicht gar **II** ⟨Adv.⟩ *überhaupt, durchaus* ◆ das ist gar keine Frage! **III** ⟨Partikel⟩ *etwas, vielleicht, womöglich* ◆ hast du es gar vergessen; gar zu ⟨verstärkend⟩ *so sehr;* ich habe sie gar zu gern [< ahd. *garo* „bereitgemacht, gerüstet, vollständig"; → *gären* („gar machen"), *gerben;* verwandt mit *warm*]

GARAM MASALA

**Garage** ⟨[-ʒə] f. 19⟩ *Raum zum Unterstellen von (Personen-)Kraftwagen* [frz., „Wagenhalle, Einstellraum"]

**Garam Masala** ⟨n.; - -, - -s⟩ ▲ *in Indien beliebte, regional unterschiedlich zusammengesetzte Gewürzmischung aus Nelken, Kreuzkümmel, Kardamom, Muskatnuss, Zimt u. Ä., die dem Gericht nach Ende der Garzeit beigegeben wird* [< Urdu *garam masalah* „erwärmende Mischung"]

**Garant** ⟨m. 16⟩ *jmd., der etwas garantiert, für etwas bürgt, Bürge, Gewährsmann* ◆ die wochenlangen Verhandlungen waren der Garant des Friedens; die Garanten der Zukunft [frz., „Bürge, Gewährsmann"]

**Garantie** ⟨f. 19⟩ *Gewähr, Haftung, Bürgschaft* ◆ der Apparat hat ein Jahr Garantie *er muss ein Jahr lang reibungslos funktionieren (andernfalls wird er innerhalb dieser Frist von der Herstellerfirma kostenlos repariert);* dafür kann ich keine Garantie übernehmen [frz., „Gewähr"]

**garantieren** ⟨V. t.; hat⟩ etwas garantieren **1** *für etwas bürgen* **2** *etwas gewährleisten* **3** ⟨umg.⟩ *haften zusichern, versprechen* ◆ ich garantiere dir, dass so etwas nicht wieder vorkommt! ⟨umg.⟩; die Firma garantiert die unbedingte Haltbarkeit, Zuverlässigkeit [< frz. *garantir* „gewährleisten, garantieren"]

**Garaus** ⟨m.; -; unz.; nur noch in der Wendung⟩ jmdm. od. einem Tier den Garaus machen *jmdn. od. ein Tier töten, vernichten* [Verschmelzung von *gar aus* „vollständig vorbei" (nach dem Ruf, mit dem z. B. in Nürnberg u. Regensburg um 1500 das Ende des Tages u. die Polizeistunde verkündet wurden)]

GARBE: GETREIDEGARBE

**Garbe** ⟨f. 19⟩ **1** ◄ *Bündel, besonders von Getreide, Stroh* (Getreidegarbe), *Lichtstrahlen* (Lichtgarbe), *Schüssen* (Schussgarbe) **2** ⟨Bot.; kurz für⟩ ► = *Schafgarbe* ◆ eine Garbe aus dem Maschinengewehr, aus einem Scheinwerfer; Getreide in, zu Garben binden [< ahd. *garba,* urspr. „das Zusammengegriffene"]

**Garde** ⟨f. 19⟩ **1** ⟨urspr.⟩ *Leibwache* **2** ⟨dann⟩ *Elitetruppe, meist mit wertvoller Uniform* ◆ das ist noch einer von der alten Garde *langjähriger Freund od. Kamerad, langjähriges bekanntes Mitglied eines Betriebes, Kreises o. Ä.; jmd., der alte, oft sehr höfliche Umgangsformen pflegt* [frz., „Bewachung, Bewahrung"; verwandt mit *Warte, Wart*]

**Gardenie** ⟨[-niə] f. 19; Bot.⟩ **1** ⟨i. w. S.⟩ ► *Angehörige einer Gattung der Rötegewächse: Gardenia* **2** ⟨i. e. S.⟩ *die in China heimische Gardenia jasminoides mit stark duftenden Blüten, die meistens in Warmhäusern kultiviert wird und als Früchte die chinesischen Gelbschoten, ein Färbemittel, liefert* [nach dem schott. Arzt u. Naturforscher A. *Garden,* ca. 1730-1791]

GARDENIE
*(Gardenia augusta* 'Veitchii')

**Garderobe** ⟨f. 19⟩ **1** *jmds. gesamte Kleidung* **2** *Vorrat an Kleidung* **3** *Umkleideraum, besonders von Schauspielern* **4** *Vorraum einer Wohnung, eines Theaters o. Ä. mit Kleiderablage* [frz., „Kleidung, Kleiderschrank"]

**Gardine** ⟨f. 19; urspr.⟩ **1** *Bettvorhang* **2** ⟨allg.⟩ *Vorhang,* ⟨bes.⟩ *Fenstervorhang* ◆ Gardinen abnehmen, aufhängen; hinter schwedischen Gardinen sitzen ⟨fig.⟩ *hinter Gittern, im Gefängnis* [< mndrl. *gordine* < frz. *courtine* < mlat. *cortina* „Bettvorhang"]

**garen** ⟨V.; hat⟩ **I** ⟨V. i.⟩ *gar werden* **II** ⟨V. t.⟩ *gar kochen, gar werden lassen* [→ *gar*]

G

## GÄNSEVÖGEL

Die Ordnung der Gänsevögel umfasst rund 160 Arten von Enten, Gänsen und Schwänen. Sie alle haben kurze Beine mit Schwimmhäuten an den Füßen, die sie wie Paddel zur Fortbewegung im Wasser verwenden. Ihr Gefieder imprägnieren sie mit dem Öl der an der Schwanzbasis sitzenden Bürzeldrüse, wodurch es selbst bei Tauchgängen unbenetzt bleibt. Gänse suchen ihre Nahrung auf dem Festland, Schwäne und Enten im Wasser. Tauchenten können dabei bis 10 m tief hinabstoßen, um Muscheln abzufressen.

FUSS EINER KANADAGANS

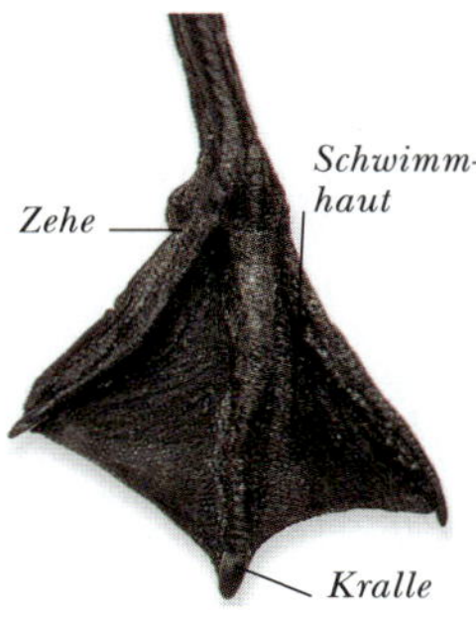


ÄUSSERE MERKMALE EINER BRANDGANS
*(Tadorna tadorna)*

WEITERE GÄNSEVOGELARTEN

ENTEN
MANDARINENTE
*(Aix galericulata)*
► *Enten*

GÄNSE
SCHNEEGANS
*(Anser caerulescens)*

SCHWÄNE
HÖCKERSCHWAN
*(Cygnus olor)*

GARNELE

G

**gären** ⟨V.; hat⟩ **I** ⟨V. i. 141⟩ **1** *in Gärung übergehen, schäumen, schäumend aufbrausen* (Bier, Früchte) **2** ⟨fig.; meist unpersönlich⟩ es gärt im Volk *das Volk ist bedrohlich unruhig* **II** ⟨V. t.⟩ *in Gärung bringen* [< ahd. *jesan* „in Gärung geraten"]

**Garn** ⟨n. 11⟩ **1** ⟨Textilw.⟩ ► *aus Fasern gesponnener Faden* (Baumwollgarn, Nähgarn), *Zwirn* **2** *Netz zum Vogelfang u. zum Fischen* **3** ⟨fig.⟩ *erfundene, fantasievoll ausgeschmückte Geschichte* (bes. Seemannsgarn) ♦ ein Garn spinnen ⟨fig.⟩ *eine Geschichte erzählen;* jmdm. ins Garn gehen ⟨fig.⟩ *sich von jmdm. überlisten lassen* [< ahd. *garn,* engl. *yarn*]

**Garnele** ⟨f. 19; Zool.⟩ ▲ *Angehörige einer als „Krabbe" in den Handel gebrachten Unterordnung der Zehnfußkrebse: Natantia* [< *garnad, garnol* (16. Jh.), mndrl. *gheernaert;* zu mlat. *grano* „Barthaar"]

**garni** ⟨Adj.⟩ *möbliert, gut ausgestattet (besonders als Bez. für eine Hotelklasse);* → a. *Hotel* [frz.]

**garnieren** ⟨V. t.; hat⟩ **1** *verzieren, schmücken* (Speisen, Kleider, Hüte) **2** *ausrüsten, mit Zubehör versehen* ♦ eine Gemüseplatte, eine Torte garnieren; belegte Brötchen mit Petersilie garnieren [< frz. *garnir* „mit etwas versehen"]

GARTENWICKE: WOHLRIECHENDE GARTENWICKE (*Lathyrus odoratus*)

**Garnison** ⟨f. 20; Mil.⟩ **1** *Quartier, Standort einer Truppe* **2** *dessen Besatzung, die Truppe selbst* ♦ in einer Stadt in Garnison liegen; mit Garnison belegen [frz., „Besatzung, Garnison; Garnisonsstadt"; → *garnieren*]

**Garnitur** ⟨f. 20⟩ **1** *Besatz, Verzierung* **2** ⟨Mil.⟩ *Ausrüstung, Kleidung für bestimmten Zweck* (Ausgehgarnitur, Dienstgarnitur) **3** *Reihe, Anzahl zusammengehöriger Gegenstände, Satz (von Geschirr u. Ä.)* **4** *Damenhemd u. -schlüpfer bzw. Herrenunterhose u. -hemd (zusammenpassend)* ♦ eine Garnitur Knöpfe; eine Garnitur Unterwäsche [< frz. *garniture* „Ausrüstung, Ausstattung"; → *garnieren*]

**garstig** ⟨Adj.⟩ **1** *hässlich, abstoßend* (Gesicht) **2** *ekelhaft* (Tier) **3** *böse, ungezogen* (Kind) ♦ sei nicht so garstig (zu mir)! [zu mhd. *garst* „verdorben schmeckend"]

**Gärtank** ⟨m. 6 od. m. 1⟩ ▼ *großer geschlossener Behälter, in dem meist unter Luftabschluss Gärungsprozesse zur Erzeugung von Wein, Bier o. Ä. stattfinden*

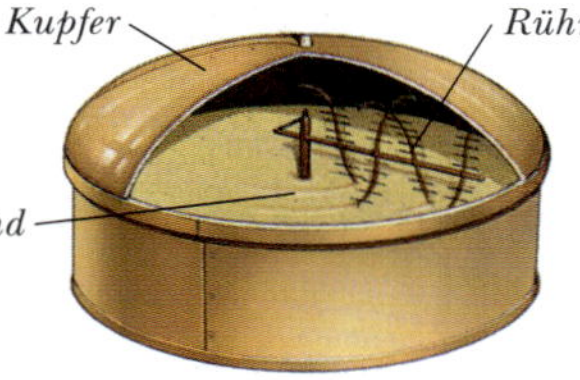


GÄRTANK: SCHNITT DURCH EINEN GÄRTANK FÜR DIE WHISKYHERSTELLUNG

**Garten** ⟨m. 4u⟩ *abgegrenztes Gelände zum Kleinanbau von Nutz- od. Zierpflanzen* (Gemüsegarten, Lustgarten, Obstgarten, Ziergarten) ♦ einen Garten **anlegen,** einzäunen; **botanischer** Garten *weiträumige Blumenanlage für wissenschaftliche od. belehrende Zwecke;* ein **gepflegter,** verwilderter Garten; einen **großen,** kleinen, schönen Garten haben; **zoologischer** Garten *weiträumige Anlage zum Halten u. Züchten von Tieren für wissenschaftliche Zwecke od. belehrende Schaustellung;* Sy *Tiergarten* [< ahd. *garto*]

**Gartenampfer** ⟨m. 3; Bot.⟩ *im Garten angebautes Blattgemüse; Rumex patentia;* Sy *Ewiger Salat*

**Gartenbau** ⟨m.; -(e)s; unz.⟩ *Haltung u. Züchtung von Pflanzen sowie die dazugehörige Bodenbearbeitung im Garten*

**Gartenhaus** ⟨n. 12u⟩ **1** *Häuschen im Garten, Laube* **2** ⟨mittel- u. süddt.⟩ *Hinterhaus*

**Gartenkerbel** ⟨m. 5; unz.⟩ ► = *Kerbel (2)*

**Gartenkrähe** ⟨f. 19⟩ ► = *Eichelhäher*

**Gartenlaube** ⟨f. 19⟩ **1** *Gartenhäuschen* **2** ⟨Lit.⟩ *Titel einer illustrierten belletristischen Wochenzeitschrift (1853-1943)*

**Gartenlaubkäfer** ⟨m. 3; Zool.⟩ *bis 12 mm langer, metallisch dunkelgrüner od. blauer Blatthornkäfer aus der Gruppe der Laubkäfer, mit gelben Flügeldecken: Phyllopertha horticola*

**Gartensänger** ⟨m. 3⟩ = *Gelbspötter*

**Gartenschere** ⟨f. 19⟩ *Schere zum Beschneiden von Blumen u. Sträuchern*

**Gartenschierling** ⟨m. 1; unz.; Bot.⟩ = *Hundspetersilie*

**Gartenschläfer** ⟨m. 3; Zool.⟩ *zu den Schlafmäusen gehörendes, bis zu 13 cm langes Nagetier mit bis zu 19 cm langem Schwanz: Eliomys quercinus*

**Gartenwicke** ⟨f. 19; Bot.⟩ ◄ *Angehörige einer Gattung der Schmetterlingsblütler mit langer Blattranke, manche Arten werden als Futterpflanze genutzt: Lathyrus;* Sy *Platterbse*

**Gartenwolfsmilch** ⟨f.; -; unz.⟩ *Angehörige einer Gattung der Wolfsmilchgewächse, verbreitetes Unkraut auf Gartenland, Äckern u. Schuttplätzen: Euphorbia peplus*

**Gartenzwerg** ⟨m. 1⟩ **1** *keram. Zwergenfigur als Zierrat für den Garten* **2** ⟨fig.; umg.; abwertend⟩ *kleine, wichtigtuerische Person*

**Gartenzwiebel** ⟨f. 21⟩ = *Zwiebel (1.2)*

**Gärtner** ⟨m. 3⟩ **1** *jmd., der berufsmäßig Gartenbau ausübt* **2** *jmd., der aus Liebhaberei viel im Garten arbeitet*

**Gärtnerei** ⟨f. 18⟩ **I** ⟨unz.⟩ *Gartenbau* **II** ⟨zählb.⟩ *Unternehmen mit gewerbsmäßigem Anbau von Gartenpflanzen*

**Gärung** ⟨f. 20⟩ **1** ⟨Biol.⟩ ► *biochemischer Prozess, bei dem Kohlenhydrat enthaltende Substanzen von Mikroorganismen od. Enzymen i. d. R. unter Luftabschluss zersetzt werden, wobei als Abbauprodukte Milchsäure, Alkohol od. Essig entstehen* **2** ⟨fig.; geh.⟩ *Unruhe, Erregung, Aufruhrstimmung (z. B. im Volk)* ♦ alkoholische Gärung *Verwandlung von Fruchtsäuren in Äthanol durch Hefen;* in Gärung geraten, übergehen

**Gas** ⟨n. 11⟩ **1** ⟨i. w. S.⟩ *Aggregatzustand der Materie, in dem sie infolge freier Beweglichkeit der Moleküle keine bestimmte Gestalt hat, sondern jeden Raum, in den sie gebracht wird, völlig ausfüllt* **2** ⟨i. e. S.⟩ *brennbares Gas, z. B. Stadtgas, Erdgas, Propan* ♦ jmdm. das Gas **abdrehen** ⟨fig.; umg.⟩ *ihn wirtschaftl. zugrunde richten;* Gas **geben** *die Geschwindigkeit beschleunigen (beim Autofahren);* Gas **wegnehmen** *die Geschwindigkeit verringern (beim Autofahren)* [< grch. *chaos* „wirre, gestaltlose Masse", das von Paracelsus für „Luft" gebraucht wurde; von dem Brüsseler Chemiker J. B. van Helmont (1577-1644) zur Bezeichnung von Luftarten, die von atmosphär. Luft verschieden sind, zu *Gas* umgebildet]

GARN: AUFGESPULTES BAUMWOLLGARN

**Gasaustausch** ⟨m.; -(e)s; unz.⟩ **1** ⟨Chem.⟩ *Austausch gasförmiger Stoffe, bes. zwischen einem Organismus u. seinem Außenmedium* **2** ⟨Med.⟩ *Austausch von Sauerstoff gegen Kohlendioxid in der Lunge*

**Gasbeton** ⟨[-tõ] od. [-tɔŋ] m.; -s; unz.⟩ *Leichtbeton, der durch Beimischung Gas bildender Stoffe (z. B. Aluminiumpulver) zu sämigflüssigen Mörteln aus Zement od. Kalk u. feinkörnigen Zuschlagstoffen entsteht*

**Gasbrand** ⟨m. 1u; unz.; Med.⟩ *bes. von zerfetzten, tief greifenden, unterhöhlten u. durch Erde beschmutzten Wunden ausgehende, lebensgefährliche Infektion, wobei die Wunde infolge Gasbildung anschwillt*

**Gasflamme** ⟨f. 19⟩ *durch Entzünden des aus dem Gasbrenner entweichenden Gases entstehende Flamme*

**gasförmig** ⟨Adj.⟩ *im Aggregatzustand eines Gases*

**Gaskocher** ⟨m. 3⟩ *kleines, mit Gas betriebenes Kochgerät*

**Gaskohle** ⟨f. 19; unz.⟩ *Steinkohle mit rd. 84 % Kohlenstoff u., bezogen auf wasser- u. aschefreie Substanz, 28–35 % flüchtigen Bestandteilen, Hauptträger der Stadtgaserzeugung*

**Gasmaske** ⟨f. 19⟩ ► *Schutzmaske mit Luftfilter gegen giftige Gase, Rauch usw.*

**Gasmesser** ⟨m. 3⟩ = *Gaszähler*

**Gasöl** ⟨n. 11; unz.⟩ *dünnflüssiges, hauptsächlich Paraffinkohlenwasserstoffe enthaltendes Öl, durch Destillation bei 300–350 °C aus Erdöl, Braunkohlenteer od. synthetischen Ölen gewonnen; Dieselkraftstoff u. Heizöl*

**Gaspedal** ⟨n. 11⟩ *Pedal in Kraftfahrzeugen, welches die Kraftstoffzufuhr regelt*

## GÄRUNG

Nahrungsmittel und Getränke wie Brot, Bier, Wein und Sojasauce entstehen durch Gärung. Hefen bauen mithilfe von Enzymen Stärke und Zucker ab, wobei Kohlendioxid und Alkohol entstehen. Das Kohlendioxid bewirkt, dass das Brot aufgeht und die süßen Säfte bei der Gärung schäumen.

GÄRUNG DES TRAUBENSAFTES

**Gasse** ⟨f. 19⟩ **1** ⟨oberdt.⟩ *Stadtstraße* **2** ⟨allg.⟩ *kleine, enge Straße* **3** *schmaler Durchgang* **4** *langer, enger, trennender Raum* ◆ eine Gasse bilden *etwas zur Seite treten, so dass (in einer Menschenmenge) ein schmaler Raum zum Durchgehen entsteht;* dunkle, krumme, enge, winklige Gasse [< ahd. *gazza*]

**Gassenhauer** ⟨m. 3; Mus.⟩ *sehr bekanntes, viel gesungenes, dem Schlager ähnliches Lied* [zu frühnhd. *hauen* als Kraftwort für „gehen", eigtl. „Pflastertreter, Nachtschwärmer", dann die von den Nachtbummlern gestampften Tänze mit ihren Melodien]

**Gast I** ⟨m. 1u⟩ **1** *jmd., der von jmdm. eingeladen ist (bes. zu einer Mahlzeit od. für einige Zeit)* **2** *Besucher* (Tischgast) **3** *jmd., der ein Restaurant besucht, in einem Hotel absteigt* (Hotelgast, Stammgast) **4** *jmd., der vorübergehend anwesend ist* **5** *auf fremder Bühne spielender Schauspieler* ◆ die Gäste **begrüßen;** wir **haben** Gäste; **sein:** Sie sind heute mein Gast *ich lade Sie heute ein (bes. zum Essen im Restaurant)* ◆ ein **gern gesehener,** häufiger, lieber, ständiger Gast **II** ⟨m. 23; Mar.⟩ *Matrose für bestimmten Dienst* (Signalgast) [< ahd. *gast* „Fremdling", engl. *guest*]

**gastfreundlich** ⟨Adj.⟩ *gerne Gäste habend, jederzeit bereit, Gäste aufzunehmen*

**Gastgeber** ⟨m. 3⟩ *jmd., der einen anderen als Gast einlädt, Einladender, Hausherr*

**Gasthaus** ⟨n. 12u⟩ **1** *Haus, in dem Fremde gegen Entgelt Unterkunft u. Verpflegung haben können* **2** *Wirtshaus, Gaststätte*

**Gasthermometer** ⟨n. 13⟩ *Thermometer, das die Temperatur über die Ausdehnung eines (möglichst idealen) Gases bei konstantem Druck od. die Druckzunahme des Gases bei konstantem Volumen misst*

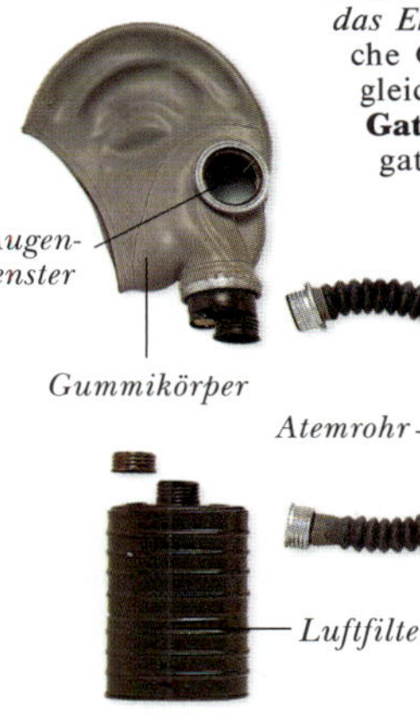


GASMASKE (UM 1950)

**Gasthof** ⟨m. 1u⟩ *einfaches Gasthaus, meist auf dem Lande*

**gastieren** ⟨V. i.; hat⟩ *als Gast auf einer fremden Bühne spielen*

**gastral** ⟨Adj.; Anat.⟩ *Darm u. Magen betreffend, zu ihnen gehörig, von ihnen ausgehend* [zu grch. *gaster* „Unterleib"]

**Gastrektomie** ⟨f. 19; Med.⟩ *operative Entfernung des Magens* [< grch. *gaster* „Unterleib" + *Ektomie*]

**Gastritis** ⟨f.; -, -tiden; Med.⟩ *entzündliche Erkrankung der Magenschleimhaut, die oft mit einer Entzündung des Darms (Gastroenteritis) verbunden ist* [zu grch. *gaster* „Unterleib"]

**Gastroenteritis** ⟨f.; -, -tiden; Med.⟩ *Entzündung der Magen- u. Darmschleimhaut*

**Gastroenterologie** ⟨f.; -; unz.; Med.⟩ *Wissenschaft von den Magen- u. Darmkrankheiten* [< grch. *gaster* „Magen" + *enteron* „Darm" + *logos* „Wort, Lehre"]

**Gastronomie** ⟨f. 19; unz.; Kochk.⟩ **1** *feine Kochkunst* **2** *Feinschmeckerei*

**Gastropode** ⟨m. 17; Zool.⟩ *Schnecke* [< grch. *gaster* „Unterleib" + *pous, podos* „Fuß"]

**Gastroskopie** ⟨f. 19; Med.⟩ = *Magenspiegelung*

GAUCHHEIL: ACKERGAUCHHEIL *(Anagallis arvensis)*

**Gastspiel** ⟨n. 11⟩ *Auftreten eines Schauspielers od. eines Ensembles auf einer fremden Bühne als Gast*

**Gaststätte** ⟨f. 19⟩ *Haus, in dem man gegen Entgelt Mahlzeiten einnehmen kann, Restaurant, Lokal*

**Gasturbine** ⟨f. 19⟩ *Verbrennungskraftmaschine, die wie eine Dampfturbine gebaut ist*

**Gastwirt** ⟨m. 1⟩ *Eigentümer od. Pächter einer Gaststätte*

**Gasuhr** ⟨f. 20⟩ = *Gaszähler*

**Gaswaage** ⟨f. 19⟩ *Messgerät zur Bestimmung der Dichte von Gasen*

**Gaszähler** ⟨m. 3⟩ *Zählwerk, das den Verbrauch eines Gasgerätes registriert;* Sy *Gasmesser, Gasuhr*

**Gatt** ⟨n. 15 od. n. 11; nddt.⟩ **1** *Heck od. Heckform eines Schiffes* (Spitzgatt) **2** *Loch in der Schiffswand zum Wasserablauf* **3** *enger Durchgang* (Kattegatt) **4** *kleiner Aufbewahrungsraum eines Schiffes* (Kabelgatt) **5** *Loch im Segel für Tau od. Leine* [< nddt. *gat(t)* „Öffnung, Loch, Lücke", engl. *gate* „Tor"]

**Gatte** ⟨m. 17; geh.⟩ *Ehemann* ◆ die Gatten *das Ehepaar* [< mhd. *gegate, gate* „der gleiche Genosse"; zu ahd. *gegat* „verbunden, gleich mit jmdm. oder etwas, passend"]

**Gatter** ⟨n. 13⟩ **1** *Gitter* (Eisengatter, Holzgatter) **2** *Zaun* **3** *Spulengestell an Spinnmaschinen* **4** *durch einen Kurbeltrieb bewegter Rahmen, in den ein od. mehrere Sägeblätter einer Gattersäge eingespannt sind* **5** ⟨EDV⟩ *kleinste Schalteinheit zur Verarbeitung binärer Signale* [< ahd. *gataro* „Türflügel", eigtl. „Zusammenfügung"]

**Gattin** ⟨f. 22; geh.⟩ *Ehefrau* [→ *Gatte*]

**Gattung** ⟨f. 20⟩ **1** ⟨Biol.⟩ **1.1** *Gesamtheit nächstverwandter Arten* **1.2** *in der biolog. Systematik Kategorie zwischen Art (Spezies) u. Familie* **2** ⟨Philol.⟩ *Gesamtheit von Dingen, die in wesentl. Eigenschaften übereinstimmen, in unwesentl. Eigenschaften voneinander abweichen* ◆ die Iris gehört zur Gattung der Iridazeen; Kurzgeschichten gehören zur Gattung der Epik [→ *Gatte*]

**Gattungsname** ⟨m. 26⟩ *Wort, das die Gesamtheit gleichartiger Lebewesen od. Dinge bezeichnet,* z. B. Mensch, Tier, Fluss

**Gau** ⟨m. 1; Geogr.⟩ **1** ⟨urspr.⟩ *wald- u. wasserreiches Gebiet* **2** ⟨später⟩ *Siedlungsgebiet der Untergruppe eines german. Stammes* (Breisgau, Rheingau) **3** ⟨allg.⟩ *Bezirk, Landschaft, zusammengehöriges Gebiet* [< mhd. *gou, göu, geu* < ahd. *gewi,* Gen. *gouwes;* → *Aue*]

**GAU** ⟨m. 6; Abk. für⟩ *größter anzunehmender Unfall (in einem Atomkraftwerk)*

**Gaube** ⟨f. 19; Arch.⟩ = *Gaupe*

**Gauchheil** ⟨m.; -s; unz.; Bot.⟩ ◄ *Angehöriger einer in den nördl. u. gemäßigten Zonen verbreiteten Gattung der Primelgewächse: Anagallis* [< *gouchheil* (15. Jh.) als vermeintl. Mittel gegen Geisteskrankheiten; vermengt mit älterem *gahheila* „schnell heilende Pflanze"; → *jäh, heilen*]

**Gaucho** ⟨[-tʃo] m. 6⟩ ► *berittener südamerik. Viehhirt* [< span. *gaucho* < araukan. *cauchu* „berittener Bewohner der Pampas von Argentinien u. Uruguay"]

**Gaudi** ⟨n. 15 od. f. 10; unz.; süddt.⟩ *Spaß, Freude* ◆ das gibt eine, war eine Gaudi; wir haben eine große, viel Gaudi gehabt

**gaukeln I** ⟨V. i.; ist⟩ *schwankend fliegen, flattern* (Schmetterling) **II** ⟨V. t. u. V. i.; hat; veraltet⟩ *auf spielerische Art täuschen, etwas vortäuschen, Gaukelei treiben, Zauberkunststücke vorführen* [< ahd. *gouggolon, goukolon;* zu *goucal, coukel* „Zauberei, Taschenspielerei, närrisches Treiben" u. *gougaron* „umherschweifen"]

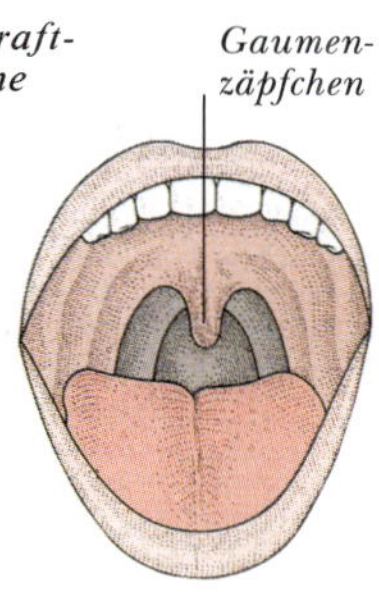


GAUMENZÄPFCHEN

**Gaukler** ⟨m. 3⟩ **1** *Jahrmarktskünstler (Seiltänzer, Akrobat)* **2** *Zauberkünstler* **3** ⟨Zool.⟩ *Raubvogel des mittleren u. südlichen Afrikas: Therathopius ecaudatus* [→ *gaukeln*]

**Gaul** ⟨m. 1u; abwertend⟩ *Pferd* ◆ ein ziemlich alter Gaul [< mhd. *gul* „Eber, männliches Tier", frühmhd. „Ungestüm"; Herkunft unklar]

**Gaullismus** ⟨[go-] m.; -; unz.; Pol.⟩ *französische politische Bewegung unter Führung des französischen Präsidenten Charles de Gaulle (1890-1970)*

**Gaumen** ⟨m. 4⟩ **1** ⟨Anat.⟩ *Scheidewand zwischen Mund- u. Nasenhöhle beim Menschen u. bei Wirbeltieren* **2** ⟨fig.⟩ *Geschmack, Sinn für gutes Essen u. Trinken* ◆ das kitzelt den Gaumen *das ist etwas für Feinschmecker, das macht Appetit;* mir klebt (vor Durst) die Zunge am Gaumen; weicher Gaumen ⟨Anat.⟩ = *Gaumensegel* [< ahd. *goumo,* engl. *gum* „Zahnfleisch"]

**Gaumenlaut** ⟨m. 1; Sprachw.⟩ *mit Zunge und Gaumen gebildeter Laut,* z. B. ch, g, k, ng; Sy *Gutturallaut*

**Gaumenplatte** ⟨f. 19; Med.⟩ *über den Gaumen zu legende Platte für Zahnersatz*

**Gaumensegel** ⟨n. 13; Anat.⟩ *hinterer Teil des Gaumens, der ins Zäpfchen ausläuft;* Sy *weicher* → *Gaumen*

**Gaumenspalte** ⟨f. 19; Anat.⟩ *Missbildung des Gaumens, von hinten nach vorn verlaufende Spalte des weichen Gaumens, zuweilen bis in den harten Gaumen u. zur Oberlippe;* → a. *Wolfsrachen*

**Gaumenzäpfchen** ⟨n. 14; Anat.⟩ ▲ *zäpfchenförmiger Ausläufer des weichen Gaumens: Uvula;* Sy ⟨kurz⟩ *Zäpfchen (2)*

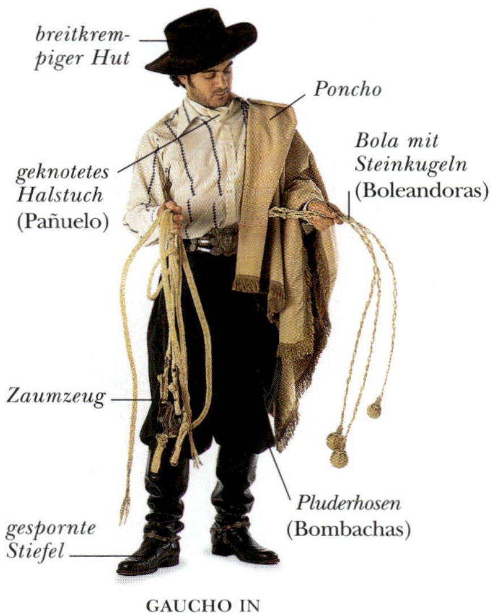


GAUCHO IN TRADITIONELLER KLEIDUNG

G

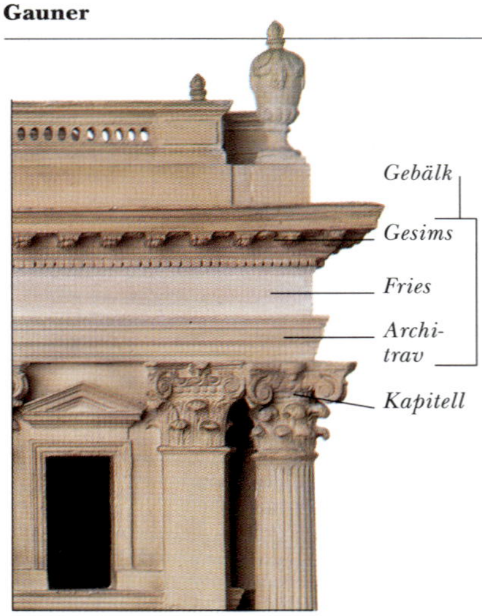


GEBÄLK AN EINER KLASSIZISTISCHEN KIRCHE

G

**Gauner** ⟨m. 3⟩ **1** *Betrüger, Dieb, Landstreicher* **2** *gerissener Mensch* **3** *schlauer, pfiffiger Kerl* **4** *Spitzbube, Schelm* ◆so ein Gauner! [< *Joner* (um 1500) „Falschspieler, Betrüger"; zu *junen, jonen* „falsch spielen" < rotw. *jowonen* „(falsch) spielen wie ein Grieche"; zu hebr. *jowon* „Grieche" (eigtl. „Ionier")]

**Gaupe** ⟨f. 19⟩ *ausgebautes, rechteckiges Dachfenster, Giebelfenster mit Walmdach* (Dachgaupe); oV *Gaube* [< frühnhd. *gupe;* zu *gauken* „spähen, gucken"]

**Gavotte** ⟨[-vɔt(ə)] f. 19; Mus.; 17./18. Jh.⟩ *heiterer, mäßig schneller Tanz im 3/4- od. 4/4-Takt* [frz. < prov. *gavot,* Spottname für die Bewohner des *Pays de Gap (Dauphiné)*]

**Gaze** ⟨[-zə] f. 19; unz.⟩ *durchsichtiger, schleierartiger Stoff mit weitem Abstand der Kett- u. Schussfäden, aus verschiedenen Stoffen (Seide, Baumwolle, Leinen) od. Metalldrähten (für Fliegennetze)* [< frz. *gaze* < span. *gasa* < arab. *kazz* „Rohseide"]

**Gazelle** ⟨f. 19; Zool.⟩ ▼ *Angehörige einer Gattung der Antilopen, meist mit auffallender Kopfzeichnung, zierlich gebautes Tier, das in Herden die afrikanischen u. asiatischen Steppen bewohnt: Gazella* [< ital. *gazella* < arab. *ghazala* „wilde Ziege"]

**Gbyte** ⟨EDV; Zeichen für⟩ *Gigabyte*

**Gd** ⟨Chem.; Zeichen für⟩ *Gadolinium*

**G-Dur** ⟨n.; -; unz.; Mus.; Abk.: G⟩ *auf dem Grundton G beruhende Dur-Tonart*

**Ge** ⟨Chem.; Zeichen für⟩ *Germanium*

**ge..., Ge...** ⟨Vorsilbe⟩ **I** ⟨vor Subst.⟩ **1** *das Zusammengehörige,* z. B. Geäst **2** *das Ergebnis des im zugehörigen Verb ausgedrückten Vorgangs,* z. B. Gefüge **3** *das Andauern, Wiederholen eines Vorgangs od. einer Tätigkeit,* z. B. Gejammer, Gekicke, Gezeter **II** ⟨vor Verben⟩ *Eintritt od. Abschluss einer Handlung, oft nur Verstärkung,* z. B. gewähren **III** ⟨vor Adj.⟩ *das Zueigensein dessen, was das zugehörige Substantiv od. Verb ausdrückt,* z. B. gelockt, gewitzt [< ahd. *ga..., gi...*]

GAZELLE: THOMSONGAZELLE *(Gazella thomsoni)*

**geb. 1** ⟨Zeichen: *; Abk. für⟩ *geboren* **2** ⟨bei Preisangaben von Büchern Abk. für⟩ *gebunden*

**Gebäck** ⟨n. 11; Pl. selten⟩ *Kuchen, bes. kleines Backwerk*

**Gebälk** ⟨n. 11; Pl. selten⟩ **1** *Gesamtheit der Balken eines Gebäudes, bes. des Dachstuhls* **2** ◄ *Verbindung zwischen Säulen u. Dach, bes. am grch. Tempel* ◆es knistert, kracht im Gebälk ⟨fig.; umg.⟩ *die bestehende Ordnung (in einem Haus, einer Gemeinschaft) beginnt sich aufzulösen*

**Gebärde** ⟨f. 19⟩ *Bewegung, um etwas (Empfindung, Willen) auszudrücken;* → a. *Geste* ◆eine ausdrucksvolle, beruhigende, drohende Gebärde; sich durch Gebärden verständlich machen [< ahd. *gibarida* „Benehmen, Aussehen, Wesen"]

**gebärden** ⟨V. refl.; hat⟩ sich gebärden *sich betragen, sich verhalten* ◆sich wie ein Verrückter gebärden [→ *Gebaren*]

**Gebärdensprache** ⟨f. 19⟩ *Sprache, Verständigung durch Gebärden, Zeichensprache*

**Gebaren** ⟨n.; -s; unz.⟩ *Benehmen, Betragen, Verhalten* ◆geschäftliches Gebaren

**gebären** ⟨V. t. 142; hat⟩ **1** *zur Welt bringen* **2** ⟨fig.⟩ *hervorbringen, erschaffen, erzeugen* ◆ein Kind gebären; sie hat einen Jungen geboren; geboren sein *zur Welt gekommen sein;* lebendig gebärende Tiere *lebendige Junge zur Welt bringende Tiere;* → a. *geboren* [< ahd. *giberan*]

**Gebärmutter** ⟨f. 8u; Anat.⟩ *Hohlorgan der Säugetiere u. des Menschen, in dem sich das befruchtete Ei entwickelt;* Sy *Uterus*

**Gebärmuttervorfall** ⟨m. 1u; Med.⟩ *starke Gebärmuttersenkung, wobei sich die Gebärmutter vor den Scheideneingang verlagert*

**Gebäude** ⟨n. 13⟩ **1** *Bauwerk, Haus* (Fabrikgebäude, Schulgebäude, Wohngebäude) **2** ⟨fig.⟩ *Gefüge* (Gedankengebäude, Lehrgebäude, Lügengebäude) **3** *Aufbau, etwas Zusammengefügtes* ◆öffentliches, privates Gebäude [→ *bauen*]

**Gebäudekomplex** ⟨m. 1⟩ *mehrere zusammenstehende Gebäude*

**geben** ⟨V. 143; hat⟩ **I** ⟨V. t.⟩ **1** etwas geben **1.1** *gewähren, hergeben* **1.2** *ergeben, zum Ergebnis haben* **1.3** *bezahlen* (Geld) **1.4** *aufführen, veranstalten, stattfinden lassen* (Bankett, Konzert, Theaterstück, Vorstellung) **2** jmdm. etwas geben **2.1** *reichen, überreichen, hinreichen* **2.2** *in jmds. Besitz gelangen lassen, schenken* **2.3** ⟨Kart.; meist V. i.⟩ *austeilen* ◆(keine) **Antwort** geben *(nicht) antworten;* jmdm. einen **Auftrag** geben; einem Gedanken **Ausdruck** geben *einen Gedanken ausdrücken, in Worte fassen, mitteilen;* **Auskunft** geben; seine **Einwilligung** (zu) etwas geben *einwilligen (in etwas);* einem Kind die **Flasche** geben *es aus der Flasche trinken lassen;* ich gebe Ihnen eine **Frist** von zwei Tagen; jmdm. die **Hand** geben (zum Gruß); jmdm. einen **Kuss** geben *jmdn. küssen;* sich **Mühe** geben *sich bemühen;* jmdm. die **Schuld** (an etwas) geben; jmdm. einen **Stoß,** einen Tritt geben; jmdm. das **Versprechen** geben, etwas zu tun *versprechen;* ich gebe dir mein **Wort,** dass ich es tue *ich verspreche es dir;* jmdm. ein **Zeichen** geben ◆jmdm. zu **essen** geben; sich jmdm. zu **erkennen** geben *ihm sagen, wer man ist;* jmdm. etwas zu **verstehen** geben *mit vorsichtigen Worten sagen, andeuten* ◆ich kann ihnen die Ware nicht **billiger** geben *überlassen, verkaufen;* jmdn. **verloren** geben *nicht mehr auf jmds. Genesung od. auf das Wiederfinden eines Vermissten hoffen* ◆viel, wenig **auf** etwas geben *viel, wenig von etwas halten;* ein Manuskript **in** Druck geben *drucken lassen;* keinen Laut od. Ton **von** sich geben *nichts sagen, sich ganz still verhalten* ◆**was** wird das geben? *was wird daraus werden?* ◆etwas als gegeben ansehen *so tun, als ob es so wäre;* etwas für gegeben nehmen *so tun, als habe man es bekommen;* im gegebenen Fall *in diesem Fall, falls dieser Fall eintritt* **II** ⟨unpersönl.⟩ **1** *bestehen, vorhanden sein, existieren* **2** *geschehen, vorkommen* ◆gibt es jemanden, der mir helfen kann?; es gibt **Fälle,** in denen man anders handeln muss; wenn du das tust, wird es ein **Unglück** geben; hier gibt es keine **Wölfe** mehr *hier sind die Wölfe ausgestorben* ◆gibt es denn heute so **etwas** noch? ◆**was** gibt's? *was ist los?* **III** ⟨V. refl.⟩ sich geben **1** *aufhören, sich bessern* (Krankheit, Zustand) **2** *sich ergeben, sich unterwerfen* **3** *sich verhalten, sich benehmen* ◆das wird sich schon geben; die **Schmerzen** haben sich mit der Zeit gegeben ◆sich **gefangen** geben *sich gefangen nehmen lassen;* sie gibt sich ganz **unbefangen** [< ahd. *geban,* engl. *give;* verwandt mit *Gabe, Gift*]

GEBETSMÜHLE: IM INNEREN PAPIERSTREIFEN MIT MANTRAS

GEBETSTEPPICH: ANATOLISCHER GEBETSTEPPICH DES 19. JH.

**Gebet** ⟨n. 11; Rel.⟩ *Anrufung Gottes, Bitte zu Gott* ◆das Gebet des Herrn *das Vaterunser;* ein Gebet sprechen, verrichten, zum Himmel schicken; jmdn. ins Gebet nehmen ⟨fig.⟩ *jmdm. ins Gewissen reden; jmdn. eindringlich ermahnen, befragen, jmdm. zureden* [< ahd. *gibet;* → *bitten*]

**Gebetsmantel** ⟨m. 5u; jüd. Rel.⟩ *ursprünglich Mantel mit Kapuze, dann Umhang mit Kapuze, heute Schal, den sich jüdische Gläubige beim öffentlichen Gottesdienst um die Schultern legen*

**Gebetsmühle** ⟨f. 19; Rel.⟩ ▲ *Gefäß, das mit auf Papierstreifen geschriebenen od. gedruckten Gebeten gefüllt ist u. durch Schwenken od. Drehen mittels Hebels in Bewegung versetzt wird, jede Umdrehung soll dem Hersagen der Gebete entsprechen*

**Gebetsnische** ⟨f. 19; islam. Rel.⟩ ► = *Mihrab*

**Gebetsriemen** ⟨m. 4; jüd. Rel.⟩ *von den jüdischen Gläubigen beim Gebet um die Stirn u. den linken Arm getragener Riemen, an dem zwei Kapseln mit Bibeltexten befestigt sind*

**Gebetsteppich** ⟨m. 1; islam. Rel.⟩ ▲ *kleiner Teppich, auf dem die Mohammedaner beim Gebet knien, meist mit Darstellung einer Gebetsnische in der Mitte*

**Gebiet** ⟨n. 11⟩ **1** *Hoheits-, Herrschaftsbereich* (Staatsgebiet) **2** *Landschaftsbereich, Zone, Fläche* (Bergbaugebiet, Ruhrgebiet) **3** ⟨fig.⟩ *Sachbereich, Fach* ◆ große Gebiete des **Landes** sind noch nicht bebaut; das Gebiet der **Naturwissenschaften;** das Gebiet einer **Stadt** ◆ ein Gebiet **beherrschen** ⟨fig.⟩ ◆ **auf** diesem Gebiet bin ich nicht bewandert; auf politischem Gebiet verhält es sich anders; **in** das (Ruhr-)Gebiet reisen, ziehen [< *gebiet(e)* (13. Jh.) „Befehl“, dann „Befehlsbereich, Bereich“; → *bieten*]

**gebieten** ⟨V. 110; hat⟩ **I** ⟨V. t.⟩ jmdm. etwas gebieten *befehlen, von jmdm. etwas verlangen* ◆ der Ernst der Lage gebietet, dass wir ...; jmdm. od. einer Sache Einhalt gebieten *weiteres Wirken verhindern;* Ruhe, Schweigen gebieten; es erscheint geboten, sich zu beeilen **II** ⟨V. i.⟩ **1** *herrschen* **2** *bestimmen, den Oberbefehl, die Gewalt haben* ◆ hier gebiete ich!; über ein Land, eine Truppe gebieten [< *ge... + bieten*]

**gebieterisch** ⟨Adj.⟩ *in der Art eines Gebieters, befehlend, herrisch, keinen Widerspruch duldend* ◆ die Not, die Notwendigkeit fordert gebieterisch, dass ...; in gebieterischem Ton sprechen

**Gebilde** ⟨n. 13⟩ **1** *etwas Geformtes, Gestaltetes* **2** *Erzeugnis* **3** *Gegenstand von unbestimmter, nicht näher zu bezeichnender Form* ◆ ein merkwürdiges, seltsames Gebilde; ein neues Gebilde erschaffen [→ *bilden*]

**gebildet** ⟨Adj.⟩ *kenntnisreich u. wohlerzogen, kultiviert* ◆ die gebildete Klasse; ein gebildeter Mensch; er ist sehr gebildet

**Gebinde** ⟨n. 13⟩ **1** *etwas Zusammengebundenes* **2** *Kranz, Strauß* **3** *Getreidegarbe* **4** *Garnbündel von bestimmter Fadenlänge, Teil einer Strähne* **5** *größeres Fass* **6** *Fass, Behälter* **7** *Garnmaß, bestimmt durch 80 Windungen von 1,5 Yard Umfang, die beim Weifen od. Haspeln entstehen* **8** *Dachsparrenpaar* **9** *zusammenhängende Reihe von Dachschiefern* ◆ ein Gebinde von Ähren, Blumen

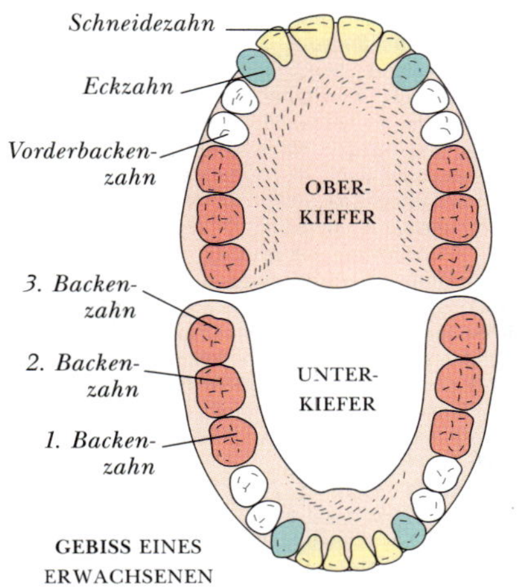


GEBISS EINES ERWACHSENEN MENSCHEN

**Gebirge** ⟨n. 13⟩ **1** ▼ *zusammenhängende Gruppe von Bergen u. Tälern* (Hochgebirge, Mittelgebirge) **2** ⟨Bgb.; Geol.⟩ *größere, der Form u. Entstehung nach zusammengehörige Gesteinsmassive* **3** ⟨fig.⟩ *aufgeschichtete, aufgetürmte Menge von Dingen* ◆ ins Gebirge fahren, reisen; den Urlaub im Gebirge verbringen [→ *Berg*]

**Gebirgspass** ⟨m. 1u⟩ *das Gebirge quer durchschneidendes Tal, das als Übergang benutzt werden kann, Pass*

**Gebiss** ⟨n. 11⟩ **1** ▲ *Gesamtheit der Zähne* **2** *künstl. Zahnreihe* **3** *Mundstück am Pferdezaum* ◆ ein Gebiss haben *künstl. Zähne*

**geblümt** ⟨Adj.⟩ *mit Blumenmuster verziert*

**geboren** ⟨Adj.; Abk.: geb.; Zeichen: *⟩ *zur Welt gekommen* ◆ geborener Deutscher *jmd., der als Deutscher zur Welt gekommen ist;* er ist der geborene Erzähler ⟨fig.⟩ *er hat eine besondere Begabung zum Erzählen*

**Geborgenheit** ⟨f. 20; unz.⟩ *das Geborgensein, Behütetsein, Sicherheit*

**Gebot** ⟨n. 11⟩ **1** *Befehl, Anordnung, Verordnung* **2** *(moral.) Grundgesetz* **3** *Preisangebot* ◆ es ist ein Gebot der **Höflichkeit,** Menschlichkeit, Nächstenliebe, dies zu tun; das Gebot der **Stunde** *die augenblickl. Notwendigkeit* ◆ ein Gebot **beachten,** missachten, übertreten ◆ die **Zehn** Gebote ⟨bibl.⟩ *Moses' Gesetzestafeln* [→ *bieten*]

**Gebrauch** ⟨m. 1u⟩ **1** *Brauch, Sitte, Gewohnheit* **2** *das Gebrauchen* **3** *Benutzung, Anwendung* ◆ **Sitten** und Gebräuche ◆ sie kaufte den Computer **für** den eigenen Gebrauch; einen Gegenstand lange, noch nicht lange **in** Gebrauch haben; in Gebrauch kommen *üblich werden;* die Flasche **nach** Gebrauch gut verschließen; **von** etwas Gebrauch machen *etwas benutzen, anwenden;* der Dieb machte von seiner Schusswaffe Gebrauch

**gebrauchen** ⟨V. t.; hat⟩ *Gebrauch machen von, benutzen, verwenden* ◆ das kann ich gut, nicht gebrauchen; das ist nicht zu gebrauchen; gebrauchte Bücher *schon benutzte Bücher, Bücher aus zweiter Hand*

**gebräuchlich** ⟨Adj.⟩ *üblich, herkömmlich, allgemein verbreitet* ◆ eine gebräuchliche Redensart; das ist in dieser Region nicht gebräuchlich

**Gebrauchsanweisung** ⟨f. 20⟩ *Anweisung für den Gebrauch (einer Arznei, eines Gerätes)* ◆ die Gebrauchsanweisung für seine neue Digitalkamera war sehr unverständlich

**gebrechen** ⟨V. i. 116; hat; unpersönl.; geh.⟩ *fehlen, mangeln* ◆ es gebricht ihm am nötigen Mut, das hohe Risiko auf sich zu nehmen; dem Unternehmen gebricht es an einer straffen Führung [→ *brechen*]

**Gebrechen** ⟨n. 14⟩ *körperl. Fehler, Schaden* ◆ ein Gebrechen haben; mit einem Gebrechen behaftet sein

**gebrechlich** ⟨Adj.⟩ **1** *hinfällig, altersschwach, kränklich* **2** ⟨fig.⟩ *unvollkommen, mangelhaft, labil* ◆ alt und gebrechlich sein

G

## GEBIRGE

Gebirge können auf drei verschiedene Arten entstehen, die aber immer aus der Bewegung der tektonischen Platten in der Erdkruste resultieren. Die meisten Gebirge werden aufgefaltet, weil zwei Platten aufeinander stoßen und dabei gegeneinander drücken. An Plattengrenzen auftretende vulkanische Gebirge bestehen aus Ergussgesteinen, die sich aus eruptiv ausgetretener Lava, Asche und Geröll bilden. Bei den Bruchschollengebirgen wird ein Stück der Erdoberfläche zwischen zwei Verwerfungen hochgepresst.

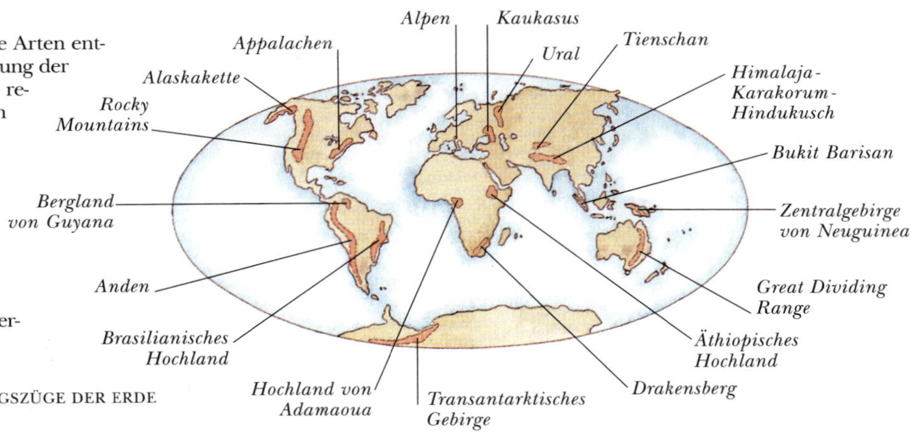


GEBIRGSZÜGE DER ERDE

## DIE WICHTIGSTEN GEBIRGSTYPEN

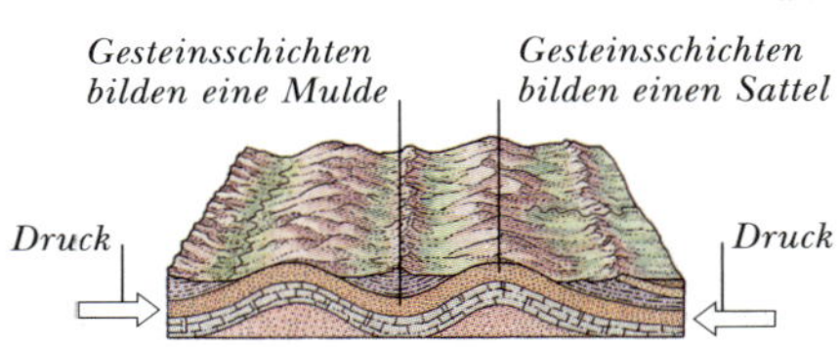


FALTENGEBIRGE
► *Falten*

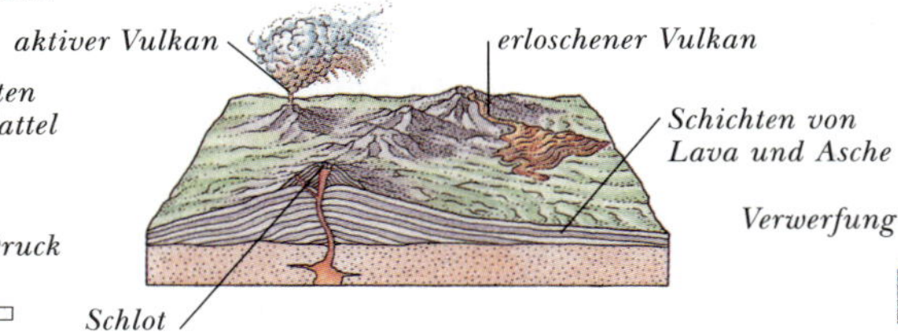


VULKANISCHES GEBIRGE
► *Vulkane*

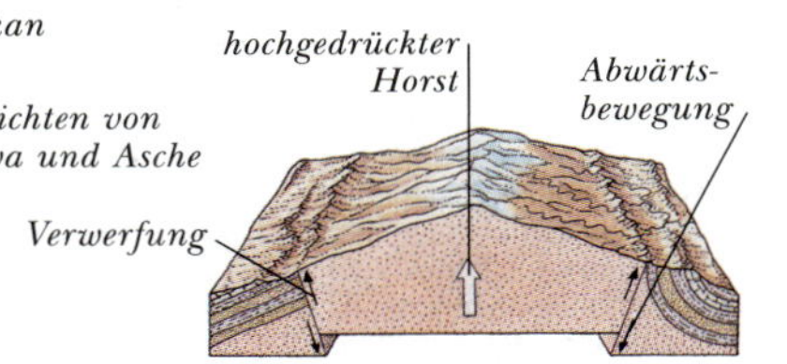


BRUCHSCHOLLENGEBIRGE
► *Verwerfungen*

**Gebühr** ⟨f. 20⟩ **I** ⟨unz.⟩ **1** *Schuldigkeit* **2** *Angemessenheit, Schicklichkeit* ♦ jmdn. nach Gebühr bestrafen, belohnen *wie es sich gehört;* jmdn. über Gebühr beanspruchen, fordern *mehr, als sich gehört* **II** ⟨zählb.⟩ **1** *öffentl. Abgabe* (Postgebühr, Rundfunkgebühr, Telefongebühr) **2** *Kosten* **3** *Vergütung für geleistete Dienste* (Anwaltsgebühr) ♦ eine Gebühr entrichten, bezahlen [→ *gebühren*]

GECKO: TOKEE
*(Gekko gecko)*

**gebühren** ⟨V.; hat⟩ **I** ⟨V. i.⟩ *(nach Recht od. Verdienst) zukommen, zustehen* ♦ es gebührt mir nicht, ihm Vorschriften zu machen; ihm gebührt höchste Ehre, hohes Lob; gebührend *angemessen (nach Sitte od. Verdienst), verdient;* jmdm. die gebührende Achtung, den gebührenden Respekt entgegenbringen **II** ⟨V. refl.; unpersönl.⟩ sich gebühren *sich gehören, angemessen, schicklich sein* ♦ wie es sich gebührt [< ahd. *giburian* < *burjan, burren* „erheben"]

**gebührenpflichtig** ⟨Adj.⟩ *mit der Verpflichtung verbunden, eine Gebühr zu zahlen, nicht kostenlos* ♦ gebührenpflichtige Verwarnung

**Geburt** ⟨f. 20⟩ **1** *das Geborenwerden* **2** *Ausstoßung der lebensfähigen Leibesfrucht aus dem Mutterleib, Entbindung* **3** ⟨fig.⟩ *das Hervorbringen, Erzeugung, Entstehung* **4** *Erzeugnis, Hervorgebrachtes* **5** *Herkunft, Abstammung* ♦ die Geburt einer **Idee;** die Geburt eines **Kindes;** „Miss Sara Sampson" von Lessing bezeichnet die Geburt des bürgerlichen **Trauerspiels** ♦ eine **leichte,** schwere Geburt; das war eine **schwere** Geburt ⟨fig.; umg.⟩ *eine harte Arbeit, eine große Anstrengung, Mühe* ♦ er ist **von** Geburt Deutscher, Ire [< ahd. *giburt,* engl. *birth*]

**Geburtenkontrolle** ⟨f. 19; unz.⟩ *Kontrolle der Empfängnis u. damit verbundene Geburtenregelung*

**gebürtig** ⟨Adj.⟩ *geboren* ♦ er ist gebürtiger Berliner; ich bin aus Hamm gebürtig *bin in Hamm geboren, stamme aus Hamm*

**Geburtshelfer** ⟨m. 3; Med.⟩ **1** *männliche Person, die in der Geburtshilfe ausgebildet ist* (Berufbez.); → a. *Hebamme* **2** *Geburtshilfe leistender Arzt*

**Geburtshelferkröte** ⟨f. 19; Zool.⟩ ► *etwa 5 cm große Kröte, deren Männchen sich die in langen Schnüren vom Weibchen abgelegten Eier um die Hinterbeine wickelt: Alytes obstetricans;* → a. *Kröten*

**Geburtshilfe** ⟨f. 19; unz.; Med.⟩ **1** *fachmänn. Hilfe bei der Geburt* **2** *Lehre von der Schwangerschaft u. Geburt* ♦ Geburtshilfe leisten

**Geburtsmal** ⟨n. 11⟩ = *Muttermal*

**Geburtstag** ⟨m. 1⟩ *Jahrestag der Geburt* ♦ er hat seinen 90. Geburtstag noch, nicht mehr erlebt; er feiert heute Geburtstag; zur Feier meines Geburtstages; alles Gute, herzlichen Glückwunsch zum Geburtstag!; jmdm. zum Geburtstag gratulieren

**Geburtsurkunde** ⟨f. 19⟩ *vom Standesamt ausgestellte Urkunde über Vor- u. Familiennamen des Neugeborenen u. seiner Eltern, Tag u. Ort der Geburt sowie Wohnort u. Religion der Eltern*

**Geburtswehen** ⟨Pl.⟩ *Wehen, Schmerzen bei der Geburt (Entbindung)*

**Gebüsch** ⟨n. 11; unz.⟩ *mehrere dicht zusammenstehende Büsche* [→ *Busch*]

**Geck** ⟨m. 16⟩ **1** *jmd., der übertriebenen Wert auf modische Kleidung legt, Modenarr, eitler, gefallsüchtiger Mensch, Stutzer* **2** ⟨veraltet; noch regional⟩ *Narr* **3** ⟨Seemannsspr.⟩ *Schornsteinhaube* **4** *Pumpenstange, an der der Schwengel befestigt ist* **5** ⟨nordwestdt.⟩ *Abstellbank* **6** *Maßholz* **7** *Giebelverzierung am Bauernhaus* [< mnddt. *geck* „Narr"; lautmalende Ironisierung der Sprache des Gecken]

**Gecko** ⟨m. 6; Zool.⟩ ◄ *kleine, gedrungene, abgeplattete Echse mit großem Kopf, großen Augen u. dickem Schwanz, Haftzeher: Gekkonidae;* ► *Echsen* [< ndrl. *gekko* < lautmalend *gekok* (nach seinen auffälligen Kehllauten)]

**Gedächtnis** ⟨n. 11⟩ **1** *Fähigkeit, sich Gesehenes, Gehörtes, Gelesenes, Erlebtes zu merken u. sich später daran zu erinnern, Erinnerungsvermögen* **2** *Andenken, Erinnerung* ♦ ich will mein Gedächtnis nicht mit diesen Kleinigkeiten **belasten;** wenn mich mein Gedächtnis nicht **trügt** ♦ ein **gutes,** schlechtes, ⟨umg.⟩ kurzes Gedächtnis haben ♦ ein Gedicht **aus** dem Gedächtnis hersagen *auswendig;* jmdn. od. etwas **im** Gedächtnis behalten *sich an jmdn. od. etwas (gerne) erinnern;* **zu** seinem Gedächtnis *zu seinem (ehrenden) Andenken;* ein Mahnmal zum Gedächtnis an die Gefallenen [→ *denken, gedenken*]

**Gedächtniskunst** ⟨f. 7u; unz.⟩ *Kunst, das Gedächtnis durch Gedächtnishilfen zu pflegen u. zu üben, Mnemotechnik*

**Gedächtnisschwund** ⟨m. 1; unz.; Med.⟩ *völliger Verlust des Gedächtnisses durch Erkrankung der grauen Hirnrinde (bei Geisteskrankheiten, Epilepsie usw.)*

**Gedächtnisstörung** ⟨f. 20⟩ *vorübergehende Störung des Gedächtnisses (bei Erschöpfung od. Gehirnkrankheiten)*

**Gedanke** ⟨m. 26⟩ **1** *Vorgang, Inhalt od. Ergebnis des Denkens* **2** *geistige Vorstellung* **3** *Einfall, Idee* **4** *Plan, Absicht* ♦ **abschweifen:** ihre Gedanken schweiften ab; einen Gedanken **aufgreifen;** mit jmdm. Gedanken **austauschen;** da **kam** mir ein Gedanke; sich (über etwas) Gedanken **machen** *sich (um etwas) sorgen, besorgt sein;* seinen Gedanken **nachhängen** *nachdenklich sein;* seine Gedanken **sammeln; sein:** das ist ein (guter) Gedanke!; Gedanken sind frei *jeder kann denken, was er will* ♦ **eigene** Gedanken haben, entwickeln; **kein** Gedanke (daran)! ⟨umg.⟩ *aber nein!, keine Spur!;* ein **kluger,** neuer, vernünftiger, verrückter Gedanke; **quälende,** schwere Gedanken plagten ihn; da kam mir ein **rettender** Gedanke ♦ jmdn. **auf** den Gedanken bringen, etwas zu tun; ins Kino gehen, um auf andere Gedanken zu kommen; hoffentlich kommt er nicht auf dumme Gedanken *hoffentlich stellt er nichts Dummes an;* auf den Gedanken verfallen, zu ... *den (abwegigen) Einfall haben, zu ...;* sich **mit** einem Gedanken befreunden; er kam mit dem Gedanken, uns zu helfen *er kam in der Absicht;* **über** diese Sache habe ich meine eigenen Gedanken *meine eigene unabhängige Meinung*

**Gedankenfreiheit** ⟨f. 20; unz.⟩ *Freiheit des Denkens* ♦ geben Sie Gedankenfreiheit! *(berühmt gewordene Forderung des Marquis Posa an Philipp II. von Spanien in Schillers „Don Carlos", 3,10)*

**Gedankengang** ⟨m. 1u⟩ *auf ein Ziel gerichtete Gedankenfolge* ♦ logischer, vernünftiger Gedankengang

**gedankenlos** ⟨Adj.⟩ *zerstreut, unachtsam, unaufmerksam*

**Gedankenstrich** ⟨m. 1; Zeichen: –⟩ *Satzzeichen für Unterbrechung, Pause, auch anstelle von Klammern, um die Einschaltung eines Gedankens zu kennzeichnen*

**gedankenverloren** ⟨Adj.⟩ *in Gedanken vertieft, in Nachdenken versunken, geistesabwesend*

**Gedankenwelt** ⟨f. 20; unz.⟩ *Gesamtheit der Vorstellungen, Gedanken, des Denkens (eines Menschen od. Volkes)* ♦ die Gedankenwelt eines Dichters

**gedanklich** ⟨Adj.⟩ **1** *das Denken betreffend, auf ihm beruhend* **2** *begrifflich, unwirklich, nur vorgestellt, nur in Gedanken existierend* ♦ eine gedankliche Leistung

**Gedeck** ⟨n. 11⟩ **1** *Essbesteck u. Serviette für die Mahlzeit einer Person* **2** *feste Speisenfolge (im Gasthaus, für eine Person), Menü*

**gedeihen** ⟨V. i. 144; ist⟩ **1** *sich gut entwickeln, wachsen u. knospen* (Pflanzen) **2** *wachsen u. zunehmen* (Kind, Tier) **3** *vorwärts gehen, vorankommen, fortschreiten* (Unternehmen) ♦ gut, prächtig gedeihen; die Pflanze will nicht recht gedeihen; die Sache ist so weit gediehen, dass ... [< ahd. *(gi)dihan*]

**Gedenkausgabe** ⟨f. 19⟩ *Sonderausgabe einer Briefmarke zur Erinnerung an eine Person od. ein Ereignis*

**gedenken** ⟨V. i. 119; hat; mit Gen.⟩ **1** jmds. od. einer Sache gedenken *sich an jmdn. od. eine Sache erinnern, an ihn, an sie denken* **2** etwas zu tun gedenken *vorhaben, beabsichtigen* **3** jmds. od. einer Sache mit einigen Worten gedenken *jmdn. od. eine Sache erinnernd erwähnen* ♦ ich gedenke morgen abzureisen

**Gedenkstätte** ⟨f. 19⟩ *Ort, an dem zum Andenken an eine Persönlichkeit od. ein Ereignis ein Denkmal errichtet worden ist od. Gebrauchsgegenstände des Betreffenden, Schriftstücke usw. ausgestellt sind*

**Gedenkstunde** ⟨f. 19⟩ *Feierstunde zum Gedenken an eine tote Person od. ein Ereignis*

**Gedenktafel** ⟨f. 21⟩ *Tafel zum Andenken an jmdn. od. ein Ereignis*

**Gedenktag** ⟨m. 1⟩ *Tag, an dem jmds. od. eines Ereignisses bes. gedacht wird, Jahrestag*

**Gedicht** ⟨n. 11⟩ **1** ⟨Lit.⟩ *Sprachkunstwerk in Versen* **2** ⟨umg.⟩ *etwas bes. Schönes, etwas bes. Gutes* ♦ ein Band Gedichte; ein Gedicht aufsagen, auswendig lernen, vortragen; dein Abendessen war ein Gedicht ⟨umg.⟩

GEBURTSHELFERKRÖTE (MÄNNCHEN)
*(Alytes obstetricans)*

**gediegen** ⟨Adj.⟩ **1** *rein, lauter, echt* **2** *nicht an andere Elemente gebunden* (Metall, bes. Gold) **3** *haltbar, dauerhaft, sorgfältig* (handwerkliche Arbeit) **4** ⟨fig.⟩ *zuverlässig, solide, rechtschaffen* (Charakter) **5** *fundiert, stichhaltig* (Wissen) [< mhd. *gedigen* „ausgewachsen, fest, lauter" < ahd. *gidigan*]

**Gedränge** ⟨n.; -s; unz.⟩ **1** *Drängen, Gedrängtwerden* **2** *dichte Menschenmasse* (Menschengedränge) ♦ es herrschte ein großes Gedränge; jmdn. im Gedränge aus den Augen verlieren; ins Gedränge kommen ⟨fig.⟩ *in Schwierigkeiten geraten, in die Enge getrieben werden*

**gedrückt** ⟨Adj.; fig.⟩ *niedergeschlagen* ♦ sie sah sehr gedrückt aus; → a. *drücken*

**gedrungen** ⟨Adj.⟩ *untersetzt, klein u. stämmig* (Gestalt, Wuchs)

**Geduld** ⟨f.; -; unz.⟩ **1** *die Fähigkeit, warten zu können, Ausdauer* **2** *Langmut, Nachsicht* ◆ **ausgehen:** mir geht die Geduld aus; bitte **haben** Sie noch etwas Geduld!; jetzt **reißt** mir aber die Geduld! *jetzt werde ich ungeduldig;* die Geduld **verlieren** ◆ **himmlische** ⟨fig.⟩, **viel,** wenig, keine Geduld haben ◆ jmds. Geduld **auf** die Folter spannen *jmdn. neugierig machen u. dann warten lassen;* jmds. Geduld auf eine harte Probe stellen *ihn sehr lange warten lassen;* sich **in** Geduld fassen, üben *geduldig sein, geduldig abwarten;* **zu** dieser Tätigkeit gehört viel Geduld [→ *dulden*]

**gedulden** ⟨V. refl.; hat⟩ sich gedulden *Geduld haben, ruhig (ab)warten* ◆ sich noch ein paar Tage gedulden; können Sie sich bitte noch etwas gedulden?

**geduldig** ⟨Adj.⟩ *Geduld habend, ausdauernd, gleich bleibend ruhig u. nachsichtig* ◆ Krankheit, Leid usw. geduldig ertragen; geduldig warten; geduldig etwas über sich ergehen lassen [→ *dulden*]

**Geduldsfaden** ⟨m. 4u; Sinnbild für⟩ *Geduld* ◆ jetzt reißt mir der Geduldsfaden ⟨fig.⟩ *jetzt verliere ich die Geduld*

**Geduldsprobe** ⟨f. 19⟩ *Bewährungsprobe für die Geduld* ◆ es war eine harte Geduldsprobe für mich *ich musste sehr lange, fast unerträglich lange warten;* jmdn. auf eine (harte) Geduldsprobe stellen *jmdn. (sehr) lange warten lassen*

**Geduldsspiel** ⟨n. 11⟩ **1** *Spiel, das Ausdauer u. Geschicklichkeit (besonders der Hände) verlangt* **2** ⟨fig.⟩ *anspruchsvolle, komplexe Tätigkeit, die Geduld, Nachsicht erfordert* ◆ ihre Zusammenarbeit war ein reines Geduldsspiel ⟨fig.⟩

**gedunsen** ⟨Adj.⟩ *aufgedunsen, aufgequollen, schwammig* [Part. zu ausgestorbenem mhd. *dinsen* „sich ausdehnen" < ahd. *dinsan*]

**geeignet** ⟨Adj.⟩ *passend, in Frage kommend, verwertbar* ◆ geeignete Maßnahmen ergreifen; für etwas gut, schlecht, nicht geeignet sein [→ *(sich) eignen*]

**Geest** ⟨f. 20⟩, **Geestland** ⟨n. 12u; unz.; Geol.⟩ *hoch gelegenes, trockenes Küstenland;* Ggs *Marsch*[2] [< mnddt. *gest;* zu Adj. *gest* „unfruchtbar, trocken, hoch"]

**Gefach** ⟨n. 12u; Arch.⟩ ▼ *Gefüge von Fächern, Fachwerk*

**Gefahr** ⟨f. 20⟩ *drohender Schaden, drohendes Unheil* ◆ eine Gefahr **abwehren,** abwenden, bekämpfen, heraufbeschwören, herausfordern; jmdn. od. sich einer Gefahr **aussetzen;** es **besteht** die Gefahr, dass ...; ihm **droht** keine Gefahr; er **scheut** keine Gefahren ◆ die **augenblickliche** Gefahr war vorüber; **drohende,** große, schreckliche Gefahr ◆ ich muss noch einmal umkehren, **auf** die Gefahr hin, dass wir zu spät kommen *auch wenn;* Benutzung der Seilbahn auf eigene Gefahr *bei einem Unfall muss der Schaden selbst getragen werden* [< mhd. *gevare* „Hinterlist, Betrug, böse Absicht"; zu mhd. *vare,* ahd. *fara* „Nachstellung, Gefährdung"]

**gefährden** ⟨V. t.; hat⟩ *in Gefahr bringen, aufs Spiel setzen* ◆ sein Leben gefährden

**Gefährdung** ⟨f. 20⟩ *das Gefährden, Bedrohung, das Gefährdetsein* ◆ (sittliche) Gefährdung der Jugend

**Gefahrenherd** ⟨m. 1⟩ *Stelle, von der immer wieder Gefahren ausgehen*

**gefährlich** ⟨Adj.⟩ **1** *Gefahr bringend, gefahrvoll* **2** *unheilvoll* **3** *gewagt, bedenklich* (Abenteuer, Unternehmen) **4** *das Leben bedrohend* ◆ ein gefährlicher Gegner; eine gefährliche Krankheit, Wunde, Waffe; das ist nicht, sehr, ziemlich gefährlich

**Gefährt** ⟨n. 11; geh.⟩ *Fuhrwerk, Fahrzeug* ◆ mit einem auffälligen Gefährt unterwegs sein [→ *Fahrt, fahren*]

**Gefährte** ⟨m. 17⟩ **1** *jmd., mit dem man viel zusammen ist, Freund, Kamerad, Begleiter* (Spielgefährte, Wandergefährte) **2** *Ehepartner* (Lebensgefährte) [< ahd. *giferto* „Fahrtgenosse"; → *Fahrt, fahren*]

**Gefälle** ⟨n. 13; unz.⟩ **1** *Höhenunterschied, Senkung innerhalb einer bestimmten Entfernung* **2** Gefälle ⟨Pl.; früher⟩ *an Grund u. Boden gebundene Abgabe, Grundlast* ◆ die Straße hat ein Gefälle von 3 % *von 3 m innerhalb von 100 m*

**gefallen I** ⟨V. 131; hat⟩ *angenehm sein, zusagen, anziehend sein* ◆ das Theaterstück, der Schauspieler hat (den Zuschauern) gefallen; er, sie, es gefällt mir; hier gefällt es mir; sich etwas gefallen **lassen** *etwas geduldig ertragen, etwas widerspruchslos hinnehmen;* das lasse ich mir nicht gefallen! *das dulde ich nicht;* er **will** allen gefallen, und das ist unmöglich ◆ das gefällt mir **ausgezeichnet,** besser, gut, nicht ◆ mir gefällt **an** ihm besonders sein Frohsinn ◆ **was** gefällt dir am besten? **II** ⟨V. refl.⟩ sie gefällt sich in boshaften Bemerkungen; sie gefällt sich darin, andere zu demütigen [< ahd. *gifallan* „zufallen, zuteil werden"; aus dem Würfelspiel: < mhd. *ez gevellet mir wol* „das Los, die Würfel fallen mir günstig"]

**Gefallen I** ⟨n. 14; unz.⟩ **1** *Freude, Wohlgefallen* **2** ⟨fig.⟩ *Geschmack* ◆ an etwas Gefallen finden, haben; ihm zu Gefallen *ihm zuliebe* **II** ⟨m. 4⟩ *Gefälligkeit, Freundschaftsdienst* ◆ jmdm. einen Gefallen tun [→ *gefallen*]

**gefällig** ⟨Adj.⟩ **1** *gern eine Gefälligkeit erweisend, zuvorkommend, hilfsbereit, stets bereit, anderen einen Gefallen zu tun* **2** *angenehm, ansprechend, erfreulich* (von Sachen) ◆ eine gefällige Form haben; gefällige Musik *leicht ins Ohr gehende Musik*

**Gefälligkeit** ⟨f. 20⟩ **I** ⟨unz.⟩ *das Gefälligsein, Entgegenkommen, Hilfsbereitschaft* ◆ jmdm. seine Gefälligkeit beweisen; ich danke Ihnen für Ihre Gefälligkeit **II** ⟨zählb.⟩ *Gefallen, Freundschaftsdienst, kleine Hilfeleistung* ◆ jmdm. eine Gefälligkeit, kleine Gefälligkeiten erweisen

**gefälligst** ⟨Adv.; umg.⟩ *(Ausdruck des unwilligen, dringenden Verlangens, Forderns)* ◆ benimm dich gefälligst anständig!

**Gefangene(r)** ⟨f. 30 (m. 29)⟩ *jmd., der gefangen genommen worden ist* (Kriegsgefangene(r)), *Festgenommener, Häftling, Sträfling* (Strafgefangene(r), Untersuchungsgefangene(r)) ◆ die Gefangenen austauschen

GEFACH IN EINEM DEUTSCHEN FACHWERKHAUS

**Gefangennahme** ⟨f. 19; unz.⟩ **1** *das Gefangennehmen, Gefangengenommenwerden, Verhaftung, Festnahme* **2** ⟨Mil.⟩ *Festnahme und Entwaffnung*

**Gefangenschaft** ⟨f. 20; unz.⟩ *Zustand der äußeren Unfreiheit, Haft* (Kriegsgefangenschaft, Strafgefangenschaft) ◆ in Gefangenschaft, während der Gefangenschaft; in Gefangenschaft geraten ⟨Mil.⟩

**Gefängnis** ⟨n. 11⟩ **1** *Anstalt für Häftlinge u. Sträflinge* **2** *Gefängnisstrafe* ◆ fünf Jahre Gefängnis bekommen; jmdn. ins Gefängnis bringen; im Gefängnis sitzen [→ *fangen*]

## GEFÄSSVERENGUNG UND GEFÄSSERWEITERUNG

Die Erweiterungen und Verengungen der Blutgefäße durch verschiedene Spannungszustände der glatten Gefäßmuskeln werden auch vasomotorische Reaktionen genannt. Diese erfolgen unter Einfluss der Gefäßnerven, des Sympathikus (verengend) und des Parasympathikus (erweiternd).

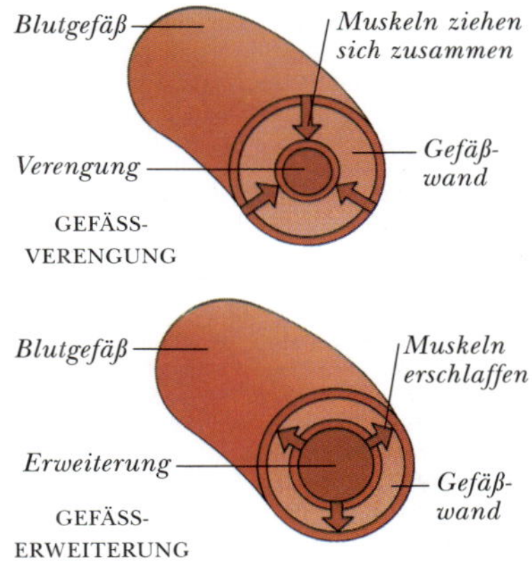


**Gefäß** ⟨n. 11⟩ **1** ⟨allg.⟩ *Behälter zum Aufbewahren (bes. von Flüssigkeiten od. körnigem Material), Eimer, Glas, Topf, Vase usw.* **2** ⟨Anat.⟩ *Ader, Lymphgefäß* **3** ⟨Bot.⟩ = *Leitbündel* **4** ⟨Sp.⟩ *Handschutz (Korb) an Degen u. Säbel* ◆ die Gefäße erweitern, verengen ⟨Med.⟩; Blumen in ein Gefäß mit Wasser stellen [< mhd. *geveze* „Schmuck, Ausrüstung; Ess- u. Trinkgeschirr"; → *fassen, Fass*]

**Gefäßchirurgie** ⟨[-çir-] f. 19; unz.; Chir.⟩ *Zweig der Chirurgie, der sich mit der operativen Behandlung von Erkrankungen der Gefäße befasst*

**Gefäßerweiterung** ⟨f. 20; Med.⟩ ▲ *Erweiterung der Blutgefäße*

**Gefäßklemme** ⟨f. 19; Med.⟩ *chirurgische Zange zum Abbinden blutender Gefäße*

**Gefäßnerv** ⟨m. 23 od. fachsprachl.: m. 16; Anat.⟩ *jeder der Nerven des vegetativen Nervensystems, die alle Blutgefäße versorgen*

**Gefäßsystem** ⟨n. 11; Zool.⟩ *Hohlraumsystem im Körper hoch entwickelter Tiere, in dem eine Flüssigkeit (Blut) strömt, die dem Stofftransport dient*

**Gefäßverengung** ⟨f. 20; Med.⟩ ▲ *Verengung der Blutgefäße*

**Gefecht** ⟨n. 11; Mil.⟩ *Kampf kleiner feindl. Truppen* ◆ jmdn. außer Gefecht setzen *kampfunfähig machen;* ⟨fig.⟩ *unwirksam machen;* ein Argument, einen Beweis ins Gefecht führen *anführen (im Disput);* im Eifer, in der Hitze des Gefechts ⟨fig.⟩ *im Übereifer, in der Erregung*

**Gefechtskopf** ⟨m. 1u; Mil.⟩ ► *Vorderteil eines Torpedos, einer Granate od. Rakete mit Sprengladung u. Zünder*

**Gefechtsstand** ⟨m. 1u; Mil.⟩ *Platz des Kommandeurs u. seines Stabes während des Gefechts*

**gefeit** ⟨Adj.; geh.⟩ *geschützt, fest, bewahrt, sicher (nach altem Volksglauben durch Zauber)* ◆ gegen eine Versuchung gefeit sein ⟨fig.⟩

**Gefieder** ⟨n. 13; unz.⟩ *Federkleid (der Vögel)* [→ *Feder*]

**gefiedert** ⟨Adj.⟩ **1** *mit Federn versehen* **2** ▼ *eine federartige Form aufweisend* (Blatt) ◆ die gefiederten Sänger ⟨poet.⟩ *die Vögel;* ein gefiederter Pfeil [→ *Feder*]

**Gefilde** ⟨n. 13; poet.⟩ *Land, Landschaft* ◆ die Gefilde der Seligen ⟨grch. Myth.⟩ *Himmel, Paradies;* sich den heimatlichen Gefilden nähern [→ *Feld*]

**Geflecht** ⟨n. 11⟩ *Flechtwerk (aus Draht, Garn, Rohr u. Ä.)*

**gefleckt** ⟨Adj.⟩ *mit Flecken versehen od. gemustert* (Fell)

**geflissentlich** ⟨Adj.⟩ **1** *absichtlich* **2** ⟨Amtsdt.⟩ *freundlich* ◆ jmdn. geflissentlich übersehen; zur geflissentlichen Beachtung, Kenntnisnahme [→ *Fleiß*]

**Geflügel** ⟨n. 13; unz.⟩ **1** *Federvieh, Nutzvögel (als Haustiere)* **2** *deren Fleisch* [< spätmhd. *gevlügel(e),* Kollektiv zu *vlügel,* für ahd. *gifugili,* Kollektiv zu *fogal* „Vogel", in der Bedeutung „alle Vögel", seit 19. Jh. „essbares Federvieh"]

**geflügelt** ⟨Adj.⟩ **1** *mit Flügeln versehen* **2** ⟨Bot.⟩ *mit flügelähnlichen Auswüchsen versehen* (Früchte, Samen) ◆ geflügelte Insekten; geflügeltes Wort ⟨Lit.; fig.⟩ *weit verbreiteter Ausspruch eines Dichters, Zitat*

**Gefolge** ⟨n. 13⟩ *Begleitung (einer hohen Persönlichkeit)* ◆ im Gefolge haben ⟨fig.⟩ *nach sich ziehen, mit sich bringen, zur Folge haben;* zu jmds. Gefolge gehören

**Gefolgschaft** ⟨f. 20; unz.⟩ **1** ⟨früher⟩ **1.1** *die Verpflichtung, jmdm. (dem Gefolgsherrn) zu folgen u. für ihn zu kämpfen* **1.2** *Gesamtheit der Gefolgsmänner, Gefolgsleute* **2** ⟨besonders 1933-1945⟩ *sämtl. Angestellten u. Arbeiter (eines Betriebes)* **3** ⟨fig.⟩ *Gesamtheit der Anhänger, Anhängerschaft* ◆ jmdm. Gefolgschaft leisten

**gefräßig** ⟨Adj.⟩ *im Essen unmäßig* [→ *fressen*]

**Gefreite(r)** ⟨m. 29; Mil.⟩ *zweiter Dienstgrad bei den Mannschaften* [→ *frei;* Lehnübersetzung von lat. *exemptus* „befreit (vom Schildwachstehen)"]

GEFIEDERTES BLATT DER EBERESCHE

**gefrieren** ⟨V. i. 140; ist⟩ *zu Eis erstarren, vom flüssigen in den festen Aggregatzustand übergehen*

**Gefrierpunkt** ⟨m. 1; unz.⟩ *Temperatur, bei der ein Stoff (bes. Wasser) vom flüssigen in den festen Zustand übergeht* ◆ den Gefrierpunkt erreichen; das Thermometer steht auf dem Gefrierpunkt *zeigt 0 °C an*

**Gefriertrocknung** ⟨f. 20; unz.⟩ *schonendes Trockenverfahren für Lebensmittel, Blutplasma o. Ä., bei dem die Flüssigkeit dem gefrorenen Stoff im Vakuum als Eis absublimiert wird*

**Gefüge** ⟨n. 13⟩ **1** *Aufbau aus vielen Einzelteilen, innere Ordnung, Struktur* **2** ⟨Met.⟩ *die Anordnung u. Größe der Kristallite in einem Werkstoff* ◆ das Gefüge eines Staates; ein kunstvolles, sinnreiches Gefüge; ein Gefüge aus Balken [→ *fügen*]

**Gefühl** ⟨n. 11⟩ **1** *Tastempfindung* **2** *Tastsinn, Empfindungsvermögen* **3** *Empfindlichkeit* **4** *innere Regung, seel. Empfindung* **5** *innere Anteilnahme* **6** *Mitleid* ◆ ein Gefühl der **Freude,** des Hasses, der Reue ◆ jmds. Gefühle (nicht) **erwidern;** seinen Gefühlen freien Lauf **lassen;** ein Gefühl der Angst **überkam** mich; seine Gefühle **unterdrücken,** verbergen, verraten; jmds. Gefühle **verletzen** ◆ **zärtliche** Gefühle (für jmdn.) hegen ◆ Gefühl **für** etwas *Sinn, Aufgeschlossenheit, Eindrucksbereitschaft, Verständnis;* etwas **mit** gemischten Gefühlen betrachten *leicht misstrauisch, leicht ärgerlich, leicht unangenehm berührt*

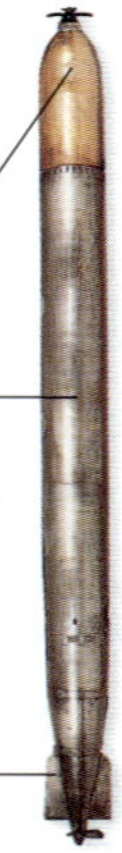

GEFECHTSKOPF AN EINEM TORPEDO DES FRÜHEN 20. JH.

**gefühllos** ⟨Adj.⟩ **1** *ohne Gefühl, ohne Sinnesempfindung* (Glieder) **2** *ohne inneres Gefühl, mitleidlos, grausam, roh* (Mensch) ◆ er begegnet seinen Mitmenschen sehr gefühllos

**gefühlsbetont** ⟨Adj.; -er, am -esten⟩ *dem Gefühl den Vorrang gebend (vor dem Verstand)* ◆ ein gefühlsbetonter Mensch; gefühlsbetont handeln

**Gefühlsnerv** ⟨m. 23 od. fachsprachl.: m. 16⟩ *Nerv der Tastempfindung*

**Gefühlssinn** ⟨m. 1; unz.⟩ = *Tastsinn*

**gegeben** ⟨Adj.⟩ **1** *vorhanden, feststehend, tatsächlich, bekannt* **2** *geeignet, passend* ◆ etwas als gegeben hinnehmen *als feststehend, unveränderbar;* im gegebenen Fall; sich an das Gegebene halten; es ist das Gegebene, wenn ...; zu gegebener Zeit *zu passender Zeit*

**gegebenenfalls** ⟨Adv.; Abk.: ggf.⟩ *wenn es passt, wenn es sich so ergibt, möglicherweise*

**Gegebenheit** ⟨f. 20⟩ **1** *das Wirkliche, Tatsache* **2** *Zustand* ◆ sich nach den örtlichen Gegebenheiten richten

**gegen** ⟨Präp. m. Akk.⟩ **1** *feindlich, widerstrebend, verletzend, bekämpfend* **2** *wider* **3** *in Richtung auf, hin zu* **4** *in Beziehung auf, zu, in der Haltung zu, gegenüber* **5** ⟨ungefähre Zeit-, Maß- u. Ortsbestimmung⟩ *annähernd, beinahe, fast, kurz vorher od. nachher, etwas mehr od. weniger als, auf ... hin, auf ... zu* **6** *verglichen mit* **7** *im Austausch für* ◆ gegen **Abend,** Mittag, Morgen; gegen jmds. **Befehl** handeln; gegen **Bezahlung** arbeiten; das Mittel ist gut gegen **Husten;** gegen drei **Uhr;** gegen den **Wind** segeln ◆ gegen den Sturm, den Tod **ankämpfen;** etwas gegen jmdn. **haben** *jmdm. feindl. gesinnt, ihm böse sein;* gegen etwas **sein** *etwas anderes tun wollen, einer Sache nicht zustimmen* ◆ **aufmerksam,** hart, höflich, zuvorkommend gegen jmdn. sein *ihn aufmerksam usw. behandeln;* Lieferung nur gegen **bar** *im Austausch für Bargeld;* drei gegen **einen** ◆ gegen ihn kann ich gar **nichts** machen *ihm kann ich nicht entgegentreten, ihn kann ich nicht beeinflussen* [< ahd. *gegin, gagan* (Präp.), *gagani, gagini* (Adv.), engl. *against* „gegen"; Herkunft unklar]

**gegen..., Gegen...** ⟨in Zus.⟩ **1** *bekämpfend, entkräftend, feindlich, Antwort, Wirkung auf,* z. B. gegeneinander, Gegengift, Gegenleistung **2** *doppelt, bestätigend,* z. B. gegenprüfen, gegenzeichnen

**Gegenbewegung** ⟨f. 20⟩ **1** ⟨allg.⟩ *einer Bewegung entgegengesetzte Bewegung* **2** ⟨Mus.⟩ *der Bewegung einer Stimme entgegengesetzter Verlauf einer anderen Stimme, Umkehrung eines Themas od. Motivs* ◆ die Gegenreformation war die Gegenbewegung gegen die Reformation

**Gegend** ⟨f. 20⟩ **1** *Landschaft, Gebiet* **2** ⟨umg.⟩ *Stadtviertel, Umgebung, Nähe* ◆ eine **einsame,** freundliche, hübsche, bekannte, unbekannte Gegend ◆ wir wollen nur etwas **durch** die Gegend laufen *ohne Ziel spazieren gehen;* Schmerzen **in** der Gegend des Magens, der Galle haben; in unserer Gegend gibt es viele hübsche Geschäfte [< mhd. *gegende, gegent;* zu *gegen;* Lehnübersetzung von lat. *contrate* < frz. *contrée* „Gegend", eigtl. „gegenüberliegendes Gelände"]

**Gegendarstellung** ⟨f. 20⟩ **1** ⟨Presserecht⟩ *Veröffentlichung einer Entgegnung* **2** ⟨allg.⟩ *gegensätzl. Darstellung*

**gegeneinander** ⟨Adv.⟩ *einer gegen den anderen* ◆ etwas gegeneinander halten *(vergleichend) nebeneinander halten*

**Gegenfrage** ⟨f. 19⟩ *Frage an einen Frager* ◆ erlauben Sie mir eine Gegenfrage; eine Gegenfrage stellen

**Gegenfüßler** ⟨m. 3⟩ = *Antipode (1)*

**Gegengewicht** ⟨n. 11⟩ **1** *gegen ein anderes Gewicht als Ausgleich wirkendes Gewicht* **2** ⟨fig.⟩ *Ausgleich* **3** ⟨Funktech.⟩ *Drahtnetz od. größeres Metallstück als Ersatz für die Erdung von Funksendern od. -empfängern*

**Gegenkandidat** ⟨m. 16⟩ *einem Kandidaten als Gegner entgegengestellter od. entgegenzustellender Kandidat* ◆ einen Gegenkandidaten aufstellen

**Gegenkultur** ⟨f. 20⟩ *Form der Subkultur, Kultur einer Gruppe, die Teile der Kultur der Gesellschaft ablehnt u. dafür eigene Normen u. Werte setzt*

**gegenläufig** ⟨Adj.⟩ *in die entgegengesetzte Richtung laufend*

**Gegenliebe** ⟨f. 19; unz.⟩ **1** *wechselseitige Liebe* **2** ⟨fig.⟩ *Anklang, Anerkennung, freudige An- od. Aufnahme* ◆ bei jmdm. Gegenliebe finden, suchen

**Gegenmittel** ⟨n. 13; Med.; a. fig.⟩ *die Wirkung eines anderen Mittels aufhebendes Mittel;* Sy *Antidot, Antidoton*

**Gegenpartei** ⟨f. 18; Pol.; Rechtsw.; Sp.⟩ *gegner. Partei, Gegenseite*

**Gegenpassat** ⟨m. 1; unz.; Meteor.⟩ *die jeweils obere Strömung der beiden Passatwinde;* Sy *Antipassat*

**Gegenreformation** ⟨f. 20; unz.; kath. Theol.⟩ *Gegenbewegung der kath. Kirche gegen die Reformation 1555-1648;* → a. *Reformation*

**Gegensatz** ⟨m. 1u⟩ **1** *Entgegenstellung* **2** *das einer Aussage, einer Kraft usw. Entgegengesetzte* **3** *das Verhältnis zwischen den beiden Entgegengesetzten* **4** *der einem Begriff entgegengesetzte, ihn ausschließende Begriff* **5** *das Verhältnis zwischen (zwei od. mehreren) sich ausschließenden Begriffen* **6** *Gegenteil, Kontrast* **7** ⟨fig.⟩ *Feindseligkeit, Feindschaft* **8** *Widerspruch* **9** ⟨Mus.⟩ *erster Kontrapunkt zum Fugenthema* ◆ **anziehen:** Gegensätze ziehen einander, ⟨umg.⟩ sich an; **auffallender,** unüberbrückbarer Gegensatz ◆ sich **zu** jmdm. im, in Gegensatz befinden *entgegengesetzter Meinung sein*

**gegensätzlich** ⟨Adj.⟩ *im Gegensatz stehend (zu etwas od. jmdm.), einen Gegensatz bildend, nicht miteinander vereinbar, widersprüchlich, gegenteilig* ◆ „gut" und „böse" sind gegensätzliche Begriffe

**Gegenseite** ⟨f. 19⟩ **1** *entgegengesetzte Seite, gegenüberliegende Seite* **2** *Rückseite* **3** *Gegenpartei*

**gegenseitig** ⟨Adj.⟩ *wechselseitig, beiderseitig* ◆ gegenseitige Abhängigkeit; sich gegenseitig helfen ⟨umg.⟩ *einander helfen;* im gegenseitigen Einvernehmen

**Gegenseitigkeit** ⟨f. 20; unz.⟩ *gegenseitige Beschaffenheit, gegenseitiges Verhältnis* ◆ Vertrag auf Gegenseitigkeit *Vertrag, aufgrund dessen jeder die gleichen Rechte u. Pflichten hat;* meine Zuneigung zu ihm beruht auf Gegenseitigkeit *er hat mich ebenso gern wie ich ihn*

**Gegenspieler** ⟨m. 3⟩ → a. *Kontrahent* **1** *Gegner im Spiel* **2** *Widersacher des Helden im Schauspiel* **3** ⟨allg.⟩ *Gegner, Widersacher*

**Gegenstand** ⟨m. 1u⟩ **1** *körperliche Sache, Ding* (Gebrauchsgegenstand) **2** ⟨fig.⟩ *Thema, Stoff (einer Abhandlung, Dichtung)* **3** *Angelegenheit* **4** *Ziel, etwas, worauf sich Gefühlsregungen richten können* ◆ der Gegenstand seiner **Begeisterung,** Liebe, seines Hasses, Zorns; der Gegenstand unseres **Gesprächs** ◆ **großer,** kleiner, harter, schwerer Gegenstand

**gegenständlich** ⟨Adj.⟩ **1** *in der Art eines Gegenstandes, körperlich, dinglich;* Ggs *begrifflich* **2** *sachlich, anschaulich*

**gegenstandslos** ⟨Adj.⟩ **1** *ohne Gegenstand, ohne Gegenstände* (als Inhalt), *abstrakt* (Kunst) **2** *überflüssig, hinfällig*

**Gegenstimme** ⟨f. 19⟩ **1** *Äußerung einer gegenteiligen Meinung* **2** ⟨Mus.⟩ *Stimme, die einer anderen entgegengesetzt verläuft*

**Gegenstück** ⟨n. 11⟩ *zu einem Gegenstand den Gegensatz bildendes Stück, zu einem Gegenstand passendes, ähnl. Stück, Pendant*

**Gegenteil** ⟨n. 11⟩ **1** *das Umgekehrte, Entgegengesetzte, Gegensatz* **2** *entgegengesetzter Gesichtspunkt* **3** *einer Tatsache entgegenstehende Tatsache* **4** *Umkehrung* ◆ er ist das (genaue) Gegenteil seines **Vaters** ◆ diese Maßnahme würde gerade das Gegenteil **bewirken** ◆ eine Aussage, Behauptung **ins** Gegenteil verkehren

**gegenteilig** ⟨Adj.⟩ *das Gegenteil von etwas bildend, entgegengesetzt* ◆ gegenteiliger Meinung sein; im gegenteiligen Fall; die Maßnahme war von gegenteiliger Wirkung

**gegenüber** ⟨Präp. m. Dat.⟩ **1** *auf der anderen Seite* **2** *wenn man … betrachtet* **3** *im Hinblick auf, gegen* ◆ diese Tat wäre ihm gegenüber nicht gerecht; er wohnt mir gegenüber; das Haus gegenüber; die Leute von gegenüber

**Gegenüber** ⟨n. 13⟩ **1** *Haus auf der anderen Straßenseite* **2** *jmd., der dort wohnt* **3** *jmd., der mit dem Gesicht zum Gesicht eines anderen sitzt* ◆ wir haben kein Gegenüber; mein Gegenüber am Tisch, in der Straßenbahn

**gegenüberstehen** ⟨V. i. 251; hat; süddt., österr., schweiz.: ist⟩ **1** jmdm. od. einem Gegenstand gegenüberstehen *so stehen, dass man jmdm. ins Gesicht sieht bzw. den Gegenstand vor sich hat* **2** einer Sache gegenüberstehen *eine (bestimmte) Einstellung zu einer Sache haben, sie auf bestimmte Weise betrachten* ◆ einer Gefahr gegenüberstehen; einander feindlich, gleichgültig gegenüberstehen

**gegenübertreten** ⟨V. i. 263; ist⟩ **1** jmdm. gegenübertreten *vor jmdn. hintreten* **2** einer Sache gegenübertreten ⟨fig.⟩ *sich näher mit ihr befassen* ◆ ich weiß nicht, wie ich ihm nach diesem Vorfall gegenübertreten soll

**Gegenwart** ⟨f. 20; unz.⟩ **1** *Jetztzeit, die Zeit, in der man gerade lebt* **2** *Anwesenheit, Nähe, Dabeisein* **3** ⟨Gramm.⟩ = *Präsens* ◆ die Literatur der Gegenwart; seine Gegenwart wirkte beruhigend auf sie; in Gegenwart des, der *… als der, die… anwesend, dabei war;* die Feier fand in Gegenwart des Bundespräsidenten statt [< *gegen* + *…wärts*]

**gegenwärtig** ⟨Adj.⟩ *in der Gegenwart lebend, stattfindend, jetzig, augenblicklich, momentan* ◆ der gegenwärtige Bundespräsident; in seiner gegenwärtigen Verfassung; ich bin gegenwärtig sehr beschäftigt; sich etwas gegenwärtig halten *sich etwas vor Augen halten, an etwas denken*

**Gegenwartsform** ⟨f. 20; Gramm.⟩ = *Präsens*

**Gegenwehr** ⟨f. 20; unz.⟩ *Abwehr eines Angriffs, Verteidigung*

**gegenzeichnen** ⟨V. t.; hat⟩ *(zur Kontrolle) mitunterschreiben*

**Gegenzug** ⟨m. 1u⟩ **1** *Luftzug aus zwei Richtungen zugleich, Durchzug* **2** ⟨Eisenb.⟩ *etwa zur gleichen Zeit mit einem andern Zug aus entgegengesetzter Richtung ankommender Zug* **3** ⟨Brettspiel⟩ *Zug als Erwiderung auf einen Zug des Gegners* **4** ⟨fig.⟩ *Versuch, die gegner. Absicht zu vereiteln* ◆ den Gegenzug abwarten, vorüberlassen

**Gegner** ⟨m. 3⟩ **1** *jmd., der jmdm. im Kampf gegenübersteht, Feind, Widersacher, Angehöriger der feindl. Partei* **2** *Gegenspieler, Vertreter der feindl. Mannschaft* **3** *Vertreter einer anderen Meinung* ◆ ein Gegner der Todesstrafe sein; Gegner einer Partei sein; ebenbürtiger, gefährlicher, politischer Gegner [→ *gegen;* Lehnübersetzung von lat. *adversarius* „Gegner“]

**gegnerisch** ⟨Adj.⟩ *den Gegner betreffend, von ihm ausgehend*

**Gehalt I** ⟨m. 1; unz.⟩ **1** *(wertvoller) Inhalt* **2** ⟨Lit.; Mal.⟩ *stoffl. u. geistiger Inhalt* (eines Kunstwerkes) **3** *Anteil (eines Stoffes in einer Mischung),* z. B. Alkoholgehalt, Feuchtigkeitsgehalt **4** ⟨fig.⟩ *innerer Wert* ◆ künstlerischer, moralischer, religiöser, sittlicher Gehalt einer Dichtung, Lehre usw.; den Gehalt an Alkohol im Blut messen **II** ⟨n. 12u⟩ **1** *Arbeitsvergütung für Beamte u. Angestellte* (Monatsgehalt) **2** *festes, geregeltes Einkommen* ◆ Gehälter auszahlen; Gehalt beziehen

**gehaltvoll** ⟨Adj.⟩ **1** *gehaltreich* (Nahrung) **2** ⟨fig.⟩ *voll tiefen, wichtigen Inhalts* (Dichtung, Malerei)

**gehässig** ⟨Adj.⟩ *hasserfüllt, feindselig, bösartig*

**Gehäuse** ⟨n. 13⟩ **1** *(meist am Inhalt befestigte) feste, nicht biegsame Hülle* (Blechgehäuse, Orgelgehäuse, Uhrgehäuse) **2** *Kernhaus des Apfels und der Birne* (Kerngehäuse) [< spätmhd. *gehiuse* „Hütte, Verschlag“, Kollektivbildung zu *Haus*]

**Gehege** ⟨n. 13⟩ **1** *Jagdrevier, in dem Wild waidgerecht gehegt wird* **2** *eingezäuntes Stück Land od. Wald zum Halten u. Züchten von Tieren, bes. einer bestimmten Wildart* ◆ jmdm. ins Gehege kommen ⟨fig.⟩ *sich in eine Angelegenheit einmischen, die jmd. allein erledigen will* [→ *hegen*]

**geheim** ⟨Adj.⟩ **1** *nicht für Außenstehende bestimmt* **2** *verborgen, heimlich* **3** *ohne Namensnennung* (Abstimmung) ◆ geheimer **Befehl;** geheime **Botschaft;** geheimes **Fach** *Geheimfach;* einen geheimen **Kummer** haben; geheime **Sitzung;** geheimes **Wahlrecht;** geheime **Zusammenkunft** ◆ geheim **halten** *verschweigen, nicht mitteilen* ◆ geheim! *(als Aufschrift auf Briefen);* **im** Geheimen *heimlich, unbemerkt;* jmdm. etwas im Geheimen mitteilen *vertraulich* [urspr. „zum Haus gehörig, vertraut“; → *Heim*]

**Geheimdienst** ⟨m. 1⟩ *staatliche Organisation, die in gegnerischen Ländern Spionage betreibt*

**Geheimnis** ⟨n. 11⟩ **1** *etwas, was innerhalb eines kleinen Personenkreises geheim bleiben soll* (Amtsgeheimnis, Beichtgeheimnis, Berufsgeheimnis, Postgeheimnis) **2** *etwas, was nicht erkennbar u. nicht erklärbar ist* ◆ jmdm. ein Geheimnis **anvertrauen;** ein Geheimnis **aufdecken;** ein Geheimnis **ausplaudern,** enthüllen, verraten, wissen ◆ **militärische** Geheimnisse; **öffentliches** Geheimnis ⟨umg.⟩ *etwas, was geheim bleiben sollte u. doch allgemein bekannt wurde* ◆ er macht gar kein Geheimnis **daraus,** dass er … *er spricht offen darüber, dass er …*

**geheimnisvoll** ⟨Adj.⟩ **1** *unerkennbar u. merkwürdig, unerklärlich* **2** *übersinnlich* (Erscheinungen) **3** *unheimlich, rätselhaft* (Orakel) **4** *so, als ob man ein Geheimnis hätte, es andeutend* (Benehmen)

**Geheimschrift** ⟨f. 20⟩ *verschlüsselte Schrift, die nur Eingeweihte entziffern können, Chiffre(schrift)*

**Geheimzahl** ⟨f. 20; Bankw.⟩ *geheim gehaltene Zahlenkombination, geheime Nummer (für ein Bankkonto, Schließfach o. Ä.)*

G

**gehen** ⟨V. 145; ist⟩ **I** ⟨V. i.⟩ **I.i** ⟨von Lebewesen⟩ **1** *sich zu Fuß fortbewegen, laufen, nicht fahren* **2** *weggehen, sich entfernen, abreisen, wegfahren, auswandern* **3** *aus dem Amt, dem Dienst scheiden* ◆ man hat zwei **Stunden** zu gehen *man braucht zu Fuß zwei Stunden;* ruhig seines **Weges** gehen *sich nicht beirren lassen* ◆ **baden,** schlafen, schwimmen, spielen gehen; es war ein lebhaftes **Kommen** und Gehen *lebhafter Betrieb* ◆ **langsam,** leise, schnell gehen; er ging so **weit,** zu behaupten *er behauptete sogar, …;* zu weit gehen ⟨fig.⟩ *die Grenze (des Schicklichen) überschreiten, zu viel wagen* ◆ **abwärts,** aufwärts, geradeaus, vorwärts, rückwärts gehen; **an** die Arbeit gehen *mit der Arbeit beginnen;* **aus** dem Haus gehen; **durch** die Straßen gehen; **hinter,** neben, vor jmdm. gehen; **in** sich gehen *über seine Handlungsweise nachdenken;* in die Schule gehen *die Schule besuchen;* **mit** der Zeit gehen *moderne Ansichten haben, die Zeit verstehen;* man soll nicht nur **nach** dem Äußeren gehen *urteilen;* er ist **von** uns gegangen *er ist gestorben;* **zum** Arzt, zum Bäcker, zum Friseur gehen; ins od. zu Bett gehen ◆ **wann** ist er gegangen?; **wohin** gehst du? **I.ii** ⟨von Sachen⟩ **1** *in Bewegung, in Ordnung sein (Maschine)* **2** *(ab)fahren, verkehren (Zug)* ◆ es geht das **Gerücht,** dass … *man erzählt sich das Gerücht, dass …* ◆ er **lässt** die Dinge gehen *er lässt den Dingen (gleichgültig) ihren Lauf, ohne einzugreifen* ◆ das geht **einfach,** leicht, schwer *ist einfach, leicht, schwer zu bewerkstelligen;* die Uhr geht **falsch,** richtig *stimmt (nicht) mit der richtigen Zeit überein* ◆ das geht **auf** dich! *damit bist du gemeint, das zielt auf dich!;* das geht **gegen** meine Überzeugung *ich bin dagegen, ich kann nicht zustimmen;* das geht **nicht!** *man kann es (so) nicht machen; (als Ausdruck der Ablehnung, des Unmuts) das kommt nicht in Frage;* seine Arbeit geht ihm **über** alles *ist für ihn das Höchste;* der Zug geht über Frankfurt; das geht über meine Kräfte *es ist zu viel, zu schwer für mich;* was geht hier **vor** sich? *was geschieht hier?* **I.iii** ⟨unpersönl.⟩ wie hat dir der Film gefallen? es geht! *mittelmäßig;* am Dienstag geht es nicht *passt es mir nicht;* geht es dir wieder besser? *fühlst du dich wieder besser?;* mir ist es ebenso gegangen *mir ist das Gleiche geschehen; ich habe das Gleiche empfunden;* so geht es nicht! *das muss geändert werden;* hier geht es **ums** Ganze *hier steht alles auf dem Spiel;* wie geht's?; wie geht es Ihnen? ⟨umg.⟩ *wie befinden Sie sich?;* wie weit ist es bis dahin zu gehen? *wie lange braucht man bis dorthin?* **II** ⟨V. t.⟩ die Sache geht ihren Gang *verläuft ruhig, normal;* einen Weg gehen *einen Weg zu Fuß benutzen* **III** ⟨V. refl.⟩ **1** sich gehen lassen *sich nicht beherrschen, sich lässig benehmen* **2** sich müde gehen *so lange gehen, bis man müde ist* [< ahd. *gan, gen,* engl. *go*]

**Gehilfe** ⟨m. 17⟩ **1** *jmd., der einem andern (bei der Berufsarbeit) hilft, Mitarbeiter, Helfer* (Anwaltsgehilfe) **2** ⟨bei Handwerkern⟩ *Geselle*

**Gehirn** ⟨n. 11; Anat.⟩ ► *Vorderende des Zentralnervensystems höher entwickelter Tiere, bes. der Wirbeltiere, in dem die Sinneszentren u. übergeordnete Schaltzentren (Koordinations- u. Assoziationszentren) zusammengefasst sind u. das in bestimmten Teilen für die Ausbildung komplizierter Instinkthandlungen, für die Fähigkeit des Gedächtnisses u. - im höchsten Falle - der Intelligenz verantwortlich ist: Cerebrum, Encephalon;* Sy *Hirn (1)*

**Gehirnblutung** ⟨f. 20; Med.⟩ *Bluterguss innerhalb des Gehirns, hervorgerufen durch Reißen von Gehirngefäßen, od. innerhalb der Hirnhäute nach Verletzungen*

**Gehirnerschütterung** ⟨f. 20; Med.⟩ *durch stärkere Gewalteinwirkungen auf den Schädel entstandene Störung der Gehirntätigkeit, die meist mit Bewusstlosigkeit, Erinnerungsschwund für die Zeit des Unfalls u. vorher sowie mit Erbrechen verbunden ist: Commotio cerebri*

**Gehirnhaut** ⟨f. 7u; Anat.⟩ *aus drei Schichten bestehende Haut, die Gehirn u. Rückenmark umhüllt: Meninx;* Sy *Hirnhaut*

**Gehirnhautentzündung** ⟨f. 20; Med.⟩ *durch einen bes. Erreger (Meningokokkus) als übertragbare Genickstarre auftretende, aber auch durch andere Erreger bei Infektionskrankheiten od. nicht infektiös entstehende Erkrankung der Gehirnhaut;* Sy *Hirnhautentzündung, Meningitis*

**Gehirnwäsche** ⟨f. 19; Psych.; fig.⟩ *Brechung des menschlichen Willens u. Zerstörung der Persönlichkeit durch physische u. psychische Folter*

**Gehöft** ⟨n. 11⟩ = *Bauernhof*

**Gehölz** ⟨n. 11⟩ **1** *Wäldchen* **2** *Bäume u. Sträucher* ◆ tief im Gehölz

**Gehör** ⟨n. 11; unz.⟩ **1** ⟨Anat.⟩ *Sinn für Schallwahrnehmungen* **2** ⟨Mus.⟩ *Empfinden für Tonstufen* **3** ⟨Jägerspr.⟩ *Ohr* (vom Raubwild, seltener vom Schwarzwild) **4** ⟨fig.⟩ *Aufmerksamkeit, Beachtung* ◆ (kein) Gehör finden *(nicht) angehört werden;* kein (musikalisches) Gehör haben; ein absolutes, gutes, schlechtes Gehör haben

## GEHIRN

Das Gehirn bildet zusammen mit dem Rückenmark das zentrale Nervensystem. Es steuert alle willkürlichen und unwillkürlichen Handlungen und Reaktionen des Körpers und ist auch der Sitz von Bewusstsein, Intelligenz, Gedächtnis, Lernfähigkeit und Gefühlsbildung.

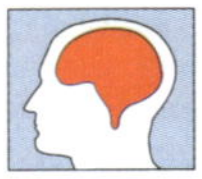

AUFSICHT AUF DAS GEHIRN

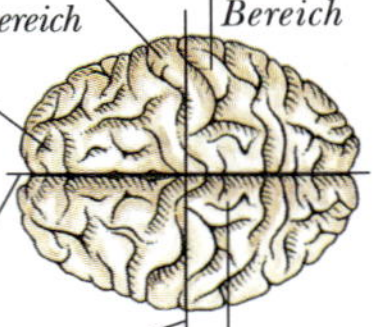


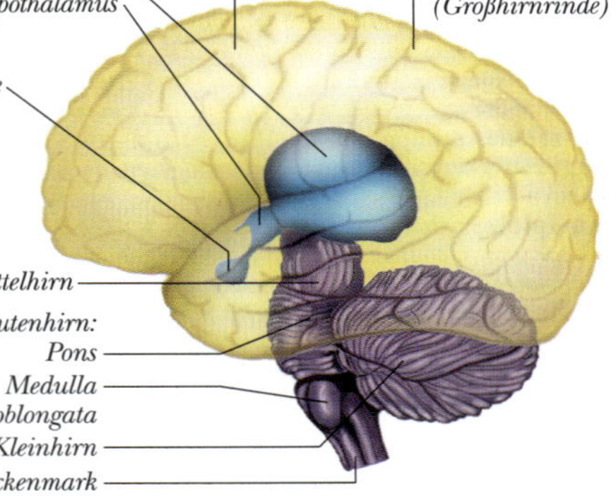


AUFBAU DES MENSCHLICHEN GEHIRNS IN SEITENANSICHT

**gehorchen** ⟨V. i.; hat⟩ **1** *einem Befehl nachkommen, einen Wunsch erfüllen* **2** *sich lenken lassen* (Maschine, Motor) ◆ das Steuer gehorcht dem leisesten Druck

**gehören** ⟨V.; hat⟩ **I** ⟨V. i.⟩ **1** jmdm. gehören *jmds. Besitz sein* **2** *zukommen, gebühren* ◆ das Buch gehört mir; seine freien Stunden gehören seiner **Familie**; dem **Kind** gehört ihre ganze Liebe ◆ dies gehört nicht **hierher** *das passt nicht hierher;* der Kranke gehört **ins** Bett *muss od. müsste unbedingt ins Bett;* **zu** etwas gehören *darunter sein, passen zu, Teil sein von; erforderlich sein;* dazu gehört viel Mut ◆ **wohin** gehört dieses Buch? *wo ist dafür der Platz?* **II** ⟨V. refl.⟩ sich gehören *sich (ge)ziemen, sich schicken* ◆ wie es sich gehört [< mhd. *gehœren* „hören, auf etwas hören", dann „zukommen" < ahd. *gahorran, gihoran* „hören, gehorchen"]

**Gehörgang** ⟨m. 1u; Anat.⟩ **1** äußerer Gehörgang *bei Menschen und Säugetieren knöcherner Gang, der von außen an das Trommelfell heranführt* **2** innerer Gehörgang *kurzer Gang, durch den der fünfte Gehirnnerv an das Ohrlabyrinth herantritt*

## GEIER

Geier kommen in gemäßigten und tropischen Gebieten vor und ernähren sich von Aas. Sie sind Einzelgänger, die sich nur an Kadavern in Scharen zusammenfinden. Mit ihren scharfen Augen entdecken sie das Aas und können mit ihrem langen nackten Hals tief in das tote Tier eindringen.

ÄUSSERE MERKMALE EINES MÖNCHSGEIERS *(Necrosyrtes monachus)*

WEITERE GEIERARTEN

ANDENKONDOR *(Vultur gryphus)*

TRUTHAHNGEIER *(Cathartes aura)*

SCHMUTZGEIER *(Neophron percnopterus)*

WEISSRÜCKENGEIER *(Gyps africanus)*

**gehörig** ⟨Adj.⟩ **1** *gehörend* **2** *gebührend, verdient* **3** ⟨umg.⟩ *tüchtig, gründlich, energisch* ◆ die ihm gehörigen Häuser; jmdm. gehörig die Meinung sagen

**Gehörknöchelchen** ⟨Pl.; Anat.⟩ *schallleitender Apparat im Mittelohr der Wirbeltiere u. des Menschen, der die Schwingungen vom äußeren Trommelfell auf die ovale Membran des inneren Ohrs überträgt (Hammer, Amboss u. Steigbügel)*

**gehorsam** ⟨Adj.⟩ *willig gehorchend, folgsam, fügsam* ◆ den Eltern gehorsam sein [→ *gehorchen, horchen*]

**Gehorsam** ⟨m.; -s; unz.⟩ *das Gehorchen, Gehorsamsein, Befolgung von Befehlen* ◆ den Gehorsam verweigern

**Gehörsinn** ⟨m. 1; unz.⟩ *Fähigkeit, Schallwellen mit dafür eingerichteten Sinnesorganen (Gehörorganen, Ohren) aufzunehmen*

**Gehrung** ⟨f. 20⟩ *meist spitzwinkliger Zuschnitt von Brettern od. Leisten, die zu einem Rahmen zusammengefügt werden sollen*

**Gehrungslade** ⟨f. 19⟩ ► *u-förmiger Rahmen aus Holz od. Metall mit Führungsschlitzen, die ein genaues Zusägen z. B. von Holzlatten od. Rohren ermöglichen*

**Gehsteig** ⟨m. 1⟩ = *Gehweg*

**Gehweg** ⟨m. 1⟩ *erhöhter Weg für Fußgänger neben der Fahrbahn;* Sy *Bürgersteig, Gehsteig, Trottoir*

**Geier** ⟨m. 3⟩ **1** ⟨Zool.⟩ **1.1** ⟨i. w. S.⟩ *großer Raubvogel* **1.2** ⟨i. e. S.⟩ ◄ *in die nächste Verwandtschaft der Adler u. Habichte gehörender, altweltl. Raubvogel* (Aasgeier, Bartgeier, Gänsegeier, Königsgeier) **2** ⟨fig.; umg.⟩ *habgierige, raffgierige Person* ◆ sie stürzten sich auf den freien Platz wie die Geier [< ahd. *gir;* → *Gier*]

**Geifer** ⟨m. 3; unz.⟩ **1** *über die Lippen fließender Speichel (bes. bei Tieren u. wütenden od. tobsüchtigen Menschen)* **2** ⟨sinnbildl. für⟩ *Zorn, Bosheit u. Wut* [zu *geifen* im Sinne von „klaffen"]

**geifern** ⟨V. i.; hat⟩ **1** *Geifer ausfließen lassen* **2** ⟨fig.⟩ *keifen, vor Zorn wüten, jmdn. schmähen*

**Geige** ⟨f. 19; Mus.⟩ *viersaitiges Streichinstrument;* Sy *Fiedel, Violine;* ► *Saiteninstrumente* ◆ sie spielt erste Geige, zweites Pult [< spätahd. *giga*]

**Geigerzähler** ⟨m. 3⟩ ► *Gerät zum Nachweis u. zur Messung radioaktiver Strahlung* [nach dem Erfinder, dem Physiker Hans *Geiger,* 1882-1945]

**geil** ⟨Adj.⟩ **1** *kräftig, fett* (Boden) **2** *üppig wuchernd* (Pflanze) **3** *brünstig, lüstern, wollüstig, geschlechtlich erregt* **4** ⟨Jugendspr.⟩ *prima, hervorragend, wunderbar* ◆ ein geiler Look, Typ; auf etwas geil sein *etwas haben, machen wollen* [< ahd. *geil* „von wilder Kraft, übermütig, üppig, überaus freudig"]

**Geisel** ⟨f. 21⟩ *Gefangener, der als Bürge für bestimmte Forderungen mit seinem Leben einstehen muss* [< ahd. *gisal*]

**Geiselnahme** ⟨f. 19⟩ *Gefangennahme von Personen als Geiseln, um Forderungen durchzusetzen*

**Geiser** ⟨m. 3⟩ ► = *Geysir*

**Geisha** ⟨[ˈgeːʃa] f. 10; in jap. Teehäusern⟩ *Mädchen, das für die Gäste tanzt u. singt u. sie unterhält* [< jap. *geisa*]

**Geisir** ⟨m. 1⟩ ► = *Geysir*

**Geiß** ⟨f. 20⟩ **1** *weibl. Ziege* **2** *weibl. Tier vom Gäms-, Stein- u. Rehwild* [< ahd. *geiz,* engl. *goat*]

**Geißel** ⟨f. 21⟩ **1** *Stab mit einem od. mehreren Riemen zum Züchtigen od. Selbstkasteien* **2** ⟨oberdt.⟩ *Peitsche* **3** *fadenförmiger Zellfortsatz: Flagellum* **4** ⟨fig.⟩ *Heimsuchung, Plage* **5** *Strafe* ◆ die Pest war eine Geißel der Menschheit ⟨fig.⟩ [< ahd. *geisila*]

**geißeln** ⟨V. t.; hat⟩ **1** *mit der Geißel schlagen, peitschen, züchtigen* **2** ⟨fig.⟩ *scharf tadeln, anprangern* (Übelstände)

**Geißfuß** ⟨m. 1u⟩ **I** ⟨zählb.⟩ **1** *Gerät zum Ausziehen von Nägeln* **2** *Brecheisen* **3** ⟨bild. Kunst⟩ ► *winkliges Messer für Holz- u. Linolschnitt* **4** ⟨Med.⟩ *Gerät zum Ziehen einer Zahnwurzel* **II** ⟨unz.; Bot.⟩ ► = *Giersch*

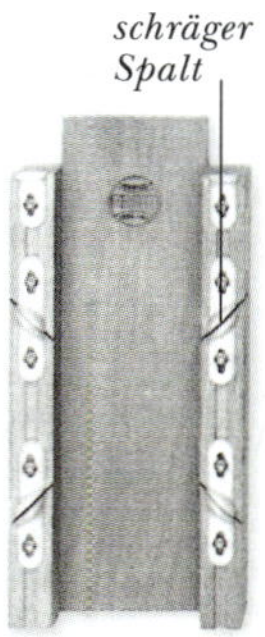


GEHRUNGSLADE

**Geißklee** ⟨m. 6; unz.; Bot.⟩ *Angehöriger einer Gattung der Schmetterlingsblütler, kleiner Strauch mit dreizähligen Blättern und gelben Blüten: Cytisus*

**Geißler** ⟨m. 3⟩ = *Flagellant*

**Geist**[1] ⟨m. 1⟩ **I** ⟨unz.⟩ **1** ⟨urspr.⟩ *Hauch, Atem (als Träger des Lebens)* **2** ⟨dann⟩ *das denkende, erkennende Bewusstsein des Menschen, im Unterschied zur empfindenden Seele* **3** ⟨fig.⟩ *liebenswürdige, feine, kluge Witzigkeit* **4** *Vorstellung* **5** *Art, Beschaffenheit, Wollen, Streben, Gesamtheit aller nichtmateriellen Eigenschaften* (z. B. eines Volkes, einer Dichtung, einer Epoche) ◆ der Geist der **Goethezeit;** wir werden bald sehen, wes Geistes **Kind** er ist *auf welchem geistigen Niveau er steht, wie seine Gesinnung ist;* ◆ seinen Geist **anstrengen;** seinen Geist **sprühen** lassen ◆ der **Heilige** Geist; **viel,** wenig Geist haben ◆ **im** Geist etwas od. jmdn. vor sich sehen; ein Mann von Geist **II** ⟨zählb.⟩ *Alkohol* (Himbeergeist, Weingeist)

**Geist**[2] ⟨m. 2⟩ **1** *Mensch im Hinblick auf seine geistigen Fähigkeiten, sein inneres Wesen* **2** *Genius* **3** *scheinbar wiederkehrender Verstorbener, abgeschiedene Seele, Gespenst* **4** *Dämon, Teufel* **5** *menschenähnl. Naturwesen, Elf, Kobold* (Erdgeist, Luftgeist, Wassergeist) ◆ der Geist der **Finsternis** *der Teufel;* die **Stunde** der Geister *Mitternacht bis 1 Uhr* ◆ Geister **beschwören; umgehen:** hier gehen Geister um ◆ **böse,** gute Geister; ein **edler,** führender, großer, überlegener Geist; sie ist der **gute** Geist unseres Hauses ⟨fig.⟩; ein **unruhiger** Geist ⟨umg.; scherzh.⟩ ◆ du bist wohl von allen guten Geistern verlassen? *du bist wohl nicht gescheit?, was denkst du dir eigentlich?* [< ahd. *geist* „Geist im Gegensatz zum Körper, überirdisches Wesen"]

**geistern** ⟨V. i.; hat⟩ **1** *als Geist umgehen, spuken* **2** ⟨umg.⟩ *huschen*

**geistesabwesend** ⟨Adj.⟩ *unaufmerksam, im Geist mit anderen Dingen als den vorliegenden beschäftigt, tief nachdenklich*

**Geistesblitz** ⟨m. 1⟩ *plötzl. (geistreicher) Einfall*

**Geistesgegenwart** ⟨f.; -; unz.⟩ *Fähigkeit, schnell u. doch besonnen zu handeln*

**geistesgestört** ⟨Adj.⟩ *geistig umnachtet, geisteskrank*

**Geisteshaltung** ⟨f. 20⟩ *geistige Einstellung, Ausrichtung*

**geisteskrank** ⟨Adj.⟩ *an einer Geisteskrankheit leidend*

**Geisteskrankheit** ⟨f. 20; Med.⟩ *meist auf angeborener od. ererbter, seltener auf erworbener Anlage beruhende Störung u. Fehlleistung im Geistes- u. Seelenleben, Gemütskrankheit;* Sy *Psychose*

**Geisteswissenschaft** ⟨f. 20⟩ *jede Wissenschaft, die sich mit einem Gebiet der Kultur befasst, z. B. Sprachwissenschaft;* Ggs *Naturwissenschaft*

**geistig** ⟨Adj.⟩ **1** *den Geist betreffend, zu ihm gehörig, auf ihm beruhend* **2** *innerlich, gedanklich* (Arbeit, Leistung) **3** ⟨fig.⟩ *klug, gebildet, an allem Kulturellen interessiert* (Person) ◆ geistige **Anstrengung;** geistiges **Eigentum** *urheberrechtl. geschütztes Erzeugnis gedanklicher Arbeit;* geistige **Fähigkeiten;** ein sehr geistiger **Mensch** ◆ geistig **beschränkt;** geistig **umnachtet,** zurückgeblieben sein ◆ **Kampf mit** geistigen Waffen *Meinungsstreit;* das Bild der Kirche, des großen Bergs stand deutlich **vor** meinem geistigen Auge

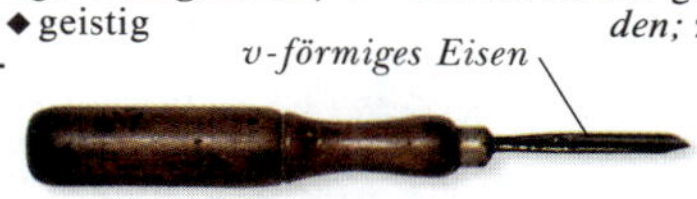


GEISSFUSS

**geistlich** ⟨Adj.⟩ **1** *auf die Gottesverehrung bezüglich, religiös, fromm, erbaulich* (Buch, Lied) **2** *zur Kirche gehörig* **3** *kirchlich* ◆ geistlicher Orden *Mönchs- bzw. Nonnenorden mit gemeinschaftl. Ordensregel;* geistlicher Stand *Stand des Klerus*

**Geistliche(r)** ⟨m. 29⟩ *Priester, Pfarrer*

**geistreich** ⟨Adj.⟩ *mit Geist ausgestattet, klug, einfallsreich, klug u. witzig* ◆ geistreicher Mensch; geistreiche Bemerkung

**Geiz** ⟨m. 1⟩ **I** ⟨unz.⟩ **1** *abstoßend übertriebene Sparsamkeit, Knauserigkeit* **2** ⟨veraltet⟩ *Gier* **II** ⟨zählb.⟩ *Seitentrieb, Blattachseltrieb* [< spätmhd. *gize;* zu mhd. *git(e)sen, gizen* „habgierig sein"; zu ahd. *git* „Gier, Habgier" (heutige Bedeutung seit dem 18. Jh.); Grundbedeutung noch in *Ehrgeiz;* in der Bedeutung „Nebentrieb" eigtl.: „der den Saft zu gierig an sich saugende Spross"]

**Geizhals** ⟨m. 1u; umg.⟩ *geiziger, übertrieben sparsamer Mensch, Knauser*

**geizig** ⟨Adj.⟩ *übertrieben sparsam;* Sy *knauserig, knickerig*

**gekonnt** ⟨Adj.; umg.⟩ *mit großem Können vollbracht* ◆ eine gekonnte Leistung; ein gekonnter Pass; das Bild ist sehr gekonnt gemalt

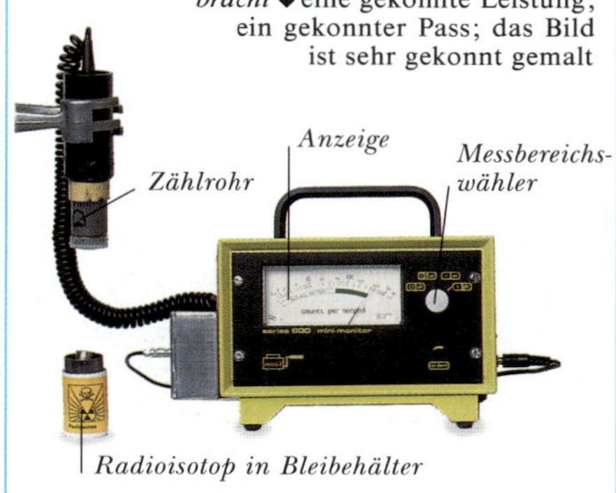


GEIGERZÄHLER

**Gel** ⟨n. 11; Chem.⟩ *gallertartige Lösung hoher Viskosität, z. B. Gelatine (Haargel)* [verkürzt < *Gelatine*]

**Gelächter** ⟨n. 13⟩ *lautes Lachen, Heiterkeitsausbruch* ◆ herzliches, schallendes Gelächter; in Gelächter ausbrechen

**Gelage** ⟨n. 13⟩ *üppiges, ausgedehntes Gastmahl, Schwelgen in Essen u. Trinken* (Saufgelage ⟨umg.⟩, Zechgelage) [eigtl. „Zusammengelegtes"; → *legen*]

**Gelände** ⟨n. 13⟩ **1** *Stück Land, Landstrich im Hinblick auf seine Benutzbarkeit für bestimmte Zwecke* **2** *für bestimmte Zwecke benutzter Platz* (Baugelände, Sportgelände, Übungsgelände) ◆ das Gelände erkunden; ebenes, freies, hügeliges, unübersichtliches Gelände [→ *Land*]

**Geländelauf** ⟨m. 1u; Sp.⟩ *Lauf durch freies Gelände als sportl. Übung*

**Geländer** ⟨n. 13⟩ *niedriger, hüfthoher Zaun zum Festhalten u. als Schutz an Treppen, Balkonen usw.* (Brückengeländer, Treppengeländer) [< *gelander* (14. Jh.), Kollektiv zu mhd. *lander* „Stangenzaun"; verwandt mit *Laden, Latte*]

**gelangen** ⟨V. i.; ist⟩ an, in, zu etwas gelangen, zu jmdm. gelangen *bis zu etwas od. jmdm. kommen, etwas od. jmdn. erreichen* ◆ (bis) ans andere Ufer gelangen; das Haus ist in seinen Besitz gelangt *ist sein Besitz geworden;* zum Abschluss gelangen *abgeschlossen werden;* er ist zu der festen Überzeugung gelangt, dass ... [< ahd. *gilangon* „erreichen", eigtl. „einen langen Weg gehen"; → *lang*]

**Gelass** ⟨n. 11; veraltet⟩ *kleines, enges, meist auch dunkles Zimmer, Kammer* (Nebengelass) [< mhd. *gelæze* „(Art der) Niederlassung"; zu *gelazen* „sich niederlassen"; → *lassen*]

**gelassen** ⟨Adj.⟩ *beherrscht, gefasst, ruhig, unerschüttert, leidenschaftslos, gleichmütig* ◆ eine schreckliche Nachricht gelassen aufnehmen [< mhd. *gelazen* „maßvoll in der Gemütsbewegung", dann „gottergeben"; Part. zu *gelazen* „sich niederlassen"; → *Gelass*]

**Gelassenheit** ⟨f. 20; unz.⟩ *gelassenes Wesen, Ruhe, Gleichmut*

**Gelatine** ⟨[ʒe-] f. 19; unz.⟩ *durch Kochen od. Dämpfen von tierischen Knorpeln, Knochen u. Häuten gewonnener Eiweißstoff (Kollagen), der gereinigt zur Herstellung von Geleespeisen u. Sülzen u. a. verwendet wird* [< neulat. (Alchimistensprache, 16. Jh.) *gelatina* „Gallertstoff"; zu lat. *gelare* „gefrieren"; verwandt mit *Gelee*]

**geläufig** ⟨Adj.⟩ **1** *wohl bekannt, vertraut, üblich* **2** *fließend* **3** *fingerfertig* ◆ geläufige Redensart *oft gebrauchte Redensart;* dieses Wort ist mir (nicht) geläufig

**gelaunt** ⟨Adj.⟩ *in Stimmung, gestimmt, aufgelegt* ◆ froh, gut, schlecht gelaunt sein

**gelb** ⟨Adj.⟩ *zwischen orange u. grün* ◆ gelbe **Blätter** bekommen (Baum, Blume); gelbes **Fieber** = *Gelbfieber;* gelber **Fleck** *seitl. vom Sehnerveintritt in der Augenachse gelegene Stelle der Netzhaut, besteht nur aus Sehzapfen u. dient bes. dem scharfen Sehen: Macula lutea;* die gelbe **Karte** ⟨Fußb.⟩; Gelbe **Rübe** *Möhre, Karotte;* gelbes **Trikot** *Symbol des Spitzenreiters in der Gesamtwertung bei der Tour de France* ◆ sie wurde gelb **vor** Neid ⟨fig.; umg.⟩ [< ahd. *gelo,* Gen. *gelwes,* engl. *yellow*]

**Gelb** ⟨n. 15⟩ **1** *gelbe Farbe (eine der drei Grundfarben)* **2** das Gelbe vom Ei *Eidotter* **3** ⟨fig.⟩ *das Ideale* ◆ das ist nicht das Gelbe vom Ei ⟨fig.⟩

**Gelbdolde** ⟨f. 19; Bot.⟩ *Angehörige einer als Gartenzierpflanze eingebürgerten Gattung der Doldengewächse: Smyrnium perfoliatum*

**Gelbfieber** ⟨n. 13; unz.; Med.⟩ *mit Gelbsucht, Leber- u. Nierenschädigung, Erbrechen u. hohem Fieber einhergehende, schwere Infektionskrankheit der warmen Länder, besonders Mittel- u. Südamerikas u. Westafrikas, wobei der Erreger (Charon evagatus) durch Stechfliegen (Aedes aegypti) übertragen wird: Febris flava;* Sy *Dschungelfieber, gelbes Fieber*

**Gelbkörper** ⟨m. 3⟩ *Inkretdrüse weiblicher Säugetiere, die aus den Resten eines gesprungenen Eierstockfollikels gebildet wird, einen gelben Farbstoff (Lutein) speichert u. das Gelbkörperhormon bildet: Corpus luteum*

**gelblich** ⟨Adj.⟩ *fast gelb, leicht gelb*

**Gelbschnabel** ⟨m. 5u; Zool.⟩ *nordaustralischer Eisvogel, der sein Gelege in Termitenbauten unterbringt: Syma torotoro*

G

**Gelbspötter** ⟨m. 3⟩ *einheimischer olivgelber Singvogel dichter Gehölze: Hippolais icterina;* Sy *Gartensänger*

**Gelbsucht** ⟨f. 7u; unz.; Med.⟩ *Gelbfärbung der Haut, der Schleimhäute, des Harns u. anderer Körperflüssigkeiten durch Übertreten von Gallenfarbstoff in das Blut: Icterus*

**Gelbwurz** ⟨f. 20⟩, **Gelbwurzel** ⟨f. 21; Bot.⟩ ► *südasiatisches Ingwergewächs: Curcuma;* Sy *Kurkuma*

GELBWURZ: WURZEL *(Curcuma longa)*

**Geld** ⟨n. 12⟩ **I** ⟨unz.⟩ **1** *Zahlungsmittel, Münzen* (Hartgeld), *Banknoten* (Papiergeld) **2** *Vermögen* **3** ⟨Börsenwesen; Abk.: G⟩ *Kurswert von gesuchten Aktien* ◆ Geld und **Gut;** eine **Menge** Geld ◆ Geld (vom Konto) **abheben,** anlegen, ausgeben, (auf ein Konto) einzahlen, kassieren, sparen, unterschlagen, verdienen, verlieren, zurücklegen; Geld **borgen,** leihen, ⟨umg.⟩ pumpen; wenig, viel kein Geld **haben;** Geld **machen** ⟨umg.⟩ *(leicht) verdienen;* (sein) Geld **zählen** ◆ **bares** Geld; **falsches** Geld; **großes** Geld *Banknoten;* das ist **hinausgeworfenes** Geld *eine unnötige Ausgabe* ◆ Geld **auf** der Bank (liegen) haben; ich habe kein Geld **bei** mir; das ist nicht **für** Geld zu haben *das ist so kostbar, dass man es nicht kaufen kann;* Geld **in** Papieren, Schmuck usw. anlegen; jmdm. **mit** Geld aushelfen; mit Geld gut, nicht, schlecht umgehen können *gut, nicht, schlecht sparen können* **II** ⟨zählb.⟩ Gelder ⟨Pl.⟩ *Kapital* ◆ flüssige Gelder; öffentliche, staatliche Gelder [< ahd. *gelt* „Vergeltung, Vergütung, Einkommen, Wert"]

**Geldautomat** ⟨m. 16⟩ ► *Automat, an dem man mit einer Scheck- od. Kreditkarte Geld vom Konto abheben kann*

**Geldbeutel** ⟨m. 5⟩ *Behältnis (aus Leder od. Kunstleder) zum Aufbewahren von Geld;* Sy *Portmonee* ◆ tief in den Geldbeutel greifen ⟨fig.; umg.⟩ *viel Geld ausgeben;* einen dicken Geldbeutel haben *reich sein*

**Geldbuße** ⟨f. 19⟩ = *Geldstrafe*

**Geldentwertung** ⟨f. 20⟩ = *Inflation*

**Geldschein** ⟨m. 1⟩ *einzelnes Stück Papiergeld, Banknote*

**Geldschrank** ⟨m. 1u⟩ *Stahlschrank zum gesicherten Aufbewahren von Geld- u. Wertsachen;* Sy *Tresor (1)*

**Geldstrafe** ⟨f. 19⟩ *Zahlung einer festgesetzten Summe als Strafe;* Sy *Geldbuße* ◆ jmdn. mit einer Geldstrafe belegen; jmdn. zu einer Geldstrafe (von 100 Mark) verurteilen

**Geldsumme** ⟨f. 19⟩ *eine bestimmte Summe Geldes, Betrag* ◆ eine hohe, kleine, niedrige Geldsumme

**Geldwäsche** ⟨f.; -; unz.; fig.; umg.⟩ *Legalisierung ungesetzlich erworbenen Geldes durch (fingierte) Geschäfte*

**Geldwert** ⟨m. 1⟩ **1** *in Geld umgerechneter Wert (eines Gegenstandes)* **2** *Kaufkraft des Geldes* ◆ eine Gedenkmünze hat keinen Geldwert; der Geldwert steigt, sinkt; Papieren Geldwert verleihen

**Gelee** ⟨[ʒə-] n. 15⟩ **1** *mit Zucker eingekochter Fruchtsaft* (Himbeergelee) **2** *eingedickte Fleischbrühe* **3** = *Gallerte* **4** *Glycerincreme* ◆ Schweinefleisch in Gelee [< frz. *gelée* „eingekochter, eingedickter Fruchtsaft"; zu *geler* „gefrieren, zum Gefrieren bringen"; verwandt mit *Gelatine;* → *gelieren*]

**Gelege** ⟨n. 13⟩ **1** *für je eine Brut abgelegte Eier* **2** *Laich* **3** *beim Mähen abgelegter Kornhaufen* **4** ⟨nddt.⟩ *Ordnung, Ruhe* ◆ jmdn. ins Gelege bringen ⟨nddt.⟩ *beruhigen*

GELDAUTOMAT

**gelegen** ⟨Adj.⟩ **1** *(an einer Stelle, einem Ort) liegend, befindlich* **2** *passend, angenehm* ◆ Ihr Angebot kommt mir sehr gelegen; das Haus ist einsam, schön gelegen [< mhd. *gelegen* „benachbart, zur Hand, passend" < ahd. *gilegan* „angrenzend, verwandt"; Part. zu *giligan* „darniederliegen, sich niederlegen"]

**Gelegenheit** ⟨f. 20⟩ **1** *(günstiger) Zeitpunkt* **2** *Ort, an dem die Möglichkeit besteht, etwas Bestimmtes zu tun, Möglichkeit dazu* (Schlafgelegenheit, Waschgelegenheit) **3** ⟨Amtsdt.⟩ *Anlass* ◆ eine Gelegenheit **abwarten;** wenn sich eine Gelegenheit **bietet,** werde ich ihn fragen; jmdm. Gelegenheit **geben,** etwas zu tun; eine Gelegenheit **verpassen,** versäumen ◆ eine **bessere** Gelegenheit abwarten; eine **günstige,** gute, passende, verpasste Gelegenheit ◆ **bei** Gelegenheit einer Zusammenkunft *wenn wir*

## GELENKE

Als Gelenke werden alle beweglichen Knochenverbindungen des Körpers bezeichnet. Die Knochenenden im Gelenk sind von Knorpel überzogen, der von der Gelenkschmiere ernährt wird, welche zudem die Reibung im Gelenk vermindert. Zusammengehalten werden die unterschiedlichen Gelenktypen durch die aus verstärkten Bändern bestehenden Gelenkkapseln.

GELENKE IM MENSCHLICHEN KÖRPER

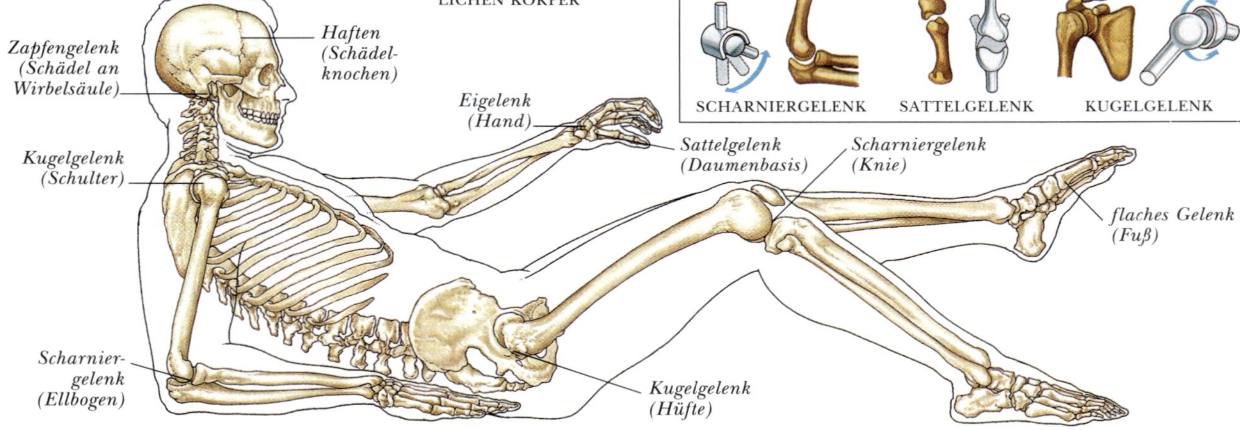


### FUNKTIONSWEISEN VERSCHIEDENER MENSCHLICHER GELENKE

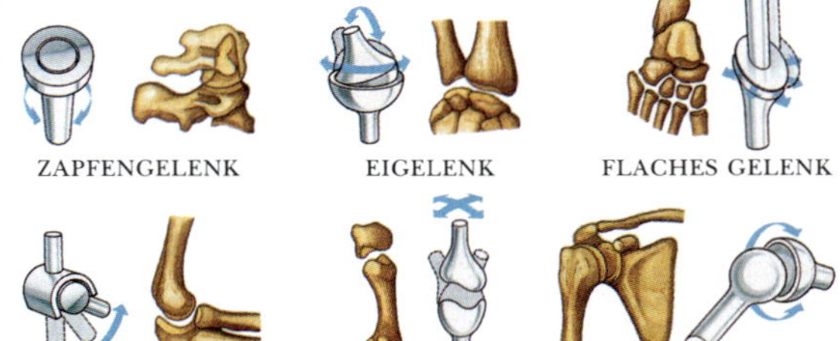

*einmal zusammenkommen;* ich werde es bei Gelegenheit tun; bei erster (bester), bei der ersten (besten) Gelegenheit; die Gelegenheit beim Schopfe fassen ⟨fig.⟩ *den günstigen Augenblick benutzen;* ein Kleid **für** alle Gelegenheiten [< mhd. *gelegenheit* „Art, wie etwas liegt, Stand der Dinge, Beschaffenheit", nhd. urspr. nur „Lage", dann durch lat. *occasio* u. frz. *occasion* beeinflusst; → *gelegen*]

**gelegentlich** ⟨Adj.⟩ **1** *bei Gelegenheit, wenn sich eine Gelegenheit bietet* **2** *manchmal, ab u. zu* **3** *demnächst* ◆ ein gelegentliches Wiedersehen; gelegentlich einer Reise *anlässlich einer Reise, auf einer Reise;* kommen Sie doch gelegentlich einmal bei uns vorbei [< mhd. *gelegentlich* „angrenzend, gelegen"; → *gelegen*]

**gelehrig** ⟨Adj.⟩ *leicht lernend, lernwillig* ◆ ein gelehriger Hund; ein gelehriger Schüler; er ist sehr gelehrig

**gelehrt** ⟨Adj.; -er, am -esten⟩ *gründl. wissenschaftl. gebildet* ◆ eine gelehrte Abhandlung *wissenschaftl. anspruchsvolle Abhandlung*

**Gelehrte(r)** ⟨f. 30 (m. 29)⟩ *Wissenschaftler(in), Forscher(in)* ◆ darüber sind sich die Gelehrten (noch nicht) einig *das ist wissenschaftlich (noch nicht) geklärt*

**Geleise** ⟨n. 13⟩ **1** ⟨Tech.⟩ = *Gleis (1)* **2** ⟨fig.⟩ Sy *Gleis(2)* **2.1** *Bahn, Lebensweg* **2.2** *Ordnung, tägl. Gewohnheit* ◆ jmdn. aus dem Geleise bringen; aus dem Geleise geraten; er bewegt sich in ausgefahrenen Gleisen ⟨fig.⟩ *er wiederholt nur längst Bekanntes*

**Geleit** ⟨n. 11; unz.⟩ **1** ⟨MA⟩ *Bewaffnete, die einen Reisenden, Fürsten o. Ä. begleiten u. schützen* **2** ⟨allg.⟩ *Gesamtheit der Begleiter, Begleitung* **3** ⟨fig.⟩ *Führung, Einführung* ◆ jmdm. das Geleit geben *jmdn. begleiten;* jmdm. (z. B. einem freigelassenen hohen Gefangenen) freies Geleit zusichern *freien Abzug mit Begleitung*

**geleiten** ⟨V. t.; hat⟩ jmdn. geleiten *jmdn. (schützend) begleiten, jmdm. Geleitschutz gewähren* ◆ jmdn. sicher über die Straße geleiten [→ *leiten*]

**Geleitzug** ⟨m. 1u⟩ *Kriegsschiffe, die einen Verband von Handels- od. Transportschiffen schützend geleiten, Konvoi* ◆ im Geleitzug fahren

**Gelenk** ⟨n. 11⟩ **1** ⟨Anat.⟩ ◄ *bewegliche Verbindung zwischen Skeletteilen, z. B. Knochen der Wirbeltiere od. Kutikulateilen von Gliederfüßern* **2** ⟨Bot.⟩ *polsterförmige Verdickungen an Blattstielen od. Stängeln, die aus zartwandigen Parenchymzellen bestehen u. Bewegungen ausführen können* **3** ⟨Tech.⟩ *Bauteil zur Verbindung zweier gegeneinander beweglicher Teile einer Maschine* (Kettengelenk) ◆ falsches Gelenk *nach schlecht verheilten Knochenbrüchen entstehendes Gelenk;* aus dem Gelenk springen [< mhd. *gelenke* „biegsamer Teil des Leibes zwischen Rippen u. Becken"; zu mhd. *lanke* < ahd. *(h)lanca* „Hüfte" = „Stelle, an der man sich biegt"]

**Gelenkfahrzeug** ⟨n. 11⟩ *Fahrzeug, bei dem Zugfahrzeug und Anhänger durch ein Gelenk verbunden sind u. das durchgehend begehbar ist (z. B. Gelenkomnibus)*

**Gelenkhöcker** ⟨m. 3; Anat.⟩ ► *höckerartiger Fortsatz an Knochen, der eine bewegliche Verbindung zu einem anderen Skeletteil darstellt: Condylus*

**gelenkig** ⟨Adj.⟩ **1** *durch Gelenke beweglich, biegsam, leicht beweglich* **2** *behände, gewandt* ◆ einen gelenkigen Körper haben; er, sie ist sehr gelenkig; der Fuß soll durch Gymnastik wieder gelenkig werden [< mhd. *gelenke* „biegsam, gewandt"; → *lenken*]

**Gelenkkopf** ⟨m. 1u; Anat.⟩ *in die Gelenkpfanne eingelagerter Teil des Gelenks*

**Gelenkpfanne** ⟨f. 19; Anat.⟩ *pfannenartige Höhlung, in die der Gelenkkopf eingreift*

**Gelenkrheumatismus** ⟨m.; -; unz.; Med.⟩ *fieberhafte Erkrankung der Gelenke, durch Krankheitserreger od. deren Gifte hervorgerufen, oft von Herdinfektionen (Mandeln, Zähnen, Nebenhöhlen usw.) ausgehend*

**Gelenkscheibe** ⟨f. 19; Anat.⟩ ► = *Bandscheibe*

**Gelenkwelle** ⟨f. 19⟩ = *Kardanwelle*

**Geliebte** ⟨f. 30⟩ **1** *geliebte Frau, geliebtes Mädchen* **2** = *Liebhaberin* ◆ eine Geliebte haben *ein Liebesverhältnis mit einer Frau haben*

**Geliebte(r)** ⟨m. 29⟩ **1** *geliebter Mann* **2** *Liebhaber* ◆ einen Geliebten haben

**gelieren** ⟨[ʒə-] V. i.; ist⟩ *zu Gelee erstarren, halbfest werden* (Fruchtsaft) [< frz. *geler* „gefrieren, zum Gefrieren bringen"]

**gelinde** ⟨Adj.⟩ **1** *lind, sanft, mild, weich, lieblich* (Luft, Wind) **2** *mäßig* (Frost) **3** ⟨fig.⟩ *leicht* (Ungeduld, Zorn) ◆ gelinde gesagt *vorsichtig ausgedrückt, um härtere Ausdrücke zu vermeiden* [→ *lind*]

**gelingen** ⟨V. i. 146; ist⟩ *geraten, glücken, zustande kommen* ◆ es ist mir gelungen, ihn davon zu überzeugen; es will mir nicht gelingen; eine gelungene Arbeit, Überraschung [< ahd. *gilingan* „glücken"]

**gellen** ⟨V. i.; hat⟩ *durchdringend tönen* ◆ er schreit, dass mir die Ohren gellen, ⟨eigtl.⟩ dass es mir in den Ohren gellt; ein gellender Hilferuf, Schrei; gellend schreien [< ahd. *gellan* „laut tönen, schreien", engl. *yell*]

**geloben** ⟨V. t.; hat⟩ *feierl. versprechen, ein Gelübde ablegen, etwas zu tun* ◆ jmdm. Schweigen, Treue geloben; ich habe gelobt, es nie zu verraten; das Gelobte Land ⟨bibl.⟩ *Palästina, das Land der Verheißung* [< ahd. *gilobon* „billigen, beistimmen"; → *loben*]

**Gelöbnis** ⟨n. 11⟩ *feierliches Versprechen, Gelübde* [→ *geloben*]

**gelöst** ⟨Adj.⟩ *locker, entspannt, ungezwungen* ◆ gelöste Haltung, Bewegungen; sie war heute Abend sehr gelöst

**gelten** ⟨V. i. 147; hat⟩ **1** *in Geltung, in Kraft sein* (Gesetz) **2** *gültig sein* (Fahrkarte, Münze) **3** *erlaubt sein, den Spielregeln entsprechen* **4** *wert sein* ◆ es gilt! *abgemacht!;* das gilt (nicht)! (beim Spiel); hier gilt es, Mut zu zeigen *hier kommt es darauf an, dass man Mut hat, hier muss man Mut zeigen;* jmdm. gelten *an jmdn. gerichtet sein* (Bemerkung, Vorwurf); da gilt keine **Ausrede,** Entschuldigung *da wird keine A., E. anerkannt;* der **Ausweis** gilt nicht mehr ◆ die Meinung des andern gelten **lassen** *anerkennen* ◆ das gilt mir **gleich** *das ist mir gleich* ◆ **als** od. für etwas gelten *als etwas angesehen werden, für etwas gehalten werden;* als dumm, klug gelten; diese Bestimmung gilt **für** alle; das Gleiche gilt **von** ihm *das Gleiche ist über ihn zu sagen* ◆ **was** gilt's, was gilt die Wette? *um was wollen wir wetten?* ◆ die geltende Meinung *die herrschende Meinung;* nach geltendem Recht [< ahd. *geltan* „(zurück)zahlen, wert sein, entschädigen, opfern", engl. *yield*]

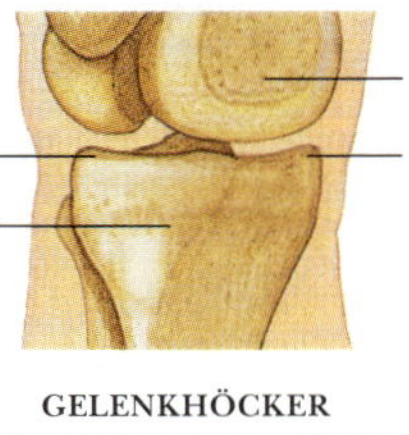


GELENKHÖCKER
AM SCHIENBEIN DES MENSCHEN

**Geltung** ⟨f. 20; unz.⟩ *Gültigkeit, Einfluss, Wert(schätzung), Beachtung, Ansehen* (Weltgeltung) ◆ Geltung haben *gelten;* einer Sache od. sich Geltung verschaffen; das Bild kommt hier besser zur Geltung

**Gelübde** ⟨n. 13⟩ *feierl. Versprechen an Gott* ◆ das Gelübde der Armut, des Gehorsams; ein Gelübde ablegen, erfüllen [→ *geloben*]

**gelüsten** ⟨V. t.; hat; unpersönl.; geh.⟩ *ein Gelüst haben auf, nach* ◆ gelüstet es dich nicht, davon zu kosten? [< ahd. *gilusten;* → *Lust*]

**gemächlich** ⟨Adj.⟩ **1** *langsam, ruhig* **2** *behaglich, gemütlich, bequem, friedlich* ◆ ein gemächliches Leben führen; gemächlich daherkommen

**Gemahl I** ⟨m. 1⟩ *Ehemann* ◆ grüßen Sie bitte Ihren Herrn Gemahl ⟨förml.⟩ [< ahd. *gimahalo* „Bräutigam, Gatte", *gimahala* „Braut, Gattin"]

**Gemahlin** ⟨f. 22⟩ *Ehefrau* ◆ Ihre Frau Gemahlin ⟨förml.⟩; Herr Lindemann und Frau Gemahlin

G

GEMÄLDE: DARSTELLUNG DER
GEBURT CHRISTI VON
FILIPPINO LIPPI (15. JH.)

**Gemälde** ⟨n. 13⟩ **1** ⟨Mal.⟩ ▲ *ein in Öl, Tempera o. Ä. gemaltes Bild* **2** ⟨fig.⟩ *lebhafte Darstellung, packende Schilderung* ◆ das Buch ist ein Gemälde des Lebens im 18. Jahrhundert ⟨fig.⟩; ein Gemälde restaurieren [< spätahd. *gemalidi;* → *malen*]

**Gemarkung** ⟨f. 20⟩ **1** *Grenze* **2** *Gemeindeflur, Gemeindebezirk* [zu *Mark* „Grenzland"]

**...gemäß** ⟨in Zus.⟩ *(einer bestimmten Sache) entsprechend,* z. B. ordnungsgemäß, gewohnheitsgemäß, standesgemäß

**gemäßigt** ⟨Adj.⟩ *maßvoll, ausgeglichen* ◆ gemäßigte Kleinschreibung *(die z. B. im Englischen geltende) Kleinschreibung aller Wörter mit Ausnahme der Eigennamen u. der Wörter am Satzanfang*

**gemein** ⟨Adj.⟩ **1** *gewöhnlich, häufig (vorkommend), verbreitet* **2** *einfach, normal* **3** *gemeinsam* **4** ⟨fig.⟩ *niedrig (gesinnt), hinterhältig, niederträchtig, verabscheuenswert, roh, böse* (Mensch, Tat) **5** *unanständig, grob, schlüpfrig* (Witz) **6** *unflätig, vulgär, ordinär* (Ausdruck, Bemerkung, Schimpfwort) ◆ ein gemeiner **Kerl;** der gemeine **Mann** *der einfache Mann von der Straße, aus dem Volke* ◆ **sein:** du bist gemein! ⟨umg.⟩ *das ist wenig nett von dir* ◆ Eigenschaften, Interessen **mit** jmdm. gemein haben [< ahd. *gimeini,* engl. *mean* „gemein, niedrig"]

**Gemeinde** ⟨f. 19⟩ **1** ⟨Pol.⟩ *Kommune, dem Staat untergeordneter, öffentl.-rechtl. Verband, kleinster Verwaltungsbezirk* (Landgemeinde, Stadtgemeinde); Sy *Gemeinwesen (1)* **2** *kleiner Ort, Dorf* **3** *Gemeinschaft, Gruppe von Menschen, die sich unter einer Idee od. mit bestimmten Interessen zusammengefunden haben* (Singgemeinde, Theatergemeinde) **4** *Anhängerschaft* **5** *Angehörige eines Bezirks* (Pfarrgemeinde) **6** ⟨Rel.⟩ *Gesamtheit der in der Kirche versammelten Gläubigen* **7** *Einwohnerschaft* (Dorfgemeinde) ◆ eine kleine, große Gemeinde; Mitteilungen für die Gemeinde; in eine Gemeinde ziehen [→ *gemein*]

**Gemeinderat** ⟨m. 1u; Pol.⟩ **1** = *Gemeindevertretung* **2** *deren Mitglied*

**Gemeindevertretung** ⟨f. 20; Pol.⟩ *von der Gemeinde gewählte Gruppe von Gemeindemitgliedern für die Regelung aller Angelegenheiten u. die Verwaltung der Gemeinde;* Sy *Gemeinderat (1)*

**gemeingefährlich** ⟨Adj.⟩ *gefährlich, unberechenbar für die Allgemeinheit* ◆ gemeingefährlicher Verbrecher

**Gemeinheit** ⟨f. 20⟩ **I** ⟨unz.⟩ *gemeines Wesen od. Verhalten, gemeine Beschaffenheit, Niedertracht, Hinterhältigkeit* **II** ⟨zählb.⟩ *gemeine Tat, gemeine Bemerkung*

**Gemeinjahr** ⟨n. 11⟩ *normales Jahr von 365 Tagen;* Ggs *Schaltjahr*

**gemeinnützig** ⟨Adj.⟩ *zum Wohl der Allgemeinheit, dem Nutzen der Allgemeinheit dienend, sozial* ◆ gemeinnützige Stiftung

G

## GEMÜSE

Zum Gemüse zählen alle Pflanzen, die aufgrund ihrer essbaren Teile als Nahrungsmittel angebaut werden. Die meisten Gemüsesorten sind zu Kulturpflanzen geworden, deren Eigenschaften durch Zucht über die Jahrhunderte verbessert wurden. Dies führte zu einer ungeheuren Formenvielfalt. Allein von der Kartoffel sind über 1000 Sorten bekannt. Eingeteilt wird das Gemüse meist nach dem essbaren Teil.

### BLATTGEMÜSE

KRAUSE ENDIVIE (*Cichorium endivia*)

SPINAT (*Spinacia oleracea*)

KOPFSALAT (*Lactuca sativa*)

MANGOLD (*Beta vulgaris* var. *vulgaris*)

WIRSING (*Brassica oleracea* var. *sabauda*)

### BLÜTEN- UND FRUCHTGEMÜSE

BLUMENKOHL (*Brassica oleracea* var. *botrytis*)

ARTISCHOCKE (*Cynara scolymus*)

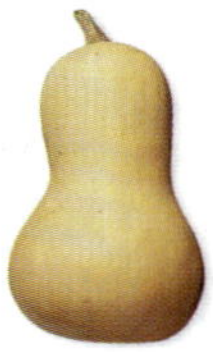

KÜRBIS (*Cucurbita maxima*)

ZUCCHINI (*Cucurbita pepo*)

AUBERGINE (*Solanum melongena*)

### SAMENGEMÜSE

ERBSE (*Pisum sativum*)

ZUCKERERBSE (*Pisum sativum* convar. *axiphium*)

BUSCHBOHNE (*Phaseolus vulgaris*)

FEUERBOHNE (*Phaseolus coccineus*)

AUGENBOHNE (*Vigna unguiculata*)

### STÄNGEL-, SPROSSEN-, WURZEL- UND ZWIEBELGEMÜSE

SPARGEL (*Asparagus officinalis*)

KARTOFFEL (*Solanum tuberosum*)

RADIESCHEN (*Raphanus sativus*)

KAROTTE (*Daucus carota*)

LAUCH (*Allium porrum*)

**Gemeinplatz** ⟨m. 1u⟩ *allgemein bekannte u. daher nichts sagende Redensart, Binsenwahrheit,* z. B. „das Leben ist ein Kampf" ◆ jmdn. mit Gemeinplätzen abspeisen (anstatt ihm zu helfen)

**gemeinsam** **I** ⟨Adj.⟩ *gemeinschaftlich, mehreren gehörend, mehreren zu Eigen* ◆ gemeinsamer Besitz; unser gemeinsamer Freund; gemeinsame Interessen haben; eine Sache auf einen gemeinsamen Nenner bringen *so zusammenfassen, dass alle zu ihrem Recht kommen* **II** ⟨adv.⟩ *zusammen, miteinander, zur gleichen Zeit* ◆ ein Haus gemeinsam bewohnen; gemeinsam lesen, singen, sprechen

**Gemeinschaft** ⟨f. 20⟩ **1** *durch etwas Gemeinsames (Denken, Ziele, Beruf usw.) verbundene Menschengruppe* (Arbeitsgemeinschaft, Familiengemeinschaft) **2** *Verbindung, Zusammensein* **3** *Beziehung* ◆ Gemeinschaft der Gläubigen *alle durch den christl. Glauben miteinander Verbundenen;* eine Gemeinschaft bilden; eheliche Gemeinschaft *Ehe* [< ahd. *gimeinscaf;* → *gemein*]

**gemeinschaftlich** **I** ⟨Adj.⟩ *zu einer Gemeinschaft gehörig, gemeinsam* ◆ gemeinschaftliche Unterschrift; auf od. für gemeinschaftliche Rechnung **II** ⟨adv.⟩ *zusammen, miteinander, in Gemeinschaft, gemeinsam* ◆ einen Besitz gemeinschaftlich verwalten; etwas gemeinschaftlich mit jmdm. tun

**gemeinverständlich** ⟨Adj.⟩ *für jeden leicht verständlich* ◆ einen Text in gemeinverständliche Worte fassen

**Gemeinwesen** ⟨n. 14⟩ **1** ⟨Pol.⟩ = *Gemeinde* **2** *öffentlich-rechtlicher Verband aus mehreren Gemeinden*

**Gemeinwohl** ⟨n. 11; unz.⟩ *Nutzen für die Allgemeinheit, der Allgemeinheit*

**Gemenge** ⟨n. 13⟩ **1** *gleichzeitiger Anbau verschiedener Kulturpflanzen auf einem Acker* **2** *Gewühl, Kampfgewühl* (Handgemenge) **3** *lockere Mischung* **4** ⟨fig.⟩ *Mischmasch, Durcheinander, Konglomerat* **5** ⟨Chem.⟩ *Gemisch von Stoffen, das durch physikal. Methoden in seine Bestandteile zerlegt werden kann* ◆ ins Gemenge kommen

**gemessen** ⟨Adj.⟩ **1** *langsam, ruhig* **2** *zurückhaltend, maßvoll, würdig, gelassen* ◆ gemessenen Schrittes daherkommen

**Gemetzel** ⟨n. 13⟩ *grausame Massentötung, mörder. Kampf, Blutbad*

**Gemisch** ⟨n. 11⟩ **1** *Mischung, Gemenge von zwei od. mehr Bestandteilen* **2** ⟨in Verbrennungsmotoren⟩ *zündfähiges Gemenge aus Kraftstoff u. Luft*

**gemischt** ⟨Adj.⟩ *aus verschiedenartigen Bestandteilen zusammengesetzt* ◆ gemischter Chor ⟨fig.⟩ *Chor aus Männer- u. Frauenstimmen;* einer Sache mit gemischten Gefühlen entgegensehen ⟨umg.⟩ *unbehaglich*

**gemischtgeschlechtig** ⟨Adj.; Bot.⟩ gemischtgeschlechtige Pflanze *Pflanze, die sowohl männliche als auch weibliche Blüten trägt;* Ggs *getrenntgeschlechtig*

**Gemme** ⟨f. 19⟩ ► = *Intaglio* [< ital. *gemma* < lat. *gemma* „Auge, Knospe am Rebstock, Edelstein" (ahd. *gimma* < lat. *gemma;* ging im Mittelalter verloren)]

**Gemüse** ⟨n. 13⟩ **1** ◄ *Sammelbezeichnung für alle Pflanzen, die im Gewächshaus od. auf dem Feld angebaut werden u. deren Teile der menschl. Ernährung dienen* **2** *Gericht daraus* ◆ Gemüse (an)bauen; Gemüse dünsten, kochen, raspeln, schneiden; frisches, getrocknetes, junges, rohes Gemüse [< mhd. *gemüese,* urspr. „Brei, Speise"; → *Mus*]

**Gemüsepflanze** ⟨f. 19⟩ *Pflanze, die als Gemüse dient, vorwiegend krautige Pflanze, die ganz od. zum Teil als Nahrung dient u. deren Wert vorwiegend in ihrem Gehalt an Mineralsalzen u. Vitaminen liegt*

**Gemüt I** ⟨n. 11; unz.⟩ **1** *(vorgestellter) Sitz der seelischen Empfindungen, fühlende Seele, fühlendes Herz* **2** *Sinn für innere Werte, für Gefühlswerte* ♦ Gemüt **haben** ♦ ein **fröhliches,** heiteres, kindliches, liebevolles Gemüt haben ♦ sich ein Stück Kuchen **zu** Gemüte führen ⟨fig.; umg.; scherzh.⟩ *(genussvoll) essen* **II** ⟨n. 12⟩ *Mensch im Hinblick auf sein Seelen- u. Gefühlsleben* ♦ der Vorfall erregte die Gemüter [< mhd. *gemüete,* urspr. „Gesamtheit der seelischen Kräfte u. Sinnesregungen"]

**gemütlich** ⟨Adj.⟩ **1** *behaglich, anheimelnd* (Raum, Sessel) **2** *zwanglos-heiter, familiär* (Abend, Zusammensein) **3** *umgänglich, leutselig, ungezwungen, freundschaftlich-herzlich u. ein wenig bieder* (Person) ♦ einen gemütlichen Abend verbringen; hier ist es gemütlich; einen Nachmittag gemütlich verplaudern [< spätmhd. *gemüetlich* „das Gemüt betreffend" u. mhd. *gemüete* < ahd. *gimuati* „gleichen Sinnes, angenehm, lieb"; → *Mut*]

**Gemütsmensch** ⟨m. 16⟩ **1** *Mensch mit Gemüt* **2** ⟨umg.⟩ *jmd., der sich durch nichts aus der Ruhe bringen lässt*

**Gemütsruhe** ⟨f.; -; unz.⟩ *unerschütterl. Ruhe, Phlegma* ♦ in aller Gemütsruhe

**...gen**[1] ⟨Adj.; in Zus.⟩ **1** *erzeugend, bildend* **2** *erzeugt, entstanden* **3** *...artig* [< grch. *gennan* „erzeugen"; zu *genos* „Geburt, Geschlecht, Art"; zu *gignesthai* „entstehen, erzeugt werden, geboren werden"]

**...gen**[2] ⟨n. 11; in Zus.⟩ *erzeugender, auslösender Stoff,* z. B. Allergen [→ *...gen*[1]]

**Gen** ⟨[ge:n] n. 11; Genetik⟩ ▲ *Erbfaktor, Erbanlage, der eigtl. Träger der Vererbung, unter dessen Einfluss sich die Merkmale entwickeln, die das körperl. u. geist. Erscheinungsbild der Organismen prägen, ist in bestimmter Anordnung in den Chromosomen des Zellkerns, wahrscheinlich auch im Zellplasma befindlich u. aus Eiweißmolekülen bestehend* [zu grch. *gennan* „erzeugen"]

**genau** ⟨Adj.; -er, am -(e)sten⟩ **1** *einem Vorbild od. Muster entsprechend, übereinstimmend, getreu* (Messgerät, Nachbildung, Wiedergabe) **2** ⟨bei Maßangaben⟩ *sorgfältig abgemessen* **3** ⟨bei Zeitangaben⟩ *pünktlich* **4** *ausführlich in allen Einzelheiten,* (Arbeit, Darstellung) **5** *streng* **6** *völlig, vollkommen, zweifelsfrei* ♦ genau! ⟨umg.⟩ *ja, jawohl, gewiss;* genaue **Angaben** machen; genau das **Gegenteil,** ⟨umg.⟩ das genaue Gegenteil; es sind genau zwei **Meter;** genau (um) ein **Uhr;** wie ist die genaue **Zeit?** ♦ etwas genau **abwiegen;** einen Vorfall genau **erzählen;** meine Uhr **geht** (auf die Minute) genau; **nehmen:** er hat seine Arbeit immer sehr genau genommen; genau genommen ist dieser Sportler schon seit Jahren nicht mehr erfolgreich; der Schlüssel **passt** genau; **sein:** er ist sehr genau, was seine Arbeit betrifft; genau **übereinstimmen** ♦ genau **entgegengesetzt;** beide Stücke sind (sich) genau **gleich** ♦ sich genau **an** die Bestimmungen halten; etwas **auf** das/aufs genaueste/Genaueste überprüfen *sehr genau;* genau **im** Augenblick, als ... *in diesem Augenblick, gerade als ...* [< spätmhd. *(ge)nau;* zu mhd. *niuwen* < ahd. *hniuwan* „schaben, zerreiben"]

**Genauigkeit** ⟨f. 20; unz.⟩ *Gewissenhaftigkeit, Sorgfalt, Korrektheit, Exaktheit*

**genauso** ⟨Adv.⟩ *ebenso, geradeso* ♦ er macht es (ganz) genauso; das eine ist, passt genauso gut wie das andere; er hat genauso viel wie du bekommen

**Gendarm** ⟨[ʒã-] od. [ʒan-] m. 16⟩ **1** ⟨urspr.⟩ *Angehöriger der Leibgarde französischer Könige* **2** ⟨später⟩ *Polizist, Landjäger* [< frz. *gendarme* „Polizeisoldat"; zu Pl. *gens d'armes* „bewaffnete Männer"]

## GENE

Gene sind Grundeinheiten des Erbguts, die von den Eltern und deren Vorfahren weitervererbt werden. Sie bestimmen die physischen, intellektuellen und emotionalen Eigenschaften eines Menschen. Die Gene entsprechen einzelnen Abschnitten auf der DNA, die sich in den Chromosomen der bei der Befruchtung verschmelzenden Samen- und Eizellen befindet. Auf diese Weise entsteht ein neues Individuum, dessen Erbinformation eine Mischung aus den Informationen der Gene von Vater und Mutter darstellt.

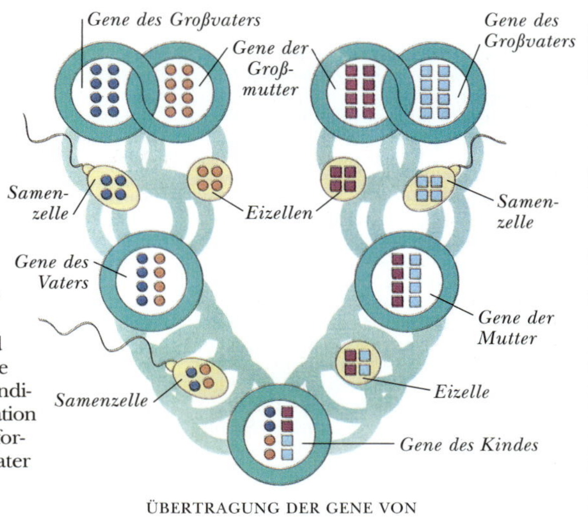


ÜBERTRAGUNG DER GENE VON EINER GENERATION ZUR NÄCHSTEN (SCHEMATISCHE DARSTELLUNG)

**Gene** ⟨Pl. von⟩ *Gen*

**Genealogie** ⟨f. 19; unz.⟩ *Lehre von den Geschlechtern bezüglich ihrer Abstammung u. den sich daraus ergebenden gesellschaftl., rechtl. usw. Beziehungen, historische Hilfswissenschaft von der Herkunft u. Zusammensetzung (bes. geschichtlich bedeutender) Geschlechtsverbände;* Sy *Familienforschung* [< grch. *genealogia* „Aufstellung des Stammbaumes, Stammbaum" < *genea* „Abstammung" + *logos* „Rede, Kunde"]

**genehm** ⟨Adj.⟩ *angenehm, willkommen* ♦ genehm sein *zusagen, passen;* das ist mir sehr, nicht genehm [< mhd. *genaeme,* urspr. „was man gern nimmt"; → *nehmen*]

**genehmigen** ⟨V. t.; hat⟩ *erlauben, bewilligen, einwilligen in* ♦ sich einen genehmigen ⟨fig.; umg.; scherzh.⟩ *einen Schnaps (ein Bier usw.) trinken;* eine Bitte, ein Gesuch (nicht) genehmigen; genehmigt

**geneigt** ⟨Adj.; -er, am -esten; fig.; geh.⟩ *günstig gesinnt, wohlwollend, freundlich* ♦ jmdm. geneigt sein *jmdm. zugetan sein, jmdm. in Sympathie verbunden sein;* geneigt sein, etwas zu tun *bereit sein, etwas beabsichtigen*

**General** ⟨m. 1 od. 1u⟩ **1** ⟨Mil.⟩ **1.1** *höchster Offiziersrang* **1.2** *Offizier in diesem Rang* **2** ⟨Rel.⟩ *oberster Vorsteher eines katholischen geistlichen Ordens od. einer Kongregation* **3** *der internationale Leiter der Heilsarmee* **4** ⟨Zool.⟩ = *Feuerwanze* [< mhd. *general* < lat. *generalis* „allgemein", im Kirchenlatein „Haupt eines Mönchsordens"; militär. Bedeutung seit dem 15. Jh. vom Deutschen Orden, seit dem 16. Jh. begünstigt durch frz. *général* „General"]

**General...** ⟨in Zus.⟩ *Allgemein..., Haupt...,* z. B. Generaldirektor, Generalvollmacht [< lat. *generalis* „allgemein"]

**Generaldirektor** ⟨m. 23⟩ *oberster Leiter eines großen Wirtschaftsunternehmens, Hauptdirektor*

**generalisieren** ⟨V. t.; hat⟩ *verallgemeinern;* Ggs *individualisieren* [< frz. *généraliser* „verallgemeinern"]

**Generalität** ⟨f. 20; unz.⟩ **1** *Allgemeinheit* **2** ⟨Mil.⟩ *Gesamtheit der Generäle*

**Generalprobe** ⟨f. 19⟩ *letzte Probe vor der (ersten) Aufführung, Hauptprobe*

**Generalsekretär** ⟨m. 1⟩ *Geschäftsführer einer großen Partei, Organisation o. Ä.* ♦ der Generalsekretär der Regierungspartei

**Generalstab** ⟨m. 1u; Mil.⟩ *Gruppe von hohen Offizieren zur Unterstützung der Heeresleitung u. des Oberbefehlshabers*

**Generalstreik** ⟨m. 6⟩ *allgemeiner Streik*

**Generalsuperintendent** ⟨m. 16; ev. Kirche⟩ *leitender Geistlicher einer Landeskirche, heute meist durch den Bischof ersetzt*

**Generation** ⟨f. 20⟩ **1** *Menschenalter* **2** *einzelne Stufe der Geschlechterfolge* **3** *Gesamtheit der zu dieser Stufe gehörenden Personen* **4** ⟨Tech.⟩ *Zeitabschnitt in der Entwicklung techn. Geräte, der durch eine bestimmte Art der Konstruktion gekennzeichnet ist* ♦ die Generation unserer Eltern; meine Generation; eine Entwicklung durch Generationen hindurch; erste Generation von Computern [< lat. *generatio* „Zeugung"]

**generativ** ⟨Adj.⟩ *die Zeugung betreffend, auf ihr beruhend, geschlechtlich, keimbildend, zeugungs...* [< mlat. *generativus* < lat. *generatus,* Part. Perf. zu *generare* „(er)zeugen"]

**Generator** ⟨m. 23⟩ **1** ⟨Tech.⟩ *rotierende Maschine, die mechanische in elektrische Energie umformt;* Sy *Dynamo* **2** ⟨EDV⟩ *Programmierhilfe, durch die automatisch ein Verarbeitungsprogramm erzeugt werden kann* [lat., „Erzeuger"; zu *generare* „(er)zeugen"]

**generell** ⟨Adj.⟩ *allgemein (gültig), im Allgemeinen;* Ggs *speziell (2)* [< lat. *generalis* „allgemein"]

**generieren** ⟨V. t.; hat⟩ *erzeugen, hervorbringen, bilden* ♦ Formeln, Sätze generieren [zu lat. *generare* „(er)zeugen, erschaffen, hervorbringen"]

**generös** ⟨Adj.; -er, am -esten⟩ *freigebig, großzügig, edelmütig* ♦ auf der Feier zeigte er sich sehr generös [< frz. *généreux* „großmütig, hochherzig"]

**Genese** ⟨f. 19; unz.⟩ *Entstehung, Entwicklung, Werden, Bildung (des Lebens)* [< grch. *genesis* „Erzeugung, Ursprung"]

**genesen** ⟨V. i. 148; ist⟩ *gesunden* ♦ von einer Krankheit noch nicht ganz, völlig, wieder genesen sein [< ahd. *ginesan* „lebend davonkommen"]

**Genesis** ⟨f.; -; unz.; Rel.⟩ *Schöpfungsgeschichte, Titel des 1. Buches Mose* [grch., „Erzeuger, Ursprung"]

**Genetik** ⟨f. 20; unz.⟩ **1** ⟨i. w. S.⟩ *Wissenschaft von der Entstehung der Organismen* **2** ⟨i. e. S.⟩ *Lehre von der Vererbung* [zu grch. *genesis* „Erzeugung, Ursprung"]

G

**Genette** ⟨[ʒəˈnɛt(ə)] f. 19⟩ ▼ *Angehörige einer Gattung der Schleichkatzen mit dunkelgeflecktem Fell, das als Pelzwerk geschätzt ist: Genetta* [< frz. < span. < arab.]

**genial** ⟨Adj.⟩ *im höchsten Maße begabt u. dabei schöpferisch* [→ *Genie*]

**Genialität** ⟨f. 20; unz.⟩ *geniale Veranlagung, Schöpferkraft*

**Genick** ⟨n. 11; Anat.⟩ **1** *die hintere Halsgegend u. das benachbarte Kopfgebiet* **2** *Nacken* **3** ⟨umg.⟩ *Hals* ◆ sich das Genick brechen ⟨fig.; umg.⟩ *(durch eigene Schuld) scheitern* [< mhd. *genic(ke),* Kollektivbildung zu mhd. *nec(ke),* Ablaut zu *nac(ke);* → *Nacken*]

**Genie** ⟨[ʒə-] n. 15⟩ **I** ⟨unz.⟩ **1** *höchste schöpferische Begabung* **2** ⟨schweiz.⟩ *militär. Ingenieurwesen* **II** ⟨zählb.⟩ *Mensch von höchster schöpfer. Begabung* ◆ er ist ein musikalisches Genie; verkanntes Genie *nicht zur Geltung kommender begabter Mensch;* ⟨umg.; iron.⟩ *jmd., der sich für ein Genie hält* [< frz. *génie,* urspr. „Schutzgeist", dann „feuriger Schöpfergeist" < lat. *genius* „Schutzgeist", spätlat. „Schöpfergeist"]

**genieren** ⟨[ʒə-] V.; hat⟩ **I** ⟨V. t.⟩ jmdn. genieren **1** *stören, belästigen* **2** *jmdm. peinlich sein* **II** ⟨V. refl.⟩ sich genieren *sich schämen, sich vor den anderen Leuten unsicher fühlen, schüchtern, gehemmt sein* [< frz. *gêner* „drücken, quälen, hindern, hemmen"]

**genießbar** ⟨Adj.⟩ **1** *so beschaffen, dass man es genießen kann, essbar u. trinkbar* **2** ⟨fig.; umg.; scherzh.⟩ *verträglich, gut gelaunt* ◆ das Essen ist kaum genießbar *schmeckt sehr schlecht, ist schlecht zubereitet*

**genießen** ⟨V. t. 149; hat⟩ **1** *essen, trinken* **2** *mit Wohlbehagen zu sich nehmen* (Speise) *od. auf sich wirken lassen* (Anblick) **3** *auskosten, Freude haben an* **4** *erhalten* (Ausbildung, Erziehung) ◆ ich habe meinen Urlaub sehr genossen [< ahd. *(gi)niozan*]

**Genießer** ⟨m. 3⟩ *jmd., der Schönes u. Gutes bewusst genießen kann* ◆ ein stiller Genießer *jmd., der sich still u. ohne Aufhebens einem Genuss hingibt od. anderen (bei einem Glas Wein o. Ä.) behaglich zuschaut*

**genießerisch** ⟨Adj.⟩ *nach Art eines Genießers, mit Genuss, genießend, schlemmerhaft* ◆ Wein genießerisch schlürfen

**Geniestreich** ⟨[ʒə-] m. 1⟩ **1** *toller, klug ausgedachter Streich* **2** *außerordentlich gut gelungenes Werk* **3** *brillante Idee* **4** *überdurchschnittliche Kraftleistung*

**Geniezeit** ⟨[ʒə-] f. 20; unz.⟩ *die Zeit des Sturm u. Drangs*

**genital** ⟨Adj.; Anat.⟩ *die Genitalien betreffend, zu ihnen gehörend* [< lat. *genitalis* „zur Zeugung od. Geburt gehörig, zeugend, befruchtend"]

**Genital, Genitale** ⟨n.; -s, -lien; Anat.⟩ *Geschlechtsteil, Geschlechtsorgan*

**Genitiv** ⟨m. 1; Gramm.⟩ *2. Fall der Deklination;* oV *Genitivus;* Sy *Wesfall* [verkürzt < lat. *casus genitivus* „Fall, der die Abkunft, Herkunft, Zugehörigkeit bezeichnet"; nicht korrekte Übersetzung < grch. *genike (ptosis)* „der die Gattung bezeichnende Fall"]

GENETTE:
KLEINFLECKGENETTE
*(Genetta genetta)*

**Genitivattribut** ⟨n. 11; Gramm.⟩ *einem Substantiv zugeordnetes Attribut, das im Genitiv steht, z. B. „des jungen Mannes" in der Wendung „die Eigenschaften des jungen Mannes";* → a. *Attribut*

**Genitivobjekt** ⟨n. 11; Gramm.⟩ *Satzergänzung im Genitiv,* z. B. er beschuldigte sie „eines Verbrechens"

**Genitivus** ⟨[-vus] m.; -, -tivi [-vi]⟩ = *Genitiv* ◆ Genitivus obiectivus *Genitiv als Objekt einer Handlung,* z. B. Bezwinger „des Nanga Parbat"; Genitivus partitivus *Genitiv als Teil eines Ganzen,* z. B. ein Becher „Weins"; Genitivus possessivus *den Besitz bezeichnender Genitiv,* z. B. das Haus „meines Vaters"; Genitivus Qualitatis *Genitiv als Bez. einer Eigenschaft,* z. B. eine Ware „bester Güte"; Genitivus subiectivus *Genitiv als Subjekt einer Handlung,* z. B. die Ankunft „des Zuges" [→ *Genitiv;* partitivus: zu lat. *pars,* Gen. *partis* „Teil, Stück; possessivus: zu lat. *possidere* „besitzen"; Qualitatis: zu lat. *qualitas,* Gen. *qualitatis* „Beschaffenheit"]

**Genius** **I** ⟨m.; -; unz.⟩ *schöpferischer Geist, schöpferische Kraft* **II** ⟨m.; -, -nien⟩ **1** *Schutzgeist* **2** ⟨Kunst⟩ *geflügelte, männliche oder weibliche niedere Gottheit* [lat., eigtl. „Personifikation der Zeugungskraft", dann „Schutzgeist", spätlat. „Schöpfergeist"; → *Genie*]

**Genmanipulation** ⟨f. 20; Genetik⟩ *Umwandlung von Genen mit physikal. od. chem. Methoden u. die damit verbundene Veränderung der Erbsubstanz*

**Genmutation** ⟨f. 20⟩ *Strukturwandlung im Molekülbereich der die Erbsubstanz aufbauenden chemischen Verbindungen*

**Genom** ⟨n. 11⟩ *alle im haploiden Kern vereinigten Gene* [→ *Gen*]

**Genosse** ⟨m. 17⟩ **1** *Gefährte, Kamerad, Kumpan, Kompagnon* (Jugendgenosse, Kampfgenosse) **2** *Amtsbruder* (Amtsgenosse) **3** *jmd., der die gleiche Gesinnung hat* (Gesinnungsgenosse) **4** *Mitglied einer Genossenschaft* **5** ⟨Pol.⟩ **5.1** *Parteifreund, besonders Mitglied einer sozialistischen Partei* **5.2** *Anrede der Mitglieder einer sozialistischen Partei untereinander* [< ahd. *ginoz(o),* urspr. „Mensch, der mit einem anderen die Nutznießung einer Sache gemeinsam hat"; verwandt mit *genießen, Nutzen*]

**Genossenschaft** ⟨f. 20⟩ *Zusammenschluss mehrerer Personen zur Förderung gleicher wirtschaftlicher Interessen mittels gemeinschaftlichen Geschäftsbetriebes* (Landwirtschaftsgenossenschaft, Berufsgenossenschaft, Konsumgenossenschaft, Handwerkergenossenschaft)

**Genossenschafter** ⟨m. 3⟩, **Genossenschaftler** ⟨m. 3⟩ *Mitglied einer Genossenschaft*

**genossenschaftlich** ⟨Adj.⟩ *eine Genossenschaft betreffend, zu ihr gehörig, auf ihr beruhend*

**Genossenschaftsbank** ⟨f. 20; Bankw.⟩ **1** *Bankunternehmen in der rechtlichen Form einer Genossenschaft* **2** *Volksbank*

**Genotypus** ⟨m.; -, -typen; Genetik⟩ *Gesamtheit der Erbfaktoren;* Ggs *Phänotypus* [< *Gen* + *Typus*]

**Genozid** ⟨m. 1 od. n. 11; Pl. a.: -zidien⟩ = *Völkermord* [< lat. *genus* „Geschlecht, Stamm" + *caedere* „töten"]

**Genre** ⟨[ˈʒãrə] n. 15⟩ *Gattung, Art* ◆ „Anton Reiser" gehört zum Genre der Bildungsromane [frz., „Gattung, Art, Sorte"]

**Gentechnik** ⟨f. 20⟩ = *Gentechnologie*

**Gentechnologie** ⟨f. 19; unz.⟩ *Technologie zur Neukombination u. Übertragung von Genen;* Sy *Gentechnik*

**Gentleman** ⟨[ˈdʒɛntlmæn] m.; -s, -men [-mən]⟩ *Mann von vornehmer Gesinnung u. Lebensart* ◆ er ist ein richtiger Gentleman [engl., „Mann von ritterlicher Denkungs- und Lebensart"]

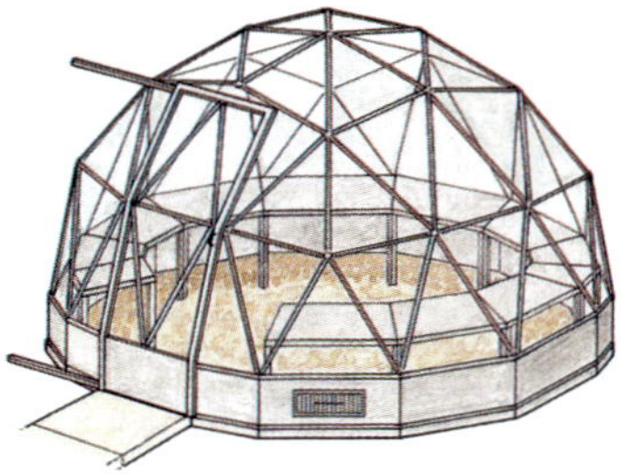

GEODÄTISCHE KUPPEL:
KUPPELFÖRMIGES GEWÄCHSHAUS

**gentlemanlike** ⟨[ˈdʒɛntlmænlaik] Adj.⟩ *vornehm, ehrenhaft, ritterlich, sehr anständig* [engl., „nach Art eines Gentlemans"]

**genug** ⟨Adv.⟩ **1** *ausreichend, befriedigend viel* **2** *die Grenze des Erträglichen, Erlaubten erreichend* ◆ genug **Brot,** Geld ◆ er kann nie genug **bekommen,** kriegen; genug **sein** *ausreichen;* jetzt ist's aber genug! *jetzt ist aber Schluss!, jetzt reißt mir die Geduld!* ◆ das ist (nicht) **groß,** schön genug; das Beste ist für ihn gerade **gut** genug *er will immer nur das Beste haben* ◆ ich habe davon mehr **als** genug *schon zu viel* [< ahd. *ginuog*]

**Genüge** ⟨f.; -; unz.⟩ *genügend großes Maß, genügende Menge* ◆ jmds. Forderungen, Ansprüchen Genüge leisten od. tun *jmds. F., A. befriedigen;* zur Genüge *bis zum Überdruss* [< ahd. *ginuogi;* → *genug*]

**genügen** ⟨V. i.; hat⟩ einer Person od. Sache genügen *für eine Person od. Sache* ausreichen, genug sein ◆ wir haben genügend Vorrat

**genügsam** ⟨Adj.⟩ *leicht befriedigt, bescheiden, anspruchslos* ◆ genügsam im Essen und Trinken sein; sie ist sehr genügsam

**Genugtuung** ⟨f. 20; unz.⟩ **1** *Befriedigung* **2** *Wiedergutmachung, Buße* ◆ Genugtuung fordern, geben, leisten; sich Genugtuung verschaffen (für eine Beleidigung o. Ä.)

**genuin** ⟨Adj.⟩ *angeboren, echt, natürlich* [< lat. *genuinus* „angeboren, natürlich"]

**Genus** ⟨n.; -, Genera⟩ **1** *Gattung* **2** ⟨Gramm.⟩ *Geschlecht der Substantive u. Pronomen* ◆ Genus commune *gemeinsames Geschlecht der Substantive (u. Pronomen), z. B. von Mask. u. Fem. im Niederländischen;* Genus Verbi *Ausdrucksform des Verbs, die das syntaktische Verhältnis des Subjekts zum Geschehen bezeichnet* (Aktiv, Passiv), *Aktionsform;* Sy *Handlungsrichtung* [< lat. *genus* „Geschlecht, Abstammung"]

**Genuss** ⟨m. 1u⟩ **1** *das Genießen, Zusichnehmen (von Speisen)* **2** *bewusstes Vergnügen, Behagen, beglückendes Erleben* **3** *Nutzen, Nutznießung* ◆ der Genuss eines Glases **Wein** ◆ **sein:** es war mir ein Genuss!; sich einen Genuss **versagen** ◆ **ästhetischer,** geistiger Genuss; **ausgiebiger,** erlesener, großer, hoher, seltener Genuss; sein Vortrag war ein **zweifelhafter** Genuss ◆ **an,** nach dem Genuss von verdorbenen Pilzen erkranken; **in** den Genuss einer kostenlosen Reise, eines Stipendiums kommen [→ *genießen*]

**Genussmittel** ⟨n. 13⟩ *Lebensmittel, das in Abgrenzung zum Nahrungsmittel in erster Linie dem Genuss dient* ◆ Industrie für Nahrungs- und Genussmittel

**geo..., Geo...** ⟨in Zus.⟩ *erd..., Erd...,* z.B. Geographie, geotrop [< grch. *ge* „Erde"]

**Geobotanik** ⟨f. 20; unz.; Bot.⟩ *Lehre von der Verteilung der Pflanzen auf der Erde, Pflanzengeographie*

**Geodäsie** ⟨f. 19; unz.⟩ *Vermessungskunde u. Erdmessung* ◆ höhere Geodäsie *mit Berücksichtigung der Erdkrümmung;* niedere Geodäsie *ohne Berücksichtigung der Erdkrümmung* [< grch. *ge* „Erde" + *daiein* „teilen"]

**geodätisch** ⟨Adj.⟩ *die Geodäsie betreffend, auf ihr beruhend, zu ihr gehörend* ◆ geodätische Kuppel ◄ *kugelförmiges Gebilde, das aus drei Dreiecken aufgebaut ist;* geodätische Linie *kürzeste Verbindung zweier Punkte auf einer Fläche;* geodätischer Satellit *Satellit zur genauen Vermessung der Erde*

**Geode** ⟨f. 19; Geol.⟩ ► *Sekretion mit ganz ausgefülltem Hohlraum*

**Geografie** ⟨f. 19; unz.⟩ = *Geographie*

**geografisch** ⟨Adj.⟩ = *geographisch*

**Geographie** ⟨f. 19; unz.⟩ *Lehre von der Erde, besonders der Erdoberfläche, den Ländern, Meeren der Erde;* oV *Geografie;* Sy *Erdkunde* [< grch. *ge* „Erde" + *graphein* „schreiben"]

**geographisch** ⟨Adj.⟩ *zur Geographie gehörend, auf ihr beruhend, mit ihrer Hilfe;* oV *geografisch* ◆ geographische Breite *in Grad gemessener Winkelabstand eines Punktes der Erdoberfläche vom Äquator;* geographische Karte *Karte im Maßstab kleiner als 1:200 000, die vorwiegend Forschungs- u. Beobachtungsergebnisse der Geographie enthält u. auf geodätischen bzw. topographischen Karten aufbaut;* geographische Lage *Lage eines Ortes nach geograph. Koordinaten im Gradnetz;* geographische Länge *in Grad gemessener Winkelabstand eines Punktes der Erdoberfläche vom Nullmeridian*

**Geologie** ⟨f. 19; unz.⟩ *Lehre vom Aufbau u. von der Entwicklung der Erde* [< grch. *ge* „Erde" + *logos* „Rede, Kunde"]

**Geomagnetismus** ⟨m.; -; unz.⟩ = *Erdmagnetismus*

**Geometrie** ⟨f. 19; unz.⟩ *Gebiet der Mathematik, behandelt die gestaltlichen Gesetzmäßigkeiten und Größenbeziehungen an u. zwischen Linien, Flächen u. Körpern* [< grch. *ge* „Erde" + *metron* „Maß"]

**geometrisch** ⟨Adj.⟩ **1** *auf der Geometrie beruhend, mit ihrer Hilfe* **2** geometrische Optik *Gebiet der Optik, das sich mit Lichtstrahlen beschäftigt, ermöglicht einfache Entwicklung u. Berechnung von optischen Systemen od. Instrumenten* **3** geometrischer Stil ⟨Mal.⟩ *Stil bes. der altgriechischen Vasenmalerei, der Ornamente, Tier- u. Pflanzenmotive in den linearen Formen der geometrischen Figuren (Dreiecke, Rhomben, Kurven) bevorzugt*

**Geomorphologie** ⟨f. 19; unz., Geogr.⟩ *Zweig der physischen Geographie, der sich mit den Oberflächenformen der Erde zu ihrer Entstehung befasst;* Sy ⟨kurz⟩ *Morphologie (2)* [< grch. *ge* „Erde" + *Morphologie*]

**Geophysik** ⟨f.; -; unz.⟩ *Lehre von den natürlichen physikalischen Erscheinungen auf u. in der Erde*

**Georgine** ⟨f. 19; Bot.⟩ = *Dahlie* [nach dem Petersburger Botaniker J.G. *Georgi,* 1729-1802]

**geostationär** ⟨Adj.; Astron.⟩ geostationäre Bahn ► *Flugbahn von Weltraumsonden, die synchron mit der Erdumdrehung umlaufen u. so ständig über einem Punkt der Erdoberfläche zu stehen scheinen, genutzt besonders für Nachrichtensatelliten* [< grch. *ge* „Erde" + *stationär*]

**Geowissenschaft** ⟨f. 20⟩ *Wissenschaft von der Erde, soweit sie von Menschen bewohnt u. genutzt wird*

**geozentrisch** ⟨Adj.⟩ **1** *auf die Erde als Mittelpunkt der Welt bezogen* **2** *auf den Erdmittelpunkt bezogen* ◆ geozentrisches Weltsystem

**Geozoologie** ⟨[-tso:o-] f. 19; unz.⟩ *Lehre von der Verteilung der Tiere u. ihres Vorkommens auf der Erde;* Sy *Tiergeographie*

**Gepäck** ⟨n. 11; unz.⟩ **1** *Reise- od. Wanderausrüstung* **2** *marschmäßige Ausrüstung* (Marschgepäck) ◆ **3** Stück Gepäck; großes Gepäck (Reisegepäck); kleines Gepäck (Handgepäck) [Kollektivbildung zu *Pack* „Bündel"]

GEODE: VON BÄNDERACHAT UMGEBENE GEODE

**Gepard** ⟨m. 1; Zool.⟩ *zu den Katzen gehörendes schnellstes (über 100 km/h) Raubtier mit braunrotem, schwarz getüpfeltem Fell: Acinonyx jubatus;* Sy *Jagdleopard* [< frz. *guépard* „Gepard"]

**Gepflogenheit** ⟨f. 20⟩ **1** *Gewohnheit* **2** *Brauch, Sitte* ◆ nach den hiesigen Gepflogenheiten

**Geplänkel** ⟨n. 13⟩ **1** *Scharmützel, leichtes Gefecht, Schießerei (meist nur zw. zwei Personen)* **2** ⟨fig.⟩ *leichtes, heiteres Wortgefecht, Neckerei, Plänkelei*

**Geplapper** ⟨n.; -s; unz.⟩ **1** *anhaltendes Plappern, Gerede des Kleinkindes* **2** ⟨abwertend⟩ *Geschwätz*

**Geplärr** ⟨n.; -s; unz.; abwertend⟩ *anhaltendes Plärren, dauernder Lärm*

**Geplätscher** ⟨n.;-s; unz.⟩ **1** *anhaltendes Plätschern, Wassergeräusch* **2** ⟨fig.; umg.⟩ *oberflächl. Unterhaltung*

**geplättet** ⟨Adj.; nur präd.; umg.⟩ *verblüfft, sprachlos* ◆ als ich das sah, war ich (völlig) geplättet

**Geplauder** ⟨n.; -s; unz.⟩ *Plauderei, behagliches Gespräch, leichter Unterhaltung*

**Gepolter** ⟨n.; -s; unz.⟩ **1** *Poltern, polternder Lärm* **2** ⟨ fig.; umg.⟩ *derbes, gutmütiges Schelten* ◆ mit lautem Gepolter die Treppe hinunterstürzen

**Gepräge** ⟨n.; -s; unz.⟩ **1** *Prägung (auf Münzen)* **2** ⟨fig.⟩ *besondere Note, Besonderheit, Eigenart* ◆ Goethe hat seiner Zeit das Gepräge gegeben; einer Sache ein besonderes Gepräge geben

**Gepränge** ⟨n.; -s; unz.⟩ *Pracht, Pomp, Prunk, großer Aufwand*

**gepunktet** ⟨Adj.⟩ *mit Punkten versehen* (Kleid, Stoff) ◆ roter, weiß gepunkteter Stoff

**Gequake** ⟨n.; -s; unz.⟩ *anhaltendes Quaken (der Frösche)*

**Gequassel** ⟨n.; -s; unz.; abwertend⟩ *anhaltendes, lästiges Quasseln, nichts sagendes Gerede*

**Gequatsche** ⟨n.; -s; unz.; abwertend⟩ *anhaltendes Quatschen, dummes Gerede*

**Ger** ⟨[ge:r] m. 1⟩ *germanischer Wurfspieß (auch als Sportgerät)* [< ahd. *ger* < germ. *gaizas;* verwandt mit *Geißel*]

**gerade**[1] **I** ⟨Adj.⟩ **1** *in gleicher Richtung weiterverlaufend, ohne Krümmung, ohne Ecken verlaufend* (Linie, Strecke, Weg) **2** *aufrecht* (Haltung); Ggs *krumm (1)* **3** *unmittelbar, ohne Umweg* **4** *senkrecht, waagerecht, eben, flach* **5** ⟨umg.⟩ *genau* **6** ⟨fig.⟩ *freimütig, aufrichtig, offen* **7** *ehrlich, rechtschaffen* **8** *beständig, zuverlässig* (Gesinnung, Mensch) ◆ ein gerader **Charakter** ◆ gerade **gehen,** sitzen ◆ gerade **gewachsen** sein ◆ **auf** gerader Straße, Strecke; jmdm. gerade **in** die Augen sehen; in gerader Richtung **II** ⟨Adv.⟩ **1** *zufällig* **2** *soeben, vor einem Augenblick, in diesem Augenblick* **3** *genau, richtig (passend)* ◆ er ist gerade angekommen, weggegangen; ich bin gerade beim Lesen, Schreiben **III** ⟨Partikel⟩ **1** *eben* **2** *ausgerechnet, niemand bzw. nichts anderes als* ◆ **sein:** das ist es ja gerade! *darauf kommt es ja an!* ◆ das ist mir nicht gerade **angenehm** *ziemlich unangenehm;* gerade **entgegengesetzt** ◆ darauf habe ich gerade **noch** gewartet *das fehlte noch zu allem Übel, Überfluss;* gerade **weil** er sie gern hat, müsste er es tun; er kam gerade (noch) **zur** rechten Zeit [< mhd. *gerat* „schnell bei der Hand, gewandt, schlank aufgewachsen", dann a. „lotrecht"; zu ahd. (Adv.) *rado* „schnell"]

**gerade**[2] ⟨Adj.⟩ *durch 2 ohne Rest teilbar* ◆ gerade und ungerade Zahlen [< ahd. *girat* „gleich zählend"]

**Gerade** ⟨f. 19 od. f. 30⟩ **1** *gerade Linie* **2** ⟨Geom.⟩ *Linie, die durch unbegrenzte Verlängerung der Verbindungsstrecke zweier Punkte nach beiden Seiten entsteht* **3** ⟨Sp.⟩ **3.1** ⟨Pferdesp.; Rennsp.⟩ *gerade Teilstrecke einer Rennbahn* **3.2** ⟨Boxen⟩ *gerade vorschnellender Boxhieb der Schlagfaust* ◆ seine rechte Gerade war gefürchtet; der Läufer biegt auf die letzte Gerade

**geradeaus** ⟨Adv.⟩ *in gerader Linie, gerader Richtung* ◆ geradeaus gehen, fahren

**geradeheraus** ⟨Adv.⟩ *freimütig, offen, ohne Umschweife* ◆ geradeheraus gesagt, ich bin dagegen

**geradeso** ⟨Adv.⟩ *ebenso, genauso* ◆ geradeso gut *genauso gut*

**geradestehen** ⟨V. i. 251; hat; fig.⟩ für eine Sache, für jmdn. geradestehen *für eine Sache, für jmdn. einstehen, die Verantwortung übernehmen*

**geradewegs** ⟨Adv.⟩ **1** *ohne Umwege* **2** *ohne Umschweife* ◆ geradewegs aufs Ziel losgehen; ich komme geradewegs von dort

**geradezu** ⟨Adv.⟩ **1** *ohne Umschweife, offen, ehrlich* **2** *durchaus, beinahe, man könnte fast sagen ...* ◆ es ist geradezu ein Wunder; die schnelle Genesung seiner Krankheit war geradezu erstaunlich

## GEOSTATIONÄRE BAHN

Ein Satellit in 35 880 km Höhe über dem Äquator umrundet die Erde in 24 Stunden. Da sich die Erde in dieser Zeit einmal um ihre Achse dreht, scheint der Satellit an einer Stelle über der Erdoberfläche zu schweben. Seine Flugbahn ist geostationär.

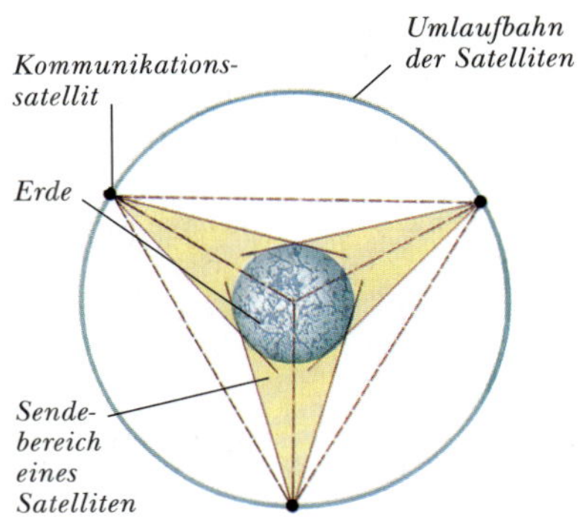


SENDEBEREICHE VON SATELLITEN IN GEOSTATIONÄRER BAHN (NICHT MASSSTABGETREU)

G

## GERADFLÜGLER

Die Insektenordnung der Geradflügler umfasst mehr als 20 000 Arten, vor allem Grillen und Heuschrecken, die mit ihren kräftigen Sprungbeinen über 1 m weit hüpfen können.

Zahlreiche Arten verständigen sich untereinander durch Stridulation: Sie reiben Körperteile, wie etwa Flügel oder Beine, aneinander und erzeugen dabei Zirpgeräusche.

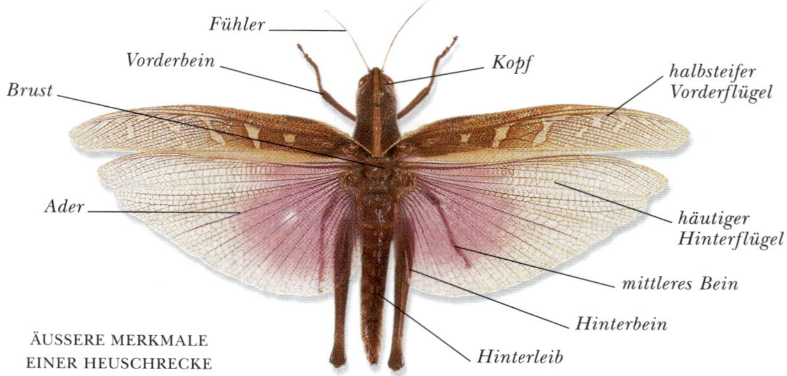


ÄUSSERE MERKMALE EINER HEUSCHRECKE

### WEITERE GERADFLÜGLERARTEN

WANDERHEUSCHRECKE (NYMPHE) (*Locusta migratoria*)

WETAGRILLE (*Deinacrida heteracantha*)

LANGFÜHLERSCHRECKE (*Leptophyes punctatissima*)

MAULWURFSGRILLE (*Gryllotalpa gryllotalpa*)

**Geradflügler** ⟨Pl.; Zool.; zusammenfassende Bez. für⟩ ▲ *verschiedene Insektenordnungen mit urspr. Merkmalen (kauende Mundwerkzeuge, unvollkommene Verwandlung): Orthopteroidea;* Sy *Orthoptere;* ► *Insekten*

**Geradheit** ⟨f. 20; unz.⟩ **1** *das Geradesein, Fehlen von Krümmungen* **2** ⟨fig.⟩ *gerades Wesen, Aufrichtigkeit, Freimut, Rechtschaffenheit*

**geradlinig** ⟨Adj.⟩ **1** *in gerader Linie, in gerader Richtung (verlaufend)* **2** ⟨fig.⟩ *ehrlich, aufrichtig* ◆ ein geradliniger Mensch

**Geranie** ⟨[-niə] f. 19; Bot.⟩ **1** = *Pelargonie* **2** ► = *Storchschnabel (1)* [zu grch. *geranos* „Kranich" (nach den kranichschnabelförmigen Früchten)]

**Gerät** ⟨n. 11⟩ **1** *Werkzeug, z. B. Hammer, Zange* **2** *Ausrüstungs-, Gebrauchsgegenstand, Instrument* (Ackergerät, Handwerksgerät, Hausgerät, Küchengerät) **3** *Vorrichtung* (Turngerät) **4** *Maschine, Apparat* (Radiogerät) **5** *mehrere zusammengehörige Gebrauchsgegenstände, Zubehör, Utensilien* (Schreibgerät) **6** *elektrisches, mechanisches, kompliziertes, praktisches Gerät* [< ahd. *girati* „Ausrüstung, Vorrat, Hausrat, Werkzeuge, Rat, Beratung, Überlegung"]

**geraten**[1] ⟨V. i. 193; ist⟩ **1** *gelingen, gut werden* (Arbeit, Kuchen) **2** *gut gedeihen* (Frucht, Getreide) **3** *sich charakterlich od. äußerlich entwickeln* (Kind) ◆ ihm gerät alles, was er anfängt; die Torte ist **ausgezeichnet,** gut, nicht geraten ◆ **an** jmdn. geraten *an jmdn. gelangen, zufällig auf jmdn. treffen;* **auf** Abwege geraten; **außer** sich geraten vor Freude *sich unbändig freuen;* **in** eine Angelegenheit geraten *unversehens in eine Angelegenheit verwickelt werden;* in Bewegung geraten *sich zu bewegen beginnen;* in Brand geraten (Gebäude) *zu brennen beginnen;* in Verwirrung geraten *sich verwirren, einen Wirrwarr, ein Durcheinander bilden* (von Sachen); *verwirrt werden, die Fassung verlieren* (von Personen); **miteinander** in Streit geraten ◆ **wohin** bin ich hier geraten? [→ *raten*]

**geraten**[2] ⟨Adj.; meist adv.⟩ *ratsam, empfehlenswert* ◆ ich halte es (nicht) für geraten, hier zu bleiben

**Geratewohl** ⟨n.; nur in der Wendung⟩ aufs Geratewohl *auf gut Glück, ohne zu überlegen, ohne es genau zu wissen* ◆ aufs Geratewohl einen Weg einschlagen [< mhd. *gerate wol* „glückliches Gelingen"; → *geraten*[1]]

**geraum** ⟨Adj.; nur noch in den Wendungen⟩ geraume Weile, geraume Zeit *eine längere Weile, längere Zeit* [→ *Raum*]

**geräumig** ⟨Adj.⟩ *viel Raum bietend, so groß, dass man viel unterbringen kann* (Zimmer, Wohnung, Büro)

**Geräusch** ⟨n. 11⟩ **1** *Ton, Laut, Schall, Klang* **2** ⟨Akustik⟩ *durch unperiodische Schwingungsvorgänge hervorgerufene, in Stärke u. Höhe rasch wechselnde Schallwellen* ◆ ein Geräusch machen, verursachen; ein andauerndes, dumpfes, leichtes, leises, starkes, verdächtiges Geräusch [→ *rauschen*]

**Geräuschkulisse** ⟨f. 19; Film; Theat.⟩ **1** *Untermalung einer Szene durch entsprechende Geräusche* **2** ⟨umg.⟩ *ständige Geräusche im Hintergrund*

**gerben** ⟨V. t.; hat⟩ *zu Leder verarbeiten* (Häute) ◆ jmdm. das Fell gerben ⟨umg.⟩ *jmdn. verprügeln* [< ahd. *garawen* „fertig machen, zubereiten"; → *gar*]

GERFALKE (*Falco rusticolus*)

**Gerbera** ⟨f.; -, -; Bot.⟩ *zu den Korbblütlern gehörende Pflanze mit dicken, blattlosen Stielen u. großen, meist hellroten, leuchtenden Blüten* [nach dem deutschen Arzt T. *Gerber* († 1743)]

**Gerberstrauch** ⟨m. 2u⟩ *Angehöriger der einzigen Gattung der Gerberstrauchgewächse (Coriariaceae): Coriaria* ◆ Myrtenblättriger Gerberstrauch *eine zum Gerben verwendete Art: Coriaria myrtifolia;* Sy *Provenzialischer* → *Sumach*

**Gerbersumach** ⟨m. 1; unz.⟩ = *Sumach*

**Gerbsäure** ⟨f. 19; unz.⟩ *einer der im Pflanzenreich weit verbreiteten organ. Stoffe, die eine Zusammenziehung der Schleimhäute bewirken, mit Eisen-III-Salzen schwarze u. grüne Färbungen geben u. zum Gerben u. zur Herstellung von Tinte verwendet werden*

**gerecht** ⟨Adj.; -er, am -esten⟩ **1** *recht, streng, rechtlich, dem Rechtsgefühl gemäß, dem Gesetz entsprechend* (Handlung, Urteil) **2** *rechtlich denkend, unparteiisch* (Person) **3** *verdient* (Lohn, Strafe, Sieg, Niederlage) **4** *richtig, passend, den Regeln entsprechend* (formgerecht, weidgerecht) ◆ der Gerechte muss viel leiden (Psalm 34,20); ein gerechter **Richter** ◆ **sein:** er ist sehr gerecht; gerecht **urteilen;** jmdm. od. einer Sache (nicht) gerecht **werden** *jmds. Wert od. den Wert einer Sache (nicht) ins rechte Licht rücken, ihn od. sie (nicht) richtig beurteilen u. behandeln* ◆ **gegen** jmdn. gerecht sein [< mhd. *gereht* „gerade, recht (im Unterschied zu links), richtig, passend, tauglich, geschickt" (so noch in *maßgerecht, mundgerecht* u. a.) < ahd. *gireht* „gerad(linig)"]

**gerechtfertigt** ⟨Adj.⟩ *rechtlich, vernunftmäßig wohl begründet* ◆ dieses Vorgehen ist gerechtfertigt; ihre Beförderung zur Chefin ist wirklich gerechtfertigt

**Gerechtigkeit** ⟨f. 20; unz.⟩ **1** *gerechte Beschaffenheit* **2** *gerechte Gesinnung, gerechtes Verhalten* **3** *ein Gewerbe auszuüben* ◆ die Gerechtigkeit eines Urteils; jmdn. der Gerechtigkeit ausliefern ⟨fig.⟩

**Gerede** ⟨n.; -s; unz.⟩ **1** *nichts sagendes, lästiges Reden, Rederei, Geschwätz* **2** *unwahres Reden, Nachrede, Klatsch* ◆ sich nicht um das Gerede der Leute kümmern

**gereichen** ⟨V. i.; hat; geh.⟩ etwas gereicht jmdm. zu etwas *etwas bringt jmdm. etwas* ◆ es gereicht uns zur besonderen Ehre, den Herrn Bundespräsidenten hier unter uns zu sehen

**Gerfalke** ⟨m. 17; Zool.⟩ ▼ *bes. kräftiger Falke der nordischen Tundren u. Waldgebiete, wird oft als Jagdfalke abgerichtet: Falco rusticolus;* oV *Gierfalke* [< mhd. *gervalch*]

**Geriatrie** ⟨f. 19; unz.⟩ *Lehre von den Krankheiten alternder Menschen;* Sy *Altersheilkunde* [< grch. *geron* „alt, bejahrt" + *iatreia* „Heilung"]

**Gericht**[1] ⟨n. 11⟩ **1** *Speise, zubereitetes Essen, Mahlzeit* (Fleischgericht) **2** *Gang einer Speisenfolge* (Hauptgericht, Vorgericht) ◆ ein Gericht auftragen, bestellen, zubereiten; ein Gericht aus frischem Gemüse [zu *richten* in der Bedeutung „zubereiten, anrichten"]

**Gericht**[2] ⟨n. 11⟩ **1** *Recht sprechende Behörde* (Amtsgericht, Arbeitsgericht, Bundesgericht, Landesgericht) **2** *Gerichtsgebäude* **3** *Gerichtshof* **4** ⟨fig.⟩ *Gerichtsbarkeit, Rechtsprechung, Rechtspflege, Gerechtigkeit* **5** *Urteilsspruch, Richterspruch* **6** ⟨Sinnbild für⟩ *Strafe* (Gottesgericht) ◆ Gericht **halten** *eine Gerichtsverhandlung abhalten;* sich dem Gericht **stellen; zurückziehen:** das Gericht zieht sich zur Beratung zurück

◆ das **Jüngste** Gericht ⟨nach christl. Auffassung⟩ *entscheidendes letztes Gericht beim Weltuntergang;* das **oberste** Gericht ◆ Vater ist noch **auf** dem Gericht; jmdn. **bei** Gericht verklagen; mit jmdm. hart, scharf, streng **ins** Gericht gehen ⟨fig.; umg.⟩ *jmdm. ernste Vorhaltungen machen;* **über** jmdn. Gericht halten *über jmdn. Recht sprechen;* **vor** Gericht aussagen

**gerichtlich** ⟨Adj.⟩ *das Gericht betreffend, zu ihm gehörig, auf ihm beruhend, mit seiner Hilfe* ◆ gerichtliche **Anordnung,** Bestimmung, Verfügung; gerichtlicher **Beschluss;** gerichtliche **Entscheidung;** gerichtliche **Klage;** gerichtliches **Urteil;** eine gerichtliche **Vorladung** erhalten *Aufforderung zum Erscheinen vor Gericht* ◆ jmdn. gerichtlich **belangen** oder verfolgen ◆ **auf** gerichtlichem Wege; **gegen** jmdn. gerichtlich vorgehen

**Gerichtsbarkeit** ⟨f. 20; unz.; Rechtsw.⟩ *Befugnis zur Rechtsprechung* ◆ höhere Gerichtsbarkeit *Gerichtsbarkeit einer Berufungsinstanz;* niedere Gerichtsbarkeit *Gerichtsbarkeit der unteren Instanzen*

**Gerichtshof** ⟨m. 1u; Rechtsw.⟩ *aus mehreren Mitgliedern bestehendes Gericht* ◆ oberster Gerichtshof *höchste Berufungsinstanz*

**Gerichtsmedizin** ⟨f. 20; unz.; Rechtsw.⟩ *Wissenschaft von der Verwendung medizin. Erkenntnisse zur Aufklärung von Verbrechen;* Sy *forensische Medizin*

**Gerichtsstand** ⟨m. 1u; Rechtsw.⟩ *Ort, dessen Gericht bei einer Rechtssache zuständig ist oder sein soll, meist der Wohnort des Beklagten oder der Tatort* ◆ Gerichtsstand ist Frankfurt/M.

**Gerichtsverfahren** ⟨n. 14; Rechtsw.⟩ *durch ein Gericht eingeleitetes Verfahren, Prozess*

**Gerichtsverhandlung** ⟨f. 20; Rechtsw.⟩ *Verhandlung vor Gericht*

**Gerichtsvollzieher** ⟨m. 3; Rechtsw.⟩ *Beamter des Gerichts, der Vorladungen zustellt, Pfändungen vornimmt u. Ä.*

**gering** ⟨Adj.⟩ **1** *klein* (Menge, ⟨fig.⟩ Sorge) **2** *knapp* (Vorrat) **3** *wenig* (Aussicht, Fähigkeiten) **4** *gewöhnlich, bescheiden, schlicht* (Stand, Herkunft) **5** *unbedeutend, belanglos* (Unterschied, Wert) **6** *niedrig* (Preis) **7** *kurz* (Zeitraum) **8** *wenig gut, nicht sehr gut, dürftig* (Meinung, Qualität) **9** ⟨Jagdw.⟩ *jung, schwach, klein* ◆ geringe **Aussichten** (auf Erfolg) haben; geringe **Begabung;** geringes **Gewicht;** dazu verspüre ich nur geringe **Neigung;** darauf lege ich nur geringen **Wert** ◆ Ihr **entgeht** nicht das Geringste ◆ nicht **im** Geringsten *ganz u. gar nicht, überhaupt nicht;* in geringer Entfernung; seine Leistung **um** ein Geringes steigern *ein wenig;* das ist nur **von** sehr geringem Wert [< mhd. *(ge)ringe* „leicht, schnell bereit, klein" < ahd. *(gi)ringi* „leicht"]

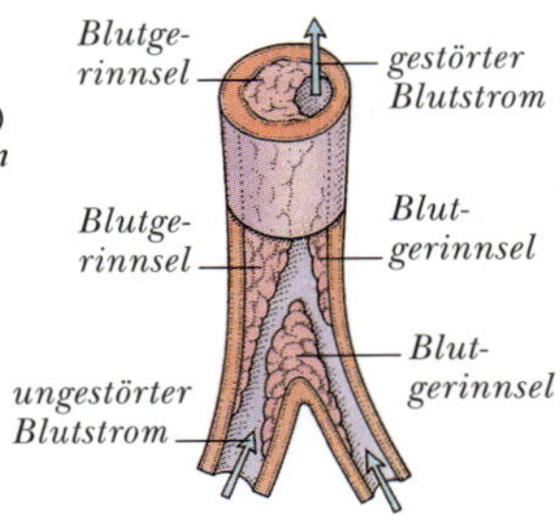

GERINNSEL: BLUTGERINNSEL IN MENSCHLICHER VENE

**geringfügig** ⟨Adj.⟩ *unbedeutend, unwesentlich* ◆ geringfügige Unterschiede [→ *fügen*]

**geringschätzig** ⟨Adj.⟩ *Geringschätzung ausdrückend, missachtend, verächtlich* ◆ eine geringschätzige Bemerkung, Handbewegung

**gerinnen** ⟨V. i. 200; ist⟩ *Gerinnsel od. Flocken bilden, flockig, klumpig werden, sich zusammenballen* (Blut, Milch) ◆ Blut zum Gerinnen bringen [< ahd. *gerinnen* „zusammenfließen"]

**Gerinnsel** ⟨n. 13⟩ **1** ▲ *kleine Menge fest gewordener Flüssigkeit, Klümpchen* (Blutgerinnsel) **2** *Gerinne, Rinnsal*

**Gerippe** ⟨n. 13⟩ **1** ⟨Anat.⟩ *Skelett, Knochengerüst* **2** *Gestell, Gerüst* (von Flugzeug, Schirm, Gebäuden) **3** ⟨fig.; umg.⟩ *Grundplan, Grundzüge (einer Abhandlung)* ◆ zum Gerippe abmagern *bis auf Haut u. Knochen* [Kollektivbildung zu *Rippe*]

**gerissen** ⟨Adj.; fig.; umg.⟩ **1** *schlau, durchtrieben* **2** *übermäßig geschäftstüchtig, nur auf den eigenen Vorteil bedacht* ◆ ein gerissener Geschäftsmann

**Germ** ⟨m.; -s; unz.; bair.-österr.; österr. a.: f.; -; unz.⟩ **1** = *Hefe (1)* **2** = *Bierhefe*

**Germane** ⟨m. 17⟩ *Angehöriger einer indogerman. Völkergruppe seit etwa 750 v. Chr. in Skandinavien u. an der Ost- u. Nordseeküste* [< lat. *Germanus* „Germane"; Ursprung ungeklärt]

**germanisch** ⟨Adj.⟩ *die Germanen betreffend, zu ihnen gehörig, von ihnen stammend* ◆ germanische Sprachen *zur indogerman. Sprachfamilie gehörende, seit 500 v. Chr. entstandene Sprachengruppe*

**Germanistik** ⟨f.; -; unz.⟩ **1** ⟨i. w. S.⟩ *Wissenschaft von den german. Sprachen* **2** ⟨i. e. S.⟩ *von der dt. Sprache u. Literatur*

**Germanium** ⟨n.; -s; unz.; Chem.; Zeichen: Ge⟩ *grauweißes, sprödes 2- u. 4-wertiges Metall, Ordnungszahl 32, zur Herstellung von Transistoren u. Dioden verwendet* [nach *Germania*, der lat. Bez. für Deutschland]

**Germer** ⟨m. 3⟩ *Angehöriger einer Gattung der Liliengewächse: Veratrum* ◆ Weißer Germer *über 1 m hohe Alpenpflanze, deren Wurzelstock in der Tierheilkunde u. als Schnupfpulver verwendet wird: Veratrum album* [< ahd. *germarrun*]

**gern, gerne** ⟨Adv.⟩ *bereitwillig, freudig, mit Vorliebe* ◆ gern!, ja gern! *(als Antwort auf eine Bitte od. Frage);* **annehmen:** ich nehme Ihr Angebot gern an; bitte, gern **geschehen!** *(als Antwort auf Dank);* das **glaube** ich gern *das glaube ich ohne weiteres;* gern **lesen,** singen, tanzen; **sehen:** er ist bei uns (nicht) gern **gesehen** *(nicht) beliebt;* **sprechen:** ich hätte gern Herrn X gesprochen *ich möchte bitte Herrn X sprechen;* ich möchte gern **wissen ...** ◆ **gut** und gern fünfzehntausend Mark *bestimmt, wenn nicht mehr* ◆ **aber** gern!, **sehr** gern! *(als Antwort auf eine Bitte);* **von** Herzen gern! [< ahd. *gerno*, Adv. zu Adj. *gern* „eifrig"]

**Geröll** ⟨n. 11⟩ *durch fließendes Wasser abgerundete Gesteins- und Mineralbruchstücke* [→ *rollen*]

**Gerontologie** ⟨f. 19; unz.⟩ **1** *Lehre von den Vorgängen beim Altern* **2** *Lehre vom unterschiedlichen Krankheitsverlauf in den verschiedenen menschlichen Lebensaltern* [< grch. *geron, gerontos* „alt, bejahrt" + *logos* „Rede, Lehre, Kunde"]

**Gerste** ⟨f. 19; unz.⟩ **1** ⟨i. w. S.⟩ *Angehörige einer Gattung der Süßgräser mit Wild- und Kulturformen, seit alters bekannt, Brotfrucht der Trockenzonen u. Steppengebiete: Hordeum* **2** ⟨i. e. S.⟩ *Kulturform der Gerste, Saatgerste: Hordeum sativum* ◆ Sechszeilige Gerste: *Hordeum hexastichum;* Zweizeilige Gerste: *Hordeum distichon* [< ahd. *gersta*]

**Gerstenkorn** ⟨n. 12u⟩ **1** *Frucht der Gerste* **2** ⟨fig.⟩ *eitrige Entzündung einer Talgdrüse am Augenlid*

**Gerte** ⟨f. 19⟩ **1** *Rute, biegsamer, entblätterter Zweig* **2** ⟨kurz für⟩ *Reitgerte* [< ahd. *gerta* „Rute, Zweig, Stab, Messrute", engl. *yard* „Elle"]

**Geruch** ⟨m. 1u⟩ **I** ⟨unz.⟩ **1** *Geruchssinn* **2** ⟨fig.⟩ *Ruf (meist negativ)* ◆ einen feinen Geruch haben; im Geruch eines Lebemannes stehen **II** ⟨zählb.⟩ *Duft, Ausdünstung* ◆ beißender, durchdringender, feiner, guter, kräftiger, lieblicher, schlechter, schwacher, starker Geruch [< mhd. *geruch* < *ruch* „Duft, Dunst, Dampf"; → *riechen;* „in gutem (schlechtem) Geruch stehen": volksetymologisch für *Gerücht*]

**Geruchsnerv** ⟨m. 23 od. fachsprachl.: m. 16⟩ = *Riechnerv*

**Geruchssinn** ⟨m. 1; unz.⟩ *Fähigkeit, mit den Geruchsorganen verschiedenartige gasförmige Stoffe zu unterscheiden u. zu beurteilen*

**Gerücht** ⟨n. 11⟩ *umlaufende unverbürgte Nachricht, weiterverbreitetes Gerede* ◆ es geht das Gerücht, dass ...; Gerüchte in Umlauf setzen, bringen [< mnddt. *geruchte* „Gerede" = mhd. *geruofte* „Geschrei" < ahd. *gehruafti* „Rufen, Geschrei"; → *berüchtigt, ruchbar, rufen*]

**geruhen** ⟨V. i.; hat; geh.⟩ *sich huldvoll (zu etwas) herablassen* ◆ geruhen Eure Majestät, den Botschafter zu empfangen? [< ahd. *(gi)ruochan* „sorgen, Rücksicht nehmen"; zu *ruohha* „Bedacht, Sorge"]

**geruhsam** ⟨Adj.⟩ *ruhig, behaglich, ohne Eile, ohne Aufregungen* ◆ ein geruhsames Leben führen

**Gerümpel** ⟨n.; -s; unz.; umg.⟩ *alter Kram, abgenutzte Gegenstände (besonders Möbel und Hausgerät)* [< mhd. *gerümpel* „Gepolter, Lärm"; → *rumpeln*]

**Gerundium** ⟨n.; -s, -dien; Gramm.⟩ *Deklinationsform des Infinitivs, z. B. die Kunst „des Schreibens"* [zu lat. *gerere* „durchführen, verrichten", eigtl. „das zu Verrichtende"]

**Gerüst** ⟨n. 11⟩ **1** *Gefüge aus Holz, Metall od. Knochen als Tragwerk, Stützgestell, Hilfskonstruktion* (Brettergerüst, Knochengerüst) **2** ⟨fig.⟩ *Grundplan, Entwurf* ◆ das Gerüst meines Vortrags ist fertig, es fehlt noch die Ausarbeitung [< ahd. *gi(h)rusti* „Zurichtung, Aufbau, Ausrüstung"; → *rüsten*]

**gerüttelt** ⟨Adj.⟩ *bis zum Rande, bis oben hin*

**ges I** ⟨n.; -, -; Mus.⟩ *Tonbezeichnung, das um einen halben Ton erniedrigte g* **II** ⟨ohne Art.; Mus.; Abk. für⟩ *ges-Moll (Tonartbezeichnung)*

**Ges I** ⟨n.; -, -; Mus.⟩ *Tonbezeichnung, das um einen halben Ton erniedrigte G* **II** ⟨ohne Art.; Mus.; Abk. für⟩ *Ges-Dur (Tonartbezeichnung)*

**gesalzen** ⟨Adj.; fig.; umg.⟩ **1** *derb, kräftig* (Witz) **2** *sehr hoch* (Preis, Rechnung)

**gesamt** ⟨Adj.⟩ **1** *ganz* **2** *völlig, vollständig, alle(s) zusammen* ◆ die gesamte **Bevölkerung,** Familie; sein gesamtes **Vermögen** ◆ **im** Gesamten *insgesamt* [< ahd. *gisamanot*, Part. zu *samanon* „sammeln, vereinigen"; → *sammeln*]

**Gesamterbe** ⟨m. 17⟩ = *Alleinerbe*

**Gesamtheit** ⟨f. 20; unz.⟩ **1** *das Ganze, alles zusammen, Einheit* **2** *die ganze Gemeinschaft*

**Gesamtschule** ⟨f. 19⟩ *Verbindung von Grund-, Mittel- u. höherer Schule;* → a. *additive Gesamtschule*

**Gesamtwerk** ⟨n. 11⟩ *alle Werke (eines Künstlers)* ◆ ihr lyrisches Gesamtwerk umfasst fünf Bände

**Gesandte(r)** ⟨m. 29⟩ *diplomatischer Vertreter eines Staates bei einem anderen Staat (vier Rangklassen: Botschafter u. Nuntius, Gesandter i. e. S., Resident, Geschäftsträger)* ◆ päpstlicher Gesandter *Nuntius* [verkürzt < spätmhd. *gesanter pote* „abgesandter Bote"; → *senden*]

**Gesandtschaft** ⟨f. 20⟩ **1** *ständige Auslandsvertretung eines Staates* **2** *die dazu gehörenden Beamten* **3** *Gebäude dafür*

## GESCHIRR

Ein Pferdegeschirr besteht im Wesentlichen aus drei Elementen. Der Fahrer steuert die Pferde mit Zügel und Zaumzeug, wobei die Tiere die Lasten über das kragenartige Kummet ziehen. Der Zughaken und der Strang bilden die Verbindung zum Wagen.

SCHWERE BRAUEREIPFERDE IM GESCHIRR

**Gesang** ⟨m. 1u⟩ **I** ⟨unz.⟩ **1** *das Singen* **2** *Singen als Unterrichtsfach* **3** *Vortrag eines Liedes* **4** ⟨poet.⟩ *das Tönen, Klingen* ◆ Gesang der Vögel; Gesang studieren **II** ⟨zählb.⟩ **1** *Gedicht, Lied, Preislied* (Heldengesang, Lobgesang, Preisgesang) **2** *Abschnitt, Kapitel eines Versepos* ◆ geistliche Gesänge *Kirchenlieder* [→ *Sang*]

**Gesäß** ⟨n. 11; Anat.⟩ **1** *die untere Fortsetzung des Rückens, wo auf den Sitzbeinen des Beckens die paarigen Wülste des kleinen Gesäßmuskels aufsitzen, Hinterbecken: Nates* **2** *Sitzfläche des Menschen, Hinterbacken;* Sy *Hintern, Hinterseite (2), Hinterteil, Po* [< ahd. *gisazi* „Sitz, Wohnsitz, Lager, Hintern", eigtl. „das, worauf man sitzt; Ort, an dem man sich aufhält"; → *sitzen*]

**Gesäßmuskel** ⟨m. 5; Anat.⟩ ► *jeder der Muskeln, aus denen das Gesäß besteht: Musculus glutaeus*

**gesättigt** ⟨Adj.; Chem.; bei Lösungen⟩ **1** *den zu lösenden Stoff in der größtmöglichen lösbaren Menge enthaltend* **2** ⟨bei Kohlenwasserstoffen⟩ *die größtmögliche Zahl von Wasserstoffatomen (od. anderen einwertigen Resten) besitzend* **3** gesättigter Dampf *Dampf, der sich im Gleichgewicht mit seiner flüssigen od. festen Phase befindet*

**gesch.** ⟨Zeichen: ⚮; Abk. für⟩ *geschieden* (→ *scheiden*)

**Geschäft** ⟨n. 11⟩ **1** *zweckgebundene Beschäftigung, Tätigkeit, Arbeit* **2** *Gewerbe, Beruf* **3** *Ergebnis, Abschluss einer mit Geld verbundenen Tätigkeit, Handel* (Geldgeschäft, Tauschgeschäft) **4** *Absatz, Verkauf* **5** *Aufgabe, Auftrag* **6** *Verkaufsstelle, Gewerbeunternehmen, Handelsunternehmen, Laden* **7** ⟨fig.; umg.⟩ *Notdurft, Entleerung von Kot od. Harn* ◆ ein Geschäft **abschließen,** abwickeln, betreiben; ein Geschäft **aufgeben,** auflösen; das Geschäft **blüht;** ein Geschäft **eröffnen,** gründen, übernehmen; ein Geschäft **führen;** das Geschäft **geht** gut, schlecht; ein Geschäft **machen;** seinen Geschäften **nachgehen;** ein Geschäft **verrichten** ⟨fig.; umg.⟩ ◆ ein **bekanntes,** solides Geschäft; ein **einträgliches** Geschäft; **gute,** schlechte Geschäfte machen; **unsaubere,** zweifelhafte Geschäfte machen ◆ er ist **am** Geschäft des Vaters beteiligt; abends **aus** dem Geschäft kommen; ein Geschäft **mit** jmdm. machen ◆ was für ein Geschäft führt dich her?; **wie** geht das Geschäft? [< mhd. *gescheft(e)* „Beschäftigung, Arbeit, Angelegenheit, Anordnung, Abmachung", eigtl. „was man zu schaffen hat"; → *schaffen*]

**geschäftig** ⟨Adj.⟩ **1** *eifrig, emsig, sehr beschäftigt* **2** *hurtig, flink* **3** *dienstfertig* ◆ auf dem Markt herrschte geschäftiges Treiben; geschäftig hin und her eilen

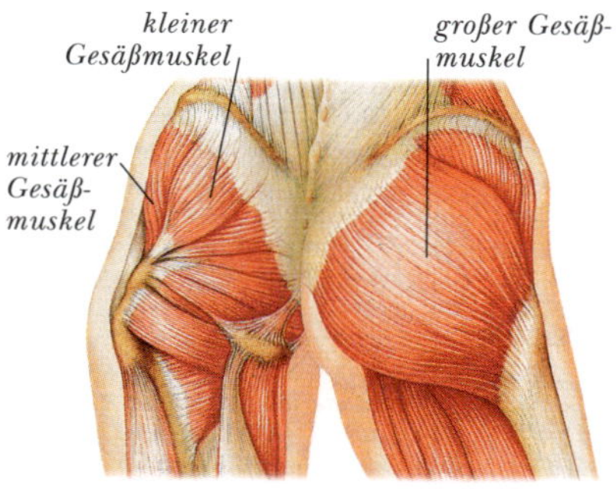


GESÄSSMUSKELN DES MENSCHEN

**geschäftlich** ⟨Adj.⟩ **1** *das Geschäft, die Geschäfte betreffend, beruflich, dienstlich* (Angelegenheit, Beziehungen, Erfolg) **2** *in Geschäften, der Geschäfte wegen* ◆ geschäftlicher Ärger; ich bin geschäftlich hier; ich habe geschäftlich hier zu tun

**Geschäftsbereich** ⟨m. 1⟩ *Amts-, Dienstbereich;* → a. *Portefeuille* ◆ Minister ohne Geschäftsbereich

**Geschäftsbericht** ⟨m. 1⟩ **1** *Bericht über die Tätigkeit eines Unternehmens mit od. ohne Veröffentlichung der Bilanz* **2** *Tätigkeitsbericht eines Vereins, einer Behörde*

**geschäftsfähig** ⟨Adj.⟩ *fähig, Rechtsgeschäfte vorzunehmen*

**Geschäftsführung** ⟨f. 20; unz.⟩ Sy *Geschäftsleitung* **1** *das Führen eines Geschäfts, der Geschäfte* **2** *eine od. mehrere Personen, die zur Führung eines Unternehmens berechtigt sind* ◆ er ist mit der Geschäftsführung beauftragt

**Geschäftsgang** ⟨m. 1u; unz.⟩ **1** *Ablauf, Verlauf von Geschäften* **2** ⟨umg.⟩ *geschäftl. Gang, Besorgung von Geschäften* ◆ ich muss heute noch einen Geschäftsgang tun ⟨umg.⟩; der Geschäftsgang ist gut, schlecht

**Geschäftsleitung** ⟨f. 20; unz.⟩ = *Geschäftsführung*

**Geschäftsmann** ⟨m. 2u; Pl. a.: -leute⟩ *Kaufmann* ◆ ein guter Geschäftsmann sein *geschickt beim Abschluss von Geschäften sein, ein guter Rechner sein*

**geschäftsmäßig** ⟨Adj.⟩ **1** *den Geschäften, den kaufmännischen Gepflogenheiten entsprechend* **2** ⟨fig.⟩ *mechanisch, unpersönlich*

**Geschäftsordnung** ⟨f. 20⟩ *alle Regeln u. Vorschriften, nach denen eine Behörde, ein Parlament, ein Verein o. Ä. die Geschäfte führt*

**Geschäftsstelle** ⟨f. 19⟩ *Stelle, Raum, in der bzw. dem die Geschäfte einer Behörde, eines Vereins o. Ä. abgewickelt werden, Büro, Dienststelle*

**geschäftstüchtig** ⟨Adj.⟩ *geschickt beim Abschluss von Geschäften, kaufmännisch tüchtig, geschäftl. viel leistend*

**Geschäftswert** ⟨m. 1; unz.⟩ *Wert eines Unternehmens über sein materielles Vermögen hinaus (Verkehrslage, Stammkundschaft usw.);* Sy *Goodwill (1)*

**gescheckt** ⟨Adj.⟩ *gefleckt, scheckig* [→ *Scheck* [1]]

**geschehen** ⟨V. i. 150; ist⟩ **1** *sich ereignen, vorfallen, stattfinden, passieren* **2** *sich verwirklichen* **3** jmdm. geschehen *zustoßen, widerfahren* ◆ ein **Unglück** ist geschehen ◆ es **kann** geschehen, dass ...; etwas geschehen **lassen** *etwas erlauben, dulden, nicht verhindern;* was auch geschehen **mag;** es **muss** doch etwas geschehen! *getan werden, man muss doch etwas tun!;* **sein:** es ist nun einmal geschehen *man muss sich damit abfinden* ◆ das geschieht ihm **recht** ⟨umg.⟩ *das hat er verdient* ◆ was soll **mit** den übrig gebliebenen Speisen geschehen? ◆ **was** ist geschehen? [< ahd. *giskehan* < *skehan* „eilen, rennen, schnell fortgehen"]

**Geschehen** ⟨n. 14⟩ **1** *Ablauf von Geschehnissen* (Weltgeschehen) **2** *Ereignis, Vorfall* ◆ das damalige, gegenwärtige, momentane Geschehen

**gescheit** ⟨Adj.; -er, am -esten⟩ *klug, urteilsfähig, verständig urteilend, intelligent* ◆ gescheiter Einfall; Bernhard ist ein gescheiter Kopf [< mhd. *geschide* „schlau, klug"; zu mhd. *schiden* „scheiden, deuten, entscheiden", eigtl. „geistig trennend, (ent)scheidend"; → *scheiden*]

**Geschenk** ⟨n. 11⟩ *Gabe, um Freude zu bereiten* (Geburtstagsgeschenk, Weihnachtsgeschenk) ◆ ein Geschenk (von) meiner **Mutter** ◆ keine Geschenke **annehmen;** jmdm. ein Geschenk **machen** *jmdm. etwas schenken* ◆ ein **großes,** kleines, nützliches, wertvolles, persönliches Geschenk [→ *schenken*]

**Geschichte** ⟨f. 19⟩ **I** ⟨unz.⟩ **1** *Werdegang, Entwicklung* (Erdgeschichte, Kunstgeschichte) **2** *alles Geschehene, die Vergangenheit* **3** *Wissenschaft von der Vergangenheit* **4** *Lehre von der Vergangenheit als Lehr-, Unterrichtsfach* ◆ Geschichte des **Altertums** ◆ er **gibt** Geschichte und Deutsch (als Unterrichtsfächer); die Geschichte **lehrt** uns, dass ...; Geschichte **machen** *für die Zukunft Bedeutungsvolles, Entscheidendes leisten;* Geschichte **studieren** (an der Universität)

◆ **Alte,** Mittlere, Neuere, Neueste Geschichte (als Wissenschaftszweig) ◆ **in** der Geschichte ist es immer wieder vorgekommen, dass ... **II** ⟨zählb.⟩ **1** *Erzählung, Schilderung* **2** *Angelegenheit, Sache* **3** ⟨umg.⟩ *Abenteuer, Erlebnis* **4** *(unangenehme) Überraschung* ◆ der **Held** dieser Geschichte ◆ alte Geschichten wieder **aufwärmen** *(unangenehmes) Vergangenes u. Vergessenes wieder hervorholen;* mir ist neulich eine Geschichte **passiert,** die ich dir erzählen muss *eine Sache, etwas* ◆ es ist die **alte** Geschichte ⟨fig.⟩ *es ist immer wieder dasselbe;* eine **aufregende,** langweilige Geschichte; die **biblischen** Geschichten *die Erzählungen der Bibel;* was kostet die **ganze** Geschichte? ⟨umg.⟩ *was kostet alles zusammen?* ◆ der X hatte doch die Geschichte **mit** der Schauspielerin ⟨umg.⟩; die Geschichte **von** König Barbarossa [< ahd. *gisciht* „Geschehnis, Begebenheit, Ereignis", mhd. „Angelegenheit, Ding, Eigenschaft", dann „Folge der Ereignisse, Bericht über Geschehenes"; → *geschehen;* verwandt mit *Geschick*[2], *schicken*]

**geschichtlich** ⟨Adj.⟩ Sy *historisch (1)* **1** *die Geschichte betreffend, zu ihr gehörig, auf ihr beruhend* **2** *nach, aufgrund von Geschichtsquellen (bezeugt), schriftlich überliefert* **3** *für die Zukunft bedeutungsvoll*

**Geschichtsbild** ⟨n. 12⟩ *vom Geschichtsbewusstsein geformtes Bild vom Lauf der Geschichte u. der Rolle, die der Mensch in ihr spielt*

**Geschichtsklitterung** ⟨f. 20⟩ *Geschichtsfälschung* [nach der grotesk-manierlichen Geschichtsschreibung des Johann Fischart, 1546-1590]

**Geschichtsschreibung** ⟨f. 20; unz.⟩ *Aufzeichnung von geschichtl. Begebenheiten aufgrund von Urkunden od. (u.) eigenen Beobachtungen u. Erlebnissen*

**Geschick**[1] ⟨n. 11; unz.⟩ **1** *Geschicklichkeit, Fingerfertigkeit* **2** *geistige Wendigkeit* **3** *Eignung, besondere Fähigkeit, etwas Bestimmtes zu tun* **4** *Kunst, eine Sache richtig anzufassen u. durchzuführen* ◆ er hat das Geschick, mit Menschen umzugehen; er zeigt (dabei) viel Geschick [→ *geschickt*]

**Geschick**[2] ⟨n. 11; zählb.⟩ *Schicksal, Fügung* ◆ sein Geschick selbst in die Hand nehmen; ein böses, gutes Geschick [< mhd. *geschicke* „Begebenheit, Ordnung, Aufstellung, Verfügung, Gestalt"; zu *schicken* in der früheren Bedeutung „bewirken, fügen, ordnen"]

**Geschicklichkeit** ⟨f. 20; unz.⟩ *Gewandtheit, Wendigkeit, Beweglichkeit, Geübtheit, Finger-, Kunstfertigkeit* ◆ er hat sich große Geschicklichkeit darin erworben, schwierige Kinder zu behandeln

**geschickt** ⟨Adj.; -er, am -esten⟩ **1** *gewandt, wendig* **2** *fingerfertig* **3** ⟨fig.⟩ *umsichtig, schlau, durchtrieben* ◆ ein geschickter Arbeiter, Handwerker, Lehrer, Verhandlungsleiter; etwas durch geschickte Fragen herausbekommen [< mhd. *geschicket,* Part. Perf. zu *schicken* in der Bedeutung „anordnen, einrichten"]

**Geschirr** ⟨n. 11⟩ **1** *Gerät zum Essen u. Kochen, Teller, Gläser, Tassen, Töpfe, Krüge* (Essgeschirr, Kaffeegeschirr, Küchengeschirr, Teegeschirr, Porzellangeschirr, Steingutgeschirr) **2** ◄ *Seil- od. Riemenwerk zum Anspannen von Zugtieren* **3** *Geräte, Maschinen u. Vorrichtungen, die für eine bestimmte Arbeit zusammengestellt sind* (Ankergeschirr, Ladegeschirr, Bohrgeschirr) **4** *die Schäfte eines Webstuhls mit ihrer Aufhängung* ◆ den Pferden das Geschirr **abnehmen,** anlegen; in unserer Fabrik wird **feuerfestes** Geschirr hergestellt; **sauberes,** schmutziges Geschirr [< ahd. *giscirri;* zu *sceran* „schneiden", eigtl. „Zurechtgeschnittenes"]

**Geschlecht** ⟨n. 12⟩ **I** ⟨zählb.⟩ **1** *jede der beiden verschiedenen Formen (weiblich u. männlich), in denen beim Menschen, den meisten Tieren u. vielen Pflanzen die Einzelwesen vorkommen* **2** *Art, Gattung* (Menschengeschlecht) **3** *Nachkommenschaft, Generation* **4** *Familie* (Adelsgeschlecht, Bauerngeschlecht, Kaufmannsgeschlecht) **5** ⟨Gramm.⟩ = *Genus (2)* ◆ das Geschlecht der **Hohenzollern** ◆ ein **altes,** alteingesessenes, weit verbreitetes Geschlecht; das **andere** Geschlecht *die Männer bzw. die Frauen;* Menschen **beiderlei** Geschlechts *Männer u. Frauen;* **männliches,** weibliches, sächliches Geschlecht ⟨Gramm.⟩ ◆ **von** Geschlecht zu Geschlecht **II** ⟨unz.⟩ **1** *Geschlechtsteil* **2** *Geschlechtstrieb* [< ahd. *gislahti;* zu *slahan* „nacharten, nachschlagen"; → *schlagen*]

**geschlechtlich** ⟨Adj.⟩ *das Geschlecht betreffend, zu ihm gehörig, auf ihm beruhend, sexuell* ◆ geschlechtliche Aufklärung; geschlechtliche Fortpflanzung

**Geschlechtsakt** ⟨m. 1⟩ *geschlechtl. Vereinigung von Mann u. Frau, von männlichem u. weiblichem Tier;* Sy *Akt (II, 5), Koitus*

**Geschlechtsdrüse** ⟨f. 19⟩ = *Keimdrüse*

**Geschlechtskrankheit** ⟨f. 20; Med.⟩ *überwiegend durch den Geschlechtsverkehr übertragene Infektionskrankheit (Tripper, Syphilis, weicher Schanker u. die so genannte Vierte Geschlechtskrankheit)*

**Geschlechtsmerkmal** ⟨n. 11; Biol.⟩ *das männl. vom weibl. Lebewesen unterscheidendes Merkmal* ◆ primäre Geschlechtsmerkmale *Geschlechtsorgane, der Fortpflanzung dienende, von Geburt an vorhandene Merkmale;* sekundäre Geschlechtsmerkmale *nicht mit der Fortpflanzung zusammenhängende, in der Pubertät auftretende Merkmale, z. B. Adamsapfel, Busen, tiefe Stimme, unterschiedliche Behaarung*

**Geschlechtsorgan** ⟨n. 11; Biol.⟩ ▼ *der geschlechtl. Vereinigung u. Fortpflanzung dienendes Organ der Tiere u. des Menschen;* Sy *Fortpflanzungsorgan, Sexualorgan;* ► *Körper* ◆ innere Geschlechtsorgane *Drüsen, Samenbehälter, Eierstöcke usw.;* äußere Geschlechtsorgane *Klitoris, Penis usw.*

**Geschlechtsverkehr** ⟨m. 1; unz.⟩ *ein- od. mehrmalige sexuelle Vereinigung von Mann u. Frau, Beischlaf;* Sy ⟨kurz⟩ *Sex (2), Verkehr (4)* ◆ regelmäßigen Geschlechtsverkehr haben

**Geschlossenheit** ⟨f. 20; unz.; fig.⟩ **1** *abgerundete Form, erschöpfende Behandlung* **2** *Einheit, Zusammenhalt* ◆ nach der Wahlniederlage verlangte er eine größere Geschlossenheit der Partei

**Geschmack** ⟨m. 1u od. umg.: m. 2u⟩ **1** *Geschmackssinn* **2** *beim Schmecken feststellbare Eigenart eines Stoffes* **3** *Sinn für Schönes, für Kultur, auch für Vornehmheit, Anstand* **4** *Urteilsfähigkeit in ästhetischen Fragen* **5** ⟨fig.⟩ *Gefallen, Vorliebe* ◆ das ist der Geschmack unserer **Zeit** ◆ einer Sache Geschmack **abgewinnen** ⟨fig.⟩ ◆ **bitterer,** erdiger, herber, kräftiger, saurer, süßer Geschmack; einen **guten** Geschmack haben *gut schmecken* (Speise); ⟨fig.⟩ *sicheres Empfinden für Schönes haben* ◆ **an** etwas Geschmack finden od. gewinnen; **auf** den Geschmack kommen *das Angenehme an einer Sache entdecken* [< ahd. *gismac, gismah(ho);* → *schmecken*]

**geschmacklos** ⟨Adj.; -er, am -esten⟩ **1** *ohne Geschmack, schal, fade* (Speise) **2** ⟨fig.⟩ *hässlich, kitschig* (Gebäude, Kleid, Schmuck) **3** *taktlos, ohne Anstand, unvornehm* (Benehmen) ◆ die Gäste fanden seine Bemerkungen geschmacklos

G

## GESCHLECHTSORGANE

Die Geschlechtsorgane produzieren zunächst Keim- oder Geschlechtszellen: die Eierstöcke der Frau Eizellen, die Hoden des Mannes Samenzellen. Beim Geschlechtsverkehr werden die Samenzellen des Mannes auf die Frau übertragen. In ihrem Eileiter kann es anschließend zur Befruchtung kommen. Der Fötus wächst während der folgenden Schwangerschaft in der Gebärmutter heran.

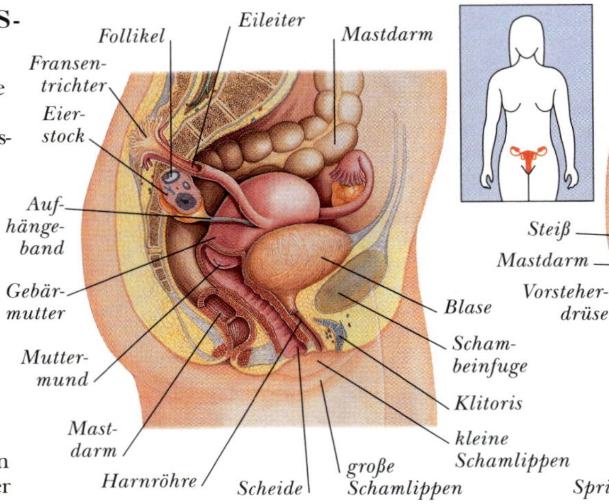


WEIBLICHE GESCHLECHTSORGANE

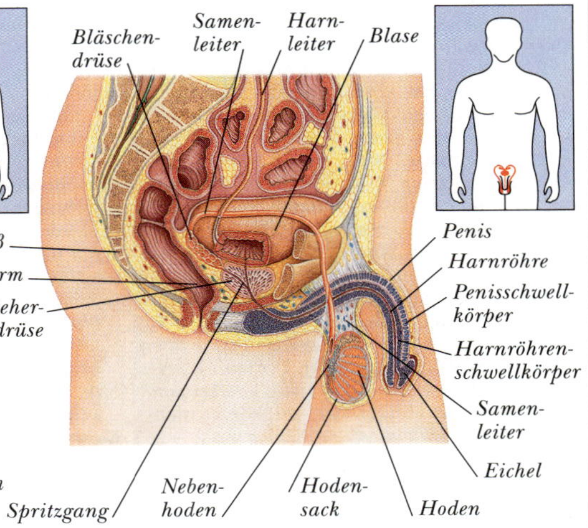


MÄNNLICHE GESCHLECHTSORGANE

## GESCHMACKSKNOSPE

Die Geschmacksknospen sind in das Epithel der Zunge eingebettet und bestehen aus Sinnes- und Stützzellen. Beim Kauen lösen sich Geschmacksstoffe im Speichel. Die Schmeckhärchen der Sinneszellen erkennen die Geschmacksqualitäten und leiten Informationen darüber an das Gehirn weiter.

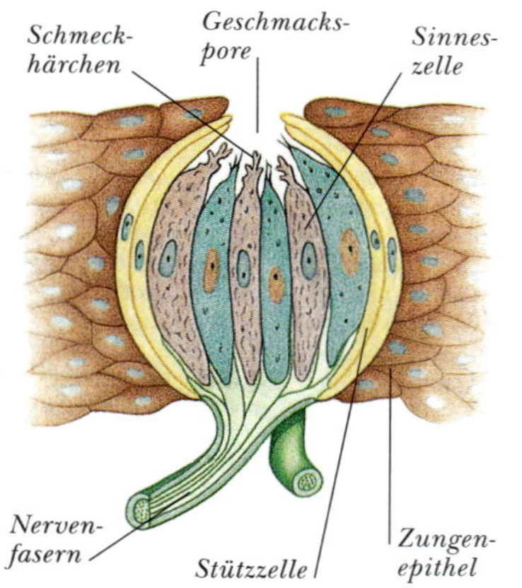


SCHNITT DURCH EINE GESCHMACKSKNOSPE

**Geschmacksknospe** ⟨f. 19⟩ ▲ *jedes der beim Menschen auf der Zunge befindlichen, knospenförmigen Organe des Geschmackssinnes*

**Geschmacksnerv** ⟨m. 23 od. fachsprachl.: m. 16⟩ *Nerv zur Weiterleitung der Wahrnehmung der Geschmacksknospen*

**Geschmacksverstärker** ⟨m. 3⟩ *Substanz, die den Geschmack anderer Substanzen verstärkt, selbst aber kaum einen Eigengeschmack hat*

**geschmackvoll** ⟨Adj.⟩ *harmonisch, stilvoll, schön, mit Geschmack* ◆ sie kleidet sich geschmackvoll

**Geschmeide** ⟨n. 13; geh.⟩ *Goldschmiedearbeit, kostbarer Schmuck,* ⟨bes.⟩ *Halsschmuck* [< ahd. *gismidi;* zu ahd. *smida* „Metall", eigtl. „Metallgerät, eherne (eiserne) Waffen, Schmuck"]

**geschmeidig** ⟨Adj.⟩ **1** *biegsam, gelenkig* (Körper) **2** *elastisch, formbar* (Wachs) **3** *weich* (Leder, Teig) **4** *gewandt, katzenhaft* (Bewegung) **5** ⟨fig.⟩ *diplomatisch, schlau, geschickt* ◆ einem Schlag geschmeidig ausweichen [< mhd. *gesmidec,* eigtl. „leicht zu schmieden"; → *Geschmeide, Schmied*]

**Geschöpf** ⟨n. 11⟩ **1** *etwas Geschaffenes, materielles od. geistiges Erzeugnis* **2** *Lebewesen, Mensch, Tier, Pflanze, Kreatur* **3** ⟨fig.⟩ *Günstling, von einem anderen bevorzugter, aber auch abhängiger Mensch* ◆ sie ist ein wirklich reizendes Geschöpf

**Geschoß**[1], ⟨österr.; schweiz. auch; dt. nur⟩ **Geschoss**[1] ⟨n. 11⟩ **1** *nicht angetriebener Körper, der aus einem Rohr, Lauf, Waffe o. Ä. geschleudert, abgefeuert wird* (Gewehrgeschoss, Artilleriegeschoss) **2** *Pfeil, Wurfspieß* [< ahd. *giscoz* „das, was geschossen wird", aber auch „Gerät, mit dem man schießt"; → *schießen*]

**Geschoß**[2], ⟨österr.; schweiz. auch; dt. nur⟩ **Geschoss**[2] ⟨n. 11⟩ *Stockwerk* (Dachgeschoss, Erdgeschoss, Obergeschoss, Zwischengeschoss) ◆ im ersten Geschoss wohnen [zu *schießen* in der Bedeutung „schnell in die Höhe wachsen"]

**...geschossig** ⟨Adj.⟩ *mit einer bestimmten Zahl von Geschossen (Stockwerken) versehen,* z. B. dreigeschossig, ⟨in Ziffern⟩ 3-geschossig

**geschraubt** ⟨Adj.; -er, am -esten; fig.⟩ *geziert, unnatürlich, gekünstelt* (Wesen, Benehmen, Stil)

**Geschrei** ⟨n.; -s; unz.⟩ **1** *anhaltendes Schreien* (Jammergeschrei, Kindergeschrei, Wehgeschrei) **2** ⟨fig.⟩ *Aufhebens, aufgeregtes Getue* ◆ ein großes Geschrei erheben *laut zu schreien beginnen;* ⟨fig.⟩ *sich heftig entrüsten, viel Aufhebens machen*

**Geschütz** ⟨n. 11⟩ **1** ⟨urspr.⟩ *Waffen des Schützen* **2** ⟨heute⟩ *Gerät zum Abfeuern von großen Geschossen* ◆ ein Geschütz auffahren, bedienen, laden; grobes, schweres Geschütz auffahren ⟨fig.; umg.⟩ *sehr energisch werden, jmdm. etwas sehr deutlich zu verstehen geben* [< mhd. *geschütz(e)* „Schießzeug, Schusswaffen", Kollektivbildung zu mhd. *schuz,* ahd. *scuz* „Schuss"; → *schießen, Schuss*]

**Geschwader** ⟨n. 13; Mil.⟩ **1** *Verband gleichartiger Kriegsschiffe* **2** *Verband von 27 Flugzeugen* [Kollektivbildung zu spätmhd. *swader* „Reiterabteilung, Flottenverband" < ital. *squadra* „Viereck, in quadrat. Formation angeordnete Truppe"; zu lat. *quadrus* „Viereck"; verwandt mit *Karo, Quader, Quadrat, Quadrille*]

**Geschwätz** ⟨n. 11; unz.⟩ *anhaltendes Schwatzen, inhaltloses Gerede* ◆ das dumme Geschwätz war kaum zu ertragen

**geschwätzig** ⟨Adj.⟩ **1** *gern u. viel redend, schwatzhaft* **2** *alles ausplaudernd* ◆ er ist sehr geschwätzig [→ *schwatzen*]

**geschweige** ⟨Konj.; meist in der Wendung⟩ geschweige denn *noch viel weniger* ◆ er hat nicht einmal das Geld für eine Wohnung, geschweige (denn) für ein ganzes Haus [verkürzt < mhd. *ich geswic* „ich schweige (mit Bezug auf ...)"; → *schweigen*]

**geschwind** ⟨Adj.; -er, am -esten⟩ *schnell, flink, rasch* ◆ das geht ganz geschwind [< mhd. *geswinde* „schnell, ungestüm"; zu mhd. *swinde, swint* „stark, heftig, ungestüm, rasch" (ahd. nur in Personennamen); verwandt mit *gesund*]

**Geschwindigkeit** ⟨f. 20⟩ **1** *zeitliche Änderung des Ortes eines Körpers, Verhältnis von zurückgelegtem Weg zu der dazu gebrauchten Zeit* **2** *Schnelligkeit* ◆ zu große Geschwindigkeit draufhaben ⟨umg.⟩ *zu schnell fahren;* die Geschwindigkeit drosseln, forcieren, steigern, verringern

**Geschwister** **I** ⟨n. 13; nur Sg.; Biol.; Statistik; poet.⟩ *ein Geschwisterteil (Bruder od. Schwester)* **II** ⟨nur Pl.⟩ *Bruder u. Schwester, Brüder u. Schwestern* ◆ meine Geschwister und ich; ich habe noch drei Geschwister [< ahd. *giswestar,* Kollektivbildung zu ahd. *swester* (urspr. nur auf Schwestern bezogen)]

**Geschworene(r)** ⟨f. 30 (m. 29)⟩ *Laienrichter(in) des Schwurgerichts* [→ *schwören*]

**Geschwulst** ⟨f. 7u; Med.⟩ **1** *krankhafte Gewebszunahme, die durch Stauung u. Übertritt von Blutwasser, Blut od. entzündl. Flüssigkeiten usw. ins Gewebe entsteht* **2** *Tumor* ◆ gutartige Geschwulst *langsam wachsende, ungefährliche Neubildung von Gewebe (Warzen usw.);* bösartige Geschwulst *schrankenlos wachsende, aus entartetem Gewebe bestehende Neubildung, die in ihre Umgebung eindringt u. sie zerstört (Krebs, Karzinom, Sarkom)* [< ahd. *giswulst;* → *Schwulst*]

**Geschwür** ⟨n. 11⟩ **1** *Substanzverlust an Haut od. Schleimhäuten infolge Verletzung, Durchblutungsstörung, Entzündung oder Gewebszerstörung bei Eiterung: Ulcus* **2** ⟨fig.⟩ *anhaltender Missstand*

**Ges-Dur** ⟨n.; -; unz.; Mus.; Abk.: Ges⟩ *auf dem Grundton Ges beruhende Dur-Tonart*

**Geselle** ⟨m. 17⟩ **1** ⟨Handwerk⟩ *Gehilfe nach Abschluss der Lehrzeit u. abgelegter Gesellenprüfung* **2** ⟨allg.⟩ *Bursche, junger Mensch* **3** *Kerl, Kamerad, Gefährte* ◆ ein fröhlicher, lustiger, roher, wüster Geselle [< ahd. *gisell(i)o* „Saal-, Hausgenosse", Kollektivbildung zu ahd. *sal;* → *Saal*]

**gesellen** ⟨V. refl.; hat⟩ sich jmdm. od. zu jmdm. gesellen *sich jmdm. anschließen, mit ihm gehen* ◆ sie gesellten sich zu der Gruppe

**Gesellenstück** ⟨n. 11⟩ *(handwerklicher) Gegenstand, den der Lehrling bei der Gesellenprüfung herzustellen hat*

**gesellig** ⟨Adj.⟩ **1** *im Rudel, in der Herde lebend* (Tier) **2** *die Gesellschaft liebend, suchend, sich gern unter Menschen aufhaltend* (Person) **3** *unterhaltsam, angeregt, zwanglos* (Abend, Beisammensein) ◆ ein geselliges Leben führen; gesellig lebende Tiere

**Geselligkeit** ⟨f. 20⟩ **I** ⟨unz.⟩ **1** *geselliges Wesen* **2** *zwangloser, außerberufl. Verkehr mit anderen Menschen* ◆ die Geselligkeit lieben, pflegen **II** ⟨zählb.⟩ *unterhaltsame Veranstaltung*

**Gesellschaft** ⟨f. 20⟩ **1** *zweckgebundene, aus Nützlichkeitserwägungen entstandene, meist in sich gegliederte Gruppe von Menschen, die zusammen leben u. arbeiten* (Klassengesellschaft, Urgesellschaft) **2** *Vereinigung mehrerer Personen zu bestimmtem Zweck u. mit bestimmten Satzungen* (Handelsgesellschaft, Sprachgesellschaft) **3** *Verein* **4** *geselliger Kreis* (Abendgesellschaft, Damengesellschaft, Herrengesellschaft, Reisegesellschaft, Tischgesellschaft) **5** *Begleitung, Beisammensein* ◆ die Gesellschaft **Jesu** *der Jesuitenorden* ◆ einer Gesellschaft **beitreten;** Gesellschaften **besuchen;** eine Gesellschaft **gründen;** jmdm. Gesellschaft **leisten** *jmdn. unterhalten, ihm die Zeit vertreiben* ◆ die **bürgerliche** Gesellschaft *das Bürgertum;* die **menschliche** Gesellschaft; **offene** Gesellschaft ⟨Soziol.⟩ *Gesellschaftsform, zu der jeder Zutritt hat* ◆ jmdn. **auf** einer Gesellschaft treffen; sich **in** Gesellschaft benehmen, bewegen können; in eine Gesellschaft eintreten

**Gesellschafter** ⟨m. 3⟩ **1** *anregender, unterhaltsamer Mensch, Unterhalter, Begleiter* **2** *Teilhaber einer Handelsgesellschaft* ◆ er ist ein guter Gesellschafter

**gesellschaftlich** ⟨Adj.⟩ **1** *die Gesellschaft betreffend* **2** *zur (guten, höheren) Gesellschaft gehörend, ihr entsprechend, ihr gemäß* ◆ gesellschaftliche Entwicklung; gesellschaftliches Leben *Leben in der guten Gesellschaft;* gesellschaftliche Stellung; die gesellschaftlichen Verhältnisse

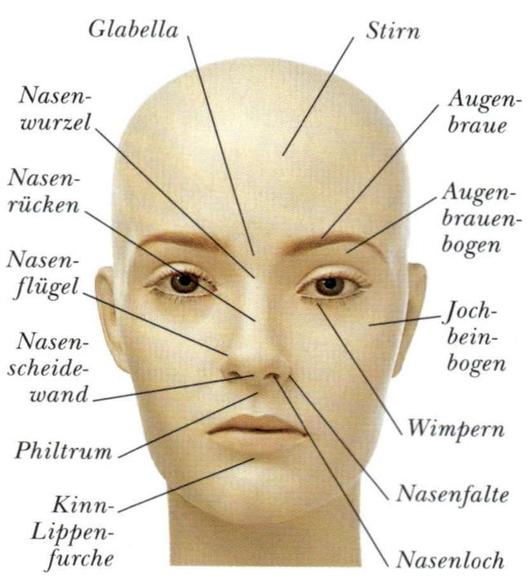


GESICHT: ÄUSSERE MERKMALE

**gesellschaftsfähig** ⟨Adj.⟩ *den Maßstäben, Normen der Gesellschaft entsprechend* ◆ ein gesellschaftsfähiges Verhalten; sich (nicht) gesellschaftsfähig benehmen

**Gesellschaftskleid** ⟨n. 12.⟩ *Abendkleid, Festkleid für Gesellschaften*

**Gesellschaftslehre** ⟨f. 19; unz.⟩ = *Soziologie*

**Gesellschaftsordnung** ⟨f. 20⟩ *Art, in der eine Gesellschaft aufgebaut ist, Struktur einer Gesellschaft*

**Gesetz** ⟨n. 11⟩ **1** *Ordnungsregel, aufgrund deren etwas ist oder geschieht* (Naturgesetz) *od. die vorschreibt, dass oder wie etwas sein od. geschehen soll* (Staatsgesetz), *Verordnung* **2** *Rechtsvorschrift* (Strafgesetz) **3** *Verfassung, Satzung* (Grundgesetz) **4** *Regel, Richtschnur, Grundsatz* ◆ die Gesetze der **Dichtkunst;** das Gesetz des freien **Falles** ◆ die **mendelschen** Gesetze ◆ ein Gesetz **abschaffen,** aufheben, befolgen, brechen, verletzen; ein Gesetz **auslegen;** ein Gesetz **erlassen;** das Gesetz **tritt** am 1.4. in Kraft; das Gesetz **übertreten** ◆ ein **ästhetisches,** ethisches Gesetz ◆ **auf** dem Boden des Gesetzes stehen; **mit** dem Gesetz in Konflikt geraten [< mhd. *gesetze;* → *setzen*]

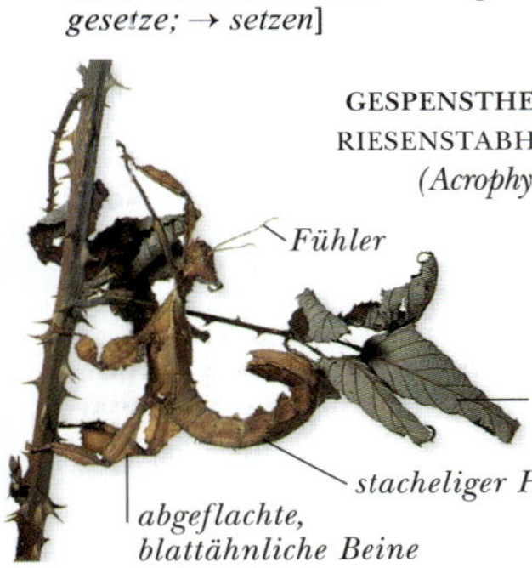


GESPENSTHEUSCHRECKE: RIESENSTABHEUSCHRECKE *(Acrophylla titan)*

**Gesetzbuch** ⟨n. 12u; Rechtsw.⟩ *Buch mit den gesamten, in einem Staat gültigen Gesetzen oder mit einem Teil derselben* (Strafgesetzbuch) ◆ Bürgerliches Gesetzbuch ⟨Abk.: BGB⟩ *seit 1896 für das Deutsche Reich und seine Rechtsnachfolger gültige Sammlung von Gesetzen*

**gesetzgebend** ⟨Adj.⟩ *Gesetze vorschlagend u. erlassend* ◆ gesetzgebende Gewalt *Befugnis (des Staates), Gesetze zu erlassen*

**Gesetzgeber** ⟨m. 3⟩ *jmd., der Gesetze erlässt, gesetzgebende Gewalt*

**gesetzlich** ⟨Adj.⟩ *auf einem Gesetz, auf den Gesetzen beruhend, dem Gesetz entsprechend, ihm gemäß* ◆ die gesetzlichen Bestimmungen; der gesetzliche Vertreter eines Kindes *Elternteil od. Vormund;* auf gesetzlichem Wege etwas erreichen

**gesetzt** ⟨Adj.; -er, am -esten⟩ *ernst u. ruhig, besonnen, gemessen, würdevoll*

**Gesicht I** ⟨n. 12⟩ **1** ◄ *vordere Kopffläche, Antlitz, Gesichtszüge* **2** *Gesichtsausdruck, Miene* **3** *Gesichtssinn, Sehvermögen* **4** ⟨fig.⟩ *Ansehen, äußerer Schein* ◆ große Politiker prägen das Gesicht ihrer **Zeit** ◆ das Gesicht **abwenden;** ein (un)freundliches Gesicht **aufsetzen,** machen; das Gesicht, sein Gesicht **verlieren** *sein Ansehen verlieren;* das Gesicht **verzerren;** das Gesicht **wahren** *den äußeren Schein aufrechterhalten, die Beherrschung behalten;* ein Gesicht **ziehen** *enttäuscht, beleidigt dreinschauen;* jmdm. das Gesicht **zuwenden** ◆ ein **altes,** faltiges, junges, pockennarbiges, runzliges Gesicht haben; das gibt der Sache ein **anderes** Gesicht *Aussehen;* ein **apartes,** feines, hässliches, hübsches, schönes Gesicht haben; ein **blasses,** bleiches, blühendes, frisches, gesundes, kränkliches Gesicht; ein gut, scharf **geschnittenes** Gesicht haben; sein **wahres** Gesicht zeigen *zeigen, wie man wirklich ist, sich nicht mehr verstellen* ◆ das sieht man dir **am** Gesicht an; er ist seiner Mutter wie **aus** dem Gesicht geschnitten *er sieht ihr sehr ähnlich;* jmdm. fest, voll **ins** Gesicht sehen; das Gesicht in den Händen verbergen; ich habe es noch nicht **zu** Gesicht bekommen *noch nicht gesehen, noch nicht zu sehen bekommen* ◆ **was** machst du denn für ein Gesicht? **II** ⟨n. 11⟩ **1** *Erscheinung, Vision* **2** *Ahnungsvermögen* ◆ im Traum ein Gesicht haben; das zweite Gesicht haben *die Fähigkeit, Erscheinungen, Visionen zu haben* [< ahd. *gisiht* „das Sehen, das Gesehene, Erscheinung, Gestalt, Antlitz"; → *sehen*]

GESPRENKELTES BEKASSINENEI

**Gesichtsfeld** ⟨n. 12⟩ **1** *bei unbewegtem Auge überschaubarer Raum;* → a. *Blickfeld* **2** *mit der Optik erfassbarer Raum, Bildausschnitt, Abbildungsbereich*

**Gesichtskreis** ⟨m. 1⟩ **1** = *Horizont (1)* **2** ⟨fig.⟩ *Raum, den man geistig überblicken kann, Kenntnisse u. Lebenserfahrungen* ◆ seinen Gesichtskreis erweitern; einen weiten, begrenzten Gesichtskreis haben

**Gesichtsmuskel** ⟨m. 5; Anat.⟩ *jeder der Muskeln des Gesichtes, die Furchen, Falten und Grübchen verursachen und insbes. seelische Regungen widerspiegeln*

**Gesichtsnerv** ⟨m. 23 od. fachsprachl.: m. 16⟩ *jeder der beiden Gehirnnerven des Gesichts, der Empfindungsnerv (Nervus trigeminus) u. der Bewegungsnerv (Nervus facialis)*

**Gesichtspunkt** ⟨m. 1; fig.⟩ **1** *(Möglichkeit der) Betrachtungsweise, Blickwinkel* **2** *Gedanke, wesentl. Einzelheit* ◆ noch einige Gesichtspunkte hinzufügen

**Gesichtswinkel** ⟨m. 5⟩ *Winkel, den die von den äußersten Punkten eines Gegenstandes zum Auge ziehenden Linien (Richtungsstrahlen) bilden;* Sy *Sehwinkel* ◆ unter diesem Gesichtswinkel betrachtet, sieht die Sache anders aus ⟨fig.⟩ *von dieser Seite*

**Gesichtszüge** ⟨Pl.⟩ **1** *Schnitt, Ausprägung des Gesichts* **2** *durch den Ausdruck geprägte Gestalt des Gesichts* ◆ brutale, edle, feine, grausame, harte, strenge, weiche Gesichtszüge

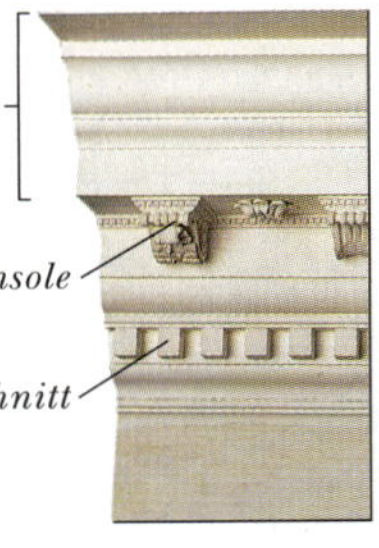


GESIMS AN EINER INNENWAND DES 18. JH.

**Gesims** ⟨n. 11⟩ ◄ *waagerecht vorspringender Streifen einer Mauer, eines Pfeilers* [→ *Sims*]

**Gesinde** ⟨n. 13; unz.⟩ **1** ⟨früher⟩ *Knechte u. Mägde des Bauern* **2** ⟨veraltet⟩ *Dienerschaft* [< ahd. *gisindi* „Reisebegleitung, Kriegsgefolgschaft", Kollektivbildung zu ahd. *gisind(o)* „Gefolgsmann"]

**gesinnt** ⟨Adj.⟩ *eingestellt, eine bestimmte Gesinnung habend* ◆ (jmdm.) feindlich, freundlich, gut, übel gesinnt sein [< mhd. *gesinnet* „mit Sinn und Verstand begabt"; → *Gesinnung, Sinn* (nicht Part. Perf. zu *sinnen*)]

**Gesinnung** ⟨f. 20⟩ **1** *sittl. Haltung eines Menschen* **2** *Einstellung, Meinung, Denkart* ◆ seine Gesinnung wechseln; anständige, aufrichtige, liberale Gesinnung [zu nicht mehr gebräuchl. Verb *gesinnen* „an etwas denken, begehren, verlangen"]

**gesittet** ⟨Adj.⟩ **1** *wie es der Sitte u. Anstand entspricht, sittsam, wohlerzogen, brav* **2** *gebildet, kultiviert* (Völker) ◆ gesittetes Benehmen; gesittet neben den Eltern hergehen

**ges-Moll** ⟨n.; -; unz.; Mus.; Abk.: ges⟩ *auf dem Grundton ges beruhende Moll-Tonart*

**gesonnen** ⟨Adj.⟩ *bereit, gewillt* ◆ ich bin nicht gesonnen, das zu tun

**Gespann** ⟨n. 11⟩ **1** *zusammengespannte Zugtiere* **2** *Zugtier(e) u. Wagen* (Ochsengespann, Pferdegespann) **3** ⟨fig.; umg.⟩ *zwei zusammengehörige od. zusammen arbeitende Personen* ◆ die beiden geben ein gutes Gespann ab

**gespannt** ⟨Adj.⟩ **1** *neugierig, erwartungsvoll* **2** *interessiert* **3** *unfreundlich, leicht feindselig* (Beziehungen) **4** *kritisch, bedenklich* (Lage) ◆ **sein:** ich bin gespannt, was er berichten wird; gespannt **zuhören,** zuschauen ◆ **auf** etwas od. jmdn. gespannt sein *etwas od. jmdn. neugierig, mit Spannung erwarten;* ich bin gespannt **wie** ein Flitzebogen ⟨umg.⟩ *sehr neugierig*

**Gespenst** ⟨n. 12⟩ **1** *Geist, Spukgestalt, Erscheinung eines Toten* **2** *Trugbild* **3** ⟨fig.⟩ *drohende Gefahr* ◆ das Gespenst der Hungersnot, des Krieges; du siehst Gespenster! *du bist zu pessimistisch* [< mhd. *gespanst, gespenst* „Lockung, teufl. Trugbild, Gespenst" < ahd. *(gi)spanst* „Verlockung"; zu ahd. *spanan* „locken"]

**Gespenstheuschrecke** ⟨f. 19; Zool.⟩ ◄ *Angehörige einer Ordnung der Insekten, zur Überordnung der Geradflügler zählende, meist große Tiere mit ast- od. blattähnlichem Körper, Flügel oft verkümmert oder fehlend: Thasmida*

**gespenstig, gespenstisch** ⟨Adj.⟩ **1** *gespensterhaft, einem Gespenst ähnlich* **2** ⟨fig.⟩ *unheimlich, gruselig*

**Gespenstkrabbe** ⟨f. 19⟩ *mit langen, spinnenartigen Beinen langsam im Algenrasen umherkletternde Dreieckskrabbe der deutschen Küsten: Nacropodia rostrata*

**Gespinst** ⟨n. 11⟩ **1** *etwas Gesponnenes, zartes Gewebe aus gesponnenen Fäden* **2** *gedrehtes Garn aus endlichen Fasern*

**Gespött** ⟨n. 11; unz.⟩ **1** *Spott, Hohn* **2** *Gegenstand des Spottes* ◆ jmdn. od. sich zum Gespött der Leute machen *lächerlich machen*

**Gespräch** ⟨n. 11⟩ **1** *mehrmaliger od. längerer Wechsel von Rede u. Gegenrede, Unterhaltung, Dialog* (Zwiegespräch) **2** *öffentl. Besprochenes, Gegenstand des öffentl. Geredes* (Stadtgespräch, Tagesgespräch) **3** *einmalige telefonische Zwiesprache* (Ferngespräch, Ortsgespräch) ◆ den **Faden** des Gesprächs wieder aufnehmen; **Gegenstand** unseres Gesprächs war der neue Film ◆ ein Gespräch **führen** (mit jmdm.); ein Gespräch **unterbrechen** ◆ **dienstliches,** fachliches, freundschaftliches, politisches Gespräch; ein **dringendes** (Telefon-)Gespräch; **ernstes,** heiteres, interessantes Gespräch; **kurzes,** langes Gespräch ◆ **mit** jmdm. ins Gespräch kommen [→ *sprechen*]

**gesprächig** ⟨Adj.⟩ *gerne redend, mitteilsam* ◆ gestern war sie nicht sehr gesprächig

**Gesprächsstoff** ⟨m. 1⟩ *etwas, worüber man ein Gespräch führen kann, Stoff zur Unterhaltung* ◆ den beiden war der Gesprächsstoff ausgegangen

**gesprächsweise** ⟨Adv.⟩ *in einem Gespräch* ◆ eine Sache gesprächsweise erwähnen

**gesprenkelt** ⟨Adj.⟩ ▲ *mit Sprenkeln versehen, getupft* ◆ gesprenkeltes Ei

**Gespür** ⟨n. 11; unz.⟩ *Gefühl* ◆ er hat kein Gespür dafür [→ *Spur*]

G

**Gessopainting** ⟨['dʒɛsoupɛintiŋ] n. 15; Mal.⟩ ► *eine Maltechnik, gestalterische Verbindung aus Flachreflief u. Malerei;* Sy *Gipsmalerei*

**gest.** ⟨Zeichen: †; Abk. für⟩ *gestorben (→ sterben)*

**Gestade** ⟨n. 13; poet.⟩ **1** *Küste, Strand* (Meeresgestade) **2** *Ufer* (Flussgestade) [< ahd. *stad(o)*]

**Gestalt** ⟨f. 20⟩ **1** *äußere Form, Erscheinung, die Umrisse, Aussehen* **2** *Wuchs, Körperbeschaffenheit* **3** *Person (im Drama, Roman)* **4** *Wesen* (Lichtgestalt, Traumgestalt) ◆ die Gestalt des **Ritters** in Lortzings „Undine"; der Zauberer nahm die Gestalt einer **Schlange** an ◆ **annehmen:** der Plan nimmt allmählich (feste) Gestalt an *formt sich, entwickelt sich;* der Plan **gewinnt** langsam Gestalt *formt sich, entwickelt sich* ◆ eine **andere** Gestalt annehmen (im Märchen); **große,** hagere, kräftige, schöne, untersetzte, zierliche Gestalt ◆ jmdn. **an** seiner Gestalt erkennen; Hilfe in Gestalt von Geld und Sachwerten [< mhd. *gestalt* „Aussehen, Beschaffenheit" < ahd. *gistalt*]

**gestalten** ⟨V.; hat⟩ **I** ⟨V. t.⟩ **1** eine Sache gestalten *einer Sache Gestalt geben, sie formen, bilden, entwickeln, verwirklichen, organisieren* **2** *sich ausdenken u. festlegen* (Programm) ◆ einen Abend, eine Feierlichkeit gestalten **II** ⟨V. refl.⟩ sich gestalten *sich entwickeln* ◆ sich zu einem Erfolg gestalten

**Gestaltlehre** ⟨f. 19⟩ = *Morphologie (1)*

**gestaltlos** ⟨Adj.⟩ *ohne Gestalt, formlos, amorph*

GESSOPAINTING: GESTALTETER GIPS

**Gestaltpsychologie** ⟨f. 19; unz.⟩ *Richtung der Psychologie, die im Unterschied zu den bisherigen Auffassungen von den einzelnen Elementen des Seelenlebens die Denk-, Willens-, Gefühlsvorgänge als Ganzheit, als gestaltetes Ganzes betrachtet*

**Gestaltung** ⟨f. 20; unz.⟩ *das Gestalten, Formgebung,* ⟨bes.⟩ *das künstlerische, schöpferische Erschaffen aus einem Rohstoff* ◆ die Gestaltung einer Skulptur, eines Wohnraums

**geständig** ⟨Adj.⟩ *ein Geständnis abgelegt, seine Schuld zugegeben habend* ◆ der Angeklagte ist geständig *hat (die Tat) gestanden*

**Geständnis** ⟨n. 11⟩ *das Gestehen, Mitteilen einer Schuld, einer Neigung o. Ä.* ◆ ein Geständnis ablegen *etwas eingestehen, etwas bekennen* [→ *gestehen*]

**Gestank** ⟨m.; -(e)s; unz.⟩ *schlechter, übler Geruch*

**Gestapo** ⟨f.; -; unz.; 1935-45 Kurzw. für⟩ *Geheime Staatspolizei*

**gestatten** ⟨V. t.; hat⟩ *erlauben, bewilligen, einwilligen in* ◆ gestatten Sie? *(Höflichkeitsformel) bitte lassen Sie mich durch!, darf ich vorbei?, darf ich mir nehmen?, darf ich es sehen? u. Ä.;* gestatten Sie eine Frage [< ahd. *gistaton* „gewähren", urspr. „günstige Gelegenheit bereiten"; zu ahd. *stata* „günstige Gelegenheit"]

**Geste** ⟨f. 19⟩ **1** *Bewegung, die etwas ausdrücken soll (konventioneller als die Gebärde)* **2** *unverbindl. Höflichkeitsformel* ◆ etwas mit großer Geste tun *auf Wirkung berechnet tun* [< lat. *gestus* „Gebärdenspiel des Schauspielers oder Redners"; zu *gerere* „tragen, tun, verrichten"]

**gestehen** ⟨V. t. 251; hat⟩ *(eine Tat, Schuld, Neigung o. Ä.) mitteilen, zugeben, bekennen* ◆ hat der Verbrecher gestanden?; er hat mir gestanden, dass ... [< ahd. *gistan* „stehen bleiben, hintreten (zu einer Aussage), einräumen"]

**Gestein** ⟨n. 11⟩ **1** *aus mehreren Mineralien bestehender Bestandteil der festen Erdkruste* **2** *Masse von fest verbundenen od. losen Steinen, Fels*

GETRENNTGESCHLECHTIGE BEGONIENBLÜTEN

WEIBLICHE BLÜTE MÄNNLICHE BLÜTE

**Gesteinsmetamorphose** ⟨f. 19; Geol.⟩ ▼ *Umwandlung von Gesteinen im Inneren der Erdkruste durch Temperatur-, Druckänderungen u. Eindringen von Gasen u./od. Lösungen*

**Gestell** ⟨n. 11⟩ **1** *Gefüge aus Brettern oder Stangen zum Stützen, Tragen* **2** *Rahmen, an dem andere Teile befestigt oder auf den andere Teile gelegt werden, Unterbau* (Bettgestell), *Regal* (Büchergestell, Gläsergestell)

## GESTEINSMETAMORPHOSE

Die verschiedenen Gesteinstypen der Erde bilden und verändern sich fortwährend. Erstarrungsgesteine entstehen, wenn Magma aus dem Erdmantel hochsteigt und an oder unter der Oberfläche erstarrt. An der Oberfläche erodieren alle Gesteine, d. h., sie verwittern und werden durch Wind, Wasser oder Eis abgetragen. Aus der Verfestigung dieser erodierten Teilchen entstehen die Sedimentgesteine. Gelangen Erstarrungs- und Sedimentgesteine durch Erdkrustenbewegungen tiefer in das Erdinnere, sind sie dort Druck und Hitze ausgesetzt, was zu einer Umwandlung in metamorphes Gestein führt.

PHASEN DER GESTEINSMETAMORPHOSE

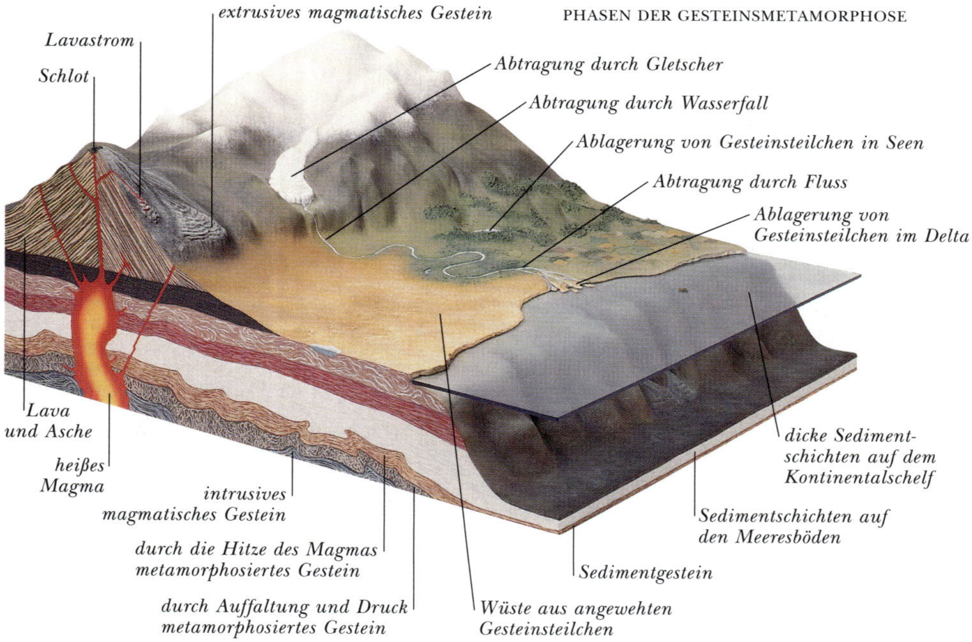


### VERSCHIEDENE GESTEINSTYPEN

SEDIMENTGESTEIN: SANDSTEIN
► *Sedimentgesteine*

ERSTARRUNGSGESTEIN: BASALT
► *Erstarrungsgesteine*

METAMORPHES GESTEIN: GNEIS
► *Metamorphe Gesteine*

◆ langes, dürres Gestell ⟨umg.; scherzh.⟩ *langer, dürrer Mensch* [< ahd. *gistelli* „Standort, Zusammengestelltes", Kollektivbildung zu ahd. *stal* „Standort, Stelle"]
**gestern** ⟨Adv.⟩ *von heute aus einen Tag zurück, am Tag vor dem heutigen* ◆ das Gestern und das Heute *Vergangenheit u. Gegenwart;* gestern war ich bei ihm; gestern Abend, gestern Morgen, gestern Nachmittag [< ahd. *gestaron, gesteren,* engl. *yester(day)* „gestern"]
**gestiefelt** ⟨Adj.⟩ *mit Stiefeln versehen* ◆ der Gestiefelte Kater *eine Märchenfigur*
**gestielt** ⟨Adj.⟩ *mit Stiel versehen*
**Gestik** ⟨f. 20; unz.⟩ *Gesamtheit der Gesten, Gebärdenspiel;* → a. *Gestus* ◆ Mimik und Gestik eines Schauspielers
**gestikulieren** ⟨V. i.; hat⟩ *Gesten, Gebärden machen, durch Bewegungen Zeichen geben, sich verständl. machen* ◆ heftig, wild gestikulieren [< lat. *gesticulari* „heftige Gebärden machen"; zu *gesticulus* „pantomimische Bewegung", Verkleinerungsform zu lat. *gestus*]
**Gestirn** ⟨n. 11; poet.⟩ = *Stern[1] (1)* [< ahd. *gestirni* „Gesamtheit der Sterne", Kollektivbildung zu ahd. *sterno*]
**Gestöber** ⟨n. 13⟩ *mit Wind einhergehender Niederschlag, meist Schnee* (Schneegestöber) [→ *stöbern*]
**gestreift** ⟨Adj.⟩ *mit Streifen versehen*
**Gestrüpp** ⟨n. 11; unz.⟩ *dichtes, schwer durchdringl. Buschwerk* [Kollektivbildung < mhd. *struppe* „Buschwerk, Gesträuch"]
**Gestus** ⟨m.; -; unz.⟩ **1** *Gebärde;* → a. *Gestik* **2** *Verhalten* ◆ er tritt mit dem Gestus des Gönners, des Lebemannes auf [lat.]
**Gestüt** ⟨n. 11⟩ **1** *Pferdezüchterei, Pferdezuchtanstalt* **2** *Gesamtheit der Pferde eines Gestüts* [Kollektivbildung < ahd. *stuot* „Pferdeherde"; → *Stute*]
**Gesuch** ⟨n. 11⟩ *schriftliche Bitte, Eingabe (besonders an eine Behörde)* ◆ ein Gesuch abfassen, einreichen, stellen [urspr. „Streben nach Gewinn"; → *suchen*]
**gesund** ⟨Adj.; gesünder, am gesündesten; (selten a.) gesunder, am gesundesten⟩ **1** *frei von Krankheit, leistungsfähig, kräftig* (Mensch, Organ) **2** ⟨fig.⟩ *zuträglich, Gesundheit bringend od. erhaltend* (Klima, Nahrungsmittel) **3** *heilsam, förderlich* (Lehre, Strafe) **4** *wohl, blühend, frisch* (Aussehen) **5** *richtig, natürlich* (Entwicklung, Zustand) ◆ einen gesunden **Appetit** haben *kräftigen Appetit;* gesunde **Gesichtsfarbe** ◆ gesund **aussehen; bleiben** Sie gesund!; sich gesund **fühlen;** gesund **sein** ◆ **frisch** und gesund sein; gesund und **munter** [< ahd. *gisunt,* engl. *sound*]
**gesunden** ⟨V. i.; ist⟩ **1** *gesund werden, genesen* **2** ⟨fig.⟩ *sich wieder erholen, sich kräftigen, wieder normal werden* (Wirtschaft)
**Gesundheit** ⟨f. 20; unz.⟩ *Zustand des Gesundseins, Wohlbefindens, der Leistungsfähigkeit* ◆ Gesundheit! *(Zuruf, wenn jmd. niest);* seine Gesundheit ist **angegriffen,** erschüttert, zerrüttet; das **schadet** der Gesundheit ◆ eine **eiserne,** robuste Gesundheit haben *sehr widerstandsfähig sein;* **körperliche,** geistige, seelische Gesundheit ◆ **bei** guter Gesundheit sein; wie geht, steht es mit Ihrer Gesundheit?
**gesundheitsschädlich** ⟨Adj.⟩ *schädlich für die Gesundheit*
**gesundschreiben** ⟨V. t. 226; hat⟩ jmdn. gesundschreiben *(nach einer Krankschreibung) jmds. wiedererlangte Arbeitsfähigkeit schriftlich bestätigen*
**get.** ⟨Zeichen: ⚭; Abk. für⟩ *getauft (→ taufen)*
**getigert** ⟨Adj.⟩ *gestreift, geflammt wie das Fell des Tigers* (Kleidung)
**Getöse** ⟨n.; -s; unz.⟩ *anhaltender Lärm, anhaltender, klirrender Krach*

## GETREIDE

Getreidepflanzen wurden fast alle aus Grasarten entwickelt. Sie zählen zu den ersten Kulturpflanzen, die der Mensch züchtete, und sind sein wichtigstes Grundnahrungsmittel. Die Körner der Getreidesorten sind reich an Stärke, Proteinen und Öl und ihre äußeren Schalen enthalten Vitamine und Ballaststoffe.

VERSCHIEDENE GETREIDESORTEN

WILDREIS *(Zizania aquatica)* — HAFER *(Avena sativa)*

WEIZEN *(Triticum vulgare)* — GERSTE *(Hordeum vulgare)* — MAIS *(Zea mays)* — HIRSE *(Panicum miliaceum)*

**getragen** ⟨Adj.⟩ *gemessen, ruhig-ernst, langsam, schreitend* (Melodie, Tempo) ◆ er interpretierte das Lied sehr getragen
**Getränk** ⟨n. 11⟩ *Flüssigkeit zum Trinken* ◆ erfrischendes, heißes, kaltes, warmes Getränk; ein raffiniert gemixtes Getränk
**getrauen** ⟨V. refl.; hat⟩ sich getrauen *wagen, riskieren, sich zutrauen* ◆ das getraue ich mich, mir nicht
**Getreide** ⟨n. 13; unz.; Sammelbez. für⟩ ▲ *Kulturpflanzen, die in Ähren od. Rispen angeordnete, mehlreiche u. trockene Körner tragen: Zerealien;* → a. *Gras* [< mhd. *getregede, getreide* „Bodenertrag, Nahrung" < ahd. *gitregidi* „Ertrag, Einkünfte, Besitz"]
**Getreidehähnchen** ⟨n. 14; Zool.⟩ *bis 5 mm langer, dunkelblauer Blattkäfer, dessen Larven u. Käfer streifenförmigen Schabefraß an Getreideblättern erzeugen: Lema lichenis und Lema melanopus*
**Getreiderüssler** ⟨m. 3⟩ = *Kornkäfer*
**getrenntgeschlechtig** ⟨Adj.; Bot.⟩ getrenntgeschlechtige Blüten ◄ *Blüten, die entweder nur männlich od. nur weiblich sind;* Ggs *gemischtgeschlechtig*
**Getrenntschreibung** ⟨f. 20; unz.⟩ *getrennte Schreibung, Schreibung in zwei Wörtern*
**getreu** ⟨Adj.; -er, am -(e)sten⟩ **1** *treu, zuverlässig* **2** *genau entsprechend, gemäß* ◆ getreu seines eigenen Anspruchs, hielt er durch
**Getriebe** ⟨n. 13⟩ ▼ *Gefüge von Maschinenteilen zur Übertragung oder Veränderung von (meist rotierenden) Bewegungen*
**Getriebemotor** ⟨m. 23⟩ *Geräteeinheit aus Elektromotor u. Getriebe*
**Getto** ⟨n. 15⟩ oV *Ghetto* **1** ⟨früher⟩ *abgeschlossenes Stadtviertel, besonders für Juden* **2** ⟨abwertend⟩ *Wohnviertel für Angehörige bestimmter (meist unterer) sozialer Schichten* [< ital. *ghetto;* Herkunft umstritten]

## GETRIEBE

Getriebe koppeln und übertragen Bewegungen. Äußerst kompliziert aufgebaut sind die Getriebe in Autos, sie sorgen dafür, dass die Motorkraft bestmöglich auf die Räder übertragen wird. Handgeschaltete Getriebe brauchen eine Kupplung, mit ihr wird beim Schalten der Kraftschluss zwischen Motor und Rädern zeitweilig aufgehoben.

SCHNITT DURCH DAS FÜNFGANGGETRIEBE EINES AUTOS

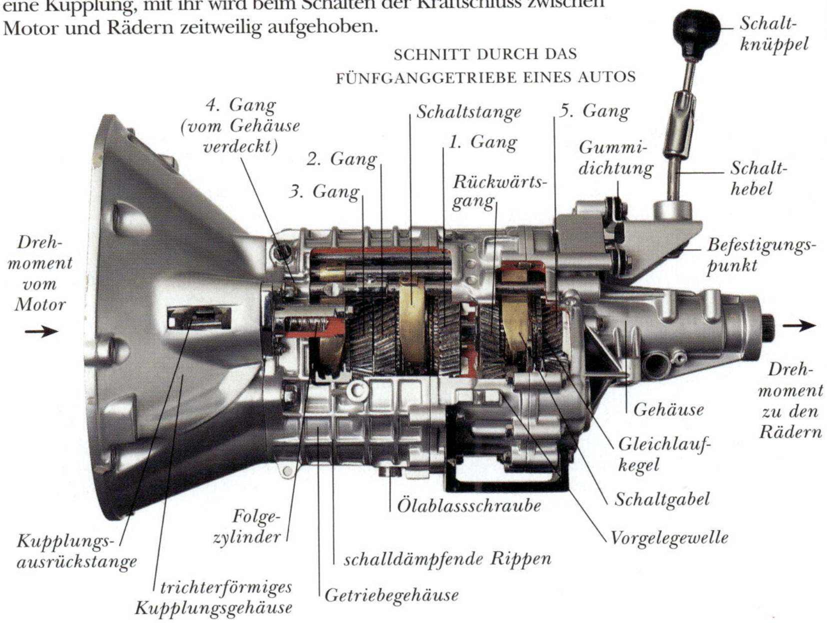

## GEWÄCHSHAUS

In Gewächshäusern werden Pflanzen gehalten, für die die Witterung draußen zu streng ist. Während in einigen Gewächshäusern Pflanzen frühzeitig in Setzkästen gezogen werden, dienen andere nur zur Überwinterung von Pflanzen. Je nach Temperaturniveau werden Kalthaus (5–10 °C), temperiertes Gewächshaus (10–15 °C) und Warmhaus bzw. Treibhaus (15–30 °C) voneinander unterschieden.

SCHNITT DURCH EIN ANGEBAUTES GEWÄCHSHAUS



**Geviert** ⟨n. 11⟩ **1** ⟨Geom.⟩ *Rechteck,* ⟨bes.⟩ *Quadrat* **2** ⟨Bgb.⟩ *Grubenausbau, aus vier Holzbalken od. Eisenträgern bestehender, rechteckiger Rahmen zur Abstützung von Gestein, das zum Zusammenbrechen neigt* **3** ⟨Typ.⟩ *quadrat. Fläche aussparender Blindmaterialkörper* [< ahd. *gefierot,* eigtl. „zu vieren geformt, vervierfacht"]

**Gewächs** ⟨[-ks] n. 11⟩ **1** *Pflanze, pflanzl. Erzeugnis* **2** ⟨Med.⟩ *Auswuchs, Geschwulst*

**Gewächshaus** ⟨[-ks-] n. 12u⟩ ▲ *Schutzhaus für Pflanzen;* → a. *Treibhaus*

**gewagt** ⟨Adj.; -er, am -esten⟩ **1** *gefährlich, bedenklich* (Unternehmen) **2** *anstößig* (Witz)

**Gewähr** ⟨f. 20; unz.⟩ *Sicherheit, Bürgschaft, Garantie* ◆ Gewähr bieten für jmdn. od. etwas; Gewähr leisten = *gewährleisten* [< ahd. *gaweri* „Sicherstellung, Bürgschaft"; → *gewähren*]

**gewähren** ⟨V. t.; hat⟩ *bewilligen, zugestehen, erlauben* ◆ jmdm. ein **Anliegen,** eine Bitte, ein Gesuch, einen Wunsch gewähren; **Aufschub,** Frist, einen Kredit, **Hilfe,** Schutz, Unterhalt, Unterstützung gewähren [< ahd. *(gi)weren* „zugestehen, (Gewähr) leisten"]

**gewährleisten** ⟨V. t.; hat⟩ *verbürgen, sichern;* oV *Gewähr leisten* ◆ der Erfolg, die Sicherheit ist gewährleistet

**Gewahrsam** **I** ⟨m. 1; unz.⟩ *Obhut, Haft, Verwahrung, Verfügungsgewalt über eine Sache* ◆ etwas in Gewahrsam haben, halten, nehmen *verwalten* **II** ⟨n. 11⟩ *Gefängnis* ◆ der Verbrecher befindet sich in polizeilichem Gewahrsam [< mhd. *gewarsame* „Sicherheit, Aufsicht, sicherer Ort"; zu mhd. *gewarsam* „sorgsam, vorsichtig"]

**Gewalt** ⟨f. 20⟩ **1** *Zwang, (rohe) Kraft, unrechtmäßiges Vorgehen* **2** *Macht, Befugnis zu herrschen* **3** *Machtbereich* **4** *Heftigkeit, Wucht, Ungestüm* ◆ die Gewalt der **Explosion,** des Zusammenpralls ◆ jmdm. Gewalt **antun** *ihn gewalttätig behandeln;* Gewalt **anwenden** ◆ die **ausübende,** gesetzgebende, richterliche, staatliche Gewalt ◆ jmdn., etwas **in** seine Gewalt bringen; **mit** aller Gewalt *um jeden Preis;* er verlor die Gewalt **über** seinen Wagen [< ahd. *(gi)walt;* zu ahd. *waltan*]

**gewaltig** **I** ⟨Adj.⟩ *mächtig, heftig, riesig, sehr groß* ◆ eine Naturkatastrophe gewaltigen Ausmaßes; mit gewaltiger Kraft **II** ⟨adv.⟩ *sehr* ◆ da musst du gewaltig aufpassen ⟨umg.⟩; sich gewaltig irren ⟨umg.⟩

**gewaltlos** ⟨Adj.⟩ *ohne Anwendung von Gewalt* ◆ gewaltloser Widerstand; gewaltlose Maßnahmen, Veränderungen, Demonstration

**gewaltsam** ⟨Adj.⟩ *mit Gewalt (erzwungen), durch Gewalt (herbeigeführt)* ◆ eines gewaltsamen Todes sterben *ermordet werden*

**Gewalttat** ⟨f. 20⟩ *mit Gewalt durchgeführte Handlung, (üble) Zwangsanwendung, Tätlichkeit, Attentat* ◆ eine Gewalttat verüben

**gewalttätig** ⟨Adj.⟩ *mit Gewalt vorgehend, durchgreifend*

**Gewand** ⟨n. 12u od. poet. a.: n. 11⟩ **1** ⟨veraltet⟩ *Tuch* **2** ⟨heute⟩ *Kleid, Festkleid, Ornat* (Messgewand) **3** ⟨fig.⟩ *Äußeres, äußere Erscheinungsform* ◆ unsere Zeitschrift erscheint im neuen Gewand [< ahd. *giwant,* urspr. „das Gewendete", d. h. das in Falten gelegte, aufbewahrte Tuch]

**gewandt** ⟨Adj.⟩ **1** *geschickt und flink, beweglich, erfahren* **2** *geübt* **3** *weltmännisch, verbindlich, wendig* ◆ ein gewandtes Auftreten; gewandtes Benehmen [altes Part. Perf. zu *wenden,* eigtl. „wendig"]

**Gewässer** ⟨n. 13⟩ *natürl. Ansammlung von Wasser* ◆ fließendes Gewässer *Bach, Fluss, Strom;* stehendes Gewässer *Teich, See*

**Gewässerkunde** ⟨f. 19; unz.⟩ = *Hydrologie*

**Gewebe** ⟨n. 13⟩ **1** *Verbindung von sich kreuzenden Fäden* **2** *der daraus bestehende Stoff* **3** ⟨Biol.⟩ *Gefüge gleichartiger Zellen* (Zellgewebe) **4** ⟨fig.⟩ *verflochtenes, schwer zu entwirrendes Gefüge* (Lügengewebe) ◆ krankes, organisches, totes Gewebe

**Gewebelehre** ⟨f. 19; unz.; Physiol.⟩ *Lehre von den Geweben des pflanzl., tier. u. menschl. Körpers;* Sy *Histologie*

**Gewebsflüssigkeit** ⟨f. 20; unz.; Med.⟩ *hellgelbe, wässrige Flüssigkeit, die durch Austritt von Blutplasma aus den Blutgefäßen in das Gewebe entsteht;* Sy *Lymphe (1)*

**Gewebstod** ⟨m. 1; unz.; Med.⟩ *örtl. begrenztes Absterben von Gewebe*

**Gewebsverpflanzung** ⟨f. 20; Chir.⟩ *Ersetzung fehlenden Gewebes durch Verpflanzung gesunden Gewebes von anderen Stellen;* Sy *Transplantation*

**Gewehr** ⟨n. 11⟩ ► *Handfeuerwaffe mit langem Lauf* ◆ das Gewehr anlegen, entsichern, laden, präsentieren, schultern [< ahd. *giwer,* Kollektivbildung < ahd. *weri, wari* „Befestigung", urspr. „Verteidigung, Abwehr, Schutz"]

**Geweih** ⟨n. 11⟩ *von den Knochenzapfen der Stirnbeine entspringende Knochenauswüchse des Rot-, Dam-, Elch- u. Rehwildes* ◆ das Geweih abwerfen [< mhd. *gewi(g)e,* Kollektivbildung < ahd. **wi(a)* „Ast, Zweig"]

**Gewerbe** ⟨n. 13⟩ **1** ⟨i. w. S.⟩ *auf Erwerb gerichtete Berufstätigkeit* **2** ⟨i. e. S.⟩ *die berufsmäßige Tätigkeit der Rohstoffverarbeitung od. -bearbeitung* **3** ⟨schweiz. a.⟩ *Bauernhof, Gutsbetrieb* (Bauerngewerbe) ◆ ein Gewerbe **ausüben,** betreiben, erlernen, treiben; ein **dunkles,** ehrliches Gewerbe ◆ **in** einem Gewerbe tätig sein; Handel **und** Gewerbe [zu mhd. *werben* „kreisen, sich drehen, tätig sein, handeln, werben"]

**gewerblich** ⟨Adj.⟩ *zu einem Gewerbe gehörig, auf ihm beruhend, aus ihm stammend*

**Gewerkschaft** ⟨f. 20⟩ **1** *Vereinigung von Arbeitnehmern, um ihre Interessen (gegenüber Arbeitgeber, Regierung usw.) zu wahren* **2** ⟨Bgb.⟩ *Zusammenschluss mehrerer Bergwerksunternehmen, wobei die Mitglieder je nach ihren Anteilen (Kuxen) Gewinn u. Verlust tragen*

**Gewerkschafter, Gewerkschaftler** ⟨m. 3⟩ *Mitglied einer Gewerkschaft*

**Gewicht** ⟨n. 11⟩ **1** ⟨Phys.⟩ *Schwere eines Körpers (im Sinne eines Wägeergebnisses)* **2** *Kraft, Druck eines Körpers auf seine Unterlage* **3** *Körper von genau bestimmter Masse, der als Maßeinheit zum Wiegen eines anderen dient* (Kilogewicht, 100-Grammgewicht) **4** *schweres, an einer Kette hängendes Metallstück als Triebkraft des Uhrwerks bei Pendeluhren* **5** ⟨Stat.⟩ *Konstante, mit der ein Wert, z. B. ein Testergebnis, gemäß seiner Bedeutung für ein Gesamtergebnis multipliziert wird* **6** ⟨fig.⟩ *Wichtigkeit, Bedeutung, Einfluss* ◆ einer Sache kein, viel, wenig Gewicht **beilegen,** beimessen, geben; an Gewicht **verlieren** *abnehmen* ◆ das **zulässige** Gewicht (eines Boxers, einer Wagenladung) ◆ dieser Umstand fällt nicht **ins** Gewicht ⟨fig.⟩ *hat keine Bedeutung, ist unwesentlich* [Kollektivbildung < mnddt. *wicht* „Gewicht, Schwere"]

**gewichten** ⟨V. t.; hat⟩ **1** ⟨Stat.⟩ *eine Gewichtung vornehmen* **2** ⟨fig.; in der Wendung⟩ etwas stärker gewichten **2.1** *die Wichtigkeit, Bedeutung von etwas stärker betonen* **2.2** *mehr Wert, Nachdruck auf etwas legen*

**gewichtig** ⟨Adj.⟩ **1** *volles Gewicht aufweisend* (Münze) **2** ⟨fig.⟩ *bedeutend, maßgebend, schwer wiegend* (Entscheidung, Entschluss, Gründe) **3** *einflussreich* (Persönlichkeit)

**gewichtslos** ⟨Adj.⟩ *kein Gewicht habend (bes. beim freien Weltraumflug od. freien Fall zur Erdoberfläche);* → a. *schwerelos*

**Gewichtsverlust** ⟨m. 1⟩ *Einbuße an Gewicht*

**Gewichtszunahme** ⟨f. 19⟩ *Zunahme an Körpergewicht*

**Gewichtung** ⟨f. 20; Stat.⟩ *Multiplikation von Einzelergebnissen od. Zuständen (z. B. Testergebnissen) mit einer Konstante, gemäß der Häufigkeit ihres Auftretens od. der Bedeutung für ein Gesamtergebnis*

**gewieft** ⟨Adj.; -er, am -esten; umg.⟩ *schlau, gerissen, durchtrieben* [wahrscheinl. Part. Perf. zu mhd. *wifen* „winden, schwingen"]

GEWEHR: LEICHTES MASCHINENGEWEHR

**gewiegt** ⟨Adj.; -er, am -esten; fig.; umg.⟩ *erfahren, schlau, durchtrieben;* → a. *gewieft* [Part. Perf. zu *wiegen* „in einer Wiege schaukeln, schwingen", eigtl. „in etwas groß geworden, aufgezogen"]

**gewillt** ⟨Adj.; nur präd.⟩ gewillt sein, etwas zu tun *willens, bereit sein, die Absicht haben*

**Gewinde** ⟨n. 13⟩ **1** *Geflecht, Kranz (aus Blumen, Zweigen)* **2** *Rille um einen zylindrischen Mantel od. im Inneren eines zylindr. Hohlraumes* ◆ ein Gewinde schneiden

**Gewindegang** ⟨m. 1u⟩ *Abstand der einzelnen Rillen eines Gewindes voneinander*

**Gewinn** ⟨m. 1⟩ **1** *Erwerbung, das Erwerben, Gewinnen, Nutzen, Erträge, Ausbeute, Vorteil* **2** ⟨Kaufmannsspr.⟩ *Überschuss des Ertrags über die Herstellungskosten* **3** *Treffer, Preis* (Lotteriegewinn) ◆ (keinen) Gewinn **abwerfen,** bringen, einbringen, erzielen; den Gewinn **berechnen; (**großen) Gewinn **bringen;** aus etwas seinen Gewinn **schlagen,** ziehen; Gewinn **bringend** = *gewinnbringend* ◆ dieser Redakteur war kein Gewinn **für** uns; ich habe dieses Buch **mit** großem Gewinn gelesen

**gewinnbringend** ⟨Adj.⟩ *erheblichen Gewinn erzielend;* oV *Gewinn bringend* ◆ ein Gewinn bringendes Unternehmen; ⟨bei Steigerung und mit Attribut nur Zusammenschreibung⟩ die neue Investition ist (viel) gewinnbringender; eine äußerst gewinnbringende Lektüre; ⟨aber⟩ ein großen Gewinn bringendes Produkt

**gewinnen** ⟨V. 151; hat⟩ **I** ⟨V. t.⟩ **1** *erlangen, erreichen, erwerben, bekommen* **2** ⟨Bgb.⟩ *fördern, erzeugen* **3** *durch Sieg od. Glück erringen* (Preis, Geld) **4** jmdn. gewinnen *für sich einnehmen, sich geneigt machen* ◆ **Ansehen,** Ehre, Macht, Ruhm gewinnen; das rettende Ufer zu gewinnen suchen; den **Pokal** gewinnen ⟨Sp.⟩; einen **Prozess,** eine Wette gewinnen; ich habe die **Überzeugung** gewonnen, dass ...; ich muss **Zeit** gewinnen ◆ jmdn. **als** Abonnenten, Kunden, Mitglied, Mitarbeiter gewinnen; jmdn. **für** sich gewinnen (z. B. durch Freundlichkeit, Hilfsbereitschaft, Versprechungen); die Mannschaft gewann das Endspiel **mit** 3:2; jmdn. **zum** Freund, Verbündeten gewinnen **II** ⟨V. i.⟩ **1** *Sieger werden, im Wettkampf, im Spiel der Erste sein, siegen* **2** *erfreulicher, angenehmer, wirkungsvoller werden* ◆ **im** Lotto gewinnen [< ahd. *giwinnan* „durch Anstrengung, Arbeit od. Kampf zu etwas gelangen, schaffen, erringen, erlangen"; zu ahd. *winnan* „kämpfen, sich anstrengen, erringen, erlangen"]

**gewinnend** ⟨Adj.⟩ *einnehmend, ansprechend* ◆ sie hat ein gewinnendes Lächeln, Wesen

**Gewinnstreben** ⟨n. 14; unz.⟩ *Bestreben (eines Unternehmers), einen möglichst hohen Gewinn zu erzielen*

**Gewirr** ⟨n. 11; unz.⟩ **1** *verwirrtes Knäuel (z. B. von Fäden)* **2** ⟨fig.⟩ *schwer durchschaubares Durcheinander* **3** *unregelmäßige Anlage* (Straßengewirr)

**gewiss** ⟨Adj.; gewisser, am gewissesten⟩ **1** *sicher, fest, bestimmt, unbezweifelbar, unbestreitbar* **2** *nicht genau ausdrückbar od. feststellbar, schwer beschreibbar, aus Schicklichkeitsgründen nicht aussprechbar* **3** ⟨als Antwort⟩ *jawohl, zweifellos, bestimmt* ◆ gewiss!; aber gewiss!; eine gewisse **Ähnlichkeit** ist unverkennbar; über gewisse **Dinge** spricht man nicht gern; ein gewisser **Herr** Köster möchte dich sprechen; in gewissem **Maße;** einen gewissen **Ort** aufsuchen ⟨umg.⟩ *die Toilette* ◆ du wirst jetzt gewiss **annehmen,** denken, glauben, ...; **sein:** so viel ist gewiss, dass ...; ich **weiß** es ganz gewiss ◆ etwas **als** gewiss annehmen, behaupten, hinstellen [< ahd. *giwis*]

**Gewissen** ⟨n. 14; unz.⟩ *das Bewusstsein des Menschen von Gut u. Böse im eigenen Verhalten, das Vermögen, sich moralisch selbst zu beurteilen* ◆ auf die **Stimme** des Gewissens hören ◆ sein Gewissen **lässt** ihm keine Ruhe; du musst dein Gewissen **prüfen** ◆ ein **böses,** gutes, reines, ruhiges, schlechtes Gewissen haben ◆ etwas **auf** dem Gewissen haben *schuld an etwas sein;* jmdn. auf dem Gewissen haben *an seinem Unglück od. Tod schuld sein;* jmdm. **ins** Gewissen reden *ihm ernst u. eindringlich etwas vorhalten;* **mit** gutem Gewissen antworten; **nach** bestem Wissen und Gewissen antworten *wahrheitsgemäß, ohne etwas zu verschweigen* [< ahd. *giwizzeni* „(inneres) Bewusstsein", Lehnübersetzung < lat. *conscientia* „Mitwissen, Bewusstsein, Gewissen"; zu ahd. Part. Perf. *gewizzan* „bewusst"]

**gewissenhaft** ⟨Adj.; -er, am -esten⟩ *sorgfältig, genau, zuverlässig* ◆ ein gewissenhafter Arbeiter, Mensch; wir werden die Angelegenheit gewissenhaft prüfen

**Gewissensbisse** ⟨Pl.; Sg. nur selten⟩ *schlechtes Gewissen, Bewusstsein unrechten Handelns, Schuldgefühl* ◆ Gewissensbisse bekommen, fühlen, haben; sich (keine) Gewissensbisse machen

**Gewissensfreiheit** ⟨f. 20; unz.⟩ *das Recht, nur nach dem eigenen Gewissen, auch entgegen äußerem Zwang, zu handeln*

**gewissermaßen** ⟨Adv.⟩ *sozusagen, man könnte fast sagen, gleichsam, beinahe*

**Gewissheit** ⟨f. 20; unz.⟩ *Sicherheit, Bestimmtheit, Bewusstsein der Wahrheit* ◆ die Gewissheit haben, dass ...; er versuchte, sich Gewissheit darüber zu verschaffen; man kann mit Gewissheit annehmen, sagen

**Gewitter** ⟨n. 13⟩ **1** *mit Blitz, Donner u. Niederschlägen verbundene luftelektr. Entladung* **2** ⟨fig.; umg.⟩ *heftige Auseinandersetzung, Zornesausbruch* ◆ ein Gewitter zieht herauf, zieht sich zusammen; das Gewitter zieht vorüber [< ahd. *giwitiri,* Kollektivbildung < ahd. *wetar,* urspr. „Witterung, Wetter"]

**Gewitterfliege** ⟨f. 19; volkstüml.⟩ *besonders bei schwülem Wetter auftauchender Fransenflügler*

**Gewitterwolke** ⟨f. 19⟩ *dunkle, schwere, ein Gewitter anzeigende Wolke, Wetterwolke*

**gewitzt** ⟨Adj.⟩ *schlau* ◆ ein gewitzter Bursche

**gewogen** ⟨Adj.; fig.⟩ *zugetan, freundlich, wohlwollend gesinnt* ◆ jmdm od. einer Sache gewogen bleiben, sein [Part. Perf. zu mhd. *(ge)wegen* „Gewicht oder Wert haben, angemessen sein"]

**gewöhnen** ⟨V.; hat⟩ **I** ⟨V. t.⟩ jmdn. an etwas gewöhnen *es ihm zur Gewohnheit machen, ihn vertraut damit machen* ◆ wir mussten den Hund erst einmal an Sauberkeit gewöhnen **II** ⟨V. refl.⟩ sich an etwas od. jmdn. gewöhnen *mit etwas od. jmdm. vertraut werden, etwas od. jmdn. ertragen lernen* ◆ ich habe mich so an ihn gewöhnt [< ahd. *giwennen* „gewöhnen" < ahd. *wenen* „gewöhnen", engl. *wean* „ein Kind an andere Nahrung als an Muttermilch gewöhnen"]

**Gewohnheit** ⟨f. 20⟩ **1** *Angewohnheit, Selbstverständlichkeit (durch dauernde Wiederholung)* **2** *Handlung od. Eigenheit, die einem in Fleisch u. Blut übergegangen ist* ◆ die **Macht** der Gewohnheit ◆ eine Gewohnheit **ablegen,** abstreifen *sich etwas abgewöhnen;* eine Gewohnheit **annehmen** *sich etwas angewöhnen;* die Gewohnheit **haben** zu ...; eine **böse,** gute, schlechte, üble Gewohnheit [< ahd. *giwonaheit;* zu ahd. *giwon* „der Gewohnheit gemäß, üblich, herkömmlich"]

**gewohnheitsmäßig** ⟨Adj.⟩ *aus Gewohnheit, ohne nachzudenken* ◆ gewohnheitsmäßiger Verbrecher; etwas ganz gewohnheitsmäßig tun; gewohnheitsmäßig rauchen

**Gewohnheitsrecht** ⟨n. 11; unz.⟩ *nicht schriftlich festgelegtes, aber durch Gewohnheit verbindlich gewordenes Recht*

**gewöhnlich I** ⟨Adj.⟩ **1** *alltäglich, nicht hervorstechend, landläufig, gebräuchlich, üblich* **2** *gemein, unfein, ordinär* ◆ gewöhnliche Ausdrücke, Manieren, Redensarten; gewöhnliches Benehmen, Betragen **II** ⟨adv.⟩ *im Allgemeinen, in der Regel, meist* ◆ gewöhnlich kommt er ziemlich spät (zur Arbeit, nach Hause) [< mhd. *gewonlich* „gewohnt, herkömmlich, üblich" < mhd. *gewon* < ahd. *giwon* „üblich, herkömmlich"]

**gewohnt** ⟨Adj.⟩ *durch zufällige Gewohnheit vertraut, zur Gewohnheit geworden, üblich* ◆ wir mussten heute unseren gewohnten **Abendspaziergang** ausfallen lassen; die Dinge gehen ihren gewohnten **Gang;** morgens zur gewohnten **Stunde** aufwachen ◆ **sein:** ich bin es gewohnt, viel allein zu sein [< spätmhd. Part. Perf. *gewon(e)t* < mhd. *gewonen* „gewohnt sein" < ahd. *giwonen* „gewohnt sein, wohnen, verweilen"]

**gewöhnt** ⟨Adj.⟩ an etwas gewöhnt sein *durch bewusste Übung mit etwas vertraut geworden sein, sich angepasst haben* ◆ ich bin an diese Arbeit gewöhnt

**Gewölbe** ⟨n. 13⟩ **1** ▼ *gekrümmte Steindecke eines Raumes* (Tonnengewölbe, Kreuzgewölbe) **2** *Raum mit gewölbter Decke* (Kellergewölbe) **3** ⟨fig.⟩ *rundl. Überdachung* (Himmelsgewölbe, Schädelgewölbe) **4** ⟨oberdt.⟩ *Warenlager, Kramladen (urspr. mit gewölbter Decke)* [< ahd. *giwelbi*]

**Gewölle** ⟨n. 13⟩ *von Raubvögeln ausgespiener Ballen unverdaulicher Nahrungsreste*

**Gewühl** ⟨n.; -s; unz.⟩ *dichtes Durcheinander* (Menschengewühl, Verkehrsgewühl)

G

## GEWÖLBE

Gewölbe haben einen bogenförmigen Querschnitt und bestehen aus Steinen, Ziegeln oder Beton. Die einfachste Form ist das Tonnengewölbe. Wenn sich zwei Tonnengewölbe schneiden, entsteht ein Kreuzgewölbe, das bei Rippenform der Bogen Kreuzrippengewölbe genannt wird. Bei zusätzlicher Dekoration entsteht das Fächergewölbe.

### GEWÖLBETYPEN

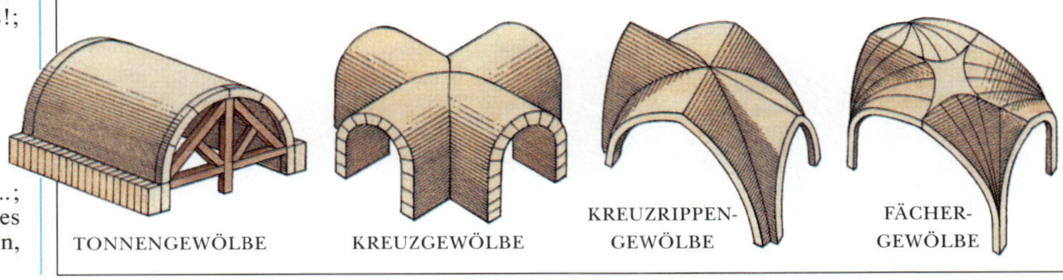

GIEBELFELD

**gewürfelt** ⟨Adj.⟩ *in Vierecke geteilt, kariert* (Stoffe) ◆ gewürfelter Bettüberzug, gewürfelte Decke

**Gewürm** ⟨n.; -s; unz.⟩ **1** *Vielheit von Würmern, Kriechtieren* **2** ⟨Sammelbez. für⟩ *Wurm, Kriechtier* ◆ ekliges Gewürm

**Gewürz** ⟨n. 11⟩ ▼ *Zutat zum Schmackhaftmachen von Speisen, z. B. Muskat, Pfeffer* ◆ Paprika als Gewürz benutzen, einsetzen, verwenden; mildes, pikantes, scharfes Gewürz [Kollektivbildung < *Wurz* „Kraut, Pflanze"]

**Gewürzessig** ⟨m. 1; unz.⟩ *mit Gewürzen versetzter Essig*

**Gewürzextrakt** ⟨m. 1⟩ *bes. präpariertes Gewürz zum Würzen fertig gekochter Speisen, z. B. Maggi, Worcestersoße*

**Gewürzgurke** ⟨f. 19⟩ *in Gewürzessig eingelegte Gurke*

**gewürzig** ⟨Adj.⟩ *kräftig, herzhaft, aromatisch schmeckend*

**Gewürzkorn** ⟨n. 12u; meist Pl.⟩ ► = *Piment*

**Gewürzkraut** ⟨n. 12u; Bot.⟩ *Pflanze, die wegen ihres Gehaltes an ätherischen Ölen zum Würzen von Speisen verwendet wird, z. B. Dill, Majoran, Petersilie;* Sy *Würzkraut;* ► *Kräuter*

**Gewürznelke** ⟨f. 19⟩ *als Gewürz verwendete getrocknete Blütenknospe des Gewürznelkenbaums*

**Gewürznelkenbaum** ⟨m. 1u⟩ *auf den Molukken angebautes Myrtengewächs: Eugenia caryophyllata;* Sy *Nelkenbaum, Nelkenzimtbaum*

**Gewürzpflanze** ⟨f. 19; Bot.⟩ *Pflanze, deren Blätter od. Früchte frisch od. getrocknet wegen ihrer Geschmackstoffe manchen Speisen zugesetzt werden, z. B. Petersilie, Thymian, Kümmel*

**Gewürzstrauch** ⟨m. 2u⟩ = *Kalykanthus*

**Gewürzwein** ⟨m. 1⟩ *gewürzter Wein, meist als Glühwein getrunken, früher als Arznei verwendet*

**Geysir** ⟨m. 1⟩ ► *in regelmäßigen Zeitabständen aufspringende heiße Quelle, die ausschließlich in Vulkangebieten vorkommt;* oV *Geiser, Geisir* [< isländ. *geysir,* eigtl. „Wüterich"; zu *geyse* „wüten"]

**gez.** ⟨Abk. für⟩ *gezeichnet (2)*

**gezackt** ⟨Adj.⟩ *mit Zacken versehen, zackig, Zacken aufweisend* ◆ er sammelte nur Briefmarken mit gezacktem Rand

**Gezähe** ⟨n. 13; Bgb.⟩ *die Arbeitsgeräte der Berg- u. Hüttenarbeiter* [< ahd. *gizawa* „Gerät, Werkzeug"]

**gezähnelt** ⟨Adj.⟩ ► *mit kleinen, spitzen Vorsprüngen (Zähnen) versehen;* Sy *gezahnt, gezähnt*

**gezahnt, gezähnt** ⟨Adj.⟩ ► = *gezähnelt*

**Gezänk** ⟨n.; -s; unz.⟩ *heftiges Zanken miteinander, Streit*

**Gezanke** ⟨n.; -s; unz.⟩ *anhaltendes, lästiges Zanken, Auszanken*

**Gezappel** ⟨n.; -s; unz.⟩ *anhaltendes Zappeln*

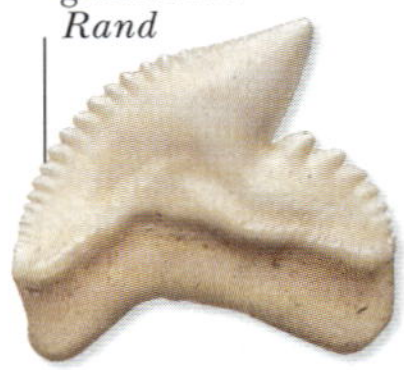


GEZÄHNELT: ZAHN EINES HAIS MIT GEZÄHNELTEM RAND

**gezeichnet** ⟨Adj.⟩ **1** *mit einem Zeichen, einem Mal versehen, durch ein scheinbar übernatürl. Ereignis herausgehoben* **2** ⟨Abk.: gez.⟩ *eigenhändig unterschrieben (auf Abschriften von Schriftstücken vor der Unterschrift)* ◆ er ist gezeichnet; ein Gezeichneter

**Gezeiten** ⟨nur Pl.⟩ ► *regelmäßige Schwankungen des Meeresspiegels, (auch) des festen Erdkörpers od. der Lufthülle, verursacht durch Anziehungskraft des Mondes u. der Sonne, Wechsel von Ebbe u. Flut* [Pl. < mhd. *gezit* „Zeit, festgesetzte Zeit, Gebetsstunde" < ahd. *gizit* „Zeit, Zeitlauf", beeinflusst von mnddt. *getide* „Flutzeit"]

**geziemen** ⟨V.; hat⟩ **I** ⟨V. i.⟩ *gemäß, recht u. billig sein, gebühren* ◆ ihm geziemt Nachsicht **II** ⟨V. refl.⟩ sich geziemen *sich schicken, schicklich sein, sich gehören*

## GEWÜRZE

Gewürze sind Pflanzenteile, die aufgrund ihres Gehalts an ätherischen Ölen und Bitterstoffen zum Verfeinern von Speisen verwendet werden. Sie erhöhen den Geschmack oder wirken appetitanregend und gesundheitsfördernd. Dabei kommen die unterschiedlichsten Pflanzenteile in Frage, z. B. Wurzeln (Ingwer), Rinden (Zimt), Blüten und Knospen (Nelken) und Samen (Senf).

### FÄRBENDE GEWÜRZE

PAPRIKA

SAFRAN

GELBWURZ (KURKUMA)

### SCHARFE GEWÜRZE

CAYENNEPFEFFER

SENF

PFEFFER

CHILI
► *Chili*

### AROMATISCHE GEWÜRZE

KARDAMOM

PIMENT

ZIMT

NELKEN

KREUZKÜMMEL

KORIANDER

KÜMMEL

INGWER

MUSKATBLÜTE

**GG** ⟨Rechtsw.; Abk. für⟩ *Grundgesetz*
**ggf.** ⟨Abk. für⟩ *gegebenenfalls*
**Ghetto** ⟨n. 15⟩ = *Getto*
**Ghibelline** ⟨[gi-] m. 17⟩ *Anhänger der Staufenkaiser in Italien u. Gegner der papsttreuen Guelfen:* oV ⟨eindeutschend⟩ *Gibbeline* [nach dem alten staufischen Besitz *Waiblingen* in Baden-Württemberg]
**Ghosttown** ⟨['goustaun] n. 15⟩ *menschenleere, verlassene Stadt od. Siedlung* [engl., eigtl. „Geisterstadt"]
**Ghostword** ⟨['goustwɔ:d] n. 15⟩ *aufgrund eines Schreib-, Druck- od. Aussprachefehlers entstandene sprachliche Neuschöpfung;* Sy *Vox nihili* [engl., eigtl. „Geisterwort"]
**Ghostwriter** ⟨['goustraitə(r)] m. 3; bes. Lit.⟩ *ungenannter Verfasser von Reden, Aufsätzen od. Büchern für einen anderen, meist für eine bekannte (politische) Persönlichkeit* ◆ er ließ seine Memoiren von einem Ghostwriter schreiben [engl., eigtl. „Geistschreiber"]
**GHz** ⟨Zeichen für⟩ *Gigahertz*
**GI, G. I.** ⟨[dʒi:'ai] m. 6 od. m.; -, -; volkstüml. Bez. für⟩ *amerikanischer Soldat*
**Gibbon** ⟨m. 6; Zool.⟩ *Angehöriger einer Familie der schmalnasigen, schwanzlosen Affen, die Arme berühren bei aufrechtem Gang den Boden: Hylobatidae* [< Eingeborenenmundart Indiens]
**Gibelline** ⟨m. 17; eindeutschend⟩ = *Ghibelline*
**Gicht** ⟨f. 20; unz.; Med.⟩ *Stoffwechselstörung mit vermehrter Harnsäurebildung u. verminderter Harnsäureausscheidung* [< ahd. *fir-, gegiht(e)* = ahd. *jiht* „Aussage, Bekenntnis, Geständnis"; zu ahd. *jehan* „sagen, bekennen, gestehen", Benennung für alle Arten von Gliederschmerzen, Entzündungen, Krämpfen, Lähmungen, die im Volksglauben als durch Besprechen angezauberte Krankheiten galten]
**Gichtbeere** ⟨f. 19⟩ **1** *schwarze Johannisbeere* **2** *Beere des Schneeballs*
**Gichter** ⟨m. 3; Met.⟩ *Öffner des Hochofens* [→ *Gicht²*]

## GEYSIR

Geysire treten nur in Vulkangebieten auf. In tieferen Schichten eingeschlossenes Wasser wird von der Wärme des Gesteins aufgeheizt. Wasser und Dampf ziehen durch Klüfte nach oben und sammeln sich in Speicherräumen, wo eine weitere Erhitzung erfolgt. Bei der Druckentlastung durch aufsteigende Blasen wird die gesamte Mischung aus Wasser und Dampf mitgerissen. Sie tritt nach außen und bildet eine hohe Springquelle. Nach dem Ausbruch des Geysirs beginnt der Zyklus von vorn.

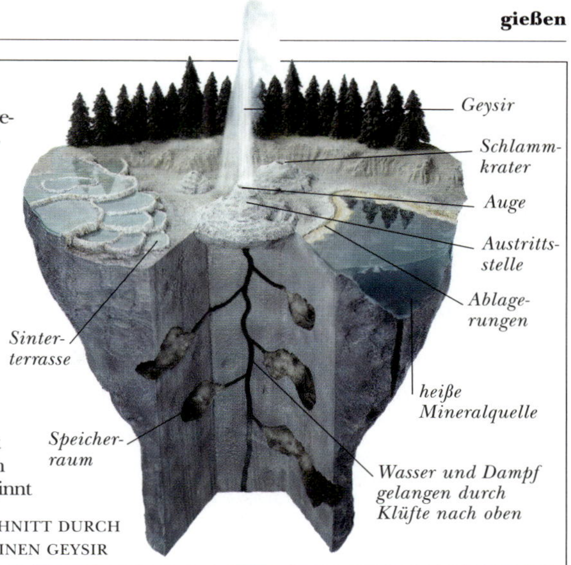

SCHNITT DURCH EINEN GEYSIR

**Gichtgas** ⟨n. 11; Met.⟩ *aus der Gicht des Hochofens entweichendes Gas;* Sy *Hochofengas*
**gichtig, gichtisch** ⟨Adj.⟩ *von Gicht befallen, gichtkrank,* ⟨früher⟩ *gichtbrüchig*
**Gichtknoten** ⟨m. 4; Med.⟩ *Knotenbildung an den Gelenken bei Gicht*
**Giebel¹** ⟨m. 5; Zool.⟩ *mit der Karausche verwandter Fisch: Carassius gibelio* [< ahd. *guva* < lat. *gobio*]
**Giebel²** ⟨m. 5⟩ **1** ⟨Arch.⟩ *dreieckige Abschlusswand des Satteldachs an den Schmalseiten* (Fachwerkgiebel), *auch als Bekrönung von Türen od. Fenstern* (Fenster-, Türgiebel) **2** ⟨umg.; scherzh. für⟩ *Nase* [< ahd. *gibil*]
**Giebelfeld** ⟨n. 12; Arch.⟩ ◄ *die von Gesimsen eingerahmte Giebelfläche*
**Giebelhaus** ⟨n. 12u⟩ *mit der Giebelseite zur Straße schauendes Haus*
**giebelig** ⟨Adj.⟩ oV *gieblig* **1** *giebelartig* **2** *mit einem Giebel versehen*
**Giebelseite** ⟨f. 19⟩ *die Seite des Hauses, an der sich der Giebel befindet,* ⟨meist⟩ *Schmalseite*
**Giebelwand** ⟨f. 7u⟩ *der Giebel einschließlich der Hauswand darunter*
**Giebelwohnung** ⟨f. 20⟩ *Wohnung unter dem Giebeldach*
**Giebelzimmer** ⟨n. 13⟩ *Zimmer hinter dem Giebel*
**gieblig** ⟨Adj.⟩ = *giebelig*
**Gienmuschel** ⟨f. 21⟩ *in Korallenmeeren lebende Muschel, deren Schalen eine blätterige Oberfläche haben: Chamida*
**Gier** ⟨f.; -; unz.⟩ *maßloses Begehren, heftiges Verlangen* ◆ Gier nach Macht, Reichtum, bestimmten Speisen; eine heftige, wahre Gier auf, nach etwas haben [< ahd. *giri* „Begierde"; zu ahd. *ger* „verlangend"]
**Gierfalke** ⟨m. 17; Zool.⟩ ► = *Gerfalke*
**gierig** ⟨Adj.⟩ **1** *voll heftigen Begehrens, Verlangens (auf, nach etwas)* **2** *unbeherrscht, hemmungslos, unersättlich* ◆ gierige Blicke auf etwas werfen; gierig essen, trinken; etwas gierig verschlingen [< ahd. *girig*]
**Giersch** ⟨m. 1; unz.; Bot.⟩ ▼ *in Hecken, Gebüschen, Gras- u. Baumgärten häufiges Unkraut mit freizähligen Blättern u. weißen od. rötlichen Blütendolden, deren Blätter ein spinatähnliches Gemüse liefern: Aegopodium podagraria;* Sy *Geißfuß (II)* [< mhd. *gires, girst, gers*]
**gießen** ⟨V. 152; hat⟩ **I** ⟨V. t.⟩ **1** *in, über od. aus etwas herausschütten* (Flüssigkeit) **2** *begießen, tränken* (Pflanzen) **3** *schmelzen u. in Formen füllen* (Metall, Wachs) ◆ **Beete,** Blumen gießen; **Eisen,** Metall, Zinn in eine Form gießen ◆ Kaffee **in** die Tassen gießen; Öl ins Feuer gießen ⟨fig.⟩ *ein Übel weiter verschlimmern* ◆ gegossenes Eisen *durch Guss geformtes Eisen* **II** ⟨V. i.; unpersönl.; umg.⟩ es gießt (in Strömen) *es regnet stark* ◆ es goss heute Mittag wie aus Eimern, Kannen, Kübeln ⟨umg.⟩ [< ahd. *giozan*]

GIERSCH
(*Aegopodium podagraria*)

## GEZEITEN

Die Gezeiten werden von der Anziehungskraft des Mondes und auch der Sonne erzeugt. Die Anziehungskraft ist auf der dem Mond zugewandten Seite der Erde am stärksten. Hier ist die Ausbauchung des Ozeans am größten. Auf der mondabgewandten Seite ist sie geringer. Durch die Erddrehung steigt und fällt das Wasser zweimal am Tag, was Ebbe und Flut bedingt. Wenn Sonne und Mond im rechten Winkel zur Erde stehen, heben sich ihre Anziehungskräfte weitgehend auf und es entstehen die geringen Nipptiden. Stehen beide in einer Linie, sind hohe Springtiden die Folge.

SPRINGFLUT (BEI NEUMOND)

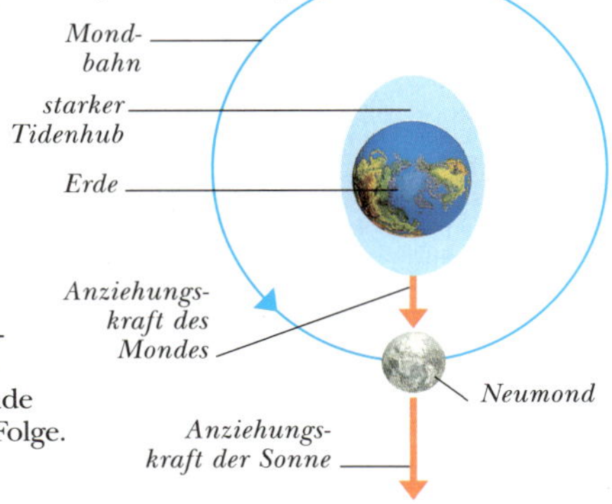


NIPPFLUT (MOND IM 1. VIERTEL)

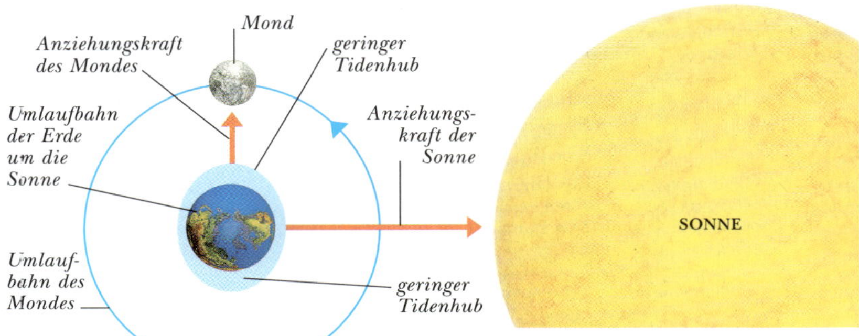

**Gießerei** ⟨f. 18⟩ **I** ⟨unz.⟩ *Herstellung metallener Gegenstände durch Formen u. Erhärten des geschmolzenen Metalls in Gussformen* **II** ⟨zählb.⟩ *Werkstatt od. Fabrik, in der Metall gegossen wird* (Eisengießerei)

GINSENG: WURZEL *(Panax ginseng)*

**Gießharz** ⟨n. 11⟩ *flüssiges od. durch Erwärmung verflüssigbares Kunstharz, das in offene Formen vergossen wird u. darin härtet*

**Gießkanne** ⟨f. 19⟩ *Gefäß zum Begießen von Pflanzen*

**Gießkannenprinzip** ⟨n.; -s; unz.⟩ etwas nach dem Gießkannenprinzip verteilen *gleichmäßig, ohne Unterschiede zu machen*

G

**Gift** ⟨n. 11⟩ **1** *lebenszerstörender od. gesundheitsschädlicher Stoff (fest, gasförmig od. flüssig);* Sy *Giftstoff* **2** ⟨fig.⟩ *Bosheit, Hass* **3** ⟨sinnbildl. für⟩ *Zerstörendes, Schädliches* ◆ Gift und **Galle** speien ⟨fig.; umg.⟩ *seiner Wut freien Lauf lassen* ◆ jmdm Gift **geben** *ihn vergiften;* Gift **nehmen** *sich vergiften* ◆ ein **chemisches,** mineralisches, pflanzliches, tierisches Gift; **gefährliche,** schleichende, schnell wirkende, tödliche Gifte ◆ **darauf** kannst du Gift nehmen ⟨fig.; umg.⟩ *das ist ganz sicher;* **durch** Gift sterben, getötet werden [< ahd. *gift* „das Geben, Gabe, Übergabe, Gift", engl. *gift* „Gabe, Geschenk"]

GINKGO *(Ginkgo biloba)*

**Giftbecher** ⟨m. 3; im antiken Griechenland⟩ *Becher mit Gift, den zum Tode Verurteilte trinken mussten*

**Giftdrüse** ⟨f. 19⟩ *Drüse bei Tieren u. Pflanzen (Insekten, Schlangen, Brennnessel usw.) die Gift erzeugt;* → a. *Giftzahn*

**giftig** ⟨Adj.⟩ **1** *Gifte enthaltend* **2** ⟨fig.⟩ *missgünstig, wütend u. boshaft, hasserfüllt* ◆ eine giftige Anwort geben ⟨fig.⟩; giftige Beeren, Pflanzen, Pilze; eine giftige Bemerkung machen ⟨fig.⟩; giftige Chemikalien, Dämpfe, Gase, Mineralien; giftige Insekten, Kröten, Schlangen, Spinnen

**Giftmischer** ⟨m. 3⟩ **1** *jmd., der einen anderen vorsätzl. durch Gift tötet, Giftmörder* **2** ⟨fig.⟩ *Ränkeschmied* **3** ⟨scherzh.⟩ *jmd., der berufl. mit Giften zu tun hat (z. B. Apotheker)*

**Giftmorchel** ⟨f. 21⟩ ► = *Stinkmorchel*

**Giftnatter** ⟨f. 21; Zool.⟩ *Angehörige einer Familie von Schlangen mit großen vorderen Oberkieferzähnen mit tiefer Giftrinne, die zur Verteidigung u. zum Beuteerwerb benutzt werden: Elapidae;* ► *Schlangen*

**Giftpilz** ⟨m. 1⟩ *jeder für den Menschen giftige Fruchtkörper eines Schlauch- od. Ständerpilzes;* Ggs *Speisepilz*

**Giftpfeil** ⟨m. 1⟩ **1** *Pfeil mit vergifteter Spitze* **2** ⟨fig.⟩ *boshafte, kränkende Bemerkung* ◆ seine Giftpfeile abschießen ⟨fig.⟩

**Giftstoff** ⟨m. 1⟩ = *Gift (1)*

**Giftsumach** ⟨m. 1; Bot.⟩ ► *giftige, rankende Art der Sumachgewächse: Rhus radicans*

GIFTSUMACH *(Rhus radicans)*

**Giftzahn** ⟨m. 1u⟩ **1** ⟨Zool.; bei Giftschlangen⟩ ► *Zahn mit einer Röhre zum Ausspritzen von Gift* **2** ⟨fig. für⟩ *Bosheit*

**Gig I** ⟨f. 10⟩ *zweirädriger, offener Wagen (Einspänner)* **II** ⟨n. 15⟩ **1** ⟨Mar.⟩ *leichtes Ruderboot (Kommandantenboot) als Beiboot eines Schiffes* **2** ⟨Sp.⟩ *Ruderboot mit Auslegern* **III** ⟨m. 6; Mus.⟩ *bezahlter Auftritt eines Musikers od. einer Band* [engl.]

**Giga...** ⟨Zeichen: G; vor Maßeinheiten⟩ *das* $10^9$*fache der betreffenden Grundeinheit,* z. B. 1 GW = $10^9$ Watt = 1 Milliarde Watt [< grch. *Gigas,* Pl. *Gigantes,* dem Namen eines Geschlechts von Riesen]

**Gigabyte** ⟨[-bait] n.; - od. -s, -s od. bei Zahlenangaben: -; EDV; Zeichen: Gbyte⟩ *Maßeinheit für* $10^9$ *Byte*

GIPS IN FORM EINER SANDROSE

**Gigahertz** ⟨n.; -, -; Zeichen: GHz⟩ $10^9$ *Hertz*

**Gigameter** ⟨m. 3 od. n. 13; Zeichen: Gm⟩ *eine Milliarde Meter,* $10^9$ *m*

**Gigant** ⟨m. 16⟩ *Riese* [< grch. *gigas* „Riese"; nach *Gigas,* Pl. *Gigantes,* dem Namen eines Geschlechtes von Riesen]

**gigantisch** ⟨Adj.⟩ *riesenhaft, gewaltig* ◆ ein gigantisches Feuerwerk; gigantische Freude

**Gigawattstunde** ⟨f. 19; Zeichen: GWh⟩ *1 Milliarde Wattstunden*

**Gigolo** ⟨[ʒi-] m. 6⟩ *Frauenheld, Schönling* [frz., „ausgehaltener Mann" < *gigolette* „Tanzmädchen; Prostituierte"; zu *giguer* „tanzen"; zu mfrz. *gigue* „Fiedel"]

**Gilde** ⟨f. 19⟩ **1** ⟨urspr.; 11./12. Jh.⟩ *Vereinigung für wohltätige Zwecke, später zum gegenseitigen Schutz der Mitglieder* (Brandgilde) **2** ⟨danach⟩ *Zusammenschluss von Berufsgenossen zur Wahrung ihrer Interessen* (Kaufmannsgilde, Handwerksgilde) [< mnddt. *gilde,* Kollektivbildung < ahd. *gelt*]

GIPSABDRUCK EINES FOSSILS

**Gildemeister** ⟨m. 3⟩ *Vorsteher einer Gilde*

**Gilge** ⟨f. 19; Bot.⟩ = *Schwertlilie* [< ital. *giglio* „Lilie" < lat. *lilium*]

**Gimpel** ⟨m. 5⟩ **1** *einheimischer kräftiger, schwarz-grauer, im männlichen Geschlecht rotbäuchiger Singvogel: Pyrrhula pyrrhula;* Sy *Dompfaff* **2** ⟨fig.⟩ *törichter, einfältiger Mensch* [< mhd. *gümpel;* zu mhd. *gumpen* „hüpfen, springen" (⟨fig.⟩ Übertragung von dem leicht zu fangenden Vogel)]

**Gin** ⟨[dʒin] m. 6⟩ *Wacholderbranntwein* [engl.]

**Ginger** ⟨[ˈdʒindʒə(r)] m. 3; unz.⟩ *Ingwer* [engl.]

**Ginkgo** ⟨[ˈgiŋko] m. 6; Bot.⟩ ▲ *bis 40 m hoher Baum, dessen gelb- od. graugrüne Blätter gabelnervig u. manchmal in der Mitte tief eingeschnitten sind, ein beliebter Parkbaum: Ginkgo biloba;* oV ⟨nicht fachsprachl.⟩ *Ginkjo, Ginko* [< jap. *ginkgo* od. chin. *kinko* „Goldfruchtbaum"]

**Ginkjo** ⟨[ˈginko]⟩, **Ginko** ⟨m. 6; Bot.; nichtfachsprachl.⟩ ► = *Ginkgo*

**Ginseng** ⟨m. 6; Bot.⟩ ▲ *Efeugewächs, dessen Wurzel in China als Universalheilmittel geschätzt wird: Panax ginseng* [< chin. *jen-shen*]

**Ginster** ⟨m. 3⟩ *Schmetterlingsblütler, meist kleine Sträucher mit gelben Blüten: Genista;* Sy *Brambusch, Pfriemkraut* ◆ Behaarter Ginster: *Genista pilosa;* Deutscher Ginster *mit dornigen Stängeln u. Ästen: Genista germanica;* Englischer Ginster (ebenso): *Genista anglica* [< ahd. *genster, geneste* < lat. *genista* „Ginster"]

**Gipfel** ⟨m. 5⟩ **1** *höchste Spitze (eines Berges, Baumes)* **2** ⟨fig.⟩ *Höhepunkt (auch im negativen Sinn)* **3** ⟨Pol.; kurz für⟩ *Gipfelkonferenz* ◆ den Gipfel eines Berges bezwingen, ersteigen; den Gipfel des Glückes, der Macht, des Ruhms (noch nicht) erreicht haben ⟨fig.⟩ [< spätmhd. *gipfel, güpfel,* Verkleinerungsform zu mhd. *gupf(e)* „höchste Spitze", Nebenform zu nhd. *Kuppe*]

**Gipfelkonferenz** ⟨f. 20; Pol.; fig.⟩ *(bes. wichtige) Konferenz führender Staatsmänner;* Sy ⟨kurz⟩ *Gipfel (3), Gipfeltreffen*

**gipfeln** ⟨V. i.; hat; fig.⟩ in etwas gipfeln *seinen Höhepunkt in etwas haben, erreichen*

**Gipfeltreffen** ⟨n. 14; Pol.; fig.⟩ = *Gipfelkonferenz*

**Gips** ⟨m. 1⟩ **1** ◄ *wasserhaltiger, schwefelsaurer Kalk, der in Form großer Kristalle (Gipsspat), blättriger perlmuttglänzender Tafeln (Marienglas) od. auch als Alabaster vorkommt, chem. Formel* $CaSO_4 \cdot 2H_2O$*;* Sy *Kalziumsulfat, Selenit* **2** *gemahlener u. durch Erhitzen entwässerter Gips, der mit Wasser angerührt bald erhärtet u. im Baugewerbe od. in der Bildhauerei verwendet wird, gebrannter Gips* **3** ⟨Med.⟩ = *Gipsverband* ◆ sechs Wochen nach der Operation konnte er seinen Gips wieder **abnehmen;** ein Loch in der Wand mit Gips **ausfüllen,** verschmieren, zustreichen ◆ eine Statue **in** Gips abgießen; den gebrochenen Arm, das Bein in Gips legen *durch Gipsverband ruhig stellen;* sie lag mit einer Wirbelverletzung drei Monate in Gips *im Gipsbett* [< ahd. *gips* < lat. *gypsum* < grch. *gypsos* „Gips, Zement"]

**Gipsabdruck** ⟨m. 1u⟩ **1** ◄ *Abdruck in Gips (z. B. des Gesichts eines Toten, eines Fußes oder Kiefers)* **2** *Herstellung einer lebensechten od. genau passenden Form aus Gips (Totenmaske, Einlage, künstliches Gebiss)*

**Gipsmalerei** ⟨f. 18⟩ ► = *Gessopainting*

**Gipsmaske** ⟨f. 19⟩ *Gesichtsmaske aus Gips (z. B. Totenmaske)*

**Gipsverband** ⟨m. 1u; Med.⟩ *starrer Verband*

## GIFTZAHN

Bei den Giftschlangen liegen die Giftzähne üblicherweise am Gaumen an. Nur wenn das Tier sie bei einem Angriff einsetzt, werden sie nach vorne geklappt. Gift aus der Giftdrüse tritt aus der Mündung nahe der Spitze und wird dem Beutetier eingespritzt.

LÄNGSSCHNITT DURCH DEN GIFTZAHN EINER SCHLANGE

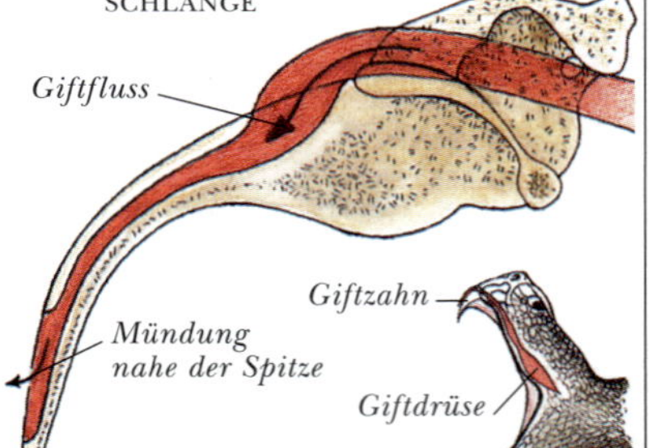


MUND EINER SCHLANGE

## GIRAFFE

Giraffen sind die größten Tiere der Welt. Sie leben in der afrikanischen Savanne und ernähren sich hauptsächlich von den Blättern der hohen Schirmakazie.

NETZGIRAFFE
*(Giraffa camelopardalis reticulata)*

ZEICHNUNGSTYPEN

ROTHSCHILDGIRAFFE

MASSAIGIRAFFE

*aus Gipsbinden zur Ruhigstellung eines kranken Gliedes;* Sy *Gips (3)*

**Giraffe** ⟨f. 19⟩ **1** ⟨Zool.⟩ ▲ *zu den Paarhufern gehörendes, Pflanzen fressendes Herdentier mit außerordentlich langem Hals: Giraffa camelopardalis* **2** ⟨Film; scherzh.⟩ *Gerät mit langem, schwenkbarem Arm, an den z. B. ein Mikrofon über die Szene bei einer Filmaufnahme, doch nicht sichtbar, gehängt werden kann;* Sy *Angel, Galgen (3)* [< ital. *giraffa* < arab. *zarafa, zurafa*]

**Girant** ⟨[ʒi-] m. 16; Bankw.⟩ *jmd., der ein Orderpapier durch einen Übertragungsvermerk auf einen anderen überschreibt*

**girieren** ⟨[ʒi-] V. t.; hat.; Bankw.⟩ *übertragen, in Umlauf setzen* (Wechsel, Scheck) [< ital. *girare* „im Kreis bewegen"; → *Giro*]

**Girlande** ⟨f. 19⟩ **1** ► *Blumen-, Blättergewinde* **2** *bunte Papierkette* [< frz. *guirlande* „Blumen-, Laubgewinde" < ital. *ghirlanda* < afrz. *garlande, guerlande* „Kreis"]

**Girlie** ⟨['gəːliː] n. 15⟩ *Mädchen od. junge Frau, die kindliche, aber zugleich körperbetonte Kleidung trägt u. sich durch selbstbewusstes Auftreten auszeichnet* [zu engl. *girly* „mädchenhaft"]

**Giro** ⟨['ʒiː-] n. 15; österr. Pl. a.: Giri; Bankw.⟩ **1** *Umlauf von Wechseln u. Schecks* **2** = *Indossament* **3** *bargeldloser Zahlungsverkehr durch Verrechnung von einem Konto auf ein anderes* [< ital. *giro* „Kreis, Kreislauf" < lat. *gyrus* „Kreisbewegung, Kreis" < grch. *gyros* „rund"]

**Girokonto** ⟨[ʒiː-] n.; -s, -s od. -konten; Bankw.⟩ *Konto, das bes. dem bargeldlosen Zahlungsverkehr dient*

**gis I** ⟨n.; -, -; Mus.⟩ *Tonbezeichnung, das um einen halben Ton erhöhte g* **II** ⟨ohne Art.; Mus.; Abk. für⟩ *gis-Moll (Tonartbezeichnung)*

**Gis I** ⟨n.; -, -; Mus.⟩ *Tonbezeichnung, das um einen halben Ton erhöhte G* **II** ⟨ohne Art.; Mus.; Abk. für⟩ *Gis-Dur (Tonartbezeichnung)*

**Gischt** ⟨m. 1 od. f. 20; Pl. selten⟩ **1** *Schaum der Wellen* **2** *aufsprühendes Wasser* [< mhd. *gest, jest*]

**Gis-Dur** ⟨n.; -; unz.; Mus.; Abk.: Gis⟩ *auf dem Grundton Gis beruhende Dur-Tonart*

**gis-Moll** ⟨n.; -; unz.; Mus.; Abk.: gis⟩ *auf dem Grundton gis beruhende Moll-Tonart*

**Gitarre** ⟨f. 19; Mus.⟩ ▼ *sechssaitiges, akustisches od. elektronisches Zupfinstrument mit achtförmigem Körper;* ► *Saiteninstrumente* [< span. *guitarra* < arab. *kittara,* grch. *kithara;* → *Zither*]

**Gitarrist** ⟨m. 16⟩ *Gitarrenspieler*

GIRLANDE AUS BLUMEN, BLÄTTERN UND FRÜCHTEN



**Gitter** ⟨n. 13⟩ **1** *Einfriedung, Absperrung aus gekreuzten od. parallel verlaufenden Stäben* (Drahtgitter, Fenstergitter) **2** *feines Netz aus sich kreuzenden Linien* **3** ⟨Phys.⟩ *periodische Anordnung von beliebigen Körpern od. Strukturelementen;* → a. *Kristallgitter* [< ahd. *getiri* „Fenster-, Käfiggitter"]

**Gitterfenster** ⟨n. 13⟩ ▼ *vergittertes Fenster*

**Gitternetz** ⟨n. 11⟩ *auf Karten (besonders bei großen Maßstäben) verwendetes Netz senkrecht aufeinander stehender Linien zur genauen Bestimmung von Punkten od. Entfernungen*

**Gitterschlange** ⟨f. 19; Zool.⟩ = *Netzpython*

**Gitterstruktur** ⟨f. 20; Math.⟩ *mathematisch gesetzmäßige Anordnung der Elemente des Gitters, z. B. der Moleküle (Atome) in einem Kristall*

GITTERFENSTER

**Glace** ⟨[glas] f.; -, -s [glas]⟩ *Zuckerglasur, eingedickte Fleischbrühe, Gallert* [frz., „Eis, Zuckerguss"]

## GITARREN

Die ersten Gitarren mit eingezogenem Korpus gab es im 15. Jh. in Italien und Spanien. Ihre Vorläufer sind bauchige Saiteninstrumente wie z. B. die Laute. Die modernen flachen Akustikgitarren mit Stahlsaiten entstanden im 19. Jh. in Nordamerika. Zu jener Zeit wurden auch die klassischen Gitarren in Spanien entwickelt. Die ersten Elektrogitarren kamen in den 1930er Jahren auf.

TEILE EINER ELEKTRISCHEN GITARRE

### GITARRENTYPEN

KLASSISCHE GITARRE RAMIREZ 1A (SPÄTES 19. JH.)

AKUSTIKGITARRE MIT STAHLSAITEN MARTIN D-45 (1988)

HALBRESONANZGITARRE GRETSCH CHET ATKINS 6120 (1954)

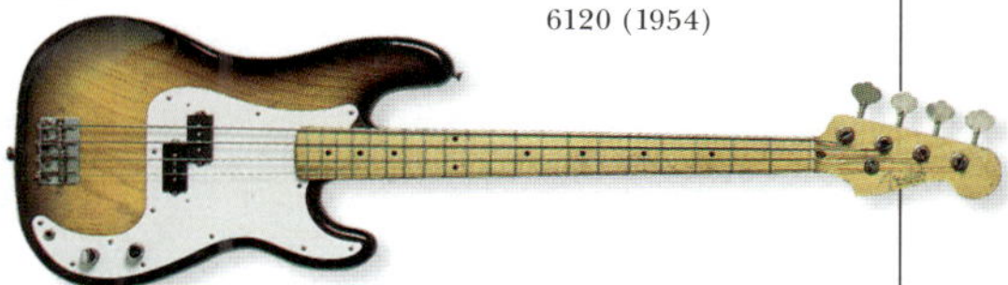

ELEKTRISCHE BASSGITARRE FENDER PRECISION (1957)

## GLAS

Glas wird schon seit 1500 v. Chr. in Ägypten hergestellt. Es ist ein spröder, meist durchsichtiger Werkstoff aus zahlreichen Rohstoffen (Quarz, Soda, Pottasche, Kalkstein, Marmor oder Kreide), die zusammengeschmolzen werden und beim Abkühlen erstarren. Die hoch erhitzte Glasschmelze wird industriell durch Pressen, Ziehen, Schleudern oder in der Glasbläserei mit der Glasbläserpfeife weiterverarbeitet.

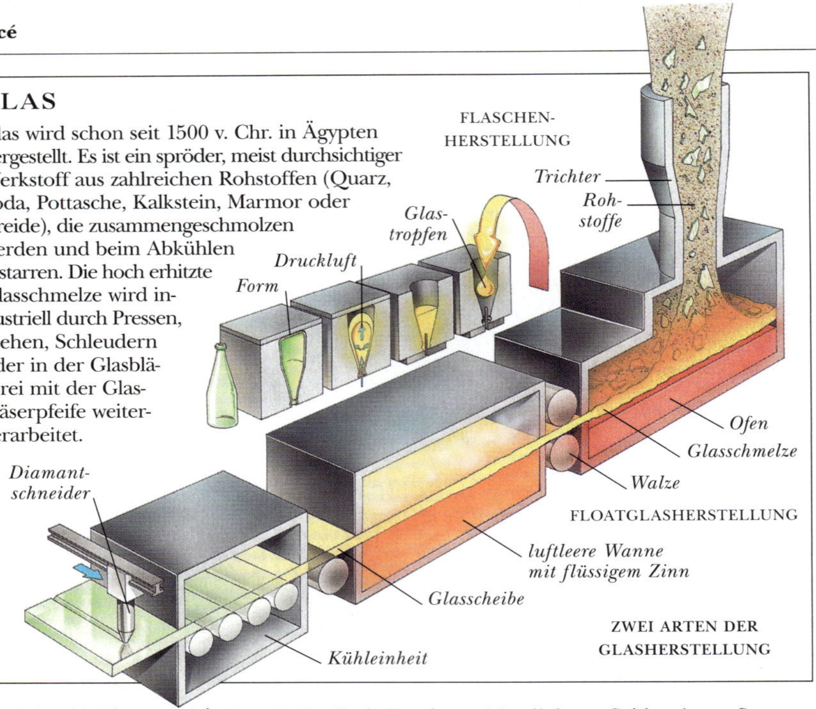


ZWEI ARTEN DER GLASHERSTELLUNG

**Glacé**, ⟨auch⟩ **Glacee** ⟨[gla'se:] n. 15; Textilw.⟩ **1** *stark glänzendes Gewebe* **2** ⟨kurz für⟩ *Glacéleder* [→ *glacieren*]

**Glaceehandschuh** ⟨[gla'se:-] m. 1; Textilw.⟩ = *Glacéhandschuh*

**Glaceeleder** ⟨[-se:-] n. 13; unz.; Textilw.⟩ = *Glacéleder*

**Glacéhandschuh** ⟨[-se:-] m. 1⟩ *Handschuh aus Glacéleder;* oV *Glaceehandschuh* ◆ jmdn. mit Glacéhandschuhen anfassen ⟨fig.⟩ *sehr vorsichtig, behutsam mit ihm umgehen*

**Glacéleder** ⟨[-se:-] n. 13; unz.; Textilw.⟩ *sehr weiches Leder aus Ziegen- od. Lammfell;* oV *Glaceeleder;* Sy ⟨kurz⟩ *Glacé (2)*

**glacieren** ⟨[-si:-] V. t.; hat⟩ *mit Glace überziehen* ◆ einen Kuchen glacieren [< frz. *glacer* „gefrieren machen, mit Zuckerguss oder mit Glasur überziehen, glasieren"]

**Glacis** ⟨[-si:] n.; - [-si:s], - [-si:s]⟩ **1** *Abdachung der äußeren Brustwehr einer Festung* **2** *Vorfeld einer Befestigungsanlage* [frz., „Abdachung"]

**Gladiator** ⟨m. 23⟩ *Schwertfechter bei den röm. Kampfspielen in der Antike* [lat., „Schwertkämpfer"; zu lat. *gladius* „kurzes, zweischneidiges Schwert"]

**Gladiole** ⟨f. 19; Bot.⟩ ► *Zwiebelpflanze, Angehörige einer Gattung der Schwertliliengewächse: Gladiolus;* Sy *Siegwurz* [< lat. *gladiolus* „kleines Schwert" < lat. *gladius* „Schwert"]

GLADIOLE (*Gladiolus* 'Beau Rivage')

**glagolitisch** ⟨Adj.⟩ glagolitische Schrift *aus der grch. Majuskel entwickelte, älteste slawische (kirchenslaw.) Schrift* [zu slaw. *glagol* „Wort"]

**Glamour** ⟨['glæmə(r)] m.; -s; unz.⟩ *betörende Aufmachung, Blendwerk* [engl., „Glanz, Blendwerk"]

**glamourös** ⟨[-mu-] Adj.⟩ *betörend aufgemacht, blendend herausgeputzt* ◆ das Abendkleid machte sie zu einer glamourösen Erscheinung [< engl. *glamorous* „bezaubernd"]

**Glanz** ⟨m.; -es; unz.⟩ **1** *Lichtspiegelung an glatter Oberfläche von Körpern od. auf Geweben, das Glänzen, Leuchten, Strahlen* (Fettglanz, Metallglanz, Seidenglanz, Sonnenglanz) **2** ⟨fig.⟩ *Pracht, Gepränge, Herrlichkeit* **3** *Politur, Glasur* (Hochglanz) **4** ⟨Bez. für⟩ *mehrere schwefelhaltige Mineralien* (Bleiglanz) ◆ der Glanz des **Goldes,** der Glanz der **Jugend,** des Reichtums ◆ den Glanz **einbüßen,** verlieren ⟨a. fig.⟩; Glanz **verbreiten,** verlieren ⟨a. fig.⟩ ◆ **blendender,** heller, leuchtender, matter, schimmernder, seidiger, strahlender Glanz ◆ die Schuhe **auf** Glanz polieren; sie zeigt sich heute **in** vollem Glanze ⟨fig.; umg.⟩ *von ihrer besten Seite;* ein Fest **mit** großem Glanz feiern [< mhd. *glanz* „Schimmer, Leuchten"; zu ahd. *glanz* „leuchtend, strahlend, hell"]

**glänzen** ⟨V.; hat⟩ **I** ⟨V. t.⟩ *geben, glänzend machen, mit glänzender Schicht überziehen* (Papier) **II** ⟨V. i.⟩ **1** *Glanz ausstrahlen, leuchten, strahlen* (Sonne, Sterne) **2** ⟨fig.⟩ *Bewunderung erregen, auffallen, hervorragen, hervorstechen, sich auszeichnen* ◆ seine **Fähigkeiten,** sein Wissen glänzen lassen ◆ **durch** Abwesenheit glänzen ⟨fig.; umg.⟩ *nicht da sein;* die Wasseroberfläche glänzt **im** Mondschein [< mhd. *glenzen* < ahd. *glanzen, glenzen;* → *Glanz*]

**glänzend** ⟨Adj.⟩ **1** *leuchtend, strahlend, blendend* (Gold) **2** *mit Glanzappretur behandelt* (Stoffe), *mit glänzender Schicht versehen* (Fotopapier) **3** ⟨fig.⟩ *prunkvoll* (Fest) **4** *ausgezeichnet, hervorragend* ◆ wie geht es dir? glänzend; eine glänzende **Begabung;** das ist eine glänzende **Idee!** ◆ es **geht** ihm glänzend; er **macht** seine Sache glänzend; die beiden **verstehen** sich glänzend

**Glanzkäfer** ⟨m. 3; Zool.⟩ *Angehöriger einer weltweit verbreiteten Käferfamilie mit metallisch glänzendem Körper u. kurzen Beinen: Nitiduliden*

**Glanzkraut** ⟨n. 12u; unz.; Bot.⟩ *einheimische, 5-20 cm hohe Orchidee, auf Moorwiesen vorkommend: Liparis loeselii*

**Glanzleistung** ⟨f. 20⟩ *hervorragende Leistung*

**Glanzlicht** ⟨n. 12; meist Pl.⟩ **1** *Lichtreflex auf blanken Körpern* **2** ⟨Mal.⟩ *kleiner Lichteffekt* **3** ⟨fig.⟩ *bes. hervorgehobene, wirkungsvolle Stelle in einem Schriftwerk*

**glanzvoll** ⟨Adj.⟩ **1** *hervorragend, unübertroffen* **2** *prunkvoll, prächtig*

**Glanzzeit** ⟨f. 20⟩ *Zeit der Höchstleistungen, der größten Erfolge* ◆ er hat seine Glanzzeit überschritten

**Glas**[1] ⟨n. 12u⟩ **I** ⟨unz.⟩ ◄ *Stoff verschiedenster Zusammensetzung, der geschmolzen wird u. beim Abkühlen ohne Kristallisation erstarrt* ◆ Glas **ätzen,** blasen, brennen, gießen, pressen, schleifen, ziehen ◆ **buntes,** farbiges, gefärbtes, milchiges, trübes Glas; **dickes,** dünnes, feines, geschliffenes, gesponnenes Glas ◆ Teeservice **aus** Glas; ein Bild **unter** Glas ausstellen *hinter einer schützenden Glasscheibe* **II** ⟨zählb.⟩ **1** *Gefäß, Gerät aus Glas* (Augenglas, Konservenglas, Trinkglas) **2** ⟨kurz für⟩ *Fernglas, Opernglas, Trinkglas* **3** *Inhalt eines Glases* ◆ ein Glas **Bier,** Orangensaft, Wein; ⟨als Mengenbez. nur Sg.⟩ bitte zwei Glas Bier! ◆ ein Glas **austrinken,** füllen, leeren; dem Gast ein Glas Cola, Wein **eingießen;** sein Glas in einem Zuge **leeren** ◆ ein **leeres,** halb gefülltes, volles Glas ◆ **aus** einem Glas trinken; ein Glas **mit,** voll Milch [< ahd. *glas,* engl. *glass*]

**Glas**[2] ⟨n. 27; Mar.⟩ *halbe Stunde* ◆ es schlägt drei Glasen *9 Uhr 30 (Zählbeginn morgens 8 Uhr)* [zu dem seemännischen Ausdruck *Glas = Sanduhr*]

**Glasaal** ⟨m. 1; Zool.⟩ *(durchsichtige) Larvenform des Aals*

**Glasbarsch** ⟨m. 1⟩ *hoher, schmaler, durchsichtiger, tropischer Zierfisch: Ambassida* ◆ Indischer Glasbarsch: *Ambassis lala*

**Glasbläserei** ⟨f. 18⟩ **I** ⟨unz.⟩ *Herstellung von Glasgegenständen durch Blasen, Drehen, Wälzen der Glasflüssigkeit mithilfe einer Glasbläserpfeife* **II** ⟨zählb.⟩ *Werkstatt dafür*

**Glaser** ⟨m. 3⟩ *Handwerker, der Glasscheiben schneidet u. einsetzt u. Ä.*

**Glasermesser** ⟨n. 13⟩ = *Glasschneider*

**gläsern** ⟨Adj.⟩ **1** *aus Glas bestehend* (Auge, Gerät, Gefäß) **2** ⟨fig.⟩ *fein, zerbrechlich wie Glas* (Klang)

**Glaserz** ⟨n. 11; unz.⟩ = *Silberglanz*

**Glasfaser** ⟨f. 21⟩ ▼ *hohe Zugfestigkeit besitzender, zum Spinnen geeigneter, sehr dünn ausgezogener Glasfaden*

GLASFASER

**Glasfaserkabel** ⟨n. 13; Techn.⟩ *Kabel, das aus Glasfasern aufgebaut ist u. in dem die Nachrichten in Form optischer Impulse übermittelt werden;* Sy *Lichtleiterkabel*

**Glasfiber** ⟨f. 21; Techn.⟩ *u. a. für die Fertigung von Stabhochsprungstangen verwendetes Schichtglas*

**Glasflügler** ⟨m. 3⟩ *Angehöriger einer Familie der Kleinschmetterlinge, die mit durchsichtigen Flügeln u. häufig gelb u. braun gefärbtem Hinterleib verschiedenen Hautflüglern u. Fliegen sehr ähnlich sehen: Aegeriidae, Sesiidae*

**Glasglocke** ⟨f. 19⟩ *glockenförmiger gläserner Schutzdeckel*

**Glasharfe** ⟨f. 19⟩, **Glasharmonika** ⟨f.; -, -s od. -niken; Mus.⟩ *Musikinstrument mit zartem, flötenartigem Klang, bei dem dicke, runde Glasscheiben od. Glasröhren gedreht od. in Schwingungen versetzt u. mit feuchten Fingern berührt werden*

**Glashaus** ⟨n. 12u⟩ *Gewächs-, Treibhaus* ◆ wer im Glashaus sitzt, soll nicht mit Steinen werfen ⟨sprichwörtl.⟩ *man soll anderen nicht etwas vorwerfen, wenn man selbst nicht ganz schuldlos ist*

**Glashütte** ⟨f. 19⟩ *Betrieb, in dem Glas hergestellt u. verarbeitet wird*

**glasieren** ⟨V. t.; hat⟩ *mit einer Glasur versehen* (Tongegenstände, Töpfe; Kuchen)

**glasig** ⟨Adj.⟩ **1** *durchsichtig wie Glas, starr* (Blick) **2** *seifig* (Kartoffel) **3** *reich an Kleber* (Getreidekörner)

**Glaskörper** ⟨m. 3; Anat.⟩ *weicher, gallertartiger, durchsichtiger Körper im Auge: Corpus vitreum*

**Glasmalerei** ⟨f. 18; Mal.⟩ *künstler. Bemalung von Kirchenfenstern*

**Glasnost** ⟨f.; -; unz.; Pol.; in der Sowjetunion⟩ *Politik der Offenheit, der Transparenz* [russ., „Öffentlichkeit"]

**Glasnudel** ⟨f. 21; asiat. Kochk.⟩ *durchscheinende Nudel aus Reismehl*

**Glasschliff** ⟨m. 1⟩ ► *Verzierung von Gläsern durch Schleifen*

GLASSCHLIFF: DURCH GLASSCHLIFF VERZIERTES TRINKGLAS

**Glasschneider** ⟨m. 3⟩ *Werkzeug mit sehr hartem Wolframstahlrädchen zum Ritzen u. Schneiden von Glasplatten;* Sy *Glasermesser*

**Glastür** ⟨f. 20⟩ *Tür mit Glasscheiben*

**Glasur** ⟨f. 20⟩ **1** *durchsichtiger, glasähnlicher Überzug auf Töpferwaren aus Kieselsäure mit Flussmitteln* **2** *glänzender Überzug auf Gebäck, Zuckerguss*

**glatt** ⟨Adj.; -er, am -esten; umg.; glätter, am glättesten⟩ **1** *frei von Unebenheiten, keine Reibung bietend* (Straße, Eisfläche) **2** *nicht haftend* **3** *ohne Hindernisse, mühe-, reibungslos* **4** ⟨fig.⟩ *allzu gewandt, allzu verbindlich, (unangenehm) einschmeichelnd* **5** *offensichtlich, ohne weiteres, ohne Umschweife, direkt* **6** ⟨Kaufmannsspr.⟩ *ausgeglichen* ◆ ich erhielt eine glatte **Absage;** sein glattes **Benehmen** gefällt mir nicht; glattes **Haar** *ohne Locken;* glatter **Stoff** *ohne Muster;* eine glatte **Wasseroberfläche** *ohne Wellen* ◆ er hat es mir glatt **abgeschlagen;** die Geschäfte wurden glatt **abgewickelt;** die Rechnung ist glatt **aufgegangen** *ohne Rest;* ich habe es ihm glatt ins Gesicht **gesagt** ⟨umg.⟩; **sein:** er ist glatt wie ein Aal ⟨fig.⟩ *so geschickt, dass man ihn nicht fassen, festlegen kann* ◆ sie ist ihm glatt **überlegen** [< ahd. *glat* „glänzend"]

**Glattbutt** ⟨m. 1; Zool.⟩ *bis 70 cm langer Plattfisch, wertvoller Speisefisch*

**Glatteis** ⟨n.; -es; unz.⟩ *gefrorene Niederschläge auf festen Körpern (Boden, Straßen)* ◆ heute Nacht gibt es Glatteis; jmdn. aufs Glatteis führen ⟨fig.; umg.⟩ *jmdn. neckend zu täuschen versuchen*

**glätten** ⟨V. t.; hat⟩ **1** *eben machen, glatt machen, Unebenheiten beseitigen von* (Bretter, Hobel, Falten, Papier) **2** *gleitend, schlüpfrig machen, einfetten* **3** ⟨schweiz.⟩ *bügeln* (Nähte) **4** ⟨fig.⟩ *stilistisch ausfeilen* **5** *beschwichtigen, beruhigen* ◆ die Wogen der Empörung, des Zorns glätten

**Glatthafer** ⟨m. 3; unz.⟩ *zu den Süßgräsern gehörendes, wertvolles Futtergras: Arrhenaterum elatius;* Sy *Rossgras*

**Glattnase** ⟨f. 19⟩ *Angehörige einer weltweit verbreiteten Familie der Fledermäuse: Vespertilionidae*

**Glattrochen** ⟨m. 4⟩ *bis 250 cm langer Rochen der nördl. Meere: Raja batis*

**Glättung** ⟨f. 20; unz.⟩ *das Glätten*

**Glattwal** ⟨m. 1; Zool.⟩ ► *Angehöriger einer Familie der Bartenwale, von plumper Gestalt und ohne Rückenflosse: Balaenidae*

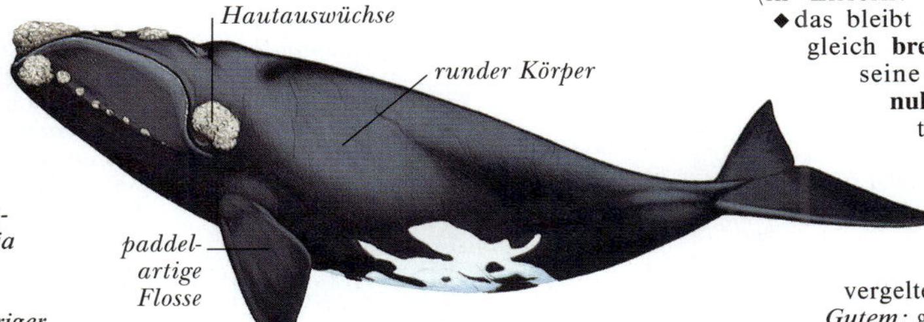


GLATTWAL: SÜDLICHER GLATTWAL (*Eubalaena australis*)

**glattweg** ⟨Adv.⟩ *ohne weiteres* ◆ das hat er mir glattweg abgeschlagen

**Glatze** ⟨f. 19⟩ **1** *haarlose Fläche auf dem Kopf* **2** ⟨umg.; abwertend⟩ *Skinhead* ◆ eine Glatze bekommen, haben; sich eine Glatze schneiden lassen ⟨umg.⟩ *sich seine Haare extrem kurz schneiden lassen* [< mhd. *gla(t)z,* urspr. „kahle Stelle der Kopfhaut"]

**glatzköpfig** ⟨Adj.⟩ = *kahlköpfig*

**Glaube** ⟨m. 26; unz.⟩ oV *Glauben* **1** *innere Gewissheit, die von Beweisen unabhängig ist, gefühlsmäßige Überzeugung, unerschütterliches Vertrauen, Zuversicht* **2** ⟨Rel.⟩ *aufgrund fremder Mitteilungen, geoffenbarter Wahrheiten od. eigener innerer Erfahrung die innere Gewissheit über das persönl. Verhältnis zu Gott* **3** *Bekenntnis, Heilslehre* ◆ der Glaube der **Massen,** des Menschen, einer Sekte ◆ den Glauben (an etwas) **behalten,** haben, verlieren; er ließ sich seinen Glauben nicht **nehmen;** ich kann ihm, dieser Nachricht keinen Glauben **schenken** ◆ der **christliche,** evangelische, jüdische, katholische, lutherische, orthodoxe Glaube; **fester,** starker, tiefer, unerschütterlicher Glaube; **guter** Glaube *schuldloses Nichtkennen eines rechtl. Mangels im Bestand od. beim Erwerb eines Rechtes* ◆ der Glaube **an** Gott, an seinem Glauben festhalten; jmdn. in dem Glauben lassen, dass ...; auf Treu **und** Glauben *von der Aufrichtigkeit und Treue (des Partners) überzeugt;* **vom** Glauben abfallen [< ahd. *gilouba*]

**glauben** ⟨V. t. u. V. i.; hat⟩ **1** etwas glauben *etwas annehmen, vermuten, meinen, etwas für zutreffend, wahr halten, davon überzeugt sein* **2** jmdm. glauben *für wahr annehmen, was er sagt, ihm Glauben schenken* ◆ ich glaube, ja *(als Antwort);* das glaubst du doch selbst nicht!; ich glaubte ihn zu kennen, und doch ...; ich glaube ihm (nicht); ich glaube es ihm (nicht); du kannst seinen **Worten** glauben ◆ ich **kann** es nicht glauben; ich **möchte** fast glauben *ich vermute;* **sein:** es ist nicht zu glauben ◆ etwas **fest,** blindlings glauben ◆ **an** etwas glauben *etwas für wahr halten;* an jmd. glauben *jmdm. u. seinen Fähigkeiten vertrauen;* an jmds. Aufrichtigkeit, Ehrlichkeit, Treue, Vertrauenswürdigkeit, Zuverlässigkeit glauben; an Gott glauben; ich glaube dir **aufs** Wort; erst sehen, **dann** glauben; ich glaube (nicht) **daran;** er hat dran glauben müssen ⟨umg.⟩ *er musste die unvermeidl. Folgen tragen; er ist gestorben* ◆ **wer** hätte das (je) geglaubt!; **wie** ich glaube, will er ... [< ahd. *gilouben*]

**Glauben** ⟨m. 4; unz.⟩ = *Glaube*

**Glaubensbekenntnis** ⟨n. 11⟩ **1** ⟨Rel.⟩ *Zusammenfassung der Glaubensartikel* **2** ⟨fig.⟩ *das öffentl. Bekenntnis zu einem bestimmten Glauben, die Erklärung einer (polit.) Überzeugung* ◆ sein politisches Glaubensbekenntnis ablegen; das (christl.) Glaubensbekenntnis sprechen; das Apostolische Glaubensbekenntnis *das dreigliedrige Bekenntnis, das von den meisten christl. Kirchen anerkannt u. als Taufbekenntnis wie in der Liturgie verwendet wird*

**Glaubenskrieg** ⟨m. 1; Rel.; Pol.⟩ *Krieg um die Durchsetzung eines bestimmten Glaubens*

**Glaubenslehre** ⟨f. 19; Rel.⟩ = *Dogmatik*

**Glaubensstreit** ⟨m. 1; Rel.⟩ **1** *Auseinandersetzung zwischen Anhängern verschiedener Konfessionen* **2** *Religionsstreit*

**Glaubersalz** ⟨n. 11; unz.; Chem.⟩ *Abführmittel, chemisch kristallwasserhaltiges Natriumsulfat, Formel* $Na_2SO_4 10H_2O$ [nach dem Chemiker und Apotheker Johann Rudolf *Glauber,* 1604-1668]

**gläubig** ⟨Adj.⟩ **1** *von der Wahrheit einer Glaubenslehre überzeugt* **2** *an Gott glaubend, fromm* **3** *vertrauensvoll* ◆ ein gläubiger Christ, Mensch; gläubig alles hinnehmen

**Gläubige(r)** ⟨f. 30 (m. 29)⟩ *gläubiger Mensch, Anhänger(in) einer Glaubenslehre* ◆ die Gläubigen

**Gläubiger** ⟨m. 3⟩ *jmd., der eine berechtigte Schuldforderung an jmdn. hat*

**glaubwürdig** ⟨Adj.⟩ *so geartet, dass man es glauben kann* ◆ glaubwürdige Aussage

**Glaukom** ⟨n. 11; Med.⟩ = *grüner → Star*[2] [zu grch. *glaukos* „graublau"]

**Glaukonit** ⟨m. 1; Min.⟩ *ein gesteinsbildendes Mineral der Gruppe monokliner Minerale*

**Glaukonitsand** ⟨m. 1; Min.⟩ ► = *Grünsand*

**glazial** ⟨Adj.⟩ *zum Eis, zum Gletscher, zur Eiszeit gehörig, eiszeitlich, Gletscher...* [< lat. *glacialis* „eisig, Eis betreffend"; zu lat. *glacies* „Eis"]

**Glazial** ⟨n. 11⟩ = *Eiszeit*

**Glazialzeit** ⟨f. 20⟩ = *Eiszeit*

**Glaziologie** ⟨f. 19; unz.⟩ *Wissenschaft von den Vereisungserscheinungen auf der Erde;* Sy *Gletscherkunde* [< lat. *glacier* „Eis" + grch. *logos* „Wort, Lehre, Kunde"]

**Gleditschie** ⟨[-ʃiə] f. 19⟩ *akazienähnlicher Baum mit oft verzweigten Dornen aus der Familie der Zäsalpiniengewächse: Gleditsia* [nach dem dt. Botaniker J.G. *Gleditsch,* 1714-1786]

**gleich** I ⟨Adj.⟩ **1** *in allen Merkmalen, genau übereinstimmend, ebenso beschaffen, ebenso viel aufweisend* **2** *gleichwertig, gleichrangig, gleichmäßig* ◆ der, die, das Gleiche *Gegenstand, der ebenso aussieht (wie ein anderer), aber nicht ein u. derselbe ist;* er verfolgt die gleichen **Absichten,** Ziele, Zwecke; im gleichen **Alter;** von gleicher **Art,** Beschaffenheit, Farbe, Größe, Wirkung; im gleichen **Augenblick;** unter gleichen **Bedingungen** arbeiten wie ...; ich verlange die gleichen **Rechte;** zur gleichen Zeit ◆ jederzeit kann uns ein Gleiches **begegnen,** widerfahren; gleich **bleiben** *unverändert bleiben;* etwas wieder ins Gleiche **bringen** ⟨umg.⟩ *in Ordnung;* **sein:** zwei mal zwei ist gleich vier ⟨in Ziffern: 2x2=4⟩; ein Gleiches **tun** ◆ das bleibt sich gleich *das ändert nichs;* gleich **breit,** groß, lang, schwer sein; seine Fortschritte sind gleich **null;** gleich **viel** bedeuten, gelten, davon halten, wissen; gleich **weit** entfernt liegen, sein ◆ das kommt, läuft **aufs** Gleiche hinaus *das ist dasselbe;* Gleiches **mit** Gleichem vergelten *Böses mit Bösem, Gutes mit Gutem;* gleich **und** Gleich **und** Gleich gesellt sich gern ⟨Sprichw.⟩ *diejenigen, die zusammenpassen, finden sich auch zusammen (oft im negativen Sinn)*

G

G

**II** ⟨Adv.⟩ **1** *sofort, unverzüglich, auf der Stelle* **2** *schon, bereits, schon zu Anfang* **3** ⟨kurz für⟩ *gleichgültig (1)* ◆ gleich! *(als Antwort);* gleich **beginnt** die Vorstellung; das habe ich mir gleich **gedacht;** die Sache muss gleich **erledigt** werden ◆ gleich **heute** werde ich zu ihr gehen; das kannst du gleich **hier** tun; gleich **nach** Bekanntgabe der Nachricht **III** ⟨umg.; als Partikel⟩ *nur* ◆ wie hieß doch gleich das Stück? [< ahd. *galih,* urspr. „denselben Körper, dieselbe Gestalt habend"]

**gleichauf** ⟨Adj.; Sp.⟩ **1** *wertungsgleich, punktgleich* **2** *auf der gleichen Höhe* ◆ mit jmdm. gleichauf liegen

**gleichberechtigt** ⟨Adj.⟩ *gleiche Rechte habend, mit gleichen Rechten ausgestattet*

**Gleichberechtigung** ⟨f. 20; unz.⟩ *Ausstattung mit gleichen Rechten* ◆ die Gleichberechtigung der Geschlechter, der Konfessionen, der Völker; für die Gleichberechtigung eintreten, kämpfen

**gleichen** ⟨V. i. 153; hat⟩ *gleich sein, gleich aussehen, stark ähneln* ◆ jmdm. an Gestalt, Größe, Wuchs gleichen; jmdm. im Aussehen, Wesen gleichen

**gleichermaßen** ⟨Adv.⟩ *auch, ebenso, genauso*

**gleichfalls** ⟨Adv.⟩ *ebenfalls, auch* ◆ danke gleichfalls! *(Antwort auf gute Wünsche)*

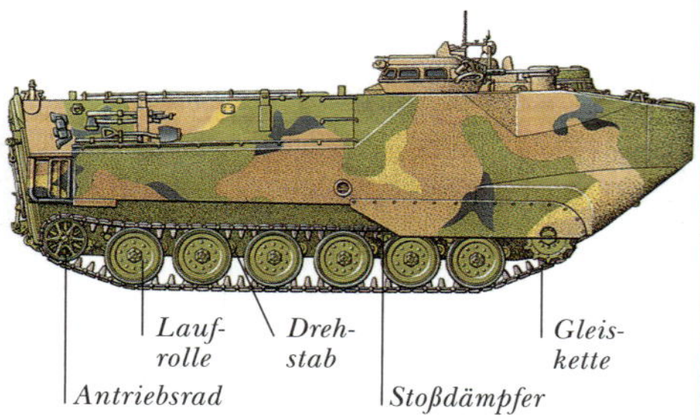


GLEISKETTE AN EINEM AMPHIBIENFAHRZEUG

**gleichförmig** ⟨Adj.⟩ **1** *in Form, Gestalt übereinstimmend, ähnlich* **2** ⟨fig.⟩ *einförmig, eintönig*

**Gleichgewicht** ⟨n. 11; unz.⟩ **1** ⟨Phys.⟩ *Zustand, in dem sich zwei od. mehr einander entgegengesetzt gerichtete Wirkungen (Kräfte) aufheben* **2** ⟨fig.⟩ *allg. Ausgleich von Kräften, Machtverhältnissen usw.* **3** *innere Harmonie, seel. Ruhe, Ausgeglichenheit* ◆ das Gleichgewicht der **Kräfte** ⟨a. fig.⟩ ◆ sie hat ihr Gleichgewicht noch nicht **wiedergefunden** ⟨fig.⟩; das Gleichgewicht stören, **verlieren** ⟨a. fig.⟩ ◆ **indifferentes,** labiles, stabiles Gleichgewicht *Zustand, je nachdem der Körper bei einer kleinen Verschiebung aus seiner momentanen Lage in der neuen Lage verharrt, sich von ihr zu entfenen strebt bzw. in diese zurückzukehren sucht;* das **innere,** seelische Gleichgewicht gewinnen, verlieren ◆ mich kann so leicht nichts und niemand **aus** dem Gleichgewicht bringen

**Gleichgewichtssinn** ⟨m. 1; unz.⟩ *Fähigkeit von Menschen und Tieren, aufgrund der Schwerkraft eine bestimmte Lage od. Haltung im Raum einzunehmen u. beizubehalten;* Sy *statischer Sinn*

**gleichgültig** ⟨Adj.⟩ **1** *teilnahmslos, uninteressiert* (Person); Sy ⟨kurz⟩ *gleich (II, 3)* **2** *bedeutungslos, unwesentlich* (Sache) ◆ er ist ihr (völlig) gleichgültig; es ist mir gleichgültig *es interessiert mich nicht;* er blieb gleichgültig gegen alle Vorschläge

**Gleichheit** ⟨f. 20; unz.⟩ *völlige Übereinstimmung* ◆ die Gleichheit aller vor dem Gesetz; → a. *Egalité, Freiheit*

**Gleichheitszeichen** ⟨n. 14; Zeichen: =⟩ *Zeichen zur Kennzeichnung der absoluten Gleichheit zweier Zahlen, Größen od. Bedeutungen*

**Gleichklang** ⟨m. 1u⟩ **1** ⟨Mus.⟩ *gleicher Klang, Übereinstimmung von Tönen, Vokalen usw. im Klang* **2** ⟨fig.⟩ *Übereinstimmung*

**gleichkommen** ⟨V. i. 170; ist⟩ jmdm. gleichkommen *ihn erreichen, ihm gleichwertig sein* ◆ ihm kommt an Fleiß und Ausdauer keiner gleich

**gleichmachen** ⟨V. t.; hat⟩ **1** *angleichen, anpassen, ausgleichen* **2** *einebnen* ◆ dem Erdboden gleichmachen *völlig zerstören, niederreißen*

**Gleichmaß** ⟨n. 11⟩ **1** *Ebenmaß* **2** *Gleichförmigkeit* **3** *Ausgeglichenheit*

**gleichmäßig** ⟨Adj.⟩ **1** *eben-, regelmäßig, unterschiedslos* **2** *ruhig, ohne Schwankung* **3** *ausgeglichen* ◆ in gleichmäßigem Tempo

**Gleichmut** ⟨m.; -(e)s; unz.⟩ *Gelassenheit, Beherrschtheit, Leidenschaftslosigkeit, Unerschütterlichkeit* ◆ etwas mit (stoischem) Gleichmut ertragen, hinnehmen, über sich ergehen lassen

**gleichnamig** ⟨Adj.⟩ *im Namen übereinstimmend* ◆ gleichnamige Brüche ⟨Math.⟩ *Brüche, die den gleichen Nenner haben*

**Gleichnis** ⟨n. 11⟩ *vergleichende Nebeneinanderstellung zweier in einem wesentl. Punkt ähnlicher Geschehen* ◆ etwas durch ein Gleichnis anschaulich machen, erklären [< ahd. *gilihnissa,* eigtl. „was sich mit etwas anderem vergleichen lässt"]

**Gleichrichter** ⟨m. 3; El.⟩ *Gerät zum Umwandeln von Wechselstrom in Gleichstrom, Stromrichter;* Sy ⟨kurz⟩ *Richter (4)* ◆ Gleichrichter für Strömungen *Anordnung, die einen Gas- od. Flüssigkeitsstrom von Geschwindigkeitskomponenten quer zur Fließrichtung befreit*

**gleichsam** ⟨Adv.⟩ *sozusagen, gewissermaßen*

**gleichschalten** ⟨V. t.; hat⟩ **1** *auf gleiche Stromart schalten, in gleichen Arbeitsrhythmus bringen* **2** ⟨fig.; umg.⟩ *der herrschenden Denkweise anpassen, politisch, wirtschaftlich u. kulturell vereinheitlichen*

**gleichschenkelig, gleichschenklig** ⟨Adj.⟩ *mit zwei gleich langen Schenkeln versehen* (Dreieck)

**Gleichschritt** ⟨m. 1; unz.⟩ *Marsch mit gleicher Schrittlänge u. gleichzeitigem Aufheben u. Niedersetzen des gleichen Fußes* ◆ im Gleichschritt marschieren

**gleichseitig** ⟨Adj.⟩ *mit drei gleich langen Seiten versehen* (Dreieck)

**gleichsetzen** ⟨V. t.; hat⟩ zwei Dinge gleichsetzen *als gleich annehmen, auf die gleiche Stufe setzen, in eins setzen*

**Gleichstand** ⟨m. 1u; unz.; Sp.⟩ *gleicher Punktstand* ◆ das Spiel wurde bei (einem) Gleichstand (von) 5:5 beendet

**gleichstellen** ⟨V. t.; hat⟩ *auf die gleiche Stufe stellen, angleichen* ◆ einen Angestellten gehaltlich mit einem anderen gleichstellen

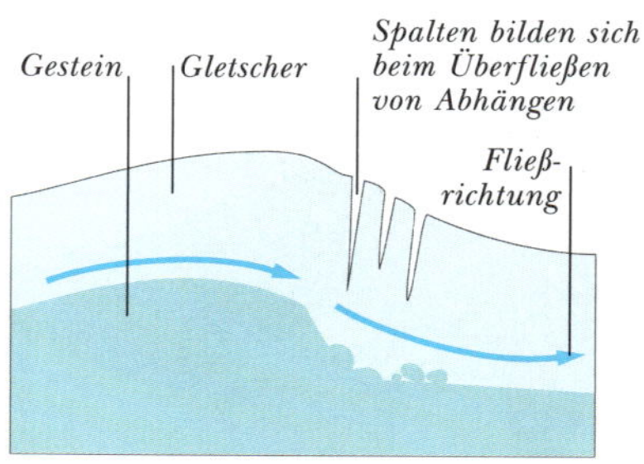


GLETSCHERSPALTE: ENTSTEHUNG VON GLETSCHERSPALTEN

**Gleichstrom** ⟨m. 1u; unz.; El.⟩ **1** *elektrischer Strom mit zeitlich konstanten Momentanwerten* **2** *elektrischer Strom, dessen Polarität unverändert bleibt*

**Gleichung** ⟨f. 20; Math.⟩ *die durch das Gleichheitszeichen (= ) symbolisierte Gleichheitsbeziehung (Relation) zwischen mathemat. Größen* ◆ eine Gleichung auflösen, aufstellen, ausrechnen

**gleichwertig** ⟨Adj.⟩ **1** *im Wert übereinstimmend, ebenso viel wert* **2** ⟨Chem.⟩ *von gleicher Wertigkeit*

**gleichwinkelig, gleichwinklig** ⟨Adj.; Geom.⟩ *in den Winkeln übereinstimmend* ◆ gleichwink(e)lige Dreiecke

**gleichwohl** ⟨Konj.⟩ *doch, dennoch, aber auch, trotzdem*

**gleichzeitig** ⟨Adj.⟩ *zur gleichen Zeit* ◆ gleichzeitig stattfinden, ankommen

**Gleis** ⟨n. 11⟩ **1** ⟨Tech.⟩ *stählerne Fahrbahn, Spur der Eisen- u. Straßenbahn;* Sy *Geleise (1)* **2** = *Geleise (2)* ◆ auf welchem Gleis fährt der Zug ein? [< mhd. *geleis* „betretener Weg" < *leis(e)* „Spur"]

**...gleisig** ⟨Adj.; in Zus.⟩ *mit einer bestimmten od. unbestimmten Zahl von Gleisen versehen,* z. B. eingleisig, zweigleisig, mehrgleisig ◆ eine zweigleisige Strecke; der Zug fährt hier nur eingleisig

**gleißen** ⟨V. i. 154; hat; poet.⟩ *schimmern, glänzen* [< ahd. *glizzan* „schimmern, glänzen"]

**Gleiskette** ⟨f. 19⟩ ◄ *endloses Band aus Kettengliedern, die durch Platten verstärkt u. um die Räder von Gleiskettenfahrzeugen gelegt sind;* Sy *Raupe (3), Raupenkette*

**gleiten** ⟨V. i. 155; ist⟩ **1** *rutschen, sich ohne (äußere) Hemmung od. eigene Arbeit fortbewegen* **2** *sich rasch, gewandt u. geräuschlos bewegen, schlüpfen* ◆ sie glitt aus dem Zimmer; der Vogel, das Segelflugzeug gleitet durch die Luft; mit Schlittschuhen übers Eis gleiten; zu Boden gleiten; gleitende Arbeitszeit *Arbeitszeit, deren Beginn u. Ende (bei unveränderter Gesamtdauer) von den Arbeitnehmern bis zu einer festgesetzten Grenze selbst bestimmt werden darf;* Sy ⟨kurz⟩ *Gleitzeit (1)* [< ahd. *glitan,* engl. *glide*]

**Gleitflug** ⟨m. 1u; unz.⟩ *abwärts gerichteter Flug ohne Flügelschlag (beim Vogel) bzw. ohne od. mit gedrosseltem Motor (beim Flugzeug)* ◆ im Gleitflug landen, niedergehen

**Gleitlager** ⟨n. 13⟩ **1** *bewegliches Widerlager zum Ausgleich von Temperaturschwankungen, z. B. an Brücken* **2** *einfaches Lager für drehbare Maschinenteile*

**Gleitwinkel** ⟨m. 5⟩ *Winkel, unter dem ein Segel- od. Gleitflugzeug nach unten gleitet*

**Gleitzeit** ⟨f. 20; unz.⟩ **1** ⟨kurz für⟩ *gleitende Arbeitszeit* **2** ⟨bei gleitender Arbeitszeit⟩ *die weit gefasste Zeitspanne (z. B. von 7-19 Uhr), in der die Arbeitsstunden abgeleistet werden können* ◆ die Gleitzeit zum Einkaufen, Ausschlafen nutzen

**Gletscher** ⟨m. 3⟩ ► *sich sehr langsam bewegender Eisstrom im Hochgebirge* [< schweiz. Alpenmundarten *gletzer, gletscher* < lat. **glaciarium* < lat. *glacies* „Eis"]

**Gletscherkunde** ⟨f. 19; unz.⟩ = *Glaziologie*

**Gletscherspalte** ⟨f. 19⟩ ◄ *tiefer, senkrechter Spalt im Gletscher*

**Gletschertor** ⟨n. 11⟩ *Öffnung am Ende des Gletschers, durch die der Gletscherbach ausströmt*

**Gletscherzunge** ⟨f. 19⟩ *schmaler u. dünner werdendes Endstück des Gletschers*

**Glied** ⟨n. 12⟩ **1** *einzelner Teil eines Ganzen, einer Kette, einer Reihe, einer Gemeinschaft* (Kettenglied, Mitglied) **2** *(beweglicher) Teil des menschl. u. tier. Körpers* **3** ⟨Sp.; Mil.⟩ *Reihe, Linie Nebeneinanderstehender* **4** ⟨AT⟩ *Generation* ◆ die Glieder einer **Familie;**

Glieder der **Finger,** der Zehen ◆ du wirst dir bei dieser waghalsigen Abfahrt noch die Glieder **brechen!;** ein Glied **fehlt** noch in der Kette der Beweise ⟨fig.⟩; sie konnte vor Müdigkeit, Schmerzen, Schreck kein Glied **rühren** ◆ **gelenkige,** geschmeidige, schlanke, steife, wohlgeformte Glieder; **künstliche** Glieder *Prothesen;* das **männliche** Glied *männl. Geschlechtsteil, Penis* ◆ sie zitterte **an** allen Gliedern; **aus** dem Glied treten ⟨Mil.⟩; der Schreck fuhr mir **in** alle Glieder [< ahd. *gilid,* häufiger *lid*]

**Gliederfüßer** ⟨m. 3; Zool.⟩ ► *Angehöriger eines Tierstammes, dessen Körper aus einer größeren Zahl gleichartiger Segmente besteht: Arthropoda*

**Gliederkaktus** ⟨m.; -, -kakteen⟩ *ein Kaktusgewächs, beliebte Zimmerpflanze: Epiphyllum truncatum;* Sy *Epiphyllum, Weihnachtskaktus*

**Gliederkette** ⟨f. 19⟩ *aus einzelnen Gliedern bestehende Kette*

**gliedern** ⟨V. t.; hat⟩ *einteilen, unterteilen, ordnen* ◆ einen Aufsatz gliedern

**Gliedersatz** ⟨m. 1u; Gramm.⟩ *aus mehreren Gliedern zusammengesetzter Satz, Satzgefüge, Periode*

**Gliederschmerz** ⟨m. 23; meist Pl.; Med.⟩ *Schmerzen in Gliedern, Muskeln, Sehnen u. Gelenken (bei Grippe, Hexenschuss, Ischias, Muskelrheuma u. a.), Gliederreißen*

**Gliedertier** ⟨n. 11; Zool.⟩ *Angehöriges einer Gruppe entwicklungsgeschichtlich verwandter Bauchmarktiere, deren gemeinsames Merkmal der in hintereinanderliegende Abschnitte gegliederte Körper ist: Articulata*

**Gliederung** ⟨f. 20⟩ *Einteilung, Unterteilung, Ordnung, Aufbau, Plan, Disposition* ◆ Gliederung eines Aufsatzes

**Gliederwurm** ⟨m. 2u; Zool.⟩ ► = *Ringelwurm*

**Gliedmaße** ⟨f. 19; meist Pl.; Anat.⟩ *beweglicher, aus mehreren Teilen (Gliedern) bestehender Körperanhang von Mensch u. Tier;* Sy *Extremität*

**Gliedsatz** ⟨m. 1u; Gramm.⟩ *Nebensatz, der ein Satzglied vertritt*

**glimmen** ⟨V. i. 156; hat⟩ *glühen, ohne Flamme brennen* ◆ die Kohlen glimmen unter der Asche; in seinen Augen glomm Hass ⟨fig.⟩ [< mhd. *glimmen* „glühen"]

## GLIEDERFÜSSER

Die Gliederfüßer bilden mit über einer Million Arten die größte Gruppe der wirbellosen Tiere. Ihr Körper, der sich aus einer größeren Zahl gleichartiger Segmente zusammensetzt, wird von einem oft panzerartigen Außenskelett geschützt, das aus Chitin besteht. In der Wachstumsphase müssen sich die Tiere mehrmals häuten. Hier sind Vertreter der wichtigsten Familien der Gliederfüßer dargestellt.

UNIRAMIA
(Hundertfüßer, Insekten, Tausendfüßer)
► *Insekten*

CRUSTACEA
(Krebse, Krabben, Garnelen, Wasserflöhe, Asseln, Seepocken)
► *Krabben, Krebse, Spinnen*

CHELICERATA
(Pfeilschwanzkrebse, Milben, Skorpione, Asselspinnen, Spinnen)
► *Krabben, Krebse, Spinnen*

**Glimmer** ⟨m. 3⟩ **1** *Schimmer, sanfter Glanz* **2** ⟨Min.⟩ ▼ *Gruppe monokliner Minerale,* z. B. Muskovit u. Biotit; Sy *Mika*

**Glimmererde** ⟨f. 19; unz.; Min.⟩ *Glimmer enthaltende Erde*

**Glimmerschiefer** ⟨m. 3; unz.; Min.⟩ *Tonschiefer aus Glimmer u. Quarz*

GLIMMER: MUSKOVIT

**glimpflich** ⟨Adj.⟩ **1** *schonend, nachsichtig* **2** *gemäßigt, mild* ◆ eine glimpfliche **Strafe** ◆ sein überhastetes Handeln ist noch einmal glimpflich **abgegangen,** abgelaufen, verlaufen; jmdn. glimpflich **behandeln;** mit einem Gegner, Schwächeren glimpflich **umgehen,** verfahren [< ahd. *gilimpflih* „angemessen"; zu ahd. *gilimpfan* „angemessen sein"]

**Gliom** ⟨n. 11⟩ *vom Nervenstützgewebe ausgehende Geschwulst* [< grch. *glia* „Leim"]

**glitschen** ⟨V. i.; ist; umg.⟩ *rutschen, gleiten, ausgleiten* [Intensivbildung zu *gleiten*]

**glitschig** ⟨Adj.; umg.⟩ *feucht u. glatt, schlüpfrig* ◆ glitschiger Boden, Frosch; das Brot, der Kuchen ist glitschig *nicht durchgebacken*

**glitzern** ⟨V. i.; hat⟩ *funkeln* ◆ die Sterne glitzern am Himmel [< mhd. *glitzen* „glänzen", engl. *glitter*]

**global** ⟨Adj.⟩ **1** *weltweit, welt-, erdumfassend* **2** *gesamt, umfassend, allgemein* ◆ einen globalen Überblick geben; globale Erwärmung ► = *Treibhauseffekt (2);* globales Management ⟨Wirtsch.⟩ *Management von Unternehmensaktivitäten auf dem weltweiten Markt*

**globalisieren** ⟨V. t.; hat⟩ **1** *weltweit, weltumfassend beurteilen, verbreiten* **2** *im Ganzen, umfassend betrachten, allgemein, nicht differenzierend beurteilen, pauschalisieren* **3** ⟨Wirtsch.⟩ *Geschäfts- u. Produktionsvorgänge auf internationale Märkte bzw. Unternehmen ausrichten, um die jeweiligen Kosten- u. Standortvorteile verschiedener Länder auszunutzen u. so die Wettbewerbschancen zu optimieren* ◆ diese Beobachtung kann man nicht globalisieren; die Produktpolitik eines Unternehmens strategisch globalisieren

**Globalisierung** ⟨f. 20⟩ *das Globalisieren, Globalisiertwerden, weltweites Verbreiten, Verflechten* ◆ die Globalisierung führt zu einem Zusammenwachsen internationaler Finanzmärkte

**Globen** ⟨Pl. von⟩ *Globus*

**Globetrotter** ⟨engl. [gloub-] m. 3⟩ *Weltenbummler* ◆ er ist seit Jahren ein Globetrotter [< engl. *globe* „Welt" < lat. *globus* „Kugel" + *trot* „traben, sich schnell bewegen"]

**Globus** ⟨m.; -, Globen od. umg.: -ses, -se⟩ *(Nachbildung der) Erdkugel od. der Himmelskugel* [lat., „Kugel"]

**Glocke** ⟨f. 19⟩ **1** *kegelähnlicher, geschweifter, unten offener u. nach außen aufgebogener Schallkörper mit einem Klöppel im Innern, dessen Anschlag an der Wandung einen Ton verursacht (in kleiner Form als Klingel)* **2** *glockenförmiger Gegenstand: gläserner Lampenschirm, Schutzdeckel über Butter, Käse, auch über Uhren, Bergform, Rockform, Hutform, Blütenform, Schutzhülle für Taucher* (Taucherglocke) *u. a.* **3** ⟨Bgb.⟩ *gewölbte Kammer* ◆ eine Glocke **gießen;** die Glocke **klingt,** läutet, schlägt an, schwingt, tönt; die Glocke **schlägt** 12 Uhr; er weiß noch nicht, was die Glocke geschlagen hat ⟨fig.; umg.⟩ *er hat den Ernst der Lage noch nicht begrif-*

## GLETSCHER

Talgletscher entstehen aus dem Schnee, der im Nährgebiet fällt. Er verdichtet sich zu Eis, das unter seinem eigenen Gewicht langsam talwärts kriecht. Der Gletscher transportiert Felsblöcke und Moränen mit und kehlt ein u-förmiges Trogtal aus. Wenn das Eis vorne an der Gletscherzunge schneller abschmilzt, als es von oben nachrückt, zieht sich der Gletscher zurück.

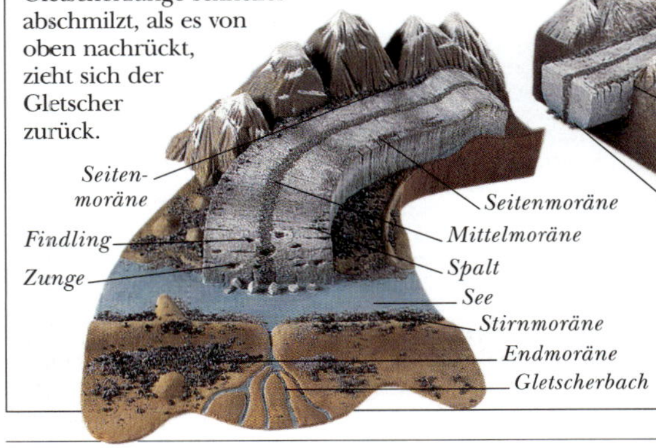


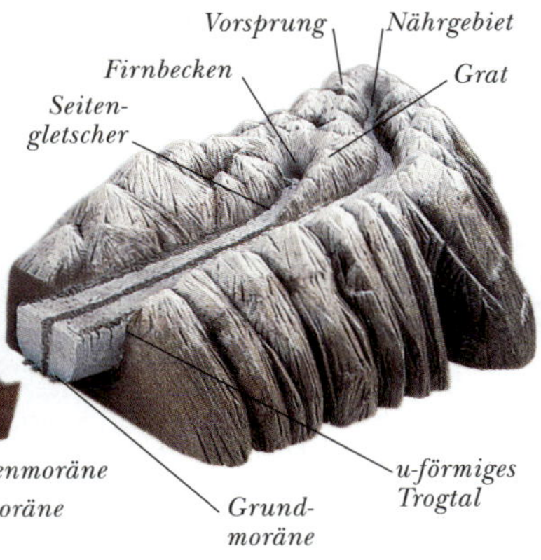


MODELL EINES TALGLETSCHERS

*fen* ◆ Glock' 12 Uhr *mit dem Glockenschlag 12 Uhr* ◆ eine Sache **an** die große Glocke hängen ⟨fig.⟩ *Aufhebens davon machen, sie überall erzählen;* eine Glocke **aus** Bronze, Glas, Porzellan; die Glocke **über** die Butter stülpen [< ahd. *glocka* < altir. *clocc* „Schelle, Glocke"]

**Glockenblume** ⟨f. 19; Bot.⟩ ► *Angehörige einer Gattung der Glockenblumengewächse (Campanulaceae) mit glockenförmigen, meist blauen Blüten: Campanula*

GLOCKENBLUME: RUNDBLÄTTRIGE GLOCKENBLUME *(Campanula rotundifolia)*

**Glockenheide** ⟨f. 19; unz; Bot.⟩ *Angehörige einer Gattung der Heidekrautgewächse: Erica tetralix;* Sy ⟨kurz⟩ *Heide*[2] *(2)*

**glockenrein** ⟨Adj.⟩ *rein, klar wie der Klang einer Glocke* ◆ eine glockenreine Stimme; glockenrein singen

**Glockenrock** ⟨m. 1⟩ *in schrägen Bahnen geschnittener Rock, der oben anliegt u. sich nach unten glockig erweitert*

**Glockenspiel** ⟨n. 11; Mus.⟩ **1** *in Türmen angebrachtes Instrument aus mehreren, aufeinander abgestimmten Glocken, die durch eine Klaviatur od. durch Hämmer angeschlagen werden* **2** *in verkleinerter Form an Ladentüren, durch das Öffnen u. Schließen ausgelöst* **3** ▼ *im modernen Orchester als Klangstabspiel ein Musikinstrument aus abgestimmten Metallröhrchen od. -platten, durch Hämmer angeschlagen*

**Glockenstuhl** ⟨m. 1u⟩ *Gerüst, in dem die Glocke (im Kirchturm) aufgehängt ist*

**Glockentierchen** ⟨n. 14; Zool.⟩ *Wimperntierchen des Süßwassers mit glockenförmigem Körper, das meist an Steinen, Tieren od. Pflanzen angeheftet lebt: Vorticella*

**Glockenturm** ⟨m. 1u⟩ *zum Aufhängen einer Glocke bestimmter Kirch-, Rathausturm*

**Gloria** ⟨n. 15⟩ **I** ⟨unz.⟩ *Ehre, Ruhm* ◆ mit Glanz und Gloria einziehen **II** ⟨zählb.⟩ *Lobgesang, Teil der kath. Messe* [lat., „Ruhm"]

**Glorie** ⟨[-riə] f. 19; unz.⟩ *Ruhm, Glanz, himmlische Herrlichkeit* [< lat. *gloria* „Ruhm"]

**glorifizieren** ⟨V. t.; hat⟩ *verherrlichen* [< lat. *gloria* „Ruhm" + *facere* „machen"]

**glorios, glorreich** ⟨Adj.⟩ *herrlich, ruhmreich, glanzvoll,* ⟨umg.; scherzh.⟩ *herrlich, großartig* (Idee) [< lat. *gloriosus* „ruhmreich"; zu lat. *gloria* „Ruhm"]

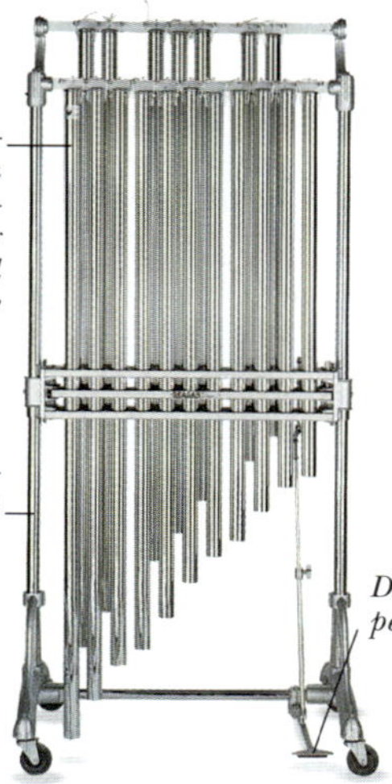


GLOCKENSPIEL: RÖHRENGLOCKENSPIEL

**Glossar** ⟨n.; -s, -e od. -rien⟩, **Glossarium** ⟨n.; -s, -rien⟩ **1** *Glossensammlung* **2** *Wörterverzeichnis mit Erklärungen* [lat., „Glossensammlung"]

**Glosse** ⟨f. 19⟩ **1** ⟨urspr.⟩ *schwieriges, unverständliches Wort* **2** ⟨seit dem MA⟩ *Übersetzung od. Erklärung eines schwierigen Wortes am Rand od. zwischen den Zeilen des Textes* **3** ⟨umg.⟩ *spöttische Bemerkung, spöttischer Kommentar (auch in Form eines Zeitungsartikels)* ◆ seine Glossen über etwas od. jmdn. machen ⟨umg.⟩; eine Glosse verfassen [< lat. *glossa,* in der lat. Gelehrtensprache „schwieriges Wort, das der Erläuterung durch ein bekanntes bedarf" < grch. *glossa* „Zunge, Sprache"]

**glottal** ⟨Adj.; Phon.⟩ *mit der Glottis gebildet* ◆ ein glottaler Verschlusslaut *im Deutschen nicht geschriebener, aber vor einem anlautenden Vokal hörbarer Verschlusslaut,* z. B. in „aber" od. „an"

**Glottal** ⟨m. 1.; Phon.⟩ *in der Glottis gebildeter Laut,* z. B. „h"; Sy *Kehlkopflaut*

**Glottis** ⟨f.; -, Glottides; Anat.⟩ ► = *Stimmritze* [< grch. *glottis*]

**glotzen** ⟨V. i.; hat⟩ *starr u. erstaunt od. töricht blicken, erstaunt starren* [< mhd. *glotzen*]

**Glück** ⟨n. 11; unz.⟩ **1** *günstige Fügung als Schicksal* **2** *der daraus erwachsende Erfolg* **3** *Gemütszustand innerer Befriedigung u. Hochstimmung bes. nach Erfüllung ersehnter Wünsche* **4** *günstiger Zufall* ◆ er ist ein **Kind** des Glückes *ihm fällt alles mühelos zu;* das Glück kehrte ihm den **Rücken;** jeder ist seines Glückes **Schmied** ⟨Sprichw.⟩ *jeder muss das Beste aus seinem Leben machen* ◆ Glück muss man **haben!;** ihm **lacht,** lächelt das Glück; sein Glück **probieren,** versuchen (z. B. in der Lotterie); **sein:** es war ein, sein Glück, dass ...; jmdm. Glück **wünschen** (zum Geburtstag) ◆ das Kind ist ihr **ganzes** Glück; **großes,** kleines, überwältigendes, unverhofftes Glück; **viel** Glück!; es ist ein **wahres** Glück, dass ... ◆ Glück **auf!** *(Bergmannsgruß);* ich habe es auf gut Glück versucht *ohne Gewissheit des Erfolges;* Glück **bei** einer Unternehmung; **in** Glück und Unglück zusammenhalten, zusammenstehen; jmds. Glück im Wege stehen; **mit** etwas Glück müsste er es schaffen; er kann **von** Glück reden, sagen, dass er so glimpflich davongekommen ist ◆ **welch** ein Glück! [< mhd. *g(e)lücke* „Geschick, Schicksalsmacht, Zufall, günstiger Ausgang", engl. *luck* (erst seit dem 12. Jh. bezeugt)]

GLÜHBIRNE

**Glucke** ⟨f. 19⟩ **1** *brütende od. Küken führende Henne* **2** ⟨Bot.⟩ Krause Glucke *bis 10 kg schwerer, badeschwammähnlicher Keulenpilz: Sparassis crispa* **3** ⟨Zool.⟩ *Angehörige einer Familie der Spinner, mittelgroßer bis großer, plumper Falter, gelb bis violettbraun, Raupen mit 16 Beinen, sehr stark behaart: Lasiocampida* [< mhd. *kluck(e);* lautmalend]

**glücken** ⟨V. i.; ist⟩ *gelingen, nach Wunsch geschehen, verlaufen* ◆ das Kunststück ist (nicht) geglückt; es glückte ihm, noch einen Platz zu bekommen [< mhd. *g(e)lücken*]

**glücklich** ⟨Adj.⟩ **1** *vom Glück begünstigt, erfolgreich* **2** *ohne Störung, ohne Schaden* **3** *froh, innerlich befriedigt, hochgestimmt* **4** *günstig, vorteilhaft, gedeihlich, erfreulich* ◆ diese **Auswahl,** Zusammenstellung ist nicht glücklich; das war ein, kein glücklicher **Einfall,** Gedanke; eine glückliche **Familie,** Frau; er hat in solchen Dingen eine glückliche **Hand** *viel Geschick;* heute war ein glücklicher **Tag** für mich; es war ein glücklicher **Zufall,** dass wir uns auf dem Konzert trafen ◆ wir sind noch einmal glücklich **davongekommen;** jmdn. glücklich **machen,** wissen; man muss den glücklich **preisen,** der ...; da hast du nicht glücklich **gewählt** ◆ hast du ihn glücklich doch noch **dazu** gebracht? ⟨umg.⟩ *schließlich, zu guter Letzt;* sind die Gäste glücklich **fort?** ⟨umg.⟩ *endlich*

**glücklicherweise** ⟨Adv.⟩ *zum Glück, durch einen glückl. Zufall*

**glückselig** ⟨Adj.⟩ *überglücklich, glückstrahlend, tief innerlich glücklich*

**glucksen** ⟨V. i.; hat; fig.⟩ *unterdrückt, kehlig lachen* ◆ er gluckste vor Freude, Vergnügen [lautmalend]

**Glücksfall** ⟨m. 1u⟩ *glückl. Zufall, glückl. Geschehen* ◆ ein seltener Glücksfall; im Glücksfall können wir ...

**Glücksritter** ⟨m. 3; umg.⟩ *sorglos auf sein Glück vertrauender Mensch, Abenteurer*

**Glückssache** ⟨f. 19⟩ *Angelegenheit, die nicht durch vernünftiges Denken od. Handeln, sondern nur vom glückl. Zufall entschieden werden kann* ◆ der Lottogewinn war reine Glückssache

**Glücksspiel** ⟨n. 11⟩ *Spiel, bei dem der Erfolg vom Zufall abhängt, z. B. Poker, Roulette, Lotto u. a. Lotterien*

**Glückssträhne** ⟨f. 19; umg.⟩ *kurze Zeit, in der einem alles glückt, gelingt;* Ggs *Pechsträhne*

**Glückwunsch** ⟨m. 1u⟩ **1** *Ausdruck der Anerkennung od. Mitfreude* **2** *Wunsch für eine glückl. Zukunft* ◆ Glückwünsche der Freunde, Kollegen, Verwandten; seinen Glückwunsch ausdrücken, aussprechen, senden; Glückwünsche zum Geburtstag, zum neuen Jahr, Geburt eines Kindes, Hochzeit, Verlobung, Vermählung

**Glückwunschadresse** ⟨f. 19; geh.⟩ *offizielles Glückwunschschreiben*

**Glucose** ⟨f. 19; unz.; fachsprachl.⟩ = *Glukose*

**Glühbirne** ⟨f. 19⟩ ◄ *Lichtquelle, bei der in einem Hohlkörper aus Glas ein elektr. leitender Faden od. ein Stäbchen durch den hindurchfließenden Strom zum Glühen gebracht wird*

**glühen** ⟨V.; hat⟩ **I** ⟨V. i.⟩ **1** *leuchten infolge des Ausstrahlens elektromagnet. Schwingungen bei erhitzten Körpern (von etwa 500 °C an)* **2** *ohne Flamme brennen, rot, rötlich leuchten* **3** ⟨fig.⟩ *sehr heiß, rot sein (vor Aufregung, Freude), erregt, begeistert, innerl. entflammt sein* ◆ die Gipfel der Berge glühten **in** der Abendsonne; in Leidenschaft, Liebe glühen ⟨fig.⟩; ihr Gesicht, ihr Körper glühte im, vor Fieber; glühen **vor** Anstrengung, Begeisterung, Erregung, Verlangen ◆ er ist ein glühender Anhänger dieses Gedankens; ich saß wie auf glühenden Kohlen (vor Angst od. Ungeduld); es war mittags glühend heiß **II** ⟨V. t.⟩ **1** *glühend machen* **2** *bei hohen Wärmegraden bearbeiten* (Metalle, Werkstoffe) [< ahd. *gluoen,* engl. *glow*]

**Glühstrumpf** ⟨m. 1u⟩ *Leuchtkörper, der aus Textilgewebe besteht u. mit Nitraten getränkt ist, die bei Erhitzung durch eine Gasflamme ein helles Licht verbreiten*

**Glühwein** ⟨m. 1⟩ *erhitzter, gesüßter u. gewürzter Rotwein*

**Glühwürmchen** ⟨n. 14⟩ = *Leuchtkäfer*

**Glukose** ⟨f. 19; unz.⟩ *weißer, kristalliner Zucker, Schlüsselsubstanz im Kohlenhydratstoffwechsel, als Blutzucker im menschl. u. tierischen Organismus enthalten, wird in grünen Pflanzen gebildet, chem. Formel* $C_6H_{12}O_6$*;* oV ⟨fachsprachl.⟩ *Glucose;* Sy *Dextrose, Traubenzucker*

**Glut** ⟨f. 20⟩ **1** *Feuer ohne Flamme, glühender Brennstoff* **2** *Röte* **3** *sengende Hitze* **4** ⟨fig.⟩ *sehr starkes Gefühl* (Liebesglut) **5** *Leidenschaft, Liebe, Begeisterung* ◆ die Glut des Abendhimmels; die Glut seiner Blicke; die Glut des Hasses, der Leidenschaft, der Liebe, des Verlangens [< ahd. *gluot*]

**Glutamat** ⟨n. 11; unz.⟩ *Ester od. Salz der Glutaminsäure, wird als Kochsalzersatz u. Geschmacksverstärker in der Lebensmittelindustrie verwendet*

**Gluten** ⟨n. 11; unz.⟩ *in Weizen- u. Roggenmehl vorkommendes Protein, das Voraussetzung für die Backfähigkeit ist;* Sy *Kleber (1)* [< lat. *gluten* „Leim"]

**Gluthitze** ⟨f.; -; unz.⟩ **1** ⟨Tech.⟩ *zum Glühen benötigte Hitze von etwa 500 °C an* **2** ⟨fig.⟩ *sengende Hitze* ◆ in der Gluthitze des Sommers ist es kaum möglich zu arbeiten

GNEIS: AUGENGNEIS

**glutrot** ⟨Adj.⟩ *rot wie Glut, glühend rot* ◆ glutroter Himmel; glutrote Kohle; sie war glutrot vor Scham

**Glycerin** ⟨n. 11; unz.; fachsprachl.⟩ = *Glyzerin*

**glyko..., Glyko...** ⟨vor Vokalen⟩ glyk..., Glyk... ⟨in Zus.⟩ *energiereiches Kohlenhydrat, Stärke od. Zucker enthaltend,* z. B. Glykogen [< grch. *glykys* „süß"]

**Glykol** ⟨n. 11⟩ **I** ⟨unz.; i. e. S.⟩ *zweiwertiger aliphatischer Alkohol, dickflüssige, süß schmeckende Flüssigkeit, die als Lösungsmittel für Harze, als Frostschutzmittel sowie als Kühlmittel für Flugzeugmotoren verwendet wird, chem. Formel* $HOCH_2\text{-}CH_2OH$ **II** ⟨zählb.; i. w. S.⟩ *zweiwertiger Alkohol*

**Glyzerin** ⟨n. 11; unz.; Chem.⟩ *dreiwertiger aliphatischer Alkohol, chem. Formel* $CH_2OH\text{-}CHOH\text{-}CH_2OH$*, sirupartige, wasseranziehende, farblose Flüssigkeit von süßem Geschmack;* oV ⟨fachsprachl.⟩ *Glycerin;* Sy *Ölsüß* [zu grch. *glykeros* „süß"]

**Glyzine** ⟨f. 19; Bot.⟩ ▼ *Schmetterlingsblütler, rasch wachsender Strauch mit großen, in Trauben angeordneten, wohlriechenden Blüten: Wisteria floribunda;* oV *Glyzinie* [zu grch. *glykys* „süß"]

**Glyzinie** ⟨[-niə] f. 19; Bot.⟩ ► = *Glyzine*

**Gm** ⟨Zeichen für⟩ *Gigameter*

**GmbH** ⟨Abk. für⟩ *Gesellschaft mit beschränkter Haftung*

**g-Moll** ⟨n.; -; unz.; Mus.; Abk.: g⟩ *auf dem Grundton g beruhende Moll-Tonart*

GLYZINE
*(Wisteria floribunda)*

**Gnade** ⟨f. 19; Pl. selten⟩ **1** *verzeihende Güte, Barmherzigkeit Gottes, Sündenvergebung* **2** ⟨im Christentum a.⟩ *das Heil ohne Rücksicht auf Verdienst* **3** ⟨allg.⟩ *herablassende Gunst, Wohlwollen* **4** *Barmherzigkeit, Mitleid, Milde, Nachsicht, Schonung, Verzeihung, Sünden-, Straferlass* **5** *Gnadenbezeigung, -beweis, unverdiente Gunst* ◆ eine Gnade **erbitten,** erweisen, erzeigen; er, es hat vor seinen Augen keine Gnade **gefunden** *er ist nicht mit ihm, damit einverstanden* ◆ sich **auf** Gnade oder Ungnade ergeben *bedingungslos;* **aus** Gnade und Barmherzigkeit jmdn. aufnehmen; **um** Gnade bitten, flehen [< ahd. *ginada, ganada* „Wohlwollen, Gunst, göttliche Gnade"]

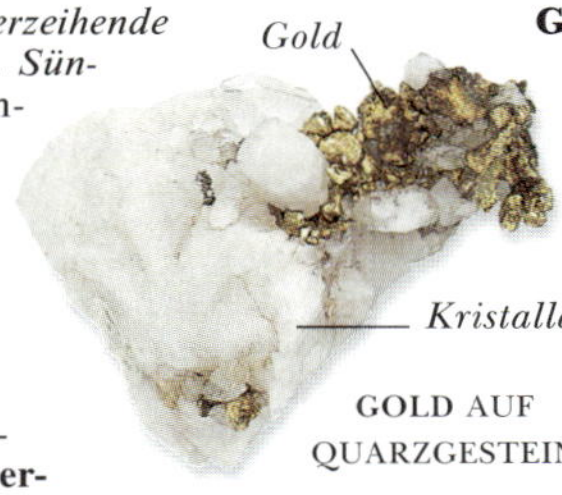


GOLD AUF QUARZGESTEIN

**Gnadenbrot** ⟨n. 11; unz.; fig.⟩ *Versorgung (von Tieren) im Alter aus Dankbarkeit für geleistete Dienste* ◆ einem Pferd das Gnadenbrot geben

**Gnadenfrist** ⟨f. 20⟩ *letzte Frist* ◆ noch eine Gnadenfrist bekommen, geben

**Gnadengesuch** ⟨n. 11⟩ *Bittschrift um Begnadigung*

**Gnadenkraut** ⟨n. 12u; unz.; Bot.⟩ *Rachenblütler auf sumpfigen Wiesen od. an Wassergräben, dem früher eine starke Heilkraft zugesprochen wurde: Gratiola officinalis;* Sy *Gottesgnadenkraut*

**gnadenlos** ⟨Adj.⟩ *ohne Gnade, hartherzig*

**gnädig** ⟨Adj.⟩ **1** *Gnade übend, barmherzig* **2** *günstig, nachsichtig* **3** *herablassend-wohlwollend, leutselig* **4** ⟨umg.⟩ *kaum geschädigt, glimpflich* ◆ gnädige Frau; gnädig davonkommen ⟨umg.⟩

**Gneis** ⟨m. 1⟩ ▲ *Gestein aus Feldspat, Quarz u. Glimmer, zur Gruppe der kristallinen Schiefer gehörig* [< ahd. *gneisto, ganeheista*]

**Gnocchi** ⟨['njɔki] Pl.; ital. Kochk.⟩ *Klößchen (aus Kartoffelteig)*

**Gnom** ⟨m. 16⟩ *kleiner Erdgeist, Zwerg, Kobold* [Wortschöpfung des Paracelsus (16. Jh.), vielleicht in Anlehnung an grch. *gnome* „Geist, Verstand"]

**Gnomon** ⟨m.; -s, -e⟩ ► *ältestes Gerät zum Messen der Sonnenhöhe, ein senkrechter, auf horizontaler Unterlage stehender, schattenwerfender Stab, (Zeiger der) Sonnenuhr* [< grch. *gnomon*]

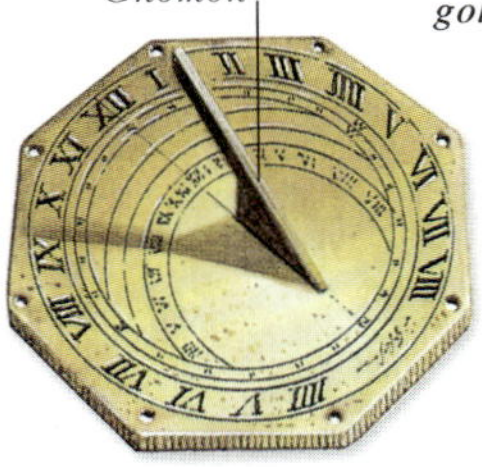


GNOMON EINER SONNENUHR AUS DEM 18. JH.

**Gnosis** ⟨f.; -; unz.; Philos.; Theol.⟩ **1** *Erkenntnis, Einsicht in eine religiöse Gedankenwelt* **2** *religionsphilosophische Strömung innerhalb des frühen Christentums, die die Erkenntnis Gottes erstrebte* [< grch. *gnosis* „Erkenntnis, Urteil"]

**Gnostik** ⟨f. 20; unz.; Philos.; Theol.⟩ *Lehre der Gnosis* [< grch. *gnostes* „Kenner"]

**Gnu** ⟨n. 15; Zool.⟩ *Mitglied einer afrikan. Gattung der Kuhantilopen, die Merkmale von Antilope, Rind u. Pferd in sich vereint: Connochaetes* [< hottentott. *gnu*]

**Go** ⟨n.; -, unz.⟩ *japanisches Brettspiel, wobei mit Spielsteinen auf Schnittpunkten von Linien Ketten zu bilden od. vom Gegner besetzte Punkte einzuschließen sind* [jap.]

**Gobelin** ⟨[gɔbə'lɛ̃] m. 6⟩ *kunstvoll gewirkter od. gestickter Wandbildteppich mit bildl. Darstellung* [frz., nach einer im 15. Jh. lebenden, aus Reims stammenden Färberfamilie]

**Gocart** ⟨['go:ka:rt] m. 6⟩ = *Gokart*

**Goetheana** ⟨Lit.; Pl.⟩ *Werke von u. über Goethe*

**Gokart** ⟨m. 6⟩ *kleiner Rennwagen ohne Federung u. ohne Karosserie mit einem Motor von 100 bis 250* $cm^3$ *Hubraum;* oV *Gocart* [< engl. *go-cart* „Handwagen"]

**Gold** ⟨n. 11; unz.; Chem.; Zeichen: Au⟩ **1** ◄ *gelb glänzendes Edelmetall, chem. Element, Ordnungszahl 79* **2** ⟨früher⟩ *die Grundlage vieler Währungen* **3** ⟨fig.⟩ *Reichtum, etwas Kostbares* **4** ⟨Sinnbild für⟩ *Glanz, Fülle, Gediegenheit* **5** ⟨Sp.; kurz für⟩ *Goldmedaille* ◆ vom **Glanz** des Goldes geblendet ⟨fig.⟩ *vom Reichtum* ◆ Gold mit Kupfer, Silber u. a. **legieren; sein:** es ist nicht alles Gold, was glänzt ⟨Sprichw.⟩ *oft trügt der (äußere) Schein* ◆ **feines,** legiertes, reines, 24-karätiges Gold; **gelbes** Gold *mit Silber und Kupfer zu gleichen Teilen legiertes Gold* ◆ Ketten, Ringe, Schmuck **aus,** von Gold; einen Edelstein **in** Gold fassen; **nach** Gold graben [< ahd. *gold,* engl. *gold*]



**Goldader** ⟨f. 21⟩ **1** *goldhaltige Gesteinsader* **2** ⟨fig.; umg.⟩ *Geldquelle* ◆ dieses Unternehmen ist die reinste Goldader

**Goldammer** ⟨f. 21⟩ ▼ *am Kopf u. an der Unterseite gelb gefärbte, zu den Singvögeln gehörende Art der Ammern, die offene Landschaften von Irland bis zum Baikalsee bewohnt: Emberiza citrinella*

**Goldamsel** ⟨f. 21; Zool.⟩ = *Pirol (2)*

**Goldbarren** ⟨m. 4⟩ *Stange, Block aus massivem Gold*

**Goldbarsch** ⟨m. 1⟩ = *Kaulbarsch*

**Goldbrasse** ⟨f. 19⟩, **Goldbrassen** ⟨m. 4; Zool.⟩ *zur Familie der Meerbrassen gehörender barschähnlicher Speisefisch des Mittelmeeres u. der europäischen Westküste mit goldendem Stirnfleck u. grünlich grauem, goldgestreiftem Schuppenkleid: Chrysophrys aurata*

**Golddrossel** ⟨f. 21; Zool.⟩ = *Pirol (2)*

**golden** ⟨Adj.⟩ **1** *aus Gold bestehend* **2** ⟨fig.⟩ *wie Gold beschaffen, echt, treu, herrlich, goldglänzend, goldfarbig, vergoldet* ◆ ein goldener **Anhänger,** Becher, Ring; eine goldene **Brücke** bauen *ihm die Verständigung, ein Geständnis u. Ä. erleichtern;* der Präsident trug sich während seiner langen Reise in viele goldene **Bücher** ein *das jeweilige Gästebuch einer Stadt;* ⟨aber⟩ das Goldene Buch der Stadt Pforzheim; ein goldenes **Gemüt,** Herz haben *gutmütig, hilfsbereit, zuverlässig sein;* goldene **Hochzeit** *50. Jahrestag der Hochzeit;* einen goldenen **Humor** besitzen *einen nie versiegenden Humor;* im Sport eine goldene **Medaille** gewinnen; die goldene **Mitte,** den goldenen Mittelweg wählen *das rechte Maß halten;* der goldene **Schnitt** ⟨Math.⟩ *Teilungsverhältnis von Strecken, bei dem sich die ganze Strecke zur größeren Teilstrecke ebenso verhält wie die größere Teilstrecke zur kleineren (wichtig in künstler. Darstellungen);*

GOLDAMMER
*(Emberiza citrinella)*

goldener **Schuss** ⟨Drogenszene⟩ *Injektion einer tödlichen Überdosis Heroin;* das goldene **Zeitalter** (der Kunst, Literatur usw.) *eine besonders fruchtbare Zeit;* ⟨aber⟩ das Goldene Zeitalter *(als fiktive historische Periode);* goldenen **Zeiten** entgegengehen *einer viel versprechenden Zukunft* [ < ahd. *guldin*]

**Golden Delicious** ⟨['gouldən də'liʃəs] m.; - -, - -⟩ *Apfelsorte mit gelbgrüner Schale u. süßem Geschmack* [ < engl. *golden* „golden" + *delicious* „schmackhaft"]

**Golden Retriever** ⟨['goulden ri'tri:və(r)] m.; - -s, - -⟩ *gold-, cremefarbene Jagdhundrasse mit glattem od. gewelltem Fell;* → a. *Retriever;* ► *Hunde* [ < engl. *golden* „golden" + *retriever* „Apportierhund"]

**Goldfasan** ⟨m. 1 od. m. 23; Zool.⟩ *im männlichen Geschlecht äußerst farbenprächtiger Hühnervogel: Chrysolophus pictus*

GOLDFISCH
*(Carassius auratus)*

**Goldfisch** ⟨m. 1; Zool.⟩ ▲ *in vielen Zuchtrassen gehaltener Zierfisch: Carassius auratus;* Sy *Goldkarausche*

**Goldflieder** ⟨m. 3⟩ ► = *Forsythie*

**Goldfliege** ⟨f. 19⟩ *Angehörige einer Gattung metallisch glänzender, goldgrüner Schmeißfliegen: Lucilia*

**goldgelb** ⟨Adj.⟩ *gelb mit goldenem Schimmer*

**Goldgewicht** ⟨n. 11; unz.⟩ *das für Gold u. Goldwaren gebräuchl. Gewicht (Karat)*

**Goldgrube** ⟨f. 19⟩ **1** *Goldlagerstätte, Goldbergwerk* **2** ⟨fig.; umg.⟩ *sehr ergiebiges, einen großen Gewinn bringendes Geschäft* ◆ sein Laden ist die reine Goldgrube

**Goldhähnchen** ⟨n. 14; Zool.⟩ *Angehöriges einer einheimischen, meisenähnlichen Singvogelfamilie: Regulidae*

**Goldhamster** ⟨m. 3⟩ *leicht züchtbarer, oft als Haustier gehaltener Hamster: Mesocricetus auratus*

**goldig** ⟨Adj.; umg.⟩ **1** *wie Gold glänzend* **2** ⟨fig.⟩ *reizend, entzückend, lieb* ◆ ein goldiges Kind, Baby

**Goldkarausche** ⟨f. 19; Zool.⟩ ► = *Goldfisch*

**Goldkarpfen** ⟨m. 4⟩ = *Karausche*

**Goldkurs** ⟨m. 1⟩ *Kurs, Wert des Goldes* ◆ bei einer Olympiade auf Goldkurs sein ⟨fig.⟩ *auf dem besten Wege, nahe daran, bei einer Olympiade eine Goldmedaille zu gewinnen*

**Goldlack** ⟨m. 1; unz.; Bot.⟩ ▲ *in Südeuropa heimischer Kreuzblütler mit wohlriechenden, hellgelben bis dunkelbraunen Blüten: Cheiranthus cheiri;* Sy ⟨kurz⟩ *Lack (2)*

**Goldlaufkäfer** ⟨m. 3⟩ *Laufkäfer mit goldgrün glänzenden Flügeldecken: Carabus auratus*

**Goldmakrele** ⟨f. 19; Zool.⟩ ► *räuberischer Makrelenfisch mit sehr schmackhaftem Fleisch: Coryphaena hippurus*

**Goldmedaille** ⟨[-daljə] f. 19; Sp.⟩ *goldene Medaille, höchste Auszeichnung bei Wettbewerben;* Sy ⟨kurz⟩ *Gold* ◆ bei einer Olympiade eine Goldmedaille gewinnen

**Goldmine** ⟨f. 19⟩ *Gang, Bergwerk, Stollen zur Gewinnung von Golderz*

**Goldnessel** ⟨f. 21; Bot.⟩ *Taubnessel mit gelben Blüten*

GOLDLACK
*(Cheiranthus cheiri)*

**Goldpilz** ⟨m. 1⟩ *jung sehr wohlschmeckender Röhrenpilz mit goldgelbem od. braunem bis braungelbem Hut u. gelbem Fleisch: Suillus grevillei;* Sy *Goldröhrling*

**Goldregen** ⟨m. 4⟩ **1** ⟨Bot.⟩ *zu den Schmetterlingsblütlern gehörender Strauch bzw. kleiner Baum mit hängenden, leuchtend gelben Blütentrauben, vielfach als Ziergehölz kultiviert, dessen sämtliche Pflanzenteile wegen ihres hohen Gehaltes an Alkaloiden für den Menschen giftig sind: Laburnum* **2** ⟨fig.; umg.⟩ *unvermuteter Reichtum* ◆ Gemeiner Goldregen ► *mit behaarten Zweigen u. Hülsen, kommt in wild in Trockenwäldern u. Trockengebüschen vor: Laburnum anagyroides;* Alpengoldregen *vorwiegend in den Südalpen verbreitet, mit kahlen Zweigen u. Hülsen u. kleineren Blüten: Laburnum alpinum*

**Goldreizker** ⟨m. 3⟩ = *Grünling (2)*

**Goldröhrling** ⟨m. 1⟩ = *Goldpilz*

GOLDMAKRELE *(Coryphaena hippurus)*

**Goldröschen** ⟨n. 14⟩ *Rosengewächs mit leuchtend gelben, auch gefüllten Blüten: Kerria japonica;* Sy *Kerrie*

## GOLF

Das heute international beliebte Golfspiel entstand vor dem 16. Jh. in Schottland. Man verwendet einen Satz von Holz- und Eisenschlägern, um einen Ball über eine Spielbahn in ein Loch im Boden zu treiben. Dabei werden Hindernisse eingebaut wie z. B. Sandbunker oder Abschnitte mit ungemähtem Gras, die so genannten Roughs. Die Spieler gehen einzeln oder in einer Mannschaft von einem Loch zum anderen und versuchen den Ball mit möglichst wenigen Schlägen einzulochen.

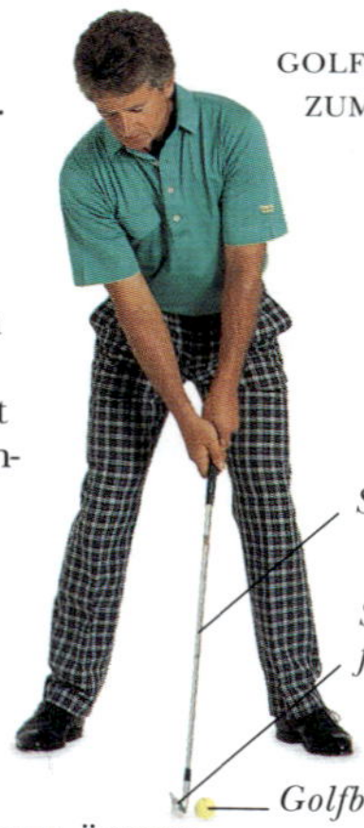


GOLFER BEREITET SICH ZUM ABSCHLAG VOR

ANLAGE EINES 18-LOCH-GOLFPLATZES

VERSCHIEDENE GOLFSCHLÄGER

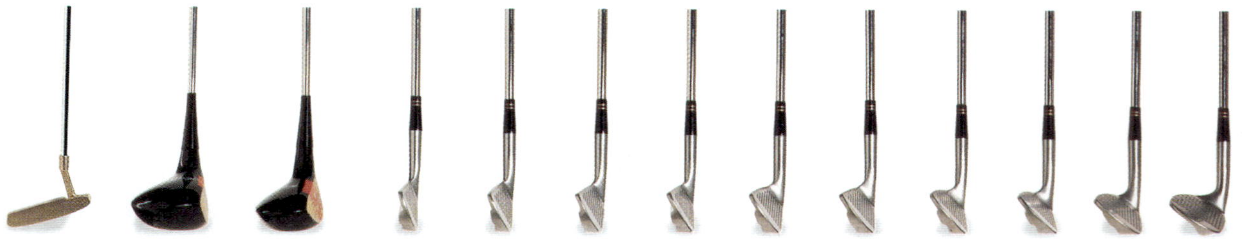

PUTTER | HOLZ 1 | HOLZ 5 | DRIVING-IRON | EISEN 3 | EISEN 4 | EISEN 5 | EISEN 6 | EISEN 7 | EISEN 8 | EISEN 9 | PITCHING-WEDGE | SAND-WEDGE

**Goldrute** ⟨f. 19; Bot.⟩ *Angehörige einer Gattung der Korbblütler mit goldgelben Rispen: Solidago*
**Goldschmied** ⟨m. 1⟩ *Kunsthandwerker, der Schmuck u. feine Gebrauchsgegenstände aus Edelmetall, bes. Gold, herstellt*
**Goldschnitt** ⟨m. 1; unz.⟩ *Vergoldung der Schnittflächen eines Buches mit aufgeriebenem Blattgold*
**Goldstern** ⟨m. 1; Bot.⟩ *Angehöriger einer Gattung der Liliengewächse mit gelben, in Scheindolden stehenden Blüten: Gagea*
**Goldwaage** ⟨f. 19⟩ *Feinwaage für Edelmetall* ◆ wir wollen nicht jedes Wort auf die Goldwaage legen ⟨fig.⟩ *nicht übergenau sein, alles wortwörtlich nehmen*

GOLDREGEN:
GEMEINER GOLDREGEN
*(Laburnum anagyroides)*

**Goldwährung** ⟨f. 20; unz.⟩ *Währung auf Goldgrundlage (Papiergeld mit Golddeckung od. Umlauf von Goldmünzen)*
**Goldwespe** ⟨f. 19⟩ *metallisch glänzender Hautflügler aus der Gruppe der Stechimmen, der sich zusammenrollen kann u. seine Eier bei Bienen u. Grabwespen ablegt: Chrysidida*
**Golem** ⟨m. 6; unz.; jüd. Myth.⟩ *menschenähnliche, zeitweise zum Leben erwachende, Unheil stiftende Lehmfigur* [zu hebr. *galam* „zusammenfalten", eigtl. „das Unentwickelte, Halbfertige"]
**Golf**[1] ⟨n. 11; unz.; Sp.⟩ ◄ *Rasenspiel, bei dem ein Hartgummiball mit möglichst wenig Schlägen mithilfe verschieden geformter Schläger in ein Loch getrieben wird* [< engl. *golf* < mndrl. *colf, colve* „Keule" od. schott. *gowf* „schlagen"]
**Golf**[2] ⟨m. 1⟩ ► *Einschnitt des Meeres ins Festland;* Sy *Meerbusen* [< ital. *golfo* < vulgärlat. *colphus* < grch. *kolpos* „Busen, Meerbusen, Bucht"]
**golfen** ⟨V. i.; hat; Sp.⟩ *Golf spielen*
**Golgatha** ⟨n.; -; unz.; Sinnbild für⟩ *Schmerzensort, tiefster Schmerz* [nach dem Hügel bei Jerusalem, der Kreuzigungsstätte Christi; aram., „Schädelstätte" < grch. *golgotha* < hebr. *gulgolta, gulgoleth* „Schädel"]
**Goliath** ⟨m. 6; fig.; umg.⟩ *sehr großer, starker Mensch* [nach dem riesenhaften Anführer der Philister, den David mit seiner Schleuder erschlug (Sam. 1,17)]

**Gondel** ⟨f. 21⟩ **1** ▼ *leichtes, langes, schmales venezian. Boot mit schnabelartigem Bug u. Heck, das im Stehen gerudert wird* **2** *Korb am Freiballon* **3** *Raum für Motoren u. Personen am Luftschiff* [< ital. *gondola* „kleines Schiffchen, Nachen"]
**gondeln** ⟨V. i.; ist⟩ **1** *mit der Gondel fahren* **2** ⟨scherzh.; umg.⟩ *Kahn fahren* **3** *(ohne Eile) ziellos umherreisen* ◆ auf dem See gondeln; er gondelt durch die Welt
**Gong** ⟨m. 6 od. selten: n. 15⟩ **1** ⟨Mus.⟩ ► *indisch-malaiisches Schlaginstrument aus frei hängender Bronzescheibe mit nach unten gebogenem Rand* **2** *(in meist elektronischer Form) in Europa zum Anzeigen des Unterrichtsbeginns, der Uhrzeit (im Radio) u. a. benutzt* [< engl. *gong* < mal. *gung* „Gong"]
**Goniometer** ⟨n. 13⟩ ► = *Winkelmesser* [< grch. *gonia* „Winkel" + *metron* „Maß"]
**Goniometrie** ⟨f. 19; unz.; Geom.⟩ **1** *Winkelmessung* **2** *Berechnung der trigonometrischen Funktionen von Winkelsummen aus den Funktionen der einzelnen Winkel* [< grch. *gonia* „Winkel" + *metron* „Maß"]
**gönnen** ⟨V. t.; hat⟩ jmdm. etwas gönnen **1** *neidlos zugestehen* **2** *zukommen lassen* ◆ diese Enttäuschung gönne ich ihm! ⟨iron.⟩; ich gönne ihm sein Glück von Herzen [< ahd. *(gi)unnan* „gönnen"]
**Gönner** ⟨m. 3⟩ *Schutzherr, Wohltäter, freundl. Förderer* ◆ einen reichen Gönner finden (für einen Künstler); → a. *Mäzen*
**Gonokokkus** ⟨m.; -, -kokken; Med.⟩ *Erreger der Gonorrhöe* [< grch. *gone* „Erzeugung, Samen" + *Kokkus*]
**Gonorrhö** ⟨f. 18⟩, **Gonorrhöe** ⟨[-rø:] f. 19; Med.⟩ = *Tripper* [< grch. *gone* „Erzeugung, Samen" + *rhein* „fließen"]
**Goodwill** ⟨[gud'wil] m.; -; unz.⟩ **1** ⟨Kaufmannsspr.⟩ = *Geschäftswert* **2** ⟨allg.⟩ *Ansehen, Ruf* **3** *gute Absicht* [engl., „Wohlwollen, guter Ruf (einer Firma)"]
**Gör** ⟨n. 27; norddt.⟩ **1** *kleines Kind* **2** = *Göre* ◆ die Gören *ungezogene Kinder*
**gordisch** ⟨Adj.⟩ **1** der Gordische Knoten ⟨Myth.⟩ *von Gordios geknüpfter, unlösbarer Knoten, den Alexander der Große mit dem Schwert durchhieb* **2** ⟨danach⟩ ein gordischer Knoten ⟨fig.⟩ *eine unlösbar scheinende Aufgabe, große Schwierigkeit* ◆ den gordischen Knoten durchhauen ⟨fig.⟩ *eine schwierige Aufgabe mit einer ernergischen Maßnahme lösen* [nach dem halb sagenhaften altphrygischen König *Gordios I.*]

## GONDEL

Seit über 1000 Jahren verkehren auf den Kanälen von Venedig Gondeln, die heute noch von Hand aus neun verschiedenen Hölzern gebaut werden. Früher wurden damit vor allem Güter transportiert. Heute dienen sie mehr dem Transport von Personen, vor allem von Touristen.

TRADITIONELLE
VENEZIANISCHE GONDEL

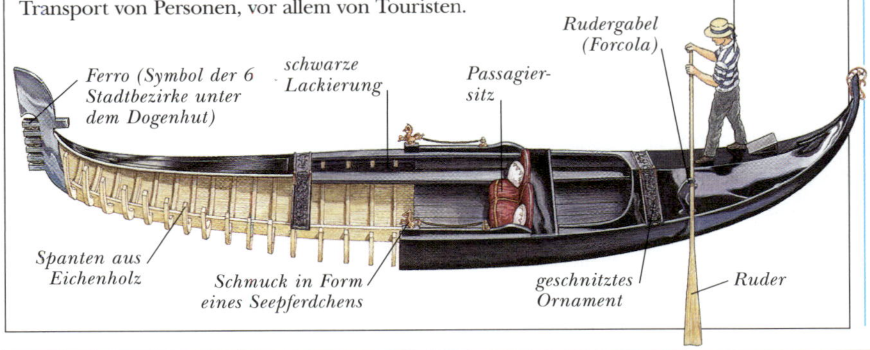


**Göre** ⟨f. 19⟩ *vorlautes, naseweises, halbwüchsiges Mädchen;* Sy ⟨norddt.⟩ *Gör (2)* [< nddt. < idg. **gher-, ghuri-* „kurz, klein"; zu mhd. *gorec* „klein, gering, armselig", engl. *girl* „Mädchen"]

GONG:
TRADITIONELLER GONG
AUS BORNEO

**Gorgonenhaupt** ⟨n. 12u⟩ **1** ⟨grch. Myth.⟩ *schlangenhaariges Haupt* **2** ⟨fig.⟩ *furchtbarer, versteinernder Anblick* **3** ⟨Zool.⟩ *Schlangenstern aus der Familie der Medusensterne: Gorgonocephalus eucnemis*
**Gorgonzola** ⟨m. 6; unz.; ital. Kochk.⟩ *vollfetter Edelschimmelkäse* [nach dem Ort *Gorgonzola* in der ital. Provinz Mailand]

GOLF VON KALIFORNIEN, MEXIKO

**Gorilla** ⟨m. 6; Zool.⟩ *bis 2 m großer Menschenaffe, der in Familien oder Herden die Wälder Äquatorialafrikas durchstreift: Gorilla gorilla* [wahrscheinl. westafrikan. Eingeborenensprache]
**Gösch** ⟨f. 20; Mar.⟩ **1** *kleine Bugflagge* **2** *dem Flaggenstock zugewandtes, oberes Eck von Flaggen* [< ndrl. *geus(je)* „kleine, viereckige Flagge auf dem Bugspriet" < frz. *gueux* „Bettler"; → *Geuse*]
**Gose** ⟨f. 19; mitteldt.⟩ *ein obergäriges Bier in bauchigen, langhalsigen, offenen Flaschen* [vermutl. nach dem Fluss *Gose*, an dem Goslar liegt und aus dem früher das Wasser zum Brauen entnommen wurde]
**Gospelsong** ⟨m. 6; Mus.⟩ *christl.-relig. Lied der nordamerikan. Schwarzen, moderne Form des Spirituals, meist von Berufskünstlern komponiert u. vorgetragen* [< engl. *gospel* „Evangelium" + *song* „Lied"]
**Gosse** ⟨f. 19⟩ **1** *Abflussrinne u. ihre Öffnung in den Kanal am Rand des Fußweges* **2** ⟨fig.; umg.⟩ *moralischer od. finanzieller Tiefpunkt, menschenunwürdige Verhältnisse* ◆ jmdn. aus der Gosse auflesen, holen, ziehen ⟨fig.; umg.⟩ *aus elenden Bedingungen herausholen*
**Gote** ⟨m. 17⟩ *Angehöriger eines german. Volksstammes* [< anord. *gautar, gotnar* „Männer" od. nach der schwed. Insel *Gotland*]

G

## GOTIK

Die Architektur der Gotik hatte ihre Blütezeit von der Mitte des 12. bis ins 16. Jh. hinein. In dieser Zeit wurden einige der größten europäischen Kathedralen gebaut. Gotische Gebäude zeichnen sich aus durch Spitz- und Strebebogen, Rippengewölbe, eine Betonung der Senkrechten und Maßwerk. Hinzu kommen oft kunstvolle Glasfenster und Großplastiken.

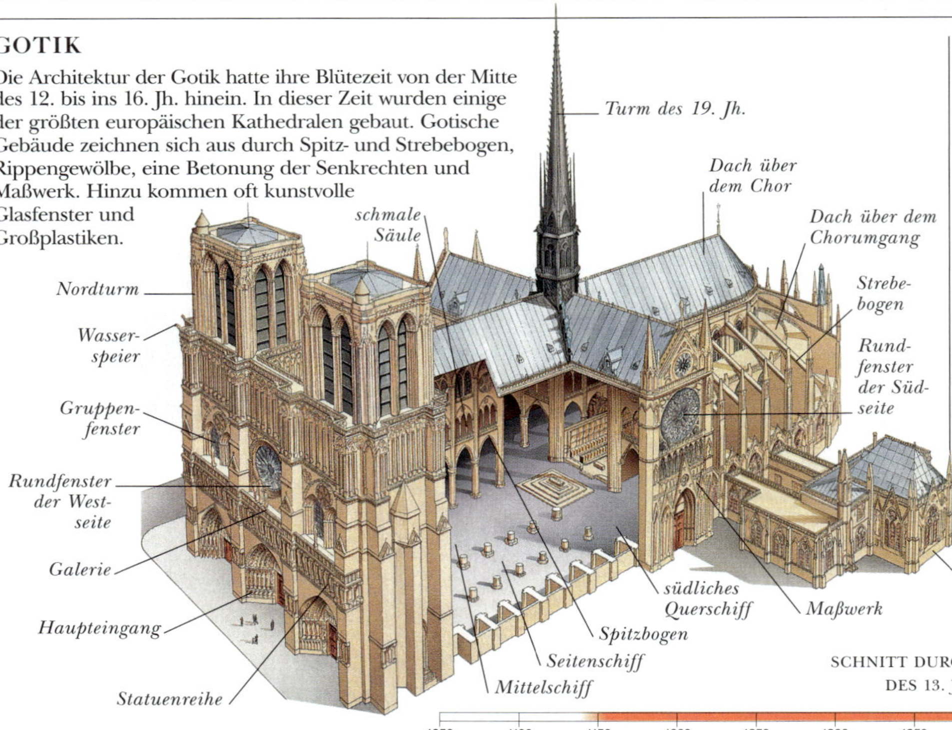


SCHNITT DURCH EINE GOTISCHE KATHEDRALE DES 13. JH. (NOTRE-DAME IN PARIS)

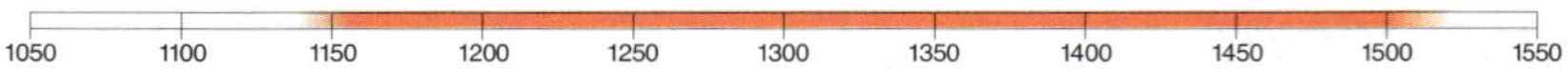


### GOTISCHE FENSTER

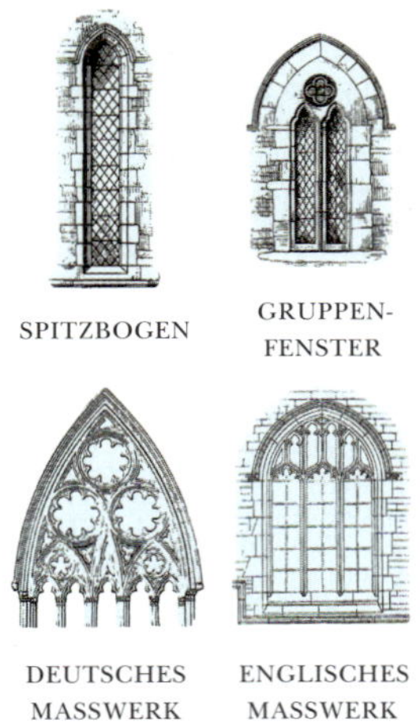


**Gotik** ⟨f. 20; unz.⟩ ▲ *(seit dem 19. Jh. verwendete Bezeichnung für) Stilepoche der europäischen Kunst, die seit ca. 1140 von Frankreich ausging u. sich seit Mitte des 12. bis Anfang des 16. Jh. in Italien, danach im übrigen Europa verbreitete* [nach dem german. Volksstamm der *Goten*]

**gotisch** ⟨Adj.⟩ *von den Goten bzw. aus der Gotik stammend, zu ihnen bzw. zu ihr gehörig* ◆ gotische Schrift *im 11./12. Jh. aus der karoling. Minuskel entstandene Schrift mit gebrochenen Schäften, Vorläuferin der Fraktur, erste Druckschrift (von Gutenberg verwendet);* → a. *Antiqua;* gotische Sprache *zur ostgerman. Sprachgruppe gehörende Sprache der Goten, 3. bis. 5. Jh. n. Chr., Vorstufe der althochdeutschen Sprache*

**Gott** ⟨m. 2u⟩ **I** ⟨zählb.; Myth.⟩ ▼ *übermenschl., meist unsterbl., mit Willen u. Macht ausgestattetes, kultisch verehrtes Wesen, Gegenstand des relig. Glaubens* (Donnergott, Schutzgott); Sy *Gottheit (II)* ◆ die griechischen, römischen Götter; das wissen die Götter ⟨umg.⟩ *ich habe keine Ahnung;* ein Anblick für die Götter ⟨umg.⟩ *ein sehr komischer Anblick* **II** ⟨unz.; meist ohne Art.; Rel.⟩ **1** *erstes, höchstes Wesen im Christentum* **2** *Schöpfer der Welt* ◆ o Gott!, mein Gott! *(Ausrufe des Erstaunens, Erschreckens);* Gott der **Allmächtige;** mit Gottes **Beistand,** Hilfe, Unterstützung; es liegt, steht in Gottes **Hand,** ob ...; Gott der **Herr;** die **Mutter** Gottes *Maria;* im **Namen** Gottes! *(Segensformel);* Gottes **Sohn** *Jesus;* Gott (der) **Vater;** das **Wort** Gottes *die Bibel* ◆ Gott **anbeten,** anrufen, fürchten, lieben, loben, preisen; **grüß** Gott! *(Grußformeln);* so wahr mir Gott **helfe!** *(Eidesformel);* **gelobt** sei Gott; Gott **segne** dich!; **sein:** Gott ist mein Zeuge, dass ...; Gott sei Dank! ⟨umg.⟩ *glücklicherweise;* **beistehen:** Gott steh' uns bei *(Ausruf des Schreckens);* das **weiß** Gott allein; und Gott weiß, was noch alles fehlt ⟨umg.⟩ *keiner weiß es, was noch alles fehlt, ohnehin fehlt viel zu viel* ◆ **allmächtiger,** großer Gott! ⟨umg.⟩ *(Ausruf des Schreckens);* der **dreieinige** Gott *Gott als Vater, Sohn u. Heiliger Geist;* der **liebe** Gott; ach du lieber Gott! ⟨umg.⟩ *(Ausruf der Bestürzung)* ◆ **an** Gott glauben; **bei** Gott! ⟨umg.⟩ *(als Bekräftigung);* bei Gott schwören; hier ruht in Gott ... *(Inschrift auf Grabmälern);* **leider** Gottes mussten wir absagen ⟨umg.⟩ *leider, bedauerlicherweise;* **um** Gottes willen! *(Ausruf des Schreckens)* [< ahd. *got,* engl. *god*]

GOTT: DARSTELLUNG DES HINDUISTISCHEN GOTTES GANESCHA

**Göttersage** ⟨f. 19; Myth.⟩ *Sage, die von einem Gott od. den Göttern erzählt*

**Götterspeise** ⟨f. 19; unz.; Kochk.⟩ *Süßspeise mit Gelatine, Wackelpeter;* → a. *Ambrosia*

**Gottesacker** ⟨m. 3; poet.⟩ *Friedhof*

**Gottesanbeterin** ⟨f. 22; Zool.⟩ *einzige mitteleuropäische Fangheuschrecke: Mantis europea*

**Gottesbeweis** ⟨m. 1; Theol.; Philos.⟩ *Versuch, die Existenz Gottes durch Verstandes- u. Vernunftsgründe zu beweisen*

**Gottesdienst** ⟨m. 1; Rel.⟩ *gemeinsame Verehrung Gottes durch die Gemeinde, Anbetung Gottes* ◆ Gottesdienst abhalten, verrichten; den Gottesdienst besuchen; am Gottesdienst teilnehmen

**Gottesgnadenkraut** ⟨n. 12u; unz.; Bot.⟩ = *Gnadenkraut*

**Gottesgnadentum** ⟨n.; -s; unz.; Rel.⟩ *die von jeder irdischen Gewalt unabhängige Macht des Herrschers, ausgedrückt in der seit den Karolingern dem Herrschertitel angefügten Formel „von Gottes Gnaden"*

**Gotteslästerung** ⟨f. 20; Rel.⟩ *(öffentliche) Beschimpfung, Herabwürdigung Gottes;* → a. *Blasphemie*

**Gottesstaat** ⟨m. 23; unz.⟩ *Herrschaft der Priester als Vertreter Gottes;* → a. *Theokratie*

**gottgläubig** ⟨Adj.; Rel.⟩ *an Gott glaubend, ohne sich an ein kirchl. Bekenntnis zu binden*

**Gottheit** ⟨f. 20⟩ **I** ⟨unz.; Rel.⟩ *die Eigenschaft, (ein) Gott zu sein, das Gottsein, Göttlichkeit* **II** ⟨zählb.⟩ ► = *Gott (I)*

**Göttin** ⟨f. 22⟩ *weibl. Gott, weibl. Gottheit*

**göttlich** ⟨Adj.⟩ **1** ⟨Theol.⟩ *zu Gott gehörig, ihm zukommend, von ihm herrührend, gottgleich, gottähnlich* **2** ⟨fig.; umg.⟩ *herrlich, wunderbar* ◆ göttliche Gnade, Vorsehung, Weisheit; ein göttlicher Trank ⟨fig.; umg.⟩

**gottlos** ⟨Adj.⟩ **1** *Gott leugnend, nicht achtend* **2** *ruchlos* ◆ gottlose Reden führen

**Götze** ⟨m. 17⟩ **1** *als Gottheit verehrtes Wesen od. Bild* **2** *falscher Gott, Abgott* [Koseform zu *Gottfried,* seit dem 15. Jh. a. „Dummkopf, Schwächling", dann a. „Heiligenbild" mit Anlehnung an *Gott*]

**Gouache** ⟨[gu'aːʃ] f. 19; Mal.⟩ **I** ⟨unz.⟩ ► = *Guasch (I)* **II** ⟨zählb.; Pl. [gu'aːʃən]⟩ = *Guasch (II)* [frz.]

**Gouda** ⟨[xau-] od. eindeutschend [gau-] m. 6⟩, **Goudakäse** ⟨m. 3⟩ *fester Schnittkäse nach Edamer Art mit 20-45% Fettgehalt* [nach dem Ort *Gouda* in der niederländ. Provinz Südholland]

**Gourmand** ⟨[gur'mã] m. 6⟩ *Vielesser, Schlemmer;* → a. *Gourmet* [frz.]

**Gourmet** ⟨[gur'meː] od. [gur'mɛː] m. 6⟩ *Feinschmecker,* ⟨bes.⟩ *Weinkenner;* → a. *Gourmand*

**goutieren** ⟨[gu-] V. t.; hat; geh.⟩ etwas goutieren **1** *kosten* **2** *an etwas Gefallen finden, gutheißen* [< frz. *goûter* „schmecken"]

**Gouverneur** ⟨[guvɛr'nø:r] m. 1; Pol.⟩ *Statthalter, oberster Beamter eines Gouvernements, einer Kolonie* [frz., „Statthalter, Hofmeister, Erzieher"]

**GPS** ⟨Abk. für engl.⟩ *Global Positioning System, ein satellitengestütztes Funkortungsverfahren zur Positionsbestimmung*

**Gr.** **1** ⟨Abk. für⟩ *Greenwich* **2** ⟨Buchw.⟩ **2.1** *Gr.-2° (Großfolio)* **2.2** *Gr.-4° (Großquart)* **2.3** *Gr.-8° (Groß- bzw. Lexikonoktav)*

**Grab** ⟨n. 12u⟩ **1** ▼ *letzte Ruhestätte für Tote, Begräbnisstätte* (Einzelgrab, Familiengrab, Urnengrab); Sy *Grabstätte* **2** ⟨fig.⟩ *Tod, Untergang, Ende* ◆das war das Grab seines **Erfolges,** seiner Karriere; am **Rand** des Grabes stehen ⟨fig.⟩ *dem Tode nahe sein* ◆ein Grab **ausheben,** bepflanzen, schmücken, zuschaufeln, zuschütten; ein Grab **besuchen** ◆ein **frisches,** noch leeres Grab; ein **gepflegtes,** geschmücktes, vergessenes, verwildertes Grab; das **Heilige** Grab *das Grab Jesu* ◆Blumen **auf** ein Grab legen, pflanzen; **im** Grab liegen, ruhen; mit einem Bein, Fuß im Grab stehen ⟨fig.⟩ *dem Tode nahe, schwer erkrankt sein;* er hat das Geheimnis mit ins Grab genommen *hat es nie verraten;* **wie** ein Grab sein *nichts weitererzählen;*

GRAB: ETRUSKISCHES GRAB, ITALIEN

jmdn. zu Grabe tragen *beerdigen* [< ahd. *grab,* urspr. „in die Erde gegrabene Vertiefung"]

**graben** ⟨V. t. u. V. i. 157; hat⟩ **1** *eine Vertiefung machen, ausheben* **2** *bohrend eindringen, sich einwühlen* **3** *einkerben, einmeißeln, gravieren* **4** *schürfen, unter der Erde suchen* ◆der Dachs gräbt sich einen **Bau;** einen **Brunnen,** ein Grab, einen Schacht graben; Erz, Gold, Kohle graben; ein **Loch** (in die Erde) graben ◆seine Fingernägel gruben sich tief **ins** Fleisch; Namen, Zeichen in die Rinde eines Baumes graben; **mit** dem Spaten graben; **nach** Erz, Gold, Kohle graben [< ahd. *graban,* engl. *grave*]

**Graben** ⟨m. 4u⟩ **1** *langer künstlicher Einschnitt im Boden, als Wasserrinne* (Straßengraben) *od. als Schutz, Deckung* (Festungsgraben, Schützengraben) **2** ⟨Geol.⟩ ▼ *zwischen zwei stehen gebliebenen Schollen eingesunkenes Stück der Erdkruste* ◆einen Graben **ausheben,** ziehen ◆ein **breiter,** flacher, langer,

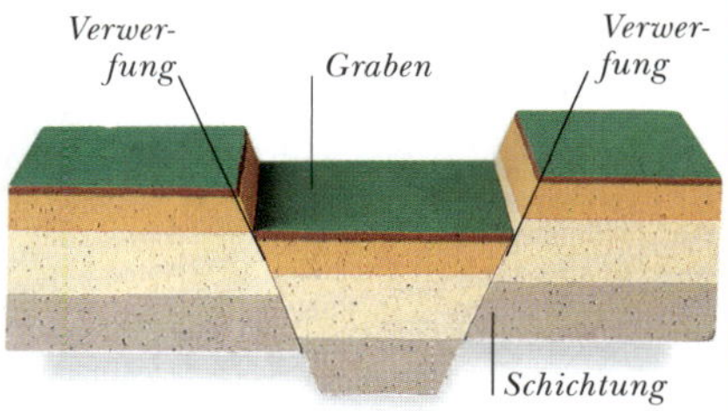


GRABEN: MODELL DER ERDKRUSTE MIT GRABEN

schmaler, tiefer Graben ◆der Wagen fuhr **in** den Graben; **über** einen Graben springen [< ahd. *grabo*]

**Grabenfieber** ⟨n. 13; unz.; Med.⟩ = *Fünftagefieber*

**Gräber** ⟨m. 3⟩ **1** *jmd., der etwas aus- bzw. eingräbt* (Goldgräber, Totengräber) **2** *Stichel* **3** ⟨Zool.; in Zus.⟩ *Tier, das sich grabend bewegt* (Sandgräber)

**Gräberfeld** ⟨n. 12⟩ *größere Ansammlung von Gräbern*

**Grabmal** ⟨n. 12u od. 11⟩ *großes, meist künstler. gestaltetes Erinnerungszeichen auf dem Grab*

**Grabrede** ⟨f. 19⟩ *Rede bei der Bestattung eines Toten*

**Grabstätte** ⟨f. 19⟩ ► = *Grab (1)*

**Grabstein** ⟨m. 1⟩ *(meist mit Namen u. Lebensdaten versehener) Gedenkstein auf dem Grab*

**Grabung** ⟨f. 20⟩ **1** *das Graben in der Erde* **2** ⟨Archäol.⟩ *Suchen nach Resten vergangener Kulturen, Ausgrabung*

**Grabwespe** ⟨f. 19; Zool.⟩ *Angehörige einer Familie der Stechimmen, gräbt in Sand od. Lehm röhrenförmige Höhlen, trägt durch einen Stich gelähmte, aber noch lebende Insekten hinein, legt ihre Eier daran ab u. verschließt die Röhre wieder: Sphegidae*

**Gracht** ⟨f. 20; in ndrl. Städten⟩ *schiffbarer Kanal* [ndrl.]

GRACKEL: PURPURGRACKEL
*(Quiscalus quiscula)*

**Grackel** ⟨m. 5; Zool.⟩ ► *Angehöriger einer Unterfamilie der Singvögel mit schwarzbraunem, metallisch glänzendem Gefieder, deren Verbreitungsgebiet sich von Nord- u. Mittelamerika bis Westindien erstreckt: Quiscalus*

**Grad** ⟨m. 1; bei Zahlenangaben Pl.: -; Zeichen: °⟩ **1** *Abstufung, Stufe, Stärke, Maß* (Wirkungsgrad) **2** *Maßeinheit von Winkeln od. Skalen auf physikal. Meßgeräten, bes. für die Temperatur* **3** ⟨Math.⟩ **3.1** *der 360. Teil des Kreisumfangs* **3.2** *der höchste Exponent der Veränderlichen in einer ganzen rationalen Funktion* **4** *Enge, Nähe der Verwandtschaft* **5** ⟨Mil.⟩ *Rang, Rangstufe* (Dienstgrad) **6** ⟨Hochschule⟩ *Würde, Titel* ◆der 60. Grad nördlicher (südlicher) **Breite;** er erwarb den Grad eines **Doktors;** es sind 2°C **Kälte,** Wärme ⟨umg.⟩; der Grad einer **Konzentration,** einer chem. Lösung; der 20. Grad östlicher **Länge** ◆einen **akademischen** Grad erlangen, erwerben; Kusine, Vetter **zweiten** Grades; Erfrierungen, Verbrennungen zweiten, dritten Grades ◆die Quecksilbersäule kletterte **auf** 32° (Celsius); das Thermometer steht auf, zeigt 5 Grad minus, plus; **in** Grade einteilen; in gewissem Grade hat er Recht; 5° **über,** unter Null; Winkel **von** 90° *rechter Winkel* [< lat. *gradus* „Schritt"]

**grad.** ⟨Abk. für⟩ *graduiert*

**Gradation** ⟨f. 20⟩ **1** *Einteilung nach Graden* **2** *Steigerung (z. B. des dichter. Ausdrucks)* **3** *Abstufung (z. B. der Schwärzung eines Negativs)* **4** *starke Häufigkeitszunahme einer Tierart in einem bestimmten Gebiet* [lat., „Steigerung"; zu *gradus* „Schritt"]

**gradieren** ⟨V. t.; hat⟩ **1** *in Grade einteilen* **2** *abstufen* **3** *verstärken* ◆Salzlösungen gradieren *durch Verdunsten konzentrieren*

**Gradmesser** ⟨m. 3; fig.⟩ *Maßstab* ◆Beifall als Gradmesser des Wohlgefallens

**graduell** ⟨Adj.⟩ **1** *grad-, stufenweise* **2** *abgestuft* **3** *allmählich* [< frz. *graduel* „stufenweise fortschreitend", zu frz. *grade* „Grad" < lat. *gradus* „Schritt"]

**graduieren** ⟨V. t.; hat⟩ etwas graduieren *in Grade einteilen* [< frz. *graduer,* engl. *graduate* „in Grade einteilen, einen akadem. Grad verleihen"; zu frz., engl. *grade* „Grad, Rang, Stufe" < lat. *gradus* „Schritt"]

**graduiert** ⟨Adj.; Abk.: grad.⟩ *über einen akademischen Grad, über ein Abschlusszeugnis verfügend* ◆graduierter Ingenieur

**Graecum** ⟨['grɛ:kum] n. 15⟩ *Prüfung im Altgriechischen;* oV *Gräkum* [< lat. *Graecum* „das Griechische"]

**...graf** ⟨m. 16 od. n. 11 od. n. 27; in Zus.⟩ = *...graph*

**Graf**[1] ⟨m. 16⟩ **1** ⟨urspr.⟩ *Verwaltungsbeamter des Königs* (Burggraf, Pfalzgraf) **2** *Vorsteher einer Berufsgenossenschaft* (Salzgraf, Deichgraf) **3** Angehöriger des mittleren Adels [< ahd. *gravo, gravio,* wahrscheinl. < mlat. *graphio,* in frühmerowingischer Zeit „Polizei- u. Vollstreckungsbeamter", dann „königlicher Beamter mit administrativen u. richterlichen Befugnissen" < grch. *grapheus* „Schreiber" (byzantinischer Hoftitel)]

**Graf**[2] ⟨m. 16; Sprachw.⟩ = *Graph*

**Grafem** ⟨n. 11; Sprachw.⟩ = *Graphem*

**Graffiti** ⟨n. 15⟩ *Malerei od. Parole, die mittels Sprühdose auf eine Wand gespritzt wurde* [eigtl. Pl. von *Graffito*]

**...grafie** ⟨f. 19; in Zus.⟩ *...schrift, ...beschreibung,* z. B. Telegrafie; oV *...graphie* [zu grch. *graphein* „schreiben"]

**Grafie** ⟨f. 19; Sprachw.⟩ = *Graphie*

**Grafik** ⟨f. 20⟩ **I** ⟨unz.⟩ oV *Graphik* **1** *Vervielfältigung von Schrift u. Druck* **2** ⟨Sammelbez. für⟩ *die Kunst des Zeichnens, des Kupfer- u. Stahlstichs, des Holzstichs u. Holzschnitts* **II** ⟨zählb.⟩ *einzelnes Blatt mit einer Darstellung aus einer dieser Künste* [< grch. *graphike techne* „die Kunst zu schreiben, zu zeichnen"; zu grch. *graphein* „schreiben"]

**Grafiker** ⟨m. 3⟩ oV *Graphiker* **1** *in der Grafik arbeitender Künstler* **2** *Zeichner, der Vorlagen zum Vervielfältigen herstellt*

**Grafikkarte** ⟨f. 19; EDV⟩ *Erweiterungskomponente für den PC, durch die die Verarbeitung u. Darstellung von Grafiken möglich wird;* oV *Graphikkarte*

**grafisch** ⟨Adj.⟩ *die Grafik betreffend, auf ihr beruhend;* oV *graphisch* ◆grafische Darstellung *zeichnerische schemat. Darstellung, Schaubild* [zu grch. *graphein* „schreiben"]

**Grafit** ⟨m. 1⟩ ► = *Graphit*

**grafo..., Grafo...** ⟨in Zus.⟩ = *grapho..., Grapho...*

**Grafologie** ⟨f. 19; unz.⟩ = *Graphologie*

**Gräkum** ⟨n. 15⟩ = *Graecum*

**Gral** ⟨m. 1; unz.; in der mittelalterl. Dichtung⟩ *wundertätiger, nur dem Berufenen sichtbarer Gegenstand (Stein od. Schale) od. Abendmahlskelch* ◆der Heilige Gral [< mhd. *gral* „heiliges, wundertätiges Ding, heiliger Stein" < afrz. *graal* „heiliges, als Kelch gedachtes Gefäß, mit dem Christus das Sakrament spendete u. in dem Joseph von Arimathia das Blut Christi sammelte"; vermutl. < lat. *cratalis* „Schüssel, Topf"; zu lat. *cratis* „Flechtwerk" od. mlat. *gradalis* „Stufenkelch"; zu lat. *gradus* „Schritt"]

**gram** ⟨Adj.; nur präd.⟩ jmdm. gram sein *ihm grollen, zürnen* [< ahd. *gram,* urspr. „grollend, zornig, wütend"; im Ablaut zu *grimm(ig)*]

**Gram** ⟨m. 1; unz.; geh.⟩ *nagender Kummer, tiefe Traurigkeit* ◆von Gram erfüllt, gebeugt, niedergedrückt sein [verkürzt < ahd. *grame muot* „erzürnter Sinn"]

**grämen** ⟨V.; hat⟩ **I** ⟨V. t.⟩ jmdn. grämen *jmdm. Kummer, Sorgen bereiten* ◆das grämt mich sehr **II** ⟨V. refl.⟩ sich grämen *sich bittere Gedanken machen, sich bitterlich sorgen* [< ahd. *grem(m)en,* got. *gramjan,* urspr. „erzürnen"]

**Gramm** ⟨n.; -s, -; Zeichen: g⟩ *Maßeinheit der Masse,* ⟨fälschlich⟩ *des Gewichts* [< frz. *gramme* < grch. *gramme,* eigtl. „Geschriebenes, Schriftzeichen"; zu grch. *graphein* „schreiben"]

**Grammatik** ⟨f. 20⟩ Sy *Sprachlehre* **1** *Lehre vom Bau u. von den Regeln einer Sprache* **2** *Lehrbuch der Sprachlehre* [< lat. *(ars) grammatica* „Sprachlehre"; im 16. Jh. entlehnt < grch. *grammatike (techne)* „Sprachwissenschaft als Lehre von den Elementen (Buchstabe, Schrift, Satz) der Sprache"]

**grammatikalisch** ⟨Adj.⟩ *die Grammatik betreffend, auf ihr beruhend;* Sy *grammatisch*

**grammatisch** ⟨Adj.⟩ = *grammatikalisch*

**Grammofon** ⟨n. 11⟩ = *Grammophon*

**Grammofonnadel** ⟨f. 21⟩ = *Grammophonnadel*

**Grammophon** ⟨n. 11; von ca. 1920-1940; Warenzeichen für⟩ mechanischer Plattenspieler; oV *Grammofon* [< grch. *gramma* „Schrift, Geschriebenes" + *phone* „Stimme, Ton"]

**Grammophonnadel** ⟨f. 21⟩ *Nadel zum Abspielen von Schallplatten auf dem Grammophon;* oV *Grammofonnadel*

**Gran, Grän** ⟨n.; -s, -; früher⟩ *Gewichtseinheit für Arzneien u. Edelmetalle* [< lat. *granum* „Korn"]

GRANAT

**Granadille** ⟨f. 19⟩ ► = *Grenadille*

**Granat**[1] ⟨m. 1; Zool.⟩ ► = *Nordseegarnele* [→ *Granne*]

**Granat**[2] ⟨m. 1 od. österr.: m. 16⟩ ▲ *kubisches, gesteinsbildendes, schwer verwitterndes, farbloses u. in allen Farbvarietäten (ausgenommen blau) vorkommendes Mineral sehr unterschiedlicher chemischer Zusammensetzung, Edelstein* [< mlat. *(lapis) granatus* „körniger Stein"; zu lat. *granum* „Korn"]

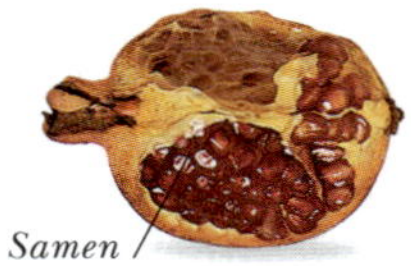


GRANATAPFEL
*(Punica granatum)*

**Granatapfel** ⟨m. 5u⟩ ► *Frucht des Granatapfelbaums*

**Granatapfelbaum, Granatbaum** ⟨m. 1u⟩ *kleiner Strauch od. Baum mit purpurrotem Blütenboden u. eben solchen Kelchblättern sowie scharlachroten, seltener gelben Blumenblättern mit wohlschmeckender, apfelgroßer u. von einer lederigen, purpurroten od. grünen, später gelb werdenden Schale umgebener Frucht: Punica granatum* [< lat. *malum granatum* „kernreicher Apfel"]

**Granate** ⟨f. 19⟩ *mit Sprengladung gefülltes Geschoss* [< ital. *granata,* eigtl. „Granatapfel", dann auch „ein mit einem Granatapfel vergleichbares, mit einer Sprengladung gefülltes Hohlgeschoss"]

**Grande** ⟨m. 17⟩ *höchster spanischer Adelstitel* [span., „groß"]

**Grande Nation** ⟨['grãd na'sjõ] f.; - -; unz.; häufig iron.; frz. Selbstbez. für⟩ *Frankreich* [frz., „große Nation"]

**Grandezza** ⟨f.; -; unz.⟩ *Würde, anmutig-würdevolles, überlegen-liebenswürdiges Benehmen* [< span. *grandeza* „Erhabenheit, Größe, Adel" (-zz- ist ital. Schreibung); → *Grande*]

GRANIT:
PORPHYRITISCHER
GRANIT

**grandios** ⟨Adj.; -er, am -esten⟩ *großartig, überwältigend* ◆mit einem grandiosen Endspurt gelang es ihm, die Goldmedaille zu gewinnen [< ital. *grandioso* „großartig"; zu ital. *grande* „groß"]

**Grand Prix,** ⟨auch⟩ **Grandprix** ⟨[grã 'pri:] m.; (-) -, (-) - [pri:s]⟩ **1** *Großer Preis (als Bezeichnung für jährlich ausgetragene (Sport-)Turniere* **2** ⟨Reitsp.⟩ *internationale Dressuraufgabe der Klasse S (schwer)* ◆Grand Prix du disque [dy 'disk] *großer Schallplattenpreis, jährl. in Paris verliehen* [frz.]

GRAPHIT

**Grandseigneur** ⟨[grãsɛ'njø:r] m. 6 od. m. 1⟩ **1** *Angehöriger des hohen Adels* **2** ⟨fig.⟩ *vornehmer, würdevoller Herr* **3** *jmd., der auf großem Fuße lebt* [frz., „großer, d. h. vornehmer Herr"]

**Grandslam,** ⟨auch⟩ **Grand Slam** ⟨['grænd 'slæm] m.; (-) - od. (-) -s, (-) -s; Sp.; Tennis⟩ *Sieg eines Spielers in den austral., frz., engl. und US-amerikan. Meisterschaften innerhalb eines Jahres* ◆Steffi Graf gewann den Grandslam 1988 [engl., eigtl. „großer Schlag"]

**Granit** ⟨m. 1; Min.⟩ ▼ *Tiefengestein aus feinbis grobkörnigen Teilen von Feldspat, Quarz u. Glimmer* ◆er ist fest, hart wie Granit *unerbittlich;* auf Granit beißen ⟨fig.; umg.⟩ *auf energischen Widerstand stoßen, nicht durchdringen können* [< ital. *granito* < mlat. *granitum marmor* „gekörntes Marmorgestein"; zu lat. *granum* „Korn"]

**Granne** ⟨f. 19⟩ **1** ⟨Bot.⟩ ▼ *steife, widerhaarige Borste an Gräsern u. Getreide* **2** *im oberen Drittel verdicktes Haar im Haarkleid von Pelztieren* [< ahd. *grana* „Barthaar, Gräte"]

**Granny Smith** ⟨['græni 'smiθ] m.; - -, - -⟩ *Apfelsorte mit glänzender, grüner Schale u. saftigem, säuerlich schmeckendem Fruchtfleisch* [engl., eigtl. „Oma Schmidt"]

**Granth** ⟨m. 6; unz.; Rel.⟩ ► *heiliges Buch der Sikhismus*

**grantig** ⟨Adj.; oberdt.⟩ *verdrießlich, mürrisch, übellaunig*

**Granulat** ⟨n. 11⟩ *eine Substanz in Körnerform*

**Granulation** ⟨f. 20⟩ **1** *Körnchenbildung* **2** *das Auflöten von Gold- od. Silberkörnchen auf Schmuckstücke* **3** ⟨Astron.⟩ *das feinkörnige Aussehen der Sonnenoberfläche* **4** ⟨Med.⟩ *Entstehung von neuem Bindegewebe, das rötlich, weich u. gefäßreich ist u. das bei Gewebsdefekten gebildet wird* [< lat. *granulum* „Körnchen", Verkleinerungsform zu *granum* „Korn"]

GRANNE:
WEIZENÄHRE
MIT BEGRANNTEN
SPELZEN

**Grapefruit** ⟨['grɛipfru:t] f. 10⟩ *Abart der Pampelmuse* [engl., „Pampelmuse"]

**Graph** ⟨[gra:f] m. 16⟩ *abstrahierende zeichnerische Darstellung von Größen u. den zwischen ihnen bestehenden Relationen als wissenschaftliches Hilfsmittel (z.B. in Koordinatensystemen);* oV *Graf* [zu grch. *graphein* „schreiben"]

**...graph** ⟨m. 16 od. n. 11 od. 27; in Zus.⟩ *...schrift, ...schreiber;* oV *...graf* ◆Autograph, Pantograph [zu grch. *graphein* „schreiben"]

**Graphem** ⟨n. 11; Sprachw.⟩ *kleinstes, bedeutungskennzeichnendes, geschriebenes Merkmal in einem Schriftsystem;* oV *Grafem* ◆„ss" und „ß" sind zwei Grapheme für das Phonem [s] [→ *Graph*]

**...graphie** ⟨f. 19; in Zus.⟩ = *...grafie*

**Graphie** ⟨f. 19; Sprachw.⟩ *Schreibung, Schreibweise;* oV *Grafie*

**Graphik** ⟨f. 20⟩ = *Grafik*

**Graphiker** ⟨m. 3⟩ = *Grafiker*

**Graphikkarte** ⟨f. 19; EDV⟩ = *Grafikkarte*

**graphisch** ⟨Adj.⟩ = *grafisch*

**Graphit** ⟨m. 1⟩ ◄ *kristalliner reiner Kohlenstoff;* oV *Grafit* [zu grch. *graphein* „schreiben"]

**grapho..., Grapho...** ⟨in Zus.⟩ *schrift..., Schrift...;* oV *grafo..., Grafo...* [< grch. *graphein* „schreiben"]

**Graphologie** ⟨f. 19; unz.⟩ *Lehre, aus der Handschrift den Charakter zu deuten;* oV *Grafologie;* Sy *Handschriftendeutung* [< grch. *graphein* „schreiben" + *logos* „Wort, Rede, Kunde"]

**Grappa** ⟨m. 6⟩ *italienischer Branntwein aus Trester* [ital.]

**Gras** ⟨n. 12u⟩ **1** ► *Angehöriges einer weltweit verbreiteten Familie einkeimblättriger, meist krautiger Pflanzen: Gramineae, Poaceae;* Sy *Süßgras;* → a. *Getreide;* ► *Bedecktsamer* **2** ⟨allg.⟩ *längliche Pflanze auf Wiesen usw. mit unscheinbaren Blüten* **3** *Rasen, Wiese* ◆über die Sache ist längst Gras **gewachsen** ⟨fig.⟩ *sie ist längst vergessen;* Gras **mähen,** säen, verfüttern ◆**dürres,** hohes, niedriges, saftiges, verdorrtes Gras ◆sich **ins** Gras legen; **mit** Gras bewachsener Hügel [< ahd. *gras,* engl. *grass*]

GRANTH: DAS HEILIGE BUCH
DER SIKHS, 20. JH.

**grasen** ⟨V. i.; hat⟩ *Gras fressen, weiden* (Vieh)

**Graser** ⟨m. 3; Jägerspr.⟩ *Zunge (aller Hirscharten)*

**Grasfrosch** ⟨m. 1u⟩ *häufigster und verbreitetster Landfrosch Mittel- u. Nordeuropas: Rana temporaria*

**Grashüpfer** ⟨m. 3; umg.⟩ ► = *Heuschrecke*

**Graslilie** ⟨[-liə] f. 19; Bot.⟩ *Angehörige einer Gattung der Liliengewächse, Pflanze mit grasartigen Blättern: Anthericum;* Sy *Zaunlilie*

**Grasmücke** ⟨f. 19; Zool.⟩ ► *Angehörige einer Familie fliegenschnäpperartiger Singvögel: Sylviidae* [< ahd. *gras(e)muc(ke)* < ahd. **grasasmucka,* eigtl. „Grasschlüpferin"]

**Grasnelke** ⟨f. 19; Bot.⟩ ► *Angehörige einer Gattung der Grasnelkengewächse mit kopfigen Blüten: Armeria*

**grassieren** ⟨V. i.; hat⟩ *um sich greifen, wüten* ◆eine Seuche grassiert in der Stadt [< lat. *grassari* „umhergehen, -schwärmen"]

**grässlich** ⟨Adj.⟩ **1** *entsetzlich, fürchterlich, Grauen erregend* **2** *scheußlich, schauderhaft, ekelhaft* **3** ⟨umg.⟩ *sehr, sehr groß* ◆ein grässlicher Anblick, Unfall, Vorfall; ich bin in einer grässlichen Situation, Verlegenheit ⟨umg.⟩ [< mnddt. *greselik* „Schauder erregend“, angelehnt an mhd. *graz* „zornig, wütend“]

**Grat** ⟨m. 1⟩ **1** *Bergkamm, Felsspitze* **2** *scharfe Kante* **3** ⟨Met.⟩ *beim Gießen, Stanzen, Feilen usw. entstehender scharfer Rand des Werkstücks, Fase* **4** ⟨Arch.⟩ *Schnittlinie zweier Dach- od. Gewölbeflächen* [< ahd. *grat* „Rückgrat“]

**Gräte** ⟨f. 19⟩ *Verknöcherung zwischen den Muskeln der Fische* [< mhd. *graete*, Pl. von *grat* „Bergrücken, Rückgrat, Gräte, Spitze, Stachel“]

**Grätenfisch** ⟨m. 1; Zool.⟩ = *Knochenfisch*

**Gratifikation** ⟨f. 20⟩ **1** *(meist finanzielle) Sonderzuwendung, Ehrengabe* (Weihnachtsgratifikation) **2** *Entschädigung* [< lat. *gratificatio* „Gefälligkeit“ < lat. *gratus* „erwünscht, willkommen, dankbar“ + *facere* „machen“]

**Gratin** ⟨[gra'tɛ̃] n. 15⟩ *überbackenes Gericht* ◆ Kartoffelgratin [frz.]

**gratis** ⟨Adv.⟩ *kostenlos, unentgeltlich, frei* ◆ Eintritt gratis; gratis und franko *unentgeltlich u. portofrei* [< lat. *gratis* „unentgeltlich“, urspr. Ablativ zu *gratia* „Dank“, eigtl. „um den bloßen Dank“]

**Grätsche** ⟨f. 19; Sp.⟩ *Sprung mit seitwärts gespreizten Beinen über Bock, Pferd, Kasten od. (beim Fußball) als Versuch einem weiter entfernten gegner. Spieler den Ball wegzuspitzeln* [→ *grätschen*]

**grätschen I** ⟨V. t.; hat⟩ *spreizen* (Beine) **II** ⟨V. i.; ist⟩ *mit gespreizten Beinen springen* [Intensivbildung zu *gräten* „mit ausgespreizten Beinen gehen, die Beine spreizen“; vermutlich lautmalend]

**Gratulant** ⟨m. 16⟩ *jmd., der jmdm. gratuliert* [< lat. *gratulans* „Glück wünschend“, Part. Präs. zu *gratulari* „Glück wünschen“]

**Gratulation** ⟨f. 20⟩ *Beglückwünschung* [lat. *gratulatio* „Beglückwünschung“]

GRASMÜCKE: DORNGRASMÜCKE (*Sylvia communis*)

**gratulieren** ⟨V. i.; hat⟩ jmdm. gratulieren *jmdn. beglückwünschen* ◆ ich gratuliere!; jmdm. mündlich, schriftlich, telefonisch, telegrafisch gratulieren [< lat. *gratulari* „Glück wünschen“]

**Gratwanderung** ⟨f. 20⟩ **1** *Wanderung auf einem Bergrat* **2** ⟨fig.⟩ *Vorgehen in bedenklicher od. schwieriger Lage, Handeln, das zum Vor- u. Nachteil ausschlagen kann*

**grau** ⟨Adj.; -er, am -(e)sten⟩ **1** *farbig aus einer Mischung zwischen schwarz u. weiß* **2** ⟨sinnbildl. für⟩ *trostlos, öde, eintönig* (Stimmung) **3** *unbestimmt* (Vorstellung) ◆ der graue **Alltag;** graue **Eminenz** *der eigentlich leitende Mann hinter den Kulissen* grauer **Markt** *nicht ganz legaler, aber auch nicht verbotener Markt;* ein grauer **Pullover,** Mantel, Rock; seine **Schläfen** werden grau; grauer **Star** = *Star*[2]; graue **Substanz** *die wegen ihres Reichtums an Nervenzellen grau erscheinenden Teile des Gehirns u. des Rückenmarks;* in grauer **Vorzeit** *unbestimmt weit in der Vergangenheit* ◆ **aussehen:** deine Haut sieht grau aus *sie ist schlecht durchblutet, ihr fehlen frische Luft u. Sonne;* ihr Leben **erscheint** ihr grau und farblos; grau **werden** *altern u. graues Haar bekommen* ◆ es sieht grau **in** grau aus *es ist trübes, düsteres Wetter;* alles grau in grau malen ⟨fig.⟩ *sich pessimistisch äußern* [< ahd. *grao*, engl. *gray*]

**Grau** ⟨n. 15⟩ *graue Farbe*

## GRÄSER

Die Familie der Gräser umfasst rund 9000 Arten. Keine andere Pflanzenfamilie ist so erfolgreich bei der Besiedlung widriger Lebensräume. Die meisten Gräser haben unscheinbare Blüten, die vom Wind bestäubt werden, und sind wichtige Nahrungsmittel sowohl für den Menschen (Getreide) als auch für Haustiere (Heu und Grünfutter).

ÄUSSERE MERKMALE DER QUECKE (*Agropyron repens*)

## WEITERE GRASARTEN

WEIZEN: SAATWEIZEN (*Triticum aestivum*)

HAFER: WILDHAFER (*Avena sterilis*)

BAMBUS (*Arundinaria nitida*)

SCHILF: RIESENSCHILF (*Arundo donax*)

**Grauammer** ⟨f. 21⟩ *lerchengraue Ammer: Emberiza calandra*

**Gräuel** ⟨m. 5⟩ **1** *Abscheu, Grausen* **2** *Gegenstand des Abscheus* **3** *Ärgernis* **4** *grässliche Tat, grässliches Geschehen* ◆ die Gräuel des Krieges, der Verwüstung, Zerstörung [< mhd. *griu(we)l;* → *grauen*[2]]

**grauen**[1] ⟨V. i.; ist/hat⟩ **1** *grau werden, ergrauen* (Haar) **2** ⟨schweiz. a.⟩ *schimmeln* ◆ der Morgen, der Tag graut *es wird Tag;* beim ersten Grauen des Tages [< ahd. *grawen* „grau werden“]

**grauen**[2] ⟨V. t. u. V. i.; unpersönl. od. refl.; hat⟩ mir, ⟨selten⟩ mich graut (es) vor jmdm. od. etwas, ich graue mich vor jmdm. od. etwas *ich empfinde Furcht, Entsetzen vor jmdm. od. etwas* [< ahd. *(in)gruen* „schaudern“]

**Grauen** ⟨n.; -s; unz.⟩ *Furcht, Schauder, Entsetzen* ◆ das Grauen des Krieges, der Vernichtung, der Zerstörung; mich erfasste, ergriff, überkam, überlief ein Grauen

**grauenhaft** ⟨Adj.; -er, am -esten⟩, **grauenvoll** ⟨Adj.⟩ *fürchterlich, entsetzlich* ◆ ein grauenhaftes Verbrechen; eine grauenvolle Tat

**Graufuchs** ⟨[-ks] m. 1u; Zool.⟩ *gesprenkelt grau gefärbter Fuchs, von 30 cm Schulterhöhe: Urocyon cinereoargentatus*

**Graugans** ⟨f. 7u; Zool.⟩ = *Wildgans*

**Graukardinal** ⟨m. 1u⟩ *kräftiger, rotköpfiger Finkenvogel: Paroaria coronata*

**gräulich**[1] ⟨Adj.⟩ *etwas grau, ins Graue spielend*

**gräulich**[2] ⟨Adj.⟩ *abstoßend, abscheulich, sehr ekelhaft*

**Graupapagei** ⟨m. 23; Zool.⟩ *kräftiger, rotschwänziger, sehr gelehriger Papagei: Psittacus erithacus;* Sy *Jako*

**Graupe** ⟨f. 19; meist Pl.⟩ *enthülstes Gerstenkorn, zu Suppeneinlagen u. als Brei gekocht verwendet* [< slaw. (z. B. sorb., poln.) *krupa*, russ. *krupa* „Graupe, Grütze, Hagelkorn“]

**Graupel** ⟨f. 21; meist Pl.⟩ *kleines Hagelkorn* [Erweiterung von *Graupe*]

GRASNELKE: GEWÖHNLICHE GRASNELKE (*Armeria maritima*)

**Graus** ⟨m. 1; unz.⟩ *Schrecken, Entsetzen, Grauen, Horror* ◆ o Graus!; es war ein Graus [< mhd. *grus* „Schrecken“]

**grausam** ⟨Adj.⟩ **1** *sehr hart, rücksichtslos, gefühllos* (Maßnahmen), *unmenschlich, roh, andere quälend* (Person) **2** ⟨umg.⟩ *sehr stark (in unangenehmer Weise)* ◆ ein grausamer Feind, Mensch, Verbrecher; eine grausame Handlung, Tat, Züchtung [< mhd. *gruwesam* „Schrecken erregend“]

**Grausamkeit** ⟨f. 20⟩ **I** ⟨unz.⟩ *grausames Wesen od. Verhalten, Unmenschlichkeit, Gefühllosigkeit, Rohheit* ◆ die Grausamkeit des Verbrechens war erschreckend **II** ⟨zählb.⟩ *grausame Handlung, grausame Tat*

**Grauschimmel** ⟨m. 5⟩ *Pferd mit grauem Fell;* Sy *Blauschimmel*

**grausen** ⟨V. t. u. V. i.; unpersönl. od. refl.; hat⟩ mir, ich grause mich vor jmdm. od. etwas *ich empfinde Furcht, Entsetzen vor jmdm. od. etwas, ich ekle mich vor jmdm. od. etwas* ◆ mir (mich) graust (es) vor Spinnen [< ahd. *gru(wi)son* „Schrecken empfinden“]

**Grausen** ⟨n.; -s; unz.⟩ *Entsetzen, lähmende Furcht* ◆ plötzlich packte mich das (kalte) Grausen

**grausig** ⟨Adj.⟩ *Grausen hervorrufend, entsetzlich, fürchterlich, grauenvoll* ◆ die Unfallstelle bot einen grausigen Anblick; die Polizei machte eine grausige Entdeckung; er erlitt einen grausigen Tod

**Grauzone** ⟨f. 19⟩ *gesetzlich nicht eindeutig definierter u. geregelter Bereich* ◆ dieses Geschäft spielt sich in einer Grauzone zwischen Legalität und Illegalität ab

**Graveur** ⟨[-vøːr] m. 1⟩ *Handwerker, der das Gravieren berufsmäßig ausübt, Kupfer-, Stahlstecher, Steinschneider* [frz., „Stecher, Graveur“]

**Gravidität** ⟨[-vi-] f. 20; Med.⟩ ► = *Schwangerschaft (2)* [< lat. *graviditas* „Schwangerschaft“; zu *gravis* „schwer“]

**gravieren** ⟨[-viː-] V. t.; hat⟩ *Verzierungen, Schrift od. Zeichen schneiden, ritzen, stechen in* ◆ Metall, Stein, Glas gravieren [< frz. *graver* „einritzen, einschneiden"]
**gravierend** ⟨[-viː-] Adj.⟩ *belastend, erschwerend* ◆ ein gravierender Umstand bedingte seine Verspätung [zu lat. *gravare* „beladen, beschweren, drücken"]
**Gravis** ⟨[-vis] m.; -, -; Zeichen: `⟩ *Zeichen über einem Vokal, im Italien. zur Betonung der Silbe, im Französischen zur offenen Aussprache des Vokals,* z. B. mère [mɛːr]; Sy *Accent grave* [lat., „schwer"]
**Gravitation** ⟨[-vi-] f. 20; unz.; Phys.⟩ *Eigenschaft von Massen, sich gegenseitig anzuziehen, z. B. die Erdanziehung;* Sy *Massenanziehung*
**Gravitationsfeld** ⟨[-vi-] n. 12; Phys.⟩ **1** ⟨i. e. S.⟩ *Feld, durch das die Übertragung der Gravitationskraft erklärt wird* **2** ⟨i. w. S.⟩ *Bereich um einen Körper, in dem er auf einen anderen Körper eine Anziehungskraft ausübt*
**gravitätisch** ⟨[-vi-] Adj.⟩ *würdevoll u. gemessen, hoheitsvoll*
**Gravur** ⟨[-vuːr] f. 20⟩ *das Gravierte, gravierte Verzierung od. Schrift* [→ *Gravüre,* (mit lat. Endung)]
**Gravüre** ⟨[-vyː-] f. 19⟩ **1** *Erzeugnis der Gravierkunst, Kupfer-, Stahlstich, Steinschnitt* **2** *Tiefdruckplatte* **3** *Druck davon* [< frz. *gravure* „Kupferstecher-, Holzschneidekunst, Metallstich, Holzschnitt"]
**Grazie** ⟨[-tsiə] f. 19⟩ **I** ⟨unz.⟩ *Anmut* **II** ⟨zählb.; meist Pl.⟩ die drei Grazien **1** ⟨röm. Myth.⟩ *die drei Göttinnen der Anmut* **2** ⟨fig.; scherzh.⟩ *drei (bestimmte) anmutige junge Damen* [< lat. *gratia* „Wohlgefallen"]
**grazil** ⟨Adj.⟩ **1** *schlank, zierlich, feingliedrig, geschmeidig* **2** *schmächtig* [< lat. *gracilis* „schlank, schmal, hager"]
**graziös** ⟨Adj.; -er, am -esten⟩ *anmutig, zierlich, gewandt* ◆ mit graziösen Schritten kam sie herein [< frz. *gracieux* „anmutig, lieblich"]
**Greenhorn** ⟨['griːnhɔː(r)n] n. 15⟩ *(junger) Grünschnabel, Neuling, Unerfahrener* [engl.]
**Greenpeace** ⟨['griːnpiːs] f.; -; unz.⟩ *durch spektakuläre Aktionen bekannt gewordene internationale Umweltschutzorganisation* [< engl. *green* „grün" + *peace* „Frieden"]
**Greenwich** ⟨['griːnidʒ] Abk.: Gr.⟩ *Stadtteil von London mit ehemaliger Sternwarte, durch die der Null- od. Anfangsmeridian geht* ◆ östlich, westlich von Greenwich
**gregorianisch** ⟨Adj.⟩ *nach einem der Päpste mit dem Namen Gregor benannt, von ihm stammend* ◆ gregorianischer Choral, Gesang *einstimmiger, unbegleiteter liturgischer Gesang im kath. Gottesdienst;* gregorianischer Kalender *1582 eingeführte u. heute noch gültige Zeitrechnung* [Choral: nach Papst *Gregor* I., gest. 604; Kalender: nach Papst *Gregor* XIII., 1502-1585]
**Greif** ⟨m. 1 od. 16⟩ **1** ⟨Myth.⟩ *Sagentier mit Löwenleib, Adlerkopf u. Krallenfüßen* **2** *riesiger Greif- od. Raubvogel* [< ahd. *grif(o)* < lat. *gryphus* < vulgärgrch. *grypos* < grch. *gryps* < assyr. *k'rub* „Riesenvogel mit Löwentatzen u. Menschenkopf am Palast des Assurnasirpal"]
**Greifarm** ⟨m. 1⟩ *beweglicher Maschinenteil, der zum Aufnehmen von Gegenständen dient* ◆ Industrieroboter besitzen Greifarme
**greifen** ⟨V. t. u. V. i. 158; hat⟩ **1** *mit der Hand od. einem Werkzeug nehmen, fassen, erfassen, packen* **2** *langen nach* **3** *erreichen, berühren* ⟨a. fig.⟩ **4** *gefangen nehmen* ◆ einen **Akkord** greifen ⟨Mus.⟩ *anschlagen;* die Polizei hat den **Dieb** schon gegriffen; diese Ansicht hat allgemein **Platz** gegriffen *hat sich behauptet, durchgesetzt;* die **Räder** des Wagens greifen nicht (z. B. bei Glatteis) *sie haben keine Reibung* ◆ das ist zu **hoch** gegriffen ⟨fig.⟩ *in der Größe, im Wert zu hoch geschätzt* ◆ die Handlung des Stückes ist **aus** dem Leben gegriffen *lebensecht, authentisch;* seine Hände griffen **ins** Leere, in die Luft *er fand keinen Halt;* etwas **mit** der Hand, einer Zange greifen; **nach** der Waffe greifen; das Feuer, die Infektionskrankheit, die Seuche griff rasch **um** sich *breitete sich rasch aus;* ich musste **zum** Äußersten greifen *scharfe Maßnahmen treffen, ein letztes Mittel anwenden* [< ahd. *grifan*]
**Greifer** ⟨m. 3⟩ *Gerät od. Teil eines Gerätes zum Greifen, Fassen, Packen;* Sy *Greifklaue*
**Greifklaue** ⟨f. 19⟩ = *Greifer*
**Greifschwanz** ⟨m. 1u; Zool.⟩ ► *langer, kräftiger, sehr bewegl. Schwanz zum Festhalten, z. B. bei manchen Reptilien u. bei Affen*
**Greifvogel** ⟨m. 5u; Zool.⟩ ▼ *Angehöriger einer großen, die Familien der Sekretäre, Falken und Habichtartigen umfassenden Ordnung der Vögel, der sich von Wirbeltieren od. Insekten ernährt: Accipitridae;* ► *Vögel*
**Greifzange** ⟨f. 19⟩ *Zange zum Greifen, Fassen*
**Greifzirkel** ⟨m. 5⟩ *Zirkel zum Ausmessen der Dicke von Körpern*
**greinen** ⟨V. i.⟩ **1** ⟨poet.⟩ *weinen, weinend klagen* **2** ⟨veraltet⟩ *zanken* [< ahd. *grinan* „(lachend od. weinend) den Mund verziehen, murren, knurren"]

## GREIFVÖGEL

Greifvögel wurden früher als „Raubvögel" bezeichnet und als Schädlinge angesehen. Heute sind alle Arten in Deutschland geschützt. Mit den Eulen sind sie nicht näher verwandt, der ähnliche Körperbau ist das Ergebnis von Konvergenzentwicklungen, die bedingt sind durch eine vergleichbare Lebensweise.

ÄUSSERE MERKMALE EINES ROTSCHWANZBUSSARDS (*Buteo jamaicensis*)

### WEITERE GREIFVÖGEL

PANDIONIDAE (Fischadler)

CATHARTIDAE (Neuweltgeier) ► *Geier*

ACCIPITRIDAE (Adler, Bussarde, Habichte, Weihen, Altweltgeier) ► *Adler, Geier*

FALCONIDAE (Falken, Karakaras)

**greis** ⟨Adj.; poet. u. nddt.⟩ *sehr alt, hochbetagt, altersgrau* ◆ ein greises Haupt [< mhd. *gris* „greis" < mnddt. *gris* „grau"; verwandt mit *grau*]
**Greis** ⟨m. 1⟩ *alter, gebrechlicher Mensch* [< mhd. *grise* „alter Mann"]

GREIFSCHWANZ: KLAMMERAFFE MIT GREIFSCHWANZ

**Greisenhaupt** ⟨n. 12u⟩ **1** ⟨Bot.⟩ *Kaktuspflanze, deren oft bis 10 m hohe Stämme oben dicht von weißen u. grauen Haaren bedeckt sind: Cephalosereus senilis;* Sy *Greisenkaktus* **2** *Haupt, Kopf eines Greises* ◆ Falsches Greisenhaupt ⟨Bot.⟩ *Cleistocactus strausii*
**Greisenkaktus** ⟨m.; -, -teen; Bot.⟩ = *Greisenhaupt (1)*
**Greisin** ⟨f. 22⟩ *alte, gebrechliche Frau*
**grell** ⟨Adj.⟩ **1** *die Sinne heftig berührend, durchdringend, schrill* (Töne) **2** *auffallend kräftig, allzu leuchtend* (Farben) **3** *blendend hell* (Licht) ◆ ein grelles Rot; eine grelle Stimme [< mhd. *grel* „zornig, heftig, brüllend"; zu mhd. *grellen* „vor Zorn schreien"]
**Grelle** ⟨f.; -; unz.⟩ *durchdringende Schärfe (von Tönen), schreiende Buntheit, blendende Helle* [→ *grell*]
**Gremium** ⟨n.; -s, -mien⟩ *Ausschuss, Körperschaft* [lat., „Schoß", spätlat. a. „Bündel", eigtl. „was man im Schoß fassen kann"]
**Grenadier** ⟨m. 1; Mil.⟩ **1** ⟨urspr.⟩ *mit Handgranaten ausgerüsteter Soldat* **2** ⟨heute⟩ *Infanteriesoldat besonderer Regimenter (z. B. der Garde)* [frz., „Granatenwerfen"; zu *grenade* „Granate"]
**Grenadille** ⟨f. 19⟩ ► *wohlschmeckende Frucht der Passionsblume;* oV *Granadille* [< frz. *grenadille,* < span. *granadilla* „Passionsblume", eigtl. „kleiner Granatapfel"]
**Grenzbelastung** ⟨f. 20⟩ *äußerste einem Material zumutbare Belastung, bei der noch keine Dauerschädigung auftritt*
**Grenze** ⟨f. 19⟩ **1** *(gedachte) Linie, die zwei Grundstücke, Staaten, Länder od. Bereiche (z. B. Klimazonen) voneinander trennt* (Grundstücksgrenze, Hoheitsgrenze, Landesgrenze, Stadtgrenze, Zonengrenze) **2** ⟨fig.⟩ *Schranke, Beschränkung, Rahmen* ◆ die Grenzen des **Erlaubten** überschreiten; die Grenzen **Frankreichs,** der Schweiz; die Grenzen des guten **Geschmacks** verletzen ◆ eine Grenze **abstecken,** anerkennen, berichtigen, festsetzen, ziehen; alles **hat** seine Grenze(n); sein Eifer **kennt** keine Grenzen; die Grenze **passieren,** überqueren, überschreiten; man muss dem Treiben Grenzen **setzen** ⟨fig.⟩ *es einschränken;* die Grenze **verläuft** quer durch diesen Wald ◆ eine **befestigte,** berichtigte, unübersichtliche Grenze; die **grüne** Grenze *wegeloser Grenzstreifen außerhalb der bewachten Grenzwege;* Flüsse, Gebirge können **natürliche** Grenzen sein ◆ **an** der Grenze wohnen; die Darbietung liegt hart an der Grenze des guten Geschmacks *sie ist fast geschmacklos;* der Schmerz hält sich **in** Grenzen *ist noch zu ertragen;* jmdn. in seine Grenzen verweisen ⟨fig.⟩ *zurechtweisen* [< westslaw. *greniz(e)* (13. Jh.) „Grenze, Grenzgebiet"; zu altslaw. *grani* „Ecke"]
**grenzen** ⟨V. i.; hat⟩ **1** grenzen an *nächster Nachbar sein von, sich berühren mit* **2** ⟨fig.⟩ *sehr nahe kommen* ◆ mein Zimmer grenzt an seines; das grenzt ans Unmögliche, Unglaubliche
**grenzenlos** ⟨Adj.⟩ *keine Grenzen aufweisend, unbegrenzt, unendlich, unermesslich*
**Grenzgänger** ⟨m. 3⟩ *im Grenzgebiet wohnender Arbeiter od. Angestellter, der seine Arbeitsstätte im Nachbarland hat*
**Grenzgebiet** ⟨n. 11⟩ *unmittelbar an der Grenze liegendes Gebiet*
**Grenzschutz** ⟨m.; -es, unz.; Mil.⟩ **1** *Sicherung der Grenze durch bewaffnete Militärverbände* **2** *die Verbände selbst*
**Grenzsituation** ⟨f. 20⟩ *vom Üblichen abweichende Situation, die mit den gewöhnl. Mitteln zur Beherrschung von alltägl. Situationen nicht bewältigt werden kann*
**Grenzverkehr** ⟨m. 1; unz.⟩ **1** ⟨i. w. S.⟩ *jeder Verkehr über die Grenze* **2** ⟨i. e. S.⟩ *Warenverkehr zwischen Grenzbezirk u. Ausland* ◆ kleiner Grenzverkehr *kurzfristiger Übertritt über die Grenze mit einem Grenzschein; erleichterter Warenverkehr für Bedarfsgüter im Grenzgebiet*
**Grenzwert** ⟨m. 1⟩ **1** *äußerster (Richt-)Wert, der nicht über- oder unterschritten werden darf* **2** ⟨Math.⟩ *Wert, dem ein von einer kontinuierlichen Veränderlichen abhängiger Ausdruck beliebig nahe kommt, wenn diese nach einem bestimmten Wert strebt;* Sy *Limes (2)*
**Grenzwissenschaft** ⟨f. 20⟩ *Wissenschaft, die (inhaltlich od. methodisch) im Übergangsbereich zweier od. mehrerer Wissenschaften steht,* z. B. Biophysik
**Greyerzer** ⟨m. 3⟩ *Greyerzer Käse, ein Hartkäse* [nach dem westschweizer. Ort *Greyerz*]
**Griebe** ⟨f. 19⟩ **1** *Rückstand beim Ausschmelzen von Speck* **2** *Fettstückchen in der Wurst* [< ahd. *griobo, griubo*]
**griechisch** ⟨Adj.⟩ *Griechenland betreffend, dazu gehörig, aus Griechenland stammend* ◆ griechisches Alphabet; griechisches Kaisertum *das Byzantin. Reich;* griechische Kirche ⟨im Abendland gebräuchl. Sammelbez. für⟩ *alle nahöstl. Kirchen;* griechisches Kreuz *Kreuz mit gleich langen, rechtwinklig zueinander stehenden Armen;* griechische Landschildkröte *auffällig gelb u. schwarz gezeichnete Landschildkröte Süditaliens u. des Balkans: Testudo hermanni;* griechische Sprache *indogerman. Sprache, die vom 2. Jahrtausend v. Chr. an bis heute in Griechenland gesprochen wird;* altgriechische Sprache *bis zum 5. Jh. n. Chr.;* mittelgriechische Sprache *byzantin. Zeit;* neugriechische Sprache *seit dem 15. Jh.*

GRENADILLE: PURPURGRENADILLE *(Passiflora edulis)*

**griechisch-orthodox** ⟨Adj.; Rel.⟩ *zur griechisch-orthodoxen Kirche gehörend* ◆ griechisch-orthodoxe Kirche *die selbständige orthodoxe Kirche Griechenlands, von der Verfassung als Staatskirche anerkannt*
**griechisch-römisch** ⟨Adj.; Sp.; Ringen⟩ *mit nur oberhalb der Gürtellinie ansetzenden Griffen kämpfend* ◆ griechisch-römischer Stil
**Griesgram** ⟨m. 1⟩ *mürrischer, grämlicher Mensch* [Rückbildung < mhd. *grisgramen* „mit den Zähnen knirschen"]
**griesgrämig, griesgrämlich** ⟨Adj.⟩ *mürrisch, übellaunig*
**Grieß** ⟨m. 1; unz.⟩ **1** *geschälte, geschrotete Getreidekörner* **2** *körnige Masse* (Kohlengrieß) **3** *körniger Niederschlag, Ausfluss* (Harngrieß) [< ahd. *grioz* „Sand, Kies, Strand, grob gemahlenes Mehl"]
**Grießbrei** ⟨m. 1⟩ *aus Weizengrieß gekochter Brei*
**Griff** ⟨m. 1⟩ **1** *Vorrichtung zum Anfassen, wie Stiel, Kurbel, Henkel* (Koffergriff), *Klinke, Knopf* (Türgriff), *Heft, Knauf* (Messergriff, Degengriff) **2** *das Greifen, Zupacken, Art des Greifens* **3** ⟨Mus.⟩ **3.1** *Hals der Geige, Gitarre* **3.2** *das Greifen, Anschlagen von Akkorden, Tönen* **4** ⟨Mil.⟩ *bestimmte Bewegung der Hände zum Handhaben von Geräten* ◆ einen guten Griff **tun** ⟨fig.⟩ *eine gute Wahl treffen;* auf einem Musikinstrument Griffe **üben** ◆ das war ein **falscher** Griff ⟨Mus.⟩ ◆ sich **am** Griff festhalten; etwas **im** Griff haben ⟨fig.⟩ *etwas geschickt, geübt handhaben* [< ahd. *grif,* engl. *grip*]
**griffbereit** ⟨Adj.⟩ *zum raschen Greifen bereitliegend* ◆ einen Stift griffbereit haben
**Griffel** ⟨m. 5⟩ **1** *Schreibstift aus Schiefer (für Schiefertafeln), Zeichenstift* **2** *fadenförmiges Gebilde des Fruchtknotens, in das die Pollenschläuche einwachsen* [< ahd. *griffil* < ahd. *graf* < afrz. *grafe* < lat. *graphium* < grch. *grapheion* „Schreibgerät"; zu *graphein* „schreiben"; mit Anlehnung an ahd. *grifan* „greifen" + Werkzeugsilbe *...il*]
**griffig** ⟨Adj.⟩ *handlich, nicht gleitend, fest (z. B. von Gewebe)*
**Grill** ⟨m. 6⟩ *Einrichtung zum Grillen, Bratrost* [< engl. *grill* < frz. *gril, grille* < lat. *craticulum* „Flechtwerk, kleiner Rost"]
**Grille** ⟨f. 19⟩ **1** *Angehörige einer Gruppe der Heuschrecken, den Laubheuschrecken ähnlich, meist in selbst gegrabenen Gängen lebend: Grylloidea;* ► *Insekten* **2** ⟨fig.⟩ *Laune, Schrulle, wunderlicher Einfall* ◆ das ist so eine Grille von ihm ⟨fig.⟩; jmdm. die Grillen verjagen ⟨fig.; umg.⟩ *ihn fröhlich stimmen* [< ahd. *grillo* < lat. *grillus* < grch. *gryllos* „Heuschrecke"; Übertragung auf „Laune, Einfall" im 16. Jh. nach dem Aberglauben von einem Krankheitsdämon in Gestalt des Insekts]
**grillen** ⟨V. t.; hat⟩ oV ⟨schweiz.⟩ *grillieren* **1** ⟨urspr.⟩ *am Spieß über offenem Feuer braten* **2** ⟨heute⟩ *auf dem (bzw. im) Grill bei hoher Temperatur braten* [< engl. *grill* < frz. *griller* „auf dem Grill braten"]
**grillieren** ⟨[-li:-] od. [-ji:-] V. t.; hat; schweiz.⟩ = *grillen*
**Grimasse** ⟨f. 19⟩ *Verzerrung des Gesichts auf spaßige od. abstoßende Weise, Fratze* ◆ Grimassen schneiden, ziehen; das Gesicht zu einer fiesen Grimasse verziehen [< frz. *grimace* „Fratze" < span. *grimazo* „panischer Schrecken"]
**grimmig** ⟨Adj.⟩ **1** *wütend, zornig, wild, empört* **2** ⟨fig.⟩ *sehr stark, sehr groß, sehr* ◆ eine grimmige Antwort geben
**Grind** ⟨m. 1⟩ **1** *Wundschorf* **2** ⟨volkstüml. Bez. für⟩ *Hautausschlag mit Krusten- u. Borkenbildung, schorfige Flechten mit Pustelbildung bei Haustieren* **3** *Pilzkrankheit beim Weinstock* **4** ⟨Jägerspr.⟩ *Kopf* (von Hirsch und Gamswild) [< ahd. *grint* „ Schorf"]
**Grindwal** ⟨m. 1; Zool.⟩ *zu den Delphinen gehörender Zahnwal von 6 bis 7 m Länge: Globicephala melaena;* Sy *Schwarzwal*
**grinsen** ⟨V. i.; hat⟩ *breit lächeln, boshaft, höhnisch, schadenfroh lächeln* [Erweiterung zu ahd. *grinan;* → *greinen*]

**Grippe** ⟨f. 19; Med.⟩ **1** echte Grippe, epidemische Grippe *akute Viruskrankheit, die sich im Frühjahr u. Herbst epidemieartig verbreitet, regelmäßig mit Fieber;* Sy *Virusgrippe, Influenza* **2** ⟨volkstüml. Bez. für⟩ *leichtere akute Infektion, die vor allem zu katarrhalischen Erscheinungen an den oberen Luftwegen führt u. als Erkältungskrankheit bes. im Frühjahr auftritt* [frz., „Grille, Laune"; vielleicht < russ. *chripu* „Heiserkeit"]

**Grips** ⟨m. 1; umg.⟩ *Verstand, Auffassungsgabe* ◆ du hast ja überhaupt keinen Grips! [zu mundartl. *gripsen* „schnell fassen", greifen; Weiterbildung von mundartl. *grippen*]

**Grislibär** ⟨m. 16; Zool.⟩ ► *mit 2,5 m einer der größten Vertreter der Bären, lebt in den Felsengebirgen von Nordamerika: Ursus arctos horribilis;* oV *Grizzlybär* [< engl. *grizzly bear* „grauer Bär"]

GRISLIBÄR
*(Ursus arctos horribilis)*

**Grizzlybär** ⟨[grizli-] m. 16; Zool.⟩ ► = *Grislibär*

**grob** ⟨Adj.; gröber, am gröbsten⟩ **1** *nicht fein bearbeitet, wenig zerkleinert, aus großen Körnern* (Sand, Mehl) **2** *stark, dick, derb* (Tuch, Stock) **3** *plump* (Gesichtszüge) **4** *unhöflich, unwirsch, ungebildet* (Person, Reden) **5** *schwer, beschwerlich, mit Schmutz verbunden* (Arbeit) **6** *stark, schlimm* (Fehler) ◆ dazu kann ich nur grobe **Angaben** machen *ungefähre Angaben;* grobes **Benehmen,** Betragen; ein grober **Irrtum;** ein grober **Kerl;** einen Plan in groben **Linien,** Umrissen festlegen *ohne Einzelheiten;* grobes **Schuhwerk** zum Wandern; durch grobes **Verschulden** ◆ jmdn. grob **anfahren,** behandeln; grob **behauen,** gefeilt, gemahlen, geschliffen, gesponnen *mit derbem, kräftigem Gerät;* grob **gehackte** Mandeln, Nüsse; grob **sein,** werden gegen jmdn. ◆ er ist endlich **aus** dem Gröbsten heraus ⟨umg.⟩ *hat das Beschwerlichste hinter sich* [< ahd. *g(e)rob* „dick, ungeschickt, unfein"]

**Grobian** ⟨m. 1⟩ *grober, unfreundl., unhöfl. Mensch* [humanistische Scherzbildung zu *grob* (1482), in Anlehnung an Heiligennamen wie *Cyprian, Cassian*]

**Grobkeramik** ⟨f. 20⟩ *keramische Erzeugnisse, die aus Ton, Lehm od. tonigen Massen mit od. ohne Zusätze hergestellt werden, wobei die Rohstoffe grob gemahlen, aufbereitet u. bei meist mittleren Temperaturen gebrannt werden (Ziegel usw.);* Ggs *Feinkeramik*

**grobkörnig** ⟨Adj.⟩ Ggs *feinkörnig* **1** ⟨allg.⟩ *aus groben Körnern bestehend* **2** ⟨bes. Film, Fot.⟩ *großes Korn aufweisend*

**Grog** ⟨m. 6⟩ *Getränk aus Rum od. Weinbrand, heißem Wasser u. Zucker* [engl., nach dem Spitznamen *Old Grog* (wegen seines Rockes aus Kamelhaar, engl. *grogram*) des engl. Admirals Vernon (18. Jh.), der befahl, den Rum der Matrosen zu verdünnen]

**Groll** ⟨m. 1; unz.⟩ *unterdrückter Zorn, Ärger* ◆ gegen jmdn. Groll hegen; ohne Groll an etwas, jmdn. denken [< mhd. *grolle* "Zorn"; Ablaut zu *grell*]

**grollen** ⟨V. i.; hat⟩ **1** *dumpf dröhnen* (Donner) **2** ⟨fig.⟩ *Groll hegen, schmollen, ärgerl. sein* ◆ man hörte das Grollen des Donners; jmdm. grollen, mit jmdm. grollen ⟨fig.⟩

**Grönländer** ⟨m. 3; veraltet⟩ = *Kajak (1)*

**Groove** ⟨[gru:v] m. 6; unz.; Mus.⟩ *gefühlsbetonte Art des Musikspiels, durch die sich die in Melodie, Rhythmus u. Tempo zum Ausdruck kommende Gefühlslage auf die Zuhörerschaft überträgt, z.B. durch ständig wiederkehrende u. den Klang dominierende Rhythmusfiguren* [engl., eigtl. „Rille, Furche", aber als Slangausdruck *to be in the groove* „in Stimmung sein"]

**Gros** ⟨[gro:] n.; -, - [gro:(s)]⟩ *Hauptmasse, Hauptmenge* [frz. < mlat. *grossus* „dick"]

**Groschen** ⟨m. 4⟩ **1** ⟨österr.; Abk.: g⟩ *kleinste Münze, $\frac{1}{100}$ Schilling* **2** ⟨veraltet; Abk.: g⟩ *alte frz. u. dt. Silbermünze, 3 Kreuzer* **3** ⟨heute; umg.⟩ *Zehnpfennigstück* **4** Groschen ⟨Pl.; umg.⟩ *Geld, Ersparnisse* ◆ endlich ist der Groschen bei ihm gefallen ⟨fig.; umg.⟩ *endlich hat er es begriffen* [< mhd. *grosse* < mlat. *(denarius) grossus* „Dickpfennig"]

**groß** ⟨Adj.; größer, am größten⟩ **1** ⟨räuml.⟩ *ausgedehnt, ein beträchtl. Ausmaß aufweisend;* Ggs *klein (1)* **2** *hoch, lang, breit, geräumig, umfangreich, massig* **3** *ausgedehnt* ⟨a. fig.⟩ **4** *zahlenmäßig einen hohen Anteil aufweisend, überwiegend, in beträchtlichen Mengen vorhanden* **5** *erwachsen* **6** *stark, heftig, in hohem Grade* (Hunger, Kälte) **7** ⟨fig.⟩ *bedeutend, berühmt, hochgeschätzt* (Persönlichkeit) **8** ⟨adv.; umg.⟩ *besonders, sonderlich, viel* ◆ unsere Große studiert jetzt ⟨umg.⟩ *unsere älteste Tochter;* große **Achtung** vor jmdm. haben; **Alexander** der Große; der große **Augenblick** ist gekommen *der entscheidende;* der Große **Bär,** Wagen *Sternbild am nördl. Himmel;* ein großer **Denker,** Dichter, Künstler, Maler, Politiker; ich habe nur großes **Geld** bei mir *Scheine von höherem Wert;* ein großes **Haus** besitzen; große **Hitze,** Kälte, Trockenheit; ich habe keine große **Lust** hinzugehen *nicht viel Lust;* die **Schuhe** sind ihm zu groß; der Große **Teich** ⟨umg.⟩ *der Atlantik;* ein großes **Vermögen** erwerben; große **Vorräte** anhäufen; darauf legt er großen **Wert** ◆ jmdn. groß **anblicken,** anschauen, ansehen ⟨fig.⟩ *erstaunt;* von jmdm. groß **denken** *eine hohe Meinung von ihm haben;* wen soll ich hier schon groß **kennen** ⟨umg.⟩ *ich kenne doch hier kaum jmdn.;* Kleidung größer **machen** *vergrößern, erweitern;* ein Wort groß **schreiben** *in (bes.) großer Schrift schreiben;* ⟨fig.⟩ eine Sache groß schreiben *ihr große Bedeutung beimessen, sie mit Hingabe betreiben;* → a. *großschreiben;* **sein:** wenn du einmal groß bist; unsere Kinder sind alle schon groß *schon erwachsen;* größer **werden** *wachsen* ◆ Groß und **Klein** *alle, jedermann;* die Großen und die Kleinen *Erwachsene u. Kinder* ◆ **ganz** groß! ⟨umg.⟩ *großartig;* im Großen (und) Ganzen *im Allgemeinen* [< ahd. *groß*, engl. *great*]

**großartig** ⟨Adj.⟩ **1** *herrlich, prachtvoll* **2** *eindrucksvoll, bedeutend*

**Großbetrieb** ⟨m. 1⟩ **1** *gewerbl. Unternehmen mit mehr als 1000 Beschäftigten, Großunternehmen* **2** *landwirtschaftlicher Betrieb mit mehr als 100 ha*

**Großbuchstabe** ⟨m. 26⟩ *großgeschriebener bzw. gedruckter Buchstabe;* Sy *Kapitalbuchstabe, Majuskel*

**Größe** ⟨f. 19⟩ **1** *Ausdehnung, Umfang, Format, Körperhöhe, Weite, Rauminhalt, Aufnahmefähigkeit* **2** ⟨fig.⟩ *Ausmaß, Tragweite, Bedeutung, Wichtigkeit* **3** *Erhabenheit, sittl. Wert* **4** ⟨umg.⟩ *jmd., der Großes leistet, bedeutende, anerkannte Persönlichkeit* **5** ⟨Math.⟩ *Wert, Zahl* **6** ⟨Phys.⟩ *quantitative u. qualitative Aussage über ein Einzelmerkmal eines physikalischen Sachverhaltes, Objektes od. einer physikalischen Erscheinung* ◆ die Größe des **Augenblicks,** der Stunde, der Zeit ◆ Größe **besitzen,** haben ◆ sie sind von **gleicher** Größe; **imaginäre,** konstante Größe ⟨Math.⟩; sein Handeln zeugt von **innerer** Größe; **unbekannte** Größe ⟨Math.⟩; die **wahre** Größe eines Menschen erkennen ◆ er ist eine Größe **auf** seinem Gebiet, in seinem Fach ⟨umg.⟩ [< ahd. *grozi*]

**Großeltern** ⟨nur Pl.⟩ *die Eltern von Vater od. Mutter, Großvater u. Großmutter*

**Größenordnung** ⟨f. 20; Math.⟩ *Vergleichsmaß für Zahlen* ◆ Zahlen gleicher Größenordnung *Zahlen, deren Quotient „nahe" bei 1, d.h. zwischen 1 u. 10 bzw. 0,1 u. 1 liegen;* Schäden in Größenordnungen *Schäden von beträchtlichem Ausmaß*

**großflächig** ⟨Adj.⟩ *eine große Fläche umfassend, große Flächen aufweisend* ◆ ein großflächiger Brand; ein großflächiges Gebiet

**Großhandel** ⟨m.; -s; unz.⟩ **1** *Verkauf von Waren zur Weiterverarbeitung (z.B. von Rohstoffen)* **2** *Handel mit Waren in großen Mengen, Verkauf nur an Wiederverkäufer;* Ggs *Einzelhandel*

**großherzig** ⟨Adj.⟩ *großzügig, edel(mütig), freigebig*

**Großhirn** ⟨n. 11; Anat.⟩ *vorderster Abschnitt des Gehirns der Wirbeltiere u. des Menschen: Cerebrum, Telencephalon*

**Großhirnrinde** ⟨f. 19; Anat.⟩ *Außenschicht des Großhirns: Cortex cerebri;* Sy *Neopallium*

**Großindustrie** ⟨f. 19⟩ **I** ⟨zählb.⟩ *(Betrieb zur) Herstellung von Massengütern in großem Umfang* **II** ⟨unz.⟩ *die Gesamtheit dieser Betriebe*

**Großmacht** ⟨f. 7u; Pol.⟩ *Staat von entscheidendem Einfluss auf das internationale politische Geschehen*

**Großmut** ⟨f.; -; unz.⟩ *überlegene Nachsicht, Großzügigkeit*

**großmütig** ⟨Adj.⟩ *überlegen u. nachsichtig, großzügig*

**Großmutter** ⟨f. 8u⟩ *Mutter von Vater od. Mutter* ◆ erzähl das deiner Großmutter! ⟨umg.⟩ *das kannst du mir nicht weismachen*

**Großohrfuchs** ⟨[-ks] m. 1u; Zool.⟩ *die Wüsten Afrikas u. Südwestasiens bewohnender, zierlich gebauter Fuchs, der sich durch große Ohren u. Augen als Nachttier ausweist, z.B. Fennek*

**Großraumbüro** ⟨n. 15⟩ *aus mehreren, in einem Raum zusammengefassten Büros bestehendes Büro*

**großräumig** ⟨Adj.⟩ **1** *aus großen Räumen bestehend* (Büro, Wohnung, Disko) **2** *weit ausgedehnt* **3** ⟨fig.⟩ *sich über einen weiten Bereich erstreckend*

**großschreiben** ⟨V. t. 226; hat; Gramm.⟩ ein Wort großschreiben *mit großem Anfangsbuchstaben;* Ggs *kleinschreiben;* → a. *groß*

**Großschreibung** ⟨f. 20; unz.; Gramm.⟩ *Schreibung von Wörtern mit großem Anfangsbuchstaben;* Ggs *Kleinschreibung*

**Großsegel** ⟨n. 13⟩ *unterstes Segel am Großmast;* Sy *Hauptsegel*

**großspurig** ⟨Adj.⟩ *mit großen Gesten wichtig redend, überheblich, selbstzufrieden* ◆ großspurige Reden führen; großspurig auftreten

**Großstadt** ⟨f. 7u⟩ *Stadt mit mehr als 100 000 Einwohnern*

**größtenteils** ⟨Adv.⟩ *zum größten Teil*

**Großvater** ⟨m. 3u⟩ *Vater von Mutter od. Vater*

**Großverkauf** ⟨m. 1u⟩ *Verkauf in sehr großen Mengen*

**Großwetterlage** ⟨f. 19; unz.⟩ **1** *die Wetterlage in einem größeren Gebiet* **2** ⟨fig.⟩ *allgemeine Lage, Situation* ◆ die politische Großwetterlage

**großziehen** ⟨V. t. 287; hat⟩ *aufziehen u. ernähren bis zur Selbständigkeit* ◆ Kinder, Tiere großziehen

**großzügig** ⟨Adj.⟩ **1** *sich über Kleinigkeiten hinwegsetzend, nachsichtig* **2** *freigebig, Kosten nicht scheuend* **3** *weit tragend, großen Umfang habend* (Hilfe, Pläne) **4** *weiträumig* (Bau)

**grotesk** ⟨Adj.; -er, am -esten⟩ **1** *derbkomisch, komisch verzerrt* **2** *lächerlich, überspannt* [< frz. *grotesque* < ital. *grottesco;* zu *grotta* „Grotte", zunächst zur Kennzeichnung von Wandgemälden röm. Fundstätten]

**Groteske** ⟨f. 19⟩ **1** ⟨Arch.⟩ *Rankenornament der röm. Antike mit menschl., tier., pflanzl. Darstellungen, in der Renaissance wieder verwendet* **2** ⟨Lit.⟩ *derbkomische, närrisch-seltsame Dichtung in Prosa od. in Versen* **3** *auf groteske Wirkung ausgehende Form des modernen Ausdruckstanzes*

**Grotte** ⟨f. 19⟩ *Felsenhöhle von geringer Tiefe, auch künstler. nachgebildet in Gärten* [< ital. *grotta* < vulgärlat. *crupta* „Korridor, Kreuzgang, unterirdisches Gewölbe, Grotte, Gruft" < lat. *crypta,* grch. *krypte (kamara)* „bedeckter Gang, Gewölbe"]

**Grottenolm** ⟨m. 1⟩ *europ., etwa 20 cm langer Olm: Proteus anguinus;* Sy ⟨kurz⟩ *Olm (1)*

**Grube** ⟨f. 19⟩ **1** *Vertiefung (in der Erde), Aushöhlung, großes Loch, auch ausgebaut für Asche, Dung u. Ä.* (Abortgrube, Aschengrube) **2** *Höhle, Bau von Tieren* **3** *Falle für Tiere* **4** ⟨Anat.⟩ *Höhlung oberhalb mancher Organe* (Herzgrube, Magengrube) ◆ eine Grube ausheben, graben; jmdm. eine Grube graben ⟨fig.⟩ *eine Falle stellen* [< ahd. *gruoba*]

**grübeln** ⟨V. i.; hat⟩ *lange u. genau über etwas nachdenken, sich mit quälenden Gedanken herumschlagen* ◆ über eine Sache grübeln; grübelnd starrte er vor sich hin [< ahd. *grubilon* „bohrend graben, genau nachforschen"; Ableitung von *graben*]

**Grubenauge** ⟨n. 28⟩ *in einer Grube der Oberhaut liegendes Lichtsinnesorgan verschiedener Tiere (z. B. Schnecken), das ein Richtungssehen ermöglicht*

**Grubengas** ⟨n. 11; unz.⟩ *in Steinkohlenbergwerken häufig vorkommendes Methan*

**Grubenlampe** ⟨f. 19; Bgb.⟩ ► *tragbare Sicherheitslampe des Bergmanns;* Sy *davysche Lampe*

GRUBENLAMPE

**Grubenlorchel** ⟨f. 21⟩ *im Sommer und Herbst in Wäldern an Baumstümpfen vorkommender, nur bedingt essbarer Schlauchpilz: Helvella lacunosa*

**Grubenotter** ⟨f. 21; Zool.⟩ *Angehörige einer Familie von Giftschlangen mit einer grubenartigen Vertiefung zwischen Augen u. Nasenöffnung, die als Temperatursinnesorgan dient u. zum Auffinden der Beute benutzt wird: Crotalidae*

**Gruft** ⟨f. 7u⟩ **1** *unterirdischer Grabbau für mehrere Personen* **2** ⟨poet.⟩ *Grab* [< ahd. *girophti* „Graben"; beeinflusst von vulgärlat. *crupta* „Gewölbe"]

**Grummet, Grumt** ⟨n. 11; unz.⟩ *getrocknetes Wiesengras des zweiten Schnittes* [< mhd. *grou(n)mat;* zu mhd. *grüejen,* ahd. *gruoen* „wachsen, grünen"]

**grün** ⟨Adj.⟩ **1** *wie frische Pflanzen gefärbt, farbig zwischen gelb u. blau* **2** *frisch, jung, unreif* **3** ⟨fig.⟩ *unerfahren* ◆ grüne **Äpfel,** Birnen; grüne **Bohnen;** der Grüne **Donnerstag** *Gründonnerstag;* grünes **Gemüse,** Obst; die grüne **Grenze;** grüne **Heringe** *frische Heringe;* grünes **Holz** *frisches Holz;* grünes **Licht** haben (an Verkehrsampeln) *freie Durchfahrt;* grünes Licht haben für Pläne, Vorhaben u. Ä. ⟨fig.; umg.⟩ *Handlungsfreiheit dafür;* grüner **Star** = *Star²;* grüner **Strahl** *smaragdgrünes Aufleuchten des letzten Sonnenstrahls bei Sonnenuntergang od. -aufgang* ◆ einen Zaun grün **anstreichen;** einen Stoff grün **färben;** er ist mir nicht grün ⟨fig.⟩ *nicht gewogen, nicht wohl gesinnt* ◆ er wurde grün und **blau** geschlagen ⟨umg.⟩ *heftig* [< ahd. *gruoni*]

**Grün** ⟨n. 15⟩ **1** *grüne Farbe* **2** *junge Triebe, frischer Rasen* **3** *Farbe im dt. Kartenspiel* (Pik) **4** ⟨als Farbe junger Triebe sinnbildl. für⟩ *Jugend, Wachsen u. Gedeihen* ◆ Grün an-, aus-, **nachspielen** ⟨Kart.⟩; sie **trägt** gern Grün *grüne Kleidung* ◆ das **erste** Grün *im Frühjahr sprießende Blätter;* ein dunkles, grelles, **helles,** mattes, sattes, tiefes Grün ◆ eine Fahrt **ins** Grüne *in die Natur, in den Wald, in ländl. Umgebung;* das Blau spielt ins Grüne *hat einen grünen Schimmer*

**Grünalge** ⟨f. 19⟩ *durch Besitz von Chlorophyll rein grün gefärbte Alge: Chlorophyceae*

**Grünanlage** ⟨f. 19⟩ *Rasenstück mit Blumenbeeten, bes. in Städten, parkähnliche Anlage*

**grünblau** ⟨Adj.⟩ *blau mit grünem Schimmer*

**Grund** ⟨m. 1u⟩ **1** *Erdboden* **2** *Boden, Unterlage* **3** *Fundament* **4** *Grundbesitz* **5** *Senkung, Talsohle* (Waldgrund, Wiesengrund, Talgrund) **6** *Boden eines Gewässers, Meeresboden* **7** *Boden eines Gefäßes* **8** ⟨Mal.⟩ *Hintergrund, Untergrund* (Goldgrund) **9** ⟨fig.⟩ *Anfang, Ursprung, letzte Tiefe* **10** *Grundlage* **11** *Voraussetzung eines Gedankens, einer Aussage od. Handlung, Beweggrund, Veranlassung, Ursache* ◆ ohne **Angabe** des Grundes; Taucher suchten den Grund des **Sees** ab ◆ Grund **haben** (im Wasser) *noch stehen können;* ich habe genügend Grund zum Klagen; dieser Grund **überzeugt** mich nicht; den Grund unter den Füßen **verlieren** (im Wasser) *nicht mehr stehen können* ◆ auf **ebenem,** festem, felsigem Grund *stehen;* **einleuchtende,** stichhaltige, triftige, zwingende Gründe; **zureichender** Grund *eine als gültig anerkannte Tatsache, auf der weitere Schlussfolgerungen aufgebaut werden können* ◆ einer Sache **auf** den Grund gehen ⟨fig.⟩ *sie genau erforschen;* ein Schiff gerät, stößt auf Grund; auf Grund = *aufgrund;* etwas **aus** dem Grunde seines Wesens heraus bejahen, erstreben, sagen wollen; aus guten Gründen habe ich abgelehnt; Gründe für etwas anführen, geltend machen; **im** Grunde (genommen) *letztlich, schließlich, eigentlich;* **ohne** jeden Grund sagte er plötzlich ab; sich in Grund und Boden schämen *sehr;* ein **von** Grund auf anständiger Mensch *durch u. durch anständiger Mensch;* **zu** Grunde = *zugrunde* [< ahd. *grund,* engl. *ground*]

**grundanständig** ⟨Adj.⟩ *von Grund auf, sehr anständig*

**Grundbaustein** ⟨m. 1⟩ *Teilchen (meist Elementarteilchen), aus dem ein anderes, größeres Teilchen aufgebaut ist*

**Grundbedeutung** ⟨f. 20⟩ **1** *grundlegende, wichtigste Bedeutung, Aussage* **2** *ursprüngl. Bedeutung*

**Grundbegriff** ⟨m. 1⟩ *Voraussetzung zum Denken, einfachster, erster, wesentlichster Begriff* ◆ die Grundbegriffe einer Sprache, eines Wissensgebietes

**Grundbesitz** ⟨m. 1; unz.; umg.; nicht jurist. Bez. für⟩ *Grundeigentum*

**Grundbuch** ⟨n. 12u⟩ *amtl. Verzeichnis über alle Grundstücke, ihre Eigentümer u. Belastungen* ◆ ins Grundbuch eintragen (lassen)

**Grundeigentum** ⟨n.; -s; unz.⟩ *Eigentum von Grundstücken (u. Gebäuden);* Sy ⟨umg.⟩ *Grundbesitz*

**Grundeinheit** ⟨f. 20⟩ *eine der Einheiten eines Einheitensystems, auf die sich alle weiteren aufbauen (z. B. Meter, Sekunde) für das SI-System*

**gründeln** ⟨V. i.; hat⟩ *unter Wasser nach Nahrung suchen u. sich dabei auf den Kopf stellen* ◆ die Ente gründelt

**gründen** ⟨V. t.; hat⟩ ein Unternehmen gründen *die Grundlage für ein Unternehmen schaffen, es ins Leben rufen* ◆ (sich) ein Heim, eine Familie gründen; sich auf etwas gründen *als Grundlage, Stütze, Beweis benutzen;* mein Verdacht gründet sich auf eigene Beobachtungen [< ahd. *grunden*]

**Gründer** ⟨m. 3⟩ *jmd., der etwas gegründet hat* ◆ der Gründer der Firma Diefenbach war ...

**Gründerjahre** ⟨Pl.⟩ *Zeit scheinbaren wirtschaftl. Aufschwungs in Deutschland von 1871 bis ca. 1895;* Sy *Gründerzeit*

**Gründerzeit** ⟨f. 20; unz.⟩ = *Gründerjahre*

**Grundfarbe** ⟨f. 19⟩ **1** *eine der drei Farben Gelb, Rot, Blau, durch deren Mischung alle anderen Farben entstehen* **2** ⟨Mal.⟩ *Farbe des Untergrundes, auf der die weiteren Farben aufgetragen werden*

**Grundfläche** ⟨f. 19⟩ *unterste ebene Fläche eines Körpers, auf der er ruht*

**Grundform** ⟨f. 20⟩ **1** *ursprüngl. Form* **2** *Ausgangsform, aus der sich weitere ableiten lassen* **3** ⟨Gramm.⟩ = *Infinitiv*

**Grundgedanke** ⟨m. 26⟩ *ursprünglicher Gedanke, von dem etwas ausging* ◆ der eigentliche Grundgedanke trat immer mehr in den Hintergrund

**Grundgesetz** ⟨n. 11⟩ **1** ⟨bes. Rechtsw.⟩ *Statut, Hauptgesetz* **2** *entscheidendes, wichtigstes Gesetz* **3** *fundamentale physikalische Gesetzmäßigkeit* ◆ es ist ein Grundgesetz in der Natur, dass ...; Grundgesetz für die BRD vom 23. Mai 1949 ⟨Rechtsw.; Abk.: GG⟩ *Verfassung der BRD*

**Grundherrschaft** ⟨f. 20; im MA⟩ *meist mit Recht auf Frondienst verbundene Herrschaft über Grund u. Boden sowie die diesen bewirtschaftenden Bauern*

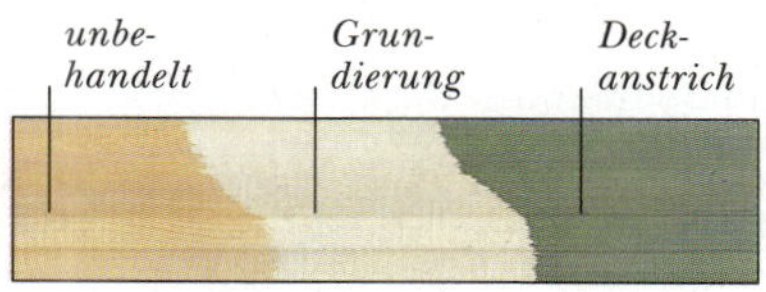


GRUNDIERUNG AUF UNBEHANDELTER HOLZLEISTE

**grundieren** ⟨V. t.; hat; Mal.⟩ die Leinwand grundieren *die Grundfarbe auf sie auftragen*

**Grundierung** ⟨f. 20; Mal.⟩ **1** *das Grundieren* **2** ▲ *erster Anstrich einer Fläche, auf den die weiteren Anstriche aufgebracht werden*

**...gründig** ⟨Adj.; in Zus.⟩ *die Art des Grundes bezeichnend,* z. B. tiefgründig, vordergründig

**Grundkurs** ⟨m. 1⟩ *Kurs, der grundlegende Kenntnisse in einem (Schul-)Fach vermittelt* ◆ einen Grundkurs in Mathematik, Physik, Sport belegen

**Grundlage** ⟨f. 19⟩ **1** *Unterlage, Unterbau* **2** *Grundstock, Basis* **3** *Grundstoff, Nährboden* ◆ die Grundlage einer Lehre, eines Konzepts, einer Wissenschaft; diese Behauptung entbehrt jeder Grundlage

**Grundlagenforschung** ⟨f. 20; unz.⟩ **1** *Erforschung der Grundlagen einer Wissenschaft, nicht zweckgerichtete Forschung* **2** *die Heraushebung der undefinierten Objekte (Axiome u. Strukturen), die den theoret. u. prakt. Anwendungen zugrunde liegen*

**grundlegend** ⟨Adj.⟩ **1** *als Grundlage, Voraussetzung dienend* (Buch, Werk) **2** *entscheidend wichtig* (Unterschied)

G

GRÜNDLING:
GEWÖHNLICHER GRÜNDLING
*(Gobio gobio)*

**gründlich** I ⟨Adj.⟩ **1** *solide, gediegen u. umfassend* (Bildung, Kenntnisse) **2** *den Dingen auf den Grund gehend, sorgfältig, gewissenhaft, peinl. genau* ◆ er ist (nicht) sehr gründlich; etwas gründlich bearbeiten, kennen, lernen, studieren; der Arzt hat ihn gründlich untersucht **II** ⟨adv.; umg.⟩ *sehr* ◆ er hat es ihm gründlich gegeben ⟨umg.⟩ *ihm deutlich die Meinung gesagt;* wir haben uns in ihm gründlich getäuscht ⟨umg.⟩

G

**Gründling** ⟨m. 1; Zool.⟩ ▲ *Angehöriger einer Gattung bodenbewohnender Karpfenfische mit Barteln: Gobio*

**grundlos** ⟨Adj.⟩ **1** *(scheinbar) ohne Grund, ohne Boden, unendlich tief* (Tiefe) **2** *keinen festen Untergrund besitzend, schlammig, sumpfig, aufgeweicht* (Wege) **3** *keine Ursache habend, unbegründet* (Verdacht) ◆ sein Argwohn, seine Eifersucht, sein Misstrauen ist völlig grundlos

**Grundmasse** ⟨f. 19; Geol.⟩ ▼ *Gestein, in das bestimmte Materialien (z. B. Edelsteine od. Fossilien) eingebettet sind*

**Grundmoräne** ⟨f. 19; Geol.⟩ *vom Gletscher mitgeführtes u. dann abgelagertes Geröll*

**Grundnahrungsmittel** ⟨n. 13⟩ *einfaches, wichtiges Nahrungsmittel,* z. B. Brot, Kartoffel

**Grundnorm** ⟨f. 20⟩ *grundlegende Norm für die gesamte Technik od. für mehrere Fachgebiete;* Ggs *Fachnorm*

**Gründonnerstag** ⟨m. 1⟩ *der Donnerstag vor Ostern* [vielleicht nach dem früher übl. Genuss einer grünen Kräutersuppe an diesem Tag od. nach den grünen Messgewändern od. „Grün…" < mhd. *gronan* „weinen", da am folgenden Karfreitag traditionell reuige (d. h. weinende, zerknirschte) Sünder wieder in die Kirche aufgenommen wurden]

**Grundpfeiler** ⟨m. 3⟩ **1** ⟨Arch.⟩ *tragender, stützender Pfeiler* **2** ⟨fig.⟩ *starke Stütze, Unterstützung (z. B. des Staatswesens, der Wissenschaften)*

**Grundrechenart** ⟨f. 20; Math.⟩ die vier Grundrechenarten *die wichtigsten, grundlegenden Rechnungsarten: Addition, Subtraktion, Multiplikation u. Division*

**Grundrecht** ⟨n. 11; meist Pl.⟩ **1** *unantastbares Recht des Einzelnen gegenüber dem Staat* **2** ⟨Völkerrecht⟩ *Recht der Staaten auf Gleichberechtigung, Selbständigkeit, Exterritorialität u. gegenseitigen Verkehr*

**Grundrente** ⟨f. 19⟩ **1** *Preis für die Bodennutzung* **2** *Einkommen aus Bodenbesitz unter Abzug der bei Bebauung anfallenden Löhne u. des Zinses für das investierte Kapital*

**Grundriss** ⟨m. 1⟩ **1** *senkrechte Projektion eines Gegenstandes auf eine waagerechte Ebene* **2** *geometrische Zeichnung des waagerechten Durchschnitts eines Gebäudes in Höhe der Fensterbrüstung* **3** *Übersichtsplan (z. B. einer Stadt, eines Geländes)* **4** *Auszug, Abriss, Übersicht* [< *Grund* + *Riss* (in der Bedeutung „Entwurf, Zeichnung")]

**Grundsatz** ⟨m. 1u⟩ **1** *feste Regel* **2** *Richtlinie des Handelns* **3** *unbestreitbare Wahrheit od. Tatsache als Grundlage der Betrachtung oder Erörterung* ◆ Grundsätze **befolgen,** haben, vertreten; ich **habe** meine Grundsätze; mein Grundsatz **heißt:** …; **sein:** das ist mein Grundsatz ◆ **bestimmte,** feste, starre, strenge Grundsätze; **ethische,** moralische Grundsätze ◆ **an** seinen Grundsätzen festhalten; ein Mensch **mit,** ohne Grundsätze(n); **nach** bestimmten Grundsätzen handeln; **von** seinen Grundsätzen nicht abgehen, abweichen

GRÜNFINK
*(Carduelis chloris)*

**grundsätzlich** ⟨Adj.⟩ **1** *von einem Grundsatz abgeleitet, auf ihm beruhend* **2** *als Regel gedacht, Ausnahmen zulassend* ◆ es handelt sich um eine Frage von grundsätzlicher Bedeutung; es handelt sich um eine grundsätzliche Frage; etwas grundsätzlich feststellen, verbieten

**Grundschleppnetz** ⟨n. 11; Hochseefischerei⟩ *großes Netz, das über den Meeresgrund gezogen wird*

**Grundschule** ⟨f. 19⟩ *Pflichtschule vom 1. bis zum 4. Schuljahr, Primarstufe*

GRUNDMASSE: SMARAGD
IN GRUNDMASSE

**Grundstein** ⟨m. 1⟩ **1** *erster Stein beim Beginn eines Baues, oft feierl. gelegt* **2** ⟨fig.⟩ *Beginn, Anfang* ◆ den Grundstein zu einem Gebäude legen; damit wurde der Grundstein für eine neue Forschung gelegt ⟨fig.⟩

**Grundstock** ⟨m. 1u⟩ *Grundlage, Anfangsbestand* ◆ ein bestimmter Betrag als Grundstock für eine Anschaffung

**Grundstoff** ⟨m. 1⟩ **1** *Ausgangs-, Rohstoff* **2** ⟨Chem.⟩ *chemisches Element*

**Grundstück** ⟨n. 11⟩ *abgegrenztes, in jmds. Eigentum befindl. Stück Boden* (Baugrundstück)

**Grundton** ⟨m. 1u; Mus.⟩ **1** *erster Ton einer Tonleiter* **2** *tiefster Ton eines Akkords in der Grundstellung;* Sy *Hauptton (1.2)*

**Gründung** ⟨f. 20⟩ **1** *Verbindung eines Bauwerkes mit dem tragfähigen Baugrund* **2** *Errichtung, Schaffung* ◆ Gründung eines Unternehmens, einer Familie, eines Vereins

**Grundwasser** ⟨n. 13; unz.⟩ *Wasseransammlung im Boden, Sickerwasser* ◆ beim Bohren auf Grundwasser stoßen

**Grundwasserspiegel** ⟨m. 5⟩, **Grundwasserstand** ⟨m. 1u⟩ Höhe des Grundwassers

**Grundwehrdienst** ⟨m. 1; unz.⟩ *der erste Wehrdienst, den ein bisher ungedienter Wehrpflichtiger aufgrund der Wehrpflicht zu leisten hat*

**Grundwortschatz** ⟨m. 1u⟩ *zur Verständigung notwendiger, grundlegender Wortschatz (einer Sprache)*

**Grundzahl** ⟨f. 20; Math.⟩ = *Kardinalzahl;* Ggs *Ordnungszahl (1)*

**Grundzug** ⟨m. 1u⟩ *kennzeichnendes Merkmal, Hauptmerkmal* ◆ das ist ein Grundzug seines Charakters, seines Wesens

**Grüne(r)** ⟨f. 30 (m. 29)⟩ *Angehörige(r) der Partei Bündnis 90/Die Grünen, die bes. umweltpolitische Interessen vertritt*

**grünen** ⟨V. i.; hat⟩ *grün werden, grüne Triebe zeigen* ◆ grünende Bäume, Sträucher; wie alles grünt und blüht

**Grünfink** ⟨m. 16⟩ ◄ *einheim. olivgrüner, Körner fressender Singvogel: Carduelis chloris;* Sy *Grünling (1)*

**Grunge** ⟨[grʌndʒ] m.; -; unz.; Mus.⟩ *Musikstil, der auf betont lässig vorgetragenem Gitarrenspiel basiert u. vielfältige Elemente der Rock- u. Punkmusik enthält* [< engl. *grunge* „Abfall, Dreck"]

**grüngelb** ⟨Adj.⟩ *gelb mit grünem Schimmer*

**Grüngürtel** ⟨m. 5; fig.⟩ *Grünanlagen, die einen Stadtkern u. Ä. gürtelförmig umschließen*

**Grünkern** ⟨m. 1⟩ *unreifes Korn einer Weizenart (Dinkel, Spelz), z. B. als Suppeneinlage od. für vegetarische Bratlinge verwendet*

**Grünkohl** ⟨m. 1; unz.⟩ *Angehöriger einer Gattung der Kohlgewächse ohne Kopf, als Gemüse u. Viehfutter verwendet: Brassica oleracea var. acephala;* Sy *Krauskohl*

**Grünlilie** ⟨[-liə] f. 19⟩ *beliebte Hängepflanze aus der Familie der Liliengewächse: Chlorophytum comosum*

**Grünling** ⟨m. 1⟩ **1** ► = *Grünfink* **2** *olivbrauner Blätterpilz: Tricholoma flavovirens;* Sy *Goldreizker, Grünreizker* **3** ⟨fig.⟩ *unerfahrener, unreifer Mensch*

GRÜNSAND

**Grünreizker** ⟨m. 3⟩ = *Grünling (2)*

**Grünsand** ⟨m. 1; Min.⟩ ◄ *durch Beimengung von Glaukonit grün gefärbte, marine Ablagerung;* Sy *Glaukonitsand*

**Grünspan** ⟨m. 1; unz.⟩ ▼ *giftiges Gemisch basischer Kupferazetate, das sich auf Gegenständen aus Kupfer u. Messing bildet* ◆ Grünspan ansetzen [< mhd. *grüenspan,* Lehnübersetzung aus mlat. *viride Hispanicum* „spanisches Grün"]

GRÜNSPAN AUF EINER HALB
RESTAURIERTEN KUPFERSCHALE

**Grünspecht** ⟨m. 1⟩ *Angehöriger einer Gattung meist grün gefärbter Spechte mit rotem Abzeichen am Kopf: Picus*

**grunzen** ⟨V. i.; hat⟩ **1** *rauhe Kehllaute ausstoßen (wie ein Schwein)* **2** ⟨fig.; umg.⟩ *knurren, mürrisch u. undeutlich reden* **3** ⟨umg.⟩ *schlafen* [< ahd. *grunnizon,* engl. *grunt*]

**Grupp** ⟨m. 6; Bankw.⟩ *verschlossene Geldpackung, Geldpaket* [< ital. *gruppo* „Klumpen, Pack"]

**Gruppe** ⟨f. 19⟩ **1** *kleine, zwanglose Anzahl von Menschen od. Dingen* **2** *kleine, als Einheit zusammengehörige Schar von Menschen od. Dingen* (Baumgruppe, Jugendgruppe, Tanzgruppe, Wortgruppe) **3** ⟨Math.⟩ *ein System von Elementen (z. B. Zahlen, Funktionen), die durch bestimmte vorgeschriebene Verknüpfungen (z. B. Addition, Permutation) wieder in ein Element des Systems übergeführt werden* ◆ Gruppe 47 *eine 1947 von deutschsprachigen Schriftstellern gegründete Interessengemein-*

*schaft;* eine Gruppe Fans, Kinder, Politiker, Studenten, Schauspieler, Touristen; Gruppen bilden, zusammenstellen [< frz. *groupe* „Vereinigung, Gruppe" < ital. *gruppo* „Vereinigung"]

**Gruppendynamik** ⟨f. 20; unz.⟩ *Lehre von den Wechselbeziehungen zwischen den Angehörigen sozialer Gruppen u. ihrer Verhaltensweisen u. Arbeitsformen*

GUAJAVE
*(Psidium guajavo)*

**gruppieren** ⟨V. t.; hat⟩ *nach, in Gruppen ordnen, wirkungsvoll zusammenstellen* ◆ (sich) um etwas od. jmdn. gruppieren *um etwas od. jmdn. sammeln, aufstellen, lagern*

**Gruppierung** ⟨f. 20⟩ **1** *das Gruppieren* **2** *Anordnung in Gruppen*

**gruseln** ⟨V. t. u. V. i. unpersönl. od. refl.; hat⟩ es gruselt mir, mich ⟨od.⟩ mir, mich gruselt's ⟨od.⟩ ich grus(e)le mich *ich empfinde leichte Furcht, mir läuft ein Schauer (der Furcht) über den Rücken* [< mhd. *griuseln*]

GUASCH ANGEWANDT
ZUR HERVORHEBUNG
VON KONTRASTEN IM AQUARELL

**Gruß** ⟨m. 1u⟩ **1** *Worte od. Gebärden bei Begegnungen od. Abschied* **2** *Wort od. Zeichen des Gedenkens* **3** *Formel am Schluss von Briefen* ◆ noch einen Gruß **anfügen,** dazuschreiben, hinzufügen; jmdm. einen Gruß an jmdn. **auftragen;** einen Gruß **ausrichten,** bestellen, sagen, schicken, schreiben, übermitteln; ◆ ein **ehrerbietiger,** förmlicher, höflicher, militärischer, stummer Gruß; **freundliche,** herzliche, viele Grüße ... *(Briefschluss)* ◆ einen Gruß **an** Ihre Frau!; einen Gruß an jmdn. schreiben; einen Gruß **nach** Düsseldorf schicken; ich soll dir Grüße **von** Holger bestellen; jmdn. die Hand **zum** Gruß bieten, entgegenstrecken, hinhalten, reichen

**grüßen** ⟨V. t. u. V. i.; hat⟩ **1** *einen Gruß entbieten* **2** *einen Gruß übermitteln* **3** ⟨poet.⟩ *sichtbar sein, werden* ◆ sei (mir) gegrüßt!; einander, jmdn. (nicht) grüßen; grüß deine **Eltern** (von mir)! ◆ **kannst** du nicht grüßen? *(bes. als Mahnung an Kinder);* jmdn. grüßen **lassen** *ihm Grüße übermitteln* ◆ **ehrfürchtig,** freundlich, höflich grüßen ◆ **mit** einem Lächeln, Nicken, Winken grüßen [< ahd. *gruozen* „anreden, angreifen", engl. *greet*]

**Grußwort I** ⟨n. 12u⟩ *Wort, mit dem man jmdn. begrüßt od. mit dem man sich von jmdm. verabschiedet,* z. B. „Hallo", „Adieu" **II** ⟨n. 11⟩ *begrüßende, einleitende Ansprache* ◆ ein kurzes Grußwort sprechen

**Grütze**[1] ⟨f. 19⟩ **1** *grob gemahlene, geschälte Getreidekörner (bes. Hafer, Gerste, Hirse, Buchweizen)* **2** *Brei od. erstarrte Süßspeise aus diesen Körnern sowie aus Sago, Kartoffelmehl u. Ä. mit Fruchtsaft* ◆ rote Grütze als Nachspeise [< ahd. *gruzzi,* engl. *grit*]

**Grütze**[2] ⟨f. 19; unz.; fig.; umg.⟩ *Verstand* ◆ (keine, wenig) Grütze im Kopf haben [< frühnhd. *kritz,* urspr. „Kitzel", dann „Vorwitz, Scharfsinn"]

**GS** ⟨Abk. für⟩ *geprüfte Sicherheit (Qualitätsbez. von Kinderartikeln)*

**G-Schlüssel** ⟨m. 5; unz.; Mus.⟩ = *Violinschlüssel*

**Guajave** ⟨[-və] f. 19⟩ ◄ *wohlschmeckende Frucht des Guajavenbaums;* oV *Guave*

**Guajavenbaum** ⟨m. 1u⟩ *im trop. Amerika heimisches, als Obstbaum kultiviertes Myrtengewächs: Psidium guajava*

**Guanako** ⟨m. 6; Zool.⟩ ► *höckerloses, dem Lama ähnliches Kamel Südamerikas: Lama guanicoe* [< span. *guanaco* < Ketschua *huanacu*]

**Guano** ⟨m. 6; unz.⟩ *Kotablagerung von Seevögeln, als stickstoff- u. phosphorhaltiger Naturdünger genützt* [< span. < Ketschua *huanu* „Mist"]

**Guarani I** ⟨m.; -, -⟩ *Währungseinheit in Paraguay, 100 Centimos* **II** ⟨m. 6 od. m.; -, -⟩ *Angehöriger eines indian. Volkes in Südamerika* **III** ⟨n.; -; unz.⟩ *dessen Sprache*

**Guarkernmehl, Guarmehl** ⟨n. 11⟩ *gemahlenes Endosperm der indischen Leguminose Cymopsis tetragonoloba, Dickungs- u. Geliermittel*

**Guarneri** ⟨f. 10; Mus.⟩ *in der Werkstatt der ital. Geigenbauerfamilie Guarneri angefertigte Geige (aus dem 17. u. 18. Jh.)*

**Guasch** ⟨f. 20; Mal.⟩ oV *Gouache* **I** ⟨unz.⟩ ◄ *das Malen mit deckenden Wasserfarben, die mit Weiß u. Gummiarabikum versetzt sind* **II** ⟨zählb.⟩ *Bild in dieser Art der Malerei* [< frz. *gouache* „Wasserfarbenmalerei" < ital. *guazzo* „Wasserfarbe", eigtl. „Pfütze" < lat. *aquatio* „Lache" < *aqua* „Wasser"]

**Guave** ⟨[-və] f. 19⟩ ► = *Guajave*

**gucken** ⟨V. i.; hat⟩ *schauen, blicken, lugen* ◆ er guckt intelligent, interessiert, ziemlich dumm [< ahd. *guckan*]

**Guerilla** ⟨[ge'rilja]⟩ **I** ⟨f.; -, -s od. -rillen [-rilljən]⟩ = *Guerillakrieg* **II** ⟨m. 6; meist Pl.⟩ = *Guerillakämpfer* [span. Verkleinerungsform zu *guerra* „Krieg"]

**Guerillakämpfer** ⟨[gerilja-] m. 3⟩ *Partisan, Freischärler;* Sy *Guerilla (II)*

**Guerillakrieg** ⟨[gerilja-] m. 1⟩ *Klein-, Banden-, Partisanenkrieg;* Sy *Guerilla (I)*

**Guillotine** ⟨[gi(l)jɔ'ti:n(ə)] f. 19; in der Französ. Revolution⟩ **1** ► *Hinrichtungsmaschine, Fallbeil* **2** *die Hinrichtungsstätte selbst* ◆ jmdn. auf die Guillotine bringen; auf die Guillotine steigen [nach dem französ. Arzt J.I. *Guillotin,* 1738-1814]

**Guinee** ⟨[gi'ne:(ə)] f. 19⟩ *1662 geprägte engl. Münze (21 Schilling), im Umlauf bis 1816* [nach der *Guinea*-Küste, von der das zur Herstellung der Münzen gebrauchte Gold stammte]

**Gulasch** ⟨m. 1 od. (österr. nur:) n. 11⟩ *aus Ungarn stammendes Gericht aus Rindfleisch-, später auch Kalbfleischwürfeln mit scharf gewürzter Soße* [< ung. *gulyás,* verkürzt aus *gulyás hús* „scharfes Fleischgericht, wie es von Rinderhirten im Kessel gekocht wird" < ung. *gulyás* „Rinderhirt", *gulya* „Rinderherde"]

**Gulden** ⟨m. 4⟩ **1** ⟨Abk.: fl., Fl.⟩ *seit dem 14. Jh. Goldmünze* **2** ⟨1500 bis ins 19. Jh.⟩ *Silbermünze in*

GUILLOTINE: REPLIK EINER
FRANZÖSISCHEN GUILLOTINE
DES SPÄTEN 18. JH.

GUANAKO
*(Lama guanicoe)*

*Deutschland u. benachbarten Staaten;* → a. *Taler* **3** ⟨Abk.: hfl., fl., Fl. (= holländ. Florin); heute⟩ *Währungseinheit in den Niederlanden, 100 Cents* [verkürzt < mhd. *guldin pfenninc* „goldene Münze"]

**güldisch** ⟨Adj.; Bgb.⟩ *goldhaltig*

**Gülle** ⟨f. 19; oberdt.⟩ **1** *Jauche* **2** *Pfütze* [< mhd. *gülle* „Lache, Pfütze"]

**Gully** ⟨[-li] m. 6 od. n. 15⟩ *Abzugskanal, Einlaufschacht für Straßenabwässer* [engl.]

**gültig** ⟨Adj.⟩ *geltend, in Kraft, in (allg.) Gebrauch befindlich, amtl. anerkannt, wirksam* (Bestimmung, Eintrittskarte, Fahrkarte, Geldschein, Gesetz, Pass, Regelung, Urkunde, Vereinbarung) ◆ dieser Personalausweis ist schon lange nicht mehr gültig [< mhd. *gültic* „im Preis stehend, teuer, zu zahlen verpflichtet"; zu mhd. *gülte*]

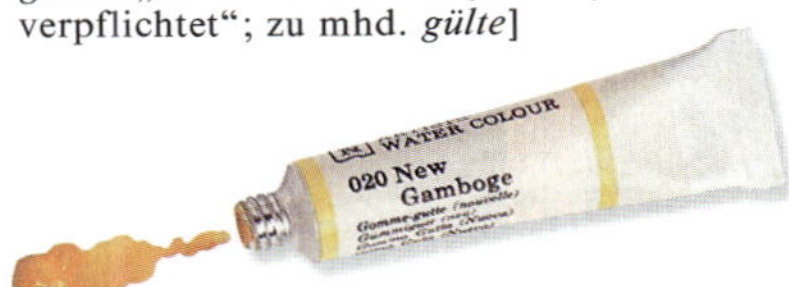


GUMMIGUTT:
KÜNSTLERFARBE

**Gültigkeit** ⟨f. 20; unz.⟩ *Rechtskraft, amtl. Anerkennung, Wirksamkeit* ◆ keine Gültigkeit mehr haben *nicht mehr gelten*

**Gummi I** ⟨n. 15 od. m. 6; Pl. a.: -⟩ **1** ⟨Kurzwort für⟩ *Gummiharze, lufttrockene Säfte verschiedener Pflanzen, die in Wasser quellfähig, in Alkohol u. in Harzlösungen unlöslich sind* **2** *Klebstoff* **3** ⟨häufig fälschl. für⟩ *Kautschuk* **II** ⟨m. 6; umg.⟩ **1** = *Kondom* **2** ⟨kurz für⟩ *Radiergummi* [< mhd. *cummi(s),* (jünger) *gummi* < grch. *kommi* < altägypt.]

**Gummibaum** ⟨m. 1u; Bot.⟩ *aus Ostindien stammendes Maulbeergewächs, beliebte Zimmerpflanze: Ficus elastica*

**Gummierung** ⟨f. 20⟩ *feine Schicht, bestehend aus Klebstoff*

**Gummigutt** ⟨n. 15; unz.⟩ ▲ *giftiges Gummiharz ostindischer Bäume, das als Abführmittel, Firnis und als gelbe Wasserfarbe verwendet wird* [zu mal. *getah* „Pflanzensaft, Baumharz"]

**Gummiparagraf** ⟨m. 16; umg.⟩ = *Gummiparagraph*

**Gummiparagraph** ⟨m. 16; umg.⟩ *nicht eindeutig formulierter u. daher unterschiedlich auslegbarer Paragraph;* oV *Gummiparagraf*

G

**Gummizug** ⟨m. 1u⟩ *dehnbares, eingesetztes Stoffstück mit Gummifäden (z. B. am oberen Rand der Strümpfe)*

**Gunst** ⟨f. 20; unz.⟩ **1** *Wohlwollen, freundl., gnädige Gesinnung, Gönnerschaft* **2** *Zeichen des Wohlwollens, Gunstbezeigung, Gnade, Bevorzugung* **3** *Vorteil* ◆jmdm. seine Gunst **entziehen;** jmds. Gunst **erlangen,** erwerben, genießen; jmdm. eine Gunst **erweisen,** erzeigen, gewähren, versagen ◆bei jmdm. hoch **in** der Gunst stehen; sich sich **um** jmds. Gunst bemühen, bewerben; → a. *zugunsten* [< mhd. *gunst* „Wohlwollen, Erlaubnis“; zu ahd. *giunnan* „gönnen“]

**günstig** ⟨Adj.⟩ **1** *wohlwollend, wohlgesinnt* **2** *vorteilhaft, förderlich* ◆ich konnte den Vertrag unter günstigen **Bedingungen** abschließen; eine günstige **Entwicklung;** dafür will ich eine günstige **Gelegenheit** abwarten; ein günstiger **Krankheitsverlauf;** im günstigsten **Licht** erscheinen ⟨fig.⟩ *den besten Eindruck machen;* ein günstiges **Urteil** ◆er hat dabei günstig **abgeschnitten** *vorteilhaft;* ich hoffe, er wird meine Vorschläge günstig **aufnehmen;** die Angelegenheit hat sich günstig für dich **entwickelt** ◆jmdm. günstig **gesinnt** sein [→ *Gunst*]

**Günstling** ⟨m. 1⟩ *jmd., der in Gunst steht, bevorzugt wird*

GUPPY: ORANGEFARBENE FORM *(Poecilia reticulata)*

**Guppy** ⟨[-pi] od. engl. [ˈgʌpi] m. 6; Zool.⟩ ▲ *zu den Zahnkarpfen gehörender südamerikanischer Aquarienfisch: Poecilia reticulata* [nach dem brit. Naturforscher R.J.L. *Guppy*]

**Gurgel** ⟨f. 21⟩ = *Kehle* ◆jmdm. die Gurgel abdrücken, abschnüren, zudrücken, zuschnüren (damit er erstickt); jmdm. an die Gurgel fahren, springen *ihn erwürgen wollen;* ⟨fig.⟩ *jmdn. hart angehen, anfahren (mit Worten)* [< ahd. *gurgula* < lat. *gurgulio* „Schlund, Kehle, Luftröhre“]

**gurgeln** ⟨V. i.; hat⟩ **1** *mit dumpfem Geräusch sprudeln, gluckern* (Wasser, Strudel, Wirbel) **2** *Atmungsluft durch einen Schluck Flüssigkeit, der sich im oberen Rachenraum befindet, durchblasen, den Hals ausspülen (bei Erkältungen)*

**Gurke** ⟨f. 19⟩ **1** *Salat- u. Gemüsepflanze mit warzigen, längl. Früchten, Kukum(b)er: Cucumis sativus* **2** ⟨scherzh. für⟩ *Nase* ◆eingelegte, saure Gurken [< westslaw. (16. Jh.), z. B. poln. *ogorek,* russ. *ogurec,* tschech. *okurka* „Gurke“; zu grch. *angurion* „Wassermelone“ < pers. *angarah* od. < mgrch. *agouros* „Gurke“; zu grch. *aoros* „unreif“, da die Gurke grün geerntet wird]

**Gurkenkraut** ⟨n. 12u; unz.⟩ ► = *Gemeiner → Borretsch*

**Gurkha** ⟨m. 6 od. m.; -, -⟩ *Angehöriger eines Volkes in Nepal;* → a. *Kukri*

**gurren** ⟨V. i.; hat⟩ **1** *einer Taube ähnlich rufen* **2** *lockend, kokett lachen od. sprechen* [lautmalend]

**Gurt** ⟨m. 1⟩ **1** *festes, breites Band aus Stoff od. Leder, breiter Riemen* (Degengurt, Sattelgurt) **2** *Gürtel* **3** ⟨Mil.⟩ *Band mit Fächern für Patronen (beim Maschinengewehr), Ladestreifen* (Patronengurt) **4** ⟨Arch.⟩ *waagerechte, bandartige Unterteilung der Fassade* **5** *die äußeren Stäbe einer Fachwerkkonstruktion bei Brücken u. Dachbindern* **6** *die flach liegenden, durch das senkrecht stehende Stegblech verbundenen oberen u. unteren Teile eines Blechträgers* [< mhd. *gurt;* Rückbildung zu *gürten*]

**Gürtel** ⟨m. 5⟩ **1** *breites Band aus Stoff od. Leder zum Festhalten der Kleidung* (Kleidergürtel, Ledergürtel) **2** ⟨Anat.⟩ *Hüftgegend* (Lendengürtel) **3** *einen Körper, bes. die Erdkugel, ein Gebiet umschließender Streifen, Zone* (Tropengürtel, Grüngürtel, Festungsgürtel) ◆den Gürtel ablegen, abnehmen, lockern, lösen, schließen; den Gürtel enger schnallen ⟨fig.; umg.⟩ *sich einschränken* [< ahd. *gurtil,* engl. *girdle;* → *gürten*]

**Gürtellinie** ⟨[-niə] f. 19⟩ *gedachte Linie um den Rumpf in Höhe des Gürtels* ◆ein Schlag unter die Gürtellinie ⟨fig.; umg.⟩ *Gemeinheit, unfaires, beleidigendes Vorgehen* [nach den im Boxkampf verbotenen Schlägen auf Körperteile unterhalb der Gürtellinie]

**Gürtelrose** ⟨f. 19; unz.; Med.⟩ *durch Virus hervorgerufene, akute Infektionskrankheit mit begrenzter Nervenentzündung sowie Rötung, Schwellung u. Bläschenbildung auf einer Hautstelle: Herpes zoster*

**Gürteltier** ⟨n. 11; Zool.⟩ ▼ *Angehöriges einer Familie der Nebengelenker, an der Rückenseite mit hornigen od. verknöcherten, gürtelartig angeordneten Hautschilden versehene u. mit Grabkrallen ausgerüstete Tiere: Dasypodidae;* ► *Säugetiere*

**gürten** ⟨V. t.; hat⟩ *einen Gürtel legen um* ◆sich gürten *sich einen Gurt, Gürtel umschnallen* [< ahd. *gurtan, gurten,* engl. *gird*]

**Guru** ⟨m. 6⟩ **1** ⟨im Hinduismus⟩ *geistl. Lehrer* **2** ⟨fig.; scherzh.⟩ *berühmter Anführer einer modernen Richtung, jmd., der in einem Bereich den Ton angibt* [Hindi; zu Sanskrit *guru* „ehrwürdig“]

**GUS** ⟨Abk. für⟩ *Gemeinschaft Unabhängiger Staaten (als Staatenbund der Länder der ehem. Sowjetunion)*

**Guss** ⟨m. 1u⟩ **1** *das Gießen von flüssigem Metall in Formen, in denen es dann erhärtet* **2** *das gegossene Metall, Erzeugnis der Gießerei* **3** *kurzer, heftiger Regen* (Regenguss) **4** *Flüssigkeitsmenge, die gegossen wird* **5** *Strahl* **6** *glänzender Überzug über Kuchen, Kleingebäck u. Ä.* ◆der Guss einer **Büste,** eines Denkmals, einer Glocke ◆der Guss **springt** *bekommt Risse* ◆diese Arbeit, das Gedicht, der Roman, das Theaterstück ist **aus** einem Guss ⟨fig.; umg.; eigtl.⟩ *wie gegossen: einheitlich gestaltet, vollständig, ohne Bruch, ohne störende Elemente* [→ *gießen*]

**Gusseisen** ⟨n. 14; unz.⟩ *nicht od. schlecht schmiedbares, kohlenstoffhaltiges Eisen, das nur durch Gießen geformt werden kann;* Ggs *Schmiedeeisen*

**Gusto** ⟨m. 6; unz.; veraltet; noch bair., österr.⟩ **1** *Geschmack, Geschmacksrichtung, Appetit* **2** *Verlangen* ◆das ist (nicht) nach meinem Gusto [ital., span. „Geschmack“ < lat. *gustus* „das Schmecken“]

GÜRTELTIER: NEUNBINDENGÜRTELTIER *(Dasypus novemcinctus)*

**gut** ⟨Adj.; besser, am besten⟩ **1** *sittlich einwandfrei, edel, hilfreich, liebevoll, selbstlos* (Mensch, Mutter, Tat) **2** *gutmütig* **3** *brav, folgsam* (Kind, Hund) **4** *tüchtig* (Arzt, Schüler) **5** *sachlich einwandfrei, wertvoll, gehaltvoll* (Buch, Ware) **6** *ohne Tadel, ohne Fehler* (Ergebnis, Leistung) **7** *überdurchschnittlich* (a. als Schulnote) **8** *ertragreich, Ertrag versprechend* (Jahr, Geschäft, Ernte) **9** *heil, gesund, leistungsfähig, ohne Schaden* (Gesundheit, Herz) **10** *brauchbar* (Werkzeug) **11** *recht, in Ordnung, ausreichend, genügend* **12** *nützlich, vorteilhaft, heilsam* (Medizin, Lehre) **13** *günstig, erfreulich* (Nachricht) **14** *lieb, zugetan, herzlich* (Freund, Freundschaft, Einvernehmen) **15** *vornehm, fein, angesehen* (Gesellschaft) **16** *angenehm, schön* (Geruch, Geschmack, Reise, Wetter) **17** *fröhlich, zuversichtlich* (Stimmung, Laune) **18** *festtäglich, für Festtage bestimmt* (Anzug, Kleid) **19** ⟨bei Mengen-, Zeitangaben⟩ *reichlich gerechnet, reichlich bemessen* **20** ⟨als Bestandteil von Grußformeln⟩ *erfreulich, angenehm* ◆gut! abgemacht; der Gute!; der gute Paul!; guten/Guten **Abend,** guten/Guten Morgen, guten/Guten Tag, gute/Gute Nacht!; gute **Augen** haben *scharf sehen können;* ein gutes **Buch** lesen; gute **Fahrt!;** er ist ein guter **Kerl;** ein guter **Mathematiker** sein; gute **Musik** hören; wir sind zwei gute **Stunden** gegangen; ein guter **Teil** *großer T.;* ein guter **Witz** ◆es ist noch einmal gut **abgelaufen;** ich **ahne** nichts Gutes; wir sind gut **angekommen** (am Ziel); **auskommen:** er kommt mit seinem Geld (nicht) gut aus; gut **aussehen;** das kann ich mir gut **denken** *ohne Mühe, ohne weiteres;* **festhalten:** halt dich gut fest! *richtig, ordentlich;* gut **gemeint** *in guter Absicht;* ein gut gemeinter Rat; es **hat** alles sein Gutes; er hat sich gut **gehalten** *er war tapfer, standhaft, ausdauernd;* etwas, jmdn. gut **kennen;** das **kann** ich gut!; er kann von seinem Geld gut **leben; mach's** gut! ⟨umg.⟩ *(als Abschiedsgruß);* das kann man sich gut **merken** *leicht;* das Kleid **passt,** sitzt gut; gut **riechen;** das hast du gut **gesagt** *treffend, hübsch;* gut **schmecken;** gut **sehen,** hören, laufen können; **sein:** es ist gut (so) *es genügt;* es ist gut, dass du kommst; das ist längst wieder gut; lass gut sein! *sprich nicht mehr davon!;* er **spielt** gut (Geige, Klavier); Gutes **tun;** jmdm. gut tun *jmdm. Gutes tun; Wohltätigkeit üben; gute Wirkung haben (Arznei);* die frische Luft wird dir gut tun; etwas gut **verstehen;** das kann ich gut verstehen; die beiden verstehen sich sehr gut; gut **vorwärts kommen;** pass auf, es wird alles noch gut **werden; zudecken:** deck dich gut zu *ordentlich, um warm zu bleiben* ◆ich habe gut zwei Stunden warten müssen; jmdm. **alles** Gute wünschen; Gute und **Böse;** jenseits von gut und böse; gut und böse unterscheiden können; das ist ja alles (ganz) gut und **schön,** aber ...; das ist **zu viel** des Guten! ⟨meist iron.⟩ ◆**also** gut! *einverstanden (wenn es sein muss)!;* das Gute **an** der Sache ist, dass wir es rechtzeitig erfahren haben; heute Mittag gibt es **etwas** Gutes (zu essen); sich **für** eine gute Sache einsetzen; das ist gut **genug; im** Guten *freundschaftlich, ohne Streit;* im Guten auseinander gehen; das Examen **mit** „gut“, mit „sehr gut“ bestanden haben; das bedeutet **nichts** Gutes; **so** gut er kann; etwas so gut wie möglich machen; das ist so gut wie sicher *fast sicher;* er ist viel **zu** gut *man nutzt ihn aus* ◆**wie** gut, dass ich noch daran gedacht habe!; wer weiß, **wozu** es gut ist (was geschehen ist) [< ahd. *guot,* engl. *good*]

**Gut** ⟨n. 12u⟩ **1** *Besitz, Eigentum, Sachen, Habseligkeiten* **2** *Gegenstand des Besitzes* **3** *Ware* (Verbrauchsgüter) **4** *Ladung, Fracht* (Eilgut, Stückgut) **5** *landwirtschaftl. Betrieb* (Weingut) **6** *Material* (Steingut) **7** *Schatz, Kostbarkeit, Wert(stück)* **8** ⟨fig.⟩ *sittlicher innerer Wert* ◆ Güter **aufgeben,** befördern, verzollen ◆ **bewegliche** Güter *Möbel, Geräte usw.;* **fremdes,** gestohlenes Gut; **liegende** Güter *Liegenschaften* ◆ sich **an** fremdem Gut vergreifen [< ahd. *guot* „Gutes, Güte, Vermögen, Besitz, Landgut" (= substantiviertes Adj. *gut*)]

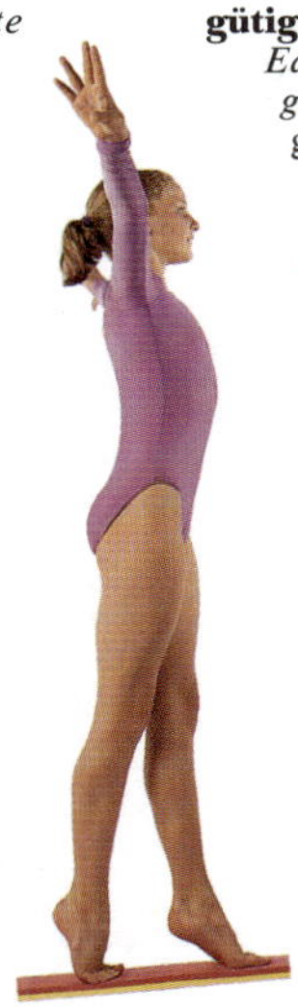

GYMNASTIKANZUG

**gutachten** ⟨V. i.; hat⟩ *ein Gutachten verfassen, abgeben* ◆ Prof. K. hat in dieser Sache gegutachtet; werden Sie gutachten?

**Gutachten** ⟨n. 14⟩ *fachmännisches Urteil* ◆ ärztliches, juristisches, schriftliches Gutachten; ein Gutachten abgeben (über)

**gutartig** ⟨Adj.⟩ **1** ⟨Med.⟩ *ungefährlich, nicht lebensbedrohend* (Geschwulst) **2** *lenkbar, freundlich* (Kind, Tier)

**Gutdünken** ⟨n.; -s; unz.⟩ *Belieben, Ermessen, Ansicht* ◆ nach (eigenem) Gutdünken handeln

**Güte** ⟨f. 19; unz.⟩ **1** *edle, hilfreiche, großherzige Gesinnung, Selbstlosigkeit* (Herzensgüte) **2** *Nachsicht, Freundlichkeit* **3** *Gefälligkeit, Hilfsbereitschaft* **4** *Wert, Beschaffenheit, Qualität (einer Ware)* ◆ würden Sie die Güte haben, mir meinen Koffer herunterzugeben?

**Güterbahnhof** ⟨m. 1u⟩ *Abteilung des Bahnhofs für den Güter-, nicht den Personenverkehr*

**Gütergemeinschaft** ⟨f. 20⟩ *vertraglich vereinbartes, gemeinschaftl. Besitzen der Güter beider Ehepartner bzw. mehrerer zusammen lebender od. arbeitender Personen* ◆ in Gütergemeinschaft leben

**Gütertrennung** ⟨f. 20; unz.⟩ *vertragl. vereinbartes Getrennthalten des Eigentums der beiden Ehepartner* ◆ in Gütertrennung leben

**Gütezeichen** ⟨n. 14⟩ *auf Waren angebrachtes Zeichen, das eine Prüfung auf Güte bestätigt*

**gutgläubig** ⟨Adj.⟩ *nichts Böses vermutend, in gutem Glauben handelnd, vertrauensvoll, vertrauensselig*

**guthaben** ⟨V. t. 159; hat⟩ eine Schuld guthaben *zu fordern haben* ◆ einen Betrag von 100 Mark bei jmdm. guthaben

**Guthaben** ⟨n. 14⟩ **1** *Schuld, die man von jmdm. zu fordern hat* **2** ein Guthaben auf der Bank besitzen, haben *gespartes Geld, Kapital* **3** *Schuld, die man von jmdm. zu fordern hat* **4** *Differenz zwischen der Summe der Gutschriften u. der Lastschriften auf einem Konto, wobei die Gutschriften die Lastschriften übersteigen*

**gutheißen** ⟨V. t. 164; hat⟩ *billigen, genehmigen, für richtig halten, für gut befinden* ◆ dieses Vorgehen heißt du gut?

**gütig** ⟨Adj.⟩ **1** *hilfreich u. liebreich, edel, aus Edelmut leicht verzeihend* **2** *freundlich, gefällig* ◆ ein gütiges Herz haben; ein gütiger Mensch; zu gütig! *vielen Dank!, das war doch nicht nötig!* [< mhd. *güetec* „freundlich"]

**gütlich** ⟨Adj.⟩ *ohne Streit, friedlich, ohne gerichtl. Urteil* ◆ eine gütliche Einigung; sich gütlich einigen; sich an etwas gütlich tun *etwas (Speise) genießen, sich mit Genuss an etwas satt essen* [< ahd. *guotlih* „gut, gütig, freundlich"]

**gutmachen** ⟨V. t.; hat⟩ **1** *etwas tun, um für Unrecht od. Schaden Ersatz zu schaffen (durch Leistung od. Entschuldigung)* **2** *finanziellen Gewinn erzielen* ◆ wie kann ich mein Unrecht jemals (wieder) gutmachen?

**gutmütig** ⟨Adj.⟩ *gutherzig, leicht nachgebend, andern gern gefällig, sehr hilfsbereit, nicht leicht böse* (Mensch, Tier) ◆ ein besonders gutmütiger Kerl

**Gutschein** ⟨m. 1⟩ *Dokument, das einen Anspruch auf Geld od. Ware bescheinigt, Bon* ◆ einen Gutschein einlösen

**gutschreiben** ⟨V. t. 226; hat⟩ *als Guthaben aufschreiben od. eintragen, auf die Habenseite setzen* ◆ jmdm. od. einem Konto einen Betrag gutschreiben

**Gutschrift** ⟨f. 20⟩ **1** *Eintragung eines Guthabens auf ein Konto od. eine Rechnung* **2** *Bescheinigung über einen gutgeschriebenen Betrag;* Ggs *Lastschrift*

**guttural** ⟨Adj.; Phon.⟩ *als Kehl- od. Gaumenlaut klingend, kehlig* ◆ einen Laut guttural aussprechen [zu lat. *guttur* „Kehle"]

**Guttural** ⟨m. 1⟩, **Gutturallaut** ⟨m. 1; Phon.⟩ = *Gaumenlaut*

**gutwillig** ⟨Adj.⟩ **1** *im Guten, freiwillig* **2** *gehorsam, sich Mühe gebend, voll guten Willens* ◆ gutwillig mitkommen, mitgehen; seine Schulden gutwillig zahlen

**GWh** ⟨Zeichen für⟩ *Gigawattstunde*

**Gymnasium** ⟨n.; -s, -sien⟩ **1** ⟨Antike⟩ *Raum für athletische Schulung* **2** ⟨16. bis Mitte 20. Jh.⟩ *höhere Schule mit Latein- u. Griechischunterricht* **3** ⟨heute⟩ *höhere Schule vom 5. bis zum 13. Schuljahr mit Abitur als Abschluss* ◆ altsprachliches, neusprachliches, naturwissenschaftliches Gymnasium [lat. < grch. *gymnasion* „öffentl. Platz für Leibesübungen", (die nackt (grch. *gymnos*) vorgenommen wurden), dann „Versammlungsplatz der Philosophen"]

**Gymnastik** ⟨f. 20; unz.⟩ **1** *Körperübung, Körperschulung durch rhythmische Bewegungen* **2** *Heilung gewisser Körperschäden durch rhythmische Bewegungen* (Heilgymnastik, Krankengymnastik) ◆ Gymnastik treiben [< lat. *gymnastica ars* < grch. *gymnastike techne* „Kunst der Leibesübungen"; zu grch. *gymnos* „nackt", da die Leibesübungen nackt durchgeführt wurden]

**Gymnastikanzug** ⟨m. 1u⟩ ◄ *eng anliegendes, den Rumpf bedeckendes, einteiliges Kleidungsstück*

**Gymnospermen** ⟨Pl.; Bot.⟩ ► = *Nacktsamer;* Ggs *Angiospermen* [< grch. *gymnos* „nackt" + *sperma* „Same"]

**Gynäkologie** ⟨f. 19; unz.⟩ = *Frauenheilkunde* [< grch. *gyne,* Gen. *gynaikos* „Frau" + *logos* „Kunde"]

**gynäkologisch** ⟨Adj.⟩ *zur Gynäkologie gehörend, auf ihr beruhend, mit ihrer Hilfe* ◆ gynäkologische Untersuchung

**Gyros** ⟨n.; -, -⟩ *griechisches Gericht mit Fleischstückchen, die von einem am Drehspieß gegrillten Fleischstück abgeschnitten werden* [grch., „Ring, Kreis, Windung"]

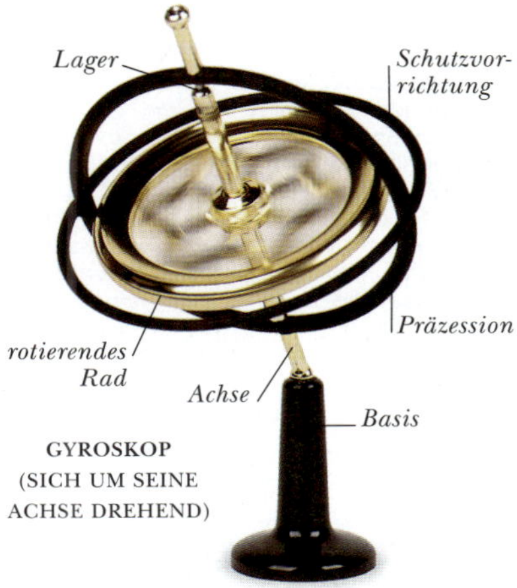


GYROSKOP (SICH UM SEINE ACHSE DREHEND)

**Gyroskop** ⟨n. 11⟩ ▲ *Gerät zum Nachweis der Wirkung äußerer Kräfte auf einen rotierenden Körper (Kreisel), wird z. B. zum Nachweis der Achsendrehung der Erde od. als Kreiselkompass verwendet* [< grch. *gyros* „rund" + *skopein* „sehen"]

G

# H



**h** **I** ⟨n.; -, -; Mus.⟩ *Tonbezeichnung, Grundton der h-Moll-Tonleiter* **II** ⟨ohne Art.⟩ **1** ⟨Mus.; Abk. für⟩ *h-Moll (Tonartbezeichnung)* **2** ⟨vor Maßeinheiten Zeichen für⟩ *Hekto...* **3** ⟨(als $^{h}$) Zeichen für⟩ *hora (Stunde)*

**H** **I** ⟨n.; -, -; Mus.⟩ *Tonbezeichnung, Grundton der H-Dur-Tonleiter* **II** ⟨ohne Art.⟩ **1** ⟨Mus.; Abk. für⟩ *H-Dur (Tonartbezeichnung)* **2** ⟨Chem.; Zeichen für⟩ *Wasserstoff (Hydrogenium)* **3** ⟨Zeichen für⟩ *Henry*

**ha** ⟨Zeichen für⟩ *Hektar*

**Haar** ⟨n. 11⟩ **I** ⟨zählb.⟩ ▼ *fadenförmiges Gebilde der Außenhaut von Tieren u. Menschen, bes. charakterist. für Säugetiere, bei denen sie aus Hornsubstanz bestehen, auch als Bildungen der Kutikula bei Insekten* (Körperhaar) ◆ **ausfallen:** die Haare fallen ihm aus; niemandem ein Haar **krümmen** ⟨fig.⟩ *niemandem etwas Böses, etwas zuleide tun;* er hat Haare **lassen** müssen *hat (gegen seinen Willen) ein Opfer bringen müssen;* die Haare **stehen** einem zu Berge *man ist entsetzt;* die Haare **sträubten** sich ihm vor Schreck ⟨fig.⟩ ◆ **blonde,** graue Haare, ⟨besser⟩ blondes, graues Haar; darüber lasse ich mir keine **grauen** Haare wachsen *darüber mache ich mir keine Sorgen;* kein **gutes** Haar an jmdm. lassen ⟨fig.⟩ *über jmdn. sehr schlecht sprechen* ◆ dieser Vergleich ist sehr, etwas **an** den Haaren herbeigezogen ⟨fig.⟩ *gezwungen, gewaltsam, nicht ganz einleuchtend;* einander **in** die Haare geraten ⟨fig.⟩ *heftigen Streit miteinander anfangen;* das Kind wäre **um** ein Haar überfahren worden ⟨fig.⟩ *es hat sehr wenig gefehlt, dass ..., beinahe* **II** ⟨unz.⟩ **1** *Gesamtheit der Kopfhaare* (Haupthaar, Kopfhaar) *sowie Barthaare* (Barthaar) **2** ⟨Jägerspr.⟩ *Fell der jagdbaren Säugetiere* ◆ sich das Haar **bleichen,** färben, schneiden, tönen lassen ◆ **blondes,** dunkles, graues, helles, rotes, schwarzes, weißes Haar haben; **falsches,** künstliches Haar *Perücke;* **kurzes,** langes Haar; das Haar **lang,** kurz (geschnitten) tragen ◆ die Bilder gleichen sich (einander) **aufs** Haar *genau;* sich das Haar **aus** der, in die Stirn kämmen, streichen; **mit** aufgelöstem Haar dastehen; jmdm. (zärtlich) **übers** Haar streichen [< ahd. *har,* engl. *hair* < germ. *hera- „Haar"]

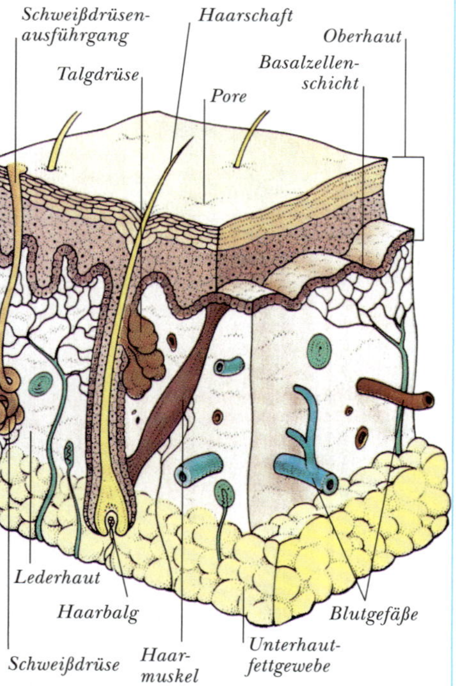


HAAR: SCHNITT DURCH DIE MENSCHLICHE KOPFHAUT

**Haarausfall** ⟨m. 1u⟩ *(bes. krankhaftes) Ausfallen der Kopfhaare: Alopecia*

**Haarbalgdrüse** ⟨f. 19⟩ = *Talgdrüse*

**haaren** ⟨V.; hat⟩ **I** ⟨V. i.⟩ ein Tier, ein Pelz haart *verliert Haare* **II** ⟨V. refl.⟩ ein Tier haart sich *wechselt das Haarkleid*

**Haarersatz** ⟨m. 1u⟩ *zusätzl., zur Frisur verarbeitete (echte od. künstl.) Haare als Ersatz für ausgegangenes od. licht gewordenes Kopfhaar;* Sy *Perücke (1)*

**Haargefäß** ⟨n. 11⟩ *feinstes, dünnwandiges Blutgefäß, in dem der Gas- u. Stoffaustausch stattfindet;* Sy *Kapillare (1), Kapillargefäß*

**Haaresbreite** ⟨f. 19; unz.⟩ *ganz wenig, winzige Kleinigkeit, Spur* ◆ nicht um Haaresbreite (vor jmdm.) zurückweichen *kein Stück, keinen Schritt;* der Schuss ging um Haaresbreite am Tor vorbei

**haargenau** ⟨Adj.; umg.⟩ *sehr genau, ganz genau* ◆ einen Vorgang haargenau berichten

**haarig** ⟨Adj.⟩ **1** *voller Haare od. feiner Härchen* **2** *mit Haaren od. Härchen bewachsen, dicht behaart* (Körperteil) **3** *wie mit Haaren besetzt, faserig* (Gewebe) **4** ⟨fig.; umg.⟩ *böse, schlimm, gefährlich, peinlich* (Angelegenheit)

**haarklein** ⟨Adv.⟩ *ganz genau, sehr ausführlich* ◆ einen Vorfall haarklein berichten

**Haarlack** ⟨m. 1⟩ *flüssiges Mittel, das dem Haar Glanz u. Halt verleiht;* Sy *Taft (2)*

**Haarnadel** ⟨f. 21⟩ *U- od. V-förmig gebogenes Metallstäbchen zum Feststecken des Haares*

**Haarnadelkurve** ⟨f. 19⟩ *spitze Kurve (einer Straße)*

**haarscharf** ⟨Adj.⟩ **1** *sehr scharf, sehr genau* **2** *ganz nahe* ◆ etwas haarscharf beobachten; das Auto fuhr haarscharf an mir vorbei

**Haarschere** ⟨f. 19⟩ *Schere zum Schneiden des Kopf- od. Barthaars*

**Haarschmuck** ⟨m. 1; unz.⟩ *Schmuck für das Kopfhaar,* z. B. Diadem, Nadel, Spange

**Haarschneider** ⟨m. 3⟩ = *Friseur*

**Haarschnitt** ⟨m. 1⟩ **1** *das Schneiden des Kopfhaares* **2** *Art u. Weise, in der das Haar geschnitten ist* (Bürstenhaarschnitt)

**Haarseite** ⟨f. 19⟩ *die haarige Seite (des Fells);* Ggs *Aasseite*

**Haarspalterei** ⟨f. 18; fig.⟩ **1** *Streit mit Worten, die nur um des Streites willen gebraucht werden* **2** *Streit um unwesentl. Kleinigkeiten* **3** *Streben nach allzu genauer, für die Sache nicht wesentl. Erklärung* ◆ Haarspalterei treiben

**Haarspange** ⟨f. 19⟩ *Spange zum Festhalten des Haares*

**Haarspray** ⟨[-ʃpreː] od. [-sprɛɪ] n. 15⟩ *flüssiges Mittel zum Befestigen des Haars, mithilfe von Sprühdosen auf das Haar aufgetragen wird*

**Haarsträhne** ⟨f. 19⟩ *Strähne fettigen od. wirren Haars*

**haarsträubend** ⟨Adj.⟩ *so, dass sich einem die Haare sträuben (vor Entsetzen), grauenhaft, schrecklich, unerhört, ungeheuerlich* ◆ eine haarsträubende Geschichte

**Haarwasser** ⟨n. 13u⟩ *Flüssigkeit zum Einreiben in die Kopfhaut, zum Kräftigen, Fetten od. Entfetten*

**Haarwechsel** ⟨[-ks-] m. 5⟩ *periodischer Wechsel des Haarkleides bei Säugetieren (z. B. bei Pferden)*

**Haarwild** ⟨n.; -(e)s; unz.⟩ *alle jagdbaren Säugetiere*

**Haarwirbel** ⟨m. 5⟩ *Stelle, an der das Kopfhaar kreisförmig angewachsen ist*

**Haarwuchs** ⟨[-ks] m.; -es; unz.⟩ **1** *das Wachsen des Haares* **2** *Dichte, Bestand des Haares* ◆ schwachen, starken Haarwuchs haben

**Hab** ⟨n.; nur in der Wendung⟩ Hab und Gut *Habe, Besitz, Eigentum*

**Habe** ⟨f. 19; unz.⟩ *Besitz, Eigentum, Vermögen* ◆ bewegliche, unbewegliche Habe; meine gesamte Habe

**Habeas-Corpus-Akte** ⟨f.; -; unz.; Rechtsw.⟩ *engl. Verfassungsgesetz von 1679, nach dem niemand ohne richterl. Befehl verhaftet u. länger als zwei Tage ohne Verhör in Haft gehalten werden darf* [lat., „du habest den Körper"]

**haben** ⟨V. 159; hat⟩ **I** ⟨V. t.⟩ **1** *besitzen* (Fähigkeit, Geld, Haus, Kind, Mut; ⟨fig.⟩ Fieber, Zeit) **2** *erhalten, bekommen* **3** *verspüren* (Angst, Durst, Hunger, Kummer, Lust) ◆ wir haben's ja! ⟨umg.; scherzh.; a. iron.⟩ *wir können es uns ja leisten;* das haben wir schon, noch nicht gehabt *im Unterricht besprochen;* da hast du's! *da siehst du, wohin es führt, wenn ...; glaubst du es jetzt endlich?;* habt **Acht!** *(österr. militär. Kommando) stillgestanden!;* kann ich einen **Apfel** haben?; viel **Arbeit** haben; hab vielen **Dank!;** er hat keine **Eltern** mehr; wir haben **Ferien** *es sind (gerade) F.;* wir haben jetzt **Frühling** *es ist F.;* wir haben heute den 10. **Mai** *heute ist der 10. Mai;* **Recht,** Unrecht haben *im Recht, Unrecht sein;* wir haben heute keine **Schule** *es ist heute keine Sch.;* damit hat es noch gute **Weile** *das dauert noch lange;* die Sache hat **Zeit** *es ist nicht schlimm, wenn sie lange dauert* ◆ ich habe noch zu **arbeiten;** was habe ich zu **bezahlen?;** (nicht) genug zu **essen** haben; du hast zu **schweigen!;** was hast du hier zu **suchen?;** ich habe mit dieser Sache nichts zu **tun** *die S. geht mich nichts an* ◆ es **eilig** haben *in Eile sein;* er hat es nicht **leicht** mit ihr *sie macht ihm das Leben schwer;* Ware **vorrätig** haben *bereithalten;* wir haben (es) noch **weit** bis nach Hause *unser Weg ist weit* ◆ er hat es so **an** sich, immer erst zu widersprechen *es ist seine Gewohnheit;* damit hat es nichts **auf** sich *das bedeutet nichts Besonderes;* etwas **bei** sich haben *führen, tragen;* du hast doch **etwas!** *dir fehlt doch etwas, es bekümmert dich doch etwas!;* etwas **gegen** jmdn. od. etwas haben *etwas od. jmdn. nicht leiden können;* jmdn. **über** sich haben (als Vorgesetzten); eine Abteilung, ein Sachgebiet **unter** sich haben *dafür verantwortlich sein;* **zu** haben sein *zu kaufen sein, verfügbar sein;* es sind keine Kinokarten mehr zu haben; dafür bin ich sehr zu haben *das gefällt mir, das tue ich gern* ◆ **was** hast du? *was fehlt dir?* was will er dafür haben?; und

HABICHTSKRAUT: GEMEINES HABICHTSKRAUT (*Hieracium vulgatum*)

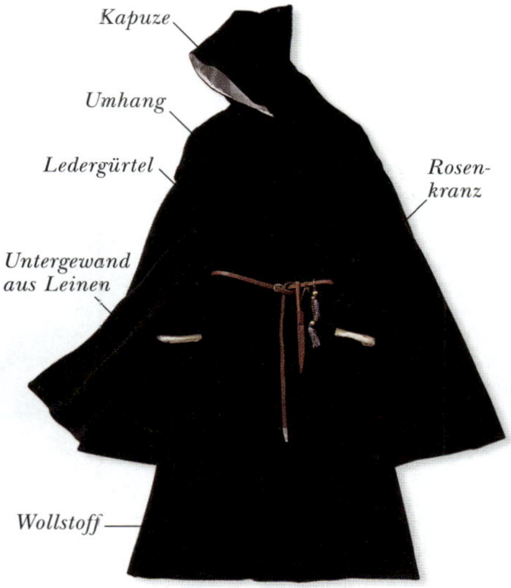


HABIT: ORDENSKLEIDUNG
EINES BENEDIKTINERMÖNCHS

was hast du davon? *was für einen Vorteil bringt es dir?;* **wie** weit haben wir noch bis ...? *wie weit ist es noch bis ...?;* wie gehabt *ebenso (wie das letzte Mal)* **II** ⟨V. refl.; umg.⟩ sich haben **1** *sich wichtig tun* **2** *sich zieren* ♦ hab dich doch nicht so!; ⟨umg. Wendung⟩ damit hat sich's *damit ist die Sache zu Ende, fertig* **III** ⟨Hilfsverb zur Bildung des Perfekts von Verben⟩ ich habe gegessen, gelesen, geschrieben; hast du mich nicht gesehen?; ich hab's! (erg.: erraten, herausbekommen) *ich weiß es!;* wir haben ihn! (erg.: gefunden, gefangen); ich habe es von ihm (erg.: erfahren, gehört); die musikalische Begabung hat er von seinem Vater (erg.: geerbt); woher hast du das? (erg.: bekommen) *wo od. von wem hast du das gehört?* [< ahd. *haben,* engl. *have* < germ. **habai-*]

**Haben** ⟨n.; -s; unz.⟩ **1** ⟨Buchführung⟩ *Gesamtheit der Einnahmen, das Guthaben an sich* **2** ⟨Bankw.⟩ *Habenseite, Kredit* ♦ Soll und Haben *Ausgaben u. Einnahmen*

**Habenichts** ⟨m.; -, -e; umg.; abwertend⟩ *jmd., der mittellos ist*

**Habenseite** ⟨f. 19; Bankw.⟩ *rechte Seite eines Kontos, auf der das Haben festgehalten wird;* Ggs *Sollseite*

**Habenzinsen** ⟨Pl.; Bankw.⟩ *für Sparguthaben von der Bank gezahlte Zinsen;* Ggs *Sollzinsen*

**Habgier** ⟨f.; -; unz.⟩ *Gier, rücksichtsloses Streben nach Besitz*

**habgierig** ⟨Adj.⟩ *gierig, rücksichtslos nach Besitz strebend*

**habhaft** ⟨Adv.; geh.⟩ **1** einer Person habhaft werden *sie erwischen, festnehmen* **2** einer Sache habhaft werden *sie in seinen Besitz bringen, (mit Mühe) bekommen*

**Habicht** ⟨m. 1⟩ *einheim., kräftiger Raubvogel mit gesperberter Brust, jagt niedrig fliegend Kleinsäuger u. Hühner: Accipiter gentilis* [< ahd. *habuh,* engl. *hawk*]

**Habichtskraut** ⟨n. 12u; unz.; Bot.⟩ ◄ *Angehöriges einer artenreichen Gattung der Korbblütler: Hieracium*

**Habilitand** ⟨m. 16⟩ *jmd., der sich an der Universität habilitieren will*

**Habilitation** ⟨f. 20⟩ *Berechtigung zum Lehren an der Universität*

**habilitieren** ⟨V. refl.; hat⟩ sich habilitieren *die Habilitation erwerben* [< mlat. *habilitare* „geschickt machen"; zu lat. *habilis* „geschickt, geeignet, fähig"]

**Habit** ⟨n. 11 od. m. 1⟩ **1** ◄ *Ordenskleid, Gewand der Ordensleute* (Mönchshabit) **2** *Amtstracht* **3** ⟨veraltet; nur noch scherzh.⟩ *Kleidung, Anzug* (Morgenhabit) ♦ er erschien zu dem Fest in seinem besten Habit [frz., „Kleidung, Anzug"]

**habitualisieren** ⟨V. i.; hat/ist; Psych.⟩ *als Gewohnheit ausbilden, zur Gewohnheit machen* [zu lat. *habitus* „Eigentümlichkeit"]

**Habituation** ⟨f. 20; Psych.⟩ **1** *Gewöhnung* **2** *Abnahme von Reaktionen auf häufig wiederkehrende Reize* [< engl. *habituation* „Gewöhnung"]

**habituell** ⟨Adj.⟩ **1** *den Habitus betreffend, auf ihm beruhend* **2** *gewohnheitsmäßig, häufig (auftretend), ständig (vorhanden)* ♦ habituelle Krankheiten [< frz. *habituel* „gewohnt"]

**Habitus** ⟨m.; -; unz.⟩ **1** *äußere Erscheinung* **2** *Körperbeschaffenheit, Haltung* **3** ⟨Zool.⟩ *Gesamtheit aller für ein Tier od. eine Tiergruppe charakteristischen, äußerlich erkennbaren Merkmale* **4** ⟨Med.⟩ *Besonderheiten in der äußeren Gestalt, die auf bestimmte Krankheitsanlagen schließen lassen* [lat., „Gehabe, Haltung, Verhalten, Erscheinungsbild"]

**Habseligkeit** ⟨f. 20; meist Pl.⟩ *Besitztum (das nicht viel wert ist)*

**Háček** ⟨['ha:tʃɛk] n. 15; Zeichen: ˇ⟩ *diakrit. Zeichen in slawischen Sprachen für die Aussprache des š wie* [ʃ], *des ž wie* [ʒ], *des č wie* [tʃ], *des ř wie* [rʃ] *od.* [rʒ] *u. a.* [tschech., Verkleinerungsform zu *hák* „Haken"]

**Haché** ⟨[ha'ʃe:] n. 15⟩ = *Haschee* [frz., „zerhackt, zerstückelt"]

**Hachse** ⟨[-ks-] f. 19⟩ *Sprunggelenk der Schlachttiere;* oV ⟨oberdt.⟩ *Haxe*

**Hack** ⟨n.; -s; unz.; bes. norddt.⟩ *Hackfleisch* (Rinderhack)

**Hackbeil** ⟨n. 11⟩ *Beil zum Fleischhacken*

**Hackbraten** ⟨m. 4⟩ *Braten aus gehacktem Fleisch, Weißbrot, Ei u. Gewürzen;* Sy *falscher* → *Hase*

**Hackbrett** ⟨n. 12⟩ **1** *Brett als Unterlage zum Fleischhacken* **2** ⟨Mus.⟩ *mittelalterl. trapezförmiges oder dreieckiges Saiteninstrument, das mit kleinen Holzhämmern geschlagen wird;* Sy *Psalter (2)*

**Hacke**[1] ⟨f. 19⟩ ▼ *Werkzeug mit schmalem, drei- od. viereckigem, senkrecht zum Stiel stehendem Blatt zum Lockern von harter Erde* [→ *hacken*]

**Hacke**[2] ⟨f. 19⟩ oV *Hacken* **1** *Ferse* **2** *Teil des Strumpfes u. Schuhes, der die Ferse bedeckt, Schuhabsatz* ♦ sich die Hacken nach etwas ablaufen ⟨umg.⟩ *viele Wege gehen, sich viel Mühe machen, um etwas zu bekommen;* abgetretene Hacken haben (am Schuh); → a. *Ferse* [< spätahd. *hake*]

**hacken** ⟨V.; hat⟩ **I** ⟨V. i.⟩ **1** *mit einem spitzen, scharfen Werkzeug heftig stechen, stechend od. schneidend schlagen* **2** *mit dem Schnabel heftig picken* (Vogel) ♦ aufs Klavier hacken ⟨fig.; umg.⟩ *mit hartem Anschlag spielen;* der Vogel hackte nach mir **II** ⟨V. t.⟩ *mit der Hacke lockern, zerkleinern, spalten* ♦ Holz hacken; jmdn. od. sich in den Finger hacken [< ahd. *hacchon,* engl. *hack;* → *Haken*]

**Hacken** ⟨m. 4⟩ = *Hacke*[2]

**Hacker** ⟨['hækə(r)] m. 3; EDV⟩ *jmd., der sich über das Telefonnetz oder ein anderes Datenfernübertragungsnetz unerlaubt in ein fremdes Rechnersystem einschaltet* [zu engl. *hack* „hacken"]

**Hackfleisch** ⟨n. 11; unz.⟩ *klein gehacktes rohes Fleisch*

**Hackordnung** ⟨f. 20⟩ *soziale Rangordnung in Vogelgruppen,* ⟨allg. a.⟩ *in Tiergesellschaften,* ⟨umg. a.⟩ *in Personengruppen wie Firmenabteilungen, Schulklassen, Freundeskreisen* [nach der Gepflogenheit von Hühnervögeln, Rangstreitigkeiten durch Aufeinanderloshacken auszutragen]

**häckseln** ⟨V. t.; hat⟩ Stroh häckseln *zu Häcksel verarbeiten, mithilfe einer Maschine zerkleinern*

**Hacksteak** ⟨[-stɛik] n. 15⟩ *flacher, gebratener Klops aus Hackfleisch*

**hadern** ⟨V. i.; hat⟩ mit jmdm. hadern *mit jmdm. streiten, rechten, jmdn. anklagen* ♦ mit Gott hadern; mit seinem Schicksal hadern *sehr unzufrieden mit seinem Schicksal sein*

**Hadern** **I** ⟨m. 4; oberdt.⟩ *Scheuerlappen* **II** Hadern ⟨Pl.⟩ *Lumpen, Stoffabfälle (bes. zur Papierherstellung)*

**Hades** ⟨m.; -; unz.; grch. Myth.⟩ *die nach dem Gott des Todes benannte Unterwelt, Totenreich* [< grch. *Haides* „Hades (Gott der Unterwelt), Unterwelt"]

**Hafen**[1] ⟨m. 4u⟩ **1** ►► *geschützter, oft in einer Bucht gelegener Landeplatz für Schiffe* (Binnenhafen, Flusshafen, Seehafen, Handelshafen, Kriegshafen) **2** ⟨fig.⟩ *Geborgenheit* **3** *geborgener Ort, Ziel, Ende eines Weges* ♦ der Hafen der Ehe ⟨fig.; scherzh.⟩; einen Hafen anlaufen; fremder, heimatlicher, sicherer Hafen; künstlicher, natürlicher Hafen; aus dem Hafen auslaufen; in einen Hafen einlaufen [< mnddt. *havene*]

**Hafen**[2] ⟨m. 4u; oberdt.⟩ *(bes. irdenes) Gefäß, Topf*

**Hafenarbeiter** ⟨m. 3⟩ *Arbeiter, der im Hafen mit dem Ein- u. Ausladen, Reparieren von Schiffen usw. beschäftigt ist*

**Hafenstadt** ⟨f. 7u⟩ *Stadt mit einem Hafen*

**Hafer** ⟨m. 3; unz.⟩ **1** *Angehöriger einer artenreichen Gattung der Süßgräser: Avena* **2** Gemeiner Hafer *Getreidepflanze mit abstehenden*

H

## HACKEN

Je nach Funktion gibt es verschiedene Arten von Hacken. Sie können zum Jäten eingesetzt werden, zur Erdauflockerung, zum Aufbrechen harter Böden und zur Furchenziehung für Saatgut. Hacken besitzen eine scharfe Klinge, die jeweils speziell geformt ist.

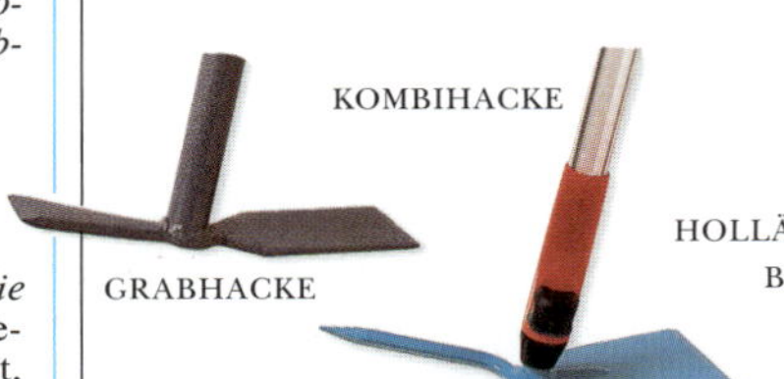

## HAFEN

Ein Hafen ist ein geschütztes Wasserareal, das Schiffen die Möglichkeit zum Anlegen bietet. Dort werden Passagiere versorgt und Transportgüter abgefertigt. Größere Häfen verfügen über Lagerhäuser und über Trockendocks, in denen Schiffe repariert werden. Container können meist direkt von den Schiffen auf Züge oder Lastwagen verladen werden.

MODELL EINES HAFENS

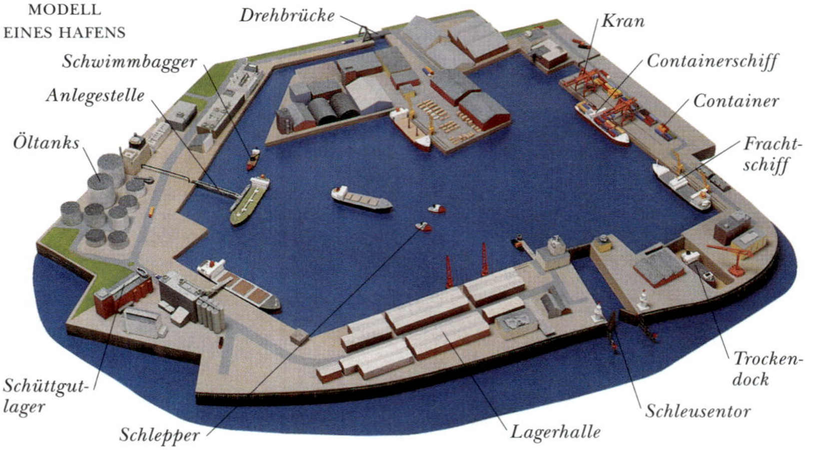


*Rispen u. gleichseitig angeordneten, zweiblütigen Ährchen: Avena sativa* ◆ ihn sticht der Hafer ⟨fig.⟩ *er ist übermütig*

**Haferflocken** ⟨Pl.⟩ *von Spelzen befreite, in Blättchenform gepresste Haferkörner als Nahrungsmittel*

**Hafergrütze** ⟨f. 19; unz.⟩ **1** *zu Schrot zermahlene Haferkörner;* Sy *Haferschrot* **2** *Gericht (Brei) daraus*

**Haferkorn** ⟨n. 12u⟩ *einzelnes reifes Korn des Hafers*

**Haferschrot** ⟨m. 1; unz.⟩ = *Hafergrütze (1)*

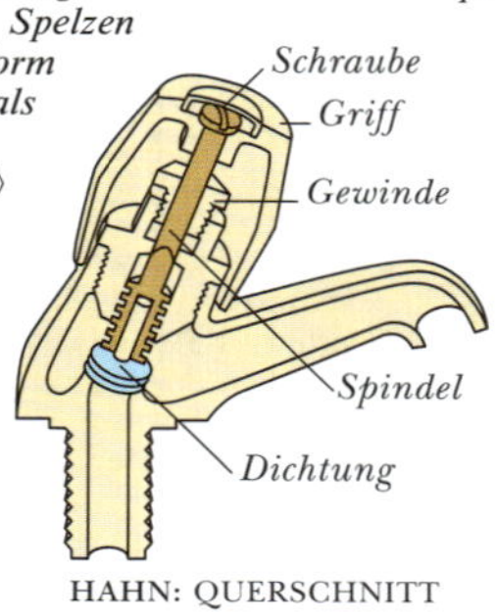


HAHN: QUERSCHNITT DURCH EINEN WASSERHAHN

**Haff** ⟨n. 15⟩ *durch eine Nehrung vom offenen Meer getrennter Küstensee* [< mnddt. *haf* „Meer"]

**Hafner, Häfner** ⟨m. 3; oberdt.⟩ = *Töpfer* [zu *Hafen* „Gefäß"]

**Haft** ⟨f.; -; unz.⟩ **1** *Zustand des Verhaftetseins* **2** *polizeilicher Gewahrsam* **3** *Sicherstellung eines Beschuldigten zum Erzwingen bestimmter Handlungen, z. B. des Offenbarungseides* (Zivilhaft), *zum Schutz anderer Menschen u. zur Gewährleistung der ungestörten Untersuchung des Falles* (Untersuchungshaft) **4** *leichte Freiheitsstrafe* (Strafhaft) *einzeln* (Einzelhaft) *od. mit anderen Gefangenen* (Gemeinschaftshaft) ◆ milde, strenge Haft; jmdn. aus der Haft entlassen; sich in Haft befinden; jmdn. in Haft nehmen

**Haftanstalt** ⟨f. 20⟩ *Gefängnis*

**haftbar** ⟨Adj.⟩ für etwas haftbar sein *für etwas haften, bürgen, für etwas verantwortlich sein* ◆ für einen Schaden haftbar sein

**Haftbefehl** ⟨m. 1⟩ *schriftl. richterl. Befehl, jmdn. zu verhaften* ◆ gegen jmdn. Haftbefehl erlassen

**haften** ⟨V. i.; hat⟩ **1** *festhängen, festsitzen, kleben* **2** für etwas od. jmdn. haften *bürgen, verantwortlich sein, bei Verlust dafür aufkommen* ◆ das Pflaster haftet gut, schlecht; an den Schuhen haftet Schmutz, Teer; haften bleiben *hängen bleiben, eingeprägt bleiben* (im Gedächtnis); Sie haften mir dafür, dass nichts passiert; im Gedächtnis haften *eingeprägt bleiben* [< ahd. *haften* „befestigt sein, anhangen, festkleben"]

**haftfähig** ⟨Adj.⟩ *aufgrund der seelischen od. körperlichen Verfassung in der Lage, inhaftiert zu sein od. zu werden;* Ggs *haftunfähig*

**Häftling** ⟨m. 1⟩ *jmd., der sich in Haft befindet*

**haftpflichtig** ⟨Adj.⟩ *zur Haftung verpflichtet*

**Haftpflichtversicherung** ⟨f. 20⟩ *Versicherung gegen Schulden od. Schäden, für die man haftpflichtig ist*

**Haftschalen** ⟨Pl.⟩ *dünne Glas- oder Kunststoffschalen, die (statt einer Brille) unter den Augenlidern direkt auf der Hornhaut getragen werden;* Sy *Kontaktlinsen*

**Haftstrafe** ⟨f. 19⟩ *Strafe in Form einer Haft, z. B. Gefängnisstrafe*

**haftunfähig** ⟨Adj.⟩ *aufgrund der seelischen od. körperlichen Verfassung nicht in der Lage, inhaftiert zu sein od. zu werden;* Ggs *haftfähig* ◆ der Mann ist haftunfähig

**Haftung** ⟨f. 20; unz.⟩ **1** *das Haften (an, auf etwas)* **2** *das Haften, Verpflichtung, für etwas zu haften* ◆ Haftung der Reifen (des Fahrzeugs) auf dem Boden; für abhanden gekommene Garderobe wird keine Haftung übernommen *(Aufschrift auf Schildern in Gaststätten, Wartezimmern usw.)* [< mhd. *haftunge* „Verhaftung, Beschlagnahme"]

HAGEBUTTEN DER KARTOFFELROSE *(Rosa rugosa)*

**Hafturlaub** ⟨m. 1⟩ *befristete Freilassung aus der Haft*

**Hagebutte** ⟨f. 19; Bot.⟩ ► *die Scheinfrucht der Rosen* [< mhd. *hagen* „Dornstrauch" + *butte* „Frucht der Heckenrose"]

**Hagel** ⟨m. 5; unz.⟩ **1** *Niederschlag in Form von meist erbsengroßen Eisstückchen* **2** ⟨Jägerspr.; veraltet⟩ *Schrot* **3** ⟨fig.⟩ *dichte Menge von niederprasselnden, harten Gegenständen* ◆ ein Hagel von Geschossen, Schimpfwörtern, Steinen [< ahd. *hagal*]

**Hagelkorn** ⟨n. 12u⟩ **1** ▼ *einzelnes Eisstückchen des Hagels* **2** ⟨Med.⟩ *knötchenförmige, meist nicht entzündliche Geschwulst im Augenlidknorpel: Chalazion*

**hageln** ⟨V.; hat; unpersönl.⟩ **I** ⟨V. i.⟩ es hagelt *Hagel fällt, Niederschlag fällt in Form von Hagel* **II** ⟨V. t.; fig.⟩ *dicht herabfallen, niederprasseln* ◆ es hagelte Schläge (auf ihn), Flüche, Steine

**hager** ⟨Adj.⟩ *groß od. lang u. mager, dürr, abgezehrt, schmal u. knochig* (Gesicht, Gestalt, Mensch) [< mhd. *hager*]

**Häher** ⟨m. 3; Bez. für⟩ *verschiedene bunte Rabenvögel* (Eichelhäher, Tannenhäher) [< ahd. *hehara*]

**Hahn** ⟨m. 1u⟩ **1** *das männl. Tier vieler Vogelgruppen* (Auerhahn, Birkhahn, Finkenhahn) **2** *Wetterfahne in Gestalt eines Hahnes* (Turmhahn) **3** ◄ *Vorrichtung zum Sperren u. Öffnen von Rohrleitungen* (Gashahn, Wasserhahn) **4** *Hebel an Handfeuerwaffen zum Auslösen des Schusses* (Gewehrhahn) ◆ den Hahn **aufdrehen,** öffnen, schließen, zudre-

## HAGELKORN

Ein Hagelkorn ist ein Kügelchen aus Eis, das in Gewitterwolken entsteht, in denen heftige Auf- und Abwinde herrschen. Wenn es fällt, nimmt das Kügelchen an der äußeren Schicht Feuchtigkeit auf, die gefriert, sobald es wieder aufsteigt. Schließlich wird die kleine Kugel für die nach oben steigende Luft zu schwer und fällt als Hagelkorn zur Erde.

BILDUNG EINES HAGELKORNS IM INNEREN EINER WOLKE

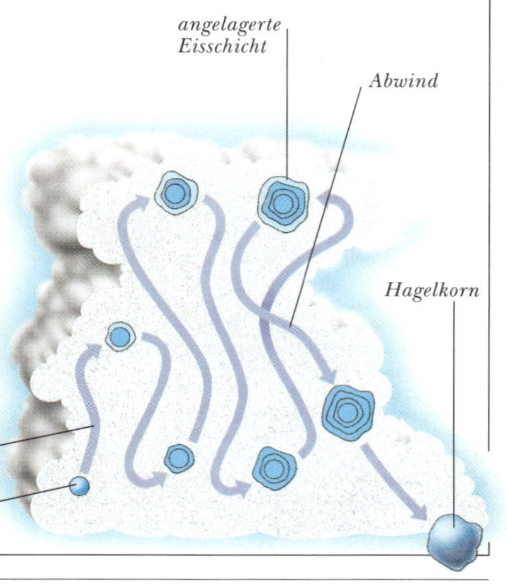

hen; früh, wenn die Hähne **krähen;** es wird kein Hahn danach krähen ⟨fig.⟩ *niemand wird sich darum kümmern;* die Hähne **putzen;** den Hahn **spannen** *das Gewehr schussbereit machen* ◆ herumstolzieren wie ein Hahn **auf** dem Mist; Hahn **im** Korbe sein *der einzige Mann unter Frauen in einer Gesellschaft* [< ahd. *hano*]

HAKEN UND ÖSE

**Hähnchen** ⟨n. 14⟩ **1** *junger Hahn* **2** *Angehöriger einer Gruppe meist bunter Blattkäfer, die in der Gestalt an Bockkäfer erinnern, jedoch kürzere Fühler besitzen: Criocerini* ◆ ein Hähnchen braten, rupfen, schlachten; Hähnchen am Spieß (gebraten)

**Hahnenfuß** ⟨m. 1u; unz.⟩ *Angehöriger einer Gattung der Hahnenfußgewächse (Ranunculaceae), Kraut od. kleine Staude mit gelben od. weißen Blüten: Ranunculus;* Sy *Ranunkel*

**Hahnenkamm** ⟨m. 1u⟩ **1** ▼ *fleischiger, roter Kopfputz des Hahns* **2** *Angehöriger einer Gattung der Fuchsschwanzgewächse: Celosia*

**Hahnenkampf** ⟨m. 1u⟩ *Kampf zweier (meist mit Sporen versehener u. dafür abgerichteter) Hähne*

**Hahnenschrei** ⟨m. 1⟩ *Krähen des Hahns am Morgen* ◆ beim ersten Hahnenschrei aufstehen, erwachen

**Hahnrei** ⟨m. 1⟩ *betrogener Ehemann* ◆ jmdn. zum Hahnrei machen *in der Ehe betrügen* [< mnddt. *hanerei, hanreyge* „verschnittener Hahn, Kapaun" < *Hahn* + *rei* „verschnitten, kastriert"; auch: < ostfries. *hanrune* „Kapaun, betrogener Ehemann"]

HAHNENKAMM

**Hai** ⟨m. 1; Zool.⟩ ►► *Fisch, dessen Skelett fast nur aus Knorpel besteht u. dessen Körper mit Schuppen bedeckt ist, die den Zähnen der höheren Wirbeltiere ähnlich sind, diese „Hautzähne" sind in der Mundgegend vergrößert u. dienen hier ihrer eigentlichen Fang- u. Fressfunktion: Selachia;* ► *Fische* ◆ Altertümlicher Hai *Angehöriger einer Unterordnung der Haiähnlichen: Hexanchoidei;* Echter Hai *Angehöriger einer Unterordnung der Haiähnlichen: Selachoidei* [< ndrl. *Hai* < isländ. *hai* „Hai"]

**Hain** ⟨m. 1⟩ **1** ⟨poet.⟩ *kleiner, lichter Wald* **2** ⟨Antike⟩ *einer Gottheit heiliger Wald, meist mit deren Tempel* [< mhd. *hain* (14. Jh.)]

**Hainbuche** ⟨f. 19⟩ *zu den Birkengewächsen gehörender, bis zu 25 m hoher Baum der Laubwälder u. Gebüsche: Carpinus betulus;* Sy *Weißbuche*

**hakeln** ⟨V. t. u. V. i.; hat⟩ **1** *Fingerhakeln spielen* **2** ⟨Sp.; bes. Ringen⟩ *ein Bein, einen Fuß um das Bein, den Fuß des Gegners klemmen*

**häkeln** ⟨V. t. u. V. i.; hat⟩ *mit der Häkelnadel einen Faden zu Maschen verschlingen, die locker od. fest in Reihen od. Mustern aneinander gefügt werden* ◆ eine Decke, einen Topflappen, einen Umhang häkeln [zu mhd. *hackel* „Häckchen"]

**haken** ⟨V.; hat⟩ **I** ⟨V. t.⟩ *mit einem Haken anhängen, befestigen, mit einem Haken fassen* **II** ⟨V. i.⟩ *wie an einem Haken festhängen, verklemmt sein* ◆ der Schlüssel hakt an einer Stelle *lässt sich nicht weiterdrehen*

**Haken** ⟨m. 4⟩ **1** *Gegenstand mit gebogener Spitze zum Festhalten* (Angelhaken), *Aufhängen* (Bilderhaken, Kleiderhaken), *Heran- od. Wegziehen* (Schürhaken) **2** ⟨fig.⟩ *Winkel, Ecke* **3** *Schriftzeichen od. Teil davon* (U-Haken), *Schnörkel* **4** ⟨Boxsp.⟩ *Schlag von unten nach oben mit hakenartig angewinkeltem Arm* (Kinnhaken) **5** ⟨Jägerspr.⟩ = *Grandel* (Hirschhaken) ◆ die Sache hat einen Haken ⟨fig.⟩ *eine Schwierigkeit, einen verborgenen Nachteil;* Haken und Öse ◄ *meist nur in Kombination miteinander verwendetes Paar zum gesicherten Aufhängen von Gegenständen;* einen Haken schlagen *plötzlich die Richtung ändern, bes. auf der Flucht;* linker, rechter Haken ⟨Boxsp.⟩; ein Bild hängt am Haken; den Hut, den Mantel an den Haken hängen [< ahd. *hako* „Haken, Spitze, Pfloch"]

**Hakenkreuz** ⟨n. 11⟩ **1** ► *Kreuz mit vier gleich langen Balken, deren Enden rechtwinklig od. leicht gerundet abgebogen sind* **2** ► *Symbol des Nationalsozialismus*

HAKENKREUZE

**Hakenzahn** ⟨m. 1u⟩ *kegelförmiger Zahn zwischen Schneide- u. Backenzahn von Haustieren*

**halb** ⟨Adj.⟩ **1** *in zwei gleiche Teile geteilt, nur einen von zwei gleichen Teilen eines Ganzen umfassend, die Hälfte von etwas* **2** *zur Hälfte* **3** ⟨fig.; umg.⟩ *nicht ganz, nicht richtig, nicht ordentlich, nicht gründlich* **4** *fast, beinahe* ◆ wenn du es so machst, hast du nur die halbe **Arbeit** *viel weniger A.;* ein halbes **Brot,** eine halbe Kartoffel; ein halbes **Jahr** *sechs Monate;* Kinder zahlen den halben **Preis;** halber **Schlag** ⟨Segeln⟩ *ein Knoten;* die halbe **Stadt** *die Hälfte der Stadt;* die halbe Stadt war auf den Beinen ⟨fig.⟩ *viele (eigtl. die Hälfte) der Einwohner;* eine und eine halbe **Stunde** *90 Minuten;* alle halbe Stunde *in Abständen von 30 Minuten;* halb **Wein,** halb Wasser ◆ halb **angezogen;** damit ist die Sache schon halb **gewonnen;** die Uhr hat halb **geschlagen** *die halbe Stunde, 30 Minuten nach der vollen Stunde;* sich halb **totlachen;** er hat die Sache nur halb **verstanden** ⟨umg.⟩; nur halb **zuhören** ⟨umg.⟩ ◆ es ist halb drei (Uhr) *die Hälfte der dritten Stunde ist vorbei;* halb **fertig** = *halbfertig;* halb **fest** = *halbfest;* wie viel von beiden Flüssigkeiten soll ich nehmen? halb und **halb!** *von beiden gleich viel, zu zwei gleichen Teilen;* halb ..., halb ... *teils ..., teils ...;* bist du zufrieden? (nur) halb und halb! ⟨umg.⟩ *nicht sehr;* halbe-halbe machen ⟨umg.⟩ *(den Gewinn) zu zweit teilen;* das Glas ist halb **leer,** halb voll; ein halb leeres Glas; halb **links** = *halblinks;* halb **rechts** = *halbrechts;* halb **reif** = *halbreif;* der Teller ist nur halb **voll** *zur Hälfte gefüllt;* er war schon halb **tot** *fast tot, zu Tode erschöpft, unfähig, sich zu bewegen* ◆ **auf** halber Höhe des Berges *etwa in der Mitte;* auf halbem Wege *in der Mitte des Weges;* **mit** halber Geschwindigkeit, mit halber Kraft; er ist nicht halb **so** fleißig wie du; es ist fünf Minuten **vor** halb (drei)

HALBAFFE: RIESENGALAGO *(Galago crassicaudatus)*

**Halbaffe** ⟨m. 17; Zool.⟩ ▼ *zu den Primaten gehörendes, vorwiegend nächtlich aktives Säugetier mit wollig dichtem Pelz und großen Augen sowie affenartigen Gliedmaßen und fuchsähnlichem Kopf: Prosimiae;* ► *Säugetiere*

**halbamtlich** ⟨Adj.⟩ *nicht amtlich, aber unter Mitwirkung von Angehörigen eines Amtes herausgegeben* (Presse), *von ihnen verlautbart, in Umlauf gesetzt* (Nachricht)

**halbbitter** ⟨Adj.⟩ *in der Geschmacksrichtung zwischen bitter und süß liegend* ◆ halbbitterer Likör; halbbittere Schokolade

**Halbblut** ⟨n.; -(e)s; unz.⟩ *aus der Kreuzung von Warmblut u. Vollblut hervorgegangenes Pferd;* Sy *Halbblüter*

**Halbblüter** ⟨m. 3⟩ = *Halbblut*

**Halbbruder** ⟨m. 3u⟩ *Bruder, mit dem man nur einen Elternteil gemeinsam hat*

**Halbdunkel** ⟨n.; -s; unz.⟩ *Dämmerlicht, Zwielicht*

**halber** ⟨Adv.⟩ *wegen, um ... willen* ◆ der Bequemlichkeit halber; Geschäfte halber

**halbfertig** ⟨Adj.⟩ *nicht ganz fertig;* oV *halb fertig* ◆ eine halbfertige Arbeit

**halbfest** ⟨Adj.⟩ *geschmeidig, weich, aber nicht flüssig;* oV *halb fest* ◆ halbfester Pudding

**halbfett** ⟨Adj.⟩ **1** *kräftiger, dicker (gedruckt) als die normale, magere Textschrift, aber nicht fett (gedruckt)* **2** *20-25 % Fett in der Trockenmasse enthaltend* ◆ halbfette Buchstaben, Wörter; halbfetter Käse; Abschnitte halbfett drucken

**Halbfinale** ⟨n. 13; Sp.⟩ *Ausscheidungskampf um den Eintritt in die Schlussrunde, das Finale eines Wettkampfes;* Sy *Semifinale*

**Halbflügler** ⟨m. 3⟩ = *Wanze (1)*

**Halbgeschwister** ⟨Pl.⟩ *Geschwister mit einem gemeinsamen Elternteil*

**Halbgott** ⟨m. 2u⟩ **1** *unter die Götter versetzter Mensch* **2** *Heros, der von einem Gott u. einer Sterblichen (od. umgekehrt) abstammt* ◆ Halbgötter in Weiß ⟨umg.; abwertend⟩ *selbstherrliche Ärzte (in weißen Kitteln)*

**Halbheit** ⟨f. 20⟩ *etwas Halbes, Unvollkommenes, Unzulängliches, Mangelhaftes* ◆ sich nicht mit Halbheiten zufrieden geben

**halbherzig** ⟨Adj⟩ **1** *nicht mit voller Überzeugun* (Entschluss) **2** *ohne besondere Gemütsbewegung, ohne Begeisterung* (Zustimmung)

**halbieren** ⟨V. t.; hat⟩ *in gleiche Hälften teilen;* Sy *hälften*

**Halbinsel** ⟨f. 21⟩ *ins Wasser vorspringender Teil eines Landes, der auf drei Seiten von Wasser umgeben ist* ◆ die arabische Halbinsel

**Halbjahr** ⟨n. 11⟩ *ein halbes Jahr, sechs Monate*

**halbjährig** ⟨Adj.⟩ *sechs Monate alt, sechs Monate bestehend* ◆ ein halbjähriges Kind, Tier; eine halbjährige Wartezeit

**halbjährlich** ⟨Adj.⟩ *alle sechs Monate* ◆ die Zeitschrift erscheint halbjährlich

**Halbkreis** ⟨m. 1⟩ *halber Kreis, Hälfte eines Kreises* ◆ im Halbkreis um jmdn. herumstehen; einen Halbkreis bilden

**Halbkugel** ⟨f. 21⟩ *halbe Kugel, Hälfte einer Kugel* ◆ nördliche, südliche Halbkugel (der Erde)

H

# HAIE

Haie kann man nach ihrer Ernährungsweise einteilen. Strudler wie der Walhai holen planktische Lebewesen mit einer Art Sieb an den Kiemen aus dem Wasser. Bodenbewohner wie der Ammenhai spüren Schnecken und Krebse am Boden auf und zertrümmern sie mit ihren flachen Zähnen. Die meisten Hochseebewohner wie der Weißhai haben scharfe Zähne, sie machen Jagd auf Fische und sogar auf Robben. Bei der Jagd helfen ihnen spezielle Anpassungen wie die Lorenzinischen Ampullen, die elektrische Felder wahrnehmen. Mit der Seitenlinie spüren Haie Druckschwankungen auf, wie sie von flüchtenden Beutetieren ausgehen können.

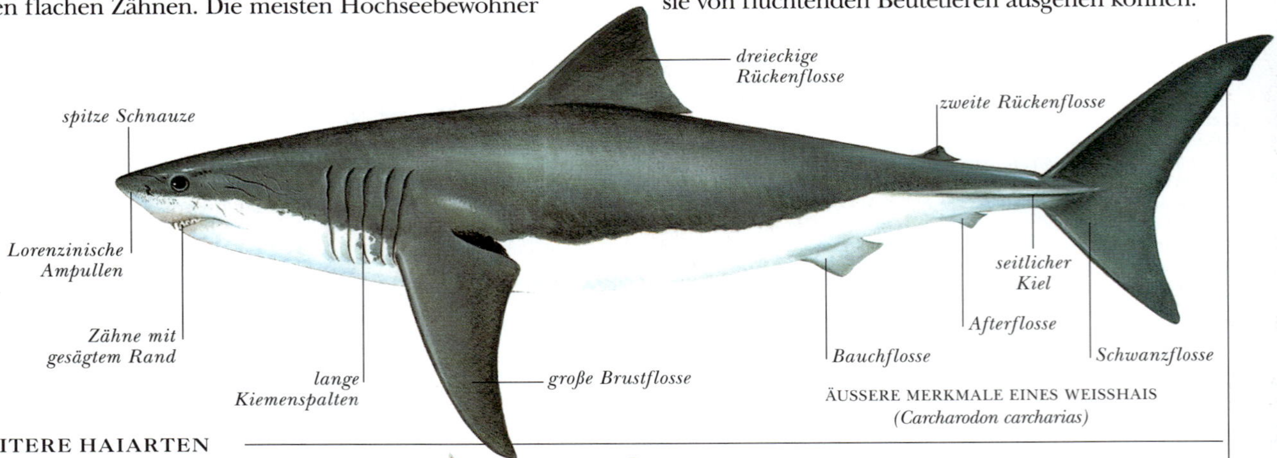


ÄUSSERE MERKMALE EINES WEISSHAIS
*(Carcharodon carcharias)*

## WEITERE HAIARTEN

### BODENBEWOHNER

LEOPARDHAI
*(Triakis semifasciata)*

STIERKOPFHAI
*(Heterodontus portusjacksoni)*

AMMENHAI
*(Orectolobus maculatus)*

### HOCHSEEBEWOHNER

BLAUHAI
*(Prionace glauca)*

MAKRELENHAI
*(Isurus oxyrinchus)*

GRAUHAI
*(Hexanchus griseus)*

HAMMERHAI
*(Sphyrna zygaena)*

FUCHSHAI
*(Alopias vulpinus)*

KATZENHAI
*(Mustelus canis)*

### STRUDLER

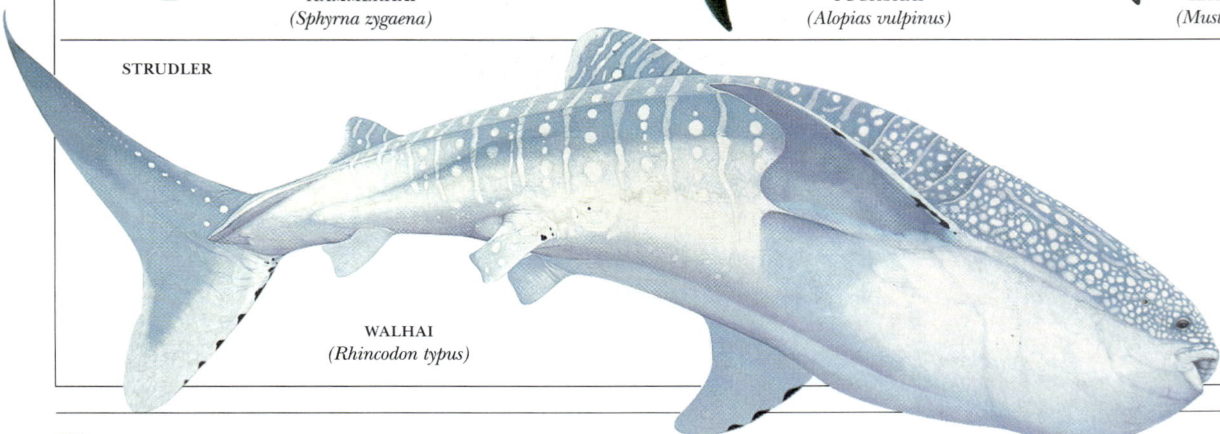

WALHAI
*(Rhincodon typus)*

**halblang** ⟨Adj.⟩ *nur die Hälfte der normalen od. üblichen Länge erreichend* ◆ halblanger Ärmel *Ärmel, der nur über den Ellbogen reicht;* nun mach (es) mal halblang! ⟨fig.; umg.⟩ *übertreibe nicht!*
**halblinks** ⟨Adv.⟩ *zwischen links u. geradeaus;* oV *halb links* ◆ halblinks einbiegen
**Halblinks** ⟨m.; -, -; Sp.; bes. Fußb.⟩ *Stürmer zwischen Linksaußen u. Mittelstürmer*
**halbmast** ⟨Adv.⟩ *bis auf halbe Höhe des Mastes hochgezogen* (Fahne zum Zeichen der Trauer); Ggs *vollmast* ◆ (auf) halbmast flaggen; die Flagge (auf) halbmast setzen
**Halbmesser** ⟨m. 3; Abk: r⟩ ► = *Radius*
**Halbmetall** ⟨n. 11⟩ *chem. Element, das hinsichtlich seiner chem. u. physikal. Eigenschaften zwischen den Metallen u. den Nichtmetallen steht (Arsen, Antimon, Selen, Tellur)*
**Halbmond** ⟨m. 1⟩ **1** *Mond in der Mitte zwischen Neu- u. Vollmond* **2** *Mondsichel (als Waffenzeichen)* ◆ türkischer Halbmond *Mondsichel in der türkischen Flagge*
**Halbpension** ⟨[-pã-] od. [-pɛn-] f. 20; unz.⟩ *Ferienunterkunft mit Verpflegung nur morgens u. abends* ◆ wir haben ein Zimmer mit Halbpension auf Formentera gebucht
**halbrechts** ⟨Adv.⟩ *zwischen rechts u. geradeaus;* oV *halb rechts* ◆ erst geradeaus, dann halbrechts einbiegen
**Halbrechts** ⟨m.; -, -; Sp.; bes. Fußb.⟩ *Stürmer zwischen Rechtsaußen u. Mittelstürmer*
**halbreif** ⟨Adj.⟩ *nicht ganz reif;* oV *halb reif* ◆ halbreife Äpfel
**halbrund** ⟨Adj.⟩ *nicht ganz rund, halbkreisförmig od. oval*
**Halbschatten** ⟨m. 4; unz.⟩ **1** *Schatten, der dadurch entsteht, dass eine ausgedehnte Lichtquelle z. T. bedeckt ist;* Ggs *Kernschatten* **2** *halb Licht, halb Schatten, von Licht durchsetzter, vielfach durchbrochener Schatten*
**Halbschlaf** ⟨m.; -(e)s; unz.⟩ *Zustand zwischen Schlafen u. Wachen, sehr leichter Schlaf, Dämmerzustand*
**Halbschwester** ⟨f. 21⟩ *Schwester, mit der man einen Elternteil gemeinsam hat*
**halbseitig** ⟨Adj.⟩ *nur mit einer Seite, nur an einer Seite (betroffen)* ◆ halbseitig gelähmt
**Halbstarke(r)** ⟨m. 29⟩ *undisziplinierter, rüder Jugendlicher*
**halbstündig** ⟨Adj.⟩ *eine halbe Stunde dauernd, 30 Minuten lang* ◆ eine halbstündige Pause
**halbstündlich** ⟨Adj.⟩ *jede halbe Stunde, alle 30 Minuten* ◆ der Zug verkehrt wochentags halbstündlich
**halbtags** ⟨Adv.⟩ *den halben Tag über* ◆ nur halbtags arbeiten; das Geschäft ist halbtags geöffnet
**Halbtagskraft** ⟨f. 7u⟩ *nur halbtags arbeitender Arbeitnehmer* ◆ sie arbeitet als Halbtagskraft
**Halbton** ⟨m. 1u⟩ **1** ⟨Mus.⟩ *kleinste Tonstufe der diaton. Tonleiter, halber Ton* **2** Halbtöne ⟨Mal.; Pl.⟩ *gebrochene Farbtöne, die den Übergang zwischen Licht u. Schatten schaffen*
**halbtrocken** ⟨Adj.⟩ *nicht sehr trocken* (Wein)
**Halbwahrheit** ⟨f. 20⟩ *Aussage, die nicht ganz wahr, aber auch nicht falsch ist* ◆ er gibt sich nicht mit Halbwahrheiten zufrieden

HALLIMASCH
*(Armillaria mellea)*

**Halbwaise** ⟨f. 19⟩ *Kind, dessen Vater od. Mutter gestorben ist;* → a. *Vollwaise*
**halbwegs** ⟨Adv.⟩ **1** *auf halbem Wege* **2** ⟨fig.; umg.⟩ *ungefähr, einigermaßen, mittel* ◆ bist du fertig? halbwegs! *halb, nicht ganz;* jmdm. halbwegs entgegenkommen
**Halbwertszeit** ⟨f. 20⟩ *Zeitspanne, in der die Hälfte der Atome od. Teilchen einer radioaktiven od. instabilen Substanz zerfallen ist*
**Halbwissen** ⟨n.; -s; unz.; abwertend⟩ *bruchstückhaftes, nicht fundiertes Wissen*
**Halbzeit** ⟨f. 20; Sp.⟩ *halbe Spielzeit (bei sportl. Wettkämpfen, bes. bei Mannschaftsspielen)* ◆ erste, zweite Halbzeit
**Halde** ⟨f. 19⟩ **1** *Abhang* **2** *Hügel aus Schutt* (Schutthalde) *od. aus taubem Gestein u. a.* [< ahd. *halda* „Bergabhang"]
**Halfpipe,** ⟨auch⟩ **Half Pipe** ⟨['ha:fpaip] f. 10⟩ *Vorrichtung zum Skateboardfahren in Form einer längs halbierten Röhre* [< engl. *half* „halb" + *pipe* „Röhre"]
**Hälfte** ⟨f. 19⟩ **1** *jeder der zwei gleichen Teile eines Ganzen* **2** ⟨umg.⟩ *Mitte (einer Strecke od. Fläche)* ◆ die Hälfte der Wand wird von einem Schrank verdeckt; die Hälfte des Lebens; meine bessere Hälfte ⟨fig.; umg.; scherzh.⟩ *meine Frau bzw. mein Mann;* die eine und die andere Hälfte; auf der Hälfte des Weges umkehren; einen Apfel in zwei Hälften teilen [< mnddt. *helfte*]
**hälften** ⟨V. t.; hat⟩ = *halbieren*
**Halfter**[1] ⟨n. 13⟩ *Zaum ohne Gebiss* ◆ ein Pferd am Halfter führen [< ahd. *halftra*]
**Halfter**[2] ⟨f. 21⟩ *Satteltasche für Pistolen* [< mhd. *hulfter* „Köcher"]
**hälftig** ⟨Adj.⟩ *in zwei Hälften* ◆ eine Summe hälftig auszahlen
**Hall** ⟨m. 1; unz.⟩ *das Hallen,* ⟨bes.⟩ *dröhnender Ton, Klang* ◆ der Hall seiner Stimme [< mhd. *hal* „Schall"]
**Halle** ⟨f. 19⟩ **1** *großer, hoher Raum, Saal* (Ausstellungshalle, Bahnhofshalle, Fabrikhalle, Flugzeughalle, Markthalle, Turnhalle, Verkaufshalle, Werkshalle) **2** *weiträumiger Säulengang* (Säulenhalle) **3** ⟨in Wohnhäusern⟩ *großer Vorraum, geräumige Diele* (Vorhalle) **4** ⟨in Geschäftshäusern⟩ *großer Empfangsraum* (Empfangshalle) **5** ⟨in Hotels⟩ *Empfangs- u. Aufenthaltsraum* (Hotelhalle) ◆ jmdn. in der Halle empfangen, erwarten [< ahd. *halla*]
**halleluja!** *lobet Gott! (Ruf in Kirchenliedern, Psalmen usw.);* oV *alleluja* [< hebr. *hallal, hillel* „preisen" + *jah,* Abk. von *Jahwe*]
**Halleluja** ⟨n. 15⟩ *jubelnder Gebetsruf;* oV *Alleluja* ◆ ein Halleluja singen
**hallen** ⟨V. i.; hat⟩ *dröhnend od. hohl tönen, schallen, klingen*
**Hallenbad** ⟨n. 12u⟩ *Badeanstalt in einem Gebäude;* Ggs *Freibad*
**Hallensport** ⟨m. 1⟩ *Sport, der in eigens dafür vorgesehenen Gebäuden* (Turnhalle usw.), *nicht unter freiem Himmel getrieben wird*
**Hallentennis** ⟨n.; -; unz.; Sp.⟩ *Tennisspiel in einer Sporthalle mit spez. Bodenbelag, z. B. Teppich od. Granulat*
**Hallig** ⟨f. 20⟩ *flache, meist nicht eingedeichte Insel aus Marschland an der Westküste von Schleswig-Holstein* [zu idg. **kel* „ragen"]
**Hallimasch** ⟨m. 1; Bot.⟩ ◄ *ein Blätterpilz, gefährlicher Baumschädling, der Laub- sowie Nadelhölzer befällt: Armillaria mellea;* Sy *Honigpilz*
**hallo!** **I** ⟨Betonung ['--]⟩ **1** *(Ruf, um jmdn. auf sich aufmerksam zu machen, dessen Namen man nicht weiß)* **2** *(Ruf od. Frage am Telefon, wenn man sich meldet, zum Zeichen der Anwesenheit od. wenn man wissen will, ob der andere Teilnehmer (noch) hört)* **3** *(Ruf, um Aufmerksamkeit zu erregen, wenn niemand in der Nähe ist)* ◆ hallo, Sie! ⟨umg.⟩; hallo, Kleiner, komm einmal her!; hallo! Ist jemand dort?; hallo? Bist du noch am Apparat? **II** ⟨Betonung [-'-]⟩ **1** *(Ausruf der Begrüßung)* **2** *(Ausruf der freudigen Überraschung, meist beim unerwarteten Wiedersehen)* ◆ hallo! Wie geht's? [Imperativ zu ahd. *halon* „holen", urspr. Zuruf an den Fährmann: „Hol über!"]

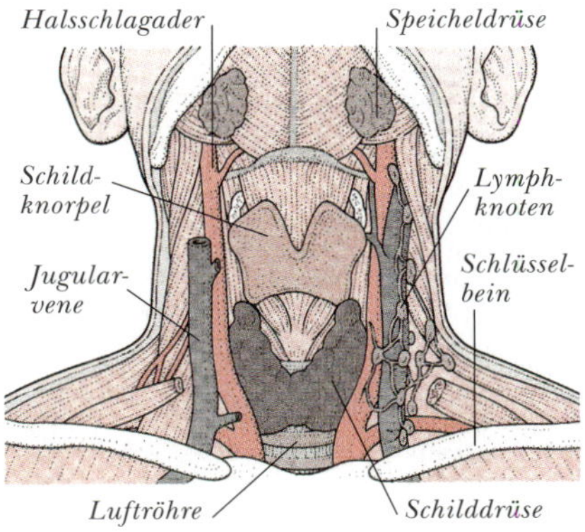


HALS: STRUKTUR DES MENSCHLICHEN HALSES (VORDERANSICHT)

**Hallo** ⟨n. 15⟩ *Lärm, Aufregung, freudiges od. überraschtes Durcheinander, Stimmengewirr*
**Halloween** ⟨[hælou'wi:n] n.; - od. -s, -s⟩ *Abend vor Allerheiligen, 31. Oktober, an dem sich nach dem Volksglauben Gespenster umtun u. der vor allem in den USA mit verschiedenen Riten gefeiert wird* [< engl. *All-Hallow-Even* „Allerheiligenabend"]
**Halluzination** ⟨f. 20⟩ *Sinnestäuschung ohne äußeren Reiz*
**halluzinieren** ⟨V. i.; hat⟩ *eine Halluzination haben* [< lat *(h)alucinari* „ins Blaue hinein reden, faseln, träumen"]
**Halluzinogen** ⟨n. 11.; Pharm.⟩ *Rauschmittel, das Halluzinationen hervorruft,* z. B. LSD
**Halm** ⟨m. 1⟩ *hohler, durch quer gestellte Scheidewände gegliederter Stängel von Gräsern u. von Getreide*
**Halo** ⟨m.; -s, -nen; Astron.⟩ **1** *durch Brechung od. Reflexion an Eiskristallen in der oberen Atmosphäre entstehender, leicht farbiger Ring um Sonne od. Mond;* Sy *Hof (7)* **2** *durch fein verteilte, interstellare Materie hervorgerufene ähnl. Erscheinung um Kometen od. Sternsysteme* [< lat. *halos* „Hof um Sonne und Mond" < grch. *halos* „Tenne"]
**Halogen** ⟨n. 11; Chem.⟩ *Element aus der 7. Hauptgruppe des Periodensystems der Elemente (Fluor, Chlor, Brom, Jod, Astat), hat die Fähigkeit, mit Metallen unmittelbar Salz zu bilden* [< grch. *hals* „Salz" + *gennan* „erzeugen"]
**Halogenlampe** ⟨f. 19⟩ *sehr leistungsfähige Glühlampe mit Füllung aus Edelgas u. wenig Halogen (Brom od. Jod)*
**Halonen** ⟨Pl. von⟩ *Halo*
**Halophyt** ⟨m. 16⟩ ► = *Salzpflanze* [< grch. *hals,* Gen. *halos* „Salz" + *phyton* „Gewächs"]
**Hals** ⟨m. 1u⟩ **1** ⟨i. e. S.⟩ ▲ *anat. Verbindungsstück von Rumpf u. Kopf bei Menschen u. Tieren* **2** ⟨i. w. S.⟩ *sich verjüngender Teil des Körpers od. der Organe, der meist die Verbindung zu anderen Teilen bildet: Cervix*

H

H

**3** ⟨fig.⟩ *enger, schmaler, oberer Teil an Flaschen, Musikinstrumenten, Säulen u. a.* (Flaschenhals, Gitarrenhals) ◆ sich nach jmdm. den Hals **ausrenken** *neugierig nach jmdm. hinterhersehen;* sich den Hals **brechen** → *Genick;* einem Vogel, ⟨fig. a.⟩ jmdm. den Hals **umdrehen** *ihn töten;* **wehtun:** mir tut der Hals (beim Schlucken) weh ◆ einen **steifen** Hals haben *durch Schmerzen unbewegl. Genick;* er kann den Hals nicht **voll** (genug) kriegen ⟨umg.⟩ *er kann nicht genug kriegen, ist unersättlich* ◆ sich jmdm. **an** den Hals werfen ⟨umg.⟩ *ihm/ihr nachlaufen, sich ihm/ihr aufdrängen;* das Wasser reicht ihm bis an den Hals ⟨fig.⟩ *er hat große (bes. finanzielle) Schwierigkeiten;* sich etwas **auf** den Hals laden ⟨fig.; umg.⟩ *etwas Belastendes übernehmen;* sich nach jmdm. die Lunge **aus** dem Hals rufen, schreien ⟨fig.; umg.⟩ *sehr lange nach jmdm. rufen, schreien;* der Bissen, die Gräte blieb ihm **im** Halse stecken; Hals **über** Kopf *überstürzt, zu eilig;* jmdm. **um** den Hals fallen *jmdn. umarmen;* das Herz schlug mir bis **zum** Hals (herauf); es hängt, wächst mir zum Halse heraus ⟨fig.; umg.⟩ *ich habe es satt* [< ahd. *hals* < germ. *halsa-;* zu idg. **kuel-* „drehen"]

**Halsabschneider** ⟨m. 3⟩ *jmd., der für ein Produkt einen zu hohen Preis verlangt, Betrüger, Wucherer*

**Halsausschnitt** ⟨m. 1⟩ *in bestimmter Form geschnittene Öffnung am oberen Ende des Kleides, z. B. ein V-Ausschnitt*

**Halsband** ⟨n. 12u⟩ **1** *Riemen, den Tiere (bes. Hunde) um den Hals tragen u. an dem Leine u. Erkennungsmarke befestigt werden* **2** ► *Schmuck für den Hals, (oft besticktes) am Hals anliegendes Band, auch enge, breite Halskette* ◆ einen Hund am Halsband führen, festhalten; ein teures Halsband tragen

**halsbrecherisch** ⟨Adj.⟩ *so beschaffen, dass man sich den Hals dabei brechen kann* ◆ eine halsbrecherische Kletterpartie

**Halsentzündung** ⟨f. 20⟩ *Entzündung des inneren Halses, bes. der Mandeln*

**Halskette** ⟨f. 19⟩ *um den Hals getragene Schmuckkette*

**Halskrause** ⟨f. 19⟩ **1** ► *breiter, gekräuselter oder gefältelter Kragen an gewissen alten Trachten u. über dem Talar protestant. Geistlicher* **2** ⟨Med.⟩ *stabilisierender Schalenverband, der z. B. nach Auffahrunfällen getragen werden muss*

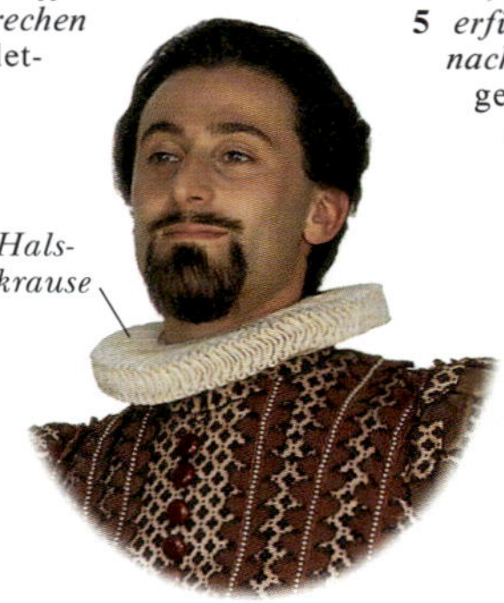


HALSKRAUSE AUS DEM SPÄTEN 16. JH.

**Halslänge** ⟨f. 19⟩ *die Länge des Pferdehalses (als Maß bei Pferderennen)* ◆ einem anderen Reiter um eine Halslänge voraus sein

**Hals-Nasen-Ohren-Heilkunde** ⟨f. 19; unz.; Med.; Kurzw.: HNO-Heilkunde⟩ *Lehre von den Erkrankungen von Hals, Nase und Ohren;* Sy *Otorhinolaryngologie*

**Halsring** ⟨m. 1⟩ ► *schmückender (bes. keltischer) Halsreif aus gebogenem Metall, z. B. Bronze*

**Halsschlagader** ⟨f. 21⟩ *jede der zwei seitlich am Hals gelegenen, starken, vom Aortenbogen ausgehendenen Schlagadern, die den Kopf mit Blut versorgen: Arteria carotis, Carotis;* Sy *Kopfschlagader, Karotis*

**Halsschmerz** ⟨m. 23; meist Pl.⟩ *Schmerz im Hals (bes. durch Entzündung der Rachenmandeln)*

**Halstuch** ⟨n. 12u⟩ *um den Hals getragenes Tuch zum Schonen des Kragens, zum Wärmen od. als Schmuck*

**Hals- und Beinbruch** *(Wunsch für gutes Gelingen, bes. einer Prüfung)* [wahrscheinl. volksetymolog. Umdeutung < jidd. *hazloche u broche* „Erfolg und Segen, Gelingen"]

**Halswirbel** ⟨m. 5; Anat.⟩ *jeder der zwischen Brustwirbelsäule u. Kopf liegenden Wirbel*

**halt**[1] ⟨Adv.; Partikel; süddt.⟩ *einfach, eben, nun einmal* ◆ ich möchte es halt gar zu gern!; wenn es nicht geht, musst du es halt sein lassen; wir müssen es halt versuchen [< ahd. *halt* „mehr, vielmehr"]

**halt!**[2] ⟨Imperativ zu „halten", „anhalten", „Halt machen"⟩ **1** *nicht weiter!, anhalten!* **2** *still!, genug!, aufhören!* ◆ halt! wer da? *(Ruf u. Frage des Postens);* Abteilung halt! *(militär. Kommando)*

**Halt** ⟨m. 1; Pl. selten⟩ **1** *das Anhalten, Stillstand* **2** *Stütze, Rückhalt* ⟨a. fig.⟩ **3** *Festigkeit, Standhaftigkeit* ◆ (mit den Händen oder Füßen beim Klettern) keinen Halt **finden;** das Regal **hat** so keinen oder zu wenig Halt; Halt **machen** *stehen bleiben, anhalten, rasten;* vor nichts, vor niemandem Halt machen ⟨fig.⟩ *vor nichts, niemandem zurückschrecken;* den Halt **verlieren** *zu schwanken, zu stürzen beginnen* ⟨a. fig.⟩ ◆ er ist ihr **einziger** Halt (im Leben) gewesen; **innerer** Halt; **moralischer** Halt ◆ **bei** jmdm. Halt suchen, finden

**haltbar** ⟨Adj.⟩ *so beschaffen, dass es lange hält, dauerhaft, fest, stark, widerstandsfähig*

**Haltbarkeit** ⟨f. 20; unz.⟩ *haltbare Beschaffenheit, Dauerhaftigkeit, Widerstandsfähigkeit*

**Haltebucht** ⟨f. 20⟩ *verbreiterte Stelle der Fahrbahn, in der Busse halten können*

**halten** ⟨V. 160; hat⟩ **I** ⟨V. t.⟩ **1** *Halt geben, stützen* **2** *ergreifen, festhalten, in die Hand nehmen u. nicht loslassen (bes. zur Hilfe für jmdn.)* **3** *mit Erfolg verteidigen, behaupten* (Stadt, Stellung) **4** *zu Nahrungszwecken aufziehen, pflegen* (Kaninchen, Hühner) **5** *erfüllen, einhalten, sich richten nach, beobachten* (Diät, Fastentage, Gebot, Takt) **6** *einhalten, bewahren* (Kurs, Richtung, Rekord) ◆ jmdn. od. sich jmdn. halten *gegen Bezahlung arbeiten lassen;* **Frieden** halten (mit) *den F. bewahren, in F. leben (mit);* **Gericht** halten (über jmdn.) *zu Gericht sitzen, Recht sprechen (über jmdn.);* den **Harn,** das Wasser nicht halten können; ich kann den **Hund,** das Pferd nicht mehr halten *fest-, zurückhalten;* (kein) **Maß** halten *(un)mäßig sein;* **Mittagsschlaf** halten *nach dem Mittagessen schlafen;* **Ordnung** halten *haben, bewahren;* eine **Rede,** einen Vortrag halten *vortragen;* jmdm. die **Treue** halten *ihm treu bleiben* sein **Versprechen,** sein Wort halten; **Wache** halten *wachen* ◆ das **kannst** du halten, wie du willst *machen;* **sein:** er war nicht mehr zu halten *er war ungeduldig u. wollte nicht länger bleiben* ◆ die Fenster **geschlossen** halten *geschlossen lassen, dafür sorgen, dass sie geschlossen bleiben;* das Essen **warm** halten *auf dem warmen Herd od. im Rohr stehen lassen;* → a. *warmhalten* ◆ sich **an** jmdn. halten *sich an jmdn. wenden; in jmds. Nähe bleiben;* jmdn. an od. **bei** der Hand halten; jmdn. od etwas **für** jmdn. oder etwas halten *denken, dass es sich um eine bestimmte Sache od. Person handelt;* ich habe dich immer für meinen Freund gehalten *ich habe immer geglaubt, du seist mein F.;* ein Kind **im** Arm halten; der Raum ist nur **in** einer Farbe, nur in Gelb gehalten *die Tapeten, Vorhänge, Möbelbezüge sind von einer Farbe, sind alle gelb* ◆ halten Sie es **damit**, wie Sie wollen *machen Sie es, wie Sie wollen;* was halten sie **davon?** *wie denken Sie darüber?* **II** ⟨V. i.⟩ **1** *Bestand haben, dauerhaft sein, widerstandsfähig sein, fest sein* (reparierter, geleimter Gegenstand, Brücke, Knoten, Schnur, Stoff) **2** *anhalten, stillstehen, stehen bleiben, verweilen, rasten* (Zug, Auto) ◆ wir wollen einen Augenblick halten; ob der **Nagel,** das Seil, der Steg auch hält?; der **Stuhl,** Tisch hält jetzt; der **Zug** hält hier eine halbe Stunde ◆ bitte **lassen** Sie den Fahrer halten; an dieser Kreuzung **muss** man halten ◆ Halten **verboten** ◆ **an** sich halten *sich beherrschen, ruhig bleiben;* viel **auf** etwas halten *den Wert von etwas erkennen u. für seine Erhaltung sorgen;* auf freier Strecke halten ⟨Eisenb.⟩; **zu** jmdm. halten *jmds. Partei ergreifen, jmdm. beistehen;* den Zug **zum** Halten bringen **III** ⟨V. refl.⟩ sich halten **1** *frisch bleiben, nicht leicht verderben* (Blumen, Lebensmittel) **2** *Widerstand leisten, sich verteidigen* (Truppe) **3** *sich behaupten, bleiben* ◆ das **Wetter** hält sich *bleibt so, bleibt beständig* ◆ sich **aufrecht** halten *gerade gehen, sitzen;* er hat sich im gestrigen Schwimmwettkampf **gut** gehalten; sich **tapfer** halten

HALSBAND: STOFFHALSBAND AUS DEM 18. JH. MIT DEKORATIVEM SCHMUCKVERSCHLUSS

**Halteplatz** ⟨m. 1u⟩ **1** *Platz, an dem man (bes. mit dem Auto) halten kann, Ausweichstelle, Platz zum Parken* **2** *Warteplatz für Taxis* **3** *Anlegeplatz für Schiffe*

**Halter** ⟨m. 3⟩ **1** *Teil eines Gegenstandes, an dem man diesen anfassen u. festhalten kann, Griff, Stiel* **2** *stützender Gegenstand, an dem man einen anderen befestigen kann* (Federhalter, Strumpfhalter) **3** *Besitzer, Verfügungsberechtigter* (von Kraftfahrzeugen, Haustieren) **4** ⟨österr.⟩ *Hirt*

**Haltestelle** ⟨f. 19⟩ *Einsteigstelle, Station* (Omnibushaltestelle, Straßenbahnhaltestelle)

**Halteverbot** ⟨n. 11⟩ **I** ⟨unz.⟩ *Verbot des Haltens (von Kraftfahrzeugen)* **II** ⟨zählb.⟩ *Bereich, in dem das Halten verboten ist*

**...haltig** ⟨Adj.⟩ *einen bestimmten Stoff enthaltend,* z. B. eisenhaltig, fetthaltig

**haltlos** ⟨Adj.⟩ **1** *ohne inneren, moral. Halt, unbeständig, unentschlossen, wankelmütig* **2** *ohne feste Grundlage od. Begründung, unhaltbar* (Behauptung, Gerücht)

**Haltung** ⟨f. 20⟩ **1** *das Halten* (von Tieren, Kleintierhaltung, Viehhaltung) **2** *Stellung des Körpers od. eines Körperteils im Sitzen, Stehen, Gehen, bei Bewegung* (Körperhaltung, Kopfhaltung) **3** ⟨fig.⟩ *Benehmen, Verhalten* **4** *geistige Einstellung, Gesinnung* **5** *Selbstbeherrschung* ◆ Haltung an-

HALSRING: ALTER KELTISCHER HALSRING

nehmen *sich gerade richten, strammstehen;* seine Haltung bewahren; die Haltung verlieren

**Haltungsfehler** ⟨m. 3⟩ *nicht normale Körperhaltung, die zur Erkrankung führen kann*

**Halunke** ⟨m. 17⟩ **1** *Gauner, Betrüger, Schwindler* **2** ⟨scherzh.⟩ *Schlingel; Schelm* [< tschech. *holomek* „nackter Bettler"]

**Hamamelis** ⟨f.; -; unz.; Bot.⟩ ► = *Zaubernuss* [< grch. *haima,* Gen. *hamamelis* „eine Baum- oder Strauchart mit essbaren Früchten" (vielleicht Mispel)]

**Hämatit** ⟨m. 1⟩ ► *stahlgraues bis schwarzes, oft farbig angelaufenes Mineral, chem. Eisenoxid,* $Fe_2O_3$*;* Sy *Blutstein, Roteisenstein* [< grch. *haima,* Gen. *haimatos* „Blut"]

HÄMATIT

**Hämatom** ⟨n. 11⟩ = *Bluterguss* [< grch. *haima,* Gen. *haimatos* „Blut"]

**Hämatozyt** ⟨m. 16⟩ = *Hämozyt*

**Hamburger** ⟨m. 3⟩ **1** *Einwohner von Hamburg* **2** ⟨engl. ['hæmbə:gə(r)]⟩ *gebratener Hackfleischklops zwischen zwei halben Brötchen*

**Häme** ⟨f.; -; unz.⟩ *Missgunst, Bosheit, Gehässigkeit*

**hämisch** ⟨Adj.⟩ *hinterhältig, schadenfroh, bösartig-triumphierend* ◆ hämisch grinsen [< mhd. *hem(i)sch* „versteckt, boshaft"]

**Hammel** ⟨m. 5⟩ **1** *kastrierter Schafbock* **2** ⟨umg.; abwertend⟩ *Dumm-, Schwachkopf* [< ahd. *hamal* „verschnittener Schafbock"]

**Hammelsprung** ⟨m. 1u; Pol.⟩ *Abstimmung im Parlament, indem alle Abstimmenden den Saal verlassen u. ihn in zwei bzw. drei Gruppen (nach Ja- u. Neinstimmen u. Stimmenthaltungen) getrennt wieder betreten*

**Hammer** ⟨m. 3u⟩ **1** *Schlagwerkzeug mit einem ungefähr pyramidenförmigem, quer zum Stiel (Helm) stehendem Kopf* **2** ⟨Anat.⟩ *das äußere, am Trommelfell angreifende Gehörknöchelchen der Säuger u. des Menschen* **3** ⟨Sp.; Leichtathl.⟩ *sportl. Wurfgerät, sieben Kilogramm schwere Metallkugel mit Draht u. Griff zum Schleudern* ◆ das ist ein Hammer! ⟨umg.⟩ *das ist unglaublich, eine Frechheit; das ist großartig;* eine Firma, ein Gut, Haus unter den Hammer bringen *zwangsweise versteigern lassen;* unter den Hammer kommen *zwangsweise versteigert werden;* Hammer und Sichel ▲ *Symbol des kommunist. Arbeiter- u. Bauernstaates (in der Flagge der UdSSR)* [< ahd. *hamar,* engl. *hammer,* urspr. „Stein"]

HAMMER UND SICHEL

**Hammerfisch** ⟨m. 1⟩, **Hammerhai** ⟨m. 1⟩ *zu den Menschenhaien gehörender Hai mit hammerförmig verbreitertem Kopf: Zygaena malleus;* ► *Haie*

**Hammerklavier** ⟨[-vi:r] n. 11; Mus.⟩ *1709 aus dem Klavichord u. Cembalo entwickeltes Klavier, bei dem mit Filz überzogene, von den Tasten bewegte Hämmerchen die Saiten anschlagen*

**hämmern** ⟨V.; hat⟩ **I** ⟨V. i.⟩ **1** *mit dem Hammer klopfen, schlagen* **2** *wie ein Hammer (sehr rasch) klopfen* (Herz, Puls, Schläfen) ◆ oben im Baum hämmerte ein Specht; (mit den Fäusten) wütend an die Tür hämmern; mein Herz hämmerte zum Zerspringen **II** ⟨V. t.⟩ *mit dem Hammer bearbeiten* (Metall) ◆ gehämmertes Silber, Gold, Messing

**Hammerwerfen** ⟨n.; -s; unz.; Sp.; Leichtathl.⟩ *(olympische) Leichtathletikdisziplin, bei der eine sieben Kilogramm schwere Metallkugel an einem Stahldraht als Wurfgerät benutzt wird;* → a. *Hammer (3)*

**Hammondorgel** ⟨[hæmənd-] f. 21; Mus.⟩ *von dem Amerikaner L. Hammond entwickeltes elektroakust. Tasteninstrument*

**Hämoglobin** ⟨n. 11; unz.; Med.; Abk.: Hb⟩ *Farbstoff der roten Blutkörperchen, der Sauerstoff zu den Geweben transportiert u. dort wieder freigibt;* Sy *Blutfarbstoff* [< grch. *haima* „Blut" + lat. *globus* „Kugel"]

**Hämogramm** ⟨n. 11⟩ = *Blutbild*

**Hämorrhoide** ⟨f. 19; meist Pl.⟩ *Mastdarmkrampfader, die als knotenförmige, oft schmerzhafte Erweiterung der unteren Mastdarmvenen auftritt;* oV *Hämorride* [< grch. *haima* „Blut" + *rhoe* „Fluss"]

**Hämorride** ⟨f. 19; meist Pl.⟩ = *Hämorrhoide*

**Hämozyt** ⟨m. 16⟩ *Blutkörperchen;* oV *Hämatozyt* [< grch. *haima* „Blut" + neulat. *cytus* „Zelle" < grch. *kytos* „Höhlung"]

**hampeln** ⟨V. i.; hat⟩ *zappeln, Faxen machen* [mnddt., „sich hin und her bewegen"]

**Hamster** ⟨m. 3⟩ *Angehöriger einer Unterfamilie der Mäuse, Nagetier mit großen Backentaschen zum Transport der Nahrungsvorräte: Cricetina* ◆ Gemeiner Hamster: *Cricetus cricetus* [< ahd. *hamustro* < aslaw. *chomestorn*]

**Hamsterkauf** ⟨m. 1u; umg.⟩ *Kauf von knapp gewordenen Lebensmitteln od. Bedarfsartikeln zum Speichern*

**hamstern** ⟨V. t. u. V. i.; hat; umg.⟩ *ähnlich dem Hamster Vorräte aufhäufen, speichern*

**Hand** ⟨f. 7u⟩ **1** ▼ *das mit dem Vorderarm verbundene Greif- u. Tastglied von Menschen u. Affen* **2** ⟨kurz für⟩ *Handschrift (1)* **3** ⟨bei manchen Tieren, z. B. Pferden⟩ *Fuß* (Hinterhand) **4** ⟨fig.⟩ *Besitzer* ◆ die Sache hat Hand und **Fuß** *ist gut durchdacht;* die Sache hat weder Hand noch Fuß *ist nicht durchdacht* ◆ (mit) Hand **anlegen** (bei) *(mit)helfen (bei);* mir ist die Hand **ausgerutscht** ⟨umg.⟩ *ich habe ihm, ihr eine Ohrfeige gegeben;* jmdm. die Hand **drücken,** schütteln (zur Begrüßung, zum Abschied, zum Beglückwünschen); die Hände **falten;** jmdm. die Hand **geben,** reichen; eine Hand wäscht die andere ⟨fig.⟩ *man hilft sich gegenseitig, ist einander gefällig;* mir sind die Hände **gebunden** *ich kann in dieser Sache nichts tun, ich bin machtlos* ◆ **breite,** schmale, große, kleine, kräftige, zarte, schöne, harte, weiche Hände; er muss eine **feste** Hand fühlen, spüren *feste, strenge Führung haben;* jmdm. freie Hand lassen *jmdn. nach seinem Gutdünken handeln lassen;* eine **glückliche** Hand beweisen, haben *erfolgreich in einer Unternehmung sein;* **heiße,** warme, kalte, feuchte Hände; eine **lockere** Hand haben ⟨umg.⟩ *leicht Ohrfeigen austeilen;* die **öffentliche** Hand *Behörde, Regierung, Verwaltung;* **rechter,** linker Hand (liegt eine Wiese) *rechts, links;* jmds. rechte Hand sein ⟨fig.⟩ *jmds. Stütze, Helfer, wichtigster Mitarbeiter sein;* eine **ruhige** Hand haben *nicht zittern;* ich habe gerade die Hände **voll** *viel zu tragen;* die Hand voll Beeren haben; nur eine Hand voll Menschen schaute zu ⟨fig.⟩ *nur wenige M.;* alle Hände voll zu tun haben *sehr viel zu tun haben* ◆ jmdn. **an** der Hand führen; ein Kind an die Hand nehmen; Hand an sich legen *Selbstmord begehen;* das liegt **auf** der Hand! ⟨fig.⟩ *das ist klar erkennbar;* auf den Händen stehen oder laufen können; jmdn. auf Händen tragen ⟨fig.⟩ *für jmdn. mit großer Zuvorkommenheit u. Liebe sorgen;* **aus** freier Hand, aus der freien Hand zeichnen *ohne Vorlage* Wasser aus der hohlen Hand trinken; etwas aus zweiter Hand kaufen *gebraucht, antiquarisch;* jmdn. **bei** der Hand fassen; ich habe das Buch nicht bei der Hand *nicht greifbar, nicht da;* er ist mit einer Ausrede rasch bei der Hand *er hat immer eine A. bereit;* die Briefe gehen alle **durch** seine Hände *er prüft sie alle u. leitet sie weiter;* jmdm. die Hand **fürs** Leben reichen *jmdn. heiraten;* Hand **in** Hand (mit) *zusammen (mit);* jmdm. ein Geldstück o. Ä. in die Hand drücken *geben;* er ist Verbrechern in die Hände gefallen *in ihre Gewalt geraten;* etwas in Händen haben *besitzen od. verwahren,* ⟨fig.⟩ *beherrschen;* sich in der Hand haben *sich beherrschen können;* er hat es in der Hand, ob ... *er kann darüber entscheiden;* in die Hände klatschen; eine Sache (selbst) in die Hand nehmen *(selbst) für die (rasche) Erledigung sorgen;* in die Hände spucken (um zupacken zu können); jmdm. etwas in die Hand versprechen *fest, mit Handschlag versprechen;* die Führung liegt

H

## HAND

Die menschliche Hand ist ein hoch empfindliches Werkzeug. Der Daumen kann den übrigen Fingern gegenübergestellt werden. Muskeln im Unterarm und in der Hand sorgen für präzise Bewegungen der insgesamt 27 Knochen.

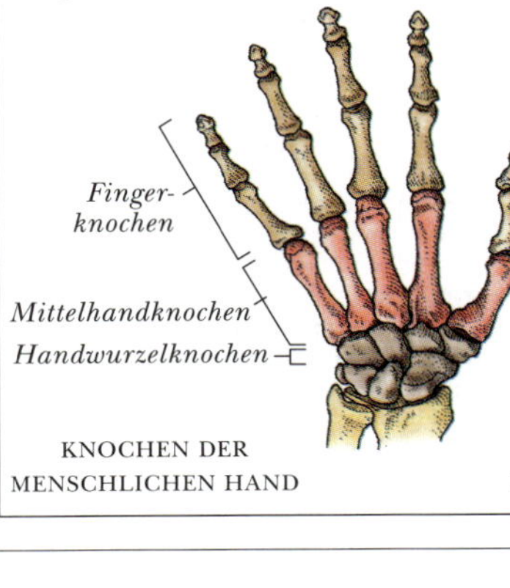


KNOCHEN DER MENSCHLICHEN HAND

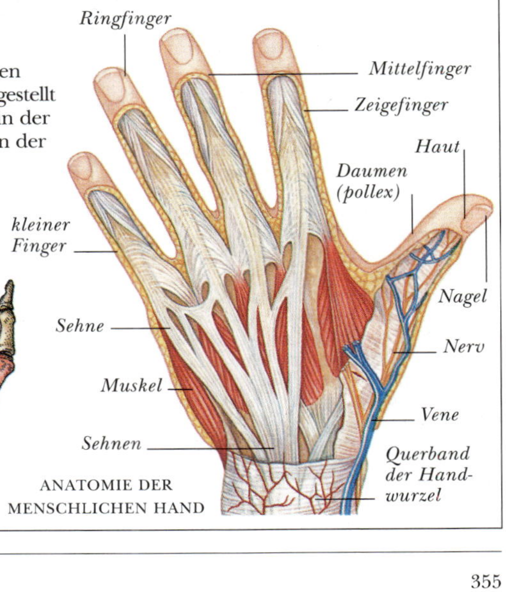


ANATOMIE DER MENSCHLICHEN HAND

in seinen Händen *er hat die F.;* in andere Hände übergehen *den Besitzer wechseln;* in festen Händen sein *im festen Besitz sein, unverkäuflich sein;* ⟨fig.⟩ *verlobt, verheiratet, gebunden sein;* einen Hund in gute Hände geben *jmdm. geben, der ihn gut versorgt;* das Geld ist bei ihr in guten Händen *sie verwahrt es treulich;* für ihn lege ich die Hand ins Feuer *von seiner Anständigkeit bin ich überzeugt;* die Hände in den Schoß legen *müßig sein, untätig sein;* die Hand im Spiele haben (bei etwas) *beteiligt sein (bes. bei unehrenhaften Angelegenheiten);* sich die Hände in Unschuld waschen *mit etwas nichts zu tun haben wollen;* **mit** den Händen reden *seine Worte mit lebhaften Handbewegungen unterstreichen, gestikulieren;* mit eiserner Hand durchgreifen *energisch, rücksichtslos;* mit leeren Händen kommen *ohne Geschenk;* die Hände **über** jmdn. od. etwas halten *ihn beschützen, es gut hüten;* die Hände überm Kopf zusammenschlagen ⟨fig.⟩ *sehr erstaunt, überrascht, entsetzt sein;* **um** die Hand einer (jungen) Frau anhalten *die Eltern der (jungen) Frau bitten, sie heiraten zu dürfen;* etwas **unter** der Hand verkaufen *heimlich, illegal;* **von** Hand (gearbeitet) *mit der H.;* das ist nicht von der Hand zu weisen *das ist wohl möglich, denkbar, nicht ausgeschlossen;* von langer Hand vorbereitet *lange Zeit vorbereitet;* von der Hand in den Mund leben *sofort verbrauchen, was man verdient, sich nichts sparen;* man sieht die Hand nicht **vor** den Augen *es ist so dichter Nebel od. so dunkel, dass man nichts sehen kann;* **zu** Händen der, ⟨od.⟩ von Herrn X ⟨Abk.: z. H.⟩ (in Adressen) für Herrn X bestimmt; jmdm. zur Hand gehen *helfen;* etwas zur Hand haben *griffbereit haben*

**Handapparat** ⟨m. 1⟩ **1** *ein mit der Hand betätigter Apparat, z. B. einen Fotoapparat* **2** = *Handbibliothek*

**Handarbeit** ⟨f. 20⟩ **1** *Arbeit mit der Hand, nicht maschinell;* Ggs *Maschinenarbeit;* → a. *Manufaktur* **2** *mit der Hand gearbeiteter Gegenstand;* Sy *Manufakt*

**Handball** ⟨m.; -(e)s; Sp.⟩ **I** ⟨unz.⟩ *Kampfspiel zwischen zwei Mannschaften (mit je sechs Feldspielern und einem Torwart), bei dem ein Hohlball durch Zuwerfen ins gegner. Tor gebracht werden muss* **II** ⟨zählb.⟩ *Ball, der beim gleichnamigen Spiel gebraucht wird;* Sy ⟨umg.; kurz⟩ *Leder (4)*

**Handballen** ⟨m. 4; Anat.⟩ *kleiner Hügel aus Muskeln auf der inneren Hand unterhalb des Daumens*

**Handbesen** ⟨m. 4⟩ *kleiner Besen mit kurzem (in rechtem Winkel zu den Borsten stehendem) Stiel;* Sy *Handfeger*

**Handbewegung** ⟨f. 20⟩ *Bewegung mit der Hand, auch um etwas auszudrücken* ◆ unvorsichtige, verächtliche Handbewegung

**Handbibliothek** ⟨f. 20⟩ *kleine Anzahl von Büchern in leicht erreichbarer Nähe (im Lesesaal einer Bibliothek, auf dem Schreibtisch usw.);* Sy *Handapparat (2)*

**Handbremse** ⟨f. 19⟩ *durch einen Hebel von der Hand zu betätigende Bremse, z. B. am Fahrrad;* Ggs *Fußbremse*

**Händedruck** ⟨m. 1u⟩ *das Reichen der Hände (als Grußgebärde)* ◆ fester, warmer, herzlicher Händedruck; eine Abmachung mit einem Händedruck bekräftigen

**Händeklatschen** ⟨n.; -s; unz.⟩ *Beifallskundgebung durch Aneinanderschlagen der Handflächen, Applaus*

**Handel**[1] ⟨m.; -s; unz.⟩ **1** *gewerbsmäßiger Ein- und Verkauf von Waren* (Großhandel, Kleinhandel) **2** *Vertrag über Ein- oder Verkauf, Geschäft* **3** *Angelegenheit* ◆ einen Handel **abschließen,** rückgängig machen; einen Handel **betreiben;** Handel **treiben** ◆ **ambulanter,** internationaler, privater Handel; **blühender,** lebhafter Handel ◆ Handel **mit** den benachbarten Staaten

**Handel**[2] ⟨m. 5u; meist Pl.⟩ **1** *Streit, Rechtsstreitigkeit* (Rechtshandel) **2** *Rauferei, Schlägerei* ◆ Händel anfangen, beginnen; sich in Händel mit jmdm. einlassen

**handeln** ⟨V.; hat⟩ **I** ⟨V. i.⟩ **1** *etwas tun, vorgehen, verfahren, einen Entschluss ausführen* **2** *Handel treiben, Waren ein- u. verkaufen* **3** *feilschen, über den Preis verhandeln* ◆ die handelnden **Personen** (eines Dramas) *die auftretenden, mitwirkenden Personen;* an der Börse werden **Wertpapiere** gehandelt ◆ **eigenmächtig,** großzügig, töricht, überlegen, weit schauend handeln ◆ **als** Freund handeln; **an** jmdm. gut, schlecht handeln; **auf** eigene Faust handeln ⟨fig.⟩ *eigenmächtig, selbständig;* ich handle (nicht) **gern** *feilsche (nicht) gern;* er handelt **in** ⟨Kaufmannsspr.⟩, mit Getreide, Lebensmitteln, Lederwaren usw.; er lässt nicht **mit** sich handeln *geht nicht von seiner Forderung ab;* genau **nach** Anweisung handeln; **über** jmdn. od. etwas handeln *über jmdn. od. etwas sprechen (in einem Buch, Vortrag);* **von** etwas handeln *etwas zum Gegenstand haben, behandeln, von etwas berichten;* das Buch, das Fernsehspiel, der Film, das Theaterstück handelt von Napoleon; jetzt ist es Zeit **zu** handeln, zum Handeln **II** ⟨V. refl.⟩ sich um etwas od. jmdn. handeln *von etwas od. jmdm. die Rede sein* ◆ es handelt sich um meine Arbeit; es handelt sich darum, ob es auch lohnt *man muss sich fragen, ob ...*

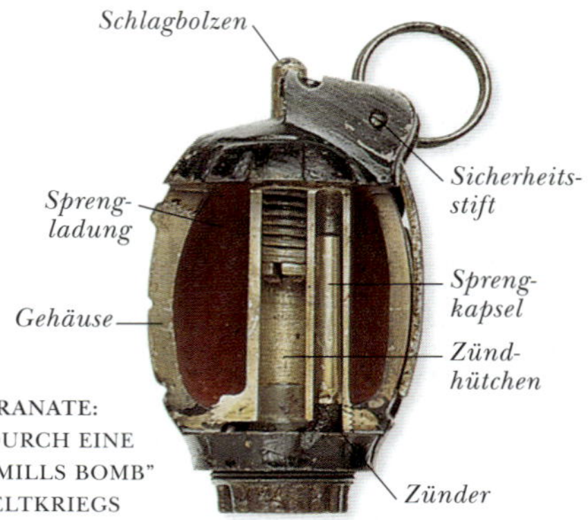


HANDGRANATE: SCHNITT DURCH EINE BRITISCHE "MILLS BOMB" DES II. WELTKRIEGS

**Handelsbank** ⟨f. 20⟩ *bes. dem Interesse des Handels dienende Bank*

**Handelsbeziehung** ⟨f. 20; meist Pl.; Pol.⟩ *Warenaustausch, dem Handel dienende Beziehungen (zwischen zwei Staaten)* ◆ Handelsbeziehungen unterhalten

**Handelsbilanz** ⟨f. 20; Wirtsch.⟩ **1** *Abrechnung eines Kaufmanns nach handelsrechtl. Vorschriften* **2** *Gegenüberstellung von Warenein- u. -ausfuhr eines Landes* ◆ aktive Handelsbilanz *überwiegende Ausfuhr;* passive Handelsbilanz *überwiegende Einfuhr*

**handelsfähig** ⟨Adj.⟩ handelsfähige Ware **1** ⟨i. w. S.⟩ *Ware, die für den Handel geeignet ist* **2** ⟨i. e. S.⟩ *Ware, die in normierter Qualität, in festgelegten Mengen u. innerhalb begrenzter Termine auf Großmärkten gehandelt wird*

**Handelsfreiheit** ⟨f. 20; unz.⟩ *Recht auf unbeschränkte Handelstätigkeit*

**Handelsgesellschaft** ⟨f. 20⟩ *Vereinigung von Personen zum gemeinsamen Betrieb einer Firma* ◆ Offene Handelsgesellschaft ⟨Abk.: OHG; ohg⟩ *H., bei der jeder Gesellschafter unbeschränkt haftet*

**Handelsgesetzbuch** ⟨n. 12u; Abk.: HGB⟩ *Gesetzbuch zur Regelung des Handels*

**Handelshochschule** ⟨f. 19; Abk.: HH⟩ *wissenschaftl. Ausbildungsstätte für akademisch-kaufmännische Berufe (Diplomkaufleute, -betriebswirte)*

**Handelskette** ⟨f. 19⟩ *Weg einer Ware vom Hersteller zum Verbraucher*

**Handelsklasse** ⟨f. 19⟩ *Qualitätsnorm für wirtschaftl. u. Fischereierzeugnisse*

**Handelskrieg** ⟨m. 1⟩ **1** *wirtschaftl. Zwangsmaßnahmen gegenüber einem anderen Staat (Ein- u. Ausfuhrsperren, Zölle usw.) in der Zeit politischen Friedens* **2** *zur Festigung der wirtschaftl. Stellung eines Landes geführter Krieg* **3** *Inbegriff aller Maßnahmen, die auf wirtschaftl. Schwächung des Kriegsgegners gerichtet sind*

**Handelsmarke** ⟨f. 19⟩ = *Warenzeichen*

**Handelsniederlassung** ⟨f. 20⟩ **1** *örtl. Mittelpunkt eines kaufmänn. Geschäftsbetriebes;* Sy *Kontor (2)* **2** *Inbegriff aller zu diesem Betrieb vereinigten Produktionsmittel samt Forderungen, Schulden u. Kundschaft*

**Handelspolitik** ⟨f. 20; unz.⟩ *alle staatl. Maßnahmen zur Regelung des Innen- u. Außenhandels*

**handelspolitisch** ⟨Adj.⟩ *die Handelspolitik betreffend, auf ihr beruhend* ◆ handelspolitische Maßnahmen

**Handelsrecht** ⟨n. 11; unz.⟩ *Gesamtheit aller den Handel betreffenden Gesetze*

**Handelsregister** ⟨n. 13⟩ *amtl. Verzeichnis aller Einzelkaufleute u. Handelsbetriebe u. ihrer rechtl. Verhältnisse* ◆ ins Handelsregister eintragen lassen

**Handelsschule** ⟨f. 19⟩ *Ausbildungsstätte für Kaufleute u. kaufmänn. Angestellte* ◆ höhere Handelsschule *H. nach Abschluss der mittleren Reife*

**Handelssperre** ⟨f. 19⟩ *Ein- u. Ausfuhrsperre für einen Staat, Boykott, Embargo* ◆ eine Handelssperre verhängen (gegen)

**handelsüblich** ⟨Adj.⟩ *im Handels-, Geschäftsverkehr gebräuchlich, üblich*

**Handelsware** ⟨f. 19⟩ *zum Verkauf bestimmte Ware*

**Handelszeichen** ⟨n. 14⟩ = *Warenzeichen*

**händeringend** ⟨Adj.⟩ *flehentlich, verzweifelt* ◆ jmdn. händeringend um etwas bitten

**Handfeger** ⟨m. 3⟩ = *Handbesen*

**Handfertigkeit** ⟨f. 20; unz.⟩ *Geschicklichkeit der Hände*

**handfest** ⟨Adj.; -er, am -esten⟩ *kräftig, derb* ◆ ein handfester Knüppel [< mhd. *hantveste* „in feste Hand genommen, gefangen, tüchtig mit der Hand"]

**Handfläche** ⟨f. 19⟩ *Innen-, Unterseite der Hand;* Sy *Handteller*

**handgearbeitet** ⟨Adj.⟩ *mit der Hand hergestellt (nicht maschinell);* → a. *manuell*

**Handgebrauch** ⟨m.; -s; unz.⟩ *bequeme, häufige Benutzung* ◆ Werkzeug zum Handgebrauch kaufen

**Handgeld** ⟨n. 12⟩ **1** *Geld, das zur Bekräftigung eines Vertrages gegeben wird* **2** *Vermittlungsgebühr, Provision;* Sy *Aufgeld*

**Handgelenk** ⟨n. 11⟩ *Gelenk, das die Hand mit dem Unterarm verbindet* ◆ er hat ein lockeres, loses Handgelenk ⟨fig.; umg.⟩ *er neigt zum Schlagen;* etwas aus dem Handgelenk machen, schütteln, tun ⟨fig.⟩ *mit spielerischer Leichtigkeit, mühelos zustande bringen*

**Handgemenge** ⟨n. 13⟩ **1** *Nahkampf* **2** *Schlägerei, Rauferei* ◆ ins Handgemenge (miteinander) kommen; in ein Handgemenge geraten

**Handgepäck** ⟨n. 11; unz.⟩ *Gepäckstücke, die der Reisende über seinem Sitz ablegt*

**handgestrickt** ⟨Adj.⟩ *mit der Hand gestrickt* ◆ ein handgestrickter Pullover
**Handgranate** ⟨f. 19⟩ ◄ *mit explosivem Pulver gefülltes Wurfgeschoss*
**handgreiflich** ⟨Adj.; fig.⟩ *greifbar, sehr deutlich, einleuchtend, überzeugend* ◆ ein handgreiflicher Beweis; jmdm. etwas handgreiflich erklären *anschaulich vor Augen führen;* handgreiflich werden *tätlich, handgemein*
**Handgriff** ⟨m. 1⟩ **1** *Griff, Stiel, Hebel, Henkel, Kurbel (an Werkzeugen, zum Festhalten u. Ä.)* **2** *kurze Tätigkeit, kurzes Tun mit der Hand* **3** *kleine, unbedeutende Mühe* ◆ die Tasche hat keinen Handgriff mehr; sie darf vorläufig keinen Handgriff mehr machen *darf nicht mehr arbeiten;* sie tut zu Hause keinen Handgriff *sie hilft nicht, scheut jede Mühe*
**Handhabe** ⟨f. 19; fig.⟩ *Veranlassung, Möglichkeit* ◆ ich besitze keine Handhabe, einschreiten zu können; damit bietet, gibt er mir eine Handhabe einzugreifen
**handhaben** ⟨V. t. 159; hat; du handhabst, gehandhabt⟩ *gebrauchen, anwenden* ◆ die Angelegenheit so handhaben, dass ...; ein Gerät zu handhaben verstehen, wissen
**Handharmonika** ⟨f. 10; Pl. a.: -niken; Mus.⟩ *tragbares Musikinstrument, bei dem die Töne mithilfe eines gefältelten Blasebalgs von durchschlagenden Zungen erzeugt werden, wobei die Melodiestimmen diatonisch geordnet sind u. aus- u. eingeblasene Luft verschiedene Töne ergeben;* Sy *Ziehharmonika;* → a. *Akkordeon*
**Handicap** ⟨['hændikæp] n. 15⟩ = *Handikap*
**handicapen** ⟨['hændikæpən] V. t.; ist⟩ = *handikapen*
**Handikap** ⟨['hændikæp] n. 15⟩ oV *Handicap* **1** ⟨Sp.; bei Wettkämpfen⟩ *Gewichts-, Distanz-, Punktausgleich, Vorgabe für benachteiligte Teilnehmer* **2** ⟨allg.⟩ *Nachteil, Benachteiligung, Hemmnis* [< engl. *handicap* „Ausgleichswettbewerb, Benachteiligung"]
**handikapen** ⟨['hændikæpən] V. t.; hat⟩ oV *handicapen* **1** *ausgleichen* **2** *benachteiligen, hemmen, stören* ◆ durch ungünstige Witterung waren wir gehandikapt
**Handkäse** ⟨m. 3; bes. hess.⟩ = *Harzer (2)* ◆ Handkäs' mit Musik ⟨bes. hess.⟩ *mit einer Marinade aus Essig, Öl, Pfeffer u. Zwiebeln angemachter Handkäse*
**Handkoffer** ⟨m. 3⟩ *kleiner Koffer, den man bequem tragen kann*
**Handkuss** ⟨m. 1u⟩ *(oft nur angedeuteter) Kuss auf den Handrücken (als Zeichen der Verehrung, Zuneigung od. als Grußgebärde)*
**Handlanger** ⟨m. 3⟩ **1** *ungelernter Arbeiter, bes. zum Herbeitragen von Arbeitsmaterial* **2** *untergeordneter Helfer*
**Handlauf** ⟨m. 1u⟩ *in Form u. Höhe der Hand angepasster oberer Abschluss eines (Treppen-)Geländers zum Festhalten*
**Händler** ⟨m. 3⟩ **1** *Kaufmann, Ein- u. Verkäufer* (Kleinhändler, Großhändler, Viehhändler) **2** *Inhaber eines Gemischtwarenladens*
**Handlesekunst** ⟨f. 7u; unz.⟩ ► *angebl. Fähigkeit, aus den Handlinien Charakter u. Zukunft des Betreffenden zu deuten*
**handlich** ⟨Adj.⟩ **1** *leicht, gut, bequem zu handhaben, für den Handgebrauch bes. geeignet* (Gerät) **2** ⟨schweiz. a.⟩ *behände* **3** *leicht greifbar, gleich bei der Hand* ◆ in handlicher Form; in handlicher Nähe
**Handlichkeit** ⟨f. 20; unz.⟩ *handliche, praktische Beschaffenheit*
**Handlung** ⟨f. 20⟩ **1** *Tat, Tun* **2** *Vorgang, Geschehen* **3** *Geschäft, Laden, kaufmänn. Unternehmen* (Buchhandlung, Lebensmittelhandlung) ◆ die Beweggründe für eine Handlung; die Handlung des Dramas, Romans; Ort und Zeit der Handlung (in einem Theaterstück)
**Handlungsbedarf** ⟨m.; -s; unz.; bes. Pol.⟩ *dringende Notwendigkeit, zu handeln, Entschlüsse herbeizuführen* ◆ hier besteht dringender Handlungsbedarf

HANDSCHELLE: ENGLISCHE HANDSCHELLEN DES 19. JH.

**handlungsfähig** ⟨Adj.; Rechtsw.⟩ *fähig, Rechte u. Pflichten durch eigene Handlungen zu erwerben od. wahrzunehmen*
**Handlungsfreiheit** ⟨f. 20; unz.⟩ *das Recht, nach eigenem Ermessen zu handeln* ◆ jmdm. die volle Handlungsfreiheit geben
**Handlungsrichtung** ⟨f. 20; Gramm.⟩ = *Genus Verbi*
**Handlungsvollmacht** ⟨f. 20⟩ *Ermächtigung durch einen Geschäftsinhaber, für ihn Geschäfte abzuschließen*
**Handlungsweise** ⟨f. 19⟩ *Art des Handelns, Verhalten (in einem bestimmten Fall)*
**Handorgel** ⟨f. 21; Mus.⟩ *Handharmonika, Ziehharmonika*
**Handout,** ⟨auch⟩ **Hand-out** ⟨['hændaut] n. 15⟩ *verteiltes Arbeitspapier (bei Vorträgen, Konferenzen o. Ä.)* [engl., „Erklärung, Werbezettel" < *hand out* „verteilen, austeilen"]
**Handpferd** ⟨n. 11⟩ **1** *im Zweigespann das rechte Pferd, Beipferd;* Ggs *Sattelpferd* **2** *mitgeführtes Ersatzpferd*
**Handpuppe** ⟨f. 19⟩ *Puppe, die nur aus hohlem Kopf u. Kleid besteht, zur Vorführung von Puppenspielen, wobei das Kleid über die Hand des Spielers gezogen wird*

## HANDLESEKUNST

Die Handlesekunst versucht, Charakter und Schicksal der betreffenden Person vorherzusagen. Angeblich steht dabei die Lebenslinie mit der Vitalität, die Herzlinie mit der emotionalen Stabilität, die Kopflinie mit der Intelligenz und die Saturnlinie mit äußeren Einflüssen in Verbindung.

MERKMALE DER HAND

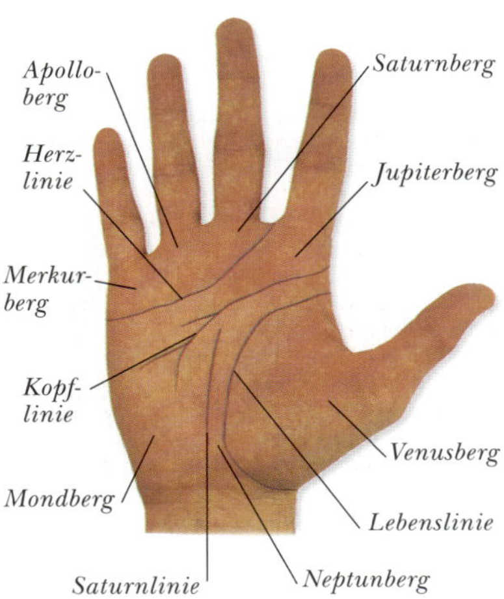


**Handrücken** ⟨m. 4⟩ *Außen-, Oberseite der Hand*
**Handsäge** ⟨f. 19⟩ *kleine Säge*
**Handscanner** ⟨[-skæn-] m. 3; EDV⟩ *Scanner in der Größe eines Handgerätes, wird z. B. zum Einlesen des Strichcodes bei Registrierkassen verwendet*
**Handschelle** ⟨f. 19; meist Pl.⟩ ◄ *metallene Handfessel* ◆ jmdm. Handschellen anlegen
**Handschlag** ⟨m. 1u⟩ *Händedruck, Händeschütteln (bes. als alter Brauch zwischen Partnern von Geschäftsabschlüssen)* ◆ ein Versprechen durch Handschlag bekräftigen; jmdn. mit Handschlag begrüßen; sich mit Handschlag verabschieden; einen Geschäftsabschluss mit einem Handschlag besiegeln
**Handschrift** ⟨f. 20⟩ **1** *die Schriftzüge eines Schreibenden, die Art dieser Schriftzüge;* Sy ⟨kurz⟩ *Hand (2)* **2** *das mit der Hand Geschriebene, handgeschriebene Druckvorlage, Manuskript* **3** ⟨Abk.: Hs. (Singular), Hss. (Plural)⟩ *handgeschriebenes, häufig verziertes Buch des MA* (Heidelberger Liederhandschrift) ◆ ich kann deine Handschrift kaum lesen; eine ausgeschriebene, gute, deutliche, schlechte, schöne, unleserliche Handschrift haben, schreiben
**Handschriftendeutung** ⟨f. 20⟩ = *Graphologie*
**Handschriftenkunde** ⟨f. 19; unz.⟩ = *Paläographie*
**handschriftlich** ⟨Adj.⟩ *mit der Hand geschrieben* ◆ ein handschriftliches Dokument
**Handschuh** ⟨m. 1⟩ *Bekleidung für die Hand* ◆ ein Paar Handschuhe; die Handschuhe anziehen, abstreifen, ausziehen, überziehen; den (Fehde-)Handschuh aufnehmen ⟨fig.⟩ *die Herausforderung annehmen, den Kampf aufnehmen*
**Handstand** ⟨m. 1u⟩ *das Stehen auf den Händen, auf dem Boden od. auf Turngeräten* ◆ den Handstand machen; im Handstand
**Handstickerei** ⟨f. 18⟩ *mit der Hand hergestellte Stickerei*
**Handstreich** ⟨m. 1⟩ *geschickter Überfall mit wenigen Leuten bzw. mit geringem Aufwand* ◆ er kam durch einen Handstreich an die Macht
**Handtasche** ⟨f. 19⟩ *kleine tragbare Tasche*
**Handteller** ⟨m. 3⟩ = *Handfläche*
**Handtuch** ⟨n. 12u⟩ *Tuch zum Abtrocknen des Körpers nach dem Waschen* ◆ das Handtuch werfen ⟨Boxsp.; allg.⟩ *aufgeben*
**Handumdrehen** ⟨n.; nur in der Wendung⟩ im Handumdrehen *sehr schnell, sofort, unmittelbar darauf,* ⟨eigtl.⟩ *so schnell, wie man eine Hand umdreht* ◆ das kann man nicht im Handumdrehen erledigen, bekommen
**Handwaffe** ⟨f. 19⟩ *freihändig zu haltende Waffe*
**handwarm** ⟨Adj.⟩ *so warm, dass man leicht die Hand hineinhalten kann, lauwarm* (Flüssigkeit) ◆ den Pulli handwarm waschen
**Handwerk** ⟨n. 11⟩ **1** *gewerbl. Tätigkeit, bei der im Wesentl. mit der Hand u. einfachen Werkzeugen gearbeitet wird* **2** *Stand, Zunft der Handwerker* **3** *handwerkliches, (oder allg.) berufl. Können* ◆ Handwerk hat goldenen **Boden** ⟨Sprichw.⟩ *H. ist eine rechtschaffene Sache, die auch etwas einbringt* ◆ ein Handwerk **ausüben,** betreiben, erlernen; man muss ihm das Handwerk **legen** ⟨fig.⟩ *ihn an schädlichem Treiben (urspr.: unzünftiger Arbeit) hindern;* er **versteht** sein Handwerk *er leistet etwas in seinem Beruf*
**Handwerker** ⟨m. 3⟩ **1** *jmd., der ein Handwerk betreibt* **2** *jmd., der saubere Kleinarbeit herstellt* ◆ ein guter Handwerker sein ⟨fig.⟩

*techn. einwandfrei, aber unschöpferisch arbeiten;* er ist selbständiger Handwerker
**handwerklich** ⟨Adj.⟩ **1** *das Handwerk betreffend, auf ihm beruhend* **2** *mit der Hand hergestellt* **3** *fachgemäß*
**Handwerksbetrieb** ⟨m. 1⟩ *Werkstatt zur handwerkl. Herstellung von Waren*
**Handy** ⟨['hændi] n. 15⟩ *kleines, tragbares drahtloses (Mobil-)Telefon* [nur im Dt. gebräuchliche Substantivierung zu engl. *handy* „handlich, praktisch"]
**Handzeichen** ⟨n. 14⟩ **1** = *Hausmarke (1)* **2** *Zeichen mit der Hand* **3** *Erheben der Hand als Zeichen der Zustimmung (bei einer Abstimmung)*
**Handzettel** ⟨m. 5⟩ *Flugblatt, Propaganda-, Reklamezettel* ◆ Handzettel verteilen
**Hanf** ⟨m. 1; unz.⟩ *einjährige, krautige Pflanze aus der Familie der Hanfgewächse (Cannabinaceae), die 2-3 m hoch werden kann, liefert Fasern für Seilerwaren und gröberes Geflecht: Canabis sativa* [< ahd. *hanaf*]

HÄNGEBRÜCKE:
MACKINAC-BRÜCKE, USA

**Hänfling** ⟨m. 1⟩ **1** *Angehöriger einer Gattung der Finkenvögel: Carduelis* **2** ⟨abwertend⟩ *schmächtiger, unscheinbarer Mensch*
**Hang** ⟨m. 1u⟩ **I** ⟨zählb.⟩ *geneigte Fläche, Abhang* (Berghang) ◆ den Hang hinaufsteigen, hinunterrollen; das Haus liegt direkt am Hang **II** ⟨unz.⟩ **1** *hängende Stellung u. die dafür nötigen Griffe am Turngerät* (Kniehang) **2** ⟨fig.⟩ *Neigung, Vorliebe (zu etwas)* ◆ aus dem Hang vom Reck abspringen; einen Hang zum Bösen haben ⟨fig.⟩
**Hängebauchschwein** ⟨n. 11⟩ *(in Vietnam gezüchtetes) kleines, dunkles Schwein mit ausgeprägtem Hängebauch*
**Hängebrücke** ⟨f. 19⟩ ▲ *Brücke, deren Tragwerk u. Fahrbahn an Kabeln od. Ketten aufgehängt ist, die über Türme laufen*
**Hängelampe** ⟨f. 19⟩ *von der Zimmerdecke herabhängende Lampe*
**Hängematte** ⟨f. 19⟩ *aus Schnüren geknüpftes, rechteckiges Netz, zwischen zwei Bäume od. Pfosten gespannt als Schlafgelegenheit, auf Schiffen häufig aus Segeltuch* [< ndrl. *hangmak, hangmat* < frz. *hamac* < span. *hamaca* < westind. (Haiti) *hamaca* „das schwebende Bett der Eingeborenen"; schon von Kolumbus so bezeichnet]
**hängen** ⟨V. 161⟩ **I** ⟨V. i.; hat; süddt., österr., schweiz.: ist⟩ **1** *an einem Punkt befestigt sein u. schweben* **2** *schräg abfallen, geneigt sein, sich neigen* (Mauer) **3** ⟨fig.⟩ *nicht vorwärts kommen, noch unentschieden sein* (Angelegenheit, Prozess) ◆ der **Artist** hing am Trapez; der **Baum** hängt voller Früchte; die **Beere** hängt am Strauch; hängende **Gärten** *terrassenförmige Gartenanlage;* die Hängenden Gärten der Semiramis *eines der sieben Weltwunder;* dein **Mantel** hängt im Schrank ◆ hängen **bleiben** *stecken bleiben, kleben bleiben, haften bleiben, sich festhaken;* wenn er so faul bleibt, wird er wohl dieses Jahr hängen bleiben ⟨fig.; umg.⟩ *in der Schule nicht versetzt werden;* etwas bleibt immer an einem hängen ⟨von einer Verleumdung⟩ ⟨fig.; umg.⟩; von diesem Vortrag ist bei mir wenig hängen geblieben ⟨fig.; umg.⟩ *hat sich mir wenig im Gedächtnis eingeprägt;* etwas hängen **lassen** *etwas Hängendes vergessen mitzunehmen; sinken lassen* (Arme, Kopf); der Vogel lässt die Flügel hängen; er hat seinen Hut in der Gastwirtschaft hängen lassen; lass den Kopf nicht gleich hängen! ⟨fig.⟩ *verlier nicht gleich den Mut* ◆ **an** jmdm. hängen *jmdm. zugetan sein, sich jmdm. herzlich verbunden fühlen, jmdn. nicht missen wollen;* das Kind hängt wie eine Klette an ihr ⟨umg.⟩ *weicht nicht von ihrer Seite;* es hing an einem Faden, Haar ⟨fig.⟩ *wäre beinahe nicht zustande gekommen;* sie hat sehr an ihrer Schwester gehangen ⟨fig.⟩ *sie hat sie sehr geliebt;* sie hängt wieder stundenlang an der Strippe, am Telefon ⟨fig.; umg.⟩ *sie telefoniert wieder sehr lange;* dichte Regenwolken hängen **über** den Bergen **II** ⟨V. t.; hat; schwach konjugiert⟩ **1** etwas hängen *so befestigen, dass es schwebt* **2** jmdn. hängen *durch den Strang töten, durch Erhängen (am Galgen) hinrichten* ◆ der Verbrecher wurde gehängt ◆ sein Herz **an** etwas hängen ⟨fig.⟩ *es ersehnen, sehnsüchtig lieben;* ein Bild an die Wand hängen; Wäsche **auf** die Leine hängen; **mit** Hängen und Würgen hat er die Prüfung bestanden ⟨umg.⟩ *mit großer Mühe, mit knapper Not* **III** ⟨V. refl.; hat⟩ sich an jmdn. hängen *jmdm. nicht von der Seite weichen, sich jmdm. aufdringlich anschließen* ◆ als ich das Ereignis erfuhr, habe ich mich gleich an die Strippe, ans Telefon gehängt ⟨fig.; umg.⟩ *sofort telefoniert, angerufen*
**Hänger** ⟨m. 3⟩ **1** *gerade geschnittener, taillenu. gürtelloser Mantel* **2** *ebensolches Kinderkleid* **3** ⟨umg.⟩ *Anhänger (eines Fahrzeuges)*
**Hängeschrank** ⟨m. 1u⟩ *kleiner Schrank, der an der Wand aufgehängt ist*
**Hängeweide** ⟨f. 19; Bot.⟩ = *Trauerweide (1)*
**Hangover,** ⟨auch⟩ **Hang-over** ⟨[hæŋ'ouvə(r)] m.; -s; unz.; umg.⟩ *nach Alkoholgenuss auftretende Kopfschmerzen, Kater* [zu engl. *hang over* „überhängen, übrig bleiben"]
**Hannoveraner** ⟨[-və-] m. 3⟩ **1** *Einwohner von Hannover* **2** *eine Pferderasse;* ► *Pferde*
**Hans** ⟨m.; -; unz.; als Gattungsname in Zus. Pl.: Hänse⟩ *(als früher häufigster deutscher Vorname in Zus. zum Gattungsbegriff geworden,* z. B. Faselhans, Prahlhans, Schmalhans) ◆ Hans im **Glück** *junger, etwas einfältiger Mensch, dem alles zum Guten ausschlägt* [nach einer Märchengestalt]; **Hansdampf** in allen Gassen *überbetriebsamer Mensch, der den Anschein erweckt, überall Bescheid zu wissen und überall dabei zu sein* ◆ der **Blanke** Hans ⟨seemänn.; poet.⟩ *die Nordsee bei Sturm* [< *Johannes* verkürzt; seit dem 14. Jh. zur Verspottung von Eigenschaften od. Merkmalen üblich]
**Hansa** ⟨f.; -; unz.; in Zus.⟩ *(Name großer Schiffs- u. Luftfahrtunternehmen,* z. B. Lufthansa) [Wiederaufnahme im 19. Jh. des seit dem Untergang des Hansebundes verschwundenen Wortes *Hanse* in latinisierter Form; → *Hanse*]
**Hansaplast** ⟨n.; -(e)s; unz.; Warenzeichen⟩ *Verbandpflaster, Heftpflaster* [2. Bestandteil zu lat. *emplastrum* „Pflaster" (auf Wunden) < grch. *emplassein* „überziehen, einhüllen"]
**Hansdampf** ⟨m.; - od. -s; unz.⟩ → *Hans*
**Hanse** ⟨f. 19; unz.⟩ **1** ⟨vom 12. Jh. bis etwa 1800⟩ *Vereinigung von Kaufleuten norddt. Städte im nordeurop. Ausland* **2** ⟨daraus entstanden⟩ *lockerer Bund von sechs Städten unter Führung Lübecks mit gemeinsamer Handelspolitik* [< mhd. *hanse* „Kaufmannsgilde, Genossenschaft" < ahd. *hansa* „Kriegerschar, Gefolge"]
**Hanseat** ⟨m. 16⟩ *Angehöriger der Hanse*
**hanseatisch** ⟨Adj.; latinisierte Form von⟩ = *hansisch*
**Hänselei** ⟨f. 18⟩ *Neckerei, Verspottung*
**hänseln** ⟨V. t.; hat⟩ *necken, verspotten* ◆ er wird von allen in der Klasse gehänselt [zu mhd. *hanse* „Genossenschaft"; urspr. „jmdn. in eine Körperschaft aufnehmen" (der Ankömmling musste harte Mut- u. Standhaftigkeitsproben bestehen)]
**Hansestadt** ⟨f. 7u⟩ *zur Hanse gehörige Stadt*
**hansisch** ⟨Adj.⟩ *die Hanse betreffend, zu ihr gehörig;* oV *hanseatisch*
**Hansom** ⟨['hænsəm] n. od. m.; -, - od. -s⟩ ▼ *zweiräderige Mietkutsche, bei der der Kutschbock hinter der Fahrgastkabine liegt* [nach dem engl. Architekten J.A. *Hansom* (1803-1882)]
**Hanswurst** ⟨m. 1; Pl. umg., scherzh. a.: -würste⟩ **1** ⟨urspr.⟩ *dummpfiffige Dienerfigur im dt. Fastnachtsspiel* **2** ⟨im 17./18. Jh.⟩ *lustige, gutmütige Person im dt. Schauspiel (Hans Wurst)* **3** ⟨danach⟩ *etwas einfältiger, Possen treibender Mensch, Spaßmacher, Narr* **4** ⟨abwertend⟩ *jmd. in gehobener Position, der von seiner Sache nichts versteht* ◆ für andere den Hanswurst machen, mimen, spielen; was diese Hanswürste da oben sich wieder ausgedacht haben
**Hantel** ⟨f. 21⟩ ► *zwei durch einen Griff verbundene Eisenkugeln od. -scheiben als Handturngerät für Freiübungen u. zum Gewichtheben* [< nddt. *hantel* „Handhabe"; Anfang des 19. Jh. von F.L. Jahn in die Turnersprache übernommen]
**hantieren** ⟨V. i.; hat⟩ *geschäftig sein, wirtschaften* ◆ mit etwas hantieren *etwas handhaben, damit arbeiten, beschäftigt sein, damit umgehen;* in der Küche hantieren [< mndrl. *hanteren, hantieren* „umgehen, mit jmdn. Handel treiben"]
**hapern** ⟨V. i.; hat; unpers.; umg.⟩ *fehlen, mangeln, nicht recht vorwärts gehen, voran-*

HANSOM:
ZWEIRÄDRIGE
BRITISCHE KUTSCHE
AUS DEM 19. JH.

*gehen* ◆ es hapert an, bei, mit etwas; am Geld hapert es bei ihm stets [< mndrl. *haperen* „stottern"]

**haploid** ⟨Adj.⟩ *nur einfachen Chromosomensatz enthaltend;* Ggs *diploid* [< grch. *haplous* „einfach"]

**Haploidie** ⟨f. 19; unz.⟩ *das Auftreten des einfachen Chromosomensatzes in der Zelle;* Ggs *Diploidie* [→ *haploid*]

**Haplont** ⟨m. 16⟩ *Organismus, dessen Zellen einen einfachen Chromosomensatz aufweisen* [zu grch. *haplous* „einfach"]

**Happen** ⟨m. 4; umg.⟩ **1** *Bissen, Kleinigkeit (zu essen)* **2** *kleines, pikant belegtes Brötchen, Gabelbissen* ◆ ich will nur noch schnell einen Happen essen

**Happening** ⟨['hæpənıŋ] n. 15⟩ *künstlerische Veranstaltung, oft grotesker od. provozierender Art, unter Mitwirkung der Zuschauer* [zu engl. *happen* „sich ereignen"]

**happig** ⟨Adj.⟩ **1** ⟨bes. nddt.⟩ *gierig, gefräßig* **2** ⟨fig.; umg.⟩ *stark, derb, übertrieben*

**happy** ⟨['hæpi] Adj.; umg.⟩ *sehr glücklich, zufrieden, hocherfreut* [engl.]

**Happyend,** ⟨auch⟩ **Happy End** ⟨[hæpi'ɛnd] n. 15⟩ *glücklicher, guter Ausgang (einer Roman-, Film-, Bühnenhandlung)* [< engl. *happy ending*]

**Happy Few** ⟨['hæpi'fju:] Pl.⟩ *von den Umständen od. Verhältnissen begünstigte Minderheit* [engl., „die wenigen Glücklichen"]

**Happyhour,** ⟨auch⟩ **Happy Hour** ⟨[hæpi'auə(r)] f.; (-) -, (-) -s⟩ *(in Lokalen od. Bars) verbilligter Tarif für den Ausschank alkohol. Getränke während einer bestimmten Tageszeit, z. B. nachmittags od. am frühen Abend* [engl., „glückliche Stunde"]

**Haptik** ⟨f. 20; unz.⟩ *Gesamtheit der Tastwahrnehmungen* [zu grch. *haptein* „fassen"]

**haptisch** ⟨Adj.⟩ *den Tastsinn betreffend, auf ihm beruhend* ◆ haptische Täuschung *Gefühlstäuschung* [→ *Haptik*]

**Harakiri** ⟨n.; - od. -s, -s; beim altjapan. Adel⟩ *(zeremonieller) Selbstmord durch Bauchaufschlitzen* [< jap. *harakiri* < *hara* „Bauch" + *kiri* „schneiden"; in Japan gebräuchlich ist das Wort *Seppuku*]

**Härchen** ⟨n. 14⟩ *dünnes, kleines Haar* ◆ ihm wurde kein Härchen gekrümmt ⟨fig.; umg.⟩ *nichts zuleide getan*

**Hardcore** ⟨['ha:dkɔ:(r)] m.; -s, -s⟩ **1** ⟨Phys.⟩ *der harte, innere Kern von Elementarteilchen* **2** ⟨in Zus.; umg.; a. scherzh.⟩ *jmd., der eine Sache fanatisch betreibt od. einer Ideologie fanatisch anhängt,* z. B. Hardcoreradfahrer, Hardcorekommunist [< engl. *hard* „hart" + *core* „Kern"]

**Hardcover,** ⟨auch⟩ **Hard Cover** ⟨['ha:dkʌvə(r)] n. 15; Buchw.⟩ *Buch mit festem Einband;* Ggs *Paperback* [engl., „harter Deckel, Einband"]

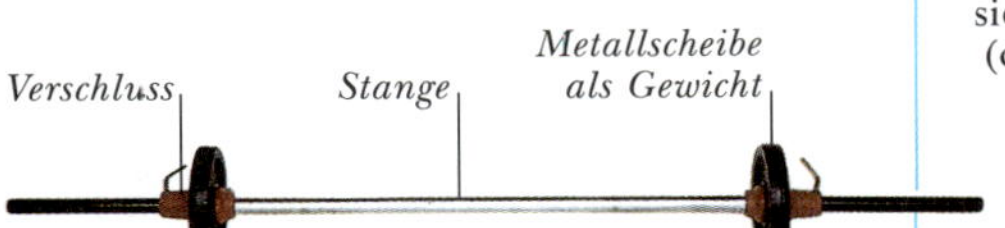

HANTEL

**Harddisk,** ⟨auch⟩ **Hard Disk** ⟨['ha:ddisk] f.; (-) -, (-) -s; EDV⟩ *die Festplatte eines lokalen Computers* [< engl. *hard* „fest, hart" + *disk* „Platte, Scheibe"]

**Hardliner** ⟨['ha:dlainə(r)] m. 3⟩ *Politiker, der einen harten, kompromisslosen Kurs verfolgt* [< engl. *hard* „hart" + *line* „Linie, Kurs"]

**Hardrock,** ⟨auch⟩ **Hard Rock** ⟨['ha:drɔk] m. 6; unz.; Mus.⟩ *sehr laute, stark rhythmisierte Rockmusik;* Sy *Heavymetal* [engl., „harter Rock"]

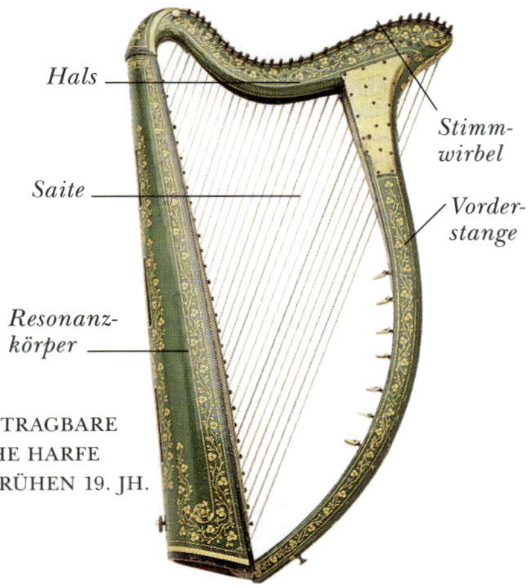

HARFE: TRAGBARE IRISCHE HARFE AUS DEM FRÜHEN 19. JH.

**Hardware** ⟨['ha:dwɛ:r] f.; -; unz.; EDV⟩ *die technischen Einrichtungen einer EDV-Anlage;* → a. *Software* [< engl. *hardware* „Eisenwaren"]

**Harem** ⟨m. 6⟩ **1** *die streng abgeschlossenen Frauenräume des islam. Hauses* **2** *die darin wohnenden Frauen* **3** *Gesamtheit der Ehefrauen eines Mohammedaners* [< türk. *harem* „für Fremde unzugänglicher Frauenraum" < arab. *haram* „verboten"]

**Häresie** ⟨f. 19; kath. Kirche⟩ *vom kirchl. Dogma abweichende Lehre;* Sy *Ketzerei (1)* [< grch. *hairesis* „das Erwählte, Denkweise, Irrlehre"]

**Häretiker** ⟨m. 3; kath. Kirche⟩ *jmd., der eine vom kirchl. Dogma abweichende Lehre vertritt;* Sy *Ketzer (1)* [< grch. *hairetikos* „ketzerisch" → *Häresie*]

**Harfe** ⟨f. 19⟩ **1** ⟨Mus.⟩ ▲ *großes, annähernd dreieckiges Zupfinstrument;* ► *Saiteninstrumente* **2** ⟨Landw.⟩ **2.1** *Gerüst zum Trocknen von Gras u. Feldfrüchten* **2.2** *Getreidesieb* [< ahd. *harpha,* engl. *harp* < germ. **harppo* < idg. **korba-* „mit gekrümmten Fingern zupfen"]

**Harke** ⟨f. 19; norddt.⟩ ► *kammartiges Gerät mit langem Stiel zum Zerkrümeln und Glätten von Erde;* Sy ⟨süddt.⟩ *Rechen (1)*

**harken** ⟨V. t.; hat⟩ **1** ⟨norddt.⟩ *mit der Harke zerkrümeln u. glätten;* Sy ⟨süddt.⟩ *rechen (1) mit der Harke säubern* ◆ ein Beet, einen Weg harken

**Harlekin** ⟨m. 1⟩ *von der Commedia dell'Arte beeinflusste Abart, Variante des Hanswursts* [< frz. *arlequin* < ital. *arlecchino*]

**harmlos** ⟨Adj.; -er, am -esten⟩ **1** *arglos, unschuldig, naiv, friedlich, nichts Böses sinnend* (Mensch) **2** *unschädlich, ungefährlich* (Krankheit) ◆ sie ist nicht so harmlos, wie sie aussieht; er ist ein harmloser Mensch (der niemandem etwas zuleide tut); es war nur ein harmloser Scherz

**Harmlosigkeit** ⟨f. 20; unz.⟩ *harmloses Wesen, Arglosigkeit*

**Harmonie** ⟨f. 19⟩ Ggs *Disharmonie* **1** *angenehme Übereinstimmung der Teile eines Ganzen* (Klangharmonie, Farbenharmonie) **2** *friedliches Zusammenleben, gutes Verständnis, Eintracht, gegenseitige Zustimmung* ◆ die Harmonie des Familienlebens wurde durch einen Schicksalsschlag gestört; die Harmonie ihres Wesens ist bewundernswert [< lat. *harmonia* „Einklang von Tönen" < grch. *harmonia* „Verbindung, Ebenmaß"]

**Harmonielehre** ⟨f. 19; unz.; Mus.⟩ *Lehre vom Aufbau, von den Beziehungen u. Gesetzen der Töne u. ihrer Zusammenklänge*

**harmonieren** ⟨V. i.; hat⟩ Ggs *disharmonieren* **1** *gut zusammenstimmen, zueinander passen* (Farben, Menschen, Töne) **2** *gut, friedlich zusammenleben* (Familie, Freunde) ◆ die Farbe des Teppichs harmoniert nicht mit den Farben der Polstermöbel; die Geschwister harmonieren (nicht) gut miteinander

**Harmonika** ⟨f.; -, -s od. -niken⟩ **1** ⟨Mus.⟩ **1.1** ⟨urspr.⟩ *Glasharfe* **1.2** ⟨später⟩ *Musikinstrument, bei dem ein Luftstrom Metallzungen in Schwingungen versetzt* (Handharmonika, Ziehharmonika, Mundharmonika); → a. *Akkordeon, Bandoneon* **2** *in Falten gelegter, der Ziehharmonika ähnlicher Balg, z. B. in langen Omnibussen* [< lat. *harmonica,* Fem. zu *harmonicus* < grch. *harmonikos* „ebenmäßig"]

**harmonisch** ⟨Adj.⟩ **1** *die Harmonie, Harmonik betreffend, auf ihr beruhend* **2** *dem Auge od. Ohr angenehm, wohllautend, zusammenstimmend* **3** *ausgeglichen* (Charakter) **4** *friedlich zusammenlebend, sich gut verstehend, einträchtig* ◆ harmonisches **Mittel** ⟨Math.⟩ → *Mittel;* harmonische **Moll-Tonleiter** ⟨Mus.⟩ *M., bei der nur die 7. Stufe erhöht ist;* Ggs *melodische Moll-Tonleiter;* harmonische **Reihe** ⟨Mus.⟩ *Reihe der Obertöne;* ⟨Math.⟩ *unendliche Reihe der Form* $1 + \frac{1}{2} + \frac{1}{3} \ldots$; harmonische **Teilung** ⟨Math.⟩ *Teilung einer Strecke AB so, dass sich die durch den Tei-*

H

## HARKEN

Harken dienen dazu, den Erdboden zu ebnen, zu säubern oder aufzubrechen. Gartenharken sind Mehrzweckwerkzeuge, Rechen hingegen sind nur zum Harken von Gras oder Laub geeignet, und Vertikutierer lockern und lüften den Rasen.

GARTENHARKE

LAUBRECHEN

VERTIKUTIERER

*lungspunkt C u. einen außerhalb liegenden Punkt D gegebenen Teilungsverhältnisse gleichen, d.h. AC : BC = AD : BD* [< lat. *harmonicus* < grch. *harmonikos* „ebenmäßig“]

**harmonisieren** ⟨V. t.; hat⟩ **1** ⟨Mus.⟩ *mit passenden Begleitakkorden versehen* (Melodie) **2** ⟨fig.⟩ *in Übereinstimmung, in Einklang bringen, aufeinander abstimmen*

**Harmonium** ⟨n.; -s, -nien; Mus.⟩ *orgelartiges Tasteninstrument mit frei schwingenden Metallzungen, die durch einen mit den Füßen getretenen Blasebalg in Schwingungen versetzt werden* [Neubildung < *Harmonie*]

**Harn** ⟨m. 1; unz.⟩ *flüssiges Ausscheidungsprodukt des Körpers;* Sy *Urin* ◆ Harn lassen [< ahd. *har(a)n* „Urin“; zu idg. **(s)ker-* „scheiden“]

**Harnblase** ⟨f. 19⟩ *häutig-muskulöses Hohlorgan, in dem der Harn gesammelt wird: Vesicula urinalis;* Sy ⟨kurz⟩ *Blase (6)*

**Harndrang** ⟨m. 1u; unz.⟩ *das Bedürfnis Wasser zu lassen, urinieren zu müssen*

**harnen** ⟨V. i.; hat⟩ *Harn, Wasser lassen, die Harnblase entleeren;* Sy *urinieren,* ⟨umg.⟩ *pinkeln,* ⟨derb⟩ *pissen*

**Harnisch** ⟨m. 1⟩ **1** *Rüstung, Panzer, Brustpanzer* **2** ⟨Web.⟩ *bei Jacquardwebstühlen die Schnüre, die die Platinen mit den Litzen verbinden* **3** ⟨Geol.⟩ *Rutschfläche od. geschrammte Gesteinsoberfläche, die an einer Verwerfung infolge Reibung bei der Verschiebung von Gesteinsmassen entsteht* ◆ jmdn. in Harnisch bringen ⟨fig.⟩ *wütend, zornig machen* [< mhd. *harnasch* < afrz. *harnais* „kriegerische Ausrüstung“]

**Harnleiter** ⟨m. 3⟩ *jeder der beiden dünnen Schläuche, die beiderseits vom Nierenbecken ausgehen u. in die Harnblase führen*

**Harnorgane** ⟨Pl.⟩ *die harnbildenden Nieren u. diejenigen Organe, die den Harn ableiten: Nierenbecken, Harnleiter, Harnblase u. Harnröhre*

**Harnröhre** ⟨f. 19⟩ *Ausführungsgang der Harnblase*

**Harnsäure** ⟨f. 19⟩ *Endprodukt des Eiweißstoffwechsels bei Reptilien u. Vögeln, beim Menschen des Nukleinsäurestoffwechsels, das zu Gicht führt, wenn es in den Gelenken abgelagert wird*

**Harnstein** ⟨m. 1; Sammelbez. für⟩ *Blasenstein, Nierenstein u. Ureterstein*

**Harnstoff** ⟨m. 1⟩ *Diamid der Kohlensäure,* $H_2N-CO-NH_2$*, Endprodukt des Eiweißabbaues im Säugetierorganismus, gleichzeitig die erste synthetisch hergestellte organische Verbindung;* Sy *Carbamid, Urea*

**Harnwege** ⟨Pl.⟩ *die dem Transport des Harns dienenden Gänge der Harnorgane, besonders der Nieren*

**Harpsichort** ⟨['ha:(r)psikɔ:d] n. 11; Mus.⟩ = *Cembalo* [engl.]

**Harpune** ⟨f. 19⟩ *speerartiges, eisernes Wurfgeschoss mit Widerhaken an der Spitze u. Fangleine, bes. für den Walfang* [< ndrl. *harpoen* < frz. *harpon* „Eisenklammer, Harpune“]

**harpunieren** ⟨V. t.; hat⟩ ein Tier harpunieren *mit der Harpune nach einem Tier werfen, schießen*

**harren** ⟨V. i.; hat⟩ *geduldig, sehnsüchtig (über längere Zeit) warten* ◆ jmds. od. einer Sache harren; auf jmdn. od. etwas harren; wir harren seiner; er harrte der Dinge, die da kommen sollten

**harsch** ⟨Adj.⟩ **1** *hart, rau, unfreundlich, barsch* (Benehmen) **2** *vereist, eisverkrustet* (Schnee)

**hart** ⟨Adj.; härter, am härtesten⟩ **1** *Fremdkörper nicht eindringen lassend* (Stahl) **2** *widerstandsfähig gegen äußere Einflüsse, fest, nicht weich* **3** ⟨fig.⟩ *streng, gefühllos, grausam* (Strafe) **4** *unbeugsam, standhaft* **5** *angespannt, angestrengt* (Muskeln) **6** *schwer, schwierig, mühevoll, anstrengend, schmerzlich* (Arbeit) **7** *rau, unmelodisch, holprig* (Aussprache, Verse) **8** *stimmlos* (Laut) **9** *durchdringend* (Blick, Strahlen) **10** *kalkreich* (Wasser) **11** *kontrastreich, Kontraste aufweisend* (Farben, Negativ) **12** *dicht, knapp, unmittelbar (neben, vor, hinter)* ◆ harte **Arbeit;** eine harte **Aussprache** haben; ein harter **Bleistift;** hartes **Brot,** Holz, Leder; es ist ein hartes Brot für mich, das zu tun ⟨fig.; umg.⟩ *es ist schwer für mich;* harte **Droge** *D., die süchtig macht (Heroin, Opium, Morphium);* → a. *weiche Droge;* ein hartes **Ei** *ein 8–10 Minuten gekochtes Ei, so dass das Dotter fest ist;* harte **Getränke** ⟨umg.⟩ *alkoholreiche Getränke, Schnäpse;* ein harter **Kampf;** sie hat ein hartes **Los,** Schicksal gehabt; harte **Maßnahmen** ergreifen *strenge;* jmdm. gegenüber einen harten **Stand** haben ⟨fig.⟩ *sich nur schwer durchsetzen können;* die **Strafe,** das Urteil war hart; harte **Strahlung** ⟨Phys.⟩ *kurzwellige Röntgenstrahlung;* harte **Währung** ⟨umg.⟩ *sichere, stabile Währung;* ein harter **Winter** *langer u. kalter Winter;* harte **Zeiten** stehen uns bevor ◆ jmdn. hart **anfassen** *streng behandeln;* hart **gesotten** *hart gekocht* (Ei); ⟨fig.; umg.⟩ *verstockt, unbelehrbar;* der Tod seines Vaters hat ihn hart **getroffen;** jmdm. hart **zusetzen** ⟨fig.⟩ *ihn bedrängen* ◆ er fuhr hart **an** mir vorbei; hart an der Grenze des Erträglichen ⟨fig.⟩ *kaum noch erträglich, kaum zumutbar;* es ging hart **auf** hart *es ging rücksichtslos zu;* er ist zu hart **gegen** seinen Sohn; der Boxer ist hart **im** Nehmen *kann viele Schläge hinnehmen* [< ahd. (Adj.) *harti,* (Adv.) *harto*]

HARTGUMMI: MUNDSTÜCK EINES SAXOPHONS

**Härte** ⟨f. 19⟩ **I** ⟨unz.⟩ **1** *harte Beschaffenheit, Festigkeit, Widerstand* **2** ⟨fig.⟩ *Strenge, Unbeugsamkeit* **3** *Anstrengung, Mühe* **4** *Unausgeglichenheit, Kontrastreichtum* ◆ er setzt sich mit einer rücksichtslosen Härte durch **II** ⟨zählb.⟩ *Ungerechtigkeit* ◆ wir wollen (unnötige) Härten vermeiden

**Härtefall** ⟨m. 1u⟩ *Fall, bei dem die genaue Einhaltung eines Gesetzes od. einer Vorschrift eine besondere Härte für den Betroffenen bedeuten würde*

**Härtegrad** ⟨m. 1; Min.⟩ *jede der 10 Stufen zur Bestimmung der Ritzhärte von Mineralien*

**härten** ⟨V. t.; hat⟩ *hart, fest, widerstandsfähig machen, bes. bei der Metallverarbeitung*

**Härteskala** ⟨f.; -; unz.; Min.⟩ *Maßeinteilung zur Härtebestimmung von Mineralien*

**Hartfaser** ⟨f. 21⟩ *aus Blättern tropischer Pflanzen gewonnene Faser (Sisal-, Manilahanf) zur Herstellung grober Gewebe*

**Hartgeld** ⟨n. 12; unz.⟩ *Münzen*

**Hartgummi** ⟨m. 6; unz.⟩ ◄ *durch Zusatz größerer Mengen von Schwefel gehärteter Kautschuk;* Sy *Ebonit*

**hartherzig** ⟨Adj.⟩ *mitleidlos, gefühllos*

**Hartherzigkeit** ⟨f. 20; unz.⟩ *hartherziges Wesen, Unbarmherzigkeit*

**Hartheu** ⟨n.; -(e)s; unz.⟩ = *Johanniskraut*

**Hartholz** ⟨n. 12u⟩ *sehr schweres u. widerstandsfähiges Holz, z. B. Eichen-, Buchen-, Ebenholz;* Ggs *Weichholz*

**Hartmetall** ⟨n. 11⟩ *Metalllegierung von sehr großer Härte (besonders für spanabhebende Werkzeuge)*

**hartnäckig** ⟨Adj.⟩ *beharrlich, eigensinnig, unentwegt, unaufhörlich* ◆ hartnäckig hielt sich das Gerücht, dass ...; eine hartnäckige Krankheit; ein hartnäckiges Übel; er bestand hartnäckig darauf

**Hartnäckigkeit** ⟨f. 20; unz.⟩ *hartnäckiges Wesen od. Verhalten*

HARZ: HARZTROPFEN AN DER RINDE EINER KIEFER

**Hartplatz** ⟨m. 1u; Sp.; bes. Tennis⟩ *Sportplatz, Spielfeld mit fester Oberfläche*

**Hartriegel** ⟨m. 5⟩ *ein Strauchgewächs mit im Herbst blut- oder braunrot gefärbten Ästen: Cornus*

**hartrindig** ⟨Adj.⟩ *mit harter Rinde versehen*

**Hartung** ⟨m. 1; alter Name für⟩ *Januar*

**Härtung** ⟨f. 20; unz.⟩ *das Härten*

**Harz** ⟨n. 11⟩ ◄ *Ausscheidungsprodukt des pflanzl. Stoffwechsels, bes. der Nadelhölzer, mit charakteristischem Geruch, kompliziertes Gemisch von organischen Stoffen mit glasartig-amorphen od. festflüssigen Eigenschaften;* Sy *Resina* [< ahd. *harz(oh)*]

**Harzer** ⟨m. 3⟩ **1** *Bewohner des Harzes* **2** ⟨kurz für⟩ Harzer Käse *urspr. im Harz hergestellter Magerkäse aus Sauermilch;* Sy *Handkäse* **3** Harzerer Roller *bes. gut singende Kanarienvogelrasse, die im Harz gezüchtet wird*

**harzig** ⟨Adj.⟩ **1** *harzartig* **2** *Harz enthaltend, harzreich* **3** *klebrig von Harz* **4** ⟨schweiz. a.⟩ *schwierig*

**Hasard** ⟨n. 11; unz.; kurz für⟩ *Hasardspiel (1)* [frz., „glückl. Zufall“ < afrz. *hasart* „Art Würfelspiel“ < arab. *az-zahr* „Würfel zum Spielen“]

**Hasardeur** ⟨[-dø:r] m. 1⟩ **1** *Glücksspieler* **2** ⟨fig.⟩ *waghalsiger Mensch, der alles auf eine Karte setzt* [frz. klingende, in Frankreich nicht gebräuchl. Ableitung von frz. *hasarder* „aufs Spiel setzen“; → *Hasard*]

**Hasardspiel** ⟨n. 11⟩ **1** *Glücksspiel, z. B. Würfeln;* Sy *Hasard* **2** ⟨fig.⟩ *gewagtes, unsicheres Unternehmen*

**Hasch** ⟨n.; -; unz.; umg.; kurz für⟩ *Haschisch*

**Haschee** ⟨n. 15⟩ Sy *Haché* **1** *fein geschnittenes od. fein gehacktes Fleisch* **2** *Gericht daraus (Lungenhaschee)*

**haschen**[1] ⟨V.; hat⟩ **I** ⟨V. t.⟩ jmdn. od. etwas haschen *fangen, zu fangen suchen* ◆ eine Fliege haschen; das Glück lässt sich nicht haschen ⟨fig.⟩; einander, ⟨umg.⟩ sich haschen **II** ⟨V. i.⟩ nach etwas haschen **1** *danach greifen, es zu fassen suchen* **2** ⟨fig.⟩ *zu erlangen suchen, danach streben* ◆ nach Anerkennung, Ansehen, Beifall, Ruhm, Zustimmung haschen ⟨fig.⟩ [< ostmdt. < germ. *hafskon;* zu idg. **kap-* „fassen, packen“]

**haschen**[2] ⟨V. i.; hat; umg.⟩ *Haschisch rauchen*

**Häscher** ⟨m. 3; veraltet u. poet.⟩ **1** *Gerichtsdiener* **2** *Scherge, Verfolger*

**Hascherl** ⟨n. 28; bair.-österr.⟩ *Kind, Geschöpf, Kerlchen* ◆ ⟨meist in der Wendung⟩ armes Hascherl *bedauernswertes Kind, Kerlchen*

**Haschisch** ⟨n.; -; unz.⟩ *aus einer indischen Hanfart (Cannabis indica) gewonnenes Rauschgift;* Sy ⟨kurz⟩ *Hasch, Cannabis (2)* [< arab. *haschisch* „Gras, Kraut“]

**Hase** ⟨m. 17⟩ **1** *Angehöriger einer Familie der Nagetiere mit gestrecktem Körper, großen Ohren, kurzem Schwanz und gespaltenen Lippen: Leporidae;* ► *Säugetiere* **2** *Sinnbild der Ängstlichkeit* (Angsthase), *aber auch der Schnellfüßigkeit* ◆ mein **Name** ist Hase, ich weiß von nichts *ich bin völlig ahnungslos* ◆ einen Hasen **erlegen,** hetzen, jagen, schießen; der Hase **hoppelt,** schlägt Haken; wissen, wie der Hase **läuft** ⟨umg.⟩ *Bescheid wissen* ◆ ein **alter** Hase ⟨fig.; umg.⟩ *ein erfahrener Fachmann, der sich gut auskennt;* **falscher** Hase = *Hackbraten* ◆ da liegt der Hase **im** Pfeffer ⟨fig.; umg.⟩ *darin liegt die Schwierigkeit;* dort, **wo** sich die Hasen und Füchse Gute Nacht sagen ⟨fig.; umg.⟩ *an einem abgelegenen Ort*

**Hasel** I ⟨f. 21⟩ = *Haselnussstrauch* II ⟨m. 5⟩ *Karpfenfisch rasch fließender Gewässer: Leuciscus leuciscus*

**Haselbusch** ⟨m. 1u⟩ = *Haselnussstrauch*

**Haselmaus** ⟨f. 7u; Zool.⟩ ► *zu den Schlafmäusen gehörendes Nagetier mit fast körperlangem Schwanz: Muscardinus avellanarius*

**Haselnuss** ⟨f. 7u⟩ *Frucht des Haselnussstrauchs* ◆ große Haselnuss = *Lambertsnuss*

**Haselnussgewächs** ⟨[-ks] n. 11⟩ = *Birkengewächs*

**Haselnussstrauch** ⟨m. 2u; Bot.⟩ *in Europa heimisches Birkengewächs, das vor Entfaltung der Blätter blüht, mit einer ölhaltigen Nuss als Frucht: Corylus avellana;* Sy *Hasel (I), Haselbusch, Haselstrauch*

**Haselstrauch** ⟨m. 2u; Bot.⟩ = *Haselnussstrauch*

**Hasenfuß** ⟨m. 1u; fig.; umg.; abwertend⟩ *ängstlicher Mensch, Feigling* ◆ renn doch weg, Hasenfuß!

**Hasenglöckchen** ⟨n. 14; Bot.⟩ *Art der Liliengewächse mit glockenförmigen blauen od. weißen Blüten: Hyacinthoides nonscripta*

**Hasentiere** ⟨Pl.; Zool.⟩ ▼ *eine weltweit verbreitete Säugetiergattung mit zwei Schneidezahnpaaren im Oberkiefer;* Sy *Lagomorpha;* ► *Säugetiere*

**Häsin** ⟨f. 22⟩ *weibl. Hase*

**Haspel** ⟨f. 21 od. selten: m. 5⟩ **1** ⟨Bgb. u. Mar.⟩ *Hebevorrichtung, Rolle, Welle, auf die ein Seil o.Ä. mit Fördergefäßen gewickelt wird* **2** ⟨Web.⟩ *Gerät zum Abwickeln des Garns in Strähnen* **3** ⟨Lederbearbeitung⟩ *Gefäß mit Rührwerk zum Färben u. Gerben* [< ahd. *haspil*]

**haspeln** ⟨V.; hat⟩ **I** ⟨V. t.⟩ **1** ⟨Bgb. u. Mar.⟩ *hochwinden* **2** ⟨Web.⟩ *auf Haspeln wickeln* **II** ⟨V. i.; fig.; umg.⟩ *hastig arbeiten, zu schnell sprechen*

**Hass** ⟨m.; -es; unz.⟩ **1** ⟨i. w. S.⟩ *feindliche Gesinnung, heftige, leidenschaftliche, aggressive Abneigung* (Fremdenhass, Menschenhass); Ggs *Liebe (I, 1)* **2** ⟨i. e. S.⟩ *starke, gefühlsbetonte Ablehnung einer Person;* Ggs *Liebe (I, 2)* ◆ mit dieser Bosheit wird er Hass **ernten;** damit **erweckst** du nur seinen Hass ◆ **bitterer,** blinder, ohnmächtiger, tödlicher Hass ◆ Hass **auf** jmdn. haben; Hass **gegen** jmdn. empfinden, hegen [< ahd. *haz*]

**hassen** ⟨V. t.; hat⟩ jmdn. hassen *gegen jmdn. Hass empfinden* ◆ jmdn. bis in den Tod hassen

**hässlich** ⟨Adj.⟩ **1** *unschön, abstoßend, entstellt, missgestaltet* (Person) **2** *unangenehm, widrig* (Situation) **3** ⟨fig.⟩ *garstig, sehr unfreundlich, gemein* (Verhalten) ◆ eine hässliche **Angelegenheit,** Geschichte, Sache; hässliche **Ausdrücke,** Worte; ein hässliches **Bild,** Wetter; er hat sich von seiner hässlichsten **Seite** gezeigt ⟨fig.⟩ ◆ man soll nicht hässlich über andere **sprechen;** er hat sich ihr gegenüber hässlich **verhalten** [< ahd. *hazlih,* urspr. „Hass erregend"]

HAUBE

**Hässlichkeit** ⟨f. 20; unz.⟩ *hässliches Aussehen*

**Hassliebe** ⟨f. 19; unz.⟩ *Gefühl für jmdn., das (auch über einen längeren Zeitraum) rasch zwischen Liebe und Hass wechselt*

**Hast** ⟨f.; -; unz.⟩ *überstürzte Eile* ◆ in großer Hast; sich ohne Hast auf den Weg begeben [< mnddt. *hast* „Hast, Übereilung"]

HASELMAUS
*(Muscardinus avellanarius)*

**hasten** ⟨V. i.; ist⟩ *hastig laufen* ◆ zum Bahnhof hasten

**hastig** ⟨Adj.⟩ *sehr eilig, überstürzt* ◆ hastige Bewegungen, Schritte; hastig aufbrechen, essen, sprechen, sich verabschieden

**hätscheln** ⟨V. t.; hat; umg.⟩ *liebkosen, bevorzugen, verwöhnen* ◆ das Jüngste wird von allen gehätschelt

**Hattrick** ⟨['hætrik] m. 6; Sp.⟩ *dreimaliger Erfolg hintereinander durch denselben Sportler od. dieselbe Mannschaft* [< engl. *hat* „Hut" + *Trick*]

**Hatz** ⟨f. 20⟩ **1** ⟨Jägerspr.⟩ *Hetzjagd mit Hunden, bes. auf Sauen* **2** ⟨fig.⟩ *lärmendes Vergnügen* **3** *Verfolgung, Nachstellung*

**Hau** ⟨m. 1; Forstw.⟩ **1** *Anteil am Schlagrecht im Gemeindewald* **2** *Ort des Holzschlagens*

**haubar** ⟨Adj.; Forstw.⟩ *zum Schlagen, Fällen geeignet* (Bäume)

**Häubchen** ⟨n. 14⟩ *kleine Haube, kleiner, gefältelter od. mit Stickerei o.Ä. versehener Stoffstreifen, der auf den Kopf gebunden wird* (Schwesternhäubchen, Spitzenhäubchen)

**Haube** ⟨f. 19⟩ **1** ⟨früher⟩ ◄ *weibl. Kopfbedeckung in den vielfältigsten Formen, meist von verheirateten Frauen getragen* **2** *Teil einer bestimmten Tracht* (Nonnenhaube, Schwesternhaube) **3** ⟨allg.; bes. in Zus.⟩ *Kappe, Mütze* (Badehaube) **4** *Form des Helms* **5** *(oft rundl.) Bedeckung zum Schutz der verschiedensten Gegenstände* (Kaffeehaube, Motorhaube, Trockenhaube) **6** ⟨Math.⟩ *durch einen Kreis begrenzter Teil der Kugeloberfläche* (Kugelhaube) **7** ⟨Zool.⟩ *Federbüschel auf dem Kopf von Vögeln, Schopf* **8** ⟨Zool.⟩ *Netzmagen der Wiederkäuer* **9** ⟨Jägerspr.⟩ *Fangnetz, das vor den Dachs-, Fuchs- od. Kaninchenbauten ausgelegt wird* (Dachshaube) **10** ⟨Jägerspr.⟩ *Kappe aus Leder, die man ungebärdigen Beizvögeln aufsetzt, um sie zu blenden* ◆ die Haube abnehmen, aufsetzen, feststecken (im Haar), umbinden; er will seine Töchter gern unter die Haube bringen ⟨umg.; scherzh.⟩ *verheiraten;* unter die Haube kommen ⟨umg.; scherzh.⟩ *sich verheiraten* [< ahd. *huba* < germ. **hudon-* < idg. **keubh-* „sich wölben"]

**Haubentaucher** ⟨m. 3⟩ *Lappentaucher mit langem, schwarzem Schopf: Podiceps cristatus*

**Hauch** ⟨m. 1⟩ **1** *Atemstrom beim Ausatmen* **2** *feiner Luftzug, leichtes Wehen* (Lufthauch, Windhauch) **3** *leichter Duft* **4** *feiner Dunst, Schleier, feuchter Niederschlag* (Nebelhauch) **5** *zarte, feine Schicht* **6** ⟨poet.⟩ *leise geistige od. seel. Berührung* ◆ einen Hauch **Puder** auftragen ◆ jmds. Hauch **verspüren** ◆ der **letzte** Hauch eines Sterbenden; den letzten Hauch von sich geben ⟨poet.⟩ *sterben* ◆ ein Hauch **von** Farbe, Parfüm [< ostmdt. *huchen* (lautmalend)]

**hauchdünn** ⟨Adj.⟩ *dünn wie ein Hauch, sehr dünn*

**hauchen** ⟨V.; hat⟩ **I** ⟨V. i.⟩ **1** *Atem hör- od. sichtbar ausstoßen* **2** *ohne Stimme sprechen, leise, schmachtend od. angstvoll flüstern* ◆ an

## HASENTIERE

Zur Ordnung der Hasentiere zählen die Hasen, die Pfeifhasen und die Kaninchen. Hasen haben lange Ohren, kräftige Sprungbeine und einen kurzen Schwanz. Sie zeigen einige typische Merkmale der Nagetiere, so zum Beispiel die Nagezähne (vier im Oberkiefer, zwei im Unterkiefer). Hasentiere fressen bestimmte Kotpillen, weil diese im Darm von Bakterien mit Vitamin B angereichert wurden.

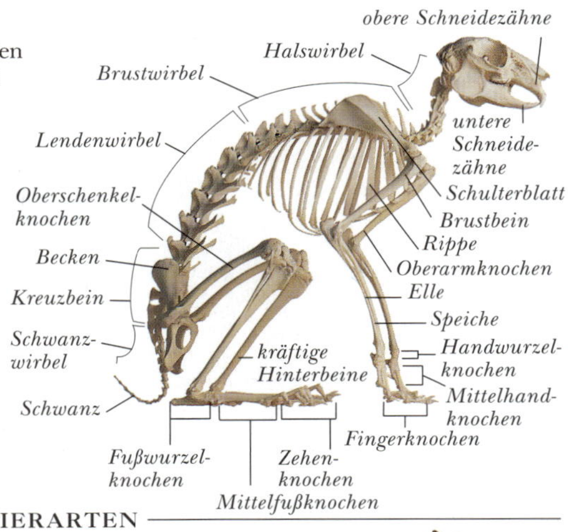


SKELETT EINES HASEN

### VERSCHIEDENE HASENTIERARTEN

PFEIFHASE
*(Ochotona princeps)*

KANINCHEN
*(Oryctolagus cuniculus)*

SCHNEEHASE
*(Lepus articus)*

die gefrorenen Fensterscheiben, in die kalte Winterluft hauchen **II** ⟨V. t.; Phon.⟩ *mit einem od. wie einen Hauchlaut aussprechen*

**Hauchlaut** ⟨m. 1; Phon.⟩ *mit einem deutlich hörbaren h ausgesprochener Laut,* z. B. griech. rho, nddt. t

**Haudegen** ⟨m. 4⟩ **1** *zweischneidiger Degen* **2** ⟨fig.⟩ *angriffslustiger Kämpfer* **3** ⟨umg.⟩ *derbe, angriffslustige Person* [< *Degen* „Waffe", übertragen auf den Träger unter Einfluss des im 18. Jh. neu belebten Wortes *Degen* „Held"]

**Haue** ⟨f. 19⟩ **I** ⟨zählb.; süddt.⟩ *Hacke, Hackbeil* **II** ⟨unz.; umg.⟩ *Prügel, Schläge* ◆ Haue bekommen, beziehen, erhalten, kriegen [eigtl. Pl. von *Hau* „Hieb"]

**hauen** ⟨V. 162; hat⟩ **I** ⟨V. t.⟩ **1** *schlagen* (Holz) **2** *fällen* (Bäume) **3** *zerhacken* (Holz od. Fleisch) **4** *mähen* (Gras) **5** *bearbeiten* (Stein; a. künstlerisch) **6** *herstellen* (Feilen) **7** ⟨Bgb.⟩ *loshacken, -brechen* (Erz) **8** ⟨Sp.; Fechten⟩ *mit der breiten Klinge schlagen* **9** ⟨umg.⟩ *prügeln, schlagen* ◆ **Holz** hauen ◆ die beiden haben einander, ⟨umg.⟩ sich **grün** und blau gehauen; alles **kurz** und klein hauen ⟨umg.⟩ *zerschlagen* ◆ das Geld **auf** den Kopf hauen ⟨fig.; umg.⟩ *leichtsinnig ausgeben;* das hat mich fast **vom** Stuhl gehauen ⟨umg.⟩ *sehr überrascht, verblüfft* **II** ⟨V. i.; umg.⟩ jmdm. (jmdn.) **auf** die Finger, ins Gesicht hauen; wild **um** sich hauen [< mhd. *houwen*]

**Hauer** ⟨m. 3⟩ **1** ⟨Jägerspr.⟩ *unterer Eckzahn des Keilers* **2** ⟨oberdt.⟩ *Winzer* **3** ⟨Bgb.⟩ = *Häuer*

**Häuer** ⟨m. 3; Bgb.⟩ *Bergmann, der vor Ort arbeitet;* oV *Hauer (3)*

**Häufchen** ⟨n. 14⟩ *kleiner Haufen* ◆ wie ein Häufchen Elend, Unglück aussehen, dasitzen ⟨fig.; umg.⟩ *sehr niedergeschlagen, sehr traurig*

**Haufen** ⟨m. 4⟩ **1** *Menge von neben- u. übereinander liegenden Dingen* **2** ⟨umg.⟩ *Menge, viel, viele, vieles* **3** ⟨15./16. Jh.⟩ *Einheit des Landknechtsheeres* (Heerhaufen) ◆ ein Haufen **Arbeit** liegt vor mir ⟨umg.⟩; ein Haufen **Blätter,** Getreide, Papier, Steine; wir haben in diesem Monat einen Haufen **Geld** ausgegeben ⟨umg.⟩; er hat einen Haufen **Schulden** gemacht ◆ etwas **auf** einen Haufen fegen, kehren; jmdn. **über** den Haufen fahren *überfahren;* das wirft alle Berechnungen über den Haufen *macht sie zunichte* [< ahd. *hufo* „Haufe, Menge, Schar"]

**häufen** ⟨V.; hat⟩ **I** ⟨V. t.⟩ **1** *in Haufen, Mengen sammeln, aufstapeln* (Getreide, Reichtum, Schätze) **2** ⟨fig.⟩ *sammeln, ansammeln* ◆ Schuld auf Schuld häufen ⟨fig.⟩; ein gehäufter Löffel voll ⟨umg.; eigtl.⟩ *ein Löffel, gehäuft voll* **II** ⟨V. refl.⟩ sich häufen **1** *sich zu Haufen auftürmen* **2** ⟨fig.⟩ *zunehmen, mehr werden* ◆ in letzter Zeit häuften sich die Beschwerden, Klagen

**haufenweise** ⟨Adv.⟩ **1** *in Haufen* **2** *in Mengen, in Scharen, massenhaft, sehr viel*

**Haufenwolke** ⟨f. 19; Meteor.⟩ = *Kumulus*

**häufig** ⟨Adj.⟩ *oft vorkommend, sich oft wiederholend, zahlreich* ◆ häufige Auseinandersetzungen, Reisen; jmdn. häufig besuchen, sehen, anrufen; das ist häufig der Fall

**Häufigkeit** ⟨f. 20; unz.⟩ *häufiges Vorkommen, wiederholtes Auftreten*

**Haupt** ⟨n. 12u⟩ **1** ⟨poet.⟩ *Kopf* **2** ⟨fig.⟩ *Führer, Leiter;* → a. *Oberhaupt* **3** *oberster, hervorragender Teil* (Bergeshaupt) **4** *Stück Vieh* (Pferd od. Rind) ◆ das Haupt der kath. **Christenheit** *der Papst;* das Haupt der **Familie,** des Staates, einer Verschwörung ◆ sich das Haupt **bedecken;** das Haupt **neigen,** sinken lassen ◆ **erhobenen** Hauptes ⟨fig.⟩ *in freier, stolzer Haltung;* ein **gekröntes** Haupt *regierender Fürst;* **gesenkten** Hauptes ⟨fig.⟩ *kleinlaut, schuldbewusst* ◆ **mit** erhobenem Haupt ⟨fig.⟩ *in freier, stolzer Haltung;* mit gesenktem Haupt ⟨fig.⟩ *kleinlaut, schuldbewusst* [< ahd. *houbit*]

**Haupt...** ⟨in Zus.⟩ *der, die, das führende, größte, umfassendste, wichtigste ...,* z. B. Haupteingang, Hauptstraße, Hauptvertreter, Hauptwerk (eines Künstlers)

**Hauptachse** ⟨[-ks-] f. 19; Math.⟩ *die größte Symmetrieachse eines Körpers, z. B. eines Ellipsoids, eines Kristalls*

**hauptamtlich** ⟨Adj.⟩ *in der Art eines als Hauptberuf ausgeübten Amtes;* Ggs *nebenamtlich* ◆ eine hauptamtliche Tätigkeit

**Hauptaugenmerk** ⟨n. 11; unz.⟩ *ganz besondere Aufmerksamkeit* ◆ sein Hauptaugenmerk darauf richten, dass, ob ...

**Hauptbahnhof** ⟨m. 1u; Abk.: Hbf.⟩ *größter Bahnhof einer Stadt*

**Hauptberuf** ⟨m. 1; unz.⟩ *der eigentliche, überwiegend ausgeübte Beruf eines Menschen;* Ggs *Nebenberuf*

**Hauptdarsteller** ⟨m. 3; Film; Theater⟩ *Darsteller der Hauptrolle, wichtigster Darsteller*

**Haupteingang** ⟨m. 1u⟩ *größter Eingang (eines Gebäudes);* Ggs *Nebeneingang*

**Hauptfach** ⟨n. 12u⟩ *wichtigstes Studienfach eines Studierenden;* Ggs *Nebenfach (1)*

**Hauptgebäude** ⟨n. 13⟩ *größtes Gebäude einer Anlage od. einer aus mehreren, verstreut liegenden Gebäuden bestehenden Anstalt, Behörde o. Ä.;* Ggs *Nebengebäude*

**Hauptgericht** ⟨n. 11⟩ *umfangreichstes Gericht (meist das Fleischgericht) einer aus mehreren Gängen bestehenden Mahlzeit*

**Hauptgeschäftszeit** ⟨f. 20⟩ *Zeit, in der die meisten Geschäfte gemacht werden (bzw. die meisten Kaufhäuser geöffnet haben), in der der größte Zustrom an Käufern herrscht* ◆ in der Innenstadt kann man zur Hauptgeschäftszeit keinen Parkplatz bekommen

**Hauptgewinn** ⟨m. 1⟩ *größter Gewinn (einer Auslosung in der Lotterie, eines Preisausschreibens u. Ä.)* ◆ der Hauptgewinn ist ein Wochenende in Paris

**Haupthandlung** ⟨f. 20; Lit.⟩ *wichtigste, ein Drama od. einen Roman tragende Handlung;* Ggs *Nebenhandlung*

**Hauptleitung** ⟨f. 20⟩ *führende Leitung für Wasser, Gas, Elektrizität, an die Nebenleitungen angeschlossen sind*

**Häuptling** ⟨m. 1⟩ **1** ⟨bei Naturvölkern⟩ *Anführer eines Dorfes od. Stammes* **2** ⟨allg.; umg.; scherzh.⟩ *Anführer*

**Hauptmahlzeit** ⟨f. 20⟩ *umfangreichste Mahlzeit des Tages*

**Hauptmann** ⟨m.; -(e)s, -leute⟩ **1** *Offiziersrang zwischen Major u. Oberleutnant* **2** ⟨allg.; veraltet⟩ *Anführer einer Bande* (Räuberhauptmann)

**Hauptperson** ⟨f. 20⟩ *die wichtigste, den Mittelpunkt bildende Person (eines Schauspiels, Films, auch innerhalb eines kleinen Kreises, bei einem Fest usw.);* Ggs *Nebenperson*

**Hauptportal** ⟨n. 11⟩ *größtes, meist am reichsten verziertes Portal (z. B. einer Kirche)*

**Hauptreisezeit** ⟨f. 20; unz.⟩ *die in den sommerl. Schulferien liegende Zeit, in der die meisten Reisenden unterwegs sind*

**Hauptrolle** ⟨f. 19; bes. Film u. Theat.⟩ *wichtigste Rolle (in einem Schauspiel, Film usw.,* ⟨a. fig.⟩ *innerhalb eines kleinen Kreises, bei einem Fest usw.);* Ggs *Nebenrolle*

**Hauptsache** ⟨f. 19⟩ *das Wichtigste;* Ggs *Nebensache* ◆ in der Hauptsache *im Allgemeinen, im Wesentlichen*

**hauptsächlich** **I** ⟨Adj.⟩ *wesentlich, wichtigste(r, -s);* Ggs *nebensächlich* **II** ⟨adv.⟩ *vor allem, besonders, in erster Linie*

**Hauptsaison** ⟨[-sɛzɔ̃] od. [-sɛzɔŋ] f. 10⟩ *Zeit des stärksten Andrangs in den Urlaubsorten, Hauptreisezeit, Jahreszeit des größten Betriebes;* Sy *Hochsaison*

**Hauptsatz** ⟨m. 1u; Gramm.⟩ *selbständiger Satz, Satz, der unabhängig von anderen Sätzen sinnvoll bestehen kann;* Ggs *Nebensatz*

**Hauptschlagader** ⟨f. 21; Anat.; Med.⟩ *die in der linken Herzkammer entspringende große Körperschlagader, von der sämtl. anderen Arterien abgehen;* Sy *Aorta*

**Hauptschule** ⟨f. 19⟩ *nach der Grundschule weiterführende Pflichtschule (sofern nicht ein Gymnasium, eine Gesamt- od. Realschule besucht wird) vom 5. bis zum 9. od. 10. Schuljahr*

## HAUS

Häuser in Europa und Amerika bestehen aus Ziegeln, Holz oder Beton. In Amerika baut man häufig eine innere Schicht aus Betonblöcken und eine äußere aus Backsteinen. Leitungen für Strom, Wasser, Heizung und Kanalisation verbirgt man in Böden und Wänden. In Zukunft sollen Häuser möglichst Solarzellen als Grundlage der Energieversorgung haben.

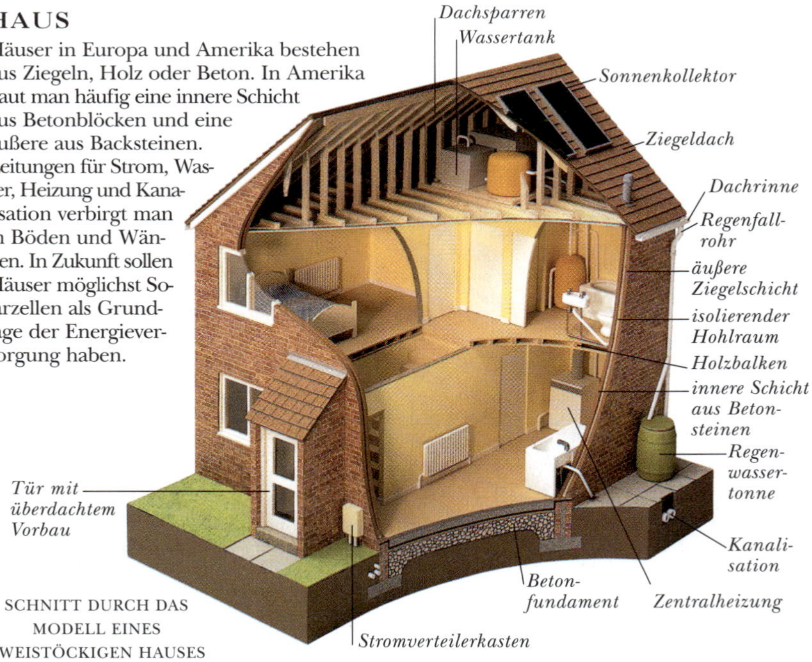


SCHNITT DURCH DAS MODELL EINES ZWEISTÖCKIGEN HAUSES

**Hauptsegel** ⟨n. 13; Mar.⟩ = *Großsegel*

**Hauptseminar** ⟨n. 11; an Universitäten⟩ *Seminar, das den Besuch anderer, vorbereitender Seminare oder den Grundstudiumsabschluss voraussetzt*

**Hauptstadt** ⟨f. 7u; Abk.: Hptst.⟩ *Stadt mit dem Sitz der Regierung (eines Staates)*

**Hauptstraße** ⟨f. 19⟩ *breiteste, verkehrs- u. geschäftereichste Straße einer Stadt;* Ggs *Seitenstraße*

**Hauptstrecke** ⟨f. 19⟩ *häufig befahrene, große Orte verbindende Strecke;* Ggs *Nebenstrecke*

**Hauptthema** ⟨n.; -s, -men; Mus.⟩ *Thema eines musikal. Satzes, das wesentl. Bedeutung für dessen Aufbau hat*

**Haupttitel** ⟨m. 5⟩, **Haupttitelblatt** ⟨n. 12u⟩ *Titelblatt eines Buches mit Angabe des Verfassers, Titels, Verlags, meist auch des Verlagsortes u. -jahres;* → a. *Schmutztitel*

**Hauptton** ⟨m. 1u⟩ **1** ⟨Mus.⟩ **1.1** *der Ton bei Verzierungen, dem diese gelten* **1.2** = *Grundton (2)* **2** ⟨Metrik⟩ *stärkste Betonung (im Wort, im Satz);* Ggs *Nebenton*

**Hauptverfahren** ⟨n. 14; Rechtsw.; im Strafprozess⟩ *Abschnitt des Verfahrens, der von der Eröffnung des H. über die Vorbereitung der Hauptverhandlung bis zu deren Beendigung reicht*

**Hauptverhandlung** ⟨f. 20⟩ *wichtigster Abschnitt des gerichtl. Hauptverfahrens, in dem die Entscheidung über die öffentl. Klage gefällt wird*

**Hauptverkehrsstraße** ⟨f. 19⟩ *wichtigste, größte Verkehrsstraße einer Stadt*

**Hauptversammlung** ⟨f. 20⟩ *Versammlung aller Mitglieder (von Vereinen, Genossenschaften, Gesellschaften usw.) bzw. aller Aktionäre (einer Aktiengesellschaft), muss mindestens einmal jährlich stattfinden*

**Hauptverwaltung** ⟨f. 20⟩ *oberste Verwaltung*

**Hauptwerk** ⟨n. 11⟩ **1** *wichtigstes, bedeutendstes Werk (eines Künstlers)* **2** *Betrieb der Industrie, dem Zweigbetriebe angeschlossen sind*

**Hauptwort** ⟨n. 12u; Gramm.⟩ = *Substantiv*

**hauptwörtlich** ⟨Adj.; Gramm.⟩ *als Hauptwort* ◆ ein Wort hauptwörtlich gebrauchen

**Haus** ⟨n. 12u⟩ **1** ◄ *als Unterkunft od. Arbeitsstätte dienendes Gebäude von mittlerer Größe* **2** ⟨fig.⟩ *Heim* **3** ⟨fig.⟩ *Insassen eines Gebäudes, Bewohner einer Wohnung, Familie* **4** *die wirtschaftl. Gestaltung, das gesellige Leben einer Familie* **5** *Fürstengeschlecht, Dynastie* **6** ⟨Kaufmannsspr.⟩ **6.1** *Unternehmen, Firma* (Handelshaus) **6.2** *sämtl. Angestellte eines Unternehmens* **7** ⟨Theat.⟩ **7.1** *Theater-, Konzertsaal* **7.2** *alle anwesenden Zuschauer, Zuhörer* **8** ⟨Pol⟩ **8.1** *Parlament (als Institution)* **8.2** *Parlamentsgebäude* **8.3** *Parlamentsmitglieder* **9** ⟨Zool.⟩ *Gehäuse, Schale* (Schneckenhaus) **10** ⟨Astron.⟩ *jeder der 12 Teile der Himmelskugel* **11** ⟨umg.; scherzh.⟩ *Mensch* ◆ die **Dame,** der Herr, der Sohn, die Tochter des Hauses; er ist ein **Freund** des Hauses *der Familie;* das Haus **Habsburg,** Hohenzollern ◆ ein Haus **abbrechen,** abreißen, bauen, modernisieren, renovieren, umbauen; ein Haus **besitzen,** beziehen, erben, kaufen, mieten, verkaufen, vermieten, verwalten; jmdm. das Haus **einlaufen,** einrennen ⟨fig.; umg.⟩ *ihn mit häufigen Bittgesuchen, Besuchen belästigen;* Haus **halten** = *haushalten;* das Haus **hüten** ⟨fig.⟩ *zu Hause bleiben, nicht ausgehen;* das Haus **spendete** lebhaften Beifall ⟨Theat.⟩ *die Zuschauer;* vor ausverkauftem, leerem, vollem Haus **spielen** ⟨Theat.⟩; das Haus **steht** seit 1930 ◆ ein **altes,** baufälliges, neues, schönes, verwahrlostes Haus; hallo, altes Haus! ⟨umg.⟩ *alter Freund;* die **beiden** Häuser (des Parlamentes) *Oberhaus u. Unterhaus;* ein **dreistöckiges** Haus; ein **eigenes** Haus besitzen, bewohnen; das **erste** Haus am Platze ⟨fig.⟩ *das beste, größte Café, Geschäft, Hotel u. Ä. dieser Stadt;* aus gutem, reichem, **vornehmem** Hause stammen; das **Weiße** Haus *(Regierungsgebäude in Washington)* ◆ mit jmdm. Haus **an** Haus wohnen *im Nachbarhaus von jmdm. wohnen;* wir essen heute **außer** Haus *außerhalb, in einer Gastwirtschaft;* können Sie mir die Ware **ins** Haus schicken?; jmdn. **nach** Hause/⟨schweiz., österr. auch⟩ nachhause begleiten, bringen, gleiten; nach Hause/⟨schweiz., österr. auch⟩ nachhause schreiben *an die Familie;* **von** Haus aus *ursprünglich;* er ist von Haus aus Tischler *hat ursprüngl. das Tischlerhandwerk gelernt;* ich habe mich bei ihm wie **zu** Hause/⟨schweiz., österr. auch⟩ zuhause gefühlt; hier bin ich zu Hause/⟨schweiz., österr. auch⟩ zuhause *hier wohne ich;* tu, als ob du zu Hause/⟨schweiz., österr. auch⟩ zuhause wärst *mach es dir hier bei uns so bequem wie daheim;* in einem Fach, auf einem Gebiet zu Hause/⟨schweiz., österr. auch⟩ zuhause sein ⟨fig.⟩ *bewandert sein, gut Bescheid wissen, sich auskennen;* sie ist in Unna zu Hause/⟨schweiz., österr. auch⟩ zuhause *beheimatet;* → a. *Zuhause* [< ahd. *hus*]

**Hausapotheke** ⟨f. 19⟩ *kleiner Vorrat von Arznei- u. Verbandmitteln für den Hausgebrauch*

**Hausarbeit** ⟨f. 20⟩ **1** *Putzarbeit in der Wohnung* **2** *schriftliche, vom Schüler oder Studenten zu Hause herzustellende, größere Arbeit;* Ggs *Klassenarbeit*

**Hausarzt** ⟨m. 1u⟩ *prakt. Arzt (der auch ins Haus kommt)*

**Hausaufgabe** ⟨f. 19; meist Pl.⟩ *regelmäßig zu Hause zu erledigende Arbeit für die Schule*

**hausbacken** ⟨Adj.⟩ **1** *zu Hause, selbst, nicht vom Bäcker gebacken* (Brot) **2** ⟨fig.; abwertend⟩ *häuslich, alltäglich, bieder, unbescholten, ohne Schwung*

**Hausbau** ⟨m.; -(e)s; unz.⟩ **1** *das Errichten von Gebäuden* **2** *das errichtete Gebäude*

**Hausbesetzer** ⟨m. 3⟩ *jmd., der ohne Genehmigung ein leer stehendes od. zum Abbruch bestimmtes Haus für Wohnzwecke in Besitz nimmt*

**Hausbesuch** ⟨m. 1⟩ *Besuch des Arztes in der Wohnung eines Kranken* ◆ nach der Sprechstunde muss er oft Hausbesuche machen

**Hausboot** ⟨n. 11⟩ *kleines Schiff, das als Wohnung dient u. in Flüssen od. auf Seen verankert wird*

**Häuschen** ⟨n. 14; Pl. a.: Häuserchen⟩ *kleines Haus* ◆ ein Häuschen auf Malta besitzen; sie ist ganz aus dem Häuschen ⟨fig.; umg.⟩ *völlig fassungslos, sehr aufgeregt (auch vor Freude)*

**Hausdurchsuchung** ⟨f. 20; österr.⟩ = *Haussuchung*

**hausen** ⟨V. i.; hat⟩ **1** *wohnen* **2** *unzureichend untergebracht sein* **3** ⟨fig.⟩ *Unordnung schaffen, Zerstörungen anrichten, toben, wüten* **4** ⟨schweiz. a.⟩ *sparen* ◆ sie müssen in einer Baracke hausen; der Hagel, Sturm, das Unwetter hat schlimm gehaust

**Häuserblock** ⟨m. 6⟩ **1** *mehrere aneinander gebaute Häuser* **2** *die von vier Straßen umgebene Häusergruppe*

**Häusermeer** ⟨n. 11; fig.⟩ *riesige Menge von dicht beieinander stehenden Häusern*

**Hausflur** ⟨m. 1⟩ *Gang zwischen Haustür u. Treppe bzw. Zimmern, Vorplatz*

**Hausfrau** ⟨f. 18⟩ **1** *das Hauswesen besorgende Ehefrau* **2** ⟨allg.⟩ *die im Haus wirtschaftende Frau* **3** *Gastgeberin*

**Hausfrieden** ⟨m. 4⟩ *friedvoller Umgang der Hausbewohner oder Familienmitglieder miteinander*

**Hausfriedensbruch** ⟨m. 1u; Rechtsw.⟩ *widerrechtl. Eindringen od. Verweilen in Wohnung, Haus u. Grundstück eines anderen*

**Hausgebrauch** ⟨m.; -s; unz.⟩ **1** *Benutzung im Haus, in der Wohnung* **2** *Ausübung im Familien- od. Freundeskreis*

**hausgemacht** ⟨Adj.⟩ *daheim, selbst hergestellt* ◆ hausgemachte Wurst

**Haushalt** ⟨m. 1⟩ **1** *die Wirtschaftsführung einer zusammenwohnenden Familie od. Lebensgemeinschaft sowie alle dabei nötigen Arbeiten (Kochen usw.)* **2** *alle Mitglieder einer solchen Familie od. Gemeinschaft* **3** ⟨Pol.⟩ *alle Einnahmen u. Ausgaben eines Staates od. einer Körperschaft* ◆ seinen eigenen Haushalt einrichten, führen, gründen; jmdm. den Haushalt führen

**haushalten** ⟨V. i. 160; hat⟩ oV *Haus halten* **1** *einen eigenen Haushalt führen* **2** *sparsam wirtschaften, sparen, einteilen* ◆ du musst mit deinem Geld besser haushalten; ich muss mit meinen Kräften jetzt haushalten *sie schonen, Anstrengungen vermeiden*

**Haushälterin** ⟨f. 22⟩ *den Haushalt führende Angestellte*

**Haushaltsausschuss** ⟨m. 1u; Pol.⟩ *Parlamentsausschuss, der sich mit dem öffentl. Haushalt beschäftigt*

**Haushaltsjahr** ⟨n. 11⟩ **1** *(früher oft) die vom 1. April bis zum 31. März währende Finanzperiode bei öffentl. Körperschaften* (Staat, Gemeinde), *jetzt meist mit dem Kalenderjahr übereinstimmend* **2** ⟨früher⟩ *Jahr, während dessen ein junges Mädchen hauswirtschaftl. Arbeiten, meist in einem fremden Haushalt, erlernt*

**Haushaltsloch** ⟨n. 12u; umg.⟩ *nicht durch öffentliche Einnahmen gedeckte Ausgaben im Staatshaushalt, Haushaltsdefizit*

**Haushaltsplan** ⟨m. 1u⟩ *Gegenüberstellung der Einnahmen u. Ausgaben für ein Haushaltsjahr bei öffentl. Körperschaften (Staat, Gemeinde), Budget, Etat*

**Haushaltswaren** ⟨Pl.⟩ *im Haushalt benötigte Waren u. Artikel*

**Hausherr** ⟨m. 16⟩ **1** *Familienoberhaupt* **2** *Gastgeber* **3** ⟨oberdt.⟩ *Hausinhaber*

**haushoch** ⟨Adj.⟩ **1** ⟨allg.⟩ *so hoch wie ein Haus* **2** ⟨fig.⟩ *sehr hoch* ◆ jmdm. haushoch überlegen sein

**Haushuhn** ⟨n. 12u⟩ = *Huhn (1)*

**Haushund** ⟨m. 1⟩ *gezähmte Form des Hundes, der wegen seiner Gelehrigkeit, Treue und Anpassungsfähigkeit als Haustier gehalten oder auf der Jagd oder zur Wache verwendet wird: Canis familiaris;* Sy *Hund (2)*

**hausieren** ⟨V. i.; hat⟩ *Waren von Haus zu Haus feilbieten* ◆ mit Postkarten, Schnürsenkeln u.a. hausieren (gehen); er geht mit dieser Geschichte hausieren ⟨fig.; umg.⟩ *er erzählt sie immer wieder, überall*

**Hausierer** ⟨m. 3⟩ *Händler, der von Haus zu Haus geht u. Waren feilbietet*

**Hauskatze** ⟨f. 19⟩ ► = *Katze (2)*

**Hauskleid** ⟨n. 12⟩ *einfaches, bequemes Kleid für daheim*

**Hauslehrer** ⟨m. 3⟩ *bei einer Familie angestellter Lehrer, der die Kinder zu Hause unterrichtet* ◆ der Junge hat einen Hauslehrer

**häuslich** ⟨Adj.⟩ **1** *das Haus betreffend, im Haus, zu Hause geschehend, zur Hauswirtschaft gehörend* **2** *gern zu Hause bleibend, nicht gern ausgehend, zurückgezogen lebend* **3** *wirtschaftlich, in der Hauswirtschaft tüchtig* ◆ häusliche Arbeiten verrichten; ein sehr häusliches Leben führen

**Häuslichkeit** ⟨f. 20⟩ **I** ⟨unz.⟩ **1** *hauswirtschaftl. Tüchtigkeit* **2** *Zurückgezogenheit* **II** ⟨zählb.⟩ *Wohnung, Heim*

**Hausmann** ⟨m. 2u⟩ **1** = *Hausmeister (1)* **2** *Ehemann, der den Haushalt besorgt*

## HAUT

Die Haut ist das größte Organ des Körpers. Sie schützt die inneren Organe, hält Krankheitserreger fern, verhindert Wasserverlust, regelt die Körpertemperatur und nimmt äußere Reize auf. Sie besteht zur Hauptsache aus zwei Schichten, aus der Oberhaut oder Epidermis, die außen eine Schicht toter Zellen trägt, sowie der Leder- mit der Unterhaut, die von Blut- und Lymphgefäßen sowie zahlreichen Nervenfasern durchzogen ist.

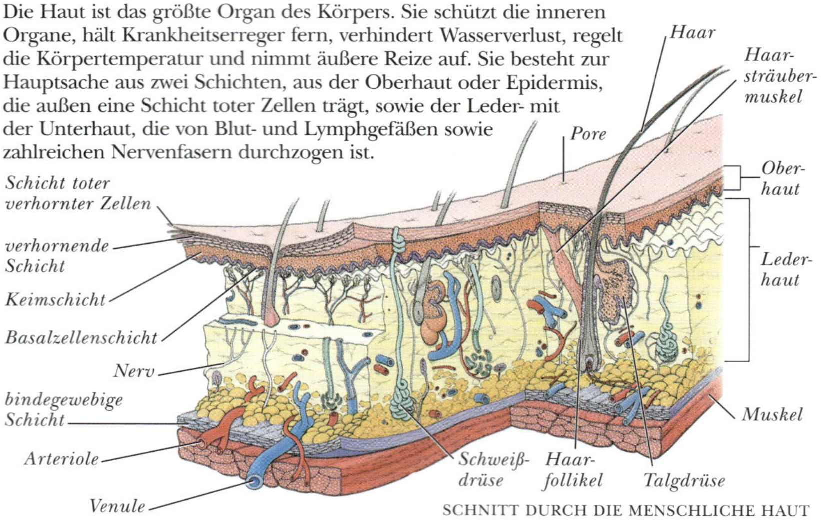


SCHNITT DURCH DIE MENSCHLICHE HAUT

**Hausmannskost** ⟨f.; -; unz.⟩ *einfaches, aber schmackhaftes u. kräftiges Essen der regionalen Küche (z. B. Eintöpfe, Sauerkraut)* [< *Hausmann* = Hausvater und dessen *Kost* = „Nahrung, wie sie ein Hausvater den Seinen bereiten lässt"]

**Hausmarder** ⟨m. 3⟩ = *Steinmarder*

**Hausmarke** ⟨f. 19⟩ **1** *eingeschnittenes oder -gebranntes Eigentumszeichen (bes. an bewegl. Sachen);* Sy *Handzeichen (1)* **2** *Markenfabrikat einer Einzelhandelsfirma*

**Hausmeister** ⟨m. 3⟩ **1** *jmd., der vom Hauseigentümer für Ordnung u. Sauberkeit im Haus beauftragt wurde;* Sy *Hausmann (1)* **2** ⟨schweiz.⟩ *Hauseigentümer*

**Hausmittel** ⟨n. 13; Med.⟩ *einfaches Arzneimittel, das ohne ärztliche Anordnung verabreicht werden kann, z. B. Tees, Wickel*

**Hausmüll** ⟨m.; -s; unz.⟩ *in privaten Haushaltungen entstehende feste Abfälle;* → a. *Müll*

**Hausmutter** ⟨f. 8u⟩ **1** *Wirtschafterin (z. B. in Heimen)* **2** *ausgebildete Jugendleiterin als Leiterin eines Hauses im Kindersanatorium od. -dorf*

**Hausnummer** ⟨f. 21⟩ *Nummer eines Hauses in der Straße* ◆ Hausnummer 4

**Hausordnung** ⟨f. 20⟩ *Vorschriften über das Verhalten im Haus u. die Benutzung dazugehörender Gegenstände (bes. in Heimen usw.)*

**Hausputz** ⟨m. 1⟩ *gründl. Reinigung der ganzen Wohnung, Großreinemachen*

**Hausrat** ⟨m. 1; unz.⟩ *Gesamtheit der Hausgeräte* ◆ sie besitzen viel Hausrat

**Hausratversicherung** ⟨f. 20⟩ *kombinierte Versicherung gegen Feuer, Einbruchdiebstahl, Beraubung u. Leitungswasserschäden für alle Sachen, die in einem Haushalt zur Einrichtung gehören od. dem Gebrauch u. Verbrauch dienen, sowie für Bargeld, Wertpapiere u. Sammlungen*

**Hausrecht** ⟨n. 11; unz.⟩ *Recht, innerhalb bestimmter geschützter Räume zu bestimmen, wer sich darin aufhalten darf u. wer nicht*

**Hausschuh** ⟨m. 1⟩ *leichter, bequemer Schuh für daheim*

**Hausse** ⟨[o:s] f. 19⟩ **1** ⟨Wirtsch.⟩ *wirtschaftl. Aufschwung* **2** ⟨Börsenw.⟩ *Hochstand der Börsenkurse von Wertpapieren;* Ggs *Baisse* ◆ auf Hausse spekulieren [frz., „Preissteigerung, Steigen der Kurse"]

**Haussegen** ⟨m. 4; unz.⟩ *Segensspruch über der Tür eines Hauses* ◆ der Haussegen hängt schief ⟨fig.; umg.⟩ *in der Familie herrscht Uneinigkeit*

**Hausstand** ⟨m. 1u; unz.⟩ *Haushalt u. Familie* ◆ einen eigenen Hausstand gründen

**Haussuchung** ⟨f. 20⟩ *polizeil. Durchsuchung des Hauses od. der Wohnung;* Sy ⟨österr.⟩ *Hausdurchsuchung,* ⟨oberdt.⟩ *Heimsuchung (3)* ◆ Haussuchung halten, machen

HAUSWURZ: DACHWURZ
*(Sempervivum tectorum)*

**Haustaube** ⟨f. 19; Zool.⟩ = *Taube (2)*

**Haustier** ⟨n. 11⟩ *vom Menschen zum Nutzen od. aus Liebhaberei in Haus od. Hof gehaltenes Tier*

**Hausverbot** ⟨n. 11; unz.⟩ *Verbot, ein bestimmtes Haus, eine Wohnung o. Ä. zu betreten* ◆ Hausverbot erteilen

**Hausverwalter** ⟨m. 3⟩ *mit der Verwaltung des Hauses beauftragter Vertreter des Hausbesitzers*

**Hauswirt** ⟨m. 1⟩ *Hauseigentümer* ◆ ein strenger Hauswirt

**Hauswirtschaft** ⟨f. 20; unz.⟩ **1** *Bewirtschaftung, Führung eines Haushalts* **2** ⟨DDR⟩ *Nebenwirtschaft von LPG-Mitgliedern für den persönlichen Bedarf u. als Zusatzeinkommen*

**Hauswurz** ⟨f. 20; unz.; Bot.⟩ ▲ *Angehörige einer Gattung der Dickblattgewächse mit Blattrosetten: Sempervivum*

**Haut** ⟨f. 7u⟩ **1** ▲ *die gesamte Körperoberfläche überziehendes, hauptsächlich aus zwei Schichten bestehendes Organ, das den Körper gegen die Außenwelt abschließt u. schützt, ihn gleichzeitig aber auch mit dieser verbindet* (Gesichtshaut, Oberhaut) **2** *Fell als Rohstoff für Leder* **3** *dünne, biegsame Schicht, Bedeckung von Oberflächen, bes. auf Flüssigkeiten* (Milchhaut) **4** *Hülle, Ein-, Umschließung von Hohlräumen,* ⟨bes.⟩ *Schiffsbekleidung* (Schiffshaut) **5** ⟨umg.⟩ *dünnes, wie eine Haut schützendes Kleidungsstück,* ⟨bes.⟩ *wasserdichter Mantel* (Regenhaut) **6** *die weicheren Teile höherer Pflanzen überziehendes, meist einschichtiges Gewebe* **7** ⟨fig.; umg.⟩ *Mensch* ◆ er ist nur noch Haut und **Knochen** ⟨fig.; umg.⟩ *(bis zum Skelett) abgemagert* ◆ einer Frucht, einem Hasen die Haut **abziehen;** die Haut **brennt,** rötet sich, schält sich (von der vielen Sonne); die Haut **eincremen,** massieren, pflegen, reinigen; auf der abgekochten Milch hat sich eine Haut **gebildet;** Häute **gerben** ◆ **alternde,** gut (schlecht) durchblutete, empfindliche, fettige, jugendliche, weiche, straffe, trockene, welke, zarte Haut; er ist eine **anständige,** ehrliche, lustige, redliche Haut ⟨fig.; umg.⟩; **blasse,** gebräunte, sommersprossige Haut; auf der **faulen** Haut liegen ⟨fig.; umg.⟩ *faulenzen* ◆ er war bis **auf** die Haut durchnässt; **aus** der Haut fahren ⟨fig.; umg.⟩ *ungeduldig, zornig werden;* mir ist nicht wohl **in** meiner Haut ⟨fig.; umg.⟩ *ich fühle mich unbehaglich;* ich möchte nicht in seiner Haut stecken ⟨fig.; umg.⟩ *nicht mit ihm tauschen;* **mit** Haut und Haar(en) ⟨fig.; umg.⟩ *ganz u. gar, bedingungslos;* dieses Buch, dieser Film, dieses Stück, dieses Thema geht **unter** die Haut ⟨fig.; umg.⟩ *berührt einen im Innersten* [< ahd. *hut*]

**Hautarzt** ⟨m. 1u; Med.; umg.⟩ *Facharzt für Haut- u. Geschlechtskrankheiten;* Sy *Dermatologe*

**Hautausschlag** ⟨m. 1u⟩ = *Ausschlag*

**Hautcreme** ⟨[-kre:m] f. 10⟩ *Creme zur Pflege der Haut;* oV *Hautkrem, Hautkreme*

**Hautecoiffure,** ⟨auch⟩ **Haute Coiffure** ⟨[o:tkwa'fy:r] f.; (-) -; unz.⟩ *schöpferische, für die neueste Mode maßgebliche Frisierkunst* [frz., „hohe Frisierkunst"]

**Hautecouture,** ⟨auch⟩ **Haute Couture** ⟨[o:tku'ty:r] f.; (-) -; unz.⟩ *vollendete Schneiderkunst, das schöpferische Modeschaffen, bes. in Paris* [frz., „hohe Schneiderkunst"]

**häuten** ⟨V.; hat⟩ **I** ⟨V. t.⟩ ein Tier häuten *einem Tier die Haut, das Fell abziehen* **II** ⟨V. refl.⟩ sich häuten *die Haut abstreifen, abstoßen* ◆ die Schlange häutet sich; der Körper häutet sich bei Sonnenbrand [< mhd. *(ent-, uz-)hiuten* „die Haut, das Fell abziehen"]

**hauteng** ⟨Adj.⟩ *dicht am Körper anliegend, ihn wie eine Haut umschließend* ◆ ein hautenges Kleid tragen

**Hautfarbe** ⟨f. 19⟩ *von Farbstoffen u. der Durchblutung abhängige Farbe der menschl. Haut*

**Hautflügler** ⟨m. 3; Zool.⟩ ► *Angehöriger einer Ordnung der Insekten mit vier durchsichtigen Flügeln: Hymenoptera;* Sy *Hymenoptere;* ► *Insekten*

**häutig** ⟨Adj.⟩ **1** *mit Haut, Hautstücken od. kleinen Häuten versehen* **2** *wie Haut beschaffen* ◆ es fühlt sich häutig an

**Hautkrebs** ⟨m. 1; unz.; Med.⟩ *krebsige Erkrankung der Haut*

**Hautkrem,** ⟨auch⟩ **Hautkreme** ⟨f. 10⟩ = *Hautcreme*

**hautnah** ⟨Adj.; umg.⟩ *sehr nah*

**Hautpflege** ⟨f. 19; unz.⟩ *alle Maßnahmen zur Reinigung u. Ernährung der Haut*

**Häutung** ⟨f. 20⟩ **1** ▼ *das Abstreifen der Haut (z. B. bei Schlangen)* **2** *das Schälen der menschl. Haut (z. B. bei Verbrennungen od. Sonnenbrand)*

HÄUTUNG:
SCHLANGE WIRFT IHRE HAUT AB

H

## HEBELWERKZEUGE

Mit Hebelwerkzeugen kann man Kräfte vergrößern. Angenommen, man müsste einen Felsblock bewegen. Dazu legt man einen kleineren Stein nahe an den Block, den Hebel bringt man unter dem Felsblock und über dem Stein an, dieser bildet den Drehpunkt. Mit dem fernen Ende dieses zweiarmigen Hebels gelingt es dann, den Felsblock zu heben, wobei der Hebelarm eine größere Strecke zurücklegen muss. Bei diesem Vorgang gilt das Hebelgesetz: Kraft · Kraftarm = Last · Lastarm.

### VERSCHIEDENE HEBELWERKZEUGE

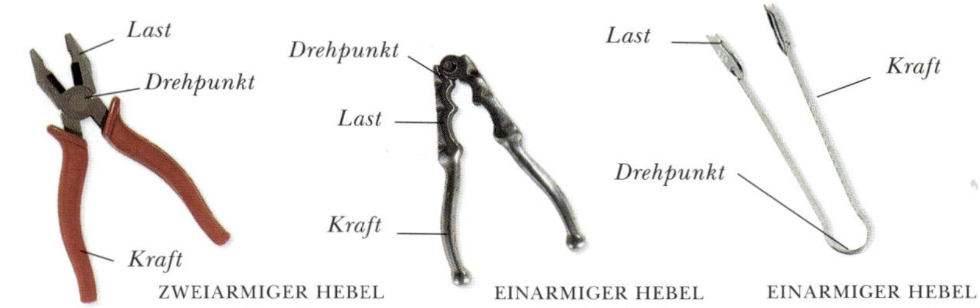


ZWEIARMIGER HEBEL *(Zange)*

EINARMIGER HEBEL *(Nussknacker)*

EINARMIGER HEBEL *(Zuckerzange)*

**Havanna** ⟨[-van-]⟩ **I** ⟨f. 10⟩ = *Havannazigarre* **II** ⟨m. 6; unz.⟩ = *Havannatabak*

**Havannatabak** ⟨[-van-] m. 1; unz.⟩ *feine Tabaksorte;* Sy *Havanna (II)* [nach der kubanischen Hauptstadt *Havanna*]

**Havannazigarre** ⟨[-van-] f. 19⟩ *Zigarre aus Havannatabak;* Sy *Havanna (I)*

**Havarie** ⟨[-va-] f. 19⟩ **1** ⟨Mar. u. Flugw⟩ *Unfall, Bruch (eines Schiffes od. Flugzeugs)* **2** *Beschädigung, Bruch eines Kernreaktors* [< ndrl. *averij,* nddt. *Havarye* < frz. *avarie* „Seeschaden, Transportschaden" < ital. *avarie* < arab. *awarija* „beschädigte Ladung", arab. *awar* „beschädigte Ware"]

**Hawaiianer** ⟨[-ja:-] m. 3⟩ *Einwohner der Hawaii-Inseln*

**Haxe** ⟨f. 19; oberdt.⟩ = *Hachse*

**Hb** ⟨Med.; Abk. für⟩ *Hämoglobin*

**Hbf.** ⟨Abk. für⟩ *Hauptbahnhof*

**H-Bombe** ⟨f. 19; Mil.⟩ = *Wasserstoffbombe* [nach dem chem. Zeichen *H* für Wasserstoff]

**h. c.** ⟨Abk. für lat.⟩ *honoris causa*

**HDTV** ⟨TV⟩ *hochauflösendes Fernsehen, Fernsehsystem mit einem geändertem Bildseitenverhältnis (16:9 statt wie bisher 4:3) u. etwa doppelter Zeilenzahl, das eine erheblich höhere Bildqualität ermöglicht* [Abk. für engl. *high definition television* „hochauflösendes Fernsehen"]

**H-Dur** ⟨n.; -; unz.; Mus.; Abk.: H⟩ *auf dem Grundton H beruhende Dur-Tonart*

**He** ⟨Chem.; Zeichen für⟩ *Helium*

**Headcrash** ⟨['hɛdkræʃ] m. 6; EDV⟩ *Vernichtung aller Daten auf der Festplatte, sobald diese mit dem Lesekopf des Computers in Berührung kommt* [< engl. *(read) head* „(Lese-)Kopf" + *Crash*]

**Headhunter** ⟨['hɛdhʌntə(r)] m. 3⟩ *Personalberater, der Führungskräfte für Unternehmen vermittelt* [engl., „Kopfjäger"]

**Headline** ⟨['hɛdlain] f. 10⟩ *Schlagzeile in der Zeitung od. einer Anzeige;* Ggs *Baseline* [engl., „Schlagzeile" < *head* „Kopf, Kopfende" + *line* „Linie, Zeile"]

**Headquarter** ⟨['hɛdkwɔ:tə(r)] n. 13⟩ **1** ⟨Mil.⟩ *Hauptquartier* **2** ⟨allg.⟩ *Zentrale, Hauptsitz einer größeren Firma od. Institution* [engl.]

**Healthfood** ⟨['hɛlθfu:d] n. 15; unz.⟩ *jede Art von Speise oder Nahrungsmittel, die frei von chemischen Zusätzen ist u. für gesundheitsförderlich erachtet wird,* z. B. Vollkornbrot, ungespritzte Früchte [< engl. *health* „Gesundheit" + *food* „Nahrung"]

**Heavymetal,** ⟨auch⟩ **Heavy Metal** ⟨['hɛvi 'mɛtəl] n.; (-) - od. (-) -s; unz.⟩ = *Hardrock* [engl., eigtl. „Schwermetall"]

**Hebamme** ⟨f. 19⟩ *ausgebildete, geprüfte Geburtshelferin;* → a. *Geburtshelfer* [umgedeutet < ahd. *heviana, hefihanna* „die Hebende"; zu *hevan, hefen* „heben, halten"]

**Hebebühne** ⟨f. 19⟩ *hydraul. od. elektr. Einrichtung zum Heben von Lasten*

**Hebel** ⟨m. 5⟩ **1** *um eine feststehende Achse drehbarer Körper (Stange, Brett) zum Heben od. Verschieben von Lasten* **2** ⟨fig.⟩ *bewegende Kraft* ◆ hier musst du den Hebel ansetzen ⟨fig.⟩ *die Sache anpacken, beginnen;* ich werde alle Hebel in Bewegung setzen ⟨fig.⟩ *mit allen Mitteln versuchen das angestrebte Ziel zu erreichen*

**Hebelwerkzeug** ⟨n. 11⟩ ▲ *Gerät, Werkzeug, das durch seine Hebelwirkung mechan. Arbeiten erleichtert*

**heben** ⟨V. 163; hat⟩ **I** ⟨V. t.⟩ **1** *in die Höhe bewegen, bringen, nach oben führen* **2** *zutage fördern* (Schätze) **3** ⟨fig.⟩ *die Wirkung erhöhen von, hervorheben, steigern, die Entfaltung begünstigen, verbessern* (Ansehen, Niveau, Stimmung) **4** ⟨umg.⟩ *trinken* (bes. Alkohol) **5** ⟨oberdt.⟩ *halten, festhalten* **6** ⟨oberdt.⟩ *erheben* (Gelder) ◆ er hebt gern, oft einen ⟨umg.⟩ *er trinkt gern einen Schnaps;* den **Arm,** die Hand heben (um sich zu Wort zu melden, bei Abstimmungen); er hat sich einen **Bruch** gehoben ⟨umg.⟩ *bei schwerem Heben zugezogen;* ein **Gewicht,** eine Last heben; die **Hand** zum Schwur heben; den **Lebensstandard** heben ⟨fig.⟩; ein gesunkenes **Schiff** heben *bergen;* die **Stimme** heben ⟨fig.⟩ *betont lauter sprechen* ◆ einen Sieger **auf** die Schultern heben; er ist in einer gehobenen Position, Stellung **II** ⟨V. refl.⟩ sich heben **1** *steigen, sich nach oben bewegen* (Wasserspiegel, Stimmung) **2** *aufblühen, sich beleben* (Handel, Verkehr) ◆ ihre Brust hob und senkte sich (vor Erregung) [< ahd. *hevan, heffan*]

**Hebewerk** ⟨n. 11⟩ *Vorrichtung zum Heben von Lasten bei Schiffen*

HECHT *(Esox lucius)*

**Hebezeug** ⟨n. 11; unz.; Sammelbez. für⟩ *jede Vorrichtung zum Heben von Lasten und Personen*

**hebräisch** ⟨Adj.⟩ **1** *die Hebräer betreffend, zu ihnen gehörig, von ihnen stammend* ◆ hebräische Sprache *westsemit. Sprache, Literatursprache des AT;* → a. *Iwrith* [< lat. *hebraeus* „hebräisch"]

**Hebung** ⟨f. 20⟩ Ggs *Senkung* **1** *das Zutagefördern (eines Schatzes, eines gesunkenen Schiffes)* **2** *Erhöhung der Erdkruste* **3** ⟨fig.⟩ *Erhöhung, Steigerung, Verbesserung, Förderung, Belebung (der Leistung, Stimmung, des Fremdenverkehrs usw.)* **4** ⟨Metrik⟩ *betonte Silbe im Vers*

**hecheln** ⟨V.; hat⟩ **I** ⟨V. t.⟩ Flachs hecheln *Fasern des Hanfs, Flachses spalten* **II** ⟨V. i.⟩ **1** *rasch, heftig, mit heraushängender Zunge atmen* (Hund) **2** ⟨fig.; umg.⟩ *spöttisch über andere reden, klatschen*

**Hecht** ⟨m. 1⟩ **1** ▲ *räuberisch lebender Fisch des Süßwassers: Esox lucius;* ► *Fische* **2** ⟨umg.; scherzh.⟩ *lebhafter Bursche* **3** ⟨kurz für⟩ *Hechtsprung* ◆ einen Hecht fangen; der Hecht im Karpfenteich sein ⟨fig.; umg.⟩ *die führende Rolle spielen, bes. unter trägen, langweiligen Leuten* [< ahd. *hechit, hachit*]

**Hechtbarsch** ⟨m. 1; Zool.⟩ = *Zander*

**Hechtdorsch** ⟨m. 1; Zool.⟩ = *Seehecht*

**hechten** ⟨V. i.; ist⟩ *einen Hechtsprung machen*

**Hechtsprung** ⟨m. 1u⟩ *Sprung mit gestrecktem Körper über ein Turngerät od. ins Wasser mit dem Kopf zuerst;* Sy ⟨kurz⟩ *Hecht (3)*

## HAUTFLÜGLER

Die Insektengruppe der Hautflügler umfasst die Ameisen, die Bienen und die Wespen. Mit Ausnahme der Arbeiterinnen bei den Ameisen verfügen alle Arten über zwei häutige Flügelpaare mit deutlicher Äderung. Die höchstentwickelten Hautflügler leben in sozialen Gruppen oder Staaten, vor allem die Ameisen und die Honigbiene.

ÄUSSERE MERKMALE EINER ERDHUMMEL *(Bombus terrestris)*

### WEITERE HAUTFLÜGLERARTEN

PFLANZENWESPE *(Cimbex femoratus)*

SCHLUPFWESPE *(Amblyjoppa fuscipennis)*

AMEISE *(nicht näher bestimmt)*

WESPE: GEWÖHNLICHE WESPE *(Vespula vulgaris)*

**Hechtsuppe** ⟨f.; umg.; nur in der Wendung⟩ hier zieht es wie Hechtsuppe *hier ist sehr starker Durchzug* [erster Bestandteil nicht geklärt, zweiter Bestandteil vielleicht zu hebr. *supa* „Sturm“]

**Heck I** ⟨n. 15 od. n. 11⟩ *hinterer Teil des Schiffes* **II** ⟨n. 11; nddt.⟩ **1** *Koppel* **2** *die an der Koppel befindl. Gittertür* [< mnddt. *heck* „Umzäunung“ (der Platz des Steuermannes auf dem hinteren Oberteil des Schiffes war in früheren Zeiten mit einem Gitter umgeben)]

**Hecke**[1] ⟨f. 19⟩ **1** *Umzäunung aus Büschen u. Sträuchern* (Buchsbaumhecke) **2** *dichtes Gestrüpp* (Dornenhecke) ◆ eine hohe Hecke

**Hecke**[2] ⟨f. 19⟩ **1** *Brut von Vögeln* **2** *die Jungen kleiner Säugetiere* **3** *Brutzeit* **4** *großes Vogelbauer mit Möglichkeit zum Nestbau*

**Heckenbraunelle** ⟨f. 19; Zool.⟩ ► *zierlicher, sperlingsähnlicher Singvogel: Prunella modularis*

**Heckenrose** ⟨f. 19⟩ *in Hecken wachsende wilde Rose*

**Heckenschere** ⟨f. 19⟩ ► *große Schere zum Beschneiden von Hecken*

HECKENSCHERE

**Heckenschütze** ⟨m. 17⟩ *illegaler Schütze, der aus dem Hinterhalt schießt*

**Heckfenster** ⟨n. 13; bei Kfz⟩ *Fenster an der Rückseite*

**Heckflagge** ⟨f. 19⟩ *kleine Flagge am Heck des Schiffes*

**Heckklappe** ⟨f. 19; an Kfz mit Fließheck⟩ ▼ *Klappe zum Öffnen des Kofferraums*

**Heckmeck** ⟨m.; -s; unz.; umg.⟩ **1** *unnötige Umstände* **2** *Geschwätz, nichts sagendes Gerede* ◆ nun mach mal nicht so viel Heckmeck deswegen

**Heckscheibe** ⟨f. 19; bei Kfz⟩ *hintere Fensterscheibe (des Autos)*

HECKKLAPPE EINES PKWs

**Hedonismus** ⟨m.; -; unz.⟩ *altgriech. Lehre, nach der Lust u. Genuss das höchste Lebensgut sind* [< grch. *hedone* „Lust“]

**hedonistisch** ⟨Adj.⟩ *in der Art des Hedonismus, auf ihm beruhend, ihn betreffend*

**Heer** ⟨n. 11⟩ **1** ⟨Mil.⟩ *Landstreitkräfte eines Staates* **2** ⟨fig.⟩ *Unmenge, große Zahl* ◆ stehendes Heer *durch die allgemeine Wehrpflicht aufgestelltes Heer* [< ahd. *heri*]

**Heerführer** ⟨m. 3; Mil.⟩ *Anführer eines Kriegsheeres*

**Heerschar** ⟨f. 20⟩ *große Menge, Schar* ◆ die himmlischen Heerscharen *die Engel*

**Hefe** ⟨f. 19; unz.⟩ **1** ▼ *Gärung erregende einzellige Organismen, die sich durch Zellsprossung vermehren* (Bierhefe, Weinhefe); Sy ⟨bair.-österr.⟩ *Germ (3)* **2** *Bodensatz* **3** ⟨fig.⟩ *Abschaum* [< ahd. *hevo* < germ. **hafjo;* zu **haf-* „heben“]

HEFE

**Hefebrot** ⟨n. 11⟩ *Brot, bei dem als Back- u. Treibmittel Hefe verwendet wurde*

**Hefeteig** ⟨m. 1⟩ *Brot- od. Kuchenteig mit Hefe als Treibmittel*

**Heft**[1] ⟨n. 11⟩ **1** *gefaltete, geheftete, meist mit dünnem Umschlag versehene Papierbogen od. -blätter* (Fahrscheinheft, Notenheft, Schreibheft) **2** *Papierzählmaß, 10 Bogen* ◆ das Buch, Magazin, Werk erscheint in einzelnen, in 20 Heften *Lieferungen*

HECKENBRAUNELLE
*(Prunella modularis)*

**Heft**[2] ⟨n. 11⟩ *Griff, Handgriff (an Werkzeugen u. Waffen)* ◆ das Heft fest in der Hand haben ⟨fig.⟩ *Herr sein, bestimmen;* das Heft nicht aus der Hand geben ⟨fig.⟩ *die Leitung* [< ahd. *hefti*]

**heften** ⟨V. t.; hat⟩ **1** ⟨Textilw.; Schneiderei⟩ *mit großen Stichen od. Nadeln lose befestigen* (Naht) **2** ⟨Buchbinderei⟩ *mit Faden od. Draht zum Buchblock zusammenfügen* (Blatt, Bogen) **3** ⟨allg.⟩ *mit Klebstoff, Nadeln, Reißnägeln befestigen, ankleben, anstecken* ◆ Akten, ein Buch heften; er heftete sich an ihre Fersen, Sohlen ⟨fig.⟩ *folgte ihr überallhin;* die Augen, den Blick auf jmdn. od. etwas heften ⟨fig.⟩ *unverwandt hinsehen* [< ahd. *heften*]

**Hefter** ⟨m. 3⟩ **1** ⟨kurz für⟩ *Schnellhefter* **2** *kleines Bürogerät zum Zusammenklammern von Papierbogen, Zetteln usw.*

HEIDELBEERE
*(Vaccinium myrtillus)*

**heftig** ⟨Adj.⟩ **1** *stark, wild, ungestüm, gewaltig* (Wetter) **2** *aufbrausend, jähzornig, ungeduldig, leidenschaftlich* (Person) ◆ heftiger **Ärger,** Groll, Hass, Zorn packte ihn; ein heftiges **Gewitter,** Unwetter; von einer heftigen **Leidenschaft,** Liebe ergriffen; heftiger **Regen,** Sturm, Wind; heftige **Schmerzen** verspüren ◆ jmdn. heftig **anfahren,** beschimpfen; heftig **debattieren,** fluchen, schimpfen, toben, widersprechen; du hast wieder mal viel zu heftig **reagiert** [< spätahd. *heiftig* < *heifte* „ungestüm“]

**Heftigkeit** ⟨f. 20; unz.⟩ *heftige Beschaffenheit, Aufbrausen, Wucht, Ungestüm* ◆ der Sturm tobte mit großer Heftigkeit

**Heftklammer** ⟨f. 21⟩ **1** ⟨Buchbinderei⟩ *Klammer zum Heften der Druckbogen* **2** = *Büroklammer*

**Heftpflaster** ⟨n. 13⟩ *mit einem Klebstoff bestrichener Gewebestreifen als schützende Auflage für Wunden*

**Hege** ⟨f. 19; unz.⟩ *Schutz u. Pflege von Wild u. jungen Pflanzen*

**Hegemonie** ⟨f. 19⟩ *Vormachtstellung, Vorherrschaft, führende Rolle (eines Staates)* [< grch. *hegemonia;* zu *hegeisthai* „vorangehen, führen“]

**hegen** ⟨V. t.; hat⟩ **1** *schützen, bewahren, pflegen* (Forst, Wild) **2** *gut behandeln, hätscheln* **3** *in sich bewahren, tragen, haben* (Erinnerungen, Gedanken, Plan) **4** ⟨veraltet⟩ *umzäunen* ◆ einen Argwohn, eine Befürchtung, Besorgnis, einen Verdacht, Zweifel hegen [< ahd. *heg(g)an* „mit einem Zaun, mit einer Hecke umgeben“]

**Hegezeit** ⟨f. 20; Jägerspr.⟩ = *Schonzeit*

**Hehl** ⟨n. 11 od. m. 1; unz.; nur in bestimmten Wendungen erhalten⟩ *Geheimnis* ◆ ohne Hehl sprechen *ohne etwas zu verheimlichen;* ich mache kein, keinen Hehl daraus

**hehlen** ⟨V. t.; hat⟩ **1** *verheimlichen, verbergen* (Diebesgut) **2** *begünstigen* (Verbrechen) [< ahd. *helan* „bedecken, verbergen“]

**Hehler** ⟨m. 3⟩ *Helfer von Dieben, Verbrechern*

**Hehlerei** ⟨f. 18⟩ *Begünstigung einer Straftat zum eigenen Vorteil*

**hehr** ⟨Adj.; poet.⟩ *erhaben, Ehrfurcht gebietend, verehrungswürdig, göttlich* [< ahd. *her* „erhaben, heilig, vornehm“]

**Heide**[1] ⟨m. 17⟩ **1** *Nichtchrist, Nichtjude, Nichtmohammedaner* **2** *Ungläubiger* **3** *Anhänger einer polytheist. Religion* [< ahd. *heidano* „Nichtchrist“]

**Heide**[2] ⟨f. 19⟩ **1** *flache, baumlose, sandige, mit Gräsern und Sträuchern bewachsene Landschaft;* Sy *Heideland* **2** ⟨Bot.⟩ = *Glockenheide* [< mhd. *heide* (ahd. *heida* nur als Pflanzenname für Heidekraut)]

**Heidekraut** ⟨n. 12u; unz.; Bot.⟩ *Mitglied einer Gattung der Heidekrautgewächse (Ericaceae), vorwiegend Zwergsträucher mit meist immergrünen, nadel- od. schuppenartigen, kleinen Blättern: Calluna vulgaris;* ► *Bedecktsamer*

**Heideland** ⟨n. 12u; unz.⟩ = *Heide*[2] *(1)*

**Heidelbeere** ⟨f. 19; Bot.⟩ **1** ⟨i. w. S.⟩ *Angehörige einer Gattung der Heidekrautgewächse* **2** ⟨i. e. S.⟩ ◄ *Halbstrauch mit meistens blau-schwarzen Beeren: Vaccinium myrtillus;* Sy *Blaubeere, Schwarzbeere* [< ahd. *heitperi;* → *Heide*[2]]

**Heiden...** ⟨in Zus.; umg.⟩ *groß, sehr viel*

**Heidenangst** ⟨f. 7u; unz.; umg.⟩ *sehr große Angst*

**Heidenarbeit** ⟨f. 20; unz.; umg.⟩ *sehr viel Arbeit* ◆ das macht eine Heidenarbeit

**Heidengeld** ⟨n. 12; unz.; umg.⟩ *sehr viel Geld* ◆ das Buch kostet ein Heidengeld

**Heidenspaß** ⟨m. 1u; unz.; umg.⟩ *sehr großer Spaß*

**Heideröschen** ⟨n. 14⟩, **Heiderose** ⟨f. 19; Bot.⟩ **1** *Angehörige einer Gattung der Zistrosengewächse, Halbsträucher: Fumana* **2** = *Seidelbast*

**Heidin** ⟨f. 22⟩ *weibl. Heide*[1]

**heidnisch** ⟨Adj.⟩ *die Heiden betreffend, zu ihnen gehörig, von ihnen stammend*

**heikel** ⟨Adj.; heikler, am -sten⟩ **1** *schwierig, peinlich, unangenehm* **2** *wählerisch, schwer zufrieden zu stellen (beim Essen)* ◆ eine heik(e)le Angelegenheit, Frage, Sache, Situation, Geschichte; das Thema ist äußerst heikel [< mhd. *heigla, heikla*]

**heil** ⟨Adj.⟩ **1** *gesund, unverletzt, unbeschädigt, ganz* ◆ noch seine heilen Glieder besitzen, haben; mit heiler Haut davonkommen *unverletzt,* ⟨fig.⟩ *ungestraft* [< ahd. *heil* „gesund, unversehrt“]

**Heil** ⟨n. 11; unz.⟩ **1** *die Glückseligkeit od. Erlösung, die der Mensch in der Religion sucht, Gnade, Gnadengeschenk Gottes* (Seelenheil) **2** *Glück, Wohlergehen, Segen* **3** *Nutzen, Hilfe, Besserung* ◆ Heil bringend *das ewige, göttl. Heil bringend, Heilung bewirkend;* Heil und Segen wünschen [< ahd. *heil*]

**Heiland** ⟨m. 1⟩ **1** *Erlöser, Retter, Heilbringer* **2** ⟨Beiname für⟩ *Jesus Christus* [< ahd. *heilant,* substantiviertes Part. Präs. von ahd. *heilen* „gesund, heil machen, erretten"; Lehnübersetzung aus kirchenlat. *salvator,* grch. *soter* „Retter"]

**Heilanstalt** ⟨f. 20⟩ **1** ⟨i. w. S.⟩ *Pflegeheim für Kranke bei länger andauernden Krankheiten* **2** ⟨i. e. S.⟩ *psychiatr. Klinik*

**Heilbad** ⟨n. 12u⟩ *Kurort mit Heilquelle*

**heilbar** ⟨Adj.⟩ *so geartet, dass man es heilen kann* (Krankheit) ◆ Krebs ist im Frühstadium oft heilbar

**Heilbutt** ⟨m. 1⟩ ► *Angehöriger einer Gattung der Plattfische (Pleuronectidae) mit bis zu 2 m Länge: Hippoglossus* [< nddt. *hilligbutt, hillebutt* „der kostbare Butt für Heiligentage"]

HEILBUTT:
PAZIFISCHER HEILBUTT
*(Hippoglossus stenolepis)*

**heilen** **I** ⟨V. t.; hat⟩ **1** *gesund machen* (Kranke) **2** *zum Abklingen, Verschwinden bringen* (Krankheit, Wunde) **3** ⟨fig.⟩ *von etwas Schädlichem befreien* (Aberglaube; Angst) ◆ der Schaden kann geheilt werden ⟨fig.⟩ *die Sache kann wieder in Ordnung gebracht werden;* die Zeit heilt alle Wunden ⟨Sprichw.⟩; jmdn. von einer fixen Idee heilen ⟨fig.⟩; jmdn. von seinen Beschwerden, einer Krankheit, seinen Schmerzen heilen; nun bin ich für immer geheilt! ⟨fig.⟩ *das passiert mir nicht noch einmal, nun bin ich durch Schaden klug geworden* **II** ⟨V. i.; ist⟩ **1** *gesund werden, heil werden* (Gliedmaße) **2** *sich schließen, verschwinden* (Verletzung) ◆ der Bruch ist gut geheilt [< ahd. *heilen*]

**Heilerde** ⟨f. 19; unz.; Med.⟩ *gereinigte Erden (Ton) verschiedener Herkunft u. mineral. Zusammensetzung zur äußerl. od. innerl. Anwendung für Heilzwecke*

**heilfroh** ⟨Adj.⟩ *sehr froh, unendlich glücklich* ◆ sie war heilfroh das Examen bestanden zu haben [< *heil* in der Bedeutung „völlig"]

**heilig** ⟨Adj.; Abk.: hl. (Singular), hll. (Plural)⟩ **1** *erhaben über alles Irdische (als Eigenschaft Gottes)* **2** *fromm, von Gottes Geist erfüllt* **3** *geheiligt, von der Kirche heilig gesprochen* **4** *in tiefster Seele ernst, unantastbar, verehrungswürdig* **5** ⟨fig.; umg.; in Verbindung mit Substantiven⟩ *(Ausruf der Bestürzung, der Ungeduld, der Verwunderung, des Zorns)* ◆ der Heilige **Abend** = *Heiligabend;* das heilige **Abendmahl;** die Heilige **Dreifaltigkeit** *Gott Vater, Sohn u. Heiliger Geist:* die Heilige **Familie** *Maria, Joseph u. das Jesuskind;* Heiliger **Feigenbaum** ► *im Buddhismus als Heiligtum verehrter indischer Feigenbaum: Ficus religiosa;* **der Heilige Geist; das Heilige Grab (Jesu in Jerusalem); die Heilige Jungfrau** *Maria, Mutter Jesu;* **die Heiligen Drei Könige; das Heilige Land** ⟨bibl. Bez. für⟩ *Palästina;* **die Heilige Nacht** *die Nacht zum ersten Weihnachtsfeiertag;* **das heilige Osterfest; es ist mir eine heilige Pflicht; der Heilige Rock** *das unter dem Kreuz von den Soldaten verloste Gewand Jesu;* **das Heilige Römische Reich Deutscher Nation** *(Titel des Deutschen Reiches von 962-1806);* **die Heilige Schrift** *die Bibel;* **die Heilige Stadt** *Jerusalem;* **die heiligen Stätten** *die durch die Anwesenheit Christi geheiligten Orte in Palästina,* ⟨allg.⟩ *alle Orte religiösen Kultes;* **eine heilige Stille breitete sich aus** ⟨fig.⟩; **der Heilige Stuhl** *Thron des Papstes,* ⟨fig.⟩ *päpstl. Regierung;* **die heilige Taufe; der Heilige Vater** *der Papst* ◆ heilig **halten** *in Ehren halten, verehren, unverletzlich halten;* **sein:** das ist mir heilig; ihm ist nichts heilig *er hat vor nichts Ehrfurcht* [< ahd. *heilag, heilig*]

HEILIGER FEIGENBAUM
*(Ficus religiosa)*

**Heiligabend** ⟨m. 1⟩ *der Abend vor dem ersten Weihnachtstag, der 24. Dezember;* Sy *Heiliger Abend*

**heiligen** ⟨V. t.; hat⟩ *heilig halten, heilig sprechen, weihen* ◆ den Feiertag, den Namen Gottes heiligen; der Zweck heiligt die Mittel *rechtfertigt sie (jesuit. Grundsatz)*

**Heiligenbild** ⟨n. 12⟩ *Bild eines Heiligen, der von den Gläubigen verehrt wird*

**Heiligenschein** ⟨m. 1⟩ *Lichtschein, Strahlenkranz um Kopf od. Körper einer göttl. od. heiligen Person*

**Heiligenschrein** ⟨m. 1⟩ ► = *Reliquiar*

**Heilige(r)** ⟨f. 30 (m. 29); Abk.: Hl. (Sing.), Hll. (Pl.)⟩ **1** ⟨kath. Kirche⟩ *heilig gesprochene(r) Verstorbene(r), der/die verehrt u. um Fürbitte angerufen werden kann* **2** ⟨fig.; umg.⟩ *sehr frommer Mensch*

**Heiliggeistwurz** ⟨f. 20; unz.⟩ = *Angelika*

**Heiligsprechung** ⟨f. 20⟩ *feierl. Erklärung des Papstes, dass ein Verstorbener in den Kanon der Heiligen aufgenommen ist u. verehrt u. zur Fürbitte angerufen werden darf*

**Heiligtum** ⟨n. 12u⟩ *heiliger, verehrungswürdiger Ort od. Gegenstand*

**Heilkraft** ⟨f. 7u⟩ *heilende, gesund machende Kraft* ◆ die Heilkraft einer Quelle

**Heilkraut** ⟨n. 12u⟩ *Pflanze, die aufgrund ihres Gehaltes an Wirkstoffen gegen bestimmte Krankheiten verwendet wird;* Sy *Heilpflanze;* ► *Kräuter*

**heillos** ⟨Adj.⟩ **1** *nichtswürdig, ruchlos* **2** *sehr groß, sehr schlimm, ungeheuer*

**Heilmittel** ⟨n. 13⟩ **1** ⟨Med.⟩ *Stoffe od. Maßnahme mit heilender Wirkung zur Behandlung von Krankheiten* **2** ⟨fig.⟩ *Gegenmittel*

**Heilpflanze** ⟨f. 19⟩ = *Heilkraut*

**Heilpraktiker** ⟨m. 3, Med.⟩ *med. ausgebildeter, auf Naturheilverfahren spezialisierter Heilkundiger, der staatl. geprüft u. zur Behandlung von Kranken zugelassen ist*

**Heilquelle** ⟨f. 19⟩ *natürliches Quellwasser, das Salze od. Gase gelöst enthält u. dadurch bei bestimmten Krankheiten heilsame Wirkungen ausübt;* Sy ⟨kurz⟩ *Quelle (2)*

**Heilsalbe** ⟨f. 19⟩ *Salbe mit heilender Wirkung, z. B. bei Ekzemen*

**heilsam** ⟨Adj.⟩ **1** *heilend* **2** ⟨fig.⟩ *nützlich* ◆ eine heilsame Lehre

**Heilsarmee** ⟨f. 19; unz.⟩ *deutsche Division der 1865 von William Booth in England gegründeten, militärisch gegliederten, „Salvation Army", die die soziale Not zu lindern sucht*

**Heilsgeschichte** ⟨f. 19; unz.; Rel.; theolog. Bez. für⟩ *die Taten Gottes, beginnend mit der Schöpfung bis zu Christus, fortgesetzt im steten Wirken des Heiligen Geistes auf die Menschheit*

**Heilslehre** ⟨f. 19; unz.⟩ *Lehre vom Heil, von der Erlösung des Menschen*

**Heilung** ⟨f. 20⟩ **1** *das Heilen, Gesundmachen* **2** *Genesung*

**heim** ⟨Adv.⟩ *nach Hause*

**Heim** ⟨n. 11⟩ **1** *Wohnung, Haushalt (bes. einer Familie)* **2** *Wohnstätte für einen bestimmten Personenkreis* (Altersheim, Kinderheim, Obdachlosenheim) **3** *Klubhaus, Vereinshaus* ◆ Heim und Herd zu schätzen wissen ⟨poet.⟩; ein eigenes Heim besitzen; in ein Heim kommen, eingewiesen werden [< ahd. *heim* „Heimat, Haus, Wohnort"]

**Heimarbeit** ⟨f. 20⟩ **1** *gewerbl. Arbeit in der eigenen Wohnung* **2** *das so entstandene Erzeugnis* ◆ etwas in Heimarbeit anfertigen

**Heimat** ⟨f. 20; unz.⟩ **1** ⟨i. e. S.⟩ *Ort, an dem man zu Hause ist, Geburtsort, Wohnort* **2** ⟨i. w. S.⟩ *Vaterland* ◆ die Heimat dieser Pflanze, dieses Tiers ist Südamerika; die alte Heimat wieder einmal besuchen; diese Stadt ist meine zweite Heimat geworden [< ahd. *heim(u)oti*]

**Heimcomputer** ⟨[-pju-] m. 3⟩ *kleiner kompakter Computer für den Hausgebrauch;* Sy *Homecomputer*

**Heimatdichter** ⟨m. 3; Lit.⟩ *Dichter, dessen Werk zur Heimatdichtung gehört*

**Heimatdichtung** ⟨f. 20; Lit.⟩ *die literar. Form der Heimatkunst*

**Heimatkunde** ⟨f. 19; unz.⟩ *Lehre von der Geschichte, Erd- u. Naturkunde der engeren Heimat (bes. als Unterrichtsfach an Grundschulen)*

**Heimatland** ⟨n. 12u⟩ *Land, in dem jmd. geboren od. aufgewachsen ist*

**heimatlich** ⟨Adj.⟩ *zur Heimat gehörig, aus ihr stammend, an die Heimat erinnernd, so ähnl. wie zu Hause* ◆ wieder heimatlichen Boden betreten; heimatliche Bräuche, Laute, Sitten, Sprache

**heimatlos** ⟨Adj.⟩ **1** ⟨i. w. S.⟩ *keine Heimat besitzend* **2** ⟨i. e. S.⟩ *staatenlos* **3** *heimatvertrieben* ◆ heimatlos wandert er umher

**Heimatort** ⟨m. 1⟩ **1** *Ort, in dem jmd. geboren od. aufgewachsen ist* **2** ⟨schweiz.⟩ *Ort, dessen Bürgerrecht jmd. besitzt*

**heimbegleiten** ⟨V. t.; hat⟩ *nach Hause begleiten* ◆ soll ich dich heimbegleiten?

**heimbringen** ⟨V. t. 118; hat⟩ *nach Hause bringen* ◆ soll ich dich heimbringen?

**Heimchen** ⟨n. 14⟩ *gelbbraune, sehr wärmeliebende Grille, in Mitteleuropa ausgesprochener Kulturfolger, der im Freien nicht überwintern kann: Acheta domesticus*

**heimfahren** **I** ⟨V. i. 130; ist⟩ *nach Hause fahren* **II** ⟨V. t.; hat⟩ jmdn. heimfahren *jmdn. mit einem Fahrzeug nach Hause bringen*

**Heimfahrt** ⟨f. 20⟩ *Fahrt nach Hause, in den Heimatort*

**heimfallen** ⟨V. i. 131; ist⟩ *an den Lehnsherrn od. Staat übergehen*

**heimfinden** ⟨V. refl. 134; hat⟩ sich heimfinden *den Weg nach Hause finden*

**heimgehen** ⟨V. i. 145; ist⟩ **1** *nach Hause gehen* **2** ⟨fig.⟩ *sterben* ◆ nach schwerer Krankheit ist er gestern heimgegangen ⟨fig.⟩

**heimisch** ⟨Adj.⟩ **1** *heimatlich, zur Heimat gehörend* **2** *häuslich, vertraut, gewohnt* **3** ⟨Bot.; Zool.⟩ *inländisch* ◆ die heimische Industrie fördern; die heimische Pflanzen- u. Tierwelt; ich habe mich hier schnell heimisch gefühlt [< ahd. *heimisc* „zum Heim gehörig, einheimisch"]

**Heimkehr** ⟨f. 20; unz.⟩ *Rückkehr nach Hause*
**heimkehren** ⟨V. i.; ist⟩ *(zurück) nach Hause kommen*
**heimkommen** ⟨V. i. 170; ist⟩ *nach Hause (zurück) kommen*
**heimleuchten** ⟨V. i.; hat⟩ jmdm. heimleuchten **1** ⟨urspr.; 16. Jh.⟩ *jmdn. mit einer Fackel o. Ä. nach Hause geleiten* **2** ⟨seit 18. Jh. fig.; umg.⟩ *jmdn. fortjagen, derb abweisen* ◆ dir werd' ich heimleuchten!
**heimlich** ⟨Adj.⟩ *unauffällig, verborgen, versteckt, (ins)geheim, unerlaubt* ◆ ein heimliches Flüstern, Lächeln, Lachen, Zeichen; etwas heimlich tun *im Geheimen* [< ahd. *heimlich* „zum Haus gehörig"]
**Heimlichkeit** ⟨f. 20⟩ **1** *Unauffälligkeit, Verborgenheit* **2** *geheimnisvolles Tun, Geheimnis*
**Heimlichtuer** ⟨m. 3⟩ *jmd., der sich geheimnisvoll gebärdet, der vieles heimlich tut*
**heimnehmen** ⟨V. t. 187; hat⟩ *nach Hause nehmen* ◆ etwas, jmdn. mit heimnehmen
**Heimreise** ⟨f. 19⟩ *Reise nach Hause, Rückreise* ◆ die Heimreise antreten
**heimreisen** ⟨V. i.; ist⟩ *nach Hause reisen*
**Heimspiel** ⟨n. 11; Sp.⟩ *Spiel, das auf dem eigenen Platz vor heimischem Publikum stattfindet*
**heimsuchen** ⟨V. t.; hat⟩ *besuchen, aufsuchen, bes. auf lästige Art* ◆ jmd. wird von etwas heimgesucht *hart getroffen, betroffen* [< mhd. *heime suochen* „in freundl. od. feindl. Absicht aufsuchen"]
**Heimsuchung** ⟨f. 20⟩ **1** *schweres, großes Unglück, Plage* **2** *Besuch* (Mariä Heimsuchung) **3** ⟨oberdt.⟩ = *Haussuchung*
**Heimtrainer** ⟨[-tre:-] m. 3⟩ = *Hometrainer*
**Heimtücke** ⟨f. 19; unz.⟩ *Hinterhältigkeit, Arglist, Hinterlist, Bosheit* [< *heimlich* + *Tücke*]
**heimtückisch** ⟨Adj.⟩ **1** *hinterlistig, hinterhältig, arglistig, niederträchtig* (Blick, Mensch, Verbrechen) **2** *gefährlich, unberechenbar, schleichend* (Krankheit)
**Heimvorteil** ⟨m. 1; unz.; Sp.⟩ *Vorteil durch das Spielen auf dem eigenen Platz (bes. durch die Publikumsunterstützung)*
**heimwärts** ⟨Adj.⟩ *nach Hause, in Richtung zur Heimat*
**Heimweg** ⟨m. 1⟩ *Weg nach Hause*
**Heimweh** ⟨n. 11; unz.⟩ *Sehnsucht nach daheim, nach der Heimat*
**Heimwerker** ⟨m. 3⟩ *jmd., der handwerkl. Arbeiten daheim selbst verrichtet*
**heimzahlen** ⟨V. t.; hat; fig.⟩ jmdm. etwas heimzahlen *jmdm. etwas vergelten, jmdn. für etwas büßen lassen*
**Heinzelmännchen** ⟨n. 14; im Volksglauben⟩ *zwergenhafter, guter Hausgeist, der heimlich bei der Arbeit hilft* [< *Heinze* (Kurzform zu *Heinrich*)]
**Heirat** ⟨f. 20⟩ *Eheschließung, Vermählung* [< ahd. *hirat* „Vermählung", urspr. „Hausversorgung"]
**heiraten** ⟨V. t. u. V. i.; hat⟩ *die Ehe schließen* ◆ aus Liebe, aus Vernunft heiraten
**Heiratsantrag** ⟨m. 1u⟩ *Werbung zur Ehe* ◆ einer Frau/einem Mann einen Heiratsantrag machen
**Heiratsanzeige** ⟨f. 19⟩ **1** *Bekanntgabe einer Eheschließung* **2** *Anzeige in der Zeitung, durch die man einen Ehepartner sucht* ◆ eine Heiratsanzeige aufgeben (bei einer Zeitung); Heiratsanzeigen verschicken (an Verwandte u. Bekannte)
**Heiratsurkunde** ⟨f. 19⟩ *Urkunde der auf dem Standesamt geschlossenen Ehe*
**Heiratsvermittlung** ⟨f. 20⟩ *gewerbsmäßige Vermittlung von Heiratswilligen*
**heischen** ⟨V. t.; hat⟩ *fordern, verlangen, erbitten* ◆ ein Almosen, Hilfe, Mitleid (von jmdm.) heischen [< ahd. *(h)eiscon* „fordern, fragen"]
**heiser** ⟨Adj.⟩ *rau, klanglos* (Stimme) ◆ heiser sein *eine raue Stimme haben (durch Erkältung, Überanstrengung o. Ä.)* [< mhd. *heis(e), heiser*]
**Heiserkeit** ⟨f. 20; unz.⟩ *Rauheit, Klanglosigkeit der Stimme*
**heiß** ⟨Adj.; -er, am -esten⟩ **1** *sehr warm* **2** *heftig, anstrengend* (Kampf) **3** *leidenschaftlich, erregbar* (Temperament) **4** *inbrünstig, innig* (Wunsch, Liebe) **5** ⟨Phys.⟩ *stark radioaktiv* **6** ⟨Jugendspr.⟩ *toll, großartig, prima* ◆ ein heißes **Bad** nehmen; der **Boden,** das Pflaster wurde ihm zu heiß unter den Füßen ⟨fig.⟩ *die Lage wurde zu gefährlich für ihn;* Vorsicht, das **Bügeleisen,** der Topf ist heiß; heiße **Chemie** *Teilgebiet der Chemie, das sich mit der Erforschung radioaktiver Isotope befasst;* heißer **Draht** *Telefonleitung zwischen den Regierungen zweier Staaten zur raschen Verständigung in Krisenzeiten;* ein heißes **Eisen** *ein heikles Thema;* mit heißem **Herzen** etwas verfolgen ⟨fig.⟩ *mit leidenschaftl. Anteilnahme;* der Kurort hat mehrere heiße **Quellen;** eine heiße **Spur** ⟨fig.; umg.⟩ *eine Erfolg versprechende Spur;* heißes **Teilchen** ⟨Phys.⟩ *Staubpartikel mit besonders hoher Radioaktivität;* heiße **Zone** *Klimazone beiderseits des Äquators innerhalb der beiden Wendekreise* ◆ heiß **ersehnt** *innig ersehnt;* dich haben sie wohl zu heiß **gebadet?** ⟨umg.⟩ *du bist wohl verrückt?;* heiß **geliebt** *innig, leidenschaftl. geliebt;* etwas heiß **ersehnen,** herbeiwünschen; heiß **laufen** = *heißlaufen;* es **lief** mir heiß und kalt über den Rücken, als ... *mir schauderte;* sie haben sich die Köpfe heiß **geredet** ⟨fig.⟩ *leidenschaftl. debattiert;* es **überläuft** mich heiß und kalt, wenn ... *mir schaudert* ◆ es ist heute **drückend,** glühend heiß; die Brühe ist immer noch **kochend** heiß [< ahd. *heiz*]

HEISSLUFTBALLON

**heißblütig** ⟨Adj.; fig.⟩ *leicht erregbar, entflammbar, leidenschaftlich, außerordentlich temperamentvoll*
**heißen**[1] ⟨V. 164; hat⟩ **I** ⟨V. t.⟩ **1** *nennen, bezeichnen als* **2** jmdn., ⟨seltener⟩ jmdm. etwas heißen *ihm etwas befehlen, zu etwas auffordern* ◆ er hieß ihn einen **Betrüger,** Dummkopf, Esel, Lügner, Schuft **II** ⟨V. i.⟩ **1** *sich nennen, den Namen haben* **2** *lauten, den Wortlaut haben* **3** *bedeuten, besagen* ◆ ich heiße Klaus, Dieter, Toschka; es heißt dort folgendermaßen ...; der Ausdruck war nicht korrekt, richtig heißt es: „..."; das will schon etwas heißen, wenn ...; wie heißen Sie?; wie heißt dieses Wort auf Französisch?; wie heißt diese Straße? **III** ⟨unpersönl.⟩ es heißt *es wird behauptet, man sagt* ◆ es heißt, dass er in den Ruhestand treten will; hier heißt es aufpassen, vorsichtig sein *hier muss man aufpassen* [< ahd. *heizzan* „auffordern, befehlen, sagen"]
**heißen**[2] ⟨V. t.; hat geheißt⟩ = *hissen* ◆ heißt Flagge! (Kommando zum Hochziehen der Fahne)
**Heißhunger** ⟨m.; -s; unz.⟩ *plötzlich auftretender, unbezwinglicher Hunger* ◆ sie hat Heißhunger auf Schokolade
**heißlaufen** ⟨V. i. u. V. refl. 175; ist/hat⟩ (sich) heißlaufen *durch lange Bewegung, Reibung heiß werden;* oV *heiß laufen;* → a. *warmlaufen* ◆ der Motor ist heißgelaufen
**Heißleiter** ⟨m. 3⟩ *Stoff, der den elektr. Strom in heißem Zustand wesentlich besser leitet als in kaltem;* Sy *Thermistor, NTC-Widerstand*
**Heißluft** ⟨f. 7u; unz.⟩ *künstlich erhitzte Luft*
**Heißluftbad** ⟨n. 12u⟩ *Bad in heißer Luft;* → a. *irisch-römisches Bad*
**Heißluftballon** ⟨[-lo] od. [-lɔŋ] m.6⟩ ▼ *mit Heißluft betriebener Fesselballon;* ► *Luftfahrzeuge*
**Heißmangel** ⟨f. 21⟩ *Maschine zum Glätten von Wäsche, wobei die Wäsche zwischen zwei beheizten Walzen hindurchgepresst wird*
**Heißwasserspeicher** ⟨m. 3⟩ = *Warmwasserspeicher*
**...heit** ⟨zur Substantivierung von Adj. verwendetes, die Art u. Weise, Beschaffenheit bezeichnendes Suffix; Sy *...keit*⟩ [< ahd. *heit* „Person, Stand, Rang, Wesen, Beschaffenheit, Art, Geschlecht"]
**heiter** ⟨Adj.; heit(e)rer, am -sten⟩ **1** *hell, klar, sonnig, unbewölkt* (Wetter) **2** *lebensfroh, innerlich fröhlich, ausgeglichen* (Gemüt) **3** *gut gelaunt, vergnügt, ausgelassen* (Stimmung) **4** *beschwipst, angetrunken* **5** ⟨umg.; iron.⟩ *unangenehm* ◆ das ist ja eine heitere Angelegenheit, Geschichte! ⟨umg.; iron.⟩; ein heiteres Gemüt haben; die Nachricht kam wie ein Blitz aus heiterem Himmel ⟨fig.⟩ *völlig unerwartet;* das kann ja heiter werden ⟨umg.; iron.⟩ [< ahd. *heitar*]
**Heiterkeit** ⟨f. 20; unz.⟩ **1** *stete Fröhlichkeit, Zufriedenheit, Ausgeglichenheit* **2** *Gelächter*
**Heiterkeitserfolg** ⟨m. 1⟩ *Erfolg, indem Gelächter verbreitet wird* ◆ das neulich aufgeführte Lustspiel war ein großer Heiterkeitserfolg
**Heizanlage** ⟨f. 19⟩ *größere Heizung für ein od. mehrere Gebäude;* oV *Heizungsanlage*
**heizen** ⟨V.; hat⟩ **I** ⟨V. t.⟩ einen Raum heizen *einem Raum Wärme zuführen* ◆ einen Ofen heizen *in einem O. Feuer anmachen;* mit Gas, Kohle, Öl heizen **II** ⟨V. i.⟩ *Wärme spenden, Hitze ausstrahlen* ◆ der Koks, der Ofen heizt gut [< ahd. *heizen*]
**Heizer** ⟨m. 3⟩ **1** ⟨i. e. S.⟩ *Schlosser, Kesselschmied o. Ä., der Heizungs- u. Kesselanlagen in größeren Betrieben, Kraftwerken, Schiffen usw. bedient* **2** ⟨i. w. S.⟩ *jeder, der eine Heizung bedient*
**Heizkissen** ⟨n. 14⟩ *elektr. heizbares, flaches Kissen*
**Heizkörper** ⟨m. 3⟩ **1** *der die Wärme in den Raum abgebende Teil einer Warmwasser- od. Dampfheizung* **2** *der Teil eines Heizgerätes, in dem die Wärme erzeugt wird*
**Heizlüfter** ⟨m. 3⟩ *elektr. Heizgerät, das die erzeugte Wärme durch einen Lüfter od. ein mit Schaufeln besetztes Rad im Raum verteilt*
**Heizöl** ⟨n. 11⟩ *zum Heizen verwendetes Erdöl, Teeröl*
**Heizung** ⟨f. 20⟩ **1** *das Heizen, Erwärmen von Räumen* **2** *die dafür benötigte Anlage*
**Heizungsanlage** ⟨f. 19⟩ = *Heizanlage*
**Heizwert** ⟨m. 1; unz.⟩ *die bei der Verbrennung eines Brennstoffes frei werdende Wärmemen-*

*ge, bezogen auf die eingesetzte Brennstoffmasse*
**Hektar** ⟨n.; -s, -; Zeichen: ha⟩ *Flächenmaß, 100 Ar, 10 000 $m^2$;* oV ⟨schweiz.⟩ *Hektare* [< grch. *hekaton* „hundert" + *Ar*]
**Hektare** ⟨f. 19; schweiz.⟩ = *Hektar*
**Hektik** ⟨f. 20; unz.⟩ *übersteigerte Betriebsamkeit, übertriebene, fieberhafte Geschäftigkeit* [< grch. *hektikos* „einen dauernden Zustand habend" < *hexis* „Beschaffenheit, Zustand"]
**Hektiker** ⟨m. 3; umg.⟩ *zu übersteigerter Betriebsamkeit neigender, nervöser Mensch*
**hektisch** ⟨Adj.⟩ *übertrieben geschäftig, unruhig, übernervös*
**Hekto...** ⟨Zeichen: h (vor Maßeinheiten)⟩ *das 100fache der betreffenden Grundeinheit,* z. B. 1 hl = 100 Liter [< grch. *hekaton* „hundert"]
**Hektogramm** ⟨n.; -s, -; Zeichen: hg⟩ *Gewichtseinheit, 100 Gramm* [→ *Hekto...*]
**Hektoliter** ⟨n. 13; schweiz nur, sonst umg. a.: m. 3; Zeichen: hl⟩ *Flüssigkeitsmaß, 100 Liter* [→ *Hekto...*]
**Hektometer** ⟨n. 13; Zeichen: hm⟩ *Längenmaß, 100 m* [→ *Hekto...*]
**Hektopascal** ⟨n.; -s, -; Zeichen: hPa⟩ *Druckeinheit, 100 Pascal* [→ *Hekto...*]
**Hel** ⟨f.; -; unz.; german. Myth.⟩ *Totenwohnstätte, Unterwelt* [→ *Hölle*]
**Held** ⟨m. 16⟩ **1** *jmd., der Hervorragendes leistet* **2** *jmd., der sich vorbildlich für das Wohl anderer einsetzt u. dabei sein Leben riskiert od. große persönliche Nachteile in Kauf nimmt* **3** ⟨Lit.⟩ *Hauptgestalt einer Dichtung* **4** ⟨Theat.⟩ *Rollenfach* **5** ⟨umg.; iron.⟩ *ungeschickter, wenig heldenhafter Mensch* ◆ der Held der **Arbeit,** des **Romans,** der Oper; ein Held der **Sage;** der Held des **Tages** ⟨fig.⟩ *wichtigste Person bei einer Begebenheit* ◆ **sein:** er ist kein Held *nicht besonders tapfer;* im Rechnen bin ich kein Held *bin ich nicht sehr gut* ◆ du bist mir ein **rechter,** schöner Held! ⟨umg.; iron.⟩ *ein Feigling* ◆ sich **als** Held aufspielen ⟨fig.; umg.⟩ *sich brüsten* [< mhd. *helt*]
**Heldendichtung** ⟨f. 20; Lit.⟩ *Form der Dichtung mit einem od. mehreren Helden (hervorragenden Kämpfern, Kriegern) im Mittelpunkt,* z. B. Heldenlied, Heldensage
**Heldengedicht** ⟨n. 11; Lit.⟩ = *Heldenlied*
**heldenhaft** ⟨Adj.; -er, am -esten⟩ *mutig, tapfer wie ein Held*
**Heldenlied** ⟨n. 12; Lit.⟩ *in lockeren Strophen im Stabreim abgefasste german. Geschichte eines Helden (5.-8. Jh.);* Sy *Heldengedicht*
**Heldensage** ⟨f. 19; Lit.⟩ *schriftl. od. mündl. überlieferte Geschichte aus der sagenhaften Vorzeit eines Volkes mit einem od. mehreren Helden im Mittelpunkt, Grundlage der Heldenlieder u. Heldenepen*
**Heldentat** ⟨f. 20⟩ **1** *Tat eines Helden* **2** ⟨umg.⟩ *bes. tapfere, mutige Tat*
**helfen** ⟨V. 165; hat⟩ **I** ⟨V. i.⟩ **1** *Hilfe leisten, behilflich sein, unterstützen, beistehen* **2** *heilen* (Arznei) **3** ⟨unpersönl., meist in negativen Wendungen⟩ *nützen* ◆ ich werd dir helfen! ⟨umg.⟩ *ich werde dich schon zur Vernunft bringen!; das könnte dir so passen!;* sie hilft, wo immer sie kann; da hilft nun alles nichts mehr; die **Arznei,** der Arzt, die Kur hat ihm geholfen; so wahr mir **Gott** helfe! *(Schwurformel)* ◆ dieser Hinweis half der Polizei **auf** die Fährte, Spur der Verbrecher; jmdm. **aus** der Not, ⟨umg.⟩ Patsche, Verlegenheit helfen; jmdm. **bei** der Arbeit, bei den Schulaufgaben helfen; das Mittel hilft **gegen** rheumat. Beschwerden; er half ihr **in** den Mantel *war ihr beim Anziehen des Mantels behilflich;* **zu** etwas helfen *etwas ermöglichen, helfen, etwas zu tun* **II** ⟨V. refl.⟩ sich helfen *mit etwas fertig werden* ◆ ich kann mir schon selbst helfen [< ahd. *helfan, helphan*]
**Helfer** ⟨m. 3⟩ **1** *jmd., der Hilfe bringt, leistet, Unterstützung leistet* **2** *Gehilfe* ◆ ein Helfer in der Not
**heli..., Heli...** ⟨Vors.⟩ = *helio..., Helio...*
**Helianthus** ⟨m.; -, -anthen⟩ ► = *Sonnenblume* [< grch. *helios* „Sonne" + *anthos* „Blume"]
**Helikopter** ⟨m. 3⟩ ► = *Hubschrauber* [< grch. *helix* „Windung" + *pteron* „Flügel"]
**helio..., Helio...** ⟨vor Vokalen⟩ heli..., Heli... ⟨Vors.⟩ *licht..., Licht..., sonnen..., Sonnen...*
**Heliobiologie** ⟨f. 19; unz.; Biol.⟩ *Einfluss der Sonne auf die Biosphäre*
**Heliograf** ⟨m. 16⟩ ► = *Heliograph*
**Heliografie** ⟨f. 19⟩ = *Heliographie*
**heliografisch** ⟨Adj.⟩ = *heliographisch*
**Heliograph** ⟨m. 16⟩ oV *Heliograf* **1** *Fernrohr mit Kamera zum Fotografieren der Sonne* **2** ► *Gerät zum Übermitteln opt. Signale mithilfe des Sonnenlichtes* [< grch. *helios* „Sonne" + *graphein* „schreiben"]
**Heliographie** ⟨f. 19⟩ oV *Heliografie* **1** *Tiefdruckverfahren auf fotomechan. Wege* **2** *das Zeichengeben mit dem Heliographen*
**heliographisch** ⟨Adj.⟩ *auf der Heliographie beruhend, mithilfe des Heliographen;* oV *heliografisch* ◆ heliographische Koordinaten *Zahlenangaben zur Festlegung eines Punktes nach Länge u. Breite auf der Sonnenoberfläche*

HELIOGRAPH DER BRITISCHEN ARMEE, SPÄTES 19. JH.

**heliophil** ⟨Adj.⟩ *sonnenliebend;* Ggs *heliophob* [< grch. *helios* „Sonne" + *...phil*]
**heliophob** ⟨Adj.⟩ *Sonnenlicht meidend;* Ggs *heliophil* [< grch. *helios* „Sonne" + *phobos* „Furcht"]
**Heliotrop I** ⟨n. 11⟩ **1** *eine Zierpflanze* **2** *ein Parfüm* **3** *ein Farbstoff für Baumwolle* **4** ⟨Geodäsie⟩ *Sonnenspiegel zur Beobachtung entfernter Punkte* **II** ⟨m. 1; Min.⟩ *Blutjaspis* [< grch. *helios* „Sonne" + *trepein* „wenden"]
**heliotrop, , heliotropisch** ⟨Adj.⟩ **1** *helllila* **2** *auf Heliotropismus beruhend*
**Heliotropismus** ⟨m.; -; unz.⟩ *Eigenschaft von Pflanzen und Tieren, Wachstum und Bewegung nach dem Licht auszurichten*
**Helium** ⟨n.; -s; unz.; Chem.; Zeichen: He⟩ *zu den Edelgasen gehörendes chem. Element, Ordnungszahl 2* [< grch. *helios* „Sonne"]
**Helix** ⟨f.; -, -lices [-tse:s]⟩ **1** *etwas schneckenhausförmig Gewundenes, schneckenhausförmige Struktur, Wendel* **2** *schraubenförmige Anordnung der Nukleotide eines DNS-Moleküls* **3** ⟨Zool.; kurz für⟩ *Helix pomatia: Weinbergschnecke* **4** ⟨Anat.⟩ *äußerer Rand der menschlichen Ohrmuschel* [< grch. *helix* „Windung"]
**hell** ⟨Adj.⟩ **1** *reich an Licht, leuchtend* **2** *reich an Weiß* (Farben) **3** ⟨fig.⟩ *gescheit, klug, aufgeweckt, von rascher Auffassungsgabe* **4** *rein, hoch, klar* (Klang) ◆ helle **Augen,** Haut; in helle **Begeisterung** ausbrechen ⟨verstärkend⟩ *in große, jauchzende B.;* helles **Haar;** ein heller **Ton;** ein heller **Kopf** ⟨fig.; umg.⟩; eine helle **Stimme;** er hat es in heller **Verzweiflung** getan; das ist ja heller **Wahnsinn!** ⟨umg.; verstärkend⟩ *das ist völliger Unsinn* ◆ hell **auflachen;** die Flamme **brennt** hell; hell **klingen,** tönen; hell **leuchtend** *mit hellem Licht leuchtend;* der Mond **scheint** hell; **sein:** sie ist recht hell(e) ⟨umg.⟩ *recht klug;* wach auf, (es) wird schon hell [< mhd. *hel* „tönend, laut, licht glänzend"]
**hellauf** ⟨Adv.; nur in den Wendungen⟩ **1** hellauf lachen *laut, kurz u. hell, herzlich lachen* **2** hellauf begeistert *sehr begeistert*
**hellblau** ⟨Adj.⟩ *zart-, blassblau*
**hellblond** ⟨Adj.⟩ *sehr blond, lichtblond*
**helldunkel** ⟨Adj.⟩ *zwischen Licht u. Schatten, hellen u. dunklen Farben abwechselnd, spielend*
**Helldunkel** ⟨n.; -s; unz.⟩ *Gegensatz, Zusammenspiel von Licht u. Schatten, hellen u. dunklen Farben (bes. in der Malerei)*
**helle** ⟨Adj.; nur präd.; mittel-, norddt.⟩ *aufgeweckt, gescheit* ◆ er ist (nicht) sehr helle
**Hellene** ⟨m. 17⟩ **1** ⟨urspr.⟩ *Bewohner der griechischen Landschaft Hellas* **2** ⟨seit dem 7. Jh. v. Chr.⟩ *Grieche*
**hellenisch** ⟨Adj.⟩ *auf Hellas, die Hellenen, Griechenland bezüglich, von ihnen stammend*
**Hellenismus** ⟨m.; -; unz.⟩ *Abschnitt der griech. Kultur von der Zeit Alexanders des Großen bis Augustus, gekennzeichnet durch das Verschmelzen mit Elementen der kleinasiat. u. ägypt. Kultur*
**Heller** ⟨m. 3; urspr.⟩ **1** *Silbermünze,* ⟨seit dem 19. Jh.⟩ *Kupfermünze,* ⟨in Österreich bis 1924⟩ *1/100 Krone* **2** ⟨fig.⟩ *kleines Geldstück* ◆ dafür würde ich keinen (roten) Heller ausgeben, bezahlen, geben ⟨fig.⟩ *das ist nichts wert, jeder Pfennig wäre dafür zu schade;* auf Heller und Pfennig *ganz genau* [< mhd. *halaere, haller, heller, Haller pfenninc,* nach der Stadt Schwäbisch *Hall,* wo diese Münze seit 1208 geprägt wurde]
**Helle(s)** ⟨n. 31; umg.⟩ *ein Glas helles Bier*
**hellgrau** ⟨Adj.⟩ *zart-, blassgrau*
**hellgrün** ⟨Adj.⟩ *zart-, blassgrün*
**hellhörig** ⟨Adj.⟩ **1** *mit scharfem Gehör ausgestattet* (Person) **2** *schalldurchlässig* (Türen, Wände) **3** ⟨fig.⟩ *aufmerksam* ◆ als er das sagte wurde ich hellhörig ⟨fig.⟩
**Helligkeit** ⟨f. 20; unz.⟩ *Hellsein, helles Licht, Lichtfülle*
**Helligkeitsregler** ⟨m. 3⟩ = *Dimmer*
**helllicht** ⟨Adj.⟩ *hell und licht, sehr hell* ◆ am helllichten Tage
**hellsehen** ⟨V. i.; nur im Inf. gebräuchl.⟩ *(angeblich) räuml. u. zeitl. entfernte Vorgänge ohne Vermittlung von Sinnesorganen wahrnehmen*
**Hellseher** ⟨m. 3⟩ *jmd., der (angebl.) hellsehen kann*
**hellwach** ⟨Adj.⟩ *völlig wach*
**Helm**[1] ⟨m. 1⟩ *Stiel von Werkzeugen (Axt usw.)* [< ahd. *halb*]
**Helm**[2] ⟨m. 1⟩ **1** *schützende Kopfbedeckung aus Leder, Metall, Kork* (Sturzhelm, Tropenhelm) **2** *Kuppel, steiles Turmdach* **3** *Aufsatz auf Schornsteinen* ◆ er trägt auf dem Fahrrad stets einen Helm [< ahd. *helm*]
**Helmbusch** ⟨m. 1u⟩ *Federschmuck auf dem Helm;* Sy *Helmstutz*
**Helmgras** ⟨n. 12u; unz.⟩ ► = *Strandhafer*
**Helminthe** ⟨f. 19⟩ *im Darm schmarotzender Wurm, Eingeweidewurm* [< grch. *helmins,* Pl. *helminthes* „Wurm"]
**Helminthiasis** ⟨f.; -; unz.⟩ *Erkrankung durch Eingeweidewürmer* [< grch. *helmins,* Pl. *helminthes* „Wurm"]
**Helmstutz** ⟨m. 1⟩ = *Helmbusch*
**Helophyt** ⟨m. 16⟩ *Sumpfpflanze* [< grch. *helos* „Sumpf, Morast" + *phyton* „Pflanze"]

H

**Helot** ⟨m. 16⟩, **Helote** ⟨m. 17; im antiken Sparta⟩ **1** *Staatssklave, höriger Kleinbauer* **2** ⟨fig.⟩ *Unterdrückter* [< grch. *heilos,* Gen. *heilotos* „Leibeigener"]

**Helvetier** ⟨[-ve:-] m. 3⟩ *Angehöriger eines keltischen, in die Schweiz eingewanderten Volksstammes* [< lat. *Helvetia* „Schweiz"]

**Helvetika** ⟨[-ve:-] Pl.⟩ *Bücher, Bilder usw. über die Schweiz* [< lat. *Helvetia* „Schweiz"]

**helvetisch** ⟨[-ve:-] Adj.⟩ *auf Helvetia, die Helvet. Republik bezüglich, die Schweiz betreffend* ◆ die Helvetische Republik *die Schweiz*

**Helvetismus** ⟨[-ve-] m.; -, -men⟩ *in eine andere Sprache übernommene schweiz. Spracheigentümlichkeit* [< lat. *Helvetia* „Schweiz"]

**Hemd** ⟨n. 27⟩ **1** *auf dem bloßen Leib getragenes Wäschestück* (Nachthemd, Unterhemd) **2** ⟨fig.⟩ *gerade geschnittenes Kleidungsstück* (Chorhemd) ◆ Hemden **ausbessern,** bügeln, stärken, waschen ◆ im **bloßen** Hemd *nur mit dem Hemd bekleidet;* ein **frisches** Hemd anziehen; ein **gestärktes,** gestreiftes, kurz-, langärmeliges Hemd ◆ jmdn. bis **aufs** Hemd ausplündern, ausziehen ⟨fig.⟩ *jmdn. völlig ausplündern* [< ahd. *hemidi*]

**Hemdbrust** ⟨f. 7u⟩ *gestärktes Vorderteil des Frackhemdes*

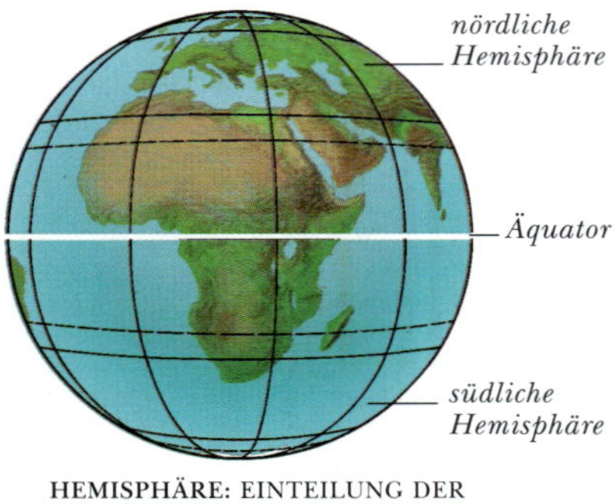


HEMISPHÄRE: EINTEILUNG DER ERDE IN NORD- UND SÜDHEMISPHÄRE

**Hemdkragen** ⟨m. 4⟩ *Kragen für ein Hemd, Kragen am Hemd*

**Hemdsärmel** ⟨m. 5; bes. in der Wendung⟩ in Hemdsärmeln *ohne Jacke*

**hemdsärmelig** ⟨Adj.⟩ **1** *in Hemdsärmeln* **2** ⟨fig.; umg.⟩ *betont salopp*

**Hemispasmus** ⟨m.; -, -men⟩ *halbseitiger Krampf* [< grch. *hemisys* „halb" + *Spasmus*]

**Hemisphäre** ⟨f. 19⟩ **1** ▲ *Halbkugel, Erdhälfte* **2** ⟨Anat.⟩ *Großhirnhälfte* ◆ nördliche, südliche Hemisphäre der Erde

**Hemitonie** ⟨f. 19; Med.⟩ *halbseitiger Krampf mit raschem Wechsel der Muskelspannung* [< grch. *hemisys* „halb" + *tonos* „Seil, Saite, Spannung"]

**hemizyklisch** ⟨Adj.⟩ *halbkreisförmig* [< grch. *hemisys* „halb" + *kyklos* „Kreis"]

**Hemlocktanne** ⟨f. 19⟩ *Art der Schierlingstanne: Tsuga canadensis* [< engl. *hemlock* „Schierling"]

**hemmen** ⟨V. t.; hat⟩ **1** *bremsen, Bewegung od. Fortgang verlangsamen von, verzögern, behindern, erschweren* **2** ⟨fig.⟩ jmdn. hemmen *jmdm. Hemmungen verursachen, ihn unfrei machen* ◆ die Entwicklung, den Fortgang der Dinge, den Fortschritt hemmen ⟨fig.⟩; durch Schüchternheit gehemmt sein [< mhd. *hemmen* „aufhalten, hindern"]

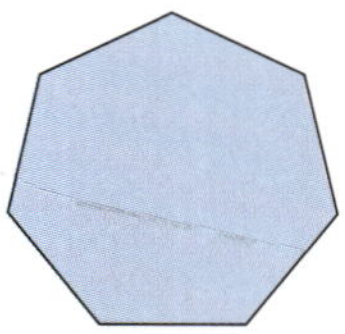

HEPTAGON

**Hemmnis** ⟨n. 11⟩ *Hindernis, Erschwernis*

**Hemmschuh** ⟨m. 1⟩ **1** *keilförmige Platte, die vor das Hinterrad gelegt wird, um haltende Straßenfahrzeuge am Wegrollen zu hindern* **2** *Vorrichtung zum Abbremsen frei laufender Eisenbahnwagen beim Verschieben, vor die Räder auf die Schiene gelegt, Bremsschuh, Schienenbremse* **3** ⟨fig.⟩ *Hemmnis* ◆ ein Hemmschuh für jmdn. sein ⟨fig.⟩

**Hemmschwelle** ⟨f. 19⟩ *Grad, Stufe, bis zu dem bzw. der Hemmungen wirksam sind* ◆ eine hohe, niedrige Hemmschwelle haben

**Hemmstoff** ⟨m. 1; Chem.⟩ *Substanz, die chem. bzw. biochem. Reaktionen hemmt bzw. verhindert;* Sy *Antagonist (2)*

**Hemmung** ⟨f. 20⟩ **1** *Verlangsamung, Störung od. Unterbrechung leibl. u. seel. Funktionen* (Wachstumshemmung, Willenshemmung) **2** *Vorrichtung an Uhren, die den Gang des Räderwerkes in bestimmten Abständen unterbricht* ◆ nur keine Hemmungen! ⟨umg.⟩ *(ermunternder Zuruf);* er hat Hemmungen

**hemmungslos** ⟨Adj.⟩ *keinerlei Hemmungen kennend, zügellos*

**Hemmungslosigkeit** ⟨f. 20; unz.⟩ *hemmungsloses Wesen od. Verhalten*

**Hendekagon** ⟨n. 11⟩ *Elfeck* [< grch. *hendeka* „elf" + *gonia* „Winkel"]

**Hendl** ⟨n. 28; oberdt.⟩ *junges Huhn* (Backhendl, Brathendl)

**Hengedenkmal** ⟨[hɛndʒ-] n. 12u od. 11⟩ ► *vorgeschichtliche Anlage, die aus kreisförmig angeordneten u. mit Deckplatten verbundenen Steinpfeilern besteht*

**Hengst** ⟨m. 1⟩ *männl. Einhufer,* ⟨bes.⟩ *männl. Pferd* (Kamelhengst, Eselhengst, Zuchthengst); Ggs *Stute* [< ahd. *hengist*]

**Henkel** ⟨m. 5⟩ *Griff, gebogene Handhabe zum Anfassen an Körben, Töpfen usw.* [→ *henken*]

**henken** ⟨V. t.; hat⟩ *an den Galgen hängen, durch den Strang hinrichten* [< ahd. *henken* „(auf)hängen"]

**Henker** ⟨m. 3⟩ *Vollstrecker der entehrenden Todesstrafen (Henken, Rädern usw.), meist im Dienst eines Scharfrichters* ◆ ich frage den Henker danach, ob ... ⟨fig.; umg.⟩ *ich frage gar nicht;* jmdn. dem Henker überantworten, überliefern

**Henkersmahlzeit** ⟨f. 20; unz.⟩ **1** *letzte Mahlzeit vor der Hinrichtung* **2** ⟨fig.; scherzhaft⟩ *letzte Mahlzeit vor der Abreise*

**Henna** ⟨f. 10; unz.⟩ **1** *Strauch aus der Familie der Weiderichgewächse, der einen roten bis gelben Farbstoff u. ein wohlriechendes Öl zum Parfümieren u. Einbalsamieren liefert: Lawsonia inermis* **2** *der von dieser Pflanze gelieferte Farbstoff zum Färben von Haaren, Haut u. Nägeln* [< arab. *al-hinna*]

**Henne** ⟨f. 19⟩ **1** *weibl. Haushuhn;* Sy *Huhn (2)* **2** *Weibchen mancher Vögel* (Fasanenhenne) [< ahd. *henna*]

**Henry** ⟨n.; -, -; Zeichen: H⟩ *Einheit der magnet. Induktivität, 1 H = 1 Vs/A* [nach dem nordamerik. Physiker Joseph *Henry,* †1878]

**Hepar** ⟨n.; -s, -pata; Med.⟩ ► = *Leber (1)* [grch.]

**Hepatika** ⟨f.; -, -tiken⟩ = *Lebermoos*

**hepatisch** ⟨Adj.; Med.⟩ *zur Leber gehörend, von ihr ausgehend, sie betreffend* [→ *Hepar*]

**Hepatitis** ⟨f.; -, -titiden; Med.⟩ = *Leberentzündung*

**hepato..., Hepato...** ⟨in Zus.⟩ *leber..., Leber...* [< grch. *hepar,* Gen. *hepatos* „Leber"]

**Hepatologie** ⟨f. 19; unz.; Anat.; Med.⟩ *Lehre von der Leber u. ihren Krankheiten*

**Heptaeder** ⟨n. 13⟩ *von sieben Flächen begrenzter Körper (drei Quadrate u. vier Dreiecke);* Sy *Siebenflach, Siebenflächner* [< grch. *hepta* „sieben" + *hedra* „Fläche"]

**Heptagon** ⟨n. 11⟩ ▲ *Siebeneck* [< grch. *hepta* „sieben" + *gonia* „Winkel"]

**her** ⟨Adv.⟩ **I** *(von dort) auf den Sprechenden zu, räumlich in Richtung auf den Sprechenden* ◆ **Bier** her! ⟨umg.⟩; **Geld** her! ◆ **sein:** her ist ebenso weit wie hin *es kommt auf dasselbe heraus;* er **soll** sofort her! ⟨umg.⟩ *herkommen* ◆ her **mit** dem Geld, Schmuck!, her damit! *(grobe Aufforderung);* **nebeneinander** her gehen *nebeneinander gehen;* rings **um** ihn her; **vom** Fenster, von der Tür her zieht es **II** *zeitlich bis jetzt, bis heute, seit ...* ◆ es ist schon eine **Ewigkeit** her ⟨umg.⟩, ein halbes Jahr, dass wir uns nicht gesehen haben; der Unfall ist schon eine **Weile** her; **von** alters her; das ist mir schon von früher, von meiner Jugend her bekannt; → a. *jeher* ◆ ⟨fig.⟩ es ist nicht weit her damit ⟨umg.⟩ *es taugt nicht viel;* hinter jmdm. her sein *ihn verfolgen;* er ist hinter den Mädchen her *umwirbt sie;* die Polizei ist hinter dem Täter her *sucht, verfolgt ihn;* → a. *hin* [< ahd. *hera* „hierher"]

**herab** ⟨Adv.; geh.⟩ *herunter, von (dort) oben nach (hier) unten* ◆ hinauf und herab; jmdn. von oben herab behandeln ⟨umg.⟩ *hochmütig, herablassend*

HENGEDENKMAL: STEINKREISE VON STONEHENGE, ENGLAND, UM 2000 v. CHR.

**herabbeugen** ⟨V. t.; hat⟩ *zum Sprechenden herunterbeugen* ◆ er beugte den Kopf zu mir herab; er beugte sich zu mir herab

**herabblicken** ⟨V. i.; hat⟩ *von (dort) oben nach (hier) unten blicken* ◆ die Statuen blickten würdevoll zu uns herab

**herabgleiten** ⟨V. i. 155; ist⟩ *von (dort) oben nach (hier) unten gleiten*

**herabhängen** ⟨V. i. 161; hat; süddt., österr., schweiz.: ist⟩ *nach unten hängen*

**herabhelfen** ⟨V. i. 165; hat⟩ *helfen, (von etwas) herabzusteigen* ◆ jmdm. von der Leiter herabhelfen

**herabklettern** ⟨V. i.; ist⟩ *von (dort) oben nach (hier) unten klettern* ◆ vom Baum, Berg herabklettern

**herablassen** ⟨V. t. 174; hat⟩ *von (dort) oben nach (hier) unten sinken lassen* ◆ den Vorhang, die Rollläden herablassen; sich herablassen, etwas zu tun ⟨fig.⟩ *sich dazu bequemen;* er war, sein Benehmen war sehr herablassend gegen, zu uns ⟨fig.⟩ *gönnerhaft, hochmütig, betont gnädig u. leutselig*

**herabschauen** ⟨V. i.; hat⟩ *herabblicken*

**herabsetzen** ⟨V. t.; hat⟩ **1** *heruntersetzen, niedriger machen, vermindern* (Preis, Strafe) **2** ⟨fig.⟩ *geringschätzig, kränkend behandeln, herabwürdigen* (Personen) ◆ in herabsetzender Weise von jmdm. sprechen; Verkauf zu herabgesetzten Preisen

**herabsteigen** ⟨V. i. 253; ist⟩ *von (dort) oben nach (hier) unten steigen* ◆ von der Alm, vom Baum, vom Himmel herabsteigen

**herabstürzen** ⟨V. i.; ist⟩ *von (dort) oben nach (hier) unten stürzen* (Geröll, Wasser) ◆ er wurde von einem herabstürzenden Felsbrocken erschlagen

**herabwürdigen** ⟨V. t.; hat; fig.⟩ *geringschätzig, kränkend behandeln, herabsetzen*

**Heraldik** ⟨f. 20; unz.⟩ 1 *die Kunst, Wappen zu entwerfen u. zu zeichnen* **2** ▼ *Mitte des 14. Jahrhunderts entstandene Hilfswissenschaft, die sich mit der Entstehung, Veränderung u. Bedeutung von Wappen befasst;* Sy *Wappenkunde* [< frz. *(science) héraldique* „Heroldskunst"; zu afrz. *héralt;* → *Herold*]

**heran** ⟨Adv.⟩ *hierher, auf den Sprechenden zu, in die Nähe von, herbei* ◆ näher heran; nur heran!; zu mir heran!

**heranbilden** ⟨V. t.; hat⟩ *zu einem bestimmten Zweck, auf ein bestimmtes Ziel hin ausbilden* ◆ junge Ärzte, wissenschaftl. Nachwuchs, Techniker heranbilden

**herangehen** ⟨V. i. 145; ist⟩ **1** *näher kommen, sich nähern* **2** ⟨fig.⟩ *etwas sehr entschlossen beginnen, anpacken, etwas energisch zu erreichen suchen* ◆ mit Eifer, Tatendrang, Spaß an eine Sache herangehen

**herankommen** ⟨V. i. 170; ist⟩ *sich nähern, näher kommen* ◆ lass ihn erst herankommen!; lass die Sache erst einmal an dich herankommen ⟨fig.⟩ *unternimm nichts, warte in aller Ruhe ab*

**heranmachen** ⟨V. refl.; hat; umg.⟩ **1** sich an jmdn. heranmachen *sich jmdm. in einer bestimmten Absicht nähern* **2** sich an eine Arbeit, Aufgabe heranmachen *damit beginnen*

**heranreichen** ⟨V. i.; hat⟩ *an etwas, z. B. einen Gegenstand, ein Vorbild reichen* ◆ das Kind kann noch nicht an die Türklinke heranreichen; du reichst noch längst nicht an ihn heran ⟨fig.⟩

**heranmüssen** ⟨V. i.; 186; hat; umg.⟩ *sich anstrengen müssen, kräftig mitarbeiten müssen* ◆ sie muss in ihrer Ausbildung schon tüchtig mit heran

**heranwachsen** ⟨[-ks-] V. i. 272; ist⟩ *erwachsen, groß werden*

**heranwagen** ⟨V. refl.; hat⟩ sich an jmdn. od. etwas heranwagen **1** *sich jmdm. od. einer Sache zu nähern wagen* **2** ⟨fig⟩ *mit einer schwierigen Tätigkeit beginnen, sie sich zutrauen*

**heranziehen** ⟨V. 287⟩ **I** ⟨V. t.; hat⟩ **1** *näher zu sich ziehen* **2** *großziehen, aufziehen, zum Gedeihen bringen, pflegen* **3** ⟨fig.⟩ *ausbilden* ◆ die Fußbank nah zu sich heranziehen; sich rechtzeitig einen Nachfolger heranziehen **II** ⟨V. i.; ist⟩ *näher kommen, sich nähern* ◆ das Unwetter zog schnell heran

**herauf** ⟨Adv.⟩ **1** *von (dort) unten nach (hier) oben* **2** ⟨umg. oft fälschl.⟩ *hinauf* ◆ herauf und herunter ⟨umg.⟩; da herauf!, hier herauf!; von unten herauf dienen *vom untersten Dienstgrad an höher steigen*

**heraufklettern** ⟨V. i.; ist⟩ *von (dort) unten nach (hier) oben klettern* ◆ er kam die Leiter heraufgeklettert

**heraufladen** ⟨V. t. 173; hat; EDV⟩ *ein Programm od. eine Datei vom eigenen Computer auf einen fremden Speicher, z. B. einen Server im Internet od. einen anderen Computer übertragen, kopieren;* Sy *uploaden;* Ggs *herunterladen*

**heraufreichen** ⟨V.; hat⟩ **I** ⟨V. i.⟩ *eine Länge haben bis (hier) herauf* ◆ der Baum reicht bis zu unserem Stockwerk herauf **II** ⟨V. t.⟩ jmdm. etwas heraufreichen *von (dort) unten nach (hier) oben reichen, heraufgeben* ◆ der Briefträger hat mir die Post zum Fenster heraufgereicht

**heraufsetzen** ⟨V. t.; hat; umg.; eigtl.⟩ *hinaufsetzen, erhöhen* (Preise)

**heraufziehen** ⟨V. 287⟩ **I** ⟨V. t.; hat⟩ *von (dort) unten nach (hier) oben ziehen* ◆ ihr müsst das Boot noch weiter auf den Strand heraufziehen **II** ⟨V. i.; ist⟩ *sich ankündigen, näher kommen* ◆ ein schweres Gewitter zieht von Osten herauf

**heraus** ⟨Adv.⟩ **1** *von (dort) innen, drinnen nach (hier) außen, draußen* **2** ⟨umg.; fälschl.⟩ *hinaus* ◆ 'raus! ⟨umg.; fälschl.⟩ *hinaus (mit dir, mit Ihnen)!;* heraus damit, heraus mit der Sprache! *nur Mut, sprich!;* von innen heraus ⟨fig.⟩ *aus einem inneren Erlebnis, aus dem Gefühl;* heraus sein: es ist noch nicht heraus, ob ich mitkommen kann *es steht noch nicht fest, es ist noch nicht klar*

**herausarbeiten** ⟨V. t.; hat⟩ **1** *aus einer größeren Materialmasse formen, gestalten, hervortreten lassen* **2** *innerhalb eines größeren Zusammenhangs hervortreten lassen, betonen* ◆ die Adern, Muskeln an einer Plastik deutlich herausarbeiten; eine Idee, ein Problem (in einem Gespräch) herausarbeiten

**herausbekommen** ⟨V. t. 170; hat⟩ **1** *erfahren, (mit Mühe) ergründen, erforschen* **2** *beseitigen, entfernen können* (Flecken) ◆ ich konnte nicht herausbekommen, ob er dort gewesen ist; ein Geheimnis herausbekommen; ich bekomme noch eine Mark heraus *ich erhalte eine Mark Wechselgeld zurück*

**herausbilden** ⟨V. refl.; hat⟩ sich herausbilden *aus etwas entstehen, sich aus etwas entwickeln* ◆ eine Gewohnheit bildet sich langsam heraus

**herausbringen** ⟨V. t. 118; hat⟩ **1** *von (dort) drinnen nach (hier) draußen bringen* **2** *entwickeln u. auf den Markt bringen* (Fabrikat, Modell) **3** *veröffentlichen* (Buch, Roman) **4** *herausbekommen* (Geheimnis) ◆ die Firma hat ein neues Automodell herausgebracht; bring uns bitte Tisch und Stühle heraus!; er brachte (vor Angst, Schreck, Erschöpfung) kein Wort heraus *konnte vor Angst usw. nicht sprechen*

**herausfahren** ⟨V. 130⟩ **I** ⟨V. i.; ist⟩ **1** *von (dort) drinnen nach (hier) draußen fahren* **2** ⟨umg.⟩ *unbeabsichtigt ausgestoßen, ausgesprochen werden* (Wort, Antwort,

H

## HERALDIK

Wappen verwendete man erstmals im 12. Jh., um damit Ritter und die eigene Mannschaft zu kennzeichnen. Die Ritter trugen ihre Wappen, die vom Vater auf den Sohn übergingen, auf dem Schild, auf der Rüstung und dem Überrock und zeigten sie auch auf Fahnen. Die Heraldik ist die historische Hilfswissenschaft, die sich mit der Beschreibung der alten und neu geschaffenen Wappen beschäftigt.

SYMBOLISCHER HELM IM MITTELALTERLICHEN STIL

### WAPPENZEICHEN

DOPPELKÖPFIGER ADLER

LÖWE

HUND

BÄR

HERALDISCHE STANDARTE

H

Bemerkung) ♦ es fuhr mir so heraus, es war nicht böse gemeint ⟨umg.⟩ *ich habe es eigentlich nicht sagen wollen* **II** ⟨V. t.; hat⟩ *mit dem Wagen herausbringen*

**herausfinden** ⟨V. i. 134; hat⟩ **1** *den Weg von (dort) drinnen nach (hier) draußen finden, entdecken* **2** ⟨fig.⟩ *den Ausweg aus Schwierigkeiten, aus einer Notlage finden* **3** *ausfindig machen, herausbekommen* ♦ ich muss herausfinden, ob ...; er findet sich nicht aus dieser Angelegenheit heraus ⟨fig.⟩

**herausfordern** ⟨V. t.; hat⟩ jmdn. herausfordern **1** *jmdn. auffordern zu kämpfen* **2** *jmdn. (feindselig od. in böser Absicht) auffordern, etwas zu tun* ♦ jmdn. zum Angriff, zum Zweikampf herausfordern; herausfordernd *aufreizend, anmaßend, angriffslustig*

**herausgeben** ⟨V. 143; hat⟩ **I** ⟨V. t.⟩ **1** *von (dort) drinnen nach (hier) draußen geben, von einem anderen Raum in diesen Raum geben* **2** *aus der Verwahrung geben, hergeben* (Garderobe, Schlüssel) **3** *zurückgeben, wiedergeben* (Wechselgeld) **4** *ausliefern* (Gefangene) **5** *veröffentlichen* (Buch) ♦ gib mir den Koffer (durchs Fenster) heraus!; geben Sie mir bitte zwei Mark heraus; Schillers Werke, herausgegeben von XY ⟨Abk.: hrsg., hg.⟩ **II** ⟨V. i.; umg.⟩ jmdm. herausgeben *jmdm. gut, schlagfertig antworten können*

**Herausgeber** ⟨m. 3; Abk.: Hrsg., Hg.⟩ *jmd., der etwas (z. B. Buch, Zeitung) herausgibt, veröffentlicht*

**heraushalten** ⟨V. 160; hat⟩ **I** ⟨V. t.⟩ *von (dort) drinnen nach (hier) draußen halten* (Gegenstand) **II** ⟨V. refl.⟩ sich heraushalten *nichts mit einer Sache zu tun haben wollen*

**herausholen** ⟨V. t.; hat⟩ **1** *von (dort) drinnen nach (hier) draußen holen* **2** ⟨fig.⟩ *aus einer Notlage befreien* **3** *einen Vorteil erreichen, einen Gewinn erzielen*

**heraushören** ⟨V. t.; hat⟩ **1** *beim Hören erkennen* **2** *(gefühlsmäßig) wahrnehmen* ♦ ich konnte ihre Stimme aus dem Stimmengewirr heraushören; aus seinen Worten war seine Enttäuschung herauszuhören

**herauskommen** ⟨V. i. 170; ist⟩ **1** *von (dort) drinnen nach (hier) draußen kommen, hervorkommen, erscheinen, sichtbar werden* **2** *veröffentlicht werden* (Buch) **3** *herausgebracht werden, entwickelt u. auf den Markt gebracht werden* (Modell, Fabrikat) **4** *sich als Lösung ergeben* **5** *entdeckt werden, sich herumsprechen, bekannt werden* (Geheimnis, Tat, Verbrechen) **6** ⟨umg.⟩ *aus dem Rhythmus, aus dem Takt kommen* **7** ⟨Kart.⟩ *die erste Karte aufdecken* ♦ wenn das herauskommt, geht es dir schlecht; ich habe ihn (aus dem Haus) herauskommen **sehen** ♦ das Buch, das Modell ist ganz **neu,** ist eben herausgekommen ♦ das kommt **auf** dasselbe, auf eins heraus *das macht keinen Unterschied, das ist das Gleiche, es ist gleich, wie man es macht;* was kommt **bei** der Rechenaufgabe heraus?; was ist eigentlich bei der Sache noch herausgekommen? *wie ist sie weiter- od. zu Ende gegangen?;* der Verlag ist **mit** einem neuen Werk von XY herausgekommen *hat ein Werk von XY veröffentlicht*

**herauslassen** ⟨V. t. 174; hat; umg.⟩ **1** *herauskommen lassen* **2** *entweichen lassen, ins Freie lassen* (Luft, Dampf)

**herausmachen** ⟨V.; hat⟩ **I** ⟨V. t.; umg.⟩ *entfernen, wegmachen, beseitigen aus* (Fleck, Knopf) **II** ⟨V. refl.; umg.⟩ sich herausmachen *hübscher werden, wachsen, gut gedeihen, sich gut entwickeln* (von Kindern)

**herausnehmen** ⟨V. t. 187; hat⟩ *aus einem Behälter nehmen, entfernen* ♦ sich etwas herausnehmen ⟨fig.⟩ *sich etwas anmaßen;* sich (große) Freiheiten herausnehmen ⟨fig.⟩; sich das Recht herausnehmen, etwas zu tun

**herausreden** ⟨V. refl.⟩ sich herausreden *sich durch Reden von einem Verdacht zu befreien suchen, Ausflüchte machen, Ausreden gebrauchen* ♦ er redet sich nur heraus

**herausschlagen** ⟨V. t. 216; hat⟩ **1** *durch Schlagen herausbringen, entfernen* **2** ⟨fig.⟩ etwas bei einer Sache herausschlagen *gewinnen, herausschinden* ♦ Staub aus den Büchern herausschlagen; er versucht, bei allem etwas für sich herauszuschlagen

**herausschmeißen** ⟨V. t. 222; hat; umg.⟩ *herauswerfen* ♦ wütend schmiss sie das Buch zu mir heraus; wenn du dich nicht anständig benimmst, schmeiß ich dich 'raus ⟨umg.; eigtl.⟩ *hinaus*

**herausstellen** ⟨V.; hat⟩ **I** ⟨V. t.⟩ **1** *von (dort) drinnen nach (hier) draußen stellen* **2** *zur Schau stellen* **3** ⟨fig.⟩ *betonen, hervorheben* ♦ besondere Merkmale einer Person, einer Dichtung herausstellen; stell die Blumen hier auf den Balkon heraus **II** ⟨V. refl.⟩ sich herausstellen *sich ergeben, sich zeigen, sich erweisen* ♦ es hat sich herausgestellt, dass ...; er hat sich als Betrüger herausgestellt

**herausstreichen** ⟨V. t. 258; hat⟩ **1** *streichen, ausmerzen, durch Streichen entfernen* **2** ⟨fig.⟩ *hervorheben, übertrieben loben* **3** *sehr rühmen*

**herauswachsen** ⟨[-ks-] V. i. 272; ist⟩ *aus der Erde wachsen, aus einem Behälter nach draußen wachsen, hervorkommen* (Pflanzen) ♦ er ist aus dem Anzug herausgewachsen ⟨fig.; umg.⟩ *der Anzug ist ihm zu klein geworden, er passt ihm nicht mehr*

**herauswinden** ⟨V. refl. 283; hat⟩ sich herauswinden *durch allerlei Kniffe versuchen, aus einer unangenehmen Lage herauszukommen*

**herausziehen** ⟨V. t. 287; hat⟩ **1** *nach draußen ziehen* **2** ⟨fig.⟩ *herausschreiben, als Auszug entnehmen, exzerpieren* ♦ ein Messer, den Revolver herausziehen; einen Dorn aus dem Fuß herausziehen; Zitate aus einem literarischen Werk herausziehen

**herb** ⟨Adj.⟩ **1** *kräftig (im Geschmack), leicht bitter, leicht säuerlich* (Obst, Saft), *trocken* (Wein) **2** ⟨fig.⟩ *verschlossen, abweisend* (Mensch) **3** *bitter* (Enttäuschung) [< mhd. *häre, härwer* (a. *harve, harwer*) „scharf, schneidend"]

**Herbar, Herbarium** ⟨n.; -s, -rien⟩ *Sammlung von getrockneten Pflanzen* [< lat. *herba* „Kraut, Pflanze"]

**herbei** ⟨Adj.⟩ *hierher, herzu* ♦ herbei! *hierher kommen!, zu Hilfe!*

**herbeieilen** ⟨V. i.; ist⟩ *eilends herkommen*

**herbeisehnen** ⟨V. t.; hat⟩ *innig wünschen, dass etwas od. jmd. da sei, sehnlich herbeiwünschen* ♦ er hat den Sommer herbeigesehnt

**herbeiströmen** ⟨V. i.; ist; fig.⟩ *in Massen kommen, heranströmen*

**Herberge** ⟨f. 19⟩ **1** *Wirtshaus, Gasthaus, in dem man übernachten kann* **2** *Unterkunftsheim für die Jugend* (Jugendherberge) [< ahd. *heriberga,* urspr. „ein das Heer bergender Ort"]

**herbestellen** ⟨V. t.; hat; umg.⟩ *auffordern zu kommen, kommen lassen* ♦ Essen herbestellen

**herbitten** ⟨V. t. 112; hat⟩ *hierher bitten, bitten, herzukommen, einladen* ♦ ich habe Sie hergebeten, um etwas mit Ihnen zu besprechen

**Herbivore** ⟨[-vo:-] m. 17⟩ *Pflanzen fressendes Tier* [< lat. *herba* „Kraut, Pflanze" + *vorare* „fressen"]

**Herbizid** ⟨n. 11⟩ *Unkrautbekämpfungsmittel* [< lat. *herba* „Kraut, Pflanze" + *caedere* „töten"]

**Herbst** ⟨m. 1⟩ **1** *astronomisch die Zeit vom 23. September bis 21. Dezember (auf der nördl. Halbkugel) bzw. vom 21. März bis 21. Juni (auf der südl. Halbkugel)* **2** ⟨fig.⟩ *Zeit des Welkens, Alterns* ♦ Herbst des Lebens ⟨fig.⟩ *das beginnende Alter;* ein früher, später, kalter, warmer, schöner Herbst; im Herbst dieses, nächsten, vorigen Jahres; den Herbst im warmen Süden verbringen [< ahd. *herbist,* engl. *harvest*]

**Herbstanfang** ⟨m. 1u⟩ *Beginn des Herbstes, 23. September (auf der nördl. Halbkugel) bzw. am 21. März (auf der südl. Halbkugel)*

**Herbst-Tagundnachtgleiche** ⟨f. 19; unz.⟩ *Äquinoktium zu Herbstanfang am 23. September*

**Herbstzeitlose** ⟨f. 19⟩ ▼ *von August bis Oktober blühende, zu den Liliengewächsen gehörende Pflanze mit hell lilafarbenen Blüten, enthält das giftige Alkaloid Kolchizin: Colchicum autumnale*

**Herd** ⟨m. 1⟩ **1** *Feuerstelle, Kochstelle* (Elektroherd, Gasherd, Kohlenherd, Küchenherd) **2** ⟨Tech.⟩ *Aufbereitungsmaschine mit geneigter Platte, über die mit einem Wasserstrom ein zu trennendes Gemisch von nutzbaren Mineralien u. taubem Gestein läuft* **3** ⟨fig.⟩ *Mittelpunkt, Ausgangsstelle, Zentrum* (Erdbebenherd, Krisenherd) **4** ⟨Med.⟩ *Ausgangspunkt für Krankheiten* (Ansteckungsherd, Krankheitsherd) **5** *Vogelfangplatz* (Vogelherd) **6** ⟨Sinnbild für⟩ *Heim u. Gemütlichkeit* ♦ **Haus** und Herd haben *sein eigenes Heim haben, einen eigenen Haushalt führen* ♦ **eigener** Herd ist Goldes wert ⟨Sprichw.⟩; **elektrischer,** offener, zwei-, dreiflammiger Herd; **entzündlicher** Herd *Entzündung, entzündete Stelle;* am **häuslichen** Herd *zu Hause, in der Geborgenheit des eigenen Heimes* ♦ **am** Herd stehen, **kochen;** das Essen, einen Topf **auf** den Herd stellen [< ahd. *herd* „Feuerherd, Erdboden", engl. *hearth*]

**Herde** ⟨f. 19⟩ **1** *Verband von Haus- od. wilden Tieren* (Elefantenherde, Schafherde, Rinderherde) **2** ⟨poet.⟩ *Menge von Schutzbefohlenen, Gemeinde* **3** ⟨fig.⟩ *Haufe, Masse, Schar von Menschen, bes. solcher, die sich willenlos führen od. treiben lassen* ♦ eine Herde Ziegen hüten; eine Herde von Kindern, von Touristen; der Pfarrer und seine Herde ⟨poet.⟩ [< ahd. *herta,* engl. *herd*]

**Herdentier** ⟨n. 11⟩ **1** *zu einer Herde gehörendes Tier* **2** *nur in der Herde lebendes Tier* ♦ der Mensch ist ein Herdentier *der M. hat immer das Bedürfnis, sich an andere anzuschließen u. das zu tun, was andere machen*

**Herdplatte** ⟨f. 19⟩ **1** *obere Platte des Herdes mit den Feuerlöchern* **2** *Kochplatte beim elektrischen Herd*

**herein** ⟨Adv.⟩ *von (dort) draußen nach (hier) drinnen* ♦ herein! *(Aufforderung zum Eintreten ins Zimmer) bitte eintreten, bitte hereinkommen!;* nur herein!, immer herein!; herein, ohne anzuklopfen *(Aufschrift auf Türschildern in Ämtern, Behörden usw.);* von draußen herein; → a. *hinein*

**herein...** → *rein...*

**hereinbekommen** ⟨V. t. 170; hat⟩ *erhalten* (neue Ware)

**hereinbitten** ⟨V. t. 112; hat⟩ *bitten, hereinzukommen* ♦ ich kann Sie leider nicht hereinbitten, da ich Besuch habe

**hereinbrechen** ⟨V. i. 116; ist⟩ *plötzl. anbrechen, schnell beginnen* ♦ die Dunkelheit, die Nacht brach herein *es wurde schnell dunkel, schnell Nacht*

**hereinfallen** ⟨V. i. 131; ist; fig.⟩ *unangenehm überrascht werden, eine Enttäuschung erleben* ♦ auf

HERBSTZEITLOSE
*(Colchicum autumnale)*

etwas od. jmdn. hereinfallen *sich von etwas od. jmdn. täuschen lassen*
**hereinführen** ⟨V. t.; hat⟩ *von (dort) draußen nach (hier) drinnen führen* ◆ führen Sie den Herrn herein!
**hereinkommen** ⟨V. i. 170; ist⟩ *von (dort) draußen nach (hier) drinnen kommen, eintreten* ◆ bitte, kommen sie doch herein!; darf ich 'reinkommen? ⟨umg.; eigtl.⟩ *hineinkommen;* die neuen Stoffe kommen nächste Woche herein *werden nächste W. geliefert*
**hereinlegen** ⟨V. t.; hat⟩ **1** *von (dort) draußen od. von einem anderen Raum nach (hier) drinnen od. in diesen Raum legen* **2** jmdn. hereinlegen ⟨fig.⟩ *jmdn. anführen, jmdm. einen Streich spielen*
**hereinplatzen** ⟨V. i.; ist; umg.⟩ *plötzl. herein-, hinzukommen, unerwartet (bei jmdm. od. in einer Gesellschaft) erscheinen*
**hereinrufen** ⟨V. t. 201; hat⟩ *zum Hereinkommen rufen, hereinbitten* ◆ bitte ruf die Kinder herein; rufen Sie den nächsten (aus dem Wartezimmer) herein
**hereinschauen** ⟨V. i.; hat⟩ **1** *von (dort) draußen nach (hier) drinnen schauen* **2** ⟨fig.⟩ *einen kurzen Besuch machen*
**herfahren** ⟨V. 130⟩ **I** ⟨V. i.; ist⟩ **1** *hierher fahren* **2** *einherfahren* ◆ hinter jmdm. herfahren *jmdm. in einem Fahrzeug folgen;* vor jmdm. herfahren *längere Zeit vor jmdm. fahren* **II** ⟨V. t.; hat⟩ *jmdn. od. etwas hierher fahren, mit dem Wagen herbringen*
**herfallen** ⟨V. i. 131; ist⟩ **1** über jmdn. herfallen **1.1** *jmdn. überfallen* **1.2** ⟨umg.⟩ *über jmdn. Ungünstiges reden, jmdn. schlecht machen* **2** über etwas herfallen *gierig von etwas Besitz ergreifen, an sich raffen, es gierig zu essen beginnen*
**Hergang** ⟨m. 1u; unz.⟩ *Vorgang, Verlauf eines Ereignisses* ◆ den Hergang schildern *schildern, wie alles geschah*
**hergeben** ⟨V. t. 143; hat⟩ **1** *weggeben* **2** *heraus-, zurückgeben* **3** *schenken* ◆ gib her! *gib es mir!;* gib das Buch bitte her!; er musste die gestohlenen Sachen wieder hergeben; er gibt nichts her *er verschenkt nichts;* das Buch gibt nichts, zu wenig her *ist wenig ertragreich, bietet wenig Neues;* sich zu etwas hergeben *sich bereit finden zu etwas*
**hergebracht** ⟨Adj.⟩ *herkömmlich, seit jeher üblich* ◆ am Hergebrachten hängen *am Alten, Üblichen, an der Tradition hängen*
**herhalten** ⟨V. i. 160; hat⟩ als od. für etwas herhalten müssen *als od. für etwas dienen müssen, etwas spielen müssen* ◆ er wird als Sündenbock herhalten müssen
**Hering** ⟨m. 1⟩ **1** *in allen Meeren vorkommender, bis 30 cm langer Fisch mit vielen örtlichen Abarten und Rassen, die z. T. nur zum Laichen in Küstennähe kommen, z. T. dauernd dort bleiben: Clupea harengus* **2** *Zeltpflock* **3** ⟨umg.; scherzh.⟩ *magerer Mensch* ◆ geräucherter, grüner, marinierter Hering; wie die Heringe zusammengepresst sitzen, stehen *sehr dicht beieinander sitzen od. stehen* [< ahd. *harinc, hering*]
**Heringskönig** ⟨m. 1; Zool.⟩ ▲ *bis 60 cm langer, 8 kg schwerer Fisch mit hohem Rücken u. sehr flachem Körper: Zeus faber*
**herkommen** ⟨V. i. 170; ist; umg.⟩ *hierher kommen* ◆ komm (einmal) her (zu mir)!; herkommen von *herrühren von, verursacht werden durch, abgeleitet werden von;* das kommt von etwas anderem her *das hat eine andere Ursache, einen anderen Ursprung;* wo kommen Sie her? ⟨fig.⟩ *woher stammen Sie?*

HERINGSKÖNIG
*(Zeus faber)*

**herkömmlich** ⟨Adj.⟩ *dem Herkommen gemäß, gebräuchlich, überliefert* ◆ das ist so herkömmlich *das wurde schon immer so gemacht;* herkömmliche Gewohnheiten
**Herkuleskraut** ⟨n. 12u; unz; Bot.⟩ *Pflanze mit großen Dolden: Heracleum* [der Name *Herkules* soll die enorme Größe der Blätter verdeutlichen]
**Herkunft** ⟨f.; -; unz.⟩ *Ursprung, Abstammung, Herkommen* ◆ Herkunft eines Wortes = *Etymologie*
**Herkunftsort** ⟨m. 1⟩ *Ursprungsort, Herstellungsort*
**herlaufen** ⟨V. i. 175; ist; umg.⟩ **1** *hierher laufen* **2** *einher-, dahinlaufen* ◆ ich bin hergelaufen (nicht gefahren); hinter jmdm. herlaufen *jmdm. folgen;* ⟨fig.; umg.⟩ *jmdn. nicht in Ruhe lassen, in jmdn. einseitig verliebt sein*
**herleiern** ⟨v. t.; hat; umg.⟩ *ausdruckslos aufsagen, etwas gelangweilt vortragen*
**herleiten** ⟨V. t.; hat⟩ *ableiten* ◆ sich herleiten von *herrühren von, abstammen von;* das Wort „Fenster" leitet sich vom lateinischen „fenestra" her
**hermachen** ⟨V.; hat⟩ **I** ⟨V. refl.; umg.⟩ sich über etwas hermachen *über etwas herfallen, gierig Besitz ergreifen von etwas, an sich raffen, gierig zu essen beginnen* ◆ die Kinder machen sich über den Kuchen her **II** ⟨V. t.; umg.⟩ etwas macht viel her *macht Eindruck, wirkt ansprechend* ◆ das Kleid macht nichts her *das Kleid sieht nichts sagend aus*
**Hermaphrodit** ⟨m. 16; Biol.⟩ ► = *Zwitter* [nach dem Sohn des grch. Gottes *Hermes* und der Göttin *Aphrodite*]
**Hermelin** ⟨n. 11⟩ **1** = *Großes → Wiesel (2)* **2** ⟨bes.⟩ *dessen Pelz* [< ahd. *harmili* „Wiesel"; Verkleinerungsform zu ahd. *harmo* „Wiesel"]
**Hermeneutik** ⟨f.; -; unz.⟩ *Kunst der Auslegung, Deutung von Schriften, Kunstwerken usw.* [< grch. *hermeneutes* „Ausleger, Erklärer"; zu *hermeneuein* „auslegen, erklären"]
**hermetisch** ⟨Adj.⟩ *luft- u. wasserdicht* ◆ die Kammer ist hermetisch verschlossen [< mlat. Adv. *hermetice* (Paracelsus 1528), nach dem sagenhaften ägypt. Weisen *Hermes Trismegistos,* der die Kunst erfunden haben soll, eine Glasröhre mit geheimnisvollem Siegel luftdicht zu verschließen]
**Heroik** ⟨f.; -; unz.⟩ *Heldenhaftigkeit, Mut* [zu grch. *heroikos* „heldenartig" < *heros* „Held"]
**Heroin**[1] ⟨[-'--] f. 22⟩ *weibl. Heros, Heldin*
**Heroin**[2] ⟨[--'-] n. 11; unz.⟩ *ein halbsynthetisches Morphinderivat, das wegen der starken Suchtgefahr nicht mehr therapeutisch angewendet wird* [„heroisch" bedeutet in der Heilkunde der Antike u. des MA „sehr stark wirkend"]
**heroisch** ⟨Adj.⟩ *einem Heros gemäß, entsprechend, wie ein Heros, heldisch, heldenhaft* ◆ heroische Landschaft *Landschaft mit myth. Staffagefiguren;* eine heroische Tat
**Herold** ⟨m. 1⟩ **1** ⟨MA⟩ *Wappenkundiger* **2** ⟨an Fürstenhöfen⟩ *Ausrufer, Fürstenbote* **3** ⟨fig.⟩ *Verkünder, Vorläufer* [< spätmhd. *heralt*]
**Herpes** ⟨f. od. m.; -; unz.⟩ *einfacher, harmloser, aber störender u. zu Rückfällen neigender Bläschenausschlag, meist an den Übergängen zwischen Haut u. Schleimhaut: Herpes simplex* [zu grch. *herpein* „kriechen"]
**Herr** ⟨m. 16⟩ **1** *urspr. Standestitel für Adlige nach Fürsten u. Grafen* **2** ⟨allg.⟩ *Besitzer, Gebieter, Herrscher* **3** *Vorgesetzter* **4** *(respektvolle Anrede für Männer)* **5** *(vor den Namen gesetzte Anrede für Männer)* ◆ der Herr *Gott;* darf ich den Herrn hier hereinbitten? *(sehr höfl. Anrede);* ein Herr möchte Sie sprechen, wartet draußen; mein Herr *(höfl. Anrede);* er war nicht mehr Herr seiner selbst *er konnte sich nicht mehr beherrschen, war außer sich;* meine Herren! *(Anrede an eine Versammlung von Männern);* meine Herren! *(Ausruf des Schreckens, des Erstaunens);* Herr Meier; Herr **Direktor,** Herr **Doktor,** Herr Professor; der Herr des **Hauses** *Hausherr, Hauseigentümer; Gastgeber;* Herr der **Lage** sein *eine Situation beherrschen* ◆ niemand kann zwei Herren **dienen** *man muss sich für eine Sache entscheiden;* einer Sache Herr **werden** *eine S. bezwingen, bewältigen* ◆ sein **eigener** Herr sein *selbst bestimmen können, sich nach niemandem richten müssen;* sehr **geehrter** Herr X *(förml. Anrede im Brief);* den **großen** Herrn spielen *großspurig, über seine Verhältnisse leben;* ein **vornehmer** Herr ◆ **aus** aller Herren Ländern *aus allen Teilen der Erde, von überall her;* Herr **im** Hause sein *derjenige sein, nach dem sich alle richten müssen;* Herr **über** seine Gefühle, Leidenschaften sein ⟨fig.⟩ *sie beherrschen* [< ahd. *herro, heriro;* Komp. zu ahd. *her;* → *hehr*]
**Herrenbekanntschaft** ⟨f. 20⟩ *Bekanntschaft (einer Frau) mit einem Mann* ◆ viele Herrenbekanntschaften haben
**Herrenhaus** ⟨n. 12u⟩ **1** *Gutshaus* **2** *Erste Kammer des ehem. preuß. Landtags*
**herrenlos** ⟨Adj.⟩ *niemandem gehörend, ohne Besitzer* (Gepäck, Hund) ◆ herrenloses Gut
**Herrenpilz** ⟨m. 1⟩ = *Steinpilz*
**Herrentier** ⟨n. 11⟩ ► = *Primat (2)*
**herrichten** ⟨V. t.; hat⟩ *zurechtmachen, vorbereiten, passend machen, ausbessern, instand setzen* (Garderobe, Kleid) ◆ sich (für den Abend, fürs Theater) herrichten *sich gut anziehen, frisieren usw.;* den Tisch herrichten *festlich decken*
**Herrin** ⟨f. 22⟩ **1** *Gebieterin, Herrscherin, Besitzerin* **2** ⟨früher⟩ *(Anrede für die Gebieterin, die Dame von Adel)* [→ *Herr*]
**herrisch** ⟨Adj.⟩ *gebieterisch, rechthaberisch, barsch, schroff* ◆ in herrischem Ton sprechen
**herrlich** ⟨Adj.⟩ *wunderschön, wunderbar, vortrefflich, großartig, köstlich* ◆ ein herrlicher Anblick; herrliche Musik; es gab herrliche Sachen zu essen; heute ist herrliches Wetter [< ahd. *herlich* „erhaben, vornehm, stolz, glanzvoll, prächtig"; → *hehr*]
**Herrlichkeit** ⟨f. 20⟩ **I** ⟨unz.⟩ *herrl. Beschaffenheit, wunderbare Schönheit, Glanz, Pracht, Erhabenheit* ◆ das ist die ganze Herrlichkeit ⟨fig.; umg.; iron.⟩ *das ist alles, mehr ist es nicht* **II** ⟨zählb.⟩ *herrliche Sache, herrliche Speise*
**Herrschaft** ⟨f. 20⟩ **I** ⟨unz.⟩ **1** *Beherrschung* **2** *Befehlsgewalt, Regierungsgewalt, Macht* ◆ die Herrschaft **antreten;** die (unbestrittene) Herrschaft **ausüben;** die Herrschaft **an** sich reißen; die Herrschaft **über** eine Maschine, über seine Nerven verlieren; **unter** seiner Herrschaft *während seiner Regierungszeit* **II** ⟨zählb.⟩ **1** *Landgut* **2** *der Dienst-, Gutsherr u. seine Familie* ◆ die Herrschaften *Herr u. Dame des Hauses (gegenüber den Dienstboten);* Herrschaften *Herr(en) u. Dame(n) in Gesellschaft;* darf ich die Herrschaften zum Essen bitten?; die hohen Herrschaften *der Fürst od. Gutsherr u. seine Familie;* ⟨a. iron.⟩ *hoch gestellte Persönlichkeiten* [< ahd. *herscaf(t)* „Hoheit, Herrlichkeit, Würde, Recht u. Besitztum eines Herrn, Obrigkeit, oberherrl. Amt u. Gebiet, Herrscherfamilie, Herr u. Herrin"; → *hehr*]
**herrschen** ⟨V. i.; hat⟩ **1** *Herr sein, gebieten, regieren* **2** *deutl. fühlbar sein, vorhanden sein, walten* **3** *vorherrschend, gegenwärtig sein* ◆ es

H

herrschte allgemein Jubel u. Freude; es herrscht heute eine drückende Schwüle; unumschränkt herrschen; nach der herrschenden Meinung [< ahd. *herison* „Herr sein, (be)herrschen"]

**Herrscher** ⟨m. 3⟩ *jmd., der über ein Land, ein Volk herrscht, Herr (bes. Fürst), Monarch, Gebieter, Regierender, Regent*

**Herrschergeschlecht** ⟨n. 12⟩ *Fürstenhaus, Dynastie*

**herrschsüchtig** ⟨Adj.⟩ *übertrieben herrschbegierig*

**herrücken I** ⟨V. t.; hat⟩ *an diese Stelle, hierher rücken* **II** ⟨V. i.; ist; umg.⟩ *im Sitzen etwas näher kommen*

**herrühren** ⟨V. i.; hat⟩ herrühren von *herstammen von, sich herleiten von, seine Ursache haben in* ◆ das alles rührt nur von deinem Leichtsinn her; seine Nervosität rührt noch von dem Schock her, den er erlitten hat

**herstellen** ⟨V. t.; hat⟩ **1** *anfertigen, (neu) machen, produzieren, erzeugen* **2** ⟨umg.⟩ *hierher stellen, an diesen Platz stellen* ◆ stell dich nicht her u. schau zu, sondern hilf mir lieber!; eine Beziehung herstellen *knüpfen;* Waren, Geräte herstellen; eine Verbindung zu etwas od. jmdm. herstellen,



**Hersteller** ⟨m. 3⟩ **1** *jmd., der etwas (bes. Industriewaren) herstellt, Produzent* **2** *Angestellter eines Verlages, der für die Herstellung eines Buches vom fertigen Manuskript bis zur Auslieferung sorgt (typograf. Gestaltung, Einband- u. Umschlaggestaltung, Papierauswahl, Papier- u. Preiskalkulation)*

**Hertz** ⟨n.; -, -; Zeichen: Hz⟩ *SI-Einheit der Frequenz, Schwingung pro Sekunde* [nach dem Physiker Heinrich Rudolf *Hertz,* 1857-1894]

**herüber** ⟨Adv.⟩ *von der anderen Seite auf diese Seite* ◆ herüber und hinüber; den Weg herüber habe ich gefunden, aber ob ich den Rückweg finde, weiß ich nicht

**herüberbringen** ⟨V. t. 118; hat⟩ *von der anderen Seite auf diese Seite, aus einem anderen Raum in diesen Raum bringen* ◆ bring mir bitte meine Jacke herüber

**herüberreichen** ⟨V.; hat⟩ **I** ⟨V. i.⟩ **1** *auf diese Seite, bis hierher reichen, greifen können* **2** *eine Länge haben bis (hier) herüber* ◆ die Schnur reicht (nicht) bis zu mir herüber; kannst du bis zu mir herüberreichen? **II** ⟨V. t.⟩ jmdm. etwas herüberreichen *etwas von der anderen Seite auf diese Seite reichen* ◆ würden Sie mir bitte das Brot herüberreichen? *über den Tisch zu mir od. vom anderen Tisch zu mir*

**herüberschauen** ⟨V. i.; hat⟩ *von der anderen Seite auf diese Seite schauen*

**herum** ⟨Adv.⟩ **1** *umher* **2** *rundum, ringsum* **3** *nach dieser od. jener Seite* ◆ die Reihe herum ⟨umg.⟩ *von einem zum anderen;* dort herum muss das Haus liegen ⟨umg.⟩ *dort etwa, ungefähr in jener Gegend;* um ihn herum *in seiner Nähe, in seinem Umkreis, seiner Umgebung;* immer um jmdn. herum sein ⟨umg.⟩ *immer mit jmdm. zusammen sein, um jmdn. sehr bemüht sein; jmdm. durch seine ständige Anwesenheit lästig fallen;* die Ferien sind immer so schnell herum *so schnell vorbei;* um 1930 herum *in den Jahren um 1930, ungefähr 1930;* → a. *umher*

**herum...** ⟨in Zus. mit Verben; umg.; oft nur verstärkend⟩ **1** *um einen Mittelpunkt sich bewegend, befindlich* **2** *ständig, längere Zeit (u. sinnlos) etwas tun,* z. B. sich mit jmdm. herumärgern, herumstehen usw.

**herumdoktern** ⟨V. i.; hat; umg.⟩ **1** an sich od. an jmdm. herumdoktern *dilettant. Heilversuche unternehmen* **2** an etwas herumdoktern *alles Mögliche versuchen, um etwas instand zu setzen od. in Gang zu bringen*

**herumdrehen** ⟨V. t.; hat⟩ *einmal um die Achse drehen* ◆ sich herumdrehen ⟨umg.⟩ *sich umdrehen, umwenden, zur Seite wenden;* der Magen drehte sich mir herum ⟨umg.⟩ *ich musste mich übergeben, musste erbrechen;* den Schlüssel im Schloss herumdrehen; jmdm. die Worte im Munde herumdrehen ⟨fig.; umg.⟩ *jmds. Worte bewusst missdeuten*

**herumfahren** ⟨V. 130⟩ **I** ⟨V. i.; ist; umg.⟩ *umherfahren, spazieren fahren* ◆ wir sind ein wenig in der Stadt herumgefahren; um etwas herumfahren *um etwas rundherum fahren, im Kreis um etwas fahren;* Sie müssen um die Stadt herumfahren *die Stadt umgehen* **II** ⟨V. t.; hat⟩ jmdn. herumfahren *im Wagen hierhin u. dorthin bringen*

**herumführen** ⟨V.; hat⟩ **I** ⟨V. t.; umg.⟩ **1** *umherführen, führend u. erklärend begleiten* **2** *ringsum, rundherum führen, begleiten* ◆ jmdn. im Haus, im Museum herumführen; eine Mauer, einen Zaun um ein Grundstück herumführen *ein Grundstück mit einer Mauer, einem Zaun umschließen* **II** ⟨V. i.⟩ *rings um etwas verlaufen, etwas umgehen, begrenzen* ◆ der Weg führt um den Wald, den See herum

**herumgehen** ⟨V. i. 145; ist; umg.⟩ **1** *umhergehen, spazieren gehen (in)* **2** *von einem zum andern gehen* (Person) **3** *weitergereicht werden* (Sache) **4** *verstreichen, vergehen* (Zeit) ◆ die Tage, Wochen sind schnell herumgegangen; bitte lassen Sie die Bilder herumgehen *reichen Sie die Bilder weiter;* er ist im ganzen Haus herumgegangen und hat überall gefragt

**herumhacken** ⟨V. i.; hat; fig.; umg.⟩ auf jmdm. herumhacken *ständig etwas an jmdm. tadeln, ständig mit jmdm. schelten*

**herumkommen** ⟨V. i. 170; ist; umg.⟩ *reisen, etwas von der Welt sehen, etwas erleben* ◆ er ist viel, weit, wenig, kaum herumgekommen; um etwas herumkommen *etwas vermeiden, sich um etwas drücken, etwas nicht zu tun brauchen*

**herumkriegen** ⟨V. t.; hat; umg.⟩ jmdn. herumkriegen ⟨fig.⟩ *jmdn. umstimmen, überreden (zu etwas), zu einem anderen Entschluss bringen*

**herumlungern** ⟨V. i.; hat; umg.⟩ *müßig umhergehen od. herumstehen;* Sy *lungern*

**herumreißen** ⟨V. t. 195; hat⟩ *gewaltsam umdrehen, umwenden* ◆ er riss das Pferd, das Steuer (im letzten Augenblick) herum

**herumschlagen** ⟨V. 216; hat⟩ **I** ⟨V. refl.; umg.; fig.⟩ sich mit Problemen herumschlagen *sich damit abmühen, sich angestrengt damit beschäftigen* **II** ⟨V. t.⟩ Papier, Tuch o. Ä. um einen Gegenstand herumschlagen *einen Gegenstand mit Papier, mit einem Tuch einschlagen, einhüllen, damit umhüllen*

**herumsitzen** ⟨V. i. 242; hat; umg.⟩ **1** *müßig dasitzen* **2** um etwas od. jmdn. herumsitzen *im Kreis um etwas od. jmdn. sitzen, ringsum sitzen* ◆ sitz nicht so herum, tu lieber etwas!; sie saßen alle (im Kreis) um ihn, um das Feuer, um den Tisch herum

**herumstehen** ⟨V. i. 251; hat; süddt., österr., schweiz.: ist; umg.⟩ **1** *müßig dastehen* (Person) **2** *umherstehen, ungeordnet dastehen* (Gegenstand) ◆ steh nicht so herum, sondern hilf mir lieber; es standen überall eine Menge Grünpflanzen herum

**herumtragen** ⟨V. t. 260; hat; umg.⟩ **1** *umhertragen, hin u. her tragen* (Kind) **2** ⟨fig.⟩ *verbreiten* (Gerücht, Nachricht) ◆ einen Kummer mit sich herumtragen ⟨fig.; umg.⟩ *einen geheimen Kummer haben*

**herumtreiben** ⟨V. refl. 262; hat⟩ sich herumtreiben **1** *ziellos umhergehen* **2** *bummeln, müßig herumlaufen, -sitzen, vagabundieren* **3** ⟨fig.⟩ *ein unsolides Leben führen* ◆ er arbeitet nichts, er treibt sich nur herum; sich in Lokalen, Kneipen herumtreiben; sich in der Welt herumtreiben *von einem Land zum andern reisen, fremde Länder durchstreifen*

**herumwirbeln I** ⟨V. t.; hat⟩ *rasch u. oft im Kreis herumdrehen* ◆ jmdn. beim od. im Tanz herumwirbeln; jmdn. vor Freude (im Zimmer) herumwirbeln; die Blätter werden vom Wind herumgewirbelt **II** ⟨V. i.; ist⟩ *sich wirbelartig drehen, einen Wirbel, Strudel bilden* (Wasser, Staub)

## HERZ

Das menschliche Herz ist ein Hohlmuskel, der Blut durch den Körper pumpt. Bei diesem Kreislauf gelangen Sauerstoff und Nährstoffe zu allen Organen und Geweben, darüber hinaus werden Abfallstoffe abtransportiert. Das Herz hat zwei Kammern, die durch eine muskulöse Scheidewand getrennt sind.

SCHNITT DURCH DAS MENSCHLICHE HERZ

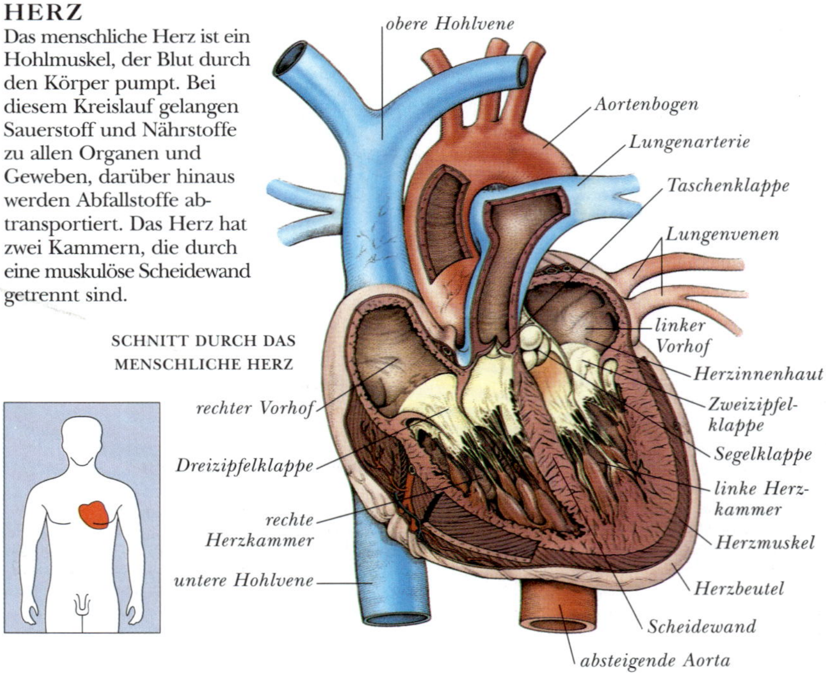

**herumziehen** ⟨V. 287⟩ **I** ⟨V. i.; ist; umg.⟩ *umherziehen, von Ort zu Ort ziehen* ◆ ruhelos in der Welt herumziehen; sie zieht immer mit diesem Menschen zusammen herum ⟨abwertend⟩ *sie ist immer mit ihm zusammen zu sehen* **II** ⟨V. t.; hat⟩ etwas herumziehen *umherziehen, hin u. her ziehen* ◆ Spielsachen auf der Erde, im Wasser herumziehen; einen Bindfaden fest um ein Paket herumziehen *ein Paket fest verschnüren* **III** ⟨V. refl.; hat⟩ sich um etwas herumziehen *umgeben, umschließen* ◆ die Hecke zieht sich um den ganzen Garten herum

**herunter** ⟨Adv.⟩ *von (dort) oben nach (hier) unten* ◆ herunter mit ihm!; herunter sein *gesundheitlich oder wirtschaftlich geschwächt sein, an Ansehen verloren haben;* → a. *herab*

**herunterbrennen** ⟨V. i. 117; ist⟩ *ganz abbrennen, völlig verbrennen* ◆ die Kerzen sind heruntergebrannt; das Haus ist bis auf die Grundmauern heruntergebrannt

**herunterbringen** ⟨V. t. 118; hat⟩ **1** *von oben holen u. heruntertragen* **2** ⟨fig.; umg.⟩ *zugrunde richten, ernstlich schädigen, ruinieren* **3** *(gesundheitlich) sehr schwächen* ◆ die Krankheit hat ihn sehr heruntergebracht; einen Betrieb herunterbringen ⟨fig.⟩

**herunterfallen** ⟨V. i. 131; ist⟩ *von (dort) oben nach (hier) unten fallen* ◆ Vorsicht, fall nicht 'runter!; vom Baum, von der Leiter herunterfallen

**herunterhängen** ⟨V. i. 161; hat; umg.⟩ *von (dort) oben nach unten hängen* ◆ die Zweige hängen bis aufs Dach herunter

**herunterholen** ⟨V. t.; hat⟩ *nach unten holen, nehmen u. nach unten bringen* ◆ kannst du mir bitte mein Gepäck (von oben) herunterholen?

**herunterkommen** ⟨V. i. 170; ist⟩ **1** *von (dort) oben nach (hier) unten kommen* **2** *(wirtschaftl.) sinken, nicht mehr gut arbeiten, keinen od. weniger Gewinn bringen* (Firma, Geschäft) **3** *(äußerlich) verwahrlosen* **4** *(gesundheitlich) schwach, elend werden*

**herunterladen** ⟨V. t. 173; hat; EDV⟩ *ein Programm od. eine Datei von einem anderen Computer, einem Server im Internet od. einem fremden Speicher auf den eigenen Computer übertragen, kopieren;* Sy *downloaden;* Ggs *heraufladen*

**herunterlassen** ⟨V. t. 174; hat; umg.⟩ **1** *herunterkommen lassen* **2** *herunterfallen, -gleiten lassen* ◆ die Jalousien herunterlassen; er ließ sich an einem Seil vom Fenster herunter (von unten gesehen)

**herunternehmen** ⟨V. t. 187; hat⟩ **1** *nehmen u. unten hinstellen, hinsetzen* **2** *von oben wegnehmen*

**herunterputzen** ⟨V. t.; hat; umg.⟩ jmdn. herunterputzen *grob ausschelten, heftig tadeln*

**herunterreißen** ⟨V. t. 195; hat; umg.⟩ **1** *von oben abreißen* (Plakat) **2** *heftig stoßen, so dass es herunterfällt* **3** ⟨fig.⟩ *schnell abtragen, zerreißen* (Kleidung) **4** *scharf, rücksichtslos kritisieren* ◆ die Kinder reißen die Sachen, die Hosen schnell herunter; mit einer unvorsichtigen Handbewegung riss er die Vase vom Tisch herunter

**herunterschrauben** ⟨V. t.; hat⟩ **1** *tiefer schrauben* (Lampe) **2** ⟨fig.⟩ *verringern, vermindern* ◆ Ansprüche herunterschrauben

**herunterspielen** ⟨V. t.; hat; umg.⟩ **1** ⟨Mus.; Theater⟩ *ausdruckslos u. schnell spielen* **2** eine Angelegenheit herunterspielen ⟨fig.⟩ *sie weniger wichtig darstellen, als sie in Wirklichkeit ist;* Ggs *hochspielen (2)* ◆ ein Lied, eine Rolle herunterspielen

**herunterstürzen** ⟨V. i.; ist⟩ *von (dort) oben nach (hier) unten stürzen* ◆ er ist vom dritten Stock hier auf die Straße heruntergestürzt; er kam aufgeregt die Treppe heruntergestürzt

**hervor** ⟨Adv.⟩ **1** *von (dort) unten od. drinnen nach (hier) oben od. draußen* **2** *nach vorn*

**hervorbringen** ⟨V. t. 118; hat⟩ **1** *erzeugen, schaffen, produzieren* **2** *verursachen, erwecken* (Eindruck) **3** *(mühsam, stockend) sprechen* ◆ „Ja!" brachte sie mühsam hervor; die Erde bringt Früchte, Pflanzen hervor; er brachte vor Schreck kein Wort hervor

**hervorgehen** ⟨V. i. 145; ist; fig.⟩ hervorgehen aus *die Folge sein von* ◆ aus der Ehe gingen drei Kinder hervor; daraus geht hervor, dass ... *daraus kann man schließen, dass ...;* er ging als Sieger aus dem Kampf hervor *er war, blieb Sieger*

**hervorheben** ⟨V. t. 163; hat⟩ *herausheben, betonen* ◆ der Redner hob besonders die Verdienste des Vorsitzenden hervor; ich möchte hervorheben, dass ...; Buchstaben oder Wörter durch andere Schrift hervorheben

**hervorragend** ⟨Adj.⟩ *ausgezeichnet, bedeutend, außerordentlich* ◆ ein hervorragender Arzt, Schauspieler

**hervorrufen** ⟨V. t. 201; hat⟩ **1** jmdn. hervorrufen **1.1** *jmdn. rufen, damit er hervorkommt* **1.2** *Beifall spenden, damit die Künstler heraus- od. vor den Vorhang kommen* **2** etwas hervorrufen *verursachen, bewirken, ins Leben rufen* ◆ seine Bemerkung rief große Heiterkeit hervor

**hervorstechen** ⟨V. i. 249; hat⟩ **1** *spitz hervorragen, hervortreten* **2** ⟨fig.⟩ *stark herausheben* ◆ das grelle Rot sticht zu sehr aus den übrigen Farben hervor ⟨fig.⟩; hervorstechend ⟨fig.⟩ *stark auffallend, sich heraushebend;* eine hervorstechende Eigenschaft

**hervortreten** ⟨V. i. 263; ist⟩ **1** *aus einer Reihe nach vorn heraustreten, aus etwas heraustreten, herausragen, hervorragen* **2** ⟨fig.⟩ *erscheinen, deutlicher werden* **3** *an die Öffentlichkeit treten*

**hervortun** ⟨V. refl. 267; hat; umg.⟩ sich hervortun **1** *sich auszeichnen* **2** *sich wichtig tun, sich hervordrängen*

**hervorzaubern** ⟨V. t.; hat⟩ **1** *durch Zaubertrick erscheinen lassen* **2** ⟨fig.⟩ *unerwartet zum Vorschein bringen*

**Herz** ⟨n.; -ens, -en⟩ **1** ◄ *beim Menschen u. bei verschiedenen Tiergruppen das zentrale Antriebsorgan des Blutkreislaufes: Cor* **2** ⟨fig.⟩ **2.1** *Sitz der Seele, der Gefühle* **2.2** *Innerstes, Mittelpunkt* **3** ⟨Kart.⟩ *Farbe des dt. und frz. Kartenspiels;* Sy *Coeur, Rot (3)* ◆ mein Herz! ⟨Kosewort⟩; dein ist mein (ganzes) Herz ⟨poet.⟩; ich muss meinem Herzen **Luft** machen ⟨fig.⟩ *ich muss darüber sprechen, mich aussprechen;* sie sind ein Herz und eine **Seele** *sie sind unzertrennlich, verstehen sich sehr gut, vollkommen* ◆ sein Herz **ausschütten** ⟨fig.⟩ *sich aussprechen (über seine Gefühle, über Kummer usw.);* sein Undank, sein Tod hat ihr das Herz **gebrochen** ⟨fig.⟩ *hat sie seelisch zugrunde gerichtet;* er hat schon viele Herzen gebrochen *er hat schon viele Frauen unglücklich gemacht;* jmds. Herz **erobern** *jmds. Zuneigung, Liebe gewinnen;* sich ein Herz **fassen** *seinen ganzen Mut zusammennehmen;* das Herz **hämmert,** klopft, pocht, schlägt; jmds. Herz **rühren** *jmds. Mitleid erregen;* jmdm. sein Herz **schenken** *jmdn. lieb gewinnen;* ihr Herz **schlug** höher vor Erwartung; **stillstehen:** mir stand beinahe das Herz still (vor Schreck); es **zerreißt** mir das Herz, wenn ich sehe, wie ... ⟨fig.⟩ *es tut mir unendlich weh* ◆ ein **gesundes,** kräftiges, schwaches Herz haben; ein **gutes,** warmes, weiches Herz haben ⟨fig.⟩ *gut, hilfsbereit, mitleidig sein;* ich habe es **schweren** Herzens getan, zugelassen *sehr kummervoll, obwohl ich es nicht wollte;* **Tränendes** Herz ⟨Bot.⟩ = *Herzblume* ◆ es liegt mir sehr **am** Herzen *mir ist viel daran gelegen, es ist mir sehr wichtig;* ich lege es Ihnen ans Herz *ich bitte Sie dringend, darauf zu achten, daran zu denken o. Ä.;* Hand **aufs** Herz! *sei, seien wir ehrlich!;* er hat etwas auf dem Herzen ⟨fig.⟩ *ihn bedrückt etwas, er will etwas gestehen;* jmdn. auf Herz und Nieren prüfen ⟨fig.⟩ *sehr gründlich prüfen;* jmdn. **aus** tiefstem Herzen bedauern, verabscheuen *stark, heftig, sehr;* das Herz schlug ihm **bis** zum Halse ⟨fig.⟩ *er hatte große Angst, war sehr aufgeregt;* **im** Herzen Deutschlands *etwa im Mittelpunkt;* jmdn. in sein Herz geschlossen haben *jmdn. lieb gewonnen haben;* sein Herz **in** beide Hände nehmen ⟨fig.⟩ *seinen Mut zusammennehmen;* ihm fiel das Herz in die Hosen ⟨fig.⟩ *er bekam große Angst;* ich kann es nicht **übers** Herz bringen, das zu tun *ich kann mich nicht überwinden, bringe es nicht fertig (aus Mitleid);* jetzt war ihm wieder leicht **ums** Herz *er war erleichtert;* ich muss mir das alles einmal **vom** Herzen reden *ich muss mich darüber einmal aussprechen;* ich wünsche es dir von (ganzem) Herzen *sehr, herzlich;* das geht mir (sehr) **zu** Herzen *das geht mir nahe, es bewegt mich stark* [< ahd. *herza*]

HERZFÖRMIGES BLATT

**herzallerliebst** ⟨Adj.⟩ *sehr lieb, allerliebst* ◆ mein herzallerliebstes Kind

**Herzanfall** ⟨m. 1u; Med.⟩ *plötzl. heftige Unregelmäßigkeit in der Tätigkeit des Herzens*

**Herzass** ⟨n.; -es, -se; Kart.⟩ *höchste Spielkarte der roten Farbe, der Farbe Herz*

**herzaubern** ⟨V. t.; hat; umg.⟩ *durch Zauber hierher bringen, herbeischaffen*

**Herzbeschwerden** ⟨Pl.; Med.⟩ *fühlbare Unregelmäßigkeit der Tätigkeit des Herzens*

**Herzblume** ⟨f. 19; Bot.⟩ *Mohngewächs mit herzförmigen, herabhängenden Blüten: Dicentra spectabilis;* Sy *Tränendes* → *Herz*

**Herzblut** ⟨n.; -(e)s; unz.; fig.; poet.⟩ **1** *Leben* **2** *tiefes Gefühl* ◆ sein Herzblut hingeben (für etwas od. jmdn.)

**Herzbube** ⟨m. 17; Kart.⟩ *vierthöchste Spielkarte der Farbe Herz*

**Herzdame** ⟨f. 19⟩ **1** ⟨Kart.⟩ *dritthöchste Spielkarte der Farbe Herz* **2** ⟨umg.; scherzh.⟩ *geliebte Frau, feste Lebenspartnerin*

**herzeigen** ⟨V. t.; hat⟩ *vorzeigen, sehen lassen*

**herzen** ⟨V. t.; hat⟩ *liebkosen, umarmen, streicheln u. küssen*

**Herzensgrund** ⟨m. 1u; unz.; fig.⟩ *tiefes Inneres des Herzens* ◆ jmdm. aus Herzensgrund danken; etwas aus Herzensgrund wünschen

**herzensgut** ⟨Adj.⟩ *sehr gut, sehr gutherzig*

**Herzenslust** ⟨f. 7u; unz.⟩ nach Herzenslust *ganz, wie man es sich wünscht* ◆ nach Herzenslust singen, fröhlich sein, essen usw.

**Herzenswunsch** ⟨m. 1u⟩ *inniger Wunsch* ◆ es ist mein Herzenswunsch, das zu tun

**herzerfrischend** ⟨Adj.⟩ *innerlich, seelisch erfrischend, fröhlich machend* ◆ er ist von einer herzerfrischenden Offenheit

**herzergreifend** ⟨Adj.⟩ *sehr ergreifend, zutiefst aufwühlend, bewegend, rührend*

**Herzflimmern** ⟨n.; -s; unz.⟩ *mit Sinken od. Aufhören der Leistung des Herzens verbundene, rasche, unregelmäßige Bewegung der Herzmuskelfasern im Bereich der Herzkammern u. Vorhöfe*

**herzförmig** ⟨Adj.⟩ ▲ *wie ein Herz geformt*

**Herzfrequenz** ⟨f. 20⟩ *Anzahl der Herzschläge in der Minute*

**Herzgeräusch** ⟨n. 11⟩ *neben den normalen Herztönen auftretendes Geräusch, das in Unreinheiten, blasenden, pfeifenden, klingenden u. schnurrenden Tönen besteht u. auf Veränderungen der Herzklappen od. Störungen im Blutumlauf hindeutet*
**herzhaft** ⟨Adj.; -er, am -esten⟩ **1** *kräftig, tüchtig, ordentlich* **2** *würzig* (Geschmack) ◆ herzhaft zulangen, zugreifen (beim Essen); etwas Herzhaftes essen wollen *etwas Salziges, nichts Süßes;* herzhaft in einen Apfel, in ein Brot beißen [< mhd. *herzehaft* „mutig, besonnen, verständig"]
**herziehen** ⟨V. 287⟩ **I** ⟨V. t.; hat⟩ *hierher ziehen, zu sich heranziehen* ◆ etwas od. jmdn. hinter sich herziehen *mit sich ziehen, nachziehen* **II** ⟨V. i.; ist; umg.⟩ über etwas od. jmdn. herziehen *über jmdn. od. etwas ungünstig, hässlich sprechen, klatschen*
**herzig** ⟨Adj.⟩ *reizend, lieb, niedlich*
**Herzinfarkt** ⟨m. 1; Med.⟩ *Zerstörung mehr od. weniger ausgedehnter Gebiete von Herzmuskelgewebe durch Unterbrechung der Blutversorgung im Kranzadergebiet, Verschluss der Blutgefäße durch Embolie, Blutpfropfbildung, Verkalkungsprozesse od. durch länger andauernde Verkrampfungen eines Gefäßgebietes;* Sy *Myokardinfarkt*
**Herz-Jesu-Bild** ⟨n. 12; Mal.⟩ *Darstellung Jesu mit dem von einer Gloriole umgebenen Herzen auf der Brust*
**Herzkammer** ⟨f. 21⟩ *zusammenziehbarer Hohlraum im Herzen*
**Herzkirsche** ⟨f. 19⟩ *Süßkirschensorte: Prunus avium ssp. juliana*
**Herzklappe** ⟨f. 19; Med.⟩ ► *jede der wie Ventile wirkenden Häute am Herzen, die den Blutkreislauf steuern*
**Herzkohl** ⟨m. 1; unz.⟩ ► = *Wirsing*
**Herzklopfen** ⟨n.; -s; unz.⟩ *pochendes Herzgeräusch* ◆ Herzklopfen haben (vor Erregung, Angst, Erwartung)
**Herzkönig** ⟨m. 1; Kart.⟩ *zweithöchste Spielkarte der Farbe Herz*
**Herzkranzgefäß** ⟨n. 11⟩ = *Kranzgefäß*
**Herzkurve** ⟨f. 19; Math.⟩ = *Kardioide*
**herzlich** **I** ⟨Adj.⟩ **1** *innig, liebenswürdig, freundlich, liebevoll* (Mensch, Gefühl) **2** *von Herzen kommend, aufrichtig* (Dank, Grüße, Wünsche) ◆ mein herzlichstes **Beileid;** für jmdn. herzliche **Freundschaft,** Liebe empfinden; herzliche **Glückwünsche** zum Geburtstag; herzliche **Grüße** an Ihre Frau; zwischen uns besteht ein sehr herzliches **Verhältnis;** ein paar herzliche **Worte** sprechen ◆ jmdn. herzlich **begrüßen,** empfangen, willkommen heißen; ich möchte Sie herzlich **bitten,** mir zu helfen; ich **gratuliere** (recht) herzlich!; jmdn. herzlich **umarmen** ◆ jmnd. **auf** das/ **aufs** herzlichste/Herzlichste grüßen; **in** herzlichem Einvernehmen leben, stehen (mit jmdm) **II** ⟨adv.⟩ *von ganzem Herzen, sehr, recht* ◆ herzlich **gern;** das ist mir herzlich **gleichgültig;** jmdm. herzlich **gut** sein; das tut mir herzlich **Leid;** ich kann damit herzlich **wenig** anfangen
**Herzlichkeit** ⟨f. 20; unz.⟩ *herzliches Wesen, herzliche Beschaffenheit, von Herzen kommende Freundlichkeit* ◆ ich grüße dich in alter Herzlichkeit
**Herzlilie** ⟨[-liə] f. 19⟩ ► = *Funkie*
**Herzlosigkeit** ⟨f. 20; unz.⟩ *herzloses Wesen od. Verhalten*
**Herzmuskel** ⟨m. 5; Med.⟩ *zwischen dem Herzbeutel u. der Herzinnenhaut liegender Muskel;* Sy *Myokard*
**Herzog** ⟨m. 1u⟩ **1** *germ. Heerführer* **2** *fränk. und langobard., dem König verantwortlicher Beamter mit den Rechten eines Grafen, aber größerem Amtsbereich* [< ahd. *herizoho, herizogo*]

## HERZKLAPPE

Klappen im Herzen bewirken, dass das Blut nur in einer Richtung fließt. Durch den Druck des Blutes in der Herzkammer öffnet sich z. B. die Taschenklappe der Aorta. Hat der Blutstoß das Herz verlassen, so verbreitern sich die Taschen und verhindern den Rückfluss zum Herz.

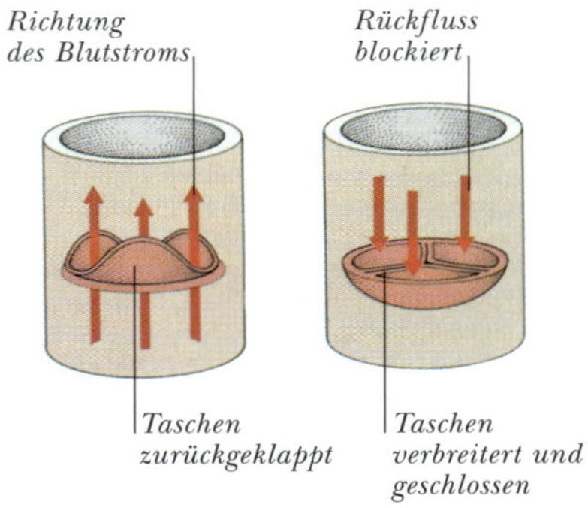


TASCHENKLAPPE DER AORTA, OFFEN

TASCHENKLAPPE DER AORTA, GESCHLOSSEN

**Herzogin** ⟨f. 22⟩ *Frau eines Herzogs*
**Herzogtum** ⟨n. 12u⟩ *Herrschaftsbezirk eines Herzogs*
**Herzrhythmus** ⟨m.; -; unz.⟩ *der rhythmische Wechsel von Kontraktion (Systole) u. Erschlaffung (Diastole) des Herzens*
**Herzschlag** ⟨m. 1u⟩ **1** *Zusammenziehung des Herzens: Systole* **2** *das schlagartige Aufhören der Herztätigkeit, Herzstillstand, Tod durch Herzlähmung* ◆ einen Augenblick setzte (vor Schreck) mein Herzschlag aus ⟨a. fig.⟩; der Herzschlag stockte mir vor Schreck; einen Herzschlag lang *einen Augenblick lang*
**Herzschrittmacher** ⟨m. 3; Med.⟩ ► *Nervenknoten, von dem aus der Herzschlag gesteuert wird* ◆ künstlicher Herzschrittmacher *elektrisch betriebenes Gerät mit der Funktion des Herzschrittmachers;* Sy *Schrittmacher (3)*
**Herzstück** ⟨n. 11; geh.⟩ = *Kernstück (2)*
**Herztöne** ⟨Pl.⟩ *die durch die Herztätigkeit entstehenden regelmäßigen Töne;* → a. *Systole, Diastole*
**herzzerreißend** ⟨Adj.⟩ *jammervoll, tiefstes Mitleid erregend* ◆ die nasse Katze bot einen herzzerreißenden Anblick; das Kind weinte herzzerreißend
**Hesperide** ⟨f. 19; grch. Myth.⟩ *jede der Nymphen, die im Göttergarten die goldenen Äpfel des Lebens hüten* [< grch. *Hesperides,* nach der Abendgöttin *Hesperis* < grch. *hesperos* „Abend"]
**Hesperos** ⟨m.; -; unz.; grch. Myth.⟩ oV *Hesperus* **1** *Abend, Abendstern* **2** *Westen* [< grch. *hesperos (aster)* „Abend(stern)"]
**Hesperus** ⟨m.; -; unz.; grch. Myth.⟩ = *Hesperos*
**hetero..., Hetero...** ⟨in Zus.⟩ *fremd..., Fremd..., verschieden* [< grch. *heteros* „anders, verschieden"]
**Heterochromosom** ⟨[-kro-] n. 27; Genetik⟩ *geschlechtsbestimmendes Chromosom;* Sy *Heterosom* [< grch. *heteros* „anders, verschieden" + *Chromosom*]
**Heterogamie** ⟨f. 19; unz.; Biol.; Soziol.⟩ *Fortpflanzung mit unterschiedlichen Sexualpartnern;* Ggs *Homogamie*
**heterogen** ⟨Adj.⟩ Sy *inhomogen;* Ggs *homogen* **1** *ungleichartig, verschiedenartig, andersartig* **2** *nicht gleichartig zusammengesetzt* ◆ heterogene Systeme ⟨Chem.⟩ *durch sichtbare Grenzflächen voneinander getrennte Bestandteile eines Gemisches* [< grch. *heteros* „verschieden" + *genos* „Geschlecht, Art"]
**Heterogenität** ⟨f. 20; unz.⟩ *Verschiedenartigkeit, Ungleichartigkeit, verschiedenartige Zusammensetzung;* Ggs *Homogenität*
**Heterografie** ⟨f.; -; unz.⟩ = *Heterographie*
**Heterographie** ⟨f.; -; unz.⟩ *unterschiedliche Schreibweise für gleich klingende Laute oder Wörter,* z. B. Saite - Seite; oV *Heterografie*
**heteronom** ⟨Adj.⟩ **1** *von fremden Gesetzen abhängig;* Ggs *autonom* **2** *ungleichwertig;* Ggs *homonom* [< grch. *heteros* „verschieden" + *nomos* „Gesetz"]
**Heteronomie** ⟨f. 19; unz.⟩ **1** *Abhängigkeit von fremden Gesetzen;* Ggs *Autonomie* **2** *Ungleichwertigkeit;* Ggs *Homonomie* [→ *heteronom*]
**Heteronym** ⟨n. 11; Sprachw.⟩ **1** *Ausdruck, der mit einem anderen eng zusammengehört, aber auf eine andere Wurzel zurückgeht,* z. B. Base – Vetter **2** *in einer anderen Sprache, Mundart synonym gebrauchtes Wort,* z. B. Sonnabend – Samstag [< *Hetero...* + grch. *onoma, onyma* „Name"]
**Heterosexualität** ⟨f. 20; unz.⟩ *Andersgeschlechtlichkeit, sexuelles Empfinden für das andere Geschlecht;* Ggs *Homosexualität*
**heterosexuell** ⟨Adj.⟩ *andersgeschlechtlich, sexuell auf das andere Geschlecht bezogen, für das andere Geschlecht empfindend;* Ggs *homosexuell*
**Heterosexuelle(r)** ⟨f. 30 (m. 29)⟩ *heterosexuell veranlagter Mensch;* Ggs *Homosexuelle(r)*
**Heterosom** ⟨n. 11; Genetik⟩ = *Heterochromosom*
**Heterotonie** ⟨f. 19; Med.⟩ *fortwährendes Schwanken des Blutdrucks* [< grch. *heteros* „verschieden" + *tonos* „Seil, Saite, Spannung"]
**heterotroph** ⟨Adj.⟩ *sich von organischen Stoffen ernährend, die von anderen Lebewesen*

## HERZSCHRITTMACHER

Das Herz bildet die Erregung für seine Kontraktionen selbst – dies geschieht im Sinusknoten. Wenn dieser natürliche Schrittmacher nicht mehr richtig funktioniert, wird dem Patienten ein künstlicher Herzschrittmacher eingepflanzt. Dieser besteht aus einem batteriebetriebenen Impulserzeuger, der nun das Herz zur Kontraktion anregt. Im Bild unten wird die Lage des Herzschrittmachers im Körper gezeigt.

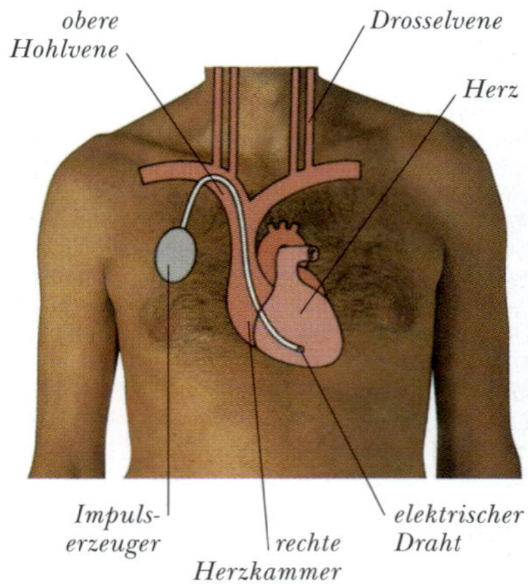

HEUSCHRECKE: ÄGYPTISCHE WANDERHEUSCHRECKE
*(Schistocerca peregrina)*

*stammen;* Ggs *autotroph* [< grch. *heteros* „verschieden" + *trophe* „Ernährung"]

**heterozygot** ⟨Adj.⟩ *gemischterbig, mit verschiedenartigen Erbanlagen;* Ggs *homozygot* [< grch. *heteros* „verschieden" + *zygoun* „verbinden"]

**Hetze** ⟨f. 19⟩ **1** *Verunglimpfung, Verbreitung von u. Aufreizung zum Hass* (Zeitungshetze) **2** *Verfolgung* **3** ⟨Jägerspr.⟩ *Jagd mit Hetzhunden;* Sy *Hetzjagd* **4** ⟨fig.⟩ *große Eile, Hast* [→ *hetzen*]

**hetzen** ⟨V.; hat⟩ **I** ⟨V. t.⟩ **1** *hitzig verfolgen* **2** *mit Hetzhunden jagen, treiben* ◆ Füchse, Hirsche, Rehe, Sauen hetzen; den Hund auf od. gegen jmdn. hetzen *zur Verfolgung antreiben;* jmdn. od ein Wild zu Tode hetzen **II** ⟨V. i.⟩ **1** *sich sehr beeilen* **2** *aufreizend reden, Schmähreden führen* ◆ er hetzt immer, wir mussten hetzen, um den Zug noch zu erreichen; gegen jmdn. hetzen *andere zum Hass gegen ihn aufstacheln;* ⟨fig.⟩ *Böses über ihn reden, ihn schmähen* **III** ⟨V. refl.⟩ sich hetzen *sich sehr beeilen, sich durch zu große Hast ermüden* [< ahd. *hetzen* „antreiben"]

**Hetzerei** ⟨f. 18; unz.⟩ **1** *übergroße Eile, Hast, Jagerei* **2** *ständiges Hetzen, Stichelreden, Aufstacheln zum Hass*

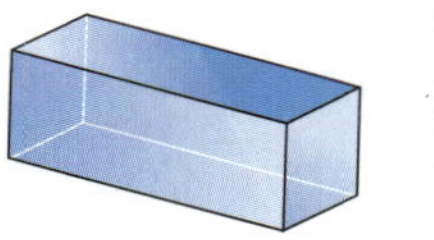

HEXAEDER

**Hetzjagd** ⟨f. 20; Jägerspr.⟩ = *Hetze (3)*

**Hetzkampagne** ⟨[-panjə] f. 19⟩ **1** *Kampagne* **2** *Aktion zur (polit.) Hetze, zur Verleumdung*

**Heu** ⟨n.; -s od. -es; unz.⟩ *getrocknetes Wiesengras des ersten Schnittes* ◆ Heu wenden *ausgebreitetes Heu mit dem Rechen umwenden, damit es schneller trocknet;* Geld wie Heu haben ⟨fig.; umg.⟩ *außerordentlich viel Geld besitzen* [< ahd. *houwi*, engl. *hay*]

**Heuchelei** ⟨f. 18⟩ *ständiges Heucheln, Verstellung, Vortäuschung nicht vorhandener guter Eigenschaften od. von Gefühlen*

**heucheln** ⟨V.; hat⟩ **I** ⟨V. i.⟩ *sich verstellen* **II** ⟨V. t.⟩ etwas heucheln *nicht vorhandene Gefühle od. gute Eigenschaften vortäuschen* ◆ Liebe, Mitleid, Verständnis heucheln; sein Zorn war nur geheuchelt [< nddt. *huchelen;* vermutl. zu mhd. *huchen* „kauern, sich ducken"]

HEXAGRAMM

**heuer** ⟨Adv.; oberdt.⟩ *in diesem Jahr* ◆ wir wollen heuer im Sommer an die See fahren [< ahd. *hiuru* < *hiu jaru* „in diesem Jahr"]

**Heuer** ⟨f. 21⟩ *Löhnung der Seeleute* [< nddt. *hür(e), hure;* zu nddt. *hüren* (engl. *hire*) „mieten"]

**heuern** ⟨V. t.; hat⟩ **1** *anheuern, anwerben* (Matrosen) **2** *mieten, pachten* (Schiff)

**Heulaffe** ⟨m. 17⟩ ► = *Brüllaffe*

**Heulboje** ⟨f. 19⟩ *Boje, deren Sirene durch die Bewegung im Wasser selbsttätig ertönt*

**heulen** ⟨V. i.; hat; umg.⟩ **1** *weinen* (Person) **2** *klagend brüllen* (Tier, bes. Hund, Wolf) **3** *lang gezogene Töne hervorbringen, in lang gezogenen Tönen pfeifen* (Sirene) **4** *sausen, brausen, hörbar wehen* (Wind) ◆ Heulen und Zähneklappern ⟨Bibel⟩ *große Furcht;* hör auf zu heulen, ⟨od.⟩ mit Heulen!; der Sturm heulte ums Haus, durch die Baumwipfel; wie das heulende Elend aussehen *sehr bekümmert, verzweifelt;* → a. *Wolf* [< mhd. *hiulen, hiuweln* „schreien (wie eine Eule)"; zu mhd. *hiuwel* < ahd. *huwila* „Eule"]

**Heuler** ⟨m. 3⟩ *Robbenjunges* [nach den heulenden Lauten, die es bei Gefahr ausstößt]

**heureka!** *„ich hab's gefunden!"* [grch.; zu *heuriskein* „finden"; angebl. Ausruf des Archimedes, als er im Bad das Gesetz des Auftriebs entdeckte]

**Heuristik** ⟨f. 20; unz.⟩ *Lehre von den Wegen zur Gewinnung neuer Erkenntnisse* [eigtl. „(Er-)Findungskunst"; zu grch. *heuriskein* „finden"]

**Heuschnupfen** ⟨m. 4; unz.; Med.⟩ *allergische Bindehaut- u. Nasenschleimhauterkrankung, die durch Überempfindlichkeit gegen Blütenstaub von Blumen, Gräsern, Bäumen u. Sträuchern hervorgerufen wird*

**Heuschober** ⟨m. 3⟩ *im Freien gestapeltes Heu*

**Heuschrecke** ⟨f. 19; Zool.⟩ ◄ *Angehörige einer Ordnung der Insekten, meist mittelgroße Tiere, Hinterbeine stets mit verdickten Schenkeln, als Sprungbeine entwickelt: Saltatoria;* Sy *Grashüpfer;* ► *Insekten* [< ahd. *houscrecho*, eigtl. „Heuspringer"]

**heute** ⟨Adv.⟩ **1** *an diesem Tage* **2** *zwischen gestern u. morgen* **3** *heutzutage, gegenwärtig, zur Zeit* ◆ das Heute und das Morgen *Gegenwart und Zukunft;* heute **Abend,** heute früh/Früh, heute Morgen, heute Nachmittag ◆ unser täglich Brot **gib** uns heute *(Bitte des Vaterunsers);* **sein:** heute ist der 10. Mai; welches Datum ist, haben wir heute?; **vorhaben:** was hast du heute vor? ◆ lieber heute **als** morgen ⟨fig.⟩ *so bald wie möglich, möglichst gleich, am liebsten sofort;* **bis** heute; Schluss **für** heute; heute **in** vier Wochen *von heute, von diesem Tage an vier Wochen später;* das ist **noch** heute so; ich werde es noch heute tun; heute ein Mensch **von** heute *ein moderner Mensch;* die Zeitung von heute *von diesem Tage;* von heute an; von heute auf morgen *bis morgen;* ⟨fig.⟩ *ganz plötzlich, unerwartet;* heute **vor** acht Tagen *acht Tage, eine Woche vor heute, vor diesem Tage* [< ahd. *hiutu* < *hiu tagu* „an diesem Tage"]

**heutig** ⟨Adj.⟩ **1** *an diesem Tage, von diesem Tage, heute stattfindend* **2** *gegenwärtig* ◆ der heutige Tag; das heutige Datum [< ahd. *hiutig;* → *heute*]

**Hexachord** ⟨[-kɔrd] m. 1 od. n. 11; Mus.⟩ *Skala von sechs Tönen in der diatonischen Tonleiter mit einem Halbtonschritt von der 3. zur 4. Stufe* [< grch. *hex* „sechs" + *chorde* „Saite"]

**Hexaeder** ⟨n. 13⟩ ▲ *platonischer Körper, der von sechs Vierecken begrenzt wird;* Sy *Sechsflach, Sechsflächner;* → a. *Würfel* [< grch. *hex* „sechs" + *hedra* „Grundfläche"]

**Hexagon** ⟨n. 11⟩ *Sechseck* [< grch. *hex* „sechs" + *gonia* „Winkel"]

**Hexagramm** ⟨n. 11⟩ ▲ *Stern aus zwei sich kreuzenden, dreiseitigen Sternen, Davidsstern;* Sy *Sechsstern* [< grch. *hex* „sechs" + *gramma* „Schriftzeichen"]

**Hexameter** ⟨m. 3⟩ *Vers mit sechs Versfüßen, meist Daktylen* [< grch. *hex* „sechs" + *metron* „Maß"]

HIBISKUS: CHINESISCHER ROSENEIBISCH
*(Hibiscus rosa-sinensis)*

**hexametrisch** ⟨Adj.⟩ *in Hexametern gedichtet*

**Hexapoden** ⟨Pl.; Sammelbez. für⟩ *Insekten* [zu grch. *hexapodos* „sechsfüßig"]

**Hexe** ⟨f. 19⟩ **1** ⟨im Märchen⟩ *böse gesinnte, meist hässl. alte Zauberin* **2** ⟨im Volksglauben⟩ *Frau, die über Zauberkräfte verfügt u. mit dem Teufel im Bunde steht* **3** ⟨fig.; umg.; abwertend⟩ *böse Frau* [< ahd. *hagzissa, hag(a)zus(a);* 1. Teil zu ahd. *hag* „Zaun" (vgl. ahd. *zunrita* „Zaunreiterin, Hexe"), 2. Teil zu germ. **tusjo;* < idg. **dhus-, *dhuos-* „Dämon"]



**hexen** ⟨V.; hat⟩ **I** ⟨V. i.⟩ *zaubern* ◆ ich kann doch nicht hexen! ⟨umg.⟩ *lass mir doch etwas Zeit!; so schnell kann ich das nicht!;* es geht wie gehext ⟨umg.⟩ *sehr schnell* **II** ⟨V. t.; im Volksglauben⟩ *durch Hexerei, auf übernatürl. Weise bewirken, hervorrufen*

**Hexenbesen** ⟨m. 4⟩ *durch parasit. Pilze hervorgerufenes, besenförmig dichtes Astsystem*

**Hexenkessel** ⟨m. 5⟩ **1** ⟨im Märchen⟩ *Kessel, in dem eine Hexe Zaubertränke braut* **2** ⟨fig.; umg.⟩ **2.1** *lärmende Zusammenkunft, tosendes, brausendes Durcheinander* **2.2** *gefährlicher polit. Brennpunkt* ◆ das Fußballstadion war beim Endspiel ein Hexenkessel

**Hexenmeister** ⟨m. 3⟩ *jmd., der hexen kann, Zauberer*

**Hexenmilch** ⟨f. 20; unz.⟩ **1** *Milchsaft der Wolfsmilchgewächse* **2** *Absonderung der Brustdrüse bei Neugeborenen*

**Hexenschuss** ⟨m. 1u; unz.⟩, **Hexenstich** ⟨m. 1; unz.⟩ *plötzlicher, die Bewegung einschränkender od. aufhebender Schmerz in der Lendengegend infolge Muskelrheumatismus od. Bandscheibenvorfall;* Sy *Lumbago (1)*

**Hexenverbrennung** ⟨f. 20; 15.-18. Jh.⟩ *Verbrennung von angebl. Hexen auf dem Scheiterhaufen*

**HF** ⟨Abk. für⟩ *Hochfrequenz*

**hfl.** ⟨Abk. für⟩ *(niederländ.) Gulden (holländ. Florin)*

**hg** ⟨Zeichen für⟩ *Hektogramm*

**hg.** ⟨Abk. für⟩ *herausgegeben*

**Hg 1** ⟨Chem.; Zeichen für⟩ *Quecksilber (Hydrargyrum)* **2** mm Hg ⟨Zeichen für⟩ *Millimeter Quecksilbersäule (veraltete Maßeinheit des Luftdrucks)*

**Hg.** ⟨Abk. für⟩ *Herausgeber*

**HGB** ⟨Abk. für⟩ *Handelsgesetzbuch*

**HH** ⟨Abk. für⟩ *Handelshochschule*

**Hibernakel** ⟨n. 28⟩ *der vegetativen Vermehrung dienende Überwinterungsknospe vieler Wassergewächse* [< lat. *hibernaculum* „Wintergemach"]

**Hibiskus** ⟨m.; -, -bisken; Bot.⟩ ▲ *Angehöriger einer Gattung der Malvengewächse (Malvaceae), als Zierpflanze mit verschiedenen Varietäten: Hibiscus* [< lat. *hibiscum* „Eibisch" < grch. *ibiskos*]

**hic et nunc** *hier u. jetzt, sofort* [lat.]

**Hickhack** ⟨m. 6 od. n. 15; umg.⟩ **1** *nutzlose, unsinnige Streiterei* **2** *unfruchtbares Hin und Her* [lautmalend zu *hacken,* vielleicht beeinflusst von *Zickzack*]

HICKORY:
SCHUPPENRINDENHICKORY
*(Carya ovata)*

H

**Hickory** ⟨m. 6⟩, **Hickorybaum** ⟨m. 1u⟩ ▲ *Angehöriger einer nordamerikanischen Gattung der Walnussgewächse: Carya* ◆ Weißer Hickorybaum *liefert ein wertvolles Holz u. wird deshalb auch in Europa angepflanzt: Carya alba* [< engl. *hickory* < indian. *pawcohiccora;* Bez. für die Zubereitung zerstampfter Kerne]

**Hieb** ⟨m. 1⟩ **1** *Schlag* (Peitschenhieb, Säbelhieb, Stockhieb) **2** *Schlagwunde, Schlagnarbe, Schnitt, Schmiss* **3** *Feileneinschnitt* (Feilenhieb) **4** ⟨fig.⟩ *Stichelei, boshafte Anspielung* **5** ⟨umg.⟩ *kleine Verrücktheit, Klaps, Stich* **6** Hiebe ⟨Pl.⟩ *Prügel* ◆ einen Hieb **abwehren,** auffangen, parieren; Hiebe **austeilen** ⟨umg.⟩; Hiebe **bekommen,** beziehen; du **hast** wohl einen Hieb? ⟨fig.; umg.; scherzh.⟩ *du bist wohl nicht recht bei Verstand?;* jmdm. einen Hieb **zurückgeben** ⟨a. fig.⟩ ◆ es ist mir **auf** den ersten Hieb gelungen ⟨fig.⟩ *beim ersten Mal, sofort;* ein Hieb **mit** der Peitsche, Rute, mit dem Säbel, Stock

**hiebfest** ⟨Adj.⟩ *unverwundbar* ◆ hieb- und stichfest ⟨fig.⟩ *unwiderlegbar, stichhaltig* (Beweis)

**hier** ⟨Adv.⟩ **1** *an diesem Ort, an dieser Stelle;* Ggs *dort* **2** *in dieser Richtung* **3** *in diesem Augenblick* ◆ hier! *(bei Namensaufruf) ich bin da, zur Stelle!;* hier, nimm!; du hier? ◆ hier **behalten** *zurückbehalten, nicht fortlassen;* hier **bleiben** *an diesem Ort bleiben, nicht fortgehen;* hier **hast** du das Geld; du hast hier nichts zu befehlen, zu sagen *in diesem Kreise;* hier **kann** ich nicht bleiben; hier **muss** ich dir Recht geben *bei, in dieser Sache;* **sein:** hier bin ich!; hier ist Peter geboren; hier ist Stefan *(bei Telefongesprächen);* hier ist es (nicht) schön; bitte, wo ist hier die Post?; ich **warte** (so lange) hier ◆ hier **auf** Erden; hier und **da** ⟨örtlich⟩ *mancherorts, an manchen Stellen,* ⟨zeitlich⟩ *manchmal, ab und zu;* hier **draußen,** drinnen; hier **entlang;** hier **hinein** und da hinaus *bleibt nicht im Gedächtnis;* hier **in** München; hier in der Nähe; hier **oben;** hier **unten;** ich bin nicht **von** hier *ich bin kein Einheimischer;* nur schnell fort von hier; hier zu Lande = *hierzulande* [< mhd. *hie,* vor vokal. Anlaut *hier* < ahd. *hia(r)*]

**hieran** ⟨Adv.⟩ *an diese Sache, daran* ◆ hieran knüpfte er die folgende Bemerkung ...; hieran schließt sich ein weiteres Zimmer; → a. *daran*

**Hierarch** ⟨[hi(e)-] m. 16⟩ *Oberhaupt der Priester im antiken Griechenland*

**Hierarchie** ⟨[-çiː] f. 19⟩ *Rang-, Stufenfolge, Rangordnung, Aufbau in verschiedenen Stufen* ◆ die katholische Hierarchie *der gesamte Aufbau der kath. Kirche* [< grch. *hieros* „heilig" + *archein* „herrschen"]

**hierauf** ⟨Adv.⟩ *sodann, danach, darauf*

**hieraus** ⟨Adv.⟩ *aus dieser Tatsache, daraus* ◆ hieraus folgt, dass ...

**hierbei** ⟨Adv.⟩ *bei dieser Gelegenheit, gleichzeitig* ◆ hierbei kam zur Sprache ...

**hierdurch** ⟨Adv.⟩ *auf diese Weise, hiermit* ◆ hierdurch teilen wir Ihnen mit ...

**hierfür** ⟨Adv.⟩ *dafür, für diese Sache* ◆ dieses Gerät ist hierfür nicht zu gebrauchen

**hiergegen** ⟨Adv.⟩ *dagegen, gegen diese Tatsache, Meinung u. Ä.* ◆ hiergegen ['---] habe ich nichts einzuwenden, aber die andere Sache gefällt mir nicht

**hierher** ⟨Adv.; meist in Zus.⟩ *von dort nach hier, an diesen Ort, an diese Stelle (u. nicht dorthin)* ◆ hierher! *(Aufforderung an den Hund);* bis hierher ['--] und nicht weiter; bis hierher ist alles gut gegangen; sich hierher bemühen *freundlicherweise hierher kommen;* bitte bring mir den Stuhl hierher; wir sind mit dem Zug hierher gefahren; du gehörst hierher *du gehörst zu uns, in dieses Land, in diese Familie*

**hierherauf** ⟨Adv.⟩ **1** *(bis) an diese Stelle herauf* **2** *auf dieser Seite herauf* ◆ der Weg geht hierherauf

**hierherum** ⟨Adv.⟩ *nach dieser Seite (herum)* ◆ der Weg führt hierherum; es geht hierherum

**hierin** ⟨Adv.⟩ *in dieser Sache, in dieser Hinsicht* ◆ hierin muss ich dir Recht geben

**hiermit** ⟨Adv.⟩ *auf diesem Wege, auf diese Weise* ◆ hiermit bestätige ich, dass ...

**hiernach** ⟨Adv.⟩ *nach dieser Sache, danach, sodann*

**Hieroglyphe** ⟨f. 19⟩ **1** *altägyptisches Schriftzeichen* **2** Hieroglyphen ⟨Pl.⟩ ► *altägyptische Bilderschrift* **3** ⟨umg.; scherzh.⟩ *schwer lesbare Schrift* [< grch. *hieros* „heilig" + *glyphein* „eingraben"]

HIEROGLYPHEN AUF EINEM
ALTÄGYPTISCHEN
SKARABÄUS, UM 1350 v. CHR.

**Hierokratie** ⟨f. 19⟩ *Priesterherrschaft* [< grch. *hieros* „heilig" + *kratein* „herrschen"]

**hierüber** ⟨Adv.⟩ *über diese Angelegenheit* ◆ hierüber sprechen wir noch

**hierunter** ⟨Adv.⟩ *darunter, unter diese(r) Rubrik* ◆ hierunter fallen auch die Beispiele

**hiervon** ⟨Adv.⟩ *davon, von dieser Sache* ◆ hiervon nehme man einen Teil weg; hiervon verstehe ich nichts, aber über die anderen Dinge weiß ich Bescheid

**hierzu** ⟨Adv.⟩ **1** *zu dieser Angelegenheit* **2** *zu dieser Sache, dieser Gruppe* ◆ hierzu gehören auch die folgenden Arten; hierzu kommt (noch), dass ...

**hierzulande** ⟨Adv.⟩ *in diesem Lande, hier bei uns;* oV *hier zu Lande* ◆ hierzulande ist das nicht, ist das so üblich

**hiesig** ⟨Adj.⟩ *von hier, aus diesem Ort, diesem Lande (stammend), einheimisch* ◆ er ist kein Hiesiger *kein Einheimischer;* dies ist ein hiesiges Gewächs, ein hiesiger Wein [< mhd. *hie* + *wesec,* eigtl. „hier seiend"]

**hieven** ⟨V. t.; hat; Seemannsspr.⟩ *hochziehen, hinaufziehen* [< engl. *heave* „hochheben"; verwandt mit *heben*]

**Hi-Fi** ⟨['haifai] od. ['haifi] Mus.; Abk. für⟩ *Highfidelity*

**Hi-Fi-Anlage** ⟨['haifai-] od. ['haifi-] f. 19; Mus.⟩ *Anlage zur möglichst wirklichkeitsgetreuen Musik- u. Tonwiedergabe*

**high** ⟨[hai] Adj.; nur präd.⟩ high sein **1** *sich nach dem Genuss von Rauschgift im Rauschzustand befinden* **2** ⟨allg.⟩ *sehr angeregt, in Hochstimmung sein* [engl., „hoch"]

**Highend...** ⟨[hai-] in Zus.⟩ *(hinsichtlich der technischen Leistungsfähigkeit) qualitativ hochwertig u. sehr teuer* ◆ ein Highendtapedeck für fast 2000 DM [< engl. *high end* „oberes Ende"]

**Highfidelity,** ⟨auch⟩ **High Fidelity** ⟨['haifi'dɛliti] f.; (-) -; unz.; Abk.: Hi-Fi⟩ *wirklichkeitsgetreue Tonwiedergabe durch Radio u. a. elektroakustische Geräte* [engl., „hohe Klangtreue"]

**Highlife,** ⟨auch⟩ **High Life** ⟨['hai'laif] n.; (-) -s; unz.⟩ *das Leben der vornehmen Welt* ◆ Highlife machen ⟨umg.⟩ *überschwänglich sein, sich ausgelassen benehmen* [engl.]

**Highlight** ⟨['hailait] n. 15⟩ *Höhepunkt (z. B. einer Veranstaltung, einer Karriere)* [engl., „Schlaglicht, Höhepunkt"]

**Highschool,** ⟨auch⟩ **High School** ⟨['haiskuːl] f. 10; in den USA⟩ *die an die (sechs bis acht Jahre dauernde) Grundschule anschließende höhere Schule* [engl.]

**Highsociety,** ⟨auch⟩ **High Society** ⟨['haisə'saiəti] f.; (-) -; unz.⟩ *die hohe, d. h. vermeintlich gute Gesellschaft, die oberen Zehntausend* [engl.]

**Hightech,** ⟨auch⟩ **High Tech** ⟨['hai'tɛk] f.; (-) -; unz.; Kurzw. für⟩ *High Technology*

**Hightechnology,** ⟨auch⟩ **High Technology** ⟨['haitɛk'nɔlɔdʒi] f.; (-) -; unz.; kurz: Hitech, Hightech⟩ *modernste, anspruchsvolle Technik, Technik auf moderner wissenschaftlicher Grundlage* [engl., „hohe Technologie"]

**Highway** ⟨['haiwɛi] m. 6⟩ *Landstraße, Hauptstraße, Schnellstraße* [engl.]

**Hilfe** ⟨f. 19⟩ **1** *Beistand, Unterstützung, Mitwirkung, Förderung* **2** *Hilfsmittel* **3** *Hilfskraft* (Haushaltshilfe) ◆ darf ich Ihnen meine Hilfe **anbieten?;** ich **brauche** deine Hilfe!; dem Pferd Hilfen **geben** *beim Reiten auf das Pferd einwirken;* jmdm. Hilfe **leisten** *helfen;* **sein:** der Junge ist mir schon eine große Hilfe; Hilfe **stehen** *beim Geräteturnen daneben stehen u. notfalls etwas nachhelfen;* jmdn. Hilfe **suchend** ansehen; ein Hilfe suchender Blick; seine Hilfe **verweigern** ◆ **ärztliche** Hilfe; **erste** Hilfe *sofortiger Beistand bei Verletzungen, Unfällen;* **finanzielle,** materielle Hilfe; **gegenseitige** Hilfe ◆ **bei** jmdm. Hilfe suchen, das war Hilfe **in** der Not; mit Hilfe/mithilfe einer Schnur usw.; der Kranke kann jetzt **ohne** fremde Hilfe gehen; jmdn. **um** Hilfe bitten; mit Hilfe/mithilfe **von** Lehrbüchern; **zu** Hilfe!; jmdm. zu Hilfe eilen od. kommen; einen Stock usw. zu Hilfe nehmen; jmdn. zu Hilfe rufen [→ *helfen*]

**Hilfeleistung** ⟨f. 20⟩ *das Leisten von Hilfe*

**Hilfestellung** ⟨f. 20; unz.⟩ *Unterstützung bei Turnübungen am Gerät* ◆ jmdm. Hilfestellung leisten ⟨a. fig.⟩ *jmdm. (bes. für andere unmerklich) helfen*

**hilflos** ⟨Adj.⟩ **1** *ohne Hilfe* **2** *ratlos, schutzlos* ◆ ein hilfloser Blick; ein hilfloses Geschöpf; ganz hilflos dastehen

**hilfreich** ⟨Adj.⟩ *(in größerem Umfang) hilfsbereit, gern u. viel helfend, wohltätig* ◆ jmdm. eine hilfreiche Hand bieten *helfen, Hilfe anbieten;* sich jmds. hilfreich annehmen

**Hilfsaktion** ⟨f. 20⟩ *Unternehmen zur Hilfe für andere* ◆ eine Hilfsaktion starten

**Hilfsarbeiter** ⟨m. 3⟩ *ungelernter Arbeiter*

**hilfsbedürftig** ⟨Adj.⟩ **1** *Hilfe brauchend* **2** *Not leidend*

**Hilfsbereitschaft** ⟨f. 20; unz.⟩ *hilfsbereites Wesen od. Verhalten, stete Bereitschaft zu helfen*

**Hilfsdienst** ⟨m. 1⟩ **1** *Aushilfedienst, (freiwillige) Arbeit für Hilfszwecke* **2** *Organisation, die im Krieg den Streitkräften Hilfe leistet*
**Hilfskraft** ⟨f. 7u⟩ *Person zur Unterstützung, Mithilfe bei einer Arbeit, Assistent(in)* ◆ Hilfskräfte anfordern, einstellen; wissenschaftliche Hilfskraft *examinierte(r) Mitarbeiter(in) an einem Universitätsinstitut od. einer Akademie der Wissenschaften;* Sy ⟨umg.; kurz⟩ *Hiwi (1)*
**Hilfslinie** ⟨[-niə] f. 19⟩ ▼ *geometr. Linie, die zur Lösung einer Aufgabe vorübergehend benutzt wird*
**Hilfsmittel** ⟨n. 13⟩ **1** *Werkzeug, Gerät* **2** *Geld zur Unterstützung, Zuschuss, Einrichtung zur Arbeitserleichterung*
**Hilfsverb** ⟨[-vɛrb] n. 27; Gramm.⟩ *Verb, das zur Bildung der Zeitformen gebraucht wird:* „haben", „sein", „werden"
**Hilfswerk** ⟨n. 11⟩ *Einrichtung zur Unterstützung Bedürftiger*
**Himbeere** ⟨f. 19⟩ *Frucht des Himbeerstrauchs* [< ahd. *hintberi*]
**Himbeergeist** ⟨m. 1; unz.⟩ *Schnaps aus Himbeeren*
**Himbeerstrauch** ⟨m. 2u⟩ *zu den Rosengewächsen gehörender, 1-3 m hoher Halbstrauch, dessen Zweige im zweiten Jahr nach der Frucht absterben: Rubus idaeus*
**Himbeerzunge** ⟨f. 19; unz.⟩ *Entzündung der Zunge mit Rötung u. Hervortreten der Papillen, bes. bei Scharlach*
**Himmel** ⟨m. 5⟩ **1** *scheinbare Halbkugel über der Erde mit den Gestirnen;* Sy *Firmament* **2** *Tragedach, Baldachin* (Betthimmel, Thronhimmel) **3** *Sitz der Gottheit, Aufenthaltsort der Verstorbenen, Paradies, Jenseits, Ort der ewigen Seligkeit,* ⟨fig.⟩ *des Glückes* **4** ⟨fig.⟩ *Schicksal, Vorsehung* ◆ am Anfang schuf Gott Himmel und **Erde** *(die ersten Worte der Bibel);* es war eine **Fügung** des Himmels ⟨fig.⟩; Himmel und **Hölle!** *(Fluch)* ◆ der Himmel **bewahre** mich davor; der Himmel **bewölkt,** bezieht sich; der Himmel **hängt** ihm voller Geigen *er ist sehr glücklich u. dadurch etwas übermütig;* dem Himmel **sei** Dank! *(Ausruf der Erleichterung)* ◆ **bewölkter,** heiterer, klarer, strahlend blauer, wolkenloser Himmel; du **lieber,** gütiger Himmel! ⟨umg.⟩ *(Ausruf des Erstaunens, des Schreckens)* ◆ den Himmel **auf** Erden haben *vollkommen glücklich sein,* die Nachricht kam wie ein Blitz **aus** heiterem Himmel *völlig überraschend;* Großvater ist nun im Himmel *ist gestorben;* sich wie im Himmel fühlen; im siebenten Himmel sein, schweben ⟨fig.⟩ *überglücklich sein, glücklich verliebt sein;* **um** (des) Himmels willen! ⟨umg.⟩ *(Ausruf des Erschreckens);* **unter** freiem Himmel nächtigen *im Freien, ohne Dach über dem Kopf;* wie **vom** Himmel gefallen *ganz plötzlich, auf einmal;* er lügt das Blaue vom Himmel herunter *er lügt unverschämt* [< ahd. *himil,* engl. *heaven*]
**Himmelbett** ⟨n. 27⟩ *Bett mit Baldachin*
**himmelblau** ⟨Adj.⟩ *hellblau*
**Himmelfahrt** ⟨f. 20; unz.; Rel.⟩ **1** Christi Himmelfahrt ⟨nach bibl. Überlieferung⟩ *die Auffahrt Christi gen Himmel* **2** *Festtag zum Gedenken daran am 40. Tag nach Ostern, Himmelfahrtstag* **3** Mariä Himmelfahrt ⟨nach kath. Glauben⟩ *Auffahrt Mariä gen Himmel, kath. Festtag am 15. August*

HILFSLINIE BEI DER NOTENSCHRIFT

## HIMMELSKUGEL

Der Beobachter auf der Erde kann die Positionen von Himmelskörpern, etwa der Sonne, des Mondes, der Planeten oder der Sterne, an einer gedachten Himmelskugel angeben. Das Zentrum dieser Kugel bildet die Erde. Der nördliche und der südliche Himmelspol liegen direkt oberhalb der entsprechenden Pole der Erde, hier schneidet die Erdachse die Oberfläche der Himmelskugel. Auch der Himmelsäquator entspricht einer Projektion des irdischen Äquators. Die Ekliptik entspricht dem scheinbaren Weg der Sonne auf der Himmelskugel im Laufe eines Jahres.

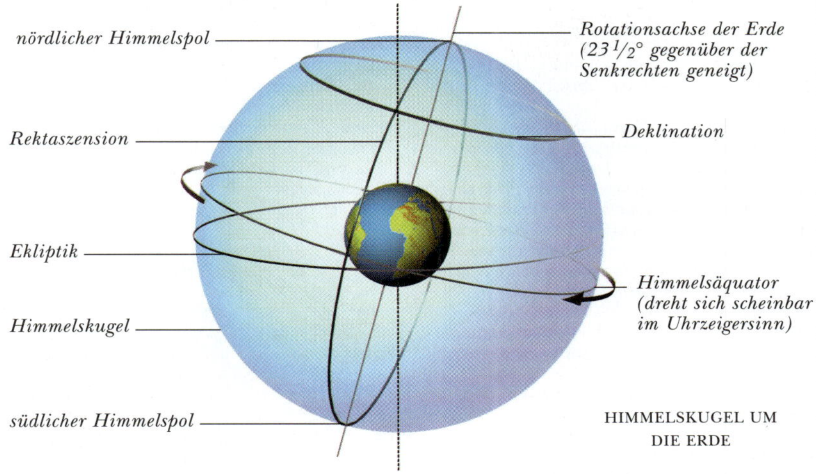

HIMMELSKUGEL UM DIE ERDE

**Himmelfahrtskommando** ⟨n. 15; Mil.; a. scherzh.⟩ *Kommando, Auftrag, bei dem man wahrscheinlich ums Leben kommen wird bzw. bei dem keine Aussicht auf Erfolg besteht*
**himmelhoch** ⟨Adj.⟩ *hoch wie der Himmel, sehr hoch* ◆ himmelhoch jauchzend ⟨fig.⟩ *seiner Freude überschwänglichen Ausdruck verleihend* (nach Goethe, „Egmont", 3)
**Himmelreich** ⟨n. 11; unz.; Rel.⟩ *Ort der ewigen Seligkeit, Paradies, Himmel* ◆ des Menschen Wille ist sein Himmelreich ⟨sprichwörtl.⟩ *jeder soll auf seine Weise glücklich werden*
**Himmelsachse** ⟨[-ks-] f. 19; unz.⟩ *durch die beiden Himmelspole gehende, gedachte Gerade, die senkrecht auf der durch den Himmelsäquator gegebenen Ebene steht*
**Himmelsäquator** ⟨m.; -s; unz.⟩ *am Sternenhimmel gedachter Kreis, der der Projektion des Erdäquators auf den Himmel entspricht*
**Himmelschlüssel** ⟨m. 5; Bot.⟩ ► = *Schlüsselblume;* oV *Himmelsschlüssel*
**himmelschreiend** ⟨Adj.⟩ *empörend, unerhört skandalös* ◆ ein himmelschreiendes Elend
**Himmelserscheinung** ⟨f. 20⟩ *selten zu sehende Lichterscheinung am Himmel,* z. B. Regenbogen, Meteor, Nordlicht
**Himmelskarte** ⟨f. 19; Astron.⟩ = *Sternkarte*
**Himmelskörper** ⟨m. 3⟩ *jeder außerirdische, von der Astronomie untersuchte Körper*
**Himmelskugel** ⟨f. 21; unz.⟩ ▲ *Himmel, Himmelgewölbe;* Sy *Himmelssphäre*
**Himmelskunde** ⟨f. 19; unz.⟩ = *Astronomie*
**Himmelsleiter** ⟨f. 21; Bot.⟩ ▲ *Angehörige einer Gattung der Sperrkrautgewächse: Polemonium;* Sy *Sperrkraut*
**Himmelslilie** ⟨[-liə] f. 19⟩ = *Schwertlilie*
**Himmelsrichtung** ⟨f. 20⟩ *Teil des Horizontes (Osten, Süden, Westen, Norden)*
**Himmelsschlüssel** ⟨m. 5; Bot.⟩ = *Himmelschlüssel*
**Himmelssphäre** ⟨f. 19; unz.⟩ ► = *Himmelskugel*
**Himmelsstürmer** ⟨m. 3; fig.⟩ *jmd., der sein Ziel mit großem Schwung u. ohne Beachtung der Gegebenheiten verfolgt*
**Himmelstür** ⟨f. 20; unz.; Rel.⟩ *Tür zum Himmel, zum Paradies*
**Himmelszelt** ⟨n. 11; unz.; poet.⟩ *Himmel, Firmament*
**himmelwärts** ⟨Adv.⟩ *zum Himmel hinauf*
**himmelweit** ⟨Adj.⟩ *sehr weit, unendlich groß* ◆ ein himmelweiter Unterschied
**himmlisch** ⟨Adj.⟩ **1** *vom Himmel stammend, zu ihm gehörig, göttlich* **2** ⟨fig.⟩ *wunderbar, köstlich, herrlich* ◆ die Himmlischen *die Götter; die Engel;* die himmlischen Heerscharen *die Engel;* himmlische Musik *wunderbare, sehr angenehme M.;* das himmlische Reich *das Reich Gottes;* unser himmlischer Vater *Gott;* es war (einfach) himmlisch!
**hin** ⟨Adv.⟩ **I** ⟨örtlich⟩ *von hier weg nach dort, auf etwas zu* ◆ es war ein dauerndes Hin und Her *Kommen u. Gehen, Unruhe;* es gab ein langes, ewiges Hin und Her, bis man sich einigte ⟨umg.⟩; einen Gegenstand od. sich hin und her **bewegen;** hin und her **reden** *für u. wider reden; reden, ohne sich einigen zu können;* hin **sein:** das Auto ist hin *kaputt, verloren;* ich bin ganz hin *völlig erschöpft;* (etwas) hin und her **überlegen** *gründlich überlegen, alle Seiten, Möglichkeiten bedenken* ◆ **am** Ufer, am Fluss hin *entlang;* ich habe es **auf** seinen Rat hin getan *aufgrund seines Rates;* **bis** zu den Bergen hin; hin und **her** *hierhin u. dorthin, nach der einen u. nach der anderen Seite;* er ist ganz hin **von** ihr

HIMMELSLEITER:
BLAUE HIMMELSLEITER
*(Polemonium caeruleum)*

H

*völlig begeistert, eingenommen von ihr;* leise **vor** sich hin lachen, reden, weinen; wir sind hin und **zurück** gelaufen ◆ **wo** willst du hin? (erg.: gehen) **II** ⟨zeitlich; umg.⟩ es ist noch eine Weile hin *es dauert noch eine Weile;* es ist noch lange hin *es wird noch lange dauern;* hin und wieder *ab und zu, manchmal;* → a. *her* [ < ahd. *hina* „von hier, hin(weg)"]

**hinab...** ⟨in Zus.; geh.⟩ *hinunter...*

**hinabsteigen** ⟨V. i. 253; ist⟩ *ins Tal steigen, in die Tiefe steigen*

**hinabstürzen** ⟨V. t. u. V. i.; hat/ist⟩ *in die Tiefe stürzen*

**hinarbeiten** ⟨V. i.; hat⟩ auf etwas hinarbeiten *auf ein Ziel zu arbeiten, durch Arbeit etwas anstreben*

**hinauf** ⟨Adv.⟩ *von (hier) unten nach (dort) oben* ◆ hinauf und hinunter; → a. *herauf*

**hinauf...** ⟨in Zus.; umg. a.⟩ *rauf...*

**hinauffahren** ⟨V. 130⟩ **I** ⟨V. i.; ist⟩ *von (hier) unten nach (dort) oben fahren* ◆ einen Fluss hinauffahren *stromaufwärts fahren;* fahr doch mit dem Lift hinauf **II** ⟨V. t.; hat⟩ *mit einem Fahrzeug von (hier) unten nach (dort) oben bringen, transportieren*

H

**hinaufziehen** ⟨V. 287⟩ **I** ⟨V. t.; hat⟩ **1** *von (hier) unten nach (dort) oben ziehen* **2** *durch Ziehen hinaufbefördern, hochziehen* **II** ⟨V. i.; ist; umg.⟩ *aus einem tieferen Stockwerk in ein höheres umziehen* ◆ in die dritte Etage hinaufziehen

**hinaus** ⟨Adv.⟩ *von (hier) innen nach (dort) draußen* ◆ hinaus! (erg.: mit dir, mit Ihnen) *verlass, verlassen Sie sofort den Raum!;* über etwas hinaus ⟨räumlich⟩ *etwas überschreitend, weiter als etwas;* ⟨zeitlich⟩ *länger dauernd als, einen gewissen Zeitraum überschreitend*

**hinaus...** ⟨in Zus. umg. a.⟩ *raus...*

**hinausbegleiten** ⟨V. t.; hat⟩ *nach draußen begleiten*

**hinausbeugen** ⟨V. refl.; hat⟩ sich hinausbeugen *sich von (hier) drinnen nach (dort) draußen beugen* ◆ beug dich nicht so weit (zum Fenster) hinaus

**hinausbringen** ⟨V. t. 118; hat⟩ **1** jmdn. hinausbringen *von (hier) drinnen nach (dort) draußen bringen, hinausbegleiten* **2** etwas hinausbringen *von (hier) drinnen nach (dort) draußen schaffen*

**hinausekeln** ⟨V. t.; hat; umg.⟩ jmdn. hinausekeln *jmdn. durch ständige schlechte Behandlung, durch Schikanen zum Weggehen veranlassen*

**hinausführen** ⟨V.; hat⟩ **I** ⟨V. t.⟩ *von (hier) drinnen nach (dort) draußen führen, begleiten* **II** ⟨V. i.⟩ **1** *von (hier) drinnen nach (dort) draußen verlaufen* (Weg) **2** *den Weg nach draußen öffnen, freigeben* (Tür) ◆ die Tür führt auf den Hof hinaus

**hinausgehen** ⟨V. i. 145; ist⟩ **1** *von (hier) drinnen nach (dort) draußen gehen, ein Zimmer, ein Gebäude u. Ä. verlassen* **2** ⟨umg.⟩ *den Weg nach draußen öffnen* (Tür) **3** ⟨umg.⟩ *in einer bestimmten Richtung gelegen sein* (Fenster) ◆ geh hinaus! ⟨umg.⟩ 'raus!; diese Tür geht in den Garten hinaus ⟨umg.⟩; über etwas hinausgehen ⟨fig.⟩ *etwas übertreffen, etwas überschreiten;* seine Forderung geht über das hinaus, was wir tun können

**hinauskomplimentieren** ⟨V. t.; hat; umg.⟩ jmdn. hinauskomplimentieren *höflich, aber mit sanfter Gewalt zum Gehen veranlassen*

**hinauslaufen** ⟨V. i. 175; ist⟩ **1** *von (hier) drinnen nach (dort) draußen laufen, hinauseilen* **2** auf etwas hinauslaufen **2.1** *mit etwas enden, auf bestimmte Weise enden* **2.2** *ein Ziel anstreben, etwas bezwecken* (Plan) ◆ sie lief noch einmal hinaus, um das Vergessene zu holen; der Plan läuft darauf hinaus, Obdachlosen ein Heim zu geben

**hinausschicken** ⟨V. t.; hat⟩ *von (hier) drinnen nach (dort) draußen schicken* ◆ schick doch den Jungen hinaus

**hinauswachsen** ⟨[-ks-] V. i. 272; ist⟩ über etwas hinauswachsen **1** *größer, höher werden als etwas* **2** ⟨fig.⟩ *einer Sache überlegen werden* ◆ die Bäume sind über das Dach, das Haus hinausgewachsen; über diese Spiele ist er längst hinausgewachsen

**hinauswerfen** ⟨V. t. 281; hat⟩ **1** *von (hier) drinnen nach (dort) draußen werfen* **2** jmdn. hinauswerfen ⟨fig.⟩ *zum Gehen zwingen, entlassen* ◆ einen Gegenstand zum Fenster hinauswerfen; er hat ihn hinausgeworfen

**hinauswollen** ⟨V. i. 285; hat; umg.⟩ *hinausgehen wollen* ◆ hoch hinauswollen *eine glänzende Karriere machen wollen, ein hohes Ziel verfolgen;* ich weiß, worauf du hinauswillst *ich weiß, was du damit meinst, was du damit beabsichtigst*

HINDUISMUS: VERGOLDETE BRONZESTATUE DES GOTTES SCHIWA

**hinausziehen** ⟨V. 287⟩ **I** ⟨V. t.; hat⟩ **1** *von (hier) drinnen nach (dort) draußen ziehen* **2** ⟨fig.⟩ *in die Länge ziehen, zeitl. verlängern* **3** *verzögern, hinausschieben* ◆ einen Termin hinausziehen ⟨fig.⟩; seinen Urlaub noch etwas hinausziehen **II** ⟨V. i.; ist⟩ *hinausgehen, -wandern, -marschieren* ◆ aufs Land hinausziehen *eine Wohnung auf dem Lande nehmen*

**hinauszögern** ⟨V. t.; hat; umg.⟩ *hinausschieben, verzögern* ◆ den Beginn einer Veranstaltung hinauszögern

**hinbestellen** ⟨V. t.; hat; umg.⟩ *an einen bestimmten Ort bestellen*

**hinbiegen** ⟨V. t. 109; umg.⟩ = *hinkriegen*

**hinblättern** ⟨V. t.; hat; umg.⟩ Geld hinblättern *Geld in Scheinen auf den Tisch legen,* ⟨fig.⟩ *zahlen*

**Hinblick** ⟨m.; nur in der Wendung⟩ im Hinblick auf *unter dem Gesichtspunkt des, der ... betrachtet*

**hinbringen** ⟨V. t. 118; hat⟩ **1** *hinbegleiten* (Person) **2** *an einen bestimmten Ort tragen, hinschaffen* (Sache) ◆ würdest du mich bitte mit dem Auto hinbringen?

**hinderlich** ⟨Adj.; meist präd.⟩ *störend, hemmend* ◆ das ist mir sehr hinderlich *stört, behindert, hemmt mich sehr*

**hindern** ⟨V. t.; hat⟩ jmdn. an etwas hindern *bei etwas stören, hemmen, behindern, es ihm unmöglich machen* ◆ jmdn. am Gehen, Schreiben hindern

**Hindernis** ⟨n. 11⟩ **1** *Behinderung, Hemmung, Störung, Schwierigkeit* **2** *Sperre* (Drahthindernis) **3** ⟨Sp.⟩ **3.1** ⟨Leichtathl.⟩ *künstl. Barriere (Wassergraben, Hürde usw.) beim Hindernislauf* **3.2** ⟨Reitsp.⟩ *künstl. od. natürl. Barriere (Bretterwand, Graben, Hecke, Mauer usw.) beim Hindernisrennen* ◆ ein Hindernis beseitigen, wegräumen; alle Hindernisse überwinden; unüberwindliches Hindernis; auf ein (unvermutetes) Hindernis stoßen; jmdm. Hindernisse in den Weg legen; es war eine Fahrt mit Hindernissen; sich über alle Hindernisse hinwegsetzen; ein Hindernis darstellen

**Hindernislauf** ⟨m. 1u; Sp; Leichtathl.⟩ *sportl. Wettlauf mit einer Streckenlänge von 3000 m über fünf versch. Hindernisse (Wassergräben, Hürden usw.) pro Runde hinweg;* Sy *Hindernisrennen (2);* → a. *Hürdenlauf*

**Hindernisrennen** ⟨n. 14; Sp.⟩ **1** ⟨Reitsp.⟩ *Pferderennen mit einer Streckenlänge von 2400-7500 m über natürl. u. künstl. Hindernisse (Gräben, Mauern usw.) hinweg* **2** ⟨Leichtathl.⟩ = *Hindernislauf*

**Hinderungsgrund** ⟨m. 1u⟩ *Ursache für ein Hindern od. Verhindertsein* ◆ es gibt dafür wirklich keinen Hinderungsgrund

**hindeuten** ⟨V. i.; hat⟩ **1** auf etwas od. jmdn. hindeuten *auf etwas od. jmdn. zeigen, hinweisen* **2** auf etwas hindeuten ⟨fig.⟩ *etwas ankündigen, anzeigen, es denkbar erscheinen lassen* ◆ diese Anzeichen deuten schon auf die kommende Entwicklung hin

**Hindi** ⟨n.; - od. -s; unz.⟩ *neuind. Sprache, Amtssprache in Indien* [ < hind. *hindi* < *Hind* „Indien" < pers.]

**Hindu** ⟨m. 6; Rel.⟩ *Anhänger, Vertreter des Hinduismus*

**Hinduismus** ⟨m.; -; unz.; Rel.⟩ ◄ *aus Vedismus u. Brahmanismus entstandene indische Religionsform* [ < pers. *Hindu* < *Hind* „Indien"]

**hindurch** ⟨Adv.⟩ **1** ⟨örtl.⟩ *durch etwas durch, quer durch, mittendurch* **2** ⟨zeitl.⟩ *während, innerhalb eines bestimmten Zeitraumes* ◆ den ganzen Tag hindurch; quer durch den Wald hindurch

**hindurch...** ⟨in Zus.⟩ → *durch...*

**hinein** ⟨Adv.⟩ *von (hier) draußen nach (dort) drinnen, ins Innere* ◆ mitten hinein *in die Mitte (einer Gruppe, Masse);* ich habe bis tief in die Nacht hinein gelesen

**hinein...** ⟨in Zus. umg. a.⟩ *rein...*

**hineinbemühen** ⟨V.; hat⟩ **I** ⟨V. t.⟩ jmdn. hineinbemühen *jmdn. bitten, hineinzugehen;* ◆ darf ich Sie einen Augenblick mit hineinbemühen? **II** ⟨V. refl.⟩ sich hineinbemühen *so freundlich sein, hineinzugehen* ◆ wollen Sie sich bitte hineinbemühen

**hineinfinden** ⟨V. refl. 134; hat; fig.⟩ sich in eine Sache hineinfinden *sich mit einer Sache vertraut machen*

**hineinführen** ⟨V.; hat⟩ **I** ⟨V. t.⟩ *von (hier) draußen nach (dort) drinnen führen, geleiten* ◆ kommen Sie, ich führe Sie zu ihm hinein **II** ⟨V. i.⟩ *von (hier) draußen nach (dort) drinnen verlaufen* (Weg) ◆ führt diese Straße in die Stadt hinein?

**hineingehen** ⟨V. i. 145; ist⟩ **1** *von (hier) draußen nach (dort) drinnen gehen, ins Innere gehen, eintreten* **2** *hineinpassen, Platz haben in* ◆ es wird kühl, wir wollen hineingehen; in diesen Saal gehen 2000 Menschen hinein

**hineingeraten** ⟨V. i. 193; ist⟩ **1** *ohne es zu wollen, ins Innere od. in eine Gesellschaft gelangen* **2** *unfreiwillig in eine Angelegenheit* *verwickelt werden* ◆ ich weiß selbst nicht, wie ich hier hineingeraten bin

**hineinknien** ⟨V. refl.; hat; fig.; umg.⟩ sich in etwas hineinknien *eine Sache umfassend u. energisch bearbeiten, sich sehr gründlich damit befassen, sich in sie vertiefen*

**hineinkommen** ⟨V. i. 170; ist⟩ *von (hier) draußen nach (dort) drinnen kommen* ◆ darf ich hineinkommen, ⟨umg.⟩ 'reinkommen?

**hineinpassen** ⟨V.; hat⟩ **I** ⟨V. i.⟩ in etwas hineinpassen *für etwas passend sein, mit etwas harmonisieren* ◆ er passt in diese Gesellschaft nicht hinein; der Schlüssel passt nicht in das Schloss hinein **II** ⟨V. t.⟩ etwas hineinpassen in *einfügen in, passend machen für*

**hineinplatzen** ⟨V. i.; ist; fig.; umg.⟩ *unerwartet hinzukommen* ◆ ich platzte gerade in eine Kaffeegesellschaft hinein

**hineinreden** ⟨V. i.; hat⟩ *unbefugt dazwischenreden, sich einmischen in* ◆ ich lasse mir (in meine Angelegenheiten, Pläne) nicht hineinreden; sich in Wut hineinreden *während des Redens in Wut geraten*

**hineinsteigern** ⟨V. refl.; hat⟩ sich in etwas hineinsteigern *einen Gedanken od. ein Gefühl so übertreiben od. übertrieben ernst nehmen, dass man nicht mehr davon loskommt* ◆ du darfst dich in deinen Schmerz nicht so hineinsteigern

**hineinstürzen I** ⟨V. i.; ist⟩ **1** *von (hier) draußen nach (dort) drinnen stürzen* **2** ⟨fig.⟩ *überstürzt hineinlaufen* **II** ⟨V. t.; hat⟩ jmdn. in etwas hineinstürzen *jmdn. stoßen, dass er hineinfällt* **III** ⟨V. refl.; hat⟩ sich hineinstürzen *hineinspringen* ◆ er lief zum See und stürzte sich kopfüber hinein

**hineinversetzen** ⟨V. refl.; hat⟩ sich in etwas, in jmdn. hineinversetzen *sich vorstellen, man befinde sich in einer bestimmten Lage od. in jmds. Lage*

**hineinwachsen** ⟨[-ks-] V. i. 272; ist⟩ **1** *durch Wachsen allmählich hineinpassen* **2** ⟨fig.⟩ *allmählich mit etwas vertraut werden, es lieb gewinnen*

**hineinwagen** ⟨V. refl.; hat⟩ sich hineinwagen *es wagen, hineinzugehen*

**hineinziehen** ⟨V. 287⟩ **I** ⟨V. t.; hat⟩ *von (hier) draußen nach (dort) drinnen ziehen* ◆ jmdn. in eine Angelegenheit mit hineinziehen ⟨fig.; umg.⟩ *jmdn. mit in eine Angelegenheit verwickeln, ihn zwingen, sich damit zu befassen* **II** ⟨V. i.; ist⟩ *eine Wohnung nehmen in* ◆ in die Stadt hineinziehen *vom Land in die Stadt umziehen, von einem Außenbezirk in den Stadtkern ziehen*

**hinfahren** ⟨V. 130⟩ **I** ⟨V. i.; ist⟩ *an einen bestimmten Ort, zu einem Ziel fahren* ◆ wir wollen mit dem Auto, mit dem Zug hinfahren **II** ⟨V. t.; hat⟩ *mit einem Fahrzeug hinbringen* ◆ kannst du mich hinfahren?

**hinfallen** ⟨V. i. 131; ist⟩ *zu Boden fallen, stürzen;* Sy ⟨umg.⟩ *hinfliegen (2)* ◆ der Länge nach hinfallen

**hinfällig** ⟨Adj.⟩ *gegenstandslos, ungültig* (Vertrag) ◆ unsere Verabredung ist durch deinen Brief hinfällig geworden

**hinfliegen** ⟨V. i. 136; ist⟩ **1** *an einen bestimmten Ort, an ein Ziel fliegen* **2** ⟨umg.⟩ = *hinfallen* ◆ ich bin tüchtig hingeflogen ⟨umg.⟩; ich bin am Montag hingeflogen

**Hingabe** ⟨f. 19; unz.⟩ **1** *Opferfreudigkeit, Opferbereitschaft, Selbstaufopferung* **2** *das Sichhingeben* ◆ einen Kranken mit großer Hingabe pflegen; mit Hingabe Klavier spielen, üben ⟨scherzh.⟩ *ausdauernd u. gefühlvoll*

**hingeben** ⟨V. t. 143; hat⟩ *weggeben, verschenken, opfern* ◆ sich einer Sache (ganz) hingeben *sich für eine Sache aufopfern, sich ihr ausschließlich widmen;* sich einem Genuss hingeben *etwas bewusst genießen;* sich einer Hoffnung hingeben *fest auf etwas hoffen;* darüber gebe ich mich keinen Illusionen hin *darüber mache ich mir keine Illusionen*

**hingegen** ⟨Konj.⟩ *dagegen* ◆ er ist sehr sparsam, seine Schwester hingegen gibt gern Geld aus

**hingehen** ⟨V. i. 145; ist⟩ **1** *an einen bestimmten Ort, an ein Ziel gehen* **2** ⟨fig.⟩ *vergehen, verstreichen* (Zeit) ◆ ich habe gar keine Lust, hinzugehen; das Jahr ging hin, ohne dass etwas geschah ⟨fig.⟩

**hingehören** ⟨V. i.; hat⟩ *seinen bestimmten Platz haben, an einen bestimmten Platz gehören* ◆ das Buch gehört hier (nicht) hin; das Kind weiß gar nicht, wo es hingehört *es hat kein rechtes Zuhause*

**hinhalten** ⟨V. t. 160; hat⟩ **1** jmdm. etwas hinhalten *entgegenstrecken, -halten, anbieten, so halten, dass er es nehmen kann* **2** jmdn. hinhalten *warten lassen, vertrösten* **3** ⟨in der Wendung⟩ seinen Kopf für etwas hinhalten *für etwas einstehen, die Verantwortung für etwas übernehmen* ◆ jmdm. die Hand hinhalten; einem Tier ein Stück Zucker hinhalten; sie haben ihn wochenlang, immer wieder hingehalten

**hinhauen** ⟨V.; haute, hat gehauen⟩ **I** ⟨V. t.; umg.⟩ **1** *flüchtig niederschreiben* **2** *zornig wegwerfen, aufhören mit* ◆ eine Arbeit hinhauen; der Aufsatz ist nur hingehauen; das haut einen hin! ⟨fig.⟩ *da bin ich sprachlos!, das ist ja allerhand!* **II** ⟨V. refl.; umg.⟩ sich hinhauen *sich langlegen, sich zum Ausruhen hinlegen* **III** ⟨V. i.⟩ **1** *auf eine bestimmte Stelle hauen* **2** ⟨fig.; umg.⟩ *sich beeilen, schnell machen* **3** *glücken, richtig, in Ordnung sein, klappen, funktionieren* ◆ das haut hin *das geht (gut) so, ist in Ordnung;* das haut nicht hin *das geht so nicht, klappt nicht*

**hinhören** ⟨V. i.; hat⟩ *genau auf etwas hören, zuhören* ◆ hör doch hin, wenn man dir etwas sagt!

**Hinkelstein** ⟨m. 1⟩ *einzeln oder in Gruppen aufgestellter Stein aus der Jungsteinzeit*

**hinken** ⟨V. i.; hat/ist⟩ **1** *wegen ungleicher Länge der Beine schwankend gehen* **2** *einen Fuß beim Gehen schonen od. einen Fuß nachziehen, lahmen* ◆ der Vergleich hinkt ⟨fig.⟩ *beide Vergleichspunkte passen nicht zusammen, der Vergleich stimmt nicht;* er hat/ist eine Zeit lang auf dem rechten Fuß gehinkt

**hinkommen** ⟨V. i. 170; ist⟩ **1** *an einen bestimmten Ort kommen* **2** mit etwas hinkommen ⟨umg.⟩ *auskommen, (aus)reichen* ◆ als ich hinkam, war er schon fort; es wird schon hinkommen ⟨umg.⟩ *es wird schon gehen, es wird schon richtig werden;* ich komme mit meinem Geld, mit dieser Summe gut hin, nicht hin

**hinkriegen** ⟨V. t.; hat; umg.⟩ *zustande bringen, fertig bringen;* Sy *hinbiegen* ◆ das werden wir schon hinkriegen

**hinlänglich** ⟨Adv.⟩ *genügend, ausreichend* ◆ das ist mir hinlänglich bekannt

**hinlegen** ⟨V. t.; hat⟩ **1** *an eine bestimmte Stelle legen* **2** *weglegen, aus der Hand legen* ◆ hinlegen! ⟨militär. Kommando⟩ *sich auf den Boden werfen;* sich hinlegen *sich langlegen (zum Ausruhen, zum Schlafen), sich auf einem Lager ausstrecken;* er hat sich eine Weile hingelegt; ich lege das Kind abends um sieben Uhr hin *bringe es zu Bett*

**hinnehmen** ⟨V. t. 187; hat⟩ *dulden, ertragen, sich gefallen lassen* ◆ eine Beleidigung hinnehmen

**hinreichend** ⟨Adj.⟩ *ausreichend, genügend* ◆ hinreichender Tatverdacht

**hinreisen** ⟨V. i.; ist⟩ *an einen bestimmten Ort reisen, zu einem Ziel reisen*

**hinreißen** ⟨V. t. 195; hat⟩ *entzücken, begeistern* ◆ seine Rede riss alle Zuhörer hin; sich hinreißen lassen *sich von seinen (negativen) Gefühlen überwältigen lassen;* ich habe mich leider hinreißen lassen, ihn zu ohrfeigen

**hinreißend** ⟨Adj.⟩ *entzückend, überwältigend schön, begeisternd*

**hinrichten** ⟨V. t.; hat⟩ jmdn. hinrichten *die Todesstrafe an jmdm. vollstrecken* [seit dem 16. Jh.; urspr. „zugrunde richten, verderben"]

**Hinrichtung** ⟨f. 20⟩ *Vollstreckung der Todesstrafe*

**hinsagen** ⟨V. t.; hat⟩ etwas hinsagen *etwas sagen, ohne es wirklich zu meinen*

**hinschauen** ⟨V. i.; hat⟩ *in eine bestimmte Richtung, an eine bestimmte Stelle schauen* ◆ angestrengt, genau hinschauen; du musst schon richtig hinschauen *du musst es genau ansehen, betrachten*

**hinschleppen** ⟨V.; hat⟩ **I** ⟨V. t.; umg.⟩ *an einen bestimmten Ort, zu einem Ziel schleppen* ◆ soll ich das alles allein hinschleppen? **II** ⟨V. refl.⟩ **1** sich hinschleppen *sich mühsam fortbewegen, vor Müdigkeit, vor Schwäche nur mühsam hingehen* (Person) **2** *sich lange verzögern, langsam verlaufen* (Prozess)

**hinsehen** ⟨V. i. 235; hat⟩ *etwas Bestimmtes ansehen, bei etwas zusehen* ◆ ich kann nicht länger hinsehen; vom bloßen Hinsehen wird mir schlecht

**Hinsicht** ⟨f.; -; unz.⟩ *Beziehung* ◆ in dieser Hinsicht habe ich gar keine Sorgen; in gewisser, mancher Hinsicht hat er ja Recht, aber ...; es war in jeder Hinsicht richtig, falsch, was du getan hast

**hinsichtlich** ⟨Präp. m. Gen.⟩ *was ... betrifft* ◆ ich habe hinsichtlich der Idee noch Bedenken

**Hinspiel** ⟨n. 11; Sp.; bes. Fußb.⟩ *erstes von zwei vereinbarten Spielen zweier Mannschaften, aus deren Summe (bei Wettkämpfen) der Gewinner ermittelt wird;* Ggs *Rückspiel*

**hinstellen** ⟨V. t.; hat⟩ **1** *an einen bestimmten Platz stellen, niederstellen* **2** etwas od. jmdn. hinstellen als ⟨fig.⟩ *bezeichnen als, bewerten als, so schildern, als ob ...* ◆ ich stell' mich doch nicht zwei Stunden hin und warte! ⟨umg.⟩; hier möchte ich den Tisch und dort den Sessel hinstellen; jmdn. als Betrüger hinstellen

**hinstrecken** ⟨V. t.; hat⟩ **1** jmdm. etwas hinstrecken *entgegenstrecken, hinhalten, hinreichen* (Gegenstand, Haus) **2** jmdn. hinstrecken ⟨poet.⟩ *töten* ◆ jmdm. einen Gegenstand hinstrecken; jmdm. die Hand hinstrecken

**hinten** ⟨Adv.⟩ *auf der Rückseite, am Ende, an letzter Stelle* ◆ sich hinten **anschließen,** anstellen (vor Schaltern usw.) *am Ende der Reihe Wartender anstellen;* hinten **bleiben** *am Ende bleiben, zurückbleiben;* ich **habe** hinten keine Augen!, ich kann doch hinten nichts sehen! *(Verteidigung bei einem Zusammenstoß, beim Vorwurf der Unachtsamkeit);* hinten **'runterfallen** ⟨fig.; umg.; eigtl.⟩ *hinunterfallen, benachteiligt werden, den Kürzeren ziehen* ◆ ich habe die Zeitung von vorn **bis** hinten gelesen *sehr gründlich gelesen;* hinten **im** Auto sitzen *auf dem Rücksitz;* **nach** hinten *zurück, ans Ende;* bitte gehen Sie nach hinten!; mit dem Stuhl nach hinten über-, umkippen; **von** hinten *von der Rückseite, vom Ende her;* sich hinten und **vorn** bedienen lassen ⟨umg.⟩ *sich von allen, sich sehr viel bedienen lassen, nichts selbst tun;* es stimmt hinten und vorn nicht ⟨umg.⟩ *es stimmt überhaupt nicht* [< ahd. *hintana*]

**hintendrauf** ⟨Adv.; umg.⟩ **1** *auf die Rückseite, auf etwas, hinter jmdm* **2** *auf den Hintern* ◆ ich schreibe es hintendrauf; setz dich, stell dich hintendrauf!; du bekommst gleich ein paar hintendrauf!

**hintenherum** ⟨Adv.⟩ **1** *um die hintere Seite* **2** ⟨fig.; umg.⟩ *heimlich, auf versteckte Weise,*

*auf Umwegen* ◆ Waren hintenherum bekommen ⟨fig.; umg.⟩ *über das Kontingent hinaus, heimlich und illegal, im Schwarzhandel*
**hintenüber** ⟨Adv.⟩ *nach hinten, rückwärts* ◆ er fiel mit dem Stuhl hintenüber
**hinter I** ⟨Präp.; mit Dat. auf die Frage wo?; mit Akk. auf die Frage wohin?⟩ *auf der Rückseite, im Rücken von, auf die Rückseite von* ◆ hinter dir, mir, hinter dich, mich; ich habe ein paar anstrengende Tage hinter mir *erlebt, verbracht;* wir hatten den Wald kaum hinter uns gelassen, als ...; er steht hinter ihm ⟨fig.⟩ *er unterstützt ihn;* vor und hinter uns war niemand zu sehen; zwei Kilometer hinter sich haben *bereits zwei Kilometer gegangen sein;* jmdn. hinter sich lassen *jmdn. überholen,* ⟨a. fig.⟩ *im Hinblick auf seine Leistungen besser sein;* einer hinter dem anderen *hintereinander, einer nach dem anderen, der Reihe nach;* sich hinter einem **Baum** verstecken; hinter seinem **Gerede** steckt nicht viel *sein G. hat nicht viel zu bedeuten* ◆ hinter einem Mädchen **her sein** *ein Mädchen heftig umwerben;* er ist sehr hinter seinen Sachen her *er achtet sehr auf seine Sachen, hält sie gut instand, in Ordnung;* hinter einem Verbrecher her sein *ihn verfolgen, ihn suchen, nach ihm fahnden* **II** ⟨Adj.⟩ **1** *letzt, rückwärtig* **2** *hinten, am Ende, auf der Rückseite befindlich* ◆ die hinteren Reihen; die hinterste Reihe
**Hinterachse** ⟨[-ks-] f. 19⟩ *hintere Achse, Achse der Hinterräder;* Ggs *Vorderachse*
**Hinterbliebene(r)** ⟨f. 30 (m. 29)⟩ *Angehörige(r) eines Verstorbenen*
**Hinterdeck** ⟨n. 15 od. n. 11⟩ = *Achterdeck*
**hintereinander** ⟨Adv.⟩ *einer hinter dem anderen, nacheinander, der Reihe nach* ◆ vierzehn Tage hintereinander *14 Tage lang ununterbrochen;* sich hintereinander aufstellen; hintereinander hergehen; ⟨El.⟩ hintereinander schalten *in Reihenschaltung schalten*
**Hintereinanderschaltung** ⟨f. 20; El.⟩ = *Reihenschaltung*
**hinterfragen** ⟨V. t.; hat⟩ etwas hinterfragen *nach der Entstehungsursache, den Hintergründen von etwas fragen, es im Hinblick darauf untersuchen*
**Hintergedanke** ⟨m. 26⟩ *Gedanke in bestimmter Absicht* ◆ als er das sagte, hatte er einen boshaften Hintergedanken; ohne Hintergedanken *rückhaltlos, ganz offen*
**hintergehen** ⟨V. t. 145; hat⟩ jmdn. hintergehen *betrügen, täuschen*
**Hintergrund** ⟨m. 1u⟩ **1** *der am weitesten entfernte Teil dessen, was man sieht* **2** *mithilfe der Perspektive von den Hauptgegenständen des Vorder- u. Mittelgrundes abgeteilter Bildraum (mit scharfen od. fließenden Grenzen)* **3** *hinterer Bühnenteil, den Bühnenraum nach hinten abschließende Dekoration, Prospekt* **4** ⟨fig.⟩ *verborgener od. wenig hervortretender Zusammenhang* ◆ der Roman hat einen **historischen** Hintergrund; die Angelegenheit hat **politische** Hintergründe, hat einen politischen Hintergrund ◆ den Hintergrund **für** das Drama bildet die Reformation(szeit); **im** Hintergrund des Bildes sieht man ...; noch etwas im Hintergrund haben ⟨fig.⟩ *noch eine geheime Absicht, einen Plan haben, noch eine Überraschung haben;* sich im Hintergrund halten *sich nicht bemerkbar machen, nicht in Erscheinung treten* (Person); im Hintergrund stehen ⟨fig.⟩ *unbeachtet, wenig beachtet sein;* in den Hintergrund treten *an Bedeutung verlieren, verblassen, abnehmen, schwinden;* in den Hintergrund drängen *der allgemeinen Beachtung entziehen*
**hintergründig** ⟨Adj.⟩ *schwer durchschaubar* ◆ hintergründige Absichten; ein hintergründiger Mensch; hintergründig lächeln

H

**Hinterhalt** ⟨m. 1⟩ **1** *Versteck, um jmdn. zu überfallen* **2** *Falle für den Gegner* ◆ aus dem Hinterhalt hervorstürzen; in einen Hinterhalt geraten; im Hinterhalt liegen
**hinterhältig** ⟨Adj.⟩ **1** *tückisch, lauernd, hinterlistig* **2** *boshaft*
**Hinterhand** ⟨f. 7u⟩ **1** ⟨Reiten⟩ *Hinterbein mit Hinterbacke (beim Pferd);* Ggs *Vorhand (1.2)* **2** ⟨Kart.⟩ *der zuletzt ausspielende Spieler;* Ggs *Vorhand (2)*
**hinterher** ⟨Adv.⟩ *danach, später, nachträglich* ◆ jmdm. hinterher (noch) Vorwürfe machen; und hinterher bereust du es; hinterher ist es leicht, Mut zu zeigen; hinterher sieht alles oft ganz anders aus; hinterher sein: ich bin sehr hinterher, dass die Kinder rechtzeitig schlafen gehen *auf etwas sorgsam bedacht sein, achten*
**hinterherkommen** ⟨V. i. 170; ist⟩ *nachkommen, später kommen, als Letzter kommen*
**hinterherlaufen** ⟨V. i. 175; ist⟩ *eilends folgen* ◆ einer Frau hinterherlaufen *ihr (ohne viel Erfolg) den Hof machen, sie umwerben*
**Hinterhof** ⟨m. 1u⟩ *von Hinterhäusern eingeengter, sonnenarmer Hof*
**Hinterkopf** ⟨m. 1u⟩ *hinterer Teil des Kopfes* ◆ auf den Hinterkopf stürzen
**Hinterlader** ⟨m. 3⟩ *Schusswaffe, die vom hinteren Ende des Laufs od. Rohres geladen wird;* Ggs *Vorderlader*
**Hinterland** ⟨n. 12u; unz.⟩ **1** *Land hinter einer Küste od. Flussmündung im Hinblick auf seine Nutzbarkeit* **2** *Absatzgebiet eines Hafens* **3** *von Deichen geschütztes Binnenland*
**hinterlassen** ⟨V. t. 174; hat⟩ **1** jmdm. etwas hinterlassen *für einen anderen zurücklassen* **2** jmdm. testamentarisch etwas hinterlassen *vererben;* Sy *nachlassen (I, 4)* ◆ er hat bei seinem Weggang ein großes Durcheinander hinterlassen; hinterlassene Werke *postume, erst nach dem Tode des Verfassers veröffentlichte Werke*
**Hinterlassenschaft** ⟨f. 20⟩ **1** *Nachlass, Erbschaft* **2** *alles, was zurückgelassen worden ist* ◆ jmds. Hinterlassenschaft antreten *jmds. Erbschaft antreten;* ⟨fig.⟩ *jmds. (unvollendete) Arbeit übernehmen*
**Hinterlauf** ⟨m. 1u; Jägerspr.⟩ *Hinterbein* (beim Haarwild außer Bär, Dachs, Marder); Ggs *Vorderlauf*
**hinterlegen** ⟨V. t.; hat⟩ **1** *sicherstellen, verwahren lassen* (Handgepäck, Schmuck) **2** *als Pfand zurücklassen* (Geld, Summe)
**Hinterleib** ⟨m. 2⟩ *hinterer Teil (des Tierleibes, bes. der Insekten)*
**hinterlistig** ⟨Adj.⟩ *tückisch, falsch, unaufrichtig, hinterhältig, lauernd*
**hinterm** ⟨Verschmelzungsform aus Präp. u. Art.⟩ = *hinter dem*
**Hintermann** ⟨m. 2u; Pl.a.: -leute⟩ **1** *jmd., der hinter einem sitzt od. steht* **2** ⟨fig.⟩ *geheimer Ratgeber, jmd., der einen anderen heiml. unterstützt, lenkt* **3** *heiml. Gewährsmann* **4** Hinterleute ⟨Pl.; Sp.; umg.⟩ *Abwehrspieler* ◆ mein Hintermann (in der Warteschlange)
**Hintern** ⟨m. 4; umg.⟩ = *Gesäß* ◆ jmdm. den Hintern versohlen *jmdn. verhauen;* ein paar auf den Hintern bekommen (Kind) *Schläge bekommen;* sich auf den Hintern setzen *hinfallen;* ⟨fig.⟩ *energisch arbeiten;* ich könnt' mich in den Hintern beißen, weil ich das (nicht) getan habe *ich bereue es sehr*
**Hinterpfote** ⟨f. 19; bei Vierfüßern⟩ *Pfote des Hinterbeins;* Ggs *Vorderpfote*
**Hinterradantrieb** ⟨m. 1; unz.; bei Kfz⟩ *Antrieb der hinteren Räder* (eines Kraftwagens); Ggs *Vorderradantrieb*
**hinterrücks** ⟨Adv.⟩ *von hinten* ◆ jmdn. hinterrücks erstechen
**hinters** ⟨Verschmelzungsform aus Präp. u. Art.⟩ = *hinter das*

**Hinterseite** ⟨f. 19⟩ **1** = *Rückseite* **2** ⟨umg.; scherzh.⟩ = *Gesäß*
**Hintersinn** ⟨m. 1; unz.⟩ *Nebensinn, geheime Nebenbedeutung*
**hintersinnig** ⟨Adj.⟩ *schwermütig, trübsinnig*
**Hinterteil** ⟨n. 11; umg.⟩ = *Gesäß*
**Hintertreffen** ⟨n.; -s; unz.; nur in den Wendungen⟩ ins Hintertreffen geraten, kommen, im Hintertreffen sein *Nachteile haben*
**Hintertür** ⟨f. 20⟩ **1** *hintere Eingangstür, Tür an der Rückseite des Hauses;* Ggs *Vordertür* **2** ⟨fig.⟩ *Ausweg, Umweg* ◆ durch eine Hintertür hereinkommen *auf Umwegen hereinkommen, etwas auf U. erreichen;* ⟨fig.⟩ sich eine Hintertür offen halten *eine Ausflucht, Ausrede, Rückzugsmöglichkeit bereithalten*
**Hinterwäldler** ⟨m. 3; abwertend⟩ *ungeschliffener, weltfremder, einfältiger Mensch*
**hinterziehen** ⟨V. t.; hat⟩ *unterschlagen, nicht angeben, nicht melden* ◆ er hat Steuern hinterzogen
**Hinterziehung** ⟨f. 20⟩ *Unterschlagung* (Steuerhinterziehung)
**hintreten** ⟨V. i. 263⟩ vor jmdn. hintreten *sich vor jmdn. stellen*
**hinüber** ⟨Adv.⟩ *von hier nach drüben, von dieser Seite auf die andere Seite, von diesem Raum in den anderen Raum* ◆ hinüber und herüber; hinüber sein: ⟨umg.⟩ die Schuhe sind (völlig) hinüber *verbraucht, abgenutzt;* ⟨derb⟩ er ist hinüber *tot, gestorben*
**hinüber...** ⟨in Zus. umg. a.⟩ *rüber...*
**hinüberbringen** ⟨V. t. 118; hat⟩ *auf die andere Seite, in den anderen Raum bringen* ◆ bring ihm bitte den Kaffee hinüber
**hinüberfahren** ⟨V. 130⟩ **I** ⟨V. i.; ist⟩ *auf die andere Seite fahren* ◆ wir wollen heute rasch nach Österreich hinüberfahren **II** ⟨V. t.; hat⟩ *mit einem Fahrzeug hinüberbringen*
**hinüberführen** ⟨V.; hat⟩ **I** ⟨V. t.⟩ *auf die andere Seite, in den anderen Raum führen* ◆ die alte Frau traut sich nicht, über die Straße zu gehen, lauf und führ sie hinüber **II** ⟨V. i.⟩ **1** *auf die andere Seite verlaufen* (Weg, Brücke) **2** *den Weg in einen anderen Raum öffnen* ◆ ein Steg führt über den Bach hinüber
**hinüberkommen** ⟨V. i. 170; ist⟩ *auf die andere Seite, in den anderen Raum, die andere Wohnung kommen* ◆ danke, ich komme allein hinüber; wir kommen heute Abend zu euch hinüber *wir besuchen euch*
**hinüberreichen** ⟨V.; hat⟩ **I** ⟨V. i.⟩ **1** *von dieser Seite bis auf die andere Seite reichen, greifen können* **2** *eine Länge haben bis (dort) hinüber* ◆ das Seil reicht bis (auf die andere Seite) hinüber **II** ⟨V. t.⟩ jmdm. etwas hinüberreichen *hinübergeben* ◆ bitte reich ihm das Fleisch hinüber (bei Tisch)
**hinüberspringen** ⟨V. i. 248; ist⟩ **1** *auf die andere Seite springen* **2** ⟨umg.⟩ *hinüberlaufen* ◆ bitte spring schnell zum Bäcker hinüber und hol Brot ⟨umg.⟩
**hin und her** → *hin*
**hinunter** ⟨Adv.⟩ *von (hier) oben nach (dort) unten* ◆ hinauf und hinunter
**hinunter...** ⟨in Zus. umg. a.⟩ *runter...*
**hinunterdürfen** ⟨V. i. 124; hat; umg.⟩ *hinuntergehen dürfen* ◆ darf ich jetzt zum Spielen (in den Garten) hinunter?
**hinunterkönnen** ⟨V. i. 171; hat; umg.⟩ *hinunterkommen, -klettern, -steigen, -fahren können* ◆ der Weg ist sehr vereist, wir können leider nicht in die Stadt hinunter
**hinunterschlucken** ⟨V. t.; hat⟩ *in den Magen befördern, schlucken* ◆ einen Bissen, eine Pille hinunterschlucken; seinen Ärger hinunterschlucken ⟨fig.⟩ *überwinden, für sich behalten, nicht merken lassen*
**hinunterstoßen** ⟨V. t. 257; hat⟩ *von (hier) oben nach (dort) unten stoßen* ◆ jmdn. die Treppe hinunterstoßen

**hinunterstürzen I** ⟨V. i.; ist⟩ *von (hier) oben nach (dort) unten stürzen* ◆ die Treppe hinunterstürzen; er ist von diesem Fenster (auf die Straße) hinuntergestürzt **II** ⟨V. t.; hat⟩ **1** jmdn. hinunterstürzen *jmdn. so stoßen, dass er in die Tiefe stürzt* **2** ein Glas Wein hinunterstürzen *hastig, gierig trinken, in einem Zuge leeren* **III** ⟨V. refl.; hat⟩ sich hinunterstürzen *hinunterspringen, um Selbstmord zu begehen*

**hinwagen** ⟨V. refl.; hat; umg.⟩ sich hinwagen *es wagen, hinzugehen* ◆ nach diesem Vorfall kann ich mich nicht mehr zu ihm hinwagen

**hinweg** ⟨Adv.⟩ *weg, fort von hier* ◆ über etwas hinweg sein *etwas überwunden haben;* ich bin über die Enttäuschung hinweg

**Hinweg** ⟨m. 1⟩ *Weg zum Ziel, Hinreise* ◆ auf dem Hinweg, Hin- und Herweg, Hin- und Rückweg

**hinweg...** ⟨in Zus.⟩ → *fort..., weg...*

**hinweggehen** ⟨V. i. 145; ist; fig.⟩ über etwas hinweggehen *etwas nicht beachten, absichtlich überhören od. übersehen* ◆ sie ging schweigend über seine Bemerkung hinweg

**hinwegkommen** ⟨V. i. 170; ist⟩ über etwas hinwegkommen *etwas überwinden* ◆ sie ist über den Verlust gut hinweggekommen

**hinwegsehen** ⟨V. i. 235; hat⟩ über etwas hinwegsehen **1** *über etwas sehen, schauen* **2** ⟨fig.⟩ *etwas absichtlich nicht beachten, kein Wort darüber verlieren* ◆ er konnte über die Köpfe der vor ihm Stehenden hinwegsehen; dass er mich nicht begrüßt hat, darüber will ich noch hinwegsehen, aber ...

**hinwegsetzen** ⟨V. refl.; hat; fig.⟩ sich über etwas hinwegsetzen *etwas übergehen, bewusst außer Acht lassen*

**Hinweis** ⟨m. 1⟩ **1** *Wink, Fingerzeig, Andeutung, Angabe* **2** *Warnung* ◆ könnten Sie mir einen Hinweis geben, was ich tun soll?; ein brauchbarer, guter, wertvoller Hinweis

**hinweisen** ⟨V. i. 277; hat⟩ auf etwas hinweisen **1** *auf etwas zeigen* **2** ⟨fig.⟩ *auf etwas anspielen, verweisen, etwas zu verstehen geben* ◆ auf Gefahren hinweisen; es besteht Veranlassung, darauf hinzuweisen, dass ...; ich möchte nachdrücklich darauf hinweisen, dass ...; hinweisendes Fürwort *Demonstrativpronomen*

**hinwerfen** ⟨V. t. 281; hat⟩ **1** *an einen bestimmten Platz werfen* **2** ⟨umg.⟩ *fallen lassen, zu Boden werfen* ◆ seine Arbeit hinwerfen *vorzeitig beenden, gelangweilt od. verärgert damit aufhören*

**hinziehen** ⟨V. 287⟩ **I** ⟨V. t.; hat⟩ **1** *an einen bestimmten Ort, Platz, zu einem Ziel ziehen* **2** ⟨fig.⟩ *in die Länge ziehen, verzögern* ◆ wir wollen das Zusammensein nicht so lange hinziehen; es zieht mich immer wieder magisch zu diesem Platz, diesem alten Haus hin *ich möchte immer wieder dorthin gehen* **II** ⟨V. refl.; hat⟩ sich hinziehen bis **1** ⟨örtl.⟩ *sich erstrecken bis* **2** ⟨zeitl.⟩ *lange dauern, länger dauern als geplant* ◆ das Grundstück zieht sich bis zum Wald hin; die Versammlung zog sich endlos hin **III** ⟨V. i.; ist⟩ *an einen bestimmten Ort, in eine andere Stadt umziehen* ◆ er ist jetzt in Berlin, er ist vor zwei Monaten hingezogen

**hinzielen** ⟨V. i.; hat; fig.⟩ auf etwas hinzielen **1** *nach etwas (hin)streben* **2** *auf etwas od. jmdn. anspielen* ◆ seine Pläne zielen darauf hin, sich selbständig zu machen

**hinzu** ⟨Adv.⟩ *(noch) dazu, obendrein*

**hinzu...** ⟨in Zus.⟩ → *dazu...*

**hinzufügen** ⟨V. t.; hat⟩ **1** *ergänzend beifügen, beimischen* **2** *ergänzend dazu bemerken, dazusagen* ◆ „...“, fügte er hinzu; er fügte dem Vortrag noch einige interessante Einzelheiten hinzu; etwas erklärend hinzufügen

HIRNSTAMM

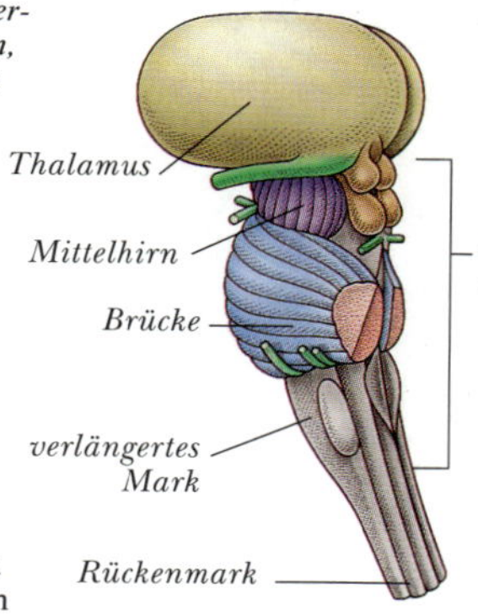


**hinzukommen** ⟨V. i. 170; ist⟩ **1** *dazu-, herankommen, zu den andern kommen* **2** *außerdem vorhanden sein, erwähnt werden müssen* ◆ ich kam gerade hinzu, als der Streit begann; hinzu kommt noch, dass er ja gar keinen Führerschein hat; es sind noch viele Teilnehmer hinzugekommen

**hinzuzählen** ⟨V. t.; hat⟩ *dazuzählen, zu den anderen Zahlen addieren*

**hinzuziehen** ⟨V. t. 287; hat⟩ *jmdn. zu Rate ziehen, konsultieren* (Arzt, Fachmann)

**Hiobsbotschaft** ⟨f. 20⟩ *Schreckensnachricht* [nach dem Buch *Hiob* im Alten Testament]

**hip** ⟨Adj.; nur präd.⟩ hip sein **1** *sich nach Drogenkonsum in einem Rauschzustand befinden* **2** ⟨allg.⟩ *zeitgemäß, modisch, im Trend sein* [engl.]

**Hiphop** ⟨m. 6; Mus.⟩ *Stilrichtung in der elektron. Popmusik, die Elemente der amerikan. Straßen- u. Subkultur enthält* [< engl. *hip* „Hüfte“ + *hop* „Sprung“]

**Hippie** ⟨m. 6⟩ *Angehörige(r) einer Gruppe, die durch einfaches Leben, gewaltlosen Widerstand u. z. T. Verwendung psychedelischer Drogen gegen die bürgerl. Gesellschaft protestiert* [amerik. Slang; zu engl. *hip* „klug, erfahren, eingeweiht“]

**hippokratisch** ⟨Adj.⟩ *von Hippokrates stammend, auf seiner Lehre beruhend* ◆ hippokratischer Eid *Grundlage der ärztl. Ethik;* ⟨früher⟩ *Eid auf die Vorschriften der Ärztezunft* [nach dem grch. Arzt *Hippokrates,* um 460-377 v. Chr., dem Begründer der wissenschaftl. Medizin u. ärztl. Ethik]

**Hippotherapie** ⟨f. 19; Pl. selten; Med.⟩ *Therapie, die körperliche od. seelische Schädigungen durch Reiten zu heilen versucht* [< grch. *hippos* „Pferd“ + *Therapie*]

**Hipster** ⟨m. 3⟩ **1** *jmd., der über alles Bescheid weiß, was modisch u. neu ist* **2** ⟨Mus.⟩ *Jazzfan* [engl.; zu *hip* „klug, erfahren, eingeweiht“]

**Hirn** ⟨n. 11⟩ **1** ► = *Gehirn* **2** ⟨fig.; umg.⟩ *Verstand, Kopf* ◆ sein Hirn anstrengen, sich sein Hirn zermartern (über) *scharf nachdenken, grübeln (über)* [< ahd. *hirni*]

**Hirnanhang** ⟨m. 1u⟩, **Hirnanhangsdrüse** ⟨f. 19; Anat.⟩ *Drüse innerer Sekretion der Wirbeltiere, die im Bereich des Zwischenhirns an der Schädelbasis liegt u. beim Menschen etwa kirschkerngroß ist: Glandula pituitaria;* Sy *Hypophyse*

**hirngeschädigt** ⟨Adj.⟩ *einen Schaden am Hirn aufweisend*

**Hirngespinst** ⟨n. 11⟩ *Traumgesicht, Fantasiegebilde, eingebildete Sache*

**Hirnhaut** ⟨f. 7u; Anat.⟩ = *Gehirnhaut*

**Hirnhautentzündung** ⟨f. 20; Med.⟩ = *Gehirnhautentzündung*

**hirnlos** ⟨Adj.⟩ **1** *ohne Hirn* **2** ⟨fig.; umg.⟩ *ohne Verstand, dumm*

**Hirnrinde** ⟨f. 19; Anat.⟩ *graue Substanz, die die Oberfläche von Vorder-, Mittel- u. Kleinhirn bildet; Cortex cerebri;* Sy *Kortex (2)*

**hirnrissig** ⟨Adj.; umg.⟩ *überaus engstirnig, unsinnig* ◆ eine hirnrissige Idee

**Hirnstamm** ⟨m. 1u; Anat.⟩ ▲ *Teil des Gehirns (ohne Großhirnmantel u. Kleinhirn)*

**hirnverbrannt** ⟨Adj.; -er, am -esten; umg.⟩ *verrückt, unsinnig* ◆ eine hirnverbrannte Idee

**Hirsch** ⟨m. 1; Zool.⟩ **1** ⟨i. w. S.⟩ ◄ *Angehöriger einer wiederkäuenden Paarhuferfamilie, deren Männchen meist ein Geweih tragen: Cer-*

## HIRSCHE

Hirsche gehören zu den Paarhufern und den Wiederkäuern. Ihr Verbreitungsgebiet erstreckt sich über Europa, Asien, Nord- und Südamerika. Mit Ausnahme des Rentiers tragen nur die männlichen Hirsche Geweihe, während der Paarungszeit verwenden sie diese als Waffen im Kampf um die Gunst der Weibchen. Hirsche leben in Herden mit komplexer Sozialstruktur.

ROTHIRSCH (*Cervus elaphus*)

DAMHIRSCH (*Cervus dama*)

RENTIER (*Rangifer tarandus*)

ELCH (*Alces alces*)

*vidai:* ► *Säugetiere* **2** ⟨i. e. S.⟩ *Europäischer* → *Rothirsch* ◆ der Hirsch schreit, röhrt; ein kapitaler, schwacher, starker Hirsch; lauernder Hirsch *Zielfigur im Schießsport* [< ahd. *hir(u)z*]

**Hirschkäfer** ⟨m. 3; Zool.⟩ ► *zu den Blatthornkäfern gehöriger, größter (bis 7 cm) einheimischer Käfer Mitteleuropas mit kräftigen, schwarzbraunen Flügeldecken und hirschgeweihähnlichen Kiefern beim Männchen: Lucanus cervus;* Sy *Hornschröter*

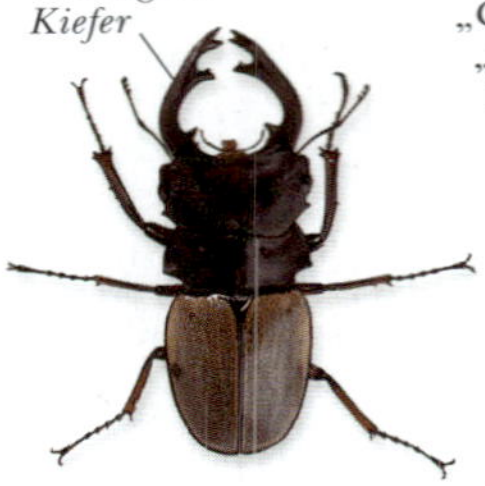


HIRSCHKÄFER
*(Lucanus cervus)*

**Hirse** ⟨f. 19; unz.⟩ *zur Familie der Gräser gehörige, kleine, runde Körner bildende, einjährige Getreideart, ausgezeichnet durch hohe Dürrefestigkeit* ◆ Echte Hirse, Gemeine Hirse: *Panicum miliaceum* [< ahd. *hirsi, hirso*]

**Hirsepilz** ⟨m. 1⟩ = *Sandröhrling*

**Hirt** ⟨m. 16⟩ *Hüter einer Tierherde* (Rinderhirt, Schafhirt, Ziegenhirt) ◆ wie der Hirt, so die Herde ⟨Sprichw.⟩ *ein guter (schlechter) Vorgesetzter hat auch gute (schlechte) Angestellte* [< ahd. *hirti,* engl. *(shep)herd*]

**Hirtenbrief** ⟨m. 1; kath. Kirche⟩ *bischöfl. Rundschreiben*

**Hirtendichtung** ⟨f. 20.; Lit.⟩ *arkadische, bukolische Dichtung, idyll. Dichtung aus der Welt der Hirten;* Sy *Schäferdichtung*

**Hirtenflöte** ⟨f. 19⟩ *einfache, meist selbst geschnitzte Flöte der Hirten;* → a. *Panflöte*

**Hirtengott** ⟨m. 2u; unz.; Myth.⟩ *Pan*

**Hirtenstab** ⟨m. 1u⟩ **1** *(Wander)Stock des Hirten* **2** ► = *Bischofsstab*

**Hirtentasche** ⟨f. 19⟩ *Tasche zum Umhängen, Schultertasche*

**Hirtin** ⟨f. 22⟩ *Hüterin einer Tierherde*

**Hirudin** ⟨n.; -s; unz.; Pharm.⟩ *Extrakt aus dem Kopf u. dem Schlund von Blutegeln, verzögert die Blutgerinnung* [< lat. *hirudo* „Blutegel"]

**his I** ⟨n.; -, -; Mus.⟩ *Tonbezeichnung, das um einen halben Ton erhöhte h* **II** ⟨Mus.; Abk. für⟩ *his-Moll (Tonartbezeichnung)*

**His I** ⟨n.; -, -; Mus.⟩ *Tonbezeichnung, das um einen halben Ton erhöhte H* **II** ⟨Mus.; Abk. für⟩ *His-Dur (Tonartbezeichnung)*

**Hisbollah** ⟨f.; -; unz.⟩ *radikale Organisation der Schiiten*

**His-Dur** ⟨n.; -, unz.; Mus.; Abk.: His⟩ *auf dem Grundton His beruhende Dur-Tonart*

**his-Moll** ⟨n.; -, unz.; Mus.; Abk.: his⟩ *auf dem Grundton his beruhende Moll-Tonart*

**hispanisch** ⟨Adj.⟩ *Spanien betreffend, zu ihm gehörig, aus ihm stammend* [nach *Hispanien,* dem Namen der Pyrenäenhalbinsel in der Antike]

**Hispanismus** ⟨m.; -, -men; Sprachw.⟩ *in eine andere Sprache übernommene Eigentümlichkeit der span. Sprache*

**hissen** ⟨V. t.; hat gehisst⟩ *hochziehen* (Flagge, Segel); Sy *heißen*[2] [< ndrl., nddt.; lautmalend]

**Histamin** ⟨n. 11; unz.; Biochem.⟩ *den Blutdruck senkendes Gewebehormon* (einer Ammoniakverbindung) [Kurzw. < *Hist*idin + *Amin,* das sich von der Aminosäure Histidin ableitet]

**Histidin** ⟨n.; -s; unz; Biochem.⟩ *eine Aminosäure* [< grch. *histion* „Gewebe"]

**histo..., Histo...** ⟨in Zus.⟩ *Gewebe* [< grch. *histion* „Gewebe"]

**Histogramm** ⟨n. 11⟩ *graf. Darstellung von Messwerten in Form nebeneinander gereihter Säulen, wobei die Höhe der einzelnen Säulen dem jeweiligen Messwert entspricht*

**Histologie** ⟨f. 19; unz.; Physiol.⟩ = *Gewebelehre* [< grch. *histion* „Gewebe" + *logos* „Kunde"]

**Historie** ⟨[-riə] f. 19⟩ **1** *Geschichte* **2** *Bericht, Kunde* [< lat. *historia* „Geschichte" < grch. *historia* „Wissen, Kunde"]

**Historienmalerei** ⟨f. 18; unz.⟩ *Geschichtsmalerei, Malerei mit Motiven aus der Geschichte, aus Sagen u. a.*

**Historik** ⟨f. 20; unz.⟩ *Lehre von der Methode der Geschichtswissenschaft* [→ *Historie*]

**Historiker** ⟨m. 3⟩ *Wissenschaftler, Student der Geschichtswissenschaft*

**historisch** ⟨Adj.⟩ **1** = *geschichtlich* **2** *schriftlich überliefert, verbürgt* ◆ historisches Drama, historischer Roman *D. bzw. R., in dem ein überliefertes Ereignis gestaltet ist;* historische Hilfswissenschaften *H. der Geschichtswissenschaft, z. B. Urkundenlehre, Wappenlehre, Siegelkunde, Münzkunde, Genealogie;* historische Landschaft *L., in der sich wichtige, schriftl. überlieferte Ereignisse abgespielt haben;* historischer Materialismus *nach kommunist. Lehre der auf die Entwicklung der Gesellschaft angewendete dialekt. Materialismus* [→ *Historie*]

**historisieren** ⟨V. t.; hat⟩ eine Sache historisieren *das Geschichtliche einer Sache betonen*

**Historismus** ⟨m.; -; unz.⟩ **1** *Denkweise, die die Erscheinungen des Lebens nur aus ihren historischen Gegebenheiten u. ihrer historischen Entwicklung zu verstehen u. zu erklären sucht* **2** *Überbetonung des Geschichtlichen einer Sache* [→ *Historie*]

**Historizität** ⟨f.; -; unz.⟩ *geschichtliche Beschaffenheit, Geschichtlichkeit*

**Hit** ⟨m. 6.⟩ **1** ⟨Mus.; umg.⟩ *erfolgreiches Musikstück, Schlager* **2** ⟨allg.⟩ *erfolgreiche Sache* **3** ⟨Drogenszene⟩ **3.1** *für einen Rauschzustand benötigte Drogendosis* **3.2** *schlagartiges Einsetzen von Drogenwirkungen* ◆ das Buch ist ein Hit [engl., „Treffer"]

**Hitech** ⟨['haitɛk] f.; -; unz.⟩ = *High Tech*

**Hitlerjugend** ⟨f.; -; unz.; Abk.: HJ; 1933-1945⟩ *nationalsozialist. Jugendorganisation*

**Hitparade** ⟨f. 19; Mus.⟩ **1** *Verzeichnis, Liste der erfolgreichsten (neuen) Hits* **2** *Sendung, in der Hits vorgestellt werden*

**Hitze** ⟨f.; -; unz.⟩ **1** *hohe Temperatur, große Wärme* **2** ⟨fig.⟩ *Leidenschaft, starke, zornige Erregung, Heftigkeit* ◆ drückende, glühende, tropische Hitze; in Hitze geraten ⟨fig.⟩ *sich erregen, sich aufregen, zornig werden;* in der ersten Hitze ⟨fig.⟩ *in der ersten Gefühlsaufwallung, in der ersten Erregung;* vor Hitze umkommen, vor Hitze vergehen *heftig schwitzen* [< ahd. *hizz(e)a*]

**hitzebeständig** ⟨Adj.⟩ *hohe Temperaturen vertragend* (Glas)

**hitzeempfindlich** ⟨Adj.⟩ *hohe Temperaturen nicht vertragend*

**hitzefrei** ⟨Adj.⟩ *arbeits-, schulfrei wegen großer Hitze* ◆ wir haben heute hitzefrei

**Hitzewelle** ⟨f. 19⟩ **1** *mehrere Tage od. Wochen anhaltendes sehr heißes Wetter* **2** *plötzl., mit Hitzegefühl verbundener Blutandrang zum Kopf (bei Frauen bes. in den Wechseljahren)*

**hitzig** ⟨Adj.⟩ **1** ⟨fig.⟩ *leidenschaftlich, ungestüm, heftig, jähzornig, aufbrausend* **2** *brünstig, läufig* (Hündin) ◆ hitzige Auseinandersetzung; hitziger Boden *für starkes Wachstum günstiger B.;* er wird schnell hitzig

**Hitzkopf** ⟨m. 1u⟩ *rasch aufbrausender, unbesonnener, ungestümer Mensch*

**hitzköpfig** ⟨Adj.⟩ *rasch aufbrausend, ungestüm* ◆ ein hitzköpfiger Kerl

**Hitzschlag** ⟨m. 1u; Med.⟩ *Übelkeit, Kopfschmerzen, Störungen von Atmung u. Kreislauf, Erbrechen, Reizerscheinungen im Gehirn, die sich bis zu Krämpfen steigern können, infolge großer Hitzeeinwirkung auf den menschl. Körper;* Sy *Hyperthermie*

**HIV** ⟨[ha:i'fau] m. od. n.; - od. -s; unz.; Med.⟩ *verantwortlicher Erreger der Aids-Krankheit* [Abk. für engl. *human immunodefiency virus* „menschliches Immunschwächevirus"]

**HIV-negativ** ⟨[ha:ifau-] Adj.; Med.⟩ *nicht mit dem HIV-Erreger infiziert*

**HIV-positiv** ⟨[ha:ifau-] Adj.; Med.⟩ *mit dem HIV-Erreger infiziert*

**Hiwi** ⟨m. 6⟩ **1** ⟨umg.; Kurzw. für⟩ *wissenschaftliche* → *Hilfskraft* („Hilfswissenschaftler") **2** ⟨umg.; abwertend⟩ *jmd., der Hilfsarbeiten verrichtet*

**HJ** ⟨Abk. für⟩ *Hitlerjugend*

**hl** ⟨Zeichen für⟩ *Hektoliter*

**hl., , Hl.** ⟨Abk. für⟩ *heilig, Heilige(r)*

**hll., , Hll.** ⟨Abk. für den Pl. von⟩ *heilig, Heilige(r)*

**hm** ⟨Zeichen für⟩ *Hektometer*

**h. m.** ⟨Abk. für lat.⟩ *huius mensis*

**H-Milch** ⟨f. 20; unz.⟩ *durch Hocherhitzen haltbar gemachte Milch* [H für *ultrahocherhitzt*]

**h-Moll** ⟨n.; -, unz.; Mus.; Abk.: h⟩ *auf dem Grundton h beruhende Moll-Tonart*

**Hobby** ⟨n.; -s, -s⟩ *Liebhaberei, Steckenpferd* [engl.]

**Hobbyraum** ⟨m. 1u⟩ *Bastelzimmer, Werkraum*

**Hobel** ⟨m. 5⟩ **1** ▼ *spanabhebendes Werkzeug mit einem Schneidemesser zum Glätten von Holzflächen, Metall, Steinen, Kunststoffen* **2** *Küchengerät zum Kleinschneiden, bes. von Kohl u. Gurken*

**hobeln** ⟨V. t.; hat⟩ *mit dem Hobel glatt machen* ◆ wo gehobelt wird, fallen Späne ⟨Sprichw.⟩ *man muss auch die (kleinen) Nachteile einer Sache in Kauf nehmen können* [< mhd. *hobeln* < mnddt. *höveln*]

**Hobelspan** ⟨m. 1u⟩ *abgehobelter Streifen Holz od. Stückchen Metall*

**hoc anno** ⟨Abk.: h. a.⟩ *in diesem Jahre* [lat.]

**hoc est** ⟨Abk.: h. e.⟩ *das ist, das heißt* [lat.]

**hoch** ⟨Adj.; höher, am höchsten⟩ **1** *von unten bis oben gemessen, sich nach oben erstreckend, in der Abmessung, Ausdehnung nach oben* **2** *in bestimmter Höhe (befindlich)* **3** ⟨Mus.⟩ *von hoher Schwingungszahl* (Ton) **4** ⟨Math.⟩ *zur Potenz erhoben* **5** *in der Rangordnung weit oben stehend* (Beamter, Offizier) **6** ⟨fig.⟩ *hervorragend, bedeutend, vornehm* (Ansehen) **7** *groß* (Gewinn, Verdienst) ◆ hoch! *(Preis-, Heilruf);* ein Höherer hat unser Schicksal in der Hand *Gott;* der hohe **Adel** *die obersten Adelsklassen;* hohes **Alter** *vorgeschrittenes A.;* dort werden hohe **Anforderungen** gestellt; ein hoher **Baum,** Berg; Hohe **Behörde** *leitendes Organ der Montanunion;* hoher **Besuch** ⟨umg.; scherzh.⟩ *vornehmer B.;* das hohe **C** ⟨Mus.⟩ *das C der zweigestrichenen Oktave;* es ist uns eine hohe **Ehre;** Karfreitag ist ein hoher **Feiertag;** er hat hohes **Fieber,** hohe Temperatur; die hohe **Frau** *die Fürstin;* höhere **Gewalt** *Naturgewalt(en), Geschehen, das man nicht ver-*

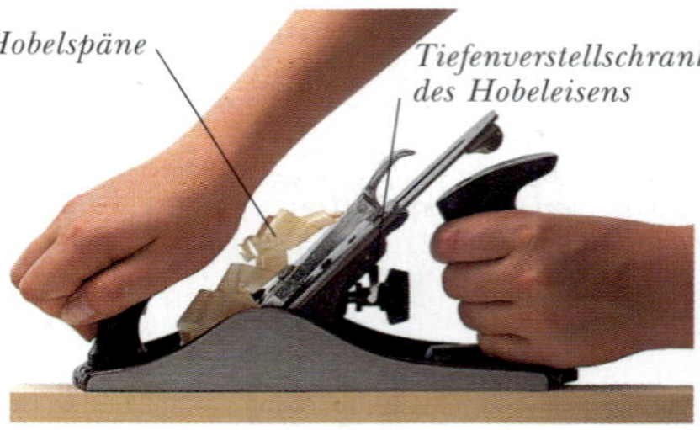


HOBEL

*hindern kann;* ⟨Rechtsw.⟩ *Ursache für eine Schädigung, die durch vernünftigerweise zu erwartende Vorsicht nicht abzuwenden ist;* das hohe **Haus** *das Parlament;* der hohe **Herr** *der Fürst;* ⟨scherzh.⟩ *jmd., vor dem man Respekt haben muss, sehr anspruchsvoller Mensch;* die hohen **Herrschaften** *der Fürst, König usw. u. seine Familie;* ⟨umg.; scherzh.⟩ *die Vorgesetzten, der Vorgesetzte u. seine Familie;* hohe **Jagd** *J. auf Hochwild;* Sy *Hochjagd; das jagdbare Hochwild selbst;* die höheren **Klassen** *die oberen K. der Schule; die oberen gesellschaftlichen Schichten;* eine hohe **Meinung** von etwas od. jmdm. haben *von etwas od. jmdm. viel halten;* das Haus ist zehn **Meter** hoch; eine hohe **Persönlichkeit;** Hohe **Pforte** *Wohnsitz u. Hof des türkischen Sultans; die türkische Regierung (bis 1924);* einen hohen **Rang** bekleiden; es liegt hoher **Schnee;** hohe **Schuhe** *Stiefel;* ⟨Sp.⟩ hohe **Schule** *bestimmte Art der Dressur des Reitpferdes;* ⟨fig.⟩ *der Weg zur Kunstfertigkeit, zur vollkommenen Beherrschung einer Kunst;* höhere Schule *Sch. auf der man das Abitur ablegen kann, Oberschule, Gymnasium;* hohe **See** *bewegtes, aufgewühltes Meer;* sie schwebt immer in höheren **Sphären** ⟨umg.; scherzh.⟩ *sie hat keinen Wirklichkeitssinn;* eine hohe **Stellung** bekleiden, einnehmen;eine hohe **Stimme,** Stirn haben; das Haus ist fünf **Stockwerke** hoch *das Haus hat fünf S.;* eine hohe **Strafe** erhalten *schwere S.;* die Hohe **Tatra,** die Hohen Tauern; höhere **Tochter** ⟨umg.; veraltet⟩ *wohl erzogene T. aus gutem Hause;* höhere **Töchterschule** ⟨schweiz.⟩ *Oberschule für Mädchen, Lyzeum;* drei **Treppen** hoch wohnen *im dritten Stockwerk, in der dritten Etage wohnen;* es ist hohe **Zeit** *es ist dringend (notwendig);* er muss hohe **Zinsen** zahlen ◆ jmdn. hoch **achten** *jmdn. große Achtung entgegenbringen;* **anrechnen:** ich rechne es Ihnen hoch an, dass Sie das getan haben *ich erkenne es sehr an;* höher **bieten** (auf Versteigerungen) *das letzte Angebot überbieten, mehr bieten;* das Flugzeug **fliegt** sehr hoch; die See **geht** hoch *das Meer ist bewegt, aufgewühlt;* 600 dürften nicht zu hoch **gegriffen** sein *es sind sicher nicht weniger als 600;* **hergehen:** dort ging es hoch her *dort wurde sehr fröhlich gefeiert;* wenn es hoch **kommt,** muss er 20 Mark zahlen *wenn man reichlich rechnet, höchstens, sicher nicht mehr als 20 Mark;* der Schnee **liegt** hoch; jmdn. hoch **schätzen** *sehr schätzen;* die Herzen **schlugen** höher *alle waren freudig erregt;* **sein:** das ist mir zu hoch ⟨fig.; umg.⟩ *das verstehe ich nicht* hoch **spielen** *mit großem Einsatz spielen;* die Sonne **steht** hoch (im Mittag, am Himmel); ein Instrument höher **stimmen** *die Tonhöhe steigern;* den Kopf, die Nase hoch **tragen** *eingebildet sein;* Preise höher **treiben** *gewaltsam steigern* ◆ 2 hoch 4 ($2^4$) *2 zur 4. Potenz erhoben, die 2 viermal als Faktor genommen, 2 x 2 x 2 x 2;* hoch **begabt** = *hochbegabt;* hoch **entwickelt** *in der Entwicklung weit fortgeschritten;* ein hoch **geachteter** Sportler *sehr geachteter S.;* hoch **gebildet** = *hochgebildet;* hoch **gelegen** *in großer Höhe (über dem Meeresspiegel);* sie hat hoch **gesteckte** Ziele, Pläne *ehrgeizig, nicht leicht zu erreichende Z., P.;* eine hoch **gestellte** Persönlichkeit *P., die bedeutend ist, hohes Ansehen genießt;* hoch **gewachsen** = *hochgewachsen;* hoch und **heilig** versprechen *ganz fest versprechen;* ⟨Chem.⟩ hoch **konzentriert** *einen Stoff in sehr großer Menge (gelöst) enthaltend;* Hoch und **Niedrig** *die Angehörigen der oberen Stände u. das Volk, jedermann;* eine hoch **stehende** Persönlichkeit *P. mit hoher gesellschaftl., beruflicher Stellung* ◆ ist dir der Stuhl hoch **genug?;** hoch **hinaus** wollen *ein hohes Ziel erreichen wollen;* hoch **oben** am Himmel, in den Bergen *sehr weit oben* ◆ dies Haus ist höher **als** jenes; **auf** höheren Befehl (hin) handeln *auf B. von oben, von vorgesetzter Stelle;* auf hoher See *auf offener S., auf dem Meer;* der Handel stand um diese Zeit **in** hoher Blüte; er warf das Glas in hohem Bogen aus dem Fenster *schwungvoll, heftig;* in hohem Grade, Maße *sehr, beträchtlich;* er war schon hoch in den Jahren *schon alt;* im hohen Norden *sehr weit im N. der Erdkugel;* er ist hoch in den Sechzigern *weit über 60 Jahre alt;* Schuhe **mit** hohen Absätzen; dieser Tisch ist (nicht) **so** hoch wie der andere; das Schloss liegt hoch **über** der Stadt *auf einem Berg bei der S.;* **von** hohem Rang; hoch **zu** Ross ⟨bes. scherzh.⟩ *auf dem Pferd, beritten* ◆ **wie** hoch ist das Haus?; wie hoch stehen die Aktien? *zu welchem Preis kann man A. kaufen bzw. verkaufen?;* wie hoch steht das Thermometer? *wie viel Grad zeigt das T.?* [< ahd. *hoh*]

**Hoch** ⟨n. 15⟩ **1** *Preisruf, Heilruf, Trinkspruch* **2** ⟨Meteor.⟩ *Hochdruckgebiet* ◆ ein (dreifaches) Hoch auf jmdn. ausbringen; barometrisches Hoch

**hoch...** **I** ⟨in Zus.; fig.⟩ *sehr* **II** ⟨in Zus. mit Verben⟩ → a. *aufwärts, hinauf*

**Hochachtung** ⟨f. 20; unz.⟩ *große Achtung, Wertschätzung* ◆ Hochachtung für jmdn. empfinden, vor jmdm. haben; mit vorzüglicher Hochachtung *(höfl. Schlussformel im Brief)*

**hochachtungsvoll** ⟨Adj.⟩ *mit (dem Ausdruck der) Hochachtung (nur noch als Schlussformel im Brief)*

**Hochadel** ⟨m. 5; unz.⟩ *die ältesten u. obersten Stufen des Adels*

**hochaktuell** ⟨Adj.⟩ *sehr, besonders aktuell*

**Hochamt** ⟨n. 12u; kath. Kirche⟩ *feierl. Messe mit Gesang* ◆ das Hochamt halten

**hochanständig** ⟨Adj.⟩ *sehr anständig*

**Hochbau** ⟨m.; -(e)s; unz.; Bauw.⟩ *Zweig der Bautechnik, in dem Bauten über der Erde, bes. vielgeschossige Häuser, ausgeführt werden;* Ggs *Tiefbau*

**hochbegabt** ⟨Adj.⟩ *sehr begabt;* oV *hoch begabt*

**hochbeglückt** ⟨Adj.⟩ *sehr beglückt*

**hochbetagt** ⟨Adj.; meist adv. gebraucht⟩ *sehr alt* ◆ sie starb hochbetagt

**Hochbetrieb** ⟨m. 1; unz.⟩ *sehr starker Betrieb, lebhaftes Treiben* ◆ es herrschte Hochbetrieb

**Hochbett** ⟨n. 27⟩ *Bett auf einem durch Pfosten gestützten Boden in Dreiviertelhöhe des Raumes*

**Hochblüte** ⟨f. 19; unz.; fig.⟩ *Höhepunkt einer kulturellen od. wirtschaftl. Entwicklung*

**hochbringen** ⟨V. t. 118; hat⟩ *wieder gesund u. leistungsfähig machen* ◆ einen Kranken wieder hochbringen; ein Unternehmen hochbringen *Leistung u. Ansehen eines U. steigern*

**hochbrisant** ⟨Adj.; umg.⟩ *sehr, äußerst brisant*

**Hochburg** ⟨f. 20⟩ **1** *Bollwerk* **2** ⟨fig.⟩ *Mittelpunkt, Brennpunkt von Bestrebungen* ◆ Hochburg einer polit. Partei *Gebiet mit dem größten Stimmenanteil bei einer Wahl*

**hochdeutsch** ⟨Adj.⟩ **1** *ober- u. mitteldeutsch* **2** hochdeutsche Sprache **2.1** *die ober- u. mitteldeutschen Mundarten, die sich durch die hochdeutsche Lautverschiebung von den niederdeutschen trennten* (althochdeutsch, mittelhochdeutsch, neuhochdeutsch) **2.2** *auf der Sprache der sächs. Kanzleien beruhende deutsche Schriftsprache*

**hochdienen** ⟨V. refl.; hat⟩ sich hochdienen *sich langsam hocharbeiten, durch Aufsteigen auf der beruflichen Stufenleiter eine höhere Position erreichen*

**Hochdruck** ⟨m. 1; unz.⟩ **1** ⟨Meteor.⟩ *hoher Luftdruck* **2** ⟨Tech.⟩ *Druck von Gasen u. Dämpfen über 100 bar bzw. 10 Pa* **3** ⟨Typ.⟩ ▼ *Druck(verfahren) mit erhabenen Lettern;* Sy *Buchdruck (2);* → a. *Tiefdruck, Drucken* **4** ⟨fig.; umg.⟩ *große Eile, viel Arbeit* **5** *Anspannung, Anstrengung aller Kräfte* ◆ mit Hochdruck arbeiten ⟨fig.⟩

**Hochdruckgebiet** ⟨n. 11; Meteor.⟩ *Gebiet hohen Luftdrucks;* Sy *Antizyklone*

**Hochebene** ⟨f. 19⟩ *ausgedehntes Flachland in größerer Höhe über dem Meeresspiegel;* Sy *Hochplateau;* Ggs *Tiefebene*

**hocherfreut** ⟨Adj.⟩ *sehr erfreut*

**hochexplosiv** ⟨Adj.⟩ *sehr explosiv*

**hochfahren** ⟨V. i. 130; ist; umg.⟩ **1** *hinauffahren* **2** *aufbrausen*

**hochfahrend** ⟨Adj.⟩ *stolz und aufbrausend*

**Hochfinanz** ⟨f. 20; unz.⟩ *Gesamtheit der führenden Geldleute eines Landes* (Bankbesitzer usw.)

**hochfliegend** ⟨Adj.⟩ *ehrgeizig, nach hohen Zielen strebend* ◆ hochfliegende Pläne

**Hochform** ⟨f. 20; unz.⟩ in Hochform sein *sehr gut in Form sein, auf dem Höhepunkt der Leistungsfähigkeit*

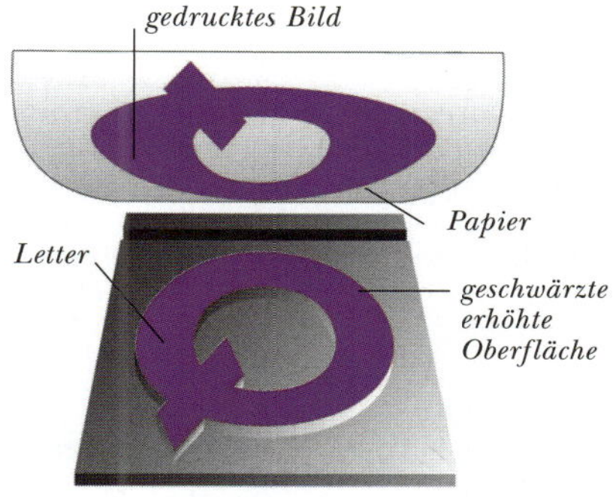


HOCHDRUCK

**Hochfrequenz** ⟨f. 20; El.; Abk.: HF.⟩ *elektromagnetische Schwingungen mit einer Schwingungszahl zwischen 10 kHz (= 30 km Wellenlänge) u. 300 MHz (= 1 m Wellenlänge)*

**hochgebildet** ⟨Adj.⟩ *sehr gebildet;* oV *hoch gebildet*

**Hochgebirge** ⟨n. 13⟩ *Gebirge von großer Höhe (über 1500 m)*

**Hochgefühl** ⟨n. 11; unz.⟩ *Gefühl von Glück u. Stolz, von glückl. Beschwingtheit*

**hochgehen** ⟨V. i. 145; ist⟩ **1** *in die Höhe schweben, aufsteigen* (Ballon) **2** *explodieren* **3** ⟨fig.; umg.⟩ *auffahren, seinem Zorn, Ärger laut Ausdruck verleihen, wütend werden* ◆ als ich es ihm sagte, ging er hoch; er ist hochgegangen ⟨fig.; umg.⟩ *er wurde verhaftet;* die Sache ist hochgegangen ⟨fig.; umg.⟩ *der Schwindel wurde aufgedeckt;* etwas hochgehen lassen ⟨umg.⟩ *etwas (durch ein Attentat) zerstören;* jmdn. hochgehen lassen ⟨umg.⟩ *jmdn. (durch Anzeige, Verrat) der Verhaftung preisgeben*

**hochgeistig** ⟨Adj.⟩ *geistig sehr hoch stehend, hohe geistige Ansprüche stellend, gedanklich höchst kompliziert* ◆ hochgeistige Gespräche

**Hochgenuss** ⟨m. 1u⟩ *ganz besonderer Genuss*

**hochgeschlossen** ⟨Adj.⟩ *bis zum Hals geschlossen* (Kleid)

**hochgespannt** ⟨Adj.⟩ **1** *unter Hochspannung stehend* **2** *unter hohem Druck stehend* (Dampf) **3** ⟨fig.⟩ *sehr gespannt* (Erwartung)

**hochgestellt** ⟨Adj.⟩ *nach oben gestellt, eine halbe Zeile höher gesetzt* (Buchstabe, Zahl); → a. *hoch*

**hochgestimmt** ⟨Adj.⟩ *froh gestimmt, froh u. zufrieden, froh u. erwartungsvoll*

H

**hochgestochen** ⟨Adj.⟩ **1** *geistig sehr anspruchsvoll* (Gesellschaft, Buch, Zeitschrift) **2** ⟨abwertend⟩ *hochtrabend, geschraubt* (Stil)
**hochgewachsen** ⟨[-ks-] Adj.⟩ *groß von Wuchs, groß u. schlank;* oV *hoch gewachsen*
**Hochglanz** ⟨m.; -es; unz.⟩ *funkelnder Glanz* ◆ einen Gegenstand auf Hochglanz polieren
**hochgradig** ⟨Adj.⟩ *in hohem Grade, sehr, stark, heftig, besonders* ◆ hochgradig nervös
**hochhalten** ⟨V. t. 160; hat⟩ **1** *in die Höhe, nach oben halten* **2** ⟨fig.⟩ *in Ehren halten, achten* ◆ jmds. Andenken hochhalten; er hielt das Bild hoch, damit alle es sehen konnten; die Fahne hochhalten ⟨fig.⟩ *die Ziele einer Gemeinschaft nicht aufgeben, einer G. (in Not, Gefahr) treu bleiben*
**hochherrschaftlich** ⟨Adj.⟩ *besonders vornehm* ◆ ein hochherrschaftliches Haus
**Hochherzigkeit** ⟨f. 20; unz.⟩ *hochherziges Wesen od. Verhalten*

## HOCHMOOR

Hochmoore entstehen dort, wo mehr Niederschlag fällt als abfließen kann. Unter diesen Bedingungen gedeihen vor allem Torfmoose der Gattung Sphagnum. Sie wachsen kontinuierlich von unten nach oben. Unten sterben sie ab und werden wegen des Sauerstoffmangels im Wasser nur unvollkommen zersetzt. Dabei verwandeln sie sich im Laufe der Jahrhunderte in Torf. Oben wachsen sie weiter, sodass am Ende das Hochmoor seine typische, uhrglasförmig gewölbte Form erhält.

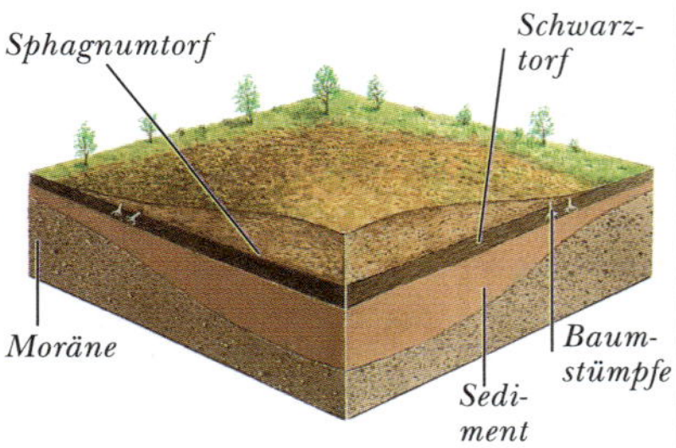


SCHNITT DURCH EIN HOCHMOOR

**hochinteressant** ⟨Adj.; umg.⟩ *sehr interessant*
**Hochjagd** ⟨f. 20; unz.⟩ = *hohe Jagd*
**hochkant** ⟨Adv.⟩ *auf die, auf der Schmalseite* ◆ eine Kiste hochkant stellen
**hochkarätig** ⟨Adj.⟩ **1** *von hohem Karat* (Edelstein) **2** *von hohem Gehalt an Edelmetall* (Goldlegierung) **3** ⟨fig.; umg.⟩ *hoch qualifiziert, wertvoll, sehr bedeutungsvoll* ◆ ein hochkarätiger Politiker, Experte
**hochkommen** ⟨V. i. 170; ist⟩ **1** *nach oben kommen, nach oben gelangen* (Bestrebung) **2** *aus einer Flüssigkeit auftauchen* **3** *gesund werden* **4** ⟨nord-, mitteldt.⟩ *hinauf-, heraufkommen* **5** ⟨fig.⟩ *sich aufraffen, sich moralisch aufrichten, Not überwinden* ◆ er ist nach seiner Krankheit einfach nicht mehr hochgekommen; deine Mutter hat gerufen, du sollst hochkommen!; es kommt mir hoch ⟨fig.; umg.⟩ *mir wird übel im Magen;* es kommt mir hoch, wenn ich so etwas sehe, höre ⟨fig.; umg.⟩ *es erregt meinen Abscheu, meinen Widerwillen*
**Hochkonjunktur** ⟨f. 20; unz.; Wirtsch.⟩ *Aufschwung im Konjunkturzyklus, Prosperität*
**hochkonzentriert** ⟨Adj.⟩ *geistig sehr angespannt, sehr aufmerksam, in eine Aufgabe od. einen Gegenstand völlig vertieft* ◆ er ist, arbeitet hochkonzentriert
**Hochkultur** ⟨f. 20⟩ *sehr hohe Kultur, Volk mit hoher Kultur* ◆ die antiken Hochkulturen
**Hochland** ⟨n. 12u⟩ **1** *über 200 m hoch liegendes Land;* Ggs *Tiefland* **2** *Gebirge*
**Hochlandrind** ⟨n. 12; Zool.⟩ ▼ *aus den schottischen Highlands stammende Rinderrasse mit zottigem Fell und langen, weit ausladenden Hörnern*
**hochleben** ⟨V. i.; nur im Inf. u. Konjunktiv⟩ *durch Hochrufe gefeiert werden* ◆ er lebe hoch! er soll hochleben; jmdn. hochleben lassen *jmdn. durch Hochrufe feiern*
**Hochleistung** ⟨f. 20⟩ *hohe Leistung(sfähigkeit)*
**hochmodern** ⟨Adj.⟩ *sehr modern*
**Hochmoor** ⟨n. 11⟩ ◄ *baumloses Moor aus Torfmoosen u. wenigen anderen Pflanzen, dessen mittlerer Teil sich im Laufe des Wachstums uhrglasförmig über seine Umgebung erhebt;* Ggs *Flachmoor*
**Hochmut** ⟨m.; -(e)s; unz.⟩ *übertriebener od. unberechtigter Stolz, Überheblichkeit, Dünkel* ◆ Hochmut kommt vor dem Fall ⟨Sprichw.⟩ *wer hochmütig ist, wird auch einmal gedemütigt* [< mhd. *hochmuot* „gehobene Stimmung, edle Gesinnung, Freude, hohes Selbstgefühl, Überheblichkeit, Stolz"]
**hochmütig** ⟨Adj.⟩ *übertrieben, unberechtigt stolz, sich besser, klüger dünkend als die anderen*
**hochnäsig** ⟨Adj.⟩ *unberechtigt stolz bei innerer Dummheit*
**hochnehmen** ⟨V. t. 187; hat; nord- u. mitteldt.⟩ **1** *auf den Arm nehmen* (Kind) **2** jmdn. hochnehmen ⟨fig.; umg.⟩ **2.1** *ausbeuten, übervorteilen* **2.2** *aufziehen, necken* **3** ⟨Gaunerspr.⟩ *verhaften*
**Hochneujahr** ⟨n. 11; unz.⟩ = *Hohneujahr*
**Hochofen** ⟨m. 4u⟩ ► *15-27 m hoher Ofen zur Erzeugung von Roheisen*
**hochpäppeln** ⟨V. t.; hat⟩ **1** *sorgsam aufziehen (Säugling, junges Tier)* **2** jmd. aufpäppeln *(nach einer Krankheit) bes. sorgsam pflegen u. ihm gut zu essen geben*
**Hochparterre** ⟨[-tɛr] n. 15⟩ *eine halbe Treppe hoch gelegenes Parterre, über einem Kellergeschoss liegendes Erdgeschoss*
**Hochplateau** ⟨[-to:] n. 15⟩ = *Hochebene*
**hochprozentig** ⟨Adj.⟩ *von hohem prozentualem Gehalt, bes. Alkoholgehalt* ◆ hochprozentiger Schnaps, hochprozentiges Bier
**Hochrad** ⟨n. 12u⟩ ► *alte Form des Fahrrades mit übermäßig großem Vorder- u. sehr kleinem Hinterrad*
**hochrechnen** ⟨V. t.; hat; Stat.⟩ *aus einer repräsentativen Menge statistischer Daten errechnen, meist zur Vorhersage eines Wahlergebnisses* ◆ ein Wahlergebnis hochrechnen
**hochrot** ⟨Adj.⟩ **1** *sehr rot, feuerrot* **2** *stark gerötet* ◆ sein Hals war hochrot entzündet

HOCHLANDRIND

**Hochruf** ⟨m. 1⟩ **1** *der Ruf „Hoch!"* **2** *jubelnder Zuruf*
**Hochsaison** ⟨[-zɛzɔ̃] f. 10⟩ = *Hauptsaison*
**Hochschätzung** ⟨f. 20; unz.⟩ *große Wertschätzung, große Achtung*
**hochschaukeln** ⟨V. t.; hat; umg.⟩ **1** *übertrieben wichtig nehmen, darstellen* **2** *unangemessen steigern* **3** sich (gegenseitig) hochschaukeln *sich (gegenseitig) immer mehr erregen*
**Hochschule** ⟨f. 19⟩ *Universität, wissenschaftl. Lehr- u. Forschungsanstalt mit Abitur als Voraussetzung u. Möglichkeit zur Promotion* ◆ technische Hochschule

## HOCHOFEN

Bei der Verhüttung von Eisenerzen reagiert der Koks im Hochofen mit Luftsauerstoff zu Kohlenmonoxid. Dieses verbindet sich mit dem Sauerstoff, der im Erz vorhanden ist, wobei aus dieser Reaktion Kohlendioxid und flüssiges Eisen hervorgehen. Der zugegebene Kalk entzieht dem Eisen Verunreinigungen und konzentriert sie in der Schlacke.

SCHNITT DURCH EINEN BLASHOCHOFEN

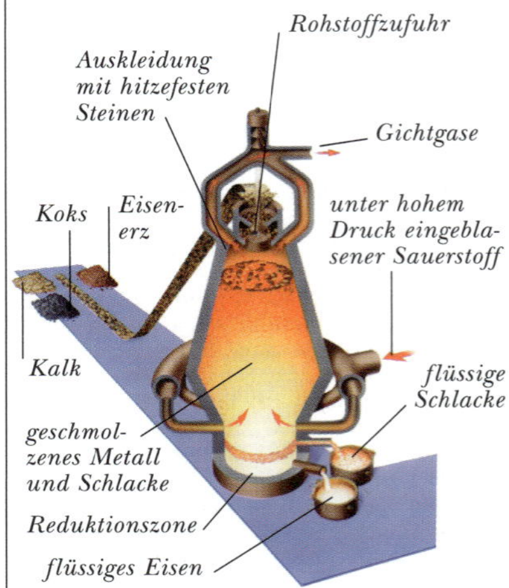


**Hochschulreife** ⟨f.; -; unz.⟩ *Schulabschluss (Abitur), der zum Studium an einer Hochschule berechtigt*
**Hochschulstudium** ⟨n.; -s; unz.⟩ *Studium an einer Hochschule*
**hochschwanger** ⟨Adj.⟩ *schwanger in weit vorgeschrittenem Stadium*
**Hochseeschifffahrt** ⟨f. 20; unz.⟩ *Schifffahrt auf der Hochsee nach allen Häfen der Welt*
**Hochsitz** ⟨m. 1⟩ = *Hochstand*
**Hochsommer** ⟨m. 3; unz.⟩ *Mitte des Sommers, heißeste Zeit des Jahres*
**Hochspannung** ⟨f. 20; unz.⟩ **1** *elektrische Spannung über 250 V gegen Erde bzw. über 1000 V Transformatorspannung;* Ggs *Niederspannung* **2** *Überdruck* **3** ⟨fig.⟩ *große Spannung, gespannte Erwartung* ◆ Vorsicht, Hochspannung! *(Aufschrift auf Warnschildern);* sich in Hochspannung befinden ⟨fig.⟩ *kurz vor einem heftigen Gefühlsausbruch stehen*
**hochspielen** ⟨V. t.; hat⟩ **1** jmdn. hochspielen *durch geschicktes Verhalten jmdn. in den Vordergrund, an die Öffentlichkeit bringen* **2** eine Angelegenheit (künstlich) hochspielen *wichtiger darstellen als sie ist;* Ggs *herunterspielen (2)*

HOCHRAD

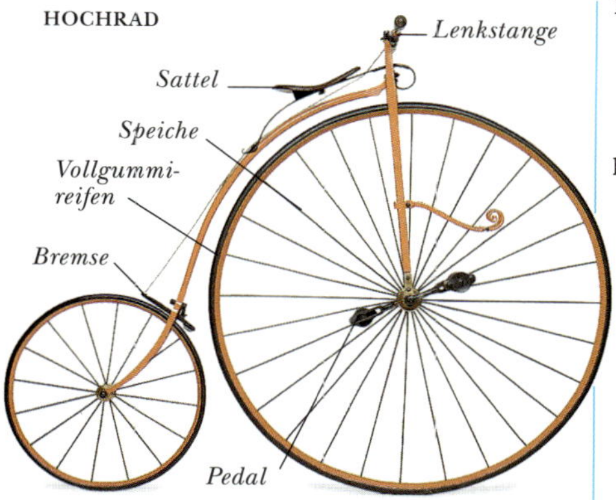


**Hochsprache** ⟨f. 19; unz.⟩ *Schriftsprache, mundartfreie Sprache*

**Hochsprung** ⟨m. 1u; Sp.; Leichtathl.⟩ *Sprung über eine auf zwei Ständern ruhende Latte aus dem Stand od. mit Anlauf von vorn od. schräg von der Seite*

**höchst** **I** ⟨Adj.; Superl. von hoch⟩ der Höchste *Gott;* der höchste Baum, Preis, Turm; das Leben ist der Güter höchstes nicht (Schiller, „Die Braut von Messina", 4,7); es ist höchste Zeit (etwas zu tun, für ...) *es ist dringend notwendig, die Zeit drängt;* an höchster Stelle vorsprechen *bei der obersten, verantwortl. Behörde;* ich bin aufs höchste/Höchste überrascht *sehr überrascht;* in höchstem Grade *ganz besonders, sehr, außerordentlich;* Hilfe in der höchsten Not; das Kind schrie in den höchsten Tönen *schrill, sehr laut, angstvoll;* er hat den Auftrag zu meiner höchsten Zufriedenheit ausgeführt **II** ⟨Partikel⟩ *sehr, über die Maßen* ◆ ich war höchst erstaunt, erfreut, überrascht, ihn hier wiederzusehen

**Hochstand** ⟨m. 1u⟩ *erhöhter Jagdsitz zur Wildbeobachtung;* Sy *Hochsitz*

**hochstapeln** ⟨V. i.; hat⟩ *etwas vortäuschen (Leistung, Wissen usw.), was der Wirklichkeit nicht entspricht*

**Hochstapler** ⟨m. 3⟩ *jmd., der einen Betrug, eine Vortäuschung begeht* [< rotw. *hoch* im Sinne von „vornehm" + *stappen* „gehen" (vermutl. = *stapfen*)]

**höchstens** ⟨Partikel⟩ **1** *nicht mehr als, nicht länger, weiter als* **2** *im äußersten Falle* ◆ höchstens zehn Minuten; ich kann dich höchstens anrufen (zu einem Besuch fehlt die Zeit); höchstens wenn... *nur wenn ...*

**Höchstfall** ⟨m.; nur in der Fügung⟩ im Höchstfall *höchstens, im äußersten Fall*

**Höchstgeschwindigkeit** ⟨f. 20; unz.⟩ *höchste Geschwindigkeit* ◆ zulässige Höchstgeschwindigkeit 70 km/h

**hochstilisieren** ⟨V. t.; hat⟩ *durch übermäßiges Lob, durch übertriebene Hervorhebung zu hoch bewerten, zu hoch einschätzen*

**Hochstimmung** ⟨f. 20; unz.⟩ *frohe, festl., zuversichtl. Stimmung*

**Höchstleistung** ⟨f. 20⟩ **1** *beste Leistung, (bes.) beste sportl. Leistung* **2** *bestes Arbeitsergebnis (einer Maschine)*

**Höchstmaß** ⟨n. 11⟩ *das höchste Maß, sehr hohes Maß, großer Umfang* ◆ er bewies ein Höchstmaß an Geduld

**höchstpersönlich** ⟨Adj.⟩ *in eigener Person, selbst*

**Höchstpreis** ⟨m. 1⟩ *höchster, äußerster Preis*

**Höchstsatz** ⟨m. 1u⟩ *höchster Einsatz, höchste Beitragsklasse*

**höchstwahrscheinlich** ⟨Adv.⟩ *sehr wahrscheinlich*

**Hochtour** ⟨[-tu:r] f. 20⟩ *Bergtour, Ausflug im Hochgebirge* ◆ jmdn. auf Hochtouren bringen ⟨fig.; umg.⟩ *antreiben, zu schnellem Arbeiten veranlassen;* auf Hochtouren laufen ⟨umg.⟩ *den höchsten Grad der Leistungsfähigkeit erreicht haben*

**hochtourig** ⟨[-tu:-] Adj.⟩ *mit hoher Drehzahl laufend* (Maschine); Ggs *niedertourig*

**hochtrabend** ⟨Adj.⟩ *übertrieben, zu großartig, schwülstig* (Redensart, Stil, Wort)

**hochverehrt** ⟨Adj.⟩ *sehr verehrt* ◆ hochverehrter Herr Professor!

**Hochverrat** ⟨m. 1; unz.⟩ *Angriff auf Staatsverfassung, Staatsoberhaupt od. die innere Ordnung eines Staates*

**Hochwasser** ⟨n. 13⟩ **1** *höchster Wasserstand eines Flusses od. eines Sees* **2** *Überschwemmung*

**hochwertig** ⟨Adj.⟩ *von großem Wert, sehr wertvoll, gehaltvoll* ◆ eine hochwertige Ausstattung

**hochwillkommen** ⟨Adj.⟩ *sehr willkommen*

**Hochwürden** ⟨f.; -; unz.⟩ *(Anrede für kath. Geistliche u. leitende evang. Geistliche)*

**Hochzahl** ⟨f. 20; Math.⟩ *hochgestellte Zahl, z. B. Exponent*

**Hochzeit**[1] ⟨[hɔx-] f. 20⟩ **1** *Eheschließung* **2** ⟨Typ.⟩ *versehentlich doppelt gesetztes Wort* ◆ Hochzeit feiern, halten, machen *heiraten, sich vermählen;* diamantene Hochzeit *60. Jahrestag der H.;* eiserne Hochzeit *65. Jahrestag der H.;* goldene Hochzeit *50. Jahrestag der H.;* grüne Hochzeit *Tag der Heirat;* kupferne Hochzeit *7. Jahrestag der H.;* Rosenhochzeit *10. Jahrestag der H.;* silberne Hochzeit *25. Jahrestag der H.;* steinerne Hochzeit *70. Jahrestag der H.* [< mhd. *hoch(ge)zit* „hohes kirchl. od. weltl. Fest" < ahd. *diu hoha gizit* „das hohe Fest"]

**Hochzeit**[2], ⟨auch⟩ **Hoch-Zeit**[2] ⟨[ho:x-] f. 20⟩ *Glanzzeit, Höhepunkt (einer Entwicklung)*

**Hochzeitsnacht** ⟨f. 7u⟩ *erste gemeinsame Nacht des neu vermählten Paares;* Sy ⟨veraltet⟩ *Brautnacht*

**Hochzeitsreise** ⟨f. 19⟩ *gemeinsame Reise des neu vermählten Paares* ◆ ihre Hochzeitsreise machten sie nach Venedig

**Hochzeitstag** ⟨m. 1⟩ *Tag, Jahrestag der Eheschließung*

HODEN: ANATOMIE DES MÄNNLICHEN HODENS

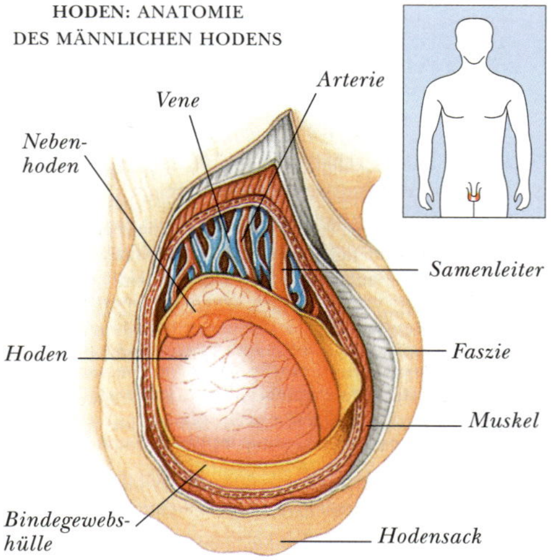

HÖCKERSCHWAN
*(Cygnus olor)*

**hochziehen** ⟨V. t. 287; hat⟩ **1** *nach oben ziehen, hinauf-, in die Höhe ziehen* **2** ⟨umg.⟩ *stehlen* ◆ die Augenbrauen hochziehen (zum Zeichen der Missbilligung, des Erstaunens); sich an etwas hochziehen ⟨umg.⟩ *eine Nichtigkeit zum Anlass nehmen, um sich unangemessen aufzuregen*

**Hocke**[1] ⟨f. 19⟩ *mehrere zusammengestellte Getreidegarben, Puppe*

**Hocke**[2] ⟨f. 19⟩ **1** *Stellung in tiefer Kniebeuge* **2** *Turnübung, Sprung mit angezogenen Beinen über Bock, Pferd, Kasten* ◆ in die Hocke gehen

**hocken** ⟨V. i.; hat; süddt., österr., schweiz. ist⟩ **1** *auf den Fersen sitzen* **2** *sich in tiefer Kniebeuge halten* **3** ⟨fig.⟩ *lange untätig sitzen (bleiben)* **4** *unglücklich zusammengesunken dasitzen* **5** sich hocken *Stellung in der Hocke einnehmen, sich kauern* [< mhd. *hucken* „kauern"]

**Hocker** ⟨m. 3⟩ **1** *Stuhl ohne Lehne* (Barhocker) **2** ⟨nur in Zus.⟩ *jmd., der sich weigert, seine vertraute Umgebung zu verlassen* (Nesthocker, Stubenhocker)

**Höcker** ⟨m. 3⟩ **1** *knöcherner Auswuchs* **2** *Rückgratverkrümmung, Buckel* **3** *hohes Fettpolster auf dem Rücken von Kamel u. Dromedar* ◆ das Kamel hatte einen großen Höcker [< mhd. *hocker, hog(g)er* „Buckel"]

**Höckerschwan** ⟨m. 1u; Zool.⟩ ▲ *in Ostasien als Geflügel gehaltene Art der Schwäne: Cygnus olor*

**Hockey** ⟨['hɔke:] od. engl. ['hɔki] n.; -s; unz.; Sp.⟩ ►► *(Kunst-)Rasenspiel zwischen zwei Mannschaften zu je elf Spielern, die einen kleinen Holzball mit Hockeyschlägern ins gegner. Tor zu treiben versuchen;* → a. *Eishockey* [engl.]

**Hockeyschläger** ⟨[hɔke:-] od. engl. [hɔki-] m. 3; Sp.⟩ *etwa 1 m langer, unten gekrümmter Stock mit einseitig flacher Schlagfläche*

**Hode** ⟨m. 17 od. f. 19; fast nur Pl.⟩ = *Hoden*

**Hoden** ⟨m. 4; Anat.⟩ ◄ *die männl. Keimdrüse, Bildungsstätte männl. Keimzellen: Testis, Orchis;* Sy *Testikel* [< ahd. *hodo*]

**Hodensack** ⟨m. 1u⟩ *die Hoden einhüllende Haut außerhalb der Leibeshöhle*

**Hodograf** ⟨m. 16⟩ = *Hodograph*

**Hodograph** ⟨m. 16⟩ *Kurve, die die Änderung des Betrages u. der Richtung der Geschwindigkeit eines sich auf einer beliebigen Bahn bewegenden Punktes darstellt;* oV *Hodograf*

**Hof** ⟨m. 1u⟩ **1** *zum Haus gehörender, umschlossener Platz* (Hinterhof, Kasernenhof, Schlosshof, Schulhof) **2** *landwirtschaftl. Betrieb, meist Wohnhaus mit Ställen u. Feldern* (Bauernhof, Pachthof) **3** *Gebäude mit dazugehörigem Betriebsgelände* (Bahnhof, Schlachthof) **4** *fürstl. Wohnsitz, fürstl. Haushalt* **5** *fürstliches Gefolge, Hofstaat* (Königshof, Kaiserhof) **6** *oft Name von Hotels u. Gasthöfen* **7** ⟨Meteor.; Astron.⟩ = *Halo (1)* **8** *Eckfeld des Halmabrettes* ◆ einen Hof **bewirtschaften;** Hof **halten** *sich mit seinem Gefolge aufhalten, resedieren* (von Fürsten); der Mond **hat** heute einen Hof; einer Frau den Hof **machen** *sich um eine Frau bemühen* ◆ **Bayrischer** Hof, Thüringer Hof ◆ **am** Hof des Königs Ludwig; **auf** dem Hof, im Hof spielen; **bei** Hofe *in einem fürstl. Haushalt;* jmdn. bei Hofe einführen; der König erschien **mit** seinem ganzen Hof; → a. *Haus* [< ahd. *hof* (Grundbedeutung: „Anhöhe")]

**Hofburg** ⟨f. 20⟩ **1** *für einen größeren Hof eingerichtete Burg* **2** *Name der Residenz in Wien*

H

## HOCKEY

Das Eishockey wird schneller gespielt als das Land- oder Feldhockey, es wird mit zwei Teams zu je sechs Spielern ausgetragen. Ziel ist es, eine Hartgummischeibe, den Puck, mit einem Schläger in das Tor des Gegners zu treiben. Dabei laufen die Spieler auf Schlittschuhen. Landhockey wird auf Rasen oder auf künstlichem Boden gespielt, ein Team umfasst elf Spieler.

EISHOCKEY

LANDHOCKEY

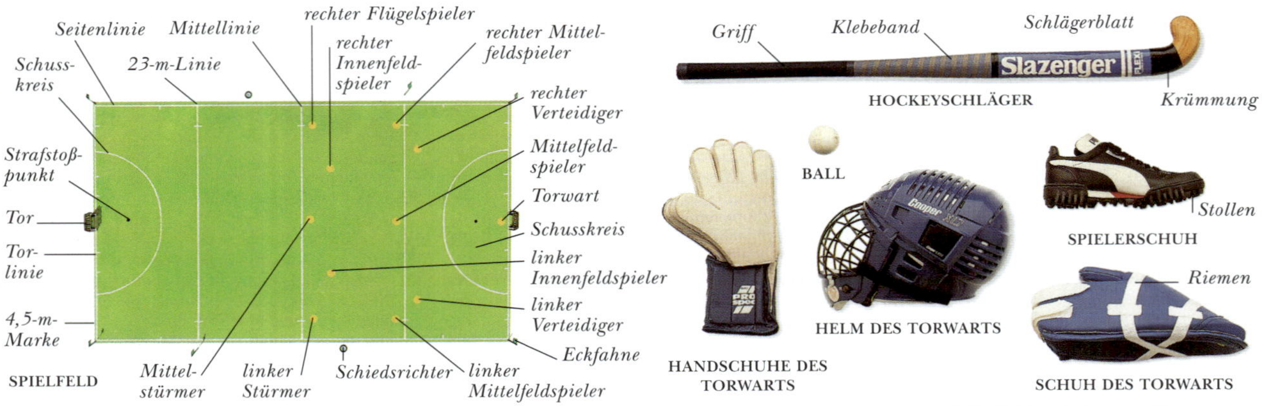




**hoffähig** ⟨Adj.⟩ **1** *berechtigt, bei Hofe zu erscheinen* **2** ⟨allg.⟩ *fähig, sich in der Öffentlichkeit gut zu benehmen* ◆ er ist (nicht) hoffähig

**Hoffart** ⟨[hɔf-] f. 20; unz.; geh.⟩ *verletzender Hochmut, übersteigerter Stolz* [< mhd. *hochvart* „Art, vornehm zu leben, Hochmütigkeit, edler Stolz, äußerer Glanz, Pracht, Aufwand, Übermut"]

**hoffen** ⟨V. t.; hat⟩ *für die Zukunft wünschen* ◆ hoffen wir das **Beste!** ◆ es **steht** zu hoffen, dass ... ⟨einfacher⟩ *wir hoffen, dass ...;* ich **wage** es nicht zu hoffen, dass ...; das ist ja besser, mehr, als ich zu hoffen gewagt hatte!; ich **will** nicht hoffen, dass ... ◆ ich hoffe **stark,** dass er morgen kommen wird ◆ **alles** Hoffen war vergebens; **auf** etwas hoffen *die Verwirklichung von etwas wünschen;* auf jmdn. hoffen *jmds. Kommen, jmds. Hilfe wünschen*

**hoffentlich** ⟨Adv.⟩ *es ist zu hoffen, dass ..., ich hoffe, wünsche, dass ...* ◆ ob morgen wohl schönes Wetter wird? hoffentlich!; ob der Zug wohl Verspätung hat? hoffentlich nicht!; hoffentlich hast du dich gestern im Regen nicht erkältet!

**Hoffnung** ⟨f. 20⟩ **1** *Wunsch für die Zukunft, Wunsch, dass in der Zukunft etwas geschehen möge* **2** *Zuversicht, gläubiger Mut* ◆ ich möchte der Hoffnung **Ausdruck** geben, verleihen, dass ... ⟨Rednerstil⟩ ◆ wir haben jede Hoffnung **aufgegeben;** eine Hoffnung **begraben,** zu Grabe tragen *vernichtet sehen;* es besteht keine Hoffnung mehr, dass ...; jmdm. (neue) Hoffnung **einflößen,** machen; ihre Hoffnung(en) wurde(n) **enttäuscht;** meine Hoffnung hat sich (nicht) **erfüllt; fahren lassen:** lasst alle Hoffnung fahren, ihr, die ihr eintretet *(Übersetzung der Inschrift über der Tür zur Hölle in Dantes „Göttlicher Komödie", 3,9);* die Hoffnung **hegen,** dass ...; sich der Hoffnung **hingeben,** dass ... ⟨einfacher⟩ *hoffen, dass ...;* einem Mann Hoffnungen **machen** (Frau) *ihn glauben lassen, dass man ihn gern hat;* sich keine Hoffnungen machen, dass etwas geschieht *gar nicht erst zu hoffen beginnen;* die Hoffnung (im Busen) **nähren** ⟨poet.⟩; jmdn. jede Hoffnung **nehmen;** (neue) Hoffnung **schöpfen** *(wieder) zu hoffen beginnen;* der Ausgang der Sache hat alle unsere Hoffnungen noch **übertroffen** ◆ wir hegen, haben **begründete** Hoffnung, dass ...; **falsche** Hoffnungen hegen; **guter** Hoffnung sein ⟨veraltet⟩ *schwanger sein;* er ist meine **letzte** Hoffnung *er allein kann vielleicht noch helfen;* es besteht noch eine **schwache** Hoffnung, dass ...; sich **vergebliche** Hoffnung machen ◆ sie klammert sich noch **an** die Hoffnung, dass ...; er knüpfte seine Hoffnung an den Erfolg seines Konzerts *er versprach sich etwas (Bestimmtes) davon;* Hoffnung **auf** Genesung; sich od. jmdm. Hoffnung auf etwas machen; seine Hoffnung auf jmdn. od. etwas setzen *hoffen, dass jmd. od. etwas allein helfen kann;* **in** der Hoffnung, bald von Ihnen zu hören, grüße ich Sie ... *(Schlussformel im Brief);* seine Bemerkung bestärkt mich in der Hoffnung, dass ...; er hat die ganze Zeit in der Hoffnung gelebt, dass ...; der Junge berechtigt **zu** den schönsten Hoffnungen *man darf sich in Zukunft sehr viel von ihm erhoffen, erwarten*

**hoffnungslos** ⟨Adj.⟩ **1** *ohne (jede) Hoffnung* (Person) **2** *aussichtslos, nicht zu verwirklichen, nicht zu bessern* (Sache, Zustand)

♦ das ist ein hoffnungsloser Fall; er ist ein hoffnungsloser Fall ⟨fig.; umg.⟩ *er ist nicht belehrbar;* der Zustand des Kranken ist hoffnungslos; sie war völlig hoffnungslos; eine Sache als hoffnungslos betrachten

**Hoffnungsschimmer** ⟨m. 3; fig.⟩, **Hoffnungsstrahl** ⟨m. 23; fig.⟩ *Anlass für ein wenig Hoffnung*

**hoffnungsvoll** ⟨Adj.⟩ **1** *voller Hoffnung, zuversichtlich* **2** ⟨fig.; meist scherzh.⟩ *verheißungsvoll, viel versprechend* ♦ ein hoffnungsvoller junger Mann, Jüngling; hoffnungsvoll in die Zukunft blicken

**hofieren** ⟨V. t.; hat⟩ **1** jmdn. hofieren *jmdm. Schmeicheleien sagen, sich um seine Gunst bewerben* [< mhd. *hovieren* „gesellig sein, sich vergnügen, aufwarten, dienen, galant sein, den Hof machen"; zu *Hof* im Sinne von „Fürstenhof, Hofstaat"]

**höfisch** ⟨Adj.⟩ **1** ⟨MA⟩ **1.1** *dem Leben, den Sitten bei Hofe entsprechend, gemäß* **1.2** *der ritterl. Gesellschaft entsprechend* **2** ⟨allg.⟩ *fein, edel* [< mhd. *hœresch* „hofgemäß, fein, gebildet u. gesittet, unterhaltend"]

**höflich** ⟨Adj.⟩ *wohlerzogen, verbindlich, takt-, rücksichtsvoll, zuvorkommend* ♦ jmdm. höflich seinen Platz anbieten; wir bitten Sie höflich(st) *(Briefstil);* es wird höflich gebeten, den Rasen nicht zu betreten *(Verbotsschild)*

**Höflichkeit** ⟨f. 20⟩ **I** ⟨unz.⟩ *höfliches Betragen* ♦ darüber schweigt des Sängers Höflichkeit *darüber spricht man als höflicher Mensch nicht;* etwas bloß aus Höflichkeit tun **II** ⟨zählb.⟩ *unverbindlich-freundliche Worte, Kompliment* ♦ bei dem Fest wurden sehr viele Höflichkeiten ausgetauscht

**Höflichkeitsform** ⟨f. 20⟩ *förmliche Anrede mit „Sie"* ♦ zwischen Professoren und Studenten ist der Gebrauch der Höflichkeitsform üblich

**Höfling** ⟨m. 1⟩ **1** *Inhaber eines Hofamtes* **2** *Mitglied der Hofgesellschaft* **3** ⟨abwertend⟩ *Schmeichler, Intrigant*

**Hofrat** ⟨m. 1u; seit dem 16. Jh. Titel für⟩ *hoher Beamter der Regierung u. Verwaltung*

**Hofstaat** ⟨m. 23⟩ *fürstliches Gefolge, fürstlicher Haushalt*

**Höhe** ⟨f. 19⟩ **1** *Ausdehnung, Erhebung, Erstreckung, Abmessung nach oben* **2** *Erhebung über den Meeresspiegel* **3** *geograph. Breite* **4** ⟨Math.⟩ *senkrechter Abstand eines Eckpunktes von der gegenüberliegenden Seite* **5** *Schwingungszahl in einer Sekunde* (Tonhöhe) **6** ⟨Astron.⟩ *Erhebung eines Gestirns über dem Horizont* (Maßeinheit; Grad) **7** *Anzahl, Ausmaß* (Summe, Betrag) **8** *Bodenerhebung, Hügel, Anhöhe, Berg* **9** *Gipfel, Spitze* **10** *Höhepunkt, höchste Stufe (einer Entwicklung)* ♦ die Höhe eines **Berges,** Hauses, Turmes, Wasserspiegels; die Höhe eines **Betrages,** Preises, einer Summe; die Höhe des **Schadens** ist noch nicht festgestellt; die Höhen des **Taunus;** die Höhe der **Temperatur** ♦ die Höhe dieses Turmes **beträgt** 100 Meter; (auf einer Linie) die Höhe **errichten** ⟨Math.⟩; die Höhe eines Gegenstandes **messen; sein:** das ist doch, ja die Höhe! ⟨umg.⟩ *das ist allerhand!, das ist empörend!* ♦ **bewaldete** Höhen ♦ **an** Höhe gewinnen *(mit Anstrengung) höher steigen, fliegen;* zwei Gegenstände, Linien o.Ä. **auf** gleiche Höhe bringen; Oslo liegt ungefähr auf der gleichen Höhe wie Leningrad *auf dem gleichen geograph. Breitenkreis;* ich bin heute nicht ganz, wieder auf der Höhe *fühle mich gesundheitl. nicht ganz, wieder wohl;* oben auf der Höhe steht eine Kirche; in diesen Jahren stand er auf der Höhe seines Ruhmes; Ehre sei Gott **in** der Höhe *im Himmel;* die Stadt liegt in 300 Meter Höhe (über dem Meeresspiegel);

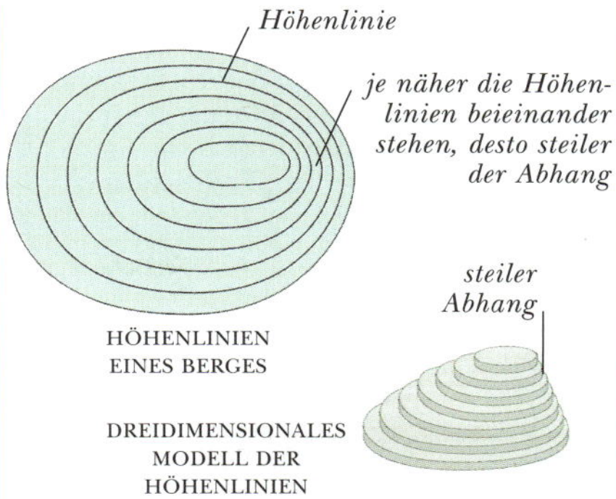


HÖHENLINIEN:
TOPOGRAPHISCHE GELÄNDEDARSTELLUNG

jmdn. in die Höhe bringen *jmdn. wieder gesund machen;* ein Geschäft, ein Unternehmen (wieder) in die Höhe bringen *(wieder) leistungsfähig, Gewinn bringend machen;* in die Höhe fahren ⟨fig.⟩ *aufspringen, sich schnell aufrichten;* in die Höhe gehen ⟨fig.⟩ *sich erregen, zornig werden;* der Teig ist in die Höhe gegangen *(auf)gegangen;* etwas in die Höhe heben *empor-, nach oben heben;* Preise in die Höhe treiben *zum Steigen veranlassen;* einen Ball in die Höhe werfen; die beiden Läufer lagen in gleicher Höhe *liefen nebeneinander;* einen Beitrag in voller Höhe bezahlen, ersetzen *den ganzen B. ohne Abzug;* die Straße erreicht hier eine Höhe **von** 1000 Metern; ein Geschenk in Höhe von zehn Mark

**Hoheit** ⟨f. 20⟩ **I** ⟨unz.⟩ **1** *Erhabenheit, Vornehmheit, Würde* **2** *oberste Staatsgewalt u. ihre Rechte* (Finanzhoheit, Gerichtshoheit) ♦ die Hoheit seiner Erscheinung **II** ⟨zählb.; Titel für⟩ *fürstl. Person* ♦ die Hoheiten begaben sich zu Tisch; eure Hoheit; Kaiserliche Hoheit *(Titel für den dt. Kronprinzen u. die österr. Erzherzöge);* Königliche Hoheit *(Titel für Angehörige eines regierenden od. großherzoglichen Hauses)*

**hoheitlich** ⟨Adj.⟩ **1** *der Hoheit entsprechend, gemäß* **2** *fürstlich, vornehm* **3** *auf Staatshoheit beruhend, ihr unterstellt*

**Hoheitsgebiet** ⟨n. 11⟩ *Herrschaftsbereich der obersten Staatsgewalt*

**Hoheitsgewässer** ⟨n. 13⟩ *Zone von 3-12 Seemeilen Entfernung von der Meeresküste, in der der angrenzende Staat Hoheitsrechte ausübt*

**Hoheitsrecht** ⟨n. 11⟩ *Recht zur Ausübung der Staatsgewalt*

**Hoheitszeichen** ⟨n. 14⟩ *Staatssymbol, Zeichen, Abzeichen staatl. Gewalt*

**Höhenflug** ⟨m. 1u⟩ *Flug in großer Höhe (über 4000 m)* ♦ der Höhenflug seiner Gedanken ⟨fig.⟩; geistiger Höhenflug ⟨fig.⟩

**Höhenkreis** ⟨m. 1⟩ *Kreis durch Zenit und Nadir*

**Höhenlage** ⟨f. 19⟩ *Höhe, Lage über dem Meeresspiegel*

**Höhenlinie** ⟨[-niə] f. 19⟩ ▲ *Verbindungslinie zwischen Orten gleicher Höhenlage über dem Meeresspiegel;* Sy *Isohypse*

**Höhenluft** ⟨f. 7u; unz.⟩ *Gebirgsluft*

**Höhenmesser** ⟨m. 3⟩ *Messgerät für die Flughöhe*

**Höhenmessung** ⟨f. 20⟩ *Bestimmung des Höhenunterschiedes zwischen zwei Punkten;* Sy *Hypsometrie*

**Höhensonne** ⟨f. 19⟩ **I** ⟨unz.⟩ *die Sonne im Hochgebirge* **II** ⟨zählb.⟩ *Quarzlampe mit an ultravioletten Strahlen reichem Licht (zu Heilzwecken)*

**Höhenstrahlung** ⟨f. 20⟩ *aus dem Weltraum u. z.T. auch von der Sonne auf die Erde einfallende, sehr energiereiche Teilchenstrahlung;* Sy *kosmische Strahlung*

**Höhenunterschied** ⟨m. 1⟩ *Unterschied in der Höhenlage*

**Höhenzug** ⟨m. 1u⟩ *Bergkette, Hügelkette*

**Höhepunkt** ⟨m. 1⟩ **1** *höchster Punkt, Gipfel* **2** ⟨fig.⟩ *wichtigster, bedeutendster, schönster Augenblick* **3** ⟨umg. für⟩ *Orgasmus* ♦ der Höhepunkt des Abends war ein Feuerwerk; der Höhepunkt einer Entwicklung; den Höhepunkt des Spiels, des Wettkampfes erreichen, überschreiten

**Höherentwicklung** ⟨f. 20⟩ *Aufwärtsentwicklung, günstige Entwicklung*

**hohl** ⟨Adj.⟩ **1** *innen leer, ausgehöhlt* (Raum, Nuss, Zahn) **2** *konkav, nach innen gekrümmt* (Linse) **3** *eingefallen* (Wangen) **4** ⟨fig.⟩ *dumpf* (Husten, Stimme) **5** *inhaltsleer, ohne inneren Gehalt* ♦ hohle Gasse *Hohlweg;* die hohle Hand *gekrümmte Handfläche;* ein hohler Kopf ⟨fig.⟩ *ein Kopf leer an Geist, geistloser Mensch;* hohle Phrase; hohl klingen

**Hohlader** ⟨f. 21⟩ = *Hohlvene*

**hohläugig** ⟨Adj.⟩ *mit tief liegenden Augen*

**Höhle** ⟨f. 19⟩ **1** ►► *Hohlraum in Gestein od. Baum mit verhältnismäßig kleinem Zugang* **2** *Loch* (Felsenhöhle, Mundhöhle) **3** *Behausung wilder Tiere, Bau (bes. unter der Erde)* (Bärenhöhle) **4** ⟨Bgb.; veraltet⟩ *Fördertrog u. Fördermaß von 16 Zentnern* **5** ⟨fig.; umg.⟩ *elende Behausung, schlechte od. unordentliche Wohnung* **6** *Unterschlupf für Diebe* (Diebeshöhle) ♦ sich in die Höhle des Löwen begeben ⟨fig.⟩ *zu jmdm. gehen, der einem nicht wohl will od. gefährlich werden kann*

**Höhlenbrüter** ⟨m. 3⟩ *in Höhlen brütender Vogel,* z.B. Eule, Specht, viele Singvögel

**Höhlenkunde** ⟨f. 19; unz.⟩ *Lehre von den natürlich entstandenen Höhlen*

**Höhlenmalerei** ⟨f. 18⟩ *alt- u. mittelsteinzeitl. Felsmalerei in Höhlen*

**Höhlentier** ⟨n. 11⟩ *an das Leben in lichtlosen Höhlen angepasstes Tier*

**Hohlfläche** ⟨f. 19⟩ *nach innen gekrümmte Fläche*

**Hohlform** ⟨f. 20⟩ *nach einer Seite gewölbte Form, Gussform, die mit einer Metallschmelze od. Kunststoffmasse gefüllt wird u. in der diese beim Abkühlen erstarrt*

**Hohlfuß** ⟨m. 1u; Anat.⟩ *zu starke Wölbung des Fußgelenkes nach oben;* Ggs *Plattfuß (1)*

**Hohlgewebe** ⟨n. 13⟩ *in Schlauchform hergestelltes Gewebe*

**Hohlkehle** ⟨f. 19; Arch.⟩ *lang gestreckte, gerundete Vertiefung zur Gliederung u. Dekoration von Baugliedern (Gesimse, Decken, Säulenfüßen);* Sy *Hohlleiste, Kannele*

**Hohlkreuz** ⟨n. 11⟩ *bes. im Lendenbereich verstärkt nach vorn gebogene Wirbelsäule*

**Hohlleiste** ⟨f. 19; Arch.⟩ = *Hohlkehle*

**Hohlleiter** ⟨m. 3⟩ **1** *aus einem Rohr mit glatter od. geriffelter Innenwand bestehender Leiter zum Übertragen von ultrakurzen Wellen bis herab zum Millimeterbereich* **2** *innen hohler Leiter von Freileitungen zur Verringerung von Übertragungsverlusten*

**Hohlmaß** ⟨n. 11⟩ *Maß zur Bestimmung von Raumgehalt od. Flüssigkeitsmengen,* z.B. Kubikmeter, Liter; Sy *Raummaß*

**Hohlmeißel** ⟨m. 3⟩ *Meißel mit gebogener Schneide*

**Hohlnadel** ⟨f. 21⟩ *hohle Nadel für Einspritzungen u. Punktionen*

**Hohlorgan** ⟨n. 11; Anat.⟩ *hohles Körperorgan*

**Hohlraum** ⟨m. 1u⟩ *geschlossener, leerer Raum*

**Hohlraumversiegelung** ⟨f. 20; bei Kfz⟩ *Oberflächenbehandlung von Hohlräumen zum Schutz vor Korrosion*

H

## HÖHLE

Die meisten Höhlen liegen in Kalkgebieten, da sich dieses Gestein in Regenwasser mit der Zeit auflöst. Dabei dringt saures Wasser ein und löst den Kalkspat aus Sedimentgesteinen, wobei immer größere Spalten und Hohlräume entstehen. Gleichzeitig lagert das Wasser Kalkspat wieder in Form von Stalaktiten, Stalagmiten und Tropfsteinsäulen ab.

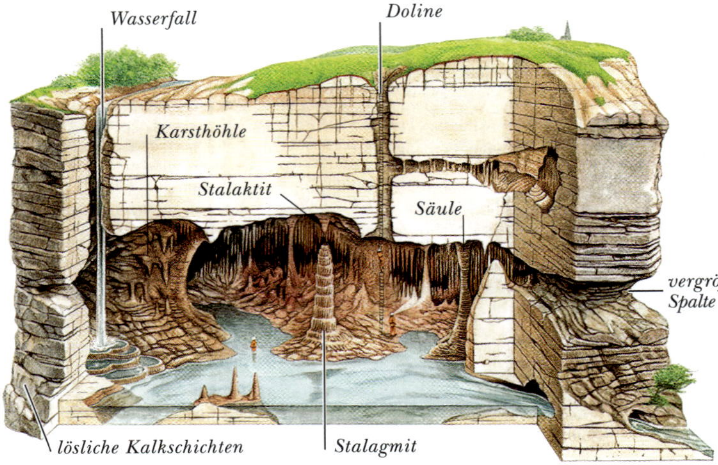


LÄNGSSCHNITT DURCH EINE KALKSTEINHÖHLE

**Hohlsaum** ⟨m. 1u⟩ **1** *Verzierung in Leinengewebe, in dem mehrere Fäden herausgezogen u. die nun offen liegenden Fäden bündelweise mit einem Schlingenstich zusammengefasst werden* **2** *durch eine Hohlnaht befestigter Saum*

**hohlschleifen** ⟨V. t. 218; hat⟩ *so schleifen, dass eine nach innen gewölbte Schneide entsteht*

**Hohlspiegel** ⟨m. 5⟩ *Spiegel mit nach innen gewölbter Fläche, der das Spiegelbild vergrößert*

**Hohltier** ⟨n. 11⟩ *niedrig organisiertes Meerestier, dessen Körper aus einem Verdauungshohlraum besteht: Coelenterata*

**Höhlung** ⟨f. 20⟩ *ausgehöhlte Stelle, Vertiefung, Rundung nach innen, Einbuchtung*

**Hohlvene** ⟨[-ve-] f. 19; Anat.⟩ *bei Landwirbeltieren jede der großen, klappenlosen Venen, die das aus dem Körper zurückströmende, sauerstoffarme Blut sammeln und in den rechten Herzvorhof führen: Venae cavae;* Sy *Hohlader*

**hohlwangig** ⟨Adj.⟩ *mit eingefallenen Wangen*

**Hohlweg** ⟨m. 1⟩ *Weg durch einen Geländeeinschnitt, z. B. eine Schlucht*

**Hohlwurm** ⟨m. 2u⟩ *Angehöriger eines zu den Bauchmarktieren gehörigen Tierstammes mit wurmförmiger Gestalt u. runden Körperverschnitt: Aschelminthes;* Sy *Rundwurm*

**Hohlziegel** ⟨m. 5⟩ *Dachziegel mit stark gekrümmter Fläche*

**Hohn** ⟨m.; -(e)s; unz.⟩ *scharfer, böser Spott* ◆ es ist der reinste Hohn *es widerspricht jedem Gefühl für Takt, Rücksicht, Achtung;* nichts als, nur Hohn und Spott ernten

**höhnen** ⟨V.; hat⟩ **I** ⟨V. i.⟩ *höhnisch sprechen, etwas höhnisch sagen, böse, bitter spotten* **II** ⟨V. t.; selten⟩ = *verhöhnen* [< ahd. *hona* „Hohn, Schimpf, Schmach"; zum ahd. Adj. **hon*]

**Hohneujahr** ⟨n. 11; unz.⟩ *6. Januar, letzte der 12 Nächte, im Volksbrauch der Beginn des neuen Jahres;* oV *Hochneujahr*

**Hohngelächter** ⟨n. 13; unz.⟩ *lautes, höhnisches Lachen*

**höhnisch** ⟨Adj.⟩ *böse, bitter spottend*

**Hokuspokus** ⟨m.; -; unz.⟩ **1** *(Formel bei Zauberkunststücken)* **2** *Taschenspielerei, Zauberkunststück* **3** ⟨fig.⟩ *Täuschung, Blendwerk* **4** *Unfug, Spaß* ◆ das ist doch alles nur Hokuspokus! [volkstüml. Nachbildung der relig. Formel bei der Wandlung *hoc est corpus meum* „dies ist mein Leib"]

**hold** ⟨Adj., veraltet; poetisch⟩ **1** *günstig gesinnt, gewogen, zugetan* **2** *lieblich, bezaubernd, anmutig u. zierlich* ◆ ihr holdes Antlitz; jmdm. hold sein; das Glück ist ihm hold *er hat Glück* [< ahd. *hold* „günstig, gnädig, ergeben, treu, dienstbar"]

**Holder** ⟨m. 3; ober- u. mitteldt.⟩ = *Holunder*

HOLUNDERBEERE: SCHWARZER HOLUNDER
*(Sambucus nigra)*

**Holding** ⟨[houl-] f. 10⟩, **Holdinggesellschaft** ⟨[houl-] f. 20⟩ *Gesellschaft, die sich mit der Verwaltung von Geschäftsanteilen (bes. Aktien) anderer Firmen befasst u. sie dadurch kontrolliert* [< engl. *holding (company)* < *hold* „Einfluss, Kontrolle"]

**Hole** ⟨[houl] n. 15; Sp.; Golf⟩ *Loch* [engl.]

**holen** ⟨V. t.; hat⟩ **1** *hingehen u. herbeibringen, herbeischaffen, heranbringen* **2** *veranlassen, bitten zu kommen* (Person) ◆ sich eine **Abfuhr** holen *(barsch, kurz) abgewiesen werden;* den **Arzt** holen; **Atem** holen *einatmen;* morgens die **Post**, Brötchen holen; sich (bei jmdm.) **Rat** holen *sich von jmdm. beraten lassen;* sich einen **Schnupfen** holen *bekommen, sich zuziehen;* hol dich der **Teufel!** ⟨derb⟩ *lass mich in Ruh!, mach, dass du fortkommst!;* der Teufel soll ihn holen! ⟨derb⟩ *es ist mir jetzt ganz gleichgültig, was er tut, was mit ihm geschieht!* ◆ **sein:** dabei ist nichts zu holen ⟨umg.⟩ *nichts zu gewinnen* ◆ Kohlen **aus** dem Keller holen; ein Kind (bei der Geburt) **mit** der Zange holen; einen Anzug **vom** Schneider holen [< ahd. *halon;* Ursprung unsicher, vielleicht mit grch. *kalos* „Seil" verwandt]

**Holismus** ⟨m.; -; unz.; Philos.⟩ *Lehre, die auf der Annahme der Ganzheit sämtlicher Erscheinungen der Wirklichkeit beruht* [< engl. holism, zu grch. *holos* „ganz, vollständig"]

**Holländer** ⟨m. 3⟩ **1** *Einwohner Hollands* **2** ⟨veraltet⟩ *Meier, Milchwirt, Kuhpächter* **3** ⟨Papierherstellung⟩ *Maschine zum Zermahlen des Faserbreis* **4** *vierrädriges Kinderfahrzeug mit Handantrieb* ◆ der Fliegende Holländer *mit einem Gespensterschiff auf dem Meer umherfahrende Sagengestalt*

**holistisch** ⟨Adj.⟩ *im Sinne des Holismus, auf ihm beruhend, ihn betreffend, ganzheitlich*

**holländisch** ⟨Adj.⟩ *Holland betreffend, aus ihm stammend, zu ihm gehörig* ◆ holländische Sprache *niederländ. Sprache, westgerm., in den Niederlanden gesprochene Sprache;* → a. *flämisch*

**Holle** ⟨f. 19⟩ **1** ⟨bei Vögeln⟩ *Federhaube* **2** ⟨allg.⟩ *Haarschopf* ◆ Frau Holle *Sagen- u. Märchengestalt;* Frau Holle schüttelt die Betten ⟨Volksglaube⟩ *es schneit*

**Hölle** ⟨f. 19⟩ **I** ⟨unz.⟩ **1** *Ort der Qual u. Pein für Sünder* **2** ⟨fig.⟩ *Ort großer Qual* **3** *die Qual selbst* ◆ **Ausgeburt** der Hölle *schreckliches, Furcht einflößendes Wesen;* der **Fürst** der Hölle *der Teufel* ◆ er **hat** dort die Hölle *es geht ihm dort sehr schlecht, er muss sehr viel leiden;* **sein:** dort ist die Hölle los *dort sind gefährl. Unruhen, ist ein lärmendes Durcheinander u. Ä.;* das Leben dort ist eine Hölle ◆ jmdm. die Hölle **heiß** machen *jmdn. einschüchtern, jmdm. eindringl. ins Gewissen reden* ◆ jmdm. das Leben **zur** Hölle machen; fahr, scher dich zur Hölle! ⟨derb⟩ *mach, dass du fortkommst!;* jmdn. zur Hölle wünschen *jmdn. verwünschen;* der Weg zur Hölle ist mit guten Vorsätzen gepflastert ⟨sprichwörtl.⟩ *was nützen Vorsätze, wenn man sich nicht daran hält* **II** ⟨zählb.⟩ **1** *Abfallloch im Schneidertisch* **2** ⟨süddt.⟩ *Raum zwischen Ofen u. Wand* [< ahd. *hell(i)a*]

**Höllenangst** ⟨f. 7u; unz.⟩ *furchtbare Angst*

**Höllenfürst** ⟨m. 16; unz.⟩ *der Teufel*

**Höllenhund** ⟨m. 1; unz.; grch. Myth.⟩ *Wachhund am Eingang zur Unterwelt, Zerberus*

**höllisch** ⟨Adj.⟩ **1** *zur Hölle gehörig* **2** *der Hölle, dem Höllenfeuer ähnlich* **3** *teuflisch* **4** ⟨fig.; umg.⟩ *sehr groß, sehr stark* ◆ das höllische Feuer; eine höllische Hitze; höllische Schmerzen; es tut höllisch weh

**Hollywoodschaukel** ⟨[-wud-] f. 21⟩ *wie eine Schaukel an einem Gerüst hängende Gartensitzbank*

**Holm**[1] ⟨m. 1⟩ **1** ⟨Sp.; Turnen⟩ *jede der beiden Längsstangen an der Leiter u. am Barren* **2** *Längsträger des Tragflügels* **3** *Axtstiel* **4** *Schaft, Griff des Ruders* **5** *mit Pfählen verzapfter, quer liegender Balken* **6** *Griffstange am Barren* [seit dem 19. Jh.; < *hulben* < spätahd. *halbe* < ahd. *halb;* verwandt mit *Helm[1]*]

**Holm**[2] ⟨m. 1⟩ **1** *Flussinsel, kleine Insel od. Halbinsel* **2** ⟨nddt.⟩ *Schiffswerft* [< mnddt. *holm,* engl. *holm* „Insel, Werder, üppiges Uferland"]

**holo..., Holo...** ⟨in Zus.⟩ *ganz, völlig, vollständig,* z. B. in Hologramm, holokristallin

**Holocaust** ⟨m.; -s; unz.; engl.-amerik. Bez. für⟩ *Vernichtung durch Verbrennung, (bes.) die Judenvernichtung während des Nationalsozialismus;* Sy *Shoa* [< grch. *holos* „ganz, völlig" + *kausis* „das Verbrennen"]

**Holografie** ⟨f. 19⟩ = *Holographie*

**holografisch** ⟨Adj.⟩ = *holographisch*

**Hologramm** ⟨n. 11⟩ ► *holographische Aufnahme, die es ermöglicht, ein räumliches Bild eines Objektes wiederzugeben, sie wird in Form von Kristallen als Datenspeicher eingesetzt* [< grch. *holos* „ganz, vollständig" + *gramma* „Schriftzeichen"]
**Holographie** ⟨f. 19⟩ oV *Holografie* **I** ⟨unz.⟩ *fotograf. Verfahren zum Erzeugen räumlicher Bilder mittels kohärentem Licht (Laser), bei dem Information sowohl über die Amplitude als auch über die Phase der von dem Objekt ausgehenden Lichtstrahlen gespeichert wird* **II** ⟨zählb.⟩ *auf diese Weise erzeugtes Bild*
**holographisch** ⟨Adj.⟩ oV *holografisch* **1** *eigenhändig geschrieben* **2** *auf Holographie beruhend, sie betreffend*
**Holozän** ⟨n. 11; unz.⟩ *jüngste Abteilung des Quartärs mit Rückgang der Vereisung* [< grch. *holos* „ganz" + *kainos* „neu"]
**holperig** ⟨Adj.⟩ oV *holprig* **1** *uneben, voller Löcher u. Steine* (Weg), *grob gepflastert* (Straße) **2** ⟨fig.⟩ *ungeschliffen, ungewandt* (Stil)
**holpern** ⟨V. i.; hat/ist⟩ *auf unebenem Weg rüttelnd fahren* ◆ ⟨fig.⟩ die Sätze holpern *sind ungeschickt gebaut, nicht flüssig geschrieben;* beim Lesen holpert er noch *er liest noch nicht fließend* [erst seit dem 16. Jh., dafür spätmhd. *holpeln*]
**holprig** ⟨Adj.⟩ = *holperig*
**Holschuld** ⟨f. 20⟩ *Schuld, die bei Fälligkeit vom Schuldner einzuziehen, zu holen ist;* Ggs *Bringschuld*
**Holsteiner** ⟨m. 3⟩ *kräftiges Reitpferd;* ► *Pferde* [nach dem Land Schleswig-*Holstein,* in dem es gezüchtet wird]
**holterdiepolter** ⟨Adv.; umg.⟩ *lärmend, Hals über Kopf* ◆ holterdiepolter die Treppe hinunterlaufen [→ *poltern*]

## HOLOGRAMM

Ein Hologramm wird erzeugt, wenn man ein Objekt mit einem zweigeteilten Laserstrahl beleuchtet. Der Referenzstrahl fällt auf eine fotografische Platte oder einen Film, während der Objektstrahl direkt auf den abzubildenden Gegenstand gelenkt wird. Die Platte wird also gleichzeitig vom Objektstrahl wie vom Referenzstrahl getroffen. Durch Interferenz zwischen diesen beiden Strahlen entsteht ein Muster, das wir als dreidimensionales Hologramm wahrnehmen, wenn die Platte mit Laserlicht derselben Wellenlänge beleuchtet wird.

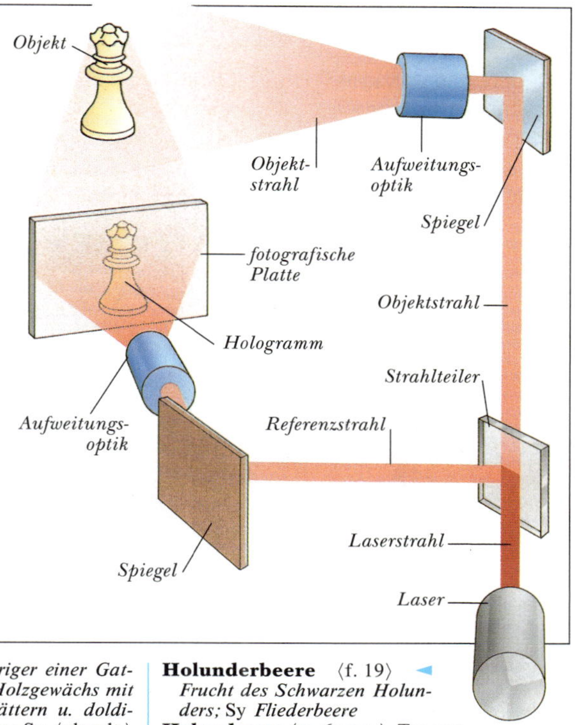


PRINZIP DER HOLOGRAPHIE

**Holunder** ⟨m. 3; Bot.⟩ *Angehöriger einer Gattung der Geißblattgewächse, Holzgewächs mit dickem Mark, gefiederten Blättern u. doldigen Blütenständen: Sambucus;* Sy ⟨oberdt.⟩ *Holder* ◆ Schwarzer Holunder *bis 6 m hoher Strauch mit essbaren, schwarzen Früchten: Sambucus nigra* [< ahd. *holunter*]

**Holunderbeere** ⟨f. 19⟩ ◄ *Frucht des Schwarzen Holunders;* Sy *Fliederbeere*
**Holundertee** ⟨m. 6; unz.⟩ *Tee aus Blüten des Schwarzen Holunders als schweißtreibendes Mittel, Fliedertee*
**Holz** ⟨n. 12u⟩ **I** ⟨zählb.⟩ **1** ◄ *aus verhärteten Zellen zusammengesetztes Gewebe von Bäumen u. Sträuchern* **2** *von Rinde u. Bast befreiter Stamm der Bäume u. Sträucher, Baum* **3** *Wald* **4** *aus Holz gearbeiteter, längl.-runder Gegenstand* (Nudelholz, Schlagholz) ◆ ein **Scheit** Holz, ein Stück Holz ◆ Holz **auflegen,** nachlegen *Brennholz aufs Feuer legen;* Holz **fällen,** hauen *Bäume fällen;* Holz **hacken,** sägen, spalten; Holz **sägen** ⟨fig.; umg.; scherzh.⟩ *schnarchen* ◆ **dürres,** grünes, hartes, trockenes, weiches Holz; **edles,** gemasertes, helles, dunkles, poliertes Holz; **gut** Holz! *(Gruß der Kegler)* ◆ ein **auf** Holz gemaltes Bild; Dummheit u. Stolz wachsen auf einem Holz ⟨Sprichw.⟩; ein Gegenstand **aus** Holz; ich bin doch nicht aus Holz! *ich habe auch Gefühle u. ein Herz;* er ist aus anderem Holz geschnitzt als du *anders geartet;* aus feinem Holz geschnitzt ⟨fig.⟩ *empfindsam;* aus grobem Holz geschnitzt ⟨fig.⟩ *wenig empfindsam;* Holz **in** den Wald tragen ⟨fig.⟩ *etwas Überflüssiges tun;* ins Holz gehen, fahren; der Baum ist ins Holz geschossen *hat viele Äste u. Zweige, aber wenig Früchte;* einen Ofen **mit** Holz heizen; eine Wand, ein Zimmer mit Holz verkleiden; dasitzen **wie** ein Stück Holz *steif u. stumm;* das Wild zieht **zu** Holze *in den Wald* **II** ⟨unz.; Mus.⟩ *Gesamtheit der Holzblasinstrumente im Orchester* ◆ das Holz war zu laut [< ahd. *holz,* engl. *holt* „Wald"]
**Holzapfel** ⟨m. 5u⟩ *in Laubwäldern u. Gebüschen vorkommender Wildapfel mit kleinen, herben Früchten: Malus silvestris;* Sy *wilder Apfel*
**Holzbildhauerei** ⟨f. 18⟩ **1** ⟨unz.⟩ *Kunst, in Holz zu schnitzen, Bildschnitzerei* **2** ⟨zählb.⟩ *deren Erzeugnis*
**Holzbläser** ⟨m. 3; Mus.⟩ *Musiker, der ein Holzblasinstrument spielt,* z. B. Flötist, Saxophonist

## HOLZ

Bei Hölzern kann man zunächst Weichholz und Hartholz unterscheiden. Mit Ausnahme der Eibe zählen alle Nadelhölzer zu den Weichhölzern. Dazu kommen die Laubhölzer Pappel, Birke, Linde und Weide. Jede Holzsorte hat ihre besonderen Eigenschaften. Lärche z. B. ist sehr abriebfest und wird von jeher für Türschwellen verwendet. Iroko hält Feuchtigkeit gut aus, und Esche ist äußerst stabil gegenüber Erschütterungen. Als eine der widerstandsfähigsten Holzsorten gilt Eiche. Mahagoni und Nussbaum werden aufgrund ihrer schönen Maserung und Farbgebung geschätzt.

SCHNITT DURCH EINEN EIBENAST

### VERSCHIEDENE HÖLZER

NADELHOLZ

EIBE

LÄRCHE

LAUBHOLZ

KIRSCHE

MAHAGONI

WALNUSS

IROKO

EICHE

ESCHE

H

# HOLZBLASINSTRUMENTE

Wie bereits der Name vermuten lässt, bestanden früher alle Holzblasinstrumente aus diesem Werkstoff, heute fertigt man viele aus Metall. Das Saxophon bestand immer aus Metall, gehört aber zu dieser Kategorie und nicht zu den Blechblasinstrumenten, weil es von Anfang an als Mischform zwischen Oboe und Klarinette konzipiert war. Die Töne werden auf unterschiedliche Arten erzeugt. Man bläst durch ein offenes Loch wie bei der Querflöte oder durch ein Mundstück wie bei der Blockflöte, oder man erzeugt Luftschwingungen durch Blätter im Mundstück.

TEILE EINER OBOE

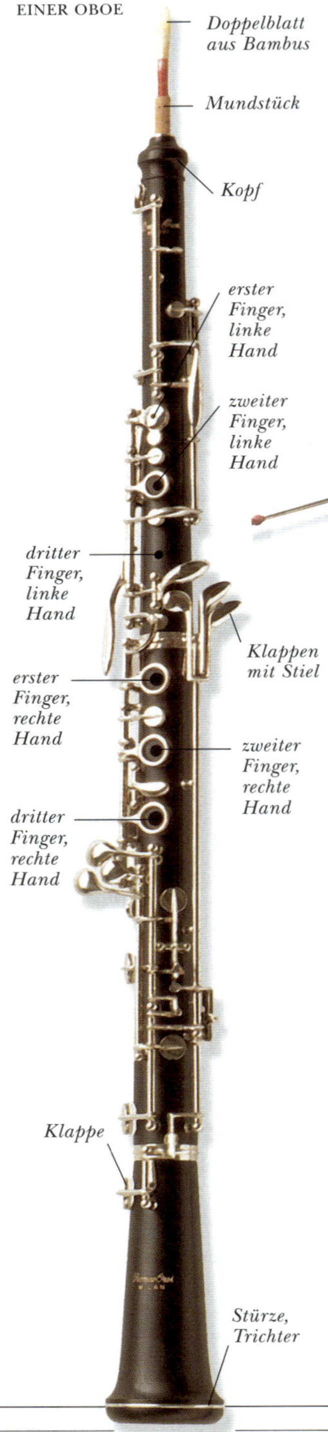


## WEITERE HOLZBLASINSTRUMENTE

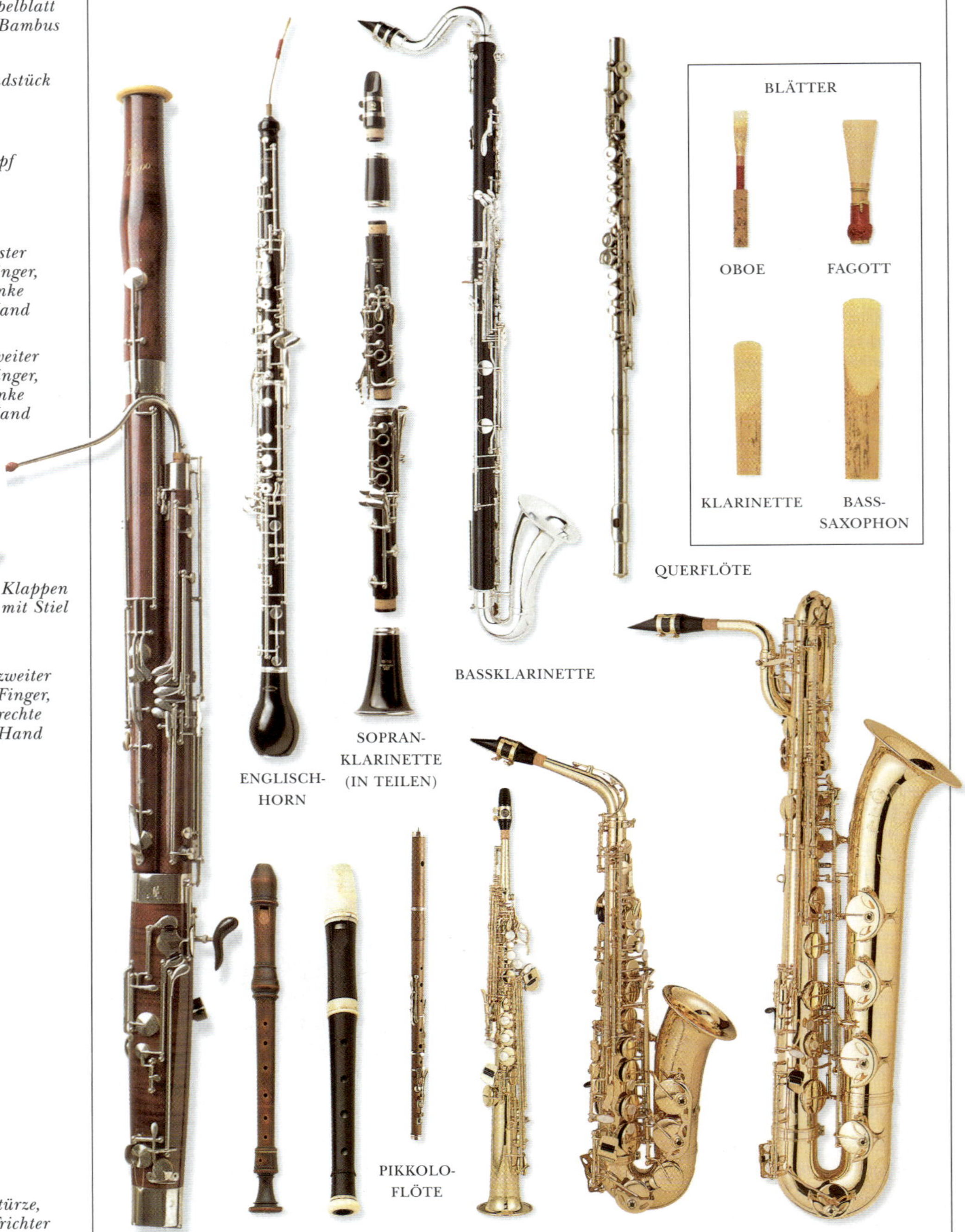

FAGOTT
ENGLISCHHORN
SOPRANKLARINETTE (IN TEILEN)
BASSKLARINETTE
QUERFLÖTE

BLÄTTER: OBOE, FAGOTT, KLARINETTE, BASSSAXOPHON

BLOCKFLÖTE
FLAGEOLETT
PIKKOLOFLÖTE
SOPRANSAXOPHON
ALTSAXOPHON
BARITONSAXOPHON

**Holzblasinstrument** ⟨n. 11; Mus.⟩ ◄ *Blasinstrument aus Holz,* z. B. Oboe, Fagott

**Holzbohrer** ⟨m. 3⟩ **1** *zum Bohren von Holz geeigneter Bohrer* **2** *Angehöriger einer Familie plumper Schmetterlinge von meist beträchtlicher Größe, deren Raupen in Holz u. Pflanzenstängeln leben: Cossidae* **3** = *Borkenkäfer*

**Holzeinschlag** ⟨m. 1u; unz.⟩ *Gewinnung von Nutz- u. Brennholz in der Forstwirtschaft*

**holzen** ⟨V. i.; hat⟩ **1** *Bäume schlagen* **2** *einheizen* **3** ⟨Jägerspr.⟩ *auf Bäume klettern* (Raubwild) **4** *fortholzen, sich von Baum zu Baum fortbewegen* (Flugwild, Marder) **5** ⟨fig.; umg.⟩ *ohne Sorgfalt arbeiten* **6** ⟨Sp.; bes. Fußb.⟩ *roh od. regelwidrig spielen* **7** ⟨Mus.⟩ *oft falsch spielen* [< mhd. *holzen, hülzen* „Holz fällen u. aus dem Walde schaffen"]

**hölzern** ⟨Adj.⟩ **1** *aus Holz* **2** ⟨fig.⟩ *trocken, steif, linkisch, unbeholfen* (Mensch, Manieren, Stil) [< mhd. *hulzerin, hulzin* „von Holz"; → *Holz*]

**Holzfäller** ⟨m. 3⟩ *jmd., der berufl. Bäume fällt, Waldarbeiter*

**holzfrei** ⟨Adj.⟩ *ohne Zusatz von Holzschliff* (Papier); Ggs *holzhaltig*

**holzhaltig** ⟨Adj.⟩ *80% Holzschliff enthaltend* (Papier, z. B. Zeitungspapier); Ggs *holzfrei*

**Holzhammer** ⟨m. 3u⟩ ▼ *hölzerner Hammer* ◆ jmdm. etwas mit dem Holzhammer beibringen ⟨fig.; umg.⟩ *grob, schonungslos;* der hat wohl eins mit dem Holzhammer gekriegt? ⟨fig.; umg.⟩ *der ist wohl nicht recht bei Verstand?*

**Holzhammermethode** ⟨f. 19; umg.; scherzh.⟩ *grobe Methode (dort, wo eigtl. eine sorgsame Methode am Platze wäre)*

**Holzkohle** ⟨f. 19⟩ *durch Holzverkohlung gewonnene Kohle*

**Holzmehl** ⟨n. 11; unz.⟩ *feinste, pulvrige, getrocknete Sägespäne*

**Holzscheit** ⟨n. 11⟩ *zugerichtetes Stück Holz als Brennholz*

**Holzschliff** ⟨m. 1; unz.⟩ *zu kleinen Fasern geschliffenes Holz zur Herstellung von holzhaltigem Papier*

**Holzschnitt** ⟨m. 1⟩ Sy *Xylographie* **I** ⟨unz.⟩ *die Kunst, mit dem Messer aus einer Holzplatte (weiches Holz, längs der Faser) eine bildl. Darstellung herauszuschneiden, so dass sie erhaben stehen bleibt, eingefärbt u. auf Papier abgedruckt werden kann* **II** ⟨zählb.⟩ *Abzug von einer so bearbeiteten Holzplatte*

**Holzschnitzerei** ⟨f. 18⟩ **I** ⟨unz.⟩ ► *Verzierung hölzerner Gegenstände durch Herausschneiden von Ornamenten u. Figuren* **II** ⟨zählb.⟩ *deren Erzeugnis*

**Holzspan** ⟨m. 1u⟩ **1** *abgehobeltes od. abgeschnittenes Holzblättchen* **2** *Holzstäbchen (zum Feueranzünden)*

**Holztaube** ⟨f. 19⟩ = *Ringeltaube*

**Holzung** ⟨f. 20⟩ **1** *Wald, Gehölz* **2** *das Holzen, Holzschlag*

**Holzweg** ⟨m. 1⟩ **1** ⟨urspr.⟩ *nur der Waldwirtschaft dienender Weg, der keine Orte miteinander verbindet* **2** ⟨fig.⟩ *falsche Fährte* ◆ da bist du auf dem Holzweg *da irrst du dich* [< mhd. *holzwec* „Waldweg, Weg, auf dem Holz fortgeschafft wird", dann, da solch ein Weg nicht zu einer menschl. Ansiedlung führt, „irrtüml. Weg"]

**Holzwolle** ⟨f. 19; unz.⟩ *feine, gekräuselte Holzspänchen zur Verpackung u. zum Polstern*

**Holzwurm** ⟨m. 2u⟩ *im Holz lebende Larve verschiedener Tiergruppen*

**Holzzucker** ⟨m. 3; unz.⟩ **1** *durch Holzverzuckerung gewonnene Zuckerarten, die zu Alkohol vergoren od. als Futtermittel verwendet werden* **2** = *Xylose*

HOLZHAMMER

**Homburg** ⟨m. 6⟩ ▼ *hoher Filzhut für Herren* [nach dem urspr. Herstellungsort Bad *Homburg* v. d. Höhe]

HOMBURG

**Homebanking** ⟨['houmbæŋkiŋ] n. 15; Bankw.⟩ *Erledigung von Bankgeschäften über Btx od. über einen Personalcomputer von zu Hause aus* [< engl. *home* „Heim" + *banking* „Bankwesen"]

**Homecomputer** ⟨['houmkɔmpju:tə(r)] m. 3⟩ = *Heimcomputer*

**Homeland** ⟨['houmlænd] n. 15; bis 1994 in der Republik Südafrika⟩ *der schwarzen Bevölkerung eingeräumtes Siedlungsland mit eingeschränkter Selbstverwaltung* [< engl. *home* „Heimat" + *land* „Land"]

**Homepage** ⟨['houmpɛidʒ] f.; -, -s [-dʒiz]; EDV⟩ *Startseite im Internet mit Adressen u. Informationen einer Privatperson, einer Firma, eines Instituts o. Ä.;* Sy ⟨kurz⟩ *Page*[1] → a. *Webseite, World Wide Web* [< engl. *home* „Heim" + *page* „Seite"]

**homerisch** ⟨Adj.⟩ *Homer entsprechend, ihm ähnlich* ◆ homerisches Gelächter *lautes, nicht enden wollendes Lachen* [nach dem Gelächter der Götter an manchen Stellen der Ilias u. Odyssee]

**Homerun** ⟨['houmrʌn] m. 6; Sp.; Baseball⟩ *ein Schlag, der so gut gelungen ist, dass der Spieler nach dem Abschlag das Feld vollständig umrunden kann, ehe es der Fängermannschaft gelingt, den Ball wieder zum Abschlag zu befördern* [< engl. *home* „Heim" + *run* „Lauf"]

**Hometrainer** ⟨['houmtrɛinə(r)] m. 3⟩ *Gerät für sportl. Training daheim;* Sy *Heimtrainer* [< engl. *home* „Heim" + *Trainer*]

**Hominide** ⟨m. 17⟩ ►► *Angehöriger entweder einer ausgestorbenen Menschenform od. einer heute lebenden Menschenrasse* [< lat. *homo,* Gen. *hominis* „Mensch" + grch. *eidon* „Aussehen"]

**Hommage** ⟨[ɔ'ma:ʒ] f. 19; Pl. selten⟩ *Huldigung, Würdigung* [frz.; zu *homme* „Mensch"]

**Homme de lettres** ⟨['ɔm də 'lɛtrə] m.; - - -, -s [ɔm] - -⟩ **1** *Schriftsteller* **2** *gebildeter Mensch* [frz., eigtl. „Mann der Buchstaben, der Literatur"]

**Homo**[1] ⟨m.; Gen.: Hominis, Pl.: Homines⟩ *Mensch* ◆ Homo Faber *der Mensch als ein Wesen, das sich Werkzeuge, technische Hilfsmittel herstellen kann;* Homo ludens *der spielende, d. h. schöpferische Mensch;* Homo sapiens *von Linné geschaffene naturkundl. Bezeichnung für die höchstentwickelte Menschenart, den heutigen Menschen* [< lat. *homo* „Mensch" + *faber* „Handwerker" + *ludens* „spielend" + *sapiens* „klug, weise, vernunftbegabt"]

**Homo**[2] ⟨m. 6; umg.; kurz für⟩ *Homosexuelle(r)*

**homo..., Homo...** ⟨in Zus.⟩ *gleich..., Gleich...* [< grch. *homos* „gemeinsam, gleich"]

**homofon** ⟨Adj.⟩ = *homophon*

**Homofon** ⟨n. 11⟩ = *Homophon*

**Homofonie** ⟨f. 19; unz.⟩ = *Homophonie*

**Homogamie** ⟨f.; -; unz.; Biol.; Soziol.⟩ *Bevorzugung einer in Alter, sozialer Stellung, Bildung u. a. möglichst ähnlichen Person bei der Partnerwahl;* Ggs *Heterogamie*

**homogen** ⟨Adj.⟩ *gleichartig, übereinstimmend;* Ggs *inhomogen, heterogen* [< grch. *homos* „gleich" + *genos* „Art"]

**homogenisieren** ⟨V. t.; hat⟩ *homogen machen, gleichmäßig verteilen*

**Homogenität** ⟨f. 20; unz.⟩ *Gleichartigkeit;* Ggs *Heterogenität*

**Homograf** ⟨n. 11⟩ = *Homograph*

**Homograph** ⟨n. 11; Sprachw.⟩ *Wort, das wie ein anderes geschrieben wird, aber eine andere Aussprache (Betonung) u. Bedeutung hat,* z. B. 'überholen im Vergleich zu über'holen; oV *Homograf* [< grch. *homos* „gleich" + *graphein* „schreiben"]

**homolog** ⟨Adj.⟩ **1** *gleichliegend, gleichlaufend* **2** *übereinstimmend* **3** *entsprechend* ◆ homo-

H

## HOLZSCHNITZEREI

Vom Mittelalter bis ins 19. Jh. hinein schmückte man das Innere von Gebäuden und attraktive Möbel gern mit Holzschnitzereien. Dieses Handwerk war sehr arbeitsintensiv und verlangte hohe Geschicklichkeit. Zuerst entfernte der Holzschnitzer größere Holzstücke mit einem groben Beitel und einem Schlägel. Für Einzelheiten und die Oberflächenbearbeitung setzte er anschließend feinere Schnitzeisen oder Beitel ein.

HOLZSCHNITZEREI AM AUFTRITT EINER TREPPE DES 18. JH.

VERSCHIEDENE SCHNITZEISEN

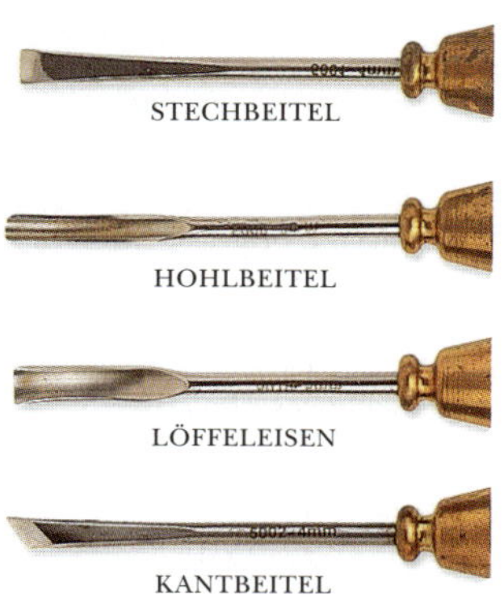

loge Organe *Organe von gleicher entwicklungsgeschichtl. Herkunft, z. B. Arm u. Vogelflügel, Schwimmblase u. Lunge;* homologe Reihen ⟨Chem.⟩ *organische Verbindungen, die sich in ihrer Formel um die gleiche Atomgruppe od. ein Vielfaches davon voneinander unterscheiden, z. B. Methan, Ethan, Propan* [< grch. *homos* „gleich" + *logos* „Rede, Beziehung, Verhältnis"]

**homonom** ⟨Adj.⟩ *gleichwertig, gleichartig* (z. B. von den einzelnen Gliedern der Gliedertiere); Ggs *heteronom* [< grch. *homos* „gleich" + *nomos* „Gesetz"]

**Homonomie** ⟨f. 19; unz.⟩ *homonome Beschaffenheit;* Ggs *Heteronomie*

**homonym** ⟨Adj.⟩ *gleich lautend, aber von verschiedener Bedeutung, mehrdeutig*

**Homonym** ⟨n. 11.; Sprachw.⟩ *Wort, das mit einem anderen gleich lautet, aber eine andere Herkunft u. Bedeutung hat,* z. B. „das Steuer" – „die Steuer" [< grch. *homos* „gleich" + *onyma* „Name"]

H

**homöo...** ⟨in Zus.⟩ *gleich, gleichartig* [< grch. *homoios* „gleich"]

**Homöopathie** ⟨f. 19; unz.; Med.⟩ *Heilverfahren, bei dem der Kranke mit kleinsten Dosen von Mitteln behandelt wird, die beim Gesunden die gleichen Krankheitserscheinungen hervorrufen würden, nach dem Grundsatz: Ähnliches durch Ähnliches heilen;* Ggs *Allopathie*

**Homophon** ⟨n. 11; Sprachw.⟩ *Wort, das mit einem anderen gleich lautet, aber eine andere Schreibung und Bedeutung hat,* z. B. „Leere" – „Lehre"; oV *Homofon* [< grch. *homos* „gleich" + *phone* „Stimme, Ton, Laut"]

**Homophonie** ⟨f. 19; unz.; Mus.⟩ *Kompositionsart, bei der alle Stimmen hinter der führenden Melodiestimme zurücktreten u. sie nur begleiten;* oV *Homofonie;* Ggs *Polyphonie* [< grch. *homos* „gleich" + *phone* „Stimme"]

**Homosexualität** ⟨f. 20; unz.⟩ *geschlechtl. Liebe zwischen Angehörigen des gleichen Geschlechts;* Ggs *Heterosexualität* [< grch. *homos* „gleich" + lat. *sexus* „Geschlecht"]

**homosexuell** ⟨Adj.⟩ *sexuell zum gleichen Geschlecht hinneigend;* Ggs *heterosexuell* [< grch. *homos* „gleich" + lat. *sexus* „Geschlecht"]

HOMINIDE: MODELL EINES AUSTRALOPITHECINEN

**Homosexuelle(r)** ⟨f. 30 (m. 29)⟩ *homosexuell veranlagter Mensch;* Sy ⟨kurz⟩ *Homo*[2]*;* Ggs *Heterosexuelle(r)*

**homozygot** ⟨Adj.⟩ *reinerbig, mit gleichartigen Erbanlagen;* Ggs *heterozygot* [< grch. *homos* „gleich" + *zygoun* „verbinden"]

**Homunkulus** ⟨m.; -, -kuli⟩ **1** *kleiner Mensch, Menschlein* **2** ⟨Lit.; in Goethes „Faust"⟩ *künstlich erzeugter Mensch* [< lat. *homunculus* „Menschlein", Verkleinerungsform zu lat. *homo* „Mensch"]

**Honig** ⟨m. 1; unz.⟩ **1** *brauner bis gelblicher, meist dünner bis zähflüssiger, süßer Stoff, der von den Arbeitsbienen als Nektar aufgesogen, verarbeitet u. in den Waben im Stock gespeichert wird* **2** ⟨sinnbildl. für⟩ *Süßes, schöne Worte, Schmeicheleien* ◆ jmdm. Honig ums Maul schmieren, streichen ⟨fig.; umg.⟩ *jmdm. schmeicheln* [< ahd. *hona(n)g*]

**Honigbeutler** ⟨m. 3; Zool.⟩ *7-8,5 cm langer Rüsselbeutler Südwestautraliens mit weit herausstreckbarer Zunge, der sich hauptsächlich von Nektar ernährt: Tarsipes spenserae*

**Honigbiene** ⟨f. 19⟩ *Honig speichernde Stechimme aus der Gruppe der sozialen Bienen: Apis mellifica;* ► *Insekten*

**Honigblume** ⟨f. 19⟩ *Blume, die wenig od. bei rein weiblichen Blüten überhaupt keinen Pollen enthält, aber reichlich Nektar ausscheidet*

HONIGKLEE: WEISSER HONIGKLEE (*Melilotus alba*)

**Honigbrot** ⟨n. 11⟩ **1** *mit (Butter u.) Honig bestrichenes Brot* **2** = *Honigkuchen*

**Honiggras** ⟨n. 12; unz.; Bot.⟩ *Angehöriges einer Gattung der Süßgräser;* Sy *Rossgras (2)*

**Honigklee** ⟨m. 6; unz.⟩ ▲ *Schmetterlingsblütler, der reichlich Nektar absondert: Melilotus;* Sy *Steinklee*

**Honigkuchen** ⟨m. 4⟩ *trockenes, mit Honig und Gewürzen zubereiteter weihnachtl. Gebäck;* Sy *Honigbrot (2)*

**Honigkuchenpferd** ⟨n. 11; fig.; umg.; scherzh.⟩ grinsen wie ein Honigkuchenpferd *übers ganze Gesicht grinsen*

**Honigmelone** ⟨f. 19⟩ *Melone mit gelber Schale u. gelbem, süßem Fruchtfleisch*

**Honigpilz** ⟨m. 1; Bot.⟩ ► = *Hallimasch*

**Honigschlecken** ⟨n.; umg.; nur in der Wendung⟩ das ist kein Honigschlecken *das ist nicht leicht, das ist schwierig, unangenehm*

HOPFEN: GEMEINER HOPFEN (*Humulus lupulus*)

**Honigwabe** ⟨f. 19⟩ ▼ *Zellenbau der Biene aus Wachs zum Aufbewahren von Honig u. Pollen, Ablegen der Eier (der Königin) u. zur Aufzucht der Larven;* Sy *Bienenwabe*

**Honigwein** ⟨m. 1; unz.⟩ = *Met*[1]

**Honorar** ⟨n. 11; bei freien Berufen⟩ *Vergütung von Leistungen* (Autorenhonorar) [< lat. *honorarium* „Ehrengabe, Belohnung"; zu lat. *honor* „Ehre"]

**Honoratioren** ⟨nur Pl.; heute meist scherzhaft⟩ *die angesehensten Einwohner einer (kleinen) Stadt* [eingedeutscht aus älterem *Honoratiores,* Komp. zu lat. *honoratus* „geehrt", Part. Perf. von *honorare* „ehren"; eigtl. „die mehr als andere Geehrten"]

**honorieren** ⟨V. t.; hat⟩ **1** *bezahlen, vergüten (bes. bei freiberufl. Arbeit)* **2** *einlösen* (Wechsel) **3** ⟨umg. a.⟩ *ausdrücklich anerkennen* ◆ eine Arbeit gut, schlecht honorieren; jmds. Verhalten, Einsatz honorieren [< lat. *honorare* „ehren, belohnen, beschenken"]

**honoris causa** ⟨Abk.: h. c.⟩ *ehrenhalber* ◆ Dr. phil. h. c. → *Doktor* [lat.]

**Hooligan** ⟨['hu:ligən] m. 6⟩ **1** ⟨i. e. S.⟩ *gewalttätiger, randalierender Sportfan (bes. beim Fußball)* **2** ⟨i. w. S.⟩ *Rowdy* [engl.; vielleicht eine Variante zum irischen Familiennamen *Houlihan*]

**Hop** ⟨m. 6; Sp.; Leichtathletik⟩ *der erste der drei Sprünge beim Dreisprung;* → a. *Jump (II), Step* [< engl. *hop* „Hüpfer"]

**Hopfen** ⟨m. 4; unz.⟩ ▼ *Angehöriger einer Gattung der Hanfgewächse, zweihäusige Schlingpflanze, Rohstoff bei der Bierbereitung: Humulus* ◆ japanischer Hopfen *Zierpflanze: H. japonicus;* bei ihm ist Hopfen und Malz verloren ⟨fig.; umg.⟩ *ihm ist nicht zu helfen, er ist nicht mehr erziehbar* [< ahd. *hopfo,* engl. *hop;* Herkunft ungeklärt]

**Hopfenbaum** ⟨m. 1u⟩, **Hopfenbuche** ⟨f. 19⟩ *Angehörige(r) einer Gattung der Birkengewächse: Ostrya* ◆ Europäische Hopfenbuche: *Ostrya carpinifolia*

**Hopfenklee** ⟨m. 6; unz.⟩ *ein Schneckenklee mit runden, gelben Blütenköpfchen: Medicago lupulina*

**Hoplit** ⟨m. 16⟩ ► *altgrch. schwer bewaffneter Fußsoldat* [< grch. *hoplites* „schwer bewaffneter Fußkämpfer im alten grch. Heer"; zu grch. *hopla* „Waffen"]

**hopp!** ⟨Int.⟩ *(Aufforderung zum raschen Aufstehen, zum Beeilen, zum Springen)* ◆ hopp! *los!;* hopp, steh auf!; bei ihm muss alles hopp hopp gehen *sehr schnell u. flüchtig*

**hoppeln** ⟨V. i.; ist⟩ *ungleichmäßig hüpfen* (bes. von Hasen)

**hoppnehmen** ⟨V. t. 187; hat; umg.⟩ jmdn. hoppnehmen *jmdn. verhaften;* Sy *hopsnehmen* ◆ die Täter wurden von Polizisten hoppgenommen

**hopsen** ⟨V. i.; ist⟩ **1** ⟨umg.⟩ *hüpfen* (bes. von Kindern) **2** ⟨fig.⟩ *schlecht tanzen, mehr hüpfen als tanzen*

**Hopser** ⟨m. 3; umg.⟩ **1** *kleiner Sprung* **2** *schneller Tanz, Ekossaise, Galopp* ◆ sein Herz tat einen Hopser

**hopsgehen** ⟨V. i. 145; ist⟩ **1** ⟨umg.⟩ *kaputt gehen, verloren gehen* **2** ⟨salopp⟩ *ums Leben kommen, sterben*

**hopsnehmen** ⟨V. t. 187; hat; umg.⟩ = *hoppnehmen*

**hora** ⟨Zeichen: $^{h}$⟩ *Stunde (bei Zeitangaben)* ◆ $6^{h}$ *6 Uhr* [< lat., grch. *hora* „natürl. Zeitabschnitt, Jahreszeit"]

**Horarium** ⟨n.; -s, -rien⟩ = *Stundenbuch* [lat., „Uhr"; zu *hora* „Stunde"]

**hörbar** ⟨Adj.⟩ *so beschaffen, dass man es hören kann* ◆ trotz seines Bemühens, leise das Haus zu betreten, waren seine Schritte deutlich hörbar

HONIGWABE MIT ARBEITERINNEN

**Hörbehinderte(r)** ⟨f. 30 (m. 29)⟩ *jmd., der über kein od. ein stark eingeschränktes Hörvermögen verfügt*

**horchen** ⟨V. i.; hat⟩ **1** *aufmerksam zuhören* **2** *etwas zu hören versuchen, auf ein Geräusch warten* **3** ⟨umg.⟩ *lauschen, heimlich, unbemerkt mithören* [< spätahd. *horechen,* engl. *hark;* → *hören*]

**Horde**[1] ⟨f. 19⟩ *Lattengestell, ein- oder mehrstöckiger Rost zum längeren Aufbewahren von Obst od. Kartoffeln* (Kartoffelhorde, Obsthorde) [mdt. u. nddt. Form zu *Hurde*]

**Horde**[2] ⟨f. 19⟩ **1** *wilde Menge, ungeordnete Schar* **2** ⟨bei Naturvölkern⟩ *eine kleine Gruppe miteinander verwandter, nicht dauernd zusammenwohnender Familien in einem fest umgrenzten Gebiet* [seit 15. Jh., zunächst „umherziehender Tatarenstamm“, durch Vermittlung balkan. Sprachen < türk. *ordu* „Heer“ < tatar. *urdu* „Lager“]

**hören** ⟨V.; hat⟩ **I** ⟨V. t.⟩ **1** *mit dem Ohr wahrnehmen* (Schall) **2** *erfahren, vernehmen* **3** *besuchen* (Messe, Vorlesung) ◆ hört, hört! ⟨umg.⟩ *seht mal an!, soso!;* hör mal! pass auf! hör zu! *(als Einleitung zu einem Gebot od. Verbot, einer Frage od. Bitte);* aber hör mal!, na hören Sie mal! *das geht wirklich nicht!, das kann nicht stimmen!* ◆ ich habe gehört, dass ...; hast du schon gehört, der Mann soll verhaftet sein; **Beichte** hören *die B. abnehmen;* neuere **Geschichte** hören (als Vorlesung); ein **Kolleg,** eine Vorlesung hören; eine **Oper,** ein Konzert hören *die Aufführung einer Oper, eines Konzerts besuchen, erleben;* ihm verging Hören und **Sehen** *ihm wurde fast schwindlig* ◆ ich **kann** das ewige Klagen nicht mehr hören! *nicht mehr ertragen;* jmdn. **lachen,** singen, sprechen hören; **lass** hören! *sprich!, erzähle!;* er hat nichts (von sich) hören lassen *er hat sich nicht gemeldet, er hat nicht geschrieben, angerufen od. uns besucht;* das lässt sich hören *das klingt verständig, darüber kann man sprechen;* wir **müssen** auch ihn hören *anhören, zu Wort kommen lassen;* er hört sich gern **reden** *er spricht viel u. hält das, was er sagt, für sehr klug;* ich habe **sagen** hören, dass ... *zufällig erfahren;* höre und **staune!** *du wirst dich wundern, wenn du hörst, was ich jetzt sage* ◆ ich höre es **an** seiner Stimme, dass er ärgerlich ist *erkenne es an seiner S.;* Vorlesungen **bei** Professor Bohrer hören; ich habe **davon** gehört; ich will davon nichts hören *nichts wissen;* ein Konzert **im** Radio hören; Sie hören wieder **von** mir *ich gebe Ihnen Nachricht, ich melde mich bei Ihnen;* ich habe von ihm, über ihn viel, nichts Gutes gehört; von dir hört man ja schöne Dinge ⟨iron.⟩; lassen Sie bald von sich hören! *schreiben Sie bald od. rufen Sie einmal an!;* sich **vor** jmdm. hören lassen *vor jmdm. sprechen, singen od. spielen, etwas vortragen;* **wie** ich hörte, ist er gestern angekommen **II** ⟨V. i.; umg.⟩ **1** *mit dem Gehörsinn Töne, Klänge wahrnehmen können* **2** *gehorchen, folgen* ◆ ich kann sagen, was ich will, der Junge hört einfach nicht; du sollst hören, wenn ich rufe!; wer nicht hören will, muss fühlen ⟨Sprichw.⟩ *wer nicht gehorcht, wird bestraft, wer eine Warnung nicht befolgt, muss leiden* ◆ **gut,** schlecht hören *ein gutes, schlechtes Gehör haben;* er hört **schwer** *er ist schwerhörig* ◆ **auf** jmdn. hören *jmds. Rat annehmen;* alles hört auf mein Kommando *(Ankündigung von Kommandos beim Militär oder bei Geländespielen);* der Hund hört auf den Namen ... *der Hund heißt ...;* auf jmds. Rat hören *jmds. Rat befolgen;* er hört nur auf einem Ohr [< ahd. *horan, hor(r)en*]

HOPLIT: ALTGRIECHISCHER FUSSSOLDAT, UM 200 v. CHR.

HORN

**Hörensagen** ⟨n.; unz.; nur in der Wendung⟩ etwas nur vom Hörensagen kennen, wissen *gerüchtweise, nur von anderen, vom Erzählen, nicht aus eigener Erfahrung od. direkter Anschauung*

**hörenswert** ⟨Adj.⟩ *wert, dass man es sich anhört* ◆ diese Oper ist hörenswert

**Hörer** ⟨m. 3⟩ **1** *jmd., der etwas anhört, einer Sache zuhört* (Rundfunkhörer) **2** *Teilnehmer eines Kollegs, einer Vorlesung* **3** *Schallwellen übertragendes Gerät* (Telefonhörer) ◆ den (Telefon-)Hörer abnehmen; verehrte Hörerinnen und Hörer!; sich als Hörer (an der Universität, für eine Vorlesung) einschreiben

**Hörfunk** ⟨m. 1; unz.⟩ = *Rundfunk (1)*

**Hörgerät** ⟨n. 11; Med.⟩ ▼ *Hilfsmittel für Schwerhörige, das diesen das Hören erleichtert*

**hörgeschädigt** ⟨Adj.⟩ *einen dauerhaften Hörschaden habend* ◆ hörgeschädigte Kinder

**hörig** ⟨Adj.⟩ **1** ⟨früher⟩ *an den vom Grundherrn verliehenen Grund u. Boden rechtlich gebunden u. zu Abgaben u. Frondienst verpflichtet* **2** ⟨fig.⟩ *an einen Menschen bis zur Selbstaufgabe innerlich gebunden, bes. durch sexuellen Reiz* ◆ jmdm. (sexuell) hörig sein [< mhd. *hœrec* „auf jmd. hörend, folgsam, leibeigen“]

**Hörige(r)** ⟨f. 30 (m. 29); früher⟩ *höriger Bauer, hörige Bäuerin*

**Horizont** ⟨m. 1⟩ **1** *scheinbare Trennungslinie zwischen der Erdoberfläche u. dem Himmel;* Sy *Gesichtskreis (1), Sehkreis* **2** ⟨fig.⟩ *Umfang der geistigen Interessen u. der Bildung* ◆ die Sonne **berührte** den Horizont; seinen Horizont **erweitern** ⟨fig.⟩ ◆ einen **beschränkten, engen** Horizont haben ⟨fig.⟩; **geistiger** Horizont ⟨fig.⟩; einen **weiten** Horizont haben ⟨fig.⟩

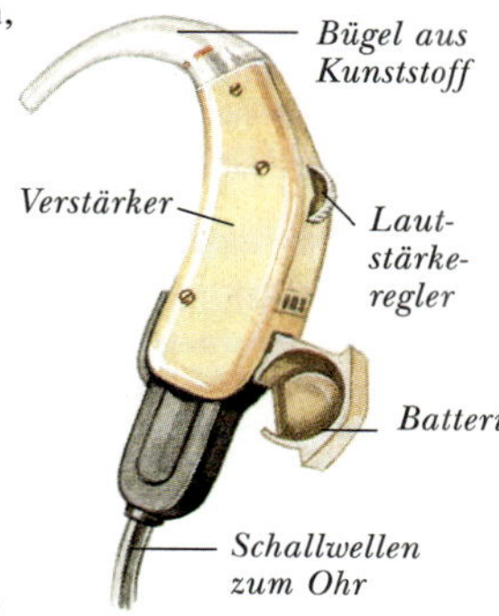


HÖRGERÄT

◆ **bis** zum Horizont sehen können; das geht **über** seinen Horizont ⟨fig.; umg.⟩ *das versteht er nicht;* die Sonne sank **unter** den Horizont [< grch. *horizon (kyklos)* „begrenzender Kreis“ < *horizein* „begrenzen“ + *kyklos* „Kreis“]

**horizontal** ⟨Adj.⟩ *wie der Horizont verlaufend, waagerecht;* Ggs *vertikal* ◆ horizontales Gewerbe ⟨umg.⟩ *Gewerbe der Prostitution*

**Horizontale** ⟨f. 30⟩ *Waagerechte, waagerechte Linie, waagerechte Lage;* Ggs *Vertikale*

**Hormon** ⟨n. 11⟩ *vom Körper gebildeter Wirkstoff, der eine bestimmte Körperfunktion reguliert;* ► *Körper* [zu grch. *horman* „in Bewegung setzen, antreiben, anregen“; zu *horme* „Anlauf, Angriff, Antrieb“]

**Hormonpräparat** ⟨n. 11; Pharm.⟩ *künstlich gewonnenes Hormon, das als Arzneimittel verwendet wird*

**Horn** ⟨n. 12u⟩ **1** *Stirnauswuchs bei Horntieren* **2** *in den Epidermiszellen vieler Tiere gebildete, harte od. elastische Eiweißsubstanz, die im Wesentlichen das schwefelhaltige u. wasserunlösliche Protein Kerstin enthält* **3** *altes hornartiges Trinkgefäß* (Trinkhorn) **4** ⟨Mus.⟩ ▲ *mehrmals kreisförmig gewundenes Blechblasinstrument mit drei Ventilen;* Sy *Waldhorn;* ► *Blechblasinstrumente* **5** *hornartiges Gebilde, z. B. Zacke beim Amboss, Bergspitze, Felsspitze* **6** ⟨umg.⟩ *Beule (am Kopf, an der Stirn)* ◆ sich die Hörner **ablaufen,** abstoßen ⟨fig.⟩ *Jugendtorheiten begehen u. überwinden, Erfahrungen sammeln;* seinem Ehemann Hörner **aufsetzen** *ihn betrügen;* sich ein Horn **stoßen,** rennen ◆ der Stier nahm den Mann **auf** die Hörner; den Stier **bei** den Hörnern nehmen, packen ⟨fig.⟩ *eine unangenehme Angelegenheit energisch, ohne zu zögern angreifen;* **in** jmds. Horn blasen, in dasselbe Horn blasen wie jmd. ⟨fig.; umg.⟩ *der gleichen Meinung sein, die gleichen Argumente haben;* ins Horn stoßen *ein Hornsignal geben* [< ahd. *horn*]

HORNBLENDE

**Hornblende** ⟨f. 19⟩ ► *Angehörige einer Gruppe gesteinsbildender Mineralien*

**hörnen** ⟨V.; hat⟩ **I** ⟨V. refl.⟩ sich hörnen *das Gehörn abwerfen* (Vieh) **II** ⟨V. t.⟩ *mit Hörnern versehen*

**hörnern** ⟨Adj.⟩ **1** *aus Horn bestehend* **2** *mit Hornhaut versehen*

**Hörnerv** ⟨m. 23 od. fachsprachl.: m. 16⟩ *der VIII. Hirnnerv, der die Hörempfindungen zum Gehirn leitet, Gehörnerv: Nervus statoacusticus*

**Hornfisch** ⟨m. 1⟩ = *Hornhecht*

**Hornhaut** ⟨f. 7u⟩ **1** *Schwiele, verhornte Hautstelle* **2** *im Wirbeltierauge der durchsichtige, uhrglasförmige Teil der Lederhaut im Vorderteil des Augapfels: Cornea*

**Hornhautentzündung** ⟨f. 20; Med.⟩ *Augenerkrankung, bei der die Gefahr der Zerstörung der Hornhaut durch Geschwür (Ulcus corneae), der Narbenbildung in der*

H

*Hornhaut sowie des Übergreifens auf das Augeninnere besteht*

**Hornhauttrübung** ⟨f. 20; Med.⟩ *Trübung der Hornhaut beim grauen Star*

**Hornhecht** ⟨m. 1⟩ *bis über 1 m langer u. selten mehr als 1 kg wiegender Trughecht mit sehr lang ausgezogenen Kiefern: Belone belone;* Sy *Grünknochen, Hornfisch*

**Hornisse** ⟨f. 19⟩ *größte mitteleurop. Wespe: Vespa crabro* [< mhd. *horniz, hornuz* < ahd. *hornaz, hurnuz,* eigtl. „gehörntes Tier"]

**Hornklee** ⟨m. 6; unz.; Bot.⟩ *Schmetterlingsblütler mit dem Klee ähnlichen Blättern u. gelben Blüten in Dolden: Lotus corniculatus;* Sy *Lotus*

**Hornochse** ⟨[-ks-] m. 17; fig.; derb⟩ *sehr dummer Kerl*

**Hornpipe** ⟨['hɔ:npaip] f. 10⟩ **1** ⟨Mus.⟩ *volkstüml. Blasinstrument mit einfachem Rohrblatt u. einem Schallkörper aus Tierhorn, das auch als Melodiepfeife beim Dudelsack verwendet wird* **2** *engl. Volkstanz des 18. Jh. im* $^{2}/_{2}$-, $^{2}/_{4}$- *od.* $^{4}/_{4}$-*Takt* **3** *dessen Rhythmus* [engl., „Hornpfeife"]

**Hornschröter** ⟨m. 3⟩ ► = *Hirschkäfer*

**Hornstoff** ⟨m. 1; unz.⟩ = *Keratin*

**Hornvieh I** ⟨n.; -s; unz.⟩ *Horntiere als Haustiere* **II** ⟨n.; -s, -viecher; fig.; derb⟩ dummer Kerl

**Hornviper** ⟨[-vi-] f. 21⟩ *afrikan. Viper der Gattungen Bitis od. Cerastes, die durch Hörner an Schnauze u. Augen ausgezeichnet sind*

**Horoskop** ⟨n. 11⟩ *Aufzeichnung der Gestirnkonstellation als Grundlage zur Charakter- u. Schicksalsdeutung* ◆ jmdm. das Horoskop stellen [< grch. *hora* „natürl. Zeitabschnitt" + *skopein* „schauen"]

**horrend** ⟨Adj.⟩ **1** *schrecklich* **2** *übermäßig, ungeheuer* ◆ ein horrender Preis [< lat. *horrendus* „schauderhaft, schrecklich"]

**Hörrohr** ⟨n. 11⟩ **1** ⟨Med.⟩ ► = *Stethoskop* **2** *veralteter Hörapparat für Schwerhörige*

**Horror** ⟨m.; -s; unz.⟩ *Grauen, Schauder, Abscheu* ◆ einen Horror vor etwas haben; Horror Vacui *(nach einer alten Vorstellung) Abscheu (der Natur) vor luftleeren Räumen* [lat.]

**Horrorfilm** ⟨m. 1⟩ *Film mit grausamen od. gruseligen Bildern*

**Horrortrip** ⟨m. 6; umg.⟩ *Rauschzustand mit beängstigenden Vorstellungen nach dem Genuss von Rauschgift* [< engl. *horror* „Schrecken" + *trip* „kleine Reise, Ausflug"]

**Hörsaal** ⟨m.; -(e)s, -säle; in Universitäten⟩ **1** *großer Unterrichtsraum, häufig mit ansteigenden Sitzreihen* **2** ⟨umg. a.⟩ *die dort versammelten Zuhörer*

**Horsd'œuvre** ⟨[ɔr'dœ:vr(ə)] n. 15⟩ *Vorspeise, appetitanregendes Nebengericht* [frz.]

**horse-power** ⟨['hɔ:spauə(r)] Zeichen: h. p.; in angelsächsischen Ländern⟩ *Einheit der Leistung, 1 h. p. = 1,013 PS = 745,7 W* [engl., „Pferdestärke"]

**Hörspiel** ⟨n. 11; Lit.⟩ *für u. durch den Rundfunk entwickelte dramat. Literaturgattung, die nur auf das Hören zugeschnitten u. durch starke Konzentration der Handlung u. geringe Personenzahl gekennzeichnet ist*

**Horst** ⟨m. 1⟩ **1** *Gehölz, Baumgruppe* **2** *großes Vogelnest aus Reisig, Raubvogelnest* (Adlerhorst) **3** ⟨Geol.⟩ *Scholle, die über die Umgebung nach oben gehoben worden ist* [< mhd., ahd. *hurst* „Gesträuch, Hecke, Dickicht"]

**Hort** ⟨m. 1⟩ **1** *Schatz* (Nibelungenhort) **2** *Schutz, Zuflucht, Tagesheim für Kinder* (Kinderhort) **3** *Schützer* ◆ Herr, mein Hort und mein Erlöser (Psalm 19,15); ein sicherer Hort [< mhd., ahd. *hort* „Schatz, Fülle, Menge", engl. *hoard* „Schatz, Vorrat"]

**Hortativ** ⟨m. 1⟩ = *Adhortativ*

**horten** ⟨V. t.; hat⟩ *aufspeichern, ansammeln, anhäufen* [→ *Hort*]

**Hortensie** ⟨[-siə] f. 19⟩ ▼ *Angehörige einer Gattung der Steinbrechgewächse (Saxifragaceae), die in Asien u. Amerika heimisch u. in Europa kultiviert zu finden ist: Hydrangea* [von dem frz. Botaniker Ph. Commerson benannt nach *Hortense,* der Frau des Uhrmachers Le Paute, die ihn beide auf der Reise begleiteten, auf der er die Pflanze entdeckte]

HORTENSIE: BAUERNHORTENSIE *(Hydrangea macrophylla)*

**Hörweite** ⟨f. 19; unz.⟩ *Bereich, in dem ein Schall zu hören ist*

**Hose** ⟨f. 19; häufig im Pl. gebraucht⟩ **1** *Bekleidung für den unteren Teil des Rumpfes u. die od. einen Teil der Beine, Beinkleid* **2** ⟨bei Greifvögeln⟩ *starke Schenkelfedern* **3** ⟨beim Pferd⟩ *Ober- u. Unterschenkelmuskulatur* **4** *der von der Honigbiene eingetragene Pollen, der wie eine Hose an ihren Hinterschenkeln klebt* ◆ ein **Paar** Hosen *eine Hose* ◆ **anhaben:** sie hat die Hosen an ⟨fig.; umg.⟩ *sie ist der Herr im Haus, sie gibt in der Ehe den Ton an;* einem Jungen die Hosen **strammziehen** *ihn verhauen, züchtigen* ◆ **kurze,** lange, enge, weite Hosen; die Hosen (gestrichen) **voll** haben ⟨derb⟩ *große Angst haben* ◆ sich **auf** die Hosen setzen ⟨umg.⟩ *fleißig sein, tüchtig arbeiten (geistig);* das Herz rutschte ihm **in** die Hosen ⟨fig.; umg.⟩ *der Mut verließ ihn;* in die Hosen machen (Kind); das ist Jacke **wie** Hose ⟨umg.⟩ *das kommt auf dasselbe heraus* [< ahd. *hosa* „Bekleidung der Unterschenkel samt den Füßen"]

**Hosenanzug** ⟨m. 1u⟩ *lange Hose u. Jacke aus demselben Stoff für Damen*

**Hosenboden** ⟨m. 4u⟩ *Sitzfläche der Hose* ◆ den Hosenboden vollkriegen *Schläge bekommen;* sich auf den Hosenboden setzen ⟨fig.; umg.⟩ *fleißig lernen*

**Hosenbund** ⟨m. 1u⟩ *bandartiger, oberer Abschluss der Hose*

**Hosenknopf** ⟨m. 1u⟩ **1** *Verschlussknopf an Hosen* **2** ⟨sinnbildl.; scherzh. für⟩ *unwesentl. Kleinigkeit* ◆ er hält sich bei jedem Hosenknopf auf

**Hosenschlitz** ⟨m. 1⟩ *vordere Öffnung der Herrenhose*

**Hosenträger** ⟨m. 3⟩ *über die Schultern gezogene Gummibänder zum Befestigen der Hose*

**hosianna!** ⟨Int.⟩ *(Freudenruf, Begrüßungsruf, ursprünglich beim Einzug Jesu in Jerusalem);* ◆ ein, das Hosianna singen [< hebr. *hosia* „hilf" + Bittpartikel *na* „Hilf doch!" aus Psalm 118,25]

**Hospital** ⟨n. 11 od. n. 12u⟩ **1** ⟨i. w. S.⟩ *Krankenhaus* **2** ⟨i. e. S.⟩ *Anstalt zur längeren od. dauernden Aufnahme chronisch Kranker* [< mhd. *hospital(e)* < ahd. *hospitalhus* < mlat. *hospitale* „Armen-, Krankenhaus"; zu lat. *hospes* „Gast"]

**hospitalisieren** ⟨V. i.; ist⟩ *in ein Krankenhaus od. eine Pflegeanstalt einweisen*

**Hospitalismus** ⟨m.; -; unz.; Med.; Sammelbez. für⟩ *körperl., geistige u. seel. Schäden infolge lang dauernden Aufenthalts im Krankenhaus od. (bei Kindern) im Heim*

**Hospitanz** ⟨f. 20; umg.⟩ *vorübergehende Teilnahme, Anwesenheit als Gast (z. B. in einem Praktikum, in der Universität, in einer Fraktionssitzung u. Ä.)* [→ *hospitieren*]

**hospitieren** ⟨V. i.; hat⟩ **1** *als Gast am Unterricht teilnehmen (bes. als Studienreferendar)* **2** *als Gast Vorlesungen hören* [< lat. *hospitari* „zu Gast sein"; → *Hospital*]

**Hospiz** ⟨n. 11⟩ **1** *von Mönchen errichtetes Übernachtungsheim* **2** *christl. Fremdenheim* **3** *Sterbeklinik* [< lat. *hospitium* „Gastfreundschaft, Bewirtung" < *hospes* „Gast"]

**Hostess** ⟨['--] od. [-'-] f.; -, -en⟩ **1** *Betreuerin, Begleiterin, Führerin in Ausstellungen* **2** *weibl. Person, die Auskünfte erteilt* **3** ⟨verhüllend⟩ *Prostituierte* [engl., „Wirtin, Gastgeberin" < afrz. *(h)ostesse* (neufrz. *hôtesse*), Fem. zu *(h)oste* (neufrz. *hôte*) „Gastgeber" < lat. *hospes* „Gastfreund"]

**Hostie** ⟨[-tjə] f. 19; Rel.⟩ *das beim Abendmahl in Form einer kleinen Oblate gereichte, ungesäuerte Brot* [< lat. *hostia* „Opfertier"]

**Hotdog,** ⟨auch⟩ **Hot Dog** ⟨m. 6⟩ *heißes Würstchen (mit Ketschup) zwischen zwei längl. Brötchenhälften* [engl., „heißer Hund"]

**Hotel** ⟨n. 15⟩ *Gewerbebetrieb für Unterkunft u. Verpflegung für gehobene Ansprüche* ◆ Hotel garni *Betrieb, der nur Unterkunft u. Frühstück gewährt* [< frz. *hôtel* „großes herrschaftliches Wohnhaus, vornehmes Gasthaus"; → *Hospital*]

**Hotelfachschule** ⟨f. 19⟩ *Fachschule für das Hotelgewerbe nach der prakt. Ausbildung*

**Hotelgewerbe** ⟨n. 13; unz.⟩ *auf dem Betrieb von Hotels beruhendes Gewerbe*

**Hotelier** ⟨[-lje:] m. 6⟩ *Eigentümer, Pächter od. Leiter eines Hotels* [< frz. *hôtelier* „Hotelbesitzer"; → *Hotel*]

**Hotelkauffrau** ⟨f. 18; Berufsbez.⟩ *für das Hotelfach ausgebildete Kauffrau*

**Hotelkaufmann** ⟨m.; -(e)s, -leute; Berufsbez.⟩ *für das Hotelfach ausgebildeter Kaufmann*

**Hotjazz,** ⟨auch⟩ **Hot Jazz** ⟨[-dʒæz] m.; (-) -; unz.; Mus.⟩ *scharf akzentuierender Jazzstil zwischen 1920 u. 1930* [engl., „heißer Jazz"]

**Hotline** ⟨[-lain] f. 10⟩ *schnelle, direkte Telefonverbindung, heißer Draht* [engl., „heißer Draht"]

**Hotpants,** ⟨auch⟩ **Hot Pants** ⟨[-pænts] Pl.; bes. Anfang der 70er Jahre⟩ *sehr kurze Shorts für Damen* [engl., „heiße Höschen"]

**hott!** ⟨Int.⟩ **1** *(Ruf an Zugtiere) vorwärts* **2** *nach rechts;* → a. *hüh!*

**Hottentotte** ⟨m. 17⟩ *Angehöriger eines den Buschmännern nahe stehenden, hamit. beeinflussten Volkes in Süd- u. Südwestafrika* [< kapholländ. *hotentot* „Stotterer"]

**Hovercraft** ⟨['hɔvə(r)kra:ft] n. 15⟩ *Wasserfahrzeug, das knapp über dem Wasser wie auf einem Luftkissen gleitet* [engl., „Schwebefahrzeug"]

**h. p.** ⟨Zeichen für engl.⟩ *horse-power*

**hPa** ⟨Zeichen für⟩ *Hektopascal*

**Hptst.** ⟨Abk. für⟩ *Hauptstadt*

**HR** ⟨Abk. für⟩ *Hessischer Rundfunk*

**hrsg.** ⟨Abk. für⟩ *herausgegeben*

**Hrsg.** ⟨Abk. für⟩ *Herausgeber*

**Hub** ⟨m. 1u; Tech.⟩ **1** *Heben, Hebebewegung* **2** *Hin- od. Herbewegung eines Maschinenteils zwischen zwei Totpunkten* (Kolbenhub) **3** = *Hubraum*

**hüben** ⟨Adv.⟩ *auf dieser Seite* ◆ hüben und drüben *auf beiden Seiten*

**Hubkraft** ⟨f. 7u⟩ *Kraft, die zum Heben zur Verfügung steht*

**Hubraum** ⟨m. 1u⟩ *Rauminhalt des Zylinders von Verbrennungskraftmaschinen, der vom Hin- u. Hergehen des Kolbens ausgefüllt wird;* Sy *Hub (3)*

**hübsch I** ⟨Adj.; -er, am -esten⟩ **1** *fast schön, angenehm, nett anzusehen, geschmackvoll* **2** ⟨umg.⟩ *ziemlich groß, ziemlich viel* **II** ⟨Partikel⟩ *recht, schön, angenehm* ◆ ein hübsches **Kind,** Kleid; ein hübsches **Stück** Arbeit, Stück Weg ⟨umg.⟩; eine hübsche

**Summe** (Geldes) ⟨umg.⟩ ◆ sich hübsch **anziehen;** hübsch **aussehen;** sich hübsch **machen; sein:** das ist aber hübsch!; er **spielt** schon recht hübsch Klavier *ganz gut* ◆ das wirst du hübsch **bleiben lassen!** die Verkäuferin hat sich hübsch **verrechnet** ◆ sei hübsch **artig** ⟨umg.⟩; hübsch **viel** ⟨umg.⟩ ◆ immer hübsch **mit** der Ruhe ⟨umg.⟩ *ganz gelassen bleiben* [< mhd. *hübesch* < mittelfränk. *hövesch* „höfisch, fein"; → *Hof*]

**Hubschrauber** ⟨m. 3⟩ ▼ *Flugzeug, das seinen Auftrieb durch umlaufende Drehflügel erhält;* Sy *Helikopter;* → a. *Drehflügelflugzeug;* ► *Luftfahrzeuge*

**Hucke** ⟨f. 19; nddt. u. mdt.⟩ **1** *auf dem Rücken getragene Last* **2** *Kiepe* **3** *Rücken* ◆ die Hucke vollhauen ⟨umg.⟩; jmdm. die Hucke volllügen ⟨umg.⟩ *jmdn. frech belügen* [zu *Hocke* „Getreidehaufen"; → *Höcker, huckepack*]

**Huckel** ⟨m. 3; nddt. u. mdt.⟩ *kleine Erhöhung, Bodenerhebung, Hügel*

**huckepack** ⟨Adv.⟩ *auf dem od. den Rücken* ◆ wir machen huckepack *ich trage dich auf dem Rücken;* ein Kind, eine Last huckepack tragen [< nddt. *huckebak* < *hucken* „eine Last auf den Rücken nehmen" < *Hucke* + *bak* „Rücken" < *Backen* „Rücken"]

**hudeln** ⟨V.; hat⟩ **I** ⟨V. i.⟩ **1** *unsorgfältig arbeiten, pfuschen, nachlässig sein* **2** ⟨oberdt.⟩ *mit Getreide handeln* **II** ⟨V. t.⟩ *schlecht behandeln, plagen, hänseln* [zu spätmhd. *hudel* „Lumpen, Lappen", ablautende Form zu mhd. *hadel* = *hader* „zerrissenes Stück Zeug" < *Hadern* „Lappen"]

**Huf** ⟨m. 1⟩ *mit Horn überzogenes Zehenende der Huftiere* (Pferdehuf) [< ahd. *huof*]

**Hufbeschlag** ⟨m. 1u⟩ *das Vorbereiten des Hufes sowie das Anpassen u. Aufschlagen des Hufeisens*

**Hufeisen** ⟨n. 14⟩ **1** *dreiviertelkreisförmiges Eisen zum Aufschlagen auf die Hufe von Pferden u. Arbeitsrindern* **2** *Sinnbild des Glückes und des Wohlergehens*

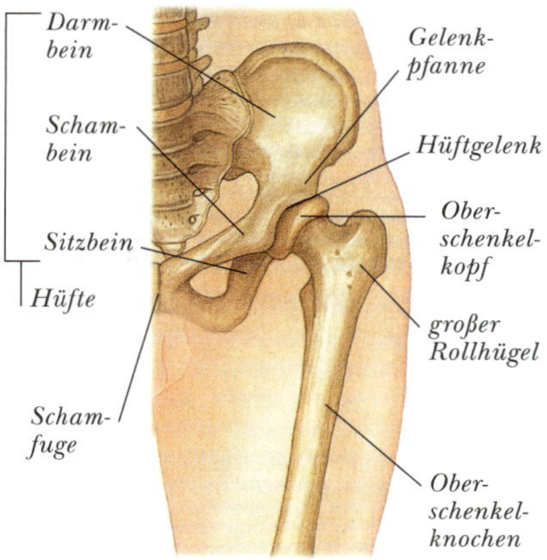


HÜFTGELENK: ANATOMIE
EINES HÜFTGELENKS BEIM MANN

**hufeisenförmig** ⟨Adj.⟩ *wie ein Hufeisen geformt, dreiviertelkreisförmig gebogen*

**Huflattich** ⟨m. 1⟩ *Korbblütler (Compositae) mit gelben Blüten u. rundlich-herzförmigen Blättern: Tussilago farfara*

**Hufnagel** ⟨m. 5u⟩ *Nagel zum Befestigen des Hufeisens*

**Hufschlag** ⟨m. 1u⟩ *Geräusch des Pferdetrittes, Schlag mit dem Huf* ◆ auf dem Hufschlag reiten *(in der Reitbahn) entlang der äußeren Begrenzung reiten*

**Hufschmied** ⟨m. 1⟩ *Schmied, der Pferde (mit Hufeisen) beschlägt*

**Hüftbein** ⟨n. 11; Anat.⟩ *paariger Knochen, der zusammen mit dem Kreuzbein das Becken bildet: Os coxae;* Sy *Hüftknochen*

**Hüfte** ⟨f. 19⟩ *Umgebung des Hüftgelenkes: Coxa* ◆ aus der Hüfte schießen *das Gewehr od. die Pistole an der Hüfte anlegen u. schießen;* ⟨umg. a.⟩ *schnell (und z. T. unüberlegt) handeln od. antworten;* sich (beim Gehen) in den Hüften wiegen [< ahd. *huf,* engl. *hip*]

**Hüftgelenk** ⟨n. 11; Anat.⟩ ◄ *Kugelgelenk mit beschränkter Rückwärtsbewegung zwischen dem knöchernen Becken u. dem Oberschenkelknochen: Articulus coxae*

**Huftier** ⟨n. 11; Zool.⟩ ►► *Säugetier mit je einem Huf an den Gliedmaßen: Ungulata;* ► *Säugetiere*

**Hüftknochen** ⟨m. 4; Anat.⟩ = *Hüftbein*

**Hüftnerv** ⟨m. 23 od. fachsprachl.: m. 16⟩ *an der Hinterseite jedes Oberschenkels verlaufender Nerv: Nervus ischiachicus;* Sy *Ischiasnerv*

**Hügel** ⟨m. 5⟩ **1** *Bodenerhebung, kleiner Berg* **2** *aufgeschütteter Erdhaufen* (Grabhügel, Maulwurfshügel) [Ablautform zu frühnhd. *Haug* < ahd. *houg* „Hügel"; → *hoch*]

**Hügelgrab** ⟨n. 12u⟩ ►► *vor- u. frühgeschichtliches Grab mit Aufschüttung von Erde u. Steinen*

**hügelig** ⟨Adj.⟩ *mit Hügeln versehen, wellig* (Landschaft); oV *hüglig*

**Hugenotte** ⟨m. 17⟩ *Protestant im alten Frankreich (seit 1560)* [< frz. *Huguenot* < schweiz. *Ignot, Eignot* „Eidgenosse"]

**hüglig** ⟨Adj.⟩ = *hügelig*

**hüh!** ⟨Int.; Ruf an Zugtiere⟩ **1** *vorwärts* **2** *links* ◆ man kann nicht miteinander arbeiten, wenn der eine „hüh!", der andere „hott!" sagt *wenn einander widersprechende Anweisungen gegeben werden*

**Huhn** ⟨n. 12u⟩ **1** *in zahlreichen Rassen u. Spielarten über die ganze Erde verbreitetes Haustier, das vom indischen Bankivahuhn abstammt;* Sy *Haushuhn* **2** = *Henne (1)* **3** ⟨a. kurz für⟩ *jagdbarer Vogel* (Rebhuhn, Feldhuhn) **4** ⟨fig., umg.⟩ *Kauz, Kerl* ◆ ein Huhn **gackert,** gluckt; (sich) Hühner **halten;** da **lachen** ja die Hühner! ⟨fig.; umg.⟩ *das ist albern, unsinnig!* ◆ ein **blindes** Huhn findet auch mal ein Korn ⟨Sprichw.⟩ *auch ein dum-*



## HUBSCHRAUBER

Hubschrauber werden von Rotoren fortbewegt und gesteuert. Sie können senkrecht starten und landen, in der Luft stehen bleiben und in jeder Richtung fliegen. Aus physikalischen Gründen braucht jeder Hubschrauber einen Heckrotor, um das Drehmoment des Hauptrotors auszugleichen. Die ersten Hubschrauber wurden in den 1920er-Jahren entwickelt, ihr Siegeszug begann aber erst Ende der 1950er-Jahre. Hubschrauber werden heute z. B. als Militärhubschrauber, Rettungshubschrauber oder zur Verkehrsüberwachung eingesetzt.

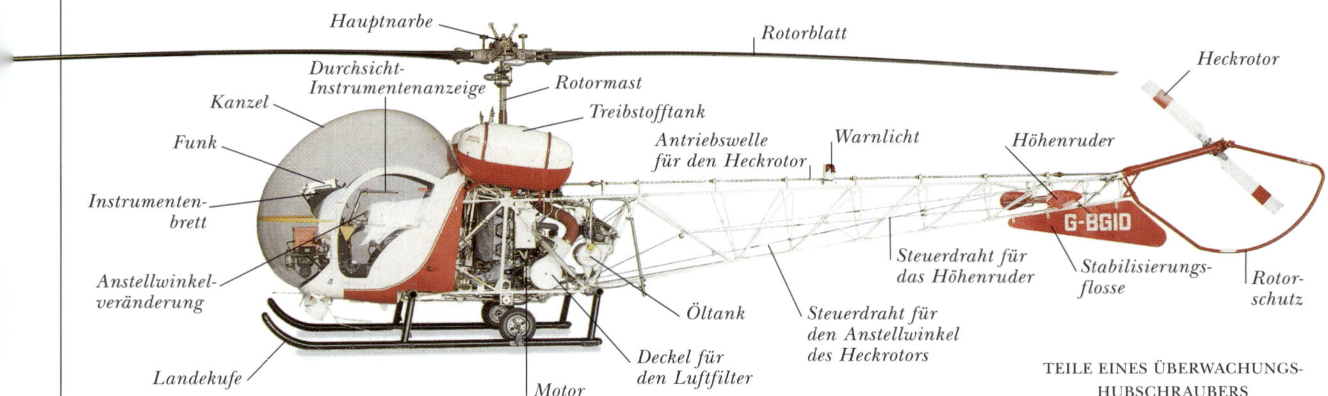


TEILE EINES ÜBERWACHUNGS-HUBSCHRAUBERS

### WEITERE HUBSCHRAUBERTYPEN

MEHRZWECK-HUBSCHRAUBER

KAMPF-HUBSCHRAUBER

LUFTTAXI

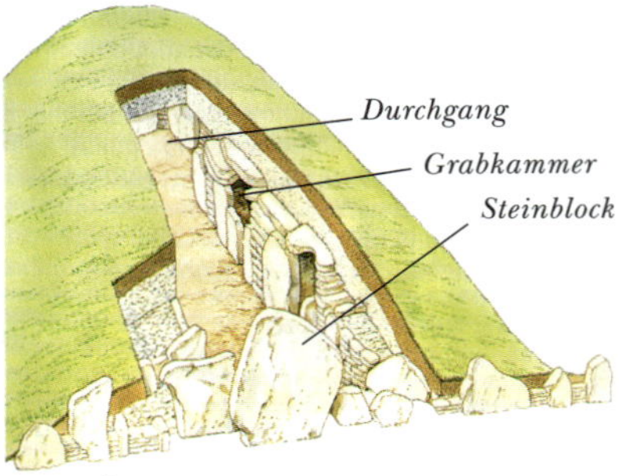


HÜGELGRAB: SCHNITT DURCH EIN NEOLITHISCHES HÜGELGRAB (UM 2500 v. CHR.)

*mer Mensch bzw. auch jmd., der von einer Sache nichts versteht, kann einen guten Gedanken haben;* **dummes** Huhn *dumme Person* ◆ sein Huhn **im** Topfe haben ⟨fig.; umg.⟩ *eine Sache sicher haben, so dass sie einem nicht mehr entgehen kann;* **mit** den Hühnern aufstehen, zu Bett gehen ⟨fig.; umg.⟩ *sehr früh aufstehen, sehr früh schlafen gehen* [< ahd. *huon*]

**Hühnchen** ⟨n. 14⟩ *junges Huhn* ◆ mit jmdm. ein Hühnchen zu rupfen haben ⟨fig.; umg.⟩ *jmdn. zur Rechenschaft ziehen müssen, mit jmdm. ein ernstes Wort zu reden haben*

**Hühnerauge** ⟨n. 28⟩ *an Druckstellen des Fußes, meist infolge Tragens unzweckmäßiger Fußbekleidung entstehende, schmerzhafte Hornhautverdickung: Clavus* ◆ jmdm. auf die Hühneraugen treten ⟨fig.; umg.; scherzh.⟩ *jmdm. zu nahe treten, jmdn. verletzen, kränken* [Lehnübersetzung < lat. *oculus pullinus* „Auge des jungen Hühnchens"]

**Hühnerbrust** ⟨f. 7u; fig.; umg.⟩ *Brustkorb mit vorstehendem Brustbein: Pectus carinatum*

**Hühnerhund** ⟨m. 1⟩ = *Vorstehhund*

**Hühnerleiter** ⟨f. 21⟩ **1** *Leiter für die Hühner zum Stall* **2** ⟨umg.⟩ *enge, schmale Stiege*

**Hühnerstall** ⟨m. 1u⟩ ► *Stall, geschlossener Raum zur Unterbringung von Hühnern*

**Hühnervogel** ⟨m. 5u⟩ *Angehöriger einer Ordnung der Vögel, vielgestaltige Scharrvögel mit geringem Flugvermögen: Galli;* ► *Vögel*

**hui!** ⟨Int.⟩ **1** *(Ausruf des freudigen Staunens, der Überraschung)* **2** *(Geräusch des Windes)* ◆ in einem Hui *so schnell wie der Wind, sehr schnell;* außen hui, innen pfui ⟨umg.⟩ *nach außen sauber u. ordentlich, darunter unordentlich u. schmutzig* [< mhd. *hui;* lautmalend zur Bez. der Schnelligkeit]

**huius mensis** ⟨Abk.: h. m.⟩ *dieses Monats* [lat.]

**Hula-Hoop** ⟨[-hup] m. 6⟩, **Hula-Hopp** ⟨m. 6⟩ *schmaler, leichter Plastikreifen, den man um die Hüften kreisen lässt* [< hawaiisch *hula* „Kulttanz" + engl. *hoop* „Reifen"]

**Huld** ⟨f.; -; unz.⟩ *herablassendes Wohlwollen, Gunst, gnädige Geneigtheit, Gnade* ◆ er gestattete in seiner Huld, dass ... [< ahd. *huldi* „Gunst, Wohlwollen, Freundlichkeit, Ergebenheit, Treue"; → *hold*]

**huldigen** ⟨V. i.; hat⟩ **1** jmdm. huldigen **1.1** *jmds. Herrschaft durch Treueid anerkennen* **1.2** ⟨fig.⟩ *jmdm. seine tiefe Verehrung ausdrücken* **2** einer Sache huldigen ⟨poet.⟩ *einer Sache ergeben sein, sie gern tun* ◆ einer Ansicht huldigen *eine Ansicht hegen;* einer schönen Frau huldigen; dem Spiel, dem Wein huldigen

**Huldigung** ⟨f. 20⟩ **1** *feierl. Treueid* **2** ⟨fig.⟩ *Ausdruck der Hochachtung, Verehrung*

**Hülle** ⟨f. 19⟩ **1** *Umhüllung* **2** *das, was etwas anderes umhüllt, einhüllt, Kleidung, Decke, Schleier* **3** *Hülse, Schale* **4** *abgestreifte Haut* **5** *Briefumschlag* **6** *bei zusammengesetzten Dolden die Gesamtheit der Tragblätter, in deren Achseln sich die Teilinfloreszenzen entwickeln* ◆ Briefbogen und Hüllen; eine undurchdringliche Hülle des Schweigens ⟨fig.⟩; seine Hüllen abstreifen, fallen lassen *seine Kleidung;* irdische, sterbliche Hülle *Leib des Toten;* wärmende Hüllen *warme Kleidung;* etwas in Hülle und Fülle haben *in großer Menge* [< ahd. *hulla;* → *hehlen*]

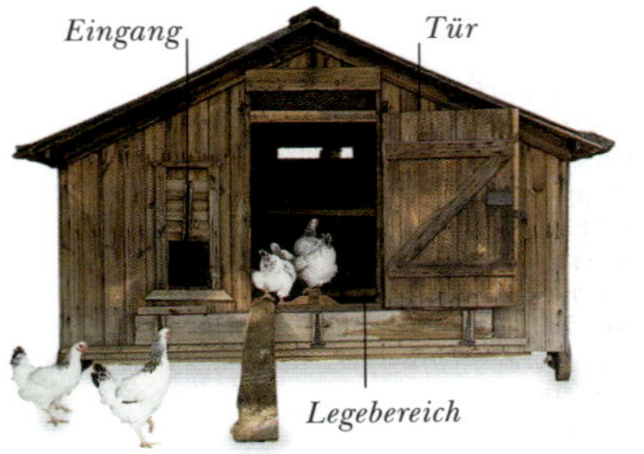


HÜHNERSTALL

**hüllen** ⟨V. t.; hat⟩ etwas in etwas hüllen *in etwas einpacken, mit etwas rundum bedecken* ◆ ein Geschenk in Papier hüllen; sich in seinen Mantel hüllen; sich in Schweigen hüllen ⟨fig.⟩ *nichts sagen, nichts verraten, schweigen* [< ahd. *hullan*]

**hüllenlos** ⟨Adj.⟩ *ohne Hülle(n), unbedeckt, nackt*

**Hülse** ⟨f. 19⟩ **1** *steife Hülle, Behälter aus festem Papier, Pappe, Blech u. Ä., Futteral, Kapsel, Röhre* (Geschosshülse) **2** *Frucht der Hülsenfrüchtler;* ► *Früchte* **3** *Schale um Samen (z. B. Korn)* [< ahd. *hulsa;* → *hehlen*]

**Hülsenfrucht** ⟨f. 7u; in der Bot. nicht übl. Bez. für⟩ ► *Samen von Erbsen, Bohnen u. Linsen*

**Hülsenfrüchtler** ⟨m. 3: Bot.⟩ *Angehöriger einer Ordnung der zweikeimblättrigen Pflanzen mit meist fiedrig zusammengesetzten Blättern u. in Hülsen eingeschlossenen Früchten: Leguminosae*

**human** ⟨Adj.⟩ *menschlich, menschenfreundlich, menschenwürdig;* Ggs *inhuman* [< lat. *humanus* „menschlich"; zu *homo* „Mensch"]

**Humanbiologie** ⟨f.; -; unz.⟩ *anthropologische Lehre von der Entstehung und der Lebensweise des Menschen*

**Humangenetik** ⟨f. 20; unz.⟩ *Wissenschaft von der Vererbung des Menschen*

**Humanismus** ⟨m.; -; unz.⟩ **1** ⟨13.-16. Jh.⟩ *geistige Strömung in Europa, die nach Erneuerung des von der Kultur des Altertums beeinflussten Bildungsideals strebte* **2** ⟨allg.⟩ *Streben nach echter Menschlichkeit, nach edlem, menschenwürdigem Leben u. Denken* [zu lat. *humanus* „menschlich"]

**humanitär** ⟨Adj.⟩ *menschenfreundlich, wohl-, mildtätig*

**Humanität** ⟨f. 20; unz.⟩ *echte Menschlichkeit, Sinn für das Gute u. Edle im Menschen* [< lat. *humanitas* „Menschlichkeit, menschliche Natur, edle Bildung, feiner Geschmack, Gefühl für Anstand u. Sitte"]

**Humanmedizin** ⟨f. 20; unz.⟩ *Medizin für den Menschen;* Ggs *Veterinärmedizin*

**Humantouch,** ⟨auch⟩ **Human Touch** ⟨['juːmən 'tʌtʃ] m.; (-) - od. (-) -es [-tʌtʃiz]; unz.; geh.⟩ *menschliche Note (die einer Sache od. Handlung anhaftet)* [engl., „menschl. Note, menschl. Zug"]

**Humanwissenschaft** ⟨f. 20⟩ *Wissenschaft, deren Forschungsgegenstand der Mensch ist,* z. B. Ethnologie, Soziologie

**Humbug** ⟨m.; -s; unz.⟩ **1** *Blendwerk, Täuschung, Schwindel* **2** *Unsinn, Aufschneiderei* ◆ das ist doch alles Humbug! [engl.]

**Hummel** ⟨f. 21⟩ *Angehörige einer Gattung plump geformter Stechimmen mit pelzigem Haarkleid: Bombus* ◆ Hummel Hummel!

## HUFTIERE

Die Bezeichnung Huftiere gilt zwei Ordnungen von Säugetieren mit Hufen: den Unpaarhufern und den Paarhufern. Die Unpaarhufer haben eine oder drei funktionale Zehen und umfassen Pferde, Nashörner und Tapire. Die Paarhufer haben zwei oder vier funktionale Zehen, zu ihnen zählen Rinder, Schafe, Kamele, Giraffen, Schweine und Flusspferde. Sie sind entwicklungsgeschichtlich die weitaus erfolgreichere Gruppe. Die Mehrheit der Paarhufer mit zwei Zehen sind Wiederkäuer.

VORDERBEIN EINES PAARHUFERS (RIND)

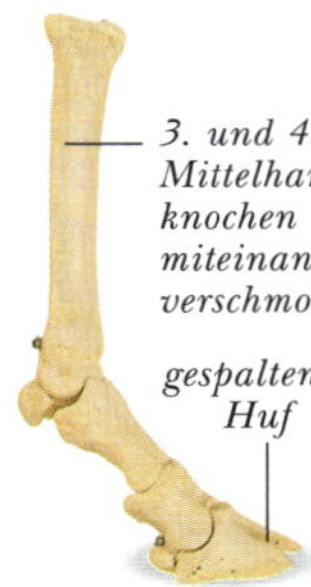


VORDERBEIN EINES UNPAARHUFERS (PFERD)

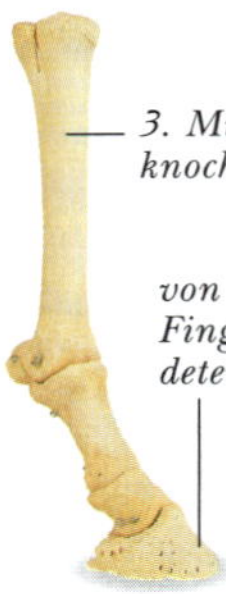


### HUFTIERORDNUNGEN

PAARHUFER

ZWEI ZEHEN (KAMELE, RINDER, ZIEGEN) ► *Kamele*

VIER ZEHEN (FLUSSPFERDE, SCHWEINE)

UNPAARHUFER

EINE ZEHE (PFERDE, ZEBRAS) ► *Pferde*

DREI ZEHEN (NASHÖRNER) ► *Nashörner*

*(früherer Erkennungsruf der Hamburger)* [nach dem Spitznamen eines Hamburger Wasserträgers u. Originals]; eine wilde Hummel ⟨fig., umg.⟩ *sehr lebhaftes, temperamentvolles Mädchen;* Hummeln unterm, im Hintern haben ⟨umg.⟩ *lebhaft, unruhig sein* [< ahd. *humbal*]

**Hummer** ⟨m. 3⟩ *Angehöriger einer Familie sehr großer Speisekrebse mit stark entwickeltem erstem Scherenpaar: Homaridae* ◆ Amerikanischer Hummer *auch Seegras u. Algen fressender Hummer der amerikanischen Küsten: Homarus americanus;* Echter Hummer ► *bis zu 4 kg schwerer Hummer der europ. Mittelmeerküsten: Homarus gammarus* [< nddt. < altnord. *humarr,* eigtl. „überwölbtes Tier"]

**Humor** ⟨m.; -s; unz.⟩ **1** *Fähigkeit, auch die Schattenseiten des Lebens mit heiterer Gelassenheit u. geistiger Überlegenheit zu betrachten* **2** *überlegene Heiterkeit, heitere seel. Grundhaltung* [< lat. *humor* „Feuchtigkeit", von der mittelalterl. Medizin auf die Körpersäfte angewendet, die (nach ihrer Lehre) die innere Art des Menschen bestimmen]

**Humorist** ⟨m. 16⟩ *Verfasser od. Vortragender humorvoller Dichtungen*

HUMMER:
ECHTER HUMMER
*(Homarus gammarus)*

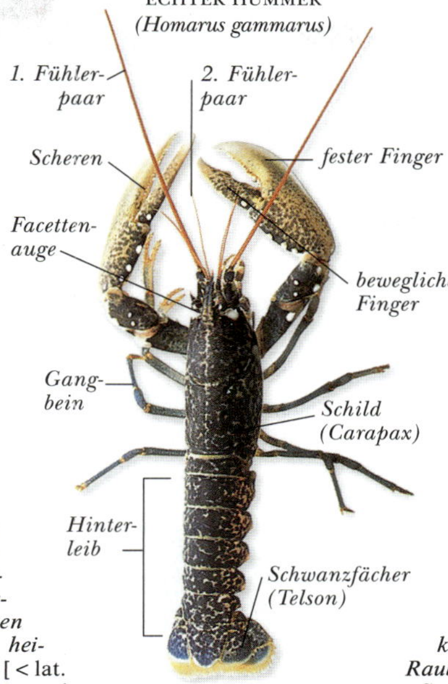


**humoristisch** ⟨Adj.⟩ **1** *auf Humor beruhend, im Sinne des Humors* **2** *mit Humor, liebenswürdig-scherzhaft, heiter* ◆ eine Sache humoristisch betrachten, aufnehmen; eine humoristische Ader haben *die Fähigkeit, humorvoll zu erzählen od. zu schreiben*

**humorvoll** ⟨Adj.⟩ *voller Humor, mit Humor, launig, liebenswürdig-scherzhaft*

**humpeln** ⟨V. i.; ist, (selten:) hat⟩ *hinken*

**Humpen** ⟨m. 4⟩ ► *großes, meist zylinderförmiges Trinkgefäß* ◆ den Humpen schwingen *zechen, sich betrinken* [seit dem 16. Jh., vermutl. aus der Leipziger Studentensprache]

**Humus** ⟨m.; -; unz.⟩ *oberste, aus organischen Resten gebildete, fruchtbare bräunliche Bodenschicht* [lat., „Erdboden, Erdreich"]

**Hund**[1] ⟨m. 1; Zool.⟩ **1** ⟨i. w. S.⟩ ►► *Angehöriger einer Familie weltweit verbreiteter, kleiner bis mittelgroßer Raubtiere mit gut ausgebildetem Geruchs- u. Gehörsinn, der zu den ersten Haustieren des Menschen gehört: Canidae;* ► *Säugetiere* **2** ⟨i. e. S.⟩ = *Haushund* **3** ⟨umg.⟩ *Kerl, Bursche* **4** *gemeiner Kerl* ◆ der Hund! *der gemeine Kerl* ◆ **anschlagen:** der Hund schlägt an, gibt Laut; den Letzten **beißen** die Hunde *der Letzte muss für alle einstehen;* Hunde, die **bellen,** beißen nicht ⟨Sprichw.⟩ *wer mit etwas (lauthals) droht, tut es nicht;* **hervorlocken:** damit lockt man keinen Hund hinterm Ofen hervor *damit kann man niemanden reizen, verlocken;* der Hund **heult,** kläfft, winselt; **hinausjagen:** bei dem Wetter jagt man keinen Hund vor die Tür *das Wetter ist so schlecht, dass man nicht ausgehen mag;* von ihm **nimmt** kein Hund ein Stück Brot *er wird von allen verachtet, gemieden* ◆ er ist ein **armer** Hund; da liegt der Hund **begraben!** *das ist die Quelle des Übels, der Kern der (unangenehmen) Angelegenheit;* Vorsicht, **bissiger** Hund! *(Warnungstafel);* das ist ein **dicker** Hund! ⟨fig.; umg.⟩ *ein grober Fehler; eine unangenehme Sache;* der Hund ist auf den Mann **dressiert** *greift Eindringlinge auf Zuruf an;* er ist ein **falscher,** fauler, feiger Hund; er steht da wie ein **geprügelter** Hund *beschämt;* der **Große** Hund, der Kleine Hund *zwei Sternbilder;* ein **toter** Hund beißt nicht mehr *vor Toten ist man sicher* ◆ jmdn. **auf** den Hund bringen ⟨fig.; umg.⟩ *jmdn. zugrunde richten;* auf den Hund kommen ⟨fig.; umg.⟩ *schwach u. elend werden, moralisch sinken, wirtschaftlich zugrunde gehen;* er ist **mit** allen Hunden gehetzt ⟨fig.; umg.⟩ *in allen Schlichen u. Tricks erfahren, schlau, durchtrieben;* **vor** die Hunde gehen ⟨fig.; umg.⟩ *zugrunde gehen;* jmdn. **wie** einen Hund behandeln *jmdn. schlecht, unwürdig behandeln;* frieren wie ein (junger) Hund *sehr frieren;* sie leben wie Hund und Katze miteinander *sie vertragen sich nicht, können sich nicht ausstehen* [< ahd. *hunt*]

HUMPEN AUS
ZINN MIT DECKEL

**Hund**[2] ⟨m. 1; Bgb.⟩ *sehr kleiner Förderwagen;* oV *Hunt* [< slowen. *hyntow,* ungar. *hintó*]

**hundeelend** ⟨Adj.; meist präd.; umg.⟩ mir ist hundeelend *mir ist sehr übel*

**Hundefänger** ⟨m. 3⟩ *jmd., der herrenlos auf der Straße herumlaufende Hunde einfängt*

**Hundeleben** ⟨n. 14; unz.⟩ *elendes Dasein* ◆ ein Hundeleben führen

**Hundemarke** ⟨f. 19⟩ *Blechmarke mit der Steuernummer am Hundehalsband*

**hundert** ⟨Num.; in Ziffern⟩ *100* ◆ ein paar, einige hundert/Hundert Menschen; mehrere hundert/Hundert Stück bestellen; an die hundert Menschen; da war ich auf hundert ⟨fig.; umg.⟩ *sehr wütend, böse, aufgebracht, erbost;* in, nach, vor hundert Jahren; hundert Mal = *hundertmal;* → a. *Hundert* [< asächs. *hunderod,* ahd. *hunt*]

**Hundert** ⟨n. 11⟩ *Menge von 100 Dingen, Stück, Lebewesen* ◆ ein halbes Hundert; der Schaden geht in die Hunderte (von Mark); unter Hunderten/hunderten ist nur einer, ⟨od.⟩ nicht einer zu finden, der das kann; 2 vom Hundert *2 Prozent, 2 %;* er kam vom Hundertsten ins Tausendste *er hörte nicht auf mit Erzählen, wusste immer wieder etwas Neues;* Hunderte und Tausende/hunderte und tausende von Menschen, Tieren; Hunderte und Aberhunderte/hunderte und aberhunderte von Menschen; sie kamen zu Hunderten/hunderten; → a. *hundert*

**Hunderter** ⟨m. 3⟩ **1** *eine der durch 100 teilbaren Zahlen von 100 bis 900* **2** *in einer mehrstelligen Zahl die drittletzte Ziffer (vor dem Komma)* **3** ⟨umg.⟩ *Hundertmarkschein*

## HÜLSENFRÜCHTE

Die Hülsenfrüchte stammen von Schmetterlingsblütlern. Sie enthalten verhältnismäßig viele Proteine und stellen in Gebieten, in denen es wenig Fleisch oder Fisch gibt, ein Hauptnahrungsmittel dar. Zu den Hülsenfrüchten zählen vor allem die Bohnen, die aus Südamerika stammen, ferner die Erbsen, Saubohnen und Linsen.

### VERSCHIEDENE HÜLSENFRÜCHTE

WEISSE BOHNE
*(Phaseolus vulgaris)*

FEUERBOHNE
*(Phaseolus coccineus)*

ROTE RIESENBOHNE
*(Phaseolus vulgaris)*

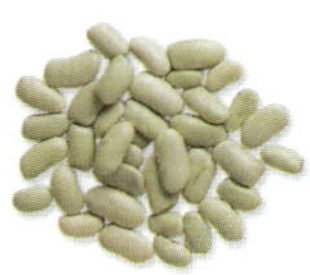

FLAGEOLETTBOHNE
*(Phaseolus vulgaris)*

LIMABOHNE
*(Phaseolus lunatus)*

MONDBOHNE
*(Phaseolus lunatus)*

BRAUNE LINSE
*(Lens esculenta)*

GRÜNE LINSE
*(Lens esculenta)*

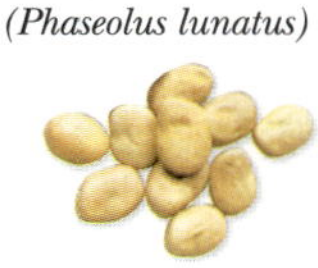

SAUBOHNE
*(Vicia faba)*

KICHERERBSE
*(Cicer arietinum)*

ERBSE
*(Pisum sativum)*

SOJABOHNE
*(Glycine max)*

# HUNDE

Die heutigen Haushunde stammen vom Wolf ab, der Schakal war an der Entstehung des Hundes nicht beteiligt. Der Hund gehörte zu den ersten Haustieren des Menschen und wurde schon vor über 10 000 Jahren domestiziert. Heute unterscheidet man rund 300 Rassen, die häufig nach ihrer ursprünglichen Verwendung klassifiziert werden, so als Hütehunde, Jagdhunde oder Schutz- und Gebrauchshunde, die Grenzen hier sind allerdings fließend. Viele Rassen hält man inzwischen ungeachtet ihrer früheren Verwendung hauptsächlich als Gefährten des Menschen.

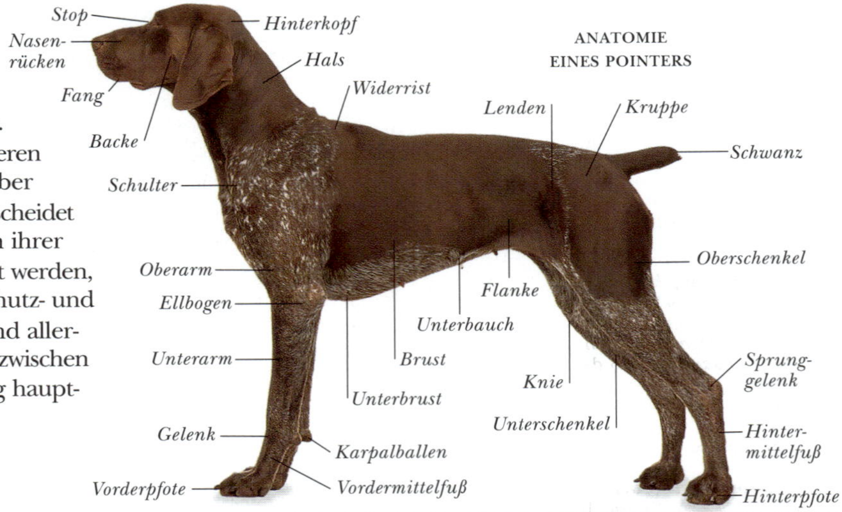


ANATOMIE EINES POINTERS

H

## HUNDERASSEN

### SCHUTZ- UND GEBRAUCHSHUNDE

DEUTSCHER SCHÄFERHUND

DEUTSCHER BOXER

DOBERMANN

BERNHARDINER

### JAGDHUNDE

GOLDEN RETRIEVER

WEIMARANER

AIREDALETERRIER

DACKEL

### BEGLEITHUNDE

PEKINESE

AFGHANE

PUDEL

COCKERSPANIEL

SPITZ

### HÜTEHUNDE

BOBTAIL

COLLIE

**hunderterlei** ⟨Adj.; fig.⟩ *unzählige verschiedene Dinge* ◆ an hunderterlei denken
**hundertfach** ⟨Adj.⟩ *hundertmal so viel* ◆ hundertfache Vergrößerung; jmdm. etwas hundertfach zurückgeben, vergelten ⟨fig.⟩ *mit vielen guten Taten vergelten*
**hundertfünfzigprozentig** ⟨Adj.⟩ *besonders ausgeprägt, übertrieben* ◆ hundertfünfzigprozentiger Angeber
**Hundertfüßer** ⟨m. 3⟩ ▼ *Angehöriger einer Unterklasse der Tausendfüßer, fast alle Rumpfsegmente tragen 1 Beinpaar, das am ersten Segment zu einem Kieferfuß mit starker Giftklaue umgewandelt ist: Chilopoda*
**hundertjährig** ⟨Adj.⟩ *hundert Jahre alt, hundert Jahre während* ◆ hundertjähriger Kalender *(Gattungsbez. für) Kalender mit einer auf Volksüberlieferungen fußenden Wettervoraussage über 100 Jahre;* ⟨aber⟩ der Hundertjährige Kalender *(als Werktitel)*
**hundertmal** ⟨Adv.⟩ *mit 100 malgenommen;* oV *hundert Mal* ◆ ich habe es dir schon hundertmal gesagt, du sollst ... ⟨fig.⟩ *sehr oft, immer wieder*
**Hundertmeterlauf,** ⟨auch⟩ **Hundert-Meter-Lauf** ⟨m. 1u.; in Ziffern: 100-Meter-Lauf, 100-m-Lauf; Sp.⟩ *Kurzstreckenlauf über eine Distanz von 100 m*
**hundertprozentig** ⟨Adj.⟩ **1** *mit, zu hundert Prozent* **2** ⟨fig.⟩ *vollständig, völlig* **3** *ausschließlich* ◆ es gefällt mir hundertprozentig; sich hundertprozentig engagieren

HUNDERTFÜSSER
*(Lithobius* species)

**Hundertschaft** ⟨f. 20⟩ *aus 100 Mann bestehende militär. Einheit*
**hundertste(r, s)** ⟨Adj.; Zeichen: 100.⟩ **1** *(Ordinalzahl zu hundert)* **2** *hundertmal stattgefunden, sich wiederholt habend* **3** *ständig, immerzu* ◆ der Hundertste hatte die Probe bestanden; der hundertste Besucher erhält eine Flasche Wein; diese Geschichte höre ich bereits zum hundertsten Mal; vom Hundertsten ins Tausendste kommen ⟨fig.⟩ *sehr ausführlich erzählen u. dabei immer weiter vom eigentlichen Thema abschweifen*
**Hundertstel** ⟨n. 13⟩ *hundertster Teil*
**hundertstel** ⟨Adj.; Zeichen: $^1/_{100}$⟩ **1** *(Bruchzahl zu hundert)* **2** *den hundertsten Teil von einem Ganzen umfassend* ◆ eine hundertstel Sekunde/Hundertstelsekunde, ⟨in Ziffern⟩ 100stel-Sekunde
**hunderttausend** ⟨Num.⟩ *100 000, hundertmal tausend* ◆ Hunderttausende/hunderttausende von Menschen ⟨a. fig.⟩ *eine unüberschaubare, überwältigende Menge*
**Hundeschlitten** ⟨m. 4⟩ *von Hunden gezogener Schlitten*
**Hündin** ⟨f. 22⟩ *weibl. Hund*
**hündisch** ⟨Adj.; fig.⟩ **1** *blind, bedingungslos* **2** *kriecherisch, knechtisch* ◆ hündischer Gehorsam; hündische Treue
**Hundshai** ⟨m. 1⟩ ► *Angehöriger der Familie der Marderhaie, bis zu 2 Meter langer, räuberischer Bodenfisch in den warmen u. gemäßigten Meeresgebieten Europas: Galeorhinus galeus*
**Hundslattich** ⟨m. 1; unz.⟩ = *Löwenzahn*
**Hundspetersilie** ⟨[-liə] f. 19; unz.; Bot.⟩ *bis 1 m hoher Doldenblütler, dessen Blätter beim Zerreiben nach Knoblauch riechen: Aethusa cynapium;* Sy *Gartenschierling*
**Hundstage** ⟨Pl.⟩ *die im alten Ägypten vom Sternbild des Großen Hundes beherrschte, heißeste Zeit des Jahres, 23. Juli bis 23. August*
**Hundswut** ⟨f.; -; unz.; veraltet⟩ = *Tollwut*
**Hundszahn** ⟨m. 1u; unz.⟩ **1** ⟨i. w. S.⟩ *südeurop. Weidegras: Cynodon,* ⟨i. e. S.⟩ *Cynodon dactylon* **2** ⟨veraltet; umg.⟩ ► = *Eckzahn*
**Hundszahnornament** ⟨n. 11; Arch.⟩ ▼ *architektonisches Ornament der engl. Gotik*
**Hüne** ⟨m. 17⟩ **1** *Riese* **2** *großer u. starker Mann* [< mhd. *hiune* „Riese, Hunne" < ahd. *huni, hun* < mlat. *hunus, hunnus*]
**Hünengrab** ⟨n. 12u⟩ = *Megalithgrab*
**Hungaristik** ⟨f.; -; unz.⟩ *Lehre von der Sprache u. Kultur Ungarns*
**Hunger** ⟨m.; -s; unz.⟩ **1** *Verlangen nach Nahrung* **2** ⟨fig.⟩ *Gier, starkes Bedürfnis* ◆ Hunger haben; Hunger leiden *hungern;* hungers sterben *verhungern;* seinen Hunger stillen *essen;* Hunger nach Sonne; Hunger nach Rache; Hunger wie ein Wolf haben [< ahd. *hungar*]
**Hungerkur** ⟨f. 20⟩ *Fastenkur, Kur zur Gewichtsabnahme durch weniger Nahrung*
**Hungerleider** ⟨m. 3; umg.⟩ *Mensch mit einem Beruf, der nichts einbringt, Mensch in ärml. Verhältnissen, armer Schlucker*
**Hungerlohn** ⟨m. 1u; unz.⟩ *sehr geringer Lohn, Lohn, mit dem man kaum leben kann*
**hungern** ⟨V. i.; hat⟩ **1** *(augenblickl.) Hunger haben* **2** *(stets) nicht genügend zu essen haben, Hunger leiden* **3** *fasten, keine oder sehr wenig Nahrung zu sich nehmen*
**Hungersnot** ⟨f. 7u⟩ *Zeit allgemeiner starker Lebensmittelknappheit*
**Hungerstreik** ⟨m. 6 od. m. 1⟩ *Verweigerung der Nahrungsaufnahme, um etwas zu erzwingen (bes. aus polit. Gründen)*
**Hungertod** ⟨m. 1; unz.⟩ *Tod durch Verhungern, durch Unterernährung*
**hungrig** ⟨Adj.⟩ **1** *Hunger habend* **2** ⟨fig.⟩ *ein starkes Bedürfnis habend (nach), etwas verlangend* ◆ hungrig sein *Hunger haben*
**Hunne** ⟨m. 17⟩ **1** *Angehöriger eines mittelasiatischen Reitervolkes* **2** ⟨sinnbildlich für⟩ *Barbar* **3** ⟨fig.⟩ *zäher Mensch, Mensch mit eiserner Gesundheit, der viel aushalten kann*
**Hunt** ⟨m. 1⟩ = *Hund*[2]
**Hupe** ⟨f. 19⟩ *akustisches Warnsignal der Kraftfahrzeuge* (Autohupe) [schallnachahmend, zuerst mundartl. Bezeichnung für „Pfeife, Flöte"]
**hüpfen** ⟨V. i.; ist⟩ **1** *kleine Luftsprünge machen* **2** *in kleinen Sprüngen laufen* **3** ⟨umg.⟩ *schlecht tanzen, mehr springen als tanzen* ◆ über etwas hüpfen *leicht über etwas springen;* das Herz hüpfte ihm vor Freude ⟨fig.⟩; es ist gehüpft wie gesprungen ⟨fig.; umg.⟩ *es ist einerlei, da ist kein Unterschied* [< mhd. *hupfen,* engl. *hip*]

HUNDSZAHNORNAMENT AN EINEM BOGEN IN ROMANISCHEM STIL

HUNDSHAI
*(Galeorhinus galeus)*

**Hüpfer** ⟨m. 3⟩ *kleiner Luftsprung*
**Hüpfspinne** ⟨f. 19; Zool.⟩ *Spinne, die ihre Beute mit einem riesigen Sprung überwältigt;* Sy *Salticidae*
**Hupkonzert** ⟨n. 11⟩ *anhaltendes Hupen mehrerer Autos zugleich*
**Hurde** ⟨f. 19⟩ **1** *Flechtwerk aus Pfählen u. Zweigen* **2** ⟨schweiz.⟩ = *Horde*[1]
**Hürde** ⟨f. 19⟩ **1** ⟨Sp.; Leichtathl.⟩ *zwischen 0,76 u. 1,06 m hohes, metallenes Hindernis beim Hürdenlauf* **2** *tragbarer Zaun aus Flechtwerk für Viehwiesen* **3** *von Flechtwerk umschlossener Raum (als Weideplatz)* **4** *Horde, Gestell* (Obsthürde)
**Hürdenlauf** ⟨m. 1u; Sp.; Leichtathl.⟩ *sportl. Wettlauf (mit Streckenlängen von 100, 110, 200 sowie 400 m) über Hürden, Hürdenrennen;* → a. *Hindernislauf*
**Hure** ⟨f. 19; abwertend⟩ **1** *Prostituierte, Freudenmädchen* **2** ⟨Schimpfw.⟩ *weibl. Person, die ihre Männerbekanntschaften sehr rasch wechselt* [< ahd. *huora,* engl. *whore;* zu ahd. *huor* „Ehebruch"]
**huren** ⟨V. i.; hat; derb⟩ *Unzucht treiben*
**Hurenkind** ⟨n. 12; Typ.⟩ *letzte Zeile eines Absatzes, die auf eine neue Seite kommen würde;* Ggs *Schusterjunge*
**hurra!** ⟨Int.⟩ **1** *(Hochruf)* **2** *(Angriffsruf)* **3** *(Jagdruf)* ◆ hurra!/Hurra! schreien [< engl., russ. od. türk. od. Imperativ (mit ...a wie in *holla*); zu mhd. *hurren* „sich schnell bewegen"]
**Hurra** ⟨n. 15⟩ *der Ruf „Hurra!"* ◆ ein dreifaches Hurra; jmdn. mit einem Hurra begrüßen; → a. *hurra!*
**Hurrikan** ⟨['hʌrikən] m. 1⟩ ►► *Wirbelsturm in Mittelamerika* [< engl. *hurricane* < span. *huric n* < Taino (Indianerspr. auf den Antillen) *hurac n, hurric n* „böser Geist"; verwandt mit *Orkan*]
**hurtig** ⟨Adj.⟩ *eifrig u. schnell, flink, geschwind, behände* ◆ hurtig die Treppe hinunterlaufen [zu mhd. *hurt(e)* „Stoß, Anprall, stoßendes Losrennen" (Turnierausdruck aus der Blütezeit des Rittertums) < afrz. *hurt* < *hurter* (neufrz. *heurter)* „stoßen"]
**Husar** ⟨m. 16⟩ **1** ⟨urspr.; seit dem 15. Jh.⟩ *berittener ungar. Soldat* **2** ⟨seit dem 16. Jh. a. in anderen Ländern⟩ ►► *Angehöriger einer leichten Reitertruppe in ungar. Uniform* [< ungar. *huszár* < serbokroat. *kursar, gusar, husar* „Straßenräuber" < ital. *corsare, corsaro* < mlat. *cursarius* „Seeräuber"; verwandt mit *Korsar*]
**Husarenstreich** ⟨m. 1⟩, **Husarenstück** ⟨n. 11⟩ *tollkühner Handstreich, geschickte und wagemutige Tat*
**husch!** ⟨Int.⟩ **1** *(Ruf, um kleine Tiere zu verscheuchen)* **2** *(Ruf, um Kinder anzutreiben)* **3** *(Ausdruck der schnellen u. lautlosen Bewegung)* ◆ husch, hinaus mit dir!; und husch, weg war er; husch, husch, ins Bett, ins Körbchen! *rasch, schnell ins Bett!* [lautmalend]
**Husch** ⟨m. 1; nur in den Wendungen⟩ auf einen Husch, im Husch *kurz, rasch* ◆ jmdn. auf einen Husch besuchen
**huschen** ⟨V. i.; ist⟩ *sich schnell u. lautlos fortbewegen* ◆ sie huschte durchs Zimmer

**Husky** ⟨['hʌski] m. 6⟩ ► *Schlittenhund der Eskimos* [engl.]
**husten** ⟨V. i.; hat⟩ *stoßweise u. tönend Luft durch die verengte Stimmritze ausatmen* ◆ ich werde dir eins husten! ⟨fig.; umg.⟩ *ich denke nicht daran!;* dem werde ich eins husten ⟨fig.; umg.⟩ *dem werde ich die Meinung sagen;* Blut husten *beim Husten Blut in den Mund bekommen;* er hört die Flöhe husten ⟨fig.; umg.⟩ *er denkt, er weiß über alles genau Bescheid;* der Motor hustet ⟨fig.; umg.⟩ *arbeitet unregelmäßig, stockt ab und zu*
**Husten** ⟨m.; -s; unz.⟩ *durch Reize auf die Atemwege ausgelöste, krampfhafte Ausatmungsstöße: Tussis*
**Hut**[1] ⟨m. 1u⟩ **1** ► *Kopfbedeckung mit Krempe für Männer u. Frauen* (Damenhut, Filzhut, Strohhut, Herrenhut) **2** *Oberteil des Pilzes runder, hohler Gegenstand als Deckel, Gegenstand in Kegel- oder Kegelstumpfform* (Fingerhut, Zuckerhut) ◆ den Hut (vor jmdm.) **abnehmen** (als Gruß); **hochgehen:** da geht einem ja der Hut hoch! *da verliert man die Geduld, das ist ja empörend!;* den Hut **ziehen** ◆ das ist ein **alter** Hut ⟨fig.⟩ *eine längst bekannte Sache* ◆ Hut **ab** vor ihm! *davor muss man Respekt haben!;* damit hab ich nichts **am** Hut ⟨fig.; umg.⟩ *das interessiert mich nicht;* das kannst du dir **an** den Hut stecken! *das kannst du behalten, das will ich nicht haben;* eins **auf** den Hut bekommen ⟨fig.; umg.⟩ *gerügt werden;* mehrere Leute **unter** einen Hut bringen ⟨fig.⟩ *zu gemeinsamer Ansicht, gemeinsamem Handeln bringen;* mehrere Dinge unter einen Hut bringen *miteinander harmonisch vereinigen* [< ahd. *huot,* engl. *hat* „Hut" u. *hood* „Haube"; → *Hut*[2]]
**Hut**[2] ⟨f.; -; unz.⟩ **1** *Obhut, Schutz, Geborgenheit* **2** *Vorsicht, Begleitmannschaft* (Vorhut, Nachhut) **3** ⟨mdt.⟩ *Weiderecht, Weideland* **4** *gehütetes Vieh* ◆ (vor etwas od. jmdm.) auf der Hut sein *sich in Acht nehmen, vorsichtig u. misstrauisch sein;* in guter, sicherer Hut sein; jmdn. in guter Hut, in jmds. Hut wissen [< ahd. *huota* „Aufsicht, Fürsorge"]

HUSAR: FRANZÖSISCHER HUSARENOFFIZIER DES 19. JH.

**hüten** ⟨V.; hat⟩ **I** ⟨V. t.⟩ *bewahren, bewachen, sorgen für, beschützen* ◆ das Bett hüten, das Zimmer hüten *wegen Krankheit im Bett od. im Zimmer bleiben müssen;* Kinder hüten, Vieh hüten; hüte deine Zunge! *sei nicht frech, unverschämt, boshaft!* **II** ⟨V. refl.⟩ sich hüten (vor) *sich in Acht nehmen (vor)* ◆ hüte dich, dass du nicht ...; ich werde mich hüten, es zu tun! *ich denke nicht daran, es zu tun!;* hüte dich vor ihm!
**Hütte** ⟨f. 19⟩ **1** *einfaches, kleines Haus mit meist nur einem Raum* (Holzhütte) **2** ⟨Mar.⟩ **2.1** *Hinterdeckaufbau* **2.2** *Wohnung des Kapitäns* **3** ⟨Tech.⟩ *Anlage zur Metallgewinnung od. zur Herstellung keram. Produkte* **4** *Schutzhütte* **5** *Skihütte*
**Hüttenkäse** ⟨m. 3⟩ *körnig gemachter Quark*
**Hüttenschuh** ⟨m. 1⟩ *Schuh aus besticktem Filz od. Lammfell od. aus Wolle gestrickt mit weicher Sohle*
**Hüttenwesen** ⟨n.; -s; unz.⟩ *alle Vorgänge u. Einrichtungen, die mit der Verhüttung von Metallen zusammenhängen*
**hutzelig** ⟨Adj.⟩ oV *hutzlig* **1** *runzlig, verhutzelt* (Gesicht) **2** *zusammengeschrumpft* (Apfel)
**hutzlig** ⟨Adj.⟩ = *hutzelig*
**Hyäne** ⟨f. 19⟩ **1** ► *Angehörige einer Familie der Raubtiere, nächtl. aktiver Aasfresser, der gelegentlich auch lebende Beute schlägt: Hyaenida;* ► *Säugetiere* **2** ⟨fig.⟩ *hemmungslos gieriger Mensch, Plünderer, Leichenfledderer* ◆ sich wie eine Hyäne auf etwas stürzen [< grch. *hyaina* < *hys* „Schwein" (wegen des borstigen Rückens)]
**Hyazinth** ⟨m. 1; Min.⟩ ► *gelbrote bis rotbraune Varietät des Zirkons;* → a. *Zirkon* [nach dem vorgrch. Gott *Hyakinthos*]

HUSKY

**Hyazinthe** ⟨f. 19⟩ *Angehörige einer Gattung der Liliengewächse, Zwiebelgewächs mit in lockeren od. dichten Trauben stehenden, röhrigen od. glockigen Blüten: Hyacinthus* [< grch. *hyakinthos* „violette Schwertlilie"; nach dem vorgrch. Gott *Hyakinthos*]
**hybrid** ⟨Adj.⟩ *in der Art eines Bastards, dessen elterliche Geschlechtszellen sich in einer od. in mehreren Eigenschaften unterscheiden;* Sy *hybridisch*
**Hybride** ⟨f. 19 od. m. 17⟩ *pflanzl. od. tier. Bastard* [< lat. *hybrida* „Mischling"]
**hybridisch** ⟨Adj.⟩ = *hybrid*

HYÄNE: STREIFENHYÄNE *(Hyaena hyaena)*

**hybridisieren** ⟨V. t.; hat; bei Tieren od. Pflanzen⟩ = *kreuzen*[1] *(3)*
**Hybridsystem** ⟨n. 11; EDV⟩ *System innerhalb der Informatik, das mehrere Formen der Wissensdarbietung verwendet*
**Hybris** ⟨f.; -; unz.⟩ *Übermut, frevelhafte Selbstüberhebung, bes. über die Götter* [< grch. *hybris* „Übermut, Selbstüberschätzung, Hochmut"]
**hydr..., Hydr...** ⟨in Zus.⟩ = *hydro..., Hydro...*
**Hydra** ⟨f.; -, Hydren⟩ **1** ⟨Zool.⟩ *ein zeitlebens einzeln lebender, nicht stockbildender Süßwasserpolyp der Klasse Hydrozoa* **2** ⟨grch. Myth.⟩ *neunköpfiges Wasserungeheuer* **3** ⟨Astron.⟩ *Sternbild der Wasserschlange* [< grch. *hydor* „Wasser"]

HYAZINTH

**Hydrant** ⟨m. 16⟩ *Wasserzapfstelle auf der Straße für die Feuerwehr* [< grch. *hydor* „Wasser"]
**Hydrargyrum** ⟨n.; -s; unz.; Zeichen: Hg⟩ ► = *Quecksilber* [< grch. *hydor* „Wasser" + *argyros* „Silber"]
**Hydrat** ⟨n. 11⟩ *anorganische od. organ. Verbindung, die Wasser chemisch gebunden enthält* [< grch. *hydor* „Wasser"]

## HURRIKAN

Ein typischer Hurrikan hat einen Durchmesser von 1500 km und besteht aus Bändern von Kumulonimbuswolken, die spiralförmig um das Auge des Hurrikans kreisen. Im Innern dieses Wirbelsturms steigt Warmluft auf und erzeugt dabei heftige Regenfälle und Windgeschwindigkeiten bis zu 360 km/h.

SCHNITT DURCH EINEN HURRIKAN

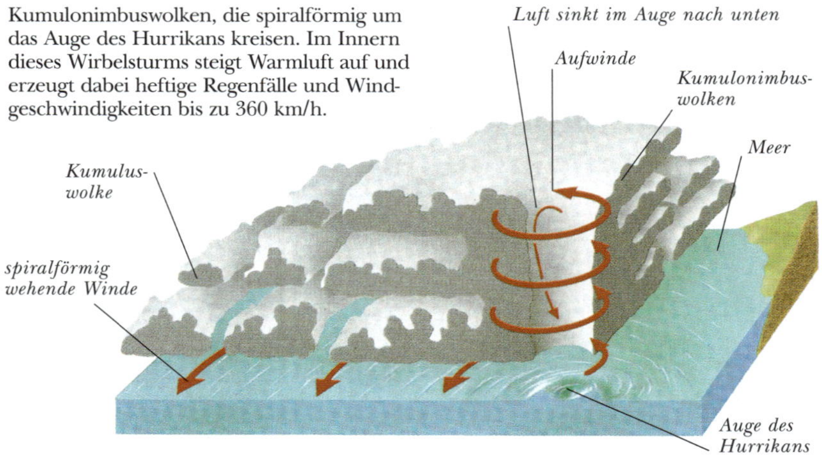

**Hydratation, Hydration** ⟨f. 20; unz.⟩ *Bildung von Hydraten durch Anlagerung von Wasser an ein Molekül* [→ *Hydrat*]

**Hydraulik** ⟨f. 20; unz.⟩ **1** ▼ *techn. Anwendung der Lehre von ruhenden u. bewegten Flüssigkeiten* **2** *eindimensionaler Spezialfall der Hydrodynamik* [< grch. *hydor* „Wasser" + *aulos* „Rohr"]

**hydraulisch** ⟨Adj.⟩ **1** *durch Flüssigkeiten (betrieben)* **2** *durch Hydration entstanden, auf Hydration beruhend* ◆ hydraulische **Bindemittel** *B., die auch unter Wasser erhärten;* hydraulische **Bremse** *B., der mittels einer Flüssigkeit Energie zugeführt wird;* hydraulische **Förderung** *F. von Bodenschätzen mittels Wassers;* hydraulisches **Getriebe,** hydraulischer Antrieb *G., A., bei dem eine Flüssigkeit die benötigte Energie überträgt*

**Hydrid** ⟨n. 11; Chem.⟩ *Verbindung von Wasserstoff mit einem anderen Element* [< grch. *hydor* „Wasser"]

**hydrieren** ⟨V. t.; hat; Chem.⟩ eine chemische Verbindung hydrieren *unter Einfluss von Katalysatoren Wasserstoff an eine chem. Verbindung anlagern;* Sy *hydrogenieren*

**hydro..., Hydro...** ⟨vor Vokalen⟩ hydr..., Hydr... ⟨in Zus.⟩ *wasser..., Wasser...* [< grch. *hydor* „Wasser"]

**Hydrogencarbonate** ⟨Pl.; fachsprachl.⟩ = *Hydrogenkarbonate*

**hydrogenieren** ⟨V. t.; hat; Chem.⟩ = *hydrieren*

**Hydrogenium** ⟨n.; -s; unz.; Chem.; Zeichen: H⟩ = *Wasserstoff*

**Hydrogenkarbonate** ⟨Pl.⟩ *Salze der Kohlensäure, in denen nur eines der beiden Wasserstoffatome durch Metall ersetzt ist, z. B. Natriumhydrogenkarbonat, chem. Formel* $NaHCO_3$*;* oV ⟨fachsprachl.⟩ *Hydrogencarbonate*

**Hydrokephalus** ⟨m.; -, -phalen⟩ = *Hydrozephalus*

**Hydrokultur** ⟨f. 20; unz.⟩ *Wasserkultur, Pflanzenaufzucht in Nährlösungen ohne Erde*

**Hydrologie** ⟨f. 19; unz.⟩ *Lehre von den oberird. u. unterird., den stehenden u. fließenden Gewässern;* Sy *Gewässerkunde* [< grch. *hydor* „Wasser" + *logos* „Kunde"]

## HYDRAULIK

Hydraulische Systeme vergrößern Kräfte, z. B. bei Autobremsen. Eine geringe Kraft auf dem schmalen Kolben des Bremspedals erzeugt dabei eine große Kraft auf dem breiten Kolben der Bremse. Der schmale Kolben muss allerdings einen wesentlich größeren Weg zurücklegen.

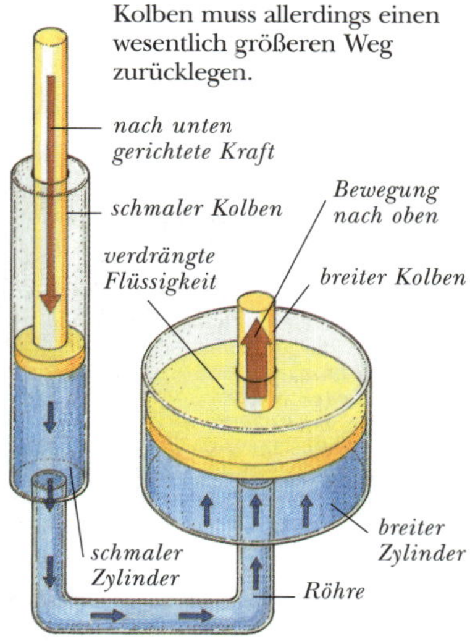


PRINZIP EINES HYDRAULISCHEN SYSTEMS

## HÜTE

Hüte und andere Kopfbedeckungen setzt man auf, um sich vor dem Wetter zu schützen oder auch um seinen sozialen Rang anzudeuten. Immer mehr werden Kopfbedeckungen auch für Männer zu modischen Accessoires.

STETSON (10X BEAVER STETSON ™ )

### WEITERE KOPFBEDECKUNGEN

STROHHUT

BASKENMÜTZE

ZYLINDER

PANAMAHUT

BASEBALLMÜTZE

MELONE

**Hydrolyse** ⟨f. 19⟩ *Spaltung chemischer Verbindungen durch Reaktion mit Wasser* [< grch. *hydor* „Wasser" + *lyein* „lösen"]

**Hydrometer** ⟨n. 13⟩ = *Wassermesser* [< grch. *hydor* „Wasser" + *metron* „Maß"]

**hydrophil** ⟨Adj.⟩ **1** *Wasser liebend* **2** *Wasser aufnehmend, Wasser anziehend* [< grch. *hydor* „Wasser" + *philein* „lieben"]

**hydrophob** ⟨Adj.⟩ **1** *wasserfeindlich* **2** *Wasser abstoßend, nicht in Wasser löslich* [< grch. *hydor* „Wasser" + *phobos* „Furcht"]

**Hydrophyt** ⟨m. 16⟩ *im Wasser lebende Pflanze* [< grch. *hydor* „Wasser" + *phyton* „Pflanze"]

**Hydrops** ⟨m.; -; unz.⟩, **Hydropsie** ⟨f. 19; unz.⟩ = *Wassersucht* [< grch. *hydrops* „Wassersucht"]

**Hydrosphäre** ⟨f. 19; unz.⟩ *Wasserhülle der Erde* [< grch. *hydor* „Wasser" + *sphaira* „Kugel"]

**hydrostatisch** ⟨Adj.⟩ *auf Hydrostatik oder ihren Gesetzen beruhend* ◆ hydrostatischer **Druck** *D., den eine ruhende Flüssigkeit ausübt;* hydrostatisches **Paradoxon** *Erscheinung, dass der Druck, den eine Flüssigkeit auf den Gefäßboden ausübt, nur von ihrer Höhe, nicht aber von ihrer Menge abhängt;* hydrostatische **Waage** *Waage zur Bestimmung der Dichte fester Körper*

**Hydrotechnik** ⟨f. 20; unz.⟩ *Wasserbautechnik*

**Hydrotherapie** ⟨f. 19; unz.⟩ *Behandlung mit kaltem od. warmem Wasser zu Heilzwecken, Wasserheilverfahren* [< grch. *hydor* „Wasser" + *Therapie*]

**Hydroxid** ⟨n. 11⟩ *Metallverbindung, die die einwertige Hydroxylgruppe-OH enthält;* oV *Hydroxyd*

**Hydroxyd** ⟨n. 11⟩ = *Hydroxid*

**Hydrozephalus** ⟨m.; -, -phalen; Med.⟩ = *Wasserkopf;* oV *Hydrokephalus* [< grch. *hydor* „Wasser" + *kephale* „Kopf"]

**Hydrozoon** ⟨n.; -s, -zoen; Zool.⟩ ▲ *zur Klasse der Nesseltiere gehöriger Wasserbewohner: Hydrozoa* [< grch. *hydor* „Wasser" + *zoon* „Lebewesen"]

HYDROZOON: HYDROPOLYP (*Tubularia indivisa*)

**Hygiene** ⟨[-gie:-] f. 19; unz.⟩ *Gesamtheit aller Bestrebungen u. Maßnahmen zur Verhütung von Krankheiten u. Gesundheitsschäden beim Einzelnen u. bei der Allgemeinheit* [zu grch. *hygieinos* „heilsam, der Gesundheit zuträglich" < *hygies* „gesund, munter"]

**Hygrograf** ⟨m. 16⟩ = *Hygrograph*

**Hygrograph** ⟨m. 16⟩ ► = *Hygrometer;* oV *Hygrograf* [< grch. *hygros* „feucht, nass" + *graphein* „schreiben"]

**Hygrometer** ⟨n. 13⟩ ►► *Gerät zur Messung der Feuchtigkeit von Gasen, besonders Luft;* Sy *Luftfeuchtigkeitsmesser, Hygrograph* [< grch. *hygros* „nass, feucht" + *metron* „Maß"]

**hygrophil** ⟨Adj.⟩ *feuchte Standorte liebend* (Pflanzen)

**Hygrophyt** ⟨m. 16; Bot.⟩ *Pflanze feuchter Standorte;* Ggs *Xerophyt* [< grch. *hygros* „nass, feucht" + *phyton* „Pflanze"]

**Hygrostat** ⟨m. 23 od. m. 16⟩ *Einrichtung zur Aufrechterhaltung einer bestimmten Luftfeuchtigkeit in geschlossenen Räumen* [< grch. *hygros* „feucht" + *statos* „stehend"]

**Hyläa** ⟨f.; -; unz.; Geogr.⟩ *tropischer, immerfeuchter Regenwald des Amazonasbeckens* [< grch. *hyle* „Wald"; geprägt von dem dt. Naturforscher Alexander von Humboldt, 1769-1859]

**Hyle** ⟨[-le:] f. 19; unz.⟩ **1** ⟨grch. Naturphilos.⟩ *Stoff, Materie, Substanz* **2** ⟨nach Aristoteles⟩ *Urstoff, Möglichkeit, sich zur Substanz zu entwickeln* [grch., „Stoff, Holz, Wald"]

**hylisch** ⟨Adj.⟩ *stofflich, körperlich* [→ *Hyle*]

**Hymen** [1] ⟨n. 14⟩ = *Jungfernhäutchen* [< grch. *hymen* „Gewebe, Haut"]

**Hymen** [2] ⟨m. 4⟩, **Hymenaeus** ⟨[-nɛ:-] m.; -, -naei [-nɛ:i]⟩ *antikes Hochzeitslied, das beim*

*Einzug der Braut ins Haus des Bräutigams von den Brautjungfern gesungen wurde* [nach *Hymenaios,* dem grch. Gott der Eheschließung]

**hymenal** ⟨Adj.⟩ *das Jungfernhäutchen betreffend, zu ihm gehörig*

**Hymenoptere** ⟨m. 17⟩ ► = *Hautflügler* [< grch. *hymen* „Haut" + *pteron* „Flügel"]

**Hymne** ⟨f. 19⟩ *Lobgesang, feierl. Gesangsstück weltl. Inhalts* [< grch. *hymnos* „Lobgesang"]

**hymnisch** ⟨Adj.⟩ **1** *in der Art einer Hymne* **2** ⟨fig.⟩ *überschwänglich*

**Hymnus** ⟨m.; -, Hymnen⟩ *Gesang zum Lob Gottes od. der Götter*

**hyp..., Hyp...** ⟨in Zus.⟩ = *hypo..., Hypo...*

**hyper..., Hyper...** ⟨in Zus.⟩ *über..., Über...;* Ggs *hypo..., Hypo...* [< grch. *hyper* „über, über ... hinaus, übermäßig"]

**hyperaktiv** ⟨[----] od. ['----] Adj.; Med.⟩ *einen übersteigerten motorischen Drang bei psychischer Unruhe zeigend* ◆ hyperaktives Kind

**hyperbar** ⟨Adj.; Phys.⟩ *ein größeres spezifisches Gewicht besitzend als eine andere Flüssigkeit* [< grch. *hyper* „über(mäßig)" + *baros* „Schwere"]

**Hyperbel** ⟨f. 21⟩ **1** ⟨Math.⟩ *unendliche ebene Kurve aus zwei getrennten Ästen, sie besteht aus allen Punkten, deren Abstände von zwei bestimmten Punkten eine konstante Differenz haben* **2** ⟨Rhet.⟩ *sprachliche, dichterische Übertreibung,* z. B. der „Balken im Auge" [< grch. *hyperbole* < grch. *hyper* „über ... hinaus" + *ballein* „werfen"]

**hyperbolisch** ⟨Adj.⟩ **1** ⟨Math.⟩ *hyperbelartig, in der Art einer Hyperbel* **2** ⟨Sprachw.⟩ *sprachl. übertreibend*

**Hyperglykämie** ⟨f.; -; unz.⟩ *vermehrter Blutzuckergehalt;* Ggs *Hypoglykämie* [< grch. *hyper* „übermäßig" + *Glykämie*]

**hyperkatalektisch** ⟨Adj.; Metrik⟩ hyperkatalektischer Vers *Vers mit überzähliger Schlusssilbe* [< grch. *hyper* „über ... hinaus" + *katalegein* „aufhören"]

**Hyperkinese** ⟨f.; -; unz.⟩ *übermäßig gesteigerter Bewegungsdrang, Bewegungsunruhe;* Ggs *Hypokinese* [< grch. *hyper* „übermäßig" + *kinesis* „Bewegung"]

**Hyperladung** ⟨f. 20; Zeichen: Y⟩ *ladungsartige Quantenzahl der Elementarteilchen*

**Hyperlink** ⟨[hai-] m. 6; EDV⟩ *erläuternder od. zu weiteren Informationen auf anderen Websites führender Begriff in einem Internetdokument, einer E-Mail usw;* Sy ⟨kurz⟩ *Link (2)* [< engl. *hyper* „über, darüber hinaus" + *link* „Verbindung"]

**Hypermeter** ⟨m.; -s, -; Metrik⟩, **Hypermetron** ⟨n.; -s, -metra; Metrik⟩ *Vers mit überzähliger (hyperkatalekt.) Schlusssilbe, die aber durch Elision mit der Anfangssilbe des folgenden Verses verschmolzen wird* [< grch. *hyper* „über(mäßig)" + *metron* „Maß"]

**hypermodern** ⟨Adj.⟩ *übertrieben modern*

**Hyperonym** ⟨n. 11; Sprachw.⟩ *übergeordneter Begriff,* z. B. „Tier" gegenüber „Pferd"; Ggs *Hyponym* [< *hyper...* + grch. *onoma, onyma* „Name"]

**Hyperschall** ⟨m. 1; unz.⟩ **1** *mechan. Schwingungen mit sehr hoher Frequenz (mehr als 1*

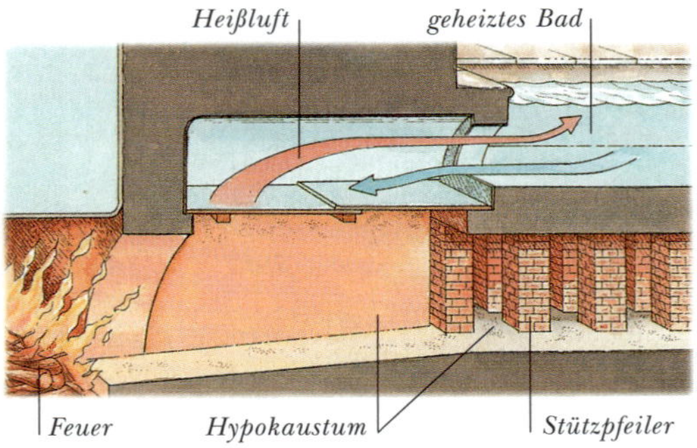


HYPOKAUSTUM: SCHNITT DURCH EINE RÖMISCHE FUSSBODENHEIZUNG

*Milliarde Hertz)* **2** ⟨Gasdynamik⟩ *Geschwindigkeit von mehr als 4 Mach*

**hypersensibel** ⟨Adj.⟩ *übermäßig sensibel, allzu empfindlich* ◆ wenn jemand sich über sie lustig macht, reagiert sie hypersensibel

**hypersensibilisieren** ⟨V. t.; hat⟩ etwas hypersensibilisieren *von etwas die Sensibilität, die Empfindlichkeit stark erhöhen*

**Hypersomie** ⟨f. 19; unz.; Med.⟩ = *Riesenwuchs;* Ggs *Hyposomie* [< grch. *hyper* „über ... hinaus, über(mäßig)" + *soma* „Körper"]

**hypersonisch** ⟨Adj.⟩ *im Bereich des Hyperschalls* [< grch. *hyper* „über(mäßig)" + lat. *sonor* „Ton, Klang"]

**Hypertension** ⟨f. 20⟩ = *Hypertonie (2)*

**Hypertext** ⟨[hai-] m. 1; EDV⟩ *Form der nicht linearen Textdarbietung, die mithilfe von Knoten (Verzweigungspunkten) auf weiterführende Informations- und Beschreibungsebenen führt;* → a. *Internet* [engl.]

HYGROMETER ZUR MESSUNG DER LUFTFEUCHTIGKEIT

**Hyperthermie** ⟨f. 19⟩ = *Hitzschlag*

**Hypertonie** ⟨f. 19; Med.⟩ Ggs *Hypotonie* **1** *übersteigerte Spannung (bes. von Muskeln)* **2** *erhöhter Blutdruck;* Sy *Hypertension* [< grch. *hyper* „über(mäßig)" + *teinein* „spannen"]

**Hypertrophie** ⟨f. 19; Med.⟩ *übermäßige Vergrößerung, übermäßiges Wachstum (von Gewebe, eines Organs)* [< grch. *hyper* „über(mäßig)" + *trophe* „Nahrung"]

**Hyperventilation** ⟨[-vɛn-] f. 20; unz.; Med.⟩ *erhöhte Atmungstätigkeit, übermäßige Beatmung der Lunge* [< *Hyper...* + lat. *ventilare* „fächeln"]

**hypnoid** ⟨Adj.; Psych.⟩ *traumähnlich, der Hypnose ähnlich*

**Hypnose** ⟨f. 19; Psych.⟩ *durch Suggestion herbeigeführter Schlaf, in dem der Schlafende auf Befehl Handlungen ausführen kann*

**Hypnotik** ⟨f. 20; unz.⟩ *Lehre von der Hypnose*

**Hypnotikum** ⟨n.; -s, -tika⟩ *Schlafmittel* [zu lat. *hypnoticum* „einschläfernd"]

**Hypnotiseur** ⟨[-zøːr] m. 1⟩ *jmd., der einen anderen in Hypnose versetzt*

**hypnotisieren** ⟨V. t.; hat⟩ **1** *in Hypnose versetzen* **2** ⟨fig.⟩ *(durch Blick od. Bewegung) willenlos machen, widerstandslos machen* ◆ jmdn. wie hypnotisiert anstarren *bewegungslos, wie gebannt*

**hypo..., Hypo...** ⟨vor Vokalen⟩ hyp..., Hyp... ⟨in Zus.⟩ *unter..., Unter..., darunter befindlich;* Ggs *hyper..., Hyper...* [< grch. *hypo* „unter, darunter"]

**Hypochonder** ⟨[-xɔn-] m. 3⟩ **1** *jmd., der an Hypochondrie leidet* **2** *schwermütiger Mensch*

**Hypochondrie** ⟨[-xɔn-] f. 19; unz.⟩ **1** *die Einbildung, krank zu sein,* **2** *krankhafte Schwermut, Trübsinn*

**Hypoderm** ⟨n. 11; unz.; Anat.⟩ = *Unterhaut* [< grch. *hypo* „unter" + *derma* „Haut"]

**Hypoglykämie** ⟨f.; -; unz.⟩ *Sinken des Blutzuckergehalts unter den Normalwert;* Ggs *Hyperglykämie* [< grch. *hypo* „unter" + *Glykämie*]

**hypokaustisch** ⟨Adj.⟩ *durch Hypokaustum geheizt*

**Hypokaustum** ⟨n.; -s, -kausten; Antike u. MA⟩ ◄ *Heizanlage unter dem Fußboden* [< grch. *hypo* „unter" + *kaiein* „brennen, anzünden"]

**Hypokinese** ⟨f. 19; unz.⟩ *verminderte Bewegungsaktivität;* Ggs *Hyperkinese* [< grch. *hypo* „unter" + *kinesis* „Bewegung"]

**hypokristallin** ⟨Adj.⟩ *aus kristallinen u. glasigen Bestandteilen zusammengesetzt* [< grch. *hypo* „unter" + *kristallos* „Kristall"]

**Hyponym** ⟨n. 11; Sprachw.⟩ *untergeordneter Begriff,* z. B. „Hund" gegenüber „Tier"; Ggs *Hyperonym* [< grch. *hypo* „unter" + *onoma, onyma* „Name"]

**Hypophyse** ⟨f. 19⟩ = *Hirnanhang(drüse)* [< grch. *hypo* „unter" + *phyein* „wachsen lassen"]

**Hyposomie** ⟨f.19; unz.; Med.⟩ = *Kleinwuchs;* Ggs *Hypersomie* [< grch. *hypo* „unter" + *soma* „Körper"]

**Hypostase** ⟨f. 19⟩ **1** *Grundlage, Unterlage* **2** *Stoff, Gegenstand (einer Abhandlung)* **3** *Wesen, Erscheinungsform (z. B. der Dreieinigkeit)* **4** ⟨nach altjüd. Vorstellungen, bei Zarathustra u. a.⟩ *die Ablösung einer Eigenschaft von einer Gottheit (z. B. Weisheit, Gerechtigkeit) u. Verwandlung in ein selbständiges, halbgöttl. Wesen* **5** *dieses Wesen selbst* **6** ⟨Sprachw.⟩ *Übergang eines Wortes in eine andere Wortart durch Veränderung der syntaktischen Funktion,* z. B. „teilhaben" in „Teilhaber", „über Nacht" in „übernachten" **7** ⟨Med.⟩ *Blutstauung, Blutüberfüllung eines Organs bei geschwächtem Blutkreislauf, bes. nach langem Liegen* [< grch. *hypo* „unter" + *histanai* „setzen, legen"]

**hypostasieren** ⟨V. t.; hat⟩ **1** *verselbständigen, als gegenständlich betrachten, personifizieren* **2** *(als vorhanden) unterstellen*

**hypostatisch** ⟨Adj.⟩ **1** *durch Hypostase hervorgerufen, auf ihr beruhend* **2** *gegenständlich, wesentlich*

**Hypotaxe** ⟨f. 19⟩ **1** *mittlerer Stärkegrad der Hypnose* **2** ⟨Gramm.⟩ *Unterordnung eines Satzteiles od. Satzes unter einen anderen, Satzgefüge;* Ggs *Parataxe* [< grch. *hypo* „unter" + *tattein* „ordnen"]

**Hypotenuse** ⟨f. 19; Math.⟩ ► *die dem rechten Winkel gegenüberliegende Seite eines Dreiecks;* → a. *Kathete* [< grch. *hypo* „unter" + *teinein* „spannen, sich erstrecken"]

**Hypothalamus** ⟨m.; -, -lami; Anat.⟩ *unter dem Thalamus liegender Teil des Zwischenhirns*

**Hypothek** ⟨f. 20⟩ *im Grundbuch eingetragenes, durch eine Zahlung erworbenes Recht an einem Grundstück in Form einer Forderung auf regelmäßige Zinszahlungen* [< grch. *hypotheke,* eigtl. „Unterlage", dann „Unterpfand"; zu *hypotithenai* „darunter legen"]

**Hypothese** ⟨f. 19⟩ **1** *unbewiesene Voraussetzung, Unterstellung* **2** *noch unbewiesene Annahme als Hilfsmittel für wissenschaftl. Erkenntnisse (bes. in der Naturwissenschaft)* [< grch. *hypothesis* „Unterstellung"; zu *hypotithenai* „darunter stellen"]

**hypothetisch** ⟨Adj.⟩ **1** *auf einer Hypothese, einer bloßen Annahme beruhend* **2** *bedingt;* Ggs *kategorisch (2)*

**Hypotonie** ⟨f. 19; Med.⟩ Ggs *Hypertonie* **1** *herabgesetzte Spannung (bes. von Muskeln)* **2** *verminderter Blutdruck* [< grch. *hypo* „unter" + *teinein* „spannen"]

**Hypoxämie** ⟨f. 19; unz.⟩ *Sauerstoffmangel im Blut* [< grch. *hypo* „unter" + *Oxygenium* + grch. *haima* „Blut"]

**hypsografische Kurve** ⟨f.; -n -, -n -n⟩ = *hypsographische Kurve*

**hypsographische Kurve** ⟨f.; -n -, -n -n⟩ *grafische Darstellung, die die verschiedenen Höhenstufen der Erdoberfläche veranschaulicht;* oV *hypsografische Kurve* [< grch. *hypsos* „Höhe" + *graphein* „schreiben"]

**Hypsometrie** ⟨f. 19; unz.⟩ = *Höhenmessung* [< grch. *hypsos* „Höhe" + *metrein* „messen"]

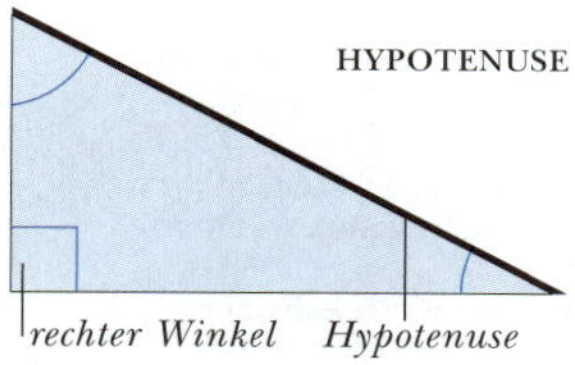


**Hysterie** ⟨f. 19; unz.⟩ **1** *Zustand, in dem sich seelische Erregung durch körperliche Veränderungen od. Funktionsstörungen äußert* **2** *übertrieben leichte Erregbarkeit, Nervosität* [< grch. *hystera* „Gebärmutter"; früher als von der Gebärmutter ausgehend gedacht]

**hysterisch** ⟨Adj.⟩ **1** *auf Hysterie beruhend, an Hysterie leidend* **2** *übertrieben leicht erregbar* **3** *übertrieben, sinnlos erregt* ◆ hysterische Anfälle; du bist ja hysterisch; hysterisch auf etwas reagieren

**Hysteron-Proteron** ⟨n.; -s, Hystera-Protera⟩ **1** ⟨urspr.; Rhet.⟩ *„das Spätere ist das Frühere", Redefigur, bei der zuerst der Gedanke steht, der nach Zeitfolge od. Logik nachstehen sollte* **2** ⟨Logik⟩ *Schein-, Zirkelbeweis, Beweis aus einem Urteil, das erst noch bewiesen werden muss* [grch., „Späteres früher"]

**Hysterophyt** ⟨m. 16; Bot.⟩ *Schmarotzerpflanze* [< grch. *hysteros* „später" + *phyton* „Gewächs, Pflanze"]

**Hz** ⟨Zeichen für⟩ *Hertz*

# I



**i** ⟨Math.; Zeichen für⟩ *imaginäre Zahl* ◆ der Punkt, das Tüpfelchen auf dem i ⟨fig.⟩ *die letzte Feinheit, Vollendung*

**I 1** ⟨lat. Zahlzeichen für⟩ *1* **2** ⟨Chem.; Zeichen für⟩ *Jod* **3** Ia ⟨kaufmannssprachl. Abk. für⟩ *prima (1);* Ia ⟨od.⟩ eins a Qualität

**i.** ⟨in geograph. Angaben Abk. für⟩ *in, im* ◆ Freiburg i. Br.

**i. A., I. A.** ⟨vor der Unterschrift in Geschäftsbriefen Abk. für⟩ *im Auftrag* ⟨Kleinschreibung, wenn die Abk. der Bez. für eine Behörde, Firma u. Ä. folgt; Großschreibung, wenn sie nach einem abgeschlossenen Text od. allein vor einer Unterschrift steht⟩

**ib., ibd.** ⟨Abk. für lat.⟩ *ibidem*

**Iberer** ⟨m. 3⟩ *Angehöriger eines vor- u. frühgeschichtl. Volkes auf der Pyrenäenhalbinsel, Vorfahr des Basken* [nach der lat. Bezeichnung *Hiberus* „Spanier"]

**iberisch** ⟨Adj.⟩ **1** *die Iberer betreffend, zu ihnen gehörig, von ihnen stammend* **2** *die Pyrenäenhalbinsel betreffend, zu ihr gehörig, von ihr stammend* ◆ iberische Sprache *isoliert stehende indogerman. Sprache der Iberer auf der Pyrenäenhalbinsel*

**iberoromanisch** ⟨Adj.; Sprachw.⟩ iberoromanische Sprachen *zur westromanischen Sprachgruppe gehörige Sprachen, z. B. Spanisch, Portugiesisch, Katalanisch* [nach der lateinischen Bezeichnung *Hiberia* für Spanien + *romanisch*]

**ibid.** ⟨Abk. für lat.⟩ *ibidem*

**ibidem** ⟨Abk.: ib., ibd., ibid.⟩ *ebenda, am angeführten Ort* [lat., „ebenda"]

**Ibis** ⟨m.; -ses, -se; Zool.⟩ **1** ⟨i. w. S.⟩ ▼ *Angehöriger einer Familie kleiner Schreitvögel mit sichelförmig abwärts gebogenem Schnabel: Threskiornithidae;* ► *Vögel* **2** ⟨i. e. S.⟩ Heiliger Ibis *mit schwarzem Kopf, galt im ägyptischen Altertum als heilig: Threskiornis aethiopica* [< lat. *ibis* < grch. *ibis* „Nilreiher" < altägypt.]

**Ibn** ⟨in arab. Namen⟩ *Sohn des,* z. B. Ibn Soud [arab.]

**IC** ⟨[iːˈtseː] m. 6; Abk. für⟩ *Intercityzug*

**ICE** ⟨[iːtseˈeː] m. 6; Abk. für⟩ *Intercityexpresszug*

**ich** ⟨Personalpron., 1. Person Sing.⟩ *meine Person, der Sprecher selbst* ◆ ich komme; ich bin es [< ahd. *ih(ha),* engl. *I*]

IBIS: ROTER SICHLER *(Eudocimus ruber)*

**Ich** ⟨n. 15⟩ **1** *die eigene Person, das eigene Wesen, das eigene Innere u. Äußere* **2** ⟨Psych.⟩ *Einheit des Selbstbewusstseins* ◆ sein eigenes Ich erforschen; mein ganzes Ich [→ *ich*]

**Ichform,** ⟨auch⟩ **Ich-Form** ⟨f. 20; unz.; bes. Lit.⟩ *Erzählform in der 1. Person Sing.* ◆ ein Roman in Ichform

**Ichlaut,** ⟨auch⟩ **Ich-Laut** ⟨m. 1; unz.; Sprachw.⟩ *der Laut „ch" [ç] nach e und i, am vorderen (harten) Gaumen gesprochen,* z. B. in „ich, Grieche, rechnen"; → a. *Achlaut*

**ichthyo..., Ichthyo...** ⟨in Zus.⟩ *fisch..., Fisch...* [< grch. *ichthys* „Fisch"]

**Ichthyologie** ⟨f. 19; unz.⟩ = *Fischkunde* [< grch. *ichthys* „Fisch" + *logos* „Lehre, Kunde"]

**Ichthyosaurier** ⟨m. 3⟩, **Ichthyosaurus** ⟨m.; -, -rier⟩ ▲ *Angehöriger einer fossilen, fischähnlichen Reptiliengruppe, Meeresbewohner von 1 bis 17 m Körperlänge;* Sy *Fischechse* [< grch. *ichthys* „Fisch" + *sauros* „Eidechse"]

**Icon** ⟨[ˈaikən] n. 15; EDV⟩ *Bildschirmsymbol, Piktogramm (dessen Funktion durch Anklicken ausgelöst wird)* [engl., „Bild, Symbol"]

**ideal** ⟨Adj.⟩ **1** *nur gedacht, nur in der Vorstellung existierend* **2** *vollkommen, mustergültig* **3** ⟨umg.⟩ *traumhaft schön, herrlich, wunderbar* ◆ eine ideale Ehe; ideale Landschaft ⟨Mal.⟩ *Darstellung einer harmon., sommerl., meist waldigen Landschaft;* er ist ein idealer Reisegefährte [→ *Ideal*]

**Ideal** ⟨n. 11⟩ **1** *Inbegriff höchster Vollkommenheit, Mustergültiges* **2** *Wunschbild, erstrebenswertes Vorbild, Leitgedanke* ◆ er hat sich seine Ideale noch erhalten; einem Ideal nachstreben [< lat. *idealis* < grch.-lat. *idea;* → *Idee*]

**idealisieren** ⟨V. t.; hat⟩ **1** *veredeln, verschönern, vollkommener sehen, als es in Wirklichkeit ist* **2** *einem Ideal angleichen* ◆ eine histor. Gestalt in einem Drama, Roman idealisieren *einem Ideal angeglichen, vollkommener (als in der Realität) darstellen* [→ *Ideal;* beeinflusst von frz. *idéaliser*]

**Idealismus** ⟨m.; -; unz.⟩ **1** *durch sittl., nicht materielle Ziele bestimmte Anschauung u. Verhaltensweise, Glaube an Ideale, nach Idealen ausgerichtete Lebensführung* **2** ⟨Philos.⟩ *Auffassung, dass es die Wirklichkeit nur als rein geistiges Sein gibt u. die Materie dessen Erscheinungsform ist* **3** ⟨fig.⟩ *opferfreudige Begeisterung* [→ *ideal*]

**Idee** ⟨f. 19⟩ **1** *Urform, Urbild* **2** *reiner Begriff* **3** *leitender Gedanke, geistiger Gehalt (eines Kunstwerkes)* **4** *Einfall, Gedanke* **5** *Vorstellung, Ahnung* **6** ⟨umg.⟩ *Kleinigkeit, Spur, ein klein wenig* ◆ die Idee einer **Dichtung;** eine Idee **Salz** zugeben ⟨umg.⟩ ◆ ich **habe** eine Idee!; hast du eine Idee, ob ..., wie ..., wann ...?; **sein:** das ist eine Idee! ◆ **fixe** Idee *Zwangsvorstellung, hartnäckig festgehaltene Einbildung;* eine **glänzende,** komische, gute, verrückte Idee; seine **politischen** Ideen ◆ er war **auf** eine völlig neuartige Idee verfallen; **für** eine Idee eintreten, kämpfen; das Drehbuch schrieb der Regisseur nach einer Idee **von** P. K. [< grch. *idea* „Erscheinung, Gestalt, Beschaffenheit, Form", dann „Urbild" (Plato); moderne Bedeutungen und Form beeinflusst von frz. *idée* (< grch. *idea*)]

ICHTHYOSAURIER: FOSSILES SKELETT EINES ICHTHYOSAURIERS

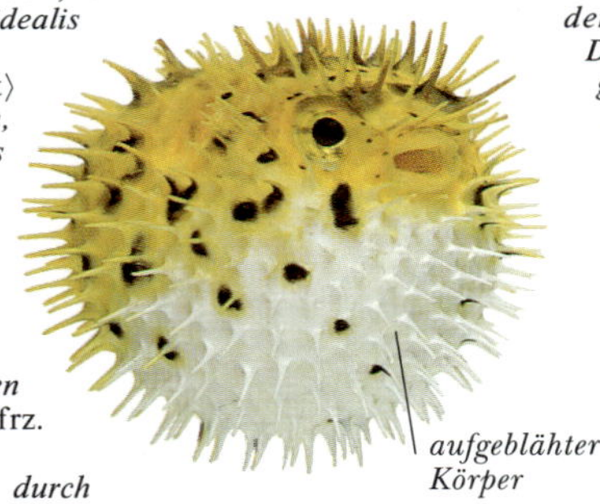


IGELFISCH *(Diodon hystrix)*

**ideell** ⟨Adj.⟩ **1** *eine Idee betreffend, auf ihr beruhend* **2** *nur gedacht, nur in der Vorstellung vorhanden* [seit dem 18. Jh.; → *ideal* (wie *real* zu *reell*)]

**identifizieren** ⟨V. t.; hat⟩ **1** jmdn. identifizieren *jmds. Identität feststellen* **2** jmdn. mit jmd. anderem od. etwas mit etwas anderem identifizieren *einander gleichsetzen* **3** etwas od. jmdn. identifizieren als *erkennen, feststellen als* [< spätlat. *identitas* „Wesenseinheit" + lat. *facere* „machen"]

**identisch** ⟨Adj.⟩ *übereinstimmend, völlig gleich, ein u. dasselbe* ◆ es stellte sich heraus, dass der Dateneingeber und der Setzer identisch sind *dieselbe Person* [→ *Identität*]

**Identität** ⟨f. 20; unz.⟩ *völlige Übereinstimmung, Gleichheit, Wesenseinheit, Deckung* [< spätlat. *identitas* „Wesenseinheit"; zu lat. *idem* „derselbe, dasselbe"]

**ideo..., Ideo...** ⟨in Zus.⟩ *begriffs..., Begriffs...* [< grch. *idea* „Erscheinung, Gestalt, Beschaffenheit, Form"]

**Ideogramm** ⟨n. 11⟩ *Schriftzeichen, das einen ganzen Begriff ausdrückt, z. B. ein Zeichen der chinesischen Schrift* [< *Ideo...* + grch. *gramma* „Schrift"]

**Ideologie** ⟨f. 19⟩ **1** *Gesamtheit der Anschauungen u. des Denkens einer bestimmten gesellschaftlichen Schicht* **2** *politische Theorie, politische Anschauung* ◆ die Ideologie des Kapitalismus, Faschismus, Kommunismus [< *Ideo...* + grch. *logos* „Kunde, Darstellung"]

**id est** ⟨Abk.: i. e.⟩ *das ist, das heißt* [lat.]

**idg.** ⟨Abk. für⟩ *indogermanisch*

**idio..., Idio...** ⟨in Zus.⟩ *eigen..., Eigen..., selbst..., Selbst...* [< grch. *idios* „eigen, eigentümlich"]

**Idiom** ⟨n. 11; Sprachw.⟩ **1** *Spracheigentümlichkeit eines Menschen, eines Landes od. eines Standes, Eigentümlichkeit einer Mundart* **2** *feststehende Redewendung, deren Gesamtbedeutung nicht aus den Einzelelementen ableitbar ist,* z. B. auf den Hund kommen; Sy *Phraseologismus* [< grch. *idioma* „Eigentümlichkeit, Besonderheit"; zu grch. *idios* „eigen, eigentümlich"]

**Idiosynkrasie** ⟨f. 19⟩ **1** *angeborene Überempfindlichkeit gegen bestimmte Stoffe* **2** ⟨fig.⟩ *besonders heftige Abneigung, Widerwille* [< grch. *idios* „eigen, eigentümlich" + *synkrasis* „Mischung"]

**Idiot** ⟨m. 16⟩ **1** ⟨Med.⟩ *an Idiotie leidende Person* **2** ⟨fig.; umg.⟩ *Dummkopf* [< grch. *idiotes* „Privatmann, gewöhnl. Mensch, unkundiger Laie (im Gegensatz zum Fachmann), Stümper"; zu grch. *idios* „eigen, eigentümlich"]

**Idiotie** ⟨f. 19; unz.⟩ **1** ⟨Med.⟩ *schwerste Form des angeborenen Schwachsinns* **2** ⟨fig.; umg.⟩ *Unsinnigkeit, sehr große Dummheit, ganz u. gar unüberlegte Tat, unsinniger Einfall*

**idiotisch** ⟨Adj.⟩ **1** ⟨Med.⟩ *schwachsinnig* **2** ⟨fig.; umg.⟩ *sehr dumm, blöd, unsinnig*

**IDN** ⟨Tel.; Abk. für⟩ *Integriertes Fernschreib- u. Datennetz (der Deutschen Telekom), Nachrichtennetz zur Übermittlung von Fernschreiben, Fernkopien usw. (Vorstufe zu ISDN)*

**Idol** ⟨n. 11⟩ **1** *Götzenbild* **2** *Abgott, Gegenstand der Verehrung* [< grch. *eidolon* „Gestalt, Bild, Trugbild, Götzenbild"; verwandt mit *Idee, Ideal, Idyll, Idylle*]

**Idyll** ⟨n. 11⟩ **1** *Bild eines beschaulichen einfachen Lebens* **2** *das beschauliche, friedliche Leben selbst* **3** ⟨fig.; umg.⟩ *beschauliche Szene, friedliches Bild* [< grch. *eidyllion* „Bildchen", Verkleinerungsform zu *eidos* „Bild, Gestalt"; → *Idee*]

**Idylle** ⟨f. 19; Lit.⟩ *lyrisch-dramatische od. lyrisch-epische Dichtung, die den ländl. Frieden, das beschauliche Leben einfacher, natürlicher Menschen schildert, Hirten-, Schäferdichtung*

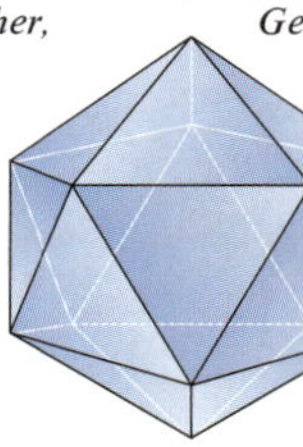

IKOSAEDER

**idyllisch** ⟨Adj.⟩ **1** ⟨fig.⟩ *wie ein Idyll, ländlich-friedlich, beschaulich u. beglückend* **2** ⟨Lit.⟩ *in der Art einer Idylle, wie eine Idylle beschaffen*

**I. E.** ⟨Pharm.; Abk. für⟩ *Internationale Einheit*

**i. e. S.** ⟨Abk. für⟩ *im engeren Sinne*

**IG** ⟨Abk. für⟩ **1** *Industriegewerkschaft* (z. B. IG Metall, IG Medien) **2** ⟨in Firmennamen⟩ *Interessengemeinschaft*

**...ig** ⟨Suffix zur Bildung von Adj.⟩ z. B. nötig, ruhig, nörgelig, zittrig

**Igel** ⟨m. 5⟩ **1** ⟨Zool.⟩ *Insektenfresser mit kurzem, gedrungenem Körper u. auf dem Rücken aufrichtbaren Stacheln: Erinaceus europaeus;* ► *Säugetiere* **2** *Furchenegge zum Beseitigen von Unkraut* **3** ⟨fig.⟩ *mit Schokoladenguss überzogener u. mit Mandelsplittern besteckter Kuchen* [< ahd. *igil*]

**Igelfisch** ⟨m. 1; Zool.⟩ ◄ *Kugelfisch, der sich bei Gefahr aufbläht u. dann mit dem Rücken nach unten schwimmt: Diodon hystrix*

**Iglu** ⟨n. 15 od. m. 6⟩ *Schneehütte der Eskimos* [< eskim. *igdlu* „Schneehaus"]

**Ignoranz** ⟨f. 20; unz.⟩ *Unwissenheit aus Borniertheit* [< lat. *ignorantia* „Unwissenheit"]

**ignorieren** ⟨V. t.; hat⟩ *absichtlich übersehen, unbeachtet lassen, keine Kenntnis nehmen von* [< lat. *ignorare* „nicht wissen, nicht kennen, nicht kennen wollen"]

**Iguanodon** ⟨n. 15⟩ *großer, Pflanzen fressender Dinosaurier der Jura- u. Kreidezeit;* ► *Dinosaurier* [< span. *iguana* „Leguan" + grch. *odous, odontos* „Zahn"]

**ihm** ⟨Dat. von⟩ *er, es*

**ihn** ⟨Akk. von⟩ *er*

**ihnen** ⟨Dat. Pl. von⟩ *er, sie, es*

**Ihnen** ⟨Dat. von⟩ *Sie* ⟨Sing. u. Pl., in der Anrede⟩ ◆ ich danke Ihnen!

**ihr** **I** ⟨Dat. von⟩ *sie* ⟨3. Person Sing. f.⟩ **II** ⟨Personalpron.; 2. Person Pl.⟩ habt ihr mich doch nicht gesehen? **III** ⟨Possessivpron.; 3. Person Sing. f. u. 3. Person Pl.⟩ sie hat ihr neues Kleid an; die Kinder haben ihre Spielsachen aufgeräumt [zu II: < ahd. *ir;* zu III: < ahd. *iro;* dient seit dem 14. Jh. als Possessivpron.]

**Ihr** **I** ⟨Personalpron., 2. Person Pl.; früher als Anrede, heute durch „Sie" ersetzt⟩ **II** ⟨Personalpron., 2. Person Pl.; als Anrede im Brief⟩ Ihr Lieben,... **III** ⟨Possessivpron., 3. Person Sing. u. Pl.; in der Anrede⟩ ist das Ihr Hund?; besten Gruß, Ihr XY

**ihrer** ⟨Gen. von⟩ *sie* ⟨3. Person Sing. f. und Pl. m., f., n.⟩ ◆ wir gedenken ihrer; es waren ihrer drei *sie waren zu dritt*

**ihrerseits** ⟨Adv.⟩ **1** *von ihr aus* **2** *von ihnen aus* ◆ die Schwester(n) machte(n) ihrerseits den Vorschlag, dass ...

**Ihrerseits** ⟨Adv.⟩ *von Ihnen aus* ◆ wenn Sie Ihrerseits nichts einzuwenden haben ...

**ihresgleichen** ⟨Adj.⟩ *eine Frau, eine Angelegenheit wie diese, Leute (Dinge) wie diese* ◆ das ist eine Unverschämtheit, die ihresgleichen sucht *die man mit nichts vergleichen kann, die einmalig ist*

**Ikone** ⟨f. 19⟩ *Heiligenbild der Ostkirche* [< grch. *eikon* „Bild, Abbild"]

**Ikonolatrie** ⟨f. 19: unz.; Rel.⟩ = *Bilderverehrung* [< grch. *eikon* „Bild" + *latreia* „Dienst"]

**Ikonostas** ⟨m. 1⟩, **Ikonostase** ⟨f. 19; in grch.-orthodoxen Kirchen⟩ ► *dreitürige, mit Ikonen bedeckte Wand zwischen Altar- u. Gemeinderaum* [< mgrch. < grch. *eikon* „Bild" + *stasion* (< *histanai* „stehen")]

**Ikosaeder** ⟨n. 13⟩ ◄ *von 20 Flächen begrenzter Körper;* Sy *Zwanzigflach, Zwanzigflächner* [< grch. *eikosi* „zwanzig" + *hedra* „Sitzfläche"]

**ikr** ⟨Abk. für⟩ *isländ.* → *Krone (9)*

**il...**[1], **Il...**[1] ⟨Vors.⟩ *in...*[1], *In...*[1]

**il...**[2], **Il...**[2] ⟨Vors.⟩ *in...*[2], *In...*[2]

**Ilang-Ilang** ⟨n. 15; Bot.⟩ ► = *Ylang-Ylang*

**Ileum** ⟨n. 15; unz.; Anat.⟩ ► = *Krummdarm* [< lat. *ile* „Darm"]

**illegal** ⟨Adj.⟩ *gesetzwidrig, ungesetzlich* (Organisation, Handlung); Ggs *legal* [< lat. *in...* „un..." + *legalis* „gesetzlich"]

**illegitim** ⟨Adj.⟩ Ggs *legitim* **1** *unrechtmäßig* **2** *unehelich* (Kind) **3** *außerehelich* (Geschlechtsverkehr) [< lat. *illegitimus* „ungesetzlich"]

**Illokution** ⟨f. 20; Sprachw.⟩ *Handlungsaspekt, kommunikative Funktion eines Sprechaktes;* → a. *Lokution, Perlokution* [< *Il...*[1] + lat. *locutio* „das Reden, Redensart"; zu *loqui* „reden, sprechen"]

**illoyal** ⟨['iloaja:l] Adj.⟩ Ggs *loyal* **1** *pflichtwidrig* **2** *übelgesinnt, falsch, untreu, verräterisch* [< frz. *loyal* „rechtschaffen, (pflicht)getreu"; gebildet nach z. B. *legitim – illegitim;* im Frz. unbekannt]

**Illumination** ⟨f. 20⟩ **1** *Illuminierung, Festbeleuchtung (z. B. im Freien)* **2** ⟨Buchw.⟩ **2.1** ▼ *Verzierung von handgeschriebenen od. gedruckten Büchern mit Initialen, Miniaturen u. Ä. od. das farbige Ausmalen von Stichen* **2.2** *(Herstellung von) Buchmalerei* ◆ Illumination mit Lampions [< frz. *illuminatio* „Beleuchtung, Erleuchtung"]

ILLUMINATION: BUCHMALEREI IN EINER HANDSCHRIFT DES 14. JH.

IKONOSTAS IN EINER GRIECHISCHEN KIRCHE DES 19. JH.

**illuminieren** ⟨V. t.; hat⟩ **1** *(außen od. im Freien) festlich erleuchten* **2** *ausmalen* (Stich, Druck) **3** *mit Buchmalereien verzieren* (Handschrift) ◆ das Gebäude war mit bunten Lämpchen illuminiert; illuminierte Handschrift [< frz. *illuminer* „be-, erleuchten" < lat. *illuminare* „erleuchten, beleuchten, schmücken"]

**Illusion** ⟨f. 20⟩ **1** *trügerische Hoffnung, Selbsttäuschung, idealisierte, falsche Vorstellung von der Wirklichkeit* **2** *Vortäuschung von Raum* (Raumillusion), *Tiefe* (Tiefenillusion) *auf Bildern, im Theater oder Film mit den Mitteln der Perspektive* **3** *Täuschung durch ein Zauberkunststück* **4** *dieses selbst* ◆ jmdm. die Illusionen rauben *jmdm. die Wirklichkeit unbeschönigt schildern;* darüber mache ich mir keine Illusionen [frz., „Sinnestäuschung" < lat. *illusio* „Ironie, Verspottung, Täuschung"]

ILTIS
*(Mustela putorius)*

**illusorisch** ⟨Adj.⟩ **1** *nur in der Illusion bestehend, eingebildet, trügerisch* **2** *hinfällig, vergeblich* ◆ unsere Verabredung ist illusorisch geworden *erübrigt sich* [→ *Illusion*]

**Illustration** ⟨f. 20⟩ **I** ⟨zählb.⟩ *Abbildung zu einem Text* **II** ⟨unz.⟩ *das Illustrieren, Illustrierung* (Buchillustration, Zeitschriftenillustration) [< lat. *illustratio* „Erleuchtung, Erklärung (bes. durch Abbildungen)" u. frz. *illustration* „Abbildung, Bebilderung"]

**illustrieren** ⟨V. t.; hat⟩ **1** *mit Illustrationen versehen, bebildern* **2** *veranschaulichen, erläutern* ◆ Sachverhalte durch Beispiele illustrieren [< frz. *illustrer* „bebildern" < lat. *illustrare* „erleuchten, erhellen, anschaulich machen"]

**Illustrierte** ⟨f. 30⟩ *illustrierte Zeitschrift*

**Iltis** ⟨m.; -ses, -se; Zool.⟩ ▲ *meist dunkel gefärbter Marder von 40 cm Körperlänge: Mustela putorius* [< ahd. *illi(n) tiso*]

**im** ⟨Verschmelzungsform aus Präp. u. Art.⟩ *in dem*

**I. M.** ⟨Abk. für⟩ *Innere Mission*

**im...**[1], **Im...**[1] ⟨Vors.⟩ *in...*[1], *In...*[1]

**im...**[2], **Im...**[2] ⟨Vors.⟩ *in...*[2], *In...*[2]

**Image** ⟨['imidʒ] n.; -, -s [-dʒiz]⟩ *Darstellung, Bild von etwas od. jmdm. in der Öffentlichkeit* ◆ ein gutes, schlechtes Image besitzen [engl. „Bild" < frz. < lat. *imago*]

**imaginär** ⟨Adj.⟩ *nur in der Vorstellung bestehend, scheinbar, eingebildet* ◆ imaginäre Zahl ⟨Math.; Zeichen: i⟩ *eine komplexe Zahl, die nicht real ist* [< frz. *imaginaire* „nur vorgestellt, eingebildet"]

**Imagination** ⟨f. 20⟩ **1** *Einbildung* **2** *Einbildungskraft, Vorstellungskraft* [< lat. *imaginatio* „Einbildung, Vorstellung"]

**Iman** ⟨n.; -s; unz.; im Islam⟩ *Glaube* [arab.]

**Imbiss** ⟨m. 1⟩ **1** *kleine Mahlzeit* **2** *Verkaufsraum, -stand dafür* ◆ einen Imbiss einnehmen, kalter Imbiss [< ahd. *inbiz, imbiz;* zu ahd. *enbizan* „essend oder trinkend genießen"; → *in, beißen*]

**Imitat** ⟨n. 11⟩ *Nachbildung, Fälschung* ◆ ein gutes Imitat [→ *Imitation*]

**Imitation** ⟨f. 20⟩ **1** *Nachahmung* **2** *Nachbildung, Kopie* **3** *Fälschung* **4** ⟨Mus.⟩ *Wiederholung eines Themas in gleicher* (Kanon) *oder anderer* (Fuge) *Tonhöhe* [< lat. *imitatio* „Nachahmung"]

**imitieren** ⟨V. t.; hat⟩ **1** *nachahmen* **2** ⟨Mus.⟩ *wiederholen* (Thema) ◆ imitiert *nachgeahmt, unecht* [< lat. *imitari* „nachahmen"]

**Imker** ⟨m. 3⟩ = *Bienenzüchter* [nddt.; < *Imme* + *Kar*]

**Imkerei** ⟨f. 18⟩ **I** ⟨unz.⟩ = *Bienenzucht* **II** ⟨zählb.⟩ *Betrieb dafür*

**immanent** ⟨Adj.⟩ **1** *enthalten in, innewohnend* **2** ⟨Philos.⟩ *innerhalb der Grenzen der Erfahrung, Erkenntnis bleibend;* Ggs *transzendent* [< lat. *immanens* „innewohnend, anhaftend", Part. Präs. zu *immanere* „innewohnen, anhaften"]

**Immanenz** ⟨f. 20; unz.⟩ **1** *Enthaltensein, Innewohnen, Zugehörigkeit* **2** ⟨Rel.; Pantheismus⟩ *Enthaltensein, Wirken Gottes in der Natur;* Ggs *Transzendenz (1)* [→ *immanent*]

**immateriell** ⟨Adj.⟩ **1** *nicht stofflich, unkörperlich* **2** *geistig* [< frz. *immatériel* „unstofflich"]

**immatrikulieren** ⟨V. t.; hat⟩ *in die Matrikel der Hochschule aufnehmen* ◆ sich (an einer Hochschule) immatrikulieren lassen [< lat. *in* „hinein" + *Matrikel*]

**Imme** ⟨f. 19; poet.⟩ *Biene* [< ahd. *imbi* „Bienenschwarm", erst ahd. „Biene"]

**immens** ⟨Adj.⟩ *unermesslich (groß), unendlich* [< lat. *immensus* „unermesslich"]

**immer I** ⟨Adv.⟩ *ständig, stets, jedes Mal* ◆ es ist immer (wieder) dasselbe; immer ich (soll es gewesen sein, soll alles tun)!; **anfangen:** er fängt immer an (Streit usw.) *jedes Mal;* das **sagst** du immer, und dann tust du es doch nicht ◆ **für,** ⟨od. umg.⟩ auf immer *für ewig, für alle Zeit, endgültig;* er hat die Augen für immer geschlossen *er ist gestorben;* er kommt immer **montags** *jeden Montag;* immer **noch,** noch immer *bis jetzt, bisher ohne Unterbrechung* **II** ⟨Partikel⟩ *in zunehmendem Maße* ◆ immer **besser,** schlechter, höher, tiefer; seine Leistungen werden immer besser; es wurde immer **kälter;** immer **langsam!** *nur langsam, nicht so schnell!;* immer **mehr,** weniger ◆ immer **wenn** ...; **wie** immer *wie sonst, wie bisher, wie üblich;* nur immer **zu!** *nur weiter (so)!* ◆ ⟨verstärkend⟩ du kannst kommen, **wann** immer du willst; lass niemanden herein, **wer** (auch) immer es sein mag; ich halte zu dir, **wie** immer es auch gehen mag; er denkt an sie, **wo** immer er auch ist [< ahd. *iomer* „ferner, von jetzt an" < ahd. *io* ( → *je*) + *mer* ( → *mehr*)]

**immerfort** ⟨Adv. ⟩ *immerzu, ununterbrochen*

**immergrün** ⟨Adj.; Bot.⟩ *ständig grün bleibend, nicht abfallend, nicht die Blätter, Nadeln abwerfend* ◆ immergrüne Bäume, Pflanzen

**Immergrün** ⟨n. 11; Bot.⟩ **1** ▼ *Angehöriges einer Gattung der Hundsgiftgewächse mit kleiner, immergrüner Staude u. lederartigen Blättern: Vinca* **2** = *Efeu (1)*

**immerhin** ⟨Partikel⟩ *wenigstens, jedenfalls* ◆ immerhin! *besser als nichts*

**immerzu** ⟨Adv.; umg.⟩ *immerfort, dauernd, ständig*

IMMERGRÜN *(Vinca difformis)*

**Immigrant** ⟨m. 16⟩ = *Einwanderer;* Ggs *Emigrant* [< lat. *immigrans* „einwandernd", Part. Präs. zu *immigrare* „einwandern"]

**Immigration** ⟨f. 20⟩ = *Einwanderung;* Ggs *Emigration* [< lat. *immigratio* „Einwanderung"]

**immigrieren** ⟨V. i.; ist⟩ = *einwandern;* Ggs *emigrieren* [< lat. *immigrare* „einwandern"]

**Immission** ⟨f. 20⟩ **1** *Amtseinsetzung, Amtseinweisung* **2** *Einwirkung auf das benachbarte Grundstück (durch Rauch, Gas, Geruch o. Ä.)* **3** *Einwirkung von Schadstoffen auf die Umwelt* [< lat. *immissio* „das Hineinlassen"; zu *immittere* „hineinsenden, hineinlassen"]

**immobil** ⟨Adj.⟩ *unbeweglich;* Ggs *mobil (1)* [< lat. *immobilis* „unbeweglich"]

**Immobilien** ⟨Pl.⟩ *unbeweglicher Besitz, Grundbesitz, Liegenschaften* [→ *immobil*]

**Immortelle** ⟨f. 19; Bot.⟩ = *Strohblume* [frz.; fem. zu *immortel* „unsterblich"]

**immun** ⟨Adj.; bes. Med.⟩ *unempfänglich (gegen Krankheitserreger)* ⟨a. fig.⟩ ◆ Immunität genießend, unantastbar; dagegen bin ich immun ⟨fig.⟩ *das berührt, beeindruckt mich nicht* [< lat. *immunis* „frei, unberührt, rein" (eigtl. „frei von Leistungen")]

**Immunität** ⟨f. 20; unz.⟩ **1** ⟨bes. Med.⟩ *Unempfänglichkeit (gegen Krankheitserreger)* **2** ⟨Pol.; Rechtsw.⟩ *gesetzlicher Schutz für Parlamentsmitglieder u. Diplomaten vor Strafverfolgung* [< lat. *immunitas* „Freisein" (von Leistungen)]

**Immunkörper** ⟨m. 3; Pharm.⟩ = *Antikörper*

**Immunologie** ⟨f. 19; unz.⟩ *Lehre von der Immunität*

**Immunsystem** ⟨n. 11; Biol.⟩ *Abwehrsystem des Körpers*

**imp.** ⟨Abk. für lat.⟩ *imprimatur*

**Imp.** ⟨Abk. für lat.⟩ *Imperator*

**Imparität** ⟨f. 20; unz.⟩ *Ungleichheit;* Ggs *Parität (1)* [zu lat. *impar* „ungleich, ungerade"]

**imperativ** ⟨Adj.⟩ *befehls..., zwingend, bindend*

**Imperativ** ⟨m. 1; Gramm.⟩ *Verbform, die einen Befehl ausdrückt,* z. B. „geh!", „bleiben Sie!" ◆ kategorischer Imperativ ⟨in der Philosophie Kants⟩ *Pflichtgebot, moralische Forderung* [< lat. *(modus) imperativus* „Befehlsform" < *modus* „Art, Form" + *imperare* „befehlen"]

**Imperativsatz** ⟨m. 1u; Gramm.⟩ *Satz, in dem das Verb im Imperativ steht;* Sy *Befehlssatz*

**Imperator** ⟨m. 23; Abk.: Imp.; röm. Titel für⟩ *Feldherr u. Kaiser* ◆ Imperator Rex ⟨Abk.: I. R.⟩ *Kaiser u. König* [lat., „Gebieter, Feldherr, Kaiser"]

**Imperfekt** ⟨n. 11; Gramm.⟩ *erste od. unvollendete Vergangenheit, eine Zeitform des Verbs* [< lat. *imperfectum* „das Unvollendete"; zu *perficere* „vollenden"]

**imperial** ⟨Adj.⟩ **1** *zum Imperium, zum Imperator gehörend, auf ihnen beruhend, ihnen gemäß* **2** *kaiserlich* [< lat. *imperialis* „kaiserlich" < *imperator* „Kaiser", *imperium* „Befehl, Herrschaft, Staatsgewalt"]

**impertinent** ⟨Adj.; -er, am -esten⟩ *frech, ungehörig, unverschämt* ◆ eine impertinentes Frage; ein impertinenter Kerl [< spätlat. *impertinens* „nicht dazu gehörig" < lat. *in...* „un..." + *pertinere* „sich erstrecken, sich beziehen auf etwas"]

**Impetus** ⟨m.; -; unz.⟩ *Anstoß, heftiger Antrieb, Schwung, Ungestüm* [lat., „Ungestüm, Anlauf, Angriff"]

**impfen** ⟨V. t.; hat⟩ **1** ⟨urspr. nur Bot.⟩ *veredeln, pfropfen* **2** ⟨danach a. Med.⟩ jmdn. impfen *bei jmdm. eine Impfung vornehmen* [< ahd. *impfon,* engl. *imp* < lat. *imputare* „ein Pfropfreis einsetzen, veredeln"; im 18. Jh. in der jetzigen Bedeutung in die medizin. Fachsprache übernommen]

**Impfung** ⟨f. 20⟩ **1** ⟨Med.⟩ *das Einbringen von Impfstoff in den Körper eines Menschen, um Immunität gegen eine od. mehrere Krankheiten zu erzielen, Schutzimpfung* **2** ⟨Bot.⟩ *Aufbringen von Mikroben od. mikrobenverdächtigem Material auf einen Nährboden od. auf einen lebenden Organismus zum Zweck des Nachweises od. der Weiterzüchtung* **3** *Einbringen von Stickstoff erzeugenden Bakterien in den Boden, Bodenimpfung*

**Implantat** ⟨n. 11; Med.⟩ *künstliches Ersatzteil od. -stoff, das bzw. der in den menschlichen Körper eingesetzt wird, z. B. Zahn, Herzschrittmacher*

**Implikation** ⟨f. 20; unz.⟩ **1** *das Implizieren, Einbeziehung einer Sache in eine andere* **2** *logische Beziehung zwischen zwei Sachverhalten, von denen der eine den anderen in sich schließt od. schließen soll, „wenn ... so"-Beziehung*

**implizieren** ⟨V. t.; hat⟩ *mit einschließen, einbeziehen, einbegreifen, mit meinen* [< lat. *implicare* „hineinwickeln"]

**implodieren** ⟨V. i.; ist⟩ *durch Druck von außen eingedrückt werden;* Ggs *explodieren*

**Implosion** ⟨f. 20⟩ *Zerstörung eines Hohlkörpers, in dem verringerter Luftdruck herrscht, durch Druck von außen;* Ggs *Explosion* [< lat. *in...* „in, hinein" + lat. *explodere* „(Schauspieler) ausklatschen" (Gegenteil von *applaudere*); nach dem Muster von *Explosion* gebildet]

**imponieren** ⟨V. i.; hat⟩ *großen Eindruck machen, Achtung od. Bewunderung einflößen* [< lat. *imponere* „auflegen, auferlegen"]

**Import** ⟨m. 1⟩ = *Einfuhr;* Ggs *Export* [engl., „Einfuhr"; zu lat. *importare* „hineintragen"]

**Importeur** ⟨[-tøːr] m. 1⟩ *Kaufmann im Importhandel;* Ggs *Exporteur* ◆ er ist Importeur von Stoffen [an das Frz. angelehnte Bildung zu *Import* mit frz. Endung]

**importieren** ⟨V. t.; hat⟩ = *einführen* (Waren); Ggs *exportieren* ◆ sie importiert Schmuck [< lat. *importare* „hineintragen"]

**imposant** ⟨Adj.; -er, am -esten⟩ *mächtig, stattlich, groß u. eindrucksvoll* (Gebäude, Gestalt) [frz., „großartig, eindrucksvoll"]

**impotent** ⟨Adj.⟩ **1** *an Impotenz leidend, unfähig zum Geschlechtsverkehr* (Mann); Ggs *potent (3)* **2** *unfruchtbar, zeugungsunfähig;* Ggs *potent (2)* [< lat. *impotens* „ohne Macht, schwach"]

**Impotenz** ⟨f. 20; unz.⟩ **1** *Unfähigkeit (des Mannes) zum Geschlechtsverkehr: Impotentia coeundi;* Ggs *Potenz (I, 3)* **2** *Unfruchtbarkeit (des Mannes), Zeugungsunfähigkeit: Impotentia generandi;* Ggs *Potenz (I, 2)* **3** ⟨fig.⟩ *Unvermögen, Schwäche* [→ *impotent*]

**impr.** ⟨Abk. für lat.⟩ *imprimatur*

## IMPRESSIONISMUS

Der Impressionismus entwickelte sich im letzten Drittel des 19. Jh. in Paris und prägte zu Beginn besonders die Malerei. Viele bedeutende Vertreter wie Monet, Cézanne und Renoir malten nicht mehr im Atelier, sondern in der freien Natur, um ihre anregenden Farbreize einzufangen. Durch ihre schnelle Arbeitsweise mit lockeren Pinselstrichen konnten sie flüchtige „Impressionen“ und wechselnde Stimmungen festhalten.

*Die japanische Brücke, Harmonie in Grün* (1899), CLAUDE MONET

ZEITLEISTE

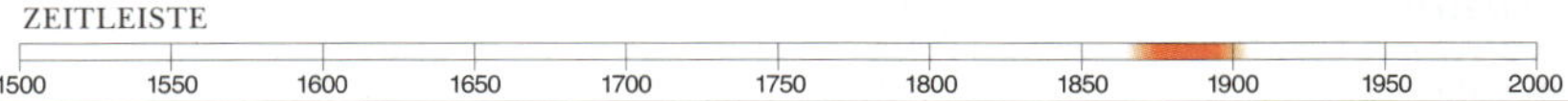


**imprägnieren** ⟨V. t.; hat⟩ **1** *mit Chemikalien als Schutzmittel tränken, z. B. Holz gegen Fäulnis, Gewebe, um sie wasserundurchlässig zu machen* **2** ⟨Med.⟩ *befruchten* ◆ imprägnierter Mantel [< lat. *impraegnare* „schwängern“ ⟨fig.⟩]

**Impresario** ⟨m. 6; Pl. a.: -sari⟩ *Theater- u. Konzertunternehmer, jmd., der für einen Künstler Konzerte, Gastspiele usw. arrangiert, die Verträge für ihn vorbereitet u. für den reibungslosen Ablauf sorgt* [< lat. *impressio* „Eindruck der Erscheinungen auf die Seele“ u. frz. *impression* „Eindruck“]

**Impression** ⟨f. 20⟩ *Eindruck, Empfindung, Sinneswahrnehmung* [< lat. *impressio* „Eindruck der Erscheinungen auf die Seele“ u. frz. *impression* „Eindruck“ ]

**Impressionismus** ⟨m.; -; unz.⟩ **1** ► *Ende des 19. Jh. in Frankreich entstandene Richtung der Malerei, die die Wirklichkeit so wiedergeben will, wie sie dem Künstler im Augenblick erscheint, gekennzeichnet durch feine Farbabstufungen, verwischte Konturen* **2** ⟨Lit.⟩ *die Wiedergabe von subjektiven Eindrücken, Seelenregungen u. Stimmungen durch feinste Abstufungen des Ausdrucks u. verfeinerte Ausdrucksmittel* (Lautmalerei, Bilder, Vergleiche usw.) **3** ⟨Mus.⟩ *Wiedergabe subjektiver Eindrücke u. Stimmungen durch differenzierte, von der ostasiatischen Musik beeinflusste Harmonik*

**Impressum** ⟨n.; -s, -pressen⟩ **1** *für Zeitungen u. Zeitschriften vorgeschriebener Vermerk mit dem Namen des verantwortl. Herausgebers, des Schriftleiters u. der Druckerei sowie Angaben über Erscheinungsweise, Verlagsort usw.* **2** *in Büchern Vermerk mit dem Copyright, Verlagsort u. meist Erscheinungsjahr, der Auflagenhöhe u. dem Namen der Druckerei* [lat., „das Hineingedrückte“, Part. Perf. zu *imprimere* „hineindrücken“]

**Imprimatur** ⟨n.; -s; unz.; Typ.; Abk.: imp.; impr.⟩ *Druckerlaubnis* ◆ das Imprimatur erteilen [< lat. *imprimatur* „es möge gedruckt werden“; zu *imprimere* „hineindrücken“]

**Improvisation** ⟨[-vi-] f. 20⟩ **1** *unvorbereitete Handlung, Behelfsmäßigkeit* **2** *etwas aus dem Stegreif Dargebotenes* (Rede, Gedicht, Musikstück, Witz usw.) [< ital. *improvvisazione* u. frz. *improvisation* „Stegreifvortrag“; → *improvisieren*]

**improvisieren** ⟨[-vi-] V.; hat⟩ **I** ⟨V. t.⟩ **1** *ohne Vorbereitung tun* **2** *aus dem Stegreif vortragen* ◆ einen Ausflug, improvisieren **II** ⟨V. i.; Theat.⟩ *etwas sprechen, einfügen, was nicht in der Rolle steht* [< ital. *improvvisare* u. frz. *improviser* „aus dem Stegreif sprechen, dichten oder singen“; zu lat. *improvisus* „nicht vorhergesehen, unvermutet“]

**Impuls** ⟨m. 1⟩ **1** *plötzlicher Antrieb, Anstoß, Anregung, Augenblicksentschluss* **2** ⟨Phys.⟩ *Bewegungsgröße eines Körpers, Produkt aus Masse u. Geschwindigkeit* **3** ⟨früher⟩ *Kraftstoß* **4** *kurzer elektrischer Spannungs- od. Stromstoß* ◆ einem Impuls folgen [< lat. *impulsus* „angestoßen, angetrieben“, Part. Perf. zu *impellere* „anstoßen, antreiben“]

**impulsiv** ⟨Adj.⟩ **1** *durch einen Impuls veranlasst* **2** *einem Impuls folgend, rasch handelnd* ◆ impulsives Handeln; ein impulsiver Mensch; jmdn. impulsiv in die Arme schließen [→ *Impuls*]

**imstande** ⟨Adv.⟩ oV *im Stande* ⟨meist in der Wendung⟩ imstande sein, etwas zu tun **1** *fähig sein, etwas zu tun* **2** *etwas vermögen, können* ◆ er ist imstande und erzählt es noch allen weiter *er bringt es fertig*

**in**[1] ⟨Präp.; mit Dat. auf die Frage: wo?, mit Akk. auf die Frage: wohin?⟩ **I** ⟨örtl.⟩ *an einer bestimmten Stelle, in Richtung auf* ⟨a. fig.⟩ ◆ in ihm haben wir viel gewonnen ⟨fig.⟩; Vertrauen in jmdn. setzen ⟨fig.⟩; tief in **Arbeit** stecken; in **Berlin;** in diesem **Buch;** in **Deutschland;** etwas in die **Hand** nehmen; Nachhilfestunden in **Mathematik;** in **Stand** halten = *instand halten;* in Stand setzen = *instand setzen;* im Stande = *imstande;* ins **Theater** gehen; im **Wald,** im Wasser; jmdm. ins **Wort** fallen ⟨fig.⟩; ins **Zimmer** kommen ◆ in Wahnsinn **verfallen** ⟨fig.⟩ **II** ⟨zeitl.⟩ **1** *während eines Zeitraums, auf einen Zeitraum zu* **2** *auf bestimmte Weise* **3** *in bestimmtem Zustand, bei bestimmtem Verhalten* ◆ im **Begriff** stehen zu; in aller **Eile;** in den **Ferien;** jmdm. in aller **Güte** etwas sagen; im **Jahre** 1962; ins sechzigste Jahr gehen; im vorigen Jahr; im **Mantel;** in der **Nacht;** in eigener **Person** *selbst;* im **Schritt,** Trab; in tiefer **Trauer,** Verzweiflung; im **Traum;** in kurzer **Zeit** **III** ⟨in festen präpositionalen Wendungen⟩ in **Anbetracht** dessen; in **Bezug** auf *bezüglich, betreffend, hinsichtlich;* in **Erwägung** ziehen; in **Frage** kommen; im **Hinblick** auf; in dieser **Hinsicht** [< ahd. *in,* engl. *in*]

**in**[2] ⟨Adv.; präd.⟩ *aktuell, modern* ◆ in sein *über alles Aktuelle, Modische Bescheid wissen, modern sein;* Ggs *out sein;* er ist in; diese Frisuren sind schon sehr lange nicht mehr in [engl., „darin, in“]

**in.** ⟨Abk. für engl.⟩ *inch*

**in...**[1], **In...**[1] ⟨vor b, m, p⟩ im..., Im..., ⟨vor l⟩ il..., Il..., ⟨vor r⟩ ir..., Ir... ⟨in Zus.⟩ *hinein, im Innern, ins Innere* [→ *in*[1]]

**in...**[2], **In...**[2] ⟨vor b, m, p⟩ im..., Im..., ⟨vor l⟩ il..., Il..., ⟨vor r⟩ ir..., Ir... ⟨in Zus. mit Fremdwörtern⟩ *un..., nicht,* z. B. inhuman, inkonsequent [< lat. *in...* „un..., nicht“]

**in absentia** ⟨[-tsia]⟩ *in Abwesenheit* ◆ jmdn. in absentia verurteilen [lat.]

**inadäquat** ⟨Adj.⟩ **1** *nicht passend* **2** *unangemessen, nicht entsprechend*

**in aeternum** ⟨[- ɛtɛr-] Adj.⟩ *in Ewigkeit, ewig, für immer* [lat.]

**inaktiv** ⟨Adj.⟩ **1** *untätig, unwirksam* **2** *im Ruhestand befindlich* (Beamter, Offizier) **3** *nicht zur Teilnahme an den Veranstaltungen eines Vereins verpflichtet* (Mitglied)

**Inbegriff** ⟨m. 1; unz.⟩ **1** *Gesamtheit* **2** *Summe der unter einen Begriff gefassten Einzelheiten* **3** *das Höchste* ◆ der Inbegriff alles Schönen, der Weisheit

**inbegriffen** ⟨Adj.⟩ *(mit) eingeschlossen, mitgerechnet, mitgezählt* ◆ alles inbegriffen; Nebenkosten sind nicht inbegriffen

**Inbrunst** ⟨f.; -; unz.⟩ **1** *innere Leidenschaft, alle Seelenkraft* **2** *leidenschaftl. Eifer* ◆ mit Inbrunst arbeiten, beten, flehen, Theater spielen [→ *Brunst*]

**inbrünstig** ⟨Adj.⟩ *mit Inbrunst (vorgebracht), leidenschaftlich*

I

**Inbusschlüssel** ⟨m. 5; Warenzeichen⟩ ▸ *hakenähnlicher, meist sechskantiger Schlüssel zum Festschrauben und Lockern von Inbusschrauben*

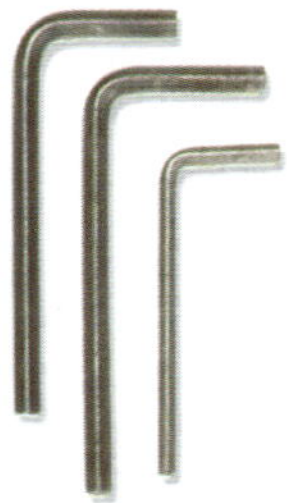

INBUS-SCHLÜSSEL

**I. N. C.** ⟨Abk. für lat.⟩ *in nomine Christi*

**Inch** ⟨[intʃ] m. od. n.; -, -es; bei Maßangaben Pl.: -; Abk.: in.; Zeichen: "⟩ *engl. Längenmaß, Zoll, 2,54 cm* [engl.]

**inchoativ** ⟨[-ko-] Adj.⟩ *den plötzlichen Beginn eines Vorgangs ausdrückend* (von Verben); Sy *ingressiv;* Ggs *egressiv*

**Ind.** ⟨Abk. für⟩ *Indikativ*

**I. N. D.** ⟨Abk. für lat.⟩ **1** *in nomine Dei* **2** *in nomini Domini*

**indefinit** ⟨Adj.; Sprachw.⟩ *unbestimmt* ◆ indefiniter Artikel [→ *Indefinitum*]

**Indefinitpronomen** ⟨n. 14; Pl. a.: -mina⟩, **Indefinitum** ⟨n.; -s, -nita; Gramm.⟩ *unbestimmtes Fürwort,* z. B. „jeder", „viele" [lat., „das Unbestimmte"; zu *definire* „bestimmen, abgrenzen"]

**indem** ⟨Konj.⟩ **I** ⟨instrumental⟩ *dadurch, dass* ◆ du kannst ihm eine Freude bereiten, indem du ihn auch einmal besuchst **II** ⟨temporal⟩ *während* ◆ indem er dies sagte, klingelte es **III** ⟨oft fälschlich für⟩ *indessen*

**Inder** ⟨m. 3⟩ *Einwohner von Indien*

**indes** ⟨Konj.⟩ = *indessen (II)*

**indessen** ⟨Konj.⟩ **I** ⟨unterordnend, temporal⟩ *währenddessen, unterdessen, inzwischen* ◆ indessen hatten sich schon alle erhoben **II** ⟨nebenordnend, adversativ⟩ *immerhin, allerdings, aber, doch;* Sy *indes*

**Index** ⟨m. 1 od. m.; -, -dizes/-dices⟩ **1** *Namen-, Sachverzeichnis, Register* **2** ⟨Math.⟩ *stat. Wertzahl, Messziffer* **3** ⟨kurz für⟩ Index librorum prohibitorum *Verzeichnis der von der kath. Kirche verbotenen Schriften* ◆ ein Buch, einen Film auf den Index setzen [lat., „Register, Verzeichnis"]

INDIGOPFLANZE
*(Indigofera decora)*

**indezent** ⟨Adj.; -er, am -esten⟩ *unfein, unfeinfühlig, unschicklich, unanständig, taktlos;* Ggs *dezent*

**Indianer** ⟨m. 3⟩ *Ureinwohner von Amerika (außer den Eskimos);* → a. *Indio*

**Indianersprache** ⟨f. 19⟩ *jede der Sprachen der Eingeborenen Amerikas, gekennzeichnet durch Verschmelzung von Subjekt, Objekt u. adverbialen Bestimmungen mit dem Verb*

**Indices** ⟨Pl. von⟩ *Index*

**indifferent** ⟨Adj.; -er, am -esten⟩ **1** *unbestimmt, auf keinen Reiz ansprechend* **2** *gleichgültig, teilnahmslos* [< lat. *indifferens* „keinen Unterschied habend" < lat. *in...* „nicht" + *differre* „sich unterscheiden"]

**Indigo** ⟨n. 15 od. m. 6; unz.⟩ *ältester blauer, lichtechter Küpenfarbstoff in verschiedenen trop. Pflanzen* [< span. *indigo* < lat. *indicum* < grch. *indikon* „das Indische"]

**Indigopflanze** ⟨f. 19; Bot.⟩ ▲ *Angehörige einer den Farbstoff Indigo liefernden Gattung von Schmetterlingsblütlern in wärmeren Zonen: Indigofera*

**Indikation** ⟨f. 20; Med.⟩ **1** *Anzeichen, Merkmal, Heilanzeige, aus der Diagnose sich ergebende Veranlassung, ein bestimmtes Heilverfahren anzuwenden* **2** *(gesetzlicher) Grund, einen Schwangerschaftsabbruch durchzuführen* ◆ soziale, medizinische, ethische Indikation [< lat. *indicatio* „Anzeige, Aussage"]

**Indikativ** ⟨m. 1; Gramm.; Abk.: Ind.⟩ = *Wirklichkeitsform* [< lat. *(modus) indicativus* „anzeigende Form" < *modus* „Art, Form" + *indicare* „anzeigen"]

**Indikator** ⟨m. 23⟩ **1** ⟨Chem.⟩ *Stoff, der durch Farbänderung anzeigt, ob eine Lösung alkalisch, neutral od. sauer reagiert* **2** ⟨Tech.⟩ *Instrument zum Messen des Druckverlaufs von Dampf, Gas od. Flüssigkeiten in einem Zylinder* ◆ radioaktiver Indikator *künstlich radioaktiver Stoff, der es ermöglicht, Stoffwechselvorgänge in tierischen od. pflanzlichen Organismen zu beobachten* [< lat. *indicator*]

**Indikatorpapier** ⟨n. 11; unz.; Chem.⟩ ▸ *mit einem Indikator getränktes Papier zum Bestimmen des Säure- od. Basengrades einer Lösung* [< lat. *indicator*]

**Indio** ⟨m. 6; span. Bez. für⟩ *mittel- u. südamerik. Indianer*

**indirekt** ⟨Adj.⟩ Ggs *direkt* **1** *abhängig* **2** *mittelbar, auf Umwegen* ◆ indirekte Beleuchtung *Beleuchtung mit unsichtbarer (verdeckter) Lichtquelle;* indirekter Druck *Druck von einer Form mit seitenrichtigem Bild auf einen Gummizylinder, der das seitenverkehrte Motiv seitenrichtig auf den Druckträger überträgt;* ⟨Gramm.⟩ indirekte Rede *nicht (unbedingt) wörtliche, nur dem Sinn nach wiedergegebene Rede;* Ggs *direkte Rede;* indirekte Steuer *vom Staat erhobener Aufschlag auf bestimmte Waren* (Getränke-, Tabak-, Umsatz-, Vergnügungssteuer, Zölle); indirekte Wahl ⟨Pol.⟩ *Wahl des Abgeordneten durch Mittelspersonen*

**indisch** ⟨Adj.⟩ *Indien betreffend, dazu gehörig, aus Indien stammend* ◆ Indischer Hanf *ein Hanfgewächs, das wertvolle Fasern, ölreiche Samen u. im Harz u. Extrakt das Betäubungsmittel Haschisch liefert: Cannabis sativa var. indica;* indische Sprachen *die in Indien gesprochenen Sprachen mit den Hauptgruppen der indoar., drawid. u. Mundasprachen;* indische Vogelnester *aus dem Speichel von Salanganen gebaute Nester, gekocht in ostasiat. Ländern als Leckerbissen*

**indiskret** ⟨Adj.; -er, am -esten⟩ Ggs *diskret* **1** *nicht verschwiegen* **2** *neugierig, taktlos*

**Indiskretion** ⟨f. 20⟩ Ggs *Diskretion* **1** *Mangel an Verschwiegenheit* **2** *Neugierde, Taktlosigkeit* ◆ eine Indiskretion begehen

**indisponiert** ⟨Adj.⟩ *unpässlich, nicht gut aufgelegt, in schlechter Verfassung (bes. stimmlich)* ◆ der Sänger ist indisponiert

**individual..., Individual...** ⟨[-vi-] in Zus.⟩ *das Individuum, das Einzelwesen betreffend* [→ *Individuum*]

**individualisieren** ⟨[-vi-] V. t.; hat⟩ *Allgemeines in Einzelnes sondern;* Ggs *generalisieren* ◆ den Menschen individualisieren *als Einzelwesen betrachten, behandeln;* eine Sache individualisieren *ihr als Einzelfall gerecht werden* [→ *Individuum*]

**Individualismus** ⟨[-vi-] m.; -; unz.⟩ **1** *Lehre, die dem Einzelwesen in der Gemeinschaft den Vorrang gibt* **2** *Betonung der Interessen des Einzelnen* **3** *Vertretung der eigenen Interessen*

INDIKATOR-PAPIER

**individuell** ⟨[-vi-] Adj.⟩ **1** *das Individuum betreffend, zu ihm gehörig* **2** *eigentümlich, der Eigenart des Einzelnen entsprechend* **3** *persönlich* ◆ individuelle Bedienung, Behandlung, Serviceleistung; das ist individuell sehr verschieden [< frz. *individuel;* → *Individuum*]

**Individuum** ⟨[-vi:-] n.; -s, -duen⟩ **1** = *Einzelwesen* **2** ⟨umg.; verächtl.⟩ *unbekannte Person, Kerl, Lump* [zu lat. *individuus* „unteilbar" < *in...* „nicht" + *dividere* „teilen"]

**Indiz** ⟨n.; -es, -ien⟩ *Tatsache, die auf das Vorhandensein einer anderen schließen lässt, verdächtiger Umstand, Grund zu Verdacht* ◆ für eine Verurteilung reichten die Indizien nicht aus [< lat. *indicium* „Anzeichen, Beweis"]

**indizieren** ⟨V. t.; hat⟩ etwas indizieren **1** *anzeigen, auf etwas hinweisen* **2** *ratsam erscheinen lassen* **3** *auf den Index setzen* ◆ ein Krankheitssymptom indiziert eine bestimmte Therapie [→ *Indiz*]

**indiziert** ⟨Adj.⟩ **1** *angezeigt, ratsam, Veranlassung gebend* **2** ⟨Med.⟩ *eine bestimmte Heilbehandlung veranlassend* ◆ indizierte Leistung ⟨Tech.⟩ *Leistung einer Maschine im Innern, z. B. im Kolben einer Verbrennungskraftmaschine;* Ggs *effektive Leistung*

**Indoeuropäer** ⟨m. 3⟩ = *Indogermane*

**indoeuropäisch** ⟨Adj.⟩ *von den Indoeuropäern stammend, zu ihnen gehörend* ◆ indoeuropäische Sprachen = *indogerman. Sprachen* [Bez., mit der man der geograph. Verbreitung ihrer Träger, von den Indern bis zu den Kelten in Nordwesteuropa, gerecht werden wollte]

**Indogermane** ⟨m. 17⟩ *Angehöriger der Völker, deren Sprachen zur indogerman. Sprachfamilie gehören;* Sy *Indoeuropäer*

**indogermanisch** ⟨Adj.; Abk.: idg.; Sprachw.⟩ *zu den Indogermanen gehörig, von ihnen stammend* ◆ indogermanische Sprachen *aus einer nicht überlieferten Ursprache entstandene, von Indien über Westasien bis Europa verbreitete Sprachfamilie;* Sy *indoeuropäische Sprachen*

**indoktrinieren** ⟨V. t.; hat⟩ *ideologisch durchdringen, beeinflussen*

## INDUKTION

Wenn sich ein Magnet in einer Drahtspule hin und her bewegt, wird in diesem Draht ein elektrischer Stromfluss erzeugt. Dessen Stärke hängt von der Bewegungsgeschwindigkeit, der Stärke des Magneten und der Anzahl der Wicklungen der Drahtspule ab.

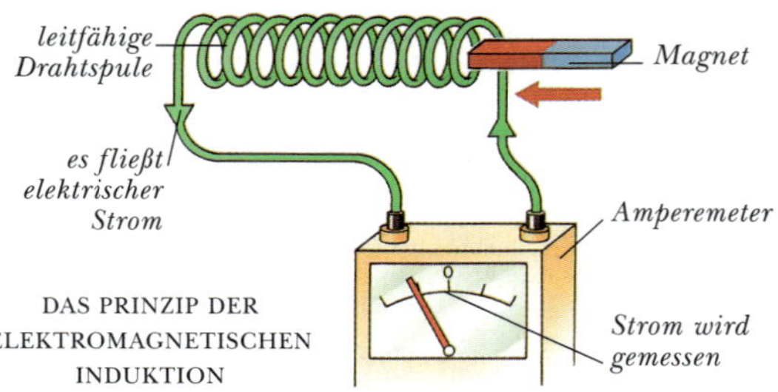


DAS PRINZIP DER ELEKTROMAGNETISCHEN INDUKTION

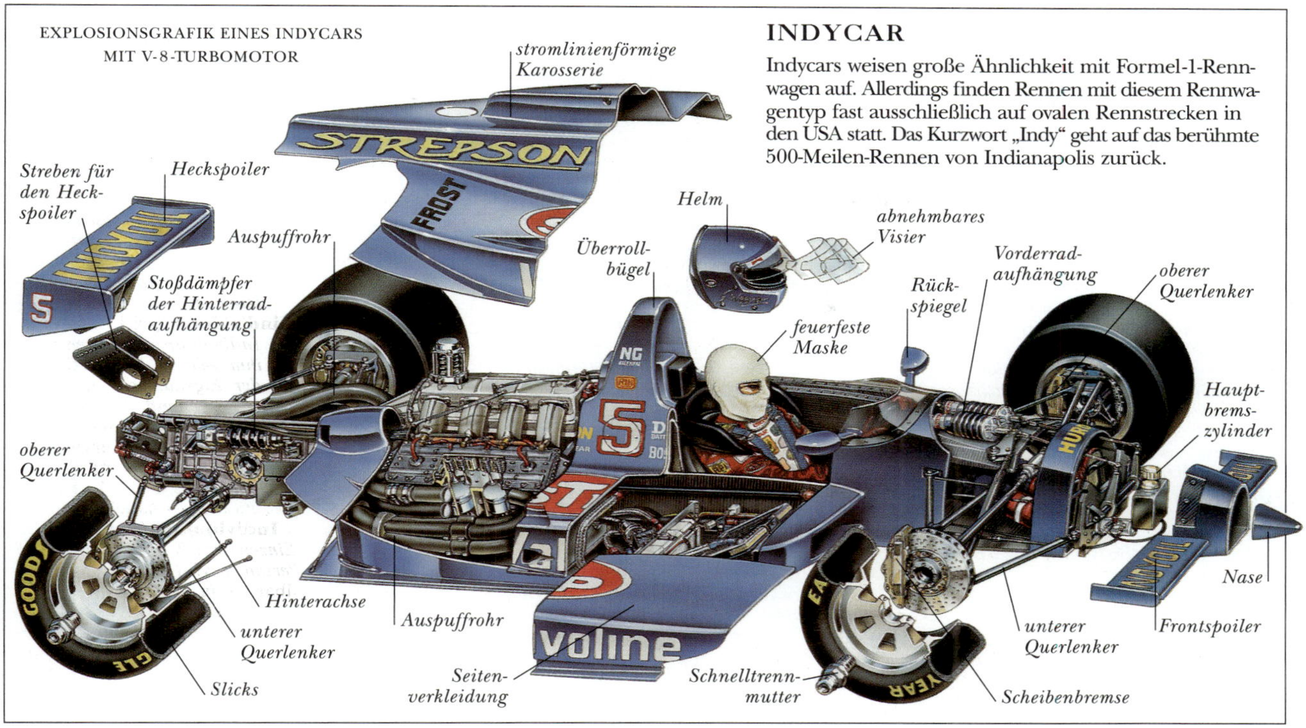


## INDYCAR

Indycars weisen große Ähnlichkeit mit Formel-1-Rennwagen auf. Allerdings finden Rennen mit diesem Rennwagentyp fast ausschließlich auf ovalen Rennstrecken in den USA statt. Das Kurzwort „Indy" geht auf das berühmte 500-Meilen-Rennen von Indianapolis zurück.

**Indologie** ⟨f. 19; unz.⟩ *Wissenschaft von den indischen Sprachen u. Kulturen* [< lat. *India* „Indien" + grch. *logos* „Kunde"]

**indonesisch** ⟨Adj.⟩ *Indonesien betreffend, zu ihm gehörend, daraus stammend* ◆ indonesische Sprachen *die in Indonesien u. Madagaskar gesprochenen, zur austronesischen Sprachfamilie gehörenden Sprachen*

**Indossament** ⟨n. 11; Bankw.⟩ Sy *Giro (2)* **1** *Übertragung der Rechte an einem Wechsel o. Ä. an einen anderen* **2** *der Übertragungsvermerk selbst* [→ *indossieren*]

**indossieren** ⟨V. t.; hat; Bankw.⟩ einen Wechsel indossieren *die Rechte an einem Wechsel auf jmdn. übertragen* [< ital. *indossare* < *in* „in, auf" + *dosso* „Rücken"]

**Induktion** ⟨f. 20⟩ **1** ⟨Philos.⟩ *Schlussfolgerung vom Besonderen, vom Einzelfall, auf das Allgemeine;* Ggs *Deduktion* **2** ⟨El.⟩ ◄ *die Verknüpfung zeitlich veränderlicher elektrischer u. magnet. Felder, die durch die relative Bewegung eines elektrischen Leiters in einem Magnetfeld od. durch die zeitliche Änderung des Magnetfeldes entstehen* ◆ vollständige Induktion ⟨Math.⟩ *Schluss von n auf n + 1; ist eine Behauptung, in der eine veränderl. positive ganze Zahl n vorkommt, für einen bestimmten Wert $n_0$ richtig u. gilt sie, falls für n, auch für n + 1, so ist sie auch für alle größeren Werte von n als $n_0$ richtig* [< lat. *inductio* „das Hineinführen"; zu *inducere* „hineinführen"]

**induktiv** ⟨Adj.⟩ **1** ⟨Philos.⟩ *durch Induktion gewonnen;* Ggs *deduktiv* **2** ⟨El.⟩ *durch elektr. Induktion entstehend* ◆ induktiver Widerstand *durch ständigen Auf- u. Abbau des Magnetfeldes bedingter W. im Wechselstromkreis* [→ *Induktion*]

**industrialisieren** ⟨V. t.; hat⟩ ein Land industrialisieren *die Industrie in einem Land entwickeln, industrielle Herstellungsmethoden dort einführen*

**Industrie** ⟨f. 19⟩ **1** *Massenherstellung von Waren mit techn. Mitteln u. aufgrund von Arbeitsteilung in Großbetrieben* (Fabrikindustrie) *od. in Heimarbeit* (Heimindustrie, Hausindustrie) **2** *die Gesamtheit der Fabrikbetriebe* (Metallindustrie, Textilindustrie) ◆ die chemische, einheimische, keramische, weiterverarbeitende Industrie [< frz. *industrie* < lat. *industria* „Fleiß, Betriebsamkeit"]

**Industriegewerkschaft** ⟨f. 20; Abk.: IG⟩ *Gewerkschaftsverband eines Zweiges der Industrie* ◆ Industriegewerkschaft Medien, Metall

**industriell** ⟨Adj.⟩ *die Industrie betreffend, zu ihr gehörig, mithilfe der Industrie (hergestellt)* [< frz. *industriel;* → *Industrie* ]

**Industriestaat** ⟨m. 23⟩ *Staat, in dessen Wirtschaft die Industrie vorherrscht;* Ggs *Agrarstaat*

**induzieren** ⟨V. t.; hat⟩ **1** *vom Einzelfall auf das Allgemeine schließen* **2** *durch Induktion erzeugen (elektr. Strom)* [< lat. *inducere* „hineinführen, hineinleiten"]

**Indycar** ⟨['indika:(r)] n. 15; Motorsp.⟩ ▲ *ein der Formel 1 vergleichbares, im Automobilsport in den USA eingesetztes Rennfahrzeug* [< engl. *Indy* (verkürzt < *Indianapolis*) + *car* „Wagen"]

**ineffektiv** ⟨Adj.⟩ *unwirksam, frucht-, nutzlos;* Ggs *effektiv* [< lat. *in...* „un..." + *efficere* „bewirken"; → *effektiv*]

**Ineffektivität** ⟨[-vi-] f.; -; unz.⟩ *Unwirksamkeit, Nutzlosigkeit;* Ggs *Effektivität*

**ineffizient** ⟨Adj.; geh.⟩ Ggs *effizient* **1** *nicht wirksam, nicht wirkungsvoll* **2** *unwirtschaftlich* [<*in...*[2] + *effizient*]

**Ineffizienz** ⟨f. 20; unz.⟩ **1** *Unwirksamkeit* **2** *Unwirtschaftlichkeit;* Ggs *Effizienz*

**ineinander** ⟨Adv.⟩ *eins in das andere (hinein), eins im anderen* ◆ sich ineinander verlieben

**inexistent** ⟨Adj.⟩ *nicht vorhanden;* Ggs *existent* ◆ du bist für mich inexistent! [lat.]

**in extenso** *ausführlich, vollständig* [lat., „in ausgedehnter (Weise)"]

**Inf.** ⟨Mil.; Abk. für⟩ *Infanterie*

**infam** ⟨Adj.⟩ *niederträchtig, abscheulich, gemein* ◆ eine infame Lüge [< lat. *infamis* „verrufen"]

**Infanterie** ⟨f. 19; unz.; Abk.: Inf.; Mil.⟩ *Gesamtheit der Soldaten zu Fuß, Fußtruppe, Fußvolk* [< ital. *infanteria,* Kollektivbildung zu *infante* „Fußsoldat" < lat. *infans* „Kind"]

**Infanterist** ⟨m. 16; Mil.⟩ ▼ *Soldat der Infanterie, Fußsoldat*

**infantil** ⟨Adj.⟩ **1** *kindlich* **2** *kindisch, zurückgeblieben, unentwickelt* ◆ sein infantiles Gerede ist schwer zu ertragen [< lat. *infantilis* „kindlich"; zu *infans* „Kind"]

**Infekt** ⟨m. 1⟩ **1** *vollzogene Ansteckung* **2** *ansteckende Krankheit* **3** *Infektion* ◆ einen Infekt in sich haben, tragen; ein grippaler Infekt [< lat. *infectum,* Part. Perf. zu *inficere* „vergiften, verderben, anstecken"]

**Infektion** ⟨f. 20⟩ = *Ansteckung* [< spätlat. *infectio;* → *Infekt*]

INFANTERIST FÜR DEN WÜSTENKAMPF
IN AMERIKANISCHER UNIFORM

I

**Inferenz** ⟨f. 20⟩ *Wissen, das durch logische Schlussfolgerungen gewonnen wurde* [zu lat. *inferre* „einbringen, beitragen, folgern"]

**Inferno** ⟨n. 15; unz.⟩ *Hölle, Unterwelt* [ital., „Hölle" < lat. *infernum* „das Untere, Unterwelt"]

**infertil** ⟨Adj.⟩ *unfruchtbar;* Ggs *fertil*

**Infertilität** ⟨f.; -; unz.⟩ Ggs *Fertilität* **1** *Unfruchtbarkeit* **2** *Unfähigkeit, ein lebensfähiges Kind auszutragen*

**infiltrieren** ⟨V.; hat⟩ **I** ⟨V. i.⟩ *eindringen, einsickern* **II** ⟨V. t.⟩ **1** jmdm. etwas infiltrieren *einflößen* **2** fremdes Staatsgebiet infiltrieren *dort eindringen u. es politisch beeinflussen, unterwandern* **3** etwas infiltrieren ⟨Med.⟩ *eine Infiltration in etwas hervorrufen* ◆ infiltrierendes Wachstum *schrankenloses Wachstum bösartiger Geschwülste, indem die Geschwulstzellen in das gesunde Nachbargewebe einwachsen* [< lat. *in...* „hinein" + *filtrieren*]

**infinit** ⟨Adj.; Gramm.⟩ **1** *unbestimmt;* Ggs *finit* **2** infinite Verbform *nicht konjugierte Verbform,* z. B. der Infinitiv

**Infinitiv** ⟨m. 1; Gramm.⟩ *Ausgangsform des Verbs, aus der sich weitere ableiten lassen;* Sy *Grundform (3)* [< lat. *(modus) infinitivus* „nicht näher bestimmte Zeitwortform" < *modus* „Art, Form" + *finire* „bestimmen"]

**infizieren** ⟨V. t.; hat⟩ **1** jmdn. infizieren *jmdn. anstecken, eine Infektion bei jmdm. hervorrufen* **2** etwas infizieren *mit Krankheitserregern verseuchen* [< lat. *inficere* „vergiften, verderben, anstecken", eigtl. „hineintun"]

**in flagranti** ⟨Adv.⟩ *auf frischer Tat* ◆ jmdn. in flagranti ertappen [lat., „im brennenden (Zustand)"]

**Inflation** ⟨f. 20⟩ *Entwertung des Geldes durch starke Ausweitung des Geldumlaufs ohne entsprechende Erhöhung der Produktion;* Sy *Geldentwertung;* Ggs *Deflation* ◆ die Inflation eindämmen [< lat. *inflatio* „Anschwellung, Aufblähung"]

**inflexibel** ⟨Adj.⟩ Ggs *flexibel* **1** *nicht biegbar, nicht biegsam, unveränderlich* **2** ⟨Gramm.⟩ *nicht beugbar*

**Infloreszenz** ⟨f. 20⟩ ► = *Blütenstand* [zu lat. *inflorescere* „anfangen zu blühen"; zu *flos* „Blume, Blüte"]

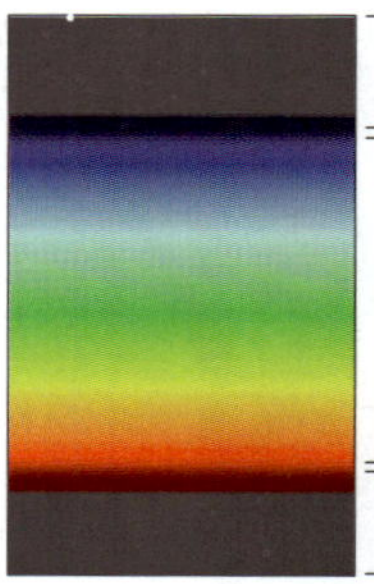


INFRAROT: INFRAROTSTRAHLUNG IM ELEKTROMAGNETISCHEN SPEKTRUM

**Influenza** ⟨f. 10; unz.; Med.⟩ = *echte → Grippe (1)* [< ital. *influenza* „Beeinflussung" (der Sterne, nach einem Aberglauben); zu lat. *influere* „hineinfließen"]

**infolge** ⟨Präp. m. Gen.⟩ *als Folge, Folgerung, Wirkung von, wegen* ◆ infolge eines Unfalls war die Straße gesperrt; ⟨ohne Genitiv-s, wenn das folgende Subst. ohne Art. steht⟩ infolge Vertragsabschluss; infolge von Straßenglätte

**infolgedessen** ⟨Konj.⟩ *als Folge davon, daher, deshalb, deswegen* ◆ die Straße war wegen eines Unfalls gesperrt, infolgedessen mussten wir einen Umweg machen

**Infoline** ⟨[-lain] f. 10⟩ *Telefonservice von Firmen, Instituten u. Initiativen, bei dem sich Anrufer über Produkte, Aufgaben od. Ziele eines Anbieters informieren können;* → a. *Hotline* [verkürzt < engl. *info* rmation „Auskunft, Information" + telephone*line* „Telefonverbindung"]

**Informand** ⟨m. 16⟩ *jmd., der von einem anderen über etwas informiert werden soll od. worden ist* [→ *informieren*]

**Informant** ⟨m. 16⟩ *jmd., der einen anderen informiert*

**Informatik** ⟨f. 20; unz.⟩ **1** *Lehre, die sich mit den Gesetzen der Übermittlung u. Verarbeitung von Informationen befasst* **2** ⟨BRD⟩ *Wissenschaft u. Technik zur Entwicklung u. zur Anwendung von Anlagen der EDV*

**Information** ⟨f. 20⟩ **1** *Auskunft, Nachricht* **2** *Aufklärung, Belehrung* **3** ⟨Kybernetik⟩ *räumliche od. zeitliche Folge von physikal. Signalen* ◆ Informationen ausgeben, austeilen, erteilen, weitergeben; Informationen einholen, empfangen, erhalten, sammeln [< lat. *informatio* „Formung, Bildung durch Unterweisung"; → *informieren*]

**informell** ⟨Adj.⟩ *nicht formell, ohne Formalitäten* ◆ informelle Gruppe ⟨Soziol.⟩ *Gruppe, deren Zusammengehörigkeit durch zufällige Gemeinsamkeiten bewirkt wird, z. B. Wohnungsnachbarschaft;* informelle Malerei *frei von geometr. u. kompositor. Regeln arbeitende Richtung der Malerei*

**informieren** ⟨V.; hat⟩ **I** ⟨V. t.⟩ jmdn. informieren **1** *jmdm. Auskunft erteilen, jmdn. benachrichtigen* **2** *aufklären, belehren* **II** ⟨V. refl.⟩ sich über etwas informieren *sich unterrichten, Erkundigungen über etwas einziehen* [< lat. *informare* „formen, eine Gestalt geben, durch Unterweisung bilden" < lat. *in...* „hinein..." + *forma* „Gestalt"]

**Infotainment** ⟨[-tɛin-] n. 15; Rundfunk, TV⟩ *Mischung aus informativen u. unterhaltenden Beiträgen;* → a. *Entertainment* [verkürzt < *Information* + Enter*tainment*]

**infra..., Infra...** ⟨Vors.⟩ *unterhalb* [lat.]

**infrage** ⟨Adv.⟩ etwas infrage stellen *bezweifeln;* oV *in Frage*

**infrarot** ⟨Adj.⟩ *zum Bereich des Infrarots gehörend;* Sy *ultrarot* ◆ infrarote Strahlen

**Infrarot** ⟨n.; -s; unz.⟩ ◄ *die nicht sichtbaren Wärmestrahlen unterhalb des Bereiches der roten Strahlen im Spektrum;* Sy *Ultrarot* [< lat. *infra* „unter, unterhalb" + *rot*]

**Infrastruktur** ⟨f. 20⟩ *alle für die Wirtschaft u. Daseinsfürsorge eines Landes notwendigen Einrichtungen u. Anlagen, die nur mittelbar der Produktion dienen, z. B. Straßen, Anlagen zur Energieversorgung, Kanalisation*

**Infusion** ⟨f. 20⟩ *das Einführen größerer Flüssigkeitsmengen in den Körper mit Hohlnadeln* [< lat. *infusio* „Aufguss"; zu *infundere* „aufgießen"]

**Ing.** ⟨Abk. für⟩ *Ingenieur*

**Ingenieur** ⟨[inʒən'jøːr] m. 1; Abk.: Ing.⟩ *Techniker mit Ausbildung an einer Hochschule* (Dipl.-Ing. (TH)) *oder Fachhochschule* (Dipl.-Ing. (FH)) [frz., „Ingenieur", bis ins 18. Jh. in der Bed. „Kriegsbaumeister"; zu lat. *ingenium* „Scharfsinn", mlat. a. „Kriegsgerät, Kriegsmaschine"]

**Ingot** ⟨['iŋgɔt] m. 6⟩ *Metallbarren zum Einschmelzen od. Walzen* [engl.]

**Ingrediens** ⟨n.; -, -dienzien; meist Pl.⟩, **Ingredienz** ⟨f. 20; meist Pl.⟩ **1** *Zutat* **2** *Bestandteil* (einer Mischung, bes. Arznei) [< lat. *ingredientia* „das Hinzukommende"; zu *ingredi* „hineingehen"]

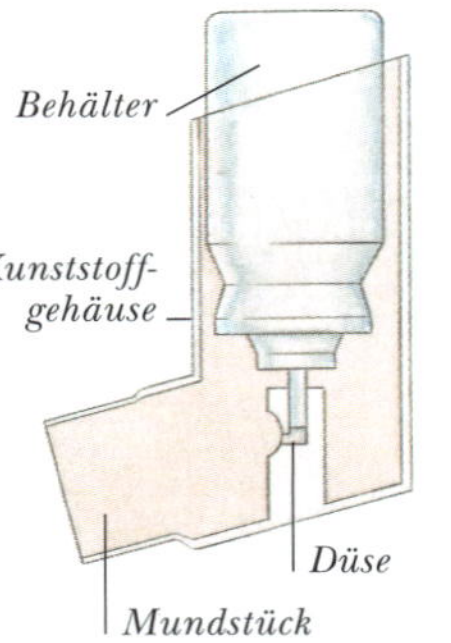


INHALATOR

**ingressiv** ⟨Adj.⟩ = *inchoativ;* Ggs *egressiv*

**Ingrimm** ⟨m.; -(e)s; unz.⟩ *unterdrückter, verbissener Zorn* [< *in* + *Grimm*]

**Ingwer** ⟨m. 3; unz.⟩ **1** *Angehöriger einer südasiat. Gattung der Ingwergewächse: Zingiber* **2** *die als Gewürz verwendete Wurzel* [< *ingeber, ingewer* (um 1200) < *ginginber(o)* (11. Jh.), afrz. *gingebre* < spätgrch. *zingiberis* < prakrit. *singabera* < altind. *srngavera* „hornartig" (nach seinen Wurzeln)]

**Inh.** ⟨Abk. für⟩ *Inhaber*

**Inhaber** ⟨m. 3; Abk.: Inh.⟩ *jmd., der die Gewalt über eine Sache hat, ohne ihr Eigentümer sein zu müssen* ◆ der Inhaber einer Auszeichnung

**inhaftieren** ⟨V. t.; hat⟩ *in Haft nehmen, verhaften, einsperren*

**Inhalator** ⟨m. 23⟩ ▲ *Gerät zum Inhalieren*

**inhalieren** ⟨V. t.; hat⟩ *(zu Heilzwecken) einatmen* (Dämpfe, Gase) [< lat. *inhalare* „einhauchen"]

**Inhalt** ⟨m. 1⟩ **1** *etwas, das von einer Form umschlossen ist* **2** ⟨fig.⟩ *Gehalt, Mitgeteiltes, Dargebotenes, Dargestelltes, Summe der Merkmale (eines Begriffs)* **3** ⟨Math.⟩ *in Flächen- od. Raummaßen ausgedrückte Größe* ◆ der Inhalt eines **Begriffes,** Briefes, Vortrags; den Inhalt eines **Buches,** eines Films, eines Theaterstückes erzählen; der Inhalt einer **Flasche,** Konservendose, Tasche ◆ der Inhalt beträgt nur fünf Liter ◆ ein Leben ohne Inhalt ⟨fig.⟩ *ohne Sinn, ohne Ziel*

**inhaltlich** ⟨Adj.⟩ *den Inhalt betreffend* ◆ inhaltlich ist der Roman gut

**inhärent** ⟨Adj.⟩ *innewohnend, anhaftend* [< lat. *inhaerens* „in od. an etwas hängend, festsitzend"; zu *inhaerere* „an od. in etwas hängen, festsitzen"]

**inhomogen** ⟨[-geːn] Adj.⟩ = *heterogen;* Ggs *homogen*

**inhuman** ⟨Adj.⟩ Ggs *human* **1** *unmenschlich, menschenunwürdig* **2** *rücksichtslos, hartherzig*

**Initial** ⟨[-tsjaːl] m. 1⟩ = *Initiale*

**Initiale** ⟨[-tsjaː-] f. 19⟩ *großer Anfangsbuchstabe (in Büchern des MA stark hervorgehoben u. reich verziert);* oV *Initial* [< lat. *initialis* „anfänglich, am Anfang stehend"]

**Initialisierung** ⟨[-tsjaːli-] f. 20; EDV⟩ **1** *Vorbereitung einer Diskette od. einer CD-ROM für die Benutzung mit einem Betriebssystem* **2** *Herstellung eines bestimmten Ausgangszustandes der Hard- u. Software eines Computers beim Starten*

**Initialwort** ⟨[-tsjaː-] n. 12u⟩ = *Akronym*

**Initiation** ⟨[-tsja-] f. 20⟩ **1** *Einweihung* **2** *Aufnahme in einen Geheimbund* **3** ⟨bei Naturvölkern⟩ *feierl. Aufnahme der mannbaren Jugendlichen in die Gemeinschaft der Erwachsenen* [zu lat. *initiare* „den Anfang machen, einführen, einweihen"]

**initiativ** ⟨[-tsja-] Adj.⟩ **1** *die Initiative ergreifend, den Anstoß gebend* **2** *Initiative besitzend* [zu lat. *initiare* „den Anfang machen, einführen, einweihen"; zu *initium* „Anfang"]

**Initiative** ⟨[-tsja-] f. 19⟩ **I** ⟨unz.⟩ **1** *Entschlusskraft, Unternehmungsgeist* **2** *der erste Schritt zu einer Handlung, Fähigkeit, aus eigenem Antrieb zu handeln* ◆ die Initiative **ergreifen;** er **hat** (keine) Initiative ◆ **auf** Initiative des Abteilungsleiters; **aus** eigener Initiative handeln; **durch** die Initiative des Abteilungsleiters **II** ⟨zählb.⟩ **1** *lockere (private) Vereinigung zur Durchsetzung bestimmter Forderungen* (Bürgerinitiative, Elterninitiative) **2** ⟨schweiz.⟩ *Volksbegehren* [→ *initiativ*]

**initiieren** ⟨[-tsii:-] V. t.; hat⟩ **1** *den Anstoß geben für, in die Wege leiten* **2** *einweihen, in eine Gemeinschaft, einen Bund aufnehmen, in ein Amt einführen* ◆ ein Fest initiieren [< lat. *initiare* „den Anfang machen, einführen, einweihen"]

**Injektion** ⟨f. 20⟩ **1** ⟨Geol.⟩ *Einschub von Magma in Spalten u. Hohlräume der Erdkruste* **2** ⟨Bauw.⟩ *Einspritzen von flüssigem Beton unter hohem Druck zum Ausbessern von Rissen im Bauwerk oder zum Verbessern des Baugrundes* [< lat. *iniectio* „das Hineinwerfen, Hineintun"]

**Injuriat** ⟨m. 16.⟩ *Beleidigter* [< lat. *iniurians* „gewalttätig behandelnd", Part. Präs. zu *iniuriare* „gewalttätig behandeln"]

**Injurie** ⟨[-riə] f. 19; Rechtsw.⟩ *Beleidigung* [< lat. *iniuria* „Unrecht, Rechtsverletzung"]

**Inka** ⟨m. 6 od. m.; -, -⟩ **1** *Angehöriger eines altperuan. Volksstammes* **2** ⟨später⟩ *Angehöriger des Adels im vorkolumbischen Peru* **3** *Herrscher des Inkareiches* [indian., „Herr"]

**Inkarnation** ⟨f. 20⟩ **1** ⟨Theol.⟩ *Fleischwerdung, Menschwerdung (Christi)* **2** *Verkörperung (von etwas Geistigem)* [< lat. *incarnatio* „Fleischwerdung"]

## INKOHLUNG

Wenn Lebewesen kurz nach ihrem Tod von Sedimentschichten bedeckt werden, bleiben sie vom Luftsauerstoff abgeschlossen und können nicht verwesen. Im Lauf der Jahrtausende und Jahrmillionen können daraus fossile Brennstoffe entstehen. Die Entwicklung zur Steinkohle, die Inkohlung, führt dabei über Torf und Braunkohle. Erdöl und Erdgas sind vorwiegend aus maritimem Plankton entstanden.

BILDUNG VON KOHLE

**Inkasso** ⟨n. 15; Pl.: -kassi; österr.⟩ *das Einziehen von Außenständen* [zu ital. *incassare* „einkassieren", eigtl. „in einen Kasten bringen"; zu *cassa* „Kasten"]

**Inkassobüro** ⟨n. 15; Wirtsch.⟩ *Unternehmen, das im Auftrag von Dritten Geldforderungen einzieht*

**inkl.** ⟨Abk. für⟩ *inklusive*

**inklinieren** ⟨V. i.; hat⟩ **1** *neigen (zu), einen Hang haben (zu)* **2** *geneigt sein (gegen)* [< lat. *inclinare* „neigen, ab- od. hinlenken"]

INKUNABEL: ENGLISCHE INKUNABEL DES 15. JH.

**inklusive** ⟨Präp. m. Gen.; Abk.: inkl.⟩ *einschließlich, eingeschlossen;* Ggs *exklusive* ◆ inklusive des Bearbeitungshonorars; ⟨ohne Genitiv-s, wenn das folgende Subst. ohne Art. steht⟩ inklusive Trinkgeld [< mlat. *inclusivus* „eingeschlossen"; zu lat. *includere* „einschließen"]

**inkognito** ⟨Adv.⟩ *unerkannt, unter anderem Namen* ◆ inkognito reisen [< ital. *incognito* „unbekannt" < lat. *incognitus* „unbekannt"]

**Inkognito** ⟨n. 15⟩ *Verheimlichung des Namens, Gebrauch eines fremden Namens, Unerkanntsein* ◆ sein Inkognito enthüllen, fallen lassen, lüften; das Inkognito wahren; an seinem Inkognito festhalten

**Inkohlung** ⟨f. 20; unz.; Urgeschichte⟩ ◄ *Umwandlung von Pflanzen in Kohle unter Luftabschluss;* → a. *Kohle*

**inkomparabel** ⟨Adj.⟩ Ggs *komparabel* **1** *nicht vergleichbar* **2** ⟨Gramm.⟩ *nicht steigerungsfähig* ◆ inkomparables Adjektiv [< lat. *incomparabilis* „unvergleichlich"]

**inkompatibel** ⟨Adj.⟩ *unvereinbar, nicht zusammenpassend;* Ggs *kompatibel* ◆ inkompatible Vorschläge; inkompatible Computersysteme; inkompatible Termine [< frz. *incompatible* „unvereinbar"]

**Inkompatibilität** ⟨f. 20; unz.⟩ Ggs *Kompatibilität* **1** *Unvereinbarkeit, z. B. mehrerer öffentl. Ämter in einer Person* **2** ⟨EDV⟩ *das Nichtzusammenpassen von verschiedenen Geräten od. Geräten u. Programmen*

**inkompetent** ⟨Adj.⟩ Ggs *kompetent (2)* **1** *nicht zuständig, nicht befugt* **2** *nicht urteilsfähig* ◆ in diesen Sachen bin ich leider völlig inkompetent

**Inkompetenz** ⟨f. 20; unz.⟩ *Nichtzuständigsein, Nichtbefugnis;* Ggs *Kompetenz (3)*

**inkongruent** ⟨Adj.⟩ Ggs *kongruent* **1** *nicht übereinstimmend* **2** ⟨Math.⟩ *nicht deckungsgleich* ◆ inkongruente Dreiecke [< lat. *in...* „un..., nicht" + lat. *congruens* „übereinstimmend", Part. Präs. von congruere „übereinstimmen"]

**Inkongruenz** ⟨f. 20; unz.⟩ *Fehlen der Kongruenz, der Deckungsgleichheit;* Ggs *Kongruenz* [→ *inkongruent*]

**inkonsequent** ⟨Adj.; -er, am -esten⟩ *nicht folgerichtig, unbeständig, wankelmütig, widersprüchlich;* Ggs *konsequent* [< lat. *in...* „un..., nicht" + lat. *consequens* „folgerecht"]

**Inkonsequenz** ⟨f. 20⟩ *Folgewidrigkeit, Wankelmut, Unbeständigkeit;* Ggs *Konsequenz* [→ *inkonsequent*]

**inkonsistent** ⟨Adj.⟩ Ggs *konsistent* **1** *nicht dauernd, unbeständig* **2** widersprüchlich

**Inkontinenz** ⟨f. 20; unz.; Med.⟩ *Unfähigkeit, den Harn od. Stuhl zurückzuhalten;* Ggs *Kontinenz* [< lat. *in...* „un..., nicht" + *continentia* „das Ansichhalten, Zurückhalten"]

**inkorporieren** ⟨V. t.; hat⟩ **1** *einverleiben* **2** *aufnehmen* (in eine Körperschaft) **3** *eingemeinden* [< lat. *incorporare* „verkörpern"]

**inkrustieren** ⟨V. t.; hat⟩ *mit farbigen Steinen verzieren* (Mauer, Säule) [< lat. *incrustare* „mit einer Rinde überziehen"; zu *crusta* „Rinde"]

**Inkubation** ⟨f. 20⟩ **1** ⟨Med.⟩ *Einnisten eines Krankheitserregers im Körper* **2** ⟨Mikrobiol.⟩ *das Bebrüten von Mikroorganismen im Inkubator* **3** ⟨Zool.⟩ *Brutzeit der Vögel* **4** ⟨Antike⟩ *Schlaf an heiligen Stätten, um göttl. Offenbarungen od. Heilung von Krankheiten zu erlangen* [< lat. *incubatio* „das Liegen auf den Eiern, das Brüten"]

**Inkubator** ⟨m. 23⟩ **1** ⟨Mikrobiol.⟩ = *Brutschrank* **2** ⟨Med.⟩ = *Brutkasten*

**Inkunabel** ⟨f. 21; Typ.⟩ ▲ *Buch aus dem Jahrhundert der Erfindung der Buchdruckerkunst (15. Jh.);* Sy *Wiegendruck* [< lat. *incunabula* „Windeln, Wiege"; zu *cunae* „Wiege"]

**Inkurvation** ⟨[-va-] f. 20⟩ *Biegung, Krümmung* [zu lat. *incurvare* „krümmen, biegen"]

**Inlaid** ⟨[-lɛid] m. 1; schweiz.⟩ *farbig gemustertes Linoleum* [engl., „eingelegt, Mosaik..."]

**Inland** ⟨n.; -(e)s; unz.⟩ *das Innere eines Landes, Staatsgebiet innerhalb der Grenzen;* Ggs *Ausland*

**Inlandeis** ⟨n. 11; unz.⟩ *ausgedehnte, sehr starke Eisdecken in den Polarländern*

**Inlandmarkt** ⟨m. 1u⟩ *Markt des Inlands*

**Inlay** ⟨[-lɛi] n. 15⟩ *Goldfüllung (in Zähnen)* [engl., „Einlage; Plombe"]

**inliegend** ⟨Adj.⟩ *innen, darin liegend, beiliegend* ◆ Rückporto inliegend

**Inliner** ⟨[-lainə(r)] Pl.⟩ = *Inlineskates*

**Inlineskates** ⟨[-lainskɛits] Pl.⟩ *Rollschuhe mit (meist vier) hintereinander angeordneten Rollen, die eine hohe Geschwindigkeit ermöglichen;* Sy *Inliner;* → a. *Rollerblades* [< engl. *in line* „in (einer) Reihe" + roller*skate* „Rollschuh"]

**Inlineskating** ⟨[-lainskɛitiŋ] n. 15; unz.⟩ *das Laufen (Fahren) mit Inlineskates (als Sportart)* [< *Inliner* + engl. *skate* „gleiten"]

**in memoriam** *zum Andenken, zur Erinnerung an, zum Gedächtnis* ◆ ⟨mit ungebeugtem Namen⟩ in memoriam J.F. Kennedy [lat., „zum Andenken, zur Erinnerung"]

**inmitten** ⟨Präp. mit. Gen.⟩ *mitten in, in der Mitte von* ◆ inmitten dieses Gebietes; inmitten von Blumen

**in natura** **1** *natürl. Gestalt, leibhaftig* **2** *in Form von Naturallieferungen, in Waren* ◆ jmdn. in natura vor sich sehen; in natura sieht das Abgebildete ganz anders aus; Lohn, Vergütung in natura [lat., „in der Natur, in natürlicher Gestalt, in natürlicher Beschaffenheit"]

**innehaben** ⟨V. t. 159; hat⟩ *bekleiden* ◆ ein Amt, eine Stellung innehaben

**innehalten** ⟨V. t. 160; hat⟩ *aufhören, stocken, das Sprechen, Singen, Spielen, Lesen usw. unterbrechen*

**innen** ⟨Adv.⟩ *in einem Raum, drinnen* ◆ die Nuss war innen faul, hohl; innen und außen; nach innen (hinein od. zu); von innen her(aus) [< mhd. *innen* < ahd. *innan, innana* „inwendig"]

**Innenarchitekt** ⟨[-çi-] m. 16⟩ *Architekt, der Innenräume gestaltet*

**Innendienst** ⟨m. 1; unz.⟩ *Dienst innerhalb des Hauses, der Dienststelle;* Ggs *Außendienst* ◆ im Innendienst arbeiten

**Innenhof** ⟨m. 1u⟩ ▼ *vom Haus umschlossener Hof, Atrium*

**Innenleben** ⟨n. 14; unz.⟩ *das geistige u. seel. Leben des Menschen, seine Gedanken u. Gefühle, seel. Regungen, Seelenleben* ◆ ein reiches Innenleben besitzen, haben

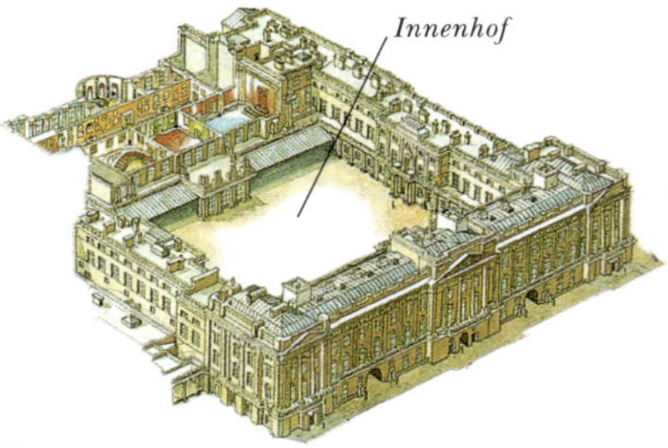


INNENHOF DES BUCKINGHAM PALACE, LONDON, ENGLAND



**Innenministerium** ⟨n.; -s, -rien; Pol.⟩ *Ministerium für die Angelegenheiten innerhalb des Staates*

**Innenohr** ⟨n. 27; Anat.⟩ ▼ *der am tiefsten liegende Abschnitt des Hörorgans der Säugetiere, der den Gleichgewichtssinn beherbergt u. den eingehenden Schall in Nervenimpulse umwandelt*

**Innenpolitik** ⟨f. 20; unz.; Pol.⟩ *Regelung der Verhältnisse u. Angelegenheiten innerhalb eines Staates*

**Innenstadt** ⟨f. 7u; unz.⟩ *Zentrum einer Stadt, Stadtkern*

**Innenwelt** ⟨f. 20; unz.⟩ *die geistige, seel. Welt des Menschen, die Gesamtheit seiner Gedanken u. Gefühle;* Ggs *Außenwelt*

**inner(e, -er, -es)** ⟨Adj.⟩ **1** *innen befindlich, innen stattfindend* **2** ⟨Med.⟩ *im Innern des Körpers (gelegen, stattfindend)* **3** ⟨fig.⟩ *geistig, seelisch, im Wesen begründet* ◆ innere **Abteilung,** Station *Abteilung eines Krankenhauses zur Behandlung innerer Krankheiten;* die inneren **Angelegenheiten** eines Staates; vor meinem inneren **Auge** stand ... ⟨fig.⟩ *im Geiste sah ich;* innere **Blutung;** innere **Krankheiten** *alle Erkrankungen, die den ganzen Organismus in Mitleidenschaft ziehen u. deren Behandlung im allg. nicht chirurgisch ist;* innere **Medizin** *Erkennung u. Behandlung der inneren Krankheiten;* Innere **Mission** ⟨Abk.: I. M.⟩ *evang. Vereinstätigkeit zur Hilfe von Bedürftigen u. Festigung der Gemeinden;* innerer **Monolog** ⟨Lit.⟩ *moderne Technik der Erzählung u. des Romans (in der Ichform), die Gedanken u. Gefühle so wiedergibt, wie sie die handelnden Personen im Augenblick erleben;* seiner innersten **Überzeugung** entsprechend [< mhd. *innere,* ahd. *innaro* „innerlich"]

**Innere(s)** ⟨n. 31⟩ **1** *etwas, was umschlossen, nach außen abgeschlossen, in der Mitte ist* **2** *Inhalt, Kern* (einer Sache) **3** *Innenseite* **4** ⟨fig.⟩ *Seele u. Geist des Menschen, Gesamtheit seiner Gedanken u. seelischen Regungen* **5** *Herz* ◆ das Innere des Hauses; Minister, Ministerium des Innern; ins Innere des Landes vordringen

**innerhalb** ⟨Präp. m. Gen.⟩ **1** ⟨örtl.⟩ *eingeschlossen, umschlossen, begrenzt von* **2** ⟨zeitl.⟩ *binnen* ◆ innerhalb des Gartens, des Hauses, ⟨fig.⟩ des Möglichen; innerhalb eines Wissensgebietes; innerhalb eines Jahres, des festgesetzten Zeitraumes; innerhalb dreier Jahre; ⟨mit Dat., wenn der Gen. nicht erkennbar wäre⟩ innerhalb drei Jahren, ⟨od.⟩ innerhalb von drei Jahren [zu ahd. *halba* „Seite"; → *halb*]

**innerlich** ⟨Adj.⟩ **1** *im Inneren (befindlich), innen, ins Innere (gelangend)* **2** ⟨fig.⟩ *nach innen gerichtet, mit reichem Seelenleben, tief veranlagt* ◆ innerliche Anwendung (einer Arznei); die Arznei ist innerlich anzuwenden; innerlich betroffen, erregt sein

**Innerste(s), Innerste(s)** ⟨n. 31⟩ **1** *der ganz innen gelegene Teil* **2** ⟨fig.⟩ *das tiefste Wesen*

**Innovation** ⟨[-va-] f. 20⟩ *Erneuerung, Neuerung, Neugestaltung* [< lat. *innovatio* „Erneuerung"; zu *novus* „neu"]

**Innung** ⟨f. 20⟩ *freiwillige Vereinigung selbständiger Handwerker* (Dachdecker-, Tischlerinnung) ◆ du blamierst die ganze Innung! ⟨umg.⟩ *uns alle, die dazugehören* [< mhd. *innunge;* zu ahd. *innon* „(in einen Verband) aufnehmen, verbinden"]

**inoffiziell** ⟨Adj.⟩ *nicht amtlich, vertraulich;* Ggs *offiziell* ◆ ein inoffizielles Schreiben; jmdm. etwas inoffiziell mitteilen

## INNENOHR

Das Innenohr ist mit Flüssigkeit gefüllt und enthält die Schnecke sowie die Bogengänge. Im Inneren der Schnecke werden Schallwellen in Nervenimpulse umgewandelt, die über den Schneckennerv ins Gehirn gelangen. Die drei Bogengänge des Vestibularapparats sind der Sitz des Gleichgewichtssinns.

SCHNITT DURCH DAS INNENOHR DES MENSCHEN

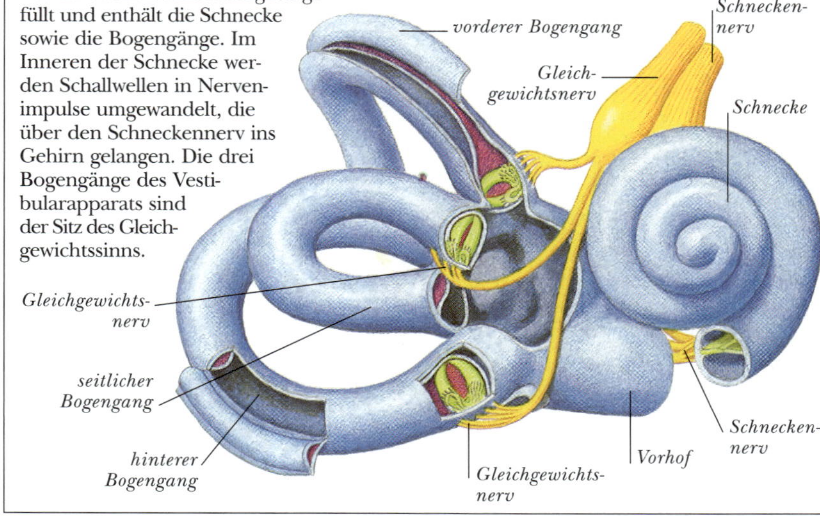


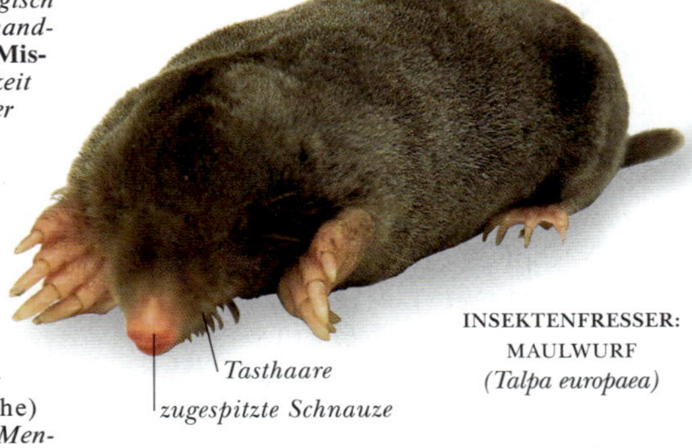


INSEKTENFRESSER: MAULWURF *(Talpa europaea)*

**inoperabel** ⟨Adj.; Med.⟩ *nicht operierbar, durch Operation nicht (mehr) heilbar;* Ggs *operabel* [< frz. *inopérable*]

**in petto** ⟨in der Wendung⟩ etwas in petto haben *in Bereitschaft, bereit, im Sinne haben, z. B. eine Überraschung* [ital., „in der Brust"]

**Input** ⟨m.; - od. -s; unz.⟩ **1** *Rohstoffe od. Produkte, die ein Betrieb von außen zur Verarbeitung erhält;* Ggs *Output (3)* **2** ⟨EDV⟩ *Daten, die in eine elektron. Datenverarbeitungsanlage hineingegeben werden, Eingabe;* Ggs *Output (1)* [< engl. *in* „hinein" + *put* „setzen, stellen, legen"]

**Inquilin** ⟨m. 16; meist Pl.⟩ *Einmieter, Tier, das in Nestern od. in Gallen, Minen usw. anderer Arten lebt* [< lat. *inquilinus* „Bewohner eines fremden Eigentums, Mieter, Hausgenosse"]

**Inquisition** ⟨f. 20⟩ **1** ⟨Theol.; vom 12.-18. Jh.⟩ *Glaubensgericht der kath. Kirche (bes. in Spanien) gegen Abtrünnige* **2** ⟨allg.⟩ *(strenge) Untersuchung* [< lat. *inquisit*„Untersuchung, Erforschung"]

**I. N. R. I.** ⟨Abk. für lat.⟩ *Jesus Nazarenus Rex Judaeorum: Jesus von Nazareth, König der Juden* [lat.]

**ins** ⟨Verschmelzungsform aus Präp. u. Gen.⟩ *in das*

**Insasse** ⟨m. 17⟩ *Bewohner, jeder, der sich mit anderen gemeinsam in einem Gebäude, Verkehrsmittel u. Ä. aufhält* ◆ die Insassen eines Gefängnisses, eines Autos [< mhd. *insæze* „Eingesessener" < *in* + *sitzen*]

**insbesondere, insbesondre** ⟨Partikel⟩ *ganz besonders, vor allem, speziell* ◆ das gilt insbesondere, insbesondre dann, wenn ...

**Inschrift** ⟨f. 20⟩ **1** *in Stein, Metall od. Holz gegrabene od. aus diesen herausgearbeitete Schrift, z. B. auf Denkmälern, Grabsteinen, über Haustüren, auf Münzen* **2** ⟨allg.⟩ *Aufschrift, wie etwa auf Bildern*

**Inschriftenkunde** ⟨f. 19; unz.⟩ *Lehre von den überlieferten Inschriften, Teil der Altertumswissenschaft, Epigraphik*

**Insekt** ⟨n. 27; Zool.⟩ ► *Angehöriges einer Klasse der Tracheentiere aus dem Stamm der Gliederfüßer mit meist scharfer Einkerbung zwischen Kopf, Brust u. Hinterleib: Insecta, Hexapoda;* Sy *Kerbtier* [< lat. *insectum* „eingeschnitten", Part. Perf. zu *insecare* „einschneiden"]

**Insektenfresser** ⟨m. 3; Zool.⟩ ▲ *Säugetier, das sich von Insekten ernährt, z. B. Maulwurf: Insectivora;* Sy *Insektivore;* ► *Säugetiere*

**Insektenstaat** ⟨m. 23⟩ *Zusammenleben bestimmter Insekten in selbst gefertigten Bauten, wobei die Bewohner alle Aufgaben in sinnvollem Zusammenwirken durchführen*

**Insektivore** ⟨[-vo:-] m. 17; Zool.⟩ ► = *Insektenfresser* [< *Insekt* + lat. *vorare* „fressen"]

**Insektizid** ⟨n. 11⟩ *Substanz, die für Insekten tödlich ist* [< frz. *insecticide* „Insekten vernichtend" < lat. *insectum* „Insekt" + lat. *caedere* „töten"]

# INSEKTEN

Insekten sind kleine landbewohnende Gliederfüßer und bilden eine der größten Tiergruppen. Sie haben drei Beinpaare und einen deutlich in drei Teile segmentierten Körper (Kopf, Brust, Hinterleib). Am Kopf tragen sie ein Paar Fühler, Facettenaugen und spezialisierte Mundwerkzeuge. Wie alle Gliederfüßer besitzen die Insekten ein festes Außenskelett, und bei den meisten Arten sind an der Brust ein oder zwei Flügelpaare befestigt.

ANATOMIE EINER ARBEITERIN DER HONIGBIENE (*Apis* species)

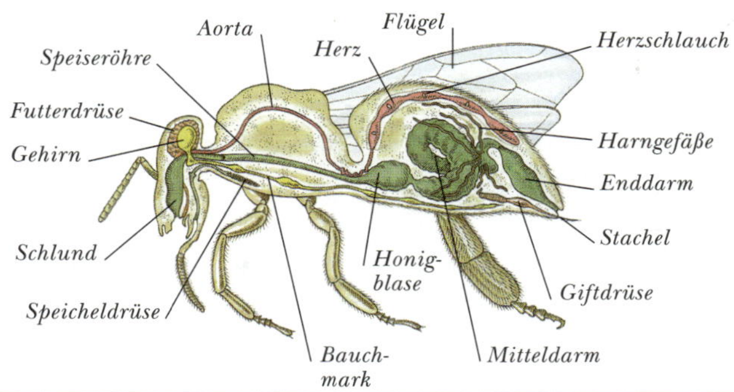


ÄUSSERE MERKMALE EINES BOCKKÄFERS (*Calipogen barbatus*)

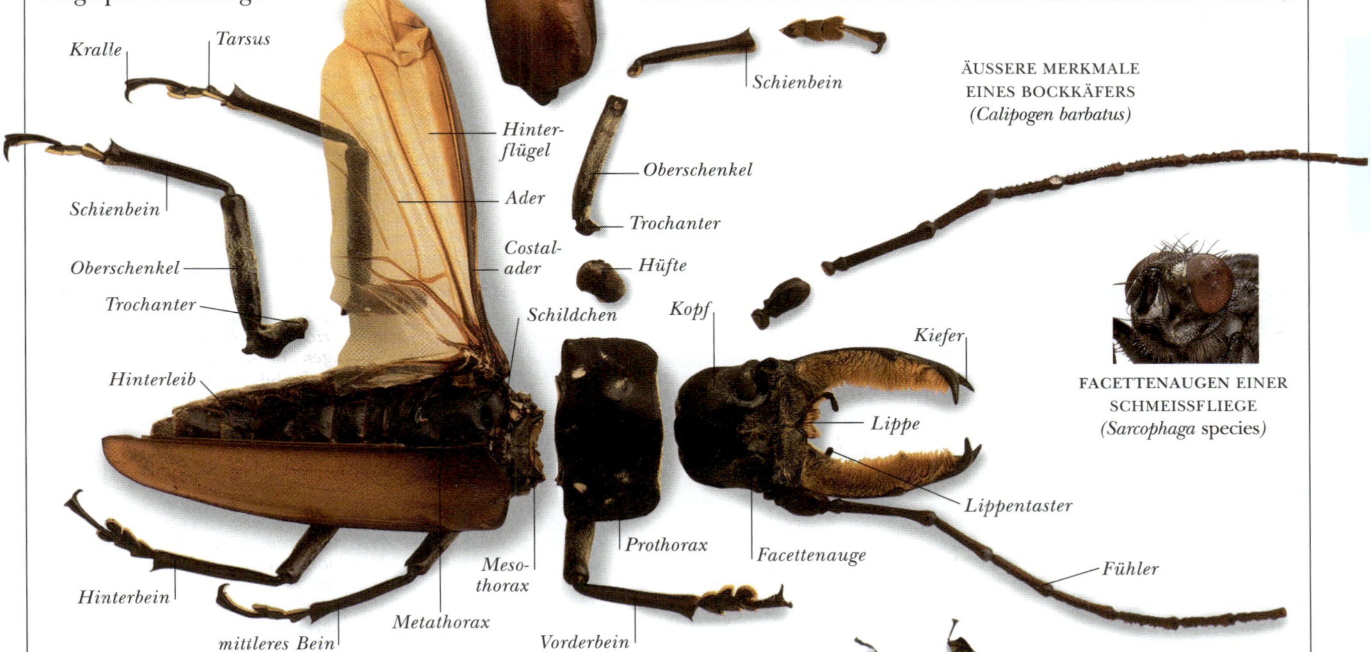


FACETTENAUGEN EINER SCHMEISSFLIEGE (*Sarcophaga* species)

I

## WICHTIGE INSEKTENORDNUNGEN

LEPIDOPTERA (Schmetterlinge)
► *Nachtfalter, Tagfalter*

ODONATA (Libellen)

PHASMIDA (Wandelnde Blätter, Stabheuschrecken)

COLEOPTERA (Käfer)
► *Käfer*

SIPHONAPTERA (Flöhe)

DERMAPTERA (Ohrwürmer)

DIPTERA (Fliegen, Mücken)
► *Fliegen*

HYMENOPTERA (Bienen, Wespen, Ameisen)
► *Bienen, Hautflügler*

HEMIPTERA (Pflanzensauger, Wanzen)
► *Schnabelkerfe*

ORTHOPTERA (Heuschrecken, Grillen)
► *Geradflügler*

NEUROPTERA (Netzflügler)

**Insel** ⟨f. 21⟩ **1** *Fläche, Raum innerhalb einer andersartigen Umgebung* **2** *von Wasser umgebenes Landstück* **3** *kleiner Platz für Fußgänger auf der Fahrbahn* (Verkehrsinsel) **4** *geographischer Raum, dessen Bewohner eine andere Sprache sprechen als die der umgebenden Landschaft* (Sprachinsel) [< mhd. *insel(e)* < lat. *insula* „Insel"]

**Inselwelt** ⟨f. 20; unz.⟩ *Gesamtheit von geograph. zusammengehörigen Inseln od. Inselgruppen* ◆ die Inselwelt des Stillen Ozeans

**Insemination** ⟨f. 20⟩ **1** *Eindringen des Samens in das Ei* **2** *künstl. Befruchtung*

**Inserat** ⟨n. 11⟩ *Anzeige (in einer Zeitung od. Zeitschrift);* Sy *Annonce* ◆ ein Inserat aufgeben [lat., „er füge ein"; zu *inserere* „einfügen"]

**inserieren** ⟨V. i.; hat⟩ *ein Inserat aufgeben, durch ein Inserat bekannt geben* ◆ in einer Zeitung inserieren [< lat. *inserere* „einfügen"]

**insgeheim** ⟨Adv.⟩ *im Geheimen, heimlich*

**insgesamt** ⟨Adv.⟩ *im Ganzen, alle(s) zusammen* ◆ insgesamt hat es mir gut gefallen

**Insider** ⟨[-sai-] m. 3⟩ *jmd., der einen Bereich od. bestimmte Verhältnisse aus eigener Anschauung kennt, Eingeweihter* [engl., eigtl. „der auf der inneren Seite steht"]

**Insignien** ⟨nur Pl.⟩ *Abzeichen, Kennzeichen eines Herrschers od. hohen Würdenträgers (Zepter, Krone usw.)* [< lat. *insignia* „Kennzeichen"]

**insistieren** ⟨V. i.; hat⟩ *bestehen (auf), beharren (auf)* [< lat. *insistere* „sich auf etwas stellen, bei etwas innehalten, beharren"]

**inskribieren** ⟨V. t.; hat⟩ *einschreiben, in eine Liste eintragen* ◆ sich in die Hörerliste an der Universität inskribieren [< lat. *inscribere* „einschreiben, aufschreiben"]

**insofern** Sy *insoweit* **I** ⟨[-'--] Konj. od. Adv.⟩ *was dies betrifft, in diesem Punkt* ◆ insofern hat er Recht; insofern kannst du dich auf ihn verlassen; er hat nur insofern Recht, als er die Lage beurteilen kann **II** ⟨[--'-] Konj.⟩ *wenn, soweit* ◆ er wird kommen, insofern es seine Zeit erlaubt; er hat Recht, insofern er die Lage beurteilen kann

**insolvent** ⟨[-vɛnt] Adj.⟩ = *zahlungsunfähig;* Ggs *solvent* ◆ er ist zurzeit insolvent [< lat. *in...* „un..., nicht" + *solvent*]

**Insolvenz** ⟨[-vɛnts] f. 20; unz.⟩ = *Zahlungsunfähigkeit;* Ggs *Solvenz* [→ *insolvent*]

**insoweit** ⟨Konj.⟩ = *insofern*

**Inspektion** ⟨f. 20⟩ **1** *prüfende Besichtigung* **2** *Aufsicht, Überwachung* **3** *Prüf-, Aufsichtsstelle* **4** *Verwaltung, Behörde* [< lat. *inspectio* „das Hineinsehen, Besichtigung"]

**Inspektor** ⟨m. 23⟩ **1** *Aufsichtsführender* **2** *Aufseher, Verwaltungsbeamter* [lat., „Betrachter, Besichtiger, Untersucher"]

**Inspiration** ⟨f. 20⟩ **1** *Eingebung, Anregung, Einfall* **2** *Einatmung* **3** *Erleuchtung, Eingebung* [< lat. *inspiratio* „das Einhauchen, Eingebung"]

**inspirieren** ⟨V. t.; hat⟩ jmdn. (zu etwas) inspirieren **1** ⟨allg.⟩ *jmdn. (zu etwas) anregen, (für etwas) begeistern, anfeuern* **2** ⟨Rel.⟩ *erleuchten* ◆ jmdn. zu einer Tat, einem Gedanken inspirieren [< lat. *inspirare* „einhauchen, einflößen"]

**inspizieren** ⟨V. t.; hat⟩ **1** *prüfen, prüfend besichtigen* **2** *überwachen, beaufsichtigen* [< lat. *inspicere* „hineinsehen, besichtigen, untersuchen"]

**Inst.** ⟨Abk. für⟩ *Instanz*

**instabil** ⟨Adj.⟩ *nicht stabil, schwankend, unbeständig;* Ggs *stabil* ◆ instabiler Atomkern *Atomkern, der sich durch radioaktiven Zerfall in einen anderen Atomkern umwandelt*

**Instabilität** ⟨f. 20; unz.⟩ *instabile Beschaffenheit;* Ggs *Stabilität (2)*

**Installateur** ⟨[-tø:r] m. 1⟩ *Handwerker für Installationen* (Heizungsinstallateur) [frz. klingende dt. Bildung < *Installation* (in Frankreich unbekannt, dort *installeur*)]

**Installation** ⟨f. 20⟩ **1** *das Einrichten von techn. Anlagen in Gebäuden (Wasser, Heizung, Gas, Elektrizität, Lüftung usw.)* **2** *Amtseinweisung von Geistlichen* [frz., „Vorrichtung, Anlage, Installation" od. zu mlat. *installare* „in ein (kirchl.) Amt einsetzen"]

**installieren** ⟨V. t.; hat⟩ **1** eine techn. Anlage installieren *einrichten, einbauen* **2** einen Geistlichen installieren *in ein kirchl. Amt einweisen* [< frz. *installer* „einrichten, ausstatten, in ein Amt einweisen" od. < mlat. *installare* „in ein (kirchl.) Amt einsetzen"]

**instand** ⟨Adv.⟩ oV *in Stand* ⟨in den Wendungen⟩ **1** instand halten *in gutem Zustand erhalten, pflegen* (Gebäude, Geräte, Grundstücke u. Ä.) **2** etwas instand setzen *ausbessern, wiederherstellen* **3** jmdn. instand setzen, etwas zu tun *ihn in die Lage versetzen, ausrüsten* ◆ sie muss ihre Kleidung selbst instand halten; er muss die Wohnung instand setzen

**inständig** ⟨Adj.⟩ *eindringlich, flehentlich* ◆ auf sein inständiges Bitten hin; jmdn. inständig um etwas bitten [< ahd. *instendigo* „von dauerndem Bestand", im 16. Jh. in der Bedeutung von lat. *instanter* „eindringlich" beeinflusst, Adv. zu Adj. *instans* „nahe bevorstehend"]

**Instant...** ⟨in Zus.⟩ *pulverisiert u. sofort gebrauchsfertig,* z. B. Instantkaffee [zu engl. *instant* „sofortig, unmittelbar"]

**Instanz** ⟨f. 20; Abk.: Inst.⟩ **1** *zuständige Behörde* **2** ⟨Rechtsw.⟩ *zuständige Stufe des gerichtl. Verfahrens* ◆ eine Sache in erster, zweiter Instanz entscheiden, verhandeln ⟨Rechtsw.⟩ [< lat. *instantia* „unmittelbares Bevorstehen", dann in der Rechtsspr. „Verfolgung einer Gerichtssache", dann „zuständige Stelle, vor der man sein Begehren zu Gehör bringt"]

**Instanzenweg** ⟨m. 1⟩ = *Dienstweg*

**Instinkt** ⟨m. 1⟩ **1** *Trieb zu bestimmten Verhaltensweisen bei Mensch u. Tier;* Sy *Naturtrieb* **2** *unbewusster Antrieb* **3** *sicheres Gefühl, Ahnungsvermögen, Gespür* ◆ für etwas Instinkt **besitzen,** beweisen; sie **hat** dafür keinen, einen feinen Instinkt; ihr Instinkt **bewahrte** sie davor; seinem Instinkt **folgen,** gehorchen ◆ einen **sicheren,** untrüglichen Instinkt für etwas besitzen ◆ sich **auf** seinen Instinkt verlassen können; etwas **aus** Instinkt tun; **mit** feinem Instinkt das Richtige treffen; sich **von** seinem Instinkt leiten lassen [< mlat. *instinctus (naturae)* „Naturtrieb"; zu lat. *instinguere* „anreizen"]

**instinktiv** ⟨Adj.⟩ *einem Instinkt folgend, gefühlsmäßig, unwillkürlich*

**Institut** ⟨n. 11⟩ *Anstalt, Einrichtung, die bes. der Ausbildung, Erziehung u. wissenschaftl. Arbeit dient* (Forschungsinstitut) ◆ das Germanistische, Historische, Mathematische, Physikalische Institut der Universität; ein öffentliches, privates Institut; Institut für Zeitgeschichte [< lat. *institutum* „Einrichtung"]

INTARSIA: ENGLISCHE PISTOLE DES 18. JH. MIT INTARSIEN AM GRIFF

**Institution** ⟨f. 20⟩ **I** ⟨unz.⟩ *Einsetzung, Einweisung (in ein Amt)* **II** ⟨zählb.⟩ **1** *(staatl.) Einrichtung, z. B. Parlament, Behörde* **2** *Stiftung, Gesellschaft* **3** ⟨veraltet⟩ *Anordnung, Unterweisung* [< lat. *institutio* „Einrichtung"]

**instruieren** ⟨V. t.; hat⟩ jmdn. instruieren *in Kenntnis setzen (von), unterrichten (von), jmdm. Anweisungen, Verhaltensmaßregeln geben* [< lat. *instruere* „aufschichten, ausrüsten, unterweisen"]

**Instruktion** ⟨f. 20⟩ **1** *Anweisung, Verhaltensmaßregel* **2** ⟨bes. Mil.⟩ *Unterricht, Unterweisung* ◆ Instruktionen erhalten, erteilen, geben [< lat. *instructio* „Herrichtung, Ausrüstung, Unterweisung"]

**Instrument** ⟨n. 11⟩ **1** *Gerät, Werkzeug (bes. für wissenschaftl. Untersuchungen), z. B. ein Messinstrument* **2** ⟨Mus.⟩ *Gerät zum Musizieren, z. B. Geige, Schlagzeug usw.* ◆ ein Instrument beherrschen, erlernen, spielen; chirurgische Instrumente [< lat. *instrumentum* „Gerät, Werkzeug"]

**instrumental** ⟨Adj.⟩ *mit Instrumenten versehen, mithilfe von Instrumenten*

**Instrumentalbegleitung** ⟨f. 20; unz.⟩ *Begleitung (z. B. des Gesanges) durch Instrumente*

**instrumentalisieren** ⟨V. t.; hat; geh.⟩ jmdn. od. etwas instrumentalisieren *bewusst als Instrument, Mittel zum Zweck benutzen* ◆ einen Freund instrumentalisieren

**instrumentell** ⟨Adj.⟩ *mithilfe von Instrumenten* ◆ mit instrumentellen Hilfsmitteln

**instrumentieren** ⟨V. t.; hat; Mus.⟩ eine Komposition instrumentieren *vom Entwurf einer Komposition die Stimmen sinnvoll auf die Orchesterinstrumente verteilen*

**insuffizient** ⟨Adj.⟩ **1** *ungenügend* **2** *unzureichend, nicht voll leistungsfähig* [< lat. *insufficiens* „unzureichend"]

**Insuffizienz** ⟨f. 20; unz.⟩ Ggs *Suffizienz* **1** *Unzulänglichkeit, Unvermögen* **2** ⟨Rechtsw.⟩ *Unfähigkeit, Gläubiger zu befriedigen* **3** ⟨Med.⟩ *unzureichende Leistungsfähigkeit (eines Organs),* z. B. Herzinsuffizienz [< lat. *insufficientia* „Unzulänglichkeit"]

**Insulaner** ⟨m. 3⟩ *Bewohner einer Insel* [< lat. *insulanus* „Inselbewohner"]

**Insulin** ⟨n. 11; unz.⟩ *vom Inselorgan der Bauchspeicheldrüse gebildetes Hormon, das den Blutzuckerspiegel senkt* [zu lat. *insula* „Insel", nach den langerhansschen Inseln]

**inszenieren** ⟨V. t.; hat⟩ ein Bühnenwerk inszenieren *in Szene setzen, seine Aufführung technisch u. künstlerisch vorbereiten u. leiten* ◆ einen Skandal inszenieren ⟨fig.; umg.⟩ *ins Werk setzen, hervorrufen, provozieren* [< lat. *in* „in..." + *scena* „Bühne"]

**Inszenierung** ⟨f. 20⟩ *techn. u. künstler. Vorbereitung, Gestaltung u. Leitung einer Theateraufführung* ◆ ein Stück in neuer Inszenierung aufführen, herausbringen

**Intaglio** ⟨[-taljo] n.; -s, -glien [-taljən]⟩ ► *Halbedelstein mit vertieft eingeschnittenem Bild;* Sy *Gemme;* Ggs *Kamee* [ital.]

**intakt** ⟨Adj.⟩ *unbeschädigt, unversehrt, unberührt* ◆ intakt bleiben; der Motor ist intakt geblieben [< lat. *intactus* „unberührt"]

**Intarsia, Intarsie** ⟨[-siə] f.; -, -sien; meist Pl.⟩ ◄ *Einlegearbeit, Verzierung von Holzgegenständen (bes. Möbeln) durch andersfarbiges Holz, Perlmutt, Elfenbein u. Ä.* [zu ital. *intarsiare* „eingelegte Arbeit fertigen" < *tarsia* „Einlegearbeit" < arab. *tarsi* „Einlegearbeit"]

**integer** ⟨Adj.⟩ **1** *unversehrt, unberührt* **2** *rein, makellos, rechtschaffen, redlich* ◆ ein integrer Charakter [lat., „unberührt, unversehrt"]

**integral** ⟨Adj.⟩ *ein Ganzes ausmachend, für sich bestehend, vollständig* [< mlat. *integralis* „ein Ganzes ausmachend"; → *integer*]

**Integral** ⟨n. 11; Zeichen: ∫; Math.⟩ Integral von $x_0$ bis x über f(x)dx *die Summe aller durch f(x) gegebenen Differenziale im Bereich von $x_0$ bis x* [→ *integral*]

**Integration** ⟨f. 20⟩ **1** ⟨allg.⟩ *Einbeziehung, Herstellung eines Ganzen, Zusammenschluss, Vereinigung* **2** ⟨Math.⟩ *Berechnung des Integrals* **3** ⟨Wirtsch.⟩ *Zusammenschluss zu einem einheitl., übernationalen Marktgebiet* **4** ⟨Pol.⟩ *Aufeinanderabstimmung der Ziele (z. B. in der EG, in der NATO)* **5** ⟨Sprachw.⟩ *Verschmelzung verschiedener Sprachen od. Mundarten zu einer gemeinsamen Schriftsprache* ◆ europäische Integration *Zusammenarbeit europ. Staaten durch Bildung übernationaler Organe* [< lat. *integratio* „Wiederherstellung eines Ganzen"; → *integer*]

**integrieren** ⟨V. t.; hat⟩ **1** *einbeziehen, zu einem Ganzen bilden, ergänzen, vervollständigen* **2** *das Integral berechnen von* ◆ integrierend *einbeziehend, zum Ganzen notwendig, zur Vervollständigung erforderlich, wesentlich;* ein integrierender Hauptbestandteil [< lat. *integrare* „wiederherstellen, ergänzen"; → *integer*]

**Integrität** ⟨f. 20; unz.⟩ **1** *Vollständigkeit* **2** *Unversehrtheit, Unberührtheit* **3** *Reinheit, Makellosigkeit, Rechtschaffenheit, Redlichkeit* [< lat. *integritas* „Unversehrtheit"]

**Intellekt** ⟨m. 1; unz.⟩ *Verstand, Denkvermögen* ◆ einen scharfen Intellekt haben [< lat. *intellectus* „Wahrnehmung, Einsicht"]

**intellektuell** ⟨Adj.⟩ **1** *auf dem Intellekt beruhend* **2** *den Verstand, das Verstandesmäßige betonend, betont geistig* ◆ eine intellektuelle Begabung; er ist sehr intellektuell [< frz. *intellectuel* „verstandesmäßig, geistig" < lat. *intellectualis* „geistig"]

**intelligent** ⟨Adj.; -er, am -esten⟩ **1** *einsichtsvoll* **2** *schnell auffassend, klug, geistig begabt* ◆ Beate war als Kind schon sehr intelligent [< lat. *intelligens* „einsichtsvoll, verständig"]

**Intelligenz** ⟨f. 20; unz.⟩ **1** *Einsicht* **2** *rasche Auffassungsgabe, Klugheit, geistige Begabung, Verstandeskraft* **3** *Gesamtheit der geistig Schaffenden* [< lat. *intelligentia* „Begriff, Idee, Einsicht, Verständnis"]

**Intelligenzquotient** ⟨m. 16; Abk.: IQ⟩ *aus dem Verhältnis zwischen Intelligenzalter und Lebensalter errechnetes Maß für den Grad der Intelligenz*

**Intendant** ⟨m. 16⟩ **1** *militär. Verwaltungsbeamter, Vorsteher einer Intendantur* **2** *Leiter eines Theaters od. Rundfunksenders* **3** ⟨im absolutist. Frankreich⟩ *hoher Beamter, Präfekt* [frz., „Aufseher, Verwalter"; zu lat. *intendere* „seine Aufmerksamkeit auf etwas richten"]

**intendieren** ⟨V. t.; hat⟩ *beabsichtigen, neigen zu, erstreben* [< lat. *intendere* „seine Aufmerksamkeit auf etwas richten"]

**Intensität** ⟨f. 20; unz.⟩ **1** *(innere) Anspannung, gespannte, gesteigerte Kraft, Eindringlichkeit* **2** *Ausmaß, Wirkungsstärke (einer Kraft)* **3** *Stärke, Leuchtkraft (von Farben, Tönen)* **4** ⟨Phys.⟩ *Maß für die pro Zeiteinheit auf eine Fläche eingestrahlte Energie*

**intensiv** ⟨Adj.⟩ **1** *angespannt, angestrengt* (Arbeit) **2** *stark, kräftig* (Wirkung) **3** *tief, leuchtkräftig* (Farben) **4** ⟨Gramm.⟩ *Aktionsart der Verben, die einen besonders hohen Intensitätsgrad ausdrücken,* z. B. „rasen" „toben" „saufen" ◆ intensive Wirtschaft *Wirtschaft mit hoher Bodennutzung, hohem Aufwand u. Ertrag;* Ggs *extensive Wirtschaft* [< frz. *intensif* „eindringlich, stark"; zu lat. *intensus* „gespannt"]

INTAGLIO: REPLIK EINES RÖMISCHEN INTAGLIOS

**Intensivstation** ⟨f. 20⟩ *Krankenhausstation zur Betreuung u. Überwachung lebensgefährlich erkrankter Personen unter Anwendung entsprechender Sofortmaßnahmen*

**Intention** ⟨f. 20⟩ *Absicht, Bestreben, Vorhaben, Plan* [< lat. *intentio* „Spannung, Aufmerksamkeit, Achtsamkeit"]

**inter..., Inter...** ⟨in Zus.⟩ *zwischen..., Zwischen...* [< lat. *inter* „zwischen, unter"]

**Interaktion** ⟨f. 20⟩ **1** *Wechselwirkung, wechselseitige Beeinflussung von Individuen od. Gruppen* **2** *wechselweises Vorgehen*

**Intercity** ⟨[-si-] m. 6⟩ = *Intercityzug*

**Intercityexpress** ⟨[-si-] m.; -es, -züge⟩ = *Intercityexpresszug*

**Intercityexpresszug** ⟨[-si-] m. 1u; Abk.: ICE⟩ *Eisenbahnzug der Deutschen Bahn, der mit einer Höchstgeschwindigkeit von 250 km/h gefahren wird u. national zwischen bestimmten Großstädten verkehrt;* Sy *Intercityexpress* [< lat. *inter* „zwischen" + engl. *city* „Stadt"]

**Intercityzug** ⟨[-si-] m. 1u; Abk.: IC⟩ *national zwischen bestimmten Großstädten verkehrender Schnellzug;* Sy *Intercity* [< lat. *inter* „zwischen" + engl. *city* „Stadt" + *Zug*]

**interessant** ⟨Adj.; -er, am -esten⟩ **1** *Interesse weckend od. fordernd, aufschlussreich, beachtenswert, lehrreich, anregend* **2** *fesselnd, spannend, unterhaltend* **3** *außergewöhnlich, eigenartig, auffällig* **4** ⟨Kaufmannsspr.⟩ *vorteilhaft* ◆ das dürfte ein interessantes **Angebot** für Sie sein ⟨Kaufmannsspr.⟩; ein interessantes **Buch,** Fernseh-, Hörspiel, Theaterstück; interessanter **Vortrag** ◆ er kann interessant **erzählen,** plaudern; jetzt **wird's** (erst) interessant! ◆ dieses Angebot ist nicht interessant **für** uns ⟨Kaufmannsspr.⟩ [< frz. *intéressant* „interessant, anziehend, fesselnd"]

**Interesse** ⟨n. 28⟩ **1** *Aufmerksamkeit, Beachtung, Anteilnahme, Wissbegierde, Neigung;* Ggs *Desinteresse* **2** *Vorteil, Nutzen, Sache, für die man eintritt* **3** *Belang, Wichtigkeit* **4** ⟨Kaufmannsspr.⟩ *Nachfrage* **5** Interessen ⟨nur Pl.; Bankw.⟩ *Zinsen* ◆ das Interesse der **Allgemeinheit,** der breiten Masse, des Volkes, des Wählers ◆ **auseinander gehen:** unsere Interessen gehen auf diesem Gebiet weit auseinander; Interesse **erregen,** erwecken, gewinnen, zeigen; ich habe das Interesse daran **verloren** ◆ **außerordentliches,** großes, geringes, lebhaftes, offenkundiges, reges, wachsendes Interesse; **geistige,** literarische, naturwissenschaftliche, sportliche Interessen; es geht hier um **persönliche** Interessen ◆ ich habe kein Interesse **an** diesem Konzert; er hat **gegen** das Interesse seiner Firma gehandelt, verstoßen; **in** jmds. besonderem Interesse handeln; etwas **mit** großem Interesse verfolgen [→ *interessieren*]

**Interessengemeinschaft** ⟨f. 20.; Abk.: IG⟩ *vertragl. Zusammenschluss mehrerer rechtl. selbständiger Unternehmungen zu einer Gewinngemeinschaft*

**Interessent** ⟨m. 16⟩ **1** *jmd., der Interesse an etwas hat* **2** *Bewerber* **3** *Kauflustiger* ◆ auf die Anzeige hin meldeten sich viele begeisterte Interessenten [→ *interessieren*]

**interessieren I** ⟨V. t.; hat⟩ **1** jmdn interessieren *jmds. Interesse erregen, Anteilnahme wecken, jmdn. fesseln, reizen* **2** jmdn. für etwas interessieren *jmds. Interesse für etwas wecken* **3** an etwas od. jmdm. interessiert sein *Interesse für etwas od. jmdn. haben* ◆ das würde ihn (lebhaft) interessieren; so etwas interessiert ihn nicht; daran bin ich jetzt nicht interessiert **II** ⟨V. refl.⟩ sich für jmdn. od. etwas interessieren *sich mit jmdm. od. etwas beschäftigen, an ihm od. daran regen Anteil nehmen* [< frz. *intéresser* „interessieren, Anteil nehmen" < lat. *interesse* „dabei sein, teilnehmen"]

**Interface** ⟨[-fɛis] n.; -, -s [-fɛisiz]; EDV⟩ = *Schnittstelle*

**Interferenz** ⟨f. 20⟩ **1** ⟨Phys.⟩ *die bei Überlagerung von zusammentreffenden kohärenten Wellen auftretende Verstärkung od. Abschwächung der resultierenden Wellenintensität* **2** ⟨allg.⟩ *Überlagerung, Überschneidung* **3** ⟨Sprachw.⟩ *gegenseitiger Einfluss verschiedener Sprachen aufeinander* [< lat. *inter* „zwischen" + *ferre* „tragen"]

**interfraktionell** ⟨Adj.; bes. Pol.⟩ *mehrere Parteifraktionen betreffend, ihnen gemeinsam, zwischen ihnen stattfindend* ◆ interfraktionelle Anträge, Beratungen

**Interglazial** ⟨n. 11⟩, **Interglazialzeit** ⟨f. 20; Geol.⟩ = *Warmzeit*

**Interieur** ⟨[ɛ̃teri'øːr] n. 11 od. n. 15⟩ **1** *Inneres, Innenraum* **2** *Ausstattung eines Innenraums* **3** ⟨Mal.⟩ *Darstellung eines Innenraums* [< frz. *intérieur* „innere(r, -s), inwendig"]

**Interim** ⟨n. 15⟩ *Zwischenzeit, vorläufiger Zustand* [lat., „inzwischen"]

**Interim...** ⟨in Zus.⟩ *zwischenzeitlich, für einen vorläufigen Zustand,* z. B. Interimstrainer [lat., „inzwischen"]

**Interjektion** ⟨f. 20; Sprachw.⟩ *Ausruf zum Ausdruck von Freude, Schreck, Schmerz, Erstaunen usw.,* z. B. „ach!", „au!", „oh!" [< lat. *interiectio* „das Dazwischenwerfen"]

**Intermezzo** ⟨n. 15; Pl. a.: -mezzi; Mus.; im 17./18. Jh.⟩ **1** *heiteres Zwischenspiel in Dramen od. Opern* **2** *kurzes, stimmungsvolles Musikstück* **3** *heiterer Zwischenfall* [ital., „Zwischenspiel"]

**intermittierend** ⟨Adj.⟩ *zeitweilig aussetzend u. wiederkehrend, mit Unterbrechungen erfolgend* ◆ intermittierende **Behandlung** *über lange Zeit durchgeführte Behandlung einer Krankheit mit dazwischenliegenden Pausen;* intermittierendes **Fieber** *mit Unterbrechungen, in Schüben verlaufendes Fieber,* z. B. Malaria; intermittierendes **Hinken** *bei Durchblutungsstörungen der Beine zeitweise auftretende, schmerzhafte Gehbehinderung;* intermittierende **Quellen** *zeitweise versiegende Quellen;* intermittierender **Strom** *regelmäßig unterbrochener Gleichstrom* [< lat. *intermittere* „dazwischenlegen"]

**intern** ⟨Adj.⟩ Ggs *extern* **1** *im Innern befindlich, innerlich* **2** *die Angelegenheit innerhalb einer Gemeinschaft betreffend, nicht für Außenstehende bestimmt, vertraulich* (Absprache, Angelegenheit, Besprechung) ◆ interner Schüler *in einer Anstalt, einem Internat wohnender Schüler* [< lat. *internus* „der innere, inwendig"]

**internalisieren** ⟨V. t.; hat; Psych.⟩ *in sich aufnehmen, sich innerlich aneignen, als richtig erkennen u. in sich verarbeiten;* Ggs *externalisieren* ◆ internationalisierte Grundsätze

**Internat** ⟨n. 11⟩ *meist einer höheren Lehranstalt angegliedertes Heim, in dem die Schüler bzw. Schülerinnen wohnen u. verpflegt werden, Schüler-, Studentenheim* [frz.; → *intern*]

**international** ⟨Adj.⟩ *zwischen-, überstaatlich, nicht national begrenzt, mehrere Staaten bzw. Völker betreffend* ◆ internationale Handelsbeziehungen, Vereinbarungen; Internationales Olympisches Komitee ⟨Abk.: IOK⟩; Internationale Einheit ⟨Abk.: I. E.⟩ *durch internationale Vereinbarungen festgelegte Mengeneinheit für solche Arzneistoffe, die auf natürl. Wege aus Pflanzen, Organen usw. gewonnen werden (manche Antibiotika, Hormone usw.)*

**Internet** ⟨n. 15; unz.; EDV⟩ *internationales Computernetz, Verband lokaler Netzwerke mit mehreren Millionen Benutzern, der zu gewerblichen Zwecken (z. B. E-Commerce) sowie aus privatem Interesse (z. B. E-Mail-Verkehr) genutzt werden kann;* → a. *Intranet* [verkürzt < engl. *inter* national „international" + *net* (work) „Netz(werk)"]

**internieren** ⟨V. t.; hat⟩ **1** *in staatlichen Gewahrsam, in Haft nehmen (bes. im Kriege einem feindl. Staat angehörende Zivilpersonen)* **2** *isolieren* (Kranke) [< frz. *interner* „internieren"; → *intern*]

**Internist** ⟨m. 16; Med.⟩ *Facharzt für innere Krankheiten* [→ *intern*]

**Interpol** ⟨ohne Art.; Kurzw. für⟩ *Internationale Kriminalpolizeiliche Organisation*

**Interpolation** ⟨f. 20⟩ **1** ⟨Math.⟩ *rechnerische Ergänzung zwischen zwei bekannten Werten, um einen Zwischenwert zu erhalten;* Ggs *Extrapolation* **2** ⟨Gramm.⟩ *nachträgliches Einschieben von Wörtern od. Sätzen in einen Text* **3** ⟨allg.⟩ *das Eingeschobene selbst* [< lat. *interpolatio,* eigtl. „Umgestaltung"]

**Interpret** ⟨m. 16⟩ **1** *Erklärer, Ausleger, Deuter* **2** ⟨Mus.⟩ *Künstler als Vermittler eines (musikalischen) Kunstwerks* [< lat. *interpres* „Vermittler"]

**Interpretation** ⟨f. 20⟩ **1** *Erklärung, Auslegung, Deutung* **2** ⟨bes. Mus.⟩ *künstlerische Wiedergabe (eines Musikstückes)* [< lat. *interpretatio* „Auslegung, Deutung"]

**interpretieren** ⟨V. t.; hat⟩ *(sprachlich, sachlich, künstlerisch) erklären, auslegen, deuten* ◆ einen Text, eine Aussage, ein Musikstück interpretieren

**Interpunktion** ⟨f. 20; Gramm.⟩ *Anwendung von Satzzeichen nach bestimmten Regeln;* Sy *Zeichensetzung* [< lat. *interpunctio* „Unterscheidung, Abteilung (der Wörter) durch Punkte"]

**Interregio** ⟨m. 6; Abk.: IR⟩ *überregionaler Zug der Dt. Bahn mit gehobenem Komfort* [< lat. *inter* „zwischen" + *regio* „Linie, Richtung"]

**interrogativ** ⟨Adj.; Gramm.⟩ *fragend* [< lat. *interrogativus* „fragend"]

**Interrogativpronomen** ⟨n. 14; Pl. a.: -mina; Gramm.⟩ *fragendes Fürwort,* z. B. „was?", „wer?", „wie?"; Sy *Fragefürwort, Fragewort*

**intersubjektiv** ⟨Adj.⟩ *dem Bewusstsein verschiedener Personen gemeinsam*

**Intervall** ⟨[-val] n. 11⟩ **1** *Zwischenraum, Zwischenzeit, Abstand, Pause* **2** ⟨Mus.⟩ *Höhenunterschied zwischen zwei Tönen, die gleichzeitig od. nacheinander klingen* [< lat. *intervallum* „Zwischenraum"]

**intervenieren** ⟨[-ve-] V. i.; hat⟩ *dazwischentreten, einschreiten, sich einmischen, vermitteln* [< lat. *intervenire* „dazwischen-, dazukommen, -treten"]

**Intervention** ⟨[-vɛn-] f. 20; allg.⟩ **1** *Dazwischentreten, Einmischung, Eingreifen, Vermittlung* **2** ⟨Pol.⟩ *Einmischung eines Staates in die Angelegenheiten eines anderen Staates* [< lat. *interventio* „Dazwischenkunft"]

**Interview** ⟨[-vju] n. 15⟩ **1** *Befragung (meist bekannter Persönlichkeiten) durch Presse- od. Rundfunkvertreter* **2** *Befragung ausgewählter Personen zu statistischen o. ä. Zwecken* ◆ in dem Interview ging es um das Thema Internet [engl. „Zusammenkunft, Unterredung"]

**interviewen** ⟨[-vjuːən] V. t.; hat⟩ jmdn. interviewen *ein Interview mit jmdm. abhalten, befragen*

**intim** ⟨Adj.⟩ **1** *vertraut, innig, eng* **2** *vertraulich* **3** *gemütlich, anheimelnd, lauschig* ◆ intime **Beleuchtung;** ein intimes **Eckchen,** Lokal; ein intimer **Freund,** Kreis; eine intime **Mitteilung,** Zusammenkunft; intimer **Verkehr** *Geschlechtsverkehr* ◆ **sein:** ich bin mit ihr sehr intim ⟨umg.⟩ *eng befreundet;* mit jmdm. intim werden *sich mit jmdm. eng befreunden; Geschlechtsverkehr beginnen* [< lat. *intimus* „der Innerste"]

**Intimität** ⟨f. 20⟩ **I** ⟨unz.⟩ **1** *Vertrautheit, Innigkeit, Vertraulichkeit* **2** *Traulichkeit, Gemütlichkeit* ◆ die Intimität einer Freundschaft, eines Gesprächs, eines Raumes **II** ⟨zählb.⟩ **1** *persönliche, vertrauliche Angelegenheit* **2** *plumpe Vertraulichkeit* **3** *geschlechtliche Beziehung* ◆ bitte keine Intimitäten!

**Intimsphäre** ⟨f. 19; unz.⟩ *(meist sorgfältig gehüteter) Bereich des persönl. Lebens, bes. des Geschlechtslebens*

**intolerant** ⟨Adj.⟩ *andere Meinungen nicht gelten lassend, andere Gewohnheiten nicht anerkennend;* Ggs *tolerant* [< lat. *intolerans* „unduldsam"]

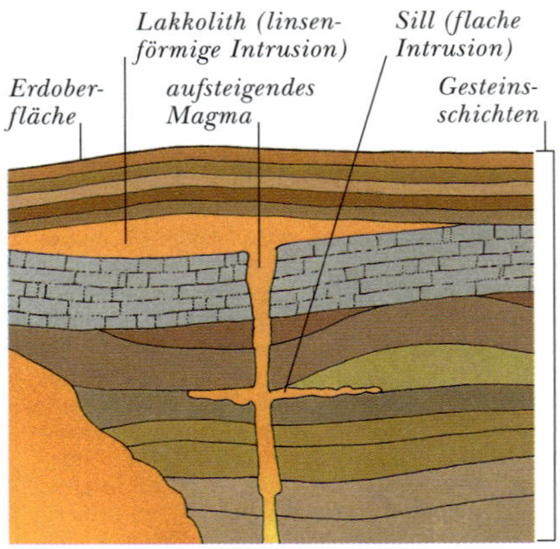


INTRUSION: SCHNITT DURCH DIE ERDKRUSTE MIT INTRUSIONEN

**Intoleranz** ⟨f. 20; unz.⟩ *intolerantes Wesen od. Verhalten;* Ggs *Toleranz* [< lat. *intolerantia* „Unduldsamkeit"; zu *tolerare* „ertragen"]

**Intonation** ⟨f. 20; unz.⟩ **1** ⟨Mus.⟩ **1.1** *Art der Tongebung, Tonansatz beim Singen od. beim Spielen eines Instrumentes* **1.2** *das Einstimmen der Orgelpfeifen* **1.3** *Tonanschlag zum Stimmen der Instrumente* **1.4** *Präludieren* **1.5** *das Vorsingen der ersten Worte des liturgischen Gesanges durch den Priester* **2** ⟨Phon.⟩ **2.1** *Tonansatz beim Erzeugen eines Silben bildenden Lautes* **2.2** *Satzmelodie einer Sprache* [→ *intonieren*]

**intonieren** ⟨V. t.; hat; Mus.⟩ *auf eine bestimmte Tonhöhe einstellen* (Stimmbänder, Instrument), *zum Anstimmen od. Treffen eines Tons sowie zum Einstimmen, z. B. einer Orgelpfeife* [< lat. *intonare* „die Stimme vernehmen lassen"]

**Intoxikation** ⟨f. 20⟩ *Vergiftung* [< lat. *in* „in, hinein" + grch. *toxon* „Pfeilgift"]

**intra..., Intra...** ⟨in Zus.⟩ *zwischen, innen, innerhalb* [lat.]

**Intrada, Intrade** ⟨f.; -, -traden; in der Barockmusik⟩ *Eröffnungs-, Einleitungsstück, Aufzugsmusik* [span., „Eingang"; zu lat. *intrare* „eintreten"]

**intramuskulär** ⟨Adj.; Anat.⟩ *innerhalb des Muskels (gelegen), in den Muskel hinein* ◆ intramuskuläre Injektion [< lat. *intra* „innerhalb" + *musculus* „Muskel"]

**Intranet** ⟨n. 15; EDV⟩ *internes Netzwerk in Unternehmen, das mithilfe des Internets aufgebaut wird;* → a. *Internet* [< *Intra...* + engl. *net* (work) „Netz(werk)"]

**intransitiv** ⟨Adj.; Gramm.⟩ *nicht zielend, kein Akkusativobjekt verlangend;* Ggs *transitiv* ◆ intransitive Verben *Verben, die kein Akkusativobjekt nach sich haben u. von denen man nur ein unpersönliches Passiv bilden kann,* z. B. schlafen, helfen, laufen [< lat. *intransitivus* „nicht (auf ein Objekt) übergehend"]

**intravenös** ⟨[-ve-] Adj.⟩ *innerhalb einer Vene (gelegen), in eine Vene hinein* ◆ intravenöse Injektion [< lat. *intra* „innerhalb" + *vena* „Ader"]

**intrigant** ⟨Adj.; -er, am -esten⟩ *gern Intrigen spinnend, hinterlistig* [frz., „ränkesüchtig"]

**Intrige** ⟨f. 19⟩ *hinterlistige Handlung, Machenschaft* ◆ Intrigen spinnen [< frz. *intrigue* „Ränke, Intrige"]

**intrigieren** ⟨V. i.; hat⟩ *Intrigen spinnen, Ränke schmieden, hinterlistig handeln* ◆ gegen jmdn. intrigieren [< frz. *intriguer*]

**intrinsisch** ⟨Adj.; bes. Psych.⟩ *aus dem Innern, von innen kommend, von innen bewirkt;* Ggs *extrinsisch* ◆ intrinsische Motivation [< engl. *intrinsic* < lat. *intrinsecus* „inwendig, innerlich"]

**Intro** ⟨n. 15; TV⟩ *(mit Musik unterlegter) Vorspann für eine Sendung* [verkürzt < *Introduktion*]

**Introduktion** ⟨f. 20⟩ **1** *Einführung* **2** *Vorspiel, Einleitungssatz (eines Musikstücks)* [< lat. *introductio* „Einführung"]

**introvertiert** ⟨[-vɛr-] Adj.⟩ *nach innen gekehrt* ◆ introvertierter Typus *Mensch, der auf das eigene Seelenleben gerichtet ist;* Ggs *extravertiert* [< lat. *intro* „nach innen" + *vertere* „wenden"]

**Intrusion** ⟨f. 20; Geol.⟩ ◄ *Eindringen großer Magmamassen in die Erdkruste* [frz.]

**Intrusivgestein** ⟨n. 11⟩ *durch Intrusion entstandenes Gestein* [Lehnübersetzung aus frz. *roches intrusives* „Intrusivgestein"]

**Intubation** ⟨f. 20⟩ *Einführung eines Gummi-, Plastik- od. Metallrohrs in die Luftröhre* [< lat. *in* „in, hinein" + *tuba* „Trompete"]

**Intuition** ⟨f. 20⟩ **1** *Eingebung, unmittelbare Anschauung ohne wissenschaftl. Erkenntnis* **2** *Fähigkeit, verwickelte Vorgänge sofort richtig zu erfassen* [< mlat. *intuitio* „unmittelbare Anschauung"]

**intuitiv** ⟨Adj.⟩ *auf Intuition beruhend, durch Intuition erfasst;* Ggs *diskursiv* [< mlat. *intuitivus* „auf unmittelbarer Anschauung beruhend"]

**intus** ⟨Adj.⟩ *innen, inwendig* ◆ etwas intus haben ⟨umg.⟩ *gegessen, getrunken haben;* eine Aufgabe, Vokabeln usw. intus haben ⟨fig.; umg.⟩ *verstanden, im Gedächtnis haben* [lat., „innen, inwendig"]

**Inuit** ⟨m.; - od. -s, - od. -s⟩ *nordamerikanischer od. grönländischer Eskimo* [eskim., „Männer, Menschen"; Pl. zu *inuk* „Mann, Mensch"]

**Invalide** ⟨[-va-] m. 17; Med.⟩ *durch Krankheit, Unfall im Beruf od. Verwundung im Krieg* (Kriegsinvalide) *arbeitsunfähig gewordener od. arbeitsbehinderter Mensch*

**Invalidität** ⟨[-va-] f. 20; unz.; Med.⟩ *Arbeitsunfähigkeit* ◆ sein Unfall führte zur Invalidität [< frz. *invalidité* „Gebrechlichkeit"]

**invariabel** ⟨[-va-] Adj.⟩ *unveränderlich, sich nicht verändern lassend;* Ggs *variabel* ◆ invariable Größe [< lat. *in...* „um..., nicht" + *variabilis* „unveränderlich" ]

**invariant** ⟨[-va-] Adj.⟩ *bei bestimmten Vorgängen gleich, unverändert bleibend;* Ggs *variant* [< lat. *in...* „un..., nicht" + *variare* „verändern"]

**Invasion** ⟨[-va-] f. 20⟩ **1** ⟨Mil.⟩ *(feindlicher) Einfall, widerrechtl. Einbruch in fremdes Staatsgebiet* **2** ⟨Med.⟩ *Eindringen von Krankheitserregern, deren Nachkommenschaft den Organismus des Wirtes verlässt* [< lat. *invasio* „Angriff, gewaltsame Inbesitznahme"]

**Inventar** ⟨[-vɛn-] n. 11⟩ **1** *Verzeichnis der zu einem Raum, Haus, Grundstück gehörenden Gegenstände od. zu einem Betrieb, einer Vermögensmasse (z. B. Erbe) gehörenden Gegen-*

*stände, Vermögenswerte u. Schulden* **2** *die Gegenstände selbst* **3** *Einrichtung, Bestand* ◆ Inventar aufnehmen; lebendes Inventar *Tiere;* totes Inventar *Möbel, Geräte, Vermögenswerte* [< lat. *inventarium* „Vermögensverzeichnis"]

**inventarisieren** ⟨[-vɛn-] V. t.; hat⟩ einen Betrieb inventarisieren *das Inventar eines Betriebes feststellen u. schriftlich festhalten*

**Inventur** ⟨[-vɛn-] f. 20⟩ *Aufstellung eines Inventars* [< mlat. *inventura*]

**Inversion** ⟨[-vɛr-] f. 20⟩ **1** ⟨allg.⟩ *Umkehrung* **2** ⟨Gramm.⟩ *Umkehrung der normalen Wortfolge,* z. B. grün ist die Heide **3** ⟨Mus.⟩ *Umkehrung, Gegenbewegung einer Tonfolge* **4** ⟨Med.⟩ **4.1** *Umstülpung (der Gebärmutter, der Eingeweide)* **4.2** *Umkehrung des Geschlechtstriebes* **5** ⟨Chem.⟩ **5.1** *die Änderung der räumlichen Anordnung der Bindungspartner an einem Kohlenstoffatom* **5.2** *die Änderung des optischen Drehsinns bei der hydrolytischen Spaltung von Saccharose (Rohrzucker)* **6** ⟨Meteor.⟩ *atmosphär. Sperrschicht, in der die Temperatur nach oben hin nicht mehr abnimmt* [< lat. *inversio* „Umkehrung"]

**Invertebrat** ⟨[vɛr-] m. 16; Biol.⟩ ▼ *wirbelloses Tier;* Sy *Evertebrat, wirbelloses Tier;* Ggs *Vertebrat* [< lat. *in...* „un..., nicht" + *vertebra* „Wirbelknochen"]

**Invertzucker** ⟨[-vɛrt-] m. 3; unz.⟩ *ein Gemisch aus Glucose und Fructose, das bei der hydrolytischen Spaltung von Sacharose (Rohrzucker) entsteht, durch die die Drehrichtung des polarisierten Lichtes von rechts nach links geändert wird* [zu lat. *invertere* „umwenden"]

**investieren** ⟨[-vɛs-] V. t.; hat⟩ **1** jmdn. investieren *in ein Amt einweisen* **2** Kapital investieren *anlegen (in, bei)* [< lat. *investire* „einkleiden, bekleiden"; zu *vestis* „Kleid"]

**Investition** ⟨[-vɛs-] f. 20⟩ *(langfristige) Kapitalanlage;* Sy *Investment* ◆ das Haus war eine große Investition [< neulat. *investitio* „Einkleidung, Bekleidung"; zu lat. *vestis* „Kleid"]

**Investment** ⟨[-vɛst-] n. 15⟩ = *Investition* [engl., „Bekleidung, Ausstattung, Kapitalanlage"]

## IONISCHE SÄULENORDNUNG

Die ionische Säulenordnung (von ca. 570 v. Chr.) ist die zweite der drei griechischen Säulenordnungen der Antike. Für sie typisch sind verjüngte Säulen, Volutenkapitelle und der durchgehend mit Bildern und Skulpturen geschmückte Fries. Das dreieckige Giebelfeld an der Hauptfassade bleibt in der Regel ohne Schmuck.

FRONTANSICHT EINES IONISCHEN TEMPELS

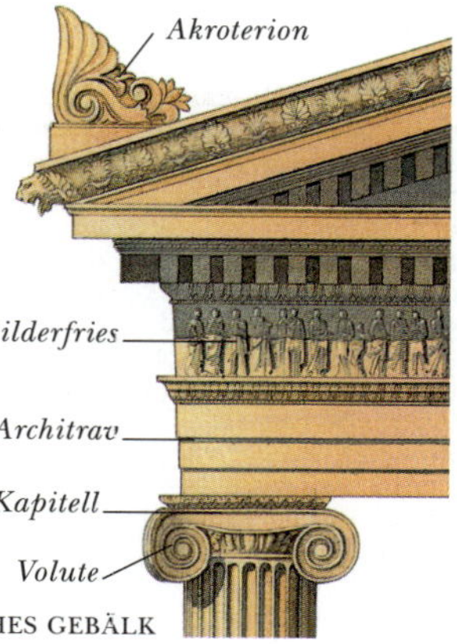


IONISCHES GEBÄLK

**Investmentfonds** ⟨[-vɛstməntfɔ̃] m.; - [-fɔ̃s], - [-fɔ̃s]; Börse⟩ *Bestand an Wertpapieren (von Kapitalgesellschaften)* ◆ investiere in einen Investmentfonds! [< *Investment* + *Fonds*]

**in vitro** ⟨[- vi:-] Biol.; Chem.⟩ *bei, durch Versuch im Reagenzglas, im, durch Laborversuch* [lat., „im Glase"]

**In-vitro-Fertilisation** ⟨[-vi:-] f. 20; Biol.; Med.; Abk.: IVF⟩ *Befruchtung außerhalb des Mutterleibs;* Sy *künstliche Befruchtung* [< lat. *in vitro* „im (Reagenz-)Glas + *fertilis* „fruchtbar"]

**involvieren** ⟨[-vɔlvi:-] V. t.; hat⟩ **1** *in sich schließen, enthalten* **2** *nach sich ziehen* [< lat. *involvere* „einwickeln, einhüllen, verwickeln"]

**inwendig** ⟨Adj.⟩ *im Innern, an der Innenseite befindlich* ◆ etwas in- und auswendig kennen ⟨umg.⟩ *gründlich* [→ *wenden*]

**inwiefern** ⟨Konj.⟩ *in welcher Weise, wieso* ◆ ich kann nicht sagen, inwiefern das eine besser sein soll als das andere

**inwieweit** ⟨Konj.⟩ *in welchem Maße* ◆ ich weiß nicht, inwieweit er Recht hat

**Inzucht** ⟨f. 20; unz.⟩ **1** ⟨bei Pflanzen u. Tieren⟩ = *Reinzucht (1)* **2** ⟨beim Menschen⟩ *Fortpflanzung unter engen Blutsverwandten*

**inzwischen** ⟨Adv.⟩ *mittlerweile, unterdessen* ◆ inzwischen war Folgendes geschehen

**Iod** ⟨n.; -s; unz.; Chem.; fachsprachl. für⟩ *Jod*

**IOK** ⟨Sp.; Abk. für⟩ *Internationales Olympisches Komitee*

**Ion** ⟨[i'ɔ:n] n. 27; Phys.; Chem.⟩ *elektr. geladenes Atom, Atomgruppe od. Molekül* [zu grch. *ion,* Part. Präs. von *ienai* „gehen", eigtl. „wanderndes (Teilchen)"]

**Ionier** ⟨[i'o:niər] m. 3⟩ *Einwohner von Ionien, Angehöriger eines der drei grch. Hauptstämme*

**ionisch** ⟨[io:-] Adj.⟩ *zu Ionien, zu den Ioniern gehörig, aus ihm, von ihnen stammend;* oV *jonisch* ◆ ionische Säulenordnung ⟨Arch.; Antike⟩ ▲ *architektonische Gliederung altgrch. Tempel, die zu Beginn nur für den Innenausbau verwendet wurde;* ionische Tonart ⟨Mus.⟩ *altgrch. Tonart, Kirchentonart mit dem Grundton c* [nach den *Ioniern,* einem Stamm der alten Griechen]

## INVERTEBRATEN

Das Tierreich wird von jeher in zwei Gruppen eingeteilt: die Vertebraten (Wirbeltiere) und die Invertebraten (wirbellose Tiere). Die letztere ist die bei weitem artenreichere Gruppe. Zu ihr zählen z. B. die Nesseltiere mit ihren weichen gallertigen Körpern, die Stachelhäuter und die Gliederfüßer mit ihrem Außenskelett. Die größte Gruppe der Wirbellosen sind die Insekten.

### VERSCHIEDENE KLASSEN DER INVERTEBRATEN

INSEKTEN
► *Insekten*

WEICHTIERE
► *Weichtiere*

RINGEL-
WÜRMER

KREBSE
► *Krebse*

STACHELHÄUTER
► *Stachelhäuter*

SPINNENTIERE
► *Spinnen*

NESSELTIERE
► *Nesseltiere*

**Ionisierungsenergie** ⟨f. 19⟩ *die Energie, die aufgebracht werden muss, um ein Elektron aus der Elektronenhülle eines Atoms od. Ions zu lösen*
**Ionosphäre** ⟨f. 19; unz.⟩ ► *obere Schicht der Atmosphäre, die aufgrund starker Ionisierung eine hohe elektrische Leitfähigkeit besitzt* [< *Ion* + *Atmosphäre*]
**Iota** ⟨n. 15⟩ = *Jota*[1]
**i-Punkt** ⟨m. 1⟩ *der Punkt auf dem i* ◆ etwas bis auf den (letzten) i-Punkt (genau) ausarbeiten, ausrechnen, erledigen, klären, regeln ⟨fig.⟩ *mit äußerster Sorgfalt u. Genauigkeit*
**IQ** ⟨Abk. für⟩ *Intelligenzquotient*
**Ir** ⟨Chem.; Zeichen für⟩ *Iridium*
**IR** ⟨Abk. für lat.⟩ *Interregio*
**i. R.** ⟨Abk. für⟩ *im* → *Ruhestand*
**I. R.** ⟨Abk. für lat.⟩ *Imperator Rex*
**ir...**[1], **Ir...**[1] ⟨Vors.; vor r⟩ = *in...*[1], *In...*[1]
**ir...**[2], **Ir...**[2] ⟨Vors.; vor r⟩ = *in...*[2], *In...*[2]
**IRA** ⟨Abk. für engl.⟩ *Irish Republican Army*
**Iraker** ⟨m. 3⟩, **Iraki** ⟨m. 6⟩ *Einwohner des Iraks*
**Iraner** ⟨m. 3⟩, **Irani** ⟨m.; -s, - od. umg.: m. 6⟩ *Einwohner des Irans*
**iranisch** ⟨Adj.⟩ *den Iran betreffend, zu ihm gehörig, von daher stammend* ◆ iranische Sprachen *die von den Iraniern in Vorder- u. Mittelasien gesprochenen indogerman. Sprachen, z. B. Persisch, Kurdisch, Afghanisch, Tadschikisch, Pamirdialekte*
**irden** ⟨Adj.⟩ *aus gebrannter Erde, gebranntem Ton bestehend, hergestellt* [< ahd. *irdin, erdin* „aus Erde bestehend"; zu ahd. *erda* „Erde"]
**irdisch** ⟨Adj.⟩ **1** *die Erde betreffend, zu ihr gehörig, auf ihr lebend* **2** ⟨fig.⟩ *zeitlich, weltlich, diesseitig* **3** *sterblich* ◆ das irdische Dasein, Leben; die irdischen Dinge, Freuden [< ahd. *irdisc* „aus Erde bestehend", dann „zur Erde gehörig"; zu ahd. *erda* „Erde"]
**Ire** ⟨m. 17⟩ *Einwohner von Irland;* Sy *Irländer*
**Irenik** ⟨f. 20; unz.⟩ *Friedenslehre, Teil der Theologie, die die Verständigung der verschiedenen christlichen Konfessionen anstrebt* [zu grch. *eirene* „Friede"]
**irenisch** ⟨Adj.⟩ **1** *auf Irenik beruhend* **2** *friedfertig, friedliebend*
**irgend I** ⟨Pron.⟩ *etwas bzw. jmd., das bzw. der nicht näher zu bezeichnen ist* ◆ irgend so ein Kerl ⟨umg.⟩; → a. *irgend...* **II** ⟨Adv.⟩ *auf eine Weise, überhaupt* ◆ wenn ich irgend kann, dann werde ich dir helfen [< spätahd. *iergen* < frühahd. *io wergin* < ahd. *io* (→ *je*) + *(h)war* „wo" + Indefinitpartikel **gin* „irgend"]
**irgend...** ⟨in Zus. zur Bildung unbestimmter Adv. od. Pron.⟩ irgendein, -eine, -einer; irgendeinmal; irgendetwas; irgendjemand; irgendwann; irgendwas; irgendwelcher, -welche, -welches; irgendwer; irgendwie; irgendwo; irgendwoher; irgendwohin
**Iridium** ⟨n.; -s; unz.; Chem.; Zeichen: Ir⟩ *silberweißes, außergewöhnlich hartes Edelmetall, Ordnungszahl 77* [zu grch. *iris* „Regenbogen"]
**Iris** ⟨f.; -, -⟩ **1** = *Regenbogenhaut* **2** ⟨Bot.⟩ ► *Angehörige einer Gattung der Schwertliliengewächse (Iridaceae) mit violett, gelb od. blau gefärbten großen Blüten: Iris;* Sy *Schwertlilie* [< grch. *iris* „Regenbogen"]
**Irisblende** ⟨f. 19; Fot.⟩ *Vorrichtung zum Verstellen der Öffnung des Objektivs durch eine der Iris des Auges ähnliche Vorrichtung*

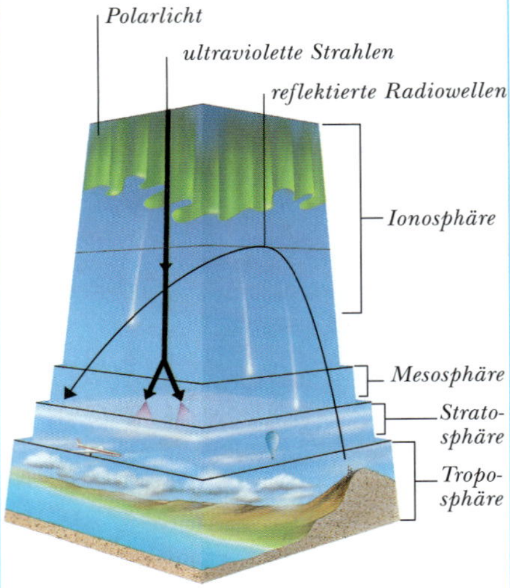


IONOSPHÄRE: SCHNITT DURCH DIE UNTEREN SCHICHTEN DER ERDATMOSPHÄRE

**irisch** ⟨Adj.⟩ *Irland betreffend, dazu gehörig, daraus stammend;* Sy *irländisch* ◆ irisch-römisches Bad *ein Heißluftbad, Schwitzbad in heißer, trockener Luft, anschließend kalte Dusche u. Massage;* Sy *türkisches Bad;* irische Sprache *von den Iren gesprochene, kelt. Sprache;* irischer Wall ⟨Reitsp.⟩ *Hindernis in Gestalt eines Erdwalls von etwa 1 m Höhe;* Irischer Wolfshund ⟨Zool.⟩ ► *Angehöriger einer aus Irland stammenden, sehr großen Windhundrasse, die ursprünglich für die Wolfsjagd gezüchtet wurde*
**Irländer** ⟨m. 3⟩ = *Ire*
**irländisch** ⟨Adj.⟩ = *irisch* ◆ Irländisches Moos *Rotalgen der Nordseeküste, als reizlinderndes Mittel gegen Katarrh u. Durchfall: Chondrus crispus od. Gigartina mamillosa*
**Ironie** ⟨f. 19; unz.⟩ *hinter Ernst versteckter Spott, mit dem man das Gegenteil von dem ausdrückt, was man meint, seine wirkl. Meinung aber durchblicken lässt* ◆ Ironie des Schicksals ⟨fig.⟩ *zufälliges Ereignis, das dem erwarteten Verlauf überraschend widerspricht* [< grch. *eironeia* „Ironie, Spott"; zu *eiron* „Schalk"]
**ironisch** ⟨Adj.⟩ **1** *auf Ironie beruhend* **2** *versteckt spöttisch, fein spöttelnd*
**irrational** ⟨Adj.⟩ Ggs *rational* **1** *mit der Ratio, dem Verstand nicht erfassbar* **2** *vernunftwidrig* **3** *unberechenbar* ◆ eine irrationale Tat; irrationale Zahl ⟨Math.⟩ *Zahl, die weder ganze Zahl noch ein Quotient zweier ganzer Zahlen ist,* z. B. $\sqrt{2}$ [< lat. *irrationalis* „unvernünftig"; zu *ratio* „Vernunft"]
**Irrationalismus** ⟨m.; -; unz.⟩ *jede Lehre, die das Irrationale zu umgrenzen u. zur Geltung zu bringen sucht;* Ggs *Rationalismus (3)*
**irre** ⟨Adj.⟩ **1** *unsicher, zweifelnd, verwirrt* **2** *irrsinnig, geistesgestört* **3** ⟨umg.⟩ *sehr ungewöhnlich, toll, großartig* **4** ⟨adv.⟩ *ungemein, sehr* ◆ das schmeckt irre gut; mit irrer Geschwindigkeit fahren ⟨umg.⟩ *unvernünftig schnell* [< ahd. *irri* „verirrt, verwirrt, erzürnt"]

IRIS
(*Iris* 'Banbury Beauty')

**Irre** ⟨f. 19; unz.⟩ *Weglosigkeit, falscher Weg, falsche Richtung* ◆ ⟨fast nur in den Wendungen⟩ in die Irre fahren, führen, gehen
**irreal** ⟨Adj.⟩ *nicht real, nicht wirklich, unwirklich, nicht der Wirklichkeit entsprechend;* Ggs *real* ◆ irreale Vorschläge, Vorstellungen [→ *Irrealis*]
**Irrealis** ⟨m.; -, -reales; Gramm.⟩ *Modus der Unwirklichkeit, im Deutschen durch den Konjunktiv des Imperfekts od. Plusquamperfekts wiedergegeben,* z. B. „ich wäre gekommen", „hätte gesagt" [mlat., „unsachlich, unwesentlich"; zu lat. *res* „Sache"]
**irreduzibel** ⟨Adj.⟩ *nicht wiederherstellbar, nicht wieder zurückzuführen*
**irreführen** ⟨V. t.; hat⟩ jmdn. irreführen **1** *in die Irre führen, vom Ziel, vom Weg abbringen* **2** ⟨fig.⟩ *täuschen* ◆ dein Verhalten führt dich irre; sie ließ sich leicht irreführen; eine irreführende Angabe, Auskunft
**irregehen** ⟨V. i. 145; ist⟩ **1** *in die Irre gehen, vom Weg, vom Ziel abkommen, sich verlaufen* **2** ⟨fig.⟩ *sich täuschen* ◆ er ist irregegangen, obwohl ich ihm den Weg genau beschrieben habe; ihr geht irre in der Annahme, dass ... ⟨fig.⟩
**irregulär** ⟨Adj.⟩ **1** *von der Regel abweichend, ungesetzmäßig;* Ggs *regulär* **2** ⟨kath. Kirche⟩ *vom Empfang der Weihen ausgeschlossen* ◆ irreguläre Truppen *nicht zum regulären Heere gehörende Truppen, Freiwilligen-, Partisanenverbände* [< spätlat. *irregularis* „keiner Regel gemäß, unregelmäßig"; zu lat. *regula* „Regel"]
**Irregularität** ⟨f. 20; unz.⟩ **1** *Regelwidrigkeit, Unregelmäßigkeit, Ungesetzlichkeit;* Ggs *Regularität* **2** ⟨kath. Kirche⟩ *körperl., geistiger od. sittl. Mangel, der vom Empfang der Weihen ausschließt* [→ *irregulär*]
**irrelevant** ⟨[-vant] Adj.⟩ *unerheblich, unbedeutend, geringfügig;* Ggs *relevant* [< lat. *in...* „un..., nicht" + *relevare* „aufheben, erleichtern"]

IRISCHER WOLFSHUND

**Irrelevanz** ⟨[-vants] f. 20; unz.⟩ *Unerheblichkeit, Geringfügigkeit;* Ggs *Relevanz*
**irremachen** ⟨V. t.; hat⟩ *beirren, verwirren, ablenken, aus der Fassung bringen*
**irren I** ⟨V. i.; ist⟩ **1** *ohne Kenntnis der Richtung umherlaufen, -fahren* **2** *vom rechten Weg abkommen, auf dem falschen Weg* ◆ ich bin durch den dunklen Wald, von einem Ort zum andern geirrt **II** ⟨V. i.; hat; fig.⟩ *falscher Meinung sein, von der rechten Überzeugung abkommen* ◆ Irren ist menschlich ⟨Sprichw.⟩ **III** ⟨V. refl.; hat⟩ sich irren *sich täuschen* ◆ ich kann mich auch irren *ich weiß es nicht genau;* sich im Datum irren [→ *irre*]
**irreparabel** ⟨Adj.⟩ *nicht zu reparieren, nicht wiederherstellbar, nicht heilbar;* Ggs *reparabel* ◆ ein irreparabler Schaden [< lat. *irreparabilis* „unersetzlich, unwiederbringlich"; zu *reparare* „wiederherstellen"]
**Irre(r)** ⟨f. 30 (m. 29)⟩ *Geisteskranke(r)* ◆ du armer Irrer! ⟨umg.⟩ *(Beschimpfung);* wie ein Irrer fahren ⟨umg.⟩ *übermäßig schnell*

**irreversibel** ⟨[-vɛr-] Adj.⟩ *nicht umkehrbar, nur in einer Richtung verlaufend;* Ggs *reversibel* [< frz. *irréversible* „nicht umkehrbar“; zu lat. *revertere* „umkehren“]

**irrewerden** ⟨V. i.; ist⟩ **1** *den Verstand verlieren* **2** an jmdm. irrewerden *an jmdm. verzweifeln*

**Irrgarten** ⟨m. 4u⟩ **1** ▼ *Garten od. große Höhle mit vielfach ineinander verschlungenen, unübersichtl. Wegen* **2** ⟨fig.⟩ *Unmenge, unübersichtliche Masse* ◆ das ist ja ein Irrgarten an Informationen ⟨fig.⟩

**irrig** ⟨Adj.⟩ *auf einem Irrtum beruhend, nicht zutreffend, falsch* ◆ eine irrige Ansicht, Auffassung, Vorstellung von etwas haben

**Irritation** ⟨f. 20⟩ *Reiz, Reizung, Erregung, Verunsicherung* [< lat. *irritatio* „Erregung, Reizung“]

**irritieren** ⟨V. t.; hat⟩ **1** *reizen, stören, erregen* **2** *ärgern, erzürnen* **3** ⟨umg.⟩ *verunsichern, verwirren, ablenken* [< lat. *irritare*]

**Irrsinn** ⟨m.; -s; unz.⟩ *geistige Umnachtung, Wahnsinn* ◆ in Irrsinn verfallen; das ist doch Irrsinn! ⟨umg.⟩ *völlig unvernünftig*

**irrsinnig** ⟨Adj.⟩ *geistesgestört, geistig umnachtet, wahnsinnig* ◆ er ist irrsinnig geworden; er fährt irrsinnig schnell ⟨umg.; fig.⟩ *rasend, viel zu schnell*

**Irrtum** ⟨m. 2u⟩ **1** *Fehlurteil, Fehlschluss* **2** *Täuschung, Versehen, unbeabsichtigter Fehler* ◆ einen Irrtum **begehen,** einsehen, herausfinden, richtig stellen; diesen Irrtum musste er teuer **bezahlen; sein:** es war ein Irrtum von mir; einem Irrtum **unterliegen;** Irrtum **vorbehalten!** ⟨Kaufmannsspr.⟩ *(Aufdruck auf Rechnungen)* ◆ ein **großer,** kleiner, schwerer, verhängnisvoller, verzeihlicher Irrtum ◆ das muss **auf** einem Irrtum beruhen; das Ganze lief auf einen Irrtum hinaus; da sind Sie **im** Irrtum!; Sie befinden sich im Irrtum, wenn Sie annehmen ...

**irrtümlich** ⟨Adj.⟩ *aufgrund eines Irrtums, einen Irrtum darstellend* ◆ ich war irrtümlich der Meinung, dass ...; eine irrtümlich geleistete Zahlung

**is..., Is...** ⟨Vors.; vor Vokalen⟩ = *iso..., Iso...*

**ISBN** ⟨Abk. für⟩ *Internationale Standardbuchnummer*

**...isch** ⟨Suffix zur Bildung von Adj.⟩ z. B. heldisch, stürmisch, mürrisch

**Ischialgie** ⟨[isçial-] od. [iʃial-] f. 19; unz.⟩ = *Ischias* [< grch. *ischion* „Hüftbein“ + *algos* „Schmerz“]

**Ischias** ⟨['iʃias] od. ['isçias] f. od. umg.: n. od. m.; -; unz.⟩ *anhaltende od. vorübergehende Schmerzhaftigkeit des Hüftnervs;* Sy *Ischialgie* [< grch. *ischion* „Hüftbein, Hüfte“]

**Ischiasnerv** ⟨[iʃias-] od. [isçias-] m. 23 od. fachsprachl.: m. 16⟩ = *Hüftnerv*

**ISDN** ⟨Tel.⟩ *weltweites Nachrichtensystem der Deutschen Telekom, das per Telefon Texte, Daten u. Bilder übermittelt* [Abk. für engl. *integrated services digital network* „dienstintegrierendes digitales Fernmeldenetz“]

**Islam** ⟨m.; -s; unz.; Rel.⟩ *von Mohammed Anfang des 7. Jh. begründete monotheist. Religion, bes. in Asien u. Afrika verbreitet* [< arab. *islam* „Heilzustand“, dann „Hingabe an Gott“]

**isländisch** ⟨Adj.⟩ *Island betreffend, dazu gehörig, daraus stammend* ◆ Isländisches Moos *Flechte, deren getrockneter, laubartiger Vegetationskörper als reizmilderndes Mittel bei Entzündungen der Bronchialschleimhaut sowie als Bitter- u. Kräftigungsmittel gebraucht wird: Cetraria islandica;* isländische

IRRGARTEN

## ISOTOPE

Isotope sind unterschiedliche Formen eines chemischen Elements. Sie haben identische chemische Eigenschaften und weisen dieselbe Anzahl von Protonen im Kern auf, aber sie unterscheiden sich in der Anzahl der Neutronen, wodurch sie eine jeweils unterschiedliche Masse haben. Abgebildet sind die drei verschiedenen Wasserstoffisotope.

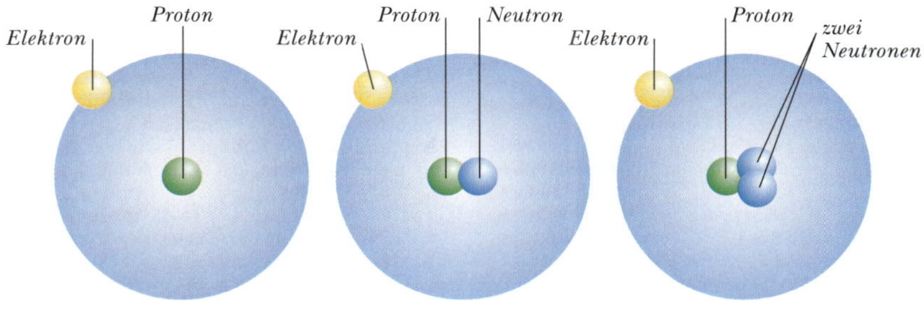


WASSERSTOFFATOM (GEWÖHNLICHER WASSERSTOFF, PROTIUM) — DEUTERIUMATOM (SCHWERER WASSERSTOFF) — TRITIUMATOM (RADIOAKTIVER WASSERSTOFF)

Sprache *auf Island gesprochene, nordgerman. (skandinav.) Sprache*

**ISO** ⟨Abk. für engl.⟩ *International Standard Organization, international tätiger Normenausschuss zur Erarbeitung einheitlicher Schraubengewinde, Normzahlen und Passungen im Maschinenbau*

**iso..., Iso...** ⟨vor Vokalen⟩ is..., Is... ⟨Vors.⟩ *(an Zahl, Größe usw.) gleich* [< grch. *isos*]

**Iso...** ⟨in Zus.; in chem. Namen⟩ *weist auf das Vorliegen einer isomeren Form der Bezugsverbindung hin, z. B. ist die Isocyansäure ein Isomer der Cyansäure*

**Isohypse** ⟨f. 19⟩ ► = *Höhenlinie* [< grch. *isos* „gleich“ + *hypsos* „Höhe“]

**Isolation** ⟨f. 20⟩ **1** *Absonderung, Trennung (von Infektions- od. Geisteskranken, von Häftlingen)* **2** *polit. Absonderung, Abschließung* **3** *Vereinsamung, Vereinzelung* **4** *Abdichtung gegen Luft, Schall, Wärme, Kälte usw.;* Sy *Isolierung* [→ *isolieren*]

**Isolator** ⟨m. 23⟩ **1** *Material, das Elektrizität od. Wärme schlecht od. gar nicht leitet* **2** *Mittel zur Schalldämpfung* [→ *isolieren*]

**isolieren** ⟨V. t.; hat⟩ **1** ⟨allg.⟩ *gegen Luft, Schall, Wärme, Kälte, Feuchtigkeit, Elektrizität abdichten* **2** ⟨fachsprachl.⟩ *vor Elektrospannungen schützen* **3** sich isolieren *sich absondern, von andern abseits halten* ◆ isolierende Sprachen *Sprachen, die endungslose Wörter verwenden, keine Formenbildung kennen u. die Beziehungen der Wörter zueinander im Satz nur durch die Wortstellung ausdrücken, z. B. das Chinesische* [< ital. *isolare* „abtrennen, absondern“; eigtl. „zur Insel machen“; zu lat. *insula* „Insel“]

**Isolierung** ⟨f. 20⟩ = *Isolation (4)*

**isomer** ⟨Adj.⟩ *Isomerie aufweisend* [< grch. *isos* „gleich“ + *meros* „Teil“]

**Isomer** ⟨n. 11⟩, **Isomere(s)** ⟨n. 31⟩ **1** ► *Stoff, der dieselbe Summenformel wie ein anderer besitzt, sich jedoch von diesem in der Struktur unterscheidet* **2** *Atomkern, der dieselbe Protonen- u. Neutronenzahl wie ein anderer besitzt, sich jedoch von diesem hinsichtlich seines Energiegehalts unterscheidet* [→ *isomer*]

**isomorph** ⟨Adj.⟩ *gleichgestaltig, gleiche Kristallform zeigend* ◆ isomorphe Abbildung [< grch. *isos* „gleich“ + *morphe* „Gestalt“]

**Isomorphie** ⟨f. 19; unz.⟩ *Gleichgestaltigkeit, gleiche Kristallform (bei chem. unterschiedl. Stoffen)*

**Isopode** ⟨m. 17⟩ = *Assel* [< grch. *isos* „gleich“ + *pous*, Gen. *podos* „Fuß“]

**Isoton** ⟨n. 11; meist Pl.; Phys.⟩ *Atomkern, der bei unterschiedlicher Protonenzahl die gleiche Anzahl Neutronen wie ein anderer enthält* [< *Iso...* + grch. *tonos* „Spannung, Spannkraft“]

**Isotop** ⟨n. 11; Chem.⟩ ▲ *chem. Element, das dieselbe Ordnungszahl im periodischen System hat wie ein anderes Element, dessen Atomkern aber eine verschiedene Zahl von Neutronen enthält* [< grch. *isos* „gleich“ + *topos* „Ort“]

## ISOMERE

Isomere sind zwei oder mehr chemische Verbindungen, die dieselbe Summenformel, aber eine unterschiedliche Struktur aufweisen. Butan und 2-Methylpropan beispielsweise haben die Molekülformel $C_4H_{10}$. Ihre Atome sind aber räumlich unterschiedlich angeordnet. Aufgrund dessen hat jedes Isomer seine eigenen physikalischen und chemischen Eigenschaften.

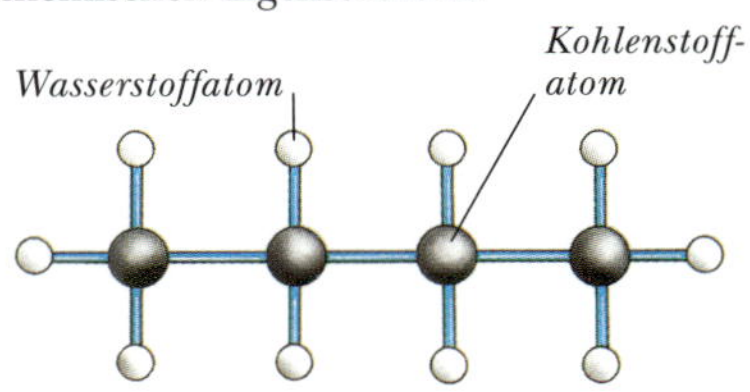


STRUKTURFORMEL DES BUTANS

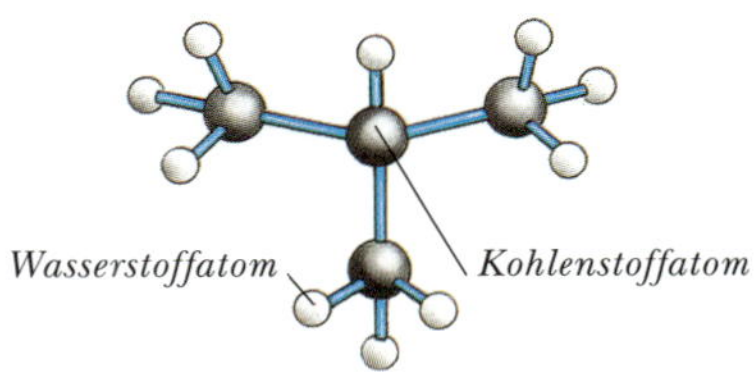


STRUKTURFORMEL DES 2-METHYLPROPANS

I

**Isovaleriansäure** ⟨[-va-] f. 19⟩ = *Baldriansäure*

**Israeli** ⟨[-rae-] m.; -s, - od. umg.: m. 6⟩ *Staatsbürger von Israel*

**israelisch** ⟨[-ra'e-] Adj.⟩ *den Staat Israel betreffend, daraus stammend*

**Israelit** ⟨[-ra'e-] m. 16⟩ = *Jude (1)*

**isthmisch** ⟨Adj.⟩ *zum Isthmus, bes. zu dem von Korinth gehörig, von ihm stammend* ◆ Isthmische Spiele ⟨in der Antike⟩ *sportl. u. musikal. Wettkämpfe beim Heiligtum des Poseidon am Isthmus von Korinth*

**Isthmus** ⟨m.; -, -men⟩ ► = *Landenge* [grch.]

**Ist-Kapazität** ⟨f. 20⟩ *tatsächl. Kapazität*

**Istwert,** ⟨auch⟩ **Ist-Wert** ⟨m. 1⟩ *Wert, den eine physikalische oder mathematische Größe aufweist*

**it.** ⟨Abk. für lat.⟩ *item (desgleichen, ebenso)*

**Itala** ⟨f.; -; unz.; Lit.; Rel.⟩ *um 200 in Italien entstandene, älteste latein. Bibelübersetzung*

**Italiener** ⟨m. 3⟩ *Einwohner des heutigen Italiens*

**italienisch** ⟨Adj.⟩ *Italien betreffend* ◆ italienischer Salat *Salat aus in Streifen geschnittenen Zutaten von gekochtem od. gebratenem Fleisch, Schinken, Eiern, Gurken, Äpfeln, Kartoffeln usw., mit Majonäse od. saurer Sahne angerichtet;* italienische Sprache *roman., in Italien gesprochene Sprache*

**Italiensperling** ⟨m. 1; Zool.⟩ *in Italien beheimatete Unterart des Haussperlings mit kastanienbrauner Kopfplatte u. weißen Wangen: Passer domesticus italiae*

**Italique** ⟨[-lik] f.; -; unz.; Typ.⟩ *Kursivschrift* ◆ einen Text in der Schriftart Italique setzen [frz.; zu lat. *italicus* „italisch", nach dem Heimatland des Schöpfers dieser Schrift, des venezianischen Druckers Aldus Manunzio, 1449-1515]

**Iterativ** ⟨n.; -s, -tiva [-va]⟩, **Itinerarium** ⟨n. 11; Gramm.⟩ **1** *Aktionsart des Verbs, das die Wiederholung eines Geschehens ausdrückt,* z. B. kränkeln = oft ein wenig krank sein **2** *das Verb selbst*

**...itis** ⟨Suffix; Med.; zur Bez. für⟩ *Entzündung,* z. B. Bronchitis, Gastritis

**i-Tüpfelchen** ⟨n. 14⟩ **1** *Punkt auf dem i* **2** ⟨fig.⟩ *letzter Schliff, Vollendung* ◆ bis aufs i-Tüpfelchen *bis zur kleinsten Kleinigkeit*

**IUPAC** ⟨['ju:pæk] f.; unz.; Abk. für engl.⟩ *International Union for Pure and Applied Chemistry: internationale Chemikervereinigung, zuständig für chemische Schreibweisen, Nomenklatur, Element- u. Verbindungsnamen*

**i. V., I. V.** ⟨Abk. für⟩ *in* → *Vollmacht* ⟨Kleinschreibung, wenn die Abk. der Bez. für eine Behörde, Firma u. Ä. folgt; Großschreibung, wenn sie nach einem abgeschlossenen Text od. allein vor einer Unterschrift steht⟩

**IVF** ⟨Med.; Abk. für⟩ *In-vitro-Fertilisation*

**Iwan** ⟨m.6; abwertend⟩ *Russe* [nach dem im Russischen häufigen Vornamen]

**Iwrith** ⟨n.; - od. -s; unz.⟩ *das heute in Israel verwendete Neuhebräisch*

**i. w. S.** ⟨Abk. für⟩ *im weiteren Sinne*

I

# J

JAGUAR (*Panthera onca*)

**J 1** ⟨Chem.; früher Zeichen für⟩ *Jod* **2** ⟨Phys.; Zeichen für⟩ *Joule*

**ja** ⟨Partikel⟩ **I** ⟨betont⟩ **1** *(zustimmende Antwort;* Ggs *nein (1)* **2** *unbedingt, auf jeden Fall* ◆ gefällt dir das? ja!; ich glaube, ja!; er nicht, ich ja *aber ich, ich schon, ich bestimmt;* **besuchen** Sie mich ja, wenn Sie wieder hier sind *auf jeden Fall;* er sagt „vielleicht“ und **meint** doch „ja“!; damit es nur ja alle **sehen; tu** das ja nicht! *keinesfalls* ◆ seien Sie ja **vorsichtig!** ◆ **aber** ja!; **ach** ja!; zu allem ja und **amen**/Ja und Amen sagen *immer zustimmen, sich mit allem einverstanden erklären;* ja und **nein!** *es stimmt u. stimmt auch nicht, wie man's nimmt* **II** ⟨unbetont; meist verstärkend⟩ **1** *aber, doch* **2** *sogar, geradezu* ◆ ja, es gibt sogar Leute, die ...; ja, hör mal!; ja, wenn ich das alles gewusst hätte!; er hat sie sehr geschätzt, ja sogar **bewundert;** ich habe ja gar nichts **gesagt!;** ich sag's ja! *also doch!, ich wusste es doch!* ◆ das ist ja **großartig!;** das ist ja wirklich nicht **schlimm;** das ist schwer, ja fast **unmöglich;** das ist ja überhaupt nicht **wahr!** [< ahd. *ja,* engl. *yes;* Herkunft nicht geklärt]

**Ja** ⟨n.; -s; unz.; Gen. selten⟩ *bejahende, zustimmende Antwort* ◆ (bei der Trauung) das Ja sprechen; ein einstimmiges, lautes, leises, schallendes Ja war die Antwort; eine Frage mit Ja beantworten

**Jabot** ⟨[ʒa'bo:] n. 15; 18. Jh.⟩ *Rüsche zum Verstecken des vorderen Verschlusses an eleganten Herrenhemden,* ⟨heute⟩ *an Damenblusen u. -kleidern (Spitzenjabot)* [frz., „Kropf, Brustkrause“]

**Jacht** ⟨f. 20⟩ ► *leichtes, schnelles Schiff (bes. Segelschiff) für Sport- u. Vergnügungszwecke;* oV *Yacht* [verkürzt < *Jachtschiff, Jageschiff* (16. Jh.); → *jagen*]

**Jacke** ⟨f. 19⟩ *Oberbekleidungsstück für Männer u. Frauen* (Kostümjacke, Strickjacke, Unterjacke, Wolljacke) [< frz. *jaque (de mailles)* „Panzerhemd“, dann „kurzer, enger Männerrock“ < span. *jaco* „Brünne“ < arab. *sakk* „Brünne“]

**Jackett** ⟨[ʒa'kɛt] n. 15⟩ *Jacke zum Herrenanzug* ◆ ein braunes Jackett [< frz. *jaquette* „Bauernkittel“ (15. Jh.); Verkleinerungsform zu *jaque;* → *Jacke*]

**Jackpot** ⟨['dʒækpɔt] m. 6⟩ **1** ⟨Poker⟩ *gemeinsamer Spieleinsatz* **2** ⟨Lotto, Toto⟩ *hohe Gewinnsumme aus mehreren Spielen, bei denen kein erster Rang vergeben wurde* [engl. *jack* „Bube (als Spielkarte)“ + *pot* „Topf, (Wett-)Einsatz“]

**Jade** ⟨m. od. f.; -; unz.; Min.; Sammelbez. für⟩ *Jadeit u. Nephrit* [< span. *piedra de ijada* „Lendenstein“, nach dem Volksglauben an die Heilkraft des Steines bei Schmerzen in den Flanken]

**Jadeit** ⟨[-dei:t] m. 1; unz.; Min.⟩ ► *zartgrünliches, dichtes Augitmineral, chemische Formel* $NaAlSi_2O_6$; ► *Schmucksteine*

JADEIT: MEXIKANISCHE JADEITMASKE AUS DEM 18. JH.

**Jagd** ⟨f. 20⟩ **1** *Weidwerk, Erlegen von Wild nach dem Jagdrecht u. -brauch* (Hetzjagd, Hochjagd, Niederjagd, Treibjagd) **2** *Wildbestand eines Jagdreviers* **3** ⟨kurz für⟩ *Jagdrevier* **4** ⟨fig.⟩ *Verfolgung, Nacheilen* **5** *Wettlauf* ◆ die **Wilde** Jagd ⟨german. Myth.⟩ *Geisterheer, die einherstürmenden Seelen der Toten* ◆ **auf** die Jagd gehen; auf jmdn. Jagd machen *jmdn. verfolgen;* auf etwas Jagd machen ⟨fig.⟩ *mit allen Mitteln zu erlangen suchen, heftig erstreben;* die Jagd **nach** Geld, nach dem Glück [< mhd. *jaget* < ahd. *jagod;* → *jagen*]

**Jagdflugzeug** ⟨n. 11; Mil.⟩ *kleines, schnelles Flugzeug zur Bekämpfung feindl. Flugzeuge und Flugkörper;* Sy ⟨umg.⟩ *Jäger (3);* → a. *Kampfflugzeug (2)*

**Jagdleopard** ⟨m. 16; Zool.⟩ = *Gepard*

**Jagdpass** ⟨m. 1u⟩ = *Jagdschein*

**Jagdrecht** ⟨n. 11; unz.⟩ **1** *Recht zur Ausübung der Jagd* **2** *alle Vorschriften über die Jagd*

**Jagdrevier** ⟨n. 11⟩ *begrenztes Gebiet für die Jagd;* Sy ⟨kurz⟩ *Jagd (3)*

**Jagdschein** ⟨m. 1⟩ **1** *Urkunde über erfolgreich abgelegte Jagdprüfung* **2** *Ausweis, der zur Jagd berechtigt;* Sy *Jagdpass*

**jagen I** ⟨V. t.; hat⟩ *schnell verfolgen, treiben, hetzen, zu fangen od. zu erlegen versuchen* (Flüchtling, Verbrecher, Wild) ◆ Kinder, Hunde jagen einander, ⟨umg.⟩ sich; ein Unglück jagte das **andere** ⟨fig.⟩; **Hasen,** Enten, Rebhühner jagen ◆ der Wind jagt die Wolken **über** den Himmel **II** ⟨V. i.; hat⟩ *auf die Jagd gehen, Jagd betreiben, auf der Jagd sein* ◆ **nach** etwas jagen ⟨fig.⟩ *etwas unbedingt zu erlangen suchen;* nach Geld, Genuss, Ruhm jagen **III** ⟨V. i.; ist⟩ *gehetzt laufen, sich eilig fortbewegen* ◆ die Herde jagte über die Steppe; jagender Puls *stark beschleunigter Puls* [< ahd. *jagon;* Herkunft ungeklärt]

**Jäger** ⟨m. 3⟩ **1** *jmd., der die Jagd rechtmäßig ausübt* **2** *als Scharfschütze ausgebildeter Infanteriesoldat* (Gebirgsjäger) **3** ⟨Mil.; umg.⟩ = *Jagdflugzeug* ◆ ein guter, passionierter, schlechter Jäger [< mhd. *jeger(e);* → *jagen*]

**Jaguar** ⟨m. 1; Zool.⟩ ▲ *größte Raubkatze Amerikas, von 150 cm Körperlänge u. 80 cm Schulterhöhe, gelbbraun mit schwarzen Ringen u. Flecken: Panthera onca;* Sy *Unze²* [< frz. < brasil. Eingeborenensprache *Jagwar(a)*]

**jäh** ⟨Adj.; -er, am -(e)sten⟩ **1** *rasch, hastig* (Bewegung, Reaktion) **2** *plötzlich, überraschend, unerwartet* **3** *überstürzt* **4** *steil, abschüssig* (Abhang) ◆ ein jäher Abgrund; das Gelände fällt hier jäh ab; jäh aufspringen; jäh überfiel mich die Angst, Furcht, Müdigkeit [< ahd. *gahi;* Herkunft ungeklärt]

**Jahr** ⟨n. 11⟩ **1** *Zeitdauer eines Umlaufs der Erde um die Sonne* (Kalenderjahr, Sonnenjahr) **2** *Lebensjahr* **3** *Zeitraum von 365 Tagen, im Hinblick auf bestimmte Leistungen od. Abläufe* (Geschäftsjahr, Schuljahr, Studienjahr) ◆ die **Bürde** seiner Jahre spüren *das Alter* ◆ **dahingehen:** die Jahre gehen, fliegen dahin; **zuneigen:** das Jahr neigte sich seinem Ende zu ◆ **alle** Jahre; das **alte** Jahr geht zu Ende; **dieses,** nächstes, voriges Jahr; ein **dürres,** nasses, schlechtes, trockenes Jahr; ein **halbes** Jahr *sechs Monate;* jmdm. zum **neuen** Jahr gratulieren ◆ er ist noch jung **an** Jahren; **auf** Jahre hinaus *für lange Zeit;* Jahr **für** Jahr *alljährlich;* einmal **im** Jahr; im Jahre 1600; ein Mann in seinen Jahren *in seinem Alter;* in jungen Jahren *in der Jugend;* in die Jahre kommen (Personen) *altern;* wir fahren **seit** Jahren im Sommer an die See; seit Jahr und Tag *schon seit langer Zeit;* Kinder **unter** 14 Jahren zahlen die Hälfte; ein Kind **von** zehn Jahren; **vor** Jahren, vor einigen, vielen Jahren; → a. *Kirchenjahr, Schaltjahr* [< ahd. *jar,* engl. *year*]

**Jahrbuch** ⟨n. 12u⟩ **1** ⟨Lit.⟩ *von Gesellschaften, Bibliotheken, Instituten u. Ä. herausgegebenes, meist jährlich erscheinendes Buch mit Aufsätzen, Forschungsberichten, Bibliografien usw. über ein Wissensgebiet* **2** *statist. Kalender* ◆ Heinejahrbuch

**jahrelang** ⟨Adj.⟩ *ein ganzes Jahr od. mehrere Jahre dauernd*

**jähren** ⟨V. refl.; hat⟩ **1** sich jähren *vor einem Jahr geschehen sein* (Ereignis) **2** *seine jährl. Wiederkehr haben* (Tag eines Ereignisses)



## JACHT

Jachten sind größere Segelboote mit zumeist luxuriöser Ausstattung, die durch die Ausrichtung ihrer Segel in beinahe jede Richtung segeln können. Nur bei einem Kurs direkt gegen den Wind müssen sie kreuzen. Alle Jachten haben heute auch Dieselmotoren und viele vergrößern ihre Segelfläche durch einen Spinnaker.

JACHT MIT FESTEM KIEL

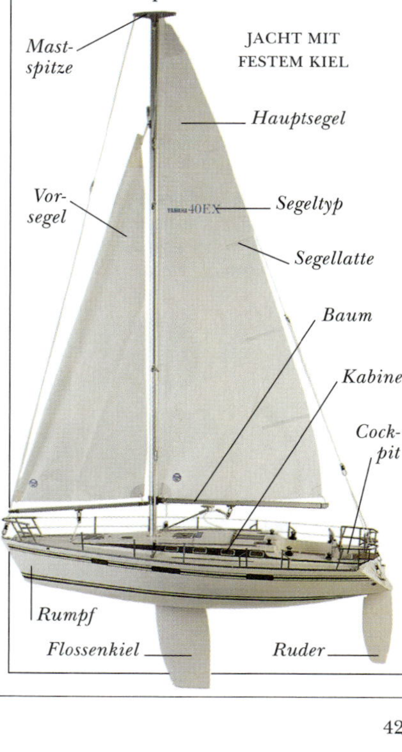

**Jahresbericht** ⟨m. 1⟩ **1** *Bericht über den Geschäftsgang, die Ereignisse usw. des vergangenen Jahres* **2** *jährl. erscheinende Zusammenstellung von Berichten, Rezensionen, Bibliografien über Neuerscheinungen auf einem Wissensgebiet*

**Jahresfrist** ⟨f. 20; unz.⟩ *Ablauf eines ganzen Jahres* ◆⟨nur in den Wendungen⟩ binnen Jahresfrist; nach Jahresfrist; vor Jahresfrist

**Jahresring** ⟨m. 1; meist Pl.; Bot.⟩ *Ring im Querschnitt des Holzes von Bäumen u. Sträuchern, entsteht durch jahreszeitlich bedingte Unregelmäßigkeiten des Wachstums* ◆Jahresringe ansetzen ⟨umg.; scherzh.⟩ *sichtbar älter werden*

**Jahreswechsel** ⟨[-ks-] m. 5⟩, **Jahreswende** ⟨f. 19⟩ *Beginn eines neuen Kalenderjahres, Wechsel vom 31. Dezember zum 1. Januar;* → a. *Silvester* ◆Glückwünsche zur Jahreswende

**Jahreszahl** ⟨f. 20⟩ *Nummer des Jahres in der Zeitrechnung, bes. eines Jahres mit histor. Ereignissen* ◆sich Jahreszahlen gut, schlecht merken können

**Jahreszeit** ⟨f. 20⟩ ▼ *jeder der vier Zeitabschnitte des Jahres, Frühling, Sommer, Herbst u. Winter* ◆die kalte, warme Jahreszeit; im Wechsel der Jahreszeiten

**Jahrgang** ⟨m. 1u; Abk.: Jg.⟩ **1** *alles im gleichen Jahr Hervorgebrachte, Erschienene, Geerntete* **2** *alle im gleichen Jahr Geborenen* (Rekrutenjahrgang) **3** *Person im Hinblick auf ihr Geburtsjahr* ◆zehn Jahrgänge einer Zeitschrift; ich bin, wir sind (beide) Jahrgang 1970

**Jahrhundert** ⟨n. 11⟩ *Zeitraum von 100 Jahren* ◆er ist der Mann des Jahrhunderts *der bedeutendste Mann der letzten hundert Jahre, eine Epoche machende Persönlichkeit;* drei Jahrhunderte; das 20. Jahrhundert *Zeitraum von 1901 bis 2000;* nach Jahrhunderten *mehrere hundert Jahre später*

**...jährig** ⟨Adj.⟩ *eine bestimmte od. unbestimmte Zahl von Jahren alt od. dauernd,* z.B. dreijährig, mehrjährig

**jährlich** ⟨Adj.⟩ **1** *jedes Jahr (sich wiederholend)* **2** *im Abstand von jeweils einem Jahr* **3** *für den Zeitraum eines Jahres bestimmt, nötig* **4** *im Zeitraum eines Jahres* ◆jährlicher Beitrag; jährliche Kosten; einmal, zweimal jährlich

**...jährlich** ⟨Adj.; in Zus.⟩ *nach einer bestimmten Anzahl von Jahren regelmäßig wiederkehrend* ◆in zweijährlichem Wechsel; die Festspiele finden vierjährlich statt

**Jahrmarkt** ⟨m. 1u⟩ *(zu bestimmten Zeiten) jährlich stattfindender Markt mit Karussells, Schaustellungen usw.*

**Jahrzehnt** ⟨n. 11⟩ *Zeitraum von zehn Jahren*

**Jahve** ⟨[-ve]⟩, **Jahwe** ⟨Rel.; im A.T.⟩ *Name des Gottes Israels;* → a. *Jehova* [hebr.; urspr. Schreibweise „JHW", die Vokale dienen (außerhalb des Hebräischen) nur zur Verdeutlichung der Aussprache]

**Jähzorn** ⟨m.; -(e)s; unz.⟩ *plötzlicher Wutanfall*

**Jak** ⟨m. 6; Zool.⟩ ► *langhaariges Rind der zentralasiat. Hochländer, gezähmt bes. in Tibet als Reit-, Last- u. Milchtier: Bos grunniens;* oV *Yak* [< tibet. *gyag*]

**Jako** ⟨m. 6; Zool.⟩ = *Graupapagei*

**Jakob** ⟨m.; in der umg. Wendung⟩ das ist nicht der wahre Jakob *das ist nicht (so ganz) das Richtige, nicht das, was ich möchte, was mir gefällt* [entweder nach dem bibl. *Jakob,* der seinem Bruder Esau dessen Erstgeburtsrecht abkaufte, od. nach dem Apostel *Jakobus,* dessen Grabstätte nicht sicher lokalisiert ist]

**Jakobiner** ⟨m. 3⟩ *Mitglied des Jakobinerklubs* [nach ihrem Tagungsort, dem Dominikanerkloster *St. Jakob* in Paris]

**Jakobsleiter** ⟨f. 21⟩ **1** *Himmelsleiter (die Jakob im Traum erblickte, nach 1. Buch Mose, 28,12)* **2** *Strickleiter mit Holzsprossen*

**Jakobslilie** ⟨[-liə] f. 19; Bot.⟩ *mexikan. Lilie mit großen, einzeln auf einem hohlen Schaft stehenden, roten Blüten: Sprekelia formosissima;* Sy *Spanische → Lilie (3.1)*

**Jakobsmuschel** ⟨f. 21⟩ *von Wallfahrern nach Santiago de Compostela als Symbol der Pilgern am Hut getragene Muschel;* ► *Schneckengehäuse*

**Jakobsstab** ⟨m. 1u⟩ **1** *veraltetes Messinstrument, zwei auf einem dritten Stab senkrecht zu diesem angeordnete Stäbe zur Bestimmung von Gestirnhöhen u. Winkeln zwischen diesen;* Sy *Kreuzstab* **2** ⟨Astron.⟩ *Gürtel des Sternbildes Orion*

**Jalapeño** ⟨m.; -s, -s⟩ ► *sehr scharfe Chilisorte, die grün od. rot geerntet vor allem in der mexikanischen Küche Verwendung findet* [nach der mexikan. Stadt *Jalapa*]

JALAPEÑO

**Jalousie** ⟨[ʒalu'ziː] f. 19⟩ *Verschluss aus dachziegelartig übereinander greifenden, bewegl. Brettchen für größere Öffnungen (Fenster, Ventilator, Kühlerhaube), vor Fenstern zum Hochziehen* [frz., eigtl. „Eifersucht"]

JAK
*(Bos grunniens)*

**Jamaikapfeffer** ⟨m. 3; unz.⟩ ► = *Piment*

**Jamben** ⟨Pl. von⟩ *Jambus*

**Jambus** ⟨m.; -, Jamben; Metrik⟩ *Versfuß aus einer unbetonten u. einer betonten Silbe* [< grch. *iambos,* eigtl. „Geschoss"; zu *iaptein* „schleudern"]

**Jammer** ⟨m.; -s; unz.⟩ **1** *laute, eindringliche Klage* **2** *schmerzlicher, bedauerlicher Zustand, Elend, Unglück* **3** *Kummer, Verzweiflung* ◆er bot ein Bild des Jammers; es herrschte großer Jammer; es ist ein Jammer! [< ahd. *jamar,* Substantivierung des Adj. *jamar* „traurig"; Ursprung vermutl. ein Schmerzenslaut]

**jämmerlich** ⟨Adj.⟩ **1** *elend, erbärmlich, abgemagert, zerlumpt* (Person, Gestalt) **2** *kläglich* (Geschrei, Weinen) **3** *kümmerlich, sehr arm* (Leben, Behausung) **4** *verächtlich, feige* (Verhalten) ◆jämmerlich weinen; jmdn. jämmerlich verprügeln, zurichten

**jammern** ⟨V.; hat⟩ **I** ⟨V. i.⟩ *laut klagen, wehklagen, kläglich schreien* ◆sie muss immer jammern *sie ist nie zufrieden u. klagt immer (über irgendetwas);* über etwas jammern *sich laut, anhaltend,* ⟨bes.⟩ *übertrieben über etwas beklagen* **II** ⟨V. t.⟩ jmdn. jammern *jmds. Mitleid, Erbarmen erregen*

**Jamswurzel** ⟨f. 21; Bot.⟩ ► *Wurzel einer kartoffelähnlichen Gattung der Kulturpflanzen, die in den Tropen als Nahrungsmittel dient: Dioscorea;* oV *Yamswurzel* [< westafrik. Eingeborenenspr.]

**Jan.** ⟨Abk. für⟩ *Januar*

**Janitschar** ⟨m. 16⟩ *Angehöriger der 1329 gebildeten, aus christl. Kriegsgefangenen u. ihren Nachkommen (bis 1826) bestehenden Kerntruppe des türk. Sultans mit gewissen Vorrechten* [< *Jenizeri* (1522) < türk. *jeni tscheri* „neue Truppe"]

**Janker** ⟨m. 3⟩ *bayer. Trachtenjacke* [vermutl. Nebenform zu *Jacke*]

**Januar** ⟨m.; - od. -s, -e; Abk.: Jan.⟩ *erster Monat des Jahres* [< lat. *Ianuarius,* nach *Ianus,* dem altröm. Gott des Jahresanfangs]

**Januskopf** ⟨m. 1u⟩ *Doppelgesicht* [nach dem altröm. Schutzgott des Hauses; zu lat. *ianua* „Tür"]

**japanisch** ⟨Adj.⟩ *Japan betreffend, zu ihm gehörig, aus ihm stammend* ◆japanische Sprache *isoliert stehende, bes. in der Schrift chinesisch beeinflusste Sprache der Japaner;* → a. *deutsch, Deutsch*

**Japanlack** ⟨m. 1; unz.⟩ **1** ⟨i.w.S.⟩ *Öl- od. Emaillack, der gegen Witterungseinflüsse beständig ist u. sich durch bes. Glanz u. Härte auszeichnet, für Außenanstriche* **2** ⟨i.e.S.⟩ echter Japanlack *aus dem Milchsaft des japan.*

## JAHRESZEITEN

Die Jahreszeiten entstehen durch die Neigung der Erdachse (23,5° gegen die Senkrechte auf der Erdbahnebene). Wenn die Erde im Laufe eines Jahres um die Sonne zieht, wird somit einmal die Nord- und einmal die Südhalbkugel stärker von der Sonne erwärmt. Die Dauer der Jahreszeiten ist wegen der elliptischen Bahn der Erde unterschiedlich.

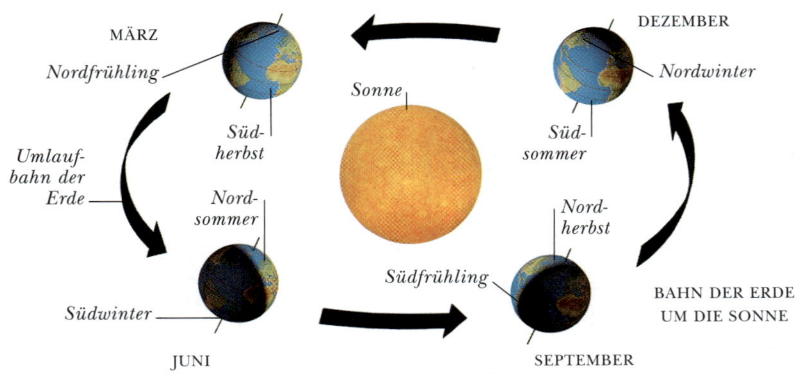


BAHN DER ERDE UM DIE SONNE

*Firnisbaumes (Rhus vernicifera) gewonnener Lack, der sehr hart, glänzend u. beständig gegen Feuchtigkeit ist*

**Japanpapier** ⟨n. 11; unz.⟩ *aus den Fasern des japan. Papiermaulbeerbaumes hergestelltes, weiches, aber sehr zähes, gelbl., seidig glänzendes Papier*

**Jargon** ⟨[ʒarˈgɔ̃] m. 6⟩ *(oft derbe) Ausdrucksweise bestimmter sozialer od. berufl. Gesellschaftskreise innerhalb einer Sprache* (Schülerjargon); Sy *Slang* [frz., „Kauderwelsch"]

**Jasmin** ⟨m. 1; Bot.⟩ ► *Angehöriger einer Gattung der Ölbaumgewächse, Strauch od. Liane mit gelben od. weißen, meist wohlriechenden Blüten: Jasminum* ◆ Echter Jasmin: *Jasminum nudiflorum;* Chilenischer Jasmin *chilenisches Zierholz mit essbaren Früchten: Aristotelia maqui;* Falscher Jasmin ► = *Pfeifenstrauch* [< pers. *jasämin,* durch arab.-span. Vermittlung im 16. Jh.]

JASMIN
*(Jasminum humile)*

**Jaspis** ⟨m; - od. -ses, -se; Min.⟩ ► *als Halbedelstein gehandelte gelb, rot od. braun gefärbte Varietät des Quarzes* [< grch. *iaspis* < hebr. *jaspeh* < assyr. *aspu*]

**jäten** ⟨V. t.; hat⟩ *herausreißen, entfernen* ◆ Unkraut jäten [< ahd. *jetan, getan;* Herkunft ungeklärt]

**Jauche** ⟨f. 19⟩ **1** *flüssiger Dünger aus vergärten menschl. od. tier. Ausscheidungen* **2** *flüssige, faulige Geschwürabsonderung* **3** ⟨umg.⟩ *schmutziges, übel riechendes Wasser* [< westslaw. *juche* „trübe, stinkende Flüssigkeit, flüssiger Stalldünger"]

**jaulen** ⟨V. i.; hat⟩ **1** *laut winseln, heulen* (Hund) **2** *(übertrieben) klagen* [< nddt., lautmalend]

**Jawort** ⟨n. 11⟩ *Zustimmung (der Braut od. des Bräutigams) zur Heirat* ◆ einer Frau das Jawort geben; von einer Frau das Jawort erhalten

**Jazz** ⟨[dʒæz] m.; -; unz.; Mus.⟩ *aus geistl. Gesängen, Arbeits- u. Tanzliedern nordamerikan. Schwarzer hervorgegangener Musizierstil, gekennzeichnet durch starke Synkopierung u. Improvisation* [< engl. < kreol. *jazz* „eilen"]

JAMSWURZEL
*(Dioscorea alata)*

**je I** ⟨Adv.⟩ **1** *jemals, irgendwann (einmal)* **2** *immer* ◆ wer hätte das je gedacht!; hast du je davon gehört, dass ...? *jemals;* es ist schlimmer denn je; je und je *immer; von Zeit zu Zeit, bisweilen;* seit eh und je *schon immer, seit langer Zeit* **II** ⟨Num.; vor Zahlen⟩ **1** *jedes Mal* **2** *für jede(n, -s)* ◆ je einer *einzeln;* er gab ihnen je fünf Mark *jedem Einzelnen fünf Mark* **III** ⟨Präp.⟩ *pro, auf bzw. für den, die, das* ◆ je Kopf der Bevölkerung; je Person zehn Stück **IV** ⟨Konj.⟩ **1** ⟨beim Komp.⟩ *im selben Maße wie ...* **2** *entsprechend, gemessen an ...* ◆ je eher, desto besser; man weiß das Geld um so mehr zu schätzen, je weniger man davon hat; je nachdem! *(als Antwort) das kommt darauf an;* je nach den Umständen [< mhd. *ie* < ahd. *io;* verwandt mit *ewig, Ehe;* enthalten in *immer, irgend, jeder, jeglich, jemand, nie*]

**Jeans** ⟨[dʒiːnz] Pl.⟩ *eng geschnittene lange Hose aus widerstandsfähigem Baumwollstoff;* → a. *Bluejeans* [engl., < mengl. *Jene, Gene* „Genua" eigtl. kurz für *jean fustian* „Genueser Baumwollstoff"]

**Jeck** ⟨m. 16; rhein.⟩ *Narr, Fastnachtsnarr*

**jede(r, -s)** ⟨indefinites Pron.⟩ **I** ⟨substantiv. gebraucht⟩ *jede(r, -s) Einzelne,* ⟨umg.⟩ *jedermann, alle;* Ggs *keine(r, -s)* ◆ jeder, der kommt; ich habe jeden **gefragt,** der vorbeiging; das **kann** jeder machen, wie er will ◆ jeder **für** sich; er gab jedem **von** ihnen fünf Mark **II** ⟨adjektiv. gebraucht⟩ *jeder Einzelne* ◆ er kann jeden **Augenblick** kommen ⟨umg.⟩ *im nächsten Augenblick, gleich;* jedes **Mal** *jedes einzelne Mal, immer;* jeder **Mann,** jede Frau, jedes Kind; er kommt jeden **Monat,** jede Woche ⟨umg.⟩ *einmal im Monat, in der Woche;* jeden **Sonntag;** jeder **Zweite,** Dritte [< mhd. *ieweder, iegeweder* < ahd. *iowedar, eohwedar, eogiwedar*]

**jedenfalls** ⟨Partikel⟩ **1** *also, wie bereits erwähnt, wie vereinbart* **2** ⟨anknüpfend⟩ *wie dem auch sei* ◆ ich rufe jedenfalls morgen an, dann besprechen wir das Weitere; ob er nun kommt oder nicht, ich bleibe jedenfalls

**jedermann** ⟨indefinites Pron.⟩ **1** *jeder* **2** ⟨umg.⟩ *alle Leute* ◆ man kann nicht jedermanns Freund sein; er ist höflich gegen jedermann

**jederzeit** ⟨Adv.⟩ *immer, zu jedem Zeitpunkt* ◆ du bist mir jederzeit willkommen

**jedoch** ⟨Konj.⟩ **1** *doch* **2** *indessen, aber* ◆ er ist kein guter Turner, jedoch in Fremdsprachen ist er allen anderen voraus

JASPIS:
ROTER JASPIS

**Jeep** ⟨[dʒiːp] m. 6⟩ ▼ *kleiner amerikan. Geländekraftwagen (bes. für militär. Zwecke)* [engl.; Kurzform nach den Anfangsbuchstaben GP von *general purpose (war truck)* „Mehrzweck(kriegslastkraftwagen)"]

**jeher** ⟨Adv.⟩ von jeher *schon immer* ◆ ich mag von jeher Musik

**Jehova** ⟨[-va] Rel.⟩ *(alternative, d. h. mit Vokalen versehene, Lesart für den Gottesnamen) Jahwe (JHW)* [hebr.; → *Jahwe*]

**jemand** ⟨indefinites Pron.⟩ *eine Person, ein Mensch, irgendeiner* ◆ wenn ich jemandes Freund sein will, muss ich auch für ihn eintreten; er ist (so) jemand, der sich nur schwer anderen anschließt; es ist jemand draußen; wenn Sie weggehen wollen, sagen Sie es bitte jemandem aus Ihrer Abteilung [< mhd. *ieman* < ahd. *eoman* „irgendein Mensch" < *je* + *Mann*]

**Jen** ⟨n.; -s, -⟩ = *Yen*

**jene(r, -s)** ⟨Demonstrativpron.⟩ **I** ⟨substantiv. gebraucht⟩ *der, die, das vorher, zuerst Erwähnte, der, die, das weiter abseits Befindliche* ◆ dies und jenes *alles Mögliche, verschiedenes, einiges;* dieser und jener *einige, etliche, hin u. wieder einer;* bald dieser, bald jener; wir haben von diesem und jenem gesprochen *von allem Möglichen* **II** ⟨adjektiv. gebraucht⟩ **1** *der, die, das zuerst, vorher erwähnte ..., der, die, das weiter abseits befindliche ...* **2** ⟨oft nur zur stärkeren Hervorhebung⟩ *der, die, das* ◆ ich möchte diesen Strauß Astern, und was kosten jene Dahlien dort?; an jenem Tage *damals an dem Tage (von dem wir eben sprachen)* [< mhd. *(j)ener* < ahd. *(j)ener*]

**jenseitig** ⟨Adj.⟩ Ggs *diesseitig* **1** *auf der anderen Seite gelegen, gegenüberliegend* (Haus, Ufer) **2** *im Jenseits*

**jenseits** ⟨Präp. m. Gen.⟩ *auf der anderen Seite;* Ggs *diesseits* ◆ jenseits des Flusses; jenseits der Grenze

**Jenseits** ⟨n.; -; unz.⟩ *über-, außerirdisches Reich, Reich der Toten, Himmelreich;* Ggs *Diesseits* ◆ das Leben im Jenseits

**Jerez** ⟨[ˈxerəθ] m.; -, -⟩ = *Sherry*

**Jersey** ⟨[ˈdʒəːsi] **I** ⟨m. 6⟩ *Wirkware aus weicher Wolle* **II** ⟨n. 15⟩ *langärmeliges Hemd aus diesem Stoff,* ⟨bes.⟩ *Trikot (des Sportlers)* [nach der brit. Insel *Jersey* im Ärmelkanal]

**Jerusalemsblume** ⟨f. 19; Bot.⟩ = *Feuernelke*

**Jesuit** ⟨m. 16; Rel.⟩ *Mitglied des Jesuitenordens* [nach dem Namen der *Societas Jesu* „Gesellschaft Jesu"]

**Jesuitenorden** ⟨m. 4; unz.; Rel.⟩ *Gesellschaft Jesu, 1534 von Ignatius von Loyola gegründeter Orden zur Ausbreitung der kathol. Lehre, gekennzeichnet durch hervorragende wissenschaftl. Ausbildung seiner Mitglieder, Einrichtung von Schulen*

**Jet** ⟨[dʒɛt] m. 6⟩ *Strahlantrieb, Flugzeug mit Strahlantrieb* [engl., „Strahl"]

**Jetlag** ⟨[ˈdʒɛtlæg] m. 6⟩ *Beschwerden, die sich nach Langstreckenflügen aufgrund der Umstellung auf andere Ortszeiten einstellen* [engl., „Zeitumstellung"]

## JEEP

Der erste Jeep wurde um 1940 für militärische Zwecke entwickelt. Er ist ein geländegängiges Fahrzeug mit starkem Motor und Vierradantrieb. Heute kommen der Jeep und verwandte Fahrzeuge auch im zivilen Verkehr zum Einsatz.

US-JEEP AUS DEM II. WELTKRIEG
(FÜR FALLSCHIRMABWURF GEEIGNET)

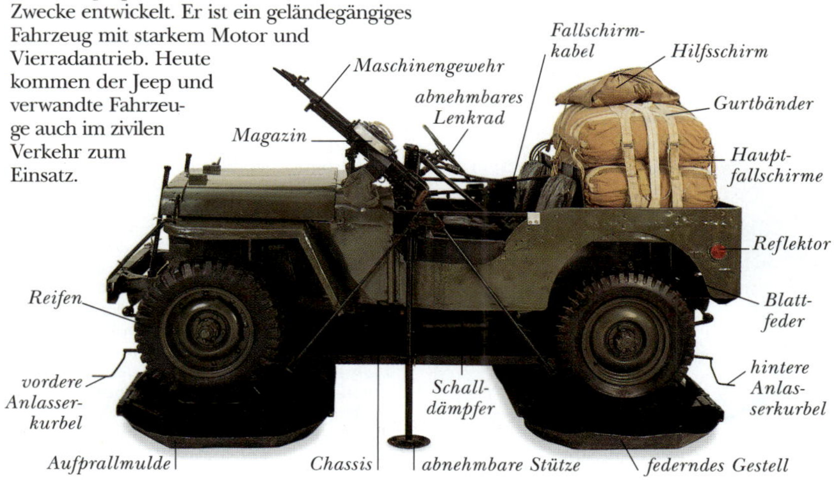

## JETSKI

Der Jetski verbindet die Geschwindigkeit eines Motorrads mit den Anforderungen des Wasserskilaufens. Seit den ersten Serienfabrikationen 1973 sind die Jetskis vor allem in den USA zu beliebten Wasserfahrzeugen geworden.

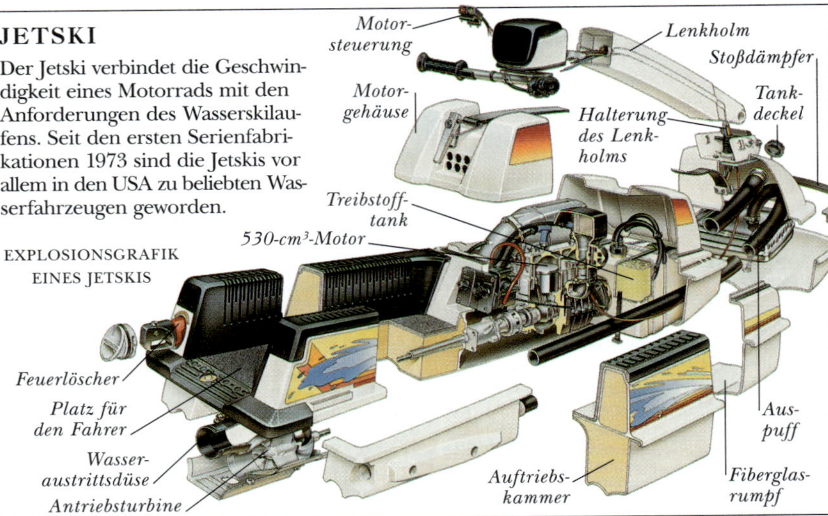


EXPLOSIONSGRAFIK EINES JETSKIS

J

**Jeton** ⟨[ʒəˈtõ] m. 6⟩ *Spielmarke, Spielpfennig* [frz., „Spielmarke"; zu *jeter* „werfen"]

**Jetset,** ⟨auch⟩ **Jet-Set** ⟨[ˈdʒɛt-] m. 6⟩ *Angehörige reicher Gesellschaftsschichten, die häufig (mit schnellen, teuren Flugzeugen) in der Welt herumreisen* [< engl. *jet* „Flugzeug mit Strahlantrieb" + *set* „Gruppe (von Personen)"]

**Jetski** ⟨[ˈdʒɛtʃiː] m.; -s, -s; Wassersp.⟩ ▲ *ein motorradähnliches, schnelles Wassersportfahrzeug* ◆Jetski fahren [< engl. *jet* „Strahl" + *Ski*]

**Jetstream** ⟨[ˈdʒətstriːm] m. 6⟩ = *Strahlstrom* [< engl. *jet* „Strahl" + *stream* „Strom"]

**Jett** ⟨m. od. n.; -s od. -es; unz.⟩ ► = *Gagat* [< engl. *jet* „Pechkohle" < afrz. *jaiet* < grch.-lat. *gagates*]

**jetzig** ⟨Adj.⟩ **1** *augenblicklich, heute* **2** *derzeitig, gegenwärtig* ◆der jetzige Leiter der Schule; im jetzigen Zustand; unter den jetzigen Verhältnissen

**jetzt** ⟨Adv.⟩ *in diesem Augenblick, zum gegenwärtigen Zeitpunkt* ◆ich **habe** jetzt keine Zeit; jetzt **hob** er die Hand und ...; jetzt **kommt** gleich die Stelle, an der ...; **sein:** jetzt ist es aber genug!; das ist jetzt ja alles ganz anders als früher ◆**bis** jetzt; **eben** jetzt; **gerade** jetzt musste das passieren; jetzt und **hier** *sofort, an diesem Ort* [< mhd. *iezuo, ieze* „eben, jetzt, soeben, alsbald" < *ie* (→ *je*) + *zuo, ze* (→ *zu*)]

## JIN UND JANG

In der chinesischen Philosophie stellen Jin und Jang die Dualität im Universum dar. Jin entspricht der weiblichen Kraft und damit der Erde und dem Mond. Jang ist die männliche Kraft, die in Zusammenhang mit dem Himmel und der Sonne steht. Das Symbol für beide Kräfte besteht aus einer dunklen (Jin) und einer hellen Hälfte (Jang). Die andersfarbigen Punkte stellen das Potenzial für Veränderung dar.

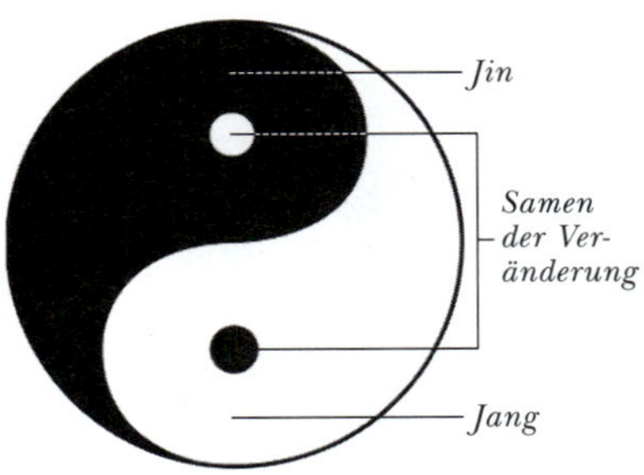


JIN-JANG-SYMBOL

**jeweilig** ⟨Adj.⟩ *zur Zeit vorkommend, vorhanden, augenblicklich amtierend*

**jeweils** ⟨Adv.⟩ *jedesmal in einem bestimmten Fall, zu einem bestimmten Zeitpunkt* ◆die Zeitschrift erscheint am Ersten jeden Monats, wir werden Ihnen jeweils ein Exemplar zuschicken; dafür werden immer die jeweils Besten der Klasse ausgesucht

**Jg.** ⟨Abk. für⟩ *Jahrgang*

**jiddisch** ⟨Adj.⟩ *in jiddischer Sprache* ◆jiddische Sprache *aus (zum größten Teil) mittelhochdeutschen, hebräischen u. roman., später aus slaw. Elementen gemischte Sprache der Juden in Dtschld. u. bes. Osteuropa*

**Jingle** ⟨[ˈdʒiŋgl] m. 6⟩ *effektvoller (gesungener) Werbespruch od. effektvolle Werbemusik, der bzw. die sich leicht einprägt* [engl.; zu *jingle* „klingeln"]

**Jin und Jang** ⟨n.; ---; unz.⟩ ◄ *die beiden Weltprinzipien der altchines. Naturphilosophie, das dunkle weibliche u. das helle männliche;* oV *Yin und Yang*

**Jiu-Jitsu** ⟨[ˈdʒiːu ˈdʒitsu] n.; - od. -s; unz.; Sp.⟩ *altjapanischer Ringsport, Kunst der waffenlosen Selbstverteidigung* [< jap. *jujutsu* „sanfte Kunst"]

**Job** ⟨[dʒɔb] m. 6⟩ **1** *(bes. vorübergehende) Beschäftigung, Stellung, Gelegenheit zum Geldverdienen* **2** ⟨EDV⟩ *Aufgabenstellung, Arbeitseinheit für einen Rechner* [engl., „Arbeit, Beschäftigung, Geschäft"]

**jobben** ⟨[ˈdʒɔbən] V. i.; hat; umg.⟩ **1** *Gelegenheitsarbeiten verrichten* **2** ⟨allg.⟩ *arbeiten* [→ *Job*]

**Jobsharing** ⟨[ˈdʒɔbʃɛːriŋ] n.; -s; unz.⟩ *Aufteilung eines Arbeitsplatzes für eine Ganztagskraft auf zwei halbtags tätige Arbeitskräfte* [< *Job* + engl. *share* „teilen"]

**Joch** ⟨n. 11⟩ **1** ► *Teil des Geschirrs für Ochsen, der über der Stirn od. dem Nacken liegt* **2** *ein Gespann Ochsen* **3** *Feldmaß, so viel Land, wie man an einem Tage mit einem Joch Ochsen umpflügen kann* **4** *hölzerne Stütze mit Querbalken, Tragbalken* (Glockenjoch) **5** *Teil der Brücke von einem Pfeiler zum andern* (Brückenjoch) **6** *durch vier Pfeiler od. Säulen begrenzter, überwölbter Teil eines Kirchenraumes* **7** *Schultertrage für Eimer* **8** *Bergsattel* **9** *Eisenkörper, in dem sich die magnet. Feldlinien ohne größeren Widerstand schließen können* (magnetisches Joch) **10** ⟨fig.⟩ *Dienstbarkeit, Unterwerfung* **11** *schwere Last, Zustand drückender, schwerer Arbeit* ◆das Joch (der Sklaverei, der Überstunden o. Ä.) abschütteln [< ahd. *joh*, engl. *yoke*]

**Jochbein** ⟨n. 11; Anat.⟩ *paariger Gesichtsknochen der Säugetiere u. des Menschen, der fest mit Schläfenbein, Oberkiefer u. Felsenbein (Keilbein) verbunden ist, Jugale: Os zygmaticum;* Sy *Backenknochen*

**Jockei** ⟨[ˈdʒɔki] m. 6; Sp.⟩ ▼ *berufsmäßiger Rennreiter;* oV *Jockey* [< engl. *jockey*, Verkleinerungsform zu *Jock*, nordengl.-schott. Form von *Jack* „Hans"]

**Jockette** ⟨[dʒɔˈkɛt(ə)] f. 19; Sp.⟩ *berufsmäßige Rennreiterin* [→ *Jockei*]

**Jockey** ⟨[ˈdʒɔki] m. 6; Sp.⟩ ► = *Jockei* [engl.]

**Jod** ⟨n.; -s; unz.; Chem.; Zeichen: I (+ J)⟩ *dunkelgraues, fast blauschwarzes, metallisch glänzendes chem. Element, Ordnungszahl 53, geht beim Erwärmen ohne zu schmelzen in einen violetten Dampf über;* oV *Iod* [< grch. *iodes* „veilchenartig" < *ion* „Veilchen" + *eidos* „Aussehen"]

**jodeln** ⟨V. i.; hat; Schweiz, Tirol, Oberbayern⟩ *mit schnellem Wechsel zwischen Kopf- u. Bruststimme ohne Worte singen* [nach dem Jodelruf *jo!;* → *johlen*]

JOCKEI

**Jodoform** ⟨n.; -s; unz.; nicht fachsprachl. für⟩ *die chem. Verbindung* $CHI_3$, *die früher in der Medizin in Wunddesinfektionslösungen verwendet wurde* ◆Jodoformprobe *Nachweisreaktion für Verbindungen mit der Atomgruppierung* $CH_3CO$-, *die nach Zugabe von Kalilumhydroxid u. Jod Jodoform bildet* [< *Jod* + *Formyl*]

JOCH: GEBOGENES OCHSENJOCH

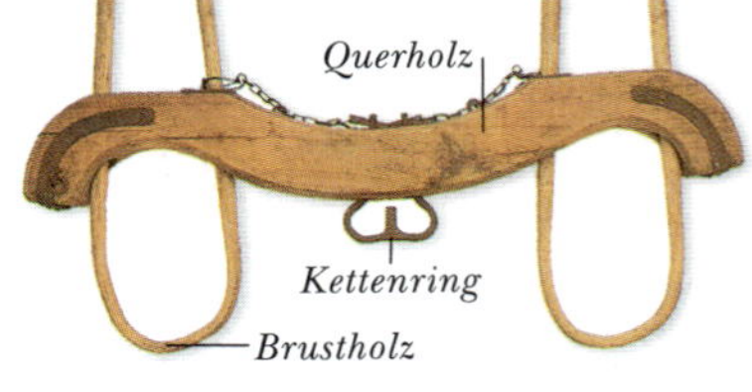

**Joga** ⟨m. od. n.; -s; unz.⟩ oV *Yoga* **1** ⟨in der altind. Philosophie u. im Buddhismus⟩ *Meditation u. Askese zur Selbsterlösung* **2** ► *danach entwickeltes Verfahren der körperlichen Übung und geistigen Konzentration* [< altind. *yuga-m* „Joch (in welches der Körper gleichsam eingespannt wird)"]

JOGA: BOGENSTELLUNG

**joggen** ⟨['dʒɔgən] V. i.; hat/ist⟩ **1** *Jogging betreiben* **2** *im Tempo des Joggings laufen* ◆ Helmut hat/ist eine halbe Stunde gejoggt [→ *Jogging*]

**Jogging** ⟨['dʒɔgiŋ] n.; -s; unz.; Sp.⟩ *sportl. Laufen vom schnellen Gehen bis zum langsamen Dauerlauf* [engl.; zu *jog* „trotten"]

**Joghurt** ⟨m. 6 od. n. 15⟩ *unter Einwirkung von Bakterien hergestellte, eingedickte Sauermilch;* oV *Jogurt, Yoghurt* [< türk. *yogurt* „gegorene Milch"]

**Jogi** ⟨m. 6⟩ *ind. Asket, Anhänger des Joga;* oV *Yogi*

**Jogurt** ⟨m. 6 od. n. 15⟩ = *Joghurt*

**Johannisbeere** ⟨f. 19⟩ *Frucht des Johannisbeerstrauchs* ◆ Rote Johannisbeere: *Ribes spicatum;* Schwarze Johannisbeere: *Ribes nigrum* [nach der Reifezeit der Beere um den Johannistag (24. Juni) herum]

**Johannisbrot** ⟨n. 11; unz.⟩ *getrocknete, süß schmeckende Frucht des Johannisbrotbaumes* [nach *Johannes* dem Täufer (Markus 1,6)]

**Johannisbrotbaum** ⟨m. 1u⟩ *einer Gattung der caesalpinienartigen Gewächse angehörender Baum: Ceratonia siliqua*

**Johanniskäfer** ⟨m. 3⟩ *Leuchtkäfer, der um den Johannistag schwärmt*

**Johanniskraut** ⟨n. 12u; unz.⟩ *Angehöriges einer Gattung der Johanniskrautgewächse (Guttiferae) mit gelben Blüten: Hypericum;* Sy *Hartheu*

**Johanniterorden** ⟨m. 4; unz.⟩ *ältester geistl. Ritterorden, wahrscheinl. nach 1000 in Jerusalem gegründet, gliederte sich in Ritter (zum Schutz der Pilger), Priester und dienende Brüder zur Krankenpflege* [nach *Johannes* dem Täufer]

**johlen** ⟨V. i.; hat⟩ *laut u. unartikuliert rufen, ungezügelt schreien* [→ *jodeln*]

**Joint** ⟨[dʒɔint] m. 6⟩ *mit Rauschgift versetzte Zigarette* [< engl. *joint* „Bindeglied"]

**Jo-Jo** ⟨n. 15⟩ ► *Geschicklichkeitsspiel mit einer Spule, die an einem langen Faden durch Schwung der Hand ab und auf bewegt wird, indem sich der Faden ab- und aufrollt;* oV *Yo-Yo* [< engl. *yo-yo*]

**Jojoba** ⟨f. 10; Bot.⟩ ▼ *besonders in Trockengebieten kultiviertes Buchsbaumgewächs, dessen Samen ein wachsartiges Öl enthalten, das oftmals auch in der Kosmetikindustrie verwendet wird: Simmondsia chinensis* [mexikan.]

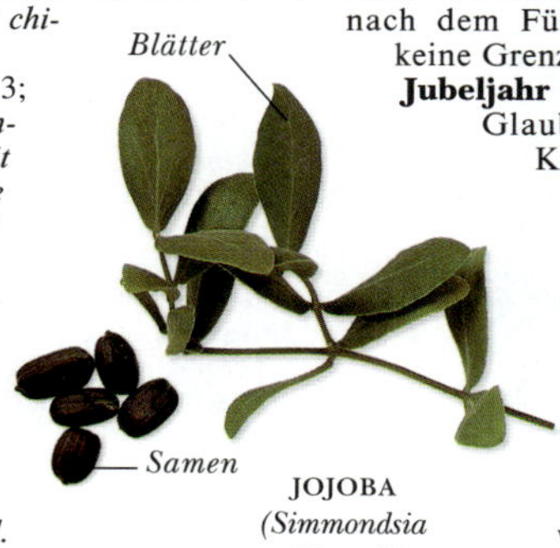

JOJOBA
*(Simmondsia chinensis)*

**Joker** ⟨[dʒo:-] od. [jo:-] m. 3; Kart.⟩ *in manchen Kartenspielen eine Spielkarte mit Narrenbild, die für jede beliebige Karte eingesetzt werden kann* [engl., „Spaßmacher"]

**Jolle** ⟨f. 19⟩ **1** *leichtes Segelboot* **2** *kleines Ruderboot, bes. als Beiboot* [nddt., Herkunft ungeklärt]

**Jom Kippur** ⟨m.; - -; unz.⟩ *Versöhnungstag, hoher jüd. Feiertag (nach 3. Buch Mose, Kap. 16, 22.23) am 10. des 7. Monats (September/Oktober), an dem früher das Volk entsühnt wurde, indem man seine Sünden symbolisch dem "Sündenbock" auflegte, der dann in die Wüste getrieben wurde, heute Buß-, Bet- u. Fastentag* [< hebr. *yom* „Tag" + *kippur* „Buße"]

**Jongleur** ⟨[ʒɔ̃'glø:r] m. 1⟩ **1** ⟨MA⟩ *Possenreißer, Sänger u. Musiker in Frankreich, Spielmann,* ⟨eigtl.⟩ *Jokulator* **2** ⟨heute⟩ *Artist, der Geschicklichkeitsübungen im Spiel mit Bällen, Ringen, Tellern u. a. vorführt* [zu 1: zu lat. *ioculari* „scherzen"; zu 2: frz., „Gaukler, Taschenspieler"]

**jonglieren** ⟨[ʒɔ̃-] V. i.; hat⟩ **1** *mit artistischem Geschick spielen, werfen und fangen* **2** ⟨umg.⟩ *geschickt verfahren* ◆ mit Bällen, Tellern jonglieren; mit Worten jonglieren *einfallsreich, geschickt formulieren* [< frz. *jongler* „gaukeln, Taschenspielerei treiben"]

**jonisch** ⟨Adj.⟩ = *ionisch*

**Joppe** ⟨f. 19⟩ *taillenlose Männerjacke* (Hausjoppe, Lederjoppe) [< mhd. *jop(p)e, juppe* „Wams, Jacke, Frauenrock" < ital. *giuppa* „Jacke, Wams" < arab. *dschubba* „Obergewand mit langen Ärmeln"]

**Jota**[1] ⟨n. 15⟩ oV *Iota* **1** ⟨Zeichen: ι, I⟩ *neunter Buchstabe des grch. Alphabets* **2** ⟨fig.⟩ *Kleinigkeit, Spur*

**Jota**[2] ⟨f. 10⟩ *span. Tanz im ¾-Takt* [span.]

**Joule** ⟨[dʒaul] od. [ʒu:l] n.; -s, -; Zeichen: J⟩ *Maßeinheit, SI-Einheit der Energie, Arbeit u. Wärmemenge, 1 J = 1 Nm* [nach dem engl. Physiker James Prescott *Joule*, 1818-1889]

**Journal** ⟨[ʒur-] n. 11⟩ **1** *Rechnungsbuch* **2** *Tagebuch* (Schiffsjournal) **3** *Zeitschrift* [frz., „Zeitung"]

**Journalismus** ⟨[ʒur-] m.; unz.⟩ **1** *Zeitungswesen* **2** *schriftsteller. Tätigkeit für die Presse* **3** ⟨abwertend⟩ *journalist. Stil, die Art, wie in Zeitungen geschrieben wird* [< frz. *journalisme* „Zeitungswesen"]

**Journalist** ⟨[ʒur-] m. 16⟩ **1** *für die Presse tätiger Schriftsteller, Redakteur* **2** *Wissenschaftler, Student der Journalistik*

**Journalistik** ⟨[ʒur-] f.; -; unz.⟩ = *Zeitungswissenschaft*

**jovial** ⟨[-vi-] Adj.⟩ *leutselig, wohlwollend, gutmütig-herablassend* [< spätlat. *jovialis*, nach dem Planeten Jupiter (lat. *Iuppiter*, Gen. *Iovis*), der angebl. dem Menschen Fröhlichkeit verleiht]

**jr.** ⟨Abk. für⟩ *junior*

**Jubel** ⟨m. 5; unz.⟩ *lauter Freudenausbruch, laute Freude* ◆ das war ein riesiger Jubel!; nach dem Führungstor kannte der Jubel keine Grenzen [→ *jubilieren*]

**Jubeljahr** ⟨n. 11⟩ **1** *Jubiläumsjahr* **2** ⟨jüd. Glaube⟩ *jedes 50. Jahr* **3** ⟨kath. Kirche⟩ *Jahr, in dem die Kirchenstrafen erlassen werden, jedes 25. Jahr* ◆ das kommt alle Jubeljahre (einmal) vor ⟨umg.⟩ *sehr selten* [< mhd. *jubeljar*, Lehnübersetzung von spätlat. *annus iubilaeus;* zu lat. *iubilum* < hebr. *jobel* „Widderhorn, Freudenschall"; das Widderhorn wurde zu dem alle 50 Jahre gefeierten Halljahr (Erlassjahr) der Juden geblasen; vermischt mit *iubilum* „Bauern- u. Hirtenruf"]

**jubeln** ⟨V. i.; hat⟩ *seiner Freude laut Ausdruck verleihen;* oV ⟨fig.; poet.⟩ *jubilieren (2)* ◆ „...!", jubelte sie; wir wollen nicht zu früh jubeln; die Menge begrüßte ihn jubelnd; die Kinder liefen dem Vater jubelnd entgegen [→ *Jubel*]

**Jubiläum** ⟨n.; -s, -läen⟩ *Gedenkfeier, Jahrestag, bes. nach einer runden Zahl von Jahren;* ◆ 10., 25., 50., 100. Jubiläum feiern [< spätlat. *iubilaeum*, verkürzt < *annus iubilaeus;* → *Jubeljahr*]

**jubilieren** ⟨V. i.; hat⟩ **1** *singen, trillern* (Vögel) **2** ⟨fig.; poet.⟩ = *jubeln* [< lat. *iubilare* „jauchzen", lautmalend]

**Jucht** ⟨f.; -; unz.; norddt.⟩ oV *Jücht* **1** *starker Seegang* **2** *Brandung*

**Jücht** ⟨f.; -; unz.; nddt.⟩ = *Jucht*

**jucken** ⟨V. t. u. V. i.; hat; mit Akk.; bei schwächerer Betonung a. mit Dat., wenn man dafür sagen kann: es juckt mich in ... od. an ...⟩ *eine prickelnde, brennende Empfindung auf der Haut verursachen* ◆ es juckt mich *ich spüre ein Kribbeln od. kribbelndes Brennen auf der Haut;* es juckt mich, etwas Bestimmtes zu tun ⟨fig.⟩ *ich möchte es zu gern tun;* die Nase, der Rücken juckt mich od. mir; der Pullover, die Wolle juckt (mich); mir juckt es in den Fingern! ⟨umg.⟩ *ich möchte es zu gern tun, kann nicht abwarten, es zu tun;* eine juckende Flechte [< ahd. *jucchen*, engl. *itch;* Herkunft ungeklärt]

**Juckreiz** ⟨m. 1; unz.⟩ *Reiz, der ein Hautjucken zur Folge hat*

**Judaismus** ⟨[-da:is-] m.; -; unz.; Rel.⟩ **1** *mosaische Religion* **2** *jüd. Religion nach den Lehren des Talmuds* [lat. < grch. *ioudaismos* < *Ioudaios* „Jude"]

**Judasbaum** ⟨m. 1u⟩ *Mimosengewächs, Zierbaum mit sehr wertvollem Holz, an dem sich der Sage nach Judas aufgehängt hat: Cercis siliquastrum*

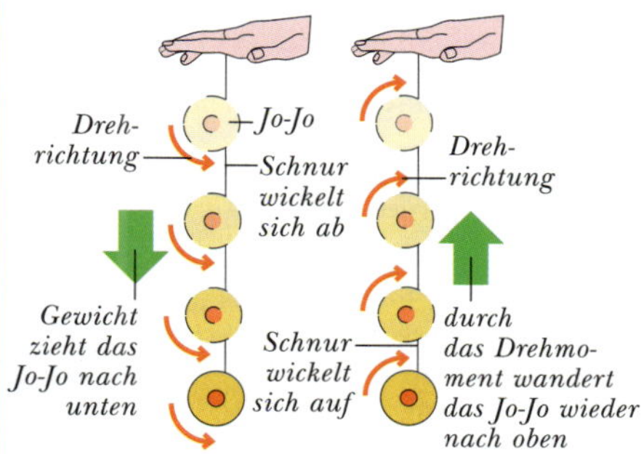

JO-JO: FUNKTIONSWEISE

**Jude** ⟨m. 17⟩ **1** *Angehöriger eines über die ganze Welt verstreuten semit. Volkes;* Sy *Israelit* **2** ⟨Rel.⟩ *Anhänger des Judaismus* ◆ die Juden im Staat Israel; russische, europäische Juden [< ahd. *judo;* nach dem Namen des Stammes *Juda*]

**Judenstern** ⟨m. 1⟩ *Davidsstern, jüd. Glaubenssymbol, während des Nationalsozialismus diffamierendes Abzeichen für Juden*

**Judentum** ⟨n.; -s; unz.⟩ **1** ⟨Rel.⟩ *Religion der Juden, Judaismus* **2** *die Gesamtheit der Juden*

**Judikat** ⟨n. 11; Rechtsw.⟩ *Urteil* [< lat. *indecatum* „Urteil, Urteilsspruch"]

**Judikative** ⟨[-və] f. 19; Rechtsw.⟩ *richterliche Gewalt;* → a. *Exekutive, Legislative* [zu lat. *iudicare* „Recht sprechen"]

**Jüdin** ⟨f. 22⟩ *weibl. Jude*

**jüdisch** ⟨Adj.⟩ *die Juden betreffend, zu ihnen gehörig, von ihnen stammend*

## JUDO

Judo ist eine fernöstliche Kampfsportart. Die Kämpfer versuchen, einander mit verschiedenen Wurftechniken in die Rückenlage auf der Matte zu bringen. Die Farbe des Gürtels gibt im Judo Aufschluss über die erlangten Fähigkeiten des jeweiligen Trägers.

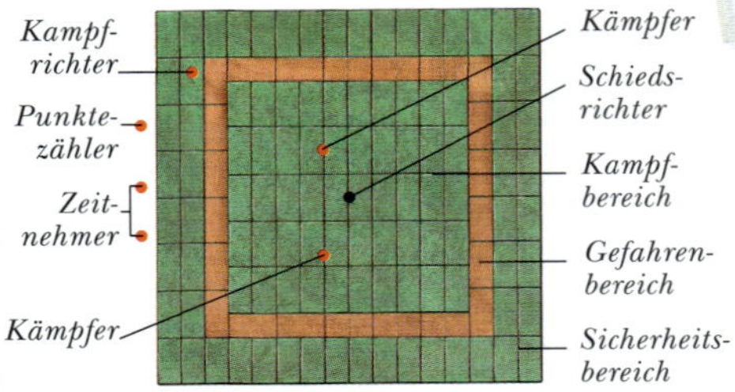


MATTE (SHIAIJO)

JUDOANZUG (JUDOGI)

J

**Judo** ⟨n. 15; unz.; Sp.⟩ ▲ *Jiu-Jitsu als sportl. Wettkampfübung* [< jap. *judo* „geschmeidiger Weg zur Geistesbildung"]

**Jugend** ⟨f.; -; unz.⟩ **1** *Wachstums- u. Entwicklungszeit des Menschen* **2** *jugendl. Wesen, Jugendlichkeit* **3** *junge Leute* ◆ **Kindheit** und Jugend ◆ die **reifere** Jugend *nicht mehr junge, aber auch noch nicht alte Leute;* eine **schöne,** sorglose, schwere Jugend gehabt haben ◆ ich habe meine Jugend **in** England verbracht; wir sehen gern Jugend **um** uns; **von** Jugend an, ⟨od.⟩ auf; die Jugend von heute [< ahd. *jugund,* engl. *youth*]

**jugendfrei** ⟨Adj.⟩ *für Jugendliche zum Besuch zugelassen* (Film)

**Jugendherberge** ⟨f. 19⟩ *Unterkunftsstätte für Jugendliche auf Wanderungen od. Reisen*

**jugendlich** ⟨Adj.⟩ **1** *zur Jugend gehörig, ihr gemäß, ihr entsprechend, ihr eigen* **2** *jung* ◆ jugendliche Begeisterung; sie ist eine (noch) jugendliche Erscheinung; jugendliche Frische

**Jugendliche(r)** ⟨f. 30 (m. 29)⟩ *junger Mensch vom 14. bis 18. Lebensjahr*

**Jugendstil** ⟨m. 1; unz.⟩ ▼ *Kunstrichtung um 1900, bes. in Kunstgewerbe, Buchgestaltung u. Malerei, gekennzeichnet durch stilisierte pflanzl. Ornamente* [nach der damals in München erscheinenden Zeitschrift „Jugend" und ihrer grafischen Ausstattung]

**Jugendstrafe** ⟨f. 19; Rechtsw.⟩ Freiheitsstrafe für Jugendliche in Jugendgefängnissen

**Jugendstrafrecht** ⟨n. 11; unz.; Rechtsw.⟩ *Strafrecht für Jugendliche vom 14. bis zum 18. (gegebenenfalls auch 21.) Lebensjahr*

**Jugendweihe** ⟨f. 19⟩ **1** *(in freireligiösen Gemeinden u. bei Freidenkern) Feier für Jugendliche an Stelle der Konfirmation bzw. Kommunion* **2** *in der DDR staatl. gefördert u. atheistisch ausgerichteter offizieller Festakt*

**Ju-Jutsu** ⟨n.; - od. -s; unz.; Sp.⟩ *altjap. Kampfsport ohne Waffen, der Elemente von Aikido, Judo u. Karate enthält, Vorform des Jiu-Jitsu* [jap., „sanfte Kunst"]

## JUGENDSTIL

Der Jugendstil entstand im letzten Jahrzehnt des 19. Jh. gleichzeitig in mehreren Ländern. Sein deutscher Name ist an die Münchner Zeitschrift „Jugend" angelehnt. Der deutschen Bezeichnung entsprechen französisch *Art nouveau* und englisch *Modern Style* oder *Style Liberty.* Der Jugendstil wandte sich von der damals üblichen Nachahmung alter Stilformen ab und entwickelte besonders in der Baukunst und der Innenraumgestaltung sowie in Kunstgewerbe und Malerei neue, an der Natur orientierte Formen (z. B. Ranken- und Blumenornamente). Führende Jugendstilkünstler im deutschsprachigen Raum waren F. Stuck, G. Klimt, J.M. Olbrich und M. Klinger.

EINGANG ZUR METRO IN PARIS (UM 1900), HECTOR GUIMARD

ZEITLEISTE

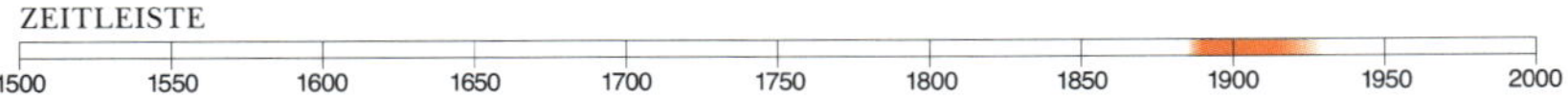


**Juli** ⟨m.; - od. -s, -s⟩ *siebenter Monat des Jahres* [< lat. *Iuli(i),* Gen. zu *Iulius,* Name des dem *Julius Cäsar,* 100-44 v. Chr., geweihten Monats]

**julianisch** ⟨Adj.⟩ *von Julius Cäsar stammend* ◆ julianischer Kalender *von Julius Cäsar eingeführter Kalender von 365 Tagen mit einem Schaltjahr alle vier Jahre* [nach Gajus *Julius* Caesar, 100-44 v. Chr.]

**Jumbojet** ⟨[-dʒɛt] m. 6⟩ *Großraumflugzeug mit Strahlantrieb* [< *Jumbo,* dem Namen eines Elefanten des Zirkus P.T. Barnum + *Jet*]

**Jump** ⟨[dʒʌmp] m. 6⟩ **I** ⟨Mus.; unz.⟩ *ein Jazzstil* **II** ⟨Sp.; zählb.⟩ *der abschließende Sprung beim Dreisprung;* → a. *Hop, Step* [< engl. *jump* „Satz, Sprung"]

**jun.** ⟨Abk. für⟩ *junior*

**jung** ⟨Adj.⟩ **1** *in jugendl. Alter* (Lebewesen); Ggs *alt (1)* **2** *neu, frisch* (Gemüse, Obst) **3** ⟨fig.⟩ *jugendlich, frisch, mit der Jugend fühlend* ◆ die junge **Frau** *die Frau des Sohnes bzw. die verheiratete Tochter, im Unterschied zur Mutter;* die junge **Generation;** junges **Mädchen;** das junge **Paar** *erst kurze Zeit verheiratetes P.;* Junge **Union** *Organisation der CDU für Mitglieder von 16 bis 25 Jahren;* junges **Volk** *Jugendliche u. junge Leute bis etwa 25 Jahre* ◆ er ist jung **geblieben;** jung **heiraten; sein:** er ist nicht mehr ganz jung ◆ Jung und Alt *alle, jedermann;* jung **verheiratet** sein *schon in jungen Jahren geheiratet haben* ◆ er ist noch jung **an** Jahren [< ahd. *jung,* engl. *young*]

**Jungbrunnen** ⟨m. 4⟩ **1** ⟨Myth.⟩ *Wunderquelle für ständige Jugend* **2** ⟨fig.⟩ *Kraftquelle, aus der man neuen Lebensmut u. Schwung gewinnt* ◆ Sport ist sein Jungbrunnen

**Junge** ⟨m. 17⟩ **1** *Knabe* **2** *Gehilfe, Lehrling* (Bäckerjunge, Schiffsjunge) **3** ⟨Kart.⟩ *Spielkarte, Unter, Bube, Wenzel* ◆ Junge, Junge! *(Ausruf des Staunens, des leichten Schreckens);* artiger, unartiger, ungezogener Junge; die blauen Jungs ⟨umg.⟩ *die Matrosen;* dummer Junge; grüner Junge ⟨umg.⟩ *unreifer, unerfahrener junger Mensch*

**Junge(s)** ⟨n. 31⟩ *Tierkind* ◆ Junge werfen od. bekommen

**Jungen...** → a. *Knaben...*

**jünger** ⟨Adj.; Komp. von⟩ **1** *jung* **2** *weniger Jahre zählend, später geboren* **3** *später, der Gegenwart näher liegend* ◆ Hans Holbein der Jüngere; lauf und hol mir meine Tasche, du hast jüngere **Beine;** mein jüngerer **Bruder;** die jüngere **Steinzeit** ◆ **aussehen:** er sieht jünger aus, als er ist ◆ in jüngeren Jahren

**Jünger** ⟨m. 3⟩ **1** *jeder der zwölf Apostel Christi* **2** *Schüler* **3** *Anhänger, Gefolgsmann* ◆ er ist ein willenloser Jünger [< ahd. *jungiro,* Komp. von *jung,* substantiviert zur Wiedergabe von mlat. *junior* „Schüler, Lehrling"]

**Jungfer** ⟨f. 21; veraltet⟩ **1** ⟨veraltet⟩ **1.1** *Jungfrau* **1.2** *Mädchen* (Kammerjungfer) **2** ⟨heute noch in der abwertenden Fügung⟩ alte Jungfer *altmodische Frau, alte, unverheiratete Frau* [→ *Jungfrau*]

**Jungfernhäutchen** ⟨n. 14⟩ *dünnes, ringförmiges Häutchen am Eingang zur Scheide, das beim ersten Geschlechtsverkehr zerreißt;* Sy *Hymen¹*

**Jungfernzeugung** ⟨f. 20; Biol.⟩ *Entwicklung einer tierischen od. pflanzlichen Eizelle ohne vorhergegangene Befruchtung*

**Jungfrau** ⟨f. 18⟩ **1** *weibliche Person, die noch keinen Geschlechtsverkehr gehabt hat* **2** ⟨Astron.⟩ ► *den Herbstbeginn anzeigendes Sternbild des Tierkreises mit Spica als Hauptstern: Virgo* ◆ die Jungfrau Maria *die Mutter Jesu;* die heilige Jungfrau *Maria, Mutter Jesu;* sie ist schon lange keine Jungfrau mehr; die Eiserne Jungfrau *Folterwerkzeug,*

## JUPITER

Der Jupiter ist der größte und massereichste Planet des Sonnensystems. Aufgrund seiner schnellen Eigendrehung (9 h 55 min) bilden die ihn umgebenden Wolken dunkle äquatorparallele Streifen. Auf der Oberfläche toben Wirbelstürme, besonders der so genannte „Große Rote Fleck". Der Jupiter hat zwei schwache Ringe und wird von 16 Monden umkreist, von denen Ganymed, Kallisto, Io und Europa die größten sind.

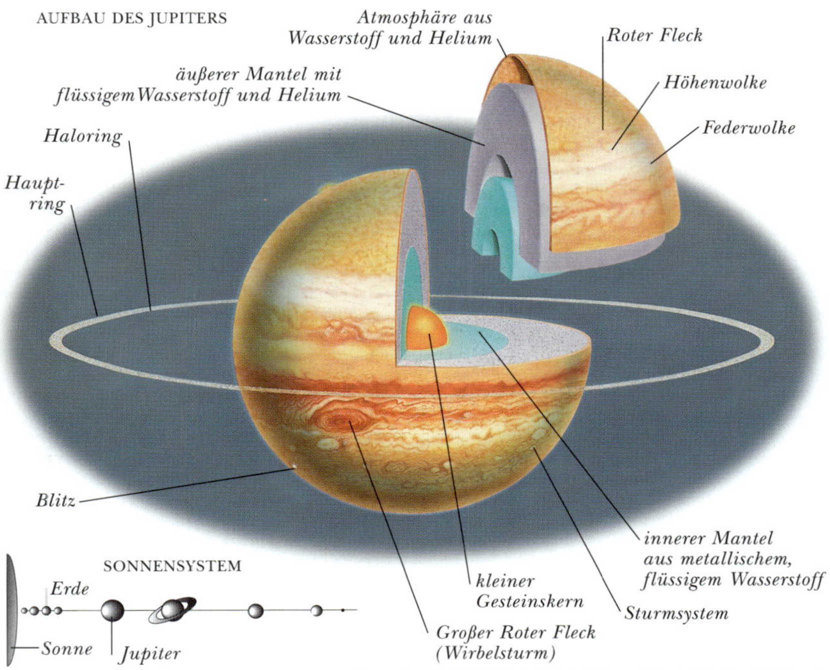


*eine Art Panzer, innen mit Nägeln besteckt* [< mhd. *juncvrouwe* „junge Herrin, Edelfräulein"; → *jung, Frau*]

**Junggeselle** ⟨m. 17⟩ *unverheirateter Mann*

**Jüngling** ⟨m. 1⟩ **1** *Jugendlicher zwischen Pubertät u. Reife* **2** *junger Mann* ◆ er ist kein Jüngling mehr *er ist schon in mittleren Jahren* [< ahd. *jungaling;* → *jung*]

**Jungpaläolithikum** ⟨n.; -s; unz.; Archäol.⟩ *jüngerer Abschnitt der Altsteinzeit*

**jüngst I** ⟨Adj.; Superl. von⟩ **1** *jung* **2** *die wenigsten Jahre zählend, am spätesten geboren* **3** *eben erst vergangen* (Zeit) **4** *eben erst entstanden, letzt* (Werk) ◆ der Jüngste (in der Familie); die jüngsten **Ereignisse,** Nachrichten; das Jüngste **Gericht** ⟨nach christl. Auffassung⟩ *Weltgericht am Jüngsten Tag;* die jüngste **Vergangenheit** ◆ **sein:** er ist nicht mehr der Jüngste *in mittlerem Alter* ◆ **in** jüngster Zeit; der Jüngste **von** uns **II** ⟨Adv.; poet.⟩ *vor kurzem, vor kurzer Zeit, neulich, kürzlich* ◆ als ich jüngst im Wald spazieren ging [< mhd. *(ze) jungest* < ahd. *zi jungist;* → *zu, jung*]

**Jungsteinzeit** ⟨f. 20; unz.; Archäol.⟩ *dritter vorgeschichtlicher Kulturabschnitt zwischen Mittelsteinzeit u. Bronzezeit;* Sy *Neolithikum*

**jungsteinzeitlich** ⟨Adj.⟩ *aus der Jungsteinzeit stammend, zu ihr gehörig;* Sy *neolithisch*

JUNGFRAU: DIE STERNE DES STERNBILDS *JUNGFRAU*

**Juni** ⟨m.; - od. -s, -s⟩ *sechster Monat des Jahres* [< lat. *Iuni(i),* Gen. von *Iunius,* Name des der röm. Göttin *Juno* geweihten Monats]

**junior** ⟨Abk.: jr. od. jun.; hinter Personennamen⟩ *der Jüngere;* Ggs *senior* ◆ Herr Marquardt junior

**Junior** ⟨m. 23⟩ Ggs *Senior* **1** *der Jüngere, der Sohn* **2** ⟨Sp.⟩ *Jugendlicher* ◆ sind Sie der Junior? ⟨umg.⟩ [zu lat. *iunior* „jünger"]

**Junker** ⟨m. 3⟩ **1** *adliger Gutsbesitzer* **2** *junger Adliger* [< ahd. *juncherro;* → *Herr, jung*]

**Junktim** ⟨n. 15⟩ *Verbindung u. Behandlung mehrerer Gesetzesvorlagen, die nur entweder alle angenommen od. alle abgelehnt werden können* [< lat. *iunctim* „vereinigt, verbunden, miteinander"; zu lat. *iungere* „verbinden"]

**Junta** ⟨[xun-] od. [jun-] f.; -, Junten; in Spanien u. bes. Lateinamerika⟩ **1** *(Machthaber einer) Militärdiktatur* **2** *Regierungsausschuss, Verwaltungsbehörde mit zeitlich begrenzter Gewalt* [span., „Versammlung, Rat "; zu lat. *iungere* „verbinden"]

**Jupiter** ⟨m. 3; unz.; Astron.⟩ ▲ *von 16 Monden umkreister, größter Planet des Sonnensystems mit einer sehr dichten Atmosphäre aus Wasserstoff u. Helium*

**Jura**[1] ⟨m. 6; Geol.⟩ **1** *Name mehrerer Gebirge* **2** *mittlere Formation des Mesozoikums* [< lat. *Iura (mons)*]

**Jura**[2] ⟨Pl.; Sing.: Jus; Rechtsw.⟩ *die Rechte* ◆ Jura studieren [< lat. *iura,* Pl. zu *ius* „Recht"]

**Jurisdiktion** ⟨f. 20; unz.; Rechtsw.⟩ *Gerichtsbarkeit, Rechtsprechung* [< lat. *iurisdictio* „Handhabung des Rechts" < *ius* „Recht" + *dicere* „sagen, sprechen"]

**Jurisprudenz** ⟨f. 20; unz.; Rechtsw.⟩ = *Rechtswissenschaft* [< lat. *iuris prudentia* „Rechtswissenschaft" < lat. *ius* „Recht" + *prudentia* „Erfahrung u. Einsicht, Klugheit"]

**Jurist** ⟨m. 16; Rechtsw.⟩ *Kenner, Student der Rechtswissenschaft* [< mhd. *juriste* „Rechtsgelehrter" < mlat. *jurista;* zu lat. *ius,* Gen. *iuris* „Recht"]

**juristisch** ⟨Adj.; Rechtsw.⟩ **1** *zur Rechtswissenschaft gehörig, auf ihr beruhend, mit ihrer Hilfe* **2** *rechtlich, rechtswissenschaftlich* **3** *vom gesetzlichen Standpunkt aus* ◆ juristische Fakultät; juristische Person *mehrere Personen od. Institutionen, die vom Staat als ein einziger Gegenstand des Rechts anerkannt werden;* Ggs *natürliche Person;* juristisch einwandfrei; vom juristischen Standpunkt aus

JURTE

**Juror** ⟨m. 23⟩ *Mitglied einer Jury* [engl., „Geschworener, Preisrichter"]

**Jurte** ⟨f. 19⟩ ▲ *Rundzelt mittelasiat. Nomaden aus Filz* [< russ. *jurta*]

**Jury** ⟨[ʒy'ri:] f. 10⟩ *Ausschuss von Sachverständigen als Preisrichter bei Kunstausstellungen, sportl. Veranstaltungen u. Ä.* [engl., „Geschworenengericht, die Geschworenen, Preisrichterkollegium"]

**justieren** ⟨V. t.; hat⟩ **1** *zurichten, genau einstellen, eichen* (Messgerät) **2** *prüfen* (Münzgewicht) ◆ den Satz justieren ⟨Typ.⟩ *beim Umbruch den in Spalten gesetzten Satz u. die Klischees auf gleiche Seitenhöhe bringen;* Marginalien justieren ⟨Typ.⟩ *die Marginalien an die entsprechenden Stellen des Textes setzen* [< mlat. *iustare* „in die gehörige Ordnung bringen"]

**Justitiar** ⟨m. 1; Rechtsw.⟩ = *Justiziar*

**Justiz** ⟨f.; -; unz.; Rechtsw.⟩ *Rechtswesen, Rechtspflege* [< lat. *iustitia* „Gerechtigkeit"]

**Justiziar** ⟨m. 1; Rechtsw.⟩ *Rechtsbeistand eines Betriebes oder einer Behörde;* oV *Justitiar* [< mlat. *iustitiarius;* zu lat. *iustitia* „Gerechtigkeit"]

JUTE: BÜSCHEL ROHER JUTEFASERN

**Jute** ⟨f. 19; unz.⟩ **1** ► *die Bastfaser mehrerer ind. Arten des zur Familie der Lindengewächse gehörenden Corchorus, insbes. der Art Corchorus capsularis* **2** *ähnl. Faser anderer Pflanzen* [< engl. *jute;* zu hind. *jhuta* „kraus"; zu altind. *jata* „Haarflechte"]

**juvenil** ⟨[-və-] Adj.⟩ *jugendlich;* Ggs *senil* [< lat. *iuvenilis* „jugendlich"]

**Juwel** ⟨n. 27⟩ **1** *Kleinod, Schmuckstück, geschliffener Edelstein* **2** ⟨fig.; umg.; scherzh.⟩ *wertvoller Mensch, Mensch, der alle Arbeiten hervorragend erledigt* ◆ sie ist ein Juwel! ⟨fig.; umg.; scherzh.⟩ [< mnderl. *juweel* < afrz. *joël* „Schmuck" (neufrz. *joyau*) < vulgärlat. *iocellum,* etwa „Kurzweiliges"; zu lat. *iocus* „Scherz"; verwandt mit *Jux*]

**Juwelier** ⟨m. 1⟩ **1** *Goldschmied* **2** *Schmuckhändler* [→ *Juwel*]

**Jux** ⟨m. 1; umg.⟩ *Scherz, Spaß, Ulk* ◆ sich einen Jux machen; etwas (nur) aus Jux tun [< lat. *iocus* „Scherz"; verwandt mit *Juwel*]

# K

**k** ⟨Abk. für⟩ **1** *metrisches* → *Karat (II) (1 k = 0,2 g)* **2** *Kilo…, Tausendfaches*

**K** ⟨Zeichen für⟩ **1** ⟨Chem.⟩ *Kalium* **2** *Grad Kelvin*

**Kaaba** ⟨f.; -; unz.; Rel.⟩ *islam. Heiligtum in Mekka, Ziel der dem Moslem vorgeschriebenen Pilgerreise* [< arab. *ka'b* „Würfel"]

**Kabanossi** ⟨f.; -, -⟩ = *Cabanossi*

**Kabarett** ⟨n. 15 od. 11⟩ oV *Cabaret* **1** *Bühne für kurze, meist humoristische Darbietungen* **2** *in Fächer abgeteilte, drehbare Speiseplatte* [< frz. *cabaret* „Schenke"]

**Kabarettist** ⟨m. 16⟩ *Künstler in einem Kabarett* ◆ Dieter ist ein sehr guter Kabarettist

**Kabbala** ⟨f.; -; unz.⟩ *aus den verschiedensten Elementen bestehende, stark mit Buchstaben- u. Zahlensymbolik arbeitende, sich an die Bibel anlehnende, myst. jüd. Geheimlehre u. ihre Schriften* [< neuhebr. *qabbala* „Überlieferung, Geheimlehre"]

**Kabel** ⟨n. 13⟩ **1** *starkes Tau* **2** *mehrere zusammengefasste u. isolierte (Strom-)Leitungsdrähte* [< mndrl. *cabel* < frz. *cable* „Rolltau, Ankertau"]

**Kabelfernsehen** ⟨n.; -s; unz.; TV⟩ *Art des Fernsehempfangs, der von einer zentralen Sendestelle über Kabel zu den einzelnen Empfängern geleitet wird*

**Kabeljau** ⟨m. 1 od. m. 6⟩ *1,5 m langer u. bis 50 kg schwerer Nutzfisch: Gadus morrhua* [< mndrl. *cabbeliau;* Herkunft unsicher]

**Kabine** ⟨f. 19⟩ **1** *kleiner, abgeschlossener Raum* (Bade-, Umkleidekabine) **2** *Wohn- u. Schlafraum an Bord* **3** *Gondel einer Seilbahn* [< engl. *cabin* „Hütte, Kajüte"]

**Kabinett** ⟨n. 11⟩ **1** *kleines Zimmer, Nebenraum* **2** *Raum für Kunstsammlung* (Kunstkabinett, Kupferstichkabinett) **3** ⟨16./17. Jh.⟩ ▼ *Schrank mit vielen Fächern u. Schubladen für kleine Kunstsammlung* **4** *Lehrraum mit ausstellungsähnlicher Ausstattung* (Traditionskabinett, Heimatkabinett) **5** ⟨fig.⟩ *die persönlichen Berater eines Staatsoberhauptes* **6** ⟨Pol.⟩ *Ministerrat, Gesamtministerium* **7** *Prädikat für Weißwein* ◆ ein Kabinett bilden, stürzen, wählen ⟨Pol.⟩ [< frz. *cabinet* „kleines Nebenzimmer" < ital. *gabinetto*]

KABINETT: ENGLISCHES KABINETT AUS MAHAGONI, 19. JH.

**Kabinettstück** ⟨n. 11⟩ **1** ⟨urspr.⟩ *bes. wertvoller Gegenstand der Kunst od. Wissenschaft, der nicht in einer allgemeinen Sammlung, sondern im Kabinett untergebracht ist* **2** ⟨danach⟩ *bes. schöner, wertvoller Gegenstand* **3** ⟨fig.⟩ *bes. geschicktes, kluges, erfolgreiches Vorgehen od. Verhalten, Meisterstück* ◆ ein Kabinettstück der Diplomatie, der Verhandlungskunst

**Kabrio** ⟨n. 15; kurz für⟩ ► = *Kabriolett (2);* oV *Cabrio*

**Kabriolett** ⟨n. 15⟩ **1** *zweirädriger Einspänner* **2** ▲ *Personenkraftwagen mit zurückklappbarem Verdeck;* Sy ⟨kurz⟩ *Kabrio;* oV *Cabriolet;* Ggs *Limousine* [< frz. *cabriolet* „Kabriolett", eigtl. „ein leichter Wagen, der Luftsprünge macht"; → *Kapriole*]

**Kachel** ⟨f. 21⟩ *gebrannte, meist glasierte, oft bemalte Tonplatte für Öfen, als Wandverkleidung u. Untersetzer* [< ahd. *chachala* „irdener Topf, irdenes Gefäß" < vulgärlat. *caccalus,* Nebenform zu lat. *caccabus* „Tiegel, Pfanne" < grch. *kakkabos* „dreibeiniger Kessel"]

**kacheln** ⟨V. t.; hat⟩ *mit Kacheln auslegen, belegen* ◆ ein gekacheltes Bad

**Kadaver** ⟨[-vər] m. 3⟩ *toter Körper, Tierleiche, Aas* [< lat. *cadaver*]

**Kadavergehorsam** ⟨[-vər-] m.; -s; unz.⟩ *blinder Gehorsam, Befehlsbefolgung unter Ausschalten der eigenen Urteilskraft*

**Kadenz** ⟨f. 20⟩ **1** ⟨Mus.⟩ **1.1** *zu einem Abschluss führende Akkordfolge* **1.2** ⟨beim Instrumentalkonzert⟩ *solistische (urspr. improvisierte), verzierende Wiederholung eines Themas, um dem Künstler Gelegenheit zu geben, sein virtuoses Können darzubieten* **2** ⟨Metrik⟩ *die Art des Versausgangs, z. B. Reim, Katalexe* ◆ männliche Kadenz; weibliche Kadenz ⟨Metrik⟩ [< ital. *cadenza* „das Fallen"]

**Kader** ⟨m. 3 od. schweiz.: n. 13⟩ **1** *Stammtruppe, Kerntruppe* **2** ⟨schweiz. a.⟩ *Vorgesetztengruppe* **3** *systemat. herangebildete Gruppe von Arbeits-, Fachkräften, Funktionär, bes. in kommunist. Parteiorganisationen* (Führungskader, Leitungskader) [< frz. *cadre* „Rahmen, Einfassung"]

**Kaderschmiede** ⟨f. 19⟩ **1** ⟨umg.; abwertend⟩ *Ort, an dem (heimlich) Staatsfeinde, Revolutionäre herangebildet werden* **2** ⟨DDR⟩ *Organisation od. Einrichtung, die Kader heranbilden soll*

**Kadett** ⟨m. 16⟩ **1** ⟨bis 1918⟩ *Zögling einer militärischen Erziehungsanstalt, der die Offizierslaufbahn ergreifen will* **2** ⟨umg.; scherzh.⟩ *Bursche, Kerl* [< frz. *cadet* „Offiziersanwärter, nachgeborener Sohn"]

**Kadi** ⟨m. 6; in mohammedan. Ländern⟩ *nach den Gesetzen des Korans Recht sprechender Richter* ◆ zum Kadi laufen ⟨fig.; umg.⟩ *das Gericht in Anspruch nehmen* [< arab. *qadin* „Richter"]

**Kadmium** ⟨n.; -s; unz.; Chem.; Zeichen: Cd⟩ *silberweißes Metall, chemisches Element mit der Ordnungszahl 48;* oV ⟨fachsprachl.⟩ *Cadmium* [< grch. *kadmia, kadmeia* „Zinkerz"]

KABRIOLETT: CADILLAC ELDORADO, 1954

**kaduk** ⟨Adj.; Rechtsw.⟩ **1** *hinfällig, gebrechlich* **2** *verfallen, ungültig* [< lat. *caducus* „hinfällig, verfallen"]

**Käfer** ⟨m. 3⟩ **1** ⟨Zool.⟩ ► *Angehöriger einer rund 350 000 bekannte Arten umfassenden, formenreichen Ordnung der Insekten, deren vorderes Flügelpaar durch Chitineinlagerung meist zu harten Deckflügeln geworden ist: Coleoptera;* Sy *Deckflügler, Koleoptere;* ► *Insekten* **2** ⟨umg.⟩ *Volkswagen* **3** ⟨umg.; scherzh.⟩ *junges Mädchen* ◆ ein flotter, hübscher Käfer [< ahd. *chevar,* engl. *chafer*]

**Kaffee I** ⟨m. 6; unz.⟩ **1** *Samen des Kaffeebaumes in Form von Bohnen* **2** *geröstete bzw. gemahlene Kaffeebohnen* **3** *Getränk aus gerösteten Kaffeebohnen* **4** *Morgen- bzw. Nachmittagsmahlzeit, Frühstück bzw. Vesper* ◆ es gibt Kaffee und **Kuchen** ◆ Kaffee **aufbrühen,** filtern, kochen; Kaffee **trinken** *frühstücken, vespern;* einen Kaffee trinken ◆ **gebrannter,** gemahlener, gerösteter, schwacher, starker Kaffee ◆ morgens **beim** Kaffee die Zeitung lesen; Kaffee **mit** Milch, Sahne, Zucker; jmdn. **zum** Kaffee (zu sich) einladen **II** ⟨n. 15; eindeutschend für⟩ *Café, Konditorei* ◆ im Kaffee frühstücken; ins Kaffee gehen; im Kaffee sitzen [< frz. *café* < ital. *caffè* < türk. *qahve* < arab. *qahwa* „Wein", dann „Kaffee"]

**Kaffeebaum** ⟨m. 1u⟩ *aus Afrika stammende Art der Rötegewächse mit koffeinhaltigen Früchten: Coffea*

**Kaffeebohne** ⟨f. 19⟩ *Samen des Kaffeebaumes* ◆ geröstete, ungeröstete Kaffeebohnen

KAI IN SYDNEY, AUSTRALIEN

**Kaffeeklatsch** ⟨m. 1; umg.; meist leicht abwertend⟩ *kleine Nachmittagsgesellschaft für Damen, wo viel geplaudert wird*

**Kaffeesatz** ⟨m. 1u; unz.⟩ *nach dem Aufbrühen od. Filtern von Kaffee zurückbleibender Bodensatz* ◆ aus dem Kaffeesatz wahrsagen ⟨abwertend⟩ *plumpe Wahrsagerei treiben*

**Kaffernbüffel** ⟨m. 5⟩ *südafrikanisches Wildrind: Syncerus caffer*

## KÄFER

Die Käfer bilden mit über 350 000 Arten die größte Insektenordnung. Sie kommen in fast allen Lebensräumen vor und ernähren sich entsprechend vielfältig (z. B. Aasfresser, Räuber, Pflanzenfresser und Holzbohrer). Die Käfer machen eine vollständige Verwandlung durch, d. h., sie entwickeln sich von der Larve zur Puppe und schließlich zum erwachsenen Käfer. Die Larven der Käfer sind weichhäutig und leben in der Regel inmitten ihrer Nahrung, z. B. in faulendem Holz oder in Kuhfladen. Die erwachsenen Tiere sind kräftig gepanzert, da die Vorderflügel meist durch Chitineinlagerungen zu harten Deckflügeln versteift sind. Diese bilden eine schützende Hülle über den hinteren zusammengefalteten Hautflügeln, die das Fliegen ermöglichen. Einige Käfer, wie etwa der Mehlkäfer oder der Maikäfer, sind Schädlinge, aber die wichtigste Rolle der Käfer im Haushalt der Natur ist die Zersetzung toter organischer Stoffe.

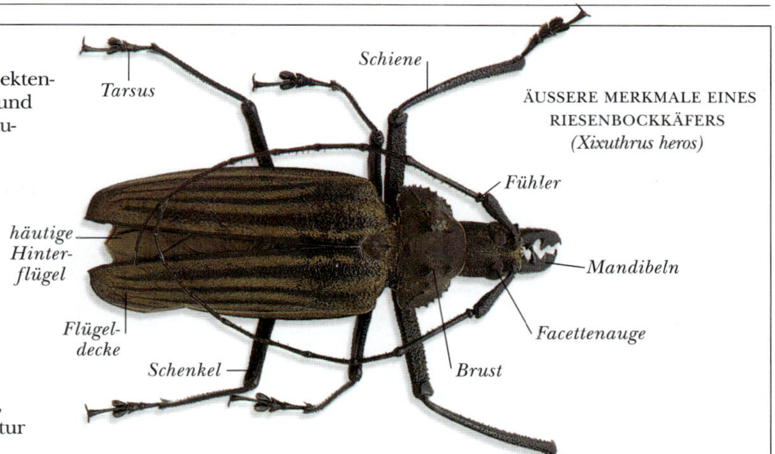


ÄUSSERE MERKMALE EINES RIESENBOCKKÄFERS *(Xixuthrus heros)*

### WEITERE KÄFERARTEN

BLATTKÄFER *(Doryphorella langsdorfi)*

SCHWARZKÄFER *(Helaeus subserratus)*

MARIENKÄFER *(Coccinella septempunctata)*

HIRSCHKÄFER *(Mesotopus tarandus)*

SANDLAUFKÄFER *(Megacephala australis)*

GOLIATHKÄFER *(Goliathus cacicus)*

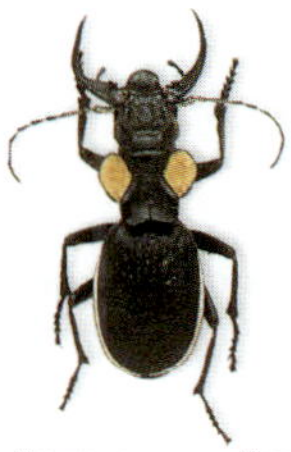

WÜSTENLAUFKÄFER *(Anthia thoracica)*

GELBRANDKÄFER *(Dytiscus marginalis)*

**Käfig** ⟨m. 1⟩ **1** *von Gitter umschlossener Raum für Tiere* (Affenkäfig, Vogelkäfig) **2** ⟨Tech.⟩ *Kugellager* ◆ ein Tier in einen Käfig sperren; im goldenen Käfig sitzen *durch Reichtum gebunden sein* [< ahd. *chevia* < lat. *cevea* „Käfig"]

**kafkaesk** ⟨Adj.; fig.⟩ *unheimlich, beängstigend, irreal* ◆ eine kafkaeske Schilderung [nach dem österr. Schriftsteller Franz *Kafka*, 1883-1924]

**Kaftan** ⟨m. 1⟩ *aus dem Orient stammendes, mantelartiges Obergewand* [< pers.-arab. *khaftan* „(militär.) Obergewand"]

**kahl** ⟨Adj.⟩ **1** *ohne Haar, glatzköpfig* **2** *geschoren* **3** *leer, entblößt, schmucklos* (Wand, Mauer) **4** *ohne Pflanzenwuchs, nackt* (Berg, Felsen) **5** *ohne Blätter* (Baum, Stängel) ◆ die **Birke** ist kahl geblieben ◆ einen Baum kahl **fressen** *die Blätter vom Baum abfressen (durch Schädlinge wie Raupen usw.)*; etwas kahl **scheren** *alle Haare von etwas od. jmdm. bis auf die Wurzel abschneiden;* **sein:** er ist schon völlig kahl [< ahd. *kalo, kal(a)wer;* Herkunft unsicher]

KAIMAN: JUNGER BRILLENKAIMAN *(Caiman crocodilus)*

**Kahlfraß** ⟨m. 1; unz.⟩ *Abfressen der Blätter durch Raupen od. andere Schädlinge*

**kahlköpfig** ⟨Adj.⟩ *mit einem kahlen Kopf versehen;* Sy *glatzköpfig*

**Kahlschlag** ⟨m. 1u⟩ **1** *Stelle im Wald, wo alle Bäume auf einmal abgeschlagen worden sind* **2** ⟨fig.; abwertend⟩ *Zerstörung, Vernichtung, Abbau* ◆ der wirtschaftliche Kahlschlag in dieser Region hat zu einer hohen Arbeitslosigkeit geführt

**Kahm** ⟨m. 1⟩ *Schimmelüberzug, Schimmelhaut auf Flüssigkeiten* [< mhd. *kam* < vulgärlat. *cana* „graue Schmutzschicht auf Wein"]

**Kahn** ⟨m. 1u⟩ **1** *kleines Boot* **2** *Lastschiff auf Flüssen* (Elbkahn, Schleppkahn) **3** ⟨fig.; umg.⟩ *Pantoffel, großer Schuh* ◆ ein alter Kahn ⟨scherzh.⟩ *ein altes Schiff* [< mdt., mnddt. *kane;* vermutlich zu der nord. Sippe von aisl. *kani* „Schüssel", Grundbedeutung dann „Gefäß"]

**Kahnbein** ⟨n. 11⟩ *Hand- od. Fußwurzelknochen der Säugetiere u. des Menschen in der Form eines Kahnes: Os naviculare*

**Kai** ⟨m. 1 od. m. 6⟩ oV *Quai* **1** ◄ *befestigte Anlegestelle für Schiffe am Ufer* **2** *befestigtes Ufer an Meer, Fluss od. See* [< ndrl. *kaai* < frz. *quai* „Kai, Uferdamm"]

**Kaiman** ⟨m. 1; Zool.⟩ ◄ *Angehöriger einer mittel- u. südamerikanischen Verwandschaftsgruppe der Alligatoren mit drei Gattungen: Caiman, Melanosuchus, Paleosuchus* [< span. *caimán* < karaib. Eingeborenensprache]

**Kaiser** ⟨m. 3⟩ **1** ⟨im antiken Rom⟩ *(Beiname des Alleinherrschers)* **2** ⟨danach⟩ *höchster Herrscher* [< ahd. *keisar* < lat. *Caesar,* nach Gaius Julius *Caesar,* 100-44 v. Chr.]

**Kaiserin** ⟨f. 22⟩ **1** *weibl. Kaiser* **2** *Gemahlin des Kaisers*

**Kaiserkrone** ⟨f. 19⟩ **1** *Krone des Kaisers* **2** ⟨Bot.⟩ *Liliengewächs mit roten Blüten, die unter einem Blätterschopf herabhängen: Fritillaria imperialis*

**Kaiserling** ⟨m. 1⟩ *in Oberitalien u. Südfrankreich sehr beliebter u. häufiger, essbarer Blätterpilz, sieht dem Fliegenpilz sehr ähnlich: Amanita caesarea;* Sy *Kaiserschwamm*

**kaiserlos** ⟨Adj.⟩ *ohne Kaiser, ohne kaiserlichen Herrscher* ◆ die kaiserlose Zeit *die Zeit zwischen dem Ende der Hohenstaufenherrschaft u. der Wahl Rudolfs v. Habsburg, das Interregnum 1254-1273*

**Kaisermantel** ⟨m. 5u; Zool.⟩ *größter mitteleuropäischer Perlmuttfalter mit einer Spannweite bis zu 7 cm: Argynnis paphia*

**Kaiserpinguin** ⟨m. 1; Zool.⟩ ► *größter Pinguin, der zur Balz u. zur späteren Brut scharenweise in das Landesinnere der Antarktis zieht: Aptenodytes forsteri*

KAISERPINGUIN *(Aptenodytes forsteri)*

**Kaiserschmarren** ⟨m. 4; bes. österr.⟩ *Mehlspeise, in kleine Stückchen zerteilter Pfannkuchen*

**Kaiserschnitt** ⟨m. 1; Chir.⟩ *geburtshilfliche Operation, bei der die Gebärmutter zur (beschleunigten, oft sichereren) Geburt des Kindes aufgeschnitten wird: Sectio caesarea* [Lehnübersetzung von mlat. *sectio caesarea;* zu *caedere* „hauen, schlagen, schneiden"]

**Kaiserschwamm** ⟨m. 1u⟩ = *Kaiserling*

**Kaizen** ⟨[-zɛn] n.; -; unz.; Wirtsch.⟩ *Methode aus der japanischen Fertigungstechnik, die sich als Ziel die kontinuierliche Verbesserung aller Betriebsprozesse unter Einbezug von eigenverantwortlichen u. kreativen Mitarbeitern setzt* [jap.]

K

## KAJAK

Die Eskimos gingen früher mit Kajaks, die bis auf eine schmale Einstiegsöffnung mit Robbenhaut überzogen waren, auf die Jagd nach Meeressäugern. Durch das Festschnüren der Pelzjacke des Ruderers an der Öffnung konnte das Eindringen von Wasser verhindert werden.

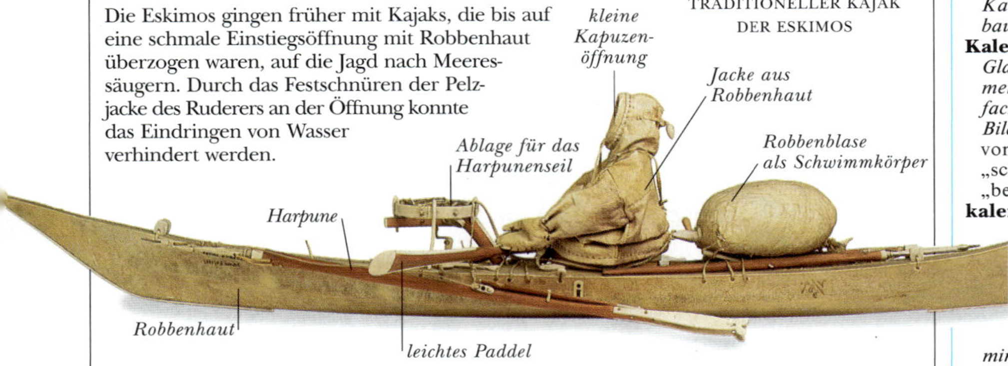


TRADITIONELLER KAJAK DER ESKIMOS

**Kajak** ⟨m. 6⟩ **1** ▲ *leichtes, bis auf den Sitz des Fahrers völlig geschlossenes (Jagd-)Paddelboot der Eskimos;* Sy ⟨veraltet⟩ *Grönländer* **2** ⟨allg.⟩ *Sportpaddelboot* [eskim., „einsitziges, gedecktes Männerboot"]

**Kajalstift** ⟨m. 1; Kosmetik⟩ *schwarzer Stift für den Lidstrich*

**Kajüte** ⟨f. 19⟩ *kleiner Wohn- u. Schlafraum auf dem Schiff* [< mnddt. *kaiüte* „Wohnraum an Bord", vermutlich < frz. *cahute* „schlechte Hütte"]

**Kakadu** ⟨m. 6⟩ *Angehöriger einer Unterfamilie großer Papageien von meist weißer, auch schwarzer Färbung mit gelben od. roten Abzeichen: Kakatoeinae* [< ndrl. *kaktos* < mal. *kakatua* „Haubenpapagei", wohl lautmalend nach dem Schrei des Vogels]

**Kakao** ⟨[-kau] m.; -s; unz.⟩ **1** *Samen des Kakaobaumes, Pulver aus den Kakaobohnen* **2** *Getränk daraus mit Milch (u. Zucker)* ◆ eine Tasse Kakao; Kakao kochen, trinken [< span. *cacao* < aztek. *cacauatl*]

**Kakaobaum** ⟨[-kau-] m. 1u⟩ *Pflanze aus der Familie der Sterkuliengewächse, die den Kakao liefert: Theobroma cacao*

**Kakaobutter** ⟨[-kau-] f.; -; unz.⟩ *aus ausgepressten Kakaobohnen gewonnenes Fett*

**Kakerlak** ⟨m. 23 od. m. 16⟩ = *Küchenschabe* [< ndrl. *kakerlak;* weitere Herkunft unsicher, viell. < türk. *krkayak*, engl. *cockroach*, span. *cucaracha*]

**Kaki** oV *Khaki* **I** ⟨n. 15; unz.⟩ *Erdfarbe, erdbraune Farbe* **II** ⟨m. 6; unz.⟩ *gelbbrauner Stoff (für leichte Tropenuniformen)* [zu engl. *khaki* < pers.-hind. *khaki* „staub-, erdfarben"; zu pers. *khak* „Staub, Erde"]

**Kakipflaume** ⟨f. 19⟩ *in China u. Japan kultivierter Obstbaum: Diospyros kaki* [< jap.]

**Kakirit** ⟨m. 1; Geogr.⟩ *Gestein, das infolge von tektonischen Bewegungen von Rutsch- u. Kluftflächen durchzogen ist, Bruchbrekzie* [nach dem See *Kakir* in Nordschweden]

**Kakofonie** ⟨f. 19⟩ = *Kakophonie*

**Kakophonie** ⟨f. 19⟩ oV *Kakofonie* **1** *Missklang, Dissonanz* **2** *schlecht klingende Folge von Tönen, Lauten od. Wörtern* [< grch. *kakos* „schlecht" + *phone* „Stimme"]

**Kaktee** ⟨[-teːə] f. 19; Bot.⟩ ► = *Kaktus*

**Kaktus** ⟨m.; -, Kakteen; Bot.⟩ ► *Pflanze aus der Familie der Kaktusgewächse: Cactaceae;* Sy *Kaktee* [< grch. *kaktos* „stachlige Pflanze"]

**Kaktusfeige** ⟨f. 19⟩ *süßliche, wohlschmeckende Frucht des Feigenkaktus*

KAKTUS
*(Oreocereus intertexta)*

**Kaktusgewächs** ⟨[-ks] n. 11; Bot.⟩ *Mitglied einer Pflanzenfamilie mit säulenförmigem, kugeligem od. blattförmigem Stamm u. Blattdornen, bes. in Wüsten u. Halbwüsten Amerikas: Cactaceae*

**Kakuminallaut** ⟨m. 1; Phon.⟩ = *Zerebrallaut* [zu lat. *cacumen* „Gipfel, Spitze"]

**Kalabasse** ⟨f. 19⟩ = *Kalebasse*

**Kalabreser** ⟨m. 3⟩ *breitrandiger Filzhut mit spitzem Kopf* [nach der Landschaft *Kalabrien* in Süditalien]

**Kalamität** ⟨f. 20⟩ **1** *arge Verlegenheit, Übelstand, Notlage* **2** *durch massenhaften Befall mit Schädlingen verursachte Erkrankung von Monokulturen, die wirtschaftliche Folgen hat* [< lat. *calamitas* „Schaden, Unglück"]

**Kalanchoe** ⟨[-çoe] f. 19⟩ *zu den Dickblattgewächsen gehörende Zierpflanze mit roten, gelben od. weißen Blüten*

**Kalander** ⟨m. 3⟩ **1** *in der Papier-, der Textil- u. der Kunststoffindustrie zur Erzeugung glänzender Glätte benutztes Walzwerk aus mehreren abwechselnd aufeinander angeordneten, polierten Stahl- u. Papierwalzen, zwischen denen die Papier-, Stoff- od. Folienbahn unter starkem Druck hindurchgeführt wird* [< frz. *calandre* „Wäscherolle, Mangel"; zu ndrl. *kalandern* „hin und her gleiten"]

**kalandern** ⟨V. t.; hat⟩ *mit dem Kalander bearbeiten*

**Kalaschnikow** ⟨f. 10⟩ *sowjet. Maschinengewehr* [nach dem sowjet. Waffenkonstrukteur M.T. *Kalaschnikow*]

**Kalauer** ⟨m. 3⟩ *einfaches, nicht sehr geistreiches Wortspiel, fauler Witz* [< frz. *calembour* „Wortspiel", mit Anlehnung an die niederlausitz. Stadt *Kalau*]

**Kalb** ⟨n. 12u⟩ **1** *junges Rind* **2** *Junges vom Rot-, Elch- u. Damwild* ◆ das Goldene Kalb *Sinnbild des Reichtums* ⟨nach 2. Buch Mose, Kap. 32⟩ [< ahd. *chalp*, engl. *calf*]

**kalben** ⟨V. i.; hat⟩ **1** die Kuh kalbt *wirft ein Kalb* **2** ⟨Geol.⟩ der Gletscher kalbt *große Eismassen brechen vom Gletscher ab u. stürzen ins Meer*

**Kaldaunen** ⟨Pl.⟩ *essbares Eingeweide, Darmzotten vom Rind* [< nddt. *kaldunen* < mlat. *calduna* „das noch dampfende Eingeweide frisch geschlachteter Tiere"]

**Kalebasse** ⟨f. 19⟩ *aus einem Flaschenkürbis hergestelltes Trinkgefäß;* oV *Kalabasse* [< span. *calabaza*, frz. *calebasse* „Flaschenkürbis"]

**Kalebassenbaum** ⟨m. 1u⟩ *Angehöriger einer Gattung der Bignoniengewächse, liefert die Kalebassen: Crescentia cujete;* Sy *Kürbisbaum*

**Kaleidoskop** ⟨n. 11⟩ **1** *Guckkasten mit bunten Glasstückchen, die sich beim Bewegen zu immer neuen, von einem Winkelspiegel vervielfachten Muster ordnen* **2** ⟨fig.⟩ *lebendig bunte Bilderfolge* ◆ er sah sich einem Kaleidoskop von Eindrücken gegenüber [< grch. *kalos* „schön" + *eidos* „Gestalt, Bild" + *skopein* „betrachten, schauen"]

**kalendarisch** ⟨Adj.⟩ *gemäß dem Kalender, auf ein im Kalender festgeschriebenes Datum bezogen* ◆ Ostern fällt in diesem Jahr kalendarisch auf den 4. April

**Kalendarium** ⟨n.; -s, -rien⟩ **1** *Verzeichnis der kirchlichen Festtage* **2** *Terminkalender* [→ *Kalender*]

**Kalenden** ⟨nur Pl.⟩ *der erste Tag des altröm. Monats* ◆ etwas bis zu den griechischen Kalenden aufschieben *aufschieben, um es nie zu tun (da es bei den Griechen keine Kalenden gab)* [< lat. *Kalendae* „der erste Tag des Monats"]

**Kalender** ⟨m. 3⟩ **1** *Verzeichnis der Tage, Wochen u. Monate des Jahres in zeitl. Folge mit Angaben über Sonnen- u. Mondaufgänge u. -untergänge usw.* (Abreißkalender, Taschenkalender, literarischer Kalender) **2** *Zeitrechnung* ◆ diesen Tag muss man sich rot im Kalender anstreichen *diesen Tag muss man sich besonders merken;* → a. *gregorianisch, hundertjährig, julianisch* [< spätlat. *calendarius* für mlat. *calendarium;* zu lat. *Kalendae* „der erste Tag des Monats"]

KALIUM ALS REINES METALL

**Kalendergeschichte** ⟨f. 19⟩ *(urspr. in Kalendern abgedruckte) kurze, anekdotische Geschichte mit moralischem Inhalt*

**Kalenderjahr** ⟨n. 11⟩ *das Jahr vom 1. Januar bis zum 31. Dezember, im Unterschied zum Kirchen-, Studienjahr u. a.*

**Kalendermonat** ⟨m. 1⟩ *Monat vom ersten bis zum letzten Tag*

**Kalenderuhr** ⟨f. 20⟩ *Uhr, die auch das Datum anzeigt*

**Kalesche** ⟨f. 19⟩ *leichter, vierrädriger Einspänner mit Klappverdeck od. ohne Verdeck* [< tschech. *kolesa*, poln. *kolaska* „Räderfahrzeug"]

**Kalfakter** ⟨m. 3⟩, **Kalfaktor** ⟨m.; -s, -en⟩ **1** *jmd., der alle möglichen Dienste verrichtet, Heizer, Schuldiener, Hausmeister* **2** *Aushorcher, Schmeichler, Zwischenträger* **3** *Strafgefangener, der dem Gefangenenwärter zur Hand geht* [< mlat. *cal(e)factor* „Warmmacher", d.h. der mit dem Einheizen betraute Schüler < lat. *calidus* „warm, heiß" + *facere* „machen"]

**kalfatern** ⟨V. t.; hat⟩ die Fugen des Schiffes kalfatern *mit geteertem Werg abdichten* [< ital. *calafatare*, frz. *calafater*, *cal(e)fater*, span. *calafatear* < mgrch. *kalaphatein;* zu arab. *kafr* „Asphalt"]

**Kali** ⟨n. 15; Chem.; Sammelbez. für⟩ *Kaliumsalze* [→ *Kalium*]

**Kaliber** ⟨n. 13⟩ **1** *lichte Weite von Röhren u. Bohrungen* **2** *Durchmesser von Geschossen* **3** *Abstand der Walzen im Walzgerüst eines Walzwerkes* **4** ⟨fig.⟩ *Art, Sorte, Größenordnung* [< frz. *calibre* „Durchmesser der Geschützmündung bzw. des Geschosses" < ital. *calibro* „Messgerät zur Bestimmung des Gewichts von Kanonenkugeln" < mlat. *calibrum* „Halseisen der Gefangenen, Kumt der Zugtiere" < arab. *qalib* „Form, Modell", grch. *kalopodion* „Schusterleisten", eigtl. „Holzfüßchen" < *kalon* „Holz" + *pous,* Gen. *podos* „Fuß"]

KALKSPAT: KRISTALLE

**kalibrieren** ⟨V. t.; hat⟩ **1** *eichen, auf genaues Maß bringen* **2** *den richtigen Abstand der Kaliberwalze bestimmen* [< frz. *calibrer* „kalibrieren"; → *Kaliber*]

**Kalif** ⟨m. 16⟩ **1** ⟨bis 1924 Titel für⟩ *Oberhaupt der Sunniten als Nachfolger Mohammeds* **2** ⟨später⟩ *türk. Sultan* [< mhd. *kalif* < arab. *halifa* „Nachfolger, Stellvertreter" (nämlich des Propheten in der Herrschaft über die Gläubigen)]

**Kalifornium** ⟨n.; -s; unz.; Chem.; Zeichen: Cf⟩ = *Californium* [nach *California,* Bundesstaat der USA]

**Kalisalze** ⟨Pl.; Chem.⟩ *als Düngemittel u. in der chem. Industrie verwendete Kalium- bzw. Kalium-Magnesium-Verbindungen*

**Kalium** ⟨n.; -s; unz.; Chem.; Zeichen: K⟩ ◄ *chemisches Element, Alkalimetall, Ordnungszahl 19* [→ *Alkali*]

**Kaliumcarbonat** ⟨n. 11; unz.; Chem.; fachsprachl.⟩ = *Kaliumkarbonat*

**Kaliumchlorid** ⟨[-klo-] n. 11; unz.; Chem.⟩ *als Dünger usw. verwendete Kaliumverbindung, chem. Formel KCl*

**Kaliumiodid** ⟨n. 11⟩ *Kaliumsalz des Jodwasserstoffs, chem. Formel KI*

**Kaliumkarbonat** ⟨n. 11; unz.; Chem.⟩ *Kaliumsalz der Kohlensäure, chem. Formel* $K_2CO_3$*;* oV ⟨fachsprachl.⟩ *Kaliumcarbonat;* Sy *Pottasche*

**Kaliumpermanganat** ⟨n. 11; unz.; Chem.⟩ *dunkelrote Kristalle, die als Antiseptikum u. Oxidationsmittel verwendet werden, chem. Formel* $KMnO_4$

**Kaliumsulfat** ⟨n. 11; unz.; Chem.⟩ *Düngemittel u. Ausgangsstoff für die Alaun- u. Glasherstellung, chem. Formel* $K_2SO_4$*;* Sy *schwefelsaures Kali*

**Kalk** ⟨m. 1⟩ *durch Brennen von Kalkstein hergestelltes Kalziumoxid, das zur Herstellung von Zement u. a. verwendet wird, chem. Formel* $CaO_2$*, Branntkalk* ◆ Kalk brennen; Kalk löschen [< ahd. *kalk* < lat. *calx,* Gen. *calcis* „Kalk"]

**kalken** ⟨V. t.; hat⟩ *mit Kalk streichen, tünchen* (Wand)

**kalkhaltig** ⟨Adj.⟩ *Kalk enthaltend, kalkig* ◆ kalkhaltiges Wasser

**kalkig** ⟨Adj.⟩ **1** *kalkhaltig* **2** *voller Kalk* **3** *wie Kalk, kalkweiß*

**Kalksalpeter** ⟨m. 3; unz.; Chem.⟩ *als Düngemittel verwendetes Doppelsalz von Kalzium- u. Ammoniumnitrat*

**Kalksandstein** ⟨m. 1⟩ **1** *natürlich kalkreicher Sandstein* **2** *künstlicher hergestellter Mauerstein aus einem Gemisch von Kalziumoxid u. Quarzsand*

**Kalkschwamm** ⟨f. 1u; Zool.⟩ *Flachwassertier von nur geringer Größe, dessen Skelett vorwiegend aus Kalknadeln besteht: Calcispongia, Calcarea*

**Kalksinter** ⟨m. 3; unz.⟩ *Kalkstein, der durch Ablagerung aus kalkhaltigem Wasser entstanden ist;* Sy *Beinbrech, Beinbruch, Kalktuff*

**Kalkspat** ⟨m. 1⟩ ◄ *farbloses od. weißes Mineral, chem. Kalziumkarbonat, zur Herstellung doppeltbrechender Prismen verwendet;* Sy *Kalzit*

**Kalkstein** ⟨m. 1; unz.⟩ ► *Schichtgestein aus (meist organ.) Kalksubstanz, Rohstoff für Bau- u. die chem. Industrie*

**Kalktuff** ⟨m. 1; unz.⟩ = *Kalksinter*

**Kalkül I** ⟨m. 1 od. n. 11⟩ *Berechnung, Überlegung* **II** ⟨m. 1⟩ *System von Regeln u. Zeichen für mathematische Berechnungen u. logische Ableitungen* [< frz. *calcul* „das Rechnen"; zu lat. *calculus* „Steinchen", Verkleinerungsform zu *calx* „Kalkstein"]

**Kalkulation** ⟨f. 20⟩ *das Kalkulieren, Berechnung, Ermittlung (von Kosten)* [< lat. *calculatio* „Berechnung"; → *Kalkül*]

**kalkulieren** ⟨V. t.; hat⟩ **1** *berechnen, ermitteln, veranschlagen* **2** ⟨fig.⟩ *überlegen, erwägen, rechnen mit* ◆ Kosten kalkulieren; er kann schlecht kalkulieren [< lat. *calculare* „rechnen, berechnen"; → *Kalkül*]

**Kalla** ⟨f. 10; Bot.⟩ **1** ⟨i. w. S.⟩ *Angehörige einer Gattung der Aronstabgewächse mit 8 Arten: Calla;* Sy *Schlangenwurz* **2** ⟨i. e. S.⟩ *einheimische Art in Sümpfen u. Mooren: Calla palustris* [< lat. *calla* „Drachenwurz"]

**Kalligrafie** ⟨f. 19; unz.⟩ ► = *Kalligraphie*

**Kalligraphie** ⟨f. 19; unz.⟩ ▼ *Kunst des Schönschreibens;* oV *Kalligrafie* [< grch. *kallos* „Schönheit" + *graphein* „schreiben"]

KALKSTEIN: OOLITH

**Kalmar** ⟨m.; -s, -e; Zool.⟩ ►► *Angehöriger einer Unterordnung der Kopffüßer mit 10 Fangarmen u. großen, besonders leistungsfähigen Augen: Teutkoidea* [< mlat. *calmarium* „Rohrfeder (zum Schreiben); Tintenfass"]

**Kalmus** ⟨m.; -, -se; Bot.⟩ *Angehöriger einer Gattung der Aronstabgewächse, deren Wurzel ein beliebtes Magenmittel ist: Acorus* ◆ Gemeiner Kalmus: *Acorus calamus;* Grasartiger Kalmus: *Acorus gramineus* [< lat. *calamus* „Rohr, Halm"; urverwandt mit *Halm*]

**Kalorie** ⟨f. 19; Zeichen: cal⟩ **1** ⟨Phys.; veraltet⟩ *Maßeinheit für die Wärmemenge, die 1 Gramm Wasser von 14,5 auf 15,5 °C erwärmt* **2** ⟨veraltet; nur umg. immer noch gebräuchlich⟩ *Maßeinheit für den Energiewert der Nahrungsmittel, ersetzt durch Joule* [< lat. *calor* „Wärme, Hitze, Glut"]

**kalorienarm** ⟨Adj.⟩ *wenig Kalorien enthaltend (von Nahrungsmitteln)* ◆ er bevorzugt seit langem kalorienarme Kost

**Kalorimetrie** ⟨f. 19; unz.⟩ *das Messen von Wärmeeffekten, bes. von Wärmemengen*

K

## KALLIGRAPHIE

In den vergangenen 2000 Jahren wurden in der Schönschreibkunst zahlreiche verschiedene Schriften verwendet. Die Ausformung der Schrift erfolgte dabei nach ästhetischen Kriterien, die meist in enger Verbindung mit Buchillustrationen standen. Den heutigen Kalligraphen steht vom Gänsekiel bis zum Faserschreiber eine reiche Palette von Schreibwerkzeugen zur Verfügung.

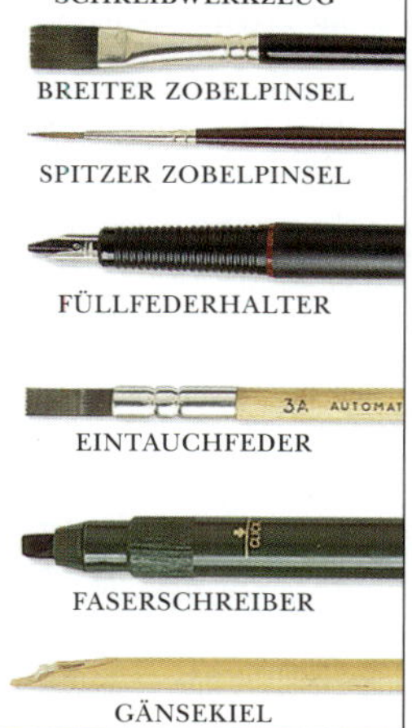


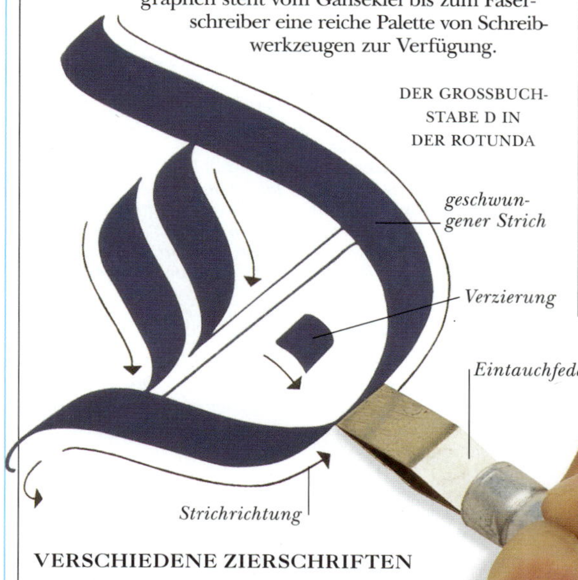


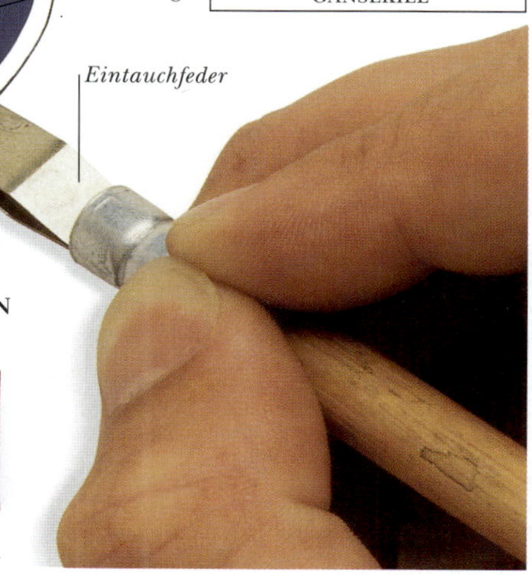

DER GROSSBUCHSTABE D IN DER ROTUNDA

VERSCHIEDENE ZIERSCHRIFTEN

FRÜHGOTISCH KURSIV FRAKTUR

**Kalotte** ⟨f. 19; Anat.⟩ = *Schädeldecke* [< frz. *calotte* „Käppchen"]

KALMAR
*(Loligo brevis)*

**kalt** ⟨Adj.; kälter, am kältesten⟩ **1** *fühlbar arm an Wärme* **2** *abgekühlt, nicht mehr warm* (Speisen) **3** ⟨fig.⟩ *gefühllos, gefühlsarm, gleichgültig, frostig* (gefühlskalt, gemütskalt) ◆ kaltes **Blut** bewahren *sich nicht aufregen, gelassen, ruhig bleiben;* eine kalte **Dusche** ⟨fig.⟩ *Ernüchterung, Dämpfer;* kaltes **Fieber** ⟨Med.⟩ = *Malaria;* kalte **Füße** bekommen ⟨fig.; umg.⟩ *in eine schwierige Lage geraten, Unannehmlichkeiten bekommen;* die kalte **Jahreszeit** *der Winter;* jmdm. die kalte **Schulter** zeigen ⟨fig.⟩ *jmdn. gleichgültig behandeln, nicht beachten;* kalter **Schweiß** *Angstschweiß* ◆ kalt **baden;** kalt **bleiben** ⟨fig.⟩ *ungerührt, gleichgültig bleiben;* kalt **lassen:** das lässt mich kalt *das berührt, interessiert mich nicht;* Wein kalt **stellen;** ⟨aber⟩ jmdn. kaltstellen; es **überlief** ihn kalt *ein Schauer überlief ihn* ◆ es lief mir kalt **über** den Rücken *ein Schauer überlief mich* [< ahd. *kalt,* engl. *cold*]

**Kaltblut** ⟨n.; -(e)s; unz.; Zool.⟩ *Rasse schwerer, massiger, starker Arbeits- und Zugpferde;* → a. *Warmblut;* ► *Pferde*

**Kaltblüter** ⟨m. 3; Zool.; nicht ganz zutreffende Bez. für⟩ *Wechselwarmblüter*

**kaltblütig** ⟨Adj.⟩ **1** ⟨Zool.; nicht ganz zutreffende Bez. für⟩ *wechselwarm* **2** ⟨fig.⟩ *nicht leicht erregbar, unerschrocken, gelassen*

**Kälte** ⟨f.; -; unz.⟩ **1** *das Kaltsein, Mangel an, Fehlen von Wärme* **2** ⟨fig.⟩ *Gleichgültigkeit, Gefühlsarmut, Empfindungslosigkeit* (Gefühlskälte, Herzenskälte) ◆ zehn Grad Kälte ⟨umg.⟩ *unter dem Gefrierpunkt;* beißende, schneidende Kälte ⟨a. fig.⟩ [< ahd. *chalti*]

**Kältegrad** ⟨m. 1; umg.⟩ *Maßgröße der Temperatur unter dem Gefrierpunkt*

**Kältemischung** ⟨f. 20⟩ *(meist nur für Laborzwecke verwendete) Mischung aus festen Stoffen (Salze, verfestigte Gase) mit Wasser, organ. Lösungsmitteln, Eis, Schnee u. a., die der Umgebung beim Lösungs- od. Schmelzvorgang die erforderliche Wärme entzieht*

**Kältepol** ⟨m. 1; unz.⟩ *Punkt auf der Erde mit der niedrigsten Temperatur*

**Kältestarre** ⟨f.; -; unz.⟩ *Zustand der Regungslosigkeit einiger Tiere während der kalten Jahreszeit mit stark herabgesetzter Stoffwechseltätigkeit*

**Kältesteppe** ⟨f. 19⟩ ► = *Tundra*

**Kaltfront** ⟨f. 20; Meteor.⟩ *Linie, die vordringende Kaltluft begrenzt*

**kaltgepresst** ⟨Adj.⟩ *kalt aus dem Fruchtfleisch gepresst (Qualitätsbezeichnung von Olivenöl)*

**kaltherzig** ⟨Adj.⟩ *ohne menschliche Wärme, gefühllos, hartherzig*

**Kaltnadel** ⟨f. 21⟩ *Radiernadel, Stahlnadel zum Herstellen von Kaltnadelradierungen;* → a. *Radierung*

**Kaltnadelradierung** ⟨f. 20⟩ *Art des Kupferstichs, bei der die Zeichnung mit der Kaltnadel in die blanke, nicht vorher präparierte Kupferplatte geritzt wird*

**kaltschnäuzig** ⟨Adj.; umg.⟩ *ohne Gefühl, ohne Mitleid od. Mitempfinden, kalt, ungerührt*

**kaltstellen** ⟨V. t.; hat; fig.⟩ jmdn. kaltstellen *jmdm. die Wirkungsmöglichkeit nehmen, jmdn. seines Einflusses berauben;* → a. *kalt*

**Kaltzeit** ⟨f. 20; Geol.⟩ *weltweite enorme Temperatursenkung während des Quartärs, durch die eine neue Eiszeit eingeleitet wurde;* Ggs *Warmzeit*

**Kalumet** ⟨n. 15⟩ **1** *bei den Prärieindianern Nordamerikas bemalte Stäbe mit Federbehängen für kultische Zwecke* **2** ⟨später⟩ *die Friedenspfeife* [< frz. *calumet;* zu lat. *calamus* „Rohr"]

**Kalvarienberg** ⟨[-vaː-] m. 1; Rel.⟩ **1** ⟨urspr.⟩ *die Hinrichtungsstätte Christi, Golgatha* **2** ⟨danach⟩ *Berg mit Wallfahrtskirche u. den 14 Stationen der Leidensgeschichte Christi* [< lat. *calvaria* „Schädel"]

**Kalvinismus** ⟨[-vi-] m.; -; unz.; Theol.⟩ *Lehre des Schweizer Reformators Johann Calvin (1509-1564), gekennzeichnet durch den Glauben an die Prädestination u. die von Luther abweichende Abendmahlslehre, die 1549 mit der Lehre Zwinglis zur reformierten Kirche vereinigt wurde;* oV *Calvinismus*

**kalvinistisch** ⟨[-vi-] Adj.⟩ *zum Kalvinismus gehörig, auf ihm beruhend, ihm angehörend;* oV *calvinistisch*

**Kalykanthus** ⟨m.; -; unz.⟩ *Gartenzierstrauch mit duftenden Blüten: Calycanthus;* Sy *Gewürzstrauch* [< grch. *kalyx* „Kelch" + *anthos* „Blume"]

**Kalziferol** ⟨n. 11; unz.⟩ *Vitamin D;* oV ⟨fachsprachl.⟩ *Calciferol* [< *Kalcium* + lat. *ferre* „tragen"]

**Kalzit** ⟨m. 1⟩ ► = *Kalkspat;* oV ⟨fachsprachl.⟩ *Calcit* [→ *Kalzium*]

KAMELIE
*(Camellia* 'Dream Boat'*)*

**Kalzium** ⟨n.; -s; unz.; Chem.; Zeichen: Ca⟩ *nur in Verbindungen vorkommendes, silberweißes, sehr weiches Erdalkalimetall, chem. Element;* oV ⟨fachsprachl.⟩ *Calcium* [< lat. *calx,* Gen. *calcis* „Kalk"]

**Kalziumkarbonat** ⟨n. 11; unz.; Chem.⟩ *schwer lösliche chemische Verbindung, die als Marmor od. Kalkstein weit verbreitet ist, chemische Formel* $CaCO_3$*;* oV ⟨fachsprachl.⟩ *Calciumcarbonat*

**Kalziumoxid** ⟨n. 11; unz.; Chem.⟩ *gebrannter Kalk, chem. Formel CaO;* oV ⟨fachsprachl.⟩ *Calciumoxid*

**Kalziumphosphat** ⟨n. 11; Chem.; i. w. S.⟩ *wichtiges Phosphordüngemittel;* oV ⟨fachsprachl.⟩ *Calciumphosphat* ◆ primäres Kalziumphosphat *chem. Formel* $Ca(H_2PO_4)_2$*;* sekundäres Kalziumphosphat *chem. Formel* $CaHPO_4$*;* tertiäres Kalziumphosphat *chem. Formel* $Ca_3(PO_4)_2$ *(= Kalziumphosphat* ⟨i. e. S.⟩*)*

**Kalziumsulfat** ⟨n. 11; Chem.⟩ ► = *Gips (1);* oV ⟨fachsprachl.⟩ *Calciumsulfat*

**Kamarilla** ⟨f.; -; unz.⟩ *Günstlingspartei in der Umgebung eines Herrschers mit großem, meist ungünstigem Einfluss, aber ohne die Verantwortung dafür zu tragen* (Hofkamarilla) [< span. *camarilla* „königl. Kabinettsrat", Verkleinerungsform zu lat. *camera*]

**Kamasutra** ⟨n.; - od. -s; unz.⟩ *von dem Brahmanen M. Vatsyayana verfasstes, altindisches Lehrbuch der Liebeskunst in sieben Kapiteln aus dem 4. Jh. n. Chr.* [Sanskrit, „Leitfaden der Liebeskunst"]

KAMEE AUS SARDONYX

**Kambrium** ⟨n.; -s; unz.⟩ *Erdzeitalter zwischen Präkambrium u. Ordovizium* [nach *Cambria,* dem lat.-kelt. Namen für Nordwales]

**Kamee** ⟨f. 19⟩ ► *Halbedelstein mit erhaben herausgearbeiteter figürl. Darstellung;* Ggs *Intaglio* [< frz. *camée* „Kamee" < ital. *cameo*]

**Kamel** ⟨n. 11⟩ **1** ⟨Zool.⟩ ▼ *Angehöriges einer Gattung paarhufiger Wiederkäuer trockener Klimate mit Fetthöcker auf dem Rücken: Camelidae* **2** ⟨fig.; umg.⟩ *Dummkopf* [< mhd. *kamel* < lat. *camelus* < grch. *kamelos* < arab. *gamal* „Höckertier" < altsemit. *gamal*]

**Kameldorn** ⟨m. 20; Bot.⟩ ► = *Akazie*

**Kamelie** ⟨[-liə] f. 19; Bot.⟩ ◄ *zu den Teegewächsen gehörende Zimmerpflanze mit dunkelgrünen, ledrigen Blättern u. großen, meist gefüllten Blüten: Camellia* [nach dem Brünner Mönch Joseph *Kámel,* der diese Pflanze aus Japan nach Europa brachte]

**Kamelle** ⟨f. 19; meist Pl.⟩ *Sache, Angelegenheit, Geschichte* ◆ alte, olle Kamellen *überholte Nachrichten, alte Geschichten* [= *Kamillen,* „die bei langem Lagern den würzigen Geruch u. die Heilkraft einbüßen" (H. Küpper, Wörterbuch der dt. Umgangssprache I)]

**Kamera** ⟨f. 10⟩ ► *fotografischer Apparat, Aufnahmegerät für fotografische Bilder u. Filme* (Filmkamera, Kleinbildkamera, Spiegelreflexkamera) [< lat. *camera* „Wölbung, Raum mit gewölbter Decke"; → *Kammer*]

## KAMELE

Es werden zwei Kamelarten unterschieden: das einhöckrige Kamel oder Dromedar aus Nordafrika und Vorderasien und das zweihöckrige Kamel oder Trampeltier aus Zentralasien. Beide sind hervorragend an das Leben in Wüsten angepasst. Sie ernähren sich von Pflanzen, speichern Fett in ihren Höckern und können bis zu 10 Tage dursten.

ZWEIHÖCKRIGES KAMEL: TRAMPELTIER
*(Camelus bactrianus)*

EINHÖCKRIGES KAMEL: DROMEDAR
*(Camelus dromedarius)*

**Kamerad** ⟨m. 16⟩ **1** *jmd., der die gleiche Tätigkeit ausübt, der einen Teil des Lebens, des Tages mit einem verbringt* (Berufkamerad, Lebenskamerad, Spielkamerad) **2** *Gefährte, Genosse, besonders innerhalb einer Gemeinschaft* (Kriegskamerad, Schulkamerad, Wanderkamerad) ◆ ein guter, schlechter, treuer Kamerad sein [< frz. *camarade* < ital. *camerata* „Kammergemeinschaft, Stubengenossenschaft, Genosse, Gefährte"]

**Kameradin** ⟨f. 22⟩ *weibl. Kamerad*

**Kameradschaft** ⟨f. 20; unz.⟩ **1** *Wesen, Art eines (guten) Kameraden* **2** *Verbundenheit mit einem od. den Kameraden* **3** *Freundschaft, Hilfsbereitschaft zwischen Kameraden*

KAMIN

**Kamikaze** ⟨m.; -, -; im 2. Weltkrieg⟩ *jap. Flieger, der sich beim Bombenangriff mit seinem Flugzeug auf das feindl. Ziel stürzte u. dabei selbst opferte* [jap., „göttlicher Wind"]

**Kamille** ⟨f. 19⟩ *Angehörige einer Gattung der Korbblütler: Matricaria;* ► *Kräuter* ◆ Echte Kamille *mit kegelförmigem, hohlem Blütenboden, Arzneipflanze: Matricaria chamomilla;* Strahlenlose Kamille *ohne Zungenblüten: Matricaria matricariodes* [< mlat. *camomilla* < grch. *chamaimelon,* eigtl. „am Boden wachsender Apfel" < *chamai* „an der Erde" + *melon* „Apfel"; von Plinius nach dem apfelähnl. Duft der Blüte so benannt]

**Kamin** ⟨m. 1⟩ **1** = *Schornstein* **2** ▲ *offene Feuerstelle mit Rauchfang im Zimmer* **3** ⟨Bergsp.⟩ *schmaler, steiler Felsspalt* ◆ den Kamin kehren; am, ⟨od.⟩ vor dem Kamin sitzen [< ahd. *kemin* < lat. *caminus* „Feuerstätte, Esse, Herd, Kamin" (nhd. neu entlehnt unter Einfluss von ital. *camino*) < grch. *kaminos* „Schmelzofen, Bratofen"]

**Kamm** ⟨m. 1u⟩ **1** *Gerät zum Ordnen, Reinigen od. Halten des Haares, oft als Schmuck* (Zierkamm) **2** *Gerät zum Entfernen kurzer Woll-, Flachs- od. Baumwollfasern aus der Rohfaser* (Weberkamm) **3** *häutiger Anhang auf dem Kopf od. Schnabel von Hühnervögeln* (Hahnenkamm) **4** *Hautstück auf dem Rücken von Molchen u. Eidechsen* ⟨Anat.⟩ *vorspringende Leiste an einem Knochen: Crista* **5** *Nackenstück des Schlachtviehs* **6** *oberer Rand des Pferdehalses, auf dem die Mähne sitzt* **7** *Bergrücken, wenig unterbrochener, gerader Gebirgszug* (Bergkamm, Gebirgskamm) **8** *Schaumkrone der Welle* (Wellenkamm) ◆ ihm schwillt der Kamm ⟨fig.⟩ *er wird übermütig;* ⟨od.⟩ *er wird zornig* [< ahd. *kamb,* engl. *comb,* eigtl. „Zähne", dann „gezahntes Gerät"]

**Kammeidechse** ⟨[-ks-] f. 19⟩ = *Leguan*

**kämmen** ⟨V. t.; hat⟩ *mit dem Kamm ordnen, glätten* (Haar) ◆ Rohwolle, -baumwolle, -flachs kämmen *die kurzen Fasern daraus entfernen;* sich kämmen *sich mit dem Kamm das Haar ordnen* [< ahd. *kemben* < germ. *kambjan;* → *Kamm*]

**Kammer** ⟨f. 21⟩ **1** *kleiner, gewöhnlich nicht heizbarer Raum als Schlafstelle od. zum Aufbewahren von Gebrauchsgegenständen, Kleidern u. Ä.* (Kleiderkammer, Rumpelkammer, Schlafkammer) **2** *Raum zum Aufbewahren von Kunstschätzen u. Wertgegenständen* (Schatzkammer) **3** ⟨Mil.⟩ *(bei Minen) Raum für die Sprengladung* **4** ⟨Anat.⟩ *Hohlraum im Herzen* (Herzkammer) **5** ⟨Rechtsw.⟩ *Gerichtshof* (Strafkammer, Zivilkammer) **6** ⟨Pol.⟩ *Volksvertretung im Parlament, Haus* (Abgeordnetenkammer, Deputiertenkammer) **7** *Vereinigung von Vertretern bestimmter Berufe* (Anwaltskammer, Ärztekammer, Handwerkskammer) ◆ Erste Kammer *Oberhaus, Senat;* Zweite Kammer *Unterhaus;* Kammer für Handelssachen *Gerichtshof für Handelssachen, Handelsgericht* [< mhd. *kamer(e)* „Schlafgemach, Schatz-, Vorratskammer, Kasse, fürstl. Wohnung, Gerichtsstube" < ahd. *chamara* < lat. *camera* „Wölbung, Raum mit gewölbter Decke" < grch. *kamara* „Gewölbe"; Bedeutung „Versammlung der gewählten Vertreter eines Landes" von frz. *chambre* übernommen]

**Kammerchor** ⟨[-ko:r] m. 1u; Mus.⟩ *kleiner Chor, häufig mit solistischer Besetzung der Stimmen*

**Kämmerer** ⟨m. 3⟩ **1** *Vorsteher der städt. Kämmerei* **2** *Aufseher über eine Schatz- od. Kunstkammer* [< *Kammer* in der mhd. Bedeutung „Schlafgemach, Schatz-, Vorratskammer usw."]

**Kammerjäger** ⟨m. 3⟩ **1** ⟨früher⟩ Leibjäger eines Fürsten **2** ⟨heute⟩ *gewerblicher Desinfektor*

KAMMMUSCHEL
(*Chlamys* species)

**Kammerkonzert** ⟨n. 11; Mus.⟩ *Konzert für kleines, solistisch besetztes Orchester*

**Kammermusik** ⟨f. 20⟩ **1** ⟨urspr.⟩ *Musik zur Darbietung in kleinem Raum, d. h. nicht in Kirche, Oper od. Konzert* **2** ⟨heute⟩ *Musik für wenige Instrumente, Duos, Trios, Quartette, Quintette bis zu kleinen Orchesterstücken*

**Kammerorchester** ⟨[-kɛs-] n. 13; Mus.⟩ *kleines, häufig solistisch besetztes Orchester*

**Kammersänger** ⟨m. 3; Theater⟩ *(Titel für hervorragenden Sänger, früher vom Fürsten, heute von einer Behörde verliehen)*

**Kammerschauspieler** ⟨m. 3; Theater⟩ *(Titel für hervorragenden Schauspieler, früher vom Fürsten, heute von einer Behörde verliehen)*

**Kammerspiel** ⟨n. 11; Theater⟩ **1** *in Dialog, Ton u. Stimmung fein abgestimmtes Theaterstück, bes. Gesellschaftsstück* **2** ⟨meist Pl.⟩ *für diese Stücke bes. geeignetes, kleines, intimes Theater*

**Kammgras** ⟨n. 12u; unz.⟩ *Angehöriges einer Gattung der Süßgräser mit kammförmigen Spelzen: Cynosurus* ◆ Gemeines Kammgras *als gewöhnliches Gras auf Wiesen und Grasplätzen in Deutschland heimisch: Cynosurus cristatus*

**Kammmolch** ⟨m. 1; Zool.⟩ *schwarzbrauner Molch, dessen Männchen zur Paarungszeit einen hohen Rückenkamm trägt: Triturus cristatus*

**Kammmuschel** ⟨f. 21⟩ ◄ *mit vielen Augen u. Sinnestentakel am Mantelrand versehene Meeresmuschel, die sich festheften, sich aber auch durch Auf- u. Zuklappen der Schalen nach dem Rückstoßprinzip fortbewegen kann: Pectinidae;* Sy *Pilgermuschel, Pektenmuschel*

## KAMERA

Bei der herkömmlichen Kleinbild-Spiegelreflexkamera liegt dem Objektiv ein lichtempfindlicher Film gegenüber. Das Licht dringt durch das Objektiv ein, wird vom Kippspiegel nach oben und von einem fünfkantigen Prisma in den Sucher gelenkt. Drückt der Fotograf den Auslöser, wird der Spiegel hochgeklappt und gibt den Strahlengang frei, sodass der Film belichtet wird. Bei der digitalen Spiegelreflexkamera wandelt ein lichtempfindlicher Sensor die Lichtsignale in elektrische digitale Signale um, die dann abgespeichert und übertragen werden können.

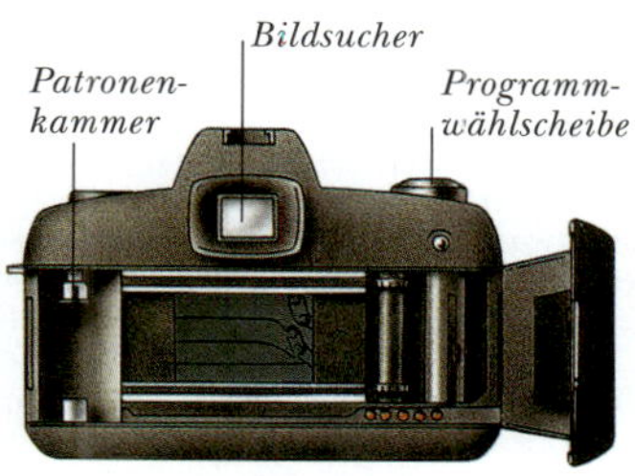


RÜCKSEITE DER KLEINBILD-SPIEGELREFLEXKAMERA

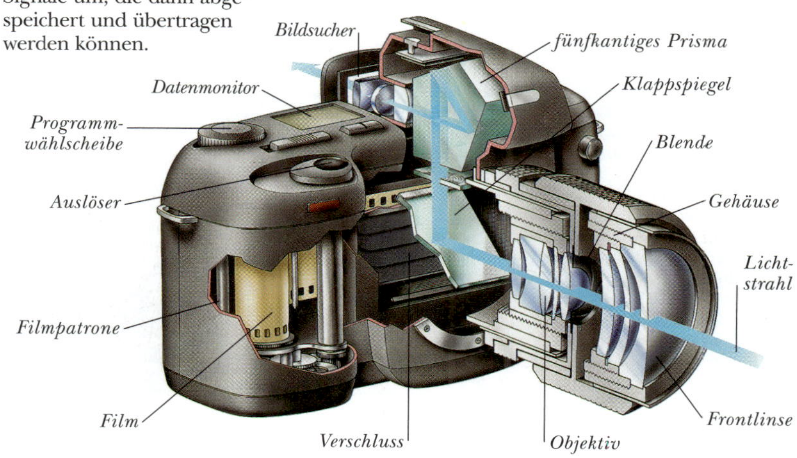


SCHNITT DURCH EINE KLEINBILD-SPIEGELREFLEXKAMERA

K

**Kammwolle** ⟨f. 19; unz.⟩ *für die Herstellung von Kammgarn geeignete Schafwolle*

**Kamorra** ⟨f.; -; unz.⟩ *süditalienische Mafia;* oV *Camorra* [< ital. *camorra,* eigtl. „Schiebung, Betrug"]

**Kampagne** ⟨[-panjə] f. 19⟩ oV *Campagne* **1** *Feldzug* **2** *jährliche, größere Aktion in bestimmten Wirtschaftszweigen* (Zuckerkampagne) **3** ⟨fig.⟩ *Unternehmungen zu einem bestimmten Zweck* (Wahlkampagne) ◆ eine Kampagne gegen etwas od. jmdn. einleiten [< frz. *campagne* „flaches Land, Feldzug" < ital. *campagna* < spätlat. *compania;* zu lat. *campus* „Feld, Ebene"]

**Kampf** ⟨m. 1u⟩ **1** ⟨allg.⟩ *Streit, Ringen um etwas* **2** ⟨Sp.⟩ *Wettkampf zu zweit, einer gegen den anderen* (Boxkampf, Ringkampf) **3** ⟨bes. Mil.⟩ *Schlacht* (Straßenkampf) ◆ den Kampf **aufnehmen,** aufgeben; der Kampf **tobte** ◆ **blutiger,** erbitterter, harter, heißer Kampf ◆ Kampf **auf** Leben und Tod; Kampf **mit** dem Tode; der Kampf **um** die Macht [< ahd. *champf* < lat. *campus* „Feld, Schlachtfeld"]

KAMPFANZUG: TARNANZUG DER US-ARMY FÜR DEN HÄUSERKAMPF

**Kampfanzug** ⟨m. 1u; Mil.⟩ ▲ *die für Gefechts- u. Geländeausbildung, Übungen u. den Einsatz im Verteidigungsfall vorgesehene Uniform der Soldaten*

**kämpfen** ⟨V. i.; hat⟩ *einen Kampf führen, sich schlagen, sich mit ganzer Kraft einsetzen* ◆ **für** etwas od. jdmn. kämpfen; für seine Überzeugung kämpfen; **gegen** einen Feind, gegen Unterdrückung kämpfen; gegen, ⟨od.⟩ mit Schwierigkeiten kämpfen; **mit** etwas od. jmdm. kämpfen; mit sich selbst kämpfen *eine Begierde od. Neigung zu unterdrücken suchen, um eine Entscheidung ringen;* mit dem Tode kämpfen; mit den Tränen kämpfen *die Tränen zu unterdrücken suchen;* **um** etwas od. jmdn. kämpfen *zu gewinnen, zu schützen suchen;* **wie** ein Löwe kämpfen [< ahd. *chamfan* „einen Zweikampf bestehen, kämpfen"; → *Kampf*]

**Kampfer** ⟨m. 3; unz.⟩ *urspr. aus dem Kampferbaum, auch durch Dampfdestillation des Holzes, synthetisch aus Terpentinöl hergestellte kristalline, grauweiße Masse von stechendem Geruch, chem. Formel $C_{10}H_{16}O$, als Desinfektionsmittel u. in der chem. Industrie verwendet;* oV *Campher* [< mhd. *kampfer* < frz. *camphre* < mlat. *camphora* < arab. *kafur* „Kampferbaum" < aind. *karpura*]

**Kämpfer** ⟨m. 3⟩ **1** ⟨allg.⟩ *jmd., der (in einer schwierigen Situation) um etwas od. jmdn. kämpft* **2** ⟨Sp.⟩ **2.1** *Sportler in einem Wettkampf Mann gegen Mann* (Boxkämpfer, Ringkämpfer) **2.2** *Sportler, der ein hohes kämpferisches Potenzial besitzt, unter Beweis stellt* **3** ⟨Mil.⟩ *jmd., der als Soldat in einer Schlacht kämpft*

**Kampferbaum** ⟨m. 1u⟩ *ostasiat., bis 50m hohes Lorbeergewächs: Cinnamomum camphora;* Sy *Kampferlorbeer*

**Kampferlorbeer** ⟨m. 23; unz.⟩ = *Kampferbaum*

**Kampferöl** ⟨n. 11; unz.⟩ *breiige Masse, die bei der Kampfergewinnung entsteht*

**Kampffisch** ⟨m. 1; Zool.⟩ *5-6 cm langer, oft als Zierfisch gehaltener, farbenprächtiger Süßwasserfisch, der im Erregungszustand rasch die Farbe wechselt: Betta splendens*

**Kampfflugzeug** ⟨n. 11; Mil.⟩ **1** ⟨i. w. S.⟩ *jedes für militär. Zwecke ausgerüstete Flugzeug* **2** ⟨i. e. S.⟩ ▼ *im Krieg einsetzbares, bes. schnelles Jagdflugzeug, das mehrere Bombenarten tragen u. computergesteuert abfeuern kann*

**Kampfgeist** ⟨m. 1; unz.⟩ **1** *Wille zu kämpferischem Einsatz* **2** *Entschlossenheit, durch offensives Aufbieten aller Kräfte ein gestecktes Ziel unter allen Umständen zu erreichen*

**Kampfgericht** ⟨n. 11; Sp.⟩ *Gruppe von Sportlern, die für den reibungslosen Ablauf eines Wettkampfes sorgen u. die Leistungen bewerten*

**Kampfhahn** ⟨m. 1u⟩ **1** *für den Hahnenkampf abgerichteter Hahn* **2** ⟨fig.⟩ *jmd., der leicht einen Streit vom Zaun bricht, leicht zum Kampf neigt*

**Kampfhandlung** ⟨f. 20; Mil.⟩ *krieger. Kampf, Gefecht* ◆ Kampfhandlungen haben nicht stattgefunden

**Kampfhund** ⟨m. 1⟩ *zu Kampfzwecken besonders scharf abgerichteter Hund (meist einer bestimmten Rasse)*

**kampflos** ⟨Adj.⟩ *ohne Kampf* ◆ sich kampflos ergeben

**kampfstark** ⟨Adj.; -stärker, am -stärksten⟩ *stark im Kampf, viel Gegenwehr bzw. Angriffskraft zeigend* ◆ die Offensive wurde von kampfstarken Truppenverbänden eingeleitet

**Kampfstoff** ⟨m. 1; Mil.⟩ *chem., biolog. od. radioaktiver Stoff zur Massenvernichtung des Gegners im Krieg*

**kampieren** ⟨V. i.; hat⟩ **1** *(über Nacht) im Freien lagern* **2** *(auf einem improvisierten Lager) übernachten, schlafen* **3** ⟨ostpreuß.⟩ *toben, wüten* [< frz. *camper* „im Feld lagern"; zu lat. *campus* „Feld, Schlachtfeld"]

**Kanaanäer** ⟨m. 3⟩ *vorisraelitischer Einwohner Kanaans;* oV *Kanaaniter*

**Kanaaniter** ⟨m. 3⟩ = *Kanaanäer*

**Kanadier** ⟨[-diə(r)] m. 3⟩ **1** *Einwohner von Kanada* **2** *Kanu der kanadischen Indianer* **3** ⟨Sp.⟩ *mit einem Stechpaddel fortbewegtes Sportboot*

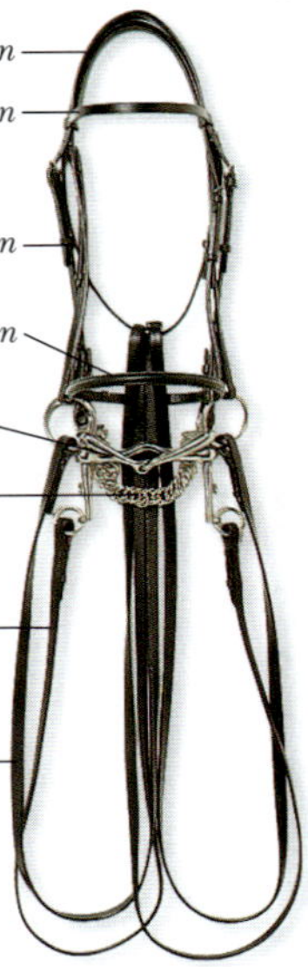


KANDARE

**kanadisch** ⟨Adj.⟩ *Kanada betreffend, zu ihm gehörig, aus ihm stammend*

**Kanaille** ⟨[ka'naljə] f. 19⟩ oV *Canaille* **1** *Bösewicht, Lump, Schuft, Schurke* **2** *Pöbel, Pack* [< frz. *canaille* „Pöbel, Gesindel" < ital. *canaglia* „Hundepack" < *cane* „Hund"]

**Kanal** ⟨m. 1u⟩ **1** *künstlicher Wasserlauf als Schifffahrtsweg od. zur Be- od. Entwässerung sowie für Abwässer* **2** *Wasserstreifen zwischen zwei Kontinenten oder Ländern* (Ärmelkanal, Panamakanal) **3** *Rohr, Leitung, Kabel* **4** ⟨Funk⟩ *Frequenzband bestimmter Breite* **5** ⟨Anat.⟩ *Verdauungsweg* (Magen-Darm-Kanal) **6** ⟨fig.⟩ *geheime oder unbekannte Verbindung oder Verbindungslinie* ◆ den (Ärmel-)Kanal durchschwimmen; zwei Flüsse durch einen Kanal verbinden; die Gelder fließen ihm durch dunkle, geheime Kanäle zu [< ital. *canale* < lat. *canalis* „Röhre, Rinne, Kanal"; → *Kanne*]

**Kanalisation** ⟨f. 20⟩ **1** *das Kanalisieren* **2** *System von unterird. Rohren zum Ableiten der Abwässer* **3** *Schiffbarmachen von Flüssen* ◆ städtische Kanalisation [→ *Kanal*]

**kanalisieren** ⟨V. t.; hat⟩ **1** eine Stadt kanalisieren *in einer Stadt eine Kanalisation anlegen, ausbauen* **2** einen Fluss kanalisieren *schiffbar machen* **3** ⟨fig.⟩ **3.1** *in bestimmte (positivere) Bahnen lenken* **3.2** *bestimmte Verhaltensweisen verfestigen*

**Kanapee** ⟨n. 15⟩ oV *Canapé* **1** ⟨veraltet für⟩ *Sofa* **2** *reichlich belegte u. garnierte kleine Scheibe Weißbrot* [< frz. *canapé,* ital. *canapè* „Couch, Sofa" < mlat. *canapeum* < lat. *conopeum* < grch. *konopeion,* eigtl. „feinmaschiges Mückennetz", dann „Bett mit einem feinmaschigen Netz" < grch. *konops* „Mücke"]

## KAMPFFLUGZEUG

Kampfflugzeuge sind sehr beweglich und schnell. Bordcomputer helfen dem Piloten, das Flugzeug zu steuern und Waffen abzufeuern. Kampfflugzeuge tragen Raketen für Ziele auf dem Festland, dem Meer und in der Luft. Zur Verteidigung sind sie mit Störsendern ausgerüstet, die den gegnerischen Radar behindern sollen.

KAMPFFLUGZEUG

**Kanarienvogel** ⟨m. 5u⟩ *Angehöriger der Zuchtrasse des Girlitzes, der in zahlreichen Schlägen nach Farbe, Größe, Gefieder u. Gesang gezüchtet wird: Serinus canarius*

**Kandare** ⟨f. 19⟩ ◄ *Art des Zaums, Gebissstange mit Kinnkette, Genick-, Stirn-, Nasen-, Gebissriemen u. Zügel* ◆ jmdn. an die Kandare nehmen ⟨fig.⟩ *ihn strenger behandeln* [< ung. *kantar* „Zaum"]

**Kandelaber** ⟨m. 3⟩ *Armleuchter, mehrarmiger Kerzenständer* [< frz. *candélabre* < lat. *candela* „Kerze"]

**Kandelzucker** ⟨m. 3; unz.⟩ = *Kandiszucker*

**Kandidat** ⟨m. 16⟩ **1** *jmd., der sich um ein Amt bewirbt* **2** *jmd., der sich darum bewirbt, gewählt zu werden* (Wunschkandidat, Wahlkandidat) **3** *jmd., der sich einer Universitätsprüfung unterzieht* (Prüfungskandidat) [zu lat. *candidatus* „weiß gekleidet" < *candidus* „weiß", nach der *toga candida* „weiße Toga", in der sich Amtsbewerber im antiken Rom dem Volke vorstellten]

**Kandidatur** ⟨f. 20⟩ *Bewerbung eines Kandidaten (um ein Amt usw.)*

**kandidieren** ⟨V. i.; hat⟩ *sich als Kandidat bewerben* ◆ für ein Amt kandidieren; gegen einen anderen Bewerber kandidieren

**kandieren** ⟨V. t.; hat⟩ **1** *mit Zucker überziehen und dadurch haltbar machen* (Früchte) **2** *durch Erhitzen braun machen* (Zucker) ◆ kandierte Früchte [< frz. *candir* < ital. *candire* „kandieren"; → *Kandis*]

**Kandis** ⟨m.; -; unz.⟩, **Kandiszucker** ⟨m. 3; unz.⟩ *Zuckerkristalle, die aus konzentrierten Rohrzuckerlösungen an Zwirnsfäden auskristallisieren;* Sy *Kandelzucker* [umgestellt < *Zuckerkandi(t)* < ital. *zucchero candito;* zu arab. *qandi,* Adj. zu *qand* „Rohrzucker"]

**Kanevas** ⟨[-vas] m.; -, - od. -e; in der Commedia dell'Arte⟩ = *Scenario* [< frz. *canevas* „Packleinwand, Segeltuch" < mlat. *canavacium* „grobe Leinwand"; zu mlat. *canava* „Hanf"]

**Känguru** ⟨n. 15; Zool.⟩ *Mitglied einer Unterfamilie der Springbeutler, mit kurzen Vorder- u. langen Hinterbeinen sowie muskulösem Stützschwanz, deren Junge sich rund 7 Monate lang in einem Hautbeutel am Bauch des Muttertieres entwickeln: Macropodinae;* ► *Säugetiere* [< austral. Eingeborenensprache]

**Kaninchen** ⟨n. 14; Zool.⟩ *gesellig lebendes, hasenartiges Nagetier: Oryctolagus cuniculus;* ► *Säugetiere;* Sy *Karnickel*

**Kanister** ⟨m. 3⟩ *großer, meist viereckiger Behälter aus Metall für Flüssigkeiten* (Benzinkanister, Blechkanister, Ölkanister) [< ital. *canestro* „Korb", beeinflusst von engl. *canister* < lat. *canistrum* < grch. *kanistron* „aus Rohr geflochtener Korb" < grch. *kanna* „Rohr"; → *Kanne*]

**Kanna** ⟨f. 10; Bot.⟩ = *Canna*

**Kanne** ⟨f. 19⟩ **1** *bauchiges Gefäß mit röhrenförmigem Ausguss u. Henkel zum Ausschenken von Flüssigkeiten* (Kaffeekanne, Teekanne) **2** *großes, zylinderförmiges Gefäß mit verengtem Hals zum Transportieren von Flüssigkeiten* (Milchkanne) **3** *altes Flüssigkeitsmaß, etwa 1 l* [< ahd. *channa,* engl. *can* < lat. *canna* „Schilf, Rohr" < grch. *kanna* „Rohr", eigtl. „Tongefäß mit Ausgussröhre"]

KANNENPFLANZE: SCHNITT DURCH EIN KANNENFÖRMIGES BLATT

**Kannele** ⟨f. 19; Arch.⟩ = *Hohlkehle* [< frz. *canelle* „Röhrchen" < mlat. *canella,* Verkleinerungsform zu lat. *canna* „Rohr"]

**Kannenpflanze** ⟨f. 19; Bot.⟩ ◄ *Angehörige einer Gattung von Fleisch fressenden Kletterpflanzen, deren Blätter an der Spitze teilweise zu bedeckelten Schläuchen od. Kannen aufgerollt sind: Nepenthes*

**Kannibale** ⟨m. 17⟩ **1** *Angehöriger eines Naturvolkes, das rituell Teile des getöteten Feindes verzehrt, Menschenfresser* **2** ⟨fig.⟩ *roher, brutaler Mensch* [< nlat. *canibalis* „Kar(a)ibe" (Indianer im karib. Raum) < span. *canibal, caribal* < indian. (karib.) *caniba, cariba*]

**Kannibalismus** ⟨m.; -, unz.; bei Naturvölkern⟩ *Brauch, Teile des getöteten Feindes zu verzehren, um sich dessen Kräfte zu Eigen zu machen*

**Kanon** ⟨m. 6⟩ **I** ⟨zählb.⟩ **1** *Regel, Richtschnur, Leitfaden* **2** *Gesamtheit der für ein Gebiet geltenden Regeln od. Vorschriften* **3** ⟨Rel.⟩ *stilles Gebet bei der Messe* **4** ⟨Antike⟩ *Verzeichnis der als vorbildlich angesehenen Schriftsteller* **5** *Verzeichnis der Heiligen der kath. Kirche* **6** ⟨Mus.⟩ *mehrstimmiges Tonstück, in dem die Stimmen in Abständen nacheinander mit der gleichen Melodie einsetzen;* Sy *Rundgesang (2)* **7** ⟨Pl.: Kanones⟩ *einzelne (bes. kirchl.) Rechtsvorschrift* ◆ einen Kanon singen **II** ⟨unz.; Rel.⟩ *die als echt anerkannten Bücher der Bibel* [< lat. *canon* < grch. *kanon* „Richtschnur, Regel, Vorschrift, Kettengesang", eigtl. „gerader Stab"; → *Kanne*]

**Kanonade** ⟨f. 19; Mil.⟩ *Geschützfeuer, Beschießung* [< frz. *canonnade*]

**Kanone** ⟨f. 19⟩ **1** ⟨Mil.⟩ **1.1** ⟨früher⟩ ▼ *meist rollbares Geschütz zum Abschuss schwerer Geschosse* **1.2** ⟨heute⟩ *Flachfeuergeschütz mit großer Reichweite* **2** ⟨fig.; umg.⟩ *Könner, fähiger Mensch (auf einem Gebiet)* ◆ mit Kanonen auf Spatzen schießen ⟨fig.⟩ *zu viel Aufhebens wegen Kleinigkeiten machen;* das ist unter aller Kanone ⟨fig.⟩ *unter aller Kritik, sehr schlecht* [< ital. *cannone* „großes Rohr", dann „schweres Geschütz"; → *Kanne;* jedoch: „unter aller Kanone": scherzhafte Schülerübersetzung von *sub omni canone* „unter aller Richtschnur"]

**Kanonenfutter** ⟨n.; -s; unz.; fig.⟩ **1** *Truppen, die sinnlos geopfert werden* **2** ⟨Sp.⟩ *Mannschaft od. einzelner Spieler, die bzw. der chancenlos an einem sportl. Wettbewerb teilnimmt*

**Kanonier** ⟨m. 1; Mil.⟩ **1** *Soldat, der ein Geschütz, bes. eine Kanone, bedient* **2** *unterster Dienstgrad des Soldaten in der Artillerie*

**kanonisch** ⟨Adj.⟩ **1** *dem Kanon gemäß* **2** *in der Art eines Kanonikers* **3** *mustergültig* ◆ kanonisches Alter ⟨Kirche⟩ *Alter, das zur Erlangung eines geistlichen Amtes notwendig ist;* kanonisches Ansehen genießen; kanonische Bücher *Kanon, die als echt anerkannten Bücher der Bibel* [→ *Kanon*]

**Kanope** ⟨f. 19⟩ *altägyptischer Krug mit Deckel in Form eines Menschen- od. Tierkopfes zur Bestattung der Eingeweide von mumifizierten Toten* [nach der Stadt *Kanopos* in Unterägypten]

**Kanossagang** ⟨m. 1u; geh.⟩ *demütigender Bußgang;* oV *Canossagang* ◆ einen Kanossagang antreten [nach der Reise Heinrichs IV. nach *Canossa* zu Papst Gregor VII. im Jahre 1077]

**Känozoikum** ⟨[-tso:i-] n.; -s; unz.; Arch.⟩ *Neuzeit der Erdgeschichte mit Tertiär u. Quartär;* Sy *Erdneuzeit, Neozoikum* [< grch. *kainos* „neu" + *zoon* „Lebewesen"]

**Kantate** ⟨f. 19; Mus.⟩ *mehrsätziges Gesangsstück für Solo u. (od.) Chor mit Instrumentalbegleitung* [< ital. u. mlat. *cantata* „Gesangsstück"; zu ital., lat. *cantare* „singen"]

**Kante** ⟨f. 19; Mus.⟩ **1** *durch zwei aneinander stoßende Flächen gebildete Linie* **2** *Rand* (Stuhlkante, Tischkante) **3** ⟨an Kleidungsstücken⟩ *Borte, Besatz* **4** *eine Fläche od. ein Muster abschließender Streifen, Rand* [< mnddt. *kant(e)* < afrz. *cant* „Ecke" < lat. *cantus* „eiserner Radreifen"]

**Kanten** ⟨m. 4⟩ *Anschnitt od. letztes Stück des Brotlaibs, Knust* [über ndrl. < gal. *kanto* „Rand, Ecke"]

**kantig** ⟨Adj.⟩ **1** *mit Kanten od. einer Kante versehen* **2** ⟨fig.⟩ *eckig* (Gesicht)

**...kantig** ⟨Adj.⟩ *mit einer bestimmten Anzahl von Kanten versehen,* z. B. dreikantig

**Kantille** ⟨[-tilə] od. [-tiljə] f. 19⟩ *flach gewalzter Metalldraht zur Herstellung von Borten u. Tressen* [< frz. *cannetille* „Gold-, Silberfaden, Messingdraht"; verkleinernde Ableitung von lat. *canna* „Rohr"]

**Kantine** ⟨f. 19⟩ *Küche u. Speiseraum in Betrieben, Kasernen u. Ä., in dem oft auch Lebensmittel verkauft werden* [< frz. *cantine,* ital. *cantina* „Flaschenkeller"]

K

## KANONE

Bis in die Mitte des 19. Jh. waren alle Kanonen Vorderlader. Die Soldaten mussten die Kanone von der Mündung her mit Schießpulver und Kugel laden. Zum Abfeuern hielt man eine brennende Lunte an das Zündloch. Mit den später aufkommenden Hinterladergeschützen konnte sehr viel schneller geschossen werden.

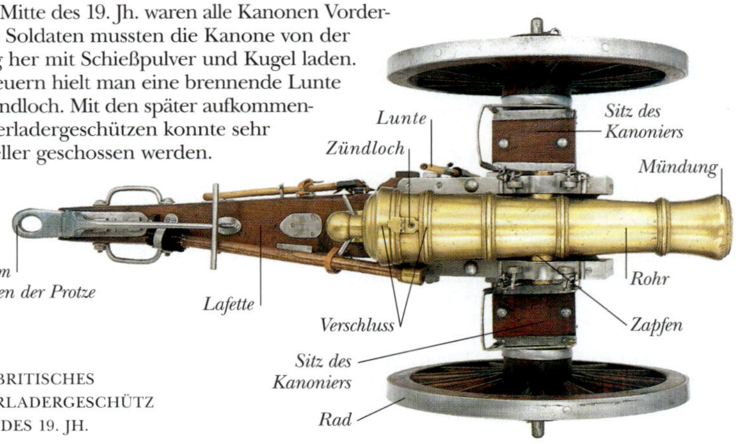

BRITISCHES VORDERLADERGESCHÜTZ DES 19. JH.

**Kanton** ⟨m. 1⟩ **1** *Bundesland in der Schweiz* **2** *Verwaltungsbezirk in Frankreich u. Belgien* **3** ⟨seit 1733; veralt.⟩ *Wehrverwaltungsbezirk in Preußen* [< frz. *canton* „Ecke, Winkel, Landstrich" < ital. *cantone,* Vergrößerungsform zu *canto* „Winkel, Ecke"]

**Kantor** ⟨m. 23⟩ **1** ⟨urspr.⟩ *Vorsänger im kath. Gottesdienst, Leiter des Gemeindegesangs* **2** ⟨seit dem 15. Jh.⟩ *Gehilfe des Schulmeisters u. Gesangslehrer* **3** ⟨heute⟩ **3.1** *Leiter des Kirchenchores u. Organist* **3.2** ⟨in kleineren Orten a. zugleich⟩ *Musiklehrer* [< lat. *cantor* „Sänger"]

**Kanu** ⟨n. 15⟩ **1** ⟨bei Naturvölkern⟩ *aus einem ausgehöhlten Baumstamm hergestellter Kahn* **2** ⟨danach⟩ ► *mit kleinen Einzel- od. Doppelrudern fortbewegtes, kleines Boot* [< engl. *canoe* < span. *canoa* < karib. *can(a)oa* „Baumkahn"]

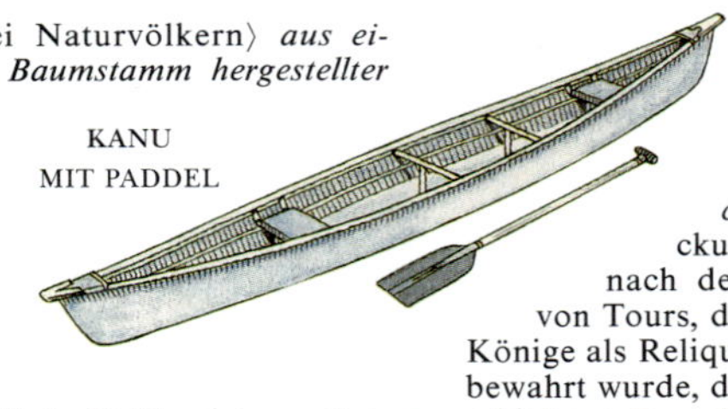

KANU MIT PADDEL

**Kanüle** ⟨f. 19; Med.⟩ **1** *Hohlnadel an einer Injektionsspritze* **2** *Röhrchen zum Zu- oder Ableiten von Luft oder Flüssigkeiten (bes. nach Luftröhrenschnitt)* [< frz. *canule* „Kanüle, Röhrchen" < lat. *cannula,* Verkleinerungsform zu *canna* „Rohr"]

**Kanzel** ⟨f. 21⟩ **1** *erhöhter Predigerstand in der Kirche* **2** *Lehrstuhl an einer Hochschule* **3** *verglaster Führersitz im Flugzeug* [< ahd. *kancella* „abgesonderter Platz für die Geistlichen in der Kirche" < mlat. *cancelli* „Gitter, Schranken, das durch Schranken abgetrennte Lesepult für die Geistlichen in der Kirche"]

**kanzerogen** ⟨Adj.; Med.⟩ = *karzinogen;* oV *cancerogen* [< lat. *cancer* „Krebs" + grch. *gennan* „erzeugen"]

**Kanzlei** ⟨f. 18⟩ **1** *Büro, Dienststelle, Schreibstube, Ausfertigungsbehörde* (Notariatskanzlei, Rechtsanwaltskanzlei) **2** *dem Staatsoberhaupt unmittelbar unterstehende Verwaltungsbehörde* (Bundeskanzlei, Staatskanzlei) [< mhd. *kanzelie,* urspr. „der mit Schranken eingehegte Raum einer Behörde, bes. eines Gerichtshofes" < lat. *cancelli* „Schranken"]

**Kanzler** ⟨m. 3⟩ **1** ⟨MA⟩ *Beamter bei Hofe, meist Geistlicher, der die Staatsurkunden anfertigte* **2** ⟨heute⟩ *Regierungschef* (Bundeskanzler, Reichskanzler) ◆ der Eiserne Kanzler *(Beiname Bismarcks)* [< ahd. *kanzellari* < spätlat. *cancellarius* „hoher Beamter, der Staatsurkunden verantwortlich ausfertigt und einer Kanzlei vorsteht" < lat *cancelli* „Schranken, Estrade, von der aus Kundgebungen einer Behörde verlesen werden"]

**Kaolin** ⟨fachspr.: m. 1 od. umg.: n. 11; unz.⟩ *weißer, weicher, formbarer Ton, entstanden durch Zersetzung von Feldspaten, hauptsächlich aus Kaolinit bestehend, zur Herstellung von Porzellan u. Steingut verwendet* [< chin. *kao-ling* „hoher Berg" (nach dem Fundort benannt)]

**Kap** ⟨n. 15⟩ *vorspringender Teil einer Felsenküste;* Sy *Vorgebirge (2)* ◆ Kap der Guten Hoffnung [< frz. *cap* „Kap, Vorgebirge" < lat. *caput* „Kopf"]

**Kap.** ⟨Abk. für⟩ *Kapitel*

**Kapaun** ⟨m. 1⟩ *kastrierter, gemästeter Hahn* [< mhd. *kappun* < frz. (mundartl.) *capon* < lat. *capo* „verschnittener Masthahn"]

**Kapazität** ⟨f. 20⟩ **1** *(geistige od. räuml.) Aufnahmefähigkeit, Fassungskraft* **2** *Messgröße für die Fassungskraft eines Kondensators, definiert als das Verhältnis von elektr. Ladung zur angelegten Spannung, gemessen in der Einheit Farad* **3** *Ausmaß, Umfang der Produktion (eines Betriebes, Werkes, einer Maschine)* **4** *hervorragender Könner (auf einem Gebiet)* ◆ das Kraftwerk hat eine Kapazität von 10 Millionen kW; er ist eine medizinische, wissenschaftliche Kapazität [< lat. *capacitas* „Fassungsvermögen"; zu *capere* „nehmen, fassen"]

**Kapelan** ⟨m. 1⟩ *Lachsfisch des Eismeeres, wichtiges Nährtier für die großen Raubfische (Kabeljau): Mallotus villosus;* Sy *Lodde*

**Kapelle**[1] ⟨f. 19⟩ **1** *kleines Gotteshaus* (Schlosskapelle, Wallfahrtskapelle) **2** *abgeteilter Raum für gottesdienstliche Handlungen* (Grabkapelle, Taufkapelle) [< ahd. *kapella* < mlat. *cap(p)ella* „kleines Gotteshaus", eigtl. „kleiner Mantel", Verkleinerungsform zu lat. *cappa* „Art Kopfbedeckung, Mantel mit Kapuze"; nach dem Mantel des hl. Martin von Tours, der zur Zeit der fränkischen Könige als Reliquie in einem Heiligtum aufbewahrt wurde, das nach ihm seinen Namen erhielt; → *Kappe*]

**Kapelle**[2] ⟨f. 19; Mus.⟩ **1** ⟨urspr.⟩ *Kirchenchor* **2** ⟨heute⟩ *Gruppe von Musikern, kleines Orchester* (Musikkapelle, Tanzkapelle, Militärkapelle) [< ital. *cappella* „Musikergesellschaft", urspr. Musiker u. Sängerchor, die bei festlichen Anlässen von einem Fürsten in seiner Schlosskapelle versammelt wurden; → *Kapelle*[1]]

**Kapelle**[3] ⟨f. 19⟩ **1** *geschlossener Raum mit Abzug zum Untersuchen gesundheitsschädl. Stoffe* **2** *Tiegel aus Knochenasche zum Untersuchen von silberhaltigem Blei* [Vermischung < mlat. *capella* „Deckel der Destillierblase" + mlat. *cupella* „Probiertiegel"]

**Kapellmeister** ⟨m. 3; Mus.⟩ **1** *Leiter einer Musikkapelle* **2** *Dirigent eines Orchesters*

**Kaper**[1] ⟨f. 21⟩ *in Essig eingelegte Blütenknospe des Kapernstrauches, die als Gewürz verwendet wird* [< frühnhd. *gappern, kappren, cappres* (stets Pl.) < lat. *capparis* < grch. *kapparis* „Kaper"]

**Kaper**[2] ⟨m. 3⟩ *privates bewaffnetes Schiff im Handelskrieg, das aufgrund eines Kaperbriefes feindliche Handelsschiffe erbeuten konnte* [< ndrl. *kaper;* zu ndrl. *kapen* „durch Freibeuterei erwerben"; wahrscheinlich verwandt mit afries. *kap* „Kauf", das zum verhüllenden Ausdruck für Seeraub geworden war]

**Kaperbrief** ⟨m. 1⟩ *staatl. Freibrief für einen Kaper*

**Kaperei** ⟨f. 18; unz.⟩ *Erbeuten von feindl. Handelsschiffen durch Privatpersonen aufgrund des Kaperbriefes einer Krieg führenden Macht*

**Kaperkrieg** ⟨m. 1⟩ *Seekrieg, in dem Handelsschiffe des Gegners od. neutrale Schiffe, die Konterbande führen, gekapert werden*

**kapern** ⟨V. t.; hat⟩ *als Kaper wegnehmen, erbeuten* (Handelsschiff) ◆ sich etwas kapern ⟨umg.⟩ *sich etwas aneignen*

**Kapernstrauch** ⟨m. 2u; Bot.⟩ Echter Kapernstrauch ► *im Mittelmeergebiet heimischer Gewürzstrauch, der Kapern liefert: Capparis spinosa*

**kapieren** ⟨V. t.; hat; umg.⟩ *begreifen, verstehen* [< ital. *capire* < lat. *capere* „begreifen" (18. Jh., in Lateinschulen)]

**kapillar** ⟨Adj.⟩ **1** *haarfein, sehr eng* **2** *auf Kapillarwirkung beruhend* [< lat. *capillaris* „das Haar betreffend"; zu *capillus* „Haar"]

KAPERNSTRAUCH (*Capparis spinosa*)

**Kapillaranalyse** ⟨f. 19; Chem.⟩ *chem. Analyse, bei der Stoffe aufgrund der verschiedenartigen Kapillarwirkung getrennt werden*

**Kapillare** ⟨f. 19⟩ **1** = *Haargefäß* **2** *enger Hohlraum fester Körper* [→ *kapillar*]

**Kapillargefäß** ⟨n. 11⟩ = *Haargefäß*

**Kapillarität** ⟨f. 20; unz.; Phys.⟩ ▼ *die physikalische Erscheinung, dass an der Grenze zwischen Flüssigkeiten, Gefäßwandungen u. Gasen verschiedenartige Oberflächenspannungen auftreten, die bewirken, dass z. B. verschiedene Flüssigkeiten in engen Röhren bei sonst gleichen Bedingungen verschiedene Höhe einnehmen*

**Kapillarmikroskopie** ⟨f. 19; unz.; Med.⟩ *mit einem Mikroskop direkt am Patienten durchgeführte Untersuchung der Durchblutung der Kapillaren*

**kapital** ⟨Adj.⟩ *besonders, hauptsächlich, haupt...* [→ *Kapital*]

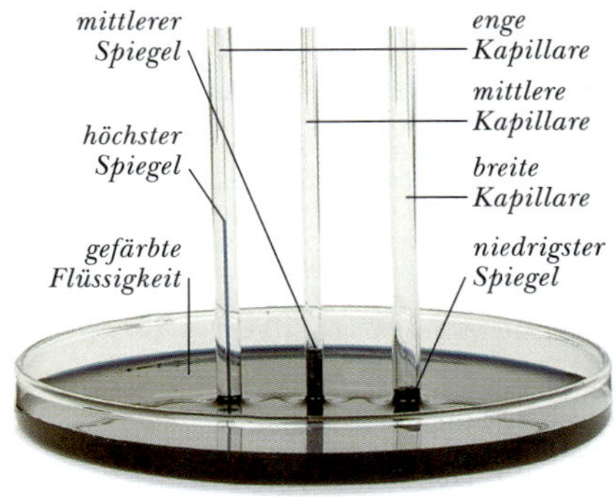


KAPILLARITÄT: AUFSTEIGEN EINER FLÜSSIGKEIT IN VERSCHIEDENEN KAPILLAREN

**Kapital** ⟨n.; -s, -ien od. -e⟩ **1** *Geldbetrag zu Investitionszwecken* **2** *Vermögen an Bargeld u. Wertpapieren* **3** ⟨fig.⟩ *Wertobjekt, großer Wert* ◆ er hat sein Kapital Gewinn bringend **angelegt** ◆ **fixes,** totes, verfügbares Kapital ◆ **aus** etwas Kapital schlagen *aus etwas Nutzen ziehen;* Kapital **in** ein Unternehmen stecken [< ital. *capitale;* zu lat. *capitalis* „hauptsächlich"; zu *caput* „Kopf, Haupt"]

**Kapitalanlage** ⟨f. 19⟩ *das Anlegen von Kapital bzw. von Werten, die sich in Kapital umwandeln lassen*

**Kapitalband** ⟨n. 12u⟩ **1** *Zierband an der oberen u. unteren Kante des Buchrückens zur besseren Befestigung der Bogen*

**Kapitalbuchstabe** ⟨m. 26; Typ.⟩ = *Großbuchstabe*

**Kapitälchen** ⟨n. 14⟩ *großer Buchstabe in der Höhe der kleinen Buchstaben (als Auszeichnungsschrift)*

**Kapitalertragssteuer** ⟨f. 19⟩ *Steuer auf Zinsen u. Dividende*

**Kapitalflucht** ⟨f.; -; unz.⟩ *Verlagerung von Kapital, um Steuern od. andere Auflagen zu vermeiden*

**Kapitalgeber** ⟨m. 3⟩ *jmd., der Kapital bereitstellt bzw. vorstreckt, um ein Unternehmen aufzubauen od. ein Produkt zu entwickeln* ◆ ohne einen solventen Kapitalgeber würde sich dieses Großprojekt nicht realisieren lassen

**Kapitalgesellschaft** ⟨f. 20⟩ *Handelsgesellschaft, bei der die Gesellschafter in erster Linie mit Kapital, weniger an der persönl. Leitung des Unternehmens beteiligt sind*

**kapitalintensiv** ⟨Adj.⟩ *einen hohen Anteil an Zins an den Gesamtkosten eines Unternehmens aufweisend*

**kapitalisieren** ⟨V. t.; hat⟩ Sachwerte kapitalisieren *in eine Geldsumme umrechnen, in Kapital umwandeln, zu Geld machen*

**Kapitalismus** ⟨m.; -; unz.⟩ **1** *volkswirtschaftl. System, dem das Gewinnstreben des Einzelnen u. das freie Unternehmertum zugrunde liegen u. in dem die Arbeiter in der Regel nicht Besitzer der Produktionsmittel sind* **2** *Streben, das kapitalistische Wirtschaftssystem durchzusetzen* [→ *Kapital*]

**Kapitalist** ⟨m. 16⟩ **1** *Vertreter des Kapitalismus* **2** ⟨umg.; abwertend⟩ *reicher Mann, jmd., der viel Kapital besitzt*

**kapitalkräftig** ⟨Adj.; umg.⟩ *vermögend, zahlungskräftig* ◆ kapitalkräftig sein

**Kapitalmarkt** ⟨m. 1u⟩ *Markt für Geldkapital*

**Kapitalsteuer** ⟨f. 21⟩ *Steuer auf den Kapital-, d. h. Bargeld- u. Wertpapierbestand eines Vermögens*

**Kapitalverbrechen** ⟨n. 14⟩ **1** ⟨urspr.⟩ *Verbrechen, auf das Todesstrafe steht* **2** ⟨allg.⟩ *großes, schweres Verbrechen*

**Kapitalvermögen** ⟨n. 14⟩ *Vermögen an Bargeld u. Wertpapieren, Kapital*

**Kapitalwert** ⟨m. 01⟩ *mit der Produktionsweise sich ändernde Summe allen im Produktionsprozess eingesetzten Kapitals*

**Kapitalzinsen** ⟨Pl.⟩ *Zinsen aus dem Kapital*

**Kapitän** ⟨m. 1⟩ **1** ⟨Mar.⟩ *Kommandant eines Schiffes* **2** ⟨Flugw.⟩ *Kommandant eines Flugzeugs* **3** ⟨Sp.⟩ *Anführer einer Sportmannschaft* ◆ Kapitän zur See *Seeoffizier im Range eines Obersten* [in der Bedeutung „Anführer" < mhd. *kapitan* < frz. *capitaine,* ital. *capitano;* beide < mlat. *capitaneus* „Anführer", eigtl. „hervorstechend, vorzüglich"; zu lat. *caput* „Kopf, Haupt"]

**Kapitel** ⟨n. 13; Abk.: Kap.⟩ **1** *(durch Zahl od. Überschrift gekennzeichneter) Abschnitt eines Schriftwerkes* **2** *Körperschaft der zu einer Dom- od. Stiftskirche gehörenden Geistlichen* (Domkapitel, Stiftskapitel) **3** *Versammlung dieser Geistlichen* **4** *Versammlung eines geistl. Ordens* **5** ⟨fig.⟩ *Angelegenheit, Sache* ◆ ein Kapitel verlesen; zweites, drittes Kapitel; das ist ein Kapitel für sich ⟨fig.⟩ *eine besondere Sache, die man genauer erklären muss* [< lat. *capitulum,* Verkleinerungsform zu *caput* „Kopf, Haupt"]

**Kapitell** ⟨n. 11; Arch.⟩ ▼ *oberster, plastisch verschieden geformter Teil einer Säule, eines Pfeilers od. Pilasters* (Blattkapitell, Knospenkapitell, Würfelkapitell); Sy *Knauf (2), Säulenknauf, Säulenknopf* [< mlat. *capitellum* „Köpfchen", Verkleinerungsform zu lat. *caput* „Kopf"]

KAPITELL

**Kapitol** ⟨n. 11; Arch.⟩ **1** *Stadtburg im antiken Rom mit dem Sitz des Senats* **2** *Parlamentsgebäude in Washington (USA)* [< lat. *Capitolium* „Haupttempel des Jupiter" auf dem höchsten Punkt im antiken Rom]

**Kapitular I** ⟨m. 1; Rel.⟩ *Mitglied eines geistlichen Kapitels* (Domkapitular) **II** ⟨n.; -s, -rien⟩ *Gesetze u. Verordnungen der karolingischen Könige* [nach ihrer Einteilung in einzelne, mit Zahlen versehene *Kapitel*]

**Kapitulation** ⟨f. 20⟩ *Vertrag, durch den sich ein Staat, eine Stadt oder Festung dem siegreichen Feind unterwirft* ◆ bedingungslose Kapitulation [< frz. *capitulation* „Übergabe(vertrag), Vergleich"; → *kapitulieren*]

**kapitulieren** ⟨V. i.; hat⟩ **1** *zur Kapitulation bereit sein, sich ergeben* **2** ⟨fig.⟩ *aufgeben, zu streiten, zu argumentieren aufhören* [< frz. *capituler* „bezüglich eines Vertrages verhandeln" < mlat. *capitulare* „über einen Vertrag verhandeln"]

**Kaplan** ⟨m. 1u⟩ **1** *kath. Hilfsgeistlicher* **2** *kath. Geistlicher mit besonderen Aufgaben (z. B. bei der Truppe)* **3** *Hausgeistlicher eines Fürsten* [eigtl. „Geistlicher in einer Kapelle" < mhd. *kap(p)ellan, kaplan* < mlat. *cappellanus* < mlat. *capella* „kleines Gotteshaus, Kapelle"; → *Kapelle*[1]]

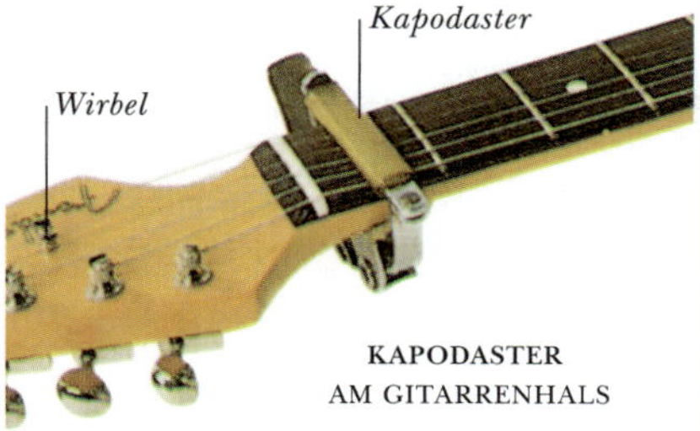

KAPODASTER AM GITARRENHALS

**Kapo** ⟨m. 6⟩ **1** *Anführer einer Arbeitsgruppe von Häftlingen im Konzentrationslager* **2** ⟨Soldatenspr.⟩ *Unteroffizier* [< ital. *capo* „Kopf, Haupt, Führer"]

**Kapodaster** ⟨m. 3; Mus.⟩ ▲ *verschiebbarer, auf dem Griffbrett über den Saiten sitzender Sattel bei Lauten u. Gitarren zur Veränderung der Spannung u. Stimmung* [< ital. *capotasto* < *capo* „Kopf" + *tasto* „Taste"]

**Kapok** ⟨m. 6; unz.⟩ ► *als Polstermaterial verwendete, an der Innenseite der Früchte sitzende Haare des Kapokbaumes* [< javan. *kapuk*]

**Kapokbaum** ⟨m. 1u; Bot.⟩ *bis 50 m hoher Baum aus der Familie der Bombazeen, der Kapok u. Holz liefert: Ceiba pentandra od. Eriodendron anfractuosum;* Sy *Baumwollbaum*

KAPOK
*(Ceiba pentandra)*

**Kapotte** ⟨f. 19⟩, **Kapotthut** ⟨m. 1u⟩ *unter dem Kinn gebundener, kleiner Damenhut der Biedermeierzeit* [< frz. *capote* „Kapuzenmantel, Kapotthut" < lat. *cappa* „Art Kopfbedeckung, Mantel mit Kapuze"; → *Kappe*]

**Kappa** ⟨n. 15; Zeichen: κ, Κ⟩ *zehnter Buchstabe des grch. Alphabets*

**Kappe** ⟨f. 19⟩ **1** *eng anliegende Mütze mit oder ohne Schild* **2** *fest aufsitzender, über den Rand des zu bedeckenden Gefäßes reichender Deckel* **3** *Teilstück des Kreuzgewölbes* **4** *Versteifung an Ferse und Spitze des Schuhs* ◆ das geht auf seine Kappe ⟨fig.⟩ *er kommt für die Unkosten auf* [< ahd. *kappa* „Mantel mit Kapuze" < spätlat. *cappa* „Art Kopfbedeckung, Mantel mit Kapuze"]

**kappen** ⟨V. t.; hat⟩ *abschneiden, abhauen, verkürzen* (Tau, Mast, Zweig) ◆ wir müssen dieses Ende kappen [< mndrl. *cappen* „abschneiden, abhauen, zerschneiden, zerhacken" < mlat. *cappare* „schneiden"]

**Kappes** ⟨m.; -, -⟩ **1** ⟨oberdt.⟩ *Kohl, Kopfkohl* **2** ⟨norddt.⟩ *Unsinn, dummes Zeug* [< ahd. *kabuz, cabuz* < mlat. *caputia* „Kohlkopf, Weißkohl", Weiterbildung zu lat. *caput* „Kopf, Haupt"]

**Käppi** ⟨n. 15⟩ *militär. Kopfbedeckung, schmale, zweispitzige Mütze* [Verkleinerungsform von *Kappe*]

**Kapriole** ⟨f. 19⟩ **1** *Luftsprung* **2** *tolles Stückchen, verrückter Streich* **3** ⟨Sp.; hohe Schule⟩ *Sprung auf der Stelle mit angezogenen Vorder- u. nach hinten ausgestreckten Hinterbeinen* [< ital. *capriola* „Bocksprung"; zu lat. *caper* „Ziegenbock"]

**kaprizieren** ⟨V. refl.; hat⟩ sich auf etwas kaprizieren *auf etwas beharren, eigensinnig bei etwas bleiben*

**kapriziös** ⟨Adj.; -er, am -esten⟩ *launisch, eigensinnig* ◆ sie war eine kapriziöse Person [< frz. *capricieux*]

**Kapronsäure** ⟨f. 19; unz.⟩ = *Capronsäure*

**Kapsel** ⟨f. 21⟩ **1** *runder od. ovaler Behälter aus dünnem, aber festem Material* **2** ⟨Bot.⟩ *aus mindestens zwei Fruchtblättern zusammengewachsene Streufrucht;* ► *Früchte* **3** ⟨Anat.⟩ *Umhüllung von Organen u. Funktionseinheiten* (Gelenkkapsel) *od. Krankheitsherden* **4** ⟨Pharm.⟩ *meistens aus Gelatine hergestellte Umhüllung für Medikamente, die sich im Magen od. Darm auflöst* [< lat. *capsula,* Verkleinerungsform zu *capsa* „Behältnis"]

**Kapsikum** ⟨n.; -s; unz.⟩ **1** = *Paprika* **2** *Pulver ausgetrocknetem Paprika, das als Gewürz und Heilmittel verwendet wird* [zu lat. *capsa* „Behälter"; → *Kapsel*]

**kaputt** ⟨Adj.⟩ **1** *zerbrochen, zerstört, entzwei* **2** ⟨umg.⟩ *müde, erschöpft* ◆ ich bin ganz kaputt ⟨fig.⟩ [< *capot* machen = erschlagen (im Dreißigjährigen Krieg) < frz. *faire capot, être capot* als Bez. für den Verlust aller Stiche beim Kartenspiel; vielleicht zu frz. *capoter* „kentern"; zu lat. *caput* „Kopf"]

**Kapuze** ⟨f. 19⟩ *am Mantel befestigte, meist spitze Kopfbedeckung* [< ital *cappuccio* „Mantelhaube" < mlat. *caputium* „Mönchskappe"; zu lat. *cappa* „Kappe"]

**Kapuziner** ⟨m. 3⟩ *Mitglied des Kapuzinerordens (bekannt als volkstüml. Prediger)* [< ital. *cappuccino,* nach ihrer spitzen, an die Kutte genähten *Kapuze*]

**Kapuzineraffe** ⟨m. 17; Zool.⟩ *Angehöriger einer Gattung der Breitnasen mit behaartem Rollschwanz: Cebus*

**Kapuzinerkresse** ⟨f. 19; unz.; Bot.⟩ *Angehörige der einzigen Gattung der Kapuzinerkressengewächse (Tropaeolaceae), krautige, vielfach kletternde Pflanze mit gelappten, fingerförmigen od. schildförmigen Blättern u. gelben, roten od. bläulichen Blüten: Tropaeolum;* Sy ⟨kurz⟩ *Kresse (2)*

**Kapuzinerorden** ⟨m. 4; unz.; Rel.⟩ *Zweig des Franziskanerordens mit der strengsten Regel, die den Ordensmitgliedern u. a. völlige Armut u. Enthaltsamkeit abverlangt*

**Kapuzinerpilz** ⟨m. 1⟩ *wohlschmeckender Speisepilz mit verschiedenfarbigem Hut, weißem Fleisch u. weißen Röhren: Boletus scaber;* Sy *Birkenröhrling*

**Kar** ⟨n. 11; Geomorphologie⟩ ▼ *muldenartige Steilhangvertiefung in einem vergletscherten Gebirge* [wohl mundartlich *kar* „Gefäß, Topf, Pfanne" < ahd. *kar* „Gefäß"]

KAR

Kare sind nischenartige Hohlformen im Hochgebirge. Sie entstehen durch Eisbildung, Frostsprengung und Abtragung des darunter liegenden Bodens.

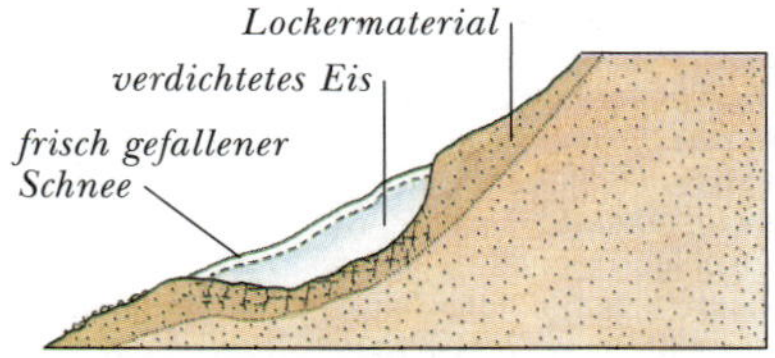

SCHNITT DURCH EIN KAR

**Karabiner** ⟨m. 3⟩ ▼ *Gewehr mit kurzem Lauf u. geringer Schussweite, früher besonders zur Bewaffnung der Kavallerie verwendet* [< frz. *carabine* < *carabin* „mit Gewehr bewaffneter Reiter"]

**Karabinerhaken** ⟨m. 4⟩ ▼ *Haken mit federndem Verschluss, z. B. an Rucksäcken*

**Karaffe** ⟨f. 19⟩ *geschliffene Glasflasche mit Glasstöpsel* (Wasserkaraffe) [< frz. *carafe* < span. *garrafa* < arab. *garraf* „weitbauchige Flasche"]

**Karaibenfisch** ⟨[-rai:-] m. 1; Zool.⟩ *Fisch mit spitzem Raubgebiss, der in großer Zahl auf dem Grund der südamerikanischen Flüsse lebt u. sogar Menschen angreift: Serrasalmo spilanleura*

**karaibisch** ⟨[-rai:-] Adj.⟩ *die Kariben betreffend, zu ihnen gehörig, von ihnen stammend;* oV *karibisch* ◆ karaibische Sprache *Sprache der Kariben*

**Karakal** ⟨m. 6; Zool.⟩ = *Wüstenluchs* [türk., „Schwarzohr"]

**Karakalpake** ⟨m. 17⟩ *Angehöriger eines südlich des Aralsees lebenden Turkvolks* [türk., „Schwarzmütze"]

**Karakulschaf** ⟨n. 11; Zool.⟩ *Fettschwanzschaf, dessen 3-8 Tage alte Lämmer den Persianerpelz liefern* [nach dem Bergsee *Karakul* („schwarzer See") im Pamir]

K

**Karambolage** ⟨[-ʒə] f. 19⟩ **1** ⟨Billard⟩ *Treffer, Anstoßen des Spielballes an die beiden anderen Bälle* **2** ⟨Sp.⟩ *Zusammenstoß mehrerer Spieler bei Wettkämpfen* **3** ⟨allg.⟩ *Zusammenstoß (bes. von Autos)* **4** ⟨fig.⟩ *Streit* [< frz. *carambolage* „Zusammenstoß"]

**Karambole** ⟨f. 19; Billard⟩ **1** *der Spielball, roter Ball* **2** *grüne, säuerl. Frucht des Gurkenbaums* [< frz. *carambole*]

**karambolieren** ⟨V. i.; hat/ist⟩ **1** ⟨Billard⟩ *eine Karambolage machen* **2** ⟨fig.⟩ *zusammenstoßen* ◆ die Kugel hat/ist karamboliert; die Wagen haben/sind karamboliert

KARABINER AUS DEN USA (COLT COMMANDO 5,56 MM)

**karamell** ⟨Adj.; undekl.⟩ *bräunlich gelb, beigefarben*

**Karamell** ⟨m. od. schweiz. a.: n.; -s; unz.⟩ *dunkelbrauner, etwas bitter schmeckender Stoff, der beim Erhitzen von Trauben- od. Rohrzucker entsteht u. zum Färben von Likör, Rum, Bier, Bonbons, Essig verwendet wird* [< frz. *caramel* < nlat. *caramellis* < lat. *cannamellis* „Zuckerrohr"]

**Karamellbonbon** ⟨[-bɔ̃bɔ̃] od. [-bɔŋbɔŋ] n. 15 od. m. 6⟩ = *Karamelle*

**Karamelle** ⟨f. 19⟩ *Bonbon aus karamellisiertem Zucker u. Milch;* Sy *Karamellbonbon*

**karamellieren** ⟨V. i.; hat⟩ Zucker karamelliert *wird in heißem Fett braun*

**karamellisieren** ⟨V. t.; hat⟩ *durch Erhitzen bräunen* (Zucker)

**Karamellzucker** ⟨m. 3; unz.⟩ *karamellisierter Zucker*

**Karaoke** ⟨n.; -; unz.; Mus.⟩ **1** *ohne die vokale Stimme gespielte Version eines Schlagers od. Hits, Instrumentalversion* **2** *Musikveranstaltung, bei der ein nicht professioneller Sänger die Vokalstimme zu einem Karaoke singt* [jap., „leeres Orchester" < *kara* „leer" + *oke* „Orchester"]

**Karat I** ⟨n. 11⟩ *getrockneter Samen des Johannisbrotbaumes (der früher zum Wiegen von Gold und Edelsteinen benutzt wurde)* **II** ⟨n.; -s, -; Abk.: k⟩ **1** *Gewichtsmaß für Edelsteine, 0,2 g (metrisches Karat)* **2** *Angabe der Qualität von Goldlegierungen in Vierundzwanzigstel reinen Goldes* [< frz. *carat* < ital. *carato* < arab. *qirat* „kleines Gewicht" < grch. *keration* „Hörnchen" (Schote des Johannisbrotbaumes; die Samen wurden zum Wiegen von Gold und Edelsteinen benutzt); Verkleinerungsform zu *keras* „Horn"]

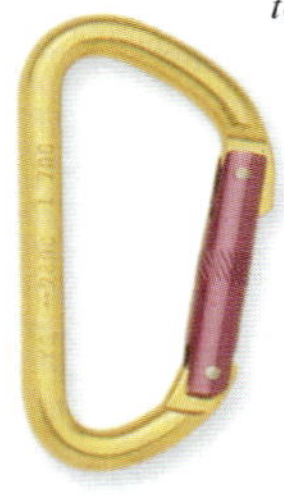

KARABINERHAKEN MIT SCHNAPPVERSCHLUSS

**Karate** ⟨n.; - od. -s; unz.⟩ *aus Ostasien stammender, harter, waffenloser Nahkampf u. Sport zur Selbstverteidigung* [jap., „leere Hand"]

**...karätig** ⟨Adj.⟩ *mit dem Gewicht einer bestimmten Anzahl von Karat* ◆ vierzehnkarätiges Gold *Gold mit dem Stempel 585;* 10-karätig

**Karausche** ⟨f. 19⟩ *karpfenartiger Süßwasserfisch, als Nutzfisch wegen der vielen Gräten unbeliebt: Carassius;* Sy *Goldkarpfen* [< lit. *karìsas* < russ. *karas* < grch. *korakinos* „Rabenfisch" < *korax* „Rabe"]

**Karavelle** ⟨[-vɛlə] f. 19; 14./16. Jh.⟩ *dreimastiges Segelschiff mit hohem Heckaufbau* [< frz. *caravelle* < port. *caravela* „großes Schiff"; zu lat. *carabus* „geflochtener Kahn"]

**Karawane** ⟨f. 19⟩ *Reise- od. Kaufmannsgesellschaft im Orient (besonders mit Kamelen durch Wüstengebiete ziehend)* [< ital. *caravana* < pers. *karwan* „Kamelzug, Reisegesellschaft"]

**Karawanserei** ⟨f. 18⟩ *Unterkunft für Karawanen an den Karawanenstraßen* [< pers. *karwan sarai* „Gebäude, in dem Karawanen einkehren"; → *Karawane, Serail*]

**Karbatsche** ⟨f. 19⟩ *Riemenpeitsche* [< ung. *korbács* u. tschech. *karabác* < türk. *qyrbatsch* „Ochsenziemer, Lederpeitsche"]

**Karbid** ⟨n. 11⟩ *Verbindung des Kohlenstoffs, bes. mit Metallen, Silizium u. Bor, z. B. Eisenkarbid;* oV ⟨fachsprachl.⟩ *Carbid* [< lat. *carbo* „Kohle"]

**Karbon** ⟨n.; -s; unz.; Archäol.⟩ *zwischen Devon u. Perm liegendes Zeitalter der Erdgeschichte, Steinkohlenformation, Steinkohlenzeit* [< lat. *carbo* „Kohle"]

**Karbonade** ⟨f. 19⟩ *in Scheiben geschnittenes Rippenstück vom Schwein, Kalb od. Hammel* [< frz. *carbonnade* < ital. *carbonata* „auf Kohlen geröstetes Fleisch"; zu lat. *carbo* „Kohle"]

**Karbonadenfisch** ⟨m. 1; Zool.; Handelsbez. für⟩ *Seewolf (1)* [< lat. *carbo* „Kohle"]

**Karbonat** ⟨n. 11; Chem.⟩ *Salz der Kohlensäure;* oV ⟨fachsprachl.⟩ *Carbonat* [< lat. *carbo* „Kohle"]

**Karbondruck** ⟨m. 1⟩ **I** ⟨unz.⟩ *Druckverfahren, bei dem die Rückseite des Blattes mit Farbe beschichtet ist u. durchschreibt* **II** ⟨zählb.⟩ *Erzeugnis dieses Druckverfahrens*

**Karbonsäure** ⟨f. 19; unz.; Chem.⟩ *organische Verbindung, die die saure Karboxylgruppe (-COOH) enthält;* oV ⟨fachsprachl.⟩ *Carbonsäure*

KARDAMOM: SAMENKAPSELN (*Elettaria cardamomum*)

**Karborund** ⟨n.; -s; unz.⟩ *durch Erhitzen von Koks, Tonerde, Kochsalz u. Quarzsand hergestelltes Siliziumkarbid, SiC, das als Schleifmittel, für Heizwiderstände in elektrischen Geräten u. feuerfeste Steine verwendet wird* [< lat. *carbo* „Kohle" + *Korund*]

**Karbunkel** ⟨m. 3⟩ *mehrere dicht beieinander stehende u. ein gemeinsames Entzündungsgebiet bildende Furunkel* [< lat. *carbunculus,* eigtl. „kleine glühende Kohle(stücke)", Verkleinerungsform zu lat. *carbo* „Kohle"]

**Kardamom** ⟨m. 1 od. n. 11; Bot.⟩ ◄ *als Gewürz verwendete Frucht der bes. an der Malabarküste des südl. Indiens heimischen Kardamompflanze: Elettaria cardamomum* [< lat. *cardamomum* < grch. *kardamomon* < aind. *kardamas*]

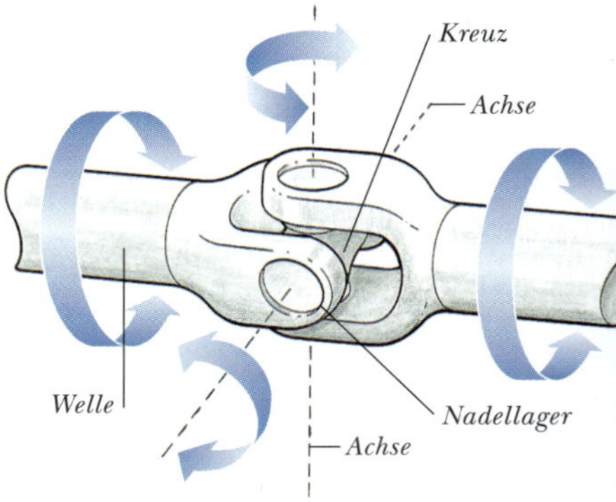


KARDANGELENK

**Kardangelenk** ⟨n. 11; Tech.⟩ ▲ *gelenkige Verbindung zweier Wellen zur Drehmomentübertragung auch bei veränderlichem Winkel zwischen den beiden Wellen*

**kardanisch** ⟨Adj.; Tech.⟩ kardanische Aufhängung ▼ *Vorrichtung zur allseitig drehbaren Aufhängung eines Körpers* [dem ital. Philosophen, Mathematiker u. Arzt Geronimo *Cardano,* 1501-1576, fälschlich zugeschrieben]

**Kardanwelle** ⟨f. 19; Tech.⟩ *Antriebswelle für Kraftfahrzeuge mit vorn liegendem Motor u. angetriebener Hinterachse über ein Kardangelenk;* Sy *Gelenkwelle* [→ *kardanisch*]

**Kardätsche** ⟨f. 19⟩ **1** *ovale Bürste zum Striegeln von Haustieren, bes. Pferden* **2** ⟨Web.⟩ *Bürste zum Aufrauen* **3** ⟨Bauw.⟩ *Brett mit Handgriff zum Auftragen und Verteilen des Putzes* [zu ital. *cardeggiare* „hecheln"; zu lat. *carduus* „Distel"]

**Karde** ⟨f. 19⟩ **1** ⟨Bot.⟩ ► *Angehörige einer Gattung der Kardengewächse, distelartiges Kraut mit stechenden Hüllkelchblättern u. Spreublättern, dessen Blütenköpfe zum Aufrauen wollener Tuche verwendet wurden: Dipsacus* **2** ⟨Spinnerei⟩ *Vorbereitungsmaschine*

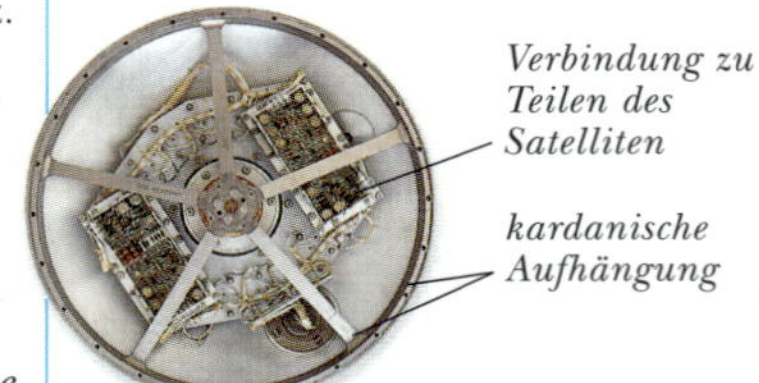


KARDANISCHE AUFHÄNGUNG ZUR STABILISIERUNG DER SONNENSEGEL EINES SATELLITEN *zum Auflösen des Fasergutes bis zur Einzelfaser, zum Ausrichten der Fasern u. Ausscheiden von kurzen Fasern und Verunreinigungen;* Sy *Krempel*[2] [< ahd. *charta, karta* < lat. *carduus* „Distel"]

**kardial** ⟨Adj.⟩ *das Herz betreffend, zu ihm gehörig, von ihm ausgehend* [zu grch. *kardia* „Herz"]

**kardinal** ⟨Adj.⟩ *vorzüglich, hauptsächlich, haupt..., grund...* [→ *Kardinal*]

**Kardinal** ⟨m. 1u⟩ **1** ⟨kath. Kirche⟩ *höchster Würdenträger nach dem Papst, mit dem Recht, den Papst zu wählen u. zum Papst gewählt zu werden* **2** ⟨Zool.⟩ *Angehöriger verschiedener Gruppen kernbeißerartiger Finkenvögel aus Amerika, oft Stubenvögel;* Sy *Kardinalsvogel* [< mhd. *kardenal;* zu spätlat. *cardinalis* „im Angelpunkt stehend"; zu lat. *cardo,* Gen. *cardinis* „Türangel, Dreh-, Angelpunkt"; verwandt mit *Scharnier*]

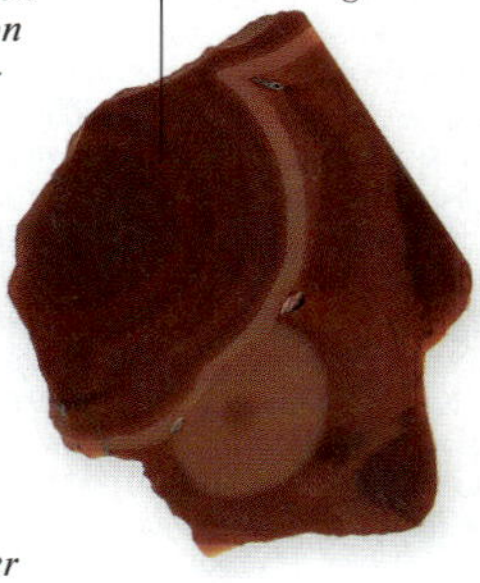


KARNEOL

**Kardinalfehler** ⟨m. 3⟩ *grundlegender Fehler*

**Kardinalpunkt** ⟨m. 1⟩ **1** *jede der vier Hauptgegenden des Horizontes* (Ost, West, Nord, Süd) **2** *Hauptpunkt (einer Diskussion, eines Systems usw.)* ◆ Kardinalpunkte eines optischen Systems *die drei Punktpaare Brennpunkte, Hauptpunkte u. Knotenpunkte, durch die ein opt. System in jeder Hinsicht bestimmt wird*

**Kardinalsvogel** ⟨m. 5u; Zool.⟩ = *Kardinal (2)*

**Kardinaltugend** ⟨f. 20⟩ *jede der von Sokrates, Platon u. den Stoikern aufgezählten vier Grund- od. Haupttugenden: Tapferkeit, Gerechtigkeit, Mäßigkeit u. Weisheit bzw. Gottesfurcht*

**Kardinalzahl** ⟨f. 20; Math.⟩ *ganze Zahl,* z. B. eins, zehn; Sy *Grundzahl;* Ggs *Ordinalzahl*

**kardio..., Kardio...** ⟨vor Vokalen⟩ kardi..., Kardi... ⟨Med.; in Zus.⟩ **1** *herz..., Herz...* **2** *magen..., Magen...* [< grch. *kardia* „Herz; Magenmund"]

**Kardiogramm** ⟨n. 11⟩ *graf. Darstellung der Herzbewegungen* [< grch. *kardia* „Herz" + *gramma* „Schrift"]

**Kardioide** ⟨f. 19; Math.⟩ *ebene Kurve in der Form eines Herzens;* Sy *Herzkurve* [< grch. *kardia* „Herz" + *eidos* „Aussehen"]

**Kardiologie** ⟨f. 19; unz.⟩ *Lehre vom Herzen u. seinen Krankheiten* [< grch. *kardia* „Herz" + *logos* „Lehre"]

**Kardiotokograf** ⟨m. 16; Abk.: CTG⟩ = *Kardiotokograph*

**Kardiotokograph** ⟨m. 16; Med.; Abk.: CTG⟩ *Gerät zum gleichzeitigen Aufzeichnen der kindlichen Herztöne sowie der Wehen;* oV *Kardiotokograf* [< grch. *kardia* „Herz" + *tokos* „Geburt" + *graphein* „schreiben"]

**kardiovaskular, kardiovaskulär** ⟨[-vas-] Adj.; Med.⟩ *Herz u. Gefäße betreffend*

**Karenz** ⟨f. 20⟩ *Wartezeit, Sperrzeit (bes. in der Versicherung)* [zu lat. *carere* „nicht haben, entbehren"]

**Karette** ⟨f. 19⟩, **Karettschildkröte** ⟨f. 19; Zool.⟩ **1** Echte Karette ► *bis 90 cm lange Meeresschildkröte der subtropischen u. tropischen Ozeane, deren Rückenpanzer das echte Schildpatt liefert: Eretmochelys imbricata* **2** Unechte Karette *bis 110 cm lange Seeschildkröte, die sowohl in den subtropischen u. tropischen als auch in europäischen Ozeanen lebt u. sich von Manteltieren, Quallen u. Krabben ernährt: Caretta caretta;* → a. *Seeschildkröte* [< frz. *caret* < span. *carey*]

KARDE: WEBERKARDE
*(Dipsacus fullonum)*

**Karfreitag** ⟨m. 1; Rel.⟩ *Tag der Kreuzigung Christi, Freitag vor Ostern* [< ahd. *chara* Wehklage, Trauer", engl. *care* „Sorge"]

**Karfunkelstein** ⟨m. 1⟩ **1** ⟨Antike⟩ *roter Granat* **2** ⟨später⟩ *Rubin* **3** *fabelhafter, feuerroter, wie Gold glänzender, im Dunkeln hell leuchtender Stein* [< mhd. *carbunkel* < lat. *carbunculus* „kleine glühende Kohle", dann „roter Granat", Verkleinerungsform zu lat. *carbo* „Kohle"]

**karg** ⟨Adj.; -er, am -sten, (selten: kärger, am kärgsten)⟩ *spärlich, dürftig, ärmlich, armselig* ◆ eine karge Mahlzeit [< ahd. *karag* „betrübt, besorgt"]

**Kargo** ⟨m. 6⟩ *Schiffsfracht, Schiffsladung;* oV *Cargo* [< span. *cargo* „Ladung"]

**karibisch** ⟨Adj.⟩ = *karaibisch*

**Karibu** ⟨m. 6; Zool.⟩ *wild lebendes nordamerik. Rentier: Rangifer arcticus* [< indian.]

**kariert** ⟨Adj.⟩ *mit Quadraten, Karos, Rhomben od. in diesen Formen sich kreuzenden Streifen versehen, gekästelt, gewürfelt* [< frz. *carré* < lat. *quadratus* „viereckig"]

**Karies** ⟨[-εs] f.; -; unz.; Med.⟩ **1** *chronische Knochenerkrankung mit Zerstörung auch der festen Knochenteile* **2** *Verfall der harten Zahnsubstanz;* Sy *Zahnfäule* [< lat. *caries* „Morschheit, Fäulnis"]

**Karikatur** ⟨f. 20⟩ *bildl. Darstellung, die eine Eigenschaft od. ein Merkmal stark übertreibt u. dadurch lächerlich macht, Zerrbild* [< ital. *caricatura,* eigtl. „Überladung"]

**karikieren** ⟨V. t.; hat⟩ jmdn. karikieren *von jmdm. eine Karikatur anfertigen, jmdn. in einer Karikatur lächerlich machen* [< ital. *caricare* „beladen, übertrieben komisch darstellen"]

**kariös** ⟨Adj.; Med.⟩ *von Karies befallen, zerfressen, angefault* [< lat. *cariosus* „morsch, faul", mit frz. Endung]

**Karitas** ⟨f.; -; unz.⟩ *christl. Nächstenliebe, Wohltätigkeit;* → a. *Caritas* [< lat. *caritas* „auf Achtung beruhende Liebe"]

**karitativ** ⟨Adj.⟩ *im Sinne der Karitas, auf ihr beruhend, wohltätig*

**Karma, Karman** ⟨n.; -s; unz.; Buddhismus, Hinduismus, Jainismus⟩ *Schicksal des Menschen, das von seinem Handeln in früheren Inkarnationen abhängt* [Sanskrit, „Handeln, Werk"]

KARETTE: ECHTE KARETTE
*(Eretmochelys imbricata)*

**Karmeliterorden** ⟨m. 4⟩ *Mitte des 12. Jh. auf dem Berg Karmel in Palästina gegründeter Mönchsorden mit urspr. sehr strenger Regel (zeitweise Schweigegebot, Armut usw.)*

**Karneol** ⟨m. 1⟩ ◄ *Mineral, Abart des Chalzedons, Schmuckstein;* oV *Carneol;* ► *Schmucksteine* [< lat. *caro,* Gen. *carnis* „Fleisch"]

**Karneval** ⟨[-val] m. 1 od. m. 6⟩ *Fastnacht, Fastnachtsfest u. -zeit* [< ital. *carnevale;* Deutungsversuche: 1. < nlat. *carne, vale!* „Fleisch, lebe wohl!"; 2. < mlat. *carnelevale* „Fleischentzug"; 3. < lat. *carrus navalis* „Schiffskarren, Räderschiff" (da Räderschiffe bei festlichen Umzügen zur Wiedereröffnung der Schifffahrt im Februar mitgeführt wurden)]

**Karnickel** ⟨n. 13⟩ = *Kaninchen* [< lat. *cuniculus* „Kaninchen" (der Einschub des „r" beruht auf überkorrekter Aussprache)]

**Karnivore** ⟨[-vo:-] m. 17 od. f. 19⟩ **1** ⟨Zool.⟩ = *Fleischfresser* **2** *Fleisch fressende Pflanze* [< lat. *caro,* Gen. *carnis* „Fleisch" + *vorare* „verschlingen"]

**Karo** ⟨n. 15⟩ **1** ⟨Geom.⟩ *Viereck, Rhombus, Quadrat* **2** *viereckiges, rhomb. od. quadrat. Muster* **3** ⟨Kart.⟩ *Farbe der französischen Spielkarte;* Sy *Raute (5)* [< frz. *carreau* „viereckige Platte oder Scheibe"]

**Karolinger** ⟨m. 3⟩ *Angehöriger eines nach Karl dem Großen benannten fränkischen Herrschergeschlechtes (bis 911 in Dtschld., bis 987 in Frankreich)*

K

KARPFEN
*(Cyprinus carpio)*

**Karosse** ⟨f. 19⟩ **1** *eleganter, vierrädriger Pferdewagen, der oft als Staatskutsche verwendet wurde* **2** ⟨umg.⟩ *luxuriöser Personenkraftwagen* [< frz. *carrosse* „Prunkwagen" < ital. *carroccio* „Wagen, auf dem das Feldzeichen in die Schlacht geführt wird"]

**Karosserie** ⟨f. 19⟩ *Oberteil des Kraftwagens (über dem Fahrgestell)* [< frz. *carrosserie* „Wagenbau, Wagenaufbau"]

**Karotin** ⟨n. 11; unz.⟩ *gelber Farbstoff, meist pflanzl. Herkunft, Vorstufe des Vitamins A;* oV ⟨fachsprachl.⟩ *Carotin* [→ *Karotte*]

**Karotis** ⟨f.; -, -tiden⟩ = *Halsschlagader;* oV *Carotis* [zu grch. *kara* „Kopf"]

**Karotte** ⟨f. 19⟩ **1** *Gemeine Möhre: Daucus carota* **2** ⟨heute meist⟩ *früh reifende, gelbe bis rote, kurze Mohrrübe* [< ndrl. *karote* < frz. *carotte* < lat. *carota* < grch. *karoton* „Möhre, Karotte"]

**Karpell** ⟨n. 11⟩, **Karpellum** ⟨n.; -s, -pella; Bot.⟩ ► = *Fruchtblatt* [< nlat. *carpellum* < grch. *karpos* „Frucht"]

**Karpfen** ⟨m. 4; Zool.⟩ ▲ *Süßwasserfisch mit weichen Flossenstrahlen u. zahnlosen Kiefern mit zahlreichen Unterarten u. Rassen: Cyprinus carpio* [< ahd. *karpfo;* vermutlich aus einer vorgerm. Sprache des Alpengebietes]

**Karpfenfisch** ⟨m. 1; Zool.⟩ *Angehöriger einer Familie im Süßwasser lebender Knochenfische, charakterisiert durch die den Schlund umspannenden Knochenspangen: Cyprinidae;* Sy *Weißfisch, Weißling (2)*

**Kärpfling** ⟨m. 1; Zool.⟩ ► = *Zahnkarpfen*
**Karre** ⟨f. 19⟩ **1** = *Karren* **2** ⟨umg.⟩ *altes, klappriges Auto od. Fahrrad* ◆ jmdm. die Karre aus dem Dreck ziehen ⟨fig.; umg.⟩ *jmdm. aus einer schwierigen Lage helfen, in die er sich selbst gebracht hat*
**Karree** ⟨n. 15⟩ **1** *Viereck, Rhombus, Quadrat* **2** *Rippenstück von Kalb, Schwein od. Hammel* [< frz. *carré* „Viereck“ < lat. *quadratus* „viereckig“]
**Karren** ⟨m. 4⟩ oV *Karre (1)* **1** *ein- od. zweirädriges, kleines Gefährt, das an zwei Griffen geschoben wird* (Schiebkarren, Schubkarren) **2** *stark gebautes, einfaches, zwei-, drei- od. vierrädriges Gefährt, Wagen* (Ochsenkarren) [< ahd. *karro, karra* < gallolat. *carrus* „Wagen“]
**Karriere** ⟨[-rie:-] f. 19⟩ *(rascher) Aufstieg in Leben u. Beruf, (glänzende) Laufbahn* ◆ Karriere machen *großen berufl. Erfolg haben;* eine glänzende Karriere vor sich haben [< frz. *carrière* „Rennbahn, Laufbahn“ < ital. *carriera;* zu gallolat. *carrus* „Wagen“]
**Karsamstag** ⟨m. 1⟩ *Samstag vor Ostern, Ostersonnabend* [→ *Karfreitag*]
**Karst**[1] ⟨m. 1⟩ *Gebirge aus durchlässigen, wasserlöslichen Gesteinen (Kalk, Gips), die durch Oberflächen- u. Grundwasser ausgelaugt werden* [< mhd., ahd. *karst;* vermutl. verwandt mit *kehren* „fegen“]
**Karst**[2] ⟨m. 1⟩ ▲ *Breithacke, Hacke mit platten Zinken* [< mhd., ahd. *karst*]

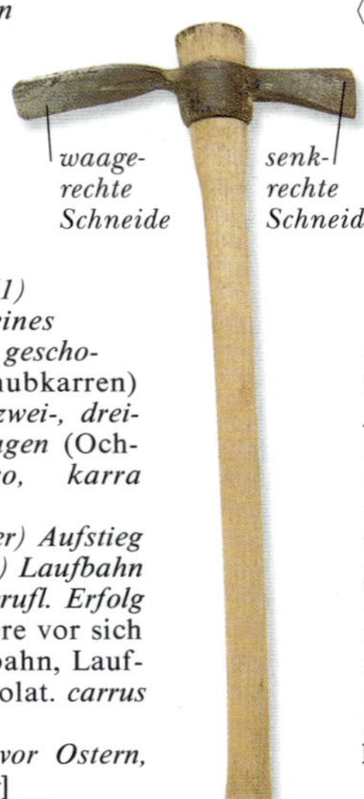

KARST

**Kartäusernelke** ⟨f. 19; Bot.⟩ *wild wachsende Nelke mit in Büscheln stehenden Blüten: Dianthus carthusianorum*
**Kartäuserorden** ⟨m. 4; unz.; Rel.⟩ *1084 in La Chartreuse vom heiligen Bruno gegründeter Mönchsorden mit sehr strenger Regel (Einsamkeit, Stillschweigen)*

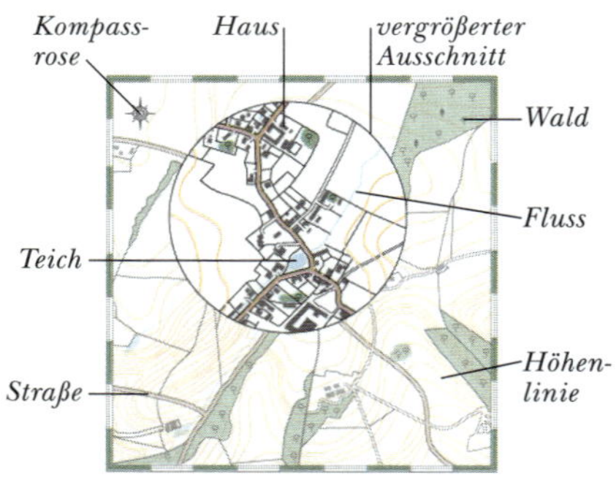

KARTE EINES DORFES UND SEINER UMGEBUNG

**Karte** ⟨f. 19⟩ **1** *steifes Blatt Papier in verschiedenen Größen u. zu verschiedenen Zwecken: im Format 15 x 10,5 cm für Mitteilungen durch die Post, mit od. ohne Bild* (Ansichtskarte, Postkarte, Briefkarte), *in kleinem Format als Bescheinigung für bezahlte Gebühr* (Fahrkarte, Eintrittskarte) *od. mit aufgedrucktem Namen des Besitzers* (Besuchskarte, Visitenkarte), *in größerem Format als Liste von Speisen u. Getränken in Gasthäusern* (Speisekarte, Weinkarte), *mit aufgedruckten Zahlen u. Bildern für Kartenspiele* (Spielkarte), *für Vermerke, Notizen, Namen in bestimmter Ordnung* (Karteikarte); → a. *Scheckkarte* **2** ⟨Kartogr.⟩ ▲ *zeichner. Darstellung eines Teils der von oben betrachteten Erdoberfläche* (Landkarte, Seekarte) ◆ ein **Spiel** Karten *alle zu einem Spiel gehörigen Karten* ◆ eine Karte **abwerfen** ⟨Kart.⟩; seine Karten **aufdecken** ⟨fig.⟩ *die wahre Sachlage bekannt geben;* die Karte **aufschlagen** *Landkarte;* eine Karte **ausspielen** ⟨Kart.⟩; eine Karte **bekommen** *Ansichtskarte, Postkarte;* sich eine Karte (für ein Konzert) **besorgen;** jmdm. die Karten **legen** *Spielkarten auflegen u. daraus (angebl.) Charakter u. Zukunft deuten;* die Karten **mischen** ⟨Kart.⟩; jmdm. eine Karte **schreiben;** Karten **spielen;** zur Hochzeit Karten verschicken (mit der Anzeige) ◆ **gute,** schlechte Karten haben ⟨Kart.⟩; ⟨fig. a.⟩ *gute, schlechte Aussichten auf Erfolg haben* ◆ alles **auf** eine Karte setzen ⟨fig.⟩ *ein großes Risiko eingehen, sämtl. Reserven für eine Sache einsetzen;* sich (nicht) **in** die Karten gucken lassen ⟨fig.⟩ *seine Pläne (nicht) preisgeben;* **mit** offenen Karten spielen ⟨fig.⟩ *seine Pläne aufdecken, aufrichtig sein* [< spätmhd. *karte* < frz. *carte* „steifes Blatt“ < lat. *charta* „Papier“ < grch. *chartes* „Blatt der Papyrusstaude“, vermutl. < ägypt.]
**Kartei** ⟨f. 18⟩ *Sammlung von Aufzeichnungen auf Zetteln od. Karten gleichen Formats u. in bestimmter Ordnung* (Krankenkartei)
**Kartell** ⟨n. 11⟩ **1** ⟨urspr.⟩ *Zusammenschluss von Firmen des gleichen Wirtschaftszweiges, die jedoch selbständig unter ihrem Namen weiterbestehen* **2** ⟨danach allg. a.⟩ *Bündnis mehrerer Parteien* [< frz. *cartel* < ital. *cartello,* eigtl. „kleines Schreiben, Zettel“, Verkleinerungsform zu *carta* < lat. *charta* „Papier, Urkunde“; → *Karte*]
**Kartellamt** ⟨n. 12u⟩ *Behörde, die die Befolgung der Kartellgesetze kontrolliert*
**Kartenhaus** ⟨n. 12u⟩ **1** *Raum (auf dem Schiff), in dem die Seekarten aufbewahrt werden* **2** *aus Spielkarten erbautes Haus* ◆ seine Pläne stürzten zusammen wie ein Kartenhaus ⟨fig.⟩
**Kartenspiel** ⟨n. 11⟩ *Spiel mit Spielkarten nach bestimmten Regeln,* z. B. Skat, Bridge
**Kartentelefon** ⟨n. 11⟩ *öffentlicher Fernsprechautomat, bei dem zum Telefonieren nicht Geld, sondern eine Telefonkarte verwendet wird*
**Kartesianismus** ⟨m.; -; unz.; Phil.⟩ *die Lehre des französischen Philosophen René Descartes, 1596-1650*
**Karthamin** ⟨n. 11; unz.⟩ *im wilden Safran enthaltener roter Farbstoff*
**kartieren** ⟨V. t.; hat⟩ **1** *vermessen u. auf einer Landkarte darstellen* (Fläche, Gelände) **2** *in eine Kartei einordnen*
**Kartoffel** ⟨f. 21; Bot.⟩ **1** ► *Nachtschattengewächs, dessen Wurzelknollen als Nahrung dienen: Solanum tuberosum* **2** *die Wurzelknolle dieser Pflanze* ◆ Kartoffeln braten, kochen, schneiden; gebratene, gekochte Kartoffeln; neue Kartoffeln [< ital. *tartufo, tartufolo,* eigtl. „Trüffelpilz“ < spätlat. *terrae tuber* „Trüffel“, eigtl. „Erdknolle“; verwandt mit *Trüffel*]

KARTOFFEL (*Solanum tuberosum*)

**Kartoffelbovist** ⟨m. 1⟩ *giftiger Pilz mit festem, hartem, knollenförmigem Fruchtkörper von unangenehm stechendem Geruch: Scleroderma vulgare*
**Kartoffelkäfer** ⟨m. 3; Zool.⟩ ▼ *der gefährlichste Kartoffelschädling, ein etwa 1 cm langer Blattkäfer mit je 5 schwarzen Längsstreifen auf gelbem Untergrund der Deckflügel: Leptinotarsa decemlineata*

KARTOFFELKÄFER (*Leptinotarsa decemlineata*)

**Kartoffelmus** ⟨n. 11; unz.⟩ *Mus aus zerdrückten, gekochten Kartoffeln u. Milch;* Sy *Kartoffelpüree*
**Kartoffelpuffer** ⟨m. 3⟩ *in der Pfanne in Fett gebackener Fladen aus geriebenen rohen Kartoffeln;* Sy ⟨kurz⟩ *Puffer (2), Reibekuchen*
**Kartoffelpüree** ⟨n. 15; unz.⟩ = *Kartoffelmus*
**Kartografie** ⟨f. 19; unz.⟩ = *Kartographie*
**Kartographie** ⟨f. 19; unz.⟩ *Lehre von der Anfertigung von Landkarten u. Plänen;* oV *Kartografie*
**Karton** ⟨[-tɔŋ] m. 6 od. selten [-to:n] m. 1⟩ **1** *dünne Pappe, steifes, meist dickes Papier* **2** *geräumige Schachtel aus Pappe* (Umzugskarton) **3** *Skizze zu einem Wandgemälde in gleicher Größe* [< frz. *carton* < ital. *cartone,* Vergrößerungsform zu *carta* „Papier“ < lat. *charta* „Papier“]
**Kartusche** ⟨f. 19⟩ **1** *Metallhülse der Artilleriegeschosse, in der sich die Pulverladung befindet* **2** *bes. im Barock beliebtes Ornament aus rechteckiger Fläche (für Inschrift, Wappen u. a.) mit Rahmen aus Rollwerk* [< frz. *cartouche* „gerollte Einfassung aus Papier“ < ital. *cartuccia* „kleines, geringes Papier“ < lat. *charta* „Papier“]
**Karussell** ⟨n. 15 od. n. 1⟩ *sich im Kreis drehende Rundfläche mit Reit- od. Fahrsitzen als Volksbelustigung auf Jahrmärkten* [< frz. *carrousel* „Reiterspiel mit Ringelstechen“ < ital. *carosello;* Herkunft unklar; Deutungen: 1. < ital. *gara* „Streit“ + *sella* „Sattel“; 2. < arab. *kurradsch* „Spiel mit hölzernen Pferden“ < pers. *kurra(k)* „Füllen“]
**Karwoche** ⟨f. 19⟩ *Woche vor Ostern*
**Karyatide** ⟨f. 19; Arch.⟩ *weibliche Statue als Gebälkträgerin statt einer Säule od. eines Pfeilers (besonders am Portikus)* [< grch. *karyatides;* vermutl. nach den Priesterinnen im Dianatempel zu *Karyä* in Lakonien]
**Karyogamie** ⟨f. 19; unz.; Biol.⟩ *der eigentl. Befruchtungsvorgang, die Verschmelzung der Kerne von Ei- u. Samenzelle;* Sy *Kernfusion (2), Kernverschmelzung (2)* [< grch. *karyon* „Nuss, Kern“ + *gamein* „heiraten“]
**Karzer** ⟨m. 3; früher in Schulen u. Hochschulen⟩ *Raum für Arreststrafen;* → a. *Kerker* [< lat. *carcer* „Gefängnis, Kerker“]
**karzinogen** ⟨Adj.; Med.⟩ *Krebs erzeugend, auslösend, verursachend;* Sy *carcinogen;* oV *kanzerogen* [< grch. *karkinos* „Krebs“ + *gennan* „erzeugen“]
**Karzinogen** ⟨n. 11; Med.⟩ *Krebs erregender Stoff*

**Karzinologie** ⟨f. 19; unz.; Med.⟩ *Lehre von den Krebsgeschwülsten* [< grch. *karkinos* „Krebs" + *logos* „Lehre, Kunde"]
**Karzinom** ⟨n. 11; Abk.: Ca.; Med.⟩ = *Krebs*[2] *(1);* Sy *Cancer* [< grch. *karkinos* „Krebs"]
**Kasack** ⟨m. 6⟩ *über Rock od. Hose getragene, meist mit Borten verzierte, hüftlange Bluse* [< mfrz. *casaque* < pers. *kazhaghand* „wattierte Jacke" < *kazh, kaj* „Rohseide" + *aghand* „polstern"]
**Kasatschok** ⟨m. 6⟩ **1** *russ., urspr. kosak. Volkstanz* **2** *daraus entwickelter moderner Tanz* [< russ. *kasačok,* Verkleinerungsform zu *Kasak* „Kosake"]
**kaschen** ⟨V. t.; hat; umg.⟩ *ergreifen, fangen, gefangen nehmen* [wohl zu *kassieren*[1]]
**Käscher** ⟨m. 3⟩ = *Kescher*
**kaschieren** ⟨V. t.; hat⟩ **1** Karton kaschieren *mit buntem Papier bekleben* **2** plastische Bühnenbildteile, z. B. Architekturformen, Pflanzen aus Holz, Pappe, Draht kaschieren *mit Kaschiermasse überziehen* **3** etwas Unangenehmes kaschieren ⟨fig.⟩ *verstecken, verbergen* [< frz. *cacher* „verbergen"]
**Kaschmir** ⟨m. 1⟩ **1** *urspr. aus dem feinen, glänzenden Flaumhaar der Kaschmirziege hergestellte Wolle (für Pullover, Strickjacken)* **2** *daraus hergestellter, fester Kammgarnkleiderstoff* [nach der *Kaschmirziege* im Kaschmirgebirge]
**Kaschmirziege** ⟨f. 19⟩ *im Himalajagebiet u. z.T. auch in Frankreich als Haustier gehaltene Ziege, die Kaschmirwolle liefert*
**Käse** ⟨m. 3⟩ **1** ► *aus der Milch durch Zusatz von Lab od. Milchsäurebakterien ausgeschiedener u. weiterbehandelter Eiweißstoff mit Gehalt an Fett u. Mineralstoffen* **2** *fleischiger Fruchtboden der Artischocke* **3** *unreifer Blütenstand des Blumenkohls in dem Zustand, in dem er gegessen wird* **4** ⟨fig.; umg.⟩ *Unsinn, dummes Zeug, dummes Gerede* ◆ und lauter solcher Käse ⟨fig.; umg.⟩; weißer Käse *Quark* [< ahd. *chasi,* engl. *cheese* < germ. *kasjus* < lat. *caseus* „Käse"]
**Käsefondue** ⟨[-fɔ̃dyː] n. 15⟩ *Fondue mit einem Sud aus Gewürzen, geschmolzenem Käse u. Weißwein, das mit auf Fonduegabeln gespießten kleinen Brotwürfeln verzehrt wird;* → a. *Fondue*
**Kasein** ⟨[-seiːn] n. 11; unz.⟩ *phosphorhaltiger Eiweißstoff in der Milch, der zur Herstellung von Käse, Kunst- u. Klebstoffen u. als Bindemittel in Kaseinfarben verwendet wird;* oV ⟨fachsprachl.⟩ *Casein* [< lat. *caseus* „Käse"]
**Kasel** ⟨f. 21⟩ ► = *Messgewand* [< vulgärlat. *casubla* „Messgewand"]
**Kasematte** ⟨f. 19⟩ **1** ⟨in Festungen⟩ *dick ummauerter, schusssicherer Raum* **2** ⟨auf Kriegsschiffen⟩ *gepanzerter Geschützraum* [< frz. *casemate* < ital. *casamatta* „Wallgewölbe" < mgrch. *chasma, chasmata* „Erdkluft"]
**Kaserne** ⟨f. 19⟩ *Gebäude(komplex) zum dauernden Unterbringen von Truppen* [< frz. *caserne* „Kaserne", urspr. „kleiner Raum auf Festungsanlagen für die zur Nachtwache abgestellten Soldaten" < vulgärlat. *quaderna* (für *quaterna*) „je vier"]
**kasernieren** ⟨V. t.⟩ *in Kasernen unterbringen* (Truppen)
**Kasino** ⟨n. 15⟩ oV *Casino* **1** *Gesellschaftshaus, Unterhaltungsstätte* **2** *Speiseraum für Offiziere* (Offizierskasino) **3** *öffentl. Betrieb für Glücksspiele* (Spielkasino) [< ital. *casino* „herrschaftl. Haus"; zu lat. *casa* „Haus"]
**Kaskade** ⟨f. 19⟩ **1** *künstl., stufenförmiger Wasserfall* **2** *wasserfallähnl. Feuerwerk* **3** *wagemutiger Sprung des Artisten* **4** *Anordnung von hintereinander geschalteten Bauteilen, Gefäßen* [< frz. *cascade* < ital. *cascata;* zu lat. *cadere* „fallen"]
**Kasko** ⟨m. 6⟩ **1** *Schiffsrumpf (ohne Ladung)* **2** ⟨Kart.⟩ *Spielart des Lombers* [< span. *casco* „Schiffsrumpf"]
**Kaskoversicherung** ⟨f. 20⟩ *Versicherung gegen Schäden an Fahrzeugen, Schiffen u. Flugzeugen*
**Kasper** ⟨m. 3⟩ **1** *österreichische Sonderform des Hanswursts im Volksstück* **2** *lustige, oft redselige Gestalt im Puppenspiel;* Sy *Kasperle* **3** ⟨fig.; umg.⟩ *sich albern benehmende, alberne Reden führende Person* [nach dem männl. Vornamen *Kaspar*]
**Kasperle** ⟨n. 15 od. m. 6⟩ = *Kasper (2)*
**Kasperletheater** ⟨n. 13⟩ *Puppentheater mit Handpuppen, in dem das Kasperle die Hauptrolle spielt*
**Kassandraruf** ⟨m. 1⟩ *unheilvolle Warnung* [nach *Kassandra,* der Tochter des trojan. Königs Priamos, die den Untergang ihrer Vaterstadt voraussagte, aber keine Beachtung fand]
**Kassation** ⟨f. 20; Rechtsw.⟩ **1** *Ungültigkeitserklärung (von Urkunden)* **2** *Aufhebung eines Urteils durch die höhere Instanz* [zu spätlat. *cassare* „für ungültig erklären, annullieren"; zu lat. *cassus* „leer, nichtig"]
**Kasse I** ⟨f. 19⟩ **1** *Geldkasten* **2** *Geldvorrat* **3** *Zahlraum, Zahlschalter* **4** ⟨kurz für⟩ *Krankenkasse, Sparkasse* ◆ die Kasse **führen** *für die Abrechnung verantwortlich sein* ◆ **getrennte** Kasse führen, haben *einzeln (jeder für sich) bezahlen* ◆ sich **an** der Kasse (nach Kinokarten) anstellen; gut, schlecht, nicht **bei** Kasse sein *viel, wenig, kein Geld zur Verfügung haben;* die Operation wird **von** der Kasse bezahlt *Krankenkasse;* jmdn. **zur** Kasse bitten ⟨umg.⟩ *jmdn. zum Zahlen veranlassen* [< ital. *cassa* „Behältnis, Ort, an dem man Geld aufbewahren kann" < lat. *capsa* „Behältnis, Kasten"]
**Kasseler** ⟨n. 13⟩ *gepökeltes (u. geräuchertes) Rippenstück vom Schwein;* oV *Kassler*
**Kassenbon** ⟨[-bɔ̃] od. [-bɔŋ] m. 6⟩ = *Kassenzettel*
**Kassenschlager** ⟨m. 3⟩ *etwas, das sich sehr gut verkauft*
**Kassensturz** ⟨m. 1u; unz.⟩ Kassensturz machen *den Kassenbestand feststellen (eigtl.: indem man die Kasse umstürzt)*
**Kassenzettel** ⟨m. 5⟩ *Schein, der den Kaufpreis angibt u. der vom Käufer an der Kasse vorgelegt wird;* Sy *Kassenbon*

## KÄSE

Käse wird aus Milch gewonnen, indem man diese mithilfe von Lab oder Säure zum Gerinnen bringt. Den weißen Bruch trennt man von der grünlichen Molke und bringt ihn in Formen, in denen er weiter Flüssigkeit verliert. Manchmal werden Bakterienkulturen hinzugegeben. Der Käse reift dann unterschiedlich lange und entwickelt dabei seinen charakteristischen Geschmack. Über die Qualität entscheidet auch die Art der Milch: vollfett oder halbfett, Kuhmilch, Schafsmilch oder Ziegenmilch.

### HARTKÄSE

JARLSBERG — PARMESAN — GREYERZER — EMMENTALER — CHEDDAR — DOUBLE GLOUCESTER

### WEICHKÄSE

MONTEREY JACK — BRIE — LIVAROT — WISCONSIN BRICK — CAMEMBERT

### BLAUSCHIMMELKÄSE

ROQUEFORT — STILTON — DANISH BLUE — GORGONZOLA — BRESSE BLEU

### SCHAF- UND ZIEGENKÄSE

FETA — BUCHERON — BUCHETTE D'ANJOU — CROTTIN DE CHAVIGNOL — PYRENEES

**Kasserole** ⟨f. 19⟩ *runder od. längl. Topf mit Deckel zum Kochen u. Schmoren;* oV *Casserole* [< frz. *casserole* „Schmortopf, Schmorpfanne"]

**Kassette** ⟨f. 19⟩ **1** *Holz- od. Metallkasten für Geld od. Juwelen* (Geldkassette, Schmuckkassette) **2** ► *kastenförmig vertieftes Feld in der Decke eines Raumes* (Deckenkassette) **3** *Tonband im Kunststoffbehälter für Kassettenrekorder* **4** *mehrere zusammengehörige Bücher in gemeinsamem, die Rücken offen lassendem Schmuckkarton* [< frz. *cassette* < ital. *cassetta* „Kästchen", Verkleinerungsform zu *cassa* „Behältnis"]

**Kassettendecke** ⟨f. 19⟩ *in Kassetten unterteilte Decke (eines Raumes)*

**Kassettenrekorder** ⟨m. 3⟩ *Tonbandgerät zur Aufnahme u. Wiedergabe von Kassetten* [< *Kassette* + engl. *recorder* „Aufzeichner"; zu *record* „aufzeichnen" < lat. *recordari* „sich vergegenwärtigen"]

**kassettieren** ⟨V. t.; hat⟩ *in Kassetten unterteilen* (Decke)

**Kassia** ⟨f.; -, -sien⟩ ► = *Kassie*

**Kassiaöl** ⟨n. 11; unz.⟩ *chin. Zimtöl;* oV *Cassiaöl* [< grch. *kassia* „(gewöhnl. Zimt"]

**Kassiber** ⟨m. 3⟩ *heimliche Briefbotschaft zwischen Gefangenen u. der Außenwelt od. auch untereinander* [< rotw. *kasife* „Brief, Dokument" < hebr. *kethibha* „Geschriebenes", Part. Perf. zu *kathabh* „schreiben"]

**Kassie** ⟨[-siə] f. 19⟩ ► *Angehörige einer tropischen Gattung der Mimosengewächse, von denen einige Arten die Sennesblätter (als Abführmittel verwendet) liefern: Cassia;* oV *Kassia* [< grch. *kassia* „(gewöhnl.) Zimt"]

**Kassier** ⟨m. 1; süddt.⟩ = *Kassierer*

**kassieren**[1] ⟨V. t.; hat⟩ **1** *annehmen, einnehmen* (Beitrag, Geld) **2** *sich aneignen, entwenden* **3** ⟨fig.; umg.⟩ *gefangen setzen, verhaften* [→ *Kasse*]

**kassieren**[2] ⟨V. t.; hat⟩ **1** *für ungültig erklären* (Urteil) **2** *entlassen* (Soldaten) [< spätlat. *cassare* „für ungültig erklären, annullieren"; zu lat. *cassus* „leer, nichtig"]

**Kassierer** ⟨m. 3⟩ *Angestellter (z.B. eines Geldinstituts), der Zahlungen annimmt u. Geld auszahlt;* oV ⟨süddt.⟩ *Kassier* [→ *Kasse*]

**Kassler** ⟨n. 13⟩ = *Kasseler*

**Kastagnette** ⟨[-njɛtə] f. 19; Mus.⟩ ▼ *bes. in Spanien übl. Handklapperinstrument aus zwei miteinander verbundenen, beweglichen, am Daumen befestigten Hartholzschalen, die mit den Fingern rhythmisch gegeneinander geschlagen werden;* ► *Schlaginstrumente* [< span. *castañeta*, Verkleinerungsform zu span. *castaña* „Kastanie"]

**Kastanie** ⟨[-niə] f. 19⟩ **1** ⟨Bot.⟩ *Frucht der Edelkastanie od. Rosskastanie* **2** *Hornschwiele an der Innenseite des Beins bei Pferden* ◆ für jmdn. die Kastanien aus dem Feuer holen ⟨fig.⟩ *für jmd. anderen etwas Unangenehmes od. Gefährliches tun* [< lat. *castanea* „Kastanie" < grch. *(karya) kastaneia* „Frucht des Kastanienbaumes" < *kastanon* „Kastanienbaum" < vorderasiat. Sprache]

**Kastanienbaum** ⟨[-niən-] m. 1u⟩ **1** ⟨i. w. S.⟩ *Angehöriger einer Gattung der Buchengewächse: Castanea* **2** ⟨i. e. S.⟩ ► *subtrop. Art mit essbaren Früchten (Maronen) u. hartem, festem Holz: Castanea sativa;* Sy *Edelkastanie;* → a. *Rosskastanie*

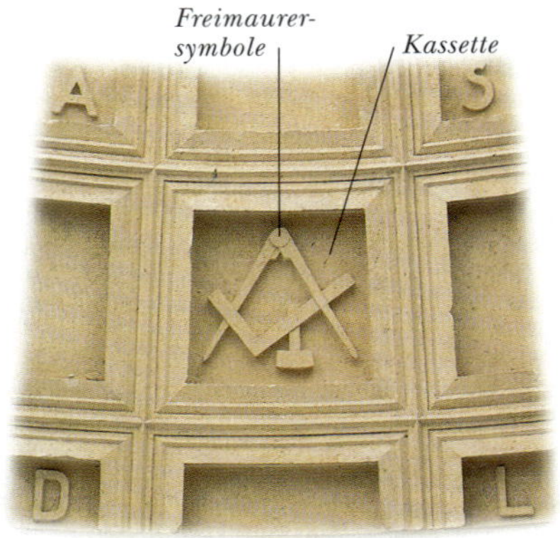


KASSETTE: VIERECKIGE KASSETTE IN GEWÖLBTER KASSETTENDECKE

KASSIE: GETROCKNETE HÜLSEN EINER KASSIE *(Cassia senna)*

KASTAGNETTEN

**Kaste** ⟨f. 19⟩ *von anderen Ständen abgeschlossener gesellschaftl. Stand mit strengen gesellschaftl., relig. u. wirtschaftl. Normen, bes. im Hinduismus* (Kriegerkaste, Priesterkaste) [< frz. *caste*, port. *caste;* zu span., port. *casto* „rein" < lat. *castus* „rein, keusch"]

**kasteien** ⟨V. refl.; hat⟩ sich kasteien *sich Entbehrungen od. Bußübungen auferlegen* [< mdt. *kastigen* < kirchenlat. *castigare* „zurechtweisen, rügen, züchtigen"; zu lat. *castus* „rein, keusch"]

**Kastell** ⟨n. 11⟩ **1** *altröm. Befestigungsanlage, Burg, Festung* **2** *Aufbau auf dem Vorder- od. Hinterdeck eines Kriegsschiffes* [< lat. *castellum* „Kastell, Festung", Verkleinerungsform zu lat. *castrum* „Schanzlager"]

**Kasten** ⟨m. 4u⟩ **1** *rechtwinkliger Behälter mit od. ohne Deckel, Kiste, Truhe* (Briefkasten, Geldkasten, Schubkasten, Kohlenkasten, Schmuckkasten) **2** *Kommode, Schrank* **3** *Turngerät* **4** *Teil des Wagens über dem Fahrgestell* **5** ⟨fig.; umg.⟩ *Haus, Wagen, Schiff* ◆ in allen Kisten und Kästen suchen; einen Brief in den Kasten werfen [< ahd. *kasto;* zu germ. **kasa-* „Gefäß"]

**Kastenwesen** ⟨n.; -s; unz.⟩ *alles, was mit den gesellschaftl. Kasten, der Gliederung in Kasten zusammenhängt*

**kastrieren** ⟨V. t.; hat⟩ einen Mann, ein männl. Tier kastrieren *seine Keimdrüsen entfernen* [< lat. *castrare* „entmannen, kastrieren"]

**kasuell** ⟨Adj.⟩ **1** ⟨Gramm.⟩ *den Kasus betreffend, zu ihm gehörig* **2** ⟨Rechtsw.⟩ kasuelle Bedingung *Bedingung, die von einem zufälligen Umstand abhängt*

**Kasuistik** ⟨f. 20; unz.⟩ **1** ⟨Stoa, Talmud, Scholastik, Jesuitenlehre⟩ *Lehre von bestimmten Einzelfällen innerhalb der Morallehre u. dem dafür richtigen Verhalten* **2** ⟨Rechtsw.⟩ *Methode, einen Fall als Einzelfall nach den nur für ihn zutreffenden Tatbeständen zu beurteilen u. die allg. Rechtsvorschriften nicht dogmatisch, sondern modifiziert auf ihn anzuwenden* **3** ⟨fig.⟩ *Haarspalterei, Wortklauberei* [< lat. *casus (conscientiae)* „Gewissensfälle"]

**kasuistisch** ⟨Adj.⟩ **1** *auf Kasuistik beruhend, im Sinne, nach Methoden der Kasuistik* **2** ⟨fig.⟩ *haarspalterisch, wortklauberisch, spitzfindig*

**Kasus** ⟨m.; -, -; Gramm.⟩ = *Fall (7)* [< lat. *casus* „Fall"]

**Kat** ⟨m. 6; bei Kfz; umg.; kurz für⟩ **1** *Dreiwegekatalysator* **2** *Katalysator (2)*

**kat..., Kat...** ⟨Vors.⟩ = *kata..., Kata...*

**kata..., Kata...** ⟨vor Vokalen u. vor h⟩ kat..., Kat... ⟨Vors.⟩ *herab, hinunter, nach, gegen, gemäß, in Bezug auf, zufolge* [< grch. *kata*]

**Katafalk** ⟨m. 1⟩ *schwarz verhängtes Gestell zum Aufstellen des Sarges bei Leichenfeiern (bes. für hohe Persönlichkeiten)* [< frz. *catafalque* < ital. *catafalco* < vulgärlat. *catafalicum;* vermutl. Kreuzung < lat. *catasta* „Schaugerüst (zur Ausstellung verkäufl. Sklaven)" + lat. *fala* „hohes Gerüst"]

**Katakombe** ⟨f. 19⟩ *altchristl. unterird. Begräbnisstätte (bes. in Rom u. Neapel)* [< ital. *catacomba* < spätlat. *catacumbae;* vermutl. < grch. *kata* „nieder" + *kymbe* „Becken, Vertiefung"]

**katalanisch** ⟨Adj.⟩ *Katalonien betreffend, zu ihm gehörig, aus ihm stammend;* oV *katalonisch* ◆ katalanische Sprache *westroman. Sprache der Katalanen*

**Katalepsie** ⟨f. 19; unz.; Med.⟩ *krankhafter Zustand, in dem sich die Körpermuskeln nicht mehr aktiv bewegen lassen u. den passiven Bewegungen mehr od. weniger Widerstand entgegensetzen, dann aber die (unfreiwillig) gewonnene Stellung beibehalten, Starrsucht* [< grch. *katalepsis;* zu *katalambanein* „fassen, ergreifen"]

**Katalog** ⟨m. 1⟩ *Verzeichnis (von Büchern, Waren, Gegenständen einer Ausstellung u. a.)* [< grch. *katalogos* „Aufzählung, Verzeichnis"; zu *katalegein* „aufzählen"]

**katalogisieren** ⟨V. t.; hat⟩ *in einem Katalog zusammenfassen (nach einer best. Ordnung), in einen Katalog aufnehmen*

**katalonisch** ⟨Adj.⟩ = *katalanisch*

**Katalysator** ⟨m. 23⟩ **1** ⟨Chem.⟩ *Stoff, der durch seine Gegenwart eine Katalyse bewirkt* **2** ⟨bei Kfz⟩ *Vorrichtung zur Verminderung der Kohlenmonoxid- u. Stickstoffanteile im Auspuffgas;* Sy ⟨umg.; kurz⟩ *Kat (2);* → a. *Abgaskatalysator* [→ *Katalyse*]

**Katalyse** ⟨f. 19⟩ *Beschleunigung einer chem. Reaktion durch Anwesenheit einer geringen Fremdstoffmenge, eines Katalysators, der bei chem. Umsetzung keine dauernde Veränderung erfährt* ◆ negative Katalyse *Verzögerung einer chem. Reaktion mittels Katalysatoren* [zu grch. *katalyein* „auflösen"]

KASTANIENBAUM: ESSKASTANIE *(Castanea sativa)*

**Katamaran** ⟨n. 11⟩ *schnelles, aus zwei Schwimmkörpern bestehendes Segelboot* [< tamil. *kattumaram* < *kattu* „binden" + *maram* „Baumstamm"]

**Kataplexie** ⟨f. 19; Med.⟩ *plötzliche Lähmung der Muskeln infolge heftigen Erschreckens;* Sy *Schreckstarre* [zu grch. *kataplessein* „niederschlagen, erschrecken"]

**Katapult** ⟨n. 11 od. m. 1⟩ **1** ⟨Antike⟩ ► *armbrustähnliche Wurf-, Schleudermaschine* **2** ⟨heute⟩ *Schleuder zum Starten von Flugzeugen* [< lat. *catapulta* < grch. *katapeltes* „Wurf-, Schleudermaschine"; zu *pallein* „schwingen, schleudern"]

**Katarakt I** ⟨m. 1⟩ *Stromschnelle, niedriger Wasserfall, -sturz* **II** ⟨f. 7; Med.⟩ = *grauer → Star*[2] [< lat. *cataracta* < grch. *katarrhaktes* „Wassersturz, Wasserfall"; zu *katarrhattein* „herabstürzen"]

**Katarr** ⟨m. 1; Med.⟩ = *Katarrh*

**Katarrh** ⟨m. 1; Med.⟩ oV *Katarr* **1** *entzündliche Reizung der Schleimhäute mit vermehrter Flüssigkeitsabsonderung* (Blasenkatarrh, Gebärmutterkatarrh, Magen-Darm-Katarrh) **2** ⟨umg.⟩ *Schnupfen, Erkältung* ◆ einen Katarrh haben [< grch. *katarrhous;* zu *katarrhein* „herabfließen"]

**Kataster** ⟨m. 3 od. n. 13⟩ **1** *Grundbuch, amtliches Verzeichnis der Grundstücke eines Bezirks, Flurbuch* **2** *Steuerregister, Personenverzeichnis eines Bezirks, das als Grundlage zur Steuererhebung dient* [< ital. *catastro* „Zins-, Steuerregister" < vulgärlat. **catastrum* < grch. *katastasis* „Aufstellung, Feststellung" oder lat. *capitum registrum* „Kopfsteuerverzeichnis"]

**Katasteramt** ⟨n. 12u⟩ *Amt zum Vermessen von Grundstücken, Amt, in dem der Kataster geführt wird* ◆ der Grundstücksverkauf wurde sofort beim Katasteramt gemeldet

**katastrophal** ⟨Adj.⟩ *in der Art einer Katastrophe, verhängnisvoll, entsetzlich, fürchterlich* ◆ die Verspätung hatte katastrophale Folgen; sein Fahrstil ist katastrophal

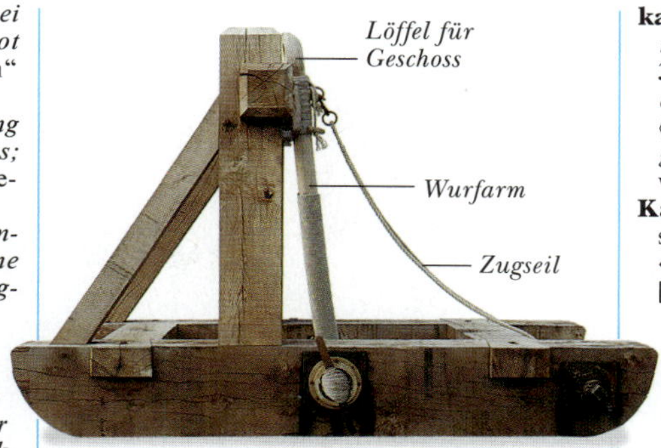


KATAPULT: REPLIK EINES KATAPULTS AUS DEM 15. JH.

**Katastrophe** ⟨f. 19⟩ **1** *Unheil, Verhängnis, großes Unglück* (Naturkatastrophe) **2** ⟨Drama⟩ *entscheidende Wendung, die den Untergang des Helden u. die Lösung des Konflikts herbeiführt* [< grch. *katastrophe* „Umkehr, Wendung"; zu *katastrephein* „umkehren"]

**Katatonie** ⟨f. 19; Med.⟩ *Schizophrenie mit eigentümlichen Krampf- u. Spannungszuständen der Muskulatur* [zu grch. *katateinein* „niederspannen, ausdehnen"]

**Kate** ⟨f. 19; norddt.⟩ **1** *kleines Haus (urspr. eines Kleinbauern od. Tagelöhners), Hütte* **2** *Fischerhütte* (Fischerkate) [→ *Kote*]

**Katechismus** ⟨[-çis-] m.; -, -men; Theol.⟩ *kurzes Lehrbuch (bes. für den Religionsunterricht) in Frage u. Antwort* [< grch. *katechismos* „Unterricht, Lehre"; zu *katechein* „entgegentönen"]

**Kategorie** ⟨f. 19⟩ **1** ⟨urspr.⟩ *Aussage (über einen Gegenstand)* **2** ⟨Logik⟩ *Grundbegriff, von dem andere Begriffe abgeleitet werden können* **3** ⟨allg.⟩ *Begriffsklasse, -art, Begriffsgattung, Sorte* [< grch. *kategoria* „Grundaussage"; zu *agoreuein* „sagen, reden"]

**kategorisch** ⟨Adj.⟩ **1** *in der Art einer Kategorie* **2** *unbedingt gültig;* Ggs *hypothetisch (2)* **3** ⟨fig.⟩ *energisch, mit Nachdruck, keinen Widerspruch duldend* ◆ kategorischer Imperativ ⟨nach Kant⟩ *unbedingtes ethisches Pflichtgebot für jeden Einzelnen;* sich kategorisch weigern ⟨fig.⟩

**Kater**[1] ⟨m. 3⟩ **1** *männliche Katze* **2** ⟨Jägerspr.⟩ *Männchen von Wildkatze u. Luchs* ◆ der gestiefelte Kater *(Märchengestalt)* [< ahd. *kataro;* → *Katze*]

**Kater**[2] ⟨m. 3; unz.; umg.⟩ *Gefühl des Übernächtigtseins, Nachwirkung einer durchzechten Nacht* ◆ nach der Geburtstagsparty hatte sie einen furchtbaren Kater [Eindeutschung von *Katarrh*]

**Katfisch** ⟨m. 1; Zool.⟩ = *Seewolf* [< engl. *catfish* „Katzenwels"]

**kath.** ⟨Abk. für⟩ *katholisch (2)*

**Katharsis** ⟨f.; -; unz.⟩ **1** *seelische Reinigung, Läuterung* **2** ⟨nach Aristoteles⟩ *Läuterung des Zuschauers durch die Tragödie, indem sie in ihm Empfindungen von Furcht u. Mitleid erweckt* [< grch. *katharsis* „Reinigung"]

**Katheder** ⟨n. 13⟩ **1** *Podium, Lehrerpult* **2** ⟨an Hochschulen⟩ *Lehrstuhl* [< grch. *kathedra* „Stuhl, Armsessel, Lehrstuhl"; zu *hedra* „Sitz"]

**Kathedrale** ⟨f. 19; bes. in Frankreich, Spanien, England⟩ ▼ *bischöfliche od. erzbischöfliche Kirche* [< mlat. *ecclesia cathedralis* „zum Bischofssitz gehörige Kirche"; → *Katheder*]

**Kathete** ⟨f. 19; Geom.; im rechtwinkligen Dreieck⟩ *jede der beiden die Schenkel des rechten Winkels bildenden Seiten;* → a. *Hypotenuse* [< grch. *kathetos* „Senkblei"; zu *kathienai* „herablassen"]

**Katheter** ⟨m. 3⟩ *Röhrchen zum Einführen in Körperhöhlen, bes. in die Harnblase*

**Kathode** ⟨f. 19⟩ *negative Elektrode;* oV *Katode;* Ggs *Anode* [< grch. *kathodos* „Niedergang" < *kata* „herab" + *hodos* „Weg"]

**Kathodenstrahl** ⟨m. 23⟩ *von der Kathode ausgehender Elektronenstrahl*

K

## KATHEDRALE

Mit der Ausbreitung des Christentums wurden größere Gotteshäuser errichtet. Neue Techniken gestatteten dabei den Bau der ersten Kathedralen. Sie haben dünnere Wände und hohe Fenster, die den Blick nach oben lenken und das Innere mit Licht überfluten. Nahezu alle Kathedralen haben einen kreuzförmigen Grundriss mit zwei Querschiffen. Der Altar liegt, der aufgehenden Sonne zugewandt, an der Ostseite.

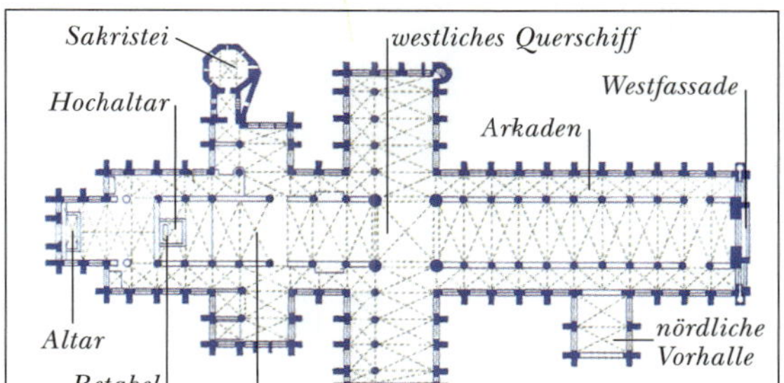


GRUNDRISS

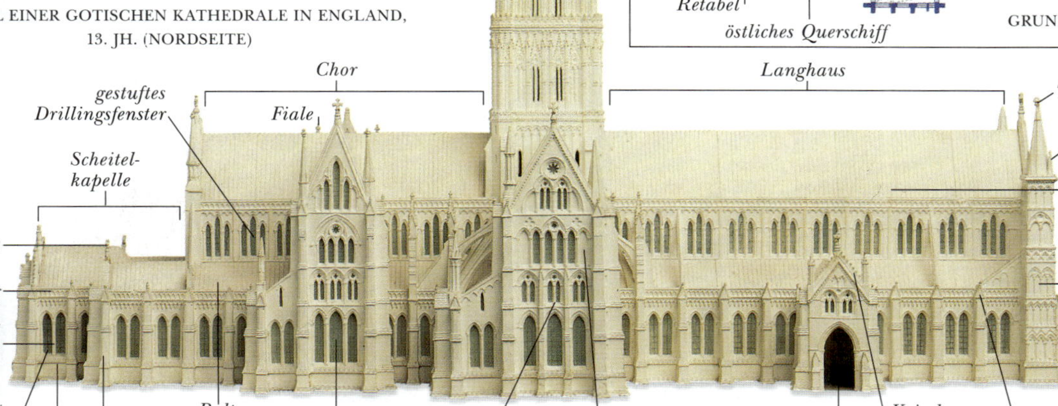


MODELL EINER GOTISCHEN KATHEDRALE IN ENGLAND, 13. JH. (NORDSEITE)

# KATZEN

Die Hauskatze wurde von den alten Ägyptern aus der Falbkatze domestiziert und von den Römern über Italien nach Europa gebracht. Doch erst im späten 19. Jh. entstanden die ersten Katzenrassen. Heute sind über 300 Rassen anerkannt, die sich allerdings nicht so stark unterscheiden wie z. B. die Hunderassen. Sie werden grundlegend nach der Länge des Haares, aber auch nach Sondermerkmalen wie Kopf- oder Schwanzform eingeteilt.

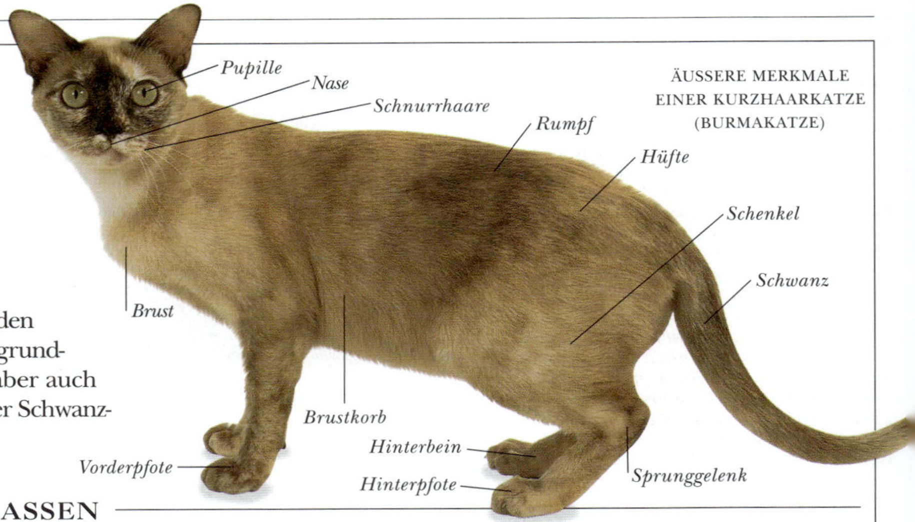


ÄUSSERE MERKMALE EINER KURZHAARKATZE (BURMAKATZE)

## VERSCHIEDENE KATZENRASSEN

### RASSEKATZEN (LANGHAAR)

PERSISCH COLOURPOINT

PERSISCH LANGHAAR (ROT)

MAINE COON (WILDFARBEN)

ANGORAKATZE (LILA)

### RASSEKATZEN (KURZHAAR)

EXOTISCH KURZHAAR (BLAU)

ORIENTALISCH KURZHAAR (LILAFARBEN)

BRITISCH KURZHAAR (CREMEFARBEN)

ABESSINIERKATZE

CORNISH REX (ZIMTFARBEN UND SILBER)

MANXKATZE (ROT GETIGERT)

JAPANISCHE STUMMELSCHWANZKATZE (ROT UND WEISS)

SPHYNX (BRAUN UND WEISS)

SIAMKATZE

### MISCHLINGSKATZEN

KURZHAAR (SCHILDPATTFARBEN UND WEISS)

LANGHAAR (BLAU)

KURZHAAR (BRAUN GEFLECKT)

KURZHAAR (BLAU UND CREMEFARBEN)

**Katholik** ⟨m. 16; Rel.⟩ *Angehöriger der (röm.-)kath. Kirche*

**katholisch** ⟨Adj.⟩ **1** ⟨urspr.⟩ *allgemein, die Erde umfassend* **2** ⟨allg.; Rel.; Abk.: kath.⟩ *zur (röm.-)kath. Kirche gehörend* ◆ katholische Kirche, ⟨seit der Reformation a.⟩ römisch-katholische Kirche *die dem Papst unterstehende christl. Kirche* [< grch. *katholikos* < *kata* „über ..." + *holos* „ganz"]

**Kation** ⟨n. 27; Phys.; Chem.⟩ *positives Ion;* Ggs *Anion* [verkürzt < *Kathode* + *Ion*]

**Katode** ⟨f. 19⟩ = *Kathode*

**Kattun** ⟨m. 1⟩ *bedruckter, dünner Baumwollstoff in Leinwandbindung* [< ndrl. *katoen* < arab. *qutun* „Baumwolle"]

**kattunen** ⟨Adj.⟩ *aus Kattun*

**Kätzchen** ⟨n. 14⟩ **1** *kleine, junge Katze* **2** *Ähren od. ährenähnl. Blütenstände der Birke, Erle, Hasel-, Walnuss, Weide u. a.*

**Katze** ⟨f. 19⟩ **1** ⟨i. w. S.⟩ *Fleisch fressendes Raubtier: Felidae* **2** ⟨i. e. S.⟩ ◄ *Zuchtform einer in der Antike gezähmten nordafrik. Katze mit einer mitteleurop. Wildkatze: Felis catus;* Sy *Hauskatze;* ► *Säugetiere* ◆ wie **Hund** und Katze leben *in ständigem Streit leben* ◆ die Katze **faucht,** miaut, schnurrt ◆ bei Nacht sind alle Katzen **grau** *in der Dunkelheit kann man Farben nicht unterscheiden, kann man niemanden bzw. nichts deutlich erkennen* ◆ die Katze **aus** dem Sack lassen ⟨fig.⟩ *eine bisher verheimlichte Absicht verraten;* das ist **für** die Katz ⟨fig.; umg.⟩ *vergeblich;* die Katze **im** Sack kaufen ⟨fig.⟩ *etwas kaufen, ohne es vorher gesehen od. geprüft zu haben* [< ahd. *kazza,* engl. *cat*]

**Katzenauge** ⟨n. 28⟩ **1** *Mineral, das Licht in hellen Streifen reflektiert, z. B. Korund, Quarz* **2** ⟨bes. bei Zweirädern; umg.⟩ = *Rückstrahler*

**Katzenbär** ⟨m. 16; Zool.⟩ ► = *Panda*

**Katzenbuckel** ⟨m. 5⟩ *gekrümmter Rücken (wie der einer zornigen Katze)* ◆ einen Katzenbuckel machen *sich krumm halten*

**Katzengold** ⟨n. 11; unz.; umg.⟩ = *Rauschgold*

**Katzenhai** ⟨m. 1; Zool.⟩ ► *Angehöriger einer uneinheitlichen Familie kleiner, bunt gefleckter Echter Haie, die stets am Meeresboden u. in Küstennähe leben: Scyliorhinidae;* ► *Haie*

**Katzenminze** ⟨f. 19; unz.; Bot.⟩ *Angehörige einer Gattung der Lippenblütler, deren Blätter häufig nach Zitrone riechen: Napeta*

**Katzensprung** ⟨m. 1u; fig.; umg.⟩ *kurzer Weg, geringe Entfernung* ◆ es ist nur ein Katzensprung bis dorthin

**Katzentisch** ⟨m. 1; umg.⟩ *kleiner Esstisch für Kinder* ◆ am Katzentisch essen (müssen) *nicht mit am Tisch der Erwachsenen essen (dürfen)*

KATZENHAI:
KLEINGEFLECKTER KATZENHAI
*(Scyliorhinus canicula)*

**Katzenwäsche** ⟨f. 19; umg.⟩ **1** *oberflächliche Körperwäsche* ◆ Katzenwäsche machen

**Katzenzunge** ⟨f. 19; fig.⟩ *langes, flaches Schokoladenplätzchen*

**Kauderer** ⟨m. 3; oberdt.⟩ *Hausierer*

**Kauderwelsch** ⟨n. 11; unz.⟩ **1** *unverständl. Sprache* **2** *aus mehreren Sprachen gemischte Ausdrucksweise* **3** *fehlerhafte Sprache* ◆ Kauderwelsch reden [< *kaurerwelsch* < *Kauer* = *Chur* in der Schweiz + *welsch,* eigtl. „churromanisch", beeinflusst von *kaudern* „schwatzen" od.: die Sprache der *welschen Kauderer*]

**kauen** ⟨V. t.; hat⟩ *mit den Zähnen zerkleinern* ◆ Nägel kauen *die Fingernägel abbeißen (als Angewohnheit);* Speisen gut, gründlich, schlecht, schnell kauen; an etwas kauen *an etwas nagen, es mühselig zu zerbeißen suchen;* ⟨fig.⟩ *sich mit etwas abplagen, eine Aufgabe mühsam zu lösen suchen;* an den Nägeln kauen *die Nägel abbeißen (vor Langeweile, Spannung o. Ä.)* [< ahd. *kiuwan,* engl. *chew*]

KAULQUAPPEN

**kauern** ⟨V.; hat⟩ **I** ⟨V. i.⟩ *auf den Fersen sitzen, in tiefer Kniebeuge hocken* ◆ auf dem Boden kauern **II** ⟨V. refl.⟩ sich kauern *sich niederhocken, in tiefe Kniebeuge gehen, sich auf die Fersen setzen* [< mnddt. *kuren* „lauern, spähen", engl. *cower*]

**Kauf** ⟨m. 1u⟩ *Erwerb (einer Sache) durch Hingabe von Geld* ◆ Kauf und **Verkauf** ◆ einen Kauf **abschließen** ◆ **leichten** Kaufes davonkommen ⟨fig.⟩ *ohne viel Schaden zu erleiden, ohne Strafe;* ein **teurer** (= ungünstiger) Kauf; etwas **in** Kauf nehmen ⟨fig.⟩ *sich mit etwas abfinden;* etwas **zum** Kauf anbieten [→ *kaufen*]

**kaufen** ⟨V. t.; hat⟩ *gegen Geld od. Geldeswert erwerben* ◆ jmdn. kaufen *bestechen;* sich jmdn. kaufen *jmdn. zur Rechenschaft ziehen;* kaufen und **verkaufen** ◆ etwas **auf** Raten kaufen ◆ dieser Stoff wird viel gekauft; ein gekaufter Zeuge *bestochener Zeuge* [< ahd. *koufon;* zu ahd. *koufo* „Händler" < lat. *caupo* „Schenkwirt, Höker"]

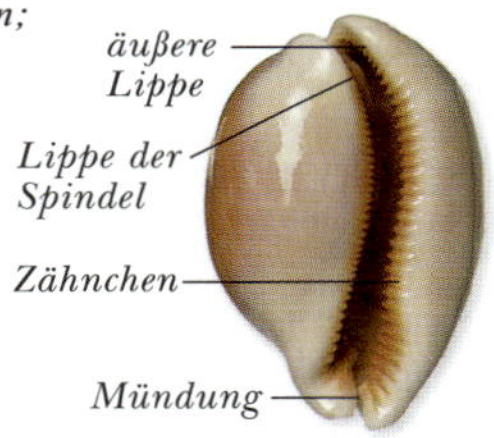


KAURISCHNECKE
*(Cypraea aurantium)*

**Käufer** ⟨m. 3⟩ **1** *jmd., der etwas kauft od. kaufen will* **2** *Kunde* ◆ ich habe einen, keinen Käufer dafür gefunden

**Kauffrau** ⟨f. 18; Abk.: Kffr.⟩ *weibl. Person, die eine kaufmänn. Lehre abgeschlossen hat*

**Kaufhaus** ⟨n. 12u⟩ **1** ⟨urspr.⟩ *großes Geschäft für Einzelhandelswaren aller Art, gelegentlich auch nur bestimmter Arten* (Möbel-, Textilkaufhaus) **2** ⟨heute⟩ *großes Geschäft für Waren aller Art, Warenhaus*

**Kaufkraft** ⟨f. 7u; unz.⟩ *von den Lebenshaltungskosten abhängige Fähigkeit des Geldes, Waren u. Dienstleistungen zu bezahlen*

**käuflich** ⟨Adj.⟩ **1** *für Geld od. Geldeswert (zu erwerben)* **2** *durch Kauf (zu erwerben)* **3** ⟨fig.⟩ *bestechlich* ◆ ein käuflicher Beamter; käufliche Liebe *Prostitution*

**Kaufmann** ⟨m.; -(e)s, -leute; Abk.: Kfm.⟩ **1** *jmd., der beruflich Kauf u. Verkauf, Handel betreibt* **2** *jmd., der die kaufmänn. Lehre abgeschlossen hat* ◆ gelernter Kaufmann; ein guter, schlechter Kaufmann sein

**Kaufvertrag** ⟨m. 1u⟩ *Vertrag, nach dem eine Sache durch Kauf in anderen Besitz übergeht*

**Kaugummi** ⟨m. 6 od. n. 15⟩ *kaubares, aber unlösliches Erzeugnis aus natürlichem Kautschuk od. Gutta od. künstl. Polyvinylazetat mit Zusätzen von Zucker, Geschmack gebenden u. weich machenden Stoffen*

**kaukasisch** ⟨Adj.⟩ *Kaukasien betreffend, zu ihm gehörig, aus ihm stammend* ◆ kaukasische Sprachen *zur iberisch-kaukasischen Sprachgruppe gehörige, im Kaukasus gesprochene Sprachen*

**Kaulbarsch** ⟨m. 1⟩ *bis 25 cm langer Süßwasserspeisefisch: Acerina cernua;* Sy *Goldbarsch* [< *Kaul...* < mhd. *kule* < *kugele* (→ *Kugel;* auch in *Kaulquappe*) + *Barsch*]

**Kaulquappe** ⟨f. 19; Zool.⟩ ◄ *Larve der Amphibien;* Sy ⟨kurz⟩ *Quappe (1)* [< *Kaul...* < mhd. *kule* < *kugele* „Kugel" + *Quappe*]

**kaum I** ⟨Adv.⟩ **1** *schwerlich, sicher nicht* **2** *nur mit Mühe, fast nicht* **3** ⟨bei Maß- u. Zeitangaben⟩ *fast, noch nicht ganz* **4** *etwas weniger als ...* ◆ kaum zwei **Meter** hoch ◆ er kann es kaum **erwarten,** dass, ⟨od.⟩ bis ...; es ist kaum zu **glauben** ◆ er ist kaum **größer** als ich ◆ er war kaum angekommen, als er auch schon wieder weggerufen wurde **II** ⟨Konj.⟩ kaum dass *fast ohne dass, so dass fast ... nicht* [< ahd. *kumo* „mit Mühe, schwerlich"; zu ahd. *kuma* „Wehklage", *kumig* „schwach", *kumen* „klagen"]

**Kaumuskel** ⟨m. 5⟩ *bei Wirbeltieren u. bei Menschen Muskel zur Bewegung des Unterkiefers*

**Kaurimuschel** ⟨f. 21⟩ *Gehäuse der Kaurischnecke, das in einigen Stämmen Mittel- u. Ostafrikas früher als Zahlungsmittel galt, heute noch als Schmuck gebräuchlich ist*

**Kaurischnecke** ⟨f. 19; Zool.⟩ ◄ *Angehörige einer Familie von Schnecken des Indischen Ozeans mit porzellanartigem Gehäuse: Cypraeidae;* Sy *Tigerschnecke* [< Maori]

**kausal** ⟨Adj.⟩ *ursächlich, auf dem Verhältnis zwischen Ursache u. Wirkung beruhend, mit der Ursache verbunden* ◆ kausale Konjunktion ⟨Gramm.⟩ *Konjunktion des Grundes,* z. B. „weil"; hier besteht ein kausaler Zusammenhang [< spätlat. *causalis* „ursächlich"; zu lat. *causa* „Ursache"]

**Kausalgesetz** ⟨n. 11⟩ *auf der Verknüpfung von Ursache u. Wirkung beruhendes Gesetz*

**Kausalität** ⟨f. 20⟩ *Ursächlichkeit, Zusammenhang von, Verhältnis zwischen Ursache und Wirkung*

**Kausalzusammenhang** ⟨m. 1u⟩ *Zusammenhang von Ursache und Wirkung*

**kausativ** ⟨Adj.; Gramm.⟩ *Veranlassung angebend, verursachend, bewirkend, begründend* [zu lat. *causare* „verursachen"]

**Kausativ** ⟨n. 11; Gramm.⟩ **1** *Aktionsart des Verbums, die das Bewirken einer Tätigkeit angibt, z. B. fällen = fallen machen* **2** *das Wort selbst*

**Kaustik** ⟨f. 20⟩ **1** *Gewebszerstörung durch Hitze, chemische Ätzmittel od. elektrischen Strom* (Elektrokaustik); Sy *Kauterisation* **2** *eine bei nicht korrigierten Linsen anstelle des Brennpunktes entstehende Brennfläche;* Sy *kaustische Fläche*

**kaustisch** ⟨Adj.⟩ **1** *auf Kaustik beruhend, mit ihrer Hilfe, ätzend* **2** ⟨fig.⟩ *scharf spöttisch, beißend* ◆ kaustische Fläche = *Kaustik (2)* [zu lat. *causticus* „beizend"; zu grch. *kaiein* „brennen", *kausis* „Brand"]

**Kautabak** ⟨m. 1⟩ *saucierter Tabak zum Kauen*

**Kautel** ⟨f. 20⟩ *Vorbehalt, Vorsichtsmaßregel, Vorkehrung* [< lat. *cautela* „Vorsicht"; zu *cautus* „vorsichtig"]

**Kauterisation** ⟨f. 20⟩ = *Kaustik (1)*

**kauterisieren** ⟨V. t.; hat⟩ **1** *durch Ätzmittel od. Hitze zerstören* (Gewebe) **2** ⟨bei Naturvölkern⟩ *mit eingebrannten Narben verzieren* (Personen) [→ *kaustisch*]

**Kaution** ⟨f. 20⟩ *Bürgschaft, Sicherheit(sleistung) durch Hinterlegung einer Geldsumme od. von Wertpapieren* [< lat. *cautio* „Behutsamkeit"; zu *cautus* „vorsichtig"]

**Kautschuk** ⟨m. 1; unz.⟩ **1** *geronnener Milchsaft einiger tropischer Pflanzenfamilien* (Rohkautschuk) **2** *durch Vulkanisation daraus gewonnene feste, zähe, elastische Masse,* ⟨fälschl. bezeichnet als⟩ *Gummi* [< frz. *caoutschouc,* span. *cauchuc,* indian. (Peru) *cahuchu*]

**Kauwerkzeug** ⟨n. 11⟩ *zum Kauen dienender Körperteil, Kiefer, Zahn*

**Kauz** ⟨m. 1u⟩ **1** *verschiedene zoolog.-systematisch nicht verwandte, meist kräftige, gedrungene Eulen* **2** ⟨fig.⟩ *schnurriger, wunderl. Mensch, Sonderling* ◆ er kann manchmal ein ganz komischer Kauz sein [< spätmhd. *kuz(e)* „Schreihals"]

**kauzig** ⟨Adj.⟩ *wunderlich, verschroben* ◆ sie ist eine kauzige alte Frau [→ *Kauz*]

**Kavalier** ⟨[-va-] m. 1⟩ **1** ⟨früher⟩ *Reiter, Ritter* **2** ⟨heute⟩ **2.1** *Begleiter einer Dame* **2.2** *(bes. gegen Frauen) höflicher, ritterlicher Mann* [< frz. *cavalier* „Reiter, Ritter" < ital. *cavaliere* „Reiter, ritterlicher, höflicher Mann" < lat. *caballarius* „Pferdeknecht"; zu *caballus* „Pferd"]

KEA
*(Nestor notabilis)*

**Kavaliersdelikt** ⟨[-va-] n. 11⟩ *Delikt, das nicht als ehrenrührig angesehen wird*

**Kavaliershaus** ⟨[-va-] n. 12u⟩ *kleineres, an ein Schloss angrenzendes Haus, in dem früher die Hofleute wohnten*

**Kavalierstart** ⟨[-va-] m. 6; umg.; iron.⟩ *schnelles Anfahren (mit dem Auto)*

**Kavalkade** ⟨[-val-] f. 19⟩ *prächtiger Aufzug eines Reitertrupps, Reiterzug* [< frz. *cavalcade* „Reiterzug" < ital. *cavalcata;* zu lat. *caballus* „Pferd"]

**Kavallerie** ⟨[-val-] f. 19; unz.⟩ *Reiterei, berittene Kampftruppe eines Heeres* ◆ leichte, schwere Kavallerie [< frz. *cavalerie* „Reiterei"; zu frz. *cavalier* „Kavalier"]

**Kavallerist** ⟨[-val-] m. 16⟩ *Angehöriger der Kavallerie, Kavalleriesoldat*

**Kavallett** ⟨[-val-] n. 15 od. n. 27; österr.; Soldatenspr.⟩ *Bettgestell* [< ital. *cavalletto* „Pferdchen, hölzernes Pferd als Übungsgerät, Staffelei"]

**Kavata** ⟨[-va-] f.; -, -vaten; Lit.⟩ *lyrischer Schluss eines Rezitativs* [zu ital. *cavare* „herausholen, hervorheben"]

KEGEL

**Kavatine** ⟨[-va-] f. 19; Mus.⟩ **1** *liedartige Opernarie* **2** *Sologesangstück* **3** *liedartiges, lyrisches, elegisches Instrumentalstück* [Verkleinerungsform zu *Kavata*]

**Kaveling** ⟨[-və-] f. 20⟩ *bei Versteigerungen zusammengefasste kleinste Warenmenge (Dutzend, Ballen, Stück)* [< ndrl., „Los, Anteil"; zu *Kabel*[2]]

**Kavent** ⟨[-vɛnt] m. 16; veraltet⟩ **1** *Gewährsmann, Bürge, Garant;* Sy *Kaventsmann* **2** ⟨umg.⟩ *wohlhabender, beleibter Mann* **3** *Prachtstück* **4** ⟨Seemannsspr.⟩ *bes. hohe Welle* [< lat. *cavens* „Beistand gebend", Part. Präs. zu *cavere* „Beistand leisten, Bürgschaft geben"]

**Kaventsmann** ⟨[-vɛnts-] m. 2u⟩ = *Kavent (1)*

**Kaverne** ⟨[-vɛr-] f. 19⟩ **1** ⟨Med.⟩ *durch Gewebszerfall entstandener Hohlraum, vor allem in der Lunge bei Lungentuberkulose u. bei Abszessen* **2** *ausgebauter, unterirdischer Raum zur Unterbringung technischer od. militärischer Anlagen* [< lat. *caverna* „Höhle"]

**Kaviar** ⟨[-vi-] m. 1⟩ *mit Salz konservierter Rogen einiger russ. Störarten* [< poln. *kawiar* < türk. *havyar* in derselben Bedeutung]

**Kawa, Kawa-Kawa** ⟨f.; -; unz.⟩ *leicht berauschendes Getränk aus der Wurzel des Kawastrauches in Polynesien* [zu Maori *kawa* „bitter"]

**Kawapfeffer** ⟨m. 3; unz.⟩ = *Kawastrauch*

**Kawastrauch** ⟨m. 2u⟩ *Pfeffergewächs der Südseeinseln, aus dem Kawa gewonnen wird: Piper mesthysticum;* Sy *Kawapfeffer*

**kb, KB** ⟨Abk. für engl.⟩ *Kilobyte*

**kbA** ⟨Abk. für⟩ *kontrollierter biologischer Anbau*

**KByte** ⟨Abk. für engl.⟩ *Kilobyte*

**Kea** ⟨m. 6; Zool.⟩ ◄ *Angehöriger einer Papageienart: Nestor notabilis* [Maori]

**Kebab** ⟨m. 6; Kochk.⟩ *am Spieß gebratenes, scharf gewürztes Hammelfleisch* [< pers., hindi *kabab* od. < arab., türk. *kebab*]

**kebbeln** ⟨V. i.; hat; umg.⟩ *zornig sein, keifen, zanken* [zu mhd. *kiben* „keifen" od. Ablaut von *kabbeln* „(harmlos) streiten"]

**keck** ⟨Adj.⟩ *munter, unbefangen, frisch* ◆ ein kecker Bursche; er trat keck vor und sagte ... [< ahd. *chec, cheh, ques* „lebendig", engl. *quick* „schnell, munter, frisch, stark"; verwandt mit *erquicken,* dem ersten Teil von *Quecksilber, quicklebendig*]

**keckern** ⟨V. i.; hat⟩ *Erregung, Zorn äußern* (Fuchs, Marder, Iltis) [lautnachahmend]

**Keeper** ⟨[ki:-] m. 3; bes. österr.⟩ *Torwart* [engl., „Hüter, Wächter"]

**keep smiling** ⟨[ki:p 'smailiŋ]⟩ *lächle immer, bleib heiter, optimistisch u. gelassen* [engl., „bewahre (dein) Lächeln"]

**Keepsmiling** ⟨[ki:p'smailiŋ] n.; - od. -s; unz.⟩ *heitere, gelassene Lebenseinstellung* [→ *keep smiling*]

**Kees** ⟨n. 11; bair.-österr.⟩ *Gletscher* [< ahd. *ches* „Eis"; Herkunft ungeklärt]

**Kefir** ⟨m. 1; unz.⟩ *durch Zusatz von Bakterien u. Hefe vergorene Milch, urspr. Stutenmilch* [türk.]

**Kegel** ⟨m. 5⟩ **1** ⟨Geom.⟩ *spitz zulaufender Körper mit runder od. ovaler Grundfläche, Konus* **2** ◄ *Holzfigur zum Kegelspiel* **3** *kegelförmiges Gebilde* (Bergkegel) **4** *uneheliches Kind* (⟨nur noch in der Wendung⟩ mit Kind und Kegel) ◆ die Kegel aufstellen (zum Spiel); gerader, schiefer, stumpfer Kegel [< mhd. *kegel* „Knüppel, Stock, Holzfigur im Kegelspiel, Eiszapfen", a. „uneheliches Kind" < ahd. *kegil* „Pflock, Pfahl"]

**kegeln** ⟨V. i.; hat⟩ *Kegel spielen, Kegel schieben;* → a. *Kegelspiel*

**Kegelrad** ⟨n. 12u⟩ ▲ *Rad mit kegeliger Außenform, das mit gerader Oberfläche als Reibrad, mit gezackter Oberfläche als Zahnrad verwendet wird*

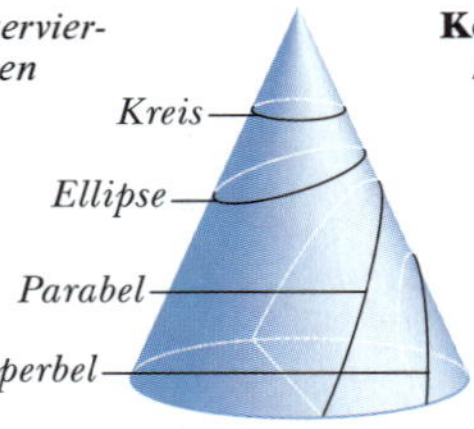


KEGELSCHNITTE

KEHLFLECK
BEIM KONGOPFAU
*(Afropavo congensis)*

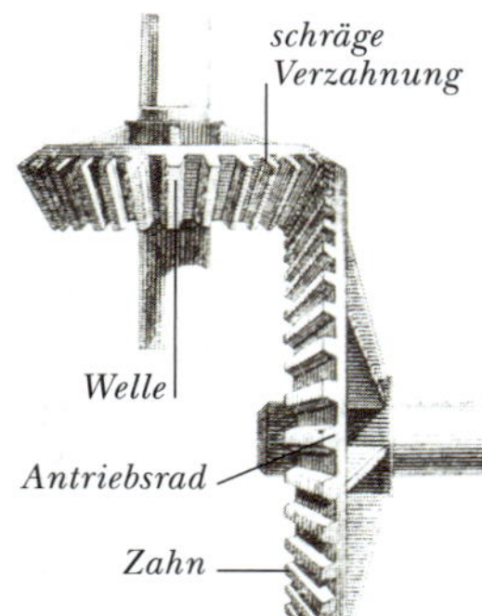


KEGELRÄDER MIT
SCHRÄGER VERZAHNUNG

**Kegelschnitt** ⟨m. 1⟩ ◄ *Kurve, die sich als Schnitt einer Ebene mit einem geraden Kreiskegel ergibt*

**Kegelspiel** ⟨n. 11; Sp.⟩ *Spiel, bei dem man mit einem einzigen Schwung eine Holzkugel über eine glatte Bahn rollt und versucht, dadurch die am Ende aufgestellten neun (oder zehn) Kegel umzuwerfen*

**Kegler** ⟨m. 3; Sp.⟩ *jmd., der als Hobby- od. Profispieler an Kegelwettkämpfen teilnimmt, Kegelspieler* ◆ er ist ein begeisterter Kegler

**Kehle** ⟨f. 19; Anat.⟩ *vorderer Teil des Halses mit dem Kehlkopf;* Sy *Gurgel* ◆ jmdm. die Kehle **durchschneiden** ⟨umg.⟩ *jmdn. töten;* **zuschnüren:** die Angst schnürte mir die Kehle zu ⟨fig.⟩ *ich konnte vor Angst kein Wort sprechen* ◆ eine eine **raue** Kehle haben *heiser sein;* eine **trockene** Kehle haben (vor Durst) ◆ jmdn. **an** od. bei der Kehle packen; jmdm. das Messer an die Kehle setzen ⟨fig.⟩ *jmdn. mit etwas drohen;* **aus** voller Kehle schreien, singen *sehr laut, mit aller Kraft;* er hat Gold **in** der Kehle ⟨fig.⟩ *er kann herrlich singen,* ⟨od.⟩ *er verdient viel Geld durch seine schöne Stimme;* ein Bissen, eine Gräte blieb ihm in der Kehle stecken [< ahd. *kela*]

**kehlen** ⟨V. t.; hat⟩ *auskehlen, mit einer Hohlkehle versehen* ◆ Fische, Heringe kehlen *ihnen nach einem Schnitt in die Kehle die Kiemen, das Herz u. die Eingeweide herausreißen*

**Kehlfleck** ⟨m. 1⟩ ◄ *farbiger Fleck an der Kehle (besonders bei Vögeln)*

**kehlig** ⟨Adj.⟩ *tief in der Kehle, tief aus der Kehle kommend, guttural* ◆ eine kehlige Stimme, ein kehliges Lachen haben

**Kehlkopf** ⟨m. 1u; Anat.⟩ *knorpeliges Eingangsteil der Luftröhre u. Organ der Stimmbildung*

**Kehlkopfentzündung** ⟨f. 20; Med.⟩ *Entzündung des Kehlkopfes mit Heiserkeit, Hustenreiz u. Schmerzen beim Sprechen*

**Kehlkopfkrebs** ⟨m. 1; unz.; Med.⟩ *Krebsgeschwulst am Kehlkopf*

**Kehlkopflaut** ⟨m. 1; Phon.⟩ = *Glottal*

**Kehllappen** ⟨m. 4⟩ ► *Hautlappen unter dem Schnabel der Hühner*

**Kehlriemen** ⟨m. 4⟩ *Riemen des Zaums, der unter den Ohren befestigt ist u. über die Backen unter der Kehle hindurchläuft*

**Kehlsack** ⟨m. 1u; Zool.; bei manchen Vögeln⟩ *Ausstülpung im unteren Kehlbereich zur Mitnahme von Nahrung*

**Kehlung** ⟨f. 20⟩ *Kehle, Hohlkehle*

**Kehraus** ⟨m.; -, -⟩ *letzter Tanz am Ende einer Festveranstaltung, Ausfeger* ◆ den Kehraus machen *Schluss machen, aufräumen;* den Kehraus tanzen

**Kehre** ⟨f. 19⟩ **1** *scharfe Biegung (des Weges), scharfe Kurve* **2** ⟨Sp.; Turnen⟩ **2.1** *Wendung am Turngerät* **2.2** *Absprung mit dem Rücken zum Gerät* ◆ ich habe die Kehre, ich bin an der Kehre *ich bin dran, ich bin an der Reihe* [→ *kehren*[2]]

**kehren**[1] ⟨V. t.; hat⟩ *fegen, mit dem Besen sauber machen* ◆ den Ofen, Schornstein kehren; den Hof, die Straße; den Schnee vom Fenstersims kehren [< ahd. *keren, kerjan*]
**kehren**[2] ⟨V.; hat⟩ **I** ⟨V. t.⟩ *drehen, wenden, richten auf od. zu etwas (hin)* ◆ jmdm. den **Rücken** kehren *zuwenden* ◆ **in** sich gekehrt ⟨fig.⟩ *still, nicht geneigt, sich mitzuteilen, verschlossen;* die Augen, das Gesicht **zum** Himmel kehren **II** ⟨V. refl.⟩ sich kehren *eine halbe Drehung ausführen* ◆ ganze Abteilung kehrt! ⟨erg.: euch!⟩ *(militär. Kommando);* sich nicht **an** etwas kehren *sich nicht um etwas kümmern, etwas nicht beachten* **III** ⟨schweiz. a.: V. i.⟩ der Wind hat gekehrt *kommt jetzt aus einer anderen Richtung* [< ahd. *keran*]

KEILSCHRIFT:
SUMERISCHE KEILSCHRIFT

**Kehricht** ⟨m. od. n.; -s; unz.⟩ *zusammengekehrter Unrat, Abfall, Müll* ◆ Kehricht beseitigen [< frühnhd. *keracht, kerecht* < spätmhd. *kerach;* → *kehren*[1]]
**Kehrichtschaufel** ⟨f. 21⟩ *kleine Schaufel zum Aufnehmen des zusammengefegten Kehrichts*
**Kehrmaschine** ⟨f. 19⟩ *Gerät mit rotierender Besenrolle zum Zusammenkehren von Schmutz* (Straßenkehrmaschine, Teppichkehrmaschine)
**Kehrplatz** ⟨m. 1u; schweiz.⟩ *Stelle, an der man mit dem Auto wenden kann*
**Kehrreim** ⟨m. 1; Mus.⟩ *am Schluss jeder Strophe eines Liedes od. Gedichts regelmäßig wiederkehrende Worte od. Sätze, Refrain*
**Kehrseite** ⟨f. 19⟩ **1** *die Rückseite* **2** ⟨fig.⟩ *die ungünstige Seite (einer Sache)* **3** ⟨fig.; umg.; scherzh.⟩ *Rücken* ◆ die Kehrseite der Medaille ⟨fig.⟩ *die unangenehme Seite einer Angelegenheit*
**kehrtmachen** ⟨V. i.; hat⟩ *eine halbe Drehung vollführen, umkehren, sich umdrehen (um wegzugehen)* ◆ nach einer halben Stunde Weges machten sie kehrt
**Kehrtwendung** ⟨f. 20⟩ **1** *Wendung um 180°, halbe Drehung, Umkehr* **2** ⟨fig.⟩ *plötzliche Änderung der bisherigen Haltung od. Strategie*
**keifen** ⟨V. i.; hat⟩ *in schrillen Tönen schelten, giftig zanken* [< mhd. *kiben,* mnddt. *kiven*]
**Keil** ⟨m. 1⟩ **1** *prismatischer Körper, von dem zwei Seiten spitzwinklig in einer Kante zusammenstoßen (zum Spalten od. als Hemmvorrichtung)* **2** ⟨in Kleidungsstücken⟩ *dreieckiger, spitzwinkliger Stoffteil* ◆ auf einen groben Klotz gehört ein grober Keil *auf eine Grobheit muss man mit einer anderen antworten;* einen Keil zwischen zwei Menschen treiben *das gute Einvernehmen zwischen zwei Menschen zu stören suchen* [< ahd. *kil*]

KEHLLAPPEN EINES TRUTHAHNS

**Keilabsatz** ⟨m. 1u⟩ *keilförmiger, mit der Sohle in einem Stück gearbeiteter Absatz* ◆ ein Schuh mit Keilabsatz
**Keilbein** ⟨n. 11; Anat.⟩ *mittlerer Knochen der Schädelbasis: Os sphenoides;* Sy *Sphenoid*
**Keile** ⟨nur Pl.; umg.⟩ *Schläge, Prügel* ◆ Keile kriegen, einstecken, verteilen [übertragen von *keilen* „schlagen"; → *bolzen*]
**Keiler** ⟨m. 3⟩ *männl. Wildschwein, Wildeber* [zu *keilen* im Sinne von „hauen, schlagen"; nach den Hauern (Eckzähnen) benannt]
**Keilerei** ⟨f. 18; umg.⟩ *Schlägerei, Prügelei*
**Keilhaue** ⟨f. 19; Bgb.⟩ *spitzkeilförmige, etwas gebogene Hacke mit Spitze od. meißelförmiger Schneide*
**Keilhose** ⟨f. 19⟩ = *Steghose*
**Keilkissen** ⟨n. 14⟩ *kleine, keilförmige Matratze zur höheren Lagerung des Kopfes*
**Keilrahmen** ⟨m. 4⟩ ► *durch Keile an den Ecken verfalzter Rahmen (für die Malleinwand)*
**Keilriemen** ⟨m. 4; Tech.⟩ ► *Riemen aus gummiertem Gewebe mit trapezförmigem Querschnitt zum Übertragen großer Kräfte*
**Keilschrift** ⟨f. 20; unz.⟩ ◄ *aus einer Bilderschrift entstandene Schrift der Sumerer, Babylonier u. Assyrer mit keilförmigen Zeichen*
**Keim** ⟨m. 1⟩ **1** ⟨Biol.⟩ *einfaches Ausgangsgebilde eines Lebewesens, Embryo* **2** ⟨Med.⟩ *Krankheitserreger* (Krankheitskeim) **3** ⟨Phys.⟩ *Teilchen in einem Gas od. einer Flüssigkeit, von dem Kondensation od. Erstarrung ausgeht,* z. B. Kristallkeim **4** ⟨fig.⟩ *Anfang, Beginn, Quelle, Ausgangspunkt* ◆ Keim der Ansteckung; der junge, zarte Keim (einer Pflanze u. a.) ⟨a. fig.⟩; einen Aufstand im Keim ersticken *vor dem Ausbruch, im Entstehen* [< ahd. *kimo*]
**Keimbläschen** ⟨n. 14⟩ = *Keimfleck*
**Keimblase** ⟨f. 19; Biol.⟩ = *Blastula*
**Keimblatt** ⟨n. 12u; Biol.⟩ **1** *Blatt des pflanzl. Keimlings* **2** *embryonale Zellschicht, aus der bestimmte Körperteile u. Organanlagen hervorgehen*
**Keimdrüse** ⟨f. 19⟩ *jede der Drüsen, die die Keimzellen u. Sexualhormone erzeugen (Hoden u. Eierstöcke);* Sy *Geschlechtsdrüse*
**keimen** ⟨V. i.; hat⟩ **1** ⟨Biol.⟩ *aus einem Keim zu wachsen beginnen, Triebe hervorbringen* **2** ⟨fig.⟩ *sich zu entwickeln, zu entfalten beginnen* ◆ keimendes Leben *werdendes Leben, Kind im Mutterleib*
**keimfähig** ⟨Adj.⟩ *imstande zu keimen*
**Keimfähigkeit** ⟨f. 20; unz.⟩ *keimfähige Beschaffenheit* ◆ Keimfähigkeit des Saatgutes
**Keimfleck** ⟨m. 1⟩ *befruchteter, keimender Kern der Keimscheibe;* Sy *Keimbläschen*
**keimfrei** ⟨Adj.⟩ *frei von Krankheitskeimen, steril, aseptisch* ◆ Instrumente, Milch durch Erhitzen keimfrei machen
**Keimling** ⟨m. 1⟩ **1** *der in Keimwurzel, Keimblätter u. Stängel gegliederte Embryo im Samen* **2** *die aus dem Samen hervorgehende, sich entwickelnde junge Pflanze*
**Keimplasma** ⟨n.; -s; unz.⟩ *von der Keimplasmatheorie angenommene Vererbungssubstanz, Idioplasma*
**Keimplasmatheorie** ⟨f. 19; unz.⟩ *von Weismann 1885 aufgestellte Theorie zur Erklärung der Vererbung, wobei eine durch die Generationen hindurch unveränderliche Erbsubstanz (Keim- bzw. Idioplasma) angenommen wird*
**Keimprobe** ⟨f. 19⟩ = *Keimprüfung*
**Keimprüfung** ⟨f. 20⟩ *Feststellung der Keimfähigkeit von Saatgut;* Sy *Keimprobe*

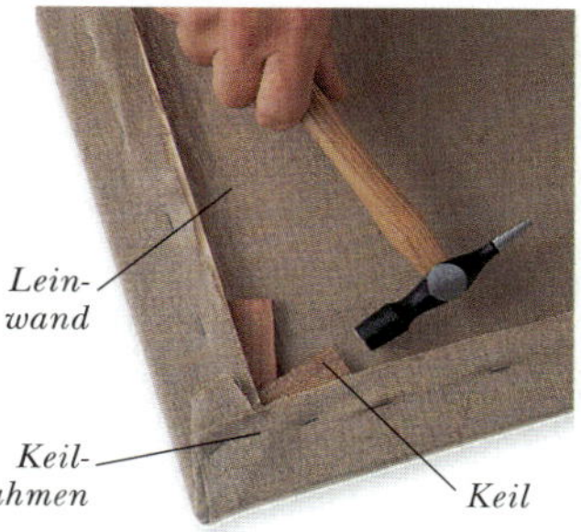

KEILRAHMEN
(MIT LEINWAND BEZOGEN)

**Keimschädigung** ⟨f. 20⟩ *Beeinträchtigung des gesunden Keims im Mutterleib durch Infektionen, Röntgenstrahlen od. Chemikalien*
**Keimscheibe** ⟨f. 19⟩ *die bei dotterreichen Eiern auf dem Nahrungsdotter liegende Plasmamasse mit dem befruchteten Eizellkern (Keimfleck)*

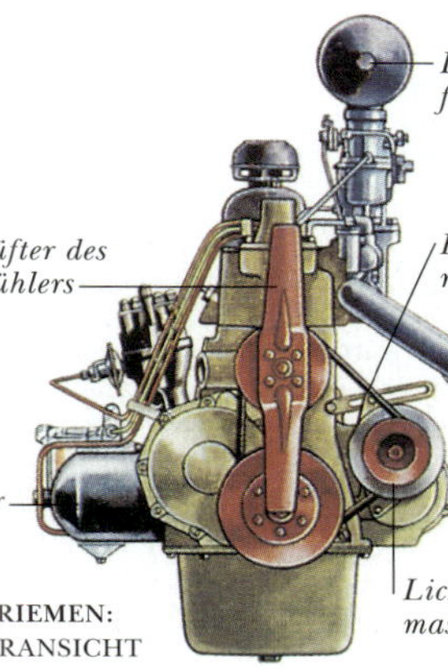

KEILRIEMEN:
VORDERANSICHT EINES AUTOMOTORS MIT KEILRIEMEN

K

**keimtötend** ⟨Adj.; Biol.⟩ *Krankheitskeime abtötend, zerstörend* ◆ keimtötende Wirkung (von Medikamenten); keimtötendes Desinfektionsmittel
**Keimträger** ⟨m. 3⟩ *Bakterienträger, Bazillenträger*
**Keimung** ⟨f. 20; unz.⟩ **1** *das Keimen* **2** ►► *Entwicklung, Wachstum des Keimes*
**Keimwurzel** ⟨f. 21; Bot.⟩ ▼ *Wurzel als erstes Organ des Keimlings*
**Keimzelle** ⟨f. 19⟩ *Zelle der Vielzeller, die nur der Fortpflanzung dient, Geschlechtszelle*

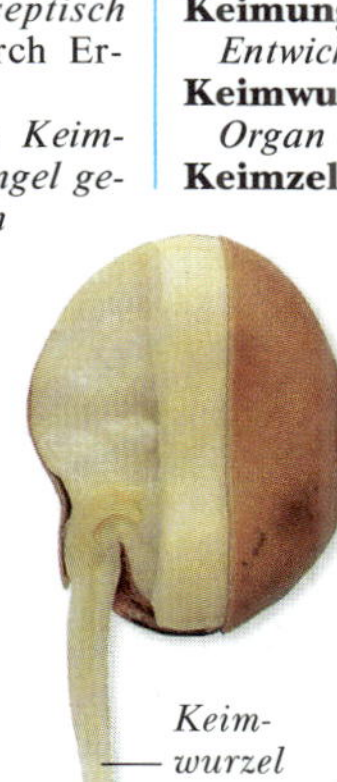

KEIMWURZEL TRITT AUS EINER PUFFBOHNE AUS

**kein** ⟨indefinites Pron., adjektivisch gebraucht⟩ *nicht ein* ◆ kein **anderer** als er war es; er ist kein **Däne;** ich habe kein **Geld;** kein einziges **Mal;** ich habe (gar) keine **Zeit** ◆ **an** keiner Stelle *nirgends;* **auf** keinen Fall *ganz bestimmt nicht;* **in** keiner Weise *überhaupt nicht, gar nicht;* keiner **von** beiden [< mhd. *(ni) de(c)hein* < ahd. *nih(h)ein*]
**keine(r, -s)** ⟨indefinites Pron., substantivisch gebraucht⟩ Ggs *jede(r, -s)* **1** *nicht eine(r, -s) (aus einer Menge)* **2** ⟨umg.⟩ *niemand* ◆ und wenn man dann fragt, will es keiner gewesen sein; das weiß keiner ⟨umg.⟩; das Gemüse isst keiner

**keinerlei** ⟨Adj.; undekl.⟩ *nicht das bzw. die geringste, nicht den geringsten, nicht die geringsten, von keiner Art* ◆ er hat auf sie keinerlei Einfluss (mehr)
**keinesfalls** ⟨Adv.⟩ *auf keinen Fall* ◆ ich komme keinesfalls; er darf mich keinesfalls hier sehen
**keineswegs** ⟨Adv.⟩ *durchaus nicht, ganz u. gar nicht* ◆ er ist keineswegs so klug, wie er scheint
**...keit** ⟨Suffix⟩ = *...heit (zur Substantivierung von Adj. mit den Endungen ...bar, ...er (außer: sicher), ...ig, ...lich, ...sam),* z. B. Heilbarkeit, Innigkeit, Fröhlichkeit, Einsamkeit [im mhd. < *...heit* nach Adj. auf *...ic, ...ec* ( < nhd. *...ig*) entstanden]
**Keks** ⟨m. od. selten: n.; - od. -es, - od. -e⟩ *trockenes Kleingebäck* [ < engl. *cakes,* Pl. von *cake* „Kuchen"]
**Kelch** ⟨m. 1⟩ **1** *(meist kostbares, geschliffenes) Trinkglas mit Fuß, bes. das Gefäß für den Wein beim Abendmahl* **2** ⟨Bot.⟩ *meist grüner, oft verwachsener äußerer Teil einer doppelten Blütenhülle* ◆ den Kelch bis zur Neige leeren ⟨fig.⟩ *etwas Schweres bis zu Ende ertragen;* bitterer Kelch ⟨fig.⟩ *schwer zu bewältigendes Schicksal;* möge dieser Kelch an mir vorübergehen ⟨fig.⟩ *möge mir dieses Schwere erspart bleiben* (nach dem Ausspruch Christi, Matth. 26,39) [ < ahd. *kelich* < lat. *calix,* Gen. *calicis* „Becher, Kelch"]
**Kelchblatt** ⟨n. 12u; Bot.⟩ ▼ *Blatt des Blütenkelches*
**Kelchglas** ⟨n. 12u⟩ ► *Kelch, Glas in Form eines Kelches*
**Kelchkapitell** ⟨n. 11⟩ *Form des got. Säulenkapitells in der Art eines Kelches*
**Kelchtier** ⟨n. 11; Biol.⟩ *Angehöriger eines Tierstammes von kelchartigen Organismen, deren Mundöffnung direkt neben dem After liegt*
**Kelchtuch** ⟨n. 12u⟩ *Tuch, mit dem der Priester nach dem Messopfer den Kelch abwischt*
**Kelim** ⟨m. 6⟩ ► *oriental. Wandbehang mit gleicher Vorder- u. Rückseite u. großen, geometrischen Mustern* [ < türk. *kilim* „Teppich"]
**Kelimstich** ⟨m. 1⟩ *Flachstich in Reihen, jeweils in spitzem Winkel zueinander stehend*

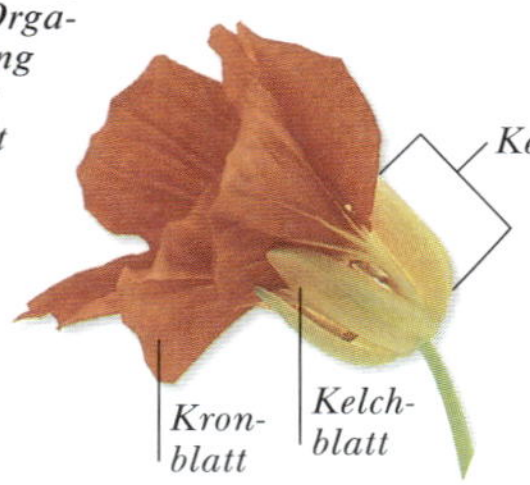

KELCHBLATT: BLÜTE DER KAPUZINERKRESSE MIT KELCHBLÄTTERN

**Kelle** ⟨f. 19⟩ **1** *Gerät aus dreieckiger Platte u. geschwungenem Griff zum Anwerfen des Putzes an die Mauer* (Maurerkelle) **2** *runder, tiefer Schöpflöffel* (Schöpfkelle) **3** ⟨Eisenb.⟩ *Stab, mit dem das Abfahrtszeichen gegeben wird* [ < ahd. *kella* „Schöpflöffel"]
**Keller** ⟨m. 3⟩ **1** *Geschoss des Hauses unter Straßenhöhe* **2** *unterird. Aufbewahrungsraum* (Kartoffelkeller, Weinkeller) ◆ Wein, Bier aus dem Keller holen; zum Lachen in den Keller gehen ⟨fig.; umg.⟩ *in der Öffentlichkeit sehr ernst, kühl sein u. selten od. nie lachen* [ < ahd. *kellari* < lat. *cellarium* „Speisekammer, Vorratskammer"; zu lat. *cella* „Kammer, Zelle"]
**Kellerassel** ⟨f. 21⟩ *in Kellern, Gewächshäusern, Gärten lebende Assel mit zweigliedrigen Fühlern: Porcellio scaber*
**Kellerei** ⟨f. 18⟩ **1** *Betriebs- u. Lagerräume einer Weinhandlung* **2** *Betrieb zur Weinbereitung* (Weinkellerei)
**Kellner** ⟨m. 3⟩ **1** *Angestellter in einer Gaststätte zum Bedienen der Gäste;* Sy ⟨umg.⟩ *Ober (3)* **2** *Lehrberuf mit dreijähriger Lehrzeit* [ < ahd. *kelnari* „Kellermeister" < mlat. *cellenarius;* zu lat. *cellarium* „Vorratsraum"]

## KEIMUNG

Vor der Keimung muss der Samen Wasser aufnehmen und quellen. Nach der Sprengung des Samenmantels wächst der Embryo unter Aufzehrung der Nährstoffe, die in den Keimblättern oder im Endosperm gespeichert sind. Bei der hypogäischen Keimung bleiben die Keimblätter im Samen, während sie sich bei der epigäischen Keimung oberhalb des Bodens entfalten und ergrünen.

**Kellnerin** ⟨f. 22⟩ *weibl. Angestellte in einer Gaststätte zum Bedienen der Gäste*
**kellnern** ⟨V. i.; hat; umg.⟩ *als Kellner(in) aushelfen*
**Keloid** ⟨n. 11; Med.⟩ *harte, bindegewebige, meist gutartige Narbengeschwulst* [ < grch. *chele* „Klaue" + *eidos* „Gestalt"]
**Kelotomie** ⟨f. 19; Med.⟩ *Bruchoperation* [ < grch. *chele* „Klaue" + *tome* „Schnitt"]
**Kelt**[1] ⟨m. 1⟩ *grobes, dunkles Wollgewebe aus Schottland* [ < ir. *cealt* „Kleidung"]
**Kelt**[2] ⟨m. 1⟩ *vorgeschichtliches Beil* [zu lat. *celtis* „Meißel"]

KELCHGLAS

**Kelte** ⟨m. 17⟩ *Angehöriger einer indogermanischen Völkergruppe, ursprünglich in Süd- u. Mitteldeutschland, dann in Frankreich, Spanien u. England, bis Italien u. zum Balkan*
**Kelter** ⟨f. 21⟩ ► *Fruchtpresse, besonders für Trauben;* Sy *Weinpresse* [ < ahd. *kelk(e)tra, kelk(e)terre* < lat. *calcatura;* zu *calcare, calcitrare* „mit der Ferse (lat. *calx*) treten" (bis über das MA hinaus wurden die Trauben mit den Füßen zerstampft)]
**Kelterei** ⟨f. 18⟩ *Betrieb, in dem gekeltert wird*
**keltern** ⟨V. t.; hat⟩ *in der Kelter auspressen* (Früchte)
**Keltiberer** ⟨m. 3⟩ *Angehöriger einer aus Iberern u. Kelten gemischten Völkergruppe in Nordspanien*
**keltiberisch** ⟨Adj.⟩ *die Keltiberer betreffend, zu ihnen gehörig, von ihnen stammend*
**keltisch** ⟨Adj.⟩ *die Kelten betreffend, zu ihnen gehörig, von ihnen stammend* ◆ keltische Sprachen *indogermanische Sprachengruppe mit den gälischen (Irisch, Schottisch) u. den britannischen Sprachen (Kymrisch, Kornisch, Bretonisch)*

KELIM: MODERNER TÜRKISCHER KELIM

**Keltologie** ⟨f. 19; unz.⟩ *Lehre von den keltischen Sprachen u. Literaturen*
**Kelvin** ⟨[-vin] n.; -s, -; Zeichen: K⟩ *Maßeinheit der auf den absoluten Nullpunkt bezogenen Temperatur (0 K = –273,15 °C)* [nach dem engl. Physiker Sir William Thomson, Lord *Kelvin* of Largs, 1824-1907]
**Kelvinskala** ⟨[-vin-] f.; -; unz.⟩ *die von Kelvin vorgeschlagene Skala der absoluten Temperatur*
**Kemalismus** ⟨m.; -; unz.⟩ *eine Reform der Türkei nach dem Vorbild westlicher Gesellschaftsformen anstrebende politische Richtung nach dem Ersten Weltkrieg, die auch die Grundsätze des Islams infrage stellte* [nach dem türkischen Politiker *Kemal* Atatürk, 1881-1939]
**Kemenate** ⟨f. 19⟩ **1** ⟨urspr.⟩ *mit einer Feuerstätte (Kamin) versehenes Wohngemach einer Burg* **2** ⟨dann⟩ *Frauengemach* [ < ahd. *cheminata* < mlat. *(camera) caminata,* Part. Perf. zu *caminare* „mit Feuerstätte versehen"; → *Kamin*]
**Kenaf** ⟨n.; -s; unz.⟩ *eine der Jute ähnliche Stängelfaser von Hibiscus cannabinus* [ < pers. *kanaff*]
**Kendo** ⟨n.; -s; unz.⟩ **1** ⟨urspr.⟩ *Schwertfechtkunst der Samurai* **2** ⟨heute⟩ ► *sportliche Fechtkunst in Japan mit Bambusschwertern* [jap., „Schwertweg"]
**Kendoka** ⟨m. 6⟩ *jmd., der Kendo betreibt*
**Kenem** ⟨n. 11; Sprachw.; in der Glossematik⟩ *kleinste (phonolog.) Einheit der Ausdrucksebene* [zu grch. *kenos* „leer"]
**Kenndaten** ⟨Pl.⟩ *Angaben, Daten, die kennzeichnend für etwas sind*
**kennen** ⟨V. t. 166; hat⟩ **1** *wissen von, Bescheid wissen über, bewandert sein in* **2** *schon einmal gesehen, gehört, gelesen haben* ◆ diese **Blumen** kennt man hier nicht; kennen Sie **Herrn** X? *(als einleitende Frage bei der Vorstellung);* der Jubel kannte keine **Grenzen** *der Jubel war unbeschreiblich groß;* er kennt keine **Rücksicht** *er nimmt nie Rücksicht* ◆ kennen **lernen** *zum ersten*

*Mal sehen, hören, lesen;* es freut mich, Sie kennen zu lernen ◆ etwas od. jmdn. **flüchtig,** genau, gut kennen; ich habe Ihren (verstorbenen) Vater **gut** gekannt ◆ jmdn. (nur) dem Namen **nach** kennen; er kennt **nichts** anderes als seine Arbeit *er beschäftigt sich nur mit seiner A.;* kennst du etwas (ein Werk) **von** Hemingway?; jmdn. (nur) vom Sehen kennen [< ahd. *irkennen, erchennen* „kennen, verstehen"]

**Kenner** ⟨m. 3⟩ *erfahrener Fachmann auf einem Gebiet, jmd., der sehr gut über etwas Bescheid weiß* (Weinkenner) ◆ er ist ein ausgezeichneter Kenner der altgrch. Literatur

**Kennkarte** ⟨f. 19⟩ *Ausweis(karte), Personalausweis*

**Kennlinie** ⟨[-niə] f. 19⟩ *graf. Darstellung des techn. Zusammenhangs zweier veränderlicher Kenngrößen eines Bauteils,* z. B. Stromspannungskennlinie eines Halbleiters

**Kennnummer** ⟨f. 21⟩ *Nummer als Kenn-, Erkennungszeichen*

**kenntlich** ⟨Adj.⟩ *(an gewissen Anzeichen) zu erkennen, erkennbar* ◆ etwas als etwas kenntlich machen *ein Zeichen an etwas anbringen, um es als etwas Bestimmtes erkennbar zu machen*

**Kenntnis** ⟨f. 9⟩ *Wissen (von), Erfahrung* (Fachkenntnis, Sachkenntnis) ◆ in einer Sprache (gute) Kenntnisse besitzen; das entzieht sich meiner Kenntnis *das weiß ich nicht;* jmdn. davon in Kenntnis setzen *jmdm. mitteilen, dass ..., jmdn. davon unterrichten, dass ...;* etwas zur Kenntnis nehmen *die Mitteilung von etwas bestätigen*

KELTER ZUR GEWINNUNG VON SÜSSEM SAFT

**Kenntnisstand** ⟨m. 1; unz.⟩ *(aktueller) Stand des Wissens, Erkenntnisse über jmdn. od. etwas* ◆ jmdm. den neuesten Kenntnisstand mitteilen

**Kennwort** ⟨n. 12u⟩ **1** *Wort als Kennzeichen statt des Namens od. statt ausführlicher Angaben* **2** ⟨bes. EDV⟩ = *Passwort (1)* **3** ⟨bes. Mil.⟩ *nur Eingeweihten bekanntes Wort, durch das sie sich als zugehörig zu einem Personenkreis ausweisen;* Sy *Losung[1] (1), Losungswort, Parole (1), Passwort (2)*

**Kennzahl** ⟨f. 20⟩ **1** *von der Maßeinheit unabhängige physikalische Größe, die bei physikalisch ähnlichen Vorgängen den gleichen Wert hat* **2** = *Kennziffer (1)*

**Kennzeichen** ⟨n. 14⟩ **1** *charakteristisches Merkmal, das eine Person od. Sache von anderen unterscheidet* **2** *Ziffer(n) od. (u.) Buchstabe(n), an denen man die Herkunft eines Fahr- od. Flugzeugs erkennt* (Kraftfahrzeugkennzeichen)

**kennzeichnen** ⟨V. t.; hat⟩ **1** etwas kennzeichnen *ein Zeichen an etwas anbringen* **2** *(durch ein bes. Merkmal) erkennen lassen* ◆ diese Tat kennzeichnet seine Anständigkeit

## KERAMIK

Als Keramik werden alle Werkstoffe und Erzeugnisse bezeichnet, die aus Tonmineralien bestehen und ihre Eigenschaften einem Brennvorgang verdanken. Keramik gibt es seit der Altsteinzeit. Heute unterscheidet man die beiden Gruppen Fein- und Grobkeramik. Zur Grobkeramik zählen z. B. Ziegel, Klinker und andere Baustoffe, zur Feinkeramik Porzellan und Steingut. Heute werden immer mehr Sonderkeramiken in Form von Hightechwerkstoffen entwickelt. Der Übergang zwischen Keramik und Glas ist fließend.

VERSCHIEDENE KERAMIKERZEUGNISSE

PORZELLAN

GLASIERTE TONPERLEN

BACKSTEIN

DELFTER FAYENCE (FLIESE)

**kennzeichnend** ⟨Adj.⟩ *unterscheidend, heraushebend (aus der Menge der anderen), charakteristisch* ◆ diese Bemerkung ist kennzeichnend für ihn, für seinen Mangel an Takt

**Kennzeichnung** ⟨f. 20⟩ *das Kennzeichnen* ◆ die Kennzeichnung eines Druckfehlers, einer Unfallstelle

**Kennziffer** ⟨f. 21⟩ **1** *Ziffer als Kennzeichen statt des Namens od. ausführlicher Angaben;* Sy *Kennzahl (2)* **2** ⟨Math.⟩ *Logarithmus der Potenz der Grundzahl;* Sy *Charakteristik (2)* **3** ⟨DDR⟩ *für die Planwirtschaft wichtige statistische Größe* (Verbrauchskennziffer, Berichtskennziffer, Plankennziffer)

**Kenose, Kenosis** ⟨f.; -; unz.; Theol.⟩ *Verzicht Christi auf seine göttl. Eigenschaften bei seinem Dasein als Mensch* [zu grch. *kenos* „leer, bar, entblößt"]

**Kentaur** ⟨m. 23; Myth.⟩ ► = *Zentaur*

**kentern** ⟨V. i.; ist⟩ *umschlagen, umkippen* (Boot) [< nddt., ndrl. *kanteren, kenteren*]

**kephalo..., Kephalo...** ⟨in Zus.⟩ *Kopf..., Schädel...;* oV *zephalo..., Zephalo...* [< grch. *kephale* „Kopf"]

**Kephalopode** ⟨m. 17; Zool.⟩ ► = *Kopffüßer;* oV *Zephalopode* [< grch. *kephale* „Kopf" + *pous,* Gen. *podos* „Fuß"]

**kephalotrop** ⟨Adj.⟩ *auf die physiolog. Funktionen des Gehirns einwirkend (z. B. Drogen)* [< lat. *kephale* „Kopf" + *...trop[1]*]

**Keramik** ⟨f. 20⟩ **I** ⟨unz.⟩ **1** *Technik zur Herstellung von Gegenständen aus gebranntem Ton* **2** *keram. Erzeugnisse herstellende Industrie* **3** ▲ *Gesamtheit der Erzeugnisse aus gebranntem Ton* (Feinkeramik, Grobkeramik) **II** ⟨zählb.⟩ *einzelnes Erzeugnis aus gebranntem Ton* ◆ in der Ausstellung waren hübsche Keramiken zu sehen

**keramisch** ⟨Adj.⟩ *zur Keramik gehörig* ◆ keramische Farben *Schmelzfarben, die vor dem Fertigbrennen von Ton od. Porzellan auf die Gegenstände aufgetragen u. dann eingebrannt werden* [zu grch. *keramos* „Ton"]

**Keratin** ⟨n. 11⟩ *Eiweißkörper in Haut, Haar u. Nägeln;* Sy *Hornstoff* [< grch. *keras* „Horn"]

**kerato..., Kerato...** ⟨in Zus.⟩ *horn..., Horn...* [< grch. *keras* „Horn"]

**Keratom** ⟨n. 11; Med.⟩ *geschwulstartig verdickte Hornschicht auf der Haut* [zu grch. *keras* „Horn"]

**Keratose** ⟨f. 19; Med.⟩ *krankhafte, übermäßige Hornhautbildung* [zu grch. *keras* „Horn"]

**Keratoskop** ⟨n. 11; Med.⟩ *Instrument zur Untersuchung der Hornhautkrümmung des Auges* [< grch. *keras* „Horn" + *skopein* „schauen"]

**Kerbe** ⟨f. 19⟩ *Einschnitt, scharfkantige Vertiefung (auch als Zeichen gebraucht)* ◆ in die gleiche Kerbe hauen ⟨fig.⟩ *das gleiche Ziel verfolgen, jmds. Meinung unterstützen;* eine Kerbe in einen Stock schneiden

K

## KENDO

Kendo bezeichnete ursprünglich die Schwertfechtkunst der Samurai. Aus dieser entwickelte sich die Budosportart gleichen Namens, bei der die einzelnen Schläge von einem Kampfschrei begleitet werden. Ein Kendokampf wird barfuß auf einer glatten Fläche in einer Dojo (Fechthalle) ausgetragen und dauert fünf Minuten.

DEMONSTRATION EINES KENDOKAMPFES

**Kerbel** ⟨m. 5; unz.⟩ **1** ⟨i. w. S.⟩ *Angehöriger einer Gattung der Doldengewächse: Anthriscus* **2** ⟨i. e. S.⟩ ► *Suppenkraut u. Gewürz für Gemüse u. Salate: Anthriscus cerefolium;* Sy *Gartenkerbel* [< ahd. *kervol(l)a,* engl. *chervil* < lat. *caerefolium* < grch. *chairephyllon* < *chairein* „sich freuen" + *phyllon* „Blatt", wegen des Dufts der Blätter]

KERBEL
*(Anthriscus cerefolium)*

**kerben** ⟨V. t.; hat⟩ *eine Kerbe machen in, mit Kerben versehen* [< mhd. *kerben,* engl. *carve;* verwandt mit *Krabbe, Krebs*]

**Kerbholz** ⟨n. 12u; MA⟩ ▼ *längs gespaltener Stock, von dem jeder der beiden Geschäftspartner eine Hälfte bekam, in die Kerben als Merkzeichen für Zahlungen usw. geschnitten wurden* ♦ etwas auf dem Kerbholz haben ⟨eigtl.⟩ *etwas schuldig sein;* ⟨fig.⟩ *etwas Unrechtes getan haben*

**Kerbtier** ⟨n. 11; Zool.⟩ ► = *Insekt*

**Kerker** ⟨m. 3⟩ **1** ⟨veraltet⟩ *(unterirdisches) Gefängnis* **2** ⟨veraltet; noch österr.⟩ *schwere Form der Freiheitsstrafe* [< ahd. *karkari,* got. *karkara,* lat. *carcer* „Gefängnis, Kerker"; dasselbe: *Karzer*]

K

**Kerl** ⟨m. 1 od. m. 6; umg.⟩ **1** ⟨oft abwertend⟩ *Mensch, Mann, Bursche, Junge* **2** ⟨in Verbindung mit Adj. a.⟩ *Mädchen, junge Frau* ♦ ich kann den Kerl nicht **leiden** ♦ er, sie ist ein **anständiger,** lieber Kerl; **dummer,** blöder **gemeiner** Kerl; **großer,** strammer Kerl; er, sie ist ein **hübscher** Kerl; **kleiner** Kerl *(meist liebevoll von kleinem Jungen)* [< mnddt. *kerle* „freier Mann nicht ritterlichen Standes, grobschlächtiger Mann", engl. *churl* „Bauer, Kerl, Tölpel"]

**Kern** ⟨m. 1⟩ **1** *innerer, mittlerer Teil* **2** ⟨Biol.⟩ *Zellkern* **3** *Ausgangs- od. Endteil der Hirn- u. Rückenmarksnerven in der grauen Substanz* **4** *harter innerer Teil einer Frucht* (Apfelkern, Nusskern) **5** ⟨beim Steinobst⟩ *Stein* (Kirschkern) **6** ⟨Phys.⟩ *Atomkern* **7** ⟨Met.⟩ *in eine Gießform eingebrachtes Formteil, das einen Hohlraum in einem Gießstück aussparen soll;* Sy *Kernstück (1)* **8** *Ausgangspunkt einer Kristallbildung* **9** ⟨fig.⟩ *das Innerste, das Wesentliche (einer Sache)* **10** *Mittelpunkt* (Stadtkern) [< ahd. *kerno*]

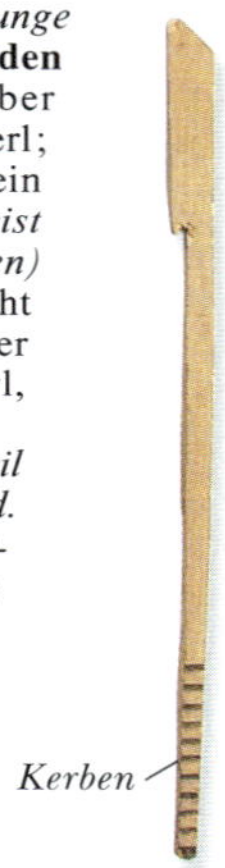


KERBHOLZ:
EINE HÄLFTE
EINES KERBHOLZES

**Kernbeißer** ⟨m. 3; Zool.⟩ **1** ⟨i. w. S.⟩ ▼ *Angehöriger einer Gruppe von Finkenvögeln mit außerordentlich kräftigem Schnabel;* Sy *Finkenkönig* **2** ⟨i. e. S.⟩ *Kirschkernbeißer: Coccothraustes coccothraustes*

**Kernbereich** ⟨m. 1⟩ *Hauptgebiet od. -zone, in dem etwas existiert od. sich ereignet*

KERNBEISSER:
MASKENKERNBEISSER
*(Eophona personata)*

**Kernbrennstoff** ⟨m. 1⟩ *die in einem Kernreaktor enthaltenen spaltbaren Isotope*

**Kernchemie** ⟨[-çe-] f. 19; unz.⟩ *Wissenschaft von der natürlichen und künstlichen Umwandlung der Atomkerne*

**Kernenergie** ⟨f. 19; unz.; Phys.⟩ *durch Kernspaltung od. Kernfusion gewonnene Energie;* Sy *Atomenergie*

**Kernenergieantrieb** ⟨m. 1⟩ *Schiffsantrieb, der seine Antriebskraft auf elektr. od. turboelektr. Weg über einen Kernreaktor gewinnt*

**Kernexplosion** ⟨f. 20⟩ *Explosion durch Zündung einer Kernwaffe*

**Kernforschung** ⟨f. 20⟩ *Forschung im Rahmen, auf dem Gebiet der Kernphysik*

**Kernfotoeffekt** ⟨m. 1⟩ *Umwandlung eines Atomkerns, insbes. Herausschlagen eines Nukleons aus dem Kern beim Auftreffen eines energiereichen Gammaquants*

**Kernfrage** ⟨f. 19⟩ *wesentlichste, wichtigste Frage, Hauptfrage*

**Kernfusion** ⟨f. 20⟩ **1** ⟨Phys.⟩ ► *Kernreaktion, die zur Bildung schwererer Atomkerne aus leichteren unter gleichzeitiger Energieabgabe führt;* Sy *Kernverschmelzung (1)* **2** ⟨Biol.⟩ = *Karyogamie*

**Kerngehäuse** ⟨n. 13⟩ = *Kernhaus*

**kerngesund** ⟨Adj.⟩ *völlig gesund*

**Kerngrammatik** ⟨f. 20; unz.⟩ *die allen natürlichen Sprachen zugrunde liegenden allgemeinen grammat. Prinzipien*

**Kernhaus** ⟨n. 12u⟩ *spelziger Innenteil von Apfel u. Birne, in dem die Samen liegen;* Sy *Kerngehäuse*

**kernig** ⟨Adj.⟩ *kräftig u. gesund, fest u. stark, kraftvoll, markig, urwüchsig*

**Kernkraft** ⟨f. 7u⟩ *Kraft, die den Zusammenhalt der Protonen u. Neutronen im Atomkern bewirkt;* Sy *Atomkraft*

**Kernkraftwerk** ⟨n. 11; Phys.⟩ ► *Kraftwerk, in dem die kontrollierte Kernspaltung zur Energiegewinnung eingesetzt wird;* Sy *Atomkraftwerk*

**Kernobst** ⟨n.; -es; unz.⟩ **1** ⟨i. e. S.⟩ *Unterfamilie der Rosengewächse, zu denen z. B. Apfel, Birne, Eberesche u. Weißdorn gehören: Pomoidae* **2** ⟨i. w. S.⟩ *jedes Obst mit hartem Samen;* Ggs *Steinobst*

**Kernöl** ⟨n. 11⟩ *Öl aus Samen von Kernobst, z. B. von Kürbissen od. Weintrauben, mit einem hohen Anteil an ungesättigten Fettsäuren, Mineralstoffen u. Spurenelementen, das als Speiseöl verwendet wird*

**Kernphysik** ⟨f.; -; unz.; Phys.⟩ *Zweig der Atomphysik, der sich mit dem Aufbau der Atomkerne beschäftigt*

**Kernreaktion** ⟨f. 20; Phys.⟩ *physikal. Vorgang in Atomkernen, vor allem Umwandlung von Kernen beim Zusammenstoß mit energiereichen Teilchen, wie Protonen, Neutronen, Deuteronen, Elektronen u. elektromagnet. Strahlungsquanten*

**Kernreaktor** ⟨m. 23; Phys.⟩ *Anlage, in der Spaltungen von Atomkernen in einer kontrollierten Kettenreaktion ablaufen u. Energie frei wird;* Sy *Atomreaktor,* ⟨umg.⟩ *Meiler,* ⟨kurz⟩ *Reaktor*

**Kernschatten** ⟨m. 4⟩ *Teil des Schattens, in den überhaupt kein Licht gelangt;* Ggs *Halbschatten*

**Kernseife** ⟨f. 19⟩ *einfache Seife ohne Zusatz von Farb- u. Riechstoffen*

**Kernspaltung** ⟨f. 20; Phys.⟩ ► *Zerfall eines schweren Atomkerns in zwei Bruchstücke, entweder spontan od. aber durch Neutronenbeschuss od. eine ähnliche Energiezufuhr angeregt*

**Kernspintomografie** ⟨f. 19; unz.; Med.⟩ ► = *Kernspintomographie*

**Kernspintomographie** ⟨f. 19; unz.; Med.⟩ ► *Art der Tomographie, bei der durch elektromagnetische Wellen dreidimensionale Darstellungen (z. B. des menschl. Körpers) ermöglicht werden;* oV *Kernspintomografie*

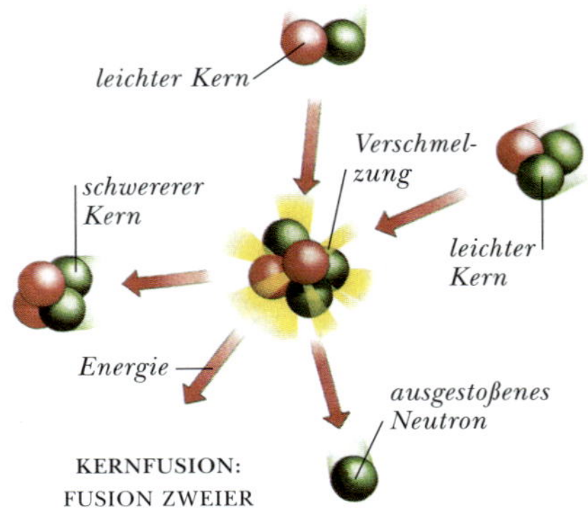


KERNFUSION:
FUSION ZWEIER
LEICHTER ATOMKERNE

**Kernstück** ⟨n. 11⟩ **1** ⟨Met.⟩ = *Kern (7)* **2** ⟨fig.⟩ *das, worauf es ankommt, das Wesentliche;* Sy *Herzstück*

**Kernumwandlung** ⟨f. 20⟩ **1** ⟨i. w. S.⟩ *jede Umwandlung eines Atomkerns* **2** ⟨i. e. S.⟩ *Verwandlung eines Atomkerns in einen anderen unter Ausstoßung od. Aufnahme kleiner Kernbauteilchen ohne Kernspaltung*

**Kernverdampfung** ⟨f. 20⟩ *Kernreaktion, bei der ein Atomkern von einem sehr energiereichen Teilchen getroffen wird u. in viele kleine Bruchstücke zerplatzt*

**Kernverschmelzung** ⟨f. 20⟩ **1** ⟨Phys.⟩ ► = *Kernfusion (1)* **2** ⟨Biol.⟩ = *Karyogamie*

**Kernwaffe** ⟨f. 19; Mil.⟩ *Waffe, deren Wirkung auf einer explosiv verlaufenden Spaltung od. Verschmelzung von Atomkernen beruht;* Sy *Nuklearwaffe*

**Keroplastik** ⟨f. 20⟩ = *Zeroplastik (II)*

**Kerosin** ⟨n. 11; unz.⟩ = *Petroleum,* ⟨insbes. als Bez. für⟩ *Treibstoff von Luftstrahltriebwerken* [< grch. *keros* „Wachs"]

**Kerrie** ⟨[-riə] f. 19; Bot.⟩ *in Ostasien heimischer, auch nach Europa eingeführter Zierstrauch mit goldgelben Blüten: Keria japonica;* Sy *Goldröschen* [nach dem engl. Botaniker W. *Kerr,* 1814]

**Kerub** ⟨m.; -s, -im od. -inen; Rel.; AT⟩ = *Cherub*

**Kerze** ⟨f. 19⟩ **1** *zylindr. Beleuchtungskörper aus Stearin, Wachs, Talg, Paraffin mit einem Docht aus geflochtener Baumwolle* (Altarkerze, Stearinkerze, Wachskerze, Weihnachtskerze) **2** ⟨kurz für⟩ *Zündkerze* ♦ die Kerzen anzünden, auslöschen; die Kerzen auswechseln, reinigen *Zündkerzen;* gegossene, gezogene Kerze [< ahd. *charza, kerza* „Kerze"; Herkunft nicht gesichert]

**kerzengerade** ⟨Adj.⟩ *ganz gerade*

**Kerzenhalter** ⟨m. 3⟩ *kleines Metallgerät, in dem die Kerze für den Weihnachtsbaum befestigt u. auf dem Baum angebracht wird*

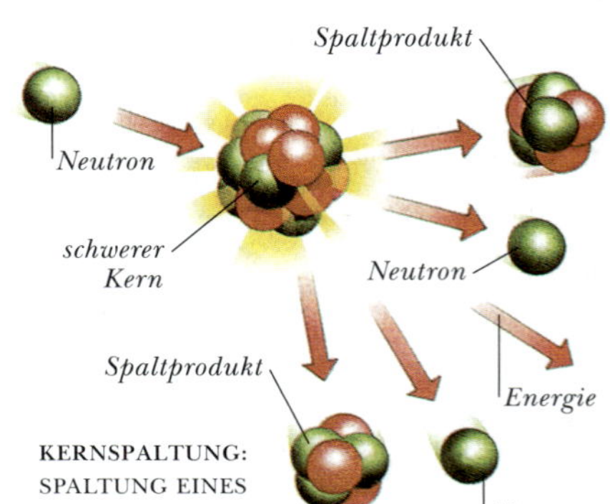


KERNSPALTUNG:
SPALTUNG EINES
SCHWEREN ATOMKERNS

## KERNKRAFTWERK

Im Reaktorkern der Kernkraftwerke (KKW) läuft eine kontrollierte Kernspaltung ab. Dabei entsteht sehr viel Wärme, die von einem Kühlmittel aufgenommen und in einem zweiten Wärmeaustauscher zur Dampferzeugung verwendet wird. Der Dampf treibt schließlich eine Turbine mit einem Generator an.

SCHNITT DURCH EIN KERNKRAFTWERK

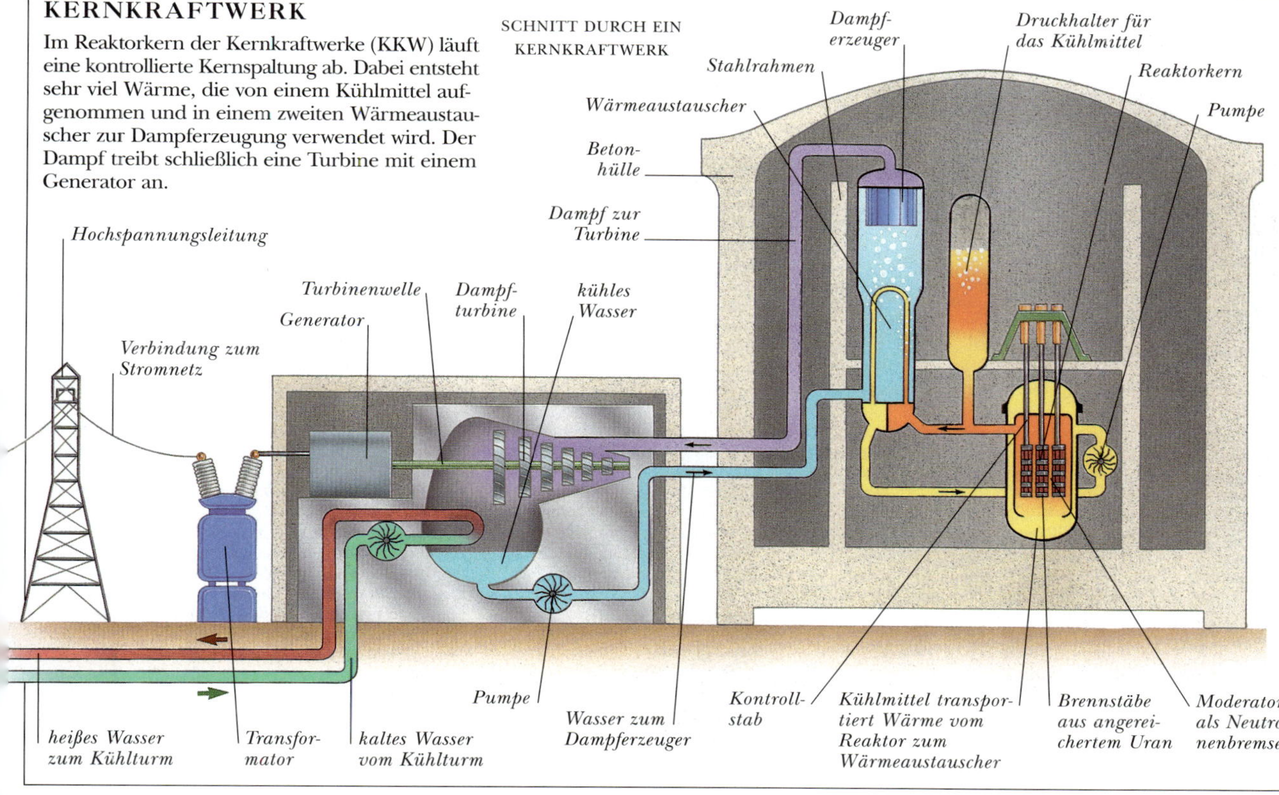


**Kerzenlicht** ⟨n. 12; unz.⟩ *von der brennenden Kerze ausgestrahltes Licht* ♦ nachts bei Kerzenlicht arbeiten; bei Kerzenlicht zu Abend essen

**Kerzenlöscher** ⟨m. 3⟩ *kleines löffelähnliches Metallgerät zum Ersticken des brennenden Kerzendochtes*

**Kerzenschein** ⟨m. 1; unz.⟩ *Lichtschein der brennenden Kerzen* ♦ Weihnachtsfeier im Kerzenschein

**Kerzenständer** ⟨m. 3⟩ *(dekorativer) Halter od. Untersetzer für die Aufstellung einer od. mehrerer Wachskerzen*

**Kerzenwachs** ⟨[-ks] n. 11⟩ *natürliches od. synthetisches Wachs als Grundmaterial für Kerzen, das beim Anzünden flüssig wird u. über einen Docht mit permanenter Flamme verbrennt*

**Kescher** ⟨m. 3⟩ *Fangnetz (für Fische) mit Rahmen u. Griff;* oV *Käscher* [< engl. *catcher* „Fischhamen"; zu *catch* „fangen"]

**kess** ⟨Adj.; -er, am -esten⟩ **1** *hübsch u. gleichzeitig etwas frech* **2** *flott* **3** *modisch-schick* [rotw., „diebeserfahren, zuverlässig", verhüllendes Kurzw. für jidd. *chochom* „Kluger, Weiser", dessen Anfangsbuchstaben jidd. *cheß* = *ch* sind]

**Kessel** ⟨m. 5⟩ **1** *größeres, bauchiges Metallgefäß zum Erhitzen od. Verdampfen von Flüssigkeiten* (Dampfkessel, Wasserkessel) **2** *weites, gerundetes Tal* (Talkessel) **3** *umstelltes, umzingeltes, kreisförmiges Stück Land, in dem sich der Feind, Flüchtling o.Ä. befindet* ♦ die feindlichen Truppen, die randalierenden Hooligans in einem Kessel einschließen [< ahd. *kezzil*]

**Kesselpauke** ⟨f. 19; Mus.⟩ = *Pauke*

**Kesselstein** ⟨m. 1; unz.⟩ *Niederschlag von unlöslichen Karbonaten u. Sulfaten aus hartem Wasser, der sich an der Innenseite von Kesseln als feste Kruste ansetzt, Wasserstein*

**Kesseltreiben** ⟨n. 14⟩ *Treibjagd (bes. auf Hasen), bei der die Treiber, von einem Punkt nach zwei Seiten ausgehend, einen Ring bilden, in dem das Wild wie in einem Kessel eingeschlossen ist u. auf den Mittelpunkt zugetrieben wird* ♦ ein Kesseltreiben gegen jmdn. veranstalten ⟨fig.⟩ *gegen jmdn. von allen Seiten hetzen (bes. in breiter Öffentlichkeit), um ihn mundtot zu machen*

**Kesselwagen** ⟨m. 4⟩ *Güterwagen der Eisenbahn zum Transport von Flüssigkeiten* ♦ das Benzin wird im Kesselwagen transportiert

**Ketchup** ⟨['kɛtʃʌp] od. ['kɛtʃəp] m. 6 od. n. 15⟩ = *Ketschup*

**Keten** ⟨[-te:n] n. 11⟩ *organ.-chem. Verbindung, in der die Karbonylgruppe durch eine Kohlenstoff-Doppelbindung mit dem restlichen Molekül verbunden ist*

## KERNSPINTOMOGRAPHIE

Die Kernspintomographie ist eine bildgebende Diagnosetechnik. Der Patient liegt in einer Röhre und ist einem starken Magnetfeld ausgesetzt, das die Wasserstoffatome des Körpers ausrichtet. Mithilfe einer Magnetfeldänderung wird die Menge der Wasserstoffatome und deren Verhalten bei der Rückkehr in ihren Ausgangszustand festgestellt. Ein Computer erzeugt mit diesen Informationen Schichtbilder und dreidimensionale Ansichten des menschlichen Körpers.

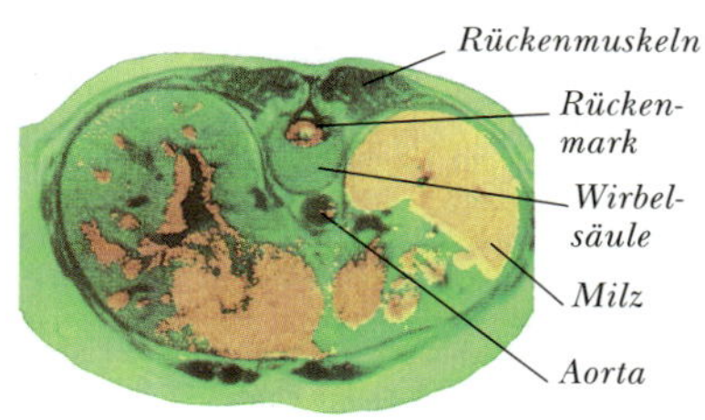


SCHICHTBILD DES RUMPFES

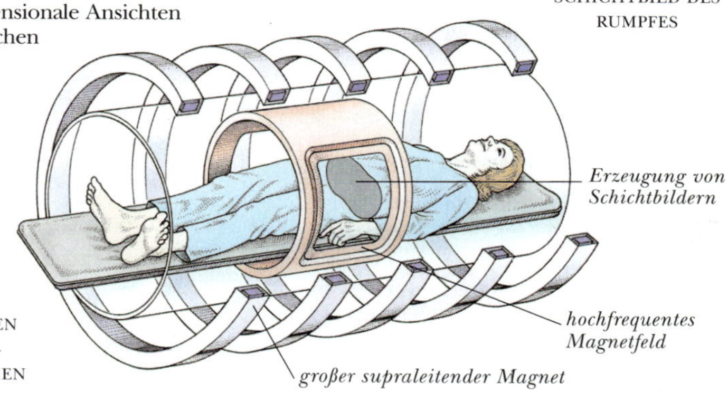


SCHNITT DURCH EINEN KERNSPIN-TOMOGRAPHEN

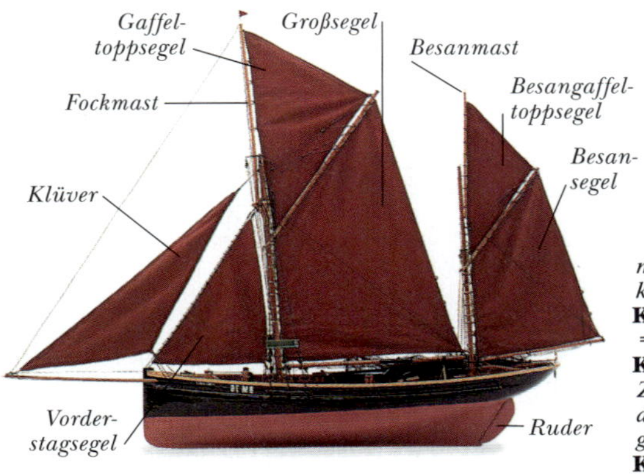


KETSCH: ENGLISCHE KETSCH DES FRÜHEN 20. JH.

**Ketsch** ⟨f. 20⟩ ▲ *dem Schoner ähnliches Segelschiff, dessen zweiter halbhoher Mast weit achtern liegt* [< engl. *ketch* „zweimastiges Küstenschiff"]

**Ketschua** oV *Quechua* **I** ⟨m. 6 od. m.; -, -⟩ *Angehöriger eines Indianervolkes in den Anden* **II** ⟨n.; -; unz.⟩ *dessen Sprache*

**Ketschup** ⟨[ˈkɛtʃʌp] od. [ˈkɛtʃəp] m. 6 od. n. 15⟩ *pikante, dickflüssige Soße zum Würzen,* z. B. Curry-, Tomatenketschup; oV *Ketchup* [engl. < mal. *kechap* „gewürzte Fischsauce"]

**Kettbaum** ⟨m. 1u⟩ *Teil des Webstuhls, Walze, auf dem die Kettfäden aufgewickelt sind;* Sy *Schärbaum*

**Kettcar** ⟨n. 15⟩ *vierrädriges Kinderfahrzeug mit Kettenantrieb (ähnlich dem Fahrrad)* [< *Kette* + engl. *car* „Wagen"]

**Kette** ⟨f. 19⟩ **1** *Band aus (meist metallenen) Gliedern, die ineinander greifen* (Gliederkette) *od. durch Gelenke miteinander verbunden sind* (Gelenkkette), *für Zug u. Antrieb* (Ankerkette, Fahrradkette) *od. als Schmuck* (Perlenkette, Halskette) *od. zum Befestigen eines Anhängers* (Ordenskette, Uhrkette) **2** ⟨Wirtsch.⟩ *eine Reihe von gleichartigen Dienstleistungsbetrieben, die zu demselben Unternehmen gehören u. an verschiedenen Orten tätig sind* (Ladenkette, Hotelkette) **3** *eine Reihe miteinander verbundener Gegenstände* (Bergkette, Blumenkette, Seenkette) **4** *Folge von Vorgängen, Ereignissen od. Handlungen* (Gedankenkette) **5** *zu einem bestimmten Zweck aufgestellte Reihe von Personen* (Postenkette) **6** Ketten ⟨Pl.⟩ *Eisenfesseln* ◆ **Schuss** und Kette ⟨Web.⟩ ◆ eine Kette **bilden** (um Bausteine, Bücher o. Ä. weiterzureichen); die Kette **ölen** ◆ **goldene,** silberne Kette ◆ einen Gefangenen **in** Ketten legen; ein Glied in einer Kette sein ⟨fig.⟩; eine Kette **von** Ereignissen, Unglücksfällen [< ahd. *ketina* < lat. *catena* „Kette"]

**ketten** ⟨V. t.; hat⟩ *mit Kette(n) anbinden, fesseln* ◆ jmdn. an sich ketten ⟨fig.⟩ *jmdn. für immer festhalten, nicht mehr freigeben*

**Kettenbrief** ⟨m. 1⟩ *Brief, der jeweils vom Empfänger mehrmals abgeschrieben u. an andere weitergesandt werden soll, zuweilen mit Zahlung einer geringen Summe verbunden, von der dann angebl. alle nutznießen sollen*

**Kettenfahrzeug** ⟨n. 11⟩ *Kraftfahrzeug, das zur Verringerung des spezifischen Bodendrucks statt auf Rädern auf Gleisketten läuft u. dadurch besonders geländegängig ist*

**Kettenglied** ⟨n. 12⟩ *einzelnes Glied einer Kette*

**Kettenhemd** ⟨n. 27⟩ ► = *Panzerhemd*

**Kettenkarussell** ⟨n. 15 od. n. 11⟩ *Karussell, bei dem die Sitze mit langen Ketten an einem zentralen Aufbau hängen u. sich mit diesem frei schwebend im Kreise drehen*

**Kettenlinie** ⟨[-niə] f. 19⟩ *Linie, die von einem völlig biegsamen, aber nicht ausdehnbaren, an zwei Punkten aufgehängten Seil gebildet wird, ähnlich einer Parabel;* Sy *Seillinie*

**Kettenmolekül** ⟨n. 11⟩ *hochmolekulare Verbindung, die durch geradlinige od. verzweigte Aneinanderreihung von meist gleichartigen Molekülbausteinen aufgebaut ist*

**Kettenpanzer** ⟨m. 3⟩ = *Schuppenpanzer*

**Kettenrad** ⟨n. 12u⟩ ► *Zahnrad, in dessen Zähne die Glieder einer Kette eingreifen*

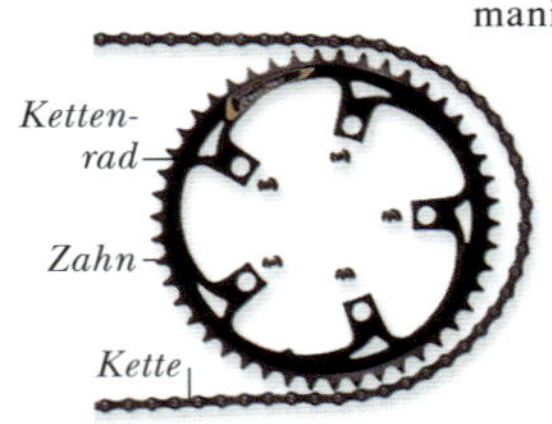


KETTENRAD UND KETTE EINES FAHRRADS

**Kettenreaktion** ⟨f. 20⟩ *Kern- od. chem. Reaktion, die einmal ausgelöst wird u. ihrerseits weitere Reaktionen derselben Art bewirkt*

**Kettenreim** ⟨m. 1; Lit.⟩ *Reim dreizeiliger Strophen, wobei sich jeweils die mittlere Zeile mit der ersten u. dritten Zeile der folgenden Strophe reimt*

**Kettenrost** ⟨m. 1⟩ *Rost für Feuerungsanlagen, der den Brennstoff wie auf einem endlosen Band durch den Feuerraum transportiert*

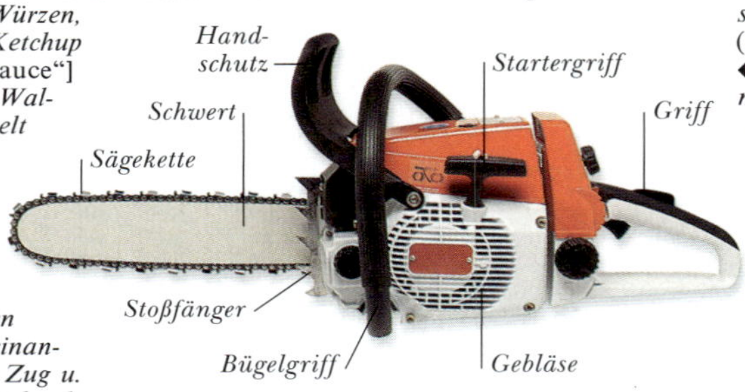


KETTENSÄGE

**Kettensäge** ⟨f. 19⟩ ▲ *bes. bei der Holzfällung u. in Sägewerken eingesetzte, meist tragbare Säge mit motorgetriebenem, umlaufendem Kettenband, dessen Glieder als Sägezähne ausgebildet sind;* → a. *Motorsäge*

**Kettenschaltung** ⟨f. 20⟩ ▼ *Gangschaltung am Fahrrad, bei der die Kette vorne u. hinten über verschieden große Zahnräder geführt wird*

**Kettenstich** ⟨m. 1⟩ *Stich, bei dem zwischen Ein- u. Ausstich in demselben Loch eine Schlinge gelegt wird, in die der folgende Stich geführt wird*

**Kettfaden** ⟨m. 4u⟩, **Kettgarn** ⟨n. 11⟩ *Garn für die Kette eines Webstuhls*

**Ketzer** ⟨m. 3⟩ **1** ⟨kath. Kirche⟩ = *Häretiker* **2** ⟨allg.⟩ *jmd., der offen von der allgemein herrschenden Meinung abweicht* [< mhd. *ketzer, kether* < mlat. *cathari,* Name einer neumanichäischen Sekte, eigtl. „die Reinen"; zu grch. *katharos* „rein"]

**Ketzerei** ⟨f. 18; unz.⟩ **1** ⟨kath. Kirche⟩ = *Häresie* **2** ⟨allg.⟩ *Abweichung von der herrschenden Meinung* ◆ jmdn. wegen Ketzerei verurteilen

**keuchen** ⟨V. i.; hat⟩ **1** *hörbar u. mit Mühe atmen, schnaufen* **2** *schwer atmend sprechen* ◆ unter einer schweren Last keuchen [vermischt < mhd. *kuchen* „hauchen" + *kichen* „schwer atmen", beide lautnachahmend]

**Keuchhusten** ⟨m. 4; unz.; Med.⟩ *Infektionskrankheit der Schleimhäute in den Luftwegen, bes. im Kindesalter, mit krampfhaften, anstrengenden Hustenstößen u. Zurückziehen der Luft durch die verengte Stimmritze: Tussis convulsiva*

**Keule** ⟨f. 19⟩ **1** *nach unten dicker werdender, starker Stock als Schlag- u. Wurfgerät* **2** ⟨Sp.; Turnen⟩ ▼ *nach unten sich leicht verdickender Stock, der als Turngerät zum Werfen u. Schwingen benutzt wird* **3** *Oberschenkel des Schlachtviehs u. Haarwildes* (Hammelkeule, Kalbskeule, Rehkeule) ◆ chemische Keule *Sprühgerät der Polizei, mit dem (bei Demonstrationen) chem. Substanzen (z. B. Tränengas) versprüht werden* [< mhd. *kiule;* verwandt mit mhd. *kule* „Kugel"]

**keusch** ⟨Adj.; -er, am -esten⟩ **1** *rein, unberührt, jungfräulich* **2** *enthaltsam* **3** *züchtig, schüchtern, sittsam, zurückhaltend, schamhaft* ◆ ein keusches Leben führen [< mhd. *kiusche* < ahd. *kuski* < lat. *conscius* „mitwissend, bewusst"]

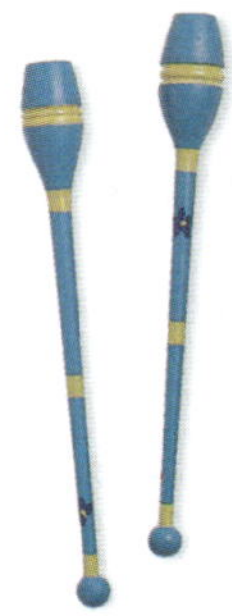

KEULEN

**Keuschheit** ⟨f. 20; unz.⟩ **1** *das Keuschsein, keusches Wesen* **2** *keusches Leben* ◆ sie bewahrte sich ihre Keuschheit sehr bewusst

**Keuschheitsgelübde** ⟨n. 13⟩ *Gelübde, keusch zu leben*

**Key-Account-Management** ⟨[ˈkiːəkauntmænidʒmənt] n. 15; unz.; Wirtsch.⟩ *Form des Managements, die bes. auf die Zusammenarbeit mit Großkunden abzielt u. deren wirtschaftliche Bedürfnisse frühzeitig in die eigene Unternehmensplanung miteinbezieht* [< engl. *key* „Schlüssel" + *account* „Aufzeichnung, Darstellung; Konto; Kunde" + *Management*]

## KETTEN-SCHALTUNG

Mountainbikes und Rennräder sind mit einer Kettenschaltung ausgestattet. Diese bringt die Kette auf unterschiedlich große Zahnräder, wodurch das Übersetzungsverhältnis der Steigung der Straße genau anpasst werden kann. Die Justierung erfolgt über mehrere Hebel am Lenker des Fahrrads.

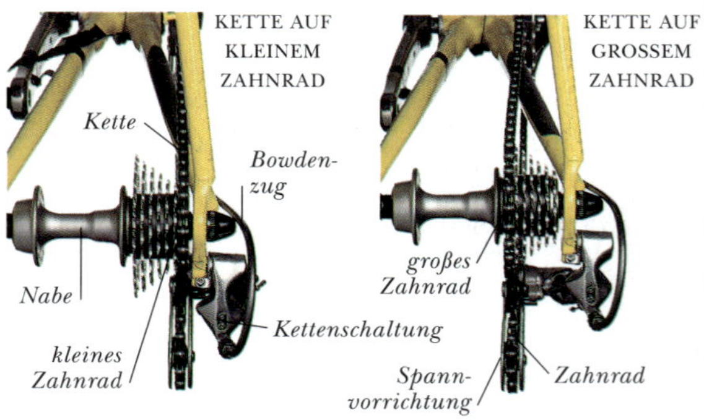


HINTERRAD DES FAHRRADS MIT KETTENSCHALTUNG

**Keyboard** ⟨['ki:bɔ:d] n. 15; Mus.⟩ *(meist elektronisches) Tasteninstrument;* → a. *Synthesizer* [engl., „Tastatur"]

**Keynesianismus** ⟨[kɛinzi-] m.; -; unz.; Wirtsch.⟩ *nach dem II. Weltkrieg lange Zeit prägende wirtschaftspolitische u. -theoretische Lehre (u. ihre Weiterentwicklungen), die erstmals grundlegend die Möglichkeit eines wirtschaftlichen Gleichgewichts bei Unterbeschäftigung thematisierte* [nach dem britischen Nationalökonom John Haynard *Keynes,* 1883-1946]

**Kffr.** ⟨Abk. für⟩ *Kauffrau*

**Kfm.** ⟨Abk. für⟩ *Kaufmann*

**Kfz** ⟨Abk. für⟩ *Kraftfahrzeug* ◆ Kfz-Mechaniker; Kfz-Steuer

**kg** ⟨Abk. für⟩ *Kilogramm*

**KG, K. G.** ⟨Abk. für⟩ *Kommanditgesellschaft*

**KGaA** ⟨Abk. für⟩ *Kommanditgesellschaft auf Aktien*

**KGB** ⟨Abk. für den⟩ *sowjetischen Geheimdienst (1946-1991)* [< russ. *Komitet Gossudarstwennoj Besopasnosti* „Komitee für Staatssicherheit"]

**kgl., Kgl.** ⟨in Titeln Abk. für⟩ *königlich, Königlich*

**k. g. V.** ⟨Math.; Abk. für⟩ *kleinstes gemeinsames Vielfaches (→ vielfach)*

**Khaki** ⟨m. 6 od. n. 15; unz.⟩ = *Kaki*

**Khan** ⟨m. 1; dem Namen nachgestellter mongol.-tatar-türk. Titel für⟩ *mohammedan. Fürst u. hoher pers. Beamter;* oV *Chan* [< Turkspr. *khan* „Herr, Fürst"]

**Khasi I** ⟨m. 6 od. m.; -, -⟩ *Angehöriger eines Volksstammes in Assam* **II** ⟨n.; -, unz.⟩ *zu den austroasiatischen Sprachen gehörende Sprache der Khasi*

**Khedive** ⟨[-və] m. 17; 1867-1914 Titel für⟩ *Vizekönig von Ägypten* [< türk. *khidiv* < pers. *chadiv* „Fürst"]

**Khmer I** ⟨m. 6 od. m.; -, -⟩ *Angehöriger eines Volksstammes in Kambodscha* **II** ⟨n.; -; unz.⟩ *zu den austroasiatischen Sprachen gehörende Sprache der Khmer*

**Khoinsprachen, Khoisansprachen** ⟨Pl.⟩ *zu den afrik. Sprachen gehörige Sprache der Buschmänner u. Hottentotten*

**kHz** ⟨Abk. für⟩ *Kilohertz*

**Kibbuz** ⟨m.; -, -buzim od. -e⟩ *landwirtschaftl. Kollektiv der Siedler in Israel* [< neuhebr. *Kibbutz* „Einsammlung"]

**Kichererbse** ⟨f. 19⟩, **Kicherling** ⟨m. 1; Bot.⟩ **1** *Angehörige einer Gattung der Schmetterlingsblütler mit weißlichen od. violetten Blüten* **2** ► *alte Kulturpflanze, heute im Mittelmeergebiet, im Orient, in Indien u. China angebaut: Cicer arietinum* [< mhd. *kicher* < ahd. *chihhira* < lat. *cicera,* Pl. von *cicer* „Kichererbse"]

KICHERERBSE: SAMEN
*(Cicer arietinum)*

**kichern** ⟨V. i.; hat⟩ *leise in kurzen Tönen u. mit hoher Stimme lachen* ◆ sie kichert ständig [erst nhd., lautnachahmend]

**Kick** ⟨m. 6⟩ **1** ⟨Sp.; Fußb.; umg.⟩ **1.1** *Schuss, Stoß, Tritt* **1.2** *das Fußballspielen selbst* **2** ⟨Jugendspr.⟩ *Hochgefühl, Spaß, Energie, Schwung (durch Aufputschmittel)* ◆ sich einen Kick geben ⟨Jugendspr.⟩ [engl.]

**Kickboard** ⟨[-bɔ:(r)d] n. 15⟩ *moderne Form des (Tret-)Rollers, der zumeist einen tennisballgroßen Lenkknopf anstelle der üblichen Lenkstange besitzt* [engl., „Tretroller"]

**kicken I** ⟨V. t.; hat; umg.⟩ *mit dem Fuß (weg)stoßen* ◆ vor Wut kickte er den Eimer weg **II** ⟨V. i.; hat; Sp.; Fußb.⟩ *Fußball spielen* ◆ lass uns mal wieder kicken gehen [< engl. *kick* „mit dem Fuß stoßen"]

**Kickstarter** ⟨m. 3⟩ *Fußhebel als Anlasser des Motorrades* [< engl. *kick* „mit dem Fuß stoßen" + *start* „aufbrechen, starten"]

**Kid** ⟨n. 15⟩ **1** ⟨salopp⟩ *Kind* **2** *Fell einer jungen Ziege* ◆ die brandneue Mode für die Kids von heute [engl., „Zicklein; ⟨umg.⟩ Kind"]

**kidnappen** ⟨[-næpən] V. t.; hat⟩ *entführen, rauben* (Menschen, Kind) [engl.]

**Kiebitz**[1] ⟨m. 1⟩ *mittelgroßer, schwarzweißer Watvogel aus der Verwandtschaft der Regenpfeifer mit aufrichtbarem Federschopf am Hinterkopf: Vanellus vanellus* [< mhd. *gibiz, giwiz,* nach seinem Warn- und Lockruf]

**Kiebitz**[2] ⟨m. 1⟩ *Zuschauer beim Kartenspiel, besonders Skat, der oft lästige Ratschläge gibt* [zu rotw. *kiebitschen* „ durchsehen"]

**Kiefer**[1] ⟨m. 3; Anat.⟩ *bewegliches u. verstärktes, meist zangenförmig angeordnetes Werkzeug am Anfang des Verdauungsweges vieler Tiere u. des Menschen, das dem Erfassen u. der Zerkleinerung der Nahrung dient* [< mhd. *kiver*]

**Kiefer**[2] ⟨f. 21; Bot.⟩ ► *Angehörige einer Gattung der Koniferen mit zwei bis fünf Nadeln an einem Kurztrieb: Pinus;* ► *Bäume* [< ahd. *kienforha;* → *Kien, Föhre*]

KIEFER:
TRÄNENKIEFER
*(Pinus wallichiana)*

**Kieferhöhle** ⟨f. 19⟩ *beiderseits der Nase unter den Augenhöhlen gelegene große Nebenhöhle im Oberkieferbein*

**kiefern** ⟨Adj.⟩ *aus Kiefernholz*

**Kiefernspanner** ⟨m. 3; Zool.⟩ *im Frühjahr fliegender Spanner mit umfangreicher schwarzbrauner Zeichnung auf gelben Flügeln, der bei Massenauftreten zum Forstschädling wird: Bupalus piniarius*

**Kiefernspinner** ⟨m. 3; Zool.⟩ *Spinner aus der Familie der Glucken, dessen Raupen im August schlüpfen, sie überwintern u. vernichten im Frühjahr den Kiefernaustrieb: Dendrolimus pini*

**Kiefernzapfen** ⟨m. 4⟩ *zapfenförmiger Fruchtstand der Kiefer*

**Kieferorthopädie** ⟨f. 19; unz.; Med.⟩ *Gebiet der Zahnheilkunde, das sich mit der Behandlung von Gebiss- u. Kieferanomalien befasst*

**Kiel**[1] ⟨m. 1⟩ *harter Teil der Vogelfeder, früher als Schreibgerät* (Federkiel, Gänsekiel) *verwendet* [< mhd. *kil,* engl. *quill;* Herkunft nicht geklärt]

**Kiel**[2] ⟨m. 1⟩ *unterster, mittlerer Längsteil (aus Holz od. Stahl) mancher Schiffe* ◆ ein Schiff auf Kiel legen *zu bauen beginnen* [< mnddt. *kil, kel,* engl. *keel*]

**kieloben** ⟨Adv.⟩ *mit dem Kiel nach oben* (gekentertes Schiff) ◆ kieloben auf dem Wasser treiben

**Kielwasser** ⟨n. 13; unz.⟩ *Spur hinter dem fahrenden Schiff* ◆ in jmds. Kielwasser segeln *ihm unmittelbar folgen,* ⟨a. fig.⟩ *ihm geistig folgen*

**Kieme** ⟨f. 19⟩ ► *Atmungsorgan wasserbewohnender Tiere, dünnhäutiges Gebilde, an das außen das Atemwasser, innen die Körperflüssigkeit herantritt und durch deren Wand der Gasaustausch stattfindet;* Sy *Branchie* [mdt.-nddt. Form von *Kimme,* eigtl. „Einschnitt, Kerbe"]

**Kien** ⟨m. 1⟩ *harziges Kiefernholz* ◆ Kienspan [< ahd. *chien, chen, kien, ken* „Kienspan, Fackel, Nadelbaum"]

**Kienspan** ⟨m. 1u⟩ *Span aus Kiefernholz, früher als Beleuchtungskörper*

**Kiepe** ⟨f. 19⟩ *viereckiger Tragkorb mit Gurten zum Tragen auf dem Rücken* ◆ eine Kiepe voll Holz, Obst [< mnddt. *kiepe*]

**Kies**[1] ⟨m. 1⟩ **1** *lose Anhäufung von zerkleinerten, durch Wassereinwirkung abgerundeten Gesteinsstücken bis rund 3 cm Durchmesser* **2** *Schwefel-, Arsen- od. Antimonerz von metallischem Aussehen* (Arsenkies, Schwefelkies) [< mhd. *kis* „grobkörniger, steiniger Sand"; → *Kiesel*]

**Kies**[2] ⟨m. 1; unz.; umg.⟩ *Geld* [< rotw. *kiss, kies,* urspr. „Sack, Beutel" (in dem das Gestohlene weggetragen wird), dann „gestohlenes Geld"]

**Kiesel** ⟨m. 5⟩ *kleiner, durch strömendes Wasser rund geschliffener Stein;* Sy *Kieselstein* [< ahd. *kisil;* → *Kies*[1]]

**Kieselalge** ⟨f. 19⟩ ► = *Diatomee*

**Kieselerde** ⟨f. 19; unz.; Min.⟩ *Mineral, chem. Siliziumdioxid* $SiO_2$

**Kieselgur** ⟨f. 20; unz.⟩ *sehr leichtes, hellgraues od. rötliches, aus den kieselsäurehaltigen Panzern von Diatomeen bestehendes Pulver, zur Wärme- u. Schallisolation sowie als Saugmaterial verwendet* [→ *gären, Gur*]

**Kieselschwamm** ⟨m. 1u⟩ *Schwamm mit dem Skelett aus Kieselnadeln: Triaxonida od. Tetraxonida*

**Kieselstein** ⟨m. 1⟩ = *Kiesel*

**Kiez** ⟨m. 1; bes. berlin.⟩ **1** *alter Stadtteil* **2** *Gegend od. Straße, in der Prostitution betrieben wird, „Strich"* [nordostdt., Bez. für „Vorstadt, in der die Fischer wohnen"]

**kiffen** ⟨V. i.; hat; umg.⟩ *Haschisch rauchen*

**killen**[1] ⟨V. t.; hat; umg.⟩ *töten, umbringen* [< engl. *kill* „töten"]

**killen**[2] ⟨V. i.; hat⟩ das Segel killt *flattert im Wind, schlägt am Mast*

**Killer** ⟨m. 3⟩ *jmd., der im Auftrag u. gegen Bezahlung Menschen tötet* [→ *killen*[1]]

**Kilo** ⟨n.; -s, -; umg.; Kurzw. für⟩ *Kilogramm*

**Kilo...** ⟨in Zus.; Zeichen: k; vor Maßeinheiten⟩ *das Tausendfache der betreffenden Grundeinheit,* z.B. 1 Kilogramm = 1000 Gramm [zu grch. *chilioi* „tausend"]

**Kilobyte** ⟨[-bait] n.; - od. -s, - od. -s; Zeichen: kB, KB, KByte; EDV⟩ *Maßeinheit für die Datenspeicherkapazität einer EDV-Anlage (1 KByte = 1024 Byte)* [< *Kilo...* + engl. *byte,* Erweiterung zu *bit (binary digit)* „Binärziffer"]

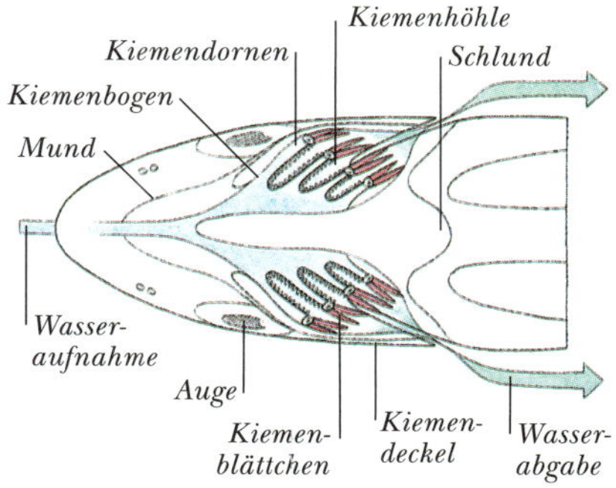


KIEMEN: ANATOMIE DES
FISCHKOPFES MIT KIEMEN

K

**Kilogramm** ⟨n.; -s, -; Zeichen: kg⟩ *Maßeinheit, SI-Basiseinheit der Masse,* ⟨fälschlich⟩ *des Gewichts;* Sy ⟨kurz; umg.⟩ *Kilo* [< grch. *chilioi* „tausend" + *gramma* „Schriftzeichen, Schrift"; „kleines Gewicht"]

**Kilohertz** ⟨n.; -, -; Zeichen: kHz⟩ *Maßeinheit für die Frequenz, 1000 Hertz*

**Kilojoule** ⟨[-dʒaul] od. [-dʒu:l] n.; - od. -s, -; Zeichen: kJ⟩ *1000 Joule*

**Kilometer** ⟨m. 3; Zeichen: km⟩ *Längenmaß, 1000 Meter* ◆ Kilometer pro Stunde ⟨Zeichen: km/h⟩ [< grch. *chilioi* „tausend" + *metron* „Maß"]

**Kilometerzähler** ⟨m. 3⟩ ► *elektron. Gerät (bes. beim Motorrad), das die zurückgelegten Kilometer misst*

**Kiloohm** ⟨n.; -s, -; Zeichen: kΩ⟩ *1000 Ohm*

**Kilovolt** ⟨[-vɔlt] n.; -s, -; Zeichen: kV⟩ *1000 Volt*

**Kilowatt** ⟨n.; -s, -; Zeichen: kW⟩ *1000 Watt*

**Kilowattstunde** ⟨f. 19; Zeichen: kWh⟩ *1000 Wattstunden*

**Kilt** ⟨m. 6⟩ *karierter, knielanger Faltenrock der Schotten;* Sy *Schottenrock* [engl.]

**Kimber** ⟨m. 25⟩ *Angehöriger eines germanischen Volksstammes ursprünglich in Nordjütland, später in Süddtschld., Frankreich u. Spanien;* oV *Zimber*

**Kimme** ⟨f. 19⟩ *Einschnitt am Visier der Handfeuerwaffen, der mit dem Korn beim Zielen eine Linie bilden muss* [vielleicht im Ablaut zu *Kamm;* urspr. Bedeutung „Einschnitt, Kerbe"]

**Kimono** ⟨m. 6⟩ ► *langes japanisches Gewand mit weiten, angeschnittenen Ärmeln* [jap., „Gewand"]

**Kinästhesie** ⟨f. 19; unz.⟩ **1** *Bewegungsgefühl, Bewegungsempfindung* **2** *Empfindung für Muskeln, Sehnen u. Gelenke* [< grch. *kinein* „bewegen" + *aisthesis* „Wahrnehmung"]

**Kind** ⟨n. 12⟩ **1** *Mensch von der Geburt bis zum Eintritt der Geschlechtsreife* **2** *(Kosewort u. Anrede für Kinder u. junge Leute)* **3** *Nachkomme, Abkömmling* **4** ⟨Sammelbez. für⟩ *Knabe u. Mädchen, Sohn u. Tochter* ◆ er ist ein **Berliner,** Münchner Kind *er stammt aus Berlin, München;* mit Kind und **Kegel** *mit der ganzen Familie;* er ist ein Kind seiner **Zeit** *er ist durch seine Zeit geprägt worden* ◆ ein Kind **bekommen,** gebären, ⟨umg.⟩ kriegen, zeugen; ein Kind **erwarten** *schwanger sein;* Kinder **haben; heranwachsen:** die Kinder wachsen heran; ein Kind **stillen,** nähren, entwöhnen; das **weiß** jedes Kind *jeder* ◆ mein (liebes) Kind!; unsere Kinder; sie haben fünf Kinder; **artiges,** kluges, liebes, schwieriges Kind; **hübsches,** reizendes Kind; sein **leibliches** Kind; sich (bei jmdm.) **lieb** Kind machen *sich (bei jmdm.) beliebt machen, sich einschmeicheln;* **neugeborenes** Kind; **uneheliches** Kind ◆ **als** Kind war ich oft dort; das hat er schon als (kleines) Kind getan; ein Kind in Pflege geben, haben, nehmen; Kinder **unter** 14 Jahren haben keinen Zutritt; **von** Kind an, ⟨od.⟩ auf *von den ersten Lebensjahren an* [< ahd. *kind*]

KIMONO: TRADITIONELLER JAPANISCHER KIMONO (OHNE GÜRTEL)

**Kindchenschema** ⟨n.; -s; unz.⟩ *Körper- u. Verhaltensmerkmale des Kindes, die beim Erwachsenen den Trieb der Zuneigung u. Pflege auslösen*

**Kindergarten** ⟨m. 4u⟩ *Einrichtung zur Betreuung u. Erziehung noch nicht schulpflichtiger Kinder*

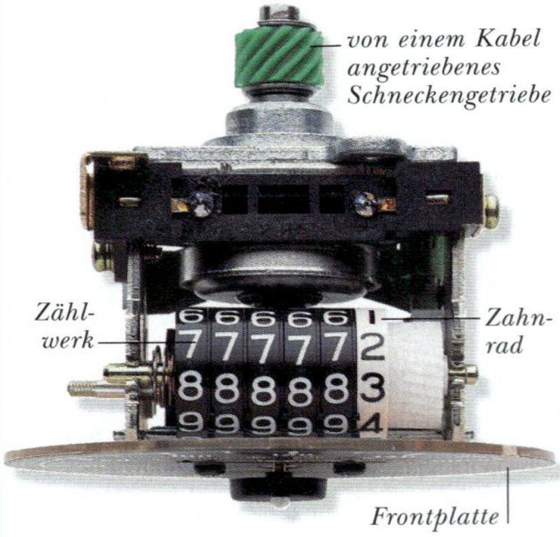


KILOMETERZÄHLER EINES MOTORRADS

**Kindergärtnerin** ⟨f. 22⟩ *staatl. ausgebildete Erzieherin für kleine Kinder im Kindergarten*

**Kindergeld** ⟨n. 12; unz.⟩ *vom Staat gezahlter Geldbetrag zur Unterstützung von Familien mit Kindern*

**Kinderheilkunde** ⟨f. 19; unz.; Med.⟩ *Lehre von den Kinderkrankheiten;* Sy *Pädiatrie*

**Kinderheim** ⟨n. 11⟩ **1** *Heim, in dem Kinder vorübergehend (zur Erholung oder während längerer Abwesenheit der Eltern) untergebracht werden können* **2** *Heim für Waisenkinder od. Kinder in Fürsorgeerziehung*

**Kinderlähmung** ⟨f. 20; unz.; Med.⟩ spinale Kinderlähmung *lebensgefährliche, durch Viren verursachte Infektionskrankheit, die auch Erwachsene befallen u. schwere Lähmungen verursachen kann;* Sy *Polio, Poliomyelitis*

**Kinderlied** ⟨n. 12⟩ *Lied für Kinder, das ihnen vorgesungen wird od. das sie selbst singen können,* z. B. Wiegenlied, Reigenlied

**Kindermund** ⟨m. 2u; unz.⟩ **1** *Mund von einem Kind* **2** ⟨fig.⟩ *kindliche Ausdrucksweise od. Äußerung, die altklug ist od. vom Kind selbst noch nicht recht verstanden wird u. darum erheiternd wirkt* ◆ Kindermund tut Wahrheit kund ⟨Sprichw.⟩

**Kinderschuh** ⟨m. 1⟩ *Schuh für Kinder* ◆ eine Sache steckt noch in den Kinderschuhen ⟨fig.⟩ *steht noch am Beginn, ist noch in der Entwicklung begriffen*

**kindersicher** ⟨Adj.⟩ *für Kinder sicher, ungefährlich* ◆ Medikamente, Streichhölzer kindersicher aufbewahren; ein kindersicherer Verschluss

**Kinderspiel** ⟨n. 11⟩ **1** *Spiel für Kinder* **2** ⟨fig.⟩ *etwas sehr Leichtes, einfaches, etwas, das keine Mühe bereitet* ◆ das ist ein Kinderspiel für ihn ⟨fig.⟩

**Kindertagesstätte** ⟨f. 19; Kurzw.: Kita⟩ *Kinderhort, in dem Kinder tagsüber beaufsichtigt werden*

**Kinderwagen** ⟨m. 4⟩ *Wagen zum Spazierenfahren von Kleinkindern*

**Kinderzimmer** ⟨n. 13⟩ *Schlaf-, Spiel- u. Arbeitszimmer für Kinder*

**Kindesbeine** ⟨Pl.; nur in der Wendung⟩ von Kindesbeinen an *von den ersten Kinderjahren an*

**Kindheit** ⟨f. 20; unz.⟩ *Lebensjahre des Menschen von der Geburt bis zur Geschlechtsreife* ◆ eine glückliche, schöne, sorglose Kindheit haben, verbringen

**kindisch** ⟨Adj.; meist abwertend⟩ *wie ein Kind* (Erwachsener), *albern, lächerlich* ◆ sich kindisch benehmen; sei nicht so kindisch!; alte Leute werden oft kindisch

**kindlich** ⟨Adj.⟩ *einem Kinde gemäß, entsprechend, in der Art eines Kindes, unschuldig, naiv* ◆ eine kindliche Freude an etwas haben; er, sie ist ein kindliches Gemüt

**Kindslage** ⟨f. 19⟩ *Lage des Kindes in der Gebärmutter während der Schwangerschaft u. Geburt*

**Kindstaufe** ⟨f. 19; österr., schweiz.⟩ = *Kindtaufe*

**Kindstod** ⟨m. 1; Pl. selten; Med.⟩ *(medizinisch meist nicht zu erklärender) plötzlich u. unerwartet eintretender Tod im Säuglings- u. Kleinkindalter* ◆ plötzlicher Kindstod

**Kindtaufe** ⟨f. 19; Rel.⟩ *Taufe des Kindes (durch einen Geistlichen);* oV ⟨österr., schweiz.⟩ *Kindstaufe*

**Kinesiotherapie** ⟨f. 19; unz.; Med.⟩ *Bewegungstherapie, Krankengymnastik, Heilgymnastik* [< *Kinesis* + *Therapie*]

**Kinetik** ⟨f.; -; unz.⟩ *Lehre von den Bewegungen unter Berücksichtigung der auf die Teilchen einwirkenden inneren u. äußeren Kräfte* [< grch. *kinetikos* „die Bewegung betreffend"; zu grch. *kinein* „bewegen"]

**Kingsize** ⟨['kiŋsaiz] f.; -; unz.⟩ *Überlänge, Übergröße* (von Zigaretten, Schokoladenriegel usw.) [engl., eigtl. „Königsformat"]

**Kinn** ⟨n. 11; Anat.⟩ *rundlicher Vorsprung am unteren Ende des Unterkieferknochens des Menschen: Mentum* ◆ sich (bedächtig, nachdenklich) das Kinn reiben, streichen; energisches, fliehendes, kräftiges, spitzes, vorspringendes Kinn [< ahd. *kinni,* engl. *chin*]

**Kinnhaken** ⟨m. 4; Sp.; Boxen⟩ *Schlag gegen die Kinnspitze*

**Kinnriemen** ⟨m. 4⟩ *Riemen zum Befestigen des Helms unter dem Kinn*

**Kino** ⟨n. 15⟩ *Raum od. Gebäude zur Vorführung von Filmen* ◆ was wird heute im Kino gegeben?; ins Kino gehen [Kurzwort für *Kinematograph*]

**Kiosk** ⟨m. 1⟩ **1** *orientalisches Gartenhäuschen, Erker od. Aufbau auf dem Dach von orientalischen Palästen* **2** *oftmals frei stehendes Verkaufshäuschen od. Stand für Zeitungen, Zigaretten, Süßigkeiten, Getränke usw., oft mit Öffnungszeiten über 20 Uhr hinaus* [< türk. *köschk* „Gartenhäuschen"]

KIPPA

**Kipfel** ⟨n. 13⟩, **Kipferl** ⟨n. 28; österr.⟩ *längliches, an den Enden spitz zulaufendes Weizengebäck* [< mhd. *chipfen;* zu *kipf(e)* „Wagenrunge"]

**Kippa, Kippah** ⟨f.; -, Kippot⟩ ◄ *kleine, eng anliegende Kopfbedeckung der jüdischen Männer, die als Ehrerbietung gegenüber Gott während religiöser Handlungen (besonders in der Synagoge) getragen wird* [< hebr. *kippah* „Kappe"]

**Kippe**[1] ⟨f. 19⟩ **1** *Punkt des Umstürzens, des Kippens* **2** *Turnübung* **3** *Stelle, an der aus einem Bergwerk geförderter Abraum gelagert wird* **4** *der so gelagerte Abraum* ◆ auf der Kippe stehen *nach einer Seite zu fallen drohen;* ⟨fig.⟩ *unsicher sein;* es stand auf der Kippe, ob wir jetzt fahren konnten [< nddt. = frühnhd. *kipfe* „Spitze"; → *kippen*]

**Kippe**[2] ⟨f. 19; mittel-, nddt.⟩ *Zigarettenstummel* [< jidd. *kübbo* „Kammer, Schlafkammer", dann „Kameradschaft"; Grundbedeutung: „kameradschaftl. Teilung"]

**kippeln** ⟨V. i.; hat⟩ **1** *wackeln, nicht fest stehen* (Schrank, Stuhl) **2** *sich mit dem Stuhl nach hinten beugen u. auf den hinteren Stuhlbeinen schaukeln* [→ *kippen*]

**kippen I** ⟨V. i.; ist⟩ *umzustürzen drohen, fast umfallen* ◆der Schrank kippt; aus den Latschen kippen (vor Überraschung) ⟨fig.; umg.⟩ *(fast) die Fassung verlieren* **II** ⟨V. t.; hat⟩ **1** *auf eine Kante stellen, in schräge Stellung bringen* (Schrank, Kiste) **2** ⟨umg.⟩ *ausschütten* [< nddt., frühnhd. *kipfen* „die Spitze abhauen" < lat. **cippare* „(die Spitze) abhauen"; zu *cippus* „Pfahl"]

**Kipper** ⟨m. 3⟩ **1** *Lastwagen, dessen Kasten gekippt werden kann;* Sy *Kipplader* **2** *Vorrichtung zum Kippen von Eisenbahngüterwagen, wobei diese auf einer Schmalseite gehoben werden*

**Kippfenster** ⟨n. 13⟩ *Fenster, das sich um eine od. zwei Angeln am unteren od. an den beiden seitlichen Rahmen dreht u. gekippt werden kann*

**Kipplader** ⟨m. 3⟩ = *Kipper (1)*

**Kipplore** ⟨f. 19⟩ *kleiner, unten spitz zulaufender Lastwagen auf Schienen, der gekippt werden kann*

**Kippschalter** ⟨m. 3; El.⟩ *Schalter, dessen Grifffläche od. Hebel zum Ein- u. Ausschalten gekippt wird*

**Kir** ⟨m. 6⟩ *Getränk aus Weißwein u. Johannisbeerlikör* ◆Kir Royal [-roa'jal] *Getränk aus Sekt u. Johannisbeerlikör* [frz., < türk.]

**Kirche** ⟨f. 19⟩ **1** ► *christl. Gotteshaus* **2** *(bes. christl.) Glaubensgemeinschaft* **3** *Gottesdienst* ◆die **christliche,** evangelische, katholische, lutherische, reformierte Kirche; **gotische,** romanische, moderne Kirche ◆**in** die Kirche gehen; **zur** Kirche gehen; zu einer Kirche gehören [< ahd. *kiricha* < spätgrch. *kyrikon* „Gotteshaus" < grch. *kyriakon* „das zum Herrn Gehörige"; zu *kyrios* „Herr"]

**Kirchenbann** ⟨m. 1; Theol.⟩ = *Exkommunikation*

**Kirchenbuch** ⟨m. 12u⟩ *(vom Geistlichen geführtes) Buch, Register, in dem Geburten, Taufen, Eheschließungen, Sterbefälle usw. eingetragen werden;* Sy *Kirchenregister*

**Kirchenchor** ⟨[-ko:r] m. 1u⟩ *aus Gemeindemitgliedern gebildeter Chor, der zum Gottesdienst Lieder od. Motetten singt*

**Kirchengemeinde** ⟨f. 19⟩ *zu einer Kirche, einem Pfarrbezirk gehörende Gemeinde von Gläubigen*

**Kirchenjahr** ⟨n. 11; Rel.⟩ *das am ersten Advent beginnende Jahr mit regelmäßig wiederkehrenden Sonn- u. Feiertagen u. kirchlichen Festen*

**Kirchenlied** ⟨n. 12⟩ *in Strophen gegliedertes geistl. Lied, das auf Wallfahrten, bei Prozessionen usw. u. im Gottesdienst von der Gemeinde gesungen wird*

**Kirchenpatron** ⟨m. 1; Rel.⟩ **1** *Schutzheiliger einer Kirche* **2** *weltl. Schutzherr einer Kirche*

**Kirchenrecht** ⟨n. 11; unz.⟩ *Gesamtheit der Rechtsvorschriften über Verfassung u. Verwaltung der Kirche u. über die Beziehungen ihrer Mitglieder untereinander*

**Kirchenregister** ⟨n. 13⟩ = *Kirchenbuch*

**Kirchenspaltung** ⟨f. 20; Theol.⟩ = *Schisma*

**Kirchenstaat** ⟨m. 23; unz.⟩ **1** ⟨4. Jh. bis 1870⟩ *unter der Oberhoheit des Papstes stehendes Staatsgebiet der Kirche in Mittelitalien u. zeitweise Sizilien* **2** ⟨heute⟩ *auf einen Stadtteil Roms (Vatikanstadt) beschränktes souveränes Territorium*

**Kirchensteuer** ⟨f. 21⟩ *von der Kirche erhobene Steuer der Gemeindemitglieder*

**Kirchenvater** ⟨m. 3u; Theol.⟩ *Theologe mit dem vom Papst verliehenen Titel „Pater Ecclesiae", dem die Kirche „gehöriges Alter, rechtgläubige Lehrweise, heiliges Leben u. kirchl. Anerkennung" zugebilligt hat,* z. B. Isidor von Sevilla

**Kirchenvorstand** ⟨m. 1u⟩ *aus gewählten Vertretern der ev. Gemeinde u. einem Geistlichen bestehendes Organ zur Verwaltung kirchl. Angelegenheiten*

**kirchlich** ⟨Adj.⟩ **1** *zur Kirche gehörend, von ihr ausgehend, ihr gemäß, ihr zukommend* **2** *im Sinne der Kirche (handelnd)* ◆kirchlicher Feiertag; kirchliche Trauung *Trauung durch einen Geistlichen in der Kirche*

**Kirchspiel** ⟨n. 11⟩ *Amtsbezirk eines Pfarrers* [< mhd. *kir(ch)spil, -spel* „Pfarrbezirk, Gemeinde", eigtl. „Kirchenpredigt(bezirk)"; zu mhd. *spel* „Rede"; → *Beispiel*]

**Kirchturm** ⟨m. 1u⟩ *Turm einer Kirche* ◆vom Kirchturm schlug es vier Uhr

**Kirchturmpolitik** ⟨f. 20; unz.⟩ *engstirnige Politik, Handlungsweise, Denken von Menschen mit beschränktem Gesichtskreis*

**Kirchweih** ⟨f. 20⟩ *Jahresfeier der Einweihung der Kirche mit Jahrmarkt u. Lustbarkeiten;* Sy *Kirmes*

**Kirchweihe** ⟨f. 19⟩ *feierl. Einweihung einer Kirche*

**Kirgise** ⟨m. 17⟩ **1** *Angehöriger eines mittelasiat. Volkes* **2** *Angehöriger der Urbevölkerung des heutigen Kirgisien*

**kirgisisch** ⟨Adj.⟩ *die Kirgisen betreffend, zu ihnen gehörig, von ihnen stammend*

**Kirmes** ⟨f.; -, -sen⟩, **Kirmse** ⟨f. 19; mdt.⟩ = *Kirchweih* [< mhd. *kirmesse* (vermutlich = „Messe zur Kirchenweihe"); → *Kirche, Messe*]

**kirre** ⟨Adj.⟩ **1** ⟨urspr.⟩ *gezähmt, gefügig* **2** ⟨umg.⟩ *nervös, unruhig, verwirrt* **3** jmdn. kirre kriegen *jmdn. fügsam machen* ◆er hat mich mit seiner Fragerei ganz kirre gemacht [< mhd. *kürre* „zahm, mild"]

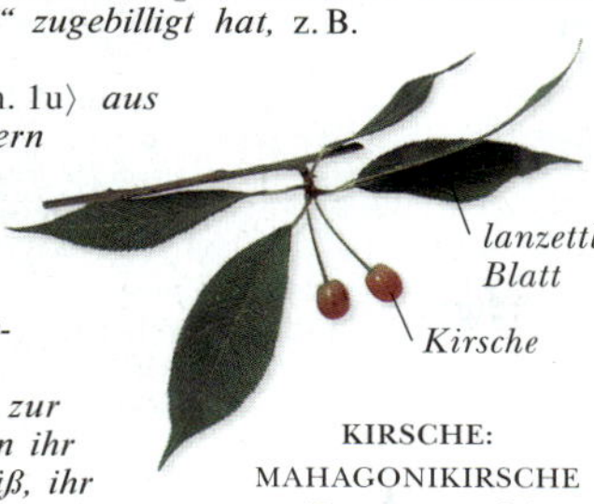


KIRSCHE: MAHAGONIKIRSCHE *(Prunus serrula)*

**Kirschbaum** ⟨m. 1u; Bot.⟩ *eine der zu den Rosengewächsen (Rosaceae) gehörenden Steinobstarten: Prunus;* ► *Bäume*

**Kirsche** ⟨f. 19⟩ ▼ *Frucht des Kirschbaums* (Süßkirsche, Sauerkirsche) [< ahd. *chirsa,* lat. *cerasus* „Kirschbaum" < grch. *kerasos* „Süßkirschbaum"]

**Kirschlorbeer** ⟨m. 23; Bot.⟩ *bis zu 6 m hohes, immergrünes Rosengewächs mit lederartigen Blättern, die gerieben nach bitteren Mandeln riechen: Prunus laurocerasus*

**Kismet** ⟨n.; -s; unz.; Islam⟩ *das unabwendbare Schicksal* [< türk. *qizmet* < arab. *qismat* „Anteil, das dem Menschen von Allah zugeteilte Los"]

**Kissen** ⟨n. 14⟩ **1** *weiches Polster, viereckiger od. runder Beutel mit weicher Füllung* (Kopfkissen, Nadelkissen, Sitzkissen, Sofakissen) **2** Kissen ⟨Pl.⟩ *Bett, Bettzeug* ◆jmdm. ein Kissen unter den Kopf legen [< ahd. *kussi(n)* < frz. *coussin* < gallorom. **culcinum;* zu lat. *culcita* „Kissen, Polster"]

**Kiste** ⟨f. 19⟩ **1** *rechtwinkliger Holz- od. Metallbehälter, Truhe* (Blechkiste, Holzkiste, Bücherkiste, Zigarrenkiste) **2** ⟨fig., umg.⟩ *Sache, Angelegenheit* ◆eine Kiste Wein, Zigarren; eine alte Kiste ⟨fig.; umg.⟩ *altes Fahrzeug (meist Auto)* [< ahd. *kista* < lat. *cista* „Kasten" < grch. *kiste* „Korb, Kiste"; verwandt mit *Zisterne*]

**Kita** ⟨f. 10; Kurzw. für⟩ *Kindertagesstätte*

**Kitsch** ⟨m.; -(e)s; unz.⟩ *dem Geschmack der breiten Masse angepasste, meist süßlich-sentimentale, der Wirklichkeit nicht entsprechende Scheinkunst* ◆das Buch, Theaterstück, Bild ist (großer) Kitsch [Herkunft nicht geklärt; Deutungen: 1. < engl. *sketch* „Skizze"; 2. zu mundartl. *kitschen* „streichen, schmieren"]

**kitschig** ⟨Adj.⟩ *in der Art des Kitsches, süßlich-sentimental*

**Kitt** ⟨m. 1⟩ *flüssiger od. plast. Stoff, der an der Luft erhärtet u. zum Kleben u. Dichten von Gegenständen od. zum Ausfüllen von Fugen dient* (Glaserkitt, Porzellankitt) [< ahd. *kuti;* zu lat. *bitumen* „Erdpech"]

K

## KIRCHE

Die ersten christlichen Kirchen entstanden im Mittelmeergebiet zur Zeit der Römer. Sie waren klein, reichten aber für die damaligen Gemeinden aus. Später wurden immer größere Kirchen mit getrennten Bereichen für die Geistlichen und die Laien gebaut. Oft ist der Grundriss dieser Kirchen in der Form eines Kreuzes gestaltet.

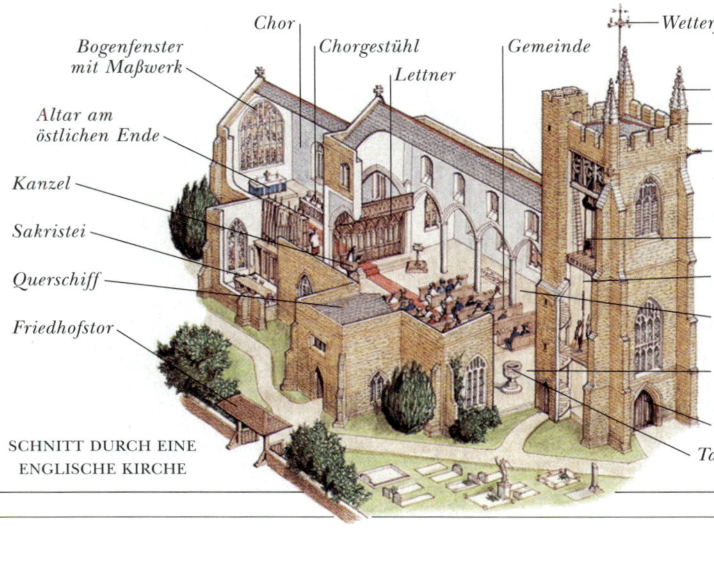


SCHNITT DURCH EINE ENGLISCHE KIRCHE

**Kittel** ⟨m. 5⟩ *Arbeitsmantel* (Arbeitskittel, Arztkittel, Malerkittel) [< mhd. *kit(t)el, kietel;* wahrscheinl. zu arab. *qutun* „Baumwolle"; → *Kattun*]

**kitten** ⟨V. t.; hat⟩ **1** *mit Kitt zusammenkleben* **2** ⟨fig.; umg.⟩ *wieder verbinden, wieder zusammenbringen* ◆ einen zerbrochenen Krug kitten; dieser Bruch, ⟨fig.⟩ ihre Ehe lässt sich nicht wieder kitten

**Kitz** ⟨n. 11⟩ **1** *Junges der Ziege, Zicklein* **2** *Junges von Reh-, Gams- u. Steinwild im 1. Lebensjahr* (Rehkitz) [< ahd. *chizzi, kizzi(n);* → *Geiß*]

**Kitzel** ⟨m. 5; unz.⟩ **1** *durch Berühren od. leichtes Zwicken des Körpers verursachter Juckreiz, der oft Lachen hervorruft* **2** ⟨fig.⟩ *Erregung, Spannung* (Nervenkitzel) **3** *Lust, Reiz, Antrieb, etwas zu tun, was man eigtl. nicht tun sollte*

**kitzelig** ⟨Adj.⟩ = *kitzlig*

KIWI: STREIFENKIWI *(Apteryx australis)*

**kitzeln** ⟨V. t.; hat⟩ jmdn. kitzeln *durch streichelndes Berühren od. leichtes Zwicken einen mit krampfhaftem Lachen verbundenen Juckreiz bei jmdm. erregen* ◆ den Gaumen kitzeln *den Gaumen reizen, den Appetit anregen* [< ahd. *kizzilon,* engl. *kittle, tickle;* wohl bewegungsnachahmend]

**Kitzler** ⟨m. 3; Anat.⟩ *aufrichtbarer, dem Penis entsprechender Teil der weiblichen Geschlechtsorgane am oberen Zusammenstoß der kleinen Schamlippen: Clitoris;* Sy *Klitoris*

**kitzlig** ⟨Adj.⟩ oV *kitzelig* **1** *empfindlich gegen das Kitzeln* **2** ⟨fig.⟩ *peinlich, heikel, schwer zu lösen* (Angelegenheit, Problem)

**Kiwi**[1] ⟨m. 6; Zool.⟩ ▲ *Angehöriger einer Gattung hühnergroßer, flugunfähiger Flachbrustvogel mit unscheinbarem Gefieder aus Neuseeland: Apteryx* [< Maori]

**Kiwi**[2] ⟨f. 10; Bot.⟩ ► *grünliche, behaarte Frucht eines Strahlengriffelgewächses (Actinidia chinensis) mit saftigem, säuerlichem Fruchtfleisch u. kleinen, dunklen Kernen (besonders reich an Vitamin C);* ► *Früchte* [vermutlich aufgrund ähnlicher Form u. Farbe nach dem gleichnamigen neuseeländischen Vogel benannt; → *Kiwi*[1]]

KIWI *(Actinidia chinensis)*

**kJ** ⟨Zeichen für⟩ *Kilojoule*

**KKW** ⟨Phys.; Abk. für⟩ ► = *Kernkraftwerk*

**Kl.** ⟨Abk. für⟩ *Klasse*

**Klabautermann** ⟨m. 2u; im Aberglauben der Seeleute⟩ *Schiffskobold, dessen Erscheinen dem Schiff das Kentern, den Untergang anzeigt* [→ *kalfatern*]

**Klacks** ⟨m. 1⟩ **1** *klatschendes Geräusch, wenn etwas Dickflüssiges zu Boden fällt* **2** *kleine Menge von etwas Breiigem od. Dickflüssigem, ein Löffel voll* ◆ ein Klacks Kartoffelbrei, Schlagsahne; das ist nur ein Klacks für ihn ⟨fig.⟩ *das bereitet ihm keine Probleme, keine Mühe*

**Kladde** ⟨f. 19⟩ **1** *erste Niederschrift* **2** *Buch für tägliche Eintragungen, geschäftliche Notizen* **3** *Schreibheft, Heft für häusliche Schulaufgaben* [eigtl. *Kladdebuch* < mnddt. *kladde* „Schmutz(fleck)"]

**Kladderadatsch** ⟨m.; -s; unz.⟩ **1** *Geklirr, klatschender, klirrender Fall* **2** ⟨fig.⟩ *Zusammenbruch (eines Geschäfts)* **3** *Krach, Skandal, Aufregung* **4** ⟨umg.⟩ *unüberschaubare, unsortierte Menge* **5** *Titel einer polit.-satir. Zeitschrift (1848-1944)* ◆ das wird einen Kladderadatsch geben!; räum mal deinen ganzen Kladderadatsch weg! ⟨umg.⟩

**klaffen** ⟨V. i.; hat⟩ *einen Spalt bilden, offen sein* ◆ ein Abgrund klaffte vor ihnen; hier klafft ein (tiefer) Widerspruch; klaffender Riss, Spalt [< mhd. *klaffen* „schallen, tönen, klappern", dann „mit Krachen bersten, sich öffnen" < ahd. klaffon „zusammenschlagen, krachen, schallen"]

**kläffen** ⟨V. i.; hat⟩ **1** *laut, schrill bellen* (Hund) **2** ⟨fig.⟩ *hässlich schimpfen* [< mhd. *klaffen* „tönen, schallen; viel u. laut reden"]

**Klaffmuschel** ⟨f. 21⟩ ► *essbare Meeresmuschel mit am Hinterrand stets klaffenden Schalen: Mya arenaria*

**Klafter** ⟨n. 13⟩ **1** *altes Längenmaß, Spannweite der seitwärts gestreckten Arme* **2** *altes Raummaß für Holz bei jeweils verschiedener Länge der Scheite, etwa* $3 m^3$ [< ahd. *klaftra;* zu einem untergegangenen Verb mit der Bedeutung „(um)fassen, umarmen"; verwandt mit *Kolben*]

**Klage** ⟨f. 19⟩ **1** *Äußerung von Schmerz od. Trauer, Jammern* **2** *Beschwerde (über), Protest (gegen)* **3** ⟨Rechtsw.⟩ *Geltendmachen eines Anspruchs vor Gericht* ◆ eine Klage **einreichen,** abweisen, zurückziehen; Klage **erheben** ◆ eine Klage **anhängig** machen; **bittere,** laute Klagen ◆ **in** (laute) Klagen ausbrechen; sich in (ständigen) Klagen ergehen (über); sein Verhalten gibt (keinen) Anlass **zur** Klage; keinen Grund zur Klage haben *glücklich sein, keinerlei Trauer verspüren* [< ahd. *klaga* „Wehgeschrei"]

**Klagemauer** ⟨f. 21; Rel.⟩ *Teil der Westmauer des Tempels in Jerusalem, Gebetsstätte der Juden zur Erinnerung an die Zerstörung des Tempels*

**klagen** ⟨V.; hat⟩ **I** ⟨V. i.⟩ **1** *Schmerz oder Trauer äußern* **2** ⟨Rechtsw.⟩ *Klage erheben, einen Anspruch geltend machen (vor Gericht)* ◆ „...!", klagte sie; **weinen** und klagen ◆ **auf** Entschädigung, Schadenersatz klagen ⟨Rechtsw.⟩; **über** jmdn. klagen *jmds. Verhalten bemängeln, tadeln;* über Schmerzen (im Leib usw.) klagen; **um** etwas oder jmdn., um einen Verlust klagen; **vor** Gericht klagen **II** ⟨V. t.⟩ *Teilnahme, Mitleid heischend darstellen, erzählen* ◆ jmdm. sein **Leid,** seine Not klagen [< ahd. *klagon* „vor Schmerz schreien, jammern"]

**Kläger** ⟨m. 3; Rechtsw.⟩ *jmd., der (vor Gericht) klagt, Klage erhebt;* Ggs *Beklagter*

**kläglich** ⟨Adj.⟩ **1** *klagend, jammernd* **2** *Mitleid erregend, jämmerlich* (Geschrei) **3** *geringwertig, dürftig* (Ergebnis) **4** *enttäuschend* (Ende) **5** *schäbig, verächtlich, nicht achtenswert* (Verhalten) ◆ der Ausflug nahm ein klägliches Ende; klägliches Geschrei, Weinen, Wimmern; sich in einem kläglichen Zustand befinden; unser Plan, Versuch ist kläglich misslungen; er hat bei dem Experiment kläglich versagt

**Klamauk** ⟨m.; -s; unz.; umg.⟩ **1** *Geschrei, Lärm* **2** *lärmende Veranstaltung* **3** *Aufregung, Skandal* ◆ wenn das herauskommt, gibt es einen großen Klamauk [lautmalend]

**klamm** ⟨Adj.⟩ **1** *feuchtkalt* **2** *erstarrt (vor Kälte)* ◆ klamme Bettwäsche; meine Finger sind ganz klamm; klamm an Geld ⟨fig.; umg.⟩ *knapp* [< mhd. *klam* „eng, dicht, gediegen"]

**Klamm** ⟨f. 20⟩ *Felsenschlucht mit Gebirgsbach* [Ableitung von *Klemme*]

**Klammer** ⟨f. 21⟩ **1** *kleines Gerät aus Draht, Eisen od. Holz in verschiedenen Formen zum Zusammenhalten* (Büroklammer, Wäscheklammer, Wundklammer); Sy ⟨bes. Med.⟩ *Klemme (2)* **2** *Schriftzeichen zum Kennzeichnen eines eingeschalteten Wortes od. Satzes;* Sy *Parenthese (2)* **3** ⟨Sp.⟩ *Griff beim Ringen* ◆ **eckige** Klammern ⟨Zeichen: []⟩; **geschweifte** Klammern ⟨Zeichen: {}⟩; **runde** Klammern ⟨Zeichen: ()⟩; **spitze** Klammern ⟨Zeichen: ⟨⟩⟩ ◆ Klammer **auf,** Klammer zu *(Angabe beim Diktieren);* einen Satz, ein Wort in Klammern setzen; eine Wunde **mit** Klammern verschließen [→ *klemmen*]

KLAFFMUSCHEL *(Mya arenaria)*

**Klammeraffe** ⟨m. 17⟩ **1** ⟨Zool.⟩ ▼ *Angehöriger einer Gattung der zu den Breitnasen gehörenden Rollschwanzaffen mit Greifschwanz u. langen Armen: Ateles* **2** ⟨EDV; umg.⟩ = *at*[1]

**klammern** ⟨V. t.; hat⟩ **1** *mit Klammern verschließen* (Wunde) **2** *mit Klammern an etwas befestigen* ◆ einen Gegenstand an etwas klammern; sich an etwas od. jmdn. klammern *sich so fest wie möglich an etwas od. jmdm. festhalten;* ⟨fig.⟩ *all seine Hoffnung auf etwas od. jmdn. setzen*

**Klamotte** ⟨f. 19⟩ **1** ⟨umg.⟩ *derbes, anspruchsloses Lustspiel* **2** Klamotten ⟨Pl.; umg.⟩ *Kleider, Hausrat, Siebensachen* ◆ alte Klamotten *altes Zeug, alter Kram* [< rotw., Vermischung mehrerer Wörter: 1. tschech. *klamol* „Bruchstück"; 2. *Schamott;* 3. rotw. *Klabot* (→ *Kluft*[2] im Sinne von „Kleidung"); 4. jidd. *k'le umonos* „Handwerksgerät"]

**Klan** ⟨m. 6⟩ = *Clan*

**Klang** ⟨m. 1u⟩ **1** *das Klingen* **2** *Schall, Ton, Widerhall* **3** *aus reinen Sinusschwingungen (dem Grundton u. den Obertönen) zusammengesetzte Schwingung* **4** *Zusammentönen von vielen einfachen Tönen* ◆ ein **dumpfer,** hoher, tiefer, voller Klang; der Name hat einen **guten** Klang ⟨fig.⟩ *man hat im Zusammenhang mit ihm schon manches Gute gehört (ohne Genaueres zu wissen)* ◆ **unter** den Klängen des Hochzeitsmarsches *bei der Musik des Hochzeitsmarsches;* der reine Klang **von** Kirchenglocken [< ahd. *klanc;* → *klingen*]

KLAMMERAFFE: GEOFFROYKLAMMERAFFE *(Ateles geoffroyi)*

**Klangfarbe** ⟨f. 19⟩ *durch Grund- u. Obertöne bestimmte Charakteristik eines Klanges*

**Klangkörper** ⟨m. 3; Mus.⟩ **1** *Klänge erzeugender Gegenstand, Hohlkörper eines Musikinstruments* **2** ⟨geh.⟩ *Gesamtheit der Musiker eines Orchesters*

**klangvoll** ⟨Adj.⟩ *mit vollem Klang versehen, volltönend, angenehm klingend* (Name, Stimme, Wort)

**Klappe** ⟨f. 19⟩ **1** *an einer Seite befestigter, dreh- od. aufklappbarer Verschluss od. Deckel* (Herzklappe, Ventilklappe) **2** *beweglich verschließbares Luftloch* (Luftklappe) **3** ⟨Mus.; bei Blasinstrumenten⟩ *durch einen Hebel mit dem Finger niederdrückbares, selbsttätig zurückspringendes Plättchen über einem Tonloch* **4** ⟨fig.; umg.⟩ *Bett* **5** ⟨umg.; derb⟩ *Mund* ◆ die Klappe **aufreißen** ⟨fig.; umg.⟩ *prahlen;* die Klappe **halten** ⟨fig.; umg.⟩ *schweigen;* halt endlich deine, die Klappe! ⟨fig.; umg.⟩ ◆ eine **große** Klappe haben ⟨fig.; umg.⟩ *gern prahlen, großsprecherisch reden, viel u. laut reden* ◆ die Klappe **am** Briefkasten [wahrscheinlich lautmalend < mnddt. *klappe* „Klapper"]

**klappen** ⟨V.; hat⟩ **I** ⟨V. t.⟩ *(um)schlagen, (um)drehen,* ⟨meist in Zus. wie⟩ aufklappen, hochklappen, auseinander klappen, zusammenklappen **II** ⟨V. i.⟩ **1** *einen leisen Knall geben, ein leichtes, hartes Geräusch machen* **2** *gelingen, gut gehen, gut erledigt werden* **3** *in Ordnung sein, reibungslos funktionieren* ◆ hat es geklappt?; der Laden klappt *die Angelegenheit läuft, funktioniert;* die Tür klappte *schloss sich mit leise knallendem Geräusch, fiel ins Schloss* [< mnddt. *klappen* „klatschen, schallen, plappern"; → *klaffen*]

**Klapper** ⟨f. 21⟩ *Instrument, das durch Aneinanderschlagen von zwei od. mehreren Teilen Lärm verursacht, z. B. als Kinderspielzeug*

**klapperig** ⟨Adj.⟩ oV *klapprig* **1** *alt u. leicht zerbrechlich* (Sache) **2** *alt u. schwächlich* (Person, Haustier) ◆ ein klapperiges Auto; ein alter, klapperiger Gaul; er ist schon etwas klapperig

**klappern I** ⟨V. i.; hat⟩ *durch rasches, häufiges Aneinanderschlagen zweier harter Gegenstände Geräusche machen* ◆ ein **Fensterladen,** eine Tür klappert; der **Storch** klappert (mit dem Schnabel); die **Zähne** klappern ihm (vor Kälte, Angst) ◆ Klappern **gehört** zum Handwerk *man muss sein Können auch ein wenig anpreisen;* **mit** dem Geschirr, den Tellern (in der Küche) klappern; mit den Zähnen klappern (vor Kälte, Aufregung) ⟨fig.⟩ *große Angst haben* **II** ⟨V. i.; ist⟩ *sich mit einem solchen Geräusch fortbewegen* ◆ der Wagen ist laut durch die Straßen geklappert [→ *klappen*]

**Klappernuss** ⟨f. 7u; Bot.⟩ *Angehörige einer Gattung der Pimpernussgewächse, deren Holz sich für Drechslerarbeiten eignet: Staphylea* ◆ Japanische Klappernuss: *Staphylea bunalda;* Dreizählige Klappernuss: *Staphylea trifolia;* Gefiederte Klappernuss: *Staphylea pinnata*

**Klapperschlange** ⟨f. 19; Zool.⟩ ► *Grubenotter der Gattungen Crotalus u. Sistrurus mit einer Rassel am Schwanzende, die aus der nicht abgestreiften, verhornten Haut des Schwanzendes entsteht, gefährliche Giftschlange;* ► *Schlangen*

**Klapperstorch** ⟨m. 1u⟩ *Storch, von dem man früher den Kindern erzählte, dass er die kleinen Kinder bringe*

**klapprig** ⟨Adj.⟩ = *klapperig*

**Klaps** ⟨m. 1⟩ **1** *leichter Schlag, leichte Ohrfeige* **2** ⟨fig.⟩ *kleine Verrücktheit, Schrulle* ◆ einem Kind, Hund einen Klaps geben; er hat einen Klaps ⟨fig.⟩ *er ist ein bisschen verrückt* [→ *klappen*]

**klar** ⟨Adj.⟩ **1** *durchsichtig, ungetrübt, rein* (Augen, Fenster, Flüssigkeit, Luft) **2** *deutlich, verständlich, unmissverständlich* (Satz, Wort, Aussage, Stimme) **3** *nüchtern denkend, scharfsinnig* (Kopf, Geist) **4** ⟨Mar.⟩ *bereit, fertig* (Geschütz, Schiff) **5** ⟨allein stehend⟩ *sicher, gewiss, natürlich, selbstverständlich* ◆ klar!; klar, ich helfe dir!; ich möchte eine klare **Antwort** haben; sich ein klares **Bild** von etwas machen; klare **Farbe** *Farbe, die frei von Grau sind;* klarer **Himmel** *wolkenloser Himmel;* eine klare **Schrift** *leicht lesbare Schrift;* klare **Sicht** haben; klare **Verhältnisse** *leicht durchschaubare, geordnete Verhältnisse* ◆ klar **denken** (können) *folgerichtig, vernünftig denken (können);* klar **machen** *verständlich, begreifbar, deutlich machen;* sich ⟨od.⟩ jmdn. etwas klar machen; **sein:** das ist doch klar! *selbstverständlich;* er ist nicht ganz klar *nicht ganz bei Bewusstsein, etwas betrunken* ◆ ich habe es ihm klar und **deutlich** gesagt ◆ der Kranke ist **bei** klarem Bewusstsein; sich über etwas im Klaren sein *etwas eingesehen haben, etwas genau wissen;* er ist nicht ganz klar im Kopf *er kann nicht vernünftig denken;* **mit** klarer Stimme sprechen; sich **über** etwas klar sein *etwas genau wissen;* klar **zum** Einsatz, zum Gefecht, zum Start [< mhd. *klar* < lat. *clarus* „laut, hell, leuchtend, klar, deutlich, berühmt"]

**Kläranlage** ⟨f. 19⟩ *Becken- u. Filteranlage zum Reinigen von Schmutzwasser*

**Klarapfel** ⟨m. 5u⟩ *sehr früh reifender, saurer, wenig haltbarer Apfel*

**klären** ⟨V.; hat⟩ **I** ⟨V. t.⟩ **1** *klar, durchsichtig machen* (Flüssigkeit) **2** *Zweifel beseitigen über, deutlich machen* ◆ Fragen klären; die Schuldfrage juristisch klären **II** ⟨V. refl.⟩ sich klären *klar werden* ◆ die Frage, Ungewissheit hat sich geklärt

**Klarheit** ⟨f. 20; unz.⟩ *klare Beschaffenheit* ◆ Klarheit des Geistes *Geistesschärfe, Nüchternheit;* Klarheit in etwas bringen *etwas klar, deutlich, verständlich machen;* darüber herrscht wohl Klarheit; in dieser Angelegenheit konnte endlich Klarheit geschaffen werden

**Klarinette** ⟨f. 19; Mus.⟩ ▲ *Holzblasinstrument mit Fingerklappen u. einfachem Rohrblatt am schnabelförmigen Mundstück;* ► *Holzblasinstrumente* [< ital. *clarinetto,* Verkleinerungsform zu *clarino* „hohe Solotrompete"]

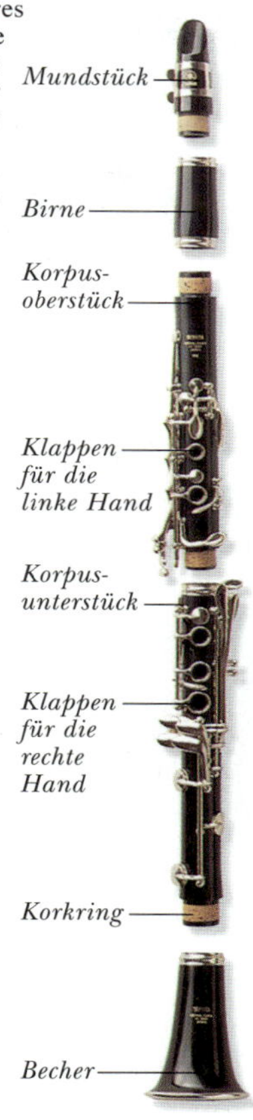


KLARINETTE: SOPRANKLARINETTE

KLAPPERSCHLANGE: DIAMANT-KLAPPERSCHLANGE (*Crotalus adamanteus*)

**Klarissenorden** ⟨m. 4; unz.; Rel.⟩ *von Franz von Assisi u. Klara von Assisi Anfang des 13. Jh. gegründeter Nonnenorden, Zweig des Franziskanerordens* [nach *Klara* Scifi in Assisi, 1194-1253]

**klarmachen** ⟨V. t.; hat⟩ *fertig machen, bereitmachen* (Geschütz, Schiff); ◆ das Deck zum Gefecht klarmachen; ein Schiff zur Abreise klarmachen; → a. *klar*

**Klärschlamm** ⟨m. 1; unz.⟩ *in Kläranlagen bei der Abwasserreinigung entstehender Schlamm*

**Klarsichtfolie** ⟨[-liə] f. 19⟩ *durchsichtige Folie*

**Klarsichtpackung** ⟨f. 20⟩ *in Klarsichtfolie Verpacktes (bes. Lebensmittel)*

**klarstellen** ⟨V. t.; hat⟩ etwas klarstellen *einen Irrtum über, eine falsche Vorstellung von etwas beseitigen* ◆ ich muss noch etwas klarstellen

**Klartext** ⟨m. 1⟩ *normaler, ohne Schlüssel lesbarer, nicht chiffrierter Text* ◆ im Klartext heißt das ... ⟨umg.⟩

**klasse** ⟨Adj.; undekl.; umg.⟩ *großartig, hervorragend* ◆ das ist ein klasse Auto

**Klasse** ⟨f. 19; Abk.: Kl.⟩ **1** *Gruppe von Lebewesen, Dingen od. Begriffen mit gemeinsamen Merkmalen* (Begriffsklasse, Gewichtsklasse ⟨Sp.⟩) **2** ⟨biolog. Systematik⟩ *die obligatorische Kategorienstufe zwischen Ordnung u. Stamm* **3** *durch die wirtschaftl. Lage ihrer Angehörigen bestimmte Schicht in einer Gesellschaft* (Arbeiterklasse, Gesellschaftsklasse) **4** *Abteilung, Stufe, Jahrgang* (Altersklasse, Eisenbahnklasse, Schulklasse) **5** *Gruppe gleichaltriger Kinder, die gemeinsam unterrichtet werden* (Schulklasse) **6** *Einzelziehung der Lose bei einer Klassenlotterie* **7** *Leistungsgruppe, Wertgruppe* **8** ⟨kurz für⟩ *Klassenzimmer* ◆ die Klasse der **Säugetiere** ◆ im Gymnasium alle neun Klassen **durchlaufen** haben; der Junge **geht** in die dritte Klasse; erster Klasse **reisen; sein:** das ist Klasse! ⟨umg.; bes. Schülerspr.⟩ *großartig;* in unserer Schule sind 50 Klassen *Klassenzimmer* ◆ die **besitzende,** die besitzlose Klasse *Gesellschaftsklasse;* der Geiger ist **große** Klasse *hervorragend* ◆ Lebewesen, Dinge **in** Klassen einteilen [< lat. *classis* „Aufgebot", dann „Schülerabteilung"]

**Klassenarbeit** ⟨f. 20⟩ *Arbeit, die in der Schule (Klasse) geschrieben u. vom Lehrer zensiert wird;* Ggs *Hausarbeit (2)*

**Klassengesellschaft** ⟨f. 20⟩ *Gesellschaft, die in Klassen gegliedert ist*

**Klassenkamerad** ⟨m. 16⟩ *Mitschüler, Schüler in der gleichen Klasse*

**Klassenlehrer** ⟨m. 3⟩, **Klassenlehrerin** ⟨f. 22⟩ *Lehrer(in), der (die) eine Schulklasse in einem der Hauptfächer unterrichtet u. hauptsächlich betreut*

**Klassenlotterie** ⟨f. 19⟩ *Lotterie, bei der die Gewinne nach einem Ziehungsplan an verschiedenen Tagen gezogen u. für jede Einzelziehung (Klasse) Lose verkauft werden*

**Klassensprecher** ⟨m. 3⟩, **Klassensprecherin** ⟨f. 22⟩ *Schüler(in) einer Klasse, die bzw. der die Klasse dem Lehrer gegenüber vertritt u. bestimmte Aufgaben hat*

**Klassentreffen** ⟨n. 14⟩ *Treffen der Angehörigen einer Schulklasse in späteren Jahren*

## KLASSIZISMUS

Im späten 18. und frühen 19. Jh. waren die Europäer besonders fasziniert von den Kulturen Griechenlands und Roms. Dieses Interesse wurde teilweise durch die Ausgrabungen mehrerer antiker Stätten hervorgerufen. Die Architekten und Künstler ließen sich von diesen klassischen Kulturen inspirieren und ahmten deren Stil bewusst nach, ohne jedoch jene Ausdrucksstärke, Lebensfülle und Gefühlstiefe der echten Klassik zu erreichen.

*Der Schwur der Horatier* (1784), JACQUES-LOUIS DAVID

KLASSIZISTISCHE KIRCHE IN FRANKREICH, 18. JH.

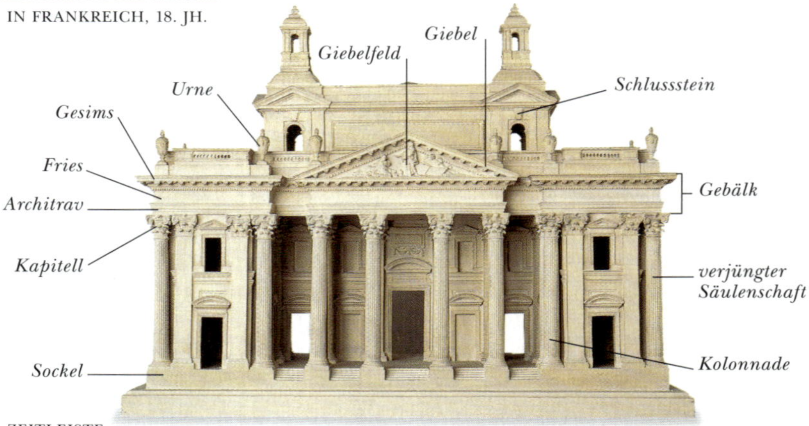


ZEITLEISTE

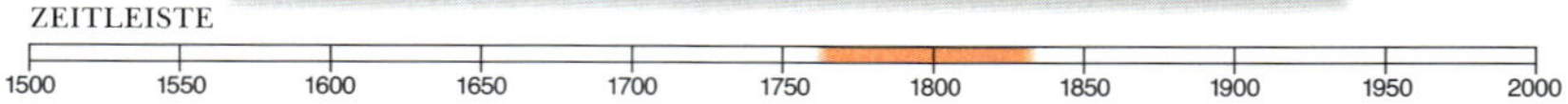




**Klassenzimmer** ⟨n. 13⟩ *Zimmer, in dem eine Schulklasse unterrichtet wird;* Sy ⟨kurz⟩ *Klasse (8)*
**klassifizieren** ⟨V. t.; hat⟩ *nach Klassen einteilen, gliedern, ordnen* ◆ Obst wird nach Güteklassen klassifiziert [< lat. *classis* „Abteilung" + *facere* „machen"]
**Klassifizierung** ⟨f. 20⟩ *das Klassifizieren*
**...klassig** ⟨Adj.⟩ **1** *in eine bestimmte od. unbestimmte Zahl von Klassen eingeteilt,* z. B. dreiklassig, mehrklassig **2** *in eine bestimmte (durch Zahl bezeichnete) Güteklasse eingeordnet,* z. B. erstklassig, drittklassig
**Klassik** ⟨f. 20; unz.⟩ **1** ⟨i. w. S.⟩ *Zeitabschnitt (bes. künstlerisch) bedeutender Leistungen eines Volkes* **2** ⟨i. e. S.⟩ *Blütezeit der altgrch. u. altröm. Kultur* **3** ⟨Lit.⟩ *dt. literar. Bewegung von etwa 1786 (Goethes ital. Reise) bis 1805 (Schillers Tod), die durch harmon. Ausgewogenheit, Maß u. Reife sowie durch die Orientierung an der Antike gekennzeichnet ist* **4** ⟨Mus.⟩ *Zeitabschnitt von etwa 1770-1825 mit dem von Haydn, Mozart u. Beethoven geschaffenen einfachen, natürl. Stil, der die Sonatenform bevorzugte u. zur Vollendung führte* (Wiener Klassik) [→ *klassisch*]
**klassisch** ⟨Adj.⟩ **1** *zur Klassik gehörig, aus ihr stammend, in der Art der Klassik, nach dem Vorbild der Klassik strebend* **2** *mustergültig, Dauerwert habend, vorbildlich ausgewogen, ausgereift, maßvoll* ◆ die klassische Antike *die Blütezeit der altgrch. u. altröm. Kultur;* klassische Philologie = *Wissenschaft von den Sprachen der Antike (Altgriechisch, Latein)* [< lat. *classicus* u. frz. *classique* „mustergültig, erstrangig"]
**Klassizismus** ⟨m.; -; unz.; Bez. für⟩ **1** ⟨i. w. S.⟩ *verschiedene künstler. Richtungen, die durch eine klassische Formstrenge u. Klarheit gekennzeichnet sind, ohne jedoch die Ausdrucksstärke u. Lebensfülle der echten Klassik zu erreichen* **2** ⟨i. e. S.⟩ ▲ *europäische Kunstrichtung (1770 – 1830) in Baukunst, Plastik, Malerei u. Kunstgewerbe (Neu- od. Neoklassizismus), die sich bewusst auf die klaren, strengen Formen der klass. Antike bezieht u. durch eine idealisierende Ästhetik gekennzeichnet ist*
**klassizistisch** ⟨Adj.⟩ ► *zum Klassizismus gehörig, aus ihm stammend* ◆ klassizistisches Werk
**...klässler** ⟨in Zus.; bes. süddt.; schweiz.⟩ *Schüler einer bestimmten Klassenstufe* ◆ Erstklässler; Drittklässler
**Klatsch** ⟨m. 1⟩ **I** ⟨zählb.⟩ *Geräusch beim Fallen in eine Flüssigkeit, beim Fallen eines nassen od. breiigen Gegenstandes auf den Boden od. beim Schlag mit der flachen Hand od. mit einem flachen Gegenstand* ◆ es gab einen großen Klatsch, als er ins Wasser fiel **II** ⟨unz.⟩ **1** *Geschwätz, Gerede, bes. über abwesende Personen, üble Nachrede* **2** *(meist negative) Neuigkeiten über persönl. Angelegenheiten anderer* [I: lautmalend; II: zu nhd. *klatschen* „petzen, verraten" oder rotw. *klatschen* „drucken"]

KLASSIZISTISCHE SKULPTUR: *Die drei Grazien* (1813), ANTONIO CANOVA

**klatschen** ⟨V.; hat⟩ **I** ⟨V. i.⟩ **1** *die Hände zusammenschlagen (als Beifallskundgebung, applaudieren)* **2** ⟨fig.; umg.⟩ *über Abwesende reden (bes. negative Dinge)* ◆ der Regen klatscht gegen die Fenster; in die Hände klatschen; über andere klatschen; er hat alles dem Lehrer geklatscht; jmdm. Beifall klatschen *durch Händeklatschen seinen Beifall bezeigen* **II** ⟨V. t.; umg.⟩ jmdm. eine klatschen *jmdm. eine Ohrfeige geben*
**Klatschmohn** ⟨m. 1; unz.; Bot.⟩ *wild wachsendes Mohngewächs: Papaver rhoeas*
**klauben** ⟨V. t.; hat⟩ *mühsam (einzeln) zusammenlesen, -suchen* ◆ Worte klauben *kleinlich im wörtlichsten Sinne benutzen;* Beeren aus einer Schüssel klauben [< ahd. *klubon*]
**Klaue** ⟨f. 19⟩ **1** *verhornte Zehe der Wiederkäuer u. Schweine* **2** *Kralle der Raubvögel* **3** *Nagel des Haarraubwildes* **4** *gabelhakenförmiges Werkzeug, Haken, Greifer* **5** *Holzverbindung, bei der das untere Holz in eine Kerbe des oberen greift* **6** ⟨umg.⟩ *(schlechte) Handschrift* **7** ⟨sinnbildl. für⟩ *gierige Hand, die festhalten will* ◆ jmdn. den Klauen des Todes entreißen ⟨fig.⟩; eine (fürchterliche) Klaue haben ⟨umg.⟩ *eine schlechte Handschrift schreiben;* etwas od. jmdn. in seinen Klauen haben, halten ⟨fig.⟩ [< ahd. *klawa* „Kralle, Pfote, Tatze"]
**klauen** ⟨V. t.; hat; umg.⟩ *stehlen, rauben* [< ahd. *klawen;* → *Klaue*]
**Klause** ⟨f. 19⟩ **1** *Zelle, Einsiedelei* (Einsiedlerklause) **2** *Talenge, Engpass, Schlucht* **3** *einsamiges Teilfrüchtchen der Röhrenblütler* (Tubiflorae) **4** ⟨fig.⟩ *Zimmer, Heim, kleine Wohnung* ◆ er hat eine gemütliche Klause; [< ahd. *klusa* „Kloster, Einsiedelei" < mlat. *clusus* (für lat. clausus „geschlossen", Part. Perf. zu *claudere* „schließen"); „eingehegtes Grundstück, Kloster"; verwandt mit *Kloster, Klausur, Klausel, Klosett*]
**Klausel** ⟨f. 21; bei Verträgen⟩ *Vorbehalt, beschränkende oder erweiternde Nebenbestimmung* [< mhd. *clausel,* neben *klausul* (bis 13. Jh.) < lat. *clausula* „Schluss(satz)"; zu lat. *claudere* „schließen"; → *Klause*]
**Klaustrophobie** ⟨f. 19; unz.⟩ *Furcht vor dem Aufenthalt in geschlossenen Räumen* [< lat. *claustrum* „abgeschlossener Raum" + grch. *phobos* „Furcht"]
**Klausur** ⟨f. 20⟩ **I** ⟨unz.⟩ **1** *Abgeschlossenheit, Einsamkeit* **2** *Verbot für Fremde, die privaten Räume eines Klosters zu betreten* ◆ jmdm. Klausur auferlegen; in strenger Klausur leben **II** ⟨zählb.⟩ **1** *die Räume, deren Betreten Fremden verboten ist* **2** = *Klausurarbeit* [< spätlat. *clausura* „Verschluss, Einschließung"; zu lat. *claudere* „schließen"; verwandt mit *Klause*]
**Klausurarbeit** ⟨f. 20⟩ *in einem Raum allein od. zu mehreren unter Aufsicht angefertigte Prüfungsarbeit;* Sy *Klausur (II, 2)*
**Klausurtagung** ⟨f. 20; bes. Pol.⟩ *Tagung, die nicht öffentlich ist* ◆ die Außenminister berieten in einer Klausurtagung über die EU-Erweiterung
**Klavier** ⟨[-viːr] n. 11; Mus.⟩ ► *Tasteninstrument, bei dem die senkrecht stehenden Saiten durch Filzhämmerchen angeschlagen werden;* ► *Saiteninstrumente* ◆ mechanisches Klavier = *Phonola;* Klavier spielen, üben; jmdn. (zu seinem Gesang o. Ä.) auf dem Klavier begleiten [< frz. *clavier* „Tastenreihe, Tastenbrett"; zu lat. *clavis* „Taste, Riegel"]

**Klavus** ⟨[-vus] m.; -; Klavi [-vi]⟩ = *Clavus*

**Klebeband** ⟨n. 12u⟩ *mit Klebstoff beschichteter Papier-, Stoff- od. Kunststoffstreifen*

**kleben** ⟨V.; hat⟩ **I** ⟨V. t.⟩ **1** *(mit Klebstoff u. Feuchtigkeit) haften machen* **2** jmdm. eine kleben *eine Ohrfeige geben* ◆ Plakate, Zettel an eine Mauer kleben; eine Marke auf einen Brief kleben; Fotos in ein Album kleben **II** ⟨V. i.⟩ **1** *festhaften* **2** *(infolge Feuchtigkeit) an etwas haften* (Kleider) ◆ das **Hemd** klebte ihm am Körper ◆ die Briefmarke klebt **gut,** nicht ◆ die Zunge klebt mir **am** Gaumen (vor Durst); an seinen Händen klebt Blut *er hat gemordet;* die Haare klebten ihm an der Stirn [< ahd. *kleben* < ahd. *kliban* „festsitzen, festhaften"]

KLEBSAME: CHINESISCHER KLEBSAME *(Pittosporum tobira)*

**Kleber** ⟨m. 3⟩ **1** = *Gluten* **2** ⟨umg.⟩ *Klebstoff*

**klebrig** ⟨Adj.⟩ **1** *voller Klebstoff, klebend, haften bleibend* **2** *mit etwas Zähflüssigem od. Feuchtem u. Schmutzigem behaftet* (Finger) ◆ meine Hände sind klebrig (vom Honig, von Marmelade, von Schweiß)

**Klebsame** ⟨m. 26; Bot.⟩ ▲ *Angehöriger einer Gattung der Klebsamengewächse, deren Samen meist von klebrigem Fruchtfleisch umhüllt sind: Pittosporum*

**Klebstoff** ⟨m. 1⟩ *Paste od. Flüssigkeit zum Aneinanderkleben von Werkstoffen*

**kleckern** ⟨V.; hat⟩ **I** ⟨V. i.⟩ **1** *(mit etwas Flüssigem od. Breiigem) Flecken machen (auf)* **2** ⟨fig.⟩ *langsam, mühsam vorwärts gehen, vorankommen* (Angelegenheit) ◆ aufs Tischtuch, auf die Schürze kleckern; die Aufträge kleckern *gehen nur nach u. nach, langsam ein* **II** ⟨V. t.⟩ etwas auf etwas anderes kleckern *Flüssiges tropfenweise auf etwas schütten;* Farbe auf den Boden kleckern; Suppe, Soße aufs Kleid kleckern

**Klecks** ⟨m. 1⟩ **1** *Fleck* (Tintenklecks, Farbklecks) **2** ⟨umg.⟩ *eine kleine Menge* ◆ ein Klecks Senf (auf die, zur Bratwurst) [zu mhd. *klecken* „einen *klac* (= Riss, Spalt) machen"]

**klecksen** ⟨V. t. u. V. i.; hat⟩ **1** *Kleckse machen* **2** ⟨fig.; umg.⟩ *schlecht malen* ◆ pass auf, dass du nicht (auf die Tischdecke, den Fußboden) kleckst!; die Feder des Füllers kleckst

**Klee** ⟨m. 6; unz.⟩ **1** ⟨i. w. S.⟩ *Angehöriger einer Gattung der Schmetterlingsblütler, aufrechtes oder niederliegendes, häufig kriechendes Kraut mit gefingerten Blättern: Trifolium* **2** ⟨i. e. S.⟩ *Wiesenklee: Trifolium pratense* ◆ jmdn. über den grünen Klee loben ⟨fig.⟩ *jmdn. außerordentlich, übertrieben loben* [< ahd. *chleo,* engl. *clover;* Benennung nach dem klebrigen Saft, bes. der Blüten; verwandt mit *kleben*]

**Kleeblatt** ⟨n. 12u⟩ **1** *eines von meist drei, selten vier Blättern des Klees* **2** ⟨umg.⟩ *Kreuzung von Autobahnen (u. ihren Zubringerstraßen) in Form eines vierblättrigen Kleeblatts* **3** ⟨Sinnbild für⟩ *unzertrennl. Dreiheit u. Freundschaft zu dritt*

**Klei** ⟨m.; -(e)s; unz.⟩ *fetter, tonreicher Boden, Marschboden* [< nddt. *klei* „Schlamm, Lehm, feuchte Erde", engl. *clay*]

**Kleiber** ⟨m. 3⟩ **1** ⟨Zool.⟩ **1.1** ⟨i. w. S.⟩ *Angehöriger einer auffällig gefärbten Singvogelfamilie mit spechtartigem Verhalten: Sittidae* **1.2** ⟨i. e. S.⟩ ▲ *Spechtmeise, Blauspecht: Sitta europaea* **2** ⟨oberdt.⟩ *Lehmarbeiter, Maurer*

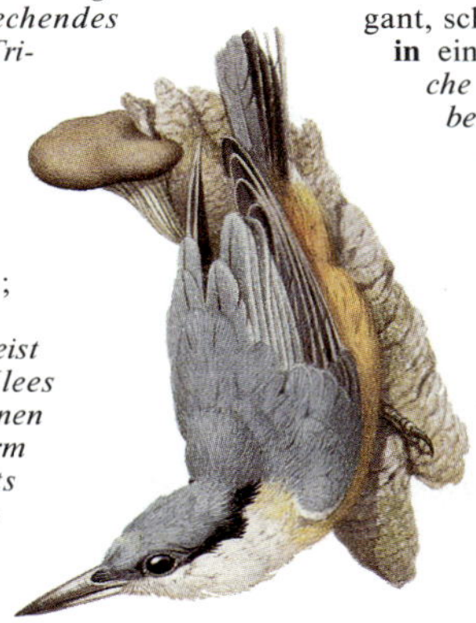

KLEIBER *(Sitta europaea)*

**Kleid** ⟨n. 12⟩ **I** ⟨zählb.⟩ **1** ⟨i. w. S.⟩ *Kleidung* **2** ⟨i. e. S.⟩ *Oberbekleidungsstück für Frauen* (Seidenkleid, Wollkleid, Sommerkleid, Winterkleid) **3** Kleider ⟨Pl.⟩ *Gesamtheit der auf dem Körper getragenen Kleidungsstücke* ◆ die Kleider **ablegen,** ausziehen; ein hübsches, neues Kleid **anhaben;** ein Kleid **bügeln,** nähen, zuschneiden ◆ **altes,** altmodisches, modernes Kleid; **ausgeschnittenes,** kurz-, langärmeliges Kleid; **buntes,** helles Kleid; **einfaches,** festliches Kleid; **kurzes,** langes Kleid ◆ ein Kleid **in** den Schrank hängen **II** ⟨unz.⟩ *Uniform, Tracht* (Ordenskleid, Schwesternkleid) [< mhd. *kleit,* engl. *cloth* „Tuch"; verwandt mit *kleben*]

**kleiden** ⟨V. t.; hat⟩ **1** jmdn. kleiden *jmdn. mit Kleidung versehen* **2** sich kleiden *(eine bestimmte Art von) Kleidung tragen* **3** etwas kleidet jmdn. *passt zu jmdm.* ◆ der Mantel, die Bluse, der Hut kleidet dich (gut); jmdn. **nähren** und kleiden ◆ sich **auffallend,** elegant, schlicht kleiden ◆ eine Sache **in** eine Form kleiden *einer Sache eine bestimmte Form geben, sie auf eine bestimmte Weise ausdrücken;* einen Gedanken in Worte kleiden ⟨fig.⟩ *in Worten ausdrücken;* sich **nach** der neuesten Mode kleiden ◆ er ist, ⟨umg.⟩ geht immer anständig, gut gekleidet; warm gekleidet

**Kleidermotte** ⟨f. 19; Zool.⟩ *Kleinschmetterling aus der Familie der Motten, dessen Raupen in festsitzenden Gespinströhren aus seidenglänzenden Spinnfäden, abgebissenen Stofffasern u. Kotbröckchen leben: Tineola biseliella*

**kleidsam** ⟨Adj.⟩ *so beschaffen, dass es (den Betreffenden) gut kleidet* ◆ kleidsame Frisur; kleidsame Tracht

**Kleidung** ⟨f. 20; unz.⟩ *Gesamtheit der Kleidungsstücke, die man auf dem Körper trägt, besitzt oder braucht, Bekleidung* ◆ seine Kleidung ablegen; leichte, warme Kleidung; für jmds. Nahrung und Kleidung sorgen

**Kleie** ⟨f. 19; unz.⟩ *Schalen u. Hüllen des Getreides, die beim Mahlen abfallen, mehr od. weniger mit Mehl gemischt als Viehfutter verwendet* [< ahd. *kli(w)a*]

**klein** ⟨Adj.⟩ **1** ⟨räuml.⟩ *von geringem Ausmaß, von geringer Größe;* Ggs *groß (1)* **2** ⟨zeitl.⟩ = *kurz (I, 3)* **3** *jung* (Kind, Tier, Pflanze) **4** *niedrig* (Preis, Zahl) **5** *gering an Zahl* (Menge) **6** *gering an Wert* (Gewinn, Münze) **7** *unbedeutend, geringfügig* (Ausgabe, Fehler, Irrtum) **8** *bescheiden, beschränkt, eng* (Geist, Verhältnisse) ◆ mein kleiner **Bruder** *mein jüngerer Bruder;* der kleine **Finger** *der fünfte, kleinste Finger;* jmdm. eine kleine **Freude** machen; klein **Gedrucktes** = *Kleingedrucktes;* ein kleiner **Geist;** kleines **Geld** *Hartgeld, Münzen;* ein kleines **Kind;** der kleine **Mann** *der einfache Mensch, der Mensch aus dem Volk;* das ist eine kleine **Mühe;** das kleinere **Übel** (von beiden Übeln) ◆ klein **anfangen** (im Beruf) *auf der untersten Stufe, mit wenig Geld;* klein **beigeben** *sich fügen, nachgeben, die Überlegenheit des anderen anerkennen;* alles kurz u. klein **schlagen** *kaputtmachen, zerstören;* klein **schreiben;** ein Wort klein schreiben *in kleiner (kaum lesbarer) Schrift schreiben;* das Gas, den elektr. Herd (auf) klein **stellen,** drehen *auf geringe Stärke einstellen* ◆ **Groß** und Klein *jedermann, alle;*

## KLAVIER

Das Klavier oder Piano hat im Unterschied zum Flügel senkrecht stehende Saiten. Wenn man eine Taste drückt, hebt sich ein Dämpfer von der Saite ab und ein Hammer schlägt sie an. Mit den Pedalen kann die Qualität der Töne verändert werden.

KLAVIER (GEÖFFNET)

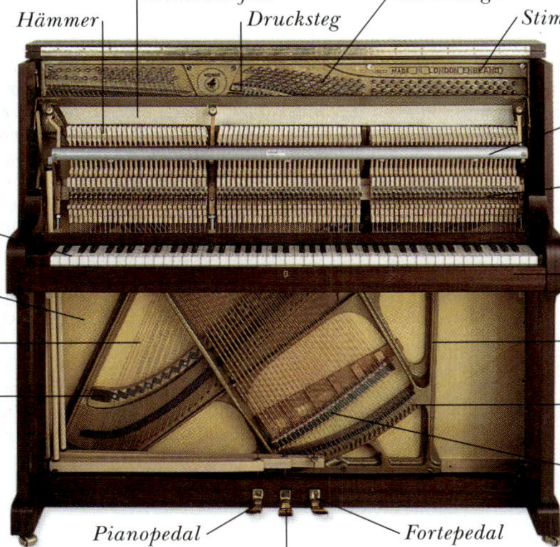


K

klein **kariert** *mit kleinem, kariertem Muster versehen;* **winzig** klein ◆**im** Kleinen *in verkleinertem Maßstab;* Waren im Kleinen verkaufen *in geringen Mengen, einzeln;* bis ins Kleinste *bis in jede Einzelheit;* sie kennt ihren Freund bis ins Kleinste; **von** klein an, auf *von Kindheit an;* klein von Wuchs, Gestalt [< ahd. *kleini* „glänzend, glatt, sauber, sorgfältig, zierlich, dünn, gering"]

**Kleinbuchstabe** ⟨m. 26⟩ *kleingeschriebener bzw. -gedruckter Buchstabe*

**Kleinbürgertum** ⟨n.; -s; unz.⟩ **1** *Gesamtheit der Kleinbürger* **2** *gesellschaftliche Schicht der Kleinbürger, unterer Mittelstand*

**Kleinbus** ⟨m.; -ses, -se⟩ *kleiner, sechs bis acht Personen fassender Omnibus*

**Kleine(r)** ⟨f. 30 (m. 29)⟩, **Kleine(s)** ⟨n. 31⟩ *Kind, Baby (auch als Kosewort u. Anrede)* ◆die Kleinen *die Kinder;* der Kleine kann noch nicht laufen; die Kleine schreit *das kleine Mädchen;* die lieben Kleinen ⟨iron.⟩ *die Kinder (die einem manchmal Ärger machen);* der Kleine von Schapers ⟨umg.⟩ *der kleine Sohn*

**Kleinfamilie** ⟨[-liə] f. 19⟩ *aus Vater, Mutter u. ein od. zwei Kindern bestehende Familie*

**Kleingarten** ⟨m. 4u⟩ *Schrebergarten, kleiner Garten eines Stadtbewohners abseits von seiner Wohnung (meist in einer Gartenkolonie), den er aus Liebhaberei bearbeitet*

**Kleingedruckte(s)** ⟨n. 31⟩ *klein gedruckte, unverständlich formulierte Klauseln, die für den Unterzeichneten eines Vertrages häufig ungünstig sind;* oV *klein Gedrucktes* ◆auch das Kleingedruckte(s) lesen

**Kleingeld** ⟨n. 12; unz.⟩ *Hartgeld, Münzen, Wechselgeld* ◆das nötige Kleingeld haben ⟨umg.; scherzh.⟩ *genug Geld*

**Kleinhirn** ⟨n. 11; Anat.⟩ *Hirnabschnitt der Wirbeltiere u. des Menschen, in dem die Bewegungen koordiniert werden: Cerebellum*

**Kleinigkeit** ⟨f. 20⟩ *Sache von geringer Bedeutung, geringem Wert* ◆eine Kleinigkeit **essen** *ein wenig;* allerhand (hübsche) Kleinigkeiten **kaufen;** es **kostet** (aber) eine Kleinigkeit! ⟨umg.; iron.⟩ *ziemlich viel;* jmdm. eine Kleinigkeit **mitbringen** *ein kleines Geschenk;* den Schrank (um) eine Kleinigkeit nach vorn **rücken** *einige Zentimeter;* **sein:** das ist keine Kleinigkeit! ⟨umg.⟩ *das ist wichtig; das ist nicht so einfach*

**Kleinkaliber** ⟨n. 13⟩ *Kaliber (von Gewehren u. Pistolen) von 5,6 bis 6 mm*

**kleinkariert** ⟨fig.; umg.⟩ *spießig, provinziell, mit kleinem geistigem Horizont*

**Kleinklima** ⟨n.; -s; unz.⟩ **1** ▼ *Klima in räuml. begrenztem Gebiet;* Sy *Mikroklima* **2** *Klima der bodennahen Luftschichten*

**Kleinkram** ⟨m.; -s; unz.⟩ **1** *Kleinigkeiten, kleine Dinge, kleine Arbeiten* **2** *unwichtiges Zeug*

**Kleinkunst** ⟨f. 7u; unz.⟩ **1** *kabarettistische Darbietungen, z. B. Rezitationen, Chansons, Akrobatik* **2** *Kunstgewerbe*

**kleinlaut** ⟨Adj.⟩ *verlegen (nachdem man vorher prahlte od. vorlaut war)*

**kleinlich** ⟨Adj.⟩ **1** *engstirnig, beschränkt* **2** *engherzig* ◆ein kleinlicher Mensch

**Kleinod** ⟨n. 11; Pl. a.: -dien⟩ **1** *kostbares Schmuckstück, Juwel* **2** ⟨fig.⟩ *etwas sehr Wertvolles, Kostbarkeit* ◆etwas hüten, bewahren wie ein Kleinod [< mhd. *kleinot* < *klein* in der Bedeutung „fein, zierlich" + Ableitungssilbe ahd. *odi,* wie im zweiten Teil von *Einöde, Heimat*]

KLETTE:
GROSSE KLETTE
*(Arctium lappa)*

**kleinschreiben** ⟨V. t. 226; hat; Gramm.⟩ *ein Wort mit kleinem Anfangsbuchstaben schreiben;* Ggs *großschreiben;* → a. klein

**Kleinschreibung** ⟨f. 20; unz.; Gramm.⟩ *Schreibung mit kleinen Anfangsbuchstaben;* Ggs *Großschreibung*

**Kleinstadt** ⟨f. 7u⟩ *Stadt mit 5000 bis 20 000 Einwohnern*

**kleinstädtisch** ⟨Adj.⟩ **1** *eine Kleinstadt betreffend, zu ihr gehörig, aus ihr stammend* **2** *einem Kleinstädter entsprechend, wie ein Kleinstädter, provinziell*

**Kleinwuchs** ⟨[-ks] m.; -es; unz.⟩ *zu geringes Wachstum;* Sy *Hyposomie*

**Kleister** ⟨m. 3⟩ **1** *Klebstoff aus Stärke od. Mehl u. Wasser* (Mehlkleister) **2** ⟨fig.⟩ *dicker, zäher Brei* [< mdt., nddt. *klister(e)* „anhaftender Gegenstand, Pflanze mit Haftwurzeln, Klebstoff"; zu idg. *glei-* „kleben"]

**kleistern** ⟨V. t.; hat⟩ *mit Kleister kleben*

**Klematis** ⟨f.; -, -; Bot.⟩ ► = *Waldrebe;* oV *Clematis* [< grch. *klematis* „biegsame Ranke"]

**Klementine** ⟨f. 19⟩ *kernlose Mandarinensorte;* oV *Clementine* [nach dem französischen Züchter *Clément*]

**Klemme** ⟨f. 19⟩ **1** *kleines Gerät mit zwei beweglichen oder federnden Armen zum Zusammendrücken, Befestigen* (Nasenklemme, Haarklemme) **2** ⟨bes. Med.⟩ = *Klammer (1)* **3** ⟨fig.; umg.⟩ *Verlegenheit, Notlage* ◆in der Klemme sitzen ⟨fig.; umg.⟩ *sich in einer schwierigen Situation, Notlage befinden* [→ *klemmen*]

**klemmen** ⟨V.; hat⟩ **I** ⟨V. t.⟩ **1** *festdrücken, einzwängen, durch Einzwängen befestigen* **2** ⟨umg.⟩ *stehlen* **3** ⟨schweiz.; Schülerspr.⟩ *schwänzen* ◆ein Stück Holz in einen Spalt klemmen **II** ⟨V. refl.⟩ sich klemmen *zwischen zwei aufeinander schlagenden Gegenständen stecken bleiben, sich quetschen* ◆sich den Finger klemmen; sich hinter etwas klemmen ⟨fig.⟩ *etwas eifrig betreiben, in möglichst kurzer Zeit zu Ende bringen;* sich ein Buch unter den Arm klemmen **III** ⟨V. i.⟩ *haften, hängen bleiben* ◆die Tür klemmt *hängt fest, geht nicht auf* [< mhd. *klemmen,* ahd. *biklemmen* „mit den Klauen packen, einzwängen, zusammendrücken"]

**Klempner** ⟨m. 3⟩ *Handwerker, der Blech-, Kupfer- u. Aluminiumgegenstände herstellt u. repariert sowie Gas- u. Wasserinstallationen ausführt* [mdt., norddt. < älterem *Klemperer,* entspricht oberdt. *klampferer,* älter *klampfer* „Blechschmied" < mhd., ahd. *klampfer* „Spange"; zu mhd. *klampfern* „fest zusammenfügen, verklammern", nddt. *klempern* „Blech auf dem Amboss hämmern"]

**Kleptomanie** ⟨f. 19; unz.; Psych.⟩ *krankhafter Trieb zum Stehlen* [< grch. *kleptein* „stehlen" + *mania* „Raserei, Wahnsinn"]

**Kleriker** ⟨m. 3⟩ *Angehöriger des Klerus, (kath.) Geistlicher*

**Klerus** ⟨m.; -; unz.⟩ *Gesamtheit der (katholischen) Geistlichen* [< kirchenlat. *clerus,* eigtl. „auserwählter Stand" < grch. *kleros* „Los, Anteil"]

**Klette** ⟨f. 19⟩ **1** ⟨Bot.⟩ **1.1** ▲ *Angehörige einer durch hakig begrannte Hüllblätter ausgezeichneten Gattung der Korbblütler: Arctium* **1.2** *Blütenkopf dieser Pflanze* **2** ⟨fig.; umg.; abwertend⟩ *übermäßig anhänglicher, lästiger Mensch* ◆(sich) wie eine Klette an jmdn. hängen [< ahd. *cletha*]

**Klettereisen** ⟨n. 14⟩ ► = *Steigeisen (1)*

**Klettergarten** ⟨m. 4u⟩ *Felsengruppe in geringer Höhe, in der Tritte, Haken usw. angebracht sind, als Übung für Bergsteiger*

KLETTERGÜRTEL: SITZGÜRTEL
FÜR BERGSTEIGER

**Klettergürtel** ⟨m. 5; Alpinismus⟩ ▲ *zusammenhängender Gurt um Oberschenkel u. Hüfte, der in eine Haltevorrichtung eingehakt wird;* → a. *bergsteigen*

**klettern** ⟨V. i.; ist⟩ **1** *mithilfe der Hände hinauf-, hinab-, hinaussteigen* **2** *hohe, schwierig zu erreichende Berggipfel besteigen* **3** ⟨fig.⟩ *in die Höhe steigen* (Preise, Barometer, Thermometer, Aktienkurse) ◆auf einen Baum, Berg, eine Leiter klettern; aus dem Bett, dem Wagen klettern; über einen Zaun klettern [erst seit 15. Jh.]

**Kletterpflanze** ⟨f. 19, Bot.⟩ *an Hauswänden, Zäunen, Spalieren, Bäumen usw. hinaufkletternde Pflanze*

**Klettverschluss** ⟨m. 1u; allg. Bez. für die Warenzeichen „Kletten, Klettostar, Klettogrip" u. a.⟩ *textiler Flächenhaftverschluss*

**Klezmer** ⟨[klɛs-] Mus.⟩ **I** ⟨f. od. m.; -; unz.⟩ *traditionelle jüdische Instrumentalmusik (besonders Klarinettenmusik) aus Osteuropa* **II** ⟨m. 3⟩ *Musiker, der Klezmer spielt* [< jidd. *klesmer, klesmorin* „Musikant"]

**klicken** ⟨V. i.; hat⟩ *kurz, hell, metallisch erklingen* [lautmalend]

**Klient** ⟨m. 16⟩ *Kunde (bes. eines Rechtsanwalts)* ◆ein solventer Klient [< lat. *cliens,* Gen. *clientis* „der Hörige", dann „der Schutzbefohlene eines Patrons"]

## KLEINKLIMA

Topographische Eigenheiten eines Gebietes können ein Kleinklima schaffen, das sich erheblich vom Großklima der Umgebung abhebt. Selbst in einem kleinen Garten kann es gelingen, Bereiche mit unterschiedlichen Kleinklimata zu schaffen. So nehmen z. B. Hügelbeete viel Sonnenwärme auf.

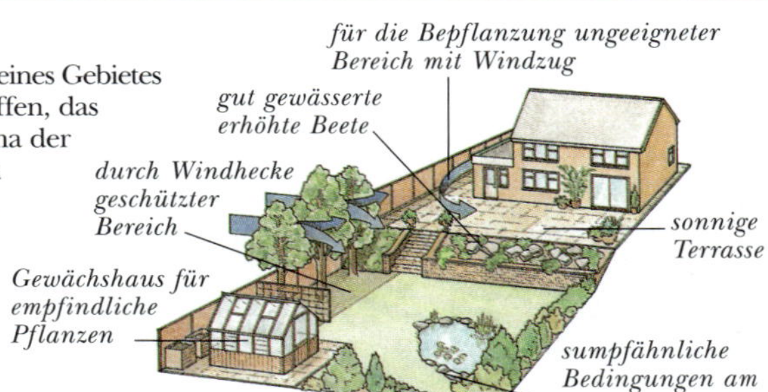


KLEINKLIMATA IN EINEM GARTEN

**Klientel** ⟨f. 20⟩ *Gesamtheit der Klienten (bes. eines Rechtsanwalts)* ◆ eine ausgewählte Klientel [< lat. *clientela* „das zwischen einem Klienten u. seinem Patron bestehende Verhältnis der Schutzgenossenschaft"]

**Kliff** ⟨n. 11⟩ *felsiger Steilhang einer Küste, Klippe* [< mnddt. *klif* „schroffer Felsen"; → *Klippe*]

**Klima** ⟨n. 15; Pl. a.: -ta od. -te⟩ **1** *für ein bestimmtes Gebiet charakterist. durchschnittl. Ablauf der Witterung* **2** ⟨fig.⟩ *Atmosphäre* (Betriebsklima) ◆ feuchtes, heißes, kaltes, subtropisches, tropisches Klima [< lat. *clima* < grch. *klima* „Neigung (der Erde vom Äquator gegen die Pole)"]

**Klimaanlage** ⟨f. 19⟩ ► *Anlage zur Regulierung des Raumklimas durch Erwärmung, Kühlung, Be- od. Entlüftung u. Reinigung der Luft*

**Klimageografie** ⟨f. 19; unz.⟩ = *Klimageographie*

**Klimageographie** ⟨f. 19; unz.⟩ *Teilgebiet der Geographie, das sich mit der gegenseitigen Abhängigkeit u. Beeinflussung von Erdoberfläche u. Klima befasst u. danach eine Unterteilung verschiedener Klimazonen vornimmt;* oV *Klimageografie*

**Klimakterium** ⟨n.; -s, -rien⟩ = *Wechseljahre* [< neulat. *climacterium* < grch. *klimakter* „Stufenleiter" < grch. *klimax* „Leiter"]

**klimatisch** ⟨Adj.⟩ *das Klima betreffend, auf dem Klima beruhend* ◆ klimatische Einflüsse, Lage, Verhältnisse

**klimatisieren** ⟨V. t.; hat⟩ einen Raum klimatisieren *seinen Insassen durch Klimaanlage zuträgliche Luft- u. Wärmeverhältnisse schaffen*

**Klimatologie** ⟨f. 19; unz.⟩ *Lehre vom Klima, von den Witterungsvorgängen (in großen Gebieten)* [< *Klima* + grch. *logos* „Lehre, Kunde"]

**Klimax** ⟨f. 7⟩ **1** *Steigerung, Höhepunkt* **2** ⟨Stil.⟩ *Stilmittel der Steigerung, Übergang vom schwächeren zum stärkeren Ausdruck* [< grch. *klimax* „Treppe, Leiter"]

**klimmen** ⟨V. i. 167; ist⟩ *emporsteigen, hinaufklettern,* ⟨meist in Zus. wie⟩ emporklimmen, erklimmen [< mhd. *klimmen, klimben* < ahd. *klimban,* engl. *climb;* → *klemmen*]

**klimpern** ⟨V. i.; hat; umg.; Mus.⟩ **1** *schlecht od. gedankenlos, spielerisch auf einem Tasten- od. Zupfinstrument spielen* **2** *metall. Geräusche erklingen lassen, metall. Gegenstände wiederholt rasch aneinander schlagen lassen* ◆ auf dem Klavier, auf der Gitarre klimpern [schallnachahmend]

**Klinge** ⟨f. 19⟩ **1** *der schneidende, stechende Teil eines Werkzeuges, einer Waffe* (Degenklinge, Messerklinge, Rasierklinge) **2** *die Waffe selbst, Degen, Säbel, Schwert* ◆ die Klingen (miteinander) kreuzen *einen Zweikampf mit blanker Waffe austragen;* jmdn. über die Klinge springen lassen ⟨fig.⟩ *töten, vernichten* [< mhd. *klinge* „Schwertschneide"; zu mhd. *klingen* „hell tönen, erschallen"; → *klingen*]

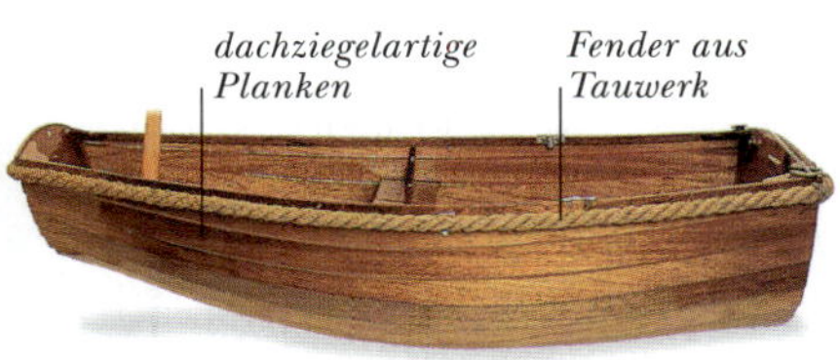


KLINKERBOOT

**Klingel** ⟨f. 21⟩ *Gerät zum Läuten, Glocke, Schelle* (Fahrradklingel, Türklingel) ◆ elektrische Klingel; auf die Klingel drücken [→ *klingeln*]

## KLIMAANLAGE

Durch eine Klimaanlage kann sommers wie winters die Temperatur und die Luftfeuchtigkeit geregelt werden. Im Sommer passiert die Luft ein Kühlelement. Wie in einem Kühlschrank bringt sie in einem Rohr eine Kühlflüssigkeit zum Verdampfen und verliert dabei Energie. Im Winter wird die kalte Luft durch ein Heizelement geblasen und dabei erwärmt. Ein Befeuchter sorgt durch die Umwälzung der Innenluft stets für eine angenehme Luftfeuchtigkeit.

SCHNITT DURCH EIN GEBÄUDE MIT KLIMAANLAGE FÜR ALLE JAHRESZEITEN

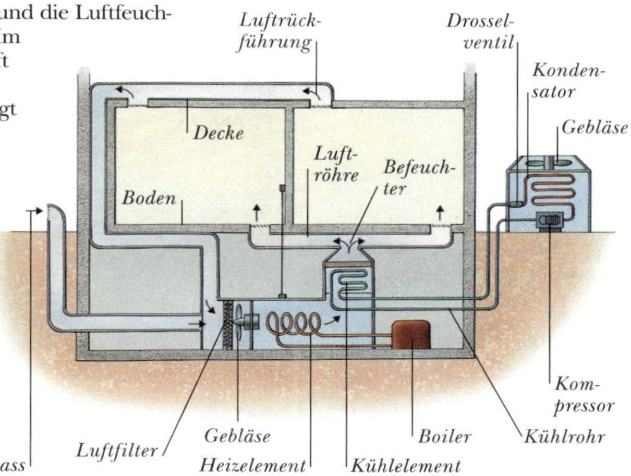


**klingeln** ⟨V. i.; hat⟩ *die Klingel in Bewegung setzen, läuten, schellen* ◆ es klingelt *die Klingel ertönt;* es klingelt zum Unterricht, zur Pause, zum Beginn der Vorstellung [< ahd. *klingilon* „einen Klang geben"]

**klingen** ⟨V. i. 168; hat⟩ **1** *einen Ton geben, tönen* **2** ⟨fig.⟩ *sich anhören, wirken* ◆ das klingt ja, als ob du schon dort gewesen wärst ⟨fig.⟩; dieser **Ausdruck,** Satz klingt nicht gut; das **Instrument** klingt gut, schlecht; das **Lied** klingt schön ◆ das klingt jetzt schon ganz **anders!; dumpf,** heiser, hell, schrill klingen; **gut,** hässlich, schlecht, schön klingen ◆ der Lärm aus dem Fußballstadion klang **bis** zu uns; das klingt ganz **nach** schlechter Erfahrung *als ob er, sie schlechte Erfahrungen gemacht hätte* ◆ klingender Reim ⟨bes. Lit.⟩ → *Reim* [< ahd. *klingan;* schallnachahmend; → *Klinker*]

KLIPPSCHLIEFER: KAPKLIPPSCHLIEFER *(Procavia capensis)*

**Klinik** ⟨f. 20⟩ *Krankenhaus* (Frauenklinik, Kinder-, Poliklinik) [< grch. *klinike (techne)* „Heilkunde"; zu grch. *kline* „Lager, Bett"]

**klinisch** ⟨Adj.⟩ *in der Klinik (stattfindend)* ◆ die klinische Behandlung

**Klinke** ⟨f. 19⟩ *Griff an der Tür zum Öffnen u. Schließen* [< mhd. (mdt.) *klinke* „Türriegel"; zu mdt. *klinken* „klingen"; → *klingen*]

**Klinker** ⟨m. 3⟩ *scharf gebrannter, sehr harter Ziegel* [< ndrl. *klinker(t)* „hart gebrannter Ziegelstein"; zu ndrl. *klinken;* → *klingen*]

**Klinkerbau** ⟨m.; -(e)s, -ten⟩ **I** ⟨Arch.; zählb.⟩ *Bau (Gebäude) aus Klinkern* **II** ⟨Schifffahrt; unz.⟩ *Bauweise für Klinkerboote;* Ggs *Kraweelbau*

**Klinkerboot** ⟨n. 11; Schifffahrt⟩ ◄ *in Klinkerbauweise hergestelltes Holzboot, wobei die Außenplanken dachziegelartig übereinander liegen*

**klinkergebaut** ⟨Adj.; Schifffahrt⟩ *als Klinkerbau hergestellt;* Ggs *kraweelgebaut*

**klipp** ⟨nur in der Wendung⟩ klipp und klar *deutlich, eindeutig, gut verständlich* ◆ jmdm. etwas klipp und klar sagen [< nddt. *klipp* „passend"; zu *klippen* „hell tönen, ein helles Geräusch verursachen, passen"; verwandt mit *klappen*]

**Klipp** ⟨m. 6⟩ **1** *Federklemme* **2** *modischer festklemmbarer Ohrschmuck;* oV *Clip (1), Klips;* Sy *Ohrklipp* **3** *Klammer, z. B. am Füllfederhalter od. zum Feststecken der Krawatte* [< engl. *clip* „Klammer"]

**Klippe** ⟨f. 19⟩ **1** ▼ *Felsen im Meer, Riff* **2** ⟨fig.⟩ *Hindernis, gefährl., heikle Stelle* ◆ in einer Prüfung, Unterhaltung alle Klippen vermeiden, umschiffen [< mndrl. *clippe* „Felsen im od. am Meer, steiler Abfall einer Felsenküste"; → *Kliff*]

**Klipper** ⟨m. 3⟩ **1** ⟨19. Jh.⟩ *schnelles Segelschiff (bes. für Ostasien)* **2** ⟨heute⟩ *schnelles amerik. Verkehrsflugzeug* [< engl. *clipper* „Klipper, Schnellsegler"]

**Klippschliefer** ⟨m. 3; Zool.⟩ ◄ *Angehöriger einer zu den Huftieren gehörenden Ordnung der Säugetiere, bewohnt gesellig felsige Gebiete Kleinasiens u. Afrikas: Procavia*

**Klips** ⟨m. 1⟩ = *Klipp (2)*

**klirren** ⟨V. i.; hat⟩ **1** *ein helles, hartes Geräusch (wie von angeschlagenem Metall, Glas, Porzellan) von sich geben* **2** *hell, hart klingen* ◆ die Fenster klirren; er schlug auf den Tisch, dass die Gläser klirrten; die Ketten klirrten; die Gläser fielen klirrend auf den Boden [schallnachahmend]

KLIPPE

## KLOSTER

Viele Weltreligionen, besonders das Christentum und der Buddhismus, besitzen Klöster, in denen Mönche und Nonnen abseits der Gesellschaft leben und sich ganz ihrem Glauben widmen. Da das klösterliche Leben vom Gebet dominiert wird, stellt die Kirche das Zentrum eines Klosters dar. Daneben gibt es Aufenthalts-, Ess-, Versammlungs- und Studierräume sowie ein Spital für Kranke.

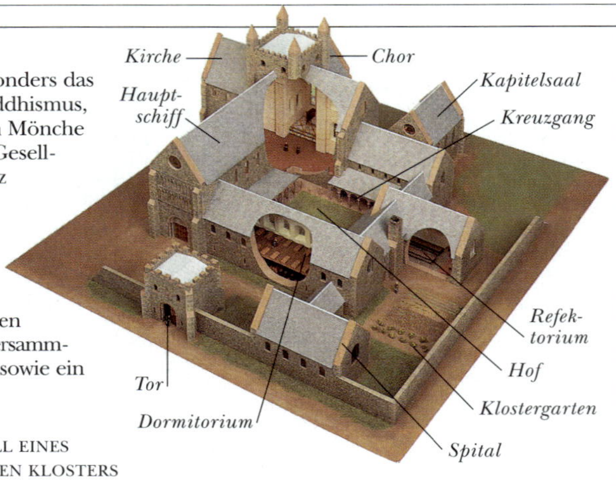


MODELL EINES CHRISTLICHEN KLOSTERS

**Klischee** ⟨n. 15⟩ **1** *Druckplatte für Hochdruck* **2** ⟨fig.⟩ *Abklatsch, Nachbildung* **3** *banale, häufig idealisierte Vorstellung* **4** *abgegriffenes, schon zu oft gebrauchtes Wort* **5** *überkommene Vorstellung, Vorurteil* ◆ in Klischees sprechen ⟨fig.⟩ [< frz. *cliché*]

**Klistier** ⟨n. 11⟩ *Einbringen einer kleinen Flüssigkeitsmenge durch den After in den Darm (bei Verstopfung usw.)* [< mhd. *klister, kliestier* < lat. *clysterium,* grch. *klysterion;* zu grch. *klyzein* „spülen, reinigen"]

**Klitoris** ⟨f.; -, - od. -torides; Anat.⟩ = *Kitzler* [< grch. *kleitoris*]

**Klitsch** ⟨m. 1; umg.⟩ **1** *Brei, breiige Masse* **2** *Geschmier daraus* **3** *nicht aufgegangenes (sitzen gebliebenes) Gebäck, Schliff* ◆ der Kuchen ist Klitsch geworden [schallnachahmend]

**klittern** ⟨V. t.; hat⟩ **1** *spalten, zerkleinern* **2** ⟨abwertend⟩ **2.1** etwas klittern *amateurhaft aus Einzelteilen zusammensetzen* **2.2** *Tatsachen aus ihrem Sinnzusammenhang reißen u. dadurch verfälschen* **3** *schmieren, Kleckse machen*

**Klitterung** ⟨f. 20⟩ **1** *das Klittern* **2** *aus vielen Einzelheiten zusammengesetztes, die Tatsachen verdrehendes Schriftwerk* (Geschichtsklitterung)

**Klivie** ⟨[-viə] f. 19⟩ = *Clivia*

**Klo** ⟨n. 15; umg.; kurz für⟩ *Klosett*

**Kloake** ⟨f. 19⟩ **1** *Schleuse, Abwasserkanal* **2** ⟨bei manchen Tieren⟩ *gemeinsamer Ausgang von Darm, Harnblase u. Geschlechtsorgan* [< lat. *cloaca* „unterird. Abzugskanal"]

**Klöben** ⟨m. 4; nddt.⟩ *Gebäck, Hörnchen*

**klobig** ⟨Adj.⟩ *wie ein Kloben, massig, ungeschlacht* ◆ klobiges Möbelstück

**Klon** ⟨m. 1; Genetik⟩ *aus ungeschlechtlicher Fortpflanzung (Genmanipulation) hervorgegangene Nachkommenschaft eines Individuums;* oV *Clon, Clonus* [< grch. *klon* „Zweig, Reis, Schössling"]

**klonen** ⟨V. i.; hat; Genetik⟩ *durch ungeschlechtliche Vermehrung aus einer Mutterpflanze hervorgehen, (durch Genmanipulation) künstlich erzeugen;* oV *clonen* ◆ genetisch identische Lebewesen klonen [zu grch. *klon* „Zweig, Reis, Schössling"]

**Klopapier** ⟨n. 11; unz.; umg.⟩ *Papier zum Reinigen nach der Ausscheidung*

**klopfen** ⟨V. t. u. V. i.; hat⟩ **1** *mehrere Male leicht schlagen, pochen* **2** *ständig schlagen, pochen* (Herz, Puls) ◆ es klopft (an der Tür); **Fleisch,** ein Kotelett klopfen (damit es weich wird); der **Specht** klopft (mit dem Schnabel an den Baum); **Steine** klopfen *fest in den Untergrund der Straße schlagen;* **Teppiche** klopfen ◆ **an** die Tür klopfen; jmdm. freundschaftlich **auf** die Schulter klopfen ◆ mit klopfendem Herzen [< ahd. *chlopfon;* urspr. lautmalend]

**Klöppel** ⟨m. 5⟩ **1** ⟨Mus.⟩ *keulenartiges Gerät zum Anschlagen, z. B. von Trommeln od. Glocken* (Glockenklöppel); Sy *Schwengel (2)* **2** *Garnspule zum Klöppeln* [→ *klopfen*]

**klöppeln** ⟨V. t. u. V. i.; hat⟩ *von Spulen (Klöppeln) ablaufendes Garn um festgesteckte Nadeln nach einem Muster zu Spitzen, Bändern, Litzen usw. verflechten* [nach der Ähnlichkeit des Arbeitsgeräts mit einem *Glockenklöppel*]

**Klöppelspitze** ⟨f. 19⟩ *geklöppelte Spitze*

**Klops** ⟨m. 1⟩ *gebratenes Fleischklößchen aus Hackfleisch* ◆ Königsberger Klops *gekochtes Fleischklößchen mit heller Soße* [→ *klopfen*]

**Klosett** ⟨n. 15⟩ = *Abort*[1]*;* Sy ⟨umg.; kurz⟩ *Klo* [verkürzt < engl. *watercloset* „Raum mit Wasserspülung"; verwandt mit *Klause*]

**Kloß** ⟨m. 1u⟩ **1** *runder, feuchter Klumpen* (Erdkloß) **2** *zur Kugel geformte Speise* (Kartoffelkloß, Semmelkloß); Sy ⟨oberdt.⟩ *Knödel* ◆ einen Kloß im Hals haben ⟨fig.⟩ *ein würgendes Gefühl, bes. von unterdrücktem Weinen* [< ahd. *kloz* „Klumpen, Knolle, Kugel, Knauf, Klotz, Keil, Knebel"]

**Kloster** ⟨n. 13u; Rel.⟩ **1** ▲ *von der Außenwelt abgeschlossene gemeinsame Wohnung von Mönchen od. Nonnen* (Mönchskloster, Nonnenkloster) **2** *deren Gemeinschaft* ◆ ins Kloster gehen; jmdn. ins Kloster sperren, stecken [< ahd. *klostar* < vulgärlat. *clostrum* < lat. *claustrum* „Riegel, Verschluss, abgeschlossener Raum"; zu *claudere* „schließen, verschließen"; verwandt mit *Klause*]

**Klotz** ⟨m. 1u⟩ **1** *großes Stück Holz, (meist) Teil eines Baumstamms, zum Holz- od. Fleischhacken* (Hackklotz, Fleischklotz) **2** ⟨fig.⟩ *ungeschlachter, unbeholfener oder grober Mensch;* → a. *Keil* [< mhd. *klotz* „Klumpen, Kugel, Baumstumpf, Kloben"]

**klotzig I** ⟨Adj.⟩ *wie ein Klotz, wuchtig, massig, ungeschlacht* ◆ klotziger Schrank **II** ⟨Adv.; fig.; umg.⟩ *sehr, ungeheuer*

**Klub** ⟨m. 6⟩ *Verein* (Fotoklub, Kegelklub, Sportklub); oV *Club* [< engl. *club* „Klub", eigtl. „Keule"; nach dem alten Brauch, Einladungen zu Zusammenkünften durch das Herumsenden eines Kerbstockes, eines Brettes od. einer Keule zu übermitteln]

**Kluft**[1] ⟨f. 7u⟩ **1** *Spalte im Gestein* (Felsenkluft), *Abgrund* **2** ⟨fig.⟩ *unüberbrückbar scheinender Gegensatz* ◆ eine Kluft überbrücken ⟨fig.⟩ [< ahd. *kluft,* engl. *cleft*]

**Kluft**[2] ⟨f.; -; unz.; umg.⟩ *Uniform, Dienstkleidung, Anzug* ◆ seine beste Kluft anziehen ⟨umg.⟩ [rotw. < neuhebr. *qilluph* „Schale"]

**klug** ⟨Adj.; klüger, am klügsten⟩ **1** *gescheit, begabt* (Mensch, Kind) **2** *verständig* (Tier) **3** *vernünftig, weise* (Ansicht, Rat) **4** *schlau, überlegt, geschickt, diplomatisch* (Vorgehen, Verhalten) ◆ es ist das Klügste, wenn ...; klug **reden** *gescheit, vernünftig reden* ◆ es wird **am** klügsten sein, die Entwicklung abzuwarten; **aus** einer Sache nicht klug werden *sie nicht begreifen, nicht durchschauen;* sie war klug **genug,** einzusehen, dass ... [< mhd. *kluoc* „fein, zart, zierlich, hübsch, stattlich, tapfer, weichlich, üppig, gebildet, geistig gewandt, weise"]

**Klugheit** ⟨f. 20; unz.⟩ *Verständigkeit, Vernünftigkeit, Weisheit, Schlauheit, Diplomatie*

**klumpen** ⟨V. i.; hat⟩ *sich zusammenballen, Klumpen bilden* ◆ die Soße klumpt

**Klumpen** ⟨m. 4⟩ **1** *feuchte, zähe, zusammengeballte Masse* (Butterklumpen, Erdklumpen) **2** *großer Brocken* (Goldklumpen) ◆ der Brei, der Pudding hat Klumpen [< nddt. *klump;* → *klemmen*]

**Klumpfuß** ⟨m. 1u; Med.⟩ *Missbildung des Fußes, der einwärts geknickt ist, so dass die Fußsohle nach innen u. oben gewendet ist: Pes varus*

**Klüngel** ⟨m. 5⟩ *Gruppe von Menschen, die sich gegenseitig fördern, die Übrigen aber unterdrücken od. zumindest ausschließen* [< ahd. *klungilin* „kleines Knäuel", Verkleinerungsform zu ahd. *klunga* „Knäuel"]

**Klunker** ⟨f. 21 od. m. 3⟩ **1** *Klümpchen, Kugel* **2** *Troddel* **3** ⟨umg.; scherzh.⟩ *große Perle, großer Edelstein (als Schmuck)* ◆ sie stellt ihre Klunker zur Schau ⟨umg.⟩ [< mhd. *klungeler* „Troddel", *glunke* „baumelnde Locke"; verwandt mit *Kolben*]

**Kluntje** ⟨n. 15; norddt.⟩ *Klümpchen weißen od. braunen Kandiszuckers* [Verkleinerungsform für nddt. *Klunte* < mnddt. *klot* „Kugel, Klumpen"]

**km** ⟨Zeichen für⟩ *Kilometer*

**$km^2$** ⟨Zeichen für⟩ *Quadratkilometer*

**$km^3$** ⟨Zeichen für⟩ *Kubikkilometer*

**km/h** ⟨Zeichen für⟩ *Kilometer pro Stunde* [Abk. für engl. *kilometer per hour*]

**kn** ⟨Mar.; Zeichen für⟩ *Knoten (7)*

**knabbern** ⟨V. t. u. V. i.; hat⟩ **1** *hörbar abbeißen von, hörbar kauen* **2** ⟨umg.⟩ *essen, naschen* ◆ Gebäck, Nüsse knabbern; an etwas knabbern *in sehr kleinen Bissen von etwas abbeißen;* daran wird er noch lange zu knabbern haben ⟨fig.⟩ *das wird ihm noch lange Sorgen od. Schmerzen bereiten* [nddt.]

**Knabe** ⟨m. 17⟩ **1** *Kind männlichen Geschlechts bis etwa zum 13. Lebensjahr, Junge, Bub* **2** ⟨umg.⟩ *Bursche, Kerl* ◆ alter Knabe! *(burschikose, aber freundschaftliche Anrede, auch für Jüngere)* [< ahd. *knabo* „kleiner Junge, Kind", dann „Knabe, Jüngling, Bursche, Diener"]

**Knäckebrot** ⟨n. 11⟩ *sehr knusprig in einzelnen Scheiben gebackenes Vollkornbrot* [< schwed. *knäckebröd* „Knackbrot", nach dem krachenden Geräusch, das beim Hineinbeißen entsteht]

**knacken** ⟨V.; hat⟩ **I** ⟨V. i.⟩ *einen kurzen, hellen Laut von sich geben wie zerbrechendes Holz* ◆ Dielen, alte Möbel knacken **II** ⟨V. t.⟩ **1** *mit hellem Geräusch aufbrechen* (Nüsse) **2** ⟨fig.; umg.⟩ **2.1** *mit Gewalt öffnen (um zu stehlen)* (Auto, Geldschrank) **2.2** *mit Verstand, Geschick od. Geduld lösen* (Rätsel) ◆ einen Nummernkode knacken; eine harte Nuss knacken ⟨fig.⟩ *eine schwierige Frage lösen* [< mhd. *knacken;* lautmalend; wohl verwandt mit *Knochen*]

**Knackpunkt** ⟨m. 1; fig.; umg.⟩ *entscheidender Faktor, maßgeblicher Gesichtspunkt, wichtigster Umstand* ◆ das ist der Knackpunkt bei der Sache

**Knacks** ⟨m. 1; umg.⟩ **1** *Knack* **2** *Riss, Sprung* **3** ⟨fig.⟩ *(seel. od. körperl.) Schaden* ◆ das Ei, das Glas hat einen Knacks (bekommen); durch ein erschütterndes Erlebnis einen Knacks bekommen ⟨fig.⟩

**Knall** ⟨m. 1⟩ **1** *kurzes, scharfes, peitschenschlag- od. schussartiges Geräusch* (Peitschenknall) **2** ⟨fig.; umg.⟩ *Verrücktheit* ◆ der Knall eines Schusses; die Tür fiel mit einem Knall ins Schloss [zu mhd. *(er)knellen* „erschallen"; wohl lautmalender Herkunft]

**knall...** ⟨in Zus.; umg.⟩ *sehr, besonders, übermäßig,* z. B. knallbunt, knallvoll

**Knalleffekt** ⟨m. 1⟩ *(verblüffender) Höhepunkt, unerwartete Wirkung*

**knallen** ⟨V.; hat⟩ **I** ⟨V. i.⟩ *ein kurzes, scharfes, peitschenschlag- od. schussartiges Geräusch geben* ◆ die Farbe knallt ⟨fig.; umg.⟩ *ist zu grell, fällt zu sehr auf* ◆ die Tür knallte ins Schloss; mit der Peitsche knallen **II** ⟨V. t.; umg.⟩ jmdm. eine knallen *eine Ohrfeige geben* ◆ den Hörer auf die Gabelknallen *laut, heftig hinwerfen* [→ *Knall*]

**Knallgas** ⟨n. 11; unz.⟩ *Mischung von Wasserstoff mit Sauerstoff (od. Luft), die bei Entzündung explosionsartig verbrennt*

**knallhart** ⟨Adj.; umg.⟩ **1** *rücksichtslos, brutal* **2** *voller brutaler Szenen* ◆ knallharte Forderungen; ein knallharter Thriller

**Knallkörper** ⟨m. 3⟩ *mit einem lauten Knall explodierender Scherzartikel*

**knapp** ⟨Adj.⟩ **1** *wenig, gering, beschränkt, dürftig* (Lebensmittel, Taschengeld) **2** ⟨bei Zeit- u. Maßangaben⟩ *kurz* **3** *kurz gefasst, bündig* (Ausdrucksweise, Stil) **4** *eng, anliegend* (Kleidungsstück, Schuhe) ◆ und nicht zu knapp! ⟨umg.⟩ *ziemlich viel;* knappe **Mehrheit;** knapp zwei **Meter;** ein knapper **Sieg** ⟨Sp.⟩ ◆ meine Zeit ist knapp **bemessen; sein:** die Schuhe sind etwas knapp ◆ knapp **bei** Kasse sein ⟨umg.⟩ *(augenblicklich) wenig Geld haben;* er kam knapp **vor** ihm durchs Ziel *gerade noch* [nddt., vermutl. < *gehnapp*]

**Knappe** ⟨m. 17⟩ **1** ⟨früher⟩ *Edelknecht, junger Edelmann im Dienst eines Ritters* (Schildknappe) **2** ⟨Bergb.; veraltet⟩ *Bergmann mit abgeschlossener Lehre* (Bergknappe) **3** *Lehrling* (Mühlknappe) [< mhd. *knappe* „Knabe, Edelknabe" < ahd. *knappo,* Nebenform zu *knabo* „Knabe"; → *Knabe*]

**Knappsack** ⟨m. 1u⟩ **1** *Reisesack, Bündel, Proviantsack* **2** ⟨umg.; abwertend für⟩ *Geizhals* [zu nddt. *knappen* „nagen, schnappen"; zu *knap* „Kost"]

**knarren** ⟨V. i.; hat⟩ *ein raues Reibegeräusch von sich geben* ◆ alte Bäume, Dielen, Treppen knarren; Holz knarrt; eine knarrende Stimme haben [< mhd. *gnarren, knarren;* lautnachahmend]

**Knast** ⟨m. 1; unz.; umg.⟩ **1** *Freiheitsstrafe* **2** *Gefängnis* ◆ im Knast sitzen [rotw. < jidd. *knas* „Geldstrafe"]

**knattern I** ⟨V. i.; hat⟩ *kurze, helle, schnell aufeinander folgende knallende Geräusche von sich geben* **II** ⟨V. i.; ist⟩ *sich mit solchen Geräuschen fortbewegen* ◆ er ist mit dem Motorrad durch die Straßen geknattert [Ablaut zu *knittern*]

**Knäuel** ⟨n. 13 od. m. 5⟩ **1** *zu einer Kugel gewickelter Faden* (Garn-, Wollknäuel) **2** *Durcheinander von verfilzten Fäden* **3** ⟨fig.⟩ *geballte, formlose Masse von Lebewesen* (Menschenknäuel) ◆ ein Knäuel sich balgender Buben; unentwirrbares, wirres Knäuel [< mhd. *kniuwl(in)* < *kliuwel(in),* Verkleinerungsform zu *kliuwe* „Kugel, kugelförmige Masse" < ahd. *kliuwa, kliuwi* „Kugel", engl. *clew;* verwandt mit *Kolben*]

**knäueln** ⟨V. t.; hat; selten⟩ *zu einem Knäuel zusammenwickeln,* ⟨meist in Zus. wie⟩ aufknäueln, zusammenknäueln

**Knauf** ⟨m. 1u⟩ **1** *kugel- od. knopfartiger Griff* (Schwertknauf, Stockknauf) **2** ► = *Kapitell* [< mhd. *knouf* „Knauf am Schwert, Knopf auf Türmen"]

**knauserig** ⟨Adj.; umg.⟩ = *geizig*

**knausern** ⟨V. i.; hat; umg.⟩ *übertrieben sparen, geizen* ◆ mit seinem Geld knausern; er knauserte nicht mit Lob und Anerkennung

**Knaus-Ogino-Methode** ⟨f. 19; unz.; Med.⟩ *empfängnisverhütende, auf Temperaturmessungen beruhende Methode zur Bestimmung der fruchtbaren u. unfruchtbaren Tage der Frau* [nach dem österr. Gynäkologen H. *Knaus,* 1892-1970, u. dem jap. Gynäkologen K. *Ogino,* 1882-1975]

**knautschen** ⟨V.; hat⟩ **I** ⟨V. t.; umg.⟩ *zerdrücken, zerknüllen* ◆ bitte knautsche das Kleid nicht zu sehr **II** ⟨V. i.; umg.⟩ *Druckfalten bilden* ◆ der Stoff knautscht (sehr, nicht) [→ *knutschen*]

**Knautschzone** ⟨f. 19; bei Kfz⟩ *Zone minderer Festigkeit in Kraftwagen, die sich im Fall eines Aufpralls zusammenschiebt u. so Energie schluckt*

**Knebel** ⟨m. 5⟩ **1** *Holzstück zum Spannen der Säge* **2** *(durch Bindfaden gestecktes) Stückchen Holz zum Tragen von Paketen* **3** *zusammengeballtes Stück Stoff, das dem Überfallenen in den Mund gesteckt wird, um ihn am Schreien zu hindern* (Mundknebel) [< ahd. *knebil* „Holzstück, Querholz (zum Fesseln o. Ä.), Pferdekummet"]

**Knebelbart** ⟨m. 1u⟩ *gedrehter Spitzbart*

**knebeln** ⟨V. t.; hat⟩ jmdn. knebeln **1** *jmdm. mit einem Knebel den Mund verstopfen* **2** ⟨fig.⟩ *gewaltsam behindern, unterdrücken*

**Knecht** ⟨m. 1⟩ **1** ⟨früher⟩ *Diener, Dienstmann* (Edelknecht, Reitknecht) **2** ⟨heute⟩ *Gehilfe des Bauern* (Stallknecht) ◆ ein Knecht Gottes ⟨fig.⟩; ein treuer Knecht [< ahd. *kneht* „Knabe, Jüngling, Bursche, Kerl, Junggeselle, Diener, Knappe, Edelknabe, Krieger, Soldat, Held, Lehrling, Geselle", engl. *knight* „Ritter"]

**knechtisch** ⟨Adj.⟩ *unterwürfig, kriecherisch* (Benehmen, Gesinnung)

**Knechtschaft** ⟨f. 20; unz.⟩ *Unfreiheit, Hörigkeit, demütigende Abhängigkeit, Unterdrückung* ◆ in der Knechtschaft leben; zur Knechtschaft verurteilt sein

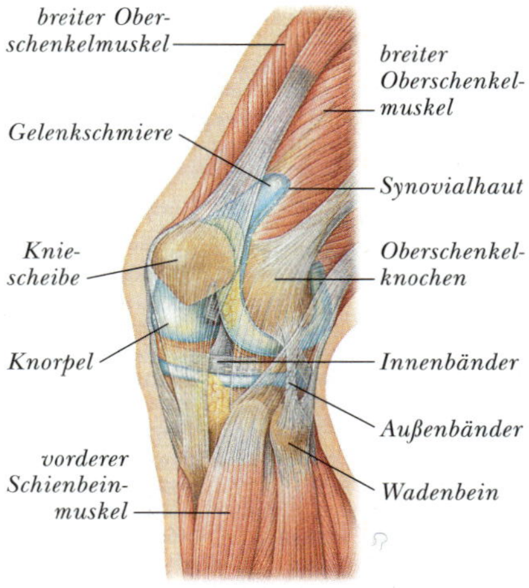


KNIE DES MENSCHEN

**kneifen** ⟨V. t. 169; hat⟩ **I** ⟨V. t.⟩ *zwischen zwei Fingern (meist schmerzhaft) zusammendrücken, klemmen, drücken* ◆ jmds. Arm kneifen; jmdn. in den Arm, der Hund kniff den Schwanz zwischen die Beine **II** ⟨V. i.⟩ *zu eng sein, so dass es schmerzt* ◆ das Gummiband kneift **III** ⟨V. i.; fig.⟩ *sich vor etwas drücken, feige zurück-, ausweichen* [< nddt. *knipen;* mdt. *kneipen* „kneifen"]

**Kneifer** ⟨m. 2⟩ *Brille ohne Bügel (meist auch ohne Fassung), die mit der elast. Brücke auf die Nase geklemmt wird*

KNICKERBOCKERS AUS DEN ZWANZIGER JAHREN

**Kneipe** ⟨f. 19⟩ **1** *einfaches Gasthaus, Wirtshaus* (Bierkneipe, Hafenkneipe) **2** ⟨allg.⟩ *Wirtshaus* [verkürzt < *Kneipschenke;* wohl zu mdt. *kneipen* im Sinne von „kneifen, einengen, beklemmen" (wie eine enge Wirtsstube)]

**kneipen** ⟨V. i.; hat⟩ **1** *trinken, zechen* **2** *einen (student.) Kneipabend haben* [→ *Kneipe*]

**kneippen** ⟨V. i.; hat; umg.; Med.⟩ *eine Kneippkur machen*

**Kneippkur** ⟨f. 20; Med.⟩ *Ganzheitsbehandlung mit naturgemäßer Diät, kaltem Wasser u. Bewegung an der frischen Luft* [nach dem Pfarrer Sebastian *Kneipp,* 1821-1897]

**Knesset, Knesseth** ⟨f.; -; unz.; Pol.⟩ *das Parlament des Staates Israel* [hebr., „Versammlung"]

**Knete** ⟨f.; -; unz.⟩ **1** *Knetmasse, Plastilin* **2** ⟨salopp für⟩ *Geld*

**kneten** ⟨V. t.; hat⟩ **1** *mit den Händen drückend bearbeiten* (Teig) **2** *massieren* (Körper) **3** *mit den Händen drückend formen* (Ton, Lehm, Plastilin) ◆ den Kuchenteig gründlich kneten [< ahd. *knetan,* engl. *knead*]

**Knetmasse** ⟨f. 19; unz.⟩ = *Plastilin*

**Knick** ⟨m. 1⟩ **1** *angeschlagene Stelle, Sprung* **2** *scharfe Biegung, Kurve* **3** *scharf umgebogene Stelle, Falte* [→ *knicken*]

**Knickebein** ⟨m.; -s; unz.⟩ **1** *leicht alkohol. Cremefüllung (in Pralinen)* **2** *alkohol. Mischgetränk mit Ei* [nach einem Mecklenburger, der um 1840 in Jena studierte, wegen seines Gangs *Knickebein* (nddt. *knikkebeen*) hieß u. als Erfinder eines aus Likör u. Eigelb bestehenden Getränkes gilt]

**knicken I** ⟨V. i.; ist⟩ **1** *einen Riss, Sprung bekommen* (Ei) **2** *brechen* (Zweig, Blumenstängel) ◆ in die Knie knicken; geknickt sein ⟨fig.⟩ *niedergeschlagen, mutlos sein;* er ist ganz geknickt; einen geknickten Eindruck machen **II** ⟨V. t.; hat⟩ **1** *scharf umbiegen, falten* (Papier, Buchseite) **2** *fast ganz abbrechen* (Zweig) ◆ der Sturm hat die Bäume geknickt [< nddt. *knicken* „bersten, spalten"]

**Knickerbockers** ⟨[nikə(r)-] Pl.⟩ ▲ *Überfallhose, deren Beine unter den Knien mit Schnallen geschlossen werden* [< engl. *knickerbockers;* nach einem von W. Irving in seinem Roman „History of New York" (1809) erfundenen Ureinwohner D. *Knickerbocker*]

**knickerig** ⟨Adj.; umg.⟩ = *geizig*

**Knicks** ⟨m. 1⟩ *Beugung der Knie* (als ehrerbietiger Gruß) ◆ Hofknicks; einen (tiefen) Knicks machen [→ *knicken*]

**Knie** ⟨n.; -s, -⟩ **1** ⟨Anat.⟩ ◄ *Gelenk zwischen Oberschenkelknochen u. Schienbein: Genu* **2** *Stelle des Knies im Hosenbein* **3** ⟨fig.⟩ *Biegung, Krümmung, gekrümmte Stelle, gebogenes Teil* ◆ das Knie **beugen;** die Knie **schlotterten,** zitterten ihm vor Angst ◆ die Hose hat schon **ausgebeulte,** abgewetzte

K

Knie; **runde,** schmale, spitze Knie; ein **steifes** Knie haben ◆ ich habe ihn **auf** Knien darum gebeten ⟨fig.⟩ *inständig, flehentlich;* auf dem Knie des Vaters reiten (Kind); **in** die Knie brechen *zusammenbrechen, -sinken;* in die Knie gehen ⟨fig.⟩ *sich (der Gewalt) fügen, (der Gewalt) nachgeben; sich (in einem Kampf, Wettstreit) als unterlegen erklären;* jmdn. in die Knie zwingen ⟨fig.⟩ *ihn besiegen, unterwerfen* [< ahd. *kneo, knio, kniu,* Gen. *kniwes,* engl. *knee*]

**Kniebeuge** ⟨f. 19⟩ *Beugen der Knie (als Turnübung od. als ehrerbietiger Gruß, z. B. vor dem Kruzifix)* ◆ zehn Kniebeugen machen; in die Kniebeuge gehen

**Kniefall** ⟨m. 1u⟩ *Niederlassen auf die Knie (als Zeichen der Ehrerbietung, Huldigung od. des flehentl. Bittens)* ◆ einen Kniefall (vor jmdn.) tun ⟨fig.⟩ *sich (vor jmdm.) demütigen (um etwas zu erreichen)*

**Kniehose** ⟨f. 19⟩ *Hose, deren Beine unter den Knien geschlossen werden (aber nicht überfallen)*

**knien** ⟨['kniːn] od. ['kniːən] V. i.; hat⟩ *auf den Knien liegen* ◆ auf dem Boden, vor dem Altar knien

**Kniescheibe** ⟨f. 19; Anat.⟩ *Knochenscheibe an der Vorderseite des Kniegelenks;* Sy *Patella*

**Knieschluss** ⟨m. 1u; unz.⟩ *Anpressen beider Knie an den Pferdekörper (beim Reiten) bzw. an den Rahmen des Motorrades, um beim Fahren auch durch Gewichtsverlagerung lenken zu können*

**Kniesehne** ⟨f. 19; Anat.⟩ ▼ *Sehne im Bereich des Kniegelenkes*

**Kniesehnenreflex** ⟨m. 1; unz.⟩ *Schlag auf die Sehne unterhalb der Kniescheibe, wobei sich das Kniegelenk ruckartig streckt;* Sy *Patellarreflex*

**Kniff** ⟨m. 1⟩ **1** *das Kneifen* **2** *scharfe Falte, umgebogene Stelle* **3** ⟨fig.⟩ *Kunstgriff, Trick* ◆ jmdn. die Kniffe des Zauberns lehren [→ *kneifen*]

**kniffelig** ⟨Adj.; umg.⟩ oV *knifflig* **1** *schwierig, mühsam, Geduld u. Geschicklichkeit erfordernd* (Arbeit) **2** *heikel* (Angelegenheit) [zu mundartlich *kniffeln, knüffeln* „mühselige Arbeit verrichten"]

**knifflig** ⟨Adj.⟩ = *kniffelig*

**Knigge** ⟨m.; - od. -s; unz.⟩ *Buch mit Regeln über richtiges gesellschaftl. Verhalten, über korrekte Umgangsformen* [nach A. Freiherr von *Knigge,* 1752-1796, der das erste Buch dieser Art („Über den Umgang mit Menschen") schrieb]

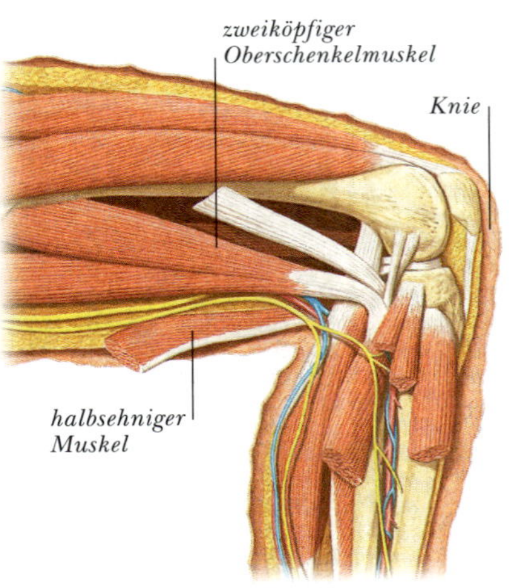


KNIESEHNE:
ZWEI DER FÜNF KNIESEHNEN
IM BEIN DES MENSCHEN

**knipsen** ⟨V. t. u. V. i.; hat⟩ **1** *lochen* (Fahrschein) **2** *den Auslöser am Fotoapparat betätigen* **3** *(dilettantisch) fotografieren* [lautmalend, angelehnt an nddt. *knipen;* → *kneifen*]

**Knirps** ⟨m. 1⟩ **1** *kleiner Junge* **2** ⟨abwertend⟩ *kleiner Mensch* **3** ⟨Warenzeichen für⟩ *zusammensteckbarer Schirm, Taschenschirm* [ostmdt. < mdt. *knürbes*]

KNOBLAUCH
*(Allium sativum)*

**knirschen** ⟨V. i.; hat⟩ *ein hartes, reibendes Geräusch von sich geben* ◆ die Räder knirschten auf dem Schnee; mit den Zähnen knirschen *die Zähne (vor Wut) aufeinander reiben* [< mnddt. *knirsen;* wohl lautmalend]

**Knistergold** ⟨n. 11; unz.⟩ = *Rauschgold*

**knistern** ⟨V. i.; hat⟩ *bei Bewegung feine, leise u. hell knackende, raschelnde Laute von sich geben* [lautmalend]

**Knittelvers** ⟨m. 1; Metrik⟩ *vierhebiger, paarweise gereimter, bes. im 16. Jh. beliebter Vers* [1. frühnhd. *knüttel* „das unordentl. Geknüpfte" (→ *Knoten*); 2. „Knüttelvers": Übersetzung von lat. *versus rhopalicus,* wörtl. „Keulenvers" (1579)]

**knittern** ⟨V.; hat⟩ **I** ⟨V. i.⟩ *kleine Druckfalten bilden* (Bluse, Kleid, Papier, Stoff) **II** ⟨V. t.; umg.⟩ *zerknittern, zerdrücken* [< nddt. *knittern;* Schallwort im Ablaut zu *knattern*]

**Knobel** ⟨m. 5; mdt; oberdt.⟩ *Würfel* [< mhd. *knübel* „Fingerknöchel"]

**knobeln** ⟨V. i.; hat⟩ **1** *würfeln* **2** *denken, nachdenken* [→ *Knobel* (die Würfel waren aus Knochen geschnitten)]

**Knoblauch** ⟨m.; -s; unz.; Bot.⟩ ◄ *zu den Liliengewächsen gehörende Pflanze mit zwiebeltragenden Dolden von scharfem Geruch: Allium sativum* [< spätahd. *cnufloch* < ahd. *chlobilouh, chlofalouh,* eigtl. „gespaltener Lauch" < *Kloben, klieben* + *Lauch*]

**Knöchel** ⟨m. 5⟩ **1** *vorspringendes Ende der Unterschenkelknochen: Malleolus* (Fußknöchel) **2** *Fingerknöchel* **3** ⟨fig.⟩ *Würfel* ◆ sich den Knöchel brechen, verstauchen [Verkleinerungsform zu *Knochen*]

**Knochen** ⟨m. 4⟩ ► *feste Stützsubstanz des Skeletts der Wirbeltiere: Os* ◆ er ist nur noch Haut und Knochen *sehr dünn, sehr mager;* sich die Knochen **brechen;** jmdm. die Knochen (im Leibe) **zusammenschlagen** ⟨umg.⟩ *jmdn. heftig verprügeln* ◆ **alter** Knochen! *alter Kerl, Bursche;* **feste,** schwere, starke, weiche, zarte Knochen haben; seine **müden** Knochen ausruhen ⟨umg.⟩ ◆ der Hund nagt **an** einem Knochen; bis **auf** die Knochen abmagern; der Schreck fuhr mir **in** die Knochen ⟨umg.⟩; die Krankheit lag mir schon lange in den Knochen ⟨umg.⟩ [< mhd. *knoche;* wohl lautmalend; zu *knacken* „Gegenstand zum Schlagen"; verwandt mit engl. *knock* „schlagen"]

**Knochenabszess** ⟨m. 1; Med.⟩ *Eiterbildung innerhalb eines Knochens, führt zu allmählicher Zerstörung des Knochengewebes;* Sy *Knochenbrand, Knochenfäule, Knochenfraß*

**Knochenasche** ⟨f. 19; unz.⟩ *durch Glühen von Knochen erhaltenes Gemisch von Kalziumphosphat u. Kalziumoxid, zur Herstellung von Superphosphat verwendet*

## KNOCHEN

Knochen bestehen aus hartem, lebendem Gewebe. Die Markhöhle enthält das die roten Blutkörperchen bildende Knochenmark und ist umgeben von Bälkchenknochen. Der außen liegende kompakte Knochen und eingelagerte Mineralsalze verleihen dem Knochen Härte und Druckfestigkeit, wobei die Knochenhaut sehr schmerzempfindlich ist.

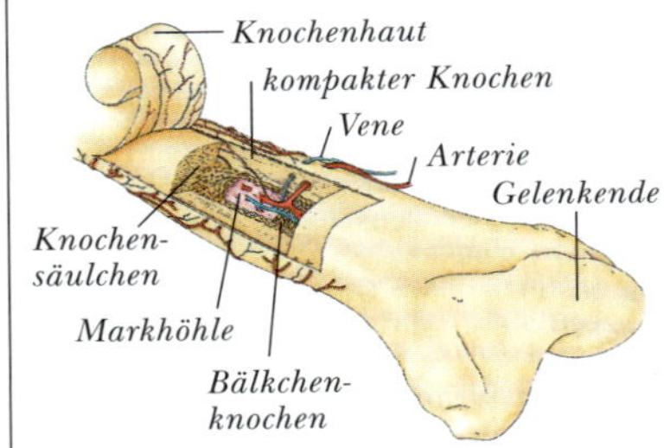


SCHNITT DURCH EINEN KNOCHEN

**Knochenatrophie** ⟨f. 19⟩ *Abnutzungserscheinung der Knochen, bei der die Knochenmasse schwindet*

**Knochenbank** ⟨f. 20⟩ *Aufbewahrungsstelle für Knochenteile bei -40 °C zur Transplantation (in Krankenhäusern usw.)*

**Knochenbau** ⟨m.; -(e)s; unz.⟩ **1** *Skelett* **2** *Beschaffenheit des Skeletts, der Knochen* ◆ kräftiger, zarter Knochenbau

**Knochenbrand** ⟨m.; -(e)s; unz.; Med.⟩ = *Knochenabszess*

**Knochenbruch** ⟨m. 1u; Med.⟩ ▼ *Bruch eines Knochens;* Sy ⟨kurz⟩ *Bruch[1] (9), Fraktur*

## KNOCHENBRÜCHE

Bei schwerer Belastung können Knochen brechen. Je nach Art und Intensität der einwirkenden Kraft werden zahlreiche Bruch†arten unterschieden. Bei einem offenen Knochenbruch wird die Knochenhaut verletzt, während sie bei einem geschlossenen Knochenbruch unversehrt bleibt.

### KNOCHENBRUCHARTEN

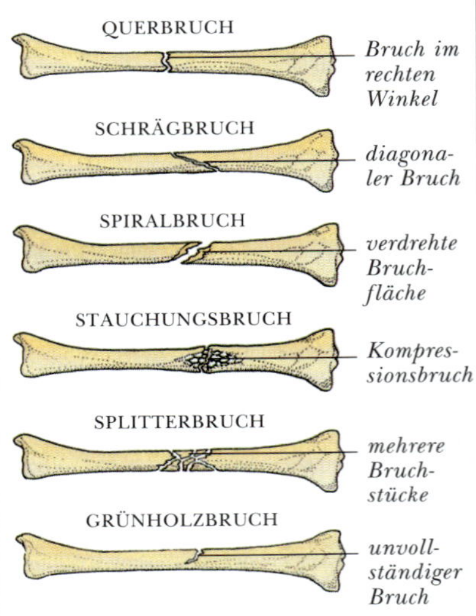

**Knochenfäule** ⟨f.; -; unz.; Med.⟩ = *Knochenabszess*

**Knochenfisch** ⟨m. 1⟩ *Fisch mit knöchernem Skelett: Teleostei;* Sy *Grätenfisch, Teleostier;* ► *Fische*

**Knochenfraß** ⟨m.; -es; unz.; Med.⟩ = *Knochenabszess*

**Knochenhautentzündung** ⟨f. 20; Med.⟩ *schmerzhafte Entzündung der Knochenhaut als Folge von Verletzungen od. einer Knochenmarkentzündung*

**Knochenhecht** ⟨m. 1; Zool.⟩ ► *Angehöriger einer Familie räuberischer Fische mit krokodilartiger Schnauze: Lepisosteidae*

**Knochenkohle** ⟨f. 19; unz.⟩ *durch Erhitzen von Knochen unter Luftabschluss gewonnene Kohle zum Filtern u. Entfärben von Flüssigkeiten sowie gegen Darmkatarrh*

**Knochenleim** ⟨m. 1; unz.⟩ *aus Knochen gewonnener Warmleim*

**Knochenmark** ⟨n.; -(e)s; unz.⟩ *in den langen Röhrenknochen enthaltenes Zellgewebe*

**Knochenmehl** ⟨n. 11; unz.⟩ *gemahlene Knochen, die vorher durch Dämpfen entleimt worden sind, als Beifutter, bes. in der Pelztierzucht*

**Knochenmühle** ⟨f. 19⟩ **1** *Vorrichtung zur Gewinnung von Knochenmehl* **2** ⟨fig.; umg.⟩ *Betrieb, in dem körperlich sehr hart gearbeitet wird*

**Knochentransplantation** ⟨f. 20; Chir.⟩ *Verpflanzung von lebendem Knochengewebe*

**knochentrocken** ⟨Adj.; umg.⟩ **1** *sehr trocken* **2** ⟨fig.⟩ *unanschaulich, langweilig,* ⟨oft⟩ *zu abstrakt* ◆ sein Vortrag ist knochentrocken

**Knochentuberkulose** ⟨f. 19; Med.⟩ *durch Lungentuberkulose entstehende Knochenkrankheit*

**knöcherig** ⟨Adj.⟩ **1** *knochenartig* **2** *aus Knochen (bestehend)*

**...knochig** ⟨Adj. in Zus.⟩ *mit einer bestimmten Art von Knochen ausgestattet,* z. B. feinknochig, grobknochig, starkknochig

**knockdown,** ⟨auch⟩ **knock-down** ⟨[nɔk'daun] Adj.; nur präd. u. adv.; Sp.; Boxen⟩ *niedergeschlagen, aber nicht kampfunfähig* [engl., eigtl. *knocked down* „niedergeschlagen"]

**Knockdown,** ⟨auch⟩ **Knock-down** ⟨[nɔk'daun] m. 6; Sp.; Boxen⟩ *Niederschlag, der nicht zur Kampfunfähigkeit, also auch nicht zur direkten Niederlage führt* [engl., „das Niederschlagen"]

**knockout,** ⟨auch⟩ **knock-out** ⟨[nɔk'aut] Adj.; nur präd. u. adv.; Abk.: k.o.; Sp.; Boxen⟩ *niedergeschlagen, kampfunfähig* [engl., eigtl. *knocked out* < *knock out* „herausschlagen, entscheidend besiegen"]

**Knockout,** ⟨auch⟩ **Knock-out** ⟨[nɔk'aut] m. 6; Abk.: K.o.; Sp.; Boxen⟩ *Niederschlag, völlige Besiegung*

**Knödel** ⟨m. 5; oberdt.⟩ = *Kloß (2)* [< spätmhd. *knödel,* Verkleinerungsform zu ahd. *knodo* „Knoten"]

**Knöllchen** ⟨n. 14; umg.⟩ *polizeil. Strafzettel für falsches Parken o. Ä.;* Sy *Knollen (4)*

**Knolle** ⟨f. 19⟩ ► *fleischig verdicktes pflanzl. Organ, das der Speicherung von Nährstoffen u. zum Teil auch der vegetativen Vermehrung dient* (Wurzelknolle, Sprossknolle); Sy *Knollen (1)* [< mhd. *knolle* „Erdscholle, Klumpen", engl. *knoll* „Hügel"]

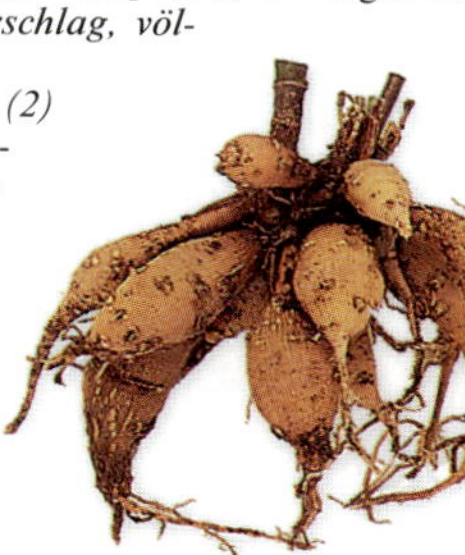

KNOLLEN EINER DAHLIE

**Knollen** ⟨m. 4⟩ **1** ► = *Knolle* **2** *Klumpen* **3** ⟨fig.; umg.; scherzh.⟩ *dicke, rundliche Nase* **4** ⟨umg.⟩ = *Knöllchen*

**Knollenblätterpilz** ⟨m. 1⟩, **Knollenblätterschwamm** ⟨m. 1u; Bez. für⟩ *verschiedene meist giftige Pilzarten: Amanita* ◆ Gelber Knollenblätterschwamm *häufig in Wäldern: Amanita citrina;* Grüner Knollenblätterschwamm *mit olivgrünem Hut u. reinweißen Lamellen, giftigster Pilz: Amanita phalloides*

**Knollengewächs** ⟨[-ks] n. 11; Bot.⟩ *ausdauernde Pflanze, deren Erneuerungsknospen in unterirdischen Sprossknollen überwintern, z. B. Krokus*

**Knopf** ⟨m. 1u⟩ **1** *meist rundes, scheiben- od. auch kugelförmiges Verschlussstück an der Kleidung* (Jackenknopf, Holzknopf, Perlmuttknopf) **2** *runde Drückvorrichtung* (Klingelknopf, Schaltknopf) **3** *Griff, Knauf* (Türknopf) **4** *Kopf* (Stecknadelknopf, Turmknopf) ◆ der Knopf ist abgerissen; einen Knopf annähen, verlieren; die Knöpfe (am Mantel usw.) zuknöpfen [< ahd. *knopf* „Knoten, Knospe, Knauf, Knorren", engl. *knop* „Knauf, Knopf"]

**knöpfen** ⟨V. t.; hat⟩ *mit Knöpfen schließen od. öffnen* ◆ das Kleid ist hinten zu knöpfen

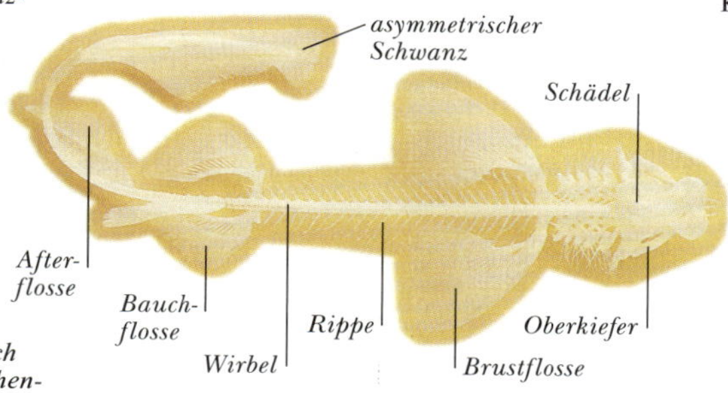


KNORPELFISCH: AUS KNORPEL BESTEHENDES SKELETT EINES KATZENHAIS

**Knorpel** ⟨m. 5⟩ *bes. festes, aber im Gegensatz zum Knochen schneidbares u. elastisches, als Stützsubstanz dienendes Bindegewebe, in das Chondrin (Knorpelleim) eingelagert ist: Cartilago* [zuerst in *knorpelbein* belegt (15. Jh.); verwandt mit *Knirps, Knorren*]

**Knorpelfisch** ⟨m. 1; Zool.⟩ ▲ *Angehöriger einer Überklasse der fischgestaltigen Wirbeltiere, deren Wirbelsäule verknorpelt ist: Chondrichthyes;* ► *Fische*

**Knorpelhaut** ⟨f. 7u⟩ *faserige obere Schicht der Knorpel: Perichondrium*

**Knorpelhautentzündung** ⟨f. 20; Med.⟩ *Entzündung der Knorpelhaut: Perichondritis*

**knorrig** ⟨Adj.⟩ **1** *astreich* **2** *krumm gewachsen* (Baum) **3** *groß, unbehauen* (Klotz) **4** *ausgemergelt, aber kräftig, zäh, sehnig* ◆ knorriger alter Mann

**Knospe** ⟨f. 19⟩ *jugendl. Pflanzenspross mit Anlage eines Blattes* (Blattknospe) *od. einer Blüte* (Blütenknospe) ◆ Knospen ansetzen, treiben [< spätmhd. *knospe* < ahd. *knofsa,* < ahd. *knopf;* → *Knopf*]

**Knötchen** ⟨n. 14⟩ **1** *kleiner Knoten* **2** *spitzes, über die Oberfläche kegelförmig hinausragendes Hautgebilde als Grundform vieler Hautausschläge;* Ggs *Papel*

**Knoten** ⟨m. 4⟩ **1** ►► *fest verschlungene Fäden, Stricke od. Taue* **2** *Schlinge der Krawatte* **3** ⟨Anat.⟩ *Verdickung an Kreuzungs- u. Verzweigungsstellen* (Nervenknoten) **4** *Anschwellung, Auswuchs, Verdickung (am Holz, an Gliedern) (Gichtknoten)* **5** ⟨Bot.⟩ *die oft verdickte Blattansatzstelle eines Sprosses: Nodus* **6** *als Kästchen, Kreis od. Punkt dargestellte Einheit (Begriff, Zeichen, Ergebnis) in einem Graphen* **7** ⟨Mar.; Zeichen: kn⟩ *Maß für die Geschwindigkeit eines Schiffes, 1 kn = eine Seemeile pro Stunde* **8** *aufgestecktes Haar* (Haarknoten) **9** *Schwierigkeit* ◆ einen Knoten **aufknüpfen,** lösen; einen Knoten **machen;** da **steckt** der Knoten ⟨fig.⟩ ◆ **fester,** lockerer Knoten; → a. *gordisch* [< ahd. *knoto* „knotenförmige Verdickung, Knospe, Knorren, Knorpel", engl. *knot*]

KNOCHENHECHT: LANGNASENKNOCHENHECHT (*Lepisosteus osseus*)

**Knotenpunkt** ⟨m. 1⟩ **1** *Ort, an dem sich mehrere Verkehrslinien kreuzen* (Eisenbahnknotenpunkt, Verkehrsknotenpunkt) **2** ⟨Optik⟩ *einer der Kardinalpunkte*

**Knotenwespe** ⟨f. 19; Zool.⟩ *schwarz u. gelb gezeichnete Grabwespe, deren einzelne Hinterleibsringe durch auffällige Einschnürungen voneinander abgesetzt sind: Cerceris*

**Knöterich** ⟨m. 1; Bot.⟩ *Angehöriger einer Gattung der Knöterichgewächse (Polygonaceae), deren Arten z. T. zu den am weitesten verbreiteten Unkräutern gehören: Polygonum* [→ *Knoten* (nach den knotenförmigen Stängelgelenken)]

**Know-how** ⟨[nou:'hau] n.; - od. -s; unz.⟩ *das Wissen, wie etwas gemacht wird* [< engl. *know* „wissen" + *how* „wie"]

**Knuff** ⟨m. 1⟩ *leichter Schlag od. Stoß mit der Faust od. mit dem Ellenbogen* ◆ jmdm. einen Knuff versetzen [lautnachahmend; verwandt mit *Knopf* od. zu nddt. *knüvel* „Knöchel"]

**knuffen** ⟨V. t.; hat⟩ jmdn. knuffen *jmdm. einen Knuff versetzen, jmdn. mit der Faust od. mit dem Ellenbogen stoßen* ◆ jmdn. in die Seite, in den Arm, Rücken knuffen

**knüllen** ⟨V.; hat⟩ **I** ⟨V. i.⟩ *knittern, Druckfalten bilden* (Stoff) ◆ der Stoff knüllt leicht, ⟨od.⟩ nicht **II** ⟨V. t.⟩ *zusammendrücken, zerknüllen, zerknittern* ◆ knüll das Papier, den Stoff nicht so! [< mhd. *knüllen* „stoßen, (er)schlagen"; verwandt mit *Knolle, Knoten*]

**Knüller** ⟨m. 3⟩ *eine Sache, die einschlägt, Schlager, Erfolg* [zu jidd. *knellen* „schlagen"; → *Schlager*]

**knüpfen** ⟨V. t.; hat⟩ **1** *Fäden miteinander verschlingen, bes. zu kunstvollen Mustern* **2** *eine Schleife binden, Knoten machen aus* **3** ⟨fig.⟩ *schlingen* ◆ Bande der Freundschaft knüpfen ⟨fig.⟩; einen Teppich knüpfen; er knüpfte daran die Bedingung, dass ... [< ahd. *knupfen* „knoten, schlingen"; zu *Knopf* in der alten Bedeutung „Knoten, Schlinge"]

**Knüppel** ⟨m. 5⟩ **1** *kurzer, dicker Stock* (Gummiknüppel) **2** *armlang geschnittenes Rundholz* **3** ⟨im Flugzeug⟩ *Steuerhebel* **4** ⟨im Kfz⟩ *Gangschalthebel (bei Knüppelschaltung)* ◆ jmdm. einen Knüppel zwischen die Beine werfen ⟨fig.⟩ *ihm Hindernisse in den Weg stellen, Schwierigkeiten machen* [< ostmdt. im 15. Jh. für mhd. *knüpfel,* eigtl. „Knottenstock"; zu *Knopf* „Knorren an Gewächsen"]

**knüppeln** ⟨V.; hat⟩ **I** ⟨V. t.⟩ *mit einem Knüppel verprügeln* **II** ⟨V. i.; umg.⟩ **1** *schwer (u. schnell) arbeiten*

# KNOTEN

Als Knoten oder Steks werden fachgerechte Verschlingungen von Seilen und Tauen bezeichnet, die die unterschiedlichsten Aufgaben erfüllen. Die einen verhindern, dass die Leine durch die Hände rutscht, und sorgen für ein erhöhtes Wurfgewicht am Ende der Leine. Andere Knoten dienen dazu, das Seilende vor allem an Pfählen, Balken und Ringen festzumachen. Solche Verbindungen müssen fest halten und sich auch leicht wieder lösen lassen. Besondere Knoten können die Enden zweier ungleicher Seile verbinden.

## VERSCHIEDENE KNOTEN- UND STEKTYPEN

**knurren** ⟨V. i.; hat⟩ **1** *drohende Kehllaute ausstoßen* (Hund) **2** ⟨fig.⟩ *mürrisch vor sich hin reden* **3** *kollernde Töne von sich geben* (Magen, Darm) ◆ „Lass mich in Ruhe", knurrte er; mir knurrt der Magen ⟨fig.⟩ *ich habe Hunger* [lautmalend]

**Knurrhahn** ⟨m. 1u⟩ **1** *Angehöriger einer Familie von breitköpfigen Meeresfischen mit steifen Bruststacheln, die ein knurrendes Geräusch von sich geben können: Triglidae* **2** ⟨fig.⟩ *gutmütig-brummiger Mensch*

**knuspern** ⟨V. t.⟩ *knabbern, in kleinen Bissen hörbar essen* [Weiterbildung von mhd. *knussen* oder lautmalende Neubildung]

**knusprig** ⟨Adj.⟩ **1** *hart gebacken, rösch, angenehm zum Knabbern* (Gebäck, Brötchen, Chips, Salzstangen) **2** ⟨fig.; umg.⟩ *adrett, anziehend* (Mädchen)

**Knute** ⟨f. 19⟩ **1** *Peitsche* **2** ⟨fig.⟩ *Gewalt(herrschaft)* ◆ unter jmds. Knute stehen ⟨fig.⟩ *nichts zu sagen haben, unterdrückt sein* [< russ. *knut,* eigtl. „Knotenpeitsche"]

**knutschen** ⟨V. t.; hat; umg.⟩ (sich) knutschen *(einander) heftig u. lange drücken u. küssen* [< mhd. *knutzen* „drücken, quetschen"]

**k. o., K. o.** ⟨Abk. für⟩ *knockout, Knockout* ◆ ich bin k. o. ⟨umg.⟩ *ich bin erschöpft*

**ko..., Ko...** ⟨Vors.⟩ = *kon..., Kon...*

**Koalition** ⟨f. 20⟩ *Vereinigung, Bündnis, zweckbestimmte Verbindung (von Parteien od. Staaten)* [< frz. *coalition* „Bündnis" < engl. *coalition* < mlat. *coalitio* „Vereinigung, Zusammenkunft"]

**Koautor** ⟨m. 23; Lit.⟩ *Mitverfasser, Mitautor* [< *Kon...* + *Autor*]

**Koaxialkabel** ⟨n. 13⟩ *Kabel für Nachrichtenverbindungen, bei dem ein Mittelleiter von einem rohrförmigen Außenleiter umgeben ist*

**Kobalt** ⟨n. 11; unz.; Chem.; Zeichen: Co⟩ *graues, glänzendes, magnetisches Metall, Ordnungszahl 27, in Legierungen u. als Katalysator verwendet* [< *Kobold,* nach dem früheren Bergmannsglauben, das für wertlos angesehene Kobalt sei von Berggeistern untergeschoben worden, nachdem das wertvolle Silber geraubt worden war]

KOBEL

**Kobel** ⟨m. 5; bair.-österr.⟩ **1** *Verschlag, kleiner Stall für Haustiere, vor allem für Schweine* (Schweinekobel) **2** ► *kugeliges, aus einem Flechtwerk von Zweigen bestehendes Nest des Eichhörnchens* [< mhd. *kobe* „Schweinestall, Verschlag, Käfig, Höhlung", engl. *cove* „Schlupfwinkel"; verwandt mit *Kugel*]

**Kobold** ⟨m. 1⟩ *Erdgeist, zwergenhafter (guter) Hausgeist* [< mhd. *kobolt;* 1. Teil: < *Koben;* 2. Teil: < *hold* od. *walten,* eigtl. „Stall-, Hausgeist" od. „Stall-, Hauswalter"]

**Koboldäffchen** ⟨n. 14⟩, **Koboldmaki** ⟨m. 6⟩ **1** ⟨i. w. S.⟩ *Angehöriger einer Gattung der Halbaffen: Tarsius* **2** ⟨i. e. S.⟩ *eichhörnchengroße Art mit großen Augen: Tarsius tarsius*

**Kobra** ⟨f. 10⟩ ► *Angehörige einer Gattung der Giftnattern, die die Nackenregion scheibenförmig ausbreiten kann, wodurch häufig eine Brillenzeichnung sichtbar wird: Naja;* ► *Schlangen* [verkürzt < port. *cobra de capello* „Kappenschlange" < lat. *colubra* „Schlange" + *capello* „Kappe"]

**Koch** ⟨m. 1u⟩ **1** *jmd., der berufsmäßig Speisen zubereitet* **2** *Lehrberuf mit dreijähriger Lehrzeit* (Diätkoch, Hotelkoch) ◆ viele Köche verderben den Brei ⟨fig.⟩ *wenn allzu viele mit einer Sache zu tun haben, wird nichts Rechtes daraus* [< ahd. *choch,* engl. *cook* < lat. *coquus* „Koch"]

**Köchelverzeichnis** ⟨n. 11; unz.; Mus.; Abk.: KV⟩ *themat. Verzeichnis aller Werke Mozarts* ◆ Sinfonie Nr. 41, C-Dur, Köchelverzeichnis Nr. 551 [nach dem österr. Juristen, Naturforscher u. Musikgelehrten Ludwig Ritter von *Köchel,* 1800-1877]

**kochen** ⟨V.; hat⟩ **I** ⟨V. i.⟩ **1** *sieden* (Wasser) **2** *Speisen zubereiten* **3** ⟨fig.⟩ *brodeln, schäumen* (Brandung) **4** ⟨fig.; umg.⟩ *stark erregt sein, wütend sein (ohne es zu zeigen)* ◆ die Kartoffeln kochen (schon); kochen **können;** das Gemüse **muss** 20 Minuten kochen ◆ **gern,** gut, schlecht kochen ◆ **in** ihm kochte es ⟨fig.⟩; es wird nichts so heiß gegessen, **wie** es gekocht wird ⟨Sprichw.⟩ *am Anfang sieht manches schlimmer aus, als es dann ist;* Milch **zum** Kochen bringen ◆ kochendes Wasser **II** ⟨V. t.⟩ *mit siedendem Wasser zubereiten od. gar machen* (Speisen) *od. verwendbar machen* (Leim, Farblösung) ◆ **Essen** kochen; **Kaffee,** Tee kochen [< ahd. *kochon* < lat. *coquere* „kochen, sieden, reifen"]

KÖCHER

**Köcher** ⟨m. 3⟩ ► *(am Gürtel od. über der Schulter getragener) länglicher Behälter für Pfeile* [< ahd. *kochar* „Behälter, bes. für Pfeile" < mgrch. *koukouron* < osttürk. (Spr. der Hunnen) *kukur*]

**Köcherfliege** ⟨f. 19⟩ *Angehörige einer Ordnung kleiner bis mittelgroßer, schmetterlingsähnl. Insekten mit vier dicht behaarten Flügeln, langen, fadenförmigen Fühlern u. saugend-leckenden Mundwerkzeugen: Trichoptera*

**Kochgeschirr** ⟨n. 11⟩ **1** ⟨Sammelbez. für⟩ ►► *Pfannen, Töpfe, Back- u. Auflaufformen, die beim Kochen, Braten od. Backen benötigt werden* **2** *ovaler Blechnapf mit Deckel zum Essenfassen (bes. beim Militär)*

**Köchin** ⟨f. 22⟩ **1** *weibl. Koch* **2** *weibl. Person, die kochen kann* ◆ eine gute Hausfrau und Köchin sein

**Kochsalz** ⟨n. 11; unz.⟩ *im Wesentlichen aus Natriumchlorid, NaCl, bestehendes, aus Sole gewonnenes, als Speisesalz u. für verschiedene techn. Zwecke verwendetes Salzgemisch*

**Kochsalzlösung** ⟨f. 20⟩ **1** *Lösung von Kochsalz in Wasser* **2** physiologische Kochsalzlösung *0,9%ige Lösung von NaCl in Wasser, die notfalls als Blutersatz dienen kann*

KOBRA:
INDISCHE KOBRA
*(Naja naja)*

**Kockelskörner** ⟨Pl.⟩ *giftige Samen der Kockelspflanze, die in Südasien zum Fischfang dienen: Fructus cocculi;* oV *Kokkelskörner* [< mlat. *cocculae orientales* „Körner aus dem Orient" od. *cocculae indici* „Körner aus Indien"; *coccula:* Verkleinerungsform zu lat. *coccus* < grch. *kokkos* „Kern, Korn"]

**Kockelspflanze** ⟨f. 19⟩ *zur Familie der Mondsamengewächse gehörende, rankende Pflanze mit kleinen, schwarzen Steinfrüchten, deren Samen Kockelskörner genannt werden: Anamirta cocculus;* oV *Kokkelspflanze*

**Kode** ⟨[koːd] m. 6⟩ oV ⟨fachsprachl.⟩ *Code* **1** *Gesetzbuch* **2** *Schlüssel zum Übertragen von chiffrierten Texten in Klartext* **3** *Verzeichnis von Kurzwörtern u. Ziffern* **4** ⟨Sprachw.⟩ **4.1** *Vorrat an Zeichen* **4.2** *für eine gesellschaftl. Schicht kennzeichnende Ausdrucksweise* **5** ⟨EDV⟩ *ein in eine Maschinensprache übersetztes Programm* **6** ⟨Genetik⟩ genetischer Kode *Erbinformation, die jedem Organismus zum Aufbau arteigener Eiweiße dient* [< frz. *code* „Gesetzbuch, Telegrafen-, Chiffrierschlüssel"; → *Codex*]

**Kodein** ⟨[-deːiːn] n.; -s; unz.⟩ *ein Alkaloid der Morphingruppe, das als Husten stillendes Mittel verwendet wird;* oV ⟨fachsprachl.⟩ *Codein* [< grch. *kodeia* „Mohnfrucht"]

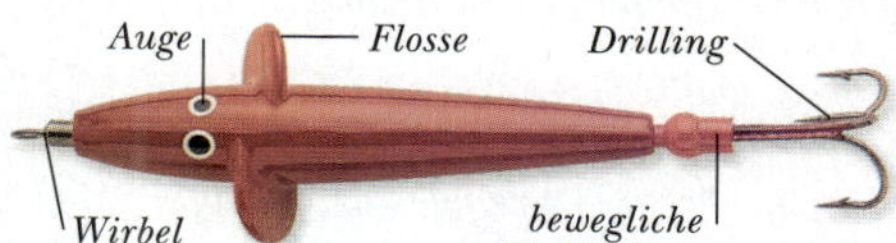


KÖDER:
SPINNER ZUM ANGELN

**Köder** ⟨m. 3⟩ **1** ▲ *Lockspeise od. -gegenstand zum Fangen von Tieren* (Fischköder) **2** ⟨fig.⟩ *Lockmittel* ◆ einen Köder auslegen, auswerfen [< ahd. *querdar* < germ. *kwerdra-;* zu idg. *guer-* „verschlingen"; verwandt mit *Kragen*]

**ködern** ⟨V. t.; hat; a. fig.⟩ *mittels Köders anlocken* ◆ den gut aussehenden Mann werde ich mir ködern

**Köderwurm** ⟨m. 2u⟩ ► = *Pier*[2]

**Kodex** ⟨m. 1; Pl. a.: -dizes⟩ → a. *Codex* **1** *Gesetzbuch, Gesetzessammlung* **2** *Gesamtheit der Regeln, die in einer Gesellschaft od. Gesellschaftsgruppe maßgebend sind* (Sittenkodex, Ehrenkodex)

**Kodiakbär** ⟨m. 16⟩ *in Alaska vorkommender, großer Braunbär* [nach der Insel *Kodiak* (Alaska)]

**kodieren** ⟨V. t.; hat⟩ *nach einem Kode in ein anderes Zeichensystem übertragen, verschlüsseln;* oV ⟨fachsprachl.⟩ *codieren;* Ggs *dekodieren* ◆ einen Text kodieren

**kodifizieren** ⟨V. t.; hat; Rechtsw.⟩ *in einem Gesetzbuch zusammenfassen* (Rechtsbestimmungen) ◆ kodifiziertes Recht [< lat. *codex* „Verzeichnis" + *facere* „machen"]

K

**Koedukation** ⟨[ko:e-] f. 20; unz.⟩ *Gemeinschaftserziehung von Jungen u. Mädchen (besonders in der Schule)* [< *Kon...* + lat. *educatio* „Erziehung"]

**Koeffizient** ⟨[ko:ef-] m. 16; Math.⟩ **1** *Faktor, der durch eine allgemeine od. bestimmte Zahl bezeichnet wird* **2** ⟨Messtech.⟩ *Zahlenwert ohne Maßangabe, der das Verhältnis zweier Zahlen gleicher Maßangabe darstellt, Beiwert* **3** ⟨Phys.⟩ *für bestimmte physikalische od. technische Vorgänge kennzeichnende Größe* [< *Kon...* + lat. *efficere* „bewirken"]

**Koenzym** ⟨n. 11⟩ = *Coenzym*

**Koerzitivfeldstärke** ⟨[ko:ɛr-] f. 19⟩ = *Koerzitivkraft*

**Koerzitivkraft** ⟨[ko:ɛr-] f. 7u⟩ *magnet. Feldstärke, bei der die Induktion od. die Magnetisierung eines Stoffes nach vorangegangener Anregung bis zur Sättigung verschwindet;* Sy *Koerzitivfeldstärke* [zu lat. *coercere* „in Schranken halten, zusammenhalten"]

**Koexistenz** ⟨[ko:ɛ-] f. 20; unz.; bes. Pol.⟩ *das Existieren nebeneinander, gleichzeitiges Vorhandensein (bes. von Staaten mit verschiedenen Regierungsformen)* ◆ friedliche Koexistenz [< *Kon...* + *Existenz*]

**koexistieren** ⟨[ko:ɛ-] V. i.; hat⟩ *nebeneinander existieren, gleichzeitig vorhanden sein* [< *kon...* + *existieren*]

**Koffein** ⟨[-i:n] n. 11; unz.⟩ *bes. in Kaffee u. Tee enthaltenes, anregendes Alkaloid, chem. Methyltheobromin;* oV ⟨fachsprachl.⟩ *Coffein;* Sy *Thein* [< engl. *coffee* „Kaffee"]

**Koffer** ⟨m. 3⟩ *viereckiger, tragbarer Behälter für Kleider u. kleine Utensilien, die man auf der Reise braucht* (Autokoffer, Handkoffer, Musterkoffer, Reisekoffer, Schrankkoffer) ◆ den Koffer aufgeben *als Reisegepäck durch die Eisenbahn schicken lassen;* den Koffer packen ⟨fig.⟩ *abreisen* [< mhd. (14. Jh.) *coffer, cuffer* „Kiste, Truhe" < mndrl. *coffer* < frz. *coffre* „Lade, Truhe" < lat. *cophinus* „Weidenkorb des Gärtners" < grch. *kophinos* „Weidenkorb"]

**Kofferraum** ⟨m. 1u⟩ *Raum für Gepäck im Kraftwagen*

**Kog** ⟨m. 1u⟩ = *Koog*

**Kogel** ⟨m. 5⟩ *kegelförmiger Berggipfel (häufig in Namen)* [→ *Kugel*]

**Kogge** ⟨f. 19; 13./15. Jh.⟩ *hochbordiges, zwei- bis dreimastiges Handels- od. Kriegssegelschiff mit mehrstöckigen Aufbauten auf Bug u. Heck* [< mnddt. *kogge;* → *Kugel*]

**Kognak** ⟨[-njak] m. 6⟩ *Weinbrand;* → a. *Cognac* [nach der frz. Stadt *Cognac* an der Charente]

**Kognakschwenker** ⟨[-njak-] m. 3⟩ *bauchiges Glas für Kognak*

**Kognition** ⟨f. 20⟩ **1** *Erkenntnis* **2** ⟨Rechtsw.⟩ *(gerichtl.) Untersuchung* [< lat. *cognitio* „das Wahrnehmen, das Erkennen"]

**kognitiv** ⟨Adj.⟩ *auf Erkenntnis beruhend* [→ *Kognition*]

**Kohabitation** ⟨f. 20⟩ **1** = *Koitus* **2** ⟨in Frankreich⟩ *Präsident u. Regierung aus unterschiedlichen politischen Lagern* [< lat. *cohabitatio* „das Beisammenwohnen" < *con...* „zusammen mit" + *habitare* „wohnen"]

**kohärent** ⟨Adj.⟩ **1** *zusammenhängend* **2** ⟨Phys.⟩ *der Kohäsion unterworfen* ◆ kohärentes Licht *interferenzfähiges Licht, dessen einzelne Wellengruppen Phasengleichheit od. gleich bleibende Phasenverschiebung besitzen*

KOHL: GRÜNKOHL
(*Brassica oleracea* var. *acephala*)

## KOCHGESCHIRR

Kochgeschirr gibt es je nach Aufgabe in den unterschiedlichsten Formen, Materialien und Größen. Pfannen und Kasserollen werden zum Kochen und Braten benutzt, bestehen meist aus Metall und sind manchmal innen emailliert oder mit einer Antihaftschicht versehen. Im Backofen werden Bräter, Auflauf- und Backformen verwendet.

### TEILE DES KOCHGESCHIRRS

BRATPFANNE

BRÄTER

MIKROWELLENGESCHIRR

STIELKASSEROLLE

BACKFORM

AUFLAUFFORM

SCHOKOKUSSFORM

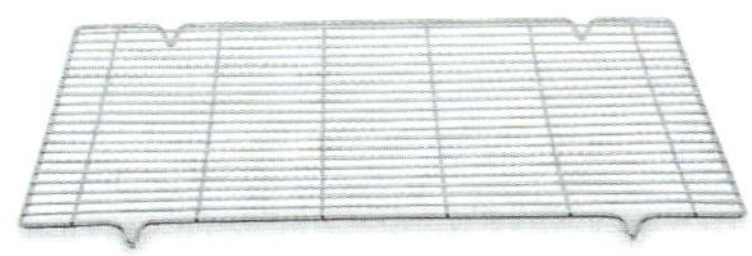

BACKROST

[< lat. *cohaerens* „zusammenhängend", Part. Präs. zu *cohaerere* „zusammenhängen"]

**Kohärenz** ⟨f. 20; unz.⟩ **1** ⟨allg.⟩ *Zusammenhang* **2** ⟨Phys.⟩ *Interferenzfähigkeit von zwei od. mehreren Gruppen von Wellen* [< lat. *cohaerentia* „das Zusammenhängen"]

**Kohärer** ⟨m. 3⟩ **1** *in den Anfangsjahren der drahtlosen Telegrafie benutzte, mit Eisenfeilspänen gefüllte Glasröhre, die beim Auftreffen elektrischer Wellen zusammenbacken u. sich durch Anklopfen wieder lösen* [→ *kohärieren*]

**kohärieren** ⟨V. i.; hat⟩ *zusammenhängen, der Kohäsion unterliegen* [< lat. *cohaerere* „zusammenhängen"]

**Kohäsion** ⟨f. 20⟩ *durch Anziehungskräfte zwischen den gleichartigen Atomen ein u. desselben Stoffes bewirkter Zusammenhalt zwischen ihnen;* → a. *Adhäsion* [zu lat. *cohaerere* „zusammenhängen"]

**kohäsiv** ⟨Adj.⟩ **1** *zusammenhaltend* **2** *auf Kohäsion beruhend*

**kohibieren** ⟨V. t.; hat; geh.; veraltet⟩ *mäßigen, zurückhalten* [< lat. *cohibere* „zusammenhalten, bezähmen"]

**Kohinoor** ⟨[-nu:r]⟩, **Kohinur** ⟨m.; -s; unz.⟩ *berühmter großer Diamant im Besitz des britischen Königshauses, 108,93 Karat* [< pers. *koh-i-nur* „Berg des Lichts"]

**Kohl**[1] ⟨m. 1⟩ **1** ⟨i. w. S.⟩ *Angehöriger einer Gattung der Kreuzblütler mit wichtigen Kulturpflanzen: Brassica* **2** ⟨i. e. S.⟩ ◄ *Gemüsekohl: Brassica oleracea* (Blattkohl, Blumenkohl, Grünkohl, Kopfkohl) ◆ das macht den Kohl auch nicht fett ⟨fig.⟩ *das nützt auch nichts (mehr)* [< ahd. *kol(i), cholo* < lat. *caulis* „Kohl", eigtl. „Strunk, Stängel"]

**Kohl**[2] ⟨m.; -s; unz.⟩ *Geschwätz, dummes Gerede, Unsinn* [< jidd. *kol* „Stimme, Rede" < hebr. *qol;* hierzu *kohlen* „schwatzen, verkohlen"; vermischt mit *Kohl* „Gemüse"]

**Kohle** ⟨f. 19⟩ **1** ▼ *Brennstoff, der im Lauf langer Zeiträume aus Holz od. anderen pflanzlichen Stoffen unter Luftabschluss entstanden ist* (Braunkohle, Glanzkohle, Steinkohle); → a. *Inkohlung* **2** *Holzkohle* **3** *Holzkohle zum Zeichnen* (Zeichenkohle) **4** ⟨fig.; umg.⟩ *Geld* ◆ Kohle **abbauen,** fördern; Kohlen **brennen;** die Kohlen **verdienen** müssen ⟨fig.; umg.⟩ *durch Arbeit für die finanzielle Versorgung (der Familie) sorgen* ◆ **glühende** Kohlen auf jmds. Haupt sammeln *jmdm. Böses mit Gutem vergelten, um ihn zu beschämen;* ich habe **keine** Kohle mehr ⟨fig.; umg.⟩ ◆ wie **auf** (glühenden) Kohlen sitzen ⟨fig.⟩ *sich in einer peinl. Lage befinden, sehr verlegen sein; sehr ungeduldig sein;* **mit** Kohlen heizen [< ahd. *kol(o),* engl. *coal*]

**Kohlebenzin** ⟨n. 11; unz.⟩ *durch Kohlenhydrierung gewonnenes Benzin*

KOHLE: VERSCHIEDENE STADIEN DER ENTSTEHUNG VON KOHLE

## KOHLENSTOFF-KREISLAUF

Der Kohlenstoff ist ein wichtiges Element im Körper aller Lebewesen. Die grünen Pflanzen nehmen ihn in Form von Kohlendioxid aus der Luft auf und wandeln ihn in Zucker und Stärke um. Die Tiere ernähren sich direkt oder indirekt davon und geben Kohlendioxid wieder an die Luft ab.

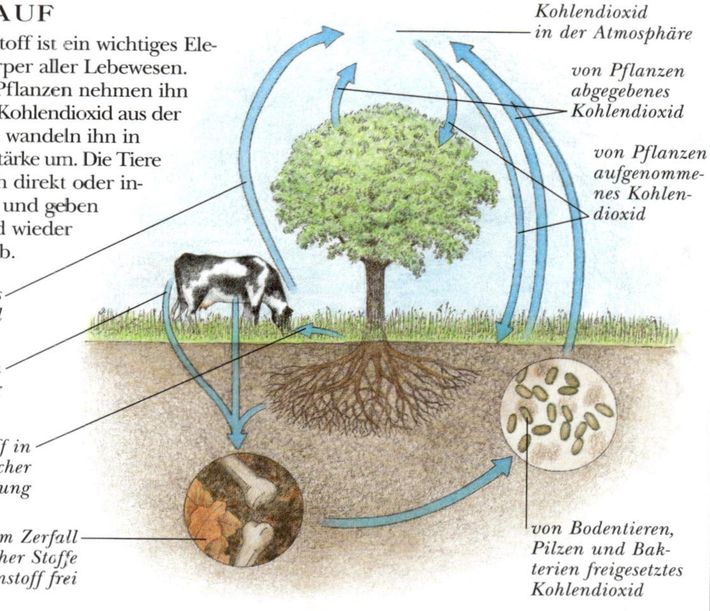


**Kohlehydrat** ⟨n. 11⟩ = *Kohlenhydrat*
**Kohlehydrierung** ⟨f. 20; unz.⟩ *Verfahren, bei dem Kohle od. Kohlenprodukte durch Umsetzung mit Wasserstoff über Katalysatoren bei erhöhten Drücken u. Temperaturen in Kraftstoffe, Leuchtöle, Schmieröle, Heizöle, Paraffin u. chem. Nebenprodukte überführt werden;* oV *Kohlenhydrierung;* Sy *Kohleverflüssigung*
**Kohlekraftwerk** ⟨n. 11⟩ *Kraftwerk, in dem durch die Verbrennung von Kohle Wasser verdampft wird, welches zur Energiegewinnung Generatoren antreibt*
**Kohlendioxid** ⟨n. 11; unz.; Chem.⟩ = *Kohlenstoffdioxid*
**Kohlenhydrat** ⟨n. 11⟩ *organ.-chem. Verbindung der allg. Formel $C_nH_{2n}O_n$, die neben Kohlenstoff noch Wasserstoff u. Sauerstoff enthält u. erstes Oxidationsprodukt mehrwertiger Alkohole ist;* oV *Kohlehydrat;* Sy *Saccharid*
**Kohlenhydrierung** ⟨f. 20; unz.⟩ = *Kohlehydrierung*
**Kohlenmonoxid** ⟨n. 11; unz.⟩ = *Kohlenstoffmonoxid*
**Kohlenpott** ⟨m. 1u; Pl. selten; umg.⟩ **I** ⟨zählb.⟩ *Bergwerksbezirk, Kohlenrevier* **II** ⟨unz.⟩ *das Ruhrgebiet, Kernzone des rheinisch-westfälischen Industriegebiets mit ausgedehnten Steinkohlevorkommen, langer Bergbautradition u. dadurch bedingter Belastung der Umwelt, bes. der Luft*
**Kohlenrevier** ⟨[-viːr] n. 11⟩ *Gebiet mit reichem Vorkommen von Kohle*

KOHLESTIFT MIT STRICH

KOHLRABI: STÄNGELKNOLLEN
*(Brassica oleracea* var. *gongyloides)*

**Kohlensäure** ⟨f. 19; unz.⟩ **1** *durch Lösen von Kohlendioxid in Wasser entstehende schwache Säure, $H_2CO_3$* **2** ⟨fälschlich⟩ = *Kohlendioxid*
**Kohlenstoff** ⟨m. 1; unz.; Chem.; Zeichen: C⟩ *nicht metallisches, vierwertiges Element, Ordnungszahl 6*
**Kohlenstoffdioxid** ⟨n. 11; unz.; Chem.⟩ *schwach säuerlich schmeckendes, farbloses, nicht brennbares Gas, chem. Formel $CO_2$;* Sy *Kohlendioxid*
**Kohlenstoffkreislauf** ⟨m. 1u; unz.; Biol.⟩ ▲ *Wechsel zwischen organischer Bindung des Kohlenstoffs u. seiner Freisetzung durch physikal. u. chem. Prozesse in der Natur*
**Kohlenstoffmonoxid** ⟨n. 11; unz.⟩ *bei unvollständiger Verbrennung von Kohlenstoff entstehendes, farb- u. geruchloses, giftiges Gas, chemische Formel CO;* Sy *Kohlenmonoxid*
**Kohlenwasserstoff** ⟨m. 1; unz.⟩ *ausschließlich aus Kohlenstoff u. Wasserstoff aufgebaute chem. Verbindung*
**Kohlepapier** ⟨n. 11; unz.⟩ *dünnes, einseitig gefärbtes Papier (für Durchschläge)*
**Kohlestift** ⟨m. 1⟩ **1** *Kohle in Form eines Stiftes als Elektrode für Bogenlampen u. Elektromotoren* **2** ◄ *Zeichenstift aus Holzkohle*
**Kohleverflüssigung** ⟨f. 20; unz.⟩ = *Kohlehydrierung*
**Kohlmeise** ⟨f. 19⟩ *eine der häufigsten einheim. Meisen mit schwarzem Käppchen: Parus maior* [→ *Kohle*]
**Kohlrabi** ⟨m. 6⟩ ◄ *Zuchtform des Gemüsekohls mit Stängelknolle: Brassica oleracea var. gongyloides* [< mundartl. ital. *cauliravi* < hochsprachl. ital. *cavoli rape* < lat. *caulis* „Kohl“ + *rapa* „Rübe“]
**Kohlroulade** ⟨[-ru-] f. 19; Kochk.⟩ *gedünstete, in Weißkohlblätter eingewickelte u. gewürzte Hackfleischrolle*
**Kohlrübe** ⟨f. 19⟩ *als Viehfutter od. Kochgemüse verwendete Zuchtform des Kohls: Brassica napus var. napobrassica*
**Kohlweißling** ⟨m. 1; Zool.⟩ ► *Tagfalter, dessen Raupen an Kohl oft sehr großen Schaden anrichten: Pieris brassicae;* ► *Tagfalter*

**Kohortativ** ⟨m. 1; Gramm.⟩ *zumeist konjunktivische Verbform der nachdrücklichen Bitte u. Aufforderung,* z. B. „es werde Tag“ [zu lat. *adhortari* „ermahnen, eindringlich bitten“]
**Kohorte** ⟨f. 19⟩ **1** *altröm. Truppeneinheit, 10. Teil einer Legion* **2** ⟨fig.⟩ *ausgewählte Gruppe (von Personen)* [< lat. *cohors,* Gen. *cohortis* „Gehege, Hofraum, Gefolge“]
**koinzident** ⟨Adj.⟩ *zusammentreffend, zusammenfallend, deckend* [< *kon...* + lat. *incidere* „hineinfallen“]
**Koinzidenz** ⟨f. 20; unz.⟩ *Zusammentreffen (zweier Ereignisse)* [< *Kon...* + lat. *incidere* „hineinfallen“]
**Koitus** ⟨[koːi-] m.; -, -⟩ *Begattung beim Menschen, die Vereinigung der Geschlechtsorgane;* oV *Coitus;* Sy *Beischlaf, Geschlechtsakt, Kohabitation (1)* [< lat. *coitus* „das Zusammengehen, Begattung“; zu *coire* „zusammengehen, -kommen, sich versammeln“]
**Koje** ⟨f. 19⟩ **1** ⟨auf Schiffen⟩ *eingebautes, schmales Bett* **2** ⟨allg.⟩ *sehr kleine Schlafkammer* **3** *kleiner, nach einer Seite offener Raum, z. B. auf Ausstellungen* [< mnddt. *koje* < lat. *cavea* „Verschlag, Käfig“]
**Kojote** ⟨m. 17; Zool.⟩ *Präriehund des westlichen Nordamerikas: Canis latrans;* Sy *Präriewolf* [< span.-mexikan. *coyote*]
**Koka** ⟨f.; -, -⟩ *in Bolivien heim. Pflanze, deren Blätter Kokain enthalten: Erythroxylon coca;* oV *Coca* [< span. *coca*]
**Kokain** ⟨[-kaːin] n. 11; unz.⟩ *in den Blättern des Kokastrauches enthaltenes Alkaloid, ein Betäubungs- u. Rauschmittel, das die Erregungsleitung in den Nerven unterbindet;* oV *Cocain;* Sy ⟨umg.⟩ *Koks*[2] [→ *Koka*]
**Kokainismus** ⟨[-kaːi-] m.; -; unz.⟩ = *Kokainsucht*

KOKARDE AN DER TSCHAPKA
EINES FRANZÖSISCHEN OFFIZIERS
AUS DEM 19. JH.

**Kokainsucht** ⟨[-kaːin-] f. 7u; unz.⟩ **1** *physische u. psychische Abhängigkeit von der regelmäßigen Einnahme von Kokain;* Sy *Kokainismus* ◆ er bekannte sich zu seiner Kokainsucht
**Kokarde** ⟨f. 19; Mil.⟩ ▲ *nationales Abzeichen an der Uniformmütze (meist in den Landesfahnen)* [< frz. *cocarde* „Kokarde“]

KOHLWEISSLING
*(Pieris brassicae)*

K

**Kokardenblume** ⟨f. 19; Bot.⟩ ► *Angehörige einer amerikanischen Gattung der Korbblütler (Compositae) mit farbigen, asterähnlichen Blüten: Gaillardia*

KOKARDENBLUME (*Gaillardia* species)

**kokett** ⟨Adj.; -er, am -esten⟩ *in spielerischer Art darauf bedacht, anderen (bes. Männern) zu gefallen* ◆ koketter Blick [< frz. *coquet* „eitel, gefallsüchtig", eigtl. „hahnenhaft"; zu frz. *coq* „Hahn"]

**kokettieren** ⟨V. i.; hat⟩ *sich kokett benehmen, seine Reize spielen lassen* ◆ mit jmdm. kokettieren *jmds. Gefallen zu erregen suchen, jmdn. zu reizen suchen*

**Kokkelskörner** ⟨Pl.⟩ = *Kockelskörner*

**Kokkelspflanze** ⟨f. 19⟩ = *Kockelspflanze*

**Kokon** ⟨[ko'kɔ̃] od. ['kokɔŋ] m. 6⟩ *aus dem erhärteten Sekret der Spinndrüsen von den Larven verschiedener Insekten bei der Verpuppung angefertigtes Gehäuse bes. der Seidenraupe* [< frz. *cocon* „Kokon, Gespinst der Seidenraupe"]

K

**Kokos** ⟨f.; -, -⟩ = *Kokospalme* [< span. *coco* „Butzemann" = Frucht der Kokospalme, weil man daraus leicht Larvengesichter schneiden kann]

KOKOSFASERN AN DER AUSSENSCHICHT DER KOKOSNUSS

**Kokosfaser** ⟨f. 21⟩ ► *Fruchtfaser der Kokosnuss*

**Kokosmilch** ⟨f. 20; unz.⟩ *wässrige, süßliche Flüssigkeit im Inneren der Kokosnuss*

**Kokosnuss** ⟨f. 7u⟩ *Frucht der Kokospalme*

**Kokospalme** ⟨f. 19; Bot.⟩ *20-30 m hohe Palme mit an der Basis angeschwollenem Stamm u. an der Spitze 4-6 m langen, steifen Fiederblättern: Cocos nucifera;* Sy *Kokos*

**Kokosräuber** ⟨m. 3; Zool.⟩ = *Palmendieb*

**Koks**[1] ⟨m. 1⟩ *bei der Verschwelung von Stein- od. Braunkohle entstehender, fast reiner Kohlenstoff* [< engl. *cokes,* Pl. von *coke* „Koks", eigtl. „Mark, Kern"]

**Koks**[2] ⟨m. 1; unz.; umg.⟩ = *Kokain*

**kol..., Kol...** ⟨Vors.⟩ = *kon..., Kon...*

**Kola** ⟨Pl. von⟩ *Kolon*

**Kolanuss** ⟨f. 7u⟩ *als Genussmittel verwendeter, koffeinhaltiger Samenkern des in Südwestafrika heimischen Kolabaumes (Cola vera)* [< westafrikan. Eingeborenenspr.]

**Kolben** ⟨m. 4⟩ **1** *Stab mit verdicktem Ende, Keule* (Streitkolben) **2** *in einem Zylinder hin- u. hergehendes Teil in Kraftmaschinen* **3** *Klotz, Rammbock* **4** *das hintere, breite Ende des Gewehrschaftes* (Gewehrkolben) **5** *Art des Blütenstandes, eine Ähre mit verdickter Hauptachse* (Maiskolben) **6** ⟨Chem.⟩ *flaschenförmiges, bauchiges, enghalsiges Glasgefäß* (Destillierkolben) [< ahd. *kolbo* „Keule als Waffe, Knüppel"]

**Kolbenmotor** ⟨m. 23⟩ *Kraftmaschine, in der die Energie von Druckluft od. einem Brennstoff durch einen sich hin- u. herbewegenden Kolben in mechan. Energie umgewandelt wird*

**Kolchizin** ⟨n.; -s; unz.⟩ = ⟨fachsprachl.⟩ *Colchicin*

**Kolchose** ⟨[-çoːsə] f. 19; UdSSR bzw. Russland⟩ *landwirtschaftliche Produktionsgenossenschaft mehrerer Höfe* [< russ. *kolchos;* verkürzt < *kollektivnoe chosjaistvo* „Kollektivwirtschaft"]

**Koleoptere** ⟨f. 19; Zool.⟩ ► = *Käfer (1)* [< grch. *koleos* „Scheide" + *pteron* „Flügel"]

**Kolibakterium** ⟨n.; -s, -rien⟩ *Bakterium, das ein wichtiger Bestandteil der normalen Darmflora ist, aber als Krankheitserreger auftreten kann: Bacterium coli* [zu grch. *kolon* „Dickdarm"]

**Kolibri** ⟨m. 6⟩ *Angehöriger einer den Seglern nahe verwandten Vogelfamilie: Trochilidae;* Sy *Fliegenvogel;* ► *Vögel* [< frz. *colibri* < Eingeborenenspr. der Insel Cayenne *colib(a)ri* „leuchtende Fläche"; nach dem leuchtenden Grün der unteren Kopfhälfte (Kluge, Etymologisches Wörterbuch)]

**Kolik** ⟨f. 20⟩ *schmerzhafte, krampfartige Zusammenziehung eines inneren Organs* (Darmkolik, Gallenkolik, Magenkolik, Nierenkolik) [< grch. *kolike (nosos)* „Darmkrankheit"; zu grch. *kolon* „Dickdarm"]

**Kolkrabe** ⟨m. 17⟩ *großer Rabenvogel mit glänzend schwarzem Gefieder u. kräftigem Schnabel: Corvus corax*

**kollabieren** ⟨V. i.; hat/ist⟩ *einen Kollaps erleiden, zusammenbrechen, ohnmächtig werden* [< lat. *collabi* „zusammenfallen"]

**Kollaboration** ⟨f. 20; unz.⟩ *das Kollaborieren, Zusammenarbeit mit dem Feind* [< frz. *collaboration* „Mitarbeit"]

**kollaborieren** ⟨V. i.; hat⟩ **1** ⟨allg.⟩ *zusammenarbeiten* **2** ⟨Mil.⟩ *mit dem Feind od. der Besatzungsmacht zusammenarbeiten* [< frz. *collaborer* „mitarbeiten"]

**kollagen** ⟨Adj.⟩ *leimgebend, aus Kollagen bestehend;* oV *collagen*

**Kollagen** ⟨n. 11⟩ *Gerüsteiweißstoff im Bindegewebe, in Knochen und Knorpel, wird durch langes Kochen in Wasser in Leim übergeführt, Hauptbestandteil der Häute;* oV *Collagen* [< grch. *kolla* „Leim" + *gennan* „erzeugen"]

**Kollaps** ⟨m. 1⟩ *durch mangelhafte Durchblutung des Gehirns verursachter, oft auf einen Schock folgender Kreislaufzusammenbruch* [< mlat. *collapsus* „Zusammenbruch"; → *kollabieren*]

**Kollar** ⟨n. 11⟩ **1** *steifes Halstuch mit Kragen, das bes. von kath. Geistlichen getragen wird* **2** *Zierbesatz des liturgischen Schultertuches* [< mlat. *collaris* „Halstuch" < lat. *collare* „Halsband (für Tiere), Halseisen"]

**kollateral** ⟨Adj.⟩ **1** *seitlich, auf der gleichen Körperseite* **2** *nebenher laufend* **3** *zu einer Seitenlinie der Familie gehörend* [< *kon...* + lat. *latus* „Seite"]

**Kolleg** ⟨n. 15⟩ **1** ⟨veraltet⟩ = *Vorlesung* **2** *Gebäude, in dem sie gehalten wird* **3** *kath. Studienanstalt* (Jesuitenkolleg) [< lat. *collegium* „Verein od. Zusammenkunft von Berufsgenossen"]

**Kollege** ⟨m. 17⟩ *Berufs-, Amtsgenosse, Mitarbeiter* [< lat. *collega* „Amtsgenosse"]

**kollegial** ⟨Adj.⟩ *wie ein Kollege, wie (unter) Kollegen, berufsgenössisch, amtsbrüderlich*

**Kollegium** ⟨n.; -s, -gien⟩ *Körperschaft, Ausschuss, Gemeinschaft von Personen gleichen Amtes od. Berufs* (Ärztekollegium)

**Kollekte** ⟨f. 19⟩ *Sammlung freiwilliger Geldspenden (in der Kirche)* [< lat. *collecta* „Beisteuer", eigtl. „Sammlung"; zu *colligere* „sammeln"]

**Kollektion** ⟨f. 20⟩ **1** *Geldsammlung* **2** *Warenmustersammlung* **3** *Auswahl* (Musterkollektion) ◆ eine große Kollektion neuer Kleider [< frz. *collection* „Sammlung" < lat. *collectio* „das Sammeln"; zu *colligere* „sammeln"]

**kollektiv** ⟨Adj.⟩ **1** *gemeinsam, gemeinschaftlich, geschlossen* **2** *umfassend* [< lat. *collectivus* „angesammelt"; zu *colligere* „sammeln"]

**Kollektor** ⟨m. 23⟩ **1** *auf der Welle eines Generators befestigtes Teil, das den im Anker entwickelten Strom aufnimmt u. an die Leitung abgibt;* Sy *Polwender (1)* **2** *auf der Welle eines Elektromotors befestigtes Teil, das den im Anker benötigten Strom aus der Leitung aufnimmt;* Sy *Polwender (2)* **3** *eine der Elektroden des (zu regelnden Stromkreises des) Transistors;* → a. *Sonnenkollektor* [< spätlat. *collector* „Sammler"; zu lat. *colligere* „sammeln"]

**Koller**[1] ⟨m. 3⟩ **1** *lederner Brustharnisch* **2** *Halskragen* **3** *Wams* **4** *Schulterpasse (am Kleid, Mantel)* [< mhd. *koller* „Halsbekleidung an der Rüstung"; 1. < afrz. *collier,* 2. < ahd. *chollari,* beide < mlat. *collarium* „Halsrüstung" < lat. *collum* „Hals"]

**Koller**[2] ⟨m. 3⟩ **1** ⟨umg.⟩ *Tobsuchtsanfall, Wutanfall* **2** ⟨Tiermed.⟩ *durch einen Tumor hervorgerufene Gehirnerkrankung der Pferde* ◆ seinen Koller haben [< mhd. *kolre* < ahd. *kolero* < lat. *cholera;* → *Cholera*]

**kollidieren I** ⟨V. i.; ist⟩ **1** *(zeitlich) zusammenfallen, sich überschneiden* **2** *aneinander geraten* (im Streit) **3** *in Konflikt geraten, widerstreiten, in Kollision(en) kommen (miteinander)* ◆ unsere Meinungen, Auffassungen kollidierten miteinander **II** ⟨V. i.; hat⟩ *zusammenstoßen* (Fahrzeuge) ◆ die beiden Autos haben kollidiert [< lat. *collidere* „zusammenstoßen"]

**Kollier** ⟨[kɔl'jeː] n. 15⟩ oV *Collier* **1** *wertvoller Halsschmuck* (Perlenkollier) **2** *schmaler, um den Hals zu tragender Pelz* [< frz. *collier* „Halsband, Halskette"]

**Kollision** ⟨f. 20⟩ **1** *(zeitl.) Überschneidung, Zusammenfallen* **2** *Zusammenstoß* **3** *Widerstreit, Zwiespalt* ◆ mit jmdm., mit etwas, mit dem Gesetz in Kollision(en) geraten, kommen [< lat. *collisio* „Zusammenstoß"]

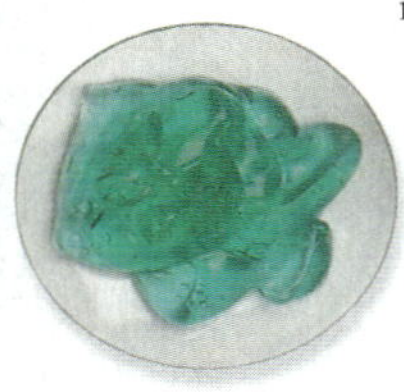

KOLLOID: HAARGEL MIT FEINSTEN, IN WASSER VERTEILTEN FETTTEILCHEN

**Kollodium** ⟨n.; -s; unz.⟩ *zähflüssige Lösung von Kollodiumwolle in einem Alkohol-Äther-Gemisch;* oV *Collodium* [zu grch. *kollodes* „leimartig, klebrig"]

**kolloid, kolloidal** ⟨[-loːiː-] Adj.⟩ *fein zerteilt, fein verteilt*

**Kolloid** ⟨[-loːid] n. 11⟩ ◄ *Stoff, der in einem flüssigen od. gasförmigen Dispersionsmittel fein verteilt ist* [< grch. *kolla* „Leim" + *eidos* „Aussehen, Gestalt"]

**Kolloquium** ⟨n.; -s, -quien⟩ *wissenschaftl. Gespräch (bes. zu Lehrzwecken)* [< lat. *colloquium* „Gespräch"]

**kölnisch** ⟨Adj.⟩ *zu Köln gehörig, aus ihm stammend* ◆ Kölnischbraun, Kölner Braun *Umbra;* kölnisch Wasser, kölnisches Wasser, Kölnischwasser *Lösung von natürl. ätherischen Ölen in 75- bis 85%igem Alkohol, Eau de Cologne*

**Kolofon** ⟨m. 1⟩ ► = *Kolophon*

**Kolofonium** ⟨n.; -s; unz.⟩ = *Kolophonium*

**Kolombine** ⟨f. 19⟩ *Gestalt der Commedia dell'Arte, Geliebte des Arlecchino;* oV *Kolumbine* [< ital. *colombina* „neckische Zofe im ital. Stegreiflustspiel"; eigtl. „Täubchen"; zu lat. *columba* „Taube"]

**Kolon** ⟨n. 15; Pl. a.: Kola⟩ **1** ⟨Anat.⟩ *Grimmdarm, Hauptteil des Dickdarms* **2** ⟨Rhet.⟩ *Spracheinheit, Wortgruppe zwischen zwei Atempausen* **3** ⟨Gramm.⟩ = *Doppelpunkt (1)* [< grch. *kolon*]

**kolonialisieren** ⟨V. t.; hat⟩ ein Land kolonialisieren *aus einem Land eine Kolonie machen, ein Land in koloniale Abhängigkeit bringen*

**Kolonialmacht** ⟨f. 7u; Pol.⟩ *Staat, der viele od. große Kolonien besitzt*

**Kolonie** ⟨f. 19⟩ **1** *Ansiedlung von Ausländern in einem Staat* **2** *die Ausländergruppe selbst* **3** *ausländ., meist überseeischer Besitz eines Staates* **4** *Ansiedlung von Menschen in einsamen Gegenden* (Verbrecherkolonie) **5** *Lager* (Ferienkolonie, Schülerkolonie) **6** ⟨Biol.⟩ *lockerer Zellverband, in dem die Tochterindividuen nach der Teilung durch gemeinsame Gallerten od. durch die gemeinsame Muttermembran verbunden bleiben: Coenobium* **7** ⟨Zool.⟩ *Tierverband, Vereinigung gesellig lebender Tiere* [< lat. *colonia* „Tochterstadt, Ansiedlung außerhalb des Vaterlandes"]

**kolonisieren** ⟨V. t.; hat⟩ **1** *urbar machen, besiedeln u. erschließen* (Gebiet) **2** *als Kolonie erobern od. erwerben*

**Kolonnade** ⟨f. 19⟩ *Säulengang ohne Bögen im Gebälk* [< frz. *colonnade* „Säulenreihe" < *colonne* „Säule"]

**Kolonne** ⟨f. 19⟩ **1** *geordnete, gegliederte Schar, Zug* (Marschkolonne) **2** *Transporttruppe* (Rettungskolonne, Sanitätskolonne) **3** *Arbeitsgruppe* (Arbeitskolonne) **4** *Druckspalte, Spalte innerhalb einer Tabelle* [< frz. *colonne* „Säule" < lat. *columna* „Säule"]

KOLOPHON EINES FRANZÖSISCHEN FRÜHDRUCKS

**Kolophon** ⟨m. 1⟩ oV *Kolofon* **1** ⟨veraltet⟩ *Gipfel, Ende, Abschluss* **2** ⟨in mittelalterl. Handschriften u. frühen Druckwerken⟩ ► *Vermerk am Schluss über Verfasser, Schreiber od. Drucker, Druckort u. -jahr* [< grch. *kolophon* „Gipfel"]

**Kolophonium** ⟨n.; -s; unz.⟩ *hellgelbes bis schwarzes Balsamharz, das beim Erhitzen von Kieferharzen entsteht u. für Lacke, Kitte, Bodenbeläge, Kunstharze, zum Leimen von Schreibpapier u. zum Bestreichen von Violinbogen verwendet wird;* oV *Kolofonium* [nach der grch. Stadt *Kolophon* in Kleinasien]

**Koloratur** ⟨f. 20; Mus.⟩ *virtuose Verzierung des Gesangs in hohen Lagen durch Triller, Läufe usw.* ◆ Koloratur singen [zu lat. *coloratus* „gefärbt", Part. Perf. von *colorare* „färben"; zu *color* „Farbe"]

**kolorieren** ⟨V. t.; hat⟩ *mit Farbe ausmalen* [< lat. *colorare* „färben"; zu *color* „Farbe"]

**Kolorit** ⟨n. 11⟩ **1** ⟨Mal.⟩ *Farbgebung, Farbwirkung* **2** ⟨Mus.⟩ *Klangfarbe, Klangeigenart* **3** ⟨Lit.⟩ *die bes. Stimmung, Atmosphäre einer Schilderung* (Lokalkolorit) [< ital. *colorito* „Färbung"; zu lat. *color* „Farbe"]

**Koloss** ⟨m. 1⟩ **1** *Riesenstandbild* **2** ⟨allg.⟩ *riesiges Gebilde* (Felskoloss) **3** ⟨fig.; umg.⟩ *sehr großer, dicker, schwerer Mensch* [< grch. *kolossos* „Riesenbildsäule, besonders die dem Sonnengott geweihte eherne auf der Insel Rhodos"]

**kolossal** ⟨Adj.⟩ **1** *riesig, riesenhaft* **2** *gewaltig* **3** ⟨fig.; umg.⟩ *sehr, ungeheuer* ◆ ein kolossales Gebäude, Bauwerk

**Kolosseum** ⟨n.; -s; unz.⟩ *riesiges Amphitheater in Rom aus dem 1. Jh. n. Chr.* [zu lat. *colosseus* „riesengroß"; zu grch. *kolossos;* → *Koloss*]

**Kolpingfamilie** ⟨[-liə] f. 19⟩ *regionaler Zweig des Kolpingwerks, einer internationalen kath. Laienorganisation, die sich u. a. der Förderung der beruflichen Bildung widmet* ◆ er ist Mitglied der Kolpingfamilie [nach dem Gründer Adolf *Kolping,* 1813-1865]

**Kolpitis** ⟨f.; -; -tiden; Med.⟩ *Scheidenentzündung* [zu grch. *kolpos* „Schoß"]

**Kolportage** ⟨[-ʒə] f. 19; unz.⟩ **1** ⟨früher⟩ *Vertrieb billiger Bücher durch Hausierer* **2** ⟨fig.⟩ *Billiges, Minderwertiges* **3** *Verbreitung von Gerüchten* ◆ dieses Buch, Theaterstück ist reine Kolportage [< frz. *colportage* „Hausierhandel, Verbreitung (von Nachrichten)"; → *kolportieren*]

**kolportieren** ⟨V. t.; hat⟩ Nachrichten kolportieren ⟨fig.⟩ *als Gerücht verbreiten* [< frz. *colporter* „hausieren, (Nachrichten) verbreiten" < lat. *comportare* „zusammentragen"; angelehnt an frz. *cou, col* „Hals"]

**Kolumbine** ⟨f. 19⟩ = *Kolombine*

**Kolumne** ⟨f. 19⟩ **1** *Säule, senkrechte Reihe* **2** ⟨Typ.⟩ *Druckspalte* **3** *Schriftsatz in Höhe einer Druckseite* **4** ⟨Zeitungsw.⟩ *Leitartikel* [< lat. *columna* „Säule"]

**Kolumnist** ⟨m. 16; Zeitungsw.⟩ **1** *jmd., der regelmäßig Artikel für eine bestimmte Spalte einer Zeitung schreibt* **2** *Leitartikler*

**kom..., Kom...** ⟨Vors.⟩ = *kon..., Kon...*

**Koma**[1] ⟨f. 10⟩ **1** *durch die Sonne zum Leuchten angeregte Gase eines Kometen* **2** ⟨Opt.⟩ *Abbildungsfehler in Form eines Lichtbündels* [< grch. *kome* „Haar"]

**Koma**[2] ⟨n. 15; Med.⟩ *tiefe Bewusstlosigkeit, die durch äußere Reize nicht unterbrochen werden kann* ◆ im Koma liegen; aus dem Koma erwachen [< grch. *koma* „fester Schlaf"]

**Kombi** ⟨m. 6; kurz für⟩ *Kombiwagen*

**Kombination** ⟨f. 20⟩ **1** *Verknüpfung, Zusammenfügung* **2** *Herstellung von Beziehungen, die gedanklich zusammenhängen* **3** ⟨Math.⟩ *Zusammenstellung endlich vieler beliebiger Objekte* **4** ⟨Sp.⟩ *planmäßiges Zusammenspiel* **5** *Hemdhose* **6** *Flieger-, Arbeitsanzug aus einem Stück* **7** *Herrenanzug aus Hose u. Jacke von verschiedener Farbe od. aus verschiedenen Stoffen* [< lat. *combinatio* „Verbindung"; zu *combinare* „verknüpfen"]

**Kombinationsschloss** ⟨n. 12u⟩ *Schloss aus einem System verstellbarer Ringe, die mit Buchstaben od. Zahlen versehen sind u. nur bei bestimmter Kombination bzw. Stellung (Schlüsselwort, Schlüsselzahl) die Sperrung freigeben*

**kombinieren** ⟨V. t.; hat⟩ *gedankl. Zusammenhänge finden zwischen, Beziehungen herstellen zwischen* [< lat. *combinare* „verbinden, verknüpfen"]

**Kombiwagen** ⟨m. 4⟩ *kombinierter Personen- u. Lieferwagen mit großer Ladefläche u. Heckklappe;* Sy ⟨kurz⟩ *Kombi*

**Kombizange** ⟨f. 19⟩ ◄ *Zange für verschiedene Zwecke, z. B. als Beiß- u. Flachzange* [→ *Kombination*]

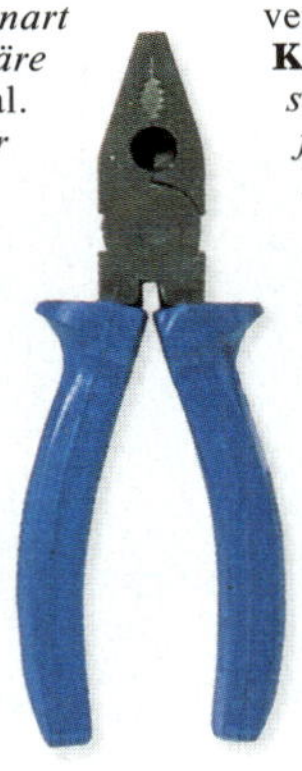

KOMBIZANGE

**Kombüse** ⟨f. 19⟩ *Schiffsküche* [< nddt. *kambüse,* jüngere Nebenform (18. Jh.) zu mnddt. *kabuse* „Bretterverschlag auf dem Schiffsdeck zum Kochen u. Schlafen"]

**Komet** ⟨m. 16; Astron.⟩ ► *Himmelskörper, der sich auf einer meist lang gestreckten Ellipsenbahn um die Sonne bewegt u. in deren Nähe einen Schweif besitzt* [< mhd. *komete* < lat. *cometa, cometes* < grch. *kometes* „Haar tragend(er Stern)"; zu *kome* „Haar"]

**Komfort** ⟨[-foːr] m. 6; unz.⟩ **1** *Bequemlichkeit, Behaglichkeit* **2** *bequeme, praktische Einrichtung* ◆ Wohnung, Zimmer mit allem Komfort [< engl. *comfort* < afrz. *confort* „Trost, Stärkung"; zu lat. *fortis* „stark"]

**Komik** ⟨f. 20; unz.⟩ **1** *das Komische* **2** *komische, erheiternde Wirkung* **3** *die Kunst, etwas erheiternd, belustigend darzustellen* ◆ die Komik einer besonderen Situation [< frz. *comique;* → *komisch*]

**komisch** ⟨Adj.⟩ **1** *Lachen, Heiterkeit erregend, spaßhaft, spaßig* **2** *drollig, ulkig, putzig* **3** *possenhaft* (Oper) **4** ⟨fig.; umg.⟩ *merkwürdig, sonderbar, seltsam* ◆ komische **Alte** *(Rollenfach);* eine komische **Figur** machen; ich habe so ein komisches **Gefühl,** als ob ... *eine Ahnung;* er ist ein komischer **Kerl;** komische **Rollen** spielen ⟨Theat.⟩ ◆ **sein:** du bist (aber) komisch!; **vorkommen:** das kommt mir (aber) komisch vor *verdächtig* [bis 17. Jh. „zur Komödie gehörig", dann unter frz. Einfluss heutige Bedeutungen; < lat. *comicus* < grch. *komikos* „zur Komödie gehörig, witzig, lächerlich"; zu grch. *komos* „fröhlicher Umzug, lärmende Schar, festlicher Gesang"; → *Komödie*]

**Komitee** ⟨n. 15⟩ *im Namen einer Organisation handelnder Ausschuss* (Festkomitee) [< frz. *comité*]

**Komma** ⟨n. 15; Pl. a.: -mata; Gramm.; Zeichen: ,⟩ **1** *Satzzeichen, das den Satz in Sinnesabschnitte teilt* **2** ⟨Math.; bei Dezimalbrüchen⟩ *Trennungszeichen zwischen ganzen Zahlen u. Bruchzahlen* **3** ⟨Mus.⟩ **3.1** *Kleinstintervall, Tondifferenz* **3.2** *Phrasierungszeichen, Atemzeichen, kleiner senkrechter Strich über der obersten Notenlinie zum Zeichen des Absetzens, neuen Ansetzens* ◆ drei Komma vier (3,4); drei Komma null vier (3,04) [< grch. *komma* „Schlag, Abschnitt"; zu *koptein* „schlagen"]

**Kommandant** ⟨m. 16⟩ *Befehlshaber eines Kriegsschiffes od. Flugplatzes, einer Festung od. Stadt* [< frz. *commandant*]

**kommandieren** ⟨V.; hat⟩ **I** ⟨V. t.⟩ *befehligen, den Befehl führen über* (Truppen) ◆ jmdn. kommandieren *jmdm. Befehl erteilen; jmdn. beordern, versetzen;* ich lasse mich von dir nicht kommandieren ⟨umg.⟩ **II** ⟨V. i.⟩ **1** *etwas anordnen, befehlen* **2** ⟨umg.⟩ *in barschem Befehlston sprechen* (herumkommandieren) [< frz. *commander* „befehlen, gebieten"]

**Kommanditgesellschaft** ⟨f. 20; Abk.: KG, K. G.⟩ *Handelsgesellschaft, bei der ein od. mehrere Teilhaber unbeschränkt haften, andere nur mit ihrer Vermögenseinlage* ◆ Kommanditgesellschaft auf Aktien ⟨Abk.: KGaA⟩

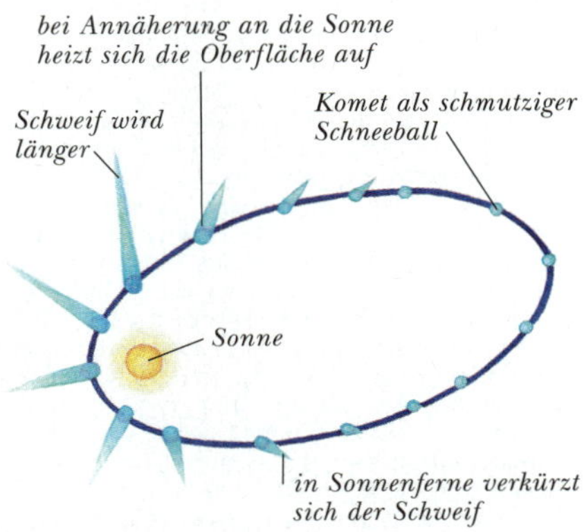


KOMET: UMLAUFBAHN EINES PERIODISCHEN KOMETEN IM SONNENSYSTEM

**Kommando** ⟨n. 15⟩ **1** *Befehl, Befehlsgewalt, Oberbefehl* **2** *Befehlswort(e)* **3** *zu bestimmtem Zweck zusammengestellte Truppenabteilung* (Wachkommando) **4** *Sonderauftrag, vorübergehender Dienst* (Sonderkommando) **5** *(hohe) Befehlsstelle* (Generalkommando) ◆ das Kommando führen (über); das Kommando zum sofortigen Rückzug geben [< ital., span. *comando* „Befehl"]

**Kommandozentrale** ⟨f. 19⟩ *Raum od. Gebäude, in dem die zentrale Kontroll- u. Befehlsinstanz einer strategisch operierenden Organisation, z. B. des Militärs, untergebracht ist* ◆ die Kommandozentrale der Partisanen lag versteckt in den Bergen

**kommen** ⟨V. i. 170⟩ **1** *sich einem Ort nähern, einen Ort erreichen, eintreffen* **2** *sich von einem Ort hierher begeben* **3** *geschehen* ◆ ich komme, die Bücher abzuholen; gut, dass du kommst!; er ist (bis jetzt) nicht gekommen; jetzt ist der **Augenblick,** die Stunde gekommen, da ...; da kommt mir ein **Gedanke;** es kam ein **Gewitter;** ist **Post** (für mich) gekommen?; die **Zeitung** kommt zweimal die Woche *wird zweimal in der Woche gebracht* ◆ kommen und **gehen;** sich etwas kommen **lassen** *schicken lassen* (Waren); auf ihn lasse ich nichts kommen *über ihn lasse ich nichts Nachteiliges sagen;* das **musste** ja (so) kommen! *das musste geschehen, das war nicht zu verhindern* ◆ jmdm. **dumm** kommen *jmdn. dumm anreden, ungeschickt behandeln;* sein Vorschlag kommt mir sehr **gelegen** *ist mir in diesem Augenblick sehr willkommen, angenehm;* wenn es **hoch** kommt ⟨umg.⟩ *wenn es viel wird;* **rechtzeitig,** ⟨umg.⟩ zurecht kommen; es ist so **weit** gekommen, dass sie nicht mehr miteinander sprechen *jetzt ist die Sache so schlimm geworden* ◆ **an** den Tag kommen, ans Licht kommen *bekannt, ruchbar werden;* wir freuen uns **auf** ihr Kommen; auf die Welt kommen *geboren werden;* **aus** der Mode kommen *unmodern werden;* mach schnell, **ehe** er kommt!; **hierzu** kommt noch ... *hierzu gehört noch, muss man rechnen, hinzufügen;* **hinter** etwas (Geheimnis usw.) kommen *etwas ergründen, herausbekommen;* eine neue Entwicklung ist **im** Kommen; ins Gefängnis kommen *ins Gefängnis gebracht werden;* er ist **mit** dem Flugzeug, mit dem Zug gekommen; **nach** Hause kommen; **ums** Leben kommen *sein Leben verlieren;* er kommt erst um fünf Uhr; wir kommen wenig **unter** Menschen *wir gehen wenig aus, sehen wenig Menschen;* das kommt **von ...** *das rührt her von ...;* das kommt davon, wenn man nicht aufpasst *das geschieht, wenn ...;* ich komme **wegen** der Reparatur; er kommt **wie** gerufen *ich brauche ihn gerade;* wieder zu sich kommen *die Besinnung, das Bewusstsein wiedererlangen;* **zu** Geld kommen *Geld erlangen, verdienen;* jmdm. zu Hilfe kommen *helfen;* (wieder) zu Kräften kommen *Kräfte (wieder) gewinnen;* es kam zu einem Streit *ein Streit begann;* wie bist du dazu gekommen? *woher hast du das?;* Sie kommen **zuerst** an die Reihe ◆ **wann** kommst du?; **warum** kommt er (nur) nicht?; **wie** kommt denn das? *wie ist das möglich?;* **woher** kommst du? ◆ er ist der kommende Mann im Skisport *er wird wahrscheinlich große Erfolge im S. haben;* im kommenden Jahr *im nächsten Jahr* [< ahd. *koman, queman,* engl. *come*]

**Kommensalismus** ⟨m.; -; unz.; Zool.⟩ ► *Nahrungsnutznießertum, Verhältnis zweier Tiere verschiedener Art, aus dem das eine, der Kommensale (Mitesser), durch Beteiligung an der Nahrung des anderen, des Wirts, einseitigen Vorteil zieht* [< *Kon...* + lat. *mensa* „Tisch"]

**Kommentar** ⟨m. 1⟩ **1** *wissenschaftl. Erläuterung* **2** *nähere Erklärung* ◆ Kommentar überflüssig! ⟨umg.⟩ *dazu braucht man nichts zu sagen, die Sache spricht für sich selbst, ist offensichtlich;* einen Kommentar zu etwas geben [< lat. *commentarius* „schriftl. Aufzeichnung"; → *kommentieren*]

**kommentieren** ⟨V. t.; hat⟩ **1** *(wissenschaftl.) erläutern* **2** *erklären* ◆ eine kommentierte Ausgabe von Goethes „Faust" [< lat. *commentari* „genau überdenken, etwas Durchdachtes schriftlich darstellen"; zu *mens* „Denktätigkeit, Verstand"]

**Kommerz** ⟨m. 1; unz.⟩ **1** *Handel* **2** *Verkehr* [< frz. *commerce* < lat. *commercium* „Handel, Verkehr"]

**kommerzialisieren** ⟨V. t.; hat⟩ **1** *so gestalten, dass es geschäftl. Nutzen bringt* **2** *der Geschäftemacherei ausliefern* ◆ öffentliche Schulden kommerzialisieren *in privatwirtschaftliche Schulden umwandeln* [< frz. *commercialiser* „kommerzialisieren, in den Handel bringen"; → *Kommerz*]

**Kommilitone** ⟨m. 17⟩ *Mitstudent, Studiengenosse* [< lat. *commilito* „Waffenbruder"; zu *miles* „Soldat"]

**Kommissar** ⟨m. 1⟩ oV ⟨oberdt.⟩ *Kommissär* **1** *im Auftrag des Staates arbeitende, mit besonderen Vollmachten ausgerüstete Person* (Staatskommissar) **2** *einstweiliger Vertreter eines Beamten* **3** *Dienstrang im Polizeidienst* (Polizeikommissar, Kriminalkommissar) [< *commissari* (15. Jh.) < mlat. *commissarius* „mit der Besorgung eines Geschäftes Betrauter"; zu lat. *committere* „zusammenbringen, anvertrauen"]

**Kommissär** ⟨m. 1; oberdt.⟩ = *Kommissar* [< frz. *commissaire* < mlat. *commissarius*]

**kommissarisch** ⟨Adj.⟩ **1** *durch einen Kommissar, vertretungsweise ausgeführt* **2** *einstweilig* ◆ kommissarischer Leiter eines Betriebes

**Kommission** ⟨f. 20⟩ **1** *Auftrag zum Besorgen eines Geschäfts* **2** *Ausschuss* (Ärztekommission) ◆ eine Kommission bilden, wählen; in Kommission nehmen [< lat. *commissio* „Vereinigung, Verbindung"; zu *committere* „vereinigen, anvertrauen"]

**Kommode** ⟨f. 19⟩ *Kastenmöbel mit Schubfächern* (Wäschekommode) [frz., Substantivierung des Adj. *commode* „bequem, angemessen, wohnlich"]

**kommunal** ⟨Adj.⟩ *eine Gemeinde od. einen Landkreis betreffend, zu ihnen gehörig, von ihnen ausgehend* [< frz. *communal* „kommunal, Gemeinde-"; zu lat. *communis* „gemeinsam"]

**Kommunalverwaltung** ⟨f. 20⟩ *Selbstverwaltung der Gemeinden*

**Kommune** ⟨f. 19⟩ **1** ⟨MA⟩ *Stadtstaat mit republikan. Verfassung (bes. in Italien)* **2** ⟨allg.⟩ *Gemeinde* **3** ⟨früher abwertend⟩ *kommunist. Partei* **4** *Wohn- und Arbeitsgemeinschaft mehrerer Personen* ◆ Pariser Kommune [kɔ'myn] *die revolutionären Gegenregierungen in Paris 1792-1794 u. von März bis Mai 1871* [< frz. *commune* „Gemeinde" zu lat. *communis* „gemeinsam"]

**Kommunikation** ⟨f. 20⟩ **1** *Verbindung, Zusammenhang* **2** *Verkehr, Umgang, Verständigung (zwischen den Menschen)* [< lat. *communicatio* „Mitteilung"]

**Kommunikationsmittel** ⟨n. 13⟩ *Verständigungsmittel, z. B. Telefon, E-mail*

**Kommunikationswissenschaft** ⟨f. 20; unz.⟩ *Wissenschaftszweig, der die Bedingungen u. Aspekte (z. B. gesellschaftliche, sprachliche, soziologische) der menschlichen Kommunikation erforscht*

**kommunikativ** ⟨Adj.⟩ **1** *die Kommunikation betreffend, auf ihr beruhend* **2** *gesprächig* ◆ kommunikative Kompetenz ⟨Sprachw.⟩ *Sprachfähigkeit eines Sprechers/Hörers*

**Kommunikee** ⟨n. 15⟩ = *Kommuniqué*

**Kommunion** ⟨f. 20; kath. Kirche⟩ **1** *Abendmahlsfeier* **2** *Empfang des Abendmahls* [< lat. *communio* „Gemeinschaft"]

**Kommuniqué** ⟨[kɔmyni'ke:] n. 15⟩ *amtliche Verlautbarung, Bekanntmachung (besonders einer Regierung);* oV *Kommunikee* [< frz. *communiqué*]

**Kommunismus** ⟨m.; -; unz.; Pol.⟩ **1** *Wirtschafts- u. Gesellschaftsordnung mit Gütergemeinschaft, sozialer Gleichstellung der Individuen u. deren Aufgehen in der Gemeinschaft* **2** *ökonom. u. polit. Lehre von einer solchen Gesellschaftsform* **3** *von den kommunist. Parteien vertretene polit. Bewegung, die diese Gesellschaftsform anstrebt* [zu lat. *communis* „gemeinsam"]

**kommunistisch** ⟨Adj.⟩ *auf dem Kommunismus beruhend, ihn vertretend, zu ihm gehörig* ◆ Kommunistisches Manifest *Manifest der Kommunist. Partei, von K. Marx und Fr. Engels 1847/48 verfasstes Programm des Kommunismus*

**kommunizieren** ⟨V. i.; hat⟩ **1** *zusammenhängen, in Verbindung stehen* **2** *Gemeinsamkeit (miteinander) haben, Kontakt anknüpfen u. pflegen* **3** ⟨kath. Kirche⟩ *das Abendmahl, die Kommunion empfangen* [< lat. *communicare* „gemeinsam machen, vereinigen"; zu *communis* „gemeinsam"]

## KOMMENSALISMUS

Als Kommensalismus bezeichnet der Biologe ein Zusammenleben zweier verschiedener Arten, von denen sich die eine vom Nahrungsüberschuss oder den Abfällen der anderen Art ernährt. Eine Schädigung des Wirtes ist dabei nicht zu erkennen. Ein typischer Kommensale ist der Schiffshalter, der sich an Haien festsaugt und von ihnen mittragen lässt.

KOMMENSALISMUS ZWISCHEN EINEM AMMENHAI UND EINEM SCHIFFSHALTER

**Komödiant** ⟨m. 16⟩ **1** ⟨17./18. Jh.⟩ *Schauspieler (später oft abwertend gebraucht)* **2** ⟨fig.⟩ *Heuchler, jmd., der anderen etwas vortäuscht, vormacht, vorspielt* [→ *Komödie*]

**Komödie** ⟨[-diə] f. 19⟩ **1** *heiteres Drama, Lustspiel* **2** ⟨fig.⟩ *lustiges, erheiterndes Ereignis* **3** *Theater, in dem (nur) Komödien gespielt werden* ◆ sich eine Komödie ansehen; eine Komödie aufführen [< frühnhd. *comedi(e)* < lat. *comoedia* < grch. *komoidia*, eigtl. „das Singen eines *komos*“ (= fröhliche, lärmende Schar); → *komisch*]

KOMODOWARAN
*(Varanus komodoensis)*

**Komodowaran** ⟨m. 1; Zool.⟩ ▲ *zur Familie der Warane gehörende, bis zu 3 m lange größte bekannte Echse, die die Inseln Komodo, Flores u. zwei kleinere Nachbarinseln im Sunda-Archipel bewohnt: Varanus komodoensis* [nach der indones. Insel *Komodo*]

**Komp.** ⟨Mil.; Abk. für⟩ *Kompanie (2)*

**Kompagnon** ⟨[-njɔ̃] m. 6⟩ **1** *Teilhaber, Mitinhaber (einer Firma)* **2** *Spießgeselle* [< frz. *compagnon* „Geselle, Genosse“; → *Kompanie, Kumpan*]

**kompakt** ⟨Adj.; -er, am -esten⟩ **1** *dicht, fest gefügt, massiv* **2** *gedrungen, stämmig* [< frz. *compact* „dicht, fest“]

**Kompanie** ⟨f. 19⟩ **1** ⟨Wirtsch.; Abk.: Co., Cie.⟩ *Handelsgesellschaft* **2** ⟨Mil.; Abk.: Komp.⟩ *kleinste ständige Infanterieeinheit, 100 bis 250 Mann* [< ital. *compagnia*, frz. *compagnie;* zu mlat. *companium* „Gesellschaft“, eigtl. „Brotgenossenschaft“ < lat. *con...* „zusammen mit ...“ + *panis* „Brot“]

**komparabel** ⟨Adj.⟩ Ggs *inkomparabel* **1** ⟨allg.⟩ *vergleichbar* **2** ⟨Gramm.⟩ *steigerungsfähig* ◆ komparable Ergebnisse, Objekte [< lat. *comparabilis* „vergleichbar“; zu *comparare* „vergleichen“]

**Komparativ** ⟨m. 1; Gramm.⟩ *erste Steigerungsstufe (bei der Komparation),* z. B. „höher“ (zu „hoch“), „schneller“ (zu „schnell“) [< lat. *(gradus) comparativus* „dem Vergleichen dienender Steigerungsgrad“]

**Komparse** ⟨m. 17; Theat.⟩ *Darsteller einer kleinen Rolle, stummer Mitspieler* [< ital. *comparsa* „das Erscheinen“]

**Kompass** ⟨m. 1⟩ ▼ *Gerät zum Bestimmen der Himmelsrichtung mithilfe eines Magneten* [< ital. *compasso* „Zirkel, Magnetnadel“; zu *compassare* „abschreiten, abmessen“]

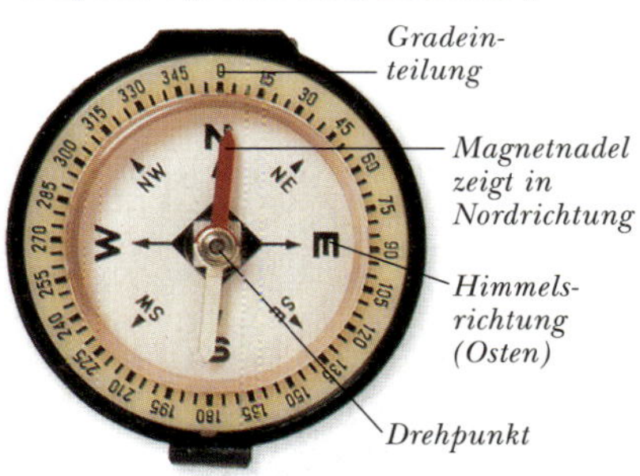


KOMPASS

**Kompassrose** ⟨f. 19⟩ *Windrose auf dem Zifferblatt des Kompasses*

**kompatibel** ⟨Adj.⟩ Ggs *inkompatibel* **1** *vereinbar* **2** *zusammenstimmend, zusammenpassend* [< frz. *compatible* „vereinbar, verträglich“]

**Kompatibilität** ⟨f. 20; unz.⟩ Ggs *Inkompatibilität* **1** *Vereinbarkeit* **2** ⟨EDV⟩ *Austauschbarkeit bzw. das Zusammenpassen von Programmen u. Geräten* (Programmkompatibilität, Hardwarekompatibilität)

**Kompendium** ⟨n.; -s, -dien⟩ **1** *Abriss, Handbuch, kurzes Lehrbuch* **2** *Sonnenblende mit ausziehbarem Balg für Kinokameras* ◆ ein Kompendium zur Geschichte des Films [< lat. *compendium*, eigtl. „das beim Zusammenwägen Ersparte, Gewinn, Vorteil“ < *con...* „zusammen mit ...“ + *pendere* „wägen, wiegen“]

**Kompensation** ⟨f. 20⟩ **1** *Ausgleich, Aufhebung (von Wirkungen)* **2** *Erstattung, Vergütung, Verrechnung* **3** ⟨Anat.⟩ *Ausgleich anatomischer od. funktioneller Störungen eines Organs od. Organteiles durch gesteigerte Tätigkeit eines anderen Organes od. Organteiles;* Ggs *Dekompensation* **4** ⟨Psych.⟩ *Ausgleich einer bewussten od. unbewussten Unsicherheit durch betont entgegengesetztes u. aggressives Verhalten* [< lat. *compensatio* „Ausgleich“; → *kompensieren*]

**kompensieren** ⟨V. t.; hat⟩ **1** *ausgleichen, aufheben* (Wirkungen) **2** *vergüten, verrechnen* **3** *gegen Tausch erwerben* (Ware) ◆ er kompensiert den Stress durch Sport [< lat. *compensare* „aufwiegen, ausgleichen“]

**kompetent** ⟨Adj.; -er, am -esten⟩ **1** *zuständig, befugt* **2** *maßgebend, urteilsfähig;* Ggs *inkompetent* ◆ ich bin (in dieser Angelegenheit) nicht kompetent [< lat. *competens* „zutreffend“, Part. Präs. zu *competere* „zusammentreffen, stimmen, zutreffen, zukommen“]

**Kompetenz** ⟨f. 20⟩ **1** *Zuständigkeit, Befugnis* **2** *Urteilsfähigkeit* **3** *Befähigung;* Ggs *Inkompetenz;* → a. *kommunikativ* [< lat. *competentia* „das Zusammentreffen, Stimmen“]

**Komplement** ⟨n. 11⟩ *Ergänzungsstück* [< frz. *complément* < lat. *complementum* „Ergänzung(smittel), Ausfüllung“]

**komplementär** ⟨Adj.⟩ *ergänzend* ◆ komplementäre Verfahren [< frz. *complémentaire*]

**Komplementärfarbe** ⟨f. 19; Mal.⟩ *Farbe, die bei additiver Farbmischung mit einer anderen Farbe, d. h. beim Zusammenwirken beider Farbreize vom Auge als Weiß wahrgenommen wird*

**Komplementwinkel** ⟨m. 5⟩ ► *Winkel, der einen anderen Winkel zu 90° ergänzt;* → a. *Supplementwinkel*

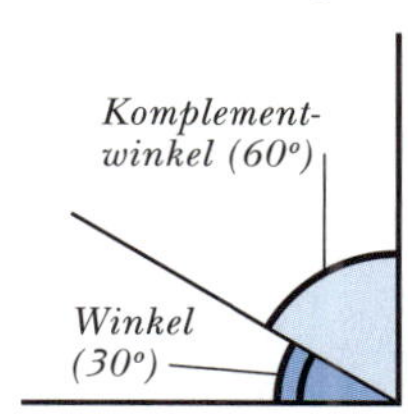


KOMPLEMENTWINKEL
EINES WINKELS VON 30°

**Komplet**[1] ⟨[kɔ̃'ple:] n. 15; veraltet⟩ *Kleid u. (etwas kürzerer) Mantel vom gleichen Stoff* [< frz. *complet* „vollständiger Anzug aus einem Stoff, Kostüm“]

**Komplet**[2] ⟨[kom'ple:t] f.; -, -e; kath. Kirche⟩ ⟨f.; -, -e; kath. Kirche⟩ *Schlussgebet des täglichen Stundengebets am Abend* [< lat. *completorium* „letztes Gebet nach Vollendung des Tagewerkes“]

**komplett** ⟨Adj.⟩ *vollkommen, vollständig, vollzählig* ◆ ein komplettes Mittagessen [< frz. *complet* „vollständig“]

**komplettieren** ⟨V. t.; hat⟩ *vervollständigen, ergänzen, auffüllen* ◆ Kaffee komplettieren *dem Kaffee Zucker u. Sahne zufügen* [< frz. *compléter* „vervollständigen“]

**komplex** ⟨Adj.; -er, am -esten⟩ *zusammengesetzt, verwickelt, vielfältig u. doch einheitlich* ◆ komplexe Zahl ⟨Math.⟩ *eine Summe aus einer reellen Zahl u. einer imaginären Zahl,* z. B. „a + bi„ [< lat. *complexus* „umfassend“, Part. Perf. zu *complecti* „umfassen, zusammenfassen“]

**Komplex** ⟨m. 1⟩ **1** *Gesamtheit, Gesamtumfang, Inbegriff* **2** *zusammenhängende Gruppe* (Häuserkomplex) **3** ⟨Psych.⟩ *ins Unterbewusstsein verdrängte Gruppe von Vorstellungen od. nicht verarbeiteten Erlebnissen, die zu dauernder Beunruhigung führen*

**Komplexauge** ⟨n. 28⟩ ► = *Netzauge*

**Komplikation** ⟨f. 20⟩ **1** *Verwicklung, Schwierigkeit* **2** *ungünstige Beeinflussung od. Verschlimmerung einer schon bestehenden Krankheit, eines biolog. Prozesses od. chirurg. Eingriffs durch einen unvorhergesehenen Umstand* ◆ es wird, könnte Komplikationen geben [< spätlat. *complicatio* „das Zusammenwickeln, -falten“]

**Kompliment** ⟨n. 11⟩ **1** *Höflichkeitsbezeigung* **2** *Artigkeit, Schmeichelei* ◆ jmdm. ein Kompliment, ⟨od.⟩ Komplimente machen [< frz. *compliment* „Artigkeit, Schmeichelei“ < span. *complimiento* „Höflichkeitsbezeigung“ < lat. *complementum* „Ergänzung, Anhang“ (alter Moralbücher, da diese von der Höflichkeit handelten)]

**Komplize** ⟨m. 17⟩ *Mitschuldiger, Mittäter, Helfershelfer* [< frz. *complice* < spätlat. *complex*, Gen. *complicis* „Verbündeter, Teilnehmer“; zu lat. *complicare* „zusammenfalten, -legen“]

**komplizieren** ⟨V. t.; hat⟩ *verwickeln, erschweren* ◆ wir wollen die Sache nicht unnötig komplizieren [< lat. *complicare* „zusammenfalten, -legen“]

**kompliziert** ⟨Adj⟩ *verwickelt, schwierig, erschwert* ◆ komplizierter Bruch ⟨Med.⟩; ein komplizierter Charakter, Mensch *schwer zu behandelnder, sehr empfindsamer Charakter, Mensch*

**Komplott** ⟨n. 11⟩ *Verschwörung, Verabredung zu Straftaten, Anschlägen, heiml. Handlungen* ◆ ein Komplott schmieden (gegen) [< frz. *complot* „Anschlag, Verschwörung“]

**komplottieren** ⟨V. i.; hat⟩ *ein Komplott schmieden, sich verschwören*

**Komponente** ⟨f. 19⟩ *Teil eines Ganzen, einer Kraft, Mischung usw.* [zu lat. *componens* „zusammenstellend“, Part. Präs. zu *componere;* → *komponieren*]

**komponieren** ⟨V. t.; hat⟩ **1** *zusammensetzen, zusammenstellen, kunstvoll anordnen, aufbauen* **2** *nach bestimmten Formgesetzen aufbauen, zusammenfügen* (Kunstwerk) **3** ⟨Mus.⟩ *in Töne setzen* (Musikstück) ◆ ein Konzert komponieren [< lat. *componere* „zusammensetzen, -stellen, -legen“]

**Komponist** ⟨m. 16; Mus.⟩ *Schöpfer von Musikstücken* (Opernkomponist) [→ *komponieren*]

**Komposite** ⟨f. 19; Bot.⟩ ► = *Korbblütler* [< lat. *composita* „die Zusammengesetzte, die Vereinigte“, Part. Perf. Fem. zu *componere;* → *komponieren*]

**Komposition** ⟨f. 20⟩ **1** *Zusammensetzung, -stellung, künstler. Anordnung* **2** *Aufbau eines Kunstwerks nach bestimmten Formgesetzen* **3** *Musikstück, Musikwerk* **4** = *Kompositum* [< lat. *compositio* „Zusammensetzung, -stellung“; → *komponieren*]

K

**Kompositum** ⟨n.; -s, -sita⟩ *aus zwei selbständigen, sinnvollen Teilen zusammengesetztes Wort,* z. B. „Schreibtisch"; Sy *Komposition (4), Zusammensetzung (2);* Ggs *Simplex* [zu lat. *compositum* „zusammengesetzt", Part. Perf. Neutr. zu *componere* „zusammensetzen"]

**Kompost** ⟨m. 1⟩ *natürlicher Dünger aus Erde, Pflanzenresten und eventuell Jauche* [< frz. *compost;* zu lat. *compositum* „zusammengesetzt"; → *komponieren*]

**Komposthaufen** ⟨m. 4⟩ *Abfallhaufen für Pflanzenreste zur Gewinnung von Kompost*

**kompostieren** ⟨V. t.; hat⟩ *Kompost gewinnen aus, zu Kompost verarbeiten* ◆ Gartenabfälle kompostieren

**Kompott** ⟨n. 11⟩ *mit Zucker gekochtes Obst* (Apfel-, Birnenkompott) [< frz. *compote;* zu lat. *composita* „zusammengesetzt", Part. Perf. Fem. zu *componere* „zusammensetzen"]

**Kompresse** ⟨f. 19⟩ *feuchter Umschlag* (Gesichtskompresse) ◆ heiße, kalte Kompresse [< lat. *compressa* „zusammengedrückt", Part. Perf. Fem. zu *comprimere* „zusammendrücken"]

**Kompression** ⟨f. 20⟩ *Zusammendrückung, Verdichtung (von Adern, Stoffen, Gasen)* ◆ digitale Kompression ⟨Med.⟩ *Blutstillung durch Abdrücken von arteriellen Gefäßen gegen den darunter liegenden Knochen* [< lat. *compressio* „das Zusammendrücken"; zu *comprimere* „zusammendrücken"]

**Kompressionspunkt** ⟨m. 1; Med.⟩ ► *Stelle eines arteriellen Gefäßes, die durch von den Fingern ausgeübten Druck so verengt werden kann, dass eine Blutung nachlässt od. zum Stillstand kommt* [→ *Kompression*]

**Kompressor** ⟨m. 23⟩ = *Verdichter;* Ggs *Absorber* [→ *Kompression*]

**komprimieren** ⟨V. t.; hat⟩ **1** *zusammendrücken, verdichten* **2** *zusammendrängen* [< lat. *comprimere* „zusammendrücken"]

**Kompromiss** ⟨m. 1 od. selten: n. 11⟩ **1** *Ausgleich, Übereinkunft durch beiderseitiges Nachgeben, Verständigung* **2** *Zugeständnis* ◆ man muss im Leben Kompromisse machen; einen Kompromiss schließen [< lat. *compromissum* „gegenseitiges Versprechen, Übereinkunft", dann „Vergleich in einem Rechtsstreit"]

**kompromittieren** ⟨V. t.; hat⟩ *bloßstellen, in Verlegenheit bringen, im Ansehen schaden* [< frz. *compromettre* „bloßstellen, gefährden", mit Anlehnung an die lat. Ausgangsform *compromittere* „sich auf den Spruch des Schiedsrichters verlassen"]

**Komtess** ⟨f.; -, -tessen⟩, **Komtesse** ⟨f. 19⟩ *unverheiratete Tochter eines Grafen* [< frz. *comtesse*]

**kon..., Kon...** ⟨vor b, p, m⟩ kom..., Kom..., ⟨vor l⟩ kol..., Kol..., ⟨vor r⟩ kor..., Kor..., ⟨vor h u. Vokalen⟩ ko..., Ko... ⟨Vors.⟩ *mit, zusammen mit...* [< lat. *con...,* in Zus. für *cum* „mit"]

**Kondensat** ⟨n. 11⟩ *der Teil eines Stoffes, der beim Abkühlen aus dem dampfförmigen Zustand in den flüssigen oder festen Zustand übergeht* [zu lat. *condensatus* „dicht zusammengedrängt", Part. Perf. zu *condensare* „dicht zusammendrängen"]

**Kondensation** ⟨f. 20⟩ **1** *Verflüssigung, Verdichtung* **2** ⟨Phys.⟩ *Übergang eines Stoffes vom gas- od. dampfförmigen in den flüssigen (od. festen) Zustand* **3** ⟨Chem.⟩ *Reaktion, bei der zwei Moleküle unter Abspaltung eines einfachen Stoffes (z. B. Wasser) zu einem neuen Molekül reagieren od. bei der innerhalb eines Moleküls ein einfacher Stoff abgespalten wird* [< lat. *condensatio* „Verdichtung"; → *kondensieren*]

**Kondensator** ⟨m. 23⟩ **1** *Apparat, in dem der aus Dampfmaschinen austretende Dampf gekühlt u. verflüssigt wird* **2** ▼ *elektrisches Bauelement aus zwei gegeneinander isolierten Flächen od. Leitern, auf denen sich einander entgegengesetzte elektrische Ladungen sammeln* [→ *kondensieren*]

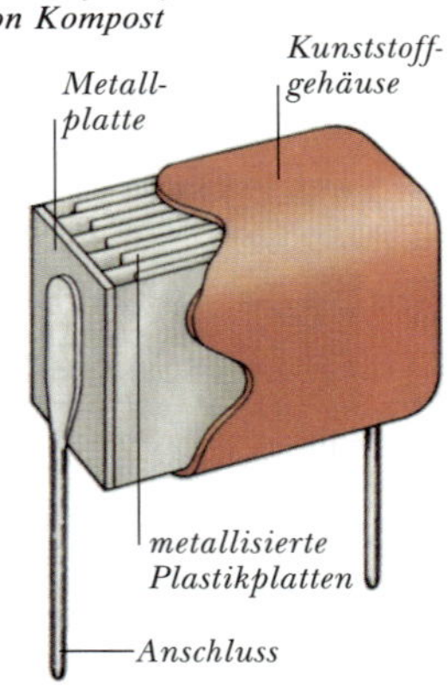


KONDENSATOR: SCHNITT DURCH EINEN PLATTENKONDENSATOR

**kondensieren** **I** ⟨V. t.; hat⟩ **1** *verflüssigen, verdichten* **2** *einer Kondensation unterwerfen* ◆ kondensierte Milch *Milch, der Wasser entzogen worden ist, um sie haltbar zu machen;* Sy *Kondensmilch* **II** ⟨V. i.; ist⟩ *flüssig, dicht werden* ◆ Wasserdampf kondensiert [< lat. *condensare* „dicht zusammendrängen"; zu *densus* „dicht"]

**Kondensmilch** ⟨f. 20; unz.⟩ = *kondensierte Milch*

**Kondenswasser** ⟨n. 13; unz.⟩ *Wasser, das durch Kondensation entsteht*

**Kondition** ⟨f. 20⟩ **1** *Bedingung, Voraussetzung* **2** *Beschaffenheit, Zustand (einer Sache od. Person)* **3** *körperliche Beschaffenheit (besonders eines Sportlers)* [< lat. *conditio* „Bedingung"]

**Konditional** ⟨m. 1; Gramm.⟩ *Bedingungsform des Verbums (im Dt. durch den Konjunktiv ersetzt),* z. B. „ich würde kommen"

**Konditionalsatz** ⟨m. 1u; Gramm.⟩ *durch eine konditionale Konjunktion eingeleiteter Nebensatz*

**konditionieren** ⟨V.; hat⟩ **I** ⟨V. t.⟩ **1** ⟨allg.⟩ *durch Entzug von Feuchtigkeit verfestigen* **2** ⟨Psych.⟩ einen Reflex, eine Reaktion konditionieren *bewirken, dass ein Reflex, eine Reaktion auch dann zustande kommt, wenn der auslösende Reiz durch einen anderen ersetzt wird* ◆ flüssige (radioaktive) Abfälle konditionieren; Textilien konditionieren *den Feuchtigkeitsgehalt von Textilien ermitteln, Textilien eine bestimmte Feuchtigkeit aufnehmen lassen;* konditionierter Reflex *bedingter Reflex* **II** ⟨V. i.; veraltet⟩ *in Dienst stehen (bei), beschaffen, erhalten* (Waren)

**Konditor** ⟨m.; -s, -toren⟩ *Hersteller feiner Backwaren, Fein-, Kuchenbäcker* [< lat. *conditor* „Hersteller würziger Speisen"; zu *condire* „würzen, schmackhaft machen, einmachen"]

**kondolieren** ⟨V. i.; hat⟩ jmdm. kondolieren *jmdm. sein Beileid aussprechen* ◆ jmdm. zum Tod des Vaters kondolieren [< lat. *condolere* „Mitgefühl haben"; zu *dolor* „Schmerz"]

**Kondom** ⟨n. 11⟩ *Gummihülle für den Penis beim Geschlechtsverkehr zur Verhütung von Empfängnis u. Infektion;* Sy ⟨umg.⟩ *Gummi (II, 1), Präservativ* [nach dem engl. Arzt *Conton* (17. Jh.)]

**Kondor** ⟨m. 1; Zool.⟩ ▲ *riesiger, schwarzer Neuweltgeier der Hochgebirge Südamerikas: Vultur gryphus* [< span. *condor* < peruan. *cuntur*]

**Konen** ⟨Pl. von⟩ *Konus*

KONDOR
*(Vultur gryphus)*

K

## KOMPRESSIONSPUNKTE

Bei Schlagaderverletzungen schießt das Blut mit jedem Herzschlag aus der Wunde. Das Verbluten kann durch eine digitale Kompression verhindert werden. Dabei wird an den so genannten Kompressionspunkten die entsprechende Arterie gegen den darunter liegenden Knochen gedrückt, sodass sich der Blutfluss verringert.

KOMPRESSIONSPUNKTE BEI SCHLAGADER-BLUTUNGEN

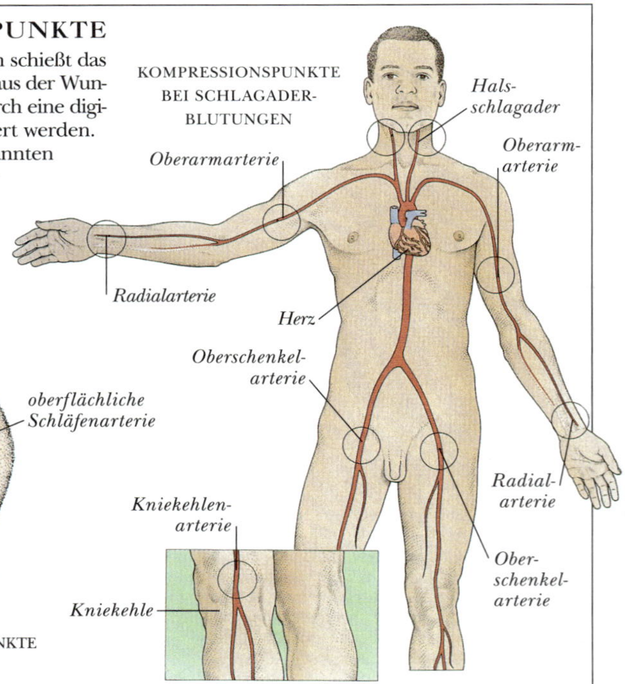


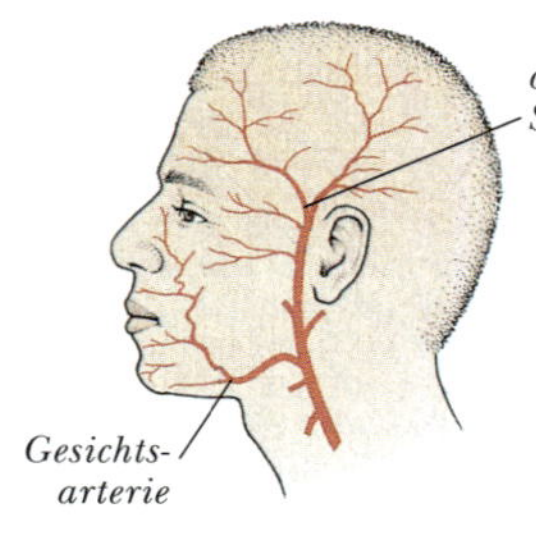


KOMPRESSIONSPUNKTE AM KOPF

**Konfekt** ⟨n. 11; unz.⟩ *(feine) Süßigkeiten, Zuckerwerk* [< lat. *confectum* „Zubereitetes", Part. Perf. Neutr. zu *conficere* „herstellen, zubereiten"]

**Konfektion** ⟨f. 20⟩ **1** *industrielle Herstellung von Kleidung* **2** *die Kleidung selbst* **3** *Bekleidungsindustrie* (Herrenkonfektion, Damenkonfektion) [< frz. *confection* < lat. *confectio* „Anfertigung"; zu lat. *conficere* „herstellen"]

**Konfektionsgröße** ⟨f. 19⟩ *genormte Größe für Bekleidung* ◆ Konfektionsgröße 38 haben

**Konferenz** ⟨f. 20⟩ *Beratung, Verhandlung, Sitzung* (Lehrerkonferenz) [< mlat. *conferentia* „Besprechung"; → *konferieren*]

**konferieren** ⟨V. i.; hat⟩ **1** *eine Konferenz abhalten, beraten, verhandeln* **2** ⟨Kabarett⟩ *die Darbietungen auf witzig-unterhaltende Weise ansagen* ◆ mit jmdm. über etwas konferieren [< frz. *conferer* „beraten, verhandeln" < lat. *conferre* „zusammentragen"]

**Konfession** ⟨f. 20; Rel.⟩ **1** *Glaubensbekenntnis* **2** *Gesamtheit der Menschen mit gleichem Glaubensbekenntnis* **3** *Bekenntnisschrift* ◆ die Augsburgische Konfession 1530; evangelische, katholische Konfession; einer Konfession angehören [< lat. *confessio* „Eingeständnis, Bekenntnis"]

**Konfetti** ⟨n.; - od. -s; unz.⟩ *bunte Papierschnitzel (zum Werfen beim Karneval u. an Silvester)* [< ital. *confetti*, Pl. von *confetto* „Zurechtgemachtes"; zu lat. *conficere* „herstellen"]

**Konfiguration** ⟨f. 20⟩ **1** *Gestaltung, Bildung* **2** *Stellung, Gruppierung* **3** ⟨Phys.⟩ *Anordnung der Atome in einem Molekül, der Elektronen in einem Atom, der Elementarteilchen in einem System* **4** ⟨EDV⟩ **4.1** *gesamte Ausstattung der Hardware eines Computers einschließlich aller Peripheriegeräte* **4.2** *Anzahl u. Art der eingesetzten Softwareeinheiten u. deren Zusammenwirken* [< lat. *configuratio* „Gestaltung"; zu *figura* „Gestalt"]

**konfigurieren** ⟨V. t.; hat⟩ **1** *gestalten, bilden* **2** ⟨Med.⟩ *verformen* **3** ⟨EDV⟩ *die Elemente einer Rechneranlage zusammenstellen u. verbinden* [< lat. *configurare* „gestalten"; zu *figura* „Gestalt"]

**Konfirmand** ⟨m. 16; ev. Kirche⟩ *Jugendlicher, der konfirmiert werden soll und bereits am Konfirmandenunterricht teilnimmt oder soeben konfirmiert worden ist* [< lat. *confirmandus* „der (im Glauben) zu Stärkende"; → *konfirmieren*]

**Konfirmation** ⟨f. 20; ev. Kirche⟩ *feierliche Aufnahme der Jugendlichen in die Gemeinde durch den Geistlichen, wodurch sie zum Empfang des hl. Abendmahls u. zur Übernahme von Patenschaften berechtigt werden, Einsegnung* [< lat. *confirmatio* „Befestigung, Stärkung"; → *konfirmieren*]

**konfirmieren** ⟨V. t.; hat⟩ **1** ⟨ev. Kirche⟩ *in die Gemeinde aufnehmen u. damit zum hl. Abendmahl zulassen u. zur Patenschaft berechtigen, einsegnen* **2** ⟨allg.⟩ *bestätigen* [< lat. *confirmare* „befestigen, stärken"; zu *firmus* „fest"]

**Konfiserie** ⟨f. 19; schweiz.⟩ oV *Confiserie* **1** *Konditorei* **2** *feines Backwerk* [< frz. *confiserie* „Süßwaren(industrie), -handlung, Konditorei"; zu lat. *conficere* „zubereiten"; → *Konfekt*]

**konfiszieren** ⟨V. t.; hat⟩ = *beschlagnahmen* (Vermögen, Waffen, Zeitungsausgaben) [< lat. *confiscare* „mit Beschlag belegen"; zu *fiscus* „Staatskasse"]

**Konfitüre** ⟨f. 19⟩ 1 ⟨früher⟩ *Marmelade mit ganzen Früchten* (Erdbeerkonfitüre, Kirschkonfitüre) **2** ⟨seit 1983⟩ *mit Zucker eingedickter Brei aus zerkleinerten Früchten (außer Zitrusfrüchten);* → a. *Marmelade* [< frz. *confiture* „Konfitüre, Marmelade" < lat. *confectura* „Verfertigung, Zubereitung"; zu *conficere* „zubereiten"]

## KONFÖDERIERTE STAATEN VON AMERIKA

Im Jahr 1860 wurde Abraham Lincoln zum Präsidenten der Vereinigten Staaten gewählt. Elf Südstaaten befürchteten, dass seine Wahl zu Einschränkungen bei Besitz und Handel von Sklaven führen würde, und gründeten einen Sonderbund (vier Südstaaten schlossen sich diesem nicht an). Damit lösten sie den Sezessionskrieg aus, in dem sie 1865 als Konföderierte Staaten von Amerika den Nordstaaten unterlagen.

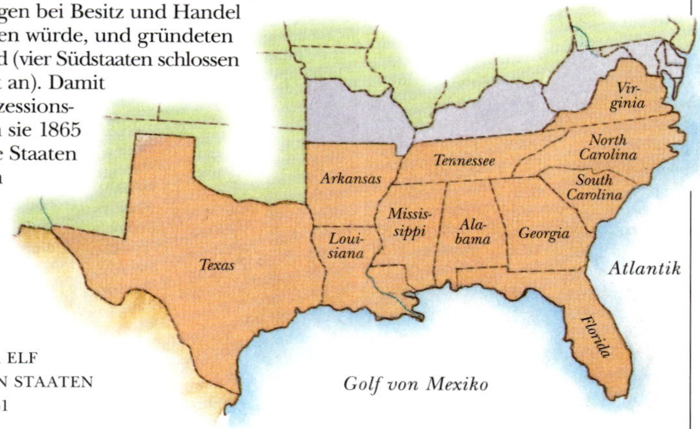


KARTE DER ELF KONFÖDERIERTEN STAATEN VON 1861

**Konflikt** ⟨m. 1⟩ **1** *Streit, Widerstreit, Zwiespalt* **2** ⟨verhüllend⟩ *Krieg, kriegerische Auseinandersetzung* ◆ bewaffneter, innerer, politischer Konflikt [< lat. *conflictus* „Zusammenstoß, Kampf"]

**Konföderation** ⟨f. 20⟩ **1** *Bündnis* **2** *Staatenbund* ◆ eine Konföderation bilden [< lat. *confoederatio* „Bündnis" < *con...* „zusammen mit..." + *foedus* „Bündnis"]

**Konföderierte(r)** ⟨f. 30 (m. 29)⟩ **1** ⟨USA⟩ *Anhänger der Südstaaten im amerikanischen Bürgerkrieg (1861-1865)* **2** ⟨Pl.⟩ *durch eine Konföderation verbündete Staaten* ◆ Konföderierte Staaten von Amerika ▲ *zwischen 1861 u. 1865 bestehender Südstaatenbund innerhalb der USA, der sich wegen eines eventuellen Verbots der Sklaverei von den Nordstaaten abtrennte*

**konform** ⟨Adj.⟩ *übereinstimmend, gleich gestimmt* ◆ konforme Abbildung ⟨Math.⟩ *mathematisches Abbildungsverfahren, bei dem Figuren winkelgetreu abgebildet werden;* mit jmdm. konform gehen ⟨umg.⟩ *mit jmdm. einer Meinung sein* [< lat. *conformis* „gleichförmig, ähnlich" < *con...* „zusammen mit..." + *forma* „Form, Gestalt"]

**Konformismus** ⟨m.; -; unz.⟩ *Übereinstimmung mit der überwiegend herrschenden Meinung;* Ggs *Nonkonformismus*

**Konfrontation** ⟨f. 20⟩ *das Konfrontieren, das Konfrontiertwerden (mit), Gegenüberstellung (von Personen)* [< mlat. *confrontatio* „Gegenüberstellung"; → *konfrontieren*]

**konfrontieren** ⟨V. t.; hat⟩ jmdn. mit einem anderen konfrontieren *jmdn. einem anderen gegenüberstellen* [< mlat. *confrontare* „gegenüberstellen", eigtl. „Stirn gegen Stirn stellen"; zu lat. *frons*, Gen. *frontis* „Stirn"]

**konfus** ⟨Adj.; -er, am -esten⟩ **1** *verworren, unklar* **2** *verwirrt* ◆ konfuses Gerede; ich bin ganz konfus [< lat. *confusus* „zusammengegossen", Part. Perf. von *confundere*]

**Konfuzianismus** ⟨m.; -; unz.; Philos.⟩ *die Sozial- u. Morallehre des Konfuzius* [nach *Konfuzius*, latinisiert aus *K'ung-(fu-)tse* „Meister Kung", chines. Philosoph u. Staatsmann, ca. 551 v. Chr. – 479 v. Chr.]

**kongenial** ⟨Adj.⟩ *von gleicher Begabung, geistig ebenbürtig* [< lat. *con...* „zusammen mit, gemeinsam" + *Genius*, d.h. „gemeinsamen Genius (göttlichen Schutzgeist) habend"]

**Konglomerat** ⟨n. 11⟩ **1** *Gemenge, ungegliedertes Gemengsel aus verschiedenen Dingen* **2** ⟨Geol.⟩ *aus Geröllen, die durch Bindemittel miteinander verschmolzen sind, gebildetes Sedimentgestein* [< frz. *conglomérat* „Menggestein, Konglomerat"; zu lat. *glomus* „Kloß, Knäuel"]

**Kongregation** ⟨f. 20⟩ **1** ⟨allg.⟩ *Vereinigung, Versammlung* **2** ⟨Rel.⟩ **2.1** *Verband mehrerer Klöster desselben Ordens* **2.2** *kath. Vereinigung mit einfachem od. ohne Gelübde* [< lat. *congregatio* „Versammlung"; zu *grex*, Gen. *gregis* „Herde"]

**Kongress** ⟨m. 1; Pol.⟩ **1** *polit. od. fachliche Tagung* (Ärztekongress) **2** *beratende u. beschließende Versammlung* **3** ⟨in den USA⟩ *Volksvertretung im Parlament (Senat u. Repräsentantenhaus)* ◆ Wiener Kongress [< lat. *congressus* „Zusammenkunft"; zu *congredi* „zusammenkommen"]

**kongruent** ⟨Adj.⟩ Ggs *inkongruent* **1** *übereinstimmend* **2** ⟨Math.⟩ = *deckungsgleich* (Dreiecke) [< lat. *congruens* „übereinstimmend"; Part. Präs. von *congruere* „übereinstimmen"]

**Kongruenz** ⟨f. 20; unz.⟩ Ggs *Inkongruenz* **1** *Übereinstimmung* **2** ⟨Math.⟩ *Deckungsgleichheit (von Dreiecken)* **3** ⟨Gramm.⟩ *Übereinstimmung zusammengehöriger Satzteile in Genus, Numerus od. Kasus, z. B. des Subjekts mit dem Prädikat im Numerus* [→ *kongruent*]

**Koniferen** ⟨Bot.; Pl.⟩ ► = *Nadelhölzer* [< grch. *konos*, lat. *conus* „Kegel" + lat. *ferre* „tragen"]

**König** ⟨m. 1⟩ **1** ⟨Pol.⟩ *höchster Herrscher eines Staates* **2** ⟨Kart.⟩ *zweithöchste Spielkarte* **3** ⟨Schach⟩ *Hauptfigur* **4** ⟨Kegelspiel⟩ *in der Mitte stehender Kegel* **5** ⟨fig.⟩ *der Oberste schlechthin* ◆ einen Fürsten zum König krönen [< ahd. *kuning*, engl. *king*]

**Königin** ⟨f. 22⟩ **1** *weiblicher König* **2** *Gemahlin eines Königs* **3** ⟨Schach⟩ *wichtige Figur, die in jede Richtung unbegrenzt viele Felder ziehen kann* **4** *das Eier legende Weibchen eines Bienen- od. Ameisenvolkes* (Bienenkönigin, Ameisenkönigin) **5** ⟨fig.⟩ *die Oberste schlechthin* ◆ die Königin der Blumen ⟨fig.⟩ *die Rose*

**königlich** ⟨Adj.; in Titeln Abk.: kgl., Kgl.⟩ **1** *zum König gehörig, ihm gehörend, ihm gemäß, ihm zustehend* **2** ⟨fig.⟩ *wie ein König, vornehm, hoheitsvoll* **3** ⟨fig.; umg.⟩ *herrlich, großartig* ◆ königlicher Beamter; sich königlich amüsieren ⟨fig.; umg.⟩

K

**Königsgeier** ⟨m. 3; Zool.⟩ *bunter Geier der süd- u. mittelamerikan. Wälder: Sarcorhamphus papa*

**Königskerze** ⟨f. 19; Bot.⟩ ► *Angehörige einer Gattung der Rachenblütler (Scrophulariaceae), stattliche, bis 2 m hohe, filzige od. wollige Pflanze mit großen, endständigen Blütentrauben: Verbascum;* Sy *Wollkraut*

**Königskobra** ⟨f. 10; Zool.⟩ *bis 4,5 m lange asiatische Hutschlange, Schlangenfresser, größte Giftschlange: Naja hannah*

**Königslibelle** ⟨f. 19⟩ *größte mitteleuropäische Libelle aus der Gruppe der Anisoptera: Anax imperator*

**Königspython** ⟨m. 6; Pl. a.: -thonen⟩ *bis 1,5 m lange afrik. Riesenschlange: Python regius*

**Königstiger** ⟨m. 3⟩ *größte Rasse des Tigers*

**Königsweg** ⟨m. 1; fig.; geh.⟩ *zu schnellem Erfolg führende Strategie, beste Methode, um ein Ziel rasch u. leicht zu erreichen*

**konisch** ⟨Adj.⟩ *kegelförmig, kegelstumpfförmig* [zu lat. *conus* < grch. *konos* „Kegel"]

**Konjugation** ⟨f. 20; Gramm.⟩ *Abwandlung (des Verbums), das Bilden der Personal- u. Zeitformen usw.;* Sy *Beugung (3)* [< lat. *coniugatio* „Verbindung, Verknüpfung"; → *konjugieren*]

**konjugieren** ⟨V. t.; hat⟩ ein Verb konjugieren *abwandeln, Personal-, Zeit-, Aussage- u. Aktionsformen bilden;* Sy *beugen (4.2)* [< lat. *coniugare* „verknüpfen, verbinden"; zu *iugum* „Joch"]

**Konjunktion** ⟨f. 20⟩ **1** ⟨Gramm.⟩ = *Bindewort* **2** ⟨Astron.⟩ ► *Stellung zweier Himmelskörper in einer Raumrichtung bezüglich zur Erde* **3** ⟨Math.⟩ *Verbindung, Vereinigung zweier Mengen* **4** ⟨Logik⟩ *Aussageverbindung, die nur dann wahr ist, wenn die miteinander verknüpften Aussagen wahr sind;* Ggs *Disjunktion (3)* ◆ koordinierende, subordinierende Konjunktion ⟨Gramm.⟩ [< lat. *coniunctio* „Verbindung"; zu *coniungere* „verbinden"]

**Konjunktionalsatz** ⟨m. 1u; Gramm.⟩ *durch eine Konjunktion an einen Hauptsatz angeschlossener Haupt- od. Nebensatz*

**konjunktiv** ⟨Adj.⟩ *verbindend, vereinigend, abhängig;* Ggs *disjunktiv*

**Konjunktiv** ⟨m. 1; Gramm.⟩ *eine der drei Aussageformen des Verbs,* z. B. er käme, komme, sei gekommen; Sy *Möglichkeitsform* [< lat. *(modus) coniunctivus* „der Satzverbindung dienender Modus"; zu *coniungere* „verbinden"]

**Konjunktur** ⟨f. 20⟩ *Wirtschaftslage mit bestimmter Entwicklungstendenz* ◆ steigende, fallende Konjunktur; Hochkonjunktur [zu lat. *coniungere* „verbinden"; urspr. Ausdruck der Astrologie: „Verbindung von Gestirnen in einem Tierkreiszeichen u. die sich daraus ergebenden Einflüsse"]

**konkav** ⟨Adj.⟩ *nach innen gewölbt* (Linse); Ggs *konvex* [< lat. *concavus* „hohlrund"; zu *cavus* „hohl"]

**Konkavlinse** ⟨f. 19⟩ *konkav gekrümmte Linse;* Sy *Zerstreuungslinse;* Ggs *Konvexlinse*

**Konklave** ⟨[-və] n. 28; kath. Kirche⟩ **1** *streng abgeschlossener Versammlungsraum der Kardinäle zur Papstwahl* **2** *die Versammlung selbst* [< lat. *conclave* „verschließbares Gemach"; zu *clavis* „Schlüssel"; verwandt mit *Klause*]

**Konklusion** ⟨f. 20; bes. Philos.⟩ *Schlussfolgerung* [< lat. *conclusio* „Einschließung, Schluss, Folgerung"]

KÖNIGSKERZE:
SCHWARZE KÖNIGSKERZE
*(Verbascum nigrum)*

**Konkordanz** ⟨f. 20⟩ **1** *alphabeth. Zusammenstellung der in einem Buch vorkommenden Wörter (mit Belegstellen) od. der inhaltlich übereinstimmenden Stellen* (Bibelkonkordanz) **2** *übereinstimmendes Merkmal, z. B. bei Zwillingen* **3** ⟨Geol.⟩ *ohne Störungen od. Verwerfungen verlaufende Lagerung von Sedimentgesteinen* **4** ⟨Typ.⟩ *typografische Maßeinheit, z. B. 4 Cicero = 48 Punkt* [< mlat. *concordantia* „Übereinstimmung"; zu *concordare* „übereinstimmen"]

**Konkordat** ⟨n. 11⟩ **1** *Übereinkommen, Übereinkunft* **2** *Vertrag zwischen einem Staat und dem Papst* [zu lat. *concordare* „übereinstimmen"; → *Konkordanz*]

**konkret** ⟨Adj.; -er, am -esten⟩ Ggs *abstrakt* **1** *wirklich, gegenständlich* **2** *sinnlich wahrnehmbar* **3** *anschaulich, sachlich* ◆ konkrete Angaben machen [< lat. *concretus* „verdichtet, dicht", Part. Perf. von *concrescere* „zusammenwachsen, sich verdichten"]

**Konkubine** ⟨f. 19; a. abwertend⟩ *Geliebte, Mätresse* [< lat. *concubina* „Beischläferin" < *con...* „zusammen mit..." + *cubare* „liegen"]

**Konkurrent** ⟨m. 16⟩ *jmd., der mit jmdm. konkurriert, im Wettstreit steht, wirtschaftl. od. sportl. Gegner* [zu lat. *concurrens* „zusammentreffend", Part. Präs. von *concurrere;* → *konkurrieren*]

**Konkurrenz** ⟨f. 20⟩ **1** *Wettstreit, (bes. wirtschaftlicher od. sportlicher) Wettbewerb* **2** *der (wirtschaftliche od. sportliche) Gegner selbst, Konkurrenzunternehmen* ◆ jmdm. Konkurrenz machen *mit ihm in Wettstreit treten;* außer Konkurrenz laufen (bei Wettrennen) [< mlat. *concurrentia* „das Zusammentreffen"; → *konkurrieren*]

**konkurrieren** ⟨V. i.; hat⟩ mit jmdm. konkurrieren *jmdm. Konkurrenz machen, mit jmdm. in Wettstreit stehen* [< lat. *concurrere* „zusammenlaufen, aufeinander stoßen"; zu *currere* „laufen"]

## KONJUNKTION

Zu einer Konjunktion kommt es, wenn die Erde, die Sonne und ein weiterer Planet genau in einer Linie liegen. Bei den inneren Planeten gibt es dabei zwei Möglichkeiten: Bei der oberen Konjunktion liegt der Planet hinter der Sonne, bei der unteren Konjunktion befindet er sich zwischen Erde und Sonne. Äußere Planeten mit einer größeren Umlaufbahn als die der Erde können naturgemäß nur eine obere Konjunktion mit der Sonne bilden.

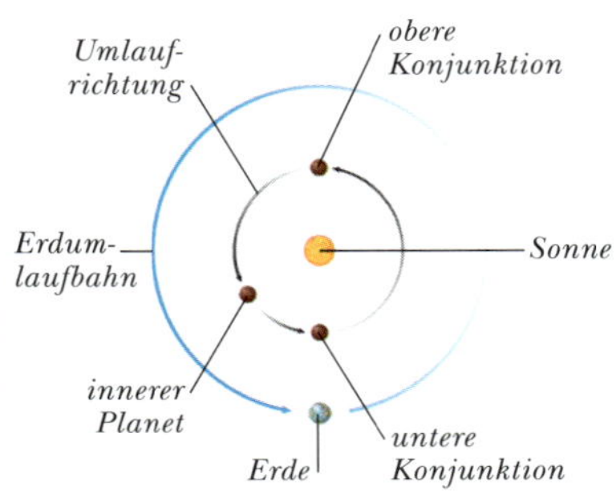


KONJUNKTION EINES INNEREN PLANETEN

**Konkurs** ⟨m. 1⟩ **1** *Zahlungsunfähigkeit, Zahlungseinstellung* **2** *Konkursverfahren* ◆ Konkurs anmelden; den Konkurs eröffnen; in Konkurs gehen [< lat. *concursus (creditorum)* „Zusammenlaufen (der Gläubiger)"; zu *concurrere* „zusammenlaufen"]

**können** ⟨V. t. 171; hat⟩ **1** *vermögen, fähig sein, imstande sein, in der Lage sein (etwas zu tun)* **2** *dürfen, berechtigt sein* **3** *Grund haben (etwas zu tun)* **4** *gelernt haben, verstehen, beherrschen* **5** *möglich sein* ◆ ich kann nicht mehr! *ich habe keine Kraft mehr, bin völlig erschöpft;* eine **Sprache** können ◆ ich kann es (doch auch) nicht **ändern!;** man kann **annehmen,** dass ...; ich kann die Schmerzen nicht mehr **aushalten;** er kann jeden Augenblick **kommen** *es ist möglich, dass ...;* **laufen,** schwimmen können; etwas, jmdn. nicht **leiden** können; er kann weder **lesen** noch schreiben; kann **sein!** ⟨umg.⟩ *möglich!;* Klavier **spielen** können; ich könnte mir **vorstellen,** dass der Sommer schön wird ◆ ich will es versuchen, so **gut** ich kann ◆ er kann nichts **dafür** *er ist nicht schuld daran;* er tat, **was** er konnte [< ahd. *kunnan* „geistig vermögen, wissen, verstehen"]

**Können** ⟨n.; -s; unz.⟩ *Fähigkeit, Leistung, Leistungsfähigkeit, Geschicklichkeit, Kunstfertigkeit*

**Konnex** ⟨m. 1⟩ **1** *Verbindung, Zusammenhang* **2** ⟨umg.; veraltet⟩ *Kontakt* [< lat. *connexus* „Zusammenhang, Verknüpfung"; zu *nectere* „knüpfen"]

**Konnotation** ⟨f. 20; Sprachw.⟩ Ggs *Denotation* **1** *zusätzl., assoziative Bedeutung eines Wortes, Nebenbedeutung* **2** *Begriffsinhalt* [< *Kon...* + lat. *notatio* „Bezeichnung"]

**konsekutiv** ⟨Adj.; Gramm.⟩ *die Folge bezeichnend, Folge...* [< lat. *consecutus* „nachgefolgt", Part. Perf. von *consequi* „nachfolgen"]

**Konsekutivsatz** ⟨m. 1u; Gramm.⟩ *Nebensatz, der die Folge eines im Hauptsatz enthaltenen Vorgangs angibt;* Sy *Folgesatz*

**Konsens** ⟨m. 1⟩, **Konsensus** ⟨m.; -, -⟩ **1** *Einwilligung, Genehmigung* **2** *Übereinstimmung, Vereinbarung (in Glaubensfragen);* Ggs *Dissens* [< lat. *consensus* „Übereinstimmung, Einstimmigkeit"; zu *sensus* „Empfindung"]

**konsequent** ⟨Adj.; -er, am -esten⟩ Ggs *inkonsequent* **1** *folgerichtig* **2** *beharrlich, beständig, grundsatztreu* [< lat. *consequens* „folgerecht"; zu *sequi* „folgen"]

**Konsequenz** ⟨f. 20⟩ **I** ⟨unz.⟩ *Beharrlichkeit;* Ggs *Inkonsequenz* ◆ mit eiserner Konsequenz seinen Weg gehen, ein Ziel verfolgen **II** ⟨zählb.⟩ *Folge, Ergebnis* ◆ daraus ergeben sich folgende Konsequenzen ... [< lat. *consequentia* „Folge"]

**konservativ** ⟨[-va-] Adj.⟩ *am Hergebrachten hängend, das Bestehende bejahend, erhaltend, bewahrend* ◆ er ist sehr konservativ [zu mlat. *conservativus* „erhalten"; zu lat. *(con)servare* „erhalten, bewahren"]

**Konservator** ⟨[-va:-] m. 23⟩ *Beamter, der Kunstwerke od. Kulturdenkmäler pflegt u. erhält* [< lat. *conservator* „Erhalter, Bewahrer"; zu *(con)servare* „erhalten, bewahren"]

**Konservatorium** ⟨[-va-] n.; -s, -rien⟩ *hochschulartige Musikschule* [< ital. *conservatorio* mit lat. Endung, eigtl. „Stätte zur Pflege u. Wahrung (musischer Tradition)"; zu lat. *(con)servare* „bewahren, erhalten"]

**Konserve** ⟨[-və] f. 19⟩ **1** ⟨i. e. S.⟩ *in Glas od. Blechdose eingekochtes Obst, Gemüse, Fleisch usw., das sich, luftdicht verschlossen, lange Zeit hält* **2** ⟨i. w. S.⟩ *durch Trocknen oder Gefrieren haltbar gemachte Nahrungsmittel*

K

◆ eine Konserve Erbsen [< mlat. *conserva* „haltbar gemachte verderbl. Ware", urspr. Apothekerwort: „haltbar gemachte frische Kräuter"; → *konservieren*]

**konservieren** ⟨[-vi:-] V. t.; hat⟩ **1** *einkochen, haltbar machen, vor Fäulnis schützen* (Gemüse, Obst, Fleisch) **2** *erhalten, bewahren, pflegen* (Gemälde) [< lat. *(con)servare* „bewahren, erhalten"]

**Konservierungsmittel** ⟨n. 13⟩ ▼ *(chemisch erzeugtes) Mittel, das bes. Lebensmitteln zur Haltbarmachung in kleinen Mengen zugesetzt wird (z. B. Benzoe- u. Sorbinsäure) od. Soße, in die Lebensmittel eingelegt werden (z. B. Marinade)*

**konsistent** ⟨Adj.; -er, am -esten⟩ Ggs *inkonsistent* **1** *dicht, fest, dauerhaft, haltbar, zäh* **2** *in sich lückenlos u. widerspruchsfrei* [< lat. *consistens* „standhaltend", Part. Präs. zu *consistere* „sich hinstellen, standhalten"]

**Konsistenz** ⟨f. 20; unz.⟩ **1** *Beschaffenheit (eines Stoffes) hinsichtlich der Struktur* **2** *Beständigkeit (eines Stoffes) hinsichtlich Formveränderungen* **3** *Widerspruchsfreiheit (von Theorien)* ◆ spröde, grobe, feste Konsistenz [→ *konsistent*]

**Konsole** ⟨f. 19⟩ **1** ⟨Arch.⟩ *stützender Mauervorsprung (für Gesimse, Bögen, Statuen);* Sy *Kragstein* **2** *Wandbrett, Spiegel-, Pfeilertischchen* **3** ⟨EDV⟩ *Ein- u. Ausgabegerät einer Anlage, das nur dem Operator zugänglich ist* [< frz. *console;* zu lat. *solidus* „fest"]

**konsolidieren** ⟨V. t.; hat⟩ **1** *festigen, sichern* **2** *vereinigen, zusammenlegen* ◆ öffentliche Anleihen konsolidieren [< frz. *consolider* „festigen, sichern" < lat. *consolidare* „festmachen, sichern"; zu *solidus* „fest, sicher"]

**Konsommee** ⟨f. 19 od. n. 15⟩ = *Consommé*

**Konsonant** ⟨m. 16; Phon.⟩ *Mitlaut, Laut, der nur mithilfe eines anderen ausgesprochen werden kann,* z. B. „b(e)", „z(et)"; Ggs *Vokal*

**Konsonanz** ⟨f. 20⟩ **1** ⟨Mus.⟩ *Zusammenklang zweier od. mehrerer Töne, der keine Auflösung verlangende Spannung enthält;* Ggs *Dissonanz (2)* **2** ⟨Phon.⟩ *Häufung von Konsonanten*

**Konsortium** ⟨n.; -s, -tien⟩ *vorübergehender Zusammenschluss von Geschäftsleuten od. Banken für größere Finanzierungen* [< lat. *consortium* „Gütergemeinschaft"]

**Konspiration** ⟨f. 20⟩ *Verschwörung* [< lat. *conspiratio* „Einigkeit, Verschwörung"]

**konspirieren** ⟨V. i.; hat⟩ *sich verschwören* [< lat. *conspirare* „zusammenwirken, sich verschwören"]

**konstant** ⟨Adj.; -er, am -esten⟩ Ggs *variabel* **1** *fest, beständig, unveränderlich* **2** *beharrlich* ◆ konstante Größe ⟨Math.⟩ [< lat. *constans* „stetig, feststehend"]

**Konstante** ⟨f. 19⟩ *unveränderliche Größe*

**Konstanz** ⟨f. 20; unz.⟩ **1** *Festigkeit, Beständigkeit, Unveränderlichkeit* **2** *Beharrlichkeit* ◆ seine Form besaß keine Konstanz [< lat. *constantia* „Festigkeit, Beständigkeit"]

**konstatieren** ⟨V. t.; hat⟩ *feststellen* [< frz. *constater* „feststellen"]

**Konstellation** ⟨f. 20⟩ **1** *Lage, Zusammentreffen bestimmter Umstände* **2** ⟨Astron.⟩ *Stellung der Gestirne zueinander, zur Sonne u. zur Erde* **3** ⟨Chem.⟩ *räuml. Anordnung der Atome eines Moleküls, die sich nicht zur Deckung bringen lassen* ◆ günstige, ungünstige Konstellation [< lat. *constellatio* „Stellung der Gestirne zueinander"; zu *stella* „Stern"]

KONSERVIERUNGSMITTEL: GEWÜRZE FÜR MARINADEN

**konsternieren** ⟨V. t.; hat⟩ *bestürzen, verblüffen* ◆ konsterniert sein *betroffen, bestürzt, fassungslos sein* [< lat. *consternare* „aufregen"]

**Konstituente** ⟨f. 19; Gramm.⟩ *sprachliches Element als Teil einer größeren sprachlichen Einheit* [→ *konstituieren*]

**konstituieren** ⟨V. t.; hat⟩ *bilden, gründen, einrichten, zur festen Einrichtung machen, ins Leben rufen* ◆ konstituierende Versammlung *verfassunggebende Versammlung* [< lat. *constituere* „feststellen, einrichten"; zu *statuere* „aufstellen"]

**Konstitution** ⟨f. 20⟩ **1** *Anordnung, Zusammensetzung* **2** ⟨Chem.⟩ *Anordnung der Atome im Molekül* **3** *Körperbeschaffenheit* **4** ⟨Pol.⟩ *Verfassung, Grundgesetz (eines Staates)* ◆ kräftige, schwache, zarte Konstitution [< lat. *constitutio* „Einrichtung, Anordnung, Verfassung"; zu *constituere* „festsetzen, einrichten"]

**konstitutionell** ⟨Adj.⟩ *auf der Konstitution beruhend, sie betreffend* ◆ konstitutionelle Monarchie *durch eine Konstitution beschränkte Monarchie*

**Konstitutionstyp** ⟨m. 23; Anat.⟩ ► *jede der drei von E. Kretschmer unterschiedenen Grundformen des menschl. Körperbaus (leptosom od. asthenisch, pyknisch, athletisch)*

**konstitutiv** ⟨Adj.⟩ *grundlegend, wesentlich, bestimmend* [< lat. *constitutum* „festgesetzt, eingerichtet", Part. Perf. von *constituere;* → *konstituieren*]

**konstruieren** ⟨V. t.; hat⟩ **1** *entwerfen, bauen, zusammensetzen* (Maschine) **2** *nach den Regeln der Syntax zusammenfügen* (Satz) **3** *nach gegebenen Größen zeichnen* (Figur, Dreieck) **4** ⟨fig.⟩ *künstlich, schematisch darstellen, erfinden* ◆ einen Fall, Vorgang konstruieren [< lat. *construere* „erbauen"; zu *struere* „schichten"]

**Konstruktion** ⟨f. 20⟩ **1** *Entwurf, Gefüge, Bau, Bauart, Aufbau* **2** *Zeichnung* ◆ Konstruktion einer geometrischen Figur; Konstruktion eines Gebäudes, einer Maschine, eines Fahrzeugs, eines Satzes; eine neue Konstruktion vorstellen [< lat. *constructio* „Zusammenfügung"; → *konstruieren*]

**konstruktiv** ⟨Adj.⟩ *auf einer Konstruktion beruhend, (folgerichtig) aufbauend, zusammenfügend, entwickelnd* ◆ konstruktive Kritik [< lat. *constructus* „erbaut", Part. Perf. von *construere* „erbauen"; → *konstruieren*]

**Konsul** ⟨m. 25⟩ **1** ⟨im antiken Rom u. im napoleon. Frankreich⟩ *höchster Staatsbeamter* **2** ⟨heute⟩ *ständiger Vertreter eines Staates in einem anderen Staat (bes. für wirtschaftl. Aufgaben)* [< lat. *consul* „Konsul"]

**Konsultation** ⟨f. 20⟩ *Beratung (durch einen Wissenschaftler)* [< lat. *consultatio* „Beratschlagung, Befragung"; zu *consultare* „beratschlagen, befragen"]

**konsultieren** ⟨V. t.; hat⟩ *zu Rate ziehen* ◆ einen Arzt konsultieren [< lat. *consultare* „beratschlagen, um Rat fragen, befragen"]

**Konsum** ⟨m.; -s; unz.⟩ *Verbrauch (von tägl. Bedarfsartikeln, bes. Lebensmitteln)* [< ital. *consumo* „Verbrauch"; zu lat. *consumere* „verbrauchen, verzehren"]

**Konsument** ⟨m. 16⟩ **1** ⟨allg.⟩ = *Verbraucher;* Ggs *Produzent (1)* **2** ⟨Biol.⟩ *Organismus, der organische Nahrung verbraucht* [< lat. *consumens* „verbrauchend", Part. Präs. von *consumere* „verzehren, verbrauchen"]

**konsumieren** ⟨V. t.; hat⟩ *verbrauchen* [< lat. *consumere* „verzehren, verbrauchen"]

## KONSTITUTIONSTYPEN

1925 teilte Ernst Kretschmer den menschlichen Körperbau in drei Konstitutionstypen ein. Der Pykniker besitzt demnach eine gedrungene rundliche Form und eine schwache Muskulatur, der Athletiker ist schlank und kräftig-muskulös, während der Leptosome zwar auch schlank ist, aber eine wenig ausgebildete Muskulatur aufweist.

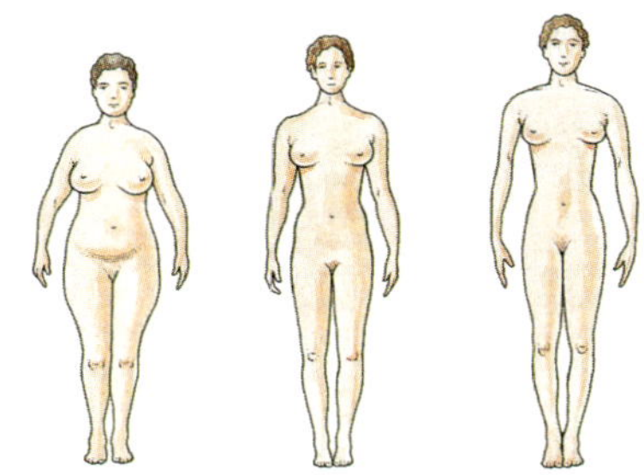

PYKNISCH ATHLETISCH LEPTOSOM

**kontagiös** ⟨Adj.⟩ *ansteckend* [< lat. *contagiosus* „ansteckend", mit frz. Endung]

**Kontakt** ⟨m. 1⟩ **1** *Berührung, Verbindung, Beziehung, Fühlungnahme* **2** *fester Katalysator bei techn. Prozessen* **3** *elektr. leitende Verbindung* ◆ Kontakt haben *in Verbindung stehen;* mit jmdm. in Kontakt stehen; mit jmdm. Kontakt aufnehmen [< lat. *contactus* „Berührung"; zu *tangere* „berühren"]

**kontaktfreudig** ⟨Adj.⟩ *leicht Kontakt (mit anderen Menschen) aufnehmend, sich leicht und gern (an andere Menschen) anschließend*

**kontaktieren** ⟨V. t.; hat; geh.⟩ jmdn. kontaktieren *mit jmdm. einen Kontakt knüpfen, sich mit jmdm. unterhalten*

**Kontaktlinsen** ⟨Pl.⟩ = *Haftschalen*

**Kontaktperson** ⟨f. 20; Med.⟩ *jmd., der mit einer an einer Infektionskrankheit leidenden Person Kontakt hatte u. daher ansteckungsverdächtig ist*

**Kontamination** ⟨f. 20⟩ **1** ⟨Semantik⟩ *Wortkreuzung, Verschmelzung zweier bedeutungsverwandter Wörter od. Wortteile zu einem neuen Wort,* z. B. „vorwiegend" aus „vorherrschend" u. „überwiegend" **2** ⟨Kernphys.⟩ *Verunreinigung mit radioaktiven Stoffen, radioaktive Verseuchung;* Ggs *Dekontamination* [< lat. *contaminatio* „Berührung, Verschmelzung"; zu *contaminare* „berühren, verschmelzen"]

**kontaminieren** ⟨V. i.; hat⟩ **1** *verschmelzen, sich vermischen* (Wörter od. Wortteile) **2** ⟨Kernphys.⟩ *mit radioaktiven Stoffen verseuchen;* Ggs *dekontaminieren* [< lat. *contaminare* „berühren, verschmelzen"]

**Kontemplation** ⟨f. 20; unz.⟩ **1** *Betrachtung, Anschauung* **2** *Beschaulichkeit* **3** ⟨Mystik⟩ *Versenkung, Versunkenheit in das Wort u. Werk Gottes* [< lat. *contemplatio* „Betrachtung"; zu *contemplari* „betrachten"]

**kontemplativ** ⟨Adj.⟩ **1** *betrachtend, anschauend* **2** *beschaulich, besinnlich* ◆ kontemplatives Leben ⟨Mystik⟩ *in sich gekehrtes, religiöser Betrachtung gewidmetes, tatenloses Leben* [< lat. *contemplativus* „betrachtend, beschaulich"; zu *contemplari* „betrachten"]

**Konten** ⟨Pl. von⟩ *Konto*

**Kontenance** ⟨[kõtə'nãs] f. 19; unz.⟩ = *Contenance*

**Konter** ⟨m. 3⟩ **1** ⟨Sp.⟩ *(schnell ausgeführter) Gegenangriff, -schlag* **2** *scharfe Entgegnung, heftiger Widerspruch* ◆ ein gelungener Konter [→ *kontern*]

## KONTINENTE

Das Festland der Erde lässt sich in sechs Bereiche unterteilen, die als Kontinente bezeichnet werden. Diese bewegen sich stetig, aber sehr langsam auf der Erdoberfläche, da ihre Lithosphärenplatten auf der flüssigen Asthenosphäre schwimmen. Verursacht wird diese Bewegung wahrscheinlich durch die Konvektionsströmung im Erdmantel.

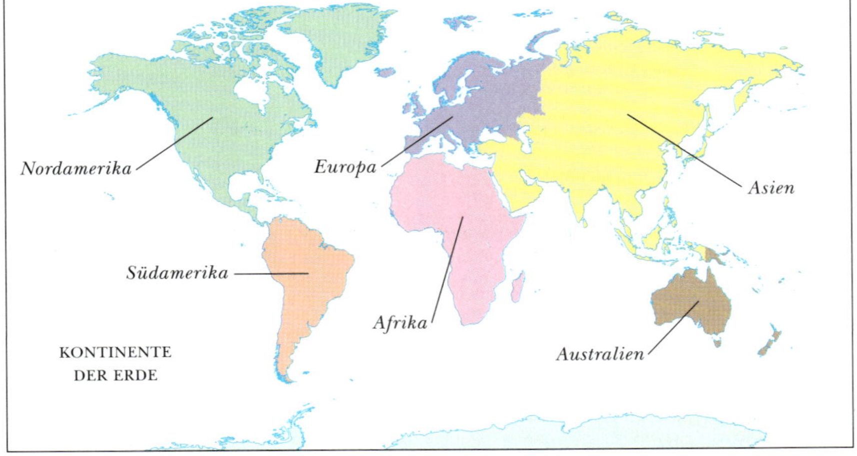


KONTINENTE DER ERDE



**konter..., Konter...** ⟨in Zus.⟩ *gegen..., Gegen...* [< frz. *contre* < lat. *contra*]

**Konterfei** ⟨n. 11⟩ *Abbild, Bild(nis)* [zu frz. *contrefait* „nachgemacht, nachgebildet"; zu lat. *facere* „machen"]

**kontern** ⟨V.; hat⟩ **I** ⟨V. i.⟩ **1** jmdm. kontern ⟨fig.⟩ *(heftig) widersprechen, dagegenhalten* **2** ⟨Sp.⟩ *einen schnellen Gegenangriff führen* **II** ⟨V. t.⟩ **1** jmdn. kontern ⟨Boxen⟩ *jmdm. (aus der Defensive heraus) einen (überraschenden) Gegenschlag versetzen* **2** etwas kontern *umdrehen, die Seiten von etwas verkehren* [< engl. *counter* „entgegenwirken, einen Gegenschlag tun"; zu lat. *contra* „gegen"]

**Kontext** ⟨m. 1⟩ *der ein Wort od. eine Redewendung umgebende Text, durch den die Bedeutung erst klar wird, Zusammenhang* [< lat. *contextus* „Zusammensetzung, Verknüpfung, Verbindung"; zu *texere* „weben"]

**kontextual, kontextuell** ⟨Adj.⟩ *den Kontext betreffend, auf ihm beruhend*

**Kontinent** ⟨m. 1; Geogr.⟩ **1** *Festland* **2** ▲ *Erdteil* [< lat. *(terra) continens* „zusammenhängendes Land"; zu *tenere* „halten"]

**kontinental** ⟨Adj.⟩ *den Kontinent betreffend, zu ihm gehörig, auf ihm vorkommend*

**Kontinentalklima** ⟨n.; -s; unz.⟩ *Landklima, Festlandsklima, Binnenklima;* Sy *exzessives Klima;* Ggs *Seeklima*

**Kontinentalsockel** ⟨m. 5⟩ ► = *Schelf*

**Kontinenz** ⟨f. 20; unz.⟩ *Fähigkeit, Urin u. Stuhlgang zurückzuhalten;* Ggs *Inkontinenz* [< lat. *continentia* „Selbstbeherrschung"; zu *tenere* „halten"]

**kontingent** ⟨Adj.; bes. Philos.⟩ *auf Kontingenz beruhend, zufällig, nicht zwingend von dieser Beschaffenheit*

**Kontingent** ⟨n. 11⟩ **1** *Pflichtbeitrag, Pflichtanteil* **2** *begrenzte, festgesetzte, zugeteilte Menge* (Warenkontingent) **3** *Truppenbeitrag (eines Staates) am Gesamtheer* (Truppenkontingent) [< frz. *contingent* „Anteil, Quote, Soll"; zu lat. *tangere* „berühren"]

**Kontingenz** ⟨f. 20; unz.⟩ **1** ⟨Philos.⟩ *Möglichkeit, dass eine Sache anders beschaffen sein könnte, als sie es tatsächlich ist* **2** ⟨Statistik⟩ *Grad der Wahrscheinlichkeit des gemeinsamen Auftretens zweier Sachverhalte* **3** ⟨Lernpsych.⟩ *Bedingungen, unter denen Lernprozesse herbeigeführt werden* [zu lat. *contingentia* „Zufälligkeit"]

**kontinuierlich** ⟨Adj.⟩ *ununterbrochen, stetig, zusammenhängend;* Ggs *diskontinuierlich* ◆ kontinuierliche Signale *Signale, bei denen der Zeigerausschlag dem Wert kontinuierlich u. stufenlos folgt;* Ggs *digitale Signale;* kontinuierliches Spektrum *der im Gegensatz zum Linien- od. Bandenspektrum kontinuierliche Anteil eines Atom- od. Molekülspektrums*

**Kontinuität** ⟨f. 20; unz.⟩ *Stetigkeit, Fortdauer, lückenloser Zusammenhang* [< lat. *continuitas* „ununterbrochene Fortdauer"]

**Kontinuum** ⟨n.; -s, -nua⟩ *(lückenlos) Zusammenhängendes, z. B. Linie, Ebene* [< lat. *continuum* „das ununterbrochen Fortlaufende"]

**Konto** ⟨n.; -s, -s od. Konten od. Konti⟩ **1** *Zusammenstellung gleichartiger Geschäftsvorgänge (Einnahmen u. Ausgaben) in zeitlicher Reihenfolge* **2** *Gegenüberstellung von Forderungen u. Schulden* **3** ⟨kurz für⟩ *Bankkonto* ◆ ein Konto eröffnen, löschen, schließen; laufendes Konto *Bankkonto für häufige Ein- u. Auszahlungen;* Geld aufs Konto einzahlen; das geht auf mein Konto ⟨fig.; umg.⟩ *das übernehme, zahle ich; daran bin ich schuld;* Geld vom Konto abheben *vom Bankkonto* [< ital. *conto* „Rechnung"; zu lat. *computare* „berechnen"]

**Kontor** ⟨n. 11⟩ **1** *Büro, Geschäftszimmer* **2** = *Handelsniederlassung (1)* **3** *Niederlassung einer Reederei im Ausland* ◆ die Hamburger Reederei besitzt auch ein Kontor in den USA [< frz. *comptoir* „Zahltisch"; zu lat. *computare* „berechnen"]

**Kontorsion** ⟨f. 20⟩ *Verdrehung, Verzerrung (eines Gliedes)* [< frz. *contorsion* „Verrenkung"; zu lat. *(con)torquere* „herumdrehen"]

**kontra** ⟨Präp. m. Akk.⟩ *gegen, wider;* oV *contra;* Ggs *pro (1)* ◆ Prozess Spindel kontra Dreier [< lat. *contra* „gegen"]

**Kontra** ⟨n. 15⟩ oV *Contra* **1** *das Gegen, das Wider, das, was gegen eine Sache spricht;* Ggs *Pro* **2** *Widerstand* **3** ⟨Kart.⟩ *Gegenansage* ◆ das Pro und Kontra (einer Sache) gegeneinander abwägen

**Kontrabass** ⟨m. 1u; Mus.⟩ ► *größtes u. tiefstes Streichinstrument;* Sy *Bassgeige, Violone;* ► *Saiteninstrumente*

**Kontrahent** ⟨m. 16⟩ **1** *Vertragspartner* **2** *Gegner im Zweikampf* [< lat. *contrahens* „zusammenziehend"; → *kontrahieren*]

**kontrahieren** ⟨V. t.; hat⟩ **1** *zusammenziehen* **2** *vereinbaren* ◆ einen Vertrag kontrahieren *schließen* [< lat. *contrahere* „zusammenziehen, versammeln, zustande bringen"; zu *trahere* „ziehen"]

**Kontraindikation** ⟨f. 20; Med.⟩ *Gegenanzeige, Umstand, der die Anwendung eines Medikamentes od. einer Behandlung als nicht geboten erscheinen lässt* [< lat. *contra* „gegen" + *Indikation*]

**Kontrakt** ⟨m. 1⟩ *Vertrag, Abmachung* (Mietkontrakt) ◆ einen Kontrakt schließen [< lat. *contractus* „zustande gebracht, abgeschlossen", eigtl. „zusammengezogen", Part. Perf. von *contrahere;* → *kontrahieren*]

**Kontraktion** ⟨f. 20⟩ **1** *Zusammenziehung, Schrumpfung* **2** ⟨Gramm.⟩ *Zusammenziehung zweier Laute zu einem neuen Laut,* z. B. „haben" zu mundartlich „han", engl. „ne" und „either" zu „neither" [< lat. *contractio* „Zusammenziehung"; → *kontrahieren*]

**Kontrapunkt** ⟨m. 1; Mus.⟩ *Kunst, mehrere Stimmen als selbständige Melodielinien nebeneinanderher zu führen, z. B. in Fuge u. Kanon* [< mlat. *contrapunctum* < lat. *contra* „gegen" + *punctus* „das Stechen, Stich, Punkt", dann a. „Note", eigtl. „das Setzen einer Gegenstimme zur Melodie" < *punctus contra punctum* „Note gegen Note"; → *kunterbunt*]

**konträr** ⟨Adj.⟩ **1** *gegensätzlich, entgegengesetzt* **2** *widrig* ◆ konträre Ansichten, Meinungen, Ideen [< frz. *contraire* „gegensätzlich, entgegengesetzt"; zu lat. *contra* „gegen"]

**Kontrast** ⟨m. 1⟩ **1** *Gegensatz, auffallender Unterschied* **2** ⟨Fot.⟩ ► *Helligkeitsunterschied* ◆ ein schreiender Kontrast zwischen ...; eine Fotografie mit starken Kontrasten ⟨Fot.⟩ [< ital. *contrasto* < lat. *contra* „gegen" + *stare* „stehen"]

**kontrastieren** ⟨V. i.; hat⟩ mit etwas kontrastieren *zu etwas im Gegensatz stehen, von etwas abstechen* [< frz. *contraster* „einen Gegensatz bilden"; → *Kontrast*]

**Kontrastmittel** ⟨n. 13⟩ *für Röntgenstrahlen undurchlässiger Stoff, der vor der Durchleuchtung od. Röntgenaufnahme von Magen, Galle od. Darm durch Tabletten o. ä. Mittel in den Körper eingeführt wird*

**Kontratenor** ⟨m. 1u; Mus.⟩ = *Contratenor*

**kontrazeptiv** ⟨Adj.⟩ *die Empfängnis verhütend* ◆ kontrazeptives Mittel

**Kontrolle** ⟨f. 19⟩ **1** *Überwachung, Aufsicht* **2** *Prüfung* (Fahrscheinkontrolle, Passkon-

KONTRABASS

trolle, Zollkontrolle) ♦ die Kontrolle über eine Arbeit, einen Arbeitsablauf, eine Arbeitsgruppe haben, führen [< frz. *contrôle*]

**Kontrolleur** ⟨[-lø:r] m. 1⟩ *jmd., der etwas kontrolliert, der eine Kontrolle ausübt, Aufsichtsbeamter, Aufseher, Prüfer* (Eisenbahnkontrolleur, Fahrkartenkontrolleur, Straßenbahnkontrolleur) [< frz. *contrôleur* „Aufseher, Kontrolleur"]

**kontrollieren** ⟨V. t.; hat⟩ **1** *überwachen* **2** *nachprüfen* **3** *beherrschen* ♦ die Fahrkarten kontrollieren; die Aufständischen kontrollieren das ganze Gebiet; kontrolliertes Experiment *Experiment, das von Zufälligkeiten freigehalten wird* [< frz. *contrôler* „(nach-, über)prüfen, kontrollieren"]

**Kontrollturm** ⟨m. 1u; auf Flughäfen⟩ ► *Turm, von dem aus alle Flugbewegungen gesteuert werden;* Sy *Tower (1)*

**kontrovers** ⟨[-vɛrs] Adj.⟩ **1** *gegeneinander gerichtet* **2** *bestreitbar, strittig* ♦ kontroverse Meinungen [< lat. *controversus* „der Erörterung unterworfen, strittig" < *contra* „gegen" + *vertere* „wenden, drehen"]

**Kontroverse** ⟨[-vɛr-] f. 19⟩ **1** *Streitfrage, heftige Meinungsverschiedenheit, Streit* **2** *wissenschaftliche Auseinandersetzung* [< lat. *controversia* „Streitigkeit, Streit" < *contra* „gegen" + *vertere* „wenden, drehen"]

**Kontur** ⟨f. 20⟩ *Umriss, Umrisslinie* ♦ etwas gewinnt Kontur; etwas verliert an Kontur ⟨fig.⟩ [< frz. *contour*]

KONTRAST: HELLIGKEITS-UNTERSCHIEDE BEI ZWEI FOTOS

**Konturenstift** ⟨m.1⟩ *dünner Lippenstift zum Nachzeichnen der Konturen der Lippen*

**konturieren** ⟨V. t.; hat⟩ **1** *mit einer Kontur umgeben* **2** *umreißen* **3** *andeuten*

**Konus** ⟨m.; -, -se od. Konen⟩ **1** *Kegel, Kegelstumpf, kegelförmiger Stift, Zapfen (an einem Werkzeug)* **2** ⟨Typ.⟩ *der leicht kegelförmig verlaufende obere Teil der Type, der das Schriftbild trägt, Kopf* [< lat. *conus* „Kegel"]

**Konvektion** ⟨[-vɛk-] f. 20⟩ **1** *vorwiegend auf- od. abwärts gerichtete Luftströmung* **2** ⟨Phys.⟩ *Transport von Wärme durch bewegte Teilchen* [< lat. *convectio* „das Zusammenbringen"; zu *vehere* „führen, tragen, fahren"]

**Konvent** ⟨[-vɛnt] m. 1⟩ **1** *Zusammenkunft, Versammlung (bes. von Mitgliedern eines Klosters)* **2** *Kloster, Stift* **3** *Mitgliederversammlung einer Studentenverbindung* [< lat. *conventus* „Zusammenkunft"]

**Konvention** ⟨[-vɛn-] f. 20⟩ **1** *Vereinbarung, Übereinkommen* **2** *völkerrechtl. Vertrag (über wirtschaftl., humanitäre od. kulturelle Angelegenheiten)* **3** *Herkommen, gesellschaftlicher Brauch* ♦ die Genfer Konvention; gesellschaftliche Konventionen [< frz. *convention* „Vereinbarung, Abmachung"; zu lat. *convenire*]

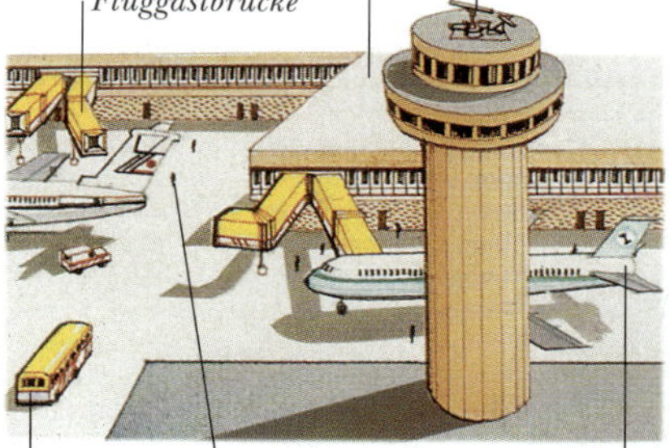


KONTROLLTURM

**konventionell** ⟨[-vɛn-] Adj.⟩ *auf den gesellschaftl. Konventionen beruhend, herkömmlich, förmlich* ♦ konventionelle Redensart *förml., nichts sagende Redensart;* konventionelle Waffen *alle Waffen außer Kern-, biolog. u. chem. Waffen;* Ggs *ABC-Waffen;* sich (sehr) konventionell verhalten, benehmen *(übertrieben) korrekt, steif, kühl, förmlich, unpersönlich* [< frz. *conventionnel* „herkömmlich"; → *Konvention*]

**Konversation** ⟨[-vɛr-] f. 20⟩ *geselliges, leichtes, etwas förml. Gespräch, gepflegte Unterhaltung* ♦ Konversation machen [< frz. *conversation* „Umgang, Verkehr, Unterhaltung" < lat. *conversatio* „Verkehr, Umgang"]

**Konversion** ⟨[-vɛr-] f. 20⟩ **1** *Umwandlung* **2** *Umkehrung* **3** ⟨Rel.⟩ *Glaubenswechsel (bes. von einer nicht christlichen zur christlichen Religion od. von der evangelischen zur katholischen Konfession)* **4** *Umwandlung eines Schuldverhältnisses in ein anderes (meist zugunsten des Schuldners)* **5** *grundlegende Veränderung der Meinung od. Einstellung* **6** ⟨Med.; Phys.⟩ *Umwandlung von verdrängten Trieben od. Affekten in körperliche Symptome* **7** ⟨Sprachw.⟩ *Umkehrung einer Aussage durch Vertauschung von Subjekt u. Prädikativ,* z. B. „kein Mensch ist ein Gott" und „kein Gott ist ein Mensch" **8** ⟨Gramm.⟩ *Veränderung der Wortart,* z. B. „Laut" zu „laut" **9** ⟨Reaktortech.⟩ *Erzeugung neuen Kernbrennstoffes beim Betrieb eines Reaktors* [< lat. *conversio* „Umdrehung, Umkehrung, Umwandlung"; zu *vertere* „wenden, drehen"]

**Konverter** ⟨[-vɛr-] m. 3⟩ **1** ⟨Fot.⟩ *Linsensystem für Spiegelreflexkameras, das die Brennweite verändert* **2** ⟨kurz für⟩ *Telekonverter* **3** ⟨EDV⟩ *Software, die Daten von einem Format in ein anderes Format umwandelt;* Sy *Konvertierungsprogramm* [< engl. *converter* „Umwandler, Umformer"; zu lat. *vertere* „wenden, drehen"]

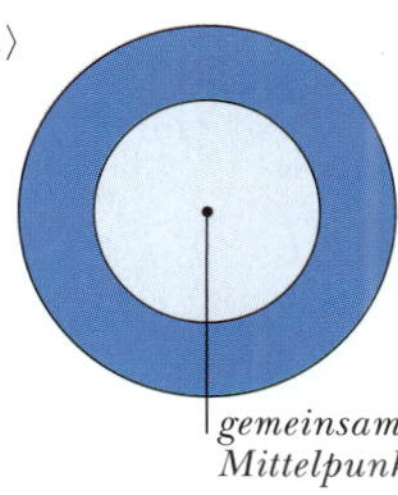


KONZENTRISCHE KREISE

**konvertibel** ⟨[-vɛr-] Adj.⟩ *so beschaffen, dass man es konvertieren, umtauschen kann;* Sy *konvertierbar*

**konvertierbar** ⟨[-vɛr-] Adj.⟩ = *konvertibel* ♦ die D-Mark ist frei konvertierbar

**konvertieren** ⟨[-vɛr-]⟩ **I** ⟨V. t.; hat⟩ **1** *umgestalten, umwandeln* **2** *in andere Währung umtauschen* **3** ⟨EDV⟩ Daten konvertieren *Daten umwandeln, so dass sie von anderen Programmen od. Anlagen verarbeitet werden können* **4** *Kohlenstoffmonoxid mit Wasserdampf in Wasserstoff u. Kohlenstoffdioxid umwandeln* ♦ Dollar, D-Mark konvertieren **II** ⟨V. i.; ist⟩ *die Konfession, die Religion wechseln* ♦ zum Christentum konvertieren [< lat. *convertere* „umkehren, umwenden"; zu *vertere* „wenden, drehen"]

**Konvertierungsprogramm** ⟨[-vɛr-] n. 11; EDV⟩ = *Konverter (3)*

**konvex** ⟨[-vɛks] Adj.⟩ *erhaben, nach außen gewölbt* (Linse); Ggs *konkav* [< lat. *convexus* „gewölbt, gekrümmt"]

**Konvexlinse** ⟨[-vɛks-] f. 19⟩ *konvex gekrümmte Linse;* Sy *Sammellinse;* Ggs *Konkavlinse*

**Konvoi** ⟨[-vɔi] m. 6⟩ **1** ⟨Mil.⟩ **1.1** *Geleitzug, Schiffsverband im Schutz von See- od. Luftstreitkräften* **1.2** *die See- od. Luftstreitkräfte selbst* **2** ⟨allg.⟩ *Gruppe, Verband von Fahrzeugen* ♦ im od. unter Konvoi fahren [< frz. *convoi* „Geleit", in Aussprache u. Bedeutung „Kriegsschiffe zum Schutz einer Handelsflotte" beeinflusst von engl. *convoy* < lat. *cum* „gemeinsam (mit)" + *via* „Weg"]

**Konvolut** ⟨[-vo-] n. 11⟩ **1** *Bündel (von Schriftstücken od. Drucksachen)* **2** *Sammelmappe* [< lat. *convolutus* „zusammengerollt", Part. Perf. von *convolvere* „zusammenrollen"; zu *volvere* „wälzen"]

**Konvolute** ⟨[-vo-] f. 19; Arch.⟩ = *Volute*

**Konvulsion** ⟨[-vul-] f. 20; Med.⟩ *Zuckungskrampf, Schüttelkrampf* [< lat. *convulsio* „Krampf"; zu *convellere* „zusammenreißen"]

**Konzentrat** ⟨n. 11⟩ *das beim Anreichern entstehende, gegenüber dem Ausgangsmaterial hochwertigere Produkt* [→ *konzentrieren*]

**Konzentration** ⟨f. 20⟩ **1** *Zusammendrängung um einen Mittelpunkt* **2** *Zusammenfassung, Zusammenballung (von wirtschaftl., militär. o. ä. Kräften)* **3** *Anreicherung, Gehalt einer Lösung an gelöstem Stoff* **4** *Anspannung, Sammlung (aller Gedanken auf ein Problem, Ziel), angespannte Aufmerksamkeit* [< frz. *concentration* „Sammlung, Massierung, Konzentration"; → *konzentrieren*]

**Konzentrationslager** ⟨n. 13; Abk.: KZ; 1933-45⟩ *Arbeits- u. Massenvernichtungslager für Juden u. Gegner des Nationalsozialismus*

**konzentrieren** ⟨V. t.; hat⟩ **1** *(um einen Mittelpunkt) sammeln, zusammendrängen, verstärken, verdichten* **2** *anreichern mit, sättigen* (Lösung) **3** *zusammenziehen, zusammenballen* (Truppen, wirtschaftl. Kräfte) **4** sich konzentrieren *sich geistig sammeln, alle Aufmerksamkeit auf einen Gedanken, ein Ziel lenken* ♦ sich auf seine Arbeit, seine Aufgaben konzentrieren [< frz. *concentrer* „in einem Mittelpunkt vereinigen"; zu frz. *centre* „Mittelpunkt"; → *Zentrum*]

**konzentrisch** ⟨Adj.⟩ **1** ◄ *einen gemeinsamen Mittelpunkt habend* (Kreise) **2** *nach einem Punkt strebend, auf einen Punkt gerichtet* [< mlat. *concentricus* „gemeinsamen Mittelpunkt habend" < lat. *con...* „gemeinsam (mit ...)" + *centrum* „Mittelpunkt"]

**Konzept** ⟨n. 11⟩ *erste Niederschrift, erste Fassung, Plan, Entwurf* ♦ ein Konzept entwerfen, verfassen; jmdn. aus dem Konzept bringen ⟨fig.; umg.⟩ *verwirren;* aus dem Konzept kommen *verwirrt werden* [< lat. *conceptum* „das (in Worten) Abgefasste, Ausgedrückte", Part. Perf. Neutr. von *concipere* „in sich aufnehmen, in Worten abfassen"; → *konzipieren*]

**Konzeption** ⟨f. 20⟩ **1** *Empfängnis* **2** ⟨fig.⟩ *schöpferischer Einfall* **3** *Entwurf (eines Werkes)* **4** *Auffassung, Begreifen* [< lat. *conceptio* „Empfängnis; Abfassung jurist. Formeln"; → *konzipieren*]

K

**Konzern** ⟨m. 1⟩ *gleichartige, rechtlich selbständige Unternehmen mit gemeinsamer Leitung u. Verwaltung* [< engl. *concern* „Beziehung, Geschäftsbeziehung, Unternehmung"]

**Konzernierung** ⟨f. 20; unz.⟩ *Bildung von Konzernen*

**Konzert** ⟨n. 11⟩ **1** ⟨Mus.⟩ **1.1** *Musikstück für Soloinstrument u. Orchester* (Violinkonzert) **1.2** *öffentl. Aufführung von Musikwerken* **2** ⟨fig.⟩ *Übereinstimmung* ◆ Konzert für Klavier, Streicher und Bläser; ein Konzert besuchen; das Konzert muss abgesagt werden [< ital. *concerto* „Wettstreit (der Stimmen), öffentl. Musikaufführung"; zu lat. *concertare* „wetteifern"; in der Bedeutung „Übereinstimmung" < frz. *concert* „Einklang, Übereinstimmung" < ital. *concerto;* zu ital. *concertare* „konzertieren, übereinstimmen"]

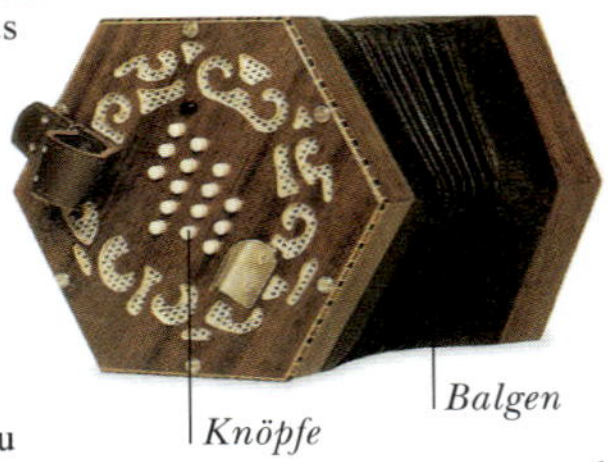

KONZERTINA

**konzertiert** ⟨Adj.⟩ konzertierte Aktion **1** *aufeinander abgestimmte Aktion* **2** ⟨BRD⟩ *zwischen staatl. Organen, Gewerkschaften u. Unternehmerverbänden abgestimmtes wirtschaftl. Vorgehen*

**Konzertina** ⟨f. 10; Mus.⟩ ▲ *sechseckige chromatische Handharmonika* [< ital. *concertina;* → *Konzert*]

**Konzession** ⟨f. 20⟩ **1** *Zugeständnis* **2** *behördl. Genehmigung, z. B. für ein Gewerbe* **3** *(staatliches) Recht, ein Gebiet zu erschließen u. auszubeuten* **4** *das Gebiet selbst, für das ein Ausbeuterecht gegeben ist* ◆ Inhaber einer Konzession [< lat. *concessio* „Zugeständnis, Einräumung"]

**Konzil** ⟨n. 11; Pl. a.: -lien⟩ **1** ⟨kath. Kirche⟩ *(umfassende) Versammlung kirchl. Würdenträger* **2** *Delegiertenversammlung von Lehrkräften u. Studenten (an Hochschulen u. Universitäten)* [< lat. *concilium* „Versammlung"; zu *calare* „aus-, zusammenrufen"]

**konziliant** ⟨Adj.; -er, am -esten⟩ **1** *umgänglich, verbindlich* **2** *versöhnlich, zu Zugeständnissen bereit* ◆ er ist ein konzilianter Mensch [< lat. *concilians* „verbindend, gewinnend", Part. Präs. von *conciliare* „vereinigen, verbinden, geneigt machen, gewinnen"; → *Konzil*]

**konzipieren** ⟨V. t.; hat⟩ *im Konzept entwerfen, ins Konzept schreiben, ein Konzept verfassen über* [< lat. *concipere* „auffassen, in sich aufnehmen, in Worten abfassen"; zu *capere* „fassen"]

**Koog** ⟨m.; -(e)s, Köge⟩ *eingedeichtes Marschland;* oV *Kog;* Sy *Polder* [urspr. „hohes Land vor dem Deich", dann „eingedeichtes Land" < nddt. *koog* < mndrl. *cooch*]

**Kooperation** ⟨f. 20⟩ *Zusammenarbeit, Zusammenwirken* [< lat. *cooperatio* „Mitwirkung, Mitarbeit"; zu *cooperari* „mitwirken, mitarbeiten"]

**kooperieren** ⟨V. i.; hat⟩ *zusammenarbeiten, zusammenwirken* [< lat. *cooperari* „mitwirken, mitarbeiten"; zu *opera* „Arbeit, Mühe"]

**Koordinate** ⟨f. 19⟩ *Zahlenangabe zur Festlegung eines Punktes* [< mlat. *coordinata* „die Zugeordnete", Part. Perf. Fem. von *coordinare* „zuordnen"; → *koordinieren*]

**Koordinatensystem** ⟨n. 11; Math.⟩ *mathemat. Bezugssystem mit Achsen od. Achsen u. Winkeln zur Festlegung der Lage eines Punktes in der Ebene od. im Raum od. zur Charakterisierung des Zustandes eines Systems (auch mit mehr als drei Dimensionen)*

**Koordination** ⟨f. 20; unz.⟩ **1** *Zuordnung, Beiordnung* **2** *das Abstimmen verschiedener Dinge, Vorgänge usw. aufeinander* **3** ⟨Physiol.⟩ *Zusammenspiel der Muskeln zu bestimmten, beabsichtigten Bewegungen* **4** ⟨Gramm.⟩ *das Neben-, Beiordnen von Satzgliedern od. Sätzen durch koodinierende Konjunktionen* [< mlat. *coordinatio* „Zuordnung"; → *koordinieren*]

**koordinieren** ⟨V. t.; hat⟩ **1** *(als gleichwertig) nebeneinander stellen* **2** *aufeinander abstimmen* (Vorgänge) **3** ⟨Gramm.⟩ **3.1** *beiordnen, nebenordnen* (Sätze); Ggs *subordinieren* **3.2** koordinierende Konjunktion *Konjunktion, die einen Hauptsatz mit einem anderen Hauptsatz verbindet, beiordnende Konjunktion* ◆ Bewegungen, Projekte, Termine koordinieren [< mlat. *coordinare* „zuordnen"; zu lat. *ordinare* „ordnen"]

**Kopeke** ⟨f. 19⟩ **1** ⟨früher⟩ *russ. Silbermünze* **2** ⟨heute⟩ *russ. Scheidemünze,* $^1/_{100}$ *Rubel* [< russ. *kopejka;* zu *kopjo* „Lanze" (da diese Münze urspr. das Bild des mit einer Lanze bewaffneten hl. Georg trug)]

**Kopf** ⟨m. 1u⟩ **1** ▼ *das vom übrigen Körper abgesetzte u. unterschiedene Vorderende vieler Tiere u. des Menschen, Haupt, Schädel: Caput* **2** *(meist oberes) verdicktes Ende, Knopf* (Nagelkopf, Notenkopf, Stecknadelkopf) **3** *kugelförmige, geschlossene Kohl- od. Salatpflanze* (Kohlkopf, Salatkopf) **4** *oberer Teil, Anfang, Überschrift* (Briefkopf) **5** *Titel (einer Zeitung)* **6** ⟨fig.⟩ *Anführer, Leiter* **7** *Person, Mensch* ◆ der Kopf einer **Bande,** Verschwörung ◆ seinen Kopf **durchsetzen** wollen *seinen Willen durchsetzen wollen;* den Kopf **einziehen;** den Kopf **hängen lassen** ⟨fig.⟩ *niedergeschlagen, mutlos sein;* den Kopf **schütteln** *(als Verneinung);* den Kopf **verlieren** ⟨fig.⟩ *die Geistesgegenwart verlieren, sich verwirren lassen u. unüberlegt handeln;* sich den Kopf (über etwas) **zerbrechen** ⟨fig.⟩ *angestrengt (über etwas) nachdenken, sich mit Mühe (an etwas) zu erinnern suchen* ◆ ein **kluger,** heller Kopf ⟨fig.⟩; **kühlen** Kopf bewahren *die Besonnenheit bewahren;* einen **roten** Kopf bekommen *erröten* ◆ die Leute standen Kopf **an** Kopf *dicht gedrängt;* jmdm. eine Beleidigung, Unfreundlichkeit an den Kopf werfen ⟨fig.; umg.⟩ *ihm etwas Beleidigendes, Unfreundliches sagen;* einen Preis **auf** jmds. Kopf aussetzen *einen Preis versprechen, wenn man jmdn. (Verbrecher o. Ä.) fängt u. ausliefert;* jmdm. etwas auf den Kopf zusagen *etwas (offen und deutlich) mit Sicherheit feststellen, so dass er nicht leugnen kann;* sich etwas aus dem Kopf schlagen ⟨fig.⟩ *etwas (Plan, Hoffnung, Vorhaben) aufgeben, auf etwas verzichten;* etwas **im** Kopf behalten *sich etwas merken;* die Sache geht mir (noch immer) im Kopf herum ⟨fig.; umg.⟩ *ich muss immer wieder daran denken;* sich etwas in den Kopf setzen ⟨fig.; umg.⟩ *sich etwas vornehmen u. eigensinnig darauf beharren;* **pro** Kopf zwei Stück *für jeden;* den Kopf **über** etwas od. jmdn. schütteln *etwas od. jmdn. nicht begreifen, über etwas od. jmdn. erstaunt sein;* die Sache ist ihm über den Kopf gewachsen *er ist der Sache nicht mehr gewachsen;* **von** Kopf bis Fuß *von oben bis unten, die ganze Person, als ganze Person;* jmdn. vor den Kopf stoßen ⟨fig.; umg.⟩ *jmdn. verletzen, kränken* [< ahd. *kopf,* urspr. „Becher, Trinkschale", engl. *cup* „Tasse, Schale" < spätlat. *cuppa* „Becher" = lat. *cupa* „Kufe, Tonne"; verwandt mit *Kübel, Kufe, Kuppel, Kuppe*]

**Kopfdreher** ⟨m. 3; Anat.⟩ = *Kopfnicker*

**köpfen** ⟨V.; hat⟩ **I** ⟨V. t.⟩ **1** jmdn. köpfen *jmdm. den Kopf abschlagen, jmdn. enthaupten* **2** Blumen, Bäume köpfen *das obere Ende abschlagen, kappen* **3** den Ball köpfen ⟨Fußb.⟩ *den Ball mit dem Kopf stoßen* **II** ⟨V. i.⟩ der Salat köpft *bekommt einen Kopf*

**Kopffenster** ⟨n. 13⟩ *längliche Aussparung in der Hülle einer Diskette, innerhalb derer der Schreib-Lese-Kopf des Abtastgerätes bewegt wird*

**Kopffüßer** ⟨m. 3; Zool.⟩ ► *Angehöriger einer Klasse von hoch entwickelten Mollusken, deren Kopf mit vier oder fünf Paaren von meist saugnapftragenden Armen (Tentakeln) besetzt ist, die zum Ergreifen der Beute, aber auch zur Fortbewegung dienen: Cephalopoda;* Sy *Kephalopode, Polyp (2.1), Tintenfisch;* → a. *Krake (1);* ► *Schneckengehäuse*

**Kopfgrippe** ⟨f. 19⟩ **1** ⟨volkstüml. Bez. für⟩ *epidemische Gehirnentzündung, epidem. Gehirnhautentzündung* **2** *Grippe mit heftigen Kopfschmerzen*

**Kopfhaar** ⟨n. 11; unz.⟩ *das auf dem Kopf wachsende Haar;* Ggs *Körperhaar*

## KOPF

Der Kopf ist Sitz so wichtiger Sinnesorgane wie Augen, Ohren, Nase und Zunge. Diese ermöglichen die Kommunikation über die Sprache oder die Mimik des Gesichts. Der größte Teil des Kopfinneren wird vom Gehirn eingenommen.

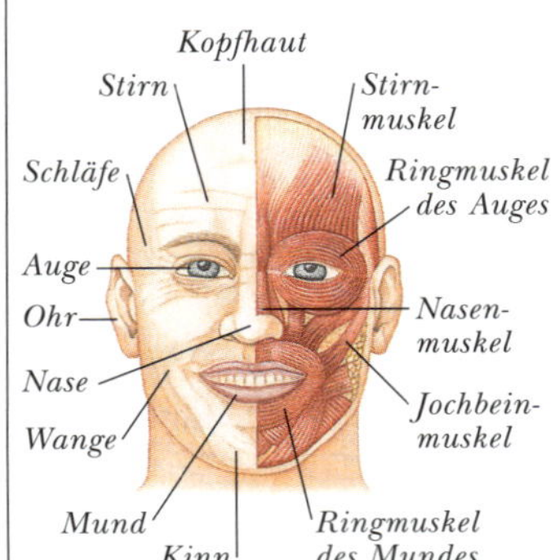

VORDERANSICHT MIT MUSKELN

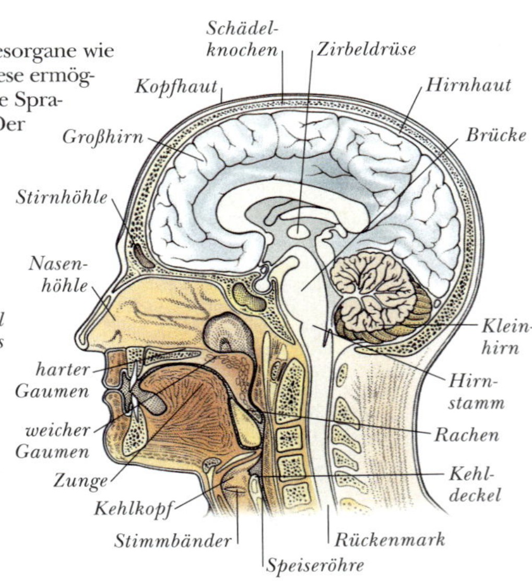

ANATOMIE DES MENSCHLICHEN KOPFES

## KOPFFÜSSER

Die Kopffüßer sind intelligente, bewegliche Weichtiere mit hoch entwickelten Linsenaugen. Beim Schwimmen machen sie von einem Rückstoßantrieb Gebrauch, indem sie Wasser aus der Mantelhöhle ausstoßen.

ÄUSSERE MERKMALE EINES ZIRRENKRAKEN *(Eledone cirrhosa)*

### WEITERE KOPFFÜSSER

GEMEINE SEPIA *(Sepia officinalis)*

KALMAR *(Sepioteuthis sepioidea)*

**Kopfhörer** ⟨m. 3⟩ *auf den Ohren zu befestigendes Paar kleiner Lautsprecher*
**...köpfig** ⟨Adj.; in Zus.⟩ **1** *mit einer bestimmten Anzahl von Köpfen versehen,* z. B. neunköpfig **2** *mit einer bestimmten Kopfform versehen* z. B. langköpfig, kurzköpfig, rundköpfig
**Kopflage** ⟨f. 19; unz.; Med.⟩ *normale Lage des Kindes bei der Geburt mit dem Kopf voran;* → a. *Querlage*
**kopflastig** ⟨Adj.⟩ **1** *vorn zu stark belastet* (Flugzeug) **2** ⟨fig.; umg.; meist abwertend⟩ *zu stark vom Verstand, vom Intellekt her bestimmt* ◆ eine kopflastige Interpretation
**Kopflaus** ⟨f. 7u⟩ *graue Laus im Kopfhaar des Menschen: Pediculus capitis*
**kopflos** ⟨Adj.; fig.⟩ **1** *ohne Kopf* **2** *überstürzt, unüberlegt (infolge Schrecks od. Verwirrung)*
**Kopfnicken** ⟨n.; -s; unz.⟩ *Nicken mit dem Kopf (als Zeichen der Zustimmung)*
**Kopfnicker** ⟨m. 3; Anat.⟩ *langer Halsmuskel, der vom Brust- und Schlüsselbein zum Wangenfortsatz des Schläfenbeins führt und der Bewegung des Kopfes dient: Musculus sternocleidemastoideus;* Sy *Kopfdreher*

KOPFSCHMUCK: KRIEGSSCHMUCK NORDAMERIKANISCHER INDIANER

**Kopfrechnen** ⟨n.; -s; unz.; Math.⟩ *Rechnen ohne Niederschrift*
**Kopfschlagader** ⟨f. 21⟩ = *Halsschlagader*
**Kopfschmerz** ⟨m. 23; meist Pl.⟩ *Schmerz im Kopf* ◆ Kopfschmerzen haben; deswegen würde ich mir keine Kopfschmerzen machen ⟨fig.; umg.⟩ *keine Sorgen*
**Kopfschmuck** ⟨m. 1; Pl. selten⟩ ▼ *auf dem Kopf getragener Schmuck (auch als Gruppen- od. Stammessymbol), z. B. dekorative Haarnadeln, Schleifen, Federn, Hauben u. Ä.*
**Kopfschütteln** ⟨n.; -s; unz.⟩ *das Schütteln des Kopfes (als Zeichen der Verneinung od. Verwunderung)* ◆ seine Bemerkung rief allgemeines Kopfschütteln hervor
**Kopfsteinpflaster** ⟨n. 13; unz.⟩ *Pflaster aus viereckigen, abgerundeten od. kleinen unregelmäßigen Steinen*
**Kopfwelle** ⟨f. 19⟩ *von einem mit Überschallgeschwindigkeit fliegenden Körper ausgehender Verdichtungsstoß*
**Kopfzerbrechen** ⟨n.; -s; unz.⟩ *angestrengtes Nachdenken* ◆ die Sache hat mir viel Kopfzerbrechen gemacht, verursacht
**Kopie** ⟨österr. ['ko:pjə] f. 19⟩ **1** *Abschrift* **2** *Durchschrift, Durchschlag* **3** ⟨Fot.⟩ *Abzug (eines Negativs)* **4** *Vervielfältigung* **5** *Nachbildung (eines Kunstwerkes);* → a. *Replik* ◆ eine Kopie unseres Briefes an die Firma Bander legen wir Ihnen bei; Kopien herstellen; eine Kopie von Michelangelos „David" [< lat. *copia* „Fülle, Menge", im Amtsdeutsch „Vervielfältigung"]
**kopieren** ⟨V. t.; hat⟩ **1** *eine Kopie herstellen von, abschreiben* (Brief) **2** *nachbilden* (Kunstwerk) **3** *einen Abzug herstellen von* (Negativ) **4** *durch elektrostat. Übertragung der Originalvorlage auf Kopierpapier vervielfältigen* **5** ⟨fig.⟩ *nachahmen* ◆ jmds. Gang, Sprechweise, Stil kopieren ⟨fig.⟩ [< mlat. *copiare* „vervielfältigen"; → *Kopie*]
**Kopierer** ⟨m. 3⟩ ►► *Gerät zum elektrostatischen Kopieren, Vervielfältigen*
**Kopilot** ⟨m. 16⟩ *zweiter Pilot (eines Flugzeuges);* oV *Copilot* ◆ die Notlandung meisterte der Kopilot [< *Ko...* + *Pilot*]
**Koppel I** ⟨f. 21⟩ **1** *eingezäuntes Stück Land, Koppelweide* **2** *Gruppe zusammengebundener Tiere, bes. Hunde od. Pferde* **3** ⟨Mus.⟩ *Einrichtung an der Orgel zum Mitklingenlassen der Register eines zweiten Manuals od. der höheren od. tieferen Oktave eines Tones* **II** ⟨n. 13⟩ *Leibriemen, Wehrgehenk* [< mhd. *kuppel, koppel* „Band, Verbindung, Haufe, Schar, gemeinsame(s) Weide(recht)" < afrz. *co(u)ple* „Band" < lat. *copula* „Verbindung, Band, Seil"]
**koppeln** ⟨V. t.; hat⟩ **1** *verbinden, beweglich vereinigen, mit Riemen aneinander binden* (Hunde, Pferde); oV *kuppeln (I)* **2** *mit Bindestrich verbinden* (zwei Wörter) **3** ⟨Navigation⟩ *die gefahrenen od. geflogenen Kurse in die Karte eintragen* **4** ⟨nddt.⟩ *zur Weide einzäunen* [→ *Koppel*]
**Koppelung** ⟨f. 20⟩ = *Kopplung*
**Koppelwirtschaft** ⟨f. 20; unz.⟩ *Betriebssystem, das nach einer bestimmten Zahl von Jahren Getreide- u. Hackfruchtbau mehrere Jahre hintereinander Futterbau vorsieht*
**Kopplung** ⟨f. 20; unz.⟩ oV *Koppelung* **1** *das Koppeln, bewegl. Verbindung mehrerer Geräte od. Fahrzeuge* **2** ⟨Phys.⟩ *gegenseitige Beeinflussung physikal. Systeme, bes. schwingender Systeme*
**kopr..., Kopr...** ⟨in Zus.; vor Vokalen⟩ = *kopro..., Kopro...*
**kopro..., Kopro...** ⟨vor Vokalen⟩ kopr..., Kopr... ⟨in Zus.⟩ *Kot..., Stuhl...* [< grch. *kopros* „Mist, Kot"]
**Koproduktion** ⟨f. 20⟩ *gemeinsame Produktion (bes. eines Films durch Filmgesellschaften verschiedener Länder)*
**Koprozessor** ⟨m. 23; EDV⟩ *den zentralen Prozessor eines Computers ergänzende zusätzliche Hardwareeinheit für Steuerung u. Datenverarbeitung, z. B. für die Umsetzung digitaler Klänge u. Grafiken od. zur Wandlung u. Übermittlung von Daten;* oV *Coprozessor*
**Kopte** ⟨m. 17⟩ *christl. Nachkomme der alten Ägypter, seit dem 3. Jh. mit eigener Kirche* [< arab. *Kopt, Kibt* „Ägypter"]
**koptisch** ⟨Adj.⟩ *die Kopten betreffend, von ihnen stammend, zu ihnen gehörig* ◆ koptische Kirche *die christl. Kirche in Ägypten, seit dem 5. Jh. von der Ostkirche getrennt;* koptische Sprache *zu den hamit. Sprachen gehörende Sprache der Kopten*
**Kopulation** ⟨f. 20; veraltet⟩ **1** *Trauung* **2** *Begattung, Verschmelzung der Geschlechtszellen* **3** *Pfropfung durch Vereinigung von zwei gleich starken Trieben* [< lat. *copulatio* „Verknüpfung, Verbindung"; → *kopulieren*]
**kopulativ** ⟨Adj.⟩ *verbindend, verknüpfend, anreihend* [→ *kopulieren*]
**Kopulativkompositum** ⟨n.; -s, -sita; Sprachw.⟩ *Wortzusammensetzung, bei der durch die Aneinanderreihung der einzelnen Glieder eine neue Bedeutung entsteht,* z. B. „Kopfnuss", „siebzehn"; Sy *Kopulativum*
**Kopulativum** ⟨[vum-] n.; -s, -tiva [-va]; Sprachw.⟩ = *Kopulativkompositum*

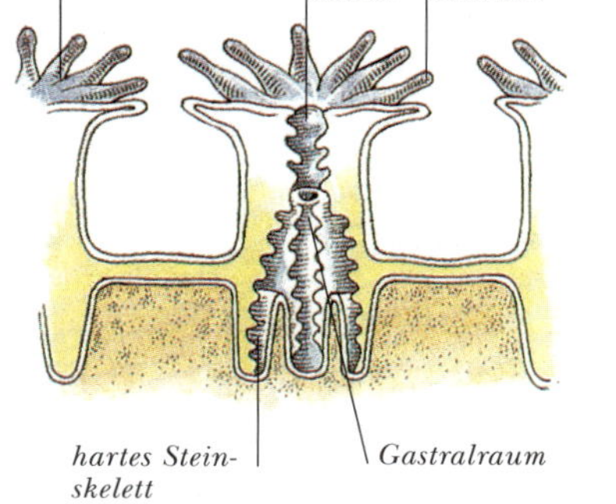


KORALLE (SCHNITT)

**kopulieren** ⟨V.; hat⟩ **I** ⟨V. t.⟩ **1** *verbinden, anreihen* **2** *durch Vereinigung von zwei gleichen Trieben veredeln* (Bäume) **3** ⟨veraltet⟩ *trauen* **II** ⟨V. i.; bei Tieren⟩ *den Geschlechtsakt ausführen* [< lat. *copulare* „fesseln, binden"]

**kor..., Kor...** ⟨Vors.⟩ = *kon..., Kon...*

**Koralle** ⟨f. 19⟩ **1** ◄◄ *zu den Hohltieren gehöriges, meist in Kolonien lebendes Meerestier, dessen Grundsubstanz aus Kalk besteht: Anthozoa;* Sy *Blumentier* **2** *dessen Kalkgerüst* **3** *Schmuckstein aus diesem Kalkgerüst* **4** Korallen ⟨Pl.⟩ *kleine Holzkugeln mit Eisenstiften innen am Halsband abzurichtender Hunde* [< mhd. *coral(lus), coralle* < afrz. *coral* (neufrz. *corail*) < lat. *corall(i)um* < grch. *kouralion* „Koralle" < **koura halos* „Puppe der Salzflut"]

**korallen** ⟨Adj.⟩ **1** *aus Korallen bestehend* **2** = *korallenfarbig*

**Korallenbank** ⟨f. 7u⟩ *umfangreiche Ablagerungen von Korallenkolonien*

**korallenfarbig** ⟨Adj.⟩ *hellrot wie Korallen;* Sy *korallen (2)*

**Korallenfisch** ⟨m. 1; Zool.⟩ *farbenprächtiger Fisch, der ständig in der Nähe von Korallenbänken lebt*

**Korallenfischerei** ⟨f. 18; unz.⟩ *Suche nach Edelkorallen mittels Schleppnetzen*

**Koralleninsel** ⟨f. 21⟩ *ringförmiges Riff aus Korallenbauten*

**Korallennatter** ⟨f. 21; Zool.⟩ = *Korallenschlange*

**Korallenotter** ⟨f. 21; Zool.⟩ *Angehörige einer Gattung von mittel- u. südamerikanischen Giftnattern, klein bis mittelgroß, schwarz-rot-weiß od. gelb quer geringelt, mit hochwirksamem Gift: Micrurus fulvius*

**Korallenriff** ⟨n. 11⟩ *aus Korallenbauten gebildetes Riff*

**Korallenschlange** ⟨f. 19; Zool.⟩ *Angehörige einer ungiftigen Gattung der Nattern, deren bunt quer geringelte Zeichnung den giftigen Korallenottern außerordentlich ähnlich ist: Simophis rhinostoma;* Sy *Korallennatter;* ► *Schlangen*

KORAN: TÜRKISCHE KORANAUSGABE DES 15. JH.

KORBBLÜTLER: KARWINSKIS BERUFKRAUT (*Erigeron karvinskianus*)

**Koran** ⟨m. 1; Rel.⟩ ▲ *heilige Schrift des Islam, eine Zusammenstellung der Offenbarungen Mohammeds* [< arab. *qur'an* „Lesung, Vortrag"]

**Korb** ⟨m. 1u⟩ **1** *(meist geflochtenes) Behältnis zu verschiedenen Zwecken: zum Tragen von Einkäufen* (Einkaufskorb), *Fortbewegen von Lasten* (Förderkorb, Tragkorb), *zum Aufbewahren von kleinen Gegenständen* (Handarbeitskorb, Nähkorb) *u. a.* **2** *Handschutz an Degen u. Säbel* (Degenkorb, Säbelkorb) **3** ⟨fig.⟩ *Abweisung, Abfuhr, Absage,* ⟨bes.⟩ *Ablehnung eines Heiratsantrages* ◆ einen Korb bekommen *abgewiesen werden;* ein Korb voll Beeren, Holz [< ahd. *chorp* < lat. *corbis* „Korb"]

**Korbblütler** ⟨m. 3; Bot.⟩ ◄ *Angehöriger einer artenreichen Familie der Ordnung Synandrae, ausgezeichnet durch einzelblütenähnliche Blütenstände u. -körbchen: Compositae;* Sy *Komposite;* ► *Bedecktsamer*

**Körbchen** ⟨n. 14⟩ **1** *kleiner Korb* **2** *kleiner Korb als Schlafplatz für kleine Haustiere* **3** *Blütenstand der Korbblütler, von Hüllblättern umgebene Hauptachse, auf der zahlreiche Einzelblüten stehen*

**Korbwaren** ⟨Pl.⟩ *zum Verkauf stehende Gegenstände aus Korbgeflecht*

**Korbweide** ⟨f. 19⟩ *Weidenart, deren biegsame Ruten zu Korbwaren verarbeitet werden: Salix viminalis*

**Kord** ⟨m. 1⟩ = *Cord*

**Korde** ⟨f. 19⟩, **Kordel** ⟨f. 21⟩ *Schnur aus mehreren gedrehten Seidenfäden* [< frz. *cordelle* „kurzes Seil"; zu *corde* „Seil, Schnur"]

**Kordon** ⟨[-dɔ̃] m. 6 od. österr. [-doːn] m. 1⟩ **1** *Schnur, Band* **2** *Ordensband* **3** *Postenkette, polizeiliche Absperrung* [< frz. *cordon* „Kordel, Schnur, Postenkette"; zu *corde* „Seil, Schnur"]

**Kordonettstich, Kordonierstich** ⟨m. 1⟩ *Stich, der einen Faden rechtwinklig umschnürt*

**Kore** ⟨f. 19; Arch.⟩ *gebälktragende Frauengestalt* [< grch. *kore* „Mädchen, Jungfrau"]

**Koreaner** ⟨m. 3⟩ *Einwohner von Korea*

**koreanisch** ⟨Adj.⟩ *Korea betreffend, zu ihm gehörig, aus ihm stammend* ◆ koreanische Sprache *isolierte, den altaischen u. mandschu-tungus. Sprachen nahe stehende Sprache der Koreaner*

**Koreferenz** ⟨f. 20; Sprachw.⟩ *Bezugnahme auf dieselbe Person od. Sache (in zwei od. mehreren Nominalphrasen)* [< *Ko...* + *Referenz*]

**Koriander** ⟨m. 3; Bot.⟩ **1** ⟨i. w. S.⟩ *Angehöriger einer Gattung der Doldengewächse: Coriandrum* **2** ⟨i. e. S.⟩ *als Küchengewürz verwendete Art: Coriandrum sativum;* ► *Kräuter* [< lat. *coriandrum* < grch. *koriannon;* zu *koris* „Wanze" (wegen des der Pflanze eigenen Wanzengeruchs)]

**Korinthe** ⟨f. 19⟩ *kleine schwarze Rosine* [< frz. *raisin de Corinthe* „Korinthe, Rosine", eigtl. „Weinbeere aus Korinth", dem grch. Ausfuhrhafen]

**korinthisch** ⟨Adj.⟩ *Korinth betreffend, zu ihm gehörig, aus ihm stammend* ◆ korinthische Säulenordnung ► *altgrch., um 400 v. Chr. erfundene Säulenordnung, deren kelchartiges Kapitell mit zahlreichen Akanthusblätterformen dekoriert ist*

**Kork** ⟨m. 1; Bot.⟩ **1** ▼ *elastische, leichte Rinde der Korkeiche* **2** = *Korken* [< ndrl. *kurk* < span. *corcho* < lat. *cortex* „Baumrinde"]

**Korkbaum** ⟨m. 1u; Bot.⟩ Japanischer Korkbaum *aus Japan stammender Baum mit aromatischem Geruch, langen Fiederblättern u. Steinfrüchten: Phellodendron japonicum*

**Korkeiche** ⟨f. 19; Bot.⟩ ► *bis 20 m hohe Eiche in Spanien u. Algerien, liefert Flaschenkork u. Gerberrinde: Quercus suber u. Quercus occidentalis*

**korken** ⟨Adj.⟩ *aus Kork*

**Korken** ⟨m. 4⟩ *Flaschenverschluss aus Kork;* Sy *Kork (2)*

**Korkenzieher** ⟨m. 3⟩ *Gerät (meist mit spiralförmigem Stift) zum Herausziehen des Korkens aus der Flasche* ◆ mit dem Korkenzieher aus Edelstahl öffnete er die Weinflasche

**Korkholz** ⟨n. 12u; Bez. für⟩ *verschiedene, von tropischen Holzgewächsengelieferte, in den Eigenschaften dem Kork ähnliche Hölzer*

## KOPIERER

Das Zentrum jedes Kopierers bildet eine lichtempfindliche Trommel, auf die die Vorlage projiziert wird. Wo Licht von weißen Stellen auf die Oberfläche trifft, fließt Ladung ab. Die geladenen Bereiche auf der Trommel entsprechen geschwärzten Stellen auf der Vorlage und ziehen Toner an. Dieser wird auf das seinerseits geladene Papier abgerollt und dort fixiert.

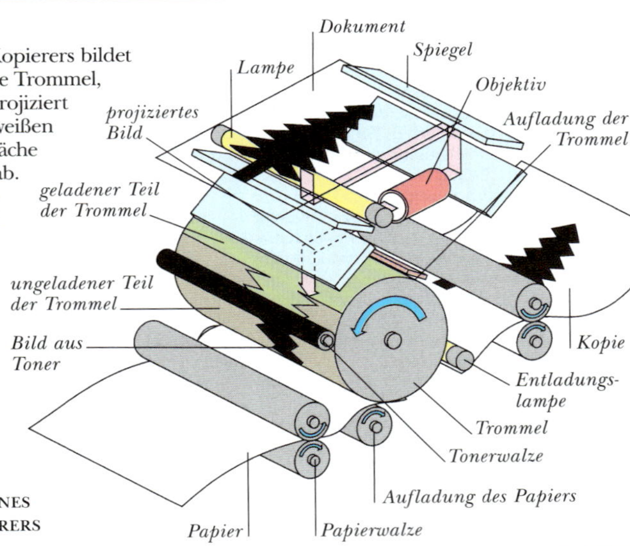


AUFBAU EINES FOTOKOPIERERS

KORK IN UNTERSCHIEDLICHER VERARBEITUNG

## KORINTHISCHE SÄULENORDNUNG

Die korinthische Säulenordnung ist eine der drei Säulenordnungen der klassischen Architektur. Sie wurde in Athen im 5. Jh. v. Chr. entwickelt. Die Römer übernahmen diese Ordnung und reicherten sie mit einigen Merkmalen der dorischen und ionischen Säulenordnung an.

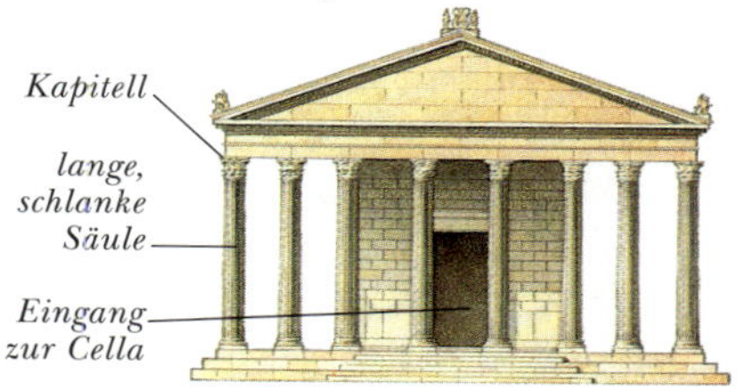

VORDERANSICHT EINES KORINTHISCHEN TEMPELS

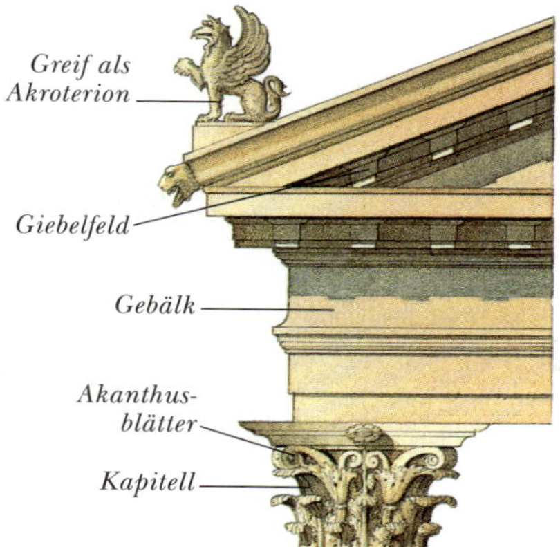

KORINTHISCHES KAPITELL MIT GEBÄLK

**korkig** ⟨Adj.; in der Wendung⟩ korkig schmecken (vom Wein) *nach Korken schmecken*
**Korksohle** ⟨f. 19⟩ *Schuhsohle aus Kork*
**Kormoran** ⟨m. 1; Zool.⟩ ▼ *Angehöriger einer Familie großer, dunkler, langschnäbliger Ruderfüßer, an Gewässern jeder Art lebend, wo sie unter Wasser schwimmend Fische fangen: Phalacrocoracidae;* Sy *Seerabe* [< frz. *cormoran* < afrz. *cormare(n)g* < afrz. *corp* „Rabe" + *marenc* „Meer-" < lat. *corvus marinus* „Seerabe"]
**Kormus** ⟨m.; -; unz.; Bot.⟩ *in Sprossachse, Blätter u. Wurzeln gegliederter Körper der Kormophyten;* Ggs *Thallus* [< grch. *kormos* „Stamm"]
**Korn** ⟨n. 12u⟩ **I** ⟨zählb.⟩ **1** *Samen, bes. von Gräsern, Getreide, meist Roggen* (Gerstenkorn, Samenkorn) **2** *kleines Bröckchen, Stückchen, Krümchen* (Hagelkorn, Salzkorn, Sandkorn, Staubkorn) **3** ⟨Met.⟩ *beim Erstarren von Metallen entstehender, ungleichförmig ausgebildeter Kristall* **4** ⟨Fot.⟩ *kleinstes Silberteilchen in der lichtempfindl. Schicht von Platte od. Film* **5** ⟨Typ.⟩ *druckendes Pünktchen im Raster* **6** *kleines Stück reinen Metalles* **7** *Edelmetallteilchen (einer Münze)* ◆ den Hühnern, Vögeln Körner streuen (als Futter) **II** ⟨unz.⟩ **1** *Getreide, bes. die als Brotgetreide (in einem Gebiet od. Land) verwendete Getreidesorte* **2** *vorn auf dem Lauf von Schusswaffen sitzender Teil der Visiereinrichtung* **3** *Narbe, Beschaffenheit der Oberfläche (des Papiers)* **4** ⟨umg.; kurz für⟩ *Kornbranntwein* ◆ **Kimme** und Korn *Visiereinrichtung an Schusswaffen* ◆ das Korn **einfahren,** mähen ◆ **gestrichenes** Korn nehmen *so zielen, dass Kimme u. Korn genau eine Linie bilden* ◆ etwas **aufs** Korn nehmen *nach etwas zielen;* ⟨fig.⟩ *etwas mit einer best. Absicht scharf beobachten (und sich darüber lustig machen)* [< ahd. *korn* „Getreide", engl. *corn*]
**Kornblume** ⟨f. 19⟩ *Flockenblume mit azurblauen Blüten, teilweise massenhafte Verbreitung in Getreidefeldern: Centaurea cyanus*

KORKEICHE
(*Quercus suber*)

KORMORAN: ANTARKTISKORMORAN
(*Phalacrocorax atriceps*)

**Kornbranntwein** ⟨m. 1⟩ *aus Getreide gewonnener Branntwein;* Sy ⟨kurz⟩ *Korn (II, 4)*
**Kornelkirsche** ⟨f. 19⟩ *Art des Hartriegels, Zierstrauch: Cornus mas* [< frz. *corneille* < lat. *cornicula* „Kornelkirsche"]
**körnen** ⟨V. t.; hat⟩ **1** *zu kleinen Stücken (Körnern) zerkleinern* **2** *anrauen, körnig formen* (Oberfläche) **3** *mit dem Körner kleine kegelige Vertiefungen einschlagen in*
**Kornett** ⟨n. 11; Mus.⟩ ► *aus dem Posthorn entwickeltes, kleines u. höchstes Blechblasinstrument;* ► *Blechblasinstrumente* [< ital. *cornetto* „Hörnchen"; zu lat. *cornu* „Horn"]
**Kornkäfer** ⟨m. 3; Zool.⟩ *braunroter, rund 4 mm langer Rüsselkäfer, dessen Weibchen je ein Ei in die Körner des lagernden Getreides legt, Vorratsschädling: Calandra granaria;* Sy *Getreiderüssler*
**Körper** ⟨m. 3⟩ **1** ►► *Leib,* ⟨bes.⟩ *Rumpf* **2** *von ebenen od. gekrümmten Flächen begrenzter Teil des dreidimensionalen Raumes* **3** *Hauptmasse, Hauptteil* (Schiffskörper) **4** *Körperschaft* (Lehrkörper) **5** ⟨beim Wein⟩ *voller Geschmack, Fülle* **6** ⟨Phys.⟩ *von Teilchen (die Masse besitzen) ausgefüllter, begrenzter dreidimensionaler Raumbereich* (fester Körper, flüssiger Körper, gasförmiger Körper) ◆ der Wein **hat** Körper; seinen Körper **pflegen,** trainieren ◆ **gesetzgebender** Körper; gesunder, kräftiger, kranker Körper; der **menschliche** Körper; **regelmäßiger** Körper ⟨Math.⟩ *Vielflächner;* **trainierter** Körper ◆ er zitterte **am** ganzen Körper [< mhd. *korper, körper* < lat. *corpus,* Gen. *corporis* „Körper, Leib"]
**Körperbau** ⟨m.; -(e)s; unz.⟩ *Bau des (menschlichen od. tierischen) Körpers*
**körperbehindert** ⟨Adj.⟩ *durch angeborene Missbildung, Unfallverletzung od. Krankheit dauerhaft körperlich geschädigt u. in Bewegungsfähigkeit u. Berufsausübung beeinträchtigt*
**Körperbehinderte(r)** ⟨f. 30 (m. 29)⟩ *Mensch mit einer angeborenen od. durch Krankheit u. Unfall erworbenen körperl. Beeinträchtigung, Versehrte(r)*

**körpereigen** ⟨Adj.⟩ *im Körper vorkommend od. entstanden* ◆ körpereigene Stoffe
**körperfremd** ⟨Adj.⟩ *nicht vom Körper selbst hergestellt, von außen aufgenommen*
**Körperfülle** ⟨f.; -; unz.⟩ *Beleibtheit*
**Körpergewicht** ⟨n. 11; unz.⟩ *Gewicht des (unbekleideten) Körpers*
**Körpergröße** ⟨f. 19⟩ *Größe des (menschl. od. tier.) Körpers*
**Körperhaar** ⟨n. 11⟩ *auf dem Körper wachsendes Haar;* Ggs *Kopfhaar*
**Körperhaltung** ⟨f. 20⟩ *Haltung des (menschl. od. tier.) Körpers* ◆ aufrechte, gebückte, gekrümmte, straffe Körperhaltung
**Körperkontakt** ⟨m. 1⟩ *Berührung, Fühlungnahme mit dem Körper eines anderen Menschen* ◆ Babys brauchen den Körperkontakt zur Mutter
**Körperkraft** ⟨f. 7u⟩ *Muskelkraft des Körpers* ◆ über große Körperkraft verfügen
**Körperkultur** ⟨f.; -; unz.⟩ **1** ⟨veraltet⟩ *Körperpflege* **2** ⟨DDR; Sammelbez. für⟩ *alle Arten von Leibeserziehung*
**körperlich** ⟨Adj.⟩ **1** *den Körper betreffend, zu ihm gehörig, auf ihm beruhend, leiblich, physisch* **2** *stofflich, raumfüllend* ◆ körperlicher Eid *mündl. Eid;* körperliche Schmerzen; körperliches Unbehagen; körperliche Vereinigung *geschlechtl. Vereinigung;* körperliche Vorzüge, Nachteile
**Körperlichkeit** ⟨f. 20; unz.⟩ **1** *körperl. Beschaffenheit, Leiblichkeit* **2** *Stofflichkeit*
**körperlos** ⟨Adj.⟩ *ohne Körper, keinen Körper besitzend, unstofflich*
**Körpermaße** ⟨Pl.⟩ *Maße des (menschl. od. tier.) Körpers, z. B. Länge, Umfang, Schulterbreite*

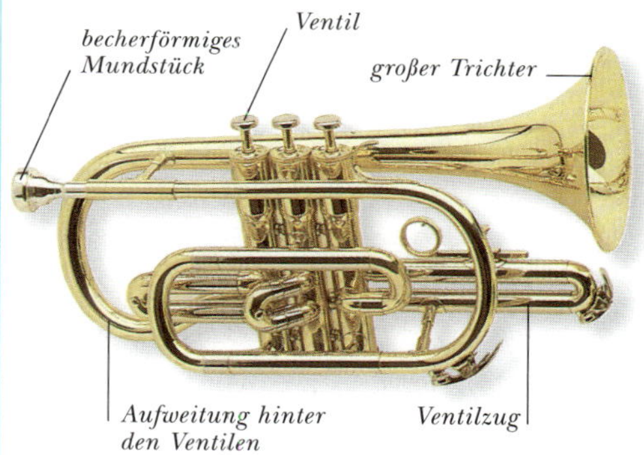

KORNETT

**Körperöffnung** ⟨f. 20⟩ *Öffnung im Körper (z. B. After, Mund)*
**Körperpflege** ⟨f. 19; unz.⟩ *Pflege des Körpers, um ihn sauber u. gesund zu erhalten, Teil der Gesundheitspflege*
**Körpersäfte** ⟨Pl.⟩ *die im (menschl. od. tier.) Körper enthaltenen Flüssigkeiten*
**Körperschaft** ⟨f. 20⟩ **1** *Gemeinschaft, Gruppe* **2** ⟨Rechtsw.⟩ *Vereinigung von Personen zu einem bestimmten Zweck mit den Rechten einer jurist. Person* ◆ Körperschaft des öffentlichen Rechts
**Körpersprache** ⟨f. 19; unz.⟩ *Körperhaltung, Mimik, Gestik usw. als Ausdrucks- u. Verständigungsmittel* ◆ seine Körpersprache verrät mehr über seinen Charakter
**Körperteil** ⟨m. 1⟩ *Teil des (menschl. od. tier.) Körpers, z. B. Arm, Bein*
**Körpertemperatur** ⟨f. 20⟩ *Temperatur des Körperinneren*
**Körperverletzung** ⟨f. 20⟩ *vorsätzl. und widerrechtl. Verletzung des Körpers (eines anderen) durch äußere Einwirkung* ◆ Körperverletzung mit tödlichem Ausgang

K

# KÖRPER

Der Körper des Menschen setzt sich aus mehreren Organsystemen zusammen, die miteinander in Wechselwirkung stehen. Das Skelett bildet das feste Gerüst des Körpers, an dem über Sehnen die Muskulatur fixiert ist, die Bewegungen ermöglicht. Das Nervensystem ist für die Reaktion des Körpers auf innere und äußere Reize zuständig. Hormone, die von endokrinen Drüsen produziert werden, steuern viele langfristige Funktionen des Körpers, wie z. B. das Wachstum und die damit zusammenhängenden körperlichen Veränderungen während der Pubertät. Das Kreislaufsystem transportiert Blut, das Sauerstoff und Nährstoffe, aber auch Abfallstoffe wie Kohlendioxid aufnimmt, durch den ganzen Körper. Das Atmungssystem besorgt den Gasaustausch mit der Umwelt, während das Lymphsystem eingedrungene Krankheitserreger bekämpft. Das Verdauungssystem entzieht der aufgenommenen Nahrung lebensnotwendige Nährstoffe, wobei Abfallstoffe übrig bleiben, die durch das Ausscheidungssystem abgegeben werden. Die Vermehrung erfolgt über die komplizierten Organe des Fortpflanzungssystems.

## ORGANSYSTEME DES KÖRPERS

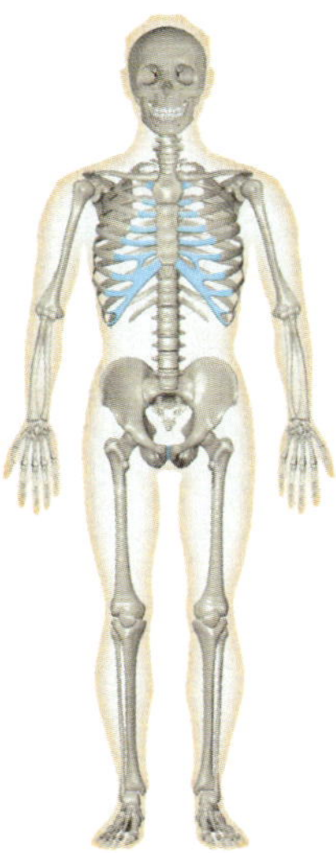

SKELETT
► *Skelett*

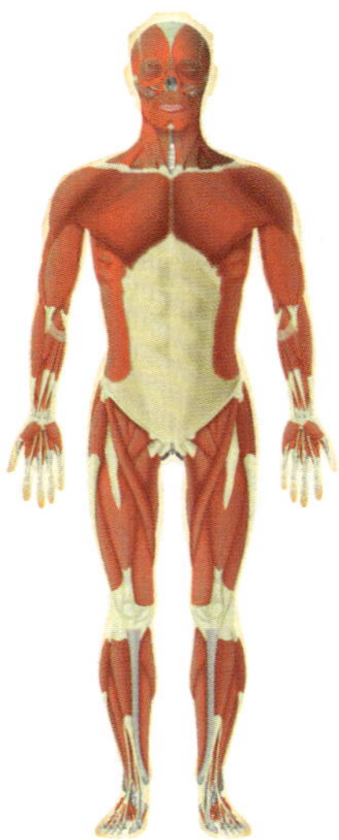

MUSKELSYSTEM
► *Muskulatur*

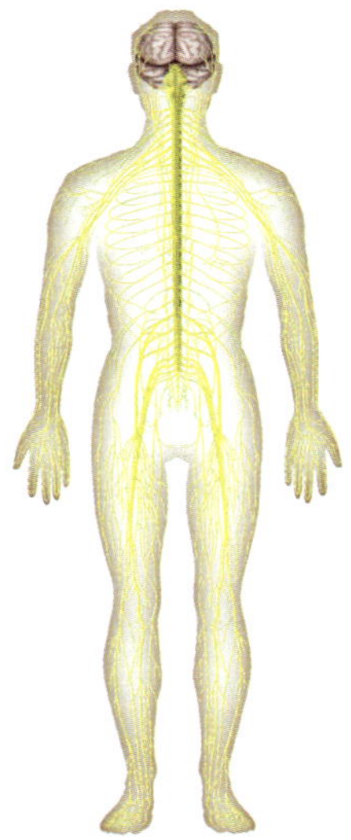

NERVENSYSTEM
► *Autonomes Nervensystem, Nervensystem, Peripheres Nervensystem*

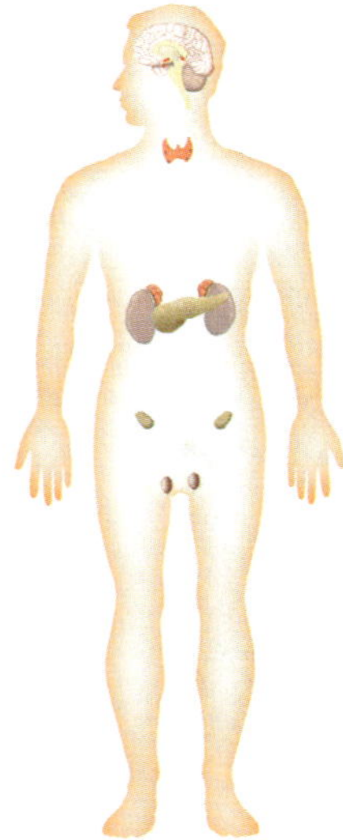

HORMONSYSTEM
► *Endokrine Drüsen*

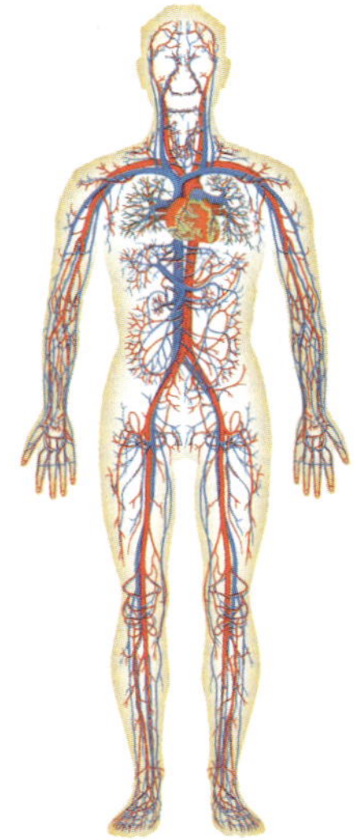

BLUTKREISLAUFSYSTEM
► *Blutkreislauf*

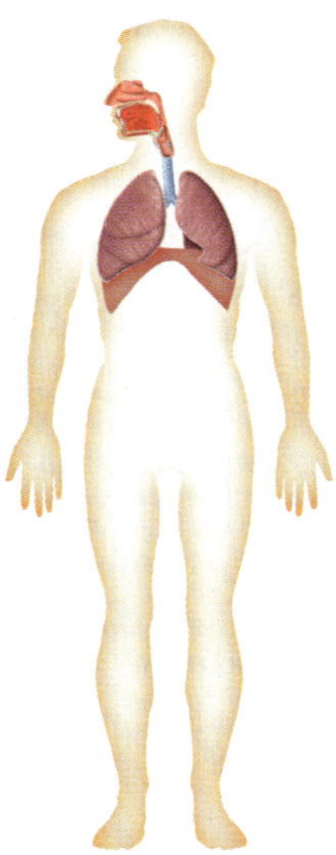

ATMUNGSSYSTEM
► *Atmung*

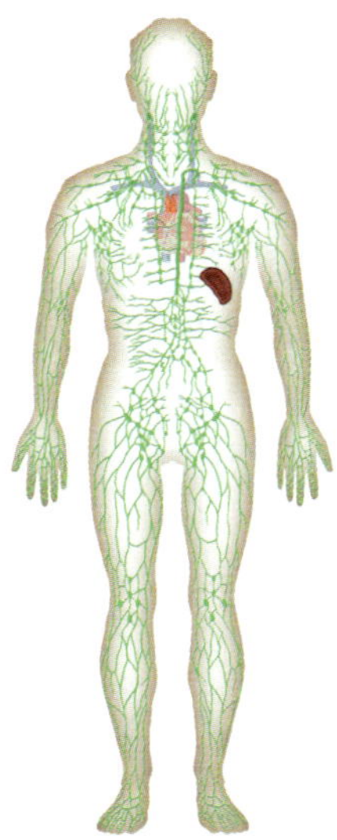

LYMPHSYSTEM
► *Lymphsystem*

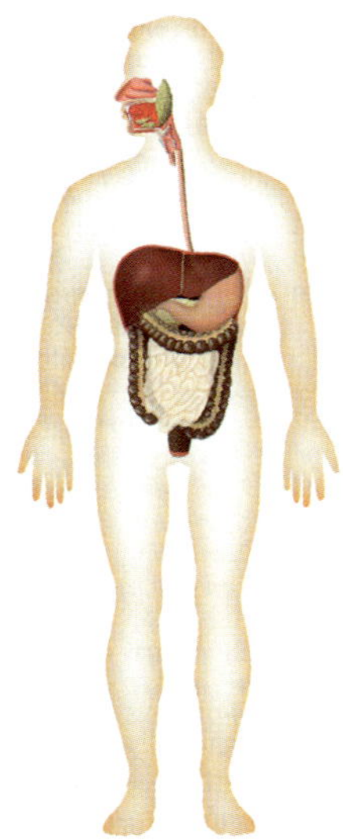

VERDAUUNGSSYSTEM
► *Verdauung*

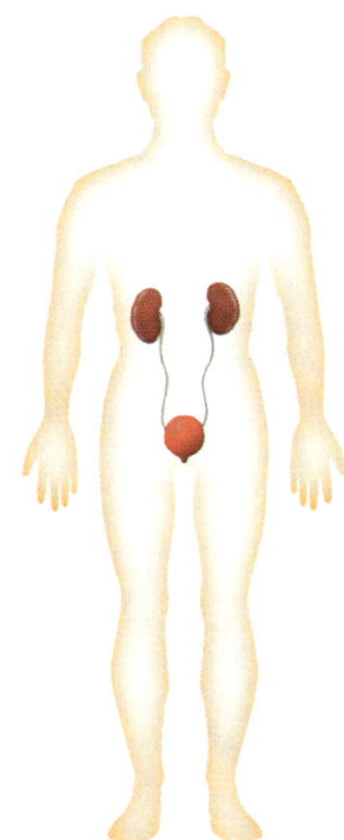

AUSSCHEIDUNGSSYSTEM
► *Ausscheidung*

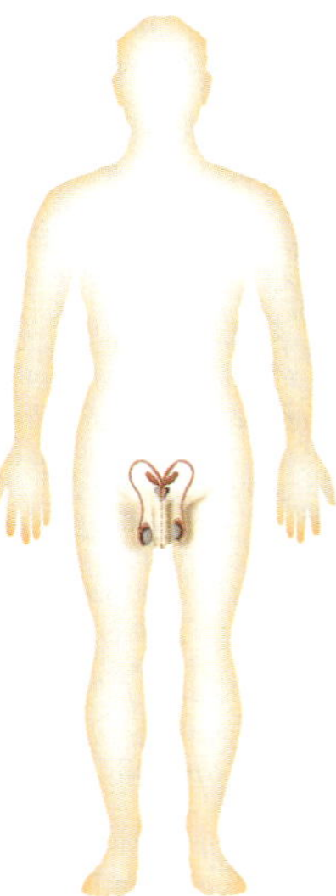

FORTPFLANZUNGSSYSTEM
► *Geschlechtsorgane*

**Körperwärme** ⟨f.; -; unz.⟩ *Wärme des (menschlichen od. tierischen) Körpers*

**Korporal** ⟨m. 1; Mil.⟩ *niedrigster Unteroffiziersgrad* [< ital. *caporale* „Hauptmann", beeinflusst von frz. *corps* „Körper, Körperschaft"; zu ital. *capo* „Haupt" < lat. *caput* „Haupt, Kopf"]

**Korporale** ⟨n. 13⟩ *Tuch als Unterlage für Hostie u. Kelch in der Messe* [< lat. *corporale* „dem Leib zugehörig"; zu *corpus* „Körper, Leib", hier: „Christi"]

**Korporalschaft** ⟨f. 20⟩ **1** *die einem Korporal unterstehende Gruppe* **2** *kleinste Unterabteilung einer Kompanie im inneren Dienst*

**Korporation** ⟨f. 20⟩ **1** *Körperschaft* **2** *student. Verbindung* [< lat. *corporatio* „Körperlichkeit"; zu *corpus* „Körper"]

**Korps** ⟨[ko:r] n.; - [ko:rs], - [ko:rs]⟩ oV *Corps* **1** ⟨Mil.⟩ *Armeekorps, größerer Truppenverband aus mehreren Waffengattungen* **2** *studentische Verbindung* **3** *Gemeinschaft von Personen gleichen Standes od. Berufes* (Offizierskorps) **4** diplomatisches Korps *Gesamtheit der bei einem Staat akkreditierten Diplomaten* [< frz. *corps* „Körper, Körperschaft"; zu lat. *corpus* „Körper"]

**korpulent** ⟨Adj.; -er, am -esten⟩ *beleibt, füllig, dick* ◆ er ist sehr korpulent, obwohl er sehr viel Sport treibt; einen korpulenten Körperbau haben [< lat. *corpulentus* „wohlbeleibt, dick"; zu *corpus* „Körper"]

**Korpus I** ⟨m.; -, -se⟩ **1** ⟨allg.⟩ *Kernstück* (von Möbeln) **2** ⟨umg.⟩ *Körper, Leib* **II** ⟨n.; -, Korpora⟩ **1** *Sammlung, Auswahl von Texten, Äußerungen (als Grundlage für sprachl. Untersuchungen);* → a. *Corpus* **2** ⟨Mus.⟩ *Resonanzkörper (besonders der Saiteninstrumente)* **III** ⟨f.; -; unz.; Typ.⟩ *ein Schriftgrad (10 Punkt), Garmond* [< lat. *corpus* „Körper"]

**Korreferat** ⟨n. 11⟩ *zweites (ergänzendes) Referat, zweiter Bericht über dasselbe Thema* [< *Kon ...* + *Referat*]

**Korreferenz** ⟨f. 20; Sprachw.⟩ *Bezeichnung einer Person durch zwei nominale Phrasen* [< *Kor...* + *Referenz*]

**korrekt** ⟨Adj.; -er, am -esten⟩ *richtig, fehlerfrei, einwandfrei* ◆ korrektes Betragen, Verhalten; ein Wort korrekt aussprechen; sich korrekt benehmen [< lat. *correctus* „gebessert, verbessert", Part. Perf. von *corrigere* „zurechtrichten, gerade richten"]

**Korrektor** ⟨m. 23⟩ *Angestellter einer Druckerei oder eines Verlages, der den Schriftsatz auf Fehler überprüft* [< lat. *corrector* „Berichtiger, Verbesserer"; zu *corrigere* „zurechtrichten, gerade richten"]

KORSELETT IM STIL DER DREISSIGER BIS FÜNFZIGER JAHRE

**Korrektur** ⟨f. 20⟩ **1** *Berichtigung, Verbesserung* **2** ⟨Typ.⟩ *Prüfung und Berichtigung des Schriftsatzes* (Fahnenkorrektur, Bogenkorrektur) ◆ eine Korrektur anbringen, ausführen; Korrektur lesen ⟨Typ.⟩ *den Satz auf Fehler überprüfen* [< mlat. *correctura* „Amt des Korrektors, Berichtigung"; zu lat. *corrigere* „zurechtrichten, gerade richten"]

KORUND

**Korrelation** ⟨f. 20⟩ **1** *wechselseitige Beziehung, Wechselbeziehung* **2** ⟨Biol.⟩ *gegenseitige Einwirkung aller Bestandteile eines Organismus aufeinander u. die Bedingtheit aller Lebensläufe voneinander* **3** ⟨Math.⟩ *nur mithilfe der Wahrscheinlichkeitsrechnung zu erfassender Zusammenhang zwischen mehreren Ereignissen* [< *Kon...* + *Relation*]

**korrelieren** ⟨V. i.; hat⟩ *in wechselseitiger Beziehung (zueinander) stehen* ◆ mit etwas korrelieren [< lat. *con...* „zusammen mit ..." + *relativ*]

**Korrespondent** ⟨m. 16⟩ **1** *Berichterstatter (einer Zeitung) (Zeitungskorrespondent)* **2** *die Korrespondenz führender Angestellter* (Fremdsprachenkorrespondent) **3** *Geschäftspartner* [< mlat. *correspondens* „in (geschäftlicher) Verbindung stehend", Part. Präs. von *correspondere;* → *korrespondieren*]

**Korrespondenz** ⟨f. 20⟩ **1** *Briefverkehr, Briefwechsel* **2** *Nachrichtenmaterial für die Presse* **3** *Übereinstimmung, Entsprechung* ◆ die Korrespondenz von Form und Inhalt [< mlat. *correspondentia* „(geschäftl.) Verbindung"; → *korrespondieren*]

**korrespondieren** ⟨V. i.; hat⟩ **1** ⟨veraltet⟩ mit jmdm. oder einer Sache korrespondieren *mit jmdm. oder einer Sache übereinstimmen* **2** ⟨heute⟩ mit jmdm. korrespondieren *mit jmdm. im Briefwechsel stehen* ◆ korrespondierendes Mitglied (z. B. einer Akademie) *auswärtiges Mitglied* [< frz. *correspondre* „sich entsprechen, in Briefwechsel stehen" < mlat. *correspondere* „übereinstimmen, in (geschäftl.) Verbindung stehen" < lat. *con...* „zusammen mit ..." + *respondere* „antworten"]

**Korridor** ⟨m. 1⟩ **1** *Wohnungsflur, Gang* **2** *schmaler Landstreifen* [< ital. *corridore* „Läufer, Laufgang"; zu *correre* < lat. *currere* „laufen"]

**korrigieren** ⟨V. t.; hat⟩ **1** *berichtigen, verbessern* **2** *regeln, ausgleichen* ◆ einen Fehler, einen Aufsatz korrigieren [< lat. *corrigere* „zurechtrichten, gerade richten, verbessern, auf den richtigen Weg führen"; zu *regere* „lenken, leiten"]

**korrodieren** ⟨V.; hat⟩ **I** ⟨V. t.⟩ *angreifen, zerstören* **II** ⟨V. i.⟩ *der Korrosion unterliegen* [< lat. *corrodere* „zernagen"; zu *rodere* „kauen, benagen"]

**Korrosion** ⟨f. 20⟩ **1** ⟨Chem.⟩ *chem. Veränderung od. Zerstörung metallischer Werkstoffe durch Wasser u. Chemikalien* **2** ⟨Med.⟩ *durch Ätzmittel od. Entzündung verursachte Gewebszerstörung* [< lat. *corrosio* „Zernagung"; → *korrodieren*]

**korrupt** ⟨Adj.; -er, am -esten⟩ **1** *bestechlich* **2** *moralisch verdorben* [< lat. *corruptus* „verdorben, vernichtet", Part. Perf. von *corrumpere* „verderben, vernichten"]

**Korruption** ⟨f. 20; unz.⟩ **1** *Bestechung* **2** *Bestechlichkeit* **3** *moral. Verfall* [< lat. *corruptio* „Verderben, Bestechung"; zu *corrumpere* „verderben, vernichten"]

**Korselett** ⟨n. 15 od. 11⟩ ◄ *leichtes, kleines Korsett* [< frz. *corselet* „Brustharnisch, Korselett", Verkleinerungsform zu afrz. *cors* (frz. *corps*) „Körper" < lat. *corpus* „Körper"]

**Korsett** ⟨n. 15 od. 11⟩ *Mieder, Schnürleib, figurformender Hüftgürtel* [< frz. *corset* „Korsett", Verkleinerungsform zu afrz. *cors* (frz. *corps*) „Körper" < lat. *corpus* „Körper"]

**Kortex** ⟨m. 1⟩ oV *Cortex* **1** *Rinde, Borke* **2** ⟨Anat.⟩ *Hirnrinde (beim Menschen)* **3** *Faserschicht des Haares* [< lat. *cortex*]

**Kortison** ⟨n.; -s; unz.; Med.⟩ *ein Hormon der Nebennierenrinde;* oV ⟨fachsprachl.⟩ *Cortison* [zu lat. *cortex* „Rinde"]

**Korund** ⟨m. 1⟩ ▲ *natürliches Mineral mit der chemischen Formel Alpha-$Al_2O_3$, dessen gefärbte Varietäten als Rubin u. Saphir bekannt sind* [< Sanskrit *kuruvinda* „Rubin"]

**Korvette** ⟨[-vɛt-] f. 19⟩ *kleines Kriegsschiff, kleiner Kreuzer* [< frz. *corvette*, zu mndrl. *Korf* „Schiff, Korb"; verwandt mit *Korb*]

**Korvettenkapitän** ⟨[-vɛt-] m. 1⟩ *Seeoffizier im Rang eines Majors*

**Koryphäe I** ⟨m. 17; im altgrch. Drama⟩ *Chorführer* **II** ⟨m. 17 od. f. 19⟩ *jmd., der besondere Fähigkeiten, hervorragende Sachkenntnisse (auf wissenschaftl. Gebiet) besitzt* ◆ eine Koryphäe auf seinem Gebiet sein [< grch. *koryphaios* „an der Spitze Stehender"; zu *koryphe* „Haupt, Spitze"]

**Kosak** ⟨m. 16⟩ *Angehöriger der seit dem 15. Jh. im südl. u. südöstl. russ. Grenzgebiet lebenden, urspr. leibeigen gewesenen, berittenen, freien Bauernkrieger*

**koscher** ⟨Adj.⟩ **1** *rein (nach den jüd. religiösen Speisevorschriften)* **2** ⟨umg.⟩ *sauber, tauglich, unbedenklich* ◆ koscheres Restaurant *Restaurant, in dem koschere Speisen gereicht werden;* die Sache scheint mir nicht ganz koscher ⟨umg.⟩ *die Sache scheint mir nicht geheuer* [< hebr. *kascher* „recht, tauglich"]

**kosen** ⟨V. i.; hat⟩ mit jmdm. kosen *Zärtlichkeiten tauschen, sich streicheln* [< ahd. *koson* „eine Rechtssache führen, verhandeln, sich besprechen, sich unterhalten, reden, plaudern"; zu ahd. *kosa* „Rechtssache" < lat. *causa* „Sache, Rechtssache, Ursache"]

**Kosinus** ⟨m.; -, -; Math.; Abk.: cos⟩ *Sinus des Komplementwinkels* [verkürzt < nlat. *complementi sinus* „Sinus des Ergänzungswinkels"; → *Sinus*]

**Kosmetik** ⟨f. 20; unz.⟩ *Schönheitspflege* ◆ chirurgische Kosmetik *chirur. Beseitigung von Schönheitsfehlern, Missbildungen usw.* [< frz. *cosmétique* < grch. *kosmetikos* „zum Schmücken gehörig"; zu *kosmein* „anordnen, schmücken"; → *Kosmos*]

**kosmisch** ⟨Adj.; Astron.⟩ *zum Kosmos gehörig, aus ihm stammend* ◆ erste kosmische Geschwindigkeit *Geschwindigkeit, die erforderlich ist, um einen künstlichen Erdsatelliten in eine Kreisbahn um die Erde zu bringen;* zweite kosmische Geschwindigkeit *zum Verlassen des Anziehungsbereiches der Erde notwendige Geschwindigkeit;* kosmische Strahlung = *Höhenstrahlung* [zu grch. *kosmos* „Ordnung, Weltall"]

**kosmo..., Kosmo...** ⟨in Zus.⟩ *welt..., Welt..., weltall..., Weltall...*

**Kosmonaut** ⟨m. 16; Astron.⟩ = *Raumfahrer* [< grch. *kosmos* „Ordnung, Weltall" + *nautes* „Schiffer, Seemann"]

**Kosmonautik** ⟨f. 20; unz.; Astron.⟩ = *Raumfahrt*

**Kosmopolit** ⟨m. 16⟩ **1** = *Weltbürger* **2** *über den größten Teil der Erde verbreitete Pflanzen- od. Tierart* [< grch. *kosmopolites* „Weltbürger"]

**Kosmos** ⟨m.; -; unz.; Astron.⟩ = *Weltraum* [< grch. *kosmos* „Ordnung, Schmuck, Anstand", dann „Weltordnung, Weltall"]

K

**Kost** ⟨f.; -; unz.⟩ **1** *Nahrung, Essen* **2** *Ernährung, Beköstigung, Verpflegung* ◆ Kost und Logis *Unterkunft u. Verpflegung;* einfache, leichte, schwere Kost; jmdn. in Kost nehmen *jmdn. beköstigen, verpflegen* [< mhd. *kost(e)* „Aufwand an oder für Nahrung, Speise, Futter"; zu *kosten* „wert sein"]

**kostbar** ⟨Adj.⟩ *sehr wertvoll, sehr teuer* ◆ meine Zeit ist mir zu kostbar, um sie zu vergeuden [< mhd. *kostbære,* eigtl. „hohe Kosten verursachend"]

**kosten**[1] ⟨V. t.; hat⟩ *den Geschmack prüfen von, schmecken, probieren, versuchen* ◆ eine Speise, ein Getränk kosten; koste bitte einmal, ob die Soße scharf genug ist! [< ahd. *koston* „erproben, versuchen"]

**kosten**[2] ⟨V. t.; hat⟩ *Kosten verursachen, einen Kaufwert, einen Preis haben* ◆ koste es, was es wolle *ganz gleich, was ich dafür aufwenden muss (an Kosten, Mühe u. Ä.);* das kostet ihn den **Kopf,** das Leben ⟨fig.⟩ *er wird seinen Kopf, sein Leben verlieren;* der Mantel kostet 300 **Mark** ◆ sich eine Sache etwas kosten **lassen** *bei einer Sache nicht sparen* ◆ **wie viel?** ⟨umg.⟩ *was kostet es? wie viel muss ich dafür bezahlen?* [< mhd. *kosten* „aufwenden, ausgeben, zu stehen kommen, kosten" < afrz. *coster* (frz. *coûter*) < vulgärlat. **costare* < lat. *constare* „feststehen, zu stehen kommen, kosten"]

**Kosten** ⟨nur Pl.⟩ *Aufwand an Geld, Ausgaben, Gebühren* (Gerichtskosten) ◆ er kann die Kosten dafür nicht **aufbringen** *er kann es nicht bezahlen;* die Kosten (für eine Sache) **bestreiten;** die Kosten **decken** *die Ausgaben durch Einnahmen ausgleichen;* wir werden keine Kosten **scheuen;** die Kosten (für etwas) **tragen** *(etwas) bezahlen* ◆ die **entstehenden** Kosten für den Transport übernehme ich; **geringe,** hohe Kosten ◆ **auf** Kosten anderer leben *andere für seinen Lebensunterhalt bezahlen lassen* [< mhd. *kost(e)* „Wert, Preis, Geldmittel, Aufwand, Ausgaben" < mlat. *costa* „Aufwand an Geldmitteln, Wert, Preis"; zu vulgärlat. **costare;* → *kosten*[2]; dasselbe: *Kost*]

## KRABBEN

Die zu den Zehnfußkrebsen zählenden Krabben haben vier Beinpaare, mit denen sie gehen (auch seitwärts) und schwimmen. Das fünfte, vorderste Beinpaar trägt Scheren, mit denen die Allesfresser ihre Nahrung in Stücke reißen. An der Nordseeküste leben der Taschenkrebs und die Strandkrabbe, und in vielen europäischen Flüssen ist die Wollhandkrabbe zu finden. Fälschlicherweise wird auch die Nordseegarnele als Krabbe bezeichnet.

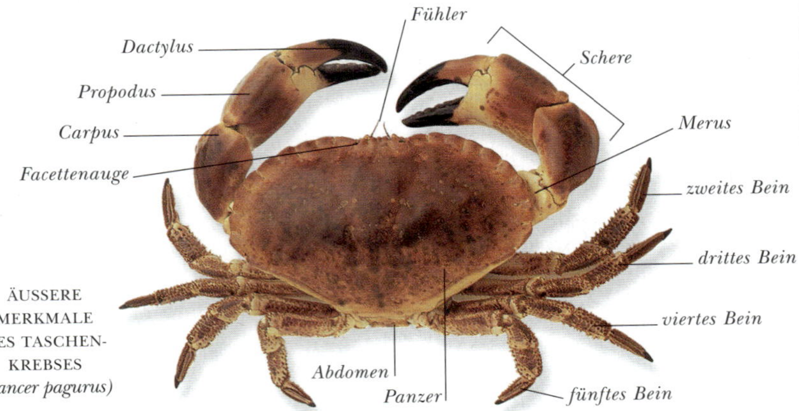


ÄUSSERE MERKMALE DES TASCHENKREBSES *(Cancer pagurus)*

### WEITERE KRABBENARTEN

WINKERKRABBE *(Uca vocans)*

SEESPINNE *(Maja squinado)*

SCHAMKRABBE *(Calappa granulata)*

## KOVALENZBINDUNG

Von einer kovalenten chemischen Bindung spricht man dann, wenn die daran beteiligten Atome Elektronen gemeinsam haben. Das Ammoniakmolekül enthält z. B. drei Kovalenzbindungen. Sie verbinden je ein Wasserstoffatom mit dem Stickstoffatom. Beide Partner tragen je ein Elektron zur Bindung bei.

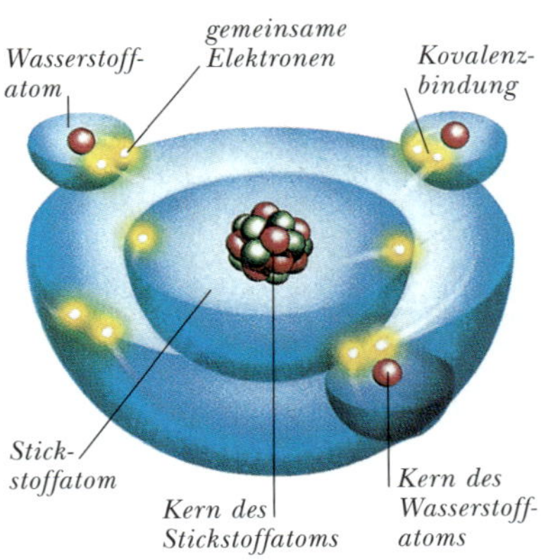


KOVALENZBINDUNGEN IM AMMONIAKMOLEKÜL ($NH_3$)

**köstlich** ⟨Adj.⟩ **1** *fein, edel von Geschmack* (Speise, Wein) **2** *wertvoll u. schön* **3** *erlesen* **4** ⟨fig.; umg.⟩ *sehr komisch, erheiternd* **5** ⟨schweiz.; umg. a.⟩ *viel kostend, teuer* ◆ Bauen ist eine köstliche **Angelegenheit** ⟨schweiz.; umg.⟩; ein köstlicher **Genuss;** es war eine köstliche **Zeit** ◆ sich herrlich, köstlich **amüsieren** *sich sehr amüsieren* [< mhd. *kost(e)lich,* eigtl. „Kosten machend, viel kostend"]

**Kostprobe** ⟨f. 19⟩ **1** *kleines Stück als Probe zum Kosten, zum Prüfen des Geschmacks od. der Schönheit, des Könnens* **2** *Beispiel*

**kostspielig** ⟨Adj.⟩ *teuer, mit großen Kosten verbunden* ◆ eine kostspielige Reise; das neue Auto, die neue Wohnung ist mir zu kostspielig [< *kosten* „wert sein" + mhd. *spildec* „verschwenderisch", angelehnt an *spielen*]

**Kostüm** ⟨n. 11⟩ **1** *Tracht* **2** *modische, für einen bestimmten Stand, ein Land, eine Zeit charakteristische Kleidung, historische Kleidung* **3** ⟨Theat.⟩ *Bühnenkleidung* **4** *Maskenanzug, Damenbekleidung aus Rock u. Jacke* (Damenkostüm) [< frz. *costume* „Kleidung, Anzug"]

**Kot** ⟨m.; -(e)s; unz.⟩ **1** *Exkrement(e), Darmausscheidung* **2** *Schmutz, aufgeweichte Erde* (Straßenkot) [< ahd. *quat, chwat;* verwandt mit *Quatsch*]

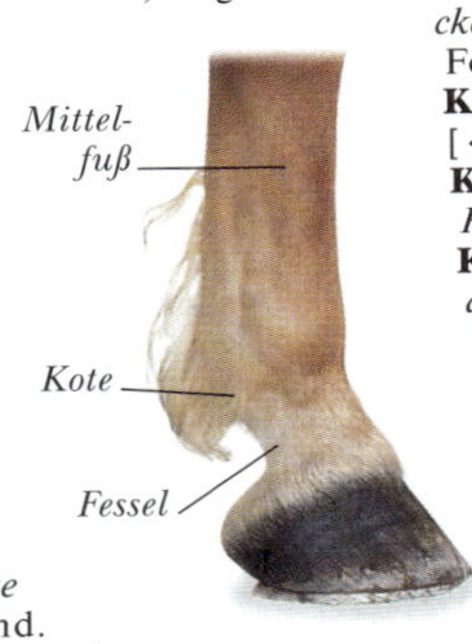


KOTE

**Kotangens** ⟨m.; -, -; Math.; Abk.: cot⟩ *Umkehrfunktion des Tangens* [verkürzt < nlat. *complementi tangens* „Tangente des Ergänzungswinkels"; → *Tangens, Tangente*]

**Kotau** ⟨m. 6⟩ *tiefe Verbeugung (der Chinesen) auf den Knien, bis die Stirn die Erde berührt* ◆ (vor jmdm.) Kotau machen ⟨fig.⟩ *sich (vor jmdm.) demütigen, (vor jmdm.) kriechen* [< chin. *ketou* „schlagen (mit dem) Kopf"]

**Kote, Köte** ⟨f. 19; Zool.⟩ ▼ *hintere Seite der Zehe bei Rindern u. Pferden* [< nddt. *kote;* zu idg. **geu-* „krümmen"]

**Kotelett** ⟨n. 15⟩ *in einer Scheibe abgeschnittenes Rippenstück (von Schwein, Kalb, Hammel) mit Knochen* [< frz. *côtelette* „Rippchen", Verkleinerungsform zu *côte* „Rippe, Seite" < lat. *costa* „Rippe"]

**Koteletten** ⟨nur Pl.⟩ *sehr kleiner, kurzer Backenbart* [nach der Ähnlichkeit in der Form mit einem *Kotelett*]

**Köter** ⟨m. 3; abwertend⟩ *Hund* [< westgerm. **kautarja-* „Kläffer"]

**Kotflügel** ⟨m. 5⟩ *Schutzblech (über den Rädern an Kraftwagen)*

**Kothurn** ⟨m. 1; Theat.⟩ *Schuh mit sehr dicker Sohle (für Schauspieler der antiken Tragödie)* ◆ auf Kothurnen schreiten ⟨fig.⟩ *pathetisch sein* [< grch. *kothornos*]

**kotig** ⟨Adj.⟩ *voller Kot, mit Kot besudelt, schmutzig*

**Koto** ⟨n. 15 od. f. 10; Mus.⟩ *japan. Saiteninstrument mit 13 Saiten, die mit Plektren angerissen werden* [jap.]

**Koton** ⟨[-tɔ̃] m. 6⟩ *Baumwolle* [< frz. *coton* „Baumwolle" < engl. *cotton* „Baumwolle" < arab. *kothon* „Baumwolle"]
**Kotyledone** ⟨f. 19; Biol.⟩ **1** *Lappen der Plazenta* **2** *Keimblatt (der Pflanze, des Embryos)* [< grch. *kotyle* „Höhlung"]
**Kotzbrocken** ⟨m. 4; derb; abwertend⟩ *unsympathischer, unausstehlicher Mensch*
**Kötze** ⟨f. 19⟩ *Rückentragkorb* [< *Kot(e)* in dessen Grundbedeutung „Flechtwerk", eigtl. „Gebogenes, Gekrümmtes"; verwandt mit *Kugel*]
**kotzen** ⟨V. i.; hat⟩ *sich übergeben, erbrechen* ♦ es ist zum Kotzen ⟨fig.; derb⟩ *es ist abscheulich, widerwärtig, eklig, ich habe es gründlich satt* [im 15. Jh. zusammengezogen < *kopp(e)zen;* Intensivbildung zu spätmhd. *koppen* „speien"]
**Kovalenzbindung** ⟨[-va-] f. 20; Chem.; bei Nichtmetallen⟩ ◄ *Bindung von Atomen, denen jeweils ein Elektronenpaar od. mehrere gleichzeitig angehören* [< *Kon...* + lat. *valentia* „Fähigkeit"]
**Koxalgie** ⟨f. 19; Med.⟩ *Hüftschmerz* [< lat. *coxa* „Hüfte" + grch. *algos* „Schmerz"]
**Kr** ⟨Chem.; Zeichen für⟩ *Krypton*
**Kr.** ⟨Abk. für⟩ *Kreis (5)*
**Krabbe** ⟨f. 19⟩ **1** ⟨Zool.⟩ ◄ *Angehörige einer Abteilung der Reptantia (Zehnfußkrebse) mit rund 4500 Arten, deren Hinterleib unter den Kopf-Brust-Abschnitt geklappt u. von oben nicht sichtbar ist: Brachyura;* Sy *Shrimp* **2** ⟨got. Baukunst⟩ = *Kriechblume* [< mnddt. *krabbe* „kleiner Meerkrebs"; verwandt mit *krabbeln, kraulen*[2], *Krebs*[1]]
**krabbeln** **I** ⟨V. t. u. V. i.; hat⟩ **1** *kitzeln* **2** *jucken* ♦ es krabbelt (mich); der Pullover, die Wolle krabbelt (mich) **II** ⟨V. i.; ist⟩ *mit raschen Bewegungen kriechen* (Käfer, kleines Kind) ♦ der Käfer krabbelte mir über die Hand [< mnddt. *krabbelen,* mhd. *krappelen;* verwandt mit *Krabbe, kraulen*[2], *Krebs*[1]]
**Krabbenspinne** ⟨f. 19; Zool.⟩ *Spinne, deren beide vordere Beinpaare krabbenartig seitlich ausgestreckt sind: Thomisiden, Thomisidae*
**Krach** ⟨m. 1u⟩ **1** *heftiger, lauter Schlag, lautes Klirren* **2** *Knall, Lärm* **3** ⟨fig.⟩ *Bankrott, Wirtschaftskrise, wirtschaftl. Zusammenbruch* (Bankkrach, Börsenkrach) **4** ⟨fig; umg.⟩ *Zerwürfnis, Zank, Streit* **5** *Schelte* ♦ Krach machen od. schlagen ⟨umg.⟩ *seine Missbilligung laut äußern* [→ *krachen*]
**krachen** ⟨V.; hat⟩ **I** ⟨V. i.⟩ **1** *ein dunkel klirrendes od. polterndes Geräusch machen* **2** *plötzlich u. kurz lauten Lärm machen* **3** *knallen* (Schuss) ♦ das Eis krachte unter seinen Füßen, Schritten; der Hund biss den Knochen krachend entzwei **II** ⟨V. refl.; fig.; umg.⟩ sich krachen *sich heftig streiten, sich zanken* [< ahd. *krahhon,* engl. *crack* „krachen, brechen"]
**krächzen** ⟨V. i.; hat⟩ **1** *heiser schreien* (Raben, Krähen) **2** ⟨fig.⟩ heiser sprechen ♦ infolge seiner Erkältung konnte er nur krächzen (Person) [→ *krachen*]
**kraft** ⟨Präp. m. Gen.⟩ *aufgrund, durch, durch Kraft von ...* ♦ kraft seines Amtes; kraft seines großen Wissens
**Kraft** ⟨f. 7u⟩ **1** *Stärke, Fähigkeit, etwas (Schweres) zu tun, zu bewirken* (Geisteskraft, Körperkraft, Muskelkraft, Tatkraft, Willenskraft) **2** ⟨Phys.⟩ *den Bewegungszustand eines Körpers ändernde Größe* **3** *Heftigkeit, Gewalt* (von Naturgewalten) **4** *Wirksamkeit* (Heilkraft) **5** *Gültigkeit* (Gesetzeskraft, Rechtskraft) **6** *Arbeitskraft, Hilfskraft, Mitarbeiter* (Bürokraft, Lehrkraft, Schreibkraft) ♦ das **Gleichgewicht** der Kräfte; das freie **Spiel** der Kräfte ♦ wir **brauchen** für unsere Abteilung noch eine Kraft; Kräfte **sammeln** *sich erholen, sich ausruhen;* Kräfte **sparen** *sich nicht anstrengen* ♦ **geistige,** seelische Kraft; die **heilende** Kraft einer Arznei; die **treibende** Kraft ⟨fig.⟩ *jmd., von dem ein Antrieb ausgeht, der etwas veranlasst, vorwärts treibt* ♦ **aus** eigener Kraft etwas erreichen *ohne Hilfe;* ein Gesetz, eine Verordnung **außer** Kraft setzen *ungültig machen;* außer Kraft treten *ungültig werden;* das Gesetz tritt am 1.10. **in** Kraft *wird am 1.10. gültig, gilt ab dem 1.10.;* **mit** seinen Kräften sparsam umgehen; mit vereinten Kräften; jmdm. **nach** Kräften helfen; langsam wieder **zu** Kräften kommen *wieder gesund werden, sich wieder erholen, sich kräftigen* [< ahd. *kraft,* engl. *craft*]
**Kraftfahrzeug** ⟨n. 11; Abk.: Kfz⟩ *mit eigener Maschinenkraft bewegtes, nicht an Schienen gebundenes Landfahrzeug*
**Kraftfahrzeugbrief** ⟨m. 1⟩ *Urkunde über den Eigentümer u. die technischen Daten eines Kraftfahrzeugs*
**Kraftfahrzeugkennzeichen** ⟨n. 14⟩ *auf je einem Schild vorn und hinten am Kraftfahrzeug angebrachtes, polizeilich registriertes Kennzeichen (meist Zusammenstellung von Buchstaben u. Ziffern)*
**Kraftfahrzeugmechaniker** ⟨m. 3⟩ **1** *jmd., der Kraftfahrzeuge wartet u. repariert* **2** *Lehrberuf mit dreijähriger Ausbildungszeit*
**Kraftfahrzeugsteuer** ⟨f. 21⟩ *Steuer auf das Halten eines Kraftfahrzeugs, das zum Verkehr auf öffentlichen Straßen dient*
**Kraftfeld** ⟨n. 12⟩ *das einen Körper (Masse, Ladung) umgebende Feld, welches auf einen anderen sich in diesem Feld befindenden Körper eine Kraft ausübt, Zuordnung eines Kraftvektors in jedem Punkt des Raumes*
**kräftig** ⟨Adj.⟩ **1** *viel Kraft besitzend, stark* **2** *gehaltvoll* (Mahlzeit) **3** ⟨fig.⟩ *fest, handfest, derb* (Gegenstand) **4** ⟨fig.⟩ *heftig, tüchtig* ♦ kräftige Arme; kräftiges Essen; kräftige Farben ⟨fig.⟩ *intensive, leuchtende, tiefe Farben;* kräftiger Mensch
**kräftigen** ⟨V. t.; hat⟩ **1** jmdn. kräftigen *jmdm. Kraft geben, jmdn. stärken* **2** sich kräftigen (nach einer Krankheit) *sich erholen* ♦ wir müssen das Herz des Kranken kräftigen; kräftigende Arznei; kräftigender Schlaf
**kraftlos** ⟨Adj.⟩ **1** *ohne Kraft, schwach* **2** ⟨Rechtsw.⟩ *ungültig* ♦ der Kranke ist kraftlos; kraftlos die Arme sinken lassen
**Kraftrad** ⟨n. 12u⟩ ► = *Motorrad*
**Kraftstoff** ⟨m. 1⟩ *flüssiger, gas- od. staubförmiger Brennstoff für Verbrennungsmotoren;* Sy *Sprit, Treibstoff*
**Kraftstrom** ⟨m. 1u; unz.⟩ *Drehstrom zum Betrieb von größeren elektrischen Maschinen u. Heizungen*
**Kraftübertragung** ⟨f. 20⟩ **1** ⟨bei Kfz⟩ **1.1** *Vorrichtung in Kraftfahrzeugen, die das im Motor erzeugte Drehmoment auf die Achsen überträgt* **1.2** *die Übertragung dieses Drehmoments* **2** ⟨allg.⟩ *Übertragung von Energie über eine bestimmte Entfernung*
**kraftvoll** ⟨Adj.⟩ *kräftig, voller Kraft*
**Kraftwagen** ⟨m. 4⟩ *Kraftfahrzeug mit mehr als zwei Rädern, Auto* (Personenkraftwagen, Lastkraftwagen)
**Kraftwerk** ⟨n. 11⟩ ▲ *Anlage zum Erzeugen, Umwandeln u. Verteilen von Elektrizität;* Sy *Elektrizitätswerk*
**Kragen** ⟨m. 4⟩ **1** *den Hals umschließender Teil der Kleidung* (Hemdkragen, Mantelkragen, Pelzkragen, Rockkragen) **2** ⟨bei Tieren⟩ *Halsfedern, Halspelz* ♦ jetzt **platzt** mir aber der Kragen ⟨fig.; umg.⟩ *jetzt wird es mir zu viel, jetzt verliere ich die Geduld!* ♦ **steifer,** weicher Kragen; es geht ihm **an** den Kragen ⟨fig.⟩ ♦ *es geht ihm ans Leben, um seinen Kopf* [< mhd. *krage* „Hals von Tier u. Mensch, Nacken, Halsbekleidung"]
**Kragenbär** ⟨m. 16; Zool.⟩ *bis 1,8 m großer Bär Zentralasiens mit V-förmiger, weißer Brustzeichnung des sonst schwarzen Felles: Selenarctos tibetanus*
**Kragenechse** ⟨[-ks-] f. 19; Zool.⟩ ◄ *sehr große austral. Agame, richtet sich bei Gefahr auf den Hinterbeinen auf u. spreizt als Drohgebärde eine große, kragenartige Hautfalte des Halses: Chlamydosaurus kingii*

## KRAFTWERK

Nahezu der gesamte elektrische Strom wird von Kraftwerken erzeugt, die durch Verbrennung fossiler Brennstoffe, atomare Kernspaltung sowie Wind- oder Wasserkraft betrieben werden. So werden z. B. Kohle und Öl zur Erzeugung von Wasserdampf verbrannt, der wiederum über Turbinen Generatoren antreibt, die Strom erzeugen. Dieser gelangt schließlich über Transformatoren, Umspannwerke und Fernleitungen zum Verbraucher.

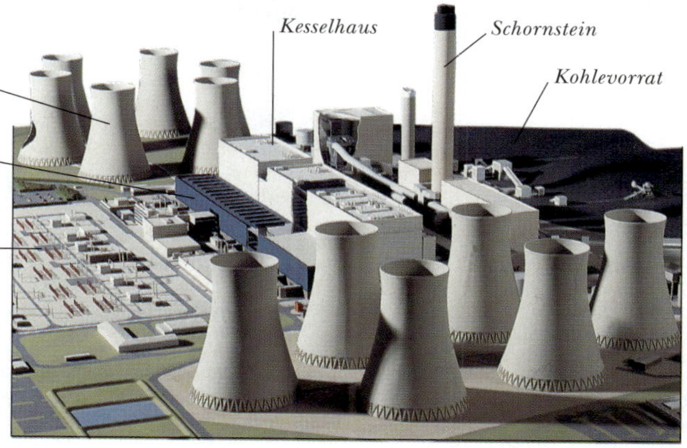


MODELL EINES KOHLEKRAFTWERKS

KRAGENECHSE
(*Chlamydosaurus kingii*)

**Kragenweite** ⟨f. 19⟩ *Weite des Kragens (vom Herrenoberhemd)* ◆ der ist nicht meine Kragenweite ⟨fig.; umg.⟩ *der gefällt mir nicht, mit dem verstehe ich mich nicht*

**Kragstein** ⟨m. 1⟩ = *Konsole (1)* [< mhd. *kragstein,* eigtl. „Halsstein"; → *Kragen*]

**Krähe** ⟨f. 19; Zool.⟩ ► *mittelgroßer Rabenvogel, Angehörige verschiedener Arten der Gattung Corvus* [< ahd. *kra, kraja, krawa, kraha;* zu ahd. *kraen* „krähen"]

**krähen** ⟨V. i.; hat⟩ **1** der Hahn kräht *schreit* **2** ein kleines Kind, ein Baby kräht ⟨fig.⟩ *schreit vergnügt mit heller Stimme* [< ahd. *kraen,* engl. *crow*]

KRÄHE: GLANZKRÄHE *(Corvus splendens)*

**Krähenbeere** ⟨f. 19.; Bot.⟩ *Angehörige einer in den nördl. gemäßigten u. den arktischen Zonen verbreiteten Gattung der (giftigen) Krähenbeerengewächse (Empetraceae) mit nadelförmigen Blättern: Empetrum nigrum*

**Krähenfüße** ⟨Pl.; fig.⟩ **1** *krakelig Geschriebenes, Gekritzel* **2** *Fältchen an den äußeren Augenwinkeln (als Zeichen des Alterns)*

**Krähennest** ⟨n. 12; fig.⟩ *nestartiger Ausguck am vorderen Schiffsmast*

**Krähwinkel** ⟨n.; - od. -s; unz.; fig.; umg.⟩ *spießbürgerl. Kleinstadt* [Ortsname in verschiedenen Teilen Deutschlands < ahd. *chrawinchil* „abgelegene Einzelsiedlung, wo Krähen nisten"; seit Kotzebue diesen Namen in seinem Lustspiel „Die deutschen Kleinstädter" (1803) verwendete, Sinnbild für kleinstädtische Beschränktheit]

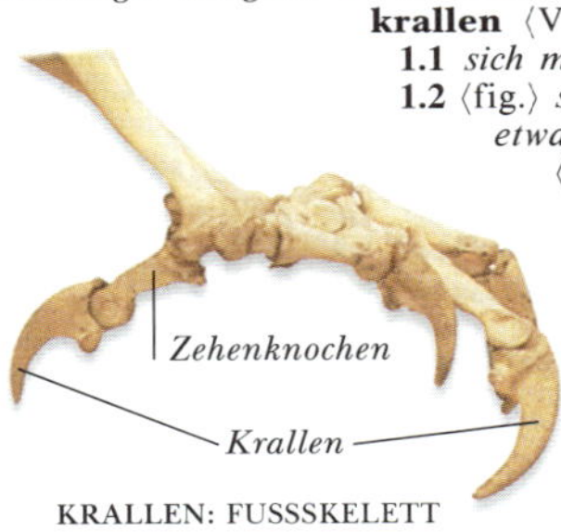


KRALLEN: FUSSSKELETT EINER SCHNEEEULE

**Krake** ⟨f. 19 od. m. 17⟩ **1** ⟨Zool.⟩ ▼ *achtarmiger Kopffüßer mit gedrungenem, sackförmigem Körper u. ungestielten Saugnäpfen;* → a. *Kopffüßer* **2** ⟨Myth.⟩ *Meerungeheuer* [< norw. *krakje*]

**Krakeel** ⟨m. 1; unz.⟩ **1** *lauter Streit, lärmender Zank* **2** *Lärm, Unruhe* [vermutl. < ital. *gargagliata* „Lärm von vielen Leuten, die durcheinander reden oder durcheinander singen"]

**krakeelen** ⟨V. i.; hat; umg.⟩ *lärmen, laut streiten* ◆ die Kinder krakeelten laut

**Krakel** ⟨m. 5; umg.⟩ *krakeliger Schnörkel, krakeliges, unleserl. Schriftzeichen;* Sy *Krakelfuß* [→ *krakeln*]

**Krakelfuß** ⟨m. 1u; fig.; umg.⟩ = *Krakel*

**krakeln** ⟨V. i.; hat; umg.⟩ *unsicher und eckig, zitterig schreiben* [wohl zu *Kracke* „etwas Schwaches, dem Zusammenbruch Nahes"; → *krachen*]

**Kral** ⟨m. 1⟩ **1** ► *afrikanische Rundsiedlung mit mehreren, untereinander verbundenen Einzelgehöften* **2** *kreisförmig angelegte Tierkoppel innerhalb dieser Rundsiedlung* [< ndrl. *kraal* < port. *curral, corral* „umzäunter Hofraum"]

**Kralle** ⟨f. 19⟩ **1** ▼ *scharfer, gebogener Zehennagel von Vögeln sowie manchen Säugetieren u. Kriechtieren* **2** ⟨kurz für⟩ *Parkkralle* **3** ⟨umg.; scherzh.⟩ *Person, die für die Verteilung der Parkkrallen verantwortlich ist* ◆ die Katze zieht ihre Krallen ein [eigtl. „das Gekrümmte"]

**krallen** ⟨V. t.; hat⟩ **1** sich an etwas krallen **1.1** *sich mit den Krallen an etwas festhalten* **1.2** ⟨fig.⟩ *sich mit den Fingern krampfhaft an etwas festhalten* **2** sich etwas krallen ⟨umg.⟩ *schnell etwas ergreifen* ◆ er krallte sich ans Geländer ⟨fig.⟩; die Katze krallte sich an den Stamm des Eichenbaumes; die Finger in etwas krallen ⟨fig.⟩ *krampfhaft in etwas bohren (um Halt zu finden)*

**Krallenaffe** ⟨m. 17; Zool.⟩ ► *Angehöriger einer Familie der Breitnasen, kleiner südamerik. Affe, der an Stelle der Nägel Krallen besitzt: Callithricidae*

**Kram** ⟨m.; -s; unz.⟩ **1** *Gerümpel, Plunder, unnützes Zeug* **2** ⟨umg.⟩ *Habseligkeiten, Sachen* **3** ⟨fig.; umg.⟩ *(unwichtige) Angelegenheit, Sache* **4** *Umstände, Aufhebens* ◆ am liebsten würde er den ganzen Kram hinwerfen, hinschmeißen ⟨fig.; umg.⟩ *mit dieser Arbeit aufhören;* er packte seinen Kram und ging [< mhd. *kram* „ausgespanntes Tuch, Zeltdecke, Dach einer Bude, Handelsgeschäft, Ware, Geld dafür" < ahd. *cram* „Marktbude]

## KRAKEN

Im Gegensatz zu den meisten anderen Weichtieren haben die Kraken keine äußere oder innere Schale. Sie verstecken sich am Tag in Felsspalten und gehen erst nachts auf Nahrungssuche, wobei sie mit ihren acht Tentakeln geschickt über den Meeresboden laufen. Mit ihren Saugnäpfen halten sie Beutetiere, vor allem Krebse, fest und spritzen diesen mit dem Hornschnabel ein lähmendes Gift ein. Bei Bedrohung verändern die Kraken ihre Farbe oder geben eine schwarze Tinte ab, in deren Deckung sie flüchten. Die Größe der einzelnen Krakenarten variiert zwischen 5 cm und 9 m.

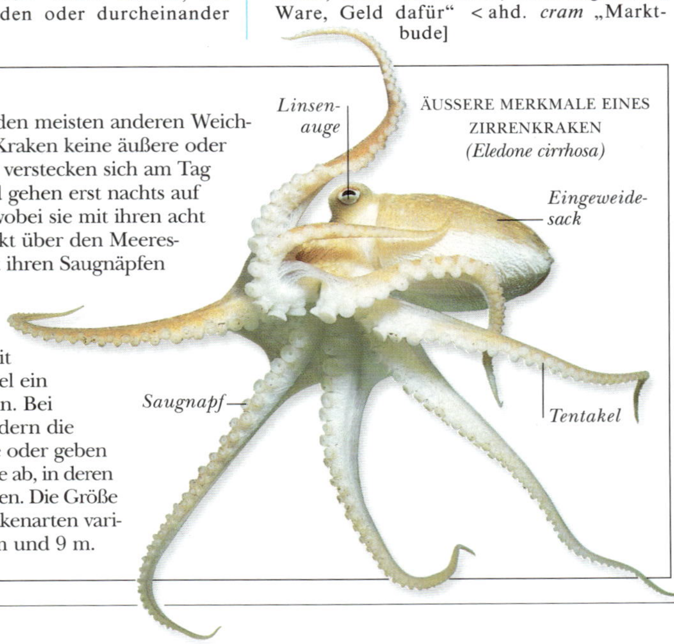


ÄUSSERE MERKMALE EINES ZIRRENKRAKEN *(Eledone cirrhosa)*

**Krämer** ⟨m. 3⟩ **1** ⟨veraltet⟩ *Kleinhändler, Lebensmittelhändler mit sehr kleinem Laden* **2** ⟨fig.; umg.; abwertend⟩ *kleinlicher, engstirniger Mensch* [< ahd. *kramari* „Kleinhändler"; → *Kram*]

**Krampe** ⟨f. 19⟩ *U-förmiger Haken mit spitzen Enden zum Befestigen von Draht, Ketten, Seilen usw.* [< altsächs. *krampo* „Haken, Klammer"]

**Krampf** ⟨m. 1u⟩ **I** ⟨zählb.⟩ *unwillkürliche, meist schmerzhafte Zusammenziehung der Muskeln* (Magenkrampf, Muskelkrampf, Wadenkrampf) **II** ⟨unz.; fig.; umg.⟩ *übertriebener Eifer, hektisches Getue (ohne dabei erwähnenswerten Fortschritt zu erzielen)* [< ahd. *kramph(o),* engl. *cramp*]

**Krampfader** ⟨f. 21; Med.⟩ *krankhaft erweiterte u. erschlaffte Blutader, zeigt sich durch Schlängelung, Knotenbildung u. Heraustreten an die Oberfläche*

**krampfartig** ⟨Adj.⟩ *wie ein Krampf* ◆ krampfartige Schmerzen

**krampfen** ⟨V.; hat⟩ **I** ⟨V. t.⟩ die Finger in etwas krampfen *die Finger in etwas hineinbohren u. sich daran anklammern;* → a. *verkrampfen* **II** ⟨Med.⟩ *einen Krampfanfall erleiden, einen epileptischen Anfall haben*

KRALLENAFFE: WEISSBÜSCHELAFFE *(Callithrix jacchus)*

**krampfhaft** ⟨Adj.; -er, am -esten⟩ **1** *wie im Krampf* **2** ⟨fig.⟩ *mit großer Mühe, heftig, verbissen, angestrengt* ◆ krampfhafte Zuckungen; er versuchte krampfhaft, sich an dem Ast hochzuziehen ⟨fig.⟩; sich krampfhaft an etwas festhalten, klammern ⟨fig.⟩

**Krampus** ⟨m.; -, Krampi; Med.⟩ *Muskelkrampf* [< mlat. *crampa* < ahd. *kramph(o);* → *Krampf*]

**Kran** ⟨m. 1 od. m. 1u⟩ **1** *Maschine zum Heben, Versetzen u. Senken von schweren, übergroßen Lasten* **2** ⟨nddt.⟩ *Hahn, Zapfen* [< spätmhd. *krane* „Kranich", nach der Ähnlichkeit mit einem Kranichhals]

**Kranbeere, Kränbeere** ⟨f. 19⟩ = *Preiselbeere* [< *Kranich* + *Beere*]

**Kranich** ⟨m. 1; Zool.⟩ *Angehöriger einer Familie der Kranichartigen (Kranichvögel: Grues), großer, langbeiniger Vogel, der sich in Sumpfgebieten von Pflanzen ernährt: Gruidae* ◆ Grauer Kranich *einheimische, paarweise lebende Art: Grus grus* [< ahd. *chranuh, chranih*]

**Kranichgeier** ⟨m. 3; Zool.⟩ ► = *Sekretär (6)*

**krank** ⟨Adj.; kränker, am kränksten⟩ **1** ⟨Med.⟩ *körperlich, seelisch od. geistig nicht gesund, in der Gesundheit beeinträchtigt* (geisteskrank, gemütskrank, herzkrank, lungenkrank) **2** ⟨fig.⟩ *seelisch leidend* (heimwehkrank) ◆ sich krank fühlen [< mhd. *kranc(k)* „schmal, schlank, gering, schwach, nichtig"]

**kranken** ⟨V. i.; hat⟩ **1** an etwas kranken ⟨Med.; veraltet⟩ *(für längere Zeit) an etwas erkrankt sein* **2** ⟨fig.⟩ *an etwas leiden, beeinträchtigt sein* ◆ die ganze Arbeit krankt am Mangel an Vorbereitung; das Team krankt am Mangel an einer festen Führung

## KRAL

Ein typischer Kral besteht aus einem zentralen Versammlungsplatz, den Gehöften des Hausherrn und seiner Frauen und verschiedenen Koppeln für die Tiere. Die Gehöfte sind untereinander verbunden und enthalten je eine Schlafhütte, eine Küche und einen Speicher.

MODELL EINES KRALS DER KUANYAMA, ANGOLA

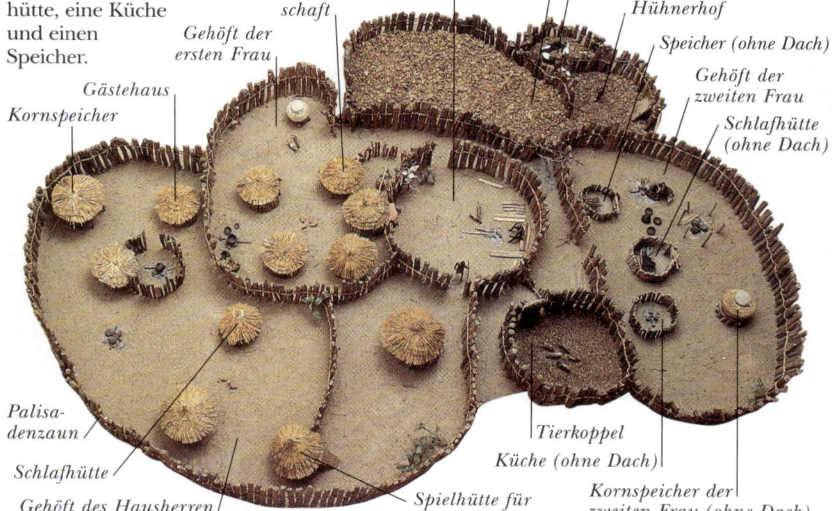


**kränken** ⟨V.; hat⟩ **I** ⟨V. t.⟩ jmdn. kränken *jmdn. demütigen, jmds. Gefühle verletzen* ◆ verzeihen Sie, ich wollte Sie nicht kränken! **II** ⟨V. refl.⟩ sich über eine Sache kränken *wegen einer Sache Kummer haben, sich härmen, verletzt sein* [< mhd. *krenken* „schwach, kraftlos machen"; → *krank*]

**Krankenanstalt** ⟨f. 20; Med.⟩ *Krankenhaus, Klinik*

**Krankenbericht** ⟨m. 1; Med.⟩ *ärztl. Bericht über den Krankheitsverlauf*

**Krankengeld** ⟨n. 12; unz.⟩ *Geld, das die Krankenkasse an wegen Krankheit Arbeitsunfähige zahlt*

**Krankengeschichte** ⟨f. 19; Med.⟩ *Vorgeschichte der Krankheit, bevor der Patient zum Arzt gekommen ist, Aussagen des Kranken über sein Befinden, seine Beschwerden vor der ersten Konsultation* ◆ die Krankengeschichte aufnehmen

KRANZ

**Krankengymnastik** ⟨f. 20; unz.; Med.⟩ *Heilgymnastik, körperl. Übungen zu Heilzwecken* ◆ Krankengymnastik linderte ihre Rückenschmerzen

**Krankenhaus** ⟨n. 12; unz.; Med.⟩ *Gebäude zur Aufnahme und ärztl. Betreuung von Kranken* ◆ jmdn. ins Krankenhaus bringen; im Krankenhaus liegen

**Krankenkasse** ⟨f. 19⟩ *Anstalt der Krankenversicherung*

**Krankenpflege** ⟨f. 19; Med.⟩ *Pflege, Betreuung Kranker*

**Krankenpfleger** ⟨m. 3; Med.⟩ *jmd., der die Krankenpflege beruflich ausübt;* → a. *Krankenschwester*

**Krankenschein** ⟨m. 1⟩ *(für kassenärztliche Behandlung) Bescheinigung von Krankenkassen für ihre Mitglieder*

**Krankenschwester** ⟨f. 21; Med.⟩ *weibl. Person, die nach Ausbildung u. staatl. Prüfung Kranke (in Krankenhaus od. Wohnung) beruflich betreut*

**Krankenversicherung** ⟨f. 20⟩ **1** *Versicherung für den Fall einer Krankheit u. den damit verbundenen Arbeitsausfall u. Geldverlust* **2** *Unternehmen für diese Versicherung*

**krankfeiern** ⟨V. i.; hat; umg.⟩ *nicht arbeiten u. Krankengeld beziehen, ohne ernstlich krank zu sein;* Sy *krankmachen*

**krankhaft** ⟨Adj.⟩ **1** ⟨Med.⟩ *durch Krankheit verursacht* **2** ⟨fig.⟩ *übertrieben heftig* ◆ eine krankhafte Sucht nach Abwechslung ⟨fig.⟩; krankhafte Vergrößerung eines Organs

**Krankheit** ⟨f. 20; Med.⟩ *Störung der Gesundheit* (Geisteskrankheit, Gemütskrankheit, Herzkrankheit) ◆ Krankheiten des **Leibes** und der Seele ◆ eine Krankheit **bekämpfen,** heilen; eine Krankheit **durchmachen** ◆ **ansteckende** Krankheit; **gefährliche,** leichte, schwere, tödliche Krankheit ◆ **an** einer Krankheit leiden; **von** einer Krankheit befallen werden; ◆ **welche** Krankheiten haben Sie als Kind durchgemacht?

**Krankheitserreger** ⟨m. 3; Med.⟩ *Krankheiten verursachendes Lebewesen (z. B. Mikrobe)*

**kranklachen** ⟨V. refl.; hat; fig.; umg.⟩ sich kranklachen *sehr, heftig lachen*

**kränklich** ⟨Adj.⟩ *ständig leicht krank, kränkelnd* ◆ er ist oft kränklich

**krankmachen** ⟨V. i.; hat; umg.; bes. mdt.⟩ = *krankfeiern*

**krankmelden** ⟨V. refl.; hat⟩ *dem Arbeitgeber per ärztlicher Bescheinigung anzeigen, dass man erkrankt ist u. daher nicht zum Dienst erscheinen kann*

**Krankmeldung** ⟨f. 20⟩ *Meldung beim Arbeitgeber, krank u. arbeitsunfähig zu sein* ◆ die Krankmeldung muss am zweiten Tag im Betrieb vorliegen

**krankschreiben** ⟨V. t. 226; hat⟩ jmdn. krankschreiben *jmdm. die Krankheit u. Arbeitsunfähigkeit bestätigen (für eine bestimmte Zeit)*

**Kränkung** ⟨f. 20⟩ *das Kränken, Demütigung, Verletzung von jmds. Gefühlen*

**Kranz** ⟨m. 1u⟩ **1** ◄ *kreisförmiges Gewinde aus Blüten od. Laub, z. B. als Grabschmuck, Siegerpreis, Kopfschmuck* (Blumenkranz, Efeukranz, Lorbeerkranz, Siegerkranz) **2** ⟨fig.⟩ *kranz-, kreis-, ringförmiger Gegenstand* (Strahlenkranz) ◆ ein Kranz **Feigen;** ein Kranz junger **Mädchen** ⟨fig.⟩ ◆ einem Mädchen einen Kranz **aufsetzen,** aufs Haar setzen; dem Sieger den Kranz **überreichen** ◆ einen Kranz **auf** dem Kopf tragen; ein Kranz **von** Vergissmeinnicht; das Haar flechten und **zum** Kranz aufstecken ⟨fig.⟩ [< spätahd. *kranz,* Rückbildung aus *kränzen* „mit einem Kranz versehen"]

**Kranzgefäß** ⟨n. 11; Anat.⟩ *Blutgefäß des Herzens;* Sy *Herzkranzgefäß*

**Kranzriff** ⟨n. 11⟩ *ringförmiges Korallenriff mit einem inneren Wasserbecken* (Lagune); Sy *Lagunenriff*

## KRATER

Als Krater werden die Trichter von Vulkanen und die schüsselförmigen Vertiefungen, die Meteoriten in die Erdkruste oder in andere Himmelskörper schlagen, bezeichnet. Ein Meteorit von 1 km Durchmesser mit einer Geschwindigkeit von 100 000 km/h würde einen 18 km großen Krater schlagen.

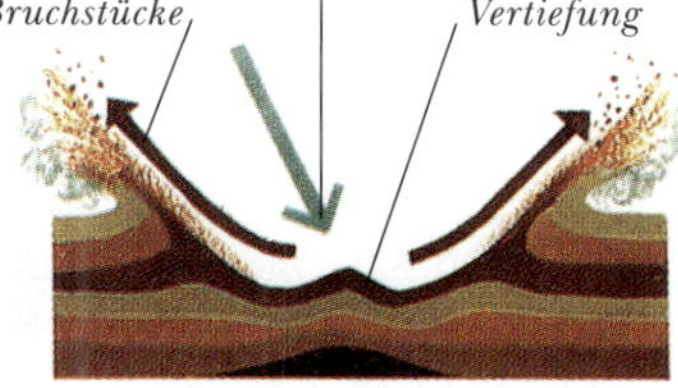


BILDUNG EINES METEORITENKRATERS

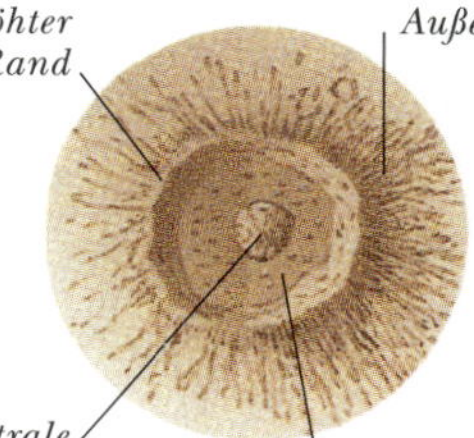


DRAUFSICHT AUF EINEN METEORITENKRATER

K

# KRÄUTER

Seit frühesten Zeiten verwendet der Mensch Pflanzen als Nahrungs- und Heilmittel. In der Naturheilkunde sind die Kräuter noch heute von größter Bedeutung und werden in Form von Absud oder Tee eingesetzt. Auch die Aromatherapie und die Homöopathie arbeiten mit Kräutern.

In der Küche werden viele Kräuter als Gewürze in frischer oder getrockneter Form verwendet. Einige Kräuter können aufgrund bestimmter Eigenschaften gleichermaßen als Heil- und Gewürzpflanzen genutzt werden, andere dienen in verarbeiteter Form der Körper- und Haushygiene.

## WÜRZ- UND HEILKRÄUTER

THYMIAN
GARTENTHYMIAN
*(Thymus vulgaris)*

ROSMARIN
*(Rosmarinus officinalis)*

MINZE
BACHMINZE
*(Mentha aquatica)*

KORIANDER
*(Coriandrum sativum)*

PETERSILIE
BLATTPETERSILIE
*(Petroselinum crispum)*

BASILIKUM
*(Ocimum basilicum)*

BORRETSCH
GEMEINER BORRETSCH
*(Borago officinalis)*

RINGELBLUME
GEWÖHNLICHE RINGELBLUME
*(Calendula officinalis)*

DOST
*(Origanum vulgare)*

SALBEI
GARTENSALBEI
*(Salvia officinalis)*

FENCHEL
*(Foeniculum vulgare)*

KAMILLE
ECHTE KAMILLE
*(Matricaria chamomilla)*

TEEBAUM
*(Melaleuca alternifolia)*

WERMUT
*(Artemisia absinthium)*

YSOP
*(Hyssopus officinalis)*

LAVENDEL
ECHTER LAVENDEL
*(Lavandula angustifolia)*

**Kranzschlinge** ⟨f. 19⟩ *auf Madagaskar heimisches Seidenpflanzengewächs (Asclepiadaceae) mit großen weißen, duftenden Blüten, Kletterpflanze, als Zierpflanze sehr beliebt: Stephamotis floribunda*

**Krapfen** ⟨m. 4⟩ *kugelförmiges Schmalzgebäck* (Fastnachtskrapfen); Sy *Berliner* [< ahd. *krapfo* „Haken, gebogene Klaue"]

**Krase** ⟨f. 19⟩, **Krasis** ⟨f.; -, Krasen; Gramm.⟩ *Zusammenziehung des auslautenden Vokals eines Wortes mit dem anlautenden Vokal des folgenden Wortes* [< grch. *krasis* „Mischung, Verbindung"]

**krass** ⟨Adj.; krasser, am krassesten⟩ **1** *unerhört, sehr stark, grob* (Gegensatz, Missverhältnis) **2** *(zu) weit gehend, extrem* (Haltung, Meinung, Standpunkt) **3** *schlimm, schrecklich, entsetzlich* (Fall, Schauspiel) ◆ er ist ein krasser Egoist; ein krasser Unterschied [< lat. *crassus* „dick, grob"]

KRATZDISTEL: WOLLKÖPFIGE KRATZDISTEL (*Cirsium eriophorum*)

**Krater** ⟨m. 3⟩ **1** ◄◄ *trichterförmige Öffnung (eines Vulkans)* **2** ⟨Astron.⟩ ◄◄ *trichterförmige Erdvertiefung einer Planeten- od. Mondoberfläche, die z. B. durch einen Meteoriteneinschlag verursacht werden kann*

**Kratersee** ⟨m. 24⟩ *See im Krater eines erloschenen Vulkans*

**Kratzbürste** ⟨f. 19⟩ **1** *Drahtbürste* **2** ⟨fig.; umg.; scherzh.⟩ *unfreundliche, widerspenstige Person,* ⟨bes.⟩ *widerspenstiges junges Mädchen* ◆ sie ist wirklich eine Kratzbürste!

**Kratzdistel** ⟨f. 21; Bot.⟩ ▲ *ein Korbblütler, der leicht Mischlingsarten bildet u. als Unkraut (Ackerkratzdistel) sowie als Gemüse (Kohlkratzdistel) verbreitet ist: Cirsium*

**Krätze** ⟨f. 19; unz.; Med.⟩ *durch die Krätzmilbe, die sich in die Haut einbohrt, hervorgerufene Hauterkrankung: Scabies;* Sy *Räude, Skabies* [< mhd. *kretze;* → *kratzen*]

**kratzen** ⟨V. t. u. V. i.; hat⟩ *mit rauem, spitzem od. scharfem Gegenstand, Kralle od. Fingernagel reiben, schaben od. ritzen* ◆ sich kratzen *einen Juckreiz (bes. mit den Fingernägeln) befriedigen;* die **Katze** hat mich gekratzt; **Wolle** kratzen ◆ der Hund kratzt **an** der Tür (weil er herein möchte); die Wolle kratzt **auf** der Haut; der Hund kratzt **im** Sand, in der Erde [< ahd. *krazzon*]

**Kratzer** ⟨m. 3⟩ **1** *Kratzwunde, Schramme* **2** *Angehöriger einer Klasse parasitisch lebender Rund- od. Hohlwürmer, die mit dem mit Haken versehenen, einziehbaren Rüssel an den Darmwänden ihrer Wirte (Fische, Vögel, Säuger) fest verankert sind: Acanthocephala* ◆ ein tiefer Kratzer

**Kratzfuß** ⟨m. 1u⟩ **1** ⟨urspr.⟩ *tiefe, höfische Verbeugung, bei der ein Fuß von vorn nach hinten gezogen wird* **2** ⟨heute fig.; scherzh.⟩ *höfliche Verbeugung* ◆ vor dem Gast einen Kratzfuß machen

**Krätzmilbe** ⟨f. 19⟩ *Milbe, die die Krätze verursacht: Acarus siro*

**kraulen**[1] ⟨V. i.; hat⟩ *im Kraulstil schwimmen* [< engl. *crawl* „kriechen, krabbeln, kraulen"]

**kraulen**[2] ⟨V. t.; hat⟩ *mit gekrümmten Fingern, mit weichen Kratzbewegungen streicheln* ◆ ein Tier hinter den Ohren kraulen [< ahd. *krouwon*]

**Kraulstil** ⟨m. 1; unz.⟩ *schnellste Schwimmart, bei der die Arme abwechselnd kreisförmig von hinten über den Kopf nach vorn u. unter Wasser wieder zurückgezogen u. die Beine aus dem Hüftgelenk rhythmisch leicht auf u. nieder bewegt werden* [→ *kraulen*[1]]

**kraus** ⟨Adj.; -er, am -esten⟩ **1** *sehr eng gelockt, eng geringelt* (Haar) **2** *faltig, runzelig* (Stirn) **3** ⟨fig.⟩ *wirr, ungeordnet, absonderlich* (Gedanken, Reden) ◆ die Stirn kraus ziehen *runzeln* [< mhd. *krus,* eigtl. „gedreht, gekrümmt"]

**Krause** ⟨f. 19⟩ **I** ⟨zählb.⟩ *in enge Falten gelegter Kragen* (Halskrause, Hemdkrause) **II** ⟨unz.; umg.⟩ *Dauerwelle, künstliche Krause od. natürliche krause Beschaffenheit (des Haars)* [→ *kraus*]

**kräuseln** ⟨V. t.; hat⟩ **1** *in enge Locken drehen* (Haar) **2** *fälteln* (Stoff) ◆ ihr Haar kräuselt sich von Natur *lockt sich eng, ringelt sich* [→ *kraus*]

**Krauskohl** ⟨m. 1⟩ = *Grünkohl*

**Kraut** ⟨n. 12u⟩ **I** ⟨zählb.⟩ **1** *unverholzte Pflanze, die am Ende der Vegetationsperiode entweder nach einmaliger Blüten- u. Fruchtbildung ganz* (einjähriges Kraut) *od. bis auf ihre unterirdischen Teile* (mehrjähriges Kraut) *abstirbt* **2** ⟨kurz für⟩ ◄ *Gewürzkraut, Heilkraut* ◆ Kräuter sammeln; dagegen ist kein Kraut gewachsen *dagegen gibt es kein Heilmittel* **II** ⟨unz.⟩ **1** *Kohl* (Rotkraut, Sauerkraut, Weißkraut) **2** *die nicht mehr menschlicher Ernährung dienenden oberirdischen Teile mancher Nutzpflanzen* (Bohnenkraut, Kartoffelkraut, Spargelkraut) **3** *sirupartig eingedickter, pflanzlicher Saft aus gekochten od. gedämpften u. dann ausgepressten Rüben, Äpfeln, Birnen u. a. Obst* [< ahd. *krut*]

**Kräuterkäse** ⟨m. 3⟩ *mit Gewürzkräutern versetzter Käse*

**Kräuterkissen** ⟨n. 14⟩ *mit wohl riechenden Kräutern gefülltes kleines Kissen, Duftkissen (für den Kleider- u. Wäscheschrank)*

**Kräuterlikör** ⟨m. 1⟩ *Likör mit Zusatz von Gewürzkräutern*

**Kräutertee** ⟨m. 6⟩ *Tee aus (Heil-)Kräutern*

**Kräuterwein** ⟨m. 1⟩ *mit Kräutern gewürzter Wein*

**Krautkopf** ⟨m. 1u⟩ *Kohlkopf*

**Krawall** ⟨m. 1⟩ **1** *Aufruhr* **2** ⟨umg.⟩ *Lärm, Streit, Unruhe* [vielleicht < bair. *Grebell* „Lärm"; zu *rebellen* „lärmen"]

**Krawatte** ⟨f. 19⟩ **1** *Halsbinde, Schlips, Selbstbinder* **2** *Halstuch* **3** *schmaler Pelzkragen* **4** ⟨Sp.; Ringen⟩ *am Kinn angesetzter, zangenartiger Kopfgriff* [< frz. *cravate* „Krawatte, Halsbinde", urspr. „kroatisch" < dt. (mundartl.) *Krawat* = *Kroat* < kroat. *Hrvat;* nach der charakterist. Halsbinde der kroatischen Reiter]

**Krawattennadel** ⟨f. 21⟩ *Schmucknadel für die Krawatte;* Sy *Schlipsnadel*

**Krawattenschal** ⟨m. 6⟩ *statt der Krawatte im offenen Hemd getragener, an der Nackenseite schmal geschnittener Schal*

**Krawattenzwang** ⟨m. 1u; unz.⟩ *Vorschrift, eine Krawatte zu tragen, z. B. in gehobenen Restaurants, Spielbanken, bei festlichen Bällen*

**Kraweelbau** ⟨m.; -(e)s; unz.; Schifffahrt⟩ *Bauweise für Holzboote, bei der die Planken des Bootsrumpfes stumpf aneinander gesetzt werden u. meist in doppelter Schicht diagonal übereinander liegen;* Ggs *Klinkerbau (II)*

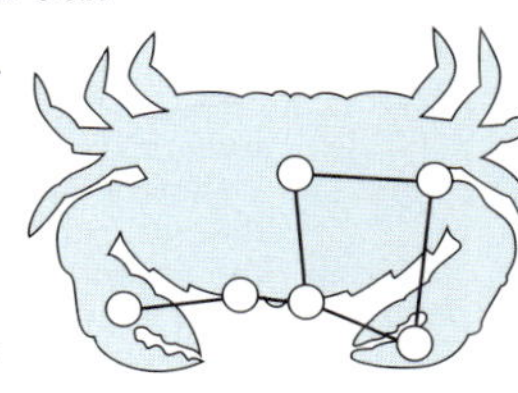

KREBS: DIE STERNE DES STERNBILDS *KREBS*

**kraweelgebaut** ⟨Adj.; Schifffahrt⟩ *als Kraweelbau hergestellt;* Ggs *klinkergebaut*

**kraxeln** ⟨V. i.; ist; oberdt.⟩ *(mühsam) klettern* [< österr. *krageln* „strampeln, klettern"]

**Kreation** ⟨f. 20⟩ *Schöpfung, Schaffung,* ⟨bes.⟩ *Modeschöpfung, Modell* ◆ die neuesten modischen Kreationen [< lat. *creatio* „Erzeugung"; zu *creare* „erzeugen"; in der Bedeutung „Modeschöpfung" < frz. *création* „Schöpfung, Erfindung" < lat. *creatio*]

**kreativ** ⟨Adj.⟩ **1** *schöpferisch* **2** *einfallsreich* ◆ sie ist nur kreativ, wenn es ums Geldverdienen geht

**Kreativität** ⟨[-vi-] f. 20; unz.⟩ *schöpferische Kraft*

**Kreatur** ⟨f. 20⟩ **1** *Geschöpf, Lebewesen, Wesen der Natur (gegenüber Gott)* **2** ⟨fig.⟩ *verachtenswerter Mensch, willenloses Werkzeug anderer* [< lat. *creatura* „Geschöpf"; zu *creare* „erzeugen"]

**kreatürlich** ⟨Adj.⟩ *wie eine Kreatur, einer Kreatur eigen*

**Krebs**[1] ⟨m. 1⟩ **1** ⟨Zool.⟩ ►► *Angehöriger eines Unterstammes der Gliederfüßer, ausgezeichnet durch zwei Fühlerpaare, drei Paar kauende Mundgliedmaßen (Kieferfüße), Kiemenatmung, jedes Körpersegment kann Beine tragen: Crustaceae;* Sy *Krustazee, Krustentier* **2** ⟨Astron.⟩ ▼ *Sternbild des nördlichen Himmels: Cancer* **3** *Brustharnisch (nach der Ähnlichkeit mit der Krebsschale)* ◆ höhere Krebse: *Malacostraca;* niedere Krebse: *Entomostraca* [< ahd. *krebiz;* verwandt mit *kraulen*[2]]

**Krebs**[2] ⟨m. 1⟩ **1** ⟨Med.⟩ *wuchernde, bösartige Geschwulstbildung des menschl. u. tier. Gewebes;* Sy *Karzinom* **2** ⟨Bot.⟩ *zahlreiche Fälle patholog. Gewebewucherungen bei Pflanzen, die meist parasitäre Ursachen haben* ◆ Krebs erregend *Krebserkrankungen hervorrufend;* Krebs erregende Chemikalien [Lehnübersetzung < lat. *cancer* „Krebs"]

**krebsen** **I** ⟨V. i.; hat⟩ **1** ⟨Zool.⟩ *Krebse fangen* **2** ⟨fig.⟩ **2.1** *sich abmühen, finanzielle Schwierigkeiten haben* **2.2** *andere rücksichtslos ausnutzen, hintergehen* **2.3** ⟨schweiz. a.⟩ *zurückweichen, eine Behauptung widerrufen* **II** ⟨V. i.; ist; fig.⟩ *mühsam klettern od. kriechen*

**Krebsschere** ⟨f. 19; Bot.⟩ *bis auf die Spitzen der Blätter untergetaucht lebende, zu den Froschbissgewächsen gehörende Pflanze stehender od. langsam fließender Gewässer: Stratiotes aloides;* Sy *Wassersäge, Wasserschere*

**Krebsvorsorge** ⟨f. 19; unz.; Med.⟩ *regelmäßige Untersuchungen zur rechtzeitigen Erkennung u. Behandlung von Krebs*

**Kredit** **I** ⟨m. 1⟩ **1** *Geldmittel, die jmdm. vorübergehend überlassen werden* **2** *Darlehen* **3** ⟨a. fig.⟩ *Vertrauenswürdigkeit (eines Schuldners);* Ggs *Diskredit* ◆ bei der Bank einen Kredit aufnehmen; einem Käufer od. Kunden Kredit geben *ihm ohne sofortige Bezahlung Waren überlassen* **II** ⟨['--] n. 15; Buchführung⟩ *die rechte Seite, Habenseite (des Kontos);* Ggs *Debet (2)* [< ital. *credito* „Leihwürdigkeit", beeinflusst von frz. *crédit* „Kredit" < lat. *creditum* „das auf Treu u. Glauben Anvertraute, Darlehen", Part. Perf. von *credere* „glauben, vertrauen"]

**Kreditanstalt** ⟨f. 20⟩, **Kreditbank** ⟨f. 20; Bankw.⟩ *Bank, die langfristige Kredite für Investitionen gibt*

**Kreditbrief** ⟨m. 1; Bankw.⟩ *Anweisung einer Bank od. Sparkasse an eine auswärtige Bank od. Sparkasse, einem Dritten einen bestimmten Kredit zu gewähren*

## KREBSE

Die Gruppe der Krebse umfasst rund 38 000 Arten und ist eine der größten im Stamm der Gliederfüßer. Krebse besitzen paarige Fühler, mehrere Beinpaare, z. T. auf Stielen sitzende Facettenaugen und einen den ganzen Körper umschließenden Panzer. Mit ihren zahnbewehrten Scheren können sie sich verteidigen. Die meisten Arten leben im Meer, aber einige, wie z. B. die Asseln, haben sich auch auf das Festland vorgewagt.

ÄUSSERE MERKMALE EINER AUSTRALISCHEN FLUSSKREBSART (ORDNUNG DECAPODA)

### WEITERE KREBSORDNUNGEN

EUPHAUSIACEA LEUCHTKREBSE

BALANOMORPHA SEEPOCKEN

COPEPODA RUDERFUSS-KREBSE

ISOPODA ASSELN

**kreditfähig** ⟨Adj.; Bankw.⟩ *fähig, rechtswirksame Kreditgeschäfte zu tätigen*

**Kreditgeber** ⟨m. 3; Bankw.⟩ *jmd., der einen Kredit gewährt,* z. B. eine Bank

**Kreditgenossenschaft** ⟨f. 20; Bankw.⟩ *Genossenschaftsbank, die Kredite nur an Mitglieder gibt*

**kreditieren** ⟨V. t.; hat⟩ jmdm. eine Summe kreditieren *ihm gutschreiben, als Darlehen vorschießen*

**Kreditiv** ⟨n. 11⟩ *Vollmacht, Beglaubigungsschreiben*

**Kreditkarte** ⟨f. 19; Bankw.⟩ *Karte, die den Inhaber als kreditwürdig ausweist (für bargeldlosen Zahlungsverkehr)*

**Kreditor** ⟨m. 23; Buchführung⟩ *Kreditgeber, Gläubiger;* Ggs *Debitor* [< ital. *creditore* „Gläubiger"; → *Kredit*]

**Kredo** ⟨n. 15; Rel.⟩ oV *Credo* **1** *das Apostol. Glaubensbekenntnis* **2** *Teil der kath. Messe* **3** ⟨allg.⟩ *Glaubensbekenntnis* [< lat. *credo* „ich glaube", nach der Einleitung des Apostolischen Glaubensbekenntnisses]

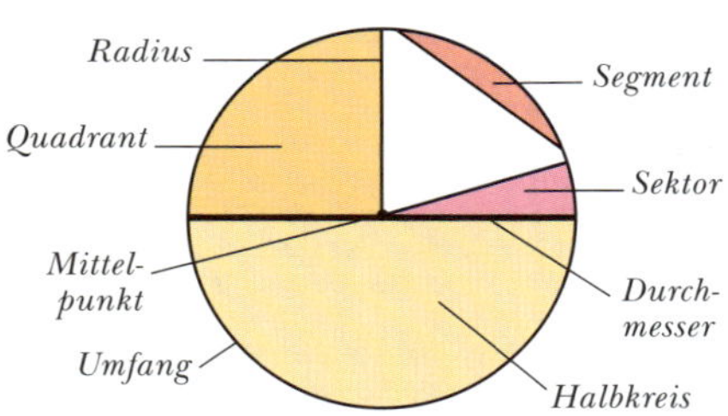


KREIS UND SEINE TEILE

**Kreide** ⟨f. 19⟩ **1** *aus den Schalen fossiler Tiere entstandener, feinerdiger, weiß färbender Kalkstein* **2** *Kreidestift* **3** ⟨Geol.⟩ *zwischen Jura u. Tertiär liegende, jüngste Formation des Erdmittelalters (Mesozoikums);* Sy *Kreidezeit* **4** ⟨nddt.⟩ *Brei, Mus, Schlacke* ◆ etwas mit Kreide an die Wandtafel schreiben; tief in der Kreide sitzen ⟨fig.⟩ *stark verschuldet sein (weil früher im Gasthaus u. beim Kaufmann die Schulden mit Kreide auf eine Tafel geschrieben, d. h. angekreidet wurden)* [< spätahd. *krida* < vulgärlat. *creda* < lat. *(terra) creta* „gesiebte Erde"; zu *cernere* „scheiden, sichten"]

**kreidebleich** ⟨Adj.⟩ *bleich, weiß wie Kreide (im Gesicht);* Sy *kreideweiß* ◆ als er von dem Unglück erfuhr, wurde er kreidebleich

**Kreidepapier** ⟨n. 11; unz.⟩ *glattes Kunstdruckpapier, auf das Schlämmkreide u. Leim aufgebracht worden sind*

**kreideweiß** ⟨Adj.⟩ = *kreidebleich*

**Kreidezeichnung** ⟨f. 20⟩ *Zeichnung mit schwarzer Kreide (meist auf getöntem Papier)*

**Kreidezeit** ⟨f. 20; unz.; Geol.⟩ = *Kreide (3)*

**kreieren** ⟨[kreːiː-] V. t.; hat⟩ *schaffen, gestalten* ◆ er kreierte mit seiner Malerei einen völlig neuen Stil [< lat. *creare* „erschaffen, zeugen, ernennen, erwählen" u. frz. *créer* „erschaffen, erfinden" < lat. *creare*]

**Kreis** ⟨m. 1⟩ **1** ◄ *geschlossene ebene Kurve, deren Punkte alle den gleichen Abstand vom Mittelpunkt haben* **2** *Stromkreis* **3** *das vom Kreis Eingeschlossene, Kreisfläche* **4** *Bereich, Bezirk,* (Bannkreis, Lichtkreis, Wirkungskreis) **5** ⟨Abk.: Kr.⟩ *der Gemeinde übergeordnete Verwaltungseinheit* (Landkreis, Stadtkreis) **6** *lose zusammenhängende Kette um einen Mittelpunkt* (Sagenkreis) **7** *durch gemeinsame Interessen verbundene Gruppe* (Freundeskreis, Singkreis) ◆ die Kinder **bilden** einen Kreis; einen Kreis (um einen Punkt) **ziehen** ◆ die **besseren** Kreise *die bessere Gesellschaft;* ein **fröhlicher** Kreis junger Leute; **weite** Kreise der Bevölkerung *ein großer Teil der B.* ◆ wie **aus** unterrichteten Kreisen bekannt wurde ...; **im** Kreis der Freunde, der Familie; sich im Kreise drehen; sich im Kreis um etwas od. jmdn. setzen; in meinen Kreisen *bei den Menschen, mit denen ich verkehre* [< ahd. *kreiz* „Kreislinie, Zauberkreis, abgegrenzter Kampfplatz, Gebiet, Bezirk, Umkreis"]

**Kreisausschnitt** ⟨m. 1⟩ *von zwei Halbmessern begrenzter Teil der Kreisfläche;* Sy *Sektor*

**Kreisbahn** ⟨f. 20⟩ *kreisförmige Bahn* ◆ Kreisbahn eines Satelliten um die Erde

**kreischen** ⟨V. i.; hat⟩ **1** *schrill, scharf, misstönend schreien* (Vogel, bes. Papagei, Häher) **2** *quietschen* (Räder) **3** *wütend, mit sich überschlagender Stimme schreien od. schimpfen* [< mhd. *krischen*]

**Kreisdiagramm** ⟨n. 11; Geom.⟩ ▼ *Diagramm in Form einer Kreisfläche, deren einzelne Teile verschiedene Vergleichswerte darstellen*

**Kreisel** ⟨m. 5⟩ **1** ⟨i. w. S.⟩ *beliebiger starrer, in einem Punkt festgehaltener, rotierender Körper* **2** ⟨i. e. S.⟩ *gleichmäßig um eine Achse gebauter u. um diese drehbarer Körper (als technische Vorrichtung od. als Spielzeug)* [< mhd. *kriusel;* Verkleinerungsform zu *krus* „Krug, Topf"]

**Kreiselkompass** ⟨m. 1⟩ *von magnet. Einflüssen unabhängiger Kompass, bei dem ein Kreisel eine ständig gleiche Richtung angibt*

**kreiseln** ⟨V. i.; hat⟩ **1** *mit einem Kreisel spielen (indem man ihn mit einer Peitsche schlägt u. in Drehbewegungen erhält)* **2** *sich um die eigene Achse drehen*

**Kreiselpumpe** ⟨f. 19⟩ **1** *Pumpe mit einem rotierenden Laufrad;* Sy *Kreiselradpumpe*

**Kreiselrad** ⟨n. 12u⟩ *rotierendes Laufrad*

**Kreiselradpumpe** ⟨f. 19⟩ = *Kreiselpumpe*

**Kreiselschnecke** ⟨f. 19; Zool.⟩ *Meeresschnecke mit kreiselförmiger Schale: Trochacea*

**Kreiselverdichter** ⟨m. 3⟩ *mit Propeller oder Turbinenrad arbeitender Kompressor*

**Kreiselwespe** ⟨f. 19; Zool.⟩ *gelb gebänderte Grabwespe, die ihre Larve während der gesamten Entwicklungsdauer mit Fliegen füttert: Bembex rostrata*

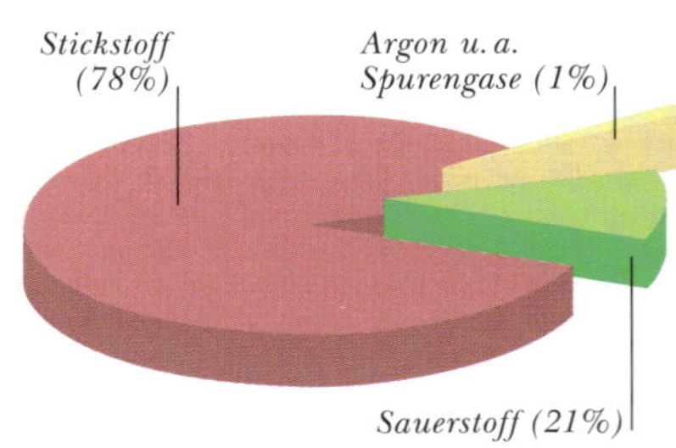


KREISDIAGRAMM: ZUSAMMENSETZUNG DER ERDATMOSPHÄRE

**kreisen** ⟨V. i.; hat/ist⟩ *sich im Kreise (um etwas) bewegen* ◆ den Becher kreisen lassen *den Becher in der Runde herumgehen lassen;* ein Flugzeug kreist über der Stadt

**Kreisfläche** ⟨f. 19⟩ *von einem Kreis eingeschlossene Fläche*

**kreisfrei** ⟨Adj.⟩ kreisfreie Stadt *Stadt, die keinem Landkreis angehört, sondern einen eigenen Stadtkreis bildet*

**Kreiskolbenmotor** ⟨m. 23⟩ = *Drehkolbenmotor*

**Kreislauf** ⟨m. 1u⟩ **1** *Kreisbewegung, zum Ausgangspunkt zurückkehrende Bewegung* **2** ⟨Med.; kurz für⟩ ► = *Blutkreislauf;* ► *Körper* ◆ der ewige Kreislauf des Lebens, der Natur ⟨fig.⟩

**Kreissäge** ⟨f. 19⟩ **1** *Säge mit kreisförmigem Sägeblatt* **2** ⟨umg.; scherzh.⟩ *großer, runder Strohhut*

**Kreisschere** ⟨f. 19⟩ *Schere mit umlaufenden, runden Messern (für Blech, Pappe, Stoff)*

**kreißen** ⟨V. i.; hat; Med.⟩ *in Geburtswehen liegen* [< mhd. *krizen* „schreien, stöhnen"]

**Kreißsaal** ⟨m.; -(e)s, -säle⟩ *Entbindungsraum (im Krankenhaus)*

**Kreisstadt** ⟨f. 7u⟩ *Hauptstadt eines Kreises*

**Kreisverkehr** ⟨m. 1; unz.⟩ *kreisförmiger Verkehr auf großen Plätzen mit bestimmten Verkehrsregeln*

**Kreiswehrersatzamt** ⟨n. 12u; Abk.: KWEA⟩ *unterste Dienststelle der Wehrersatzbehörden in einem Kreis*

**Kreiswulst** ⟨f. 7u; Math.⟩ ► = *Torus*

**Krem** ⟨f. 10⟩ = *Creme;* oV *Kreme*

**Kremation** ⟨f. 20⟩ *Verbrennung, Einäscherung (von Leichen)* [< lat. *crematio* „Verbrennung"; zu *cremare* „verbrennen"]

**Krematorium** ⟨n.; -s, -rien⟩ *Anlage zur Feuerbestattung* [zu lat. *cremare* „verbrennen"]

**Kreme** ⟨f. 10⟩ = *Creme;* oV *Krem*

**Kreml** ⟨m. 6 od. 5⟩ **1** ⟨i. w. S.⟩ *Burg, Zitadelle, befestigte Stadt* **2** ⟨i. e. S.; unz.⟩ **2.1** *Stadtfestung von Moskau* **2.2** ⟨früher⟩ *sowjet. Regierungssitz* **2.3** ⟨heute⟩ *der Sitz der russischen Regierung* [russ., „Burg, Festung, Zitadelle"; vielleicht zu grch. *kremnos* „steiler Abhang, Anhöhe"]

**Krempe** ⟨f. 19⟩ *im rechten Winkel abgebogener Rand des Hutes* ◆ die Krempe auf-, herunterschlagen [< nddt. *krempe*]

**Krempel**[1] ⟨m. 5; unz.⟩ *Kram, wertloses Zeug, Plunder* [< mundartl. frühnhd. *grempel, krämpel* „Kleinhandel, Trödlerkram"; zu mhd. *grempen* „Kleinhandel treiben"; zu ital. *comprare* „kaufen" < lat. *comparare* „verschaffen"]

**Krempel**[2] ⟨f. 21; Spinnerei⟩ = *Karde (2)* [Verkleinerungsform zu *Krampe(n)*]

**Kremser** ⟨m. 3; früher⟩ *offener, vielsitziger Miet-, Pferdewagen* [nach dem Berliner Fuhrunternehmer *Kremser,* der die ersten Wagen dieser Art 1825 in Betrieb nahm]

**krenelieren** ⟨V. t.; hat⟩ *mit Zinnen versehen* [< frz. *créneler;* zu *créneau* „Zinne, Schießscharte"]

**Kreole** ⟨m. 17⟩ **1** *Nachkomme europäischer Kolonisten in Mittel- u. Südamerika* (weißer Kreole) **2** *in Südamerika geborener Schwarzer* (schwarzer Kreole) [< frz. *créole* < port. *crioulo;* zu lat. *creare* „erzeugen"]

**krepieren** ⟨V. i.; ist⟩ **1** *platzen, bersten* (Sprengkörper) **2** ⟨umg.⟩ *verenden, sterben* (Tiere) **3** ⟨derb⟩ *sterben* (Menschen) [< ital. *crepare* „zerbersten, verrecken" < lat. *crepare* „krachen, platzen"]

**Krepp** Sy *Crêpe* **I** ⟨m. 6 od. m. 1; Textilw.⟩ *krauses od. genarbtes Gewebe mit rauem Griff* **II** ⟨m. 6 od. f. 10; Kochk.⟩ *sehr dünner Eierkuchen, der mit versch. Zutaten gefüllt u. mit Alkohol flambiert werden kann* [< frz. *crêpe* „Flor, Krepp"; zu lat. *crispus* „kraus"]

KREUZ:
KELTISCHES KREUZ

**Krepppapier** ⟨m. 11; unz.⟩ *in enge, unregelmäßige Querfalten gelegtes Papier*

**Kresse** ⟨f. 19; Bot.⟩ **1** *Angehörige einer Gattung von Kreuzblütlern mit verschiedenen Salat- u. Gewürzpflanzen: Lepidium* **2** ⟨kurz für⟩ *Kapuzinerkresse* [< ahd. *kresso, kressa*]

**kreuz** ⟨Adv.; nur in der Wendung⟩ kreuz und quer *planlos hin u. her*

**Kreuz** ⟨n. 11⟩ **1** *zwei sich (rechtwinklig od. schräg) schneidende Balken od. Striche* **2** *Kreuzung zweier Autobahnen* **3** ⟨Mus.; Zeichen: #⟩ *Notenschriftzeichen für die Erhöhung eines Tones um einen halben Ton* **4** *Zeichen vieler Orden u. Auszeichnungen* **5** *Spielkartenfarbe, Treff* **6** *Zeichen* ⟨†⟩ *für „gestorben" od. „veraltet"* **7** *kreuzähnl. Gebilde* (Fadenkreuz, Fensterkreuz) **8** ⟨Anat.⟩ *Teil des Rückens um das Kreuzbein* **9** ⟨Rel.⟩ *Sinnbild des christl. Glaubens* **10** ⟨fig.⟩ **10.1** *Kummer, Leid* **10.2** *Unglück, Mühsal, Last* ◆ drei Kreuze hinter jmdm., ⟨od.⟩ einer Sache machen ⟨fig.; umg.⟩ *froh sein, dass jmd. fort od. eine Sache vorüber ist;* das Kreuz der **Ehrenlegion;** das **Zeichen** des Kreuzes machen ◆ ein Kreuz **schlagen; sein:** es ist ein Kreuz! ⟨fig.; umg.⟩ *es ist wirklich eine Last!;* sein Kreuz **tragen,** ⟨od.⟩ auf sich nehmen ⟨fig.⟩ *sein Leid tapfer ertragen, auf sich nehmen* ◆ das **Eiserne** Kreuz; **griechisches** Kreuz *Kreuz, bei dem sich beide Balken rechtwinklig in der Mitte schneiden;* **keltisches** Kreuz ▲ *römisches Kreuz mit Kreis;* **liegendes** Kreuz *Kreuz mit sich schräg schneidenden Balken;* **römisches** Kreuz *Kreuz, bei dem sich die beiden Balken im oberen Drittel des senkrechten Balkens schneiden;* **rotes** Kreuz *Zeichen von Sanitätsorganisationen sowie auf deren Einrichtungen u. Uniformen;* → a. *rot* ◆ jmdn. **ans** Kreuz schlagen *am Kreuz hinrichten, den Kreuzestod sterben lassen;* ein Kreuz **hinter** jmds. Namen setzen (zum Zeichen, dass er gestorben ist); Schmerzen **im** Kreuz haben; mit jmdm. **über(s)** Kreuz sein ⟨umg.⟩ *sich mit jmdm. gezankt haben;* **zu** Kreuze kriechen ⟨fig.; umg.⟩ *demütig, schuldbewusst um Verzeihung bitten* [< ahd. *kruzi* < lat. *crucem,* Akk. zu *crux* „Kreuz"]

KREUZKÜMMEL
(*Cuminum cyminum*)

**Kreuzband** ⟨n. 12u⟩ **1** ⟨Anat.⟩ *das Kniegelenk stabilisierende, im Gelenkinnern verlaufendes Band* **2** *um eine Drucksache herumgelegter Papierstreifen an Stelle des Umschlages*

**Kreuzbein** ⟨n. 11; Anat.⟩ *beim Menschen aus fünf Wirbelkörpern verschmolzener Teil der Wirbelsäule, der als einheitlicher Knochen mit den beiden Darmbeinen den Beckengürtel bildet: Os sacrum*

**Kreuzblume** ⟨f. 19⟩ **1** ⟨Bot.⟩ *Angehörige einer Gattung der Kreuzblumengewächse (Polygalaceae): Polygala* **2** ⟨Arch.⟩ *in Form von kreuzartig angeordneten Blättern gebildete Spitze von Türmen u. Ä.* ◆ Bittere Kreuzblume ⟨früher⟩ *appetitanregendes Magenmittel, Medikament gegen Katarrhe und Lungenschwindsucht: Polygala amara;* Gemeine Kreuzblume *meist blau oder rot blühendes Kraut trockener Wiesen: Polygala vulgaris*

**Kreuzblütler** ⟨m. 3⟩ *Angehöriger einer Pflanzenfamilie mit kreuzförmig angelegter Blüte: Crucifera;* Sy *Kruzifere;* ► *Bedecktsamer*

**kreuzbrav** ⟨Adj.; umg.⟩ *sehr brav*

**kreuzdumm** ⟨Adj.; umg.⟩ *sehr dumm*

**kreuzen**[1] ⟨V. t.; hat⟩ **1** *über(s) Kreuz legen, kreuzförmig legen* **2** *durchschneiden, überqueren* (Straße, Weg) **3** ⟨bei Tieren od. Pflanzen⟩ *zwei Elternteile unterschiedl. Rasse, Art od. Gattung vereinigen u. Nachkommen hervorbringen lassen;* Sy *hybridisieren* ◆ sich (miteinander) kreuzen, *etwa im rechten Winkel aneinander vorbeifahren* (Züge); die beiden Wege kreuzen sich hier; mit gekreuzten Beinen sitzen [< ahd. *kruzon;* → *Kreuz*]

**kreuzen**[2] ⟨V. i.; ist⟩ *im Zickzack gegen den Wind segeln* ◆ vor dem Wind kreuzen [< ndrl. *kruisen* „hin u. her fahren"; zu ndrl. *kruis* „Kreuz" < lat. *crux* „Kreuz"]

**Kreuzer**[1] ⟨m. 3; 1300-1900⟩ *Scheidemünze in Dtschld. u. Österr.-Ungarn von wechselndem Wert, im allg.* 1/60 *Gulden bzw.* 1/90 *Taler* [< mhd. *kriuzer;* zu *kriuz(e)* „Kreuz" (nach dem aufgeprägten liegenden Kreuz)]

KREUZKRAUT:
JAKOBSGREISKRAUT
(*Senecio jacobaea*)

**Kreuzer**[2] ⟨m. 3; Mil.⟩ *gepanzertes, schnelles Kriegsschiff* [< ndrl. *kruiser* „Kriegsschiff, das hin und her fahrend eine Küste schützt"; → *kreuzen*[2]]

**Kreuzerhöhung** ⟨f. 20; unz.⟩ *ostkirchl. Fest, 14. September*

**Kreuzestod** ⟨m. 1; unz.⟩ *Tod durch Hinrichtung am Kreuz*

**Kreuzeszeichen** ⟨n. 14⟩ = *Kreuzzeichen*

**Kreuzfahne** ⟨f. 19⟩ **1** *Fahne der Kreuzfahrer* **2** ⟨bild. Kunst⟩ *langer Stab, mit einem Kreuz u. einem Wimpel am Ende (als Zeichen der Auferstehung Christi)*

**Kreuzfahrer** ⟨m. 3⟩ *Teilnehmer an einem Kreuzzug*

**Kreuzfahrt** ⟨f. 20⟩ **1** ⟨12./13. Jh.⟩ = *Kreuzzug (1)* **2** ⟨heute⟩ *Schiffsreise kreuz u. quer über ein Meer od. großes Binnengewässer*

**Kreuzfeuer** ⟨n. 13⟩ *Beschuss von mehreren Seiten* ◆ im Kreuzfeuer der öffentl. Meinung stehen ⟨fig.⟩ *von allen Seiten, z. B. in der Presse, angegriffen werden, die öffentl. Meinung gegen sich haben*

**Kreuzgang** ⟨m. 1u⟩ **1** *im Viereck um den Klosterhof führender u. gegen diesen offener Bogengang mit Brüstung (oft mit reich verzierten Säulenkapitellen)* **2** ⟨fig.⟩ *Bittgang*

**Kreuzgriff** ⟨m. 1; Sp.; Turnen⟩ *gekreuzte Haltung der Unterarme bei gleicher Griffart der Hände*

**Kreuzherren** ⟨Pl.⟩ *Chorherren vom Heiligen Kreuz, mehrere, zur Zeit der Kreuzzüge entstandene kath. Orden u. Kongregationen mit der Augustinerregel*

**kreuzigen** ⟨V. t.; hat⟩ *ans Kreuz schlagen* [< ahd. *chriuzigon,* (älter) *crucigon,* dem lat. *cruciare* „ans Kreuz heften" nachgebildet; zu lat. *crux* „Kreuz"]

**Kreuzigung** ⟨f. 20⟩ *Hinrichtung am Kreuz*

**Kreuzknoten** ⟨m. 4⟩ *seemännischer Knoten, bei dem die beiden Enden doppelt genommen u. dann paarweise übers Kreuz verknotet werden;* ► *Knoten*

**Kreuzkraut** ⟨n. 12u; unz.; Bot.⟩ ▲ *Mitglied einer Gattung der Korbblütler: Senecio* ◆ Gemeines Kreuzkraut *Ackerunkraut: Senecio vulgaris* [< *Greiskraut,* nach dem weißl. Haarschopf der Früchte]

KREUZKRÖTE
*(Bufo calamita)*

**Kreuzkröte** ⟨f. 19; Zool.⟩ ▲ *6–8 cm lange Kröte mit gelbem Längsstrich auf dem Rücken: Bufo calamita*

**Kreuzkümmel** ⟨m. 5; unz.; Bot.⟩ **1** ◄◄ *zu den Doldengewächsen (Umbelliferae) gehörende Krautpflanze mit haarfein zerteilten Blättern: Cuminum cyminum* **2** *als Gewürz verwendete Früchte des Kreuzkümmels*

**Kreuzkuppelkirche** ⟨f. 19⟩ *byzantin. Kirche mit einem grch. Kreuz als Grundriss u. einer Kuppel über dem Mittelpunkt*

**Kreuzmast** ⟨m. 23; bei mehrmastigen Schiffen⟩ *dritter Mast von vorn*

**Kreuzmeißel** ⟨m. 5⟩ *Meißel mit schmaler Schneide*

**Kreuzotter** ⟨f. 21; Zool.⟩ *giftige Viper mooriger Wiesen Europas, grau bis schwarzbraun mit Zickzackband auf dem Rücken: Vipera berus*

**Kreuzreim** ⟨m. 1; Lit.⟩ *Reim der ersten mit der dritten u. der zweiten mit der vierten Zeile*

**Kreuzrippengewölbe** ⟨n. 13⟩ *aus zwei rechtwinklig sich schneidenden Tonnengewölben gebildetes Gewölbe, bei dem an den Schnittstellen Rippen zur Verstärkung gespannt sind*

**Kreuzritter** ⟨m. 3⟩ *an einem Kreuzzug teilnehmender Ritter*

**Kreuzschlitzschraube** ⟨f. 19⟩ *Metall- oder Holzschraube mit einer kreuzförmigen Einkerbung im Kopf*

**Kreuzschlitzschraubenzieher** ⟨m. 3⟩ *Schraubenzieher zum Festdrehen od. Lösen von Kreuzschlitzschrauben*

**Kreuzschlüssel** ⟨m. 5⟩ *Schraubenschlüssel mit zwei in Form eines Kreuzes zueinander stehenden Achsen (dient bes. zum Festdrehen u. Lösen der Radschrauben von Kfz)*

**Kreuzschmerz** ⟨m. 23; meist Pl.⟩ *Rückenschmerz im Lendenwirbel- od. Kreuzbeinbereich* ◆ chronischer Kreuzschmerz; er klagt ständig über Kreuzschmerzen

**Kreuzschnabel** ⟨m. 5u; Zool.⟩ *Angehöriger einer (in den nördlichen Nadelwäldern lebende) Gattung der Finkenvögel, dessen Schnabelhälften kreuzweise übereinander gewachsen sind* ◆ Fichtenkreuzschnabel ▲ *in unregelmäßigen Wanderungen den Vorkommen reifer Fichten- u. Lärchensamen folgende Art: Loxia curvirostra;* Kiefernkreuzschnabel: *Loxia pytyopsittacus*

KREUZSCHNABEL: FICHTENKREUZSCHNABEL
*(Loxia curvirostra)*

**Kreuzspinne** ⟨f. 19; Zool.⟩ *zu den Radnetzspinnen gehörende Spinne mit weißer, kreuzartiger Zeichnung auf dem Hinterleibsrücken: Araneus*

**Kreuzstab** ⟨m. 1u⟩ = *Jakobsstab*

**Kreuzstich** ⟨m. 1⟩ ► *Zierstich mit sich schräg kreuzenden Fäden*

KREUZSTICH: KREUZSTICHSTICKEREI AUF STRICKWARE

**Kreuzung** ⟨f. 20⟩ **1** ⟨Bot.; Zool.⟩ **1.1** *das Kreuzen (von Tieren od. Pflanzen), Mischung verschiedener Rassen, Gattungen od. Arten, Bastardierung* **1.2** ► *Produkt einer solchen Mischung* **2** *Schnittpunkt zweier Geraden* **3** *Schnittpunkt zweier sich kreuzender Verkehrswege* ◆ an der Kreuzung halten, rechts abbiegen

**Kreuzverhör** ⟨n. 11⟩ **1** ⟨Rechtsw.⟩ *Vernehmung eines Zeugen durch beide Parteien* **2** ⟨allg.⟩ *Verhör einer Person durch mehrere andere mit oft scheinbar unzusammenhängenden Fragen*

**Kreuzweg** ⟨m. 1; Rel.⟩ **1** *Kreuzungsstelle von Wegen, Weggabelung (im Aberglauben Treffpunkt von Geistern)* **2** ⟨Rel.⟩ *Weg Christi nach Golgatha* ◆ am Kreuzweg stehen ⟨fig.⟩ *vor einer (schweren) Entscheidung stehen*

**Kreuzworträtsel** ⟨n. 13⟩ *Rätsel, bei dem die zu erratenden Wörter buchstaben- o. silbenweise in senkrecht u. waagerecht sich kreuzende Reihen von Vierecken eingetragen werden müssen, wodurch die Lösung erleichtert wird*

**Kreuzzeichen** ⟨n. 14⟩ *das (mit den Händen gemachte) Zeichen des Kreuzes (beim Segnen od. Sichbekreuzigen);* oV *Kreuzeszeichen* ◆ das Kreuzeszeichen über jmdn. od. jmdm. machen

**Kreuzzug** ⟨m. 1u⟩ **1** ⟨12./13. Jh.⟩ *Kriegszug zur Eroberung Jerusalems aus den Händen der Mohammedaner;* Sy *Kreuzfahrt (1)* **2** ⟨fig.⟩ *(schwierige) Unternehmung für eine gute od. idealistisch betrachtete Sache*

**Krevette** ⟨[-vɛtə] f. 19⟩ *Garnele der Nordsee: Crangon crangon;* oV *Crevette* [< frz. *crevette* „Krabbe"]

**kribbeln** ⟨V. i.; hat⟩ **1** *ein Gefühl wie von vielen winzigen Stichen verursachen* **2** *viele winzige Bewegungen zeigen, wimmeln* ◆ die Wolle kribbelt auf der Haut [< mhd. *kribeln* „kitzeln"; → *krabbeln*]

**Kricket** ⟨n.; -s; unz.; Sp.⟩ ▲ *Ballspiel zwischen zwei Mannschaften, von denen die „Werfer" den Ball ins gegnerische Tor zu bringen suchen, während die „Schläger" den Ball abwehren u. mit dem Schlagholz möglichst weit wegschlagen* [< engl. *cricket*]

KRICKET: SCHLÄGER

**Kriebelmücke** ⟨f. 19; Zool.⟩ *in Gebieten mit rasch fließenden Wasserläufen häufig vorkommende, sehr kleine, stechfreudige Mücke: Sumiliida*

**Kriechblume** ⟨f. 19; got. Baukunst⟩ *kleines, sich an der Wand emporrankendes (emporkriechendes) Blattornament;* Sy *Krabbe (2)*

**kriechen** ⟨V. i. 172; ist⟩ **1** *sich dicht am Boden fortbewegen* **2** *sich auf allen vieren, auf Händen u. Füßen bzw. Knien fortbewegen* **3** ⟨Tech.⟩ *langsam seine Form verändern od. sein Volumen verringern* **4** ⟨fig.⟩ *sich sehr langsam fortbewegen* ◆ die Zeit kriecht ⟨fig.⟩; durch eine Zaunlücke kriechen; das Kind kriecht durchs Zimmer [< ahd. *kriochan, chriuhhan;* verwandt mit *Kraft*]

**Kriecher** ⟨m. 3⟩ **1** ⟨fig.; abwertend⟩ *jmd., der vor einem anderen kriecht, unterwürfiger Schmeichler* **2** *Tier, das sich kriechend fortbewegt*

**Kriechpflanze** ⟨f. 19⟩ *Pflanze, die sich am Boden ausbreitet*

**Kriechspur** ⟨f. 20; umg.; auf Autobahnen⟩ *(rechts liegende) Spur für langsames Fahren*

**Kriechstrom** ⟨m. 1u; unz.; El.⟩ *(unerwünschter) elektr. Strom, der an einer durch Schmutz od. Feuchtigkeit leitend gewordenen Oberfläche eines Isolators fließt*

**Kriechstromfestigkeit** ⟨f.; -; unz.; El.⟩ *Isolationsfähigkeit der Oberfläche einer Isolationsstrecke gegen Kriechströme*

**Kriechtier** ⟨n. 11; Zool.⟩ ► = *Reptil*

**Krieg** ⟨m. 1⟩ **1** ⟨Mil.⟩ *bewaffnete Auseinandersetzung zwischen Staaten, Stämmen od. Völkern* **2** ⟨fig.⟩ *ständiger Kampf, dauernde Feindschaft* (Kleinkrieg) ◆ einer Partei, Bewegung den Krieg **ansagen;** der Krieg ist **ausgebrochen;** einem Staat den Krieg **erklären** *förmlich den Kampf ansagen;* einen Krieg **führen** *an einem Krieg beteiligt sein;* zwei Krieg führende Staaten; einen Krieg **gewinnen,** verlieren, vom Zaun brechen ◆ **kalter** Krieg *Auseinandersetzung ohne Waffen* ◆ Krieg **auf** Leben und Tod; **aus** dem Krieg heimkehren; **im** Kriege fallen *im Kampf getötet werden;* in den Krieg ziehen; **mit** jmdm. Krieg anfangen; **zum** Krieg hetzen, rüsten [< mhd. *kriec* „Anstrengung, Streben, Streit, Zwietracht, Kampf, bewaffnete Auseinandersetzung" < ahd. *chreg* „Hartnäckigkeit"]

**kriegen** ⟨V. t.; hat; umg.⟩ **1** etwas kriegen *bekommen, erhalten* **2** jmdn. kriegen *erwischen, ergreifen* **3** sich (eigtl. einander) kriegen *ein Paar werden* ◆ das werden wir schon kriegen! *das werden wir schon in Ordnung bringen;* ich werde dich schon noch kriegen; sie kriegt ein **Kind** *sie bekommt* ⟨od.⟩ *erwartet ein Kind;* **Post** kriegen; **Prügel** kriegen ◆ jmdn. zu **fassen** kriegen ◆ ich kann ihn nicht **dazu** kriegen (etwas zu tun) *nicht dazu bringen, nicht von der Notwendigkeit überzeugen* [< mhd. *kriegen* „sich anstrengen, sich um etwas bemühen", dann „streiten, kämpfen"; → *Krieg;* in der Bedeutung „bekommen" verkürzt < *erkriegen* „strebend erlangen, erringen"]

**Krieger** ⟨m. 3; Mil.⟩ **1** *Soldat, Kämpfer* **2** ⟨in manchen Ländern früher⟩ *Stand der berufsmäßigen Kämpfer, z. B. Samurai* ◆ ein tapferer Krieger [< mhd. *krieger* „Streiter, Kämpfer"; → *Krieg*]

**Kriegeradel** ⟨m. 5; unz.; früher bei manchen Völkern⟩ *adliger Stand der berufsmäßigen Krieger*

**Kriegerdenkmal** ⟨n. 11 od. 12u; Mil.⟩ *Denkmal für im Krieg gefallene Soldaten*

**kriegerisch** ⟨Adj.; Mil.⟩ **1** *den Krieg betreffend, zu ihm gehörig* **2** *angriffslustig, kampflustig, streitlustig* (Mensch) **3** *oft Krieg führend* (Volk) **4** *wie ein Krieger* (Aussehen, Benehmen) ◆ kriegerische Auseinandersetzung

KREUZUNG ZWISCHEN LABRADOR UND PUDEL (LABRADOODLE)

K

## KRIEGSSCHIFF

In der modernen Seekriegsführung werden verschiedene Schiffstypen eingesetzt. Überwasserschiffe werden in Schlachtschiffe, Zerstörer, Korvetten und Torpedoboote eingeteilt. Zu ihnen zählt auch der Flugzeugträger, auf dem Jagdflugzeuge starten und landen. Bei U-Booten gibt es zwei Typen: Die einen verfolgen feindliche Schiffe, während die anderen als Startbasen für Atomraketen dienen und monatelang unter Wasser bleiben.

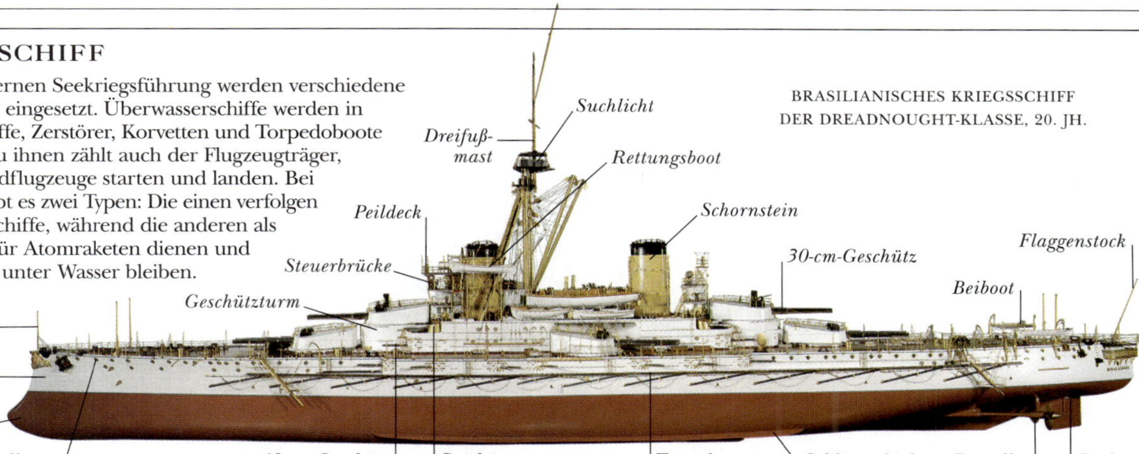


BRASILIANISCHES KRIEGSSCHIFF DER DREADNOUGHT-KLASSE, 20. JH.

**Kriegsanleihe** ⟨f. 19; Mil.⟩ *Staatsanleihe zur Finanzierung des Krieges*

**Kriegsbeil** ⟨n. 11; bei Naturvölkern Sinnbild für⟩ *Krieg(szustand)* ◆ das Kriegsbeil ausgraben *Krieg beginnen;* das Kriegsbeil begraben *Frieden schließen;* ⟨fig.⟩ *sich versöhnen*

**Kriegsberichterstatter** ⟨m. 3; Mil.⟩ *von der Front berichtender Reporter* ◆ Ernest Hemingway war Kriegsberichterstatter im spanischen Bürgerkrieg

**Kriegsdienst** ⟨m. 1; Mil.⟩ *Dienst als Soldat im Krieg* ◆ Kriegsdienste nehmen

**Kriegsdienstverweigerer** ⟨m. 3; Mil.⟩ *jmd., der Wehrpflicht u. Kriegsdienst verweigert u. dafür einen zivilen Ersatzdienst leistet;* Sy *Wehrdienstverweigerer*

**Kriegsdienstverweigerung** ⟨f. 20; unz.; Mil.⟩ *Verweigerung von Wehrpflicht u. Kriegsdienst;* Sy *Wehrdienstverweigerung*

**Kriegsentschädigung** ⟨f. 20; Mil.⟩ *Entschädigung des Siegers für die im Kriege entstandenen Kosten u. Verluste durch den Besiegten*

**Kriegserklärung** ⟨f. 20; Mil.⟩ *förml. Ansage des Krieges*

**Kriegsflagge** ⟨f. 19; Mil.⟩ *Staatsflagge auf Kriegsschiffen u. Militärgebäuden*

**Kriegsflotte** ⟨f. 19; Mil.⟩ *Gesamtheit der Kriegsschiffe (eines Staates)*

KRILLE
(*Euphausia superba*)

**Kriegsfreiwillige(r)** ⟨m. 29; Mil.⟩ *jmd., der sich bei Mobilmachung freiwillig zur Armee meldet und vorher noch nicht gedient hat*

**Kriegsfuß** ⟨m.; fig.; nur in der Wendung⟩ mit jmdm., etwas auf Kriegsfuß stehen *in ständigem leichtem Streit, in ständiger Spannung mit jmdm. leben bzw. etwas nicht können, nicht beherrschen*

**Kriegsgefangenschaft** ⟨f. 20; unz; Mil.⟩ *Gefangenschaft im Land des Feindes während des Krieges*

**Kriegsgericht** ⟨n. 11; Mil.; Pol.⟩ *Organ der Militärgerichtsbarkeit*

**Kriegsgewinnler** ⟨m. 3; Mil.; abwertend⟩ *jmd., der hohe Kriegsgewinne erzielt*

**Kriegsgräberfürsorge** ⟨f. 19; unz.; Mil.⟩ *(1919 gegr.) Organisation zur Förderung der Pflege von Gräbern in den beiden Weltkriegen gefallener dt. Soldaten im In- u. Ausland*

**Kriegshafen** ⟨m. 4u; Mil.⟩ *meist befestigter Hafen (nur) für Kriegsschiffe*

**Kriegsherr** ⟨m. 16; Mil.⟩ *oberster militär. Befehlshaber* ◆ oberster Kriegsherr

**Kriegshetze** ⟨f. 19; unz.; Mil.⟩ *Aufhetzung zum Krieg*

**Kriegsindustrie** ⟨f. 19; unz.; Mil.⟩ *Kriegsmaterial herstellende Industrie*

**Kriegskamerad** ⟨m. 16; Mil.⟩ *jmd., der im Krieg in der gleichen Einheit gekämpft hat* ◆ nach Jahren traf er seinen Kriegskameraden wieder

**Kriegslist** ⟨f. 20; Mil.⟩ **1** *im Krieg angewendete List* **2** ⟨allg.; fig.⟩ *List*

**Kriegsmarine** ⟨f. 19; unz.; Mil.⟩ *dem Krieg zur See dienender Teil der Marine*

**Kriegsminister** ⟨m. 3; Mil.; frühere Bez. für⟩ *Verteidigungsminister*

**Kriegspsychose** ⟨f. 19; unz.; Mil.⟩ *sich allgemein steigernde Angst vor Krieg* ◆ eine Kriegspsychose ist ausgebrochen

**Kriegsrat** ⟨m. 1u; Mil.⟩ **1** *zur Beratung von Entschlüssen für die Kriegführung zusammengerufener Personenkreis* **2** *Mitglied dieses Kreises* ◆ Kriegsrat halten ⟨fig.; umg.⟩ *einen Plan gemeinsam besprechen;* Oberster Kriegsrat ⟨im 1. Weltkrieg⟩ *die gemeinsame oberste Kriegsleitung der Ententemächte*

**Kriegsrecht** ⟨n. 11; unz.; Mil.; Pol.⟩ *alle völkerrechtl. Vorschriften für Krieg führende Staaten gegenüber den feindl. u. neutralen Staaten sowie der Zivilbevölkerung*

**Kriegsschiff** ⟨n. 11; Mil.⟩ ▲ *dem Seekrieg dienendes u. dafür ausgerüstetes Schiff*

**Kriegsverbrechen** ⟨n. 14; Mil.; Pol.⟩ *Verbrechen gegen das Kriegsrecht*

**Kriegswirren** ⟨Mil.; nur Pl.⟩ *Gesamtheit der durch einen Krieg verursachten Kämpfe, Vertreibungen, Plünderungen u. Unruhen u. die damit einhergehende völlige Auflösung der staatlichen u. gesellschaftlichen Ordnung* ◆ in den Kriegswirren gingen viele Kunstschätze verloren

**Kriegszustand** ⟨m. 1u; unz.; Mil.⟩ *durch Krieg herbeigeführter Zustand eines Staates, Stammes od. Volkes von der Kriegserklärung bis zum Waffenstillstand bzw. Friedensschluss*

**Krill I** ⟨m.1; Zool.⟩ ▲ *zur Familie der Leuchtkrebse gehörender, garnelenartiger, meist farblos durchscheinender Hochseebewohner: Euphausia superba* **II** ⟨n.; -s; unz.⟩ *überwiegend aus kleinen Krebsen bestehendes Plankton, Hauptnahrungsmittel vieler Wale u. Fische* [< norw. *kril* „Fischbrut"]

**Krimi** ⟨m. 6; umg.; Kurzw. für⟩ **1** *Kriminalfilm* **2** *Kriminalroman* ◆ sich einen Krimi ansehen; einen Krimi lesen

**Kriminalfilm** ⟨m. 1⟩ *Film um ein Verbrechen u. seine Aufdeckung;* Sy ⟨kurz⟩ *Krimi (1)*

**kriminalisieren** ⟨V. t.; hat⟩ **1** jmdn. kriminalisieren *in die Kriminalität treiben* **2** ein Verhalten kriminalisieren *als kriminell hinstellen*

**Kriminalist** ⟨m. 16⟩ **1** *Kriminalbeamter* **2** *Kriminalwissenschaftler, Strafrechtslehrer*

**Kriminalität** ⟨f. 20; unz.⟩ *Straffälligkeit, Umfang, in dem Menschen eines Volkes, Standes, einer Gruppe straffällig werden*

**Kriminalpolizei** ⟨f. 18; unz.⟩ *Teil der Polizei zur Aufdeckung u. Verhinderung von Straftaten;* Sy ⟨kurz⟩ *Kripo*

**Kriminalroman** ⟨m. 1; Lit.⟩ *Roman um ein Verbrechen u. seine Aufdeckung;* Sy ⟨kurz⟩ *Krimi (2)*

**kriminell** ⟨Adj.⟩ **1** *verbrecherisch, straffällig* (Person) **2** *strafbar* (Tat) [< frz. *criminel* „verbrecherisch" < lat. *criminalis*]

**Kriminologie** ⟨f. 19; unz.⟩ *Wissenschaft von der Aufklärung u. Verhütung von Verbrechen* [< lat. *crimen* „Anklage, Verbrechen" + grch. *logos* „Lehre, Kunde"]

**krimpen** ⟨V.; hat⟩ **I** ⟨V. i.; nddt.⟩ **1** *einschrumpfen* **2** *sich von Westen nach Osten drehen* (Wind) **II** ⟨V. t.⟩ *einschrumpfen lassen* [< nddt., mhd. *krimpfen* „sich krumm zusammenziehen"]

**Krimsekt** ⟨m.; -(e)s; unz.⟩ *Schaumwein von der Krim* [nach der russischen Halbinsel *Krim*]

KRINOLINE: REIFROCK ZUM TRAGEN EINER KRINOLINE AUS DEM 19. JH.

**Krimskrams** ⟨m.; -; unz.; umg.⟩ *Kram, wertlose Kleinigkeiten*

**Kringel** ⟨m. 5⟩ **1** *kleiner Kreis, kleiner Bogen, Schnörkel* **2** *ringförmiges Gebäck* [schon mhd. Name eines Gebäcks]

**kringeln** ⟨V. t.; hat⟩ *Kreise ziehen, Schnörkel zeichnen* ◆ sich kringeln *sich zu einem Kringel formen*

**Krinoline** ⟨f. 19; 19. Jh.⟩ ◄ *über einem Reifengestell getragener, weiter u. langer, ovaler bis trichterförmiger Rock, Nachfolger des Reifrocks* [< frz. *crinoline* „Krinoline" < *crin* „Rosshaar" < lat. *crinis* „Haar"]

K

## KRISTALLE

Die glatten äußeren Flächen vieler Kristalle sind auf die regelmäßige innere Anordnung ihrer Atome in einem Gitter zurückzuführen. Diese äußere Gestalt der Kristallausbildung wird als Habitus bezeichnet. Nach der Zahl der Drehachsen, Spiegelebenen und Drehspiegelachsen werden die Kristallformen in 7 Kristallsysteme und 32 Kristallklassen eingeteilt.

MERKMALE EINES BERGKRISTALLZWILLINGS

### FORMEN DES KRISTALLHABITUS

### KRISTALLSYSTEME

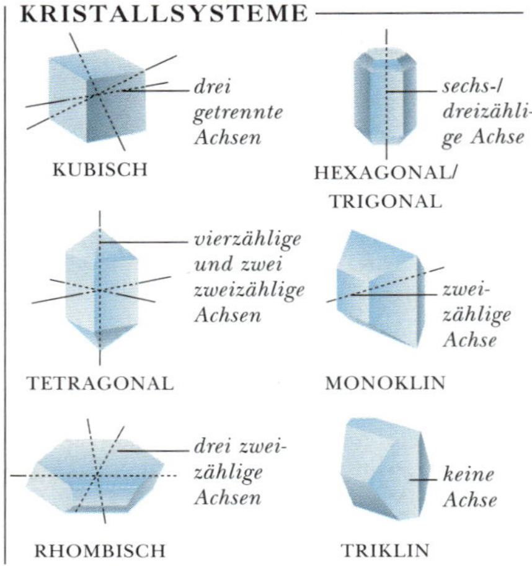


**Kripo** ⟨f.; -; unz.; Kurzw. für⟩ *Kriminalpolizei*
**Krippe** ⟨f. 19⟩ **1** *an der Wand od. auf einem Gestell befestigter Futtertrog für größere Tiere (Kühe, Schweine), Futterraufe* **2** ⟨Rel.⟩ *Darstellung der Heiligen Familie mit dem Jesuskind in der Krippe* (Weihnachtskrippe) [< ahd. *krippa*, engl. *crib*]
**Krise** ⟨f. 19⟩ **1** *Störung (im Wirtschaftsleben), Zusammenbruch (einer Hochkonjunktur usw.)* (Wirtschaftskrise) **2** *schwierige Zeit, Schwierigkeit* (Ehekrise) **3** *Entscheidung, Höhepunkt, Wendung* **4** ⟨Med.⟩ *Höhepunkt (einer Krankheit);* Sy *Krisis* [< grch. *krisis* „Entscheidung, entscheidende Wendung"]
**Krisenherd** ⟨m. 1⟩ **1** *Gebiet, in dem es häufig zu polit. (u. wirtschaftl.) Krisen kommt* **2** *Situation, Zustand, der häufig zu Krisen führt*
**Krisenmanagement** ⟨[-mænidʒmənt] n. 15; unz.⟩ *Planung u. Durchführung von außergewöhnlichen Maßnahmen zur Beherrschung gefährlicher politischer, militärischer od. wirtschaftlicher Situationen* ◆ das Krisenmanagement rettete die Preisstabilität
**Krisenstab** ⟨m. 1u⟩ *in einer Notsituation gebildetes Gremium von Sachverständigen*
**Krisis** ⟨f.; -, Krisen; Med.⟩ = *Krise (4)*
**Kristall** ⟨n. 11⟩ **1** ▲ *von gleichmäßig angeordneten, ebenen Flächen begrenzter, fester Körper, in dem die Atome, Moleküle oder Ionen raumgitterartig angeordnet sind* **2** = *Kristallglas* [< ahd. *cristalla*, Pl. zu mlat. *crystallum* < lat. *crystallus* < grch. *krystallos* „Eis, Bergkristall"; zu grch. *kryos* „Frost"]
**Kristallgitter** ⟨n. 13⟩ *period., räumlich geometr. Anordnung von Atomen, Ionen od. Molekülen in Kristallen*
**Kristallglas** ⟨n. 12u⟩ *stark glänzendes Glas von hoher Dichte;* Sy *Kristall (2)*
**kristallin** ⟨Adj.⟩ *aus Kristallen bestehend;* Ggs *amorph*
**Kristallisation** ⟨f. 20⟩ *das Kristallisieren, Kristallbildung;* Sy *Kristallisierung* ◆ fraktionierte Kristallisation *gleichzeitige Abscheidung u. Trennung verschiedener Stoffe aus einer Lösung durch stufenweise Abkühlung des Lösungsmittels*
**kristallisieren** ⟨V.; hat⟩ **I** ⟨V. i.⟩ *Kristalle bilden* **II** ⟨V. refl.⟩ sich kristallisieren *sich zu Kristallen umformen* ◆ kristallisierende Stoffe [< frz. *cristalliser* „kristallisieren"; zu frz. *cristal;* → *Kristall*]
**Kristallisierung** ⟨f. 20⟩ = *Kristallisation*
**Kristallnacht** ⟨f. 7u; unz.⟩ = *Novemberpogrom*
**Kristallografie** ⟨f. 19; unz.⟩ = *Kristallographie*
**Kristallographie** ⟨f. 19; unz.⟩ *Lehre von den chem. u. physikal. Eigenschaften der Kristalle, Kristallkunde;* oV *Kristallografie* [< *Kristall* + grch. *graphein* „schreiben"]
**Kristalloptik** ⟨f.; -; unz.⟩ *Teilgebiet der Kristallographie u. der Festkörperphysik, das sich mit der Struktur u. den sich daraus ergebenden physikal. Eigenschaften befasst*
**Kristallpalast** ⟨m. 1u; unz.⟩ *ausschließlich aus Eisen u. Glas konstruiertes Ausstellungsgebäude der Londoner Weltausstellung 1851*
**kristallrein** ⟨Adj.⟩ **1** *kristallklar* **2** ⟨fig.⟩ *ganz rein, völlig rein* (Stimme, Ton)
**Kristallstruktur** ⟨f. 20⟩ **1** *gesetzmäßige Anordnung der kleinsten Kristallbestandteile;* → a. *Kristallgitter*
**Kristallsymmetrie** ⟨f. 19⟩ *Vorhandensein von Regelmäßigkeiten der Kristallstruktur nach Ausführung von Drehungen od. Spiegelungen des Kristalls*
**Kristallwachstum** ⟨[-ks-] n.; -s; unz.⟩ *Art der Aneinanderreihung von Atomen, Molekülen, Ionen bei der Kristallisation, beginnt mit der Bildung eines Kristallkeims, an den sich weitere Teilchen anlagern*
**Kristallwasser** ⟨n. 13⟩ *im Kristallgitter bestimmter Verbindungen enthaltene Wassermoleküle*
**Kristallzucker** ⟨m. 3⟩ *in Form von Kristallen gehandelter Zucker*
**Kriterium** ⟨n.; -s, -rien⟩ **1** *Kennzeichen, unterscheidendes Merkmal* **2** *Prüfstein* **3** ⟨Radsp.⟩ *Rundenrennen mit u. ohne Wertungsspurt* [< grch. *kriterion* „unterscheidendes Merkmal, Kennzeichen", mit lat. Endung]
**Kritik** ⟨f. 20⟩ **I** ⟨zählb.⟩ **1** *wissenschaftliche od. künstlerische Beurteilung* (Kunstkritik, Literaturkritik, Musikkritik) **2** *wertende Besprechung (von Büchern, Theaterstücken, Kunstwerken u. Konzerten),* z. B. Buchkritik, Filmkritik **3** *Beanstandung, Tadel, Äußerung des Missfallens* ◆ eine Kritik über ein Buch, Stück schreiben; Kritik an etwas od. jmdm. üben; lobende, tadelnde, erbarmungslose Kritik **II** ⟨unz.⟩ **1** *Urteilsfähigkeit, Unterscheidungsvermögen* **2** *Gesamtheit der Kritiker* ◆ die Kritik war sich darüber einig, dass ... [< frz. *critique* < grch. *kritike (techne)* „Kunst der Beurteilung"]
**Kritiker** ⟨m. 3⟩ **1** *jmd., der (beruflich) ein Kunstwerk kritisiert, Beurteiler* (Filmkritiker, Theaterkritiker, Zeitungskritiker) **2** ⟨allg.⟩ *jmd., der etwas kritisiert* [< lat. *criticus* „krit. Beurteiler" < grch. *kritikos* „zur entscheidenden Beurteilung gehörig, entscheidend, kritisch"]
**kritisch** ⟨Adj.⟩ **1** *gewissenhaft prüfend, streng urteilend* **2** *bedrohlich, gefährlich* **3** *entscheidend, eine Wende ankündigend* ◆ das kritische **Alter** *die Entwicklungsjahre;* kritischer **Apparat** *Anmerkungen (zu einem Literaturwerk) mit wissenschaftl. Genauigkeit;* kritischer **Augenblick;** kritische **Ausgabe** *nach den Methoden der Textkritik bearbeitete, authentische Ausgabe (eines Literaturwerkes);* kritische **Masse** ⟨Phys.⟩ *zum Ablauf einer Kettenreaktion notwendige Masse an spaltbarem Material;* das ist der kritische **Punkt!** ◆ etwas od. jmdn. kritisch **betrachten** [< lat. *criticus* < grch. *kritikos* „zur entscheidenden Beurteilung gehörig, entscheidend"; zu grch. *krinein* „scheiden, trennen, entscheiden, urteilen"; verwandt mit *Krise*]
**kritisieren** ⟨V. t.; hat⟩ **1** *beurteilen, werten, begutachten* (Buch, Film, Theaterstück) **2** *beanstanden, tadeln* ◆ jmdn. kritisieren *an jmdm. Kritik üben, jmdn. tadeln* [< frz. *critiquer* „kritisieren"; → *Kritik*]
**Kritizismus** ⟨m.; -; unz.; Philos.⟩ *von Kant eingeführtes Verfahren, vor dem Aufstellen eines neuen philosoph. Systems, einer Weltanschauung o. Ä. die Möglichkeiten u. Grenzen der menschl. Erkenntnis festzustellen*
**kritteln** ⟨V. i.; hat; umg.; abwertend⟩ *kleinliche Kritik üben, kleinlich tadeln* ◆ er krittelt ständig [< mundartl. *grittelen* „Einwürfe machen"; beeinflusst von *Kritik, kritisch, kritisieren*]
**kritzeln** ⟨V. i.; hat⟩ **1** *klein u. schlecht leserlich schreiben* **2** *sinnlose Striche u. Schnörkel machen* [Verkleinerungsform < ahd. *krizzon* „einritzen"]

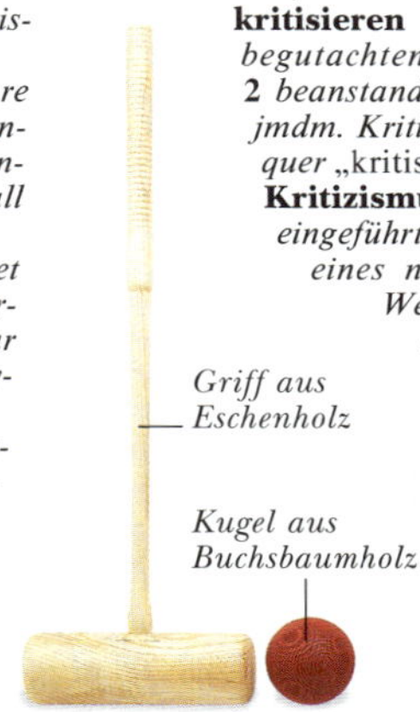

KROCKET: SCHLÄGER UND KUGEL

## KRÖTEN

Kröten unterscheiden sich von den Fröschen durch ihre eher trockene, warzige Haut, durch fehlende Schwimmhäute und gedrungene Hinterbeine, mit denen sie nicht weit springen können. In der Parotisdrüse produzieren sie starke Gifte zur Selbstverteidigung. Kröten leben eher in Trockengebieten, kehren aber zur Fortpflanzung ins Wasser zurück.

ÄUSSERE MERKMALE EINER WECHSELKRÖTE *(Bufo viridis)*

### WEITERE KRÖTENARTEN

KREUZKRÖTE *(Bufo calamita)*

ROTFLECKENKRÖTE *(Bufo punctatus)*

AGAKRÖTE *(Bufo marinus)*

ERDKRÖTE *(Bufo bufo)*

**Kroate** ⟨m. 17⟩ **1** *Angehöriger eines südslawischen Volkes* **2** *Einwohner Kroatiens*

**kroatisch** ⟨Adj.⟩ *Kroatien betreffend, zu ihm gehörig, aus ihm stammend*

**Krocket** ⟨n.; -s; unz.; Sp.⟩ ◄ *Rasenspiel, bei dem die Spieler mit Holzhämmern abwechselnd die Holzbälle durch zehn Tore bis zu einem Zielstab schlagen, wobei nach Zusammenstoß mit einem gegner. Ball dieser weggeschlagen (krockiert) werden kann* [< engl. *croquet* „Krocketspiel"]

**Krokant** ⟨m.; -s; unz.⟩ *Karamellzucker mit Mandel- od. Nussstückchen* [zu frz. *croquant* „knusperig"; zu *croquer* „krachen, knabbern, knuspern"]

**Krokette** ⟨f. 19⟩ *in Fett gebackenes Klößchen aus Kartoffeln, Fleisch, Fisch o. Ä.;* oV *Croquette* [< frz. *croquette* „Krokette"; zu *croquer* „krachen, knabbern, knuspern"]

**Krokodil** ⟨n. 11; Zool.⟩ **1** ⟨i. w. S.⟩ ▼ *Angehöriges der höchstentwickelten Ordnung der Reptilien, großes, stark gepanzertes, räuberisch im Wasser lebendes Tier mit vierkammrigem Herzen, in Kieferhöhlen sitzenden Zähnen u. seitlich zusammengedrücktem Ruderschwanz: Crocodylia* **2** ⟨i. e. S.⟩ *Mitglied einer Familie dieser Ordnung mit einem bei geschlossenem Maul sichtbaren Unterkieferzahn* [< grch. *krokodilos*]

**Krokodilstränen** ⟨Pl.; fig.; umg.⟩ **1** *geheuchelte Tränen* **2** *bes. große Tränen* ◆ Krokodilstränen weinen

**Krokus** ⟨m.; -, - od. -se; Bot.⟩ ▲ *Angehöriger einer Gattung der Schwertliliengewächse: Crocus* [< lat. *crocus* < grch. *krokos* „Safran"]

KROKUS *(Crocus versicolor)*

KROKODIL: NILKROKODIL *(Crocodilus niloticus)*

**Krone** ⟨f. 19⟩ **1** *auf dem Kopf getragener, verzierter Goldreif mit Zacken (als Zeichen der Würde u. Macht des Herrschers),* z. B. Grafenkrone, Kaiserkrone, Königskrone **2** *hoher, meist reich verzierter Kopfschmuck od. Kranz* (Brautkrone) **3** *oberer od. oben aufgesetzter Teil* (Mauerkrone, Schaumkrone, Zahnkrone) **4** *geriffeltes Rädchen zum Aufziehen u. Stellen von Taschen- u. Armbanduhren* **5** *Wipfel des Baumes* (Baumkrone) **6** ⟨1871-1924⟩ *deutsche Goldmünze, Zehnmarkstück u. Zwanzigmarkstück* (Doppelkrone) **7** ⟨1892-1924⟩ *österr.-ungar. Währungseinheit, 100 Heller* **8** *norwegische* ⟨Abk.: nkr⟩, *schwedische* ⟨Abk.: skr⟩ *u. dänische* ⟨Abk.: dkr⟩ *Währungseinheit, 100 Öre* **9** ⟨Abk.: ikr⟩ *isländische Währungseinheit, 100 Aurar* **10** ⟨fig.⟩ *Monarch, monarchische Regierung* **11** ⟨Sinnbild für⟩ *das Beste, Schönste* ◆ die Krone des **Ganzen** war ... ⟨fig.⟩; die Krone der **Schöpfung** ⟨fig.⟩ *der Mensch* ◆ einem Fürsten die Krone **aufsetzen** *ihn zum Kaiser bzw. König machen* ◆ es wird ihm kein Zacken **aus** der Krone fallen ⟨fig.; umg.⟩ *er wird sich dabei nichts vergeben* [< lat. *corona* „Kranz, Krone" < grch. *korone* „Ring"; zu *koronos* „krumm"]

**krönen** ⟨V. t.; hat⟩ **1** jmdn. krönen *jmdm. die Krone aufsetzen, jmdn. zum Herrscher machen* **2** ⟨fig.⟩ *erfolgreich abschließen, beenden* (Werk) ◆ die Bemühungen des Lehrkörpers um das neuartige Schulmodell waren (nicht) von Erfolg gekrönt; jmdn. zum neuen Kaiser krönen; einen Fürsten zum König krönen

**Kronjuwel** ⟨n. 27; meist Pl.⟩ *wertvolles Juwel oder Schmuckstück im Besitz eines Herrscherhauses, z. B. die Königskrone*

**Kronkolonie** ⟨f. 19⟩ *brit. Kolonie mit einem von der Krone ernannten Gouverneur*

KROTON *(Codiaeum* 'Gold Star'*)*

**Kronkorken** ⟨m. 4⟩ *kleiner Flaschenverschluss aus Metall mit gewelltem Rand*

**Kronleuchter** ⟨m. 3⟩ *von der Decke hängender, vielarmiger Leuchter;* Sy *Lüster (1)*

**Kronzeuge** ⟨m. 17; Rechtsw.⟩ **1** *Hauptzeuge* **2** ⟨im engl. u. amerik. Strafprozess⟩ *Mittäter als Belastungszeuge gegen Zusicherung der Straflosigkeit* ◆ als Kronzeuge vor Gericht erscheinen

**Kropf** ⟨m. 1u⟩ **1** *Vergrößerung der Schilddrüse* **2** *bei vielen Vögeln eine Erweiterung od. Ausstülpung der Speiseröhre, die zur vorübergehenden Aufnahme der Nahrung dient: Ingluvies* **3** *durch Bakterien od. Pilze verursachte, knollige Wucherung, bes. am Wurzelhals, z. B. die Kohlhernie* **4** ⟨in der Orgel⟩ *rechtod. stumpfwinklig geknickte Röhre zwischen Kanälen u. Bälgen* [< ahd. *kropf*, engl. *crop*]

**Kropfantilope** ⟨f. 19⟩ *Antilope mit kropfartig hervortretendem Kehlkopf: Gazella gutturosa*

**Kröpfchen** ⟨f. 14⟩ *kleiner Kropf*

**Krösus** ⟨m.; -, -se; fig.⟩ *steinreicher Mann* ◆ er ist ein Krösus; ich bin doch kein Krösus! [nach dem letzten König von Lydien, gest. 546 v. Chr.]

**Kröte** ⟨f. 19; Zool.⟩ **1** ⟨i. w. S.⟩ *jeder warzenbedeckte, kurzbeinige, laufende Froschlurch* **2** ⟨i. e. S.⟩ ◄ *Angehörige einer Familie der Froschlurche, vorwiegend Tiere plumper Körpergestalt mit kurzen Beinen u. oft drüsenreicher, warziger Haut; auf dem Lande lebende Nachttiere, nützlich als Schädlingsvertilger: Bufonidae* [< ahd. *krota, kreta*]

**Kröten** ⟨nur Pl.; fig.; umg.⟩ *Geld* ◆ meine letzten Kröten; behalt deine paar Kröten nur für dich [wohl nach dem Bild der *Schildkröte* auf altgrch. Münzen]

**Krötenechse** ⟨[-ks-] f. 19; Zool.⟩ ▼ *Angehörige einer Gattung lebend gebärender, wüstenbewohnender Leguane Nordamerikas von krötenähnl. Gestalt: Phrynosoma;* ► *Echsen*

KRÖTENECHSE: TEXASKRÖTENECHSE *(Phrynosoma cornutum)*

**Krötenfrosch** ⟨m. 1u; Zool.⟩ *Angehöriger einer Familie der Froschlurche, die nächtlich lebende, glatthäutige, kurzbeinige Tiere mit senkrechten Pupillen umfasst: Pelobatidae*

**Kroton** ⟨m. 1; Bot.⟩ ▼ *Angehöriger einer Gattung der Wolfsmilchgewächse, die über die gesamten Tropen verbreitet ist u. einige wichtige medizinische Pflanzen umfasst: Croton* [< grch. *kroton* „Hundelaus", der die Frucht des danach benannten Baumes ähnlich ist]

**Krücke** ⟨f. 19⟩ *Stock mit Gummizwinge am unteren Ende u. Querholz zur Stütze in den Achselhöhlen od. mit Unterarmstützen (für Gehbehinderte)* ◆ an Krücken gehen [< mhd. *krucke, krücke* < ahd. *krucka*]

**krud, krude** ⟨Adj.; geh.⟩ *rau, grob, schroff, sehr unfreundlich* [< lat. *crudus* „roh"]

**Krug**[1] ⟨m. 1u⟩ *zylindr. od. bauchiges, kannenartiges Gefäß mit einem od. zwei Henkeln* ◆ ein Krug Bier, Milch [< ahd. *kruog*]

K

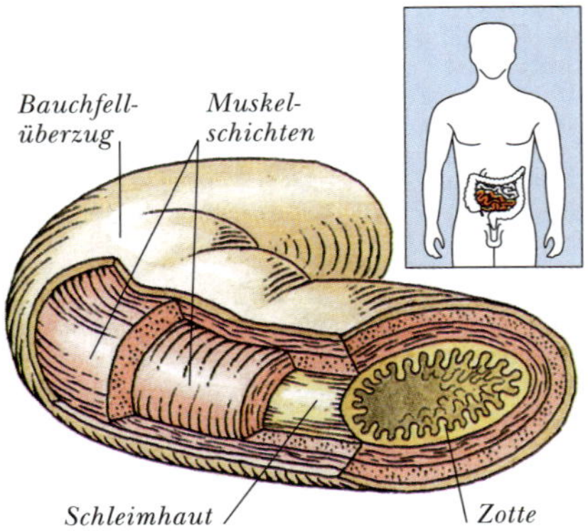


KRUMMDARM: SCHNITT DURCH DEN MENSCHLICHEN KRUMMDARM

**Krug**[2] ⟨m. 1u; norddt.⟩ *Schenke, Wirthaus* (Dorfkrug) [< mnddt. *kroch, kruch,* urspr. „Hals, Kehle"]

**Krume** ⟨f. 19⟩ **1** *abgebröckeltes, sehr kleines Stückchen* (Brotkrume) **2** *weiches Inneres des Brotes* **3** ⟨i. e. S.⟩ *oberste Schicht des Bodens, Ackerkrume* [< mdt. *krume,* engl. *crumb* „Krume, Brocken"]

**Krümel** ⟨m. 5⟩ *kleine Krume*

**krümelig** ⟨Adj.⟩ **1** *aus Krümeln bestehend* (Masse) **2** *leicht krümelnd, locker* ◆ der Kuchen ist sehr krümelig

**krümeln** ⟨V.; hat⟩ **I** ⟨V. i.⟩ *in Krümel zerfallen* ◆ das Brot, der Kuchen krümelt **II** ⟨V. t.⟩ *zu Krümeln zerreiben* ◆ bitte krümle mir nicht alles auf den Boden!

**krumm** ⟨Adj.⟩ **1** *bogenförmig, verbogen, gekrümmt* (Linie, Rücken); Ggs *gerade*[1] *(2)* **2** ⟨fig.⟩ *unehrlich, unehrenhaft* (Sache) ◆ krumme **Beine** haben; krumme **Geschäfte,** Sachen ⟨fig.; umg.⟩; ein krummer **Nagel** ◆ einen Draht krumm **biegen;** jmdm. etwas krumm **nehmen** *übel nehmen;* krumm **sitzen** ◆ die Linien, Buchstaben sind alle krumm und **schief** ◆ etwas **auf** die krumme Tour machen ⟨fig.; umg.⟩ *etwas betrügerisch, unehrlich erledigen, erreichen* [< ahd. *chrump* „gekrümmt, verdreht", Nebenform *chrumph* „gebogen, gekrümmt"; Ablaut zu ahd. *kramph(o);* → *Krampf*]

**Krummdarm** ⟨m. 1u; Anat.⟩ ▲ *letzter Abschnitt des Dünndarms;* Sy *Ileum*

**krümmen** ⟨V. t.; hat⟩ **1** *krumm machen, biegen, wölben* **2** *sich krümmen* **2.1** *den Leib zusammenbiegen, sich winden* **2.2** *sich wellen* (Balken, Holz) **2.3** *eine Biegung machen* (Fluss, Straße) ◆ den Rücken krümmen; sich vor Lachen krümmen ⟨fig.; umg.⟩ *so heftig lachen, dass man dabei nicht mehr gerade sitzen kann*

**Krummholz** ⟨n. 12u; Landw.⟩ *gebogener Holzstab, an dem geschlachtete Schweine aufgehängt werden*

**Krummsäbel** ⟨m. 5⟩ *Säbel mit gekrümmter Klinge*

**Krummstab** ⟨m. 1u⟩ ► = *Bischofsstab*

**Krümmung** ⟨f. 20⟩ **1** *das Krümmen, das Krummmachen* **2** *gekrümmte Linie, Biegung, Kurve* (Wegkrümmung) **3** *gekrümmte Fläche, Wölbung* ◆ die Straße macht gleich eine Krümmung

**krumpeln, krümpeln** ⟨V. t. u. V. i.; hat; umg.; Med.⟩ *Krumpeln bilden, Krumpeln machen, knittern*

**Krupp** ⟨m.; -s; unz.; Med.⟩ *Kehlkopfdiphtherie, eine gefährliche Kinderkrankheit* [< engl. *croup* „Krupp"; verwandt mit *Kropf*]

**Kruppe** ⟨f. 19⟩ *Kreuz (des Pferdes)* [< frz. *croupe*]

**Krüppel** ⟨m. 5; derb; abwertend⟩ *Körperbehinderter, in seinen Bewegungsmöglichkeiten od. in der Körperhaltung schwer beeinträchtigter Mensch* [< mhd. *krüepel, krüp(p)el* < mnddt. *krop(p)el, krep(p)el,* engl. *cripple*]

**krüppelig** ⟨Adj.⟩ *verkrüppelt, schief gewachsen* (Baum)

**krüppeln** ⟨V. i.; ist/hat⟩ **1** *mühsam kriechen* **2** ⟨schweiz.; umg.; scherzh.⟩ *hart arbeiten* **3** ⟨bair.⟩ *knittern*

**Krustazee** ⟨[-tse:ə] f. 19; Zool.⟩ ► = *Krebs*[1] *(1)* [< lat. *crusta* „Rinde, Kruste"]

**Kruste** ⟨f. 19⟩ **1** *trocken u. hart gewordene Oberfläche, Rinde* (Brotkruste) **2** *harter Überzug über etwas Weichem* (Zuckerkruste; Käsekruste) [< ahd. *krusta* < lat. *crusta* „Rinde"]

**Krustenechse** ⟨[-ks-] f. 19; Zool.⟩ *Angehörige einer den Waranen ähnlichen Familie plumper Echsen mit Giftdrüsen im Unterkiefer: Helodermatidae*

**Krustentier** ⟨n. 11; Zool.⟩ ► = *Krebs*[1] *(1)*

**Krux** ⟨f.; -; unz.⟩ = *Crux*

**Kruzifere** ⟨f. 19⟩ = *Kreuzblütler* [< lat. *crux,* Gen. *crucis* „Kreuz" + *ferre* „tragen"]

**Kruzifix** ⟨n. 11; Rel.⟩ *plast. Darstellung von Christus am Kreuz*

**Kruzifixus** ⟨m.; -; unz.; Rel.⟩ *der gekreuzigte Christus* [< lat. *cruci* „dem Kreuze" + *fixus* „angeheftet" < Dat. von *crux* „Kreuz" + Part. Perf. von *figere* „anheften"]

**kry..., Kry...** ⟨in Zus.; vor Vokalen⟩ = *kryo..., Kryo...*

**kryo..., Kryo...** ⟨vor Vokalen⟩ kry..., Kry... ⟨in Zus.⟩ *kalt..., Kälte...* [< grch. *kryos* „Kälte, Frost"]

**Kryochirurgie** ⟨[-çir-] f. 19; unz.; Med.⟩ *Verfahren der lokalen Anwendung von tiefen u. sehr tiefen Temperaturen (bis -190°C) in der Chirurgie, Gefrierchirurgie* [< *Kryo...* + *Chirurgie*]

**Kryokonit** ⟨m. 1⟩ *Staubteilchen od. Gesteinsfragment auf Gletschereis, das durch erhöhte Wärmeadsorption in das Eis einsinkt, wobei Röhren u. Vertiefungen (Kryonitlöcher) entstehen* [< *Kryo...* + grch. *konis* „Staub"]

**Kryolith** ⟨m. 1⟩ *weißes bis rötlich braunes, sehr leicht schmelzbares Mineral, chem. Formel* $Na_3AlF_6$ [< grch. *kryos* „Frost" + *lithos* „Stein"]

## KÜCHENGERÄTE

Die meisten Haushalte verfügen über eine grundlegende Ausstattung an Küchengeräten. Seitdem das Kochen auch als Hobby entdeckt worden ist, hat sich die Auswahl und Qualität der Küchengeräte enorm erweitert und verbessert. Aber trotz solcher Innovationen ist die Grundausrüstung jeder Küche nahezu gleich geblieben.

### SCHNEIDEN UND VORLEGEN

KÜCHENMESSER VORLEGEGABEL MESSERSCHÄRFER

### VERSCHIEDENE GERÄTE

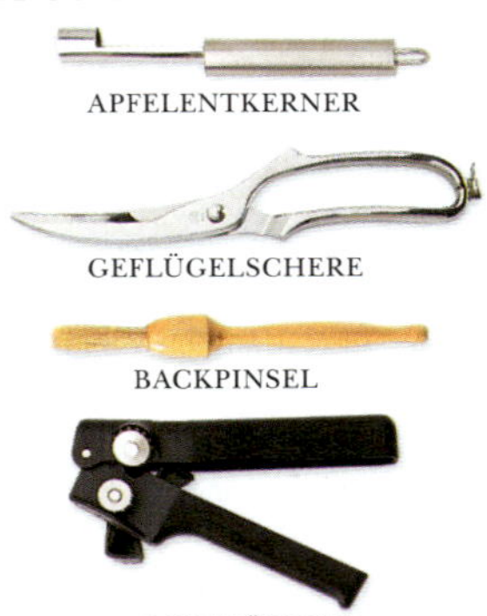

APFELENTKERNER
GEFLÜGELSCHERE
BACKPINSEL
DOSENÖFFNER

### SERVIEREN, SCHÖPFEN, MISCHEN

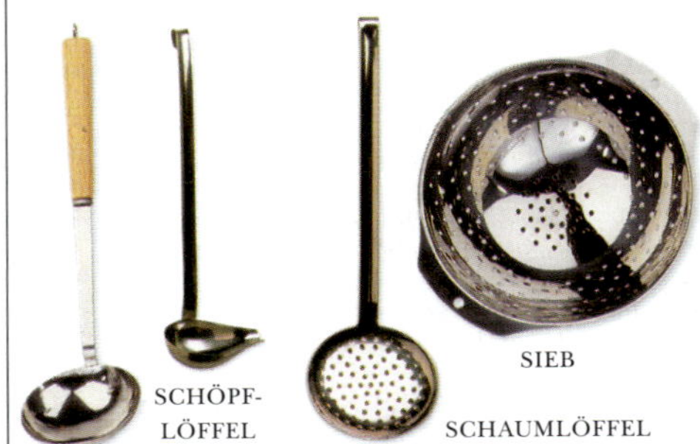

SCHÖPFLÖFFEL SCHAUMLÖFFEL SIEB

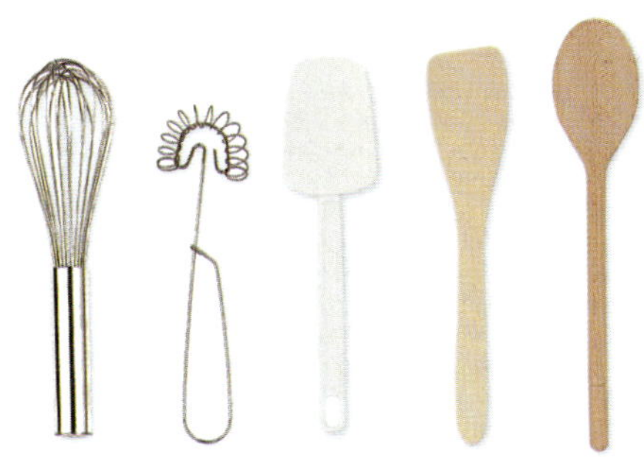

SCHNEEBESEN TEIGSCHABER KOCHLÖFFEL

### MESSEN

LÖFFEL
BECHER
BALKENWAAGE

## KUBISMUS

Der Kubismus wurde von Georges Braque und Pablo Picasso als Reaktion auf den Fauvismus begründet. Sie ließen sich von den späten Gemälden Cézannes und von afrikanischen Skulpturen inspirieren und schufen Gemälde mit verschiedenen Blickrichtungen und sich überlappenden Bildebenen. Dies stellte einen bemerkenswerten Bruch mit der linearen Perspektive dar, die seit der Renaissance vorgeherrscht hatte. Die Kubisten wollten damit unter Ausschaltung der Augentäuschung und Naturnachahmung die objektive Formwiedergabe im Sinn einer geistigen Kreation in den Vordergrund stellen, wozu sie die Formen in geometrische Körper auflösten.

*Violine und Gitarre* (1913), Pablo Picasso

ZEITLEISTE

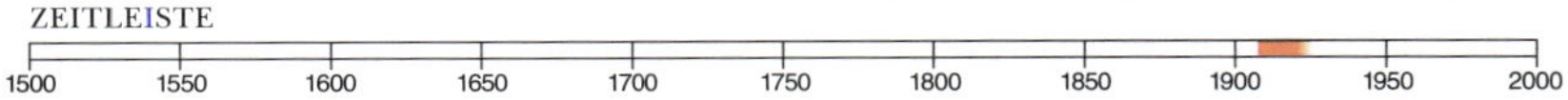


**Kryometer** ⟨n. 13⟩ *mit Gas od. auf thermoelektr. Weg arbeitendes Thermometer zum Messen tiefer Temperaturen* [< grch. *kryos* „Frost" + *metron* „Maß"]

**Kryon** ⟨n.; -; unz.; Ökol.⟩ *in der Nähe von Gletschern u. Gletscherabflüssen beheimatete Biozönose* [< *Kryo...*]

**Kryopumpe** ⟨f. 19⟩ *Pumpvorrichtung, bei der die abzupumpenden Gase an sehr tief gekühlten Oberflächen kondensieren*

**Kryoskopie** ⟨f. 19⟩ *Ermittlung der Molekülmasse des gelösten Stoffes aus der Gefrierpunktserniedrigung beim Lösen dieses Stoffes in einer Flüssigkeit* [< grch. *kryos* „Frost" + *skopein* „sehen"]

**Kryotherapie** ⟨f. 19; unz.; Med.⟩ *Einsatz von Kälte in der Kryochirurgie, wobei krankhaftes Gewebe durch Erfrieren zerstört wird*

**Kryotron** ⟨n.; -s, -trone⟩ *Datenspeicher auf der Basis der Supraleitung bei sehr tiefen Temperaturen* [< grch. *kryos* „Frost" + *...tron*, Endung zur Bez. eines Gerätes]

**Krypta** ⟨f.; -, Krypten⟩ **1** ⟨urspr.⟩ *Grabkammer eines Märtyrers in einer Katakombe* **2** ⟨dann⟩ *unterird. Kirchenraum, bes. mit Grabkammern od. zum Aufbewahren von Särgen* [< lat. *crypta* < grch. *krypte* „unterirdischer Gang, Gewölbe"; → *Grotte, Gruft*]

**kryptisch** ⟨Adj.; geh.⟩ *versteckt, verborgen, unklar u. deshalb schwer verständlich* [< grch. *kryptos* „verborgen, geheim"]

**Kryptografie** ⟨f. 19⟩ = *Kryptographie*

**Kryptogramm** ⟨n. 11⟩ **1** *Verse, deren Anfangsbuchstaben od. -wörter, hintereinander gelesen, einen Satz od. Spruch ergeben* **2** *Text mit geheimer Nebenbedeutung* [< grch. *kryptos* „verborgen, geheim" + *gramma* „Buchstabe, Schrift"]

**Kryptographie** ⟨f. 19⟩ oV *Kryptografie* **1** *Geheimschrift, die durch abweichenden Gebrauch der Buchstaben entsteht* **2** ⟨Psych.⟩ *absichtslos bei einer Beschäftigung (Telefonieren, Unterhaltung, Lesen) entstandene Kritzelei od. Musterzeichnung, die als Äußerung des Unbewussten deutbar sein soll* [< grch. *kryptos* „verborgen, geheim" + *graphein* „schreiben"]

KÜCHENSCHELLE: GEWÖHNLICHE KÜCHENSCHELLE (*Pulsatilla vulgaris*)

**Kryptologie** ⟨f. 19; unz.; EDV⟩ *Lehre von der Ver- u. Entschlüsselung von Daten* [< grch. *kryptos* „verborgen, geheim" + *...logie*]

**Krypton** ⟨n.; -s; unz.; Chem.; Zeichen: Kr⟩ *zu den Edelgasen gehörendes Element, Ordnungszahl 36* [zu grch. *kryptos* „verborgen, geheim"]

**Kryptorchismus** ⟨m.; -, -men⟩ *angeborene Entwicklungsstörung, bei der ein od. beide Hoden in der Bauchhöhle od. im Leistenkanal verbleiben u. nicht, wie normal, in den Hodensack hinabgestiegen sind* [< grch. *kryptos* „verborgen, geheim" + *orchis* „Hode"]

**KSZE** ⟨Pol.; Abk. für⟩ *Konferenz für Sicherheit und Zusammenarbeit in Europa, seit 1995 → OSZE*

**Kubba** ⟨f.; -, Kubben; islam. Arch.⟩ **1** *Kuppel* **2** *Grabbau mit Kuppel*

**Kübel** ⟨m. 3⟩ **1** *größeres, eimerähnl. Gefäß, Bottich* (Waschkübel) **2** *größeres Holz- od. Tongefäß zum Einpflanzen von Blumen* ◆ in mehreren Kübeln zog er Schösslinge heran [< mhd. *kübel* < ahd. **kubil* < mlat. *cupellus* „kleines Trinkgefäß", Verkleinerungsform zu lat. *cupa* „Kufe, Tonne"; verwandt mit *Gipfel, Kopf, Kuppe, Kuppel*]

**Kuben** ⟨Pl. von⟩ *Kubus*

**kubik..., Kubik...** ⟨in Zus.⟩ *dritte Potenz von ..., Raum...* [→ *Kubus*]

**Kubikmaß** ⟨n. 11⟩ *Raum-, Körpermaß*

**Kubikmeter** ⟨m. 3 od. n. 13; Abk.: $m^3$⟩ **1** *Raummaß von je 1 Meter Länge, Breite u. Höhe;* Sy *Raummeter* **2** *Festmeter (als Holzmaß)*

**Kubikwurzel** ⟨f. 21; Math.⟩ *die dritte Wurzel (aus einer Zahl)*

**Kubikzahl** ⟨f. 20; Math.⟩ *die dritte Potenz (einer Zahl)*

**Kubikzentimeter** ⟨m. 3 od. n. 13; Abk.: $cm^3$⟩ *Raumzentimeter*

**Kubismus** ⟨m.; -; unz.; Mal.⟩ ▲ *Richtung des Expressionismus in Malerei u. Plastik, die die kubischen Formen der Natur besonders hervorhob* [→ *Kubus*]

**Kubus** ⟨m.; -, Kuben⟩ **1** *Würfel* **2** *dritte Potenz* [< lat. *cubus* < grch. *kybos* „Würfel"]

**Küche** ⟨f. 19⟩ **1** *Raum zum Zubereiten von Speisen* **2** *die Speisen selbst, Ernährung, Kost* **3** *Kochkunst, die Art zu kochen* ◆ dieses Hotel ist berühmt für seine feine, gute Küche; französische, italienische Küche [< ahd. *chuhhina*, engl. *kitchen* < spätlat. *coquina* „Küche"; zu lat. *coquere* „kochen"]

**Kuchen** ⟨m. 4⟩ **1** *größeres Gebäck aus Mehl, Fett, Eiern, Zucker u. a.* (Hefekuchen, Obstkuchen) **2** *breiartige Masse, z. B. geronnenes Blut* (Blutkuchen), *ausgepresste Ölfrüchte, ausgepresste Trauben, Erzmasse u. Ä.* [< ahd. *chuohho, kuocho*, engl. *cake*]

**Kuchenbäcker** ⟨m. 3⟩ = *Feinbäcker*

**Küchengerät** ⟨n. 11⟩ ◄ *Arbeitsgerät für die Küche*

**Küchengeschirr** ⟨n. 11⟩ *einfaches Geschirr für die Küche* ◆ in ihrer Wut warf sie fast das gesamte Küchengeschirr gegen die Wand

**Küchenmaschine** ⟨f. 19⟩ **1** ⟨in alten Küchen⟩ *Ofen u. geschlossener, mit Klapptüre zu öffnender Herd in einem Stück* **2** ⟨heute⟩ ▼ *elektr. Gerät zum Zerkleinern, Rühren, Schlagen, Mischen u. a.*

**Küchenschabe** ⟨f. 19⟩ *schwarzbraune Schabe mit verkürzten Flügeln: Blatta orientalis;* Sy *Kakerlak*

**Küchenschelle** ⟨f. 19.; Bot.⟩ ◄ *Angehörige einer im temperierten Eurasien vorkommenden Gattung der Hahnenfußgewächse: Pulsatillae;* Sy *Kuhschelle* [1. Teil: vielleicht < mundartl. *Kucke, Gucke* „halbe Eierschale" + *Schelle* „Glocke", nach der glockenförmigen Blüte]

**Küchenzange** ⟨f. 19⟩ *Zange, die zum Herausheben fester, heißer Speisen aus Töpfen u. Pfannen geeignet ist*

**kucken** ⟨V. i.; hat; umg., bes. norddt.⟩ *gucken*

**Kuckuck** ⟨m. 1⟩ **1** ⟨Zool.⟩ **1.1** ⟨i. w. S.⟩ *Angehöriger einer weltweit verbreiteten Familie schlanker, langschwänziger Vögel, meist Brutschmarotzer: Cuculidae* **1.2** ⟨i. e. S.⟩ ► *zur Familie der Kuckucksvögel gehörender, in Europa u. Asien verbreiteter Brutparasit mit hellgrauem Gefieder: Cuculus canorus;* ► *Vögel* **2** ⟨fig.; scherzh.⟩ *Siegel des Gerichtsvollziehers (zum Zeichen der Pfändung)* ◆ bei ihnen klebt der Kuckuck an den Möbeln ⟨fig.; scherzh.⟩; weiß der Kuckuck, wo mein Schirm geblieben ist ⟨umg.⟩; jmdn. zum Kuckuck wünschen ⟨umg.⟩ *weit fort wünschen* [lautnachahmend]

KUCKUCK (*Cuculus canorus*)

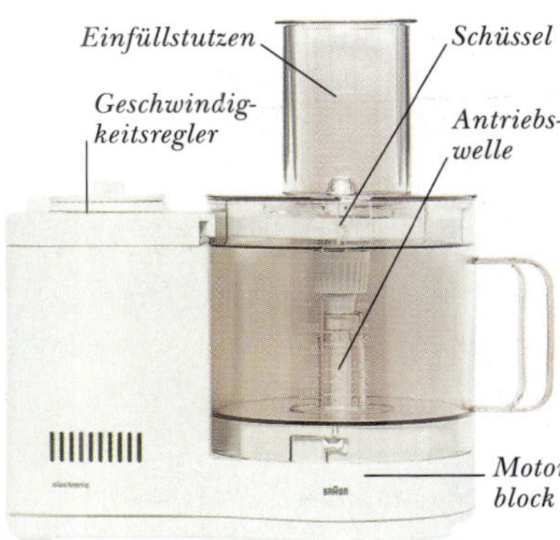


KÜCHENMASCHINE

K

**Kuckucksei** ⟨n. 12; fig; umg.⟩ *etwas Untergeschobenes, für das ein anderer Sorge tragen soll, zweifelhafte Gabe* [nach dem *Kuckuck*, der seine Eier in fremde Nester legt]
**Kuckuckslichtnelke** ⟨f. 19⟩ = *Fleischblume*
**Kuckucksuhr** ⟨f. 20⟩ *Uhr mit einer kleinen Nachbildung eines Kuckucks, der zur halben u. (od.) vollen Stunde aus einem Kästchen springt u. die Stundenzahl ruft*
**Kuddelmuddel** ⟨m. 5; unz.; umg.⟩ *Durcheinander, Wirrwarr* ◆ durch die Zeitverschiebung entstand ein großes Kuddelmuddel [nddt.; zum 1. Teil vgl. nddt. *koddeln* „kleine Wäsche waschen“, nhd. *Kutteln* „Därme“, mnddt. *kudde* „Herde, Schar“, urspr. „Haufen, Wirrwarr“; zum 2. Teil vgl. nddt. *modder* „Moder“; vielleicht auch nur ein sinnloses Reimwort]

KUFIJA

K

**Kufe**[1] ⟨f. 19⟩ **1** *Laufschiene des Schlittens* (Schlittenkufe) **2** *gebogenes Holzbrett, auf dem Segelflugzeuge landen, od. an Motorflugzeugen, die auf Schnee od. Eis landen* [< ahd. **kuocha*, eigtl. „Stange, Ast“ (als Laufholz)]
**Kufe**[2] ⟨f. 19⟩ **1** *Kübel, Bottich* **2** *altes deutsches Biermaß, 4 od. 8 Tonnen, 450–700 l* [< ahd. *kuofa* < lat. *cupa* „Kufe, Tonne“]
**Kufija** ⟨f. 10⟩ ▲ *aus weißer, rot u. schwarz gemusterter Baumwolle gewebtes quadratisches Kopftuch der Araber, Palästinensertuch* [arab.]

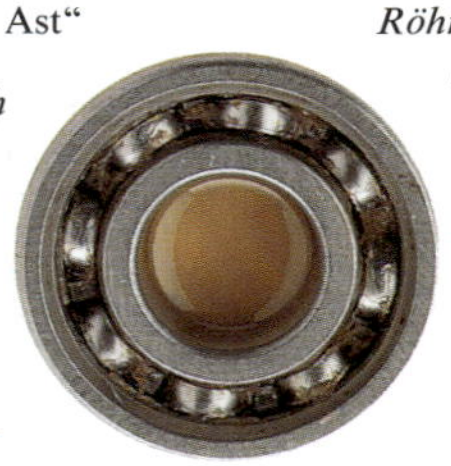
KUGELLAGER

**Kugel** ⟨f. 21⟩ **1** *geometr. Körper, dessen Oberfläche von sämtlichen Punkten gebildet wird, die von einem Mittelpunkt den gleichen Abstand haben* **2** ⟨Anat.⟩ *runder Gelenkkopf* **3** *Geschoss der Feuerwaffen* (Gewehrkugel, Kanonenkugel) **4** *aus der Keule von Rind, Kalb od. Schwein geschnittenes Fleischstück; Sy Maus (2), Nuss (4)* **5** *kugelförmiges Gebilde* (Erdkugel) ◆ eine ruhige Kugel schieben ⟨fig.; umg.⟩ *sich nicht anstrengen;* da traf ihn die tödliche Kugel; sich eine Kugel durch den Kopf schießen *sich erschießen* [< mhd. *kugel(e)*]
**Kugelblitz** ⟨m. 1⟩ *elektrisch geladener, leuchtender Ball, der angeblich bei Gewittern auftritt (wissenschaftlich nicht eindeutig nachgewiesen)*

KUGELSICHERE WESTE EINES TARNANZUGS

**Kugeldistel** ⟨f. 21; Bot.⟩ *Angehörige einer im Mittelmeergebiet u. im Vorderen Orient heimischen Gattung der Korbblütler: Echinops*
**Kugelfisch** ⟨m. 1; Zool.⟩ *trop. Knochenfisch, der seinen Magen so mit Luft od. Wasser füllen kann, dass er sich zu einer Kugel aufbläht u. seinem Feind das Verschlucken erschwert u. (bei Luftfüllung) auf der Wasseroberfläche treibt: Tetrodon cuteutia*
**Kugelgelenk** ⟨n. 11; Anat. u. Tech.⟩ *Gelenk, bei dem eine Kugel in einem Teil einer Hohlkugel gelagert ist*
**kugelig** ⟨Adj.⟩ *rund wie eine Kugel, kugelförmig*
**Kugellager** ⟨n. 13; Tech.⟩ ▼ *Lager von Wellen u. Achsen auf einem Kranz von Kugeln;* → a. *Gleitlager*
**kugeln I** ⟨V. t.; hat⟩ *rollen, wälzen* ◆ Murmeln über den Boden kugeln; sich vor Lachen kugeln ⟨fig.; umg.⟩ *sehr lachen* **II** ⟨V. i.⟩ **1** *sich auf einer Ebene um sich selbst drehend fortbewegen* **2** *durch Abgabe von Kugeln abstimmen*
**Kugelschreiber** ⟨m. 3⟩ *Schreibstift mit einer kleinen Kugel als Schreibspitze, die von einem Röhrchen mit (sofort trocknender) Tinte gespeist wird;* Sy *Kuli (4)*
**kugelsicher** ⟨Adj.⟩ *gesichert gegen Pistolen- u. Gewehrkugeln* ◆ kugelsichere Weste ◄ *mit Metall verstärkte Weste, die von Soldaten od. Polizisten (in vorhersehbaren Gefahrensituationen) getragen wird;* kugelsicheres Auto
**Kugelstoßen** ⟨n.; -s; unz.; Sp.⟩ ► *Stoßen (flacher Wurf) einer Eisenkugel (4 kg bei Frauen bzw. 7,2 kg Gewicht bei Männern) aus einem Kreis (2,15 m Durchmesser), der nicht übertreten werden darf*
**Kuh** ⟨f. 7u⟩ *das Muttertier von Rind, Büffel, Elch, Elefant, Flusspferd, Hirsch u. Nashorn* ◆ eine Kuh melken [< ahd. *kuo*, engl. *cow*]
**Kuhblume** ⟨f. 19; volkstüml.⟩ = *Löwenzahn*
**Kuhglocke** ⟨f. 19⟩ ► *Blechglocke, die man im Gebirge den Kühen umhängt (um sie leichter finden zu können, wenn sie sich verstiegen haben)*
**Kuhhandel** ⟨m.; -s; unz.; fig.; umg.⟩ *übles Tauschgeschäft, gegenseitiges Aushandeln von Vorteilen*
**Kuhhaut** ⟨f. 7u⟩ *Fell der Kuh* ◆ das geht auf keine Kuhhaut ⟨fig.; umg.⟩ *das übersteigt das normale Maß*
**kühl** ⟨Adj.⟩ **1** *mäßig kalt, frisch* (Wetter, Wind) **2** ⟨fig.⟩ *gefühlsarm, lebhafter Empfindungen unfähig* (Person) **3** *unpersönlich, steif* (Antwort, Atmosphäre, Empfang) ◆ kühlen Kopf behalten, bewahren ⟨fig.⟩ *besonnen bleiben, nüchtern überlegen* [< ahd. *kuoli* (Adj.), *kuole* (Adv.), engl. *cool*]
**Kuhle** ⟨f. 19; nddt.⟩ *Grube, Mulde* (Sandkuhle)
**Kühle** ⟨f. 19⟩ **I** ⟨unz.⟩ **1** *das Kühlsein, Frische, frische Luft* (Morgenkühle, Abendkühle) **2** ⟨fig.⟩ *kühles Wesen, Gefühlsarmut* **3** *kühles, unpersönl. Benehmen, Steifheit* ◆ der Abend brachte etwas erfrischende Kühle **II** ⟨zählb.⟩ *Kühlbottich (der Brauer)*
**kühlen** ⟨V. t.; hat⟩ *kühl machen, kalt machen* ◆ sich die brennenden Augen (mit Wasser) kühlen; Bier, Sekt, Wein kühlen

KUKRI: DAS TRADITIONELLE MESSER DER GURKHA

**Kühler** ⟨m. 3⟩ **1** ⟨bei Kfz⟩ *Kühleinrichtung an Verbrennungsmotoren* **2** *Gefäß für Eis, um darin Getränke zu kühlen* (Sektkühler, Weinkühler, Bierkühler)
**Kühlkette** ⟨f. 19⟩ *Folge verschiedener Kühlanlagen zum längeren Transport leicht verderblicher Nahrungsmittel, z. B. bestehend aus Kühlanlagen auf Schiff, Eisenbahn u. Lastwagen, Kühlhäusern bis zur Kühltruhe im Geschäft* ◆ die Kühlkette unterbrechen
**Kühlschrank** ⟨m. 1u⟩ ► *mit einer Kältemaschine ausgerüsteter, schrankartiger Behälter (zum Frischhalten von Lebensmitteln)*
**Kühlwasser** ⟨n. 13; unz.⟩ *Wasser, das zum Kühlen von Verbrennungsmotoren verwendet wird*
**kühn** ⟨Adj.⟩ **1** *wagemutig, beherzt, verwegen* (Person) **2** *Kühnheit erfordernd* (Abenteuer, Plan, Wagnis) ◆ eine kühne Behauptung; ein kühner Sprung [< ahd. *kuoni* „mutig, stark“]
**Kuhschelle** ⟨f. 19; Bot.⟩ ► = *Küchenschelle*
**k. u. k.** ⟨Abk. für⟩ *kaiserlich und königlich*
**Küken** ⟨n. 14⟩ **1** *das Junge vom Hausgeflügel, bes. vom Huhn* **2** ⟨fig; umg.⟩ **2.1** *junges, unreifes Mädchen* **2.2** *jüngstes Kind (in der Familie)* [< mddt. *küken*, engl. *chicken*]
**Kukri** ⟨n. 15⟩ ▼ *von den Gurkhas benutztes, an der Klinge gekrümmtes, schweres Messer* [Hindi]
**kulant** ⟨Adj.; -er, am -esten⟩ *entgegenkommend, großzügig (bes. im Geschäftsverkehr)* [< frz. *coulant* „fließend, flüssig, beweglich“; zu *couler* „fließen“]
**Kulanz** ⟨f. 20; unz.⟩ *kulantes Wesen od. Verhalten* [→ *kulant*]
**Kuli** ⟨m. 6⟩ **1** *ostasiat. Tagelöhner, Lastträger* **2** *süd- u. mittelamerik. Plantagenarbeiter* **3** ⟨fig.⟩ *ausgebeuteter Arbeiter* **4** = *Kugelschreiber* ◆ arbeiten wie ein Kuli *sehr schwer (bes. körperlich) arbeiten* [< engl. *coolie, cooly* „Kuli, Lastträger“ < hind. *kuli*, Name eines im westl. Indien beheimateten Volksstammes, dessen Angehörige sich oft als Fremdarbeiter verdingten]
**kulinarisch** ⟨Adj.⟩ **1** *auf feiner Küche u. Kochkunst beruhend* **2** *fein, erlesen* ◆ kulinarische Genüsse [< lat. *culinarius* „auf die Küche, die Kochkunst bezüglich“; zu lat. *culina* „Küche“]

KUGELSTOSSEN: BEWEGUNGSABLAUF

**Kulisse** ⟨f. 19⟩ **1** ⟨urspr.⟩ *verschiebbarer, mit bemalter Leinwand bespannter Rahmen als seitl. Abschluss der Bühne u. zur Vortäuschung eines Schauplatzes* **2** ⟨heute⟩ *jedes Dekorationsstück auf der Bühne* ◆ einen Blick hinter die Kulissen tun, wagen ⟨fig.⟩ *Dinge sehen, die nicht für die Öffentlichkeit bestimmt sind* [< frz. *coulisse* „Rinne, Schiebefenster, Schiebewand“; zu *couler* „fließen“]
**kullern I** ⟨V. i.; ist⟩ *sich um die eigene Achse drehend fortbewegen, rollen,*

## KÜHLSCHRANK

In einem Kompressorkühlschrank wird ein Gas verdichtet, wobei es sich erhitzt und anschließend im Kondensator verflüssigt und abgekühlt wird. Das verflüssigte Kältemittel fließt zum Verdampfer, wo es ohne Druck wieder entspannt und die hierzu benötigte Wärme der Umgebung entzieht.

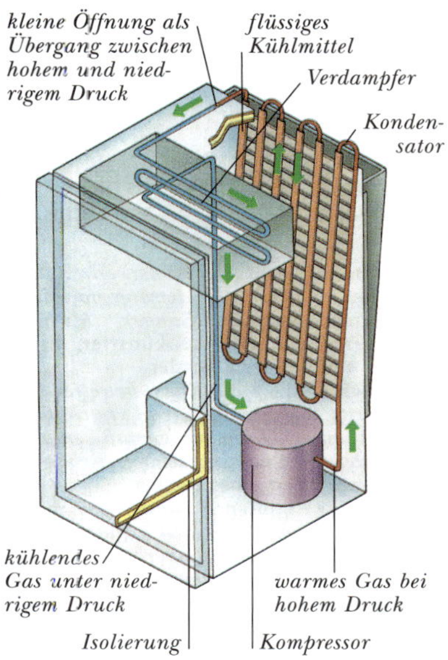


KÜHLMECHANISMUS EINES KÜHLSCHRANKS

*sich wälzen* ◆ der Apfel kullerte über den Boden, unter den Tisch **II** ⟨V. t.; hat⟩ *rollen, wälzen* ◆ Murmeln über die Tischplatte kullern lassen

**kulminieren** ⟨V. i.; hat⟩ **1** *den höchsten bzw. tiefsten Punkt erreichen* (Gestirn) **2** ⟨fig.⟩ *den Gipfelpunkt erreichen* [< frz. *culminer* „den Höhepunkt erreichen"; zu lat. *culmen,* Gen. *culminis* „Gipfel"]

**Kult** ⟨m. 1⟩ **1** *öffentl., geregelter Gottesdienst* **2** ⟨fig.⟩ *verehrungsvolle, übertrieben sorgfältige Behandlung* [< lat. *cultus* „Pflege, Bildung, Verehrung (einer Gottheit)"]

**kultisch** ⟨Adj.⟩ *den Kult betreffend, zu ihm gehörig, auf ihm beruhend, beim Kult gebraucht*

**kultivieren** ⟨[-vi:-] V. t.; hat⟩ **1** *urbar machen, anbaufähig machen* (Land, Boden) **2** ⟨fig.⟩ *menschlicher Gesittung angleichen, annähern* (Volk) **3** *pflegen, verfeinern, veredeln*

**Kultur** ⟨f. 20⟩ **I** ⟨zählb.⟩ **1** *Gesamtheit der geistigen u. künstlerischen Ausdrucksformen eines Volkes (Kunst, Wissenschaft usw.)* **2** *das Urbarmachen des Bodens, Anbau von Pflanzen* **3** *auf bes. Nährboden gezüchtete Bakterien od. andere Lebewesen* (Bakterienkultur, Pilzkultur) ◆ die antiken Kulturen **II** ⟨unz.⟩ *geistige u. seelische Bildung, verfeinerte Lebensweise, Lebensart* [< lat. *cultura* „Landbau, Pflege (des Körpers u. Geistes)"; zu lat. *colere* „(be)bauen, (be)wohnen, pflegen"; verwandt mit *Kolonie*]

**Kulturaustausch** ⟨m. 1⟩ *Austausch von kulturellen Errungenschaften zwischen Staaten*

**kulturell** ⟨Adj.⟩ *die Kultur betreffend, zu ihr gehörig, auf ihr beruhend*

KUHGLOCKE

**Kulturfolger** ⟨m. 3; Zool. u. Bot.⟩ *Tier od. Pflanze, das bzw. die durch die Veränderung der Landschaft durch den Menschen geeignete Lebensbedingungen erhält u. daher in der Nähe menschl. Ansiedlungen auftritt, z. B. Ackerunkraut, Hausmaus*

**Kulturgeschichte** ⟨f. 19; unz.⟩ *Geschichte der Kultur (eines Volkes od. der Menschheit)* ◆ er hat eine ausführliche Kulturgeschichte der Römer geschrieben

**Kulturkreis** ⟨m. 1⟩ *Anfang des 20. Jh. entstandener, philosophisch-völkerkundlicher Begriff für ein Gebiet mit bestimmten gleichen kulturellen Errungenschaften*

**Kultusministerium** ⟨n.; -s, -rien; Pol.⟩ *Ministerium für kulturelle Angelegenheiten*

**Kümmel** ⟨m. 5; unz.⟩ **1** ⟨i. w. S.⟩ *Angehöriger einer Gattung der Doldengewächse: Carum* **2** *die Früchte dieser Pflanze* **3** ⟨i. e. S.⟩ echter Kümmel *auf Äckern u. Wiesen häufiges Unkraut, dessen Früchte als Gewürz dienen: Carum carvi* [< ahd. *kumil, kumin* < lat. *cuminum* < grch. *kyminon* „Kümmel" < semit. Sprachen]

**Kummer** ⟨m. 3; unz.⟩ *Sorge, Gram, seel. Schmerz* ◆ jmdm. Kummer bereiten; sie hat (irgendeinen) Kummer; du machst mir Kummer; einen geheimen Kummer haben [< mhd. *kumber* „Schutt, Müll, Belastung, Mühsal, Not, Gram, Beschlagnahme, Verhaftung" < mlat. *cumbrus, combrus* „Verhau, Sperre, Wehr"]

**kümmerlich** ⟨Adj.⟩ **1** *armselig, spärlich, kärglich* **2** *unentwickelt, unansehnlich, zurückgeblieben* ◆ kümmerlicher Lohn; kümmerlich leben [< mhd. *kumberlich* „schwer bedrängt, kummervoll"; → *Kummer*]

**kümmern** ⟨V.; hat⟩ **I** ⟨V. i.⟩ *kümmerlich dahinleben, in der Entwicklung zurückbleiben, schlecht gedeihen* **II** ⟨V. t.⟩ das kümmert mich nicht *das geht mich nichts an, macht mir keine Sorge* ◆ was kümmert's mich? **III** ⟨V. t.; refl.⟩ sich um etwas kümmern *sich sorgsam, hilfreich mit etwas beschäftigen, sorgen, dass etwas geschieht* ◆ sich um jmdn. kümmern *jmdm. helfen, für jmdn. sorgen, jmdn. beaufsichtigen;* mach dir keine Sorgen, ich kümmere mich um ihn [< mhd. *kumbern* „belästigen, in Not bringen"; → *Kummer*]

**Kummet** ⟨n. 11⟩ *um den Hals liegender Teil des Pferdegeschirrs* [< mhd. *komat* < poln. *chomat(o)* „hölzerner, gepolsterter Ring um den Hals der Zugtiere" < ahd. *hamo* „Kappzaum für wilde Pferde"]

**Kumpan** ⟨m. 1⟩ **1** *Geselle, Genosse* (Saufkumpan, Zechkumpan) **2** ⟨abwertend⟩ *Kerl* [< mhd. *kompan, kumpan* < afrz. *compain* „Genosse" < mlat. *cumpanio* „Brotgenosse" < lat. *cum* „gemeinsam (mit) ..." + *panis* „Brot"]

**Kumpel** ⟨m. 6⟩ **1** *Bergmann* **2** *Arbeitskamerad* [volkstüml. Form von *Kumpan*]

**Kumquat** ⟨f. 10; Bot.⟩ ▲ *kleine ostasiat., orangenartige Frucht der Rautengewächse der Gattung Fortunella, die reich an Vitamin C ist u. deren Schale man mitisst;* Sy *Zwergorange* [chin., „Goldorange"]

**Kumulation** ⟨f. 20⟩ **1** *Anhäufung* **2** ⟨Med.⟩ *das Verstärken der Wirkung von Medikamenten durch fortgesetzte Gaben u. entsprechende Anreicherung im Körper* [< lat. *cumulatio* „Vermehrung, Zuwachs"; zu *cumulus* „Haufen"]

**kumulieren** ⟨V. i.; hat⟩ *sich anhäufen* ◆ kumulierende Bibliografie *regelmäßig erscheinende B., die jedes Mal auch wieder die schon erschienenen Titel verzeichnet* [< lat. *cumulare* „häufen"; zu *cumulus* „Haufen"]

**Kumulonimbus** ⟨m.; -, -se; Meteor.⟩ *dunkle Haufenwolke, Gewitterwolke* [< *Kumulus* + *Nimbus* „Regenwolke"]

**Kumulus** ⟨m.; -, -muli⟩, **Kumuluswolke** ⟨f. 19; Meteor.⟩ *durch Konvektion bis zur Kondensationshöhe entstehende, scharf abgegrenzte, dichte Wolke;* Sy *Haufenwolke* [< lat. *cumulus* „Haufen"]

**Kumys, Kumyss** ⟨m.; -; unz.⟩ *alkohol. Getränk aus gegorener Stutenmilch* [< russ. *kumys* < tatar. *kumiz*]

**...kunde** ⟨f. 19; unz.; in Zus.⟩ *Wissenschaft, Lehre (von etwas)* z. B. Heilkunde, Naturkunde

**Kunde**[1] ⟨f. 19; poet⟩ *Nachricht, Kenntnis* ◆ Kunde haben (von etwas); gute, schlimme, traurige Kunde [< ahd. *chundi*]

**Kunde**[2] ⟨m. 17⟩ **1** *Käufer, Kauflustiger,* ⟨bes.⟩ *regelmäßiger Käufer* (Stammkunde) **2** ⟨umg.⟩ *Mensch, Kerl* ◆ Kunden anlocken; Kunden bedienen; treuer Kunde [< ahd. *kundo,* urspr. „Bekannter, Einheimischer"]

**Kunde**[3] ⟨f. 19.⟩ = *Bohne (am Pferdezahn)*

**künden** ⟨V. t.; hat⟩ **1** ⟨veraltet; noch geh.⟩ **1.1** *feierlich mitteilen* **1.2** *auf etwas hinweisen* **2** ⟨schweiz.⟩ *(auf)kündigen* ◆ die Wahl eines neuen Papstes künden; diese dramatischen Ereignisse künden bevorstehende Not [< ahd. *kundan* „bekannt machen, anzeigen"]

KUMQUAT (*Fortunella japonica*)

**Kundendienst** ⟨m. 1⟩ **1** *Dienst für die Kunden, z. B. Transport von Waren* **2** *Betreuung techn. Geräte durch den Hersteller od. Verkäufer gegen Entgelt*

**kundgeben** ⟨V. t. 143; hat⟩ *mitteilen, bekannt machen, offenbaren* ◆ seine Ansicht, eine Neuigkeit kundgeben; Gefühle kundgeben

**kundig** ⟨Adj.⟩ *wissend, erfahren, (sach)verständig, eine Sache genau kennend* (fachkundig, sachkundig) ◆ einer Sache kundig sein [< ahd. *chundig* „bekannt, klug, schlau"]

**kündigen** ⟨V. t.; hat⟩ (jmdm.) etwas kündigen *das Aufhören eines Vertrages, eines Verhältnisses ansagen, mitteilen, dass man einen Vertrag, ein Verhältnis als gelöst betrachtet;* Sy *aufkündigen* ◆ ich habe gestern gekündigt *(an zuständiger Stelle) erklärt, dass ich die Stellung aufgeben will;* einem Angestellten kündigen; einem Mieter kündigen

**Kündigungsfrist** ⟨f. 20⟩ *Zeit zwischen dem Mitteilen der Kündigung u. dem Verlassen des Dienstes bzw. dem tatsächl. Aufhören eines Vertrages* ◆ monatliche, vierteljährliche Kündigungsfrist

**Kündigungsschutz** ⟨m.; -es; unz.⟩ *gesetzlich geregelter Schutz (des Arbeitnehmers) vor Kündigung in bestimmten Fällen, z. B. Schwangerschaft*

**Kundschaft**[1] ⟨f. 20; veraltet⟩ *Erkundung* ◆ jmdn. auf Kundschaft aussenden

**Kundschaft**[2] ⟨f. 20; unz.⟩ **1** *Gesamtheit der Kunden, mehrere Kunden* **2** ⟨umg.⟩ *Kunde,* ⟨bes.⟩ *Kundin* ◆ alte, langjährige Kundschaft; es ist Kundschaft im Laden

**...kunft** ⟨f. 7u⟩ *das Kommen,* z. B. Ankunft, Wiederkunft, Unterkunft [Abstraktum mit Ablaut zu *kommen*]

**künftig I** ⟨Adj.⟩ *in der Zukunft eintretend od. vorhanden, kommend* **II** ⟨adv.⟩ *in Zukunft, von jetzt an* ◆ ich bitte darum, dass es künftig ganz anders gemacht wird [< ahd. *kumftig* „was kommend ist"; zu *kumpft, kunft* „Kommen, Ankunft"; → *kommen*]

**Kung-Fu** ⟨n.; - od. -s; unz.⟩ *chin. Technik der Selbstverteidigung* [chin.]

**Kurbette** ⟨f. 19; hohe Schule⟩ *Folge mehrerer gleicher Sprünge, Galoppübung;* oV *Courbette* [< frz. *courbette* „Bogensprung"; zu *courbe* „gekrümmt, gebogen"]

**Kürbis** ⟨m.; -ses, -se; Bot.⟩ ► *Angehöriger einer Gattung der Kürbisgewächse mit gelappten Blättern, zwei od. mehrspaltigen Ranken u. großen, glockenförmigen Blüten: Cucurbita* [< ahd. *kurbiz* < vulgärlat. *curbita < lat. *cucurbita* „Flaschenkürbis"]

**Kürbisbaum** ⟨m. 1u; Bot.⟩ = *Kalebassenbaum*

**Kürbisflasche** ⟨f. 19⟩ ► *aus einem Kürbis hergestellte Flasche*

**Kürbisgewächs** ⟨[-ks] n. 11; Bot.⟩ *Angehöriges einer Familie der Cucurbitales, mit Ranken kletterndes, raublättriges Kraut mit großen, dickschaligen Beerenfrüchten (Kürbis, Melone, Gurke): Cucurbitaceae*

**Kürbiskern** ⟨m. 1⟩ *essbarer Samen des Kürbisses*

**Kurde** ⟨m. 17⟩ *Angehöriger eines iran. Volkes in Vorderasien, Einwohner von Kurdistan*

**Kurfürst** ⟨m. 16; bis 1806⟩ *Fürst, der zusammen mit anderen das Recht hatte, den deutschen König mitzuwählen* [→ *Kur*]

**Kurier** ⟨m. 1⟩ *Bote, Eilbote* ◆ einen Brief, ein Paket durch, mit Kurier schicken [frz. *courrier* „Kurier, Eilbote"]

KÜRBISFLASCHE ALS TRADITIONELLER AFRIKANISCHER WASSERBEHÄLTER

**kurieren** ⟨V. t.; hat⟩ *heilen, gesund machen* ◆ jmdn. von einer Krankheit, einem Leiden kurieren; davon bin ich kuriert ⟨umg.⟩ *ich weiß jetzt, dass es falsch war, ich habe genug davon* [< lat. *curare* „Sorge tragen, pflegen"]

**kurios** ⟨Adj.; -er, am -esten⟩ **1** *merkwürdig, wunderlich, sonderbar* **2** *komisch* ◆ eine kuriose Idee [< lat. *curiosus* „sorgfältig, aufmerksam, wissbegierig, neugierig, vorwitzig"; zu *cura* „Sorge"]

**Kuriosität** ⟨f. 20⟩ **I** ⟨unz.⟩ *kuriose Beschaffenheit, Seltsamkeit, Merkwürdigkeit* **II** ⟨zählb.⟩ *kurioses Ding, kuriose Sache* ◆ Kuriositäten sammeln [< lat. *curiositas* „Wissbegierde, Neugierde" u. frz. *curiosité* „Neugierde, Wissbegierde, Sehenswürdigkeit"]

**Kurkuma** ⟨f.; -, -kumen⟩ ► = *Gelbwurz* [< arab. *kurkum*]

**Kurort** ⟨m. 1⟩ *Ort mit Heilquelle od. günstigem Klima, der für bestimmte Kuren bes. geeignet ist* (Höhenkurort, Klimakurort, Luftkurort)

**Kurpfuscher** ⟨m. 3⟩ **1** *jmd., der ohne ärztl. Vorbildung u. behördl. Genehmigung Kranke behandelt* **2** ⟨umg.; abwertend⟩ *schlechter, unfähiger Arzt*

**kurrent** ⟨Adj.; österr.⟩ *in deutscher Schrift (nicht in lateinischer Schrift)* ◆ kurrent schreiben [< lat. *currens* „laufend", Part. Präs. zu *currere* „laufen"]

**Kurrentschrift** ⟨f. 20⟩ = *Schreibschrift* [zu *kurrent* „laufend", d. h. zügig geschrieben]

**Kurrikulum** ⟨n.; -s, -kula⟩ **1** ⟨veraltet⟩ *Lebenslauf* **2** = *Curriculum* [< lat. *curriculum* „Lauf"; zu *currere* „laufen"]

**Kurs** ⟨m. 1⟩ **1** ⟨Flugw.; Mar.⟩ *Fahrtrichtung* **2** ⟨allg.⟩ *Lehrgang* (Kochkurs, Sprachurs); oV *Kursus* **3** *Preis der an der Börse gehandelten Wertpapiere usw.* **4** *Handelspreis einer Währung* (Wechselkurs) **5** ⟨fig.⟩ *Richtung, Art einer Politik* ◆ den Kurs **ändern,** wechseln ⟨a. fig.⟩; die Kurse (an der Börse) **fallen,** ziehen an; den Kurs **halten** (Flugzeug, Schiff); Kurs auf ein Ziel **nehmen** ◆ einen **geraden** Kurs steuern ◆ Kurs **auf** eine Hafenstadt halten; bei jmdm. hoch **im** Kurs stehen ⟨fig.⟩ *angesehen, beliebt sein;* **vom** Kurs abweichen [< lat. *cursus* „Lauf, Gang, Fahrt, Reise"; zu *currere* „laufen"; über ital. *corso* in der Kaufmannssprache, über frz. *cours(e)* u. ndrl. *koers* in der Seefahrt; direkt aus dem Lat. als „Lehrgang"]

**Kursbuch** ⟨n. 12u⟩ *Buch mit den Fahrplänen der Eisenbahn u. Bahnbusse, eingeteilt nach Streckennummern*

**Kürschner** ⟨m. 3⟩ **1** *Handwerker, der Pelzbekleidung herstellt od. Kleidung mit Pelz füttert od. verziert* **2** *Lehrberuf mit dreijähriger Lehrzeit* [< mhd. *kürsenære;* zu mhd. *kürsen* < ahd. *kursinna* „Pelzrock" < aslaw. *kurzno* „Pelz"]

**Kurse** ⟨Pl. von⟩ *Kurs, Kursus*

**kursieren** ⟨V. i.; ist/hat⟩ *die Runde machen, in Umlauf sein* ⟨a. fig.⟩ ◆ es kursieren mehrere Gerüchte, dass ... [< lat. *cursare* „umherrennen, durchlaufen"]

**kursiv** ⟨Adj.⟩ *schräg verlaufend* (Druckschrift) [< mlat. *cursivus* „laufend"; → *kursieren*]

**Kursus** ⟨m.; -, Kurse⟩ = *Kurs (2)*

**Kurswagen** ⟨m. 4; Eisenb.⟩ *durchgehender Wagen, der vom Ausgangs- bis zum Bestimmungsbahnhof von verschiedenen Zügen befördert wird*

**Kurtage** ⟨[-ʒə] f. 19⟩ = *Courtage*

**Kurtisane** ⟨f. 19⟩ **1** ⟨früher⟩ *Geliebte eines Fürsten* **2** ⟨dann⟩ *vornehme, von der aristokratischen Gesellschaft anerkannte, manchmal selbst den Oberschichten entstammende Prostituierte* [< frz. *courtisan* „Höfling" < ital. *cortigiano* „Höfling"; zu ital. *corte* „Hof; Fürstenhof"]

KÜRBIS: RIESENKÜRBIS *(Cucurbita maxima)*

**Kürübung** ⟨f. 20; bei sportl. Wettkämpfen⟩ *frei gewählte Übung;* Ggs *Pflichtübung*

**Kurve** ⟨[-və] f. 19⟩ **1** *gekrümmte Linie, Bogen, Krümmung* **2** *Wendung, Biegung (z. B. einer Straße)* **3** ⟨Math.⟩ *gekrümmte Linie, oft als grafische Darstellung eines Funktionszusammenhanges* ◆ das Flugzeug **beschrieb** eine Kurve; eine Kurve **fahren,** nehmen; eine Kurve **schneiden** *am Innenrand der Kurve fahren* ◆ **enge,** scharfe, steile, weite Kurve ◆ **in** die Kurve gehen (Fahrzeug) [verkürzt < lat. *curva linea* „krumme Linie"; verwandt mit *Kurbel*]

**kurz** **I** ⟨Adj.; kürzer, am kürzesten⟩ **1** ⟨räuml.⟩ *von geringer Längenausdehnung* (Gegenstand, Straße, Strecke); Ggs *lang (I, 1.1)* **2** ⟨fig.⟩ *knapp, gedrängt, bündig* (Bericht, Rede) **3** ⟨zeitl.⟩ *eine geringe Zeitspanne dauernd, vorübergehend;* Sy *klein (2);* Ggs *lang (I, 2.3)* ◆ ein Kleid mit kurzen **Ärmeln;** ein kurzer **Aufenthalt,** Besuch; einen kurzen **Blick** auf etwas werfen; kurze **Frist;** kurzes **Haar** haben; (eine) kurze **Zeit** ◆ kurz **angebunden** ⟨fig.⟩ *barsch, unfreundlich;* meine Zeit ist kurz **bemessen;** sich kurz **entschließen** ⟨fig.⟩ *sich schnell entschließen;* sich kurz **fassen** *etwas mit wenigen Worten sagen;* wir wollen es kurz **machen** *schnell abschließen;* kürzer **treten** *sich einschränken, sparen, haushalten; auf seine Gesundheit Rücksicht nehmen, sich weniger anstrengen als bisher* ◆ etwas kurz und **bündig** erklären; kurz und **gut** *um das Gesagte rasch zusammenzufassen, um es rasch zu Ende zu bringen* ◆ **in** kürzester Frist, ⟨od.⟩ Zeit *so schnell wie möglich;* etwas in, mit kurzen Worten erklären; die Schnur ist **zu** kurz **II** ⟨Adv.⟩ *bald, kurze Zeit, eine kleine Zeitspanne* ◆ kurz **bevor** ich kam; kurz **darauf; binnen** kurzem *bald;* kurz **nach** fünf Uhr; kurz **vor** seinem Geburtstag; kurz vor acht Uhr; vor kurzem; bis vor kurzem; kurz **vorher,** zuvor [< ahd. *kurz* < lat. *curtus* „verkürzt, gestutzt"]

KUSKUS

**Kürze** ⟨f. 19; Pl. selten⟩ **1** *räumlich kleine Ausdehnung* **2** *Zeitspanne von geringer Dauer* **3** ⟨fig.⟩ *Bündigkeit, Knappheit* [< ahd. *kurzi;* → *kurz*]

**kürzen** ⟨V. t.; hat⟩ *kürzer machen* (Kleid) ◆ einen Bruch kürzen *Zähler u. Nenner durch dieselbe Zahl teilen u. dadurch vereinfachen;* jmdm. das Gehalt kürzen *ihm weniger bezahlen;* ein Manuskript, eine Rede kürzen *etwas daraus streichen* [< ahd. *kurzen;* → *kurz*]

**Kurzfilm** ⟨m. 1⟩ *Film von nicht mehr als 300 m Länge (meist Werbe- od. Dokumentarfilm)*

**kurzfristig** ⟨Adj.⟩ *nicht lange dauernd, von kurzer Frist* ◆ kurzfristiger Vertrag

**Kurzgeschichte** ⟨f. 19; Lit.⟩ *kurze, der Novelle nahe stehende, handlungsreiche Geschichte mit besonderem Schlusseffekt*

**kürzlich** ⟨Adj.; meist adv.⟩ *neulich, vor kurzer Zeit* ◆ kürzlich war ich mit mehreren Freunden im Theater

**kurzschließen** ⟨V. t. 220; hat⟩ **1** ⟨El.⟩ einen Stromkreis kurzschließen *in einem Stromkreis einen Kurzschluss verursachen, zwei betriebsmäßig unter Spannung stehende Leiter so miteinander verbinden, dass ein Schaltungselement nicht mehr von Strom durchflossen wird* **2** sich mit jmdm. kurzschließen ⟨fig.; umg.⟩ *sich mit jmdm. in Verbindung setzen (bes. telefonieren)* ◆ er schloss sich mit den anderen kurz

**Kurzschrift** ⟨f. 20⟩ *Schrift mit verkürzten Schriftzeichen zur schnellen Niederschrift z. B. von Reden usw.;* Sy *Stenografie*

**kurzsichtig** ⟨Adj.⟩ Ggs *weitsichtig* **1** ⟨Med.⟩ *an Kurzsichtigkeit leidend;* Sy *myop* **2** ⟨fig.⟩ *nicht vorausdenkend, nicht weit blickend, nur an das Nächstliegende denkend*

**Kurzsichtigkeit** ⟨f. 20; unz.⟩ Ggs *Weitsichtigkeit* **1** *mangelhafte Funktion des Auges, die auf einer Verlängerung der Augenachse od. zu starker Brechkraft der Linse beruht; auf kurze Entfernung ist das Sehen noch möglich, auf normale u. weitere Entfernung wird das Bild unklar;* Sy *Myopie* **2** ⟨fig.⟩ *Mangel an Weitblick*

**kurzum** ⟨Adv.⟩ *um zum Ende zu kommen, um es kurz zu machen, kurz zusammenzufassen* ◆ ... also kurzum, er hat es nicht geschafft

**Kürzung** ⟨f. 20⟩ *das Kürzen*

**Kurzzeitgedächtnis** ⟨n. 11; unz.⟩ *Fähigkeit des Gehirns, eine Information für kurze Zeit zu speichern;* Ggs *Langzeitgedächtnis*

**kuschen** ⟨V. i.; hat⟩ **1** *sich niederlegen* (Hund) **2** ⟨fig.⟩ *sich fügen, nachgeben, schweigen* [< frz. *coucher* „niederlegen"]

**Kusine** ⟨f. 19⟩ *Tocher der Tante od. des Onkels;* oV *Cousine;* Sy *Base*[1] [< frz. *cousine* „Base, Kusine"]

**Kuskus** ⟨m. od. n.; -, -⟩ ◄ *in Nordafrika beliebte Speise aus Hammelfleischstückchen, Gemüse u. Grieß (Hirse od. Kichererbsen) in Brühe;* oV *Couscous* [vielleicht zu arab. *ksks* „zerkleinern"]

## KÜHLSCHRANK

In einem Kompressorkühlschrank wird ein Gas verdichtet, wobei es sich erhitzt und anschließend im Kondensator verflüssigt und abgekühlt wird. Das verflüssigte Kältemittel fließt zum Verdampfer, wo es ohne Druck wieder entspannt und die hierzu benötigte Wärme der Umgebung entzieht.

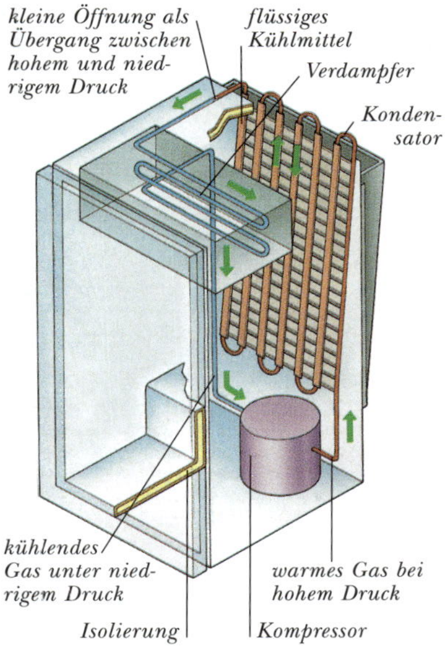


KÜHLMECHANISMUS EINES KÜHLSCHRANKS

*sich wälzen* ♦ der Apfel kullerte über den Boden, unter den Tisch **II** ⟨V. t.; hat⟩ *rollen, wälzen* ♦ Murmeln über die Tischplatte kullern lassen

**kulminieren** ⟨V. i.; hat⟩ **1** *den höchsten bzw. tiefsten Punkt erreichen* (Gestirn) **2** ⟨fig.⟩ *den Gipfelpunkt erreichen* [< frz. *culminer* „den Höhepunkt erreichen"; zu lat. *culmen,* Gen. *culminis* „Gipfel"]

**Kult** ⟨m. 1⟩ **1** *öffentl., geregelter Gottesdienst* **2** ⟨fig.⟩ *verehrungsvolle, übertrieben sorgfältige Behandlung* [< lat. *cultus* „Pflege, Bildung, Verehrung (einer Gottheit)"]

**kultisch** ⟨Adj.⟩ *den Kult betreffend, zu ihm gehörig, auf ihm beruhend, beim Kult gebraucht*

**kultivieren** ⟨[-viː-] V. t.; hat⟩ **1** *urbar machen, anbaufähig machen* (Land, Boden) **2** ⟨fig.⟩ *menschlicher Gesittung angleichen, annähern* (Volk) **3** *pflegen, verfeinern, veredeln*

**Kultur** ⟨f. 20⟩ **I** ⟨zählb.⟩ **1** *Gesamtheit der geistigen u. künstlerischen Ausdrucksformen eines Volkes (Kunst, Wissenschaft usw.)* **2** *das Urbarmachen des Bodens, Anbau von Pflanzen* **3** *auf bes. Nährboden gezüchtete Bakterien od. andere Lebewesen* (Bakterienkultur, Pilzkultur) ♦ die antiken Kulturen **II** ⟨unz.⟩ *geistige u. seelische Bildung, verfeinerte Lebensweise, Lebensart* [< lat. *cultura* „Landbau, Pflege (des Körpers u. Geistes)"; zu lat. *colere* „(be)bauen, (be)wohnen, pflegen"; verwandt mit *Kolonie*]

**Kulturaustausch** ⟨m. 1⟩ *Austausch von kulturellen Errungenschaften zwischen Staaten*

**kulturell** ⟨Adj.⟩ *die Kultur betreffend, zu ihr gehörig, auf ihr beruhend*

KUHGLOCKE

**Kulturfolger** ⟨m. 3; Zool. u. Bot.⟩ *Tier od. Pflanze, das bzw. die durch die Veränderung der Landschaft durch den Menschen geeignete Lebensbedingungen erhält u. daher in der Nähe menschl. Ansiedlungen auftritt, z. B. Ackerunkraut, Hausmaus*

**Kulturgeschichte** ⟨f. 19; unz.⟩ *Geschichte der Kultur (eines Volkes od. der Menschheit)* ♦ er hat eine ausführliche Kulturgeschichte der Römer geschrieben

**Kulturkreis** ⟨m. 1⟩ *Anfang des 20. Jh. entstandener, philosophisch-völkerkundlicher Begriff für ein Gebiet mit bestimmten gleichen kulturellen Errungenschaften*

**Kultusministerium** ⟨n.; -s, -rien; Pol.⟩ *Ministerium für kulturelle Angelegenheiten*

**Kümmel** ⟨m. 5; unz.⟩ **1** ⟨i. w. S.⟩ *Angehöriger einer Gattung der Doldengewächse: Carum* **2** *die Früchte dieser Pflanze* **3** ⟨i. e. S.⟩ echter Kümmel *auf Äckern u. Wiesen häufiges Unkraut, dessen Früchte als Gewürz dienen: Carum carvi* [< ahd. *kumil, kumin* < lat. *cuminum* < grch. *kyminon* „Kümmel" < semit. Sprachen]

**Kummer** ⟨m. 3; unz.⟩ *Sorge, Gram, seel. Schmerz* ♦ jmdm. Kummer bereiten; sie hat (irgendeinen) Kummer; du machst mir Kummer; einen geheimen Kummer haben [< mhd. *kumber* „Schutt, Müll, Belastung, Mühsal, Not, Gram, Beschlagnahme, Verhaftung" < mlat. *cumbrus, combrus* „Verhau, Sperre, Wehr"]

**kümmerlich** ⟨Adj.⟩ **1** *armselig, spärlich, kärglich* **2** *unentwickelt, unansehnlich, zurückgeblieben* ♦ kümmerlicher Lohn; kümmerlich leben [< mhd. *kumberlich* „schwer bedrängt, kummervoll"; → *Kummer*]

**kümmern** ⟨V.; hat⟩ **I** ⟨V. i.⟩ *kümmerlich dahinleben, in der Entwicklung zurückbleiben, schlecht gedeihen* **II** ⟨V. t.⟩ das kümmert mich nicht *das geht mich nichts an, macht mir keine Sorge* ♦ was kümmert's mich? **III** ⟨V. t.; refl.⟩ sich um etwas kümmern *sich sorgsam, hilfreich mit etwas beschäftigen, sorgen, dass etwas geschieht* ♦ sich um jmdn. kümmern *jmdm. helfen, für jmdn. sorgen, jmdn. beaufsichtigen;* mach dir keine Sorgen, ich kümmere mich um ihn [< mhd. *kumbern* „belästigen, in Not bringen"; → *Kummer*]

**Kummet** ⟨n. 11⟩ *um den Hals liegender Teil des Pferdegeschirrs* [< mhd. *komat* < poln. *chomat(o)* „hölzerner, gepolsterter Ring um den Hals der Zugtiere" < ahd. *hamo* „Kappzaum für wilde Pferde"]

**Kumpan** ⟨m. 1⟩ **1** *Geselle, Genosse* (Saufkumpan, Zechkumpan) **2** ⟨abwertend⟩ *Kerl* [< mhd. *kompan, kumpan* < afrz. *compain* „Genosse" < mlat. *cumpanio* „Brotgenosse" < lat. *cum* „gemeinsam (mit) ..." + *panis* „Brot"]

**Kumpel** ⟨m. 6⟩ **1** *Bergmann* **2** *Arbeitskamerad* [volkstüml. Form von *Kumpan*]

**Kumquat** ⟨f. 10; Bot.⟩ ▲ *kleine ostasiat., orangenartige Frucht der Rautengewächse der Gattung Fortunella, die reich an Vitamin C ist u. deren Schale man mitisst;* Sy *Zwergorange* [chin., „Goldorange"]

**Kumulation** ⟨f. 20⟩ **1** *Anhäufung* **2** ⟨Med.⟩ *das Verstärken der Wirkung von Medikamenten durch fortgesetzte Gaben u. entsprechende Anreicherung im Körper* [< lat. *cumulatio* „Vermehrung, Zuwachs"; zu *cumulus* „Haufen"]

**kumulieren** ⟨V. i.; hat⟩ *sich anhäufen* ♦ kumulierende Bibliografie *regelmäßig erscheinende B., die jedes Mal auch wieder die schon erschienenen Titel verzeichnet* [< lat. *cumulare* „häufen"; zu *cumulus* „Haufen"]

**Kumulonimbus** ⟨m.; -, -se; Meteor.⟩ *dunkle Haufenwolke, Gewitterwolke* [< *Kumulus* + *Nimbus* „Regenwolke"]

**Kumulus** ⟨m.; -, -muli⟩, **Kumuluswolke** ⟨f. 19; Meteor.⟩ *durch Konvektion bis zur Kondensationshöhe entstehende, scharf abgegrenzte, dichte Wolke;* Sy *Haufenwolke* [< lat. *cumulus* „Haufen"]

**Kumys, Kumyss** ⟨m.; -; unz.⟩ *alkohol. Getränk aus gegorener Stutenmilch* [< russ. *kumys* < tatar. *kumiz*]

**...kunde** ⟨f. 19; unz.; in Zus.⟩ *Wissenschaft, Lehre (von etwas)* z. B. Heilkunde, Naturkunde

**Kunde**[1] ⟨f. 19; poet⟩ *Nachricht, Kenntnis* ♦ Kunde haben (von etwas); gute, schlimme, traurige Kunde [< ahd. *chundi*]

**Kunde**[2] ⟨m. 17⟩ **1** *Käufer, Kauflustiger,* ⟨bes.⟩ *regelmäßiger Käufer* (Stammkunde) **2** ⟨umg.⟩ *Mensch, Kerl* ♦ Kunden anlocken; Kunden bedienen; treuer Kunde [< ahd. *kundo,* urspr. „Bekannter, Einheimischer"]

**Kunde**[3] ⟨f. 19.⟩ = *Bohne (am Pferdezahn)*

**künden** ⟨V. t.; hat⟩ **1** ⟨veraltet; noch geh.⟩ **1.1** *feierlich mitteilen* **1.2** *auf etwas hinweisen* **2** ⟨schweiz.⟩ *(auf)kündigen* ♦ die Wahl eines neuen Papstes künden; diese dramatischen Ereignisse künden bevorstehende Not [< ahd. *kundan* „bekannt machen, anzeigen"]

KUMQUAT
(*Fortunella japonica*)

**Kundendienst** ⟨m. 1⟩ **1** *Dienst für die Kunden, z. B. Transport von Waren* **2** *Betreuung techn. Geräte durch den Hersteller od. Verkäufer gegen Entgelt*

**kundgeben** ⟨V. t. 143; hat⟩ *mitteilen, bekannt machen, offenbaren* ♦ seine Ansicht, eine Neuigkeit kundgeben; Gefühle kundgeben

**kundig** ⟨Adj.⟩ *wissend, erfahren, (sach)verständig, eine Sache genau kennend* (fachkundig, sachkundig) ♦ einer Sache kundig sein [< ahd. *chundig* „bekannt, klug, schlau"]

**kündigen** ⟨V. t.; hat⟩ (jmdm.) etwas kündigen *das Aufhören eines Vertrages, eines Verhältnisses ansagen, mitteilen, dass man einen Vertrag, ein Verhältnis als gelöst betrachtet;* Sy *aufkündigen* ♦ ich habe gestern gekündigt *(an zuständiger Stelle) erklärt, dass ich die Stellung aufgeben will;* einem Angestellten kündigen; einem Mieter kündigen

**Kündigungsfrist** ⟨f. 20⟩ *Zeit zwischen dem Mitteilen der Kündigung u. dem Verlassen des Dienstes bzw. dem tatsächl. Aufhören eines Vertrages* ♦ monatliche, vierteljährliche Kündigungsfrist

**Kündigungsschutz** ⟨m.; -es; unz.⟩ *gesetzlich geregelter Schutz (des Arbeitnehmers) vor Kündigung in bestimmten Fällen, z. B. Schwangerschaft*

**Kundschaft**[1] ⟨f. 20; veraltet⟩ *Erkundung* ♦ jmdn. auf Kundschaft aussenden

**Kundschaft**[2] ⟨f. 20; unz.⟩ **1** *Gesamtheit der Kunden, mehrere Kunden* **2** ⟨umg.⟩ *Kunde,* ⟨bes.⟩ *Kundin* ♦ alte, langjährige Kundschaft; es ist Kundschaft im Laden

**...kunft** ⟨f. 7u⟩ *das Kommen,* z. B. Ankunft, Wiederkunft, Unterkunft [Abstraktum mit Ablaut zu *kommen*]

**künftig I** ⟨Adj.⟩ *in der Zukunft eintretend od. vorhanden, kommend* **II** ⟨adv.⟩ *in Zukunft, von jetzt an* ♦ ich bitte darum, dass es künftig ganz anders gemacht wird [< ahd. *kumftig* „was kommend ist"; zu *kumpft, kunft* „Kommen, Ankunft"; → *kommen*]

**Kung-Fu** ⟨n.; - od. -s; unz.⟩ *chin. Technik der Selbstverteidigung* [chin.]

K

## KUNSTSTOFFE

Kunststoffe können in zwei Gruppen eingeteilt werden: Die thermoplastischen Kunststoffe wie Polyethylen und Plexiglas können durch Erwärmen und Abkühlen wiederholt erweicht und umgeformt werden. Duroplastische Kunststoffe wie Epoxiharze und Bakelit behalten ihre Form nach dem Erhärten dagegen bei, selbst wenn man sie später wieder erhitzt. Oft werden Kunststoffe auch im Verbund eingesetzt, z. B. als glasfaserverstärkte Kunststoffe (GFK).

### VERSCHIEDENE KUNSTSTOFFE

THERMOPLASTISCH (POLYETHYLENTÜTE)

VERBUNDWERKSTOFF (TENNISSCHLÄGER)

DUOPLASTISCH (HELM AUS EPOXIHARZ)

**Kunkel** ⟨f. 21⟩ ► = *Rocken* [< ahd. *chonanchla, chunch(a)la* < vulgärlat. *conucula, conlucula,* Verkleinerungsform zu lat. *colus* „Spinnrocken"]

**Kunnilingus** ⟨m.; -, -lingi⟩ = *Cunnilingus*

**Kunst** ⟨f. 7u⟩ **1** *schöpfer. gestaltende Tätigkeit des Menschen* (Baukunst, Dichtkunst, Volkskunst) **2** *Gesamtheit der Erzeugnisse dieser Tätigkeit* **3** *das künstlich Geschaffene* **4** *Fertigkeit, Geschicklichkeit* (Kletterkunst, Taschenspielerkunst) **5** ⟨i. e. S.⟩ *bildende Kunst* ◆ die Kunst der **Antike,** des Barocks; nach allen **Regeln** der Kunst ⟨fig.⟩ *mit aller Geschicklichkeit;* die Kunst des **Schreibens,** Singens ◆ **sein:** das ist keine Kunst ⟨fig.⟩ *das ist leicht* ◆ **abstrakte,** realistische Kunst; **alte,** neue Kunst; **angewandte** Kunst *Gebrauchskunst, Kunstgewerbe;* **bildende** Kunst ⟨Sammelbez. für⟩ *Baukunst, Plastik, Malerei, Grafik, Kunstgewerbe;* die sieben freien Künste (→ *frei*); die **schönen** Künste *alle Kunstformen* ◆ jetzt bin ich **mit** meiner Kunst am Ende ⟨fig.⟩ *jetzt weiß ich nicht mehr weiter* [< ahd. *kunst,* urspr. „Wissen, Weisheit"; → *können*]

**Kunstakademie** ⟨f. 19⟩ *Hochschule für die bildenden Künste;* Sy *Kunsthochschule*

**Kunstausstellung** ⟨f. 20⟩ *Ausstellung von Kunstwerken*

KUPFERKOPF (*Agkistrodon contortrix*)

**Kunstbanause** ⟨m. 17; umg.; abwertend⟩ *jmd., der kein Verständnis für Kunst hat u. daher meist abfällige Urteile darüber äußert*

**Kunstblatt** ⟨n. 12u⟩ *Abbildung eines Kunstwerkes (bes. der Malerei u. Grafik) auf Kunstdruckpapier;* Sy *Kunstdruck (II)*

**Kunstdenkmal** ⟨n. 12u od. selten: n. 11⟩ *wertvolles Werk der bildenden Kunst, bes. aus alter Zeit*

**Kunstdruck** ⟨m. 1⟩ **I** ⟨unz.⟩ *Druckverfahren, oft mit mehreren Farben auf Kunstdruckpapier* **II** ⟨zählb.⟩ = *Kunstblatt*

**Kunstdruckpapier** ⟨n. 11; unz.⟩ *spiegelglattes, mit einem Aufstrich aus Kreide versehenes Papier für Autotypien u. Farbdrucke*

**Kunstdünger** ⟨m. 3⟩ *chemisch hergestellter Dünger*

**Kunsteis** ⟨n.; -es; unz.⟩ *künstl. hergestelltes Eis*

**Künstelei** ⟨f. 18; unz.⟩ *gekünsteltes, unnatürl. Wesen, Geziertheit*

**künsteln** ⟨V. i; hat; veraltet; poet.⟩ *eine Kunst ausüben* ◆ ⟨heute nur fig. u. im Part. Perf.⟩ gekünstelt *geziert, unnatürlich* (Benehmen, Stil, Wesen)

**Kunsterzeugnis** ⟨n. 11⟩ *Erzeugnis auf dem Gebiet der Kunst, bes. des Kunstgewerbes;* Sy *Kunstprodukt*

**Kunsterziehung** ⟨f. 20; unz.⟩ *Zeichnen u. Kunstgeschichte (als Unterrichtsfach)*

**Kunstfaser** ⟨f. 21⟩ = *Chemiefaser*

**Kunstfehler** ⟨m. 3; Med.⟩ *falsche Maßnahme eines Arztes, Apothekers od. einer Hebamme in Ausübung ihres Berufes*

**Kunstführer** ⟨m. 3⟩ *(Reise-)Handbuch mit detaillierten Beschreibungen u. Abbildungen sehenswerter Kunstwerke in einer bestimmten Stadt od. Landschaft*

**Kunstgegenstand** ⟨m. 1u⟩ *künstlerisch gestalteter Gegenstand*

**kunstgerecht** ⟨Adj.⟩ *nach den Regeln einer Kunst od. eines Handwerks, genau, richtig* ◆ einen Gegenstand kunstgerecht zusammenfügen

**Kunstgeschichte** ⟨f. 19; unz.⟩ *Geschichte der Entwicklung der bildenden Kunst* ◆ Kunstgeschichte studieren

**Kunstgewerbe** ⟨n. 13; unz.⟩ *Zweig der bildenden Kunst, in dem künstlerisch gestaltete Gebrauchs- u. Schmuckgegenstände hergestellt werden;* Sy *Kunsthandwerk (1)*

**Kunstgewerbler** ⟨m. 3⟩ *jmd., der im Kunstgewerbe tätig ist*

**kunstgewerblich** ⟨Adj.⟩ *das Kunstgewerbe betreffend, zu ihm gehörig, auf ihm beruhend*

**Kunstglied** ⟨n. 12; Med.⟩ ► = *Prothese (1.1)*

**Kunstgriff** ⟨m. 1⟩ *Handgriff, den nicht jeder kann, Kniff, Trick*

**Kunsthandel** ⟨m.; -s; unz.⟩ *Handel mit Erzeugnissen der Kunst*

**Kunsthändler** ⟨m. 3⟩ *Händler mit Erzeugnissen der Kunst*

**Kunsthandlung** ⟨f. 20⟩ *Geschäft für Kauf u. Verkauf von Erzeugnissen der Kunst*

**Kunsthandwerk** ⟨n. 11; unz.⟩ **1** ⟨i. w. S.⟩ = *Kunstgewerbe* **2** ⟨i. e. S.⟩ *Handwerk zur künstler. Gestaltung von Gebrauchsgegenständen*

**Kunstherz** ⟨n.; -ens, -en; Med.⟩ *künstliches Herz, das Patienten eingesetzt wird, deren eigenes Herz nicht mehr funktionstüchtig ist*

**Kunsthochschule** ⟨f. 19⟩ = *Kunstakademie*

**Kunstleder** ⟨n. 13; unz.⟩ *chem. Erzeugnis, das dem natürl. Leder in Aussehen u. Eigenschaften ähnlich ist*

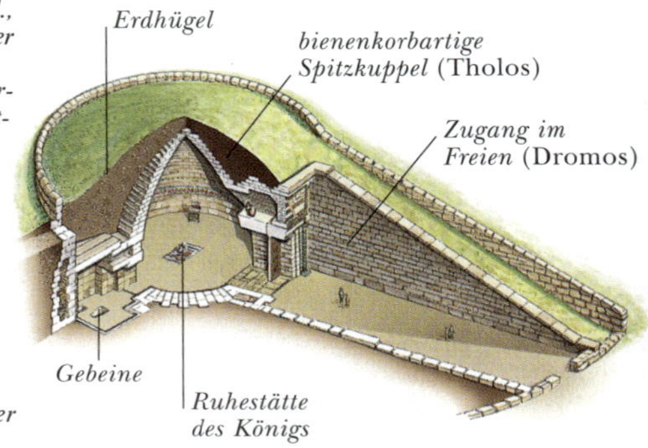


KUPPELGRAB: REKONSTRUKTION EINES KUPPELGRABS FÜR EINEN MYKENISCHEN KÖNIG, UM 1400 v. CHR.

**Künstler** ⟨m. 3⟩ **1** *jmd., der Kunstwerke schafft* **2** *jmd., der ein Werk der Literatur od. Musik künstlerisch darstellt, Sänger, Musiker, Schauspieler usw.* (Bühnenkünstler, Filmkünstler) ◆ bildender Künstler

**künstlerisch** ⟨Adj.⟩ **1** *die Kunst betreffend, zu ihr gehörig, auf ihr beruhend, nach ihren Regeln* **2** *einem Künstler gemäß, entsprechend, wie ein Künstler, schöpferisch* ◆ der künstlerische Wert eines Buches

**künstlich** ⟨Adj.⟩ **1** ⟨urspr.⟩ *künstlerisch, kunstvoll* **2** ⟨heute⟩ *von Menschen gemacht, nicht natürlich* **3** *nachgemacht, unecht* **4** ⟨fig.⟩ *gezwungen, unnatürlich, gewollt* ◆ künstliche **Atmung** *Anregung der Atmung durch medizinische Geräte;* künstliche **Befruchtung** ⟨umg.⟩ = *In-vitro-Fertilisation;* künstliche **Blumen** *Blumen aus Papier od. Stoff;* künstliche **Ernährung** *Ernährung durch eine dünne Magensonde über die Speiseröhre od. eine Magen- od. Darmfistel, durch Klysma od. Einlauf vom After aus;* künstlicher **Horizont** *Gerät in Luftfahrzeugen zur Angabe der Lage des Luftfahrzeuges bezüglich des Horizontes;* künstliche **Intelligenz** ⟨EDV⟩ *Gebiet der Informatik, das menschliche Denkstrukturen untersucht u. versucht, diese auf Computer zu übertragen;* künstliches **Licht** *elektr. Licht, Neon;* künstliche **Niere** *Apparatur zur Entfernung auszuscheidender Stoffe aus dem Blut, wird bes. bei akutem Nierenversagen benutzt*

KUPFER: KANNE AUS KUPFER

**Kunstmärchen** ⟨n. 14; Lit.⟩ *von einem bestimmten Autor geschriebenes Märchen;* Ggs *Volksmärchen*

**Kunstprodukt** ⟨n. 11⟩ = *Kunsterzeugnis*

**Kunststoff** ⟨m. 1⟩ ◄ *chem.-organ. Verbindung, die durch Veränderung von Naturstoffen od. aus vollsynthetischen Stoffen künstlich hergestellt wird*

**Kunststück** ⟨n. 11⟩ *Leistung, zu der bes. Können gehört,* ⟨bes.⟩ *Vorführung der Akrobaten, Zauberkünstler usw.* (Kartenkunststück, Zauberkunststück) ◆ Kunststück! ⟨umg.⟩ *das glaub' ich gern, das ist ja auch nicht schwierig;* das ist kein Kunststück ⟨fig.⟩ *das ist einfach;* ein Kunststück vormachen, zeigen

**Kunstwerk** ⟨n. 11⟩ **1** *schöpferisch gestaltetes Werk der Kunst* **2** *geschickt hergestelltes, kompliziertes mechanisches Erzeugnis* ◆ diese Uhr ist (wirklich) ein Kunstwerk

**kunterbunt** ⟨Adj.; fig.; umg.⟩ *sehr bunt, durcheinander* ◆ ⟨meist in Wendungen wie⟩ kunterbuntes Durcheinander *großes Durch-*

*einander* [< regional *contrabund* (15. Jh.), Adj. zu *Kontrapunkt,* angelehnt an *bunt,* zunächst „vielstimmig", dann „verworren, durcheinander"]

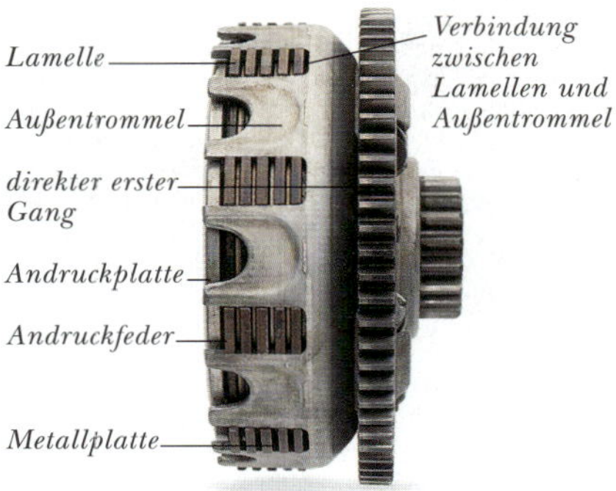


KUPPLUNG: MEHRSCHEIBENKUPPLUNG EINES MOTORRADS

**Kupee** ⟨n. 15⟩ ► = *Coupé*

**Kupfer** ⟨n. 13⟩ **I** ⟨unz.; Chem.; Zeichen: Cu⟩ ◄ *hellrotes, zähes, ziemlich weiches 1-, 2- u. sehr selten 3-wertiges Metall, chem. Element, Ordnungszahl 29* **II** ⟨zählb.; bild. Kunst⟩ *Kupferstich* [< ahd. *kupfar* < spätlat. *cuprum* „Kupfer" für lat. *aes cyprium* „Erz von der Insel Zypern", grch. *Kypros*]

**Kupferkopf** ⟨m. 1u; Zool.⟩ ◄ *giftige Grubenotter Nordamerikas: Agkistrodon contortrix*

**Kupferspat** ⟨m. 1; unz.⟩ ► = *Malachit*

**Kupferstecher** ⟨m. 3⟩ **1** ⟨bild. Kunst⟩ *Künstler, der Kupferstiche herstellt* **2** ⟨Zool.⟩ *Borkenkäfer, der meist gemeinsam mit dem Buchdrucker an den dünnrindigen Teilen von Fichten auftritt: Ips chalcographus*

**Kupferstechkunst** ⟨f. 7u⟩ *Kunst, mit dem Grabstichel eine Zeichnung in eine Kupferplatte zu ritzen, sie einzufärben u. auf Papier abzudrucken* ◆ er war ein großer Meister der Kupferstechkunst

**Kupferstich** ⟨m. 1; bild. Kunst⟩ ► = *Stich (5)*

**Kupferzeit** ⟨f. 20; unz.⟩ *Zeitabschnitt zwischen Jungsteinzeit u. Bronzezeit, gekennzeichnet durch die Verwendung von Kupfer für Werkzeuge u. andere Geräte*

**kupieren** ⟨V. t.; hat⟩ **1** *abschneiden, lochen, knipsen* **2** *aufhalten, unterdrücken* (Krankheit) **3** ⟨Kart.⟩ *abheben* ◆ Schwanz, Ohren eines Rassehundes kupieren *stutzen, kürzen* [< frz. *couper* „abschneiden"]

**Kupon** ⟨[-pɔ̃] m. 6⟩ *Zinsabschnitt, Zinsschein an Wertpapieren;* oV *Coupon*

**Kuppe** ⟨f. 19⟩ **1** *runder Berggipfel* (Bergkuppe) **2** *rundl. oberes Ende* (Fingerkuppe, Nagelkuppe, Stecknadelkuppe) [< nddt. < spätlat. *cuppa* „Becher"; verwandt mit *Gipfel, Kopf, Kuppel*]

**Kuppel** ⟨f. 21⟩ ▼ *Wölbung über einem Raum, bes. Kirchenraum, meist in Form einer Halbkugel* [< ital. *cupola* „Kuppel" < mlat. *cup(p)ula* „Becher", eigtl. „(umgestülptes) Tönnchen", Verkleinerungsform zu lat. *cupa* „Tonne"; verwandt mit *Gipfel, Kopf, Kübel, Kuppe*]

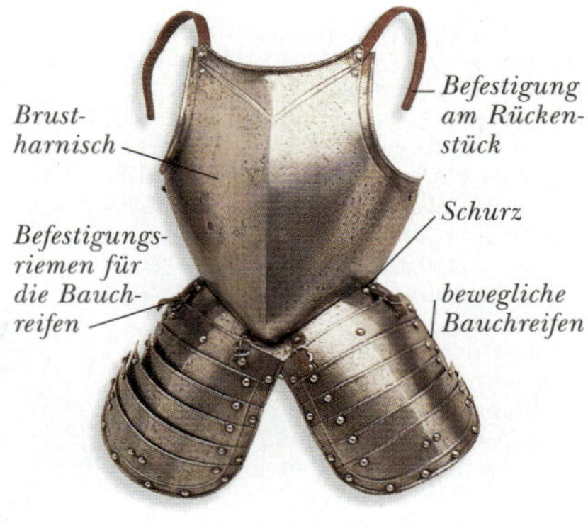


KÜRASS: ITALIENISCHER KÜRASS DES 16. JH. MIT BRUSTHARNISCH

**Kuppelgrab** ⟨n. 12u; Archäol.⟩ ◄ *Fürstengrab mit unterirdischer Kuppel, bes. in der mykenischen Kultur*

**kuppeln** ⟨V.; hat⟩ **I** ⟨V. t.⟩ = *koppeln (1)* **II** ⟨V. i.⟩ *die Kupplung betätigen*

**Kupplung** ⟨f. 20⟩ **I** ⟨unz.⟩ *das Kuppeln* **II** ⟨zählb.⟩ **1** *Maschinenteil zur Verbindung zweier anderer Teile* **2** *Vorrichtung zum Verbinden eines ziehenden u. eines gezogenen Fahrzeugs* **3** *Vorrichtung zur trennbaren Verbindung von Rohren u. Schläuchen* **4** ⟨am Kfz⟩ ◄ *Vorrichtung zur Herstellung od. zum Trennen der Verbindung zwischen Motor u. Getriebe*

**Kupplungsautomat** ⟨m. 16; bei Kfz⟩ *Kupplung, die die Gänge automatisch einlegt*

**Kur** ⟨f. 20⟩ **1** *Heilverfahren* (Badekur, Traubenkur, Trinkkur) **2** *Aufenthalt in einem Kurort zu Heilzwecken* ◆ eine Kur anwenden, machen [< lat. *cura* „Sorge, Fürsorge, Pflege"]

**Kür** ⟨f. 20; Sp.; bes. Eiskunstlauf, Turnen⟩ *Wahl, Zusammenstellung frei gewählter Übungen* ◆ eine ausgezeichnete, erstklassige Kür zeigen [< ahd. *kuri* „Überlegung, prüfende Wahl"]

**Kurare** ⟨n.; -s; unz.⟩ *Natursaft aus der Rinde zahlreicher Strychnos-Arten, als Pfeilgift von südamerikan. Indianern verwendet* [< span. od. port. *curare* < indian. (karib.) *kurari*]

**Kürass** ⟨m. 1⟩ ▲ *metallener Schutzharnisch für Brust u. Oberschenkel, der auf dem Rücken u. an den Oberschenkeln festgebunden wird* [< frz. *cuirasse* „Harnisch, Brustpanzer"]

**Kürassier** ⟨m. 1⟩ **1** ⟨urspr.⟩ *Reiter mit Kürass* **2** ⟨dann allg.⟩ *Angehöriger der schweren Reiterei* [< frz. *cuirassier*]

**Kurbel** ⟨f. 21⟩ *Hebel zum Drehen einer Welle* [< mhd. *kurbe* „Winde (am Ziehbrunnen)" < ahd. *churba* < vulgärlat. **curba* „Krummholz"; zu lat. *curvus* „gekrümmt"; verwandt mit *Kurve*]

**kurbeln** ⟨V. i.; hat⟩ *an einer Kurbel drehen*

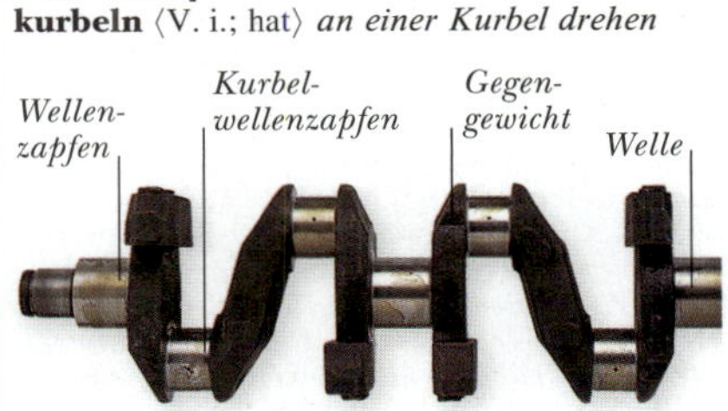


KURBELWELLE EINES AUTOS

**Kurbelwelle** ⟨f. 19; Mech.⟩ ▲ *gekröpfte Welle, die die Hin- u. Herbewegung von Kolbenmaschinen in eine Kreisbewegung umwandelt*

## KUPPELN

Kuppeln sind trotz ihrer Wölbung stabile Dächer. Sie wurden zuerst bei Kirchen und Palästen verwendet, um deren besondere Bedeutung hervorzuheben. Es werden mehrere Kuppelformen unterschieden, die z. T. auf einem sehr komplizierten Trägersystem basieren. Große Kuppeln werden oft als zweischalige Kuppeln gebaut, haben also eine innere und eine äußere Kuppel.

MODELL EINER HALBKUGELFÖRMIGEN KUPPEL

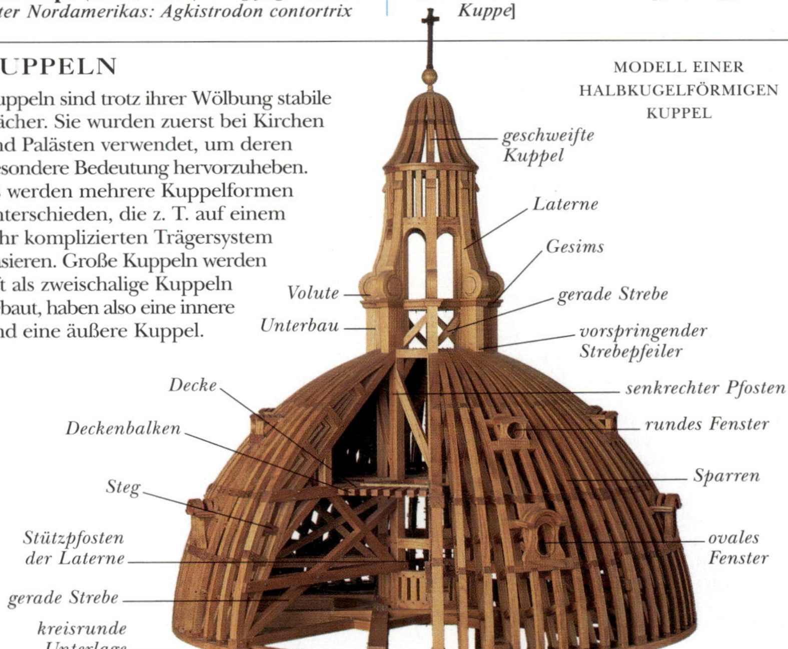


VERSCHIEDENE KUPPELFORMEN

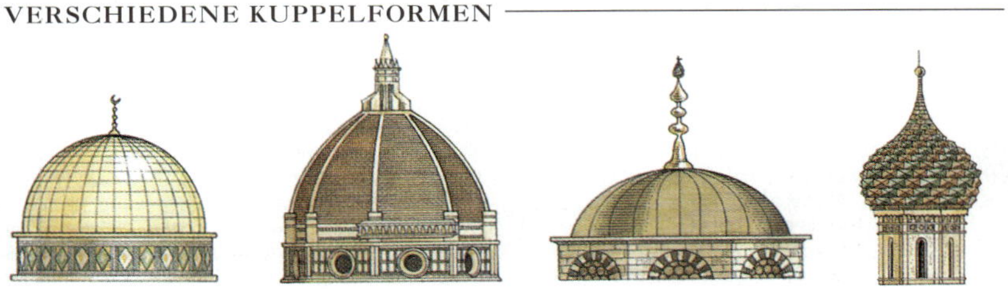

HALBKUGEL RIPPENKUPPEL FLACHKUPPEL ZWIEBELTURM

K

**Kurbette** ⟨f. 19; hohe Schule⟩ *Folge mehrerer gleicher Sprünge, Galoppübung;* oV *Courbette* [< frz. *courbette* „Bogensprung"; zu *courbe* „gekrümmt, gebogen"]

**Kürbis** ⟨m.; -ses, -se; Bot.⟩ ► *Angehöriger einer Gattung der Kürbisgewächse mit gelappten Blättern, zwei od. mehrspaltigen Ranken u. großen, glockenförmigen Blüten: Cucurbita* [< ahd. *kurbiz* < vulgärlat. **curbita* < lat. *cucurbita* „Flaschenkürbis"]

**Kürbisbaum** ⟨m. 1u; Bot.⟩ = *Kalebassenbaum*

**Kürbisflasche** ⟨f. 19⟩ ► *aus einem Kürbis hergestellte Flasche*

**Kürbisgewächs** ⟨[-ks] n. 11; Bot.⟩ *Angehöriges einer Familie der Cucurbitales, mit Ranken kletterndes, raublättriges Kraut mit großen, dickschaligen Beerenfrüchten (Kürbis, Melone, Gurke): Cucurbitaceae*

**Kürbiskern** ⟨m. 1⟩ *essbarer Samen des Kürbisses*

**Kurde** ⟨m. 17⟩ *Angehöriger eines iran. Volkes in Vorderasien, Einwohner von Kurdistan*

**Kurfürst** ⟨m. 16; bis 1806⟩ *Fürst, der zusammen mit anderen das Recht hatte, den deutschen König mitzuwählen* [→ *Kur*]

KÜRBISFLASCHE ALS TRADITIONELLER AFRIKANISCHER WASSERBEHÄLTER

**Kurier** ⟨m. 1⟩ *Bote, Eilbote* ◆ einen Brief, ein Paket durch, mit Kurier schicken [frz. *courrier* „Kurier, Eilbote"]

**kurieren** ⟨V. t.; hat⟩ *heilen, gesund machen* ◆ jmdn. von einer Krankheit, einem Leiden kurieren; davon bin ich kuriert ⟨umg.⟩ *ich weiß jetzt, dass es falsch war, ich habe genug davon* [< lat. *curare* „Sorge tragen, pflegen"]

**kurios** ⟨Adj.; -er, am -esten⟩ **1** *merkwürdig, wunderlich, sonderbar* **2** *komisch* ◆ eine kuriose Idee [< lat. *curiosus* „sorgfältig, aufmerksam, wissbegierig, neugierig, vorwitzig"; zu *cura* „Sorge"]

**Kuriosität** ⟨f. 20⟩ **I** ⟨unz.⟩ *kuriose Beschaffenheit, Seltsamkeit, Merkwürdigkeit* **II** ⟨zählb.⟩ *kurioses Ding, kuriose Sache* ◆ Kuriositäten sammeln [< lat. *curiositas* „Wissbegierde, Neugierde" u. frz. *curiosité* „Neugierde, Wissbegierde, Sehenswürdigkeit"]

**Kurkuma** ⟨f.; -, -kumen⟩ ► = *Gelbwurz* [< arab. *kurkum*]

**Kurort** ⟨m. 1⟩ *Ort mit Heilquelle od. günstigem Klima, der für bestimmte Kuren bes. geeignet ist* (Höhenkurort, Klimakurort, Luftkurort)

**Kurpfuscher** ⟨m. 3⟩ **1** *jmd., der ohne ärztl. Vorbildung u. behördl. Genehmigung Kranke behandelt* **2** ⟨umg.; abwertend⟩ *schlechter, unfähiger Arzt*

**kurrent** ⟨Adj.; österr.⟩ *in deutscher Schrift (nicht in lateinischer Schrift)* ◆ kurrent schreiben [< lat. *currens* „laufend", Part. Präs. zu *currere* „laufen"]

**Kurrentschrift** ⟨f. 20⟩ = *Schreibschrift* [zu *kurrent* „laufend", d. h. zügig geschrieben]

**Kurrikulum** ⟨n.; -s, -kula⟩ **1** ⟨veraltet⟩ *Lebenslauf* **2** = *Curriculum* [< lat. *curriculum* „Lauf"; zu *currere* „laufen"]

**Kurs** ⟨m. 1⟩ **1** ⟨Flugw.; Mar.⟩ *Fahrtrichtung* **2** ⟨allg.⟩ *Lehrgang* (Kochkurs, Sprachurs); oV *Kursus* **3** *Preis der an der Börse gehandelten Wertpapiere usw.* **4** *Handelspreis einer Währung* (Wechselkurs) **5** ⟨fig.⟩ *Richtung, Art einer Politik* ◆ den Kurs **ändern,** wechseln ⟨a. fig.⟩; die Kurse (an der Börse) **fallen,** ziehen an; den Kurs **halten** (Flugzeug, Schiff); Kurs auf ein Ziel **nehmen** ◆ einen **geraden** Kurs steuern ◆ Kurs **auf** eine Hafenstadt halten; bei jmdm. hoch **im** Kurs stehen ⟨fig.⟩ *angesehen, beliebt sein;* **vom** Kurs abweichen [< lat. *cursus* „Lauf, Gang, Fahrt, Reise"; zu *currere* „laufen"; über ital. *corso* in der Kaufmannssprache, über frz. *cours(e)* u. ndrl. *koers* in der Seefahrt; direkt aus dem Lat. als „Lehrgang"]

**Kursbuch** ⟨n. 12u⟩ *Buch mit den Fahrplänen der Eisenbahn u. Bahnbusse, eingeteilt nach Streckennummern*

**Kürschner** ⟨m. 3⟩ **1** *Handwerker, der Pelzbekleidung herstellt od. Kleidung mit Pelz füttert od. verziert* **2** *Lehrberuf mit dreijähriger Lehrzeit* [< mhd. *kürsenære;* zu mhd. *kürsen* < ahd. *kursinna* „Pelzrock" < aslaw. *kurzno* „Pelz"]

**Kurse** ⟨Pl. von⟩ *Kurs, Kursus*

**kursieren** ⟨V. i.; ist/hat⟩ *die Runde machen, in Umlauf sein* ⟨a. fig.⟩ ◆ es kursieren mehrere Gerüchte, dass ... [< lat. *cursare* „umherrennen, durchlaufen"]

**kursiv** ⟨Adj.⟩ *schräg verlaufend* (Druckschrift) [< mlat. *cursivus* „laufend"; → *kursieren*]

**Kursus** ⟨m.; -, Kurse⟩ = *Kurs (2)*

**Kurswagen** ⟨m. 4; Eisenb.⟩ *durchgehender Wagen, der vom Ausgangs- bis zum Bestimmungsbahnhof von verschiedenen Zügen befördert wird*

**Kurtage** ⟨[-ʒə] f. 19⟩ = *Courtage*

**Kurtisane** ⟨f. 19⟩ **1** ⟨früher⟩ *Geliebte eines Fürsten* **2** ⟨dann⟩ *vornehme, von der aristokratischen Gesellschaft anerkannte, manchmal selbst den Oberschichten entstammende Prostituierte* [< frz. *courtisan* „Höfling" < ital. *cortigiano* „Höfling"; zu ital. *corte* „Hof; Fürstenhof"]

KÜRBIS: RIESENKÜRBIS *(Cucurbita maxima)*

**Kürübung** ⟨f. 20; bei sportl. Wettkämpfen⟩ *frei gewählte Übung;* Ggs *Pflichtübung*

**Kurve** ⟨[-və] f. 19⟩ **1** *gekrümmte Linie, Bogen, Krümmung* **2** *Wendung, Biegung (z. B. einer Straße)* **3** ⟨Math.⟩ *gekrümmte Linie, oft als grafische Darstellung eines Funktionszusammenhanges* ◆ das Flugzeug **beschrieb** eine Kurve; eine Kurve **fahren,** nehmen; eine Kurve **schneiden** *am Innenrand der Kurve fahren* ◆ **enge,** scharfe, steile, weite Kurve ◆ **in** die Kurve gehen (Fahrzeug) [verkürzt < lat. *curva linea* „krumme Linie"; verwandt mit *Kurbel*]

**kurz I** ⟨Adj.; kürzer, am kürzesten⟩ **1** ⟨räuml.⟩ *von geringer Längenausdehnung* (Gegenstand, Straße, Strecke); Ggs *lang (I, 1.1)* **2** ⟨fig.⟩ *knapp, gedrängt, bündig* (Bericht, Rede) **3** ⟨zeitl.⟩ *eine geringe Zeitspanne dauernd, vorübergehend;* Sy *klein (2);* Ggs *lang (I, 2.3)* ◆ ein Kleid mit kurzen **Ärmeln;** ein kurzer **Aufenthalt,** Besuch; einen kurzen **Blick** auf etwas werfen; kurze **Frist;** kurzes **Haar** haben; (eine) kurze **Zeit** ◆ kurz **angebunden** ⟨fig.⟩ *barsch, unfreundlich;* meine Zeit ist kurz **bemessen;** sich kurz **entschließen** ⟨fig.⟩ *sich schnell entschließen;* sich kurz **fassen** *etwas mit wenigen Worten sagen;* wir wollen es kurz **machen** *schnell abschließen;* kürzer **treten** *sich einschränken, sparen, haushalten; auf seine Gesundheit Rücksicht nehmen, sich weniger anstrengen als bisher* ◆ etwas kurz und **bündig** erklären; kurz und **gut** *um das Gesagte rasch zusammenzufassen, um es rasch zu Ende zu bringen* ◆ **in** kürzester Frist, ⟨od.⟩ Zeit *so schnell wie möglich;* etwas in, mit kurzen Worten erklären; die Schnur ist **zu** kurz **II** ⟨Adv.⟩ *bald, kurze Zeit, eine kleine Zeitspanne* ◆ kurz **bevor** ich kam; kurz **darauf; binnen** kurzem *bald;* kurz **nach** fünf Uhr; kurz **vor** seinem Geburtstag; kurz vor acht Uhr; vor kurzem; bis vor kurzem; kurz **vorher,** zuvor [< ahd. *kurz* < lat. *curtus* „verkürzt, gestutzt"]

KUSKUS

**Kürze** ⟨f. 19; Pl. selten⟩ **1** *räumlich kleine Ausdehnung* **2** *Zeitspanne von geringer Dauer* **3** ⟨fig.⟩ *Bündigkeit, Knappheit* [< ahd. *kurzi;* → *kurz*]

**kürzen** ⟨V. t.; hat⟩ *kürzer machen* (Kleid) ◆ einen Bruch kürzen *Zähler u. Nenner durch dieselbe Zahl teilen u. dadurch vereinfachen;* jmdm. das Gehalt kürzen *ihm weniger bezahlen;* ein Manuskript, eine Rede kürzen *etwas daraus streichen* [< ahd. *kurzen;* → *kurz*]

**Kurzfilm** ⟨m. 1⟩ *Film von nicht mehr als 300 m Länge (meist Werbe- od. Dokumentarfilm)*

**kurzfristig** ⟨Adj.⟩ *nicht lange dauernd, von kurzer Frist* ◆ kurzfristiger Vertrag

**Kurzgeschichte** ⟨f. 19; Lit.⟩ *kurze, der Novelle nahe stehende, handlungsreiche Geschichte mit besonderem Schlusseffekt*

**kürzlich** ⟨Adj.; meist adv.⟩ *neulich, vor kurzer Zeit* ◆ kürzlich war ich mit mehreren Freunden im Theater

**kurzschließen** ⟨V. t. 220; hat⟩ **1** ⟨El.⟩ einen Stromkreis kurzschließen *in einem Stromkreis einen Kurzschluss verursachen, zwei betriebsmäßig unter Spannung stehende Leiter so miteinander verbinden, dass ein Schaltungselement nicht mehr von Strom durchflossen wird* **2** sich mit jmdm. kurzschließen ⟨fig.; umg.⟩ *sich mit jmdm. in Verbindung setzen (bes. telefonieren)* ◆ er schloss sich mit den anderen kurz

**Kurzschrift** ⟨f. 20⟩ *Schrift mit verkürzten Schriftzeichen zur schnellen Niederschrift z. B. von Reden usw.;* Sy *Stenografie*

**kurzsichtig** ⟨Adj.⟩ Ggs *weitsichtig* **1** ⟨Med.⟩ *an Kurzsichtigkeit leidend;* Sy *myop* **2** ⟨fig.⟩ *nicht vorausdenkend, nicht weit blickend, nur an das Nächstliegende denkend*

**Kurzsichtigkeit** ⟨f. 20; unz.⟩ Ggs *Weitsichtigkeit* **1** *mangelhafte Funktion des Auges, die auf einer Verlängerung der Augenachse od. zu starker Brechkraft der Linse beruht; auf kurze Entfernung ist das Sehen noch möglich, auf normale u. weitere Entfernung wird das Bild unklar;* Sy *Myopie* **2** ⟨fig.⟩ *Mangel an Weitblick*

**kurzum** ⟨Adv.⟩ *um zum Ende zu kommen, um es kurz zu machen, kurz zusammenzufassen* ◆ ... also kurzum, er hat es nicht geschafft

**Kürzung** ⟨f. 20⟩ *das Kürzen*

**Kurzzeitgedächtnis** ⟨n. 11; unz.⟩ *Fähigkeit des Gehirns, eine Information für kurze Zeit zu speichern;* Ggs *Langzeitgedächtnis*

**kuschen** ⟨V. i.; hat⟩ **1** *sich niederlegen* (Hund) **2** ⟨fig.⟩ *sich fügen, nachgeben, schweigen* [< frz. *coucher* „niederlegen"]

**Kusine** ⟨f. 19⟩ *Tocher der Tante od. des Onkels;* oV *Cousine;* Sy *Base*[1] [< frz. *cousine* „Base, Kusine"]

**Kuskus** ⟨m. od. n.; -, -⟩ ◄ *in Nordafrika beliebte Speise aus Hammelfleischstückchen, Gemüse u. Grieß (Hirse od. Kichererbsen) in Brühe;* oV *Couscous* [vielleicht zu arab. *ksks* „zerkleinern"]

**Kuss** ⟨m. 1u⟩ *Aufdrücken der Lippen auf den Körper, bes. Wange, Stirn, Mund od. Hand, eines anderen Menschen (als Liebes- od. Ehrfurchtsbezeigung)* ◆ jmdm. einen Kuss **geben** ◆ ein **flüchtiger,** glühender, heimlicher, heißer, herzlicher, inniger, langer, leidenschaftlicher, scheuer, zärtlicher Kuss ◆ jmdn. **mit** einem Kuss begrüßen, wecken [< ahd. *kus, kuss,* engl. *kiss*]

**küssen** ⟨V. t.; hat⟩ jmdn. küssen *jmdm. einen Kuss od. Küsse geben* ◆ sie küssten sich ⟨umg.; eigtl.: einander⟩; einer Dame die **Hand** küssen (bes. als Zeichen der Höflichkeit od. Verehrung) ◆ jmdn. **herzen** und küssen ◆ jmdn. **heiß,** heftig, leidenschaftlich, wild, zärtlich küssen [< ahd. *kussen,* engl. *kiss*]

**Küste** ⟨f. 19⟩ ► *Gestade, Meeresufer, Teil des Landes, der unmittelbar am Meer liegt* ◆ die **deutsche,** französische Küste; **felsige,** flache, steile Küste ◆ **an** der Küste entlangfahren; an der Küste wohnen [< mndrl. *cost(e)* „Landstrecke, Küste(nstrecke)" < afrz. *coste* „Rippe, Abhang, Küste" (nfrz. *côte* „Küste") < lat. *costa* „Rippe", vulgärlat. a. „Seite"]

**Küstenversetzung** ⟨f. 20⟩ ► = *Strandversetzung*

**Küster** ⟨m. 3⟩ *Angestellter, der die Kirche u. ihre Einrichtungen beaufsichtigt u. Glöckner- u. Helferdienste im Gottesdienst leistet* [< ahd. *kustor* < mlat. *custor* „Hüter des Kirchenschatzes" < lat. *custos* „Hüter, Wächter"]

**Kustode** ⟨f. 19⟩ **1** *Buchstabe od. Zahl als Kennzeichen für die einzelnen Lagen einer Handschrift* **2** *Angabe des ersten Wortes der nächsten Seite in der rechten unteren Ecke bzw. des letzten Wortes der vorausgegangenen Seite in der linken oberen Ecke einer Buchseite* [< lat. custos „Hüter, Wächter"]

**kutan** ⟨Adj.⟩ *die Haut betreffend, zu ihr gehörig* ◆ kutane Impfung; kutane Behandlung [zu lat. *cutis* „Haut"]

**Kutikula** ⟨f.; -, -s od. -kulen⟩ oV *Cuticula* **1** *bei bestimmten Tieren u. Pflanzen ein von den Zellen der Körperoberfläche ausgeschiedenes dünnes Häutchen, das aus organischem Material besteht u. für Wasser u. Gase fast unpassierbar ist* **2** *Schuppenschicht des Haares* [< lat. *cuticula* „Häutchen", Verkleinerungsform zu *cutis* „Haut"]

**Kutis** ⟨f.; -; unz.⟩ = *Cutis*

**Kutsche** ⟨f. 19⟩ **1** *gefederter, ein- od. mehrspänniger Personenpferdewagen, meist mit Verdeck* (Postkutsche) **2** ⟨umg.; abwertend⟩ *(langsames) Auto* [< ungar. *kocsi* „Wagen aus dem Ort *Kocs*"]

**kutschieren** ⟨V. i.; ist⟩ **1** *eine Kutsche lenken* **2** ⟨umg.⟩ *fahren* (herumkutschieren) ◆ kutschieren können, lernen; durch die Gegend, durchs Land kutschieren ⟨umg.⟩; mit ihm lässt es sich gut, schlecht kutschieren ⟨schweiz.; umg.⟩ *zusammenleben, auskommen, zusammenarbeiten*

**Kutte** ⟨f. 19⟩ *bis zu den Füßen reichender, mit Strick gegürteter Überrock der Mönche, mit Kapuze* (Mönchskutte) [< mhd. *kutte* < mlat. *cotta* „Mönchsgewand"]

**Kutter** ⟨m. 3⟩ Sy *Fischkutter* **1** *einmastiges, hochseetüchtiges, sehr wendiges Schiff mit mehreren Segeln* **2** *Küstenfahrzeug mit Motor o.Ä. bis 150 t ohne Segel* **3** ⟨Mil.; früher⟩ *Beiboot auf Kriegsschiffen mit 10-14 Rudern, zuweilen mit zwei Masten* [< engl. *cutter,* eigtl. „die Wogen durchschneidendes Schiff"; zu *cut* „schneiden"]

**Kuvert** ⟨[-vɛrt] od. [-vɛːr] n. 15⟩ **1** *Briefumschlag* **2** *Gedeck für eine Person* [< frz. *couvert,* eigtl. „Bedeckung"; zu *couvrier* „bedecken"]

## KÜSTEN

Die meisten Meeresküsten nehmen ihre spezifische Form durch die unentwegten Wellenbewegungen an, die ein Wechselspiel zwischen Abtragung und Ablagerung mit sich bringen. Neben der Einwirkung von Ebbe und Flut, Wind und Regen ist aber auch von Bedeutung, ob der Meeresspiegel im Lauf der Jahrtausende gestiegen, gesunken oder gleich geblieben ist.

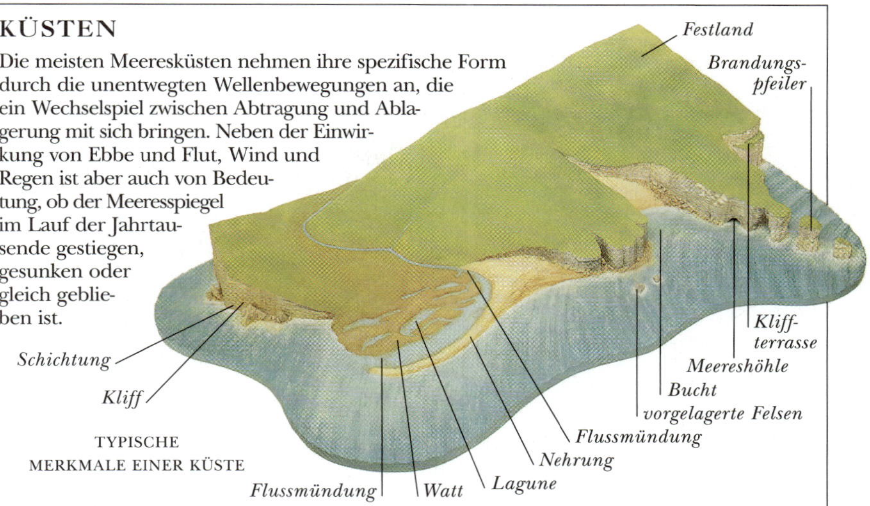


TYPISCHE MERKMALE EINER KÜSTE

### VERSCHIEDENE KÜSTENTYPEN

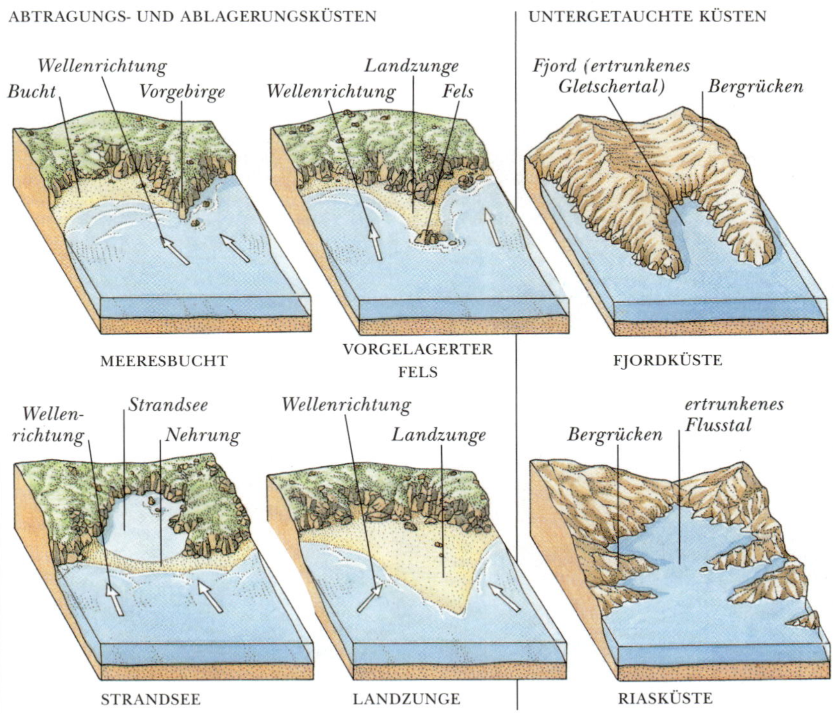


**kV** ⟨Zeichen für⟩ *Kilovolt*

**KV** ⟨Abk. für⟩ *Köchelverzeichnis*

**k. v.** ⟨Abk. für⟩ *kriegsverwendungsfähig*

**kW** ⟨Zeichen für⟩ *Kilowatt*

**Kwass** ⟨m.; -; unz.⟩ *in Russland beliebtes, leicht alkoholisches, bierähnliches Getränk aus vergorenem Malz, Mehl u. Brotbrei (mit Gewürzen verfeinert)* [< russ. *kvas* „saures Getränk"]

**KWEA** ⟨Abk. für⟩ *Kreiswehrersatzamt*

**kWh** ⟨Zeichen für⟩ *Kilowattstunde*

**Kybernetik** ⟨f. 20; unz.⟩ *Wissenschaft, die sich mit Steuerungs- u. Regelungsvorgängen verschiedenster Systeme natürlicher u. künstlicher Art befasst, dabei werden insbes. die Aufnahme, Verarbeitung u. Übertragung von Informationen untersucht;* → a. *Systemtheorie* [< grch. *kybernetike (techne)* „Steuermannskunst"]

**Kyniker** ⟨m. 3; Philos.⟩ *Angehöriger der von Antisthenes (444-368 v. Chr.) gegründeten Philosophenschule, die den Verzicht auf alle Kulturgüter erstrebte, was schließlich zur Verneinung aller kulturellen Werte führte;* oV *Zyniker (1)* [nach einem *Kynosarges,* eigtl. „Hundetummelplatz", genannten, dem Herakles geweihten Hügel an der Ostseite von Athen mit einem Gymnasium, in dem Antisthenes seine Vorträge hielt]

**kyrillisch** ⟨Adj.⟩ kyrillische Schrift, kyrillische Buchstaben *nach dem Slawenapostel Kyrillos benannte, aus der glagolit. Schrift entwickelte Schrift der griechisch-orthodoxen Slawen;* oV *cyrillisch;* Sy *Kyrilliza*

**Kyrilliza** ⟨f.; -; unz.⟩ = *kyrillische Schrift*

**Kyudo** ⟨n.; -s; unz.⟩ *jap. Kunst des Bogenschießens (als Kampfsport)*

**KZ** ⟨Abk. für⟩ *Konzentrationslager*

# L

**l 1** ⟨Zeichen für⟩ *Liter* **2** ⟨Abk. für rumän.⟩ *Leu*

**L 1** ⟨röm. Zahlzeichen für⟩ *50* **2** ⟨Abk. für engl.⟩ *large, groß (als Konfektionsgröße)*

**£** ⟨Zeichen für⟩ *Pfund Sterling*

**L.** ⟨Abk. für ital.⟩ *Lira[2] (1), Lire*

**La[1]** ⟨Chem.; Zeichen für⟩ *Lanthan*

**La[2]** ⟨n.; -, -; Mus.⟩ **1** *Ton A* **2** *in der Tonika-Do-Methode jeweils der sechste Ton einer Tonleiter* [ital., frz.]

**Lab** ⟨n.; -s; unz.⟩ *Enzym im Magen des Kalbes u. des Schafes, bringt Milch zum Gerinnen;* Sy *Chymosin* [< ahd. *lab* „Mittel zum Gerinnenmachen"]

**Label** ⟨['lɛib(ə)l] n. 13⟩ **1** *Aufklebeschild, Etikett* **2** *Marken-, Firmenbezeichnung auf einem Etikett (bes. bei Schallplatten und Compactdiscs)* [engl.]

**laben** ⟨V. t.; hat; geh.⟩ *erfrischen, erquicken, beleben* ◆ sich an etwas laben *sich an etwas gütlich tun;* jmdn. mit etwas laben [< ahd. *labon* „waschen, erquicken, erfrischen" < lat. *lavare* „waschen"; verwandt mit *lavieren, Lavabo, Lavoir, Lavendel, Lauge*]

**labial** ⟨Adj.; Phon.⟩ *mit den Lippen gebildet* (Laut) [zu lat. *labium* „Lippe"]

**labil** ⟨Adj.⟩ Ggs *stabil* **1** *nicht widerstandsfähig, oft krank* (Person) **2** *(oft unüberlegt) zur Veränderung neigend, leicht irritierbar* **3** ⟨fig.⟩ *unsicher, unzuverlässig* (Charakter) [< lat. *labilis* „leicht gleitend"]

**Labkraut** ⟨n. 12u; unz.; Bot.⟩ *Angehöriges einer Gattung der Rötegewächse, krautige, selten strauchige Pflanze mit zahlreichen, meist zu Rispen vereinigten Blüten: Galium* [→ *Lab*]

LACHS *(Salmo salar)*

**Labmagen** ⟨m. 4 od. 4u⟩ *dem Magen der übrigen Säugetiere entsprechender Teil des Magens der Wiederkäuer, in dem das Lab gebildet wird*

**Labor** ⟨n. 15 od. 11; kurz für⟩ *Laboratorium*

**Laborant** ⟨m. 16; Berufsbez.⟩ *Fachkraft für Laborarbeiten* (Chemielaborant, Fotolaborant) [zu lat. *laborans* „arbeitend", Part. Präs. zu *laborare*]

**Laboratorium** ⟨n.; -s, -rien⟩ *Arbeitsraum od. Forschungsstätte für biolog., chem., bakteriolog., technische u. a. Arbeiten* (Versuchslaboratorium); Sy ⟨kurz⟩ *Labor* [zu lat. *laborare* „arbeiten"]

**Labrador** ⟨m. 1⟩ *große Hunderasse, schwarz od. hellbeige* [nach der nordamerikan. Halbinsel *Labrador*]

**Labyrinth** ⟨n. 11⟩ **1** *Gebäude od. Höhle mit zahlreichen verschlungenen Gängen, Irrgarten* **2** ⟨fig.⟩ *Wirrsal, Durcheinander (von Erscheinungen, Angaben, Aufzeichnungen o. Ä.)* **3** ⟨Anat.⟩ *aus mehreren Teilen bestehendes Organ des Gleichgewichts u. Gehörsinnes der Wirbeltiere und des Menschen* **4** ⟨Zool.⟩ *Atemorgan der Labyrinthfische* [Herkunft unsicher, vielleicht < grch. *labyrinthos*, eigtl. „Haus der Doppelaxt" (als Königsinsignie), aus dem kretisch-minoischen Kulturkreis]

**Labyrinthfisch** ⟨m. 1; Zool.⟩ *Süßwasserfisch mit zusätzlichem Atemorgan (Labyrinth) zur Aufnahme von Sauerstoff aus der Luft: Anabantoidei*

**Lache** ⟨['la:xə] f. 19⟩ **1** *Pfütze, verschüttete Flüssigkeit* (Blutlache, Wasserlache) **2** *Tümpel* [< ahd. *lahha, laccha*, engl. *lake* „See"; verwandt mit *leck, lechzen*]

**lächeln** ⟨V. t. u. V. i.; hat⟩ *lautlos lachen, die Lippen zu einem Lächeln verziehen* ◆ ein Lächeln spielte, huschte um seine Lippen; freundlich, gütig, nachsichtig, spöttisch lächeln

**lachen** ⟨V. i.; hat⟩ **1** *durch Stimme u. Verziehen des Gesichts bei raschem, stoßweisem Ausatmen Heiterkeit, Freude od. Spott äußern* **2** ⟨m. Gen.⟩ *spotten über* ◆ er lachte sich eins ⟨umg.⟩ *er triumphierte heimlich;* sich einen **Ast** lachen ⟨fig.; umg.⟩ *sehr, (bes.) triumphierend lachen;* sie lachte nur seiner **Drohungen,** Mahnungen; **Tränen** lachen *so lachen, dass die Tränen kommen* ◆ sich das Lachen **verbeißen** ◆ **freundlich,** fröhlich, hämisch, laut, leise lachen; **schallend,** dröhnend lachen ◆ **aus** vollem Halse lachen; jmdm. **ins** Gesicht lachen *ihn frech anlachen;* **über** jmdn. od. etwas lachen; jmdn. **zum** Lachen bringen ◆ der lachende Dritte *der, der den Vorteil von einer Angelegenheit zwischen zweien hat;* die lachenden Erben ⟨umg.; scherzh.⟩ [< ahd. *(h)lahhen*, engl. *laugh*]

**lächerlich** ⟨Adj.⟩ *so beschaffen, dass man darüber (spöttisch) lachen muss, töricht, nicht ernst zu nehmen* ◆ sich wegen eines lächerlichen **Anlasses** streiten *wegen eines sehr geringfügigen Anlasses;* er macht eine lächerliche **Figur** ◆ **sein:** das ist ja (einfach) lächerlich! *das kann nicht ernst gemeint sein*

**Lachmöwe** ⟨f. 19; Zool.⟩ *kleine Möwe der Küste u. Binnengewässer: Larus ridibundus*

**Lachs** ⟨[-ks] m. 1; Zool.⟩ ◄ *Raubfisch der nordeuropäischen Meere, wandert zur Laichzeit in seinem Heimatfluss empor: Salmo salar;* Sy *Salm* [< ahd. *lahs*]

**Lack** ⟨m. 1⟩ **1** *zur Oberflächenveredelung od. zum Oberflächenschutz verwendete Lösung, Suspension od. Emulsion von Harzen, Kunstharzen od. Zellulosederivaten, die, mit Farbstoffen versetzt, auf die zu lackierenden Gegenstände aufgebracht wird* **2** ⟨Bot.; kurz für⟩ ► = *Goldlack* [< ital. *lacca* < arab. *lakk* < pers. *lak* < aind. *laksa* „Lack"]

**lackieren** ⟨V. t.; hat⟩ *mit Lack überziehen* ◆ sich die Fingernägel (rot) lackieren [< ital. *laccare* „lackieren"; → *Lack*]

**Lackkunst** ⟨f. 7u; unz.⟩ ► *in China u. Japan heimische, sehr schwierige u. langwierige Kunst, Gegenstände mit Lack zu überziehen u. dann durch Einschneiden od. Aufmalen von Mustern zu verzieren*

**Lackmus** ⟨n.; -; unz.⟩ *blauer Naturfarbstoff der Flechte Rocella fuciformis, färbt sich mit Säuren rot, mit Basen blau* [< ndrl. *lakmoes* < mndrl. *leken* „tropfen" + *mos* „grünes Gemüse, Mus", da man bei der Herstellung den Saft abtropfen lässt]

**Lackschildlaus** ⟨f. 7u; Zool.⟩ *Schildlaus, deren Weibchen Schellack liefert: Tachardia*

LADESTOCK

**lact..., Lact...** ⟨vor Vokalen; in Zus.⟩ = *lacto..., Lacto...* [< lat. *lac*, Gen. *lactis* „Milch"]

**Lactase** ⟨f. 19⟩ *Enzym, das Lactose in Galactose u. Glukose spaltet;* oV *Laktase* [< lat. *lac*, Gen. *lactis* „Milch"]

**lacto..., Lacto...** ⟨vor Vokalen⟩ lact..., Lact... ⟨in Zus.⟩ *milch..., Milch...;* oV *lakto..., Lakto...* [zu lat. *lac*, Gen. *lactis* „Milch"]

**Lactose** ⟨f. 19⟩ *ein Disaccharid, das aus je einem Molekül Glucose u. Galactose aufgebaut ist;* Sy *Milchzucker;* oV *Laktose* [< lat. *lac*, Gen. *lactis* „Milch"]

**Lädchen** ⟨n. 14⟩ *kleiner Laden*

**Lade** ⟨f. 19⟩ **1** *hölzerner, eckiger, breiter Behälter mit Deckel, Truhe, Kasten* **2** ⟨kurz für⟩ *Schublade* **3** *Windlade (der Orgel)* **4** ⟨nordostdt.⟩ *Fensterladen;* → a. *Bundeslade* [< ahd. **hlada*]

**Ladegerät** ⟨n. 11⟩ *zum Aufladen von Akkumulatoren dienendes Gerät, im Wesentlichen ein Gleichrichter für den Netzstrom*

**Ladelinie** ⟨[-niə] f. 19⟩ *gesetzlich vorgeschriebene u. durch Freibordmarke gekennzeichnete Linie, bis zu der das beladene Schiff ins Wasser tauchen darf;* → a. *Lademarke*

**Lademarke** ⟨f. 19⟩ = *Freibordmarke;* → a. *Ladelinie*

**laden[1]** ⟨V. t. 173; hat⟩ **1** *auf einen Wagen od. ein Schiff (zum Transport) bringen* (Waren) **2** *mit Munition versehen, ein od. mehrere Geschosse einlegen in* (Waffe) **3** *mit einer elektr. Ladung versehen* (Akkumulator) ◆ **Kartoffeln,** Kohlen, Sand laden ◆ die Waffe ist **scharf** geladen ◆ etwas **auf** sich laden *auf sich nehmen, sich einer schwierigen Sache unterziehen, sich mit etwas belasten;* eine Schuld auf sich laden; Fracht, Waren auf einen Wagen laden; ein Gewehr **mit** Kugeln, mit Schrot laden ◆ Vorsicht, die Pistole ist geladen!; die Atmosphäre war mit Spannung geladen ⟨fig.⟩ *man spürte die Spannung deutlich* [< ahd. *(h)ladan*, engl. *lade*]

**laden[2]** ⟨V. t. 173; hat⟩ *einladen, bitten od. auffordern zu kommen* ◆ jmdn. als Zeugen laden; jmdn. vor Gericht laden; jmdn. zum Essen, zum Kaffee laden [< ahd. *ladon*]

**Laden** ⟨m. 4u⟩ **1** *Raum (mit Schaufenster), in dem Waren verkauft werden, Geschäft* (Kurzwarenladen, Schreibwarenladen) **2** *Verschluss des Fensters von außen zum Vorklappen od. zum Hinaufziehen u. Herunterlassen, Fensterladen, Rollladen* ◆ einen Laden **eröffnen,** ⟨umg.⟩ *aufmachen;* den Laden **herun-**

LACKKUNST: MIT JAPANLACK ÜBERZOGENER ANTIKER STELLSCHIRM

terlassen; der Laden ist von 8 bis 20 Uhr **geöffnet;** ein Haus **mit** grünen Läden [< mhd. *lade* „Brett, Bohle, Fensterladen, Kaufladen“]

**Ladenhüter** ⟨m. 3; fig.⟩ *Ware, die lange nicht verkauft wird*

**Ladestock** ⟨m. 1u; früher⟩ ◄ *Holz- od. Stahlstab, mit dem beim Vorderlader die Munition in den Lauf geschoben wurde* ◆ er sitzt da, als hätte er einen Ladestock verschluckt ⟨umg.⟩ *kerzengerade, steif*

**lädieren** ⟨V. t.; hat⟩ **1** *beschädigen* (Sache) **2** *verwunden* (Person) [< lat. *laedere* „verletzen, beschädigen“]

**Ladung[1]** ⟨f. 20⟩ **1** *die geladenen Güter, Fracht* **2** *Sprengstoff, der ein Geschoss treibt* **3** *Elektrizitätsmenge, die auf einem Körper vorhanden ist, gemessen in der Einheit Coulomb* ◆ die Ladung eines Lastwagens, eines Schiffes; spezifische Ladung ⟨Phys.⟩ *die Ladung eines Teilchens dividiert durch seine Masse*

**Ladung[2]** ⟨f. 20⟩ *das Laden, Aufforderung zu erscheinen* ◆ eine Ladung erhalten

**Lady** ⟨[ˈlɛidi] f. 10; in England⟩ **1** ⟨i. w. S.⟩ *Dame* **2** ⟨i. e. S.⟩ *(Titel für) adlige Dame;* → a. *Gentleman, Sir* [engl. „Dame“]

**Lafette** ⟨f. 19; Mil.⟩ *Untergestell eines Geschützes zur Rückstoßaufnahme* [< frz. *l'affût* „das Gestell, die Lafette“]

**Laffe** ⟨m. 17⟩ *Geck, eitler, hochnäsiger (junger) Mann* [< frühnhd. *laffe* „Hängelippe, Maul“; → *Lappen*]

**Lage** ⟨f. 19⟩ **1** *räumliches Verhältnis, Stellung, Anordnung* (Lebenslage, Wirtschaftslage) **2** *Schicht, Reihe, Serie* **3** *mehrere auf einmal abgefeuerte Schüsse* **4** *Tonhöhe, Höhe, Umfang der Stimme* (Tonlage, Stimmlage) **5** *bestimmte Anzahl von Papierbogen, meist so viel, wie von Hand bewegt werden können* ◆ die Lage des **Hauses,** des Grundstücks; abwechselnd eine Lage **Fleisch** u. eine Lage Kartoffelscheiben; jeweils eine Lage **Papier** ◆ die Lage hat sich **gebessert,** gewandelt, verschlechtert ◆ die **allgemeine,** politische, wirtschaftliche Lage; **bequeme,** unbequeme Lage; **günstige,** ungünstige, schöne Lage; **hohe,** tiefe Lage *Stimmlage;* **schräge,** senkrechte, waagerechte Lage ◆ jmdn. **aus** einer schwierigen Lage befreien; sich **in** einer schwierigen Lage befinden; ich bin nicht in der Lage zu kommen *ich bin nicht imstande, nicht fähig, ich kann nicht;* Luftkurort in schöner, ruhiger Lage; **nach** Lage der Dinge können wir das nicht tun [< ahd. *laga* „das Liegen, Gelegensein, Zustand, Umstände, Hinterhalt“; → *liegen*]

**Lager** ⟨n. 13⟩ **1** *Übernachtung od. längerer Aufenthalt im Freien sowie alle Gegenstände dazu* (Feldlager, Zeltlager) **2** *Bett, Schlaf-, Ruhestätte* (Krankenlager, Nachtlager, Strohlager) **3** *Speicher, Vorratsraum* (Warenlager) **4** *Ruheplatz des Nieder- u. Schwarzwildes* **5** *Gelände mit Wohn- u. sanitären Anlagen sowie Küche u. Verwaltungsräumen zum vorübergehenden Unterbringen von Personen* (Ferienlager, Flüchtlingslager, Gefangenenlager) **6** ⟨Geol.⟩ *Schicht von Gesteinen u. Mineralien* **7** ⟨Tech.⟩ *Bauteil, der die Lasten von Tragwerken (Balken, Trägern) aufnimmt* **8** *zur Aufnahme u. Führung von schwingenden u. bes. sich drehenden Maschinenteilen (Wellen) dienender Maschinenteil* (Gleitlager, Kugellager) **9** ⟨Bot.⟩ ► *Pflanzenkörper der Lagerpflanzen;* Sy *Thallus* **10** ⟨fig.⟩ *Partei, Gesamtheit von Gleichgesinnten* ◆ das Lager **abbrechen;** ein Lager **aufschlagen;** die Lager **ölen,** schmieren; jmdm. ein Lager **zurechtmachen** ◆ **einfaches,** hartes, weiches Lager ◆ etwas **auf** Lager haben *vorrätig, verfügbar haben;* die Partei spaltete sich **in** mehrere Lager; ins gegnerische Lager überlaufen ⟨Mil.; a. fig.⟩ *zum Gegner überlaufen, die Seiten bzw. Meinung wechseln* [< ahd. *legar,* engl. *lair* „Wildlager“]

LAGER EINES LEBERMOOSES

**Lagerhaus** ⟨n. 12u⟩ *Vorratshaus, großer Speicher*

**lagern** ⟨V.; hat⟩ **I** ⟨V. t.⟩ **1** *längere Zeit aufbewahren* (Ware, Nahrungsmittel) **2** *bequem hinlegen, betten* (Kopf, Glied) ◆ sich lagern *sich im Freien niederlassen;* sich auf den Waldboden lagern; den Kopf eines Ohnmächtigen hoch, tief lagern; ein verletztes Glied ruhig lagern; dieser Fall ist anders gelagert *beruht auf anderen Voraussetzungen* **II** ⟨V. i.⟩ **1** *längere Zeit auf Lager liegen, aufbewahrt werden* (Waren) **2** *die Nacht im Freien zubringen* ◆ die Ware lagert im Keller, Speicher; er hat letzte Nacht draußen, im Zelt gelagert

**Lagerstätte** ⟨f. 19⟩ **1** *Lager(platz)* **2** ⟨Geol.⟩ *Ansammlung nutzbarer Bodenschätze*

**Lagomorpha** ⟨Pl.; Zool.⟩ ► = *Hasentiere*

**Lagune** ⟨f. 19⟩ **1** *Strandsee, vom offenen Meer durch Landstreifen od. Riffe getrennter, flacher See* **2** ⟨an der Ostsee⟩ *Haff* [< ital. *laguna* < lat. *lacuna* „Lache“; zu lat. *lacus* „See“]

**Lagunenriff** ⟨n. 11⟩ = *Kranzriff*

**lahm** ⟨Adj.⟩ **1** *bewegungsunfähig, gelähmt* (Glied) **2** *unfähig zu gehen* (Person, Tier) **3** ⟨fig.⟩ *müde, erschöpft* **4** ⟨fig.; umg.⟩ *schlapp, schwach* **5** *langweilig* ◆ einen lahmen Arm, ein lahmes Bein haben; er geht lahm *er hinkt;* eine Sache lahm legen *eine Sache unwirksam machen;* eine lahme Entschuldigung *eine nicht stichhaltige Entschuldigung, faule Ausrede; der Film war lahm* ⟨fig.; umg.⟩ [< ahd. *lam,* engl. *lame*]

**lahmen** ⟨V. i.; hat⟩ *lahm gehen, hinken* ◆ auf dem linken Fuß lahmen

**lähmen** ⟨V. t.; hat⟩ **1** *lahm machen, der Bewegungskraft berauben* **2** ⟨fig.⟩ *der Tatkraft berauben, unwirksam machen* ◆ die Angst lähmte ihre Entschlusskraft; lähmende Angst, gelähmt sein *unbeweglich sein, nicht gehen können*

**Lähmung** ⟨f. 20⟩ *das Gelähmtsein, Unbeweglichkeit (eines Gliedes)* ◆ einseitige, halbseitige Lähmung

**Lahnung** ⟨f. 20; Wasserbau⟩ *niedriger Damm im Watt aus zwei Pfahlreihen mit zwischenliegendem Buschwerk, der als Schlickfänger zum Küstenschutz u. zur Landgewinnung dient*

**Laib** ⟨m. 1⟩ *rund geformte, feste Masse* (Brotlaib) ◆ ein Laib Brot, Käse [< ahd. *leib,* engl. *loaf;* verwandt mit dem 1. Teil von *Lebkuchen*]

LAICH: FROSCHLAICH

**Laich** ⟨m. 1⟩ ◄ *die ins Wasser abgelegten, von einer Schleim- od. Gallerthülle umgebenen Eier der Mollusken, Fische u. Amphibien* [< spätmhd. *leich,* eigtl. „Liebesspiel, Tanz“; verwandt mit *Leich, löcken,* dem 2. Teil von *frohlocken*]

**laichen** ⟨V. i.; hat⟩ *Laich ablegen*

**Laichkraut** ⟨n. 12u; unz.; Bot.⟩ ▼ *Angehöriges einer Gattung der Laichkrautgewächse (Potamogetonaceae), im Schlamm hinkriechende Wasserpflanze, in der gern Fische laichen: Potamogeton;* Sy *Barbenkraut, Samkraut*

**Laie** ⟨m. 17⟩ **1** *Nichtfachmann, jmd., der von einem (bestimmten) Fach nichts versteht* **2** ⟨Theol.⟩ *Nichtgeistlicher* [< ahd. *leigo* < lat. *laicus* < grch. *laikos* „zum Volke gehörig“; zu *laos* „Volk“]

**Laissez faire, laissez aller,** ⟨od.⟩ **passer** ⟨[lɛse ˈfɛːr lɛse aˈleː] od. [- paˈseː]⟩ **1** ⟨Wirtsch.⟩ *lasst sie machen, lasst sie gehen, Schlagwort für ein wirtschaftspolitisches System bes. im 19. Jh., das die Einmischung der Behörden in das private Unternehmen ausschließen will* **2** ⟨fig.; Schlagwort für⟩ *Gewährenlassen, Nichteinmischung* [frz.]

**Laizismus** ⟨[laːi-] m.; -; unz.⟩ *Forderung nach Freiheit des öffentl. Lebens von relig. Bindung* [zu lat. *laicus* „zum Volke gehörig“; → *Laie*]

LAICHKRAUT: KRAUSES LAICHKRAUT *(Potamogeton crispus)*

**Lakai** ⟨m. 16⟩ **1** *fürstl. od. herrschaftl. Diener* **2** ⟨fig.⟩ *unterwürfiger, kriecherischer Mensch* [< frz. *laquais* „Diener“ *oulakes* < türk. *ulak* „Läufer, Eilbote“]

**Laken** ⟨n. 14⟩ **1** *Betttuch* (Bettlaken) **2** *großes Tuch* (Badelaken) [< nddt. *laken* „abgepasstes Gewebestück“]

**lakonisch** ⟨Adj.⟩ **1** *wortkarg, einsilbig* **2** *kurz und treffend (im Ausdruck)* ◆ lakonische Bemerkung [nach der grch. Landschaft *Lakonien* im südöstl. Teil der Peloponnes mit der Hauptstadt Sparta]

**Lakritz** ⟨m. 1 od. n. 11⟩,

**Lakritze** ⟨f. 19⟩ *schwarze, süße Masse aus Süßholzsaft* [< lat. *liquiritia* < grch. *glykyrrhiza* < *glykys* „süß“ + *rhiza* „Wurzel“]

**Laktase** ⟨f. 19⟩ = *Lactase*

**lakto..., Lakto...** ⟨in Zus.⟩ = *lacto..., Lacto...*

**Laktose** ⟨f. 19; unz.⟩ = *Lactose* [zu lat. *lac,* Gen. *lactis* „Milch“]

**lallen** ⟨V. t. u. V. i.; hat⟩ *mit gehemmter Zunge unartikuliert sprechen* ◆ sehr laut lallen [< idg. **lal(l)a-;* lautmalend, kindersprachlich]

**Lama[1]** ⟨n. 15; Zool.⟩ ► *vom Guanako abstammendes höckerloses Kamel, das in Südamerika als Lasttier sowie als Lieferant von Fleisch u. Wolle gehalten wird: Lama glama* [< span. *llama* < Ketschua *llama*]

LAMA *(Lama glama)*

**Lama**[2] ⟨m. 6; Rel.⟩ *tibet. buddhist. Priester;* → a. *Dalai-Lama* [< tibet. *blama* „Oberer, Lenker, Lehrer"]
**Lambda** ⟨n. 15; Zeichen: λ, Λ⟩ *elfter Buchstabe des griechischen Alphabets*
**Lambdasonde** ⟨f. 19; Tech.⟩ *Gerät, das bei Kraftfahrzeugen mit Abgaskatalysator das Luft-Brennstoff-Gemisch regelt* [nach dem grch. Buchstaben *Lambda*]
**Lambertsnuss** ⟨f. 7u; Bot.⟩ *als Zierstrauch angepflanzter südeurop. Verwandter der Haselnuss mit meist dunkelrotem Laub: Corylus maxima;* Sy *Große → Haselnuss* [< frühnhd. *lambertische Nuss* „Nuss aus der Lombardei"]
**Lambswool** ⟨['læmzwu:l] f. 10⟩ *Lammwolle (Qualitätsbez. für Strickwaren)* [engl.]
**Lamé** ⟨m. 6⟩ *Seidengewebe in Atlasbindung mit Schuss aus Metallfäden;* oV *Lamee* [< frz. *lamé* „mit Lahn durchzogen"; zu frz. *lame* „Metallplatte, Lamelle"; → *Lahn*]
**Lamee** ⟨m. 6⟩ = *Lamé*
**Lamelle** ⟨f. 19⟩ **1** *dünnes Blättchen, dünne Scheibe* **2** *einzelnes Glied eines Heizkörpers, Rippe* **3** ⟨Tech.⟩ *Scheibe aus Metall, Papier od. Kunststoff* **4** ⟨Bot.⟩ *streifenförmiger Träger des Fruchtkörpers unter dem Hut der Blätterpilze* [< frz. *lamelle* „Lamelle, Plättchen" < lat. *lamella,* Verkleinerungsform zu *lamina* „dünnes Metallblech"; verwandt mit *Lahn, Lametta, Lamé*]
**lamentieren** ⟨V. i.; hat; abwertend⟩ *wehklagen, jammern* ◆ über etwas lamentieren [< lat. *lamentari* „laut wehklagen"]
**Lamento** ⟨n. 15; in der alten ital. Oper u. im Madrigal⟩ **1** *Klagelied* **2** ⟨allg.⟩ *Klage, Gejammer* ◆ ein großes Lamento (über etwas) anstimmen [< ital. *lamento* „Wehklage" < lat. *lamentum* „Wehklage"; zu *lamentari* „laut wehklagen"]
**Lametta** ⟨n. 15; unz.; österr. a.: f.; -; unz.⟩ *dünner, schmaler Silberpapierstreifen (als Christbaumschmuck)* [< ital. *lametta,* Verkleinerungsform zu *lama* „Metallblatt" < lat. *lamina* „dünnes Metallblech"; verwandt mit *Lahn, Lamelle, Lamé*]
**Lamm** ⟨n. 12u⟩ **1** *junges Schaf* **2** *junge Ziege* ◆ das Lamm Gottes ⟨fig.; poet.⟩ *Christus;* geduldig, unschuldig wie ein Lamm [< ahd. *lamb,* engl. *lamb*]
**Lämmergeier** ⟨m. 3⟩ ► = *Bartgeier*
**Lampe**[1] ⟨f. 19⟩ **1** *Gerät zum Erzeugen von Licht durch Verbrennung, Erhitzung od. Gasentladung* (Bogenlampe, Gaslampe, Glühlampe, Petroleumlampe, Halogenlampe, Neonlampe) **2** *Gerät, das eine solche Lichtquelle enthält, Leuchte* (Hängelampe, Schreibtischlampe, Stehlampe, Taschenlampe, Nachttischlampe) ◆ elektrische Lampe; bei, unter der Lampe sitzen [< mhd. *lampe* < frz. *lampe* < vulgärlat. *lampada;* zu lat. *lampas,* Gen. *lampadis* „Fackel, Kerze, Licht" < grch. *lampas, lampados* „Fackel"; verwandt mit *Laterne*]
**Lampe**[2] ⟨m.; -; unz.⟩ Meister Lampe *(Name des Hasen in der Tierfabel)* [nach dem männl. Vornamen *Lampe,* Kurzform für *Lamprecht*]
**Lampenfieber** ⟨n. 13; unz.⟩ *Erregung, Angst (des Künstlers) vor dem Auftreten* ◆ Lampenfieber haben; an Lampenfieber leiden
**Lampion** ⟨[lãp'jɔ̃] od. [lamp'jɔŋ] od. österr. [lamp'jo:n] m. 6 od. n. 15⟩ *Laterne aus buntem Papier od. bunter Seide mit einer Kerze im Innern* [< frz. *lampion* „Lämpchen" < ital. *lampione,* Verkleinerungsform zu *lampa* „Lampe"]

LANDAUER: DAMPFGETRIEBENER LANDAUER (1854)

**Lamprete** ⟨f. 19; Zool.⟩ *größter Vertreter der Rundmäuler, Meerneunauge: Petromyzon marinus* [< ahd. *lampreta* < gallorom. *lampreda* „Neunauge"]
**lancieren** ⟨[lãsi:-] V. t.; hat⟩ **1** *in Gang bringen* **2** ⟨fig.⟩ *geschickt in eine vorteilhafte Stellung bringen* ◆ einen Künstler lancieren ⟨fig.⟩ *bekannt machen, in der Öffentlichkeit erscheinen lassen* [< frz. *lancer* „werfen, schleudern"; zu *lance* „Lanze"]
**Land** ⟨n. 12u⟩ **I** ⟨unz.⟩ **1** *Erdboden, Grund, Grundstück, Grundbesitz* (Ackerland, Grünland, Weideland) **2** *Festland* **3** *Wald, Wiese u. Feld, freie Gegend* ◆ 50 **Hektar** Land; **Stadt** und Land; ein **Stück** Land besitzen ◆ das Land **bebauen** ◆ **ebenes,** flaches, hügeliges, offenes, weites Land ◆ **an** Land gehen od. steigen (vom Schiff aus); **aufs** Land gehen, reisen, ziehen; auf dem Lande leben; Streitkräfte **zu** Wasser, zu Lande und in der Luft **II** ⟨zählb.; poet. a.: n. 11⟩ **1** *von Grenzen umgebenes Gebiet, Staat* **2** *Teil des Staates, Provinz* ◆ das Land meiner **Väter** *meine Heimat;* die **Vertreter** aller Länder ◆ jmdn. des Landes **verweisen** *jmdm. den Aufenthalt im Staat verbieten* ◆ **ferne,** fremde Länder; **nördliche,** südliche Länder ◆ Menschen **aus** aller Herren Ländern *von überallher;* **außer** Landes gehen *einen Staat verlassen* [< ahd. *lant,* engl. *land*]
**landab** ⟨Adv.⟩ → *landauf*
**Landauer** ⟨m. 3⟩ ▲ *viersitziger Pferdewagen mit zusammenlegbarem Verdeck, der alternativ mit Dampf betrieben werden kann* [nach der Stadt *Landau* in der Pfalz]
**landauf** ⟨Adv.; nur in der Wendung⟩ landauf, landab *im ganzen Land, überall*
**landaus** ⟨Adv.; nur in der Wendung⟩ landaus, landein **1** *im Inland und Ausland* **2** *durch viele Länder (hindurch)*
**Landbrücke** ⟨f. 19⟩ *schmale Landverbindung, die beiderseits von Wasser begrenzt ist*
**Landebahn** ⟨f. 20⟩ *bes. gekennzeichneter Bereich eines Flugplatzes zum Landen von Flugzeugen*
**landein** ⟨Adv.⟩ → *landaus*
**landen I** ⟨V. i.; ist⟩ **1** *am Festland, am Ufer anlegen* (Schiff) **2** *auf den Boden niedergehen* (Flugzeug) ◆ der Wagen landete an einem Baum, im Straßengraben; er konnte bei ihr nicht landen ⟨umg.; scherzh.⟩ *er hatte bei ihr keinen Erfolg (mit seiner Werbung)* **II** ⟨V. t.; hat⟩ **1** *(vom Schiff od. Flugzeug) an Land od. auf den Erdboden bringen* (Truppen) **2** ⟨umg.⟩ *anbringen, platzieren* ◆ er landete eine kräftige Linke am Kinn des Gegners ⟨Boxen⟩
**Landenge** ⟨f. 19⟩ ► *schmaler Landstreifen zwischen zwei Meeren, die eine Verbindung zwischen zwei größeren Festlandsmassen herstellt;* Sy *Isthmus*
**Landesbischof** ⟨m. 1u; ev. Kirche⟩ *einer Landeskirche vorstehender leitender Bischof*
**Landeskirche** ⟨f. 19⟩ **1** ⟨i. w. S.⟩ *Kirche innerhalb des Landes* **2** ⟨i. e. S.⟩ *Kirche eines der dt. Länder innerhalb der dt. evangelischen Kirche* **3** ⟨schweiz.⟩ *Staatskirche*
**Landesregierung** ⟨f. 20; Pol.⟩ **1** ⟨i. w. S.⟩ *Regierung eines Landes* **2** ⟨i. e. S.⟩ *Regierung eines Landes innerhalb der BRD bzw. Österreichs*
**Landessteg** ⟨m. 1⟩ *Steg am Ufer, an dem ein Schiff od. Boot anlegen kann*
**Landflucht** ⟨f. 20; unz.⟩ *Streben der bäuerl. Bevölkerung, in die Stadt zu ziehen, in der Stadt Arbeit zu finden*
**Landfriedensbruch** ⟨m. 1u⟩ **1** ⟨MA⟩ *Vergehen gegen den Landfrieden (durch Fehde)* **2** ⟨heute⟩ *öffentl. Gewalttätigkeit mehrerer Personen gegen andere Personen od. Sachen*
**Landgericht** ⟨n. 11⟩ *dem Amtsgericht übergeordnetes Kollegialgericht*
**Landkarte** ⟨f. 19⟩ *(meist handlich gefaltetes) Blatt Papier mit der in verkleinertem Maßstab zeichnerischen Darstellung der Erdoberfläche od. eines ihrer Teile*
**landläufig** ⟨Adj.⟩ **1** *gewöhnlich, allgemein bekannt* (Meinung) **2** *üblich* (Redensart)
**ländlich** ⟨Adj.⟩ **1** *zum freien Land gehörig, auf dem Land üblich;* Ggs *städtisch (4)* **2** *bäuerlich-einfach* ◆ ländliche Gegend; ländliche Idylle
**Landschaft** ⟨f. 20⟩ **1** *geographisches Gebiet mit bestimmter, von der Natur geprägter Eigenart* **2** *freies Land, Gegend* **3** ⟨Mal.⟩ *Darstellung einer Landschaft* ◆ bergige, hügelige, waldige Landschaft; herbe, liebliche, öde, karge Landschaft; mythologische, realistische Landschaft ⟨Mal.⟩
**Landschaftsschutzgebiet** ⟨n. 11; Abk.: LSG⟩ *Landschaftsteil von bes. Eigenart, der durch das Naturschutzgesetz gegen Eingriffe u. Änderungen, die die Natur schädigen, geschützt ist, jedoch der land- u. forstwirtschaftl. Nutzung bzw. als Erholungsgebiet offen steht*

LANDENGE ZWISCHEN THAILAND UND MALAYSIA

L

**Landschildkröte** ⟨f. 19; Zool.⟩ ► *Angehörige einer Gruppe Land bewohnender Schildkröten: Testudinidae*
**Landsknecht** ⟨m. 1; 15./16. Jh.⟩ *zu Fuß kämpfender Söldner* [< *Land* + *Knecht* (eigtl. ein im kaiserlichen Land - im Gegensatz zum Schweizer - angeworbener Soldat)]
**Landsmann** ⟨m.; -(e)s, -leute⟩ **1** *Einwohner des gleichen Landes od. der gleichen Landschaft* **2** *Einwohner eines bestimmten Landes* ◆ er ist ein Landsmann von mir *er stammt aus dem gleichen Land wie ich;* was ist er für ein Landsmann? *woher stammt er?*
**Landstraße** ⟨f. 19⟩ *Überlandweg mit befestigter Fahrbahn*
**Landstreicher** ⟨m. 3⟩ *jmd., der obdachlos ist u. im Land umherzieht;* Sy ⟨veraltet⟩ *Vagabund (1)*
**Landstrich** ⟨m. 1⟩ *schmaler Teil einer Landschaft, kleines Gebiet*
**Landsturm** ⟨m. 1u; unz.⟩ **1** ⟨urspr.⟩ *letztes Aufgebot aller Wehrpflichtigen* **2** *die älteren Jahrgänge der Wehrpflichtigen,* ⟨schweiz.⟩ *vom 43. bis zum 50. Lebensjahr*
**Landtag** ⟨m. 1; unz.⟩ **1** ⟨im alten Dt. Reich⟩ *Versammlung der Landstände* **2** ⟨heute⟩ *Volksvertretung der Bundesländer*
**Landung** ⟨f. 20⟩ *das Landen (von Schiffen, Flugzeugen)*
**Landungshaken** ⟨m. 4; Angeln⟩ ► *großer Haken am (Holz-)Stiel, mit dem schwere Fische gelandet werden*
**Landwehr** ⟨f. 20⟩ **1** ⟨MA⟩ *Grenzbefestigung eines kleinen Gebietes aus Wällen u. Buschwerk* **2** ⟨Mil.⟩ **2.1** ⟨allg.⟩ *bewaffnetes Aufgebot zum Schutz des Landes vor Feinden* **2.2** ⟨1805-1945⟩ *die Wehrpflichtigen vom 35. bis zum 45. Lebensjahr* **2.3** ⟨schweiz.⟩ *vom 33. bis zum 42. Lebensjahr*
**Landwirt** ⟨m. 1⟩ **1** *Eigentümer od. Pächter eines landwirtschaftl. Betriebes, Bauer* **2** *jmd., der eine Lehre in einem landwirtschaftl. Betrieb sowie eine Landwirtschaftsschule bzw. höhere Schule (Abitur) u. landwirtschaftl. Hochschule absolviert hat*
**Landwirtschaft** ⟨f. 20⟩ **I** ⟨unz.⟩ *planmäßiger Betrieb von Ackerbau u. Viehzucht* **II** ⟨zählb.; umg.⟩ *kleiner Besitz auf dem Land mit Kleintierhaltung*
**lang I** ⟨Adj.⟩ **1** ⟨räuml.⟩ **1.1** *von großer Ausdehnung in einer Richtung* (Weg, Strecke, Schnur); Ggs *kurz (I, 1)* **1.2** *(eine bestimmte) Ausdehnung besitzend* **1.3** *groß u. schlank* (Mensch, Tier) **1.4** *hoch* (Mast, Pfahl) **2** ⟨zeitl.⟩ **2.1** *von großer Ausdehnung* **2.2** *viel* (Zeit) **2.3** *(eine bestimmte) Zeit beanspruchend, dauernd;* Ggs *kurz (I, 3)* ◆ ein langes **Gesicht** machen ⟨fig.; umg.⟩ *ein enttäuschtes Gesicht;* langes **Haar** tragen; fünf **Jahre** lang; ein langes **Kleid** tragen *ein bis zu den Füßen reichendes Kleid;* der Tisch ist fünf **Meter** lang; eine lange **Rede** halten; lange **Zeit;** längere Zeit *ziemlich lange Zeit* ◆ einen Rock länger **machen;** das Haar lang **tragen** ◆ eine Sache lang und **breit** erzählen, schildern *sehr, zu ausführlich* ◆ **auf,** für lange Zeit; **nach** langem Nachdenken; **seit** langer Zeit ◆ **wie** lang ist das Seil? **II** ⟨Adv.⟩ = *lange* [< ahd. *lang,* engl. *long*]
**langatmig** ⟨Adj.⟩ *zu ausführlich, weitschweifig* ◆ etwas langatmig beschreiben
**Langbogen** ⟨m. 4 od. süddt.: m. 4u⟩ ► *Bogen, mit dem lange, befiederte Pfeile geschossen werden*

LANDSCHILDKRÖTE: GRIECHISCHE LANDSCHILDKRÖTE
*(Testudo hermanni)*

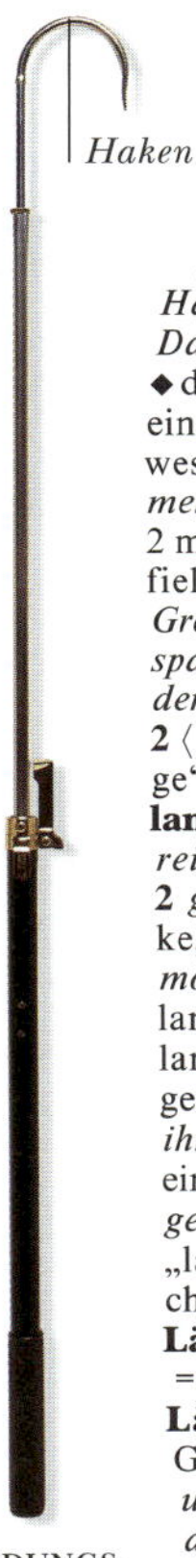

LANDUNGS-HAKEN

**lange** ⟨Adv.⟩ oV *lang (II)* **1** *lange Zeit, während eines größeren Zeitraums* **2** ⟨fig.; umg.⟩ *bei weitem, völlig* ◆ ich kann es nicht länger **aushalten,** ertragen, mit ansehen; er hat lange **gebraucht,** bis ...; es wird noch, nicht mehr lange **dauern;** lange **schlafen;** ich kann nicht länger **warten** ◆ es ist länger **als** ein Jahr her; lange **bevor** er kam; das geschah erst lange **danach;** das ist **noch** lange nicht genug ⟨fig.; umg.⟩; ich habe **schon** lange nichts mehr von ihm gehört ◆ **wie** lange soll ich noch warten?
**Länge** ⟨f. 19⟩ **I** ⟨unz.⟩ **1** *räumliche Ausdehnung in einer Richtung, in der Hauptrichtung* **2** *zeitliche Ausdehnung, Dauer* **3** ⟨Geogr.⟩ = *Längengrad (1)* ◆ die Länge eines Gegenstandes messen; eine Strecke von drei Meter Länge; 20° westlicher Länge *20° westlich des Nullmeridians von Greenwich;* der Tisch misst 2 m in der Länge *ist zwei Meter lang;* er fiel der Länge nach hin *in seiner ganzen Größe* **II** ⟨zählb.; meist Pl.⟩ **1** *langweilige, spannungslose, zu weitschweifig geschilderte Stelle (im Buch, Film, Theaterstück)* **2** ⟨Metrik⟩ *lange Silbe* [< ahd. *lengi* „Länge"; → *lang*]
**langen** ⟨V.; hat⟩ **I** ⟨V. i.⟩ **1** *genügen, ausreichen, eine bestimmte Länge haben* **2** *greifen (nach, bis zu)* ◆ langt das?; danke, es langt (mir)! *es genügt (mir), ich möchte nicht mehr davon;* in die Tasche langen; der Stoff wird zu einem Kleid langen **II** ⟨V. t.; umg.; nur in Wendungen wie⟩ ich werde ihn mir schon langen! *ihm meine Meinung sagen;* jmdm. eine langen *jmdm. eine Ohrfeige geben* [< ahd. *langen,* eigtl. „lang werden oder machen"; → *lang*]
**Längeneinheit** ⟨f. 20⟩ = *Längenmaß*
**Längengrad** ⟨m. 1; Geogr.⟩ **1** *der von zwei um 1° auseinander liegenden Längenkreisen bedeckte Teil der Erdoberfläche;* Sy *Länge (3)* **2** ► = *Längenkreis*
**Längenkreis** ⟨m. 1; Geogr.⟩ ►► *Kreis von Pol zu Pol im geograph. Gradnetz;* Sy *Längengrad (2)*
**Längenmaß** ⟨n. 11⟩ *Maßeinheit für die Längenausdehnung, z. B. die SI-Einheit Meter;* Sy *Längeneinheit*
**Langeweile** ⟨f.; Gen.: der Langenweile od. der Langeweile; unz.⟩ *Mangel an Abwechslung* ◆ Langeweile haben *nicht wissen, womit man die Zeit verbringen, sich die Zeit vertreiben soll;* sich mit Spielen, Lesen die Langeweile vertreiben [< *lang* + *Weile*]

LANGBOGEN: SCHÜTZE MIT LANGBOGEN (15. JH.)

**Langfisch** ⟨m. 1; Zool.⟩ ► = *Leng*
**langgehen** ⟨V. 145; ist; umg.⟩ **I** ⟨V. t.⟩ *an etwas entlanggehen* ◆ einen Weg langgehen; am Ufer langgehen **II** ⟨V. i.; fig.; meist in der Wendung⟩ wissen, wo es langgeht ⟨fig.⟩ *wissen, was (im Leben) richtig ist, was zu tun ist, welche Entscheidung (in einer Situation) getroffen werden muss*
**Langhaus** ⟨n. 12u; Arch.⟩ *lang gestreckter, meist in der Ost-West-Richtung verlaufender Hauptteil einer Basilika od. einer Hallenkirche;* Sy *Langschiff*
**länglich** ⟨Adj.⟩ *mehr lang als breit, etwas lang*
**Langmut** ⟨f.; -; unz.; geh.⟩ *Geduld, Nachsicht* ◆ Langmut üben (gegen jmdn.) *nachsichtig sein;* jetzt ist seine Langmut erschöpft, zu Ende
**Langobarde** ⟨m. 17⟩ *Angehöriger eines ostgerm. Volkes, urspr. an der unteren Elbe, dann in Norditalien*
**Langpferd** ⟨n. 11; Sp.; Turnen⟩ ▼ *ein Turngerät für den Pferdsprung;* → a. *Seitpferd*

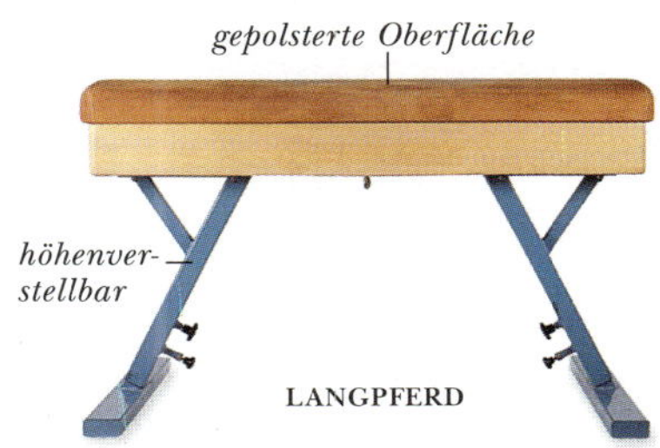

LANGPFERD

**längs** ⟨Präp. m. Gen.⟩ **1** *entlang* **2** *in der Längenachse;* Ggs *quer* ◆ längs des Flusses, der Straße; einen Gegenstand längs durchschneiden [< mhd. *lenges,* älter *langes* „der Länge nach", erstarrter Gen. Sing. des Adj. *lang*]
**Längsachse** ⟨[-ks-] f. 19⟩ *Achse in der Längenausdehnung*
**langsam I** ⟨Adj.⟩ Ggs *schnell (1)* **1** *lange Zeit brauchend* **2** *träge, schwerfällig* (Bewegung) **3** *säumig, zögernd* **4** *gemächlich, gemessen* (Schritt) ◆ seine Genesung macht nur langsame Fortschritte; langsamer Walzer; langsam arbeiten; langsam näher kommen; die Zeit vergeht langsam **II** ⟨adv.⟩ *allmählich* ◆ es wird langsam Zeit zu gehen [< mhd. *lancsam* < ahd. *langsam* „lange dauernd"; das Adj. übernahm in mhd. Zeit die Bedeutung des untergegangenen Adj. *lancseim,* ahd. *langseimi* „zögernd, nach u. nach vor sich gehend"]
**Langschiff** ⟨n. 11⟩ = *Langhaus*
**Längsschnitt** ⟨m. 1; Geom.⟩ Ggs *Querschnitt (1)* **1** *Schnitt der Länge nach durch einen Körper* **2** *Zeichnung, die diesen Schnitt darstellt*
**längst** ⟨Adv.⟩ *schon lange, (schon) seit langer Zeit* ◆ ich weiß es längst; das ist ja längst fertig; er ist (schon) längst wieder gesund

## LÄNGEN- UND BREITENKREISE

Längenkreise (Meridiane) sind fiktive Linien auf dem Erdball, die sich vom Nord- zum Südpol erstrecken. Zusammen mit den Breitenkreisen, die parallel zum Äquator verlaufen, bilden sie das Gradnetz, das zur geographischen Positionsbestimmung dient. Die Länge gibt man in Grad westlich oder östlich des Nullmeridians, die Breite in Grad nördlich oder südlich des Äquators an.

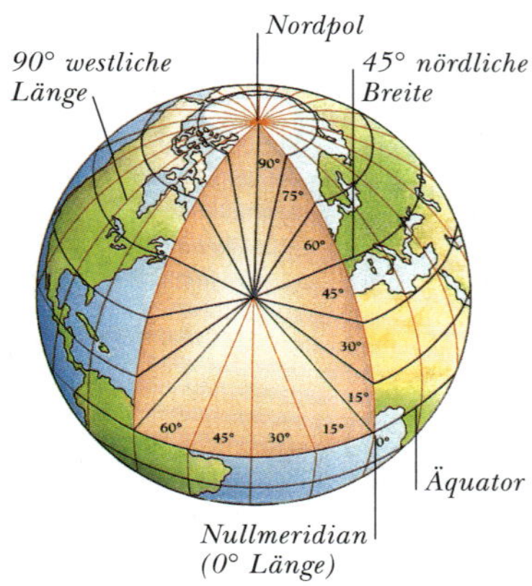


LÄNGEN- UND BREITENKREISE AUF DER ERDKUGEL

**längstens** ⟨Adv.; umg.; zeitl.⟩ **1** *höchstens* **2** *spätestens* ◆ er ist längstens eine halbe Stunde dort gewesen; in längstens zwei Stunden, zwei Wochen

**Längswelle** ⟨f. 19⟩ = *Longitudinalwelle*

**Languste** ⟨f. 19⟩ ▼ *Angehörige einer zu den Panzerkrebsen gehörenden Familie der Zehnfußkrebse mit langen Antennen und ohne Scheren: Palinuridae* [< frz. *langouste* < vulgärlat. **langusta* < lat. *locusta* „Heuschrecke"]

**langweilen** ⟨V.; hat⟩ **I** ⟨V. t.⟩ jmdn. langweilen *jmdm. Langeweile verursachen* **II** ⟨V. refl.⟩ sich langweilen *Langeweile haben, unbeschäftigt sein* ◆ ich habe mich (bei der Korrektur o. Ä.) schrecklich gelangweilt

**langweilig** ⟨Adj.⟩ **1** *Langeweile bereitend, eintönig, ermüdend einförmig* **2** *übermäßig lange dauernd* **3** *wenig abwechslungsreich, öde* (Landschaft) ◆ eine langweilige Geschichte, Rede; die Suppe schmeckt langweilig ⟨fig.; umg.⟩ *fade;* das lange Warten wird mir (allmählich) langweilig

**Langwelle** ⟨f. 19⟩ *elektromagnet. Welle von 1 bis 10 km Länge*

**langwierig** ⟨Adj.⟩ *lange dauernd u. (meist auch) schwierig, schleppend* ◆ langwierige Arbeit, Verhandlungen; eine sehr langwierige Krankheit [< spätmhd. *lancwiric* „lange während"]

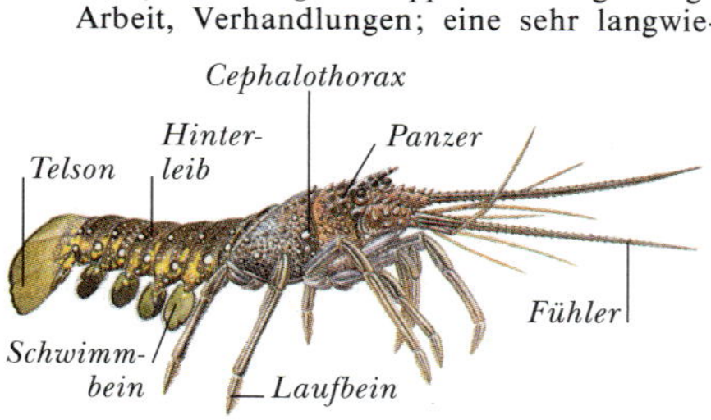


LANGUSTE: GEWÖHNLICHE LANGUSTE (*Palinurus vulgaris*)

**Langzeitarbeitslosigkeit** ⟨f. 20; unz.⟩ = *Dauerarbeitslosigkeit*

**Langzeitgedächtnis** ⟨n. 11; unz.⟩ *Fähigkeit des Gehirns, eine Information für lange Zeit zu speichern;* Ggs *Kurzzeitgedächtnis*

**Lanthan** ⟨n.; -s; unz.; Chem.; Zeichen: La⟩ *zu den Metallen der Seltenen Erden gehörendes chem. Element, Ordnungszahl 57* [zu grch. *lanthanein* „verborgen sein"]

**Lanze** ⟨f. 19⟩ *Stichwaffe mit langem Schaft, Speer, Spieß* ◆ eine Lanze für jmdn. brechen ⟨fig.⟩ *für jmdn. eintreten, für ihn sprechen* [< mhd. *lanze* < frz. *lance* < lat. *lancea* „Speer mit Wurfriemen, Lanze"]

**Lanzenotter** ⟨f. 21; Zool.⟩ *bodenbewohnende Grubenotter Mittel- u. Südamerikas, Jararaka: Bothrops atrox*

**Lanzette** ⟨f. 19⟩ *kleines, spitzes, zweischneidiges Operationsmesser* [< frz. *lancette,* Verkleinerungsform zu *lance;* → *Lanze*]

**Lanzettfisch** ⟨m. 1⟩, **Lanzettfischchen** ⟨n. 14⟩ = *Amphioxus*

**lapidar** ⟨Adj.⟩ **1** *wuchtig, kraftvoll* **2** *kurz u. bündig* **3** ⟨umg.⟩ *beiläufig, nebenbei (gesagt)* ◆ etwas lapidar erwähnen [< lat. *lapidarius* „zu den Steinen gehörig, Stein..."; zu *lapis* „Stein"]

**Lapislazuli** ⟨m.; -, -⟩ ► *blauer Halbedelstein;* Sy *Lasurit, Lasurstein;* ► *Schmucksteine* [< mlat. *lapis lazuli* „Blaustein" < lat. *lapis* „Stein" + Gen. von *lazulum,* rom. Nebenform zu *lazur(ium)* „Blaustein, Blaufarbe"; → *Lasur*]

LAPISLAZULI

**Lappalie** ⟨[-liə] f. 19⟩ *lächerl. Kleinigkeit, Nichtigkeit* ◆ sich wegen einer Lappalie streiten [scherzhafte student. Bildung (17. Jh.) zu *Lappen* mit lat. Endung nach dem Muster von Ausdrücken des Amtsdeutsch wie z. B. *Personalien*]

**Lappe** ⟨m. 17⟩ *Einwohner von Lappland;* Sy *Lappländer*

**Lappen** ⟨m. 4⟩ **1** *Stück Stoff, wertloses Tuch zum Gebrauch im Haushalt, zum Putzen von Maschinen usw.* (Putzlappen, Waschlappen, Wischlappen) **2** ⟨Anat.⟩ *flächiges Organ od. Organteil* (Fleischlappen, Hautlappen) **3** ⟨Jägerspr.⟩ *Haut zwischen den Zehen des Wasserwildes* **4** ⟨fig.; umg.⟩ *Geldschein von hohem Wert* ◆ jmdm. durch die Lappen gehen ⟨fig.⟩ *entgehen, entweichen, entwischen* [< ahd. *lappo, lappa* „herabhängendes Stück Zeug"]

**läppern** ⟨V. refl.; hat⟩ es läppert sich *häuft sich allmählich* [< mnddt. *lapen* „lecken, schlürfen"; verwandt mit *Löffel*]

**läppisch** ⟨Adj.; abwertend⟩ *sehr töricht, kindisch, albern, lächerlich, abgeschmackt* ◆ läppisches Benehmen, Verhalten [< spätmhd. *leppisch;* → *Lappen*]

**Lappländer** ⟨m. 3⟩ = *Lappe*

**Lapsus** ⟨m.; -, -⟩ *nicht wesentl., verzeihl. Fehler, Schnitzer, Versehen* ◆ Lapsus Calami *Schreibfehler;* Lapsus Linguae *Sprechfehler, ein Sichversprechen;* Lapsus Memoriae *Gedächtnisfehler;* es ist mir ein Lapsus passiert, unterlaufen [lat., „das Gleiten, Fallen"]

**Laptop** ⟨['læptɔp] m. 6; EDV⟩ ► *tragbarer Personalcomputer mit sehr flachem Bildschirm, der auch ohne Netzanschluss bedient werden kann;* → a. *Desktop, Tower (2)* [< engl. *lap* „Schoß" + *top* „Tischplatte"]

LÄRCHE: EUROPÄISCHE LÄRCHE (*Larix decidua*)

**Lärche** ⟨f. 19⟩ ◄ *Angehörige einer Gattung von Nadelhölzern der nördl. Halbkugel, deren Kurztriebe ihre Nadeln im Herbst abwerfen u. im nächsten Frühjahr wieder neue bilden: Larix* [< mhd. *larche, lerche* < ahd. **larihha* < lat. *larix* „Lärche"]

**largo** ⟨Adj.; Mus.⟩ *langsam, getragen u. weich (zu spielen)* [ital., „gedehnt, langsam"]

**Lärm** ⟨m. 1; unz.⟩ **1** *sehr lautes Geräusch, Krach, Getöse* (Straßenlärm) **2** *Geschrei* **3** *Alarm* ◆ der Lärm der Maschinen, der Flugzeuge; Lärm schlagen *Alarm schlagen;* ohrenbetäubender Lärm; viel Lärm um nichts ⟨fig.⟩ *unnötige Aufregung verursachen* [< frühnhd. *lerman, larman* < ital. *allarme,* frz. *alarme,* eigtl. *all'arme!* „zur Waffe!"; → *Alarm*]

**lärmen** ⟨V. i.; hat⟩ *Lärm machen, durcheinander schreien* ◆ die Kinder lärmen auf dem Schulhof, auf der Straße

**larmoyant** ⟨[larmoa'jant] Adj.; -er, am -esten; geh.⟩ *weinerlich, rührselig* (Theater-, Musikstück) [frz., „rührselig, weinerlich"; zu *larme* „Träne"]

**Lärmschutz** ⟨m. 1; unz.⟩ *Gesamtheit der Maßnahmen zur Verminderung von bzw. zum Schutz vor Lärm, z. B. Schallschutzwände an Autobahnen, Verkapselung von Fahrzeugmotoren u. Ä.*

**Larve** ⟨[-fə] f. 19⟩ **1** ► *Jugendform von Tieren mit indirekter Entwicklung (Metamorphose), nach dem Grade der Entwicklung u. durch den Besitz besonderer larvaler Organe von den erwachsenen Tieren unterschieden, manchmal auch von völlig anderer Gestalt und Lebensweise* **2** *Gesichtsmaske* ◆ jmdm. die Larve vom Gesicht reißen ⟨fig.⟩ *jmds. wahres Wesen öffentlich zeigen* [< lat. *larva* „Gespenst, quälender Geist eines Verstorbenen, Maske der Schauspieler, Larve"]

**Lasagne** ⟨[la'zanjə] Pl.; im Dt. a.: f.; -; unz.⟩ *ital. Speise aus abwechselnd mit Hackfleisch geschichteten Bandnudeln, die mit Käse überbacken werden* [< ital. *lasagna* „Bandnudel"]

**lasch** ⟨Adj.; -er, am -(e)sten⟩ **1** *schlaff, träge, energielos* **2** *fade* ◆ die Suppe schmeckt sehr lasch [< mnddt. *lasch, lasich, las* „müde, matt"; → *lassen*]

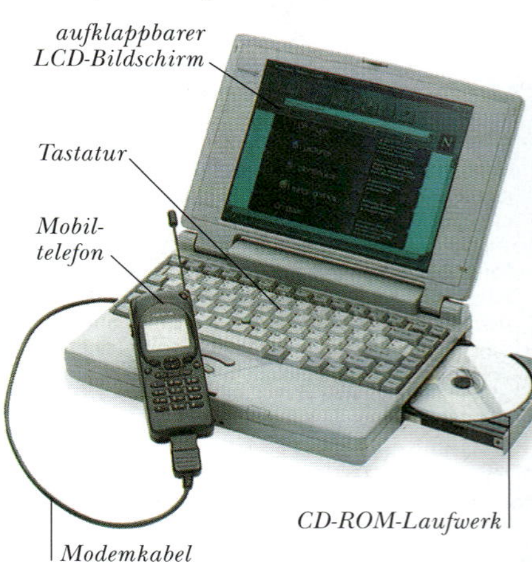


LAPTOP MIT MOBILTELEFON

**Lasche** ⟨f. 19⟩ **1** *metallenes Verbindungsstück von zwei Teilen, z. B. von Eisenbahnschienen* **2** *ovales Leder-, Stoff- od. Papierstück, z. B. unter den Schnürsenkeln des Schuhs (Zunge), als Verschluss od. Schmuck an Handtaschen, als Verschlussstück, das durch eine Öffnung gezogen wird, an Hüllen jegl. Art* [< mhd. *lasche* „Lappen, Fetzen"; → *lasch*]

**Laser** ⟨['lɛizə(r)] m. 3⟩ **1** ► *Gerät zum Erzeugen einer sehr starken Strahlung völlig gleicher Wellenlänge durch eine von außen angeregte, gleichzeitige Strahlungsemission vieler Atome, wobei die höchsten bekannten Energiedichten je Flächeneinheit erreicht werden* **2** *der Strahl bzw. die Strahlung selbst* ◆ Feststofflaser *Laser mit Kristallen, z. B. Rubinen;* Gaslaser *Laser z. B. mit Helium od. Kohlendioxid;* Flüssigkeitslaser *Laser mit organischen Verbindungen* [Kurzwort < engl. *light amplification by stimulated emission of radiation* „Lichtverstärkung durch angeregte Emission von Strahlung"]

**Laserdrucker** ⟨[lɛizə(r)-] m. 3; EDV⟩ ►► *hochwertiges Druckgerät für Computer, bei dem das Druckbild mithilfe von Laserstrahlen (farbig od. schwarz-weiß) angefertigt wird*

**Laserstrahl** ⟨[lɛizə(r)-] m. 23⟩ *die aus einem Laser ausgesendeten, gebündelten elektromagnetischen Wellen*

**lasieren** ⟨V. t.; hat⟩ *mit durchsichtiger Farbe od. durchsichtigem Lack überziehen* ◆ Holz lasieren [→ *Lasur*]

**Lasierung** ⟨f. 20⟩ *das Lasieren*

## LARVEN

Als Larve wird die Jugendform mancher Tiere bezeichnet, die sich vom erwachsenen Tier deutlich unterscheidet. Sehr häufig durchlaufen Insekten das Larvenstadium. Die endgültige Gestalt des Insekts nimmt die Larve erst während des Ruhestadiums der Entwicklung, der Verpuppung, an, wobei sich eine vollkommene Verwandlung vollzieht. Larven sind z. B. Nauplien (von Krebsen), Raupen (von Schmetterlingen), Maden (von Fliegen) oder Kaulquappen (von Fröschen).

### VERSCHIEDENE INSEKTENLARVEN

KÖCHERFLIEGENLARVE
*(Glyphotaelius pellucidus)*
► *Fliegen*

SCHWALBENSCHWANZRAUPE
*(Papilio machaon)*
► *Tagfalter*

MEHLWURM
*(Tenebrio molitor)*

## LASER

Der Laser erzeugt ein stark gebündeltes einfarbiges Licht. Er besteht aus einer Röhre mit einem Lasermedium, das fest, flüssig oder gasförmig sein kann. Eine Pumplichtquelle regt die Atome des Lasermediums an und bewirkt, dass sie Licht und somit Photonen aussenden. Diese werden an den beiden verspiegelten Enden der Laserröhre mehrfach reflektiert, wodurch sich die Lichtintensität bei jedem Durchlauf ein wenig erhöht. Einige Photonen treten schließlich durch den halb versilberten Spiegel in einem Strahl kohärenten Lichts aus. Laser werden in der Messtechnik, der Materialbearbeitung und der Medizin eingesetzt.

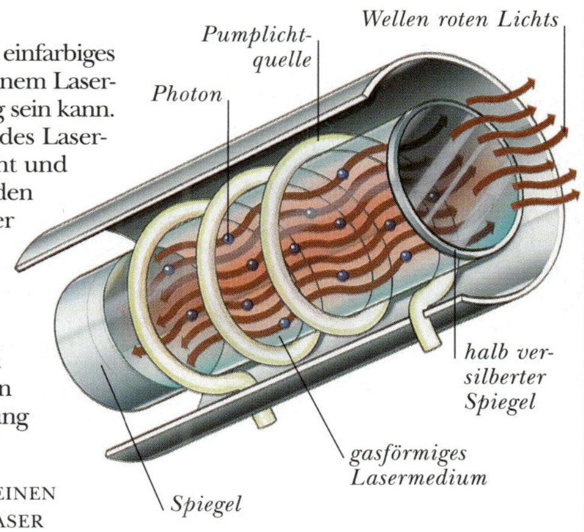


SCHNITT DURCH EINEN HELIUM-NEON-LASER

**Lassafieber** ⟨n. 13; unz.; Med.⟩ *sehr ansteckende, lebensgefährliche Infektionskrankheit, deren Erreger das Lassavirus ist, zu den Anzeichen der oft tödlich verlaufenden Erkrankung gehören hohes Fieber, Gelenkschmerzen, Geschwüre im Mund-Rachen-Raum, Hautblutungen, Lungenentzündung u. a.* [nach dem nigerianischen Ort *Lassa,* in dem die Krankheit 1969/70 epidemieartig auftrat]

**lassen** ⟨V. 174; hat⟩ **I** ⟨V. t.⟩ **1** *zulassen, dulden, erlauben* **2** *unterlassen, bleiben lassen, aufhören mit* **3** *bitten, fordern, machen, veranlassen, dass etwas geschieht* **4** ⟨V. refl. u. nur von Sachen⟩ *möglich, ausführbar sein* **5** *erlauben od. machen, dass alles bleibt, wie od. wo es ist* **6** *geben, weggeben* ◆ lass das!; lassen wir das! *reden wir von etwas anderem!;* jmdm. etwas lassen *überlassen, nicht wegnehmen, erlauben, dass jmd. etwas erhält, behält od. tut;* er lässt den Kindern ihre **Freiheit;** das **Rauchen** lassen; jmdm. seine **Ruhe** lassen; lass ihm doch das **Vergnügen!;** jmdm. den **Vortritt** lassen; **Wasser** lassen *urinieren, harnen* ◆ das lässt sich nicht, leicht, schwer **beweisen;** sich seine Arbeit gut **bezahlen** lassen; das lasse ich mir nicht **bieten,** gefallen; dagegen lässt sich nichts **einwenden,** nichts machen; jmdn. **entkommen,** entwischen lassen; einen Gegenstand **fallen** lassen; jmdn. **fühlen** lassen, dass ...; lass mich **gehen;** er lässt dich vielmals **grüßen;** jmdn. **holen,** kommen, rufen lassen; lass bald (etwas) von dir **hören!;** sich ein Kleid **machen** lassen; lass dir keine Angst machen!; sich seine Enttäuschung (nicht) **merken** lassen; er lässt mit sich **reden,** mit sich handeln; ich habe mir **sagen** lassen, dass ... *ich habe erfahren, dass ...;* er lässt sich nichts sagen *er duldet keine Zurechtweisung;* es sich gut **schmecken** lassen; alles **stehen** und liegen lassen *sofort weggehen (bes. für längere Zeit) u. nichts (aus der Vergangenheit) mitnehmen;* das hätte ich mir nicht **träumen** lassen *das hätte ich nie gedacht, nie vermutet;* sein Tun und Lassen; das lässt sich nicht **vermeiden;** jmdn. **warten** lassen ◆ etwas nicht **aus** den Augen, aus den Händen lassen; **wo** soll ich so lange meine Koffer lassen? *hinstellen, unterbringen;* der Kranke lässt niemanden **zu** sich (erg.: kommen) **II** ⟨veraltet; nur noch poet.⟩ *verlassen, aufgeben* **III** ⟨V. i.⟩ von etwas od. jmdm. lassen *etwas od. jmdn. aufgeben, verlassen* **IV** ⟨V. refl.; veraltet; in der Wendung⟩ sie wusste sich vor Freude nicht zu lassen *sie wusste nicht, was sie vor Freude tun sollte* [< ahd. *lazzan,* engl. *let;* verwandt mit *lasch, lässig*]

LASSO:
COWBOY MIT LASSO

**lässig** ⟨Adj.⟩ **1** *nachlässig, träge u. gleichgültig, herablassend* **2** *unachtsam* ◆ lässig die Achseln zucken [< mhd. *lezzic;* zu *laz* „matt, träge, saumselig"]

**lässlich** ⟨Adj.; veraltet⟩ *geringfügig* ◆ lässliche Sünde *S., die Vergebung finden kann;* lässliches Urteil *unbedachtes U.* [< mhd. *laezlich* „was unterlassen wird, erlässlich"; → *lassen*]

**Lasso** ⟨n. 15 od. m. 6⟩ ◄ *langer Riemen od. langer Strick, dessen zusammenziehbare Schlinge aus einiger Entfernung dem zu fangenden Tier um Gehörn od. Hals geworfen wird* [< span. *lazo* „Schnur, Schlinge" < lat. *laqueus* „Strick als Schlinge"; verwandt mit *Latz*]

**Last** ⟨f. 20⟩ **1** *Gewicht, Druck, etwas Schweres, Bürde* (Traglast) **2** *Fracht, Frachtgut* (Wirtsch.; meist Pl.) *Verbindlichkeiten, Schulden, Hypotheken, Steuern, Zinsen (Steuerlast)* **3** ⟨fig.⟩ *etwas Bedrückendes, Schweres, drückende Sorge (Schuldenlast, Sorgenlast)* ◆ die Last der **Beweise** ◆ jmdm. eine Last **abnehmen,** aufbürden; Lasten **befördern; sein:** der Kranke ist sich und anderen eine Last ⟨fig.⟩ ◆ diese Verpflichtung ist mir eine **schwere** Last ◆ eine Last **auf** jmdn. abwälzen; sich eine Last **von** der Seele reden; die Kosten gehen **zu** unseren Lasten *auf unsere Rechnung;* zu Lasten = *zulasten* jmdm. etwas zur Last legen ⟨fig.⟩ *jmdn. einer Sache beschuldigen* [< ahd. *(h)last;* zu *(h)ladan* „laden, mit etwas Tragbarem beschweren"]

**lasten** ⟨V. i.; hat⟩ *als Last liegen (auf), schwer drücken* ◆ die Schuld, Verantwortung lastet (schwer) auf ihm; alle Arbeit lastet auf ihm, auf seinen Schultern; eine lastende Stille breitete sich im Raum aus

**Lastenaufzug** ⟨m. 1u⟩ *Aufzug, der ausschließlich zur Beförderung von Lasten genutzt wird*

**Laster**[1] ⟨n. 13⟩ *sittlich nicht einwandfreie Gewohnheit, starke Untugend* ◆ das Laster des Ehebrechens [< ahd. *lastar* „Kränkung, Schmähung, Schmach, Schande, Tadel, Fehler, Makel"]

## LASERDRUCKER

Der Laserdrucker ist ein sehr schnelles Datenausgabegerät, das scharfe Bilder aus winzigen Punkten erzeugt. Das zu druckende Bild liegt in Form binärer Signale vor, die bewirken, dass ein Laserstrahl ständig ein- und ausgeschaltet wird. Dabei wird er von einem Drehspiegel über Linsen auf eine rotierende Trommel übertragen und wandelt beim Auftreffen eine negative statische Ladung in eine positive um. Die Tintenteilchen gelangen auf die positiv geladenen Stellen der Trommel und bauen hier ein vollständiges Bild auf, das schließlich auf geladenes Papier übertragen wird.

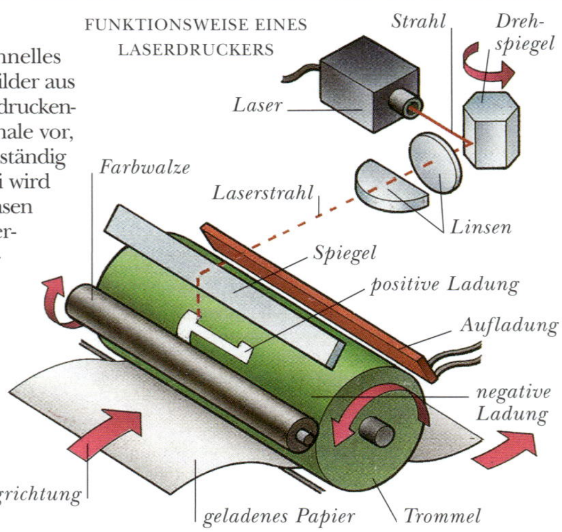


L

**Laster**[2] ⟨m. 3; umg.; kurz für⟩ *Lastkraftwagen*

**lästern** ⟨V. t. u. V. i.; hat⟩ *fluchen, das relig. Gefühl anderer mit Worten verletzen* ◆ Gott lästern *Gott fluchen, ihn schmähen;* den Glauben lästern *Übles über ihn sprechen;* über jmdn. od. etwas lästern ⟨umg.⟩ *nachteilig od. boshaft über jmdn. od. etwas reden* [< ahd. *lastiron* < *lastar;* → *Laster*[1]]

**lästig** ⟨Adj.⟩ **1** *Überdruss, Abneigung u. Ungeduld hervorrufend* **2** *aufdringlich, zudringlich u. dadurch störend* **3** *unangenehm, unbequem, beschwerlich* [< spätmhd. *lestec* „lastend, schwer"; → *Last*]

**Lastkraftwagen** ⟨m. 4; Abk.: Lkw, LKW⟩ *Kraftwagen zur Güterbeförderung;* Sy ⟨kurz⟩ *Laster*[2], ⟨umg.⟩ *Lastwagen;* Ggs *Personenkraftwagen*

**Lastschrift** ⟨f. 20; Bankw.⟩ *Eintragung einer Schuld od. eines vom Guthaben abzuziehenden Betrages auf einem Konto;* Ggs *Gutschrift (2)*

**Lastwagen** ⟨m. 4; umg.⟩ = *Lastkraftwagen*

**Lasur** ⟨f. 20⟩ *durchsichtige Lack- od. Farbschicht* [< mhd. *lasur(e)* „Blaustein, (aus Blaustein gewonnene) Blaufarbe" < mlat. *lazur(i)um* „Blaustein, Blaufarbe" < arab. *lazaward* „Lasurstein, Lasurfarbe"; verwandt mit *Azur, Lapislazuli, Lazulith*]

**Lasurfarbe** ⟨f. 19⟩ *durchsichtige Farbe;* Ggs *Deckfarbe*

**Lasurit** ⟨m. 1⟩ ► = *Lapislazuli*

**Lasurstein** ⟨m. 1⟩ ► = *Lapislazuli*

**lasziv** ⟨Adj.; geh.⟩ *zweideutig, unanständig, schlüpfrig* (Bemerkung, Witz) [< lat. *lascivus* „ausgelassen, fröhlich, ungebunden, unzüchtig, zügellos"]

**Latein** ⟨n.; -s; unz.⟩ *Sprache der alten Römer, latein. Sprache* ◆ ich bin mit meinem Latein am Ende ⟨fig.⟩ *ich weiß nicht mehr weiter*

**Lateinamerikaner** ⟨m. 3⟩ *Einwohner Lateinamerikas, d.h. des von den Spaniern u. Portugiesen kolonisierten Teils Amerikas (Süd-, Mittelamerika, Mexiko)*

**lateinisch** ⟨Adj.⟩ **1** lateinische Sprache *urspr. Sprache des indogermanischen Volksstammes der Latiner, später der römischen Kirche, Grundlage der romanischen Sprachen* **2** lateinische Schrift **2.1** *die moderne Schulschrift, rundbogige Schreibschrift* **2.2** ⟨Typ.⟩ *die im 15. Jh. in Italien aus der karolingischen Minuskel entstandene Druckschrift, Antiqua* [< ahd. *latinisc* < lat. *Latinus,* Ureinwohner der alten mittelitalischen Landschaft *Latium*]

**Lateinsegel** ⟨n. 13⟩ ▼ *aus den Mittelmeerländern stammendes, dreieckiges Segel an schräger Rah*

**latent** ⟨Adj.⟩ **1** *verborgen, unterschwellig (vorhanden)* **2** *vorhanden, aber nicht in Erscheinung tretend* **3** *ohne typische Merkmale* (Krankheit) [< lat. *latens* „verborgen", Part. Präs. zu *latere* „verborgen sein"]

**lateral** ⟨Adj.⟩ **1** *seitlich* **2** *von der Mittelachse abgewandt* [< lat. *lateralis* „die Seite betreffend"; zu *latus* „Seite"]

**Laterna magica** ⟨f.; - -, -nae -cae [-nɛː -kɛː]⟩ ► *im 17. Jh. von dem Jesuitenpater Athanasius Kircher erfundener, einfacher Projektionsapparat für Glasdiapositive* [lat., „Zauberlaterne"]

**Laterne** ⟨f. 19⟩ **1** *durch Glas- od. Papiergehäuse geschützte Lichtquelle* (Papierlaterne, Gartenlaterne, Straßenlaterne) **2** *mit Fenstern versehenes Türmchen auf dem durchbrochenen Scheitel einer Kuppel* ◆ solche Menschen kannst du mit der Laterne suchen ⟨fig.; umg.⟩ *kannst du mühsam suchen, solche Menschen gibt es nur sehr wenige* [< mhd. *la(n)tern(e)* < lat. *la(n)terna* < grch. *lamptera,* Akk. zu *lampter* „Leuchter"; verwandt mit *Lampe*]

**Laternenfisch** ⟨m. 1; Zool.⟩ *Angehöriger einer Familie die Tiefsee bewohnender Knochenfische, der sich vor allem nachts in höheren Wasserschichten aufhält, mit zwei Reihen von Leuchtorganen: Myctophidae*

**Latex** ⟨m.; -, -tizes⟩ *Milchsaft der Kautschuk liefernden Pflanzen, Emulsion aus Kautschuk u. Wasser* [lat., „Flüssigkeit"]

**Latimeria** ⟨f.; -, -riae [-riɛː]; Zool.⟩ *ein Fisch, einziger heute noch vorkommender Angehöriger der Ordnung Quastenflosser* [nach der südamerikanischen Museumsdirektorin E.D. Courtenay-*Latimer* (*1907)]

**Latinum** ⟨n.; -s; unz.⟩ *Schulprüfung in der lateinischen Sprache bzw. Ergänzungsprüfung für Studenten, die in der Schule kein Latein gelernt haben* ◆ großes Latinum *Latinum nach mindestens fünf Jahren Lateinunterricht in der Schule bzw. nach einem dementsprechenden Ergänzungsstudium* [lat., „das Lateinische"]

**Latrine** ⟨f. 19⟩ *Abtritt, Senkgrube* [< lat. *latrina* „Abtritt" < **lavatrina;* zu *lavare* „waschen, spülen"]

**Latsche**[1] ⟨[laːt-] f. 19⟩ = *Latschenkiefer* [Herkunft ungeklärt]

**Latsche**[2] ⟨[laːt-] f. 19⟩ *Fuß der Schwimmvögel (außer Schwan)*

**latschen** ⟨[laːt-] V. i.; ist; umg.⟩ *schlürfend, schleppend od. achtlos gehen* ◆ mitten durch die Wiese, die Pfützen latschen; in Pantoffeln durchs Zimmer latschen

LATERNA MAGICA DES 19. JH.

**Latschenkiefer** ⟨[laːt-] f. 21⟩ *niedrige Gebirgswuchsform der Kiefer;* Sy *Latsche*[1], *Legföhre*

**Latschenkiefernöl** ⟨[laːt-] n. 11⟩ *in Badepräparate, Hautöle, Luftreiniger u.a. eingesetztes Öl aus den Zweigspitzen der Latschenkiefer*

**Latte** ⟨f. 19⟩ **1** *schmales, dünnes Brett, schwaches, oft halbrundes Bauholz* (Zaunlatte) **2** ⟨Forstw.⟩ *gerader Schößling* ◆ eine lange Latte von Wünschen ⟨fig.⟩ *eine ganze Menge, viele Wünsche* [< ahd. *latta,* engl. *lath*]

**Lattenrost** ⟨m. 1⟩ *Rost aus Holzlatten (in Betten od. als Fußbodenbelag in Saunen o. Ä.)*

**Latz** ⟨m. 1u od. österr.: m. 1⟩ **1** *Bruststück an Kleid, Schürze od. Hose* (Brustlatz) **2** *herunterklappbares Vorderteil an Trachtenhosen* (Hosenlatz) [< mhd. *laz* „Band" u. frühnhd. *latz* „Schnürstück am Gewand" < ital. *laccio* „Schnur" u. afrz. *laz* „Nestel, Schnürband" < lat. *laqueus* „Strick als Schlinge"; verwandt mit *Lasso*]

LATEINSEGEL: PORTUGIESISCHES SCHIFF DES 15. JH. MIT LATEINSEGELN

LAUBHEUSCHRECKE IN SCHRECKSTELLUNG (*Ommatoptera* species)

**lau** ⟨Adj.; -er, am -(e)sten⟩ **1** *ein wenig warm* (Wasser) **2** *angenehm warm, nicht heiß, mild* (Wind, Wetter) **3** ⟨fig.⟩ *ohne eigene Meinung, ohne ausgeprägte Gesinnung* ◆ für lau ⟨fig.; umg.⟩ *unentgeltlich, für nichts* [< ahd. *lao;* verwandt mit *Lee, flau*]

**Laub** ⟨n.; -s od. -es; unz.⟩ **1** *Blätterkleid von Bäumen u. Sträuchern* **2** *abgefallene, trockene Blätter* ◆ buntes, herbstliches Laub; dürres, raschelndes Laub [< ahd. *loub,* engl. *leaf;* verwandt mit *Laube*]

**Laubbaum** ⟨m. 1u⟩ *zu den Laubhölzern gehörender Baum;* ► *Bäume*

**Laube**[1] ⟨m. 17; Zool.⟩ *länglicher Karpfenfisch: Alburnus alburnus*

**Laube**[2] ⟨f. 19⟩ **1** *kleines, einfaches Holzhaus, Gartenhäuschen* (Gartenlaube, Wohnlaube) **2** *offener Vorraum, überwölbter Gang, Bogengang (am Erdgeschoss von Häusern)* **3** *gedeckter u. seitlich begrenzter Teil des Zuschauerraumes für mehrere Personen, Loge* (Balkonlaube, Bühnenlaube) [< ahd. *louba* „Schutzdach, Hütte, Halle, Vorbau"; zu ahd. *loub* „Laub"]

**Laubfrosch** ⟨m. 1u⟩ *Vertreter der Baumfrösche in Mittel- u. Südeuropa, Männchen auf glattem Untergrund grün, auf rauem dunkelbraun gefärbt: Hyla arborea*

**Laubheuschrecke** ⟨f. 19; Zool.⟩ ▲ *Angehörige einer Familie der Heuschrecken mit mindestens körperlangen Fühlern, langen Legesäbeln bei den Weibchen u. Gehörorganen an den Schienen der Vorderbeine: Tettigoniidae* ◆ Grüne Laubheuschrecke *räuberische Laubheuschrecke Mitteleuropas, im Spätsommer häufig auf schattigen Büschen: Tettigonia viridissima*

**Laubhölzer** ⟨Pl.; Bot.⟩ Ggs *Nadelhölzer* **1** ⟨i. w. S.⟩ *alle Gehölze, die zu den bedecktsamigen Pflanzen gehören: Angiospermae* **2** ⟨i. e. S.⟩ *zweikeimblättrige Holzpflanzen mit im allgemeinen flächig ausgebildeten Blättern: Dicotyledonae*

**Laubsäge** ⟨f. 19⟩ *Säge mit dünnem, fein gezacktem Blatt an einem U-förmigen Rahmen mit Griff zum Aussägen von Figuren u. Verzierungen*

**Laubwald** ⟨m. 2u⟩ *Wald aus Laubbäumen;* Ggs *Nadelwald*

**Laubwechsel** ⟨[-ks-] m. 5⟩ ► *jährlich im Herbst auftretende Verfärbung u. daran anschließender Abwurf des Laubs*

**Laubwerk** ⟨n. 11; unz.⟩ **1** *Laub, Zweige mit Laub* **2** *Blattwerk, laubähnl. Verzierungen an Bauteilen (Kapitellen) u. kunstgewerbl. Gegenständen*

**Lauch** ⟨m.; -s od. -es; unz.; Bot.⟩ ► *Angehöriger einer Gattung der Liliengewächse, zu der z. B. Zwiebel, Knoblauch u. Porree gehören: Allium* [< ahd. *louh*]

**Laudatio** ⟨f.; -, -nes⟩, **Laudation** ⟨f. 20⟩ *Lobrede (für Preisträger, auf Verstorbene u. a.)* ◆ eine Laudatio halten [< lat. *laudatio* „Lobrede"; zu *laudare* „loben"]

**Lauer**[1] ⟨m. 3⟩ *aus Trestern gewonnener Wein* [< ahd. *lura* < lat. *lora* „mit Wasser aufgegossener Wein"; zu *lavare* „spülen"; verwandt mit *laben*]

**Lauer**[2] ⟨f.; -; unz.⟩ *das Lauern, Hinterhalt* ◆ ⟨nur in den Wendungen⟩ auf der Lauer liegen; sich auf die Lauer legen [→ *lauern*]

**lauern** ⟨V. i.; hat⟩ **1** *auf der Lauer liegen, im Versteck warten* **2** ⟨fig.; umg.⟩ *sehnsüchtig, ungeduldig warten, wartend horchen* ◆ in diesem Wald, Gebirge lauern überall Gefahren; auf etwas od. jmdn. lauern [< mhd. *luren* „die Augen zusammenkneifen, durch halb geschlossene Augen sehen"; Herkunft unklar]

**Lauf** ⟨m. 1u⟩ **1** *das Laufen* **2** *schnelle Gangart* **3** *sportl. betriebenes Laufen, bes. im Wettkampf* (Eislauf, Skilauf, Hindernislauf, Kurzlauf, Langstreckenlauf, Querfeldeinlauf, Waldlauf, Wettlauf) **4** *Gang (einer Maschine)* **5** *Verlauf, Entwicklung, Bewegung* **6** *Bahn, Strecke* (Flusslauf, Kreislauf) **7** ⟨Mus.⟩ *schnelle, ununterbrochene Folge von Tönen* **8** *Rohr von Handfeuerwaffen* (Gewehrlauf) **9** *Bein (vom Hund u. Haarwild außer Bär, Dachs, Marder)* ◆ der Lauf der **Gestirne** ◆ einen Lauf **haben** ⟨umg.; fig.⟩ *ungeahnten Erfolg,* ⟨od.⟩ *eine Glückssträhne haben;* wir müssen den Dingen ihren Lauf **lassen** *wir müssen abwarten;* einer Sache (ihren) freien Lauf lassen *sie nicht behindern* ◆ der **obere,** untere Lauf eines Flusses *Teil* ◆ **im** Lauf des Gesprächs; in schnellem Lauf

**Laufbahn** ⟨f. 20⟩ *berufl. Werdegang, Karriere* ◆ eine glänzende Laufbahn vor sich haben

**laufen** ⟨V. 175⟩ **I** ⟨V. i.; ist⟩ **1** *sich mit schnellen Schritten leicht springend fortbewegen* (Person, Tier) **2** *zu Fuß gehen* **3** ⟨fig.⟩ *in Gang sein, arbeiten* (Maschine) **4** *sich gleichmäßig in einer Richtung bewegen* (Gestirn) **5** *verlaufen, führen* (Linie, Straße) **6** ⟨umg.⟩ *sich entwickeln, vorwärts gehen, vonstatten gehen* (Angelegenheit) **7** *strömen, fließen, rinnen, tropfen* (Wasser, ⟨umg.⟩ Wasserhahn) **8** *gültig sein, gelten* (Anrecht, Wechsel) **9** *läufig sein* (Hündin) ◆ mein **Antrag,** meine Bewerbung läuft noch ⟨fig.⟩ *wird noch bearbeitet;* der **Motor** läuft ⟨fig.⟩; die **Nase** läuft ⟨fig.⟩ *an der Nase zeigt sich Schleim;* die **Sache** ist gut, schlecht gelaufen ⟨umg.⟩; der **Schweiß** lief ihm übers Gesicht ⟨fig.⟩; die **Uhr** läuft wieder ⟨fig.⟩; der **Wechsel** läuft auf seinen Namen ⟨fig.⟩ *ist auf seinen Namen ausgeschrieben* ◆ das Kind **kann** schon laufen; einen Motor laufen **lassen;** eine Sache laufen lassen *nicht behindern* ◆ ich kann in diesen Schuhen **gut,** schlecht laufen; **langsam,** schnell laufen ◆ das Schiff ist **auf** Grund gelaufen ⟨fig.⟩ *gefahren;* **hin** und her laufen; eine Strecke **zu** Fuß laufen ⟨mdt.; umg.⟩ *gehen* **II** ⟨V. refl.; hat; umg.⟩ sich müde laufen *so lange laufen, bis man müde ist* ◆ sich die Füße wund laufen **III** ⟨V. t.; hat/ist⟩ *erzielen, zurücklegen, sich mittels Sportgeräts fortbewegen* ◆ du läufst **Gefahr,** dich lächerlich zu machen, wenn du das tust ⟨fig.⟩ *es besteht die Gefahr, dass du …* [< ahd. *(h)louf(f)an;* weitere Herkunft ungeklärt]

LAUCH: BÄRLAUCH (*Allium ursinum*)

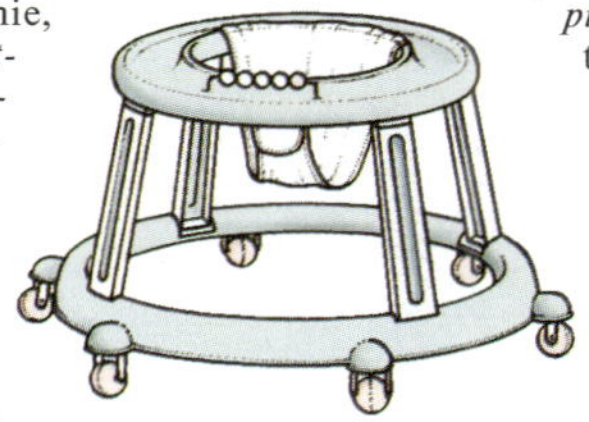

LAUFGESTELL

LAUBWECHSEL: SOMMERGRÜNE EICHE IM WINTER UND IM SOMMER

**laufend** ⟨Adj.⟩ *dauernd, ständig, immer wieder neu, regelmäßig, immer wiederkehrend* ◆ die laufenden Arbeiten *die täglich zu erledigenden Arbeiten;* laufendes Band *Fließband;* laufender Kredit *ungekündigter Kredit;* laufendes Meter/laufenden Meters ⟨Abk.: lfd. m, lfm.⟩ *Maß für eine Ware, die von einem größeren Stück abgeschnitten wird;* laufende Unkosten; laufend zu tun haben ⟨umg.⟩ *ständig;* jmdn. auf dem Laufenden halten *ihm die sich ereignenden Dinge regelmäßig mitteilen*

**Läufer** ⟨m. 3⟩ **1** *jmd., der läuft* **2** ⟨Sp.⟩ *jmd., der das Laufen sportlich betreibt* (Kurzstreckenläufer, Langstreckenläufer, Schlittschuhläufer) **3** *Laufvogel* **4** *Schachfigur, Offizier, der diagonal ziehen u. schlagen kann* **5** *Mauerstein, der mit der Langseite nach außen liegt;* Ggs *Binder* **6** ⟨El.⟩ *beweglicher Maschinenteil;* Sy *Rotor (1);* Ggs *Ständer (3)* **7** *Laufgewicht (der Waage)* **8** *oberer Mühlstein* **9** ⟨an Ringspinnmaschinen⟩ *umlaufende Öse* **10** *langer, schmaler Teppich* (Treppenläufer) **11** ⟨veraltet⟩ *lange, schmale Zierdecke auf der Tischdecke* (Tischläufer)

**Lauffeuer** ⟨n. 13⟩ *Bodenfeuer, das sich im Gras weiterfrisst* ◆ die Nachricht verbreitete sich wie ein Lauffeuer ⟨fig.⟩ *sehr schnell*

**Laufgestell** ⟨n. 11⟩ ◄ *Gestell als Hilfe beim Laufen bes. für Kleinkinder, die laufen lernen*

**läufig** ⟨Adj.⟩ *brünstig* (Hündin)

**Laufkäfer** ⟨m. 3⟩ *Angehöriger einer Familie räuberisch lebender, mitunter glänzend bunter Käfer aus der Gruppe der Raubkäfer mit langen Laufbeinen u. kräftigen Mundwerkzeugen: Carabidae*

**Laufkatze** ⟨f. 19⟩ *Fahrwerk auf Trägern mit Einrichtung zum Heben u. Befördern von Lasten*

**Laufknoten** ⟨m. 4⟩ ► *ein Knoten, der durch Ziehen gelöst wird;* ► *Knoten*

**Laufkran** ⟨m. 1u⟩ *auf Schienen laufender Kran*

**Laufkranz** ⟨m. 1u⟩ *Wulst an der Innenseite des Rades von Schienenfahrzeugen, der das Abgleiten von der Schiene verhindert, Spurkranz*

**Laufpass** ⟨m. 1u; unz.⟩ **1** ⟨urspr.⟩ *Entlassungsbescheinigung* **2** ⟨fig.⟩ *Abschied, Verabschiedung* ◆ jmdm. den Laufpass geben *ihn fortjagen*

LAUFKNOTEN: RÄUBERKNOTEN

L

**Laufvogel** ⟨m. 5u; nicht zoolog.-systemat. Bez. für⟩ ► *flugunfähiger Flachbrustvogel (Emu, Kasuar, Kiwi, Moa, Nandu, Strauß)*

LAUFVOGEL: STRAUSS *(Struthio camelus)*

**Laufwerk** ⟨n. 11⟩ **1** ⟨Eisenb.; Sammelbez. für⟩ *Räder, Achslager u. Tragfedern* **2** ⟨allg.⟩ *Mechanismus zum Antrieb (einer Maschine)* **3** ⟨EDV⟩ *(oft im Computergehäuse integriertes) Gerät zum Lesen u. Beschreiben von magnetischen u. optischen Datenspeichern (Disketten, CD-ROMs, DVDs),* z.B. Diskettenlaufwerk, CD-ROM-Laufwerk

**Laufzeit** ⟨f. 20⟩ **1** *Zeit bis zur Fälligkeit (einer Anleihe od. eines Wechsels)* **2** ⟨Sp.; Leichtathl.⟩ *Zeit, die für das Durchlaufen einer Strecke gebraucht wird* **3** ⟨Phys.⟩ *Zeitdauer, die ein Teilchen od. eine Welle zum Zurücklegen einer best. Strecke benötigt* **4** *Brunstzeit (einer Hündin)*

**Lauge** ⟨f. 19⟩ **1** ⟨i. w. S⟩ *techn. Lösung der verschiedensten Stoffe* **2** ⟨i. e. S.⟩ *wässrige Lösung von Basen* (Seifenlauge) [< ahd. *louga*]

**Laune** ⟨f. 19⟩ **1** *augenblickl. Gemütsstimmung* **2** *einer augenblickl. Stimmung entspringender Einfall* ◆ die Launen des **Glücks** ⟨fig.⟩ *die guten od. schlechten Fügungen (auf die man keinen Einfluss hat)* ◆ Launen **haben** *Stimmungen unterworfen sein;* jmdm. die Laune **verderben** ◆ **gute,** schlechte Laune haben ◆ **was** hat er heute für Laune? [< mhd. *lune* „wechselnde Gemütsstimmung" < lat. *luna* „Mond"; die mittelalterl. Astrologie lehrte, der wechselnde Mond wirke auf die Stimmung des Menschen]

**launenhaft** ⟨Adj.; -er, am -esten⟩ *Launen unterworfen, rasch, grundlos die Stimmung wechselnd;* Sy *launisch*

**launig** ⟨Adj.⟩ *humorvoll, witzig, geistreich-heiter* ◆ ein launiger Einfall; eine launige Rede

**launisch** ⟨Adj.⟩ = *launenhaft*

**Laus** ⟨f. 7u⟩ *Angehörige einer Unterordnung der Tierläuse mit einem in der Ruhelage in einer Scheide auf der Kopfunterseite verborgenen Stechsaugrüssel, Außenparasit: Anoplura, Siphunculata* (Filzlaus, Kleiderlaus, Kopflaus) [< ahd. *lus,* engl. *louse*]

**Lauschangriff** ⟨m. 1; umg.⟩ *Abhören privater Räume u. Telefone durch Verfassungsschutz u. Polizei zur Strafverfolgung, bes. zur Bekämpfung des organisierten Verbrechens*

**lauschen** ⟨V. i.; hat⟩ **1** *horchen, unbemerkt zuhören* **2** *aufmerksam zuhören* ◆ einem Konzert lauschen; andächtig lauschen [< spätmhd. *luschen* „verborgen liegen" < mnddt. *luschen* „(auf Wild) lauern"]

**lauschig** ⟨Adj.⟩ *einsam u. dabei gemütlich, traulich* ◆ ein lauschiges Plätzchen [für älteres *lauschicht,* zunächst „gern horchend", dann „versteckt, heimlich"; → *lauschen*]

**lausen** ⟨V. t.; hat⟩ jmdn. oder ein Tier lausen *an jmds. Körper oder im Fell eines Tieres Läuse suchen*

**lausig I** ⟨Adj.⟩ **1** *schlecht, arm, armselig, kümmerlich* **2** *unangenehm* ◆ deine paar lausigen Groschen; ein lausiges Wetter **II** ⟨adv.; umg.⟩ *sehr* ◆ es ist lausig kalt

**laut**[1] ⟨Adj.; -er, am -esten⟩ Ggs *leise (1, 2)* **1** *deutlich vernehmbar, gut od. weithin hörbar, kräftig im Ton* **2** ⟨fig.⟩ *geräuschvoll* ◆ ein lauter **Schrei;** eine laute **Straße** *Straße mit sehr viel Verkehr;* ein lautes **Wesen** haben ⟨fig.⟩ ◆ **auflachen:** er lachte laut auf; laut **aufschreien;** laut **bellen;** laut **lesen** *vorlesen;* laut **sein** *Lärm machen;* es wurden Stimmen laut, dass ... *es wurde die Meinung geäußert, dass ...* [< ahd. *(h)lut;* → *Leumund*]

**laut**[2] ⟨Präp. m. Gen.; Abk.: lt.⟩ *gemäß dem Wortlaut des, der ..., entsprechend, aufgrund von* ◆ laut ärztlicher Verordnung; laut meines Vertrages; ⟨ohne Endung -(e)s, wenn das Subst. ohne Art., Pron. od. Adj. steht⟩ laut Aussage, laut Bericht, laut Vertrag [verkürzt < mhd. *nach lut (des brieves)* „nach dem Wortlaut (des Briefes)"]

**Laut** ⟨m. 1; Phon.⟩ **1** *Schall, Ton, etwas Hörbares* **2** *durch die Sprechwerkzeuge hervorgebrachter Schall* **3** *die kleinste akustische Einheit der menschl. Sprache* ◆ einen Laut der Überraschung, des Schreckens ausstoßen; einen Laut bilden [< ahd. *hluti* „Ton, Stimme, Wortlaut"; → *laut*[1]]

**Laute** ⟨f. 19; Mus.⟩ ► *Zupfinstrument mit ovalem, an einer Seite spitz zulaufendem, bauchigem Resonanzkörper;* ► *Saiteninstrumente* ◆ (die) Laute schlagen ⟨poet.⟩; Laute spielen [< spätmhd. *lute* < afrz. *leut* (nfrz. *luth*) < arab. *al-'ud* „das Holz"]

**lauten** ⟨V. i.; hat⟩ **1** *(einen bestimmten) Wortlaut haben* **2** *besagen, heißen* (Antwort, Lösung) **3** *klingen, sich anhören* [< ahd. *(h)luten;* → *laut*[1]]

**läuten** ⟨V.; hat⟩ **I** ⟨V. i.⟩ **1** *ertönen, klingen, Klang geben* (Glocke) **2** ⟨oberdt.⟩ **2.1** *klingeln* **2.2** es läutet *es klingelt (an der Tür, zur Schulpause u. Ä.)* **3** jmdm. läuten *jmdn. durch Glocke, Klingel rufen* ◆ es läutet zur Kirche **II** ⟨V. t.⟩ *ertönen lassen* ◆ der Küster läutet die Glocken [< ahd. *lutten* „laut machen, ertönen lassen"; → *laut*[1]]

**lauter I** ⟨Adj.⟩ **1** *rein, echt, gediegen* ⟨a. fig.⟩ **2** *unvermischt, ungetrübt, pur* (Flüssigkeit) **3** *aufrichtig, ehrlich* (Absichten, Charakter, Mensch) ◆ die lautere Wahrheit **II** ⟨undekl.⟩ *nichts als, nur* ◆ das sind lauter Lügen [< ahd. *(h)luttar*]

**läutern** ⟨V. t.; hat⟩ **1** *klären, filtern, von Verunreinigung befreien* (Flüssigkeit) **2** *von Schlacken befreien* (Metall) **3** jmdn. läutern ⟨fig.; geh.⟩ *zum Ablegen von Fehlern veranlassen, bessern* [< ahd. *(h)lutaren*]

**lauthals** ⟨Adv.⟩ *laut, aus voller Kehle* ◆ er lachte lauthals los; lauthals schreien

**lautlos** ⟨Adj.⟩ *ohne Laut, geräuschlos, unhörbar* ◆ lautlose Stille *völlige Stille*

**Lautmalerei** ⟨f. 18; Phon.⟩ *Nachahmung von Naturlauten, Geräuschen od. Klängen durch ähnl. Sprachlaute, durch Häufung von Vokalen od. Konsonanten, z. B. in „knattern", „rascheln", „zirpen";* Sy *Onomatopöie*

**Lautschrift** ⟨f. 20; Phon.⟩ **1** ⟨i. w. S.⟩ *Schrift, die die einzelnen Laute einer Sprache wiedergibt, Buchstabenschrift;* → a. *Bilderschrift* **2** ⟨i. e. S.⟩ *phonetische Umschrift, Schriftzeichen zur lautgetreuen Aussprache*

**Lautsprecher** ⟨m. 3⟩ ► *elektromagnet. Gerät, das Wechselströme in Schallwellen umsetzt*

**Lautstärke** ⟨f. 19⟩ *von der Schallfrequenz u. der Schallstärke abhängige subjektive Hörempfindung*

**lauwarm** ⟨Adj.⟩ *lau, mäßig warm*

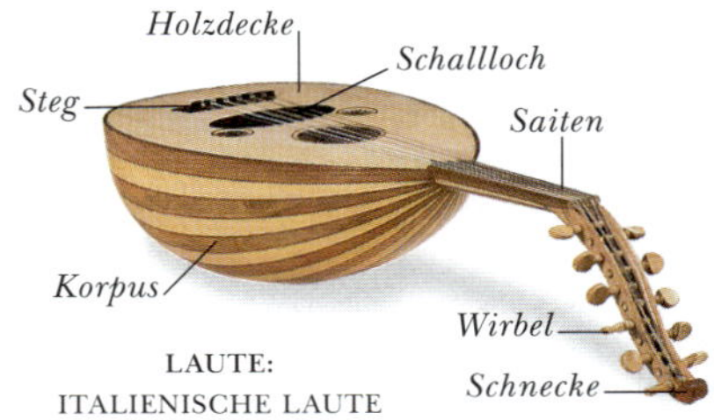


LAUTE: ITALIENISCHE LAUTE DES 16. JH.

**Lava** ⟨[-va] f.; -, Laven⟩ ▼ *bei Vulkanausbrüchen ausgeworfenes, geschmolzenes Gestein (Magma)* [< ital. *lava,* urspr. Bedeutung „Stein"]

**Lavaglas** ⟨[-va-] n. 12u; unz.⟩ = *Obsidian*

**Lavendel** ⟨[-vɛn-] m. 5; unz.; Bot.⟩ ► *Angehöriger einer Gattung von Lippenblütlern, dessen Blüten (Flores Lavandulae) zur Gewinnung eines besonders in der Parfümindustrie gebrauchten ätherischen Öles benutzt werden: Lavandula;* ► *Kräuter* [< mhd. *lavandel(e)* < ital. *lavendola* < mlat. *lavandula,* eigtl. „was zum Waschen dienlich ist"; zu lat. *lavare* „waschen"]

## LAVA

Lava ist das bei einer Vulkaneruption austretende Magma. Dieses kann langsam aus dem Vulkanschlot hervorquellen, aber auch explosionsartig austreten. Je nach Zähflüssigkeit werden zwei Lavatypen unterschieden: Aa-Lava ist zähflüssig und zerbricht beim Erkalten in scharfkantige Blöcke. Deswegen spricht man auch von Blocklava. Pahoehoe-Lava ist dünnflüssiger und bildet an der Oberfläche eine seil- oder gekröseartige Haut, unter der Lava weiterfließen kann.

SCHNITT DURCH EINEN VULKAN MIT LAVASTROM

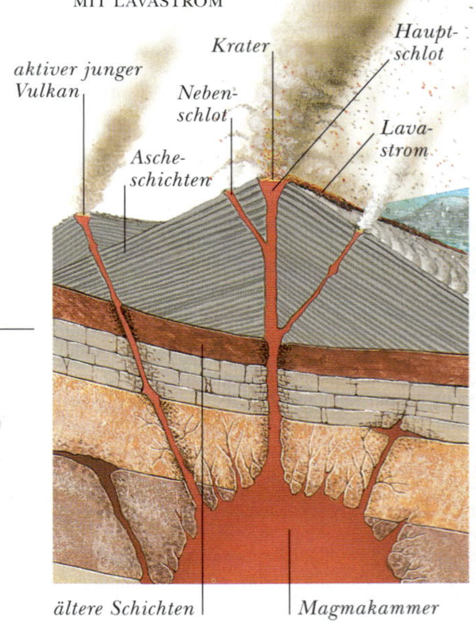


### ERKALTETE LAVATYPEN

AA-LAVA

PAHOEHOE-LAVA

## LAUTSPRECHER

Der Lautsprecher verwandelt elektrische Signale in Schallwellen. Die elektrischen Signale gelangen in eine Schwingspule, die mit einer kegelförmigen Membran fest verbunden ist. Die Spule selbst liegt im Inneren eines starken Dauermagneten. Die Signale bewirken, dass die Spule schwingt und die Membran verformt. Ihre Schwingungen werden als Schallwellen wahrgenommen.

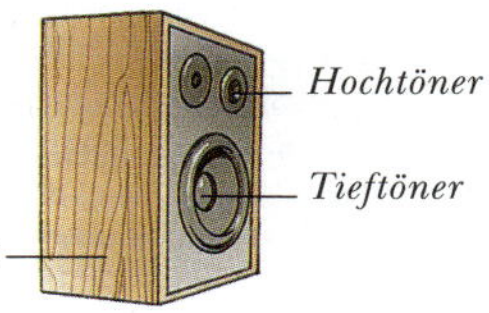

LAUTSPRECHERBOX

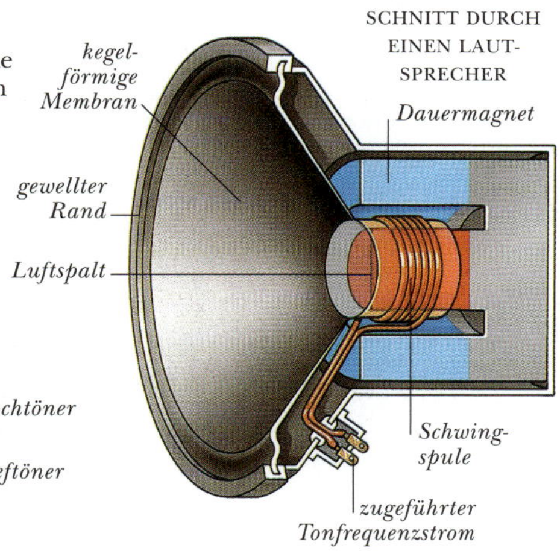

SCHNITT DURCH EINEN LAUTSPRECHER

**lavieren**[1] ⟨[-vi:-] V. i.; hat⟩ **1** *gegen den Wind kreuzen* **2** ⟨fig.⟩ *sich geschickt durch Schwierigkeiten hindurchwinden* [< mndrl. *loveren;* zu mndrl. *lof* „Luv", eigtl. „die Luv abgewinnen"]

**lavieren**[2] ⟨[-vi:-] V. i.; hat⟩ *eine aufgetragene Farbe verwischen, Farben ineinander übergehen lassen* ◆ lavierte Federzeichnung [< frz. *laver,* ital., lat. *lavare* „waschen"]

**Lawine** ⟨f. 19⟩ **1** *herabstürzende Schnee-, Eis- od. Steinmasse im Hochgebirge* **2** ⟨fig.⟩ *Unmenge* [< spätrom. *lavina* „Schnee-, Eislawine" < spätlat. *labina* „Erdrutsch"; zu lat. *labi* „gleiten"]

**Lawrencium** ⟨[lɔ:-] n.; -s; unz.; Chem.; Zeichen: Lr⟩ *1961 künstlich hergestelltes chem. Element, Ordnungszahl 103* [nach dem US-amerik. Physiker E.O. *Lawrence,* 1901-1958]

LAVENDEL: ECHTER LAVENDEL *(Lavandula angustifolia* 'Munstead'*)*

**lax** ⟨Adj.; -er, am -esten; häufig abwertend⟩ **1** *locker, nicht straff* (Arbeitsauffassung, Disziplin) **2** *lässig* (Benehmen) **3** *moral. nicht gefestigt* (Grundsätze) [< lat. *laxus* „schlaff, locker"]

**Layout,** ⟨auch⟩ **Lay-out** ⟨[lɛi'aut] n. 15⟩ *Entwurf für Text- u. Bildgestaltung* [< engl. *lay-out* „Anlage"]

**Lazarett** ⟨n. 11; Mil.⟩ *Militärkrankenhaus* [< frz. *lazaret* < ital. *lazzaretto,* venezian. *lazareto,* nach der venezian. Kirche *Santa Maria di Nazaret,* in deren Umgebung sich im 15. Jh. ein Hospital für Aussätzige befand, beeinflusst von *Lazarus* (Luk. 16,20)]

**Lazulith** ⟨m. 1⟩ = *Blauspat* [< pers. *ladschuward* „Lasur, Blutstein" + grch. *lithos* „Stein"; verwandt mit *Azur, Lapislazuli, Lasur*]

**lb.** ⟨Zeichen für engl.⟩ *Pound*

**lbs.** ⟨Zeichen für engl.⟩ *Pounds*

**l. c.** ⟨Abk. für lat.⟩ *loco citato*

**LCD** ⟨El.⟩ ► *bei elektr. Geräten (z. B. Taschenrechnern) verwendetes Anzeigesystem, das mittels flüssiger Kristalle Ziffern, Buchstaben u. Zeichen darstellt* [Abk. für engl. *liquid crystal display* „Flüssigkristallanzeige"]

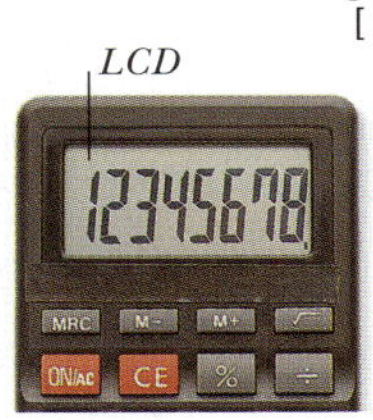

LCD AN EINEM TASCHENRECHNER

**Leadsänger** ⟨[li:d-] m. 3; Mus.⟩ *Sänger, dessen Stimme den Gesang eines Musikstücks bestimmt*

**Learning on the Job** ⟨['lə:niŋ on ðə 'dʒɔb] n.; - - -; unz.; Wirtsch.⟩ *das Erlernen eines Berufs durch seine praktische Ausübung (mit od. ohne begleitende Weiterbildung)* [engl., „Lernen durch den Beruf"]

**leasen** ⟨['li:zən] V. t.; hat⟩ *mieten (von Gegenständen)* ◆ ein Auto leasen [< engl. *lease* „(ver)mieten"]

**leben** ⟨V.; hat⟩ **I** ⟨V. i.⟩ **1** *am Leben sein, sein Leben verbringen, sein Leben führen* **2** *ständig wohnen* ◆ er lebt nicht mehr *er ist tot;* sein **Andenken,** sein Name lebt noch immer (unter seinen Freunden, in der Öffentlichkeit) ◆ (nicht) genug zu leben **haben** *einen (nicht) ausreichenden Lebensunterhalt haben;* er hat nicht mehr lange zu leben *er ist todkrank, er wird bald sterben* ◆ **allein** leben; **bescheiden,** kärglich, kümmerlich leben; **enthaltsam,** gesund, vegetarisch leben ◆ er lebt nur **für** andere *er setzt sich ständig für andere ein, hilft anderen;* **in** Bochum, in Amerika leben; in der Stadt, auf dem Lande leben; **über** seine Verhältnisse leben *mehr Geld ausgeben als man eigentlich dürfte;* er lebt (nur) von seiner Rente ◆ es gab keine lebende Seele mehr auf den Straßen *alles war leer von Menschen;* lebende Sprachen *Sprachen, die noch gesprochen werden;* Ggs *tote Sprachen* **II** ⟨V. refl.⟩ hier lebt es sich gut, angenehm, schön *hier kann man gut usw. leben* **III** ⟨V. t.; nur in bestimmten Wendungen⟩ er lebt ein behagliches, erfülltes, trauriges Leben [< ahd. *leben,* engl. *live;* verwandt mit *bleiben, Leber, Leib*]

**Leben** ⟨n. 14⟩ **1** *Daseinsform von Menschen, Tieren, Pflanzen* **2** *Zeit des Daseins, Lebensdauer (eines Lebewesens)* **3** *Lebenskraft, Unternehmungsgeist* **4** *Wirken, Wirksamkeit* **5** *Treiben, Geschäftigkeit* **6** *Lebensweise* **7** *Wirklichkeit* ◆ **Frühling** des Lebens ⟨fig.⟩ *Jugend;* das Leben **Nietzsches;** er verbrachte den **Rest** seines Lebens in London; das Leben und **Treiben** auf den Straßen ◆ sein Leben (für jmdn.) **einsetzen** *sich in Lebensgefahr begeben;* sich seines Lebens **freuen;** sein Leben **hängt** an einem (seidenen) Faden *er schwebt in Lebensgefahr;* sich das Leben **nehmen** *Selbstmord begehen;* einem Verurteilten das Leben **schenken** *einen Verurteilten begnadigen;* sein Leben war Arbeit, Pflicht und Aufopferung; sein Leben einer Idee, einer Sache **weihen,** widmen; sein Leben mit wissenschaftl. Studien o.Ä. **zubringen** ◆ ein **behagliches,** beschauliches, stilles, zurückgezogenes Leben führen; das **geistige,** gesellschaftliche, kulturelle, politische Leben einer Stadt, einer Zeit; du bist hier deines Lebens nicht **sicher** ◆ **am** Leben bleiben *nicht sterben;* es geht **auf** Leben und Tod *es geht um das Leben, es ist lebensgefährlich;* das tue ich **für** mein Leben gern *sehr gern;* eine Sache **ins** Leben rufen *mit einer Sache beginnen, etwas gründen, einrichten;* er ist **mit** dem Leben davongekommen *nach Todesgefahr am Leben geblieben;* jmdm. **nach** dem Leben trachten *jmdn. töten wollen;* **ums** Leben kommen *tödlich verunglücken*

**lebendig** ⟨Adj.⟩ **1** *lebend, am Leben befindlich* **2** ⟨fig.⟩ *lebhaft, munter, rege* (Person, Geist) **3** *lebensecht, ausdrucksvoll* (Bild) ◆ das Buch, das Vorwort, der Aufsatz ist sehr lebendig geschrieben

**Lebensabschnitt** ⟨m. 1⟩ *abgeschlossene Periode, Phase im Verlauf des Lebens, z. B. Kindheit, Zeitraum der Familien- u. Existenzgründung, Rentenalter* ◆ ein Lebensabschnitt von großer Bedeutung für die Zukunft

**Lebensbaum** ⟨m. 1u⟩ **1** ⟨Bot.⟩ ▼ *Angehöriger einer Gattung der Zypressengewächse (Cupressaceae) mit schuppenblättrigen Nadeln: Thuja;* Sy *Thuja, Thuje* **2** *Sinnbild des Lebens u. der Lebenskraft, auch der Erlösung, bes. in der bildenden Kunst* **3** ⟨Anat.⟩ *Längsschnitt durch das Hirn der Säugetiere, der eine baumähnliche Figur zeigt*

**Lebensbedingung** ⟨f. 20; meist Pl.⟩ *zum Leben notwendige Bedingung* ◆ gute, schlechte Lebensbedingungen

LEBENSBAUM: ABENDLÄNDISCHER LEBENSBAUM *(Thuja occidentalis)*

**lebensbedrohend** ⟨Adj.⟩ *das Leben bedrohend, lebensgefährlich* ◆ sie leidet an einer lebensbedrohenden Krankheit

**Lebensbeschreibung** ⟨f. 20⟩ *Beschreibung des Lebens eines bedeutenden Menschen;* Sy *Biografie*

**Lebensdauer** ⟨f.; -; unz.⟩ **1** *Lebenszeit* **2** *Zeitdauer der Arbeitsfähigkeit (einer Maschine)* **3** ⟨Phys.⟩ *Verweildauer eines Systems (Atom, Molekül usw.) in einem bestimmten Zustand*

**Lebensende** ⟨n. 28; unz.⟩ *Tod* ◆ bis an sein Lebensende

**Lebenserhaltungssystem** ⟨n. 11; bes. Raumfahrt⟩ *Vorrichtung, die Menschen bei Aufenthalten außerhalb ihrer natürlichen Lebenssphäre (z. B. im Weltall) u. a. mithilfe von Sauerstoff das Überleben ermöglicht;* → a. *Raumanzug*

**lebensfroh** ⟨Adj.; -er, am -(e)sten⟩ **1** *froh, dass man lebt, frisch* **2** *froh u. glücklich, lebensbejahend, optimistisch* ◆ sie ist ein lebensfroher Mensch

**Lebensgefahr** ⟨f. 20; unz.⟩ *Gefahr, das Leben zu verlieren* ◆ in Lebensgefahr schweben; etwas mit, ⟨od.⟩ unter Lebensgefahr tun

**lebensgefährlich** ⟨Adj.⟩ *Lebensgefahr hervorrufend, so gefährlich, dass das Leben bedroht ist* ◆ lebensgefährliche Krankheit; lebensgefährlich verletzt

L

**Lebensgefährte** ⟨m. 17⟩ **1** *Ehemann* **2** *Mann, der mit einer Frau (od. einem Mann) den Lebensweg gemeinsam geht*

**Lebensgefährtin** ⟨f. 22⟩ **1** *Ehefrau* **2** *Frau, die mit einem Mann (od. einer Frau) den Lebensweg gemeinsam geht*

**Lebensgemeinschaft** ⟨f. 20⟩ *eheliche od. eheähnl. Gemeinschaft von Mann u. Frau od. zwei gleichgeschlechtlichen Personen*

**Lebensgröße** ⟨f. 19; unz.⟩ *natürl. Größe* ◆ jmdn. in Lebensgröße abbilden

**Lebenshaltung** ⟨f. 20; unz.⟩ *wirtschaftl. Gestaltung des Lebens* ◆ bescheidene, großzügige Lebenshaltung

**Lebenslauf** ⟨m. 1u⟩ *kurze Lebensbeschreibung, Schilderung des Bildungsganges (bei Bewerbungen)* ◆ Zeugnisse und handschriftlicher Lebenslauf

**Lebensmittel** ⟨n. 13; meist Pl.⟩ *etwas, was gegessen od. getrunken wird u. der Ernährung dient;* Sy *Nahrungsmittel*

**Lebensnervensystem** ⟨n. 11; Biol.⟩ ► = *autonomes Nervensystem*

**Lebensstandard** ⟨m. 6⟩ *Höhe der Lebenshaltung* ◆ ein hoher, niedriger Lebensstandard

**Lebensunterhalt** ⟨m. 1; unz.⟩ **1** *die lebensnotwendigen Dinge, Nahrung, Kleidung u. Wohnung* **2** *die Kosten dafür* ◆ seinen od. jmds. Lebensunterhalt bestreiten; sich seinen Lebensunterhalt verdienen

**Lebenswandel** ⟨m. 5; unz.⟩ *Art der Lebensführung, bes. in sittl. Hinsicht* ◆ einen (nicht) einwandfreien Lebenswandel führen

**Lebensweg** ⟨m. 1; fig.⟩ **1** *Leben* **2** *Laufbahn* ◆ einen gemeinsamen Lebensweg gehen wollen *heiraten wollen*

**Lebensweise** ⟨f. 19⟩ *die Art u. Weise, wie man lebt, bes. in Bezug auf Gesundheit u. Ernährung* ◆ eine gesunde Lebensweise

**Lebenszeichen** ⟨n. 14⟩ *Zeichen des noch vorhandenen Lebens, z. B. Herzschlag, Atem* ◆ ein Lebenszeichen von jmdm. erhalten ⟨a. fig.⟩ *einen Brief, Gruß (bes. nach langer Zeit)*

**Leber** ⟨f. 21⟩ **1** ⟨Anat.⟩ ▼ *großes Drüsenorgan in der Bauchhöhle der Wirbeltiere u. des Menschen, das den Eiweiß- u. Zuckerstoffwechsel regelt: Hepar;* Sy *Hepar* **2** ⟨Kochk.⟩ *Tierleber als Speise* (Gänseleber, Kalbsleber) ◆ frei, frisch von der Leber weg sprechen ⟨fig.⟩ *seine Meinung offen sagen, sich keinen Zwang auferlegen* [< ahd. *leb(a)ra*, engl. *liver;* → *leben* (die Leber galt bis zur Entdeckung des Blutkreislaufes als Erzeugerin des Blutes, mit dem Herzen als Sitz des Lebens)]

**Leberegel** ⟨m. 5⟩ *in der Säugetierleber schmarotzender Saugwurm* ◆ Großer Leberegel: *Fasciola hepatica;* Kleiner Leberegel: *Dicrocoelium lanceolatum*

**Leberentzündung** ⟨f. 20; Med.⟩ *entzündl. Erkrankung der Leber;* Sy *Hepatitis*

**Leberfleck** ⟨m. 1⟩ *brauner Pigmentfleck auf der Haut*

**Leberkäse** ⟨m. 3; unz.⟩ *bes. in Süddtschld. beliebtes, gebackenes Fleischgericht,* ⟨früher⟩ *mit Kalbs- u. Schweinsleber,* ⟨heute⟩ *aus sehr fein gehacktem Kalb- u. Schweinefleisch, Speck u. Gewürzen;* Sy *Fleischkäse*

**Lebermoos** ⟨n. 11; unz.⟩ *lappenförmiges, flaches Moos: Hepatica;* Sy *Hepatika*

**Leberschrumpfung** ⟨f. 20; Med.⟩ *chronische Erkrankung der Leber, die ihren Umfang verringert;* Sy *Leberzirrhose*

**Lebertran** ⟨m. 1; unz.⟩ *aus frischer Leber von Dorsch, Kabeljau od. Schellfisch gewonnenes Öl, Stärkungsmittel*

**Leberzirrhose** ⟨f. 19; Med.⟩ = *Leberschrumpfung*

**Lebewesen** ⟨n. 14⟩ *lebender Körper, lebende Zelle, Verband lebender Zellen*

**lebhaft** ⟨Adj.; -er, am -esten⟩ **1** *munter, rege* (Person) **2** *schwungvoll, anregend* (Gespräch) **3** *voller Leben, beweglich, bewegt* (Augen, Geschäft) ◆ lebhafter **Beifall** *kräftiger B.;* jmdn. od. etwas in lebhafter **Erinnerung** haben; eine lebhafte **Fantasie** haben ◆ ich **bedaure** es lebhaft *ich bedaure es sehr* ◆ ein **bisschen** lebhaft, bitte! ⟨umg.⟩ *ein bisschen schnell!, mit etwas mehr Elan, Schwung*

**Lebkuchen** ⟨m. 4; bes. süddt. u. westdt.⟩ = *Pfefferkuchen* [< mhd. *lebekuoche;* → *Laib, Kuchen*]

**leblos** ⟨Adj.⟩ *ohne Zeichen von Leben, tot*

**Lebzeiten** ⟨Pl.⟩ *Zeit, in der jmd. gelebt hat* ◆ ⟨nur in den Fügungen⟩ zu Lebzeiten, bei Lebzeiten

**Lebzelten** ⟨m. 4; österr.⟩ = *Pfefferkuchen* [< mhd. *lebezelte* < *zelte* „flacher Kuchen"; → *Laib*]

**lechzen** ⟨V. i.; hat⟩ nach etwas lechzen *nach etwas schmachten, begierig auf etwas sein* ◆ die Erde lechzt nach Regen; nach Wasser lechzen [< mhd. *lech(e)zen* „austrocknen", Intensivbildung zu *lechen* < ahd. *leccchen* „austrocknen"]

**Lecithin** ⟨n. 11; unz.; fachsprachl.⟩ = *Lezithin*

**leck** ⟨Adj.⟩ *undicht, wasserdurchlässig, mit einem Loch versehen* ◆ das Schiff ist leck [< nddt. *leck;* → *lechzen*]

**Leck** ⟨n. 15⟩ *beschädigte, undichte Stelle, Loch (eines Schiffes, Kessels, einer Vakuumanlage)* ◆ ein Leck dichten, stopfen

**lecken**[1] ⟨V. i.; hat⟩ *leck sein* ◆ das Boot, der Kessel leckt [→ *leck*]

**lecken**[2] ⟨V. t. u. V. i.; hat⟩ *mit der Zunge über etwas gleiten* ◆ die Tiermutter leckt ihre Jungen; sich die Lippen, die Finger nach etwas lecken *lüstern auf etwas sein* [< ahd. *leckon*, engl. *lick*]

**lecker** ⟨Adj.⟩ *sehr wohlschmeckend, appetitlich, appetitanregend* ◆ ein leckeres Eis; lecker angerichtete Speisen; das sieht sehr lecker aus [< mndrl. *lecker*, eigtl. „zum Lecken reizend"]

**leckschlagen** ⟨V. i. 216; ist⟩ ein Schiff schlägt leck *bekommt ein Leck (meistens durch äußere Einwirkung)*

LEDERSCHILDKRÖTE
*(Dermochelys coriacea)*

**LED** ⟨El.; Abk. für⟩ ► = *Leuchtdiode* [< engl. *light-emitting diode* „Licht aussendende Diode"]

**Leder** ⟨n. 13⟩ **1** *gegerbte Tierhaut* (Rindsleder, Schweinsleder, Ziegenleder) **2** *Lederlappen* (Fensterleder) **3** *(vorn od. hinten getragener) Lederschurz für bestimmte Handwerker* **4** ⟨Sp.; umg.; kurz für⟩ *Fußball (II), Handball (II)* ◆ Leder prägen, pressen; jmdm. ans Leder wollen ⟨fig.⟩ *jmdn. angreifen (wollen);* vom Leder ziehen ⟨früher⟩ *die Waffe (eigtl.: aus der Lederscheide) ziehen, jmdn. angreifen,* ⟨heute; fig.⟩ *zu schimpfen beginnen* [< ahd. *ledar*, engl. *leather*]

**Lederhaut** ⟨f. 7u; unz.⟩ **1** ⟨Anat.⟩ *unter der Oberhaut liegende Hautschicht des Menschen u. der Tiere, die bei den Tieren nach Entfernung der Oberhaut u. der Haare zu Leder verarbeitet wird* **2** *Haut um den Augapfel*

**Lederkoralle** ⟨f. 19⟩ *weiche, schwammige Koralle mit einem Skelett aus kalkhaltigen Einzelstücken: Alcyonaria*

**ledern** **I** ⟨V. t.; hat⟩ **1** *gerben* **2** *mit Leder versehen* **II** ⟨Adj.⟩ **1** *aus Leder* **2** ⟨fig.⟩ *langweilig, ohne Spannung, trocken* (Buch, Film, Vortrag)

**Lederschildkröte** ⟨f. 19; Zool.⟩ ▲ *Angehörige einer Familie der Schildkröten mit nur einer Art (Dermochelys coriacea), deren Panzer aus kleinen Knochenplättchen besteht, die mit dicker, lederartiger Haut bedeckt sind: Dermochelydidae*

**ledig** ⟨Adj.⟩ **1** *frei, ungebunden, befreit* **2** *unverheiratet* **3** ⟨Mar.⟩ *unbefrachtet* **4** ⟨süddt.⟩ *unbeschäftigt, müßig* ◆ lediges Gestein *taubes Gestein;* lediges Kind ⟨süddt.⟩ *uneheliches Kind;* ledige Mutter *Mutter eines unehelichen Kindes;* lediges Pferd *Pferd ohne Reiter;* ledig bleiben, ledig sein [< mhd. *ledic*, vermutlich Grundbedeutung „gelenkig, geschmeidig, unbehindert"; verwandt mit *Glied*]

**lediglich** ⟨Partikel⟩ *nur, bloß* ◆ ich habe ihm lediglich die Tatsachen berichtet

**Lee** ⟨f.; -; unz.; Mar.⟩ *die dem Wind abgekehrte Seite;* Ggs *Luv* [< nddt. *le* „Ort, an dem Windstille herrscht"; verwandt mit *lau, flau*]

**leer** ⟨Adj.⟩ **1** *nichts enthaltend, entleert* (Gefäß) **2** *frei, unbesetzt* (Platz) **3** ⟨fig.⟩ *gehaltlos, inhaltslos, nichtig* ◆ leerer **Blick** ⟨fig.⟩; leere **Drohungen** ⟨fig.⟩ *Drohungen, die man nicht wahr macht;* ein leeres **Leben** ⟨fig.⟩; leere **Versprechungen** ⟨fig.⟩ *Versprechungen, die nicht eingehalten werden* ◆ leer **ausgehen** *nichts bekommen;* den Teller leer **essen** *alles*

## LEBER

Nährstoffe, die der Dünndarm aufgenommen hat, gelangen über die Pfortader in die Leber und werden dort nach den Bedürfnissen des Körpers umgebaut und weiterverteilt. Im Stoffwechselhaushalt des Körpers reguliert die Leber den Blutzuckerspiegel, macht Giftstoffe unschädlich, baut überalterte rote Blutkörperchen ab und produziert Galle, die im Dünndarm die Fettverdauung unterstützt.

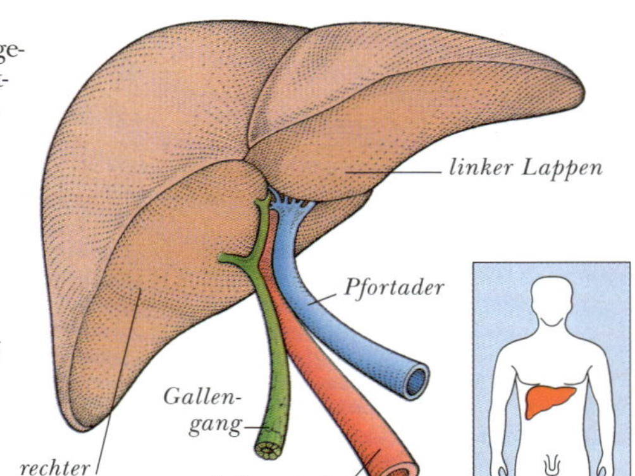


ANSICHT DER
MENSCHLICHEN LEBER

*aufessen, was auf dem Teller liegt* ◆ **halb,** ganz leer ◆ **mit** leeren Händen kommen *ohne Geschenk, ohne Geld* [< ahd. *lari;* → *lesen;* urspr. nur auf ein abgeerntetes Ährenfeld bezogen]

**Leere** ⟨f. 19; unz.⟩ **1** *das Leersein* **2** *luftleerer Raum, Vakuum* **3** *leerer Raum*

**leeren** ⟨V.; hat⟩ **I** ⟨V. t.⟩ *leer machen, den Inhalt herausnehmen aus, ausschütten* ◆ eine Flasche Wein leeren *trinken* **II** ⟨V. refl.⟩ sich leeren *leer werden* ◆ der Saal leerte sich *die Menschen verließen den S.*

**Leerlauf** ⟨m. 1u; unz.⟩ **1** *Lauf (eines Motors) ohne Arbeitsleistung* **2** ⟨fig.⟩ *nutzlose Bemühungen, nutzlose Arbeit, Arbeitspause*

**Leerung** ⟨f. 20; unz.⟩ *das Leeren, Entleerung* ◆ Leerung (des Briefkastens) um 12 und 18 Uhr

**Lefze** ⟨f. 19⟩ *Lippe (des Raubwildes, Hundes u. a. Haustiere)* [< mhd. *lefs(e)* < ahd. *lefs;* verwandt mit *Lappen*]

**leg.** ⟨Abk. für ital.⟩ *legato*

**legal** ⟨Adj.⟩ *gesetzlich, dem Gesetz entsprechend;* Ggs *illegal* [< lat. *legalis* „gesetzmäßig"; zu *lex* „Gesetz"]

**legalisieren** ⟨V. t.; hat⟩ *legal, gesetzlich machen, amtlich bestätigen*

**Legasthenie** ⟨f. 19⟩ *angeborene Schwäche beim Erlernen des Lesens u. Rechtschreibens bei sonst normaler Intelligenz* [< grch. *legein* „lesen" + *astheneia* „Schwäche"]

**Legat**[1] ⟨n. 11⟩ *Vermächtnis* [< lat. *legatum* „Vermächtnis"; zu *legare* „letztwillig verfügen", eigtl. „eine gesetzl. Verfügung treffen"; zu *lex* „Gesetz"]

**Legat**[2] ⟨m. 16⟩ **1** *altröm. Gesandter* **2** *päpstl. Gesandter* [< lat. *legatus* „Gesandter"; zu *legare* „von Amts wegen absenden", eigtl. „eine gesetzl. Verfügung treffen"; zu *lex* „Gesetz"]

**legato** ⟨Mus.; Abk.: leg.⟩ *gebunden (zu spielen)* [ital., „gebunden", Part. Perf. von *legare* < lat. *ligare* „binden"]

**Legebatterie** ⟨f. 19⟩ *Vorrichtung für die (nicht artgerechte) Haltung von Legehennen, die aus über- und nebeneinander geschichteten Draht- od. Stahlkäfigen besteht*

**Legebohrer** ⟨m. 3⟩ ▼ *bei weiblichen Insekten das der Eiablage dienende, häufig röhrenförmig verlängerte Organ am Hinterleibsende;* Sy *Legestachel*

**Legehenne** ⟨f. 19⟩ **1** *Henne, die bes. viele Eier legt* **2** *zum Eierlegen gezüchtete Henne*

**legen** ⟨V.; hat⟩ **I** ⟨V. t.⟩ **1** *in liegende Stellung, zum Liegen bringen* **2** *(an einen Platz) tun* ◆ **Bauern** legen ⟨MA⟩ *ihnen ihr Land abkaufen od. wegnehmen;* du musst die **Bücher,** Flaschen usw. legen (nicht stellen); **Eier** legen *Eier aus dem Körper ausstoßen* (Vogel), *laichen* (Fisch); **Feuer** legen *ein Haus anzünden;* das **Fundament,** den Grundstein (zu etwas) legen ⟨a. fig.⟩ *für etwas die Voraussetzungen schaffen;* **Gas,** Kabel, Rohre, Wasserleitung legen *einrichten, installieren;* jmdm. das **Handwerk** legen *seine unlauteren Machenschaften beenden*; **Karten** legen *aus Karten wahrsagen* ◆ einen Hund **an** die Kette legen *an der Kette festmachen;* seinen Kopf an jmds. Schulter legen; ich lege Wert **darauf,** dass ... *es ist mir wichtig, dass ...;* jmdn. **in** Fesseln, in Ketten legen *fesseln, anketten;* in die Sonne legen; jmdm. den Arm **um** die Schultern legen **II** ⟨V. i.⟩ *Eier legen* (Huhn) ◆ die Hühner legen jetzt gut **III** ⟨V. refl.⟩ sich legen **1** *sich hinlegen, sich lang ausstrecken* **2** *erkranken* **3** *aufhören* (Wind, Zorn) **4** *nachlassen* (Aufregung, Lärm) ◆ sich **schlafen** legen ◆ sich **aufs** Bett, aufs Sofa legen; sich auf die Seite, auf den Rücken legen [< ahd. *leg(g)an,* engl. *lay*]

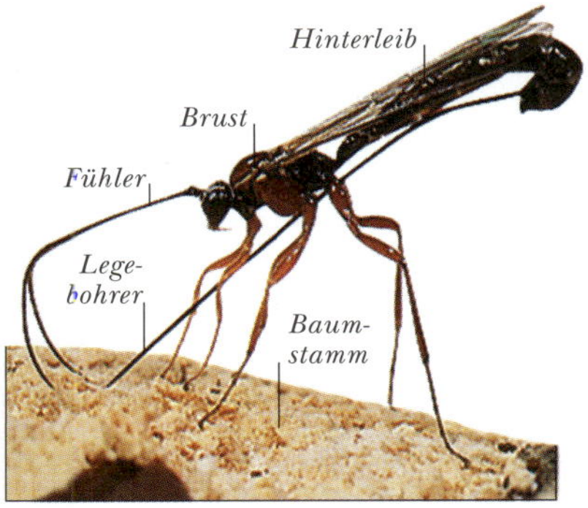


LEGEBOHRER: HOLZSCHLUPFWESPE BEI DER EIABLAGE

## LEGIONÄR

Legionäre waren römische Bürger, die freiwillig für 20–25 Jahre der Armee beitraten und dort als Fußsoldaten dienten. Ihr harter Drill machte sie zum Rückgrat der römischen Legionen. Zu ihrer Uniform gehörte ein Gürtel (Cingulum) mit herabhängenden, schützenden Lederstreifen, an dem auch der Rang abzulesen war, ein Brustharnisch (Lorica segmentata) aus mehreren Teilen, eine Tunika und ein Helm (Cassis). Die Sandalen (Caligae) waren mit schweren Schuhnägeln beschlagen und ermöglichten lange Märsche, die die Legionäre bei ihren Feldzügen zurücklegen mussten.

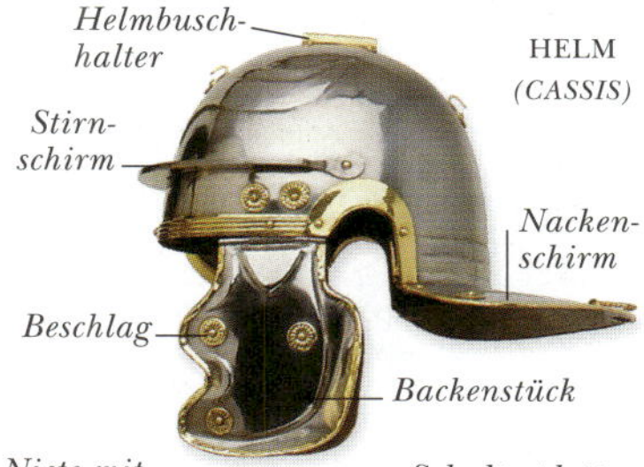


HELM (*CASSIS*)

### LEGIONÄRSUNIFORM

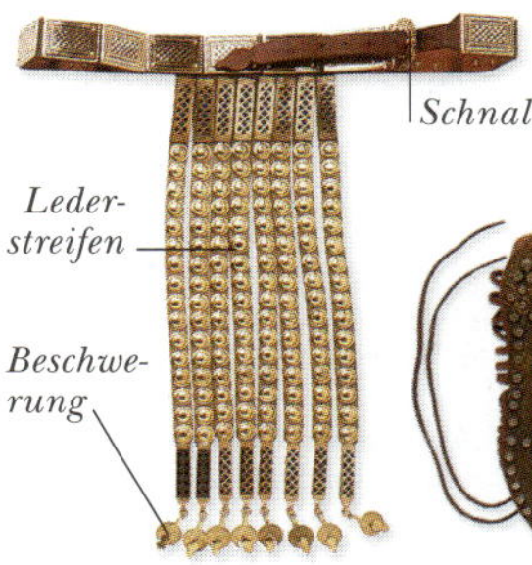


GÜRTEL (*CINGULUM*)

SANDALEN (*CALIGAE*)

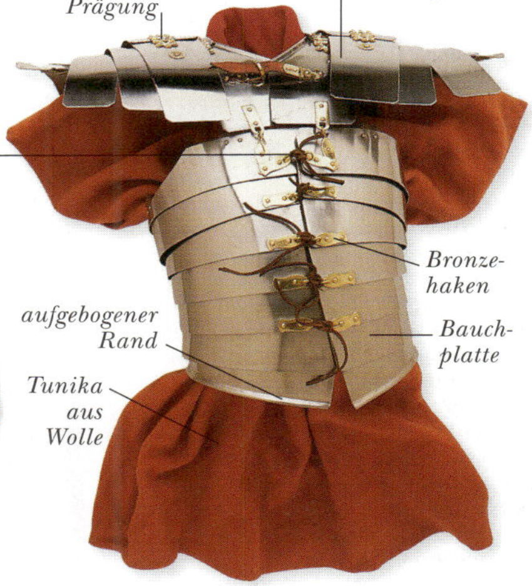


BRUSTHARNISCH (*LORICA SEGMENTATA*)

**legendär** ⟨Adj.⟩ **1** *legendenhaft, sagenhaft* **2** ⟨fig.⟩ *unglaubhaft, unwahrscheinlich* ◆ eine legendäre Schauspielerin

**Legende** ⟨f. 19⟩ **1** *Heiligenerzählung, Sage von frommen Menschen* **2** *verzerrt dargestellter histor. Vorgang* **3** *lange vergangenes, nicht mehr nachweisbares u. oft fantasievoll ausgeschmücktes histor. Ereignis* **4** *unglaubwürdige Geschichte* **5** *erläuternder Text zu Karten, Abbildungen u. Ä.* (Bildlegende) **6** *Text von Inschriften, z. B. auf Münzen* [< mhd. *legende* < mlat. *legenda* (Pl.) „zu lesende Stücke"; zu lat. *legere* „lesen"]

**leger** ⟨[leˈʒɛːr] Adj.⟩ *ungezwungen, zwanglos, formlos* (Benehmen, Kleidung) [< frz. *léger* „leicht, gewandt"]

**Leges** ⟨Pl. von⟩ *Lex*

**Legestachel** ⟨m. 25⟩ ► = *Legebohrer*

**Legföhre** ⟨f. 19⟩ = *Latschenkiefer*

**Leggings, Leggins** ⟨Pl.; urspr.⟩ **1** *vom Knöchel bis zum Oberschenkel reichende Ledergamaschen nordamerikan. Indianer* **2** ⟨heute⟩ *modisch bunte Überziehstrümpfe, die von den Fußknöcheln bis zu den Oberschenkeln reichen* [engl.; zu *leg* „Bein"]

**legieren** ⟨V. t.; hat⟩ **1** *zu einer Legierung mischen* (Metalle) **2** *sämig machen, mit Mehl u. Ei eindicken* (Soße, Suppe) [< ital. *legare* < lat. *ligare* „binden, vereinigen"]

**Legierung** ⟨f. 20⟩ *Gemisch aus mindestens zwei Metallen, denen auch noch weitere nicht metallische Stoffe zugesetzt werden können (z. B. Stickstoff, Silicium, Phosphor), um bestimmte Eigenschaften zu erzielen*

**Legion** ⟨f. 20⟩ **1** *röm. Truppeneinheit* **2** *Name verschiedener Truppen* (Fremdenlegion) **3** *unbestimmt große Anzahl, große Menge* ◆ ihre Zahl war Legion (Markus 5,9) [< lat. *legio* „Legion", eigtl. „auserlesene Mannschaft"; zu *legere* „lesen, auswählen"]

**Legionär** ⟨m. 1⟩ **1** ▲ *röm. Soldat* **2** *Angehöriger einer Legion* (Fremdenlegionär) [< lat. *legionarius* „zur Legion gehörig", mit frz. Endung nach *légionnaire* „Legionär"]

**Legislative** ⟨[-və] f. 19; Rechtsw.⟩ **1** *gesetzgebende Gewalt* **2** *gesetzgebende Versammlung;* → a. *Exekutive, Judikative*

**legitim** ⟨Adj.⟩ *rechtmäßig, gesetzlich anerkannt, gesetzlich zulässig;* Ggs *illegitim* ◆ legitimes Kind *eheliches Kind;* eine Sache für legitim erklären; legitime Forderungen [< lat. *legitimus* „durch Gesetze bestimmt"; zu *lex* „Gesetz"]

**legitimieren** ⟨V.; hat⟩ **I** ⟨V. t.⟩ *für legitim erklären, beglaubigen, berechtigen* **II** ⟨V. refl.⟩ sich legitimieren *sich ausweisen (durch Pass, Kennkarte o. Ä.)* [→ *legitim*]

**Lego** ⟨ohne Art.; Warenzeichen⟩ *(international verbreitetes) Spielzeugbausteinsystem mit farbigen Kunststoffelementen zum Zusammenstecken u. Konstruieren*

L

**Leguan** ⟨m. 1; Zool.⟩ *Angehöriger einer Familie der Echsen mit dicker, kaum gespaltener Zunge u. wohl entwickelten Beinen; Iguanidae;* Sy *Kammeidechse;* ► *Echsen* ◆ Grüner Leguan ► *leuchtend grün u. gelb gezeichneter Leguan mit Stachelkamm u. großem Kehlsack: Iguana iguana* [< span. *la iguana* < hait.]

**Legumen** ⟨n. 14⟩ *Hülsenfrucht* [lat.]

**Lehen** ⟨n. 14⟩ **1** *gegen Verpflichtung zu Treue u. Kriegsdienst verliehenes erbl. Nutzungsrecht an einem Landgut* **2** *das verliehene Gut selbst* [< ahd. *lehan;* → *leihen*]

**Lehm** ⟨m. 1⟩ *sandiger Ton, der durch Brauneisenstein gelb bis braun gefärbt ist u. zur Herstellung keramischer Erzeugnisse verwendet wird* ◆ Stroh und Lehm ⟨fig.; umg.; oberdt.⟩ *Sauerkraut mit Erbsbrei* [< ahd. *leimo,* engl. *loam*]

**Lehmwespe** ⟨f. 19; Zool.⟩ *Angehörige einer Familie der Faltenwespen, die Nester aus Lehm bauen: Eumenidae*

**Lehne** ⟨f. 19⟩ **1** *Stütze (eines Sitzmöbels) für Rücken od. Arm* (Armlehne, Rückenlehne) **2** ⟨oberdt.⟩ *Abhang* (Berglehne) [< ahd. *lina;* → *lehnen*]

**lehnen** ⟨V.; hat⟩ **I** ⟨V. t.⟩ einen Gegenstand lehnen *so hinstellen, dass er gestützt wird* ◆ eine Leiter an die Wand lehnen **II** ⟨V. i.⟩ *an etwas gestützt stehen* **III** ⟨V. refl.⟩ sich lehnen *sich mit dem ganzen Körper stützen* ◆ sich an, auf od. gegen etwas lehnen; sich an jmds. Schulter lehnen; sich (weit) aus dem Fenster lehnen *sich aufs Fensterbrett gestützt hinausbeugen* [< ahd. *(h)linen* (V.i.) + *(h)leinen* (V.t.) „lehnen"; verwandt mit *Leiter*[2]]

**Lehnswesen** ⟨n.; -s; unz.; früher⟩ *Gesamtheit dessen, was mit Lehen zusammenhängt;* Sy *Feudalismus*

**Lehnübersetzung** ⟨f. 20; Sprachw.⟩ *wörtl. Übersetzung der einzelnen Bestandteile eines fremden Wortes,* z.B. „Ausstellung" aus frz. *exposition* nach lat. *ex* „aus" u. *positio* „Stellung" [→ *entlehnen*]

**Lehnwort** ⟨n. 12u; Sprachw.⟩ *aus einer fremden Sprache entlehntes Wort, das sich lautlich sowie in der Flexion der einheim. Sprache angepasst hat,* z.B. „Fenster" aus lat. *fenestra;* → a. *Fremdwort*

**Lehramt** ⟨n. 12u⟩ *Amt des Lehrers* ◆ Lehramt an Grund- und Hauptschulen, Realschulen, Gymnasien; die Prüfung für das höhere, mittlere Lehramt machen

**Lehre** ⟨f. 19⟩ **1** *Regel, Richtschnur, Ratschlag* **2** *Lehrsatz* **3** *wissenschaftl. System, Anschauung einer bedeutenden Persönlichkeit od. eines Kreises von Menschen über ein Problem der Wissenschaft, Philosophie od. Kunst* **4** *Schlussfolgerung, Erfahrung, aus der man lernt* **5** *Lehrzeit, Unterricht in einem Lehrberuf* **6** *Messwerkzeug* (Schieblehre) ◆ die Lehre **Fichtes,** Kants ◆ eine **bittere,** heilsame Lehre; jmdm. **gute,** weise Lehren geben ◆ die Lehre **aus** einem Ereignis, einer Niederlage, einem Unglück ziehen; lass es dir eine Lehre sein, ⟨od.⟩ **zur** Lehre dienen *lerne daraus!* [< ahd. *lera,* engl. *lore* „Kenntnis"; Grundbedeutung „rechter Weg"; → *lehren, lernen, leisten*]

**lehren** ⟨V. t. u. V. i.; hat⟩ **I** jmdn. lehren *jmdn. unterrichten, unterweisen* ◆ an der Universität lehren **II** ⟨V. t.; hat⟩ jmdn. etwas lehren *jmdm. Kenntnis über etwas vermitteln* ◆ einem Kind das Lesen und Schreiben lehren [< ahd. *leren*]

**Lehrer** ⟨m. 3⟩ *jmd., der beruflich lehrt, unterrichtet, Inhaber eines Lehramtes, Pädagoge* (Oberschullehrer, Hochschullehrer, Grundschullehrer, Privatlehrer, Biologielehrer) ◆ guter, strenger Lehrer

LEGUAN:
GRÜNER LEGUAN
*(Iguana iguana)*

**Lehrerin** ⟨f. 22⟩ *weibl. Lehrer, Pädagogin*

**Lehrgang** ⟨m. 1u⟩ *zeitlich begrenzte, schulmäßige Ausbildung in einem Fach bzw. in einer Fächergruppe*

**Lehrgeld** ⟨n. 12⟩ **1** ⟨früher; heute selten für⟩ *Entgelt für die Lehre (Ausbildung)* **2** ⟨heute meist nur noch in der Wendung⟩ Lehrgeld zahlen *mit Mühe u. mancherlei Enttäuschungen lernen*

**Lehrling** ⟨m. 1⟩ **1** *Jugendliche(r) während der Lehrzeit* **2** ⟨heute amtl.⟩ *Auszubildende(r)*

**Lehrmädchen** ⟨n. 14; veraltet⟩ *weibl. Lehrling*

**Lehrmeinung** ⟨f. 20⟩ *in einem Wissensbereich anerkannte Meinung, Anschauung*

**Lehrmeister** ⟨m. 3⟩ **1** *Lehrer* **2** *Sache, bei der, von der man etwas gelernt hat* ◆ Kollege M. war ein guter, unnachgiebiger Lehrmeister

**Lehrmittel** ⟨n. 13⟩ *der Veranschaulichung dienender Gegenstand im Unterricht, Hilfsmittel für den Unterricht, z.B. Karte, Modell;* → a. *Lernmittel*

**Lehrsatz** ⟨m. 1u⟩ *wichtiger Satz einer wissenschaftl. Lehre, grundlegende, bewiesene wissenschaftl. Behauptung*

**Lehrstelle** ⟨f. 19⟩ *Arbeitsplatz für die Ausbildung eines Lehrlings*

**Lehrstuhl** ⟨f. 7u⟩ *planmäßige Stelle eines Hochschullehrers, Professur* ◆ den Lehrstuhl für neuere Geschichte innehaben

**Lehrzeit** ⟨f. 20⟩ *Zeitdauer der Lehre, Ausbildungszeit*

**Lei**[1] ⟨['le:i] Pl. von⟩ *Leu*[2]

**Lei**[2] ⟨f. 18; rhein.⟩ *Fels, Schiefer* [< mhd. *lei(e)* „Fels, Stein, Schiefer" < gall. (im Rhein. Schiefergebirge)]

**...lei** ⟨Endung⟩ *Sachen, Dinge,* z.B. mancherlei, verschiedenerlei [< mhd. *lei(e)* „Art, Weise" in genitiv. Verbindungen wie: *einer leie, aller leie;* < afrz. *ley* „Art" < lat. *legem,* Akk. zu *lex* „Gesetz"]

**Leib** ⟨m. 2⟩ **1** ⟨i. w. S.⟩ *(menschl. od. tier.) Körper* **2** ⟨i. e. S.⟩ *Bauch, Magen* ◆ der Leib des **Herrn** *Hostie, Abendmahlsbrot* ◆ seinen Leib **pflegen** *faul, müßig sein, nicht arbeiten* ◆ er hat die Folgen seiner Tat **am** eigenen Leib zu spüren bekommen; er zitterte am ganzen Leibe; diese Rolle ist ihm wie **auf** den Leib geschrieben *diese Rolle liegt ihm besonders gut;* Gefahr **für** Leib und Leben ⟨fig.⟩ *für Freiheit u. Leben;* kein Herz **im** Leibe haben ⟨fig.⟩ *kalt u. herzlos, mitleidlos sein;* jmdm. **zu** Leibe gehen *jmdn. angreifen;* einer Sache zu Leibe gehen *eine Sache tatkräftig anpacken* [< ahd. *lib* „leben, Körper", engl. *life* „Leben"]

**Leibchen** ⟨n. 14⟩ **1** *Mieder* **2** ⟨früher⟩ *miederartiges Kleidungsstück für Kinder, an dem die Strumpfhalter befestigt sind*

**Leibeigenschaft** ⟨f. 20; unz.; bis zum 18. Jh., in Russland bis zum 19. Jh.⟩ *persönliche Abhängigkeit des Bauern vom Grundherrn* [< mhd. *mit dem libe eigen* „mit dem Leben zugehörig"; → *Leib*]

**Leibesfrucht** ⟨f. 7u⟩ *Kind im Mutterleib*

**Leibeshöhle** ⟨f. 19⟩ *Hohlraum zwischen den Organen*

**Leibgarde** ⟨f. 19⟩ *Truppe zum persönl. Schutz (bes. eines Monarchen)*

**Leibgericht** ⟨n. 11⟩ = *Lieblingsspeise*

**leibhaftig** ⟨Adj.⟩ *wirklich u. wahrhaftig, selbst* ◆ wie der leibhaftige Teufel; da stand er leibhaftig vor mir

**leiblich** ⟨Adj.⟩ **1** *den Leib betreffend, zu ihm gehörig, körperlich* **2** *blutsverwandt* ◆ leibliche Erben; leibliche Genüsse; mein leibliches Kind *mein eigenes Kind (kein angenommenes)*

**Leiche** ⟨f. 19⟩ **1** *toter menschl. od. tier. Körper;* Sy *Leichnam* **2** ⟨oberdt.⟩ *Beerdigung, Leichenschmaus* ◆ es war eine schöne Leich' ⟨oberdt.⟩ *eine schöne Beerdigung u. ein großzügiger Leichenschmaus;* er geht über Leichen ⟨fig.⟩ *er ist vollkommen rücksichtslos;* nur über meine Leiche! ⟨fig.; umg.⟩ *ich bin unter keinen Umständen damit einverstanden* [< ahd. *lih(h)* „Leib, Fleisch, toter Körper"]

**Leichen...** ⟨in Zus.⟩ → a. *Toten...*

**Leichenflecke** ⟨Pl.⟩ = *Totenflecke*

**Leichenöffnung** ⟨f. 20⟩ *pathologisch-anatomische Untersuchung einer Leiche zur Klärung der Todesursache;* Sy *Autopsie, Obduktion, Sektion*

**Leichenstarre** ⟨f.; -; unz.⟩ = *Totenstarre*

**Leichnam** ⟨m. 1⟩ = *Leiche (1)* [< ahd. *lih(i)namo* „Leiche" + germ. **hama(n)* „Hülle", urspr. „Leibeshülle (der unsterblichen Seele)"]

**leicht I** ⟨Adj.; -er, am -esten⟩ **1** *von geringem Gewicht* (Gegenstände, Gepäck) **2** *geringfügig, unbedeutend* (Fehler, Strafe, Wunde) **3** *zart* (Berührung) **4** *bekömmlich, nicht schwer verdaulich* (Speise, Wein) **5** ⟨fig.⟩ *einfach, nicht schwierig* (Aufgabe) **6** *oberflächlich, leichtfertig, leichtsinnig* ◆ leichten **Herzens** *unbeschwert u. fröhlich;* leichte **Kleider** *sommerliche, luftige Kleider;* leichter **Lebenswandel;** leichte **Lektüre** ⟨fig.⟩ *anspruchslose, unterhaltende Lektüre;* leichte **Musik** ⟨fig.⟩ *Unterhaltungsmusik;* etwas auf die leichte **Schulter** nehmen ⟨fig.⟩ *nicht ernst nehmen;* leichten **Sinnes** ⟨fig.⟩; leichter **Wind** ◆ eine Sache leichter **machen** *das Gewicht einer Sache verringern;* du machst es dir zu leicht ⟨fig.⟩ *du gibst dir zu wenig Mühe;* **sein:** das ist leicht ⟨fig.⟩ *das ist nicht schwierig;* jetzt ist mir viel leichter ⟨umg.⟩ *jetzt bin ich sehr erleichtert* ◆ und **wie** leicht ist dann ein Unglück geschehen *wie oft, wie schnell* **II** ⟨Adv.⟩ **1** *ohne Schwierigkeiten, mühelos, schnell* **2** *ein wenig, etwas* ◆ leicht **begreifen;** das Lernen einer Sprache wird ihm leicht **fallen** *wird ihm keine Mühe bereiten;* eine Arbeit leicht **fertig bringen;** das ist leicht **gesagt** *so einfach ist das (in Wirklichkeit) nicht* ◆ das ist leicht **möglich** *das ist gut, wohl möglich, das kann schon sein;* der Stoff wird leicht **schmutzig;** leicht **verdauliche** Speisen; leicht **verrückt;** leicht **zerbrechlich** [< ahd. *liht(i),* engl. *light*]

**Leichtathletik** ⟨f. 20; unz.; Sp.; Sammelbez. für⟩ *Laufen, Hoch- und Weitsprung, Diskus- und Hammerwerfen u. verwandte Übungen*

**Leichtathletikstadion** ⟨n.; -s, -stadien; Sp.⟩ ► *Sport- u. Wettkampfplatz, der über einen Fußballplatz, eine Außenlaufbahn sowie an beiden Kopfenden über genügend Raum verfügt, so dass dort alle weiteren Leichtathletikdisziplinen (Hochsprung, Sperrwurf, Kugelstoßen usw.) durchgeführt werden können*

**Leichtbauweise** ⟨f. 19; unz.⟩ *Bauweise mit leichten Baustoffen*
**leichtfertig** ⟨Adj.⟩ *oberflächlich, leichtsinnig* ◆ leichtfertig handeln
**leichtherzig** ⟨Adj.⟩ *unbeschwert, unbekümmert, oberflächlich-heiteren Gemütes*
**leichthin** ⟨Adv.⟩ *ohne sich viel Gedanken zu machen* ◆ etwas leichthin sagen; etwas leichthin glauben
**Leichtmetall** ⟨n. 11⟩ *Metall, dessen Dichte unter 5 g/cm³ liegt, z. B. Magnesium, Titan u. Aluminium*
**Leichtsinn** ⟨m. 1; unz.⟩ **1** *Sorglosigkeit, Unbekümmertheit* **2** *Unvorsichtigkeit*
**leichtsinnig** ⟨Adj.⟩ **1** *sorglos, unbekümmert* **2** *unvorsichtig* ◆ leichtsinnige Tat; sein Leben leichtsinnig aufs Spiel setzen
**leid I** ⟨Adv.; nur in festen Wendungen⟩ leid sein; es ist mir leid *ich bereue es, bedauere es sehr* **II** ⟨schweiz. a.: Adj.; in der Wendung⟩ das ist eine leide Sache, Geschichte *eine unangenehme, widerwärtige Sache, Geschichte* [< ahd. *leid* „betrübend, widerwärtig, unangenehm", engl. *loath* „abgeneigt"; nicht verwandt mit *leiden*]
**Leid** ⟨n.; -s od. -es; unz.⟩ **1** *großer Kummer, seel. Schmerz* **2** *Unglück, Übel, Schaden* **3** ⟨schweiz.⟩ *Begräbnis* **4** *Trauerkleidung* ◆ jmdm. ein Leid **antun;** sich ein Leid antun *Selbstmord begehen;* sie hat in ihrem Leben viel Leid **erdulden,** ertragen müssen; jmdm. ist ein, kein Leid **geschehen;** jmdm. sein Leid **klagen** *von seinem Kummer, Ärger erzählen, sein Herz ausschütten;* Leid **tun;** es tut mir Leid, dass ... *ich bedauere es, dass ...;* das tut mir herzlich Leid! ◆ jmdm. **in** seinem (großen) Leid beistehen; **zu** Leide = *zuleide* [< ahd. *leid* „das Betrübende, Schande, Beleidigung" = substantiviertes Adj. < ahd. *leid;* → *leid*]
**Leideform** ⟨f. 20; Gramm.⟩ = *Passiv;* Ggs *Tatform*
**leiden** ⟨V. 176; hat⟩ **I** ⟨V. i.⟩ *Leid erdulden, Schmerzliches erleben* ◆ er hat in seinem Leben viel leiden müssen; an, unter etwas leiden *etwas ertragen müssen;* an einer Krankheit leiden *eine Krankheit haben;* das Haus hat durch die Bomben stark gelitten *ist durch Bomben stark beschädigt;* unter der Hitze leiden **II** ⟨V. t.⟩ **1** *ertragen, ausstehen müssen* (Hunger, Durst, Not, Schmerzen) **2** *erlauben, zulassen, dulden* ◆ jmdn. (nicht) leiden können, mögen *jmdm. (nicht) gut gesinnt sein, jmdn. (nicht) gern haben* [< ahd. *lidan* „fahren, gehen", dann „erdulden"; verwandt mit *leiten, Lotse*]
**Leiden** ⟨n. 14⟩ **1** *anhaltende Krankheit* (Herzleiden, Magenleiden) **2** *Kummer, Qual, Schmerz* ◆ das Leiden Christi; es ist immer noch das alte Leiden ⟨fig.; umg.⟩ *immer noch dieselbe unangenehme Sache;* chronisches, unheilbares Leiden
**leidend** ⟨Adj.⟩ **1** *von Leid erfüllt, von (seelischem) Schmerz gezeichnet* **2** *ständig krank, kränkelnd* ◆ sie hatte einen leidenden Gesichtsausdruck
**Leidenschaft** ⟨f. 20⟩ **1** *durch Vernunft nicht bezähmbarer Gefühlsdrang* **2** *heftige Zuneigung, starke Begierde* **3** *Sucht* (Spielleidenschaft) ◆ einer Leidenschaft frönen; ihn erfasste eine heftige, starke, glühende Leidenschaft zu ihr
**leidenschaftlich** ⟨Adj.⟩ **1** *von Leidenschaft bewegt, getragen* **2** *begeistert* **3** *glühend, heftig, ungezügelt* ◆ ein leidenschaftlicher Angler, Jäger, Musiker, Schachspieler sein
**Leidensweg** ⟨m. 1⟩ *Weg eines langen Leidens, langer Weg voller Leiden* ◆ der Leidensweg Christi ⟨Rel.⟩ *sein Weg von Gethsemane bis Golgatha;* → a. *Passion (2);* seinen Leidensweg gehen
**leider** ⟨Adv.⟩ *bedauerlicherweise, unglücklicherweise* ◆ leider Gottes! ⟨verstärkend⟩ [vermutl. *< (beim) Leiden Gottes*]; leider kann ich nicht kommen [< ahd. *leidir,* Komp. zu *leid* „betrübend"]
**leidig** ⟨Adj.⟩ **1** *lästig, verdrießlich, unangenehm* **2** ⟨nddt.⟩ *merkwürdig, sonderbar* ◆ ich will froh sein, wenn ich diese leidige Sache los bin [< ahd. *leideg;* → *Leid*]
**leidlich** ⟨Adj.⟩ *erträglich, annehmbar, halbwegs gut, nicht ganz gut u. nicht ganz schlecht* ◆ Wie geht's? Danke, leidlich! [< spätmhd. *lidelich* „erträglich"; → *leiden*]
**Leidwesen** ⟨n.; -s; unz.⟩ *Bedauern* ◆ zu meinem Leidwesen muss ich absagen
**Leier** ⟨f. 21; Mus.⟩ **1** = *Lyra (1)* **2** *Drehleier* ◆ es ist (immer) die alte Leier ⟨fig.; umg.⟩ *es ist immer dasselbe, das habe ich schon oft gehört* [< ahd. *lira* < lat. *lyra* < grch. *lyra* „Saiteninstrument"]
**Leierkasten** ⟨m. 4u; Mus.⟩ = *Drehorgel*
**Leierschwanz** ⟨m. 1u⟩ *fasanartiger austral. Sperlingsvogel mit leierförmigem Schwanz: Menura superba*
**Leiharbeiter** ⟨m. 3⟩ *Arbeiter, der vom Arbeitgeber für einen bestimmten Zeitraum ohne Lösung des Beschäftigungsverhältnisses einem anderen Unternehmen zur Erbringung einer Arbeitsleistung überlassen wird*

LEINKRAUT: GEMEINES LEINKRAUT *(Linaria vulgaris)*

**Leihauto** ⟨n. 15⟩ = *Leihwagen*
**Leihe** ⟨f. 19⟩ **1** *unentgeltl. Überlassung einer Sache mit Rückgabepflicht* **2** ⟨umg., kurz für⟩ *Leihhaus*
**leihen** ⟨V. t. 177; hat⟩ **1** jmdm. etwas leihen *borgen, vorübergehend zur Verfügung stellen* **2** sich etwas von jmdm. leihen *etwas von jmdm. entleihen, sich zum zeitweiligen Gebrauch erbitten* ◆ kannst du mir zehn Mark leihen? [< ahd. *lihan* „auf Borg nehmen", selten „auf Borg geben"; verwandt mit *entlehnen, Lehen*]
**Leihhaus** ⟨n. 12u⟩ *städtisches od. staatliches Unternehmen, in dem man gegen Pfand Geld leihen kann;* Sy ⟨umg.; kurz⟩ *Leihe (2), Pfandleihe (II)*
**Leihmutter** ⟨f. 8u; umg.⟩ *Frau, die (gegen Bezahlung) für eine andere ein Kind austrägt*
**Leihwagen** ⟨m. 4⟩ *Kraftwagen, den man sich für längere Zeit (z. B. Urlaub) gegen Entgelt leihen kann;* Sy *Leihauto*
**leihweise** ⟨Adv.⟩ *(nur) zum Leihen, auf Borg* ◆ können Sie mir das Buch leihweise einige Wochen überlassen?
**Leim** ⟨m. 1⟩ *Klebstoff zum Verbinden von Werkstoffen verschiedener Art* (Büroleim, Papierleim, Tischlerleim) ◆ jmdm. auf den Leim gehen, kriechen ⟨fig.; umg.⟩ *sich von jmdm. überlisten lassen* [< ahd. *lim;* verwandt mit *Lehm*]
**leimen** ⟨V. t.; hat⟩ **1** *(mit Leim) kleben* **2** *mit Leim bestreichen* (Vogelruten) ◆ jmdn. leimen ⟨fig.; umg.⟩ *anführen, betrügen (bes. im Spiel)*
**Leimkraut** ⟨n. 12u; Bot.⟩ *Angehöriges einer Gattung der Nelkengewächse: Silene* ◆ Nickendes Leimkraut: *Silene nutans;* Stängelloses Leimkraut: *Silene acaulis*
**Lein** ⟨m. 1⟩ = *Flachs* [→ *Leinen*]
**...lein** ⟨Endung zur Bildung der Verkleinerungsform⟩ z. B. Fähnlein, Männlein (heute meist nur noch poet. od. scherzh.) [< ahd. *...ilin;* urspr. nur oberdt.]
**Leine** ⟨f. 19⟩ *dicke Schnur, dünnes Tau* ◆ Leine ziehen ⟨fig.; umg.⟩ *ausreißen;* einen Hund an der Leine führen [< ahd. *lina,* engl. *line*]
**Leinen** ⟨n. 14⟩ = *Leinwand (1)* [< mhd. *linin, linen* „aus Leinen"; zu mhd., ahd. *lin* „Flachs, leinenes Gewand"]
**Leinkraut** ⟨n. 12u; unz.; Bot.⟩ ▲ *Angehöriges einer Gattung der Rachenblütler mit gespornten Blüten: Linaria*
**Leinöl** ⟨n. 11; unz.⟩ *aus Leinsamen gepresstes Öl, Gemisch von verschiedenen Glycerinestern mit meist ungesättigten Fettsäuren*
**Leinsamen** ⟨m. 4⟩ *stark ölhaltiger Samen des Flachses;* Sy *Flachssamen*
**Leinwand** ⟨f.; -; unz.⟩ **1** *Gewebe aus Flachs (a. Baumwolle, Kunstfaser) in Leinwandbin-*

## LEICHTATHLETIKSTADION

Am Außenrand des Leichtathletikstadions liegt die Laufanlage mit meist acht Bahnen. Der 100-m-Lauf wird auf gerader Strecke ausgetragen. Bei den längeren Rennen erfolgt der Start räumlich gestaffelt. Die übrigen Leichtathletikwettbewerbe trägt man innerhalb der Laufanlage auf Rasen oder Kunststoffbelägen aus.

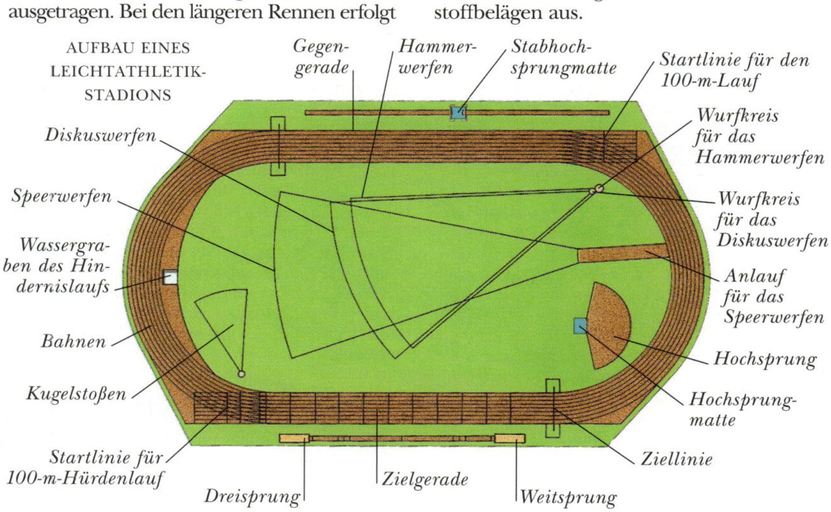

*dung;* Sy *Leinen* **2** *Bildwand, Fläche, auf die der Film projiziert wird* ◆ mit Ölfarben auf Leinwand gemaltes Bild; das Gesicht eines Schauspielers von der Leinwand her kennen *vom Film, aus dem Kino* [< mhd. *linwat;* → *Leinen*]

**leis** ⟨Adj.; poet.⟩ *leise*

**leise** ⟨Adj.⟩ **1** *nur schwach hörbar;* Ggs *laut*[1] **2** *behutsam, vorsichtig, möglichst wenig Geräusch verursachend;* Ggs *laut*[1] **3** ⟨fig.⟩ *sanft, wenig spürbar, zart* (Berührung, Wind) **4** *gering, schwach* (Verdacht, Zweifel) ◆ leise!; ich habe nicht die leiseste **Ahnung;** ein leises **Geräusch;** eine leise **Hoffnung** ⟨fig.⟩ *eine schwache Hoffnung* ◆ leise **auftreten;** leise **lachen,** singen [< ahd. **lisi* (Adj.), *liso* (Adv.) „leise, langsam"]

**Leiste** ⟨f. 19⟩ **1** *schmale Randeinfassung aus Holz od. Metall* **2** *Streifen als Abschluss* **3** *Beugeseite des Hüftgelenks, Übergang zwischen Unterbauch u. Oberschenkel: Regio inguinalis* [< ahd. *lista,* engl. *list* „Rand"]

**leisten I** ⟨V. t. u. V. i.; hat⟩ **1** *vollbringen, schaffen, bewirken* **2** *ausführen, erfüllen* **3** *gewähren, darbringen, bieten* ◆ **Abbitte** leisten *um Verzeihung bitten;* eine ordentliche **Arbeit** leisten; jmdm. **Beistand,** Hilfe leisten *beistehen;* für jmdn. **Bürgschaft** leisten *bürgen;* jmdm. einen **Dienst** leisten; einen **Eid** leisten *schwören;* **Ersatz** leisten (für) *(etwas) ersetzen;* einer Einladung **Folge** leisten *einer Einladung folgen;* jmdm. **Gesellschaft** leisten *jmdn. unterhalten, bei jmdm. sein;* **Verzicht** leisten (auf) *verzichten (auf);* **Widerstand** leisten *sich widersetzen;* **Zahlungen** leisten *zahlen* ◆ er **kann** in seinem Alter nicht mehr viel leisten ◆ da hast du wirklich **etwas** geleistet **II** ⟨V. refl.⟩ sich etwas leisten *sich etwas gönnen, sich (finanziell) etwas erlauben* ◆ sich eine **Reise** auf die Malediven leisten [< ahd. *leisten* „befolgen, erfüllen, ausführen, tun"]

**Leisten** ⟨m. 4⟩ *Schuhform zum Spannen der Schuhe* ◆ Schuhe auf Leisten spannen; alles über einen Leisten schlagen ⟨fig.⟩ *alles gleich behandeln, keine Unterschiede machen* [< ahd. *leist* „Spur, Weg, Leisten", engl. *last* „Leisten"]

**Leistenbruch** ⟨m. 1u⟩ *ein Leibesbruch oberhalb des Leistenbandes: Hernia inguinalis* [→ *Leiste*]

**Leistung** ⟨f. 20⟩ **1** *Ergebnis einer (besonderen) Anstrengung, ausgeführte Arbeit od. Tat, Gelingen* **2** *Erfüllung, Erfolg, Verdienst* **3** ⟨Phys.⟩ *Arbeit pro Zeiteinheit* **4** ⟨Rechtsw.⟩ *das Tun od. Unterlassen, das ein Gläubiger kraft des Schuldverhältnisses von einem Schuldner zu fordern hat* ◆ Leistung einer Maschine; geistige, künstlerische, sportliche, technische, wissenschaftliche Leistung [→ *leisten*]

**Leistungsdruck** ⟨m. 1u; unz.; Psych.⟩ *durch die Forderung hoher Leistung ausgeübter psych. Druck* ◆ unter Leistungsdruck stehen

**Leistungssport** ⟨m.; -(e)s; unz.⟩ *professionell ausgeübter Sport mit dem Ziel, außergewöhnl. Einzel- od. Mannschaftsleistungen zu vollbringen sowie seinen Lebensunterhalt damit zu bestreiten*

**Leitartikel** ⟨m. 5⟩ *kommentierender u. meinungsbildender Artikel an bevorzugter Stelle einer Zeitung*

**Leitbündel** ⟨n. 13; Biol.⟩ *strangförmiger Verband des Leitgewebes bei den Samenpflanzen;* Sy *Gefäß (3)*

**leiten** ⟨V. t.; hat⟩ **1** *durchlassen (elektr. Ströme, Wärme, Schall)* **2** *befehligen, als Vorgesetzter führen* **3** jmdn. leiten *jmdn. führen, lenken, jmds. Weg bestimmen* ◆ eine **Abteilung,** Filiale, Schule, einen Betrieb leiten; eine **Diskussion,** Versammlung leiten ◆ sich von jmdm., von seinen Gefühlen leiten **lassen;** ich habe mich dabei von folgenden Erwägungen leiten lassen ◆ Metall leitet Wärme **besser** als Holz; **gut,** schlecht leiten ⟨Phys.⟩; einen Betrieb o. Ä. **verantwortlich,** selbständig leiten ◆ Dampf, Gas, Wasser **durch** Rohre leiten; etwas **in** die Wege leiten *etwas einleiten, organisieren, mit etwas beginnen* ◆ leitender Angestellter *A. mit selbständiger u. verantwortl. Entscheidungsbefugnis;* der leitende Gedanke eines Buches, Vortrags [< ahd. *leit(t)an,* engl. *lead*]

**Leiter**[1] ⟨m. 3⟩ **1** *jmd., der etwas leitet, verantwortl. Vorgesetzter, Chef* (Bauleiter, Betriebsleiter, Filialleiter, Schulleiter, Verlagsleiter) **2** ⟨Phys.⟩ *Stoff, der elektr. Strom, Wärme, Schall durchlässt, weiterführt* ◆ Leiter einer Expedition, eines Unternehmens; kaufmännischer, technischer Leiter

**Leiter**[2] ⟨f. 21⟩ *Gerät aus zwei durch Sprossen verbundenen Balken (Holmen) zum Hinaufsteigen (auch als Turngerät)* ◆ die Leiter des Erfolges, des Ruhmes emporsteigen ⟨fig.⟩; eine Leiter anlegen, aufstellen [< ahd. *leitara* < *hleitara,* engl. *ladder*]

**Leiterplatte** ⟨f. 19; EDV⟩ ► = *Platine*

**Leitfaden** ⟨m. 4; fig.⟩ *Lehrbuch* ◆ Leitfaden der Botanik; Leitfaden zur neuen Rechtschreibung

**Leitgedanke** ⟨m. 26⟩ *ein größeres Werk od. Vorhaben durchziehender Grundgedanke*

LEMUR: KATTA *(Lemur catta)*

**Leithammel** ⟨m. 5⟩ **1** ⟨Zool.⟩ *die Herde führender Hammel* **2** ⟨fig.; abwertend⟩ *Anführer, dem die Menge gedankenlos folgt*

**Leitlinie** ⟨[-niə] f. 19⟩ **1** *der Verkehrslenkung dienende, auf der Straße aufgezeichnete, gestrichelte, gelbe od. weiße Linie, die überfahren werden darf, wenn der übrige Verkehr nicht gefährdet wird* **2** ⟨Math.⟩ *senkrecht auf der Hauptachse eines Kegelschnitts stehende Gerade, die zur Definition des Kegelschnitts dienen kann*

**Leitmotiv** ⟨n. 11⟩ **1** ⟨Mus.⟩ *oft wiederholte, mit einer bestimmten Gestalt, Stimmung o. Ä. verbundene Tonfolge in einem musikalischen Werk* **2** ⟨Lit.⟩ *grundlegendes, bedeutungsvolles Motiv in einem literarischen Werk* **3** ⟨fig.⟩ *Grundgedanke, leitendes Motiv, Beweggrund, Leitidee*

**Leitplanke** ⟨f. 19⟩ *am Straßenrand od. am Mittelstreifen von Autobahnen angebrachte Stahl- od. Betonplanke, die verhindern soll, dass Fahrzeuge von der Fahrbahn abkommen*

**Leitstand** ⟨m. 1u⟩ = *Schaltzentrale*

**Leitstrahl** ⟨m. 23⟩ **1** *stark gebündelter Funkstrahl in bestimmter Richtung und Höhe, durch den Flugzeuge u. Flugkörper in der gewünschten Richtung geführt werden können* **2** ⟨Math.⟩ *Verbindungsstrecke zwischen dem Punkt eines Kegelschnittes u. seinem Brennpunkt;* Sy *Radiusvektor*

**Leitung** ⟨f. 20⟩ **1** *das Leiten, Führen, Führung* **2** ⟨umg.⟩ *Gesamtheit mehrerer Leiter* (Betriebsleitung, Geschäftsleitung, Verlagsleitung) **3** *Einrichtung zum Weiterleiten von Stoffen, Schall, Energie usw., Kabel* (Gasleitung, Wasserleitung, Rohrleitung, Telefonleitung) ◆ Leitung eines **Betriebes** ◆ eine Leitung **legen;** die Leitung eines Betriebes **übernehmen** ◆ **elektrische** Leitung; die Leitung ist **frei,** besetzt *Telefonleitung;* **straffe,** nachlässige Leitung ◆ ein Gesuch **an** die Leitung richten *Geschäftsleitung*

**Leitungswiderstand** ⟨m. 1u; El.⟩ *Widerstand einer elektr. Leitung*

**Leitwerk** ⟨n. 11⟩ **1** *der Steuerung von Flugzeugen dienender flügelartiger Teil* (Höhenleitwerk, Seitenleitwerk) **2** *Dammbauten, die die Fließrichtung eines Flusses beeinflussen sollen*

**Lektion** ⟨f. 20⟩ **1** ⟨Päd.⟩ *Lehrbuchabschnitt, Übungsaufgabe, Lernaufgabe* **2** ⟨Reitsp.⟩ *Übung, Figur beim Dressurreiten* **3** ⟨fig.⟩ *nachwirkende Lehre, strenge Zurechtweisung* ◆ eine neue Lektion lernen [< lat. *lectio* „das Lesen"; zu *legere* „lesen"]

**Lektor** ⟨m. 23⟩ **1** *Hochschullehrer für bestimmte Fächer u. Fertigkeiten, bes. für Einführungskurse u. Übungen* **2** *Angestellter eines Verlages, der die angebotenen Manuskripte überprüft bzw. die angenommenen Manuskripte bearbeitet* **3** ⟨Rel.⟩ *älterer Messdiener, der einen Teil der Messe liest* [< lat. *lector* „Leser, Vorleser"; zu *legere* „lesen"]

**Lektüre** ⟨f. 19; unz.⟩ **1** *das Lesen, Lesestoff* **2** ⟨Schule⟩ *fremdsprachliche Leseübung* ◆ englische, französische Lektüre; ernste, heitere, leichte, schwere Lektüre; geeignete, ungeeignete, passende, unpassende Lektüre; das ist (nicht) die richtige Lektüre für dich [< frz. *lecture* „Lesung, Lektüre" < mlat. *lectura* „das Lesen"; zu *legere* „lesen"]

**Lemma** ⟨n.; -s, -ta⟩ **1** *Stichwort* **2** ⟨Math.; Logik⟩ *Annahme, Hilfssatz* [grch., „Annahme"; zu *lambanein* „nehmen"]

**Lemming** ⟨m. 1⟩ *zu den Wühlmäusen gehörendes, kurzschwänziges Nagetier mit walzenförmigem Körperbau: Lemmus, Dicrostomyx* [dän.]

**Lemur** ⟨m. 16⟩, **Lemure** ⟨m. 17⟩ **1** ⟨röm. Myth.⟩ *Geist eines Verstorbenen, Gespenst* **2** ⟨Zool.⟩ ◄ *Angehöriger einer Familie nächtlich lebender Halbaffen auf Madagaskar: Lemuridae;* Sy *Maki* [< lat. *lemures* „Seelen der Abgeschiedenen"]

**Lende** ⟨f. 19⟩ **1** ⟨Anat.⟩ *aus starker Rückenmuskulatur bestehende Gegend zwischen Rippenbogen, Darmbeinkamm u. Wirbelsäule* **2** *Fleisch unterhalb des Rückgrats beim Schlachtvieh* (Rindslende, Schweinslende) [< ahd. *lenti(n)* „Nieren, Lenden"]

**Lendenschurz** ⟨m. 1; bei Naturvölkern⟩ *Scham u. Gesäß bedeckendes Kleidungsstück*

**Lendenwirbel** ⟨m. 5⟩ *jeder der fünf Wirbel zwischen Kreuzbein u. Brustwirbeln*

**Leng** ⟨m. 1⟩, **Lengfisch** ⟨m. 1; Zool.⟩ ▼ *Schellfisch der atlantischen Küsten Europas: Molva molva;* Sy *Langfisch* [< *lang* + *Fisch*]

**Leninismus** ⟨m.; -; unz.; Pol.⟩ *Weiterführung der marxist. Lehre durch Lenin* [nach dem russ. Revolutionär Wladimir Iljitsch Uljanow, polit. Deckname: *Lenin,* 1870-1924]

**lenken** ⟨V. t.; hat⟩ *führen, leiten, steuern* ◆ ein **Auto,** Flugzeug lenken; **Pferde** lenken ◆ das Kind ist **leicht,** schwer zu lenken ◆ seine Aufmerksamkeit **auf** etwas lenken; ⟨fig.⟩ ein Gespräch **in** eine bestimmte Richtung lenken [< mhd. *lenken* „biegen, wenden, richten"; zu mhd. *lanke* < ahd. *(h)lanca* „Hüfte, Gelenk"]

LENG *(Molva molva)*

**Lenkrad** ⟨n. 12u; bei Kfz⟩ *Steuerrad*

**Lenksäule** ⟨f. 19; bei Kfz⟩ *Verbindungsstück zwischen Lenkrad u. Lenkmechanismus*

**Lenkung** ⟨f. 20; unz.⟩ *das Lenken, Führung, Leitung, Steuerung, Einrichtung zum Lenken eines Fahrzeugs*

**Lenz** ⟨m. 1; poet.⟩ **1** *Frühling, Frühjahr* **2** *Lebensjahr* ◆ Lenz des Lebens *Jugend;* sich einen Lenz machen ⟨fig.; umg.⟩ *faul sein, geruhsam arbeiten* [< ahd. *lenzo;* → *lang;* nach den länger werdenden Tagen]

LETTNER IN EINER KATHEDRALE DES 12. JH., WALES

**Leoniden** ⟨Pl.; Astron.⟩ *Mitte November jeden Jahres auftretender Sternschnuppenschwarm* [< lat. *leo,* Gen. *leonis* „Löwe", da die Sternschnuppen scheinbar aus dem Sternbild des Löwen kommen]

**Leopard** ⟨m. 16; Zool.⟩ ► *Großkatze mit gelbem Fell u. braunschwarzen Punkten: Panthera pardus;* Sy *Panther* [< lat. *leopardus* < *leo* „Löwe" + *pardus* „Pardel"]

**Lepidopterologie** ⟨f.; -; unz.⟩ *Schmetterlingskunde* [< *Lepidoptere* + grch. *logos* „Wort, Lehre, Kunde"]

**Lepra** ⟨f.; -, unz.; Med.⟩ = *Aussatz* [zu grch. *lepros* „rauh, uneben"]

**lepros, leprös** ⟨Adj.; Med.⟩ *in der Art der Lepra, leprakrank, aussätzig*

**Lepta** ⟨Pl. von⟩ *Lepton (1, 2)*

**Lepton** ⟨n.; -s, Lepta⟩ **1** *neugrch. Münze, 1/100 Drachme* **2** *altgrch. Gewicht, 10 mg* **3** ⟨Phys.; Pl.: -en⟩ *leichtes Elementarteilchen, das nicht der starken Wechselwirkung unterliegt,* z. B. Elektron [< grch. *lepton* „kleines Geldstück", eigtl. „dünn, zart, klein, gering"]

**leptosom** ⟨Adj.⟩ *von schmächtiger Gestalt, von schmalem Wuchs;* → a. *Konstitutionstyp* [< grch. *leptos* „zart, fein, schmal" + *soma* „Körper"]

**...ler** ⟨in Zus. mit mask. Subst.; m. 3⟩ *(Kennzeichnung der Zugehörigkeit zu einer bestimmten Wesensart, Gruppe od. biol. Gattung),* z. B. Heuchler, Gewerkschaftler, Postler, Hülsenfrüchtler; Sy ⟨bes. ostdt.; umg.; häufig abwertend⟩ *...nik*

**Lerche** ⟨f. 19; Zool.⟩ *Angehörige einer Familie meist dunkel sandfarbener Singvögel des offenen Geländes: Alaudidae* [< ahd. *lerihha,* engl. *lark*]

**lernen** ⟨V.; hat⟩ **I** ⟨V. t. u. V. i.⟩ **1** *sich geistig od. körperlich aneignen* **2** *Kenntnisse, Fähigkeiten, Fertigkeiten erwerben* **3** *sich einüben* **4** *in der Lehre sein, in der Schulausbildung sein* **5** ⟨umg.⟩ *Schulaufgaben machen* ◆ er lernt noch *er ist noch Lehrling, ist noch in der Lehre;* einen **Beruf** lernen; er hat **Buchhändler** gelernt ⟨umg.⟩ *er hat die Buchhändlerlehre durchlaufen;* **Englisch** lernen; ein Gedicht, **Lied** lernen ◆ Auto **fahren,** Schlittschuh laufen lernen; leicht **fallen:** das Lernen fällt, wird ihm leicht, schwer; **lesen,** schreiben, singen lernen; etwas od. jmdn. **lieben** lernen *allmählich lieb gewinnen* ◆ **eifrig,** fleißig lernen; er lernt **gut,** leicht, problemlos, schlecht, schwer ◆ **auswendig** lernen; **aus** der Erfahrung, aus seinen Fehlern lernen; er hat es **von** seinem Vater gelernt ◆ gelernter Arbeiter *Arbeiter, der eine Lehre durchlaufen hat;* Ggs *ungelernter Arbeiter* **II** ⟨V. refl.; umg.⟩ sich lernen *gelernt werden können* ◆ dieses Gedicht, Lied lernt sich leicht, schwer [< ahd. *lernen, lernon,* engl. *learn*]

LESEPULT

**Lernmittel** ⟨n. 13⟩ *Hilfsmittel für den Lernenden, Lehrbücher, Lehrhefte usw.;* → a. *Lehrmittel*

**Lesart** ⟨f. 20⟩ **1** *vom urspr. od. überlieferten Text abweichende Fassung* **2** ⟨fig.⟩ *Auslegung, Deutung*

**Lesbe** ⟨f. 19; umg.; kurz für⟩ *Lesbierin (2)*

**Lesbierin** ⟨[-biə-] f. 22⟩ **1** *Bewohnerin der grch. Insel Lesbos* **2** *homosexuelle Frau;* Sy ⟨umg.⟩ *Lesbe* [nach der grch. Insel *Lesbos* (jetzt Mytilene) im Ägäischen Meer, wo die Dichterin Sappho Anhängerin der lesbischen Liebe gewesen sein soll]

**lesbisch** ⟨Adj.⟩ *homosexuell* (von Frauen) ◆ lesbisch sein; lesbische Liebe *Liebe, Partnerschaft zw. zwei Frauen*

**Lese** ⟨f. 19⟩ *Ernte, bes. Weinernte* (Weinlese)

**Lesegerät** ⟨n. 11⟩ *opt. Gerät zum Vergrößern von Mikrofilmen, auf die Texte aufgenommen worden sind*

**lesen** ⟨V. 178; hat⟩ **I** ⟨V. t. u. V. i.⟩ **1** *den Sinn von Schriftzeichen erfassen, Schrift in Sprache umsetzen* **2** *Vorlesungen halten* **3** *ernten, sammeln* ◆ **Ähren,** Beeren, Trauben, Wein lesen; einen **Brief,** ein Buch lesen; eine **Gesetzesvorlage** im Bundestag lesen *beraten;* ein **Kolleg** lesen; **Korrektur** lesen *Schriftsatz auf Satzfehler prüfen;* die **Messe** lesen *Messe halten, zelebrieren;* **Zeitung** lesen ◆ lesen **lernen** ◆ **falsch,** fließend, laut lesen ◆ **aus** eigenen Werken lesen; **beim** Lesen deines Briefes; **über** deutsche Literatur lesen ◆ dieses Buch wird gern, viel gelesen **II** ⟨V. refl.; umg.⟩ sich lesen *gelesen werden können, geschrieben sein* ◆ das Buch liest sich leicht [< ahd. *lesan* „auswählend sammeln", dann „erzählen, berichten"]

**Lesepult** ⟨n. 11⟩ ▼ *(oft hölzerner) Ständer zum Auflegen eines aufgeschlagenen Buches, der z. B. bei einem Referat od. in der Messe bei der Lesung verwendet wird*

**Leser** ⟨m. 3⟩ *jmd., der etwas liest* (Zeitungsleser), *sammelt* (Ährenleser) *od. erntet* (Traubenleser) ◆ geneigter Leser! ⟨veraltet⟩ *(Anrede des Autors an den Lesenden);* Leser in einer Bibliothek sein

**Leserbrief** ⟨m. 1⟩ *Zuschrift eines Lesers an eine Zeitungsredaktion mit Kritik, Anregungen od. einer Stellungnahme zu einem veröffentlichten Artikel*

**Lesung** ⟨f. 20⟩ **1** *das (laute) Lesen (von Texten, bes. im Gottesdienst)* **2** *Beratung (über eine Gesetzesvorlage)*

**letal** ⟨Adj.⟩ *tödlich* [< lat. *letalis* „tödlich"; zu *letum* „Tod"]

**Lethargie** ⟨f. 19; unz.⟩ **1** *Schlafsucht, Schläfrigkeit* **2** ⟨fig.⟩ *Teilnahmslosigkeit, Abgestumpftheit* [< grch. *lethargia* < *lethe* „das Vergessen" + *argia* „Untätigkeit"]

**Letter** ⟨f. 21⟩ *Druckbuchstabe* [< frz. *lettre* „Buchstabe" < lat. *littera* „Buchstabe"]

**lettisch** ⟨Adj.⟩ *Lettland betreffend, zu ihm gehörig, aus ihm stammend* ◆ lettische Sprache *zu den balt. Sprachen gehörende Sprache der Letten*

**Lettner** ⟨m. 3; seit dem 13. Jh.⟩ ◄ *Trennwand zwischen Chor u. Mittelschiff, meist mit Bildwerken verziert* [< mhd. *lettener* < mlat. *lectionarium* „Buch mit den gottesdienstlich nötigen Lesestücken"; verdrängt ahd. *lector* < mlat. *lectorium* „kirchl. Lesepult" unter Übernahme von dessen Bedeutung; beide zu lat. *legere* „lesen"]

**Letzt** ⟨f.; -; unz.; nur in der Wendung⟩ zu guter Letzt *zuletzt, zum Schluss* [älter: *zu guter Letze,* eigtl. „als guter Abschiedsschmaus"]

**letzte(r, -s)** ⟨Adj.⟩ **1** *eine Reihe beschließend, das Ende bildend* **2** *äußerst* **3** *eben erst vergangen, vorig* ◆ der letzte **Buchstabe;** letzten **Endes** ⟨umg.⟩ *schließlich;* letztes **Jahr,** letzte Woche; der Letzte des **Monats;** die letzten **Nachrichten;** die letzte **Ölung** ⟨kath. Kirche⟩ *Salbung eines Todkranken mit geweihtem Öl;* der letzte **Versuch;** letzter **Wille** *Testament* ◆ das Letzte **geben** *etwas mit äußerster Kraft, bis zum Rand der Erschöpfung tun;* **sein:** das ist das Letzte ⟨umg.⟩ *das ist ungeheuerlich, das ist eine große Frechheit;* er wäre der Letzte, dem ich es sagen würde *ihm würde ich es auf keinen Fall sagen;* er ist in seiner Klasse der Letzte *der schlechteste Schüler* ◆ **als** Letzter ankommen; **am** letzten Sonntag; **im** letzten Augenblick *ganz zum Schluss, kurz vor dem Ende;* **mit** letzter Kraft; es geht **ums** Letzte *um alles;* **zum** letzten Mal; zum Dritten und Letzten (bei Auktionen); jmdn. zur letzten Ruhe betten, tragen *jmdn. begraben* [< ahd. *lezist, lazzost;* Superl. zu ahd. *laz* „matt, träge"]

LEOPARD (*Panthera pardus*)

**letztlich** ⟨Adv.⟩ **1** *schließlich* **2** *im letzten, tiefsten Sinne, im Grunde genommen*

**letztmalig** ⟨Adj.⟩ **1** *letzte(r, -s), beim letzten Mal (stattfindend, vorkommend)* **2** *zum letzten Mal* ◆ ein letztmaliger Aufruf; die letztmalige Untersuchung; bei meinem letztmaligen Besuch; eine letztmalige Verwarnung

**letztmals** ⟨Adv.⟩ *beim, zum letzten Mal*

**Leu**[1] ⟨m. 16; poet.⟩ *Löwe* [→ *Löwe*]

**Leu**[2] ⟨['le:u] m.; -, Lei ['le:i]; Abk.: l⟩ *rumänische Währungseinheit, 100 Bani* [< lat. *leo* „Löwe"]

**Leuchtboje** ⟨f. 19⟩ *verankertes Seezeichen mit Leuchte*

**Leuchtdiode** ⟨f. 19; El.; Abk.: LED⟩ ▼ *Halbleiterdiode, die aufgrund eines elektrischen Stromes Lichtstrahlung aussendet u. in elektronischen Anzeigen od. als Lichtspender in der optischen Nachrichtenübertragung verwendet wird;* Sy *Lumineszenzdiode*

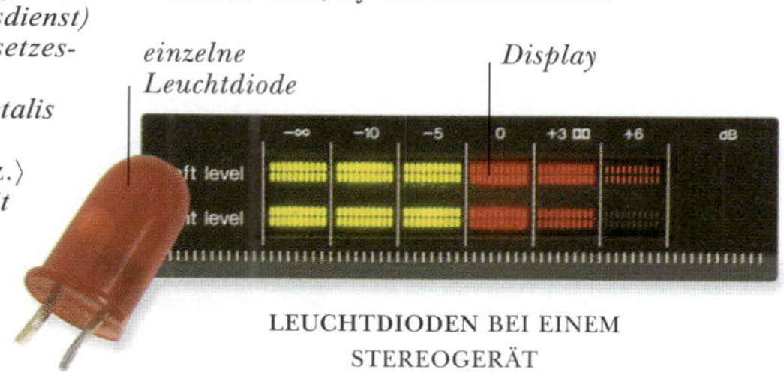


LEUCHTDIODEN BEI EINEM STEREOGERÄT

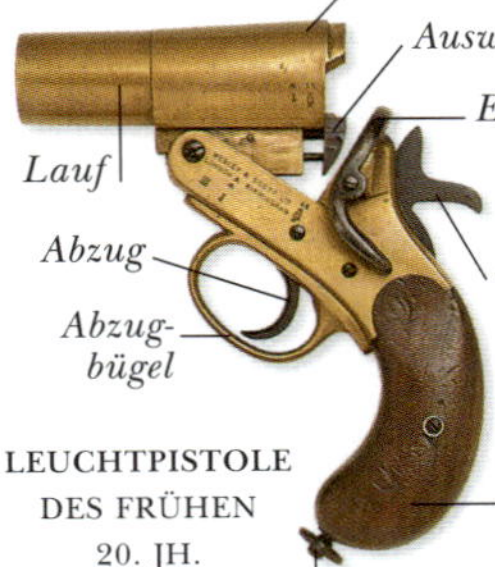

LEUCHTPISTOLE DES FRÜHEN 20. JH.

**Leuchte** ⟨f. 19⟩ **1** *Gerät, das eine Lichtquelle enthält* **2** *Lampe, Laterne, Fackel usw.* **3** ⟨fig.; umg.⟩ *kluger Mensch* ◆ er ist eine Leuchte der Wissenschaft ⟨fig.; umg.⟩ *bedeutender Gelehrter* [< ahd. *liuhta;* → *licht*]

**leuchten** ⟨V. i.; hat⟩ **1** *Licht ausstrahlen, Helligkeit verbreiten* **2** *glänzen, schimmern* ◆ jmdm. leuchten *jmdm. den Weg erhellen;* durch die Finsternis leuchten; jmdm. mit der Lampe ins Gesicht leuchten; leuchtendes Beispiel, Vorbild *hervorragendes Beispiel, Vorbild* [< ahd. *liuhten,* engl. *light;* → *licht*]

**Leuchter** ⟨m. 3⟩ *Gestell, Halter für Kerzen od. kleine Lämpchen* (Kerzenleuchter, Kronleuchter)

**Leuchtfeuer** ⟨n. 13⟩ *leuchtendes Seezeichen, Leuchtsignal für See- u. Luftfahrt*

**Leuchtkäfer** ⟨m. 3; Zool.⟩ *Angehöriger einer Gruppe von Käfern aus der Verwandtschaft der Weichkäfer, deren Käfer u. Larven Leuchtorgane besitzen: Lampyridae;* Sy *Glühwürmchen*

**Leuchtmoos** ⟨n. 11; unz.⟩ *in Höhlen u. Felsspalten wachsendes, zartes Moos mit linsenförmigen Zellen, in denen das seitlich einfallende Licht gesammelt u. z. T. grün leuchtend zurückgeworfen wird: Schistostega*

**Leuchtmunition** ⟨f. 20; unz.⟩ *Munition, deren Leuchtsatz in der Luft abbrennt u. das Gelände beleuchtet od. bei unterschiedl. Färbung als Signal dient*

**Leuchtpistole** ⟨f. 19⟩ ▲ *Pistole zum Verschießen von Leuchtmunition*

**Leuchtrakete** ⟨f. 19⟩ ▲ *Rakete als Trägerin von Leuchtmunition, die während ihres Fluges einen Leuchtsatz abbrennt*

LEUCHT-
RAKETE

**Leuchtröhre** ⟨f. 19⟩ *Gasentladungsröhre, die je nach Gasart verschiedenfarbiges Licht abgibt u. mit oder ohne Leuchtstoff betrieben wird*

**Leuchtstofflampe** ⟨f. 19⟩ *röhrenförmige Quecksilberdampflampe, bei der die unsichtbare Strahlung der angeregten Quecksilberatome durch eine Leuchtstoffschicht im Röhreninneren in sichtbares Licht umgewandelt wird*

**Leuchtturm** ⟨m. 1u⟩ ► *vor od. an einer Küste stehender Turm mit fest stehendem Licht od. Blinklicht als Seezeichen*

**leugnen** ⟨V. t.; hat⟩ etwas leugnen *die Wahrheit von etwas bestreiten, etwas für falsch, für nicht wahr erklären* ◆ die Mitwisserschaft an einer Tat leugnen; langes, hartnäckiges Leugnen [< ahd. *loug(a)nen;* → *lügen*]

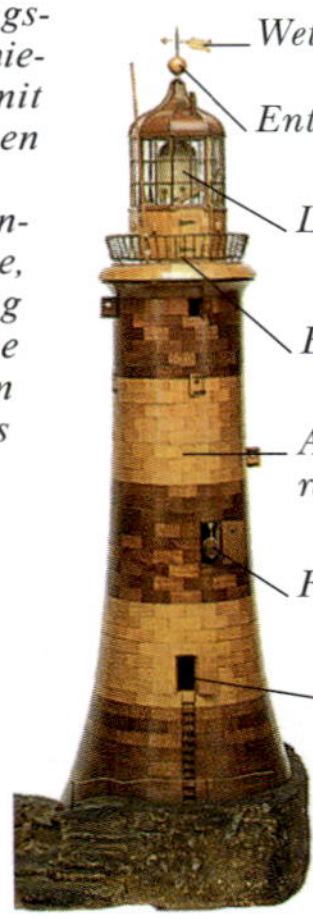

LEUCHTTURM

**Leukämie** ⟨f. 19; Med.⟩ *durch eine außergewöhnliche Vermehrung der weißen Blutzellen gekennzeichnete Erkrankungsgruppe* [< grch. *leukos* „weiß, hell" + *haima* „Blut"]

**Leukom** ⟨n. 11⟩ *weiße Trübung der Hornhaut des Auges durch Narbe nach einem Hornhautgeschwür* [< grch. *leukos* „weiß, hell"]

**Leukozyt** ⟨m. 16⟩ = *weißes* → *Blutkörperchen* [< grch. *leukos* „weiß, hell" + *kytos* „Höhlung, Zelle"]

**Leumund** ⟨m. 2u; unz.⟩ *Ruf, Nachrede* ◆ einen guten, üblen Leumund haben; jmdn. in schlechten Leumund bringen *jmdn. in Verruf bringen* [< ahd. *liumunt* „Ruf, Ruhm, Gerücht"]

**Leute** ⟨nur Pl.⟩ **1** *Menschen, Menge* **2** *Publikum, Öffentlichkeit* **3** *Volk, Einwohner, Bewohner* **4** *Angestellte, Arbeitskräfte, Untergebene (auch Soldaten)* **5** *Familie, Angehörige, Verwandte* ◆ **Land** und Leute kennen lernen ◆ wir **haben** nicht genug Leute für die viele Arbeit; die Leute **reden** darüber *es wird darüber geklatscht;* die Leute **sagen** ... *man sagt, es wird allgemein behauptet ...* ◆ meine, deine Leute *Angehörigen;* die **alten** Leute; **anständige,** ehrliche, gute, rechtschaffene Leute; **arme,** reiche Leute; die **jungen** Leute *Jugend(liche)* ◆ er kann gut **mit** den Leuten umgehen; etwas **unter** die Leute bringen *überall erzählen, verbreiten* [< ahd. *liuti* „heer- u. dingberechtigte Mitglieder des Volksverbands"; zu Sing. *liut* „Volk"]

**Leutnant** ⟨m. 6 od. (selten) m. 1⟩ **1** *unterster Offiziersrang* **2** *Offizier in diesem Rang* ◆ Leutnant zur See *Leutnant der Marine* [< frz. *lieutenant* < mlat. *locum tenens* „Stellvertreter" < lat. *locus* „Ort, Stelle" + *tenere* „halten"]

**leutselig** ⟨Adj.⟩ *wohlwollend, freundlich-herablassend, umgänglich* [< mhd. *liutsælec* „den Menschen wohlgefällig" < *Leute* + *...selig*]

**Level** ⟨[ˈlɛvəl] m. 6⟩ *Stufe, Ebene, Niveau* ◆ auf einem höheren Level [engl.]

**Leviathan** ⟨[-via-] m.; -s; unz.⟩ **1** ⟨Bibel⟩ *drachenartiges Meerungeheuer* **2** ⟨poet.⟩ *Ungeheuer, Riesenschlange* [< hebr. *liwjathan* „gewundenes Tier"]

**Leviten** ⟨[-viː-] Pl.⟩ jmdm. die Leviten lesen *jmdn. energisch zurechtweisen* [„zur Schulung der alttestamentl. Tempelbeamten aus dem Stamm *Levi* diente das 3. Buch Mose (darum mlat. *Leviticus*), das die *Leviten* nach 5. Buch Mose 31,9 in regelmäßigen Abständen verlesen mussten" (Kluge, Etymolog. Wörterbuch)]

**Levkoie, Levkoje** ⟨f. 19; Bot.⟩ ▲ *Angehörige einer der bei uns als Zierpflanzen kultivierten, im Mittelmeergebiet u. Asien heimischen Korbblütler der Gattungen: Mathiola od. Malcolmia* [< grch. *leukoion* < *leukos* „weiß" + *ion* „Veilchen" (wegen des Blütenduftes)]

**Lew** ⟨[lɛf] m.; -s, Lewa [ˈlɛva]; Abk.: Lw⟩ *bulgarische Währungseinheit, 100 Stotinki* [< lat. *leo* „Löwe"]

LEVKOIE: MEERLEVKOIE *(Malcolmia maritima)*

**Lex** ⟨f.; -, Leges [-geːs]⟩ *Gesetz* [lat.]

**Lexem** ⟨n. 11; Sprachw.⟩ *Einheit, Bauelement des Wortschatzes, lexikalische Einheit,* z. B. Freude, weiß, Weißes Haus, fliegen, fliegerisch [< grch. *lexis* „Ausdruck, Wort"]

**Lexikon** ⟨n.; -s, -xika⟩ **1** *alphabet. geordnetes Nachschlagewerk* (Konversationslexikon, Universallexikon); *Wörterbuch* **2** ⟨Sprachw.⟩ *Gesamtheit der Lexeme (einer Sprache)* [< grch. *lexikon (biblion)* „Wörterbuch" < *lexis* „Redeweise, Ausdruck"; zu *legein* „sammeln, sagen"]

**Lezithin** ⟨n. 11; unz.⟩ *in allen Zellen, bes. in Eidotter und im Gehirn, vorkommender phosphorhaltiger, fettähnl. Stoff (Lipoid);* oV ⟨fachsprachl.⟩ *Lecithin* [< grch. *lekithos* „Eigelb"]

**lfd. m** ⟨Abk. für⟩ *laufendes Meter, laufenden Meters*

**lfd. Nr.** ⟨Abk. für⟩ *laufende Nummer*

**lfm.** ⟨Abk. für⟩ *laufendes Meter, laufenden Meters*

**lg** ⟨Math.; Abk. für⟩ *dekadischer* → *Logarithmus*

**Li**[1] ⟨Chem.; Zeichen für⟩ *Lithium*

**Li**[2] ⟨n.; -, -⟩ **1** *altes chines. Längenmaß, 644,4 m* **2** *chines. Münzgewicht, 38 mg*

**Liaison** ⟨[liɛˈzɔ̃] f. 10⟩ **1** *Verbindung, Liebesverhältnis* **2** ⟨frz. Gramm.⟩ *Hörbarmachen eines stummen Auslautes bei enger Verbindung zweier Wörter,* z. B. des „t" in „Saint-Exupéry" oder des „n" in „un ami" [frz., „Bindung"]

**Liane** ⟨f. 19; Bot.⟩ *Schlingpflanze, Kletterpflanze der trop. Regionen* [< frz. *liane* < *liarne;* Kreuzung < frz. *viorne* (< lat. *viburnum* „Schlingbaum") + *lier* „binden" (< lat. *ligare*)]

**Libanese** ⟨m. 17⟩ *Einwohner des Libanon*

**libanesisch** ⟨Adj.⟩ *den Staat Libanon betreffend, zu ihm gehörend, aus ihm stammend*

**Libelle** ⟨f. 19; Zool.⟩ **1** ► *Angehörige einer Ordnung erdgeschichtlich sehr alter, räuberischer, oft farbenprächtiger Insekten mit großen, leistungsfähigen Facettenaugen u. zwei gut entwickelten Flügelpaaren: Odonata;* Sy *Wasserjungfer;* ► *Insekten* **2** *Glasröhrchen der Wasserwaage* [< lat. *libella* „Wasserwaage, waagerechte Fläche"; Verkleinerungsform zu *libra* „Waage"; nach dem gleichmäßigen Flug der Libelle mit waagerecht ausgespannten Flügeln]

**liberal** ⟨Adj.⟩ **1** *die Freiheit liebend, nach freier Gestaltung des Lebens strebend, freisinnig* **2** *vorurteilsfrei, großzügig* ◆ die Liberalen *Angehörige der liberalen Partei;* liberale Gesinnung [< lat. *liberalis* „die Freiheit betreffend, freiheitlich, edel, vornehm, freigebig"; im 18. Jh. beeinflusst von frz. *libéral* „vorurteilslos in polit. u. relig. Beziehung, freiheitl. gesinnt"; zu lat. *liber* „frei"]

**Liberalismus** ⟨m.; -; unz.; Pol.; Wirtsch.⟩ *in der Aufklärung entstandene Welt-, Staats- u. Wirtschaftsauffassung, nach der dem Einzelnen größtmögliche Freiheit gegeben werden soll* [→ *liberal*]

**Libero** ⟨m. 6; Sp.; Fußb.⟩ *Spieler ohne direkten Gegenspieler, der die Abwehr leitet u. je nach Spielsituation sich auch in den Angriff einschaltet* [zu ital. *libero* „frei"]

**Liberté, Égalité, Fraternité** ⟨[-teː]⟩ *Freiheit, Gleichheit, Brüderlichkeit (Losungswort der Frz. Revolution)*

**Libido** ⟨f.; -; unz.⟩ *Begierde, Geschlechtstrieb* [lat., „Lust, Begierde"]

**Libretto** ⟨n.; -s, -s od. -bretti; Mus.⟩ *Text zu einer Oper od. Operette* ◆ ein Libretto zu einer Oper schreiben [ital., „Büchlein"; Verkleinerungsform zu *libro* < lat. *liber* „Buch"]
**Libyer** ⟨m. 3⟩ *Einwohner des nordafrik. Staates Libyen*
**libysch** ⟨Adj.⟩ *Libyen betreffend, zu ihm gehörend, aus ihm stammend* ◆ libysche Sprache *zu den hamit. Sprachen gehörende Sprache der Libyer*
**lic.** ⟨schweiz.; Abk. für⟩ *Lizenziat (II)*
**Lic.** ⟨Abk. für⟩ *Lizentiat (I)*
**...lich** ⟨Suffix zur Bildung von Adj.⟩ z. B. lächerlich, fraglich, häuslich
**Lichen** ⟨m. 4; unz.⟩ **1** ⟨Med.⟩ *Hautkrankheit mit stark juckender Knotenbildung* **2** ⟨Biol.⟩ ► = *Flechte (2)* [< grch. *leichen* „Flechte"]
**licht** ⟨Adj.: -er, am -esten⟩ **1** *hell* **2** *weit stehend, mit Zwischenräumen* (Saat, Wald) ◆ lichte Höhe, lichte Weite *Abstände zwischen den inneren Begrenzungen einer Öffnung od. eines Raumes;* lichte Stelle im Wald *Stelle, wo Bäume abgeholzt wurden;* der Wald wurde allmählich lichter [< ahd. *lioht*, engl. *light;* verwandt mit *leuchten, Lob, Lohe¹, Luchs*]
**Licht** ⟨n. 12⟩ **1** ► *sichtbare elektromagnet. Schwingung* **2** *Helligkeit;* Ggs *Schatten (3)* **3** *Schein, Glanz* **4** *Beleuchtung, Lichtquelle, Lampe* **5** ⟨Pl. a.: -e⟩ *Kerze* (Stearinlicht, Talglicht, Wachslicht) **6** Lichter ⟨Pl.⟩ *hellste Stellen auf einem Bild* ◆ das Licht der **Sonne,** des Mondes, der Sterne; das Licht der **Welt** erblicken *geboren werden* ◆ ein Licht **anzünden;** das Licht **brennt,** erlischt; das Licht **einschalten,** ausschalten, Licht **machen;** das Licht **scheuen** *etwas zu verbergen haben;* **sein:** er ist kein großes Licht ⟨fig.; umg.⟩ *er ist nicht sehr intelligent* ◆ **blendendes,** gedämpftes, grelles, helles, schwaches Licht; **elektrisches** Licht; **künstliches** Licht *Lampen-, Kerzenlicht;* **natürliches** Licht *Tages-, Sonnenlicht;* das wirft ein **neues** Licht auf die Sache ⟨fig.⟩ *dadurch erscheint die Sache ganz anders* ◆ etwas **ans** Licht bringen *etwas klären, aufdecken, enträtseln;* **bei** (künstl.) Licht arbeiten; Licht **in** eine Sache bringen ⟨fig.⟩ *Klarheit in eine S. bringen;* eine Sache im hellsten Licht erscheinen lassen ⟨fig.⟩ *ihre Vorteile zur Geltung bringen od. übertreiben;* etwas, sich ins rechte Licht setzen, stellen ⟨fig.⟩ *Vorzüge bewusst zur Geltung bringen* [< ahd. *lioht;* → *licht*]

LIBELLE: PLATTBAUCH (*Libellula depressa*)

**Lichtbild** ⟨n. 12⟩ *Abbild eines Gegenstandes mithilfe von Kamera u. lichtempfindlichem Film;* Sy *Fotografie*
**Lichtblick** ⟨m. 1⟩ **1** *lichter Augenblick* **2** ⟨fig.⟩ *Trost, Hoffnung*
**lichtelektrisch** ⟨Adj.⟩ **1** *auf der Wechselwirkung zwischen Licht u. Elektrizität beruhend* **2** lichtelektrischer Effekt *Erscheinung, dass in bestimmten Stoffen, wenn sie mit Licht bestrahlt werden, die Elektronen in seinem Innern beweglicher werden od. nach außen austreten* **3** lichtelektrische Zelle = *Fotozelle (2)*

## LICHT

Das Licht ist der sichtbare Teil der elektromagnetischen Strahlung, der sich mit einer Geschwindigkeit von etwa 300 000 km/s geradlinig ausbreitet. Das weiße Licht ist aus Lichtwellen verschiedener Wellenlänge zusammengesetzt, wobei jede Wellenlänge im menschlichen Auge eine bestimmte Farbempfindung hervorruft. Fällt weißes Licht durch ein Glasprisma, wird es in die verschiedenen Farben des Spektrums (Spektralfarben) aufgespalten.

AUSSCHNITT AUS DEM ELEKTROMAGNETISCHEN SPEKTRUM

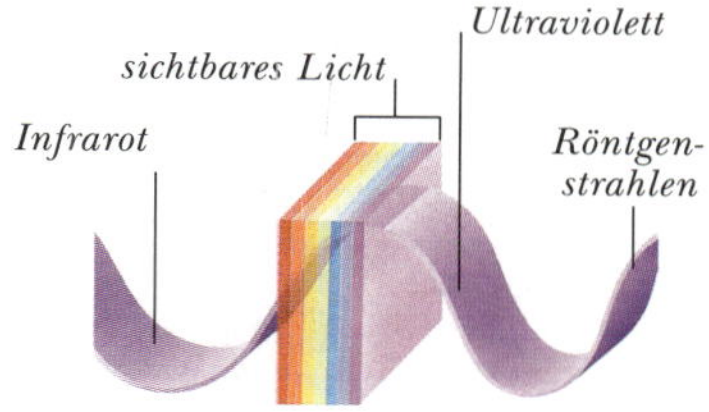


WEISSES LICHT WIRD VON EINEM PRISMA GEBROCHEN

**lichten¹** ⟨V.; hat⟩ **I** ⟨V. t.⟩ *licht machen, erhellen, aufhellen* ◆ Wald lichten *seinen Baumbestand verringern* **II** ⟨V. refl.⟩ sich lichten **1** *heller werden* **2** *dünner, weniger werden* ◆ die Bestände lichten sich allmählich; sein Haar lichtet sich (schon); der Wald lichtet sich *die Bäume werden weniger* [→ *licht*]
**lichten²** ⟨V. t.; hat; Mar.⟩ *leichter machen, heben* ◆ die Anker lichten *vom Grund heraufwinden;* das Schiff lichtet die Anker ⟨fig.⟩ *fährt aus, fährt weg* [zu nddt. *licht* = *leicht*]
**lichterloh** ⟨Adv.⟩ *mit heller, starker Flamme* ◆ das Haus brennt lichterloh [< frühnhd. *li(e)hter Lohe* (adverbialer Gen.) „mit heller Flamme"]
**Lichtgaden** ⟨m. 4; Arch.⟩ ► *Fensterregion über den Erdgeschossarkaden einer Basilika od. Kathedrale*
**Lichtgeschwindigkeit** ⟨f. 20; unz.⟩ *Ausbreitungsgeschwindigkeit von elektromagnetischen Wellen, Licht im Vakuum, 299 792 km/s*
**Lichthof** ⟨m. 1u⟩ **1** *großer Lichtschacht, enger, an allen vier Seiten von einem Häuserblock umgebener Hof* **2** ⟨Fot.⟩ *überbelichtete Stelle* **3** *Hof, Lichtschein um Sonne od. Mond*
**Lichtjahr** ⟨n. 11; Astron.; Abk.: Lj⟩ *astron. Entfernungsmaß, Strecke, die das Licht in einem Jahr zurücklegt, 9,5 Billionen km*
**Lichtleiterkabel** ⟨n. 13⟩ = *Glasfaserkabel*
**Lichtleitfaser** ⟨f. 21⟩ *Glasfaden, der mit einem Material mit geringerem Brechungsindex überzogen ist u. so Lichtstrahlen auch über Krümmungen leitet*
**Lichtmess** ⟨Rel.; ohne Art.⟩ Mariä Lichtmess *kath. Fest am 2. Februar zur Erinnerung an die Darstellung Jesu im Tempel* [< mhd. *liehtmesse;* nach der an diesem Tage stattfindenden Kerzenweihe und Lichterprozession; → *Licht, Messe¹*]
**Lichtnelke** ⟨f. 19⟩ *Angehörige einer Gattung der Nelkengewächse mit leuchtenden Farben der Blüten: Lychnis;* Sy *Lichtrose*
**Lichtquant** ⟨n. 27; Phys.⟩ = *Foton*
**Lichtrose** ⟨f. 19⟩ = *Lichtnelke*
**Lichtsatz** ⟨m. 1u; unz.; Drucktech.⟩ = *Fotosatz*

**lichtscheu** ⟨Adj.⟩ **1** *überempfindlich gegen Licht* **2** ⟨fig.⟩ *unredlich, unehrlich, verbrecherisch* ◆ lichtscheue Tiere; lichtscheues Gesindel
**Lichtsignal** ⟨n. 11⟩ **1** *Lichtzeichen (zur Verkehrsregelung, zur Nachrichtenübermittlung u. als Notstandsanzeige)* **2** *Vorrichtung, Apparat, die das Lichtzeichen sendet, anzeigt*
**Lichtspiel** ⟨n. 11⟩ **1** ⟨veraltet⟩ *Film* **2** Lichtspiele ⟨Pl.⟩ *Lichtspielhaus, Kino*
**Lichtstrahl** ⟨m. 23⟩ **1** *Strahl vom Licht* **2** ⟨fig.⟩ *Lichtblick, Trost*
**Lichtung** ⟨f. 20⟩ *von Bäumen freier Platz, ausgeholzte Stelle im Wald, Waldblöße* [zu *lichten* „hell, kahl machen"]

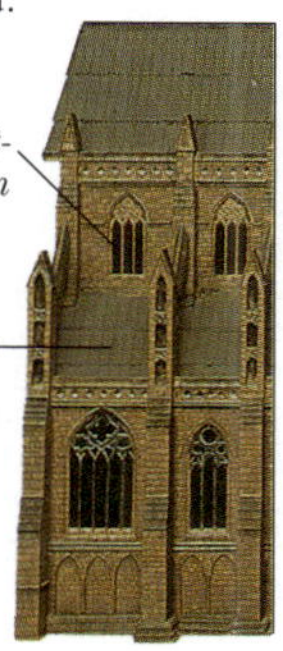

LICHTGADEN EINER GOTISCHEN KATHEDRALE

**Lid** ⟨n. 12⟩ *zum Schutz des Auges dienende bewegliche Hautfalte* (Oberlid, Unterlid); Sy *Augenlid* [< ahd. *(h)lit* „Deckel" (auf einem Gefäß), engl. *lid* „Deckel"]
**Lidschatten** ⟨m. 4⟩ **1** *durch Schminke erzeugter Schatten auf den Augenlidern zum Betonen der Augen* **2** *die Schminke selbst*
**lieb** ⟨Adj.⟩ **1** *geliebt, teuer, wert* **2** *liebevoll, zärtlich, fürsorglich, anschmiegsam* **3** *liebenswert, anständig, von gutem Charakter* **4** *angenehm, willkommen* **5** *artig, brav, folgsam* (Kind) **6** *liebenswürdig, freundlich* ◆ mein Lieber! *(Anrede; auch warnend);* (mein) Liebes *(zärtliche Anrede);* Liebste(r)! *(Anrede);* lieben **Besuch** haben; liebe **Eltern,** liebes Kind; der liebe **Gott;** viele liebe **Grüße,** Dein Berthold *(Briefschluss);* lieber **Herr** X, liebe Frau Y! *(Anrede im Brief);* sich bei jmdm. lieb **Kind** machen ⟨fig.; umg.⟩ *sich einschmeicheln;* er ist ein sehr lieber **Mensch;** den lieben langen **Tag** *den ganzen Tag über;* die lieben **Verwandten** ⟨iron.⟩ ◆ das ist mir **viel** lieber ◆ **aussehen:** sie sieht lieb aus; jmdn. lieb **gewinnen** *allmählich lieben;* jmdn. lieb **haben** *lieben, sehr gern haben;* **sein:** er ist mir der Liebste (von allen); das eine ist mir lieber als das andere; das Liebste wäre mir, wenn ... ◆ **am** liebsten wäre es mir, wenn ...; am liebsten würde ich sofort gehen; er ist sehr lieb **mit,** zu den Kindern [< ahd. *liob;* verwandt mit *erlauben, Lob, glauben*]

L

**liebäugeln** ⟨V. i.; hat geliebäugelt⟩ **1** mit etwas liebäugeln *mit dem Gedanken an etwas spielen, gern haben, tun wollen;* **2** mit jmdm. liebäugeln *jmdm. zärtl. Blicke zuwerfen* [zur Bildung → *liebkosen*]

**Liebe** ⟨f. 19⟩ **I** ⟨unz.⟩ **1** ⟨i. w. S.⟩ *starke Zuneigung, starkes Gefühl des Hingezogenseins, opferbereite Gefühlsbindung* (Menschenliebe, Mutterliebe, Nächstenliebe, Tierliebe, Vaterlandsliebe); Ggs *Hass (1)* **2** ⟨i. e. S.⟩ *starke, geschlechtsgebundene, opferbereite Gefühlsbeziehung;* Ggs *Hass (2)* **3** *heftiger Drang, heftiges Verlangen, Streben nach etwas* (Freiheitsliebe, Gerechtigkeitsliebe, Wahrheitsliebe) **4** ⟨umg.⟩ *Gefälligkeit, Freundlichkeit* ◆ ein **Kind** der Liebe *Kind aus einer ganz bes. glücklichen Ehe bzw. Partnerschaft,* ⟨od.⟩ *uneheliches Kind* ◆ jmds. Liebe (nicht) **erwidern;** jmdm. seine Liebe **gestehen** ◆ **alte** Liebe rostet nicht ⟨Sprichw.⟩ *Jugendliebe od. -freundschaft ist von langer Dauer;* **brüderliche,** schwesterliche, mütterliche, väterliche Liebe; **eheliche,** geschlechtliche Liebe; **heimliche,** stille, tiefe Liebe ◆ jmdn. **aus** Liebe heiraten; Liebe **für** jmdn. empfinden, fühlen; (kein) Glück **in** der Liebe haben; etwas **mit** viel Liebe tun *mit viel Geduld u. Mühe;* die Liebe **zu** den Eltern, zu den Kindern; Liebe zur Musik; Liebe zur Wahrheit; Liebe **zwischen** Mann u. Frau, Eltern u. Kindern **II** ⟨zählb.; umg.⟩ **1** *Liebschaft, Liebesverhältnis* **2** *jmd., mit dem man eine Liebschaft hat od. hatte, jmd., den man liebt od. geliebt hat* ◆ alle seine Lieben; meine erste Liebe [< ahd. *liubi;* → *lieb*]

LIEBSTÖCKEL
*(Levisticum officinale)*

**lieben** ⟨V. t.; hat⟩ **1** jmdn. lieben *für jmdn. Liebe empfinden* **2** etwas lieben **2.1** *sich um etwas sehr bemühen, es gern haben* **2.2** *etwas gern tun* ◆ ich liebe es nicht, wenn man ... *es missfällt mir, wenn man ...* ◆ **Blumen,** Tiere lieben; seine **Eltern,** Kinder, Geschwister, seinen Mann, seine Frau lieben; die **Gerechtigkeit,** Wahrheit lieben; die **Menschen,** seinen Nächsten lieben; die **Musik,** Natur lieben ◆ jmdn. lieben **lernen** *jmdn. nach u. nach zu lieben beginnen* ◆ **heiß,** herzlich, innig, leidenschaftlich, zärtlich lieben ◆ sie liebt ihn **wie** einen Vater ◆ die Liebenden *das Liebespaar* [< ahd. *liuben, liubon, liuben;* → *lieb*]

**liebenswürdig** ⟨Adj.⟩ **1** *gewandt und höflich, sehr freundlich, zuvorkommend* **2** *entgegenkommend u. hilfsbereit* ◆ danke, das ist sehr liebenswürdig von Ihnen; würden Sie so liebenswürdig sein und ...?

**lieber** ⟨Adv.⟩ **I** ⟨Komp. von⟩ *gern* ◆ etwas lieber tun (als ...); ich gehe lieber zu Fuß; ich mag dieses lieber als jenes; er sieht es lieber, wenn man ... **II** *besser* ◆ wir wollen lieber aufhören; tu das lieber nicht

**Liebesbeziehung** ⟨f. 20⟩ *auf Liebe basierende (sexuelle) Beziehung zwischen zwei Menschen* ◆ aus der Freundschaft war allmählich eine Liebesbeziehung geworden

**Liebesverhältnis** ⟨n. 11⟩ *Liebschaft, Beziehung zwischen zwei Liebenden;* Sy ⟨umg.; kurz⟩ *Verhältnis (3)*

**liebevoll** ⟨Adj.⟩ *voller Liebe, zärtlich, zärtlich-besorgt, herzlich-zart*

**Liebhaber** ⟨m. 3⟩ **1** *Verehrer, Geliebter, Bewerber um ein Mädchen, einer Frau* **2** *jmd., der nicht beruflich, sondern nur aus Freude auf einem künstler., wissenschaftl. od. sportl. Gebiet tätig ist, Amateur* **3** *jmd., der etwas bes. gern hat od. betreibt, sich bes. für etwas interessiert, Kenner, Sammler (bes. auf künstlerischem Gebiet),* z. B. Kunstliebhaber, Musikliebhaber ◆ er ist ein Liebhaber alter Drucke; jugendlicher Liebhaber ⟨Theat.⟩ *ein Rollenfach*

**Liebhaberin** ⟨f. 22⟩ *weibl. Liebhaber* ◆ sie ist eine Liebhaberin alter Musik

**liebkosen** ⟨V. t.; hat geliebkost⟩ jmdn. liebkosen *jmdn. streicheln, zärtlich zu jmdm. sein* [< mhd. *lieb(e)kosen < einem zu liebe kosen* „einem zu Liebe sprechen"; → *kosen*]

**lieblich** ⟨Adj.⟩ **1** *anmutig, liebreizend, hübsch u. zart* **2** *heiter, freundlich, hell* (Landschaft) **3** *zart u. wohlklingend* (Musik) **4** *köstlich, süß, appetitanregend* (Duft) ◆ liebliches Gesicht; ein liebliches Kind, Mädchen; lieblich aussehen [< ahd. *liublih;* → *lieb*]

**Liebling** ⟨m. 1⟩ **1** *Geliebte(r)* **2** *von allen geliebte Person* **3** *bevorzugte Person* **4** *Günstling* ◆ der Liebling der Familie; unter seinen Schülern einen besonderen Liebling haben; mein Liebling *(zärtliche Anrede)*

**Lieblingsspeise** ⟨f. 19⟩ *Speise, die man am liebsten isst;* Sy *Leibgericht*

**lieblos** ⟨Adj.; -er, am -esten⟩ *ohne Liebe, herzlos, roh*

**Liebreiz** ⟨m. 1; unz.⟩ *Anmut u. reizendes Aussehen*

**Liebschaft** ⟨f. 20⟩ *oberflächl., kurze Liebe, kurzes Liebesverhältnis* ◆ eine flüchtige Liebschaft; zahlreiche Liebschaften haben

**Liebstöckel** ⟨m. 5 od. n. 13; Bot.⟩ **1** ⟨i. w. S.⟩ *Angehöriger einer Gattung der Doldengewächse: Levisticum* **2** ⟨i. e. S.⟩ ◄ *in Südeuropa heimische, bei uns als Küchengewürz angebaute Art: Levisticum officinale* [< mhd. *liebstuckel, lübestecco* < ahd. *lubestecco* < lat. *ligusticum,* nach seiner ligur. Heimat]

**Lied** ⟨n. 12; Mus.⟩ **1** *sangbares, vertontes Gedicht mit meist gleich gebauten Strophen u. Versen* (Kinderlied, Kirchenlied, Schlaflied, Volkslied) **2** *Melodie, Weise* (Vogellied) ◆ ein Lied **anstimmen,** singen; **geistliches,** weltliches Lied [< ahd. *liod* „Strophe, Lied"]

**liederlich** ⟨Adj.⟩ **1** *keine Ordnung halten könnend* (Person) **2** *unordentlich, nachlässig* **3** ⟨fig.⟩ *ausschweifend, sittenlos, moralisch nicht einwandfrei* ◆ liederliche Kleidung; liederlicher Mensch [< spätmhd. *liederlich* „leichtfertig, gering, oberflächlich"]

**liefern** ⟨V. t.; hat⟩ *besorgen, zusenden* (Waren) ◆ Beweise liefern *B. erbringen, angeben;* den Beweis liefern, dass ... *beweisen, dass ...;* ein hervorragendes Spiel liefern ⟨Sp.⟩ *erstklassig spielen;* Waren ins Haus, frei Haus liefern [< mnddt., mndrl. *leveren* „liefern" < frz. *livrer* „mit etwas ausstatten, liefern"; zu lat. *liber* „frei"]

**Lieferung** ⟨f. 20⟩ **1** *das Liefern, das Geliefertwerden* **2** *Teil eines Buches, das nach u. nach erscheint* ◆ erste, zweite Lieferung; Lieferung frei Haus

**Liege** ⟨f. 19⟩ *gepolstertes Möbelstück zum Liegen, ohne Rückenlehne*

**liegen** ⟨V. i. 179; hat; süddt., österr., schweiz.: ist⟩ **1** *lang ausgestreckt sein, nicht stehen od. sitzen* (Person) **2** *sich auf einer Unterlage befinden, in waagerechter od. schräger Lage sein* (Sache) **3** *sich befinden, sein* (Gebäude, Stadt) ◆ ich habe/bin eine Woche gelegen *ich war eine Woche krank, bettlägerig;* es liegt viel, wenig **Schnee;** die **Ursache** liegt woanders *es hat eine andere Ursache* ◆ liegen **bleiben** *in waagerechter Lage bleiben; im Bett bleiben; nicht verkauft werden können; nicht erledigt werden;* ich **habe** 50 Flaschen Wein im Keller liegen; jmdn. links liegen **lassen** *jmdn. nicht beachten, sich nicht um ihn kümmern;* einen Verunglückten liegen lassen ◆ liegst du **bequem?;** das Haus liegt **einsam,** malerisch; der Schmutz liegt **fingerdick** (auf dem Boden); der Wagen liegt **gut** auf der Straße, in der Kurve *fährt sicher;* der Ort liegt 1000 m **hoch;** der Schnee liegt **meterhoch;** das liegt mir **schwer** auf der Seele *das bedrückt mich sehr;* das Essen liegt mir schwer im Magen ◆ es liegt **an** ihm *es hängt von ihm ab;* es liegt mir viel daran *ich lege großen Wert darauf;* Dresden liegt an der Elbe; **auf** dem Bauch, auf dem Rücken, auf der Seite liegen; auf den Möbeln liegt Staub; der Ton liegt auf der vorletzten Silbe; **im** Bett liegen; das Schiff liegt im Hafen; im Sterben liegen *kurz vor dem Tode sein;* dichter Nebel liegt **über** der Wiese; ein spöttischer Zug lag **um** ihren Mund; **vor** Anker liegen *verankert sein;* jmdm. **zu** Füßen liegen ◆ **was** liegt daran? *was hat es schon zu bedeuten?, es ist doch nicht so wichtig;* **wie** weit liegt der Ort von hier? ⟨umg.⟩ *wie weit ist er von hier entfernt?;* **wo** liegt das belgische Viertel? ◆ liegende Güter *Grundbesitz* [< ahd. *ligen*]

LIGUSTER: CHINESISCHER LIGUSTER
*(Ligustrum sinense)*

**Lifestyle** ⟨['laifstail] m.; -s; unz.⟩ *Lebensstil* ◆ dieser Lifestyle sagt mir nicht zu [engl.]

**Lift I** ⟨m. 1 od. m. 6⟩ *Aufzug, Fahrstuhl* **II** ⟨m. 6 od. n. 15⟩ *kosmetisch-chirurg. Verfahren zum Straffen erschlaffter Gewebes, Lifting* [engl., „Fahrstuhl; heben"]

**liften** ⟨V. t.; hat⟩ **1** *durch Lift(ing) straffen, heben* **2** *erhöhen, anheben* ◆ Preise liften

**Liga** ⟨f.; -, Ligen⟩ **1** *Bund, Bündnis, Vereinigung* **2** ⟨Sp.⟩ *Klasse im Mannschaftssport* [span., „Band, Bündnis"; zu lat. *ligare* „(fest)binden"]

**Ligatur** ⟨f. 20⟩ **1** ⟨Typ.⟩ *Verbindung zweier Buchstaben zu einer Type od. Letter* **2** ⟨Mus.⟩ **2.1** ⟨in der Choral- u. Mensuralnotation⟩ ▼ *Verbindung einer zusammengehörenden Notengruppe* **2.2** *Bogen über zwei Noten gleicher Tonhöhe (bes. von einem Takt zum andern) zum Zeichen, dass die erste Note um den Wert der zweiten verlängert werden soll* **3** ⟨Med.⟩ *Unterbindung eines Blutgefäßes* [< lat. *ligatura* „Band"; zu *ligare* „binden"]

LIGATUR BEI DER NOTENSCHRIFT

**Ligen** ⟨Pl. von⟩ *Liga*
**light** ⟨[lait] Adj., undekl.; umg.⟩ **1** *leicht, vereinfacht* **2** ⟨meist als Zusatzbez. an Waren⟩ *reduziert (an Inhalts-, Duftstoffen usw.), kalorienarm* ◆ Cola light [engl., „leicht"]
**Liguster** ⟨m. 3⟩ ◄ *Angehöriger einer Gattung der Ölbaumgewächse: Ligustrum* ◆ Gemeiner Liguster *Strauch mit glänzenden, grünen Blättern, weißen Blüten u. schwarzen Beeren, beliebte Heckenpflanze: Ligustrum vulgare* [< lat. *ligustrum*]
**liieren** ⟨[lii:-] V. t.; hat⟩ *eng verbinden* ◆ sich mit jmdm. liieren *eine Liaison mit jmdm. eingehen, eine Liebschaft mit jmdm. beginnen;* eng mit jmdm. liiert sein *ein Liebesverhältnis mit jmdm. haben* [< frz. *lier* „binden, vereinigen" < lat. *ligare* „binden"]
**Likör** ⟨m. 1⟩ **1** *süßer Branntwein* **2** *aus Wein u. Kandiszucker bestehender Zusatz für Schaumwein* [< frz. *liqueur* „Likör" < lat. *liquor* „Flüssigkeit"]
**lila** ⟨Adj.; undekl.⟩ *fliederfarben, hellviolett* [verkürzt < *lilafarben;* zu frz. *lilas* „Flieder, Fliederblütenfarbe" < arab. *lilak* „Flieder" < pers. *niläk, liläk* < ind. *nilas* „schwarz, schwärzlich"]
**Lilie** ⟨[-liə] f. 19⟩ **1** ⟨Bot.⟩ *Angehörige einer Gattung der Liliengewächse (Liliaceae) mit großen, trichterförmigen Blüten, die meist einzeln od. zu wenigen in lockeren Trauben od. Dolden aufrecht stehen: Lilium;* ► *Bedecktsamer* **2** *Sinnbild der Reinheit u. Unschuld* **3** Spanische Lilie **3.1** = *Jakobslilie* **3.2** ⟨Her.⟩ ► *häufig in Wappen verwendete, stark stilisierte Nachbildung der Lilie mit drei, unten zusammenlaufenden, Blättern* [< ahd. *lilja* < lat. *lilia,* Pl. zu *lilium* < grch. *leirion* < kopt. *hleli*]

LILIE

**Liliput...** ⟨in Zus. scherzh.⟩ *sehr klein, winzig,* z. B. Liliputeisenbahn *(Kindereisenbahn)* [nach dem Märchenland *Liliput* in dem Buch „Gullivers Reisen" des engl. Schriftstellers Jonathan Swift, 1667-1745]
**Liliputaner** ⟨m. 3⟩ **1** *Bewohner von Liliput* **2** *Mensch von zwergenhaftem Wuchs*
**lim** ⟨Math.; Abk. für lat.⟩ *Limes (2)*
**lim.** ⟨Abk. für engl.⟩ *limited (begrenzt, limitiert)*
**Limerick** ⟨m. 6; Lit.⟩ *komisch-iron. Gedicht aus fünf Zeilen (Reim: aabba) mit groteskem Gedanken in der Endzeile* [nach der irischen Grafschaft u. deren Hauptstadt, die im 19. Jh. in komischen Liedern mit zahllosen Strophen besungen wurde]
**Limes** ⟨m.; -; unz.⟩ **1** *röm. Grenzwall, bes. zwischen Rhein u. Donau* **2** ⟨Math.; Abk,: lim⟩ = *Grenzwert (2)* [lat., „ Grenze"]
**Limetta, Limette** ⟨f.; -, -metten⟩ *dünnschalige Zitrusfrucht, aus der ätherische Öle gewonnen werden: Citrus limetta* [frz.; Verkleinerungsform zu *lime* „kleine süße Zitrone"; → *Limone*]
**Limit** ⟨n. 15⟩ *Grenze, Äußerstes (vom Preis, Umfang)* ◆ das Limit überschreiten [< frz. *limite* „Grenze" < lat. *limes* „Grenze"]
**limitieren** ⟨V. t.; hat⟩ *begrenzen, beschränken, einschränken* ◆ den Preis, die Größe limitieren
**Limo** ⟨f. 10; umg.; kurz für⟩ *Limonade* ◆ eine Limo trinken
**Limonade** ⟨f. 19⟩ *Erfrischungsgetränk aus Wasser, Obstsaft od. -konzentrat, Zucker u. Kohlensäure;* Sy ⟨kurz⟩ *Limo* [< ital. *limonata* < *limone* oder < frz. *limon* „dickschalige Zitrone"; → *Limone*]
**Limone** ⟨f. 19; Bot.⟩ **1** = *Strandnelke* **2** *Zitronenart mit grüner Schale* [< ital. *limone* < pers.-arab. *limun* „Zitrone"]
**Limousine** ⟨[-mu-] f. 19⟩ *geschlossener Personenkraftwagen;* Ggs *Kabriolett (2)* [nach der frz. Landschaft *Limousin*]
**lind** ⟨Adj.⟩ **1** *mild, sanft weich* **2** ⟨schweiz.⟩ *gar (gekocht)* [< ahd. *lindi* „weich, zart, mild", engl. *lithe* „biegsam"]
**Linde** ⟨f. 19⟩ ► *Angehörige einer Gattung der Lindengewächse, großer Baum mit meist schief herzförmigen, gesägten Blättern: Tilia;* ► *Bäume* [< ahd. *linta*]
**lindern** ⟨V. t.; hat⟩ *mildern, verringern, bessern, erträglich machen* ◆ dieses Medikament lindert deine Schmerzen (Not, Beschwerden, Furcht) [→ *lind*]
**Lindwurm** ⟨m. 2u⟩ *drachenähnliches Ungeheuer* [< ahd. *lindwurm* < ahd. *lind, lint* „Schlange"]
**Lineal** ⟨n. 11⟩ *schmales, rechteckiges od. gebogenes Gerät zum Ziehen von Linien* [< mlat. **lineale* (substantiviertes Adj.) < lat. *linealis* „mit Linien gemacht"; zu lat. *linea* „Linie", eigtl. „Leine, Schnur"; zu *linum* „Lein"]

LINDE: WINTERLINDE *(Tilia cordata)*

**linear** ⟨Adj.⟩ **1** *gradlinig, linienförmig* **2** *von Linien gebildet* **3** *zeichnerisch* **4** ⟨fig.⟩ *gleich bleibend, stetig* **5** ⟨Math.⟩ *eindimensional, nur Potenzen ersten Grades enthaltend* ◆ lineare Gleichung [< lat. *linearis* „Linien betreffend"; zu *linea* „Linie"]
**Liner** ⟨['lainə(r)] m. 3⟩ = *Linienschiff (1)* [engl.; zu *line* „Linie"]
**...ling** ⟨in Zus. mit mask. Subst.; m. 1; meist abwertend⟩ *(Bezeichnung von jmd. od. etwas mit einer bestimmten Eigenschaft, Tätigkeit, eines Zustandes od. eines Geschehens),* z. B. Eindringling, Erdling, Fiesling, Rohling, Schreiberling, Täufling, Wüstling
**Linguistik** ⟨f.; -; unz.⟩ *Sprachwissenschaft*
**Linie** ⟨[-niə] f. 19⟩ **1** *Strich* **2** *Zeile* **3** ⟨Typ.⟩ *gleiche Letternhöhe* **4** *feiner Metallstreifen zum Drucken einer Linie* **5** ⟨Math.⟩ *zusammenhängendes eindimensionales Gebilde, z. B. Gerade* **6** ⟨Phys.⟩ *Spektrallinie* **7** ⟨Mil.; Sp.⟩ *Reihe, Aufstellung nebeneinander* **8** *Verkehrsstrecke* (Eisenbahnlinie, Straßenbahnlinie) **9** ⟨Biol.⟩ *Abstammungsreihe, Folge von Abkömmlingen* (Hauptlinie, Seitenlinie) **10** ⟨fig.⟩ *Richtung (bei einem Vorhaben, in der Politik),* z. B. Parteilinie ◆ Linie 10 und 12 (der Straßenbahn); eine (Dampfer-, Eisenbahn-, Straßenbahn-)Linie **stilllegen;** eine (bestimmte) Linie **verfolgen;** eine Linie **ziehen** ◆ **absteigende** Linie *Sohn, Enkel, Urenkel;* auf die **schlanke** Linie achten ⟨umg.; scherzh.⟩ *auf die Schlankheit, die gute Figur achten;* die **vordere** Linie *vordere Stellung, Front* ◆ **auf** Linien schreiben; jmdn., etwas auf eine, auf die gleiche Linie stellen mit ... *vergleichen mit ...;* auf der ganzen Linie *überall, völlig;* das liegt auf der gleichen Linie mit ... *das ist von gleicher Art wie ...;* **in** erster Linie *vor allem* ◆ **welche** Linie fährt nach Kaiserswerth hinaus? [< ahd. *linia* < lat. *linea* „Leine, Schnur, Faden, mit einer Schnur gezogene gerade Linie"]
**Liniendampfer** ⟨[-niən-] m. 3⟩ ▼ *Dampfer der Linienschifffahrt*
**Linienflugzeug** ⟨[-niən-] n. 11⟩ *Flugzeug im Linienverkehr*
**Linienschiff** ⟨[-niən-] n. 11⟩ **1** *Schiff der Linienschifffahrt,* z. B. Linien- u. Überseedampfer; Sy *Liner* **2** ⟨früher⟩ ►► *im Verband (in der „Linie") kämpfendes, großes Kriegsschiff mit einer Stärke von teilweise über 100 Kanonen*
**Linienschifffahrt** ⟨[-niən-] f. 20; unz.⟩ *Schifffahrt mit fahrplanmäßigen Verbindungen auf festen Routen;* Ggs *Trampschifffahrt*
**linientreu** ⟨[-niən-] Adj.; -er, am -(e)sten⟩ *kritiklos, streng der Ideologie einer Partei folgend* [nach der *Parteilinie*]
**linieren** ⟨[-nii:-] V. t.; hat⟩ *mit Linien versehen;* oV *liniieren* ◆ liniertes Papier [→ *Linie*]
**liniieren** ⟨V. t.; hat⟩ = *linieren*
**Link** ⟨m. 6; umg.⟩ **1** *Verbindung, Beziehung* **2** ⟨EDV; kurz für⟩ *Hyperlink* [< engl. *link* „Bindeglied, Verbindungsstück"]
**Linke** ⟨f. 19⟩ Ggs *Rechte* **1** *linke Seite* **2** *linke Hand* **3** ⟨Boxsp.⟩ *linke Schlaghand* **4** ⟨Pol.⟩ *die demokrat., kommunistische u. liberale Partei* (nach ihren Plätzen im Parlament links, vom Vorsitzenden aus gesehen) ◆ die äußerste Linke *radikale linke, kommunist. Partei;* jmdm. zur Linken sitzen [< mhd. *linc, lenc*]
**linke(r, -s)** ⟨Adj.⟩ *auf der Seite befindlich, auf der (nach dem Volksmund) das Herz liegt;* Ggs *rechte(r, -s)* ◆ der linke Arm; linker Hand *links;* linke Masche *Masche, in die mit der Nadel von hinten eingestochen wird;* zwei linke Hände haben ⟨umg.⟩ *ungeschickt sein*
**linkisch** ⟨Adj.⟩ *unbeholfen, ungeschickt*
**links** ⟨Adv.⟩ Ggs *rechts* **1** *die linke Seite, auf der linken Seite (befindlich)* **2** *auf der linken Straßenseite* **3** *politisch in sozialistische od. kommunistische Richtung tendierend* ◆ erster Stock, zweite **Tür** links ◆ links **fahren,** sich links **halten;** links **stehen** ⟨fig.⟩ *einer Linkspartei nahe stehen* ◆ zwei rechts, **zwei** links stricken *zwei rechte, zwei linke Maschen im*

LINIENDAMPFER DES 20. JH.

L

## LINIENSCHIFF

Bis ins 18. Jh. hinein bauten vor allem die Engländer große bewaffnete Linienschiffe. Im Kampf z. B. gegen die Galeonen der spanischen Armada sollte mit ihnen die Herrschaft über die Meere und die einträglichen Handelsrouten erstritten und geschützt werden. Die Linienschiffe segelten „in der Linie", d. h. in möglichst eng geschlossener Formation, in die Schlacht und feuerten Breitseiten auf die gegnerischen Schiffe ab.

ENGLISCHES LINIENSCHIFF DES 18. JH.

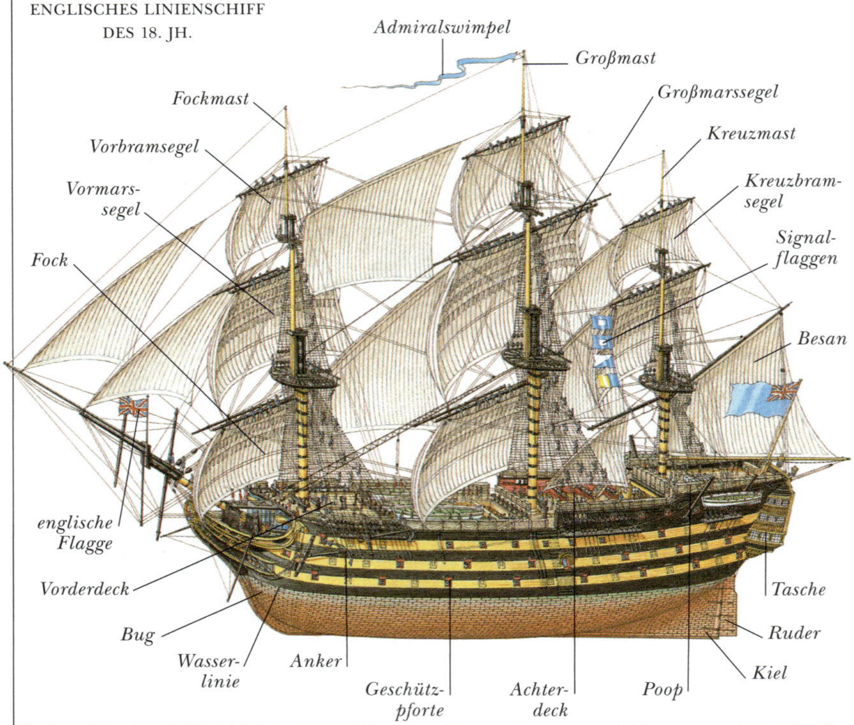


*Wechsel als Muster stricken* ◆ **nach** links *zur linken Seite hin;* **von** links kommen

**linksextrem** ⟨Adj.; Pol.⟩ *politisch extrem links stehend, linksradikal*

**linksgerichtet** ⟨Adj.; Pol.⟩ *Linksparteien nahe stehend;* Ggs *rechtsgerichtet*

**Linksextremismus** ⟨m.; -; unz.⟩ *politische Bewegung, die extrem linksgerichtet ist;* Ggs *Rechtsextremismus*

**Linksextremist** ⟨m. 16⟩ *jmd., der politisch extrem links steht;* Ggs *Rechtsextremist*

**Linkshänder** ⟨m. 3⟩ *jmd., der linkshändig ist;* Ggs *Rechtshänder*

**linkshändig** ⟨Adj.⟩ *mit der linken Hand geschickter als mit der rechten Hand;* Ggs *rechtshändig*

**linksradikal** ⟨Adj.; Pol.⟩ *politisch extrem links stehend;* Ggs *rechtsradikal*

**Linnen** ⟨n. 14; noch poet.⟩ *Leinen* [nddt. Form für *Leinen*]

**Linoleum** ⟨[-le:um] n.; -s; unz.⟩ *Fußbodenbelag aus einer Masse aus Leinöl mit Füll- u. Trockenstoffen auf Gewebsunterlage* [< lat. *linum* „Lein, Flachs" + *oleum* „Öl"]

**Linolsäure** ⟨f. 19; unz.; Biochem.⟩ *ungesättigte, flüssige Fettsäure mit zwei Doppelbindungen, chem. Formel $C_{17}H_{31}COOH$, kommt als Glycerinester im Leinöl u. a. Ölen vor* [< lat. *linum* „Lein, Flachs" + *oleum* „Öl"]

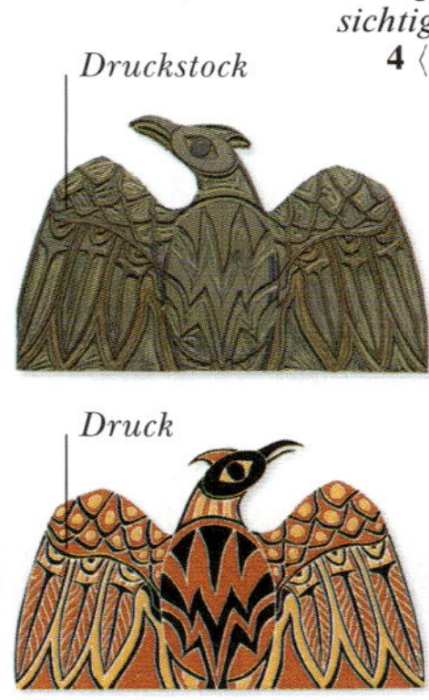


LINOLSCHNITT

**Linolschnitt** ⟨m. 1; bild. Kunst⟩ **I** ⟨unz.⟩ *dem Holzschnitt ähnl. Kunst, mit dem Messer aus einer Linoleumplatte eine bildl. Darstellung so herauszuarbeiten, dass sie erhaben stehen bleibt* **II** ⟨zählb.⟩ ▼ *mit diesem Verfahren gewonnener Abdruck*

**Linon** ⟨[-nɔ̃] m. 6⟩ *feinfädiges Leinen- oder Baumwollgewebe in Leinwandbindung* [frz., „feines Leinen"; zu lat. *linum* „Flachs"]

**Linse** ⟨f. 19⟩ **1** ⟨Bot.⟩ *Schmetterlingsblütler, Kulturpflanze mit flachen, rundlichen, gelben, roten od. schwarzen Samen: Lens exculenta* **2** ⟨Opt.⟩ *durchsichtiger Körper mit zwei brechenden Flächen, von denen mindestens eine meist kugelig gekrümmt ist* **3** ⟨Anat.⟩ *durchsichtiger, lichtbrechender Teil des Auges* **4** ⟨Geol.⟩ *linsenförmige Erzlagerstätte, die bis zu mehreren hundert Metern Durchmesser aufweisen kann* [< ahd. *linsi*]

**Lipase** ⟨f. 19⟩ *im Verdauungskanal des Menschen u. der Tiere sowie in Pflanzensamen vorkommendes, Fett in Fettsäuren u. Glycerin spaltendes Enzym* [zu grch. *lipos* „Fett"]

**Lipgloss** ⟨n.; -; unz.⟩ *Lippenstift, der die Lippen glänzend macht* ◆ sie trägt Lipgloss [engl., „Lippenglanz"]

**Lipid** ⟨n. 11⟩ *in organischen Lösungsmitteln löslicher Naturstoff, z. B. Fett, Wachs, Lipoid, meist Ester langkettiger Fettsäuren* [zu grch. *lipos* „Fett"]

**Lippe** ⟨f. 19⟩ **1** *fleischiger Rand des menschl. Mundes* (Oberlippe, Unterlippe) **2** *Schleimhautfalte* (Schamlippe) ◆ die Lippen (schmollend, verächtlich) **kräuseln,** verziehen; sich die Lippen **schminken;** die Lippen **zusammenpressen** (vor Ärger, Schmerz, Ungeduld) ◆ **aufgesprungene,** rissige Lippen; **breite,** dünne, rote, schmale, volle Lippen ◆ **an** jmds. Lippen hängen ⟨fig.⟩ *jmdm. gespannt, aufmerksam zuhören;* die Worte flossen ihm leicht **von** den Lippen [< nddt. < germ. **lipjo,* älter **lepjo* „herabhängen"; → *Lappen*]

**Lippenblütler** ⟨m. 3; Bot.⟩ *Angehöriger einer Familie der Tubiflorae, krautige Pflanzen u. Halbsträucher mit vierkantigem Stängel u. stark dorsiventralen Blüten: Labiatae;* ► *Bedecktsamer*

**Lippfisch** ⟨m. 1; Zool.⟩ ▼ *Angehöriger einer Familie der Barschartigen (Percoidei) mit sehr fleischigen Lippen: Labridae*

**...lippig** ⟨in Zus.⟩ *mit einer bestimmten Art von Lippen versehen,* z. B. schmallippig, breitlippig

**liquid** ⟨Adj.⟩ oV *liquide* **1** *flüssig* **2** ⟨fig.⟩ *im Besitz von Geldmitteln, zahlungsfähig* **3** *verfügbar* [< lat. *liquidus* „flüssig"]

**Liquidation** ⟨f. 20⟩ **1** *das Liquidieren, Beseitigung* **2** *Auflösung (eines Unternehmens), Abwicklung (der Rechtsverhältnisse eines aufgegebenen Geschäfts)* **3** ⟨bei freien Berufen⟩ *Rechnung, Kostenberechnung* [< mlat. *liquidatio* „Flüssigmachung"; zu lat. *liquidus* „flüssig"]

**liquide** ⟨Adj.⟩ = *liquid*

**liquidieren** ⟨V. t.; hat⟩ **1** *auflösen* (Geschäft) **2** *beseitigen, töten* **3** *berechnen* ◆ politische Gegner, Gefangene liquidieren [< ital., mlat. *liquidare* „flüssig machen"; zu lat. *liquidus* „flüssig"]

**Lira**[1] ⟨f.; -, Liren; Mus.⟩ *mittelalterl. Geige mit nur einer Saite* [< grch. *lyra;* → *Lyra*]

**Lira**[2] ⟨f.; -, - od. Lire⟩ **1** ⟨Abk.: L.⟩ *ital. Währungseinheit,* ⟨früher⟩ *100 Centesimi* **2** ⟨Abk.: TL⟩ *türk. Währungseinheit, Pfund* [ital. < lat. *libra* „Waage, Gewogenes, Pfund"]

**lispeln** ⟨V. i.; hat⟩ **1** *mit der Zunge anstoßen, die S-Laute zwischen den Zähnen aussprechen* **2** *flüstern* **3** ⟨fig.⟩ *dem Flüstern ähnl. Geräusch verursachen* ◆ lispelnde Blätter [Weiterbildung von mhd., ahd. *lispen* „mit der Zunge anstoßen"; lautmalend]

**List** ⟨f. 20⟩ *geschickte Täuschung* ◆ eine List anwenden; mit List und Tücke ⟨umg.; verstärkend⟩ *mit Schlauheit u. Mühe;* List wider List! *wer einen anderen täuscht, darf selbst getäuscht werden;* zu einer List greifen [< ahd. *list*]

LIPPFISCH: KUCKUCKSLIPPFISCH
*(Labrus mixtus)*

**Liste** ⟨f. 19⟩ *Verzeichnis, Aufstellung, tabellar. Übersicht* (Namensliste, Preisliste, Wählerliste) ◆ eine Liste anlegen, aufstellen, führen [< ital. *lista* „(bandförmiger) Streifen" < ahd. *lista;* → *Leiste*]

**listig** ⟨Adj.⟩ **1** *in Listen erfahren, verschlagen, schlau* **2** *verschmitzt* **3** *geschickt täuschend* (Plan) ◆ jmdm. listig zulächeln

**lit., Lit.** ⟨Abk. für lat.⟩ *Litera*

**Litanei** ⟨f. 18⟩ **1** *Wechselgebet zwischen Geistlichem u. Gemeinde* **2** ⟨fig.; umg.⟩ *lange,*

## LITHOGRAPHIE

Bei der traditionellen Lithographie (auch Steindruck genannt) wird mit einem fetthaltigen Stoff (z. B. Fettkreide) ein Bild auf einen Kalkschiefer gezeichnet. Durch eine gezielte Säurebehandlung werden die zeichnungsfreien Stellen farbabstoßend, sodass bei Auftrag der Druckfarbe nur die Zeichnung die Farbe annimmt. Bei der Übertragung der Zeichnung auf Papier fungiert der Kalkschiefer wie eine Druckplatte im Flachdruckverfahren. Die Lithographie wurde im 20. Jh. z. B. in Form des Offsetdrucks weiterentwickelt.

AUF DEN STEIN GEZEICHNETES BILD

LITHOGRAPHISCHER ABDRUCK

### LITHOGRAPHISCHE WERKZEUGE

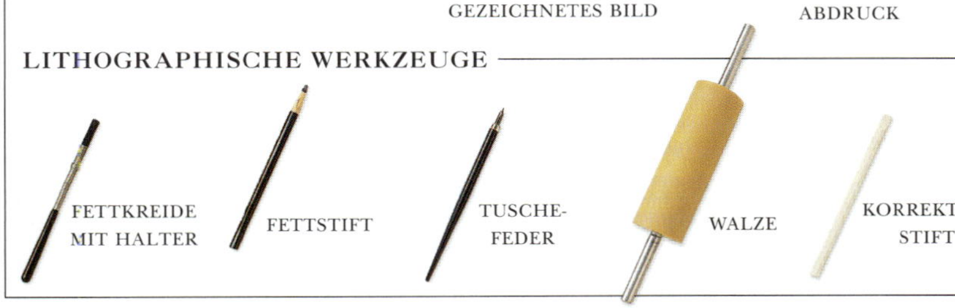


*eintönige Aufzählung* **3** *eintöniges Gerede* [< mhd. *letanie* < lat. *litania* < grch. *litaneia* „Bittgebet"]

**litauisch** ⟨Adj.⟩ *Litauen betreffend, zu ihm gehörig, aus ihm stammend* ◆ litauische Sprache *zu den balt. Sprachen gehörende, in Litauen gesprochene Sprache*

**Litchi** ⟨[-tʃi] f. 10⟩, **Litchipflaume** ⟨[-tʃi-] f. 19⟩ ► = *Litschi, Litschipflaume*

**Liter** ⟨n. 13 od. m. 3; Zeichen: l⟩ *Hohl-, Flüssigkeitsmaß, 1 Kubikdezimeter (1* $dm^3$*)* ◆ zwei Liter Wein [< frz. *litre* < mlat. *litra* < grch. *litra* „Gewicht von 12 Unzen"]

**Litera** ⟨f.; -, -s od. -rä; Abk.: Lit.; schweiz.: lit.⟩ *Buchstabe* ◆ § 12, Abs. 3, Lit. (lit.) 6 [< lat. *littera* „Buchstabe"]

**literarisch** ⟨Adj.⟩ *zur Literatur gehörend, sie betreffend*

**Literat** ⟨m. 16⟩ **1** *Schriftsteller* **2** ⟨a. abwertend⟩ *federgewandter, oberflächl. Schriftsteller* [zu lat. *litteratus* „schriftkundig, gelehrt, gebildet"; zu *littera* „Buchstabe"]

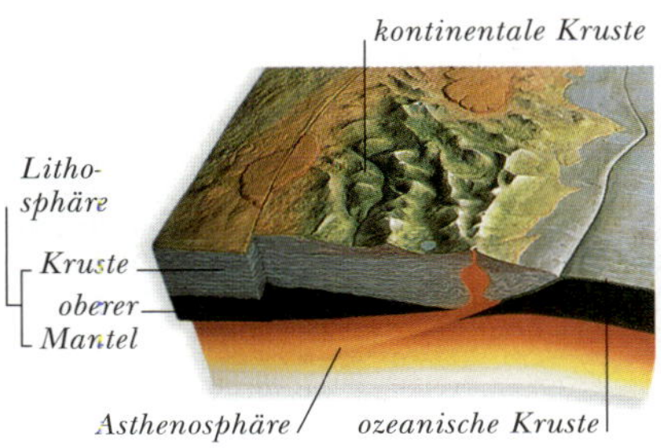


LITHOSPHÄRE: SCHNITT DURCH OBERFLÄCHENNAHE SCHICHTEN DER ERDE

**Literatur** ⟨f. 20⟩ **1** ⟨i. w. S.⟩ *Gesamtheit der schriftl. Äußerungen eines Volkes od. einer Zeit* **2** ⟨i. e. S.⟩ *dessen bzw. deren gesamtes schöngeistiges Schrifttum, Dichtung* **3** *Gesamtheit der über ein Wissensgebiet veröffentlichten Werke* (Fachliteratur) ◆ die Literatur des **Barocks** ◆ **antike,** klassische, romantische, moderne Literatur; die **schöne** Literatur *schöngeistige Literatur; Dichtung* [< lat. *litteratura* „Buchstabenschrift"; zu *littera* „Buchstabe"]

**Literaturkritik** ⟨f. 20; unz.⟩ *krit. Betrachtung, Darstellung od. Besprechung von Dichtungen*

**Literaturwissenschaft** ⟨f. 20; unz.⟩ *Erforschung der schöngeistigen u. der unterhaltenden Literatur, ihrer Entstehung u. Entwicklung, ihrer Formen, ihres Gehaltes u. ihrer Bedeutung im Einzelfall*

**Litfaßsäule** ⟨f. 19⟩ *Anschlagsäule* [nach ihrem Erfinder, Ernst *Litfaß,* 1816-1874, der sie aufgrund eines polizeil. Abkommens 1855 erstmals in Berlin aufstellen ließ]

**Lithium** ⟨n.; -s; unz.; Chem.; Zeichen: Li⟩ *silberweißes, in feuchter Luft anlaufendes Alkalimetall, Ordnungszahl 3* [zu grch. *lithos* „Stein"]

**Litho** ⟨n. 15; kurz für⟩ *Lithographie (II)*

**Lithografie** ⟨f. 19⟩ ► = *Lithographie*

**Lithographie** ⟨f. 19⟩ oV *Lithografie;* Sy *Steindruck* **I** ⟨unz.⟩ ▲ *ältestes Flachdruckverfahren, bei dem die Zeichnung auf einen Kalkstein übertragen u. von diesem abgedruckt wird (heute durch Druck von Zinkplatten ersetzt)* **II** ⟨zählb.⟩ *Erzeugnis dieses Verfahrens;* Sy ⟨kurz⟩ *Litho*

**Lithosphäre** ⟨f. 19; unz.⟩ ◄ *die oberste Erdschale von der Erdoberfläche bis zur Chalkosphäre in einer Tiefe von 1200 km* [< grch. *lithos* „Stein" + *sphaira* „Kugel"]

**Litotes** ⟨f.; -; unz.⟩ *verneinende Umschreibung, stärkere Hervorhebung durch Anwendung eines scheinbar schwächeren Ausdrucks (Verneinung des Gegenteils),* z. B. „nicht klein" statt „recht groß" [< grch. *litotes* „Schlichtheit"; zu *litos* „schlicht, einfach"]

**Litschi** ⟨f. 10⟩, **Litschipflaume** ⟨f. 19⟩ ▲ *rotbraune, hartschalige Frucht eines in Südchina beheimateten Obstbaumes (Litchi chinensis);* oV *Litchi, Litchipflaume* [chin.]

LITSCHI (*Litchi chinensis*)

**Liturgie** ⟨f. 19⟩ **1** ⟨im antiken Griechenland⟩ *Beitrag der Bürger zum Unterhalt der Gemeinde u. ihrer Einrichtungen, Vorläufer der Steuer* **2** ⟨heute⟩ *alle ordnungsmäßig bestehenden gottesdienstlichen Handlungen* [< grch. *leiturgos,* eigtl. „Staatsdiener" < *laos* „Volk" + *ergon* „Werk"]

**Litze** ⟨f. 19⟩ **1** *flache Schnur aus gedrehten od. geflochtenen Fäden, Tresse (als Besatz od. zur Bezeichnung militär. Dienstgrade)* **2** ⟨El.⟩ *biegsame Leitung aus dünnen Drähten* **3** ⟨Web.⟩ *Draht zur Führung der Kettfäden an Jacquardmaschinen* **4** ⟨nddt.⟩ *Packschnur* [< mhd. *litze* „Schnur, Litze" < lat. *licium* „Faden"]

**live** ⟨[laif] Adv.; Funk; TV⟩ live senden *direkt übertragen, unmittelbar senden* [zu engl. *alive* „lebendig"]

**Liveshow** ⟨['laifʃou] f. 10; TV⟩ *Unterhaltungssendung, die direkt übertragen wird*

**Livre** ⟨['li:vrə] m. od. n.; -s, -⟩ **1** *alte französ. Münze* **2** *alte französ. Gewichtseinheit, etwa 500 g* [frz., „Pfund"]

**Livree** ⟨[li'vre:] f. 19⟩ ► *uniformartige Kleidung für Bedienstete, z. B. für Chauffeure, Portiers, Diener* [< frz. *livrée* „Livree; Dienerschaft"]

LIVREE: LAKAI IN LIVREE AUS DEM 19. JH.

**Lizentiat** ⟨n. 11 od m. 16⟩ = *Lizenziat*

**Lizenz** ⟨f. 20⟩ **1** *Befugnis, Genehmigung zur Ausübung eines Gewerbes* **2** *Erlaubnis zur Benutzung eines Patentes* **3** *Ermächtigung für eine Buchausgabe* [< lat. *licentia* „Freiheit, Erlaubnis"]

**Lizenziat** oV *Lizentiat* **I** ⟨n. 11; Abk.: Lic.⟩ **1** ⟨veraltet⟩ *(theologischer Hochschulgrad)* **2** ⟨schweiz.⟩ *akademischer Grad nach Abschluss des Studiums der Geisteswissenschaften, Jura od. Volkswirtschaft* **II** ⟨m. 16; Abk.: lic.; schweiz.⟩ *Träger eines Lizenziats* [< lat. *licentia* „Freiheit, Erlaubnis"]

**Lj** ⟨Astron.; Abk. für⟩ *Lichtjahr*

**Lkw, LKW** ⟨m. 6; Abk. für⟩ *Lastkraftwagen*

**lm** ⟨Zeichen für⟩ *Lumen (II)*

**lmh** ⟨Zeichen für⟩ *Lumenstunde*

**ln** ⟨Abk. für⟩ *natürl.* → *Logarithmus*

**Lob**[1] ⟨n. 11; Pl. selten⟩ *Anerkennung, ausdrückl. günstiges Urteil* ◆ Gott sei Lob und **Dank,** dass alles gut gegangen ist ◆ ein Lob **aussprechen,** erteilen; jmds. Lob **singen** *jmdn. begeistert loben;* jmdm. Lob **spenden,** zollen; Lob **verdienen** ◆ ihm gebührt **großes,** hohes Lob; sie waren des Lobes **voll** über ihren Fleiß ◆ er geizte, kargte nicht **mit** Lob; **über** alles, jedes Lob erhaben *so ausgezeichnet, dass man es nicht mehr loben kann* [< mhd. *lop;* → *loben*]

**Lob**[2] ⟨[lɔb] m. 6; Sp.; bes. Tennis⟩, **Lobball** ⟨[lɔb-] m. 1u; Sp.; bes. Tennis⟩ *über den am Netz stehenden Gegner hoch hinweggeschlagener Ball* [engl.]

**Lobby I** ⟨f. 10 od. m. 6⟩ *Vorraum eines Parlamentsgebäudes* **II** ⟨f. 10⟩ *Gesamtheit der Angehörigen von Interessenverbänden, die (im Lobby) versuchen, die Entscheidungen von Parlamentsmitgliedern zu beeinflussen* [engl.]

**Lobelie** ⟨[-liə] f. 19; Bot.⟩ *Angehörige einer Gattung der Glockenblumengewächse (Campanulaceae) mit etwa 380 in den wärmeren Gegenden verbreiteten Arten, die zum Teil ein giftiges Alkaloid enthalten: Lobelia* [nach dem flandrischen Botaniker M. *Lobelius,* †1616]

**loben** ⟨V. t.; hat⟩ jmdn. loben *jmdm. ein Lob erteilen, jmdn. vor anderen anerkennen* ◆ das

L

LOCKENTEN

lob ich mir! *das gefällt mir;* jmds. Arbeit loben; eine gute Leistung loben; etwas od. jmdn. lobend erwähnen [< ahd. *lobon*]

**lobhudeln** ⟨V. t. u. V. i.; hat gelobhudelt; abwertend⟩ *übertrieben, kritiklos loben* [eigtl. „durch Lob plagen" < *loben + hudeln*]

**löblich** ⟨Adj.⟩ *lobenswert, anerkennenswert* ◆ die löbliche Absicht haben, etwas zu tun

**Loblied** ⟨n. 12⟩ *Lied zu jmds. Lob* ◆ ein Loblied auf jmdn. anstimmen ⟨fig.⟩ *jmdn. sehr loben*

**lobpreisen** ⟨V. t. 191; hat lobgepriesen; geh.⟩ jmdn. lobpreisen *jmdn. sehr, preisend loben, rühmen, jmdm. dankbar zujubeln* ◆ Gott lobpreisen

**Lobrede** ⟨f. 19⟩ *Rede zu jmds. Lob, überschwängl. Lob (für jmdn. od. eine Sache)* ◆ eine Lobrede auf jmdn. halten; sich in Lobreden über jmdn. od. etwas ergehen

L

**Loch** ⟨n. 12u⟩ **1** *Vertiefung* **2** *Öffnung, Spalte, Riss, Lücke* (Knopfloch) **3** *Hohlraum, Wunde, Verletzung* **4** *Tierhöhle* (Mauseloch) **5** ⟨fig.; umg.⟩ *armselige Wohnung, enger Raum* **6** *Gefängnis* ◆ ein Loch **bohren,** graben ◆ die Straße ist **voller** Löcher ◆ **im** Loch sitzen *im Gefängnis;* jmdn. ins Loch stecken ⟨fig.; umg.⟩ *jmdn. einsperren;* ein Loch im Boden, in der Mauer, im Zaun; ein Loch im Magen haben ⟨fig.; umg.⟩ *sehr hungrig sein;* ein Loch im Strumpf haben [< ahd. *loh* „Verschluss, Versteck, Höhle, Loch, Gefängnis", engl. *lock* „Verschluss, Schloss"]

**lochen** ⟨V. t.; hat⟩ etwas lochen **1** *mit einem Loch od. Löchern versehen (zur Kontrolle, zum Entwerten)* **2** *ein Loch od. Löcher in etwas knipsen* **3** *mit gleichmäßigen Reihen von Löchern versehen (zum leichteren Abreißen)* ◆ eine Karte, einen Fahrschein lochen; einen Briefmarkenbogen lochen

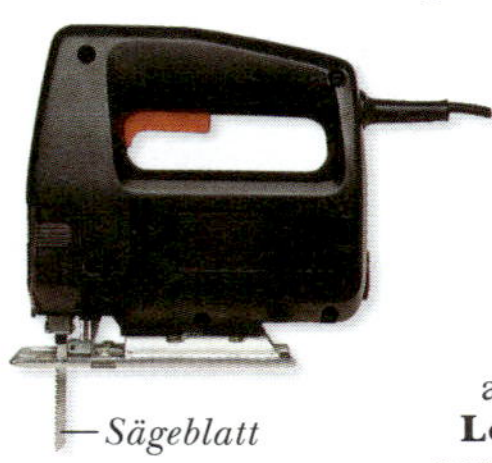

LOCHSÄGE

**löcherig** ⟨Adj.⟩ *voller Löcher, durchlöchert*

**Lochkamera** ⟨f. 10⟩ ► = *Camera obscura*

**Lochsäge** ⟨f. 19⟩ ▲ *Handsäge zum Aussägen von Krümmungen*

**Lochstein** ⟨m. 1⟩ *Mauerstein mit Hohlräumen*

**Lochstickerei** ⟨f. 18⟩ *Weißstickerei, bei der das Muster aus fest umnähten Löchern besteht*

**Locke**[1] ⟨f. 19⟩ **1** *gekräuselte, geringelte Haarsträhne* **2** *Wollflocke* ◆ blonde, braune, rote, schwarze Locken; natürliche, künstliche Locken; eine Locke fiel ihr in die Stirn [< ahd. *loc,* engl. *lock,* eigtl. „Gebogenes"; verwandt mit *Lauch*]

**Locke**[2] ⟨f. 19⟩ **1** *Pfeife zum Nachahmen der Vogelrufe;* Sy *Lockpfeife* **2** *lebender Lockvogel*

**locken**[1] ⟨V. refl.; hat⟩ *zu Locken machen, kräuseln* (Haar) ◆ sich locken *sich kräuseln, sich ringeln* [→ *Locke*[1]]

**locken**[2] ⟨V. t.; hat⟩ **1** *durch Rufe od. Gebärden zum Näherkommen zu bewegen suchen* **2** ⟨fig.⟩ *in Versuchung führen, reizen* ◆ die Aufgabe lockt mich sehr; einen Hund, einen Vogel locken; das schöne Wetter lockte uns ins Freie; lockend *verlockend, viel versprechend, angenehm, schön erscheinend;* eine lockende Aufgabe [< ahd. *lockon*]

**Lockente** ⟨f. 19; Jagd⟩ ◄ *(meist künstliche) Ente als Lockvogel*

**locker** ⟨Adj.⟩ **1** *mangelhaft befestigt, wackelig* (Schraube, Stuhlbein) **2** *lose, nicht straff* (Seil) **3** *weich, mit Hohlräumen durchsetzt, nicht fest zusammengeballt od. -gezogen, porös* (Boden, Brot, Gewebe) **4** ⟨umg.⟩ *zwanglos, ungezwungen, unbürokratisch* **5** ⟨fig.⟩ *nicht einwandfrei, leichtfertig* (Person, Sitten) ◆ lockere **Beziehungen;** ein lockeres **Leben** führen *ein ungebundenes, liederliches Leben;* lockere **Moral;** ein lockeres **Treffen** ⟨umg.⟩; ein lockerer **Vogel** ⟨fig.; umg.⟩ *ein leichtfertiger, unmoral. Mensch* ◆ Erde locker **aufschütten;** eine Sache locker **handhaben** ⟨umg.⟩; ein Seil locker **lassen** *nicht fest binden, nicht straff anziehen* [erst seit 15. Jh.; wohl verwandt mit *Loch, Luke, Lücke*]

**lockerlassen** ⟨V. t. 174; hat; fig.; umg.⟩ *nachgeben* ◆ er lässt nicht locker; du darfst nicht lockerlassen!

**lockermachen** ⟨V. t.; hat; umg.⟩ *hergeben* (Geld) ◆ kannst du nicht 100 Mark lockermachen?

**lockern** ⟨V.; hat⟩ **I** ⟨V. t.⟩ **1** *locker machen* (Nagel, Schraube) **2** *allmählich lösen* (Bindungen) ◆ die Arm- und Beingelenke (durch Schütteln) lockern; Erdreich lockern; seinen Griff lockern; Gesetze, Vorschriften, Bestimmungen lockern *nicht mehr so streng handhaben* **II** ⟨V. refl.⟩ sich lockern *locker werden, sich zu lösen beginnen* ◆ das Brett, die Schraube hat sich gelockert

**lockig** ⟨Adj.⟩ *in Locken fallend* ◆ lockiges Haar

**Lockpfeife** ⟨f. 19⟩ = *Locke*[2] *(1)*

**Lockspitzel** ⟨m. 5⟩ *jmd., der jmdn. im Auftrag eines Dritten zu strafbaren Handlungen anstiftet;* Sy *Agent provocateur*

**Lockvogel** ⟨m. 5u⟩ **1** *gefangener lebender od. künstl. Vogel zum Anlocken anderer Tiere* **2** ⟨fig.⟩ *jmd., der andere anlocken od. ablenken soll, z. B. in Gestalt einer beliebten u. bekannten Persönlichkeit* ◆ bei der neuen Werbekampagne ist sie der Lockvogel

**loco citato** ⟨[- tsi-] Abk.: l.c.⟩ *am angeführten Ort* [lat., „an der angeführten Stelle"]

**Lodde** ⟨f. 19⟩ = *Kapelan* [dän., norw.]

**Loden** ⟨m. 4⟩ *gewalktes Wollgewebe od. Filz mit nach unten weisendem Strich für Regenbekleidung* [< ahd. *lodo* „grobes Tuch"; Herkunft unbekannt]

**lodern** ⟨V. i.; hat⟩ **1** *mit heller, großer Flamme brennen, flammen* **2** ⟨fig.⟩ *leidenschaftlich bewegt sein, brennen, glühen* ◆ das Feuer loderte (zum Himmel); lodernde Begeisterung, Leidenschaft ⟨fig.⟩ [seit dem 15. Jh. eigtl. „emporwachsen"]

**Löffel** ⟨m. 5⟩ **1** *Essgerät, Schöpfgerät* (Esslöffel, Schöpflöffel, Teelöffel) **2** *löffelartiges Gerät für ärztl. Untersuchungen u. techn. Zwecke* **3** ⟨Jägerspr.⟩ *Ohr (von Hase u. Kaninchen)* ◆ zwei Löffel voll *(als Maßangabe);* einen hinter die Löffel bekommen ⟨fig.; umg.⟩ *eine Ohrfeige erhalten;* das soll er sich hinter die Löffel schreiben ⟨fig.; umg.⟩ *das soll er sich einprägen, gut merken (eine Maßregel);* mit einem silbernen, ⟨od.⟩ goldenen Löffel im Mund geboren sein ⟨fig.; bes. norddt.⟩ *aus reichem Hause stammen;* jmdn. über den Löffel barbieren ⟨fig.⟩ *betrügen* [zu idg. **lap-* „trinken, lecken"]

LÖFFELREIHER
*(Platalea leucorodia)*

**Löffelente** ⟨f. 19⟩ ▼ *Schwimmente mit charakteristischem, löffelartigem Schnabel: Anas clypeata*

LÖFFELENTE
*(Anas clypeata)*

**löffeln** ⟨V. t.; hat⟩ *mit dem Löffel schöpfen od. essen,* ⟨bes.⟩ *achtlos, unschön essen* ◆ schweigend seine Suppe löffeln

**Löffelreiher** ⟨m. 3; Zool.⟩ ▼ *Schreitvogel aus der Familie der Ibisse, mit auffälligem Federschopf u. verbreitertem Schnabel, mit dem die Nahrung aus dem Wasser ge„löffelt" wird: Platalea leucorodia*

**log** ⟨Math.; Abk. für⟩ *Logarithmus, (wenn die Basis nicht explizit angegeben ist) Logarithmus auf der Basis 10*

**Log** ⟨n. 11⟩ *Messgerät für die Fahrgeschwindigkeit eines Schiffes, an einer mit Knoten versehenen Leine hängendes, bleibeschwertes Brett in Form eines Viertelkreisausschnittes, das im Wasser hinterhergezogen wird, wobei je nach der Anzahl der Knoten, die in einer bestimmten Zeit durch die Hand des Messenden laufen, die Geschwindigkeit errechnet wird;* Sy *Logge* [< engl. *log* „Log", eigtl. „Holzklotz"]

**...log**[1] ⟨m. 1; in Zus.⟩ *Gespräch, Rede, Worte* [< grch. *logos* „Wort, Rede"]

**...log**[2] ⟨Adj.; in Zus.⟩ *in einem bestimmten Verhältnis stehend;* z. B. analog; → a. *...log*[1]

**...log**[3] ⟨m. 16; österr.; in Zus.⟩ = *...loge;* → a. *log*[1]

**log..., Log...** ⟨in Zus.⟩ = *logo..., Logo...*

**Loganbeere** ⟨f. 19; Bot.⟩ ► *eine Beerenart mit purpuroten, länglichen Früchten, Kreuzung zwischen Himbeere u. Brombeere: Rubus loganobaccus* [nach dem amerikan. Züchter J.H. *Logan,* 1841-1928]

**Logarithmus** ⟨m.; -, -men; Math.; Abk.: log⟩ *diejenige Zahl b, mit der man in der Gleichung $a^b = c$ die Zahl a potenzieren muss, um die Zahl c zu erhalten* ◆ dekadischer Logarithmus ⟨Abk.: lg, log⟩ *der Logarithmus bei dem a = 10 ist;* natürlicher Logarithmus ⟨Abk.: ln⟩ [< grch. *logos* „Vernunft, Verhältnis" + *arithmos* „Zahl"]

**Logbuch** ⟨n. 12u⟩ *Buch, in das alle nautischen Beobachtungen u. Vorkommnisse an Bord eingetragen werden;* Sy *Schiffsjournal, Schiffstagebuch*

**...loge** ⟨m. 17; in Zus.⟩ *Wissenschaftler,* z. B. Geologe, Phathologe; Sy ⟨österr.⟩ *...log*[3] [→ *...log*[1]]

**Loge** ⟨[-ʒə] f. 19⟩ **1** *kleiner, abgeteilter Raum im Zuschauerraum des Theaters* (Bühnenloge, Balkonloge) **2** *Vereinigung, Verband von Freimaurern* **3** *Ort ihrer Zusammenkünfte* [frz., „Verschlag; Pförtnerloge; Loge im Theater"; → *Laube*[2] *(3)*]

**Logge** ⟨f. 19⟩ = *Log*

**Logger** ⟨m. 3; Mar.⟩ **1** ⟨früher⟩ ► *kleines, zwei- od. dreimastiges Schiff, das mit zwei Loggersegeln pro Mast bestückt ist* **2** ⟨heute⟩ *von Motor betriebenes (Herings-)Fischereifahrzeug mit Hilfssegel* [< engl. *lugger* „Logger"]

**...logie** ⟨f. 19; in Zus.⟩ *Kunde, Lehre, Wissenschaft von ...,* z. B. Psychologie [zu grch. *logos* „Wort, Kunde"]

**logieren** ⟨[-ʒiː-] V.; hat⟩ **I** ⟨V. t.⟩ *beherbergen* **II** ⟨V. i.⟩ *als Gast wohnen* ◆ im Hotel logieren [< frz. *loger* „wohnen"]

**Logik** ⟨f.; -; unz.⟩ **1** *Denklehre, Lehre von den Formen u. Gesetzen des richtigen Denkens* **2** *Folgerichtigkeit* [< grch. *logos* „Wort, Rede, Vernunft"]

**Log-in** ⟨n. 15; EDV⟩ Ggs *Log-out* **1** *das Einbuchen in ein Computersystem mittels eines Passwortes* **2** *das Herstellen einer Verbindung mit einem anderen Computer innerhalb eines Netzwerks* **3** *das Passwort selbst* [zu engl. *log in* „einklinken"]

**Logis** ⟨[-ʒiː] n.; - [-ʒiːs], - [-ʒiːs]⟩ **1** *Unterkunft, Wohnung* **2** ⟨Mar.⟩ *Mannschaftsraum* [frz., „Wohnung"; → *Loge*]

**logisch** ⟨Adj.⟩ *zur Logik gehörig, auf ihr beruhend, ihr entsprechend, den Denkgesetzen gemäß, denkrichtig, folgerichtig* ◆ logisch denken, folgern können; das ist doch logisch! ⟨umg.⟩ *einleuchtend, vollkommen klar*

**Logistik** ⟨f.; -; unz.⟩ **1** *mathemat. od. philosoph. Logik* **2** ⟨Wirtsch.⟩ *Gesamtheit an Prozessen, die für die (Produktions-)Organisation eines Unternehmens notwendig sind* **3** ⟨Mil.⟩ *Bereitstellung u. Einsatz der für militär. Zwecke zur Verfügung gestellten Hilfsquellen zur Unterstützung der Streitkräfte*

**Logizität** ⟨f.; -; unz.⟩ *log. Charakter, log. Wesen eines Sachverhalts, das Logischsein, bloße Denkrichtigkeit;* Ggs *Faktizität*

**Logo** ⟨n. 15; kurz für⟩ *Logogramm*

**logo..., Logo...** ⟨vor Vokalen⟩ log..., Log... ⟨in Zus.⟩ **1** *Wort, Sprache, Sprechen* **2** *Vernunft, Rechnen* [< grch. *logos* „Wort, Rede; Vernunft"]

**Logogramm** ⟨n. 11⟩ *Kürzel von Firmennamen, Rundfunk- u. Fernsehanstalten u. Ä.,* z. B. „ARD", „NDR", „ZDF"; Sy ⟨kurz⟩ *Logo* [< grch. *logos* „Wort" + *gramma* „Schriftzeichen"]

**Logopädie** ⟨f. 19; unz.⟩ = *Sprachheilkunde* [< grch. *logos* „Wort, Rede" + *paideia* „Erziehung"]

**Logos** ⟨m.: -, Logoi; Philos.⟩ **1** ⟨urspr.⟩ *Wort, Rede, Sprache* **2** ⟨dann⟩ *Gedanke, Sinn, Begriff* **3** ⟨Stoiker⟩ *Weltvernunft, göttl. Vernunft* **4** ⟨Neuplatonismus, Gnosis⟩ *Vernunftkraft Gottes als Weltschöpfungskraft* **5** ⟨Christentum⟩ *menschgewordenes Wort Gottes, Jesus* [grch.]

**Log-out** ⟨[-aut] n. 15; EDV⟩ Ggs *Log-in* **1** *das Ausbuchen aus einem Computersystem* **2** *das Beenden einer Verbindung mit einem anderen Computer innerhalb eines Netzwerks* [zu engl. *log out* „ausklinken"]

**Lohe** ⟨f. 19⟩ *lodernde Flamme* [< ahd. *loug*]

**Lohn** ⟨m. 1u⟩ **1** ⟨i. w. S.⟩ *Bezahlung, Vergütung, Entgelt für geleistete Arbeit* (Arbeitslohn) **2** ⟨i. e. S.⟩ *tägl. od. wöchentl. Entgelt für Arbeiter* (Tagelohn, Wochenlohn) **3** ⟨allg.⟩ *Gegenwert (Belohnung od. Strafe)* ◆ freitags die Löhne **auszahlen;** den Lohn **drücken,** steigern; Lohn **empfangen;** seinen Lohn empfangen ⟨fig.⟩ *verdiente Bestrafung empfangen* ◆ ihm wurde sein **gerechter** Lohn zuteil ⟨fig.⟩ *seine gerechte Strafe* ◆ **als** Lohn für seine Hilfe, Mühe, Tat; **für,** um höhere Löhne kämpfen [< ahd. *lon*]

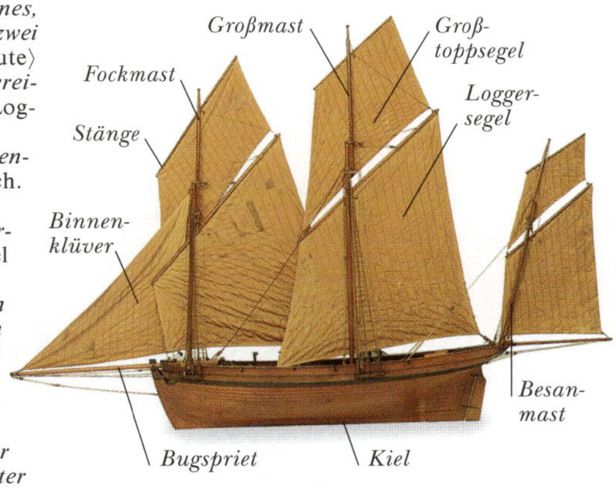

LOGGER: FRANZÖSISCHER LOGGER (UM 1800)

**lohnen** ⟨V. t. u. V. refl.; hat⟩ (sich) lohnen *(die Mühe) wert sein, Zweck, Sinn haben, Gewinn bringen* ◆ es lohnt (sich) nicht, den langen Weg auf sich zu nehmen; das Geschäft lohnt sich; die Stadt, das Museum lohnt einen Besuch, lohnt den Besuch nicht

**Lohnkosten** ⟨nur Pl.⟩ *Summe der Kosten, die einem Unternehmen durch die Zahlung der Löhne u. Gehälter entstehen*

**Lohnsteuer** ⟨f. 21⟩ *Steuer für Einkünfte aus nicht selbständiger Arbeit*

**Loipe** ⟨f. 19; Skisp.⟩ *Langlaufbahn* [skand.]

**Lok** ⟨f. 10; Kurzw. für⟩ ► = *Lokomotive*

**lokal** ⟨Adj.; auch Gramm.⟩ *örtlich (beschränkt), einen Ort bezeichnend* ◆ von lokaler Bedeutung *von nur örtl. (keiner weit reichenden) Bedeutung* [< frz. *local* „örtlich" < spätlat. *localis;* zu lat. *locus* „Ort, Platz, Stelle"]

**Lokal** ⟨n. 11⟩ **1** *Ort, Raum* (Wahllokal) **2** *Gaststätte, Restaurant* (Speiselokal, Weinlokal) ◆ mit Protest das Lokal verlassen ⟨fig.; umg.; scherzh.⟩ *protestierend weggehen;* anrüchiges, anständiges, gutes, gepflegtes, schlechtes Lokal; im Lokal essen [< frz. *local* „Raum"; → *lokal*]

**Lokalanästhesie** ⟨f. 19; Med.⟩ *örtliche Betäubung*

**Lokale(s)** ⟨n. 31; Presse; Rundfunk⟩ *Lokalnachrichten* ◆ er ist bei dieser Zeitung Redakteur für Lokale(s)

**lokalisieren** ⟨V. t.; hat⟩ *örtlich festlegen, beschränken, begrenzen* ◆ die Infektion auf den Herd lokalisieren; lokalisierter Schmerz [< frz. *localiser* „lokalisieren, begrenzen"; → *lokal*]

**Lokalmatador** ⟨m. 16; umg.; bes. Sp.⟩ *(für den Sieg in einem Wettkampf) favorisierte, beliebte Person, die ortsansässig ist*

LOGANBEERE
*(Rubus loganobaccus)*

**Lokaltermin** ⟨m. 1; Rechtsw.⟩ *gerichtl. Termin am Tatort*

**Lokativ** ⟨m. 1; Rechtsw.⟩ *den Ort bestimmender Kasus, z. B. im Lateinischen* [zu lat. *locus* „Ort, Stelle, Platz"]

**Lokomotive** ⟨[-və] f. 19⟩ ►► *fahrbare Kraftmaschine, die an Schienen gebunden ist u. zur Beförderung von Eisenbahnzügen auf Schienen dient;* Sy ⟨kurz⟩ *Lok* [< engl. *locomotive (engine)* „sich von der Stelle bewegende (Maschine)" < lat. *locus* „Ort, Platz" + *movere* „bewegen"]

**Lokomotivführer** ⟨m. 3⟩ *Fahrer einer Lokomotive*

LORBEER:
EDLER LORBEER
*(Laurus nobilis)*

**Lokus** ⟨[loː-] m.; -, se; umg.⟩ *Abort, Toilette* [verkürzt < lat. *locus necessitatis* „Ort der Notdurft" (aus der Schüler- u. Studentensprache)]

**Lokution** ⟨f. 20; Sprachw.; Sprechakttheorie⟩ *Äußerungsaspekt (Artikulation u. grammat. Ordnung) eines Sprechaktes* [< lat. *locutio* „das Reden, Redensart"; zu *loqui* „reden, sprechen"]

**Lombard** ⟨m. 1 od. n. 11⟩ *Beleihung (von Wertpapieren)* [verkürzt < frz. *maison de Lombard* „Leihhaus"; *lombardische* Banken betrieben diese Geschäfte zuerst]

**Lombardsatz** ⟨m. 1u⟩ *Zinssatz für die im Lombardgeschäft gewährten Kredite*

**Longdrink** ⟨m. 6⟩ *wenig Alkohol, aber viel Flüssigkeit enthaltendes Mischgetränk* [< engl. *long* „lang; in reichl. Menge serviert" + *Drink*]

**Longe** ⟨[lɔ̃ʒ(ə)] f. 19⟩ **1** ▼ *Laufleine für Pferde zum Longieren u. für die hohe Schule* **2** *Hilfsleine für Springkünstler beim Lernen u. zum Schwimmenlernen* ◆ ein Pferd an der Longe halten [frz., „Laufleine, Longe"]

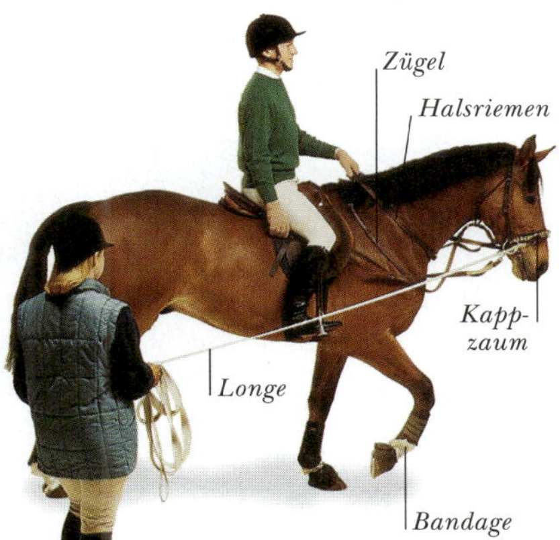

LONGE: AUSBILDUNG AN DER LONGE

**Longitudinalwelle** ⟨f. 19⟩ *Schwingung in der Richtung der Ausbreitung;* Sy *Längswelle*

**Longline** ⟨[lɔŋlain] Adv.; Sp.; Tennis⟩ *Schlag entlang der seitlichen Linie;* Ggs *Cross* [engl., „lange Linie"]

**Look** ⟨[luk] m. 6⟩ *Aussehen, Äußeres* (Partnerlook, Babylook) [engl., „Aussehen"]

**Looping** ⟨[luː-] n. 15⟩ *Überschlag mit dem Flugzeug od. auf der Achterbahn* [engl., „das Überschlagen"; zu *loop* „Schleife, Schlinge"]

**Lorbeer** ⟨m. 23⟩ **1** ▼ *Angehöriger einer Gattung der Lorbeergewächse (Lauraceae), eine Charakterpflanze der Hartlaubformationen im Mittelmeergebiet, deren Blätter als Gewürz u. deren Früchte arzneilich verwendet werden: Laurus;* Sy *Lorbeerbaum;* ► *Bäume* **2** ⟨früher⟩ *als Kranz Auszeichnung von Siegern, Dichtern* **3** ⟨Sinnbild für⟩ *Ruhm* ◆ Lorbeeren ernten ⟨fig.⟩ *gelobt werden, Erfolg haben;* sich auf seinen Lorbeeren ausruhen ⟨fig.⟩ *nach anfänglich guten Leistungen od. großen Taten faul werden;* einen Dichter, den Sieger mit Lorbeer bekränzen, krönen [< ahd. *lorberi* „Beere des *lorbourmes*", *lorboum* < ahd. *lor-* < lat. *laurus* „Lorbeerbaum" + *boum* „Baum"]

L

## LOKOMOTIVEN

Eisenbahnzüge werden von leistungsstarken Lokomotiven gezogen. Bei den heute kaum noch eingesetzten Dampflokomotiven bewegte Wasserdampf den Kolben in einem Zylinder, dessen Bewegung über ein Gestänge auf das Treibrad übertragen wurde. Bei dieselelektrischen Lokomotiven treibt ein herkömmlicher Dieselmotor einen Generator an, der Strom erzeugt. Dieser wird Elektromotoren zugeführt, die die Lokomotive antreiben. Elektrische Lokomotiven verfügen nur über Elektromotoren, die den benötigten Strom über einen Stromabnehmer einer Oberleitung entnehmen.

EXPLOSIONSGRAFIK EINER BRITISCHEN DIESELELEKTRISCHEN LOKOMOTIVE

### WEITERE LOKOMOTIVENTYPEN

DAMPFLOKOMOTIVE
Britische ‚Lady of Lynn' (1908)
► *Dampflokomotive*

DIESELELEKTRISCHE LOKOMOTIVE
Amerikanische ‚Deltic' (1956)
► *Eisenbahn*

ELEKTRISCHER TRIEBKOPF
‚ICE 3' (2000)

**Lorbeerbaum** ⟨m. 1u⟩ ► = *Lorbeer (1)*
**Lorbeerkranz** ⟨m. 1u⟩ **1** ▼ *Siegeskranz aus Lorbeer* **2** *Kranz aus Lorbeer als Auszeichnung für Dichter* ◆ jmdm. den Lorbeerkranz aufsetzen
**Lord** ⟨m. 6⟩ *engl. Adelstitel* [engl., „Herr"]
**Lore** ⟨f. 19⟩ **1** *offener Eisenbahngüterwagen;* oV *Lori*[1] **2** *Kohlenmaß, 200 Zentner* [< engl. *lorry* „großer, flacher Lastwagen"]
**Lorgnette** ⟨[lɔrˈnjɛtə] f. 19⟩ ► = *Stielbrille* [frz., „Opernglas", eigtl. „Augenglas zum Sehen seitlich befindlicher Gegenstände"; zu *lorgner* „anschielen, von der Seite ansehen"]

LORBEERKRANZ

**Lori**[1] ⟨n. 15⟩ = *Lore (1)*
**Lori**[2] ⟨m. 6; Zool.⟩ ► *Angehöriger einer Familie der Halbaffen mit kurzem od. ohne Schwanz: Lorisidae* [< engl. *loris* < frz. *loris* < fläm. *lorrias* „faul, träge"]
**los** ⟨Adv.⟩ *nicht fest, nicht befestigt, nicht angebunden, frei* ◆ los! *vorwärts!, schnell!;* aber nun los!; auf die Plätze – fertig – los! *(Kommando beim Wettlaufen u. -schwimmen)* ◆ jmdn. od. eine Sache los **sein** *sich von jmdm. od. einer Sache befreit haben;* ich bin mein Geld los *ich habe alles Geld ausgegeben;* der Knopf ist los; diese Sorge bin ich endlich los ◆ einer Sache los und **ledig** sein *von einer Sache frei (geworden) sein* ◆ **mit** dir ist doch irgendetwas los *mit dir stimmt doch etwas nicht, ist doch etwas nicht in Ordnung;* **was** ist mit dir los? *was fehlt dir?* [< ahd. *los* „frei, ledig, bar, beraubt, mutwillig", engl. *...less* „...los"]
**los...** ⟨in Zus.⟩ **1** *weg von etwas, ab...,* z. B. losschrauben, loslösen **2** *plötzlich beginnen, bes. nach Überwinden von Hemmungen,* z. B. loslaufen, losschreiben **3** *auf etwas zu,* z. B. auf etwas losmarschieren
**...los** ⟨Adj.; in Zus.⟩ *ohne,* z. B. arbeitslos, hoffnungslos, verantwortungslos
**Los** ⟨n. 11⟩ **1** *Schicksal, Geschick* **2** *durch Zufall bestimmtes, vom Willen unabhängiges Mittel, etwas festzustellen od. festzusetzen* **3** *Anteilschein in der Lotterie* (Lotterielos) **4** *Anteil, Landstück, Parzelle, Warenposten* ◆ das Los werfen; ein Los ziehen; bitteres, hartes, trauriges Los; das große Los ziehen, gewinnen *den Hauptgewinn;* ⟨fig.⟩ *großes Glück haben;* einen Streit durch das Los entscheiden [< ahd. *(h)loz* „Los, das Werfen des Loses, Auslosung, Verlosung, Erbteilung"; zu ahd. *hliozzan, liozan* „(er)losen, wahrsagen"; → *Lotterie*]
**losbinden** ⟨V. t. 111; hat⟩ jmdn., etwas losbinden *jmds. Fesseln, die Befestigung von etwas lösen* ◆ den Hund, einen Gefangenen losbinden
**löschen**[1] ⟨V.; hat⟩ **I** ⟨V. t.⟩ **1** *bekämpfen, ersticken* (Feuer, Flammen) **2** *ausschalten, ausdrehen* (Licht) **3** *tilgen, streichen, aufheben* (Schuld) ◆ seinen Durst löschen *befriedigen, stillen;* eine Firma löschen *im Handelsregister streichen;* Kalk löschen *mit Wasser übergießen* **II** ⟨V. i.⟩ *Feuchtigkeit aufsaugen, trocknen* ◆ das Papier löscht nicht [Zusammenfall von ahd. *lescan* „erlöschen" + *leskan* „auslöschen"]
**löschen**[2] ⟨V. t.; hat; Mar.⟩ *ausladen, entladen* (Ladung, Güter) [< nddt., ndrl. *lossen* „ausladen"; → *los*]
**Löschhorn** ⟨n. 12u⟩ ► *kleines, tütenförmiges Gerät mit Stiel zum Kerzenlöschen*
**Löschkalk** ⟨m. 1; unz.⟩ *aus gebranntem Kalk durch Wasserzugabe erhältliche anorganische Verbindung, Kalziumhydroxid, chem. Formel:* $Ca(OH)_2$
**Löschzug** ⟨m. 1u⟩ *zum Feuerlöschen eingesetzte Abteilung der Feuerwehr mit Wagen u. Geräten*
**losdrücken** ⟨V. i.; hat⟩ *einen Schuss abfeuern*
**lose** ⟨Adj.⟩ **1** *locker, nicht ganz fest, nicht straff befestigt, beweglich* **2** *nicht verpackt, offen* (Getreide, Schüttgut) **3** *leichtfertig* ◆ lose Blätter *nicht gebundene B.;* ein loses Mädchen; ein loser Streich; einen Knoten lose binden; das Haar lose tragen [→ *los*]
**Lösegeld** ⟨n. 12⟩ *Summe für den Freikauf von Gefangenen, Entführten*
**loseisen** ⟨V. t. u. V. refl.; hat; fig.; umg.⟩ *(mit etwas Mühe od. Geschick) frei machen, lösen* ◆ jmdn. od sich von einer Verpflichtung loseisen [< *los* + *Eis,* urspr. „das Loslösen eines Schiffes aus dem Eis"]
**losen** ⟨V. i.; hat⟩ *das Los ziehen, werfen, jmdn. durch das Los ermitteln* ◆ wir wollen losen, wer gehen soll [→ *Los*]

LORI: SCHLANKLORI
*(Loris tardigradus)*

**lösen** ⟨V.; hat⟩ **I** ⟨V. t.⟩ **1** *losbinden, aufbinden* (Knoten) **2** *öffnen* (Verschluss) **3** *abtrennen, abreißen* (Blatt, Briefmarke) **4** *lockern* (Brett) **5** *auflösen, in Flüssigkeit zergehen lassen* **6** *klären* (Frage, Problem) **7** *errechnen* (Aufgabe) **8** *entwirren* (Verwickeltes, Knäuel) **9** *enträtseln, erraten* (Rätsel) **10** *rückgängig machen, aufheben, für nichtig erklären* (Vertrag, Verlobung) **11** *beseitigen* (Konflikt, Schwierigkeit) **12** *aufgeben, abbrechen* (Beziehungen) ◆eine **Eintrittskarte,** Fahrkarte lösen *kaufen;* **Kreuzworträtsel** lösen; jmdm. die **Zunge** lösen ⟨fig.⟩ *jmdn. zum Reden bringen* ◆Zucker **in** Milch, Wasser lösen; etwas Festgeklebtes **von** der Unterlage lösen **II** ⟨V. refl.⟩ sich lösen **1** *aufgehen, locker werden* (Knoten, Verschnürung) **2** *schmelzen, zergehen, zerfallen, flüssig werden* **3** *sich erledigen, sich auflösen* (Problem) **4** *zum guten Ende kommen, gut enden* ◆ein **Dachziegel** hat sich gelöst; ein **Schuss** hatte sich (versehentlich) gelöst *war losgegangen* ◆Salz löst sich **leicht,** Zucker schwer ◆eine Haarlocke hatte sich **aus** der Frisur gelöst; ihre Spannung löste sich **in** einem Seufzer; sich **von** seinen Verpflichtungen lösen [< ahd. *losen;* → *los*]

**losgehen** ⟨V. i. 145; ist⟩ **1** *entschlossen weggehen, abmarschieren* **2** *auf ein Ziel zugehen* **3** ⟨fig.⟩ *eine Sache energisch anpacken, beginnen* **4** *beginnen* ◆nun kann's losgehen!; der Schuss ging los *löste sich, wurde versehentlich abgefeuert;* die Veranstaltung geht um fünf Uhr los

**loskommen** ⟨V. i. 170; ist⟩ **1** *freikommen, sich frei machen, sich befreien* **2** *wegkommen* ◆beim Start gut loskommen *einen guten Start haben;* sie kommt von ihm nicht los; meine Gedanken kommen nicht davon los

**loslassen** ⟨V. t. 174; hat⟩ **1** *nicht länger festhalten* **2** *freilassen, freigeben* (Gefangene, Vogel); ◆Vorsicht, nicht loslassen!; lass mich los!; jmds. Hand loslassen

**löslich** ⟨Adj.⟩ **1** *so beschaffen, dass man es (in Flüssigkeit) auflösen kann* **2** ⟨Chem.⟩ *so beschaffen, dass es sich in einem Lösungsmittel löst* ◆leicht, schwer, nicht löslich; löslich in ...

**Löß** ⟨[lø:s]⟩, ⟨auch⟩ **Löss** ⟨[lœs] m. 1⟩ *gelblicher, kalkhaltiger Lehmstaub als Ablagerung von Eiszeitwinden* [wahrscheinlich zu alem. *lösch* „locker"]

**lossagen** ⟨V. refl.; hat⟩ **1** sich von etwas lossagen *von etwas zurücktreten, einer Sache fernerhin nicht mehr angehören wollen* **2** sich von jmdm. lossagen *sich von jmdm. trennen, mit dem man längere Zeit verbunden war* ◆sich von seinen Eltern, ehemaligen Freunden lossagen; sich von einer Religion, Überzeugung, Partei lossagen

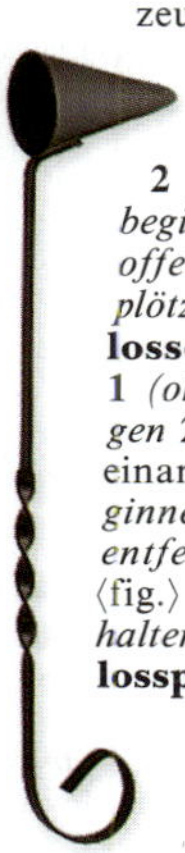

LÖSCHHORN

**losschießen** ⟨V. 213⟩ **I** ⟨V. i.; hat⟩ *zu schießen anfangen* **II** ⟨V. i.; ist; fig.⟩ **1** *plötzlich zu laufen beginnen* **2** *plötzlich, unerschrocken zu sprechen beginnen* ◆schieß los! *fang an!, sprich offen u. frei!;* auf jmdn. losschießen *plötzlich u. schnell auf jmdn. zulaufen*

**losschlagen** ⟨V. 216; hat⟩ **I** ⟨V. i.⟩ **1** *(ohne Überlegung) zu schlagen anfangen* **2** *Kampfhandlungen beginnen* ◆aufeinander losschlagen *sich zu prügeln beginnen* **II** ⟨V. t.⟩ *durch Schlagen lösen, entfernen* ◆Ware (billig) losschlagen ⟨fig.⟩ *(billig) verkaufen, um sie nicht behalten zu müssen*

**lossprechen** ⟨V. t. 246; hat⟩ jmdn. lossprechen *jmdn. freisprechen, jmdm. seine Sünden vergeben* ◆jmdn. von einer Verpflichtung lossprechen *jmdn. von einer Verpflichtung befreien*

**lostreten** ⟨V. t. 263; hat⟩ **1** *durch Treten lösen* **2** ⟨fig.; bes. Pol.⟩ *initiieren, beginnen*

**Losung**[1] ⟨f. 20⟩ **1** ⟨bes. Mil.⟩ = *Kennwort (3)* **2** ⟨in der Brüdergemeinde⟩ *Bibelspruch für jeweils einen Tag* ◆die Losung ausgeben [< mhd. *lozunge* „das Loswerfen, Teilung"; → *Los*]

**Losung**[2] ⟨f. 20; unz.; Jägerspr.⟩ *Kot (des Wildes u. Hundes)* [→ *los*]

**Lösung** ⟨f. 20⟩ **1** *das Lösen, Trennung* **2** *das Sichauflösen (einer Substanz in einer Flüssigkeit)* **3** ⟨Chem.; Phys.⟩ *homogene Verteilung eines Stoffes in einem anderen, bes. die homogene Verteilung von Gasen, Flüssigkeiten od. festen Stoffen in Flüssigkeiten (Lösungsmitteln)* **4** *Ergebnis, Resultat (einer mathemat. Aufgabe, eines Problems, eines Rätsels)* ◆eine, keine Lösung, mehrere Lösungen finden; die beste Lösung wäre Folgendes

LOTOSBLUME:
INDISCHE LOTOSBLUME
*(Nelumbo nucifera)*

**Lösungsmittel** ⟨n. 13⟩ *Flüssigkeit, die andere Gase, Flüssigkeiten od. feste Stoffe lösen kann*

**Losungswort** ⟨n. 12u; bes. Mil.⟩ = *Kennwort (3)* ◆das Losungswort kennen, rufen

**loswerden** ⟨V. t. 280; ist⟩ etwas od. jmdn. loswerden *sich freimachen, befreien von etwas od. jmdm.* ◆wenn ich nur wüsste, wie ich ihn loswerden kann; Gegenstände, Ware loswerden *Gegenstände, Waren verkaufen können, Käufer dafür finden;* Geld loswerden ⟨umg.⟩ *ausgeben, abgenommen bekommen;* er ist beim Spiel all sein Geld losgeworden

LÖWE UND
LÖWIN
*(Panthera leo)*

**Lot** ⟨[lo:t] n. 11⟩ **1** ⟨Math.⟩ *Gerade, die senkrecht auf einer anderen Geraden steht* **2** ⟨Bauw.⟩ *mit der Spitze nach unten an einer Schnur hängendes, kegelförmiges Metallstück zum Kontrollieren od. Bestimmen einer senkrechten Fläche;* Sy *Richtlot* **3** *Senklot* **4** ⟨Mar.⟩ *markierte Leine mit Bleigewicht zum Messen der Wassertiefe;* Sy *Bleilot* ◆das Lot (auf einer Geraden) errichten ⟨Math.⟩; das Lot (auf eine Gerade) fällen ⟨Math.⟩; etwas (wieder) ins Lot bringen ⟨fig.⟩ *in Ordnung bringen;* die Mauer steht (nicht) im Lot [< mhd. *lot,* engl. *lead* „Blei"]

**löten** ⟨V. t.; hat⟩ metallische Werkstücke löten *mit Hilfe einer Metalllegierung verbinden, deren Schmelztemperatur niedriger ist als die der Werkstücke* [→ *Lot*]

**Lotion** ⟨f. 20; engl.: ['louʃən] f. 10⟩ *Gesichtsreinigungsmittel, Gesichtswasser* [engl., „Waschmittel, Gesichtswasser"]

**Lotos** ⟨m.; -, -⟩ **1** ⟨Bot.⟩ ► = *Lotosblume;* oV *Lotus (2)* **2** ⟨im alten Orient⟩ *Sinnbild der Reinheit u. Schönheit* **3** ⟨im Buddhismus⟩ *Sinnbild der Religion* [< grch. *lotos,* Name mehrerer den antiken Griechen bekannter Pflanzen: Steinklee, Seerose u. im Küstengebiet des Mittelmeeres wachsender Baum mit pflaumenartigen, süßen Früchten]

**Lotosblume** ⟨f. 19; Bot.⟩ ◄ *Angehörige einer Gattung der Seerosengewächse, Wasserpflanze mit schildförmigen, lang gestielten grünen Blättern, die über das Wasser hinausragen, großen Blüten, essbaren Samen u. stärkehaltigen Rhizomen, die ebenfalls gegessen werden können: Nelumbo;* oV *Lotusblume;* Sy *Lotos (1), Lotus (2)*

**lotrecht** ⟨Adj.⟩ *senkrecht, im Winkel von 90° auf einer Geraden od. Fläche stehend*

**Lotse** ⟨m. 17⟩ *geprüfter Seemann mit Sonderausbildung in einem bestimmten Ortsbereich, der Schiffe durch schwierige Gewässer leitet* [verkürzt < *Lootsmann* < engl. *loadsman* „Steuermann"; verwandt mit *leiten*]

**lotsen** ⟨V.t.; hat⟩ **1** *als Lotse führen* (Schiff) **2** ⟨fig.; umg.⟩ *jmdn. mitnehmen, mitschleppen, verführen mitzugehen* ◆jmdn. mit ins Kino, mit zu Freunden lotsen

**Lotsenfisch** ⟨m. 1; Zool.⟩ *Angehöriger einer Gattung der Stachelflosser, häufig in der Nähe von Haien, von deren Nahrungsresten er lebt: Naucrates;* Sy *Pilot (3); Pilotfisch*

**Lotterie** ⟨f. 19⟩ **1** *staatl. od. private Auslosung von Gewinnen unter den Personen, die ein Los gekauft haben* **2** *Gewinn in Geld od. Waren* (Geldlotterie, Warenlotterie) [< ndrl. *loterije* „Glücksspiel"; zu *lot* „Los"]

**lottern** ⟨V. i.; hat; abwertend⟩ *liederlich leben, sich herumtreiben, faulenzen* [zu mhd. *loter* „Schelm; locker, leichtsinnig" < ahd. *lotar* „leer, eitel"]

**Lotus** ⟨m.; -; unz.; Bot.⟩ **1** = *Hornklee* **2** ► = *Lotosblume*

**Lotusblume** ⟨f. 19; Bot.⟩ ► = *Lotosblume*

**Lounge** ⟨[laundʒ] f. 10⟩ *Halle, Aufenthaltsraum (in Hotels)* [engl., „Diele, Halle"]

**Loure** ⟨['lu:r(ə)] f. 19; Mus.⟩ **1** ⟨im MA⟩ *frz. Sackpfeife* **2** ⟨später⟩ *in die Suite übernommener Tanz im 6/4-Takt* [frz. < lat. *lura* „Öffnung eines Schlauches od. Sackes"; → *Lure*]

**Loveparade** ⟨['lʌvpərεid] f.; -, -s⟩ *jährlich in Berlin stattfindende mehrtägige Großveranstaltung der Technoszene* [< engl. *love parade* „Parade der Liebe, Liebesparade"]

**Löwe** ⟨m. 17⟩ **1** ⟨Zool.⟩ ◄ *gelbbraun bis rötlich braune Großkatze Afrikas u. Indiens, Männchen mit Mähne, schlägt größere Säugetiere und greift gelegentlich Menschen an: Panthera leo* **2** ⟨Astron.⟩ ▼ *Sternbild des nördl. Himmels* ◆in die Höhle des Löwen gehen ⟨fig.⟩ *zu jmdm., den man fürchten muss* [< mhd. *leu, lewe* < ahd. *lewo* < lat. *leo* < grch. *leon* „Löwe"]

LÖWE: DIE STERNE DES
STERNBILDS *LÖWE*

L

**Löwenanteil** ⟨m. 1; fig.⟩ *Hauptanteil* [nach der Fabel des Äsop, in der sich der Löwe die gesamte Jagdbeute aneignet]

**Löwenmaul** ⟨n. 12u; Bot.; Pl. nur scherzh.⟩ ▼ *Angehöriges einer Gattung der Rachenblütler mit einer zweilippigen Krone u. einer sackförmig erweiterten Kronröhre: Antirrhinum*

**Löwenzahn** ⟨m. 1u; Bot.; Pl. nur scherzh.⟩ *Angehöriger einer Milchsaft enthaltenden Gattung der Korbblütler mit grob gezähnten Blättern u. goldgelbem Blütenkorb, dessen Früchte mit einem „Fallschirm" aus Haaren ausgestattet sind: Taraxacum;* Sy *Hundslattich, Kuhblume, Pusteblume*

**loyal** ⟨[loa'ja:l] od. [lɔi'ja:l] Adj.⟩ Ggs *illoyal* **1** *treu der Regierung od. dem Vorgesetzten gegenüber, zu ihnen haltend* **2** ⟨fig.⟩ *anständig, redlich* ◆ sich loyal verhalten [frz., „rechtschaffen, pflichtgetreu, ehrlich"]

**Loyalität** ⟨[loaja-] od. [lɔija-] f. 20; unz.⟩ **1** *loyales Wesen, loyales Verhalten, Treue* **2** ⟨fig.⟩ *Anständigkeit, Redlichkeit* [< frz. *loyauté* „Ehrenhaftigkeit, Rechtschaffenheit, Pflichttreue"]

**Lr** ⟨Chem.; Zeichen für⟩ *Lawrencium*

**LSD** ⟨Abk. für⟩ *Lysergsäurediäthylamid, aus dem Mutterkorn abgeleitetes Rauschgift*

**LSG** ⟨Abk. für⟩ *Landschaftsschutzgebiet*

**lt.** ⟨Abk. für⟩ *laut*[2]

**Ltd.** ⟨Abk. für engl.⟩ *Limited (GmbH)*

**Lu** ⟨Chem.; Zeichen für⟩ *Lutetium*

**Luchs** ⟨[-ks] m. 1⟩ **1** ⟨i. w. S.⟩ *Angehöriger einer Gattung von (Klein-)Katzen mit Ohrbüscheln u. geschmeidigem Fell: Felis* **2** ⟨i. e. S.⟩ ► *bis 1,10 m langer, von der Baumgrenze im Norden bis in die gemäßigten Breiten auf der ganzen Welt verbreiteter Luchs: Felis lynx* ◆ Augen wie ein Luchs haben *scharfe, gute Augen* [< ahd. *luhs*]

LÖWENMAUL: BREITBLÄTTRIGES LÖWENMAUL (*Antirrhinum latifolium*)

**Lucifer** ⟨m.; -s; unz.⟩ = *Luzifer (II)*

**Lücke** ⟨f. 19⟩ **1** *Zwischenraum, fehlendes Stück, Spalt, Öffnung* **2** *Auslassung, Schwachstelle* ◆ durch eine Lücke des Gesetzes schlüpfen *der Strafe entgehen, da es für diesen Fall kein Gesetz gibt;* eine Lücke ausfüllen, schließen; sein Wissen hat große Lücken *sein Wissen ist mangelhaft, er weiß sehr vieles nicht* [< ahd. *lucka, lucha;* verwandt mit *Luke, Loch, locker*]

**Lückenbüßer** ⟨m. 3⟩ *jmd., der die Stelle eines anderen einnehmen, der aushelfen muss, aber weniger gern gesehen od. weniger geeignet ist* ◆ ich will nicht nur Lückenbüßer sein; als Lückenbüßer dienen; er musste als Lückenbüßer herhalten [< *Lücke* + *büßen,* in seiner alten Bedeutung „ausbessern, ergänzen"]

**Luder** ⟨n. 13⟩ **1** *Aas, Kadaver, totes Tier (zum Anlocken von Raubwild)* **2** ⟨Schimpfw.⟩ *leichtfertige u. gewissenlose Frau* **3** ⟨umg.⟩ *bemitleidenswertes Geschöpf* ◆ sie ist ein Luder; das arme Luder!; dieses kleine Luder! ⟨gemildert⟩ *durchtriebenes Mädchen* [< mhd. *luoder* „Lockspeise, Schlemmerei, lockeres Leben", dann „Aas (als Lockspeise)"; vermutl. verwandt mit *laden* „zum Kommen auffordern"]

**Lues** ⟨f.; -; unz.; Med.⟩ = *Syphilis* [lat., „Seuche, ansteckende Krankheit"]

## LUFTKISSENFAHRZEUG

Luftkissenfahrzeuge wie das Luftkissenboot schwimmen nicht im Wasser, sondern gleiten auf einem Luftkissen über der Wasseroberfläche. Gebläse pumpen Luft unter den Rumpf, wo sie von einer aufblasbaren Schürze zurückgehalten wird, und Propeller an Deck sorgen für den Vortrieb des Fahrzeugs.

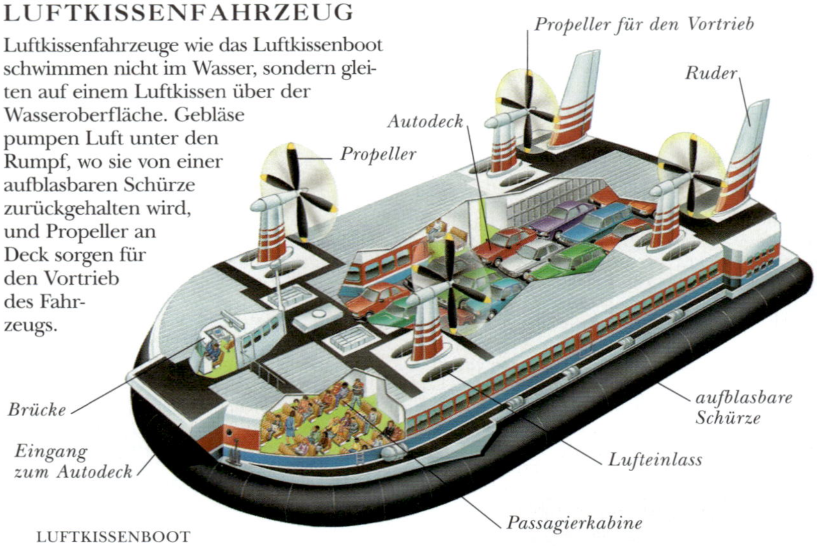


LUFTKISSENBOOT

**Luffa** ⟨f. 10; unz.; Bot.⟩ **1** ⟨i. w. S.⟩ *Angehörige einer Gattung der Kürbisgewächse: Luffai* **2** ⟨i. e. S.⟩ ▼ *kultivierte Art dieser Gattung mit zylindrischen essbaren Früchten, deren Fasernetz die Luffaschwämme (zum Frottieren) u. Einlagen für Tropenhelme u. Einlegesohlen liefert: Luffa cylindrica* [< engl. *loofah* < arab.]

**Luft** ⟨f. 7u; Pl. oft nur poet.⟩ **1** *Gasgemenge, das die Atmosphäre bildet* **2** *leichter Wind, Luftzug* **3** ⟨fig.⟩ *freier Raum, Abstand, Zwischenraum* ◆ **Licht** und Luft hereinlassen ◆ Luft **aufpumpen** (für den Reifen); keine Luft **bekommen** *nicht atmen können;* tief Luft **holen** *tief einatmen;* zwischen Wand und Schrank etwas Luft **lassen;** seinem Ärger Luft **machen** *über seinen Ä. sprechen;* (frische) Luft **schöpfen,** schnappen *spazieren gehen, ins Freie treten;* **sein:** für mich ist er Luft *ich beachte ihn überhaupt nicht* ◆ hier ist **dicke** Luft *verbrauchte Luft,* ⟨od. fig.⟩ *eine ungemütliche Atmosphäre, hier droht Gefahr;* draußen in der **freien** Luft *im Freien;* **kalte,** kühle, laue, milde, raue, warme Luft; **milde** Lüfte; die Luft ist **rein** ⟨fig.⟩ *es ist niemand in der Nähe, der das Vorhaben vereiteln könnte;* hier ist **schlechte,** verbrauchte Luft ◆ **an** die (frische) Luft gehen *ins Freie gehen, spazieren gehen;* jmdn. an die Luft setzen ⟨fig.; umg.⟩ *jmdm. kündigen, jmdn. hinauswerfen;* der Vorwurf ist (völlig) **aus** der Luft gegriffen ⟨fig.⟩ *(völlig) unbegründet;* der Vogel erhob sich **in** die Luft; die Sache hängt noch in der Luft ⟨fig.⟩ *ist noch nicht entschieden, hat noch keine Grundlage;* es liegt etwas in der Luft ⟨fig.⟩ *es droht etwas;* vor Freude in die Luft springen; einen Motor **mit** Luft kühlen; **nach** Luft schnappen *rasch u. mühsam Atem holen* [< ahd. *luft*]

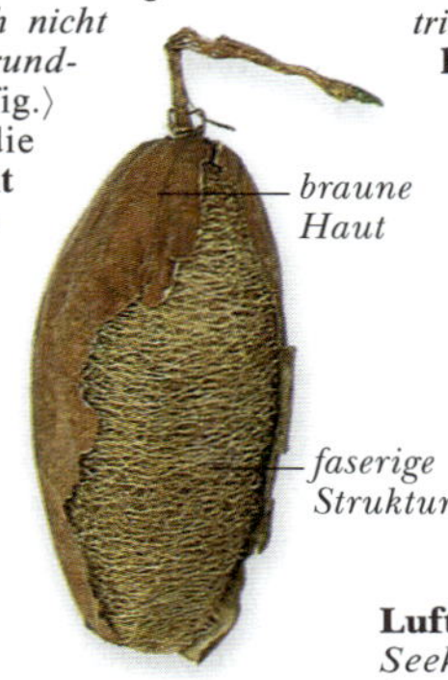


LUFFA: FRUCHT (*Luffa cylindrica*)

**Luftballon** ⟨[-lɔ̃] od. [-lɔŋ] m. 6 od. [-lo:n] m. 1⟩ *mit Gas gefüllter Ballon aus dünnem Gummi als Kinderspielzeug*

**Luftbrücke** ⟨f. 19⟩ *Verbindung durch Flugzeuge, wenn andere Wege gesperrt sind*

**Luftdruck** ⟨m. 1u; unz.⟩ *Druck der Luft, hervorgerufen durch ihr Gewicht unter dem Einfluss der Erdschwerkraft*

**lüften** ⟨V.; hat⟩ **I** ⟨V. i.⟩ *frische Luft hereinlassen* **II** ⟨V. t.⟩ *der Luft aussetzen, Luft eindringen lassen in* ◆ Zimmer, Betten, Kleider lüften; ein Geheimnis lüften *preisgeben, bekannt machen, öffentlich machen*

LUCHS (*Felis lynx*)

**Luftfahrt** ⟨f. 20; unz.⟩ *planmäßige Fortbewegung mit Flugzeugen*

**Luftfahrzeug** ⟨n. 11; Sammelbez. für⟩ ► *Flugzeug, Luftschiff, Fessel- u. Freiballon*

**Luftfeuchtigkeitsmesser** ⟨m. 3⟩ ► = *Hygrometer*

**luftgetrocknet** ⟨Adj.⟩ *(durch Lagerung) an der Luft getrocknet* ◆ luftgetrocknete Wurst

**Luftgewehr** ⟨n. 11⟩ *Gewehr, bei dem das Geschoss durch Druckluft aus dem Lauf getrieben wird*

**luftig** ⟨Adj.⟩ **1** *so beschaffen, dass von allen Seiten Luft u. Wind heran kann* (Platz) **2** *groß, hell, mit großen Fenstern* (Zimmer) **3** *leicht, dünn, luftdurchlässig* (Gewebe, Kleid)

**Luftkissenfahrzeug** ⟨n. 11⟩ ▲ *Fahrzeug, das sich dicht über dem Erdboden od. dem Wasser auf einem Luftkissen bewegt*

**Luftkorridor** ⟨m. 1; Flugw.⟩ *Weg, der Flugzeugen zum Überqueren fremder Staaten erlaubt u. vorgeschrieben ist*

**Luftkrankheit** ⟨f. 20; unz.; Med.⟩ *der Seekrankheit ähnliches Übelsein, das beim Flug mit kleinen Flugzeugen auftritt*

# LUFTFAHRZEUGE

Flugzeuge und Hubschrauber überwinden die Schwerkraft mithilfe der Aerodynamik. Der Auftrieb, die nach oben gerichtete Kraft, wird beim Flugzeug z. B. durch die Erzeugung eines großen Unterdrucks oberhalb und eines kleinen Überdrucks unterhalb der Tragflächen erzielt. Das Flugzeug wird so mehr nach oben gesaugt als durch strömende Luft angehoben. Die Größe des Auftriebs lässt sich durch die Form der Tragflächen und die Motorleistung verändern. Heißluftballons und Luftschiffe überwinden die Schwerkraft durch den statischen Auftrieb, den ein leichteres Gas erzeugt. Segelflugzeuge müssen zunächst in die Luft gezogen werden und können sich nur unter dauerndem Höhenverlust passiv gleiten lassen. Sie nutzen z. T. aber auch warme Aufwinde, die Thermik, um Höhe zu gewinnen.

TEILE EINES LEICHTFLUGZEUGS

## WEITERE LUFTFAHRZEUGE

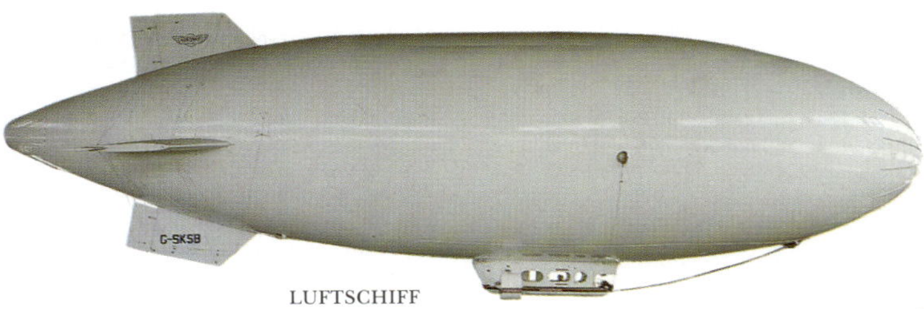
LUFTSCHIFF

HEISSLUFT-BALLON

ULTRA-LEICHTFLIEGER

DOPPEL-DECKER

ÜBERSCHALL-PASSAGIER-FLUGZEUG

SEGELFLUGZEUG

HUBSCHRAUBER
► *Hubschrauber*

**Luftkrieg** ⟨m. 1; Mil.⟩ *hauptsächlich od. ausschließlich mit Luftstreitkräften geführter Krieg*

**Luftkühlung** ⟨f. 20⟩ *Abführung der Wärme von Verbrennungsmotoren durch die Luft*

**Luftlinie** ⟨[-niə] f. 19⟩ *gedachte, gerade Linie als kürzeste Entfernung zwischen zwei Orten der Erdoberfläche*

**Luftmasche** ⟨f. 19⟩ *Masche beim Häkeln, die nicht in der Reihe befestigt wird, sondern nur durch Verschlingen des Fadens entsteht*

**Luftmatratze** ⟨f. 19⟩ *aufblasbare Matratze*

**Luftpistole** ⟨n. 11⟩ ► *Pistole, bei der das Geschoss durch Druckluft aus dem Lauf getrieben wird*

**Luftröhre** ⟨f. 19; Anat.⟩ *Atmungsweg des Menschen u. der lungenatmenden Wirbeltiere vom Kehlkopf bis zur Lunge*

**Luftröhrenschnitt** ⟨m. 1; Med.⟩ *operativer Eingriff, der bei Verengung der Atemwege im u. über dem Kehlkopf (z. B. bei Diphtherie, Kehlkopfkrebs, Schwellung des Kehldeckels) notwendig werden kann*

**Luftschiff** ⟨n. 11⟩ *lenkbares Luftfahrzeug, das wegen einer mitgeführten Gasfüllung leichter ist als Luft;* ► *Luftfahrzeuge*

**Luftschloss** ⟨n. 12u⟩ *Wunschvorstellung, Gegenstand od. Zustand, den man sich ersehnt, erträumt* ◆ Luftschlösser bauen

**Luftschraube** ⟨f. 19⟩ *Antriebsmittel für Luftfahrzeuge aus zwei od. mehr symmetrisch angeordneten, um eine gemeinsame Achse drehbaren, nach dem Prinzip des Tragflügels arbeitenden Flächen;* Sy *Propeller (1),* ⟨kurz⟩ *Schraube (2)*

**Luftspiegelung** ⟨f. 20⟩ *von verschieden dichten Luftschichten hervorgerufene Spiegelung, z. B. eine Fata Morgana*

**Luftverkehr** ⟨m. 1; unz.⟩ *gewerbsmäßige Beförderung von Personen, Gütern u. Nachrichten durch Flugzeuge;* Sy *Flugverkehr*

**Luftwiderstand** ⟨m. 1u; unz.⟩ *der Bewegung entgegengerichtete, stark von der Geschwindigkeit abhängige Kraftwirkung auf einen sich bewegenden Körper, verursacht durch die Verdrängung der Luft u. die dabei auftretende Reibung an der Oberfläche;* Sy *aerodynamischer Widerstand*

**Luftwurzel** ⟨f. 21⟩ *Wurzel an oberirdischen Stammteilen, bes. bei Epiphyten u. Lianen*

**Lug** ⟨m.; -(e)s; unz.⟩ *Lüge, Täuschung* ◆ ⟨nur in der Wendung⟩ Lug und Trug *Lügen u. Betrügen, betrüger. Reden u. Handeln* [< ahd. *lug;* → *lügen*]

**Lüge** ⟨f. 19⟩ *absichtlich falsche Aussage, Aussage zur bewussten Täuschung anderer* ◆ jmdn. der Lüge beschuldigen, verdächtigen; Lügen haben kurze Beine ⟨Sprichw.⟩ *Lügen werden bald erkannt;* es ist alles Lüge!; jmdn. Lügen strafen *ihm nachweisen, dass er gelogen hat;* jmdn. bei einer Lüge ertappen [< ahd. *lugina;* → *lügen*]

LUMPFISCH (*Cyclopterus lumpus*)

**lügen** ⟨V. i. 180; hat⟩ *das Gegenteil der Wahrheit sagen, absichtlich Unwahres sagen, um andere zu täuschen* ◆ das ist gelogen! ⟨umg.⟩ *das ist nicht wahr!* [< ahd. *liogan,* engl. *lie;* verwandt mit *leugnen, locken*]

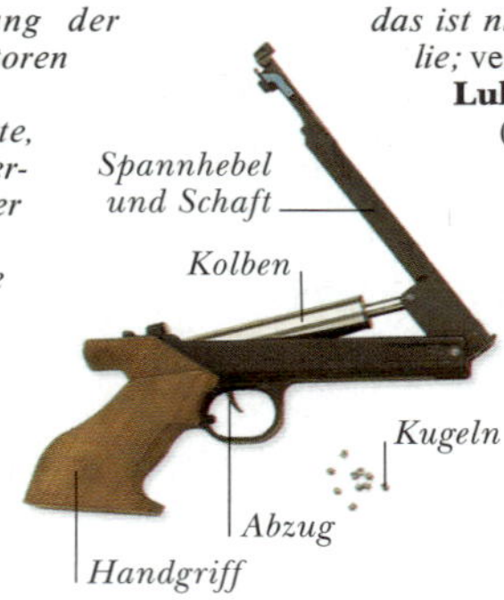



LUFTPISTOLE

**Luke** ⟨f. 19⟩ **1** *sehr kleines Fenster* (Bodenluke, Dachluke) **2** *kleine Öffnung zum Einbringen u. Herausholen von Ladung* (Ladeluke) [< mnddt. *luke;* verwandt mit *Lücke, Loch, locker*]

**lukrativ** ⟨Adj.⟩ *Gewinn bringend, einträglich* ◆ lukrative Beschäftigung; lukratives Unternehmen, Angebot [< lat. *lucrativus* „mit Gewinn und Vorteil verknüpft"; zu *lucrum* „Gewinn, Vorteil"]

**lukullisch** ⟨Adj.⟩ *üppig u. schmackhaft* (Speise, Mahl) [nach dem röm. Feldherrn Lucius Licinius *Lucullus,* ca. 117-57 v. Chr.]

**lullen** ⟨V. t.; hat⟩ *leise, eintönig singen* ◆ ein Kind in (den) Schlaf lullen *in den Schlaf singen* [< frühnhd. *lullen* „saugen, leise, einschläfernd singen"; lautmalend]

**Lumbago** ⟨f.; -; unz.⟩ **1** = *Hexenschuss* **2** *ohne Behandlung tödlich verlaufende Muskelerkrankung des Pferdes mit Lähmungserscheinungen nach mehrtägiger Ruhe u. kohlehydratreicher Fütterung* [lat., „Lendenlähmung"; zu *lumbus* „Lende"]

**lumbal** ⟨Adj.⟩ *zu den Lenden gehörig, von ihnen ausgehend* [zu lat. *lumbus* „Lende"]

**Lumbalanästhesie** ⟨f. 19⟩ *örtl. Betäubung durch Einspritzung u. Blockierung der schmerzleitenden Nerven am Lendenteil des Rückenmarks*

**Lumen** **I** ⟨n.; -s, - od. Lumina⟩ *Weite der Hohlräume in Organen oder Zellen* **II** ⟨Pl.: -; Zeichen: lm⟩ *Maßeinheit, SI-Einheit für den Lichtstrom* **III** ⟨unz.; fig.; scherzh.; veraltet⟩ *Licht, Leuchte, Könner* [lat., „Licht"]

**Lumenstunde** ⟨f. 19.; Zeichen: lmh⟩ *Maßeinheit für die Lichtmenge*

**Lumineszenz** ⟨f. 20⟩ *Aussendung von Licht nach vorhergegangener Anregung durch Energieaufnahme* [zu lat. *lumen* „Licht"]

**Lumineszenzdiode** ⟨f. 19; El.⟩ ► = *Leuchtdiode*

**Lumme** ⟨f. 19⟩ *Angehörige einiger Arten der Alken: Uria* [< dän. *loom,* schwed. *lom* „Polarente"]

**Lümmel** ⟨m. 5; umg.⟩ *grober, unverschämter, ungehobelter, frecher Mensch* [wahrscheinlich zu dem veralteten Adj. *lumm* „schlaff, locker" < ahd. *luomi* „mild, matt"]

**Lump**[1] ⟨m. 16⟩ **1** *Gauner, Landstreicher* **2** *zerlumpter Mensch* **3** *unehrenhafter, gesinnungsloser, charakterloser Mensch* **4** ⟨umg.⟩ *Schlingel, Schelm (als Kosewort)* ◆ du kleiner Lump! ⟨umg.⟩ [im 17. Jh. als „Mensch in zerlumpten Kleidern" von *Lumpen* abgetrennt]

**Lump**[2] ⟨m. 16; Zool.⟩ ► = *Lumpfisch*

**Lumpen** **I** ⟨Pl.⟩ **1** *Fetzen, zerrissene Kleidung* **2** *nicht mehr verwendbare Textilien* ◆ Papier aus Lumpen herstellen **II** ⟨m. 4; oberdt.⟩ *Scheuerlappen* [< spätmhd., frühnhd. *lumpe;* zu mhd. *lampen* „welk niederhängen"; verwandt mit *Lappen*]

LÜNETTE

**Lumpfisch** ⟨m. 1; Zool.⟩ ◄ *die nordeuropäischen Küsten bewohnender Meeresfisch aus der Familie der Panzerwangen, der sich mit einem aus den Bauchflossen gebildeten Saugnapf an Steinen festheftet: Cyclopterus lumpus;* Sy *Lump*[2]*, Seehase*

**lumpig** ⟨Adj.⟩ **1** *wie ein Lump, gemein* (Gesinnung, Tat) **2** ⟨umg.⟩ *geringfügig, nicht viel wert* ◆ behalt dein lumpiges Geld; um ein paar lumpige Groschen feilschen

**Luna** ⟨f.; -; unz.; poet.; veraltet⟩ *Mond* [< lat. *luna* „Mond"; zu *Luna* „Mondgöttin"]

**lunar, lunarisch** ⟨Adj.⟩ *zum Mond gehörend, von ihm ausgehend* [< lat. *lunaris* „zum Mond gehörig"]

**Lunarium** ⟨n.; -s, -rien; Astron.⟩ *Apparat zum Veranschaulichen der Bewegungen des Mondes um die Erde* [zu lat. *luna* „Mond"]

**Lunatiker** ⟨m. 3⟩ *Mondsüchtiger*

**lunatisch** ⟨Adj.⟩ = *mondsüchtig*

**Lunatismus** ⟨m.; -; unz.⟩ = *Mondsüchtigkeit*

**Lunch** ⟨[lʌntʃ] m.; - od. -(e)s, -e od. -(e)s; Pl. selten; in England⟩ *kleine Mittagsmahlzeit* [engl., „Gabelfrühstück, leichte Mittagsmahlzeit"]

**Lünette** ⟨f. 19⟩ **1** ⟨Arch.⟩ **1.1** ◄ *nach oben durch einen Rundbogen abgegrenztes, oft mit Malereien od. Plastiken geschmücktes Wandfeld, bes. über Maueröffnungen* **1.2** ▼ *halbkreisförmiges Feld über Türen, Fenstern od. als Bekrönung eines Rechtecks* **2** ⟨Mil.⟩ *etwa mondförmiger Grundriss alter Schanzen* **3** ⟨Tech.⟩ *verstellbare Vorrichtung an Drehmaschinen zur Unterstützung langer Werkstücke* [< frz. *lunette,* Verkleinerungsform zu *lune* „Mond" < lat. *luna* „Mond"]

**Lunge** ⟨f. 19; Anat.⟩ ► *Atmungsorgan des Menschen u. der Luft atmenden Wirbeltiere: Pulmo* ◆ grüne Lunge *Grünfläche, Parkanlage (in einer Stadt);* sie hat es auf, mit der Lunge ⟨umg.⟩ *sie ist lungenkrank;* auf Lunge rauchen *den Rauch einatmen, inhalieren;* aus voller Lunge schreien; sich die Lunge aus dem Halse schreien ⟨fig.; umg.⟩ *sehr laut schreien, sehr lange nach jmdm. rufen* [< ahd. *lungun,* engl. *lung(s)*]

LÜNETTE ÜBER EINER GEORGIANISCHEN HAUSTÜR

**Lungenatmung** ⟨f. 20; unz.; Biol.⟩ *Atmung durch die Lunge (beim Menschen, bei Säugetieren usw.), im Unterschied z. B. zur Kiemenatmung (bei Fischen, beim Krebs usw.)*

**Lungenbläschen** ⟨n. 14; Anat.⟩ *halbkugeliges Bläschen, kleinster Teil der Lunge*

**Lungenblutung** ⟨f. 20; Med.⟩ *blutiger Auswurf aus der Lunge*

**Lungenemphysem** ⟨n. 11; Med.⟩ *Erweiterung der Lunge infolge Nachlassens ihrer Elastizität durch Schwund der elast. Fasern im Gewebe, Lungenblähung, Lungenerweiterung*

**Lungenentzündung** ⟨f. 20; Med.⟩ *durch Erreger, bes. Pneumokokken, aber auch Viren, hervorgerufene Erkrankung des Lungengewe-*

L

## LUNGE

Beim Einatmen dringt frische Luft durch die Luftröhre in die Lunge und gelangt bis in die kleinsten Lungenbläschen (Alveolen). Die Luftröhre teilt sich in zwei Stammbronchen auf, die sich in Lappenbronchen und Segmentbronchen verzweigen und über die Bronchiolen in den Lungenbläschen enden. Dort findet der Gasaustausch statt, bei dem die Kapillaren, die die Bläschen umgeben, Sauerstoff aus dem Blut aufnehmen und Kohlendioxid abgeben.

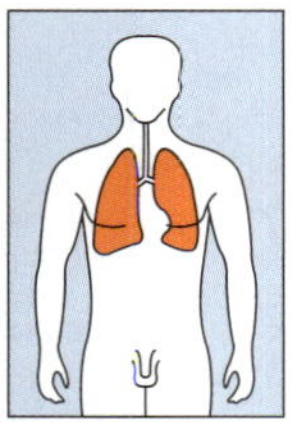

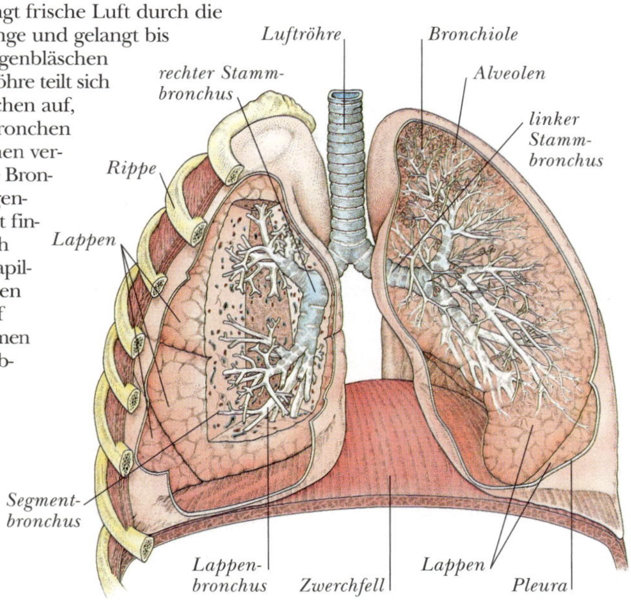


SCHNITT DURCH DIE LUNGE DES MENSCHEN

*bes, die in verschiedenen akuten oder chronischen Formen vorkommt;* Sy *Pneumonie*

**Lungenfell** ⟨n. 11; Anat.⟩ *inneres Blatt des Brustfells, das die Lunge überzieht: Pleura pulmonalis*

**Lungenfisch** ⟨m. 1; Zool.⟩ ▼ *Angehöriger einer Ordnung der Fleischflosser, der durch den zeitweiligen Gebrauch der Schwimmblase als Lunge atmosphärische Luft atmen kann: Dipnoi*

**Lungenflügel** ⟨m. 5; Anat.⟩ *eine Hälfte der Lunge*

**Lungenschnecke** ⟨f. 19; Zool.⟩ *Schnecke, deren Mantelhöhle statt mit Kiemen mit einer stark durchbluteten Haut versehen ist, mit der sie den Sauerstoff aus der Luft aufnehmen kann: Pulmonata*

**Lungentuberkulose** ⟨f. 19; unz.; Med.⟩ *Tuberkulose der Lunge*

**lungern** ⟨V. i.; hat⟩ = *herumlungern* [< mhd. *lunger* < ahd. *lungar* „schnell, flink"; verwandt mit *leicht, Lunge, gelingen*]

**Lunologie** ⟨f.; -; unz.; Astron.⟩ *Wissenschaft, die sich mit der Beschaffenheit des Mondes befasst* [< lat. *luna* „Mond" + grch. *logos* „Wort, Kunde"]

**Lunte** ⟨f. 19⟩ **1** *mit Bleioxidlösung getränkte Hanfschnur, die langsam glimmt u. eine Sprengladung entzünden soll* **2** ⟨Textilw.⟩ *Faserstoffhalbzeug, Vorgarn mit echtem oder falschem Draht* ◆ Lunte riechen ⟨fig.⟩ *merken, was los ist, eine Gefahr spüren* [zuerst 16. Jh. „Lappen, Fetzen", dann „Lampendocht", dann „Zündschnur"]

**Lunula** ⟨f.; -, -lae [-lɛː] od. -nulen⟩ **1** *halbmondförmiger Halsschmuck der Bronzezeit* **2** *halbmondförmiger Halter für die Hostie in der Monstranz* **3** *weißer Halbmond an der Wurzel des Fingernagels* [zu lat. *luna* „Mond"]

LUNGENFISCH:
AUSTRALISCHER LUNGENFISCH
*(Neoceratodus forsteri)*

**lunular** ⟨Adj.⟩ *halbmondförmig*

**Lupe** ⟨f. 19; Opt.⟩ ► = *Vergrößerungsglas* ◆ etwas od. jmdn. unter die Lupe nehmen *genau betrachten od. prüfen* [< frz. *loupe* „Lupe", eigtl. „kreisförmige Geschwulst unter der Haut", „Wolfsgeschwulst"; zu lat. *lupa* „Wölfin"]

**lupenrein** ⟨Adj.⟩ **1** ⟨bei Diamanten⟩ *auch in der Vergrößerung durch eine Lupe vollkommen rein* **2** ⟨fig.⟩ *mustergültig, makellos* ◆ ein lupenreines Exemplar; eine lupenreine Fälschung

**lupfen** ⟨V. t.; hat; oberdt.⟩ = *lüpfen*

**lüpfen** ⟨V. t.; hat⟩ *hochheben, leicht anheben;* oV ⟨oberdt.⟩ *lupfen* ◆ sich lüpfen *sich leicht erheben, ein Aufstehen andeuten;* den Hut lüpfen; sich von seinem Stuhl lüpfen [< mhd. *lupfen*]

**Lupine** ⟨f. 19; Bot.⟩ ► *Angehörige einer Gattung der Schmetterlingsblütler mit gefingerten Blättern u. traubigen Blütenständen, zur Gründüngung angebaut od. zur Kultivierung von Ödländereien benutzt, ein wertvolles, eiweißreiches Viehfutter: Lupinus* [zu lat. *lupus* „Wolf"]

**Lurch** ⟨m. 1; Zool.⟩ ► = *Amphibie* [< nddt. *lork;* zu nddt. *luren* „lauern"; → *lauern*]

**Lure** ⟨f. 19; Mus.⟩ *nord. Blasinstrument aus der Bronzezeit, S-förmiges Horn mit verzierter Scheibe an einem Ende* [< anord. *luðr* „hohler Stamm; Trompete"]

**Lust** ⟨f. 7u⟩ **I** ⟨unz.⟩ Ggs *Unlust (2)* **1** *Neigung, leichtes Verlangen, Bedürfnis* **2** *Wohlgefühl, Wohlgefallen, Freude* (Lebenslust) **3** *Befriedigung, Genuss, Gefallen* ◆ es war alles eitel Lust und **Freude** *alle freuten sich, es herrschte große Freude* ◆ Lust **empfinden,** verspüren; Lust (zu etwas) **haben;** das kannst du machen, wie du Lust hast *wie du willst;* **sein:** er arbeitet, dass es eine Lust ist *dass es eine Freude ist;* es ist eine (wahre) Lust zu sehen, wie ... ◆ eine **böse** Lust überkam ihn (sie zu kränken o. Ä.); ich habe **große,** keine, viel, wenig Lust dazu; ich habe **keine** Lust! *ich mag nicht, will nicht* ◆ ich habe Lust **auf** ein Stück Kuchen ⟨umg.⟩ *Appetit;* etwas **mit,** ohne Lust und Liebe tun; je **nach** Lust und Laune; Lust **zu** etwas haben, verspüren **II** ⟨zählb.; meist geh.⟩ **1** *sinnliche Begierde, geschlechtl. Empfinden* **2** *Erfüllung geschlechtlicher Begierden, Wollust* [< ahd. *lust,* engl. *lust*]

**lustbetont** ⟨Adj.⟩ *von Lust, Freude, Wohlgefühl bestimmt od. darauf zielend* ◆ lustbetonter Charakter; lustbetontes Verhalten

**Lustempfinden** ⟨n. 14; unz.⟩ *Empfindung von Lustgefühlen, Wahrnehmung von Wohlgefühl od. sinnlichem Genuss*

**Lüster** ⟨m. 3⟩ **1** = *Kronleuchter* **2** *glänzender Überzug auf Keramikwaren, glänzendes Halbwollgewebe in Leinwandbindung* [< frz. *lustre* „Glanz, Glasur, Kronleuchter"]

**lüstern** ⟨Adj.⟩ *stark sinnlich, geschlechtlich gereizt, erregt* ◆ ein lüsterner Mensch [→ *Lust*]

**Lustgefühl** ⟨n. 11⟩ **1** *Gefühl, das bei Erfüllung eines Wunsches auftritt, Wohlbehagen, Wohlgefühl;* Ggs *Unlustgefühl* **2** *sinnl. Vergnügen bei Geschlechtsverkehr, Wollust*

**lustig** ⟨Adj.⟩ **1** *fröhlich, vergnügt, ausgelassen, lachend* **2** *unterhaltend, heiter* (Fest, Geschichte) **3** *zum Lachen und Fröhlichsein geneigt* (Mensch) ◆ eine lustige **Gesellschaft;** lustiger **Kerl** ◆ **hergehen:** dort geht es lustig her; sich über etwas od. jmdn. lustig **machen** *über etwas od. jmdn. spotten, jmdn. auslachen;* **sein:** das ist lustig! *komisch, merkwürdig* ◆ lustig **immer** lustig! *munter, los!, vorwärts!*

**lustlos** ⟨Adj.⟩ **1** *ohne Lust, unlustig;* Ggs *lustvoll (1)* **2** *gleichgültig* **3** ⟨Wirtsch.; fig.⟩ *ohne Kauffreudigkeit* (Börse, Geschäftsverkehr) ◆ er macht heute einen lustlosen Eindruck

**Lustlosigkeit** ⟨f. 20; unz.⟩ *lustloses Wesen, lustlose Beschaffenheit*

**Lustmord** ⟨m. 1; Psych.⟩ *Mord aus krankhaft übersteigerter geschlechtl. Begierde*

**Lustprinzip** ⟨n.; -s; unz.⟩ *vom Streben nach unmittelbarer Befriedigung von Bedürfnissen bestimmtes Verhaltensmuster* ◆ er lebt vorwiegend nach dem Lustprinzip

**Lustschloss** ⟨n. 12u⟩ **1** *kleines Schloss für Vergnügungen* **2** *Sommerresidenz*

**Lustspiel** ⟨n. 11⟩ *heiteres, humorvolles Theaterstück*

**lustvoll** ⟨Adj.⟩ **1** *mit Lust, voller Wohlbehagen;* Ggs *lustlos (1)* **2** *mit sinnl. Lust, Wollust, voller Vergnügen*

**lustwandeln** ⟨V. i.; ist gelustwandelt; poet.⟩ *spazieren gehen*

**Lutetium** ⟨n.; -s; unz.; Chem.; Zeichen: Lu⟩ *Element der Metalle der Seltenen Erden, Ordnungszahl 71* [nach *Lutetia,* dem lat. Namen für Paris]

LUPINE
*(Lupinus* 'Chandelier'*)*

**Lutheraner** ⟨m. 3; Theol.⟩ *Anhänger Luthers, Angehöriger der luther. Kirche* [nach dem Reformator Martin *Luther,* 1483-1546]

**lutherisch** ⟨[-'--] od. ['---] Adj.; Theol.⟩ **1** *auf der Lehre Luthers beruhend, auf sie gegründet* **2** *der lutherische Kirche angehörend* ◆ lutherische Kirche *der auf die Lehre Luthers gegründete Zweig der evangelischen Kirche*

**lutschen** ⟨V.; hat⟩ **I** ⟨V. t.⟩ *im Mund zergehen lassen, schmelzen lassen* ◆ ein Bonbon lutschen **II** ⟨V. i.⟩ an etwas lutschen *an etwas saugen* ◆ am Daumen lutschen [zuerst um 1780; lautmalend]

**Luv** ⟨f.; -; unz.; Mar.⟩ *die dem Wind zugewandte Seite;* Ggs *Lee* [< ndrl. *loef* „Luv"; verkürzt < *loefzijde* „Luvseite", eigtl. „Ruderseite"; verwandt mit *lavieren*[1]]

**Lux** ⟨n.; -, -; Zeichen: lx⟩ *Maßeinheit, SI-Einheit für die Beleuchtungsstärke* [lat., „Licht"]

**Luxation** ⟨f. 20; Med.⟩ *Verschiebung zweier durch ein Gelenk miteinander verbundener Knochen aus der Normallage* (Hüftluxation); Sy *Verrenkung* [< lat. *luxatio* „Verrenkung"; zu *luxare* „verrenken"]

**luxieren** ⟨Adj.; Med.⟩ *verrenken (bes. Glieder u. Knochen)* [< lat. *luxare* „verrenken"]

**Luxmeter** ⟨n. 13⟩ *Messgerät zur Ermittlung der Beleuchtungsstärke*

**Luxsekunde** ⟨f. 19; Zeichen: lxs⟩ *Maßeinheit für die Belichtung*

**luxuriös** ⟨Adj.; -er, am -esten⟩ *verschwenderisch, mit großem Luxus (versehen), prunkvoll* [< lat. *luxuriosus* „üppig, schwelgerisch", mit frz. Endung; → *Luxus*]

**Luxus** ⟨m.; -; unz.⟩ *den normalen Lebensstandard überschreitender Aufwand, Verschwendung, Prunk* ◆ sich den Luxus einer Fahrkarte erster Klasse leisten; das ist Luxus *das ist zwar schön u. angenehm, aber zum Leben nicht unbedingt notwendig;* das ist reiner, übertriebener, totaler Luxus [lat., „üppige Fruchtbarkeit, übermäßige Verschwendung und Pracht"]

**Luxusausführung** ⟨f. 20⟩ *besonders elegante, komfortable u. aufwändige Version eines Produktes, z. B. eines Autos od. Möbelstücks* ◆ er hatte sich das Lexikon in Luxusausführung mit Goldschnitt und Ledereinband gekauft

L

**Luzerne** ⟨f. 19⟩ *Schmetterlingsblütler, Futterpflanze, bes. auf tiefgründigen Kalk- u. Mergelböden: Medicago sativa;* Sy *Alfalfa* [< südfrz.; zu lat. *lucere* „leuchten"; nach dem hellen Samen benannt]

**luzid** ⟨Adj.⟩ *klar, einleuchtend, verständlich* [< lat. *lucidus* „lichtvoll, hell"; zu *lux* „Licht"]

**Luzidität** ⟨f. 20; unz.⟩ **1** *Helligkeit, Durchsichtigkeit* **2** *Hellsehen* [→ *luzid;* nach frz. *lucidité* „Klarheit, Verständlichkeit"]

**Luzifer** ⟨m.; -s; unz.⟩ **I** ⟨Astron.⟩ *der Morgenstern* **II** ⟨kath. Theol.⟩ *Teufel, Satan;* oV *Lucifer* [lat., „Lichtbringer" < *lux* „Licht" + *ferre* „tragen"]

**luziferisch** ⟨Adj.⟩ *in der Art Luzifers, teuflisch*

**LVA** ⟨Abk. für⟩ *Landesversicherungsanstalt*

**Lw** ⟨Abk. für⟩ *Lew*

**lx** ⟨Zeichen für⟩ *Lux*

**lxs** ⟨Zeichen für⟩ *Luxsekunde*

**lydisch** ⟨Adj.⟩ *Lydien betreffend, zu ihm gehörend, aus ihm stammend* ◆ lydische Tonart ⟨Mus.⟩ *altgrch. Tonart, eine Kirchentonart mit dem Grundton f*

**lymphatisch** ⟨Adj.⟩ *zur Lymphe, zu den Lymphdrüsen gehörig, von ihnen ausgehend, auf ihnen beruhend* ◆ lymphatisches System *System der Lymphgefäße* [zu lat. *lympha* „Wasser"]

**Lymphdrüse** ⟨f. 19; Anat.; veraltet⟩ = *Lymphknoten*

**Lymphe** ⟨f. 19⟩ **1** ⟨Med.⟩ = *Gewebsflüssigkeit* **2** *der in der Tierpassage vom Kalb gewonnene Impfstoff zur Pockenimpfung* [< lat. *lympha* „Wasser"]

**Lymphgefäß** ⟨n. 11; Anat.⟩ *Leitungsbahn, die die Lymphe im Körper sammelt u. in die Venen leitet*

**Lymphknoten** ⟨m. 4; Anat.⟩ *haselnussförmiges Organ innerhalb des Lymphgefäßsystems, produziert die Lymphozyten: Nodus lymphaticus;* Sy ⟨veraltet⟩ *Lymphdrüse*

**Lymphsystem** ⟨n. 11; Anat.⟩ ► *Gesamtheit der an der Ableitung der Lymphe beteiligten Organe* (Lymphgefäße, Lymphknoten u. Milz); ► *Körper*

## LYMPHSYSTEM

Das Lymphsystem entfernt überschüssige Flüssigkeit aus dem Körpergewebe und führt sie in das Kreislaufsystem zurück. Dabei hilft es gleichzeitig, Infektionen zu bekämpfen. Das Lymphsystem besteht aus Lymphgefäßen, Lymphknoten und entsprechenden lymphatischen Organen wie den Mandeln und der Milz. Aus den Lymphkapillaren fließt Gewebsflüssigkeit (Lymphe) in die Lymphgefäße, die mit den Lymphknoten durchsetzt sind. Diese funktionieren wie Filter und enthalten Hohlräume (Sinus), in denen Makrophagen (Fresszellen) Bakterien und andere Fremdkörper verschlingen und zerstören. Bei einer Infektion verlassen Lymphozyten (eine Form weißer Blutkörperchen) die Lymphknoten und bilden Antikörper gegen die Krankheitserreger.

BAU EINES LYMPHGEFÄSSES

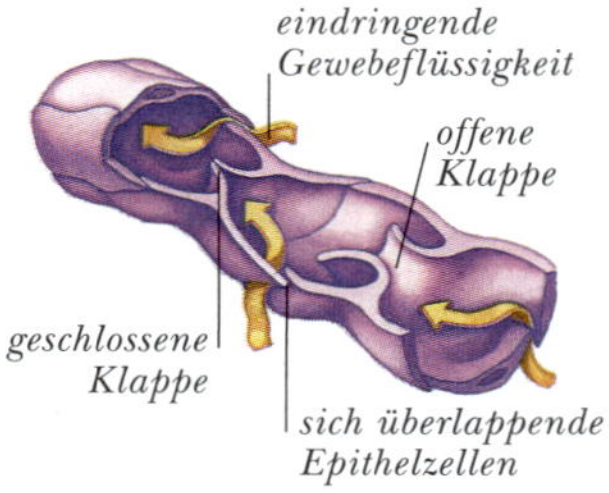


BAU EINES LYMPHKNOTENS

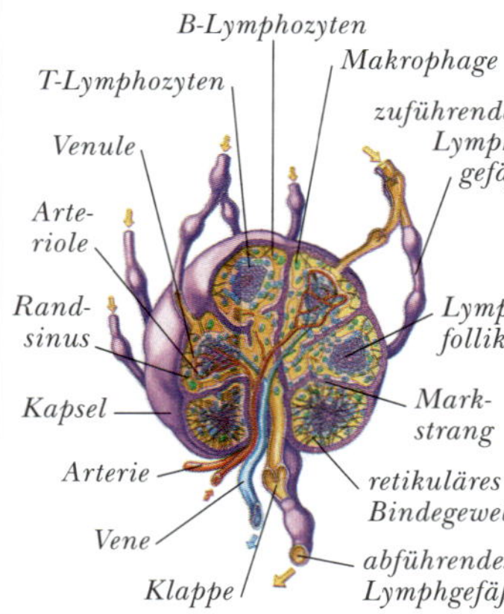


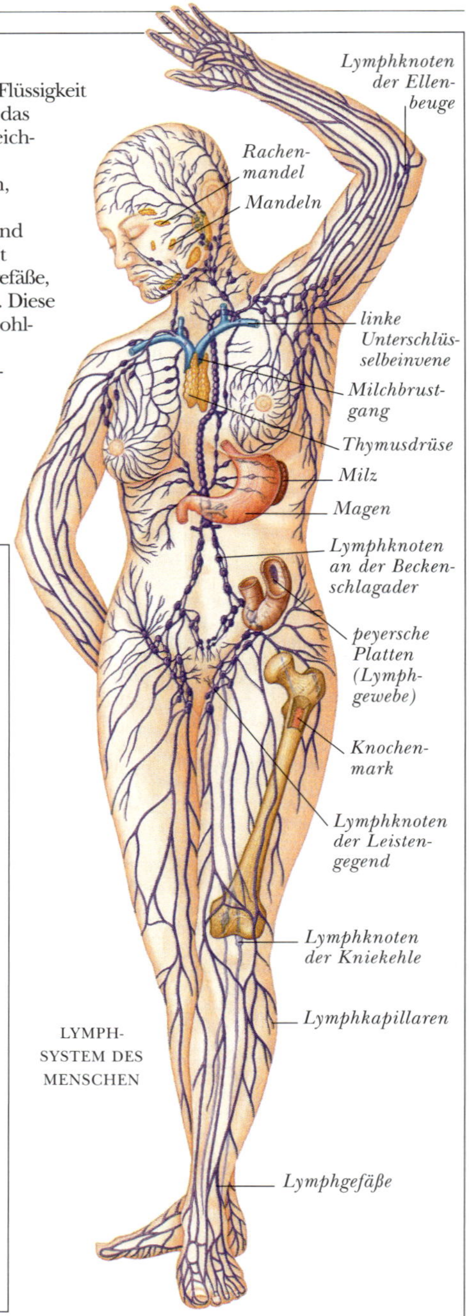


LYMPHSYSTEM DES MENSCHEN

**lynchen** ⟨V. t.; hat⟩ *ungesetzlich richten u. töten* [engl., nach dem Namen des Richters William *Lynch* in Virginia, der 1780 zuerst eigenmächtige Rechtsprechung ausübte]

**Lyra** ⟨f.; -, Lyren; Mus.⟩ **1** *altgrch. harfenartiges Zupfinstrument;* Sy *Leier (1)* **2** *in der Militärmusik verwendetes Glockenspiel aus abgestimmten Stahlplättchen* [< grch. *lyra* „Leier"; → *Leier*]

**Lyrik** ⟨f. 20; unz.; Lit.⟩ *lyrische Dichtung, Dichtungsart im Rhythmus, oft mit Reim u. in Versen u. Strophen, die Gefühle, Gedanken, inneres od. äußeres Erleben, Stimmung usw. ausdrückt* (Gedankenlyrik, Liebeslyrik) [< frz. *poésie lyrique* „lyrische Poesie"; zu lat. *lyricus* < grch. *lyrikos* „zum Spiel der Leier gehörig"; zu grch. *lyra* „Leier"]

**lyrisch** ⟨Adj.⟩ **1** ⟨Lit.⟩ *zur Lyrik gehörig, auf ihr beruhend, in der Art der Lyrik* **2** ⟨fig.⟩ *gefühlvoll, stimmungsvoll* ◆ lyrisches Drama *stark gefühlsbetontes Drama;* lyrisches Gedicht [< frz. *lyrique* „lyrisch"; → *Lyrik*]

**Lyssa** ⟨f.; -; unz.; bes. Vet.⟩ = *Tollwut* [< grch. *lyssa* „Wut, Raserei"]

**...lyse** ⟨f. 19; in Zus.⟩ *Lösung, Auflösung,* z. B. Analyse [< grch. *lysis* „Auflösung"; zu *lyein* „lösen"]

**Lyzeum** ⟨n.; -s, Lyzeen; veraltet⟩ *höhere Lehranstalt für Mädchen* [< lat. *Lyceum* < grch. *Lykeion,* nach der Lehrstätte des Philosophen Aristoteles beidem Tempel des *Apollon Lykeios* („Wolfstöter"; zu *lykos* „Wolf"); zunächst (seit 1569) Ehrenname deutscher Universitäten]

# M

**m 1** ⟨Abk. für⟩ **1.1** *Meter* **1.2** *Milli... (tausendster Teil einer Maßeinheit)* **2** ⟨Astron.; Zeichen für⟩ $^m$*Minute (1),* z. B. 6$^m$

**µ** ⟨Zeichen für⟩ **1** *Mikron* **2** ⟨vor Maßeinheiten⟩ *mikro..., Mikro... (2)* **3** *My*

**$m^2$** ⟨Abk. für⟩ *Quadratmeter*

**$m^3$** ⟨Abk. für⟩ *Kubikmeter*

**M 1** ⟨röm. Zahlzeichen für⟩ *1000* **2** ⟨Abk. für⟩ **2.1** *Mark* **2.2** *mega..., Mega... (2) (das Millionenfache einer Maßeinheit)*

**m.** ⟨Gramm.; Abk. für⟩ *Maskulinum*

**M. 1** ⟨Abk. für frz.⟩ *Monsieur* **2** ⟨Abk. für⟩ *Magister*

**m-** ⟨Chem.; Zeichen für⟩ *meta-*

**mA** ⟨Abk. für⟩ *Milliampere*

**MA** ⟨Abk. für⟩ *Mittelalter*

**M. A. 1** ⟨Abk. für lat.⟩ *Magister Artium* **2** ⟨Abk. für engl.⟩ *Master of Arts*

**Mäander** ⟨m. 3⟩ **1** *regelmäßige, verschieden große Schlingen eines Flusses im Flachland* **2** *Zierform in rechtwinklig gebrochenen od. wellenförmigen Linien* [nach dem grch. Fluss *Maiandros* (heute Menderes) in Kleinasien, wegen der zahlreichen Windungen seines Unterlaufs]

**Maar** ⟨n. 11; Geol.⟩ *mit Wasser gefüllte, runde Bodenvertiefung vulkanischen Ursprungs* [< vulgärlat. *mara* „stehendes Gewässer, See" < lat. *mare* „Meer"]

**Machandelbaum** ⟨m. 1u; Bot.⟩ ► = *Wacholder*

**Machart** ⟨f. 1u⟩ *die Art, wie etwas (Kleidungsstück) gemacht (genäht, geschnitten) ist*

**machbar** ⟨Adj.⟩ *so beschaffen, dass man es machen kann*

**Mache** ⟨f.; -; unz.⟩ *Vortäuschen von Wichtigkeit* ◆ das ist alles (nur) Mache *es ist nichts dahinter;* etwas in der Mache haben ⟨umg.⟩ *etwas in Arbeit haben, etwas vorbereiten*

**machen** ⟨V.; hat⟩ **I** ⟨V. t.⟩ **1** *tun, beschäftigt sein mit* **2** *fertig bringen, zustande bringen* **3** *schaffen, erzeugen, hervorbringen* **4** *ausführen, bilden, gestalten* **5** *verursachen, erwecken, erregen* **6** *bewirken, dass etwas wird od. geschieht* **7** *in Ordnung bringen, aufräumen* (Zimmer, Bett) **8** ⟨Math.⟩ *als Ergebnis haben, ergeben* **9** ⟨umg.⟩ *die Notdurft befriedigen* ◆ machen wir! *wir erledigen das!;* mach doch!, nun mach (aber)! *beeile dich!;* mach, dass du fortkommst!; den **Anfang** machen *der Erste sein;* jmdm. **Angst,** Hoffnung, Mut machen; das macht viel **Arbeit,** viel Mühe; einer Sache ein **Ende** machen *veranlassen, dass sie beendet wird;* jmdm. **Freude** machen; **Geld** machen ⟨umg.⟩ *viel u. leicht G. verdienen;* großes, viel **Geschrei** machen; **Licht,** Feuer machen *anzünden;* das macht im Ganzen, zusammen 15 **Mark; Musik** machen; jmdm. **Platz** machen; **Schularbeiten,** Aufgaben machen; **Schulden** machen; jmdm. **Sorgen,** Kummer, Ärger machen ◆ ich **kann** machen, was ich will, ich bringe es nicht fertig; **lass** mich nur machen! ⟨umg.⟩ *ich werde das schon in Ordnung bringen!;* wenn es sich machen lässt *wenn es möglich ist;* etwas machen lassen *zur Herstellung in Auftrag geben;* **sein:** da ist nichts zu machen *das kann man nicht ändern* ◆ 3 mal 3 macht 9; sich (bei jmdm.) **beliebt,** unbeliebt machen; sich **bemerkbar,** verständlich machen; machen Sie sich's **bequem** *setzen Sie sich bequem;* jmdn. **gesund** machen; etwas **gut,** schlecht, falsch, richtig, schön machen; mach's gut! ⟨umg.⟩ *(Formel beim Verabschieden);* ich will es **kurz** machen *mich kurz fassen;* etwas **sauber,** schmutzig machen; mach dich nicht **schlechter,** besser, als du bist!; das macht die Sache ja nur **schlimmer;** schnell machen *sich beeilen* ◆ sich **an** die Arbeit machen *mit der A. beginnen;* sich **auf** den Weg machen *weg-, fortgehen (zu einem bestimmten Zweck);* ich mache mir nicht viel, nichts **aus** ihm, ihr *ich kann ihn, sie nicht bes. gut leiden;* mach dir nichts daraus! *nimm es nicht zu schwer, lass dir die Stimmung dadurch nicht verderben!;* **ins** Bett, in die Hose machen ⟨umg.⟩; **mit** mir könnt ihr's ja machen! ⟨umg.⟩ *ich lasse mir ja allerlei gefallen! (wenn man geneckt wird)* ◆ **was** machst es? *wie viel muss ich zahlen?;* was machst du da?; ich weiß nicht, was ich machen soll; was machen deine Eltern? ⟨umg.⟩ *wie geht es deinen Eltern?;* **wie** man's macht, macht man's falsch! ⟨umg.⟩ *es ist schwer, es ihm, ihr, allen recht zu machen;* wie soll ich's denn nur machen? ◆ ein gemachter Mann *ein Mann, der es zu etwas gebracht hat* **II** ⟨V. refl.; umg.⟩ sich machen **1** *Fortschritte machen, vorwärts kommen* (Person) **2** *besser werden, sich bessern* (Sache, Zustand) ◆ er macht sich (in der Schule) recht gut; das Bild macht sich gut an dieser Stelle [< ahd. *mahhon,* engl. *make*]

**Machenschaften** ⟨Pl.⟩ *Intrigen, Ränke, undurchsichtige Vorgänge, geheime Abmachungen* ◆ dunkle, üble Machenschaften

**Macher** ⟨m. 3⟩ *jmd., der als treibende Kraft wirkt, Antreiber, Anstifter* ◆ der eigentliche Macher war Paul

**Machete** ⟨[-tʃe-] f. 19 od. m. 17⟩ *einschneidiges, bis zu 1 m langes Messer zum Entfernen, Schneiden von Gestrüpp, Zuckerrohr u. Ä., Buschmesser* [span.]

**Macho** ⟨[-tʃo:] m. 6; umg.⟩ *sich betont männlich verhaltender Mann* ◆ er verhält sich wie ein Macho [span., „männlich"]

**Macht** ⟨f. 7u⟩ **I** ⟨unz.⟩ **1** *Herrschaft, Gewalt, Befehlsgewalt* **2** *Kraft, Stärke, Stoßkraft* **3** *Möglichkeit, Befugnis, seinen Willen durchzusetzen* ◆ die Macht des **Geldes,** der Liebe; die Macht der **Gewohnheit;** die Macht des **Schicksals** *die Unabwendbarkeit des Schicksals* ◆ Macht **ausüben;** die Macht **haben,** etwas zu tun, anzuordnen, zu verhindern; seine Macht **missbrauchen** ◆ **an** die Macht kommen; das steht nicht **in** meiner Macht *das kann ich nicht tun;* **mit** aller Macht; **über** etwas od. jmdn. Macht haben **II** ⟨zählb.⟩ **1** *einflussreicher, politisch u. wirtschaftlich kraftvoller Staat* (Großmacht) **2** *Heer, Truppen* (Streitmacht) ◆ die **bewaffnete** Macht; mit **bösen** Mächten im Bunde stehen; **himmlische,** höllische Mächte [< ahd. *maht,* engl. *might*]

**Machthaber** ⟨m. 3⟩ *derjenige, der die Macht ausübt, (bes.) diktatorisch herrschendes Staatsoberhaupt*

**mächtig** ⟨Adj.⟩ **I** ⟨attr.⟩ **1** *große Macht ausübend* **2** *kraftvoll, wirksam, einflussreich* **3** *wuchtig, massig* (Gebäude) **4** *gewaltig, sehr groß* ◆ ein mächtiger Bau; mächtiges Glück, mächtigen Hunger haben ⟨umg.⟩ **II** ⟨präd.⟩ einer Sprache mächtig sein *eine Sprache sprechen können* **III** ⟨adv.⟩ *sehr, ungemein* ◆ mächtig groß, stark, viel; mächtig wütend sein [< ahd. *mahtig,* engl. *mighty*]

**Mächtigkeit** ⟨f. 20; unz.⟩ **1** *mächtige Beschaffenheit* **2** ⟨Geol.⟩ *Dicke einer Erdschicht oder einer Lagerstätte, rechtwinkelig zu ihren Begrenzungsflächen gemessen*

**machtlos** ⟨Adj.⟩ *ohne Macht, schwach, nicht imstande, hilflos* ◆ gegen seine Aufdringlichkeit, seine Argumente bin ich machtlos

**Machtpolitik** ⟨f. 20; unz.⟩ *Politik, die nur auf das Erreichen od. die Vergrößerung der Macht ausgerichtet ist* ◆ als Verfechter einer absoluten Machtpolitik nimmt er korrupte Züge an

**machtvoll** ⟨Adj.⟩ *voller Macht, mächtig, kraftvoll* ◆ eine machtvolle Persönlichkeit *Respekt einflößende, absolut überlegene Persönlichkeit;* eine machtvolle Stellung, Position

**Machtwort** ⟨n. 11; unz.⟩ *Befehlswort, Wort, dem gehorcht werden muss* ◆ ein Machtwort sprechen *entscheidend eingreifen (um Ordnung zu schaffen)*

**Machwerk** ⟨n. 11⟩ *schlechte Arbeit*

**Macke** ⟨f. 19; umg.⟩ **1** *Fehler, Makel* **2** *Spleen, Verrücktheit* ◆ der Stoff hat zu viele Macken; der hat doch 'ne Macke! ⟨fig.⟩ *der ist doch verrückt* [< jidd. *makke* „Schlag, Stoß", a. „Fehler"]

**MAD** ⟨Abk. für⟩ *Militärischer Abschirmdienst*

**Madagasse** ⟨m. 17⟩ *Einwohner von Madagaskar*

**madagassisch** ⟨Adj.⟩ *Madagaskar betreffend, zu ihm gehörig, aus ihm stammend* ◆ madagassische Sprache *zu den indones. Sprachen gehörende Sprache der Madagassen*

**Madam I** ⟨['mædəm] f. 10⟩ *gnädige Frau (engl. Anrede für die verheiratete od. ältere Frau, ohne Namensnennung)* **II** ⟨[ma'dam] f. 10 od. f. 20; umg.; veraltet⟩ **1** *Hausherrin, „Gnädige"* **2** ⟨fig.; abwertend⟩ *dicke, behäbige Frau* [< engl. *madam* bzw. frz. *Madame,* „meine Dame, gnädige Frau" < lat. *mea domina* „meine Herrin"]

**Madame** ⟨[-dam] f.; -, Mesdames [me'dam]; Abk.: Mme., Pl.: Mmes. (schweiz.: Abk.: Mme, Pl.: Mmes)⟩ *gnädige Frau (französ. Anrede für die verheiratete od. ältere Frau* [frz. < afrz. *ma dame* „meine Dame, gnädige Frau" < lat. *mea domina* „meine Herrin"]

**Mädchen** ⟨n. 14⟩ **1** *Kind weibl. Geschlechts* **2** *Jugendliche* **3** *Angestellte für Hausarbeit* (Dienstmädchen, Hausmädchen, Zimmermädchen) **4** ⟨umg.⟩ *Freundin, Geliebte* ◆ Jungen und Mädchen; junges, hübsches Mädchen [< *Mägdchen* (17. Jh.), Verkleinerungsform zu *Magd*]

**Mädchenauge** ⟨n. 28; Bot.⟩ ◄ *Angehöriges einer Gattung der Korbblütler, als Sommerblume für Schnitt u. Beetbepflanzung verwendet: Coreopsis*

MÄDCHENAUGE
*(Coreopsis grandiflora* 'Early Sunrise')

**Mädchenname** ⟨m. 26⟩ **1** *Vorname für Mädchen* **2** *Familienname der Frau vor ihrer Ehe*

**Made** ⟨f. 19⟩ *beinlose Larve, die frei im Wasser od. minierend in lebender od. toter Substanz lebt* (Fliegenmade) [< ahd. *mado*]

**made in ...** ⟨[mɛid -]⟩ *hergestellt in ... (Aufdruck auf Waren),* z. B. made in Australia [engl.]

**Madeira** ⟨[-de:-] m. 6⟩ *Süßwein aus Madeira*

**Mademoiselle** ⟨[madmoa'zɛl] f.; -, Mesdemoiselles [medmoa'zɛl]; Abk.: Mlle., Pl.: Mlles. (schweiz.: Abk.: Mlle, Pl.: Mlles)⟩ *(mein) Fräulein (französ. Anrede, allein od. vor dem Namen)* [frz. < afrz. *ma demoiselle* „meine (junge) Dame"; zu vulgärlat. *dominicella,* Verkleinerungsform zu lat. *domina* „Herrin"]

**Madenwurm** ⟨m. 2u⟩ *zu den Fadenwürmern gehörender, im menschlichen Dickdarm lebender Parasit: Enterobius (Oxyuris) vermicularis;* Sy *Pfriemenschwanz*

**Mädesüß** ⟨n.; -, -; Bot.⟩ ► *Rosengewächs mit stark duftenden, kleinen weißgelblichen Blüten in Trugdolden: Filipendula ulmaria;* Sy *Spierstaude*

MÄDESÜSS *(Filipendula ulmaria)*

**madig** ⟨Adj.⟩ *von Maden od. von einer Made befallen* ◆ madiger Apfel; jmdn. madig machen ⟨fig.; umg.⟩ *jmdn. schlecht machen;* jmdm. etwas madig machen ⟨fig.; umg.⟩ *jmdm. die Freude eine Sache nehmen*

**Madonna** ⟨f.; -, -donnen⟩ *die Jungfrau Maria, Muttergottes* [ital., „meine Herrin" < lat. *mea domina* „meine Herrin"]

**Madonnenbild** ⟨n. 12⟩ *Bild der Madonna*

**Madras** ⟨n.; -, -⟩ *Gardinenstoff in Dreherbindung mit bunten Mustern aus Baumwolle*

**Madrigal** ⟨n. 11; Mus.⟩ **1** ⟨urspr.⟩ *Hirtenlied* **2** ⟨14. Jh.⟩ *italien. Kunstlied ohne feste stroph. Form* **3** ⟨16. Jh.⟩ *mehrstimmiges, durchkomponiertes Lied in drei Terzetten u. zwei Verspaaren* [< ital. *madrigale;* Herkunft umstritten]

**Madrilene** ⟨m. 17⟩ *Einwohner von Madrid*

**Maestà** ⟨[maɛs-] f.; -; unz.; Kunst⟩ *Madonna, die von Engeln u. Heiligen umgeben dargestellt ist* [ital., eigtl. „Erhabenheit, Majestät" < lat. *maiestas,* Gen. *-tatis* „Größe, Hoheit"]

**Maestro** ⟨[maɛs-] m. 6; Pl. a.: -estri⟩ **1** *Musiklehrer* **2** *Meister, Künstler* [ital., „Meister, Herr, Lehrer" < lat. *magister* „Meister, Lehrer"]

**Maffia, Mafia** ⟨f.; -; unz.⟩ **1** *terrorist. sizilian. Geheimbund* **2** ⟨allg.⟩ *erpresserische Organisation* [< ital. *mafia* „Kühnheit, Prahlerei", vermutl. < arab. *mahyah* „Prahlerei"]

**Mafioso** ⟨m.; - od. -s, -fiosi⟩, **Mafiote** ⟨m. 17⟩ *Angehöriger der Mafia*

**Mag.** ⟨Abk. für⟩ *Magister*

**Magazin** ⟨n. 11⟩ **1** *Vorratsraum, -haus, Lagerraum, -haus* **2** *Raum zum Aufbewahren der Bücher einer Bibliothek* **3** *Patronenkammer bei Mehrlade-Handfeuerwaffen* **4** *(meist bebilderte) Unterhaltungszeitschrift* **5** *Rundfunk- od. Fernsehsendung, die über aktuelle Themen od. Ereignisse berichtet* ◆ politisches Magazin; Politmagazin ⟨umg.⟩ [< ital. *magazzino* „Vorrats-, Lagerraum" < arab. *mahazin,* Pl. von *mahzan* „Warenniederlage, Lagerhaus"]

**Magd** ⟨f. 7u; früher⟩ *Hausangestellte für grobe Arbeiten* (Dienstmagd, Küchenmagd) [< ahd. *magad* „Jungfrau"]

**Magen** ⟨m. 4 od. m. 4u; Anat.⟩ ► *mehr od. weniger erweiterter Teil des Darmkanals der höheren Tiere u. der Menschen, der Verdauungsfunktionen hat: Ventriculus, Gaster* ◆ mir **knurrt** der Magen *ich habe Hunger;* es dreht sich einem der Magen um, wenn man das sieht *es wird einem übel;* sich den Magen **verderben** *durch nicht einwandfreie, zu schwere od. im Übermaß genossene Speisen Magenbeschwerden bekommen* ◆ meine Augen waren **größer** als der Magen ⟨fig.; umg.⟩ *ich habe mir mehr auf den Teller gelegt, als ich essen kann* ◆ jede Aufregung schlägt sich mir **auf** den Magen *verursacht mir Magenbeschwerden* [< ahd. *mago*]

**Magen-Darm-Kanal** ⟨m. 1u; unz.; Anat.; Sammelbez. für⟩ *Magen u. Darm mit allen seinen Abschnitten*

**Magengeschwür** ⟨n. 11⟩ *Gewebsdefekt in der Magenschleimhaut, besonders an der kleinen Kurvatur, am Magenausgang u. im Zwölffingerdarm*

**Magenpförtner** ⟨m. 3; Anat.⟩ *Spitze des Magens am Magenausgang;* Sy ⟨kurz⟩ *Pförtner (2)*

**Magensäure** ⟨f. 19; unz.⟩ *im Magensaft enthaltene Salzsäure*

**Magenschleimhaut** ⟨f. 7u⟩ *innere Auskleidung der Magenwand*

**Magenspiegelung** ⟨f. 20⟩ *Untersuchung der Magenschleimhaut mithilfe des in den Magen eingeführten Magenspiegels;* Sy *Gastroskopie*

**Magenta** ⟨[-dʒɛn-] n.; - od. -s; unz.⟩ *ein roter synthet. Farbstoff für den Offsetdruck* [nach der ital. Stadt *Magenta*]

**Magenverstimmung** ⟨f. 20⟩ *leichte Verdauungsstörung mit Übelkeit, evtl. auch Erbrechen*

**mager** ⟨Adj.⟩ **1** *dünn, abgemagert, knochig* (Person, Gesicht, Glieder) **2** *arm an Fett* (Fleisch) **3** *dürftig, kärglich* (Ernte, Mahlzeit) **4** *unfruchtbar* (Boden) [< ahd. *magar*]

**Magerkeit** ⟨f. 20; unz.⟩ *magere Beschaffenheit, Dürrheit*

**Magermilch** ⟨f. 20; unz.⟩ *entrahmte Milch*

**Magersucht** ⟨f. 7u; unz.⟩ *übermäßige Gewichtsabnahme infolge von Unter- u. Fehlernährung, organischen od. psychischen Störungen;* → a. *Bulimie*

**Maggi** ⟨n.; - od. -s; unz.; Warenzeichen⟩ *dunkelbraune, flüssige Speisewürze* [nach dem Schweizer Erfinder u. Hersteller des gleichnamigen Produkts J. *Maggi,* 1846-1912]

**Maghreb** ⟨m.; -; unz.⟩ *die westliche (nordafrikanische) Region der arabischen Staaten (Marokko, Tunesien, Algerien, Libyen)* [arab., „Westen"]

**maghrebinisch** ⟨Adj.⟩ *den Maghreb betreffend, von ihm stammend, zu ihm gehörig*

**Magie** ⟨f. 19; unz.⟩ *Beschwörung von geheimnisvollen Kräften, Zauberkunst, Zauberei* ◆ schwarze Magie *mit dem Teufel im Bunde stehende Zauberkunst;* weiße Magie *Geheimwissenschaft (meist in Astrologie/Astronomie, Alchemie/Chemie)* [< lat. *magia* < grch. *mageia, magia* „Lehre der Magier, Magie, Zauberei"; → *Magier*]

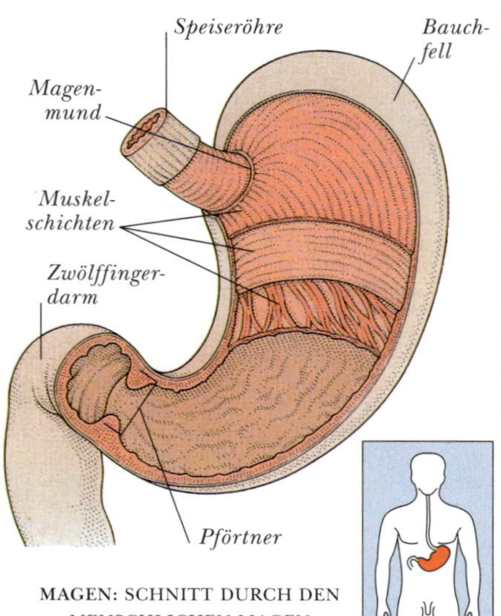


MAGEN: SCHNITT DURCH DEN MENSCHLICHEN MAGEN

**Magier** ⟨[-giər]⟩, **Magiker** ⟨m. 3⟩ *jmd., der die Magie beherrscht, Zauberer* [< lat. *magus* „Zauberer, Beschwörer" < grch. *magos* „Magier, Wahrsager, Astrologe, Zauberer" < apers., „Weiser, Gelehrter"]

**magisch** ⟨Adj.⟩ *zur Magie gehörig, auf ihr beruhend, mit ihrer Hilfe* ◆ magische Zahlen ⟨Kernphysik⟩ *die empirisch besonders ausgezeichneten Protonen- bzw. Neutronenzahlen 2, 8, 20, 28, 40, 50, 82, 126 (Atomkerne, deren Protonen- od. Neutronenzahl gleich einer der m. Z. ist, sind besonders stabil);* von etwas magisch, ⟨od.⟩ mit magischer Gewalt angezogen werden ⟨fig.⟩ *sehr stark, unwiderstehlich* [< lat. *magicus* < grch. *magikos* „zauberisch, magisch, geheimnisvoll"]

**Magister** ⟨m. 3; Abk.: M., Mag.⟩ **1** *unterster akadem. Grad u. Titel* **2** ⟨in angelsächs. Ländern; Abk.: M.⟩ *akadem. Grad nach dem Bakkalaureus* ◆ Magister artium ⟨Österr.; BRD seit etwa 1960; Abk.: M.A.⟩ *unterster, von einer philosoph. Fakultät verliehener akadem. Grad u. Titel*

**Magistrat** **I** ⟨m. 1⟩ **1** ⟨im antiken Rom⟩ **1.1** *hoher Beamter, z.B. Konsul* **1.2** *öffentl. Amt* **2** ⟨heute⟩ *Stadtverwaltung* **II** ⟨m. 16; schweiz.⟩ *Mitglied der Regierung* [< lat. *magistratus* „Behörde, Obrigkeit", zu *magister* „Meister, Lehrer"]

**Magma** ⟨n.; -s, Magmen; Geol.⟩ ► *glühende, teilweise völlig geschmolzene, vulkanische Gesteinsmasse in den tieferen Bereichen der Erdkruste, die in höheren Regionen der Erdkruste zu Erstarrungs- od. an der Erdoberfläche als Lava zu Ergussgestein erkaltet* [grch., „geknetete Masse"]

**magmatisch** ⟨Adj.; Geol.⟩ *zum Magma gehörig, auf ihm beruhend, in der Art von Magma*

**magna cum laude** ⟨bei akadem. Prüfungen⟩ *mit großem Lob* ◆ ein Examen magna cum laude bestehen [lat.]

**Magnat** ⟨m. 16⟩ **1** ⟨früher in Polen u. Ungarn⟩ *Angehöriger des Hochadels* **2** *reicher Edelmann, Großgrundbesitzer* **3** ⟨allg.⟩ *Großindustrieller* (Stahlmagnat) [< mlat. *magnas,* Gen. *magnatis* (daneben *magnatus*) „Großer, vornehmer Herr"; zu lat. *magnus* „groß"]

**Magnesium** ⟨n.; -s; unz.; Chem.; Zeichen: Mg⟩ *silberweißes, zweiwertiges Leichtmetall, Ordnungszahl 12*

**Magnesiumsulfat** ⟨n. 11; unz.⟩ *in zahlreichen Mineralquellen enthaltenes, gut verträgliches Abführmittel, chemische Formel* $MgSO_4 7H_2O$

**Magnet** ⟨m. 16⟩ **1** *natürlicher, Eisen anziehender Stoff* (Permanentmagnet, Dauermagnet) **2** *stromdurchflossene Spule mit Eisenkern* (Elektromagnet) [< mhd. *magnet(e)* < lat. *magnes,* Gen. *magnetis* < grch. *magnetis (lithos)* „Magnetstein", nach der Landschaft *Magnesia* in Thessalien]

**Magneteisenstein** ⟨m. 1; unz.; Chem.⟩ ► = *Magnetit*

**Magnetfeld** ⟨n. 12; Phys.⟩ **1** *Kraftfeld in der Umgebung eines Dauermagneten od. eines Elektromagneten* **2** *durch Stromfluss od. durch ein sich änderndes elektrisches Feld erzeugtes Kraftfeld*

**magnetisch** ⟨Adj.⟩ **1** *auf einem Magneten od. auf Magnetismus beruhend, sie betreffend* **2** ⟨fig.⟩ *in der Art eines Magneten* ◆ magnetische **Anomalie** ⟨Geophys.⟩ *Abweichung der magnet. Erscheinungen von der auf der Erdoberfläche üblichen Verteilung;* magnetische **Bildaufzeichnung** ⟨Abk.: MAZ⟩ → *MAZ;* magnetische **Feldstärke** *Größe u. Richtung der Kraft in einem Punkt eines magnet. Feldes;* magnetischer **Fluss;** magnetische **Flussdichte,** magnetische **Induktion** *Maß für die Intensität eines magnet. Feldes, in Substanzen die Summe aus magnet. Feldstärke u. Magnetisierung*

## MAGMA

Durch den Druck und die extrem hohen Temperaturen im Erdmantel können Gesteinsmassen schmelzen. Das flüssige Gestein, das Magma, kann weit nach oben in die Erdkruste gelangen und sich in Magmakammern ansammeln. Von dort steigt es durch den Schlot eines Vulkans an die Erdoberfläche. Das ausgeflossene Magma (Lava) kühlt ab und verhärtet sich zu einem extrusiven Erstarrungsgestein. Magma kann aber auch noch in der Erdkruste (intrusiv) erstarren. Das so gebildete Gestein tritt später nur dann an die Oberfläche, wenn darüber liegende Schichten abgetragen werden. Die große Hitze aufsteigenden Magmas führt auch zur Metamorphose benachbarter Gesteine.

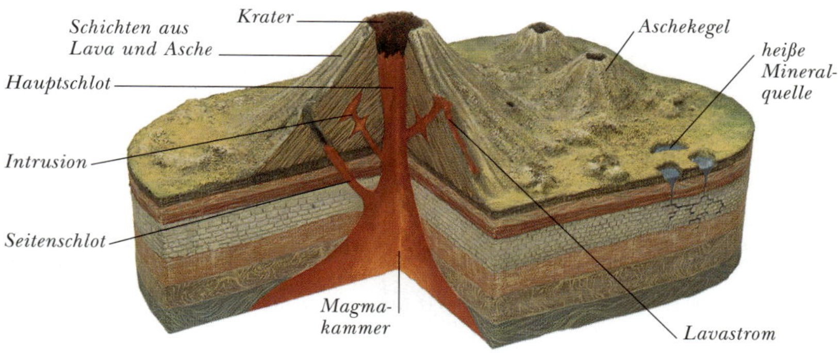


MODELL EINES VULKANS MIT MAGMAKAMMER

**magnetisieren** ⟨V. t.; hat⟩ **1** *magnetisch machen* (Stoff) **2** *mit Magnetismus behandeln* (Person)

**Magnetismus** ⟨m.; -; unz.⟩ **1** *Lehre von den Eigenschaften des magnet. Feldes, seinen Wechselwirkungen u. den damit verbundenen Erscheinungen* **2** *das Magnetischsein*

MAGNETIT MIT ANGEZOGENEN EISENFEILSPÄNEN

**Magnetit** ⟨m. 1; unz.; Chem.⟩ ◄ *schwarzes Mineral, bedeutendstes Eisenerz, chem. Formel $Fe_3O_4$;* Sy *Magneteisenstein, Magnetstein*

**Magnetkern** ⟨m. 1⟩ *Eisenkern eines Elektromagneten*

**Magnetnadel** ⟨f. 21⟩ *Kompassnadel, die vom Magnetpol angezogen wird und daher stets fast genau die Nord-Süd-Richtung anzeigt*

**Magnetometer** ⟨n. 13⟩ *Instrument zum Messen der magnetischen Feldstärke* [< *Magnet* + grch. *metron* „Maß"]

**Magnetplatte** ⟨f. 19; EDV⟩ *runde, magnetisierbare Platte für die Datenspeicherung*

**Magnetplattenspeicher** ⟨m. 3; EDV⟩ ► = *Festplattenspeicher*

**Magnetpol** ⟨m. 1; unz.⟩ **1** *nicht mit den geograph. Polen übereinstimmender Pol des Magnetfeldes der Erde* **2** *eines der Enden eines Magneten, an denen die Kraftlinien des magnet. Feldes ein- od. austreten*

**Magnetschwebebahn** ⟨f. 20; Tech.⟩ ► *Bahn mit magnetischer Aufhängung, die teilweise eine Geschwindigkeit von bis zu 500 km/h erreicht*

**Magnetstein** ⟨m. 1; unz.; Chem.⟩ ► = *Magnetit*

**Magnetstreifen** ⟨m. 4⟩ *streifenförmige Magnetschicht auf Ausweisen, Kreditkarten o. Ä. zur Speicherung von Daten*

**Magnifikat** ⟨n. 15⟩ **1** *Lobgesang Marias* **2** *Teil der katholischen Vesper, mehrfach vertont, z. B. von J.S. Bach* [nach den Anfangsworten des Lobgesanges: *Magnificat anima mea Dominum* „Hoch preist meine Seele den Herrn"]

**Magnitudo** ⟨f.; -; unz.; Astron.⟩ *scheinbare Helligkeit (eines Gestirns)* [lat., „Größe, hoher Grad, Macht"]

**Magnolie** ⟨[-liə] f. 19; Bot.⟩ ► *Angehörige einer hauptsächlich in Nordamerika u. Ostasien heimischen Gattung der Magnoliengewächse: Magnolia;* ► *Bäume* [nach dem frz. Botaniker *Magnol*, 1638-1715]

MAGNOLIE
*(Magnolia x veitchii)*

**Magnoliengewächs** ⟨[-ks] n. 11⟩ *Angehörige der Familie der Polycarpicae, Holzpflanze mit einfachen Blättern u. großen Blüten: Magnoliaceae*

**Magot** ⟨m. 6; Zool.⟩ = *Berberaffe* [→ *Makak*]

**Magyar** ⟨[ma'dja:r] m. 16⟩ = *Ungar (2)*

**magyarisch** ⟨[-dja:-] Adj.⟩ = *ungarisch*

**Mahagoni** ⟨n. 15; unz.; Bot.⟩ **1** ⟨i. e. S.⟩ *zentralamerikan. Baum aus der Familie der Zedrachgewächse mit rötlichem, charakteristisch gemasertem Holz: Swietania mahagoni* **2** ⟨i. w. S.⟩ *Holz von rund 90 Baumarten von ähnlicher Farbe* [< span. *mahogani* < Eingeborenensprache von Jamaika]

**Maharadscha** ⟨m. 6⟩ *ind. Herrscher, Großfürst* [< Sanskrit *maharaja* < *mahat* „groß" + *rajan* „König"]

**Mahatma** ⟨m. 6; ind. Ehrentitel für⟩ *geistig hoch stehender Mensch, z. B. Gandhi* [< Sanskrit *mahatman* „große Seele"]

**Mähdrescher** ⟨m. 3; Landw.⟩ ►► *Erntemaschine, die Getreide abmäht u. im selben Arbeitsgang ausdrischt*

**mähen** ⟨V. t.; hat⟩ *mit Sichel, Sense od. Maschine abschneiden* (Gras, Getreide, Klee) [< ahd. *mâen*, engl. *mow*]

**Mahl** ⟨n. 12u od. n. 11⟩ *Essen, Mahlzeit* (Festmahl, Gastmahl, Mittagsmahl) ◆ ein bescheidenes, einfaches, reichliches, üppiges Mahl [< ahd. *mal* „Zeitpunkt, Mahlzeit (zu fester Stunde)", engl. *meal* „Mahlzeit"]

**mahlen** ⟨V. t. u. V. i. 180a; hat⟩ *zerkleinern, zerreiben* ◆ Getreide, Kaffee mahlen; die Räder mahlen im Sand, Schlamm *drehen durch, greifen nicht;* wer zuerst kommt, mahlt zuerst ⟨Sprichw.⟩ *der zuerst Kommende hat das Vorrecht* [< ahd. *malan*]

**Mahlstein** ⟨m. 1⟩ ► = *Mühlstein*

**Mahlzahn** ⟨m. 1u⟩ ► = *Backenzahn*

**Mahlzeit** ⟨f. 20⟩ *Essen, Mahl, (zu bestimmter Zeit eingenommene) Speise od. Speisenfolge* (Abendmahlzeit, Mittagsmahlzeit) ◆ (gesegnete) Mahlzeit! *(Wunschformel bei Beginn u. zu Ende der Mahlzeit);* Mahlzeit!, prost Mahlzeit! ⟨fig.; umg.⟩ *das ist ja eine schöne Bescherung!, das kann ja schlimm werden;* eine Mahlzeit einnehmen

**Mahnbescheid** ⟨m. 1⟩ *schriftl. Mahnung an einen Schuldner, eine bereits fällig gewordene Zahlung zu begleichen*

**Mähne** ⟨f. 19⟩ **1** *langer Haarwuchs mancher Tiere an Kopf u. Hals* (Pferdemähne, Löwenmähne) **2** ⟨fig.⟩ *langes (u. meist ungeordnetes) Haar* ◆ er schüttelte seine Mähne [Pl. zu mhd. *man(e)* < ahd. *mana*]

**mahnen** ⟨V. t. u. V. i.; hat⟩ *erinnern, etwas zu tun, etwas zu bedenken geben* ◆ jmdn. mahnen, etwas nicht zu vergessen; jmdn. wegen seiner Schuld mahnen *auffor-*

M

## MAGNETSCHWEBEBAHN

Durch Nutzung der Magnetkräfte können Magnetschwebebahnen wie der deutsche Transrapid Geschwindigkeiten bis zu über 500 km/h erreichen. Bei dem hier abgebildeten japanischen System ziehen die Schienenmagnete bei der Durchfahrt des Zuges abwechselnd die Zugmagneten an und stoßen sie wieder ab, wodurch der Zug berührungsfrei über dem Gleis schwebend angetrieben wird.

FUNKTIONSWEISE DER JAPANISCHEN MAGNETSCHWEBEBAHN

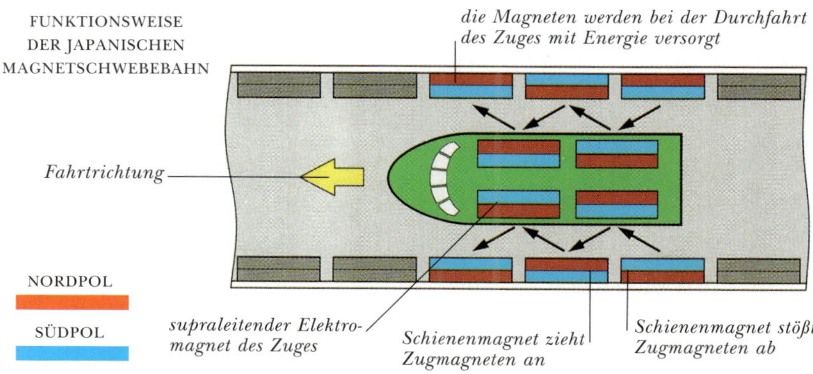

*dern, seine Schuld (endlich) zu zahlen;* ein mahnender Blick, mahnendes Wort [< ahd. *manon, manen, monen* „erinnern, ermahnen, auffordern"]

**Mahnmal** ⟨n. 11⟩ *Denkmal als mahnendes Erinnerungszeichen* ◆ ein Mahnmal für die Kriegsopfer

**Mahnung** ⟨f. 20⟩ **1** *das Mahnen* **2** *mahnende Worte* **3** *mahnendes Schreiben, Mahnbrief* ◆ eine Mahnung aussprechen; jmdm. eine Mahnung (ins Haus) schicken

**Mahonie** ⟨[-niə] f. 19; Bot.⟩ ▲ *Angehörige einer Gattung der Sauerdorngewächse mit ca. 110 Arten: Mahonia* [nach dem amerikan. Botaniker *McMahon,* 1775-1816]

**Mahr** ⟨m. 1⟩ *Gespenst, dämonisches Wesen, Alp* (Nachtmahr) [< ahd. *mara,* engl. *nightmare* „Alpdrücken"]

**Mähre** ⟨f. 19⟩ *altes, schlechtes Pferd* [< ahd. *mar(i)ha* „Stute", engl. *mare* „Stute"]

**Mai** ⟨m.; - od. -s, -e⟩ *fünfter Monat des Jahres* ◆ Erster Mai *Weltfeiertag der Arbeiter* [< ahd. *meio* < lat. *Maius* nach *Iuppiter Maius* „Wachstum bringender Jupiter"]

**Maiblume** ⟨f. 19⟩, **Maiblümchen** ⟨n. 14; Bot.⟩ = *Maiglöckchen*

**Maibowle** ⟨[-bo:-] f. 19⟩ = *Waldmeisterbowle*

**Maid** ⟨f. 20; poet.⟩ *Mädchen* [< mhd. *meit,* zusammengezogen aus ahd. *maget* „Mädchen, Jungfrau, Dienerin"]

**Maifeiertag** ⟨m. 1⟩ *der Erste Mai*

**Maiglöckchen** ⟨n. 14; Bot.⟩ *zu den Liliengewächsen gehörende Pflanze mit zwei einander schneidig umfassenden Blättern überhängenden, weißen, wohl riechenden u. in einseitwendigen Trauben stehenden Blüten: Convallaria majalis;* Sy *Maiblume, Maiblümchen*

**Maikraut** ⟨n. 12u; unz.; Bot.⟩ ► = *Waldmeister*

**Mailbox** ⟨[mɛil-] f.; -, -es [-bɔksiz]; EDV⟩ *Speicher, in dem sich die Benutzer eines Datennetzes gegenseitig Informationen in Form von „elektronischen Briefen" (E-Mails) hinterlegen können* [engl., „Briefkasten"]

**mailen** ⟨[mɛi-] V. t.; hat; EDV⟩ *jmdm. eine elektronische Nachricht (E-Mail) mittels eines Mailsystems zuschicken* [< engl. *mail* „(einen Brief, eine Postsendung) aufgeben, einwerfen, (zu)schicken"]

**Maina** ⟨m. 6; Zool.⟩ ► *Angehöriger einer Gattung starenartiger Vögel mit abgerundetem Schwanz, die in der Lage sind, die menschliche Stimme zu imitieren: Acridotheres* [< Hindi *maina*]

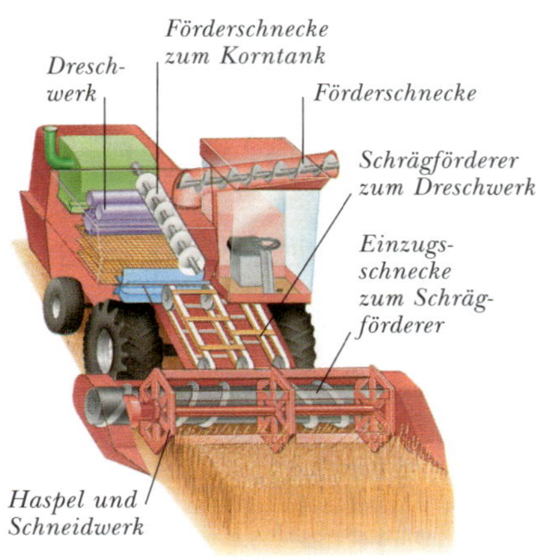


MÄHDRESCHER

MAHONIE: GEWÖHNLICHE MAHONIE *(Mahonia aquifolium)*

**Mainstream** ⟨['mɛinstri:m] m. 6; unz.⟩ **1** *Durchschnitt(sware), Hauptrichtung, Hauptströmung* **2** ⟨Mus.⟩ **2.1** ⟨Jazz⟩ *Form des Jazz, die keiner Stilrichtung eindeutig zugehörig ist* **2.2** ⟨allg.⟩ *Musik, die mit leicht eingängigen Melodien u. Texten arbeitet, auf experimentelle Elemente verzichtet* [engl., „Hauptrichtung"]

**Mairan** ⟨m. 1; oberdt.⟩ = *Majoran*

**Maire** ⟨[mɛ:r] m. 6; in Frankreich⟩ *Bürgermeister* [< afrz. *maire* „Herr"]

**Mais** ⟨m.; -es; unz.; Bot.⟩ *bis 3 m hohe, zu den Süßgräsern gehörende, aus Amerika stammende Getreidepflanze: Zea mays;* Sy *Türkischer Weizen* [< span. *maiz* < indian. (Antillen) *mahiz, mayz*]

**Maische** ⟨f. 19⟩ **1** *gekelterte Weintrauben zur Weingewinnung* **2** *mit Wasser angesetztes, zerkleinertes Darrmalz zur Bierherstellung* **3** *zucker- od. stärkehaltiges Gemisch zur Alkoholgewinnung* [< mhd. *meisch,* engl. *mash*]

**maischen** ⟨V. t. u. V. i.; hat⟩ **1** *zu Maische machen, anrühren* **2** *Maische herstellen*

**Maiskolben** ⟨m. 4⟩ *Fruchtstand des Maises*

**Maisonette** ⟨[mɛzɔ'nɛt(ə)] f. 19⟩ *Wohnung, die sich über mehrere Stockwerke eines größeren Hauses erstreckt* [frz., „Häuschen"; zu *maison* „Haus"]

**Maitresse** ⟨[mɛ'trɛs(ə)] f. 19⟩ = *Mätresse* [frz.]

**Majestas Domini** ⟨f.; --; unz.; Mal.⟩ *Darstellung des thronenden Christus* [lat., „Herrlichkeit des Herrn"]

**Majestät** ⟨f. 20⟩ **I** ⟨unz.⟩ **1** *Hoheit, Erhabenheit* **2** ⟨Titel für⟩ *Kaiser, König* ◆ Euer, Eure Majestät ⟨Abk.: Ew. M.⟩ *(Anrede);* Ihre Majestät ⟨Abk.: I. M.⟩; Seine Majestät ⟨Abk.: S(e). M.⟩ **II** ⟨zählb.⟩ *Kaiser od. König* ◆ die Majestäten *das kaiserl. od. königl. Paar* [< mhd. *majestat* < lat. *maiestas,* Gen. *maiestatis* „Größe, Hoheit"; in der Endung beeinflusst von frz. *majesté* „Majestät"]

**majestätisch** ⟨Adj.⟩ *erhaben, hoheitsvoll, würdevoll*

**Majestätsverbrechen** ⟨n. 14⟩ **1** *den (durch die Person des Kaisers od. Königs vertretenen) Staat gefährdendes Verbrechen, Hochverrat* **2** ⟨fig.⟩ *Verbrechen, auf das hohe Strafe steht* **3** *großes Verbrechen*

**Majonäse** ⟨f. 19⟩ *pikante, kalte, dickflüssige Soße aus Eigelb, Öl, Essig u. Salz;* oV *Mayonnaise* [< span. *mahonesa* < frz. *mayonnaise;* nach der Stadt *Mahon* auf Menorca]

**Major** ⟨m. 1⟩ **1** *Offiziersdienstgrad zwischen Hauptmann u. Oberstleutnant* **2** *Offizier in diesem Rang* [< lat. *maior* „größer"]

**Majoran** ⟨m. 1; Bot.⟩ *Gewürzpflanze aus der Familie der Lippenblütler: Majorana hortensis;* oV ⟨oberdt.⟩ *Mairan;* ► *Kräuter* [< lat. *amaracus* (mit Anlehnung an *maior*) < grch. *amarakos* „Gewürzpflanze Origanum Majorana"]

**Majorität** ⟨f. 20; unz.⟩ Ggs *Minorität* **1** *Stimmenmehrheit* **2** *Überzahl* ◆ die Majorität haben; in der Majorität sein [zu lat. *maior* „größer"]

MAKAK *(Macaca* species)

MAINA: HIRTENMAINA *(Acridotheres tristis)*

**Majoritätsprinzip** ⟨n.; -s; unz.⟩ *Prinzip, dass die Mehrheit der Stimmen die Wahl oder Abstimmung entscheidet* ◆ nach dem Majoritätsprinzip abstimmen, wählen

**Majuskel** ⟨f. 21⟩ = *Großbuchstabe;* Ggs *Minuskel* [< lat. *(littera) maiuscula* „etwas größer(er Buchstabe)", Verkleinerungsform zu *maior* „größer"]

**makaber** ⟨Adj.⟩ **1** *an den Tod erinnernd, totenähnlich, grausig-düster* **2** *mit dem Tod, dem Schrecklichen, Traurigen spaßend* ◆ eine makabre Zukunftsvision [< frz. *macabre* < span. *macabro* „grauenvoll, schauerlich"; evtl. zu arab. *maqbara* „Grab, Friedhof"]

**Makak** ⟨m. 16 od. m. 23; Zool.⟩ ◄ *Angehöriger einer Gattung der Meerkatzen: Macaca* [< port. *macaco,* Bezeichnung für alle Affen an der Küste von Guinea]

**Makame** ⟨f. 19; Lit.⟩ *kunstvolle, witzige, gereimte arabische Stegreifdichtung* [< arab. *makameh* „Versammlung, Unterhaltung in einer Gesellschaft"]

**Makartbukett** ⟨n. 15⟩, **Makartstrauß** ⟨m. 1u⟩ *Strauß aus getrockneten Blumen u. Gräsern* [nach dem österr. Maler Hans *Makart,* 1840-1884]

**Makel** ⟨m. 5⟩ *körperl. od. moral. Mangel, Fehler* ◆ etwas als Makel empfinden; mit einem Makel behaftet sein [< mhd. *makel* < lat. *macula* „Fleck"]

**makellos** ⟨Adj.⟩ *ohne Makel* ◆ makelloser Körper; makellos rein, weiß; von makelloser Reinheit, Frische, Weiße

**makeln** ⟨V. i.; hat⟩ *als Makler tätig sein* [< nddt., ndrl. *makelen* „Geschäfte vermitteln"; → *machen*]

**mäkeln** ⟨V. i.; hat⟩ *an etwas nörgeln, mit etwas nicht zufrieden sein (bes. beim Essen)* ◆ er hat immer, an allem etwas zu mäkeln [< nddt., ndrl. *mäkeln,* urspr. = *makeln;* Zwischenhändler (*Makler*) bemängelten oft die Ware, um den Preis zu drücken]

**Make-up** ⟨[mɛik'ʌp] n. 15⟩ **1** *Verschönerung mit kosmetischen Mitteln (Rouge, Lippenstift usw.) im privaten sowie beruflichen (Model, Schauspieler usw.) Bereich* **2** ► *kosmetische Artikel zur Pflege od. Verschönerung der Gesichtshaut* ◆ ein Make-up auflegen, auftragen [engl., „Aufmachung"]

**Maki** ⟨m. 6; Zool.⟩ ► = *Lemur (2)* [vermutl. < port. *macaco;* → *Makak*]

**Makkabäer** ⟨m. 3⟩ *Angehöriger eines jüd. Priester- u. Herrschergeschlechtes, das im 2. Jh. v. Chr. um die Unabhängigkeit von Syrien kämpfte* [zu hebr. *makkewet* „Hammer"]

**Makkaroni** ⟨f.; -, -⟩ *lange, röhrenförmige Teigware* [< ital. mundartl. *maccaroni,* Pl. zu *maccarone* < ital. *maccherone* „Nudelgericht"; zu grch. *makaria* „Glückseligkeit", dann „Speise aus Brühe und Gerstengraupen"]

**Makler** ⟨m. 3⟩ *Vermittler für Kauf u. Verkauf von Waren, Effekten, Grundstücken* (Börsenmakler) [< mnddt. *makeler*]

**Mako** ⟨m. 6 od. f. 10; Textilw.⟩ *langfaserige ägyptische Baumwolle* [nach *Mako* Bey, dem Förderer des ägypt. Baumwollanbaus]

**Makramee** ⟨n. 15⟩ *Knüpfarbeit aus gedrehten Fäden mit Fransen (für Einsätze, Kragen usw.)* [< türk. *maqramah* „Taschentuch" < arab. *miqramah* „gestickter Schleier"]

MAKRELE
*(Scomber scombrus)*

**Makrele** ⟨f. 19; Zool.⟩ **1** ⟨i. e. S.⟩ ▲ *als Speisefisch geschätzter Meeresfisch mit zahlreichen blauweißen Querbinden am Rücken: Scomber scombrus* **2** ⟨i. w. S.⟩ *Angehörige einer Familie aus der Ordnung der Barschfische: Scombridae* [< mhd. *macrel* < mndrl. *mak(e)reel* < mlat. *macarellus*]
**Makrelenhai** ⟨m. 1; Zool.⟩ ▼ *Angehöriger einer Familie der Haifische mit spitz zulaufendem Maul u. einer Länge bis zu 3,5 m: Isuridae, Lamnidae;* ► *Haie*
**makro..., Makro...** ⟨in Zus.⟩ *lang, groß;* Ggs *mikro..., Mikro...* [< grch. *makros* „lang, groß"]
**Makroanalyse** ⟨f. 19⟩ *chem. Analyse mit verhältnismäßig großen Substanzmengen (über 1g);* Ggs *Mikroanalyse*
**Makrobiotik** ⟨f. 20; unz.⟩ **1** *Kunst, das Leben durch eine gesunde u. bewusste Lebensweise zu verlängern* **2** *Ernährungsweise, die bes. aus Getreideprodukten besteht* [< grch. *makros* „lang, groß" + *bios* „Leben"]
**Makrokosmos** ⟨m.; -; unz.⟩ *das Weltall;* Ggs *Mikrokosmos* [< grch. *makros* „lang, groß" + *kosmos* „Weltall"]
**Makrone** ⟨f. 19⟩ *rundes Kleingebäck aus Mandeln, Zucker, Eiweiß u. Mehl, auf Oblaten gebacken* [< frz. *macaron* „Mandeltörtchen"]
**Makroobjektiv** ⟨n. 11; Fot.⟩ *Spezialobjektiv für Nahaufnahmen*
**Makrophage** ⟨m. 17; Biol.⟩ *überdurchschnittlich große Zelle weißer Blutkörperchen, die an Infektionsstellen auftaucht, um Krankheitserreger zu zerstören* [< *Makro...* + grch. *phagein* „essen"]
**makroskopisch** ⟨Adj.⟩ *mit bloßem Auge wahrnehmbar, erkennbar;* Ggs *mikroskopisch (2)* [< grch. *makros* „lang, groß" + *skopein* „schauen"]
**Makrosomie** ⟨f. 19; unz.⟩ = *Riesenwuchs;* Ggs *Mikrosomie*
**Makrostruktur** ⟨f. 20⟩ Ggs *Mikrostruktur* **1** *Grobstruktur* **2** *unvergrößert sichtbare Gewebestruktur, z. B. von Tieren, Pflanzen*
**Makulatur** ⟨f. 20⟩ **1** *schadhafte od. fehlerhafte Druckbogen* **2** *Abfall der Papierindustrie* **3** *Altpapier* [< mlat. *maculatura* „beflecktes Stück"; zu lat. *maculare* „beflecken, durch Flecke besudeln"; verwandt mit *Makel*]
**mal I** ⟨Konj.; Math.; Zeichen: ×, ·⟩ *vervielfältigt, malgenommen, multipliziert mit* ◆ zwei mal drei ist sechs **II** ⟨Partikel; umg.; kurz für⟩ *einmal* ◆ komm mal her!; schreib bald mal!; er hat sich nicht mal entschuldigt; es ist nun mal so; ich bin schon mal dort gewesen [< ahd. *mal*]
**...mal** ⟨in Zus.⟩ *eine bestimmte Anzahl von Malen wiederholt,* z. B. zweimal, zehnmal; → a. *Mal (II)*

MAKRELENHAI:
KURZFLOSSENMAKO
*(Isurus oxyrinchus)*

**Mal I** ⟨n. 11 od. n. 12u⟩ **1** *Zeichen, Grenzstein, Grenzpfahl* **2** ⟨Sp.⟩ *markierter Punkt innerhalb eines Spielfeldes (z. B. beim Schlagball)* **3** ⟨Rugby⟩ *Tor* **4** *Fleck* (Muttermal) **5** *Denkmal, Mahnmal* ◆ blaues, feuriges, leuchtendes, rotes Mal; ein Mal auf der Schulter, Wange haben **II** ⟨n. 11⟩ *ein Zeitpunkt von mehreren* ◆ das erste, zweite, letzte Mal; das eine oder andere Mal *manchmal, hin u. wieder;* ich komme ein anderes Mal; ich sage dir das ein für alle Mal! *ich möchte das nicht noch einmal sagen müssen!;* mehrere, etliche Male; das vorige, vergangene Mal; es gefällt mir von Mal zu Mal besser, weniger; zum ersten Mal [< ahd. *meil* „Fleck, Zeichen, Sünde, Schande", engl. *mole* „Leberfleck"]
**Malachit** ⟨[-xi:t] m. 1; Min.⟩ ► *smaragdgrünes, dicht od. achatartig gebändertes, glasglänzendes Mineral, chem. Kupferkarbonat, Formel:* $Cu_2\ [(OH)_2\ (CO_3)]$; Sy *Kupferspat;* ► *Schmucksteine* [< grch. *malache* „Malve"]

MALACHIT:
GEBÄNDERTE FORM

**Malaie** ⟨m. 17⟩ *Angehöriger einer Völkergruppe in Süd-, Hinterindien u. Westindonesien*
**malaiisch** ⟨Adj.⟩ *die Malaien betreffend, zu ihnen gehörig, von ihnen stammend* ◆ malaiische Sprache *zu den indones. Sprachen gehörende Sprache der Malaien*
**Malaria** ⟨f.; -; unz.; Med.⟩ *endemisch auftretende Infektionskrankheit, die durch einzellige Lebewesen im Blut (Plasmodien) hervorgerufen wird;* Sy *kaltes Fieber, Sumpffieber* [< ital. *mala aria* „böse Luft"]
**Malariamücke** ⟨f. 19⟩ *Angehörige einer Gattung der Stechmücken, die die Malaria überträgt*
**malen** ⟨V. t.; hat⟩ **1** *mit Pinsel u. Farbe hervorbringen, schaffen* (Bild), *mit Pinsel u. Farbe darstellen, ein Bild schaffen von* (Landschaft, Porträt) **2** *mit Farbe bestreichen* (Tür, Wand) **3** ⟨fig.⟩ *schildern, lebendig, anschaulich beschreiben* ◆ (große) **Buchstaben** malen *sorgfältig schreiben;* ein **Ölgemälde,** ein Aquarell malen ◆ **auf** Glas, Holz, Leinwand, Papier malen ◆ das ist **wie** gemalt [< ahd. *malon, malen* „mit Zeichen versehen, verzieren, in Farbe darstellen, schreiben"]
**Maler** ⟨m. 3⟩ *jmd., der malt, Anstreicher bzw. Kunstmaler*
**Malerei** ⟨f. 18⟩ **I** ⟨unz.⟩ **1** *die Kunst, zu malen, Gemälde hervorzubringen* (Aquarellmalerei, Glasmalerei, Tafelmalerei) **2** *Gesamtheit der Gemälde eines Volkes, einer Zeit* ◆ die Malerei der Gotik, Renaissance, Romantik; abstrakte, surrealistische Malerei; alte, moderne Malerei; Malerei auf Glas, Holz, Leinwand **II** ⟨zählb.⟩ *gemaltes Bild, Gemälde*
**Malerin** ⟨f. 22⟩ *weibl. Maler (Kunstmaler)*
**malerisch** ⟨Adj.⟩ **1** *die Malerei betreffend, zu ihr gehörig, auf ihr beruhend* **2** *die Farbigkeit betonend, aus der Farbe entwickelt* **3** *so hübsch, reizvoll, dass man es malen möchte;* Sy *pittoresk* ◆ ein malerisches Fleckchen Erde; das Haus, der Ort liegt sehr malerisch
**malern** ⟨hat; umg.⟩ **I** ⟨V. t.⟩ *mit Farbe anstreichen, tünchen* ◆ er malert seine Wohnung selbst **II** ⟨V. i.⟩ *sich als Maler (Anstreicher) betätigen*
**Malesche** ⟨f. 19⟩ *Ärgernis, Unannehmlichkeit* [< frz. *malaise* „Unbehagen"]
**Malheur** ⟨[ma'lø:r] n. 11 od. n. 15⟩ *kleines Unglück, geringfügiger Unfall, Missgeschick* ◆ mir ist ein Malheur passiert; na, das ist kein Malheur ⟨umg.⟩ *das ist nicht so schlimm* [frz., „Unglück"]
**maligne** ⟨Adj.; Med.⟩ *bösartig* (Geschwulst); Ggs *benigne* [< lat. *malignus* „bösartig"]

M

## MAKE-UP

Seit frühesten Zeiten bemalt der Mensch seinen Körper, z. B. zur Tarnung oder zur Feier religiöser Feste. Heute verwenden in erster Linie Frauen Kosmetika zur Verschönerung und Veränderung des Gesichts, der Augen und der Lippen.

GRUNDIERUNGSCREMES

### VERSCHIEDENE KOSMETIKA

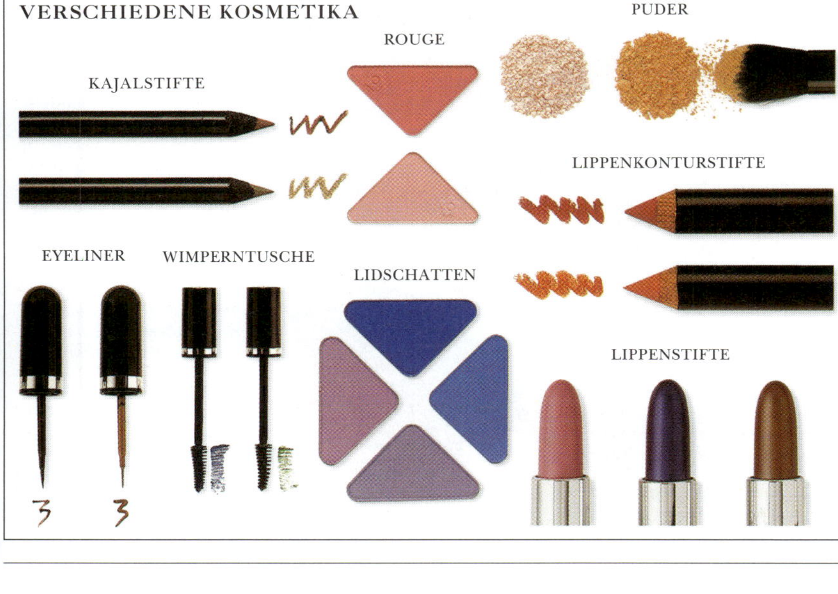

MAMMUT
*(Mammuthus primigenius)*

**maliziös** ⟨Adj.; geh.⟩ *boshaft, hämisch* [< frz. *malicieux* „boshaft, böswillig"]
**Malkasten** ⟨m. 4u⟩ *Kasten mit kleinen Kästchen od. flachen Töpfchen mit fester Farbe zum Malen (für Schulkinder)*
**malmen** ⟨V. t.; hat⟩ *zermahlen, zerreiben* ◆ die Pferde malmen den Hafer [erst seit 16. Jh.; zur Wurzel von *mahlen*]
**malnehmen** ⟨V. t. 187; hat; Math.⟩ malnehmen mit *um eine Zahl vervielfältigen, multiplizieren mit* ◆ 3 mit 5 malnehmen; 3 mit 5 malgenommen ergibt 15
**Maloche** ⟨[-lɔxə] od. [-lo:xə] f. 19; umg.⟩ *(harte) Arbeit* ◆ jeden Tag die gleiche Maloche [< rotw. *Meloche* < jidd. *melocho* „Arbeit"]
**malochen** ⟨[-lɔxən] od. [-lo:xən] V. i.; hat; umg.⟩ *schwer arbeiten, schuften* [jidd.]
**Malteserkreuz** ⟨n. 11⟩ ► *Kreuz, dessen Balken in je zwei Spitzen auslaufen, Abzeichen der Malteserritter bzw. Johanniter*
**Malteserorden** ⟨m. 4; unz.⟩ *seit 1530 Name des Johanniterordens, dessen Sitz bis 1798 Malta war*
**maltesisch** ⟨Adj.⟩ *zur Insel Malta gehörig, von ihr stammend*
**malträtieren** ⟨V. t.; hat⟩ *misshandeln* [< frz. *maltraiter* „misshandeln"]
**Maltwhisky** ⟨['mɔ:lt-] m. 6⟩ *aus Malz hergestellter Whisky* [< engl. *malt* „Malz" + *Whisky*]
**Malus** ⟨m.; - od. -ses, - od. -se⟩ **1** *zusätzlicher Versicherungsbeitrag bei mehrfach erfolgten Schadensfällen;* Ggs *Bonus (4)* **2** ⟨Schule; Sp.⟩ *als Ausgleich erteilter Punktenachteil;* Ggs *Bonus (5)* [lat., „böse, schlecht"]
**Malve** ⟨[-və] f. 19; Bot.⟩ *Angehörige einer Gattung der Malvengewächse (Malvaceae) mit kreisrunden, flachen Früchten u. rosaroten Blüten: Malva* [< lat. *malva*]
**malvenfarben, malvenfarbig** ⟨[-vən-] Adj.⟩ *von der Farbe der Malve, lila;* Sy *mauve*
**Malz** ⟨n. 11; unz.⟩ *nur bis zu einem bestimmtem Grad ausgekeimtes Getreide (meist Gerste, auch Roggen u. Weizen), das erst gequollen bzw. eingeweicht u. nach einer Zeit des Keimens wieder getrocknet (gedarrt) wird* [< ahd. *malz,* engl. *malt,* eigtl. „Aufgeweichtes, weiche Masse", ahd. Adj. *malz* „hinschmelzend, weich, kraftlos"]
**Malzbier** ⟨n. 11⟩ *stark malzhaltiges, dunkles Bier*
**Malzeichen** ⟨n. 14; Math.; Zeichen: ×, ·⟩ *Zeichen zum Malnehmen*
**Malzkaffee** ⟨m. 6⟩ *Getränk aus einem Aufguss von geröstetem, gemahlenem Gerstenmalz*

M

**Mama** ⟨f. 10⟩ *Mutter* [< frz. *maman* (17. Jh.); kindl. Lallwort]
**Mamba** ⟨f. 10; Zool.⟩ *bis zu 2 Meter lange, afrikan. Giftschlange* [Bantuspr.]
**Mambo** ⟨m. 6⟩ *Gesellschaftstanz aus Kuba mit Jazzelementen*
**Mamilla, Mamille** ⟨f.; -, -millen⟩ = *Brustwarze* [lat. Verkleinerungsform zu *mamma*]
**Mamma** ⟨f.; -, -mae [-mɛ:]⟩ *Brustdrüse, Zitze* [lat., „weibl. Brust"]
**Mammakarzinom** ⟨n. 11; Med.⟩ *Brustkrebs*
**Mammografie** ⟨f. 19⟩ = *Mammographie*
**Mammographie** ⟨f. 19⟩ *Röntgenuntersuchung der weibl. Brust zur Früherkennung von Brustkrebs;* oV *Mammografie* [< lat. *mamma* „weibl. Brust" + grch. *graphein* „schreiben"]
**Mammon** ⟨m.; -s; unz.; abwertend⟩ *Reichtum, Geld* ◆ der schnöde Mammon [< grch. *mammonas* < aram. *ma'mon* „Hinterlegtes"]
**Mammut** ⟨n. 15 od. 11; Zool.⟩ ◄ *fossiler eiszeitl. Elefant: Mammuthus primigenius;* Sy *Wollhaarelefant* [< frz. *mammouth* < jakut. *mamont;* zu jakut. *mamma* „Land"; das Mammut wurde durch Grabungen des Russen Ludloff im nordöstl. Sibirien 1696 bekannt, die Jakuten glaubten, es wühle in der Erde wie ein Maulwurf]
**Mammutbaum** ⟨m. 1u; Bot.⟩ ▼ *Angehöriger einer zur Familie der Taxodiengewächse gehörenden, heute nur noch in Kalifornien heimischen Gattung der Nadelhölzer: Sequoiadendron*
**Mammutfilm** ⟨m. 1⟩ *Film mit Überlänge u. oft aufwändiger Inszenierung*
**mampfen** ⟨V. i.; umg.⟩ **1** *mit vollen Backen kauen* **2** ⟨umg.⟩ *essen* [wohl lautmalend]
**man¹** ⟨indefinites Pron.⟩ **1** *jedermann, jeder* **2** *die Leute, die Menschen, manche Leute* **3** *(irgend)jemand* ◆ wenn man bedenkt, wie ...; das kann man wirklich nicht behaupten, sagen; man braucht nur daran zu denken, wie ...; man sagt (allgemein) ...; von hier kann man das Schloss schon sehen; so etwas tut man nicht *tut ein wohlerzogener Mensch nicht;* wenn man hier vorbeigeht, dann sieht man ... [< ahd. *man* = *Mann*]

MALTESERKREUZ

**man²** ⟨Partikel; umg.; norddt.⟩ **1** *mal, einmal* **2** *nur* ◆ tu das man ja nicht!; na, denn man los! [< mnddt. *man, men* < *newan* „ausgenommen" < mhd. *ne* (Verneinung) + *wan* „fehlend"]
**Mänade** ⟨f. 19⟩ **1** ⟨grch. Myth.⟩ *verzückte, bis zur Raserei begeisterte Dienerin des griech. Weingottes Dionysos* **2** ⟨fig.⟩ *rasendes Weib* [< grch. *mainas,* Gen. *mainados* „die Rasende, die Verzückte"]
**Management** ⟨['mænidʒmənt] n. 15⟩ **1** *Gesamtheit der Führungskräfte eines Unternehmens* **2** *die Führungsmethode eines Unternehmens od. Betriebes* [engl., „Leitung, Führung"]
**managen** ⟨['mænidʒən] V. t.; hat gemanagt; umg.⟩ **1** etwas managen *handhaben, zustande bringen, geschickt bewerkstelligen* **2** jmdn. managen *fördern, in den Vordergrund, in die Öffentlichkeit bringen; geschäftlich betreuen* [< engl. *manage* „verwalten, bewirtschaften, leiten"]
**Manager** ⟨['mænidʒə(r)] m. 3⟩ **1** *Leiter (eines Unternehmens)* **2** *Betreuer (eines Berufssportlers od. Künstlers)* **3** *jmd., der eine Sache vorbereitet u. durchführt* [engl., „Verwalter, Betriebsleiter"]
**manch** ⟨indefinites Pron.⟩ **1** *der, die, das eine od. andere, hier u. da einer, ab u. zu einer, eine, eins* **2** manche ⟨Pl.⟩ einige, etliche, leidlich viele ◆ ich habe Ihnen manches zu erzählen *einiges;* mancher glaubt, er könnte ...; manche sind doch so vernünftig einzusehen, dass ...; manche sind schon vorher wieder gegangen
**mancherlei** ⟨Adj.; undekl.⟩ *allerlei, einiges, einige Dinge* ◆ mancherlei Dinge; ich habe noch mancherlei zu tun
**mancherorts** ⟨Adv.⟩ *an manchen Orten, hier u. dort*
**manchmal** ⟨Adv.⟩ *einige Male, von Zeit zu Zeit, ab u. zu, hin u. wieder* ◆ gehst du oft hin? manchmal!; er kommt manchmal zu mir; manchmal werde ich wütend
**Mandala** ⟨n. 15⟩ **1** *grafische Figur (Kreis od. Vieleck) mit ausgeprägtem Mittelpunkt, die in ind. Religionen als Meditationshilfe verwendet wird* **2** ⟨Psych.⟩ *Abbildung als Symbol der Selbstfindung* [Sanskrit, „Kreis"]
**Mandant** ⟨m. 16⟩ *jmd., der ein Mandat erteilt, Auftraggeber (des Rechtsanwalts), Klient* [< lat. *mandans,* Part. Präs. zu *mandare* „übergeben, anvertrauen"]
**Mandarin** ⟨m. 1; früher Bez. der Europäer für⟩ *hoher chines. Beamter* [< Sanskrit *mantrin* „Ratgeber, Minister", hind. *mantri;* von Portugiesen in Indien auf chines. Verhältnisse übertragen, in China unbekannt]
**Mandarine** ⟨f. 19⟩ **1** *zu den Zitrusfrüchten gehörender Strauch od. kleiner Baum mit apfelsinenähnlichen Früchten: Citrus nobilis* **2** *Frucht dieses Gewächses* [< frz. *mandarine* < span. *(naranja) mandarina;* wohl zu *Mandarin,* weil die M. als eine bes. auserlesene Orangenart gilt u. weil ihre Farbe der Farbe der Staatstracht des chines. Mandarins gleicht]
**Mandat** ⟨n. 11⟩ **1** *Auftrag zur Ausführung einer Angelegenheit (z. B. für einen Rechtsanwalt)* **2** *Auftrag (der Wähler) für einen Abgeordneten* ◆ sein Mandat zurückgeben [< lat. *mandatum* „Auftrag, Weisung"; zu *mandare* „übergeben, anvertrauen"]
**Mandel** ⟨f. 21⟩ **1** ⟨Bot.⟩ *Frucht des Mandelbaums* **2** ⟨Anat.⟩ *mandelförmiges, bindegewebiges Organ in den Nischen der Gaumenbögen* (Gaumenmandel) *u. am Dach des Rachens* (Rachenmandel); Sy *Tonsille* **3** ⟨Geol.⟩ *blasiger Hohlraum in vulkan. Gesteinen, der mit Mineralien gefüllt ist* ◆ sich die Mandeln herausnehmen lassen; bittere, süße Mandeln; entzündete, gerötete, vereiterte Mandeln; gebrannte Mandeln [< ahd. *mandala* < spätlat. *amandula* < lat. *amygdala* „Mandel, Mandelbaum" < grch. *amygdale*]
**Mandelbaum** ⟨m. 1u; Bot.⟩ *Baum mit länglich-elliptischen Blättern, weißen od. hellrosa Blüten u. bitteren sowie süßen Mandeln als Früchten: Prunus amygdalus*
**Mandelröschen** ⟨n. 14; Bot.⟩ *ein in China heimisches Rosengewächs mit rosa gefüllten Blüten: Prunus triloba*
**Mandoline** ⟨f. 19; Mus.⟩ *viersaitiges Zupfinstrument mit kleinem, mandelförmi-*

MAMMUTBAUM: IMMERGRÜNER MAMMUTBAUM
*(Sequoia sempervirens)*

*gem Körper* [< frz. *mandoline* < ital. *mandolino*]

**Mandrill** ⟨m. 1; Zool.⟩ ► *Angehöriger einer bunt gefärbten Gattung der Paviane mit ungewöhnlich großem Kopf u. langer Schnauze: Mandrillus* [< span. *mandrill* „Waldteufel“ < Eingeborenensprache Guineas]

MANDRILL
(*Mandrillus sphinx*)

**Mandschu I** ⟨m. 6 od. m; -, -⟩ *Angehöriger eines Volkes in Nordostchina, der ehem. Mandschurei, Mandschure* **II** ⟨n.; - od. -s; unz.⟩ *Sprache der Mandschu*

**Manege** ⟨[-ʒə] f. 19⟩ **1** *Reitbahn* **2** ⟨im Zirkus⟩ *Platz für Darbietungen; Sy Arena (3)* [< frz. *manège* „Reitbahn“ < ital. *maneggio* < lat. *manus* „Hand“ + *agere* „in Bewegung setzen, treiben“]

**Manen** ⟨nur Pl.; röm. Myth.⟩ *gute Geister, Seelen der Verstorbenen* [< lat. *manes*]

**Mangan** ⟨n. 11; unz.; Chem.; Zeichen: Mn⟩ *silbergraues, sprödes Metall, Ordnungszahl 25* [< lat. *manganesa*, nach der grch. Stadt *Magnesia* in Thessalien]

**Mangel**[1] ⟨f. 21⟩ *Maschine zum Glätten der Wäsche, die dabei durch zwei gefederte Walzen hindurchgepresst od., auf eine Rolle aufgerollt, unter einem schweren Kasten hindurchgeführt wird;* Sy *Rolle (6), Wäschemangel;* → a. *Heißmangel* ◆ jmdn. in die Mangel nehmen ⟨umg.⟩ *jmdn. heftig zurechtweisen, streng prüfen* [< lat. *manga(na), manganum* < grch. *magganon* „Schleudermaschine“]

**Mangel**[2] ⟨m. 5u⟩ **1** *Armut, Not* **2** *Entbehrung* **3** *Knappheit (an), Fehlen (von etwas)* **4** *Fehler, Unzulänglichkeit* ◆ einem Mangel **abhelfen;** Mängel **beanstanden,** beseitigen, feststellen ◆ **bauliche** Mängel an einem Gebäude feststellen; **charakterliche** Mängel haben ◆ Mangel **an** Arbeitsplätzen, Facharbeitern; Mangel an Vitaminen; der Angeklagte wurde aus Mangel an Beweisen freigesprochen [< ahd. *mangolon* „entbehren, fehlen“]

**mangelhaft** ⟨Adj.; -er, am -esten⟩ **1** *mit Mängeln behaftet* **2** *unvollständig, unvollkommen*

**mangeln**[1] ⟨V. t.; hat⟩ *durch Druck (u. Dampf) glätten* ◆ Wäsche mangeln

**mangeln**[2] ⟨V. i.; hat⟩ *fehlen* ◆ es mangelt ihm an Einsicht; daran hat es mir nie gemangelt; mangelnde Aufmerksamkeit

**mangels** ⟨Präp. m. Gen.⟩ *aus Mangel an* ◆ mangels eines besseren Werkzeuges [erstarrter Gen. von *Mangel*[2]]

**Mangelware** ⟨f. 19⟩ *Ware, die nicht ausreichend vorhanden ist, z. B. in Kriegszeiten*

**Mango** ⟨f. 10; Pl. a.: -nen⟩ *Frucht des Mangobaums;* ► *Früchte* [< port. *manga* < Tamil *man-kay*]

**Mangold** ⟨m. 1⟩ *Runkelrübe mit fleischigen Blättern, die als Gemüse wie Spinat zubereitet werden, u. Blattstielen, die als Spargelersatz dienen: Beta vulgaris var. cicla* [vielleicht < ahd. *manag* „viel“ + *waltan* „herrschen“]

**Mangrove** ⟨[-və] f. 19; Bot.⟩ ► *einem salzreichen, sauerstoffarmen Boden angepasstes Gehölz mit Stelz- u. Atmungswurzeln* [vermutl. < port. *mangue*, span. *mangle* „Wurzelbaum“ + engl. *grove* „Gehölz“]

**Manguste** ⟨f. 19; Zool.⟩ ► = *Mungo* [< drawid.]

**Manie** ⟨f. 19⟩ **1** *leidenschaftl. Liebhaberei* **2** *krankhafte Veränderung des Gemüts mit Erregung, gehobenem Selbstgefühl, Rede- u. Bewegungsdrang* ◆ das kann zur Manie werden, sich zur Manie entwickeln [< frz., engl. *manie* < lat. < grch. *mania*]

**Manier** ⟨f. 20⟩ **I** ⟨unz.⟩ **1** *Art, Eigenart, Art u. Weise* **2** *Stil (eines Künstlers od. einer Kunstrichtung), Darstellungsrichtung* **3** ⟨abwertend⟩ *Künstelei, rein äußerliche Nachahmung bestimmter Formelemente u. Inhalte* ◆ das ist seine Manier; in der Manier Cézannes gemalt **II** ⟨zählb.; meist Pl.⟩ *Umgangsformen, Benehmen* ◆ jmdm. Manieren beibringen; er hat keine Manieren [< frz. *manière* „Art und Weise“ < lat. *manuarius* „zu den Händen gehörig“]

**manieriert** ⟨Adj.; -er, am -esten; abwertend⟩ *übertrieben, gekünstelt, unnatürlich*

**Manierismus** ⟨m.; -; unz.⟩ **1** *gewollt übertriebener, gekünstelter Stil* **2** *Stilrichtung zwischen Renaissance u. Barock, die sich extrem stilisierender Ausdrucksmittel bedient*

**manierlich** ⟨Adj.⟩ **1** *mit guten Manieren, wohlerzogen* **2** *hübsch anzusehen* ◆ der Kleine hat sich manierlich betragen; das sieht ja ganz manierlich aus

**manifest** ⟨Adj.⟩ *deutlich, klar, handgreiflich* [< lat. *manifestus* „handgreiflich, offenbar“]

**Manifest** ⟨n. 11⟩ **1** *öffentl. Erklärung, Rechtfertigung* **2** *Darlegung eines Programms* **3** *dieses selbst* **4** *Kundgebung* **5** ⟨Mar.⟩ *Verzeichnis der Ladung eines Schiffes*

**Manifestation** ⟨f. 20⟩ **1** *Sichtbarmachung, Offenbarung, das Offenbarwerden* **2** *Kundgebung, (öffentl.) Erklärung*

**manifestieren** ⟨V.; hat⟩ **I** ⟨V. t.⟩ *zeigen, kundgeben, erklären, offenbaren* (Vermögensverhältnisse) **II** ⟨V. refl.⟩ sich manifestieren *sichtbar, offenbar werden*

**Maniküre** ⟨f. 19⟩ **I** ⟨unz.⟩ *Handpflege, besonders der Fingernägel* **II** ⟨zählb.⟩ **1** *Handpflegerin* [< frz. *manucure*]

**Manipulation** ⟨f. 20⟩ **1** *geschickter Gebrauch der Hände* **2** *Handgriff* **3** *Kunstgriff* **4** *Steuerung des Verhaltens anderer* **5** *Zurichten, Färben u. Sortieren von Fellen* ◆ Manipulation der öffentlichen Meinung; durch geschickte Manipulationen [< neulat. *manipulatio* „Handgriff, Verfahren, Kniff“]

**manipulierbar** ⟨Adj.⟩ *der Manipulation erliegend, beeinflussbar* ◆ jmd. ist leicht manipulierbar

**manipulieren** ⟨V.; hat⟩ **I** ⟨V. i.⟩ **1** *(geschickte) Handgriffe tun* **2** *Kunstgriffe anwenden* ◆ mit etwas manipulieren *mit etwas hantieren* **II** ⟨V. t.⟩ **1** Felle manipulieren *zurichten, färben u. sortieren* **2** jmdn. manipulieren *jmds. Verhalten steuern, jmdn. beeinflussen* ◆ sich (nicht) leicht manipulieren lassen

**manisch** ⟨Adj.⟩ *zur Manie gehörig, an Manie erkrankt*

MANGROVE

**Manko** ⟨n. 15⟩ **1** *Mangel, Fehler* **2** *Ausfall* **3** *Fehlbetrag* [< ital. *manco* „Mangel“]

**Mann I** ⟨m. 2u; als Zählmaß Pl.: -⟩ **1** *erwachsener Mensch männl. Geschlechts* **2** *Ehemann* **3** ⟨Sp., bes. bei Mannschaftsspielen⟩ *Spieler, Gegenspieler* ◆ ein Mann mittleren **Alters;** Mann und **Frau;** ein Mann der **Tat** *ein tatkräftiger Mann;* Mann der **Wissenschaft;** ein Mann, ein **Wort!** ⟨Sprichw.⟩ ◆ **sein:** selbst ist der Mann! *das kann man selbst tun, dazu braucht man keine Hilfe;* seinen Mann **stehen,** stellen *seine Aufgaben u. Pflichten gut erfüllen* ◆ können Sie für diese Arbeit einen, drei usw. Mann freistellen?; **alle** Mann an Deck! ⟨Mar.⟩; ein **alter,** älterer, junger, jüngerer Mann; den **feinen** Mann mimen, markieren ⟨umg.⟩ *vornehm tun;* den lieben Gott einen **frommen,** guten Mann sein lassen *unbekümmert in den Tag hineinleben;* ein **ganzer** Mann *ein tüchtiger Kerl;* **junger** Mann, können Sie mir sagen, wo ... ⟨umg.⟩ *(als Anrede);* mein **lieber** Mann! ⟨umg.⟩ *(als Ausruf, Anrede des Erstaunens, der Warnung);* den **starken** Mann spielen *sich als stark aufspielen* ◆ **als** Mann denkt er darüber anders; Mann **an** Mann *dicht gedrängt;* wenn Not am Mann ist *im Notfall;* Waren an den Mann bringen *verkaufen;* Mann **gegen** Mann *einer gegen den andern (im Nahkampf);* du bist nicht Manns **genug,** um dich durchzusetzen *nicht fähig;* der Mann **im** Mond *aus dem Schatten im Mond gedeutete Gestalt (im Märchen);* der Unkostenbeitrag beträgt 2 Mark **pro** Mann *für jeden;* Mann **über** Bord! *(Notruf, wenn jmd. vom Schiff ins Wasser gefallen ist);* ein Mann **von** Charakter, Einfluss, Geist; er ist kein Mann von großen Worten *er macht keine großen Worte;* sie lebt von ihrem Mann getrennt; von Mann zu Mann *unter vier Augen, als zwei Ebenbürtige, Gleichberechtigte* **II** ⟨m. 2u; Pl.: Leute⟩ *Soldat, Arbeiter, Angestellter* [< ahd. *man*]

**Manna** ⟨n. 15 od. f. 10; unz.; AT⟩ **1** *himmlisches Brot der Juden in der Wüste* **2** *aus der Rinde der ital. Manna- od. Blumenesche (Fraxinus orbis) austretende, süße Masse* [< lat. *manna* < aram. *manna* < hebr. *man* „Geschenk“]

**Männchen** ⟨n. 14; Pl. a.: Männerchen⟩ **1** *kleiner Mann* **2** *Zwerg* **3** *männl. Tier* ◆ Männchen und Weibchen; der Hund macht Männchen *setzt sich aufrecht auf die Hinterbeine*

**Mannequin** ⟨[-kɛ̃] n. 15⟩ **1** ⟨früher⟩ *Gliederpuppe (für Maler, Bildhauer), Schaufensterpuppe* **2** ⟨heute⟩ *junge Frau, die Modellkleidung vorführt* [frz. < ndrl. *maneken* „Männchen“]

**Männerheilkunde** ⟨f. 19; unz.; Med.⟩ *Erkennung und Behandlung der Männerkrankheiten;* Sy *Andrologie*

**Männerstimme** ⟨f. 19⟩ *tiefe Stimme eines Mannes*

**Männertreu** ⟨f.; -, -; Bot.⟩ = *Ehrenpreis (II)*

**Mannesalter** ⟨n. 13; unz.⟩ *Lebenszeit des erwachsenen Mannes* ◆ im besten Mannesalter sein

**Manneskraft** ⟨f. 7u; unz.⟩ *Körperkraft des Mannes, Zeugungskraft*

**mannhaft** ⟨Adj.⟩ *tapfer, aufrecht, entschlossen wie ein Mann*

**Mannheit** ⟨f. 20; unz.⟩ **1** *Männlichkeit* **2** *Zeugungskraft*

**mannigfach** ⟨Adj.⟩ *vielfach*

**mannigfaltig** ⟨Adj.⟩ *vielfältig, vielgestaltig, vielartig, reich an Formen, abwechslungsreich*

**männlich** ⟨Adj.⟩ **1** *zum zeugenden, befruchtenden Geschlecht gehörig* (Menschen, Tiere, Pflanzen) **2** *zum Mann, zu Männern gehörig, passend* **3** ⟨Gramm.⟩ *durch den Artikel „der“ zum männl. Geschlecht gehörend, maskulin*

M

◆ männliche Blüten, Pflanzen; das männliche Glied *Penis des Mannes;* die männliche Linie einer Familie, eines Adelsgeschlechtes; männliches Substantiv; sich betont männlich verhalten

**Mannsbild** ⟨n. 12; fig.; umg., meist abwertend, selten bewundernd⟩ *Mann* ◆ ein großes, starkes Mannsbild

**Mannschaft** ⟨f. 20⟩ **1** ⟨Mil.⟩ *Abteilung Soldaten einer Einheit* **2** *Besatzung (eines Schiffes, Flugzeugs)* **3** ⟨Sp.⟩ *zusammengehörige Gruppe von Wettkämpfern* (Fußballmannschaft) **4** Mannschaften ⟨Pl.; Mil.⟩ *Gesamtheit der Soldaten unterer Dienstgrade*

**Mannschaftsgeist** ⟨m. 1; unz.⟩ *gleichgerichtetes Bestreben, guter Zusammenhalt in einer Mannschaft od. in einer (Arbeits-)Gruppe;* Sy *Teamgeist*

**Mannschaftskampf** ⟨m. 1u; Sp.⟩ *Wettkampf von Mannschaften*

**Mannschaftssport** ⟨m. 1; unz.; Sp.⟩ *Sportart, bei der die Wettkämpfe von Mannschaften, nicht von Einzelkämpfern od. -spielern ausgetragen werden*

**mannshoch** ⟨Adj.⟩ *so hoch wie ein Mann* ◆ mannshohe Mauern

**Mannsvolk** ⟨n. 12u; unz.; umg.; ironisch od. abwertend⟩ *Männer*

**Manometer** ⟨n. 13⟩ = *Druckmesser* [< grch. *manos* „dünn" + *metron* „Maß"]

**Manöver** ⟨[-vər] n. 13⟩ **1** ⟨Mil.⟩ *Kriegs-, Truppenübung* **2** *Schwenkung, Wendung (des Schiffes)* **3** ⟨fig.⟩ *Kunstgriff* **4** *Scheinmaßnahme, Winkelzug* ◆ ein Manöver abhalten, veranstalten; ich musste allerhand Manöver anwenden, machen, um das zu erreichen ⟨fig.⟩; die Truppen ziehen ins Manöver [< frz. *manœuvre* „Handhabung, Verrichtung" < lat. *manus* „Hand" + *opera* „Werke"]

**manövrieren** ⟨[-vri:-] V. i.; hat⟩ **1** ⟨Mil.⟩ *Truppenübungen durchführen* **2** *Wendungen mit dem Schiff ausführen* **3** ⟨fig.⟩ *Kunstgriffe, Scheinaktionen anwenden* **4** *geschickt zu Werke gehen*

**Mansarde** ⟨f. 19⟩ *Zimmer im Dachstuhl* [nach dem frz. Architekten F. *Mansard*]

**Mansardendach** ⟨n. 12u; Arch.⟩ ▼ *Dach mit gebrochener, oben geringer, unten steiler geneigter Dachfläche*

**Mansardenwohnung** ⟨f. 20⟩ *Wohnung im Dachstuhl*

**manschen** ⟨V.; hat⟩ **I** ⟨V. t.; umg.⟩ *zu einem dickflüssigen Brei vermischen* **II** ⟨V. i.⟩ *mit Flüssigkeit arbeiten, spielen* [lautmalend]

**Manschette** ⟨f. 19⟩ **1** *(steifer) Ärmelaufschlag, -abschluss* (Hemdmanschette) **2** *zierende Umhüllung aus Papier für Blumentöpfe od. Blumensträuße* **3** ⟨Sp.; Ringen⟩ *verbotener Griff am Hals* ◆ vor jmdn. od. etwas Manschetten haben ⟨umg.⟩ *Respekt* [< frz. *manchette* „Ärmelchen" < lat. *manica* „Handbekleidung"]

MANSARDENDACH

MARABU: AFRIKANISCHER MARABU *(Leptoptilos crumeniferus)*

**Manschettenknopf** ⟨m. 1u⟩ *Knopf zum Durchstecken, mit dem man die Ärmelmanschetten schließt*

**Mantel** ⟨m. 5u⟩ **1** *ärmelloser Umhang* (Krönungsmantel) **2** *Übergewand zum Schutz gegen Regen, Kälte od. Schmutz* (Arbeitsmantel, Regenmantel, Wintermantel) **3** *Gummireifen zum Schutz des Radschlauchs* (Fahrradmantel) **4** ⟨Tech.⟩ *Hülle von Hohlkörpern (z. B. Kabeln, Röhren)* **5** ⟨Math.⟩ *nicht zur Grund- u. Deckfläche gehörende Oberflächenteile* (Kegelmantel, Zylindermantel) **6** *blecherne Hülle um den Bleikern eines Geschosses* (Geschossmantel) **7** ⟨Anat.⟩ *dorsales Dach der Großhirnhälften bei den Wirbeltieren* **8** ⟨Börse⟩ *Urkunde, Hauptteil eines zinstragenden Papiers* **9** ⟨Rechtsw.⟩ *Rechtsform einer Gesellschaft, z. B. AG, GmbH* **10** ⟨Forstw.⟩ *die äußeren Bäume des Waldes* ◆ der Mantel einer **Gussform;** der Mantel des **Kegels,** der Walze, des Zylinders ◆ den Mantel an der Garderobe **abgeben;** den Mantel **ablegen,** ausziehen, aufhängen; jmdm. den Mantel **halten** (zum An- od. Ausziehen) ◆ ein **abgetragener,** eleganter, modischer, sportlicher, warmer Mantel; ein **dicker,** dünner, flauschiger, schwerer Mantel; mit **offenem,** wehendem Mantel ◆ Stoff **für,** zu einem Mantel kaufen; jmdm. **in** den Mantel helfen; er dreht, hängt den Mantel **nach** dem Wind ⟨fig.; umg.⟩ *er passt sich der jeweils herrschenden Meinung an* [< lat. *mantellum* „Hülle, Decke"]

**Mäntelchen** ⟨n. 14⟩ *kleiner Mantel, Kindermantel*

**Manteltarif** ⟨m. 1⟩ *grundsätzl. Tarifvertrag, der die allgemeinen, über einen längeren Zeitraum hin gültigen Arbeitsbedingungen regelt (z. B. Arbeitszeit);* Sy *Rahmentarif*

**Mantik** ⟨f. 20; unz.⟩ *okkulte Wahrsage-, Seherkunst, meist als Zeichendeutung u. Verkündigung der Zukunft* [< grch. *mantike techne* „Wahrsagekunst"]

**Mantisse** ⟨f. 19; bei Logarithmen⟩ *die hinter dem Komma stehende Zahl* [< lat. *mantissa* „Zugabe"]

**Mantra** ⟨n. 15⟩ *geheimnisvolles, magisches Wort, das gedacht od. gesungen wird (als Meditationshilfe)* [Sanskrit]

**Manual** ⟨n. 11; Mus.⟩ *Handtastenreihe bei Orgel, Harmonium, Cembalo* [zu lat. *manus* „Hand"]

**manuell** ⟨Adj.⟩ *mit der Hand betrieben, hergestellt, Hand...*

**Manufakt** ⟨n. 11⟩ = *Handarbeit (2)* [< lat. *manu factum* „mit der Hand Hergestelltes"]

**Manufaktur** ⟨f. 20⟩ **1** *Anfertigung mit der Hand* **2** *mit der Hand hergestellter Gegenstand* **3** *Betrieb mit Handanfertigung der Ware, Vorläuferin der Fabrik* [< lat. *manu factus* „mit der Hand hergestellt" < *manu* „Hand" + *facere* „machen"]

MANUSKRIPT VON *ALICE IM WUNDERLAND* (LEWIS CARROLL)

**Manuskript** ⟨n. 11; Abk.: Ms., Pl.: Mss. od. für Sg. u. Pl.: Mskr.⟩ **1** ⟨urspr.⟩ *Handschrift* **2** ⟨allg.⟩ ▲ *hand- od. maschinengeschriebene Druckvorlage* ◆ als Manuskript gedruckt *nicht für die breite Öffentlichkeit, sondern nur für einen begrenzten Leserkreis bestimmt* [< lat. *manu scriptus* „mit der Hand geschrieben" < lat. *manus* „Hand" + *scribere* „schreiben"]

**Mappe** ⟨f. 19⟩ **1** *größere, flache Tasche* (Schulmappe) **2** *Aktendeckel, zwei zusammenhängende Pappen zum Aufbewahren loser Blätter* (Zeichenmappe) [< frühnhd. *map(pe),* frz. *mappe,* engl. *map* „Landkarte" < lat. *mappa* „Leintuch"]

**Mär** ⟨f. 20; veraltet⟩ **1** *Nachricht, Erzählung, Kunde* **2** *Gerücht* **3** *Sage* [< mhd. *mære* „Kunde, Nachricht" < ahd. *mari*]

**Marabu** ⟨m. 6; Zool.⟩ ◄ *Angehöriger einer in Afrika, Indien u. auf den Sundainseln vorkommenden Gattung der Schreitvögel: Leptoptilus* [→ *Marabut* (auf den Vogel übertragen wegen dessen Würde, die er zur Schau trägt)]

**Marabut** ⟨m. 6⟩ *mohammedan. Einsiedler, Heiliger* [< frz. *marabou(t)* < port. *marabuto* < arab. *murabit* „Asket, Einsiedler"]

**Maracuja** ⟨f. 10⟩ *Frucht der Passionsblume* [port. < südamerikan. Indianersprache]

**Maraschino** ⟨[maras'ki:no] m. 6⟩ *urspr. in Dalmatien aus einer jugoslawischen Sauerkirschenart hergestellter Likör* [ital.; zu *marasca* „bittere, wilde Kirsche" (< lat. *Prunus cerasus marasca*); zu *amarus* „bitter"]

MARIENKÄFER *(Anatis ocellata)*

**Marathon...** ⟨in Zus.; fig.⟩ *sehr lang dauernd,* z. B. Marathonsitzung, Marathonveranstaltung

**Marathonlauf** ⟨m. 1u; Sp.⟩ *Langstreckenlauf (42,2 km), der bes. bei den Olymp. Spielen ausgetragen wird* [nach der Strecke Marathon – Athen, die der Siegesbote nach der Schlacht bei *Marathon* 490 v. Chr. lief]

**Marc** ⟨[ma:r] m. 6; unz.⟩ *starker Branntwein, der aus den Rückständen gekelterter Trauben gewonnen wird* ◆ Marc de Champagne [zu frz. *marcher* „(mit den Füßen) treten"]

**Märchen** ⟨n. 14⟩ **1** *fantasievolle Erzählung ohne räuml. u. zeitl. Bindung, in der die Naturgesetze aufgehoben sind u. das Wunder vorherrscht* **2** ⟨fig.; umg.⟩ *unwahre, erfundene Geschichte* ◆ den Kindern Märchen erzählen, vorlesen; erzähl mir doch keine Märchen! ⟨fig.; umg.⟩; Drachen, Feen, Hexen gibt es nur im Märchen; es ist wie ein Märchen! (so wunderbar, so überraschend für mich) [Verkleinerungsbildung zu *Mär*]

M

**märchenhaft** ⟨Adj.⟩ **1** *unglaublich wie ein Märchen, wunderbar wie im Märchen* **2** *zauberisch-unwirklich* ◆ ein märchenhaftes Fest, Feuerwerk; sie hat eine märchenhafte Karriere gemacht ⟨umg.⟩

**Marder** ⟨m. 3; Zool.⟩ ► *Angehöriger einer artenreichen Familie der Landraubtiere mit lang gestrecktem Körper, kurzen Beinen u. dichtem, feinen, als Pelzwerk begehrtem Fell: Mustelidae;* ► *Säugetiere* [vielleicht < ahd. *mardar* < mlat. *martus* Tabuname zu lit. *marti* „Braut" u. lat. *maritus* „Gatte"]

**Margarine** ⟨f. 19⟩ *aus pflanzl. u. tier. Fetten hergestelltes Speisefett* [zu grch. *margaron* „Perle"]

**Marge** ⟨[-ʒə] f. 19⟩ **1** *Abstand, Unterschied, Spielraum* **2** ⟨Kaufmannsspr.⟩ *Preis-, Verdienstspanne* [frz. < lat. *margo* „Rand"; → *Mark*[2]]

**Margerite** ⟨f. 19; Bot.⟩ *auf Wiesen häufig auftretender Korbblütler: Chrysanthemum leucanthemum;* Sy *Gänseblume*

**marginal** ⟨Adj.⟩ **1** *am Rand stehend* **2** *nebensächlich*

**Marginale** ⟨n.; -s, -lien⟩, **Marginalie** ⟨[-ljə] f. 19; meist Pl.⟩ *Randbemerkung (in Druckwerken in kleinerem Schriftgrad außerhalb des Satzspiegels)* [< lat. *marginalis* „den Rand betreffend"]

**marginalisieren** ⟨V. t.; hat⟩ *an den Rand, ins Abseits drängen*

**Marienbild** ⟨n. 12⟩ *Bildnis, Standbild der Muttergottes*

**Mariendistel** ⟨f. 21; Bot.⟩ *Korbblütler mit milchweiß marmorierten Blättern: Silybum*

**Marienkäfer** ⟨m. 3; Zool.⟩ **1** ⟨i. w. S.⟩ ◄ *Angehöriger einer Familie von Käfern, deren schwarze, gelbe od. rotbraune Flügeldecken mit einer wechselnden Zahl von andersfarbigen Punkten besetzt sind: Coccinellidae;* Sy *Blattlauskäfer* **2** ⟨i. e. S.⟩ Gemeiner Marienkäfer: *Coccinella septempunctata;* Sy *Siebenpunkt*

**Marihuana** ⟨n. 15; unz.⟩ *aus dem Harz einer in Mexiko heimischen Hanfart (Cannabis sativa) gewonnenes Rauschgift* [amerik.-span., (auch) *mariguana, marijuana;* Ursprung unbekannt, evtl. aus den weibl. span. Vornamen *Maria* und *Juana* gebildet]

**Marille** ⟨f. 19; österr.⟩ = *Aprikose*

**Marimba** ⟨f. 10; Mus.⟩ *xylophonartiges Schlaginstrument afrikanischer Herkunft, bei dem sich unterhalb der Holzplatten einzelne Resonanzkörper befinden* [span. < afrik. Eingeborenensprache]

**Marimbafon** ⟨n. 11; Mus.⟩ ► = *Marimbaphon*

**Marimbaphon** ⟨n. 11; Mus.⟩ ▼ *Marimba, die mit Resonanzröhren aus Leichtmetall versehen ist;* oV *Marimbafon*

MARIMBAPHON

## MARDER

Die etwa 65 Arten umfassenden Marder sind Fleisch fressende Säugetiere mit lang gestreckten Körpern. Die meisten leben auf dem Festland (besonders auf Bäumen) und nur einige sind überwiegend an das Wasser gebunden. Von Art zu Art gibt es erhebliche Größenunterschiede, die vom nur 28 g wiegenden Mauswiesel bis zum 45 kg schweren Riesenotter reichen. Alle Marder sind sehr geschickte Jäger, von denen die meisten nur selbst erlegte Beute fressen, während z. B. Dachse auch Aas und pflanzliche Nahrung zu sich nehmen. Zur Markierung ihres Territoriums sondern die meisten Marder einen unangenehm riechenden Duftstoff ab.

FISCHMARDER *(Martes pennanti)*

### WEITERE MARDERARTEN

EDELMARDER *(Martes martes)*

VIELFRASS *(Gulo gulo)*

FLECKENSKUNK *(Spilogale putorius)*

ILTIS *(Mustela putorius)*

FISCHOTTER *(Lutra lutra)*

HERMELIN *(Mustela erminea)*

MAUSWIESEL *(Mustela nivalis)*

DACHS *(Meles meles)*

**Marinade** ⟨f. 19⟩ **1** ⟨Kochk.⟩ *mit Salz u. Essig gewürzte Soße zum Einlegen von Fisch u. Fleisch;* Sy *Beize (5)* **2** *die darin zubereiteten Fischkonserven* [< frz. *mariner;* → *Marine*]

**Marine** ⟨f. 19; unz.⟩ *Gesamtheit der Seeschiffe eines Staates u. der dem Seehandel u. Seekrieg dienenden Einrichtungen* [zu frz. *marin* < lat. *marinus* „das Meer betreffend"; zu *mare* „Meer"]

**marine** ⟨Adj.; undekl.⟩, **marineblau** ⟨Adj.⟩ *dunkelblau*

**marinieren** ⟨V. t.; hat⟩ *in Marinade einlegen* (Fisch, Fleisch) ◆ marinierter Hering [< frz. *mariner;* → *Marine*]

**Marionette** ⟨f. 19⟩ **1** ► *an Fäden bewegte kleine Gliederpuppe* **2** ⟨fig.⟩ *willenloser, anderen als Werkzeug dienender Mensch* [frz. < ital. *marionetta,* Koseform zu *Maria*]

**Marionettentheater** ⟨n. 13⟩ *Theater, in dem mit Marionetten Puppenspiele aufgeführt werden*

**maritim** ⟨Adj.⟩ *das Meer, die Schifffahrt betreffend, mit ihnen verbunden* ◆ maritimes Klima = *Seeklima* [< lat. *maritimus* „das Meer betreffend"]

**Mark**[1] ⟨f.; -, -; nordostdt. Pl. a.: Märker; Abk.: M⟩ **1** ⟨urspr.⟩ *Gewichtseinheit für Edelmetalle u. Silbermünzen* **2** ⟨seit 1871⟩ *dt. Währungseinheit, 100 Pfennig* ◆ Deutsche Mark ⟨Abk.: DM⟩; 125 DM, ⟨od.⟩ 125,00 DM, ⟨od.⟩ 125,- DM; der Eintritt kostet fünf Mark [< mhd. *marc* „ein halbes Pfund Silber, Gold"; → *Marke*]

**Mark**[2] ⟨f. 20⟩ **1** ⟨urspr.⟩ *Grenze* **2** ⟨dann⟩ *umgrenztes Gebiet* (Dorfmark, Feldmark) **3** ⟨danach⟩ *Grenzgebiet, Grenzland (unter einem Markgrafen)* ◆ Mark Brandenburg; die Marken des alten Deutschen Reiches [< mhd. *marke* < ahd. *marca, marha,* engl. *mark* „Grenze"]

**Mark**[3] ⟨n.; -s; unz.⟩ **1** *die im Inneren eines Organs gelegenen Gewebe* (Nebennierenmark) **2** *im Zentrum der pflanzl. Sprosse gelegenes, von den Leitungsbahnen umgebenes Gewebe* **3** ⟨fig.⟩ **3.1** *Inneres, das Innerste* **3.2** *Kraft* ◆ diese Musik kann einem Mark und Bein **erweichen** ⟨fig.; umg.⟩ *sie ist unerträglich, nicht zum Anhören;* das Mark aus den Knochen **lösen** ⟨Kochk.⟩ ◆ der Verlust hat ihn bis **ins** Mark getroffen ⟨fig.⟩ *zutiefst;* der Schrei ging mir **durch** Mark

MARIONETTEN

und Bein ⟨fig.⟩ *durch u. durch* [< mhd. *marc* < *mar(a)g*, engl. *marrow*]

**markant** ⟨Adj.; -er, am -esten⟩ **1** *auffallend, hervorstechend* **2** *scharf ausgeprägt* ◆ eine markante Persönlichkeit; markante Gesichtszüge [zu frz. *marquer* „kennzeichnen"]

**Markasit** ⟨m. 1; unz.; Chem.⟩ ► *gelbes Mineral, chem. Eisensulfid, Formel:* $FeS_2$ [< frz. *marcassite* < mlat. *marcasita* < arab. *marqashita;* Ursprung unbekannt]

**Marke** ⟨f. 19⟩ **1** *Zeichen zur Erkennung od. als Ausweis* (Hundemarke) **2** *Merkzeichen* (Grenzmarke, Landmarke) **3** *Herkunftszeichen, Schutzzeichen, bes. an Waren, Handelszeichen* (Fabrikmarke) **4** *Fabrikat, Sorte* **5** *Anrechtsschein, Wertschein od. -münze* (Essensmarke, Garderobenmarke, Lebensmittelmarke, Spielmarke) ◆ welche Marke **bevorzugen** Sie?; diese Marke **führen** wir nicht; eine bestimmte Marke **rauchen** ◆ eine Marke **auf** den Brief kleben; die Marken **für** die Garderobe [< mhd. *marc* „Zeichen", engl. *mark*]

**Markenzeichen** ⟨n. 14⟩ *bestimmtes, meist als Warenzeichen gesetzlich geschütztes Zeichen, das alle Artikel einer Marke gleichermaßen kennzeichnet*

**Marker** ⟨m. 3⟩ **1** *bes. dick schreibender Filzstift* (Textmarker) **2** ⟨Sprachw.⟩ *Merkmal, Kennzeichen, Darstellung einer Satzstruktur mittels grafischer Darstellung od. einer mit Index versehenen Klammerung* **3** ⟨Biol.; bei Viren⟩ *genetisches Merkmal* [zu engl. *mark* „kennzeichnen"]

**Marketing** ⟨n.; -s; unz.⟩ *Gesamtheit aller Maßnahmen zur Ausrichtung wirtschaftl. Unternehmungen auf die Erfordernisse des Absatzmarktes (Marktforschung, Absatz- u. Preispolitik u. a.)* [< engl. *market* „Markt"]

**markieren** ⟨V.; hat⟩ **I** ⟨V. t.⟩ **1** *mit einem Zeichen, einer Marke versehen, bezeichnen, kennzeichnen* **2** *betonen, hervorheben* **3** *andeuten* **4** ⟨umg.⟩ *vorgeben, vortäuschen, so tun, als ob* ◆ den Ahnungslosen markieren ⟨umg.⟩; die Fahrrinne ist mit Bojen markiert; markierter Wanderweg; markierte Verbindung *chem. Verbindung, bei der bestimmte Atome durch radioaktiv strahlende Atome ersetzt wurden, deren Weg sich bei biochem. Reaktionen durch die von ihnen ausgesandte Strahlung verfolgen lässt* **II** ⟨V. i.; Jägerspr.⟩ der Hund markiert *zeigt durch Stehenbleiben an, dass er Wild vor sich hat* [< frz. *marquer* „kennzeichnen"]

**Markierstein** ⟨m. 1⟩ *Stein zur Markierung eines Weges;* Sy *Markstein (1)*

**märkisch** ⟨Adj.⟩ *die Mark (Brandenburg) betreffend, zu ihr gehörig, aus ihr stammend*

**Markise** ⟨f. 19⟩ **1** *aufrollbares Dach od. Vorhang aus kräftigem Stoff vor Fenstern u. Balkonen zum Schutz gegen Sonne* **2** ⟨Min.⟩ *Edelstein mit lanzettförmigen Facetten* [< frz. *marquise,* eigtl. „Überzelt des Offizierszeltes"]

**Markstein** ⟨m. 1⟩ **1** = *Markierstein* **2** ⟨heute fig.⟩ *hervorstechendes Ereignis, entscheidender Punkt, Wendepunkt* ◆ ein Markstein der Geschichte

**Markstück** ⟨n. 11⟩ *Geldstück im Wert von einer Mark*

**Markt** ⟨m. 1u⟩ **1** ⟨i. w. S.⟩ *Warenverkehr, Angebot u. Nachfrage, Absatzgebiet* (Weltmarkt) **2** ⟨i. e. S.⟩ *öffentl. Ein- u. Verkauf von Waren zu bestimmten Zeiten u. an bestimmten Orten* (Getreidemarkt, Viehmarkt, Jahrmarkt, Wochenmarkt) **3** *Platz, auf dem der Ein- u. Verkauf stattfindet, Marktplatz* **4** *Ort mit Marktrecht* ◆ jeden Mittwoch wird hier Markt **abgehalten;** den Markt **beliefern,** beschicken ◆ **neue** Märkte erobern ◆ wir wohnen **am** Markt; einen neuen Artikel **auf** den Markt bringen; einen Artikel auf den Markt werfen *rasch u. in großen Mengen anbieten;* **über** den Markt gehen; etwas **vom** Markt mitbringen; dieser Artikel ist vom Markt verschwunden; die Bauern bringen Obst u. Gemüse **zum** Markt in die Stadt [< mhd., engl. *market* < *markat* < lat. *mercatus* „Kauf, Markt"]

MARKASIT

**Marktanteil** ⟨m. 1⟩ *Anteil eines Unternehmens an der Gesamtmenge eines auf den Markt gebrachten Erzeugnisses* ◆ der Marktanteil der Konzerngruppe ist sehr groß

**Marktforschung** ⟨f. 20; unz.⟩ *Erforschung von Angebot u. Nachfrage (bes. im Interesse eines Betriebes), Absatzforschung* ◆ durch eine Investition in die Marktforschung steigert sich der Umsatz

**Marktfrau** ⟨f. 18⟩ *Händlerin auf dem Markt*

**Markthalle** ⟨f. 19; in Großstädten⟩ *große Halle mit Verkaufsständen zum Abhalten des Marktes*

**Marktlücke** ⟨f. 19⟩ *mangelndes Angebot einer Ware, die vermutlich guten Absatz finden würde* ◆ eine Marktlücke entdecken

**Marktwirtschaft** ⟨f. 20; unz.⟩ *Wirtschaft, die von Angebot u. Nachfrage auf dem Markt bestimmt wird;* Ggs *Planwirtschaft* ◆ soziale Marktwirtschaft *Marktwirtschaft, die im Interesse der sozialen Gerechtigkeit gewissen Beschränkungen unterliegt*

**Marlin** ⟨m.; -s, -e; Zool.⟩ ▼ *Angehöriger einer der Fächerfischgattungen Tetrapturus od. Makaira, dessen Oberkiefer speerartig verlängert ist;* Sy *Speerfisch* [engl., „Fächerfisch"]

MARLIN: GESTREIFTER MARLIN
*(Tetrapterus audax)*

**Marmelade** ⟨f. 19⟩ **1** *als Brotaufstrich verwendeter, eingedickter Fruchtbrei mit Zucker* **2** ⟨seit 1983 nur noch Bez. für⟩ *Fruchtbrei aus Zitrusfrüchten* (Orangenmarmelade); → a. *Konfitüre* [< span. *marmelada* „Quittenmus" < grch. *melimelon* „Honigapfel"]

**Marmor** ⟨m. 1⟩ *Kalkstein, der hauptsächlich das Mineral Kalkspat enthält* [< lat. *marmor* < grch. *marmaros* „Stein"]

**marmorieren** ⟨V. t.; hat⟩ *mit einem Muster aus feinen Adern versehen wie beim Marmor* ◆ marmorierte Oberfläche

**marode** ⟨Adj.⟩ **1** ⟨urspr.⟩ *marschunfähig* (Soldaten) **2** ⟨heute abwertend⟩ *verkommen, zerrüttet, moralisch verdorben* ◆ eine marode Gesellschaft [< frz. *maraud* „Lump" < lat. *mala hora* „zur bösen Stunde"]

**Marokkaner** ⟨m. 3⟩ *Einwohner von Marokko*

**marokkanisch** ⟨Adj.⟩ *Marokko betreffend, dazu gehörig, daraus stammend*

**Marone** ⟨f. 19; Pl. a.: Maroni⟩ *essbare Frucht der Kastanie;* oV *Maroni, Marrone* [< frz. *marron* < spätgrch. *maraon* „essbare Kastanie"; Ursprung unbekannt]

**Maroni** ⟨f.; -, -⟩ = *Marone*

**Marotte** ⟨f. 19⟩ *wunderl. Neigung, Schrulle* [frz., „Narrenzepter mit Puppenkopf", Sonderbildung zu *Marie*]

**Marquis** ⟨[-ki:] m.; - [-ki:] od. [-ki:s], - [-ki:s]⟩ *französischer Adelstitel zwischen Herzog u. Graf*

**Marquise** ⟨[-ki:zə] f. 19⟩ *Gemahlin od. Tochter eines Marquis*

**Marrone** ⟨m.; - od. -s, Marroni; meist Pl.; ital., schweiz.⟩ = *Marone* ◆ heiße Marroni

**Mars**[1] ⟨m.1; unz.; Astron.⟩ ► *vierter Planet des Sonnensystems* [nach dem römischen Kriegsgott *Mars*]

**Mars**[2] ⟨m. 1 od. f. 20; Mar.⟩ *Plattform nahe dem Topp der Untermasten* [< mnddt. *marse, merse* „Fischsack, Mastkorb"]

**Marsch**[1] ⟨m. 1u⟩ **1** *Gangart zu Fuß, Gangart einer Truppe* **2** *lang andauerndes Gehen über größere Strecken* **3** *Fortbewegung einer Truppe* **4** *Musikstück in geradem Takt zur Begleitung marschierender Menschengruppen* ◆ einen Marsch **antreten;** jmdm. den Marsch **blasen** ⟨fig.; umg.⟩ *jmdm. energisch die Meinung sagen;* die Kapelle **spielte** einen Marsch ◆ ein **anstrengender,** beschwerlicher, langer Marsch ◆ wir haben einen langen Marsch **hinter** uns [< frz. *marche* „Gang, Tritt" zu lat. *marcus* „Hammer"]

**Marsch**[2] ⟨f. 20⟩ *fruchtbares, bei Flut oft unter dem Meeresspiegel liegendes, durch Deiche geschütztes Schwemmland längs der Flusstäler und der Küste Nordwestdeutschlands;* Sy *Marschland;* Ggs *Geest* [< mnddt. *mersch,* engl. *marsh* „Schwemmland"]

**Marschall** ⟨m. 1u⟩ **1** ⟨urspr.⟩ *Pferdeknecht* **2** ⟨dann⟩ *hoher Hofbeamter* **3** ⟨seit dem 15./17. Jh.⟩ *höchster militär. Dienstgrad* **4** *Offizier in diesem Rang* [< afrz. *mareschall* < mhd. *marschalc* < ahd. *marahscalc,* eigtl. „Pferdeknecht"]

**Marschflugkörper** ⟨m. 3; Mil.⟩ *Raketenflugkörper der USA, der vom Land, von Flugzeugen oder U-Booten aus eingesetzt wird und sein Ziel selbständig findet*

**marschieren** ⟨V. i.; ist⟩ **1** *über längere Strecken zügig gehen* **2** *sich gleichmäßig in geschlossenen Reihen fortbewegen* ◆ durch die Stadt marschieren

**Marschland** ⟨n.; -(e)s; unz.⟩ = *Marsch*[2]

**Marschmusik** ⟨f. 20⟩ *rhythmisch stark akzentuierte Musik, nach deren Takt marschiert werden kann*

**Marsfeld** ⟨n. 12; unz.⟩ **1** ⟨im antiken Rom⟩ *Platz für militär. Übungen u. Volksversammlungen* **2** ⟨in Paris⟩ *militär. Übungsplatz, seit 1867 Ausstellungsgelände*

**Marshallplan** ⟨a. engl. [ma:rʃəl-] m.; -s; unz.; nach dem Zweiten Weltkrieg⟩ *amerikan. Wiederaufbauprogramm für Europa* [nach dem damaligen Außenminister der USA, George C. *Marshall,* 1880-1959]

**Marstall** ⟨m. 1u⟩ **1** *in fürstl. Hofhaltungen Gebäude für Pferde, Wagen usw.* **2** *Gesamtheit der Pferde (eines Fürsten)*

**Marsupialier** ⟨[-liər] m. 3⟩ ► = *Beuteltier* [zu lat. *marsupium* „Beutel"]

**Marter** ⟨f. 21⟩ **1** *Folter* **2** *(absichtl.) Peinigung* **3** *Qual* ◆ Martern erdulden, erleiden, ertragen; jmdm. körperliche, seelische Marter zufügen; unter Martern sterben [< ahd. *martira, martara* < lat. *martyrium* < grch. *martyrion* „Blutzeugnis"]

**Marterl** ⟨n. 28; oberdt.⟩ *Bildstock mit dem Bildnis Christi, bes. an der Stelle eines Un-*

## MARS

Der Mars ist der vierte Planet des Sonnensystems und der sonnenfernste Gesteinsplanet. Er hat zwei Monde (Phobos und Deimos) und wird auch der „Rote Planet“ genannt, weil seine Oberfläche von rotem Eisenoxidstaub bedeckt ist. Auf der Südhalbkugel gibt es zahlreiche alte Einschlagkrater und die Nordhalbkugel wurde durch starke vulkanische Aktivitäten umgeformt. Besonders der mit 26 km höchste Vulkan des Sonnensystems, der inaktive Olympus Mons im Tharsis-Rücken, ragt hier heraus. Die Atmosphäre des Mars ist wesentlich dünner als die der Erde.

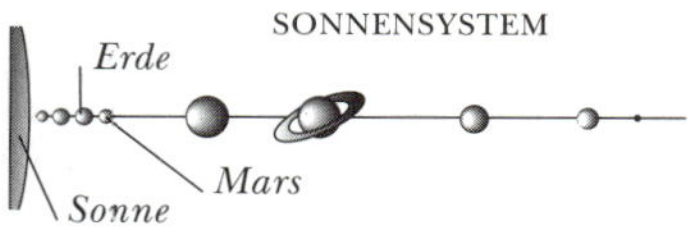


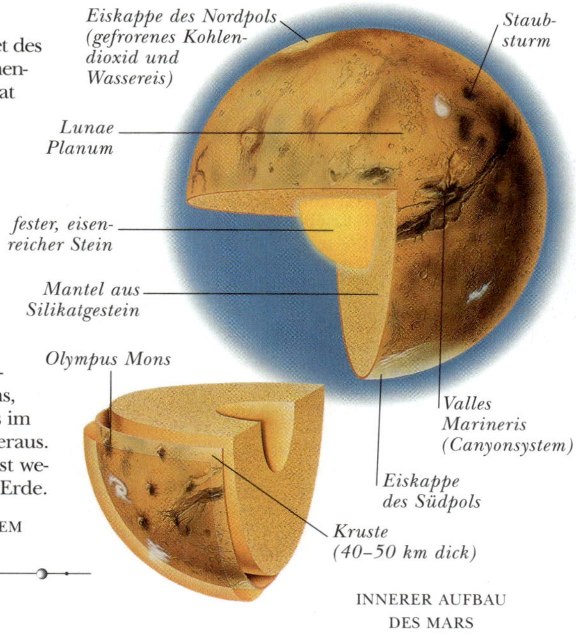


INNERER AUFBAU DES MARS

*glücks* [österr. Verkleinerungsform zu *Marter* im Sinne von „Darstellung der Leiden Christi“]

**martern** ⟨V. t.; hat⟩ **1** *foltern* **2** *quälen, peinigen* ◆ jmdn. zu Tode martern; er martert sich mit Selbstvorwürfen, Sorgen, Zweifeln

**Marterpfahl** ⟨m. 1u; früher bei den nordamerikan. Indianern⟩ *Pfahl, an dem ein gefangener Feind festgebunden u. gefoltert wurde*

**martialisch** ⟨[-tsja-] Adj.⟩ *kriegerisch, wild, grimmig, Furcht erregend* ◆ ein martialisches Aussehen haben [zu *Mars,* dem römischen Kriegsgott]

**Martingal** ⟨n. 11; Sp.; Reiten⟩ ▼ *(bes. beim Springen verwendeter) lederner Halsriemen, der an Sattelgurt u. Zügeln befestigt ist* [< frz. *martingale*]

**Martinsgans** ⟨f. 7u⟩ *am Martinstag geschlachtete u. verzehrte Gans*

**Martinshorn** ⟨n. 12u⟩ *akust. Warnsignal von Krankenwagen, Kraftfahrzeugen der Polizei, Feuerwehr u. des Militärs* [nach der Herstellerfirma *Martin*]

**Martinstag** ⟨m. 1⟩ *Fest des hl. Martin von Tours (11. 11.)*

MARTINGAL

**Märtyrer** ⟨m. 3⟩ **1** *Christ, der für seinen Glauben den Tod erlitten hat* **2** ⟨allg.⟩ *jmd., der für eine Idee gestorben ist bzw. getötet wurde* ◆ ein Märtyrer seines Glaubens [< mhd. *marterer, merterer* < ahd. *maritari* < grch. *martyr* „Zeuge“]

**Martyrium** ⟨n.; -s, -rien⟩ **1** *Leiden (Opfertod) für einen Glauben, eine Idee* **2** *Qual, Leiden, Pein* **3** *über die Begräbnisstätte eines Märtyrers errichtete Kirche* ◆ das Martyrium Christi; sie hatte ein wahres Martyrium zu erdulden ⟨fig.⟩ [lat. < grch.; → *Marter*]

**Marxismus** ⟨m.; -; unz.⟩ *die von Karl Marx (1818-1883) begründete Lehre des Sozialismus*

**marxistisch** ⟨Adj.⟩ *zum Marxismus gehörend, auf ihm beruhend*

**März** ⟨m.; - od. -es, -e⟩ *dritter Monat des Jahres, Frühlingsmonat* [< ahd. *marzeo, merzo* < lat. *Martius,* eigtl. „dem röm. Kriegsgott Mars heilig“]

**Märzbecher** ⟨m. 3; Bot.⟩ *zur Gattung der Amaryllisgewächse gehörende Pflanze der feuchten Laubwälder u. Wiesen, blüht März-April mit glockigen, weißen Blüten: Leucojum vernum;* Sy *Großes → Schneeglöckchen*

**Marzipan** ⟨n. 11 od. (selten) m. 1⟩ *Konfekt aus fein geriebenen Mandeln u. Zucker* [ital. *marzapane* < arab. *mautaban* „sitzender König“; nach einer byzantin. Münze mit dem Bilde des thronenden Christus, spätere Bedeutungen: „Hohlmaß, Schachtel, (darin verpackter) Teig“]

**Masche**[1] ⟨f. 19⟩ *Garnschlinge, Fadenschleife (bei Strick-, Häkel-, Netzarbeit sowie im Drahtgeflecht)* ◆ durch die Maschen des Gesetzes schlüpfen ⟨fig.; umg.⟩ *durch die Lücken des Gesetzes;* Maschen abheben, abketten, aufnehmen, aufschlagen, fallen lassen; bei dir läuft eine Masche (am Damenstrumpf) [< mhd. *masche* < ahd. *masca,* engl. *mesh*]

**Masche**[2] ⟨f. 19; umg.⟩ **1** *günstige Gelegenheit* **2** *Kunstgriff, Lösung* **3** *Erfolg versprechendes Vorgehen* ◆ das ist die Masche! *die Lösung, Erfolg versprechender Vorschlag;* er hat die Masche raus *er weiß, wie man zu etwas kommt;* das ist eine neue Masche von ihm *ein neuer Trick, eine Ausrede, die er bisher noch nicht hatte;* die sanfte Masche *Überredung durch Schmeichelei* [< jidd. *mezio* „Gewinn, Lösung“]

**Maschine** ⟨f. 19⟩ **1** *mechan., aus bewegl. u. unbewegl. Teilen zusammengesetzte Vorrichtung, die Kraft überträgt od. Arbeitsgänge selbständig verrichtet* (Arbeitsmaschine) *bzw. Energie aus einer in eine andere Form umwandelt* (Kraftmaschine) **2** ⟨allg. Bez. für⟩ *Flugzeug, Lokomotive, Motorrad, Rennwagen u. Ä.* ◆ die Maschine hat voraussichtlich 20 Minuten **Verspätung** ◆ eine Maschine **bedienen,** konstruieren, pflegen, reinigen, reparieren; die Maschine **landet,** startet 12 Uhr ◆ **landwirtschaftliche** Maschinen; eine **leichte,** schwere Maschine fahren *Motorrad* ◆ der Betrieb ist **mit** den modernsten Maschinen ausgestattet; ich fliege mit der nächsten Maschine nach Hamburg; mit der Maschine schreiben [< frz. *machine* „Triebwerk“ < lat. *machina* < grch. *mechane* „Werkzeug“]

**maschinell** ⟨Adj.⟩ *mithilfe einer Maschine, auf Maschinen beruhend* ◆ das wird maschinell hergestellt

**Maschinenarbeit** ⟨f. 20⟩ *mithilfe einer Maschine hergestellte Arbeit;* Ggs *Handarbeit (1)*

**Maschinenbau** ⟨m.; -(e)s; unz.⟩ *Herstellung von Maschinen u. maschinellen Einrichtungen*

**Maschinengewehr** ⟨n. 11; Abk.: MG, Mg.⟩ ▼ *automatische Schnellfeuerwaffe*

**maschinenlesbar** ⟨Adj.⟩ *in einer Schrift geschrieben, die direkt von EDV-Anlagen erfasst werden kann*

**Maschinenpark** ⟨m. 6⟩ *Gesamtheit der Maschinen (eines Betriebes)*

**Maschinenraum** ⟨m. 1u⟩ *Raum, in dem Maschinen (meist Kraftmaschinen) arbeiten, z. B. auf Schiffen*

**Maschinenschaden** ⟨m. 4u⟩ *Beschädigung, Fehler, schadhafte Stelle an einer Maschine*

**Maschinenzeitalter** ⟨n. 13; unz.⟩ *Zeitalter, in dem die Maschine (bes. in der Produktion) vorherrscht*

**Maschinerie** ⟨f. 19⟩ **1** ⟨Tech.⟩ *Gruppe von verschiedenen zusammenarbeitenden Maschinen* **2** ⟨Theat.⟩ *alle maschinellen Bühneneinrichtungen* (Bühnenmaschinerie) **3** ⟨fig.⟩ *Getriebe, Räderwerk* ◆ in die Maschinerie der Justiz, der Verwaltung geraten ⟨fig.⟩ [< frz. *machinerie;* → *Maschine*]

**Maschinist** ⟨m. 16⟩ *Facharbeiter, der Kraftmaschinen bedient u. überwacht (z. B. Lokomotivführer)*

**Maser** ⟨f. 21⟩ **1** *Fleck, wellige Zeichnung im Holz* **2** *Narbe* ◆ Holz mit Maser [< ahd. *masar* „knorriger Auswuchs an Ahorn u. a. Bäumen“]

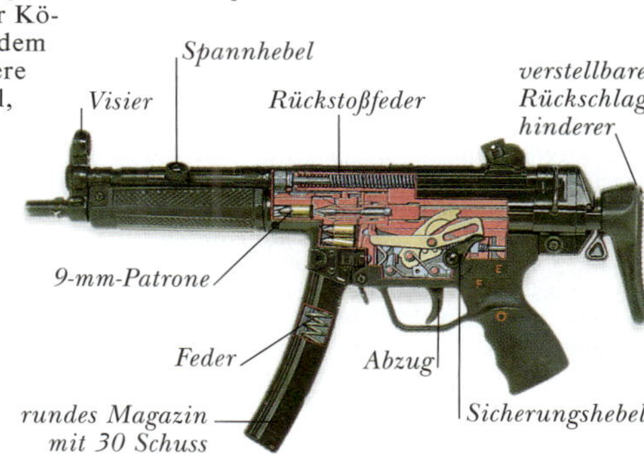


MASCHINENGEWEHR: SCHNITT DURCH EIN 9-MM-MASCHINENGEWEHR

M

**maserig** ⟨Adj.⟩ *mit Masern versehen, gemasert*
**masern** ⟨V.; hat⟩ **I** ⟨V. t.⟩ *mit einer Maserung versehen* ◆ gemasertes Holz, gemaserter Marmor **II** ⟨V. i.⟩ *Masern bilden*
**Masern** ⟨nur Pl.; Med.⟩ *akute, sehr ansteckende Infektionskrankheit mit hohem Fieber, Schleimhautentzündung u. Hautausschlag* [→ *Maser*]
**Maske** ⟨f. 19⟩ **1** ► *künstl., hohle Gesichtsform,* ⟨bei den Naturvölkern⟩ *als Zauber- u. Beschwörungsmittel,* ⟨bei den antiken Schauspielern⟩ *zur Kennzeichnung ihrer Rolle* **2** ⟨heute⟩ *das durch Schminke u. Perücke veränderte Gesicht des Schauspielers* **3** ⟨EDV⟩ *Raster auf dem Bildschirm, das die Funktion eines Formulars übernimmt, in das die Daten eingeschrieben werden* **4** ⟨fig.⟩ *trügerischer Schein, Deckmantel* **5** *ganze Gesichtslarve od. kleine (schwarze) Larve über Augen u. Nase* **6** *Gipsabguss vom Gesichtsabdruck, z. B. eines Toten* (Totenmaske) **7** *Drahtgeflecht über dem Gesicht des Kranken zur Betäubung bei Operationen* (Chloroformmaske) **8** *Haube als Kopf- u. Gesichtsschutz* (Drahtmaske, Gummimaske, Gasmaske) ◆ die Maske **abwerfen,** fallen lassen ⟨fig.⟩ *sein wahres Gesicht offen zeigen, unverhüllt seine Absichten zeigen;* jmdm. die Maske **herunterreißen** ⟨fig.⟩ der Schauspieler muss noch Maske **machen;** die schönste Maske des Balls wird **prämiert** ◆ jmdn. **unter** der Maske der Freundschaft hintergehen; einem Heuchler die Maske **vom** Gesicht reißen ⟨fig.⟩ *ihn entlarven* [< frz. *masque* < ital. *maschera* < arab. *mas-chara* „Possenreißer(ei)"]

MASKE:
JAPANISCHE NOH-MASKE
AUS DER EDO-ZEIT

**Maskenball** ⟨m. 1u⟩ *Tanzfest, bei dem die Besucher verkleidet u. mit Masken erscheinen*
**Maskenbildner** ⟨m. 3⟩ *Angestellter bei Theater u. Film, der die Masken der Schauspieler entwirft*
**Maskerade** ⟨f. 19⟩ **1** *Verkleidung* **2** *Maskenfest, Maskenzug* **3** ⟨fig.⟩ *Täuschung, Heuchelei* [< span. *mascarada* „Maskenaufzug"]
**maskieren** ⟨V. t.; hat⟩ **1** jmdn. od. sich maskieren *mit einem Maskenkostüm verkleiden, sich eine Larve aufsetzen* **2** ⟨fig.⟩ *verbergen, verdecken, bemänteln* **3** ⟨Mil.⟩ *tarnen* **4** ⟨Chem.⟩ *die Reaktion eines Stoffes durch Zugabe eines anderen Stoffes verhindern, z. B. Metallionen in einen Metallkomplex mithilfe eines Komplexbildners überführen* ◆ ich werde mich als Spanierin, als Teufel maskieren
**maskulin** ⟨Adj.⟩ **1** ⟨Gramm.⟩ *männlich, männl. Geschlechts* **2** ⟨allg.⟩ *männlich aussehend, sich männlich gebend* [< lat. *masculinus* „männlich"]
**Maskulinum** ⟨n.; -s, -lina; Gramm.; Abk.: m.⟩ *Substantiv männl. Geschlechts* [lat. „das männliche (Geschlecht)"]
**Masochismus** ⟨[-xis-] m.; -; unz.⟩ *Bestreben, die eigene geschlechtliche Erregung durch Erleiden von Misshandlungen zu steigern;* Ggs *Sadismus* [nach dem Schriftsteller v. Sacher-*Masoch,* 1836-1895]
**masochistisch** ⟨[-xis-] Adj.⟩ *auf Masochismus beruhend, in der Art des Masochismus;* Ggs *sadistisch*
**Maß I** ⟨n. 11⟩ **1** *durch Gegenstände verkörperte Größe zum Feststellen von Mengen, Größen, Werten, wie z. B. Maßstab, Maßband, Maßleiste* **2** *die durch Messung gefundene Größe als Produkt aus Maßzahl u. Maßeinheit* **3** *Einheit, Ausmaß, Ausdehnung* **4** *Umfang, Menge* **5** *Grenze* **6** *Verhältnis* **7** ⟨fig.⟩ *die rechte Mitte zwischen zu viel u. zu wenig, Mäßigung, Zurückhaltung, Selbstbeherrschung* ◆ der Mensch ist das Maß aller **Dinge;** das überschreitet das Maß seiner **Kräfte;** jmdm. ein hohes Maß an **Vertrauen** entgegenbringen *viel* ◆ das rechte, richtige Maß **halten** ⟨fig.⟩; die Schneiderin muss zunächst Maß **nehmen;** auf eine Zeichnung die Maße **übertragen** ◆ in **hohem** Maße, höchstem Maße zufrieden sein ⟨fig.⟩ *sehr, außerordentlich;* sie hat **ideale** Maße *eine vollkommene Figur;* etwas in **natürlichem,** vergrößertem, verkleinertem Maße zeichnen; er ist in noch **stärkerem** Maße als früher beansprucht ⟨fig.⟩; das Maß ist **voll!** ⟨fig.⟩ *meine Geduld ist zu Ende;* in **zunehmendem** Maße ⟨fig.⟩ *immer mehr, immer stärker;* mit **zweierlei** Maß messen ⟨fig.⟩ *ungerecht sein* ◆ man soll alles **mit** Maßen tun; ein Anzug **nach** Maß *nach Figur angefertigt;* **ohne** Maß und Ziel; **über** alle Maßen *unsagbar, sehr* **II** ⟨n.; -es, - od. bair., österr.: f.; -, -⟩ *Flüssigkeitsmaß, 1 bis 2 l* ◆ zwei Maß Bier; ein halbes, volles Maß; eine halbe, ganze Maß ⟨bair.⟩ [< mhd. *maze* „abgegrenzte Ausdehnung in Raum, Gewicht, Kraft; Maßhalten, Mäßigung" < ahd. *maza,* lat. *modus* „Art, Weise"]
**Massage** ⟨[-ʒə] f. 19⟩ *Heilbehandlung durch mechan. Beeinflussung der Körpergewebe mit den Händen, mit Instrumenten od. elektr. Apparaten* [frz.; zu arab. *mass* „berühren, betasten", grch. *massein* „kneten"]
**Massai** ⟨m. 6 od. m.; -, -⟩ ► *Angehöriger eines ostafrikan. Volksstammes* [Bantu]
**Massaker** ⟨n. 13⟩ *Gemetzel, Blutbad* [< frz. *massacre* „Abschlachtung"; weitere Herkunft unsicher]
**massakrieren** ⟨V. t.; hat⟩ *niedermetzeln, brutal erschlagen*
**Maßarbeit** ⟨f. 20⟩ *Arbeit nach (vom Kunden gegebenen) Maß, z. B. bei Kleidung*
**Masse** ⟨f. 19⟩ **1** *in der SI-Einheit Kilogramm gemessene Grundeigenschaft jeder Materie, definiert als schwere Masse über die Eigenschaft eines Körpers Anziehungskraft auszuüben bzw. von einem anderen Körper angezogen werden zu können, od. definiert über träge Masse als ein Maß für die Trägheit eines Körpers gegenüber einer Änderung seines Bewegungszustandes* **2** *ungeformter, dickflüssiger Stoff, Brei* (Gussmasse, Lehmmasse) **3** ⟨fig.⟩ *Menge, große Anzahl* **4** *Vielzahl von Menschen, die ihre Individualität zugunsten der Gesamtheit zum Teil od. ganz aufgegeben haben* **5** *Gesamtheit, Hauptteil* **6** *Vermögen, Vermögensbestand eines Schuldners unter der Zwangsversteigerung* (Konkursmasse) **7** *schwerer Hammer für Bildhauerarbeiten* ◆ sie hat eine Masse **Angebote,** Glückwünsche, Zuschriften bekommen ⟨umg.⟩; Masse und **Energie** ◆ die Masse muss es **bringen** ⟨umg.⟩ *der große Umsatz;* der Kanzlerkandidat **hat** die Massen hinter sich; die Masse **rühren,** bis sie schaumig wird (zum Kuchen) ◆ die **breite, große** Masse *die Mehrheit (des Volkes);* eine **dickflüssige,** klebrige, weiche, zähe Masse ◆ sie kamen **in** Massen; in der Masse untergehen *als Einzelner nicht zur Geltung kommen* [< lat. *massa* „Teig, Klumpen" < grch. *maza* „Brotteig"; zu *massein* „kneten"]
**Maßeinheit** ⟨f. 20⟩ *Einheit, die nach wissenschaftl. od. Zweckmäßigkeitsgesichtspunkten gewählt ist u. zum Messen von Größen, Mengen u. Gewichten dient, z. B. Meter, Gramm*
**...maßen** ⟨Adverbialsuffix⟩ *weil ..., da ...* ◆ verdientermaßen *weil er es verdient hat;* anerkanntermaßen *da es (allgemein) anerkannt ist* [verkürzt < *inmaßen* < mhd. *in der maze* „in der Art und Weise"]
**Massenanziehung** ⟨f.; -; unz.⟩ = *Gravitation*
**Massenartikel** ⟨m. 5⟩ *in großen Mengen (maschinell) hergestellte Ware*
**massenhaft** ⟨Adj.; meist umg.⟩ *in Massen, großen Mengen, ungeheuer viel;* Sy *massenweise* ◆ sie hat massenhaft Geld ⟨umg.⟩
**Massenkundgebung** ⟨f. 20⟩ *Kundgebung, an der sehr viele Menschen teilnehmen*
**Massenmedium** ⟨n.; -s, -dien⟩ *Mittel zur Nachrichtenübermittlung, Meinungsbildung, Unterhaltung usw. mit großem Verbreitungsgrad, z. B. Zeitung, Rundfunk, Fernsehen, Film, Internet;* Sy ⟨kurz⟩ *Medium (3)*
**Massenmittelpunkt** ⟨m. 1⟩ *derjenige Punkt in einem physikal. System mit mehreren Massen od. in einem starren Körper, in dem man sich die gesamte Masse vereinigt denken kann, wenn die Bewegung in einem äußeren homogenen Kraftfeld untersucht wird;* Sy *Schwerpunkt (1)*
**Massenmord** ⟨m. 1⟩ *Ermordung einer großen Zahl von Menschen*
**Massenproduktion** ⟨f. 20; unz.⟩ *massenhafte Erzeugung (von Waren, Gütern)*
**Massenspektrum** ⟨n.; -s, -tren⟩ *Häufigkeitsverteilung der einzelnen atomaren od. molekularen Massen*
**Massensport** ⟨m. 1; unz.⟩ *Sport, der von vielen betrieben wird* ◆ Tennis entwickelt sich allmählich zum Massensport

MASSAI: FAMILIE

**Massentourismus** ⟨[-tu-] m.; -; unz.⟩ *mittels Gesellschaftsreisen organisierter Tourismus für breite Bevölkerungsschichten*
**massenweise** ⟨Adv.⟩ = *massenhaft*
**Massenzahl** ⟨f. 20⟩ *Anzahl der Nukleonen in einem Atomkern*
**Masseur** ⟨[-sø:r] m. 1⟩ *jmd., der (nach Ausbildung u. staatl. Prüfung) Massagen ausübt*
**Masseurin** ⟨[-sø:-] f. 22⟩ *weibl. Masseur*
**Masseuse** ⟨[-sø:zə] f. 19⟩ **1** *weibl. Masseur* **2** ⟨häufig verhüllende Bez. für⟩ *Prostituierte*
**Maßgabe** ⟨f. 19; unz.; in der Wendung⟩ nach Maßgabe (des, der) *entsprechend (des, der)* ◆ nach Maßgabe seines Vermögens *seinem Vermögen entsprechend*

M

**maßgebend** ⟨Adj.⟩ Sy *maßgeblich* **1** *als Maßstab dienend* **2** *entscheidend, bestimmend, richtunggebend, von entscheidendem Einfluss* ◆ ich habe es von maßgebender Seite erfahren; ein maßgebendes Urteil; an der Entwicklung war sie maßgebend beteiligt

**maßgeblich** ⟨Adj.⟩ = *maßgebend*

**maßgeschneidert** ⟨Adj.⟩ **1** *nach individuellen Maßen angefertigt* **2** ⟨fig.⟩ *genau passend* ◆ ein maßgeschneiderter Anzug

**massieren**[1] ⟨V. t.; hat⟩ *mit Massage behandeln*

**massieren**[2] ⟨V. t.; hat⟩ *an einer Stelle zusammenziehen, anhäufen, verstärken* ◆ Truppen massieren

**massig I** ⟨Adj.⟩ *wuchtig, umfangreich, groß u. dick* (Mensch, Tier) ◆ eine massige Eiche; eine massige Erscheinung **II** ⟨adv.; umg.⟩ *sehr viel* ◆ er hat massig Geld; gibt es in dem Wald Pilze? massig!

**mäßig** ⟨Adj.⟩ **1** *das rechte Maß einhaltend, nicht übertreibend, zurückhaltend* **2** *nicht besonders groß, angemessen* **3** *nicht sehr gut* ◆ mäßige Ansprüche, Forderungen, Leistungen, Preise; ein mäßiges Tempo; die Verpflegung war mäßig; mäßig leben

**mäßigen** ⟨V.; hat⟩ **I** ⟨V. t.⟩ *mildern, verringern, dämpfen* ◆ mäßige deine Ansprüche, deine Klagen, deinen Zorn; die Geschwindigkeit mäßigen; diese Pflanze gedeiht nur in einem gemäßigten Klima, in der gemäßigten Zone **II** ⟨V. refl.⟩ sich mäßigen *sich beherrschen; nachlassen, ruhig werden* ◆ mäßige dich!; der Sturm mäßigte sich

MASSWERK AN EINER GOTISCHEN BALUSTRADE DES 14./15. JH.

**Mäßigung** ⟨f. 20; unz.⟩ *das Mäßigen, sich mäßigen*

**massiv** ⟨Adj.⟩ **1** *ohne Hohl-, Zwischenräume, fest, dicht, geschlossen, schwer, wuchtig* **2** ⟨fig.⟩ *derb, rücksichtslos, grob* ◆ massives Gold; der Redner griff die Gegenpartei massiv an; und dann wurde er massiv ⟨fig.; umg.⟩ *grob, beleidigend* [< frz. *massif* „massig, gediegen, fest"]

**Massiv** ⟨n. 11; Pl. [-və]; Geol.⟩ **1** *Grundgebirge, meist aus geolog. alten Gesteinen* **2** ⟨allg.⟩ *Bergkette,* ⟨meist in der Zus.⟩ z. B. Gebirgsmassiv

**Maßkonfektion** ⟨f. 20; unz.⟩ *Anfertigung von Oberbekleidung nach Maß (mit nur einer Anprobe) durch ein Konfektionsgeschäft*

**Maßlieb** ⟨n. 11⟩, **Maßliebchen** ⟨n. 14; Bot.⟩ = *Gänseblümchen* [< ndrl. *mateliefe* < ahd. *maz* „Speise" + *lieb, Liebchen;* galt als appetitanregend]

**maßlos** ⟨Adj.⟩ **1** *kein Maß einhaltend, übermäßig, sehr, sehr viel, sehr groß, sehr hoch* **2** *unbeherrscht* ◆ maßloser Zorn packte ihn; maßlose Erbitterung, Erregung, Wut; da hat er wieder einmal maßlos übertrieben

**Maßnahme** ⟨f. 19⟩ *zweckbestimmte Handlung, Regelung* ◆ jmds. Maßnahmen durchkreuzen, zuvorkommen; Maßnahmen ergreifen, treffen (zu etwas); organisatorische, politische Maßnahmen; diese Maßnahme halte ich für verfehlt

**Maßregel** ⟨f. 21⟩ *Regel, Richtlinie, Vorschrift für bestimmtes Verhalten* (Verhaltensmaßregel, Vorsichtsmaßregel)

**maßregeln** ⟨V. t.; hat gemaßregelt⟩ *tadeln, zurechtweisen*

**Maßstab** ⟨m. 1u⟩ **1** *mit den Einheiten der Längenmaße versehenes Lineal od. Stahlband, Meterstab, Zollstock* **2** *Größenverhältnis (bes. der Linien auf einer Landkarte zu den wirklichen Strecken)* **3** ⟨fig.⟩ *Prüfstein, Richtlinie* ◆ einen strengen Maßstab anlegen; das kann dir als Maßstab dienen; den Maßstab für jmdn., etwas abgeben; etwas in vergrößertem, verkleinertem Maßstab darstellen, nachbilden, zeichnen; im Maßstab 1:10 000 *1 cm auf der Karte = 10 000 cm bzw. 100 m in Wirklichkeit*

**maßstäblich** ⟨Adj.⟩ *nach einem bestimmten Maßstab (dargestellt)*

**maßstab(s)gerecht, maßstab(s)getreu** ⟨Adj.⟩ *im richtigen Maßstab*

**Maßsystem** ⟨n. 11⟩ *Grundsystem wichtiger Maßeinheiten, durch das sich auch alle übrigen Maßeinheiten bezeichnen lassen, z. B. das heute verbindlich gültige SI-System*

**maßvoll** ⟨Adj.⟩ *gemäßigt, beherrscht, zurückhaltend* ◆ maßvolle Forderungen; maßvoll urteilen

**Maßwerk** ⟨n. 11; unz.; Arch.⟩ ◄ *gotisches geometr. Bauornament zum Füllen von Bögen, Fenstern usw. u. zur Gliederung von Wandflächen*

**Mast**[1] ⟨m. 1 od. m. 23⟩ **1** ⟨auf Schiffen⟩ *senkrecht stehendes, ein- bis dreiteiliges Rundholz od. Stahlrohr zur Befestigung der Segel, der Antennen u. a.;* Sy *Mastbaum* **2** ⟨allg.⟩ *senkrechte Stange aus Holz od. Stahl für Telefon-, einfache elektr. Leitungen, Empfangsantennen od. Fahnen, aus vierkantigem Stahlfachwerk für Hochspannungsleitungen od. Sendeantennen* ◆ der Mast des Schiffes, Segelbootes; den Mast aufrichten, kappen, umlegen; Masten für eine elektr. Leitung aufstellen, setzen [mhd. < ahd., engl. *mast*]

**Mast**[2] ⟨f. 20⟩ **1** *die früher als Mastfutter verwendeten Früchte von Eichen u. Buchen* **2** *das Mästen, reichl. Fütterung von Schlachtvieh zur Steigerung des Fleisch- u. Fettansatzes* [mhd. < ahd., engl. *mast*]

**Mastbaum** ⟨m. 1u⟩ = *Mast*[1] *(1)*

**Mastdarm** ⟨m. 1u; Anat.⟩ *letzter Abschnitt des Darmes, der sich an den Dickdarm anschließt u. mit dem After endet;* Sy *Rektum (2)* [verhüllend für mhd. < ahd. *arsdarm; Mast* < spätmhd. *maz* „Speise"]

**mästen** ⟨V. t.; hat⟩ Tiere mästen *Tieren Mastfutter geben, sie reichlich füttern*

**Master** ⟨[ma:s-] m. 3⟩ **1** ⟨in Engl. u. den USA⟩ *Inhaber eines akadem. Grades, Magister,* z. B. Master of Arts **2** ⟨Jägerspr.⟩ *Leiter einer Parforcejagd* **3** *Originalkopie (als Vorlage für Vervielfältigungen)* (Masterkopie) **4** ⟨EDV⟩ *übergeordnete Einheit bei informationsverarbeitenden Systemen, Hauptrechner* **5** *Leiter eines Quiz, einer Show* (Quizmaster, Showmaster) [engl. < lat. *magister* „Herr, Vorsteher"; zu lat. *magnus* „groß"]

**Mästerei** ⟨f. 18⟩ *Betrieb zum Mästen von Vieh* (Schweinemästerei)

**Masters** ⟨[ma:s-] n.; -, -; Sp.⟩ *Sportveranstaltung, an der nur die besten Sportler bzw. Mannschaften (eines Sportjahres) teilnehmen* ◆ Tennis-Masters [< engl. *master* „Herr, Meister, Lehrer"]

**Mastfutter** ⟨n. 13; unz.⟩ *Futter für die Mast*

**Mastiff** ⟨engl. a. ['mæstif] m. 6⟩ ◄ *Angehöriger einer großen, massigen englischen Kampfhunderasse, die den Doggen verwandt ist* [engl., „Bulldogge" < afrz. *mastin* < lat. *mansuet(in)us* „zahm"]

MASTIFF

**Masturbation** ⟨f. 20⟩ *geschlechtl. Selbstbefriedigung;* Sy *Onanie* [< lat. *manu* „mit der Hand" + *stuprare* „Unzucht treiben"]

**masturbieren** ⟨V. i.; hat⟩ *sich geschlechtl. selbst befriedigen;* Sy *onanieren*

**Mastvieh** ⟨n.; -s; unz.⟩ *gemästetes od. zu mästendes Vieh*

**Masure** ⟨m. 17⟩ *Bewohner Masurens*

**masurisch** ⟨Adj.⟩ *zu Masuren gehörig, von dort stammend*

**Matador** ⟨m. 1⟩ **1** ▼ *Stierkämpfer, dessen Aufgabe es ist, mit dem Stier bis zum Todesstoß zu kämpfen* **2** ⟨fig.⟩ *Hauptperson, Sieger, Rädelsführer* **3** ⟨Kart.⟩ *Trumpf* [zu span. *matar* „töten" < lat. *mactare* „opfern, schlachten"]

**Match** ⟨[mætʃ] n. 15 od. n. 11 od. m. 1 od. schweiz.: [matʃ] m. 1⟩ *Wettkampf, Wettspiel* [engl.; zu asächs. *gimako*, ahd. *gimah* „tauglich"]

**Mate** ⟨m.; -; unz.⟩ *aus den Blättern des Matestrauches gewonnenes, leicht koffeinhaltiges Getränk;* Sy *Matetee, Yerba* [span. < indian. „Flaschenkürbis"]

**Mater** ⟨f. 21⟩ = *Matrize (1.2)* [lat., „Mutter"]

**material** ⟨Adj.⟩ **1** *stofflich, sachlich* **2** *körperlich, wirklich vorhanden*

**Material** ⟨n.; -s, -lien⟩ **1** *für eine Arbeit benötigter Roh-, Bau-, Werkstoff* **2** *Hilfsmittel, Zutat, Gerät* **3** *schriftl. Belege, Unterlagen, Beweismittel* ◆ Material (für einen Artikel, Bericht, eine Reportage) ordnen, sammeln; brauchbares, edles, gutes, haltbares, minderwertiges, schlechtes Material; das Material reicht für die, zur Anklage nicht aus; Material zum Bauen, Heizen [zu lat. *materia* „(Ur)stoff, der etwas hervorbringt"; zu lat. *mater* „Mutter"]

**Materialfehler** ⟨m. 3⟩ *bereits im Rohstoff vorhandener Fehler*

**Materialisation** ⟨f. 20⟩ **1** *Verstofflichung, Verkörperung* **2** *Umwandlung energiereicher Strahlung in Materie* **3** ⟨Okk.⟩ *angeblich körperl. Erscheinung von Geistern*

**materialisieren** ⟨V. t.; hat⟩ *stofflich, körperlich machen*

**Materialismus** ⟨m.; -; unz.; Philos.⟩ *Lehre, dass das Stoffliche das allein Wirkliche in der Welt u. alles Nichtstoffliche (Geist, Seele*

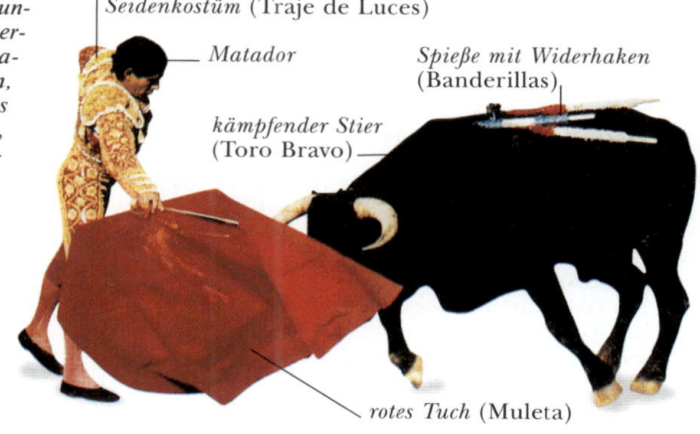

MATADOR MIT STIER

M

## MATERIE

Es werden gewöhnlich drei Aggregatzustände der Materie unterschieden: Festkörper, Flüssigkeit und Gas. Beim Festkörper ziehen sich die Teilchen gegenseitig stark an und bilden ein festes Gitter, aus dem oft eine kristalline äußere Form resultiert. Beim Gas können sich die Teilchen ungehindert in alle Richtungen bewegen, da die Bindungen zwischen ihnen nur sehr gering sind. Bei der Flüssigkeit reicht die gegenseitige Anziehungskraft der Teilchen aus, um ein definiertes Volumen beizubehalten. Glas ist eine unterkühlte Flüssigkeit, die zwar fest ist, aber keinen kristallinen Aufbau besitzt.

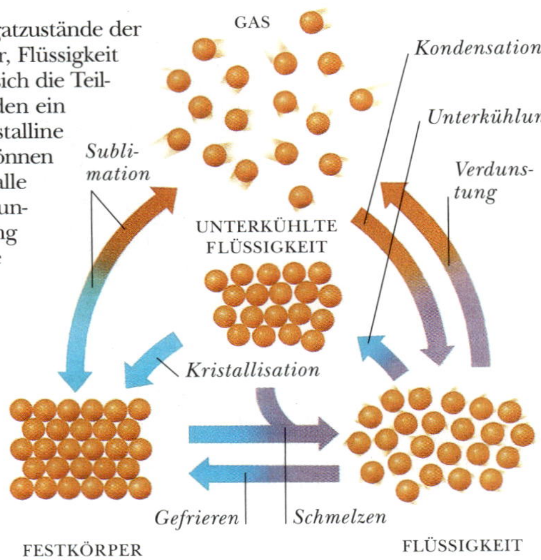


ANORDNUNG DER TEILCHEN IN VERSCHIEDENEN AGGREGATZUSTÄNDEN DER MATERIE

*usw.) nur als seine Eigenschaft u. Wirkung aufzufassen sei*

**materialistisch** ⟨Adj.⟩ *zum Materialismus gehörend, auf ihn beruhend*

**Materie** ⟨[-riə] f. 19⟩ **I** ⟨unz.⟩ ▲ *Urstoff, jede in Form von Masseteilchen auftretende Energieform* ◆ Geist und Materie **II** ⟨zählb.⟩ **1** *Stoff, Masse* **2** *das Gegenständliche* **3** *Gegenstand, Thema eines Gesprächs, einer Schrift o. Ä.* ◆ die Materie beherrschen; ich muss mich noch mit der Materie vertraut machen

**materiell** ⟨Adj.⟩ **1** *die Materie betreffend, auf ihr beruhend* **2** *stofflich, sachlich, gegenständlich, körperlich;* Ggs *spirituell* ◆ in materieller Hinsicht geht es ihm gut *hat er gute Einnahmen, ist vermögend*

**Maternität** ⟨f. 20; unz.; Med.⟩ *Mutterschaft*

**Matetee** ⟨m. 6; unz.⟩ = *Mate*

**Mathematik** ⟨f. 20; unz.⟩ *Lehre von den Zahlen u. Formen* ◆ angewandte Mathematik; höhere Mathematik; das ist ja höhere Mathematik! ⟨umg.; scherzh.⟩ *sehr, zu schwierig* [< grch. *mathematike (techne);* zu *mathema* „Wissenschaft"]

**Mathematiker** ⟨m. 3⟩ *Kenner, Lehrer, Student der Mathematik*

**mathematisch** ⟨Adj.⟩ *die Mathematik betreffend, auf ihr beruhend* ◆ eine mathematische Aufgabe, Gleichung lösen; mathematisches Denken

**Matinee** ⟨f. 19⟩ *künstler. Veranstaltung am Vormittag;* Ggs *Soiree* [frz., „Vormittag" < lat. *matutinus* „morgendlich"]

**Matjeshering** ⟨m. 1⟩ *gesalzener junger Hering* [< mndrl. *medykenshering* „Mädchenhering", d.h. junger Hering ohne Rogen od. Milch]

**Matratze** ⟨f. 19⟩ **1** *der mit Sprungfedern versehene Teil des Bettes, auf dem man liegt* (Sprungfedermatratze) **2** *Polster als Auflage auf die Sprungfedermatratze* (Auflegematratze) **3** *aufblasbares Liegepolster aus Gummi* (Luftmatratze) [< mhd. *mat(e)raz* < ital. *materassa* < span. *almadraque* < arab. *al-matrah* „Lager, Kissen"]

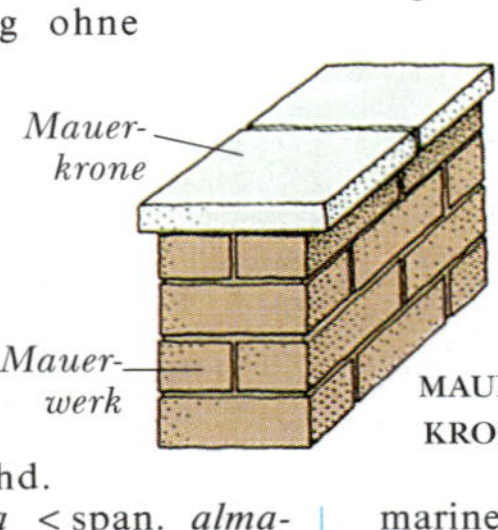


MAUER-
KRONE

**Mätresse** ⟨f. 19⟩ *Geliebte (früher bes. eines Fürsten);* oV *Maitresse* [< frz. *maîtresse* „Herrin, Geliebte" < lat. *magister* „Herr"]

**matriarchalisch** ⟨Adj.⟩ *auf dem Matriarchat beruhend, mutterrechtlich;* Ggs *patriarchalisch (3)*

**Matriarchat** ⟨n. 11⟩ = *Mutterherrschaft;* Ggs *Patriarchat (1)* [< lat. *mater* „Mutter" + grch. *arche* „Herrschaft"]

**Matrikel** ⟨f. 21⟩ **1** *Verzeichnis,* ⟨an Universitäten⟩ *der Studenten,* ⟨in Pfarreien⟩ *der Pfarrkinder u. Einkünfte,* ⟨im alten Dt. Reich bzw. Dt. Bund⟩ *der Stände u. der für das Bundesheer zu stellenden Truppen* **2** ⟨in Österr.⟩ *Personenstandsregister* [zu lat. *matricula,* eigtl. „Mütterchen"]

MAULBRÜTER: BUNTBARSCH
*(Haplochromis* species)

**matrimonial** ⟨Adj.; geh.⟩ *zur Ehe gehörig, ehelich* [< lat. *matrimonialis* „ehelich"]

**Matrix** ⟨f.; -, -trizen od. -trizes od. -trices⟩ **1** ⟨Biol.⟩ **1.1** *Mutterboden* **1.2** *Keimschicht der Haarzwiebel, Nagel- u. Krallenbett der Wirbeltiere* **1.3** *Hülle der Chromosomen* **2** ⟨Farbfernsehen⟩ *Schaltung zur gleichzeitigen Steuerung von Helligkeit u. Farbsignalen* **3** ⟨Math.⟩ *System von Größen, die in einem rechteckigen Schema angeordnet sind;* Sy *Matrize (3)* **4** ⟨EDV⟩ *rasterförmige Anordnung von Punkten bei der Darstellung von Zeichen u. Bildelementen* [lat., eigtl. „Zuchttier, Stammmutter"]

**Matrize** ⟨f. 19⟩ **1** ⟨Typ.⟩ **1.1** *Metallform mit dem eingeprägten Schriftzeichen od. Bild;* Ggs *Patrize* **1.2** *in Wachs, Metall od. Spezialpappe geprägtes Abbild eines Schriftsatzes od. eines Druckbildes zur Herstellung von Galvanos;* Sy *Mater* **1.3** *gewachstes Papierblatt zum Vervielfältigen von Zeichnungen u. (Maschinen-)Schrift* **2** *die negative Form bei der Herstellung von Schallplatten* **3** ⟨Math.⟩ = *Matrix (3)*

**Matrose** ⟨m. 17⟩ **1** ⟨in der Handelsmarine⟩ *Seemann nach dreijähriger Lehrzeit* **2** ⟨Kriegsmarine⟩ *unterster Dienstgrad* **3** *Soldat in diesem Grad* [< ndrl. *matroos* < mndrl. *mattenoot,* mhd. *mazgenoze* „Speise + Genosse", da die germ. Schiffsmannschaften in Mahlgenossenschaften aufgeteilt waren]

**Matsch** ⟨m. 1; unz.⟩, **Matsche** ⟨f. 19; unz.; umg.⟩ *breiige Masse, dickflüssiger Schmutz, halb getauter Schnee* [→ *manschen*]

**matschen** ⟨V. i.; hat; umg.⟩ **1** *mit Wasser od. nassem Sand spielen* **2** *Wasser verschütten, nassen Schmutz machen*

**matschig** ⟨Adj.⟩ *breiig, feucht-schmutzig*

**matt** ⟨Adj.; -er, am -esten⟩ **1** *schwach, erschöpft, kraftlos, lustlos, müde* (Person) **2** *trübe, ohne Glanz, nicht spiegelnd* (Augen, Metall, Papier, Spiegel) **3** *keinen Schmelz, keine Kraft besitzend* (Stimme) **4** *undurchsichtig* (Glas) **5** *gedämpft, nicht leuchtend, stumpf* (Farbe) **6** *flau* (Börse) **7** *nicht überzeugend* (Ausrede) **8** ⟨Schach⟩ *besiegt* ◆ er hatte nur eine matte **Entschuldigung;** ein mattes **Lächeln** huschte über ihre Züge; mattes **Licht** *gedämpftes Licht;* **Schach** und matt!; der Kranke sprach mit matter **Stimme** ◆ sie **fühlt** sich heute matt; den Gegner matt **setzen** ⟨Schach⟩ ◆ matt **von** der Anstrengung; matt **vor** Hunger [< mhd. *schach unde mat* < frz. *échec et mat* < span. *jaque y mate* < arab. *esch-schah mat* „der König ist gestorben"]

**Matt** ⟨n.; - od. -s; unz.; Schach⟩ *Schlussstellung, Bewegungsunfähigkeit des Königs*

**Matte** ⟨f. 19⟩ **1** *geflochtener od. grob gewebter kleiner Teppich, Unterlage* (Fußmatte, Turnmatte) **2** ⟨umg.⟩ *jmdn. stark beeindrucken* ◆ den Gegner auf die Matte legen *ihn im Ringkampf besiegen;* auf der Matte stehen ⟨fig.; umg.⟩ *zur Stelle sein, da sein* [< mhd., ahd. *matta,* engl. *mat* < lat. *matta* „grobe (geflochtene) Decke"; aus dem Semitischen]

**Mattigkeit** ⟨f. 20; unz.⟩ *Müdigkeit, Erschöpfung, Schwäche, Kraft-, Lustlosigkeit* ◆ vor Mattigkeit einschlafen, umsinken

**Mattscheibe** ⟨f. 19⟩ **1** ⟨in der Kamera⟩ *leicht matte, durchsichtige Glasscheibe zum scharfen Einstellen des Bildes* **2** *Bildschirm des Fernsehapparates* ◆ Mattscheibe haben ⟨fig.; umg.⟩ *geistig nicht aufnahmefähig, benommen, verschlafen sein*

**Matutin** ⟨f. 7 od. f. 20⟩ *nächtl. Stundengebet* [< lat. *matutinus* „am Morgen, Morgen..."]

**mau** ⟨Adj.; umg.⟩ *flau, schlecht* ◆ das Geschäft geht mau [zu *mauen* < *miauen*]

**Mauer** ⟨f. 21⟩ *Wand aus übereinander greifenden, meist mit Mörtel verbundenen Steinen als Umgrenzung (bes. einer Stadt, Stadtmauer)* ◆ eine Mauer **aufführen** ⟨Fachspr.⟩; sein Misstrauen **errichtet** eine Mauer zwischen uns ⟨fig.⟩ ◆ eine **alte,** bröckelige, eingestürzte Mauer; **Berliner** Mauer (1961-1989) *von der DDR in Berlin errichtete Mauer, die die Flucht der Bevölkerung in den Westen verhindern sollte;* die **Chinesische** Mauer ◆ ein Gelände **mit** einer Mauer umgeben; der Gegner stand **wie** eine Mauer [< mhd. *mure* < ahd. *mura* < lat. *murus*]

**Mauerblümchen** ⟨n. 14; fig.; umg.⟩ *Mädchen, das beim Tanz selten aufgefordert wird, Frau, die von den Männern unbeachtet bleibt*

**Mauerhaken** ⟨m. 4⟩ *Eisenhaken (oft mit Ring od. Öse), der in die Mauer od. (beim Bergsteigen) in den Felsen geschlagen wird, zum Befestigen von Leisten o. Ä. bzw. des Seils*

**Mauerkrone** ⟨f. 19⟩ ◄ *oberer Abschluss der Mauer*

**mauern** ⟨V. i.; hat⟩ **1** *Steine mit Mörtel zu einer Mauer zusammenfügen* **2** ⟨Kart.⟩ *Karten zurückhalten, nicht ausspielen, ängstlich spielen, nichts wagen* **3** ⟨Sp.; Fußb.⟩ *das eigene Tor mit allen Spielern, wie mit einer Mauer, verteidigen (um den Spielstand zu halten)*

**Mauerpfeffer** ⟨m. 3; unz.; Bot.⟩ *gelb blühende Art der Fetthenne mit kleinen, meist walzigen Blättern u. gelben Blüten: Sedum acre*

**Mauerwerk** ⟨n. 11; unz.⟩ **1** *Gefüge aus Steinen u. Mörtel, Mauer* **2** *Gesamtheit von mehreren, einen Bau bildenden Mauern*

**Maul** ⟨n. 12u⟩ **1** *Mund der Tiere (mit Ausnahme der Vögel)* **2** ⟨derb⟩ *Mund* **3** *maulartige Öffnung von Werkzeugen, z. B. am Schraubenschlüssel* ◆ **aufmachen:** mach, tu doch endlich das, dein Maul auf! ⟨derb⟩ *sprich endlich!;* **aufreißen:** er reißt das Maul (gar zu weit) auf ⟨derb⟩ *er prahlt (zu sehr);* **halt's** Maul! ⟨derb⟩ *sei still!;* ich werde ihm das Maul **stopfen** ⟨derb⟩ *ihn zum Schweigen bringen;* sich das Maul, die Mäuler **zerreißen** ⟨derb⟩ *böse Nachrede führen, klatschen* ◆ ein **großes** Maul haben ⟨derb⟩ *wichtigtuerische Reden führen, vorlaut sein* ◆ jmdm. **ums** Maul gehen ⟨umg.⟩ *ihm nach dem Munde reden, das sagen, was er gern hört* [< mhd. *mul(e)* < ahd. *mula;* zu grch. *myllon*]

**Maulaffen** ⟨Pl.; nur in der Wendung⟩ Maulaffen feilhalten ⟨fig.; umg.⟩ *untätig herumstehen u. gaffen* [< österr. *maulauf,* böhm. *mäulaff,* rheinfränk. *mulop;* eigtl. Tonköpfe, denen man Kienspäne in den Mund steckte]

**Maulbeerbaum** ⟨m. 1u; Bot.⟩ *Angehöriger einer Gattung der Maulbeergewächse (Moraceae) mit grob gezähnten Blättern: Morus* ◆ Schwarzer Maulbeerbaum ► *liefert Maulbeeren: Morus nigra;* Weißer Maulbeerbaum *Futterpflanze für Seidenraupen: Morus alba* [< mhd. *mulber,* mengl. *mulberie,* ahd. *murberi* < lat. *morum* < grch. *moron*]

MAULBEERBAUM:
SCHWARZER MAULBEERBAUM
*(Morus nigra)*

**Maulbeere** ⟨f. 19⟩ *brombeerähnl. Frucht des Schwarzen Maulbeerbaums*

**Maulbrüter** ⟨m. 3; Zool.⟩ ◄ *Fisch mit meist hoch entwickelten Brutpflegeinstinkten, bei dem die Jungen im Maul als Brutraum schlüpfen u. bei Gefahr auch wieder in das Maul aufgenommen werden: Cichlidae*

**maulen** ⟨V. i.; hat; umg.⟩ *murren, mürrisch, trotzig reden*

**Maulesel** ⟨m. 5; Zool.⟩ *Kreuzung von Pferdehengst u. Eselstute;* → a. *Maultier* [< mhd. *mulesel* < lat. *mulus*]

**Maulkorb** ⟨m. 1u⟩ *aus Lederriemchen (od. Kunststoff) netzartig geflochtene Haube, die bissigen Hunden, Pferden od. Ochsen übers Maul gebunden wird* ◆ jmdm. einen Maulkorb anlegen ⟨fig.; umg.⟩ *das offene Reden verbieten, das Recht zur freien Meinungsäußerung einschränken*

**Maulschelle** ⟨f. 19⟩ = *Ohrfeige* [→ *Maul (2), schallen*]

**Maultasche** ⟨f. 19; Kochk.⟩ *kleine, mit Fleisch, Käse od. Spinat gefüllte Tasche aus Nudelteig*

**Maultier** ⟨n. 11; Zool.⟩ ► *Kreuzung zwischen Eselhengst u. Pferdestute;* → a. *Maulesel*

MAULTIER

**Maulwurf** ⟨m. 1u⟩ *Angehöriger einer Familie der Insektenfresser mit walzenförmigem Körper, kurzem, dichtem Pelz, rudimentären Augen u. schaufelförmigen Grabbeinen: Talpidae;* ► *Säugetiere* [< ahd. *moltwerf* „Erdaufwerfer"]

**Maulwurfshaufen** ⟨m. 4⟩, **Maulwurfshügel** ⟨m. 5⟩ *die vom Maulwurf beim Graben aufgeworfene Erde*

**Maulwurfsratte** ⟨f. 19; Zool.⟩ = *Sandgräber*

**Maure** ⟨m. 17⟩ **1** *Berber* **2** *Berber-Araber Nordafrikas, Eroberer Spaniens* **3** *berber-arabische Einwohner Mauretaniens* [< ahd. *mor* < lat. *maurus* „Nordwestafrikaner"]

**Maurer** ⟨m. 3⟩ **1** *Handwerker, der Mauerwerk jeglicher Art herstellt* **2** *Lehrberuf mit dreijähriger Lehrzeit* ◆ pünktlich wie die Maurer ⟨umg.; scherzh.⟩ *sehr, äußerst pünktlich*

**Maurerkelle** ⟨f. 19⟩ *Gerät des Maurers, mit dem er den Mörtel aufträgt*

**Maureske** ⟨f. 19⟩ *Ornament aus stilisierten Blättern u. Blüten in der islamischen Kunst;* oV *Moreske* [< frz. *mauresque* „maurischer (Tanz)"]

**maurisch** ⟨Adj.⟩ *die Mauren betreffend, zu ihnen gehörig, von ihnen stammend*

**Maus** ⟨f. 7u⟩ **1** ⟨Zool.⟩ **1.1** ⟨i. w. S.⟩ *Angehörige einer Familie der Nagetiere: Muridae;* ► *Säugetiere* **1.2** ⟨i. e. S.⟩ *Angehörige einer in Eurasien sowie Australien verbreiteten Unterfamilie der Nagetiere: Murinae* **1.3** ⟨im engsten Sinne⟩ *Hausmaus: Mus musculus* **2** = *Kugel (4)* **3** ⟨Anat.⟩ *Handballen* **4** ⟨EDV⟩ ► *auf Rollen gelagertes Eingabegerät, dessen Bewegung auf einer Arbeitsplatte direkt in Bewegung des Cursors auf dem Bildschirm umgesetzt wird;* oV *Mouse* **5** ⟨Kosewort für⟩ *Kindchen, kleines Mädchen* **6** Mäuse ⟨Pl.; fig.; umg.⟩ *Geld* ◆ **abbeißen:** da beißt die Maus keinen Faden ab ⟨umg.⟩ *da hilft nun alles nichts, es muss sein;* Mäuse **knabbern**, nagen, pfeifen, rascheln ◆ **weiße** Mäuse sehen (im Delirium) [< mhd. < ahd. *mus,* engl. *mouse* < lat. *mus* < grch. *mys*]

**mauscheln** ⟨V. i.; hat⟩ **1** *jiddisch sprechen* **2** ⟨fig.⟩ *unverständlich reden* **3** ⟨Kart.⟩ *Mauscheln spielen* **4** ⟨umg.⟩ *sich heimlich absprechen, heimlich Vereinbarungen treffen* ◆ in der Politik wird viel gemauschelt [17. Jh.; „reden wie Moses" (jüd. *Mausche*)]

**Mäuschen** ⟨n. 14⟩ **1** *kleine Maus* **2** ⟨Anat.; volkstüml.⟩ *freier Gelenkkörper in einem Gelenk* **3** ⟨Kosewort für⟩ *Kindchen, (kleines) Mädchen* ◆ da möchte ich mal Mäuschen spielen *da möchte ich heimlich, im Verborgenen dabei sein*

**mäuschenstill** ⟨Adj.⟩ *ganz still*

**Mäusebussard** ⟨m. 1⟩ *meist braune Art der Bussarde: Buteo buteo*

**Mauseloch, Mäuseloch** ⟨n. 12u⟩ *Eingang zum Bau der Maus* ◆ ich würde mich am liebsten in ein Mauseloch verkriechen ⟨fig.⟩ *ich möchte mich am liebsten (vor Verlegenheit) verstecken*

**mausen** ⟨V.; hat⟩ **I** ⟨V. t.; umg. mildernd⟩ *stehlen* **II** ⟨V. i.⟩ *Mäuse fangen* (von Tieren) ◆ die Katze lässt das Mausen nicht ⟨Sprichw.⟩ *von tief verwurzelten Gewohnheiten und Marotten kann man nicht lassen*

**Mauser** ⟨f.; -; unz.⟩ *Federwechsel (der Vögel)* (Frühjahrs-, Herbstmauser) ◆ in der Mauser sein [→ *mausern*]

**Mäuserich** ⟨m. 1; Zool.⟩ *männl. Maus*

**mausern** ⟨V. refl.; hat⟩ sich mausern **1** *die Federn wechseln* (Vögel) **2** ⟨fig.⟩ *sich zu seinem Vorteil entwickeln* [< mhd. *müzen* < ahd. *muzon* < lat. *mutare* „verändern, wechseln"]

MAUS

Bewegungen der Maus werden über mehrere Rollen in elektrische Impulse übersetzt. Ein Chip in der Maus sammelt diese Informationen, schickt sie an den Computer und lässt den Cursor über den Bildschirm gleiten.

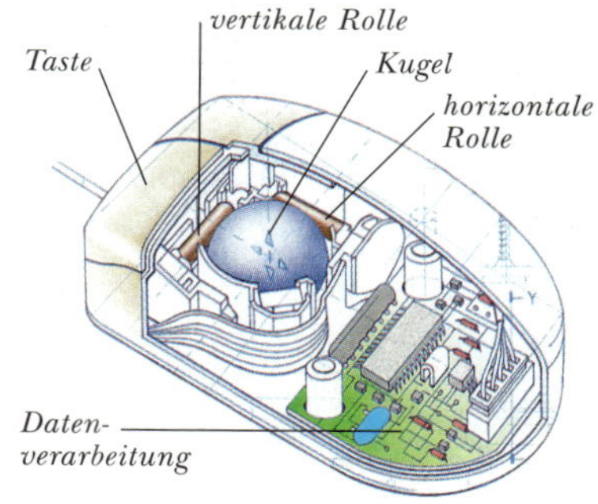

SCHNITT DURCH EINE COMPUTERMAUS

**mausetot** ⟨Adj.; umg.; verstärkend⟩ *tot*

**mausfarben, mausfarbig** ⟨Adj.⟩ = *mausgrau*

**mausgrau** ⟨Adj.⟩ *grau wie das Fell der Maus;* Sy *mausfarben, mausfarbig*

**Mausklick** ⟨m. 6; EDV⟩ *kurzes, mit einem klickenden Geräusch verbundenes Betätigen der Maustaste zur Aktivierung von Befehlsfeldern auf der Menüleiste;* oV *Mouseclick*

**Mausoleum** ⟨[-le:um] n.; -s, -leen⟩ **1** ⟨urspr.⟩ *monumentales Grabmal des Königs Mausolos in Halikarnass, eines der sieben Weltwunder* **2** ⟨danach allg.⟩ *monumentales Grabmal*

**Mauspad** ⟨[-pæd] n. 15; EDV⟩ *weiche Unterlage für die Maus, die ein leichteres Navigieren des Cursors ermöglicht u. die Maus vor Verunreinigungen schützt;* oV *Mousepad;* Sy ⟨kurz⟩ *Pad* [zu engl. *pad* „Polster"; in England: *(mouse-)mat* „Matte, Untersetzer"]

**mauve** ⟨[mo:v] Adj.; undekl.⟩ = *malvenfarbig*

**m. a. W.** ⟨Abk. für⟩ *mit anderen Worten*

**Maxi...** ⟨in Zus.⟩ *übermäßig (lang, groß, hoch, usw.)* ◆ Maxikleid, Maxipizza, Maxipackung [zu lat. *maximum* „das größte, längste"]

**Maxilla** ⟨f.; -, -lae [-lɛ:]; Zool.⟩ **1** *Mundwerkzeug der Krebse u. der Insekten* **2** ⟨bei Wirbeltieren⟩ ► = *Oberkiefer* [lat.]

**maxillar** ⟨Adj.; Zool.⟩ *zur Maxilla gehörend*

**maximal** ⟨Adj.⟩ *größt..., höchst...* [zu lat. *maximus* „der größte"]

**Maximal...** ⟨in Zus.⟩ *Höchst..., Größt...,* z. B. Maximalgeschwindigkeit

**Maxime** ⟨f. 19⟩ *Grundsatz, Lebensregel* ◆ die Maxime seines Lebens war ... [→ *Maximum*]

**maximieren** ⟨V. t.; hat⟩ *das Maximum anstreben, erreichen;* Ggs *minimieren* ◆ den Gewinn, Ertrag maximieren

**Maximum** ⟨n.; -s, -xima⟩ *größter Wert, Höchstwert;* Ggs *Minimum* ◆ ein barometrisches Maximum *Hoch* [lat., „das Größte"]

**Maya** ⟨['ma:ja]⟩ **I** ⟨m. 6 od. m.; -, -⟩ *Angehöriger eines indian. Kulturvolkes der vorkolumb. Zeit in Mexiko u. im nördl. Südamerika* **II** ⟨n.; -; unz.⟩ *Sprache der Maya*

**Mayonnaise** ⟨[majo'ne:zə] f. 19⟩ = *Majonäse*

**MAZ** ⟨f.; -; unz.; Abk. für⟩ *magnetische Bildaufzeichnung (Anlage für Aufzeichnung von Fernsehbildern auf Magnetband)*

**Mäzen** ⟨m. 1⟩ *Kunstfreund, Gönner, Förderer von Künstlern* [nach dem Römer *Maecenas*]

**Mäzenatin** ⟨f. 22⟩ *weibl. Mäzen*

M

KOREA-MEDAILLE DER VEREINTEN NATIONEN

OLYMPISCHE GOLD-MEDAILLE 1996

MEDAILLEN

**Mazisblüte** ⟨f. 19; unz.; Bot.⟩ *Muskatblüte, getrocknete Samenhülle der Muskatnuss*

**MB** ⟨Abk. für⟩ *Megabyte*

**mbar** ⟨Abk. für⟩ *Millibar*

**µbar** ⟨Abk. für⟩ *Mikrobar*

**MByte** ⟨[ˈɛmbait] n.; - od. -s, - od. -s; Abk. für⟩ *Megabyte*

**MC** ⟨Abk. für⟩ *Musikkassette* [< engl. *music cassette*]

**Md.** ⟨Abk. für⟩ *Milliarde, Milliarden*

**MdB** ⟨Pol.; Abk. für⟩ *Mitglied des Bundestages*

**MdL** ⟨Pol.; Abk. für⟩ *Mitglied des Landtages*

**m. E.** ⟨Abk. für⟩ *meines Erachtens*

**Mechanik** ⟨f. 20⟩ **I** ⟨unz.⟩ **1** *Lehre von den Bewegungen von Körpern u. Systemen u. den Kräften, welche diese Bewegungen hervorrufen* **2** *Maschinenkunde* **II** ⟨zählb.⟩ *Triebwerk, Getriebe, Mechanismus* [< lat. *(ars) mechanica* < grch. *mechanike (techne)*, eigtl. „Maschinenkunst"]

**Mechaniker** ⟨m. 3⟩ **1** *Facharbeiter im Metallgewerbe für feine u. schwierige Arbeiten* **2** *Facharbeiter, der Maschinen instand hält*

**mechanisch** ⟨Adj.⟩ **1** *auf der Mechanik beruhend, sie betreffend* **2** *von einer Maschine angetrieben* **3** ⟨fig.⟩ *unwillkürlich, gedankenlos, zwangsläufig, durch Einfluss äußerer Kräfte veranlasst* ◆ etwas im mechanischen Verfahren herstellen; mechanischer Webstuhl; etwas ganz mechanisch tun *gedankenlos, ohne darauf zu achten*

**meckern** ⟨V. i.; hat⟩ **1** *helle, kurze Laute, wie sie die Ziegen von sich geben, ausstoßen* **2** ⟨fig.; umg.⟩ *in kurzen, hellen Tönen lachen* **3** *an allem etwas auszusetzen haben* [< spätmhd. *möckatzen;* zu *mecke, möcke* „Ziegenbock" < grch. *mekas* „Ziege", *mekasthai* „meckern", aind. *meka* „Bock"]

**Medaille** ⟨[-daljə] f. 19⟩ ▲ *nicht für den Geldverkehr bestimmte Münze mit bildlicher Darstellung zum Andenken an ein Ereignis od. eine Persönlichkeit* ◆ das ist die Kehrseite der Medaille! ⟨fig.⟩ *die unangenehmere Seite der Angelegenheit* [< frz. *médaille* < ital. *medaglia* < mlat. **metallia* „metallene Münze"]

**Medaillon** ⟨[-daljɔ̃] od. [jɔŋ] n. 15⟩ **1** *rundes od. ovales Ornament* **2** ► *runde od. ovale Kapsel für Bildchen od. Andenken als Schmuckanhänger* **3** *rund od. oval gerahmtes Bildchen* (Bildnismedaillon) **4** ⟨Kochk.⟩ *kleines, kreisrund od. oval geschnittenes Stück Fleisch* (Kalbsmedaillon) [< frz. *médaillon* < ital. *medaglione* „große Münze"]

**Media** ⟨f.; -, -diae [-diɛː]⟩ **1** ⟨Sprachw.⟩ *stimmhafter Verschlusslaut, b, d, g* **2** ⟨Med.⟩ *mittlere Wandschicht der Blut- u. Lymphgefäße* [zu lat. *medius* „der mittlere"]

MEDAILLON: ENGLISCHES MEDAILLON AUS DEM SPÄTEN 19. JH.

**medial** ⟨Adj.⟩ **1** ⟨Phys.⟩ *zur Mitte hin gerichtet* **2** ⟨Okk.⟩ *mit den Eigenschaften eines Mediums ausgestattet* **3** ⟨Gramm.⟩ *in passivischer Form, aber in aktivischer Bedeutung stehend* [zu lat. *medianus* „in der Mitte befindlich"]

**median** ⟨Adj.⟩ *in der Mitte, in der Körpermitte gelegen* [zu lat. *medianus* „in der Mitte befindlich"]

**Medianwert** ⟨m. 1⟩ = *Mittelwert*

**mediat** ⟨Adj.⟩ **1** *mittelbar* **2** ⟨im alten Dt. Reich⟩ *einem Reichsstand u. nicht dem Reich selbst unterstehend* (Besitzungen) [< frz. *médiat* „mittelbar, abhängig"; zu lat. *medius* „der mittlere"]

**Mediation** ⟨f. 20⟩ *Vermittlung, vermittelndes Dazwischentreten* [→ *mediat*]

**Mediator** ⟨m.; -s, -toren⟩ **1** ⟨Rechtsw.⟩ *Schlichter in Rechtskonflikten* **2** ⟨Med.⟩ *hormonähnlicher Wirkstoff, der im Gewebe bzw. in den Zellen produziert wird u. über das Blut entweder in der Nähe der Bildungsstätte od. entfernt wirksam werden kann* [lat., „Mittler"]

**Mediävist** ⟨[-vist] m. 16⟩ *Wissenschaftler der Mediävistik, der Geschichte, Literatur u. Sprache des europ. Mittelalters*

**Medien** ⟨[-diən] Pl. von⟩ *Medium*

**Medikament** ⟨n. 11; Med.⟩ ► *zur Verhütung u. Behandlung von Krankheiten u. Schmerzen dienender Stoff;* Sy *Arzneimittel, Pharmakon* [< lat. *medicamentum* „Heilmittel"]

**medikamentieren** ⟨V. t.; hat; Med.⟩ jmdn. medikamentieren *mit Medikamenten behandeln*

**medikamentös** ⟨Adj.; Med.⟩ *mithilfe von Medikamenten* ◆ eine Krankheit medikamentös behandeln

**Medikation** ⟨f. 20; Med.⟩ *Anwendung eines Medikaments* [zu lat. *medicari* „heilen"]

**Meditation** ⟨f. 20⟩ **1** *religiöse Versenkung* **2** *tiefes Nachdenken, sinnendes Betrachten* [< lat. *meditatio* „Nachsinnen, Denken"]

**meditativ** ⟨Adj.⟩ **1** *auf Meditation beruhend, in Meditation befindlich* **2** *in tiefes Nachdenken versunken*

**mediterran** ⟨Adj.⟩ *das Mittelmeer u. die angrenzenden Länder betreffend, mittelmeerisch* [< lat. *mediterraneus* < lat. *medius* „der mittlere" + *terra* „Land"]

**meditieren** ⟨V. i.; hat⟩ *sich in Gedanken, Betrachtungen versenken, tief nachdenken* [< lat. *meditari* „(nach)denken"]

**Medium** ⟨n.; -s, -dien⟩ **1** *Mittel, Mittler, Mittelglied* **2** *Mittel, das der Vermittlung von Informationen, Unterhaltung u. Belehrung dient,* z. B. Zeitung, Film, Tonband **3** ⟨kurz für⟩ *Massenmedium* **4** ⟨Phys.⟩ *Substanz, in der sich physikalische Vorgänge abspielen* **5** ⟨Okk.⟩ *Person, die angeblich in der Lage ist, Botschaften aus der Geisterwelt zu übermitteln* **6** ⟨Gramm.⟩ *der reflexiven Form entsprechende Aktionsform des Verbums, bei der sich das Geschehen auf das Subjekt bezieht, z. B. im Griechischen* [lat., „das mittlere"]

**Medizin** ⟨f. 20⟩ **I** ⟨unz.⟩ *Wissenschaft vom kranken u. gesunden Menschen, von seiner Gesunderhaltung u. von den Krankheiten u. ihrer Heilung* ◆ gerichtliche, innere Medizin *(Zweige der medizin. Wissenschaft)* **II** ⟨zählb.; volkstüml.⟩ *Heilmittel, Arznei* [< lat. *(ars) medicina* „die zur Heilung gehörige (Kunst)"]

**Medizinball** ⟨m. 1u; Sp.⟩ *2-5 kg schwerer, mit Haaren gefüllter Lederball für gymnastische Übungen*

**Mediziner** ⟨m. 3⟩ **1** *Arzt* **2** *Student der Medizin*

**medizinisch** ⟨Adj.⟩ *die Medizin betreffend, auf ihr beruhend, ihr dienend* ◆ die Medizinische Fakultät (der Universität); medizinische Indikation; medizinische Klinik *Klinik für innere Medizin*

**Meduse** ⟨f. 19⟩ **I** ⟨unz.; grch. Myth.⟩ *weibl. Ungeheuer, dessen Kopf jeden, der ihn anblickt, versteinert* **II** ⟨zählb.; Zool.⟩ ► = *Qualle* [< grch. *medousa* „weibliches Ungeheuer"]

**Medusenblick** ⟨m. 1; fig.⟩ *Blick der Meduse, der jeden versteinert*

**Medusenhaupt** ⟨n. 12u⟩ *Kopf der Meduse*

**Meer** ⟨n. 11⟩ **1** *Gesamtheit der zusammenhängenden Wassermasse auf der Erdoberfläche* (Weltmeer) *sowie Teil davon* (Mittelmeer, Rotes Meer) **2** *größere Wasserfläche* (Binnenmeer) **3** ⟨fig.⟩ *ungeheuer große Menge* (Häusermeer, Lichtermeer) ◆ auf dem Meer **fahren,** schwimmen, segeln ◆ das **aufgewühlte,** bewegte, glatte, stille, stürmische Meer; das **unendliche,** weite Meer ◆ das Schiff schwimmt **auf** dem Meer; die Sonne stieg **aus,** über dem Meer auf ⟨fig.⟩ *ging am Meereshorizont auf;* die Sonne versank **im,** ins Meer ⟨fig.⟩ *ging am Meereshorizont unter;* ein unübersehbares Meer **von** Häusern ⟨fig.⟩ [< mhd. *mer* < ahd. *mari, meri,* engl. *mere,* lat. *mare*]

MEERBARBE: GESTREIFTE MEERBARBE *(Mullus surmuletus)*

**Meerbarbe** ⟨f. 19; Zool.⟩ ▲ *Angehörige einer Familie farbenprächtiger, schmackhafter barschartiger Fische mit zwei Kinnbarteln: Mullidae;* Sy *Seebarbe*

**Meerbusen** ⟨m. 4⟩ ► = *Golf*[2]

**Meerechse** ⟨[-ks-] f. 19⟩ *Leguan der Galapagosinseln, der häufig ins Meer geht: Amblyrhynchus cristatus*

**Meerenge** ⟨f. 19⟩ ▼ *schmale Meeresstraße zwischen zwei Festländern od. Inseln*

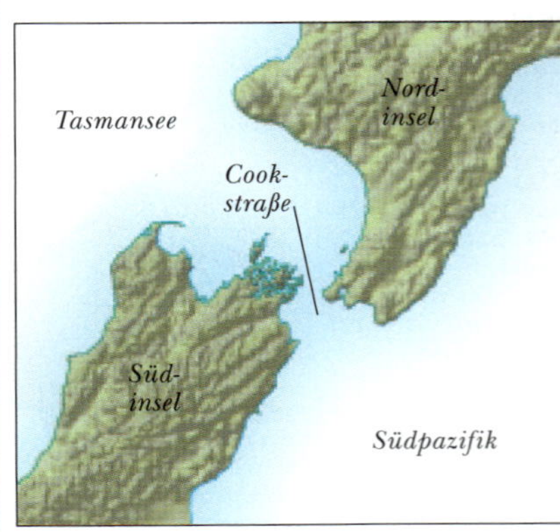


MEERENGE: KARTE MIT DER MEERENGE ZWISCHEN DER NORD- UND DER SÜDINSEL NEUSEELANDS

## MEDIKAMENTE

Mit Medikamenten, Heil- oder Arzneimitteln behandelt oder verhütet man Krankheiten, wobei zahlreiche Darreichungsformen unterschieden werden. In den meisten Fällen werden Medikamente über den Mund eingenommen, örtlich angewendet oder injiziert. Injektionen erfolgen in einen Muskel (intramuskulär), unter die Haut (subkutan) oder in eine Vene (intravenös). Beim Inhalieren gelangt das Medikament über die Nase oder den Mund in die Lunge. Zäpfchen werden in den Mastdarm oder die Scheide eingeführt.

DARREICHUNGSFORMEN

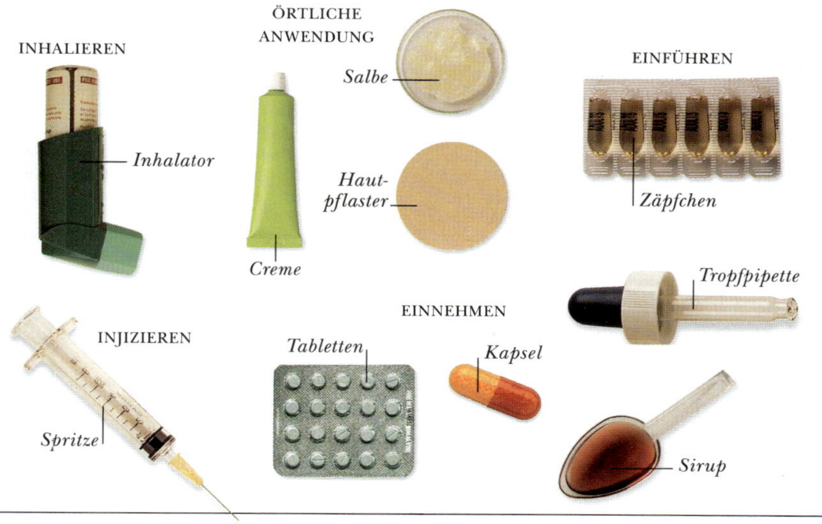


**Meeresfauna** ⟨f.; -; unz.; Zool.⟩ *Tierwelt des Meeres*
**Meeresflora** ⟨f.; -; unz.; Biol.⟩ *Pflanzenwelt des Meeres*
**Meeresfrüchte** ⟨Pl.; Sammelbez. für⟩ *kleine, essbare Meerestiere (Krebse, Muscheln u. Ä.)*
**Meeresgrund** ⟨m. 1u; unz.⟩ ▼ *Boden des Meeres*
**Meeresheilkunde** ⟨f. 19; unz.; Med.⟩ *Erforschung u. Anwendung der natürlichen Heilfaktoren des Meeres zu therapeut. Zwecken*
**Meeresklima** ⟨n.; -s; unz.⟩ = *Seeklima*
**Meereskunde** ⟨f. 19; unz.⟩ *Wissenschaft vom Meer, seiner Größe, Gestalt, Tiefe, seinen Bewegungen u. physikal. u. chem. Eigenschaften;* Sy *Ozeanographie*
**Meeressäugetier** ⟨n. 11; Zool.⟩ *im Meer lebendes Säugetier;* Ggs *Landsäugetier*
**Meeresschildkröte** ⟨f. 19; Zool.⟩ *Schildkröte aus der Gruppe der Halsberger mit ruderartigen Gliedmaßen, Bewohner trop. u. subtrop. Meere, die zur Eiablage an Land geht: Chelonoidea;* oV *Meerschildkröte*
**Meeresspiegel** ⟨m. 5; unz.⟩ *der mittlere Wasserstand des Meeres als Grundlage für Höhenmessungen auf dem Festland* ◆ über dem Meeresspiegel ⟨Abk.: ü. d. M.⟩; unter dem Meeresspiegel ⟨Abk.: u. d. M.⟩
**Meeresstraße** ⟨f. 19; fig.⟩ *Schifffahrtsweg über das Meer*
**Meeresströmung** ⟨f. 20⟩ *Strömung im Meer infolge gleichmäßiger Winde, z. B. der Passatwinde*
**Meereswelle** ⟨f. 19⟩ *durch Wind, Gezeiten od. andere geophysikal. Effekte angeregte wellenförmige Bewegung der Meeresoberfläche*
**meergrün** ⟨Adj.⟩ *blaugrün wie das Meer*
**Meergrundel** ⟨f. 21 od. m. 5; Zool.⟩ ►► *Angehörige(r) einer bes. in Küstenregionen verbreiteten Familie der Grundeln: Gobiidae*
**Meerhecht** ⟨m. 1; Zool.⟩ = *Seehecht*
**Meerjungfrau** ⟨f. 18⟩ *Sagengestalt, im Meer lebendes Mädchen, Nixe*
**Meerkatze** ⟨f. 19; Zool.⟩ ►► *Angehörige einer Unterfamilie der Schmalnasen, baumbewohnender, in Herden lebender Affe mit Backentaschen, Gesäßschwielen u. langem Schwanz: Cercopithecinae*
**Meerohr** ⟨n. 27; Zool.⟩ ▼ *Angehöriges einer Familie der Meeresschnecken mit ca. 70 Arten: Haliotidae*
**Meerotter** ⟨f. 21; Zool.⟩ = *Seeotter*
**Meerrettich** ⟨m. 1⟩ *Kreuzblütler, dessen als Gewürz verwendete Wurzel Senföl enthält: Armoracia lapathifolia (rusticana)* [< ahd. *merratih* < lat. *raphanus maior* „der größere Rettich"]
**Meersalz** ⟨n. 11; unz.⟩ *aus Meerwasser gewonnenes Salz*
**Meerschaum** ⟨m. 1u; unz.⟩ *für Tabakspfeifen u. Zigarettenspitzen verwendetes, in Kleinasien vorkommendes, weißes od. graues Mineral, ein chem. wasserhaltiges Magnesiumsilicat:* $2MgO \cdot 3SiO_3$; Sy *Sepiolith* [Lehnübersetzung von lat. *spuma maris* < grch. *halos hachne*]

MEEROHR: INNENSEITE DER SCHALE

**Meerschaumpfeife** ⟨f. 19⟩ *Tabakspfeife aus Meerschaum*
**Meerschildkröte** ⟨f. 19; Zool.⟩ = *Meeresschildkröte*
**Meerschwein** ⟨n. 11; Zool.⟩ = *Kleiner → Tümmler*
**Meerschweinchen** ⟨n. 14; Zool.⟩ *nur in gezähmtem Zustande lebendes Nagetier, beliebtes Haustier: Cavia porcellus*
**Meerschwert** ⟨n. 12; Zool.⟩ ► = *Schwertfisch*
**Meerspinne** ⟨f. 19; Zool.⟩ *eine Dreieckskrabbe des Atlantiks u. Mittelmeeres mit großen Stelzenbeinen: Maja squinado*
**Meerstichling** ⟨m. 1; Zool.⟩ = *Seestichling*
**meerumschlungen** ⟨Adj.; poet.⟩ *vom Meer umgeben*
**Meerungeheuer** ⟨n. 13; in Sagen u. Märchen⟩ *im Meer lebendes u. die Schiffe bedrohendes Ungeheuer*
**Meerwasser** ⟨n. 13; unz.⟩ *das in seiner Salzzusammensetzung dem Blut u. der Zellflüssigkeit des menschlischen Körpers ähnliche Wasser des Meeres*
**Meeting** ⟨[mi:-] n. 15⟩ *Zusammenkunft, Treffen,* ⟨bes.⟩ *polit., wissenschaftl. od. (mehrtägige) sportl. Veranstaltung* [engl., „Zusammenkunft, Treffen"]
**meg..., Meg...** ⟨in Zus.⟩ = *mega..., Mega...*
**mega..., Mega...** ⟨vor Vokalen⟩ meg..., Meg... ⟨in Zus.⟩ **1** *groß..., Groß...* **2** ⟨Abk.: M; vor Maßeinheiten⟩ *das Millionenfache der genannten Maßeinheit* **3** ⟨umg.; salopp⟩ *super, mächtig, übermäßig, hervorragend,* z. B. Megaevent [< grch. *megas* „groß"]

## MEERESGRUND

Der Meeresgrund besteht keinesfalls nur aus einer flachen Ebene. Mittelozeanische Rücken entstehen aus Magmen, die in Spalten aufquellen, welche durch das Auseinanderdriften tektonischer Platten entstehen. Seamounts und Guyots sind untermeerische Vulkane. Tiefseegräben bilden sich beim Eintauchen tektonischer Platten ins Erdinnere (Subduktion).

SCHNITT DURCH DEN MEERESGRUND

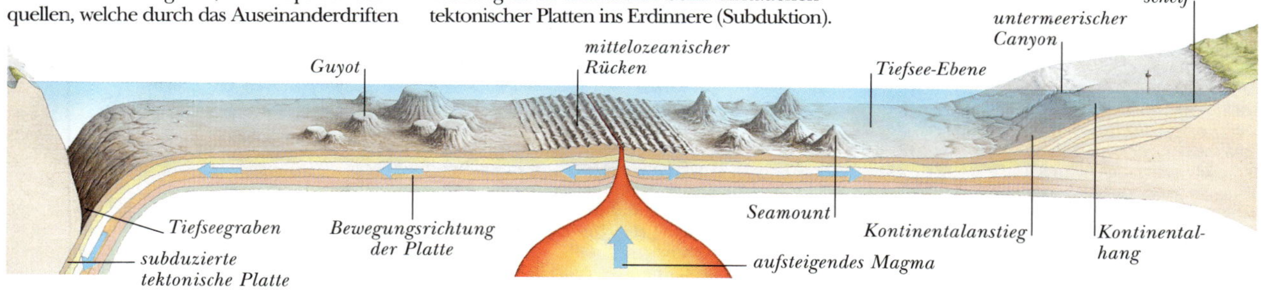

**Megabyte** ⟨[-bait] n.; - od. -s, - od. -s; Abk.: MB, MByte⟩ *1 048 576 Bit* [< *Mega...* + engl. *byte*, erweiterte Form von *bit = binary digit* „Binärziffer"]
**Megafon** ⟨n. 11⟩ = *Megaphon*
**Megahertz** ⟨n.; -, -; Zeichen: MHz⟩ *eine Million Hertz*
**Megalith** ⟨m. 1⟩ *vorgeschichtl. Baudenkmal aus großen, unbehauenen Steinen* [< grch. *megas* „groß" + *lithos* „Stein"]
**Megalithgrab** ⟨n. 12u⟩ *vorgeschichtl. Grabbau aus unbehauenen Blöcken;* Sy *Hünengrab*
**Megalopolis** ⟨f.; -, -polen⟩ *Riesenstadt, großflächig verstädterte Zone mit einer Häufung von Großstädten, Industrie-, Gewerbe- u. Verkehrsanlagen* [< *Mega...* + grch. *polis* „Stadt"]
**Megalosaurier** ⟨[-riər] m. 3⟩ ▲ *Angehöriger einer Gattung bis 8 m langer, Fleisch fressender Dinosaurier mit kräftigen Hinterbeinen u. schwach entwickelten Vorderbeinen*

MEGALO-SAURIER

**Megaphon** ⟨n. 11⟩ *trichterförmige Blechröhre, deren kleinere Öffnung beim Sprechen an den Mund gesetzt wird, dient der Lautverstärkung;* oV *Megafon;* Sy ⟨veraltet⟩ *Sprachrohr* [< grch. *megas* „groß" + *phone* „Stimme"]
**Megäre** ⟨f. 19⟩ **1** ⟨grch. Myth.⟩ *eine der Erinnyen* **2** ⟨danach allg.⟩ *böses Weib* [< grch. *megaira* „die Zürnende"]
**Megavolt** ⟨[-vɔlt] n.; - od. -s, -; Zeichen: MV⟩ *eine Million Volt*
**Megawatt** ⟨n.; -s, -; Abk.: MW⟩ *eine Million Watt*
**Mehl** ⟨n. 11⟩ **1** ▼ *durch Zermahlen von Getreidekörnern entstehendes Pulver zur Herstellung von Brot* (Weizenmehl, Roggenmehl) **2** ⟨allg.⟩ *durch Zermahlen fester Körper entstehendes Pulver* (Holzmehl, Steinmehl) [< mhd. *mel* < ahd. *melo*, ags. *melu*, engl. *meal*, schwed., norw. *mjöl*]
**mehlig** ⟨Adj.⟩ **1** *Mehl enthaltend, mit Mehl bestäubt* **2** *fein wie Mehl* **3** *nicht saftig* (Obst)
**Mehlpilz** ⟨m. 1⟩ = *Mehlschwamm*
**Mehlprimel** ⟨f. 21; Bot.⟩ *auf Moorwiesen Norddeutschlands vorkommende Primel mit fleischroten Blüten: Primula farinosa*

MEHL: VERSCHIEDENE MEHLSORTEN

**Mehlsack** ⟨m. 1u⟩ *Sack zum Aufbewahren u. Befördern von Mehl* ◆ dick, schwer wie ein Mehlsack ⟨umg.⟩
**Mehlschwalbe** ⟨f. 19⟩ *Schwalbe mit weißem Gefieder auf der Unterseite: Delichon urbica*
**Mehlschwamm** ⟨m. 1u⟩ *essbarer Blätterpilz, Fleisch des Hutes weich u. leicht zerbrechlich, riecht u. schmeckt nach frischem Mehl: Clitopilus prunulus;* Sy *Mehlpilz*
**Mehlspeise** ⟨f. 19⟩ *gekochte od. gebackene Speise aus Mehl (od. Mehlerzeugnissen), Milch, Eiern u. Zucker*
**Mehltau** ⟨m.; -s; unz.⟩ *schimmelartiger, weißer Überzug auf Blättern aus dem Myzel der Mehltaupilze (Erysiphaceae);* → a. *Meltau*
**mehr** ⟨Adv.; Komp. zu „viel"⟩ **1** *in höherem Grade, in größerer Menge* **2** *etwas an Menge übertreffend, an Zahl übersteigend, in der Art überbietend* **3** *eher* **4** *ferner, weiter, weiterhin* ◆ es ist keiner, niemand mehr da; mehr **Freunde** als Feinde; es besteht keine **Hoffnung** mehr; sie haben mehr **Kinder** als wir; er verdient jetzt 200 **Mark** mehr; ich habe keine **Wünsche** mehr ◆ ich kann mehr **essen** als du; dazu **gehört** mehr *dazu muss man größere Kenntnisse haben;* daran bin ich nicht mehr **interessiert;** ich **kann** nicht mehr! *ich bin satt, ich bin erschöpft, überarbeitet;* **mitmachen:** das mache ich nicht mehr mit! *hiervon ziehe ich mich zurück;* das **schmeckt** nach mehr *schmeckt gut;* du solltest dich mehr **schonen; sein:** von dem Vermögen ist nichts mehr da, übrig; mehr sein als scheinen; sie **verlangt** immer mehr von mir; was **willst** du mehr? ◆ er war mehr **tot** als lebendig, ⟨umg.; scherzh.⟩ ◆ ich liebe niemanden mehr **als** ihn; mehr als die Hälfte seines Vermögens; du hast mehr als deine Pflicht, Schuldigkeit getan; die Sache ist mir mehr als peinlich; **je** mehr er hat, je mehr er will ⟨sprichwörtl.⟩; je mehr ich ihn kennen lerne, um so sympathischer wird er mir; je mehr, desto besser; das darfst du **nie** mehr tun *nicht noch einmal;* **umso** mehr als ...; mehr **und** mehr komme ich zu der Überzeugung ...; **zu** mehr langt es nicht [< ahd. *mer* „mehr", *mero* „größer"]
**Mehr** ⟨n.; -; unz.⟩ **1** *Überschuss, Gewinn* **2** *Mehrheit, größere Menge* ◆ ein Mehr an Erfahrung besitzen; das Mehr oder Weniger

MEERKATZE: GRÜNE MEERKATZE (*Cercopithecus aethiops*)

**Mehrarbeit** ⟨f. 20; unz.⟩ *über die vereinbarte Arbeitszeit hinaus geleistete Arbeit*
**Mehraufwand** ⟨m.; -(e)s; unz.⟩ *über den geplanten Aufwand hinaus nötiger Aufwand*
**mehrdeutig** ⟨Adj.⟩ *mehrere Bedeutungen zulassend* ◆ mehrdeutiger Begriff
**Mehreinnahme** ⟨f. 19⟩ *finanzielle Einnahme über die erwartete Einnahme hinaus, Überschuss* ◆ er konnte eine unerwartete Mehreinnahme melden
**mehren** ⟨V.; hat⟩ **I** ⟨V. t.⟩ **1** *vergrößern* **2** *wachsen lassen* ◆ seinen Besitz, sein Vermögen mehren **II** ⟨V. refl.⟩ sich mehren *sich vermehren, Nachkommen zeugen* ◆ seid fruchtbar und mehret euch (1. Buch Mose, 1,22)
**mehrere** ⟨indefinites Pron.⟩ *einige, ein paar, mehr als ein(e, -r, -s) od. zwei* ◆ mehrere gute Arbeiten; ein Wort mit mehreren Bedeutungen; nach dem Gutachten mehrerer Gelehrter, ⟨selten a.⟩ mehrerer Gelehrten; mehrere Tage; eine Gleichung mit mehreren Unbekannten
**mehrerlei** ⟨Adj.; undekl.⟩ *allerlei, Verschiedenes, verschiedene Dinge*
**mehrfach** ⟨Adj.⟩ **1** *mehr als ein- od. zweifach, aus mehreren Teilen bestehend* **2** ⟨umg.; nicht ganz korrekt⟩ *mehrmals* ◆ ein Schriftstück in mehrfacher Ausfertigung; er hat in mehrfacher Hinsicht Unrecht; der mehrfache deutsche Meister im 1000-Meter-Lauf
**Mehrfamilienhaus** ⟨[-liən-] n. 12u⟩ *Haus mit mehreren Wohnungen*
**Mehrfarbendruck** ⟨m. 1⟩ *Druck in mehreren Farben*
**mehrfarbig** ⟨Adj.⟩ *mehr als ein- od. zweifarbig* ◆ mehrfarbige Buchillustration
**Mehrgebot** ⟨n. 11; bei Auktionen⟩ *höheres Angebot*
**Mehrgewicht** ⟨n. 11; unz.⟩ *das vorgesehene od. vorgeschriebene Gewicht übersteigendes Gewicht*
**mehrgliederig, mehrgliedrig** ⟨Adj.; Math.⟩ *mit mehr als zwei Gliedern versehen*
**Mehrheit** ⟨f. 20⟩ *die größere Anzahl od. Menge aus einer Gesamtheit* ◆ die Mehrheit der Stimmen, des Volkes, der Wähler; die Mehrheit besitzen, gewinnen, verlieren (im Parlament); die einfache Mehrheit
**mehrheitlich** ⟨Adj.⟩ *der Mehrheit entsprechend, auf ihr beruhend*
**Mehrheitswahl** ⟨f. 20; Pol.⟩ *Wahl nach dem Mehrheitswahlrecht;* Ggs *Verhältniswahl*
**Mehrheitswahlrecht** ⟨n. 11; unz.; Pol.⟩ *Wahlrecht, bei dem der Kandidat mit den meisten Stimmen als gewählt erklärt wird;* Ggs *Verhältniswahlrecht*
**mehrjährig** ⟨Adj.⟩ *mehrere Jahre dauernd, anhaltend* ◆ mehrjährige Pflanzen
**Mehrkosten** ⟨Pl.⟩ *Kosten über die erwarteten od. berechneten Kosten hinaus*
**Mehrling** ⟨m. 1⟩ *eins von mehreren am gleichen Tag geborenen Geschwistern (Drilling, Vierling usw.)*
**mehrmalig** ⟨Adj.⟩ *mehr als zweimalig, wiederholt* ◆ mehrmalige Mahnungen
**mehrmals** ⟨Adv.⟩ *mehr als zweimal, wiederholt*
**Mehrpreis** ⟨m. 1; unz.⟩ *Preis über den vereinbarten od. erwarteten Preis hinaus*
**mehrsprachig** ⟨Adj.⟩ **1** *außer der Muttersprache noch andere Sprachen lernend od. beherrschend* (Person) **2** *in mehreren Sprachen abgefasst, mehrere Sprachen umfassend* (Text, Wörterbuch) ◆ mehrsprachig aufwachsen
**mehrstimmig** ⟨Adj.⟩ *aus mehr als zwei Stimmen bestehend* (Chor, Lied)
**mehrtägig** ⟨Adj.⟩ *mehrere Tage dauernd od. anhaltend*
**mehrteilig** ⟨Adj.⟩ *aus mehreren Teilen bestehend*
**Mehrung** ⟨f. 20; unz.⟩ *das Mehren, Vergrößerung* ◆ die Mehrung des Vermögens
**Mehrverbrauch** ⟨m.; -s; unz.⟩ *Verbrauch über den berechneten od. erwarteten Verbrauch hinaus*
**Mehrwegflasche** ⟨f. 19⟩ = *Pfandflasche;* Ggs *Einwegflasche*
**Mehrwertsteuer** ⟨f. 21; unz.; Abk.: MwSt.⟩ *Umsatzsteuer, die nach dem Wertzuwachs, den eine Ware in einer Firma erfährt, berechnet wird*
**Mehrzahl** ⟨f. 20; unz.⟩ **1** *Mehrheit* **2** ⟨Gramm.⟩ = *Plural;* Ggs *Einzahl*
**meiden** ⟨V. t. 181; hat⟩ **1** *sich fern halten von* **2** jmdn. meiden *ihm aus dem Wege gehen, ihn nicht zu treffen suchen* **3** etwas meiden *es*

MEERGRUNDEL: GOLDRINGELGRUNDEL (*Brachygobius doriae*)

## MEIOSE

Bevor sich künftige Geschlechtszellen durch Meiose teilen, enthalten sie einen diploiden Chromosomensatz, wobei ein Satz vom Vater, der andere von der Mutter stammt. Einander entsprechende Chromosomen, jedes mit zwei Chromatiden, legen sich nebeneinander, wobei sich die Chromatiden überkreuzen und Stücke austauschen. Bei der ersten Teilung trennen sich diese Chromosomen. Bei der zweiten Teilung trennen sich die Chromatiden eines jeden Chromosoms.

PRINZIP DER MEIOSE

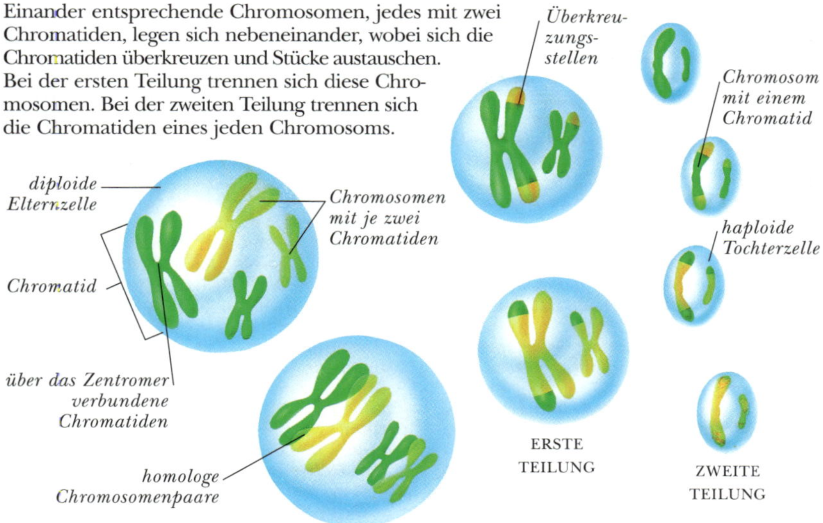


*nicht tun* ◆ einen Ort, die Stadt meiden [< ahd. *midan* „(sich) verbergen, (sich) fernhalten, (sich) enthalten"]

**Meile** ⟨f. 19⟩ *Längenmaß verschiedener Größe; heute nur noch in den angelsächs. Ländern verwendet* ◆ englische Meile *1609 m;* geographische Meile *7420 m;* römische Meile *1000 Doppelschritte;* Seemeile *1852 m* [< ahd. *mil(l)a* „Meile" < lat. Pl. *milia (passuum)* „tausend röm. Doppelschritte von je fünf Fuß" = 1,479 km]

**Meilenstein** ⟨m. 1⟩ **1** *Stein zur Kennzeichnung von Wegstrecken* **2** ⟨fig.⟩ *hervorragendes Ereignis, wichtiger Punkt* ◆ die erste Mondlandung war ein Meilenstein in der Geschichte

**meilenweit** ⟨Adj.⟩ *eine od. mehrere Meilen weit* ◆ er ist meilenweit davon entfernt, Vernunft anzunehmen ⟨fig.⟩ *sehr weit*

**Meiler** ⟨m. 3; umg.; Phys.⟩ = *Kernreaktor* [< spätmhd. *miler,* urspr. „bestimmte Anzahl von Holzstücken od. von Eisenstangen; Maß für Erze" < lat. *milarium* „tausend Stück"; zu lat. *mille* „tausend"]

**mein I** ⟨Possessivpron., 1. Person Sg.⟩ *mir od. zu mir gehörend* ⟨a. fig. bei Ausdrücken der Höflichkeit, der Zuneigung od. bei Ausrufen⟩ *von mir getan, von mir benutzt* ◆ das Meine/meine *das, was mir gehört, was mir zukommt* ◆ ich habe heute früh meinen **Bus** verpasst ⟨umg.⟩ *den Bus, mit dem ich regelmäßig fahre;* meine **Damen** und Herren!; mein **Entschluss** steht fest; meine liebe **Anne** ⟨*Briefanfang*⟩*;* es ist allein meine **Schuld**; mein **Sohn,** meine Tochter; meine **Uhr** ist stehen geblieben; es ist nicht mein **Verdienst,** sondern seiner ◆ **sein:** alles, was mein ist, ist auch dein; sie ist mein ein und alles *bedeutet alles für mich;* Mein und Dein nicht **unterscheiden** können *es mit fremdem Eigentum nicht so genau nehmen,* ⟨verhüllend für⟩ *stehlen;* ich muss das Meine/meine **zusammenhalten** *muss meinen Besitz bewahren* ◆ **nach** meiner Ansicht, Meinung **II** ⟨Gen. von „ich"; poet. für⟩ *meiner* ◆ gedenke mein [< ahd. *min,* engl. *mine*]

**Meineid** ⟨m. 1⟩ *vorsätzlich falscher Schwur od. falsche eidl. Erklärung* ◆ einen Meineid leisten [zu ahd. *mein* „falsch"]

**meinen** ⟨V. t.; hat⟩ **1** etwas meinen *zum Ausdruck bringen (wollen), für richtig halten* **2** meinen, dass ... *der Meinung sein* **3** jmdn. od. etwas meinen *von jmdm. od. etwas sprechen* ◆ man sollte meinen, dass es damit genug sei; er meint, es sei das Beste für ihn; ich habe nicht Sie gemeint; das will ich meinen! *aber ganz bestimmt!, davon bin ich überzeugt!* ◆ er meint es nicht **böse** *er hat nichts Böses sagen od. tun wollen;* er meint es **ehrlich** *er ist aufrichtig;* es war **gut** gemeint (wenn es auch nicht den Anschein hat) ◆ **was** meinen Sie damit? *was wollen Sie damit sagen?, worauf spielen Sie an?* ◆ ich meine es **so** *ich will damit Folgendes sagen;* ich habe es nicht so gemeint *es war keine böse Absicht* [< ahd. *mein(j)an, meinen*]

**meiner** ⟨Gen. von „ich"⟩ er kann sich meiner nicht mehr erinnern

**meinerseits** ⟨Adv.⟩ **1** *von meiner Seite, von mir (aus)* **2** *auf meiner Seite* ◆ meinerseits ist nichts einzuwenden

**meinetwegen** ⟨Adv.⟩ **1** *um meinetwillen, für mich* **2** ⟨umg.⟩ *ich habe nichts dagegen* ◆ meinetwegen! ⟨umg.⟩; meinetwegen kann er es haben ⟨umg.⟩; meinetwegen müssen wir nicht ins Theater

**meinige** ⟨substantiviertes Possessivpron.⟩ *mein* ◆ dieses Buch gehört ihm, das andere ist das meinige; der, die, das Meinige/meinige *der, die, das Meine, das, was zu mir gehört;* die Meinigen/meinigen *meine Familie, meine Angehörigen;* ich werde das Meinige/meinige tun *meine Pflicht, das, was ich tun kann*

**Meinung** ⟨f. 20⟩ **1** *Ansicht, Anschauung, Standpunkt* **2** *Urteil, Wertschätzung* ◆ die Meinung der **Allgemeinheit,** der Leute, der Masse ◆ seine Meinung **ändern;** ich habe ihm gehörig die, meine Meinung **gesagt** *offen mein Missfallen ausgedrückt;* **sein:** ich bin der Meinung, dass ... ◆ er duldet keine **andere** Meinung; er hat keine **eigene** Meinung *er redet nur das nach, was die anderen sagen;* mit jmdm. **einer** Meinung sein; eine **gute,** hohe, schlechte Meinung von jmdm. haben; ganz **meine** Meinung!; die **öffentliche** Meinung *die Ansicht der Allgemeinheit* ◆ er besteht **auf** seiner Meinung; ich habe meine eigene Meinung **darüber** *ich denke darüber anders als die Übrigen;* sich eine Meinung **über** jmdn. od. etwas bilden

**Meinungsbildung** ⟨f. 20; unz.⟩ *Bildung einer eigenen od. einer kollektiven Meinung*

**Meinungsfreiheit** ⟨f. 20; unz.⟩ *das Recht der freien Meinungsäußerung, ein wesentl. Grundrecht des Einzelnen*

**Meiose** ⟨f. 19; Genetik⟩ ◄ *indirekte Zellkernteilung, bei der der Chromosomenbestand halbiert wird;* Sy *Reduktionsteilung*

**Meise** ⟨f. 19; Zool.⟩ ▼ *Angehörige einer in Eurasien u. Nordamerika vertretenen Familie kleiner, gewandter Singvögel: Paridae* [< ahd. *meisa*]

## MEISEN

Meisen sind kleine, sehr lebhafte Singvögel (Paridae). Trotz ihres Namens sind z. B. die Beutelmeisen (Remizidae) und die Schwanzmeisen (Aegithalidae) keine echten Meisen. Die meisten Meisen leben in Wäldern, brüten in Baumhöhlen und ernähren sich von Samen und Insekten. Sie haben kleine gedrungene Flügel und einen kurzen, sehr kräftigen Schnabel, mit dem sie auch harte Sämereien öffnen können. Dies ermöglicht ihnen eine Überwinterung in ihren Brutgebieten.

ECHTE UND UNECHTE MEISEN

BLAUMEISE (*Parus caeruleus*)

BEUTELMEISE (*Remiz pendulinus*)

SCHWANZMEISE (*Aegithalos caudatus*)

LAPPLANDMEISE (*Parus cinctus*)

**Meißel** ⟨m. 5⟩ ▼ *keilartig zugespitztes, geschärftes Werkzeug zur Stein-, Metall-, Knochenbearbeitung* [< ahd. *meizil*]

**meißeln** ⟨V. t. u. V. i.; hat⟩ *mit dem Meißel bearbeiten, mit dem Meißel arbeiten*

**meist I** ⟨Adj.; Superl. von „viel“⟩ *den größten Anteil habend, sehr viel, sehr groß, mehr als alle anderen, als alles andere* ◆ die meisten (Leute, Menschen) glauben, dass ...; er hat das meiste bekommen; er hat die meisten Stimmen erhalten *er wurde gewählt;* das meiste davon habe ich wieder vergessen **II** ⟨kurz für Adv.⟩ = *meistens* ◆ er kommt meist erst gegen Abend; am meisten *vor allem, mehr als alle(s)*

MEISSEL: FLACHMEISSEL

**meistbietend** ⟨Adj.; in der Wendung⟩ etwas meistbietend versteigern *an den Meistbietenden, gegen Höchstgebot*

**meistens** ⟨Adv.⟩ *im Allgemeinen, für gewöhnlich, am häufigsten, fast immer, zum größten Teil;* Sy ⟨kurz⟩ *meist (II)* ◆ sie kommt meistens zu spät

**Meister** ⟨m. 3⟩ **1** *Handwerker, der nach der Gesellenzeit eine (staatl.) Prüfung abgelegt hat u. damit berechtigt ist, Lehrlinge anzustellen* (Handwerksmeister) **2** *Führer, Lehrer, Vorbild* (Lehrmeister) **3** *großer Könner* **4** *in die Kunstgeschichte eingegangener Künstler* (alter Meister) **5** *Vorsteher eines Ritterordens* (Hochmeister), *einer Freimaurerloge* (Meister vom Stuhl) **6** *Sportler, der sich durch eine Höchstleistung ausgezeichnet hat* (Europameister) **7** *Herr (als Anrede, z. B. der Jünger für Christus od. der Schüler für ihren Lehrer, bes. bei Künstlern)* ◆ er ist ein Meister des Klavierspiels, Meister **Lampe** ⟨poet.⟩ *der Hase;* Meister **Petz** ⟨poet.⟩ *der Bär* ◆ er hat seinen Meister **gefunden** *jmdn., der ihm überlegen ist;* seinen Meister **machen** *die Meisterprüfung ablegen* ◆ Meister **über** etwas werden *etwas beherrschen lernen;* es ist noch kein Meister **vom** Himmel gefallen ⟨Sprichw.⟩ *man muss alles erst lernen* [< ahd. *meistar* „Meister“ < lat. *magister* „Leiter, Vorsteher, Lehrer“; zu lat. *magis* „mehr, viel mehr, in höherem Grade“]

**meisterhaft** ⟨Adj.⟩ *außerordentl. gut, vorbildlich, vortrefflich, vollkommen* ◆ eine meisterhafte Interpretation dieser Sinfonie

**Meisterhand** ⟨f. 7u; unz.; fig.⟩ ein Kunstwerk von Meisterhand *von einem Meister geschaffenes, ein vortreffliches Kunstwerk*

**Meisterleistung** ⟨f. 20⟩ *hervorragende, großartige Leistung*

**meistern** ⟨V. t.; hat⟩ *bezwingen, überwinden, beherrschen* ◆ eine Arbeit, Aufgabe, Schwierigkeiten meistern

**Meisterprüfung** ⟨f. 20⟩ *(staatl.) Abschlussprüfung eines Handwerkers nach der Gesellenzeit*

**Meisterschaft** ⟨f. 20⟩ **I** ⟨unz.⟩ *gute Beherrschung, großes, ausgereiftes Können* ◆ er spielte mit bewundernswerter Meisterschaft **II** ⟨zählb.; Sp.⟩ *sportl. Höchstleistung, Sieg im Wettkampf* (Skimeisterschaft, Weltmeisterschaft) ◆ die Meisterschaft (in einer Sportart) austragen, gewinnen

**Meisterstück** ⟨n. 11⟩ *praktische Arbeit eines Gesellen zur Meisterprüfung*

**Meisterwerk** ⟨n. 11⟩ *großartiges Kunstwerk, vorbildl. Arbeit, Leistung*

**Meistgebot** ⟨n. 11; bei Versteigerungen⟩ *das höchste Angebot*

**meistgenannt** ⟨Adj.⟩ *am meisten, am häufigsten genannt*

**Mekka** ⟨n. 15; fig.⟩ *Ort, der eine große Anziehungskraft ausübt* ◆ ein Mekka für Touristen [nach der Stadt *Mekka,* Wallfahrtsort der Muslime]

**Melancholie** ⟨[-kɔ-] f. 19; unz.⟩ *Schwermut, Trauer, Trübsinn, grundlose Traurigkeit, Weltschmerz* [< lat. *melancholia* < grch. *melancholia,* eigtl. „Schwarzgalligkeit“ < *melas* „schwarz“ + *chole* „Galle“]

**Melancholiker** ⟨[-ko:-] m. 3⟩ *schwermütiger, zu Trübsinn u. Traurigkeit neigender Mensch*

**melancholisch** ⟨[-ko:-] Adj.⟩ *schwermütig, trübsinnig, grundlos traurig* [< lat. *melancholicus* < grch. *melagcholikos*]

**Melanin** ⟨n. 11⟩ **1** *rotes bis schwarzes Pigment, das weit verbreitet in allen Tierklassen u. beim Menschen vorkommt* **2** *Farbstoff, der die dunkle Färbung mancher Früchte hervorruft* [zu grch. *melas* „schwarz“]

**Melanit** ⟨m. 1⟩ *schwarzbrauner Granat*

**Melanom** ⟨n. 11; Med.⟩ *dunkle, meist bösartige Geschwulst der Haut oder der Schleimhaut, die von den Pigment bildenden Zellen ausgeht* [zu grch. *melas* „schwarz“]

**Melanose** ⟨f. 19⟩ *Schwärzung in pflanzlichen Geweben als Folge der Bildung von schwarzen Farbstoffen*

**Melasse** ⟨f. 19⟩ *zähflüssiger, brauner Rückstand bei der Zuckergewinnung* [< frz. *mélasse;* zu lat. *mel,* grch. *meli* „Honig“]

**Melatonin** ⟨n. 15; unz.; Biol., Med.⟩ *Hormon der Zirbeldrüse, das bei Amphibien zu einer Aufhellung der Haut führt u. beim Menschen eine hemmende Wirkung auf die Entwicklung der Geschlechtsdrüsen hat* [< *Melano...* + grch. *tonos* „Spannung“]

**Meldeamt** ⟨n. 12u⟩ *Behörde einer Gemeinde, bei der alle Einwohner verzeichnet sind, Einwohnermeldeamt*

**melden** ⟨V.; hat⟩ **I** ⟨V. t.⟩ **1** jmdm. etwas melden *ihm mitteilen, kundtun, Nachricht von etwas geben* **2** jmdn. od. etwas melden *ihn od. es anzeigen, angeben* ◆ er hat den **Unfall,** Vorfall bereits gemeldet ◆ wie unser Korrespondent **aus** London meldet ...; ich werde ihn beim Direktor, **bei** der Polizei melden; du hast hier nichts **zu** melden ⟨umg.⟩ *nichts zu sagen, nichts zu bestimmen* **II** ⟨V. refl.⟩ sich melden **1** *seine Anwesenheit anzeigen, sich vorstellen* **2** *sich zur Verfügung stellen, einen Dienst übernehmen* **3** *durch Handheben ums Wort bitten* ◆ der **Hunger,** mein Magen ⟨umg.⟩ meldet sich ◆ er hat sich **krank** gemeldet ◆ sich **am** Telefon melden; sich **bei** der Polizei melden **III** ⟨V. i.⟩ **1** *anschlagen, Laut geben* (vom Hund) **2** ⟨Jägerspr.⟩ *Brunftlaute ausstoßen* (vom Hirsch) [< ahd. *meldon* „anzeigen, verraten, ein Geheimnis preisgeben; ankündigen“; zu ahd. *melda* „Verrat“]

**Meldepflicht** ⟨f. 20; unz.⟩ **1** *Pflicht des Bürgers, sich beim Zuzug in eine Stadt zu längerem Aufenthalt od. beim Umzug in eine andere Wohnung beim Einwohnermeldeamt anzumelden* **2** *Pflicht des Arztes, das Auftreten bestimmter ansteckender Krankheiten bei der Gesundheitsbehörde anzugeben*

**meldepflichtig** ⟨Adj.⟩ *der Meldepflicht unterliegend* ◆ meldepflichtige Krankheit *ansteckende Krankheit, deren Auftreten vom Arzt bei der Gesundheitsbehörde gemeldet werden muss*

**Meldung** ⟨f. 20⟩ *dienstl. Mitteilung, offizielle Nachricht,* ⟨bes.⟩ *Mitteilung der Anwesenheit, Dienstbereitschaft, Teilnahme* ◆ eine Meldung **abfangen,** auffangen, entgegennehmen; jmdm. (eine) Meldung **machen** *jmdm. etwas melden* ◆ eine Meldung **aus** New York; es ist eine Meldung **bei** der Dienststelle, der Polizei eingegangen; die neuesten Meldungen **über** die Lage im Katastrophengebiet

MELISSE: ZITRONENMELISSE (*Melissa officinalis*)

**melieren** ⟨V. t.; hat⟩ *mischen, vermischen, vermengen, sprenkeln* ◆ meliert *aus zwei od. mehreren Farben gemischt;* sein Haar war grau meliert, er hatte grau meliertes Haar [< frz. *mêler* „mischen“]

**Meliorativum** ⟨[-vum] n.; -s, -va [-va]; Sprachw.⟩ *Wort, dessen Bedeutung sich im Lauf seiner Geschichte verbessert hat,* z. B. „Kavalier“ < lat. caballarius „Pferdeknecht“; Ggs *Pejorativum*

**Melismatik** ⟨f. 20; unz.; Mus.⟩ *Kunst der melodischen Verzierung*

**melismatisch** ⟨Adj.; Mus.⟩ melismatischer Gesang *Gesang, bei dem häufig eine Silbe auf mehrere Noten verteilt wird*

**Melisse** ⟨f. 19; Bot.⟩ ▼ *Angehörige einer Gattung der Lippenblütler mit Blüten, die nach Zitrone duften: Melissa;* Sy *Zitronenkraut* [< mlat. *melissa;* zu grch.-lat. *melisso-phyllon* „Bienenkraut“]

**Melissengeist** ⟨m. 1; unz.⟩, **Melissenspiritus** ⟨m. -; unz.⟩ *Lösung von Nelken-, Muskat-, Zimt- u. Zitronenöl in Alkohol als Einreibemittel*

**melken** ⟨V. t. 182; hat⟩ **1** eine Kuh, Ziege usw. melken *ihr Milch durch pressendes Streichen der Zitzen entziehen* **2** ⟨fig.; umg.⟩ jmdn. melken *ihm (ständig) Geld abnehmen, ihn ausbeuten* [< ahd. *melchan* „melken“]

**Melker** ⟨m. 3⟩ *Facharbeiter zum Melken u. Pflegen der Kühe*

**Melkmaschine** ⟨f. 19⟩ *elektrisches Gerät zum Melken*

**Melodie** ⟨f. 19; Mus.⟩ *in sich geschlossene, sangbare Folge von Tönen* [unter Anlehnung an lat. *melodia,* frz. *mélodie* (17. Jh.), aus älterem *Melodei* < mhd. *melodie,* über afrz. *melodie* < spätlat. *melodia,* Ursprungswort ist grch. *meloidia* „Singweise“ < *melos* „Lied, Gesang“ + *oide* „Singen“]

**Melodik** ⟨f. 20; unz.; Mus.⟩ **1** *Lehre von der Bildung u. Gestaltung einer Melodie* **2** *melod. Eigenart, Besonderheit, die melod. Merkmale (eines Musikstücks)*

**melodiös** ⟨Adj.; bes. Mus.⟩ *melodisch schön, harmonisch, wohlklingend, melodienreich* [< frz. *mélodieux, -se*]

**melodisch** ⟨Adj.; Mus.⟩ **1** *die Melodie betreffend, zu ihr gehörig* **2** *melodiös* ◆ melodische Molltonleiter *Molltonleiter, bei der die 6. u. 7. Stufe erhöht ist;* Ggs *harmonische Molltonleiter*

**Melodramatik** ⟨f.; -; unz.⟩ *(übertrieben) leidenschaftliche, gefühlvolle Beschaffenheit*

**melodramatisch** ⟨Adj.⟩ **1** *in der Art eines Melodramas* **2** ⟨fig.; umg.⟩ *leidenschaftlich, tränenreich, theatralisch*

**Melodram, Melodrama** ⟨n.; -s, -dramen⟩ **1** ⟨Lit.⟩ *gesprochene Dichtung mit musikal. Untermalung* **2** ⟨fig.; umg.⟩ *leidenschaftl. Auseinandersetzung, tränenreicher Konflikt* [< grch. *melos* „Lied, Gesang“ + *drama* „Handlung“]

**Melone** ⟨f. 19⟩ **1** *Kürbisgewächs mit saftigen Früchten, die roh genossen werden: Cucumis melo* (Honigmelone); → a. *Wassermelone;* ► *Früchte* **2** ⟨umg.⟩ *steifer, runder Herrenhut* **3** ⟨Zool.⟩ ► *wachsartige Masse im Vorderkopf einiger Zahnwale, die zur Bündelung akustischer Signale dienen soll* [< mhd. *melone, melun(e)* < ital. *melone,* frz. *melon* < lat. *melo* „Melone“ < grch. *melon* „Apfel“]

**Meltau** ⟨m.; -s; unz.⟩ *Honig der Blattläuse;* → a. *Mehltau*

**Membran** ⟨f. 20⟩, **Membrane** ⟨f. 19⟩ **1** *dünnes, schwingungsfähi-*

*ges Blättchen aus Metall, Papier, Gummi zum Übertragen von Schallwellen* **2** *dünnes Häutchen, z. B. Zellwand, Trommelfell* **3** *dünne, nicht od. nur zum Teil durchlässige Trennwand* [< lat. *membrana* „Häutchen, Haut; Schreibhaut, Pergament"; zu *membrum* „Glied, Körperglied"]

**Memento** ⟨n. 15⟩ *Mahnung, Mahnruf, Erinnerung* ◆ Memento mori! *gedenke des Todes, denke daran, dass du sterben musst* [lat.]

**Memme** ⟨f. 19; umg.; abwertend⟩ *zimperlicher, furchtsamer Mensch, Feigling* ◆ sie hat zwar Angst vor Spinnen, ist aber sonst keine Memme [< frühnhd., eigtl. „ein sich weibisch gebärdender Mensch" < mhd. *memme, mamme* „Mutterbrust; Mutter"]

**Memoiren** ⟨[-moaːrən] nur Pl.⟩ *zeitgeschichtlich interessante Lebenserinnerungen* ◆ er schreibt seine Memoiren [< frz. *mémoires,* Pl. von *mémoire* „Erinnerung; Gedächtnis; Andenken"]

**Memorandum** ⟨n.; -s, -den od. -da⟩ **1** *Denkschrift* **2** *Merkbuch* [< lat. *memorandum* „etwas zu Merkendes; Denkschrift; zu *memorandus* „erwähnenswert"; zu *memorare* „erinnern, in Erinnerung bringen"]

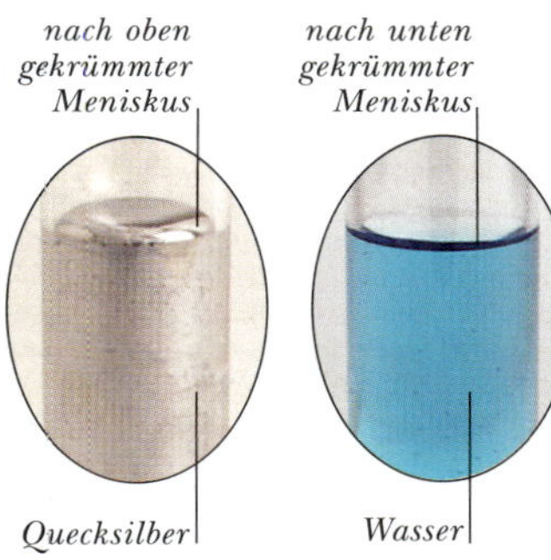


MENISKUS BEI QUECKSILBER UND WASSER

**Memory** ⟨n. 15⟩ **1** ⟨EDV⟩ *Speicher* **2** *Gesellschaftsspiel für Kinder, bei dem aus einer Anzahl verdeckter Bildkärtchen jeweils gleiche Paare gefunden werden müssen* [engl., „Gedächtnis"]

**Mendelismus** ⟨m.; -; unz.; Genetik⟩ ►► *Richtung der Vererbungslehre* [nach dem Botaniker u. Vererbungsforscher Gregor Johann *Mendel,* 1822-1884]

**Menetekel** ⟨n. 13⟩ *(geheimnisvolles) Anzeichen drohender Gefahr, Warnungszeichen* [nach dem AT die Anfangsworte der Geisterschrift, die dem König Belsazar seinen Sturz voraussagte]

**menetekeln** ⟨V. t.; hat; umg.⟩ *düstere Prophezeiungen machen, Unheilvolles voraussagen*

**Menge** ⟨f. 19⟩ **1** *(bestimmte) Anzahl, Masse* (Stoffmenge) **2** *große Zahl, Fülle, ungeordneter Haufen* (Menschenmenge) **3** ⟨fig.⟩ *Volk, Volksmasse* **4** ⟨Math.⟩ *Zusammenfassung von bestimmten wohlunterschiedenen*

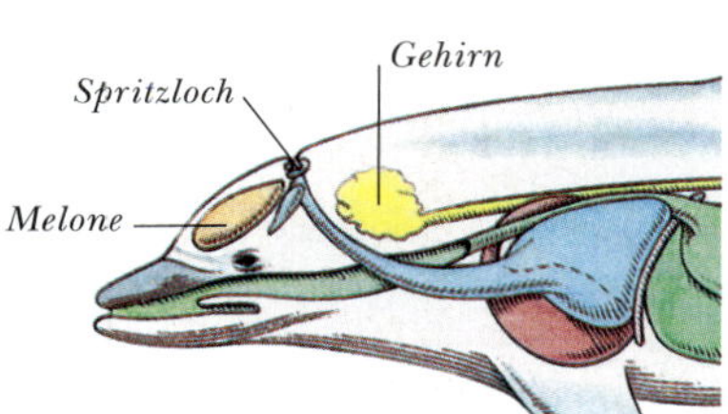


MELONE IM KOPF EINES DELPHINS

MENHIR: PRÄHISTORISCHE MENHIRE BEI CARNAC, FRANKREICH

*Objekten zu einem Ganzen* ◆ eine Menge ⟨umg.⟩ *viel(e);* eine ganze Menge ⟨umg.⟩ *ziemlich viel(e);* ich habe dort eine Menge **Bekannte** getroffen ◆ die Menge muss es **bringen** *der große Umsatz;* die Menge **drängt** sich vor dem Rathaus zusammen; du musst noch eine Menge **lernen** ⟨umg.⟩ ◆ ein Raunen ging **durch** die Menge; in Mengen vorhanden sein; **in** rauen Mengen ⟨umg.⟩ *in großer Anzahl;* eine große Menge **von** Bildern, Büchern [< ahd. *managi, menigi* „Vielheit, große Zahl, Menge"; zu ahd. *manag* „viel"]

**mengen** ⟨V.; hat⟩ **I** ⟨V. t.⟩ *mischen, vermischen, durcheinander bringen* **II** ⟨V. refl.⟩ sich in etwas mengen *sich (ungebeten) einmischen* [< ahd. (fränk.) *mengan*]

**Mengenlehre** ⟨f. 19; unz.; Math.⟩ *Lehre von den Gesetzmäßigkeiten mathemat. Mengen*

**Menhir** ⟨m. 1⟩ ▲ *jungsteinzeitl. hochragender Steinblock, Steinsäule* [kelt.]

**Meningitis** ⟨f.; -, -tiden; Med.⟩ = *Gehirnhautentzündung* [zu grch. *meninx* „Haut"]

**Meninx** ⟨n.; -, -ninges [-geːs]; Anat.⟩ ► *Hirn- bzw. Rückenmarkshaut* [grch., „Haut"]

**Meniskus** ⟨m.; -, -ken⟩ **1** ⟨Anat.⟩ *scheibenförmiger Zwischenknorpel bes. des Kniegelenks* **2** ⟨Phys.⟩ ◄ *gewölbte Oberfläche einer Flüssigkeit in einer engen Röhre* [< grch. *meniskos* „Möndchen, mondförmiger Körper"; zu grch. *mene* „Mond"]

**Menopause** ⟨f. 19; Med.⟩ *Aufhören der Menstruation in den Wechseljahren* [< grch. *men* „Monat" + *pauein* „aufhören lassen"]

**Menora** ⟨f. 10; unz.⟩ **1** ► *der (meist siebenarmige) Leuchter in der Synagoge* **2** ⟨heute⟩ *jüd.-relig. Symbol* [< hebr. *menorah* „Leuchter"]

**Menostase** ⟨f. 19; Med.⟩ *Ausbleiben der Menstruation* [< grch. *men* „Monat" + *stasis* „das Stehen"]

**Mensa** ⟨f.; -, -sen⟩ **1** *Tisch, Altarplatte* **2** *Kantine für Studierende mit verbilligtem Mittagessen* [lat.]

**Mensch** **I** ⟨m. 16⟩ **1** *das höchstentwickelte Lebewesen;* ► *Säugetiere* **2** *Person* **3** ⟨umg.⟩ *Kerl (bes. als grobe, scheltende Anrede)* ◆ Mensch, hör damit auf! ◆ Mensch **Meier!** ⟨umg.⟩ *(Ausruf des Erstaunens);* des Menschen **Sohn** *Christus (Selbstbez. Christi)* ◆ Mensch, **ärgere** dich nicht! ⟨umg.; a. Gesellschaftsspiel⟩; der Mensch **denkt** und Gott lenkt ⟨Sprichw.⟩ *der Mensch vermag nichts ohne Gottes Hilfe;* einem Menschen **glauben; sein:** er ist auch nur ein Mensch *er kann auch nicht mehr leisten, als in seinen Kräften liegt, er ist auch nicht ohne Fehler* ◆ als **alter,** junger Mensch urteilt man anders; er ist ein ganz **anderer** Mensch geworden *er hat sich sehr (zu seinem Vorteil) verändert;* du benimmst dich wie der **erste** Mensch! ⟨umg.; scherzh.⟩ *unbeholfen, unerfahren;* ein **gescheiter,** kluger, langweiliger Mensch; einen **gesitteten** Menschen aus jmdm. machen *ihn erziehen, Anstand lehren;* das konnte **kein** Mensch ahnen *niemand* ◆ sich **auf** einen Menschen (nicht) verlassen können; **für** einen Menschen Achtung, Liebe, Verehrung empfinden; er ist gern **unter** Menschen *in Gesellschaft;* er ist eine Seele **von** einem Menschen ⟨umg.⟩ *herzensgut, gutmütig;* von Mensch **zu** Mensch mit jmdm. sprechen *ohne konventionelle Schranken* [< ahd. *mennisco,* älter *mannisco;* zu *mennisc* „menschlich"; zu *man(n)* „Mensch"]

**Menschenalter** ⟨n. 13⟩ **1** *die Lebenszeit eines Menschen* **2** ⟨als Zeitmaß⟩ *etwa 30 Jahre, eine Generation*

**Menschenbild** ⟨n. 12; unz.⟩ *Bild, Vorstellung, Auffassung vom Menschen*

**Menschenfeind** ⟨m. 1⟩ *Feind, Verächter der Menschen;* Sy *Misanthrop*

**menschenfeindlich** ⟨Adj.⟩ *den Menschen feindlich gesinnt;* Sy *misanthropisch*

**Menschenfeindlichkeit** ⟨f. 20; unz.⟩ *feindliche Gesinnung den Menschen gegenüber;* Sy *Misanthropie*

**Menschenfreund** ⟨m. 1⟩ *Freund, Wohltäter der Menschen;* Sy *Philanthrop*

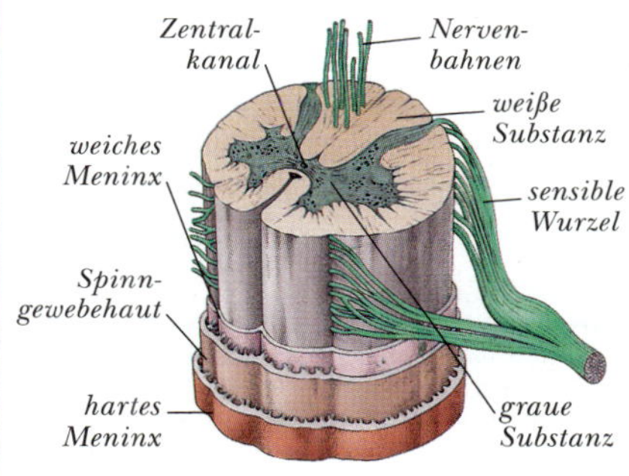


MENINX: SCHNITT DURCH DAS MENSCHLICHE RÜCKENMARK MIT DEN MENINGES

**menschenfreundlich** ⟨Adj.⟩ Sy *philanthropisch* **1** *den Menschen wohlgesinnt, ihnen Wohltaten erweisend* **2** *wohlwollend, gütig*

**Menschenfreundlichkeit** ⟨f. 20; unz.⟩ *menschenfreundl. Haltung;* Sy *Philanthropie;* Ggs *Misanthropie*

**Menschengedenken** ⟨n.; in der Fügung⟩ seit Menschengedenken *soweit die Überlieferung zurückreicht*

**Menschengeschlecht** ⟨n. 12; unz.⟩ *das Geschlecht der Menschen, die Menschen schlechthin*

**Menschengestalt** ⟨f. 20⟩ *äußeres Erscheinungsbild des Menschen*

**Menschenhandel** ⟨m.; -s; unz.⟩ *Handel mit Menschen (als Sklaven, Soldaten, Prostituierte usw.)*

**Menschenkenntnis** ⟨f. 9; unz.⟩ *intuitives od. auf Erfahrung beruhendes Wissen von Menschen*

**Menschenkind** ⟨n. 12⟩ **1** *Kind* **2** *Mensch als Kind Gottes*

**menschenleer** ⟨Adj.⟩ *einsam, verlassen* (Gegend, Platz)

**Menschenopfer** ⟨n. 13⟩ **1** *Tötung von Menschen aus kultischen Gründen* **2** *Opfer an Menschenleben (z. B. bei einem Unglück)*

**Menschenrasse** ⟨f. 19⟩ *Menschen mit gleichen erblichen Körpermerkmalen;* Sy *Rasse (3)*

MENORA

## MENDELISMUS

Der böhmische Augustinermönch Gregor Johann Mendel entdeckte in der Mitte des 19. Jh. grundlegende Prinzipien der Vererbung, die heute nach ihm benannt sind. Inwieweit Merkmale zur Ausprägung kommen, hängt davon ab, ob die Gene dominant (R) oder rezessiv (r) sind. Ein rezessives Gen kommt nur dann zum Ausdruck, wenn es mit einem zweiten rezessiven Gen zusammen auftritt. Mit einem dominanten Gen kommt es zwar nicht zum Ausdruck, wird aber an die nächste Generation weitervererbt.

MENDEL'SCHE VERERBUNG BEI EINER PFLANZE

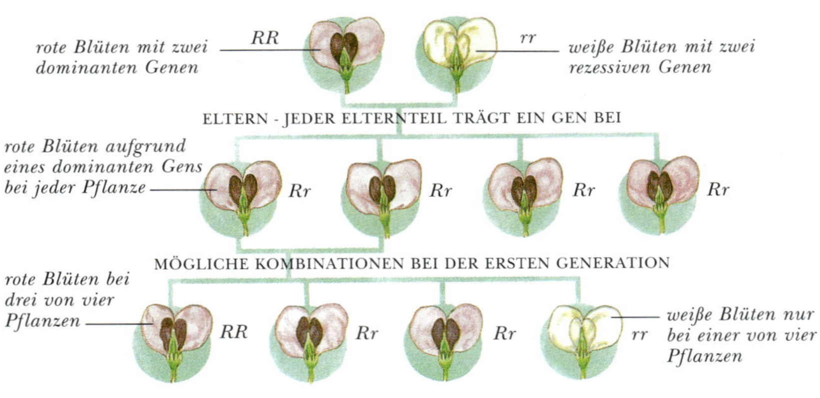


MÖGLICHE KOMBINATIONEN BEI DER ZWEITEN GENERATION

**Menschenrecht** ⟨n. 11⟩ *angeborenes, unveräußerl. u. unverletzl. Recht des Menschen auf freie Bewegung u. Betätigung gegenüber dem Staat* ◆ die Allgemeine Erklärung der Menschenrechte (10. 12. 1948); die Menschenrechte verteidigen, wahren

**Menschenseele** ⟨f. 19⟩ **1** *die Seele des Menschen* **2** ⟨fig.⟩ *Mensch* ◆ keine Menschenseele war zu sehen ⟨fig.⟩ *niemand*

**Menschenverstand** ⟨m.; -(e)s; unz.⟩ *Verstand, Klugheit des Menschen* ◆ der gesunde Menschenverstand *natürl., ursprüngl. Klugheit, Einsicht des Menschen*

**Menschenwürde** ⟨f. 19; unz.⟩ *die Würde des Menschen als denkendes, vernünftiges, seiner selbst bewusstes Wesen* ◆ die Menschenwürde achten, schützen, verteidigen

**Menschheit** ⟨f. 20; unz.⟩ **1** *das Menschsein, die menschl. Natur* **2** *die Gesamtheit der Menschen, das Menschengeschlecht* ◆ die Entwicklung, Geschichte der Menschheit

**menschlich** ⟨Adj.⟩ **1** *den Menschen betreffend, zu ihm gehörig* **2** *seiner Art, seinem Wesen gemäß* **3** *wie ein guter Mensch handelnd, hilfsbereit, selbstlos* **4** *schwach* ◆ nach menschlichem **Ermessen;** die menschliche **Gesellschaft;** eine menschliche **Regung** fühlen *Mitgefühl haben;* eine liebenswürdige menschliche **Schwäche;** menschliches **Versagen** ist schuld an dem Unglück ◆ **aussehen:** endlich sieht es hier wieder menschlich aus ⟨umg.⟩ *ordentlich;* **irren** ist menschlich ⟨Sprichw.⟩

**Menschlichkeit** ⟨f. 20; unz.⟩ *der Würde des Menschen entsprechendes, gemäßes Denken, Handeln* ◆ jmdn. nach dem Gesetz der Menschlichkeit behandeln; Verbrechen gegen die Menschlichkeit

**Menschwerdung** ⟨f. 20⟩ **1** *die Entstehung, Entwicklung des Menschen* **2** ⟨Rel.; NT⟩ *Verwandlung Gottes in den Menschen Christus*

**menstrual** ⟨Adj.⟩ **1** *monatlich wiederkehrend* **2** *einen Monat lang* [< lat. *menstrualis* „monatlich"]

**Menstruation** ⟨f. 20⟩ *die in etwa 28-tägigem Abstand erfolgende, mit einer Blutung einhergehende Abstoßung der Gebärmutterschleimhaut bei unbefruchteter Eizelle;* Sy *Blutung, Monatsblutung, Periode (5), Regel (5)* [lat.]

**Mensur** ⟨f. 20⟩ **1** *Maß, Maßverhältnis* **2** ⟨Sp.⟩ **2.1** *Abstand zweier Fechter voneinander* **2.2** *student. Zweikampf mit Säbel od. Degen* **3** ⟨Mus.⟩ **3.1** *um 1250 festgelegtes Maß, das die Verhältnisse der Notenwerte zueinander bestimmt* **3.2** *das Verhältnis zwischen den Maßen der einzelnen Musikinstrumente (z. B. Saitenlänge, Hals, Resonanzkörper bei Saiteninstrumenten)* **4** ⟨Chem.⟩ *Glasgefäß mit Maßeinteilung zum Abmessen von Flüssigkeiten* [< lat. *mensura* „das Messen, das Maß"; zu lat. *metiri* „messen, abmessen"]

**mental**[1] ⟨Adj.⟩ **1** *den Geist betreffend, geistig, verstandesmäßig* **2** *in Gedanken bestehend, gedacht* ◆ etwas mental verarbeiten [< mlat. *mentalis* „geistig, in der Vorstellung vorhanden"]

**mental**[2] ⟨Adj.⟩ *zum Kinn gehörig* [zu lat. *mentum* „Kinn"]

**Mentalität** ⟨f. 20⟩ *Geistigkeit, geistige Verfassung, Sinnesart, Denkart, Anschauungsweise* [→ *mental*[1]]

**Menthol** ⟨n. 11; unz.⟩ *Bestandteil des Pfefferminzöls, chemische Formel* $C_{10}H_{12}OH$ [< lat. *mentha, menta* „Minze" + *oleum* „Öl"]

**Mentor** ⟨m. 23⟩ *Lehrer, Berater, Erzieher* [grch.; nach *Mentor,* dem Erzieher des Telemach in der Odyssee]

**Menu** ⟨[me'ny] n. 15⟩ = *Menü* [frz.]

**Menü** ⟨n. 15⟩ oV *Menu* **1** *festgelegte Speisenfolge, Gedeck* **2** *Essen mit mehreren Gängen* **3** ⟨EDV⟩ *auf dem Bildschirm dargestellte Übersicht über die Befehle, die als nächste Operation erlaubt sind* [< frz. *menu*]

**Menuett** ⟨n. 11; Mus.⟩ **1** *altfranzös. Volkstanz im 3/4-Takt u. mäßigen Tempo* **2** ⟨im 17. Jh.⟩ *Hof- u. Gesellschaftstanz* **3** *Teil der Suite* **4** *Satz in Sinfonie, Sonate, Kammermusik* [frz., „Tanz mit kleinen Schritten"]

**Mercatorprojektion** ⟨f. 20; Geogr.⟩ ▼ *winkeltreue zylindrische Kartenprojektion* [nach dem Geographen *Mercator,* dt. Gerhard Kremer, 1512-1594]

**Merchandising** ⟨['mə:tʃəndaiziŋ] n.; -s; unz.⟩ *Gesamtheit an Maßnahmen zur Verkaufsförderung von Waren (z. B. Werbung, Produktgestaltung, Warendarbietung)* [zu engl. *merchandise* < lat. *mercari* „Handel treiben"]

**Mergel** ⟨m. 5⟩ *verschiedene Gemenge von Kalk od. Dolomit mit 20 bis 60 % Ton* [< spätahd. *mergil* „Mergel" < mlat. *margila*]

**mergelig** ⟨Adj.⟩ *mit Mergel vermengt, mit Mergel durchsetzt*

**Merger** ⟨['mə:dʒə(r)] m. 3; Wirtsch.⟩ *Fusion, Zusammenschluss von Unternehmen* [engl.]

**Meridian** ⟨m. 1⟩ **1** ⟨Astron.⟩ *größter Kreis der Himmelskugel, der durch Nord- u. Südpunkt des Horizonts sowie durch Zenit u. Nadir geht* **2** ⟨Geogr.⟩ *Längenkreis auf der Erdkugel, der senkrecht auf dem Äquator steht u. durch beide Pole geht* [< lat. *(circulus) meridianus* „Mittagskreis", also eigtl. „Äquator"; zu *meridies* „Mittag"]

**Merino** ⟨m. 6⟩ *aus Spanien stammende Schafrasse, die rein weiße Wolle guter Qualität liefert* [span., nach dem Berberstamm der *Beni merin*]

**Merinowolle** ⟨f. 19; unz.⟩ *Wolle aus dem Haar des Merinos*

**Meriten** ⟨Pl. von⟩ *Meritum*

**Meritum** ⟨n.; -s, -riten⟩ **1** *das Verdienst* **2** ⟨Rel.⟩ *Verdienst vor Gott durch gute Werke* [lat.]

**merkantil, merkantilisch** ⟨Adj.⟩ *kaufmännisch, zum Handel gehörend, Handels...* [< ital. *mercantile;* zu *mercante* „Händler"; zu lat. *mercari* „handeln"]

**Merkantilismus** ⟨m.; -; unz.⟩ *wirtschaftl. System des Absolutismus im 16. bis 18. Jh., das die Förderung des Außenhandels u. daher auch der Industrie erstrebte*

**merkantilistisch** ⟨Adj.⟩ *zum Merkantilismus gehörend, auf ihm beruhend*

**merkbar** ⟨Adj.⟩ **1** *so beschaffen, dass man es sich merken kann* **2** = *merklich* ◆ eine merkbare Besserung, Verschlechterung

## MERCATORPROJEKTION

Der bekannteste Typ geographischer Karten wurde von dem Niederländer Gerhard Mercator (1512–1594) entwickelt. Zur Erstellung dieser Karte wird die Oberfläche der Erdkugel auf einen Zylinder projiziert, sodass die Längen- und Breitenkreise als ein Netz senkrecht aufeinander stehender Geraden erscheinen, wobei die Darstellung in Polnähe stark verzerrt ist.

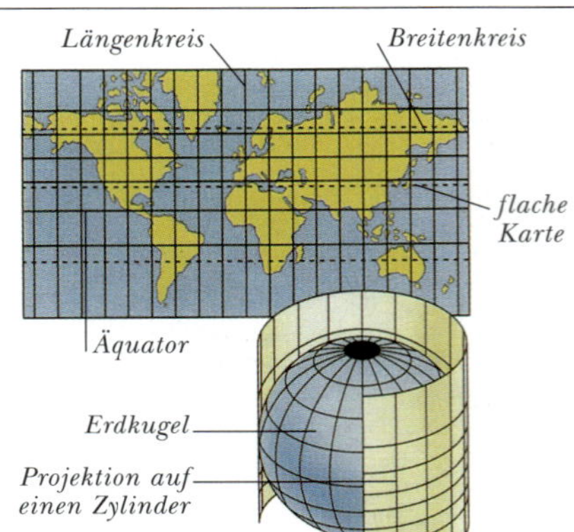


DIE MERCATORPROJEKTION AUF EINEN ZYLINDER

**Merkblatt** ⟨n. 12u⟩ **1** *(gedrucktes) Blatt mit Erläuterungen (einer Verordnung u. Ä.)* **2** *Notizzettel*

**merken** ⟨V. t.; hat⟩ **1** *wahrnehmen, entdecken, beobachten, erkennen* **2** *fühlen, spüren, argwöhnen* **3** ⟨oberdt.⟩ *aufschreiben, notieren* ◆ sich jmdn. od. etwas merken *im Gedächtnis, im Auge behalten* ◆ er merkt auch alles! *ihm entgeht nichts;* merkst du was? ⟨umg.⟩ *erkennst du (endlich) die Absicht, die dahintersteckt?;* ich kann mir seinen **Namen,** deine Telefonnummer, diese Zahlen nicht merken ◆ diesen Namen kann man sich **leicht,** schwer, kaum merken ◆ merk dir das **gefälligst!** ⟨umg.⟩ *richte dich danach!;* ich habe geschlafen und überhaupt nichts **von** dem Gewitter gemerkt [< ahd. *merken, mercken* „Acht haben, wahrnehmen, verstehen"; engl. *mark*]

**merkenswert** ⟨Adj.⟩ *so beschaffen, dass man es sich merken sollte*

**merklich** ⟨Adj.⟩ *fühlbar, spürbar, sichtlich, erheblich, beträchtlich;* Sy *merkbar (2)* ◆ es hat eine merkliche Veränderung stattgefunden; es hat sich merklich abgekühlt

**Merkmal** ⟨n. 11⟩ *Zeichen, Kennzeichen, Anzeichen, kennzeichnende Eigenschaft* ◆ ein Merkmal aufweisen, besitzen, haben; keine besonderen Merkmale

**Merkur**[1] ⟨m. 1; unz.; Astron.⟩ ► *sonnennächster Planet, vermutlich der zweitkleinste Planet im Sonnensystem* [nach *Merkur,* dem röm. Gott des Handels u. Gewerbes]

**Merkur**[2] ⟨m. od. n.; -s; unz.; Alchemie⟩ *Quecksilber* [< lat. *mercurium*]

**merkwürdig** ⟨Adj.⟩ **1** *Aufmerksamkeit erregend, eigenartig, verwunderlich* **2** *auffällig, verdächtig* ◆ eine merkwürdige Angelegenheit, Begebenheit, Geschichte; er ist ein merkwürdiger Mensch; er benimmt sich so merkwürdig

**merkwürdigerweise** ⟨Adv.⟩ *es ist merkwürdig, dass ...* ◆ merkwürdigerweise hat er davon nichts erwähnt

**Merkzeichen** ⟨n. 14⟩ *Zeichen, um sich etwas zu merken, um etwas leicht wiederfinden zu können*

**Merle** ⟨f. 19; mundartl.⟩ = *Amsel* [< frz. *merle* < lat. *merula* „Amsel"]

**Merowinger** ⟨m. 3⟩ *Angehöriger des westfränk., vom 5. bis 8. Jh. das Frankenreich beherrschenden Königsgeschlechts*

**merowingisch** ⟨Adj.⟩ *die Merowinger betreffend, zu ihnen gehörend, von ihnen stammend*

**mes..., Mes...** ⟨in Zus.⟩ = *meso..., Meso...*

**Mescalin** ⟨n. 11; unz.⟩ = *Meskalin*

**meschugge** ⟨Adj.; umg.⟩ *verrückt* [Gaunerspr. < jidd. *meschuggo* < hebr. *meschugga;* zu hebr. *schagag* „hin- u. herwanken, irren"]

**Mesdames** ⟨[meːˈdam] Abk.: Mmes.; Pl. von⟩ *Madame (als Anrede)* [frz.]

**Mesdemoiselles** ⟨[medmoaˈzɛːl] Abk.: Mlles.; Pl. von⟩ *Mademoiselle (als Anrede)* [frz.]

**Meseta** ⟨f.; -, -seten⟩ *Hochebene, Hochplateau, oft Bestandteil gographischer Namen* [span., „Tischchen"]

**Meskalin** ⟨n. 11; unz.⟩ *aus einer mexikan. Kakteenart gewonnenes Alkaloid, ruft als Rauschgift u. a. Farbhalluzinationen hervor;* oV *Mescalin* [< span. *mexcal* < indian. *mexcalli* (Name eines Getränkes)]

**meso..., Meso...** ⟨vor Vokalen⟩ mes..., Mes... ⟨in Zus.⟩ *mittler(er, -e, -es), in der Mite von* [< grch. *mesos* „mittel-, mitten"]

**Mesoderm** ⟨n. 11⟩ *das mittlere Keimblatt des sich entwickelnden Embryos* [< grch. *mesos* „mittel-" + *derma* „Haut"]

**Mesolithikum** ⟨n.; -s; unz.⟩ = *Mittelsteinzeit* [< grch. *mesos* „mittel-, mitten" + *lithos* „Stein"]

**mesolithisch** ⟨Adj.⟩ = *mittelsteinzeitlich*

## MERKUR

Der Merkur ist ein kleiner Gesteinsplanet, dessen Oberfläche viele Einschlagkrater von Meteoriten und zahlreiche Kammlinien, die Rupes, aufweist. Diese sind wahrscheinlich entstanden, als der Kern des jungen Planeten sich abkühlte und schrumpfte. Der Merkur bewegt sich schneller um die Sonne als jeder andere Planet und vollendet eine Umdrehung in 88 Tagen. Eine Drehung um die eigene Achse dauert allerdings 59 Tage. Die Temperatur schwankt von 430 °C auf der Sonnenseite bis zu -170 °C auf der Nachtseite.

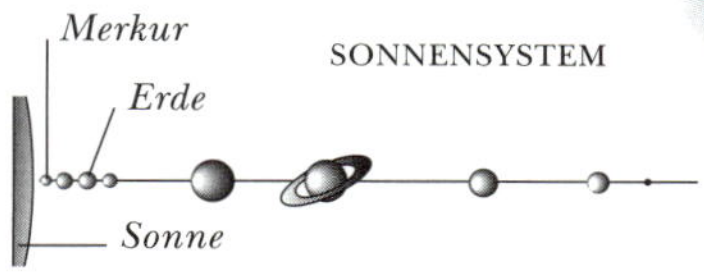


SONNENSYSTEM

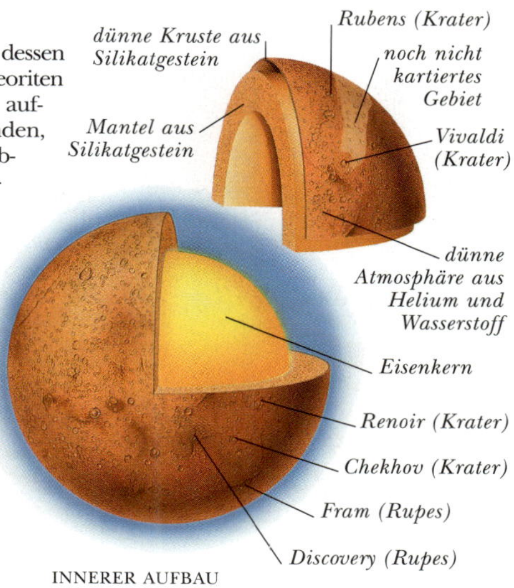


INNERER AUFBAU DES MERKURS

**Mesomerie** ⟨f. 19; Chem.⟩ = *Resonanz (2)*

**mesomorph** ⟨Adj.⟩ *sich im Übergang zwischen der kristallinen u. der amorphen Phase befindend*

**Mesosphäre** ⟨f. 19; unz.⟩ *Schicht der Erdatmosphäre in 35 – 80 km Höhe*

**Mesozoikum** ⟨[-tsoːiː-] n.; -s; unz.; Geol.; Sammelbez. für⟩ *Trias, Jura u. Kreidezeit, das Erdmittelalter* [< grch. *mesos* „mittel-, mitten" + *zoon* „Lebewesen"]

**mesozoisch** ⟨Adj.; Geol.⟩ *zum Mesozoikum gehörig, es betreffend, daraus stammend*

**Mesozoon** ⟨n.; -s, -zoen⟩ *einfach gebautes, aus mehreren Zellen bestehendes Tier* [< grch. *mesos* „mittel" + *Zoon*]

**Messamt** ⟨n. 12u⟩ *Amt des kath. Priesters, die Messe zu lesen*

**messbar** ⟨Adj.⟩ *so beschaffen, dass man es messen kann*

**Messbuch** ⟨n. 12u⟩ *das Buch mit den Gebeten, Lesungen u. Liedern für die Messe während des Kirchenjahres;* Sy *Missale*

**Messdiener** ⟨m. 3⟩ = *Ministrant*

**Messe**[1] ⟨f. 19⟩ **1** *kath. Hauptgottesdienst* **2** *die tägl. Feier des Altarsakraments* **3** *Musik zur feierl. Ausgestaltung der Messe* **4** *Industrieschau, Ausstellung von Industriewaren großen, oft internationalen Ausmaßes* **5** *Jahrmarkt* (Kleinmesse) ◆ die Messe besuchen, halten, hören, lesen, zelebrieren; die Hohe Messe von Bach; auf der Messe (in Hannover) ausstellen; zur Messe dienen (als Ministrant) [< mhd. *misse, messe* < missa, messa „Messe" < kirchenlat. *missa* „liturgische Opferfeier, Heiligenfest" < *ite, missa est contio* „geht, die (gottesdienstl.) Versammlung ist entlassen"; die Übertragung auf den Jahrmarkt deshalb, weil zu den Festen der Heiligen meist ein Jahrmarkt stattfand]

**Messe**[2] ⟨f. 19; auf Schiffen⟩ **1** *Aufenthalts- u. Speiseraum für die Offiziere* **2** *die Tischgesellschaft selbst* [< engl. *mess* „Messe", eigtl. „Speise, Mahlzeit" < afrz. *mes* „Mahlzeit, Speise" < vulgärlat. *missum* „(zu Tisch) Geschicktes"; zu lat. *mittere* „schicken"]

**Messehalle** ⟨f. 19⟩ *Ausstellungshalle auf einer Messe*

**messen** ⟨V. 183; hat⟩ **I** ⟨V. i.⟩ *ein bestimmtes Maß, eine bestimmte Größe haben* ◆ der Tisch misst 1,50 m in der Länge **II** ⟨V. t.⟩ **1** *Höhe, Länge, Breite, Rauminhalt, Gewicht feststellen von* **2** *das Größen- od. Kraftverhältnis feststellen von* ◆ die **Breite,** Geschwindigkeit, Luftfeuchtigkeit, Lufttemperatur, Meerestiefe, elektrische Spannung messen; miss doch mal **Fieber** ◆ eine Entfernung **mit** den Augen messen *schätzen;* jmdn. mit einem Blick von oben bis unten messen *scharf, prüfend ansehen* ◆ **an** dir gemessen leistet er wenig; gemessenen Schrittes kam er daher ⟨fig.⟩ *bedächtig, würdig* **III** ⟨V. refl.⟩ sich mit jmdm. messen *seine Kraft, Leistung an jmdm. erproben* [< mhd. *mezzen* < ahd. *mezzan*]

**Messer**[1] ⟨m. 3⟩ **1** ► = *Messgerät* (Entfernungsmesser) **2** *jmd., der etwas misst, Vermesser* [< ahd. *mezzari;* → *messen*]

**Messer**[2] ⟨n. 13⟩ **1** *Schneidwerkzeug mit Griff u. fest stehender od. einklappbarer Klinge* (Taschenmesser) **2** *Maschinenteil zum Schneiden* ◆ ein Messer **schärfen,** schleifen, wetzen; ein **breites,** kurzes, langes, scharfes, spitzes Messer; jmdn. **ans** Messer liefern ⟨fig.⟩ *ihn dem Richter ausliefern;* ein Kampf bis **aufs** Messer *ein erbitterter Kampf ohne jede Rücksicht;* es steht auf des Messers Schneide ⟨fig.⟩ *der Ausgang ist noch ungewiss, steht dicht bevor, und eine Kleinigkeit kann ihn beeinflussen;* jmdm. ein Messer **in** den Leib jagen, stoßen; jmdn. ins offene Messer laufen lassen ⟨fig.⟩ *jmdn. nicht vor einer drohenden Gefahr warnen;* etwas **mit** dem Messer abschneiden, schneiden, zerkleinern [< mhd. *mezzer* < ahd. *mezzirah(h)s, mezzisahs,* eigtl. „Speiseschwert, ein bei der Speise gebrauchtes Schwert"; vergl. ahd. *maz* „Speise", ahd. *sahs* „Schwert"]

**Messerheld** ⟨m. 16; umg.⟩ *gefährlicher Raufbold, der schnell das Messer zieht*

**Messerklinge** ⟨f. 19⟩ *der schneidende Teil des Messers*

**Messerrücken** ⟨m. 4⟩ *stumpfe Seite der Messerklinge*

**messerscharf** ⟨Adj.⟩ **1** *scharf wie ein Messer* **2** ⟨a. fig.⟩ *sehr scharf* ◆ er hat einen messerscharfen Verstand

**Messerschneide** ⟨f. 19⟩ *die schneidende Seite der Messerklinge*

**Messerspitze** ⟨f. 19⟩ *die Spitze der Messerklinge* ◆ eine Messerspitze voll (Natron, Salz usw.) *so viel, wie auf eine Messerspitze geht, eine Prise*

**Messestand** ⟨m. 1u⟩ *Ausstellungsstand auf der Messe*

M

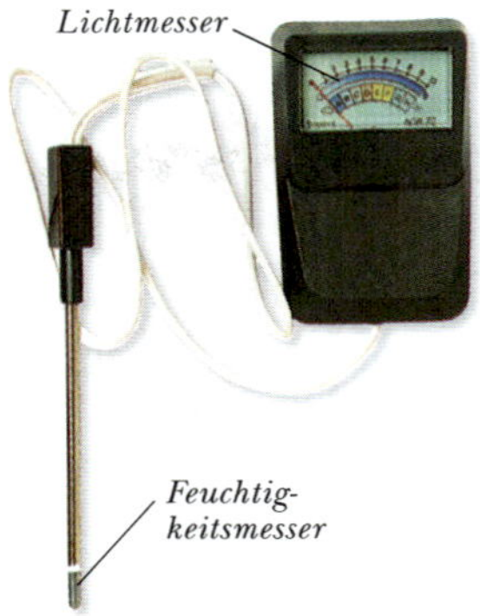


MESSGERÄTE: LICHT- UND FEUCHTIGKEITSMESSER FÜR DEN HAUSHALT

**Messgerät** ⟨n. 11⟩ ▲ *(meist elektronisches) Gerät zur Messung bestimmter Werte (Breite, Geschwindigkeit usw.);* Sy *Messer*[1] *(1), Messinstrument*

**Messgewand** ⟨n. 12u; kath. Kirche⟩ ► *zur Messe getragenes Obergewand der kath. Priester;* Sy *Kasel*

**Messgröße** ⟨f. 19.⟩ **1** *zu messende physikal. Größe* **2** *Wert, der durch eine Messung erhalten wird;* Sy *Messwert*

**messianisch** ⟨Adj.; Rel.⟩ *zum Messias gehörend, von ihm stammend*

**Messias** ⟨m.; -; unz.; Rel.⟩ **1** ⟨nach dem AT⟩ *der den Juden von Gott verheißene Erlöser* **2** ⟨nach dem NT⟩ *(Beiname Jesu Christi)* [< kirchenlat. < grch. *Messias* < aram. *meschicha,* hebr. *maschiach* „der Gesalbte"]

**Messieurs** ⟨[mɛ'sjø:] Abk.: MM.; Pl. von⟩ *Monsieur (als Anrede)* [frz.]

**Messing** ⟨n. 11; Met.⟩ *Legierung aus Kupfer u. Zink in verschiedener Zusammensetzung* [< frühmhd. *messinc,* über slaw. Vermittlung < grch. *Mossynoikos chalkos* „Mossynoikenerz"; nach den *Mossynoiken* im Nordosten Kleinasiens]

**Messinstrument** ⟨n. 11⟩ ► = *Messgerät*

**Messopfer** ⟨n. 13⟩ *kath. gottesdienstl. Feier der unblutigen Erneuerung des Opfertodes Christi in Gestalt von Brot u. Wein durch den Priester*

**Messordnung** ⟨f. 20⟩ *alle Vorschriften für die Feier der Messe*

**Messtechnik** ⟨f. 20⟩ **1** ⟨allg.⟩ *Technik zur Feststellung von Maßen u. Gewichten* **2** ⟨Mess- u. Regeltech.⟩ *Zusammenwirken von techn. Mess- u. Regelvorgängen, bes. bei der Steuerung automat. Prozesse*

**Messung** ⟨f. 20⟩ *das Messen*

**Messwandler** ⟨m. 3⟩ *Transformator, der einen zu messenden (starken) Strom od. Spannung so umformt, dass er mit einfachen Messgeräten zu messen ist*

**Messwein** ⟨m. 1⟩ *der beim Messopfer verwendete Wein*

**Messwert** ⟨m. 1⟩ = *Messgröße (2)*

**Messwiderstand** ⟨m. 1u⟩ *Widerstand in elektr. Messgeräten*

**Messzahl** ⟨f. 20⟩, **Messziffer** ⟨f. 21; Math.⟩ *Zahl, die zur Verdeutlichung von Zahlenreihen dient: eine der Zahlen aus der Reihe wird gleich 100 gesetzt (Basis), die übrigen Zahlen werden zur Basis ins Verhältnis gebracht;* Sy *Relativzahl, Verhältniszahl*

**Mestize** ⟨m. 17⟩ *Mischling aus einem weißen u. einem indian. Elternteil* [< span. *mestizo* < spätlat. **mixtitius* „vermischt" < lat. *mixtus* „gemischt"]

**Met**[1] ⟨[me:t] m. 1; unz.⟩ *alkohol. Getränk aus vergorenem Honig, Wasser u. Aromastoffen;* Sy *Honigwein* [< ahd. *metu, mitu,* engl. *mead*]

**Met**[2] ⟨[mɛt] f.; -; unz.; kurz für⟩ *Metropolitan Opera*

MESSGEWAND: KATHOLISCHES MESSGEWAND

**met..., Met...** ⟨in Zus; vor Vokalen⟩ = *meta..., Meta...*

**meta..., Meta...** ⟨vor Vokalen⟩ met..., Met... ⟨in Zus.⟩ **1** *nach, hintennach, hinter* **2** *um..., über..., ver... (im Sinne einer Verwandlung)* [< grch. *meta* „mit; inmitten, zwischen; nach, hinter; gemäß"]

**meta-** ⟨Chem.; Zeichen: m-; Bez. für die Isomerensubstitution am Benzolring⟩ *durch ein Kohlenstoffatom getrennt* [< grch. *meta* „mitten, zwischen"]

**metabol** ⟨Adj.⟩ = *metabolisch*

**Metabolie** ⟨f. 19; Biol.⟩ *Wechsel, Veränderung, Umwandlung* [< grch. *metabole* „Veränderung"]

**metabolisch** ⟨Adj.⟩ oV *metabol* **1** *veränderlich* **2** *verändernd*

**Metabolismus** ⟨m.; -; unz.⟩ = *Stoffwechsel*

M

## METAMORPHE GESTEINE

Metamorphe Gesteine entstehen durch Einwirkung von Hitze und Druck auf bereits bestehende Gesteine. Ihre verschiedenen Formen beruhen dabei auf der Vielfalt der Ausgangsgesteine und den unterschiedlichen Bedingungen, denen diese Gesteine ausgesetzt sind. Die so genannte Regionalmetamorphose ist eine großräumige, lang andauernde Gesteinsumwandlung in tiefen Bereichen der Erdkruste unter hoher Temperatur und großem Druck, aus der kristalline Schiefer hervorgehen. Die Kontaktmetamorphose vollzieht sich durch die Berührung mit schmelzflüssigem Magma, wobei das Ausgangsgestein durch die Hitzeeinwirkung verändert wird. Auf diese Weise entsteht z. B. Marmor aus Kalk. Bei der Dynamometamorphose verändern sich Gesteine in größerer Tiefe durch tektonische Verformungen, wodurch z. B. ein feinkörniger Mylonit entstehen kann.

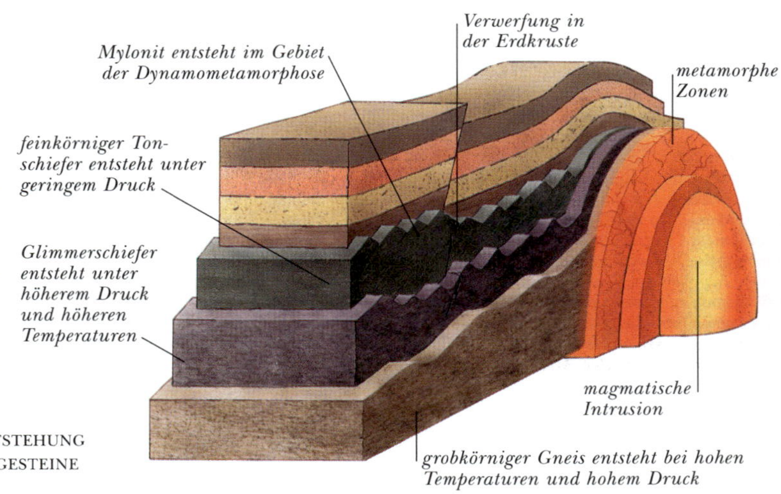


MODELL ZUR ENTSTEHUNG METAMORPHER GESTEINE

### VERSCHIEDENE METAMORPHE GESTEINE UND IHRE ENTSTEHUNGSFORM

REGIONALMETAMORPHOSE

TONSCHIEFER

GLIMMERSCHIEFER

GNEIS

KONTAKTMETAMORPHOSE

QUARZIT

MARMOR

DYNAMOMETAMORPHOSE

MYLONIT

**Metagenese** ⟨f. 19⟩ *ein Generationswechsel, bei dem eine geschlechtlich sich vermehrende Generation auf eine ungeschlechtlich sich fortpflanzende folgt, z. B. bei den Hohltieren* [< grch. *meta* „nach, hinter" + *Genese*]
**Metakommunikation** ⟨f. 20; unz.⟩ **1** *Kommunikation, die neben dem eigentl. Inhalt bei einer Verständigung eine Rolle spielt* (z. B. Gestik, Mimik) **2** ⟨Sprachw.⟩ *das Sprechen über die Sprache od. über Formen von Kommunikation* [< grch. *meta* „zwischen" + *Kommunikation*]
**Metall** ⟨n. 11⟩ ► *mit Ausnahme des Quecksilbers bei Zimmertemperatur fester, kristalliner Stoff, der einen charakterist. Glanz u. hohes elektr. u. Wärmeleitvermögen hat* ◆ edle Metalle *Platin, Gold, Silber u. a.* [< mhd. *metalle, metele* < lat. *metallum* < grch. *metallon,* urspr. „Erzgrube", evtl. semit. Ursprungs]
**Metallarbeiter** ⟨m. 3⟩ *in der Metall verarbeitenden Industrie tätiger Arbeiter*
**metallen** ⟨Adj.⟩ *aus Metall bestehend*
**Metaller** ⟨m. 3; umg.⟩ *Metallarbeiter (als Mitglied der Gewerkschaft)*
**Metallfarbe** ⟨f. 19⟩ *Farbe aus fein verriebenen Metallen, bes. Metalloxiden*
**metallic** ⟨Adj.⟩ *metallisch schimmernd (bes. Autolack)* [engl., „metallisch"]
**metallisch** ⟨Adj.⟩ *dem Metall ähnlich* ⟨a. fig.⟩ ◆ eine metallische Stimme ⟨fig.⟩
**Metalllegierung** ⟨f. 20⟩ *durch Zusammenschmelzen mehrerer Metalle u. Zusätze entstehendes Metallgemisch*
**Metallofon** ⟨n. 11⟩ = *Metallophon*
**Metallophon** ⟨n. 11; Mus.⟩ oV *Metallofon* **1** ⟨i. w. S.⟩ *Idiophon aus Metall* **2** ⟨i. e. S.⟩ *xylophonähnliches Musikinstrument mit Metallstäbchen* [< *Metall* + grch. *phone* „Stimme, Ton"]
**Metalloxid** ⟨n. 11⟩ *Verbindung eines Metalls mit Sauerstoff*
**Metallurgie** ⟨f. 19; unz.⟩ *Lehre von der Gewinnung u. der Verarbeitung von Metallen* [< *Metall* + grch. *ergon* „Werk"]
**metallurgisch** ⟨Adj.⟩ *zur Metallurgie gehörend, auf ihr beruhend*
**metamer** ⟨Adj.; Biol.⟩ *in gleichartige, hintereinander liegende Abschnitte gegliedert*
**Metamerie** ⟨f. 19; unz.; Zool.⟩ *Aufbau des Körpers vieler niederer Tiere aus mehr od. weniger gleichartigen, hintereinander liegenden Teilen* [< *Meta...* + *meros* „Teil"]
**metamorph** ⟨Adj.⟩ *die Gestalt, den Zustand wandelnd;* oV *metamorphisch* ◆ metamorphes Gestein ⟨Geol.⟩ ◄ *Gestein, dessen Form bzw. Zustand durch natürliche Einflüsse wie Hitze verändert wurde* [< grch. *meta* „hinter, später" + *morphe* „Gestalt"]
**metamorphisch** ⟨Adj.⟩ = *metamorph*
**Metamorphismus** ⟨m.; -, -men⟩ *Umwandlung der Erdkruste, bei der Metamorphosen auftreten*
**Metamorphose** ⟨f. 19⟩ **1** *Umwandlung, Gestaltsänderung* **2** ⟨Geol.⟩ *Umwandlung eines Gesteins in ein anderes* **3** ⟨Zool.⟩ ►► *Wandlung des jungen Tieres durch verschiedene äußere Stadien, ehe es die Form des erwachsenen Tieres annimmt, z. B. Ei, Kaulquappe, Frosch* **4** ⟨Bot.⟩ *Wandlung eines Organs aus einer andersartigen Anlage, z. B. Dorn aus Laubblattanlage* **5** ⟨Myth.⟩ *Verwandlung von Menschen in Tiere, Pflanzen, Quellen usw.* [< grch. *metamorphosis* < *meta* „später, hinter" + *morphe* „Gestalt"]
**metamorphosieren** ⟨V. t.; hat⟩ *verwandeln, umwandeln, die Gestalt ändern von* [→ *Metamorphose*]
**Metaphase** ⟨f. 19⟩ *bestimmtes Stadium der Kernteilung einer Zelle* [< grch. *meta* „mitten, zwischen, nach, hinter" + *Phase*]

## METALLE

Metalle werden bereits seit frühesten Zeiten wegen unterschiedlicher Eigenschaften geschätzt: Die einen sind hart und widerstandsfähig, andere lassen sich leicht formen und wiederum andere sind beliebt wegen ihrer Schönheit und Seltenheit. Nur wenige Metalle kommen in der Natur gediegen (d. h. nicht an andere Elemente gebunden) vor. Sie müssen durch Verhüttung aus Erzen gewonnen werden. Mischungen von Metallen heißen Legierungen, die oft günstigere Eigenschaften als ihre Komponenten aufweisen.

### VERSCHIEDENE EDELMETALLE

PLATIN (GEDIEGEN)

GOLD (GEDIEGEN)

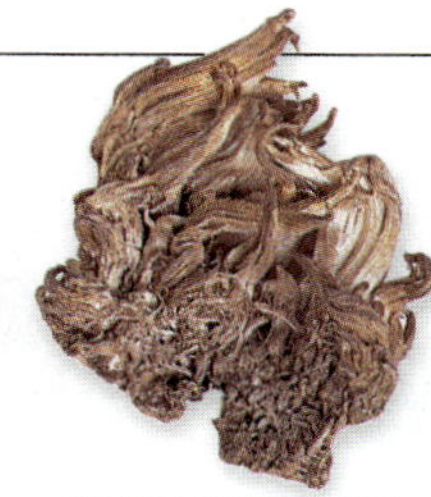
SILBER (GEDIEGEN)

### VERSCHIEDENE ERZE

ZINNOBER (QUECKSILBER)

KASSITERIT (ZINN)

BAUXIT (ALUMINIUM)

KUPFERKIES (KUPFER)

BLEIGLANZ (BLEI)

ROTNICKELKIES (NICKEL)

ZINKBLENDE (ZINK)

RUTIL (TITAN)

HÄMATIT (EISEN)

### VERSCHIEDENE LEGIERUNGEN

ROSTFREIER STAHL (EISEN, KOHLENSTOFF, CHROM)

BRONZE (KUPFER, ZINN)

MESSING (KUPFER, ZINK)

M

## METAMORPHOSE

Die meisten wirbellosen Tiere und viele Fische und Amphibien beginnen ihr Leben als Larve. Larven sehen den erwachsenen Tieren nicht ähnlich, halten sich oft in anderen Lebensräumen auf und ernähren sich anders. Durch die Metamorphose verwandeln sie sich in erwachsene Tiere.

Eine vollständige Metamorphose mit einem Puppenstadium vollzieht sich z. B. bei Schmetterlingen, während bei der unvollständigen Metamorphose die Verpuppung entfällt.

VOLLSTÄNDIGE METAMORPHOSE EINES SCHMETTERLINGS

EIER

RAUPE

PUPPE

ERWACHSENER SCHMETTERLING

**Metapher** ⟨f. 21⟩ *bildl. Ausdruck,* z. B. „Segler der Lüfte“ statt „Wolken“ [< grch. *metaphora* „Übertragung“; zu *metapherein* „anderswohin tragen; übertragen“]
**Metaphorik** ⟨f. 20; unz.⟩ *die Kunst, Metaphern zu bilden, Gebrauch von Metaphern*
**metaphorisch** ⟨Adj.⟩ *bildlich, in übertragenem Sinne* [< grch. *metaphorikos*]
**Metaphysik** ⟨f.; -; unz.⟩ *Lehre von den letzten, nicht erfahr- u. erkennbaren Gründen u. Zusammenhängen des Seins* [< grch. *meta* „nach, hinter“ + *Physik*]
**metaphysisch** ⟨Adj.⟩ **1** *zur Metaphysik gehörend, auf ihr beruhend* **2** *übersinnlich, jenseits der Erfahrung u. Erkenntnis liegend*
**Metasprache** ⟨f. 19; unz.; Sprachw.⟩ *Sprache, in der Aussagen über eine Sprache gemacht werden*
**Metastase** ⟨f. 19⟩ **1** ⟨Med.⟩ *an einer anderen Stelle des Körpers auftretender Ableger einer Geschwulst, eines Krankheitsherdes;* Sy *Tochtergeschwulst* **2** ⟨Rhetorik⟩ *Redefigur, durch die der Redner die Verantwortung für eine Sache auf einen andern überträgt* [< grch. *metastasis* „Umstellung“]
**metastasieren** ⟨V. i.; hat⟩ *Metastasen bilden*
**metastatisch** ⟨Adj.⟩ *in der Art einer Metastase, von Metastasen*
**Metathese** ⟨f. 19⟩, **Metathesis** ⟨f.; -, -thesen; Sprachw.⟩ *Umstellung von Lauten im Lauf der Sprachentwicklung, Buchstabenversetzung,* z. B. des r in „Brunnen“ u. „Born“ [< grch. *meta...* „nach, hinter“ + *thesis*]
**Metazoon** ⟨n.; -s, -zoen⟩ *vielzelliges Tier;* Ggs *Protozoon* [< grch. *meta* „nach, zwischen“ + *zoon* „Lebewesen“]
**Meteor** ⟨m. 1 od. n. 11; Astron.⟩ **1** *Gesamtheit der beim Eintritt eines Meteoriten in die Erdatmosphäre hervorgerufenen Leuchterscheinungen* **2** *Sternschnuppe* ◆ ihr Name leuchtete wie ein Meteor am Theaterhimmel auf ⟨fig.⟩ [< grch. *meteoron* „Himmelserscheinung, Lufterscheinung“; zu *meteoros* „in der Höhe, in der Luft schwebend“]
**Meteorit** ⟨m. 1 od. m. 16; Astron.⟩ ► *fester Kern eines Meteors, der beim Eintritt in die Erdatmosphäre ganz od. teilweise verdampft*
**Meteorologie** ⟨f. 19; unz.⟩ *Lehre von Witterungserscheinungen u. ihren Gesetzen, Wetterkunde* [< grch. *meteoron* „Himmelserscheinung“ + *logos* „Lehre, Kunde“]
**meteorologisch** ⟨Adj.⟩ *die Meteorologie betreffend, wetterkundlich* ◆ meteorologische Station = *Wetterwarte*
**Meter** ⟨m. 3 od. n. 13; schweiz. nur: m. 3; Abk.: m⟩ **1** *Längeneinheit des in Technik u. Wirtschaft gebräuchl. Maßsystems* **2** *SI-Basiseinheit der Länge* ◆ 100-, 3000-, 5000-Meter-Lauf; ich brauche drei Meter Stoff für dieses Kleid; laufendes Meter; laufenden Meters ⟨Abk.: lfm. od. lfd. m⟩; die Mauer ist 20 Meter lang; eine Mauer von 20 Meter Länge [< frz. *metre* < grch. *metron* „Maß“]
**...meter** ⟨in Zus.⟩ **I** ⟨n. 13 od. m. 3⟩ *Längenmaßbezeichnung,* z. B. Kilometer, Zentimeter **II** ⟨n. 13⟩ *Messgerät, Messer,* z. B. Chronometer, Hygrometer **III** ⟨m. 3⟩ *jmd., der Messungen ausführt, Messer,* z. B. Geometer **IV** ⟨m. 3; Metrik⟩ *Versfuß,* z. B. Hexameter, Pentameter [< grch. *metron* „Maß“]
**meterlang** ⟨Adj.⟩ *einen od. mehrere Meter lang* ◆ eine meterlange Schlange von Menschen
**Metermaß** ⟨n. 11⟩ *Band od. Stab (fest od. zusammenklappbar) mit Maßeinteilung zum Messen von Strecken*
**Meterware** ⟨f. 19⟩ *Ware, deren Preis nach Metern berechnet wird, z. B. Stoffe, Borten, Draht*
**Methadon** ⟨n.; -s; unz.⟩ *morphiumhaltiges Medikament, das als Ersatzdroge bei Rauschgiftsüchtigen verwendet wird*
**Methanal** ⟨n. 11; unz.⟩ = *Formaldehyd*
**Methan** ⟨n. 11; unz.⟩, **Methangas** ⟨n. 11; unz.⟩ *farb- u. geruchloses, brennbares Gas, das bei der Zersetzung von Pflanzenstoffen entsteht, chem. Formel* $CH_4$
**Methanol** ⟨n. 11; unz.⟩ = *Methylalkohol*
**Methode** ⟨f. 19⟩ *planmäßiges, folgerichtiges Verfahren, Vorgehen, Handeln* (Arbeitsmethode, Lehrmethode) ◆ eine wissenschaftliche Methode anwenden, einführen, entwickeln; er hat Methode (in seiner Arbeit) *er geht planmäßig vor;* was sind denn das für Methoden? ⟨umg.⟩ *eine solche Art, sich zu verhalten, bin ich nicht gewöhnt;* nach einer bestimmten Methode arbeiten [< grch. *methodos* „Gang einer Untersuchung“, eigtl. „das Nachgehen, der Weg zu etwas hin“ < *meta* „nach, hinter“ + *hodos* „Weg“]

METEORIT

**Methodenlehre** ⟨f. 19; unz.⟩ = *Methodologie*
**Methodik** ⟨f. 20; unz.⟩ *Lehre von den Methoden, (bes.) vom planmäßigen, geschickten Unterrichten*
**methodisch** ⟨Adj.⟩ **1** *auf einer bestimmten Methode beruhend* **2** *planmäßig, durchdacht* **3** *sinnvoll* ◆ methodisch vorgehen
**Methodologie** ⟨f. 19; unz.⟩ *Lehre von den Methoden, der wissenschaftl. Verfahren;* Sy *Methodenlehre* [< *Methode* + grch. *logos* „Wort, Rede, Kunde“]
**Methusalem** ⟨m.; - od. -s, -s; fig.⟩ *sehr alter Mann* ◆ so alt wie Methusalem sein, werden *sehr alt* [nach dem bibl. Urvater, Großvater Noahs, der 969 Jahre alt geworden sein soll]
**Methylalkohol** ⟨m. 1; unz.⟩ *sehr giftiger, einfachster aliphatischer Alkohol, chem. Formel* $CH_3-OH$*;* Sy *Methanol*
**Metier** ⟨[me'tje:] n. 15⟩ *Beruf, Handwerk* ◆ er versteht sein Metier, ⟨od.⟩ er versteht sich auf sein Metier [< frz. *métier* „Handwerk; Beruf; Stand“]
**Metonymie** ⟨f. 19; Rhetorik⟩ *Bedeutungsvertauschung, Gebrauch eines Wortes für einen verwandten Begriff,* z. B. „Haus“ für die Bewohner des Hauses, „Brot“ statt „Nahrung“ [< grch. *meta* „mit, zwischen, nach“ + *onyma* „Name“]
**Metra, Metren** ⟨Pl. von⟩ *Metrum*
**...metrie** ⟨in Zus.⟩ *das Messen, Messung* [zu grch. *metron* „Maß“]
**Metrik** ⟨f. 20; unz.⟩ **1** ⟨Lit.⟩ *Lehre vom Vers u. den Versmaßen, kunstgerechter Gebrauch der Versmaße* **2** ⟨Mus.⟩ *Lehre vom Takt* [< lat. *(ars) metrica* < grch. *metrike (techne)* „Verskunst“]
**metrisch** ⟨Adj.⟩ **1** *auf dem Meter als Längeneinheit beruhend* (metrisches Maßsystem) **2** ⟨allg.⟩ *die Metrik betreffend, auf ihr beruhend* **3** ⟨Lit.⟩ *nach einem bestimmten Metrum abgefasst* **4** ⟨Mus.⟩ *den Takt betreffend, auf ihm beruhend*
**Metro** ⟨f. 10⟩ *Untergrundbahn, bes. in Paris bzw. Moskau* [< frz. *métro;* verkürzt < *chemin de fer métropolitain* „hauptstädtische Eisenbahn“]
**Metrologie** ⟨f. 19; unz.⟩ *Lehre von den Maßen u. Gewichten, Messwesen* [< grch. *metron* „Maß“ + *logos* „Wort, Kunde“]
**Metronom** ⟨n. 11; Mus.⟩ *das Tempo durch Ticken angebendes Gerät, Taktmesser* [< grch. *metron* „Maß“ + *nomos* „Gesetz“]
**Metropole** ⟨f. 19⟩ **1** *Hauptstadt* **2** *Mittelpunkt, Knotenpunkt, Zentrum* (Handelsmetropole) [< grch.(-lat.) *metropolis,* eigtl. „Mutterstadt“ < grch. *meter* „Mutter“ + *polis* „Stadt“]
**Metropolitan Opera** ⟨[mɛtrə'pɔlitən 'ɔpəra] f.; --; unz.; kurz: Met⟩ *New Yorker Opernhaus*
**Metrum** ⟨n.; -s, Metren od. Metra⟩ **1** ⟨Lit.⟩ *Versmaß* **2** ⟨Mus.⟩ *Taktmaß* [< lat. *metrum* „Versmaß“ < grch. *metron* „Maß“]
**Mett** ⟨n. 11; unz.; nddt.⟩ *gehacktes, gewürztes Schweinefleisch*
**Mette** ⟨f. 19⟩ *Früh- od. Nachtgottesdienst, bes. vor einem hohen kirchl. Fest* (Christmette)
**Metzelei** ⟨f. 18⟩ *blutige Schlacht, Massenmord, Gemetzel*
**Metzger** ⟨m. 3; süddt., westdt., schweiz.⟩ = *Fleischer* [< mhd. *metzjer,* älter *metzjære* „Fleischer, Metzger“ < mlat. *matiarius* „Wurstler; einer, der mit Därmen handelt“; zu mlat. *matira* „Darm, Wurst“]
**Metzgerei** ⟨f. 18; süddt., westdt., schweiz.⟩ = *Fleischerei* [→ *Metzger*]
**Meuchelmord** ⟨m. 1⟩ *hinterlistiger, heimtückischer Mord* [zu mhd. *miuchel* „heimlich“]
**meucheln** ⟨V. t.; hat⟩ *heimtückisch ermorden* [< mhd. *muchen* < ahd. *muhhon* „aus dem Hinterhalt anfallen, sich verbergen“; verwandt mit *mogeln*]
**meuchlerisch** ⟨Adj.⟩ *hinterhältig, heimtückisch*
**Meute** ⟨f. 19⟩ **1** *Schar von Jagdhunden zur Hetzjagd* **2** ⟨fig.⟩ *Schar zügelloser Menschen, wilde Horde, Bande* [< frz. *meute* „Koppel Jagdhunde“ < afrz. *muete* „Jagdzug“, urspr. „Aufstand“ < mlat. *movita* „Bewegung“]

M

**Meuterei** ⟨f. 18⟩ *Empörung, Aufstand mehrerer Personen gegen Vorgesetzte* ◆ die Meuterei im Gefängnis konnte friedlich beendet werden
**MEZ** ⟨Abk. für⟩ *mitteleurop. Zeit*
**mezzoforte** ⟨Adj.; Mus.; Abk.: mf⟩ *mittelstark, nicht sehr laut (zu singen, zu spielen)* [ital.]
**Mezzosopran** ⟨m. 1; Mus.⟩ **1** *mittlere Stimmlage bei Frauen, dunkler Sopran* **2** *Sängerin mit mittlerer Stimmlage*
**mf** ⟨Mus.; Abk. für ital.⟩ *mezzoforte*
**mg** ⟨Abk. für⟩ *Milligramm*
**Mg** ⟨Chem.; Zeichen für⟩ *Magnesium*
**MG, Mg.** ⟨Abk. für⟩ *Maschinengewehr*
**µg** ⟨Abk. für⟩ *Mikrogramm*
**MHz** ⟨Abk. für⟩ *Megahertz*
**Mi** ⟨Abk. für⟩ *Mittwoch*
**Mia** ⟨Abk. für⟩ *Milliarde*
**miauen** ⟨V. i.; hat⟩ *miau machen, miau rufen, wie die Katze rufen* [lautmalend]
**mich** ⟨Akk. des Personalpron. „ich"⟩ das geht mich nichts an; er hasst, liebt mich; lass mich los, lass mich in Ruhe!; für mich, ohne mich [< ahd. *mih*]

MIESMUSCHEL (*Mytilus* species)

**mickerig, mickrig** ⟨Adj.; umg.⟩ **1** *schwach, kränklich, gebrechlich* (Person) **2** *kümmerlich* (Pflanze) **3** *dürftig* (Geschenk)
**Midlifecrisis** ⟨['midlaifkraisiz] f.; -; unz.⟩ *durch Unzufriedenheit, seelische u. körperliche Unausgeglichenheit gekennzeichnete krisenhafte Lebensphase bei Menschen (bes. Männern) im mittleren Lebensalter* [< engl. *midlife* „Mitte des Lebens" + *crisis* „Krise"]
**Mieder** ⟨n. 13⟩ *eng anliegendes Oberteil des Trachten- od. Dirndlkleides, Leibchen, die Figur formendes weibliches Unterkleidungsstück, Hüfthalter, Korsett* [< mhd. *müeder, muoder* < ahd. *muodar* „Bauch", afries. *mother,* anord. *moder* „Brustbinde der Frauen"; zu grch. *metra* „Gebärmutter" u. lat. *matrix* „Mutterleib"; verwandt mit *Mutter*]
**Mief** ⟨m. 1; unz.; umg.⟩ *schlechte, verbrauchte Luft, Gestank* [Herkunft unklar]
**miefen** ⟨V. i.; hat; umg.⟩ *schlecht riechen* ◆ der Kerl mieft; hier mieft es *hier ist die Luft schlecht, verbraucht, es riecht schlecht*
**Miene** ⟨f. 19⟩ *Gesichtsausdruck* ◆ Miene machen zu ... ⟨fig.⟩ *sich anschicken zu;* er machte keine Miene aufzustehen *machte keine Anstalten, dachte nicht daran, aufzustehen;* ohne eine Miene zu verziehen *unbewegten Gesichts;* jmdn. mit böser, finsterer Miene anblicken; gute Miene zum bösen Spiel machen ⟨fig.⟩ *gegen den eigenen Willen bei etwas mitmachen od. andere gewähren lassen* [< frz. *mine* „Gesichtsausdruck, Aussehen" < breton. *min* „Schnauze, Mund, Gesichtszüge"]
**Mienenspiel** ⟨n. 11; unz.⟩ *Wechsel des Gesichtsausdrucks* ◆ ein ausdrucksvolles Mienenspiel
**mies** ⟨Adj.; -er, am -esten; umg.⟩ *hässlich, übel, gemein, schlecht, wertlos, minderwertig (auch moralisch), abstoßend* ◆ eine miese Sache; ein mieser Laden ⟨umg.⟩ *langweiliger Betrieb;* miese Laune haben; die Sache sieht mies aus *wenig Erfolg versprechend, unangenehm* [Berliner Mundart < rotw. < jidd. *mis(er)* „schlecht, miserabel, widerlich", *misnick* „hässl. Mensch"]

MIHRAB IN DER GROSSEN MOSCHEE VON CORDOBA, SPANIEN

**Miesepeter** ⟨m. 3; umg.; scherzh.⟩ *mürrischer, ständig nörgelnder, unzufriedener Mensch*
**miesepeterig, miesepetrig** ⟨Adj.; umg.⟩ *mürrisch, nörgelnd, unzufrieden*
**Miesmacher** ⟨m. 3; umg.⟩ *jmd., der über alles u. jeden abfällig redet*
**Miesmuschel** ⟨f. 21⟩ ▼ *Angehörige einer Gattung der Muscheln, die sich im Küstenbereich (bes. der Nordsee) mit Byssusfäden z. B. an Pfählen u. Steinen festsetzt: Mytilus* [< mhd. *mies* < ahd. *mios* „Moos" + *Muschel*]
**Miete**[1] ⟨f. 19⟩ *entgeltl. (vorübergehende) Überlassung des Gebrauchs einer Sache od. einer Dienstleistung, Entgelt dafür* ◆ unsere Miete beträgt monatlich 500 Mark; eine hohe, niedrige Miete zahlen; zur Miete wohnen *eine Wohnung od. ein Zimmer gemietet haben* [< mhd. *miet(e)* < ahd. *miata,* engl. *meed* „Lohn, Bezahlung" < grch. *misthos* „Lohn, Sold, Miete"]
**Miete**[2] ⟨f. 19; Landw.⟩ *mit Stroh u. Erde als Frostschutz bedeckter Stapel von Feldfrüchten zum Überwintern* [< mnddt. *mite* „aufgeschichteter Heu- od. Holzhaufen" < lat. *meta* „kegelförmiger Heuschober"]
**mieten**[1] ⟨V. t.; hat⟩ etwas od. jmdn. mieten *gegen Bezahlung etwas vorübergehend in Gebrauch nehmen, jmds. Dienste in Anspruch nehmen* ◆ eine Garage, ein Haus, ein Auto mieten [< mhd. *mieten* < ahd. *mietan* „belohnen; gegen Entgelt benutzen"]
**mieten**[2] ⟨V. t.; hat; Landw.⟩ Feldfrüchte mieten *in Mieten setzen, einmieten*
**Mieter** ⟨m. 3⟩ *jmd., der etwas gemietet hat, z. B. eine Wohnung, ein Zimmer*
**Mietshaus** ⟨n. 12u⟩ *größeres Haus mit (meist vielen) Mietwohnungen*
**Mietvertrag** ⟨m. 1u⟩ *Vertrag, in dem sich der Vermieter verpflichtet, eine Sache dem Mieter gegen Bezahlung für eine (festgesetzte) Zeit zu überlassen*
**Migräne** ⟨f. 19⟩ *heftiger, meist einseitiger, anfallsweise auftretender Kopfschmerz, oft von Erbrechen begleitet* [< frz. *migraine* < lat. *hemicrania* „(Schmerz auf) einer Seite des Kopfes" < grch. *hemi...* „halb" + *kranion* „Schädel"]
**Migration** ⟨f. 20⟩ **1** *Wanderung (von Bevölkerungsgruppen, auch von Zugvögeln)* **2** *Wirtswechsel* (von Parasiten) **3** *Wanderung von Erdöl od. Erdgas aus dem sie bildenden Muttergestein in ein umliegendes Speichergestein* [zu lat. *migratio* „Wanderung, Auswanderung"]
**Mihrab** ⟨[mi'xra:b] m. 6; islam. Rel.⟩ ◄ *in der Hinterwand der arab. Moschee liegende, in Richtung auf Mekka weisende Nische, der beim Gebet das Gesicht zugewendet wird;* Sy *Gebetsnische*
**Mika** ⟨f. 10; unz.; Min.⟩ ► = *Glimmer (2)* [< lat. *mica* „Krümchen"]
**Mikado I** ⟨m. 6; nur literar. Bez. für⟩ *japan. Kaiser* **II** ⟨n. 15; unz.⟩ *Geschicklichkeitsspiel, bei dem Stäbchen aufgenommen werden müssen, ohne dass die darunter liegenden sich bewegen* **III** ⟨m. 6⟩ *das wichtigste Stäbchen in diesem Spiel* [< jap. *mi...* „schrecklich" + *kado* „Tor"]
**Mikro** ⟨n. 15; kurz für⟩ ► = *Mikrofon*
**mikro..., Mikro...** ⟨in Zus.⟩ Ggs *makro..., Makro...* **1** *klein..., Klein...* **2** ⟨vor Maßeinheiten; Zeichen: µ⟩ *1 Millionstel* [< grch. *mikros* „klein, gering"]
**Mikroanalyse** ⟨f. 19⟩ *Analyse kleinster Mengen an Substanz unter Anwendung besonderer Verfahren u. unter Benutzung hierfür bes. geeigneter Geräte, z. B. Mikroskop, Mikrowaage;* Ggs *Makroanalyse*
**Mikrobar** ⟨n.; -s; -; Abk.: µbar⟩ *Maßeinheit des Druckes, 1 Millionstel Bar*
**Mikrobe** ⟨f. 19⟩ *einzelliges Lebewesen;* Sy *Mikrobion, Mikroorganismus* [< frz. *microbe;* < grch. *mikros* „klein, kurz, gering" + *bios* „Leben"]
**mikrobiell** ⟨Adj.⟩ *durch Mikroben verursacht*
**Mikrobild** ⟨n. 12; Fot.⟩ *im Maßstab 115:1 bis 150:1 verkleinerte Fotografie*
**Mikrobiologie** ⟨f. 19; unz.⟩ *Lehre von den Mikroben*
**Mikrobion** ⟨n.; -s, -bien⟩ = *Mikrobe*
**Mikrochip** ⟨[-tʃip] m. 6; EDV⟩ *hochintegrierte elektron. Schaltung, bei der viele Bauelemente auf einer kleinen Grundplatte vereinigt sind*
**Mikrocomputer** ⟨[-kɔmpju-] m. 3; EDV⟩ *kleiner, leistungsfähiger Computer*
**Mikrodokumentation** ⟨f. 20⟩ *Herstellung von Reproduktionen von Schriftstücken u. Bilddokumenten in starker Verkleinerung (z. B. als Mikrofilm, Mikrofiche) zur Raum sparenden Aufbewahrung*
**Mikroelektronik** ⟨f. 20; unz.⟩ *Teilgebiet der Elektronik, das sich mit der Herstellung und dem Einsatz kleinster elektr. Bauelemente u. hochintegrierter Schaltkreise befasst*

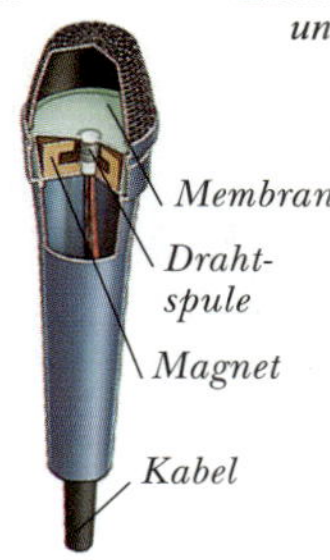

MIKROFON: SCHNITT DURCH EIN TAUCHSPULENMIKROFON

**Mikrofaser** ⟨f. 21⟩ *extrem feiner Chemiefaserfaden, der sich zu feinmaschigen Stoffen, bes. für Sport- u. Regenkleidung, verweben lässt*
**Mikrofiche** ⟨[-fiʃ] m. 6⟩ *Mikrofilm in Postkartenformat, der mehrere 100 reihenweise angeordnete Mikrokopien enthält*
**Mikrofilm** ⟨m. 1⟩ **1** *Film, auf dem in stark verkleinertem Maßstab Druckschriften aufgenommen sind, zur Wiedergabe in entsprechend vergrößerndem Lesegerät* **2** *Film mit feinstem Korn für Mikrokopien*
**Mikrofon** ⟨n. 11⟩ ▲ *Gerät zur Umwandlung von mechan. Schallschwingungen in elektr. Schwingungen;* oV *Mikrophon;* Sy ⟨kurz⟩ *Mikro* [< grch. *mikros* „klein, kurz, gering" + *phone* „Stimme"]
**Mikrogramm** ⟨n.; -s, -; Zeichen: µg⟩ *Maßeinheit der Masse, ein Millionstel Gramm*
**Mikroklima** ⟨n.; -s; unz.⟩ ► = *Kleinklima (1)*
**Mikrokosmos** ⟨m.; -; unz.⟩ Ggs *Makrokosmos* **1** *die Welt der Kleinlebewesen* **2** *der Mensch u. seine Umwelt als Gegenstück zum Weltall*
**Mikrometer** ⟨n. 13⟩ **1** ⟨Tech.⟩ *Feinmesser, jedes Gerät zur genauen Messung kleiner Größen* **2** ⟨Abk.: µm⟩ *1 Millionstel Meter*
**Mikron** ⟨n.; -s, -; Zeichen: µ; veraltet für⟩ *Mikrometer (2)* [zu grch. *mikros* „klein, kurz, gering"]
**Mikroorganismus** ⟨m.; -, -men⟩ = *Mikrobe*
**Mikrophon** ⟨n. 11⟩ ► = *Mikrofon*
**Mikrophysik** ⟨f.; -; unz.⟩ *Physik des Kleinsten, Atom-, Molekülphysik*
**Mikrophyt** ⟨m. 16⟩ *pflanzl. Mikroorganismus* [< grch. *mikros* „klein" + *phyton* „Pflanze"]
**Mikroprozessor** ⟨m. 23; EDV⟩ *zentraler Baustein eines Mikrocomputers mit Steuer- u. Rechenfunktionen*

M

**Mikroskop** ⟨n. 11⟩ ► *optisches Vergrößerungsgerät für die Betrachtung sehr kleiner Gegenstände* [< grch. *mikros* „klein" + *skopein* „schauen"]
**Mikroskopie** ⟨f. 19; unz.⟩ *Untersuchung mithilfe des Mikroskops*
**mikroskopieren** ⟨V. t.; hat⟩ *mit dem Mikroskop untersuchen, vergrößern*
**mikroskopisch** ⟨Adj.⟩ **1** *auf Mikroskopie beruhend, mit ihrer Hilfe* **2** *nur mit dem Mikroskop erkennbar;* Ggs *makroskopisch*
**Mikrosomie** ⟨f. 19; unz.⟩ *Kleinwuchs;* Ggs *Makrosomie* [< grch. *mikros* „klein" + *soma* „Körper"]

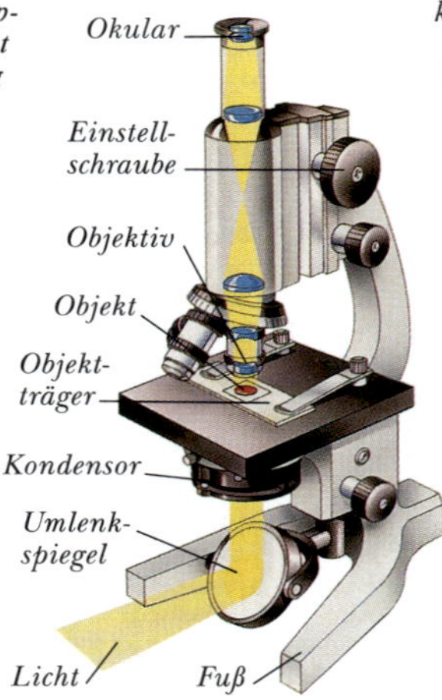


MIKROSKOP:
DURCHLICHTMIKROSKOP

**Mikrostruktur** ⟨f. 20; fachspr.⟩ Ggs *Makrostruktur* **1** *Feinstruktur* **2** *Struktur, deren Elemente sich auf der kleinsten Untersuchungsebene befinden*
**Mikrostrukturtechnik** ⟨f. 20; unz.⟩ *Gebiet der Technik, das sich mit der Entwicklung u. Anwendung kleinster mechanischer Bauelemente u. Strukturen befasst*
**Mikrothek** ⟨f. 20⟩ **1** *Behälter für die karteimäßige Sammlung von Mikrokopien* **2** *die Sammlung selbst* [< grch. *mikros* „klein" + *theke* „Behältnis"]
**Mikrowelle** ⟨f. 19; kurz für⟩ ► = *Mikrowellengerät, Mikrowellenherd*
**Mikrowellen** ⟨Pl.; Zeichen: μW⟩ *Teil des elektromagnetischen Spektrums zwischen dem Gebiet der kürzeren u. ultrakurzen Radiowellen u. dem infraroten Spektralbereich des optischen Spektrums*
**Mikrowellengerät** ⟨n. 11⟩, **Mikrowellenherd** ⟨m. 1⟩ ▼ *Herd, in dem Lebensmittel durch Bestrahlung mit Mikrowellen (sehr schnell) gegart werden;* Sy ⟨kurz⟩ *Mikrowelle*
**Milan** ⟨m. 1; Zool.⟩ *Gattung der Greifvögel, die durch die gegabelte Form des Schwanzes gekennzeichnet ist: Milvus* [< frz. < vulgärlat. *milanus* „Geier"]

## MIKROWELLENGERÄT

In Mikrowellengeräten bringen hochfrequente elektromagnetische Strahlen Wasser, Fett- und Zuckermoleküle in Nahrungsmitteln zum Schwingen. Da die Nahrungsmittel fast keine elektrische Leitfähigkeit besitzen, wird die absorbierte Energie in Wärme umgewandelt.

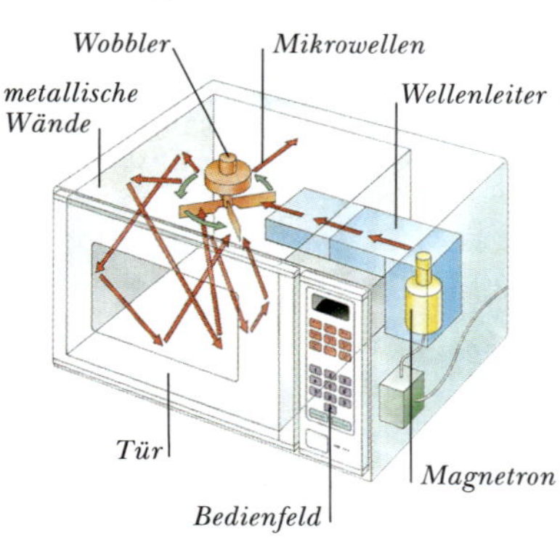


AUFBAU EINES MIKROWELLENGERÄTS

**Milbe** ⟨f. 19⟩ *Angehörige einer Ordnung der Spinnentiere, deren ursprünglich gegliederter Hinterleib mit dem Kopfbrustabschnitt zu einem ungegliederten Körper verschmolzen ist: Acari* [< ahd. *mil(i)wa*]
**Milch** ⟨f. 20; Pl. nur fachsprachl.⟩ **1** ⟨i. w. S.⟩ *weiße Flüssigkeit, die von weibl. Säugetieren u. Menschen nach dem Gebären aus den Milchdrüsen ausgeschieden wird* **2** ⟨i. e. S.⟩ *Kuhmilch* **3** ⟨Zool.⟩ *Samenflüssigkeit der männl. Fische* **4** ⟨Bot.⟩ *weißl. Pflanzensaft* ◆ ein Land, darinnen Milch und **Honig** fließt *Schlaraffenland* (nach dem 2. Buch Mose 3,8) ◆ Milch **abrahmen,** entrahmen, erhitzen, kochen, trinken; die Kuh **gibt** viel, wenig Milch ◆ **dicke,** entrahmte, frische, gekochte, kondensierte, saure Milch; **kuhwarme** Milch ◆ Kaffee **mit** Milch [< ahd. *miluh*]
**Milchbrätling** ⟨m. 1⟩ *essbarer Blätterpilz (Agaricaceae) mit zimtrotem od. orangegelbbraunem Hut, dessen Fleisch beim Zerbrechen weiße Milch absondert, die mild u. süßlich wie Kuhmilch schmeckt: Lactarius volemus;* Sy *Milchschwamm*
**Milchbrötchen** ⟨n. 14⟩ *mit Milch u. Weizenmehl gebackenes, leicht süßes Brötchen*
**Milchdrüse** ⟨f. 19⟩ = *Brustdrüse*
**Milcheiweiß** ⟨n. 11; unz.⟩ *in der Milch enthaltenes Eiweiß*
**milchen I** ⟨Adj.⟩ *aus Milch bestehend* **II** ⟨V. i.; hat; regional⟩ *Milch geben* (von der Kuh) ◆ milchende Kuh *melkende Kuh*
**Milchflasche** ⟨f. 19⟩ **1** *Flasche mit Sauger zum Nähren der Säuglinge* **2** *Flasche für den Verkauf von Milch*
**Milchfluss** ⟨m. 1u; unz.⟩ *selbständiger Abgang von Muttermilch aus den Brüsten während der Stillzeit*
**Milchgebiss** ⟨n. 11⟩ *die Milchzähne*
**Milchglas** ⟨n. 12u; unz.⟩ *milchig-trübes u. nur durchscheinendes, undurchsichtiges Glas*
**milchig** ⟨Adj.⟩ *weißlich-trüb wie Milch* ◆ eine milchige Flüssigkeit
**Milchkaffee** ⟨m. 6; unz.⟩ *mit Milch gemischter Kaffee*
**Milchmädchenrechnung** ⟨f. 20; fig.; umg.⟩ *auf Trugschlüssen beruhende Erwartung*
**Milchmixgetränk** ⟨n. 11⟩ *aus Milch u. Obstsaft, Zucker u. a. gemischtes Getränk*
**Milchpulver** ⟨n. 13; unz.⟩ = *Trockenmilch*
**Milchpumpe** ⟨f. 19⟩ *Gerät zum mechan. Entleeren der Brustdrüse*
**Milchquarz** ⟨m. 1; unz.⟩ ▲ *wenig durchsichtiger Quarz;* ► *Schmucksteine*
**Milchreis** ⟨m. 1; unz.⟩ **1** *Reissorte* **2** *in Milch gekochter, gesüßter Reis*
**Milchsäure** ⟨f. 19; unz.; Chem.⟩ *eine organische, aliphatische Hydroxykarbonsäure,* $CH_3-CH(OH)-COOH$, *entsteht bei der Gärung saurer Milch unter Mithilfe von Milchsäurebakterien*
**Milchschorf** ⟨m. 1; unz.⟩ *Hautausschlag auf dem Kopf von Säuglingen: Crusta lactes*
**Milchschwamm** ⟨m. 1u⟩ = *Milchbrätling*
**Milchstauung** ⟨f. 20; Med.⟩ *(schmerzhafte) Stauung der Milch in den Brüsten einer stillenden Frau, wenn der Säugling nicht genügend trinkt*
**Milchstern** ⟨m. 1; unz.; Bot.⟩ *Angehöriger einer Gattung der Liliengewächse, Pflanze mit hellen Blüten u. eiweißähnlichem Saft, der beim Abbrechen des Stängels austritt: Ornithogalum*
**Milchstraße** ⟨f. 19; unz.; Astron.⟩ **1** ► *als matt leuchtendes Band am Himmel erkennbares Sternsystem* **2** *unsere Galaxis*
**Milchwaage** ⟨f. 19⟩ *Gerät zur Untersuchung von Milch*
**Milchzähne** ⟨Pl.⟩ *die ersten Zähne des Kindes, die im 6. – 9. Lebensjahr durch die bleibenden Zähne ersetzt werden*
**Milchzentrifuge** ⟨f. 19⟩ *Gerät zum Trennen der Milch in Rahm u. Magermilch*
**Milchzucker** ⟨m. 3; unz.⟩ = *Lactose*
**mild** ⟨Adj.; -er, am -esten⟩ oV *milde* **1** *sanft, weich, nachsichtig* (Wesen) **2** *gnädig, gütig, nicht streng* (Behandlung, Erziehung) **3** *lau, leicht warm, mäßig, gemäßigt* (Klima, Luft, Wetter) **4** *leicht, wenig gewürzt* (Speisen) **5** *aus Barmherzigkeit, Mitleid gegeben* (Gabe, Stiftung) ◆ mit mildem **Blick;** milde **Farben** *weiche Farbtöne, die alles Grelle vermeiden;* milder **Geschmack;** er fand milde **Richter;** eine milde **Strafe** ◆ jmdn. milder **stimmen;** milde urteilen, **verfahren;** das Wetter soll wieder milder **werden** [< ahd. *milti* „gütig, gnädig; freundlich"]
**milde** ⟨Adj.⟩ = *mild*
**Milde** ⟨f.; -; unz.⟩ **1** *Sanftheit, Nachsicht* **2** *milde Beschaffenheit* ◆ Milde walten lassen; unverdiente, väterliche Milde
**mildern** ⟨V. t.; hat⟩ **1** *milder machen* (Urteil) **2** *mäßigen* (Zorn) **3** *ermäßigen, verringern, vermindern* (Strafe, Wirkung) **4** *lindern* (Schmerz, Trauer) ◆ mildernde Umstände ⟨Rechtsw.⟩ *die Strafe verringernde Umstände*
**Milderung** ⟨f. 20; unz.⟩ *das Mildern*
**Milderungsgrund** ⟨m. 1u⟩ *Grund, die Strafe zu mildern*
**mildtätig** ⟨Adj.⟩ *wohltätig, freigebig*
**Milieu** ⟨[mi'ljø:] n. 15⟩ **1** *Umgebung u. Zeitverhältnisse, in denen ein Lebewesen sich entwickelt, die Umwelt* **2** ⟨österr.⟩ *kleine Tischdecke* **3** ⟨schweiz.⟩ *Prostituierten-, Verbrecherwelt* [frz., „Umgebung, Mittelpunkt" < lat. *medius* „mittlerer" + *locus* „Ort"]
**milieugeschädigt** ⟨[mi'ljø:-] Adj.⟩ *durch nachteiligen Einfluss der persönlichen Umgebung psychisch geschädigt*

MILCHQUARZ

**militant** ⟨Adj.; -er, am -esten⟩ *kämpferisch* [< lat. *militans,* Part. Präs. zu *militare* „Soldat sein"]
**Militanz** ⟨f. 20; unz.⟩ *aggressive, gewaltsame Vorgehensweise* [< lat. *militans,* Part. Präs. zu *militare* „Kriegsdienst tun"]
**Militär I** ⟨n. 11; unz.⟩ *Soldatenstand, Heer, Soldaten-, Heerwesen* ◆ beim Militär sein *Soldat sein;* vom Militär entlassen werden, freikommen; zum Militär gehen *Soldat werden* **II** ⟨m. 6⟩ *höherer Offizier* ◆ es waren hohe Militärs anwesend [< frz. *militaire* < lat. *militaris;* zu *miles* „Soldat"]
**Militärdienst** ⟨m. 1; unz.⟩ *Pflichtdienst beim Militär*
**Militärdiktatur** ⟨f. 20⟩ *polit. Herrschaft der Heeresführung;* Sy *Militärherrschaft*
**Militärherrschaft** ⟨f. 20; unz.⟩ = *Militärdiktatur*
**militärisch** ⟨Adj.⟩ *das Militär betreffend, darauf beruhend, ihm entsprechend, ihm gemäß, soldatisch* ◆ eine militärische Ausbildung, Auszeichnung, Haltung, Organisation; mit militärischen Ehren [< lat. *militaris;* beeinflusst von frz. *militaire*]
**Militarismus** ⟨m.; -; unz.⟩ *Vorherrschaft der militär. Macht, Überbetonung des Militär-*

## MILCHSTRASSE

Die Milchstraße ist der von der Erde aus sichtbare Teil unseres Milchstraßensystems (Galaxis), zu dem auch unser Sonnensystem gehört, und besteht aus rund 200 Milliarden Sternen und Nebeln. Das Milchstraßensystem ist eine typische Galaxie in Form einer flachen Scheibe mit einem zentralen Kern und einem sie kreisförmig umgebenden Halo. Die Materie in der Scheibe ist in mehreren Spiralarmen angeordnet, die junge, heiße, blau leuchtende Sterne sowie Nebel enthalten. Unser Sonnensystem befindet sich auf einem der Spiralarme, dem Orionspiralarm, ungefähr auf halber Strecke zum Zentrum, auf das der Blick von der Erde durch Staubwolken verdunkelt wird.

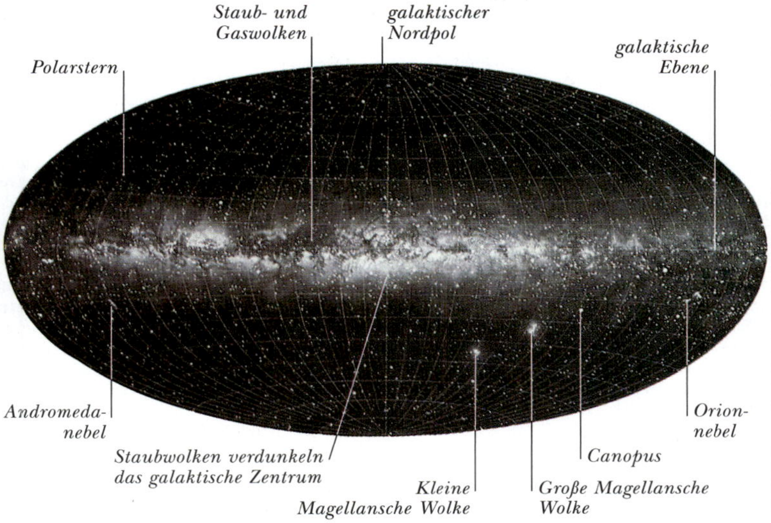

KARTE DER MILCHSTRASSE (VON DER ERDE GESEHEN)

### WEITERE ANSICHTEN DER MILCHSTRASSE

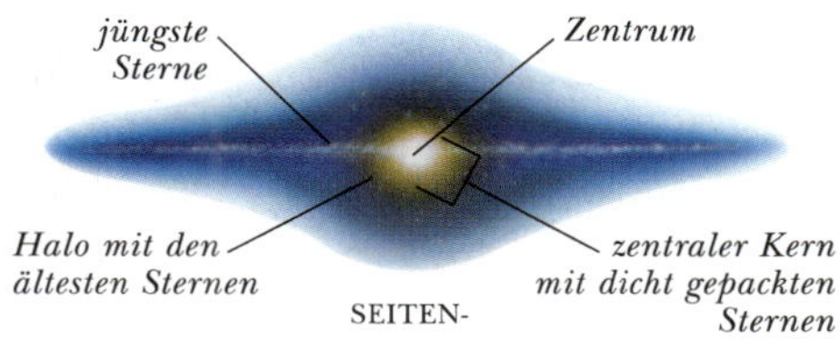

SEITENANSICHT

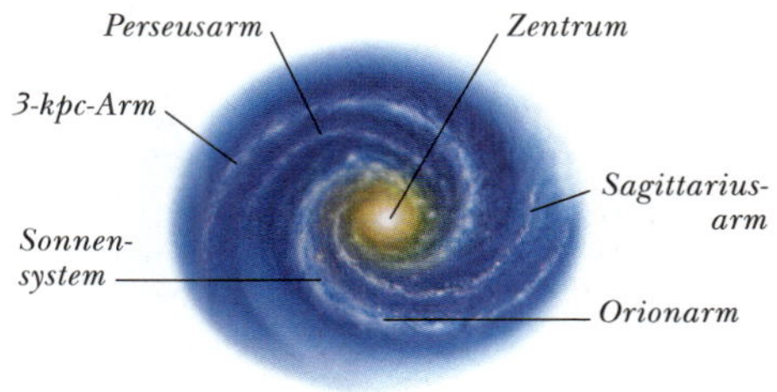

DRAUFSICHT

*wesens, übersteigerte militär. Gesinnung* [neulat., nach frz. *miliarisme* „Militärherrschaft"]

**militaristisch** ⟨Adj.⟩ *auf dem Militarismus beruhend, ihm entsprechend*

**Miliz** ⟨f. 20⟩ **1** *kurz ausgebildete Truppe für den Bedarfsfall* **2** ⟨in sozialist. Staaten⟩ *Militärpolizei* [< lat. *militia* „Gesamtheit der Soldaten; Kriegsdienst"; zu lat. *miles* „Soldat"]

**Mill.** ⟨Abk. für⟩ *Million, Millionen*

**Mille** ⟨n.; -, -⟩ *Tausend* ◆ es kostet drei Mille [< lat. *mille* „tausend"]

**Millennium** ⟨n.; -s, -nien⟩ *Zeitraum von 1000 Jahren* [lat., „das Tausendjährige Reich (Christi)" < *mille* „tausend" + *annus* „Jahr"]

**milli..., Milli...** ⟨Zeichen: m; vor Maßangaben⟩ *ein Tausendstel der betreffenden Maßeinheit,* z. B. Millimeter [zu lat. *mille* „tausend"]

**Milliampere** ⟨[-pɛːr] n.; -s od. -, -; Abk.: mA⟩ *Maßeinheit für kleine elektr. Stromstärken, $^1/_{1000}$ Ampere*

**Milliardär** ⟨m. 1⟩ **1** *Besitzer von Werten über einer Milliarde* **2** ⟨fig.⟩ *steinreicher Mann*

**Milliarde** ⟨f. 19; Abk.: Md., Mrd., Mia.⟩ *1000 Millionen* [< frz. *milliard* „tausend Millionen" < lat. *mille* „tausend" + dem roman. Vergrößerungssuffix *-ard*]

**Millibar** ⟨n.; -s, -; Zeichen: mbar⟩ *Maßeinheit für den Luftdruck, $^1/_{1000}$ Bar*

**Milligramm** ⟨n.; -s, -; Zeichen: mg⟩ *Maßeinheit für kleine Gewichte, $^1/_{1000}$ Gramm*

**Milliliter** ⟨m. 3 od. n. 13; schweiz. nur: m. 3; Zeichen: ml⟩ *Hohlmaß, Flüssigkeitsmaß, $^1/_{1000}$ Liter*

**Millimeter** ⟨m. 3 od. n. 13; schweiz. nur: m. 3; Zeichen: mm⟩ *Maßeinheit für kleine Längen, $^1/_{1000}$ Meter*

**Millimeterpapier** ⟨n. 11; unz.⟩ *mit rechtwinklig im Abstand von 1 mm sich kreuzenden Linien bedrucktes Papier für grafische Darstellungen*

**Million** ⟨f. 20; Abk.: Mill. od. Mio.⟩ *1000 mal 1000* ◆ seid umschlungen, Millionen! (Schiller, Lied an die Freude); die Verluste gehen in die Millionen; 1 Million Mal [< ital. *milione* „zehn mal hunderttausend" < lat. *mille* „tausend" + dem roman. Vergrößerungssuffix *-one*]

**Millionär** ⟨m. 1⟩ **1** *Besitzer von Werten über einer Million* **2** ⟨fig.⟩ *sehr reicher Mann* [< frz. *millionaire*]

**Millisekunde** ⟨f. 19⟩ *$^1/_{1000}$ Sekunde*

**Milz** ⟨f. 20; Anat.⟩ *aus lymphatischem Gewebe aufgebautes, drüsenartiges Organ, das in den Blutkreislauf eingeschaltet ist* [< ahd. *milzi,* engl. *milt,* eigtl. „die Weiche"]

**Milzbrand** ⟨m. 1u; unz.; Med.⟩ *akute, fieberhafte, tödl. verlaufende Infektionskrankheit mancher Tiere (Rind, Schwein, Schaf, Pferd), die auf den Menschen übertragbar ist*

**Mime** ⟨m. 17⟩ *Schauspieler* ◆ dem Mimen flicht die Nachwelt keine Kränze (Schiller, Prolog zu „Wallensteins Lager") [< lat. *mimus* < grch. *mimos* „Nachahmer, Schauspieler"; zu grch. *mimeisthai* „nachahmen"]

**mimen** ⟨V. t.; hat⟩ **1** *eine Rolle mimen als Mime spielen, darstellen* **2** *etwas mimen* ⟨umg.⟩ *vortäuschen, so tun, als ob* ◆ er mimt im „Faust" den Mephisto; er mimt nur den Kranken ⟨umg.⟩

**Mimese, Mimesie** ⟨f. 19⟩ **1** *äußere (schützende) Ähnlichkeit von Tieren in Gestalt od. Farbe mit leblosen Gegenständen ihrer Umgebung* **2** *die Erscheinung, dass minder symmetrische Kristalle durch vielfache Zwillingsbildung Formen von höherer Symmetrie vortäuschen*

**Mimesis** ⟨f.; -, -mesen⟩ *Nachahmung von Gebärden, (spottende) Wiederholung der Worte eines andern* [< grch. *mimesis* „Nachahmung"]

**mimetisch** ⟨Adj.⟩ *in der Art der Mimesis*

**Mimik** ⟨f. 20; unz.⟩ *(ausdrucksvolles) Mienen-, Gebärdenspiel, Wechsel des Gesichtsausdrucks (bes. des Schauspielers)* [< lat. *ars mimica* „schauspieler. Kunst"]

**Mimikry** ⟨f.; -; unz.⟩ **1** ◄ *schützende Nachahmung (in Farbe od. Gestalt) von Gegenständen der Umwelt od. von wehrhaften Tieren durch wehrlose* **2** ⟨fig.⟩ *Anpassung, Schutzfärbung* [< engl. *mimicry,* eigtl. „Nachahmung"]

**mimisch** ⟨Adj.⟩ *die Mimik betreffend, auf ihr beruhend, mithilfe der Mimik, schauspielerisch* ◆ ein Gefühl mimisch ausdrücken [< lat. *mimicus* „schauspielerisch"]

## MIMIKRY

In der Natur gibt es viele Beispiele dafür, dass harmlose Tiere und Pflanzen das Aussehen und Verhalten gefährlicher Arten angenommen haben, wodurch sie sich selbst vor Angriffen schützen. So ahmt z. B. der ungefährliche Hornissenschwärmer die Bänderung der Hornisse nach, deren Stich für das Opfer sehr schmerzhaft ist.

HORNISSENSCHWÄRMER (*Aegeria apiformis*)
HORNISSE (*Vespa crabro*)

M

**Mimose** ⟨f. 19⟩ **1** ⟨Bot.⟩ ► *zur Familie der Mimosengewächse (Mimosaceae) gehörende Zierpflanze, deren Blätter bei der geringsten Berührung zusammenklappen: Mimosa pudica;* Sy *Sinnpflanze* **2** ⟨fig.⟩ *überempfindsamer, leicht gekränkter Mensch* [< nlat. *mimosa* < lat. *mimus;* → *Mime*]
**mimosenhaft** ⟨Adj.; -er, am -esten; fig.⟩ *zart, überempfindlich wie eine Mimose*
**min** ⟨Astron.; Abk. für⟩ *Minute*
**Min.** ⟨Abk. für⟩ *Minute*
**Minarett** ⟨n. 11; Arch.; Rel.⟩ ▼ *Turm der Moschee, von dem die Gebetsstunden ausgerufen werden* [arab.]
**minder** **I** ⟨Adj.⟩ *weniger, geringer* ◆ von minderer Güte **II** ⟨Adv.⟩ er legt nicht minder Wert darauf; das ist nicht minder gut, schön, wichtig als ...; nicht mehr und nicht minder; mit mehr oder minder großem Eifer, Erfolg, Fleiß, Aufwand [< mhd. *minre, minner* < ahd. *minniro* „weniger, geringer"]
**minderbemittelt** ⟨Adj.⟩ *mit weniger (Geld-) Mitteln ausgestattet, ziemlich arm*
**Minderheit** ⟨f. 20⟩ **1** *Unterlegenheit hinsichtlich der Zahl* **2** ⟨Pol.⟩ *in einer Gemeinschaft den übrigen an Zahl unterlegene Gruppe, z. B. eine Partei* ◆ in der Minderheit bleiben, sein (z. B. bei einer Abstimmung); nationale Minderheit *Volksgruppe innerhalb eines Staatsgebietes, die sich nach Abstammung u. in der Sprache von dem Volk unterscheidet, in dem sie lebt;* religiöse Minderheit
**minderjährig** ⟨Adj.⟩ *noch nicht volljährig, noch nicht mündig;* Ggs *mündig, volljährig*
**Minderjährigkeit** ⟨f. 20; unz.⟩ *Alter vor der Mündigkeit;* Ggs *Mündigkeit, Volljährigkeit*
**mindern** ⟨V. t.; hat⟩ *verringern, geringer machen, herabsetzen* ◆ einen Wert mindern
**Minderung** ⟨f. 20⟩ *das Mindern, Verringerung*
**minderwertig** ⟨Adj.⟩ **1** *von geringerem Wert* **2** *moral. schlecht* ◆ minderwertige Waren; charakterlich minderwertig
**Minderwertigkeitsgefühl** ⟨n. 11⟩, **Minderwertigkeitskomplex** ⟨m. 1⟩ *übersteigertes Gefühl der Unterlegenheit gegenüber anderen*
**mindestens** ⟨Partikel⟩ *wenigstens, als wenigstes* ◆ du hättest dich mindestens entschuldigen können; es kostet mindestens 50 Mark
**Mindestgebot** ⟨n. 11; bei Auktionen⟩ *niedrigstes Angebot, das nicht unterschritten werden soll*
**Mindestgeschwindigkeit** ⟨f. 20⟩ *niedrigste Geschwindigkeit, die nicht unterschritten werden soll*
**Mindesthaltbarkeit** ⟨f.; -; unz.⟩ *(bes. bei Lebensmitteln) auf der Verpackung angegebenes Datum, bis zu dem die Ware mindestens haltbar (genießbar) sein soll*
**Mindestlohn** ⟨m. 1u⟩ *niedrigste Lohnstufe (innerhalb eines Wirtschaftszweiges in einer Beschäftigungsart)*
**Mindestmaß** ⟨n. 11⟩ *kleinstes Maß* ◆ sich auf das Mindestmaß beschränken
**Mine** ⟨f. 19⟩ **1** ⟨Mil.⟩ *Sprengkörper, der durch Zündschnur, Berührung usw. zur Explosion gebracht wird* (Landmine, Seemine, Treibmine) **2** ⟨Bgb.⟩ **2.1** *unterird. Gang, Stollen, Bergwerk* **2.2** *unterird. Metallvorkommen* (Erzmine, Goldmine) **3** *Graphit- od. Metallstäbchen in Drehbleistift od. Kugelschreiber* (Bleistiftmine, Kugelschreibermine) ◆ die Mine detoniert, explodiert; eine neue Mine in den Kugelschreiber einsetzen; Minen legen, werfen; Kugelschreiber mit blauer Mine; in einer Mine arbeiten ⟨Bgb.⟩ [frz., „Erzader; Erzgrube"]
**Minenarbeiter** ⟨m. 3; Bgb.⟩ *Bergarbeiter*
**Minenleger** ⟨m. 3⟩ *Schiff, das in einem Gewässer Minen auslegt*
**Minensuchboot** ⟨n. 11⟩, **Minensucher** ⟨m. 3⟩ *seetüchtiges Kriegsschiff, das Gewässer nach Minen absucht u. es von ihnen befreit*
**Mineral** ⟨n. 11; Pl. a.: -lien⟩ ► *anorganischer Bestandteil der Erdrinde* [< mlat. *(aes) minerale* „Erzgestein, Erz"]
**Mineralbrunnen** ⟨m. 4⟩ = *Mineralquelle*
**Mineraldünger** ⟨m. 3; Sammelbez. für⟩ *anorganische Düngemittel*
**mineralisch** ⟨Adj.⟩ *auf Mineralien beruhend, aus ihnen entstanden, Mineralien enthaltend*
**mineralisieren** **I** ⟨V. t.; hat⟩ *organische Stoffe zu anorganischen Stoffen abbauen* **II** ⟨V. i.; ist⟩ *sich in mineralisches Material verwandeln*
**Mineralogie** ⟨f. 19; unz.⟩ *Wissenschaft von den Mineralien*
**Mineralöl** ⟨n. 11⟩ *vorwiegend aus Erdöl, Stein- u. Braunkohle gewonnenes Öl*
**Mineralquelle** ⟨f. 19⟩ *ein gelöstes Mineral enthaltende Quelle;* Sy *Mineralbrunnen*
**Mineralsalz** ⟨n. 11⟩ **1** ⟨i.w.S.⟩ *anorgan. Salz* **2** ⟨i. e. S.⟩ *für die Ernährung der Menschen, Tiere u. Pflanzen wichtiges Salz*
**Mineralsäure** ⟨f. 19⟩ *anorgan. Säure, z. B. Salz-, Salpeter-, Schwefelsäure*
**Mineralwasser** ⟨n. 13u⟩ *mineralreiches Wasser aus einer natürl. od. erschlossenen Quelle, meist mit Kohlensäure versetzt*
**Ming** ⟨ohne Art.⟩ ► *eine chines. Dynastie mit 17 Herrschern in der Zeit von 1368-1644 n. Chr.*
**Miniatur** ⟨f. 20⟩ **1** *Malerei od. Zeichnung in alten Handschriften u. Büchern* **2** *sehr kleines Bild* [< lat. *miniatura;* zu lat. *miniatus* „mit Mennige gefärbt"]
**Miniatur...** ⟨in Zus.⟩ *sehr klein,* z. B. Miniaturbild
**minieren** ⟨V. t.; hat⟩ **1** *einen unterird. Gang, Stollen anlegen* **2** *mit Minen durchsetzen* (Gebiet) [< frz. *miner*]
**Minigewächshaus** ⟨[-ks-] n. 12u; Bot.⟩ ◄ *sehr kleines Gewächshaus aus Glas od. Plexiglas für die Züchtung od. zur Anzucht von Pflanzen in Wohnräumen*
**Minigolf** ⟨n.; -s; unz.⟩ *vom Golf abgeleitetes Spiel in stark verkleinertem Maßstab u. auf befestigten Bahnen mit unterschiedl. Hindernissen* [verkürzt < *Miniatur* + *Golf*]

MIMOSE
*(Mimosa pudica)*

MINARETT

MINIGEWÄCHSHAUS

MING: MINGFIGUR DES 15. JH.

**Minima** ⟨Pl. von⟩ *Minimum*
**minimal** ⟨Adj.⟩ *sehr klein, winzig, geringfügig* ◆ minimale Verluste; die Beteiligung war minimal
**minimalisieren** ⟨V. t.; hat⟩ **1** *vereinfachen, verringern* **2** *abwerten* ◆ Kosten minimalisieren
**Minimalpaar** ⟨n. 11; Sprachw.⟩ *sich nur durch ein Phonem unterscheidendes Wort- oder Morphempaar einer Sprache,* z. B. Haus – Maus, führen – fahren
**minimieren** ⟨V. t.; hat⟩ *das Minimum anstreben, erreichen* ◆ Kosten minimieren; Ggs *maximieren*
**Minimum** ⟨n.; -s, -nima⟩ Ggs *Maximum* **1** *kleinster Wert, kleinste Größe, niedrigster Stand (z. B. des Luftdrucks)* **2** *Mindestmaß* **3** *Geringfügigkeit* ◆ barometrisches Minimum *Tief;* ein Minimum an Aufwand [lat., „das kleinste"]
**Minirock** ⟨m. 1u⟩ *bis knapp zur Mitte der Oberschenkel reichender Rock, schenkelkurzer Rock*
**Minister** ⟨m. 3⟩ *Leiter eines Ministeriums* ◆ Minister des Inneren (Innenminister); Minister für auswärtige Angelegenheiten (Außenminister); Minister ohne Geschäftsbereich [< frz. *ministre* „Diener; Diener des Staates" < lat. *minister* „Diener, Gehilfe"; zu *minus* „weniger, geringer"]
**Ministerium** ⟨n.; -s, -rien⟩ *oberste staatl. Verwaltungsbehörde* (Familienministerium, Außenministerium) ◆ Ministerium des Innern, für gesamtdeutsche Fragen ⟨früher⟩ [< lat. *ministerium* „Dienst, Amt"]
**Ministerpräsident** ⟨m. 16⟩ **1** ⟨in vielen Ländern⟩ *oberster Leiter der Regierung* **2** ⟨BRD⟩ *Leiter der Landesregierung*
**Ministerrat** ⟨m. 1u⟩ **1** *Gesamtheit der Minister, Gesamtministerium* **2** *Ministerausschuss* **3** *gemeinsames Organ der Europ. Wirtschaftsgemeinschaft* **4** ⟨in kommunist. Ländern⟩ *höchstes vollziehendes u. verfügendes Organ der Staatsgewalt*
**Ministrant** ⟨m. 16⟩ *(meist jugendl.) Gehilfe des Priesters bei der Messe;* Sy *Messdiener* [lat.; zu *ministrare* „(be)dienen"]
**ministrieren** ⟨V. i.; hat⟩ *das Amt eines Ministranten versehen*
**Mink** ⟨n. 11⟩ *amerikan. Art des Nerzes: Mustela lutreola* [engl.]
**Minne** ⟨f. 19; unz.; MA⟩ *höfischer Frauendienst, Werben der Ritter um Frauenliebe* [< mhd. *minne* „Liebe" < ahd. *minna* „Liebe, Zuneigung, Freude"]
**Minnelied** ⟨n. 12; im MA⟩ *höfisches Liebeslied*
**Minnesang** ⟨m.; -s; unz.; Lit.; MA⟩ *mittelalterl. höfische Liebeslyrik*
**Minorität** ⟨f. 20⟩ *Minderheit, Minderzahl;* Ggs *Majorität*
**Minotaur** ⟨m.; -s; unz.⟩, **Minotaurus** ⟨m.; -; unz.; grch. Myth.⟩ *Menschen fressendes Ungeheuer mit Menschenleib u. Stierkopf auf Kreta* [grch., „Stier des Minos"]
**mint** ⟨Adj.; undekl.⟩, **mintfarben** ⟨Adj.⟩ *blassgrün* [< engl. *mint* „Minze"]
**Minuend** ⟨m. 16; Math.⟩ *die zu vermindernde Zahl, von der eine andere abgezogen wird;* Ggs *Subtrahend* [zu lat. *minuere* „verringern"]
**minus** ⟨Adv.; Zeichen: -⟩ *weniger, abzüglich;* Ggs *plus* ◆ es sind minus fünf Grad ⟨od.⟩ fünf Grad minus ⟨umg.⟩ *fünf Grad unter null Grad;* sechs minus zwei ist, macht vier

## MINERALIEN

Abgesehen von den Elementen, die gediegen auftreten (z. B. Gold, Silber und Kupfer), sind die Mineralien feste anorganische Verbindungen mit einer charakteristischen Kristallstruktur. Sie bilden die Bestandteile der Gesteine und bauen die Erdkruste auf. Eingeteilt werden die Mineralien nach ihrer chemischen Zusammensetzung. Sulfide beispielsweise sind Verbindungen zwischen Schwefel und Metallen oder Halbmetallen. Die Halogenide, wie z. B. das Steinsalz, sind Verbindungen der Gase Chlor, Fluor, Brom oder Iod mit Metallen.

### DIE WICHTIGSTEN MINERALGRUPPEN

ELEMENTE (Gold)

SULFIDE (Kupferkies)

SULFOSALZE (Bournonit)

HALOGENIDE (Diaboleit)

OXIDE (Chalcedon)

HYDROXIDE (Romanechit)

KARBONATE (Rhodochrosit)

NITRATE (Nitronitrat)

BORATE (Ulexit)

SULFATE (Anhydrit)

CHROMATE (Krokoit)

MOLYBDATE (Wulfenit)

WOLFRAMATE (Scheelit)

PHOSPHATE (Türkis)

ARSENATE (Klinoklas)

VANADATE (Vanadinit)

SILIKATE (Turmalin)

(6-2 = 4) [lat., „weniger", Neutr. zu *minor* „kleiner, geringer"]

**Minus** ⟨n.; -, -⟩ *Fehlbetrag, Defizit;* Ggs *Plus* ◆ das ist ein Minus für mich ⟨fig.; umg.⟩ *ein Nachteil*

**Minuskel** ⟨f. 21⟩ *Kleinbuchstabe röm. Ursprungs mit Ober- u. Unterlängen;* Ggs *Majuskel*

**Minuspol** ⟨m. 1; El.⟩ *negativer Pol;* Ggs *Pluspol*

**Minuszeichen** ⟨n. 14; Zeichen: -⟩ **1** *Zeichen für die Subtraktion;* Ggs *Pluszeichen* **2** *Vorzeichen negativer Zahlen*

**Minute** ⟨f. 19; Abk.: m., min., Min.⟩ **1** ⟨Astron.; Zeichen: ᵐ⟩ *60. Teil einer Stunde* **2** ⟨Math.; Zeichen: '⟩ *100. Teil eines Gons* ◆ es klappte alles auf die Minute ⟨umg.⟩ *pünktlich;* auf fünf Minuten kommt es uns auch nicht mehr an (nachdem wir schon so lange gewartet haben); sich erst in letzter Minute dazu entschließen; wenige Minuten später; fünf Minuten vor zwölf ⟨fig.⟩ *höchste Zeit;* bis zur letzten Minute mit einer Entscheidung warten [frz. < lat. *minutus* „klein, gering"; zu *minuere* „verringern"]

MINZE: HAINMINZE (*Mentha* x *villosa*)

**minutenlang** ⟨Adj.⟩ *einige Minuten dauernd* ◆ minutenlanger Beifall

**Minutenzeiger** ⟨m. 3⟩ *den Ablauf der Minuten anzeigender Uhrzeiger*

**minutiös** ⟨Adj.⟩ = *minuziös*

**minuziös** ⟨Adj.⟩ oV *minutiös* **1** *bis ins Kleinste gehend, peinlich genau, präzise bis ins Detail* **2** ⟨abwertend⟩ *kleinlich* ◆ minuziös gab er den Vorfall zu Protokoll; sich minuziös erinnern können [zu lat. *minutus* „klein, kleinlich"]

**Minze** ⟨f. 19; Bot.⟩ ◄ *Angehörige einer Gattung der Lippenblütler: Mentha;* ► *Kräuter* [< ahd. *minza, munza* < lat. *mintha* < grch. *minthe*]

**Mio.** ⟨Abk. für⟩ *Million, Millionen*

**mir** ⟨Dativ des Personalpron. „ich"⟩ mir **brauchen** Sie das nicht zu sagen! *ich weiß doch Bescheid;* **geben** Sie es mir!; **sein:** mir ist es gleich *ich bin mit jeder Entscheidung einverstanden;* mir **wird** schwarz vor den Augen *übel* ◆ ich (ver)zweifle **an** mir selbst; geh mir **aus** den Augen! ⟨fig.⟩ *ich will dich nicht mehr sehen!;* ich war **außer** mir (vor Empörung, vor Zorn); und das **ausgerechnet** mir! ⟨umg.⟩ *ich kann es nicht fassen, dass mir so etwas passieren konnte;* ich habe kein Geld **bei** mir; **mit** mir kann er das nicht machen *ich lasse mir so etwas nicht gefallen;* mir **nichts,** dir nichts ⟨fig.⟩ *ohne weiteres, ohne Umstände, plötzlich, unversehens;* ein Freund **von** mir *einer meiner Freunde;* von mir aus ⟨umg.⟩ *meinetwegen;* **wie** du mir, so ich dir ⟨Sprichw.⟩ *wie du zu mir bist, so bin ich zu dir, was du mir getan hast, tu ich dir auch* [< ahd.]

MIRABELLE (*Prunus domestica*)

**Mir I** ⟨m. 1; unz.; im zarist. Russland⟩ *Dorfgemeinschaft mit gemeinsamem Grundbesitz* **II** ⟨f.; -; unz.; Raumfahrt⟩ *(bis März 2001 aktive) bemannte russische Weltraumstation* [russ., „Welt(all); Frieden"]

**Mirabelle** ⟨f. 19⟩ ▲ *eine Steinobstart, kleine, kugelige, gelbe, süße Pflaume* [frz. < lat. *mirabilis* „wunderbar"]

**Misanthrop** ⟨m. 16⟩ = *Menschenfeind;* Ggs *Philanthrop* [< grch. *misanthropos* „Menschen hassend"]

**Misanthropie** ⟨f 19; unz.⟩ = *Menschenfeindlichkeit;* Ggs *Philanthropie*

**misanthropisch** ⟨Adj.⟩ = *menschenfeindlich;* Ggs *philanthropisch*

**Mischbatterie** ⟨f. 19⟩ *aus einem Kalt- u. einem Warmwasserhahn bestehende Armatur, durch die der warme und kalte Wasserstrom gemischt u. die Temperatur des Wassers stufenlos reguliert werden kann*

**Mischehe** ⟨f. 19⟩ *Ehe von Angehörigen verschiedener Religionen bzw. Konfessionen, bes. der kath. u. ev. Konfession*

**mischen** ⟨V. t.; hat⟩ **1** verschiedene Dinge, Flüssigkeiten o. Ä. mischen *zu einer (scheinbaren) Einheit vereinigen, vermengen, durcheinander bringen* **2** ⟨Film, Funk, TV⟩ die Tonspuren mit Geräuschen, Musik u. Text mischen *zu einem einheitl. Klanggebilde auf einem Tonband vereinigen* ◆ einen Cocktail mischen, Gift mischen *zubereiten, zurechtmachen;* sich in eine Angelegenheit mischen ⟨fig.⟩ *sich in eine Angelegenheiten einmengen, sich um etwas kümmern, was einen nichts angeht* [< ahd. *miskan*]

**Mischfarbe** ⟨f. 19; Mal.⟩ ►► *Farbe, die aus der Mischung von Grundfarben entsteht*

**Mischkultur** ⟨f. 20⟩ *Anbau zweier od. mehrerer Kulturpflanzen nebeneinander*

MISCHLING: KREUZUNG ZWISCHEN SCHÄFER- UND WINDHUND (LURCHER)

**Mischling** ⟨m. 1⟩ **1** *jmd., der von Eltern typologisch verschiedener Kategorien (z. B. Europide, Indianide) abstammt* **2** ⟨Biol.⟩ ► *Tier od. Pflanze, das od. die durch eine Artenkreuzung entstanden ist;* Sy *Bastard*

**Mischmasch** ⟨m. 1; umg.⟩ *Durcheinander, Unordnung*

M

**Mischpoche** ⟨[-po:xə]⟩, **Mischpoke** ⟨f.; -; unz.; umg.; abwertend⟩ *Familie, Sippschaft* [< hebr. *mischpachah* „Familie"]

**Mischung** ⟨f. 20⟩ **1** *das Mischen* **2** *Menge, Masse, Flüssigkeit aus mehreren Bestandteilen, Gemenge* **3** ⟨fig.⟩ *Durcheinander*

**Mischwald** ⟨m. 2u; Forstw.⟩ *Wald aus mehreren Holzarten, bes. aus Laub- u. Nadelhölzern*

**miserabel** ⟨Adj.⟩ *elend, sehr schlecht, kläglich, erbärmlich* ◆ das Stück ist miserabel gearbeitet; eine miserable Leistung [< frz. *misérable*]

**Misere** ⟨f. 19⟩ *Not, Elend, Missstand, Jammer* [< frz. *misère*]

**Miso** ⟨f. 10 od. n. 15; jap. Kochk.⟩ ► *aus fermentierten, gekochten u. gesalzenen Sojabohnen u. unter Zusatz von Gersten- od. Reismalz hergestellte Paste*

**Mispel** ⟨f. 21; Bot.⟩ ▼ *Kernobstbaum aus der Familie der Rosengewächse mit birnenförmigen, erst überreif genießbaren Früchten: Mespilus germanica* ◆ Japanische Mispel *ein Rosengewächs (Eryobotrya japonica)* [< ahd. *mespila* < lat. *mespilum*]

**miss..., Miss...** ⟨in Zus.⟩ *schlecht, verfehlt, verunglückt, fehl..., Fehl...* [< ahd. *missa-, missi-* mit der Grundbedeutung „wechselseitig"]

**Missa** ⟨f.; -; unz.; lat. Bez. für⟩ *Messe, Hochamt* ◆ Missa solemnis *feierl. Hochamt*

**missachten** ⟨V. t.; hat⟩ **1** jmdn. missachten *für schlecht achten, verachten* **2** etwas missachten *absichtl. nicht beachten* (Gesetz, Rat, Vorschrift)

**Missale** ⟨n. 13⟩ = *Messbuch*

**Missbildung** ⟨f. 20⟩ **1** *Fehlbildung, Abweichung vom normalen Bau bei Lebewesen durch Entwicklungsstörungen* **2** *veränderte Form vorhandener Organe, Anomalie, Deformität* ◆ körperliche Missbildung

MISPEL
*(Mespilus germanica)*

**missbilligen** ⟨V. t.; hat⟩ *nicht billigen, tadeln, ablehnen* ◆ ich missbillige seine Meinung; missbilligend den Kopf schütteln

**Missbrauch** ⟨m. 1u⟩ *böswillig falscher, übertrieber od. unerlaubter Gebrauch (eines Rechts, einer Sache, einer Person)* ◆ Alkoholmissbrauch; mit seiner Macht o. Ä. Missbrauch treiben

**missbrauchen** ⟨V. t.; hat⟩ *böswillig falsch, übertrieben viel od. unerlaubt gebrauchen* ◆ seine Macht missbrauchen; eine Frau, ein Kind missbrauchen *es vergewaltigen, mit ihm sexuelle Handlungen begehen;* jmds. Vertrauen missbrauchen

**missen** ⟨V. t.; hat; nur im Inf. u. in verneinenden Sätzen⟩ *vermissen, entbehren* ◆ jmdn. od. etwas nicht missen können; ich möchte diese Zeit nicht missen [< ahd. *missen* „vermissen, entbehren", engl. *miss* „vermissen, verfehlen"]

**Misserfolg** ⟨m. 1⟩ *Ausbleiben des Erfolgs, misslungener Versuch, Fehlschlag* ◆ einen Misserfolg haben; mit einem Misserfolg rechnen

**Missetat** ⟨f. 20⟩ **1** *böse, schlechte Tat, Verbrechen, Vergehen* **2** *Verstoß* **3** *Schuljungenstreich, Lausbubenstreich* **4** *Sünde* ◆ eine Missetat begehen; seine Missetat bereuen [< ahd. *missitat* < *missi* + *Tat* im Sinne von „Sünde"]

**Missetäter** ⟨m. 3⟩ *jmd., der eine Missetat begangen hat*

MISCHFARBEN: ZUSAMMENSETZUNG VON MISCHFARBEN

**Missfallen** ⟨n.; -s; unz.⟩ *das Nichtgefallen, Nichteinverstandensein, Mangel an Gefallen* ◆ sein Missfallen äußern; jmds. Missfallen erregen

**Missgeschick** ⟨n. 11⟩ **1** *Unglück, Pech* **2** *ärgerl. Missgriff* ◆ mir ist ein Missgeschick geschehen, passiert

**missglücken** ⟨V. i.; ist⟩ *nicht glücken, nicht gelingen, fehlschlagen* ◆ der Versuch ist (mir) missglückt

**misshandeln** ⟨V. t.; hat⟩ jmdn. od. ein Tier misshandeln *jmdm. od. einem Tier Körperverletzungen zufügen (bes. durch grausames Prügeln)*

MISO

**Misshandlung** ⟨f. 20⟩ **1** *das Misshandeln* **2** *das Misshandeltwerden* ◆ Misshandlungen erdulden, erleiden

**Mission** ⟨f. 20⟩ **I** ⟨zählb.⟩ **1** *ernster, feierlicher Auftrag, Sendung, Vollmacht* **2** *zu besonderen Aufgaben ins Ausland entsandte Gruppe von Personen* ◆ ich komme in einer bestimmten Mission; meine Mission ist beendet, erfüllt **II** ⟨unz.⟩ *Verbreitung des christl. Glaubens* ◆ Äußere Mission; Innere Mission [< kirchenlat. *missio* „Entsendung christlicher Prediger zur Bekehrung der Heiden" < lat. *missio* „das Geschehenlassen; Entsendung, Sendung"]

**Missionar** ⟨m. 1⟩ *zur Bekehrung nicht christlicher Völker ausgesandter Geistlicher* [neulat.; zu kirchenlat. *missio* „Mission"]

**missionieren** ⟨V. t. u. V. i.; hat⟩ *Mission treiben (bei), zum Christentum bekehren*

**Misskredit** ⟨m. 1; unz.⟩ *schlechter Ruf, schlechtes Ansehen* ◆ jmdn. in Misskredit bringen *jmds. Ansehen herabsetzen;* in Misskredit geraten

**misslingen** ⟨V. i. 146; ist⟩ *nicht gelingen, fehlschlagen, missglücken* ◆ ein Plan, Vorhaben, Versuch misslingt [< mhd. *misselingen;* zu *misse-* + *lingen* „glücken, Erfolg haben" < ahd. *gilingan*]

**Missmut** ⟨m.; -(e)s; unz.⟩ *schlechte Laune, Verdrießlichkeit, Verdrossenheit*

**missmutig** ⟨Adj.⟩ *missgestimmt, verdrießlich, verdrossen*

**missraten** ⟨V. i. 193; ist⟩ **1** *nicht geraten, sich falsch od. schlecht entwickeln* **2** *nicht gelingen* ◆ der Kuchen ist mir missraten; missratenes Kind

**Missstand** ⟨m. 1u⟩ *Übelstand, schlimmer Zustand, Quelle ständiger Ärgernisse u. Nöte* ◆ einem Missstand abhelfen; Missstände abschaffen; einen Missstand beseitigen

**misstrauen** ⟨V. i.; hat⟩ jmdm. od. einer Sache misstrauen *nicht trauen, gegen jmdn. od. eine Sache Argwohn hegen* ◆ ich misstraue dir

**Misstrauen** ⟨n.; -s; unz.⟩ *Argwohn, Mangel an Vertrauen* ◆ jmds. Misstrauen besiegen; jmdm. Misstrauen entgegenbringen; Misstrauen gegen jmdn. hegen

**misstrauisch** ⟨Adj.⟩ *voller Misstrauen, nicht (ver)trauend, argwöhnisch* ◆ jmdn. od. etwas misstrauisch betrachten; jmdn. misstrauisch machen *jmds. Misstrauen, Argwohn erregen;* er ist sehr misstrauisch

**Missverhältnis** ⟨n. 11⟩ *unpassendes Verhältnis, störende Ungleichheit, gestörtes Gleichgewicht* ◆ ein Missverhältnis in der Größe zweier Dinge od. Personen [wahrscheinl. Lehnübersetzung von lat. *disproportio*]

**missverständlich** ⟨Adj.⟩ *so beschaffen, dass man es missverstehen kann, zwei-, mehrdeutig, unklar*

**Missverständnis** ⟨n. 11⟩ *falsches Verstehen, ungewollt falsches Deuten (einer Handlung od. Aussage)* ◆ ein Missverständnis klären; um Missverständnissen vorzubeugen; unser Streit beruhte auf einem Missverständnis

**Misswirtschaft** ⟨f. 20; unz.⟩ *unordentl., unsaubere Geschäftsführung od. Verwaltung*

**Mist...** ⟨in Zus.; umg.⟩ *minderwertig, schlecht, sehr unangenehm,* z. B. Mistarbeit, Mistkerl

**Mist**[1] ⟨m. 1; unz.⟩ **1** *tier. Kot* (Hühnermist, Kuhmist, Pferdemist, Schafsmist) **2** *mit tier. Kot vermischtes Stallstroh als Dünger* (Stallmist) **3** *Misthaufen* **4** ⟨fig.⟩ *wertloses Zeug, Plunder* **5** ⟨fig.; umg.⟩ *Unsinn, dummes Zeug* ◆ eine **Fuhre** Mist ◆ Mist **fahren,** streuen; Mist **machen** ⟨fig.; umg.⟩ *Spaß, Unsinn treiben, falsche Arbeit liefern, Fehler machen;* Kleinvieh macht auch Mist ⟨Sprichw.⟩ *auch kleine Dinge tragen das Ihre zu einer Sache bei;* er hat ziemlich viel Mist **verzapft** ⟨fig.; umg.⟩ *dummes, falsches Zeug geredet, geschrieben* ◆ ich habe den ganzen Mist **satt** ⟨fig.; umg.⟩ *die ganze Sache* ◆ das ist nicht **auf** seinem Mist gewachsen ⟨fig.; umg.⟩ *das stammt nicht von ihm selbst;* **mit** Mist düngen [< ahd. *mist,* wahrscheinl. urspr. „Harn, Kot"; zu einem im Dt. untergegangenen Verb bei „harnen", mnddt. *migen,* altnord. *miga,* aengl. *migan* „harnen"]

**Mist**[2] ⟨m. 1; unz.; Seemannsspr.⟩ *leichter Nebel* [engl.]

**Mistel** ⟨f. 21; Bot.⟩ ◄ *immergrüner Strauch aus der Familie der Mistelgewächse (Loranthacea), Parasit mit grünen Blättern, der oberirdisch auf Holzpflanzen lebt, in England eine typische Weihnachtspflanze: Viscum album* [< ahd. *mistil,* engl. *mistle;* vielleicht verwandt mit *Mist*]

MISTEL
*(Viscum album)*

**misten**[1] ⟨V. t.; hat⟩ **1** *von Mist säubern, reinigen* (Stall) **2** *mit Mist düngen* (Acker)

**misten**[2] ⟨V. i.; hat; Seemannsspr.⟩ *leicht nebeln*

**Mistgabel** ⟨f. 21⟩ *Gerät zum Mistladen*

**Misthaufen** ⟨m. 4⟩ *Sammelplatz für Mist (auf dem Bauernhof)*

**mistig**[1] ⟨Adj.⟩ **1** *voller Mist, schmutzig* **2** ⟨fig.; umg.⟩ *schlecht, sehr unangenehm* ◆ das ist eine mistige Geschichte ⟨fig.; umg.⟩

**mistig**[2] ⟨Adj.; Seemannsspr.⟩ *neblig*

**Mistkäfer** ⟨m. 3; Zool.⟩ ► *Angehöriger einer Unterfamilie der Skarabäen, stahlblau bis schwarz glänzender Käfer mit einem plumpen Körperbau u. ca. 2 cm Länge: Geotrupinae;* Sy *Rosskäfer, Dungkäfer*

**Miststück** ⟨n. 11; fig.; derb⟩ *gemeine, hinterhältige Person*

**Mistvieh** ⟨n.; -s, -viecher; derb⟩ *gemeine, hinterhältige Person*

**mit** ⟨Präp. m. Dat.⟩ **1** *in Begleitung von, zusammen, gemeinsam, gemeinschaftlich mit, in*

*Verbundenheit mit* **2** *in Verbindung mit* **3** *durch Hilfe von, durch, mittels Werkzeugs* **4** *versehen, ausgestattet mit* **5** *bei, zur Zeit des, der, im Alter von, in Höhe von, einschließlich (bei Zeit-, Maß-, Mengenangaben)* **6** *im Hinblick auf, betreffend* **7** *unter anderem, außerdem, und auch* **8** *gegen, gegeneinander* **9** *wechselseitig* ◆ mit ihm, ihr, uns; ich muss mit dir sprechen; mit jmdm. gehen; ich verstehe mich gut mit ihr; eine Weiße mit (erg.: Schuss) ⟨umg.⟩; mit mir waren es im ganzen fünf; was ist los mit dir?; mit **Absicht;** er antwortete mit einem **Achselzucken;** wie geht es mit deiner **Arbeit?** ⟨umg.⟩; mit dem **Auto,** Zug, Schiff fahren; ein Krug mit **Deckel,** Henkel; mit dem **Essen** warten; mit zehn **Jahren** *im Alter von zehn Jahren;* mit einem **Mal** *plötzlich, auf einmal;* Kaffee mit **Milch,** Zucker; sie lebt mit ihrer **Mutter** zusammen; mit **Recht;** mit lauter (leiser) **Stimme;** der Zug fährt mit 150 **Stundenkilometern;** mit **Vergnügen!** *sehr gern!;* mit einem **Wort** *kurz gesagt;* mit anderen Worten, du willst nicht mitkommen *anders ausgedrückt;* mit der **Zeit** *allmählich, nach u. nach* ◆ kannst du bitte mal mit **anfassen;** mit jmdm. **kämpfen** ◆ ich war mit **dabei;** das gehört mit **dazu** ◆ er stimmte mit **in** den Chor ein [< ahd. *mit(i)*]

**Mitarbeit** ⟨f. 20⟩ *Arbeit mit anderen am selben Werk*

**mitarbeiten** ⟨V. i.; hat⟩ an etwas mitarbeiten *mit anderen am selben Werk arbeiten, zum selben Werk beitragen*

**mitbekommen** ⟨V. t. 170; hat; umg.⟩ **1** *beim Weggehen erhalten, als Wegzehrung u. Ä. erhalten* **2** *als Mitgift erhalten* **3** ⟨fig., umg.⟩ *verstehen;* Sy *mitkriegen* ◆ das habe ich nicht ganz mitbekommen ⟨fig.; umg.⟩

**mitbenutzen** ⟨V. t.; hat⟩ *mit jmdm. gemeinsam benutzen, auch benutzen* ◆ darf ich das neue Gerät mitbenutzen?

**Mitbenutzung** ⟨f. 20; unz.⟩ *Benutzung mit jmdm. gemeinsam* ◆ sie haben mir das Gerät zur Mitbenutzung überlassen

**mitberücksichtigen** ⟨V. t.; hat⟩ *zusätzlich bedenken, außerdem beachten, mit einschließen* ◆ bei unseren Überlegungen sollten wir dieses Argument unbedingt mitberücksichtigen; das ist mit zu berücksichtigen

**mitbestimmen** ⟨V. t.; hat⟩ eine Sache mitbestimmen *mit anderen gemeinsam bestimmen, auch bestimmen*

**Mitbestimmungsrecht** ⟨n. 11; unz.⟩ **1** ⟨i. w. S.⟩ *Recht auf Mitbestimmung (bes. im privaten Bereich)* **2** ⟨i. e. S.⟩ *das Recht der Arbeitnehmervertreter, an betriebl. Entscheidungen mitzuwirken*

**Mitbewerber** ⟨m. 3⟩ *jmd., der sich um etwas mit anderen zusammen bewirbt, Konkurrent*

**Mitbewohner** ⟨m. 3⟩ *jmd., der mit (einem) anderen ein Haus od. Zimmer bewohnt*

**mitbringen** ⟨V. t. 118; hat⟩ jmdm. etwas mitbringen *jmdm. etwas als Geschenk beim Kommen bringen* ◆ darf ich noch jmdn. mitbringen? *darf ich mit einem (ungeladenen) Gast kommen?;* einen Freund, einen Gast mitbringen

**Mitbringsel** ⟨n. 13; umg.⟩ *kleines Geschenk, das man jmdm. mitbringt*

**Mitbürger** ⟨m. 3⟩ *Bürger desselben Staates, Bewohner derselben Stadt*

**miteinander** ⟨Adv.⟩ *mit (einem) anderen, zusammen, gemeinsam* ◆ miteinander gehen, kommen, spielen; zwei Aufgaben miteinander verbinden *zusammen erledigen;* alle miteinander

**mitempfinden** ⟨V. t. 134; hat⟩ *das Gleiche fühlen (wie jmd.)*

MISTKÄFER: GEMEINER MISTKÄFER (*Geotrupes stercorarius*)

**mitessen** ⟨V. t. u. V. i. 129; hat⟩ *bei anderen essen, mit anderen gemeinsam essen* ◆ isst du heute mit uns mit?

**Mitesser** ⟨m. 3; fig.⟩ *eingedickter Talg, der den Ausführungsgang einer Hauttalgdrüse verstopft u. sich mit Staub an der Oberfläche schwarz färbt* [Lehnübersetzung von mlat. *comedo(eo)* „zehrende Würmer"]

**mitfreuen** ⟨V. refl.; hat⟩ sich mitfreuen *sich mit jmdm. freuen, sich (über dasselbe) auch freuen*

**mitfühlen** ⟨V. i.; hat⟩ *mitempfinden, mit jmdm. fühlen* ◆ ein mitfühlender Mensch

**mitführen** ⟨V. t.; hat⟩ *bei sich haben, mit sich tragen* ◆ der Fluss führt Sand, Geröll mit; führen Sie Wertsachen mit sich? (beim Grenzübertritt)

**mitgeben** ⟨V. t. 143; hat⟩ **1** jmdm. etwas mitgeben *jmdm. etwas geben, wenn er weggeht, (als Wegzehrung o. Ä.) auf den Weg geben* **2** seinem Kind eine gute Erziehung mitgeben ⟨fig.⟩ *zuteil werden lassen* ◆ ich werde Ihnen einen Führer mitgeben *zur Begleitung geben*

**Mitgefühl** ⟨n. 11; unz.⟩ *Teilnahme an fremdem Leid, Mitleid* ◆ jmdm. sein Mitgefühl ausdrücken; in herzlichem Mitgefühl (im Beileidsbrief)

**mitgehen** ⟨V. i. 145; ist⟩ *mit jmdm. gehen, auch gehen, gemeinsam gehen, jmdn. begleiten* ◆ mitgehen lassen ⟨fig.; umg.⟩ *etwas stehlen;* mitgegangen, mitgefangen, mitgehangen ⟨Sprichw.⟩ *wer bei einer schlechten Tat dabei ist (auch ohne zu handeln), muss die Folgen mittragen*

**Mitgift** ⟨f. 20⟩ *Heiratsgut der Braut, Aussteuer* [< spätmhd. *mitegift* < *mite-* + *gift* „Gabe, das Gegebene"]

**Mitglied** ⟨n. 12⟩ *Angehöriger eines Vereins, Klubs, einer Partei, Sekte od. einer sonstigen Körperschaft* (Parteimitglied, Vereinsmitglied) ◆ Mitglieder werben; korrespondierendes Mitglied

**Mitgliedschaft** ⟨f. 20; unz.⟩ *Eigenschaft als Mitglied, das Mitgliedsein* ◆ jmdm. die Mitgliedschaft aberkennen; meine Mitgliedschaft endete im Mai 1994

**Mitglied(s)staat** ⟨m. 23⟩ *Staat, der Mitglied eines Bündnisses, einer Organisation ist*

**mithaben** ⟨V. t. 159; hat⟩ *mitgebracht haben, bei sich haben, mit sich führen* ◆ hast du deinen Ausweis, einen Mantel mit?

**mithalten** ⟨V. t. 160; hat⟩ *mitmachen, mitessen, teilhaben, sich beteiligen*

**mithelfen** ⟨V. i. 165; hat⟩ *anderen (bei einer Sache) helfen, auch helfen* ◆ komm, hilf mir!; jetzt müssen alle mithelfen

**mithilfe** ⟨Präp. m. Gen.⟩ *mittels, mit der Hilfe von, durch;* oV *mit* → *Hilfe* ◆ mithilfe eines Werkzeugs den Schrank öffnen

**Mithilfe** ⟨f. 19; unz.⟩ *Hilfe bei einem Werk anderer* ◆ ich danke Ihnen für Ihre tatkräftige Mithilfe

**mithin** ⟨Adv.⟩ *folglich, also, demnach*

**mithören** ⟨V. t.; hat⟩ *dasselbe auch hören, mit anderen gemeinsam hören* ◆ wir haben das Konzert am Radio mitgehört

**mitkommen** ⟨V. i. 170; ist⟩ **1** *mit (einem) anderen kommen, jmdn. begleiten* **2** ⟨fig.; umg.⟩ *einer Sache folgen können, den Anforderungen einer Sache gewachsen sein* ◆ willst du mitkommen?; kommen Sie mit!; er kommt in der Schule gut mit; ich bin mit dem Zug nicht mitgekommen *ich habe den Zug verpasst*

MITRA

**mitkönnen** ⟨V. i. 171; hat⟩ **1** *mitgehen können, mitkommen können* **2** ⟨fig., umg.⟩ *verstehen können* **3** *dasselbe tun können, mit jmdm. Schritt halten* ◆ ich kann heute leider nicht mit; da kann unsereiner nicht mehr mit ⟨umg.⟩

**mitkriegen** ⟨V. t.; hat; umg.⟩ = *mitbekommen (3)*

**mitlaufen** ⟨V. i. 175; ist⟩ **1** *mit (einem) anderen zusammen laufen, nebenher laufen* **2** ⟨fig.⟩ *nebenher, nebenbei erledigt werden* ◆ die redaktionellen Arbeiten laufen täglich (nebenher) mit

**Mitläufer** ⟨m. 3⟩ *jmd., der an einer Sache teilnimmt, ohne aktiv mitzuwirken, nur formales, passives Mitglied* ◆ Mitläufer einer Partei

**Mitlaut** ⟨m. 1; Sprachw.⟩ *Konsonant* [urspr.: *Mitlauter;* zu *mitlautend,* Lehnübersetzung von lat. *(littera) consonans* „mittönender (Buchstabe)"]

**Mitleid** ⟨n.; -s; unz.⟩ *Teilnahme an fremdem Leid, Mitgefühl* ◆ Mitleid erregen, erwecken, wecken; Mitleid fühlen, haben (mit jmdm.); etwas aus Mitleid tun

**Mitleidenschaft** ⟨f. 20; unz.; nur in der Wendung⟩ in Mitleidenschaft ziehen *mit beeinträchtigen, beschädigen*

**mitleidig** ⟨Adj.⟩ *voller Mitleid, mitfühlend, teilnahmsvoll*

**mitmachen** ⟨V. t. u. V. i.; hat⟩ *(dasselbe) auch machen, etwas mit (einem) anderen zusammen machen* ◆ einen Kochkurs mitmachen; die Mode mitmachen *sich nach der Mode kleiden;* lass mich mitmachen!; ich möchte dabei mitmachen; viel mitmachen ⟨fig.⟩ *viel durchmachen*

**mitmischen** ⟨V. i.; hat⟩ *sich an etwas beteiligen, etwas bei einer Sache zu sagen haben* ◆ er will nun auch mitmischen

**mitnehmen** ⟨V. t. 187; hat⟩ **1** *mit sich nehmen, forttragen* **2** ⟨fig.⟩ *erschöpfen, verwüsten, leiden machen* ◆ die Krankheit hat ihn sehr mitgenommen; darf ich mir das **Buch** mitnehmen?; jede **Gelegenheit** mitnehmen *benutzen, ausnutzen;* nimmst du einen **Mantel** mit? ◆ etwas od. jmdn. **arg,** böse, hart mitnehmen ⟨fig.⟩; wir nehmen die Kinder **auf** die Reise mit; jmdn. **im** Auto mitnehmen; er sieht noch ganz mitgenommen aus *erschöpft, elend*

**mitnichten** ⟨Adv.⟩ *keineswegs, durchaus nicht*

**Mitose** ⟨f. 19; Biol.⟩ ►► *indirekte Zellkernteilung, wobei der Chromosomenbestand jeder neuen Zelle gegenüber der Ausgangszelle gewahrt bleibt* [< grch. *mitos* „Faden, Schlinge, Kette"]

**Mitra** ⟨f.; -, Mitren⟩ **1** *altgrch. Stirnbinde* **2** *hohe, mützenartige Kopfbedeckung altorientalischer Herrscher* **3** ⟨kath. Kirche⟩ ▲ *Bischofsmütze* [lat., „Kopfbedeckung, Haube, Stirnbinde, Bischofsmütze"]

**mitreden** ⟨V. t. u. V. i.; hat⟩ **1** *sich an einem Gespräch beteiligen* **2** *(bei etwas) mitbestimmen, zu einer Entscheidung beitragen* ◆ du kannst hier gar nicht mitreden (weil du nicht Bescheid weißt); ich habe schließlich auch ein Wörtchen mitzureden

**mitreißen** ⟨V. t. 195; hat⟩ **1** *(beim Fallen, Laufen, Fahren) mit sich reißen* **2** ⟨fig.⟩ *hinreißen, begeistern* ◆ sein Eifer, Feuer, Schwung riss die Hörer, Zuschauer mit; andere in sein Unglück mitreißen; er wurde von dem Motorrad ein Stück mitgerissen

M

## MITOSE

Bei der Mitose (Zellteilung) gehen aus einer Zelle zwei neue, genetisch identische Zellen hervor. Dieser Vorgang bildet die Grundlage des Wachstums eines Organismus, während bei der Meiose Geschlechtszellen gebildet werden. In der Prophase spiralisiert sich das genetische Material in Form der Chromatiden und nimmt die Gestalt von Chromosomen an. Die Kernmembran löst sich auf und Mikrotubuli bilden eine so genannte Spindel. In der Metaphase ordnen sich die Chromosomen in der Äquatorebene der Zelle an. Während der Anaphase kontrahieren sich die Mikrotubuli und ziehen die Chromosomen an den Zentromeren auseinander, sodass sich diese zu den beiden entgegengesetzten Polen der Zelle bewegen. Die Spindel löst sich in der Telophase, in der auch eine neue Kernmembran um jede Chromosomengruppe entsteht und die Teilung des Zytoplasmas erfolgt, wieder auf.

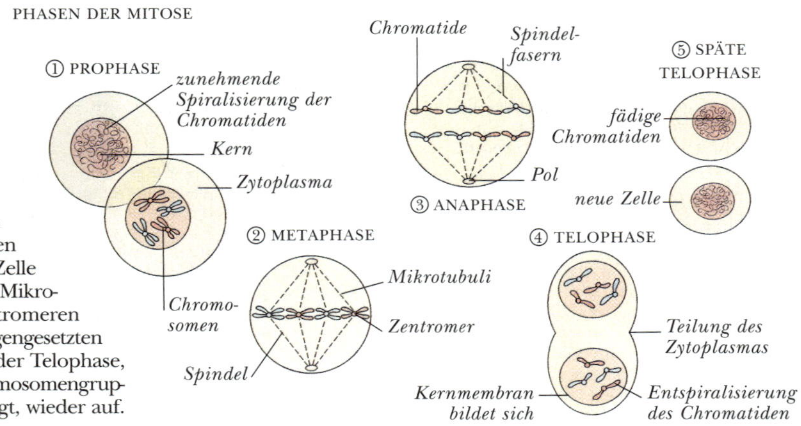




**mitsamt** ⟨Präp. m. Dat.⟩ *mit allem, mit allen zusammen* (bes. von Sachen, leicht abwertend auch von Personen) ◆ er kam mitsamt seiner Familie

**mitschleifen** ⟨V. t.; hat⟩ **1** jmdn. mitschleifen *am Boden mit sich ziehen* **2** ⟨fig.; umg.; scherzh.⟩ *trotz leichten Widerstrebens mitnehmen;* Sy *mitschleppen (2)* ◆ er wurde von dem Wagen erfasst und einige Meter mitgeschleift

**mitschleppen** ⟨V. t.; hat⟩ **1** *mit sich schleppen, mit Anstrengung, Mühe mit sich tragen* **2** ⟨fig.; umg.; scherzh.⟩ = *mitschleifen (2)*

**mitschneiden** ⟨V. t. 224; hat⟩ *auf Tonband aufnehmen* ◆ eine Rundfunksendung, ein Konzert, ein Gespräch mitschneiden

**Mitschuld** ⟨f. 20; unz.⟩ *Teil einer Schuld*

**mitschuldig** ⟨Adj.⟩ *auch, ebenfalls schuldig, Mitschuld tragend*

**Mitschüler** ⟨m. 3⟩ *Schüler derselben Klasse od. derselben Schule* [Lehnübersetzung von lat. *condiscipulus*]

**mitspielen** ⟨V. t. u. V. i.; hat⟩ **1** *mit (einem) anderen zusammen spielen* **2** jmdm. (hart, übel, grausam) mitspielen *jmdn. (hart usw.) behandeln* ◆ lasst mich mitspielen!; ich spiel' nicht mehr mit!; derselbe Schauspieler hat auch im „King Lear" mitgespielt

**Mitspieler** ⟨m. 3⟩ *jmd., der mitspielt, am gemeinsamen Spiel Beteiligter*

**Mitspracherecht** ⟨n. 11; unz.⟩ *Recht zum Mitsprechen, Recht zur Mitwirkung bei einer Entscheidung*

**mitsprechen** ⟨V. 246; hat⟩ **I** ⟨V. t.⟩ *mit (einem) anderen zusammen sprechen* ◆ ein Gebet, ein Gelöbnis mitsprechen **II** ⟨V. i.⟩ *auch sprechen, Wichtiges zu sagen haben, an einer Entscheidung beteiligt sein* ◆ es sprechen verschiedene Gründe mit

**Mittag I** ⟨m. 1⟩ **1** *Zeitpunkt des höchsten Sonnenstandes* **2** *die Stunden um diesen Zeitpunkt, zur Mittagszeit* ◆ Mittag machen ⟨umg.⟩ *Mittagspause machen;* gegen Mittag; bald nach Mittag; unter Mittag *während der Mittagszeit od. Mittagspause* **II** ⟨n.; -s; unz.⟩ *Mittagessen, Mittagsmahlzeit* ◆ zu Mittag essen *das Mittagessen einnehmen;* komm doch zu Mittag zu uns [< ahd. *mittitac* < *mitti tac* „mittlerer Tag" < *mitti* „mittlerer" + *tac* „Tag"; (→ *Mitte,* in der Bedeutung „Süden" nach lat. *meridies*)]

**Mittagessen** ⟨n. 14⟩ *Mahlzeit zur Mittagszeit* [dem spätmhd. *abentbrot* nachgebildet]

**mittags** ⟨Adv.⟩ *während der, um die Mittagszeit*

**Mittagsmahl** ⟨n. 12u⟩, **Mittagsmahlzeit** ⟨f. 20⟩ *Mittagessen, Mahlzeit zur Mittagszeit*

**Mittagspause** ⟨f. 19⟩ *mittägl. Arbeitsruhe*

**Mittagstisch** ⟨m. 1⟩ **1** *der gedeckte Tisch mit dem Mittagessen* **2** *gewerbsmäßige Verabreichung von Mittagessen* ◆ etwas am Mittagstisch erzählen

**Mittagszeit** ⟨f. 20; unz.⟩ *die Stunden am Mittag*

**Mittäter** ⟨m. 3⟩ *jmd., der an einer Straftat aktiv beteiligt ist*

**Mittäterschaft** ⟨f. 20; unz.⟩ *Eigenschaft als Mittäter, Mitschuld* ◆ die Mittäterschaft abstreiten, leugnen

**Mitte** ⟨f. 19; unz.⟩ **1** *etwas, das an der Hälfte liegt, das, was von beiden bzw. allen Seiten gleich weit entfernt ist, Mittelpunkt* **2** ⟨poet.⟩ *Taille* ◆ er ist Mitte (der) **Dreißig** *etwa 35 Jahre alt;* Mitte des **Monats** *Zeit um den 15. des Monats;* das **Reich** der Mitte *China* ◆ die **goldene** Mitte *das rechte Maß, nicht zu viel u. nicht zu wenig* ◆ einer **aus** unserer Mitte *aus unserem Kreis, unserer Gruppe;* der Ort liegt (genau, ungefähr) **in** der Mitte zwischen Berlin u. Hamburg; wir nahmen sie in die Mitte *zwischen uns;* in der Mitte stehen ⟨fig.⟩ *zwischen den Extremen stehen;* wir heißen dich in unserer Mitte willkommen *in unserem Kreis, bei uns;* er fasste sie **um** die Mitte *um die Taille* [< ahd. *mitta, mitti;* zu *mitti* „mittlerer"]

**mitteilen** ⟨V. t.; hat⟩ jmdm. etwas mitteilen *jmdn. etwas wissen lassen, jmdn. von etwas benachrichtigen* ◆ hierdurch teile ich Ihnen mit, dass ...; sich jmdm. mitteilen; ich muss Ihnen leider mitteilen, dass ...

**mitteilsam** ⟨Adj.⟩ *gern mitteilend, gesprächig, aufgeschlossen* ◆ ein mitteilsamer Mensch

**Mitteilung** ⟨f. 20⟩ *Nachricht, Meldung, Benachrichtigung, Bekanntgabe* ◆ eine Mitteilung erhalten; jmdm. eine Mitteilung machen (von etwas) *jmdm. etwas mitteilen;* laut Mitteilung des Presseamtes

**mittel I** ⟨Adj.⟩ → *mittlere(r, -s)* **II** ⟨Adv.; umg.⟩ *durchschnittlich, nicht bes. gut u. nicht bes. schlecht, mittelmäßig* ◆ das Buch gefällt mir (nur) mittel

**Mittel** ⟨n. 13⟩ **1** *mittlerer Wert, Durchschnitt, wirkende Kraft, Ausweg, Hilfsmittel, etwas, das Hilfe bringt, zu einem Ziel führt, Maßnahme* **2** *Möglichkeit, Heilmittel, Arznei* **3** Mittel ⟨Pl.⟩ *Geld, Kapital, Vermögen* ◆ Mittel und **Wege** finden ◆ ein Mittel (mit, ohne Erfolg) **anwenden;** ein Mittel **einnehmen;** das Mittel **errechnen;** mir **fehlen** die Mittel dazu; der Zweck **heiligt** die Mittel *(gilt als moral. Prinzip der Jesuiten)* ◆ **arithmetisches** Mittel *Mittelwert, den man erhält, wenn man die Summe mehrerer Zahlen durch die Anzahl teilt;* das **äußerste,** beste, einfachste, letzte Mittel; **beschränkte** Mittel zur Verfügung haben; **harmonisches** Mittel *Mittelwert, den man erhält, wenn man die Anzahl der Werte durch die Summe ihrer Kehrwerte teilt;* ihm ist **jedes** Mittel recht; kein Mittel **unversucht** lassen ◆ jmdn. od. etwas **als** Mittel zum Zweck benutzen; etwas **aus** eigenen Mitteln bestreiten; ein Mittel **gegen** Schnupfen; **im** Mittel ⟨bei Maßangaben⟩ *im Mittelwert, im Durchschnitt;* etwas **mit** allen Mitteln versuchen *auf jede Weise;* **zu** anderen Mitteln greifen [< mhd. *mittel* „Vermittlung, Mittel", urspr. „Mitte, Mittelpunkt"]

MITTELRIPPE EINES BUCHENBLATTS

**Mittelalter** ⟨n. 13; unz.; Abk.: MA⟩ *geschichtl. Zeitraum zwischen Altertum u. Neuzeit, etwa 5. bis 15. Jh.* [Lehnübersetzung von lat. *medium aevum*]

**mittelalterlich** ⟨Adj.⟩ *zum Mittelalter gehörig, aus ihm stammend*

**mittelbar** ⟨Adj.⟩ *durch Zwischenglieder bewirkt, auf einem Umweg, nicht geradezu, indirekt* ◆ das betrifft mich nur mittelbar; er ist nur mittelbar daran beteiligt

**mitteldeutsch** ⟨Adj.⟩ *Mitteldeutschland betreffend, zu ihm gehörig, in Mitteldeutschland gelegen* ◆ mitteldeutsche Mundarten ⟨Sprachw.⟩ *die in Mitteldeutschland u. im mittleren Westdeutschland gesprochenen Mundarten: Oberfränkisch, Mittelfränkisch u. Thüringisch, Obersächsisch*

**Mittelding** ⟨n. 11; unz.; umg.⟩ *etwas, das zwischen zwei anderen Dingen, Begriffen, Vorstellungen liegt bzw. Elemente von beiden vereinigt*

**Mitteleuropäer** ⟨m. 3⟩ *Einwohner eines Landes in Mitteleuropa*

**mitteleuropäisch** ⟨Adj.⟩ *Mitteleuropa betreffend, dazu gehörig, in Mitteleuropa liegend* ◆ mitteleuropäische Zeit ⟨Abk.: MEZ⟩ *in Mitteleuropa geltende Zonenzeit*

**Mittelfinger** ⟨m. 3; Anat.⟩ *mittlerer Finger, Finger zwischen Zeige- u. Ringfinger*

**mittelfristig** ⟨Adj.⟩ *auf eine nicht zu lange u. nicht zu kurze Frist begrenzt* ◆ mittelfristige Kredite

**Mittelgebirge** ⟨n. 13⟩ *Gebirge mittlerer Höhe, bis etwa 2000 m, mit welligen, rundlichen Erhebungen*

MITTELSCHIFF: SCHNITT DURCH EINE FRANZÖSISCHE KIRCHE DES 13. JH. MIT MITTELSCHIFF

**Mittelgewicht** ⟨n. 11; Sp.⟩ *Gewichtsklasse der Schwerathletik*

**mittelhochdeutsch** ⟨Adj.; Sprachw.⟩ *zum Zeitraum der mittelhochdt. Sprache gehörend, in mittelhochdt. Sprache (abgefasst)* ◆ mittelhochdeutsche Sprache ⟨Sprachw.⟩ *Entwicklungsstufe der dt. Sprache zwischen der alt- u. der neuhochdt. Sprache, etwa vom 12. bis zum 15. Jh., umfasst die mittel- u. oberdt. Mundarten u. zeigt Ansätze zu einer mundartfreien Schriftsprache*

**Mittelklasse** ⟨f. 19⟩ *mittlere Qualität, durchschnittl. Güte*

**Mittellinie** ⟨[-niə] f. 19⟩ **1** ⟨Geom.⟩ *Strecke, die eine Ecke des Dreiecks mit dem Mittelpunkt der gegenüberliegenden Seite verbindet* **2** ⟨Ballsp.⟩ *das Spielfeld parallel zu den Torlinien halbierende Linie*

**mittellos** ⟨Adj.⟩ *ohne Geldmittel, arm*

**Mittelmaß** ⟨n. 11⟩ *mittleres Maß, Durchschnitt* ◆ ins Mittelmaß absinken, zurückfallen

**mittelmäßig** ⟨Adj.⟩ **1** *nicht gut, aber auch nicht schlecht, durchschnittlich* **2** *mäßig, nicht bes. gut* ◆ mittelmäßige Leistungen; mittelmäßige Qualität

**Mittelohr** ⟨n. 27; Anat.⟩ *Raum zwischen innerem u. äußerem Ohr*

**Mittelohrentzündung** ⟨f. 20; Med.⟩ *eitrige Entzündung des Mittelohrs: Otitis media*

**mittelprächtig** ⟨Adj.; umg.; scherzh.⟩ *mittelmäßig*

**Mittelpunkt** ⟨m. 1⟩ **1** *Punkt, von dem alle Punkte des Umfangs* ⟨beim Kreis⟩ *od. der Oberfläche* ⟨bei der Kugel⟩ *gleich weit entfernt sind* **2** ⟨bei der Ellipse⟩ *Schnittpunkt von Längs- u. Querachse* **3** ⟨fig.⟩ *Brennpunkt, Zentrum* **4** *Punkt, auf den sich alle Gedanken richten* **5** *Mensch, für den sich alle interessieren, über den alle sprechen* ◆ er, sie war der Mittelpunkt des Abends, des Festes, des Kreises; Mittelpunkt eines Kreises, einer Kugel, einer Stadt; eine Frage, ein Problem in den Mittelpunkt stellen; im Mittelpunkt des Interesses stehen ⟨fig.⟩ [< mhd. *(der) mittel punkt* für lat. *centrum*]

**Mittelrippe** ⟨f. 19; Bot.⟩ ◄ *mittleres, aus dem Stiel hervorgehendes Leitbündel eines Blattes, von dem kleinere Leitbündel abzweigen*

**mittels** ⟨Präp. mit Gen. od. Dat.⟩ *mit, mithilfe von, durch* ◆ eine Kiste mittels Brecheisens öffnen [erstarrter Gen. zu *Mittel*]

**Mittelschiff** ⟨n. 11; bei drei- od. mehrschiffigen Kirchenbauten⟩ ◄ *mittleres Schiff, das meistens die doppelte Breite der Seitenschiffe hat;* Ggs *Seitenschiff*

**Mittelsmann** ⟨m. 2u⟩ = *Mittelsperson*

**Mittelsperson** ⟨f. 20⟩ *vermittelnde, die Verhandlungen führende Person, Unterhändler;* Sy *Mittelsmann*

**Mittelstand** ⟨m. 1u; unz.⟩ *gesellschaftl. Schicht zwischen Arm u. Reich, die sozialen Gruppen zwischen Arbeiterschaft u. Großunternehmern, die kleinen u. mittleren Unternehmer, Beamten sowie die Angestellten u. freien Berufe*

**mittelständig** ⟨Adj.; Bot.⟩ *in gleicher Höhe wie die übrigen Blütenorgane stehend* (Fruchtknoten)

**Mittelsteinzeit** ⟨f. 20; unz.⟩ *Übergangszeit von der Alt- zur Jungsteinzeit;* Sy *Mesolithikum*

**mittelsteinzeitlich** ⟨Adj.⟩ *zur Mittelsteinzeit gehörig, aus ihr stammend;* Sy *mesolithisch*

**Mittelstreckenlauf** ⟨m. 1u; Sp.⟩ *Lauf über eine Strecke von 400 m, 800 m, 1000 m od. 1500 m*

**Mittelstreifen** ⟨m. 4⟩ *Grünstreifen, Rasenstreifen zwischen den Fahrbahnen der Autobahn*

**Mittelstück** ⟨n. 11⟩ *Verbindungsstück, Zwischenstück*

**Mittelstufe** ⟨f. 19⟩ *die mittleren Klassen einer Schule, (bes.) die 8. – 10. Klasse des Gymnasiums*

**Mittelstürmer** ⟨m. 3; Sp.; bes. Fußb., Handb.⟩ *in der Mitte des Angriffs stehender Spieler*

MIXER: HANDMIXER

**Mittelweg** ⟨m. 1; fig.⟩ *Weg, Handlungsweise zwischen zwei Möglichkeiten, zwei Extremen* ◆ einen Mittelweg einschlagen, gehen; der goldene Mittelweg

**Mittelwelle** ⟨f. 19; Rundfunk; Abk.: MW⟩ *Rundfunkwelle von 100–1000 m Länge*

**Mittelwert** ⟨m. 1⟩ *arithmetisches* → *Mittel;* Sy *Medianwert*

**mitten** ⟨Präp.⟩ *in der Mitte, in die Mitte (hinein)* ◆ der Stab brach mitten entzwei; der Schuss traf ihn mitten ins Herz; er steht mitten im Leben *er ist lebenstüchtig, nimmt an allem teil;* mitten in der Nacht; er traf mitten ins Schwarze; es war mitten im Winter

**mittendrin** ⟨Adv.; umg.⟩ *in der Mitte, mitten darin*

**mittendurch** ⟨Adv.; umg.⟩ *mitten hindurch, in der Mitte hindurch* ◆ einen Gegenstand mittendurch schneiden, stechen

**Mitternacht** ⟨f. 7u; unz.⟩ **1** *24 (0) Uhr, 12 Uhr nachts* **2** ⟨Volksglaube⟩ *Beginn der Geisterstunde* **3** ⟨veraltet⟩ *Norden* ◆ die Glocke, Uhr, es schlug Mitternacht; gegen Mitternacht erreichte er sein Fahrziel; kurz nach, kurz vor Mitternacht

**mitternächtlich** ⟨Adj.⟩ *um Mitternacht (stattfindend)* ◆ die Party begann zu mitternächtlicher Stunde

**mitternachts** ⟨Adv.⟩ *um Mitternacht*

**Mitternachtssonne** ⟨f. 19; Astron.⟩ *Sonne, die im Sommer nördlich des Polarkreises zur Mitternacht scheint*

**mittig** ⟨Adj.⟩ *im Mittelpunkt liegend, zentrisch*

**mittlere(r, -s)** ⟨Adj.⟩ **1** *in der Mitte liegend, zwischen zwei anderen befindlich* **2** *nicht groß u. nicht klein, nicht alt u. nicht jung, nicht gut u. nicht schlecht* **3** *durchschnittlich* ◆ mittlerer Beamter *Beamter, der nicht mehr im unteren, aber noch nicht im gehobenen Dienst tätig ist;* Mittlerer Osten *Iran, Afghanistan u. Vorderindien;* mittlere Reife *Abschluss der Realschule od. der 10. Klasse des Gymnasiums;* im mittleren Alter, in mittleren Jahren; von mittlerer Größe [< ahd. *mittil,* engl. *middle*]

MOA: RIESENMOA *(Dinornis maximus)*

**mittlerweile** ⟨Adv.⟩ *unterdessen, währenddessen, inzwischen*

**Mittwoch** ⟨m. 1; Abk.: Mi⟩ *dritter Tag der Woche*

**mittwochs** ⟨Adv.⟩ *an jedem Mittwoch;* → *dienstags*

**mitverantwortlich** ⟨Adj.⟩ *mit jmdm. (für etwas) verantwortlich, auch verantwortlich* ◆ du bist mitverantwortlich dafür, dass ...

**mitwirken** ⟨V. i.; hat⟩ *mit (einem) anderen zusammen (an etwas) wirken, (zu etwas) beitragen, (an etwas) mitarbeiten* ◆ die Sendung ist beendet, es wirkten mit ...; hast du daran, dabei auch mitgewirkt?; bei einer Veranstaltung mitwirken

**Mitwirkung** ⟨f. 20; unz.⟩ *das Mitwirken (an einer Sache), Mitarbeit* ◆ auf jmds. Mitwirkung verzichten; unter Mitwirkung von

**Mitwissen** ⟨n.; -s; unz.⟩ *Wissen, Kenntnis mit (einem) anderen (von etwas)*

**Mitwisser** ⟨m. 3⟩ *jmd., der mit (einem) anderen etwas weiß, ein Geheimnis kennt,* ⟨bes.⟩ *jmd., der von einem Verbrechen weiß* ◆ jmdn. zum Mitwisser machen

**mitzählen** ⟨V.; hat⟩ **I** ⟨V. t.⟩ *auch zählen, einrechnen, berücksichtigen* **II** ⟨V. i.⟩ *mitgezählt werden, berücksichtigt werden, mitgerechnet werden* ◆ das zählt nicht mit

**Mix** ⟨m.; -, -e; häufig in Zus.⟩ *Mischung, Gemisch* (Getränkemix, Soundmix) [engl.]

**mixen** ⟨V. t.; hat⟩ *mischen* [< engl. *mix*]

**Mixer** ⟨m. 3⟩ **1** *jmd., der Getränke mischt* (Barmixer) **2** ◄ *bei der Zubereitung von Speisen verwendetes elektr. Gerät zum Mischen u. oftmals Zerkleinern der Zutaten*

**Mixgetränk** ⟨n. 11⟩ *aus verschiedenen Bestandteilen gemischtes Getränk*

**Mixtur** ⟨f. 20⟩ **1** *Mischung, Gemisch,* ⟨bes.⟩ *Arzneimischung* **2** *Orgelregister, gemischte Stimme, durch Oktave, Quinte, Terz od. Septime verstärkter Ton* [< lat. *mixtura* „Mischung"]

**ml** ⟨Abk. für⟩ *Milliliter*

**mm** ⟨Abk. für⟩ *Millimeter*

**mm²** ⟨Abk. für⟩ *Quadratmillimeter*

**µm** ⟨Abk. für⟩ *Mikrometer (2)*

**Mn** ⟨Chem.; Zeichen für⟩ *Mangan*

**Mneme** ⟨f. 19; unz.; Med.; Psych.⟩ *Erinnerung, Gedächtnis* [< grch. *mneme*]

**Mo** ⟨Abk. für⟩ *Montag*

**Moa** ⟨m. 6; Zool.⟩ ◄ *Angehöriger einer Familie großer, flugunfähiger Straußenvögel, deren letzte Vertreter erst in geschichtl. Zeit von den Maori auf Neuseeland ausgerottet wurden: Dinornithidae* [< Maori]

**Mob** ⟨m. 6; unz.⟩ *Pöbel, Gesindel* [engl.]

**mobben** ⟨V. t.; hat⟩ *einen Arbeitskollegen schlecht machen, über ihn lästern, ihn verleumden, schikanieren mit dem Ziel, ihn vom Arbeitsplatz zu vertreiben* [< engl. *mob* „über jmdn. herfallen"]

**Mobbing** ⟨n. 15; unz.⟩ *niederträchtiges Verunglimpfen, Schlechtmachen eines Mitarbeiters durch einen od. mehrere seiner Kollegen (mit dem Ziel, ihn zum Kündigen seines Arbeitsplatzes zu bewegen)* [zu engl. *mob* „über jmdn. herfallen"]

M

## MODE

In westlichen Ländern verändert sich die Mode, die Art, wie man sich kleidet, andauernd und spiegelt dabei auch Veränderungen in der geistigen Haltung wider. Am besten kann man dies anhand der Mode des 20. Jh. beobachten. Die noch zu Beginn des Jahrhunderts vorherrschende formale Kleidung machte einer lockereren Mode Platz, wobei gleichzeitig auch viele strenge soziale Konventionen verschwanden. Besonders die Damenmode wurde, zuerst in den 20er Jahren und dann in den Nachkriegsjahrzehnten seit 1945, freier und auch freizügiger. Neue Gewebe aus verschiedenen Kunststofffasern und verbesserte Produktionsverfahren trugen wesentlich zur Geschwindigkeit der Veränderungen bei. Die neuste Mode wird auf Modenschauen so berühmter Häuser wie Dior oder Armani präsentiert.

### DAMENMODE IM 20. JH.

UM 1905 UM 1915 UM 1925 UM 1935 UM 1945 UM 1955 UM 1965 UM 1975 UM 1985 UM 1995

### HERRENMODE IM 20. JH.

UM 1905 UM 1915 UM 1925 UM 1935 UM 1945 UM 1955 UM 1965 UM 1975 UM 1985 UM 1995



**Möbel** ⟨n. 13⟩ **1** *beweglicher Einrichtungsgegenstand* (Liegemöbel, Sitzmöbel) **2** ⟨fig.; umg.; scherzh.⟩ *unhandl., großer Gegenstand* **3** Möbel ⟨Pl.⟩ *Wohnungs-, Zimmereinrichtung* (Ess-, Schlaf-, Wohnzimmermöbel, Barockmöbel, Biedermeiermöbel) ◆ Möbel rücken, umräumen; antike, moderne Möbel

**mobil** ⟨Adj.⟩ **1** *beweglich;* Ggs *immobil* **2** ⟨fig.; umg.⟩ *gesund u. munter* **3** *flink, behände* **4** *lebhaft, aufgeweckt* [< frz. *mobile* „beweglich; marschbereit"]

**Mobile** ⟨[-leː] n. 15⟩ *an Drähten und Fäden frei schwebende, sehr leichte und zarte kunstgewerbliche Gegenstände zur Dekoration, die sich beim geringsten Luftzug bewegen* [< frz. *mobile* „beweglich"]

**Mobiliar** ⟨n.; -s; unz.⟩ *die beweglichen Einrichtungsgegenstände, Gesamtheit der Möbel* [< neulat. *mobiliare* „ausstatten, mit bewegl. Gut versehen"]

**Mobilien** ⟨[-liən] Pl.⟩ *bewegliche Güter, z. B. Möbel* [< mlat. *mobilia* „bewegliches Gut, Möbel"]

**mobilisieren** ⟨V. t.; hat⟩ **1** *verfügbar, flüssig machen* (Vermögen) **2** ⟨Mil.⟩ *mobilmachen, einsatzbereit, kriegsbereit machen* (Truppen); Ggs *demobilisieren* ◆ alle Reserven mobilisieren [< frz. *mobiliser*]

**Mobilität** ⟨f. 20; unz.⟩ **1** = *Beweglichkeit (1)* **2** ⟨Bevölkerungsstatistik⟩ *Häufigkeit des Wohnungswechsels, Wohnsitzwechsels* [< lat. *mobilitas*]

**mobilmachen** ⟨V. t.; hat; Mil.⟩ **1** ⟨i. e. S.⟩ *einsatzbereit, kriegsbereit machen* (Truppen) **2** ⟨i. w. S.⟩ *auf die Anforderungen des Krieges umstellen* (Verwaltung, Wirtschaft)

**möblieren** ⟨V. t.; hat⟩ *mit Möbeln ausstatten, mit Möbeln einrichten* ◆ eine Wohnung, ein Zimmer möblieren; möbliertes Zimmer *zu vermietender Wohnraum mit Möbeln* [< frz. *meubler*]

**Mocca** ⟨m. 6; bes. österr.⟩ = *Mokka*

**mod.** ⟨Mus.; Abk. für⟩ *moderato*

**modal** ⟨Adj.⟩ **1** ⟨Gramm.⟩ *die Art u. Weise bezeichnend* **2** ⟨allg.⟩ *durch die Verhältnisse bedingt* [zu lat. *modus* „Art u. Weise"]

**Modaladverb** ⟨[-vɛrb] n.; -s, -bien od. -ben; Gramm.⟩ *Adverb, das die Art u. Weise eines Geschehens ausdrückt,* z. B. gern, wohl, fast

**Modalbestimmung** ⟨f. 20; Gramm.⟩ *Adverbialbestimmung der Art u. Weise*

**Modalität** ⟨f. 20⟩ **1** *Art u. Weise (wie etwas geschieht od. gedacht wird)* **2** *Ausführungsart* **3** ⟨Logik⟩ *Bestimmtheitsgrad (einer Aussage)* **4** ⟨Gramm.⟩ *(unterschiedl.) sprachl. Form, die das Verhältnis des Sprechers zu seiner Aussage u. der Aussage zur Realität ausdrückt*

**Modder** ⟨m. 3; unz.; norddt.⟩ *Sumpf, Morast, Schlamm* [< mnddt. *modder* „Schlamm; Sumpfland; in Verwesung übergegangener Körper"; → *Moder*]

**Mode** ⟨f. 19⟩ **I** ⟨unz.⟩ **1** ⟨i. w. S.⟩ *Sitte, Gepflogenheit, Geschmack einer Zeit, das, was zur Zeit gerade üblich ist* **2** ⟨i. e. S.⟩ ▲ *die Art, sich zeitgemäß zu kleiden* ◆ die Mode der **Barockzeit,** des Biedermeiers ◆ **sein:** das ist (so) Mode; damals waren lange Röcke Mode ◆ diese Hüte sind jetzt (sehr) **in** Mode; **mit** der Mode gehen *sich nach dem*

## MODEM

Ein Modem verwandelt digitale, binäre Daten in analoge Signale, die über die Telefonleitung verschickt werden können. Auf diese Weise kann ein Modem zwei Computer miteinander verbinden. Es bildet die Grundlage für die Übermittlung von E-Mails (in Verbindung mit einem Server) und Faxkopien und für den Zugang zum Internet. Die Umwandlung der Signale vollzieht sich wie beim Radio über Modulation und Demodulation.

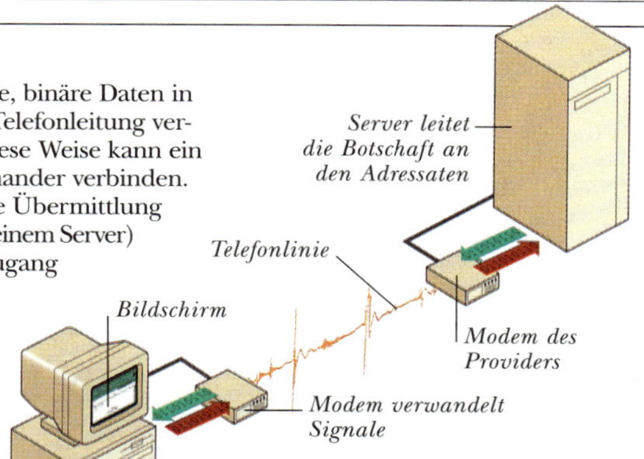


MODEM IM MODERNEN KOMMUNIKATIONSNETZ

*akutellen Zeitgeschmack richten* **II** ⟨zählb.; meist Pl.⟩ **1** *Kleidungsstück* (Herren-, Kindermoden) **2** ⟨fig.; umg.⟩ *Gewohnheit, Sitte* ◆ (keine) neue(n) Moden einführen ⟨fig.; umg.⟩; die neuesten Moden vorführen [frz.]

**modebewusst** ⟨Adj.⟩ *sich bewusst nach der Mode kleidend u. frisierend*

**Modefarbe** ⟨f. 19⟩ *während gewisser Zeit in der Kleidung bevorzugte Farbe*

**Model**[1] ⟨m. 5⟩ **1** ⟨antike Arch.⟩ *antike Maßeinheit (unterer Halbmesser einer Säule) zum Berechnen von Säulen u. Säulenordnungen;* oV *Modul[1] (2)* **2** *vertieft od. erhaben geschnittene Form für Tapeten-, Zeugdruck u. a.;* oV *Modul[1] (3)* **3** *figürl. geschnitzte Holzform für Butter, Gebäck* **4** *Druckplatte od. Walze für Modeldruck* **5** *Vorlage für Stick-, Wirk- u. a. Muster* [< ahd. *modul* < lat. *modulus* „Maß, Maßstab"]

**Model**[2] ⟨['mɔdəl] n. 15⟩ *Vorführdame, Mannequin;* oV *Modell (6)* [engl.]

**Modell** ⟨n. 11⟩ **1** *Vorbild, Muster, Urbild* **2** *Urform eines Bildwerks (meist aus Ton) sowie deren Abguss in Gips* (Gipsmodell), *der dann in anderen Werkstoff übertragen wird* **3** *Darstellung eines (geplanten) Bauwerks in stark verkleinertem Maßstab* **4** ⟨Phys.⟩ *vereinfachte, auf Näherungen beruhende Betrachtung eines Systems zur Veranschaulichung od. Ermittlung dessen physikalischer Eigenschaften* **5** *Person od. Gegenstand als Vorbild od. Vorlage für Maler, Bildhauer, Fotografen* (Fotomodell) **6** = *Model[2]* **7** = *Modellkleid* ◆ das Modell eines Schiffes, einer Stadt; Modell stehen od. sitzen; Modelle vorführen *Modellkleider vorführen* [< ital. *modello*]

**modellieren** ⟨V. t.; hat⟩ **1** *(in Ton od. Wachs) formen* **2** *nachbilden, ein Muster anfertigen von* [< ital. *modellare*]

**Modellkleid** ⟨n. 12⟩ *einmal angefertigtes Kleid nach der neuesten Mode;* Sy *Modell (7)*

**Modellversuch** ⟨m. 1⟩ *Versuch, bei dem durch Verwendung kleiner Modelle das Verhalten von Fahrzeugen, Gebäuden usw. untersucht wird*

**modeln** ⟨V. t.; hat⟩ **1** *in eine Form bringen, gestalten* **2** ⟨umg.⟩ *als Model, Mannequin arbeiten* [→ *Model*]

**Modem** ⟨n. 11; EDV⟩ ▲ *Gerät zur Umwandlung digitaler in analoge Signale u. umgekehrt für die Übertragung von digitaler Information auf Wegen, die nur für analoge Signale geeignet sind, wie z. B. die Datenübertragung über die Fernsprechleitung* [verkürzt < *Mo*dulation + *Dem*odulation]

**Moder** ⟨m. 3; unz.⟩ **1** *Verwesung, Fäulnis* **2** ⟨nddt.⟩ *Schlammerde* ◆ nach Moder riechen [< mhd. *mod(d)er* „in Verwesung übergegangener Körper; Schlammerde, Sumpfland"; → *Modder*]

**moderat** ⟨Adj.⟩ *gemäßigt, maßvoll, zurückhaltend* ◆ eine moderate Politik betreiben

**Moderation** ⟨f. 20; unz.⟩ **1** ⟨veraltet⟩ *Mäßigung* **2** *Gleichmut* **3** ⟨Rundfunk, TV⟩ *einführende, verbindende, erklärende Worte während einer Sendung* [< lat. *moderatio* „rechtes Maß, Mäßigung, Lenkung, Selbstbeherrschung"]

**moderato** ⟨Adj.; Mus.; Abk.: mod.⟩ *gemäßigt, mäßig bewegt (zu spielen)* [ital.]

**Moderator** ⟨m. 23⟩ **1** *Bremssubstanz für Neutronen bei Kernreaktionen* **2** *Sprecher eines (meist selbst verfassten) kommentierenden Verbindungstextes zwischen Programmteilen, z. B. im Fernsehen* **3** *Leiter einer Diskussion* **4** ⟨EDV⟩ *Mitarbeiter eines Kommunikationssystems, der die Themen- und Sachbezogenheit von Mailinglisten u. Ä. überprüft* [nlat., in Anlehnung an lat. *moderator* „Lenker, Leiter, der Einhalt gebietet"]

**moderieren** ⟨V. t.; hat⟩ eine Rundfunk-, Fernsehsendung moderieren *die verbindenden Informationen u. Kommentare dazu sprechen* [< lat. *moderari* „ein Maß setzen, lenken"]

**moderig** ⟨Adj.⟩ *wie Moder, faulig, dumpf u. feucht;* oV *modrig* ◆ moderig riechen

**modern** ⟨['--] V. i.; hat⟩ *verfaulen, verwesen, verderben* [→ *Moder*]

**modern** ⟨[-'-] Adj.⟩ **1** *der Mode, dem Zeitgeschmack entsprechend, zeitgemäß* **2** *neuzeitlich* ◆ ein moderner Mensch *für die Probleme der Gegenwart aufgeschlossener Mensch;* das Kleid ist nicht mehr modern [< frz. *moderne,* urspr. „neu, neuzeitlich"]

**Moderne** ⟨f. 19; unz.⟩ *die heutige Zeit*

**modernisieren** ⟨V. t.; hat⟩ **1** *modern, modisch machen, nach der Mode ändern, umarbeiten* (Kleid) **2** *dem Zeitgeschmack anpassen u. mit den neuesten techn. Errungenschaften ausstatten* (Betrieb, Gebäude) [< frz. *moderniser*]

**Modernismus** ⟨m.; -; unz.⟩ *Streben nach Modernität, Bejahung alles Modernen*

**Modernität** ⟨f. 20; unz.⟩ *das Modernsein, die moderne Beschaffenheit* [< frz. *modernité*]

**Modeschmuck** ⟨m.; -(e)s; unz.⟩ ► *modischer Schmuck aus wenig wertvollem Material*

**Modeschöpfer** ⟨m. 3⟩ *jmd., der Modelle für die Mode entwirft*

MODESCHMUCK: ENGLISCHES HALSBAND DER DREISSIGER JAHRE AUS BAKELIT

**Modewort** ⟨n. 12u⟩ *während gewisser Zeit häufig gebrauchtes Wort, meist neu gebildet od. in neuer Bedeutung verwendet,* z. B. „geil", „light" (für Lebensmittel)

**Modezeichner** ⟨m. 3⟩ *jmd., der nach Ausbildung im Schneiderhandwerk u. an einer Modeschule Modelle für Oberbekleidung entwirft*

**Modifikation** ⟨f. 20⟩ **1** *das Modifizieren, Veränderung, Umwandlung* **2** *Einschränkung, Milderung* **3** ⟨Biol.⟩ *nicht erbliche, nur durch Einflüsse der Umwelt verursachte Abweichung eines Lebewesens vom Normaltyp;* Ggs *Mutation (1)* **4** ⟨Chem.⟩ *verschiedene Erscheinungsformen eines und desselben Stoffes infolge unterschiedlicher Kristallsysteme* [< lat. *modificatio* „(richtige) Abmessung"]

**modifizieren** ⟨V. t.; hat⟩ **1** *verändern, umgestalten, ab-, umwandeln* **2** *einschränken, mildern* ◆ den ursprünglichen Zeitplan modifizieren [< lat. *modificare* „genau abmessen"]

**modisch** ⟨Adj.⟩ *zur augenblickl. Mode gehörend, ihr gemäß, dem Zeitgeschmack entsprechend* ◆ modische Kleidung; sich modisch kleiden, frisieren

**modrig** ⟨Adj.⟩ = *moderig*

**Modul**[1] ⟨m. 25⟩ **1** ⟨Arch.⟩ *Grundmaß, das in gewissen einfachen Beziehungen zwischen den verschiedenen Bauteilen wiederkehrt* **2** ⟨antike Arch.⟩ = *Model[1] (1)* **3** = *Model[1] (2)* **4** ⟨Tech.⟩ *Kennziffer für die Teilung eines Zahnrades* **5** ⟨Tech. u. Phys.⟩ *als Maßzahl dienender Wert* **6** ⟨Logarithmenrechnung⟩ *diejenige Zahl, die durch Multiplikation mit natürlichen Logarithmen die Logarithmen zu einer bestimmten Basis ergibt* **7** ⟨Zahlentheorie⟩ *Teiler* [< lat. *modulus* „Maß, Maßstab"]

**Modul**[2] ⟨n. 11; Elektrotech.; EDV⟩ *als ganzes austauschbare Funktionsgruppe eines Gerätes* [< engl. *module* „(Bau-)Element"]

**Modulation** ⟨f. 20⟩ **1** *Abwandlung* **2** ⟨Mus.⟩ *Übergang von einer Tonart in eine andere; Abstufung der Tonstärke u. Klangfarbe* **3** ⟨El.⟩ *Aufprägen von Signalen auf eine Trägerwelle* [< lat. *modulatio* „Takt"]

**Modus** ⟨m.; -, Modi⟩ **1** *Art u. Weise, Regel, Maß* **2** ⟨Gramm.⟩ *eine der drei Aussageweisen des Verbs, Indikativ bzw. Konjunktiv bzw. Imperativ* **3** ⟨Mus.; in der Notenschrift des 12./13. Jh.⟩ *Rhythmus, einer der sechs den grch. Versfüßen nachgebildeten Rhythmustypen* **4** *feststehende Melodie, nach der auch andere Lieder gesungen werden, Weise* **5** *Kirchentonart, Tonleiter der Kirchentonart* [lat., „Maß(stab); Art und Weise"]

**mogeln** ⟨V.i.; hat; umg.⟩ *einen kleinen Betrug verüben, ein wenig falsch spielen* ◆ beim Kartenspiel mogeln [vielleicht eine Nebenform von mundartl. *maucheln* „heimlich od. hinterlistig handeln, betrügen"; → *meucheln*]

**Mogelpackung** ⟨f. 20; umg.; a. fig.⟩ *Verpackung, die einen größeren oder anderen Inhalt vortäuscht, als tatsächlich darin enthalten ist*

**mögen** ⟨V. t. 185; hat⟩ **1** *gern wollen, gern haben wollen, gern tun, Lust haben zu, gern essen* **2** *können, werden (zum Ausdruck der Vermutung, Hoffnung, Möglichkeit od. des Wunsches)* **3** *wenn ... doch ...* **4** *können, sollen (zum Ausdruck des Erlaubens od. Geschehenlassens)* ◆ mögen Sie ...? ⟨umg.⟩ *darf ich Ihnen ... anbieten?;* jmdn. od. etwas mögen *gern haben;* ich mag ihn nicht (leiden); ich mag so etwas nicht

M

MOIRÉ: MOIRÉBAND

so gerne; er mag kein **Fleisch** ◆ möge er Recht **behalten!**; mag er doch **gehen,** wohin er will!; wo mag er das nur **gehört** haben?; man möchte **meinen** ...; ich möchte gern **mitgehen;** mag **sein!** *ja, vielleicht, das ist schon möglich;* ich möchte **wissen,** ob ... [< mhd. *mügen, mugen* < ahd. *mugan* < *magan*]

**möglich** ⟨Adj.⟩ **1** *so beschaffen, dass man damit rechnen kann, dass es zu machen, zu verwirklichen, erreichbar, ausführbar ist* **2** *vielleicht eintretend, annehmbar, denkbar* ◆ kannst du es möglich **machen,** dass ...; **sein:** das ist alles möglich! ◆ das ist **gut,** leicht möglich ◆ **alles** Mögliche *allerlei, die verschiedensten Dinge;* man sollte es nicht **für** möglich halten; **nicht** möglich! ⟨umg.⟩ *(Ausruf des Erstaunens) das kann doch nicht sein!, wirklich?;* **sein** Möglichstes tun; komm so schnell **wie** möglich *so schnell du kannst* [< mhd. *müg(e)lich* „was geschehen kann, was sich ziemt"]

**möglicherweise** ⟨Adv.⟩ *vielleicht, unter Umständen* ◆ möglicherweise konnte er das Buch besorgen, möglicherweise aber auch nicht

**Möglichkeit** ⟨f. 20⟩ **1** *das Möglichsein, Aussicht, Gelegenheit* **2** *Hilfsmittel, gangbarer Weg, Form zur Verwirklichung* ◆ die Möglichkeit eines neuen **Beginns** ◆ es **besteht** die Möglichkeit, dass ...; es **ergeben** sich folgende Möglichkeiten; **sein:** ist das denn die Möglichkeit? ⟨umg.⟩ *(Ausruf des Erstaunens)* ◆ **alle** Möglichkeiten in Betracht ziehen; die **einzige,** letzte Möglichkeit wäre ...; das Land der **unbegrenzten** Möglichkeiten ⟨scherzh. für⟩ *Amerika* ◆ **nach** Möglichkeit *wenn es möglich ist, wenn es sich machen, einrichten lässt*

**Mohair** ⟨[-hɛ:r] m. 6⟩ = *Mohär*

**Mohammedaner** ⟨m. 3⟩ = *Muslim* [nach dem Stifter des Islams, *Mohammed,* um 570-632 n. Chr.]

**mohammedanisch** ⟨Adj.⟩ *zum Islam gehörig, auf ihm beruhend, islamisch*

**Mohär** ⟨m. 6⟩ oV *Mohair* **1** *Haar der Angoraziege* **2** *daraus hergestelltes, haariges Wollgewebe* ◆ ein Pullover, ein Mantel aus Mohär [engl. < ital. < arab.]

**Mohikaner** ⟨m. 3⟩ *Angehöriger eines ausgestorbenen nordamerikan., zu den Algonkin gehörigen Indianerstammes* ◆ der letzte Mohikaner ⟨fig.; umg.; scherzh.⟩ *der Letzte* [nach einem Roman von J. F. Cooper]

**Mohn** ⟨m. 1; Bot.⟩ **1** ► *Angehöriger einer Gattung der Mohngewächse: Papaver* (Klatschmohn); Sy *Mohnblume* **2** *Samenkörper des Mohns* [< spätmhd. *man* < *mahen* < ahd. *maho*]

**Mohnblume** ⟨f. 19; Bot.⟩ ► = *Mohn (1)*

**Möhre** ⟨f. 19⟩ *Doldengewächs mit mehrfach gefiederten Blättern, langen, spindelförmigen, verdickten Wurzeln: Daucus carota;* Sy *gelbe Rübe, Mohrrübe* [< ahd. *mor(a)ha* „Möhre", eigtl. *more* „Wurzel"]

**Mohrenkopf** ⟨m. 1u⟩ **1** ⟨Min.⟩ *farbloser Turmalin mit schwarzen Enden* **2** = *Schokokuss*

**Mohrrübe** ⟨f. 19⟩ = *Möhre*

**Moiré** ⟨[moa're:] m. 6 od. n. 15⟩ **1** ⟨Textilw.⟩ **1.1** ◄ *Seide od. Kunstfaser mit gemaserter, wellenförmig schimmernder Oberfläche* **1.2** *ähnl. Musterung u. Zeichnung auf Pelzwerk* **2** ⟨Typ.⟩ *störende Musterung bei Halbtonbildern infolge fehlerhafter Reproduktion* **3** ⟨TV⟩ *strichförmige Bildstörung* [frz.]

**Mokassin** ⟨m. 6⟩ **1** ▼ *weicher, absatzloser, bestickter Wildlederstiefel der nordamerikanischer Indianer* **2** ⟨danach⟩ *weicher, ungefütterter Lederschuh mit sehr weicher, angeschweißter Sohle* [< engl. *moccasin* < Algonkin *mohkisson*]

**Mokka** ⟨m. 6⟩ oV ⟨bes. österr.⟩ *Mocca* **1** *eine Kaffeesorte* **2** ⟨allg.⟩ *sehr starker Kaffee* [< engl. *mocha coffee,* nach der jemenit. Stadt *Mocha, Mokka* (früher Hafen für Kaffeeexport) am Roten Meer]

**Molar** ⟨m. 23⟩ ► = *Backenzahn*

**Molch** ⟨m. 1⟩ ► *Angehöriger einer Ordnung lang gestreckter Amphibien mit gut entwickeltem Schwanz, stets mit vorderem u. fast immer mit hinterem Gliedmaßenpaar: Urodela, Caudata;* Sy *Schwanzlurch* [< frühnhd., vermutl. Weiterbildung von mhd. *mol(le)* < ahd. *mol, molm, molt* „Eidechse, Salamander"; Herkunft unklar]

**Mole** ⟨f. 19⟩ *Hafendamm* [< ital. *molo*]

**Molekül** ⟨n. 11; Chem.⟩ ► *kleinstes Teilchen einer chem. Verbindung aus zwei od. mehr Atomen* [< frz. *molécule*]

MOKASSINS: INDIANER-MOKASSINS AUS HIRSCHLEDER MIT PERLENSTICKEREI

**molekular** ⟨Adj.⟩ **1** *zum Molekül, zu den Molekülen gehörend* **2** *von ihnen ausgehend* [< frz. *moléculaire*]

**Molekularbiologie** ⟨f. 19; unz.⟩ *Teilgebiet der Biologie, das sich mit den Vorgängen u. dem Aufbau von Organismen im Molekularbereich befasst, wobei die Untersuchung von Viren, Bakterien u. niederen Pilzen einen breiten Raum einnimmt*

**Molekularkraft** ⟨f. 7u⟩ *elektr. u. magnet., zwischen den Molekülen wirkende Anziehungskraft*

**Molke** ⟨f. 19; unz.⟩, **Molken** ⟨m. 4; unz.; selten⟩ *wässrige Flüssigkeit, die sich von geronnener Milch, von Quark u. Joghurt absetzt, Milchserum, Käsewasser* [< mhd. *molken* „Käsewasser", a. „Milch und aus Milch Bereitetes"; vielleicht < ahd. **molchan;* → *melken*]

**Molkerei** ⟨f. 18⟩ *Betrieb für die Verarbeitung von frischer Milch zu Milchprodukten (u. deren Verkauf)*

MOHN: SCHLAFMOHN
*(Papaver somniferum)*

## MOLEKÜL

Ein Molekül ist das kleinste Grundteilchen einer chemischen Verbindung, das aus mindestens zwei Atomen besteht, die durch verschiedenartige chemische Bindungen zusammengehalten werden. Alle Moleküle einer Verbindung sind identisch. So enthalten beispielsweise alle Wassermoleküle ein Sauerstoffatom und zwei Wasserstoffatome.

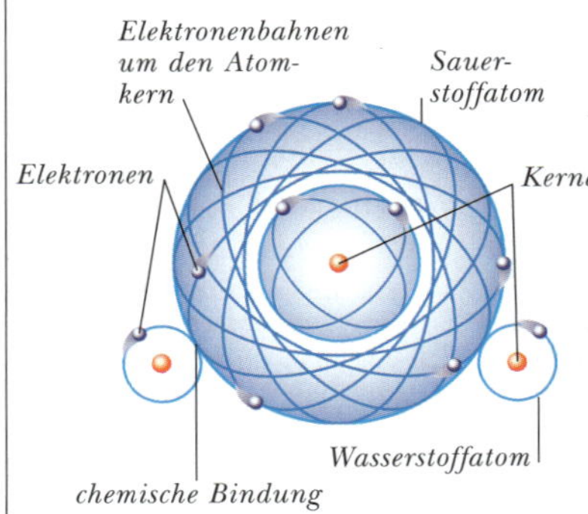


WASSERMOLEKÜL ($H_2O$)

**Moll** ⟨n.; -s; unz.; Mus.⟩ *eins der beiden Tongeschlechter mit kleiner Terz auf der Tonika im Dreiklang;* Ggs *Dur* [< mlat. *b molle* (für den Ton b); zu lat. *mollis, -e* „weich", nach der als „weicher Klang" empfundenen kleinen Terz]

**Molla** ⟨m. 6; Titel für⟩ *mohammedan. Gelehrter, Richter;* oV *Mulla, Mullah* [arab.]

**mollig** ⟨Adj.⟩ **1** *weich, angenehm warm, behaglich* **2** ⟨umg.⟩ *rundlich, dick* ◆ molliger Mantel; wir haben es hier schön mollig; hier ist es mollig warm; sie ist recht, ziemlich mollig ⟨umg.⟩ [< Studentenspr. „angenehm zu befühlen", vermutl. < frühnhd. *mollicht* „locker, weich", in Anlehnung an lat. *mollis* „weich, zärtlich"]

**Molluske** ⟨f. 19⟩ **1** ⟨Zool.⟩ ► = *Weichtier* **2** *kleine weiche Hautgeschwulst, oft durch Virus erzeugt* [< ital. *mollusco* „Weichtier"; zu *molle* „weich"]

**Moloch** ⟨m. 1⟩ **1** ⟨sinnbildl. für⟩ *das Unersättliche, unersättl. Macht* **2** ⟨Zool.⟩ *australischer Agame mit krötenähnl. Leib u. rundem, kurzen Schwanz, der ganze Körper ist mit großen, starken Stacheln besetzt, harmlos, ungiftig, Ameisenfresser: Moloch horridus* [nach dem durch Menschenopfer verehrten altsemitischen Gott]

**Molotowcocktail,** ⟨auch⟩ **Molotow-Cocktail** ⟨[-tɔfkɔktɛil] m. 6⟩ *Flasche mit leicht entzündbarer Flüssigkeit u. Phosphor als behelfsmäßiger Sprengkörper, urspr. bes. zur Nahbekämpfung von Panzern hergestellt* [nach dem früheren sowjet. Außenminister V. M. *Molotow,* eigtl. Skrjabin, 1890-1986]

**molto** ⟨Adv.; Mus.⟩ *viel, sehr,* z. B. molto vivace [ital.]

**Moment I** ⟨n. 11⟩ **1** *Kraftwirkung* **2** *Produkt aus der Größe einer Kraft u. dem Abstand von ihrem Angriffspunkt* **3** *elektrisches Moment* **4** ⟨fig.⟩ *Merkmal, (wichtiger) Umstand, Gesichtspunkt* **5** *Umstand, der etwas bewirkt* (Spannungsmoment) ◆ das entscheidende, wichtigste Moment dabei war, dass ... **II** ⟨m. 1⟩ *Augenblick, kürzester Zeitabschnitt* ◆ Moment!, Moment mal! ⟨umg.⟩ *halt! (als Unterbrechung eines Sprechenden);* Moment, bitte! ⟨umg.⟩ *warten Sie bitte einen Augenblick;* es dauert nur einen Moment; im Moment habe ich gerade

keine Zeit *augenblicklich* [< lat. *momentum* „Bewegkraft"]
**momentan** ⟨Adj.⟩ *augenblicklich, vorübergehend* ◆ das ist nur momentan; momentan scheint die Sonne [< lat. *momentaneus* „augenblicklich, vorübergehend"]
**mon..., Mon...** ⟨in Zus.; vor Vokalen⟩ = *mono..., Mono...*
**Monade** ⟨f. 19; Philos.⟩ **1** *Einheit, Unteilbares* **2** ⟨bei Leibniz⟩ *einheitl., in sich geschlossene körperl.-geistig-seel. Substanz mit mehr oder minder bewussten Vorstellungen* [< grch. *monas* „Einheit" + Endung *-ade*]
**Monadenlehre** ⟨f. 19; unz.; Philos.⟩ *die von Leibniz begründete Lehre, dass jedes Element der Wirklichkeit eine Monade sei u. als solche ein Spiegel des Universums*
**Monarch** ⟨m. 16⟩ *fürstl. Alleinherrscher, gekröntes Staatsoberhaupt, Kaiser, König (meist durch Erbanspruch)* [< grch. *monarchos* „Alleinherrscher" < *monos* „allein" + *archein* „herrschen"]
**Monarchie** ⟨f. 19⟩ *Staat, Staatsform mit einem Monarchen an der Spitze* (Erbmonarchie, Wahlmonarchie) ◆ konstitutionelle Monarchie [< mhd. *monarchie* (vielleicht über frz. Vermittlung) < lat. *monarchia* < grch. *monarchia* „Alleinherrschaft"; zu *archein* „der erste sein, herrschen"]
**monarchisch** ⟨Adj.⟩ *zur Monarchie od. zum Monarchen gehörend, durch einen Monarchen (ausgeübt)* ◆ monarchische Gewalt; monarchische Regierung; monarchischer Staat
**Monasterium** ⟨n.; -s, -rien⟩ *Kloster* [lat.]
**Monat** ⟨m. 1⟩ **1** *Umlaufzeit des Mondes um die Erde* **2** *zwölfter Teil eines Jahres* **3** *Zeitabschnitt von 30 bzw. 31 (Februar 28 bzw. 29) Tagen* ◆ das Kind ist drei Monate alt; dieses Monats ⟨Abk.: d. M.⟩ *des gegenwärtigen Monats (bei Datumsangaben);* am Ersten des laufenden Monats *des gegenwärtigen Monats;* im sechsten Monat sein *im 6. Monat (nach der Empfängnis) schwanger sein;* er ist zu acht Monaten (Gefängnis) verurteilt worden [< ahd. *manod*]
**monatelang** ⟨Adj.⟩ *mehrere Monate lang*
**monatlich** ⟨Adj.⟩ *jeden Monat (wiederkehrend, stattfindend)* ◆ eine monatliche Veranstaltung; die Zeitschrift erscheint monatlich, mit monatlicher Kündigung
**Monatsbinde** ⟨f. 19⟩ *(Flüssigkeit aufsaugende) Zellstoffbinde, die während der Menstruation getragen wird;* Sy *Damenbinde*
**Monatsblutung** ⟨f. 20⟩ = *Menstruation*
**Monatsgehalt** ⟨n. 12u⟩ *monatl. Gehalt* ◆ dreizehntes Monatsgehalt *zusätzl. Monatsgehalt als Weihnachtsgratifikation*
**Monatskarte** ⟨f. 19⟩ *für einen ganzen Monat gültige Eintritts-, Fahrkarte*
**Mönch** ⟨m. 1⟩ **1** *Angehöriger eines Ordens, jmd., der als Einsiedler od. in einer Klostergemeinschaft nach einer bestimmten Ordensregel u. gemäß bestimmten Gelübden (Armut, Keuschheit u. a.) ein asket., religiöses Leben führt;* → a. *Nonne* **2** *stark nach oben gekrümmter Dachziegel* **3** *Mittelsäule einer steinernen Wendeltreppe* **4** *Ablassvorrichtung an einem Teich* [< mhd. *mön(n)ich, mün(e)ch, mün(i)ch* < ahd. *munih,* engl. *monk* < mlat. *monicus;* zu kirchenlat. *monachus* „Mönch" < grch. *monachos* „Einsiedler"]
**mönchisch** ⟨Adj.⟩ **1** *als Mönch* **2** *wie ein Mönch* **3** *entsagend, zurückgezogen* ◆ ein mönchisches Leben führen
**Mönchsorden** ⟨m. 4⟩ *Orden für Mönche*
**Mönchspfeffer** ⟨m. 3; unz.; Bot.⟩ **1** ⟨i. w. S.⟩ *Angehöriger einer Gattung der Eisenkrautgewächse: Vitex* **2** ⟨i. e. S.⟩ *in den Mittelmeerländern heim. Baum od. Strauch mit würzigem Duft: Vitex agnus castus*

## MOLCHE

Molche sind geschwänzte Amphibien, die auf dem Festland leben können, aber im Frühjahr zur Fortpflanzung immer ins Wasser zurückkehren. Im Gegensatz zu den Froschlurchen findet bei den Molchen eine innere Befruchtung statt.

ÄUSSERE MERKMALE EINES KAMMMOLCHS (*Triturus cristatus*)

### WEITERE MOLCHARTEN

GELBBAUCHMOLCH (*Taricha torosa*)

KROKODILMOLCH (*Tylototriton verrucosus*)

JAPANISCHER FEUERBAUCHMOLCH (*Cynops pyrrhogaster*)

MARMORMOLCH (*Triturus marmoratus*)

ALPENKAMMMOLCH (*Triturus carnifex*)

FADENMOLCH (*Triturus helveticus*)

BERGMOLCH (*Triturus alpestris*)

**Mond** ⟨m. 1⟩ **1** ⟨Astron.⟩ **1.1** *einen Planeten umkreisender Himmelskörper* **1.2** ⟨i. e. S.⟩ ►► *der die Erde umkreisende Himmelskörper* **2** ⟨poet.⟩ *Monat* ◆ der Mond hat einen **Hof;** das bleiche, milde, silberne **Licht** des Mondes; die **Scheibe,** Sichel des Mondes ◆ **aufgehen:** der Mond geht auf, unter; der Mond **scheint** ◆ **abnehmender,** zunehmender, halber, voller Mond ◆ **auf** dem Mond leben ⟨fig.; umg.⟩ *weltfremd sein;* ich könnt' ihn auf den Mond schießen ⟨umg.⟩ *ich wünsche ihn weit fort, ich kann ihn nicht ausstehen;* die leben dort **hinter** dem Mond ⟨fig.; umg.⟩ *fern von der Welt, altmodisch, ohne Wissen von der heutigen Zeit;* der Mann **im** Mond ⟨Volksglauben⟩ *märchenhafte Gestalt auf dem Mond, dem gewisse Wirkungskräfte auf das Leben der Menschen zugeschrieben werden;* meine Uhr geht **nach** dem Mond ⟨umg.; scherzh.⟩ *geht falsch;* eine Rakete **zum** Mond schießen [< ahd. *mano,* engl. *moon*]
**mondän** ⟨Adj.⟩ **1** *sehr elegant u. sehr gewandt u. dabei lässig-überlegen* (Frau) **2** *im Stil der großen Welt* (Lokal) [< frz. *mondain,* eigtl. „weltlich"; zu *monde* „Welt"]

M

## MOND

Der Mond ist der natürliche Trabant der Erde, der sich in 27,32 Tagen einmal um diese dreht. Da er in genau dieser Zeit auch einmal um seine eigene Achse rotiert, ist der Erde immer dieselbe Seite zugewandt. Wie viel von seiner Oberfläche zu sehen ist, hängt von der Beleuchtung des Mondes durch die Sonne ab, die von der Erde in unterschiedlichen Mondphasen wahrgenommen wird. Der Mond ist eine kahle Gesteinskugel ohne Atmosphäre und flüssiges Wasser. Nur an den Polen gibt es wahrscheinlich Wassereis. Die Oberfläche ist von Kratern übersät, die von Meteoriten und Asteroiden stammen. Einige der größten Krater füllten sich mit Lava und bilden dunkle Bereiche, die Mare.

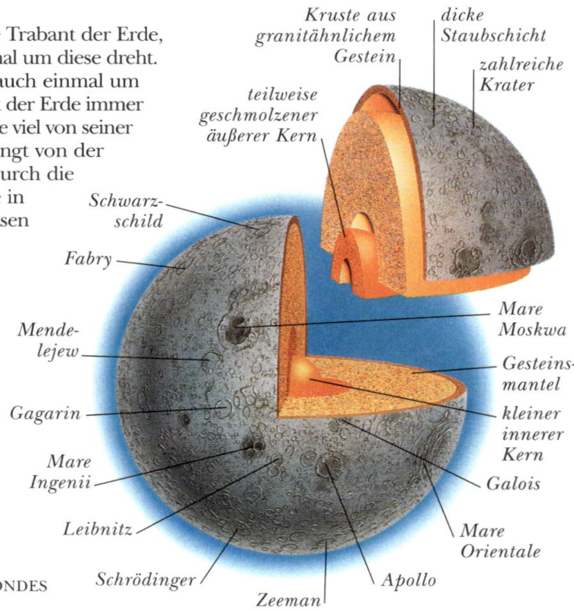


INNERER AUFBAU DES MONDES (RÜCKSEITE)

**Mondenschein** ⟨m. 1; unz.; poet.⟩ = *Mondschein*
**Mondfinsternis** ⟨f. 9⟩ *Verfinsterung des Mondes durch den Erdschatten*
**Mondjahr** ⟨n. 11⟩ *Jahr von 355 Tagen (nach dem altröm. Kalender vor Einführung des Julian. Kalenders)*
**Mondlandung** ⟨f. 20⟩ *Landung eines bemannten Raumfahrzeugs auf der Mondoberfläche* ◆ die erste Mondlandung gelang den Amerikanern 1969
**Mondphase** ⟨f. 19; Astron.⟩ ► *periodisch wechselnde Beleuchtungsform des Mondes*
**Mondschein** ⟨m. 1; unz.⟩ *Strahlen, Schein des Mondes;* oV ⟨poet.⟩ *Mondenschein* ◆ es war (heller) Mondschein
**Mondstein** ⟨m. 1; Min.⟩ ▼ *milchig weißer Feldspat*
**mondsüchtig** ⟨Adj.⟩ *an Mondsüchtigkeit leidend;* Sy *lunatisch*
**Mondsüchtigkeit** ⟨f. 20; unz.⟩ *Ausführung geordneter Handlungen und Bewegungen im tiefen, traumhaften Schlaf, an die keine Erinnerung zurückbleibt;* Sy *Lunatismus, Nachtwandeln, Schlafwandeln, Somnambulismus*

MONDSTEIN: KAMEE AUS BLAUEM MONDSTEIN

**Monegasse** ⟨m. 17⟩ *Einwohner von Monaco*
**monegassisch** ⟨Adj.⟩ *zu Monaco gehörig, daher stammend*
**monetär** ⟨Adj.⟩ *das Geld, die Währung betreffend, geldlich, finanziell* [→ *Moneten*]
**Monetarismus** ⟨m.; -; unz.⟩ *das Ausgerichtetsein, ausschließliche Orientiertsein auf Geld und Kapital* [→ *Moneten*]
**Moneten** ⟨Pl.; urspr.⟩ **1** *Bargeld, (Geld-)Münzen* **2** ⟨heute umg.⟩ *Geld* [Studentenspr. < lat. *monetae* „Münzen" < *Moneta*, dem Beinamen der röm. Göttin Juno, in deren Tempel auf dem Forum Romanum der Staatsschatz aufbewahrt wurde]
**Mongole** ⟨m. 17⟩ **1** ⟨i.w.S.⟩ *Angehöriger der mongolischen Rasse;* Sy *Mongolide* **2** ⟨i. e. S.⟩ *Angehöriger einer zentralasiatischen Völkergruppe, Einwohner der Mongolei*
**mongolid** ⟨Adj.⟩ *die Merkmale der Mongoliden aufweisend*
**Mongolide** ⟨m. 17⟩ = *Mongole (1)*
**mongolisch** ⟨Adj.⟩ *die Mongolei u. die Mongolen betreffend, zu ihnen gehörig* ◆ mongolische Sprachen *zu den altaischen Sprachen gehörende Sprachen der Mongolen*
**Mongolismus** ⟨m.; -; unz.; Med.⟩ *angeborene, mit körperlicher Entwicklungsstörung verbundene Form geistiger Behinderung;* Sy *Downsyndrom* [neulat.; zu *Mongole*, nach den pseudomongolischen Gesichtszügen des Erkrankten]
**mongoloid** ⟨Adj.⟩ **1** *den Mongolen ähnlich* **2** ⟨Med.⟩ *die Merkmale des Mongolismus aufweisend*
**Mongoloide(r)** ⟨f. 30 (m. 29)⟩ **1** *Angehörige(r) einer Menschenrasse mit überwiegenden, aber nicht allen Merkmalen der mongolischen Rasse* **2** ⟨Med.⟩ *jmd., der an Mongolismus leidet*
**monieren** ⟨V. t.; hat⟩ **1** *beanstanden, rügen* **2** *mahnen* ◆ am neuen Videorekorder gab es nichts zu monieren *nichts zu beanstanden* [< lat. *monere* „ermahnen"]
**Monismus** ⟨m.; -; unz.; Philos.⟩ *philosophische Lehre, dass alles Seiende auf ein einheitliches Prinzip zurückzuführen sei (beim materialistischen Monismus auf die Materie, beim idealistischen Monismus auf den Geist);* Ggs *Pluralismus (1)* [neulat.; zu grch. *monos* „allein"]
**monistisch** ⟨Adj.; Philos.⟩ *zum Monismus gehörig, auf ihm beruhend*
**Monitor** ⟨m. 23 od. m. 1⟩ **1** ⟨TV⟩ *Prüfeinrichtung bei Fernsehsendungen, auf der das jeweils gesendete Bild zu sehen ist* **2** ⟨EDV⟩ **2.1** ► *Anzeigeeinheit, meist Bildschirm einer EDV-Anlage;* → a. *Terminal* **2.2** *Programm, welches die Abläufe auf einer EDV-Anlage beobachtet u. protokolliert* **3** ⟨Kernphys.⟩ *Anlage zum Feststellen von od. zur Warnung vor radioaktiven Strahlen* [lat., „Aufseher, Warner, Mahner"]
**mono..., Mono...** ⟨vor Vokalen⟩ mon..., Mon... ⟨in Zus.⟩ *allein, einzig, einzeln,* z. B. monogam, Monokultur [< grch. *monos*]
**monochrom** ⟨[-kro:m] Adj.⟩ *einfarbig, uni;* Ggs *polychrom* [< grch. *monos* „allein" + *chroma* „Farbe"]
**monocyclisch** ⟨Adj.⟩ = *monozyklisch*
**monofon** ⟨Adj.⟩ = *monophon*
**Monofonie** ⟨f.; -; unz.⟩ = *Monophonie*
**monogam** ⟨Adj.⟩ *auf Monogamie beruhend, in Monogamie (lebend);* Ggs *polygam*
**Monogamie** ⟨f. 19⟩ *Ehe mit nur einem Partner;* Ggs *Polygamie* [< grch. *monos* „allein" + *gamein* „heiraten" (vom Mann)]
**monogen** ⟨Adj.; Biol.⟩ *durch nur ein Gen bestimmt* [< grch. *monos* „allein" + *gennan* „erzeugen, hervorbringen"]

## MONDPHASEN

Bei seinem Umlauf um die Erde wird der Mond ständig von der Sonne beschienen. Da er aber jeden Tag in einer anderen Position zur Erde steht, scheint der Mond verschiedene Formen anzunehmen, die als Mondphasen bezeichnet werden. Bei Neumond steht der Mond direkt in Richtung auf die Sonne, bei Vollmond steht er um 180° versetzt am anderen Ende seiner Umlaufbahn. Jeder Mondzyklus dauert 29,5 Tage und beginnt mit dem Neumond, wenn die sonnenbeschienene Mondseite von der Erde nicht zu sehen ist.

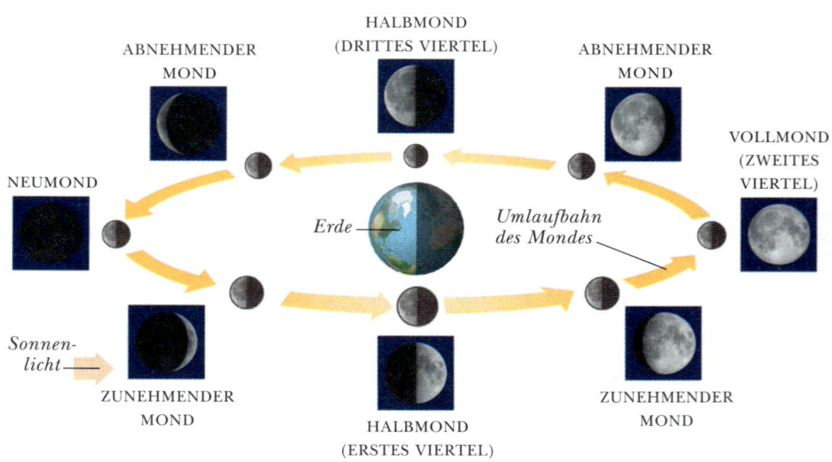

**Monogenese, Monogonie** ⟨f. 19; unz.; Biol.⟩ *ungeschlechtliche Fortpflanzung;* Ggs *Amphigonie* [< grch. *monos* „allein" + *gone* „Geburt"]
**Monografie** ⟨f. 19⟩ = *Monographie*
**monografisch** ⟨Adj.⟩ = *monographisch*
**Monogramm** ⟨n. 11⟩ *Namenszeichen, die (oft miteinander verschlungenen) Anfangsbuchstaben des Namens* [< spätlat. *monogramma* „ein Buchstabe, der mehrere in sich fasst"]
**Monographie** ⟨f. 19⟩ *Einzeldarstellung, einen einzelnen Gegenstand wissenschaftlich behandelnde Schrift;* oV *Monografie* [< grch. *monos* „allein" + *graphein* „schreiben"]
**monographisch** ⟨Adj.⟩ *in der Art einer Monographie, als (wissenschaftliche) Einzeldarstellung;* oV *monografisch*
**monokausal** ⟨Adj.; Med.; Philos.⟩ *von nur einem Ursache-, Wirkungsprinzip ausgehend, es betreffend;* Ggs *multifaktoriell*
**Monokel** ⟨n. 13⟩ *Brille für nur ein Auge, Einglas* [< grch. *monos* „allein" + lat. *oculus* „Auge"]
**monoklin** ⟨Adj.⟩ monoklines Kristallsystem *Kristallsystem, bei dem zwei Achsen im Winkel von 90° zueinander stehen u. eine dritte Achse einen Winkel von mehr als 90° dazu bildet* [< grch. *monos* „allein" + *klinein* „neigen"]
**Monokultur** ⟨f. 20⟩ *Anbau nur einer Pflanzenart auf einer Fläche* [< grch. *monos* „allein" + *Kultur*]
**Monolith** ⟨m. 16 od. 23⟩ **1** *Steinblock* **2** *aus nur einem Stein gemeißeltes, monumentales Bildwerk* [< grch. *monos* „allein" + *lithos* „Stein"]
**monolithisch** ⟨Adj.⟩ *mit einheitl. Baustoff* ◆ monolithische Bauweise
**Monolog** ⟨m. 1⟩ = *Selbstgespräch* [< grch. *monos* „allein" + *logos* „Wort"]
**monologisch** ⟨Adj.⟩ *in der Art eines Monologs, eines Selbstgesprächs*
**monologisieren** ⟨V. i.; hat⟩ *einen Monolog, ein Selbstgespräch führen*
**monoman** ⟨Adj.⟩ **1** *von einer fixen Idee besessen* **2** *von einem einzigen Trieb fast ausschließlich beherrscht*
**Monomanie** ⟨f. 19⟩ *Besessenheit von einer Wahnidee, krankhaft übersteigerter Trieb* [< grch. *monos* „allein" + *Manie*]
**monomer** ⟨Adj.⟩ *aus einzelnen Molekülen bestehend;* Ggs *polymer* [< grch. *monos* „allein" + *meros* „Teil"]
**monophag** ⟨Adj.; Zool.⟩ *sich nur von einer Futterpflanze bzw. nur einer Tierart ernährend;* → a. *oligophag, pantophag* [< grch. *monos* „allein" + *phagein* „fressen"]
**monophon** ⟨Adj.⟩ *mittels Monophonie* ◆ eine Rundfunksendung monophon ausstrahlen; monophone Wiedergabe; oV *monofon*
**Monophonie** ⟨f.; -; unz.⟩ *über nur einen Kanal erfolgende Wiedergabe von Tonaufzeichnungen, vermittelt im Unterschied zur Stereophonie oder Quadrophonie keinen räumlichen Klangeindruck;* oV *Monofonie* [< grch. *monos* „allein, einzeln" + *phone* „Stimme, Klang"]
**Monophthong** ⟨m. 1; Sprachw.⟩ *einfacher Vokal;* Ggs *Diphthong* [zu grch. *monophthongos* „eintönig"]
**Monopol** ⟨n. 11; Wirtsch.⟩ **1** *alleiniges Vorrecht, alleiniger Anspruch* **2** *Vereinigung des Angebots eines Rohstoffs od. einer Ware in einer Hand* (Salzmonopol, Tabakmonopol) ◆ er besitzt das Monopol auf diesen Namen, auf dieses Produkt; staatliches Monopol; das Monopol auf, für ein Produkt, eine Ware [< lat. *monopolium,* grch. *monopolion* „Recht des Alleinhandels; Alleinverkauf" < grch. *monos* „allein" + *polein* „verkaufen, Handel treiben"]

## MONITOR

Die Funktionsweise eines Computermonitors ähnelt der eines Fernsehbildschirms. Die Darstellung der Bilder wird durch die Grafikkarte im Computer gesteuert. Der gesamte Bildschirm ist in Pixel unterteilt, die jeweils aus einer Dreiergruppe von Leuchtpunkten bestehen, von denen einer rot, einer blau und einer grün ist. Wenn diese Punkte von, durch eine Lochmaske gelenkten, Elektronenstrahlen getroffen werden, leuchten sie auf. Die Leuchtintensität kann verändert werden, was die Darstellung aller Farben ermöglicht.

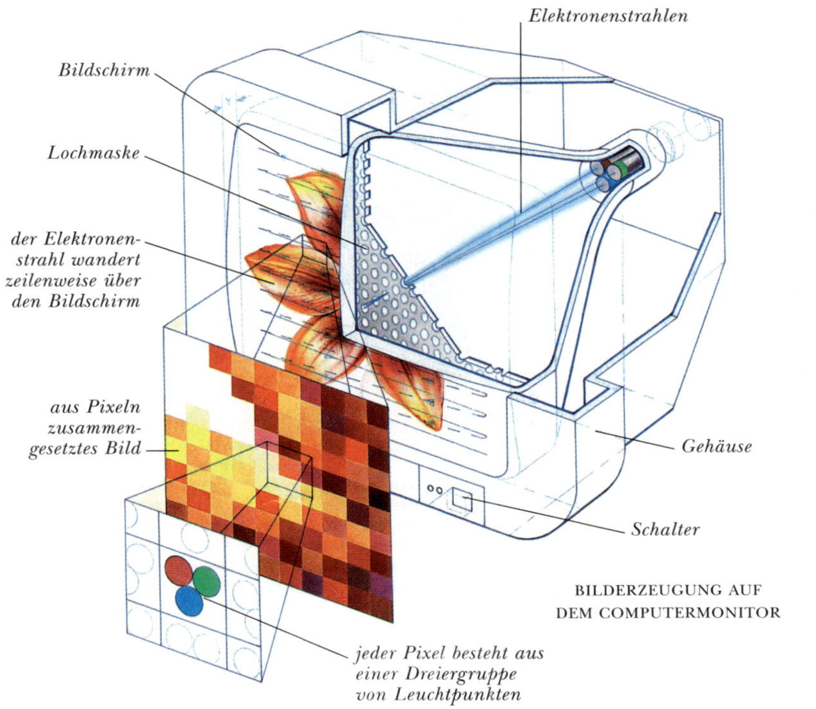

BILDERZEUGUNG AUF DEM COMPUTERMONITOR

**monopolisieren** ⟨V. t.; hat⟩ *zu einem Monopol zusammenschließen, in einer Hand vereinigen* [< frz. *monopoliser*]
**Monopolismus** ⟨m.; -; unz.⟩ *Streben nach Monopolbildung, nach der Beherrschung des Marktes durch Monopole*
**Monopteros** ⟨m.; -, -pteren⟩ **1** ⟨Antike⟩ *Säulentempel ohne Heiligtum* **2** ⟨danach⟩ *kleiner, meist runder Gartentempel* [< grch. *monopteros* „nur mit einer Säulenreihe"]
**Monosaccharid, Monosacharid** ⟨[-zaxa-] n. 11⟩ *einfacher Zucker, der sich nicht weiter in kleinere Zuckermoleküle spalten lässt*
**Monosemie** ⟨f. 19; unz.; Gramm.⟩ *genaue Entsprechung einer Bedeutung mit einem sprachlichen Zeichen;* Ggs *Polysemie* [< *Mono...* + grch. *semasia* „Bezeichnung"]
**monostabil** ⟨Adj.⟩ *nur einen stabilen Gleichgewichtszustand besitzend* [< grch. *monos* „allein, einzeln" + *stabil*]
**monosyllabisch** ⟨Adj.; Sprachw.⟩ *einsilbig* ◆ monosyllabische Sprachen *Sprache, deren Wörter nur aus einer Silbe bestehen*
**Monotheismus** ⟨m.; -; unz.; Rel.⟩ *Glaube an einen einzelnen Gott, neben dem keine anderen Götter existieren;* Ggs *Polytheismus* [< grch. *monos* „allein, einzig" + *Theismus*]
**monoton** ⟨Adj.⟩ *eintönig, ermüdend einförmig* ◆ er hat eine monotone Stimme [frz., < grch. *monos* „allein, einzig" + *teinein* „spannen"; → *Ton*[2]]
**Monotonie** ⟨f. 19; unz.⟩ *monotone Beschaffenheit, Eintönigkeit, ermüdende Einförmigkeit* ◆ die Monotonie des Alltags
**Monotype** ⟨[-taip] f. 10; Warenzeichen⟩ *Setz- u. Gießmaschine für Einzelbuchstaben* [engl., < grch. *monos* „allein" + engl. *type* „Drucktype"]
**Monoxid** ⟨n. 11⟩ *Sauerstoffverbindung eines Elements, in der nur ein Sauerstoffatom auftritt* [< grch. *monos* „einzig, allein" + *Oxid*]
**Monozelle** ⟨f. 19⟩ *kleine Batterie, die nur ein einzelnes elektrochemisches Element enthält, liefert je nach verwendetem Element Spannungen zwischen 1,3 u. 1,5 Volt*
**monozygot** ⟨Adj.; Biol.⟩ *eineiig* ◆ monozygote Zwillinge *Zwillinge, die sich aus einer befruchteten Eizelle entwickelt haben* [< grch. *monos* „allein" + *zygon* „Joch"]
**monozyklisch** ⟨Adj.⟩ monozyklische Verbindungen *organ.-chem. Verbindungen, deren Atome in nur einem Ring angeordnet sind;* oV *monocyclisch* [< grch. *monos* „allein" + *zyklisch*]
**Monozyt** ⟨m. 16; Med.⟩ *größtes der weißen Blutkörperchen (Leukozyten), mit mehr oder weniger gelapptem Kern, dessen Bildungsstätte umstritten ist* [verkürzt < *mononuklear* (< grch. *monos* „allein, einzig" + lat. *nucleus* „Kern") + *Leukozyten*]
**Monster** ⟨n. 13⟩ oV *Monstrum* **1** *Ungeheuer, Furcht erregendes Fabelwesen* **2** ⟨a. fig.⟩ *missgebildetes Wesen, Missgeburt* **3** ⟨in Zus.; umg.⟩ *riesenhafter, riesiger Gegenstand* ◆ das ist ja ein regelrechter Monsterfernseher ⟨umg.⟩ [lat., urspr. „göttliches Mahnzeichen, Wahrzeichen", später a. „Ungetüm, Ungeheuer; unerhörte Tat"; zu *monere* „mahnen"; verwandt mit *monströs*]

M

**Monstera** ⟨f.; -, -rae [-rɛ:]; Bot.⟩ **1** ⟨i. w. S.⟩ *Angehörige einer Gattung der Aronstabgewächse, Kletterpflanze mit tief gezackten, häufig Löcher aufweisenden Blättern, Zierpflanze, in ihrer zentralamerikan. Heimat zuerst kletternd, später epiphytisch lebend* **2** ⟨i. e. S.⟩ ► *meistens im Zimmer kultivierte Zierpflanze: Monstera deliciosa;* Sy *Fensterblatt* [wohl verwandt mit *Monster*]

MONSTERA
*(Monstera deliciosa)*

**Monstranz** ⟨f. 20⟩ *Gefäß (meist aus kostbarem Material) zum Zeigen der Hostie* [< spätlat. *monstrantia,* zu lat. *monstrare* „zeigen"]

**monströs** ⟨Adj.; -er, am -esten⟩ **1** *ungeheuerlich* **2** *missgestaltet* [zu frz. *monstre* „Monster, Ungeheuer" < lat. *monstrosus* „ungeheuerlich, missgestaltet, scheußlich", urspr. „wunderbar, widernatürlich"]

**Monstrum** ⟨n.; -s, -tra od. -tren⟩ = *Monster*

**Monsun** ⟨m. 1⟩ *halbjährlich wechselnder Wind in Asien, bes. Indien* (Sommermonsun, Wintermonsun) [< ndrl. *monssoen* < port. *monção* < arab. *mawsim* (für die Schifffahrt geeignete) „Jahreszeit"]

**Montag** ⟨m. 1; Abk.: Mo⟩ *erster Tag der Woche;* → a. *Dienstag* [< ahd. *manatac, manetac* (vorchristl.) < *mano* „Mond" + *tac* „Tag", Lehnübersetzung von lat. *dies Lunae* „Tag des Mondes"]

**Montage** ⟨[-ʒə] f. 19⟩ **1** *das Montieren, Aufstellung u. Zusammenbau (einer Maschine od. techn. Anlage)* **2** ⟨Film⟩ *Schnitt, Auswahl u. Aneinanderreihen der Handlungseinheiten eines Films* [frz.; → *montieren*]

**montags** ⟨Adv.⟩ *an jedem Montag;* → a. *dienstags*

**montan** ⟨Adj.; Bgb.⟩ *zum Bergbau u. Hüttenwesen gehörig* [< lat. *montanus* „die Gebirge, die Berge betreffend"; zu *mons,* Gen. *montis* „Berg, Gebirge"]

**Monteur** ⟨[-tø:r] m. 1⟩ *Facharbeiter, der Geräte, Maschinen, Gerüste u. a. montiert* (Elektromonteur) [frz.; zu *montieren*]

**montieren** ⟨V. t.; hat⟩ **1** eine Maschine, techn. Anlage o. Ä. montieren *aufstellen u. (od.) zusammenbauen* **2** einen Gegenstand montieren *(mit techn. Mitteln) anbringen, befestigen* ◆ einen Griff, Drehschalter an ein Gerät montieren; eine Lampe auf ein Gestell montieren [< frz. *monter* „hinaufsteigen; hinaufbringen, aufstellen" < lat. *montare* „einen Berg besteigen"]

**Montur** ⟨f. 20; veraltet⟩ **1** *Uniform, Dienstkleidung* **2** ⟨umg.⟩ *Arbeitsanzug, Arbeitskleidung* [< frz. *monture* „Ausrüstung"]

**Monument** ⟨n. 11⟩ *(bes. bildhauer.) großes Denkmal* [< lat. *monumentum* „Denkzeichen, Denkmal, Mahnmal"]

**monumental** ⟨Adj.⟩ **1** *wie ein Monument, denkmalartig* **2** ⟨fig.⟩ *gewaltig, ungeheuer groß, von riesigem Ausmaß* ◆ monumentales Gemälde

**Monumentalfilm** ⟨m. 1⟩ *Film mit riesigem Aufwand an Menschen u. Material, meist auch mit Überlänge* [→ *Monstrum*]

**Moonboots** ⟨['mu:nbu:ts] Pl.⟩ *dick gefütterte Schneestiefel aus wasserundurchlässigem Kunststoff* [< engl. *moon* „Mond" + *boot* „Stiefel"]

**Moor** ⟨n. 11⟩ *ausgedehnte Ablagerungsstätte pflanzlicher Reste, die sich in langsamer Inkohlung befinden (Torf), an der Erdoberfläche;* Sy ⟨oberdt.⟩ *Moos[1] (2), Ried (3)* [< mnddt. *mor* „Sumpf(land)", mhd. *muor* < ahd. *muor* „Sumpf; Meer", engl. *moor* „Sumpf, Heide"]

**Moorhuhn** ⟨n. 12u⟩ *Schneehuhn Skandinaviens: Lagopus lagopus*

**moorig** ⟨Adj.⟩ *aus Moor bestehend, wie Moor*

**Moorleiche** ⟨f. 19⟩ *im Moor gefundene Leiche (aus der Eisenzeit)*

**Moos[1]** ⟨n. 11⟩ **1** *eine Moospflanze* **2** ⟨oberdt.⟩ = *Moor* ◆ Dachauer Moos *Landschaft bei Dachau;* sich aufs (weiche) Moos legen, setzen; mit Moos bewachsene Steine [< ahd. *mos* „Moos, Moor, Sumpf", engl. *moss* „Moos, Sumpf"]

**Moos[2]** ⟨n.; -; unz.; umg.⟩ *Geld* ◆ ich habe kein Moos mehr [vermutl. über die Studentensprache u. das Rotw. < jidd. *maos* < hebr. *ma'oth* „Pfennige"]

**Moosachat** ⟨n. 1⟩ = *Baumachat*

**moosig** ⟨Adj.⟩ **1** *moosbedeckt* **2** ⟨oberdt.⟩ *morastig, schlammig*

**Moospflanze** ⟨f. 19; Bot.⟩ ▼ *Angehörige einer Abteilung grüner Sporenpflanzen: Bryophyten;* Sy *Bryophyt*

**Moped** ⟨n. 15⟩ *leichtes Motorrad* [verkürzt < *Mo*tor + *Ped*al]

**Mopp** ⟨m. 6⟩ *besenartiges Gerät mit Stofffransen statt der Borsten* [engl.]

**moppen** ⟨V. t. u. V. i.; hat⟩ *mit dem Mopp kehren*

**Mops** ⟨m. 1u⟩ **1** *kleine Hunderasse mit dickem Körper u. kurzen Beinen* **2** ⟨fig.; umg.⟩ *kleine, dicke Person* [< nddt. *mops;* zu ndrl. *mopperen,* älter *moppen* „ein mürrisches Gesicht zeigen", engl. *mop* „ein verzerrtes Gesicht, Fratzen machen"]

**mopsen** ⟨V. t.; hat; umg.; mildernd⟩ *stehlen (geringfügige Dinge)* [zu rotw. *mops* „Geld"; zu *meps* „klein"]

**Mora** ⟨f.; -, Moren⟩ **1** *Verzug, Verzögerung der Zahlung* **2** ⟨Metrik⟩ *kleinste Zeiteinheit im Vers, Dauer einer kurzen Silbe* [lat., „Verzögerung, Verzug, Rast(tag); Aufenthalt"]

**Moral** ⟨f.; -; unz.⟩ **1** *Sittenlehre, (sittl.) Lehre, Nutzanwendung (einer Geschichte)* **2** *Sittlichkeit, sittl. Verhalten, sittl. Halt* ◆ die Moral einer **Erzählung,** Fabel, eines Märchens ◆ eine hohe Moral, keine Moral **haben** ◆ und die Moral **von** der Geschichte ... *(häufig als Schlussformel alter, lehrhafter Gedichte od. Geschichten)* [< frz. *morale;* zu lat. *philosophia moralis;* zu lat. *mos,* Gen. *moris* „Sitte, Brauch; Art u. Weise", Pl. *mores* „Sitten, Denkart, Charakter; Sittlichkeit"; Grundbedeutung vermutl. „Wille"]

**moralisch** ⟨Adj.⟩ **1** *die Moral betreffend, zu ihr gehörig, auf ihr beruhend, sittlich, sittenstreng* **2** *Moral lehrend* ◆ einen Moralischen haben ⟨fig.; umg.⟩ *niedergeschlagen, reuig sein, bes. nach einem Rausch*

**moralisieren** ⟨V. i.; hat⟩ *Moral predigen* [< frz. *moraliser*]

**Moralismus** ⟨m.; -; unz.⟩ **1** *Anerkennung eines bindenden Sittengesetzes* **2** *Überbetonung sittl. Maßstäbe* [neulat.; zu lat. *moralis* „die Sitten betreffend, sittlich"]

**Moralkodex** ⟨m. 1; Pl. a.: -dizes⟩ *Gesamtheit an Grundsätzen des moralisch-sittlichen Verhaltens* ◆ einen Moralkodex aufstellen

**Morallehre** ⟨f. 19⟩ = *Ethik*

**Moralphilosophie** ⟨f. 19⟩ = *Ethik*

**Moralpredigt** ⟨f. 20; umg.⟩ *ernsthafte, lehrhafte Ermahnung*

**Moraltheologie** ⟨f. 19; unz.⟩ **1** ⟨i. e. S.⟩ *innerhalb der kath. Theologie Lehre vom sittl. Verhalten des Menschen gegenüber Gott* **2** ⟨i. w. S.⟩ *Lehre von der Anwendung sittl. Grundsätze in Gewissenskonflikten*

**Moräne** ⟨f. 19; Geol.⟩ *Gesteinsschutt, der von Gletscherablagerungen stammt* [< frz. *moraine* „Geröll"]

**Morast** ⟨m. 1⟩ *sumpfiges Land, schlammiger Boden* ◆ im Morast stecken bleiben [mit sekundärem *t* < mnddt. *maras, moras,* < nordfrz. *marasc,* frz. *marais;* → *Marsch[2]*]

**morastig** ⟨Adj.⟩ *aufgeweicht* (Boden), *sumpfig, schlammig* [→ *Morast*]

## MOOSPFLANZEN

Moospflanzen sind am Boden oder an Baumrinden über Rhizoide verankert und werden in Laubmoose und Lebermoose unterteilt. Wasser wird von den Moospflanzen nicht über Leitgefäße, sondern über die gesamte Oberfläche aufgenommen. Da das Wasser kapillar an den Pflanzen aufsteigen muss, ist ihre Wuchsgröße begrenzt.

LAUBMOOS
*(Bryum* species*)*

BRUNNENLEBERMOOS
*(Marchantia polymorpha)*

**Moratorium** ⟨n.; -s, -rien⟩ *Zahlungsaufschub* ◆ Moratorium beantragen; Moratorium gewähren [zu lat. *mora* „Aufschub, Verzug"]

**morbid** ⟨Adj.; -er, am -esten⟩ **1** *krankhaft, kränklich, angekränkelt* **2** *morsch, brüchig* [< lat. *morbidus* „krank, ungesund"]

**Morbidität** ⟨f. 20; unz.⟩ **1** *morbide Beschaffenheit* **2** *Häufigkeit der Erkrankungen innerhalb einer Bevölkerung*

**Morbus** ⟨m.; -, Morbi⟩ *Krankheit* [lat.]

**Morchel** ⟨f. 21⟩ *Angehörige einer Gattung der Pilze mit weißlichem, aufgeblasenem Stiel u. unregelmäßigem, rundlichem od. spitzkegeligem Hut: Morchella* [< spätahd. *morhila, morhala;* zu ahd. *morha* „Möhre"; → *Möhre*]

**Mord** ⟨m. 1⟩ *absichtl. Tötung eines Menschen* (Giftmord, Lustmord, Raubmord), *Bluttat* ◆ wenn das geschieht, dann gibt es Mord und Totschlag ⟨umg.⟩ *dann gibt es heftigen, blutigen Streit, Kampf;* einen Mord **aufklären;** einen Mord **begehen,** verüben ◆ der Mord **an** einem Menschen; **auf** Mord sinnen [< ahd. *mord*]

**Mordanschlag** ⟨m. 1u⟩ *Plan für einen Mord sowie dieser selbst* ◆ einem Mordanschlag zum Opfer fallen

**morden** I ⟨V. i.; hat⟩ *einen Mord begehen, jmdn. vorsätzlich töten* ◆ er hat gemordet

**Mörder** ⟨m. 3⟩ **1** *jmd., der einen Mord begangen hat,* ⟨fig.⟩ *der etwas vernichtet* **2** ⟨Jägerspr.⟩ *Hirsch od. Rehbock, dessen Geweih bzw. Gehörn nur aus je einer langen Stange (Spieß) besteht* ◆ zum Mörder werden [< ahd. *murdreo*]

**mörderisch** ⟨Adj.⟩ **1** *das Leben bedrohend* **2** ⟨fig.⟩ *grausam, furchtbar, schrecklich* (Hitze, Klima, Krankheit)

**Mordgier** ⟨f.; -; unz.⟩ *Drang zum Morden*

**mords..., Mords...** ⟨in Zus.; umg.⟩ *groß, stark, sehr, gewaltig, Riesen...,* z. B. Mordsgeschrei, ein Mordsglück, mordslangweilig

**Mordskerl** ⟨m. 1; umg.⟩ **1** *verwegener Mensch, sehr tüchtiger, kühner Mensch* **2** *sehr großer, breiter Mensch* ◆ du bist ein Mordskerl!

**mordsmäßig** ⟨Adj.; fig., umg.⟩ *sehr* ◆ ich habe mich mordsmäßig gefreut; mordsmäßig schimpfen, schreien

**Mordversuch** ⟨m. 1⟩ *Versuch, einen Mord zu begehen*

**Morelle** ⟨f. 19⟩ *Sauerkirsche* [zu ital. *amarello* „herb"]

**Moreske** ⟨f. 19⟩ = *Maureske*

**morgen** ⟨Adv.⟩ *der Tag nach heute, am Tag nach heute* ◆ morgen Abend, früh, Mittag; ich komme morgen; morgen ist Sonntag; morgen ist auch ein Tag! *heute wird es zu viel;* ich tue es lieber heute als morgen *lieber gleich, ich will es nicht aufschieben* [< ahd. *morgane* (erstarrter Dat. Sing. von *Morgen*) „am folgenden Tag"]

**Morgen** ⟨m. 4⟩ **1** *Tagesbeginn* **2** ⟨umg.⟩ *Vormittag* **3** ⟨veraltet⟩ *Osten* **4** *altes Feldmaß von unterschiedl. Ausmaß, 25-34 a, ursprünglich so viel Land, wie man mit einem Gespann an einem Morgen pflügt* ◆ das Heute und das *Morgen;* des Morgens; der Morgen **dämmert,** zieht herauf, bricht an ◆ ein **frischer,** trüber, wolkenverhangener Morgen; **früher,** später Morgen; **gestern,** heute Morgen; **guten/**Guten Morgen! *(Grußformel);* jmdm. guten/Guten Morgen sagen; **jeden** Morgen um 6 Uhr ◆ **am** Morgen; am nächsten Morgen; **gegen** Morgen eintreffen; **vom** Morgen bis zum Abend [< ahd. *morgan,* engl. *morning*]

**morgendlich** ⟨Adj.⟩ *am Morgen (geschehend)* ◆ morgendliche Gymnastik

MOSAIK: ISLAMISCHE MOSAIKARBEIT

**Morgenfrühe** ⟨f.; -; unz.⟩ *früher Morgen* ◆ in der Morgenfrühe *am frühen Morgen*

**Morgengrauen** ⟨n. 14⟩ *Morgendämmerung, anbrechender Tag* ◆ beim Morgengrauen aufstehen

**Morgenland** ⟨n. 12u; unz.⟩ = *Orient;* Ggs *Abendland* [für grch. *anatole* „Aufgang (der Sonne)"]

**morgenländisch** ⟨Adj.⟩ = *orientalisch;* Ggs *abendländisch*

**Morgenrot** ⟨n.; -s; unz.⟩ *rötl. Färbung des Himmels bei Sonnenaufgang;* Ggs *Abendrot*

**morgens** ⟨Adv.⟩ **1** *am Morgen, früh am Tage* **2** ⟨umg.⟩ *vormittags* ◆ morgens eintreffen; um zwei Uhr morgens *um zwei Uhr in der Nacht* [< mhd. *morgen(e)s,* erstarrter Gen. Sing. von *Morgen*]

**Morgenstern** ⟨m. 1; unz.⟩ **1** ⟨Astron.⟩ *Wandelstern Venus* **2** *mittelalterl. Schlagwaffe, Keule mit stachelbesetztem Kopf*

**Morgenstunde** ⟨f. 19⟩ *Zeit des frühen Morgens* ◆ Morgenstunde hat Gold im Munde ⟨Sprichw.⟩ *was man frühmorgens schafft, gelingt besonders gut*

**morgig** ⟨Adj.⟩ *morgen stattfindend, am nächsten Tag (geschehend)* ◆ der morgige Tag; die morgige Vorlesung [< mhd. *morgenic*]

**Mormone** ⟨m. 17⟩ *Mitglied einer im 19. Jh. gegründeten nordamerikanischen Sekte auf christlicher Grundlage* [nach dem „Buch *Mormon*" des Gründers Joseph Smith]

**...morph** ⟨in Zus.⟩ *...förmig, ...gestaltig, eine bestimmte Gestalt aufweisend* [< grch. *morphe* „Gestalt"]

**Morphem** ⟨n. 11; Sprachw.⟩ *kleinste bedeutungshaltige Einheit einer Sprache, die auch eine grammat. Beziehung bezeichnen kann,* z. B. „Wald", -bar in „hörbar", -e in „Wege" [zu grch. *morphe* „Gestalt, Form"]

**morphen** ⟨V. t.; hat; EDV⟩ *(ein Bild oder eine Gestalt) übergangslos verwandeln* [zu engl. *morphing* „computergesteuerte Bild- od. Gestaltwandlung"]

**Morphin** ⟨n. 11; unz.⟩ *aus Opium rein gewonnenes Alkaloid, lähmendes und betäubendes Gift, das medizinisch zur Schmerzbekämpfung eingesetzt wird;* Sy *Morphium* [neulat.; zu grch. *Morpheus,* dem Gott des Schlafes u. der Träume]

**Morphium** ⟨n.; -s; unz.; umg.⟩ = *Morphin*

**Morphogenese, Morphogenie** ⟨f. 19⟩ *Entwicklung der äußeren Form der Lebewesen;* Sy *Morphose* [< grch. *morphe* „Gestalt" + *genesis* „Entstehung"]

**Morphologie** ⟨f. 19; unz.⟩ **1** *Lehre von der Gestalt-, u. Formenbildung;* Sy *Gestaltlehre* **2** ⟨Geogr.; kurz für⟩ *Geomorphologie* **3** ⟨Gramm.⟩ *Lehre von Stammbildung u. Beugung der Wörter;* Sy *Wortbildungslehre* [< grch. *morphe* „Gestalt" + *logos* „Wort, Kunde"]

**morphologisch** ⟨Adj.⟩ *die Morphologie betreffend, zu ihr gehörig, auf ihr beruhend*

**Morphose** ⟨f. 19⟩ = *Morphogenese*

**Morphosyntax** ⟨f. 20; unz.; Sprachw.⟩ *Teilgebiet der Syntax, das die mit morpholog. Mitteln ausgedrückten syntakt. Merkmale untersucht*

**morsch** ⟨Adj.⟩ *brüchig, infolge Alters mürbe, zerbrechlich* [ostmdt.; verwandt mit spätmhd. *mürsen* „zerstoßen", *murz* „Stummel"]

**Morsealphabet** ⟨n. 11; unz.⟩ *aus Punkten u. Strichen (kurzen u. langen Stromimpulsen) bestehendes Alphabet zur Nachrichtenübermittlung, Telegrafenalphabet* [nach dem nordamerikan. Erfinder Samuel *Morse,* 1791-1872]

## MORSEAPPARAT

Der Morseapparat wurde im 19. Jh. erfunden. Mithilfe von Stromstößen konnte man damit Botschaften, nicht aber gesprochene Sprache über weite Entfernungen schnell versenden. Zu diesem Zweck hatte der Amerikaner Samuel Morse (1791–1872) einen alphabetischen Kode aus Punkten und Strichen entwickelt, die kurzen und langen Stromstößen entsprachen.

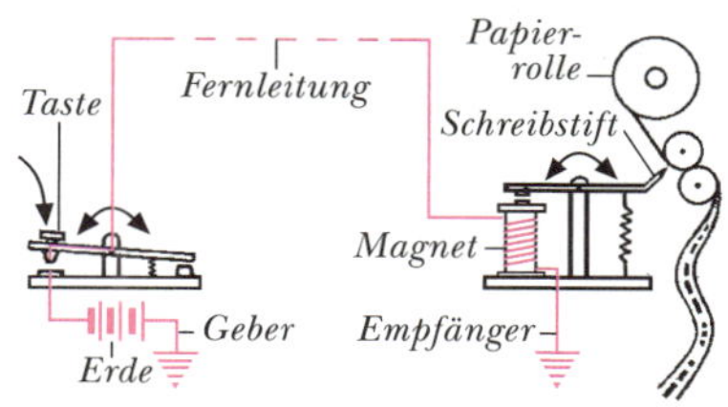


SCHEMATISCHE DARSTELLUNG EINES MORSEAPPARATS

**Morseapparat** ⟨m. 1⟩ ▲ *Gerät zur Nachrichtenübermittlung in Morsezeichen*

**morsen** ⟨V. i.; hat⟩ *in Morsezeichen telegrafisch Nachrichten übermitteln*

**Mörser** ⟨m. 3⟩ **1** ▼ *Gefäß mit gerundetem Boden zum Zerkleinern harter Stoffe mit dem Stößel* **2** ⟨Mil.⟩ **2.1** = *Bombarde* **2.2** ⟨später⟩ *Steilfeuergeschütz mit Kalibern von 21 bis 60 cm* [< ahd. *morsari,* älterem *mortari* < mlat. *mortarium* „Gefäß, Gefäß zum Zerreiben von Mörtel"]

**mörsern** ⟨V. t.; hat⟩ *im Mörser zerstampfen, zerreiben*

**Morsezeichen** ⟨n. 14⟩ *Schriftzeichen des Morsealphabets* ◆ eine Nachricht mit, per Morsezeichen übermitteln

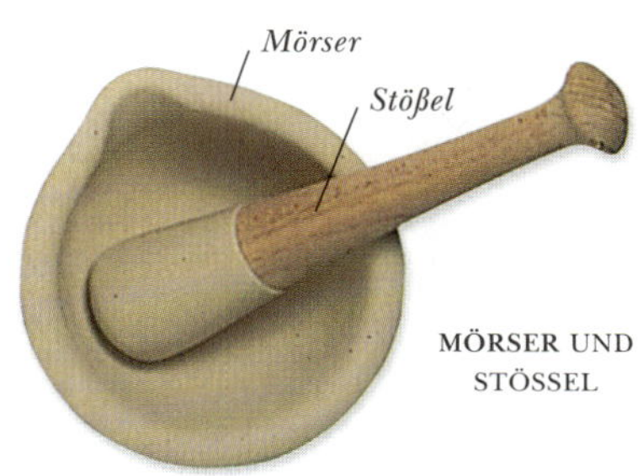


MÖRSER UND STÖSSEL

**Mortadella** ⟨f. 10; ital. Kochk.⟩ **1** *Zervelatwurst* **2** *Fleischwurst aus Kalb- u. Schweinefleisch mit Speckwürfeln* [< ital. *mortadella* „haltbare Zervelatwurst"]

**Mortalität** ⟨f. 20; unz.⟩ **1** *Sterblichkeit* **2** *Sterblichkeitsziffer;* Ggs *Natalität* [< lat. *mortalitas* „Sterblichkeit"]

**Mörtel** ⟨m. 5⟩ *breiförmiges Bindemittel für Bausteine, das in festen Zustand übergeht* [< mhd. *morter, mortel* < mlat. *mortarium* „Mörtelpfanne, Mörtel"]

**mörteln** ⟨V. t.; hat⟩ *mit Mörtel versehen, mit Mörtel verbinden*

**Mosaik** ⟨[-zaiːk] n. 27⟩ ◄ *aus verschiedenfarbigen Stiften, Glasstückchen, Steinchen o. Ä. zusammengesetztes, flächiges Muster od. Bildwerk auf Mauer od. Fußboden* [< frz. *mosaïque* < lat. *musaicum* < *musivum;* zu grch. *mousa* „Muse; Kunst, künstlerische Tätigkeit"]

**mosaisch** ⟨[-zaːiʃ] Adj.; bes. Rel.⟩ **1** *von Moses stammend* **2** *jüdisch* ◆ die mosaischen Gesetze

M

MOSCHEE: BLAUE MOSCHEE, ISTANBUL, TÜRKEI

**Mosaismus** ⟨[-za:is-] m.; -; unz.; bes. Rel.⟩ *Gesamtheit jüdischen Glaubens u. Lebens, Judentum* [nach *Moses*]

**Moschee** ⟨f. 19; Rel.⟩ ▲ *islamisches Gotteshaus* [< frz. *mosquée* < span. *mezquita* < arab. *masgid* „Gebetshaus"]

**Moschus** ⟨m.; -; unz.⟩ *Drüsenabsonderung des Moschustiers, ein Riechstoff* [< spätlat. *muscus* < grch. *moschos* „Moschus" < aind. *muskak* „Hode"]

**Moschusochse** ⟨[-ks-] m. 17; Zool.⟩ *in der Arktis lebender Wiederkäuer, Bisamochse: Ovibos moschatus*

**Moschustier** ⟨n. 11; Zool.⟩ **1** ⟨i. w. S.⟩ *Angehöriges einer artenarmen, den Hirschen verwandten Gruppe der Horntiere, Männchen geweihlos, aber mit langen, hauerartigen Eckzähnen im Oberkiefer: Moschinae;* Sy *Bisamhirsch* **2** ⟨i. e. S.⟩ ▼ *Art der Moschustiere von 55-80 cm Schulterhöhe, mit Moschusdrüse in der Nabelgegend, das in den Bergwäldern Mittel- u. Südostasiens lebt, Moschushirsch: Moschus moschiferus;* Sy *Bisamtier*

MOSCHUSTIER (*Moschus moschiferus*)

**Moselwein** ⟨m. 1⟩ *Wein von der Mosel*

**mosern** ⟨V. i.; hat; umg.⟩ *murren, maulen, sich unzufrieden äußern, nörgeln* [vermutl. zu rotw. *mosern, mossern* „verraten, schwatzen, angeben"; zu jidd. *Moeser* „Verräter"]

**Moskito** ⟨m. 6; Zool.; Sammelbez. für⟩ *Stechmücken tropischer Länder, die meist den Familien der Stechmücken u. Kriebelmücken angehören, von denen einige Arten die Malaria übertragen* [< span. *mosquito* < *mosca* „Fliege"]

**Moskitonetz** ⟨n. 11⟩ *Netz über dem Bett od. vor dem Fenster zum Schutz gegen Moskitos*

**Moslem** ⟨m. 6⟩ = *Muslim*

**Moslime** ⟨f. 19⟩ = *Muslime*

**Most** ⟨m. 1⟩ *unausgegorener Fruchtsaft, z. B. von Äpfeln, Birnen, Trauben, Obstwein* [< ahd. *most,* engl. *must* über roman. **mostu-, *mustu-* < lat. *(vinum) mustum* „junger Wein"; zu lat. *mustus* „frisch, jung, neu"]

**Motette** ⟨f. 19; Mus.⟩ *mehrstimmiges, heute nur noch geistl. Chorstück, meist a capella gesungen* [< ital. *mot(t)etto* „Kirchengesang, dem ein Bibelspruch zugrunde liegt"; zu frz. *mot* „Wort"]

**Motilität** ⟨f. 20; unz.⟩ *Bewegungsvermögen, Beweglichkeit (bes. der Muskeln)* [zu lat. *motus* „Bewegung"]

**Motion** ⟨f. 20⟩ **1** *Bewegung* **2** ⟨Gramm.⟩ *Fähigkeit, verschiedene Genusformen zu bilden (besonders des Adjektivs)* **3** *Ableitung von Femina aus Maskulina mithilfe von Suffixen,* z. B. Arzt/Ärztin [< frz. *motion* < lat. *motio* „Bewegung"]

**Motiv** ⟨n. 11⟩ **1** *Leitgedanke* **2** *Beweggrund, Antrieb* **3** *kennzeichnender inhaltl. Bestandteil einer Dichtung, charakterist. geformter Teil des Stoffes* (Dramenmotiv, Märchenmotiv) **4** *kleinste selbständige, charakterist. melod. Einheit eines musikal. Stücks* **5** ⟨bild. Kunst⟩ *Gegenstand der Darstellung* (Blumenmotiv) ◆ das Motiv der feindlichen Brüder; ein beliebtes Motiv der Malerei; literarisches, malerisches, musikalisches Motiv; aus welchen Motiven heraus mag er das getan haben? [< frz. *motif* < mlat. *motivum* „Beweggrund, Antrieb"]

**Motivation** ⟨[-va-] f. 20⟩ **1** *Begründung* **2** ⟨Psych.⟩ *Gesamtheit der Motive, die nicht unmittelbar aus äußeren Reizen abgeleitet sind*

**motivieren** ⟨[-vi:-] V. t.; hat⟩ **1** *begründen* **2** jmdn. motivieren *jmdn. dazu bringen, dass er etwas tut, indem man sein Interesse dafür weckt* [< frz. *motiver;* → *Motiv*]

**Motivik** ⟨[-vik] f. 20⟩ *Kunst der Behandlung musikalischer Motive*

**Motor** ⟨['mo:tɔr] od. [mɔ'to:r] m. 23⟩ **1** *Maschine zur Erzeugung von mechan. Antriebskraft* **2** ⟨fig.⟩ *Antrieb, Triebkraft* ◆ den Motor an-, abstellen, ein-, ausschalten; der Motor springt leicht, schwer, nicht an [< lat. *motor* „Beweger"; zu *movere* „bewegen, antreiben"; → *mobil*]

**Motorik** ⟨f. 20; unz.⟩ **1** *Bewegungslehre* **2** *Bewegungsart* **3** ⟨Physiol.⟩ *willkürliche Bewegungsabläufe des Körpers, die vom Hirn gesteuert werden*

**motorisch** ⟨Adj.⟩ **1** *auf Motorik beruhend* **2** *bewegend, der Bewegung dienend*

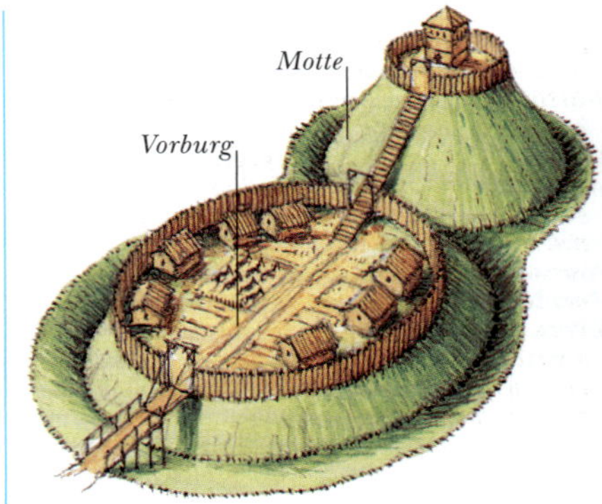


MOTTE: NORMANNISCHE MOTTE MIT VORBURG

**motorisieren** ⟨V. t.; hat⟩ *mit Motor versehen, mit Kraftmaschinen od. Kraftfahrzeugen ausrüsten* ◆ sich motorisieren ⟨umg.; scherzh.⟩ *sich ein Kraftfahrzeug anschaffen*

**Motorrad** ⟨n. 12u⟩ ► *einspuriges Kraftfahrzeug mit zwei Rädern, das durch einen Verbrennungsmotor angetrieben wird;* Sy *Kraftrad*

**Motorsäge** ⟨f. 19⟩ *von einem Motor angetriebene Säge;* → a. *Kettensäge*

**Motorschlitten** ⟨m. 4⟩ *mit Luftschraube angetriebener Kufenschlitten*

**Motorsport** ⟨m. 1; unz.; Sp.⟩ ▼ *professionell od. amateurhaft betriebenes Auto- u. Motorradfahren in Form von sportlichen Wettkämpfen*

**Motte**[1] ⟨f. 19; Zool.⟩ **1** ⟨i. w. S.; volkstüml. Sammelbez.⟩ *kleiner, unscheinbar gefärbter Schmetterling* **2** ⟨i. e. S.⟩ *Angehörige einer Überfamilie der Tineoidea, die ausschließlich kleine Tiere mit schmalen, am Hinterrand*

## MOTORSPORT

Der Motorsport umfasst viele verschiedene Disziplinen mit zwei- oder vierrädrigen Fahrzeugen. Der Autosport reicht von den Rennformeln (z. B. Formel 1) über Rallyefahrten bis zu den Gokart- und Dragsterrennen. In der Formel 1 kämpfen die Fahrer in Grand-Prix-Rennen auf der ganzen Welt um den Weltmeistertitel. Indycarrennen ähneln der Formel 1, finden aber nur in den Vereinigten Staaten auf meist ovalen Rennstrecken statt.

MERKMALE EINES FORMEL-1-RENNWAGENS

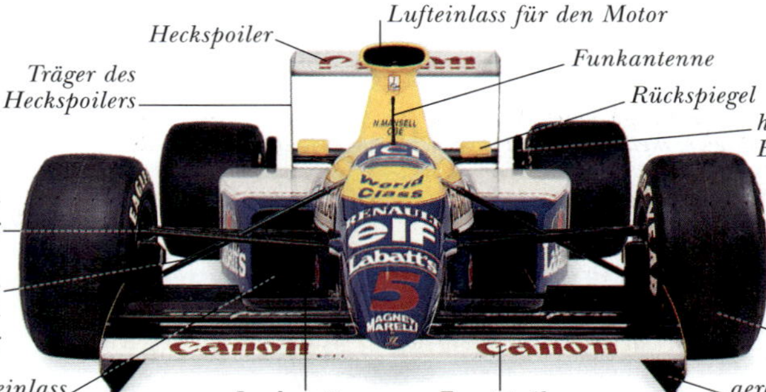


SIGNALFLAGGEN

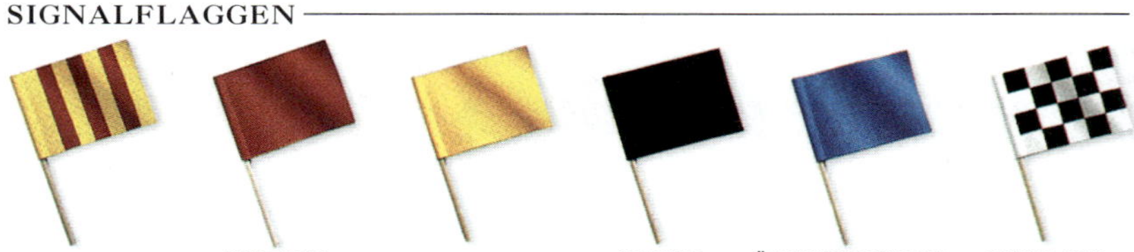

ÖLSPUR — RENNEN EINGESTELLT — GEFAHR — BOXENSTOPP — ÜBERHOLENDES AUTO — ENDE DES RENNENS *lang befransten Flügeln umfasst, deren Raupen in selbstgefertigten Gespinströhren leben* ◆ du kriegst die Motten! ⟨umg.⟩ *(Ausruf des Erstaunens);* die Leute werden davon angezogen wie die Motten vom Licht

**Motte**² ⟨f. 19; Arch.⟩ ◄ *(gegen Ende des 1. Jahrtausends entstandene) Burgform, die auf einem vorgelagerten kreisförmigen Hügel einen Wohn- u. Wehrturm besitzt u. von einem Mauer- od. Palisadenring umgeben ist* [< lat. *mutta* „Erdaushub"]

**Motto** ⟨n. 15⟩ **1** *Leitspruch, Wahlspruch* **2** *einem Buch od. Kapitel vorangesetzter Spruch od. Ausspruch, der Inhalt od. Absicht kennzeichnen soll* ◆ ein Motto haben; nach einem Motto handeln [ital., „Denk-, Leitspruch"]

**motzen** ⟨V. i.; hat; umg.⟩ **1** *nörgeln* **2** *schimpfen* **3** *aufsässig sein* ◆ er motzt ständig herum [Herkunft unsicher]

**Mount** ⟨[maunt] m. 6⟩ *Berg (meist vor Eigennamen)* [engl.]

**Mountainbike** ⟨['mauntənbaik] n. 15⟩ *Sportfahrrad mit Profilreifen für Geländefahrten* [< engl. *mountain* „Berg, Gebirge" + *bike* „Fahrrad"]

**Mouse** ⟨[maus] f.; -, -s od. Mice [mais]; EDV⟩ ► = *Maus (4)* [engl., „Maus"]

**Mouseclick** ⟨[maus-] m. 6; EDV⟩ = *Mausklick* [engl.]

**Mousepad** ⟨['mauspæd] n. 15; EDV⟩ = *Mauspad* [< engl. *mouse* „Maus" + *pad* „Polster, Schützer"]

**Mousse** ⟨[mu:s] f.; -, -s [mu:s]⟩ *schaumige Nachspeise* ◆ Mousse au chocolat [mu:s o: ʃoko:'la] *Süßspeise aus Schokolade u. Schlagsahne* [frz., „Schaum"]

**moussieren** ⟨[mu-] V. i.; hat⟩ *schäumen, prickeln* ◆ Schaumwein, Limonade moussiert [< frz. *mousser*]

**Möwe** ⟨f. 19; i. w. S.⟩ *Angehöriger einer Familie der regenpfeiferartigen Vögel, Schwimmvogel mit ausgezeichnetem Flugvermögen: Lariformes,* ⟨i. e. S.⟩ *Laridae;* ► *Vögel* [< mnddt. *mewe,* engl. *mew;* Herkunft unklar]

**Mozzarella** ⟨m. 6⟩ *ital. Büffelkäse*

**Mrd.** ⟨Abk. für⟩ *Milliarde, Milliarden*

**m/s** ⟨Abk. für⟩ *Meter pro Sekunde*

**MTA** ⟨Abk. für⟩ *medizinisch-technische Assistentin*

**Mucke**¹ ⟨f. 19; meist Pl.⟩ **1** *Laune, Grille, Unart* (von Personen) **2** *Unregelmäßigkeit, Störung im Gang* (von Maschinen) ◆ er hat seine Mucken [zu *mucken* „(mürrisch) aufbegehren"]

**Mucke**² ⟨f. 19⟩ **1** ⟨bei Musikern⟩ *einen Nebenverdienst einbringendes, einmaliges Auftreten* **2** ⟨Jugendspr.; kurz für⟩ *Popmusik*

**Mücke** ⟨f. 19⟩ **1** *Angehörige einer Unterordnung der Zweiflügler, meist langbeinige, zart gebaute u. oft deutlich behaarte Insekten mit langen, fadenförmigen Fühlern, deren Larven meist im Wasser leben u. oft massenweise auftreten: Nematocera* **2** ⟨schwäb.⟩ *Fliege* ◆ aus einer Mücke einen Elefanten machen ⟨fig.; umg.⟩ *ein geringfügiges, unwichtiges Ereignis gewaltig übertreiben* [< ahd. *mucka* „Mücke, Fliege"]

**mucken** ⟨V. i.; hat⟩ **1** *sich vorsichtig, leise bewegen* **2** *aufbegehren, murren* **3** *schmollen, verdrießlich sein* ◆ etwas tun, ohne zu mucken [< frühnhd. *mucken* < mnddt. *mucken;* vermutl. zu mdh. *mugen* „brüllen"]

**Mucks** ⟨m. 1; umg.⟩ *halb unterdrückter Laut, schwache Bewegung, leises Aufbegehren;* Sy *Muckser* ◆ keinen Mucks machen, ⟨od.⟩ von sich geben *sich nicht rühren, ganz still sein;* keinen Mucks mehr machen *tot sein*

**mucksen** ⟨V. i.; hat; nur in der Wendung⟩ sich nicht mucksen *keinen Laut von sich geben, keine Bewegung machen, sich nicht rühren*

**Muckser** ⟨m. 3; umg.⟩ = *Mucks*

## MOTORRÄDER

Einer der ersten Versuche, ein Motorrad zu entwickeln, war das französische Michaux-Perreaux-Veloziped von 1869. Ein ähnliches Modell, das ebenfalls von einer kleinen Dampfmaschine betrieben wurde, baute zur selben Zeit der Amerikaner S.H. Roper. Mittlerweile haben Motorräder Verbrennungsmotoren mit einem Hubraum von 50 bis über 1000 cm³. Von luxuriösen Tourenmotorrädern über Rennmotorräder bis zu Offroadgefährten gibt es je nach Verwendungszweck die unterschiedlichsten Modelle.

MERKMALE EINER YAMAHA XV 920

### WEITERE MOTORRADTYPEN

MOTOCROSSMOTORRAD

SCHWERES TOURENMOTORRAD

SPORTMOTORRAD

RENNMOTORRAD

**mucksmäuschenstill** ⟨Adj.; umg.⟩ *ganz still, völlig still* ◆ mucksmäuschenstill sein; sich mucksmäuschenstill verhalten

**müde** ⟨Adj.⟩ *ermattet, erschöpft, schlafbedürftig* ◆ seine müden **Augen** schließen; ein müdes **Gesicht** *abgespanntes, müde aussehendes Gesicht;* seine müden **Glieder** ausruhen ◆ müde **aussehen;** sich müde **laufen;** der Wein **macht** mich müde; ein Pferd müde **reiten;** sehr müde **sein;** ich bin es müde, das immer wieder zu sagen; des vielen Redens müde; müde **werden** ◆ müde **von** der Arbeit; **zum** Umfallen, Umsinken müde [< ahd. *muodi,* eigtl. „sich gemüht habend"]

**Müdigkeit** ⟨f. 20; unz.⟩ **1** *müde Beschaffenheit* **2** *Ermattung, Erschöpfung, Schlafbedürfnis* ◆ keine Müdigkeit vorschützen! ⟨umg.⟩ *los!, voran!, weiter!;* ich könnte vor Müdigkeit umfallen, umsinken

**Muezzin** ⟨m. 6⟩ *mohammedan. Gebetsrufer* [< arab. *mu'adhdhin*]

**Muff**¹ ⟨m. 1⟩ *Kleidungsstück aus Pelz zum Wärmen der Hände* [durch ndrl. Vermittlung < frz. *moufle* „Pelzhandschuh" < mlat. *muffula*]

**Muff**² ⟨m.; -s; unz.; nddt.⟩ *Schimmel, Moder, fauliger Geruch* [zu ndrl. *muf* „verschimmelt, dumpf", spätmhd. *müffeln,* „dumpf riechen"; zu frz. *moufette* „Moderdunst", ital. *muffo* „schimmlig"]

**Muffe** ⟨f. 19⟩ **1** *Verbindungsstück für Rohrenden* **2** *Erweiterung eines Rohrendes zum Einsetzen eines anderen Rohres* **3** ⟨El.⟩ *wasserdichtes Verbindungsstück für Kabelenden* ◆ Muffe haben ⟨umg.⟩ *Angst (vor etwas) haben* [zu *Muff* „Handwärmer", nach der äußeren Ähnlichkeit]

**Muffel**¹ ⟨f. 21⟩ *von den Feuergasen abgetrennter Raum in keramischen Öfen*

**Muffel**² ⟨m. 5⟩ *mürrischer Mensch* [→ *muffeln*]

**muffeln** ⟨V. i.; hat⟩ **1** *mürrisch, verdrießlich sein* **2** *anhaltend kauen* **3** *undeutlich reden* [zu *muffen* „mürrisch, verdrießlich sein" < mhd. *muffen, mupfen* „den Mund verziehen"; lautmalenden Ursprungs]

**muffig** ⟨Adj.⟩ *nach Muff riechend, moderig, dumpf, faulig* ◆ muffige Luft; muffig riechen

**Mühe** ⟨f. 19⟩ *Arbeit, Anstrengung, Plage, Sorgfalt* ◆ nach des Tages **Last** und Mühe ◆ sich Mühe **geben** *sich anstrengen, sich bemühen,* ich werde mir Mühe geben, es richtig zu machen; seine Mühe **haben** (mit jmdm. od. etwas) *viel Arbeit haben, sich plagen müssen;* er hatte Mühe, das Lachen zu unterdrücken; das hat mich viel Mühe **gekostet;** es **lohnt** nicht die Mühe *das Ergebnis ist zu geringfügig für den großen Aufwand an Arbeit od. Anstrengung;* jmdm. Mühe **machen;** wenn es Ihnen keine Mühe macht; er **scheute** keine Mühe, ihnen zu helfen; die Mühe kannst du dir **sparen** (es hat doch keinen Zweck) ◆ das ist nicht der Mühe **wert** *es lohnt nicht, sich anzustrengen* ◆ etwas nur **mit** (großer) Mühe zustande bringen [< ahd. *mua* „Mühe, Beschwerde, Not“; zu *mühen*]

**mühelos** ⟨Adj.⟩ *ohne Mühe, leicht* ◆ er hob den schweren Stein mühelos auf

**Mühelosigkeit** ⟨f. 20; unz.⟩ *mühelose Beschaffenheit, müheloses Aussehen, Leichtigkeit*

**muhen** ⟨V. i.; hat⟩ *brüllen* (vom Rind) [< spätmhd. *muhen, muwen, mugen* „wie ein Rind brüllen“ (lautmalend)]

**mühen** ⟨V. refl.; hat⟩ sich mühen *sich anstrengen, sich plagen* ◆ sie mühte sich sehr, um das Examen zu bestehen [< ahd. *muoen* „(sich) bemühen; beunruhigen, bedrängen“]

**mühevoll** ⟨Adj.⟩ *mit viel Mühe (verbunden), schwer, schwierig* ◆ eine mühevolle Arbeit

**Mühle** ⟨f. 19⟩ **1** ► *Gerät od. Anlage (durch Wasser, Wind, Hand od. Elektrizität betrieben) zum Zermahlen von Getreide, Kaffee, Papier u. a.* (Getreidemühle, Kaffeemühle, Papiermühle, Pfeffermühle, Wassermühle, Windmühle) **2** *Brettspiel für zwei Personen mit je 9 Steinen auf einem Liniensystem, mit denen man versucht, „Mühlen“ (Figuren aus drei nebeneinander liegenden Steinen) zu bilden, wobei man dem Gegner jedes Mal einen Stein wegnehmen darf, wenn dies gelingt* ◆ Mühle spielen; das ist Wasser auf seine Mühle ⟨fig.⟩ *das unterstützt seine Meinung* [< ahd. *muli(n)*, engl. *mill* < spätlat. *molina* „durch Wasserkraft betriebene Mühle“]

**Mühlrad** ⟨n. 12u⟩ *durch Wasser betriebenes Rad einer Mühle*

**Mühlstein** ⟨m. 1⟩ ▼ *kreisrunder, scheibenförmiger Stein zum Zermahlen des Getreides;* Sy *Mahlstein*

**Mühsal** ⟨f. 7; geh.⟩ **1** *Beschwerde, Mühe, Plage* **2** *Kummer, Sorge* ◆ die Mühsal des Lebens [< *Mühe* + *-sal*]

**mühsam** ⟨Adj.⟩ *viel Mühe machend, mit viel Mühe (verbunden), anstrengend, beschwerlich, schwierig* ◆ eine mühsame Arbeit; sich mühsam fortbewegen; nur mühsam zum Ziel kommen

**mühselig** ⟨Adj.⟩ *sehr mühsam, viel Sorgfalt erfordernd* ◆ etwas in mühseliger Kleinarbeit anfertigen, herstellen

MÜHLSTEIN ZUR HERSTELLUNG VON MEHL

**Mukoviszidose** ⟨[-vis-] f. 19; Med.⟩ *angeborene Stoffwechselkrankheit, die auf Funktionsstörungen der Sekret produzierenden Drüsen beruht* [< lat. *mucus* „Schleim“ + *viscosus* „zähflüssig“]

**Mulatte** ⟨m. 17⟩ *Mischling aus einem schwarzen u. einem europäischen Elternteil* [< span. *mulato* „Maultier“]

**Mulattin** ⟨f. 22⟩ *weibl. Mulatte*

**Mulch** ⟨m. 1⟩ *Bodenbedeckung (auch als Flächenkompostierung) mit organischen Gartenabfällen wie gehäkselten Zweigen, Rasenschnitt* [< engl. *mulch* „Krümelschicht, Mulch“]

**Mulde** ⟨f. 19⟩ **1** *aus einem einzigen Stück angefertigtes, längliches, abgerundetes Gefäß, meist aus Holz, z. B. Backtrog* (Backmulde) **2** *flache Vertiefung* **3** *längl. Senkung der Erdoberfläche, Gesteinssenke* [< mhd. *mulde* „längl., halbrunder Mehl- u. Backtrog“; vermutl. umgebildet aus *muolter* < ahd. *muolt(e)ra, mulhtra* < lat. *mulotra* „Melkfass“; zu *mulgere* „melken“]

**Muli** ⟨n. 15; österr.⟩ *Maultier*

**Mull**[1] ⟨m.; -; unz.; nddt.⟩ *Humus, Erde* (Torfmull)

**Mull**[2] ⟨m.; -; unz.⟩ *dünnes Baumwollgewebe* (Verbandmull) [engl.]

**Müll** ⟨m.; -s; unz.⟩ *Kehricht, Asche, Abfälle* [< mnddt. *müll* < mnddt. *gemül*, mhd. *gemülle* „Schutt, Kehricht; Staub, lockere Erde“, urspr. „Zerriebenes, Zermahlenes“]

**Mulla** ⟨m. 6⟩ = *Molla;* oV *Mullah*

**Müllabfuhr** ⟨f. 20⟩ *Beseitigung von Müll durch städt. od. private Unternehmen*

**Mullah** ⟨m. 6⟩ = *Molla;* oV *Mulla*

**Müllbeutel** ⟨m. 5⟩ *Beutel aus Plastik, zum Aufbewahren von Müll (im Mülleimer) und zum Transportieren von Müll*

MÜHLE: MODELL EINER GRIECHISCHEN MÜHLE, UM 85 v. CHR.

**Müller** ⟨m. 3⟩ *Handwerker der Müllerei nach dreijähriger Lehrzeit, Gesellenprüfung und Besuch einer Fachschule* [< mhd. *müller* < *mülnære* < spätahd. *mulinari;* vielleicht zu ahd. *multin* „Mühle“; wahrscheinlicher < mlat. *molinarius* „Müller“]

**Müllkippe** ⟨f. 19⟩ *Platz, an dem (ohne Genehmigung) Müll abgeladen wird* ◆ wilde Müllkippe

**Mülltonne** ⟨f. 19⟩ *Tonne zum Sammeln von Müll*

**Mulm** ⟨m.; -(e)s; unz.⟩ *Staubererde, verwesendes, zerbröckelndes Holz, verwittertes Gestein* [im Ablaut zu mhd. *melm* < ahd. *melm*, neben nddt. *molm;* zu mhd. *zermülmen* „zerreiben, zermalmen, zerquetschen“]

**mulmig** ⟨Adj.⟩ **1** *wie Mulm, vermodert, morsch, zerbröckelnd* **2** ⟨fig.; umg.⟩ *gefährlich, bedenklich, unsicher* (Lage, Situation) **3** *unbehaglich, nicht ganz wohl, übel* ◆ eine mulmige Angelegenheit ⟨fig.; umg.⟩

**Multi** ⟨m. 6; Wirtsch.; umg.; kurz für⟩ *multinationaler Konzern*

**multi..., Multi...** ⟨in Zus.⟩ *viel..., vielfach..., Viel...* [lat., Pl. von *multus*]

**multifaktoriell** ⟨[-riɛl] Adj.; Med.; Philos.⟩ *von dem Zusammenwirken mehrerer Ursache-, Wirkungsfaktoren ausgehend, sie betreffend;* Ggs *monokausal*

**multifunktional** ⟨Adj.⟩ *mehrere Funktionen einschließend, sie betreffend*

**Multifunktionsdisplay** ⟨[-plɛi] n. 15⟩ *elektronisches Anzeigefeld an Telefonen od. Taschenrechnern, das mehrere Funktionen ausführen kann, z. B. sowohl Adressen als auch Telefonnummern angeben o. Ä.*

**multikulturell** ⟨Adj.⟩ *mehrere verschiedene Kulturen einschließend, sie betreffend* ◆ eine multikulturelle Veranstaltung; die multikulturelle Gesellschaft

**multilateral** ⟨Adj.⟩ *vielseitig, mehrseitig, mehrere Personen od. Staaten betreffend* ◆ multilaterale Atomstreitmacht; multilateraler Vertrag [< lat. *multus* „viel“ + *latus* „Seite“]

**multilingual** ⟨Adj.⟩ **1** *mehrsprachig* **2** *mehrere Sprachen betreffend*

**Multimedia** ⟨n.; - od. -s; unz.; meist ohne Art.⟩ *Kombination, Verwendung mehrerer Medien (oft mithilfe von Computern)* [< *Multi* + engl. *media* „Medien“, Pl. zu *medium* „Medium“ < lat. *medium* „das mittlere“]

**multimedial** ⟨Adj.⟩ *mehrere verschiedene Medien benutzend, berücksichtigend, für viele Medien bestimmt*

**multinational** ⟨Adj.⟩ *mehrere Staaten betreffend, in mehreren Staaten tätig* ◆ multinationaler Konzern *Konzern mit hohem Anteil an Auslandsgeschäften u. mit Produktionsstätten in verschiedenen Ländern;* Sy ⟨umg.; kurz⟩ *Multi*

**multipel** ⟨Adj.⟩ *vielfältig, vielfach* ◆ multiple Sklerose *Krankheit des Zentralnervensystems mit vielen sich allmählich verhärtenden Entzündungsherden u. fortschreitenden Lähmungen* [< lat. *multiplex* „vielfach, vielfältig, zahlreich“]

**Multiplechoice,** ⟨auch⟩ **Multiple Choice** ⟨['mʌltipl'tʃɔis] n.; (-) -; unz.⟩ *Testverfahren, bei dem die Versuchsperson aus mehreren vorgegebenen Antworten die richtige auswählen soll* [engl., „mehrfache Auswahl“]

**multiplex** ⟨Adj.⟩ **1** *vielfältig, vielfach* **2** ⟨EDV⟩ *einen Sender mit mehreren Empfängern od. einen Empfänger mit mehreren Sendern verbindend* ◆ multiplexer Datenübertragungskanal [lat., „vielfach, zahlreich“]

**Multiplikand** ⟨m. 16; Math.⟩ *die zu multiplizierende Zahl,* z. B. die 3 in 2 x 3 [zu lat. *multiplicandus* „ein zu Multiplizierender“]

**Multiplikation** ⟨f. 20; Math.⟩ *das Malnehmen, Vervielfachen von Zahlen, eine der vier Grundrechenarten* [< lat. *multiplicatio*]

**Multiplikator** ⟨m. 23; Math.⟩ *die multiplizierende Zahl,* z. B. die 2 in 2 x 3 [zu lat. *multiplicare* „vervielfältigen“]

**multiplizieren** ⟨V. t.; hat; Math.⟩ *malnehmen, vervielfachen* ◆ eine Zahl mit 3 multiplizieren [< lat. *multiplicare* „vervielfachen“]

**multistabil** ⟨Adj.⟩ *mehrere Gleichgewichtslagen besitzend*

**multivalent** ⟨[-va-] Adj.⟩ *mehr-, vielwertig* ◆ multivalenter Test *Test, der mehrere Lösungen zulässt*

**Multivalenz** ⟨[-va-] f. 20; unz.⟩ *multivalente Beschaffenheit* (von psych. Eigenschaften, Tests u. a.)

**Mumie** ⟨[-miə] f. 19⟩ ► *durch Austrocknen od. Einbalsamieren vor Verwesung geschützte Leiche* [< ital. *mummia* < arab. *mumiya;* zu pers. *mum* „Wachs“]

**mumifizieren** **I** ⟨V. i.; ist⟩ *trocken werden, ledern werden, absterben* (Gewebe) **II** ⟨V. t.; hat⟩ *einbalsamieren, vor Verwesung schützen, zur Erhaltung behandeln* (Leiche) [< *Mumie* + lat. *facere* „machen“]

**Mumm** ⟨m.; -s; unz.; umg.⟩ *Mut, Unternehmungsgeist, Schneid, Energie, Entschlossenheit* ◆ (keinen) Mumm in den Knochen haben [berlin. < rotw. < jidd. *Mum(e)* „Geld“; → *Mammon*]

**mümmeln** ⟨V. i.; hat⟩ **1** *äsen* (von Hasen u. Kaninchen) **2** ⟨umg.⟩ *mit Ausdauer u. mit kurzen, raschen Bewegungen kauen*

**mummen** ⟨V. t.; hat⟩ jmdn. od. sich in etwas mummen *warm in etwas einhüllen* [zu *Mumme* „Maske, verkleidete Person"]

MUNDHARMONIKA

**Mummenschanz** ⟨m.; -es; unz.⟩ *Maskenfest, -scherz* [< *Mumme* + < mhd. *schanze* „glücklicher Wurf beim Würfelspiel"]

**Mumpitz** ⟨m.; -es; unz.; umg.⟩ *Unsinn, dummes Gerede* [Berliner Börsenjargon, „erschreckendes Gerede", eigtl. „(vermummte) Schreckgestalt" < *Mumme* „Maske, verkleidete Person" + mundartl. *Butz(e)* „Kobold" < mhd. *butze* „Poltergeist, Schreckgestalt"]

**Mumps** ⟨m.; -; unz.; Med.⟩ *meist im Kindesalter auftretende Infektionskrankheit, Entzündung u. Anschwellung der Ohrspeicheldrüsen* [< engl. *mump* „verdrießlich sein"]

**Mund** ⟨m. 2u od. (selten) m. 1u⟩ **1** *Eingangsöffnung des Verdauungskanals (mit Einrichtungen zur Aufnahme u. Zerkleinerung der Nahrung)* **2** ⟨allg.⟩ *Öffnung* ◆ **aufmachen:** er macht, tut den Mund nicht auf ⟨umg.⟩ *er spricht kein Wort;* den Mund **halten** ⟨fig.⟩ *schweigen, still sein;* **stillstehen:** der Mund steht ihm nie still *er redet sehr viel;* ich lasse mir von dir nicht den Mund **verbieten** ⟨fig.⟩ *nicht das Sprechen verbieten;* sich den Mund **verbrennen** ⟨fig.; umg.⟩ *unbedacht etwas äußern u. sich dadurch schaden* ◆ sich den Mund **fusselig** reden ⟨fig.; umg.⟩ *vergeblich reden;* **großer,** kleiner, sinnlicher, voller Mund; einen **losen** Mund haben *etwas vorlaut sein, gern andere necken;* **seinen** Mund halten *ein Geheimnis bewahren, nichts verraten;* den Mund (reichlich) **voll** nehmen ⟨fig.⟩ *prahlen, übertreiben;* ein Mund voll *die Menge einer Speise od. eines Getränkes, die man auf einmal in den Mund nehmen kann, Bissen, Schluck;* jmdm. den Mund **wässerig** machen ⟨fig.; umg.⟩ *jmdm. eine Sache schmackhaft machen* ◆ das Glas, die Tasse **an** den Mund setzen *zum Trinken ansetzen;* er ist nicht **auf** den Mund gefallen ⟨fig.; umg.⟩ *er ist schlagfertig;* jmdm. das Wort **aus** dem Munde nehmen ⟨fig.⟩ *vorwegnehmen, (dasselbe sagen) was jmd. gerade sagen wollte;* jmdm. das Wort **im** Mund herumdrehen *seine Aussage absichtlich falsch deuten;* er hat mir die Antwort (förmlich) in den Mund gelegt ⟨fig.⟩ *er hat mir durch die Art seiner Frage zu verstehen gegeben, was ich antworten soll;* das Wasser läuft mir im Munde zusammen, wenn ich daran denke ⟨fig.; umg.⟩ *ich habe großen Appetit darauf;* jmdm. **nach** dem Munde reden *so reden, wie es jmd. gern hören möchte;* jmdm. **über** den Mund fahren ⟨fig.⟩ *jmdn. unhöflich, vorlaut od. zurechtweisend unterbrechen;* (sich) kein Blatt **vor** den Mund nehmen ⟨fig.⟩ *freiheraus reden, sagen, was man denkt* [< ahd. *mund, munt,* engl. *mouth*]

MUNDSCHUTZ

**Mundart** ⟨f. 20; Sprachw.⟩ *einer Landschaft eigentümliche Sprachform innerhalb einer Sprachgemeinschaft;* Sy *Dialekt* [statt *Redart (der Sprache)* „zwanglose Rede", Ersatzwort für grch. *idioma dialektos,* lat. *idioma dialectus* „Volkssprache"]

**mundartlich** ⟨Adj.; Sprachw.⟩ Sy *dialektisch* **1** *eine Mundart betreffend, zu ihr gehörig, aus ihr stammend* **2** *in einer Mundart* ◆ mundartlicher Ausdruck

**munden** ⟨V. i.; hat; geh.⟩ *schmecken* ◆ die Speise, der Wein mundet mir (nicht)

**münden** ⟨V. i.; ist/hat⟩ **1** *(in etwas) hineinfließen, einströmen* (Bach, Fluss) **2** *(in, auf etwas) enden, auslaufen* (Straße) ◆ die Straße mündet auf einen Platz, in einen Park, in eine Siedlung; der Inn mündet in die Donau

MUNGO:
GESTREIFTER MUNGO
*(Mungos mungo)*

**mundfaul** ⟨Adj.⟩ *redefaul, redeunwillig, träge im Gespräch*

**mundgerecht** ⟨Adj.⟩ *bequem zum Essen* ◆ jmdm. Fleisch, belegte Brote mundgerecht hinstellen

**Mundgeruch** ⟨m. 1u⟩ *(unangenehmer) Geruch aus dem Mund*

## MUMIE

Die antiken Ägypter entwickelten ein Verfahren, die Körper ihrer Toten zu konservieren, in dem Glauben, ihnen so das ewige Leben sichern zu können. Nach Entfernung von Gehirn und Eingeweiden wurde die Leiche in Salzlauge gelegt, um sie zu entwässern, und dann mit Ölen, Harzen und Kräutern behandelt. Mit Binden umwickelt und mit einer gemalten Gesichtsmaske versehen wurde die Mumie schließlich in einen Sarkophag gelegt.

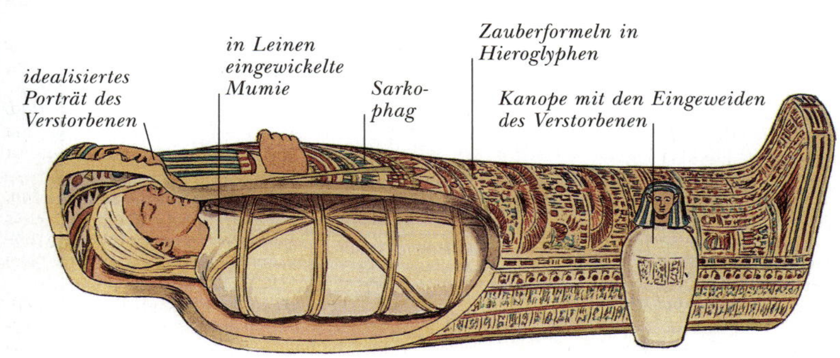

SCHNITT DURCH EINEN ALTÄGYPTISCHEN SARKOPHAG

**Mundharmonika** ⟨f. 10; Pl. a.: -niken; Mus.⟩ ◄ *volkstüml. Blasinstrument, kleiner, flacher Kasten mit Metallzungen, die durch Blasen u. Einziehen von Luft (durch Luftkanäle) in Schwingungen versetzt werden*

**Mundhöhle** ⟨f. 19⟩ *Inneres des Mundes*

**mündig** ⟨Adj.⟩ *das erforderl. Alter für bestimmte Rechtshandlungen erreicht habend;* Sy *volljährig;* Ggs *minderjährig* ◆ (noch nicht) mündig sein; mit 18 Jahren mündig werden [< mhd. *mündec*]

**Mündigkeit** ⟨f. 20; unz.⟩ *an ein bestimmtes, gesetzlich festgelegtes Alter (meist 18 od. 21, schweiz. 20 Jahre) gebundene, für bestimmte Rechtshandlungen erforderliche Reife;* Sy *Volljährigkeit*

**mündlich** ⟨Adj.⟩ Ggs *schriftlich* **1** *(nur) besprochen, verabredet, nicht schriftlich* (Auftrag, Vereinbarung) **2** *gesprochen, in Gesprächsform* (Prüfung, Überlieferung) ◆ jmdm. etwas mündlich mitteilen, übermitteln

**Mundraub** ⟨m. 1; unz.⟩ *Diebstahl von Nahrungs- od. Genussmitteln in kleiner Menge od. von unbedeutenden hauswirtschaftl. Gegenständen zum sofortigen Verbrauch*

**Mundschutz** ⟨m.; -es; unz.⟩ **1** *Mund und Nase bedeckende Schutzvorrichtung aus sterilem Material, um die Infizierung anderer Personen zu verhindern* **2** ⟨Sp.; Boxen⟩ ▲ *Schutz aus Kunststoff für das Gebiss*

**Mundstück** ⟨n. 11⟩ **1** *für den Mund bestimmter Teil eines Gerätes (Tabakspfeife, Blasinstrument usw.)* **2** *der im Maul des Pferdes liegende Teil des Zaumes*

**mundtot** ⟨Adj.; fig.⟩ *zum (endgültigen) Schweigen verurteilt, unfähig zu widersprechen, zu Wort zu kommen* ◆ jmdn. mundtot machen

**Mündung** ⟨f. 20⟩ **1** *Stelle des Eintritts eines Flusses in ein anderes Gewässer od. einer Straße in eine andere Fläche* **2** *vordere Öffnung einer Feuerwaffe*

**Mündungsfeuer** ⟨n. 13; unz.⟩ *Feuerstrahl, der bei einem Schuss an der Mündung einer Feuerwaffe entsteht*

**Mundwerk** ⟨n. 11; unz.; fig.⟩ **1** *Bedürfnis, viel zu reden* **2** *Schlagfertigkeit* ◆ ein flinkes, gutes, freches Mundwerk haben *viel (u. meist selbstbewusst) reden, schlagfertig, ziemlich dreist sein*

**Mungbohne** ⟨f. 19; Bot.⟩ ► = *Mungobohne*

**Mungo** ⟨m. 6; Zool.⟩ ▲ *Angehöriger einer bes. in Indien u. Sri Lanka heimischen Gattung der Schleichkatzen: Herpestes;* Sy *Manguste* [< engl. *mungoose, mungo* < ind. (Mundartwort) *mangus*]

**Mungobohne** ⟨f. 19; Bot.⟩ ▼ *eine Bohnenart, Grundnahrungsmittel in Asien, Afrika u. Mittelamerika;* oV *Mungbohne* [< Hindi *Mung*]

**Munition** ⟨f. 20; unz.⟩ *Schießbedarf für Feuerwaffen* [frz., urspr. *munition (de guerre)* „Kriegsmaterial" < lat. *munitio* „Befestigung, Schanze"]

**munkeln** ⟨V. i.; hat⟩ *einander heimlich etwas erzählen, raunen, Gerüchte verbreiten* ◆ im Dunkeln ist gut munkeln ⟨Sprichw.⟩; man munkelt, dass ... [vermutl. < mnddt. *munkelen* „leise, heimlich reden"]

MUNGOBOHNEN

M

**Münster** ⟨n. 13⟩ **1** ⟨urspr.⟩ *Klosteranlage* **2** ⟨dann⟩ *mit einem Kloster verbundene Kirche* **3** ⟨dann in Süddtschld. Bez. für⟩ *Dom, große Kirche* [< mhd. *münster* „Klosterkirche, Stiftskirche; Dom“ < ahd. *munis-t(i)ri* „Kloster“ < vulgärlat. *monistarium* < kirchenlat. *monasterium* „Kloster“]

**munter** ⟨Adj.⟩ **1** *wach* **2** *lebhaft, heiter, fröhlich, frisch* ◆ munter und guter Dinge; ein munteres Kind; munterer Laune sein; jmdn. munter machen *aufwecken, wach machen;* der Kaffee hat mich wieder munter gemacht; gesund und munter sein *sich körperlich u. seelisch wohl fühlen* [< ahd. *muntar*]

**Münze** ⟨f. 19⟩ **1** *mit Bild- u. Schriftprägung versehenes Metallgeldstück, dessen Gewicht u. Zusammensetzung genau festgelegt sind* (Goldmünze, Kupfermünze, Scheidemünze, Silbermünze, Gedenkmünze) **2** *Münzstätte, Münzanstalt* ◆ Münzen prägen, schlagen, fälschen, sammeln; etwas für bare Münze nehmen ⟨fig.⟩ *blind glauben;* in klingender Münze bezahlen *bar bezahlen;* jmdm. etwas (eine Bosheit o. Ä.) mit gleicher Münze heimzahlen ⟨fig.⟩ *mit Gleichem vergelten* [< ahd. *munizza* (< **munita*) < lat. *moneta* „gemünztes Geld“; nach der röm. Münzstätte im Tempel der altröm. Göttin *Juno Moneta*]

**münzen** ⟨V. t. u. V. i.; hat⟩ **1** *Münzen prägen* **2** *zu Münzen machen* ◆ das ist auf dich gemünzt ⟨fig.⟩ *damit bist du gemeint;* gemünztes Gold [< ahd. *munizzon;* zu *munizza* „gemünztes Geld“ (17. Jh.) nach den Geldmünzen mit versteckt eingeprägten satirischen Anspielungen]

M

**Münzfälscher** ⟨m. 3⟩ = *Falschmünzer*

**Münzgewicht** ⟨n. 11⟩ *das tatsächl. Gewicht einer Münze unabhängig vom Gewicht des in ihr enthaltenen Edelmetalls*

**Münzkunde** ⟨f. 19; unz.⟩ *Lehre von den Münzen u. ihrer geschichtlichen Entwicklung;* Sy *Numismatik*

**Münzrecht** ⟨n. 11; unz.⟩ *Recht, Münzen zu prägen u. das Münzwesen zu ordnen*

**Münzsammlung** ⟨f. 20⟩ *Sammlung von Münzen u. Medaillen*

MURÄNE
(*Muraena* species)

**Muräne** ⟨f. 19; Zool.⟩ **1** ⟨i. w. S.⟩ ▲ *Angehörige einer Gattung räuberischer, aalartiger Fische ohne Brust- u. Bauchflossen, mit sehr schmackhaftem Fleisch: Muraena;* ► *Fische* **2** ⟨i. e. S.⟩ *im Mittelmeer u. südl. Atlantik vorkommender Fisch mit brauner, gelblich marmorierter Haut: Muraena helena* [< lat. *muraena*]

**mürbe** ⟨Adj.; -r, am mürbsten⟩ **1** *morsch, brüchig, leicht zerfallend* (Gestein, Holz, Stoff) **2** *leicht zerreibbar, hart u. locker* (Gebäck) **3** *gut durchgekocht od. durchgebraten, zart, weich* (Fleisch) **4** ⟨fig.⟩ *zermürbt, zum Widerstand nicht mehr fähig* ◆ Fleisch mürbe klopfen; jmdn. mürbe machen ⟨fig.⟩ [< ahd. *mur(u)wi* „zart“, eigtl. „zerrieben“]

**Mürbeteig** ⟨m. 1⟩ = *Mürbteig*

**Mürbteig** ⟨m. 1⟩ *Teig aus Butter, Zucker, Ei u. Mehl für mürbes Gebäck;* oV *Mürbeteig*

**Murks** ⟨m.; -es; unz.; umg.⟩ **1** *unordentl. od. misslungene Arbeit* **2** *Unangenehmes* ◆ so ein Murks! [→ *murksen*]

**murksen** ⟨V. i.; hat⟩ *unordentlich od. fehlerhaft arbeiten* [zu älterem, untergegangenem *murken* „zerbröckeln, zerbrechen, zerknittern“; zu ebenfalls untergegangenem *Murk* „Brocken, Krümel“; verwandt mit *mürbe*]

**Murmel** ⟨f. 21⟩ *kleine, bunte Kugel als Kinderspielzeug* [zu *Marmor,* älter *Marmel,* aus dem die Kugeln früher hergestellt wurden]

**murmeln** ⟨V. i.; hat⟩ *leise, undeutlich sprechen* ◆ der Bach murmelt *plätschert leise, rauscht leise;* etwas in seinen Bart murmeln ⟨umg.⟩ *so sprechen, dass man es nicht verstehen kann* [< ahd. *murmulon, murmuron*]

**Murmeltier** ⟨n. 11; Zool.⟩ ► *Angehöriges einer Gattung der Hörnchen, Pflanzen fressender, geselliger Höhlenbewohner, der Winterschlaf hält: Marmota* ◆ schlafen wie ein Murmeltier *fest schlafen* [volksetymolog. Bildung < ahd. *murmunto* < lat. *mus* (Akk. *murem*) *montis* „Bergmaus“]

MURMELTIER:
STEPPENMURMELTIER
(*Marmota bobak*)

**murren** ⟨V. i.; hat⟩ **1** *(leise) seiner Unzufriedenheit Ausdruck geben, sein Missfallen äußern* **2** *(noch zurückhaltend) aufbegehren* ◆ „...!“ murrte er; etwas ohne Murren tun *ohne Widerspruch* [< mhd. *murren;* verwandt mit *murmeln*]

**mürrisch** ⟨Adj.⟩ **1** *verdrießlich, übellaunig* **2** *brummig, unfreundlich, einsilbig* ◆ ein mürrisches Gesicht machen; ein mürrischer Mensch

**Mus** ⟨n. 11; Pl. selten⟩ *Brei* (Apfelmus, Erbsmus, Kartoffelmus) ◆ wir sind fast zu Mus gedrückt, zerdrückt worden (so eng war es) ⟨fig.; umg.⟩ [< ahd. *muos* „breiartige Speise“, urspr. „Mahlzeit, Nahrung“]

**Muschel** ⟨f. 21; Zool.⟩ **1** ► *Angehörige einer Klasse der Weichtiere mit zwei den Körper ganz oder teilweise bedeckenden Kalkschalen, die vom Mantelrand abgeschieden werden u. an deren Rückenseite sich ein kräftiger Schalenschließmuskel befindet: Lamellibranchia, Bivalvia* **2** ⟨fig.⟩ *muschelförmiger Teil eines Organs* (Ohrmuschel) *od. eines Geräts* (Sprechmuschel am Telefonhörer) [< ahd. *muscula* < lat. *musculus* „Muschel“, urspr. „Mäuschen“]

**Muschelkalk** ⟨m. 1; unz.; Geol.⟩ *mittlerer Zeitabschnitt der Trias*

**Muschelschale** ⟨f. 19⟩ *aus zwei Hälften bestehende, den Körper einer Muschel schützende mehrschichtige Kalkschale mit Innenschicht aus Perlmutt;* ► *Schneckengehäuse*

**Muse** ⟨f. 19⟩ ▼ *jede der neun griech. Göttinnen der Künste u. Wissenschaften* ◆ die Muse der Tanzkunst, der Musik, der Astronomie usw.; die heitere, ernste Muse ⟨fig.⟩ *heitere, ernste Kunst* [zu grch. *mousa* „Muse; Kunst, künstlerische Tätigkeit“]

**museal** ⟨Adj.⟩ *Museums..., zum Museum gehörig;* ⟨umg.⟩ *altmodisch*

**Museum** ⟨[-ze:um] n.; -s, -seen⟩ **1** *öffentl. Sammlung von Gegenständen der Kunst od. Wissenschaft* **2** *Gebäude dafür* (Heimatmuseum, Musikinstrumentenmuseum) ◆ naturkundliches Museum [< lat. *museum* „Ort für gelehrte Betätigung, Akademie; Bibliothek“ < grch. *mouseion* „Sitz der Musen“]

**Musical** ⟨['mju:zikəl] n. 15⟩ *bes. in Amerika verbreitete Form des Musiktheaters, das Merkmale der Operette, der Revue u. des Varietees verbindet* [Kurzform von engl. *musical comedy* „musikal. Lustspiel“]

MUSE: DARSTELLUNG DER
GRIECHISCHEN MUSE TERPSICHORE

**Musik** ⟨f. 20⟩ **1** ⟨urspr.⟩ *die Kunst der Musen, Dicht-, Tanz-, Gesangskunst usw.* **2** ⟨heute⟩ *Tonkunst, die Kunst, Töne in ästhetisch befriedigender Form nacheinander (Melodie) u. nebeneinander (Harmonie) zu ordnen, rhythmisch zu gliedern u. zu einem geschlossenen Werk zusammenzufügen* **3** *Gesamtheit der Tondichtungen eines Landes, Volkes od. einer Zeit* (Barockmusik) **4** *Orchester,* ⟨bes.⟩ *Blaskapelle* ◆ bitte, Musik! *(Aufforderung an die Musikkapelle);* Musik **hören,** machen; die Musik **pflegen;** Musik **studieren** ◆ *alte,* moderne Musik; **deutsche,** italienische, klassische Musik; **gute,** leichte, schwere Musik ◆ Veranstaltung **mit** Musik und Tanz; die Musik **zu** einem Film, Text, Theaterstück schreiben [< lat. *(ars) musica* „Tonkunst; Tonwerk; musikal. Darbietung“ < grch. *mousike (techne)* „Musenkunst“]

**Musikalien** ⟨[-liən] Pl.⟩ *Notenbücher, Notenhefte*

**musikalisch** ⟨Adj.⟩ **1** *die Musik betreffend, zu ihr gehörig, auf ihr beruhend* **2** *musikbegabt, Musik verstehend, Musik liebend* (Person) **3** ⟨fig.⟩ *klangvoll, wie Musik klingend* (Verse)

**Musikalität** ⟨f. 20; unz.⟩ **1** *Begabung, Verständnis für Musik, Musikliebe* **2** ⟨fig.⟩ *Klangfülle*

**Musikant** ⟨m. 16⟩ **1** *Spielmann* **2** *Musiker, besonders für Unterhaltungs- und Tanzmusik* ⟨a. abwertend⟩

**Musikantenknochen** ⟨m. 4; Anat.; nur umg. Bez.⟩ *sehr schmerzempfindliches unteres Ende des Gelenks am Oberarmknochen*

**Musikdrama** ⟨n.; -s, -men⟩ **1** ⟨i. w. S⟩ *Oper* **2** ⟨i. e. S.⟩ *einheitlich durchkomponierte Oper im Sinne Wagners*

**Musiker** ⟨m. 3⟩ **1** ⟨i.w.S.⟩ *jmd., der beruflich ein Musikinstrument spielt* **2** ⟨i. e. S.⟩ *Orchestermitglied* [→ *Musik*]

**Musikinstrument** ⟨n. 11⟩ *Instrument zum Selbsterzeugen von Musik, z. B. Blas-, Saiten-, Streich-, Tasten-, Zupfinstrument*

**Musikkassette** ⟨f. 19; Abk.: MC⟩ *mit Musik bespieltes Tonband für den Kassettenrekorder*

**Musikschule** ⟨f. 19⟩ *private od. staatl. Schule für musikal. Ausbildung*

**Musiktheater** ⟨n. 13⟩ *Theater, in dem nur Opern u. Operetten aufgeführt werden (keine Schauspiele)*

**Musiktheorie** ⟨f. 19⟩ *nicht genau abgegrenzte Bezeichnung für die Lehre von der Musik, ihren Formen, Gattungen, ihrem Aufbau, Vortrag usw.*

**Musiktherapie** ⟨f. 19⟩ *Heilung Kranker mithilfe der Musik*

**Musikwerk** ⟨n. 11⟩ *Werk der Tonkunst, Komposition*

**Musikwissenschaft** ⟨f. 20; unz.⟩ *Wissenschaft von der Musik, ihrer Entstehung u. Entwicklung, ihrem Aufbau u. ihren Formen*

**musisch** ⟨Adj.⟩ **1** *die Musen betreffend, von ihnen stammend* **2** *kunstempfänglich, künstlerisch;* Ggs *amusisch*

**Musivarbeit** ⟨f. 20⟩ *Mosaik, eingelegte Arbeit*

**musivisch** ⟨[-viʃ] Adj.⟩ *mosaikartig, eingelegt* [zu lat. *musivum* „Bildwerk mit bunten Steinen, Mosaik“]

**musizieren** ⟨V. i.; hat⟩ *gemeinsam Musik machen* ◆ die ganze Familie musizierte an jedem zweiten Mittwoch miteinander

**Muskat** ⟨m. 1; unz.⟩ = *Muskatnuss;* oV *Muskate* [< mhd. *muscat, muschat(e)* „Muskatnuss"; über afrz. *noizmuscata* < mlat. *(nux) muscata,* daneben *muscatum* „Moschusduft"]

**Muskatblüte** ⟨f. 19; unz.⟩ *getrocknete Samenmäntel der Muskatnuss*

**Muskate** ⟨f. 19⟩ = *Muskatnuss;* oV *Muskat*

**Muskateller** ⟨m. 3⟩ **1** *Traubensorte mit muskatartigem Geschmack* **2** *daraus hergestellter Wein;* Sy *Muskatwein* [< mhd. *muscatel* < mlat. *muscatellum,* ital. *moscatello*]

**Muskatfink** ⟨m. 16; Zool.⟩ *Prachtfink aus Vorder- u. Hinterindien mit gesperberter Brust: Lonchura punktulata*

**Muskatnuss** ⟨f. 7u⟩ *getrockneter Same des Muskatnussbaumes, ein Gewürz;* Sy *Muskat, Muskate*

**Muskatnussbaum** ⟨m. 1u; Bot.⟩ *tropisches Holzgewächs mit pfirsichähnlichen Früchten, deren getrocknete Samenmäntel als Muskatblüte u. deren Samen als Muskatnüsse verwendet werden: Myristica fragrans*

**Muskatwein** ⟨m. 1⟩ = *Muskateller (2)*

**Muskel** ⟨m. 25⟩ *der Bewegung dienendes zusammenziehbares Gewebe des tierischen u. menschl. Körpers* [< lat. *musculus*]

**Muskelatrophie** ⟨f. 19; Anat.⟩ = *Muskelschwund* [→ *Atrophie*]

**Muskelfaser** ⟨f. 21⟩ *mehrkernige Faser, die mit vielen anderen zusammen die Muskeln bildet*

**Muskelgefühl** ⟨n. 11; unz.; Anat.⟩ *Empfindung, die uns über die jeweilige Lage u. Stellung unserer Glieder unterrichtet u. so die exakte Koordination der Muskeln zum Erzeugen geordneter Bewegungen ermöglicht, kinästhetischer Sinn;* Sy *Muskelsinn*

**Muskelgeschwulst** ⟨f. 7u⟩ *aus Muskelgewebe bestehende Geschwulst, fast immer gutartiger Natur*

**Muskelgewebe** ⟨n. 13⟩ *aus Zellen od. Fasern bestehendes, die Muskeln bildendes Gewebe*

**Muskelkater** ⟨m. 3⟩ *vorübergehende, schmerzhafte Muskelverhärtung nach körperlicher Anstrengung*

**Muskelkraft** ⟨f. 7u⟩ **1** *die Kraft der Muskeln* **2** *Körperkraft*

**Muskelkrampf** ⟨m. 1u; Med.⟩ *schmerzhafte Zusammenziehung der quer gestreiften Muskulatur;* Sy *Myospasmus, Myotonie*

**Muskelschmerz** ⟨m. 23; Med.⟩ *lokalisierter Schmerz eines Muskels infolge einer Entzündung des Bindegewebes;* Sy *Myalgie*

**Muskelschwund** ⟨m.; -es; unz.; Med.⟩ *Verminderung der Muskelfasern nach Zahl u. Masse infolge Untätigkeit;* Sy *Muskelatrophie*

**Muskelsinn** ⟨m. 1; unz.; Anat.⟩ = *Muskelgefühl*

**Muskelstarre** ⟨f.; -; unz.; Anat.⟩ *Bewegungsunfähigkeit des Muskels infolge Anhäufung von Milchsäure u. Stoffwechselprodukten in der Muskulatur, vor allem als Totenstarre*

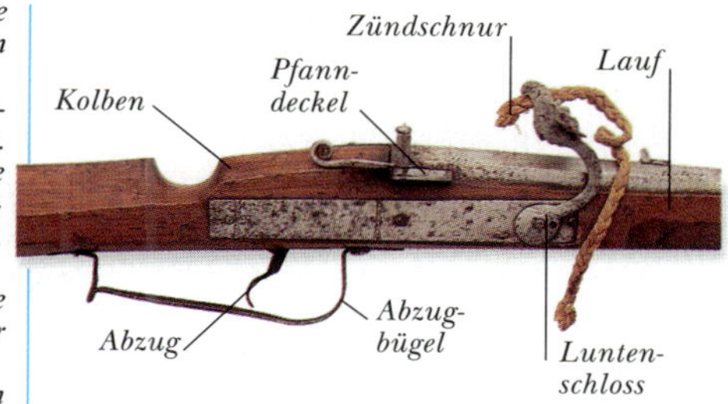


MUSKETE:
DEUTSCHE MUSKETE DES 17. JH.

**Muskelzerrung** ⟨f. 20⟩ *Überdehnung einzelner Muskelfasern, meist mit Einriss der einzelnen Fasern od. der Muskelhülle*

**Muskete** ⟨f. 19⟩ ▲ *aus Spanien stammendes Gewehr großen Kalibers mit Luntenschloss* [< frz. *mousquet* „Luntenflinte"]

**Musketier** ⟨m. 1; früher⟩ *mit einer Muskete bewaffneter Fußsoldat* [zu frz. *mousquetaire*]

**Muskovit** ⟨[-vi:t] m. 1⟩ *durchsichtiges, gelblich, bräunlich od. rötlich gefärbtes, perlmuttglänzendes Mineral, Kaliglimmer* [zur lat. Bez. *Muskovia* für die Stadt Moskau]

**muskulär** ⟨Adj.⟩ *die Muskeln betreffend, zu ihnen gehörig, von ihnen ausgehend* ◆ auf-

## MUSCHELN

Die Muscheln gehören zur Klasse der Weichtiere. Sie haben zwei durch ein Scharnier miteinander verbundene Schalen, die sie bei Gefahr mit einem kräftigen Schließmuskel zusammenziehen können. Muscheln kommen im Meer und im Süßwasser vor und leben eingegraben in Schlamm und Sand oder an Felsen festgeheftet. Einige Arten, etwa die Jakobsmuscheln, können sich durch schnelles Schließen der Schalen mit dem daraus entstehenden Rückstoß fortbewegen. Muscheln atmen über zwei Paar Kiemen und filtern mit diesen auch ihre Nahrung aus dem Wasser. Die Sinnesorgane (Riech-, Schmeck-, Gleichgewichtsorgane usw.) liegen am Mantelrand verteilt.

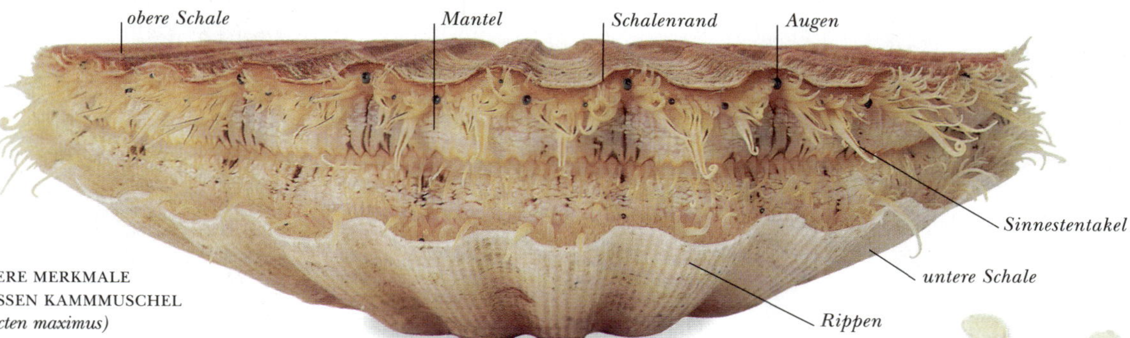


ÄUSSERE MERKMALE
EINER GROSSEN KAMMMUSCHEL
*(Pecten maximus)*

### WEITERE MUSCHELARTEN

MIESMUSCHEL
*(Mytilus* species)

TEICHMUSCHEL
*(Anodonta cygnea)*

GEMEINE
WANDERMUSCHEL
*(Dreissena polymorpha)*

NESTBAUENDE
FEILENMUSCHEL
*(Lima hians)*

DORNIGE
HERZMUSCHEL
*(Acanthocardia echinatum)*

HAHNENKAMM-
AUSTER
*(Lopha cristagalli)*

STACHELAUSTER
*(Spondylus* species)

GROSSE STECKMUSCHEL
*(Pinna nobilis)*

RIESENMUSCHEL
*(Tridacna squamosa)*

## MUSKULATUR

Alle Bewegungen des Menschen werden durch dessen Muskulatur ermöglicht. Man unterscheidet grundlegend drei Muskeltypen: quer gestreifte Skelettmuskeln, glatte Eingeweidemuskeln und den Herzmuskel. Nur die Skelettmuskeln stehen unter der bewussten Kontrolle des Gehirns, während die übrigen Muskeln unwillkürlich sind und nicht durch den Willen beeinflusst werden können. Glatte Muskulatur findet man im Verdauungssystem, in der Blase und in den Blutgefäßen. Allen Muskeln ist die Fähigkeit gemeinsam, sich aufgrund eines Nervenimpulses zusammenzuziehen und durch anschließende Erschlaffung wieder in den ursprünglichen Zustand zurückzukehren.

SCHNITT DURCH EIN MUSKELFASERBÜNDEL

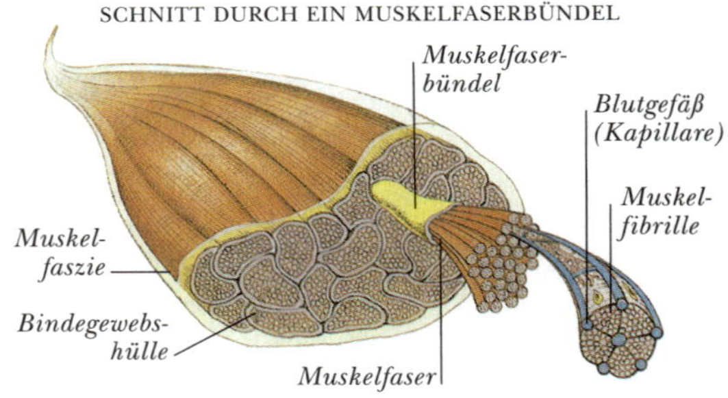


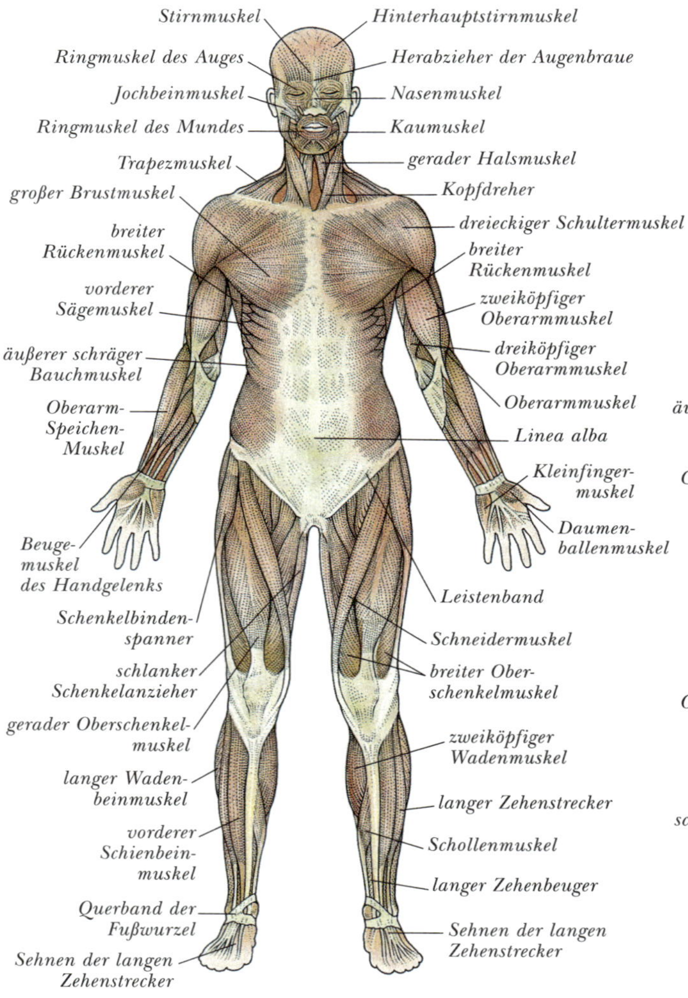


VORDERANSICHT DER OBERFLÄCHENMUSKULATUR

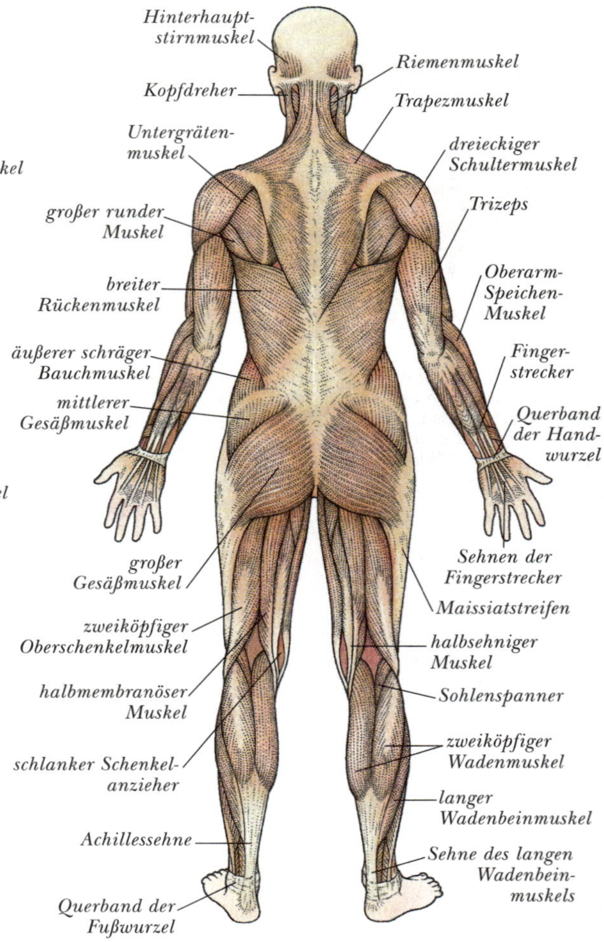


HINTERANSICHT DER OBERFLÄCHENMUSKULATUR



grund von muskulär bedingten Schmerzen schied er aus

**Muskulatur** ⟨f. 20; unz.; Anat.⟩ ▲ *Gesamtheit der Muskeln (eines Körpers);* ► *Körper* [neulat.]

**muskulös** ⟨Adj.; -er, am -esten⟩ *mit starken Muskeln versehen, kräftig* [< frz. *musculeux*]

**Müsli** ⟨n. 15⟩ *Speise aus rohen, in Milch eingeweichten Haferflocken mit Obst, geriebenen Nüssen, Zucker* [eingedeutschte Form von alem. *Müesli,* Verkleinerungsform von *Mus*]

**Muslim** ⟨m. 1⟩ *Angehöriger des Islams;* oV *Moslem;* Sy *Mohammedaner*

**Muslime** ⟨f. 19⟩ *weibl. Muslim;* oV *Moslime*

**Muss** ⟨n.; -; unz.⟩ *Zwang, Erfordernis, unabänderliche Forderung*

**Muße** ⟨f. 19; unz.⟩ *Ruhe u. Zeit, ruhige, beschaul. Freizeit* ◆ dazu fehlt mir die (nötige) Muße; (genügend, keine) Muße haben, etwas zu tun [< ahd. *muoza* „freie Zeit zu etwas, Untätigkeit, Bequemlichkeit; Möglichkeit, Gelegenheit zu etwas"]

**müssen** ⟨V. i. 186; hat⟩ **1** *gezwungen sein, (etwas zu tun), nicht anders können, als (etwas zu tun)* **2** *nötig haben* ◆ er (sie, es) muss ... *wahrscheinlich wird er (sie, es) ..., es ist anzunehmen, dass er (sie, es) ...;* man muss sich **fürchten,** lachen, wenn man ihn sieht *unwillkürlich fürchtet man sich, lacht man;* ich muss jetzt **gehen;** er muss **kommen;** das musste ja (so) kommen! *es war zu erwarten, dass ..., es war nicht anders möglich;* er muss bald kommen; ich habe **lachen** müssen; wir müssen Ihnen leider **mitteilen,** dass ...; kein Mensch **muss** müssen (Lessing, „Nathan der Weise", I, 3); ich muss (schon) **sagen,** das habe ich nicht erwartet; das muss man **gesehen** haben (sonst kann man es sich nicht vorstellen); es muss **sein!**; er muss sehr krank sein; du müsstest in einer Stunde hier sein; ich muss **mal** ⟨Kinderspr.; a. umg.⟩ *ich muss einmal die Toilette aufsuchen* ◆ ich muss **in** die Stadt (erg.: gehen) ◆ **wie** viel musstest du zahlen? [< ahd. *muozan* „mögen, können, dürfen, müssen"]

**müßig** ⟨Adj.⟩ **1** *arbeitsfrei, untätig* **2** *unnütz, überflüssig* ◆ müßige Frage; müßig dastehen, herumsitzen; müßig gehen *Freizeit haben,*

## MUTATION

Mutationen sind im Erbgut auftretende Veränderungen. Sie treten spontan oder durch den Einfluss von Mutagenen auf und können über die Keimzellen an die nächste Generation weitervererbt werden. Die meisten Mutationen sind zwar schädlich und können auch zum Tod führen, sie bilden aber durch die mit ihnen einhergehende Auslese einen wichtigen Evolutionsfaktor.

*nichts tun, faul sein;* es ist müßig, zu sagen, dass ...; müßig sein [< ahd. *muozig, muozic;* zu *muoza* „freie Zeit, Untätigkeit"]

**Müßiggang** ⟨m. 1u; unz.⟩ *Untätigkeit, Nichtstun, Faulheit* ◆ Müßiggang ist aller Laster Anfang ⟨Sprichw.⟩

**Mustang** ⟨m. 6⟩ *wild lebendes Pferd der Prärie;* ► *Pferde* [indian.; zu span. *mesteno* „verwildert"]

**Muster** ⟨n. 13⟩ **1** *Vorlage, Modell* **2** *Vorbild, Vollkommenes in seiner Art* **3** ▼ *Warenprobe, einzelnes Stück zur Ansicht, zur Auswahl* (Stoffmuster, Tapetenmuster) **4** *sich wiederholende Verzierung (bes. in Stoffen, auf Oberflächen)* **5** ⟨Gramm.⟩ *Beispielwort od. -satz, Paradigma* ◆ ein Muster **anfordern,** vorlegen; ein Muster **entwerfen** ◆ das kann **als** Muster dienen; ich gebe Ihnen das Bild als Muster mit; er ist ein Muster **an** Fleiß, Ordnungsliebe; Muster **für** eine Tapete; **nach** Muster zeichnen, stricken [< frühnhd. *muster, mustre* „Probe; Gestalt, Äußeres" < ital. *mostra* „Muster, Probe(stück)"; zu ital. *mostrare* < lat. *monstrare* „zeigen"]

**mustergültig** ⟨Adj.⟩ *vorbildlich, völlig fehlerfrei, nachahmenswert*

**Musterknabe** ⟨m. 17; meist iron.⟩ *vorbildl. Schüler od. Mensch*

**Musterkollektion** ⟨f. 20⟩ *Kollektion, Sammlung von Warenmustern*

**mustern** ⟨V. t.; hat⟩ **1** *mit Mustern versehen* **2** *prüfend betrachten, gründlich ansehen* **3** *auf Wehrdiensttauglichkeit hin prüfen, untersuchen* ◆ Truppen mustern; jmdn. von oben bis unten mustern; gemusterter Stoff, gemusterte Tapete, gemusterte Fliese

**Musterung** ⟨f. 20⟩ *das Mustern, das Gemustertwerden, Prüfung auf Tauglichkeit für den Wehrdienst, das Gemustertsein, Ausstattung mit einem Muster, Art des Musters (eines Stoffes, einer Tapete usw.)*

MUSTER VERSCHIEDENER STOFFE

**Mut** ⟨m.; -(e)s; unz.⟩ *Fähigkeit, sich in Gefahr zu begeben, Kühnheit, Unerschrockenheit* (Wagemut) ◆ er bekam **wieder** Mut; seinen Mut **beweisen;** (wieder) Mut **fassen;** (keinen) Mut **haben;** jmdm. Mut **machen;** jmdm. den Mut **nehmen,** etwas zu tun; sein Mut **sank,** stieg; den Mut **verlieren;** jmdm. Mut **zusprechen** ◆ **frohen,** guten Mutes sein *froh u. zuversichtlich sein* ◆ **mit** dem Mut der Verzweiflung; **nur** Mut! *(aufmunternder Zuspruch);* **zu** Mute = *zumute* [< ahd. *muot* „Kraft des Denkens, Empfindens, Wollens; Gedanke, Geist, Sinn, Gesinnung, Gemütszustand, Entschluss; Seele", engl. *mood* „Sinn, Gesinnung; Stimmung, Laune"]

**Mutagen** ⟨n. 11; Biol.⟩ *chem. od. physikal. Agens, das Mutationen auslöst*

**Mutant** ⟨m. 16; Biol.⟩ *durch Mutation entstandene, vom ursprünglichen Typ abweichende Tier- bzw. Pflanzenform;* Sy *Mutante* [zu lat. *mutare* „ändern"]

**Mutante** ⟨f. 19⟩ = *Mutant*

**Mutation** ⟨f. 20⟩ **1** ⟨Biol.⟩ ◄ *sprunghafte, plötzliche, ungerichtete, zufällige, erbliche Veränderung der Eigenschaften eines Lebewesens;* Ggs *Modifikation (3)* **2** = *Stimmwechsel* [< lat. *mutatio* „Veränderung, Wechsel, Umtausch"]

**mutieren** ⟨V. i.; hat⟩ **1** *sich plötzlich erblich verändern* **2** *im Stimmbruch sein, Stimmwechsel haben* [< lat. *mutare* „abändern, verwandeln, vertauschen"]

**mutig** ⟨Adj.⟩ *voller Mut, furchtlos, kühn, unerschrocken* ◆ mutiger Mensch; mutige Tat; mutig sein [< mhd. *muotec;* zu *muot* „Kraft des Denkens, Empfindens, Wollens; Stolz, Eigenwille"]

**Mutismus** ⟨m.; -; unz.⟩ *seelisch bedingte Stummheit, obwohl organisch keine Behinderung vorliegt, bei Depressionen, Schizophrenie u. psychisch gestörten Kindern* [zu lat. *mutus* „stumm"]

**mutlos** ⟨Adj.⟩ *ohne Mut, entmutigt, eingeschüchtert, niedergeschlagen*

**mutmaßen** ⟨V. t.; hat gemutmaßt⟩ *vermuten, annehmen*

**mutmaßlich** ⟨Adj.⟩ *wahrscheinlich, vermutlich* ◆ der mutmaßliche Täter

**Mutmaßung** ⟨f. 20⟩ *Vermutung, Annahme* ◆ nur eine Mutmaßung

**Mutter I** ⟨f. 8u⟩ **1** *Frau, die Kinder geboren hat* **2** *die Frau im Verhältnis zu ihren Kindern* ◆ Mutter **Erde** ⟨poet.⟩ *die Erde, die nährt u. hervorbringt;* Mutter und **Kind;** Mutter und **Sohn;** Mutter und **Tochter; Vater** und Mutter ◆ sie ist Mutter **geworden** *sie hat ein Kind bekommen* ◆ eine **gute,** liebevolle, schlechte, strenge Mutter sein; **leibliche** Mutter; **werdende** Mutter *schwangere Frau* ◆ **an** Mutters Rock(zipfel) hängen ⟨fig.⟩ *unselbständig sein* (von größeren Kindern); ich fühle mich hier wie **bei** Muttern ⟨umg.; berlin.; mit altem Dat.⟩ *wie zu Hause;* sie ist Mutter **von** drei Kindern; **wie** eine Mutter zu jmdm. sein **II** ⟨f. 21⟩ *das Gewinde drehbar umschließender Teil einer Schraube, Schraubenmutter* ◆ eine Mutter festschrauben, lockern [< ahd. *muoter,* engl. *mother*]

**Mutterboden** ⟨m. 4u⟩ *fruchtbare, humusreiche Erde;* Sy *Muttererde (1)*

**Mütterchen** ⟨n. 14⟩ **1** *klein gewordene, alte Frau, alte Mutter* **2** ⟨Koseform zu⟩ *Mutter* ◆ altes Mütterchen

**Muttererde** ⟨f. 19; unz.⟩ **1** = *Mutterboden* **2** ⟨fig.⟩ *Heimaterde*

**Mutterfreuden** ⟨Pl.⟩ *die Freuden einer Mutter* ◆ ⟨fast nur in den Wendungen⟩ Mutterfreuden entgegensehen *ein Kind erwarten;* Mutterfreuden genießen

**Muttergestein** ⟨n. 11; Geol.⟩ **1** *im Bodenprofil der unterste Horizont* **2** *Ursprungsgestein des Erdöls*

**Muttergottes** ⟨f.; -; unz.⟩ *die Jungfrau Maria*

**Mutterhaus** ⟨n. 12u⟩ **1** ⟨ev. Kirche; Rotes Kreuz⟩ *Ausbildungsstätte für Krankenschwestern* **2** ⟨kath. Kirche⟩ *Stammhaus, Kloster, in dem die Leitung des Ordens ihren Sitz hat*

**Mutterherrschaft** ⟨f. 20; unz.⟩ *Gesellschaftsform, in der die Mutter die beherrschende Stellung innehat;* Sy *Matriarchat;* Ggs *Vaterherrschaft*

**Mutterkirche** ⟨f. 19⟩ *Hauptkirche*

**Mutterkomplex** ⟨m. 1; Psych.⟩ = *Ödipuskomplex*

**Mutterkraut** ⟨n. 12u; unz.; Bot.⟩ ▼ *in der Volksmedizin verwendete Wucherblume mit zarten, hellgrünen Blättern: Tanacetum parthenium*

**Mutterkuchen** ⟨m. 4; Med.⟩ *aus der Zottenhaut der Eihüllen u. der Schwangerschaftsschleimhaut der Gebärmutter gebildetes Organ, das dem Blutaustausch u. Stoffwechsel zwischen Mutter u. heranwachsendem Kind über die Nabelschnur dient: Placenta;* Sy *Plazenta (1)*

**Mutterland** ⟨n. 12u⟩ **1** *Staat im Verhältnis zu seinen Kolonien* **2** *Heimat*

**Mutterleib** ⟨m. 2; unz.⟩ *mütterl. Leib als Ort der Entwicklung des Embryos* ◆ das Kind im Mutterleib; von Mutterleib an

MUTTERKRAUT
*(Tanacetum parthenium)*

**mütterlich** ⟨Adj.⟩ **1** *von der Mutter stammend* **2** *der Mutter gehörend* **3** *wie eine Mutter, liebevoll besorgt* ◆ mein mütterliches Erbteil; jmdn. mütterlich umsorgen

**mütterlicherseits** ⟨Adv.⟩ *von der Mutter her* ◆ Onkel, Großvater, Vorfahren mütterlicherseits

**Mutterliebe** ⟨f. 19; unz.⟩ *fürsorgliche, opferbereite Liebe einer Mutter*

**Muttermal** ⟨n. 11 od. 12u⟩ *angeborene, örtlich begrenzte Hautveränderung;* Sy *Geburtsmal*

**Muttermilch** ⟨f. 20; unz.⟩ *Ausscheidung der weibl. Milchdrüsen in der Stillzeit* ◆ etwas mit der Muttermilch eingesogen haben ⟨fig.⟩ *etwas von Kind an gewöhnt sein, kennen, wissen*

**Muttermund** ⟨m. 2u; Anat.⟩ *Mündung des den Gebärmutterhals durchziehenden Kanals*

**Mutternschlüssel** ⟨m. 5⟩ = *Schraubenschlüssel*

**Mutterschaft** ⟨f. 20; unz.⟩ *das Muttersein, Wesen der Mutter*

**Mutterschutz** ⟨m.; -es; unz.⟩ *durch das Arbeitsrecht geregelter Schutz der werdenden Mütter u. Wöchnerinnen*

**mutterseelenallein** ⟨Adv.; fig.⟩ *ganz allein*

**Muttersprache** ⟨f. 19⟩ *die Sprache, die man von Kind auf gelernt hat* ◆ Deutsch ist meine Muttersprache

**Muttersprachler** ⟨m. 3⟩ *jmd., der bei einem Gespräch, einer Verhandlung o. Ä. die Verhandlungssprache als Muttersprache hat*

**Muttertag** ⟨m. 1⟩ *öffentl. Ehrentag für die Mütter am zweiten Sonntag im Mai*

**Mutwille** ⟨m. 26⟩ *Absicht* ◆ etwas mit Mutwillen tun *absichtlich tun* [< mhd. *muotwille* < ahd. *muotwillo* „eigener, freier Entschluss (zum Guten u. zum Bösen)"]

**Mütze** ⟨f. 19⟩ **1** *Kopfbedeckung (aus weichem Stoff od. gestrickt) ohne Krempe, mit od. ohne Schirm* (Baskenmütze, Zipfelmütze) **2** *wärmende Bedeckung in Form einer Mütze für Kannen, Haube* (Kaffeemütze, Teemütze) **3** ⟨köln.⟩ *Narrenkappe* ◆ die Mütze aufsetzen, abnehmen [< spätmhd. *mutze, mütze* < mhd. *almuz, armuz* „Kopfbedeckung", urspr. „Chorkappe der Geistlichen" < mlat. *almutium, almutia, armutra* „Umhang um Schulter u. Kopf der Geistlichen"]

MYKENISCHES TRINKGEFÄSS

**MV** ⟨Zeichen für⟩ *Megavolt*

**μW** ⟨Abk. für⟩ *Mikrowellen*

**MW 1** ⟨Rundfunk; Abk. für⟩ *Mittelwelle* **2** ⟨Phys.; Abk. für⟩ *Megawatt*

**MwSt.** ⟨Abk. für⟩ *Mehrwertsteuer*

**My** ⟨n.15; Zeichen: μ, M⟩ *zwölfter Buchstabe des grch. Alphabets*

**Myalgie** ⟨f. 19; Med.⟩ = *Muskelschmerz* [< grch. *mys,* Gen. *myos* „Muskel" + *algos* „Schmerz"]

**Myanmare** ⟨m. 17⟩ *Einwohner von Myanmar (Birma, Burma);* Sy *Birmane, Burmane*

**Myelin** ⟨n. 11; unz.; Biol.⟩ *Gemisch aus fettähnlichen Stoffen, wesentlicher Bestandteil des Nervenmarks, der die Isolierschicht um die Nervenzellen des Rückenmarks bildet* [zu grch. *myelos* „Mark"]

**Myelinscheide** ⟨f. 19; Biol.⟩ *Markscheide markhaltiger Nervenfasern* [zu grch. *myelos* „Mark"]

**Myelitis** ⟨f.; -, -tiden; Med.⟩ = *Rückenmark(s)entzündung* [zu grch. *myelos* „Rückenmark"]

**mykenisch** ⟨Adj.⟩ ▲ *die bronzezeitliche Kulturstufe Griechenlands betreffend, zu ihr gehörend* ◆ mykenische Kultur [nach der grch. Stadt *Mykene,* ca. 1000 v. Chr. zerstört]

**Myketismus** ⟨m.; -, -men; Med.⟩ = *Pilzvergiftung;* oV *Myzetismus* [zu grch. *mykes* „Pilz"]

**Mykologe** ⟨m. 17⟩ *Kenner, Erforscher der Pilze* [→ *Mykologie*]

**Mykologie** ⟨f. 19; unz.⟩ *Pilzkunde* [< grch. *mykes* „Pilz" + *logos* „Rede, Kunde"]

**mykologisch** ⟨Adj.⟩ *die Mykologie betreffend, zu ihr gehörig*

**Mykose** ⟨f. 19; Med.⟩ = *Pilzkrankheit* [< grch. *mykes* „Pilz"]

**Mykotoxin** ⟨n. 11⟩ *von Schimmelpilzen produzierter Giftstoff* [< grch. *mykes* „Pilz" + *Toxin*]

**Myofibrille** ⟨f. 19⟩ *Muskelfibrille* [< grch. *mys,* Gen. *myos* „Muskel" + *Fibrille*]

**myogen** ⟨Adj.⟩ *vom Muskel ausgehend, herrührend*

**Myokard** ⟨n. 11⟩ = *Herzmuskel* [< grch. *mys,* Gen. *myos* „Muskel" + *kardia* „Herz"]

**Myokardinfarkt** ⟨m. 1⟩ = *Herzinfarkt*

**myop** ⟨Adj.⟩ = *kurzsichtig (1)*

**Myopie** ⟨f. 19; unz.⟩ = *Kurzsichtigkeit (1)* [< grch. *myein* „(die Augen) schließen, blinzeln" + *ops,* Gen. *opos* „Gesicht, Auge"]

**Myosin** ⟨n. 11⟩ *ein Muskeleiweiß* [zu grch. *mys,* Gen. *myos* „Muskel"]

**Myospasmus** ⟨m.; -, -men⟩, **Myotonie** ⟨f. 19; Med.⟩ = *Muskelkrampf* [< grch. *mys,* Gen. *myos* „Muskel" + *spasmos* „Krampf" bzw. *tonos* „Spannung"]

**Myriade** ⟨f. 19⟩ **1** *Menge von zehntausend* **2** Myriaden ⟨Pl.; fig.⟩ *Unzahl, unzählige Menge* [< grch. *myrias,* Gen. *myriados*]

**Myringitis** ⟨f.; -, -tiden⟩ *Entzündung des Trommelfelles* [< lat. *myrinx* „Trommelfell"]

**Myrre** ⟨f. 19⟩ = *Myrrhe*

**Myrrhe** ⟨f. 19⟩ *nach Balsam riechende Mischung aus Harz, Gummi u. ätherischen Ölen verschiedener Arten der Commiphora, kultisches Räuchermittel;* oV *Myrre* [< ahd. *myrra* < lat. *myrrha* < grch. *myrrha* „Myrrhenbaum" < altsemit. *murr* „bitter"]

**Myrte** ⟨f. 19; Bot.⟩ ► *Angehörige einer Gattung der Myrtengewächse mit weißen Blüten, als Brautkranz gebräuchlich: Myrtus;* ► *Bedecktsamer* [< mhd. *mirtelboum* < ahd. *mirtilboum* < lat. *myrtus* „Myrte" < grch. *myrtos* „Myrtenbeere"; zu altsemit. *murr* „bitter"]

**Myrtenheide** ⟨f. 19; unz.; Bot.⟩ *in Hinterindien u. Australien vorkommendes Myrtengewächs mit weißen, rosa od. roten Blüten: Melalenca lencadendron;* ► *Kräuter*

**Mysterien** ⟨[-riən-] Pl. von⟩ *Mysterium*

**Mysterienspiel** ⟨[-riən] n. 11; MA⟩ *geistliches Spiel, dramatische Aufführung biblischer Stoffe*

**mysteriös** ⟨Adj.; -er, am -esten⟩ *geheimnisvoll, undurchsichtig, rätselhaft, unerklärbar* [< frz. *mysterieux*]

MYRTE: GEWÖHNLICHE MYRTE (*Myrtus communis*)

**Mysterium** ⟨n.; -s, -rien⟩ **1** *Geheimnis, Geheimlehre* **2** *Geheimkult* ◆ ihre Vergangenheit blieb für ihm immer ein Mysterium [< lat. < grch. *mysterion;* zu grch. *mystes* „der (in die eleusin. Geheimlehre) Eingeweihte"]

**mystifizieren** ⟨V. t.; hat⟩ *mit einem myst. Gepräge versehen, mystisch, geheimnisvoll machen* [< lat. *mysterium* „Geheimnis, Geheimlehre, Geheimkult" + *facere* „machen"]

**Mystik** ⟨f. 20; unz.; Rel.⟩ *Form relig. Erlebens, bei der nach vorbereitender Askese durch Versenkung od. Ekstase innige Verbindung mit dem Göttlichen gesucht wird* [zu lat. *mysticus* < grch. *mystikos* „die Mysterien betreffend, geheimnisvoll; geheim"; zu grch. *myein* „(Augen u. Lippen) schließen"]

**mystisch** ⟨Adj.⟩ **1** *zur Mystik gehörig, von ihr stammend, auf ihr beruhend* **2** *geheimnisvoll, dunkel*

**Mystizismus** ⟨m.; -; unz.⟩ **1** *Wunderglaube* **2** *schwärmer. Religiosität* [neulat.; → *Mystik, mystisch*]

**mythisch** ⟨Adj.⟩ *zu den Mythen gehörig, von ihnen stammend, durch sie überliefert, sagenhaft* ◆ in mythischer Vorzeit; im mythischen Schottland [< grch. *mythikos*]

**Mythologie** ⟨f. 19⟩ **1** *Wissenschaft von den Mythen* **2** *Gesamtheit der Mythen (eines Volkes), Götterlehre* [< grch. *mythologia* < grch. *mythos* „Wort, Rede, Erzählung" + *logos* „Lehre"]

**mythologisch** ⟨Adj.⟩ *die Mythologie betreffend, zu ihr gehörig*

**Mythos** ⟨m.; -, Mythen⟩ oV *Mythus* **1** *Überlieferung eines Volkes von seinen Vorstellungen über die Entstehung der Welt, seine Götter, Dämonen usw.* **2** *Sage von Göttern, Helden, Dämonen* **3** *zur Legende gewordene Begebenheit od. Person von weltgeschichtl. Bedeutung* [< grch. *mythos* „Wort, Rede, Erzählung"; gelegentl. mit latinisierter Endung *-us*]

**Mythus** ⟨m.; -, Mythen⟩ = *Mythos*

**Myzel** ⟨n.; -s, -lien⟩, **Myzelium** ⟨n.; -s, -lien⟩ *Gesamtheit der Pilzfäden, die zu einem Geflecht verschmelzen können* [< grch. *mykes* „Pilz"]

**Myzet** ⟨m. 16; selten für⟩ ► *Pilz* [< grch. *mykes* „Pilz"]

**Myzetismus** ⟨m.; -, -men; Med.⟩ = *Pilzvergiftung;* oV *Myketismus*

# N

**n** **1** ⟨Abk. für⟩ *Nano...* **2** ⟨Kernphys.; Zeichen für⟩ *Neutron*

**N** **1** ⟨Abk. für⟩ *Norden* **2** ⟨Chem.; Zeichen für⟩ *Stickstoff (Nitrogen)* **3** ⟨Phys.; Zeichen für⟩ *Newton*

**n., N.** ⟨Gramm.; Abk. für⟩ *Neutrum*

**na!** ⟨Int.; umg.⟩ **1** *(Ausruf der begütigenden Abwehr, der Ungläubigkeit, des auffordernden Zuspruchs, der Ungeduld u. der Erleichterung)* **2** *(vertrauliche Anrede)* ◆ na, **hör** mal! *was fällt dir ein?, so geht das nicht!;* na, **komm** (schon)!; na **warte!** *(leichte Drohung);* na, **wird's** bald? ◆ na **also!** *siehst du, es geht also doch!;* na **gut!** *nun gut!; wenn es sein muss: ja!;* na **ja!**; na und **ob!** *aber selbstverständlich!;* na **sowas!** *ist das möglich?;* na **und?** ⟨herausfordernd⟩ *ist das so schlimm, stört das etwa jemanden?*

**Na** ⟨Chem.; Zeichen für⟩ *Natrium*

**Nabe** ⟨f. 19⟩ *Mittelteil des Rades* [< ahd. *naba* „Mittelteil des Rades, durch den die Achse führt"]

**Nabel** ⟨m. 5⟩ **1** *die eingezogene, vernarbte Stelle etwa in der Bauchmitte, wo die Leibesfrucht mittels der Nabelschnur im Mutterleib mit dem Mutterkuchen in Verbindung stand: Umbilicus* (Bauchnabel) **2** ⟨fig.; leicht scherzh.⟩ *Mittelpunkt* ◆ am Nabel der Welt [< ahd. *nabolo, nabulo*]

**Nabelschnur** ⟨f. 7u⟩, **Nabelstrang** ⟨m. 1u; Med.⟩ ► *der Ernährung des Kindes im Mutterleib dienende, es mit den Gefäßen des Mutterkuchens verbindende Gefäßschnur: Funiculus umbilicalis*

**nach** **I** ⟨Präp. m. Dat.⟩ **1** ⟨örtlich; a. fig.⟩ *in Richtung auf* **2** ⟨zeitlich⟩ *später als, wenn ... vorbei ist* **3** ⟨zur Bez. der Reihenfolge, Rangordnung⟩ *hinter, folgend* **4** ⟨zur Bez. des Musters, Vorbildes, der Art u. Weise⟩ *so wie ..., gemäß, entsprechend* ◆ bitte nach Ihnen! *bitte gehen Sie voran!;* etwas nach sich ziehen ⟨fig.⟩ *etwas zur Folge haben;* einer nach dem anderen; allem **Anschein** nach *es scheint so, als ob ...;* meiner **Ansicht,** Meinung nach *wie ich es mir denke;* nach der **Arbeit;** Spaghetti nach Mailänder **Art;** nach **Belieben** *wie es beliebt, wie man will;* im Jahre 5 nach **Christi** Geburt; nach dem **Essen;** die Fenster liegen nach dem **Garten** *schauen auf den Garten;* nach dem **Gehör** lernen, spielen; dem **Gesetz** nach müsste er verurteilt werden; nach **Hause** gehen *heimgehen;* nach langem **Hin** und Her; er starb nach langer **Krankheit,** nach langem Leiden; nach **Leistung** bezahlen; Anzug nach **Maß** *genau den Maßen des Betreffenden entsprechend;* jmdn. (nur) dem **Namen** nach kennen *nur den Namen von jmdm. kennen, jmdn. nicht persönlich kennen;* der **Reihe** nach *nacheinander, hintereinander, in bestimmter Reihenfolge;* der Weg nach der **Stadt;** nach **Tisch** ⟨fig.⟩ *wenn das Essen vorüber ist;* man hat ihn nach seinem **Vater** genannt *man hat ihm den Namen seines Vaters gegeben;* **Verlangen** nach etwas haben ◆ sich nach jmdm. **richten** *so handeln, wie er es möchte;* nach dem Arzt **schicken** *den Arzt holen lassen;* das **schmeckt** nach Pfefferminze; sich nach jmdm. od. etwas **sehnen** ◆ nach **hinten,** nach vorn gehen **II** ⟨Adv.; meist in festen Fügungen⟩ mir nach! *folgt mir!;* nach und nach *allmählich, mit der Zeit, im Lauf der Zeit;* nach wie vor *immer noch, wie immer, wie bisher*

**nachahmen** ⟨V. t.; hat⟩ **1** jmdn. nachahmen *sich genauso verhalten wie jmd., jmdn. nachmachen* **2** etwas nachahmen **2.1** *nachbilden, genauso noch einmal gestalten* **2.2** ⟨Mus.⟩ *ein Thema, Motiv nachahmen*

**Nachahmung** ⟨f. 20⟩ **1** *das Nachahmen, Wiederholen eines Vorbilds od. fremden Tuns* **2** ⟨Mus.⟩ *Wiederholung einer Tonfolge auf anderer Tonstufe* **3** *nachgeahmter Gegenstand* ◆ die Perle ist nicht echt, sondern nur eine Nachahmung

**nacharbeiten** ⟨V. t.; hat⟩ **1** *nachbilden* **2** *nochmals bearbeiten, überarbeiten* **3** *durch Arbeit wieder einholen;* Ggs *vorarbeiten (2)* ◆ versäumte Zeit nacharbeiten

**Nachbar** ⟨m. 16 od. 25⟩ *neben jmdm. Sitzender od. Wohnender* (Banknachbar, Flurnachbar, Tischnachbar) ◆ die Nachbarn ⟨Pl.⟩ *die nebenan od. in unmittelbarer Nähe Wohnenden;* Äpfel aus Nachbars Garten stehlen; die lieben Nachbarn ⟨iron.⟩; unsere östlichen, westlichen Nachbarn *die im Osten, Westen an unseren Staat angrenzenden Staaten* [< ahd. *nahgibur(o)* < *nah* „nahe bei" + *gibur(o)* „nahebei Wohnender, Bauer"]

MENSCHLICHER FÖTUS IN DER GEBÄRMUTTER

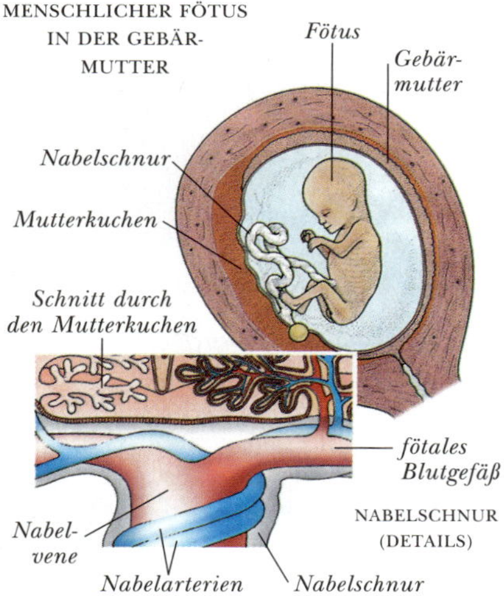


NABELSCHNUR

**Nachbarschaft** ⟨f. 20; unz.⟩ **1** *das Benachbartsein* **2** *unmittelbare Nähe* **3** *Verhältnis zum Nachbarn* **4** *Gesamtheit der Nachbarn* ◆ das Kind schrie, dass es die ganze Nachbarschaft hörte

**Nachbeben** ⟨n. 14⟩ *schwächeres Erdbeben, das einem stärkeren folgt*

**nachbeten** ⟨V. t.; hat; fig.; umg.⟩ *kritiklos, gedankenlos wiederholen* ◆ eine fremde Meinung nachbeten

**nachbilden** ⟨V. t.; hat⟩ *nach einem Vorbild, Muster bilden, gestalten, nachahmen*

**nachchristlich** ⟨[-krist-] Adj.⟩ *nach Christi Geburt;* Ggs *vorchristlich* ◆ im ersten nachchristlichen Jahrhundert; in nachchristlicher Zeit

**nachdem** ⟨Konj.⟩ **1** ⟨zeitlich⟩ *später als* **2** ⟨begründend; oberdt.⟩ *da, weil* ◆ nachdem er abgereist war; kurz nachdem er gekommen war; nachdem das so ist ... ⟨oberdt.⟩; je nachdem *den Umständen entsprechend*

**nachdenken** ⟨V. i. 119; hat⟩ *eine Sache gründlich durchdenken, überlegen* ◆ denk nach!; lass mich nachdenken; nach langem Nachdenken; über etwas nachdenken

**Nachdruck** ⟨m. 1⟩ **I** ⟨unz.⟩ **1** *Hervorhebung, Betonung* **2** *Festigkeit, Eindringlichkeit, gesteigerte Tatkraft* ◆ auf ein Problem, einen Satz besonderen Nachdruck legen **II** ⟨zählb.; Buchw.⟩ *unveränderter Abdruck* ◆ Nachdruck verboten *(Vermerk in Schriftwerken)*

**nacheinander** ⟨Adv.⟩ *einer nach dem anderen, hintereinander, nicht gleichzeitig* ◆ bitte nacheinander eintreten

**nachempfinden** ⟨V. t. 134; hat⟩ *empfinden, was ein anderer empfunden hat;* Sy *nachfühlen* ◆ jmdm. etwas nachempfinden *mit jmdm. fühlen*

**nacherzählen** ⟨V. t.; hat⟩ *wiederholend erzählen, mit eigenen Worten erzählen* ◆ eine gehörte od. gelesene Geschichte nacherzählen

**Nachf.** ⟨kaufmänn. Abk. für⟩ *Nachfolger*

**Nachfahr** ⟨m. 16⟩, **Nachfahre** ⟨m. 17⟩ = *Nachkomme;* Ggs *Vorfahr*

**Nachfolge** ⟨f. 19; unz.⟩ **1** *das Nachfolgen* **2** *Übernahme eines Amtes, einer Würde, eines Erbes von einem Vorgänger* ◆ jmds. Nachfolge antreten

**nachfolgend** ⟨Adj.⟩ *folgend, sich anschließend, nächste(r, -s)* ◆ der nachfolgende Satz war überflüssig; im Nachfolgenden sind Zitate kenntlich gemacht

**Nachfolger** ⟨m. 3; kaufmänn. Abk.: Nachf., Nchf.⟩ *jmd., der einem anderen nachfolgt, der ein Amt von seinem Vorgänger übernimmt* ◆ jmds. Nachfolger werden

**nachforschen** ⟨V. i.; hat⟩ *nach etwas forschen, etwas zu erkunden, zu ermitteln suchen* ◆ wir werden nachforschen, wo die Sendung geblieben ist

**Nachfrage** ⟨f. 19⟩ **1** *Erkundigung, Anfrage* **2** *Bereitschaft der Käufer, eine Ware zu kaufen* ◆ es herrscht starke, geringe Nachfrage danach *die Ware findet guten, schlechten Absatz, viele, wenige Käufer*

**nachfühlen** ⟨V. t.; hat⟩ = *nachempfinden*

**nachgeben** ⟨V. 143; hat⟩ **I** ⟨V. i.⟩ **1** *sich biegen, sich dehnen, zurückweichen, nicht standhalten* **2** *erschlaffen, locker werden* **3** ⟨fig.⟩ *Widerstand aufgeben, endlich doch zustimmen, sich überreden lassen* ◆ jmds. Bitten, Drängen nachgeben; der Boden unter seinen Füßen gab plötzlich nach; der Klügere gibt nach ⟨sprichwörtl.⟩ **II** ⟨V. t.⟩ *nachträglich geben, zusätzlich geben* ◆ sich Gemüse, Fleisch nachgeben lassen (beim Essen)

**Nachgeburt** ⟨f. 20⟩ **1** *Ausstoßung des Mutterkuchens nach der Geburt* **2** *der nach der Geburt ausgestoßene Mutterkuchen*

**nachgehen** ⟨V. i. 145; ist⟩ **1** *zu langsam gehen* (Uhr) **2** jmdm. nachgehen *hinter jmdm. hergehen, jmdm. folgen* **3** einer Sache nachgehen ⟨fig.⟩ *eine Sache untersuchen, zu klären suchen*

**Nachgeschmack** ⟨m.; -s; unz.⟩ **1** *im Mund bleibender Geschmack* **2** ⟨fig.⟩ *(meist unangenehme) Erinnerung* ◆ die Medizin hat einen bitteren Nachgeschmack

**nachgiebig** ⟨Adj.⟩ **1** *nachgebend, weich* (Boden) **2** ⟨fig.⟩ *leicht nachgebend, leicht umzustimmen, versöhnlich, fügsam*

**nachgießen** ⟨V. t. 152; hat⟩ *nachträglich eingießen, (hin)zugießen* ◆ darf ich Ihnen (Wein) nachgießen?

**nachhaken** ⟨V. i.; hat; umg.⟩ *sich nochmals erkundigen, nochmals, eindringlicher od. genauer fragen, an die Erledigung einer Sache erinnern*

**nachhaltig** ⟨Adj.⟩ *anhaltend, lange nachwirkend, dauernd* ◆ einen sehr nachhaltigen Eindruck hinterlassen; von nachhaltiger Wirkung

**nachhängen** ⟨V. i. 161; hat⟩ einer Sache nachhängen *einer Sache nachtrauern, sich trüben Gedanken überlassen*
**nach Haus, nach Hause,** ⟨österr., schweiz. a.⟩ **nachhause** → *Haus*
**nachhelfen** ⟨V. i. 165; hat⟩ *helfen, dass es vorwärts od. besser geht, eine Sache vorantreiben* ◆ kannst du nicht ein bisschen nachhelfen, damit es schneller geht?
**nachher** ⟨Adv.⟩ *später* ◆ das kann ich nachher (noch) tun; bis nachher! *wir sehen uns später wieder! (beim Verabschieden);* → a. *danach*
**Nachholbedarf** ⟨m.; -s; unz.⟩ *Bedürfnis, etwas nachzuholen, was man lange Zeit entbehrt hat* ◆ ich habe Nachholbedarf an Schlaf
**nachholen** ⟨V. t.; hat⟩ *nachträglich einholen, nacharbeiten, sich nachträglich erarbeiten* ◆ versäumten Unterricht nachholen
**Nachhut** ⟨f. 20; Mil.⟩ *Truppen, Schiffe, Flugzeuge, die andere militär. Einheiten im Rücken, bes. auf dem Rückzug, sichern*
**Nachimpressionismus** ⟨m.; -; unz.; Mal.⟩ ► = *Postimpressionismus*
**nachjagen** ⟨V. i.; ist⟩ **1** jmdm. (od. einem Tier) nachjagen *jmdm. hinterhereilen, jmdn. schnell verfolgen* **2** einer Sache nachjagen *eine Sache mit aller Kraft anstreben, zu gewinnen suchen* ◆ dem Geld nachjagen
**nachklingen** ⟨V. i. 168; hat/ist⟩ **1** *weiterklingen* **2** ⟨fig.⟩ *nachwirken* ◆ seine Worte klangen lange in mir nach
**Nachkomme** ⟨m. 17⟩ *Verwandter in absteigender gerader Linie, z. B. Kind, Enkel, Urenkel, Ururenkel;* Sy *Nachfahr(e);* Ggs *Vorfahr*
**nachkommen** ⟨V. i. 170; ist⟩ *später kommen* ◆ geht schon voraus, ich komme (gleich) nach; einer Verpflichtung nachkommen *eine Verpflichtung erfüllen*
**Nachlass** ⟨m. 1 od. 1u⟩ **1** *Ermäßigung, Preisherabsetzung* (Preisnachlass) **2** *Verzicht auf einen Teil einer Schuld* **3** *Hinterlassenschaft, Erbschaft* ◆ den Nachlass eröffnen, verwalten; Nachlass fordern, gewähren *Preisnachlass;* der literarische Nachlass eines Dichters *seine nachgelassenen Werke*
**nachlassen** ⟨V. 174; hat⟩ **I** ⟨V. t.⟩ **1** *die Spannung lockern, mindern von, entspannen* (straffes Seil) **2** *teilweise erlassen* (Strafe, Schulden) **3** *vermindern, herabsetzen* (Preise) **4** = *hinterlassen (2)* ◆ er hat mir 15% vom Preis nachgelassen; die Zügel nachlassen **II** ⟨V. i.⟩ **1** *die Spannkraft verlieren* **2** *lose werden, sich lockern, nachgeben* (Spannung eines straffen Seiles) **3** *ruhiger werden, aufhören* **4** *schlechter werden* (Leistung), *sich vermindern* (Kraft), *geringer werden* (Eifer) ◆ das **Fieber** lässt nach *sinkt;* ich werde alt, meine **Kräfte** lassen langsam nach *beginnen zu schwinden* ◆ er hat **in** seinem Eifer, seinem Fleiß, seinen Leistungen nachgelassen
**nachlässig** ⟨Adj.⟩ **1** *nicht sorgfältig, unordentlich, unachtsam, ungenau* **2** *unbeteiligt, gleichgültig, ohne Sorgfalt* ◆ mit einer nachlässigen Handbewegung
**nachlaufen** ⟨V. i. 175; ist⟩ **1** jmdm. nachlaufen *ihm hinterherlaufen, eilig folgen* **2** einer Sache nachlaufen ⟨fig.⟩ *sich zu eifrig darum bemühen* **3** einer Frau nachlaufen *sich anhaltend u. heftig um sie bemühen, allzu eifrig werben* ◆ die Kinder liefen dem Hund nach
**Nachleben** ⟨n.; -s; unz.⟩ *Fortleben in der Erinnerung der Nachkommen* ◆ das Nachleben nach dem Tode
**nachlegen** ⟨V. t.; hat⟩ *nachfüllen, noch darauf legen* ◆ Holz, Kohlen im Ofen nachlegen
**Nachlese** ⟨f. 19⟩ **1** *Lese nach der eigtl. Lese, z. B. bei der Traubenernte* **2** ⟨fig.⟩ *Nachtrag, Sammlung von Dingen, die in eine erste Sammlung nicht aufgenommen worden waren* ◆ Nachlese von Gedichten
**nachlesen** ⟨V. t. 178; hat⟩ **1** Beeren nachlesen *nach der Lese noch ernten* **2** einen Sachverhalt nachlesen *eine Stelle im Buch lesen, um sich Gewissheit zu verschaffen*
**nachm.** ⟨Abk. für⟩ *nachmittags*
**nachmachen** ⟨V. t.; hat⟩ **1** *nachahmen* (Handschrift, Mode, Stimme) **2** *nachholen, nachträglich tun, hinterher erledigen* (Arbeit) ◆ sie macht mir alles nach; Papiergeld nachmachen *fälschen*
**nachmessen** ⟨V. t. 183; hat⟩ **1** *nochmals zur Prüfung messen* **2** ⟨verstärkend⟩ *messen* ◆ er misst immer alles nach
**Nachmieter** ⟨m. 3⟩ *nachfolgender Mieter* ◆ einen Nachmieter suchen
**Nachmittag** ⟨m. 1⟩ *Zeit zwischen Mittag u. Abend* ◆ am Freitagnachmittag; am Nachmittag des 15. Mai; gestern, heute, morgen Nachmittag
**nachmittags** ⟨Adv.; Abk.: nachm.⟩ *am Nachmittag, jeden Nachmittag* ◆ ich kann nur nachmittags kommen
**Nachnahme** ⟨f. 19⟩ **1** *Bezahlung einer Postsendung durch den Empfänger bei Aushändigung der Sendung* **2** *die Postsendung selbst* ◆ als, gegen, mit, unter Nachnahme verschicken
**Nachname** ⟨m. 26⟩ = *Familienname*
**nachprüfen** ⟨V. t.; hat⟩ **1** etwas nachprüfen *(nochmals) prüfen* **2** jmdn. nachprüfen *nochmals, ergänzend prüfen* ◆ eine Aussage, Rechnung, ein Gewicht nachprüfen
**Nachrede** ⟨f. 19⟩ **1** ⟨selten⟩ *Epilog* **2** ⟨meist in der Wendung⟩ üble Nachrede *Verbreitung abfälliger Meinungen über jmdn.*
**nachreden** ⟨V. t.; hat⟩ etwas nachreden *etwas, das man gehört od. gelesen hat, ohne eigene Erfahrung sagen* ◆ er weiß es gar nicht genau, er redet es nur nach
**nachreifen** ⟨V. i.; ist⟩ *nach der Ernte noch reif werden*
**Nachricht** ⟨f. 20⟩ **1** *Kunde, Botschaft, Benachrichtigung, Mitteilung einer Neuigkeit* **2** *Übermittlung einer (aktuellen) Begebenheit* ◆ eine

## NACHTFALTER

Die Schmetterlinge werden in die Nachtfalter mit mindestens 150 000 Arten und die Tagfalter mit nur 20 000 Arten unterteilt. Das Unterscheidungskriterium ist die Form der Fühler: Die Tagfalter besitzen Keulenfühler, während die Fühler der Nachtfalter gekämmt sind. Die Nachtfalter sind darüber hinaus in ihrer Färbung eher dunkel, wobei es aber auch einige auffällig gefärbte Vertreter gibt, die z. T. auch am Tag fliegen. Die Flügelspannweite der verschiedenen Nachtfalterarten schwankt von 2 mm bis zu 30 cm.

ÄUSSERE MERKMALE EINES EUKALYPTUSSCHWÄRMERS (*Xyleutes eucalypti*)

### WEITERE NACHTFALTERARTEN

TOTENKOPFSCHWÄRMER (*Acherontia atropos*)

BRAUNER BÄR (*Arctia caja*)

STACHELBEER-SPANNER (*Abraxas grossulariata*)

SEIDENSPINNER (*Bombyx mori*)

ATLAS-SPINNER (*Attacus atlas*)

WIDDERCHEN (*Zygaena filipendulae*)

GLASFLÜGLER (*Albuna oberthuri*)

AUGENSPINNER (*Nudaurelia cytherea*)

GAMMAEULE (*Autographa gamma*)

URANIAFALTER (*Chrysiridia madagascariensis*)

BÄRENSPINNER (*Amphicallia bellatrix*)

GABELSCHWANZ (*Cerura vinula*)

N

Nachricht **bekommen,** empfangen; jmdm. eine Nachricht **bringen,** mitteilen, senden; eine Nachricht **dementieren;** jmdm. Nachricht **geben;** hat er eine Nachricht (für mich) **hinterlassen**?; die Nachrichten **hören** (im Rundfunk) ◆ die **neuesten** Nachrichten ◆ Nachrichten **aus** aller Welt; wir haben keine Nachricht **von** ihm

**Nachrichtendienst** ⟨m. 1⟩ **1** *regelmäßige Einholung, Weitergabe von Nachrichten* **2** *Nachrichtenbüro* **3** *Rundfunksendung mit regelmäßig gesendeten Nachrichten* **4** *eine Organisation der Streitkräfte, die im Geheimen Streitkraft, Bewaffnung, Befestigungen u. Ä. fremder Staaten auskundschaften soll*

**nachrücken** ⟨V. i.; ist⟩ **1** *weiterrücken, vorrücken* **2** *dicht folgen* ◆ in eine höhere Stelle nachrücken

**Nachruf** ⟨m. 1⟩ *Gedenkrede für einen Verstorbenen (z. B. am Grab, in der Zeitung)* ◆ jmdm. einen Nachruf widmen

**nachsagen** ⟨V. t.; hat⟩ **1** etwas nachsagen *etwas Vorgesprochenes wiederholen, nachsprechen* **2** jmdm. etwas nachsagen *etwas (meist Nachteiliges) über jmdn. sagen* ◆ jmdm. Böses nachsagen

**Nachschlag** ⟨m. 1u⟩ **1** ⟨Mus.⟩ **1.1** *verzierender Abschluss eines Trillers* **1.2** *eine od. zwei Ziernoten zwischen zwei Haupttönen* **2** ⟨umg.⟩ *zusätzl. Essensportion* ◆ einen Nachschlag bekommen

**nachschlagen** ⟨V. 216⟩ **I** ⟨V. t.; hat⟩ etwas nachschlagen *in einem Buch eine Stelle suchen u. nachlesen* ◆ ein Zitat nachschlagen **II** ⟨V. i.; ist⟩ jmdm. nachschlagen *nach jmdm. geraten, genauso werden, seine Wesensart od. Körpergestalt erben* ◆ das Kind schlägt dem Vater nach

**Nachschlagewerk** ⟨n. 11⟩ *Schriftwerk, das in übersichtl., meist alphabet. Anordnung eine schnelle Orientierung über einen Gegenstand ermöglicht,* z. B. Lexikon, Wörterbuch

**Nachschub** ⟨m. 1u⟩ **1** *Versorgung mit neuem Material (bes. der kämpfenden Truppe mit Verpflegung, Munition usw.)* **2** *das Material selbst* ◆ Nachschub bekommen

**nachsehen** ⟨V. 235; hat⟩ **I** ⟨V. i.⟩ jmdm. od. einer Sache nachsehen *nachblicken, hinterherschauen* ◆ dem abfahrenden Zug nachsehen **II** ⟨V. t.⟩ **1** etwas nachsehen **1.1** *prüfen, prüfend ansehen, durchsehen* (Schulaufgaben) **1.2** *ansehen, um den Fehler zu finden* (defekte Maschine) **1.3** *nachschlagen, nachlesen, in einem Buch suchen* **2** jmdm. etwas nachsehen ⟨fig.⟩ *es ihm verzeihen, nicht wichtig nehmen, mit Nachsicht behandeln* ◆ die Mutter sieht dem Kinde zu vieles, alle Unarten nach; sieh (dieses Wort) doch mal im Lexikon nach!

**Nachsehen** ⟨n.; -s; unz.; nur in der Wendung⟩ das Nachsehen haben *nichts mehr bekommen, benachteiligt werden, verlieren, zu kurz kommen*

**Nachsendung** ⟨f. 20⟩ *gebührenfreie Zusendung von Postsendungen, deren Empfänger verzogen sind od. die falsch adressiert wurden* ◆ die Nachsendung erreichte ihn einige Tage später

**nachsetzen** **I** ⟨V. t.; hat⟩ **1** ein Wort nachsetzen *im Satz hinter ein anderes setzen* **2** die eigenen Interessen nachsetzen ⟨fig.⟩ *zugunsten der Interessen anderer zunächst nicht berücksichtigen* **II** ⟨V. i.; ist⟩ jmdm. nachsetzen *schnell, im Laufschritt folgen*

NACHTKERZE: GEWÖHNLICHE NACHTKERZE *(Oenothera biennis)*

**Nachsicht** ⟨f. 20; unz.⟩ *Geduld, Milde, verzeihende Betrachtungsweise* ◆ Nachsicht haben, üben

**nachsichtig** ⟨Adj.⟩ *geduldig, milde, verständnisvoll, verzeihend* ◆ eine nachsichtige Behandlung, Beurteilung

**nachsitzen** ⟨V. i. 242; hat⟩ *in der Schule zur Strafe länger dableiben müssen* ◆ er musste heute in der sechsten Stunde nachsitzen

**Nachsorge** ⟨f. 19; unz.⟩ *Betreuung von Kranken nach dem Verlassen des Krankenhauses;* Ggs *Vorsorge*

**Nachspann** ⟨m. 1⟩ *einem Film folgende Angaben über die Mitwirkenden*

**Nachspeise** ⟨f. 19⟩ = *Nachtisch;* Ggs *Vorspeise*

**Nachspiel** ⟨n. 11⟩ **1** *kurzes Theater- od. Musikstück als Abschluss eines größeren Stückes* **2** ⟨fig.⟩ *Folgen* ◆ die Sache hatte ein gerichtliches Nachspiel

**nachspielen** ⟨V.; hat⟩ **I** ⟨V. t.⟩ *genauso, ähnlich spielen, nachahmen* ◆ ein Lied nachspielen; ein Bühnenstück nachspielen **II** ⟨V. i.; Sp.; bes. Fußb.⟩ *verlorene Zeit nach der regulären Spielzeit nachholen* ◆ der Schiedsrichter lässt nachspielen

**nachsprechen** ⟨V. i. 246; hat⟩ etwas nachsprechen *etwas Vorgesprochenes od. -gelesenes wiederholen*

**nächst** **I** ⟨Superl. zu⟩ *nahe* **II** ⟨Adj.⟩ **1** *nahe, nahe gelegen, zeitlich od. örtlich folgend, in der Reihenfolge kommend, unmittelbar danach kommend, anschließend* **2** ⟨umg.⟩ *kürzest* (Weg) **3** ⟨kurz für⟩ *nächstbest, nächstliegend* ◆ der Nächste, bitte!; unsere nächsten **Angehörigen,** Freunde, Mitarbeiter, Verwandten; im nächsten **Augenblick** *sofort danach;* der, die, das nächste **Beste** *irgendein(e);* bei nächster **Gelegenheit** werde ich es ihm sagen; das nächste **Mal,** nächstes Mal gib besser Acht!; am 10. (des) nächsten **Monats** ⟨Abk.: n. M.⟩; am nächsten **Morgen** *am Morgen nach diesem Tag;* etwas aus nächster **Nähe** betrachten; am nächsten **Sonntag** **III** ⟨Adv.⟩ dieser Grund liegt am nächsten; fürs Nächste habe ich genug davon *vorerst, für die nächste Zeit*

**Nächste(r)** ⟨m. 29⟩ *der Mitmensch, Bruder* ◆ du sollst deinen Nächsten lieben wie dich selbst (3. Buch Mose 19,18); jeder ist sich selbst der Nächste ⟨Sprichw.⟩ *jeder sorgt zuerst für sich*

**nachstehen** ⟨V. i. 251; hat⟩ **1** *zurückgesetzt sein, werden* **2** *nicht gleichkommen, unterlegen sein* ◆ er musste dem jüngeren Bruder immer nachstehen *er wurde immer benachteiligt;* er steht ihm an Ausdauer nicht nach *er ist ebenso ausdauernd;* nachstehend *folgend, nächst;* die nachstehenden Ausführungen; im Nachstehenden wird erläutert

**nachstellen** ⟨V.; hat⟩ **I** ⟨V. t.⟩ **1** ein Instrument nachstellen *nochmals genau einstellen* **2** ein Wort im Satz nachstellen *hinter ein anderes stellen* **3** die Uhr nachstellen *auf eine spätere Zeit einstellen* **II** ⟨V. i.⟩ jmdm. nachstellen *jmdn. verfolgen* ◆ er stellte der Frau bereits seit mehreren Jahren nach

**Nächstenliebe** ⟨f. 19; unz.⟩ *(tätige) Liebe zum Mitmenschen*

**Nächstliegende(s)** ⟨n. 31⟩ *das, was am nächsten liegt, gegeben ist, was am einfachsten ist* ◆ das Nächstliegende wäre, zu warten

NACHTIGALL *(Luscinia megarhynchos)*

**nachsuchen** ⟨V.; hat⟩ **I** ⟨V. t.⟩ etwas nachsuchen *nachschlagen, in einem Buch suchen* **II** ⟨V. i.⟩ um etwas nachsuchen (bei jmdm.) *förmlich um etwas bitten, etwas beantragen*

**Nacht** ⟨f. 7u⟩ *die Zeit zwischen Ende der Abend- u. Beginn der Morgendämmerung* ◆ des Nachts, eines Nachts; bei **Einbruch** der Nacht; bei Nacht und **Nebel** den Ort verlassen *mitten in der Nacht;* ⟨fig.⟩ *heimlich;* wir haben uns die Nacht um die **Ohren** geschlagen ⟨fig.; umg.⟩ *haben nicht geschlafen (um zu feiern, zu arbeiten);* **Tag** und Nacht arbeiten ◆ **anbrechen:** die Nacht bricht an ⟨poet.⟩; es **wird** Nacht; ihm wurde (es) Nacht vor Augen ⟨fig.⟩ *er verlor das Bewusstsein;* die Nacht **zubringen** bei, in ◆ sie hat **ganze** Nächte an seinem Krankenbett durchwacht; **gute** Nacht! *(Gruß beim Zubettgehen, beim Abschied am Abend od. in der Nacht);* gute/Gute Nacht sagen; na, dann gute Nacht! ⟨umg.⟩ *(Ausruf der Enttäuschung);* ich habe die **halbe** Nacht wach gelegen; er ist **letzte** Nacht gestorben ◆ **bei** Nacht fahren; **gestern,** heute Nacht; er kam erst spät **in** der Nacht; **mitten** in der Nacht; über Nacht bleiben, die Nacht **über** bleiben *bis zum Morgen;* **während** der Nacht [< ahd. *naht,* engl. *night*]

**nachtaktiv** ⟨Adj.⟩ *tagsüber schlafend, in der Nacht jagend* (von Tieren); Ggs *tagaktiv*

**Nachtarbeit** ⟨f. 20⟩ **1** ⟨i. w. S.⟩ *Arbeit während der Nacht* **2** ⟨i. e. S.⟩ *zwischen 20 Uhr u. 6 Uhr geleistete Arbeit*

**Nachtdienst** ⟨m. 1⟩ *Dienst während der Nacht (von Ärzten, Apothekern, Schwestern, Zeitungsredakteuren);* Ggs *Tagdienst*

**Nachteil** ⟨m. 1⟩ Ggs *Vorteil (2), Vorzug (1, 2)* **1** *schlechte Eigenschaft* **2** *Schaden, Verlust* **3** *ungünstige Lage*

**nächtelang** ⟨Adv.⟩ *mehrere, viele Nächte lang* ◆ er arbeitet nächtelang; ⟨aber⟩ drei Nächte lang

**Nachtfalter** ⟨m. 3; Zool.⟩ ◄ *meist nachts fliegender, artenreicher Schmetterling ohne die typischen Keulenfühler der Tagfalter;* Sy *Nachtschwärmer (1);* ► *Insekten*

**Nachtgebet** ⟨n. 11⟩ *Abendgebet, Gebet vor dem Schlafen*

**nächtig** ⟨Adj.⟩ **1** *dunkel, dämmerig* **2** *nächtlich*

**Nachtigall** ⟨f. 20⟩ ▲ *unscheinbar rötl. brauner Singvogel aus der Drosselverwandtschaft, der tags und nachts singt: Luscinia megarhynchos* [< ahd. *nahtagala,* engl. *nightingale*]

**nächtigen** ⟨V. i.; hat⟩ *übernachten, die Nacht über schlafen*

**Nachtisch** ⟨m. 1⟩ *letzter Gang des Essens,* ⟨meist⟩ *süße Speise od. Obst;* Sy *Nachspeise*

**Nachtkerze** ⟨f. 19; Bot.⟩ ◄ *Angehörige einer Gattung der Nachtkerzengewächse (Onagraceae), die Blüten öffnen sich vor allem abends u. schließen sich morgens wieder: Oenothera*

**Nachtleben** ⟨n. 14; unz.⟩ *Gesamtheit der nächtl. Vergnügungsbetriebe in einer Stadt*

**nächtlich** ⟨Adj.⟩ *zur Nacht gehörend, in der Nacht stattfindend* ◆ nächtliche Ruhestörung

**Nachtmensch** ⟨m. 16; umg.⟩ *jmd., der abends lange aufbleibt, nachts tätig wird*

**Nachtquartier** ⟨n. 11⟩ *Unterkunft für die Nacht*

**Nachtrag** ⟨m. 1u⟩ *Ergänzung, Zusatz (zu einer Schrift)*

**nachtragen** ⟨V.t. 260; hat⟩ **1** *hinterhertragen* **2** *ergänzen, hinzufügen, vervollständigen, nachträglich einfügen* (Text) **3** jmdm. etwas nachtragen ⟨fig.⟩ *lange nicht verzeihen, lange verübeln*
**nachträglich** ⟨Adj.⟩ *später, hinterher (erfolgend)* ◆ ein nachträglicher Glückwunsch; nachträglich etwas einfügen
**nachtrauern** ⟨V. i.; hat⟩ jmdm., einer Sache nachtrauern *lange Zeit trauern um jmdn. od. etwas, Verlorenes zurückwünschen* ◆ einer großen Liebe nachtrauern
**Nachtruhe** ⟨f. 19; unz.⟩ *Schlaf* ◆ die Aufregung hat mich um meine Nachtruhe gebracht

NACHTSCHWALBE: WHIP-POOR-WILL
*(Caprimulgus vociferus)*

**Nachtschatten** ⟨m. 4; unz.; Bot.⟩ *Angehöriger einer Gattung der Nachtschattengewächse: Solanum;* ► *Bedecktsamer* ◆ Schwarzer Nachtschatten ► *mit vom Grunde an ausgebreiteten Ästen, weißen Blüten u. schwarzen Beeren: Solanum nigrum;* Strauchiger Nachtschatten *mit kirschgroßen, roten Früchten: Solanum pseudocapsicum*
**Nachtschicht** ⟨f. 20⟩ **1** ⟨bei zwei od. drei Schichten⟩ *Schicht von abends bis morgens* **2** *Gesamtheit der Arbeiter, die zu dieser Zeit arbeiten*
**Nachtschwalbe** ⟨f. 19; Zool.⟩ ▲ *Angehörige einer Ordnung nächtlich lebender Vögel mit großen Augen u. stark zurückgebildeten Flügeln, jagen nachts Insekten: Caprimulgi*
**Nachtschwärmer** ⟨m. 3⟩ **1** ⟨Zool.⟩ ► = *Nachtfalter* **2** ⟨fig.; umg.⟩ *jmd., der gern nächtlichen Vergnügungen nachgeht*
**Nachtschweiß** ⟨m. 1; unz.⟩ *durch nächtlichen Temperaturanstieg ausgelöster Schweiß, z. B. bei Lungentuberkulose u. nervöser Schwäche*
**Nachtschwester** ⟨f. 21⟩ *nachts Dienst tuende Krankenschwester*
**Nachtseite** ⟨f. 19; fig.⟩ *die dunkle, traurige Seite* ◆ die Nachtseite des Lebens
**Nachtspeicherofen** ⟨m. 4u⟩ *elektr. Ofen, mit Beton- u. Schamottemasse ausgekleidet, die zum Speichern von Wärme dient, wird durch billigen Nachtstrom aufgeheizt u. gibt tagsüber Wärme ab*
**Nachtstück** ⟨n. 11⟩ *Gemälde, das einen Gegenstand bei Nacht, durch künstl. Licht od. Mondschein aufgehellt zeigt*
**Nachtstunde** ⟨f. 19⟩ *Zeit in der Nacht, Nachtzeit* ◆ in den ersten Nachtstunden
**Nachttisch** ⟨m. 1⟩ *Schränkchen neben dem Bett*
**Nachttresor** ⟨m. 1⟩ *von außen zugänglicher Tresor einer Bank, in den nach Dienstschluss noch Geld eingezahlt werden kann (bes. für Firmen, die abends abrechnen)*
**Nachtwache** ⟨f. 19⟩ **1** ⟨früher⟩ *einer der Zeitabschnitte, in die die Nacht eingeteilt war, urspr. für den Wechsel der Wachtposten beim Heer, dann auch im zivilen Leben* **2** *nächtliche Polizeistreife* **3** *Nachtdienst, Wachtdienst während der Nacht (z. B. im Krankenhaus)* ◆ während der ersten, zweiten usw. Nachtwache; die Nachtwache haben; Nachtwache halten
**nachtwandeln** ⟨V. i.; ist/hat genachtwandelt⟩ *nachts im Schlaf umhergehen*
**Nachtwandeln** ⟨n.; -s; unz.⟩ = *Mondsüchtigkeit*
**Nachtwanderung** ⟨f. 20⟩ *Wanderung in der Nacht*
**Nachtzeug** ⟨n. 11; unz.; umg.⟩ *Nachtkleidung u. alle Utensilien, die man zum Übernachten braucht (zum Waschen u. Zähneputzen)*
**Nachuntersuchung** ⟨f. 20⟩ *einer Krankheit, Operation, Behandlung nachfolgende ärztliche Untersuchung (zur Kontrolle)*
**nachvollziehbar** ⟨Adj.⟩ *so beschaffen, dass man es nachvollziehen, verstehen kann* ◆ dieses Verhalten ist für mich (nicht) nachvollziehbar
**nachwachsen** ⟨[-ks-] V. i. 272; ist⟩ *nach Verlust wieder wachsen*
**Nachwehen** ⟨Pl.⟩ **1** *nach der Geburt eintretende Wehen* **2** ⟨fig.⟩ *schmerzhafte od. unangenehme Nachwirkungen od. Folgen*
**nachweinen** ⟨V. i./V. t.; hat⟩ *weinend nachtrauern* ◆ diesem eingebildeten Mann weine ich keine Träne nach
**Nachweis** ⟨m. 1⟩ **1** *Beweis, dass etwas vorhanden od. geschehen ist* **2** ⟨in Zus.⟩ *Vermittlungsstelle* (Zimmernachweis) ◆ es wurde der Nachweis erbracht, dass ... *es wurde nachgewiesen, dass ...;* den Nachweis für etwas erbringen, liefern *etwas nachweisen*
**nachweisen** ⟨V. t. 277; hat⟩ **1** *beweisen, belegen* **2** *angeben, vermitteln* ◆ man konnte ihm nicht nachweisen, dass er davon gewusst hatte; sein Recht nachweisen
**Nachwelt** ⟨f. 20; unz.⟩ *spätere Generationen, die später Lebenden*
**nachwerfen** ⟨V. t. 281; hat⟩ *hinterherwerfen*
**Nachwirkung** ⟨f. 20⟩ **1** *Wirkung, nachdem die Ursache schon nicht mehr erkennbar ist* **2** ⟨Phys.⟩ *Erscheinung, bei der sich ein physikal. Effekt in einer gewissen Verzögerungszeit auf die Ursache einstellt*
**Nachwort** ⟨n. 11⟩ *Schlusswort, erläuternder od. ergänzender Anhang (in Schriftwerken)*
**Nachwuchs** ⟨[-ks] m.; -es; unz.; fig.⟩ **1** *die jungen Leute, jungen Kräfte* **2** *Lernende, in der Ausbildung Begriffene* **3** ⟨umg.; scherzh.⟩ *Kinder* ◆ Nachwuchs der Wissenschaft; was macht der Nachwuchs? ⟨umg.; scherzh.⟩ *(Frage an junge Eltern)*
**nachzahlen** ⟨V. t.; hat⟩ *nachträglich, später, zusätzlich zahlen*
**nachzählen** ⟨V. t.; hat⟩ *nochmals zur Prüfung zählen* ◆ zähl lieber noch einmal nach!

NACHTSCHATTEN:
SCHWARZER NACHTSCHATTEN
*(Solanum nigrum)*

**Nachzeitigkeit** ⟨f. 20; unz.; Gramm.⟩ *das zeitl. Nacheinander der verschiedenen grammat. Zeiten in der Form, dass die Handlung des Nebensatzes nach der des Hauptsatzes steht*
**nachziehen** ⟨V. 287⟩ **I** ⟨V. t.; hat⟩ **1** *hinter sich her ziehen* **2** *nach sich ziehen, verursachen, zur Folge haben* **3** *fester anziehen* (Schrauben) **4** *nachzeichnen, verstärken* (Linien, Umrisse) ◆ einen lahmen Fuß nachziehen **II** ⟨V. i.; ist⟩ jmdm. nachziehen *ihm hinterherziehen, folgen*
**Nachzug** ⟨m. 1u⟩ *nach dem fahrplanmäßigen Zug eingesetzter zusätzlicher Entlastungszug;* Ggs *Vorzug (2)*
**Nachzügler** ⟨m. 3⟩ **1** *verspätet Kommender* **2** *Kind, das lange Zeit nach den Geschwistern geboren wurde*
**Nackedei** ⟨m. 1 od. 6; umg.; scherzh.⟩ *nacktes kleines Kind*
**Nacken** ⟨m. 4⟩ *hintere Halsseite* ◆ jmdm. den Nacken **steifen** *ihn zum Widerstand ermutigen* ◆ ein **gedrungener,** kurzer, zarter Na-

## NACKTSAMER

Die Nacktsamer (Gymnospermen) werden in zwei Unterabteilungen gegliedert: die gabel- und nadelblättrigen Nacktsamer und die fiederblättrigen Nacktsamer. Ihre Blüten sind meist eingeschlechtig mit zu Zapfen vereinigten Staub- und Fruchtblättern. Die offen liegenden Samenanlagen der weiblichen Blüten sind namengebend für diese Abteilung der Blütenpflanzen.

NADELBAUMZAPFEN UND SAMEN

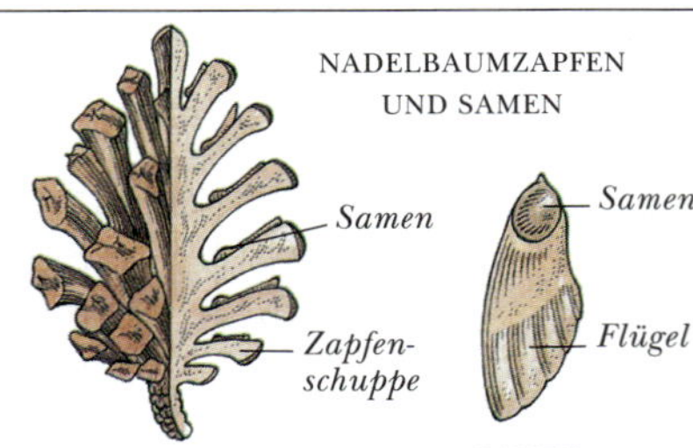


REIFER WEIBLICHER ZAPFEN

SAMEN (VERGRÖSSERT)

### VERSCHIEDENE NACKTSAMIGE PFLANZEN

BISCHOFSKIEFER
*(Pinus muricata)*
► *Nadelhölzer*

GINKGO
*(Ginkgo biloba)*

ZYKADEE
*(Cycas revoluta)*

WELWITSCHIA
*(Welwitschia mirabilis)*

## NADELDRUCKER

Ein Nadeldrucker ist ein mechanischer Matrixdrucker für die Ausgabe von Computerdaten. Ein Signal veranlasst einen Anker, auf eine Nadel zu schlagen, die auf das zwischen Druckkopf und Papier gespannte Farbband trifft und einen Punkt auf dem Papier hinterlässt. So werden die einzelnen Punkte eines Zeichens durch die vertikal angeordneten Nadelreihen des Druckkopfes in Matrixform zusammengefügt.

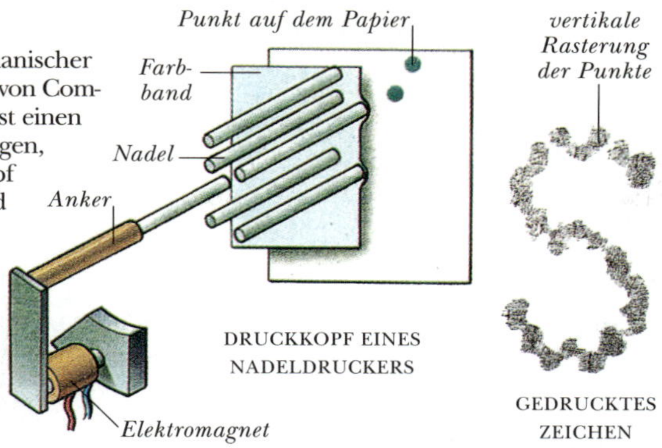


DRUCKKOPF EINES NADELDRUCKERS

GEDRUCKTES ZEICHEN

cken ♦ wir hatten die Verfolger **im** Nacken ⟨fig.⟩ *wurden von ihm verfolgt;* ihm saß die Furcht im Nacken *er hatte große Furcht* [< mhd. *nac(ke)* < ahd. *(h)nac(h)* „Hinterkopf, Nacken"]

**nackend** ⟨Adj.⟩ = *nackt (1)*

**Nackenrolle** ⟨f. 19⟩ *walzenförmiges, festes Kissen, das man beim Liegen unter den Nacken legt*

**Nackenschlag** ⟨m. 1u; fig.⟩ *harter Schicksalsschlag, Demütigung, geschäftl. Verlust, polit. Niederlage*

**nackig** ⟨Adj.; umg.⟩ = *nackt (1)*

**nackt** ⟨Adj.⟩ **1** *unbekleidet, bloß* (Körper, Füße, Arme); Sy *nackend, nackig* **2** *ohne Federn* (Vogeljunges) **3** *ohne Haare, Fell* (Tier) **4** *ohne Pflanzenwuchs* (Fels) **5** *ohne Lauf* (Pflanze) **6** *schmucklos, kahl* (Wände) **7** *nicht eingerichtet* (Wohnung, Zimmer) **8** *ohne Scheide* (Waffe) **9** *schonungslos, unverblümt* (Worte) ♦ wir sahen die nackte **Armut;** auf dem nackten **Boden,** der nackten Erde schlafen; die **Darstellung** des Nackten in der Kunst; das nackte **Leben** retten *allein das Leben, nichts als das Leben, keinerlei Besitz retten;* die nackten **Tatsachen** schildern *lediglich die Fakten berichten, ohne unnötig auszuschweifen* [< ahd. *nackot, nackut,* engl. *naked*]

**Nacktheit** ⟨f. 20; unz.⟩ *das Nacktsein, Unbekleidetsein, Blöße*

**Nacktsamer** ⟨Pl.; Bot.⟩ ◄ *Samenpflanzen, deren Samen nicht von einem Fruchtknoten umschlossen sind: Gymnospermae;* Sy *Gymnospermen;* Ggs *Bedecktsamer*

**Nacktschnecke** ⟨f. 19; Zool.⟩ *Schnecke, die kein Gehäuse trägt*

**Nadel** ⟨f. 21⟩ **1** *feines, spitzes Werkzeug zum Nähen* (Nähnadel), *Stricken* (Stricknadel), *Häkeln* (Häkelnadel), *Stecken, Feststecken* (Stecknadel, Sicherheitsnadel), *zum Wiedergeben von Tonaufzeichnungen* (Grammophonnadel), *zum Ritzen, Radieren* (Radiernadel, Kaltnadel), *zum Anzeigen der Himmelsrichtung* (Magnetnadel, Kompassnadel) **2** *ansteckbares Schmuckstück* (Krawattennadel), *Brosche* **3** *Blatt der Nadelbäume* (Tannennadel, Fichtennadel) **4** *eine Felsform* **5** *eine Kristallform* ♦ **abfallen:** die Nadeln des Weihnachtsbaums fallen schon ab; die Nadel vorsichtig **aufsetzen** (auf die Schallplatte); man hätte eine Nadel zu Boden **fallen** hören können (so still war es); die Nadel **zeigt** nach Norden, Westen (auf dem Kompass) ♦ sich **an,** mit einer Nadel stechen; an der Nadel hängen ⟨fig.; umg.⟩ *drogenabhängig, rauschgiftsüchtig sein* [< ahd. *nad(a)la,* engl. *needle*]

**Nadelbaum** ⟨m. 1u; Bot.⟩ *Baum aus der Klasse der Nadelhölzer;* ► *Bäume*

**Nädelchen** ⟨n. 14⟩ *kleine Nadel*

**Nadeldrucker** ⟨m. 3; Tech.; EDV⟩ ▲ *Drucker, dessen Druckkopf mit Nadeln bestückt ist, die über ein Farbband ein punktförmiges Druckbild erzeugen*

**Nadelhölzer** ⟨Pl.; Bot.⟩ ▼ *zu den Nacktsamern gehörige, regelmäßig verzweigte Bäume od. (selten) Sträucher mit nadel- od. schuppenförmigen Blättern: Coniferae;* Sy *Koniferen;* Ggs *Laubhölzer*

**Nadelkissen** ⟨n. 14⟩ *kleines Kissen für Näh- u. Stecknadeln*

**Nadelkopf** ⟨m. 1u⟩ *verdickter Teil der Stecknadel am oberen Ende*

**Nadelloch** ⟨n. 12u⟩ = *Nadelöhr (1)*

**nadeln** ⟨V. i.; hat⟩ *Nadeln verlieren* (von Nadelbäumen)

**Nadelöhr** ⟨n. 11⟩ **1** *längl. Loch in der Nähnadel zum Einziehen des Fadens;* Sy *Nadelloch* **2** *kleine Pforte in der Stadtmauer von Jerusalem* ♦ es ist leichter, dass ein Kamel durch ein Nadelöhr gehe, denn dass ein Reicher ins Reich Gottes komme (Matth. 19,24)

**Nadelwald** ⟨m. 2u⟩ *Wald aus Nadelbäumen;* Ggs *Laubwald*

**Naevus** ⟨[nɛːvus] m.; -, Naevi [nɛːvi]⟩ *Muttermal;* oV *Nävus* [lat.]

**Nagel** ⟨m. 5u⟩ **1** *hölzerner od. metallener Stift mit zugespitztem Schaft u. einem Kopf zum Befestigen od. Verbinden von Gegenständen* **2** *Hornplatte auf der Oberseite des ersten Gliedes von Fingern u. Zehen* (Fingernagel, Fußnagel, Zehennagel) **3** *Stiel von Blättern, die sich nach oben verbreitern u. abwinkeln, z. B. bei Nelken* **4** ► = *Nelke* ♦ der Nagel ist **abgebrochen,** eingerissen; einen Nagel **einschlagen,** die (Finger-, Zehen-) Nägel **feilen;** den Nagel auf den Kopf **treffen** ⟨fig.⟩ *eine Sache genau, richtig beurteilen, bezeichnen* ♦ **abgekaute,** gepflegte, kurze Nägel ♦ etwas **an** einem Nagel aufhängen (Kleidungsstück); er hat seinen Beruf an den Nagel gehängt ⟨fig.⟩ *ihn aufgegeben;* die Sache brennt mir **auf** den Nägeln ⟨fig.⟩ *ist mir sehr eilig;* ein Nagel **aus** Eisen; Nägel **mit** Köpfen machen ⟨umg.⟩ *konsequent handeln, etwas bis zu Ende durchführen;* er besitzt, hat nicht das Schwarze **unter** den Nägeln ⟨fig.; umg.⟩ *er besitzt nichts;* sich etwas unter den Nagel reißen ⟨fig.; umg.⟩ *es geschickt entwenden* [< ahd. *nagal,* engl. *nail*]

**Nagelbett** ⟨n. 27⟩ *Vertiefung in der Lederhaut, in der der Finger- bzw. Zehennagel ruht*

N

## NADELHÖLZER

Bei allen 550 Nadelholzarten vollzieht sich die Fortpflanzung über deren Zapfen. Die meisten Arten sind einhäusig und entwickeln somit an derselben Pflanze männliche wie weibliche Zapfen, wobei der Pollen vom Wind zu den weiblichen Blüten getragen wird. In kühleren Gebieten bilden Nadelhölzer, die meist auch im Winter nicht abfallende starre Nadeln tragen, dichte Wälder.

MÄNNLICHE UND WEIBLICHE ZAPFEN BEI DER WALDKIEFER *(Pinus sylvestris)*

### VERSCHIEDENE NADELHOLZFAMILIEN

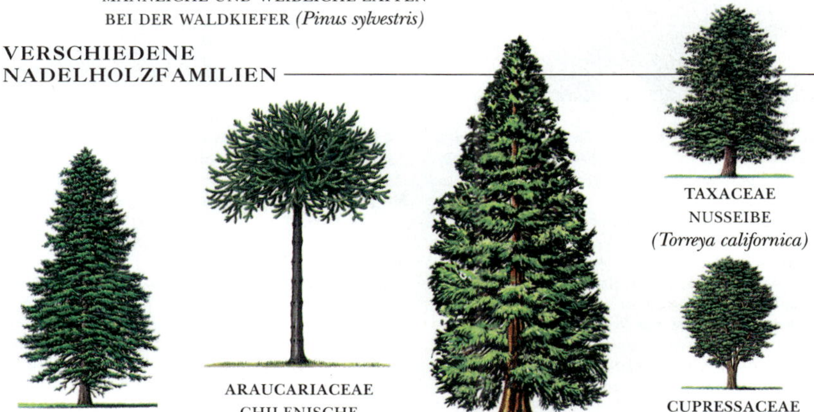

PINACEAE NORDMANNTANNE *(Abies nordmanniana)*

ARAUCARIACEAE CHILENISCHE ARAUKARIE *(Araucaria araucana)*

TAXODIACEAE RIESENMAMMUTBAUM *(Sequoiadendron giganteum)*

TAXACEAE NUSSEIBE *(Torreya californica)*

CUPRESSACEAE MONTEREYZYPRESSE *(Cupressus macrocarpa)*

## NAGER

Die Nager oder Nagetiere stellen mit nahezu 2000 Arten die größte Ordnung der Säugetiere dar. Man unterscheidet drei Unterordnungen: die Hörnchenartigen (Sciuromorpha), die Mäuseartigen (Myomorpha) und die Meerschweinchenartigen (Cavimorpha). Ein gemeinsames Merkmal der Nager sind die kräftigen Nagezähne, die ständig nachwachsen.

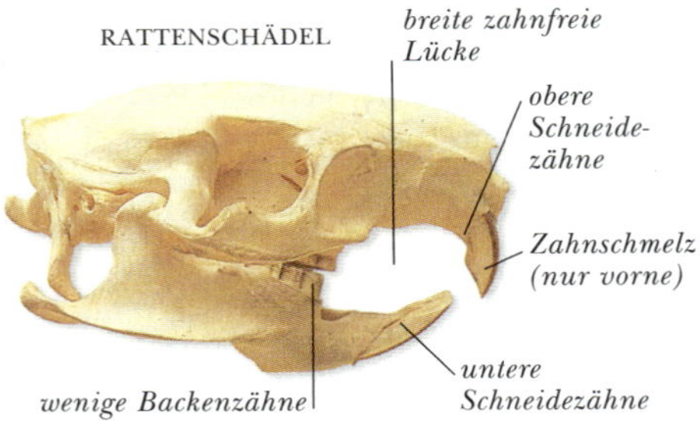


### VERSCHIEDENE NAGETIERGRUPPEN

SCIUROMORPHA

GRAUHÖRNCHEN (*Sciurus carolinensis*)

BIBER (*Castor fiber*)

STREIFENBACKENHÖRNCHEN (*Tamias striatus*)

MYOMORPHA

GOLDHAMSTER (*Mesocricetus auratus*)

GELBHALSMAUS (*Apodemus flavicollis*)

WANDERRATTE (*Rattus norvegicus*)

RENNMAUS (*Gerbillus* species)

CAVIMORPHA

NACKTMULL (*Heterocephalus glaber*)

MEERSCHWEINCHEN (*Cavia porcellus*)

WASSERSCHWEIN (*Hydrochoerus hydrochaeris*)

STACHELSCHWEIN (*Hystrix brachyura*)

**Nagelblume** ⟨f. 19⟩ **1** ► = *Nelke* **2** = *Flieder*
**Nagelbürste** ⟨f. 19⟩ *kleine Bürste mit kurzen, festen Borsten zum Reinigen der Finger- u. Zehennägel*
**Nagelfeile** ⟨f. 19⟩ *feine Feile zum Abfeilen der Finger- u. Zehennägel*
**nageln** ⟨V.; hat⟩ **I** ⟨V. t.⟩ *mit Nägeln befestigen, versehen* ◆ ein Brett an die Kellertür nageln **II** ⟨V. i.; schweiz.; umg.⟩ *eifrig arbeiten* ◆ er nagelt wie ein Wilder
**nagelneu** ⟨Adj.; umg.⟩ *ganz neu* [urspr. wahrscheinl. von Gegenständen gebraucht, die eben erst genagelt wurden]
**nagen** ⟨V.; hat⟩ **I** ⟨V. i.⟩ **1** an etwas nagen *mit den Zähnen kleine Stückchen von etwas abschälen, in kleinen Bissen abbeißen* **2** *langsam zerstörend wirken, sich in etwas einfressen* ◆ Sorge nagte an ihr; der Hund nagt an einem Knochen **II** ⟨V. t.⟩ *in kleinen Stückchen abbeißen, abnagen* ◆ das Fleisch vom Knochen nagen [< ahd. *nagan,* engl. *gnaw* „nagen, fressen"]
**Nager** ⟨m. 3⟩, **Nagetier** ⟨n. 11⟩ ▲ *Angehöriges einer Ordnung der Säugetiere mit charakterist. Gebiss: Rodentia;* ► *Säugetiere*
**nah** ⟨Adj.⟩ = *nahe*
**Nahaufnahme** ⟨f. 19⟩ *fotograf. Aufnahme aus sehr geringer Entfernung*
**nahe** ⟨Adj.; näher, am nächsten⟩ oV *nah* **1** *nicht weit entfernt, in der Nähe, benachbart, unmittelbar folgend od. anstoßend* **2** *bald zu erwarten, unmittelbar bevorstehend* **3** *eng, vertraut* ◆ ein naher **Ausflugsort,** in naher **Beziehung,** miteinander stehen; das nahe **Ende,** den nahen Tod fürchten; ein naher **Verwandter** des Verunglückten; die nahe **Zukunft** wird es zeigen ◆ du kannst ganz nahe **herangehen;** sein Tod **ging** mir nahe; ich hatte ihm nahe **gelegt,** seinen Plan aufzugeben; das Haus soll nahe dem, nahe am, nahe beim Bahnhof **liegen** ◆ nahe **beieinander; von** nahem betrachtet, ändert sich das Bild ⟨fig.⟩; von nah und fern, von fern und nah kamen die Menschen herbei; wir sahen den Gipfel zum Greifen nahe **vor** uns; jmdm. **zu** nahe kommen *ihn berühren wollen, bedrohen* ◆ ein sehr nahe liegender Gedanke [< ahd. *nah,* engl. *nigh;* von unklarer Herkunft]
**Nähe** ⟨f.; -; unz.⟩ **1** *geringe Entfernung, Nachbarschaft, unmittelbare Umgebung* **2** *Reich-, Ruf-, Hör-, Sichtweite* **3** *das Nahesein* ◆ seine Nähe ist mir lästig; sein Ziel ist in greifbare Nähe gerückt; ein Schuss aus nächster Nähe [< ahd. *nahi;* → *nahe*]
**nahen I** ⟨V. i.; ist⟩ *näher kommen, sich nähern* ◆ der Abschied, die Entscheidung, die Prüfung naht; es naht Gefahr **II** ⟨V. refl.; hat⟩ sich jmdm. nahen *sich jmdm. nähern, zu jmdm. hingehen*
**nähen** ⟨V. t.; hat⟩ **1** *durch Fadenstiche verbinden, befestigen* **2** *durch Arbeit mit Nadel u. Faden herstellen* ◆ eine Bluse, ein Hemd, ein Kleid nähen; die Wunde muss genäht werden [< ahd. *najan*]
**näher** ⟨Adj.; Komp. von⟩ *nahe* **1** *weniger weit entfernt* **2** *kürzer* (Weg) **3** *eingehender, genauer, ausführlicher* (Erkundigungen) ◆ nähere **Auskünfte** einholen, einziehen; ich habe neulich seine nähere **Bekanntschaft** gemacht; bei näherer **Betrachtung** stellte sich heraus, dass ... ◆ ich habe mich näher damit **befasst** *die Sache eingehend studiert;* ich kann jetzt nicht näher darauf **eingehen; kennst** du ihn näher?; wir sind einander näher **gekommen;** bitte **treten** Sie näher!; ich habe den Fall nicht näher **verfolgt** ◆ etwas **des** Näheren erläutern *ausführlicher*
**Nähere(s)** ⟨n. 31⟩ *Genaueres, Einzelheiten* ◆ Nähere(s) hat er mir noch nicht mitgeteilt
**Naherholungsgebiet** ⟨n. 11⟩ *Erholungsgebiet in der Nähe einer Großstadt*
**Näherin** ⟨f. 22⟩ *weibl. Person, die berufsmäßig für andere näht* (Weißnäherin)
**nähern** ⟨V.; hat⟩ **I** ⟨V. t.⟩ jmdm. etwas nähern *näher an ihn heranbringen, in größere Nähe zu ihm bringen* **II** ⟨V. refl.⟩ sich jmdm. od. einer Sache nähern **1** *näher herankommen, jmds. Freund werden, seine Ansicht teilen* **2** *jmds. Bekanntschaft zu machen suchen* ◆ niemand außer der Feuerwehr durfte sich dem Brandherd nähern
**nahezu** ⟨Partikel⟩ *fast, beinahe*
**Nähmaschine** ⟨f. 19⟩ ► *elektrisch od. durch Fußantrieb betriebene Maschine zum Nähen*
**Nähnadel** ⟨f. 21⟩ *feine Nadel mit Öhr zum Nähen*
**Nahost** ⟨ohne Art.⟩ *der Nahe Osten (Vorderasien)* ◆ in, aus Nahost
**Nährboden** ⟨m. 4u⟩ **1** *Ackerboden* **2** *feste Nährstoffe zum Züchten von Kleinlebewesen (Bakterien, Pilzen) u. Pflanzenkulturen* **3** ⟨fig.⟩ *Grundlage, auf der sich etwas gut entwickeln kann*

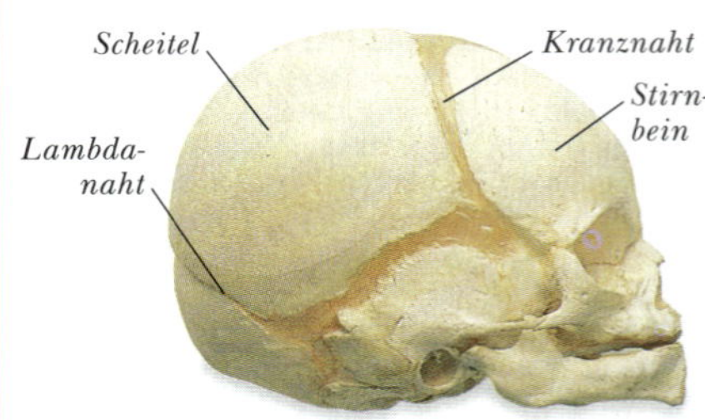


NAHT: SCHÄDEL EINES MENSCHLICHEN FÖTUS MIT NÄHTEN

N

## NAHRUNGSKETTEN

Alle Lebewesen sind durch Nahrungsketten, in denen Energie und Nährstoffe von einem Glied zum anderen wandern, miteinander verbunden. Diese Nahrungsketten können untereinander zu komplizierten Nahrungsnetzen verknüpft sein, in denen jede Art eine bestimmte Stelle einnimmt, die als trophische Ebene bezeichnet wird. Am Anfang einer jeden Nahrungskette stehen Plankton (im Meer) oder Grünpflanzen (an Land). Diese Produzenten werden von Konsumenten gefressen, die wiederum Konsumenten einer höheren Ordnung (Fleischfressern) zum Opfer fallen. Am Ende jeder Nahrungskette stehen die Destruenten, die totes Pflanzen- und Tiermaterial zerlegen. Beim Übergang von einer trophischen Ebene zur nächsthöheren gehen rund 90 % der Energie verloren, wogegen Schadstoffe von Stufe zu Stufe angereichert werden können.

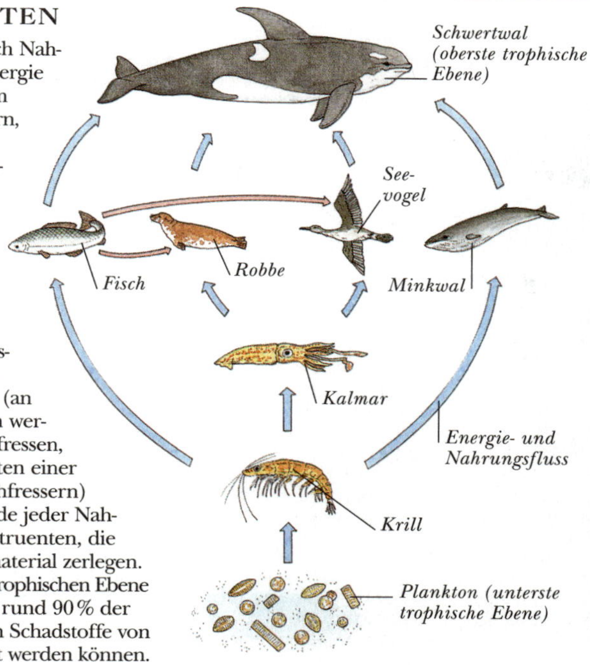


NAHRUNGSKETTEN IM MEER

**nähren** ⟨V.; hat⟩ **I** ⟨V. t.⟩ **1** jmdn. nähren *jmdm. Nahrung geben, jmdn. mit Nahrung versorgen* **2** *stillen, säugen* **3** ⟨fig.⟩ etwas nähren *hegen, pflegen, bewahren* ◆ eine **Hoffnung,** einen Wunsch im Herzen nähren ⟨fig.⟩; das Handwerk nährt seinen **Mann** ⟨fig.⟩ **II** ⟨V. refl.⟩ sich von etwas nähren *von etwas leben* ◆ bleibe im Lande und nähre dich redlich ⟨Sprichw.⟩ **III** ⟨V. i.⟩ *nahrhaft sein* ◆ Milch nährt; nährende Kost, Speisen, Getränke [< ahd. *ner(r)en, nerran, nerian, nerien* „retten, selig machen; genesen machen, am Leben erhalten"]

**nahrhaft** ⟨Adj.; -er, am -esten⟩ **1** *reich an Nähr-, Aufbaustoffen, kräftig, kalorienreich* (Essen) **2** ⟨fig.⟩ *Gewinn bringend, einträglich*

**Nährstoff** ⟨m. 1⟩ *Stoff, den ein Lebewesen zu seiner Ernährung, seinem Körperaufbau braucht*

**Nahrung** ⟨f. 20; unz.⟩ **1** *alles zur Ernährung Dienende, Nahrungs-, Lebensmittel, Speise u. Trank* **2** *das zum Leben Notwendige, Unterhalt* **3** ⟨fig.⟩ *Antrieb* ◆ die Nahrung mit Vitaminen **anreichern;** genügend Nahrung zu sich **nehmen** ◆ **abwechslungsreiche,** gesunde, Nahrung; ⟨fig.⟩ ein gutes Buch ist **geistige** Nahrung ◆ **für** Nahrung sorgen; jmdn. **mit** Nahrung versorgen [< mhd. *narunge;* zu *nar* < ahd. *nara* „Heil, Rettung, Erhaltung"; verwandt mit *nähren, genesen*]

**Nahrungskette** ⟨f. 19⟩ ▲ *Gesamtheit von Organismen, die in einer bestimmten Stufenfolge einander als Nahrung dienen*

**Nahrungsmittel** ⟨n. 13; meist Pl.⟩ = *Lebensmittel*

**Nährwert** ⟨m. 1⟩ **1** *Wert eines Nahrungsmittels für die Ernährung* **2** *bei der Verwertung eines Nährstoffes im Körper erzeugte Energie*

**Naht** ⟨f. 7u⟩ **1** *genähte Linie, mit Faden hergestellte Verbindung* ⟨a. Med.⟩ **2** ⟨Anat.⟩ ◄ *unbewegl. Verbindung zweier Schädelknochen* **3** ⟨Met.⟩ *durch Nieten, Löten, Schweißen, Gießen entstehende Verbindungslinie* (Gussnaht) **4** ⟨Arch.⟩ *Zusammentreffen zweier Gewölbeflächen* ◆ eine Naht auftrennen, bügeln, nähen, steppen; die Naht ist geplatzt; aus allen Nähten platzen ⟨umg.; fig.⟩ *zu dick, zu umfangreich werden;* eine Naht schweißen [< ahd. *nat*]

**nahtlos** ⟨Adj.⟩ *ohne Naht* ◆ beide Teile gehen nahtlos ineinander über ⟨fig.⟩ *man merkt nicht, dass sie zusammengesetzt worden sind*

**Nahtstelle** ⟨f. 19⟩ **1** *Stelle, an der eine Naht liegt* **2** *Stelle, an der zwei unterschiedliche Dinge, Meinungen o. Ä. aufeinander prallen*

**Nahverkehr** ⟨m. 1; unz.⟩ *Eisenbahn- od. Straßenverkehr zwischen nahe gelegenen Orten*

**Nahverkehrsmittel** ⟨n. 13⟩ *Transportmittel für den öffentlichen Nahverkehr,* z. B. Straßenbahn, Bus

**naiv** ⟨[na'i:f] Adj.⟩ *kindlich, unbefangen, natürlich, ursprünglich, harmlos, einfältig, treuherzig* ◆ das zeugt von einer sehr naiven Anschauung; naive Dichtung ⟨nach Schiller⟩ *Dichtung, die nur der „einfachen Natur u. Empfindung" folgt;* naive Malerei *heitere, naive Stilrichtung der Malerei mit realistisch-kindhaften Motiven* [< frz. *naïf*]

**Naivität** ⟨[-ivi-] f. 20; unz.⟩ **1** *Kindlichkeit, Unbefangenheit, Natürlichkeit, Ursprünglichkeit, Harmlosigkeit* **2** *Einfalt, Treuherzigkeit* [< frz. *naïveté*]

**Name** ⟨m. 26⟩ **1** *Benennung, Bezeichnung eines Einzelwesens od. Dinges,* z. B. „Hans", „Mozart", „Rhein" *od. einer Gattung,* z. B. „Mensch", „Pferd" **2** *Ruf, Ruhm* ◆ Ihr Name bitte?; die Namen der **Anwesenden** wurden verlesen; ich verhafte Sie im Namen des **Gesetzes;** in Gottes Namen! ⟨umg.⟩ *meinetwegen!, wenn es sein muss!;* der Name des **Herrn,** deines Gottes ⟨bibl.⟩ ◆ einen Namen **ändern,** angeben, annehmen, führen; der Name **fiel** *wurde genannt;* dem Kinde einen Namen **geben;** ⟨fig.; umg.⟩ *wir müssen eine Bezeichnung für die Sache finden;* sich einen (großen) Namen **machen** *bekannt, berühmt werden* ◆ ein **alter,** bekannter Name; einen **falschen** Namen angeben, annehmen ◆ der Hund hört **auf** den Namen Strolchi; die Papiere lauten auf den Namen Schmidt; jmdn. **beim** Namen nennen, rufen; die Dinge, das Kind beim rechten Namen nennen ⟨fig.; umg.⟩ *ohne Umschweife, offen über eine Sache sprechen;* ich grüße Sie, danke Ihnen, auch **im** Namen meiner Mutter; in jmds. Namen sprechen *als sein Vertreter, in seinem Auftrag, in seinem Sinne sprechen;* ich kenne ihn nur dem Namen **nach** *nicht näher* [< ahd. *namo,* engl. *name*]

**Namengebung** ⟨f. 20⟩ oV *Namensgebung* **1** *Bezeichnung mit einem Namen (z. B. einer Ware)* **2** *nicht kirchliche, der Taufe ähnl. Feier*

**Namenkunde** ⟨f. 19; unz.⟩ *Lehre von Herkunft, Geschichte, Bildungsweise u. Bedeutung der Vor-, Familien-, Orts-, Flur- u. Landschaftsnamen;* Sy *Onomatologie*

**namenlos** ⟨Adj.⟩ **1** *keinen Namen habend* **2** ⟨fig.⟩ *sehr groß, unsäglich* ◆ der Krieg brachte namenloses Leid über die gesamte Menschheit

**namens** ⟨Präp. m. Gen.⟩ **1** *mit (dem) Namen* **2** *im Namen, im Auftrag (von)* ◆ ein Mann namens Mitch

N

## NÄHMASCHINE

Die Nähmaschine arbeitet mit zwei Fäden: Der eine stammt von einer Spule unterhalb der Nadel (Unterfaden), der andere von der Garnrolle oben am Gerät (Oberfaden). Wenn die Nadel mit dem Oberfaden durch den Stoff dringt, bildet sich eine Schlinge, durch die das Weberschiffchen mit dem Unterfaden läuft. Wenn die Nadel wieder nach oben gezogen wird, strafft sich die Schlinge. So entstehen hintereinander der Stiche, bei denen der Ober- und der Unterfaden fest miteinander verknüpft werden.

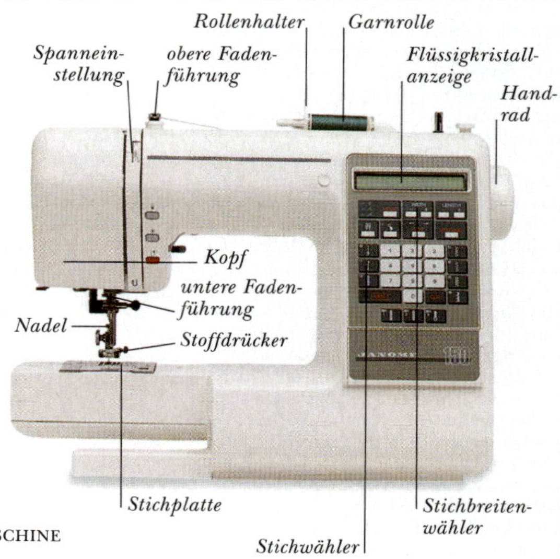


ELEKTRISCHE NÄHMASCHINE

**Namensgebung** 〈f. 20〉 = *Namengebung*
**Namenspatron** 〈m. 1〉 *Heiliger, nach dessen Namen jmd. benannt ist*
**Namenstag** 〈m. 1〉 *Kalendertag des Heiligen, dessen Namen man trägt*
**Namenszug** 〈m. 1u〉 **1** *eigenhändige Unterschrift* **2** *Monogramm, verschlungene Initialen*
**namentlich I** 〈Adj.〉 *mit Namen genannt, mit Namen versehen* **II** 〈Adv.〉 *besonders, vor allem, in erster Linie*
**namhaft** 〈Adj.; -er, am -esten〉 **1** *bekannt, angesehen* (Persönlichkeit) **2** *beträchtlich, groß* (Spenden, Summe) **3** jmdn. namhaft machen *jmds. Namen ausfindig machen, ihn erfahren od. mitteilen, nennen*
**nämlich I** 〈Konj.〉 **1** *genauer gesagt, und zwar* **2** 〈nachgestellt〉 *denn* ◆ er ist schon zweimal hier gewesen, nämlich gestern und heute **II** 〈Adj.; pronominal; veraltet〉 *eben der, die, das, der-, die-, dasselbe* ◆ es war der Nämliche, der mich schon einmal verwarnt hatte [< mhd. *name-, nemeliche* 〈Adv.〉 „um es ausdrücklich zu nennen; vorzugsweise, gewiss; auf gleiche Weise"; zu *name-, nemelich* 〈Adj.〉 „ausdrücklich, bestimmt", daneben u. urspr. „namentlich benannt"]

NANDU: GEWÖHNLICHER NANDU *(Rhea americana)*

**Nandu** 〈m. 6; Zool.〉 ▲ *Angehöriger einer Familie bis zu 1,6 m großer südamerikanischer Laufvögel: Rheidae* [< port. *nandu*, span. *nandú* < Guarani, Tupi]
**Nano...** 〈in Zus. mit Maßeinheiten; Abk.: n〉 *das* $10^{-9}$*fache (= 1 Milliardstel) der betreffenden Grundeinheit, z.B. 1 Nanometer (nm) =* $10^{-9}$ *Meter = 1 Milliardstel Meter* [< lat. *nanus* „Zwerg"]
**Nanometer** 〈n. 13; Abk.: nm〉 *ein Milliardstel Meter*
**Napf** 〈m. 1u〉 *(kleine) Schüssel* (Essnapf) [< ahd. *(h)napf* „Schale, Becher"; unklare Herkunft; verwandt mit *Humpen*]
**Napfkuchen** 〈m. 4〉 *runder, in einer ringartigen Form gebackener Rührkuchen*
**Napfschnecke** 〈f. 19; Zool.〉 ▲ *Angehörige einer Gattung der Vorderkiemer mit napfartiger, flacher Schale, die in der Gezeitenzone des Meeres an Felsen sitzt: Patella*

NAPFSCHNECKE *(Patella* species*)*

**Naphthalin** 〈n. 11; unz.〉 ▼ *aromatischer Kohlenwasserstoff,* $C_{10}H_8$*, der aus zwei aneinander kondensierten Benzolringen besteht, ist dem Benzol ähnlich u. dient zur Herstellung von Farbstoffen, Kunststoffen, Ruß, Lösungsmitteln u. Mottenschutzmitteln*
**Narbe** 〈f. 19〉 **1** *bleibender Defekt des Gewebes, der sich bei der Heilung von Wunden bildet* **2** *verheiltes Wundmal* (Pockennarbe) **3** *Teil des Fruchtknotens, der den Blütenstaub auffängt;* Sy *Stigma (5)* **4** *geschlossene, unmittelbar auf dem Boden liegende Grasdecke* (Grasnarbe) **5** = *Narben* ◆ die Schnittwunde hat (k)eine Narbe zurückgelassen [< mhd. *narwe*, engl. *narrow* „eng", eigtl. „Verengung, Zusammenschließen"]
**Narben** 〈m. 4〉 *natürliche od. künstlich angebrachte Vertiefung an der Außenseite (Haarseite) des gegerbten Leders;* Sy *Narbe (5)*

NAPHTHALIN

**Narbenseite** 〈f. 19〉 *Außenseite des gegerbten Leders;* Ggs *Aasseite*
**narbig** 〈Adj.〉 *mit Narben bedeckt* ◆ von mehreren Verletzungen war sein Gesicht sehr narbig
**Narkose** 〈f. 19〉 *Betäubung, künstl. herbeigeführter, schlafähnl. Zustand mit Bewusstseinsaufhebung u. daraus folgender Schmerzunempfindlichkeit* [< grch. *narkosis* „Betäubung, Erstarrung, Lähmung"]
**narkotisieren** 〈V. t.; hat〉 *in Narkose versetzen, betäuben, einschläfern* 〈a. fig.〉
**Narr** 〈m. 16〉 **1** *lustige Person im Theater* **2** *Spaßmacher u. gewitzter Ratgeber am Königshof* (Hofnarr) **3** *Hanswurst, Possenreißer (z. B. beim Fasching)* **4** *Tor, sonderlicher, einfältiger Mensch, Tölpel* ◆ einen Narren an jmdm., 〈od.〉 etwas **gefressen** haben *eine bes. große, ins Lächerliche gehende Vorliebe für jmdn. od. etwas haben;* den Narren **spielen** ◆ sich **als** Narr verkleiden (im Fasching); jmdn. **zum** Narren haben, halten *ihn foppen, necken, verspotten;* Hoffen und Harren macht manchen zum Narren 〈Sprichw.〉 [< ahd. *narro;* unklare Herkunft]
**narrativ** 〈Adj.〉 *erzählend* ◆ die narrative Struktur, Form einer Dichtung [< lat. *narrativus* „zum Erzählen geeignet"; zu *narrare* „erzählen"]
**Narrator** 〈m. 23; geh.〉 *Erzähler* [lat.]
**narren** 〈V. t.; hat〉 jmdn. narren *zum Narren halten, zum Besten haben, foppen, necken, verspotten* ◆ er ist der Genarrte
**Narrenfreiheit** 〈f. 20; unz.〉 **1** 〈urspr.〉 *Freiheit im Benehmen für die Karnevalisten* **2** 〈fig.〉 *hohes Maß an Entscheidungsmöglichkeiten u. Selbständigkeit bzgl. des persönlichen Handelns innerhalb einer ansonsten eher festen (Firmen-, Gruppen-)Struktur* ◆ in seiner neuen Stellung genießt er vollkommene Narrenfreiheit 〈fig.〉
**Narrenhaus** 〈n. 12u; umg.〉 *Irrenhaus, Tollhaus* ◆ hier geht es zu wie im Narrenhaus
**Narrheit** 〈f. 20〉 **I** 〈unz.〉 *Dummheit, Naivität, Torheit, Einfältigkeit* **II** 〈zählb.〉 **1** *dummer Streich* **2** *lustiger Streich, Unsinn*
**närrisch** 〈Adj.〉 **1** *einem Narren ähnlich, verrückt, ulkig* **2** *sonderbar, merkwürdig, überspannt* ◆ er hat närrische Einfälle
**Narwal** 〈m. 1; Zool.〉 ► = *Einhornwal* [< dän., schwed. *narhval*, eigtl. „Leichenwal", wohl wegen der schwarz und weiß gefleckten Haut]
**Narziss** 〈m.; - od. -ses, -se〉 *eitler Mensch, jmd., der sich selbst bewundert* [nach *Narcissus*, dem schönen Jüngling der grch. Sage, der in sein Spiegelbild verliebt war]
**Narzisse** 〈f. 19; Bot.〉 ► *Angehörige einer Gattung der Amaryllisgewächse, Zwiebelgewächs mit schmal linealischen Blättern, hohlem Blütenschaft u. ansehnlichen weißen od. gelben Blüten: Narcissus* [< lat. *narcissus;* → *Narziss*]
**Narzissmus** 〈m.; -; unz.〉 *krankhafte Verliebtheit in sich selbst* [neulat., nach *Narziss*]
**Narzisst** 〈m. 16〉 *jmd., dessen Verhalten vom Narzissmus geprägt ist*

**nasal** 〈Adj.〉 **1** *die Nase betreffend, zu ihr gehörig* **2** *durch die Nase, als Nasal gesprochen, näselnd* ◆ nasale Laute [< lat. *nasalis*]
**Nasal** 〈m. 1; Phon.〉 **1** *stimmhafter Konsonant, bei dem die Luft durch die Nase entweicht (m, n, ng);* Sy *Nasallaut* **2** = *Nasalvokal*
**Nasallaut** 〈m. 1; Phon.〉 = *Nasal (1)*
**Nasalvokal** 〈[-vo-] m. 1〉 *Vokal, bei dem ein Teil der Luft durch die Nase entweicht,* z. B. frz. [ã, ɔ̃, ɛ̃]; Sy *Nasal (2)*
**naschen** 〈V. t. u. V. i.; hat〉 *nicht aus Hunger, sondern nur wegen des Wohlgeschmacks in kleinen Mengen essen, bes. Süßes* ◆ sie nascht gern [< ahd. *nascon;* urspr. „schmatzen, knabbern"; lautmalend]
**Nascherei, Näscherei** 〈f. 18〉 **I** 〈unz.〉 *häufiges Naschen* **II** 〈zählb.〉 *Süßigkeit*
**Nase** 〈f. 19〉 **1** 〈Anat.〉 ► *Eingangsorgan zu den Atemwegen;* Sy *Riechorgan (1)* **2** 〈fig.〉 *Geruchssinn, Spürsinn* **3** *Vorsprung an einem Felsen* **4** *Halbinsel* **5** 〈Arch.〉 *spitze, vorspringende Form im got. Maßwerk* **6** 〈Mech.〉 *hakenförmiger Ansatz, Handgriff (z. B. am Hobel)* **7** 〈umg.〉 *herabgelaufener u. getrockneter Lacktropfen (beim Streichen von Möbeln, Türen usw.)* **8** 〈Zool.〉 *ein Karpfenfisch mit nasenartigem Schädelfortsatz: Chondrostoma nasus;* Sy *Näsling* ◆ Mund und Nase **aufsperren** 〈fig.; umg.〉 *in auffallender Weise staunen;* ihm **läuft** die Nase, seine Nase läuft 〈umg.〉 *er hat Schnupfen, u. es ist höchste Zeit, dass er sich die Nase putzt;* die Nase über etwas **rümpfen** 〈fig.〉 *mit etwas auf überhebl. Weise unzufrieden sein, sich über etwas erhaben fühlen, verächtlich auf etwas herabblicken* ◆ eine **breite,** dicke Nase; er hat eine **gute** Nase *einen guten Geruchssinn;* die Nase **hoch** tragen 〈fig.; umg.〉 *hochmütig sein;* er hat die **richtige** Nase dafür 〈fig.; umg.〉 *er versteht etwas davon;* er hat die Nase **voll** davon 〈fig.; umg.〉 *er hat genug davon* ◆ jmdm. etwas **an** der Nase (an der Nasenspitze) ansehen 〈fig.; umg.〉 *auf den ersten Blick erkennen;* fass dich an deine eigene Nase! 〈fig.; umg.〉 *denk an deine eigenen Fehler (ehe du andere kritisierst);* er hat mich an der Nase herumgeführt 〈fig.; umg.〉 *überlistet;* das werde ich ihm nicht gerade **auf** die Nase binden 〈fig.; umg.〉 *ich werde mich hüten, es ihm zu sagen;* jmdm. auf der Nase herumtanzen 〈fig.; umg.〉 *mit ihm tun od. ohne Rücksicht auf ihn tun, was man will;* auf der Nase liegen 〈fig.; umg.〉 *krank sein;* jmdm. etwas (auch: die Würmer) **aus** der Nase ziehen 〈fig.; umg.〉

NASENFLÖTE AUS BAMBUS VON DEN FIDSCHIINSELN

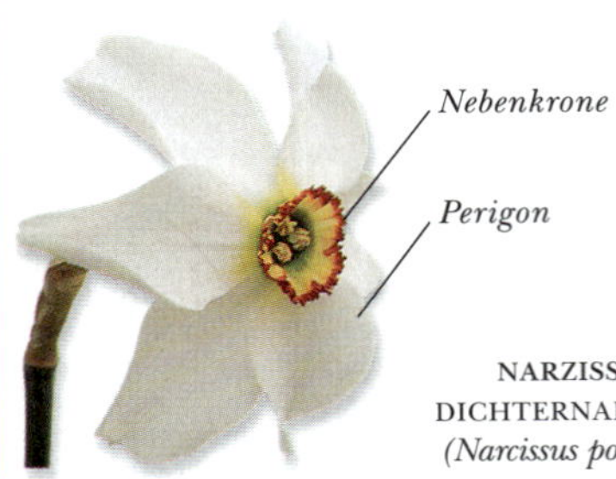


NARZISSE: DICHTERNARZISSE *(Narcissus poeticus)*

N

## NASE

Die Nase filtert und wärmt die Atemluft und kontrolliert gleichzeitig die in ihr transportierten Geruchsreize. Die Informationen darüber gelangen durch den Riechkolben direkt zum Gehirn.

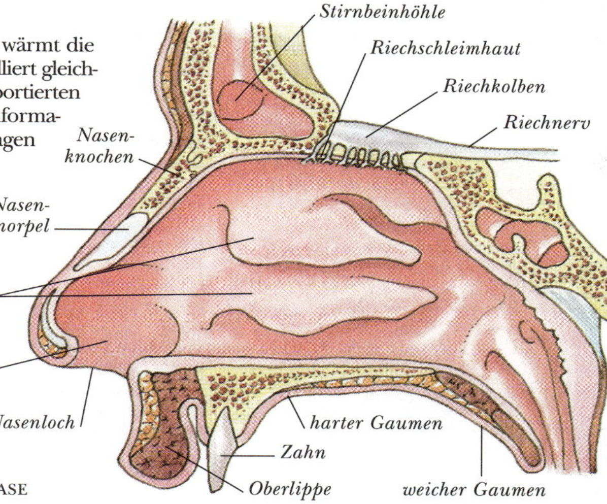


SCHNITT DURCH DIE MENSCHLICHE NASE

*durch listige od. hartnäckige Fragen zu erfahren suchen;* er sollte seine Nase nicht **in** alles stecken ⟨fig.; umg.⟩ *er sollte sich nicht um Dinge kümmern, die ihn nichts angehen;* jmdn. **mit** der Nase auf etwas stoßen ⟨fig.; umg.⟩ *ihn deutlich auf etwas hinweisen;* immer der Nase **nach!** ⟨fig.; umg.⟩ *immer geradeaus;* sein Gesichtskreis, sein (geistiger) Horizont geht nicht **über** seine Nase, die eigene Nase hinaus ⟨fig.; umg.⟩ *er ist engstirnig;* jmdm. etwas **unter** die Nase reiben ⟨fig.; umg.⟩ *deutlich zu verstehen geben, vorhalten;* der Bus, Zug fuhr mir **vor** der Nase weg ⟨fig.; umg.⟩ *ich versäumte ihn knapp, ich sah noch, wie er abfuhr;* jmdm. etwas vor der Nase wegschnappen ⟨fig.; umg.⟩ *etwas in dem Moment rasch wegnehmen, als der andere gerade zugreifen will;* jmdm. die Tür vor der Nase zuschlagen *die Tür unmittelbar vor einem Nachfolgenden zuschlagen* [< ahd. *nasa,* engl. *nose*]

**Nasenbär** ⟨m. 16⟩ *gesellig lebender Kleinbär der Wälder Brasiliens mit rüsselförmig verlängerter Nase, Pflanzenfresser: Nasua nasua*

**Nasenbein** ⟨n. 11⟩ *paariger Deckknochen auf der knorpligen Nasenkapsel: Os nasale*

**Nasenbeutler** ⟨m. 3; Zool.⟩ ► = *Beuteldachs*

**Nasenbluten** ⟨n.; -s; unz.; Med.⟩ *Abgang von Blut aus der Nase (z. B. nach einem Schlag od. bei Bluthochdruck)*

**Nasenflöte** ⟨f. 19; Mus.⟩ ◄ *mit der Nase gespielte Art der Bambusflöte*

**Nasenflügel** ⟨m. 5⟩ *jeder der an beiden Seiten der Nase befindlichen Fleischlappen*

**Nasenhöhle** ⟨f. 19⟩ *mit Mund- u. Rachenhöhle verbundener, innerer Teil der Nase*

**nasenlang** ⟨Adj.; nur in der Wendung⟩ alle nasenlang ⟨umg.⟩ *sehr oft, immer wieder, in kurzen Abständen* ◆ alle nasenlang kommt er und will etwas anderes

**Nasenlänge** ⟨f. 19; fig.; umg.⟩ *kleiner, minimaler Vorsprung* ◆ jmdn. um eine Nasenlänge schlagen

**Nasenloch** ⟨n. 12u; Anat.⟩ *jede der beiden Öffnungen in der Nase*

**Nasenpolypen** ⟨Pl.⟩ *gutartige Wucherungen des Bindegewebes der Nasenschleimhäute*

**Nasenring** ⟨m. 1⟩ **1** *durch die Nase des Stiers gezogener Ring zum Leiten* **2** ⟨urspr. bei Naturvölkern⟩ *ein Nasenschmuck* ◆ ihr neuer Nasenring ist aus Silber

**Nasenspiegel** ⟨m. 5⟩ *durch den Mund eingeführter Spiegel zum Untersuchen des hinteren Nasenraums*

**Nasenspitze** ⟨f. 19⟩ *vorderes Ende der Nase*

**Nasenstüber** ⟨m. 3⟩ *leichter Stoß an die Nase* ◆ jmdm. einen Nasenstüber versetzen ⟨fig.⟩ *ihn zurechtweisen, tadeln*

**naseweis** ⟨Adj.; -er, am -esten⟩ *vorlaut, vorwitzig, keck,* ⟨umg.⟩ *neunmalklug* [< mhd. *nasewis;* urspr. vom Jagdhund: „mit Spürsinn, feinem Geruch begabt", seit etwa 1500 vom Menschen: „vorlaut, neugierig"]

**Nashorn** ⟨n. 12u; Zool.⟩ ▼ *Mitglied einer Familie der Unpaarhufer, von plumpem Körperbau mit kurzen Säulenbeinen, oft stark gepanzerter Haut u. einem od. zwei Hörnern auf dem Kopf: Rhinocerotidae;* Sy *Rhinozeros (1);* ► *Säugetiere*

**Näsling** ⟨m. 1⟩ = *Nase (8)*

**nass** ⟨Adj.; nasser, am nassesten ⟨od.⟩ nässer, am nässesten⟩ **1** *mit Flüssigkeit getränkt, voll gesogen (bes. mit Wasser)* **2** *feucht, regenreich* (Sommer, Wetter) ◆ nasse **Füße,** Hände, Kleider, Wände; das vom Regen, vom Tau nasse **Gras;** wir hatten einen nassen **Sommer** ◆ das Bett, die Höschen, die Windeln nass **machen** (Kleinkind); ich bin vom Regen nass **geworden** ◆ **triefend** nass ◆ durch und **durch** nass [< ahd. *naz(z)*]

**Nass** ⟨n.; Nasses; unz.; poet.⟩ *Flüssigkeit, Regen, Getränk* ◆ Wein ist ein edles Nass; ins kühle Nass springen *ins Wasser*

**Nässe** ⟨f.; -; unz.⟩ *starke Feuchtigkeit*

**nässen I** ⟨V. i.⟩ *Flüssigkeit absondern* ◆ die Wunde nässt **II** ⟨V. t.⟩ *befeuchten, benetzen, nass machen* ◆ der Tau hat das Gras genässt

**Nassfäule** ⟨f.; -; unz.⟩ *durch Bakterien hervorgerufene Fäule der Kartoffeln*

**nasskalt** ⟨Adj.⟩ *feucht, regnerisch u. kalt* ◆ nasskaltes Wetter

**Nasswäsche** ⟨f. 19⟩ **1** *Autowäsche, bei der das Fahrzeug nur gewaschen, nicht getrocknet wird* **2** *Wäsche, die man von der Wäscherei gewaschen, aber nicht getrocknet zurückbekommt*

**Natalität** ⟨f. 20; unz.⟩ *Zahl der jährlichen Lebendgeburten auf 1000 Einwohner;* Ggs *Mortalität (2)* [< frz. *natalité* < lat. *natalis* < *nasci* „geboren werden"]

**Nation** ⟨f. 20⟩ *nach Abstammung, Sprache, Sitte, kultureller u. politischer Entwicklung zusammengehörige, innerhalb der gleichen Staatsgrenzen lebende, bewusst u. gewollt geformte politische Gemeinschaft;* → a. *Volk* [< lat. *natio,* Gen. *nationis,* „das Geborenwerden; das Geschlecht, der Volksstamm, das Volk"; zu *nasci* „geboren werden" bzw. *natus* „geboren"]

**national** ⟨Adj.⟩ **1** *eine Nation betreffend, ihr eigentümlich, ihr zugehörig, sie betonend* **2** *vaterländisch* **3** *staatlich* ◆ die nationale Selbständigkeit, Selbstbestimmung, Unabhängigkeit [frz. (18. Jh.)]

**Nationalbewusstsein** ⟨n.; -s; unz.⟩ *das Bewusstsein, zu einer Nation zu gehören, bewusstes nationales Zusammengehörigkeitsgefühl*

**Nationalbibliothek** ⟨f. 20; Lit.⟩ *Institut, das das Schrifttum eines Staates sammelt u. katalogisiert*

**Nationalelf** ⟨f. 20; Sp.; Fußb.⟩ *(Fußball-)Nationalmannschaft, die aus elf Spieler(innen) besteht*

**Nationalfarben** ⟨Pl.⟩ *auf Fahnen, Kokarden usw. als Kennzeichen geführte Farben einer Nation*

**Nationalfeiertag** ⟨m. 1⟩ *gesetzl. Feiertag einer Nation zur Erinnerung an ein polit. Ereignis*

**Nationalflagge** ⟨f. 19⟩ *von einem Staat geführte Flagge mit den Nationalfarben*

## NASHÖRNER

Es gibt fünf Nashornarten, zwei in Afrika und drei in Asien. Sie sehen nicht besonders gut, riechen und hören dafür um so besser. Die Nashörner, die ein Alter von bis zu 40 Jahren erreichen können, sind Einzelgänger und zeigen ein ausgeprägtes Territorialverhalten.

ÄUSSERE MERKMALE EINES PANZERNASHORNS (*Rhinoceros unicornis*)

### WEITERE NASHORNARTEN

SPITZMAULNASHORN (*Diceros bicornis*)

BREITMAULNASHORN (*Ceratotherium simum*)

**Nationalgericht** ⟨n. 11; Kochk.⟩ *Speise, die in einem Land bes. oft gegessen wird*
**Nationalhymne** ⟨f. 19; Mus.⟩ *vaterländ., volkstüml., bei feierlichen Anlässen gesungenes Lied als Ausdruck des Nationalbewusstseins eines Volkes*
**nationalisieren** ⟨V. t.; hat⟩ **1** *einbürgern, einer Nation eingliedern* **2** *verstaatlichen, in Staatseigentum überführen* ◆ nationalisierter Betrieb [< frz. *nationaliser*]
**Nationalismus** ⟨m.; -, -men⟩ *übersteigertes Nationalgefühl* [< frz. *nationalisme*]
**nationalistisch** ⟨Adj.⟩ *auf Nationalismus beruhend*
**Nationalität** ⟨f. 20⟩ **1** *Zugehörigkeit zu einer Nation* **2** *nationale Minderheit, Volksgruppe in einem fremden Staat* [< frz. *nationalité*]
**Nationalmannschaft** ⟨f. 20; Sp.⟩ *Mannschaft, die sich aus den besten Spielern eines ganzen Landes zusammensetzt* ◆ die Handballnationalmannschaft Italiens
**Nationalökonomie** ⟨f. 19; unz.⟩ = *Volkswirtschaftslehre*
**Nationalsozialismus** ⟨m.; -; unz.; Abk.: NS; Pol.⟩ *expansive nationalistische u. antidemokratische Bewegung nach dem 1. Weltkrieg, die 1933-1945 in Deutschland die Macht ausübte;* Sy ⟨abwertend⟩ *Nazismus (I);* → a. *Faschismus*
**Nationalsozialist** ⟨m. 16; Pol.⟩ *Angehöriger des Nationalsozialismus;* Sy ⟨abwertend⟩ *Nazi*
**nationalsozialistisch** ⟨Adj.⟩ *auf dem Nationalsozialismus beruhend, zu ihm gehörig;* Sy ⟨kurz⟩ *nazistisch*
**Native I** ⟨['nεitiv] m. 6; veraltet⟩ *Eingeborener (der brit. Kolonien)* **II** ⟨[-və] f. 10; meist Pl.⟩ *Auster, die nicht in Austernbänken gezüchtet wurde* [engl., „Eingeborener"; zu lat. *nativus* „angeboren, durch Geburt entstanden"]
**Native Speaker** ⟨['nεitiv 'spi:kə(r)] m.; - -s, - -⟩ *jmd., der die Sprache, in der eben gesprochen wird od. von der die Rede ist, als Muttersprache hat, Muttersprachler* [engl., „eingeborener, einheimischer Sprecher"]
**Nativität** ⟨[-vi-] f. 20⟩ **1** ⟨veraltet⟩ *Geburt* **2** ⟨heute; Astrol.⟩ *Stand der Gestirne bei der Geburt* [< lat. *nativitas* „Geburt"]
**NATO, Nato** ⟨f.; -; unz.; Kurzw. für engl.⟩ *North Atlantic Treaty Organization, 1949 gegründetes Verteidigungsbündnis westl. Staaten, dem 1999 insgesamt 18 europäische Staaten sowie die USA angehörten;* Sy *Nordatlantikpakt*

N

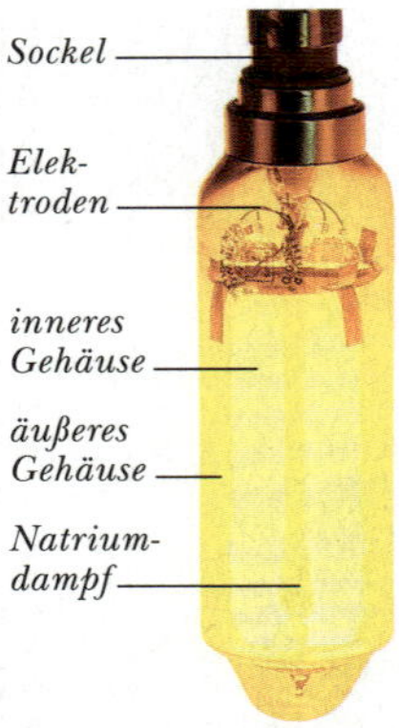

NATRIUMDAMPFLAMPE

**Natrium** ⟨n.; -s; unz.; Chem.; Zeichen: Na⟩ *silberweißes, weiches Alkalimetall, Ordnungszahl 11* [neulat. < arab. *natrum* < altägypt. *ntr(j)*]
**Natriumchlorid** ⟨[-klo-] n. 11; unz.⟩ *Kochsalz;* Sy *Chlornatrium*
**Natriumdampflampe** ⟨f. 19⟩ ◄ *gelb leuchtende Gasentladungslampe, die kleine Mengen Natrium enthält*
**Natriumkarbonat** ⟨n. 11; unz.⟩ *Natriumsalz der Kohlensäure, chemische Formel $Na_2CO_3$, bildet mit Wasser drei verschiedene Hydrate, ohne Kristallwasser als calcinierte Soda bezeichnet;* Sy ⟨veraltet⟩ *Soda (I)*
**Natter** ⟨f. 21; Zool.⟩ **1** ⟨i. w. S.⟩ *Angehörige einer Familie der Schlangen: Colubridae;* ► *Schlangen* **2** ⟨i. e. S.⟩ *Angehörige einer Unterfamilie der Nattern mit u. ohne Giftzähne: Colubrinae* **3** ⟨volkstümlich⟩ *Giftschlange* ◆ eine Natter am Busen großziehen, nähren ⟨fig.⟩ *einen Unwürdigen begünstigen, einem unehrlichen, falschen Menschen vertrauen* [< ahd. *nat(a)ra*, engl. *adder*]
**Natur I** ⟨f. 20⟩ **1** *die uns umgebende, von Menschen nicht geschaffene Welt* **2** *ursprünglicher, unverfälschter Zustand* **3** *Selbstgewachsenes* **4** *Urbild* **5** *Wald u. Feld, freies Land* **6** *Körperbeschaffenheit* **7** *Wesensart, Veranlagung, Charakter, Temperament* **8** ⟨oberdt.⟩ *Geschlechtsteile* ◆ die **Geheimnisse,** die Wunder der Natur; bei **Mutter** Natur ◆ er kann seine Natur nicht **ändern;** das **entspricht** nicht seiner Natur; **sein:** ihr Haar ist Natur *ist echt, nicht künstlich gewellt od. gefärbt* ◆ in die **freie** Natur hinauswandern, -fahren, -ziehen; eine **gesunde,** kräftige, schwache Natur; das sind Fragen **grundsätzlicher** Natur *Art;* sie hat eine **heitere** Natur *ist heiter, glücklich veranlagt* ◆ diese Schwierigkeiten liegen **in** der Natur der Sache; das ist **gegen** meine Natur *es widerstrebt mir, ist mir im Innersten zuwider;* sie ist **von** Natur (aus) ängstlich; zurück **zur** Natur! **II** ⟨zählb.⟩ *Mensch mit einer bestimmten Wesensart* [< ahd. *natura* < lat. *natura* „Kraft, Trieb; Natur, Naturkraft; Welt, Weltordnung; Schöpfung"]

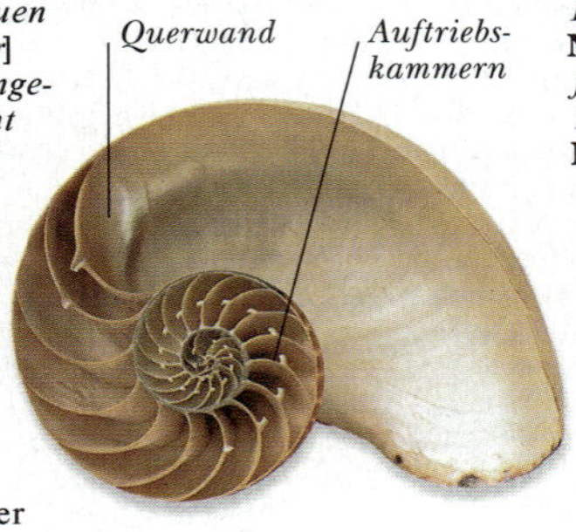

NAUTILUS: SCHNITT DURCH DAS GEHÄUSE

**Naturalbezüge** ⟨Pl.⟩ = *Naturallohn*
**Naturalien** ⟨[-liən] nur Pl.⟩ **1** *Naturprodukte, Lebensmittel, Rohstoffe* **2** *Gegenstände einer naturkundlichen Sammlung, z. B. Mineralien, Pflanzen* [< lat. *(corpora) naturalia,* Neutr. Pl. von *naturalis* „von Natur; zur Natur gehörig, der Natur entsprechend"]
**Naturalisation** ⟨f. 20⟩ *Einbürgerung* [frz.]
**naturalisieren** ⟨V. t.; hat⟩ jmdn. naturalisieren *einbürgern, jmdm. die Staatsbürgerrechte verleihen* [< frz. *naturaliser*]
**Naturalismus I** ⟨m.; -; unz.⟩ ◄ *Kunstrichtung, die eine möglichst genaue Wiedergabe der Wirklichkeit (auch des Hässlichen) anstrebt* **II** ⟨zählb.; Pl.: -lismen⟩ *naturalistischer Zug eines Kunstwerkes* [< neulat.; zu frz. *naturalisme*]
**Naturalist** ⟨m. 16⟩ *Anhänger, Vertreter des Naturalismus* [< frz. *naturaliste*]
**naturalistisch** ⟨Adj.⟩ *auf dem Naturalismus beruhend, in der Art des Naturalismus*
**Naturallohn** ⟨m. 1u⟩ *(zum Teil) in Naturalien gezahlter Lohn;* Sy *Naturalbezüge*
**Naturalwirtschaft** ⟨f. 20⟩ **1** *geldlose Wirtschaft, Tauschwirtschaft* **2** *Produktion nur für den eigenen Bedarf*
**Naturbeschreibung** ⟨f. 20⟩ *Beschreibung der Landschaft*
**Naturbursche** ⟨m. 17⟩ *einfacher, urwüchsiger junger Mann*
**Naturell** ⟨n. 11⟩ *Natur(anlage), Charakter, Temperament, Gemüts-, Wesensart* ◆ er hat ein heiteres Naturell [< frz. *naturel*]
**Naturereignis** ⟨n. 11⟩, **Naturerscheinung** ⟨f. 20⟩ *von Menschenkraft unabhängiger, nicht regelmäßig sich wiederholender Vorgang in der Natur, z. B. Nordlicht*
**Naturerzeugnis** ⟨n. 11⟩ *aus der Natur gewonnenes (meist landwirtschaftl.) Erzeugnis, z. B. Bodenfrucht;* Sy *Naturprodukt*
**naturfarben** ⟨Adj.⟩ *farblich so belassen, wie es in der Natur vorkommt* ◆ naturfarbenes Holz
**Naturfaser** ⟨f. 21⟩ *aus Pflanzen od. Tieren gewonnene Faser (für Textilien)*
**Naturforschung** ⟨f. 20⟩ *das Beobachten, Untersuchen u. Klassifizieren der Natur*
**naturgegeben** ⟨Adj.⟩ **1** *von Natur aus vorhanden* **2** *vom Menschen nicht beeinflussbar*
**Naturgesetz** ⟨n. 11⟩ *Regel, nach der ein Geschehen in der Natur verläuft*
**naturgetreu** ⟨Adj.; -er, am -(e)sten⟩ *der Natur, dem Urbild genau entsprechend* ◆ naturgetreue Wiedergabe einer Pflanze
**Naturgewalt** ⟨f. 20⟩ *starke (oft zerstörende) Kraft einer Naturerscheinung, z. B. Orkan*
**Naturheilkunde** ⟨f. 19; unz.⟩ *Lehre von der Krankenbehandlung durch Steigerung der dem Menschen innewohnenden Selbstheilkräfte durch physikal. u. diätetische Mittel ohne Medikamente*
**Naturkatastrophe** ⟨f. 19⟩ *Naturereignis mit schrecklichen Auswirkungen für Mensch und Natur*
**Naturkost** ⟨f.; -; unz.⟩ **1** *natürliche, unbehandelte Nahrung* **2** *natürliche Ernährung*
**Naturkunde** ⟨f. 19; unz.⟩ **1** *Lehre von der Pflanzen- u. Tierwelt* **2** *der naturkundl. Unterricht in der Grundschule*
**natürlich** ⟨Adj.⟩ **1** *auf der Natur beruhend, in ihr vorkommend* **2** *einfach, unverbildet, ungezwungen* (Mensch) **3** *klar, einleuchtend, selbstverständlich* **4** *ungehindert, unbeeinflusst* (Entwicklung) ◆ natürlich! *(als Antwort) gewiss, jawohl!* ◆ natürliche **Anmut** ha-

NATURALISMUS

In der Literatur und Malerei schilderte der Naturalismus (besonders ausgeprägt in der ersten Hälfte des 19. Jh.) den Menschen in seiner Abhängigkeit von dem Milieu, in dem er lebte. Indem er auch das Hässliche darstellte, richtete er sich gegen eine idealistische Kunstauffassung.

*Die Ährenleserinnen* (1857), JEAN-FRANÇOIS MILLET

ben; Darstellung, Wiedergabe in natürlicher **Größe** *nicht vergrößert od. verkleinert;* natürliche **Person** *der Mensch als Rechtsträger;* Ggs *juristische Person;* die natürlichste **Sache** der Welt; eines natürlichen **Todes** sterben *nicht durch Unfall, Mord usw.;* natürliche **Zahlen** ⟨Math.⟩ *die Zahlen 1, 2, 3, 4 usw., die positiven ganzen Zahlen* ◆ das Geld **reichte** natürlich wieder nicht; **sein:** nichts ist natürlicher, als dass ...

**Naturpark** ⟨m. 6⟩ = *Naturschutzgebiet, Naturschutzpark*

**Naturphilosophie** ⟨f. 19⟩ *philosoph. Lehre von der Natur als Einheit, als Grundprinzip des Seins*

**Naturprodukt** ⟨n. 11⟩ = *Naturerzeugnis*

**Naturreich** ⟨n. 11⟩ *das Tier-, Pflanzen- bzw. Mineralreich* ◆ die drei Naturreiche

**Naturschätze** ⟨nur Pl.⟩ *alle in der Natur vorhandenen Dinge, die der Mensch nutzen kann*

**Naturschauspiel** ⟨n. 11⟩ *eindrucksvolles Naturereignis*

**Naturschutz** ⟨m.; -es; unz.⟩ *alle Maßnahmen zur Erhaltung von Naturdenkmälern, der Tier- u. Pflanzenwelt*

**Naturschutzgebiet** ⟨n. 11⟩, **Naturschutzpark** ⟨m. 6⟩ *unter Naturschutz stehendes Landschaftsgebiet;* Sy *Naturpark*

**Naturtalent** ⟨n. 11⟩ **1** *außergewöhnl. Begabung, die auch ohne Förderung in Erscheinung tritt* **2** *Person mit einer solchen Begabung* ◆ im Umgang mit Menschen ist er ein Naturtalent

**Naturtrieb** ⟨m. 1⟩ = *Instinkt (1)*

**naturtrüb** ⟨Adj.⟩ *von Natur aus (nicht infolge Zersetzung od. chemischer Behandlung) trüb*

**naturwidrig** ⟨Adj.⟩ *gegen die Naturgesetze laufend, unnatürlich*

**Naturwissenschaft** ⟨f. 20; meist Pl.⟩ *Wissenschaft von der Natur, ihren Vorgängen u. Erscheinungen u. deren gesetzmäßigen Zusammenhängen;* Ggs *Geisteswissenschaft*

**Nausea** ⟨f.; -; unz.⟩ *Übelkeit, die vor allem durch die Seekrankheit hervorgerufen wird* [< grch. *nausia* „Seekrankheit"; zu *naus* „Schiff"]

**Nautik** ⟨f. 20; unz.⟩ *Lehre von der Führung eines Schiffes, von der Schifffahrt, von den Gewässern u. Wetterverhältnissen, der Standortbestimmung usw.* [< grch. *nautike (techne)* „Schifffahrtskunde"]

**Nautilus** ⟨m.; -, - od. -se; Zool.⟩ ◄ *Angehöriger einer Gattung der Kopffüßer mit spiraliger Schale* [< nlat. < grch. *nautilus,* eigtl. „Seemann" < *naus* „Schiff"]

## NEBEL

Nebel können auf mehrere Arten entstehen. Advektionsnebel bilden sich, wenn warme, feuchte Luft über eine kühle Oberfläche gleitet. Strahlungsnebel entstehen, wenn in der Nacht die Temperatur über dem Boden durch Wärmeausstrahlung den Taupunkt erreicht. Nebeltröpfchen haben nur einen Durchmesser von hundertstel Millimetern.

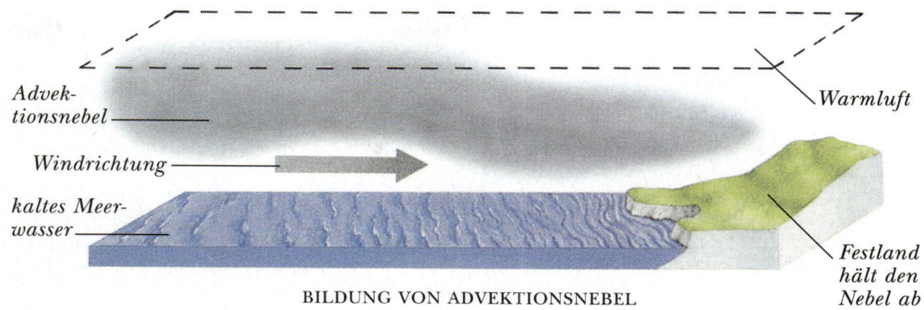


BILDUNG VON ADVEKTIONSNEBEL

**Navigation** ⟨[-vi-] f. 20; unz.⟩ **1** *Lehre von der Schiffs- oder Flugzeugführung* **2** *Orts- u. Kursbestimmung von Schiffen u. Flugzeugen* [< lat. *navigatio* „Schifffahrt"]

**Navigationssystem** ⟨[-vi-] n. 11⟩ **1** *System zur Kursbestimmung u. -kontrolle bei Schiffen u. Flugzeugen* **2** *System für satelliten- bzw. computergesteuerte Verkehrsführung, die per Bordcomputer im Fahrzeug empfangen wird;* → a. *GPS*

**navigieren** ⟨[-vi-] V. i.; hat⟩ *den Standort od. Kurs eines Schiffes od. Flugzeugs bestimmen* ◆ der Kapitän navigierte das Schiff sicher [< lat. *navigare* „schiffen, zur See fahren"]

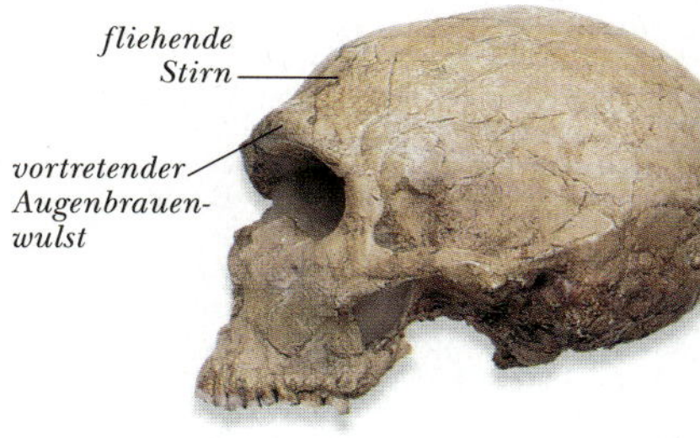


NEANDERTALER: SCHÄDEL

**Nävus** ⟨[-vus] m.; -, Nävie [-vi]⟩ = *Naevus*

**Nazaräer** ⟨m. 3⟩ **1** der Nazaräer *Jesus Christus* **2** die Nazaräer ⟨Pl.⟩ *die ersten Christen, Urchristen*

**Nazarener** ⟨m. 3⟩ **1** *Einwohner von Nazareth* **2** der Nazarener *Jesus Christus* **3** ⟨Pl.⟩ *christl. Sekte* **4** ⟨urspr. Spottname, später allg.⟩ *Angehöriger des Lukasbundes, einer Malergruppe der Romantik, die eine Erneuerung der christl. Kunst erstrebte* [nach *Nazareth,* arab. *En Nasira,* Stadt in Palästina u. Heimatort Jesu]

**Nazi** ⟨m. 6; abwertend; kurz für⟩ *Nationalsozialist*

**Nazismus** ⟨m.; -; unz.; abwertend; kurz für⟩ *Nationalsozialismus*

**nazistisch** ⟨Adj.; kurz für⟩ *nationalsozialistisch*

**n. Br.** ⟨Abk. für⟩ *nördliche(r) Breite*

**NC** **1** ⟨Abk. für lat.⟩ *Numerus clausus* **2** ⟨EDV; Abk. für engl.⟩ *numerical control (numerische Kontrolle)*

**Nchf.** ⟨kaufmänn. Abk. für⟩ *Nachfolger*

**n. Chr.** ⟨Abk. für⟩ *nach Christo, nach Christus, nach Christi Geburt*

**NDR** ⟨Abk. für⟩ *Norddeutscher Rundfunk*

**Ne** ⟨Chem.; Zeichen für⟩ *Neon*

**Neandertaler** ⟨m. 3⟩ ◄ *nach dem im Neandertal bei Düsseldorf gefundenen vorgeschichtlichen menschlichen Skelett benannte Menschenrasse*

**Neapolitaner** ⟨m. 3⟩ **1** *Einwohner der italien. Stadt Neapel* **2** ⟨österr. a.⟩ *eine Art gefüllter Waffeln*

**Nearthrose** ⟨f. 19⟩ *(krankhafte) Gelenkneubildung* [< grch. *neos* „neu" + *Arthrose*]

**Nebel** ⟨m. 5⟩ **1** ⟨Meteor.⟩ ▲ *Trübung der Luft durch Wasserdampf, Wolken am Erdboden* **2** ⟨Astron.; Sammelbez. für⟩ ◄ *alle flächenhaft ausgedehnten Gebilde des Himmels, die nicht dem Sonnensystem angehören* **3** ⟨fig.⟩ *leichter Dampf, Schleier* ◆ bei **Nacht** und Nebel ⟨fig.⟩ *heimlich* ◆ der Nebel **hängt,** lagert über dem See ◆ **dichter,** dicker, undurchdringlicher, leichter Nebel ◆ er hat sich **im** Nebel verirrt [< ahd. *nebul*]

**Nebelboje** ⟨f. 19⟩ *Boje, die bei Nebel ertönt*

**Nebelgranate** ⟨f. 19⟩ *Granate, die abgeschossen wird, um das Gelände zu vernebeln*

**nebelhaft** ⟨Adj.; -er, am -esten; fig.⟩ *verschwommen, undeutlich wie Nebel*

**Nebelhorn** ⟨n. 12u⟩ *dumpf tönendes Horn auf Schiffen als Signalgerät bei der Fahrt im Nebel*

**nebelig** ⟨Adj.⟩ = *neblig*

**nebeln** ⟨V. i.; hat⟩ **1** *neblig werden* **2** *flüssige Pflanzenschutzmittel in feinster Verteilung (als Aerosol) versprühen*

**Nebelschwaden** ⟨m. 4; meist Pl.⟩ *Fetzen dichten Nebels*

## NEBEL

Nebel bestehen aus Gas- und Staubwolken, in denen durch Rotation und Kondensation Protosterne gebildet werden können. Kommt es in diesen zu Kernreaktionen, bei denen viel Energie freigesetzt wird, entstehen neue Sterne.

STRUKTUR EINES EMISSIONSNEBELS

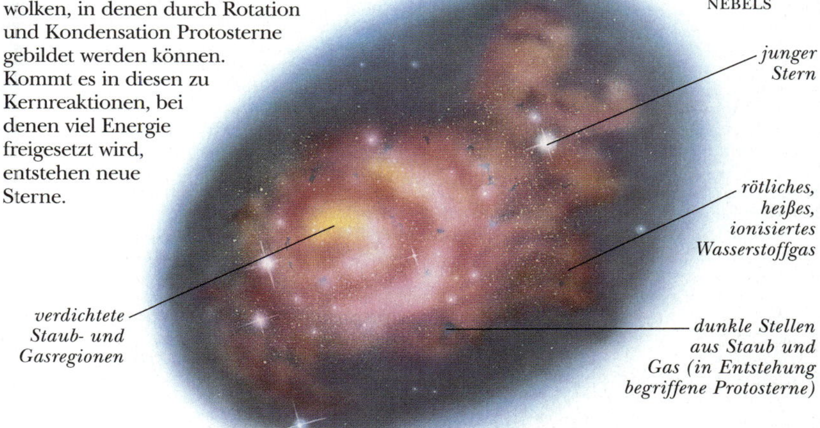

**Nebelwand** ⟨f. 7u; fig.⟩ *große, hohe Nebelmasse*
**neben** ⟨Präp. m. Dat.; auf die Frage „wo?"; mit Akk. auf die Frage „wohin?"⟩ **1** *an der Seite, seitlich, in unmittelbarer Nähe, Nachbarschaft, dicht bei, dicht daran vorbei* **2** *außer* **3** *verglichen mit, im Vergleich zu* ◆ neben ihr kannst du nicht bestehen; neben dem Eingang steht eine Blumenschale; etwas neben das Fenster stellen; neben vielen anderen Möglichkeiten
**Neben...** ⟨in Zus.⟩ **1** *daneben befindlich, unmittelbar anstoßend, benachbart, Seiten ...* **2** *gleich laufend* (Nebengleis) **3** *hinzutretend* (Nebenfluss) **4** *zusätzlich* (Nebenverdienst) **5** *nebenbei, außerdem entstehend* (Nebenprodukt) **6** *von untergeordneter Bedeutung* (Nebenrolle, Nebenstraße) **7** *abrundend, ergänzend* (Nebenbücher) [< ahd. *neben* < *ineben* „auf gleiche Weise"; zu ahd. *ebani* „Gleichheit, Ebenheit"]

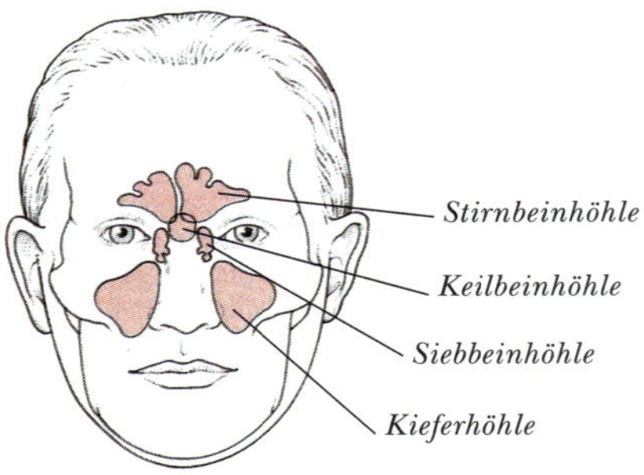


NEBENHÖHLEN: LAGE BEIM MENSCHEN

**Nebenabrede** ⟨f. 19⟩ *über eine schriftliche Vereinbarung hinausgehende mündliche Abmachung* ◆ ich möchte verhindern, dass Nebenabreden getroffen werden
**nebenamtlich** ⟨Adj.⟩ *(nur) im Nebenamt;* Ggs *hauptamtlich* ◆ nebenamtlicher Posten
**nebenan** ⟨Adv.⟩ *seitlich anstoßend, angrenzend, benachbart* ◆ er wohnt gleich nebenan
**Nebenbedeutung** ⟨f. 20⟩ *zweite, besondere od. auch weniger wichtige Bedeutung*
**nebenbei** ⟨Adv.⟩ *gleichzeitig mit etwas anderem, außerdem, beiläufig* ◆ etwas nebenbei bemerken; diese Arbeit mache ich nebenbei
**Nebenberuf** ⟨m. 1⟩ *von jmdm. nur gelegentlich u. nebenbei ausgeübter Beruf;* Ggs *Hauptberuf*
**nebenberuflich** ⟨Adj.⟩ **1** *im Nebenberuf ausgeübt* **2** *neben, außer der Berufsarbeit* ◆ nebenberufliche Arbeit, Beschäftigung, Tätigkeit
**Nebenbeschäftigung** ⟨f. 20⟩ *zusätzliche Beschäftigung*

POSITIV

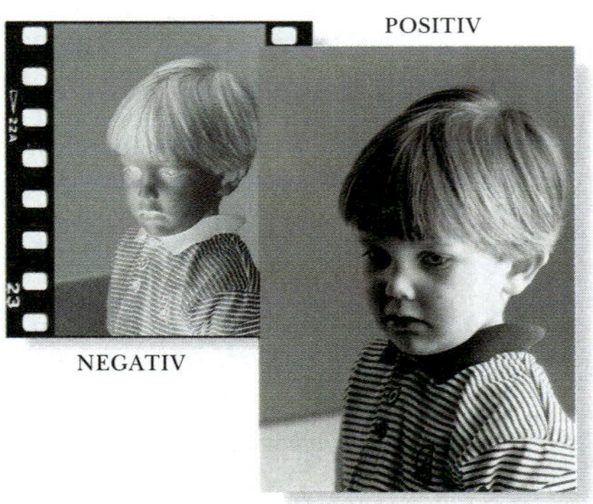

NEGATIV

NEGATIV UND POSITIV
EINER FOTOGRAFISCHEN AUFNAHME

**nebeneinander** ⟨Adv.⟩ *einer neben dem andern* ◆ nebeneinander legen; nebeneinander liegen; nebeneinander sitzen; nebeneinander stehen; nebeneinander stellen
**Nebeneingang** ⟨m. 1u⟩ *kleiner, zusätzl., wenig benutzter Eingang;* Ggs *Haupteingang*
**Nebeneinkommen** ⟨n. 14⟩, **Nebeneinkünfte** ⟨Pl.⟩ *zusätzl. (finanzielle) Einkünfte*

NEBENKRONE BEI DER OSTERGLOCKE

**Nebenfach** ⟨n. 12u⟩ **1** *dem Hauptfach untergeordnetes, weniger gründlich betriebenes Studienfach;* Ggs *Hauptfach* **2** *kleines Seitenfach (eines Schrankes usw.)*
**Nebenfigur** ⟨f. 20⟩ = *Nebenperson*
**Nebenform** ⟨f. 20⟩ *weniger gebräuchl. Form (eines Wortes)*
**Nebengebäude** ⟨n. 13⟩ Ggs *Hauptgebäude* **1** *kleineres Gebäude in einer Anlage von mehreren Gebäuden* **2** *anstoßendes, angrenzendes Gebäude*
**Nebenhandlung** ⟨f. 20; Lit.⟩ *neben der Haupthandlung ablaufende Handlung (im Drama, Roman);* Ggs *Haupthandlung*
**nebenher** ⟨Adv.⟩ **1** *nebenbei, außerdem, zusätzlich* **2** *daneben einher*
**Nebenhöhle** ⟨f. 19⟩ **1** *kleinere, angrenzende Höhle (in einem Gestein od. einem Bergwerk)* **2** ⟨Anat.⟩ ◄ *von der Nasenhöhle abzweigendes, mit Schleimhaut gefülltes Hohlorgan*
**Nebenkosten** ⟨nur Pl.⟩ *zusätzliche Kosten*
**Nebenkrone** ⟨f. 19; Bot.⟩ ▲ *kronenartiger Auswuchs aus der Innenseite der Korolla*
**Nebenmann** ⟨m. 2u⟩ **1** *Nachbar (in einer Reihe, im Glied)* **2** *jmd., der neben jmdm. sitzt, steht*
**Nebenniere** ⟨f. 19; Anat.⟩ ► *am oberen Nierenpol sitzende Drüse: Glandula suprarenalis*
**nebenordnen** ⟨V. t.; hat⟩ *beiordnen, gleichberechtigt danebenstellen*
**Nebenperson** ⟨f. 20; Lit.⟩ *neben den Hauptpersonen auftretende, weniger wichtige Person (eines Dramas, Romans usw.);* Sy *Nebenfigur;* Ggs *Hauptperson*
**Nebenraum** ⟨m. 1u⟩ **1** *Raum nebenan* **2** *kleiner Abstellraum* **3** Nebenräume ⟨Pl.; Sammelbez. für⟩ *Bad, Toilette, Abstellraum, Speisekammer, Diele (einer Wohnung)*
**Nebenrolle** ⟨f. 19; Theat.⟩ *kleine, untergeordnete Rolle;* Ggs *Hauptrolle*
**Nebensache** ⟨f. 19⟩ *unwichtige Angelegenheit, bedeutungslose Kleinigkeit;* Ggs *Hauptsache*
**nebensächlich** ⟨Adj.⟩ *unwichtig, bedeutungslos;* Ggs *hauptsächlich*
**Nebensatz** ⟨m. 1u; Gramm.⟩ *unselbständiger, von einem Hauptsatz abhängiger Satz, der für sich allein nicht sinnvoll bestehen kann;* Ggs *Hauptsatz;* → a. *Gliedsatz*
**Nebensinn** ⟨m. 1; unz.⟩ *zusätzl. Bedeutung, Nebenbedeutung*
**nebenstehend** ⟨Adj.⟩ *neben dem Text stehend, an den Rand geschrieben* ◆ das Nebenstehende; im Nebenstehenden
**Nebenstraße** ⟨f. 19⟩ = *Seitenstraße*
**Nebenstrecke** ⟨f. 19; Eisenb.⟩ *von einer größeren Strecke abzweigende, zu kleinen Orten führende Strecke*
**Nebentisch** ⟨m. 1⟩ *Tisch daneben* ◆ am Nebentisch saßen Freunde von mir
**Nebenton** ⟨m. 1u⟩ *weniger starke Betonung (einer Silbe od. eines Wortes im Satz);* Ggs *Hauptton (2)*
**Nebenwirkung** ⟨f. 20⟩ *zusätzl. Wirkung* ◆ unerwünschte Nebenwirkung
**Nebenzimmer** ⟨n. 13⟩ *Zimmer nebenan, angrenzendes Zimmer*

**Nebenzweig** ⟨m. 1⟩ **1** *kleiner Zweig, kleiner neuer Trieb* **2** ⟨fig.⟩ *Seitenzweig, Seitenlinie, z. B. beim Stammbaum* **3** *unbedeutenderes Teilgebiet (z. B. der Industrie)*
**neblig** ⟨Adj.⟩ *voller Nebel;* oV *nebelig*
**nebulos, nebulös** ⟨Adj.; -er, am -esten⟩ *unklar, verschwommen, nebelhaft*
**Necessaire** ⟨[nɛsɛ'sɛ:r] n. 15⟩ *Behälter für kleine Gebrauchsgegenstände, z. B. für Nagelpflege, Nähutensilien* (Reisenecessaire); oV *Nessessär* [< frz. *nécessaire* „Behälter für notwendige Gebrauchsgegenstände", eigtl. „das Notwendige"]
**necken** ⟨V. t.; hat⟩ jmdn. necken *zum Besten halten, mit jmdm. Schabernack treiben* ◆ jmdn. mit jmdm. od. etwas necken; sie necken sich; neckt ihn doch nicht immer damit; was sich liebt, das neckt sich ⟨Sprichw.⟩ [seit Gellert u. Hagedorn < mnddt. *necken* „reizen, beunruhigen", mhd. *neckisch* „boshaft", *nachaft* „bösartig", *nacheit* „Tücke"; Intensivbildung zu *nagen*]
**neckisch** ⟨Adj.⟩ **1** *zu Neckereien aufgelegt, schelmisch* **2** *anmutig u. verschmitzt, aufreizend niedlich, kokett*
**Neffe** ⟨m. 17⟩ *Sohn der Schwester od. des Bruders*

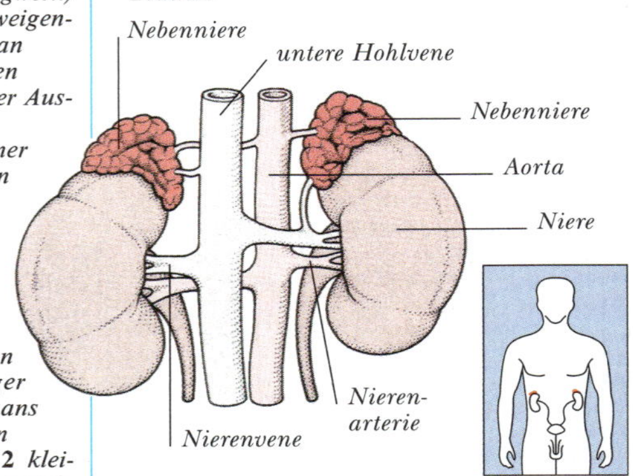


NEBENNIEREN DES MENSCHEN

**Negation** ⟨f. 20⟩ **1** *Verneinung, Ablehnung;* Ggs *Affirmation, Position (8)* **2** ⟨Gramm.⟩ *Verneinungswort;* Sy *Verneinung* [< lat. *negatio*]
**negativ** ⟨Adj.⟩ Ggs *positiv* **1** *verneinend, ablehnend;* Ggs *affirmativ* **2** *ergebnislos* **3** ⟨Math.; Zeichen: –⟩ *kleiner als Null* **4** ⟨Fot.⟩ *in den Farben bzw. der Helligkeit gegenüber dem Original vertauscht* ◆ negative Antwort; negativer Befund ⟨Med.⟩ *der Befund, dass sich in dem untersuchten Abstrich od. Gewebeteil keine Krankheitserreger befinden;* negative Ladung ⟨Chem.⟩ *die negative elektronische Ladung eines Atoms, einer Atomgruppe oder eines Moleküls;* er verhielt sich ziemlich negativ; die Sache ist negativ verlaufen [< lat. *negativus* „verneinend"]
**Negativ** ⟨n. 11; Fot.⟩ ◄ *fotografisch aufgenommenes Bild nach dem Entwickeln, bei dem Lichter u. Schatten gegenüber dem Original vertauscht sind;* Ggs *Positiv (2)* [zu *negativ* im Sinne von „verkehrt, vertauscht"]
**Negative** ⟨[-və] f. 19; geh.⟩ **1** *Verneinung* **2** *Ablehnung* ◆ sich in der Negative halten
**Neger** ⟨m. 3; abwertend⟩ = *Schwarze(r) (2)* [< frz. *nègre* < span. *negro;* zu lat. *niger* „schwarz"]
**Negerin** ⟨f. 22; abwertend für⟩ *weibl. Schwarze*

**negieren** 〈V. t.; hat〉 **1** *verneinen, ablehnen;* Ggs *affirmieren* **2** *bestreiten* [< lat. *negare*]

**Neglig*é*** 〈[-ʒeː] n. 15〉 = *Negligee*

**Negligee** 〈[-ʒeː] n. 15〉 *bequeme Morgenkleidung, Morgenrock, Morgenkleid;* oV *Negligé* [< frz. *négligé* „Morgenrock", „Hauskleid", eigentl. „nachlässige, lässig intime Kleidung"; zu *négliger* „vernachlässigen"]

**Negoziation** 〈f. 20; Wirtsch.〉 *Verkauf von Wertpapieren durch eine Bank* [< frz. *négociation* „Verhandlung, Unterhandlung" < lat. *negotiatio* „Bankgeschäft, Großhandel"]

**nehmen** 〈V. t. 187; hat〉 **1** etwas nehmen *ergreifen, fassen, packen, sich aneignen, von etwas Besitz ergreifen* **2** *in seinen Besitz bringen, fordern, verlangen (Honorar)* **3** *erobern* **4** *wählen, sich für etwas entscheiden* **5** jmdm. etwas nehmen *ihm entziehen, ihn einer Sache berauben* **6** jmdn. nehmen **6.1** *behandeln* **6.2** *heiraten* ◆ man nehme ... (5 Eier usw.; in Kochrezepten); man muss ihn (sie, es) nehmen, wie er (sie, es) ist *man muss sich mit ihm (ihr, damit) abfinden, man kann ihn (sie, es) nicht ändern;* sie hat ihn dann doch noch genommen *geheiratet;* er ist schwer zu nehmen ◆ einen **Anwalt** nehmen *sich von einem Anwalt vertreten lassen;* eine **Arznei,** Tabletten, Tropfen nehmen; ein **Bad** nehmen *baden;* du solltest dir ein **Beispiel** daran nehmen *dir das zum Vorbild machen, es nachahmen, ihm nacheifern;* der Vortrag nimmt kein **Ende** *dauert zu lange, hört nicht auf;* es wird noch ein schlimmes Ende mit dir nehmen *schlimm enden;* das **Flugzeug,** den Wagen nehmen *benutzen;* du hast mir die **Freude,** den Spaß daran genommen *mir verdorben;* jmdm. das **Geld** nehmen *stehlen;* jmdm. den **Glauben** nehmen; ein **Hindernis** nehmen *überspringen, überwinden;* der Schneider muss noch **Maß** nehmen *die Körpermaße messen u. aufschreiben;* ein **Taxi** nehmen *mieten;* den **Tee** auf der Veranda nehmen 〈förml.〉 *die nachmittägl. Mahlzeit auf der Veranda einnehmen* ◆ das **lasse** ich mir nicht nehmen *ich bestehe darauf, so zu handeln;* er **weiß** seine Leute zu nehmen *versteht sie zu behandeln* ◆ du musst es **als** Scherz nehmen *auffassen;* ich werde es vorläufig **an** mich nehmen *verwahren, aufbewahren;* eine Bürde, Last, die Verantwortung **auf** sich nehmen *übernehmen;* die Butter **aus** dem Kühlschrank nehmen; sich **noch einmal,** mehr nehmen (bei Tisch) *noch einmal zulangen;* der Boxer ist hart **im** Nehmen *er kann schwere Schläge hinnehmen;* etwas **mit** sich nehmen; die Sorge hat er **von** mir genommen *von dieser Sorge hat er mich befreit;* eine Kleinigkeit **zu** sich nehmen *etwas essen;* Gott hat ihn zu sich genommen *er ist gestorben;* etwas zum Anlass nehmen *etwas als Anlass benutzen* ◆ **wie** man's nimmt 〈fig.; umg.〉 *man kann es so od. so auffassen;* **wie viel** hat er dafür genommen? *welchen Preis hat er verlangt?;* **woher** nehmen und nicht stehlen? 〈umg.〉 *woher soll ich's denn nur nehmen?* [< ahd. *nemen*]

NELKE
(*Dianthus* 'Dad's Favourite')

**Nehrung** 〈f. 20〉 *einem Haff vorgelagerter Landstreifen, das Haff gegen das Meer abschließende, schmale Landzunge* [< mhd. *nerge* „(Kurische) Nehrung"; zu germ. *narwa-* „eng"]

**Neid** 〈m. 1; unz.〉 **1** *Unlustgefühl, das jmdn. befällt, wenn er einem andern etwas nicht gönnt od. das Gleiche haben will u. es nicht bekommt* **2** *Missgunst* ◆ das ist (nur) der Neid der **Besitzlosen!** 〈umg.〉 *ihr kritisiert das nur, weil ihr es selbst nicht habt* ◆ jmds. Neid **erregen,** erwecken; der Neid **frisst,** nagt, zehrt an ihm; das muss der Neid ihm **lassen** 〈umg.〉 *das muss auch der Übelwollende zugeben, dass er ...* ◆ **blass,** gelb, grün vor Neid werden 〈fig.〉; der blasse Neid sprach aus ihm ◆ ich könnte **vor** Neid bersten, platzen 〈umg.〉 [< mhd. *nit, nid* „feindselige Gesinnung; Eifersucht, Missgunst, Neid" < ahd. *nid, nidh, nith* „Hass, Zorn, Neid"]

NEKTARINE
(*Prunus persica*)

**neiden** 〈V. t.; hat〉 jmdm. etwas neiden *ihn darum beneiden, es ihm missgönnen* ◆ jmdm. den Erfolg, sein Glück neiden

**Neider** 〈m. 3〉 *jmd., der einem andern etwas neidet, missgönnt* ◆ er hat viele Neider

**neidisch** 〈Adj.〉 *von Neid erfüllt* ◆ neidische Freunde haben; neidisch auf jmds. Erfolg sein

**neidlos** 〈Adj.〉 *keinen Neid empfinden* ◆ jmds. Erfolg, Können neidlos anerkennen

**Neige** 〈f. 19〉 **1** *Abhang, Senke* **2** *Rest* **3** *Ende* ◆ die Neige austrinken, stehen lassen *den Rest im Glas;* das Geld, die Vorräte gehen zur Neige; das Jahr, der Tag geht zur Neige; den Kelch bis zur Neige leeren, trinken 〈fig.〉 *Kummer, Leid bis ins letzte leiden müssen* [→ *neigen*]

**neigen** 〈V. t.; hat〉 **1** *schräg stellen, beugen, senken* **2** *herabbeugen, nähern* **3** zu etwas neigen *eine Vorliebe, einen Hang für etwas haben, sich einer Sache zuwenden, ihr nähern* ◆ der Tag neigt sich *geht zu Ende;* er neigt zur Verschwendung; ich neige zu der Ansicht, dass ...; eine geneigte Ebene; der geneigte Leser 〈geh.〉 *der wohlgesinnte Leser;* ein geneigtes Ohr zu finden hoffen 〈fig.; geh.〉 *empfängliche, verständnisvolle Zuhörer;* ich bin geneigt, mich daran zu beteiligen *ich habe Lust dazu, ich werde mich wahrscheinlich daran beteiligen* [< ahd. *hneigen* „neigen (machen), beugen"]

**Neigung** 〈f. 20〉 **1** *das Neigen, Sichneigen* **2** *Abweichung von der Waagerechten od. Senkrechten* **3** *geneigte Lage, Stellung, Schräglage, -stellung, Gefälle* **4** *schiefe Ebene, abschüssige Bahn* **5** 〈fig.〉 *liebevolle Gesinnung, Zuneigung* **6** *Vorliebe, Lust (zu etwas)* **7** *Anlage, Veranlagung* ◆ die Neigung einer **Ebene,** eines lecken Schiffes; die Neigung der **Magnetnadel** ◆ diese Neigung kann ich nicht **billigen,** teilen, verstehen; sie **erwiderte** seine Neigung nicht; jmds. Neigung **gewinnen;** er **hat,** verspürt, zeigt wenig Neigung dazu ◆ ein Mensch mit **künstlerischen,** musikalischen, politischen, vielfältigen Neigungen

**nein** 〈Partikel〉 **1** *(verneinende, ablehnende, widersprechende Antwort);* Ggs *ja (1)* **2** *(zur Berichtigung bei Steigerungen)* **3** *(zur Bekräftigung)* ◆ wirst du kommen? nein, ich habe keine Zeit; nein, das ist unmöglich!; jmdm. ein entschiedenes Nein entgegensetzen; bitte sag nicht nein/Nein *lehne es nicht ab, sage zu;* er kann nicht, schwer nein/Nein sagen; aber nein!; ach nein (lieber nicht)!; das Ja und das Nein; nein, nein und nochmals nein!; Hunderte, nein Tausende waren gekommen; nein, ist das eine Freude, Überraschung!; nein, ist das reizend! [< ahd. *nein,* aus dem Negationspartikel *ni* zu dem Neutr. des unbest. Art. *ein,* eigtl. „nicht eins"]

NEPHRIT

**Neinsager** 〈m. 3〉 *jmd., der ständig alles ablehnt*

**nekro..., Nekro...** 〈in Zus.〉 *tod..., Tod..., tot..., Tot...* [< grch. *nekros*]

**Nekrologie** 〈f.; -; unz.〉 *Lehre von den Ursachen der Sterblichkeit, Todesstatistik* [< grch. *nekros* „tot; Toter" + *logos* „Wort, Lehre"]

**Nektar** 〈m. 1; unz.〉 **1** 〈grch. Myth.〉 *Unsterblichkeit verleihender Trank der Götter* **2** 〈Bot.〉 *zuckerhaltige Absonderung der Blüten* [< grch. *nektar* „Göttertrank"]

**Nektarine** 〈f. 19〉 ▲ *Pfirsichsorte mit glatter Haut* [→ *Nektar*]

**Nelke** 〈f. 19; Bot.〉 ◄ *Angehörige einer Gattung der Nelkengewächse (Caryophyllaceae), Kraut mit wohlriechenden Blüten: Dianthus;* Sy *Nagel (4), Nagelblume (1);* → a. *Gewürznelke* [< mnddt. *negelkin, -ken* „Gewürznelke", eigtl. „Nägelchen"; → *Nagel*]

**Nelkenbaum** 〈m. 1u〉 = *Gewürznelkenbaum*

**Nelkenpfeffer** 〈m. 3; unz.〉 ► = *Piment*

**Nelkenzimtbaum** 〈m. 1u〉 = *Gewürznelkenbaum*

**Nematode** 〈m. 17; meist Pl.; Zool.〉 ► = *Fadenwurm* [zu grch. *nema,* Gen. *nematos* „Faden"]

**Nemesis** 〈f.; -; unz.〉 *strafende od. vergeltende Gerechtigkeit* ◆ die unausweichliche Nemesis; von der Nemesis ereilt werden [nach der grch. Göttin der Rache u. der gerechten Vergeltung]

**NE-Metalle** 〈Pl.; Abk. für〉 *Nichteisenmetalle*

**nennen** 〈V. 188; hat〉 **I** 〈V. t.〉 **1** *mit Namen erwähnen, anführen, aufzählen* **2** *mit einem Namen versehen, benennen, bezeichnen* ◆ können Sie mir **Beispiele** dafür nennen?; wie wollen wir das **Kind** nennen?; er nannte ihn **Lügner** ◆ etwas sein Eigen nennen; man muss ihn, sein Verhalten **klug,** weise, weit blickend nennen **II** 〈V. refl.〉 sich nennen *heißen, sich einen Namen geben* ◆ und so etwas nennt sich **Künstler!** 〈iron.〉 ◆ sich **nach** seiner Mutter nennen [< mhd. *nemmen, nennen* „einen Namen geben, mit Namen nennen; festsetzen, bestimmen" < ahd. *nemnen, nemmen, nennen* „benennen, nennen"]

**nennenswert** 〈Adj.〉 *so wichtig, dass es genannt werden sollte* ◆ keine nennenswerten Einnahmen haben

**Nenner** 〈m. 3; Math.〉 *die unter dem Bruchstrich stehende Zahl (od. der Ausdruck)* ◆ es ist schwer, die verschiedenen Wünsche auf einen Nenner zu bringen 〈fig.〉 *Gemeinsames aus ihnen hervorzuheben und alle in gleicher Weise zu berücksichtigen*

**neo..., Neo...** 〈in Zus.〉 **1** *neu..., Neu...* **2** *erneuert* **3** *jung* [< grch. *neos*]

**Neofaschismus** 〈m.; -; unz.; nach dem 2. Weltkrieg〉 *Strömungen, die den Faschismus wiederzubeleben versuchen*

**Neofaschist** 〈m. 16〉 *Vertreter, Anhänger des Neofaschismus;* Sy 〈kurz; abwertend〉 *Neonazi*

**neofaschistisch** 〈Adj.〉 *in der Art des Neofaschismus, auf ihm beruhend*

**Neoklassizismus** 〈m.; -; unz.〉 *an den Klassizismus anknüpfende Kunstrichtung*

N

## NEPTUN

Der Neptun wurde 1846 entdeckt. Seine vier dunklen Ringe und sechs seiner acht Monde fand jedoch erst die Sonde „Voyager 2" im Jahr 1989.

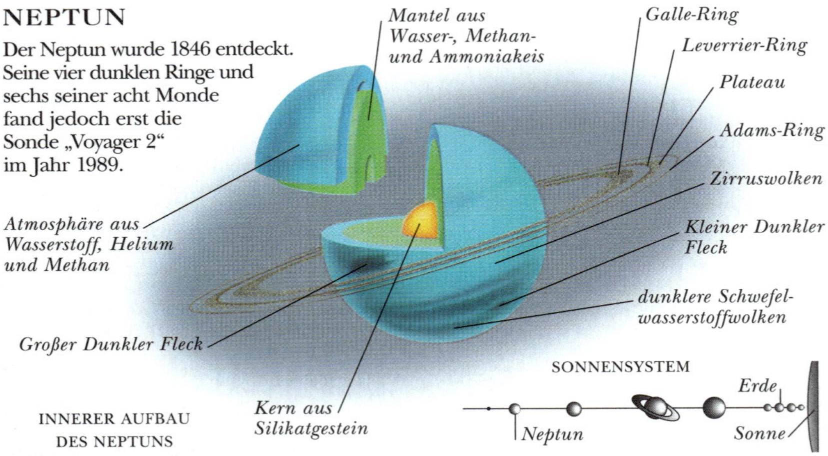


INNERER AUFBAU DES NEPTUNS

**neoklassizistisch** ⟨Adj.⟩ *zum Neoklassizismus gehörig*

**Neolithikum** ⟨n.; -s; unz.⟩ = *Jungsteinzeit* [neulat.; < grch. *neos* „neu" + *lithos* „Stein"]

**neolithisch** ⟨Adj.⟩ = *jungsteinzeitlich*

**Neologismus** ⟨m.; -, -men; Sprachw.⟩ *Wortneubildung, um eine bisher nicht bekannte Erscheinung (sprachlich) zu erfassen* [neulat. < grch. *neos* „neu" + *logos* „Wort"]

**Neomortalität** ⟨f. 20; unz.⟩ *Frühsterblichkeit bei Säuglingen* [< grch. *neos* „neu, jung" + *Mortalität*]

**Neon** ⟨n.; -s; unz.; Chem.; Zeichen: Ne⟩ *Edelgas, chem. Element, Ordnungszahl 10* [zu grch. *neos* „neu, jung"]

**Neonazi** ⟨m. 6; abwertend; kurz für⟩ *Neofaschist*

**Neonazismus** ⟨m.; -; unz.⟩ *Strömung (nach 1945), die den Nationalsozialismus wiederzubeleben versucht*

**Neonlicht** ⟨n. 12⟩ *rötlich bläul. Licht von mit Neon gefüllten Leuchtröhren*

**Neonröhre** ⟨f. 19⟩ *mit Neon gefüllte Leuchtröhre*

**Neopallium** ⟨n.; -s, -lien⟩ = *Großhirnrinde* [< grch. *neos* „neu, jung" + lat. *allium* „Mantel"]

**Neoplasma** ⟨n.; -s; unz.; Med.⟩ *Neubildung, Geschwulst, Tumor* [< grch. *neos* „neu" + *plasma* „Gebildetes, Gebilde"]

**Neozoikum** ⟨[-tso:i-] n.; -s; unz.⟩ = *Känozoikum* [< grch. *neos* „neu" + *zoon* „Lebewesen"]

**Nephrit** ⟨m. 1; Min.⟩ ◄◄ *Mineral aus der Amphibolgruppe, das für vorgeschichtliche Werkzeuge verwendet wurde, Beilstein* [< grch. *nephros* „Niere" (nach der Vorstellung, dass das Mineral gegen Nierenerkrankungen wirke)]

**Nephrologie** ⟨f.; -; unz.; Med.⟩ *Lehre von den Nierenkrankheiten* [< grch. *nephros* „Niere" + *logos* „Wort, Lehre"]

**nephrologisch** ⟨Adj.; Med.⟩ *die Nierenkrankheiten betreffend, zu ihnen gehörig*

**Nepote** ⟨m. 17⟩ *Neffe, Enkel, Vetter, Verwandter* [neulat. < lat. *nepos* Gen. *nepotis* „Neffe, Enkel; Nachkomme"]

**Nepp** ⟨m. 1; unz.; umg.⟩ *Preisüberhöhung, Gaunerei, Übervorteilung* ◆ in diesem Lokal herrscht der reinste Nepp!

**neppen** ⟨V. t.; hat; umg.⟩ jmdn. neppen *jmdn. übervorteilen, von jmdm. Überpreise verlangen* [< rotw. *neppen* „Unzucht treiben", vermutl. zum hebr. Stamm *na'ap(h)* „unkeusch sein, ehebrechen"; dazu ferner rotw. *Neppe* „Dirne", *Nepper* „Gauner (der mit *Neppsore* („Betrugsware") Leichtgläubige betrügt)"]

**Neptun** ⟨m. 1; unz.; Astron.⟩ ▲ *achter Planet im Sonnensystem* [nach *Neptun*, dem röm. Gott der Meere]

**Nereide** ⟨[-rei:-] f. 19⟩ **1** ⟨grch. Myth.⟩ *Meerjungfrau* **2** ⟨Zool.⟩ *Angehörige einer Familie frei schwimmender Borstenwürmer des Meeres: Nereidae* [< grch. *Nereis*, Gen. *Nereidos* „Tochter des grch. Meeresgottes *Nereus*"]

**neritisch** ⟨Adj.⟩ *zu Flachseeablagerungen bis zu einer Tiefe von 200 m gehörig, aus ihnen stammend* [zu grch. *nerites* „Muschel"]

**Nerv** ⟨m. 23 od. fachspr.: m. 16⟩ **1** *faser- bzw. strangartiges Gebilde zwischen Gehirn, Rückenmark u. Körperteilen zur Weiterleitung von Reizen u. Bewegungsimpulsen* **2** *Hauptleitbündelstrang von Blättern* **3** *Ader, Rippe im Blatt* **4** *Flügelader der Insekten (Hautfalte)* ◆ die Nerven **behalten,** nicht verlieren ⟨fig.⟩ *die Ruhe, Fassung bewahren;* der **hat** Nerven! ⟨umg.⟩ *er verlangt zu viel, was denkt er sich nur dabei?;* den Nerv (im Zahn) **töten,** ziehen; die Nerven **verlieren** ⟨fig.⟩ *die Fassung, Beherrschung verlieren* ◆ **eiserne,** gesunde, gute, starke Nerven haben; **keine** Nerven haben *sehr nervös sein* ◆ der Lärm, dieser Mensch fällt, geht mir **auf** die Nerven ⟨fig.; umg.⟩ *macht mich nervös, reizt mich, ist mir sehr lästig;* **mit** den Nerven fertig, herunter sein ⟨umg.⟩ *übernervös, nahe einem Zusammenbruch sein;* Nerven **wie** Bindfäden, Stricke, Drahtseile *sehr gute Nerven haben* [< lat. *nervus* „Sehne, Flechse, Band"]

**nerval** ⟨[-va:l] Adj.⟩ *zur Nerventätigkeit gehörig, nervlich*

**nerven** ⟨V. t.; hat; umg.⟩ *sehr lästig sein, nervös machen* ◆ der Lärm nervt mich

**Nervenbahn** ⟨f. 20⟩ = *Nervenstrang*

**Nervenbündel** ⟨n. 13⟩ *Bündel aus Nervenfasern* ◆ er ist nur noch ein Nervenbündel ⟨fig.; umg.⟩ *ein übernervöser, nervlich stark angegriffener Mensch*

**Nervenentzündung** ⟨f. 20; Med.⟩ *schmerzhafte u. mit Tätigkeitsausfall verbundene Erkrankung der Nerven auf entzündlicher Basis;* Sy *Neuritis*

**Nervenfaser** ⟨f. 21⟩ *bis 1 m langer Fortsatz der Nervenzelle*

**Nervenheilkunde** ⟨f. 19; unz.⟩ = *Neurologie*

**Nervenkitzel** ⟨m. 5; fig.⟩ *bewusste, übersteigerte Erregung von Spannung, z. B. in Kriminal- od. Gruselfilmen* ◆ ein Nervenkitzel verursachender Film

**Nervenknoten** ⟨m. 4; Med.⟩ = *Ganglion (1)*

**nervenkrank** ⟨Adj.⟩ *an einer Nervenkrankheit leidend*

**Nervenkrankheit** ⟨f. 20⟩ *Krankheit des Nervensystems*

**Nervensache** ⟨f. 19⟩ *Sache, die vom seelischen, nervlichen Zustand einer Person abhängt oder damit zusammenhängt* ◆ dies ist eine reine Nervensache!

**Nervensäge** ⟨f. 19; fig.; umg.⟩ *jmd., der einem anderen sehr auf die Nerven fällt*

**Nervenschmerz** ⟨m. 23⟩ = *Neuralgie*

N

## NESSELTIERE

Nesseltiere sind 0,5 mm bis 2,2 m lange Hohltiere, die ungefähr 9000 Arten umfassen. Ihre Entwicklung ist in der Regel mit einem Generationswechsel verbunden. Die Polypen gehen aus den frei schwimmenden Planulalarven hervor und erzeugen auf ungeschlechtlichem Wege wiederum die getrenntgeschlechtige Medusengeneration.

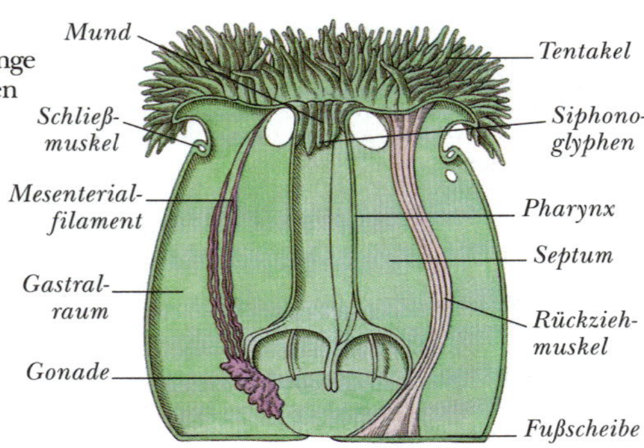


ANATOMIE EINER SEEANEMONE

### VERSCHIEDENE NESSELTIERARTEN

OHRENQUALLE (*Aurelia aurita*)

SEEANEMONE (*Condylactis* species)

GORGONIE (*Gorgonia* species)

**Nervenstrang** ⟨m. 1u⟩ *Teil des Nervensystems, der die einzelnen Teile des Zentralnervensystems miteinander verbindet;* Sy *Nervenbahn*
**Nervensystem** ⟨n. 11; Biol.⟩ ► *Gesamtheit der Nervenzellen des menschlichen Körpers oder eines Tierkörpers;* → a. *autonomes Nervensystem, peripheres Nervensystem;* ► *Körper*
**Nervenzelle** ⟨f. 19⟩ *menschl. od. tierische Zelle, die der Aufnahme u. Übertragung der Erregungen von Sinneszellen auf Erfolgsorgane (Muskeln, Drüsen) dient*
**Nervenzusammenbruch** ⟨m. 1u⟩ *ein sich meist allmähl. anbahnendes Versagen des Nervensystems infolge seel. Erschütterung od. Überbelastung*
**nervig** ⟨Adj.⟩ **1** *kräftig, sehnig, zäh* **2** ⟨fig.; umg.⟩ *entnervend, stressig* ◆ eine nervige Faust; eine nervige Angelegenheit
**nervös** ⟨[-vøːs] Adj.; -er, am -esten⟩ **1** ⟨i. e. S.⟩ *die Nerven betreffend, auf ihnen beruhend* **2** ⟨i. w. S.⟩ *leicht reizbar, erregbar, überempfindlich* [urspr. *nervos* „nervig“ < lat. *nervosus* „sehnig, stark, nachdrücklich“; unter dem Einfluss von frz. *nerveux* umgebildet u. umgedeutet]
**Nervosität** ⟨[-vo-] f. 20; unz.⟩ *leichte Reizbarkeit, Überempfindlichkeit, Erregbarkeit* [< frz. *nervosité*]
**Nerz** ⟨m. 1; Zool.⟩ **1** ▼ *Angehörige einer Gattung marderähnlicher Pelztiere: Mustela* **2** *Fell dieser Tiere* [< spätmhd. *nerz, norz* „Wasserwiesel u. dessen Fell“ < ukrain. *noryca* „Nerz, Nerzfell“, eigtl. „Taucher“]
**Nessel I** ⟨f. 21⟩ = *Brennnessel* ◆ sich in die Nesseln setzen ⟨fig.; umg.⟩ *sich Unannehmlichkeiten zuziehen* **II** ⟨m. 5; unz.⟩ *aus Nesselgarn hergestelltes Gewebe;* Sy *Nesselstoff* [< ahd. *nezzila*, engl. *nettle*]
**Nesselstoff** ⟨m. 1⟩ = *Nessel (II)*
**Nesseltier** ⟨n. 11; Zool.⟩ ◄ *Hohltier mit Nesselkapseln, deren Nesselfäden zum Beuteerwerb od. zur Verteidigung lassoartig ausgeschleudert werden u. das in zwei Gestalten auftritt, als festsitzender, sich ungeschlechtlich fortpflanzender Polyp sowie als frei schwimmende Meduse: Cnidaria*
**Nessessär** ⟨n. 15⟩ = *Necessaire*
**Nest** ⟨n. 12⟩ **1** ►► *Wohn- od. Brutstätte, Bau von Tieren* (Vogelnest, Wespennest, Rattennest) **2** *Höhle, Versteck, Schlupfwinkel* (Diebesnest) **3** ⟨fig.; umg.⟩ *Heim, Heimat, Elternhaus* **4** *spießige Kleinstadt, kleiner Ort* **5** *etwas Verwickeltes, Verklebtes (z. B. von Haaren, Läuseeiern)* **6** ⟨Bgb.⟩ *kleines Erzlager* **7** ⟨Turnen⟩ *Hang an Händen u. Füßen mit hohlem, nach oben gewandtem Rücken* ◆ ein (Diebes-)Nest **ausheben;** die Vögel **bauen** Nester; sein eigenes Nest **beschmutzen** ⟨fig.⟩ *über die eigenen Angehörigen,* ⟨od.⟩ *über das eigene Volk hässlich reden* ◆ in diesem **elenden,** Nest möchte ich nicht wohnen! ⟨fig.; umg.⟩ [< ahd. *nest*, engl. *nest*]
**nesteln** ⟨V. t.; hat⟩ **1** *(ver)knüpfen, (ver)schlingen, haken, binden* **2** an etwas nesteln *etwas ungeschickt od. ungeduldig zu öffnen od. zu lösen versuchen* ◆ am Kleid, an den Knöpfen nesteln [< ahd. *nestilen* < *nestila*]

NERZ: AMERIKANISCHER NERZ
*(Mustela vison)*

## NERVENSYSTEM

Das Nervensystem steuert im Zusammenspiel mit den Hormonen die Handlungen und Reaktionen des Körpers. Es besteht aus einem zentralen und einem peripheren Teil. Das zentrale Nervensystem (ZNS) umfasst das Gehirn und das Rückenmark. Hier laufen alle Informationen zusammen, die die Sinnesorgane über das periphere Nervensystem dorthin leiten. Das periphere Nervensystem wird weiterhin unterteilt in das zerebrospinale, willentlich beeinflussbare, und das autonome, unwillkürliche Nervensystem.

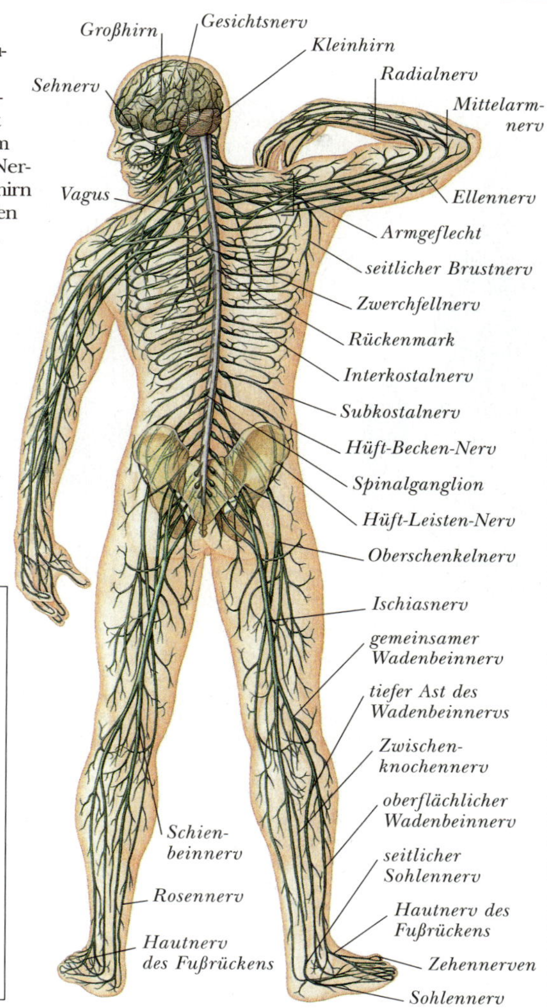


NERVENSYSTEM DES MENSCHEN

SCHNITT DURCH EINEN NERV

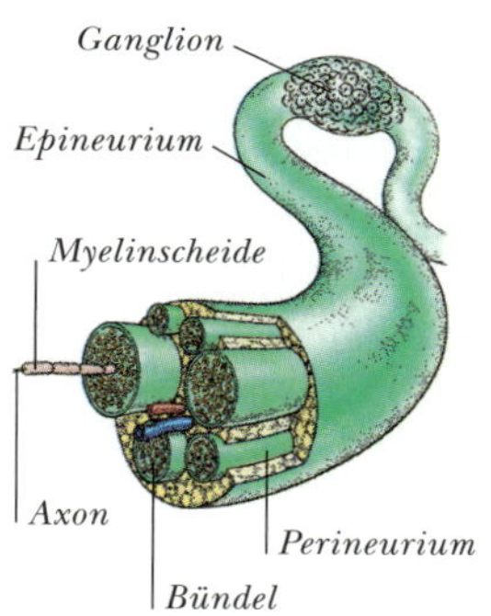


**Nesthäkchen** ⟨n. 14⟩ **1** *zuletzt flügge werdender Vogel* **2** ⟨fig.⟩ *jüngstes Kind der Familie*
**Nestwärme** ⟨f.; -; unz.⟩ **1** *Wärme des Nestes* **2** ⟨fig.⟩ *Geborgenheit im Elternhaus, in der Familie*
**netsurfen** ⟨[ˈnɛtsəːfən] V. i.; hat; umg.; EDV⟩ *ziellos im Internet nach Angeboten suchen u. Seiten betrachten;* Sy *surfen (3)* [< engl. *surf the net*]
**nett** ⟨Adj.; -er, am -esten⟩ **1** *liebenswürdig, anziehend, ansprechend, freundlich, entgegenkommend, sympathisch* (Mensch) **2** *geschmackvoll, adrett, gepflegt* (Kleidung) **3** *angenehm, lustig, gemütlich* (Abend) **4** ⟨umg.⟩ *stattlich* (Summe) ◆ einen netten **Abend** verbringen; das sind ja nette **Aussichten!** ⟨iron.⟩ *da ist einiges zu befürchten* ◆ **sein:** er ist recht nett; das ist ja nett! ⟨iron.⟩ *das ist eine Zumutung;* das kann ja nett **werden!** ⟨iron.⟩ *da ist einiges zu befürchten* ◆ das ist nett **von** Ihnen; **wie** nett, dass Sie kommen! [< mndrl. *net* < frz. *net*, fem. *nette* „rein, sauber, klar“]
**netto** ⟨Adv.; Kaufmannsspr.⟩ *rein (nach Abzug der Unkosten od. der Verpackung);* Ggs *brutto* ◆ netto Kassa, netto Kasse *Kaufpreis minus Skonto bei Barzahlung* [< ital. *(pesa)netto* „rein, unvermischt“]
**Nettoeinkommen** ⟨n. 14⟩ *das nach Abzug der Steuern, Sozialversicherungsbeiträge usw. verbleibende Einkommen;* Ggs *Bruttoeinkommen*
**Nettogewicht** ⟨n. 11⟩ *reines Gewicht (einer Ware) nach Abzug der Verpackung, Inhaltsgewicht;* Ggs *Bruttogewicht*
**Nettopreis** ⟨m. 1⟩ *niedrigster Preis, von dem kein Abzug mehr gewährt wird, Fabrikpreis;* Ggs *Bruttopreis*
**Netz** ⟨n. 11⟩ **1** *aus Fäden, Haar, Draht o. Ä. geknüpftes Maschenwerk als Fanggerät* (Fischernetz, Schmetterlingsnetz), *zum Schutz* (Drahtnetz), *zum Befestigen* (Haarnetz), *als Hindernis* (Ballnetz) *od. als Stütze* (Gepäcknetz) **2** *haarfeines, lockeres Gespinst der Spinne* **3** *Gesamtheit vieler sich kreuzender u. voneinander abzweigender Bahnlinien, Straßen usw.* **4** ⟨El.⟩ *kompliziertes System elektr. Leitungen mit vielen Schaltelementen* (Lichtnetz, Telefonnetz) **5** *System von rechtwinklig sich kreuzenden Linien zum Bestimmen von geograph. Punkten* (Gradnetz) **6** ⟨Math.⟩ *die in einer Ebene ausgebreitete Oberfläche eines Körpers* **7** ⟨Anat.⟩ *schürzenförmige Falte des Bauchfells über den Darmschlingen* ◆ durch die **Maschen** des Netzes schlüpfen ◆ ein Netz **auswerfen,** schleppen, spannen, ziehen ◆ ein **dichtes,** enges, weitmaschiges Netz; **soziales** Netz *System der sozialen Sicherung (des Einzelnen)* ◆ er hat sich **im** Netz seiner Intrigen, Lügen selbst gefangen, verstrickt

## NESTER

Viele Tiere stellen mit sehr unterschiedlichen Techniken Nester her, die ihnen als Unterschlupf und zur Aufzucht ihrer Jungen dienen. Vogelnester bestehen meist aus Ästen und Zweigen oder aus einer verhärteten Mischung aus Lehm und Speichel. Die Nester von in Staaten lebenden Insekten wirken in ihrer Komplexität oftmals wie Miniaturstädte, die in Zusammenarbeit von Familiengruppen erbaut werden.

TERMITENNEST (HÜGEL)

TURMFALKENNEST

NESTKOLONIE VON WEBERVÖGELN

WESPENNEST

⟨fig.⟩; jmdm. ins Netz gehen ⟨fig.⟩ *von ihm überlistet werden* [ < ahd. *nezzi*, engl. *net*]

**Netzauge** ⟨f. 28⟩ ▼ *aus mehreren einzelnen Augen zusammengesetztes Sinnesorgan der Gliederfüßer;* Sy *Facettenauge, Komplexauge*

**Netzball** ⟨m. 1u; Sp.⟩ *Ball, der vor dem Aufkommen im Spielfeld das Netz streift*

**Netzflügler** ⟨m. 3; Zool.⟩ ► *Angehöriger einer Ordnung der Insekten mit kauenden Mundwerkzeugen u. vier aderreichen, durchsichtigen Flügeln, weltweit über 7200 Arten: Neuroptera;* Sy *Neuroptere;* ► *Insekten*

**Netzhaut** ⟨f. 7u; Anat.⟩ *innerste, lichtempfindliche, der Aderhaut aufliegende Hautschicht des Augapfels*

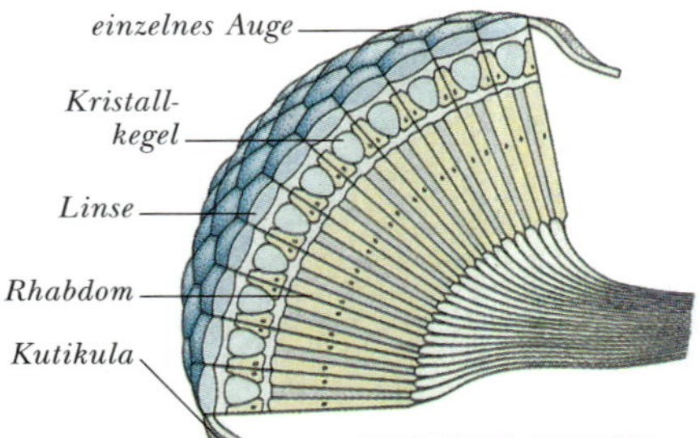


NETZAUGE: SCHNITT DURCH EIN INSEKTENAUGE

**Netzmelone** ⟨f. 19; Bot.⟩ *Melonenart mit orangefarbenem Fruchtfleisch u. netzartiger Schale, Kantalupmelone*

**Netzwerk** ⟨n. 11⟩ **1** *netzartiges Gefüge aus Fäden, Drähten, Linien o. Ä.* **2** *ein Stromerzeuger u. Stromverbraucher umfassender Stromkreis* **3** *komplexe Verflechtung, Verbindung von Einzelkomponenten, z. B. Computer*

**neu** ⟨Adj.; -er, am -(e)sten⟩ **1** *eben begonnen, angebrochen* (Jahr) **2** *unlängst geschehen* (Ereignis) **3** *seit kurzem vorhanden* (Bau); Ggs *alt (2)* **4** *bisher unbekannt* (Entdeckung, Person); Ggs *alt (3)* **5** ⟨umg.⟩ *unerfahren* (in einer Arbeit); Ggs *alt (4)* **6** *anders, besser als früher* (Methode); Ggs *alt (5)* **7** *soeben aufgenommen, eben eingestellt* (Schüler, Mitarbeiter); Ggs *alt (6)* **8** *soeben eingetroffen, von der letzten Lieferung, letzten Ernte, frisch, jung* (Ware); Ggs *alt (7)* **9** *noch ungebraucht, nicht abgenutzt* (Möbel); Ggs *alt (8)* **10** *der Zeit entsprechend* (Mode, Technik); Ggs *alt (9)* **11** *im Entstehen begriffen* (Werk, Sitten); Ggs *alt (10)* **12** *frisch, frisch gewaschen* (Wäsche) **13** *eben erst, gerade, im Augenblick* **14** *noch einmal, wieder* ◆ das Neue; das Neueste; ein neuer **Anzug,** an einer neuen **Erfindung** arbeiten; sie ist stets nach neuestem **Geschmack** gekleidet; ein neues **Haus,** sie schöpfte neue **Hoffnung,** neuen Mut; neue **Kartoffeln** *Kartoffeln der diesjährigen Ernte zu einem Zeitpunkt, zu dem es noch alte gibt;* ein neues **Leben** anfangen; eine neue **Liebe;** ein neuer **Mensch** werden; Neue **Musik** *sehr verschiedengestaltige Richtung der Musik seit Anfang des 20. Jh., z. B. die Zwölftonmusik;* die neuesten **Nachrichten** (im Fernsehen, in Presse u. Rundfunk); die neueren **Sprachen** (im Unterschied zu den klass. Sprachen Latein u. Griechisch); das Neue **Testament** ⟨Abk.: NT⟩ *der die ältesten Schriften des Christentums enthaltende Teil der Bibel;* die Neue **Welt** *Amerika;* Neue **Wilde** ⟨Mal.⟩ *Ende der 70er Jahre entstandene, dem Expressionismus nahe stehende Stilrichtung;* in neuerer, neuester **Zeit** ◆ das Buch wurde neu **aufgelegt;** er hat viel Neues **erlebt,** gehört, gesehen; was **gibt** es Neues?; **weißt** du schon das Neueste? ◆ **viel,** wenig Neues ◆ etwas **aufs** Neue beginnen *noch einmal von vorn;* auf ein Neues! *(trinken wir) auf den neuen Beginn!;* **von** neuem anfangen *noch einmal von vorn;* das Neueste vom Neuen [ < ahd. *niuwi*, engl. *new*]

**neuartig** ⟨Adj.⟩ *von neuer Art, neu, noch nicht gesehen, bisher noch nicht dagewesen*

**Neuaufführung** ⟨f. 20⟩ *Aufführung nach längerer Zeit in neuer Inszenierung*

**Neuauflage** ⟨f. 19⟩ *neue Auflage (eines Buches, einer Zeitschrift)*

**Neubau** ⟨m.; -(e)s, -ten⟩ **I** ⟨zählb.⟩ *im Bau befindliches od. kürzlich fertig gestelltes Haus;* Ggs *Altbau* **II** ⟨unz.⟩ *Wiedererrichten eines Baus* ◆ der Neubau der Dresdner Oper

**Neubildung** ⟨f. 20⟩ **1** *neue Bildung (von Gewebe, eines Wortes)* **2** *Umgestaltung (eines Kabinetts)*

**neuerdings** ⟨Adv.⟩ *seit kurzem, in letzter Zeit* [ < älterem *neuer Dinge*]

**Neuerer** ⟨m. 3⟩ *jmd., der eine neue Arbeitsmethode, ein neues techn. Verfahren entwickelt, einführt od. eine neue Entwicklung ins Leben ruft* [zu *neuern* „neu einführen wollen“ < mhd. *niuwern* „neu machen“]

**neuerlich I** ⟨Adj.⟩ *neu, vor kurzem gewonnen, vor kurzem stattgefunden habend* ◆ neuerliche Erfahrungen; neuerliche Versuche **II** ⟨adv.⟩ *aufs Neue, von neuem*

**Neuerscheinung** ⟨f. 20⟩ *gerade erst, neu erschienenes Schriftwerk* ◆ auf der Buchmesse wurden zahlreiche Neuerscheinungen vorgestellt

**Neuerung** ⟨f. 20⟩ *Änderung, Erneuerung, Neuheit* ◆ eine Neuerung in der Medizin

**neugeboren** ⟨Adj.⟩ *eben auf die Welt gekommen* ◆ neugeborenes Kind; sich wie neugeboren fühlen ⟨fig.⟩ *erfrischt, lebensvoll*

**Neugeborene(s)** ⟨n. 31⟩ *eben geborenes Kind*

**Neugestaltung** ⟨f. 20⟩ *Umgestaltung, Erneuerung* ◆ die Neugestaltung des Gartens

**Neugier** ⟨f.; -; unz.⟩, **Neugierde** ⟨f. 19; unz.⟩ *Begierde, Neuigkeiten od. die Angelegenheiten anderer zu erfahren* ◆ dadurch wird meine Neugierde angestachelt; seine Neugierde befriedigen, stillen, verbergen

**neugierig** ⟨Adj.⟩ **1** *von Neugier erfüllt* **2** *gespannt, erwartungsvoll* ◆ jmdn. neugierig machen; neugierig sein

**Neuheit** ⟨f. 20⟩ **I** ⟨unz.⟩ *das Neusein* ◆ der Reiz der Neuheit **II** ⟨zählb.⟩ **1** *etwas Neues, etwas, das eben hergestellt worden ist* **2** *neuartige Ware,* ⟨bes.⟩ *Kleidung* ◆ die Neuheiten der diesjährigen Frühjahrsmode

NETZFLÜGLER: AMEISENJUNGFER
*(Palpares* species)

**neuhochdeutsch** ⟨Adj.; Sprachw.; Abk.: nhd.⟩ *zum Zeitraum der neuhochdeutschen Sprache gehörig, daraus stammend* ◆ neuhochdeutsche Sprache *Entwicklungsstufe der deutschen Sprache von der Mitte des 14. Jh. (frühneuhochdeutsche Sprache bis Anfang 17. Jh.) bis zur Gegenwart, Schriftsprache seit Luthers Bibelübersetzung*

**Neuigkeit** ⟨f. 20⟩ *neue Nachricht, etwas Neues* ◆ die Neuigkeit des Tages; jmdm. eine Neuigkeit erzählen

**Neujahr** ⟨n. 11; unz.⟩ *der erste Tag eines neuen Jahres, der 1. Januar;* Sy *Neujahrstag*

**Neujahrstag** ⟨m. 1⟩ = *Neujahr*

**Neuland** ⟨n. 12u; unz.⟩ *unbekanntes, unerforschtes Land, Gebiet* ⟨häufig fig.⟩ ◆ hier betreten die Experten wissenschaftliches Neuland ⟨fig.⟩

**neulich** ⟨Adv.⟩ *kürzlich, vor kurzem, vor kurzer Zeit* ◆ ich habe ihn neulich erst gesprochen, getroffen [ < mhd. *niuweliche*]

**Neuling** ⟨m. 1⟩ *jmd., der in einem Betrieb od. auf einem Gebiet zu arbeiten beginnt, Anfänger* ◆ der Neuling fügte sich gut ein
**neumodisch** ⟨Adj.; meist abwertend⟩ *modern, der neuesten Mode entsprechend*
**Neumond** ⟨m. 1; unz.⟩ *Zeitabschnitt, während dessen der Mond zwischen Erde u. Sonne steht u. uns seine unbeleuchtete Seite zuwendet* ◆ gestern war Neumond
**neun** ⟨Num.⟩ *9* ◆ sie sind ihrer neun *sie sind 9 Personen;* die neun Musen; neun Uhr; → a. *acht* [< ahd. *niun,* engl. *nine*]
**Neun** ⟨f. 20⟩ *die Zahl, Ziffer 9* ◆ ach du grüne Neune! ⟨umg.⟩ *(Ausruf der Verwunderung)*

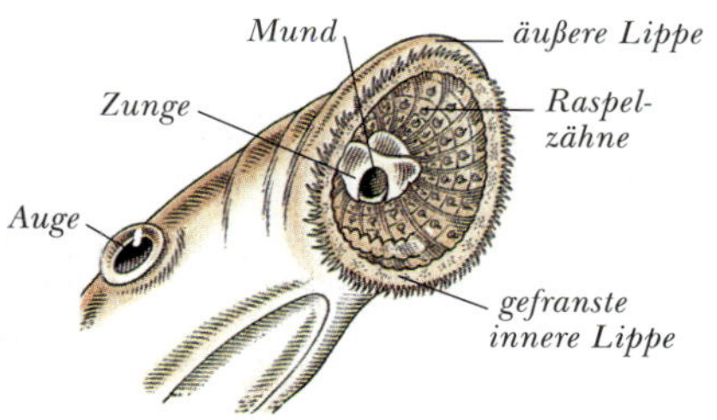

NEUNAUGE: KOPF

**Neunauge** ⟨n. 28; Zool.⟩ ▲ *Angehöriges einer mit neun Organöffnungen („Augen") am Vorderkörper versehenen primitiven Wirbeltiergruppe von fischähnlicher Lebensweise u. Gestalt, die aber systematisch nicht zu den Fischen gehört: Petromyzontidae;* Sy *Pricke;* ► *Fische*
**Neuneck** ⟨n. 11; Math.⟩ ► = *Nonagon*
**neunmalklug** ⟨Adj.; umg.⟩ *sich für klüger als andere haltend, vorlaut, naseweis*
**neunschwänzig** ⟨Adj.; nur in der Zus.⟩ neunschwänzige Katze ▼ *Peitsche mit neun Riemen mit jeweils einem Knoten*
**Neuntöter** ⟨m. 3; Zool.⟩ *einheimischer Singvogel aus der Familie der Würger: Lanius collurio*
**Neuordnung** ⟨f. 20⟩ *Ordnung nach neuen, anderen Gesichtspunkten*
**Neuphilologie** ⟨f.; -; unz.; Sprachw.⟩ *Sprach- u. Literaturwissenschaft auf dem Gebiet der lebenden, bes. der german., roman. u. slaw. Sprachen*
**neur..., Neur...** ⟨in Zus.⟩ = *neuro..., Neuro...*
**Neuralgie** ⟨f. 19⟩ *anfallsweise auftretender Schmerz im Versorgungsbereich des Nervs;* Sy *Nervenschmerz* [< grch. *neuron* „Sehne, Nerv" + *algos* „Schmerz"]
**neuralgisch** ⟨Adj.⟩ **1** *auf einer Neuralgie beruhend* **2** ⟨fig.⟩ *Spannungen verursachend, sehr problematisch, kritisch* ◆ neuralgischer Punkt
**neureich** ⟨Adj.; häufig abwertend⟩ *vor kurzem u. sehr schnell reich geworden*
**Neureiche(r)** ⟨f. 30 (m. 29); häufig abwertend⟩ *jmd., der sehr schnell reich geworden ist, Emporkömmling*
**Neuritis** ⟨f.; -, -tiden; Med.⟩ = *Nervenentzündung* [< grch. *neuron* „Sehne, Nerv" + Endung *-itis*]
**neuro..., Neuro...** ⟨vor Vokalen⟩ neur..., Neur... ⟨in Zus.⟩ *nervös, nerven..., Nerven...* [< grch. *neuron* „Nerv, Sehne"]
**Neuroanatomie** ⟨f. 19; unz.⟩ *Anatomie des Nervensystems* [< *Neuro...* + *Anatomie*]

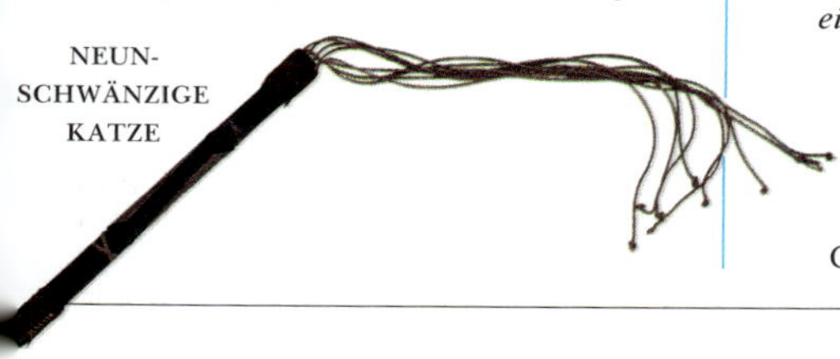
NEUN-SCHWÄNZIGE KATZE

**Neurochirurgie** ⟨[-çir-] f. 19; unz.⟩ *Fachgebiet der Chirurgie, das sich mit Eingriffen an Gehirn, Rückenmark u. Nervensystem befasst* [< grch. *neuron* „Sehne, Nerv" + *Chirurgie*]
**Neurodermitis** ⟨f.; -, -tiden; Med.⟩ *allergische Hauterkrankung mit starkem Juckeiz, die häufig in früher Kindheit auftritt* [< grch. *neuron* „Nerv" + *derma* „Haut"]
**neurogen** ⟨Adj.⟩ *von den Nerven ausgehend* ◆ neurogene Schmerzen [< grch. *neuron* „Nerv" + *gennan* „erzeugen"]
**Neurologe** ⟨m. 17⟩ *Facharzt für Nervenkrankheiten*
**Neurologie** ⟨f. 19; unz.⟩ *Lehre von den Nervenkrankheiten;* Sy *Nervenheilkunde* [< grch. *neuron,* „Sehne, Band, Nerv" + *logos* „Wort, Kunde, Darstellung"]
**Neuron** ⟨n.; -s, -en od. Neuren; Biol.⟩ ► *Grundeinheit des Nervensystems, besteht aus einer Nervenzelle mit all ihren Fortsätzen* [< grch. *neuron* „Sehne, Nerv"]
**neuronal** ⟨Adj.⟩ *aus Neuronen bestehend, zu ihnen gehörend* ◆ ⟨EDV⟩ neuronales Netz *Verbindung von Schaltungselementen in der Art der Verbindung zwischen den einzelnen Neuronen*
**Neuroptere** ⟨f. 19 od. m. 17; Zool.⟩ ► = *Netzflügler* [< grch. *neuron* „Sehne, Band, Flechte" + *pteron* „Flügel"]
**Neurose** ⟨f. 19; Psych.⟩ *anlage- u. umweltbedingte Neigung, seel. Erlebnisse abnorm u. krankhaft zu verarbeiten, was zu einem dauernden körperl. u. seel. Leidenszustand der Gesamtpersönlichkeit führt* [zu grch. *neuron* „Sehne, Nerv"]
**Neurotiker** ⟨m. 3⟩ *jmd., der an einer Neurose leidet*
**neurotisch** ⟨Adj.⟩ *auf einer Neurose beruhend*
**Neuschnee** ⟨m.; -s; unz.⟩ *frisch gefallener Schnee*
**Neustadt** ⟨f. 7u⟩ *in neuerer Zeit erbauter Stadtteil;* Ggs *Altstadt*
**neutestamentlich** ⟨Adj.; Rel.⟩ *das NT betreffend, auf ihm beruhend, in ihm enthalten*
**Neutra** ⟨Pl. von⟩ *Neutrum*
**neutral** ⟨Adj.⟩ **1** *unbeteiligt, sich der Stellungnahme enthaltend, unparteiisch, nicht hervorstechend, nicht charakteristisch* **2** ⟨Chem.⟩ *weder sauer noch basisch reagierend* **3** ⟨El.⟩ *keine Gesamtladung besitzend, ungeladen* **4** ⟨Gramm.⟩ *sächlich* ◆ die Neutralen *die nicht am Kriege beteiligten Staaten;* neutraler Boden; eine neutrale Flüssigkeit; neutrale Substantive; neutral bleiben; sich bei einer Auseinandersetzung, Konfrontation neutral verhalten [< mlat. *neutralis* „keiner Partei angehörend"]
**Neutralisation** ⟨f. 20⟩ **1** *das Aufheben einer Wirkung, das Unwirksammachen* **2** ⟨Chem.⟩ *Aufhebung der Basenwirkung durch Säure u. umgekehrt* **3** ⟨Pol.⟩ *Auferlegung der Pflicht, neutral zu bleiben, Abbau von Befestigungen u. Abzug von Truppen in bestimmtem Gebiet* **4** ⟨Sp.⟩ *Unterbrechung der Wertung während des Wettkampfes* [< frz. *neutralisation*]
**neutralisieren** ⟨V. t.; hat⟩ *die Wirkung aufheben von, unwirksam machen* ◆ eine Lösung neutralisieren *Säure u. Base so mischen, dass weder saure noch basische Reaktion entsteht* [< frz. *neutraliser*]
**Neutralismus** ⟨m.; -; unz.⟩ *Grundsatz der Nichteinmischung in Konflikte*
**Neutralität** ⟨f. 20; unz.⟩ *Unbeteiligtsein, Nichteinmischung, unparteiisches Verhalten* [< mlat. *neutralitas* „Parteilosigkeit"]
**Neutren** ⟨Pl. von⟩ *Neutrum*
**Neutron** ⟨n.; -s, -en; Phys.; Zeichen: n⟩ *ungeladenes Elementarteilchen mit der Masse eines Protons*
**Neutrum** ⟨n.; -s, Neutra od. Neutren; Gramm.; Abk.: n., N.⟩ **1** *sächliches Geschlecht* **2** *sächliches Substantiv* [< lat. *neutrum (genus)* „sächl. Geschlecht (weder das weibl. noch das männl. Geschlecht)"; substantivierte sächl. Form von *neuter* < *ne uter* „nicht einer von beiden, keiner von beiden"]
**Neuwahl** ⟨f. 20⟩ *nochmalige Wahl*
**Neuwert** ⟨m. 1⟩ *Wert eines neuen, ungebrauchten Gegenstandes*
**Neuwort** ⟨n. 12u; Gramm.⟩ *neu gebildetes Wort,* z. B. „bibelfest" in der Gottschedzeit, „Auszubildender", „recyceln"; → a. *Neologismus*

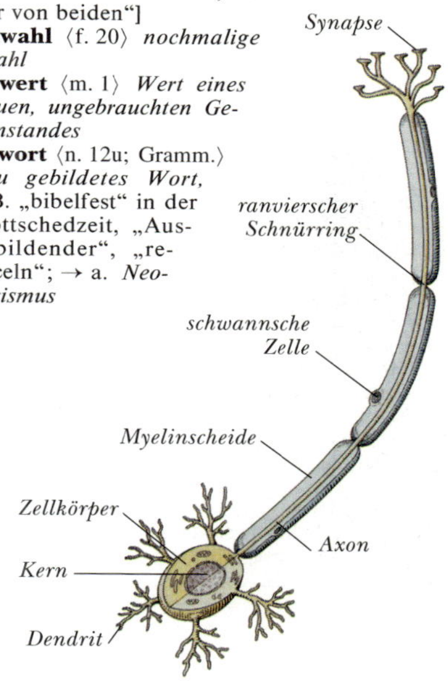

NEURON: MULTIPOLARES NEURON

**Neuzeit** ⟨f.; -; unz.⟩ *die Zeit von etwa 1500 bis zur Gegenwart;* → a. *Altertum, Mittelalter*
**neuzeitlich** ⟨Adj.⟩ *zur Neuzeit gehörend, aus ihr stammend*
**Neuzugang** ⟨m. 1u⟩ *neues Hinzukommen (von Personen od. Sachen)* ◆ der Neuzugang an Mitgliedern; ein Neuzugang an Waren
**Newcomer** ⟨['nju:kʌmə(r)] m. 3⟩ *Neuankömmling, Neuling* [< engl. *new* „neu" + *come* „kommen"]
**News** ⟨[nju:z] Pl.⟩ *Nachrichten, Neuigkeiten (auch als Name brit. u. amerikan. Zeitungen)* [engl.]
**Newton** ⟨['nju:tən] n.; -s, -; Phys.; Zeichen: N⟩ *(allein noch zulässige) Maßeinheit der Kraft,* $1\ N = 1\ kgm/s^2 = 10^5\ dyn = 0{,}101\ kp$ [nach dem engl. Mathematiker u. Physiker Isaac *Newton,* 1643-1727]
**Nexus** ⟨m.; -, -⟩ *Zusammenhang, Verbindung, Verknüpfung* [lat.]
**NH** ⟨Abk. für⟩ *Normalhöhenpunkt*
**nhd.** ⟨Sprachw.; Abk. für⟩ *neuhochdeutsch*
**Ni** ⟨Chem.; Zeichen für⟩ *Nickel*
**Nibelungen** ⟨Pl.⟩ *Zwergengeschlecht der deutschen Sage u. Besitzer eines Goldschatzes, der, wie auch der Name, auf das Geschlecht des Burgunderkönigs Gunther überging*
**Nibelungensage** ⟨f. 19; unz.⟩ *dt. Sagenkreis um Siegfried, Brunhild, die Nibelungen u. den Untergang der Burgunder*
**nicänisch** ⟨Adj.⟩ *die antike Stadt Nicäa betreffend, aus ihr stammend;* oV *nizänisch* ◆ nicänisches Glaubensbekenntnis ⟨Rel.⟩ *das auf dem Konzil zu Nicäa 325 beschlossene Glaubensbekenntnis von der Wesenseinheit Gottes u. Christi;* oV *Nizäisches Glaubensbekenntnis*
**nicht** ⟨Partikel⟩ **1** ⟨zur Verneinung⟩ **1.1** *nein, lass das* **1.2** *kein, weder* **2** ⟨zur Bekräftigung, Bestätigung, bes. in Fragen u. Ausrufen⟩ *gewiss, sicher* ◆ nicht!, bitte nicht! *lass das!* ◆ ich nicht!; das nicht, aber ...; nicht **Baum** noch Strauch ◆ bitte nicht **berühren!** *(Aufschrift an Gegenständen einer Ausstellung);*

du sollst nicht **stehlen** (7. Gebot); **warte** nicht auf mich ◆ das hast du doch nicht **absichtlich** getan?; nicht im **Geringsten;** das ist nicht **gut,** nicht **lange** danach; er arbeitet nicht **mehr;** nicht mehr und nicht weniger als ...; nicht **öffentlich** = *nichtöffentlich;* nicht **viel;** nicht **wahr?** ⟨umg.⟩ *so ist es doch?* nicht **weniger** als; **wirklich** nicht ◆ ich **auch** nicht; wie geht es dir? nicht **besonders** ⟨umg.⟩ (erg.: gut); **bestimmt** nicht; **durchaus** nicht; er hat sich nicht **einmal,** ⟨umg.⟩ nicht mal entschuldigt; **noch** nicht; nicht **nur** ..., sondern auch; nicht **sehr;** nicht **so** schnell!; **überhaupt** nicht! ◆ **warum** nicht? [< ahd. *ni wiht* „nicht etwas"]

**Nichtbeachtung** ⟨f. 20; unz.; in Wendungen wie⟩ wegen Nichtbeachtung der Verkehrsvorschriften *weil man die Verkehrsvorschriften nicht beachtet hat*

**Nichte** ⟨f. 19⟩ *Tochter des Bruders oder der Schwester*

**Nichteisenmetalle** ⟨Pl.; Abk.: NE-Metalle⟩ **1** *alle unlegierten Metalle, ausgenommen Eisen* **2** *Legierungen, in denen ein beliebiges Metall, ausgenommen Eisen, den Hauptanteil an der Legierung ausmacht*

**Nichterfüllung** ⟨f. 20; unz.; in Wendungen wie⟩ bei Nichterfüllung des Vertrages *wenn der Vertrag nicht erfüllt wird*

**Nichtfachmann** ⟨m.; -es, -leute⟩ *jmd., der nicht Fachmann ist, Laie* ◆ er als Nichtfachmann kann das nicht beurteilen

**Nichtgefallen** ⟨n.; -s; unz.; in Wendungen wie⟩ bei Nichtgefallen wird die Sendung zurückgenommen *wenn die Ware nicht gefällt*

**nichtig** ⟨Adj.⟩ **1** *unbedeutend, wertlos* **2** ⟨Rechtsw.⟩ *ungültig* ◆ ein nichtiger Einwand; der Vertrag ist dadurch (null und) nichtig geworden; etwas für null und nichtig erklären [→ *nichts*]

N

**Nichtigkeit** ⟨f. 20⟩ **I** ⟨unz.⟩ **1** ⟨Rechtsw.⟩ *die Unwirksamkeit staatl. od. privater Rechtsakte, Ungültigkeit* **2** ⟨allg.⟩ *Wertlosigkeit* ◆ die Nichtigkeit alles Irdischen; Klage auf Nichtigkeit einer Ehe **II** ⟨zählb.⟩ *unbedeutende Kleinigkeit, Tand* ◆ wegen solcher Nichtigkeiten regt man sich nicht auf

**nichtöffentlich** ⟨Adj.⟩ oV *nicht öffentlich* **1** *ohne Zuschauer, Zuhörer* (Aufführung) **2** *nur für Mitglieder* (Sitzung)

**Nichtraucher I** ⟨m. 3⟩ *jmd., der nicht raucht* **II** ⟨n. 13; kurz für⟩ *Nichtraucherabteil*

**Nichtraucherabteil** ⟨n. 11; Eisenb.⟩ *Abteil, in dem nicht geraucht werden darf;* Sy ⟨kurz⟩ *Nichtraucher (II)*

**nichts** ⟨indefinites Pron.; undekl.⟩ **1** *kein Ding, kein Lebewesen, nicht etwas* **2** *nicht das Mindeste, nicht die Spur* ◆ was hast du gesehen? nichts!; was weißt du von ...? nichts!; mir nichts, dir nichts *ohne weiteres, so einfach (ohne zu fragen);* es kann nichts **anderes** gewesen sein; er weiß auch nichts **Genaues,** Näheres; es gibt nichts **Neues** ◆ das **macht,** tut, schadet nichts *ist nicht (so) schlimm;* ich will nichts **gesagt** haben; der Hund **tut** nichts *beißt nicht;* er **weiß** auch nichts; daraus **wird** nichts! ◆ **weiter** nichts? *ist das alles?;* wenn es weiter nichts ist ... *ich war auf Schlimmeres gefasst* ◆ nichts **als** Ärger hat man mit dir; er lässt nichts **auf** seinen Kollegen kommen ⟨umg.⟩ *er verteidigt ihn gegenüber Tadel;* mir liegt nichts **daran** *ich möchte es nicht, habe keine Lust dazu;* ich mache mir nichts **daraus** *es interessiert mich nicht,* ⟨od.⟩ *ich esse es nicht gern;* nichts **dergleichen;** er will sich **durch** nichts davon abbringen lassen; nichts **für** ungut! *nimm es mir nicht übel!;* für, um nichts und wieder nichts *nutzlos, umsonst;* du bist aber auch **mit** nichts zufrieden; das Geschenk sieht **nach** nichts aus ⟨umg.⟩ *ist wenig eindrucksvoll;* alles **oder** nichts!; viel Lärm **um** nichts; um nichts in der Welt *um keinen Preis, unter keinen Umständen;* er spricht **von** nichts anderem (so begeistert ist er davon); das ist nichts von Bedeutung, Belang *das ist nicht wichtig;* von nichts kommt nichts, ⟨od.⟩ wird nichts ⟨Sprichw.⟩ *wenn man sich nicht anstrengt, kommt man nicht weiter;* es gibt nichts, **was** ihn aus der Ruhe bringen könnte; das tut nichts **zur** Sache *das verändert die Sache nicht, hat keine Bedeutung;* es zu nichts bringen *keinen Erfolg haben, nicht vorwärts kommen im Leben;* nichts zu danken! *(als Antwort auf Dank);* (da ist leider) nichts zu machen! ⟨umg.⟩ *ich bedauere, aber diese Sache kann nicht mehr geändert werden;* zu nichts nütze sein [< mhd. *niht(e)s* aus der Verstärkung von *niht* („nicht") < *nihtesniht* „nichts von nichts" unter Fortfall des zweiten Ausdrucks der Negation]

**Nichts** ⟨n.; -; unz.⟩ **1** ⟨Philos.⟩ *Fehlen alles Seienden, Leere* **2** ⟨allg.⟩ *Geringfügigkeit, Kleinigkeit* **3** ⟨fig.⟩ *Fehlen aller Mittel, Hoffnungen* ◆ am Anfang war das Nichts; etwas aus dem Nichts erschaffen

**nichtsdestoweniger** ⟨Konj.⟩ *trotzdem, und doch* [Nachbildung zu mnddt. *nichtes de(to)min* „nicht deshalb weniger"]

**Nichtsesshafte(r)** ⟨f. 30 (m. 29)⟩ = *Obdachlose(r)*

**Nichtskönner** ⟨m. 3; abwertend⟩ *jmd., der auf seinem Gebiet Schlechtes oder nichts leistet*

**Nichtsnutz** ⟨m. 1⟩ *nichtsnutziges Kind, junger Mensch, der nur Unsinn treibt*

**Nichtzutreffende(s)** ⟨n. 31⟩ *das, was auf eine Person, einen Fall nicht zutrifft* ◆ Nichtzutreffende(s) bitte streichen *(auf Fragebogen, Formularen)*

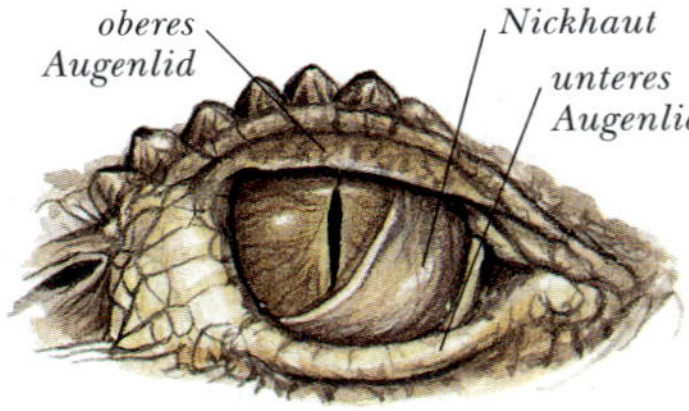


NICKHAUT IM AUGE EINES KROKODILS

**Nickel** ⟨n. 13; unz.; Chem.; Zeichen: Ni⟩ *chem. Element, silberweißes, zähes Metall, Ordnungszahl 28* [Schimpfwort der Bergleute für Erz, aus dem kein Kupfer gewonnen werden kann]

**nicken**[1] ⟨V. i.; hat⟩ **1** *den Kopf senken u. heben als Zeichen der Bejahung, des Einverständnisses, als Gruß* **2** *den Kopf heben u. senken beim Gehen* (von Tieren) **3** ⟨poet.⟩ *sich heben u. senken* ◆ die Ähren, Gräser, Halme nicken im Wind ⟨poet.⟩; zustimmend mit dem Kopf nicken [< ahd. *hneigan,* Intensivbildung zu *neigen*]

**nicken**[2] ⟨V. t.; hat; Jägerspr.⟩ Wild nicken *durch Schlag od. Stich ins Genick töten*

**nicken**[3] ⟨V. i.; hat⟩ *leicht schlafen, schlummern (bes. im Sitzen mit nach vorn geneigtem Kopf)* ◆ er nickt nach dem Essen gern ein Weilchen [< mhd. *nücken, nicken* „schlummern, leicht schlafen"]

**Nickerchen** ⟨n. 14; umg.⟩ *Schläfchen, kurzer, leichter Schlaf* ◆ ein Nickerchen machen

**Nickhaut** ⟨f. 7u; Anat.⟩ ▲ *das dritte, der Nase zu gelegene Augenlid bei fast allen Landwirbeltieren, den Haien u. Rochen (bei Affen u. Menschen stark zurückgebildet)*

**Nicki** ⟨m. 6; umg.⟩ *Pullover aus Baumwolle mit samtartiger Oberfläche*

**nie** ⟨Adv.⟩ *nicht ein einziges Mal, zu keinem Zeitpunkt;* Sy *niemals* ◆ so etwas habe ich noch nie gehört, gesehen; besser spät als nie ⟨Sprichw.⟩; nie im Leben!; jetzt oder nie [< ahd. *nio, neo* < *ni* „nicht" + *io, eo* „immer, irgendeinmal, je"]

**nieder**[1] ⟨Adj.⟩ *niedrig* ◆ der niedere Adel; von niederer Geburt, Herkunft; niedere Tiere *die Wirbellosen* [< ahd. *nidari, nidaro* „niedrig, unten befindlich"; zu *nider* „nach unten"]

**nieder**[2] ⟨Adv.⟩ *herab, herunter, hinab, hinunter, zu Boden* ◆ nieder! *(als Aufforderung zum Niederschlagen, zur Empörung);* die Waffen nieder!; sich auf und nieder bewegen; er ging im Zimmer auf und nieder *auf u. ab, hin u. her* [< ahd. *nidar* „nieder, hinunter, nach unten"]

**niederbeugen** ⟨V. t.; hat⟩ *nach unten beugen, herab-, hinabbeugen* ◆ sich niederbeugen

**Niederblatt** ⟨n. 12u; Bot.⟩ *einfaches, ungegliedertes Blatt*

**niederbrennen** ⟨V. 117⟩ **I** ⟨V. t.; hat⟩ *anzünden u. ab-, herunterbrennen lassen* ◆ altes Gestrüpp niederbrennen **II** ⟨V. i.; ist⟩ *ab-, herunterbrennen, ganz verbrennen* (Gebäude, Kerze)

**Niederdruck** ⟨m. 1u; Tech.⟩ *geringer Druck, bis 0,5 at*

**niederdrücken** ⟨V. t.; hat⟩ **1** *nach unten drücken, hinunterdrücken, zu Boden drücken* **2** ⟨fig.⟩ *bedrücken, entmutigen, niedergeschlagen machen*

**Niedergang** ⟨m. 1u; Pl. selten⟩ **1** *Verfall, Untergang* **2** *Verminderung* **3** *vom Oberdeck eines Schiffes unter das Deck führende, überdachte Treppe* ◆ der Niedergang der Kultur, der Moral

**niedergehen** ⟨V. i. 145; ist⟩ **1** *heruntergehen, sich der Erde nähern, landen* (Flugzeug) **2** *sich senken* (Vorhang) **3** *fallen* (Regen) **4** *sich entladen* (Gewitter) **5** *zu Boden sinken, stürzen* (Boxer)

**niedergeschlagen** ⟨Adj.; fig.⟩ *bekümmert, bedrückt, mutlos*

**niedergleiten** ⟨V. i. 155; ist⟩ *herab-, zur Erde gleiten (Flugzeug)*

**niederkämpfen** ⟨V. t.; hat⟩ **1** *im Kampf besiegen* (Gegner) **2** ⟨fig.⟩ *bezwingen, unterdrücken* (Abneigung, Misstrauen,Tränen)

**niederknien** ⟨V. i.; ist⟩ *sich auf die Knie niederlassen* ◆ er ist niedergekniet und betet

**Niederlage** ⟨f. 19⟩ **1** *unterliegen, Besiegtwerden (im Kampf, in einem Streitgespräch), Fehlschlag* **2** *Lager, Aufbewahrungsort für Waren, Stapelplatz* ◆ jmdm. eine Niederlage beibringen; eine Niederlage erleben müssen

**niederlassen** ⟨V. 174; hat⟩ **I** ⟨V. t.⟩ *herab-, herunterlassen* ◆ die Fahne, den Vorhang niederlassen **II** ⟨V. refl.⟩ **1** sich niederlassen *sich setzen* **2** *seinen Wohnsitz nehmen, ein Geschäft, eine Praxis eröffnen* ◆ sie lässt sich als Anwältin, Ärztin nieder

**Niederlassung** ⟨f. 20⟩ **1** *Gründung eines Wohnsitzes, Eröffnung einer Praxis, eines Geschäftes* **2** *Handelshaus, Zweiggeschäft* **3** *Ansiedlung od. Gebiet als Handelsmittelpunkt in einem außereurop. Staat*

**niederlegen** ⟨V.; hat⟩ **I** ⟨V. t.⟩ **1** *zu Boden legen, hinlegen* (Last, Kranz) **2** ⟨selten⟩ *nieder-, abreißen* (Gebäude) **3** *urkundlich, schriftlich festhalten, festlegen* **4** *hinterlegen* (Wertstück, Geld) **5** *aufgeben* (Amt) **6** *bis auf weiteres unterbrechen* (Arbeit) ◆ der Präsident legte am Grabmal des Unbekannten Soldaten einen Kranz nieder **II** ⟨V. refl.⟩ sich niederlegen *sich hinlegen, zur Ruhe, zu Bett begeben*

**niedermachen** ⟨V. t.; hat; umg.⟩ *jmdn. mundtot machen, scharf zurechtweisen, seelisch zermürben*

**niederprasseln** ⟨V. i.; ist⟩ *prasselnd herunterkommen, herab-, herunterprasseln, trommelnd herabstürzen* ◆ man hörte die Hagelkörner, den Regen auf das Dach niederprasseln; eine Flut von Beschimpfungen prasselte auf ihn nieder ⟨fig.⟩
**niederreißen** ⟨V. t. 195; hat⟩ *ab-, einreißen, völlig zerstören* (Gebäude) ⟨a. fig.⟩
**niederringen** ⟨V. t. 199; hat⟩ **1** *beim Ringen besiegen, zu Boden zwingen* **2** ⟨fig.⟩ *überwinden, besiegen* (Leidenschaften, Zweifel)
**niederschießen** ⟨V. 213⟩ **I** ⟨V. t.; hat⟩ *roh erschießen, über den Haufen schießen* **II** ⟨V. i.; ist⟩ *sehr schnell nach unten fliegen* ◆ der Vogel schoss auf die Beute nieder
**Niederschlag** ⟨m. 1u⟩ **1** ⟨Boxsp.⟩ *Schlag, Hieb, der den Gegner zu Boden zwingt* **2** ⟨Mus.⟩ *Schlag abwärts mit dem Taktstock* **3** ⟨Meteor.; meist Pl.⟩ *Ausscheidung von Wasser aus der Atmosphäre, Tau, Regen, Schnee usw.* **4** *Beschlag, das Sichabsetzen von Wasser aus der Luft an festen Gegenständen* **5** ⟨Chem.⟩ *sich aus einer Lösung abscheidender Stoff, Bodensatz* **6** ⟨fig.⟩ *sichtbarer, meist schriftl. Ausdruck eines Gedankens, Erlebnisses usw.* ◆ die Begegnung fand ihren Niederschlag in zahlreichen Gedichten ⟨fig.⟩
**niederschlagen** ⟨V. 216; hat⟩ **I** ⟨V. t.⟩ **1** *durch Schlag, Schläge zu Boden zwingen* **2** *nach unten drücken* **3** *unterdrücken, bezwingen* (Aufstand) ◆ den Angreifer, den Gegner niederschlagen; errötend schlug sie die Augen nieder *blickte sie nach unten* **II** ⟨V. refl.⟩ sich niederschlagen *sich als Bodensatz absetzen, sich in fester Form ansetzen*
**niederschmettern** ⟨V. t.; hat⟩ **1** etwas niederschmettern *heftig zu Boden schlagen* **2** jmdn. niederschmettern *brutal niederschlagen* **3** ⟨fig.; umg.⟩ *stark bedrücken, erschüttern, entmutigen* ◆ eine niederschmetternde Erkenntnis, Mitteilung, Nachricht, Tatsache
**niederschreien** ⟨V. t. 227; hat⟩ jmdn. niederschreien *so schreien, dass jmd. nichts mehr sagen kann*
**niedersetzen** ⟨V. t.; hat⟩ **1** *zu Boden setzen, hinsetzen* (Last) **2** sich niedersetzen *sich hinsetzen, sich niederlassen*
**niedersinken** ⟨V. i. 240; ist⟩ **1** *zu Boden sinken, umsinken* **2** *auf den Grund sinken, untersinken (im Wasser)*
**Niederspannung** ⟨f. 20⟩ *elektr. Spannung bis 250 Volt;* Ggs *Hochspannung (1)*
**niederstechen** ⟨V. t. 249; hat⟩ jmdn. niederstechen *jmdn. mit dem Dolch, dem Messer töten od. schwer verletzen*
**niederstoßen** ⟨V. 257⟩ **I** ⟨V. t.; hat⟩ **1** *mit einem Stoß zu Boden werfen, umstoßen* **2** *niederstechen* **II** ⟨V. i.; ist⟩ *sehr schnell nach unten fliegen*
**niedertourig** ⟨[-tu:-]Adj.; Tech.⟩ *sich verhältnismäßig langsam drehend;* Ggs *hochtourig*
**Niedertracht** ⟨f. 20; unz.⟩ *niederträchtige Gesinnung* ◆ er ist einer solchen, zu solch einer Niedertracht nicht fähig
**niederträchtig** ⟨Adj.⟩ *berechnet boshaft, bewusst gemein, schändlich* ◆ niederträchtige Gesinnung; er hat sie niederträchtig behandelt; das war niederträchtig!
**niedertrampeln** ⟨V. t.; hat⟩ *heftig, brutal niedertreten*
**niedertreten** ⟨V. t. 263; hat⟩ **1** *mit den Füßen umknicken* (Rasen, Blumen) **2** *durch vieles Betreten abnützen* (Teppich) **3** *durch Treten gleichmäßig, eben machen* (Erde, Boden)
**Niederung** ⟨f. 20⟩ **1** *Ebene, tief liegendes Land an Flussläufen u. Küsten* **2** ⟨fig.⟩ *moralisch od. sozial niederes Milieu* ◆ die Niederungen des Lebens kennen ⟨fig.⟩; die Niederungen wurden überschwemmt [< ahd. *nidarunga* „Erniedrigung"; zu *nidarren* „niedrig machen"]

## NIEREN

Die Nieren des Menschen sind etwa 12 cm lang, 6 cm breit und 4 cm dick. Sie befinden sich beiderseits der Lendenwirbelsäule an der hinteren Bauchwand, regeln den Wasser- und Salzhaushalt des Körpers und filtern mit Nephronen (bestehend aus Nierenkanälchen und -körperchen) die Abbauprodukte des Stoffwechsels aus dem Blut, die über den im Nierenbecken gesammelten Harn ausgeschieden werden.

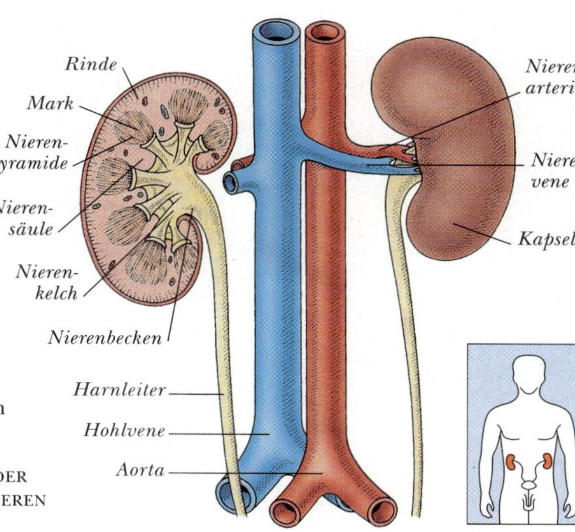


LAGE UND BAU DER MENSCHLICHEN NIEREN

**niederwerfen** ⟨V. t. 281; hat⟩ **1** *zu Boden werfen* **2** ⟨fig.⟩ *besiegen* (Gegner) **3** *unterdrücken, niederschlagen* (Aufstand) ◆ sich vor jmdm. niederwerfen *sich vor jmdm. zu Boden, auf die Knie werfen;* die Krankheit warf ihn nieder ⟨fig.⟩ *machte ihn bettlägerig*
**niedlich** ⟨Adj.⟩ *hübsch u. klein, hübsch, ansprechend* ◆ sie hat ein niedliches Gesicht [< frühnhd. *niedlich* „appetitlich, lecker", eigtl. „Verlangen erweckend", vermutl. aus dem Nddt.; bezeugt ist asächs. *niudlico* „mit Verlangen, eifrig"; zu *niud* „Verlangen"]
**niedrig** ⟨Adj.⟩ **1** *nicht hoch, flach* (Haus) **2** *klein* (Zahl) **3** *gering* (Preis, Stand, Herkunft) **4** *gemein, verderbt, minderwertig* (Gesinnung) ◆ Schuhe mit niedrigen **Absätzen;** niedrige **Denkweise,** Gesinnung ◆ von jmdm. niedrig **denken;** der Ort **liegt** niedrig ◆ niedrig **gesinnt** sein
**niemals** ⟨Adv.; meist verstärkend⟩ = *nie* ◆ niemals!; das würde ich niemals tun [< *nie* + *mal,* nach dem Vorbild von mhd. *e males* „vormals"]
**niemand** ⟨indefinites Pron.; Gen.: -es od. -s; Dat.: -em od. -; Akk.: -en od. -⟩ *kein Mensch, keiner, kein Einziger* ◆ ich habe es niemandem, niemand erzählt; ⟨vor „anders" od. flektiertem Adj. steht meist die endungslose Form⟩ niemand anders [< ahd. *nioman, nieman* < *ni* „nicht" + *io, eo* „immer, irgend(einmal), je" + *man* „Mensch, Mann"; *d* ist nach *n* angetreten wie in *(n)irgend, weiland, vollends*]

NIESWURZ:
KORSISCHE NIESWURZ
*(Helleborus lividus)*

**Niemandsland** ⟨n. 12u; unz.⟩ **1** *Gelände zwischen zwei Fronten* **2** *unbesiedelter Grenzstreifen* **3** *unerforschtes Land*
**Niere** ⟨f. 19; Anat.⟩ ▲ *jedes einzelne der (zumeist) paarigen, drüsigen Ausscheidungsorgane von bohnenartiger Gestalt, die jeweils links bzw. rechts der Wirbelsäule unterhalb der Rippen liegen: Ren, Nephros* ◆ das geht mir an die Nieren ⟨fig.; umg.⟩ *trifft mich hart, empfindlich* [< mhd. *nier(e)* „Niere, Lende" < ahd. *nioro* „Niere, Hode"]
**Nierenbecken** ⟨n. 14⟩ *in der Niere der höheren Wirbeltiere u. des Menschen vom sekundären Harnleiter gebildeter, fächerförmiges Sammelbecken: Pyelon*
**nierenkrank** ⟨Adj.; Med.⟩ *an einer Nierenkrankheit leidend*
**Nierensteine** ⟨Pl.; Med.⟩ *in den Nieren gebildete Harnsteine, die zur Funktionsstörung in den Nieren führen: Nephrolithiasis*
**nieseln** ⟨V. i.; hat; unpersönl.⟩ *fein, sacht regnen* ◆ es nieselt den ganzen Tag
**niesen** ⟨V.i.; hat⟩ *infolge Reizung der Nasenschleimhaut die Luft krampf- u. ruckartig durch Mund u. Nase ausstoßen* [< ahd. *niosan,* engl. *sneeze*]
**Niesreiz** ⟨m. 1⟩ *Reizung der Nasenschleimhaut zum Niesen*
**Nießbrauch** ⟨m. 1u; unz.; Rechtsw.⟩ *Nutzungsrecht an fremdem Vermögen, fremden Rechten, beweglichen u. unbeweglichen Sachen, wobei die Substanz nicht geschmälert werden darf;* Sy *Nießnutz* [Lehnübersetzung von lat. *ususfructus; Nieß...* < mhd. *niezen, niezzen* „zunutze machen, genießen; als Nahrung brauchen"]
**Nießnutz** ⟨m. 1; unz.; Rechtsw.⟩ = *Nießbrauch*
**Nieswurz** ⟨f. 20; unz.; Bot.⟩ ◄ *Angehörige einer Gattung der Hahnenfußgewächse, aus deren Wurzeln Niespulver gewonnen wurde: Helleborus* [< mhd. *nies(e)wurz*]
**Niet** ⟨m. 1; Tech.⟩ *Metallbolzen mit Kopf zum Verbinden von Werkstücken, so dass sie nur durch Zerstören wieder zu trennen sind;* Sy ⟨nicht fachsprachl.⟩ *Niete*[2] [< mhd. *niet(e)* „Metallbolzen", urspr. „spitzer Nagel"]
**Niete**[1] ⟨f. 19⟩ **1** *ein Los, das nicht gewinnt* **2** *Fehlschlag, Versager* **3** ⟨fig.; umg.⟩ *Mensch, der zu nichts zu gebrauchen ist* ◆ er ist eine Niete ⟨umg.⟩; eine Niete ziehen (in der Lotterie) [< ndrl. *niet* „Los, das nicht gewonnen hat", eigtl. „nichts"]

N

**Niete**[2] ⟨f. 19; nicht fachsprachl. Bez. für⟩ *Niet*
**nieten** ⟨V. t.; hat⟩ *durch Nieten verbinden* ◆ Nägel nieten *mit Köpfen versehen* [< mhd. *nieten* „den Nagel umschlagen oder breitschlagen; mit Nietnägeln befestigen" < *Niet* „Nietnagel"]
**niet- und nagelfest** ⟨Adj.; fig.; umg.⟩ *sehr, unzertrennbar fest* ◆ er nahm alles mit, was nicht niet- und nagelfest war
**nigelnagelneu** ⟨Adj.; umg.; verstärkend⟩ *nagelneu*
**Nihilismus** ⟨m.; -; unz.⟩ *Überzeugung von der Nichtigkeit u. Sinnlosigkeit alles Seienden, Verneinung aller Werte u. Ziele* [neulat.; zu lat. *nihil* „nichts"]
**nihilistisch** ⟨Adj.⟩ *auf Nihilismus beruhend, in der Art des Nihilismus*
**Nikolaustag** ⟨m. 1⟩ *mit Volksbräuchen verbundener Tag des hl. Nikolaus, 6. Dezember*
**Nikotin** ⟨n. 11; unz.⟩ *giftiges Alkaloid des Tabaks, Reiz- und Genussmittel* [< frz. *nicotine,* nach dem frz. Gesandten in Portugal, J. *Nicot,* der 1560 den Tabak in Frankreich einführte]

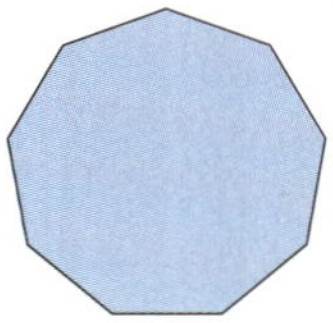

NONAGON

**Nilkrokodil** ⟨n. 11⟩ *größtes Krokodil, bis 10 m lang, mit lauter, brüllender Stimme: Crocodylus niloticus*
**Nilpferd** ⟨n. 11; Zool.⟩ = *Flusspferd (2)*
**Nimbus** ⟨m.; -, -se⟩ **1** *Heiligenschein* **2** ⟨fig.⟩ *Ansehen, Glanz, der eine Person od. eine Sache umgibt* ◆ jmdn. seines Nimbus entkleiden [mlat., „Heiligenschein, Strahlenglanz"]
**nimmer** ⟨Adv.⟩ **1** ⟨poet.⟩ *nie, niemals* **2** ⟨oberdt.⟩ *nicht mehr, nicht länger* ◆ nie und nimmer; nun und nimmer [< mhd. *niemer, nim(m)er* „nie fortan, nicht mehr" < ahd. *nio, nie* „niemals" + *mer* „mehr"]
**Nimmersatt** ⟨m. 1; Gen. a.: -⟩ **1** ⟨umg.⟩ *jmd., der nie genug bekommen kann, Vielfraß* **2** ⟨Zool.⟩ *Angehöriger einer der zwei Arten der Gattung Ibis, die in Afrika bzw. Südasien vorkommen*
**Nippel** ⟨m. 5⟩ *kurzes Rohrstück mit Gewinde zum Verbinden von Rohren*
**nippen** ⟨V. i.; hat⟩ *einen kleinen Schluck trinken, (von einem Getränk) kosten* ◆ vom Wein nippen [< nddt. *nippen,* vermutl. eine Intensivbildung zu mnddt. *nipen* „kneifen"]
**Nippes** ⟨Pl.⟩ *kleine Zierfiguren (für Vitrinen);* Sy *Nippsachen* [< frz. *nippes* „Putzsachen"]
**Nippsachen** ⟨Pl.⟩ = *Nippes*
**nirgends** ⟨Adv.⟩ *an keinem Ort, an keiner Stelle;* Sy *nirgend(s)wo* ◆ ich fühle mich nirgends so wohl wie hier [→ *irgend*]
**nirgendswo, nirgendwo** ⟨Adv.⟩ = *nirgends*
**Nirwana** ⟨n.; - od. -s; unz.; Buddhismus⟩ *die völlige Ruhe, das Erlöschen aller Lebenstriebe, von den Heiligen schon im Diesseits erreicht, Lösung von dem Kreislauf der Wiedergeburt* ◆ ins Nirwana eingehen *sterben* [zu aind. *nirvana* „erloschen, ausgeblasen"]
**Nische** ⟨f. 19⟩ *Vertiefung in der Mauer, Wand* (Wandnische) [< frz. *niche*]
**Nisse** ⟨f. 19⟩ **1** *Ei der Laus, das am Haar des Wirtstieres od. des Menschen festgeklebt ist* **2** *Zusammenballung, Verfilzung, Verknotung von einzelnen oder mehreren Fasern in Flocken und Faserverbänden* [< ahd. *(h)niz* „Laus, Läuseei"]
**nisten** ⟨V. i.; hat⟩ *ein Nest bauen od. haben* (von Vögeln) [< ahd. *nisten;* → *Nest*]
**Nitrat** ⟨n. 11⟩ *Salz der Salpetersäure* [< grch. *nitros* „Salpeter"]
**Nitrid** ⟨n. 11⟩ *Metall-Stickstoff-Verbindung*
**Nitrit** ⟨n. 11⟩ *Salz der salpetrigen Säure*
**Nitritpökelsalz** ⟨n. 11⟩ *Gemisch aus Speisesalz u. Natriumnitrit, das zur Erhaltung der roten Farbe des Fleisches beim Pökeln dient*
**nitro..., Nitro...** ⟨in Zus.⟩ *zu chem. Verbindungen gehörend, die die Nitrogruppe enthalten* [< grch. *nitros* „Salpeter"]
**Nitrogen** ⟨n.; -s; unz.; Chem.; Zeichen: N⟩ *Stickstoff* [< *Nitro...* + grch. *gennan* „erzeugen"]
**Nitroglycerin, Nitroglyzerin** ⟨n. 11; unz.⟩ *hoch empfindlicher Sprengstoff, Trisalpetersäureester des Glycerins,* $C_3H_5(ONO_2)_3$, *gelbliche, ölige, stark giftige Flüssigkeit*
**Nitrogruppe** ⟨f. 19; Chem.⟩ *in chem. Verbindungen enthaltene Gruppe* – $NO_2$
**Nitrosamine** ⟨Pl.⟩ *durch Reaktion mit Salpetersäure entstandene Amine, die im Verdacht stehen, Krebs erregend zu sein* [< *Nitro...* + *Amin*]
**Niveau** ⟨[-voː] n. 15⟩ **1** *waagerechte Ebene* **2** *Höhenstufe, -grad* **3** *Wasserspiegel* ⟨bes. Meeresspiegel⟩ **4** ⟨Atomphys.⟩ *Energiezustand eines Atoms, Moleküls od. Atomkerns* **5** ⟨fig.⟩ *Stufe, Rang, geistige Höhe, Bildungsgrad* ◆ kein Niveau **haben** *geistig anspruchlos sein, auf geringer geistiger Höhe stehen;* das Niveau **halten,** heben, senken, wahren ◆ das ist **unter** meinem Niveau ⟨fig.⟩ [frz.; urspr. entlehnt als bautechn. Terminus mit der Bedeutung „Wasserwaage" (17. Jh.)]
**nivellieren** ⟨[-vɛl-] V. t.; hat⟩ **1** *ebnen, einebnen, gleichmachen, auf gleiche Höhe bringen* **2** *Höhenunterschiede messen von* [< frz. *niveler,* urspr. „mit der Wasserwaage abmessen"]
**Nix** ⟨m. 1; Myth.⟩ = *Wassermann* [< ahd. *nicchus* „Flussuntier, Wassergeist"]
**Nixe** ⟨f. 19; Myth.⟩ = *Wasserjungfrau* [< ahd. *nicchessa* „Wasserfrau"]
**nizäisch** ⟨Adj.⟩ = *nicäisch* ◆ Nizäisches Glaubensbekenntnis ⟨Rel.⟩ = *Nicäisches Glaubensbekenntnis*
**nkr** ⟨Abk. für⟩ *norwegische* → *Krone (8)*
**nm** ⟨Abk. für⟩ *Nanometer*
**n. M.** ⟨Abk. für⟩ *nächsten Monats*
**NN, N. N.** ⟨Abk. für⟩ *Normalnull*
**NNO** ⟨Abk. für⟩ *Nordnordost(en)*
**NNW** ⟨Abk. für⟩ *Nordnordwest(en)*
**NO** ⟨Abk. für⟩ *Nordost(en)*
**nobel** ⟨Adj.⟩ **1** *vornehm, adelig* **2** *edel, großzügig, freigebig* ◆ eine noble Gesinnung; er gibt noble Trinkgelder [< frz. *noble* „vornehm, edel, adlig" < lat. *nobilis* „edel, adlig, kenntlich"; zu *noscere* „kennen"]
**Nobel...** ⟨in Zus. mit Subst.; meist abwertend⟩ *besonders exklusiv, sehr luxuriös* ◆ Nobelauto, Nobelmarke, Nobelhotel
**Nobelpreis** ⟨m. 1⟩ *jährlich verliehener Preis für die besten Leistungen auf den Gebieten der Physik, Chemie, Medizin, Literatur, Wirtschaftswissenschaft u. zur Förderung des Weltfriedens* [nach dem schwed. Chemiker Alfred *Nobel,* 1833-1896]
**Nobilität** ⟨f. 20; unz.⟩ *Adel, Berühmtheit* [< lat. *nobilitas* „Adel, vornehme Geburt, Berühmtheit"]
**noch**[1] ⟨Partikel; verstärkend zum Ausdruck der Erwartung, Ungeduld, Entrüstung sowie der Steigerung⟩ **1** *außerdem, weiter(hin), zusätzlich* **2** *bis jetzt, auch jetzt, fortdauernd* **3** *irgendwann* ◆ das wäre ja noch schöner! ⟨fig.; umg.⟩ *das kommt nicht in Frage;* das wird er noch bereuen; man wird doch noch fragen dürfen; noch **einer!;** möchtest du noch etwas **Fleisch** (haben)?; noch ein **Wort,** und ich gehe! ◆ das mag noch **angehen,** hingehen *ist erträglich;* dazu **kommt** noch Folgendes: ... ◆ bitte noch ein, zwei Bier; noch **einmal,** ⟨od. umg.⟩ noch mal so groß; noch **größer,** kleiner, höher; ich habe noch **viel** zu tun ◆ noch **dazu** *obendrein, außerdem;* ich habe noch **gestern** mit ihm telefoniert; es ist noch **nicht** so weit; und wenn es noch **so** sehr regnet, schneit, stürmt; ich kam gerade noch **zurecht** ◆ noch **vor** Dienstag, Monatsende [< ahd. *noh* „und jetzt, auch jetzt" < *nu* „jetzt" (→ *nun*)]
**noch**[2] ⟨Konj.⟩ *und nicht, auch nicht* ◆ weder Schuhe noch Strümpfe; wir sind weder arm noch reich [< ahd. *noh* „und nicht, auch nicht" < *ne* „nicht" + *ouh* „auch"]
**nochmalig** ⟨Adj.⟩ *wiederholt* ◆ eine nochmalige Aufforderung, Mahnung
**nochmals** ⟨Adv.⟩ *noch einmal* ◆ ich werde es morgen nochmals versuchen
**Nocken** ⟨m. 4⟩ *kurvenartiger Vorsprung auf einer Welle od. einer sich drehenden Scheibe*
**Nockensteuerung** ⟨f. 20⟩ *Steuerung (von Ventilen usw.) durch Nocken*
**Noema** ⟨[noːeː-] n.; -s, -ta; Philos.⟩ **1** *Gedanke, Sinn, Begriff* **2** *Inhalt eines Gedankens* [< grch. *noema* „Gedanke, Sinn, Verstand"]
**Noetik** ⟨[noːeː-] f. 20; unz.⟩ *Denk-, Erkenntnislehre* [< grch. *noetike (techne);* zu *noetikos* „das Denken betreffend"]
**noisette** ⟨[noaˈzɛt] Adj.⟩ *mit gemahlenen Haselnüssen (von Milchschokolade)* [frz., „Haselnuss"]
**Noisette** ⟨[noaˈzɛt] f. 10⟩ *Milchschokolade mit gemahlenen Haselnüssen* (Noisetteschokolade) [frz. „Haselnuss"]
**Nolimetangere** ⟨n; -, -; Bot.⟩ = *Springkraut* [lat., „rühr mich nicht an"; Worte des auferstandenen Christus an Maria Magdalena (Joh. 20,17)]
**Nom.** ⟨Gramm.; Abk. für⟩ *Nominativ*
**Nomade** ⟨m. 17⟩ *Angehöriger eines wandernden Hirtenstammes* [< grch. *nomas,* Gen. *nomados* „der mit weidendem Vieh umherzieht"]

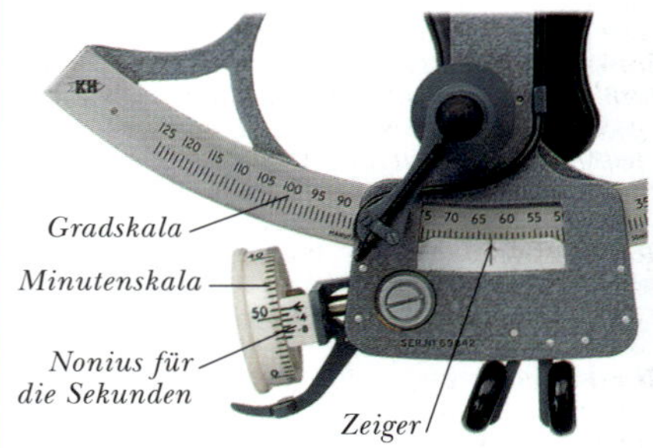


NONIUS AN EINEM SEXTANTEN

**Nomadenleben** ⟨n. 14; unz.⟩ **1** *das Leben eines Nomaden* **2** ⟨fig.⟩ *unruhiges Leben*
**Nomen** ⟨n.; -s, -mina; Gramm.⟩ *deklinierbares Wort (Substantiv, Pronomen, Adjektiv);* ◆ Nomen est omen *der Name ist (zugleich) ein Zeichen,* ⟨eigtl.⟩ Nomen et omen *Name und Zeichen (sind eins), der Name hat zugleich eine Vorbedeutung, dieser Name sagt alles* [< lat. *nomen* „Name, Benennung"]
**Nomenklatur** ⟨f. 20⟩ **1** *Verzeichnis bzw. Gesamtheit der Fachausdrücke eines Kunst- od. Wissensgebietes* **2** = *Nomenklatura* [< lat. *nomenclatura* „Namensverzeichnis"]
**Nomenklatura** ⟨f.; -; unz.; in der Sowjetunion⟩ *führende Gesellschaft, Gruppe der politischen Machthaber;* oV *Nomenklatur (2)* [→ *Nomenklatur*]
**nominal** ⟨Adj.⟩ **1** ⟨Gramm.⟩ *das Nomen betreffend, auf ihm beruhend* **2** = *nominell (2)* [< lat. *nominalis* „zum Namen gehörig" < frz. *nominal*]
**Nominaleinkommen** ⟨n. 14⟩ *das Einkommen ohne Berücksichtigung der Kaufkraft des Geldes;* Ggs *Realeinkommen*
**Nominalform** ⟨f. 20; Gramm.⟩ *infinite Verbform,* z. B. der Infinitiv

**Nominalphrase** ⟨f. 19; Sprachw.; Abk.: NP⟩ *aus einem Nomen u. von ihm abhängigen Gliedern bestehender Satzteil*

**Nominativ** ⟨m. 1; Gramm.; Abk.: Nom.⟩ *erster Fall der Deklination;* Sy *Werfall* [< lat. *(casus) nominativus* „Nennfall"; zu *nomen* „Name (als Subjekt)"]

**nominativisch** ⟨[-visch] Adj.; Gramm.⟩ *den Nominativ betreffend, zu ihm gehörig, auf ihm beruhend*

**nominell** ⟨Adj.⟩ **1** *zum Nomen gehörig* **2** *(nur) dem Namen nach, angeblich;* Sy *nominal (2)* [vermutl. zu frz. *nominal* < lat. *nominalis* „zum Namen gehörig, namentlich"]

**nominieren** ⟨V. t.; hat⟩ *nennen, benennen, namhaft machen, vorschlagen* ◆ für einen Preis nominieren [< lat. *nominare*]

**non..., Non...** ⟨in Zus.⟩ *nicht, un...* [< lat. *non* „nein" od. < frz. *non* „nein"]

**Nonagon** ⟨n. 11⟩ ◄ *geometr. Figur mit neun Ecken;* Sy *Neuneck* [< lat. *nonus* „der Neunte" + grch. *gonia* „Ecke"]

**Nonchalance** ⟨[nɔ̃ʃa'lãs] f. 19; unz.⟩ *(liebenswürdige) Nachlässigkeit, Formlosigkeit, Ungezwungenheit* [frz.]

**None** ⟨f. 19⟩ **1** ⟨kath. Kirche⟩ *Gebetsstunde um drei Uhr nachmittags, zur 9. Tagesstunde* **2** ⟨Mus.⟩ **2.1** *neunter Ton der diaton. Tonleiter* **2.2** *Intervall von neun Tonstufen* **3** Nonen ⟨Pl.⟩ *nach dem altröm. Kalender der fünfte Monatstag, im März, Mai, Juli, Oktober der siebente* [< lat. *nona*, Fem. zu *nonus* „der neunte"; zu *novem* „neun"]

**Nonfiction,** ⟨auch⟩ **Non-Fiction** ⟨[nɔn'fikʃən] n.; -; unz.⟩ **1** *Sachbuch* **2** *Sachbuchliteratur* [< engl. *non* „nicht" + *fiction* „Erfindung, Erzählung"]

**nonfigurativ** ⟨Adj.⟩ *nicht figürlich, abstrakt, ungegenständlich;* Ggs *figurativ* ◆ nonfigurative Malerei [< lat. *non* „nicht" + *figurativ*]

**Nonius** ⟨m.; -, -nien od. -se; Tech.⟩ ◄ *verschiebbarer, zusätzlicher Maßstab an Messgeräten zum Ablesen von Zehnteln der kleinsten Längeneinheit des Gerätes* [nach dem portugiesischen Mathematiker P. *Nuñez*, 1492-1577, latinisiert *Nonius*]

**Nonkonformismus** ⟨m.; -; unz.⟩ *individualistische Haltung in politischen u. sozialen Fragen;* Ggs *Konformismus* [< lat. *non* „nicht" + *Konformismus*]

**Nonne** ⟨f. 19⟩ **1** *Angehörige eines weiblichen Ordens, die die Gelübde abgelegt hat, Klosterfrau, Klosterschwester, Ordensfrau;* → a. *Mönch* **2** *Nachtschmetterling aus der Familie der Trägspinner mit rötl. Leib u. weißl. Flügeln mit dunkler Querbinde: Lymantria monacha* **3** *konkav gekrümmter Dachziegel* [< ahd. *nunna* < kirchenlat. *nonna*, Anrede der Klosterfrau < mlat. *nonna*, als Ausdruck der Ehrfurcht, etwa „ehrwürdige Mutter"; vermutl. als Lallwort der Kindersprache entstanden]

**Nonplusultra** ⟨n.; -; unz.; meist scherzh.⟩ *das Beste, das Unübertreffbare, das Optimale* [lat., „nicht darüber hinaus"]

**Nonsens** ⟨m.; -; unz.⟩ *Unsinn, törichtes Gerede* [< engl. *nonsense*]

**nonstop** ⟨Adv.⟩ *durchgehend, ohne Unterbrechung* ◆ nonstop fliegen [engl.]

**Nonstopflug** ⟨m. 1u⟩ *Flug ohne Zwischenlandung;* Sy *Direktflug* [< engl. *non stop* „keine Unterbrechung" + *Flug*]

**nonverbal** ⟨[-vɛr-] Adj.⟩ *nicht mündlich, nicht durch Worte mitgeteilt* ◆ nonverbale Verständigung [< lat. *non* „nicht" + *verbal*]

NORDPOLARKREIS

**noogen** ⟨[no:o-] Adj.; Psych.⟩ *durch ein geistiges Problem, einen sittlichen Konflikt od. eine existenzielle Krise hervorgerufen* [< grch. *nous* „Geist" + *...gen*]

**Noogenetik** ⟨[no:o-] f. 20; unz.; Ökol.⟩ *gezielte Einflussnahme des Menschen auf die Fauna u. Flora, um die Folgen des durch Zivilisation u. Industrialisierung gestörten ökologischen Gleichgewichts wiederherzustellen* [< grch. *nous* „Geist, Verstand" + *Genetik*]

**Noppe** ⟨f. 19⟩ **1** *Knoten in Garn od. Gewebe* **2** *Schlinge (als Zierde) in Garn od. Gewebe* [< spätmhd. *noppe* „Wollknötchen am Zeuge, Tuchflocke"]

**noppen** ⟨V. t.; hat⟩ **1** *von Noppen befreien* (Rohgewebe) **2** *mit Noppen (als Schmuck) versehen* ◆ genoppte Wolle [< spätmhd. *noppen* „Gewebe von Noppen reinigen"]

**Nord I** ⟨ohne Art.; Abk.: N⟩ = *Norden* ◆ Stuttgart Nord **II** ⟨m. 1; poet.⟩ *Nordwind*

**Nordatlantikpakt** ⟨m. 1; unz.; Pol.⟩ = *NATO, Nato*

**norddeutsch** ⟨Adj.⟩ *das nördl. Deutschland betreffend, zu ihm gehörig, aus ihm stammend* ◆ die norddeutschen Mundarten

**norden** ⟨V. t.; hat⟩ *nach Norden ausrichten*

**Norden** ⟨m.; -s; unz.; Abk.: N⟩ **1** *Himmelsrichtung* **2** *nördlich gelegenes Gebiet* **3** *die nördl. Länder der Erde* ◆ die Völker des Nordens; im Norden der Stadt

**nordisch** ⟨Adj.⟩ *den Norden betreffend, aus ihm stammend* ◆ nordische Kombination ⟨Sp.⟩ *Wettkampf im Skilauf, Verbindung von Lang- u. Sprunglauf;* die nordischen Länder *die skandinav. Länder;* die nordischen Sprachen *die skandinav. Sprachen*

**Nordländer** ⟨m. 3⟩ *Skandinavier*

**nordländisch** ⟨Adj.⟩ *skandinavisch*

**nördl. Br.** ⟨Abk. für⟩ *nördliche(r) Breite*

**nördlich** ⟨Adj.⟩ *im Norden liegend, in Richtung nach Norden (liegend)* ◆ nördliche Breite ⟨Abk.: n. Br., nördl. Br.⟩ *geograph. Breite nördlich des Äquators;* Nördliches Eismeer; die nördlichen Länder ⟨i. w. S.⟩ *die im Norden der Erde liegenden Länder;* ⟨i. e. S.⟩ *Skandinavien, Dänemark, Finnland;* nördlicher Polarkreis *Nordpolarkreis*

**Nordlicht** ⟨n. 12⟩ *nördl. Polarlicht*

**Nordnordost I** ⟨ohne Art.; Abk.: NNO⟩ = *Nordnordosten* **II** ⟨m. 1⟩ *Nordnordostwind*

**Nordnordosten** ⟨m.; -s; unz.; Abk.: NNO⟩ *Himmelsrichtung zwischen Norden u. Nordosten;* oV *Nordnordost (I)*

**Nordnordwest I** ⟨ohne Art.; Abk.: NNW⟩ = *Nordnordwesten* **II** ⟨m. 1⟩ *Nordnordwestwind*

**Nordnordwesten** ⟨m.; -s; unz.; Abk.: NNW⟩ *Himmelsrichtung zwischen Norden und Nordwesten;* oV *Nordnordwest (I)*

**Nordost I** ⟨ohne Art.; Abk.: NO⟩ = *Nordosten (1)* **II** ⟨m. 1; poet.⟩ = *Nordostwind*

**Nordosten** ⟨m.; -s; unz.; Abk.: NO⟩ **1** *Himmelsrichtung zwischen Norden u. Osten;* oV *Nordost (I)* **2** *im Nordosten gelegenes Gebiet* ◆ der Hafen liegt im Nordosten

**Nordostwind** ⟨m. 1⟩ *aus Nordosten kommender Wind;* Sy ⟨poet.⟩ *Nordost (II)*

**Nordpol** ⟨m. 1⟩ *nördlicher Pol der Erd- u. Himmelskugel*

**Nordpolargebiet** ⟨n. 11⟩ *nördlichster Teil der nördlichen Erdhalbkugel;* Sy *Arktis*

**Nordpolarkreis** ⟨m. 1; Geogr.⟩ ◄ *Breitenkreis von 66,5° nördl. Breite, der eine imaginäre Linie um die arktische Region beschreibt;* → a. *Polarkreis*

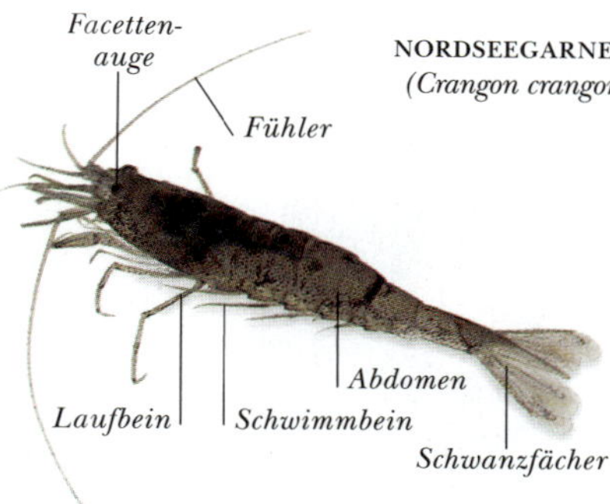


NORDSEEGARNELE
*(Crangon crangon)*

**Nordseegarnele** ⟨f. 19; Zool.⟩ ▲ *bis 9 cm lange Garnele der Nord- u. Ostsee: Crangon crangon;* Sy *Granat*[1]

**Nordseite** ⟨f. 19⟩ *nach Norden zu gelegene Seite* ◆ Nordseite eines Berges, Hauses

**Nordstern** ⟨m. 1; unz.⟩ ► = *Polarstern*

**Nord-Süd-Gefälle** ⟨n. 13; unz.; Pol.⟩ *wirtschaftliches u. soziales Gefälle zwischen (nördlichen) Industriestaaten u. (südlichen) Entwicklungsländern*

**nordwärts** ⟨Adv.⟩ *nach Norden zu, in nördl. Richtung*

**Nordwest I** ⟨ohne Art.; Abk.: NW⟩ = *Nordwesten (1)* **II** ⟨m. 1; poet.⟩ = *Nordwestwind*

**Nordwesten** ⟨m.; -s; unz.; Abk.: NW⟩ **1** *Himmelsrichtung zwischen Norden u. Westen;* Sy *Nordwest (I)* **2** *im Nordwesten gelegenes Gebiet* ◆ die Berge liegen im Nordwesten

**Nordwestwind** ⟨m. 1⟩ *aus Nordwesten kommender Wind;* Sy ⟨poet.⟩ *Nordwest (II)*

**Nordwind** ⟨m. 1⟩ *aus Norden kommender Wind*

**nörgelig** ⟨Adj.⟩ *zum Nörgeln neigend, viel nörgelnd* ◆ sie ist immer nörgelig

**nörgeln** ⟨V. i.; hat⟩ **1** *kleinlich tadeln, kritteln* **2** an etwas nörgeln *mit etwas nicht zufrieden sein* ◆ er muss immer an allem nörgeln [< obersächs., urspr. „undeutlich sprechen; murren, brummen"]

**Norm** ⟨f. 20⟩ **1** *Richtschnur, Vorbild, Regel* **2** *Größenvorschrift, Standard* **3** *am Fuß der ersten Seite des Druckbogens stehende Bez. des Autors u. abgekürzten Buchtitels* **4** *vorgeschriebene Arbeitsleistung, Arbeitsnorm* ◆ eine Norm aufstellen; als Norm dienen, gelten; der Norm entsprechend [< lat. *norma* „Winkelmaß; Maßstab, Regel, Vorschrift"]

**normal** ⟨Adj.⟩ **1** *regelmäßig, regelrecht* **2** *gewöhnlich, üblich, landläufig* **3** ⟨umg.⟩ *geistig gesund* ◆ normales Gewicht; er ist wirklich nicht ganz normal ⟨umg.⟩ [< lat. *normalis* „nach dem Winkelmaß gerecht; die Norm betreffend"]

**normal..., Normal...** ⟨in Zus.⟩ *der Norm entsprechend, durchschnittlich, üblich*

**normalerweise** ⟨Adv.⟩ *für gewöhnlich, im Allgemeinen* ◆ normalerweise kommen solche Fehler nicht vor

**Normalhöhenpunkt** ⟨m. 1; Abk.: NH⟩ *Abstand eines Punktes der Erdoberfläche von einem etwa in Meereshöhe liegenden Bezugspunkt*

**normalisieren** ⟨V. t.; hat⟩ *der Norm (wieder) angleichen, (wieder) normal gestalten* ◆ als sich das Leben wieder normalisiert hatte [< frz. *normaliser*]

**Normalität** ⟨f. 20; unz.⟩ *normale Beschaffenheit, Vorschriftsmäßigkeit* ◆ dieser Zustand entspricht (nicht) der Normalität

**Normalnull** ⟨n.; -; unz.; Abk.: NN, N.N.⟩ *die für alle deutschen Höhenmessungen verwendete Bezugsfläche in Höhe des mittleren Wasserstandes des Amsterdamer Pegels*

N

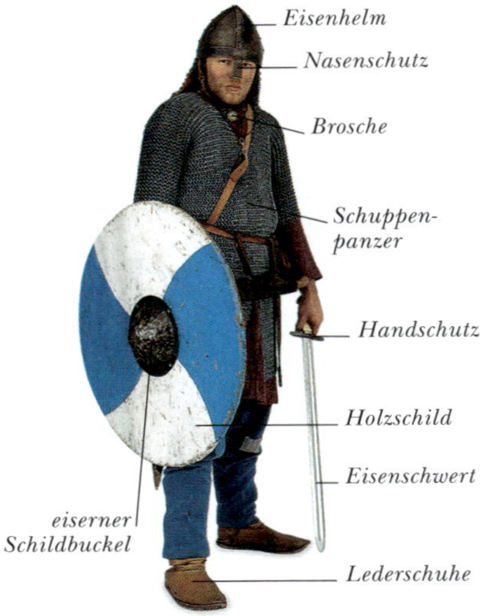


NORMANNE: KRIEGER
MIT SCHUPPENPANZER

**Normalverbraucher** ⟨m. 3; umg.⟩ **1** ⟨scherzh.⟩ *Durchschnittsmensch* **2** ⟨eigtl.⟩ *jmd. mit durchschnittl. Verbrauch an Lebensmitteln usw.*

**Normalzeit** ⟨f. 20⟩ *für ein größeres Gebiet festgelegte Zeit;* Ggs *Ortszeit*

**Normalzustand** ⟨m. 1u; unz.⟩ **1** *normaler, üblicher Zustand* **2** ⟨Phys.; Tech.⟩ *Zustand unter Normalbedingungen*

**Normanne** ⟨m. 17⟩ ▲ *Angehöriger eines nordgerman. Seefahrervolkes, das im 8. Jh. nach England u. ins fränk. Reich u. nach 1000 bis Unteritalien vordrang;* Sy *Wiking(er)*

**normannisch** ⟨Adj.⟩ *die Normannen betreffend, zu ihnen gehörig, von ihnen stammend* ◆ normannischer Baustil ⟨Arch.⟩ ► *bes. im 11. Jh. in Nordfrankreich ausgebildeter romantischer Stil;* normannische Sprache *zu den zentralroman. Sprachen gehörende Sprache der im fränk. Reich lebenden Normannen;* normannische Mundart *die in der Normandie gesprochene französ. Mundart*

**normativ** ⟨Adj.⟩ **1** *in der Art einer Norm od. von Normen, normgerecht* **2** *als Norm dienend* ◆ diese Verhaltensweisen haben normativen Charakter

**Normative** ⟨[-və] f. 30⟩ *das Maßgebende, grundlegende Bestimmung*

**Normblatt** ⟨n. 12u⟩ *vom Deutschen Institut für Normung (DIN) herausgegebenes Verzeichnis von Größen- u. a. Vorschriften*

**normen** ⟨V. t.; hat⟩ *als Norm od. nach einer Norm festlegen, vereinheitlichen;* Sy *normieren* ◆ das Papierformat ist genormt

**normieren** ⟨V. t.; hat⟩ = *normen* [< frz. *normer*]

**Normung** ⟨f. 20⟩ *das Normen, Festlegen als Norm od. nach einer Norm*

**normwidrig** ⟨Adj.⟩ *gegen die Norm verstoßend*

**Nostalgie** ⟨f. 19⟩ *Sehnsucht nach dem Natürlichen, Heilen u. (od.) nach der Vergangenheit* ◆ er blickt mit Nostalgie auf sein früheres Leben als Junggeselle zurück [< grch. *nostos* „Heimkehr" + *algos* „Schmerz"]

**nostalgisch** ⟨Adj.⟩ *in der Art der Nostalgie, voller Nostalgie* ◆ nostalgische Stimmung

**Not** ⟨f. 7u⟩ **1** *Armut, Elend* **2** *Knappheit, Mangel* (Geldnot, Zeitnot) **3** *Bedrängnis, Hilflosigkeit* **4** *Gefahr* **5** *Mühe, Sorge, Schwierigkeit* **6** *Anstrengung* **7** *dringende Notwendigkeit* ◆ jmds. Not **erleichtern,** lindern, mildern; Not **kennt** kein Gebot ⟨Sprichw.⟩ *in schlimmer Lage gelten gewisse Verbote nicht mehr;* Not **leiden;** Not **macht** erfinderisch; es **tut** Not ◆ **bittere** Not; seine **liebe** Not mit jmdm. od. etwas haben ◆ ich helfe euch aus, wenn Not **am** Mann ist ⟨umg.⟩ *wenn es eilt, wenn es dringend nötig ist;* **aus** der Not eine Tugend machen *das Beste aus einer unangenehmen Sache machen;* jmdn. aus der, aus großer Not retten; jmdm. **in** der Not beistehen, helfen; in tausend Nöten; **mit** Mühe und Not etwas erreichen; mit knapper Not entkommen *nur mit Mühe, gerade noch;* **zur** Not geht es schon ⟨umg.⟩ *mit Mühe, wenn es unbedingt sein muss* [< ahd. *not,* engl. *need*]

**Nota** ⟨f. 10⟩ **1** *Vormerkung, Aufzeichnung, Anmerkung* **2** *Rechnung* ◆ in Nota geben, in Nota nehmen *in Auftrag* [lat., „Zeichen, Merkmal"]

**Notar** ⟨m. 1⟩ *ausgebildeter Jurist, der auch Unterschriften, Schriftstücke beglaubigt u. Rechtsgeschäfte beurkundet u. Ä.* [< lat. *notarius,* urspr. „Geschwindschreiber"]

**Notariat** ⟨n. 11⟩ *Büro, Kanzlei eines Notars* [< mlat. *notariatus*]

**notariell** ⟨Adj.⟩ *vom, durch den Notar (ausgeführt);* Sy *notarisch* ◆ notariell beglaubigte Abschrift

**notarisch** ⟨Adj.⟩ = *notariell*

**Notarzt** ⟨m. 1u⟩ **1** *Arzt im Bereitschaftsdienst* **2** *Arzt, der im Notfall gerufen werden kann u. in einem Einsatzwagen sowie mit einer für erste Maßnahmen nötigen Ausrüstung sofort kommt* ◆ den Notarzt rufen

**Notaufnahme** ⟨f. 19⟩ *Aufnahme in eine Krankenhausstation im Notfall*

**Notausgang** ⟨m. 1u⟩ *kleiner, zusätzl. Ausgang für den Notfall, bei Gefahr* ◆ bitte benutzen Sie bei Feuer die Notausgänge

**Notbremse** ⟨f. 19⟩ *Bremse in Schienenfahrzeugen für den Fall einer Gefahr*

**notdürftig** ⟨Adj.⟩ *nicht befriedigend, nur knapp (ausreichend)* ◆ einen Schaden notdürftig ausbessern

**Note** ⟨f. 19⟩ **1** *Bemerkung, Anmerkung* (Fußnote) **2** *in Wort od. Zahl ausgedrückte Beurteilung, Zensur* (Schulnote) **3** *förml. schriftl. Mitteilung einer Regierung an eine andere* **4** ⟨Mus.⟩ *Schriftzeichen für einen Ton;* → a. *Notenschrift* **5** ⟨fig.⟩ *Prägung, Eigenart* **6** Noten ⟨Mus.; Pl.⟩ *Notenheft, Notenbuch* ◆ jmdm. die Note 1 **geben;** Noten **lesen,** schreiben können ⟨Mus.⟩ ◆ der Raum hat seine **besondere** Note; **gute,** schlechte Noten; sein Vortrag erhielt durch die Schilderung eigener Erlebnisse eine **persönliche** Note [< mhd. *note* „Musiknote" < mlat. *nota* „musikal. Tonzeichen"]

**Notenbank** ⟨f. 20⟩ *Bank, die berechtigt ist, Banknoten auszugeben*

**Notenheft** ⟨n. 11; Mus.⟩ *Heft mit Notenlinien od. mit den Noten für Musikstücke*

**Notenschlüssel** ⟨m. 5; Mus.⟩ *Zeichen am Anfang der Notenlinien, das die Tonlage der Noten bestimmt,* z. B. Bass-, Violinschlüssel; Sy *Schlüssel (3)*

## NORMANNISCHER BAUSTIL

Vom späten 10. bis zum späten 12. Jh. dominierte der normannische Baustil in der Architektur der Normandie und hatte auch starken Einfluss in England und Süditalien. Charakteristische Merkmale dieses Baustils sind Pfeiler als Träger des Hauptschiffs, massives Mauerwerk, Stufenfenster und -portale, halbrunde Bogen und Satteldächer.

SCHNITT DURCH EINE
FRANZÖSISCHE ABTEI
IM NORMANNISCHEN BAUSTIL

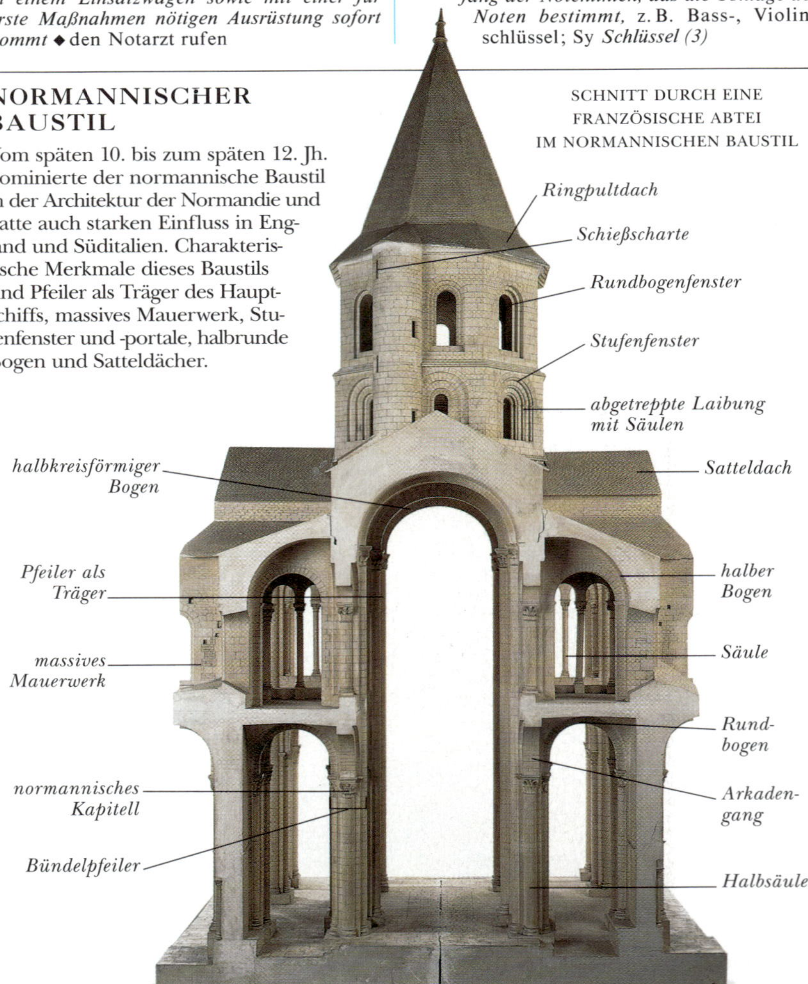


ZEITLEISTE

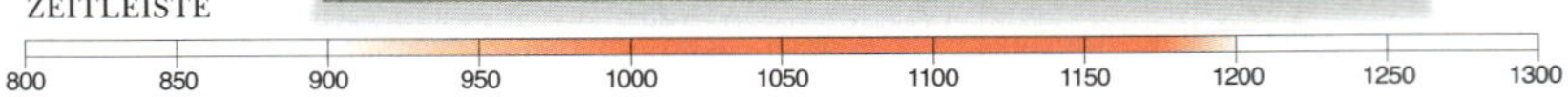

**Notenschrift** ⟨f. 20; Mus.⟩ ▼ *Gesamtheit der Schriftzeichen für Töne*

**Notfall** ⟨m. 1u⟩ *Eintreten einer Notwendigkeit, Gefahr od. Ausnahmesituation, Zwangslage* ◆ für den Notfall einen Schirm mitnehmen; im Notfall *wenn es unbedingt sein muss, notfalls;* im äußersten Notfall

**notfalls** ⟨Adv.⟩ *im Notfall, wenn es sein muss* ◆ notfalls werde ich selbst hingehen

**notgedrungen** ⟨Adj.⟩ *weil es nicht anders geht, aus Not, aus dringender Notwendigkeit* ◆ notgedrungen verzichtete er auf die Feier

**Notgroschen** ⟨m. 4⟩ *(gespartes) Geld für Zeiten der Not* ◆ sich einen Notgroschen zurückgelegt haben

**notieren** ⟨V. t.; hat⟩ **1** *aufschreiben (um es sich zu merken)* **2** *vormerken* ◆ den Kurswert notieren *festsetzen u. veröffentlichen* [< lat. *notare* „kennzeichnen, bezeichnen; aufzeichnen, aufschreiben"]

**nötig** ⟨Adj.⟩ **1** *notwendig, erforderlich, unentbehrlich* **2** ⟨adv.⟩ *dringend, unbedingt* ◆ die nötigen **Mittel** ◆ das Nötige **besorgen;** etwas nötig **brauchen;** etwas nötig **haben;** du hast es (gerade) nötig, so anzugeben! ⟨umg.⟩ *du brauchst nicht so anzugeben, es glaubt dir doch niemand;* **sein:** danke, es ist nicht nötig ◆ **dringend,** unbedingt nötig ◆ es fehlt ihm **am** Nötigsten; es (nicht) **für** nötig halten, etwas zu tun [< mhd. *nœtic, notec* „in Not bedrängt; drängend; notwendig, dringend" < ahd. *notag* „bedrängt, in Not"; zu *not* „Not, Bedrängnis"]

**nötigen** ⟨V. t.; hat⟩ **1** jmdn. zu etwas nötigen *zwingen, mit Gewalt od. Drohung dazu bringen, etwas zu tun od. zu dulden* **2** *auffordern, dringend bitten, zuzulangen, sich zu nehmen (bei Tisch)* **3** sich nötigen lassen *sich (mehrmals) bitten lassen zuzugreifen* ◆ sich genötigt sehen, etwas zu tun

**Nötigung** ⟨f. 20; unz.⟩ *das Nötigen* ◆ wegen Nötigung verurteilt werden

**Notiz** ⟨f. 20⟩ **1** *notierte Bemerkung, kurze Angabe, Vermerk* (Zeitungsnotiz) **2** *Kenntnis, Beachtung* ◆ sich Notizen machen; von etwas od. jmdm. (keine) Notiz nehmen *etwas od. jmdn. (nicht) zur Kenntnis nehmen, (nicht) beachten* [< lat. *notitia* „Kenntnis, Kunde; Aufzeichnung"; zu lat. *notus* „bekannt"]

**Notlage** ⟨f. 19⟩ *Bedrängnis, schwierige, schlimme Lage* ◆ jmds. Notlage (zum eigenen Vorteil) ausnützen; wirtschaftliche Notlage; sich in einer Notlage befinden

**Notlandung** ⟨f. 20⟩ *durch eine Notlage (z. B. Motorschaden) erzwungene Landung auf unvorbereitetem Platz* ◆ das Flugzeug setzt zur Notlandung an

**Notlösung** ⟨f. 20⟩ *nicht ganz befriedigende Lösung (eines Problems)* ◆ bei dieser Konstruktion handelt es sich nur um eine Notlösung

## NOTENSCHRIFT

Die herkömmliche Notenschrift verwendet ein Notenliniensystem mit fünf Linien. Die Lage einer Note im Notenliniensystem gibt deren Tonhöhe an, wobei geringere Veränderungen durch ein Versetzungszeichen angezeigt werden. Weitere Zeichen informieren über den Takt, die Pausen, Akkorde, Intervalle und Verzierungen.

NOTEN

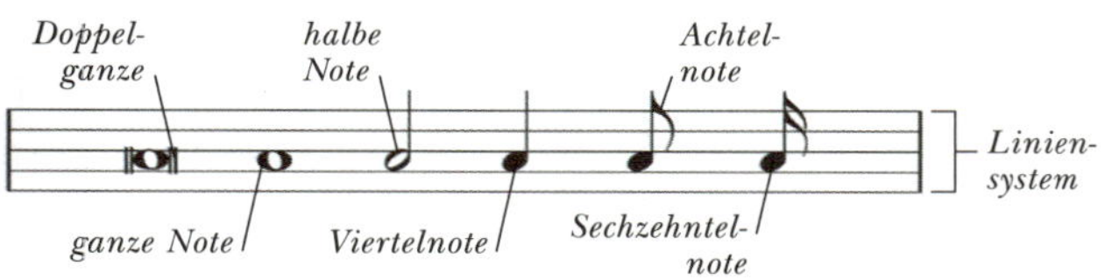


TONLEITER (C-Dur)

NOTENSCHLÜSSEL TAKTARTEN

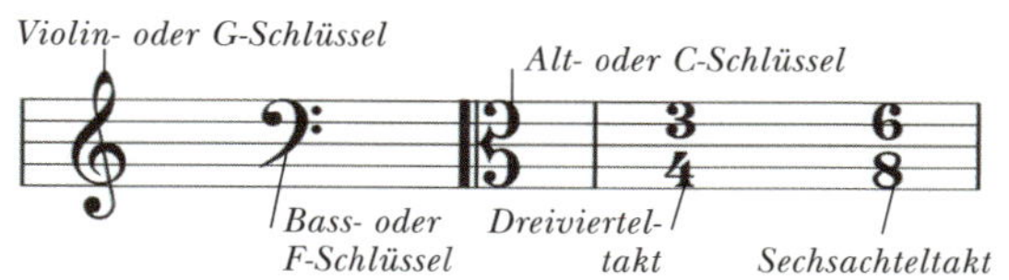


VERSETZUNGSZEICHEN

PAUSEN-ZEICHEN

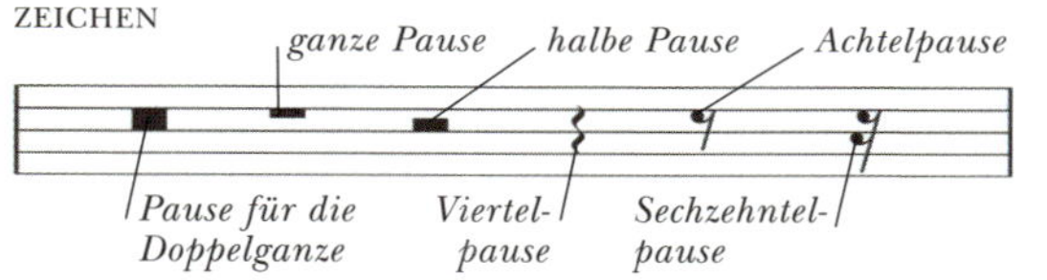


NOTENSCHRIFT IN EINEM MANUSKRIPT DES 19. JH.

**Notlüge** ⟨f. 19⟩ *Lüge aufgrund einer Schwierigkeit, Zwangslage, in der man sich befindet* ◆ zu einer Notlüge greifen

**notorisch** ⟨Adj.⟩ **1** *offenkundig, allbekannt* **2** *gewohnheitsmäßig* ◆ notorischer Nörgler, Trinker, Verbrecher [< spätlat. *notorius* „anzeigend, kundtuend"; zu lat. *noscere* „kennen lernen"]

**Notruf** ⟨m. 1⟩ *Anruf u. Rufnummer von Polizei od. Feuerwehr bei Notständen*

**Notstand** ⟨m. 1u⟩ **1** ⟨Rechtsw.⟩ *Zustand der Gefahr, aus der sich jmd. nur durch den Eingriff in das Recht eines anderen retten kann* **2** ⟨allg.⟩ *Notlage*

**Notstandsgebiet** ⟨n. 11⟩ *Gebiet, in dem wirtschaftl. Notstand herrscht, z. B. durch Überschwemmung* ◆ ein Gebiet zum Notstandsgebiet erklären

**Nottaufe** ⟨f. 19⟩ *Taufe (durch einen Laien) bei Todesgefahr des Täuflings*

**Notwehr** ⟨f.; -; unz.⟩ *Abwehr eines rechtswidrigen Angriffs* ◆ aus Notwehr handeln; jmdn. in Notwehr erschießen

**notwendig** ⟨Adj.⟩ **1** *erforderlich, unentbehrlich, unerlässlich, unvermeidlich* **2** *zwangsläufig* **3** *vorgeschrieben* **4** *dringend* **5** ⟨nur adv.⟩ *unbedingt* ◆ notwendige **Anschaffungen,** Unterlagen; die notwendigen **Formalitäten** erledigen ◆ etwas notwendig **brauchen;** nur das Notwendigste **mitnehmen; sein:** es ist notwendig, sofort zu beginnen; das Notwendige **veranlassen** ◆ **dringend,** unbedingt notwendig ◆ ich halte es **für** notwendig [eigtl. „die Not wendend"]

**Notzeiten** ⟨Pl.⟩ in Notzeiten *in Zeiten der Not*

**Notzucht** ⟨f.; -; unz.⟩ *Nötigung einer weibl. Person, von ihr nicht gewollten Geschlechtsverkehr zu dulden, Vergewaltigung*

**Nougat** ⟨[nu-] n.; -s; unz.⟩ = *Nugat*

**Nov.** ⟨Abk. für⟩ *November*

**Nova**[1] ⟨[-va] f.; -, -vae [-vɛ:]⟩ *Fixstern, dessen Helligkeit plötzlich sehr stark ansteigt;* Sy *neuer* → *Stern*[1] [lat., „die Neue"]

**Nova**[2] ⟨[-va] Pl. von⟩ *Novum*

**Novelle**[1] ⟨[-vɛl-] f. 19⟩ *ergänzender od. ändernder Nachtrag zu einem Gesetz* [< lat. *novella* „neu (erlassenes Gesetz)"]

**Novelle**[2] ⟨[-vɛl-] f. 19⟩ *von einem einzelnen, ungewöhnl. Ereignis handelnde, geradlinig sich steigernde, gedrängt berichtende Erzählung* [< ital. *novella* „kleine Neuigkeit" < lat.]

**Novellistik** ⟨[-vɛl-] f.; -; unz.⟩ **1** *Kunst der Novelle* **2** *Gesamtheit der Novellendichtung (eines Volkes od. einer Zeit)*

**November** ⟨[-vɛm-] m. 3; Abk.: Nov.⟩ *elfter Monat des Jahres* [lat., „der Neunte"; zu *novem* „neun" (urspr. der neunte Monat des röm. Kalenders)]

**Novemberpogrom** ⟨[-vɛm-] n. 11 od. m.1; unz.⟩ *Pogrom gegen die Juden in der Nacht vom 9. zum 10. 11. 1938, bei dem zahlreiche jüd. Geschäfte zerschlagen wurden;* Sy *Kristallnacht, Reichskristallnacht*

**Novität** ⟨[-vi-] f. 20⟩ **1** *Neuheit, Neuigkeit* **2** *Neuerscheinung, z. B. Buch* [< lat. *novitas* „Neuheit"]

**Novize** ⟨[-vi-] m. 17⟩ *junger Mönch während der Probezeit vor dem Ablegen der Gelübde* [zu lat. *novicius* „Neuling"; zu *novus* „neu"]

**Novizin** ⟨[-vi-] f. 22⟩ *weibl. Novize*

**Novum** ⟨[-vum] n.; -s, -va [-va]⟩ **1** *Neuheit, noch nicht Dagewesenes, neuer Gesichtspunkt* **2** *Neuerung* [lat., „Neues"]

**$NO_x$** ⟨Chem.; Zeichen für⟩ *Stickstoffoxid*

**NP** ⟨Sprachw.; Abk. für⟩ *Nominalphrase*

**Nr.** ⟨Abk. für⟩ *Nummer*

**NS** ⟨Pol.; umg.; Abk. für⟩ *Nationalsozialismus*

**NT** ⟨Abk. für⟩ *Neues Testament*

**Nu** ⟨[nu:] m.; nur in der Wendung⟩ im Nu *sehr schnell* ◆ ich bin im Nu zurück

**Nuance** ⟨[ny'ãs(ə)] f. 19⟩ **1** *Abstufung, feine Tönung* **2** *Feinheit* **3** *winzige Kleinigkeit, Spur, Schimmer* ◆ (keine) Nuancen unterscheiden (können) [frz.]

**nuancieren** ⟨[nyãsi:-] V. t.; hat⟩ *abstufen, kaum merklich ändern* [< frz. *nuancer*]

**nüchtern** ⟨Adj.⟩ **1** *ohne gegessen od. getrunken zu haben, mit leerem Magen* **2** *leer* (Magen) **3** *nicht betrunken* **4** *besonnen, wirklichkeitsnah* **5** *trocken, fantasielos* **6** *nach nichts (schmeckend), fad, schal* (Speise) ◆ ein nüchterner **Bericht;** nüchterner **Stil** ◆ eine Sache nüchtern **betrachten,** beurteilen, einschätzen; nüchtern **denken;** noch nüchtern **sein;** allmählich wieder nüchtern **werden** *aus einem Rausch, Begeisterungstaumel od. einer Raserei erwachen* [< ahd. *nuohturn* < lat. *nocturnus* „nächtlich", in Anlehnung an ahd. *nohta* „Morgendämmerung"]

**Nüchternheit** ⟨f. 20; unz.⟩ *nüchternes Wesen, nüchterne Beschaffenheit*

**nuckeln** ⟨V. i.; hat; umg.⟩ *saugen, lutschen* (bes. von Säuglingen u. jungen Tieren) ◆ am Daumen nuckeln

**Nucleinsäure** ⟨[-kle:in] f. 19; unz.; fachsprachl.⟩ = *Nukleinsäure*

**Nudel** ⟨f. 21⟩ **1** *Eierteigware in Faden-, Röhrchen-, kleiner Muschel- o. a. Form* (Fadennudel) **2** ⟨fig.; umg.⟩ *unterhaltsamer Mensch, lustige Frau* **3** eine putzige, ulkige Nudel ⟨fig.; umg.⟩

**Nudismus** ⟨m.; -; unz.⟩ = *Freikörperkultur* [zu lat. *nudus* „nackt, bloß"]

**Nudität** ⟨f. 20⟩ **I** ⟨unz.⟩ *Nacktheit* ⟨oft im unzüchtigen Sinne⟩ **II** ⟨zählb.; meist Pl.⟩ *Schlüpfrigkeit, schlüpfrige Äußerung* [zu lat. *nuditas* „Blöße"]

**Nugat** ⟨n.; -s; unz.⟩ *Konfekt aus fein zerriebenen Nüssen od. Mandeln mit Zucker u. Kakao;* oV *Nougat* [frz. < prov. *nogat;* zu *noga* „Nuss" < lat. *nux*]

**Nugget** ⟨['nʌgit] n. 15⟩ ► *Metallklümpchen (bes. Gold) in unbearbeitetem Zustand* [engl.]

NUGGET: GOLDNUGGET

**nuklear** ⟨Adj.⟩ **1** *zum Atomkern gehörend, von ihm ausgehend* **2** *auf Kernreaktion beruhend*

**Nuklearmedizin** ⟨f. 20; unz.⟩ *Teilgebiet der Medizin, das sich mit der Anwendung radioaktiver Stoffe befasst*

**Nuklearwaffe** ⟨f. 19⟩ = *Kernwaffe*

**Nukleinsäure** ⟨f. 19; unz.⟩ *Verbindung zusammengesetzter Makromoleküle, die aus drei Grundkomponenten (Zucker, heterozyklische organ. Base u. Phosphorsäure) aufgebaut ist u. die nach der Zuckerkomponente in Ribonukleinsäuren (mit dem Zucker Ribose) u. Desoxyribonukleinsäuren (mit dem Zucker Desoxyribose) unterschieden werden, Substanz der Gene u. bedeutsam bei der Proteinbiosynthese, in allen lebenden Organismen, bes. im Zellkern, sowie in Viren enthalten;* oV ⟨fachsprachl.⟩ *Nucleinsäure*

**null** ⟨Num.; Zeichen: 0⟩ **1** *kein, keine, keinen* **2** *nichts* **3** ⟨Jugendspr.⟩ *nicht den geringsten, nicht die, das geringste* ◆ null Fehler im Diktat; er hat null Ahnung; in null Komma nichts war er, war es fertig ⟨umg.; scherzh.⟩ *im Nu;* drei Grad über, unter null (Grad Celsius); das Ergebnis der Sache ist gleich null *die Sache hat kein Ergebnis gehabt, hat zu nichts geführt* [< ital. *nulla* „nichts" < lat. *nullus* „keiner"]

**Null**[1] ⟨f. 20; Zeichen: 0⟩ **1** *Zahl 0* **2** *Nullpunkt, Gefrierpunkt (von Wasser)* **3** ⟨fig.⟩ *Nichtigkeit, Bedeutungslosigkeit* **4** *untüchtiger, bedeutungsloser Mensch* ◆ einer Zahl **eine** Null anhängen; er ist eine Null ⟨fig.⟩; die Stunde Null *Zeitpunkt eines Neubeginns* → a. *null*

**Null**[2] ⟨m. 6 od. n. 15; Skat⟩ *Spiel, bei dem der (den Modus „Null" ansagende) Spieler keinen Stich bekommen darf* ◆ Null ouvert [- u'vɛ:r] *Nullspiel, bei dem der Spieler nach (laut neuer Regelung vor) dem ersten Stich die Karten offen hinlegen muss* [< frz. *ouvert* „offen"]

**null-acht-fünfzehn** ⟨Adj.; meist präd.⟩ *einem allzu bekannten Schema folgend, nicht originell, nichts Neues bietend* ◆ die Wohnung ist so null-acht-fünfzehn eingerichtet [nach einem *1908* in der Konstruktion veränderten u. *1915* nochmals umgebauten Maschinengewehr]

**Nulldiät** ⟨f. 20; umg.⟩ *Schlankheitsdiät mit vollständigem Verzicht auf Nahrung außer Wasser, Vitaminen u. Mineralstoffen*

**Nuller** ⟨m. 3; umg.; Sp.⟩ *Nullfehlerritt beim Springreiten*

**Nullifikation** ⟨f. 20⟩ *Ungültigkeitserklärung, Nichtigmachung, Aufhebung*

**nullifizieren** ⟨V. t.; hat⟩ *für ungültig erklären, zunichte machen, aufheben* [< lat. *nullus* „keiner" + *facere* „machen"]

**Nullipara** ⟨f.; -, -paren⟩ *Frau, die noch nicht geboren hat* [< lat. *nullus* „kein, nicht" + *parere* „hervorbringen"]

**Nullmeridian** ⟨m. 1; unz.⟩ *Meridian von Greenwich*

**Nullmorphem** ⟨n. 11; Sprachw.; Zeichen: Ø⟩ *der Form nach nicht ausgedrücktes Wortbildungselement, leeres Morphem,* z.B. die Pluralform von „MeisterØ", dagegen „Person", Pl. „Person*en*"

**Nullniveau** ⟨[-nivo:] n. 15⟩ *Höhenlage, von der aus kartographische Messungen durchgeführt werden*

**Nullpunkt** ⟨m. 1⟩ **1** *Anfangspunkt (einer Skala)* **2** *Gefrierpunkt (von Wasser)* ◆ auf dem Nullpunkt angekommen sein ⟨fig.⟩ *den größten Tiefstand erreichen*

**Nullrunde** ⟨f. 19; umg.⟩ *Tarifrunde ohne reale Lohnerhöhung, besonders in Zeiten schwacher Konjunktur*

**Nulltarif** ⟨m. 1; unz.; bei öffentl. Verkehrsmitteln⟩ *auf Null gesenkter Tarif* ◆ etwas zum Nulltarif haben wollen ⟨fig.⟩ *allzu billig, kostenlos*

**Nullwachstum** ⟨[-ks-] n.; -s; unz.⟩ = *Stagnation*

**Numerale** ⟨n.; -s, -ralia od. -ralien; Gramm.⟩ = *Zahlwort* [< lat. *numeralis;* zu *numerus* „Nummer"]

**Numeri** ⟨Pl. von⟩ *Numerus*

**numerisch** ⟨Adj.⟩ *der Zahl nach, die Zahl betreffend*

**Numerus** ⟨m.; -, -meri⟩ **1** ⟨Math.⟩ *Zahl, zu der der Logarithmus gesucht wird* **2** ⟨Gramm.⟩ *grammatische Kategorie, die angibt, ob die durch Nomen, Pronomen od. Verbum ausgedrückten Begriffe einfach (zweifach usw.) od. mehrfach aufzufassen sind, z. B. Singular, Dual, Plural* ◆ Numerus clausus ⟨Abk.: NC⟩ begrenzte Zahl für die Zulassung von Bewerbern zum Studium, zu einem Gewerbe od. Beruf [< lat. *numerus* „Teil; Zahl, Anzahl"]

**numinos** ⟨Adj.⟩ **1** *göttlich, heilig, einen ehrfürchtigen Schauer erregend* **2** ⟨fig.⟩ *überwirklich* [zu lat. *numen* „göttliche Macht, göttliches Walten, Wirken"]

**Numismatik** ⟨f. 20; unz.⟩ = *Münzkunde* [zu mlat. *numisma,* Gen. *numismatis* „Münze"]

**numismatisch** ⟨Adj.⟩ *die Numismatik betreffend, zu ihr gehörig*

**Nummer** ⟨f. 21; Abk.: Nr.⟩ **1** *Zahl, Kennzahl* (Hausnummer, Losnummer, Telefonnummer, Zimmernummer) **2** *Größe* (Handschuh-

## NÜSSE

Eine Nuss ist eine Schließfrucht, deren gesamte Fruchtwand (Perikarp) verholzt ist. Einige Nüsse sind botanisch gesehen Steinfrüchte (z. B. Walnuss), andere Balgfrüchte (z. B. Muskatnuss) oder Samen (z. B. Paranuss).

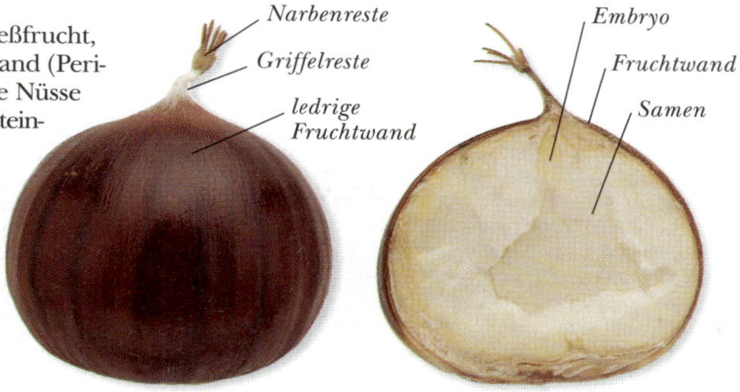


EDELKASTANIE
*(Castanea sativa)*

WEITERE NUSSSORTEN

HASELNUSS
*(Corylus avellana)*

WALNUSS
*(Juglans nigra)*

MANDEL
*(Prunus dulcis)*

PARANUSS
*(Bertholletia excelsa)*

nummer, Schuhnummer) **3** *Exemplar (einer Zeitschrift)* **4** *einzelne Darbietung innerhalb einer Spielfolge* ◆ ich habe (im Hotel) Zimmer Nummer 10; Kreuzstraße Nummer 40a; das ist für ihn eine Nummer zu **groß** ⟨fig.⟩ *das übersteigt seine Fähigkeiten;* eine Nummer größer, kleiner; eine **komische**, ulkige Nummer *ein komischer, ulkiger Kerl;* **laufende** Nummer *Zahl in einer fortlaufenden Reihe* ◆ **auf** Nummer Sicher/sicher gehen ⟨fig.; umg.⟩ *kein Risiko eingehen* [zu lat. *numerus* „Teil; Zahl, Anzahl"]

**nummerieren** ⟨V.t.; hat⟩ *mit Nummern, mit fortlaufenden Zahlen versehen* ◆ nummerierter Platz

**Nummerierung** ⟨f. 20⟩ *Bezifferung, Bezeichnung mit Nummern*

**nun I** ⟨Adv.⟩ **1** *jetzt* **2** *da* **3** *eben* ◆ nun? *was ist damit?; was soll geschehen?, was möchtest du?* ◆ nun **hab'** ich aber genug!; wir **kommen** nun zu der Frage, ob ... ◆ **von** nun an; **was** nun? *was soll jetzt weiter geschehen?* **II** ⟨Partikel ohne eigentl. Bedeutung⟩ er mag nun wollen oder nicht; nun denn! ⟨aufmunternd⟩ *also los!, lasst uns beginnen!;* ⟨zögernd nachgebend⟩ *na schön!, wenn es nicht anders geht;* nun ja *(Ausdruck der Gleichmütigkeit, auch des leisen Einwands)*

**nunmehr** ⟨Adv.⟩ *jetzt, von jetzt an*

**Nuntius,** ⟨österr. a.⟩ **Nunzius** ⟨m.; -, -tien od. österr. a.: -zien⟩ *päpstl. Botschafter* [lat., „Bote, Verkünder"]

**nur I** ⟨Adv.⟩ **1** *nicht mehr als, bloß* **2** *nichts anderes* **3** ⟨in Wunschsätzen⟩ *doch (endlich)* ◆ nur ich; alle, nur ich nicht; was **hat** er nur?; er brauchte es nur zu **sagen** ◆ es kostet nur **fünf** Mark ◆ **nicht** nur billig, sondern auch gut *sowohl billig als auch gut;* nur **noch** eine Stunde **II** ⟨Konj.⟩ *allerdings* ◆ nur hab' ich leider vergessen, zu sagen ... **III** ⟨Partikel ohne bestimmte Bedeutung⟩ nur **Geduld!** [< mhd. *niwære* < ahd. *niwari* „nicht wäre, es wäre denn"]

**nuscheln** ⟨V. i.; hat; umg.⟩ *undeutlich reden*

**Nuss** ⟨f. 7u⟩ **1** ⟨i. w. S.⟩ ▲ *trockene pflanzl. Schließfrucht, die mithilfe eines Trennungsgewebes als Ganzes abfällt* (Haselnuss); ► *Früchte* **2** ⟨i. e. S.⟩ *essbarer Kern von Schalenobstarten* (Walnuss, Kokosnuss) **3** *nussförmiges Stück (z. B. Kohle)* **4** = *Kugel (4)* **5** ⟨Jägerspr.⟩ *äußeres Geschlechtsteil (von Wölfin, Füchsin, Hündin)* **6** ⟨Tech.⟩ *auswechselbarer Kopf eines Steckschlüssels* **7** *Teil des Schlosses am Gewehr* **8** ⟨umg.⟩ *Kopf* ◆ Nüsse knacken *Schalen der Nüsse aufbrechen;* eine harte Nuss ⟨fig.; umg.⟩ *schwierige Aufgabe* [< mhd. *nuz* < ahd. *(h)nuz,* engl. *nut,* ndrl. *noot* < lat. *nux*]

**nussig** ⟨Adj.⟩ *wie Nüsse (schmeckend, riechend)* ◆ ein nussiger Geschmack

**Nusskern** ⟨m. 1⟩ *essbarer Same der Nuss*

**Nussknacker** ⟨m. 3⟩ *Gerät zum Öffnen von Nüssen*

**Nussschale** ⟨f. 19⟩ *Schale der Nuss* ◆ ein Kahn so klein wie eine Nussschale

**Nüster** ⟨f. 21; meist Pl.⟩ *Nasenloch (bes. beim Pferd)* [< nddt. *nüster* < mnddt. *nuster, nöster;* verwandt mit *Nase*]

**Nut** ⟨f. 20⟩ *rinnenförmige Vertiefung in der Oberfläche von Werkstoffen* [< ahd. *nuot* „Rinne, Ritze, Fuge"; zu *nuoen*]

**Nutation** ⟨f. 20⟩ **1** *Krümmungsbewegung bei Pflanzen, hervorgerufen durch unterschiedl. Wachstumsbeschleunigung der Organe* **2** *periodische Schwankung der Erdachse* **3** *Unregelmäßigkeit der Präzessionsbewegung eines Kreisels* [< lat. *nutatio* „das Schwanken"; zu *nutare* „nicken, schwanken"]

**Nute** ⟨f. 19⟩ *Furche, Fuge, Rinne*

**Nutria** ⟨f. 10⟩ **1** *Tier mit einem Fell aus braunen, steifen Grannen u. bläulich-braunem Unterpelz: Myocastor coypus;* Sy *Biberratte, Sumpfbiber* **2** *dessen Fell* [< span. < lat.]

**Nutte** ⟨f. 19; abwertend⟩ *Prostituierte* [berlin.; zu *Nute* „Ritze, Spalt (der weibl. Scham)"]

**nutzbar** ⟨Adj.⟩ **1** *so beschaffen, dass man es nutzen kann* (Boden) **2** *verwendbar* ◆ Boden, Gelände nutzbar machen; sich etwas nutzbar machen

**Nutzbarkeit** ⟨f. 20; unz.⟩ *nutzbare Beschaffenheit, Verwendbarkeit*

**nutzbringend** ⟨Adj.⟩ *so beschaffen, dass es Nutzen bringt, Gewinn bringend* ◆ sein Kapital nutzbringend anlegen

**nütze** ⟨Adv.⟩ *nützlich, brauchbar* ◆ das ist zu nichts nütze *damit kann man nichts anfangen* [< ahd. *nuzzi*]

**nutzen, nützen** ⟨V.; hat⟩ **I** ⟨V. i.⟩ *ein Ziel zu erreichen helfen, Vorteil bringen* ◆ es nützt nichts *es hilft nichts, es hat keinen Zweck;* zu etwas nutzen/nützen; wem nützt du damit?; wozu soll das nutzen/nützen? **II** ⟨V. t.⟩ *ausnutzen, Vorteil ziehen aus, vorteilhaft gebrauchen* ◆ Bodenschätze nutzen/nützen; ich will die Zeit nutzen/nützen, um noch etwas zu erledigen

**Nutzen** ⟨m.; -s; unz.⟩ **1** *Ertrag, Gewinn* **2** *Vorteil* ◆ Nutzen abwerfen, bringen; von etwas Nutzen haben; aus etwas (großen) Nutzen ziehen [< ahd. *nuz,* Gen. *nutzes* „Gebrauch, Nutzen, Ertrag", daneben *nuzzi, nuzza*]

**Nutzfahrzeug** ⟨n. 11⟩ *Lastkraftwagen, Omnibus*

**Nutzfläche** ⟨f. 19⟩ *nutzbare Bodenfläche von Räumen*

**Nutzgarten** ⟨m. 4u⟩ *Obst- od. Gemüsegarten*

**Nutzlast** ⟨f. 20⟩ **1** *Last, die ein Bauwerk zusätzlich zum Eigengewicht tragen kann* **2** *Last, die ein Transportfahrzeug aufnehmen kann* **3** *die beförderte Last*

**nützlich** ⟨Adj.⟩ **1** *Nutzen bringend, Gewinn bringend, ertragreich;* Ggs *schädlich (2)* **2** *vorteilhaft* ◆ allerlei nützliche Dinge; nützliche Pflanzen, Tiere; sich nützlich machen *Hand anlegen, helfen*

**Nützling** ⟨m. 1; Landw.⟩ *Lebewesen (Pflanze od. Tier), das für den Menschen nützlich ist;* Ggs *Schädling (1)*

**nutzlos** ⟨Adj.⟩ *ohne Nutzen, unergiebig, unfruchtbar, vergeblich* ◆ nutzlose Anstrengungen, Bemühungen, Versuche

**nutznießen** ⟨V. i.; hat genutznießt; meist im Inf. u. Part. Präs.⟩ ich nutznieße von etwas *habe Nutzen von etwas* ◆ finanziell nutznieße ich von seinem Erfolg [→ *genießen*]

**Nutznießer** ⟨m. 3⟩ *jmd., der den Nutzen von etwas hat, der den Vorteil von etwas genießt* ◆ Nutznießer des Preisanstiegs

**Nutzpflanze** ⟨f. 19⟩ *für die menschl. u. tier. Ernährung sowie für techn. Zwecke nutzbare Kulturpflanze*

NYMPHE EINER KLEINLIBELLE

**Nutztier** ⟨n. 11⟩ *dem Menschen zur Nahrung od. als Lasttier dienendes Tier*

**Nutzung** ⟨f. 20; unz.⟩ *das Nutzen, Benutzen* ◆ jmdm. ein Haus zur Nutzung überlassen

**NW** ⟨Abk. für⟩ *Nordwest(en)*

**Ny** ⟨n.; -, -; Zeichen: ν, N⟩ *13. Buchstabe des grch. Alphabets*

**Nylon** ⟨[nai-] n. 15; unz.; Warenzeichen⟩ *zu den Polyamidfaserstoffen gehörige synthet. Textilfaser* [engl. Kunstwort]

**Nymphe** ⟨f. 19⟩ **1** *griechische weibliche Naturgottheit* (Baumnymphe, Quellnymphe) **2** ⟨Zool.⟩ ▲ *Übergangsstadium in der Entwicklung bestimmter Insekten (z. B. der Blasenfüße, Thysanoptera) zwischen Larve u. Puppe* **3** ⟨Anat.⟩ *kleine Schamlippe: Labium minus* [< lat. *nympha* < grch. *nymphe* „Mädchen, Braut"]

**nymphoman** ⟨Adj.⟩ *an Nymphomanie leidend*

**Nymphomanie** ⟨f. 19; unz.⟩ *krankhaft gesteigerter Geschlechtstrieb bei Frauen* [< grch. *nymphe* „Mädchen, Frau" + *mania* „Verrücktheit"]

**Nymphomanin** ⟨f. 22⟩ *an Nymphomanie leidende Frau*

# O

**O 1** ⟨Abk. für⟩ *Ost(en)* **2** ⟨Chem.; Zeichen für⟩ *Sauerstoff (Oxygenium)*

**o!** ⟨Int.⟩ *(gefühlsbetonter, verstärkender An- od. Ausruf, nur in Verbindung mit anderen Wörtern)* ◆ o Herr!; o doch!; o ja! *gewiss doch!, aber ja!;* o nein! *bestimmt nicht!, im Gegenteil!;* o weh! *wie schade;* → a. *oh!*

**o-** ⟨Chem.; Zeichen für⟩ *ortho-*

**O'** ⟨vor irischen Eigennamen⟩ *Sohn des ...,* z. B. O'Connor

**Oase** ⟨f. 19⟩ **1** *fruchtbare Stelle mit Quelle in der Wüste* **2** ⟨fig.⟩ *vom Lärm der Welt abgeschlossener Ort* ◆ dieser Fleck (Erde) ist eine Oase des Friedens, der Ruhe, der Stille [< lat. *oasis* < grch. *oasis* „fruchtbare Wasserstelle in der Wüste" < ägypt. *owahe* „Kessel, Niederung"]

**ob[1] I** ⟨Konj.⟩ *(Einleitewort für den indirekten abhängigen od. unabhängigen Fragesatz)* ◆ frag ihn, ob er zum Essen kommt; ob er nun kommt oder nicht, wir müssen jetzt anfangen *entweder er kommt, oder er kommt nicht, das ist jetzt gleich;* als ob *als wenn, wie wenn;* so tun, als ob *sich so verhalten, dass man andere täuscht;* und ob! ⟨umg.; verstärkend⟩ *und wie!, freilich!, gewiss!;* Ist es sicher? Und ob! **II** ⟨Präp. m. Gen.; veraltet; noch poet.⟩ *wegen* ◆ sie machte ihm Vorwürfe ob seines langen Ausbleibens [< ahd. *obe, ibu,* engl. *if*]

**ob[2]** ⟨Präp. m. Dat.; veraltet⟩ *oberhalb, über* ◆ Rothenburg ob der Tauber [< mhd. *ob, obe* < ahd. *oba*]

**Obacht** ⟨f. 20; unz.⟩ *Aufmerksamkeit, Beachtung* ◆ Obacht! ⟨bes. südd.⟩ *Vorsicht!, aufgepasst!;* gib Obacht *pass auf!, sieh dich vor!* [< *ob²* + *Acht*]

**Obdach** ⟨n.; -s; unz.⟩ *Unterkunft, Zufluchtsstätte, Wohnung* ◆ jmdm. (ein) Obdach gewähren; kein Obdach haben, finden

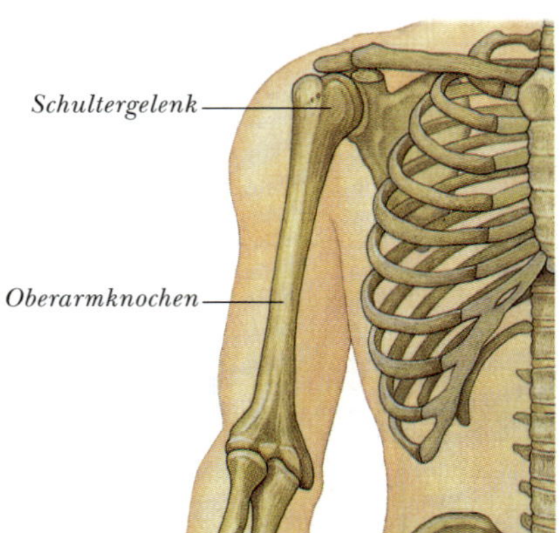


OBERARM DES MENSCHEN MIT OBERARMKNOCHEN

**obdachlos** ⟨Adj.⟩ *ohne Obdach, ohne Unterkunft, ohne Wohnung* ◆ obdachlos sein

**Obdachlose(r)** ⟨f. 30 (m. 29)⟩ *jmd., der obdachlos ist;* Sy *Nichtsesshafte(r)*

**Obduktion** ⟨f. 20⟩ = *Leichenöffnung* [zu lat. *obducere* „vorführen, öffnen"]

**obduzieren** ⟨V. t.; hat⟩ eine Leiche obduzieren *eine Obduktion an einer Leiche vornehmen*

**O-Beine** ⟨Pl.⟩ *nach außen gebogene Unterschenkel;* Sy *Säbelbeine*

**O-beinig,** ⟨auch⟩ **o-beinig** ⟨Adj.⟩ *mit O-Beinen behaftet;* Sy *säbelbeinig*

**Obelisk** ⟨m. 16⟩ ▼ *vierkantige, in einer Spitze endende Säule* [< lat. *obeliscus*]

OBELISK: CLEOPATRA'S NEEDLE, ENGLAND

**oben** ⟨Adv.⟩ **1** *über jmdm. od. etwas, in der Höhe* **2** *auf der Oberfläche* ◆ oben! *(Aufschrift auf Kisten) hier Oberseite!* **sein:** die Mutter ist oben ⟨umg.⟩ *in der Wohnung;* **siehe** oben *vergleiche eine frühere Stelle dieser Schrift* ◆ er ist oben sehr, nicht **beliebt** ⟨umg.⟩ *bei seinen Vorgesetzten;* den Kopf oben **behalten** *tapfer bleiben, nicht aufgeben* **hoch** *oben;* **weit** *oben* ◆ oben **am** Tisch sitzen *am Anfang der Tafel;* ich habe den Koffer oben **auf** den Schrank gelegt; **da** oben, dort oben; die Märchenbücher stehen **ganz** oben (im Regal); **hier** oben ist es windig; **links,** rechts oben; **nach** oben gehen *die Treppe hinaufgehen, in ein höheres Stockwerk gehen;* oben **ohne** ⟨umg.⟩ *mit unbekleidetem Oberkörper;* **von** oben *aus der Höhe;* die Anordnung kommt von oben ⟨fig.; umg.⟩ *von übergeordneter Stelle;* jmdn. von oben herab behandeln ⟨fig.⟩ *hochmütig jmdm. gegenüber sein, jmdn. herablassend behandeln;* **wie** oben erwähnt *wie vorher, wie bereits erwähnt (im Text)* [< mhd. *obene* < ahd. *obana* „von oben her"]

**obenan** ⟨Adv.⟩ *ganz oben, an erster Stelle* ◆ er sitzt (am, bei Tisch) obenan

**obenauf** ⟨Adv.⟩ *ganz oben darauf, über allem anderen, zuoberst* ◆ ein Stück Wurst (noch) obenauf legen

**obendrein** ⟨Adv.⟩ *außerdem, noch dazu* ◆ wir kamen zu spät und hatten obendrein noch die Eintrittskarten vergessen

**Ober** ⟨m. 3⟩ **1** *dt. Spielkarte* **2** ⟨kurz für⟩ *Oberkellner* **3** ⟨umg.⟩ = *Kellner (1)* ◆ Herr Ober, bitte zahlen! [→ *Ober...*]

**ober..., Ober...** ⟨umg.; in Zus. mit Subst. u. Adj. zur Steigerung od. Verstärkung des Begriffs⟩ *sehr, besonders, äußerst,* z. B. oberdumm, oberlangweilig, Obergauner

**Ober...** ⟨in Zus.⟩ **1** *am weitesten oben befindlich,* z. B. Oberarm, Oberteil **2** ⟨in geograph. Namen⟩ *der am höchsten gelegene Teil von ...,* z. B. Oberbayern, Oberitalien **3** *höchst umfassend, allein verantwortlich,* z. B. Oberarzt, Oberbefehlshaber, Oberbegriff, Oberleitung **4** *am höchsten im Rang stehend,* z. B. Oberbürgermeister, Oberkellner, Oberstudienrat

**Oberarm** ⟨m. 1; Anat.⟩ ◄ *Arm vom Ellenbogen bis zur Schulter;* Ggs *Unterarm*

**Oberbau** ⟨m.; -(e)s, -ten⟩ **1** *der auf Pfeilern ruhende Teil (einer Brücke)* **2** *Gleisanlage (der Eisenbahn) u. ihre Bettung*

**Oberbefehlshaber** ⟨m. 3; Mil.⟩ *oberste Befehlshaber nächst dem Staatsoberhaupt* ◆ Oberbefehlshaber des Heeres, der Marine, der Luftwaffe

**Oberbegriff** ⟨m. 1⟩ *übergeordneter, umfassender Begriff* ◆ „Natur" ist ein Oberbegriff zu „Wald"

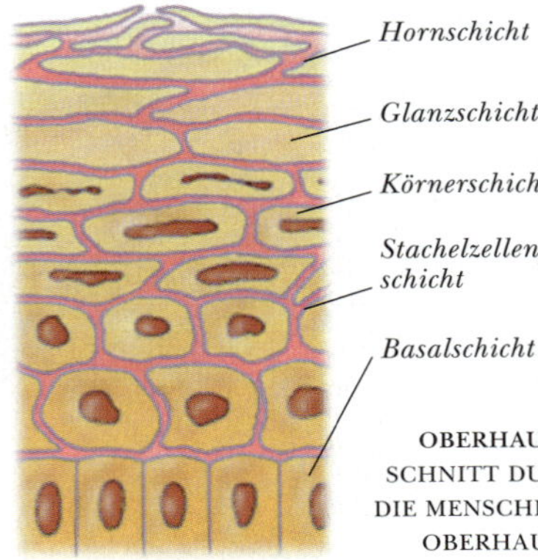


OBERHAUT: SCHNITT DURCH DIE MENSCHLICHE OBERHAUT

**Oberbekleidung** ⟨f. 20; unz.⟩ *zuoberst, über der Unterwäsche, getragene Kleidung,* z. B. Rock, Bluse, Kleid, Mantel, Anzug

**Oberdeck** ⟨n. 11 od. n. 15⟩ **1** *Hauptdeck (eines Schiffes);* Ggs *Unterdeck* **2** *Obergeschoss (eines zweistöckigen Omnibusses)* ◆ auf dem Oberdeck sitzen

**oberdeutsch** ⟨Adj.⟩ die oberdeutschen Mundarten *bairisch-österreichische und schwäbisch-alemannische Mundarten*

**obere(r, -s)** ⟨Adj.⟩ *oben (befindlich)* ◆ die Oberen *die Vorgesetzten, Vorsteher;* der obere Flusslauf *der erste Teil des Flusses nach der Quelle;* die oberen Klassen, Schichten der Gesellschaft; das obere Stockwerk

**Oberfläche** ⟨f. 19⟩ *Gesamtheit der einen Körper begrenzenden Flächen, obere Begrenzungsfläche einer Flüssigkeit* ◆ glänzende, glatte, harte, raue, weiche Oberfläche; alles, was er sagt, bleibt an der Oberfläche ⟨fig.⟩ *geht nicht in die Tiefe, berührt die Fragen nur flüchtig;* auf der Oberfläche (des Wassers) schwimmen

**Oberflächenspannung** ⟨f. 20; Phys.⟩ ▼ *an der Oberfläche (von Flüssigkeiten) wirkende Spannung*

**Oberflächenstruktur** ⟨f. 20⟩ **1** *Struktur einer Oberfläche* **2** ⟨Sprachw.⟩ *konkrete, äußere Gestalt von Sätzen*

OBERFLÄCHENSPANNUNG: EINE BÜROKLAMMER SCHWIMMT AUF WASSER

**oberflächlich** ⟨Adj.⟩ **1** *an der Oberfläche haftend, nicht tief eindringend* (Wunde) **2** *flüchtig, nicht gründlich* **3** ⟨fig.⟩ *ohne tiefere Gefühle, ohne Ernst u. ohne Ausdauer, leichtfertig* ◆ ein oberflächlicher Mensch; ein Problem nur oberflächlich erklären; jmdn. od. etwas nur oberflächlich kennen

**Oberförster** ⟨m. 3⟩ *Dienstgrad des Revierförsters mit Fachschulausbildung*

**Oberforstmeister** ⟨m. 3⟩ *Dienstgrad des Forstmeisters mit wissenschaftl. Ausbildung an einer Forstakademie*

**obergärig** ⟨Adj.⟩ *mit Obergärung gegoren* (Bier); Ggs *untergärig*

**Obergärung** ⟨f. 20; unz.⟩ *Gärung bei hoher Temperatur mit obenauf schwimmender Hefe;* Ggs *Untergärung*

**Obergefreite(r)** ⟨m. 29; Mil.⟩ **1** *militärischer Rang zwischen Gefreitem u. Hauptgefreitem* **2** *Soldat in diesem Rang*

**Obergeschoss** ⟨n. 11⟩ *höher als das Erdgeschoss gelegenes Stockwerk;* Ggs *Untergeschoss;* → a. *Geschoss²*

O

**oberhalb** ⟨Präp. m. Gen.⟩ *über, höher als ... gelegen* ◆ oberhalb des Balkons, der Tür
**Oberhand** ⟨f. 7u; unz.; fig.⟩ *Überlegenheit, Übermacht* ◆ die Oberhand behalten; die Oberhand gewinnen (über)
**Oberhaupt** ⟨n. 12u⟩ **1** *Herrscher, Leiter* (Staatsoberhaupt) **2** *Führer, Anführer (einer Bande)*
**Oberhaus** ⟨n. 12; unz; bes. in Großbritannien⟩ *erste Kammer des Parlaments;* Ggs *Unterhaus*
**Oberhaut** ⟨f. 7u; unz.⟩ ◄ *oberste Schicht der Haut;* Sy *Epidermis (1);* Ggs *Unterhaut*

OBERLEITUNGSOMNIBUS: GRIECHISCHER OBERLEITUNGSOMNIBUS

**Oberhemd** ⟨n. 27⟩ *über dem Unterhemd getragenes Hemd für Männer*
**Oberherr** ⟨m. 16; Pol.⟩ *Herrscher (bes. über einen halbsouveränen Staat);* Sy *Suzerän*
**Oberherrschaft** ⟨f. 20; unz.⟩ **1** ⟨Pol.⟩ *Herrschaft, Regierung über einen halbsouveränen Staat;* Sy *Suzeränität* **2** *Leitung, oberste Gewalt* **3** *Übergewicht, Vorteil*
**Oberhoheit** ⟨f. 20; unz.; Pol.⟩ *höchste Staatsgewalt, Hoheit über einen anderen Staat*
**Oberin** ⟨f. 22⟩ **1** *Vorsteherin eines Klosters, kirchl. Heimes o. Ä.* **2** ⟨Med.⟩ = *Oberschwester* [→ *ober...*]
**oberirdisch** ⟨Adj.⟩ *über dem Erdboden gelegen* (Abfluss, Keller, Leitung); Sy *überirdisch (1);* Ggs *unterirdisch (1)*
**Oberkellner** ⟨m. 3⟩ *verantwortl. Kellner für die Abrechnung mit den Gästen;* Sy ⟨kurz⟩ *Ober (2)*
**Oberkiefer** ⟨m. 3; Anat.⟩ ▼ *zahntragender Schädelknochen der Wirbeltiere u. des Menschen, Deckknochen unterhalb der knorpeligen Nasenkapsel, der die größte Nebenhöhle der Nase (Kieferhöhle) enthält: Maxilla;* Sy *Maxilla (2);* Ggs *Unterkiefer (2)*

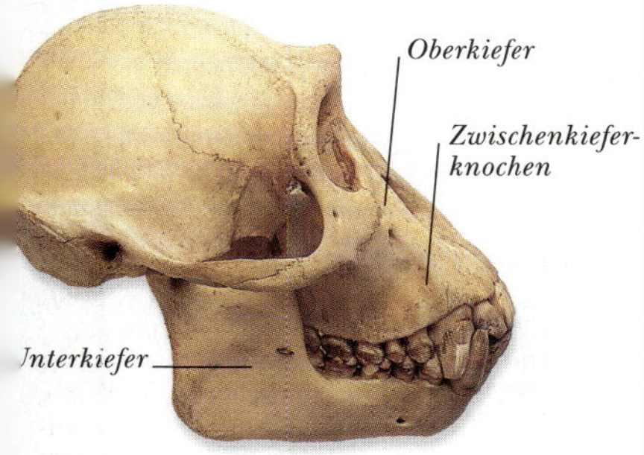


OBERKIEFER AM SCHÄDEL EINES SCHIMPANSEN

**Oberkirchenrat** ⟨m. 1u⟩ **1** *oberste Verwaltungsbehörde der evang. Kirche* **2** *Mitglied derselben*
**Oberkörper** ⟨m. 3; Anat.⟩ *menschl. Rumpf vom Nabel bis zum Hals;* Ggs *Unterkörper, Unterleib (1)*
**Oberlandesgericht** ⟨n. 11; Rechtsw.; Abk.: OLG⟩ *den Landgerichten übergeordnetes Gericht*
**oberlehrerhaft** ⟨Adj.; -er, am -esten; abwertend⟩ **1** *in der Art eines Oberlehrers* **2** *pedantisch belehrend u. kritisierend*
**Oberleitung** ⟨f. 20⟩ **1** *oberste Leitung, oberste Führung (eines Unternehmens)* **2** ⟨bei elektr. Straßenbahnen, Omnibussen u. Vollbahnen⟩ *über der Fahrbahn aufgehängte Leitungen (meist aus Hartkupfer), aus der die Fahrzeuge ihren Betriebsstrom entnehmen*
**Oberleitungsomnibus** ⟨m.; -ses, -se⟩ ◄ *Omnibus mit elektr. Antrieb, entnimmt seinen Strom der zweipoligen Oberleitung;* Sy ⟨kurz⟩ *Obus*
**Oberleutnant** ⟨m. 6 od. (selten) m. 1; Mil.⟩ **1** *Offiziersrang zwischen Leutnant u. Hauptmann* **2** *Offizier in diesem Rang*
**Oberlid** ⟨n. 12; Anat.⟩ *oberes Augenlid;* Ggs *Unterlid*
**Oberliga** ⟨f.; -, -ligen; Sp.⟩ *Spielklasse unter der Regionalliga*
**Oberlippe** ⟨f. 19; Anat.⟩ *obere der beiden Lippen;* Ggs *Unterlippe*
**Oberschenkel** ⟨m. 5; Anat.⟩ ▼ *Teil des Beins vom Knie an aufwärts;* Ggs *Unterschenkel*
**Oberschicht** ⟨f. 20⟩ Ggs *Unterschicht* **1** *obere, führende Gesellschaftsschicht* **2** ⟨allg.⟩ *obere Schicht*
**oberschlächtig** ⟨Adj.; fachsprachl.⟩ *mit Wasser von oben her betrieben* (Mühlrad); → a. *unterschlächtig*
**Oberschule** ⟨f. 19⟩ **1** *höhere, weiterführende Schule* **2** Polytechnische Oberschule ⟨Abk.: POS; DDR⟩ *allgemein bildende, zehnklassige Einheitsschule*
**Oberschwester** ⟨f. 21; Med.⟩ *Leiterin der Schwestern eines Krankenhauses od. einer Station;* Sy *Oberin (2)*
**Oberschwingung** ⟨f. 20; Phys.⟩ *Teilschwingung eines periodischen Vorgangs, deren Frequenz ein ganzzahliges Vielfaches der Frequenz der Grundschwingung ist, z. B. Oberton;* Sy *Oberwelle*
**Oberseite** ⟨f. 19⟩ *nach oben gewandte, sichtbare Seite;* Ggs *Unterseite*
**Oberst** ⟨m. 16 od. m. 23 od. (selten) m. 1; Mil.⟩ **1** *Offiziersrang zwischen Oberstleutnant u. Brigadegeneral* **2** *Offizier in diesem Rang* [verkürzt < *Oberster*]

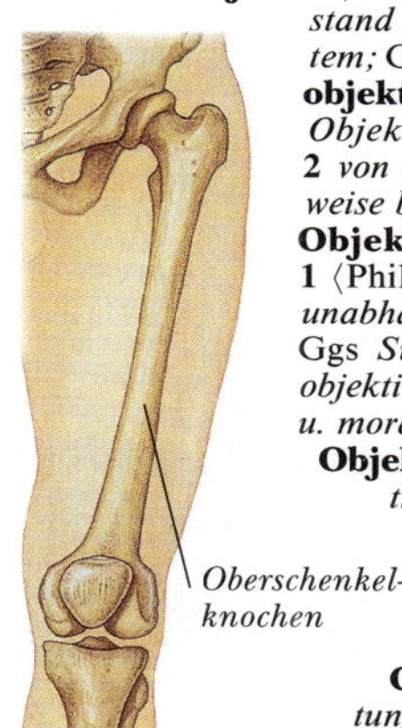


OBERSCHENKEL DES MENSCHEN MIT OBERSCHENKELKNOCHEN

**oberste(r, -s)** ⟨Adj.⟩ *am weitesten oben befindlich, die höchste Stelle, den höchsten Rang einnehmend* ◆ das oberste Fach; der oberste Gerichtshof; das Oberste zuunterst kehren *alles durcheinander bringen*
**Oberstimme** ⟨f. 19; Mus.⟩ *höchste Stimme, melodieführende Stimme*
**Oberstleutnant** ⟨m. 6 od. (selten) m. 1; Mil.⟩ **1** *Offiziersrang zwischen Major u. Oberst* **2** *Offizier in diesem Rang*
**Oberstock** ⟨m. 1u⟩ *Stock(werk) über dem Erdgeschoss*
**Oberstudienrat** ⟨[-diən-] m. 1u⟩ *ranghöchster Studienrat*
**Oberstufe** ⟨f. 19⟩ *die drei letzten Klassen des Gymnasiums (11.-13. Klasse);* Ggs *Unterstufe*
**Oberton** ⟨m. 1u; Mus.⟩ *Ton, der, jeweils eine od. mehrere Oktaven höher liegend, bei einem Grundton mitschwingt;* Sy *Aliquotton, Partialton*
**Oberwasser** ⟨n. 13; unz.⟩ *oberhalb eines Wehres od. einer Talsperre gestautes Wasser* ◆ (wieder) Oberwasser haben ⟨fig.⟩ *(wieder) im Vorteil, überlegen sein*
**Oberweite** ⟨f. 19⟩ **1** *Brustumfang* **2** ⟨umg.⟩ *weiblicher Busen*
**Oberwelle** ⟨f. 19⟩ = *Oberschwingung*
**Oberwerk** ⟨n. 11⟩ **1** ⟨Mus.⟩ **1.1** *zweites Manual der Orgel* **1.2** *die über dem Hauptmanual liegenden Manuale der Orgel* **2** ⟨Textilw.⟩ *obere Gewebelage bei im Doppelwebverfahren hergestellten Florgeweben*
**obgleich** ⟨Konj.⟩ *obwohl, obschon, wenn auch*
**Obhut** ⟨f.; -; unz.⟩ *fürsorgl. Aufsicht, Schutz* ◆ jmdn. in seine Obhut nehmen; in jmds. Obhut stehen [< *ob*[2] + *hüten*]
**obig** ⟨Adj.⟩ *oben erwähnt, oben genannt (im Text)* ◆ Sie teilten uns in Ihrem obigen Schreiben mit, dass ...
**Objekt** ⟨n. 11⟩ **1** *Sache, Gegenstand,* ⟨bes.⟩ *Verhandlungsgegenstand, z. B. Grundstück* **2** ⟨Philos.⟩ *Gegenstand des Wahrnehmens, Erkennens u. Denkens* **3** ⟨Gramm.⟩ *Satzteil, der einen durch das Verb ausgedrückten Vorgang ergänzt* (Akkusativobjekt, Dativobjekt, Genitivobjekt); Sy *Satzergänzung;* Ggs *Subjekt (1)* ◆ das Objekt einer Betrachtung, Untersuchung; um was für ein Objekt handelt es sich? [zu lat. *obiectum,* Part. Perf. von *obicere* „entgegenwerfen"]
**objektiv** ⟨Adj.⟩ **1** *gegenständig, tatsächlich* **2** *sachlich, vorurteilsfrei, unbefangen, unparteiisch;* Ggs *subjektiv (2)* **3** *allgemein gültig;* Ggs *subjektiv (3)*
**Objektiv** ⟨n. 11; Fot.; Optik⟩ ►► *dem Gegenstand zugewandte Linse od. Linsensystem;* Ggs *Okular*
**objektivieren** ⟨[-vi:-] V. t.; hat⟩ **1** *zum Objekt machen, vergegenständlichen* **2** *von einer persönl. emotionalen Sichtweise befreien;* Ggs *subjektivieren*
**Objektivismus** ⟨[-vis-] m.; -; unz.⟩ **1** ⟨Philos.⟩ *Lehre, dass es vom Subjekt unabhängige Wahrheiten u. Werte gibt;* Ggs *Subjektivismus (1)* **2** *Streben nach objektiven Maßstäben für das sittliche u. moralische Handeln*
**Objektivität** ⟨[-vi-] f. 20; unz.⟩ *objektive Beschaffenheit, Allgemeingültigkeit, objektive Betrachtungsweise, Sachlichkeit, Vorurteilslosigkeit;* Ggs *Subjektivität*
**Objektkunst** ⟨f.; -; unz.⟩ *Stilrichtung der modernen Kunst, die Produkte des Alltags für die Gestaltung von Kunstwerken gebraucht*
**Objektsatz** ⟨m. 1u; Gramm.⟩ *Satzteil in Form eines Nebensatzes*
**Objektschutz** ⟨m.; -es; unz.⟩ *polizeil. oder militär. Schutz für gefährdete Objekte (Gebäude, Industrieanlagen)*
**Objektträger** ⟨m. 3⟩ *Glasplatte, auf die das im Mikroskop zu untersuchende Präparat (Objekt) gelegt wird*
**Oblate I** ⟨f. 19⟩ **1** *noch nicht geweihtes Abendmahlsbrot* **2** *dünne, aus Weizenmehl gebackene Scheibe (als Unterlage für Backwerk, bes. Lebkuchen)* **3** *dünnes, waffelartiges Gebäck in runder Scheibenform* **4** *Siegelmarke (zum Schließen von Briefen)* **II** ⟨m. 17⟩ **1** *für das Kloster bestimmtes u. dort erzogenes Kind* **2** Oblaten ⟨Pl.⟩ *Angehörige mehrerer Klosterkongregationen* [< ahd. < lat. *oblata (hostia)* „Abendmahlsbrot"]
**obligat** ⟨Adj.⟩ **1** *verbindlich, unerlässlich, notwendig* **2** ⟨Mus.⟩ *als Begleitstimme selbständig geführt u. deshalb nicht weglassbar;* Ggs *ad libitum* [< lat. *obligatus* „verbunden, verpflichtet"]
**Obligation** ⟨f. 20⟩ **1** *Haftung, Verbindlichkeit, Verpflichtung* **2** *Schuldverschreibung, festverzinsliches Wertpapier* [< lat. *obligatio* „das Binden, Verbindlichkeit; Verpflichtung"]
**obligatorisch** ⟨Adj.⟩ *verbindlich, verpflichtend, vorgeschrieben, Pflicht...;* Ggs *fakultativ* ◆ die Vorlesung im Sommersemester ist obligatorisch [< lat. *obligatorius*]
**Obmann** ⟨m. 2u; Pl. a.: -leute⟩ **1** *Vorsitzender* **2** *Vertrauensmann* (Parteiobmann) **3** ⟨früher⟩ *Beratungsleiter der Geschworenen*

O

## OBJEKTIVE

Objektive bestehen aus Linsengruppen. Bei den Kameraobjektiven unterscheidet man vor allem drei Gruppen: Weitwinkelobjektive, Normal- oder Standardobjektive und Teleobjektive. Extreme Weitwinkelobjektive mit 6–8 mm Brennweite heißen auch Fischaugen und erzeugen ein stark verzerrtes Bild mit gekrümmten Linien, während der Bildwinkel des Normalobjektivs dem des menschlichen Auges ähnelt. Mit Teleobjektiven von 80–1200 mm Brennweite wiederum kann man weit entfernte Objekte vergrößert abbilden. Die Bildsequenz unten wurde vom selben Standpunkt aus aufgenommen und lässt erkennen, dass der Bildwinkel abnimmt, je größer die Brennweite wird.

NORMALOBJEKTIV
(50 mm Brennweite)

BRENNWEITE UND BILDWINKEL BEI VERSCHIEDENEN KAMERAOBJEKTIVEN

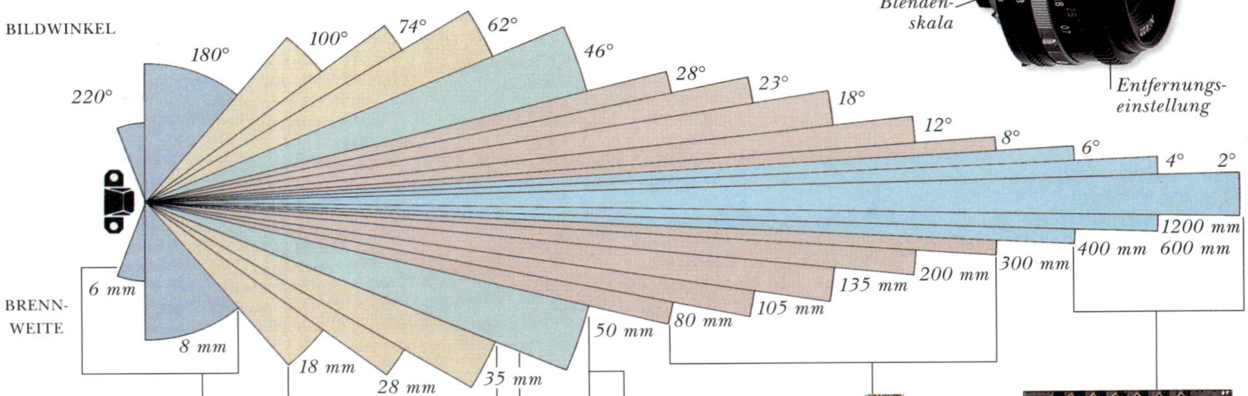

FISCHAUGE

WEITWINKELOBJEKTIV

NORMALOBJEKTIV

TELEOBJEKTIV

EXTREMES TELEOBJEKTIV

O

**Oboe** ⟨[o'bo:ə] f. 19; Mus.⟩ *aus der Schalmei entwickeltes Holzblasinstrument mit Doppelrohrblatt im Mundstück u. näselndem Klang;* ► *Holzblasinstrumente* ◆Oboe d'amore *eine Terz tiefer liegende Oboe, deren Schallstück nach unten birnenförmig zuläuft* [< frz. *hautbois* < mlat. *altus buxus* „Hochholz", d.h. bis zu hohen Tönen gehend]

**Obolus** ⟨m.; -, - od. -se⟩ **1** *kleine altgrch. Münze* **2** ⟨fig.⟩ *kleiner Geldbetrag, Spende* ◆seinen Obolus entrichten [< lat. < grch. *obolos*]

**Obrigkeit** ⟨f. 20⟩ *Träger der Regierungsgewalt, Regierung* ◆die kirchliche, weltliche Obrigkeit [< spätmhd. *oberecheit,* für älteres *oberkeit*]

**Obrigkeitsdenken** ⟨n.; -s; unz.⟩ **1** *Auffassung, dass die Obrigkeit für alles verantwortlich sei* **2** *Auffassung, dass die Obrigkeit stets fehlerlos u. zum Wohle aller handelt*

**Observation** ⟨[-va-] f. 20⟩ **1** *wissenschaftliche Beobachtung* **2** *Wahrnehmung, Erfahrung* **3** *das Observieren* [< lat. *observatio* „Beobachtung"]

**Observatorium** ⟨[-va-] n.; -s, -rien; bes. Astron.⟩ ► *wissenschaftl. Beobachtungsstelle,* ⟨bes.⟩ *Sternwarte, Wetterwarte*

**observieren** ⟨[-vi:-] V. t.; hat⟩ *(unauffällig) beobachten* ◆einen Verdächtigen observieren [< lat. *observare* „beobachten"]

**Obsession** ⟨f. 20; Psych.⟩ *Zwangsvorstellung od. -handlung* [< lat. *obsessio* „Besetztsein, Blockierung, Einschließung"]

**obsessiv** ⟨Adj.; bes. Psych.⟩ *zwanghaft*

**Obsidian** ⟨m. 1⟩ *meist schwarzes, kieselsaures, glasiges Gestein, das beim Erstarren vulkan. Auswürfe entsteht;* Sy *Lavaglas* [< lat. *obsidianus, obsianus;* nach dem Römer *Obsius* (laut Plinius d.Ä. der Entdecker des Gesteins)]

**obskur** ⟨Adj.⟩ *dunkel, unklar, verdächtig* [< lat. *obscurus* „dunkel, verschlossen; unbekannt"]

**obsolet** ⟨Adj.⟩ *ungebräuchlich, veraltet* [< lat. *obsoletus*]

**Obst** ⟨n.; -es; unz.⟩ *als Nahrung dienende Früchte* ◆Obst ernten, einkochen; frisches, gekochtes, reifes, unreifes Obst [< mhd. *obez,* eigtl. „Zukost"]

**Obstbaum** ⟨m. 1u⟩ *Obst tragender Baum*

**Obstler** ⟨m. 3⟩ **1** ⟨süddt.⟩ *Obsthändler* **2** *aus einer Obstsorte hergestellter Branntwein*

**obstruieren** ⟨V. t.; hat⟩ **1** ⟨veraltet⟩ *hindern, hemmen* **2** *verhindern* (Parlamentsbeschlüsse) **3** ⟨Med.⟩ *verstopfen* [< lat. *obstruere* „aufbauen gegen, versperren"]

**Obstruktion** ⟨f. 20⟩ **1** ⟨veraltet⟩ *das Obstruieren, Störung, Verschleppung, Verhinderung (von Parlamentsbeschlüssen durch Dauerreden, aussichtslose Anträge, Geschäftsordnungsdebatten u.Ä.)* **2** ⟨Med.⟩ *Verstopfung* [< lat. *obstructio* „Verschließung"]

OCHSENFROSCH
*(Rana catesbeiana)*

**obszön** ⟨Adj.⟩ *unanständig, schamlos, anstößig* [< lat. *obscoenus, obscenus* < *ob scaenum* „außerhalb der Szene, Bühne" (was nicht gezeigt werden darf)]

**Obus** ⟨m.; -ses, -se; kurz für⟩ ► = *Oberleitungsomnibus*

**obwohl** ⟨Konj.⟩ *obgleich, wenn auch*

**Ochse** ⟨[-ks-] m. 17⟩ **1** *verschnittenes männl. Rind* **2** ⟨umg.; Schimpfw.⟩ *Dummkopf*

**Ochsenauge** ⟨[-ks-] n. 28⟩ **1** ⟨Bot.⟩ *Angehöriges einer Gattung der Korbblütler: Buphthalmum* **2** ⟨Zool.⟩ *mittelgroßer Tagfalter aus der Familie der Augenfalter: Maniola jurtina* **3** ⟨fig.⟩ *rundes Dachfenster* **4** ⟨auf Schiffen⟩ *Bullauge* **5** *mit einer Aprikose belegtes, rundes Gebäck*

**Ochsenfrosch** ⟨[-ks-] m. 1u; Zool.⟩ ◄ *nordamerikan. Froschlurch mit lauter Stimme: Rana catesbeiana*

**Ochsenschwanzsuppe** ⟨[-ks-] f. 19⟩ *Suppe aus Ochsenschwanz*

**Öchsle** ⟨[-ks-] n. 13⟩, **Öchslegrad** ⟨[-ks-] m. 1⟩ *Maßeinheit für das spezif. Gewicht des Mostes* [nach dem Physiker und Optiker Ferdinand *Öchsle,* 1774-1852]

**ocker** ⟨Adj.; undekl.⟩ *von der Farbe des Ockers, gelbbraun*

**Ocker** ⟨m. 3 od. n. 13⟩ **1** *lockeres Gemenge aus Ton u. Eisenoxidhydrat od. Eisenoxid von typisch gelbbrauner Farbe* **2** *gelbbraune Malerfarbe*

**OCR-Schrift** ⟨f. 20; unz.⟩ *Schrift, die direkt von automatischen Erfassungsgeräten in EDV-Anlagen eingespeist werden kann* [Abk. für engl. *optical character recognition* „optische Schriftzeichenerkennung"]

**Od** ⟨n. 11; unz.⟩ *Mitte des 19. Jh. von dem dt. Chemiker u. Naturphilosophen C.L. von Reichenbach eingeführter Begriff, der eine alles durchdringende, dem Magnetismus ähnliche u. vom menschl. Körper ausstrahlende Lebenskraft bezeichnet*

**öd** ⟨Adj.⟩ = *öde*

**Ode** ⟨f. 19; Lit.⟩ *Form des lyrischen Gedichts in freien Rhythmen u. erhaben-feierl. Stimmung* ◆ pindarische Ode *nach dem griechischen Dichter Pindar benannte dreiteilige Form (Strophe, Antistrophe, Epode) der Ode (besonders in der Renaissance- u. Barockdichtung)* [< lat. *ode* < grch. *oide* „Gesang, Gedicht, Lied"]

**öde** ⟨Adj.⟩ oV *öd* **1** *unbewohnt, unbebaut, einsam, leer, verlassen* **2** ⟨fig.⟩ *langweilig, fade, geistlos* ◆ ein ödes **Buch;** ein ödes **Dasein,** Leben ⟨fig.⟩; öde **Gegend;** eine öde **Gesellschaft** ⟨fig.⟩ ◆ der Hof **lag** öde und verlassen, öde und leer; **sein:** der Tag ist so öde ⟨fig.⟩ [< ahd. *odi*]

**Öde** ⟨f. 19; unz.⟩ **1** *Einöde, einsame, verlassene Gegend* **2** ⟨fig.⟩ *Langweiligkeit, innere Leere* [< ahd. *odi* „unbebautes, wüstes Land"; zu *odi* „leer, öde"]

**oder** ⟨Konj.⟩ *eins von beiden, eins von mehreren, wenn nicht dies, dann das, andernfalls* ◆ möchten Sie Bier oder **Wein?** ◆ kommst du mit, oder **bleibst** du noch? ◆ soll die Wolle grün oder **blau** sein? ◆ oder **aber,** wir machen es ganz anders ⟨umg.; verstärkend⟩; entscheide dich, **entweder** - oder!; rechts oder **links?; jetzt** oder nie!

**Odermennig** ⟨m. 1; Bot.⟩ ► *Angehöriger einer Gattung der Rosengewächse mit gefiederten Blättern u. gelben Blütenähren: Agrimonia*

**Odeur** ⟨[o'dø:r] n. 15 od. 11; geh.⟩ *Duft, Wohlgeruch* [frz.]

**ödipal** ⟨Adj.; Psych.⟩ *den Ödipuskomplex betreffend* ◆ die ödipale Phase eines Kindes

**Ödipuskomplex** ⟨m. 1; unz.; Psych.⟩ *in früher Kindheit sich entwickelnde, übersteigerte Bindung des Sohnes an die Mutter;* Sy *Mutterkomplex* [nach dem sagenhaften grch. König *Ödipus,* der unwissend seinen Vater erschlug und seine Mutter heiratete]

**odont..., Odont...** ⟨in Zus.; vor Vokalen⟩ = *odonto..., Odonto...*

**odonto..., Odonto...** ⟨vor Vokalen⟩ odont..., Odont... ⟨in Zus.⟩ *Zahn..., Kiefer...* [< grch. *odous,* Gen. *odontos* „Zahn"]

**Odontologie** ⟨f. 19; unz.; Med.⟩ = *Zahnheilkunde* [< grch. *odon,* Gen. *odontos* „Zahn" + *logos* „Rede, Kunde"]

ODERMENNIG: GEMEINER ODERMENNIG *(Agrimonia eupatoria)*

**Odor** ⟨m.; -s, -es; Med.⟩ *Geruch* [lat.]

**Odyssee** ⟨f. 19; fig.⟩ *(langwierige) Irrfahrt* [nach dem gleichnamigen Heldengedicht Homers]

**OECD** ⟨Abk. für engl.⟩ *Organization for Economic Cooperation and Development (Organisation für Zusammenarbeit und Entwicklung), 1960 aus der OEEC hervorgegangen*

**OEEC** ⟨Abk. für engl.⟩ *Organization for European Economic Cooperation (Organisation für europäische wirtschaftl. Zusammenarbeit), 1948 zur Durchführung des Marshallplans gegr., 1960 durch die OECD abgelöst*

**Œuvre** ⟨['œ:vrə] n. 15⟩ *Gesamtwerk (eines Künstlers)* [frz.]

**OEZ** ⟨Abk. für⟩ *osteuropäische Zeit*

**Ofen** ⟨m. 4u⟩ **1** *Vorrichtung, Anlage zum Heizen, Kochen od. Backen* (Backofen, Küchenofen, Zimmerofen, Kachelofen) **2** ⟨Tech.⟩ *Vorrichtung zum Schmelzen von Metallen* (Hochofen, Schmelzofen) ◆ den Ofen **heizen,** kehren; einen Ofen **setzen** ◆ **eiserner,** transportabler Ofen ◆ **am** warmen Ofen sitzen; jetzt ist der Ofen **aus!** ⟨fig.; umg.⟩ *jetzt ist es vorbei, ist es schief gegangen;* **hinter** dem Ofen hocken ⟨fig.⟩ *zu viel zu Hause sein, ein Stubenhocker sein* [< ahd. *ovan,* engl. *oven,* urspr. „Gefäß zum Kochen" (gemäß der altertüml. Form des Ofens)]



## OBSERVATORIUM

Berufsastronomen beobachten Himmelskörper in großen Observatorien, die an Orten mit günstigen äußeren Bedingungen gebaut werden. So sind viele Observatorien in hohen Gebirgslagen zu finden, wo eine möglichst stabile Wetterlage mit meist klarem Himmel gegeben sein sollte. Die größten Teleskope arbeiten mit zusammengesetzten Spiegeln von bis zu 10 m Durchmesser.

EXPLOSIONSGRAFIK EINES OBSERVATORIUMS

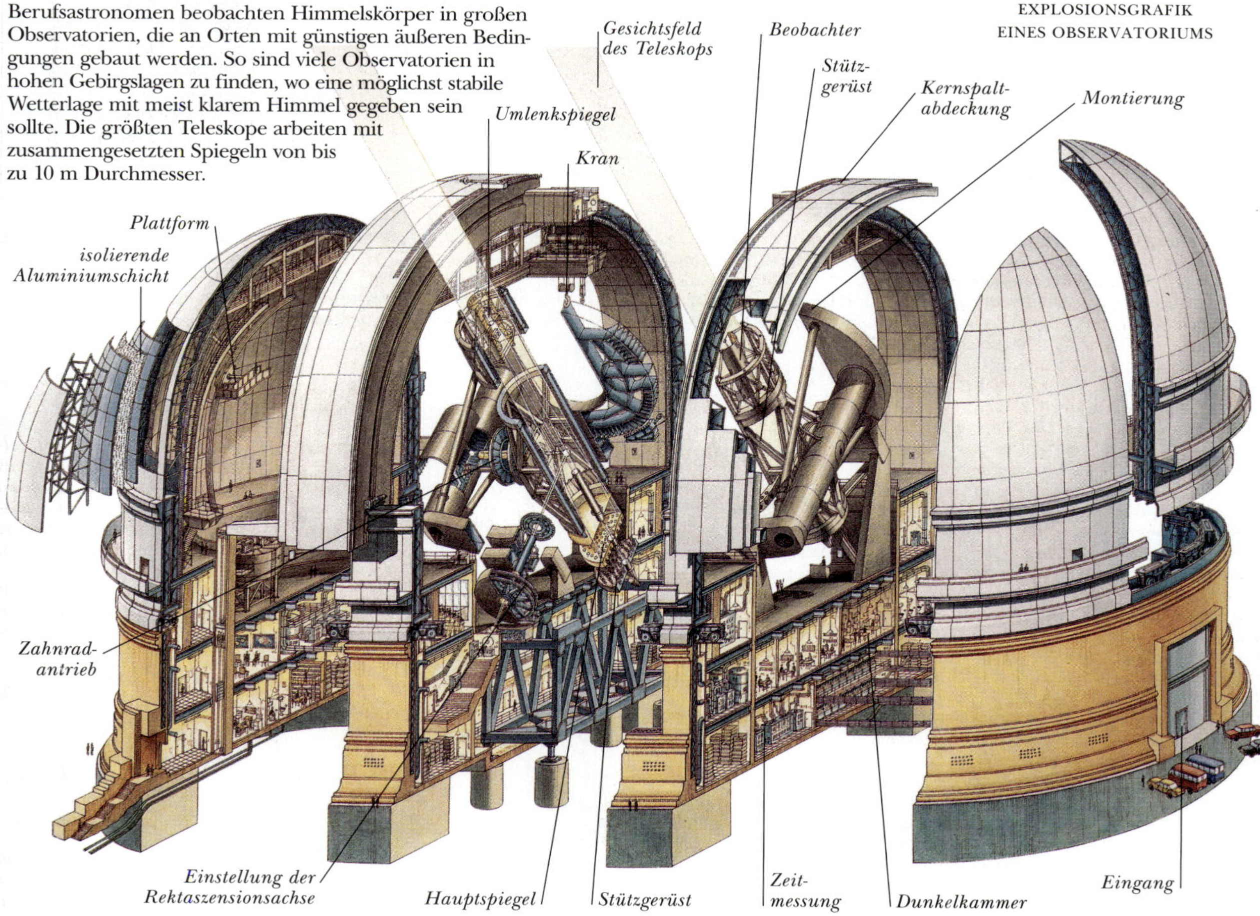

## OFFROADFAHRZEUGE

Offroadfahrzeuge fahren abseits fester Straßen. Motorräder werden z. B. mithilfe von Teleskopgabeln und sehr langen Stoßdämpfern geländetauglich gemacht, während geländegängige Autos mit Vierradantrieb und Differenzialsperre ausgestattet sind.

OFFROADMOTORRAD FÜR DEN RENNSPORT

**ofenfrisch** ⟨Adj.⟩ *gerade gebacken, frisch aus dem Backofen* ◆ warmes, ofenfrisches Brot

**Off** ⟨n. 15; Film, TV⟩ *Bereich außerhalb der gefilmten Szene bzw. des Bildschirms, der dennoch in die Dramaturgie einer einzelnen Szene einbezogen wird;* Ggs *On* ◆ die Stimme des Sprechers aus dem Off [zu engl., *off* „weg, außerhalb"]

**Offbeat** ⟨[-bi:t] m.; - od. -s; unz.; Mus.; bes. Jazz u. Rock⟩ *gegen den rhythmischen Grundschlag gesetzte freie Betonung* [engl., eigtl. „außerhalb des Schlages, weg vom Schlag"]

**offen** ⟨Adj.⟩ **1** *nicht verschlossen* (Brief) **2** *unbedeckt, unverdeckt* (Behältnis) **3** *freien Zutritt gewährend* (Raum, Tür) **4** ⟨fig.⟩ *nicht besetzt, frei* (Stelle, Amt) **5** *unentschieden, ungelöst, unerledigt, noch nicht abgeschlossen* (Angelegenheit) **6** *aufrichtig, ehrlich, freimütig* (Person) **7** *unverhüllt* (Gefühl) **8** *ohne Umschweife* (Aussage) ◆ einen, keinen offenen **Blick** haben; offener **Brief** ⟨fig.⟩ *in einer Zeitung od. Zeitschrift veröffentlichter Brief;* offene **Feindschaft;** es ist ein offenes **Geheimnis** *alle wissen es, es hat sich herumgesprochen;* Offene **Handelsgesellschaft** ⟨Abk.: OHG⟩ *Handelsgesellschaft, in der jeder Gesellschafter mit seinem Vermögen haftet;* ein offener **Mensch,** Charakter; ein offenes **Ohr** bei jmdm. finden ⟨fig.⟩ *Gehör, Verständnis;* Tag der offenen **Tür** *Tag, an dem das Publikum Zutritt zu Betrieben aller Art hat, um sie kennen zu lernen* ◆ die Tür soll offen **bleiben** *geöffnet bleiben;* diese Frage wird wohl offen bleiben *ungelöst, unbeantwortet bleiben;* ich muss offen **gestehen,** zugeben, dass ...; offen **reden,** sprechen; etwas offen **sagen,** aussprechen; **sein:** sei offen zu mir!; offen **stehen** *geöffnet sein* (Tür); *nicht bezahlt sein* (Rechnung); *unbesetzt, frei sein* (Stelle) ◆ offen und **ehrlich;** die Tür war **halb,** weit offen ◆ Fleisch **am** offenen Feuer braten; **auf** offener See, offenem Meer *weitab vom Land, auf dem freien Meer;* auf offener Straße *auf freier Straße;* **bei** offener Tür; er las in ihrem Gesicht wie **in** einem offenen Buch; **mit** offenen Augen durch die Welt gehen *aufmerksam, aufgeschlossen;* es kam **zum** offenen Aufruhr, Widerstand; seine Habgier liegt offen **zutage** *ist offensichtlich geworden, klar, deutlich geworden* [< ahd. *offan,* engl. *open*]

**offenbar** ⟨Adj.; meist präd. od. adv.⟩ **1** *offen zutage liegend od. tretend, deutlich erkennbar, sichtbar* **2** *offensichtlich, anscheinend, wie man sehen kann* ◆ offenbarer Irrtum; er ist offenbar noch nicht, schon hier gewesen

**offenbaren** ⟨V. t.; hat⟩ **1** *offenbar machen, bekennen* **2** *enthüllen, zeigen* ◆ sich offenbaren *etwas bekennen; sich od. seine Absichten zu erkennen geben;* sich jmdm. offenbaren; ein Geheimnis offenbaren

**Offenbarung** ⟨f. 20⟩ **1** *Bekenntnis* **2** *plötzliche Erkenntnis, Enthüllung* **3** ⟨Rel.⟩ *Kundgebung Gottes* ◆ Offenbarung des Johannes (letztes Buch des Neuen Testaments); es kam wie eine Offenbarung über mich

**Offenheit** ⟨f. 20; unz.⟩ *offenes Wesen od. Verhalten, Freimut, Ehrlichkeit*

**offenherzig** ⟨Adj.⟩ **1** *aufrichtig, ehrlich, mitteilsam, vertrauensselig* **2** ⟨fig.; umg.; scherzh.⟩ *tief ausgeschnitten* (Kleid) ◆ offenherziges Bekenntnis; offenherzig sein

**offenkundig** ⟨Adj.⟩ *offensichtlich, deutlich, klar* ◆ ein offenkundiger Irrtum; es ist offenkundig, dass er den Betrug begangen hat

**offensichtlich** ⟨Adj.⟩ **1** *offenbar, offenkundig* **2** *anscheinend* ◆ er hat es offensichtlich vergessen

**offensiv** ⟨Adj.⟩ Ggs *defensiv* **1** *angreifend* **2** *angriffslustig* [zu lat. *offendere* „anstoßen, beschädigen; verletzen"]

**Offensive** ⟨[-və] f. 19⟩ *Angriff, Ansturm, Vorstoß;* Ggs *Defensive*

**öffentlich** ⟨Adj.⟩ **1** *staatlich, städtisch, der Gemeinde gehörend* **2** *allgemein, allen zugänglich* **3** *allgemein bekannt, alle betreffend* ◆ öffentliche **Anlagen,** Gelder, Mittel; öffentliches **Ärgernis** erregen; öffentlicher **Dienst** *Gesamtheit der Berufe in staatlich od. städtisch verwalteten Bereichen;* öffentliches Gebäude; die öffentliche **Hand** *Staat u. Gemeinde als Unternehmer;* die öffentliche **Meinung** *die Meinung des Publikums, der Menschen, der Allgemeinheit, des Volkes;* die öffentliche **Moral;** die öffentliche **Ordnung** aufrechterhalten, gefährden; öffentliche **Verhandlung** (vor Gericht) ◆ öffentlich **auftreten,** reden, sprechen *vor einem großen Zuhörerkreis;* etwas öffentlich **bekannt machen** ◆ **im** öffentlichen Leben stehen [< ahd. *offanlih* „offen, deutlich, gewiss"; zu *offan* „offenbar, offen"]

**Öffentlichkeit** ⟨f. 20; unz.⟩ *die Leute, das Volk, alle anderen Menschen, das Publikum* ◆ etwas in aller Öffentlichkeit tun, sagen *vor allen Leuten;* ein Schriftstück der Öffentlichkeit übergeben *zum Verkauf freigeben, ausliefern;* ein Bauwerk der Öffentlichkeit übergeben *einweihen, zur Besichtigung, zur Benutzung freigeben;* etwas an, vor die Öffentlichkeit bringen *allgemein bekannt geben, veröffentlichen*

**Öffentlichkeitsarbeit** ⟨f. 20; unz.⟩ *Bemühung um Vertrauen in der Öffentlichkeit durch Informationen über die eigenen Leistungen;* Sy *Publicrelations*

**offerieren** ⟨V. t.; hat⟩ *anbieten* [< lat. *offere* „entgegentragen; anbieten"]

**Offerte** ⟨f. 19⟩ *(kaufmänn.) Angebot, Preisangebot* [< frz. *offert,* Part. Perf. zu *offrir* „anbieten" < lat. *offerre*]

**offiziell** ⟨Adj.⟩ Ggs *inoffiziell* **1** *amtlich, beglaubigt, bestätigt, verbürgt* (Nachricht, Meldung) **2** *öffentlich (bekannt)* **3** *förmlich, feierlich* (Einladung, Veranstaltung, Benehmen) ◆ ein offizieller Besuch, Empfang; etwas offiziell bekannt machen; sich offiziell verloben [< frz. *officiel*]

**Offizier** ⟨m. 1; Mil.⟩ **1** *militärischer Rang vom Leutnant an aufwärts* **2** *Soldat in diesem Rang* ◆ Offizier werden *zum Offizier befördert werden, die militär. Laufbahn einschlagen* [< frz. *officier*]

**offizinell** ⟨Adj.; Med.⟩ *arzneilich, als Heilmittel anerkannt*

## OHR

Das Ohr setzt sich aus drei Bereichen zusammen: dem Außen-, dem Mittel- und dem Innenohr. Das Außenohr besteht aus der Ohrmuschel und dem Gehörgang. Im Mittelohr befinden sich die drei Gehörknöchelchen Hammer, Amboss und Steigbügel. Das Innenohr enthält die flüssigkeitsgefüllte Schnecke und die drei Bogengänge.

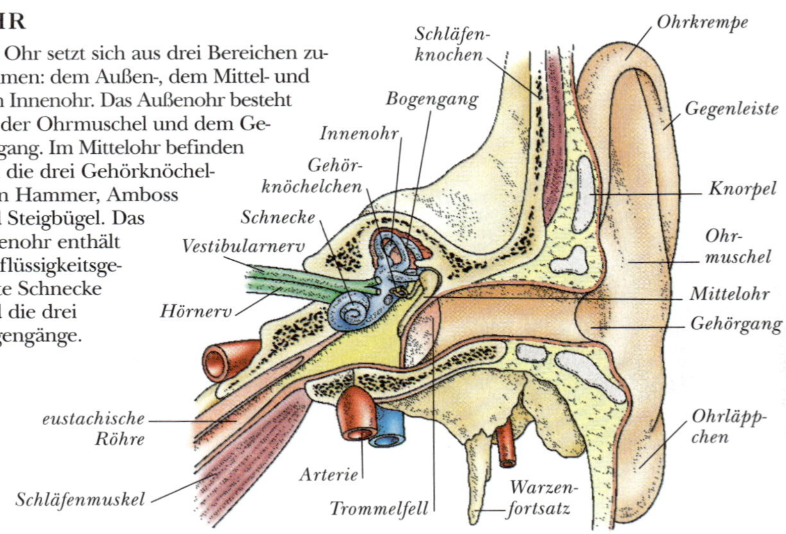


SCHNITT DURCH DAS MENSCHLICHE OHR

**offline** ⟨[-lain] Adj.; undekl.; EDV⟩ Ggs *online* **1** *eingegebene Daten nicht unmittelbar verarbeitend* **2** *ohne Verbindung zwischen zwei Geräten* [< engl. *off* „weg, außerhalb" + *line* „Linie, Leitung"]

**öffnen** ⟨V.; hat⟩ **I** ⟨V. t.⟩ **1** *einen Verschluss entfernen von, die Bedeckung abnehmen von, aufmachen* **2** *zugänglich machen* ◆ die **Augen,** Lippen, den Mund öffnen; jmdm. die Augen öffnen ⟨fig.⟩ *ihm die Wahrheit über etwas od. jmdn. sagen;* einen **Brief,** Kasten, Schrank öffnen; ein **Fenster,** eine Tür öffnen; die **Jacke,** das Kleid öffnen; damit war der Korruption **Tür** und Tor geöffnet ⟨fig.⟩; ein **Ventil** öffnen ◆ der Laden ist **durchgehend** geöffnet ◆ eine Büchse **mit** dem Büchsenöffner öffnen; das Geschäft ist **von** 8 bis 20 Uhr geöffnet **II** ⟨V. refl.⟩ sich öffnen *aufgehen* ◆ die Blüte hat sich geöffnet [< ahd. *offinon, offanon;* zu *offan* „offen, offenbar"]

**Öffnung** ⟨f. 20⟩ **I** ⟨unz.⟩ *das Öffnen, das Aufmachen* **II** ⟨zählb.⟩ *Loch, Lücke, ausgesparte Stelle (in einer Fläche),* z. B. Körperöffnung, Maueröffnung

**Öffnungswinkel** ⟨m. 5⟩ *Winkel zwischen der optischen Achse und dem durch den Rand der Öffnung eines Objektivs od. eines anderen optischen Systems gegebenen Strahl*

**Offroader** ⟨[-roudə(r)] m. 3; umg.⟩ **1** ► = *Offroadfahrzeug* **2** *Besitzer eines Offroadfahrzeuges*

**Offroadfahrzeug** ⟨[-roud-] n. 11⟩ ◄ *geländegängiges Fahrzeug;* Sy *Offroader (1)* [< engl. *off* „weg, außerhalb" + *road* „Straße"]

**Offsetdruck** ⟨m. 1⟩ **I** ⟨unz.⟩ *indirektes Flachdruckverfahren, bei dem die Druckfarbe von der Druckplatte über einen Gummizylinder auf das Papier übertragen wird* **II** ⟨zählb.⟩ *dessen Erzeugnis* [< engl. *offset* „absetzen" + *Druck*]

**Offstimme** ⟨f. 19; Film, TV⟩ *Stimme eines nicht sichtbaren Sprechers, Stimme aus dem Off;* Ggs *Onstimme* [zu engl. *off* „weg, außerhalb"]

**O-förmig,** ⟨auch⟩ **o-förmig** ⟨Adj.⟩ *wie ein O geformt*

**oft** ⟨Adv.; öfter, am öftesten⟩ *häufig, mehrfach, mehrmals, viele Male;* Sy *oftmals* ◆ ich habe ihn oft dort gesehen; sein: es ist doch oft so, dass man glaubt ...; ich habe es dir oft genug angeboten; ich war schon oft dort; wie oft warst du dort? [< ahd. *ofto,* engl. *oft*]

**öfter** ⟨Adv.⟩ **1** ⟨Komp. von⟩ *oft* **2** ⟨umg.⟩ *ziemlich oft, mehrmals* ◆ je öfter ich sie singen höre, umso besser gefällt mir ihre Stimme

**öfters** ⟨Adv.⟩ *mehrmals, manchmal, ab u. zu* ◆ ich war schon öfters dort

**oftmals** ⟨Adv.⟩ = *oft*

**oh!** ⟨Int; nur allein stehend, sonst: o!⟩ *(Ausruf des Staunens, des Bedauerns, der Ablehnung)* ◆ oh, Verzeihung!; oh, entschuldigen Sie!

OKAPI
*(Okapia johnstoni)*

**OHG** ⟨Abk. für⟩ *offene Handelsgesellschaft*

**Ohm**[1] ⟨n.; -s, -⟩ *altes Flüssigkeitsmaß, 130-160 l* [< mhd. *ame, ome* < kirchenlat. *ama* „Gefäß, Weinmaß" < lat. *(h)onna* „Feuereimer"]

**Ohm**[2] ⟨n.; -s, -; Phys.; Zeichen: Ω⟩ *Maßeinheit des elektrischen Widerstandes* [nach dem Physiker Georg Simon *Ohm,* 1789-1854]

**Ohmmeter** ⟨n. 13; Phys.⟩ **1** *Gerät zum Messen des elektr. Widerstandes in Ohm* **2** ⟨Zeichen: Ωm⟩ *SI-Einheit, Maßeinheit für den spezifischen elektrischen Widerstand*

**ohne I** ⟨Präp. m. Akk.⟩ **1** *frei von, unter Weglassung von, ungerechnet* **2** *nicht mit, ausgenommen* ◆ er glaubt, ohne sie nicht leben zu können; ich bin ohne **Geld** *ich habe (augenblicklich) kein Geld;* er ging ohne **Gruß** fort; ohne **Jahr** ⟨Abk.: o. J.; in bibliograf. Angaben⟩ *ohne Angabe des Erscheinungsjahres;* sie verreisen ohne die **Kinder;** sie kam ohne ihren **Mann;** ohne **Ort** ⟨Abk.: o. O.; in bibliograf. Angaben⟩ *ohne Angabe des Erscheinungsortes;* das ist ohne seine **Schuld** geschehen; Ware ohne **Verpackung;** ohne mein **Wissen;** Kaffee ohne **Zucker** und Milch; ohne (allen) **Zweifel** *zweifellos* ◆ er ist **nicht** ohne Temperament *er hat Temperament;* die Sache ist nicht ohne ⟨umg.⟩ *die Sache ist nicht so harmlos, wie sie aussieht;* ohne **weiteres II** ⟨Konj.⟩ **1** *unter Vermeidung von* **2** *weil nicht* **3** *während nicht* ◆ ohne zu fragen, ohne zu lachen; ohne etwas zu sagen; er hörte sich alles an, ohne eine Miene zu verziehen [< ahd. *ano,* got. *inu(h)*]

**ohneeinander** ⟨Adv.⟩ *ohne den anderen, ohne andere* ◆ sie konnten nicht ohneeinander sein

**ohnegleichen** ⟨Adv.⟩ *so, dass ihm, ihr nichts gleicht, wie es niemand anders kann, unvergleichlich, einzigartig* ◆ ihre Tapferkeit war ohnegleichen; er singt, spielt ohnegleichen

**ohnehin** ⟨Partikel⟩ *sowieso* ◆ ich nehme dein Paket mit, ich muss ohnehin zur Post; wir kommen ohnehin zu spät

**Ohnmacht** ⟨f. 20⟩ **1** *Bewusstlosigkeit* **2** *Unvermögen, Machtlosigkeit* ◆ in Ohnmacht fallen *ohnmächtig werden*

**ohnmächtig** ⟨Adj.⟩ **1** *in Ohnmacht befindlich, bewusstlos* **2** *machtlos* ◆ ohnmächtig werden; ohnmächtig zusehen, wie etwas geschieht

**Ohr** ⟨n. 27⟩ **1** ⟨Anat.⟩ ◄ *paariges Gehörorgan am Kopf der Tiere u. des Menschen* **2** ⟨fig.; umg.⟩ *umgeknickte Ecke einer Buchseite* (Eselsohr) ◆ die Ohren **aufsperren** ⟨fig.; umg.⟩ *aufmerksam zuhören;* sich die Ohren **zuhalten,** zustopfen *nichts hören wollen* ◆ ein **aufmerksames,** geneigtes, offenes Ohr finden *Verständnis (u. Hilfsbereitschaft) finden;* **äußeres** Ohr ⟨Anat.⟩ *sichtbarer Teil des Ohrs, Ohrmuschel;* **inneres** Ohr ⟨Anat.⟩ *Sitz des Gehörs;* **scharfe,** gute, feine Ohren; **schlechte,** taube Ohren ◆ sich **aufs** Ohr legen, *sich schlafen legen;* auf den Ohren sitzen ⟨fig.; umg.⟩ *nicht zuhören;* die Melodie geht leicht **ins** Ohr *lässt sich leicht merken;* ich habe es noch im Ohr *ich kann mir den Klang noch vorstellen;* ⟨fig.⟩ *ich kann mich noch erinnern;* nur **mit** halbem Ohr zuhören *wenig aufmerksam;* jmdn. **übers** Ohr hauen ⟨fig.; umg.⟩ *jmdn. betrügen;* bis über die Ohren in Schulden stecken ⟨umg.⟩ *völlig verschuldet sein;* sich eine Nacht **um** die Ohren schlagen ⟨umg.⟩ *eine Nacht ohne Schlaf verbringen* [< mhd. *ore,* ahd. *ore,* engl. *ear*]

**Öhr** ⟨n. 11⟩ **1** *kleines Loch, bes. in der Nähnadel* (Nadelöhr), *in Hämmern, Äxten* **2** ⟨nddt.⟩ *Henkel, Griff* **3** *Öse, Heftel* [Weiterbildung zu *Ohr*]

**Ohrenarzt** ⟨m. 1u; Med.; umg.⟩ *Facharzt für (Nasen-, Hals- u.) Ohrenkrankheiten, Otiater, Otologe*

**ohrenbetäubend** ⟨Adj.⟩ *sehr laut, sehr stark* ◆ ohrenbetäubender Lärm

**Ohrenheilkunde** ⟨f. 19; unz.; Med.⟩ *Lehre von den Ohrenkrankheiten;* Sy *Otologie*

**Ohrenklingen** ⟨n.; -s; unz.; Med.⟩ = *Ohrensausen*

**Ohrenmaki** ⟨m. 6; Zool.⟩ ► = *Galago*

**Ohrenrobbe** ⟨f. 19⟩ *Angehörige einer mit deutlichen äußeren Ohrmuscheln ausgestatteten Familie von Robben: Otariidae*

**Ohrensausen** ⟨n.; -s; unz.; Med.⟩ *klingendes od. sausendes Geräusch im Ohr (bei Ohrerkrankungen, Grippe, Kreislaufstörungen u. a.);* Sy *Ohrenklingen*

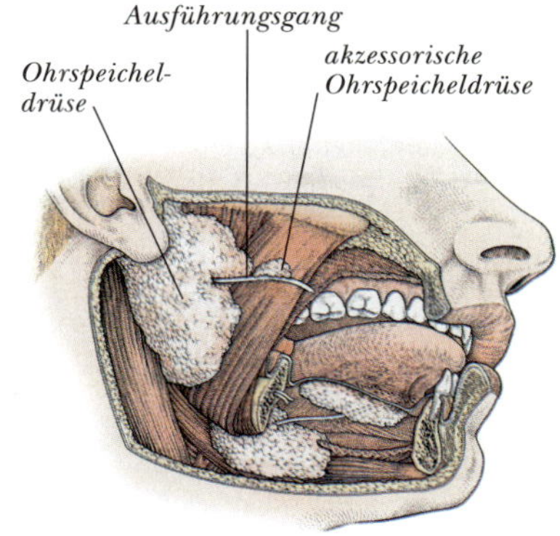


OHRSPEICHELDRÜSE: LAGE DER OHRSPEICHELDRÜSE

**Ohrenschmalz** ⟨n.; -es; unz.⟩ *Sekret im äußeren Gehörgang*

**Ohrenschützer** ⟨Pl.⟩ *zwei durch einen biegsamen Metallstreifen verbundene, ovale Stoffstücke, die bei Kälte über die Ohren gelegt werden*

**Ohrensessel** ⟨m. 5⟩ *(gepolsterter) Stuhl mit Armlehnen u. hoher Rückenlehne, an deren oberem Ende seitlich zwei Stützen für den Kopf angebracht sind*

**Ohrenzeuge** ⟨m. 17⟩ *jmd., der bezeugen kann, etwas selbst gehört zu haben* ◆ bei einem Gespräch Ohrenzeuge sein

**Ohrfeige** ⟨f. 19⟩ *Schlag mit der flachen Hand auf die Backe;* Sy *Maulschelle,* ⟨mdt.⟩ *Schelle*[1] *(3)*

**Ohrklipp** ⟨m. 6⟩ = *Klipp (2)*

**Ohrläppchen** ⟨n. 14; Anat.⟩ *Fleischzipfel am unteren Rand der Ohrmuschel*

**Ohrmuschel** ⟨f. 21⟩ **1** ⟨Anat.⟩ *Teil des äußeren Ohrs: Auricula* **2** ⟨17. Jh.⟩ *ovale Ornamentform*

**Ohrring** ⟨m. 1⟩ *durch ein Loch im Ohrläppchen gezogener Ring od. anderer Schmuck*

**Ohrspeicheldrüse** ⟨f. 19; Anat.⟩ ▲ *Speicheldrüse vor dem Ohr über dem Unterkieferwinkel: Glandula parotis;* Sy *Parotis*

**Ohrwurm** ⟨m. 2u⟩ **1** ⟨Zool.⟩ *Angehöriger einer Ordnung der Insekten, zur Überordnung der Geradflügler zählend, harmloses Insekt, das weder in menschliche Ohren kriecht noch sie sonst schädigt: Dermaptera;* ► *Insekten* **2** ⟨Mus.; umg.; scherzh.⟩ *hübsche, schmeichelnde, leicht zu merkende Melodie* ◆ der neue Song von Madonna ist ein Ohrwurm

**...oid** ⟨in Zus.; Anthrop.⟩ *einem Menschentypus ähnlich,* z. B. android

**o. J.** ⟨in bibliograf. Angaben Abk. für⟩ *ohne Jahr*

**o. k., O. K.** ⟨[ɔ'ke:] od. engl. [ɔ'kɛi] Abk. für engl.⟩ *okay*

**Okapi** ⟨n. 15; Zool.⟩ ◄ *Giraffe des zentralafrikan. Urwalds mit kürzerem Hals als andere Giraffen: Okapia johnstoni* [< afrikan. Eingeborenensprache]

O

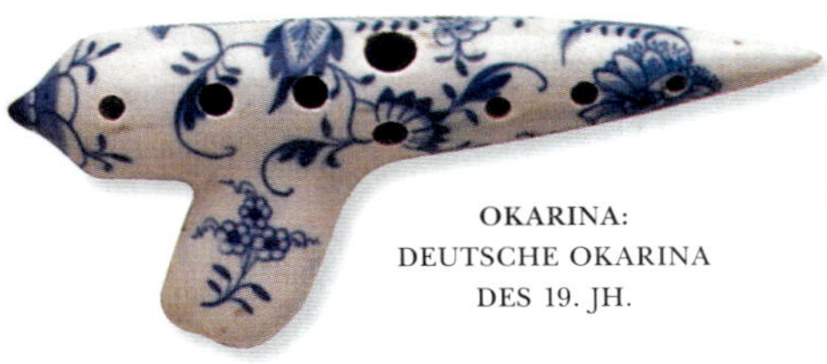

OKARINA: DEUTSCHE OKARINA DES 19. JH.

**Okarina** ⟨f.; -, -nen; Mus.⟩ ▲ *kleines flötenähnl. Musikinstrument aus Ton in Form eines längl., an einem Ende spitz zulaufenden Gänseeis mit einem senkrecht dazu stehenden Mundstück u. acht Grifflöchern* [Verkleinerungsform zu ital. *oca* „Gans"]

**okay!** ⟨[ɔˈkeː] od. engl. [ɔˈkɛɪ] Abk.: o. k., O. K.⟩ *in Ordnung!* [Herkunft umstritten]

**Okay** ⟨[ɔˈkeː] od. engl. [ɔˈkɛɪ] n. 15; umg.⟩ *Zustimmung, Einverständnis* ◆ wir müssen noch sein Okay abwarten; sein Okay zu etwas geben

**Okkiarbeit** ⟨f. 20⟩ ► = *Schiffchenarbeit* [zu ital. *occhio,* Pl. *occhi* „Auge"]

**Okklusion** ⟨f. 20⟩ **1** *Einschließung, Sperrung, Hemmung* **2** ⟨Meteor.⟩ *Zusammentreffen von Warm- u. Kaltfront, insbes. das Einschließen von Warmluft durch Kaltfronten* **3** *normale Bissstellung der Zähne* **4** ⟨Med.⟩ *Verschluss (eines Hohlorgans)*

**okkult** ⟨Adj.⟩ **1** *verborgen* **2** *heimlich, geheim* ◆ okkulte Wissenschaften [< lat. *occultus* „verborgen, versteckt"]

**Okkultismus** ⟨m.; -; unz.⟩ *Lehre von außersinnl. Wahrnehmungen (z. B. Telepathie), übernatürl. Erscheinungen u. Kräften*

**Okkupation** ⟨f. 20⟩ *Besetzung (fremden Staatsgebietes z. B. im Rahmen kriegerischer Ereignisse)* [< lat. *occupatio* „Besetzung"]

**okkupieren** ⟨V. t.; hat⟩ *besetzen, sich aneignen* ◆ fremdes Staatsgebiet okkupieren; ich bin augenblicklich sehr okkupiert ⟨geh.⟩ *stark mit etwas beschäftigt* [< lat. *occupare* „einnehmen, besetzen, an sich reißen"]

O

**öko…, Öko…** ⟨in Zus.; kurz für⟩ *ökologisch, Ökologie*

**Ökokatastrophe** ⟨f. 19⟩ *Umweltkatastrophe, die den natürlichen Lebensraum von Mensch u. Tier zerstört od. ihn langfristig unbewohnbar macht* [< *Öko…* + *Katastrophe*]

**Ökoladen** ⟨m. 4u; umg.⟩ *Laden, in dem ausschließlich chemisch unbehandelte Waren verkauft werden* [→ *Ökologie*]

**Ökologie** ⟨f. 19; unz.⟩ *Lehre von den Beziehungen der Lebewesen zu ihrer Umwelt* [< grch. *oikos* „Wohnung" + *logos* „Wort, Lehre"]

**ökologisch** ⟨Adj.⟩ *die Ökologie betreffend, zu ihr gehörend, auf ihr beruhend* ◆ ökologisches Gleichgewicht *labiles Gleichgewicht zwischen den verschiedenen Gliedern einer Lebensgemeinschaft (Biozönose), das die Fähigkeit der Selbstregulation hat*

**Ökonometrie** ⟨f. 19; unz.; Wirtsch.⟩ *Teilgebiet der Wirtschaftswissenschaft, die ökonomische Forschung u. Theorie mit mathematisch-statistischen Daten zu untermauern sucht*

**Ökonomie** ⟨f. 19; unz.; fig.⟩ *Sparsamkeit, Wirtschaftlichkeit* [< lat. *oeconomia* „Einteilung, Ordnung, Verwaltung" < grch. *oikos* „Haus" + *nomos* „Gesetz"]

**Ökonomik** ⟨f.; -; unz.⟩ *Wirtschaftskunde, Wirtschaftswissenschaft*

**ökonomisch** ⟨Adj.⟩ **1** *die Ökonomie betreffend, auf ihr beruhend* **2** *wirtschaftlich, sparsam* ◆ mit seinen Kräften, Mitteln ökonomisch umgehen [< lat. *oeconomicus* „die Hauswirtschaft betreffend"]

**Ökosteuer** ⟨f. 21⟩ *Steuer auf Benzin, Heizöl, Erdgas u. Strom mit dem Ziel, den allgemeinen Energieverbrauch zugunsten der Umwelt zu verringern u. durch die steuerlichen Mehreinnahmen die Rentenversicherung zu entlasten u. die Arbeitskosten zu senken*

**Ökotrophologie** ⟨f.; -; unz.⟩ *Haushalts- u. Ernährungswissenschaft* [< grch. *oikos* „Wohnung" + *trophe* „Nahrung" + *logos* „Lehre, Kunde"]

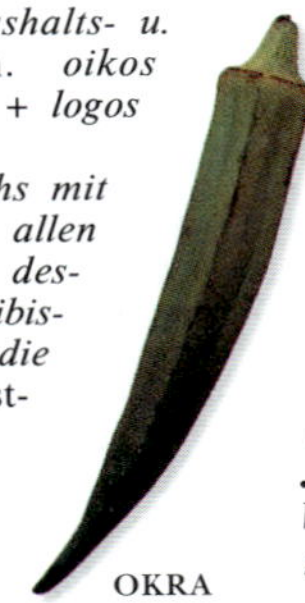

OKRA (*Abelmoschus esculentus*)

**Okra** ⟨f. 10; Bot.⟩ **1** *Malvengewächs mit prächtigen gelben Blüten, das in allen wärmeren Ländern verbreitet ist u. dessen Samenkapseln essbar sind: Hibiscus (Abelmoschus) esculentus* **2** ► *die Samenkapsel der Okra selbst* [westafrikan.]

**Okt.** ⟨Abk. für⟩ *Oktober*

**Oktaeder** ⟨n. 13; Geom.⟩ ▼ *von acht Flächen begrenzter Körper;* Sy *Achtflach, Achtflächner* [< grch. *okto* „acht" + *hedra* „Fläche"]

**Oktagon** ⟨n. 11⟩ = *Oktogon*

**Oktan** ⟨n. 11; Chem.⟩ *zu den Paraffinen gehörender Kohlenwasserstoff,* $C_8H_{18}$ [< lat. *octo,* grch. *okto* „acht"]

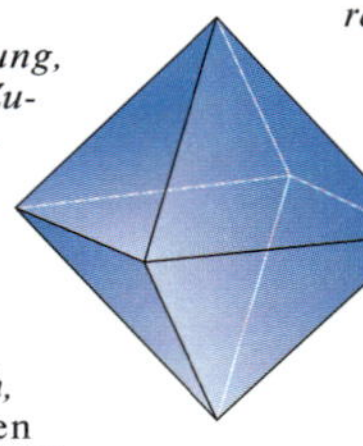

OKTAEDER

**Oktanzahl** ⟨f. 20; Abk.: OZ⟩ *Maßzahl für die Klopffestigkeit von Kraftstoff*

**Oktave** ⟨[-və] f. 19⟩ **1** ⟨Mus.⟩ **1.1** *achter u. letzter Ton der diatonischen Tonleiter* **1.2** *Intervall von acht Tönen* **2** ⟨kath. Kirche⟩ *achttägige Feier hoher Feste* (Weihnachtsoktave, Osteroktave, Pfingstoktave) [< mhd. *octav* < mlat. *octava (vox);* zu lat. *octavus* „der achte"]

**Oktavformat** ⟨n. 11; unz.; Zeichen: 8°⟩ *Buchformat, bei dem der Papierbogen achtmal gefaltet wird* [< lat. *octavus* „der achte"; zu *octo* „acht"]

**Oktett** ⟨n. 11; Mus.⟩ **1** *Musikstück für acht Stimmen od. Instrumente* **2** *die Sänger bzw. Spieler selbst* [< frz. *octette,* ital. *ottetto* < lat. *octo* mit frz. bzw. ital. Verkleinerungssilbe]

**Oktober** ⟨m. 3; Abk.: Okt.⟩ *10. Monat des Jahres* ◆ goldener Oktober [< lat. *octavus* „der achte", urspr. der achte Monat des älteren altröm., mit dem Monat März beginnenden Kalenderjahres; zu *octo* „acht"]

**Oktoberrevolution** ⟨[-vo-] f. 20; unz.⟩ *bolschewist. Revolution vom 25./26. Oktober 1917 in Russland*

**Oktodekagon** ⟨n. 11; Geom.⟩ *Achtzehneck* [< grch. *okto* „acht" + *deka* „zehn" + *gonia* „Ecke"]

**Oktogon** ⟨n. 11; Geom.⟩ oV *Oktagon* **1** ► = *Achteck* **2** *achteckiger Bau* [< grch. *okto* „acht" + *gonia* „Ecke"]

**Oktopode** ⟨m. 17; Zool.⟩ = *Achtfüßer* [< grch. *okto* „acht" + *pous,* Gen. *podos* „Fuß"]

**oktroyieren** ⟨[-troa-] V. t.; hat⟩ jmdm. etwas oktroyieren *(rechtswidrig) aufdrängen, auferlegen, aufbürden* [< frz. *octroyer* „aufzwingen, -nötigen"]

**Okular** ⟨n. 11; Fot.; Optik⟩ *dem Auge zugewandte Linse od. Linsensystem;* Ggs *Objektiv* [< spätlat. *ocularis* „zu den Augen gehörig"; zu *oculus* „Auge"]

**okulieren** ⟨V. t.; hat⟩ *durch Einsetzen von Augen veredeln* (Obstbäume, Sträucher) [< lat. *inoculare;* zu *oculus* „Auge, Knospe"]

**Okulierreis** ⟨n. 12⟩ = *Pfropfreis*

**ökumenisch** ⟨Adj.; Rel.⟩ *die Ökumene betreffend, zu ihr gehörig, auf ihr beruhend* ◆ ökumenische Bewegung ⟨seit dem 19. Jh.⟩ *Einigungsbewegung aller nichtkatholischen christlichen Kirchen zur Übereinkunft in religiösen Fragen;* ökumenisches Konzil *Konzil als Vertretung der gesamten katholischen Kirche (einschließlich Ostkirche), in der Ostkirche gilt das Konzil von Konstantinopel 879/80 als letztes ökumenisches Konzil* [< kirchenlat. *oecumene* < grch. *oikoumene* „die bewohnte Erde"]

**Okzident** ⟨m. 1; unz.⟩ Ggs *Orient* **1** *Westen, Abend* **2** = *Abendland* [< mhd. *occident(e)* „Westen, Abendland" < lat. *occidens (sol)* „untergehende (Sonne); Westen, Abendland (als der Teil der bewohnten Erde, der in Richtung der untergehenden Sonne liegt)"; zu *occidere* „niederfallen, untergehen"; → *Orient*]

**okzidental, okzidentalisch** ⟨Adj.⟩ = *abendländisch;* Ggs *orientalisch* ◆ die okzidentale Kultur [< lat. *occidentalis*]

**…ol** ⟨Chem.; Suffix zur Bez. für⟩ *chem. Verbindung, die zur Gruppe der Alkohole gehört,* z. B. Methanol = Methylalkohol [< lat. *oleum* „Öl"]

**ö. L.** ⟨Geol.; Abk. für⟩ *östliche(r) Länge*

**Öl** ⟨n. 11⟩ *unter normalen Temperaturbedingungen flüssiges Fett, z. B. aus Pflanzen gewonnen* (Leinöl, Olivenöl, Palmöl) *od. in der Erdrinde enthalten* (Mineralöl) ◆ **ätherische** Öle *organische, aromatisch riechende Verbindungen;* **fette** Öle *Verbindungen von Glycerin mit Fettsäure;* **pflanzliches,** tierisches Öl ◆ **in,** mit Öl backen, braten [< mhd. *öl, öle,* ahd. *oli* < lat. *oleum* < grch. *elaion* „Olivenöl"]

**Ölbaum** ⟨m. 1u; Bot.⟩ *Angehöriger einer Gattung der Ölbaumgewächse (Oleaceae), Bäume u. Sträucher mit fleischigen Steinfrüchten: Olea;* Sy *Olive (1.2), Olivenbaum* ◆ echter Ölbaum ▼ *immergrüner Baum, aus dessen länglichen od. runden, grünen u. später schwarzblauen Früchten (Oliven) das Olivenöl gewonnen wird: Olea europaea*

**Ölbild** ⟨n. 12⟩ = *Ölgemälde*

**Oldie** ⟨[ˈouldi] m. 6⟩ **1** *alter Schlager od. Film* **2** *etwas Altes, das wieder in Mode kommt* **3** ⟨scherzh.⟩ *Angehöriger der älteren Generation* [engl., „alte Person, Sache"]

**Oldtimer** ⟨[ˈouldtaimə(r)] m. 3⟩ *Automodell aus der Frühzeit des Automobilbaus mit Liebhaber- und Sammlerwert* ◆ einen Oldtimer fahren [< engl. *old* „alt" + *time* „Zeit" (das englische Wort ist *veteran car*)]

ÖLBAUM: ECHTER ÖLBAUM (*Olea europaea*)

**Oleander** ⟨m. 3; Bot.⟩ *bei uns als Zierpflanze beliebter Strauch des Mittelmeergebietes u. Orients mit rosaroten Blüten u. giftigem Milchsaft, zu der Familie der Hundsgiftgewächse gehörig: Nerium oleander;* Sy *Rosenlorbeer* [< ital. *oleandro* < lat. *olea* „Olivenbaum" + mlat. *lorandum* < lat. *laurus* „Lorbeerbaum" (nach den lorbeerähnl. Blättern) + grch. *rhododendron*]

**Olefine** ⟨Pl.⟩ ► = *Alkene* [zu lat. *oleum* „Öl"]

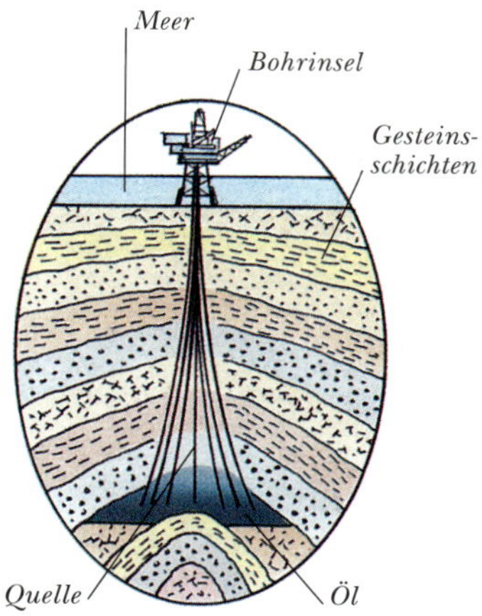


ÖLQUELLE: SCHNITT DURCH EINE ÖLQUELLE

**ölen** ⟨V. t.; hat⟩ **1** *mit Maschinenöl einfetten* **2** *salben*

**olfaktorisch** ⟨Adj.⟩ *den Olfaktorius, den Geruchssinn betreffend, von ihm ausgehend*

**Olfaktorius** ⟨m.; -; unz.⟩ = *Riechnerv* [zu lat. *olfacere* „riechen"]

**Ölfarbe** ⟨f. 19⟩ *aus trocknendem Pflanzenöl bestehende Mal- u. Anstrichfarbe*

**Ölfeld** ⟨n. 12⟩ *Gebiet, in dem nach Erdöl gebohrt wird*

**Ölfeuerung** ⟨f. 20; unz.⟩ *Heizung, Feuerung, bei der als Brennstoff Erdöl, Rohöl, Teeröl, Masut, Gasöl usw. verwendet wird*

**Ölfilm** ⟨m. 1⟩ *dünne Schicht Öl (auf einer Wasseroberfläche o. Ä.)*

**OLG** ⟨Rechtsw.; Abk. für⟩ *Oberlandesgericht*

**Ölgemälde** ⟨n. 13⟩ *mit Ölfarben gemaltes Bild;* Sy *Ölbild*

**Olibanum** ⟨n.; -s; unz.⟩ = *Weihrauch (1)* [< lat. < arab. *al-lu ban*]

**ölig** ⟨Adj.⟩ **1** *ölhaltig* **2** *voller Öl, schmierig* **3** ⟨fig.⟩ *salbungsvoll*

**Oligarchie** ⟨f. 19; Pol.⟩ **1** *Herrschaft einer kleinen Gruppe, ursprünglich der Reichsten im Staat* **2** *Staatsform, bei der die Regierungsgewalt nur von einer kleinen Gruppe ausgeübt wird* [< grch. *oligarchia* „Herrschaft weniger" < *oligos* „wenig" + *archein* „herrschen"]

**oligophag** ⟨Adj.; Zool.⟩ *sich von (nur) einigen Futterpflanzen bzw. Tierarten ernährend;* → a. *monophag, pantophag* [< grch. *oligos* „wenig" + *phagein* „fressen"]

**Oligophagie** ⟨f. 19; unz.; Bot.; Zool.⟩ *Ernährungsweise von nur einigen Futterpflanzen bzw. Tierarten*

**Olive** ⟨[-və] f. 19⟩ **1** ⟨Bot.⟩ **1.1** *Frucht des Ölbaums* **1.2** ► = *Ölbaum* **2** ⟨Tech.⟩ *Drehgriff eines Fensterverschlusses* **3** *Teil des verlängerten Rückenmarks* [< mhd. *olive* „Ölbaum" < lat. *oliva* „Ölbaum, Olive"]

**Olivenbaum** ⟨[-vən-] m. 1u⟩ ► = *Ölbaum*

**Olivenöl** ⟨[-vən-] n. 11; unz.⟩ *aus den Früchten des Olivenbaumes gewonnenes Öl*

**Olivin** ⟨[-vi:n] m. 1; Min.⟩ *olivenfarbiges Mineral, chem. Magnesium-Eisen-Silicat, Formel* $(Mg, Fe)_2SiO_4$*;* Sy *Chrysolith, Peridot;* ► *Schmucksteine*

**Ölkrise** ⟨f. 19⟩ *wirtschaftliche Krise aufgrund einer Verknappung von Erdöl*

**Ollapodrida** ⟨f.; -, -⟩ *span. Eintopfgericht aus gekochtem Fleisch, geräucherter Wurst u. Gemüse* [< span. *olla podrida* „fauler Topf"]

**Olm** ⟨m. 1⟩ **1** ⟨i. e. S.; kurz für⟩ *Grottenolm* **2** ⟨i. w. S.⟩ *Angehöriger einer Gruppe von Schwanzlurchen, die den Armmolchen sehr ähnlich sind: Proteida* [< ahd. *olm;* unklare Herkunft: evtl. Umwandlung von *malm* „Eidechse, Salamander"]

**Ölmühle** ⟨f. 19⟩ *Betrieb zur Ölgewinnung aus den Samen von Ölfrüchten*

**Ölpalme** ⟨f. 19⟩ *Fiederpalme, deren junge Blätter als Palmkohl gegessen werden u. aus deren Früchten Öl für industrielle Zwecke gewonnen wird*

**Ölpest** ⟨f.; -; unz.⟩ *starke Verunreinigung von Gewässern durch Mineralöl*

**Ölquelle** ⟨f. 19⟩ ◄ *Ort, an dem durch Bohrung flüssiges Erdöl aus dem Erdinneren gewonnen wird*

**Ölsäure** ⟨f. 19; unz.⟩ *einfach ungesättigte aliphatische Karbonsäure, farbloses, dickflüssiges Öl (zur Salbenbereitung)*

**Ölschiefer** ⟨m. 3; unz.⟩ ▼ *dunkler, bituminöser Schiefer*

**Ölsüß** ⟨n.; -; unz.⟩ = *Glyzerin*

**Öltanker** ⟨m. 3⟩ *Schiff zum Erdöltransport*

**Ölung** ⟨f. 20⟩ *das Ölen* ◆ die Letzte Ölung ⟨kath. Kirche⟩ *Salbung mit geweihtem Öl vor dem Tode*

**Ölwanne** ⟨f. 19⟩ *Ausbuchtung aus Metall im unteren Teil des Gehäuses von Verbrennungsmotoren, in der sich umlaufendes Öl sammelt*

**Olymp** ⟨m.; -s; unz.⟩ **1** ⟨grch. Myth.⟩ *Wohnsitz der Götter* **2** ⟨umg.; scherzh.⟩ *oberster Rang im Theater* [nach dem Berg in Nordgriechenland]

**Olympiade** ⟨f. 19⟩ **1** ⟨urspr.⟩ *Zeitraum von vier Jahren zwischen den altgrch. Olympischen Spielen* **2** ⟨Sp.; heute⟩ *die Olympischen Spiele selbst* [nach *Olympia,* der altgrch. Kultstätte u. dem Ort der Olympischen Spiele]

ÖLSCHIEFER

**olympisch** ⟨Adj.⟩ **1** *zum Olymp als Wohnsitz der altgrch. Götter gehörend* **2** *zu Olympia gehörend, von ihm ausgehend* **3** ⟨Sp.⟩ *zu den Olympischen Spielen gehörend* **4** ⟨fig.⟩ *erhaben-ruhig, majestätisch-überlegen* ◆ olympisches Dorf ⟨Sp.⟩ *Gelände mit den Wohnungen für die Teilnehmer an den Olymp. Spielen;* Olympische Spiele ⟨bis 394 n. Chr.⟩ *im antiken Griechenland alle vier Jahre stattfindende sportl. Wettkämpfe (mit kultisch-musischem Hintergrund);* ⟨seit 1896⟩ *alle vier Jahre veranstaltete, internationale Sportwettkämpfe;* ⟨seit 1994⟩ *im Zweijahresrhythmus abwechselnd Winter- und Sommerspiele*

**Ölzeug** ⟨n. 11; unz.⟩ *wasserdichte Oberbekleidung für Seeleute*

**Oma** ⟨f. 10; umg.⟩ *Großmutter*

**Ombrograf** ⟨m. 16; Meteor.⟩ = *Ombrograph*

**Ombrograph** ⟨m. 16; Meteor.⟩ = *Pluviograph;* oV *Ombrograf* [< grch. *ombros* „Regen" + *graphein* „schreiben"]

**Ombudsmann** ⟨m. 2u⟩ **1** *Beauftragter des Parlaments, an den sich jeder Bürger zum Schutz gegen behördl. Willkür wenden kann* **2** ⟨allg.⟩ *unabhängige Vertrauensperson, z. B. in Schulen* [< schwed. *ombudsman* „Schiedsmann"]

**Omega** ⟨n. 15; Zeichen; ω, Ω⟩ **1** *24. (letzter) Buchstabe des grch. Alphabets, langes, geschlossenes o* **2** ⟨sinnbildl.⟩ *Ende, Schluss* ◆ Alpha und Omega

**Omelett** ⟨[ɔm'lɛt] n. 15⟩, **Omelette** ⟨[ɔm'lɛt] f. 19; österr. u. schweiz.⟩ *Eierkuchen, Pfannkuchen* [< frz. *omelette*]

**Omen** ⟨n.; -s, Omina⟩ **1** *Zeichen* **2** = *Vorzeichen (3)* ◆ gutes Omen [lat.]

**Omikron** ⟨n. 15; Zeichen: o, O⟩ *15. Buchstabe des grch. Alphabets, kurzes, geschlossenes o*

**ominös** ⟨Adj.⟩ **1** *von schlimmer Vorbedeutung* **2** *bedenklich, verdächtig* [zu lat. *omen,* Pl. *omina* „Zeichen, Vorzeichen"]

**Omnibus** ⟨m.; -ses, -se⟩ ▼ *Kraftwagen zur gewerbsmäßigen Beförderung vieler Personen;* Sy ⟨kurz⟩ *Bus* [< frz., eigtl. *voiture omnibus* „Wagen für alle"; zu lat. *omnibus* „für alle", Dat. von *omnes* „alle"]

**omnipotent** ⟨Adj.⟩ *allmächtig* [lat., eigtl. „alles könnend" < *omnia* „alles" + *potens,* Part. Präs. von *posse* „können"]

**omnipräsent** ⟨Adj.⟩ *allgegenwärtig*

**Omnipräsenz** ⟨f.; -; unz.; geh.⟩ *(göttliche) Allgegenwart* [< lat. *omnia* „alles" + *praesentia* „Gegenwart"]

**omnivor** ⟨[-vo:r] Adj.; Zool.⟩ = *pantophag*

**Omnivore** ⟨[-vo:] m. 17; Zool.⟩ = *Pantophage* [< lat. *omnia* „alles" + *vorare* „fressen"]

**Omphalitis** ⟨f.; -, -tiden; Med.⟩ *Nabelentzündung* [zu grch. *omphalos* „Nabel"]

OMNIBUS: AUSFLUGSOMNIBUS (MODELL VON 1926)

**On** ⟨[ɔn] n.; -; unz.; Film, TV⟩ *Bereich innerhalb einer Szene bzw. des Bildschirms;* Ggs *Off* [< engl. *on* „an, auf"]

**...on** ⟨Suffix zur Bez. für⟩ *chemische Verbindung, die zur Gruppe der Ketone gehört,* z. B. Azeton

**Onanie** ⟨f. 19; unz.⟩ = *Masturbation* [fälschlich nach der bibl. Gestalt *Onan,* der sich weigerte, der verwitweten Schwägerin Kinder zu zeugen und seinen Samen auf die Erde fallen ließ (1. Buch Mose 38,9)]

**onanieren** ⟨V. i.; hat⟩ = *masturbieren* [→ *Onanie*]

**ondulieren** ⟨V. t.; hat⟩ Haar ondulieren *künstlich wellen, bes. mit der Brennschere* [< frz. *onduler;* zu *onde* < lat. *unda* „Welle"]

**Onkel** ⟨m. 5 od. umg.: m. 6⟩ **1** *Bruder der Mutter oder des Vaters* **2** ⟨Kinderspr.⟩ *männlicher, (bes.) bekannter Erwachsener* [< frz. *oncle* < lat. *avunculus*]

**Onkologie** ⟨f. 19; unz.; Med.⟩ *Lehre von den Geschwülsten, Geschwulstforschung* [< grch. *onkos* „Masse" + *logos* „Wort, Lehre"]

**onkologisch** ⟨Adj.; Med.⟩ *zur Onkologie gehörend, auf ihr beruhend, mit ihrer Hilfe*

**online** ⟨[-lain] Adj.; undekl.; EDV⟩ Ggs *offline* **1** *direkt mit einer EDV-Anlage verbunden* **2** *direkte Verbindung zwischen zwei Geräten besitzend* **3** *eingegebene Daten sofort verarbeitend* ◆ online gehen; online sein [< engl. *on* „auf" + *line* „Leitung, Linie"]

**Onlinerecherche** ⟨[-lainreʃɛrʃə] f. 19; EDV⟩ *Informationssuche im Internet od. in vernetzten Computersystemen* [< engl. *on line* „in Verbindung" + *Recherche*]

**Onomasiologie** ⟨f. 19; unz.; Sprachw.⟩ *Begriffsforschung, Gebiet der Sprachwissenschaft, in dem erforscht wird, welche Wörter für ein und denselben Begriff gebraucht werden bzw. im Lauf der Sprachentwicklung gebraucht worden sind* [< grch. *onomasia* „Benennung" + *logos* „Wort, Lehre"]

**Onomatologie** ⟨f. 19; unz.⟩ = *Namenkunde* [< grch. *onoma* „Name" + *logos* „Wort, Lehre"]

**onomatopoetisch** ⟨Adj.⟩ *schall-, lautnachahmend, lautmalend*

**Onomatopöie** ⟨f. 19; Phon.⟩ = *Lautmalerei* [< grch. *onoma,* Gen. *onomatos* „Name" + *poesis* „das Machen"]

O

**Önometer** ⟨n. 13⟩ *Gerät zur Bestimmung des Alkoholgehalts von Wein* [ < grch. *oinos* „Wein" + *metron* „Maß"]

**Onstimme** ⟨f. 19; Film; TV⟩ *Stimme eines im Bild sichtbaren Sprechers;* Ggs *Offstimme* [→ *On*]

**ontisch** ⟨Adj.; Philos.⟩ *dem Sein nach, seinsgemäß, seiend* [zu grch. *ont-, on* „seiend"]

**Ontogenese** ⟨f. 19; unz.⟩ *Entwicklung des Lebewesens von der befruchteten Eizelle bis zur Geschlechtsreife, Individualentwicklung* [ < grch. *ont-, on* „seiend" + *genesis* „Schöpfung"]

**Ontologie** ⟨f. 19; unz.; Philos.⟩ *Lehre vom Sein u. seinen Prinzipien* [ < grch. *ont-, on* „seiend" + *logos* „Wort, Lehre"]

**Onyx** ⟨m. 1⟩ ▲ *Mineral, schwarz-weißer Quarz* [ < lat. *onyx* < grch. *onyx,* eigtl. „Klaue, Kralle, Fingernagel"]

ONYX

**o. O.** ⟨in bibliograf. Angaben Abk. für⟩ *ohne Ort*

**Oogenese** ⟨[o:ɔ-] f. 19; unz.⟩ *Eibildung, Entwicklung der Eizelle;* Sy *Ovogenese* [ < grch. *oon* „Ei" + *genesis* „Werden"]

**Oologie** ⟨[o:ɔ-] f. 19; unz.⟩ *Lehre vom Vogelei, Gebiet der Vogelkunde* [ < grch. *oon* „Ei" + *logos* „Wort, Kunde"]

**o. O. u. J.** ⟨in bibliograf. Angaben Abk. für⟩ *ohne Ort und Jahr (des Erscheinens)*

**OP** ⟨Med.; Abk. für⟩ **1** *Operation (1)* **2** *Operationssaal*

**op.** ⟨Mus.; Abk. für⟩ *Opus (2)*

**Opa** ⟨m. 6; umg.⟩ *Großvater*

**Opal** ⟨m. 1⟩ **1** ⟨Min.⟩ ► *amorpher Quarz, wasserhaltiges Kieselsäuregel, ein Halbedelstein;* ► *Schmucksteine* **2** *steif appretierter, milchähnlich durchscheinender, feinfädiger Baumwollbatist* [ < lat. *opalus* < Sanskrit *upala* „Stein, oberer Mühlstein"]

**Opaleszenz** ⟨f. 20; unz.⟩ *(durch Dichteschwankungen verursachte) starke Lichtstreuung bei Dämpfen u. Flüssigkeiten ähnlich dem Schimmern eines Opals*

**Opalglas** ⟨n. 12u; unz.⟩ *schwach getrübtes, dem Opal nachempfundenes Glas in den Farben Weiß, Blau, Rosa u. Grün, Milchglas*

**Op-Art** ⟨f.; -; unz.; Mal.⟩ ▼ *zeitgenöss. Richtung der bildenden Kunst, bei der (meist räumliche) optische Illusionen durch verschiedene Mittel (Beleuchtung, Bewegung) erzielt werden* [engl.; verkürzt < *op*tical „optisch" + *art* „Kunst"]

OP-ART: GEMÄLDE VON BRIDGET RILEY, *Cataract III* (1967)

O

**OPEC** ⟨f.; -; unz.; Abk. für engl.⟩ *Organization of Petroleum Exporting Countries (Organisation Erdöl exportierender Länder)*

**Openairfestival,** ⟨auch⟩ **Open-Air-Festival** ⟨[oupən-ˈɛ:(r)fɛstivəl] n. 15⟩ *große (Musik-)Veranstaltung mit mehreren vortragenden Künstlern im Freien* [ < engl. *open air* „im Freien, Freiluft..." + *festival* „Fest, Festspiele"]

**Oper** ⟨f. 21; Mus.⟩ **1** *musikalisch gestaltetes Bühnenstück* **2** *Opernhaus* ◆ dramatische, komische Oper; in die Oper gehen; zur Oper gehen *Opernsänger(in) werden* [ < ital. *opera (in musica)* „(Musik-) Werk"]

**Opera** ⟨Pl. von⟩ *Opus*

**operabel** ⟨Adj.⟩ *so beschaffen, dass man es (noch) operieren kann;* Ggs *inoperabel*

**Operand** ⟨m. 16; EDV⟩ *Information, die mithilfe eines Befehls verarbeitet werden kann* [ < lat. *operari* „beschäftigt sein, verfertigen"]

**Operation** ⟨f. 20⟩ **1** ⟨Med.; Abk.: OP⟩ *chirurg. Eingriff zur Beseitigung krankhafter Störungen* **2** *Arbeitsvorgang* **3** ⟨EDV⟩ *Rechenvorgang* **4** ⟨Mil.⟩ *Truppenbewegung, militär. Unternehmen* [ < lat. *operatio* „Arbeit, Verrichtung, Wirken"]

**Operationssaal** ⟨m.; -(e)s, -säle; Med.; Abk.: OP, OP-Saal⟩ *allen wissenschaftl. u. hygien. Anforderungen entsprechender Krankenhaussaal für Operationen*

**Operationsverstärker** ⟨m. 3; El.⟩ *Gleichspannungsverstärker, meist in Form einer integrierten Schaltung, mit dem viele mathematische Operationen in analoger, elektrischer Weise ausgeführt werden können*

**operativ** ⟨Adj.⟩ **1** *auf chirurg. Wege* **2** *mithilfe einer Operation, auf einer Operation beruhend* **3** ⟨fig.⟩ *weit schauend u. planvoll tätig* **4** = *strategisch* **5** ⟨Wirtsch.⟩ *den Bereich der Um- u. Durchsetzung von Planungen, Zielsetzungen u. Strategien eines Unternehmens betreffend* ◆ operativer Eingriff; operative Planung; eine Geschwulst operativ entfernen; operativ entscheiden [neulat., „den chirurg. Eingriff betreffend"]

**Operator** ⟨m. 23 od. engl. [ˈɔpərɛitə(r)] m. 6⟩ **1** *jmd., der beruflich eine größere EDV-Anlage steuert, bedient* **2** ⟨Math.⟩ *Vorschrift, die aus einer Funktion eine andere hervorgehen lässt* [ < mlat. *operator* „Arbeiter, Schöpfer"; zu lat. *operari* „beschäftigt sein mit"]

**Operette** ⟨f. 19; Mus.⟩ *leichtes, heiteres, unterhaltendes Bühnenstück mit Musik u. gesprochenen Dialogen* [ < ital. *operetta,* Verkleinerungsform zu *opera* „Oper", eigtl. „kleine Oper"]

**operieren** ⟨V.; hat⟩ **I** ⟨V. t.⟩ jmdn. operieren *an jmdm. eine Operation, einen chirurg. Eingriff vornehmen* ◆ sich operieren lassen; jmdn. am Magen operieren; am Blinddarm operiert werden **II** ⟨V. i.⟩ **1** *eingreifen, handeln, wirken, verfahren* **2** *eine militär. Operation durchführen* [ < lat. *operari* „beschäftigt sein, verfertigen; (den Göttern) opfern"]

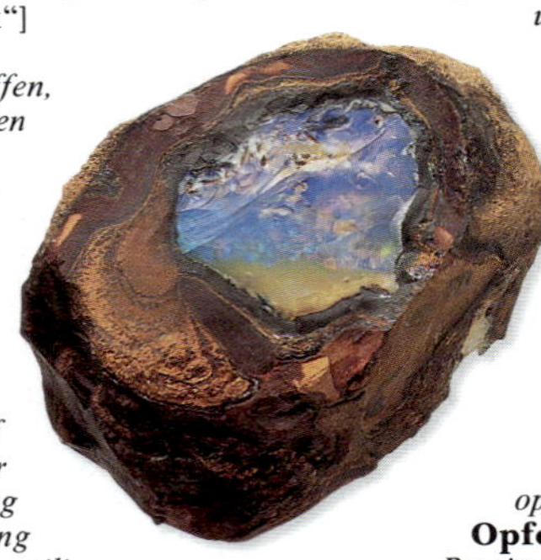

OPAL

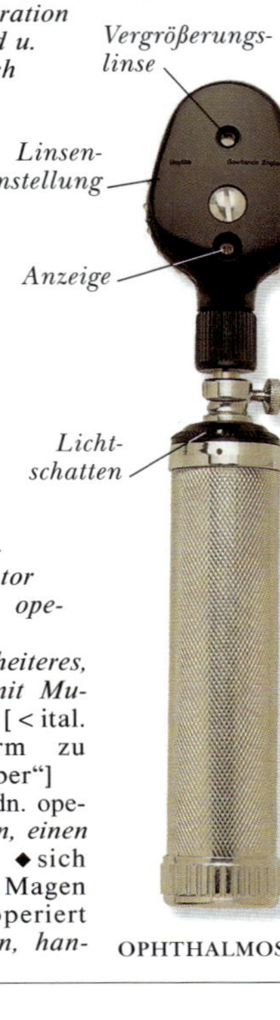


OPHTHALMOSKOP

**Opernführer** ⟨m. 3; Mus.⟩ *Handbuch mit Erklärungen u. Inhaltsangaben von Opern*

**Opernglas** ⟨n. 12u⟩, **Operngucker** ⟨m. 3; umg.⟩ *kleines Fernglas fürs Theater, für die Oper*

**Opernhaus** ⟨n. 12u⟩ *Operntheater, Gebäude für Opernaufführungen*

**Operntext** ⟨m. 1; Mus.⟩ *Text zu einer Oper, Libretto*

**Opfer** ⟨n. 13⟩ **1** *Gabe für die Gottheit* (Tieropfer, Trankopfer) **2** *unter schmerzl. Verzicht gebrachte Spende* **3** *schmerzl. Verzicht zugunsten eines anderen Menschen* **4** *jmd., der eine Missetat od. ein Übel erdulden muss* ◆ ein Opfer der **Flammen** werden *im Feuer ums Leben kommen od. zerstört werden;* das Opfer einer **Intrige,** eines Mordes, Unfalls werden ◆ jmds. Opfer (dankbar) **annehmen;** ein Opfer **bringen;** das Erdbeben **forderte** zahlreiche Opfer (an Menschenleben); kein Opfer **scheuen,** um jmdm. zu helfen ◆ **religiöses** Opfer ◆ ein Opfer **für** jmdn. bringen; ein Tier od. einen Gegenstand **zum** Opfer bringen *opfern* [ < mhd. *opfer,* ahd. *opfar*]

**Opferbereitschaft** ⟨f. 20; unz.⟩ *Bereitschaft, Opfer zu bringen*

**Opfergabe** ⟨f. 19⟩ *Gabe, die zum Opfer gebracht wird, Opfer*

**Opferlamm** ⟨n. 12u⟩ **1** ⟨Rel.⟩ *Lamm, das als Opfer dargebracht wird* **2** ⟨fig.⟩ *unschuldiges Opfer*

**opfern** ⟨V.; hat⟩ **I** ⟨V. t.⟩ *für andere hingeben, schmerzlich verzichten auf, spenden, obgleich es schwer fällt* ◆ sich opfern *sein Leben hingeben;* ⟨fig.; umg.⟩ *etwas (für jmdn.) tun, obgleich es schwer fällt;* seine Zeit opfern; sich für jmdn. od. etwas opfern *für jmdn. od. etwas alles tun, sein Leben für jmdn. od. etwas hingeben;* Geld für etwas opfern **II** ⟨V. i.⟩ *ein Opfer darbringen* ◆ dem Gott opfern [ < mhd. *opfern,* ahd. *opfaron* < kirchenlat. *operari* „werktätig sein; dem Gott durch Opfer dienen; Almosen geben"]

**Ophit** ⟨m. 16; Min.⟩ ► = *Serpentin* [ < grch. *ophis* „Schlange"]

**Ophiure** ⟨m. 17⟩ ► = *Schlangenstern* [ < grch. *ophis* „Schlange"]

**Opthalmologe** ⟨m. 17; Med.⟩ = *Augenarzt*

**Ophthalmologie** ⟨f. 19; unz.; Med.⟩ *Lehre von den Erkrankungen des Auges u. ihrer Behandlung, Augenheilkunde* [ < grch. *ophthalmos* „Auge" + *logos* „Wort, Rede, Kunde"]

**ophthalmologisch** ⟨Adj.⟩ *die Augenheilkunde betreffend, zu ihr gehörig*

**Ophthalmoskop** ⟨n. 11; Med.⟩ ◄ *kreisrunder, in der Mitte durchlöcherter Hohlspiegel zur Augenuntersuchung;* Sy *Augenspiegel* [ < grch. *ophthalmos* „Auge" + *skopein* „schauen"]

**Opiat** ⟨n. 11; Pharm.⟩ *Opium u. dessen Derivate enthaltendes Arzneimittel*

**...opie** ⟨in Zus.⟩ *Sehen, Sehfehler, ...sichtigkeit* [ < grch. *op,* Gen. *opis* „Auge"]

OPOSSUM: NORDOPOSSUM
*(Didelphis marsupialis)*

**Opium** ⟨n.; -s; unz.⟩ *Milchsaft aus den unreifen Früchten des Schlafmohns, Papaver somniferum, der rund 30 verschiedene Alkaloide enthält, darunter nach Trocknung mindestens 9,5% Morphin, Ausgangsprodukt für die Herstellung von Heroin u.a. Opiaten* [< lat. *opium* „Mohnsaft"]

**Opossum** ⟨n. 15⟩ **1** ⟨Zool.⟩ ▲ *Angehöriges einer Art baumbewohnender Beutelratten mit langem Greifschwanz: Didelphis;* ► *Säugetiere* **2** amerikanisches Opossum *Fell des Opossum (1)* **3** australisches Opossum *Fell des Fuchskusus* [Indianersprache]

**opponieren** ⟨V. i.; hat⟩ *sich widersetzen, widerstreben, eine gegenteilige Meinung vertreten* ◆ gegen jmdn. od. etwas opponieren [< lat. *opponere* „entgegenhalten, entgegensetzen"]

**opportun** ⟨Adj.⟩ **1** *gelegen, nützlich, bequem* **2** *passend, angebracht* ◆ diese Reaktion, Handlungsweise wäre im Augenblick nicht opportun *unpassend* [< lat. *opportunus* „günstig, bequem"]

**Opportunismus** ⟨m.; -; unz.⟩ **1** *Handeln allein unter dem Gesichtspunkt dessen, was augenblicklich Vorteile bringt* **2** *geschickte Anpassung an die jeweilige Lage* [< frz. *opportunisme*]

**opportunistisch** ⟨Adj.⟩ *auf Opportunismus beruhend, sich anpassend, auf den eigenen Vorteil bedacht* [< frz. *opportuniste*]

**Opportunität** ⟨f. 20; unz.⟩ *passende Gelegenheit, Nützlichkeit, Vorteil* [< lat. *opportunitas*]

**Opposition** ⟨f. 20⟩ **1** *Gegensatz, Widerstand* **2** ⟨Pol.⟩ *zur Regierung bzw. zu den Regierungsparteien im Gegensatz stehende Partei(en)* **3** ⟨Astron.⟩ *entgegengesetzte Konstellation* ◆ Mitglied der Opposition ⟨Pol.⟩; Opposition machen ⟨umg.⟩ *widersprechen, eine gegenteilige Meinung verfechten* [< lat. *oppositio* „Widerstand, Widerspruch"]

**oppositionell** ⟨Adj.⟩ *der Opposition angehörend, auf ihr beruhend*

**Oppositionsführer** ⟨m. 3; Pol.⟩ *Führer der Oppositionspartei*

**OP-Saal** ⟨[o'pe:-] m.; -(e)s, -säle; Med.; Abk. für⟩ *Operationssaal*

**...opsie** ⟨in Zus.⟩ *Sehen, Schau, Beobachtung, Betrachtung* [< grch. *opis* „Sehen"; → *...opie*]

**optieren** ⟨V. i.; hat⟩ für jmdn. od. einen Staat optieren *sich für jmdn. od. einen bestimmten Staat u. die entsprechende Staatsangehörigkeit entscheiden* [< lat. *optare* „wählen, wünschen"]

**Optik** ⟨f. 20⟩ **I** ⟨unz.⟩ *Lehre vom Licht* **II** ⟨zählb.⟩ *die Linsen, das Linsensystem (eines Instruments)* [< lat. *optica (ars)* < grch. *optike (techne)* „Lehre vom Sehen"; zu *optikos* „das Sehen betreffend"]

**Optiker** ⟨m. 3⟩ *Hersteller von opt. Geräten, Händler mit opt. Geräten* [→ *Optik*]

**optimal** ⟨Adj.⟩ *so gut es überhaupt möglich ist, bestmöglich, beste, Best...* [neulat.; zu lat. *optimus* „das Beste"]

**optimieren** ⟨V. t.; hat⟩ **1** ⟨Math.⟩ eine Funktion optimieren *die Extremwerte einer Funktion bestimmen* **2** ⟨allg.⟩ *das Beste herausholen, so gut wie möglich gestalten* ◆ diese Leistung lässt sich noch optimieren

**Optimismus** ⟨m.; -; unz.⟩ Ggs *Pessimismus* **1** *Lebensbejahung, Zuversichtlichkeit in allen Dingen, Lebenseinstellung, infolge derer man alle Dinge von der besten Seite sieht* **2** ⟨Philos.⟩ *Auffassung, dass diese Welt die beste aller möglichen Welten u. in stetem Fortschritt begriffen sei* [zu lat. *optimum* „das beste"]

**Optimist** ⟨m. 16⟩ Ggs *Pessimist* **1** *optimist. Mensch, lebensbejahender Mensch* **2** *Vertreter, Anhänger des philosoph. Optimismus*

## ORCHESTER

Orchester traten erstmals im 17. Jh. in verhältnismäßig kleiner Form auf. Im 19. Jh. machte der Musikinstrumentenbau beträchtliche Fortschritte, wodurch auch die Orchestergröße und das Spektrum der Klangfarben wuchs. Heute umfasst ein Orchester 40–70 Musiker in vier Instrumentengruppen, von denen jede ihre eigene Aufgabe hat. Die Saiteninstrumente sind meist in der Mehrzahl und tragen die Melodie, zu der die Holzblasinstrumente die Wärme des Orchesterklangs beisteuern. In dramatischen Passagen kommen die Blechblasinstrumente zum Einsatz, die für den schmetternden Klang sorgen, während das Schlagzeug die rhythmische Gliederung übernimmt. Über Tempo, Lautstärke und die Anteile der einzelnen Instrumentengruppen entscheidet der Dirigent.

SINFONIEORCHESTER

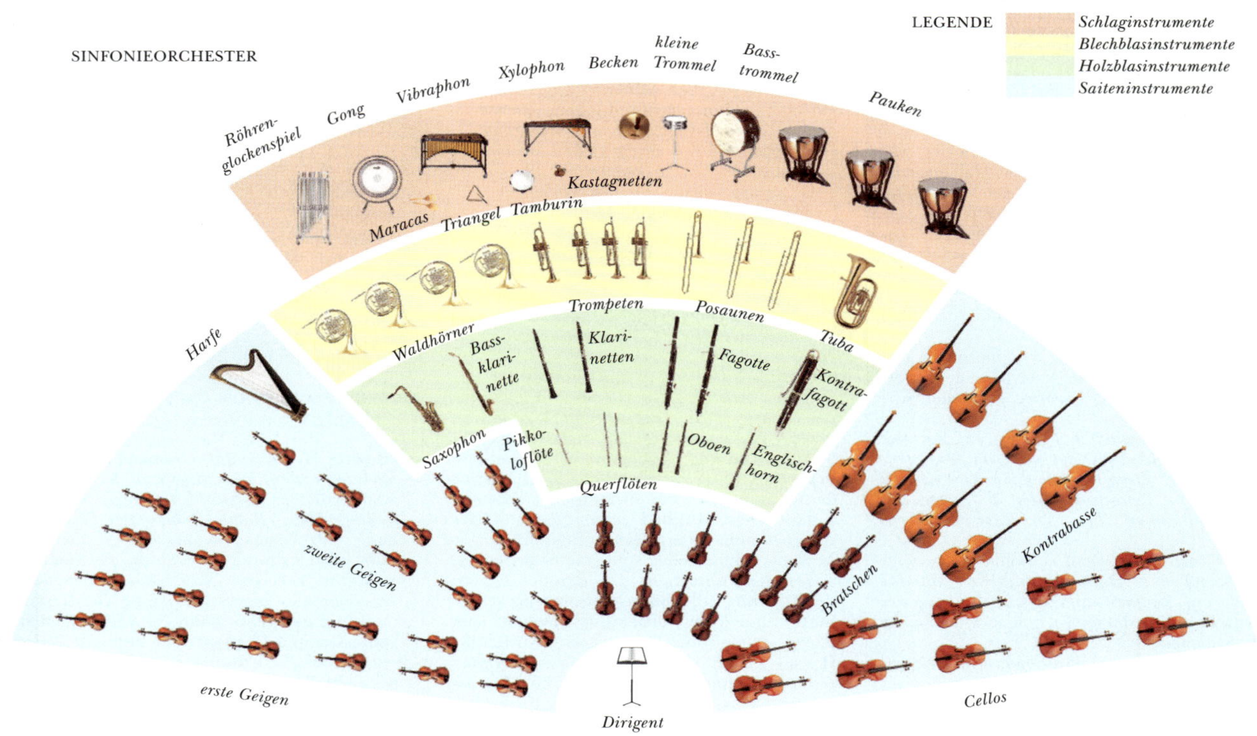


O

**optimistisch** ⟨Adj.⟩ Ggs *pessimistisch* **1** *auf Optimismus beruhend, im Sinne des Optimismus denkend* **2** ⟨Philos.⟩ *lebensbejahend, zuversichtlich*

**Optimum** ⟨n.; -s, -tima⟩ *Höchstmaß, günstigste Lage, günstigstes Verhältnis, Bestfall* [lat., „das Beste"]

**Option** ⟨f. 20⟩ *das Optieren* [< lat. *optio* „Wunsch, Wahl"]

**optional** ⟨Adj.⟩ *wahlfrei;* Sy *fakultativ* [zu lat. *optio* „Wahl, freier Wille"]

**optisch** ⟨Adj.⟩ **1** *die Optik betreffend, zu ihr gehörig, auf ihr beruhend* **2** *zum Licht, zum Sehen gehörend, darauf beruhend* ◆ optische Achse *Symmetrieachse eines optischen Systems;* optischer Computer ⟨EDV⟩ *Computer, bei dem die Datenverarbeitung über optische Effekte u. Übertragung erfolgt;* optischer Speicher ⟨EDV⟩ *Speicher, der mithilfe eines Laserstrahls ausgelesen u. teilweise auch beschrieben werden kann;* optischer Eindruck; optische Täuschung *auf der unvollkommenen Verarbeitung der optischen Wahrnehmungen durch die Augen beruhende Täuschung* [< grch. *optikos* „das Sehen betreffend"]

**opulent** ⟨Adj.; -er, am -esten⟩ *üppig, reichlich, reichhaltig;* Ggs *frugal* ◆ ein opulentes Mahl [< lat. *opulentus* „reich, üppig, reichhaltig"]

**Opulenz** ⟨f. 20; unz.⟩ *opulente Beschaffenheit, Üppigkeit, Überfluss* [< lat. *opulentia* „Reichtum"]

**Opus** ⟨n.; -, Opera⟩ **1** *Werk, Kunstwerk* **2** ⟨Mus.; Abk.: op.⟩ *einzelnes Werk in der Reihe der Werke eines Komponisten* **3** *Gesamtwerk eines Künstlers* [lat., „Werk"]

**Orakel** ⟨n. 13⟩ **1** *Weissagungsstätte* **2** *Schicksalsspruch, Zukunftsdeutung, Wahrsagung* **3** *rätselhafter Ausspruch* [< lat. *oraculum*]

**orakeln** ⟨V. i.; hat⟩ *wie ein Orakel sprechen, weissagen, in rätselhaften Andeutungen sprechen* ◆ über die Zukunft orakeln

**oral** ⟨Adj.⟩ *zum Mund gehörig, durch den, mit dem Mund* ◆ ein Medikament oral einnehmen; oraler Geschlechtsverkehr = *Oralverkehr* [zu lat. *os,* Gen. *oris* „Mund"]

**Oralverkehr** ⟨m. 1; unz.⟩ *Geschlechtsverkehr mithilfe des Mundes, Saugen u. Lecken am Geschlechtsteil des Partners;* Sy *oraler Geschlechtsverkehr*

**orange** ⟨[o'rãʒ] Adj.; undekl.⟩ *rötlich gelb, von der Farbe der Orange* [frz.]

**Orange** ⟨[o'rãʒə]⟩ **I** ⟨f. 19⟩ = *Apfelsine* **II** ⟨n.; -; unz.⟩ *orange Farbe* [< mittel- u. süddt. *Orangenapfel;* zu frz. *pomme d'orange* „Apfelsine"]

**Orangerie** ⟨[orãʒə'ri:] f. 19; bes. im Barock⟩ **1** *Gewächshaus zum Züchten von Orangenbäumen u. a. Zierpflanzen, meist künstlerisch gestaltet, im Gartensaal usw.* **2** *Garten mit Orangenbäumen (bes. bei Lustschlössern)* [frz.]

**Orang-Utan** ⟨m. 6; Zool.⟩ *Angehöriger einer auf Sumatra u. Borneo heimischen, an das Leben auf Bäumen angepassten Gattung der Menschenaffen: Pongo* [< mal. *orang (h)utan* „Waldmensch"]

**Orator** ⟨m. 23; Antike⟩ *(begabter, erfolgreicher) Redner* [lat.]

**Oratorium** ⟨n.; -s, -rien⟩ **1** *zum Beten bestimmter, mit Kruzifix u. Altar ausgestatteter Raum in Klöstern, Schlössern, Privathäusern* **2** *durch Fenster abgeschlossene Empore im Chor od. Langhaus einer Kirche (für Fürsten u. hohe Persönlichkeiten)* **3** *Gemeinschaftshaus der Oratorianer* **4** ⟨Mus.⟩ *mehrteilige, episch-dramatische, geistl. (auch weltl.) Komposition für Chor, Einzelstimmen u. Orchester* [mlat., „Kapelle; Gebet"; zu mlat. *orare* „beten"]

**Orbis** ⟨m.; -; unz.⟩ *Kreis, Erdkreis* [lat., „Kreis, Windung"; zu *orbis pictus* „gemalte Welt"]

**Orbit** ⟨m. 6⟩ *Umlaufbahn um eine Masse* ◆ Orbit eines Satelliten um den Mond [engl.]

**orbital** ⟨Adj.⟩ **1** *sich in einem Orbit bewegend, einen Orbit bildend* **2** *in der Augenhöhle (Orbita) liegend, zu ihr gehörend*

**Orchester** ⟨[-'kɛs-] od. österr. [-'çɛs-] n. 13; Mus.⟩ **1** ⟨urspr. im altgrch. Theater⟩ *Raum für das Auftreten des Chores* **2** ⟨ab 1600⟩ *vertiefter Platz vor der Bühne für die Musiker* **3** ⟨heute⟩ ◄◄ *größere Zahl von Musikern zum Zusammenspiel unter einem Dirigenten* (Rundfunkorchester, Schulorchester, Sinfonieorchester) [< grch. *orchestra* „Tanzplatz (für den Chor)"; zu *orcheisthai* „tanzen"]

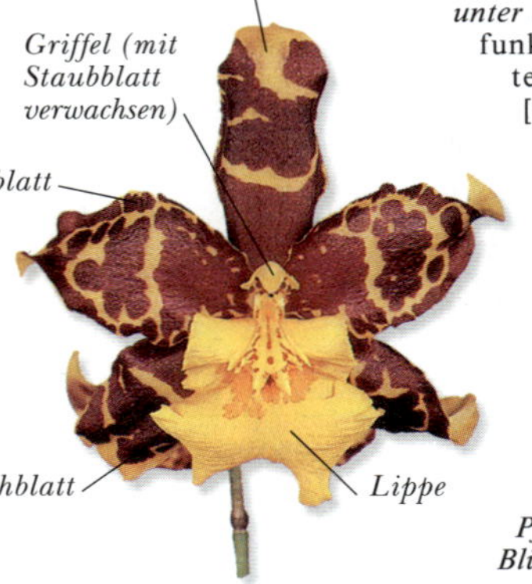


ORCHIDEE
(*Odontocidium*-Hybride)

**orchestrieren** ⟨[-kɛs-] od. österr. [-çɛs-] V. t.; hat; Mus.⟩ *für Orchester bearbeiten* ◆ ein Klavierstück orchestrieren

**Orchidee** ⟨[-çide:ə] f. 19; Bot.⟩ ◄ *Angehörige einer umfangreichen Pflanzenfamilie, deren Blüten oft auffällige Farben u. ungewöhnl. Formen aufweisen: Orchidaceae;* ► *Bedecktsamer, Blüten* [< frz. *orchidée;* zu grch. *orchis* „Hode" (nach der Form der Wurzelknollen)]

**Orchis I** ⟨[-çis] m.; -, -⟩ *Hode* **II** ⟨[-çis] f.; -, -⟩ *Knabenkraut* [< grch. *orchis* „Hode"]

**Orden** ⟨m. 4⟩ **1** *relig. od. weltl. Gemeinschaft, die nach bestimmten Regeln lebt u. (bei geistl. Orden) bestimmte Gelübde abgelegt hat* (Mönchsorden, Nonnenorden, Ritterorden) **2** ► *Ehrenzeichen, Auszeichnung* (Verdienstorden) ◆ einem Orden angehören; einen Orden bekommen, tragen; jmdm. einen Orden verleihen [< mhd. *orden* „Regel, Ordnung, Reihenfolge" < ahd. *ordena* „Reihe, Reihenfolge" < lat. *ordo,* Gen. *ordinis* „Reihe, Ordnung; Rang, Stand"]

**Ordenspriester** ⟨m. 3; Rel.⟩ *Geistlicher, der Mitglied eines Mönchsordens ist*

**Ordensschwester** ⟨f. 21⟩ *Nonne eines Nonnenordens*

**ordentlich I** ⟨Adj.⟩ **1** *ordnungsliebend* **2** *anständig, rechtschaffen* (Person) **3** *geordnet, am rechten Platz, aufgeräumt* **4** *ordnungsgemäß, planmäßig* **5** *genau, richtig, sorgfältig* **6** ⟨umg.⟩ *tüchtig, kräftig* ◆ ein ordentliches **Frühstück** ⟨umg.⟩; ordentliche **Gerichte;** ordentliche **Leute;** ein ordentlicher **Mensch;** ordentliches **Mitglied** *planmäßiges, aktives Mitglied;* ein ordentlicher **Schluck** *großer Schluck* ◆ die Kinder sind immer ordentlich **angezogen; aussehen:** das Zimmer sah ordentlich aus; alles **lag** ordentlich an seinem Platz; eine Arbeit ordentlich **machen; sein:** Richy ist meistens überaus, sehr ordentlich **II** ⟨adv.; umg.⟩ **1** *sehr* **2** *geradezu, wirklich, richtig* ◆ er hat ihm ordentlich die Meinung **gesagt** ◆ es ist heute ordentlich **kalt** [< mhd., ahd. *ordenlich* (das „t" wurde aus phonetischen Gründen eingeschoben)]

**Order** ⟨f. 21 od. 10⟩ **1** *Anordnung, Auftrag* **2** *Verfügung, Befehl* **3** ⟨Kaufmannsspr.⟩ *Bestellung, Auftrag* [< frz. *ordre*]

**ordern** ⟨V. t. u. V. i.; hat; Kaufmannsspr.⟩ *bestellen, einen Auftrag (für etwas) erteilen* ◆ Waren ordern; Interessenten sollten rechtzeitig ordern

**Ordinalzahl** ⟨f. 20; Sprachw.⟩ *einordnendes Zahlwort,* z. B. „erster", „zweiter"; Sy *Ordnungszahl (1);* Ggs *Kardinalzahl* [zu lat. *ordinare* „ordnen"]

**ordinär** ⟨Adj.⟩ **1** ⟨urspr.⟩ *landläufig, alltäglich, gebräuchlich* **2** ⟨meist fig.⟩ *gemein, gewöhnlich, unanständig* ◆ eine ordinäre Person; ein ordinärer Witz [< frz. *ordinaire* „ordnungsgemäß, gewöhnlich, mittelmäßig" < lat. *ordinarius* „ordentlich, in der Ordnung"]

**Ordinariat** ⟨n. 11⟩ **1** *Amt eines Ordinarius, ordentl. Lehrstuhl* **2** *bischöfl. Verwaltungsbehörde*

**Ordinatenachse** ⟨[-ks-] f. 19; Math.⟩ *Hauptachse in einem Koordinatensystem;* Sy *y-Achse;* Ggs *Abszissenachse*

**Ordination** ⟨f. 20⟩ **1** ⟨kath. Kirche⟩ *Weihe zum geistl. Amt, Priesterweihe* **2** ⟨ev. Kirche⟩ *Einsetzung in das Amt eines Pfarrers, ärztl. Verordnung* **3** ⟨Med.⟩ *ärztl. Sprechstunde* [zu lat. *ordinare* „ordnen, einrichten, in ein Amt einsetzen"]

**ordinieren** ⟨V.; hat⟩ **I** ⟨V. t.⟩ **1** ⟨kath. Kirche⟩ *zum Priester weihen* **2** ⟨evang. Kirche⟩ *in das Amt des Pfarrers einsetzen* **3** ⟨Med.⟩ *ärztl. verordnen* **II** ⟨V. i.; Med.⟩ *ärztl. Sprechstunde halten* [→ *Ordination*]

**ordnen** ⟨V. t.; hat⟩ *in (eine bestimmte) Ordnung, in die richtige Reihenfolge bringen, sortieren* ◆ seine Angelegenheiten ordnen *regeln;* seine Gedanken ordnen; Gegenstände auf dem Schreibtisch ordnen *alle an ihren bestimmten Platz tun;* geordneter Rückzug ⟨Mil.⟩; es herrschen wieder geordnete Verhältnisse *Ruhe u. Ordnung* [< ahd. *ordinon* < lat. *ordinare*]

**Ordner** ⟨m. 3⟩ **1** *jmd., der für Ordnung sorgt, z. B. bei Versammlungen, öffentlichen Festen* (Festordner) **2** *Sammelmappe für Schriftstücke* (Briefordner, Aktenordner)

ORDEN: PREUSSISCHER ORDEN IN ERINNERUNG AN DIE VERTEIDIGUNG VON KOLBERG

**Ordnung** ⟨f. 20⟩ **1** *das Ordnen* **2** *das Geordnetsein, ordentlicher Zustand* **3** *geregelter, übersichtlicher Zustand* **4** *Regel, Vorschrift* **5** *Stufenfolge, Reihe, Reihenfolge* (Rangordnung, Sitzordnung) **6** *Aufbau, System* (Gesellschaftsordnung) **7** ⟨biolog. Systematik⟩ = *Reihe (4)* **8** ⟨fig.⟩ *Ruhe, Zucht, Gehorsam, Disziplin* ◆ es muss alles seine (bestimmte) Ordnung **haben;** er kann (in seinen Sachen) keine Ordnung **halten;** hier **herrscht** (keine, vorbildliche) Ordnung; die Ordnung **wiederherstellen** ◆ **alphabetische** Ordnung ◆ **für** Ordnung sorgen; **in** Ordnung! ⟨umg.⟩ *gut!, erledigt!* eine Sache in Ordnung bringen ⟨fig.⟩ *regeln, erledigen;* ich finde es (nicht) in

## ORGEL

Durch das Drücken der Orgeltasten bewirkt der Organist, dass Luft durch die Pfeifen strömt und Töne erzeugt. Jede größere Orgel hat Lippen- und Zungenpfeifen, wobei Pfeifen gleicher Bauart zu Registern angeordnet sind. Die größten Orgeln haben über 4000 Pfeifen in mehr als 70 Registern sowie zusätzliche Register, die der Veränderung der Klangfarben dienen. Am Spieltisch sind die Manuale für die Register übereinander angeordnet.

ORGEL-SPIELTISCH

Ordnung, dass ... *ich finde es (nicht) richtig, dass ...;* (es) geht in Ordnung ⟨umg.⟩ *es ist gut so, es wird erledigt;* die Maschine ist nicht in Ordnung *ist kaputt, läuft nicht richtig;* jmdn. **zur** Ordnung rufen *ermahnen* [< mhd. *ordenunge,* ahd. *ordinunga* < lat. *ordo* „Reihe, Ordnung; Rang, Stand"]

**ordnungsgemäß** ⟨Adj.⟩ *nach einer bestimmten Ordnung, wie es die Ordnung vorschreibt* ◆ ein Formular ordnungsgemäß ausfüllen

**ordnungsliebend** ⟨Adj.⟩ *ordentlich, gern Ordnung habend*

**Ordnungsstrafe** ⟨f. 19; Rechtsw.⟩ *Strafe für eine Ordnungswidrigkeit*

**ordnungswidrig** ⟨Adj.; Rechtsw.⟩ *gegen eine amtliche Verordnung verstoßend*

**Ordnungszahl** ⟨f. 20⟩ **1** ⟨Sprachw.⟩ = *Ordinalzahl;* Ggs *Grundzahl* **2** ⟨Chem.⟩ *Stellenzahl eines chem. Elementes im Periodensystem (entspricht der Kernladungszahl)*

**Öre** ⟨m.; -s, - od. f.; -, -⟩ *kleinste Währungseinheit in Dänemark, Norwegen u. Schweden,* $^1/_{100}$ *Krone* [< dän., norw. *øre,* schwed. *öre* < lat. *aureus* „Goldmünze"]

**Oregano** ⟨m.; -; unz.; Bot.⟩ *als Gewürz- u. Volksarzneipflanze verwendeter, wie Majoran duftender Lippenblütler: Origanum vulgare;* oV *Origano;* ► *Kräuter* [< grch. *origanon*]

**ORF** ⟨Abk. für⟩ *Österreichischer Rundfunk*

**Organ** ⟨n. 11⟩ **1** *Glied eines Ganzen* **2** ⟨Anat.⟩ *Körperteil, Sinneswerkzeug* **3** ⟨Biol.⟩ *funktionelle Einheit bestimmter Gestalt, die bestimmte Leistungen erbringt* **4** *Stimme* **5** ⟨fig.⟩ *Zeitung od. Zeitschrift als Sprachrohr einer Partei* **6** *Beauftragter* ◆ ausführendes Organ ⟨fig.⟩ *jmd., der bzw. Behörde, die Aufträge, Bestimmungen ausführt;* beratendes Organ *Beirat;* die inneren Organe; ein angenehmes, unangenehmes, sonores Organ haben *Stimme* [< lat. *organum,* grch. *organon* „Werkzeug, Hilfsmittel"]

**Organbank** ⟨f. 20; Med.; Path.⟩ *Sammelstelle für entnommene u. konservierte Organe zur Organverpflanzung*

**Organhandel** ⟨m.; -s; unz.⟩ *illegaler Handel mit menschlichen Organen (zum Zweck ihrer Verpflanzung)*

**Organisation** ⟨f. 20⟩ **I** ⟨unz.⟩ **1** *das Organisieren* **2** *planmäßiger Aufbau, Ordnung, Gliederung, Gestaltung* **3** ⟨Biol.⟩ *Aufbau u. Tätigkeit der Organe* **II** ⟨zählb.⟩ *zweckbestimmter Zusammenschluss* ◆ karitative Organisationen [frz.]

**Organisator** ⟨m. 23⟩ *jmd., der etwas organisiert, Veranstalter* [→ *Organisation*]

**organisch** ⟨Adj.⟩ **1** *ein Organ betreffend, zu ihm gehörend, von ihm ausgehend* **2** *der belebten Natur angehörend, tierisch-pflanzlich* **3** ⟨geh.⟩ *harmonisch, sinnvoll strukturiert* **4** *Kohlenstoffverbindungen betreffend;* Ggs *anorganisch* **5** *gegliedert, gesetzmäßig geordnet* ◆ organische Basen *Verbindungen des Kohlenstoffes, die außer Kohlenstoff u. Wasserstoff noch Stickstoff (bisweilen auch andere Atome) enthalten u. mit Säuren salzartige Anlagerungsverbindungen geben;* organische Chemie *Chemie der Kohlenstoffverbindungen;* organisches Leiden *auf anat. Veränderungen von Organen beruhendes Leiden;* organische Säure *Verbindung, die die Karboxylgruppe (COOH) ein- od. mehrfach enthält;* organische Verbindung *Verbindung der organ. Chemie*

**organisieren** ⟨V. t.; hat⟩ **1** *einrichten, aufbauen, gestalten* **2** ⟨umg.⟩ *beschaffen, bes. auf nicht ganz einwandfreie Weise* **3** sich organisieren *sich einer Gewerkschaft od. Partei anschließen* ◆ eine Gesellschaftsreise, eine Veranstaltung organisieren; organisierter Arbeiter *Arbeiter als Mitglied einer Organisation, bes. Gewerkschaft;* organisiertes Verbrechen *von einer Verbrecherorganisation begangene Straftaten* [< frz. *organiser,* eigtl. „mit Organen versehen"; zu *organe* „Organ, Werkzeug"]

ORIGAMI: FIGUR EINES HUNDES

**Organismus** ⟨m.; -, -men⟩ **1** *selbständiges Lebewesen, lebendiger menschlicher, tierischer od. pflanzlicher Körper* **2** *sinnvoll gegliedertes Ganzes* [Weiterbildung von *Organ*]

**Organist** ⟨m. 16; Mus.⟩ *Orgelspieler* [< mhd. *organiste* < mlat. *organista;* zu lat. *organum* „Orgel"]

**Organon** ⟨n.; -s; unz.; Philos.⟩ **1** ⟨urspr.⟩ *die log. Schriften des Aristoteles als Hilfsmittel zur Erkenntnis der Wahrheit* **2** ⟨danach allg.⟩ *log. Schrift* [grch., „Werkzeug, Hilfsmittel"]

**Organplastination** ⟨f. 20; Med.⟩ *neuartige Methode der Konservierung von Organen, bei der deren Form u. Größe erhalten bleiben*

**Organspender** ⟨m. 3; Med.⟩ *jmd., der ein eigenes, gesundes Organ für eine Organverpflanzung zur Verfügung stellt*

**Organverpflanzung** ⟨f. 20; Med.⟩ *Verpflanzung eines Organs von einem Lebewesen auf ein anderes*

**Orgasmus** ⟨m.; -, -men⟩ *Höhepunkt des Geschlechtsaktes od. anderer sexuellen Handlungen* [< grch. *orgasmos;* zu *organ* „reifen, schwellen"]

**Orgel** ⟨f. 21; Mus.⟩ ◄ *größtes Musikinstrument, bei dem von einem Spieltisch aus durch Tasten u. Pedal sowie mechan. od. elektr. Luftzuführung Pfeifen in den verschiedensten Klangfarben zum Tönen gebracht werden* [< ahd. *orgela, organa* „Orgel" < lat. *organa,* Pl. von *organum* „Werkzeug, Musikinstrument, Orgel"]

**orgeln** ⟨V. i.; hat⟩ **1** ⟨Mus.; umg.⟩ *Orgel spielen* **2** *brunftig schreien* (Hirsch) ◆ der Wind orgelt in den Bäumen ⟨fig.⟩ *saust, braust* [< mhd. *orgelen* „die Orgel spielen"]

**orgiastisch** ⟨Adj.⟩ *zügellos, ausschweifend*

**Orgie** ⟨[-giə] f. 19⟩ **1** ⟨urspr.⟩ *kultische Feier der Antike* **2** ⟨danach allg.⟩ *Ausschweifung, wüstes Gelage* ◆ Orgien feiern [< lat. *orgia* (n. Pl.) „nächtliche Bacchusfeier"]

**Orient** ⟨['o:riɔnt] m.; -s; unz.⟩ *die Länder des Nahen, Mittleren u. Fernen Ostens;* Sy *Morgenland;* Ggs *Okzident* [< mhd. *orient* „Osten; Land im Osten" < lat. *oriens (sol)* „aufgehende (Sonne); Orient" (als der Teil der bewohnten Erde, der in der Richtung der aufgehenden Sonne liegt); zu *oriri* „sich erheben, aufsteigen"]

**orientalisch** ⟨[-riən-] Adj.⟩ *den Orient betreffend, zu ihm gehörend, aus ihm stammend;* Sy *morgenländisch;* Ggs *abendländisch, okzidental, okzidentalisch* [< lat. *orientalis*]

**Orientalistik** ⟨[-riən-] f.; -; unz.⟩ *Wissenschaft von den orientalischen Sprachen, Literaturen und Kulturen*

**orientieren** ⟨[-riən-] V. t.; hat⟩ **1** jmdn. orientieren *über etwas unterrichten, in Kenntnis setzen* **2** sich orientieren **2.1** *seinen Standort nach der Himmelsrichtung feststellen* **2.2** ⟨fig.⟩ *sich zurechtfinden, die eigene Lage bestimmen* ◆ sich über etwas orientieren *sich über etwas unterrichten* [< frz. *(s')orienter;* zu frz. *orient* „Sonnenaufgang, Osten, Orient"]

**Orientierung** ⟨[-riən-] f. 20; unz.⟩ **1** *das Orientieren* **2** *das Orientiertsein* ◆ die Orientierung verlieren *die Richtung verlieren, nicht mehr wissen, wo man sich befindet;* zu Ihrer Orientierung *damit Sie Bescheid wissen*

**Orientierungssinn** ⟨[-riən-] m. 1; unz.⟩ = *Ortssinn* ◆ guter Orientierungssinn

**Origami** ⟨n.; - od. -s; unz.⟩ ◄ *japanische Kunst des Papierfaltens* [jap.]

**Origano** ⟨m.; -; unz.; Bot.⟩ = *Oregano* [< grch. *origanon*]

**original** ⟨Adj.⟩ **1** *ursprünglich, echt, urschriftlich* **2** *schöpferisch, erfinderisch, eigen* ◆ eine originale künstlerische Leistung [< lat. *originalis* „ursprünglich"]

**Original** ⟨n. 11⟩ **1** *Urbild, erste Niederschrift, Urtext, Urfassung* **2** ⟨fig.; umg.⟩ *etwas verschrobener, aber origineller Mensch* ◆ das Original des Bildes hängt im Louvre; das Original des Briefes behalte ich hier u. schicke dir nur die Abschrift [< mlat. *originale (exemplar)* „Urschrift"; zu *originalis* „ursprünglich"]

**Originalität** ⟨f. 20; unz.⟩ **1** *originale Beschaffenheit, Ursprünglichkeit* **2** *Besonderheit, Eigenart* **3** *Seltsamkeit* ◆ er hat seine Originalität bewahrt [< frz. *originalité*]

**Originalton** ⟨m. 1u; unz.; Abk.: O-Ton⟩ *der ursprüngliche Ton, Klang einer Film-, Fernseh-, Radio- od. CD-Aufnahme* ◆ eine Aufnahme im Originalton senden

**originär** ⟨Adj.⟩ *ursprünglich, echt* ◆ eine originäre Amtosphäre [< frz. *originaire*]

**originell** ⟨Adj.⟩ **1** *ursprünglich, eigen* **2** *neuartig u. treffend* **3** *heiter-merkwürdig, humorig-eigenartig* ◆ ein origineller Gedanke; ein origineller Mensch [< frz. *originel*]

**Orion** ⟨m. 6; unz.; Astron.⟩ ► *(bes. im Winter gut zu beobachtendes) Sternbild in der Äquatorzone des Himmels*

**Orkan** ⟨m. 1; Meteor.⟩ *Wind im höchsten Stärkegrad, heftigster Sturm* [< ndrl. *orkaan*, über frz. *ouragan*, ital. *uragano*, engl. *hurricane* < span. < *huracán* „Wirbelsturm" < Eingeborenensprache der Antillen]

**Orkus** ⟨m.; -; unz.; röm. Myth.⟩ *Unterwelt, Totenreich* [< lat. *orcus*]

**Orleanstrauch** ⟨m. 2u⟩ *kräftiger trop. Strauch od. kleiner Baum mit blassrosa Blüten, der Orlean liefert: Bixa orellana*

**Ornament** ⟨n. 11⟩ *Verzierung, Schmuck, Schmuckform* [< lat. *ornamentum* „Ausrüstung, Ausschmückung, Schmuck"]

**Ornat** ⟨n. 11⟩ *feierl. Amtstracht* ◆ ein Priester in vollem Ornat [< lat. *ornatus* „Ausstattung; Schmuck; Kleidung"]

**Ornithologie** ⟨f. 19; unz.⟩ = *Vogelkunde* [< grch. *ornis* „Vogel" + *logos* „Kunde, Rede, Wort"]

**Orogenese** ⟨f. 19⟩ *Gebirgsbildung* [< grch. *oros* „Berg, Gebirge" + *genesis* „Werden"]

**Orografie** ⟨f. 19⟩ = *Orographie*

**orografisch** ⟨Adj.⟩ = *orographisch*

**Orographie** ⟨f. 19⟩ *Beschreibung der Geländeformen;* oV *Orografie* [< grch. *oros* „Berg, Gebirge" + *graphein* „schreiben"]

**orographisch** ⟨Adj.⟩ *zur Orographie gehörend, auf ihr beruhend;* oV *orografisch*

**Orometrie** ⟨f. 19⟩ *Ausmessung der Geländeformen* [< grch. *oros* „Berg, Gebirge" + *metron* „Maß"]

**Orpington** ⟨[-tən] f. 10⟩ *Angehörige einer Rasse der Hausenten* [nach der gleichnamigen engl. Stadt]

**Ort I** ⟨m. 1⟩ **1** *Platz, Stelle, Örtlichkeit, Punkt* **2** *Raum, Gegend, Ortschaft, Gemeinde, Dorf* **3** ⟨oberdt.⟩ *Ahle* ◆ ein Ort des **Schreckens,** Grauens ◆ **sein:** es ist hier nicht der Ort, darüber zu diskutieren *es ist hier nicht die richtige Gelegenheit* ◆ **an** Ort und Stelle *dort, wo es hingehört;* wir sind an Ort und Stelle *wir sind am Ziel;* hier am Ort *in der gleichen Ortschaft, hier;* eine Bemerkung am unrechten Ort *eine Bemerkung zur unrechten Gelegenheit, unangebrachte Bemerkung* **II** ⟨m. 2u⟩ **1** ⟨Bgb.⟩ *Ende einer Strecke, an der gearbeitet wird* **2** ⟨Astron.⟩ *Sternort* ◆ **wahre,** scheinbare Örter ⟨Astron.⟩ ◆ **vor** Ort arbeiten, *die Strecke vortreiben;* vor Ort ⟨fig.; umg.⟩ *an der Stelle, an der etwas geschieht od. geschehen ist* **III** ⟨n. 11; veraltet; noch in geograph. Namen⟩ *Spitze, Anfangs- sowie Endpunkt* [< ahd., anddt. *ort*]

**Örtchen** ⟨n. 14; umg.; verhüllend⟩ *Toilette*

**orten** ⟨V. t.; hat⟩ ein Schiff, Fahrzeug, Flugzeug orten *den Standpunkt eines Fahrzeugs, Schiffes, Flugzeugs bestimmen*

**ortho-** ⟨Chem.; Zeichen: o-; Zusatzbezeichnung für die Isomerensubstitution am Benzolring⟩ *direkt benachbart*

**orthochromatisch** ⟨[-kro-] Adj.⟩ *alle Farben (außer Rot) richtig in Grauwerten wiedergebend* ◆ orthochromatische Filme, Platten

**orthodox** ⟨Adj.; -er, am -esten; Theol.⟩ **1** = *rechtgläubig* **2** = *strenggläubig* ◆ orthodoxe Kirche = *Ostkirche* [< grch. *orthodoxein* „die richtige Meinung haben"]

**Orthodoxie** ⟨f. 19; unz.; Theol.⟩ **1** = *Rechtgläubigkeit* **2** = *Strenggläubigkeit*

**Orthodrome** ⟨f. 19⟩ *kürzeste Verbindungslinie zweier Punkte der Erdoberfläche, gegeben durch den Großkreis, auf dem beide Punkte liegen* [< grch. *orthos* „gerade" + *dromos* „Lauf"]

**Orthogon** ⟨n. 11; Geom.⟩ *Rechteck, rechteckiger Körper* [< grch. *orthos* „richtig, recht" + *gonia* „Ecke"]

**orthogonal** ⟨Adj.; Geom.⟩ **1** *rechtwinklig* **2** *senkrecht*

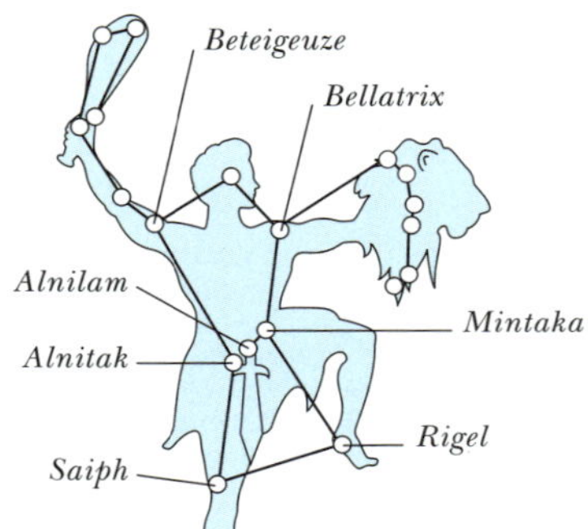


ORION: DIE STERNE DES STERNBILDS *ORION*

**Orthografie** ⟨f. 19⟩ = *Orthographie*

**Orthographie** ⟨f. 19⟩ = *Rechtschreibung;* oV *Orthografie* [< grch. *orthographia* < *orthos* „richtig" + *graphein* „schreiben"]

**Orthopädie** ⟨f. 19; unz.; Med.⟩ *Fachgebiet der Medizin, das sich mit der Erkennung u. Behandlung der angeborenen od. erworbenen Fehler im System der Bewegungsorgane befasst* [< grch. *orthos* „richtig, recht" + *paideia* „Erziehung"]

**orthopädisch** ⟨Adj.; Med.⟩ *zur Orthopädie gehörend, auf ihr beruhend* ◆ orthopädisches Turnen *Turnübungen bei Haltungsschäden*

**Orthoptere** ⟨m. 17; Zool.⟩ ► = *Geradflügler* [< grch. *orthos* „richtig, recht" + *pteron* „Flügel"]

**orthotrop** ⟨Adj.; Bot.⟩ *unter dem Einfluss der Erdanziehungskraft senkrecht aufwärts od. abwärts wachsend* (von Pflanzen) [< grch. *orthos* „recht, richtig" + *...trop*[1]]

**Orthozentrum** ⟨n.; -, -tren; Math.⟩ *Punkt, in dem sich die Höhen eines Dreiecks schneiden*

**örtlich** ⟨Adj.⟩ **1** *einen Ort betreffend, zu ihm gehörend* **2** *auf einen Ort begrenzt, in der Ausdehnung beschränkt* **3** *nur wenig verbreitet* ◆ örtliche Betäubung; die örtlichen Verhältnisse; das ist örtlich verschieden

**Örtlichkeit** ⟨f. 20⟩ *Ort, Gelände* ◆ eine gewisse Örtlichkeit, ⟨od.⟩ die Örtlichkeiten ⟨umg.; verhüllend⟩ *Toilette*

**Ortsbestimmung** ⟨f. 20⟩ *durch astronomische Beobachtung ermittelte geograph. Länge u. Breite eines Ortes auf der Erde*

**Ortschaft** ⟨f. 20⟩ *Gemeinde, Siedlung, Dorf*

**Ortsgespräch** ⟨n. 11⟩ **1** *Telefongespräch zwischen Teilnehmern des gleichen Ortsnetzes;* Ggs *Ferngespräch* **2** *Angelegenheit, über die alle Bewohner eines Ortes sprechen*

**ortskundig** ⟨Adj.⟩ *Ortskenntnisse besitzend*

**Ortssinn** ⟨m. 1; unz.⟩ *Fähigkeit, sich auch in unbekannter Umgebung zurechtzufinden, orientieren zu können;* Sy *Orientierungssinn*

**Ortszeit** ⟨f. 20⟩ *die auf den Längenkreis bezogene wahre Sonnenzeit eines Ortes;* Ggs *Normalzeit*

**Ortung** ⟨f. 20⟩ *das Orten, Bestimmung des Standortes*

**Os** ⟨Chem.; Zeichen für⟩ *Osmium*

**öS** ⟨Abk. für⟩ *österreichische* → *Schilling (1)*

**Oscar** ⟨m. 6; Film; seit 1928⟩ *jährlich verliehener amerikan. Filmpreis in Gestalt einer männl. Bronzestatue;* Sy *Academy Award* [aufgrund einer Anekdote nach einem Mr. *Oscar* Herrick, der dieser Statuette ähnlich gesehen haben soll]

**Öse** ⟨f. 19⟩ *kleiner Metallring zum Einhängen eines Hakens od. zum Durchziehen einer Schnur* ◆ Haken und Öse

**Osmane** ⟨m. 17⟩ *Türke im früheren Osmanischen Reich;* Sy *Ottomane (I)* [nach dem Sultan *Osman I.*, 1288-1326]

**Osmium** ⟨n.; -s; unz.; Chem.; Zeichen: Os⟩ *Edelmetall der Platingruppe, Ordnungszahl 76* [zu grch. *osme* „Geruch"]

**Osmose** ⟨f. 19⟩ *Durchgang eines Lösungsmittels durch eine (semi)permeable Membran, wobei Unterschiede in der Konzentration auf beiden Seiten der Membran ausgeglichen werden* [< grch. *osmos* „Stoßen, Schieben"]

**osmotisch** ⟨Adj.⟩ *auf Osmose beruhend* ◆ osmotischer Druck, osmotischer Wert *der die Osmose bewirkende Unterschied in der Konzentration von Lösungsmitteln*

**Ösophagus** ⟨m.; -, -phagi; Anat.⟩ *Speiseröhre* [< grch. *oisophagos* < *oisai* „ich werde tragen" + *phagema* „Speise"]

**Ossarium** ⟨n.; -s; -rien; auf Friedhöfen⟩ = *Beinhaus* [zu lat. *os*, Gen. *ossis* „Knochen"; Pl. *ossa* „Gebein"]

**Ossifikation** ⟨f. 20⟩ **1** *Bildung eines Knochens* **2** *Verknöcherung* [→ *ossifizieren*]

**ossifizieren** ⟨V. i.; ist⟩ *verknöchern* [< lat. *os*, Gen. *ossis* „Knochen" + *facere* „machen"]

**Ost I** ⟨ohne Art.; Abk.: O⟩ = *Osten (1)* **II** ⟨m. 1; poet.⟩ *Ostwind* ◆ es blies ein scharfer Ost [< spätmhd. *ost*]

**Ostblock** ⟨m.; -s; unz.⟩ *die östlichen, früher kommunistisch regierten Länder Europas*

**Osten** ⟨m.; -s; unz.⟩ **1** ⟨Abk.: O⟩ *Himmelsrichtung, in der die Sonne aufgeht;* Sy *Ost (I)* **2** *östlich gelegenes Gebiet* **3** ⟨umg.⟩ *Ostdeutschland* ◆ der **Ferne** Osten *Südost- u. Ostasien, bes. Japan u. China;* der **Mittlere** Osten *Vorderindien u. Iran;* der **Nahe** Osten *Vorderasien* ◆ **im** Osten der Stadt; **nach,** von Osten; das Zimmer liegt, schaut nach Osten [< ahd. *ostan;* zu *ostana* „von Osten", neben *ostar* „gen Osten", das z.B. in Österreich noch gebräuchlich ist]

**ostentativ** ⟨Adj.⟩ **1** *offensichtlich, augenscheinlich* **2** *prahlerisch, herausfordernd, betont* ◆ jmdn. ostentativ übersehen; ostentativ den Platz wechseln [zu lat. *ostentare* „zur Schau stellen, zeigen"]

**Osteologie** ⟨f. 19; unz.; Anat.⟩ *Lehre von den Knochen* [< grch. *osteon* „Knochen" + *logos* „Wort, Rede, Lehre, Kunde"]

**Osteomalazie** ⟨f. 19; Med.⟩ *Knochenerweichung infolge Kalkverlustes od. Kalkmangels* [< grch. *osteon* „Knochen" + *malakos* „weich"]

O

**Osteomyelitis** ⟨f.; -, -tiden; Med.⟩ *Knochenmarkentzündung*
**Osteoporose** ⟨f. 19; Med.⟩ *krankhaftes Poröswerden von Knochen* [< grch. *osteon* „Knochen" + *poros* „Öffnung"]
**Osterei** ⟨n. 12⟩ *bunt gefärbtes Ei, Schokoladen- od. Zuckerei zum Osterfest* ◆ Ostereier suchen, verstecken
**Osterfest** ⟨n. 11⟩ = *Ostern*
**Osterglocke** ⟨f. 19; Bot.⟩ *Narzisse*
**Osterlamm** ⟨n. 12u; Rel.⟩ *nach jüd. Sitte zum Passah geschlachtetes Lamm*
**österlich** ⟨Adj.⟩ *Ostern betreffend, zu ihm gehörend*
**Ostermarsch** ⟨m. 1u⟩ *in der Osterzeit veranstaltete Demonstration für Frieden u. (atomare) Abrüstung in der Welt*
**Ostern** ⟨n.; -, -; Rel.⟩ *Fest der Auferstehung Christi;* Sy *Osterfest* ◆ frohe(s) Ostern!; an, zu Ostern; wenn Ostern und Pfingsten auf einen Tag fällt ⟨fig.; umg.; scherzh.⟩ *niemals;* weiße Ostern *Ostern mit Schnee* [< mhd. *osteren,* ahd. *ostarun,* geht vermutl. auf den Namen einer german. Frühlingsgöttin, aengl. *Eostrae,* zurück; vielleicht < aind. *usra,* grch. *eos,* lat. *aurora* „Morgenröte" (das germ. Frühlingsfest fiel mit dem christl. Osterfest zusammen)]
**Osterspiel** ⟨n. 11; Lit.⟩ *aus der Osterliturgie entstandene, älteste Form des geistl. Dramas, in der die Szene am Grabe Christi nach der Auferstehung u. der Wettlauf der Apostel zum Grabe dargestellt wurden*
**Osterweiterung** ⟨f. 20; unz.; Pol.⟩ *Ausdehnung der Geltung eines internationalen Paktes od. Abkommens zwischen westlichen Nationen auf die Länder Osteuropas* ◆ es fanden zahlreiche wichtige Konferenzen bezüglich der NATO-Osterweiterung statt
**osteuropäisch** ⟨Adj.⟩ *Osteuropa betreffend, zu ihm gehörend, aus ihm stammend* ◆ osteuropäische Zeit ⟨Abk.: OEZ⟩ *in Osteuropa geltende Zonenzeit*
**Ostgote** ⟨m. 17⟩ *Angehöriger einer der beiden Stämme der Goten*
**ostinat, ostinato** ⟨Adj.; Mus.⟩ *hartnäckig wiederholt (zu spielen)* ◆ Basso ostinato *ständig wiederkehrende Bassmelodie* [< ital. *ostinato* < lat. *obstinatus* „hartnäckig"]
**ostindisch** ⟨Adj.; verdeutlichende Bez. für⟩ *indisch, im Unterschied zu westindisch* ◆ Ostindische Kompanie *für den Handel mit Indien u. Ostasien privilegierte Handelskompanie bes. Englands u. Hollands*
**Ostkirche** ⟨f. 19; unz.; Theol.⟩ *Gesamtheit der christl. Kirchen in Osteuropa und Vorderasien, die sich 1054 von Rom trennten;* Sy *orthodoxe Kirche*
**östlich** ⟨Adj.⟩ **1** *im Osten liegend* **2** *nach Osten zu* **3** östliche(r) Länge ⟨Abk.: ö. L.⟩ *Längengrad östlich des Nullmeridians (von Greenwich)* **4** die östlichen Länder **4.1** ⟨i. w. S.⟩ *die im Osten der Erde liegenden Länder, die oriental. Länder* **4.2** ⟨i. e. S.⟩ *die im Osten Europas liegenden Länder* ◆ der Ort liegt weiter östlich; in östlicher Richtung gehen, fahren; östlich von Berlin *außerhalb Berlins in Richtung nach Osten*
**Ostnordosten** ⟨m.; -s; unz.; Abk.: ONO⟩ *Himmelsrichtung zwischen Osten u. Nordosten*
**Ostrakon** ⟨n.; -s, -traka⟩ *Scherbe eines zerbrochenen Gefäßes, im antiken Ägypten u. antiken Griechenland Schreibmaterial statt des kostbaren Papyros u. Pergaments* [grch., „Scherbe"]
**Östrogen** ⟨n. 11⟩ *weibl. Geschlechtshormon* [< grch. *oistron* „Stachel; Leidenschaft" + *gennan* „erzeugen"]
**Ostsüdosten** ⟨m.; -s; unz.; Abk.: OSO⟩ *Himmelsrichtung zwischen Osten u. Südosten*

**Ost-West-Konflikt** ⟨m. 1; Pol.⟩ *politischer Konflikt zwischen den westlichen kapitalistischen u. den östlichen sozialistischen Staaten*
**OSZE** ⟨Pol.; Abk. für⟩ *Organisation für Sicherheit und Zusammenarbeit in Europa (die aus über 50 Staaten besteht u. 1995 aus der KSZE entstanden ist)*
**Oszillation** ⟨f. 20⟩ *Schwingungen* [zu lat. *oscillare* „schwingen"]
**Oszillator** ⟨m. 23⟩ **1** ⟨i. w. S.⟩ *schwingendes System* **2** ⟨i. e. S.⟩ *Gerät zum Erzeugen von (elektromagnet.) Schwingungen*
**oszillieren** ⟨V. i.; hat⟩ *schwingen, pendeln*
**Oszillograf** ⟨m. 16⟩ = *Oszillograph*
**Oszillograph** ⟨m. 16⟩ *Gerät zur Beobachtung od. Aufzeichnung von Schwingungen;* oV *Oszillograf;* Sy *Oszilloskop* [< lat. *oscillare* „schwingen" + grch. *graphein* „schreiben"]
**Oszilloskop** ⟨n. 11⟩ = *Oszillograph*
**Otitis** ⟨f.; -, -tiden; Med.⟩ *Ohrenentzündung* [zu grch. *ous,* Gen. *otos* „Ohr"]
**Otofon** ⟨n. 11; Med.⟩ = *Otophon*
**Otolith** ⟨m. 16; Anat.⟩ *Steinchen im Gleichgewichtsorgan* [< grch. *ous,* Gen. *otos* „Ohr" + *lithos* „Stein"]
**Otophon** ⟨n. 11; Med.⟩ *Hörrohr für Schwerhörige;* oV *Otofon* [< grch. *ous,* Gen. *otos* „Ohr" + *phone* „Ton, Stimme"]
**Otologie** ⟨f. 19; unz.⟩ = *Ohrenheilkunde* [< grch. *ous,* Gen. *otos* „Ohr" + *logos* „Wort, Lehre"]
**O-Ton** ⟨m. 1u; unz.; Abk. für⟩ *Originalton*
**Otorhinolaryngologie** ⟨f. 19; unz.; Med.⟩ = *Hals-Nasen-Ohren-Heilkunde* [< grch. *ous,* Gen. *otos* „Ohr" + *rhis,* Gen. *rhinos* „Nase" + *larynx* „Kehlkopf" + *logos* „Wort, Lehre"]
**Otosklerose** ⟨f. 19; Med.⟩ *Verknöcherung des Mittelohres, die zu Schwerhörigkeit führt* [< grch. *ous,* Gen. *otos* „Ohr" + *Sklerose*]
**Ottaverime** ⟨[-və-] f. 19; Metrik⟩ *Form der italien. Stanze* [ital., jeweils Nom. f. Pl. < *ottavo* „der achte" + *rima* „Reim" (die 7. und 8. Zeile reimen paarig)]
**Otter**[1] ⟨m. 3; Zool.⟩ ▼ *Angehöriger einer Unterfamilie der Marder, Raubtier mit kurzem, dichtem Fell, kurzen Beinen mit Schwimmhäuten zwischen den Zehen, niedrigem u. flachem Körper sowie oft flächenbreitem Schwimmschwanz: Lutrinae* [< mhd., ahd. *otter*]
**Otter**[2] ⟨f. 21; Zool.⟩ = *Viper (1)* [< ostmdt. *noter,* mhd. *nater* „Schlange, Natter", wobei das „n" fälschl. vom unbest. Artikel herübergezogen wurde; das urspr. Wort lautet noch in schwäb.-alem. *alter,* engl. *adder*]
**Otternzunge** ⟨f. 19; Zool.; fig.⟩ *versteinerter Fischzahn*
**Otterspitzmaus** ⟨f. 7u; Zool.⟩ *Insektenfresser mit langem Schwanz, gewandter Schwimmer, der Fische u. Krebse erbeutet: Potamogale velox*

OTTER: FISCHOTTER
*(Lutra lutra)*

**Ottomane I** ⟨m. 17⟩ = *Osmane* **II** ⟨f. 19⟩ *breites Liegemöbel ohne Rückenlehne* [< frz. *ottoman,* Fem. *ottomane* „osmanisch, türkisch"]
**Ottomotor** ⟨m. 23⟩ *Vergasermotor* [nach dem Erfinder, Nikolaus *Otto,* 1832-1891]
**Ottonen** ⟨Pl.⟩ *die drei Könige des sächs. Herrscherhauses Otto I., II., III.*
**ottonisch** ⟨Adj.⟩ *die (Zeit der) Ottonen betreffend, zu ihr gehörend*
**Ounce** ⟨[auns] f.; -, -s [aunsiz]; Zeichen: oz⟩ *in den USA u. Großbritannien übliche Gewichtseinheit, 1 oz = 28,35 g*
**out** ⟨[aut] Adv.; präd.; österr.; schweiz.⟩ *außerhalb (des Spielfeldes)* ◆ out sein ⟨umg.⟩ *nicht mehr gefragt, unmodern sein, nicht mehr Bescheid wissen;* Ggs *in sein* (→ *in*[2]); lange Haare sind out [engl., „aus"]
**Outcast** ⟨[ˈautka:st] m. 6; engl. Bez. für⟩ **1** *kastenloser Inder, Paria* **2** *Ausgestoßener* [< engl. *outcast* „Kastenloser"; zu *cast out* „ausstoßen"]
**Outdoor...** ⟨[ˈautdɔ(r)] in Zus.⟩ *im Freien, unter freiem Himmel ausgetragen, veranstaltet* ◆ Outdoorbasketball; Outdoorvolleyball [< engl. *outdoor* „Außen..., Freiluft..."]
**outen** ⟨[ˈautən] V.; hat⟩ **I** ⟨V. refl.⟩ *öffentlich bekannt machen, bekennen (z. B. von Homosexualität)* ◆ sich outen **II** ⟨V. t.⟩ *etwas Privates od. Skandalöses aus dem Leben eines Prominenten (gegen dessen Willen) öffentlich machen* ◆ einen Sänger, Politiker outen [< engl. *out* „öffentlich bekennen"]
**Outfit** ⟨[ˈautfit] n. 15⟩ *Bekleidung, Ausstattung* ◆ ein sportliches Outfit [engl., „Ausrüstung, Ausstattung"]
**Outing** ⟨[ˈautiŋ] n. 15⟩ *das Outen, Bekennen, Bekanntmachen, Bloßlegen in der Öffentlichkeit* ◆ das Outing seiner homosexuellen Neigung [engl.; zu *out* „aus, heraus"]
**Outlaw** ⟨[ˈautlɔ:] m. 6⟩ **1** *jmd., der außerhalb der Gesellschaft steht, Geächteter* **2** *jmd., der bestehendes Recht bricht, Verbrecher* [< engl. *out* „außerhalb" + *law* „Gesetz"]
**Outplacement** ⟨[ˈautpleısmənt] n. 15; Wirtsch.⟩ *von einem Unternehmen betriebenes Programm zur Vermittlung von gekündigten Mitarbeitern (bes. von Führungskräften) an andere Betriebe* [< engl. *out* „außen, draußen, heraus" + *placement* „Platzierung, Vermittlung"]
**Output** ⟨[ˈautput] m. 6 od. n. 15⟩ **1** ⟨EDV⟩ *ausgegebene Daten einer EDV-Anlage;* Ggs *Input (2)* **2** *Ausschuss* **3** *Produktion von Waren, Gütern;* Ggs *Input (1)* **4** *von einem Gerät gelieferte Leistung* [engl.]
**Outsourcing** ⟨[ˈautsɔ:siŋ] n. 15; unz.; Wirtsch.⟩ *Verlagerung der Produktion eines Unternehmens ins Ausland (um Produktionskosten zu senken und die Wettbewerbsfähigkeit zu erhalten)* [< engl. *out* „außen, draußen, heraus" + *source* „Quelle, Ursprung"]
**Ouvertüre** ⟨[uvər-] f. 19; Mus.⟩ *musikal. Vorspiel (zu einem Bühnenwerk, bes. zu Oper u. Operette)* [< frz. *ouverture* „Öffnung, Eröffnung; Einleitung"]
**Ouzo** ⟨[ˈu:zo] m. 6⟩ *griechischer Anisbranntwein* [neugrch.]
**ov..., Ov...** ⟨in Zus.; vor Vokalen⟩ = *ovo..., Ovo...*
**oval** ⟨[-va:l] Adj.⟩ *länglich rund* [< spätlat. *ovalis* „eiförmig"; zu lat. *ovum* „Ei"]
**Oval** ⟨[-va:l] n. 11⟩ *Eiform, länglich runde Form* ◆ das (zarte) Oval ihres Gesichtes
**Ovar** ⟨[-va:r] n.; -s, -rien⟩ = *Ovarium*
**Ovarialgravidität** ⟨[-va---vi--] f. 20; Med.⟩ = *Eierstockschwangerschaft*
**Ovarium** ⟨[-va:-] n.; -s, -rien⟩ ► = *Eierstock;* Sy *Ovar* [lat.; zu *ovum* „Ei"]

## OZEANE

Ozeane und Meere bedecken rund 70 % der Erdoberfläche. Es werden der Indische, der Pazifische (oder Stille) und der Atlantische Ozean unterschieden, die an den Polen zum Nord- bzw. Südpolarmeer verschmelzen. Die größte Tiefe der Ozeane findet sich mit 11 022 m im Marianengraben, während ihre durchschnittliche Tiefe bei 3729 m liegt.

OZEANE UND MEERE DER ERDE

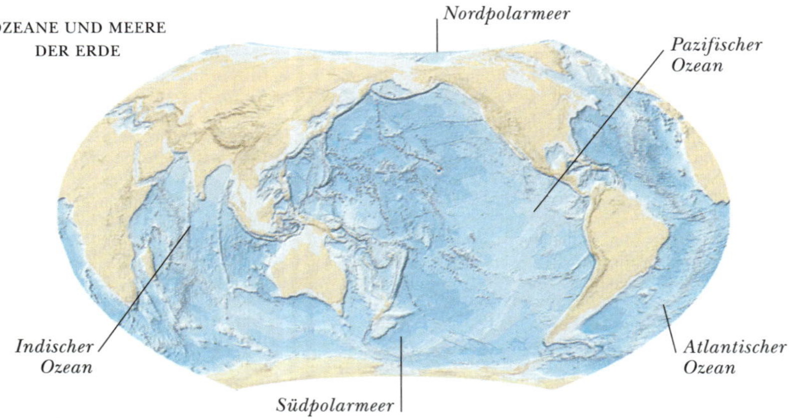


**Ovariektomie** ⟨[-variɛk-] f. 19; Med.⟩ = *Ovariotomie* [< *Ovarium* + *Ektomie*]
**Ovariotomie** ⟨[-va-] f. 19; Med.⟩ *operative Entfernung des Eierstocks;* Sy *Ovariektomie* [< *Ovarium* + grch. *tome* „Schnitt"]
**Ovation** ⟨[-va-] f. 20⟩ *Huldigung, Beifallssturm* ◆ jmdm. eine Ovation, ⟨od.⟩ Ovationen darbringen [< lat. *ovatio* „kleiner Triumph"]
**Overall** ⟨['ouvərɔ:l] m. 6⟩ *Schutzanzug (auch als modisches Kleidungsstück für Damen) aus Jacke u. Hose in einem Stück* [< engl. *over* „über" + *all* „alle(s)"]
**overdressed** ⟨['ouvə(r)drɛsd] Adj.⟩ *zu vornehm, zu fein angezogen (für einen bestimmten Anlass)* ◆ für diese Party ist sie eindeutig overdressed [< engl. *over* „über" + *dressed* „gekleidet"]
**Overdrive** ⟨['ouvə(r)draiv] m. 6; bei Kfz⟩ *zusätzl. Gang im Getriebe, der beim Erreichen einer bestimmten Fahrgeschwindigkeit hinzugeschaltet wird u. durch Herabsetzen der Motordrehzahl einen geringeren Kraftstoffverbrauch ermöglicht* [engl., „übertreiben; Schnellgang"]

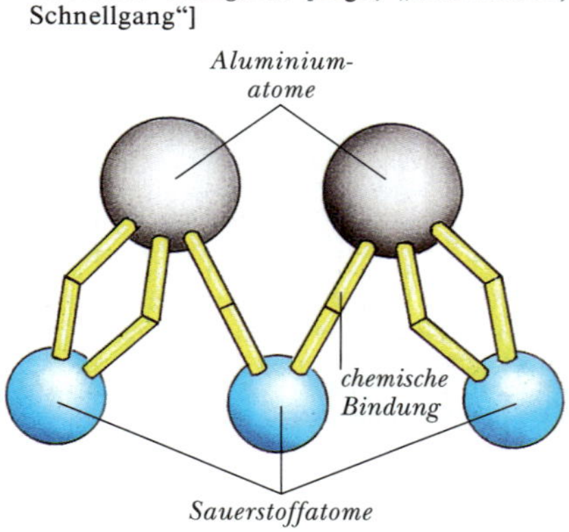


OXID: ALUMINIUMOXIDMOLEKÜL

**Overheadprojektor** ⟨['ouvə(r)hɛd-] m. 23⟩ *Gerät, das ein Bild oder einen Text mithilfe eines Spiegels vom Pult des Vortragenden (Lehrers) aus an die Wand hinter diesem projiziert;* Sy *Tageslichtprojektor* ◆ er arbeitet mit einem Overheadprojektor [< engl. *over* „über" + *head* „Kopf" + *Projektor*]
**Overkill** ⟨[ouvə(r)-] m. 6; Mil.⟩ *Vorrat an Waffen, der über die Menge hinausgeht, die zur Vernichtung des Gegners notwendig wäre* [< engl. *over* „über" + *kill* „töten"]
**Ovidukt** ⟨[-vi-] m. 1⟩ *Eileiter* [< lat. *ovum* „Ei" + *ducere* „führen, leiten"]
**ovipar** ⟨[-vi-] Adj.; Biol.⟩ *Eier legend;* Ggs *vivipar* [< lat. *oviparus* < *ovum* „Ei" + *parere* „gebären"]
**Oviparie** ⟨[-vi-] f. 19⟩ *Ablage von Eiern, deren Befruchtung dann außerhalb des Mutterkörpers (z. B. bei Fischen u. Lurchen) od. während des Ablegens (z. B. bei Insekten u. Spinnen) erfolgt* [→ *ovipar*]
**ovo..., Ovo...** ⟨[-vo-] vor Vokalen⟩ ov..., Ov... ⟨in Zus.⟩ *ei..., Ei...* [< lat. *ovum* „Ei"]
**Ovogenese** ⟨[-vo-] f. 19⟩ = *Oogenese* [< lat. *ovum* „Ei" + *Genese*]
**Ovulation** ⟨[-vu-] f. 20; Med.⟩ *Freigabe eines befruchtungsfähigen Eies durch den Eierstock;* Sy *Eisprung* [zu neulat. *ovulum,* Verkleinerungsform zu lat. *ovum* „Ei"]
**Ovulum** ⟨[o:vu-] n.; -s, -vula [-vu-]⟩, **Ovum** ⟨['o:vum] n.; -s, Ova [-va]⟩ *Eizelle* [lat., „Ei"]
**Owambo I** ⟨m. 6; od. m.; -, -⟩ *Angehöriger eines den Herero nahestehenden südwestafrikanischen Eingeborenenvolkes* **II** ⟨n.; - od. -s; unz.⟩ *zu den Bantusprachen gehörende Sprache der Owambo*
**Owrag** ⟨m.; - od. -s, -wragi; Geol.⟩ *tiefe Erosionsschluchten in Tälern der ost- u. südosteurop. Steppengebiete* [russ.]
**Oxer** ⟨m. 3; Sp.; Reiten⟩ *Hindernis aus mehreren waagerechten Stangen beim Pferderennen* [engl.]
**Oxid** ⟨n. 11; Chem.⟩ ◄ *Verbindung eines chem. Elements mit Sauerstoff;* oV *Oxyd* [< frz. *oxyde* < grch. *oxys* „scharf, spitz"]
**Oxidation** ⟨f. 20; Chem.⟩ *das Oxidieren;* oV *Oxydation;* Ggs *Reduktion (4)* [< frz.; → *Oxid*]
**oxidieren** ⟨V. i.; ist/hat; Chem.⟩ oV *oxydieren* **1** *sich mit Sauerstoff verbinden, Sauerstoff aufnehmen* **2** *Wasserstoffatome abgeben* **3** *Elektronen an ein Oxidationsmittel abgeben* [< frz. *oxyder*]
**Oxidimetrie** ⟨f. 19; unz.; Chem.⟩ *Teilgebiet der chem. Analyse, das die quantitative Bestimmung von Substanzen unter Ausnutzung von Oxidationsvorgängen umfasst* [< *oxidieren* + grch. *metron* „Maß"]
**Oxybiose** ⟨f. 19; unz.; Biol.⟩ *Leben in sauerstoffhaltiger Umgebung* [< grch. *oxygenium* „Sauerstoff" + *bios* „Leben"]
**Oxyd** ⟨n. 11⟩ ► = *Oxid*
**Oxydation** ⟨f. 20⟩ = *Oxidation*
**oxydieren** ⟨V. i.; ist/hat⟩ = *oxidieren*
**Oxygen** ⟨n.; -s; unz.; Chem.; Zeichen: O⟩ = *Oxygenium*
**Oxygenium** ⟨n.; -s; unz.; Chem.; Zeichen: O⟩ *Sauerstoff;* oV *Oxygen* [latinisiert < frz. *oxygène* „Sauerstoff"]
**Oxymoron** ⟨n.; -s, -mora; Rhet.⟩ *rhetorische Stilfigur, bei der zwei sich widersprechende Begriffe zu einer Metapher verbunden sind,* z. B. beredtes Schweigen, alter Knabe, schwarze Milch [< grch. *oxys* „scharf, spitz" + *moros* „dumm"]
**Oxytonon** ⟨n.; -s, -tona; grch. Betonungslehre⟩ *auf der letzten u. kurzen Silbe betontes Wort* [grch.]
**oz** ⟨Zeichen für engl.⟩ *Ounce*
**OZ** ⟨Abk. für⟩ *Oktanzahl*
**Ozean** ⟨m. 1⟩ ◄ *Weltmeer* [< lat. *oceanus,* grch. *okeanos,* Name des myth., die Erde umfließenden Weltstromes]
**Ozeanarium** ⟨n.; -s, -rien⟩ *großes Meerwasseraquarium*
**ozeanisch** ⟨Adj.⟩ *zum Ozean bzw. zu Ozeanien gehörig* ◆ ozeanische Sprachen *zu den austronesischen Sprachen gehörende Sprachgruppe, umfasst die melanesischen, polynesischen u. mikronesischen Sprachen;* ozeanisches Klima = *Seeklima*
**Ozeanografie** ⟨f. 19; unz.⟩ = *Ozeanographie*
**Ozeanographie** ⟨f. 19; unz.⟩ = *Meereskunde;* oV *Ozeanografie* [< lat. *oceanus* „Ozean" + grch. *graphein* „schreiben"]
**Ozeanriese** ⟨m. 17; umg.⟩ *großer Überseedampfer*
**Ozelle** ⟨f. 19; Zool.⟩ ► = *Punktauge* [< lat. *ocellus* „Äuglein"]
**Ozelot** ⟨m. 6 od. m. 1; Zool.⟩ **1** ▼ *gelblich braun gefleckte Raubkatze in Wald-, Fels- u. Sumpfgebieten Amerikas von Nordmexiko bis Nordargentinien: Leopardus pardalis;* Sy *Pantherkatze, Pardelkatze* **2** *Fell dieser Raubkatze* [< aztek.]

OZELOT
*(Leopardus pardalis)*

**Ozon** ⟨n.; od. (umg.) m.; -s; unz.; Chem.⟩ *unbeständige, gasförmige Verbindung aus 3 Sauerstoffatomen, chem. Formel* $O_3$
**Ozonloch** ⟨n. 12u⟩ *verringerter Ozongehalt der Ozonschicht, tritt bes. an den Polen auf (u. a. durch den weltweiten Einsatz von FCKW entstanden)*
**Ozonosphäre** ⟨f. 19; unz.⟩, **Ozonschicht** ⟨f. 20; unz.⟩ *obere Schicht der Erdatmosphäre (in 20-40 km Höhe), die durch bes. hohen Ozongehalt gekennzeichnet ist*

# P

**p 1** ⟨Mus.; Abk. für ital.⟩ *piano* **2** ⟨Typ.; Abk. für⟩ *Punkt (8)* **3** ⟨Abk. für finn.⟩ *Penni* **4** ⟨Abk. für engl.⟩ *Penny* **5** ⟨Abk. für⟩ *Piko...* **6** ⟨Chem.; Abk. für⟩ *Proton* **7** ⟨Phys.; Formelzeichen für⟩ *Druck u. Impuls*

**P 1** ⟨Chem.; Zeichen für⟩ *Phosphor* **2** ⟨Abk. für⟩ *Peta...* **3** ⟨Phys.; Zeichen für⟩ *Leistung, Impuls u. Polstärke*

**p. 1** ⟨Buchw.; Abk. für lat.⟩ *Pagina (vor der Zahl),* z. B. p. 16 **2** ⟨Mal.; Abk. für lat.⟩ *pinxit*

**p-** ⟨Chem.; Zeichen für⟩ *para-*

**P.** ⟨Abk. für⟩ **1** *Pastor* **2** *Pater*

**Pa** ⟨Phys.; Zeichen für⟩ *Pascal*

**pa.** ⟨Abk. für⟩ *prima*

**p. a.** ⟨Abk. für lat.⟩ *pro anno*

**p. A.** ⟨Abk. für⟩ *per → Adresse*

**paar I** ⟨Adj.⟩ *paarig, gepaart, zueinander gehörend;* Ggs *unpaar* ◆ paare Blätter, Flossen **II** ⟨ohne Dekl.⟩ **1** ein paar *einige, wenige* **2** ⟨vor Zahlen⟩ *etwas mehr als* ◆ ein paar Hundert *mehrere Hundert;* ein paar Freunde besuchen; ein paar Minuten; schreib ihm ein paar Zeilen

**Paar** ⟨n. 11⟩ *zwei zusammengehörige Personen, Tiere od. Dinge* (Ehepaar, Tanzpaar) ◆ ein Paar Schuhe, Strümpfe; ein Paar werden *heiraten;* das junge Paar *Liebes-, Brautpaar, seit kurzem verheiratetes Ehepaar* [< mhd., ahd. *par* „zwei gleiche Dinge" < lat. *par* „gleich" sowie „jmd., der sich einem anderen, der ihm gleicht, zugesellt, Genosse; Paar"]

**paaren** ⟨V. t.; hat⟩ **1** *paarweise zusammenbringen* (Tiere zur Zucht) **2** ⟨fig.⟩ *vereinigen* ◆ sich paaren *sich begatten* (bes. von Tieren); bei ihm ist Strenge mit Güte gepaart [< spätmhd. *paren* „gesellen"]

**Paarhufer** ⟨m. 3; Zool.⟩ ► *huftragendes Säugetier, dessen Füße durch mehr od. weniger vollkommene Rückbildung einzelner Zehen (Afterzehen) nur noch zwei Zehen in Funktion haben: Artiodactyla;* Sy *Paarzeher, Zweihufer;* ► *Säugetiere*

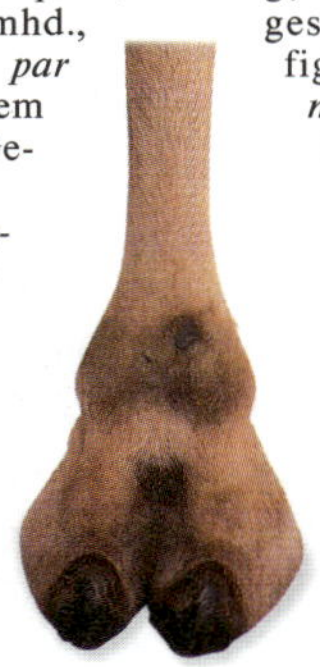

PAARHUFER: FUSS EINES KAMELS MIT ZWEI HUFEN

**paarig** ⟨Adj.⟩ *paarweise, doppelt (vorhanden), mit Gegenstück existierend;* Ggs *unpaarig* ◆ paarig angeordnete, gefiederte Blätter

**Paarreim** ⟨m. 1; Lit.⟩ *Reim von jeweils zwei aufeinander folgenden Zeilen*

**Paarung** ⟨f. 20⟩ *das Paaren, Sichpaaren, geschlechtl. Vereinigung* (bes. von Tieren)

**Paarzeher** ⟨m. 3; Zool.⟩ ► = *Paarhufer*

**Pacht** ⟨f. 20⟩ **1** *Überlassung einer Sache zu Gebrauch u. Nutzung gegen Entgelt* **2** *das Entgelt dafür* ◆ die Pacht beträgt 500 DM

**pachten** ⟨V. t.; hat⟩ *in Pacht nehmen, gegen Entgelt zur Nutzung übernehmen* ◆ ein Hotel pachten

**Pächter** ⟨m. 3⟩ *jmd., der eine Sache gepachtet hat*

**Pack¹ I** ⟨m. 1 od. 1u⟩ = *Packen* **II** ⟨n.; -s; unz.; umg.⟩ *Gesindel, Bande, Pöbel* ◆ hier treibt sich nachts allerlei Pack herum [< mndrl. *pac* „Bündel" (bes. Wolle); die fig. Bedeutung entwickelte sich aus „beim Tross mitgeführtes Gepäck" zu „minderwertige Mannschaft des Trosses" (im Verhältnis zu den kämpfenden Soldaten)]

**Pack²** ⟨[pæk] n. od. m.; -, -s⟩ **1** ⟨Handel⟩ *spezielle Abgabeform von Waren im Einzelhandel,* z. B. Onepack, Bonuspack usw. **2** ⟨in Großbritannien⟩ *Gewichtseinheit für natürlich hergestellte Textilfaser (Wolle, Leinen, Hanfgarn)* [< engl. *pack* „(Ver-)Packung, Bündel"]

**Päckchen** ⟨n. 14⟩ **1** *kleines Paket* **2** *Postsendung von 1 bis 2 kg* ◆ ein Päckchen aufgeben; jeder hat sein Päckchen zu tragen ⟨fig.; umg.⟩ *jeder hat seinen Kummer, seine Sorgen*

**Packeis** ⟨n.; -es; unz.⟩ *übereinander geschobene Eisschollen*

**packen** ⟨V.; hat⟩ **I** ⟨V. t.⟩ **1** *ergreifen, fassen* **2** *zusammenlegen u. in eine Hülle tun od. verschnüren* **3** ⟨fig.⟩ *Eindruck machen, innerlich stark bewegen, fesseln, ergreifen, erschüttern* ◆ **Koffer** packen *Gegenstände zum Mitnehmen auf die Reise in Koffer tun;* seine **Sachen** packen *reisefertig machen, zum Mitnehmen einpacken* ◆ der Redner **wusste,** verstand seine Zuhörer zu packen ◆ der Hund packte ihn **an** der Hose, am Bein; das Gepäck **auf,** in den Wagen packen; jmdn. **bei** der Ehre packen *jmds. Ehrgefühl wecken;* **in** Papier packen *einwickeln* ◆ von Entsetzen gepackt; das Buch, Theaterstück hat mich sehr gepackt; ein packender Bericht, Vortrag; das Buch ist packend geschrieben **II** ⟨V. refl.; fig.; umg.⟩ sich packen *machen, dass man fortkommt* ◆ pack dich! *fort mit dir!;* er soll sich packen! [→ *Pack¹*]

**Packen** ⟨m. 4⟩ oV *Pack¹ (I)* **1** *Pack, großes Bündel, großes Paket, Ballen* **2** ⟨fig.⟩ *große Menge* ◆ ein Packen Bücher

**Packesel** ⟨m. 5⟩ *Lastesel* ◆ wie ein Packesel beladen sein

**Packung** ⟨f. 20⟩ **1** *in eine (hübsche) Hülle verkaufsfertig gepackte Ware* (Pralinenpackung, Zigarettenpackung) **2** *die Umhüllung, Hülle selbst* **3** ⟨Tech.⟩ *Dichtung* **4** *Umhüllung des Körpers od. eines Körperteils mit feuchten Tüchern* ◆ eine Packung Zucker kaufen; kalte, warme Packung

**Pad** ⟨[pæd] n. 15; kurz für⟩ *Mauspad*

**Pädagoge** ⟨m. 17⟩ **1** *Erzieher, Lehrer* **2** *Wissenschaftler der Pädagogik* [< grch. *paidagogos* „Kinder-, Knabenführer" < *pais,* Gen. *paidos* „Kind, Knabe" + *agogos* „führend; Führer"; zu *agein* „führen"]

**Pädagogik** ⟨f.; -; unz.⟩ *Wissenschaft von Erziehung u. Bildung* [→ *Pädagoge*]

**Paddel** ⟨n. 13⟩ *frei (ohne Dolle) geführtes Ruder bzw. Doppelruder mit schmalem Blatt* [< engl. *paddle;* weitere Herkunft ungeklärt]

PAGODE: MODELL EINER BIRMESISCHEN PAGODE DES 9./10. JH.

**paddeln** ⟨V. i.; hat/ist⟩ **1** *mit Paddeln rudern, mit dem Paddelboot fahren* **2** ⟨fig.⟩ *wie ein Hund schwimmen*

**Pädiatrie** ⟨f. 19; unz.⟩ = *Kinderheilkunde*

**pädiatrisch** ⟨Adj.⟩ *zur Pädiatrie gehörend, auf ihr beruhend*

**Pädophilie** ⟨f. 19; unz.⟩ *erot. Zuneigung Erwachsener zu Kindern* [< grch. *pais,* Gen. *paidos* „Kind, Knabe" + *philein* „lieben"]

**p. Adr.** ⟨Abk. für⟩ *per → Adresse*

**Paella** ⟨[pa'ɛlja] f. 10⟩ *span. Gericht aus Reis mit Fleisch, Fisch, Muscheln u. a.* [katalan., eigtl. „Bratpfanne"; zu lat. *patella* „kleine Pfanne"]

**pag.** ⟨Buchw.; Abk. für lat.⟩ *Pagina*

**Page** ⟨[-ʒe] m. 17⟩ **1** ⟨MA⟩ *junger Adliger im fürstlichen Dienst, Edelknabe* **2** ⟨heute⟩ *junger (livrierter) Bote od. Diener, z. B. in Hotels* [frz., „Edelknabe"]

**Pagina** ⟨f.; -, -nae [-ne:]; Buchw.; Abk.: p., pag.⟩ **1** *Buchseite* **2** *Seitenzahl* [lat., „Blatt, Seite"]

**Pagode I** ⟨f. 19; europ. Bez. für⟩ **1** ◄ *turmartiger japan. od. chines. Tempel* **2** *Stupa* **II** ⟨m. 17 od. f. 19⟩ **1** *asiat. Götterfigur, meist aus Porzellan* **2** *ind. Goldmünze mit aufgeprägtem Götterbild* [< port. < Sanskrit]

**Paillette** ⟨[pai'jɛtə] f. 19⟩ ▼ *kleines rundes Metallplättchen (zum Aufnähen auf Kleider)* [frz., „Goldkörnchen, Flitter"]

**Paisley** ⟨['pɛizli] n. 15; Text.⟩ *Musterung mit feinen federähnlichen Ornamenten* [nach der schottischen Stadt *Paisley*]

**Paket** ⟨n. 11⟩ **1** *etwas Zusammengepacktes (bes. als Postsendung)* **2** *verschnürter Packen* (Aktenpaket, Bücherpaket, Postpaket) [< frz. *paquet* < *paque* „Bündel, Ballen"; → *Pack¹*]

**Pakistani** ⟨m. 6 od. m.; -, -⟩ *Einwohner von Pakistan*

**pakistanisch** ⟨Adj.⟩ *Pakistan betreffend, aus ihm stammend*

**Pakt** ⟨m. 1⟩ *Vertrag, Bündnis* (Atlantikpakt, Freundschaftspakt) ◆ einen Pakt schließen; Fausts Pakt mit dem Teufel [< lat. *pactum* „Vertrag, Vereinbarung"; verwandt mit *Pacht, kompakt*]

**paktieren** ⟨V. i.; hat⟩ *einen Pakt schließen, gemeinsame Sache machen (mit)*

**palä..., Palä...** ⟨in Zus.; vor Vokalen⟩ = *paläo..., Paläo...*

**Paläanthropologie** ⟨f. 19; unz.⟩ *Teilgebiet der Anthropologie, das sich mit der Abstammung u. Entwicklung des Menschen beschäftigt;* oV *Paläoanthropologie* [< grch. *palaios* „alt" + *Anthropologie*]

PAILLETTE: PAILLETTEN- UND PERLENSTICKEREI AUF EINER HANDTASCHE

**Paladin** ⟨m. 1⟩ **1** ⟨urspr.⟩ *einer der zwölf Begleiter Karls des Großen* **2** ⟨danach⟩ *Ritter, Gefolgsmann* [zu lat. *(comes) palatinus* „kaiserl. Begleiter"; zu *palatinus* „zum Palatium gehörend", einem der sieben Hügel Roms mit der Kaiserburg]

**Palais** ⟨[-lɛ:] n.; - [-lɛ:s], - [-lɛ:s]⟩ *Palast, Schloss* [frz.]

**paläo..., Paläo...** ⟨vor Vokalen⟩ palä..., Palä... ⟨in Zus.⟩ *alt, ur..., Ur...* [< grch. *palaios*]

P

## PALLADIANISMUS

Der Palladianismus ist ein besonders in Westeuropa anzutreffender klassizistischer Architekturstil, dessen Grundlagen der Renaissancearchitekt Andrea Palladio (1508–1580) schuf. Seine hier abgebildete Villa Rotonda ist in Grund- und Aufriss symmetrisch und wird von einer Kuppel überdacht, wobei jede ihrer vier Fassaden identisch ist und von mächtigen Säulen sowie einer Vorhalle mit Giebelfeld dominiert wird.

AUFRISS DER VILLA ROTONDA (UM 1552), VICENZA, ITALIEN

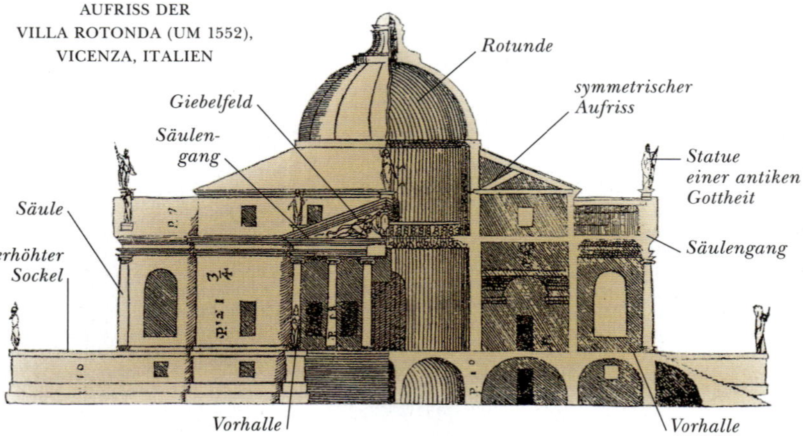


**Paläoanthropologie** ⟨f. 19; unz.⟩ = *Paläanthropologie*
**Paläobiologie** ⟨f. 19; unz.⟩ = *Paläontologie*
**Paläografie** ⟨f. 19; unz.⟩ = *Paläographie*
**Paläographie** ⟨f. 19; unz.⟩ *Lehre von den Schriften u. Schreibmaterialien des Altertums u. MA;* oV *Paläografie,* Sy *Handschriftenkunde* [< *Paläo...* + grch. *graphein* „schreiben"]

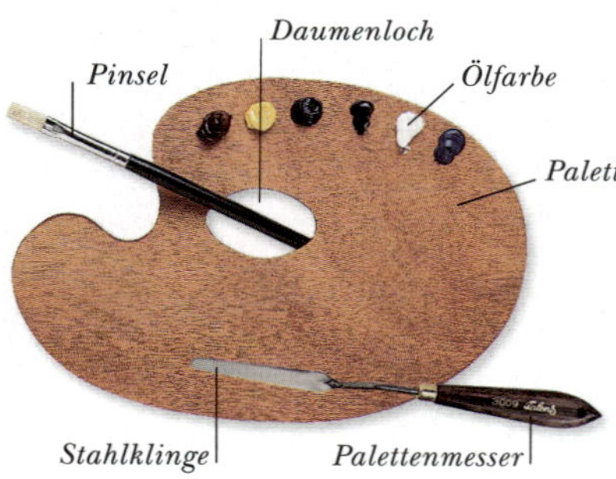


PALETTE UND PALETTENMESSER

**Paläolithikum** ⟨n.; -s; unz.⟩ = *Altsteinzeit* [< *Paläo...* + grch. *lithos* „Stein"]
**Paläomagnetismus** ⟨m.; -; unz.⟩ *Erforschung des Erdmagnetismus vergangener Zeiten mithilfe der magnetischen Ausrichtung von Gesteinen entsprechend dem bei ihrer Entstehung vorherrschenden erdmagnetischen Feld*
**Paläontologie** ⟨f. 19; unz.⟩ *Lehre von den ausgestorbenen Tieren u. Pflanzen vergangener Erdzeitalter;* Sy *Paläobiologie* [< *Paläo...* + grch. *ont-, on* „seiend" + *logos* „Wort, Lehre, Kunde"]
**Paläozän** ⟨n.; -s; unz.⟩ *unterste Stufe des Alttertiärs (vor ca. 65 Mio. Jahren)* [< *Paläo...* + grch. *kainos* „neu"]
**Paläozoikum** ⟨[-tsoːi-] n.; -s; unz.⟩ *Zeitalter der Erdgeschichte vor 580 bis 200 Millionen Jahren mit den ersten Spuren organischen Lebens;* Sy *Erdaltertum* [< *Paläo...* + grch. *zoon* „Lebewesen"]
**paläozoisch** ⟨Adj.⟩ *zum Paläozoikum gehörend, aus ihm stammend*

**Paläozoologie** ⟨f. 19; unz.⟩ *Wissenschaft von den Versteinerungen ausgestorbener Tiere*
**Palas** ⟨m.; -, -se; MA⟩ *Wohn- u. Hauptgebäude der mittelalterlichen Burg* [< mhd. *palas* < frz. *palais* „Hauptgebäude einer Burg" < lat. *palatium,* dem Namen eines der sieben Hügel Roms u. der darauf befindlichen Kaiserburg]
**Palast** ⟨m. 1u⟩ **1** ▼ *Schloss* **2** *Prachtbau* [< mhd. *palas* < frz. *palais*]
**Palatal** ⟨m. 1; Phon.⟩ *Vordergaumenlaut, „g", „k" vor „e" und „i"* [zu lat. *palatum* „Gaumen"]
**Palaver** ⟨[-vər] n. 13; fig.⟩ *überflüssiges Gerede, nutzlose Verhandlung* [< port. *palavra* „Wort, Sprache"]
**Palazzo** ⟨m.; - od. -s, -lazzi⟩ *Palast* [ital.]
**Palette** ⟨f. 19⟩ **1** ◄ *Scheibe mit Loch für den Daumen zum Mischen der Farben beim Malen* **2** ⟨Tech.⟩ *Untersatz für Stapelgüter, die dadurch mit Gabelstaplern leicht bewegt werden können* **3** ⟨fig.⟩ *reiche Auswahl, große Menge (an Möglichkeiten)* [< frz. *palette,* ital. *paletta,* Verkleinerungsform zu lat. *pala* „Schaufel, Spaten"]
**Palisade** ⟨f. 19⟩ **1** *Schanzpfahl, Pfahl zur Befestigung* **2** *aus einer Reihe von Pfählen bestehendes Hindernis* **3** *säulenartiger Pflasterstein, bis zu 50 cm tief* ◆ mit Palisaden umgeben [< frz. *palissade,* ital. *palizzata;* Kollektivbildung zu lat. *palus* „Pfahl"]

PALAST: DIE ALHAMBRA IN GRANADA, SPANIEN

**Palisander** ⟨m. 3⟩, **Palisanderholz** ⟨n. 12u⟩ *sehr hartes, schweres südamerikan. Edelholz mehrerer trop. Bäume* [< frz. *pallissandre* < indian. (Guayana)]
**Palladianismus** ⟨m.; -; unz.; Arch.⟩ ◄ *eine klassizistische Stilrichtung in der europäischen Architektur im 16.-18. Jh.* [nach dem ital. Baumeister Andrea *Palladio,* 1508-1580]
**Palladium** ⟨n.; -s, -dien⟩ **1** *Kultbild der Pallas Athene in Troja* **2** ⟨fig.⟩ *Schutzbild, schützendes Heiligtum* **3** ⟨Zeichen: Pd⟩ *chem. Element, Edelmetall der Platingruppe, Ordnungszahl 46* [nach *Pallas* Athene]
**palliativ** ⟨Adj.⟩ *schmerzlindernd*
**Palliativ** ⟨n. 11⟩, **Palliativum** ⟨[-vum] n.; -s, -va [-va]; Pharm.⟩ *Schmerzlinderungsmittel* [zu spätlat. *palliare* „bedecken"]
**Palme** ⟨f. 19⟩ **1** ⟨Bot.⟩ ► *Angehörige einer Familie meist tropischer, einkeimblättriger Bäume mit schlankem Stamm sowie gefiederten od. fächerförmigen Blättern: Palmae;* ► *Bäume, Bedecktsamer* **2** *Sinnbild des Sieges* ◆ die Palme erringen ⟨fig.⟩ *siegen;* jmdn. auf die Palme bringen ⟨fig.; umg.⟩ *jmdn. wütend machen* [< lat. *palma* „Palme", urspr. „flache Hand" wegen der Ähnlichkeit des Blattes mit einer ausgestreckten Hand]
**Palmendieb** ⟨m. 1; Zool.⟩ *Einsiedlerkrebs mit gut gepanzertem, symmetrischem Hinterleib, frisst Aas, Landkrabben u. fettreiche Früchte (Sago-, Kokospalme): Birgus latro;* Sy *Kokosräuber*
**Palmfarn** ⟨m. 1; unz.; Bot.⟩ ► = *Zykadee*
**Palmfett** ⟨n. 11; unz.⟩ *aus den Früchten der Ölpalmenarten Elaeis guineensis u. Elaeis melanococca gepresstes, fettes Öl, das mit Luftsauerstoff gebleicht wird u. meist zu Fetten hydriert;* Sy *Palmöl*
**Palmlilie** ⟨[-liə] f. 19⟩ *Angehörige einer Gattung der Liliengewächse mit kräftigen, langen, linearen u. spitzen Blättern u. großem Blütenstand: Yucca;* Sy *Yucca*
**Palmöl** ⟨n. 11; unz.⟩ = *Palmfett*
**Palmsonntag** ⟨m. 1; Rel.⟩ *Sonntag vor Ostern*
**Palomino** ⟨n. 15; Zool.⟩ ► *gold- od. gelbbraunes Pferd mit heller Mähne u. hellem Schweif;* ► *Pferde* [lat.-amerik., span.]

PALSTEK

**Palstek** ⟨m. 6; Seemannsspr.⟩ ▲ *Knoten mit einer Schlinge, die sich nicht zusammenzieht u. die bes. zum Festmachen von Schiffen an einem Pfahl dient;* ► *Knoten* [< nddt. *Pa(h)l* „Pfahl" + *Stek*]
**PAL-System** ⟨n. 11; unz.; TV⟩ *System der zeilenweisen Phasenänderung (eine Technik des Farbfernsehens)* [Abk. für engl. *phase alternation line*]
**Paludarium** ⟨n.; -s, -rien; Biol.⟩ *Anlage zur Haltung bzw. Züchtung von Tieren u. Pflanzen, die im Moor u. im Sumpf leben* [< lat. *palus,* Gen. *paludis* „Sumpf"]
**Palynologie** ⟨f. 19; unz.; Bot.⟩ *Teilgebiet der Botanik, das sich mit der Untersuchung von Blütenpollen u. Sporen befasst* [< grch. *palynein* „(be)streuen" + *logos* „Wort, Kunde"]
**Pampa** ⟨f. 10⟩ **1** *argentinische Grassteppe* **2** ⟨fig.; umg.⟩ *abgelegene Gegend* [Ketschua, „Ebene"]
**Pampasgras** ⟨n. 12u; unz.; Bot.⟩ ► *in Europa als Zierstaude angepflanztes, bis 4 m hohes Gras der südamerikan. Pampas: Cortaderia selloana*

**Pampashase** ⟨m. 17; Zool.⟩ *Nagetier der südamerikanischen Pampas: Dolichotis patagonica*
**Pampe** ⟨f. 19; unz.⟩ **1** ⟨mdt.⟩ *dicker Brei* **2** *dicker Schmutz, Gemisch aus Sand u. Wasser* **3** ⟨umg.; abwertend⟩ *unappetitliches Essen*
**Pampelmuse** ⟨f. 19⟩ *Zitrusgewächs mit großen, gelben Früchten: Citrus aurantium decumana* [< afrikaans *pompelmoosje* < ndrl.]
**Pamphlet** ⟨n. 11⟩ *polit. Schmähschrift, Streitschrift* [vielleicht < *Phamphilet, Pamphilus,* Titel eines Liebesliedes des 12. Jh.]
**pan..., Pan...** ⟨in Zus.⟩ *all, ganz, gesamt* [< grch. *pan* „ganz, all, jeder"]
**Panade** ⟨f. 19⟩ **1** *Mischung zum Panieren* **2** *breiige Masse zum Füllen* **3** ⟨österr.⟩ *Weißbrot als Suppeneinlage* [< ital. *pane* „Brot" + französisierende Endung *-ade*]
**Panafrikanismus** ⟨m.; -; unz.; Pol.⟩ *Streben nach (besonders wirtschaftlicher) Zusammenarbeit aller afrikanischer Staaten* [< grch. *pan* „alles, jedes" + dem Kontinent *Afrika*]
**Panamarinde** ⟨f. 19; unz.⟩ = *Quillajarinde*
**panaschieren** ⟨V. t.; hat⟩ *buntstreifig mustern* ◆ mehrere Kandidaten panaschieren *zugleich wählen* [< frz. *panacher* „bunt machen, buntstreifig verzieren"]

PALME: PALMYRAPALME *(Borassus flabellifer)*

PALOMINO

**Panaschierung** ⟨f. 20; unz.⟩ ► = *Buntblättrigkeit* [→ *panaschieren*]
**Panda** ⟨m. 6; Zool.⟩ ► *Kleinbär im östlichen Himalaja: Ailurus fulgens;* Sy *Katzenbär* [< tibet. (vermutlich)]
**Pandemie** ⟨f. 19; Med.⟩ *über Länder u. Erdteile sich ausbreitende Krankheit, Seuche* [zu grch. *pandemia* „alle Leute"]

PAMPASGRAS *(Cortaderia selloana)*

**Paneel** ⟨n. 11⟩ **1** *vertieftes Feld der Täfelung* **2** *die Täfelung selbst* [< afrz. *panel,* frz. *panneau* „Tafel"]
**Panel** ⟨['pænəl] n. 15⟩ **1** ⟨Meinungsforschung⟩ *für einen bestimmten Zweck ausgewählte, repräsentative Gruppe* **2** ⟨Werbung⟩ *typografisch umgrenzter Teil eines Werbemittels* [engl. < mengl., eigtl. „Stück Stoff, Pergament" < vulgärlat. *pannellus* „kleines Stück Stoff"; zu lat. *pannus* „Stück Stoff, Tuch"]
**Panettone** ⟨m.; -, -toni⟩ *ital. Hefekuchen mit Rosinen u. kandierten Früchten (für die Weihnachtszeit)*
**Panflöte** ⟨f. 19; Mus.⟩ ► *antike Hirtenflöte aus mehreren, verschieden langen Pfeifen aus Bambus od. Schilfrohr ohne Grifflöcher;* oV *Pansflöte;* Sy *Syrinx (2)* [nach dem grch. Hirtengott *Pan*]
**panieren** ⟨V. t.; hat⟩ *in Ei u. Mehl od. geriebener Semmel wenden* ◆ Fisch, ein Schnitzel panieren [< frz. *paner* „mit geriebenem Brot bestreuen"; zu *pain* „Brot"]
**Panik** ⟨f. 20⟩ *allgemeine Verwirrung, plötzlich ausbrechende, sinnlose Angst (bes. bei Massenansammlungen)* ◆ eine Panik brach aus [< frz. *panique;* → *panisch*]
**panisch** ⟨Adj.⟩ *in der Art einer Panik, angsterfüllt* [zu grch. *panikos* „von Pan herrührend", dem Waldgott, dessen Erscheinen grundlosen Schrecken auslöste]
**Pankreas** ⟨n.; -; unz.; Anat.⟩ ► = *Bauchspeicheldrüse* [< grch. *pan* „alles" + *kreas* „Fleisch"]
**Panne** ⟨f. 19⟩ **1** *Schaden* **2** *Betriebsstörung (bes. an Fahrzeugen),* z. B. Autopanne, Radpanne, Reifenpanne **3** *Störung im Arbeitsablauf, Fehler, Missgeschick* ◆ eine Panne haben; da ist beim Abschreiben eine Panne passiert [< frz. *panne,* urspr. „Stellung der Segel, bei der sie keinen Wind bekommen"]
**Panoptikum** ⟨n.; -s, -tiken⟩ *Wachsfigurenkabinett, Kuriositätensammlung* [< grch. *pan* „alles, jedes" + *optikos* „zum Sehen gehörend"]
**Panorama** ⟨n.; -s, -men⟩ **1** *Rundblick, Ausblick in die Landschaft* **2** *Rundgemälde, das einen weiten Horizont vortäuscht* [< grch. *pan* „alles, jedes" + *horama* „Anblick"]
**Panoramaaufnahme** ⟨f. 19⟩ *aus mehreren, genau aneinander passenden Aufnahmen von Ausschnitten einer Landschaft o. Ä. zusammengesetzte fotograf. Aufnahme*
**panschen** ⟨V.; hat⟩ **I** ⟨V. t.⟩ *mit Wasser verfälschen* (Wein, Milch) **II** ⟨V. i.⟩ *mit Wasser spielen, im Wasser wühlen* [lautmalend]
**Pansen** ⟨m. 4⟩ *erster Magen der Wiederkäuer* [< nddt. Magen < ital. *pancia* „Bauch"]
**Pansflöte** ⟨f. 19⟩ ► = *Panflöte*
**Panter** ⟨m. 3⟩ = *Panther*
**Panterkatze** ⟨f. 19; Zool.⟩ = *Pantherkatze*
**Panterpilz** ⟨m. 1⟩ = *Pantherpilz*
**Pantheismus** ⟨m.; -; unz.; Philos.⟩ *philosoph. Lehre, dass Gott u. die Welt, die Natur eins seien, dass Gott überall in der Natur sei* [< grch. *pan* „alles, jedes" + *theos* „Gott"]
**Pantheon** ⟨n. 15⟩ **1** *antiker Tempel aller Götter* **2** ⟨fig.⟩ *Ehrentempel* **3** *Gesamtheit aller Götter (eines Volkes)* [< grch. *pan* „alles, jedes" + *theos* „Gott"]
**Panther** ⟨m. 3; Zool.⟩ ► = *Leopard;* oV *Panter* [< lat. *panther* < grch. *panther(os)*]
**Pantherkatze** ⟨f. 19; Zool.⟩ ► = *Ozelot (1);* oV *Panterkatze*
**Pantherpilz** ⟨m. 1; Bot.⟩ *giftiger Pilz mitteleuropäischer Laub- u. Nadelwälder, Hut leber- od. dunkelrotbraun mit dicht aufliegenden, gelblich weißen Warzen, gelblichen Lamellen u. gelblichem Stiel mit einem hängenden Ring, Königsfliegenpilz, Krötenschwamm: Amanita pantherina;* oV *Panterpilz*

PANFLÖTE

**Pantine** ⟨f. 19; norddt.⟩ *Pantoffel* (Holzpantine) [< frz. *patin* „Schuh mit Holzsohle"]
**panto..., Panto...** ⟨in Zus.⟩ *all..., All..., alles* [< grch. *pan,* Gen. *pantos* „ganz, all, jeder"; → *pan...*]
**Pantoffel** ⟨m. 25⟩ **1** ▼ *Hausschuh ohne Fersenteil* (Filzpantoffel) **2** *Sinnbild des häusl. Regiments der Ehefrau* ◆ sie hat ihn unter dem Pantoffel ⟨fig.; umg.⟩ *sie beherrscht ihren Ehemann* [< frz. *pantoufle*]
**Pantoffelblume** ⟨f. 19; Bot.⟩ *Braunwurzgewächs, dessen bunte Blüte in ihrem unteren Teil wie ein Pantoffel aussieht: Calceolaria*
**Pantoffelheld** ⟨m. 16; fig.; umg.⟩ *Mann, der sich von seiner Frau beherrschen lässt*
**Pantoffeltierchen** ⟨n. 14; Zool.⟩ *ein Wimpertierchen von pantoffelförmiger Gestalt, das bes. in fauligem Wasser lebt: Paramaecium*

PANTOFFEL: LEDERPANTOFFELN AUS DEM 19. JH.

P

**Pantomime** ⟨Theat.⟩ **I** ⟨f. 19⟩ *Bühnenstück, das ohne Worte, nur durch Gebärden, Mienenspiel u. Bewegung od. Tanz dargestellt wird* **II** ⟨m. 17⟩ *Künstler, der Pantomimen darstellt* [< grch. *pantomimos* „alles nachahmend" < *pan,* Gen. *pantos* „alles" + *mimesthai* „nachahmen"]
**pantophag** ⟨Adj.; Zool.⟩ *sich von Pflanzen u. Tieren ernährend;* Sy *alles fressend, omnivor;* → a. *monophag, oligophag* [< grch. *pan,* Gen. *pantos* „alles" + *phagein* „essen"]

PANDA *(Ailurus fulgens)*

**Pantophage** ⟨m. 17; Zool.⟩ *pantophages Tier;* Sy *Allesfresser (1), Omnivore*

**Pantschen-Lama** ⟨m.; - od. -s, -s; Rel.⟩ *zweites kirchl. Oberhaupt der Tibeter nach dem Dalai-Lama* [tibet., „Juwel des großen Priesters"]

**Panzer** ⟨m. 3⟩ **1** *mittelalterl. Rüstung, metallener Schutz für den Körper* **2** *Panzerung, Panzerdecke, Stahlhülle als Schutz gegen Geschosse* **3** ⟨Mil.⟩ *mit Panzerplatten u. Kettenrädern versehener Kampfwagen;* Sy ⟨veraltet⟩ *Tank* **4** ⟨Zool.⟩ ▲ *eng anliegende Schutzhülle* [< mhd. *panzier* < afrz. *pancier* „Brustpanzer" < lat. *pantex,* Gen. *panticis* „Wanst"]

**Panzerfisch** ⟨m. 1⟩ *ausgestorbener, urtümlicher Fisch mit knöchernem Außenpanzer: Placodermi*

PANZER: STERNSCHILDKRÖTE MIT PANZER

**Panzerhandschuh** ⟨m. 1⟩ *Handschuh einer metallenen Rüstung*

**Panzerhemd** ⟨n. 27⟩ ► *oberer Teil eines Schuppenpanzers;* Sy *Kettenhemd*

**panzern** ⟨V. t.; hat⟩ *mit einem Panzer, mit Panzerplatten umgeben* ◆ sich gegen etwas panzern ⟨fig.⟩ *sich gegen etwas unempfindlich machen*

**Papa**[1] ⟨m. 6⟩ *Vater* ◆ frag' deinen Papa! [kindl. Lallwort]

**Papa**[2] ⟨['pa:pa] m.; -s; unz.; Bez. für⟩ **1** ⟨kath. Kirche⟩ *Papst* **2** ⟨Ostkirche⟩ *höherer Geistlicher* [lat., „Papst"]

**Papagei** ⟨m. 23; Zool.⟩ ▼ *Angehöriger einer in den wärmeren Zonen der Erde verbreiteten Vogelordnung, der sich durch Kletterfüße (zwei Zehen nach vorn, zwei nach hinten) u. durch einen gelenkig an den Schädel angesetzten Oberschnabel auszeichnet: Psittaci;* ► *Vögel* ◆ schwatzen wie ein Papagei *unaufhörlich reden* [< mhd. *papegan* < frz. *pagegai,* span. *papagayo* < arab. *babagha,* westafrikan. Eingeborenensprache *pampakei*]

PANZERHEMD: ORIENTALISCHES PANZERHEMD

**Papageienkrankheit** ⟨f. 20; unz.; Med.⟩ *akute Infektionskrankheit, deren Erreger das Psittakosevirus (Miyagewanelle psittaci) ist*

**Papageifisch** ⟨m. 1; Zool.⟩ ▼ *Angehöriger einer Familie bunter Barschfische wärmerer Gewässer mit papageienartigem Schnabel: Scaridae*

**Paparazzo** ⟨m.; -s, -razzi; meist Pl.; umg.; abwertend⟩ *aufdringlicher Pressefotograf, Sensationsreporter* [ital., abgeleitet von dem Beinamen eines Fotografen in dem Film „La dolce vita" (1959) von Federico Fellini]

**Papaya** ⟨f.; -, -payen⟩, **Papaye** ⟨f.; -, -n; Bot.⟩ **1** *Melonenbaum* **2** ▼ *trop. Frucht des Melonenbaums* [karib.]

**Papel** ⟨f. 21⟩ *entzündl., etwa reiskorn- bis linsengroße, über dem Hautniveau erhabene, meist nur flache, derb-harte Hauterhebung;* Sy *Papula;* Ggs *Knötchen (2)* [< lat. *papula* „Bläschen"]

PAPAGEIFISCH (*Bulbometopon* species)

**Paperback** ⟨['pɛipərbæk] m. 6 od. n. 15; Buchw.⟩ *broschiertes Buch;* Ggs *Hardcover* [engl., eigtl. „Papierrücken"]

**Papier** ⟨n. 11⟩ **I** ⟨unz.⟩ ► *durch Faserverfilzung entstandenes, blattartiges Gebilde zum Schreiben, Drucken, Einpacken* ◆ ein **Blatt** Papier; ein **Bogen** Papier; ein **Fetzen** Papier; ein **Stück** Papier ◆ **bedrucktes,** beschriebenes Papier; **glattes,** raues, weiches Papier; **handgeschöpftes,** maschinenglattes Papier; **holzfreies,** holzhaltiges Papier; **lichtempfindliches** Papier ◆ Gedanken **zu** Papier bringen *aufschreiben, notieren* **II** ⟨zählb.⟩ **1** *Schriftstück, Urkunde* **2** *Denkschrift, Resolution o. Ä.* **3** *Zettel* **4** *Aufzeichnung, kurze schriftl. Arbeit* (Seminarpapier) **5** *Wertpapier, Aktie, Pfandbrief* **6** Papiere ⟨Pl.⟩ *Ausweise* (Personalpapiere, Kraftfahrzeugpapiere) ◆ seine Papiere **bekommen** *(vom Militärdienst u. Ä.) entlassen werden* ◆ **festverzinsliche** Papiere ◆ er hatte keine

PAPAYA (*Carica papaya*)

## PAPAGEIEN

Es gibt über 300 Papageienarten, deren gemeinsame Merkmale ein großer Kopf, ein Hakenschnabel und kräftige, vorn und hinten mit je zwei Zehen versehene und zum Klettern geeignete Füße sind. Papageien sind in der Regel monogam und leben paarweise innerhalb größerer Schwärme zusammen. Während die meisten Arten am Tage aktiv sind und auf Bäumen leben, gehen einige Spezies nachts auf Nahrungssuche und halten sich am Boden auf. Etwa 25 % aller Arten sind vom Aussterben bedroht.

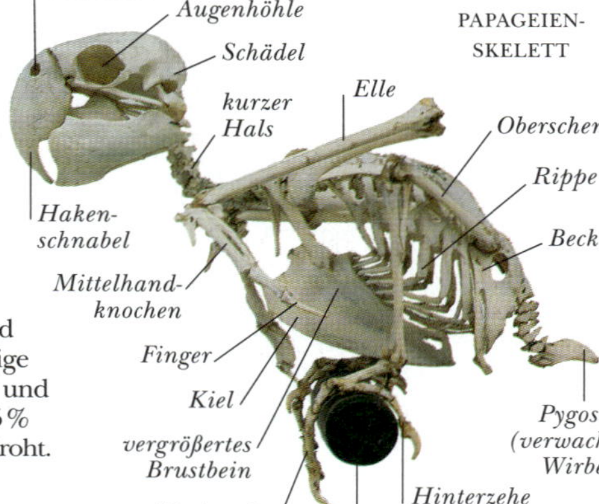


PAPAGEIENSKELETT

### VERSCHIEDENE PAPAGEIENARTEN

BLAUNACKEN-SPERLINGSPAPAGEI (*Forpus coelestis*)

EDELPAPAGEI (*Eclectus roratus*)

GRAUPAPAGEI (*Psittacus erithacus*)

GRÜNFLÜGELARA (*Ara chloroptera*)

ROSAKAKADU (*Eolophus roseicapillus*)

WEISSHAUBENKAKADU (*Cacatua alba*)

BLAUKRÖNCHEN (*Loriculus galgulus*)

PRACHTLORI (*Lorius garrulus*)

ALLFARBLORI (*Trichoglossus haematodus*)

Papier; **handgeschöpftes,** maschinenglattes Papier; **holzfreies,** holzhaltiges Papier; **lichtempfindliches** Papier ◆ Gedanken **zu** Papier bringen *aufschreiben, notieren* **II** ⟨zählb.⟩ **1** *Schriftstück, Urkunde* **2** *Denkschrift, Resolution o. Ä.* **3** *Zettel* **4** *Aufzeichnung, kurze schriftl. Arbeit* (Seminarpapier) **5** *Wertpapier, Aktie, Pfandbrief* **6** Papiere ⟨Pl.⟩ *Ausweise* (Personalpapiere, Kraftfahrzeugpapiere) ◆ seine Papiere **bekommen** *(vom Militärdienst u. Ä.) entlassen werden* ◆ **festverzinsliche** Papiere ◆ er hatte keine Papiere **bei** sich [< mhd. (14. Jh.) *papier* < lat. *papyrum* < *papyrus* < grch. *papyros* „Papyrus; daraus hergestelltes Schreibmaterial"]

**Papierblume** ⟨f. 19; Bot.⟩ *Angehörige einer Gattung der Korbblütler, einjähriges Kraut mit meist rosafarbenen Blütenköpfen auf langen Stielen: Xeranthemum*

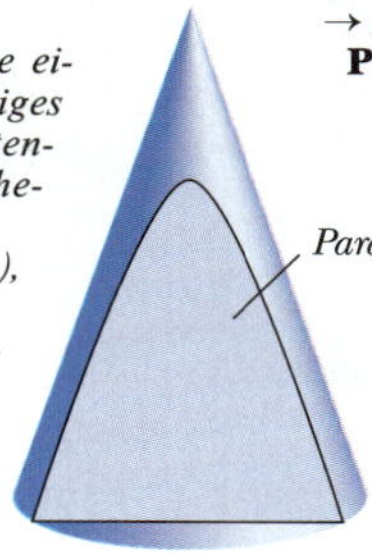


PARABEL

**Papiergeld** ⟨n. 12; unz.⟩ *Geldschein(e), Banknote(n)*

**Papierkorb** ⟨m. 1u⟩ *Korb für Papierabfälle* ◆ etwas in den Papierkorb werfen; den Papierkorb ausleeren

**Papierkram** ⟨m.; -s; unz.; umg.⟩ *(lästiger) Schriftverkehr, Schreibarbeit*

**Papiermaché** ⟨[-ʃeː] n.; -s; unz.⟩ = *Papiermaschee*

**Papiermaschee** ⟨n.; -s; unz.⟩ = *Pappmaschee;* oV *Papiermaché*

**Papiertiger** ⟨m. 3; fig.; umg.⟩ *jmd., der sich gefährlich gibt, es aber nicht ist* ◆ trotz seines rauen Äußeren erwies er sich als Papiertiger

**Papierwespe** ⟨f. 19; Zool.⟩ *soziale Faltenwespe, die ihre Nester aus einer Papiermasse aus zerkauten u. mit Speichel verklebten Pflanzenteilen baut: Vespidae*

**Papille** ⟨f. 19⟩ *warzenförmige Erhebung der Haut* [< lat. *papilla* „Brustwarze, Wärzchen"]

**Pappe** ⟨f. 19⟩ **I** ⟨zählb.⟩ *starker, flächiger Werkstoff aus Papierrohrstoffen* ◆ das ist nicht von Pappe! ⟨fig.; umg.⟩ *das ist nicht schlecht, ganz ordentlich* **II** ⟨unz.; mitteldt.⟩ *Leim, Kleister, klebriger Brei* [Lallwort der Kindersprache, urspr. nur im Sinne von „Brei"]

**Pappel** ⟨f. 21; Bot.⟩ *zweihäusiger Laubbaum aus der Gattung der Weidengewächse: Populus* [< ahd. *popelboum* < lat. *populus*]

**Pappelbock** ⟨m. 1u; Zool.⟩ *graugrüner Bockkäfer, dessen Larven sich in den Ästen von Zitterpappeln entwickeln u. an ihnen gallenartige Anschwellungen hervorrufen: Saperda populnea*

**pappen** ⟨V. t. u. V. i.; hat⟩ **1** *kleben* **2** *sich leicht zusammenballen* ◆ der Schnee pappt; einen Zettel auf eine Kiste pappen [→ *Pappe*]

**Pappmaché** ⟨[-ʃeː] n.; -s; unz.⟩ = *Pappmaschee*

**Pappmaschee** ⟨n.; -s; unz.⟩ *formbare Masse aus eingeweichtem Papier u. Leim, Stärke u. Ton, die nach dem Trocknen mit Firnis überzogen wird;* oV *Pappmaché;* Sy *Papiermaschee* [frz., eigtl. „Papierteig"]

**Paprika** ⟨m. 6⟩ *Nachtschattengewächs, das als Gewürz- u. Gemüsepflanze angebaut wird: Capsicum annuum;* Sy *Kapsikum, Spanischer → Pfeffer* [durch ungar. Vermittlung < serb. *paprika* < *papar* „Pfeffer" < lat. *piper* < grch. *peperi*]

**Paprikaschote** ⟨f. 19⟩ *Frucht des Paprikas*

**Papst** ⟨m. 1u; kath. Kirche⟩ *der Bischof von Rom als das Oberhaupt der kath. Kirche* [< mhd. *babest* (13. Jh.), vorher *babes* < spätahd. *babes;* vermittelt vermutl. durch afrz. *papes* < kirchenlat. *papa* „Vater" (Anrede für Bischöfe, Patriarchen, Äbte u., seit Ende des 5. Jh., Titel des Bischofs von Rom)]

**Papua** ⟨m. 6 od. m.; -, -⟩ *Eingeborener von Neuguinea u. einigen umliegenden Inseln*

**Papuasprache** ⟨f. 19⟩ *jede der etwa 130 wenig bekannten Sprachen der Papua ohne sichtbare Bezüge zu den Nachbarsprachen*

**Papula** ⟨f.; -, -lae [-lɛː]⟩ = *Papel*

**Papyrus** ⟨m.; -, -pyri⟩ **1** *aus dem in Streifen geschnittenen u. kreuzweise übereinander geklebten Stängelmark der ägyptischen Papyrusstaude gewonnenes, papierähnliches Schreibmaterial* **2** *Schriftstück daraus* [< lat. *papyrum* < *papyrus* < grch. *papyros* „Papyrus; daraus hergestelltes Schreibmaterial"; → *Papier*]

**Papyrusrolle** ⟨f. 19⟩ *Rolle aus Papyrus mit Aufzeichnungen*

**Papyrusstaude** ⟨f. 19⟩ ► *vom trop. Afrika bis Sizilien verbreitete Grasart, deren Mark Papyrus liefert: Cyperus papyrus*

**para-** ⟨Chem.; Zeichen: p-; Zusatzbezeichnung für die Isomerensubstitution am Benzolring⟩ *durch zwei Kohlenstoffatome getrennt*

**para..., Para...** ⟨in Zus.⟩ **1** *neben..., bei..., Neben..., Bei...* **2** *gegen..., wider..., Gegen..., Wider...* [< grch. *para*]

**Parabel** ⟨f. 21⟩ **1** ⟨Lit.⟩ *lehrhafte Erzählung, die eine allg. sittl. Wahrheit an einem Beispiel veranschaulicht* **2** ⟨Math.⟩ ◄ *axialsymmetrische Kurve (des Kegelschnitts), die gebildet wird durch die Menge der Punkte, deren Abstände von einer festen Geraden (Leitlinie) u. einem Punkt (Brennpunkt) gleich sind* [< lat. *parabola* < grch. *parabole*]

**Parabolantenne** ⟨f. 19⟩ *Antenne zur Bündelung von elektromagnet. Wellen mit einem Reflektor in Form eines Paraboloids*

PAPYRUSSTAUDEN *(Cyperus papyrus)*

**Paraboloid** ⟨n. 11⟩ *Drehkörper einer Parabel od. einer Hyperbel*

**Parabolspiegel** ⟨m. 5⟩ *als Paraboloid geformter Hohlspiegel zur Aussendung od. zum Empfang elektromagnetischer Strahlung*

**Paracetamol** ⟨n. 11; unz.; Pharm.; intern. Freiname für⟩ *ein Medikament zur Schmerzbekämpfung u. Fiebersenkung* [Kunstw.]

**Parade** ⟨f. 19⟩ **1** *Vorbeimarsch militär. Verbände, Truppenschau* **2** ⟨Sp.; Fechten, Boxen⟩ *Abwehrbewegung gegen einen Hieb od. Stich* **3** ⟨Reitsp.⟩ **3.1** *Anhalten des Pferdes* **3.2** *Verkürzen der Gangart* ⟨Mil.⟩ [< ital. *parata*, später angelehnt an frz. *parade*]

**Paradentitis** ⟨f.; -, -titiden; Med.⟩ *Entzündung des Zahnfleisches u. der Wurzelhaut;* Sy *Parodontitis* [→ *Paradentose*]

**Paradentose** ⟨f. 19; Med.⟩ = *Parodontose*

**Paradestück** ⟨n. 11⟩ *Gegenstand od. Leistung, den bzw. die man vorführen kann, um Eindruck zu machen* ◆ da ist ihr ein Paradestück gelungen

## PAPIER

Papier wird größtenteils aus Holz hergestellt, wobei Weichhölzer entrindet, in der Holzschliffmaschine zu Fasern zerkleinert und dann mit chemischen Stoffen versetzt werden. Der so entstehende Faserbrei läuft, in sehr viel Wasser aufgeschwemmt, auf ein Langsieb, wo er nach und nach von Nassfilzen, Pressen und Trockenzylindern entwässert und schließlich geglättet wird.

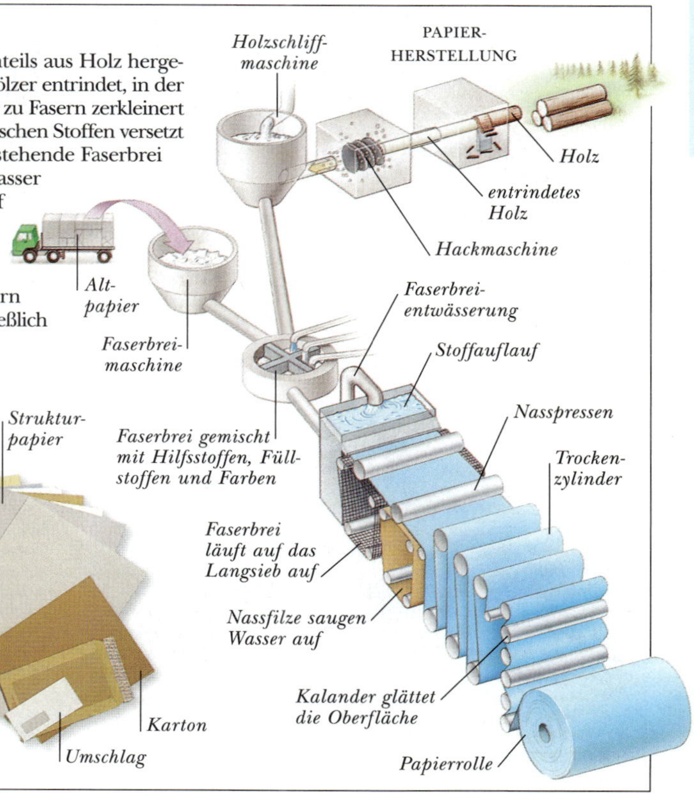


PAPIER-HERSTELLUNG

PAPIERSORTEN

P

**Paradiesvogel** ⟨m. 5u; Zool.⟩ *Angehöriger einer Vogelfamilie, die sich durch Schmuckfederbildung u. prachtvolle Färbung auszeichnet: Paradiseidae* ◆ Großer Paradiesvogel: *Paradiseidae apoda*

**Paradigma** ⟨n.; -s, -men⟩ **1** ⟨Sprachw.⟩ **1.1** *Flexionsmuster* **1.2** *Gesamtheit an sprachl. Einheiten, die in einem sprachlichen Kontext gegeneinander austauschbar sind* (z. B. hier, oben, darüber) **2** ⟨allg.⟩ *Musterbeispiel* **3** ⟨Lit.⟩ *kurze Erzählung, die in Beispielen eine moral. Lehre erläutert* [< grch. *paradeigma* „Beispiel"]

**paradox** ⟨Adj.⟩ *widersinnig, merkwürdig, seltsam, in Gegensatz zu etwas stehend, einen Widerspruch enthaltend* [< lat. *paradoxus*]

**Paradoxon** ⟨n.; -s, -doxa⟩ **1** ⟨Sprachw.⟩ *paradoxe Aussage, paradoxe Behauptung, die jedoch bei genauer Überlegung einen Sinn ergibt* **2** ⟨Phys.⟩ *(meist scheinbar) widersprüchliche Aussage, Erscheinung*

**Paraffin** ⟨n. 11⟩ *farbloses Gemisch von gesättigten, höheren aliphat. Kohlenwasserstoffen mit flüssiger, wachsartiger od. fester Konsistenz* [Kunstwort < lat. *parum affinis* „wenig reaktionsfähig" (weil man früher meinte, die Paraffine gingen keine chem. Bindungen ein) < lat. *parum* „gering, wenig" + *affinis* „verwandt"]

**Paragraf** ⟨m. 16; Rechtsw.⟩ = *Paragraph*

**Paragrafzeichen** ⟨n. 14; Rechtsw.⟩ = *Paragraphzeichen*

**Paragraph** ⟨m. 16; Rechtsw.; Zeichen: §⟩ *Absatz in amtl., formellen Schriftstücken, z. B. Verträgen u. Gesetzbüchern;* oV *Paragraf* [< mhd. *paragraf,* urspr. „Buchstabe, Zeichen" < spätlat. *paragraphus* „dem S ähnliches grammatisches Zeichen für den Stoffeinschnitt" < grch. *paragraphos (gramme)* „Linie (Strich mit einem Punkt darüber) am Rand von Buchrollen, die die Vortragsteile des Chors im antiken Drama kennzeichnet"]

**Paragraphzeichen** ⟨n. 14; Rechtsw.; Zeichen: §⟩ *Zeichen, das einen Paragraphen bezeichnet;* oV *Paragrafzeichen*

P

**Parallaxe** ⟨f. 19⟩ **1** ⟨Astron.⟩ ▲ *scheinbare Verschiebung der Richtung eines Gestirns infolge einer Bewegung des Beobachtungsstandpunkts, also der Winkel zwischen den Blickrichtungen nach dem Gestirn von den beiden Endpunkten einer Standlinie aus* **2** ⟨Fot.⟩ *Unterschied zwischen dem Bildausschnitt im Sucher u. dem, der dann tatsächlich auf dem Film erscheint* [< grch. *parallaxis* „Abwechslung"]

**parallel** ⟨Adj.⟩ *in der Parallele, in gleicher Richtung u. gleich bleibendem Abstand zueinander verlaufend* ◆ parallele Linien; der Weg, die Straße läuft parallel zum Fluss [im 16. Jh. als math. Terminus < lat. *parallelus* < grch. *parallelos* < *para-* „neben... (hin)" + *allelon* „einander"]

**Parallele** ⟨f. 19⟩ **1** *Gerade, die zu einer anderen Geraden in gleichem Abstand u. ohne Schnittpunkt mit dieser im Endlichen verläuft* **2** ⟨fig.⟩ *etwas Vergleichbares, etwas Ähnliches, ähnliche Begebenheit, Erscheinung* [→ *parallel;* substantiv. unter Anlehnung an frz. *parallèle* „Parallele"]

**parallelisieren** ⟨V. t.; hat⟩ *vergleichend nebeneinander stellen*

**Parallelogramm** ⟨n. 11; Geom.⟩ ► *Viereck mit zwei Paar paralleler Seiten* ◆ Parallelogramm der Kräfte *zeichner. Konstruktion zur Bestimmung der resultierenden Kraft bei Zusammensetzung zweier an einem Punkt angreifender Kräfte, in einem Parallelogramm, dessen Seiten der Länge u. der Richtung nach den Einzelkräften entsprechen, gibt die Diagonale die resultierende Kraft* [< *parallel* + grch. *gramma* „Schriftzeichen"]

## PARALLAXE

Die Parallaxe ist in der Astronomie der Winkel, der die scheinbare Verschiebung eines nahen Sterns bezeichnet, sofern dieser von den am weitesten auseinander liegenden Punkten der Erdbahn aus vor dem Hintergrund weiter entfernter Sterne betrachtet wird. Je näher der Himmelskörper dabei der Erde ist, um so größer ist seine Parallaxe.

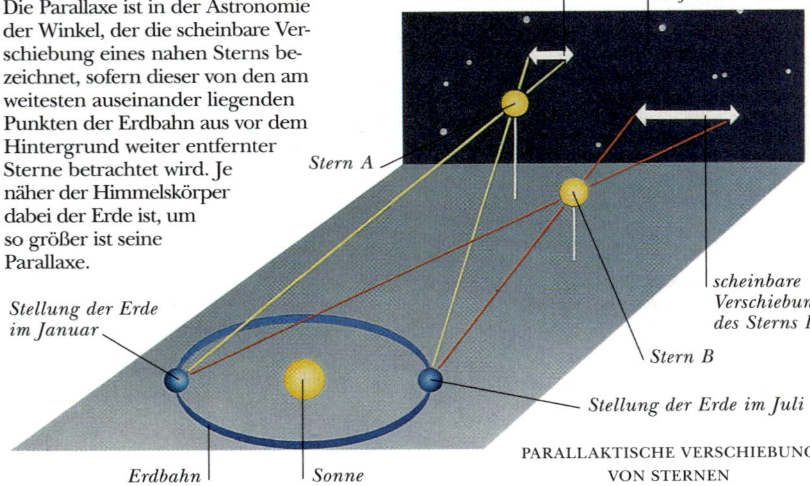


PARALLAKTISCHE VERSCHIEBUNG VON STERNEN

**Parallelperspektive** ⟨[-və] f. 19⟩ = *Axonometrie*

**Parallelschaltung** ⟨f. 20; El.⟩ *Schaltung mehrerer elektr. Widerstände, Kondensatoren od. Stromquellen in der Weise, dass jedes Schaltelement an die gleiche Spannung angeschlossen ist*

**Paralympics** ⟨Pl.; Sp.⟩ *seit 1960 nach einer jeweiligen Olympiade ausgetragene olympischer Wettkampf für Behindertensportler* [Kunstw. < *Para...* + engl. *olympics* „olympische Spiele"]

**Paralyse** ⟨f. 19; Med.⟩ **1** *vollkommene Bewegungslähmung als Folge von Schädigungen in den motorischen Nervenbahnen* **2** progressive Paralyse *syphilitische Gehirnerkrankung, die erst rund 10 od. mehr Jahre nach der Erstansteckung auftritt, wenn die Erkrankung seinerzeit nicht restlos ausgeheilt war: Dementia paralytica* [< grch. *paralysis* „Lähmung"]

**paralysieren** ⟨V. t.; hat⟩ **1** *lähmen* **2** ⟨fig.⟩ *unwirksam machen, schwächen* ◆ er war vor Angst paralysiert

**Parameter** ⟨m. 3⟩ **1** ⟨Math.⟩ *unbestimmte Konstante einer Funktion, Gleichung, Kurve od. Fläche, von der die Funktion usw. abhängt u. durch deren verschiedene Wahl sich die Gestalt der Funktion usw. ändert* **2** ⟨allg.⟩ *Variable, Vergleichsgröße, -wert* [< grch. *para* „gegen; neben, bei" + *metron* „Maß"]

**paramilitärisch** ⟨Adj.⟩ *dem Militär vergleichbar* ◆ ein paramilitärischer Aufmarsch

**Paranoia** ⟨f.; -; unz.; Med.⟩ *mit Wahnvorstellungen verbundene Geistesgestörtheit* [grch., „Schwachsinn"]

**paranoid** ⟨Adj.; Med.⟩ *der Paranoia ähnlich, geistesgestört* [< *Paranoia* + grch. *-eides* „ähnlich"]

**Paranuss** ⟨f. 7u⟩ *dreikantiger Samen des brasilian. Paranussbaumes: Bertholletia excelsa;* Sy *Brasilnuss*

**Paraphe** ⟨f. 19⟩ *Namenszug, -schnörkel, -zeichen, -stempel* [< frz. < lat. *paragraphus;* → *Paragraph*]

**paraphieren** ⟨V. t.; hat⟩ *mit der Paraphe versehen, abzeichnen, unterzeichnen* (Schriftstück) ◆ einen Vertrag paraphieren

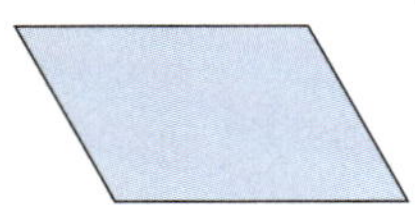

PARALLELOGRAMM

**Paraphrase** ⟨f. 19⟩ **1** *verdeutlichende Umschreibung (eines Textes)* **2** *freie Übertragung* **3** ⟨Mus.⟩ *Ausschmücken, Verzieren (einer Melodie)* [< grch. *paraphrasis* „Umschreibung"]

**paraphrasieren** ⟨V. t.; hat⟩ **1** *mit einer Paraphrase erklären* **2** ⟨Mus.⟩ *ausschmücken, verzieren, umspielen*

**Paraplegie** ⟨f. 19; Med.⟩ *vollständige Lähmung der Gliedmaßen, die beide Seiten gleichermaßen betrifft* [< grch. *para* „neben, gegen, bei" + *plege* „Schlag"]

**Parapsychologie** ⟨f. 19; unz.⟩ *Teilgebiet der Psychologie, das die außersinnl. (okkulten) Erscheinungen untersucht* [< grch. *para* „neben" + *Psychologie*]

**Parasit** ⟨m. 16⟩ **1** ⟨Biol.; Zool.⟩ ► = *Schmarotzer (1)* **2** ⟨umg.⟩ = *Schmarotzer (2)* **3** ⟨im antiken Lustspiel⟩ *Figur des kriecher. Schmarotzers* **4** *kleiner, am Hang eines Vulkans gebildeter Krater* [< lat. *parasitos* „wer mitisst" < *para* „neben, bei" + *sitos* „Speise"]

**parasitär** ⟨Adj.⟩ *in der Art eines Parasiten, schmarotzerisch;* Sy *parasitisch*

**parasitieren** ⟨V. i.; hat⟩ = *schmarotzen*

**parasitisch** ⟨Adj.⟩ = *parasitär*

**Parasolpilz** ⟨m. 1⟩, **Parasolschwamm** ⟨m. 1u⟩ = *Schirmpilz (2)* [< frz. *parasol* „Sonnenschirm"]

**Parasympathikus** ⟨m.; -; unz.; Med.⟩ *Teil des Lebensnervensystems, parasympathisches Nervensystem* [< grch. *para* „entlang, neben, bei" + *Sympathikus*]

**parat** ⟨Adj.⟩ *bereit, gebrauchsfertig* ◆ eine Antwort, Ausrede parat haben [< lat. *paratus* „bereit, gerüstet"; zu *parare* „bereiten; aufbringen"]

**Parataxe** ⟨f. 19; Gramm.⟩ *Nebenordnung, Koordination, Nebeneinander gleichberechtigter Hauptsätze;* Ggs *Hypotaxe (2)* [< grch. *para* „neben" + *taxis* „Ordnung"]

**parboiled** ⟨['pa:rboild] Adj.; undekl.⟩ *vorbehandelt, -gekocht* (von Reis) [engl.]

**Pärchen** ⟨n. 14⟩ *kleines od. junges Paar*

**Pärchenegel** ⟨m. 5; Zool.⟩ *Angehöriger einer Gattung der Saugwürmer, deren Männchen ihre Körperseiten zu einer Röhre einschlagen, in der sich das drehrunde Weibchen ständig aufhält: Schistosomum haematobium;* Sy *Bilharzie*

**Parcours** ⟨[par'ku:r] m.; - [-ku:rs], - [-ku:rs]; Sp.⟩ *Springbahn (bei Springprüfungen od. Hindernisrennen für Pferde)* [frz., „durchlaufende Strecke; Umlaufbahn"]

**Pardelkatze** ⟨f. 19; Zool.⟩ ► = *Ozelot (1)*

**Pardon** ⟨[-dɔ̃] m. od. n.; -s; unz.⟩ *Verzeihung, Gnade, Begnadigung* ◆ kein Pardon kennen *rücksichts-, kompromisslos vorgehen;* jmdn. um Pardon bitten [frz.]
**Parenthese** ⟨f. 19⟩ **1** ⟨Sprachw.⟩ *eingeschobener Rede- od. Satzteil* **2** = *Klammer (2)* ◆ ein Wort, einen Satz in Parenthese setzen [< grch. *parenthesis* „Zusatz"]
**par excellence** ⟨[- ɛksəlãs] Adv.⟩ **1** *vorzugsweise, vor allem* **2** *schlechthin* [frz., „in vorzüglichem Maße"]
**Parfait** ⟨[-fɛ] n. 15⟩ *halbgefrorenes Speiseeis* [frz., eigtl. „vollkommen perfekt"]
**Parforce** ⟨[-fɔrs] f. 19⟩, **Parforcejagd** ⟨[-fɔrs-] f. 20⟩ *Hetzjagd mit Pferden u. Hunden*
**Parfum** ⟨[-fœ] n. 15⟩ oV *Parfüm* **1** *meist wässrig-alkoholische Lösung tierischer od. synthetischer, vorwiegend jedoch pflanzlicher Riechstoffe* **2** *Wohlgeruch* [frz., eigtl. „Wohlgeruch"]
**Parfüm** ⟨n. 15 od. 11⟩ = *Parfum*
**Parfümerie** ⟨f. 19⟩ *Geschäft, in dem Parfums, Seifen u. Kosmetika verkauft werden* [< frz. *parfum* „Wohlgeruch" (mit französisierender Endung)]
**parfümieren** ⟨V. t.; hat⟩ **1** *mit Parfum besprühen, betupfen* **2** *wohlriechend machen* ◆ sich parfümieren [< frz. *parfumer*]
**Paria** ⟨m. 6⟩ **1** *Angehöriger einer Kaste von Landarbeitern, Tagelöhnern usw. in Südindien* **2** ⟨europ. Bez. für⟩ *kastenloser Inder* **3** ⟨fig.⟩ *aus der menschlichen Gesellschaft Ausgestoßener, Entrechteter* [< angloind. *pariah* „Paria, Rechtloser" < Tamil *paraiyan,* eigtl. „Trommler"]
**parieren** ⟨V.; hat⟩ **I** ⟨V. t.⟩ **1** ⟨Sp.⟩ **1.1** ⟨Fechten⟩ *abwehren, zurückschlagen* (Angriff) **1.2** ⟨Reitsp.⟩ *anhalten, zum Stehen bringen* (Pferd) **2** ⟨Gastronomie⟩ *zurechtschneiden* (Fleisch, Fisch) **II** ⟨V. i.; umg.⟩ *gehorchen* [< frz. *parer* „ein Pferd in eine mäßige Gangart bringen; ein Pferd anhalten"]
**Parität** ⟨f. 20; unz.⟩ **1** *Gleichberechtigung, Gleichwertigkeit;* Ggs *Imparität* **2** ⟨Bankw.⟩ *Austauschverhältnis zwischen zwei Währungen* **3** ⟨Math.⟩ *Eigenschaft gewisser Funktionen der drei räuml. Koordinaten von Punkten beim Vorzeichenwechsel aller drei Koordinaten (Spiegelung am Koordinatenursprung)* **4** ⟨Phys.⟩ *Größe, die das Verhalten physikal. Systeme gegenüber räuml. Spiegelungen angibt* [< lat. *paritas* „Gleichheit"]
**paritätisch** ⟨Adj.⟩ *gleich gestellt, gleichberechtigt, gleichwertig* ◆ paritätisch zusammengesetzt *so zusammengesetzt, dass jede Partei die gleiche Stimmenzahl hat* [→ *Parität*]
**Park** ⟨m. 6⟩ **1** *sehr großer Garten* **2** *Gesamtbestand von Fahrzeugen* **3** *Sammelplatz für Fahrzeuge* (nur in Zus.: Fuhrpark, Wagenpark) ◆ öffentlicher Park; Villa mit Park [< engl. *park,* frz. *parc,* eigtl. „eingeschlossener Raum" < mlat. *parricus*]
**Parka** ⟨m. 6 od. f. 10⟩ ► *(wattierter) gesteppter Anorak mit Kapuze* [< eskim.]
**parken** ⟨V.; hat⟩ **I** ⟨V. i.⟩ *(mit dem Kraftfahrzeug) längere Zeit halten* ◆ kann ich hier parken?; parkende Autos **II** ⟨V. t.⟩ *hinstellen, stehen lassen* ◆ seinen Wagen in einer Seitenstraße parken [< engl.-amerik. *park*]
**Parkett** ⟨n. 11⟩ **1** *Fußbodentäfelung* **2** ⟨Theat.⟩ *vorderer Teil des Zuschauerraums zu ebener Erde* **3** ⟨Börse⟩ **3.1** ⟨an der Pariser Börse⟩ *Raum, in dem die Geschäfte abgeschlossen werden* **3.2** *gesamter Börsenverkehr* ◆ das Parkett bohnern; Parkett legen (lassen); Parkett versiegeln (lassen); sich auf dem Parkett bewegen können ⟨fig.⟩ *sich ungezwungen, sicher in guter Gesellschaft benehmen können;* im Parkett sitzen ⟨Theat.⟩ [< frz. *parquet,* eigtl. „kleiner, abgegrenzter Raum"; zu *parc* „eingeschlossener Raum"]
**Parkhaus** ⟨n. 12u⟩ *mehrstöckiges Gebäude, in dem Personenkraftwagen gegen Gebühr geparkt werden können*
**Parkinsonismus** ⟨m.; -; unz.⟩, **parkinsonsche Krankheit,** ⟨auch⟩ **Parkinson'sche Krankheit** ⟨f. 20; unz.; Med.⟩ = *Schüttellähmung* [nach dem engl. Arzt James *Parkinson,* 1755-1824]
**Parkkralle** ⟨f. 19⟩ *krallenartiges Gerät zum Blockieren der Räder bei Kraftfahrzeugen, die auf öffentlichen od. betriebsinternen Parkplätzen im Parkverbot stehen;* Sy ⟨kurz⟩ *Kralle (2)*
**Parkplatz** ⟨m. 1u⟩ **1** *(öffentl. od. privater) Stellplatz zum Parken* **2** *größerer Platz zum Parken von Kraftfahrzeugen* ◆ einen Parkplatz suchen, finden; unbewachter Parkplatz
**Parkuhr** ⟨f. 20⟩ *automat. Uhr mit Münzeinwurf an Parkplätzen für kurzzeitiges Parken*
**Parlament** ⟨n. 11; Pol.⟩ *gewählte Volksvertretung aus einer od. zwei Kammern mit beratender u. gesetzgebender Funktion* [< engl. *parliament*]
**Parlamentarier** ⟨m. 3; Pol.⟩ *Angehöriger des Parlaments*
**Parmaschinken,** ⟨auch⟩ **Parma-Schinken** ⟨m. 4⟩ *ital. Schinkenspezialität aus sehr magerem u. aromatisch gewürztem Schinken* [nach der ital. Stadt *Parma*]
**Parmesan** ⟨m.; -s; unz.⟩, **Parmesankäse** ⟨m. 3⟩ *harter, fetter Käse aus Parma, bes. zum Reiben* [< ital. *parmigiano*]
**Parnass** ⟨m.; - od. -es; unz.; fig.⟩ *Musenberg, Reich der Dichtkunst* [< grch. *Parnassos,* Berg in Mittelgriechenland]
**Parodie** ⟨f. 19⟩ **1** *komisch-satirische, übertreibende Nachahmung eines literarischen Werkes od. dicht. Stils in gleicher Form, aber mit anderem, meist unpassendem Inhalt* **2** *Unterlegung einer Komposition mit anderem Text od. eines Textes mit anderer Melodie* [frz., < grch. *parodia* „Nebengesang"]
**parodieren** ⟨V. t.; hat⟩ **1** *als Parodie gestalten* **2** *etwas od. jmdn. mit einer Parodie verspotten* [< frz. *parodier*]
**Parodontitis** ⟨f.; -, -titiden; Med.⟩ = *Paradentitis*
**Parodontose** ⟨f. 19; Med.⟩ *Rückbildungsvorgänge an Kieferknochen, Zahnfleisch und am Zahnbettgewebe;* oV *Paradentose* [< grch. *para* „entlang, neben, bei" + *odon* „Zahn"]
**Parole** ⟨f. 19⟩ **1** ⟨bes. Mil.⟩ = *Kennwort (3)* **2** ⟨fig.⟩ *Schlagwort, Anweisung für eine Handlung, z. B. an eine politische Partei* (Wahlparole) [frz., eigtl. „Wort, Spruch"]
**Paroli** ⟨n. 15⟩ **1** ⟨im Pharaospiel⟩ **1.1** *Verdoppelung des ersten Einsatzes* **1.2** jmdm. Paroli bieten *seine Karten gegen den anderen einsetzen* **2** ⟨fig.⟩ *jmdm. Widerstand leisten* [frz.]

PARKA

**Parotis** ⟨f.; -, -tiden⟩ ► = *Ohrspeicheldrüse* [< grch. *para* „bei, neben" + *ous,* Gen. *otos* „Ohr"]
**Parsen** ⟨Pl.; Rel.⟩ *Vertreter, Anhänger des Parsismus, die im 8. Jh. von Persien nach Indien auswanderten*
**Parsismus** ⟨m.; -; unz.; Philos.⟩ *die durch die Parsen ausgebildete Form der Lehre Zarathustras*
**Pars pro Toto** ⟨n.; - - -, Partes - -; Stilistik⟩ *Stilfigur, die anstelle des Gesamtbegriffs einen Teilbegriff setzt,* z. B. „Brot" statt „Nahrung", „Herd" statt „Heim, Haus" [lat., „der Teil für das Ganze"]
**Part** ⟨m. 1⟩ **1** *Teil, Anteil* **2** *Eigentumsanteil an einem Schiff* z. B. Schiffspart **3** ⟨Mus.⟩ *Stimme (eines Gesangs- od. Instrumentalstücks)* **4** ⟨Film⟩ *Rolle (im Theaterstück, Kinofilm)* ◆ einen Part übernehmen [< mhd. „Anteil; Abteilung; Partei" < frz., „Anteil"]
**part.** ⟨Abk. für frz.⟩ *parterre*
**Parte** ⟨f. 19; österr.⟩ *Traueranzeige*
**Partei** ⟨f. 18⟩ **1** ⟨Pol.⟩ *Vereinigung von Personen der gleichen polit. Überzeugung, die sie im polit. Leben durchzusetzen suchen* **2** *Partner eines Vertrages* **3** *einer der beiden Gegner im Rechtsstreit* **4** *Mieter (einer Wohnung im Mietshaus)* **5** *Mannschaft, eine von zwei od. mehreren gegeneinander spielenden Gruppen* ◆ sich einer Partei **anschließen;** eine Partei **bilden,** gründen; für, gegen jmdn. Partei **ergreifen,** Partei nehmen *für, gegen einen der Streitenden sprechen, auftreten* ◆ auf unserem Stockwerk wohnen **drei** Parteien; die **streitenden,** vertragschließenden Parteien ◆ **in** eine Partei eintreten [< mhd. *partie* „Abteilung, Gruppe, Personenverband" < frz. *partie* „Teil, Anteil; Gruppe; Beteiligung"; zu *partir* „teilen, trennen" < vulgärlat. *partire* (= lat. *partiri*)]
**parteiisch** ⟨Adj.⟩ *einseitig für eine von zwei od. mehreren streitenden Parteien eingestellt, voreingenommen, befangen;* oV *parteilich (2)*
**parteilich** ⟨Adj.⟩ **1** *bewusst auf der Seite einer Partei stehend* **2** = *parteiisch*
**Parteitag** ⟨m. 1; Pol.⟩ *(regelmäßig, jährlich od. mehrjährlich stattfindende) Versammlung der Abgeordneten einer Partei*
**parterre** ⟨[-tɛr] Adv.; Abk.: part.⟩ *im Erdgeschoss (befindlich, wohnend)* ◆ wir wohnen parterre [< frz. *par terre* „zu ebener Erde"]
**Parterre** ⟨[-tɛr] n. 15⟩ *Erdgeschoss* [< frz., „Fußboden, Gartenbeet"; zu *par terre* „zu ebener Erde"]
**Partie** ⟨f. 19⟩ **1** *Stück, Ausschnitt, Abschnitt, Teil* **2** ⟨Mus.⟩ *einzeln ausgeschriebene Stimme (in Oper, Operette, Oratorium),* z. B. Gesangspartie, Klavierpartie **3** *Ausflug* (Jagdpartie, Landpartie) **4** ⟨Sp.⟩ *Spiel als Einzelspiel* **5** *Warenposten, Restwaren, die im Großen gekauft u. preiswert abgegeben werden* **6** *Heirat, Heiratsmöglichkeit* ◆ eine Partie Schach spielen ◆ eine gute Partie **machen** *eine reiche Frau od. einen reichen Mann heiraten;* **sein:** sie ist eine gute, keine gute Partie ◆ die **obere,** untere Partie des Bildes, des Gesichtes ◆ mit **von** der Partie sein *mitspielen, mitmachen, sich beteiligen* [frz.]
**partiell** ⟨[-tsjɛl] Adj.⟩ **1** *teilweise (vorhanden)* **2** *anteilig* [< frz. *partiel*]
**Partikel I** ⟨f. 21; Sprachw.⟩ **1** ⟨i. w. S.⟩ *unbeugbares Wort,* z. B. Adverb, Konjunktion, Präposition **2** ⟨i. e. S.⟩ *unreflektierbare Wortart, die keine syntaktische Funktion od. lexikalische Bedeutung besitzt u. lediglich die Bedeutung ihres Bezugswortes modifiziert (Gradpartikel, Steigerungspartikel),* z. B. aber, bloß, nicht **II** ⟨n. 13⟩ **1** *Teilchen* **2** *kleine Hostie* **3** *Teilchen einer (größeren) Reliquie* [< lat. *particula* „Teilchen"; zu *pars,* Gen. *partis* „Teil"]

P

**partikular, partikulär** ⟨Adj.⟩ *einen Teil betreffend, (nur) in einem Teil vorhanden, einzeln* [< lat. *particularis;* zu *particula* „Teilchen"]

**Partikularismus** ⟨m.; -; unz.; Pol.⟩ **1** *Bestrebung (kleiner Länder), die eigenen Interessen gegenüber dem Ganzen zu bewahren od. durchzusetzen* **2** = *Vielstaaterei*

**Partisan** ⟨m. 16 od. 23; Mil.⟩ *bewaffneter Widerstandskämpfer im Hinterland* [< frz. *partisan,* eigtl. „Parteigänger, Anhänger"]

**Partition** ⟨f. 20⟩ **1** *Teilung, Einteilung* **2** ⟨antike Rhet.⟩ *Zerlegung des Begriffs in seine Teile* [< lat. *partitio* „Teilung, Verteilung"]

**Partitur** ⟨f. 20; Mus.⟩ *Gesamtniederschrift eines vielstimmigen Musikstückes, jeweils in Einzelstimmen Takt für Takt untereinander* [< ital. *partitura*]

**Partizipation** ⟨f. 20; unz.⟩ *das Partizipieren, Teilnahme* [< lat. *participatio* „Teilnahme"]

**partizipieren** ⟨V. i.; hat; geh.⟩ an etwas partizipieren *an etwas teilnehmen, Anteil haben* [< lat. *participare* „teilhaben"]

**Partner** ⟨m. 3⟩ **1** *jmd., der mit an etwas teilnimmt, teilhat, an derselben Sache beteiligt ist, mitwirkt* (Ehepartner, Geschäftspartner, Gesprächspartner, Tanzpartner, Vertragspartner) **2** *jmd., der im Spiel auf derselben Seite steht, Mitspieler* (Tennispartner) [engl.]

**Partnerin** ⟨f. 22⟩ *weibl. Partner*

**Partnerschaft** ⟨f. 20⟩ *das Partnersein, Teilhaberschaft*

**part per billion** ⟨Chem.; Abk.: ppb⟩ *gibt an, dass auf eine Milliarde Teilchen einer Sorte ein Teilchen einer anderen Sorte kommt* [engl., „Stück pro Billion" (das engl. „billion" entspricht der dt. „Milliarde")]

**part per million** ⟨Chem.; Abk.: ppm⟩ *gibt an, dass auf eine Million Teilchen einer Sorte ein Teilchen einer anderen Sorte kommt* [engl., „Stück pro Million"]

**Party** ⟨['pa:(r)ti] f. 10⟩ *zwanglose Gesellschaft, geselliges Beisammensein* (Cocktailparty, Gartenparty) ♦ eine Party geben, veranstalten [engl.; zu frz. *parti* „geteilt"; zu *partir* „teilen"]

P

**Parzelle** ⟨f. 19⟩ *kleinste im Grundbuch eingetragene Einheit vermessenen Baulandes, Grundstück* [< frz. *parcelle* „Stückchen, Teilchen; (vermessenes) Grundstück"]

**Pascal** ⟨n.; -s, -; Phys.; Zeichen: Pa⟩ *Maßeinheit des Drucks, 1 Pa = 1 N/m²* [nach dem frz. Philosophen u. Mathematiker Blaise *Pascal,* 1623-1662]

**PASCAL** ⟨EDV⟩ *höhere Programmiersprache für strukturierte Programmierung, Weiterentwicklung von ALGOL*

**Pasch** ⟨m. 1 od. m. 1u⟩ **1** *Wurf mit gleicher Augenzahl auf mehreren Würfeln* (Sechserpasch) **2** *Dominostein mit gleicher Punktzahl auf beiden Hälften* [vermutl. zu frz. *passe-dix* „überschreite zehn", ein Würfelspiel, bei dem der Gewinner ist, der mehr als zehn Augen u. auf zwei von drei Würfeln die gleiche Augenzahl wirft]

PASSIONSBLUME:
BLAUE PASSIONSBLUME
*(Passiflora caerulea)*

## PASSATWINDE

Früher wurde die Überfahrt von Segelschiffen nach Amerika durch Passatwinde beschleunigt, die von den mittleren Breiten her gegen den Äquator und von Ost nach West wehen und dadurch entstehen, dass die Erde sich am Äquator schneller dreht als die Atmosphäre. In den mittleren Breiten selbst überwiegen Westwinde, die für die Rückfahrt genutzt wurden.

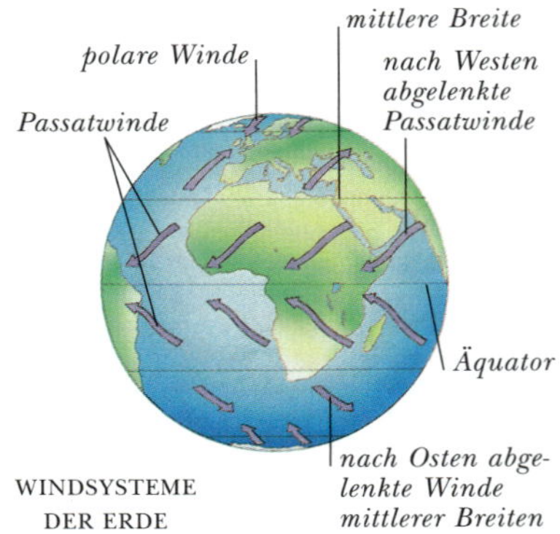


WINDSYSTEME DER ERDE

**Pascha** ⟨m. 6⟩ **1** ⟨früher⟩ *hoher türk. u. ägypt. Offizier od. Beamter* **2** ⟨fig.; abwertend⟩ *anspruchsvoller Mensch, der sich gern bedienen lässt* [< türk. *pascha* „Exzellenz"]

**Paso doble** ⟨[- 'do:bl(ə)] m.; --, --⟩ *Gesellschaftstanz in raschem ²⁄₄-Takt* [span., „Doppelschritt"]

**Paspel** ⟨f. 21⟩ *Zierstreifen (an Nähten od. Rändern von Kleidungsstücken u. Uniformen)* [< frz. *passepoil*]

**Pass** ⟨m. 1u⟩ **I** ⟨zählb.⟩ **1** *Personalausweis zur Reise in fremde Länder* **2** *Durchgang, schmaler Weg quer durch ein Gebirge od. zwischen zwei Bergen hindurch* **3** ⟨Jägerspr.⟩ *Wechsel des niederen Haarwildes u. Raubwildes* **4** *aus mehreren Dreiviertelkreisen gebildete Figur des got. Maßwerks* (Dreipass, Vierpass, Vielpass) ♦ mein Pass ist abgelaufen; sich einen Pass ausstellen lassen; die Pässe kontrollieren, vorzeigen; einen Pass überschreiten; über einen Pass laufen, fahren **II** ⟨unz.⟩ = *Passgang* [< frz. *pas,* daneben < ital. *passo* u. ndrl. *pas* „Schritt"]

**passabel** ⟨Adj.; -bler, am -sten⟩ *leidlich, annehmbar* ♦ es geht mir ganz passabel [< frz. *passable*]

**Passage** ⟨[-ʒə] f. 19⟩ **1** *Durchgang* **2** *Durchfahrt, Meerenge* **3** *Abschnitt (im Buch, Brief)* **4** *überdachte Ladenstraße* **5** *Reise mit Schiff od. Flugzeug, bes. übers Meer* **6** ⟨Astron.⟩ = *Durchgang (2)* **7** ⟨Mus.⟩ *Lauf, schnelle Tonfolge* **8** ⟨hohe Schule⟩ *Gangart höchster Versammlung im Trab, bei der die Vorderbeine schwungvoll gehoben werden* [frz.]

**Passagier** ⟨[-ʒi:r] m. 1⟩ *Reisender eines Schiffes, Flugzeugs, der Eisenbahn, Fahrgast, Fluggast* [< ital. *passeggiere* „Reisender, Schiffsreisender" (ein Wort der ital. Verkehrsschifffahrt); unter Einwirkung von frz. *passager* „Reisender, Fahrgast, Schiffsreisender"]

**Passah** ⟨n.; -s; unz.; Rel.⟩ *achttägiges, im März gefeiertes jüd. Fest, urspr. altes Hirtenfest, an dem man dem Mondgott die Erstgeburten der Tiere darbrachte, später, umgedeutet, zum Andenken an den Auszug aus Ägypten* [< grch. *passa* < aram. *peha,* hebr. *pessach*]

**Passant** ⟨m. 16⟩ **1** *Fußgänger* **2** *jmd., der vorübergeht od. durchreist* [frz.; zu ital. *passare* „vorübergehen"]

**Passat** ⟨m. 1⟩ ► = *Passatwind*

**Passatwind** ⟨m. 1⟩ ◄ *beständiger Wind in den Tropen innerhalb der Wendekreise, infolge der Erdumdrehung wechselnd aus NO u. SO wehend* (Nordostpassatwind, Südostpassatwind); Sy *Passat* [über das Nddt. (seemänn.) < ndrl. *passaat(wind)*]

**Passbild** ⟨n. 12⟩ *kleine Fotografie des Pass- od. Ausweisinhabers in vorgeschriebener Form für den Pass od. Personalausweis*

**passé** ⟨[-se:] Adj.; nur prädikativ⟩ = *passee*

**passee** ⟨[-se:] Adj.; nur prädikativ⟩ *vorbei, vergangen, nicht mehr modern;* oV *passé* ♦ das ist (längst) passee [frz., Part. Perf. von *passer* „(vorüber)gehen"]

**passen** ⟨V.; hat⟩ **I** ⟨V. i.⟩ **1** *sich eignen, angemessen sein* **2** *recht sein, gefallen* **3** ⟨Kart.⟩ **3.1** *auf ein Spiel verzichten, nicht (weiter) reizen können* **3.2** (ich) passe! *(Ansage beim Kartenspiel, dass man das laufende Spiel verlässt)* ♦ das passt mir nicht; um diese Zeit, am Montag passt es mir nicht; die **Schuhe** passen (gut, nicht) ♦ das **könnte** dir so passen! ⟨umg.⟩ *das wäre dir recht, aber es wird nichts!* ♦ der Deckel passt (nicht) **auf** den Kasten, Topf; das passt nicht **hierher** *gehört nicht hierher;* das passt mir nicht **in** den Kram dieses Benehmen hat (nicht) **zu** ihm gepasst; der Hut passt (nicht) zum Mantel; die beiden passen (gut, nicht) **zueinander** ♦ die passenden Schuhe zum Anzug kaufen; ein passendes Wort finden, suchen; ein Kleidungsstück passend machen; bei passender Gelegenheit **II** ⟨V. t.; veraltet⟩ *passend machen, genau einfügen* ♦ ein Teil in ein anderes passen **III** ⟨V. refl.; umg.; veraltet⟩ sich passen **1** *sich schicken* **2** *sich gehören* [< frz. *passer*]

**Passepartout** ⟨[paspar'tu:] n. 15⟩ **1** *Rahmen aus Karton um ein Bild (Foto od. Zeichnung)* **2** ⟨veraltet⟩ *Freipass, Dauerkarte* **3** *Hauptschlüssel* [< frz. *passe partout* „passt überall"]

**Passgang** ⟨m. 1u; unz.⟩ *Gangart mancher Vierfüßer, z. B. des Kamels, bei der beide Beine einer Seite gleichzeitig vorgesetzt werden;* Sy *Pass (II)*

**passieren** **I** ⟨V. t.; hat⟩ **1** *vorüberfahren, -gehen an, hindurchfahren, -gehen durch, überfliegen, überqueren* **2** *seihen, durchlaufen lassen, hindurchdrücken* ♦ eine Brücke, Grenze passieren; jmdn. (ungehindert) passieren lassen; die Zensur passieren *durch die Zensur gehen* (Meldung, Nachricht, Film); Kartoffeln, Suppe durch ein Sieb, Tuch passieren **II** ⟨V. i.; ist⟩ *geschehen, sich ereignen* ♦ ist etwas passiert?; ist ihm etwas passiert? *zugestoßen;* das kann jedem (mal) passieren *das ist nicht so schlimm* [< frz. *passer* „gehen, vorbeigehen"]

**passim** ⟨Adv.⟩ *hier und da* [lat.]

**Passion** ⟨f. 20⟩ **1** *Leidenschaft, starke Neigung* **2** ⟨Rel.⟩ *Leidensgeschichte (Christi)* ♦ das Reiten, die Jägerei ist seine Passion [< mhd. *passion,* älter *passie* < kirchenlat. *passio* „Leiden(sgeschichte) Christi", eigtl. „Leiden, Erdulden"]

**passioniert** ⟨Adj.⟩ *begeistert, leidenschaftlich* ♦ ein passionierter Reiter, Schwimmer sein

**Passionsblume** ⟨f. 19; Bot.⟩ ◄ *Angehörige einer Gattung von Rankengewächsen mit gelben, essbaren Früchten (Grenadillen, Maracujas), deren Blüte als Darstellung der Marterwerkzeuge Christi gedeutet wurde: Passiflora*

**Passionsfrucht** ⟨f. 7u⟩ *Frucht der Passionsblume*
**Passionssonntag** ⟨m. 1; Rel.⟩ *jeder der sechs Sonntage in der Passionszeit*
**Passionsspiel** ⟨n. 11; Rel.⟩ *aus dem Gottesdienst entwickeltes, mittelalterl. geistl. Drama über die Passion Christi*
**Passionswoche** ⟨f. 19; Rel.⟩ *Karwoche*
**Passionszeit** ⟨f. 20; Rel.⟩ *Zeit zwischen Aschermittwoch u. Ostern, Fastenzeit*
**passiv** ⟨Adj.⟩ *untätig, teilnahmslos, träge, still duldend;* Ggs *aktiv (1)* ◆ er ist ein passiver Charakter, eine passive Natur; passives Wahlrecht ⟨Pol.⟩ *das Recht, gewählt zu werden;* Ggs *aktives Wahlrecht;* passiver Widerstand *Widerstand durch Untätigkeit;* passiver Wortschatz *Wortschatz, der im Gedächtnis gespeichert ist, den man kennt, ohne ihn anzuwenden;* Ggs *aktiver Wortschatz* [< lat. *passivus* „duldend", vermutl. über frz. *passif* „untätig; duldend"]
**Passiv** ⟨n. 11; Gramm.⟩ *Handlungsrichtung des Verbums, drückt aus, was mit dem Subjekt geschieht;* Ggs *Aktiv (1)* [< lat. *passivum (genus verbi)*]
**Passiva** ⟨[-va] Pl.⟩, **Passiven** ⟨[-vən] Pl.⟩ *Verbindlichkeiten, Schulden;* Ggs *Aktiva*
**Passivgeschäft** ⟨n. 11; Bankw.⟩ *Bankgeschäft (auf der Passivseite der Bankbilanz) zur Beschaffung von Geldkapital, z. B. Annahme von Spareinlagen;* Ggs *Aktivgeschäft*
**Passivität** ⟨[-vi-] f. 20; unz.⟩ *passives Wesen, Untätigkeit, Teilnahmslosigkeit, Trägheit;* Ggs *Aktivität (1, 1)* [< frz. *passivité*]
**Passivrauchen** ⟨n.; -s; unz.⟩ *das (ungewollte) Einatmen von Tabakrauch durch einen Nichtrauchenden, der sich in Gesellschaft von Rauchenden befindet*
**Passkontrolle** ⟨f. 19⟩ *Kontrolle des (Reise-) Passes an der Landesgrenze*
**Passstraße** ⟨f. 19⟩ *Handels-, Verkehrsstraße über einen Pass*
**Passus** ⟨m.; -, -⟩ **1** ⟨geh.⟩ *Abschnitt in einem Buch od. Text* **2** ⟨altröm. Längenmaß⟩ *Doppelschritt, 147,9 cm* [aus der Kanzleisprache < mlat. *passus* „Schritt"]
**Passwort** ⟨n. 12u⟩ **1** ⟨bes. EDV⟩ *meist individuell festgelegte, geheime Zeichenfolge, die eine zuvor registrierte Person dazu berechtigt, z. B. auf eine nicht öffentliche EDV-Einrichtung (Computer, persönl. Internetzugang) od. ein Bankkonto zuzugreifen;* Sy *Kennwort (2)* **2** = *Kennwort (3)*
**Pasta** ⟨f.; -, Pasten⟩ **1** *streichbare Masse* (Zahnpasta) **2** *Paste* **3** ► *Teigware, Gericht aus Teigwaren* ◆ Pasta asciutta [-ʃuta] *Nudelgericht mit einer Soße aus gehacktem Fleisch, Tomaten, Kräutern u. Parmesan* [ital., „Teig, Brei"]
**Paste** ⟨f. 19⟩ **1** *streichbare Masse* (Fleischpaste, Sardellenpaste) **2** *Salbe-Pulver-Mischung* (Zinkpaste) [< ital. *pasta* „Teig, Brei"]
**Pastell** ⟨n. 11; Mal.; kurz für⟩ *Pastellzeichnung* [< frz. *pastel* < ital. *pastello* „kleine Paste"; zu *pasta* „Teig, Brei"]
**Pastellfarbe** ⟨f. 19; Mal.⟩ **1** *Farbe aus Gips od. Kreide, denen Bindemittel zugesetzt werden* **2** ⟨allg.⟩ *zarte, helle Farbe*
**Pastellzeichnung** ⟨f. 20; Mal.⟩ *Zeichnung mit Pastellfarben;* Sy ⟨kurz⟩ *Pastell*
**Pastete** ⟨f. 19⟩ **1** *mit Fleisch, Fisch, Gemüse od. anderem gefülltes Blätterteiggebäck* **2** *bes. feine Kalbs- od. Gänseleberwurst* (Leberpastete, Gänseleberpastete) [< mhd. < roman. *pastata* < mlat. *pasta* „Teig"]
**Pasteurisierung** ⟨[-tøː-] f. 20⟩ *Wärmebehandlung bei Temperaturen unterhalb von 100 °C (meist 60-80 °C) zur Konservierung von Lebensmitteln, bes. von Fruchtsäften u. Milch* [nach dem frz. Mediziner Louis *Pasteur,* 1822-1895]

## PASTA

Italienische Pasta (ursprünglich 1300 von Marco Polo aus Asien eingeführt) wird überwiegend aus Hartweizenmehl hergestellt, dessen hoher Glutengehalt den Teig zäh und geschmeidig werden lässt. Die verschiedenen Pastaformen ergeben sich aus dem Pressen des Teigs durch entsprechend perforierte Platten, während zur vielfältigen Färbung von Pasta u. a. Spinat, Rote-Bete-Saft oder Tintenfischsekret verwendet werden.

### VERSCHIEDENE PASTAFORMEN

LANG

CAPELLINI

TAGLIATELLE VERDI

FEDELI

SPAGHETTI

KURZ

GIGANTONI

RIGATONI

RUOTE

FARFALLE

DITALINI

CAPPELLETTI

CONCHIGLIE

STROZZAPRETE

GEFÜLLT UND GESCHICHTET

CANNELLONI

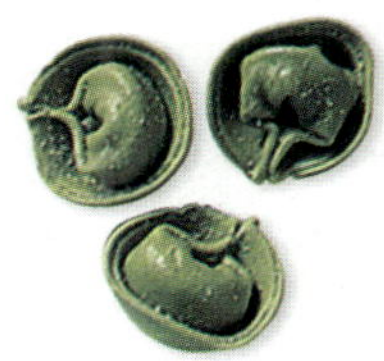
TORTELLINI

RAVIOLI

LASAGNE

**Pastille** ⟨f. 19⟩ *Kügelchen, Plätzchen, Pille* [< lat. *pastillus*]
**Pastinak** ⟨m. 6⟩, **Pastinake** ⟨f. 19⟩ *gelb blühendes Doldengewächs, dessen süße Pfahlwurzeln als Gemüse gegessen od. als Viehfutter verwendet werden können: Pastinaca sativa* [< lat. *pastinaca*]
**Pastis** ⟨m.; -; unz.⟩ *frz. Anislikör*
**Pastor** ⟨m. 23; Abk.: P.⟩ *Pfarrer, Geistlicher* [< kirchenlat. *pastor* „Seelenhirt", lat. „Hirt"; zu *pascere* „(Vieh) weiden, füttern, (er)nähren"]
**pastoral** ⟨Adj.⟩ **1** ⟨Lit.; geh.⟩ *ländlich, hirtenartig, idyllisch* (Musikstück) **2** ⟨ev. Kirche⟩ *zum Pastor bzw. zum Beruf eines Pastors gehörend, ihm gemäß, ihm zustehend, pfarramtlich* **3** ⟨fig.⟩ *feierlich, würdig, getragen* (Ausdrucksweise, Ton) [< lat. *pastoralis* „hirtenartig, Hirten..."]
**Pastorale** ⟨n. 15 od. f. 19⟩ **1** ⟨Mus.⟩ **1.1** *Hirtenmusik, ländlich-idyll. Musikstück* **1.2** *musikal. Schäferspiel der Barockzeit* **2** ⟨Mal.⟩ *Darstellung einer Hirten- u. Schäferszene*
**Pastorin** ⟨f. 22⟩ *weibl. Pastor, Geistliche*
**pastos** ⟨Adj.⟩ **1** ⟨Mal.⟩ *dick, reliefartig aufgetragen* (Farbe) **2** ⟨bes. Kochk.⟩ *teigig, dickflüssig* (Soße) [< ital. *pastoso* „teigig, breiig"; zu ital., lat. *pasta* „Teig"]
**pastös** ⟨Adj.; Med.⟩ *gedunsen, aufgeschwemmt, schwammig*

P

PATCHWORK AUS BROKAT UND SAMT

**Patch** ⟨[pætʃ] m. 6 od. n. 15; EDV⟩ *(meist kostenlos zur Verfügung gestelltes) Softwareprogramm, das in einem vorhandenen Programm enthaltene Fehler od. Mängel beheben soll* [< engl. *patch* „Flicken"]

**Patchwork** ⟨['pætʃwɔ:k] n. 15⟩ ▲ *Textilerzeugnis, das aus vielen kleinen Stücken unterschiedlicher Farbe u. Form zusammengesetzt ist, z. B. Decke, Kleiderstoff, Wandbehang* [engl., „Flickwerk"]

**Pate** ⟨m. 17; Rel.⟩ *Tauf- bzw. Firmzeuge, der die Mitverantwortung für die christl. Erziehung des Kindes (Täuflings bzw. Firmlings) übernimmt* ◆ bei einem Kind Pate stehen *die Patenschaft eines Kind übernehmen* [< lat. *pater spiritualis* „geistl. Vater"]

**Patella** ⟨f.; -, -tellen; Anat.⟩ = *Kniescheibe* [lat., „kleine Pfanne"]

**Patellarreflex** ⟨m. 1; unz.⟩ = *Kniesehnenreflex*

**Patenkind** ⟨n. 12; Rel.⟩ *Kind, für das ein Pate die Patenschaft übernommen hat*



**Patenschaft** ⟨f. 20⟩ **1** ⟨Rel.; i. e. S.⟩ *Mitverantwortung des Paten für die christl. Erziehung des Patenkindes* **2** ⟨allg.; i. w. S.⟩ *Mitverantwortung, Schirmherrschaft* ◆ die Patenschaft übernehmen

**patent** ⟨Adj.; -er, am -esten⟩ *geschickt, praktisch, tüchtig, brauchbar* ◆ ein patenter Kerl; das ist patent! [zunächst vornehmlich student., vermutl. nach *Patent-* als Bestimmungswort von Zus. wie Patentwaren (z. B. Patentschnallen, Patentknöpfe)]

**Patent** ⟨n. 11⟩ **1** *Urkunde über einen erworbenen Berufsgrad* (Kapitänspatent, Offizierspatent) **2** *Urkunde über ein verliehenes Recht, z. B. zur alleinigen Benutzung einer Erfindung* **3** ⟨schweiz.⟩ *Erlaubnis zur Ausübung gewisser Berufe od. Betätigungen* **4** *eine Erfindung zum Patent anmelden* ◆ ein Patent erteilen [zu lat. *(littera) patens* „(landesherrl.) offener (Brief)"; zu lat. *patens* „offen stehend, offen"; zu lat. *patere* „offen stehen"]

**Patentante** ⟨f. 19⟩ = *Patin*

**patentieren** ⟨V.t.; hat⟩ **1** eine Erfindung patentieren *einer E. Schutz vor Nachahmung gewähren* **2** Stahl patentieren *mit Wärme so behandeln, dass man für die Kaltformung ein günstiges Gefüge erhält* [→ *Patent*]

**Pater** ⟨m.; -s, Patres; Abk.: P.; Pl.: PP.⟩ *Mönch, der die Priesterweihen erhalten hat;* → a. *Frater* ◆ Pater Patriae *Vater des Vaterlandes (Ehrentitel röm. Kaiser)* [lat. „Vater"]

**Paternalismus** ⟨m.; -; unz.⟩ *Bestreben (des Staates), den Bürger zu bevormunden* [zu lat. *pater* „Vater"]

**Paternoster** **I** ⟨n. 13⟩ *Vaterunser* **II** ⟨m. 3⟩ *Aufzug ohne Tür, der dauernd fährt, ohne anzuhalten* [lat., „Vaterunser"; nach den Anfangsworten des Gebetes bei Matth. 6,9]

**Pathetik** ⟨f.; -; unz.⟩ *pathetische Art, Erhabenheit, Feierlichkeit* [→ *pathetisch*]

**pathetisch** ⟨Adj.⟩ **1** *voller Pathos, erhaben, feierlich* **2** ⟨fig.⟩ *salbungsvoll, übertrieben feierlich* [< lat. *patheticus* < grch. *pathetikos* „leidend, gefühlvoll, leidenschaftlich"]

**...pathie** ⟨in Zus.⟩ **1** *Leiden, Krankheit* **2** *Heilkunde, Heilverfahren* **3** *Gefühl, Neigung, Anteilnahme* [< grch. *pathos* „Leiden"]

**Pathologie** ⟨f. 19; unz.⟩ *Lehre von den Krankheiten* [< mlat. *pathologia* < grch. *pathos* „Leiden, Krankheit" + *logos* „Wort, Rede, Kunde"]

**pathologisch** ⟨Adj.⟩ **1** *die Pathologie betreffend, auf ihr beruhend* **2** *krankhaft*

**Pathos** ⟨n.; -; unz.⟩ *erhabene Leidenschaft, leidenschaftl., gefühlvoller Nachdruck* ◆ falsches, unnatürliches Pathos; feierliches Pathos; etwas mit Pathos sagen, vorbringen [< grch. *pathos* „Leid, Leiden; Gemütsbewegung, Leidenschaft"]

**Patience** ⟨[pa'sjãs] f. 19; Kart.⟩ *Kartengeduldspiel* ◆ eine Patience, Patiencen legen [frz., eigtl. „Geduld"]

**Patiens** ⟨n.; -; unz.; Sprachw.⟩ *Ziel des Geschehens innerhalb eines Satzes;* Ggs *Agens (4)*

**Patient** ⟨[pa'tsjɛnt] m. 16; Med.⟩ *Kranker in ärztl. Behandlung, Kunde des Arztes* [zu lat. *patiens*, Gen. *patientis* „(er)duldend, leidend"; zu *pati* „(er)dulden, leiden"]

**Patin** ⟨f. 22⟩ *weibl. Pate;* Sy *Patentante*

**Patina** ⟨f.; -; unz.⟩ **1** *hellgrauer, schützender Überzug auf Kupfer und Kupferlegierungen* **2** *entsteht an der Atmosphäre durch die Einwirkung bes. von Kohlenstoffdioxid u. Stickstoffdioxid* [ital., urspr. „Firnis; Glanzmittel für Felle"]

**Patnareis** ⟨m. 1⟩ *Langkornreis* [nach der ind. Stadt *Patna*]

**Patres** ⟨[-tre:s] Abk.: PP.; Pl. von⟩ *Pater*

**Patriarch** ⟨m. 16⟩ **1** ⟨AT⟩ *Stammvater der Israeliten (Abraham, Isaak, Jakob)* **2** *Bischof in bes. hervorgehobener Stellung, z. B. der Papst als Bischof von Rom* **3** ⟨Titel für⟩ *oberster Geistlicher (in Moskau, Konstantinopel u. den christl. Ostkirchen)* [< grch. *patriarches* < *pater* „Vater" + *arche* „Herrschaft"]

**patriarchalisch** ⟨[-ça:-] Adj.⟩ **1** *zum Patriarchen gehörig, ihm gemäß, ihm zustehend* **2** *altväterlich* **3** *vaterrechtlich;* Ggs *matriarchalisch* **4** ⟨fig.⟩ *Rücksicht u. Gehorsam fordernd (wie es einem Patriarchen zukommt)* ◆ patriarchalisch herrschen; er war für seinen patriarchalischen Führungsstil bekannt

**Patriarchat** ⟨[-ça:t] n. 11⟩ **1** = *Vaterherrschaft;* Ggs *Matriarchat* **2** *Würde, Amt, Amtsbereich eines katholischen Patriarchen*

**Patriot** ⟨m. 16⟩ *Vaterlandsfreund, jmd., der vaterländisch gesinnt ist* [< mlat. *patriota* „Landsmann" u. frz. *patriote* „Landsmann, vaterländisch Gesinnter"; zu lat. *patria* „Vaterland"]

**patriotisch** ⟨Adj.⟩ *in der Art eines Patrioten, vaterländisch gesinnt, vaterlandsliebend*

**Patrize** ⟨f. 19; Typ.⟩ *Stanze, Stempel, Prägestock mit erhaben herausgearbeitetem Bild;* Ggs *Matrize (1.1)* [zu lat. *pater* „Vater"; nach dem Gegenwort *Matrize*]

**Patrizier** ⟨[-tsiər] m. 3⟩ **1** *Mitglied des altröm. Adels* **2** ⟨MA⟩ *vornehmer, wohlhabender Bürger* [< lat. *patricius;* zu *pater* „Vater"]

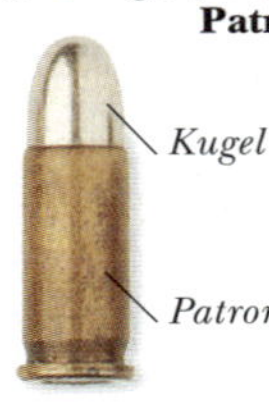


PATRONE

**Patron** ⟨m. 1⟩ **1** ⟨im antiken Rom⟩ *Herr (seiner freigelassenen Sklaven)* **2** ⟨kath. Kirche⟩ = *Schutzheiliger* **3** *Stifter einer Kirche* **4** = *Schutzherr* **5** *Schiffseigentümer* (Schiffspatron) **6** ⟨umg.; meist abwertend⟩ *Kerl, Bursche* ◆ St. Hubertus ist der Patron der Jäger; ein übler, unverschämter, frecher Patron ⟨umg.⟩ [< lat. *patronus* „Schutzherr"]

**Patronat** ⟨n. 11⟩ **1** ⟨im antiken Rom⟩ *Würde, Amt, Stellung eines Patrons* **2** ⟨kath. Kirche⟩ *Rechte u. Pflichten des Stifters einer Kirche* [→ *Patron*]

**Patrone** ⟨f. 19⟩ **1** ▲ *mit Sprengstoff u. Zündvorrichtung versehener Behälter* (Sprengpatrone), *als Munition für Handfeuerwaffen dienende Hülse mit Zünder, Treibladung u. aufgesetztem Geschoss* (Gewehrpatrone) **2** *lichtundurchlässiger Behälter für Kleinbildfilm* **3** *auf kariertes Papier gezeichnetes Muster für die Jacquardweberei* [< frz. *patron* „Musterform", eigtl. „Vaterform" < lat. *patronus* „Schutzherr"]

**Patrouille** ⟨[-truljə] f. 19⟩ **1** *Wachtposten, Spähtrupp* **2** *Streife* **3** *(sich stündlich wiederholender) Kontrollgang des Wachtpostens, der Streife* ◆ (auf) Patrouille gehen [frz.]

**patrouillieren** ⟨[-trul(j)i:-] V. i.; ist/hat⟩ *als Posten, Wache auf u. ab gehen od. fahren* [< frz. *patrouiller*]

**Patschuli** ⟨n. 15; Bot.⟩ ◄ *Angehöriges einer Gattung der Lippenblütler, dessen äther. Öl in der Parfümerie verwendet wird: Pogostemon*

PATSCHULI
*(Pogostemon cablin)*

**Patt** ⟨n. 15⟩ **1** ⟨Schach-, Damespiel⟩ *Stellung, bei der ein Spieler patt ist* **2** ⟨allg.⟩ *unentschiedener Ausgang* ◆ atomares Patt

**patzen** ⟨V. i.; hat⟩ **1** *etwas verderben, ungeschickt sein, klecksen* **2** ⟨Mus.⟩ *falsch, unsauber spielen* [urspr. „klecksen"; vermutl. zu mundartl. *Patzen* „Klecks, Schmutzfleck"]

**Patzer** ⟨m. 3⟩ **1** *jmd., der oft patzt* **2** *grober Fehler*

**patzig** ⟨Adj.; umg.⟩ **1** *eingebildet-frech, schroff abweisend* **2** ⟨oberdt.⟩ *klebrig, breiig* ◆ eine patzige Antwort geben [< frühnhd. *batzig* „aufgeblasen, frech", eigtl. „klumpig, feist"]

**Pauke** ⟨f. 19; Mus.⟩ *kesselförmiges Schlaginstrument mit über die Öffnung gezogenem Kalbfell;* Sy *Kesselpauke, Tympanon (2);* ► *Schlaginstrumente* [< mhd. *puke, buke, bouke*, evtl. lautmalenden Ursprungs; vielleicht verwandt mit *pochen*]

**pauken** ⟨V.; hat⟩ **I** ⟨V. i.⟩ **1** *auf der Pauke spielen* **2** ⟨Studentenspr.⟩ *fechten* **II** ⟨V. i. u. V. t.; Schülerspr.⟩ *angestrengt lernen* ◆ englische Vokabeln, Mathematik pauken; für eine Prüfung pauken

**Paukenröhrchen** ⟨n. 14; Med.⟩ ► *Kunststoff- od. Metallröhrchen, das zur Belüftung u. Trockenlegung des Mittelohres in das Trommelfell eingelegt wird*

**pauschal** ⟨Adj.⟩ *alles zusammen (gerechnet), rund* (Betrag, Summe) [→ *Pauschale*]

**Pauschalbetrag** ⟨m. 1u⟩ = *Pauschale;* oV *Pauschbetrag*

**Pauschale** ⟨f. 19⟩ *Preis, Summe für alles zusammen, Betrag, der sich aus mehreren Einzelbeträgen zusammensetzt;* Sy *Pauschal-*

*betrag, Pauschalpreis* [< österr. Amtssprache, latinisiert aus *Pausch(e)* „Wulst (am Sattel)", Nebenform von *Bausch* „Wulst"]

**pauschalisieren** ⟨V. t.; hat⟩ *pauschal beurteilen, sehr stark verallgemeinern* ◆ das darf, kann man nicht pauschalisieren

**Pauschalpreis** ⟨m. 1⟩ = *Pauschale*

**Pauschalreise** ⟨f. 19⟩ *Gesellschaftsreise zu bestimmten Orten, bei der die Kosten für Fahrt, Unterbringung, Verpflegung, Ausflüge usw. pauschal berechnet werden*

**Pauschbetrag** ⟨m. 1u⟩ = *Pauschalbetrag*

**Pause**[1] ⟨f. 19⟩ **1** *vorübergehende Unterbrechung, kurze Rast* (Erholungspause, Frühstückspause, Kampfpause, Mittagspause) **2** ⟨Mus.⟩ *Taktteil, der nicht durch Ton ausgefüllt ist* (Achtelpause, Viertelpause) ◆ zehn **Minuten** Pause; fünf **Takte** Pause ◆ ohne Pause **arbeiten,** marschieren; eine Pause **machen,** einlegen ◆ **kleine,** große Pause (in der Schule, im Theater) [< mhd. *puse* < lat. *pausa,* über afrz. *pose* < grch. *pausis* „Aufhören"; zu *pauein* „aufhören"]

**Pause**[2] ⟨f. 19⟩ *Durchzeichnung, Kopie mithilfe von durchsichtigem, auf das Original gelegtem Papier* [→ *pausen*]

**pausen** ⟨V. t.; hat⟩ etwas pausen *eine Pause von etwas machen, etwas durchzeichnen* [durch Kreuzung von frz. *ébaucher* „entwerfen" mit *poncer* „durchpausen" entstanden]

**pausieren** ⟨V. i.; hat⟩ *eine Pause machen, kurz ausruhen, rasten* [zu spätlat. *pausare* < grch. *pauein* „aufhören"]

**Pavian** ⟨[-vi-] m. 1; Zool.⟩ ▲ *Angehöriger einer Gattung der Tieraffen des mittleren Afrika: Papio* [< frühnhd. *bavian* < ndrl. *bavian* < afrz. *babouin*]

**Pavillon** ⟨[-vilj͂ɔ] m. 6⟩ **1** *großes, viereckiges Zelt* **2** *kleines, meist rundes, leicht gebautes, häufig offenes, frei stehendes Gebäude in Gärten od. auf Ausstellungen* (Gartenpavillon) **3** *Verkaufshäuschen, Kiosk* **4** *runder od. viereckiger Vorbau (bes. an Barockschlössern)* [frz.]

**Pay-TV** ⟨['pɛiti:vi:] n.; -; unz.⟩ *Finanzierungssystem eines Fernsehsenders, orientiert an Gebühren für einzelne Sendungen od. an der Nutzung eines bestimmten Kanals* [< engl. *pay* „bezahlen" + *TV* „Television"]

PAVIAN: MANTELPAVIAN *(Papio hamadryas)*

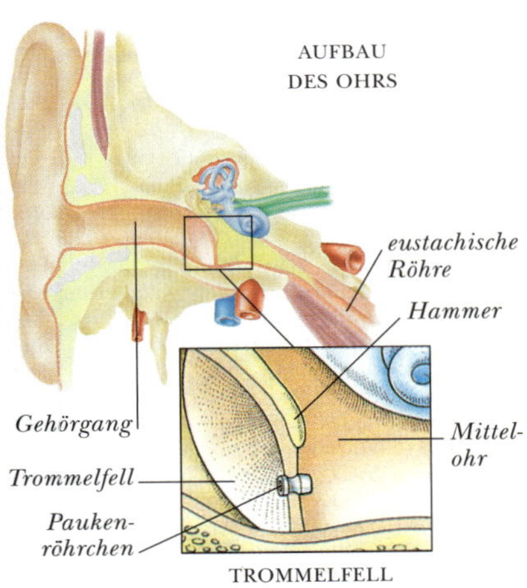

PAUKENRÖHRCHEN: LAGE EINES PAUKENRÖHRCHENS IM MENSCHLICHEN OHR

**pazifisch** ⟨Adj.⟩ *zum Pazifik gehörig*

**Pazifismus** ⟨m.; -; unz.; Pol.⟩ *Bestreben, unter allen Umständen den Frieden zu erhalten, Ablehnung des Krieges u. Kriegsdienstes* [neulat.; zu frz. *pacifisme*]

**pazifistisch** ⟨Adj.; Pol.⟩ *auf Pazifismus beruhend*

**Pb** ⟨Zeichen für⟩ *Plumbum, Blei*[2] *(I, 1)*

**PC** ⟨EDV; Abk. für engl.⟩ *Personalcomputer*

**p. c. 1** ⟨Abk. für lat.⟩ *per centum, pro centum* **2** ⟨Abk. für⟩ *Prozent*

**p. Chr. (n.)** ⟨Abk. für lat.⟩ *post Christum (natum), nach Christi (Geburt)*

**Pd** ⟨Chem.; Zeichen für⟩ *Palladium*

**PDS** ⟨Pol.; Abk. für⟩ *Partei des Demokratischen Sozialismus (Nachfolgepartei der SED)*

**PE** ⟨Chem.; Zeichen für⟩ *Polyäthylen, Polyethylen*

**Peanuts** ⟨['pi:nʌts] Pl.; umg.; meist scherzh.⟩ *Kleinigkeit, geringe Geldmenge* ◆ das sind doch Peanuts! [engl., eigtl. „Erdnüsse"]

**Pecannuss** ⟨f. 7u⟩ ► *Nuss des nordamerikan. Hickorybaumes;* oV *Pekannuss* [< engl. *pecan* < algonkin *paccan* „Nuss"]

**Pech** ⟨n. 11⟩ **I** ⟨zählb.⟩ *dunkler, klebriger Rückstand bei der Destillation von Stein-, Braun- u. Holzkohlenteer u. Erdöl* ◆ die beiden halten zusammen wie Pech und Schwefel ⟨umg.⟩ *halten fest zusammen, lassen einander nicht im Stich;* schwarz wie Pech **II** ⟨unz.; fig.⟩ *unglückl. Zufall, unglückl. Fügung, Missgeschick* ◆ Pech haben; Pech im Spiel haben [< ahd. *beh, peh,* engl. *pitch* < lat. *pix,* Gen. *picis* „Pech, Teer"]

**Pechblende** ⟨f. 19; unz.⟩ = *Uraninit*

**Pechsträhne** ⟨f. 19; umg.⟩ Ggs *Glückssträhne* **1** *Phase, in der einem nichts gelingt, in der man dauernd Pech hat* **2** *Reihe von unglückl. Zufällen*

**Pedal** ⟨n. 11⟩ **1** *Hebel, der mit dem Fuß betätigt wird* **2** ⟨Fahrrad⟩ *Tretkurbel* **3** ⟨Mus.⟩ **3.1** ⟨Orgel⟩ *Tastenreihe, die mit den Füßen bedient wird* **3.2** ⟨Klavier⟩ *Fußhebel zum Nachschwingenlassen der Saiten od. zum Dämpfen der Töne* **3.3** ⟨Cembalo⟩ *Fußhebel zum Mitschwingenlassen anderer Saiten* **3.4** ⟨Harfe⟩ *Fußhebel zum chromat. Umstimmen der Saiten* ◆ stärker in die Pedale treten *schneller fahren* (Radfahrer); mit Pedal spielen (am Klavier) [neulat.; zu lat. *pedalis* „zum Fuß gehörig"; zu *pes,* Gen. *pedis* „Fuß"]

**Pedalhaken** ⟨m. 4⟩ *(bes. häufig an Rennräder installierte) metallene Schlaufe, die das Abrutschen des Fußes bei hoher Geschwindigkeit verhindern soll*

**Pedant** ⟨m. 16⟩ *pedantischer Mensch*

**pedantisch** ⟨Adj.⟩ *übertrieben genau, übertrieben gewissenhaft od. ordentlich* [< frz. *pédantesque*]

**Peddigrohr** ⟨n. 11; unz.⟩ *Rohr aus dem Inneren des Stammes der Rotangpalme zum Flechten von Körben u. Stühlen u. für Spazierstöcke;* Sy *spanisches Rohr, Rattan*

PEITSCHE: AUSTRALISCHE PEITSCHE DES SPÄTEN 19. JH.

**Peergroup** ⟨['pi:rgru:p] f. 10; Soziol.⟩ *Gruppe von Jugendlichen gleichen Alters, die sich gegenseitig bei der Loslösung vom Elternhaus unterstützen* [< engl. *peer* „gleichrangig" + *group* „Gruppe"]

**Pegasus** ⟨m.; -; unz.; grch. Myth.⟩ *geflügeltes Pferd als Sinnbild der Dichtkunst, der dichter. Fantasie, Dichterross* ◆ den Pegasus besteigen *zu dichten beginnen* [< grch. *pegasos* (geflügeltes Ross, dessen Hufschlag den Musenquell Hippokrene entspringen ließ, Spross des Poseidon u. der Medusa)]

**Pegel** ⟨m. 5⟩ **1** = *Wasserstand* **2** = *Wasserstandsmesser* **3** *Größenangabe für Signale, insbesondere Spannungen, Leistungen, Schalldrücke* [mnddt., „Merkzeichen an Gefäßen, Maß zum Bestimmen des Wasserstandes", von unklarer Herkunft: ndrl. *peil* „Wasserstandsmarke", engl. *pail* „Eimer"; Quelle ist vermutl. afrz. *apielle* „Holzmaß" < mlat. *pagella* „Maßstab"]

**Peies** ⟨Pl.⟩ *Schläfenlocken (der orthodoxen Juden)*

**peilen** ⟨V. t. u. V. i.; hat⟩ **1** *eine Richtung bestimmen* **2** *die Wassertiefe feststellen* ◆ die Lage peilen ⟨fig.; umg.⟩ *auskundschaften, sondieren* [aus der nddt. Seemannsspr. < mnddt. *pegelen* „die Wassertiefe messen"]

PECANNUSS *(Carya illinoensis)*

**Pein** ⟨f.; -; unz.⟩ **1** *Qual, quälender Schmerz* **2** ⟨veraltet⟩ *Strafe* ◆ das bereitet mir große Pein; körperliche, seelische Pein [< ahd. *pina* „Qual; Not; Strafe" < mlat. *pena* „Höllenstrafe" < lat. *poena* „Qual, Schmerz; Strafe, Buße"]

**peinigen** ⟨V. t.; hat⟩ jmdn. peinigen *jmdn. quälen, jmdm. Pein bereiten, quälenden Schmerz zufügen* ◆ der Gedanke peinigt mich, dass ...

**peinlich** ⟨Adj.⟩ **1** *unangenehm, Verlegenheit bereitend, beschämend* (Frage, Lage) **2** *sehr gewissenhaft, fast übertrieben sorgfältig* ◆ von etwas peinlich berührt sein; um der Lage, der Frage das Peinliche zu nehmen, sagte er ...; es ist mir sehr peinlich, aber ich muss Ihnen leider mitteilen, dass ...; sein Benehmen war für alle sehr peinlich; peinlich genau; peinlich sauber

**Peitsche** ⟨f. 19⟩ ▼ *Schlaggerät aus einem sehr schmalen Lederriemen od. einer Schnur an langem Stiel* ◆ die Peitsche schwingen; mit der Peitsche knallen [< spätmhd. *pitsche* < ostmdt. *pitsche, picze* < westslaw. < aslaw. *bici* „Geißel"; zu *biti* „schlagen"; verwandt mit *Beil*]

**peitschen** ⟨V. t.; hat⟩ **1** *mit der Peitsche schlagen* **2** ⟨fig.⟩ *heftig schlagen* ◆ der Regen, Sturm, Wind peitscht die Bäume, die Wellen

**Pejorativum** ⟨[-vum] n.; -s, -va [-va]; Sprachw.⟩ *Wort, dessen Bedeutung sich im Lauf seiner Geschichte verschlechtert hat,* z. B. „Pöbel" (von lat. *populus* „Volk"); Ggs *Meliorativum* [zu lat. *peior* „schlechter"]

**Pekannuss** ⟨f. 7u⟩ ► = *Pecannuss*

P

PELIKAN: KRAUSKOPFPELIKAN (*Pelecanus crispus*)

**Pekinese** ⟨m. 17⟩ *kleine, kurzbeinige, langhaarige Hunderasse aus China mit stumpfer Schnauze;* ► *Hunde*

**Pekingoper** ⟨f. 21; Mus.⟩ *chinesische Form des Bühnenspiels, die eine Mischung von Oper, Sprechtheater, Mimik u. Akrobatik ist* [nach der chines. Stadt *Peking*]

**Pektenmuschel** ⟨f. 21⟩ ► = *Kammmuschel*

**Pektin** ⟨n. 11⟩ *stark quellender, kohlenhydratähnlicher Stoff in saurem Obst, der zusammen mit Zucker u. Säure das Gelieren der Obstsäfte beim Kochen bewirkt* [< grch. *pektos* „geronnen"; zu *pektos* „fest"]

**pekuniär** ⟨Adj.; geh.⟩ *geldlich* ◆ pekuniäre Schwierigkeiten; es geht ihm pekuniär sehr gut, schlecht [< frz. *pécuniaire;* zu lat. *pecunia* „Geld, Vermögen"]

**Pelargonie** ⟨[-niə] f. 19; Bot.⟩ *Angehörige einer Gattung der Storchschnabelgewächse, meist Zierpflanze mit leuchtenden Blüten: Pelargonium;* Sy *Geranie (1)* [zu grch. *pelargos* „Storch", wegen des Fruchtschnabels]

**Pelikan** ⟨m. 1; Zool.⟩ ▲ *Angehöriger einer Familie sehr großer Ruderfüßer: Pelicanidae* [< mhd. *pel(l)ican* < kirchenlat. *pelicanus*]

**Pelle** ⟨f. 19⟩ *Schale, Haut* (Wurstpelle) ◆ jmdm. auf der Pelle liegen ⟨fig.; umg.⟩ *jmdm. (ständig) lästig sein;* jmdm. auf die Pelle rücken ⟨fig.; umg.⟩ *jmdm. zu nahe kommen* [< mnddt.; verwandt mit *Fell*]

**pellen** ⟨V. t.; hat⟩ *schälen* (bes. Kartoffeln)

**Pelz** ⟨m. 1⟩ **1** *Fell, Haarkleid* (von Tieren) **2** *für Kleidungsstücke bearbeitetes Tierfell* **3** ⟨kurz für⟩ *Pelzkragen, Pelzmantel* **4** *behaarte Schale des Obstes* **5** *pelzähnliches Textilprodukt* ◆ dichter, zottiger Pelz; sich die Sonne auf den Pelz brennen lassen ⟨fig.; umg.⟩ *sich sonnen;* jmdm. auf den Pelz rücken ⟨fig.; umg.⟩ *unangenehm nah an jmdn. heranrücken* [< ahd. *pelliz* < lat. *pellis* „Haut, Fell, Pelz"]

**Pelzflatterer** ⟨m. 3; Zool.⟩ **1** ⟨i. w. S.⟩ *Angehöriger einer Ordnung der Säugetiere, die Merkmale der Insektenfresser, Halbaffen u. Fledermäuse vereinigt: Dermoptera;* ► *Säugetiere* **2** ⟨i. e. S.⟩ *Art der Pelzflatterer: Cynocephalus variegatus;* Sy *Flugmaki*

**pelzig** ⟨Adj.⟩ **1** *behaart, wie Pelz* **2** *mit dichtem Flaum besetzt, rau*

**Pelzrobbe** ⟨f. 19⟩ ► = *Seebär (1)*

**Pemmikan** ⟨m.; -s; unz.⟩ **1** *getrocknetes u. zerstampftes Fleisch u. Fett, haltbares Nahrungsmittel der nordamerikan. Indianer* **2** ⟨heute⟩ *Konserve aus Fleischpulver u. Fett* [indian.]

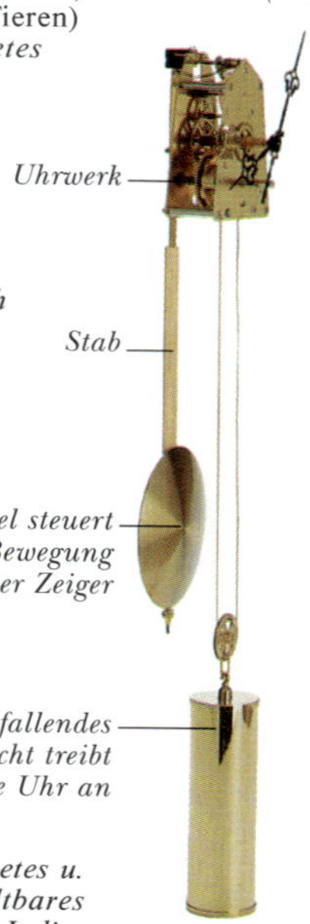


PENDEL EINER UHR

**P. E. N., PEN** ⟨Lit.; Abk. für⟩ *Pen-Club*

**Pence** ⟨[pɛns] als Wertangabe Pl. von⟩ *Penny* (Sixpence)

**Pen-Club** ⟨m. 6; unz.; Lit.; Abk.: P. E. N., PEN⟩ *1921 gegründete internationale Schriftstellervereinigung gegen Rassenhass u. Unterdrückung der Meinungsfreiheit* [engl.; verkürzt < *poets, playwrights, essayists, editors, novelists*]

**Pendant** ⟨[pã'dã] n. 15⟩ *Gegenstück, Seitenstück, Ergänzung* ◆ ein Pendant zu etwas bilden; als Pendant dienen [frz.; zu *pendant* „hängend"]

**Pendel** ⟨n. 13⟩ ▼ *um eine Achse drehbar gelagerter starrer Körper, der unter Einfluss einer Kraft um seine Ruhelage schwingt, z. B. ein an einem Faden aufgehängter Körper im Schwerefeld der Erde, Uhrpendel* [< mlat. *pendulum* „Schwinggewicht"; zu lat. *pendulus (-um)* „herabhängend"; zu *pendere* „hängen, herabhängen, schweben"]

**pendeln** ⟨V. i.; hat/ist⟩ **1** *hin u. her schwingen* **2** *frei hängen* **3** ⟨fig.⟩ *sich ständig zwischen zwei Orten hin u. her bewegen* [→ *Pendel*]

**Pendler** ⟨m. 3⟩ *jmd., der seine Arbeitsstätte täglich vom Wohnort aus im Pendelverkehr erreicht*

**penetrant** ⟨Adj.; -er, am -esten⟩ **1** *durchdringend* **2** ⟨fig.; umg.⟩ *aufdringlich* ◆ penetranter Geruch; ein penetranter Kerl ⟨fig.; umg.⟩; es riecht, schmeckt penetrant nach Fisch [< frz. *pénétrant*]

**penibel** ⟨Adj.; -bler, am -sten⟩ *peinlich genau, sehr sorgfältig, sehr gewissenhaft* [< frz. *pénible* „mühsam; schmerzlich"]

**Penicillin** ⟨n. 11; unz.; fachsprachl.⟩ = *Penizillin*

**Penis** ⟨m.; -, -se od. Penes⟩ *schwellfähiges männliches Begattungsorgan verschiedener Tiere u. des Menschen;* Sy ⟨poet.⟩ *Phallus* [lat., eigtl. „Schwanz"]

**Penizillin** ⟨n. 11; unz.⟩ *Stoffwechselprodukt verschiedener Arten des Pinselschimmels (Penicilium) als Antibiotikum gegen Krankheitserreger;* oV ⟨fachsprachl.⟩ *Penicillin* [< lat. *penicillium notatum* „Pinselschimmel(pilz)" < *penicillium* „Pinsel"]

**Penni** ⟨m.; -s, - od. -s; Abk.: p⟩ *finnische Währungseinheit, $^1/_{100}$ Markka*

**Penny** ⟨m.; -s, (bei einzelnen Stücken) -s; als Wertangabe Pl.: Pence; Abk.: p⟩ *engl. u. irische Währungseinheit, $^1/_{100}$ Pfund* ◆ six pence, three pence; meine letzten Pennys habe ich dafür hergegeben [engl.]

**Pension** ⟨[pã-] od. bair.-österr. [pɛn-] f. 20⟩ **1** *Gehalt (von Beamten) im Ruhestand;* Sy ⟨veraltet⟩ *Ruhegehalt* **2** = *Ruhestand* **3** *Fremdenheim, Gasthaus* **4** *Unterkunft u. Verköstigung* ◆ Pension beziehen (Beamter); Halbpension *Unterkunft mit Frühstück u. Mittag- od. Abendessen;* Vollpension *Unterkunft u. vollständige Verköstigung;* in Pension gehen (Beamter); in einer Pension wohnen [frz.]

**Pensionär** ⟨[pã-] od. bair.-österr. [pɛn-] m. 1⟩ **1** *jmd., der Pension bezieht, der im Ruhestand lebt* **2** *jmd., der in einer Pension wohnt, Gast in einer Pension* [< frz. *pensionnaire*]

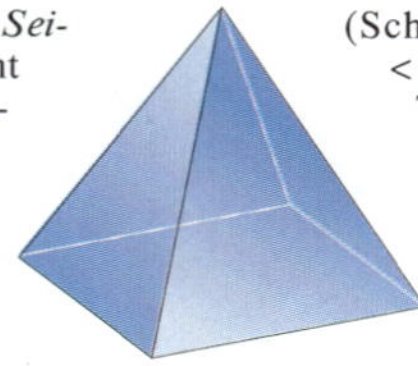

PENTAEDER

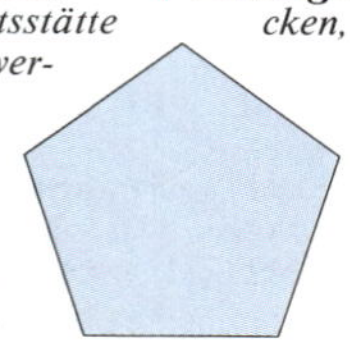

PENTAGON

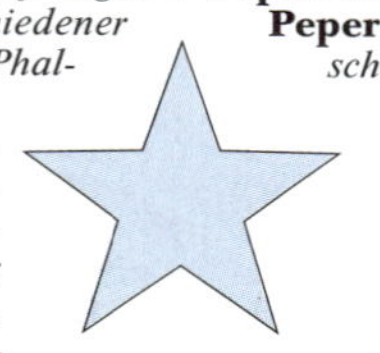

PENTAGRAMM

**pensionieren** ⟨[pã-] od. bair.-österr. [pɛn-] V. t.; hat⟩ *mit Pension in Ruhestand versetzen* ◆ sich pensionieren lassen; pensioniert werden [< frz. *pensionner*]

**Pensum** ⟨n.; -s, Pensa od. Pensen⟩ **1** *in einer bestimmten Zeit zu erledigende Arbeit, Aufgabe* (Arbeitspensum, Tagespensum) **2** *Abschnitt (einer Arbeit od. Aufgabe), für eine bestimmte Zeit vorgeschriebener Lehrstoff* (Schulpensum) [meist schulsprachl. < lat. *pensum* „Aufgabe, zugeteilte Tagesarbeit", urspr. „die einer Spinnerin zur täglichen Verarbeitung zugewogene Wollmenge"; zu *pensum* „zugewogen"]

**Pentaeder** ⟨n. 13; Geom.⟩ ◄ *von fünf gleichmäßigen Flächen begrenzter Körper;* Sy *Fünfflach, Fünfflächner* [< grch. *pente* „fünf" + *hedra* „Fläche"]

**Pentagon** ⟨n. 11⟩ **I** ⟨Geom.; zählb.⟩ ▼ *geometr. Figur mit fünf gleichen Seiten;* Sy *Fünfeck* **II** ⟨unz.⟩ *das auf einer fünfeckigen Fläche errichtete Verteidigungsministerium der USA* [zu grch. *pentagonos* „fünfeckig"]

**Pentagramm** ⟨n. 11⟩ ▼ *Stern mit fünf Zacken, der in einem Zug gezeichnet werden kann* [< grch. *pente* „fünf" + *gramma* „Schriftzeichen"]

**Pentanol** ⟨n. 11⟩ = *Amylalkohol*

**Pentateuch** ⟨m.; -s; unz.; Rel.⟩ *die fünf Bücher Mose im AT* [zu grch. *pentateuchos* „aus fünf Büchern bestehend"]

**Penthaus** ⟨n. 12u⟩, **Penthouse** ⟨[-haus] n.; -, -s [-siz]⟩ *Wohnanlage auf dem flachen Dach eines Hauses* [< engl. *penthouse* „Schutzdach"]

**Pep** ⟨m.; -s; unz.; umg.⟩ *Schwung, Elan* [engl.; verkürzt < *pepper* „Pfeffer"]

**Peperone** ⟨m.; -s, -roni⟩ = *Peperoni*

**Peperoni** ⟨f.; -, -; meist Pl.⟩ *kleine, meist scharf schmeckende, gewöhnlich in Essig eingelegte Paprikafrucht;* oV *Peperone* [< ital. *peperone* < *pepe* „Pfeffer"]

**Pepsin** ⟨n. 11⟩ *Eiweiß spaltendes Enzym im Magensaft der Wirbeltiere* [< grch. *pepsis* „das Kochen"]

**per I** ⟨Präp. m. Akk.⟩ *mittels, durch, mit (bes. bei Beförderungsmitteln)* ◆ Herrn Meier, per Adresse F. Möller *(auf Briefen) Herrn Meier bei Herrn, Familie F. Möller;* per Bahn, Flugzeug, Schiff; per Eilboten; per Post schicken *mit der Post* **II** ⟨zeitlich⟩ *bis, am* ◆ per 1. April zu liefern, zu zahlen [lat., „durch, für"]

**Per** ⟨n.; -s; unz.; umg.; kurz für⟩ *Perchloräthylen;* → a. *Tetrachloräthylen*

**per centum** ⟨Abk.: p. c.⟩ = *pro centum*

**Percussion** ⟨[pər'kʌʃn] f.; -; unz.; Mus.⟩ **1** *Schlagzeug* **2** *Orgelregister an elektron. Orgeln* [engl.]

**per definitionem** ⟨geh.⟩ *laut Definition, wie die Definition schon sagt, erklärtermaßen* [lat., „durch die Definition"]

**Perenne** ⟨f. 19; Bot.⟩ *mehrjährige Pflanze* [< lat. *perennis* „ausdauernd"]

**Perestroika** ⟨f.; -; unz.; in der ehem. Sowjetunion⟩ *Politik des Umbaues, der Umgestaltung auf ökonomischem, sozialem u. außenpolitischem Gebiet* [russ., „Umbau, Umgestaltung"]

**perfekt** ⟨Adj.⟩ **1** *ganz, vollkommen (ausgebildet)* **2** *gültig, abgemacht, abgeschlossen* ◆ einen Vertrag, ein Geschäft perfekt machen; perfekt Englisch sprechen; perfekt im Kochen sein; perfekt in deutscher Rechtschreibung [< lat. *perfectus* „vollendet"]

P

## PERIPHERES NERVENSYSTEM

Das periphere Nervensystem verbindet das zentrale Nervensystem (Gehirn und Rückenmark) mit dem restlichen Körper und gliedert sich in drei Teile: Die autonomen Fasern steuern unwillkürliche, dem Willen entzogene Aktivitäten (z. B. den Herzschlag), während die sensorischen Nerven Impulse von Sinneszellen an das Gehirn leiten und die motorischen Nerven die Kontraktion und Erschlaffung der Muskeln steuern. Die Nervenfasern enden in besonderen Endapparaten am Erfolgsorgan.

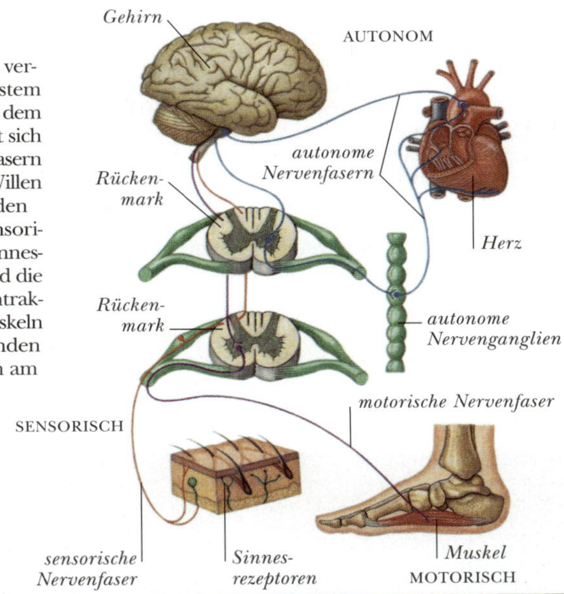


AUFBAU DES PERIPHEREN NERVENSYSTEMS BEIM MENSCHEN

**Perfekt** ⟨n. 11; Gramm.⟩ *Vergangenheit (als Form des Verbums)* [< lat. *perfectum (tempus)* „vollendete (Zeit)“]

**Perfektion** ⟨f. 20⟩ *Vollendung, Vollkommenheit* [frz.]

**Perfektionismus** ⟨m.; -; unz.⟩ **1** ⟨Philos.⟩ *Lehre von der Vervollkommnung des Menschen als sittl. Ziel der Menschheitsentwicklung u. Sinn der Geschichte* **2** ⟨allg.⟩ *übertriebenes Streben nach (bes. techn.) Vollkommenheit* [zu lat. *perfectio* „Vollkommenheit“]

**perfid, perfide** ⟨Adj.; geh.⟩ *treulos, heimtückisch, niederträchtig* [frz., „treulos“]

**Perforation** ⟨f. 20⟩ **1** *Durchbohrung, Durchbruch, Durchlöcherung* **2** *durchlochte Linie (auf Papierblättern) zum Abtrennen eines Teils* **3** *durchlochte Linie (auf Filmen) zum Transportieren (des Films) über ein Zahnrad* [zu lat. *perforare* „durchbohren, durchlöchern“]

**perforieren** ⟨V. t.; hat⟩ *durchlöchern, mit Löchern in gleichem Abstand u. gleicher Größe versehen* [< lat. *perforare* „durchbohren, durchlöchern“]

**Performance** ⟨[pər'fɔːməns] f.; -, -s [-siz]⟩ **1** ⟨Theat.⟩ *Vorstellung, Aufführung (in der Art eines Happenings)* **2** ⟨Tech.⟩ *Betriebsverhalten* [engl., „Vorführung“]

**Pergament** ⟨n. 11⟩ **1** *bearbeitete, als Beschreibstoff dienende Tierhaut* **2** *Schriftstück auf dieser Haut* [< mhd. < mlat. *pergamen(t)um* für lat. *(charta) Pergamena,* nach dem Ort der Herstellung, der antiken kleinasiat. Stadt *Pergamon*]

**Pergamentpapier** ⟨n. 11; unz.⟩ *fettdichtes, pergamentartiges Papier*

**Pergola** ⟨f.; -, -golen⟩ *Laube, Laubengang aus Pfeilern u. Säulen, von Schlingpflanzen umrankt* [ital.]

**peri..., Peri...** ⟨in Zus.⟩ *um ... herum, über ... hin, über ... hinaus* [< grch. *peri*]

**Peridot** ⟨m.; -s; unz.⟩ = *Olivin* [< frz. *péridot*]

**Perikarp** ⟨n. 11; Bot.⟩ *meist aus einer einschichtigen inneren (Endokarp) u. äußeren (Exokarp) u. einer mehrschichtigen Zwischenschicht (Mesokarp) bestehende Fruchtwand* [< grch. *peri* „(rings)um, um ... herum“ + *karpos* „Frucht“]

**Periode** ⟨f. 19⟩ **1** *Zeitabschnitt* **2** ⟨Astron.⟩ *Umlaufzeit (eines Sternes)* **3** *Zeitabschnitt einer Formation der Erdgeschichte* **4** *Gesamtheit, Dauer eines Systems von Schwingungen* **5** = *Menstruation* **6** ⟨Mus.⟩ *musikal. Satz aus 8 oder 16 Takten in zwei Teilen mit zwei gleichen Takten (meist jeweils der erste)* [< grch. *periodos* „abgerundet gebauter Satz“ < *peri* „(rings)um, um ... herum“ + *hodos* „Weg; Mittel u. Weg“]

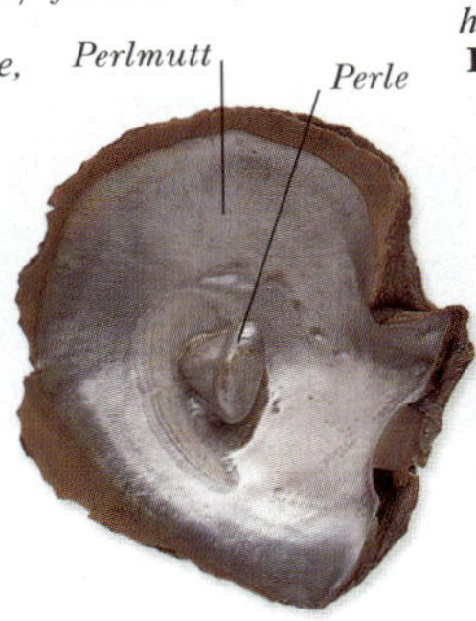


PERLE IN EINER AUSTER

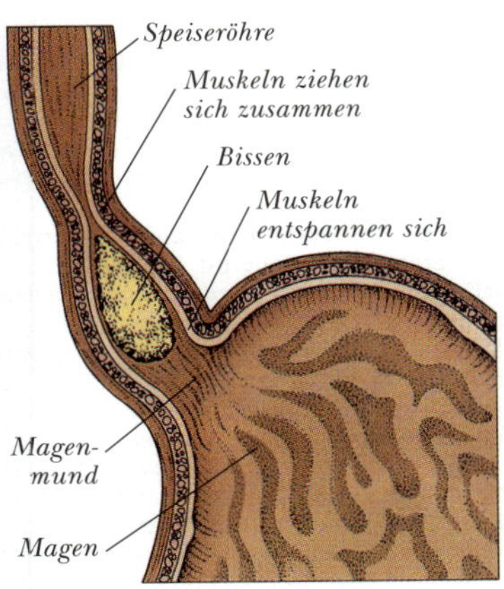


PERISTALTIK

**Periodensystem** ⟨n. 11; unz.; Chem.⟩ Periodensystem der chemischen Elemente *Anordnungssystem der chem. Elemente nach Eigenschaften, die sich in einer bestimmten Ordnung wiederholen*

**periodisch** ⟨Adj.⟩ *in gleichen Abständen wiederkehrend*

**peripher** ⟨Adj.⟩ **1** ⟨allg.⟩ *am Rand (befindlich), an der Peripherie (liegend), Rand...* **2** ⟨Anat.⟩ *zur Körperoberfläche hin, im äußeren Bereich des Körpers liegend, d. h. außerhalb des Zentralnervensystems, des Herzens u. des herznahen Kreislaufs* ◆ periphere Probleme ⟨fig.⟩ *(im Augenblick) nicht so wichtige, nebensächliche Probleme;* peripheres Nervensystem ⟨Anat.⟩ ▲ *der Teil des Nervensystems, der nicht im Gehirn od. Rückenmark liegt;* → a. *autonomes Nervensystem;* ► *Körper*

**Peripherie** ⟨f. 19⟩ **1** *Umfangslinie (bes. des Kreises)* **2** *Rand (bes. einer Stadt)* [< lat. *peripheria* < grch. *periphéreia,* urspr. „der Umlauf“; zu *peripherein* „herumtragen“]

**Periphrase** ⟨f. 19; Rhet.⟩ *Umschreibung (eines Begriffes, einer Eigenschaft, Handlung usw.) durch ein anderes (verhüllendes, gehobenes, ausschmückendes) Wort od. mehrere (erklärende) Wörter* [< grch. *periphrasis* < *peri...* + *phrasis* „Ausdruck“]

**Periskop** ⟨n. 11; Mar.⟩ ► *aus dem Kommandoturm eines U-Bootes ausfahrbares Rundblickfernrohr, mit dem man im getauchten Zustand noch die Meeresfläche beobachten kann;* Sy *Sehrohr* [< grch. *peri* „um ... herum“ + *skopein* „schauen“]

**Peristaltik** ⟨f. 20; unz.⟩ ◄ *Bewegung von Hohlorganen, deren Wände Muskeln enthalten, die durch abwechselndes Kontrahieren u. Erschlaffen einzelner Muskelabschnitte eine fortlaufende Kontraktionswelle bewirken* [zu grch. *peristaltikós* „ringsum zusammendrückend“]

**Peristyl** ⟨n. 11⟩ *von Säulen umgebener, bepflanzter Innenhof des altgriech. Hauses* [< grch. *peri* „(rings)um“ + *stylos* „Säule“]

**Perle** ⟨f. 19⟩ **1** ◄ *schimmerndes, von Weichtieren, meist den Perlmuscheln, abgesondertes Kügelchen aus Kalciumkarbonat;* ► *Schmucksteine* **2** *durchbohrtes Kügelchen aus Glas, Holz od. anderem Material* (Glasperle, Holzperle) **3** *Arznei in Form einer Perle* **4** *Tropfen* (Schweißperle, Tauperle) **5** *Luftbläschen* (Sektperle, Wasserperle) **6** ⟨fig.⟩ *etwas bes. Schönes, Gutes od. Wertvolles* **7** *jmd., der wertvolle Dienste (im Alltag) leistet* **8** ⟨fig.; umg.; scherzh.⟩ *(gute) Hausangestellte* ◆ dieses Werk ist eine Perle der deutschen **Dichtkunst,** Musik, Malerei; Perlen des **Rosenkranzes** ◆ Perlen **fischen; sein:** sie ist eine Perle ⟨fig.⟩ ◆ **echte,** imitierte Perle ◆ Perlen **auf** eine Schnur reihen; der Schweiß stand ihm **in** Perlen auf der Stirn; Perlen im Sekt aufsteigen sehen [< ahd. *berla, per(a)la* < vulgärlat. *perla < lat. *perna* „Art Muschel“, eigtl. „Hinterkeule von Tieren“ + *sphaerula* „kleine Kugel“]

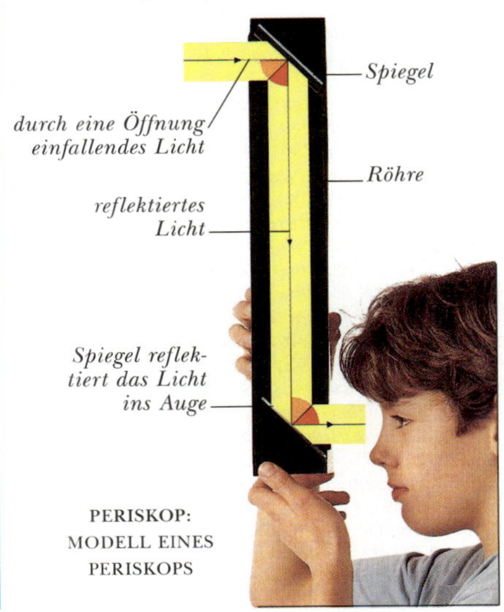


PERISKOP: MODELL EINES PERISKOPS

P

## PERSPEKTIVE

Im frühen 15. Jh. beschrieb der Architekt Leon Battista Alberti in seinen kunsttheoretischen Werken die Perspektive und beeinflusste damit zeitgenössische Maler wie Paolo Uccello. Nach Albertis Vorstellung ist die Bildoberfläche ein „offenes Fenster", durch das die Welt betrachtet wird, weshalb er den dem Betrachter entgegengesetzt liegenden Fluchtpunkt einführte, in dem sich alle in der Natur parallelen Linien schneiden. Die auf dem hier abgebildeten Gemälde Uccellos erkennbare Zentralperspektive ist dem natürlichen Sehprozess nachgebildet. Eines ihrer typischen Merkmale ist dabei die Verkleinerung der Bildelemente mit zunehmendem Abstand vom Betrachter, was auch als perspektivische Verkürzung bezeichnet wird.

PERSPEKTIVISCHE ANALYSE VON UCCELLOS *Die Jagd im Walde*

*durch die Grundlinien der Baumstämme bezeichnete Senkrechten*

*Fluchtpunkt*

*Horizontlinie in Augenhöhe des Betrachters*

*Die Jagd im Walde* (um 1460), PAOLO UCCELLO

**perlen** ⟨V. i.; hat⟩ **1** *wie Perlen (von der Schnur) rollen, fallen* **2** *leicht, gleichmäßig u. schimmernd fallen, rollen* **3** *im Glase schäumen* (Sekt, Wein) ◆ Tau perlt von den Blumen, Blättern; der Schweiß perlte ihm von der Stirn; perlendes Lachen *helles Lachen in kurzen, angenehmen Tönen* [→ *Perle*]

**Perlenauster** ⟨f. 21⟩ *Auster, die in ihrem Mantel Perlen erzeugt*

**Perleule** ⟨f. 19; Zool.⟩ = *Schleiereule*

**Perlhuhn** ⟨n. 12u; Zool.⟩ *Mitglied einer Unterfamilie der Fasanenvögel mit weißen „Perlen" auf dem blaugrauen Gefieder: Numidinae*

**Perlmuschel** ⟨f. 21⟩ *Muschel, die in ihrem Mantel Perlen erzeugt, z. B. Auster*

**Perlmutt** ⟨n.; -s; unz.⟩, **Perlmutter** ⟨f.; -; unz.⟩ **1** *von einer Perlmuschel abgesonderter Stoff, aus dem sich die Innenschicht der Schale u. evtl. die Perle bildet* **2** *die Innenschicht der Schale von Perlmuscheln u. Seeschnecken* [< spätmhd. *perlinmuoter*, eigtl. „die Mutter, die die Perle hervorbringt"]

**Perlokution** ⟨f. 20; Sprachw.; in der Sprechakttheorie⟩ *Wirkungsaspekt eines Sprechaktes, z. B. beim Überreden einer Person;* → a. *Illokution, Lokution, Proposition* [< lat. *per* „durch, für" + *locutio* „das Reden, Redensart"; zu *loqui* „reden, sprechen"]

**Perlspat** ⟨m. 1⟩ ► = *Dolomit*

**Perlwein** ⟨m. 1⟩ *Kohlensäure enthaltender Wein*

**Perlzwiebel** ⟨f. 21⟩ *kleine Brutzwiebel der Gattung Allium;* Sy *Silberzwiebel*

**Perm** ⟨n.; -s; unz.⟩ *geolog. Formation des Paläozoikums zwischen Karbon u. Trias* [nach der russ. Stadt *Perm*]

**permanent** ⟨Adj.⟩ *ununterbrochen, dauernd, bleibend, ständig* [< lat. *permanens,* Gen. *permanentis;* zu *permanere* „(ver)bleiben"]

**Permutation** ⟨f. 20⟩ **1** *Vertauschung, Umstellung in der Reihenfolge* **2** ⟨Math.⟩ *Umstellung, Vertauschung in der Reihenfolge der Ziffern* [< lat. *permutatio* „Wechsel, Tausch"]

**Perpendikel** ⟨m. 5⟩ **1** *Abstand der (gedachten) Senkrechten durch Vorder- u. Hintersteven des Schiffes, der dessen Länge ergibt* **2** *Uhrpendel* [< lat. *perpendiculum* „Bleilot"]

**perpendikular, perpendikulär** ⟨Adj.⟩ *senkrecht, lotrecht* [< frz. *perpendiculaire*]

**Perpetuum mobile** ⟨[- -le:] n.; - -, - -s od. -tua -bilia⟩ **1** ⟨Mus.⟩ *virtuoses, gleichmäßig schnell u. in kurzwertigen Noten verlaufendes Musikstück* **2** *utopische Maschine, die, ohne Energie zu verbrauchen, dauernd Bewegung erzeugt* ◆ Perpetuum mobile zweiter Art *utopische Maschine, die einem großen Wärmereservoir Wärme entzieht u. diese in mechanische Arbeit umwandelt, ohne dass andere Veränderungen stattfinden* [lat., „etwas beständig Bewegtes"]

**perplex** ⟨Adj.; -er, am -esten; Steigerung selten⟩ *verblüfft, überrascht, bestürzt, betroffen* ◆ ihr überraschendes Auftreten machte ihn vollkommen perplex [< lat. *perplexus* „verschlungen, verworren"]

**per saldo** *durch Ausgleich (der beiden Seiten eines Kontos)* [lat.]

**Persenning** ⟨f. 7 od. 20⟩ *wasserdichtes, schweres Segeltuch, Schutzdecke zum Schutz vor überkommendem Seewasser als Abdeckung von Luken od. als Reling* [< ndrl. *presenning* < frz. *préceinte* „Umhüllung"]

**Perser** ⟨m. 3⟩ **1** *Einwohner von Persien* **2** ⟨kurz für⟩ *Perserteppich*

**Perserteppich** ⟨m. 1⟩ *(bes. handgeknüpfter) Teppich aus Persien;* Sy ⟨kurz⟩ *Perser (2)*

**Pershing** ⟨['pəːʃiŋ] f. 10; Mil.⟩ *Bodenrakete mittlerer Reichweite der USA mit Atomsprengkopf* [nach dem US-amerik. General John Joseph *Pershing,* 1860-1948]

**Persianer** ⟨m. 3⟩ **1** *Fell des ganz jungen Karakulschafes* **2** ⟨umg.⟩ *Mantel aus diesem Fell* [nach *Persien* (die Felle wurden früher über Persien gehandelt)]

**Persiflage** ⟨[-ʒə] f. 19⟩ *(geistvolle, bes. literar.) Verspottung* [frz.]

**persiflieren** ⟨V. t.; hat⟩ *(geistvoll, bes. literarisch) verspotten* [< frz. *persifler*]

**Persimone** ⟨f. 19; Bot.⟩ **1** *Angehörige einer Familie der Ebenholzgewächse, deren ca. 3,5 cm große, der Kakifrucht ähnl. Früchte essbar sind: Dyospyros virginiana* **2** *orangefarbene Frucht der Persimone* [< engl. *persimmon*]

**persisch** ⟨Adj.⟩ *Persien betreffend, zu ihm gehörend, aus ihm stammend* ◆ persische Sprache *zu den iran. Sprachen gehörende, in Persien gesprochene Sprache*

**Person** ⟨f. 20⟩ **1** *der Mensch als lebendes Wesen* **2** *der Mensch in seiner bes. Eigenart* **3** ⟨Gramm.⟩ *Mensch als Träger eines Geschehens* **4** *der Mensch im Gefüge von Staat u. Gemeinschaft* **5** ⟨allg.⟩ *Mensch* **6** ⟨abwertend⟩ *weibl. Wesen, Frau, Mädchen* ◆ der **Haushalt** besteht aus vier Personen; die Personen eines **Theaterstücks** *die handelnden Figuren, Gestalten* ◆ Personen sind (bei dem Unfall) nicht **verletzt** worden ◆ wir waren sechs Personen; erste, zweite, dritte Person ⟨Gramm.⟩; **dumme,** eingebildete, lästige Person; er ist dort eine sehr **wichtige** Person ◆ ich **für** meine Person ⟨umg.⟩ *ich selbst, was mich betrifft;* er ist die Gutmütigkeit, Geduld **in** Person ⟨fig.⟩ *er ist sehr gutmütig, sehr geduldig;* er kam in eigener Person ⟨umg.⟩ *selbst* [< mhd. *persone* < lat. *persona* „Rolle, Maske des Schauspielers" < etrusk. (?) *phersu* „Maske"]

**personal** ⟨Adj.⟩ = *personell*

**Personal** ⟨n.; -s; unz.⟩ *Gesamtheit der beschäftigten, angestellten,* ⟨bes.⟩ *dienstleistenden Personen (in Betrieben, Hotels, Haushalten),* z. B. Dienst-, Küchenpersonal [< mlat. *personale;* zu *personalis(e)* „dienerhaft"; zu *persona* „Diener"]

**personal..., Personal...** ⟨in Zus.⟩ *eine od. mehrere Personen betreffend, bescheinigend, persönlich, Persönlichkeits...* [< spätlat. *personalis* „persönlich"]

**Personalausweis** ⟨m. 1⟩ *Ausweis für eine Person (als Staatsbürger)*

**Personalcomputer,** ⟨auch⟩ **Personal Computer** ⟨['pə:sənəl -] m.; (-) -s, (-) -; Abk.: PC⟩ *Mikrocomputer für den häuslichen Bereich* [< engl. *personal* „persönlich" + *Computer*]

**Personalien** ⟨[-liən] Pl.⟩ *offizielle Angaben über Geburt, Ehestand, Beruf einer Person* ◆ jmds. Personalien aufnehmen; seine Personalien angeben [< spätlat. *personalia* „persönliche Dinge"]

**Personalkredit** ⟨m. 1; Wirtsch.⟩ *Bankkredit, der ohne bestehende materielle Absicherung auf Vertrauensbasis gewährt wird* [< *Personal...* + *Kredit*]

**Personalpronomen** ⟨n. 14; Pl. a.: -mina; Gramm.⟩ *persönl. Fürwort (ich, du, er, sie, es, wir, ihr, sie)*

**Personalrat** ⟨m. 1u⟩ *gewählter Vertreter der Beamtenschaft*

**Personalunion** ⟨f. 20⟩ **1** *Vereinigung zweier selbständiger Staaten unter einem Monarchen* **2** *Vereinigung von Ämtern in der Hand einer Person*

**personell** ⟨Adj.⟩ oV *personal* **1** *die Person betreffend, das Personal betreffend* **2** *persönlich* [< frz. *personnel*]

**Personenkraftwagen** ⟨m. 4; Abk.: Pkw⟩ *Kraftwagen zum Befördern von Personen;* Ggs *Lastkraftwagen*

**personifizieren** ⟨V. t.; hat⟩ **1** *zum Menschen machen* **2** *als Menschen darstellen* ◆ Götter, Begriffe, Eigenschaften personifizieren; er ist die personifizierte Güte ⟨umg.⟩ *die Güte in Person* [< lat. *persona* „Person" + *facere* „machen"]

**persönlich I** ⟨Adj.⟩ *die Person betreffend, zu ihr gehörend, ihr entsprechend, auf ihr beruhend, von ihr ausgehend, privat* ◆ persönliche **Anspielung;** darf ich mir eine persönliche **Bemerkung,** Frage erlauben?; mein persönliches **Eigentum** ◆ ich habe diese Bemerkung nicht persönlich **gemeint** *ich habe mit dieser Bemerkung nicht dich, Sie, ihn usw. gemeint;* er **unterhielt** sich sehr offen und persönlich mit ihr ◆ ich möchte **aus** persönlichen Gründen nicht darüber sprechen ◆ persönlich! *nur für den Betreffenden selbst bestimmt (als Vermerk auf Briefen)* **II** ⟨Adv.⟩ *selbst, in Person* ◆ bei jmdm. persönlich erscheinen, vorsprechen ⟨umg.; verstärkend⟩; ich kenne ihn persönlich *ich habe mit ihm schon einmal gesprochen*

**Persönlichkeit** ⟨f. 20⟩ **I** ⟨unz.⟩ **1** *Gesamtheit aller Wesenszüge, Verhaltensweisen, Äußerungen eines Menschen* **2** *Gesamtheit der bes. Eigenarten eines Menschen* **3** *der Mensch als Person, als Einzelwesen, in seiner Eigenart* ◆ Entwicklung, Ausbildung der Persönlichkeit **II** ⟨zählb.⟩ *bedeutender Mensch, Mensch eigener, besonderer Prägung durch Stellung, Rang sich aus den Übrigen heraushebender Mensch* ◆ bekannte Persönlichkeiten unserer Stadt

**Perspektive** ⟨[-və] f. 19⟩ **1** *scheinbare Verkürzung u. scheinbares Zusammentreffen der in die Raumtiefe laufenden parallelen Strecken in einem oder mehreren Punkten (Fluchtpunkt)* **2** ⟨Mal.⟩ ◄ *Darstellung des Raumes und räumlicher Gegenstände auf einer ebenen Bildfläche mit räumlicher Wirkung* **3** ⟨fig.⟩ *Zukunftsausblick, Aussicht* ◆ durch diese Nachricht öffnen sich neue, erstaunliche, ungeahnte Perspektiven ⟨fig.⟩ [< mlat. *perspectiva (ars)* „hindurchblickende (Kunst)"; zu lat. *perspicere* „mit dem Blick durchdringen, deutlich sehen"]

**perspektivisch** ⟨[-viʃ] Adj.⟩ *die Perspektive betreffend, mit ihrer Hilfe, nach ihren Gesetzen* ◆ perspektivische Verkürzung ⟨Mal.⟩ ▼ *der Perspektive entsprechende verkürzte Darstellung;* Strecken perspektivisch verkürzen; einen Raum perspektivisch zeichnen [< spätlat. *perspectivus* „durchblickend"]

**persuasiv** ⟨Adj.; geh.⟩ *überredend, überzeugend* [zu lat. *persuasio* „Überredung, Überzeugung"]

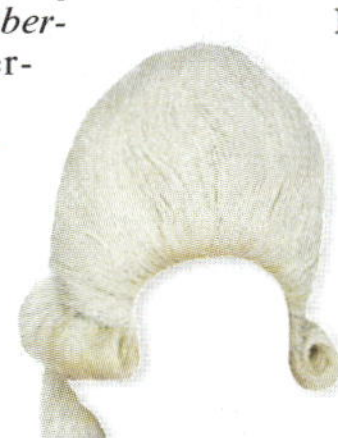

PERÜCKE DES 18. JH.

**Perücke** ⟨f. 19⟩ **1** = *Haarersatz* **2** ► *künstl. Haartracht zum Aufsetzen aufs Haar (für Schauspieler) od. als zweite Frisur* **3** ⟨Jägerspr.⟩ *durch Verletzung hervorgerufene, krankhafte Wucherung am Gehörn, seltener am Geweih* [< frz. *perruque* „Haaraufsatz"; zu provenzal. *perucat* „mit schöner Frisur versehen", eigtl. „wie ein Papagei"; zu provenzal. **perruca* „Sittich"]

**pervers** ⟨[-vɛrs] Adj.; -er, am -esten⟩ *widernatürlich empfindend, geschlechtlich krankhaft veranlagt* [< lat. *perversus* „verdreht, verkehrt, schlecht"; zu *pervertere* „umkehren"]

**Perversion** ⟨[-vɛr-] f. 20⟩ *krankhafte Abweichung vom Normalen* [< spätlat. *perversio* „Verdrehung"; → *pervers*]

**pervertieren** ⟨[-vɛr-]⟩ **I** ⟨V. i.; ist⟩ *vom Normalen krankhaft abweichen* **II** ⟨V. t.; hat⟩ *vom Normalen abweichen lassen, verfälschen*

**Perzeption** ⟨f. 20⟩ **1** *Reiz durch Sinneszellen* **2** ⟨Philos.⟩ *sinnl. Wahrnehmung als erste Stufe der Erkenntnis* [< lat. *perceptio* „das Empfangen, das Begreifen"; zu *percipere* „in Besitz nehmen, wahrnehmen"]

**Peseta** ⟨f.; -, -seten; Abk.: Pta⟩, **Pesete** ⟨f. 19⟩ *span. Währungseinheit, 100 Centimos* [span., eigtl. „kleines Gewicht"]

**Peso** ⟨m.; - od. -s, - od. -s⟩ *Währungseinheit in Argentinien, Chile, der Dominikanischen Republik, Kolumbien, Kuba, Mexiko, Uruguay, Guinea-Bissau u. auf den Philippinen* [span., „Gewicht"; → *Pensum*]

**Pessar** ⟨n. 11⟩ *Einlage in die Scheide, bes. zum Stützen der vorfallenden Gebärmutter od. zur Empfängnisverhütung* (Okklusivpessar) [< lat. *pessarium* „Mutterkranz"]

**Pessimismus** ⟨m.; -; unz.⟩ *Neigung, in der Welt, im Leben od. bei einer Sache nur das Schlechte zu sehen, Schwarzseherei, Lebensverlust;* Ggs *Optimismus* [zu lat. *pessimum* „das Schlechteste"]

**Pessimist** ⟨m. 16⟩ *jmd., der zum Pessimismus neigt, Schwarzseher;* Ggs *Optimist*

**pessimistisch** ⟨Adj.⟩ *in der Art eines Pessimisten, von allem nur die schlechten Seiten sehend, bei einer Sache od. im Leben nichts Gutes erwartend, schwarzseherisch;* Ggs *optimistisch*

**Pest** ⟨f.; -; unz.; Med.⟩ *durch Pestbakterien hervorgerufene epidemische Krankheit;* Sy *Pestilenz (1)* ◆ jmdn. od. etwas wie die Pest hassen ⟨fig.⟩ *sehr hassen* [< lat. *pestis* „ansteckende Krankheit, Seuche"]

**Pestilenz** ⟨f. 20; Med.⟩ **1** = *Pest* **2** ⟨allg.⟩ *schwere Seuche* [< lat. *pestilentia* „ansteckende Krankheit, Seuche, Pest"]

**Pestizid** ⟨n. 11; Chem.⟩ *Mittel zur Vernichtung von Schädlingen, Biozid* [< lat. *pestis* „ansteckende Krankheit, Seuche" + *caedere* „töten"]

**Pesto** ⟨n.; -s; unz.; ital. Kochkunst⟩ *Sauce aus Öl, gehackten Kräutern u. Gewürzen (bes. zu Spaghetti)*

**Peta...** ⟨Abk.: P; vor Maßeinheiten⟩ *das* $10^{15}$*fache einer Grundeinheit,* z. B. 1 PJ = $10^{15}$ Joule

**Petajoule** ⟨[-dʒaul] od. [-ʒu:l] Abk.: PJ⟩ *Energie von* $10^{15}$ *Joule*

**Petersilie** ⟨[-liə] f. 19⟩ *als Küchengewürz verwendetes Doldengewächs: Petroselinum vispum;* ► *Kräuter* ◆ ihm ist die Petersilie verhagelt ⟨fig.: umg.⟩ *es ist ihm misslungen, man hat ihm sein Vorhaben verdorben* [< ahd. *petersilia* < mlat. *petrosilium* < lat. *petroselinum* < grch. *petroselinon* < *petros* „Stein" + *selinon* „Eppich"; verwandt mit *Sellerie*]

**Petition** ⟨f. 20⟩ *Bittschrift, Eingabe* [< lat. *petitio* „das Verlangen, das Bitten, Gesuch"; zu *petere* „zu erlangen suchen, bitten"]

**Petrischale** ⟨f. 19⟩ *flache Glasschale, in der Bakterienkulturen gezüchtet werden* [nach dem dt. Bakteriologen R. J. *Petri,* 1852-1921]

P

## PERSPEKTIVISCHE VERKÜRZUNG

In der nebenstehenden Grafik werden die einzelnen Körperteile der rechts gezeichneten Figur zum Horizont hin immer kürzer. Diese Verkürzung lässt sich konstruieren, indem zuerst eine Seitenansicht der Figur erstellt wird und dann die Körperabschnitte mit dem Fluchtpunkt am Horizont verbunden werden. Waagerechte Hilfslinien in der Bildebene zeigen die passenden Proportionen an.

PERSPEKTIVISCHE VERKÜRZUNG EINES KÖRPERS

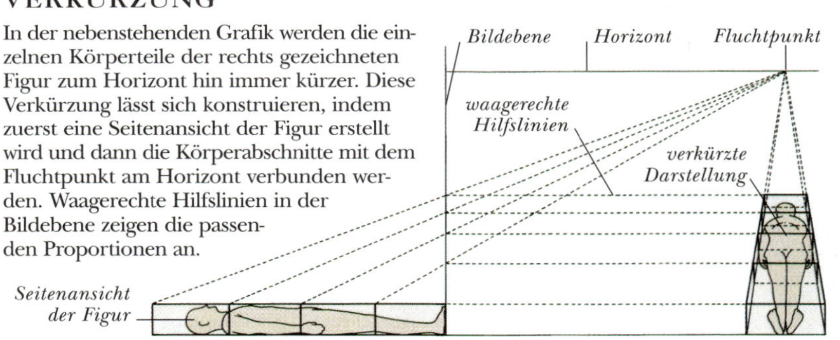

**Petrochemie** ⟨[-çe-] f.; -; unz.⟩ *Chemie u. Technik zur Verarbeitung von Erdöl(produkten)* [< grch. *petros* „Stein" + *Chemie*]
**Petrol** ⟨n.; -s; unz.; schweiz.⟩ = *Petroleum*
**Petroleum** ⟨[-lɛum] n.; -s; unz.⟩ *Destillationsprodukt des Erdöls, Leuchtöl;* Sy *Kerosin,* ⟨schweiz.⟩ *Petrol* [< grch. *petros* „Felsen, Stein" + lat. *oleum* „Öl"]
**Petticoat** ⟨[-kout] m. 6⟩ *versteifter Halbunterrock* [engl., < älterem *petty coat* „kleiner Rock"]
**Petting** ⟨n. 15; unz.⟩ *Reizspiel, sexuell erregende körperliche Berührungen aller Art mit Ausnahme des Koitus* [engl.; zu *pet* „liebkosen"]
**Petunie** ⟨[-niə] f. 19; Bot.⟩ ► *Angehörige einer Gattung der Nachtschattengewächse mit trichterförmigen Blüten, Tabakblume: Petunia* [wegen der Ähnlichkeit mit dem verwandten Tabak, der im 16./17. Jh. mit einem indian. Wort *petum* genannt wurde]

PETUNIE: ZIERFORM

**pF** ⟨Abk. für⟩ *Pikofarad*
**Pf** ⟨Abk. für⟩ *Pfennig*
**PF** ⟨Abk. für⟩ *Postfach*
**Pfad** ⟨m. 1⟩ *schmaler Weg* ◆ den Pfad der Tugend wandeln ⟨fig.; poet.⟩ [< ahd. *pfad,* engl. *path*]
**Pfadfinder I** ⟨Pl.⟩ *1907 in England gegründete, internationale Jugendbewegung* **II** ⟨m. 3⟩ *Mitglied dieser Bewegung*
**Pfaffe** ⟨m. 17; Rel.⟩ **1** ⟨urspr.⟩ *Weltgeistlicher* **2** ⟨heute abwertend⟩ *Geistlicher* [< ahd. *pfaffo* < grch. *papas* „geringerer Geistlicher"; verwandt mit *Pope*]
**Pfaffenhütchen** ⟨n. 14⟩ *Zierstrauch mit roten Früchten, die dem Barett der Priester ähneln: Evonymus europaea*
**Pfahl** ⟨m. 1u⟩ **1** *unten zugespitzter, dicker Stab od. Balken* **2** ⟨Her.⟩ *senkrecht über die Mitte des Schildes gezogener Streifen* ◆ ein Pfahl im Fleische ⟨fig.⟩ *etwas Peinigendes, Quälendes, großes Ärgernis;* in seinen vier Pfählen ⟨fig.⟩ *zu Hause* [< ahd. *pfal,* engl. *pole* < lat. *palus* „Pfahl"; verwandt mit *Palisade*]
**Pfahlbau** ⟨m.; -(e)s, -ten⟩ ▼ *im Wasser od. am Ufer eines Gewässers auf Pfählen stehendes Wohnhaus*
**Pfahlmuschel** ⟨f. 21⟩ *an Pfählen haftende Bohrmuschel*
**Pfahlwurzel** ⟨f. 21⟩ ▲ *lange, gerade, pfahlförmige Wurzel*

PFAHLWURZEL EINER KAROTTE

PFAHLBAU: THAILÄNDISCHER PFAHLBAU

**Pfalz** ⟨f. 20; MA⟩ *Schloss der Könige u. Kaiser, in dem sie sich während ihrer Reisen durch ihr Reich vorübergehend aufhielten* (Kaiserpfalz, Königspfalz) [< ahd. *pfalanza, pfalinza* „fürstl. Wohnung" < vulgärlat. *palantia* < lat. *Palatia,* Pl. zu *palatium,* urspr. „Haus des Augustus auf dem röm. Hügel *Palatin";* verwandt mit *Palast, Palais*]
**Pfälzer** ⟨m. 3⟩ **1** *Einwohner der Rheinpfalz* **2** *Wein aus der Rheinpfalz*
**Pfalzgraf** ⟨m. 16⟩ *oberster Hofbeamter, ritterl. Vertreter des Kaisers bzw. Königs in dessen Pfalz*
**Pfand** ⟨n. 12u⟩ **1** *Gegenstand, der als Bürgschaft für eine Forderung gegeben wird* **2** *Geldbetrag, der bei Rückgabe eines geliehenen Gegenstandes zurückgegeben wird* (Flaschenpfand) ◆ ein Pfand einlösen; ein Pfand geben (beim Pfänderspiel); den Ausweis als Pfand zurücklassen, abgeben [< ahd. *pfant;* vermutl. < afrz. *pan(d)* „Tuch, Fetzen" < lat. *pannus* „Lappen, Stück Tuch", dann „Tuch als Tausch- u. Zahlungsmittel, Pfand"; verwandt mit *Pfennig*]
**Pfandbrief** ⟨m. 1⟩ *Dokument über eine Sache, die als Pfand für eine Anleihe gilt*
**pfänden** ⟨V. t.; hat⟩ *gerichtlich beschlagnahmen, um dadurch eine Geldforderung (Steuerschuld) zu befriedigen* ◆ jmdn. pfänden *jmds. Eigentum pfänden*
**Pfandflasche** ⟨f. 19⟩ *Flasche, für die man bei der Rückgabe als Leergut das zuvor gezahlte Pfandgeld vom Händler zurückerhält;* Sy *Mehrwegflasche;* Ggs *Einwegflasche*
**Pfandleihe** ⟨f. 19⟩ **I** ⟨unz.⟩ *gewerbsmäßiges Leihen von Geld gegen Pfand* **II** ⟨zählb.⟩ *Leihhaus* ◆ seine Sachen auf die Pfandleihe bringen
**Pfanne** ⟨f. 19⟩ **1** *flaches Gefäß zum Backen u. Braten od. Schmelzen mit Stiel od. zwei Henkeln, Tiegel* (Bratpfanne) **2** ⟨Anat.⟩ *hohler Teil eines Gelenks* (Gelenkpfanne) **3** ⟨Bauw.⟩ *hohler Dachziegel* **4** ⟨früher⟩ *Anteil an einem Salzbergwerk* [< ahd. *phanna* < vulgärlat. *panna* < lat. *patina* „Schüssel, Pfanne" < grch. *patane* „Schüssel"]
**Pfannkuchen** ⟨m. 4⟩ = *Eierkuchen*
**Pfarrer** ⟨m. 3; Rel.⟩ *theologisch ausgebildeter Inhaber der gottesdienstl. u. seelsorgerl. Pflichten innerhalb einer Gemeinde* [< ahd. *pfarrari*]
**Pfarrerin** ⟨f. 22; Rel.; ev.-reformierte Kirche⟩ *weibl. Pfarrer*
**Pfarrhelfer** ⟨m. 3⟩ *noch nicht voll ausgebildeter evang. Theologe als Helfer des Pfarrers mit Befugnis zum Predigen*
**Pfarrkirche** ⟨f. 19⟩ *Hauptkirche eines Pfarrbezirks, im Unterschied zur Klosterkirche*
**Pfau** ⟨m. 23; Zool.⟩ **1** ⟨i. w. S.⟩ *Angehöriger einer Gruppe sehr großer Fasanenvögel;* ► *Vögel* **2** ⟨i. e. S.⟩ Blauer Pfau *mit einer Federkrone auf dem Kopf u. im männl. Geschlecht herrlichem Prachtgefieder mit verlängerten Schwanzdeckfedern, die in der Balz zu einem Rad aufgerichtet werden: Pavo cristatus* ◆ der Pfau schlägt ein Rad; einherstolzieren wie ein Pfau *selbstgefällig, eitel umherlaufen;* aufgedonnert wie ein Pfau ⟨fig.; umg.⟩ *übermäßig geschminkt u. zurechtgemacht* [< ahd. *pfawo* < lat. *pavo;* vermutl. ind. Ursprungs]
**Pfauenauge** ⟨n. 28⟩ **1** ⟨Zool.; Sammelbez. für⟩ *Tagpfauenauge u. Nachtpfauenauge* **2** ⟨südwestdt.⟩ *ein Gebäck*

**Pfeffer** ⟨m. 3; unz.; Bot.⟩ *Angehöriger einer artenreichen, trop. u. halbtrop. Gattung der Pfeffergewächse, deren Früchte als Gewürz verwendet werden: Piper* ◆ schwarzer Pfeffer ▼ *unreif geerntete Früchte: Piper nigrum;* weißer Pfeffer *reife, geschälte Früchte;* jmdn. dahin wünschen, wo der Pfeffer wächst ⟨fig.; umg.⟩ *jmdn. weit fort wünschen;* Spanischer Pfeffer = *Paprika* [< ahd. *pfeffar,* engl. *pepper* < lat. *piper* < grch. *peperi* < aind. *pippali* „Beere, Pfefferkorn"]
**Pfefferfresser** ⟨m. 3; Zool⟩ ► = *Tukan*
**Pfefferkuchen** ⟨m. 4⟩ *stark gewürztes, süßes, oft mit Honig versetztes, zur Weihnachtszeit übl. Gebäck;* Sy ⟨bes. süddt. u. westdt.⟩ *Lebkuchen,* ⟨österr.⟩ *Lebzelten*
**Pfefferminze** ⟨f. 19⟩ *stark aromatischer Lippenblütler, liefert Pfefferminzöl, wird als Magentee verwendet: Mentha piperita* [→ *Minze*]
**pfeffern** ⟨V. t.; hat⟩ **1** *mit Pfeffer würzen* **2** ⟨umg.⟩ *scharf, kräftig werfen*
**Pfefferschwamm** ⟨m. 1u⟩ ► = *Pfifferling*
**Pfeife** ⟨f. 19⟩ **1** ⟨Mus.⟩ *Rohr, in dem durch Blasen die Luft in Schwingungen versetzt u. dadurch ein Ton erzeugt wird* (Orgelpfeife, Signalpfeife, Trillerpfeife) **2** *röhrenförmiges Werkzeug des Glasbläsers* **3** ⟨Sprengtech.⟩ *ein nicht mit weggesprengter Bohrlochrest* **4** ⟨fig.; umg.⟩ *unfähiger Mensch* ◆ sich eine Pfeife anzünden; die Pfeife ausklopfen, reinigen; eine Pfeife rauchen; sich eine Pfeife stopfen; auf der Pfeife blasen; nach jmds. Pfeife tanzen ⟨fig.⟩ *widerspruchslos tun, was der andere will, sich in allem nach jmdm. richten* [< ahd. *pfifa,* engl. *pipe* < vulgärlat. **pipa* „Röhre, Rohrpfeife"; zu lat. *pipare* „piepen"; → *pfeifen*]

PFEFFER: SCHWARZER PFEFFER (*Piper nigrum*)

**pfeifen** ⟨V. t. u. V. i. 189; hat⟩ **1** *mit gespitzten Lippen Töne od. Melodien hervorbringen* **2** *mit der Signalpfeife einen Ton hervorbringen* **3** *einen feinen, hohen Ton von sich geben* **4** ⟨fig.⟩ *ein zischend-heulendes, sausendes Geräusch hervorbringen* **5** ⟨fig.; umg.⟩ *etwas verraten, bei der Polizei anzeigen* ◆ er hat gepfiffen ⟨fig.; umg.⟩ *er hat etwas verraten;* **Amseln,** Stare u. a. Vögel pfeifen; dem **Hund** pfeifen *den H. durch Pfeifen zu sich rufen;* die **Lokomotive** pfeift; **Mäuse,** Murmeltiere pfeifen; eine **Melodie,** einen Schlager pfeifen; der **Wind** pfeift *saust* ◆ **auf** zwei Fingern pfeifen; ich pfeife darauf! ⟨fig.; umg.⟩ *das ist mir völlig gleichgültig, ich kann leicht darauf verzichten;* der Wind pfeift **im** Schornstein, pfeift ums Haus; die Kugeln pfiffen ihm **um** die Ohren; die Spatzen pfeifen es schon **von** allen Dächern ⟨fig.;

P

umg.〉 *jeder weiß es schon;* ich werd' dir **was** pfeifen! 〈fig.; umg.〉 *ich denke nicht daran (zu tun, was du willst)!* ◆ im Theater wurde gepfiffen (zum Zeichen des Missfallens) ◆ pfeifender Atem; pfeifende Geräusche im Lautsprecher [< mhd. *pfifen,* engl. *pipe* < lat. *pipare* „piepen"; lautmalend als Nachahmung des Vogelrufs]

**Pfeifengras** 〈n. 12u; unz.〉 *Angehöriges einer Unterordnung der Süßgräser, dessen Halme zum Reinigen von Tabakspfeifen verwendet werden: Molinia*

**Pfeifenstrauch** 〈m. 2u; Bot.〉 ► *Steinbrechgewächs mit stark duftenden Blüten: Philadelphus coronarius;* Sy *Falscher → Jasmin*

PFEIFENSTRAUCH
*(Philadelphus coronarius)*

**Pfeil** 〈m. 1〉 *aus einem dünnen Stab mit Spitze (Hartholz, Stein od. Metall) bestehendes Geschoss, das mit dem Bogen abgeschossen wird* ◆ Pfeil und Bogen; er schoss wie ein Pfeil davon *lief sehr schnell davon* [< ahd. *pfil,* engl. *pile* „zugespitzter Pfahl" < lat. *pilum* „Wurfspieß"]

**Pfeiler** 〈m. 3〉 *frei stehende od. aus der Wand* (Wandpfeiler) *herausstehende Stütze von Decken, Gewölben, Trägern usw. mit meist rechteckigem Querschnitt* [< ahd. *pfilari* < vulgärlat. *pilare;* zu lat. *pila* „Pfeiler"]

**pfeilförmig** 〈Adj.; bes. Bot. u. Zool.〉 *wie ein Pfeil geformt, mit der Form eines Pfeils versehen*

**Pfeilgift** 〈n. 11; bei Naturvölkern〉 *Gift (aus Pflanzen, auch von Schlangen u. a.) zum Bestreichen der Pfeilspitzen*

**Pfeilhecht** 〈m. 1; Zool.〉 ► = *Barrakuda*

**Pfeilkraut** 〈n. 12u; unz.; Bot.〉 **1** 〈i. w. S.〉 *Angehöriges einer Gattung der Froschlöffelgewächse: Sagittaria* **2** 〈i. e. S.〉 Spitzes Pfeilkraut *in Dtschld. heimische Wasserpflanze mit pfeilförmigen Luftblättern: Sagittaria sagittifolia*

**Pfeilschwanz** 〈m. 1u; Zool.〉 ▼ *Angehöriger einer Klasse der Merostomata (Klasse der Spinnentiere) mit langem Schwanzstachel: Xiphosura;* Sy *Schwertschwanz*

**Pfennig** 〈m. 1; nach Zahlenangaben meist Pl.: -; Abk.: Pf〉 *deutsche Währungseinheit, $\frac{1}{100}$ Mark* ◆ jeden Pfennig dreimal umdrehen 〈fig.〉 *sehr sparsam sein;* keinen Pfennig (Geld) haben; das ist keinen Pfennig wert; mit jedem Pfennig rechnen *sehr sparen müssen* [< ahd. *pfenning;* vermutl. zu lat. *pannus* „Stück Tuch" (Gewandstoffe dienten früher oft als Tausch- u. Zahlungsmittel); verwandt mit *Pfand*]

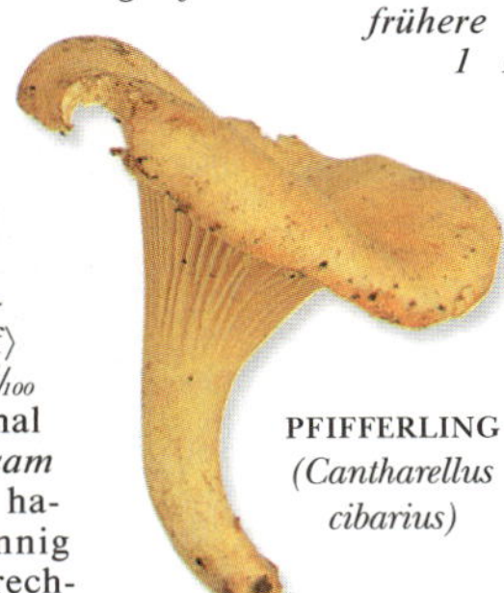

PFIFFERLING
*(Cantharellus cibarius)*

**Pferch** 〈m. 1〉 *mit Hürden umzäuntes Feldstück, in dem nachts Schafe eingeschlossen werden, wodurch gleichzeitig der Boden gedüngt wird* [< ahd. *pferrih, pfarrih* < mlat. *parricus* „eingeschlossener Raum, Gehege"; verwandt mit *Park*]

PFEILSCHWANZ: ATLANTISCHER SCHWERTSCHWANZ
*(Limulus polyphemus)*

**Pferd** 〈n. 11〉 **1** 〈Zool.〉 **1.1** 〈i. w. S.〉 ►► *Angehöriges einer Familie der Unpaarhufer, als Reit- u. Zugtier verwendet: Equidae;* ► *Säugetiere* **1.2** 〈i. e. S.〉 *das vom Wildpferd abstammende Hauspferd: Equus caballus* **2** 〈Sp.〉 *Turngerät aus gepolsterter Lederrolle mit vier Füßen sowie zwei herausnehmbaren Griffen (Pauschen) oben in der Mitte für Spring- u. Stützübungen* ◆ keine zehn Pferde brächten mich dahin 〈fig.; umg.〉 *auf keinen Fall gehe ich dahin;* das Pferd hat den Reiter **abgeworfen; aufbäumen:** *das Pferd bäumt sich auf, scheut, schlägt aus;* das Pferd von hinten **aufzäumen** 〈fig.; umg.〉 *eine Sache vom Ende her beginnen;* ein Pferd **besteigen;** *das Pferd ist (ihm)* **durchgegangen;** *das Pferd* **galoppiert,** *greift aus, trabt;* ein Pferd **satteln,** *striegeln, zäumen;* das Pferd **schnaubt,** *wiehert* ◆ **edles,** feuriges, rassiges Pferd; **gutes,** schnelles Pferd ◆ Übungen **am** Pferd; sich **aufs** Pferd schwingen [< ahd. *pfarifrit, pfär(fr)it* < mlat. *paraveredus* „Postpferd (auf Nebenlinien)" < grch. *para* „neben, bei" + spätlat. *veredus* „Postpferd" (gall. Ursprungs)]

**Pferdefuß** 〈m. 1u〉 **1** *Fuß des Pferdes, Attribut des Teufels* **2** 〈fig.〉 *ein verborgener Nachteil* ◆ die Sache hat garantiert, mit Sicherheit einen Pferdefuß!

**Pferdeschwanz** 〈m. 1u〉 **1** 〈fälschl. für〉 *Schweif des Pferdes* **2** 〈fig.〉 *langer, am Hinterkopf zusammengebundener, herabhängender Haarschopf*

**Pferdestärke** 〈f. 19; Abk.: PS〉 *frühere Maßeinheit der Leistung, 1 PS = 0,735 kW* ◆ ein Kraftwagen von 160 Pferdestärken, 〈meist〉 160 PS

**Pfiff** 〈m. 1〉 **1** *Ton des Pfeifens* **2** *schriller Ton* **3** 〈fig.〉 *Kniff, Trick* **4** *der eigentl. Reiz einer Sache, das, was eine Sache erst vollkommen macht* ◆ die Schleife gibt dem Kleid erst den richtigen Pfiff; scharfer, durchdringender Pfiff [Rückbildung aus *pfeifen;* in der Bedeutung „Kunstgriff", urspr. „Lockpfiff des Vogelstellers"]

**Pfifferling** 〈m. 1〉 ◄ *sehr würziger Speisepilz mit gelbem Hut u. dicken Lamellen: Cantharellus cibarius;* Sy *Eierpilz, Eierschwamm, Pfefferschwamm* ◆ das ist keinen Pfifferling wert 〈fig.〉 *das ist gar nichts wert* [< mhd. *phifferlinc* < ahd. *phifera;* nach seinem an *Pfeffer* erinnernden Geschmack]

**Pfingsten** 〈n.; -, -; Rel.〉 *Fest der Ausgießung des Heiligen Geistes über die Jünger Jesu* [< mhd. *pfingesten* (Dat. Pl.) (got. *paintekuste*) < grch. *pentekoste (hemera)* „der fünfzigste (Tag nach Ostern)"]

**Pfingstrose** 〈f. 19; Bot.〉 ► *Angehörige einer Gattung der Pfingstrosengewächsen (Paeoniaceae), staudiges od. strauchiges Hahnenfußgewächs mit großen, duftenden Blüten: Paeonia*

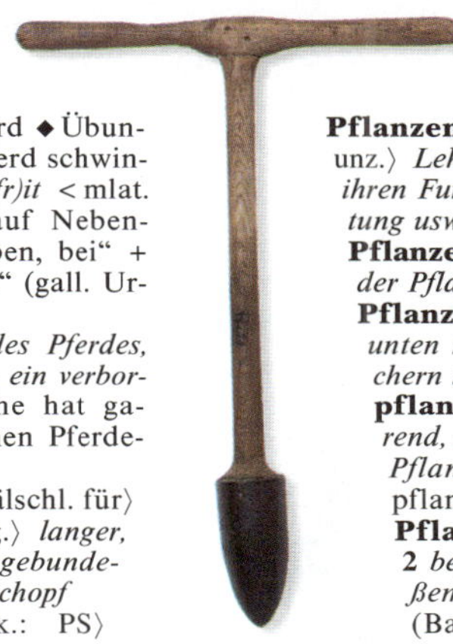

PFLANZHOLZ

PFINGSTROSE: ECHTE PFINGSTROSE
*(Paeonia mascula)*

**Pfirsich** 〈m. 1〉 *Frucht des Pfirsichbaumes;* ► *Früchte* [< mhd. *pfersich* < vulgärlat. *persica* „persische (Frucht)"]

**Pfirsichbaum** 〈m. 1u; Bot.〉 *aus Ostasien stammendes Rosengewächs mit rosa Blüten u. saftigen, fleischigen Früchten mit samtiger Haut: Prunus persica*

**Pflanze** 〈f. 19; Bot.〉 *Lebewesen, das in der Lage ist, aus anorgan. Stoffen mithilfe des Sonnenlichts od. in einigen Fällen mithilfe von aus chemischen Reaktionen gewonnener Energie organische Stoffe aufzubauen* ◆ Pflanzen sammeln; einjährige, immergrüne, kräftige, zarte Pflanze [< ahd. *pflanza* < lat. *planta* „Setzling"; zu *plantare* „die Erde mit der Fußsohle (lat. *planta*) feststampfen"]

**pflanzen** 〈V. t.; hat; Bot.〉 *zum Wachsen in die Erde setzen* ◆ Bäume, Blumen, Sträucher pflanzen [< ahd. *pflanzon* < lat. *plantare* „die Erde mit der Fußsohle (lat. *planta*) feststampfen"]

**Pflanzenfresser** 〈m. 3〉 *Tier, das sich nur von Pflanzen ernährt*

**Pflanzenkunde, Pflanzenlehre** 〈f. 19; unz.〉 *Lehre von den Pflanzen, ihrem Bau, ihren Funktionen, ihrer Verbreitung, Züchtung usw.;* Sy *Botanik*

**Pflanzenreich** 〈n. 11; unz.〉 *Gesamtheit der Pflanzen;* Sy *Flora (1)*

**Pflanzholz** 〈n. 12u〉 ◄ *kurzer, dicker, unten spitzer Stab zum Bohren von Löchern in die Erde beim Pflanzen*

**pflanzlich** 〈Adj.〉 *zu Pflanzen gehörend, aus ihnen gewonnen, nach Art der Pflanzen* ◆ pflanzliche Fette, Öle; pflanzliche Kost

**Pflanzung** 〈f. 20〉 **1** *das Pflanzen* **2** *bepflanztes Stück Land, bes. in großem Ausmaß in Übersee, Plantage* (Baumwollpflanzung, Tabakpflanzung) **3** 〈Forstw.〉 *neu angelegte Kultur*

**Pflaster** 〈n. 13〉 **1** *Belag aus dicht gefügten Steinen zur Befestigung der Straße* (Straßenpflaster) **2** *Heilmittel aus klebend gemachtem Stoff mit einem Stück Mull in der Mitte zum Schutz von Wunden* (Heftpflaster) **3** 〈fig.〉 *Linderungsmittel, Trost* [< ahd. *pflastar* „Heilpflaster, Mörtel, Fußboden" < lat. *emplastrum* „Wundpflaster, Bindemittel für Steinbau" < grch. *emplastron* „das Aufgeschmierte"; zu *emplassein* „aufschmieren"; verwandt mit *Plasma, Plastik*]

**pflastern** 〈V. t.; hat〉 *mit Pflaster belegen* (Straße)

**Pflaume**[1] 〈f. 19〉 *Frucht des Pflaumenbaumes;* Sy *Zwetsche, Zwetschge, Zwetschke* [< ahd. *pfruma* < lat. *prunum* „Pflaume"]

**Pflaume**[2] 〈f. 19; umg.〉 *anzügliche, leicht boshafte, neckende Bemerkung*

**Pflaumenbaum** 〈m. 1u〉 *aus Vorderasien stammendes Rosengewächs mit blauen, grünen od. gelben, ovalen bis runden Steinfrüchten: Prunus domestica*

**Pflege** 〈f. 19〉 **1** *Obhut u. Fürsorge, sorgende Behandlung* (Kinderpflege, Krankenpflege) **2** *Aufsicht u. Sorge für den Lebensunterhalt (meist gegen Entgelt)* **3** *Sorge für Sauberkeit u. Gesunderhaltung bzw. Instandhaltung* (Denkmalspflege, Körperpflege, Fußpflege) **4** *Sorge für etwas,* z. B. Gesundheitspflege,

P

# PFERDE

Pferde sind Unpaarhufer, die ursprünglich von dem vor 50 Millionen Jahren lebenden Eohippus abstammen, heute jedoch im engeren Sinne alle Hauspferde (Equus caballus) sind. Die Domestizierung begann wahrscheinlich im 4. Jt. v. Chr.

ÄUSSERE MERKMALE
EINES HAUSPFERDES
*(Equus caballus)*

## VERSCHIEDENE PFERDERASSEN

### WARMBLUTPFERDE

HANNOVERANER

ENGLISCHES VOLLBLUT

ANDALUSIER

ARABER

PALOMINO

HOLSTEINER

APPALOOSA

BERBER

LIPIZZANER

MUSTANG

### PONYS

AMERICAN SHETLANDPONY

SHETLANDPONY

FALABELLA

### KALTBLUTPFERDE

PERCHERON

SHIREHORSE

P

Schönheitspflege ◆ aufopfernde, treue Pflege; jmdm. ein Kind, Tier, eine Pflanze in Pflege geben; ein Kind, Tier, eine Pflanze in Pflege nehmen [→ *pflegen*]

**Pflegeheim** ⟨n. 11⟩ *Heim, in dem alte u. kranke Personen gepflegt werden*

**pflegeleicht** ⟨Adj.; bei Textilien⟩ *leicht waschbar u. fast bügelfrei*

**pflegen** ⟨V. t. 190; hat⟩ **1** jmdn. pflegen *fürsorglich behandeln, betreuen, für jmds. Wohl sorgen* (Kranke) **2** etwas pflegen *betreiben, sich mit etwas anhaltend beschäftigen* (Kunst, Wissenschaft) **3** etwas (zu tun) pflegen *gewohnheitsmäßig tun* **4** sich pflegen *Körperpflege treiben* ◆ mit jmdm. **Freundschaft** pflegen *Freundschaft halten;* **Musik** pflegen; seinen **Stil** pflegen *seinen Stil ständig üben u. verbessern;* **Umgang** mit jmdm. pflegen *mit jmdm. verkehren* ◆ er pflegt morgens zeitig **aufzustehen;** mein Großvater pflegte zu **sagen:** „...!" *sagte häufig* ◆ ein gepflegter Garten, Park, Haushalt; gepflegter Stil *guter, sorgfältiger Stil;* er sieht sehr gepflegt aus, ist sehr gepflegt *er kleidet sich gut, u. man sieht, dass er Körperpflege treibt* [< ahd. *plegan* „für etwas sorgen, sich einer Sache annehmen, behüten, betreiben, versprechen, verbürgen"]

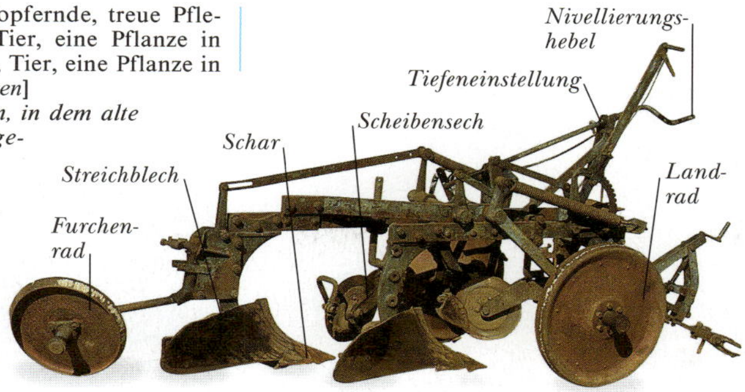

PFLUG: SCHLEPPPFLUG AUS DER ZEIT UM 1945

**Pfleger** ⟨m. 3⟩ **1** *männlicher Betreuer der männlichen Kranken im Krankenhaus* **2** *Vormund, vom Gericht eingesetzter Vermögensverwalter* **3** ⟨schweiz. a.⟩ *gewählter Vermögensverwalter* (Kirchenpfleger, Schulpfleger)

**pfleglich** ⟨Adj.⟩ *sorgsam* ◆ Tiere, Blumen, Gegenstände pfleglich behandeln

**Pflegschaft** ⟨f. 20; unz.⟩ *behördlich angeordnete Vormundschaft od. Vermögensverwaltung*

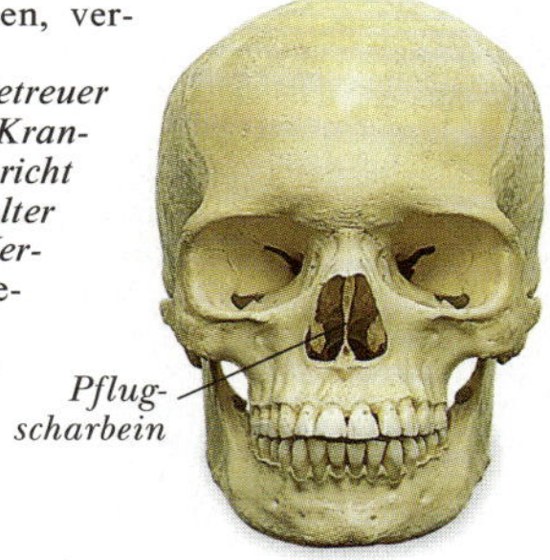

PFLUGSCHARBEIN IM MENSCHLICHEN SCHÄDEL

**Pflicht** ⟨f. 20⟩ *sittl. od. dienstl. Aufgabe, Obliegenheit, etwas, das man tun muss* (Amtspflicht, Dienstpflicht, Ehrenpflicht, Schulpflicht) ◆ das ist deine Pflicht und **Schuldigkeit** ◆ seine Pflichten **erfüllen;** seine Pflicht **tun** ◆ **berufliche,** dienstliche Pflichten; **elterliche,** kindliche Pflicht; gleiche Rechte und **gleiche** Pflichten haben ◆ ich halte es **für** meine Pflicht, ihm zu helfen; ich habe es mir **zur** Pflicht gemacht, ihn zu unterstützen [→ *pflegen*]

**pflichtbewusst** ⟨Adj.; -er, am -esten⟩ **1** *sich seiner Pflicht bewusst* **2** *gewissenhaft*

**Pflichtfach** ⟨n. 12u⟩ *Fach, zu dessen Studium jeder Schüler verpflichtet ist;* Ggs *Wahlfach*

**...pflichtig** ⟨Adj.; in Zus.⟩ *verpflichtet zu etwas,* z. B. schulpflichtig, kranken- bzw. sozialversicherungspflichtig

**Pflichtübung** ⟨f. 20⟩ *sportl. Übung, die beim Wettkampf od. bei der Prüfung ausgeführt werden muss*

**Pflichtverletzung** ⟨f. 20⟩ *Verletzung, Nichterfüllung der Pflicht(en)*

**Pflock** ⟨m. 1u⟩ *dicker, kurzer Stock, Zapfen* ◆ ein Tier an einen Pflock binden; einen Pflock in die Erde schlagen [< spätmhd. *pfloc,* engl. *plug* „Pflock, Stöpsel"; Herkunft nicht geklärt]

**pflücken** ⟨V. t.; hat⟩ **1** *abbrechen, von der Pflanze abnehmen* (Blumen, Obst) **2** ⟨veraltet⟩ *rupfen, entfedern* (Geflügel) [< mhd. *pflücken,* engl. *pluck* < vulgärlat. **piluccare* für lat. *pilare* „der Haare berauben"; zu *pilus* „Haar"]

**Pflücker** ⟨m. 3⟩ *Arbeiter, der (meist im Stundenlohn) Obst pflückt* (Obstpflücker)

**Pflug** ⟨m. 1u; Landw.⟩ ▲ *Ackergerät zum Lockern, Wenden, Zerkrümeln der Erde* [< ahd. *pluoc,* engl. *plough;* vermutl. aus dem Rätischen]

**pflügen** ⟨V. t. u. V. i.; hat⟩ *mit dem Pflug arbeiten* ◆ die Erde, den Acker pflügen *mit dem Pflug lockern, wenden, zerkrümeln*

**Pflugschar** ⟨f. 20; Landw.⟩ *Eisen am Pflug, das die Erde waagerecht durchschneidet* [< ahd. *scaro;* → *scheren*[1]]

**Pflugscharbein** ⟨n. 11; Anat.⟩ ◄ *Schädelknochen, der wie eine Pflugschar auf dem Boden der Nasenhöhle steht u. das Knorpelgerüst der Nase stützt: Vomer*

**Pflugsterz** ⟨m. 1; Landw.⟩ *Führungsgriff am Pflug*

**Pforte** ⟨f. 19⟩ **1** *kleine Tür* (Gartenpforte) **2** *vom Pförtner bewachter Eingang (zu Klöstern, Heimen u. Ä.)* **3** *Senke zwischen Bergen (als Verkehrsstraße)* ◆ Burgundische, Westfälische Pforte [< ahd. *pforta* < lat. *porta* „Tür, Tor"]

**Pförtner** ⟨m. 3⟩ *Angestellter, der die Pforte bewacht, sie öffnet u. schließt, Besuchern den Weg weist usw.* [< mhd. *portenære;* → *Pforte*]

**Pfosten** ⟨m. 4⟩ *kurzer Stützpfeiler* (Bettpfosten, Türpfosten) [< ahd. *pfosto,* engl. *post* < lat. *postis* „Pfosten"]

**Pfote** ⟨f. 19⟩ **1** *in Zehen gespaltener Tierfuß* **2** ⟨umg.⟩ *Hand* ◆ sich die Pfoten waschen ⟨umg.⟩; schmutzige Pfoten haben ⟨umg.⟩ [< niederrhein. *pote* (14. Jh.)]

**Pfrelle** ⟨f. 19⟩ = *Elritze*

**Pfriem** ⟨m. 1⟩ = *Ahle*

**Pfriemenschwanz** ⟨m. 1u⟩ = *Madenwurm*

**Pfriemkraut** ⟨n. 12u; unz.⟩ = *Ginster*

**Pfropf** ⟨m. 1 od. 1u⟩ **1** ⟨bes. Med.⟩ *kleine, geballte Masse,* ⟨bes.⟩ *Blutgerinnsel* **2** *Wattebausch*

**pfropfen** ⟨V. t.; hat⟩ **1** *mit einem Pfropfen verschließen* (Flasche) **2** ► *durch ein Reis veredeln* (Bäume) ◆ der Saal war gepfropft voll *sehr voll, überfüllt* [< mhd. *pfropfen* < lat. *propagare* „erweitern, fortpflanzen"; verwandt mit *Propaganda, propagieren*]

**Pfropfen** ⟨m. 4⟩ *kleiner Gegenstand (aus Kork, Kunststoff od. Holz) in Form eines Zylinders zum Verschließen von Flaschen* [< nddt. *propp(en),* Mischbildung von lautmalendem *prumpsen* „vollstopfen" + *stoppen* (nhd. *stopfen*)]

**Pfröpfling** ⟨m. 1⟩ = *Pfropfreis*

**Pfropfreis** ⟨n. 12⟩ *aufgepfropftes od. zum Pfropfen bestimmtes Reis;* Sy *Okulierreis, Pfröpfling*

**Pfründe** ⟨f. 19⟩ **1** *Einkünfte aus einem Kirchenamt* **2** *das Kirchenamt selbst* **3** *Amt, das etwas einbringt, ohne dass man die damit verbundenen Pflichten zu erfüllen braucht* ◆ fette Pfründe [< ahd. *pfruonta* < älter *pfrovinta* < gallorom. *provenda* „Reichtum" < lat. *praebenda* „Darzureichendes", Gerundium zu *praebere* „darreichen, hinreichen"; beeinflusst von lat. *providere* „vorsorgen"]

**Pfuhl** ⟨m. 1⟩ **1** *sumpfiger Teich, Tümpel, große Pfütze* **2** *Sinnbild des Schmutzes u. der Sünde* (Sündenpfuhl) [< ahd. *pfuol,* engl. *pool*]

**pfui!** ⟨Int.⟩ *(Ausdruck des Ekels, Abscheus, der Missbilligung, Empörung, Ausruf des Hindernwollens)* ◆ pfui, das ist gemein!; pfui Teufel! ⟨verstärkend⟩

**Pfund** ⟨n. 11; nach Zahlenangaben Pl.: -⟩ **1** *Gewichtseinheit, ½ kg, 500 g* **2** ⟨Zeichen: £⟩ englisches Pfund, ein Pfund Sterling *britische u. irische Währungseinheit,* ⟨bis 1971⟩ *20 Schilling, 240 Pence,* ⟨heute⟩ *100 Pence* [< ahd. *pfunt,* engl. *pound* < lat. *pondo*]

**...pfünder** ⟨m. 3; in Zus.⟩ **1** *Gegenstand, Tier, der bzw. das eine bestimmte Zahl von Pfund wiegt* **2** ⟨veraltet⟩ *Kanone, die Geschosse mit einem in Pfund angegebenen Gewicht abschießen kann*

**pfundig** ⟨Adj.; umg.; bair.⟩ *großartig, herrlich, prächtig* ◆ ein pfundiges Mittagessen

**...pfündig** ⟨Adj.; in Zus.⟩ *eine bestimmte Zahl von Pfund schwer,* z. B. ein dreipfündiger Hecht

**pfundweise** ⟨Adv.⟩ *in, nach Pfunden, Pfund für Pfund (gewogen, verkauft usw.)* ◆ eine Ware lediglich pfundweise verkaufen

**Pfusch** ⟨m.; -(e)s; unz.; umg.⟩ *liederliche, schlechte, misslungene Arbeit* ◆ Pfusch machen; das ist alles Pfusch geworden

**pfuschen** ⟨V. i.; hat; umg.⟩ **1** *flüchtig, unfachmännisch, schlecht arbeiten* **2** *(beim Spielen auf einem Instrument) Fehler machen, unsauber spielen* [vermutl. < *futsch*]

**Pfütze** ⟨f. 19⟩ *Lache, kleine Ansammlung von Flüssigkeit* (Wasserpfütze) ◆ über die große Pfütze fahren ⟨umg.⟩ *nach Übersee, übers Meer fahren* [< ahd. *p(f)uzza* „Wasserloch, Brunnen" < lat. *puteus* „Brunnen, Grube"]

**pH** → *pH-Wert*

**...phagie** ⟨in Zus.⟩ *Ernährungsweise* [zu grch. *phagein* „essen"]

## PFROPFEN

Im Garten- und Weinbau befestigt man ein mit Knospen versehenes Pfropfreis z. B. auf einem Zweig (Unterlage) einer anderen Sorte oder sogar Art. Wachstumszellen verbinden darauf die beiden Pflanzenteile, sodass eine Art Hybridpflanze entsteht.

KOPULATION

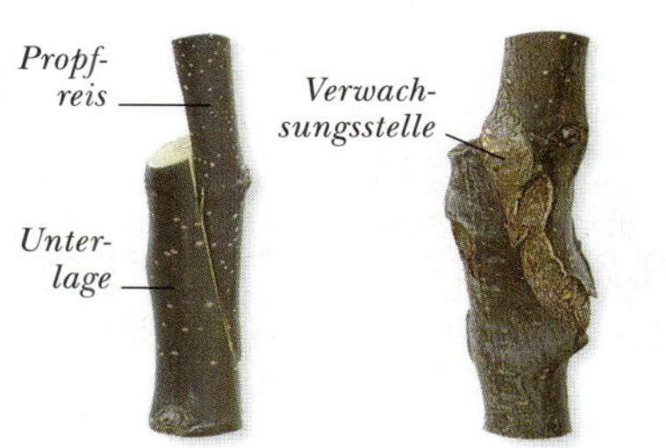

FRISCHES REIS VERWACHSENES REIS

P

## PHAGOZYTEN

Phagozyten sind Zellen, die Mikroorganismen (z. B. Viren), andere Fremdkörper (wie etwa inhalierten Rauch) und abgestorbene Zellen aufspüren, verschlingen und verdauen. Sie bilden einen Teil des Immunsystems und kommen vor allem im Blut, in der Milz, den Lymphknoten und den Lungenbläschen vor, wobei sich viele von ihnen frei im Gewebe bewegen und die Wände von Blutgefäßen durchqueren können.

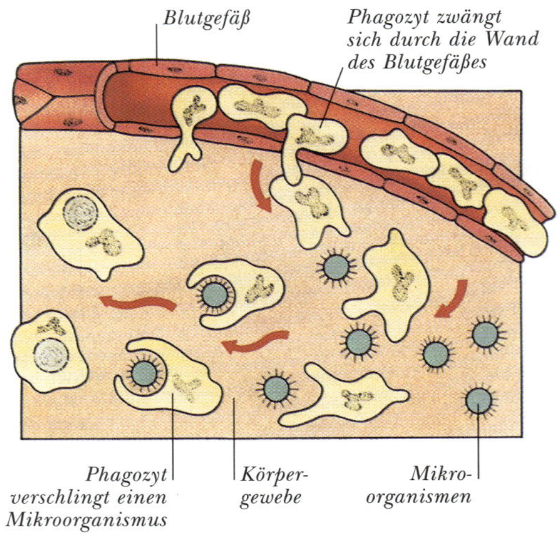


SCHNITT DURCH EIN BLUTGEFÄSS UND UMGEBENDES KÖRPERGEWEBE

**Phagozyt** ⟨m. 23; Biol.⟩ ▲ *Wanderzelle, die kleine Fremdkörper, vor allem Bakterien, in sich aufzunehmen u. zu vernichten vermag;* Sy *Fresszelle* [< grch. *phagein* „essen, fressen" + *kytos* „Höhlung, Zelle"]

**Phalanx** ⟨f.; -, -langen⟩ **1** ⟨Antike⟩ *lange, geschlossene Schlachtreihe in mehreren Gliedern* **2** ⟨fig.⟩ *geschlossene Reihe, Front* **3** ⟨Anat.⟩ *Finger- bzw. Zehenknochen* [grch., „Baumstamm, Block, Schlachtreihe"]

**Phallus** ⟨m.; Phalli od. Phallen; poet.; geh.⟩ = *Penis* [< grch. *phallos* „das männl. Glied als Sinnbild der Zeugungskraft"]

**Phänomen** ⟨n. 11⟩ **1** *Erscheinung, etwas sich den Sinnen Zeigendes* **2** *der sich der Erkenntnis zeigende Bewusstseinsinhalt* **3** ⟨fig.⟩ *Wunder, Wunderding, ungewöhnl. Mensch* [< grch. *phainomenon* „Erscheinendes, sinnlich Wahrnehmbares"; zu grch. *phainein* „sichtbar machen"]

**phänomenal** ⟨Adj.⟩ *großartig, erstaunlich* ◆ ein phänomenales Buch

**Phänomenologie** ⟨f. 19; unz.; Philos.⟩ **1** ⟨bei Kant⟩ *Lehre von den Erscheinungen im Unterschied zum „Ding an sich"* **2** ⟨bei Hegel⟩ *Lehre von den Erscheinungen des sich dialektisch aufwärts bewegenden Bewusstseins bis zum absoluten Wissen* **3** ⟨bei N. Hartmann⟩ *Beschreibung der gegebenen Erscheinungen als erste Stufe des systemat. Denkens* **4** ⟨bei Husserl⟩ *Lehre von der „Wesenheit", der Bedeutung, dem Sinn der Dinge unter Ausklammerung ihrer individuellen Realität, die nur Erscheinungsform ist* [< grch. *phainomenon* „Erscheinendes, sinnlich Wahrnehmbares" + *logos* „Lehre"]

**Phänotypus** ⟨m.; -, -typen; Genetik⟩ *Erscheinungsbild eines Lebewesens;* Ggs *Genotypus* [< grch. *phainesthai* „erscheinen" + *Typus*]

**Phantasie** ⟨f. 19⟩ = *Fantasie²*

**Phantasie...** ⟨in Zus. mit Subst.⟩ = *Fantasie...*

**phantasieren** ⟨V. i.; hat⟩ = *fantasieren*

**phantasievoll** ⟨Adj.⟩ = *fantasievoll*

**Phantast** ⟨m. 16⟩ = *Fantast*

**phantastisch** ⟨Adj.⟩ = *fantastisch*

**Phantom** ⟨n. 11⟩ **1** *Trugbild, gespenstische Erscheinung* **2** *Nachbildung eines Körperteils für Unterrichtszwecke* [< frz. *fantôme* „Gespenst, Trugbild" < vulgärlat. **fantauma* < grch. *phantasma* „Erscheinung, Gestalt, Trugbild"]

**Phantombild** ⟨n. 12⟩ *nach Zeugenaussagen skizziertes Bild eines gesuchten Täters*

**Phantomschmerz** ⟨m. 23; Med.⟩ *scheinbarer Schmerz in einem amputierten Glied*

**Pharao I** ⟨m.; -s, -nen⟩ *altägyptischer König* **II** ⟨n.; -s; unz.⟩ *französ. Kartenglücksspiel* [< grch. *pharao* < äagypt. *per-a a* „großes Haus, Palast, Hof" (Titel des Königs)]

**Pharisäer** ⟨m. 3⟩ **1** ⟨Rel.⟩ *Angehöriger der führenden altjüd. religiös-polit. Partei seit dem 2. Jh. v. Chr., die sich streng an das mosaische Gesetz hielt, Gegner der Sadduzäer* **2** ⟨fig.⟩ *selbstgerechter, engstirniger Mensch* [< lat. *Pharisaeus* < grch. *Pharisaios* < aram. *perishaiya* „abgesondert"]

**Pharmaka** ⟨Pl. von⟩ *Pharmakon*

**Pharmakologie** ⟨f. 19; unz.⟩ *Wissenschaft von den Arzneimitteln;* → a. *Pharmazie* [< grch. *pharmakon* „Heilmittel, Gift, Zaubermittel" + *logos* „Lehre"]

**Pharmakon** ⟨n.; -s, -maka⟩ ► = *Medikament* [grch., „Heilmittel, Gift, Zaubermittel"]

**pharmazeutisch** ⟨Adj.⟩ *zur Pharmazie gehörig, auf ihr beruhend* [zu grch. *pharmakeutikos* „die Kenntnis u. Herstellung von Arzneimitteln u. Giften betreffend"; zu grch. *pharmakon* „Heilmittel, Gift, Zaubermittel"]

**Pharmazie** ⟨f. 19; unz.⟩ *Lehre von der Zubereitung u. Anwendung der Arzneimittel;* Sy *Arzneikunde, Arzneilehre* [< lat. *pharmacia* < grch. *pharmakeia* „Gebrauch von Heilmitteln, Giften, Zaubermitteln"; zu grch. *pharmakon* „Heilmittel, Gift, Zaubermittel"]

**Pharynx** ⟨m.; -, -ryngen; Anat.⟩ ► = *Rachen (1)* [grch.]

**Phase** ⟨f. 19⟩ **1** *Abschnitt, Stufe einer Entwicklung* **2** ⟨Astron.⟩ *Zeit, in der ein Himmelskörper nur zum Teil erleuchtet ist* (Mondphase) **3** ⟨Phys.⟩ *jeweiliger Zustand eines schwingenden Systems* **4** ⟨Thermodynamik⟩ *physikal. homogener Teil eines heterogenen Systems, z. B. die Aggregatzustände* [< frz. *phase* < grch. *phasis* „Erscheinung, Aufgang eines Gestirns"; zu *phainesthai* „erscheinen"]

**Phasenmesser** ⟨m. 3; El.⟩ *elektr. Messgerät zur Messung von Phasenunterschieden zwischen zwei Wechselstromgrößen (meist Strom u. Spannung)*

**...phasig** ⟨in Zus.⟩ *mit einer bestimmten od. unbestimmten Zahl von Phasen versehen,* z. B. mehrphasig

**Phellodendron** ⟨m. od. n.; -s, -dendren; Bot.⟩ *Korkbaum* [< grch. *phellos* „Kork" + *dendron* „Baum"]

**Phenol** ⟨n. 11; unz.; Chem.⟩ *chem. Verbindung aus der aromat. Reihe, die einen Benzolkern enthält, in dem ein od. mehrere Wasserstoffatome durch die Hydroxylgruppe - OH ersetzt sind, besitzt die Eigenschaften von schwachen Säuren u. die von Alkoholen* [< grch. *phainein* „zeigen" + lat. *oleum* „Öl"]

**Phenyl** ⟨n. 11; Chem.⟩ *das einwertige aromatische Radikal* $C_6H_5$-, *Bestandteil vieler chemischer Verbindungen* [< grch. *phainein* „zeigen" + *hyle* „Stoff"]

**Pheromon** ⟨n. 11; Chem.⟩ *in äußerst geringer Konzentration wirksamer Stoff, der der Verständigung von Lebewesen (bes. Insekten) untereinander dient, meist mit der Funktion eines Sexuallockstoffes* [< grch. *pherein* „tragen" + *Hormon*]

**Phi** ⟨[fiː] n. 15; Zeichen: φ, Φ⟩ *21. Buchstabe des grch. Alphabets*

**...phil** ⟨in Zus.⟩ *liebend* [zu grch. *philein* „lieben"]

**Philanthrop** ⟨m. 16⟩ = *Menschenfreund;* Ggs *Misanthrop* [< grch. *philein* „lieben" + *anthropos* „Mensch"]

**Philanthropie** ⟨f. 19; unz.⟩ = *Menschenfreundlichkeit;* Ggs *Misanthropie*

**philanthropisch** ⟨Adj.⟩ = *menschenfreundlich;* Ggs *misanthropisch*

**Philatelie** ⟨f. 19; unz.⟩ *Lehre von den Briefmarken;* Sy *Briefmarkenkunde* [< grch. *philein* „lieben" + *ateles* „abgaben-, steuerfrei"]

**Philharmonie** ⟨f. 19; Mus.⟩ *Name von musikal. Gesellschaften, Orchestern, Konzertsälen* [< grch. *philein* „lieben" + *Harmonie*]

**...philie** ⟨in Zus.⟩ *Liebe (zu etwas), Vorliebe (für etwas)* [zu grch. *philein* „lieben"]

**Philister** ⟨m. 3⟩ **1** *Angehöriger eines nichtsemit. Volkes an der Küste Palästinas, eines Nachbarvolkes der Israeliten* **2** ⟨fig.⟩ *engstirniger Mensch, Spießbürger, kleinlicher Besserwisser* [< hebr. Pl. *Pelischtim,* eigtl. „Einwanderer"; zu hebr. *palosch* „eindringen"]

**Philodendron** ⟨m. od. n.; -s, -dendren; Bot.⟩ **1** ▼ *Angehöriger einer Gattung der Aronstabgewächse, tropische Kletterpflanze mit Luftwurzeln: Philodendron* **2** ⟨fälschlich für⟩ *Monstera* [< grch. *philein* „lieben" + *dendron* „Baum"]

**Philologie** ⟨f. 19; unz.⟩ *Sprach- u. Literaturwissenschaft* [< grch. *philein* „lieben" + *logos* „Lehre, Rede"]

**philologisch** ⟨Adj.⟩ **1** *die Philologie betreffend, zu ihr gehörend, auf ihr beruhend* **2** *wissenschaftlich genau* ◆ philologisches Denken

**Philosoph** ⟨m. 16⟩ **1** *Erforscher der Ursprünge des Denkens u. Seins* **2** *jmd., der nach letzter Klarheit und Wahrheit strebt* **3** *Begründer einer Denkmethode* [< grch. *philein* „lieben" + *sophia* „Weisheit"]

**Philosophie** ⟨f. 19⟩ *Lehre vom Wissen, von den Ursprüngen u. von den Zusammenhängen der Dinge in der Welt, vom Sein u. Denken* [→ *Philosoph*]

**philosophisch** ⟨Adj.⟩ **1** *zur Philosophie gehörend, auf ihr beruhend* **2** ⟨fig.⟩ *denkend, denkerisch, weise*

**Phiole** ⟨f. 19⟩ *birnenförmiges Fläschchen* [< ahd. *fiala* < mlat. *fiole* < grch. *phiale* „Kessel, Urne, Schale"]

PHILODENDRON
*(Philodendron erubescens* 'Red Emerald')

**Phlegma** ⟨n.; -s; unz.⟩ *Trägheit, Schwerfälligkeit, träge Ruhe, Mangel an Erregbarkeit* [< grch. *phlegma* „Brand, Flamme, Hitze"]
**Phlegmatiker** ⟨m. 3⟩ *träger, nicht leicht erregbarer Mensch*
**pH-neutral** ⟨Adj.; Chem.⟩ *weder sauer noch alkalisch reagierend*
**Phobie** ⟨f. 19⟩ *krankhafte Furcht* [zu grch. *phobos* „Furcht"]
**phon** ⟨Zeichen für⟩ *Phon*
**Phon** ⟨n.; -s, -; Zeichen: phon⟩ *Maßeinheit des Lautstärkepegels;* oV *Fon* [< grch. *phone* „Stimme, Ton"]
**...phon** ⟨in Zus.⟩ *tönend, klingend;* oV *...fon* [zu grch. *phone* „Ton, Klang, Stimme"]
**Phonem** ⟨n. 11; Phon.⟩ oV *Fonem* **1** *kleinste Einheit der Phonologie, Laut, der im Vergleich zu einem anderen Laut in derselben Stellung einen Bedeutungsunterschied ausdrückt, z. B. sind das „i" und „a" in „ich" und „ach" zwei Phoneme, das „ch" ein Phonem* **2** ⟨Med.⟩ *Gehörhalluzination (bei Geisteskranken)* [zu grch. *phone* „Stimme, Laut"]
**Phonemik** ⟨f.; -; unz.⟩ = *Phonologie;* oV *Fonemik*
**Phonetik** ⟨f.; -; unz.; Phon.⟩ *Lehre von der Art u. von der Erzeugung der Laute, vom Vorgang des Sprechens, Lautlehre;* oV *Fonetik* → a. *Phonologie* [< grch. *phonetikos* „zum Tönen, Sprechen gehörig"; zu grch. *phone* „Stimme, Laut, Ton"]
**phonetisch** ⟨Adj.⟩ *die Phonetik betreffend, auf ihr beruhend, lautlich;* oV *fonetisch*
**...phonie** ⟨in Zus.⟩ *Ton, Klang;* oV *...fonie* [zu grch. *phone* „Ton, Klang, Stimme"]
**Phönix** ⟨m. 1; ägypt. Myth.⟩ *Vogel, der sich im Feuer verjüngt, Sinnbild der Unsterblichkeit* [< grch. *phoinix* „Purpur" (kam bei den Phöniziern zuerst in Gebrauch)]
**Phönizier** ⟨[-tsiər] m. 3⟩ *Angehöriger eines alten semit. Seefahrervolkes an der syr. Küste* [zu phöniz. *pun* „untergehen" (von der Sonne), also „Mann aus dem Land der untergehenden Sonne, Westländer"]
**Phonograph** ⟨m. 16; Mus.⟩ ▼ *erstes, 1877 von T.A. Edison erfundenes Gerät zur Aufzeichnung von Schallwellen auf Wachsplatten;* oV *Fonograf* [< grch. *phone* „Stimme, Laut, Ton" + *graphein* „schreiben"]
**Phonola** ⟨n. 15 od. f. 10; Mus.⟩ *mechanisches Klavier, das von einem Lochstreifen gesteuert wird;* oV *Fonola* [< grch. *phone* „Stimme, Laut, Ton"]
**Phonologie** ⟨f. 19; unz.; Phon.⟩ *Lehre von den Lauten u. Lautgruppen einer Sprache im Hinblick auf ihre Bedeutung für die Wörter, Lautlehre;* oV *Fonologie;* Sy *Phonemik;* → a. *Phonetik* [< grch. *phone* „Stimme, Laut, Ton" + *logos* „Lehre"]
**Phonometer** ⟨n. 13⟩ *Gerät zur Messung der Hörschärfe;* oV *Fonometer* [< grch. *phone* „Ton, Klang" + *metron* „Maß"]
**Phonothek** ⟨f. 20⟩ *Archiv von Tonbandaufnahmen;* oV *Fonothek* [< grch. *phone* „Stimme, Ton" + *theke* „Behältnis"]

PHONOGRAPH: VON THOMAS EDISON ENTWORFENER PHONOGRAPH (1877)

## pH-WERT

Die Konzentration von Wasserstoffionen in einer Lösung wird pH-Wert genannt. Dieser Wert sagt aus, wie sauer oder basisch eine Lösung ist, und wird in der Praxis mit Universalindikatorpapier bestimmt, welches chemische Verbindungen enthält, die in einem bestimmten pH-Bereich eine typische Färbung zeigen. Die pH-Skala reicht von 0 (stark sauer) bis 14 (stark basisch), wobei neutrales Wasser den pH-Wert 7 hat.

### pH-SKALA

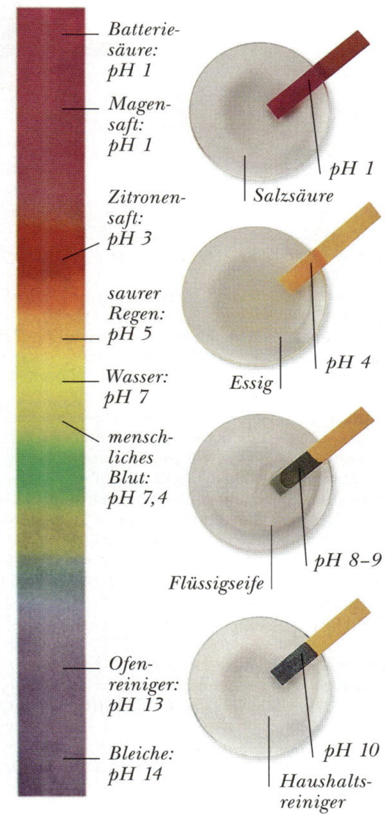


FARBSKALA EINES UNIVERSAL-INDIKATORS

TEST MIT UNIVERSAL-INDIKATORPAPIER

**Phosphat** ⟨n. 11⟩ *Salz oder Ester der Phosphorsäure* [→ *Phosphor*]
**Phosphor** ⟨m.; -s; unz.; Chem.; Zeichen: P⟩ *nicht metall. chem. Element, Ordnungszahl 15* [< grch. *phosphoros* „Licht bringend" < *phos* „Licht" + *pherein* „tragen"]
**Phosphoreszenz** ⟨f. 20; unz.⟩ *Fähigkeit mancher Stoffe, nach einer Bestrahlung mit Lichtwellen selbst zu leuchten;* Ggs *Fluoreszenz* [→ *Phosphor*]
**phosphoreszieren** ⟨V. i.; hat⟩ *Phosphoreszenz zeigen*
**Phosphorsäure** ⟨f. 19; unz.⟩ *aus natürlichen Phosphaten gewonnene Säure, chem. Formel* $H_3PO_4$
**photo..., Photo...** ⟨in Zus.⟩ *licht..., Licht..., Lichtbild...;* → a. *foto..., Foto...* [zu grch. *phos,* Gen. *photos* „Licht"]
**Photochemie** ⟨f. 19; unz.⟩ = *Fotochemie*
**Photoelektrizität** ⟨f. 20; unz.⟩ = *Fotoelektrizität*
**Photoelektronik** ⟨f.; -; unz.⟩ = *Fotoelektronik*
**photogen** ⟨Adj.⟩ = *fotogen*
**Photometer** ⟨n. 13⟩ = *Fotometer*
**Photon** ⟨n. 27; Quantentheorie⟩ = *Foton*
**Photorealismus** ⟨m.; -; unz.; Mal.⟩ = *Fotorealismus*
**Photosynthese** ⟨f. 19; unz.⟩ ► = *Fotosynthese*
**Phototropismus** ⟨m.; -; unz.⟩ ► = *Fototropismus*
**Photovoltaik** ⟨[-vɔl-] f.; -; unz.⟩ = *Fotovoltaik*
**Phrase** ⟨f. 19⟩ **1** ⟨Gramm.⟩ *Redewendung* **2** ⟨Mus.⟩ *kleinster Abschnitt eines Musikstücks, zusammengehörige Tongruppe* **3** ⟨fig.⟩ *nichts sagende, abgegriffene Redensart* **4** *Aussage, Versprechung, hinter der nichts steckt* [frz., „Satz, Phrase" < spätlat. *phrasis* „redner. Ausdruck" < grch. *phrasis* „das Sprechen, der Ausdruck"]
**Phraseologismus** ⟨m.; -, -men; Sprachw.⟩ = *Idiom (2)*
**phrenetisch** ⟨Adj.; Med.⟩ *wahnsinnig;* → a. *frenetisch*
**Phryger, Phrygier** ⟨[-giər] m. 3⟩ *Angehöriger eines indogermanischen Volkes in der antiken kleinasiatischen Landschaft Phrygien*
**phrygisch** ⟨Adj.⟩ **1** *Phrygien betreffend, aus ihm stammend* **2** phrygische Mütze **2.1** *kegelförmige Mütze mit nach vorn gebogener Spitze* **2.2** ⟨Med.⟩ *der phrygischen Mütze ähnliche Verformung der Gallenblase* **3** ⟨Mus.⟩ phrygische Tonart **3.1** *eine der altgrch. Tonarten* **3.2** *eine der Kirchentonarten*
**pH-Wert** ⟨m. 1; Chem.⟩ ► *Maßeinheit für die Wasserstoffionenkonzentration (u. damit für die Stärke der Säure od. Base) einer Flüssigkeit;* Sy *Wasserstoffexponent*
**Physik** ⟨f. 20; unz.⟩ *Lehre von den unbelebten Dingen der Natur, ihrem Aufbau u. ihrer Bewegung sowie von den Strahlungen u. Kraftfeldern* [< lat. *physica* „Naturlehre" < grch. *physike (theoria)* „Naturforschung"; zu grch. *physis* „Natur"]
**physikalisch** ⟨Adj.⟩ *die Physik betreffend, zu ihr gehörend, auf ihr beruhend* ◆ physikalische Chemie *Lehre von physikal. Erscheinungen chemischer Vorgänge;* physikalische Konstanten *wichtige Zahlengrößen in der Physik, die universell einen festen Wert haben od. eine Eigenschaft eines Stoffes zahlenmäßig festlegen;* physikalische Therapie ⟨Med.⟩ = *Physiotherapie*
**Physiognomie** ⟨f. 19⟩ *äußere Erscheinung eines Menschen, auch Tieres, bes. der Gesichtsausdruck* [< grch. *physis* „Natur" + *gnonai* „erkennen"]
**Physiologie** ⟨f. 19; unz.⟩ *Lehre von den Lebensvorgängen, von den Vorgängen im (gesunden) Lebewesen* (Humanphysiologie, Tierphysiologie, Pflanzenphysiologie) [< grch. *physis* „Natur" + *logos* „Lehre"]
**physiologisch** ⟨Adj.⟩ *die Physiologie betreffend, zu ihr gehörend, auf ihr beruhend* ◆ physiologische Chemie = *Biochemie*
**Physiotherapie** ⟨f. 19; Med.⟩ *mit Wärme, Licht usw. praktizierte Therapie;* Sy *physikalische Therapie*
**Physis** ⟨f.; -; unz.⟩ *Natur, natürliche Körperbeschaffenheit* [grch., „Natur"]
**physisch** ⟨Adj.⟩ *die Physis betreffend, zu ihr gehörend, auf ihr beruhend, körperlich, natürlich, in der Natur begründet*
**phytophag** ⟨Adj.⟩ *Pflanzen fressend* [< grch. *phyton* „Pflanze" + *phagein* „fressen"]
**Pi** ⟨n. 15; Zeichen: π, Π⟩ **1** *16. Buchstabe des griech. Alphabets* **2** ⟨Math.; Zeichen: π⟩ *Verhältnis eines Kreisumfangs zum Durchmesser des Kreises, 3,142*

P

**pianissimo** ⟨Adj.; Mus.; Abk.: pp⟩ *sehr leise (zu spielen)* [ital.]
**Pianist** ⟨m. 16⟩ *an der Hochschule ausgebildeter Musiker, der beruflich Klavier spielt*
**piano** ⟨Mus.; Abk.: p⟩ *leise (zu spielen)* [ital., < lat. *planus* „eben"]
**Pianoforte** ⟨n. 15; urspr. Bez. für⟩ *Klavier* [< ital. *piano* „leise" + *forte* „stark"; das Hammerklavier lässt sich im Unterschied zum Spinett u. Klavichord leise u. laut anschlagen]
**Piaster** ⟨m. 3⟩ **1** *Währungseinheit in Indochina, 100 Centimes* **2** *kleine Währungseinheit in Ägypten, Syrien, Libanon u. der Türkei, 1/100 Pfund, sowie auf Zypern, 1/180 Pfund* [< ital. *piastra* „Metallplatte"]
**Piazza** ⟨f.; -, -azze⟩ *Marktplatz in italien. Städten* [ital., „Platz"]
**Piccolo** ⟨m. 6⟩ oV *Pikkolo* **1** *kleine Flasche Sekt* **2** *Kellnerlehrling* **3** ⟨Mus.; kurz für⟩ ► *Pikkoloflöte* [zu ital. *piccolo* „klein"]
**Pick** ⟨m. 1⟩ *Stich, Stoß, Zuhacken* [zu *picken* in der Bedeutung „stechen, hauen"]
**Pickel**[1] ⟨m. 5⟩ *Spitzhacke,* ⟨bes.⟩ *Eispickel* [→ *picken*]
**Pickel**[2] ⟨m. 5⟩ *kleine Erhebung auf der Haut, Pustel, Eiterbläschen*
**Pickelhaube** ⟨f. 19⟩ **1** ⟨urspr.⟩ *Beckenhaube (visierloser Helm) der Ritterrüstung* **2** ⟨dann⟩ *Lederhelm mit Metallspitze* [< mhd. *beckenhube;* → *Becken, Haube*]
**picken** ⟨V. t.; hat⟩ **1** *mit dem Schnabel aufheben, aufnehmen* **2** *mit dem Schnabel leicht hacken, leicht stoßen* ◆ Körner picken; jmdn. in den Finger picken [Zusammenfall mehrerer Wörter: 1.: nach lautmalendem *pick* (Vogelschnabel); 2.: < mhd. *bicken* „stechen, hauen"; 3.: < frz. *piquer* „stechen"]
**Picknick** ⟨n. 15 od. 11⟩ *Mahlzeit im Freien während eines Ausflugs* [< engl. *picnic* „Landpartie, Mahlzeit im Freien"]
**Pick-up** ⟨[-ʌp] m. 6⟩ **1** ⟨Mus.; fachsprachl.⟩ ► = *Tonabnehmer (1)* **2** ⟨Mus.; fachsprachl.⟩ ► = *Tonabnehmer (2)* **3** *Personenkraftwagen, bei dem sich anstelle der Rücksitze eine offene Ladefläche befindet* [< engl. *pick up* „aufnehmen"]
**Pico...** = *Piko...*
**Picot** ⟨[-koː] m. 6⟩ ▼ *kleine Zacke, Fadenöse am Rand von Spitzen*

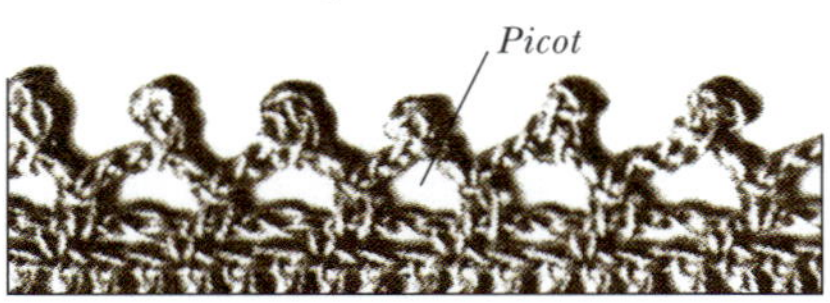


PICOT

**Pidgin** ⟨['pidʒin] n. 15⟩ *durch das Aufeinandertreffen zweier unterschiedlicher Sprachen entstandene (vereinfachte) Verkehrssprache* [< engl. *pidgin,* chines. Entstellung von engl. *business* „Geschäft"]
**Piedestal** ⟨[pje-] n. 11⟩ ► *Sockel, kleines Podest* [< frz. *piédestal* „Sockel, Postament"]
**piepen** ⟨V. i.; hat⟩ *Laut geben* (von kleinen Vögeln, bes. Küken); oV *piepsen (1)* ◆ bei dir piept's wohl? ⟨umg.⟩ *du bist wohl nicht gescheit?, was denkst du dir eigentlich?;* das ist zum Piepen! ⟨umg.⟩ *zum Lachen, sehr komisch* [lautmalend → *pfeifen*]
**piepsen** ⟨V. i.; hat⟩ **1** = *piepen* **2** ⟨fig.⟩ *mit hoher Stimme sprechen od. etwas sagen* [Ableitung von *piepen*]

**Piepser** ⟨m. 3; umg.⟩ sehr *kleines Funkempfangsgerät (als Teil einer Personensuchanlage), das jmd. mit sich führt u. das kurze, hohe Töne aussendet, wenn der Träger gesucht wird*
**Pier**[1] ⟨m. 6 od. m. 1 od. Mar.: f. 7 od. f. 10⟩ *Hafendamm senkrecht zum Ufer, Landungsbrücke* [engl., „Pfeiler, Brückenpfeiler, Hafendamm"]
**Pier**[2] ⟨m. 1⟩ ▼ *auf Sandböden der Meeresküste lebender Ringelwurm, wird als Köder zum Angeln benutzt: Arenicola marina;* Sy *Köderwurm, Pierwurm, Sandpier* [< ndrl. *pier,* mnddt. *pyr, pyer* „Regenwurm"]

PIERE
*(Arenicola marina)*

**Piercing** ⟨['piːrsiŋ] n. 15⟩ *das Durchstechen von Haut (Ohren, Nase), um Schmuck anzubringen* [engl.; zu *pierce* „(durch)stechen"]
**Pierrot** ⟨[pjɛ'roː] m. 6⟩ *aus der Commedia dell'Arte stammende, komische, melanchol. männl. Figur mit weiß gepudertem Gesicht in der französ. Pantomime* [frz., Verkleinerungsform zu *Pierre* „Peter"]
**Pierwurm** ⟨m. 2u⟩ ► = *Pier*[2]
**piesacken** ⟨V. t.; hat; umg.⟩ *peinigen, quälen, schikanieren* [vermutl. < nddt. *ossenpesek* „Ochsenziemer"]
**Pietät** ⟨[piə-] f. 20; unz.⟩ **1** *Ehrfurcht vor der Religion, Achtung vor dem religiösen Empfinden anderer* **2** *Frömmigkeit* **3** *Ehrfurcht besonders vor Toten bzw. dem Gedenken an Tote* **4** *kindl. Liebe, Achtung, Rücksicht* [< lat. *pietas* „Frömmigkeit"]

PIKKOLO-FLÖTE

**pietätvoll** ⟨[piə-] Adj.⟩ *Pietät empfindend*
**Pietismus** ⟨[piə-] m.; -; unz.; Rel.⟩ *protestant. Erweckungsbewegung im 17./18. Jh. (als Reaktion auf die als erstarrt empfundene Orthodoxie), die eine gefühlsbetonte Frömmigkeit u. tätige Nächstenliebe erstrebte* [zu lat. *pietas* „Frömmigkeit"]
**Pietist** ⟨[piə-] m. 16⟩ **1** ⟨Rel.⟩ *Vertreter, Anhänger des Pietismus* **2** ⟨a. leicht abwertend⟩ *schwärmerisch-frommer, biederer Mensch, Frömmler*
**Pigment** ⟨n. 11⟩ **1** *in einem Bindemittel angeriebener, praktisch unlösl. Stoff, der auf einen Körper aufgetragen wird, um diesem eine bestimmte Farbe zu geben* **2** ⟨Biol.⟩ *in menschl. u. tier. Zellen abgesetzter Farbstoff* [< lat. *pigmentum* „Farbstoff"]
**Pik**[1] ⟨m. 6 od. 1⟩ **1** *Bergspitze (bes. in Namen von Bergen)* **2** *Spitze (einer Kurve)* [< engl. *peak* „Bergspitze, Gipfel"]
**Pik**[2] ⟨n. 15; Kart.⟩ *Farbe im französ. Kartenspiel;* Sy *Schippen* [< frz. *pique* „Spieß"]
**pikant** ⟨Adj.; -er, am -esten⟩ **1** *kräftig gewürzt, scharf* (Speise) **2** ⟨fig.⟩ *prickelnd, schlüpfrig, anzüglich* (Lektüre, Bemerkung, Anekdote) [< frz. *piquant* „stechend", Part. Präs. zu *piquer* „stechen"]
**Pike** ⟨f. 19⟩ *Spieß (des Landsknechts)* ◆ von der Pike auf dienen ⟨fig.⟩ *von der untersten Stufe an* [< frz. *pique* „Spieß, Lanze"]
**pikiert** ⟨Adj.; -er, am -esten⟩ *verärgert, gereizt, etwas beleidigt* ◆ pikiert sein [zu frz. *piquer* „stechen, ärgern, reizen"]
**Pikkolo** ⟨m. 6⟩ = *Piccolo*
**Pikkoloflöte** ⟨f. 19; Mus.⟩ ▲ *kleine Querflöte in Diskantstimmung;* Sy ⟨kurz⟩ *Piccolo (3);* ► *Holzblasinstrumente*

PIKTOGRAMME AUS KAMERUN, UM 1900

**Piko...** ⟨Abk.: p; vor Maßeinheiten⟩ *ein Billionstel der betreffenden Grundeinheit,* z. B. ein pF (Pikofarad) = $10^{-12}$ *Farad* = *1 Billionstel Farad;* oV *Pico...* [< ital. < span. *pico* „ein bisschen"]
**Pikofarad** ⟨n.; -s, -; Abk.: pF⟩ *das $10^{-12}$fache eines Farads*
**Pikte** ⟨m. 17⟩ *Angehöriger eines alten Volksstammes in Schottland* [wahrscheinl. zu lat. *pictus* „bemalt"]
**Piktografie** ⟨f. 19⟩ = *Piktographie*
**Piktogramm** ⟨n. 11⟩ ▲ *Bild od. Zeichen mit festgelegter, international verständl. Bedeutung, z. B. Verkehrszeichen* [< lat. *pictus* „gemalt" + grch. *gramma* „Schriftzeichen"]
**Piktographie** ⟨f. 19⟩ = *Bilderschrift;* oV *Piktografie*
**Pilaster** ⟨m. 3⟩ *Wandpfeiler* [< ital. *pilastro;* zu lat. *pila* „Pfeiler"]
**Pilger** ⟨m. 3⟩ *jmd., der nach einem heiligen Ort, bes. Jerusalem od. Rom, wandert* (Rompilger) [< mhd. *pilgerin, pilgerim* < ahd. *piligrim,* vulgärlat., kirchenlat. *pelegrinus* „Fremder, Wanderer, Pilger" < lat. *peregrinus* „fremd, Fremdling"; verwandt mit *Pelerine*]
**Pilgermuschel** ⟨f. 21⟩ ► = *Kammmuschel*
**pilgern** ⟨V. i.; ist⟩ **1** *als Pilger nach einem heiligen Ort wandern* **2** ⟨fig.; umg.⟩ *beschaulich wandern, gehen*
**Pille** ⟨f. 19; Med.⟩ **1** *Arzneimittel in Kugelform* **2** ⟨umg.; kurz für⟩ *Antibabypille* ◆ eine bittere Pille ⟨fig.⟩ *etwas Unangenehmes;* die Pille nehmen ⟨umg.⟩ *regelmäßig die Antibabypille einnehmen* [< spätmhd. *pillule* < lat. *pilula* „kleiner Ball, Kügelchen, Pille", Verkleinerungsform zu lat. *pila* „Ball"]

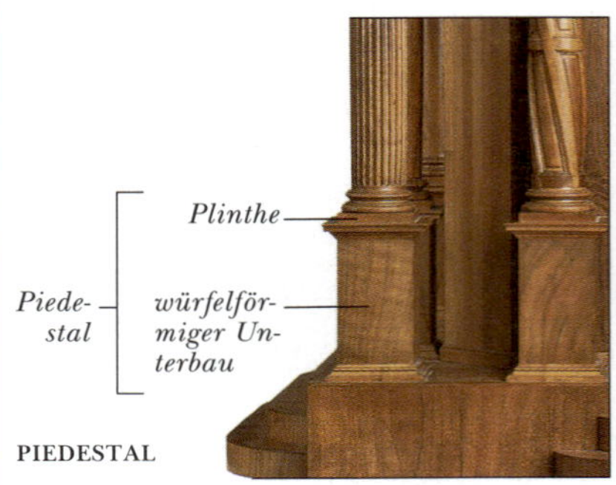


PIEDESTAL

P

## PILZE

Pilze bauen lebende oder tote organische Materie ab und vermehren sich durch Sporen. Nach heutiger Auffassung sind sie weder Pflanzen noch Tiere, sondern bilden ein eigenständiges Reich, welches in zwei Abteilungen aufgeteilt wird: die Schleimpilze (Myxomycota) und die Höheren Pilze (Eumycota). Letztere werden in mehrere Klassen gegliedert, zu denen z. B. die Sporen auf besonderen Trägern bildenden Ständerpilze (Basidiomycetes), die Sporen in engen Schläuchen entwickelnden Schlauchpilze (Ascomycetes) und die vor allem die Schimmelpilze umfassenden Jochpilze (Zygomycetes) gehören.

### VERSCHIEDENE PILZKLASSEN

STÄNDERPILZE

BOVIST

TÄUBLING

HALLIMASCH

PORLING

SCHLAUCHPILZE

TRÜFFEL

HEFE

ALGENPILZE

BRAUNFÄULE

JOCHPILZE

SCHIMMELPILZ

**Pillendreher** ⟨m. 3⟩ **1** ⟨Zool.⟩ *dunkelbrauner bis schwarzer Käfer, der aus Kot von Huftieren Kugeln formt, die er unter die Erdoberfläche befördert u. an denen er seine Eier ablegt: Scarabaeus;* Sy *Skarabäus (1.2)* **2** ⟨früher scherzh.⟩ *Apotheker*

**Pilot** ⟨m. 16⟩ **1** *Flugzeugführer* **2** *Lotse* **3** *starkes Baumwollgewebe für Berufskleidung* [< frz. *pilote* < ital. *piloto,* älter *pedoto* < mgrch. **pedotes* „Steuermann"; zu grch. *pedon* „Ruderblatt, Steuerruder"]

**Pilotprojekt** ⟨n. 11⟩ *(einem Projekt vorausgehendes) Versuchsprojekt, in dem neue Verfahren, Methoden angewendet werden*

**Pils** ⟨n.; -, -⟩, **Pilsener, Pilsner** ⟨n. 13⟩ *leicht bitteres Bier* [nach der böhm. Stadt *Pilsen* (tschech. *Plzen*)]

**Pilz** ⟨m. 1⟩ ▲ *chlorophyllfreier Organismus mit feinfädigen Vegetationskörpern, die ein Myzel bilden;* Sy ⟨selten⟩ *Myzet* ◆ essbarer, giftiger Pilz; hier sind Häuser wie Pilze aus dem Boden geschossen *sehr rasch gebaut worden* [< ahd. *buliz* < lat. *boletus* < grch. *bolites* „Pilz"]

**Pilzkoralle** ⟨f. 19⟩ *zu den Steinkorallen gehöriger Polyp, der aus einer becherförmigen Basis u. einem scheibenförmigen Oberteil besteht: Fungia*

**Pilzkrankheit** ⟨f. 20; Med.⟩ *durch Pilze hervorgerufene Erkrankung:* Sy *Mykose*

**Pilzvergiftung** ⟨f. 20; Med.⟩ *durch den Genuss giftiger Pilze verursachte Erkrankung:* Sy *Myketismus, Myzetismus*

**Piment** ⟨m. 1 od. n. 11⟩ ▲ *die unreifen, getrockneten, als Gewürz verwendeten Beeren des Pimentbaumes;* Sy *Gewürzkorn, Jamaikapfeffer, Nelkenpfeffer* [< span. *pimienta* < lat. *pigmentum* „Kräutersaft, Gewürz"]

*Pulver*

*Beeren*

PIMENT
*(Pimenta dioica)*

**Pimentbaum** ⟨m. 1u⟩ *holziges Myrtengewächs, das Piment liefert: Pimenta dioica*

**Pimpernell** ⟨m. 1⟩ = *Pimpinelle*

**Pimpf** ⟨m. 1⟩ **1** ⟨österr.⟩ *Knirps, kleiner Junge* **2** ⟨1933-1945⟩ *Angehöriger des Jungvolks* [Ablautform zu *Pumps* „Darmwind", also eigtl. „unerzogener Junge, der einen Pumps laut entweichen lässt"; → *Pumpernickel*]

**Pimpinelle** ⟨f. 19; Bot.⟩ *Angehörige einer Gattung aromatisch duftender, auf trockenen Wiesen vorkommender Doldengewächse, Gewürz- u. Arzneipflanze: Pimpinella;* Sy *Bibernelle, Pimpernell* [< lat. *pipinella* „kleines Ding" (Kinderspr., nach den dunkelroten Blütenköpfchen)]

**Pin** ⟨f. 10⟩ *persönliche Identifikationsnummer (für Scheckkarten)* [Abk. für engl. *personal identification number*]

**Pinakothek** ⟨f. 20⟩ **1** ⟨urspr.⟩ *Aufbewahrungsort für gemalte Weihgeschenktafeln auf der Akropolis* **2** ⟨danach Name für⟩ *Gemäldesammlung* ◆ Alte, Neue Pinakothek *(Name zweier berühmter Gemäldesammlungen in München)* [< grch. *pinax* „Tafel" + *theke* „Behälter"]

**pingelig** ⟨Adj.; umg.⟩ *übertrieben gewissenhaft od. ordentlich*

**Pingpong** ⟨n.; -s; unz.; Sp.⟩ ► = *Tischtennis* [engl., lautmalend]

**Pinguin** ⟨m. 1; Zool.⟩ ►► *Angehöriger einer Ordnung gesellig lebender, flugunfähiger, schwimmgewandter Vögel der Südhalbkugel mit starkem Fettpolster: Sphenisci;* ► *Vögel* [< frz. *pingouin;* vielleicht zu lat. *pinguis* „Fett"]

**Pinie** ⟨[-niə] f. 19; Bot.⟩ *Kiefer der Mittelmeerländer mit schirmförmiger Krone u. essbaren Samen: Pinus pinea* [< lat. *pinea;* zu *pinus* „Fichte"]

**pink** ⟨Adj.; undekl.⟩ *leuchtend rosa* [engl.]

**Pink** ⟨n. 15⟩ *leuchtend rosa Farbe* [engl.]

**Pinke** ⟨f.; -; unz.; umg.; bes. mittel- u. norddt.⟩ *Geld* [< rotw. *Penunge* < sorb. *pjenjezy* „Geld"]

**Pinkel**[1] ⟨m. 5; umg.; nur in den Wendungen⟩ feiner Pinkel, vornehmer Pinkel **1** *Geck, Stutzer* **2** *fein od. vornehm tuender Mensch* [< jidd. *piggul* „Gräuel, Abscheu"]

**Pinkel**[2] ⟨m. 5⟩ *Grützwurst (norddt. Spezialität)* ◆ Grünkohl mit Pinkel

**pinkeln** ⟨V. i.; hat; umg.⟩ = *harnen* [vermutl. zu kindersprachl. *Pipi* oder Schallwort]

**Pinne** ⟨f. 19⟩ **1** *kleiner Nagel, Stift, Reißzwecke* **2** *Hebelarm des Steuerruders* (Ruderpinne) **3** *Stift, auf dem die Kompassnadel ruht* **4** ► *keilförmig zugespitzte Seite eines Hammers* [< mnddt. *pin(ne),* engl. *pin* „Nagel, Stecknadel"]

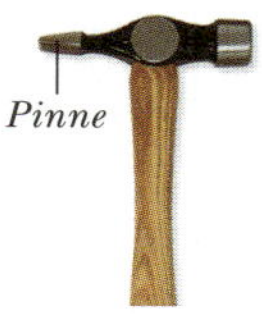

*Pinne*

PINNE EINES HAMMERS

**pinnen** ⟨V. t.; hat⟩ *mit Nadel, Zwecke o. Ä. befestigen, anheften* ◆ Fotos an die Wand pinnen [< engl. *pin* „anheften, befestigen"; zu *pin* „Nadel"]

**Pinnwand** ⟨f. 7u⟩ *Tafel (meist aus Kunststoff od. Kork), die an die Wand gehängt wird u. auf die Bekanntmachungen, Merkzettel usw. geheftet werden können* [→ *pinnen*]

**Pinscher** ⟨m. 3⟩ **1** ⟨Zool.⟩ *kleine, glatthaarige Hunderasse* (Rehpinscher, Zwergpinscher) **2** ⟨fig.; umg.; abwertend⟩ *unbedeutender Mensch* [eigtl. „gestutzter Hund"; zu engl. *pinch* „(ab)kneifen"]

**Pinsel**[1] ⟨m. 5; Mal.⟩ *Werkzeug mit Holzgriff mit eingesetzten Borsten zum Auftragen von Flüssigkeit, bes. Farbe* [< mhd. *bensel, pinsel* < frz. *pinceau* „Pinsel" u. lat. *penicillus* „Pinsel", Verkleinerungform zu *peniculus* „Schwänzchen", Verkleinerungsform zu *penis* „männl. Glied"]

**Pinsel**[2] ⟨m. 5; umg.⟩ **1** *einfältiger Mensch* **2** *unangenehmer Mensch* ◆ eingebildeter Pinsel [< nddt. *Pinsule* „Geizhals" < nddt. *pin* „hölzerner Schuhnagel" + *sul* „Schusterahle" (Kluge, Etymolog. Wörterbuch)]

**pinseln** ⟨V. t. u. V. i.; hat⟩ **1** *mit dem Pinsel malen* **2** *mit kleinem Pinsel Arzneimittel auftragen auf* **3** ⟨fig.; umg.⟩ *lange u. sorgfältig schreiben* ◆ einem Kranken den Rachen pinseln; einen Zaun grün pinseln

**Pinto** ⟨m.; - od. -s, -s; Zool.⟩ ▼ *geschecktes kleines Reitpferd spanischen Ursprungs in Nordamerika*

**Pin-up-Girl** ⟨[pinˈʌpgəːl] n. 15; umg.⟩ **1** *aus einer Illustrierten ausgeschnittenes u. an die Wand geheftetes Bild einer attraktiven, (meist nur leicht bekleideten) jungen Frau* **2** *junge Frau, die einem solchen Bild gleicht* [< engl. *pin up* „anheften" + *girl* „Mädchen"]

**pinx.** ⟨Mal.; Abk. für lat.⟩ *pinxit*

**pinxit** ⟨Mal.; Abk.: p., pinx.⟩ *hat (es) gemalt (Vermerk auf Bildern vor od. nach dem Namen des Malers)* [zu lat. *pingere* „malen"]

*braun und weiß gescheckt*

PINTO

P

## PINGUINE

Pinguine sind in Kolonien lebende, flugunfähige Vögel der Südhalbkugel, deren gedrungene Körper hervorragend an das Leben im Meer angepasst sind. Ihre kurzen, flossenartigen Flügel, die sie wegen des fehlenden Ellbogengelenks nur an den Schultern bewegen können, machen sie zu ausgezeichneten Schwimmern.

SKELETT EINES PINGUINS

### VERSCHIEDENE PINGUINARTEN

ZWERGPINGUIN *(Eudyptula minor)*

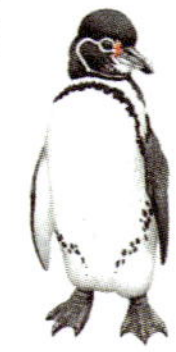

GALAPAGOS-PINGUIN *(Spheniscus mendiculus)*

ADÉLIE-PINGUIN *(Pygoscelis adeliae)*

KAISERPINGUIN *(Aptenodytes forsteri)*

**Pinzette** 〈f. 19〉 ► *kleine Greifzange mit zwei federnden, geraden Schenkeln;* Sy *Federzange* [< frz. *pincette, Verkleinerungsform zu pince* „Zange"; zu frz. *pincer* „kneifen"]

**Pionier** 〈m. 1〉 **1** *Angehöriger einer für techn. Arbeiten (z. B. Brücken- u. Wegebau) ausgebildeten Truppe* **2** 〈fig.〉 *Bahnbrecher, Wegbereiter* [< frz. *pionnier* „Schanzarbeiter, Pionier, Bahnbrecher"]

PINZETTE

**Pipeline** 〈['paiplain] f. 10〉 *Rohrleitung (bes. für Erdöl u. Erdgas)* [engl.]

**Pipette** 〈f. 19〉 ► *Glasröhrchen mit erweitertem Mittelteil, das durch Saugen mit Flüssigkeit gefüllt werden kann;* Sy *Saugröhrchen* [frz., „Pfeifchen, Röhrchen", Verkleinerungsform zu *pipe* „Pfeife"]

PIPETTE

**Piranha** 〈[-ranja] f. 10; Zool.〉 Sy *Piraya* **1** ▼ *Angehöriger einer Gattung räuberisch lebender der Salmler in Südamerika: Serrasalmus* **2** *Raubfisch in südamerikan. Flüssen: Serrasalmus piraya* [< port. *piranha* < Tupispr.]

**Pirat** 〈m. 16〉 = *Seeräuber* [< ital. *pirata* < lat. *pirata* < grch. *peirates* „Seeräuber"]

**Piraya** 〈[-ja] f. 10〉 ► = *Piranha (1)*

**Pirol** 〈m. 1; Zool.〉 **1** 〈i. w. S.〉 *Angehöriger einer Familie einheimischer Singvögel, die ihre Nester kunstvoll in Astgabeln aufhängen: Oriolidae* **2** 〈i. e. S.〉 *einheim. Vertreter dieser Familie mit typ. Flötenruf, Männchen mit prächtigem, gelbschwarzem Gefieder: Oriolus oriolus;* Sy *Goldamsel, Golddrossel* [nach dem Paarungsruf des Vogels]

PIRANHA *(Serrasalmus* species*)*

**Pirouette** 〈[-ru-] f. 19; Sp.〉 **1** 〈Eiskunstlauf, Ballett〉 *schnelle, mehrmalige Drehung um die eigene Längsachse* **2** 〈hohe Schule〉 *Drehung des Pferdes im Galopp um den inneren Hinterfuß* **3** 〈Ringen〉 *rasche Drehung, um sich aus schwieriger Lage zu befreien* [frz., „Drehrädchen, Drehung auf dem Fuß"]

**Pirsch** 〈f. 20; unz.; Jägerspr.〉 *langsamer, vorsichtiger Gang durch das Revier, um Wild zu erlegen*

**pirschen** 〈V i.; hat; Jägerspr.〉 *auf der Pirsch jagen, sich an das Wild anschleichen* [< mhd. *birsen* < afrz. *berser* „mit dem Pfeil jagen"]

**pissen** 〈V. i.; hat; derb〉 = *harnen* [< frz. *pisser;* lautmalend]

**Pistazie** 〈[-tsiə] f. 19〉 **1** 〈i. w. S.〉 *zur Gattung der Anarcadiengewächse gehörender, immergrüner Strauch mit trockenen od. fleischigen Steinfrüchten: Pistacia* **2** 〈i. e. S.〉 *im Mittelmeergebiet heim. Art, deren mandelähnl. Samenkerne als Gewürz dienen: Pistacia vera* [< lat. *pistacia* < grch. *pistake* < pers. *pistah* „Pistazienbaum, Pistazienfrucht"]

**Piste** 〈f. 19〉 **1** *Einfassung der Manege im Zirkus* **2** *Radrennbahn* **3** *Bahn, Hang zum Rodeln u. Skilaufen* [frz., „Fußspur, Fährte, Rennbahn, Fahrbahn" < aital. *pista;* zu lat. *pistare* „stampfen"]

**Pistole** 〈f. 19〉 **1** ► *kurze Handfeuerwaffe* **2** 〈17./19. Jh.〉 *urspr. span., dann auch französ. u. dt. Goldmünze, etwa 17 Mark, 19 Francs* ◆ seine Antwort kam wie aus der Pistole geschossen *ohne dass er überlegte, rasch* [1.: < tschech. *pistal* „Pfeife, Rohr, Pistole"; 2.: Übertragung von der Waffe oder < ital. *piastruola* „kleine Metallplatte"; → *Piaster*]

**Pistolengurt** 〈m. 1〉 ► *Bauchgurt mit Gürteltaschen für Pistole u. Munition*

**Pitbull** 〈m. 6; kurz für〉 ► = *Pitbullterrier*

**Pitbullterrier** 〈[-riər] m. 6〉 ▼ *mit Terrier u. Dogge verwandte engl. Hunderasse, die häufig zum Kampfhund ausgebildet wird;* Sy 〈kurz〉 *Pitbull* [< engl. *pit* „Grube" (als Austragungsort von Hundekämpfen) + *bull dog* „Bullenbeißer" (urspr. „Hund für Stierhetze") bzw. *bullterrier* „Bullterrier" (*Terrier* = Hund für die Erdwildjagd)]

**pittoresk** 〈Adj.〉 = *malerisch (3)* [< ital. *pittoresco* „malerisch"; zu lat. *pictor* „Maler"]

**Pixel** 〈m. 5; EDV〉 *Bildpunkt, kleinstes matrixartig angeordnetes Element auf einem Bildschirm einer EDV-Anlage* [Kurzw. < engl. *picture element*]

**Pizza** 〈f.; -, Pizzen, -s od. (ital.) Pizze〉 *italien. Gericht aus einem Hefeteigfladen, der mit Käse u. Tomaten sowie nach Geschmack mit Sardellen, Salami, Pilzen, Oliven u. a. belegt u. gebacken wird* [ital. < vulgärlat. *picae* (vielleicht in Anlehnung an mgrch. *pitta* „Kuchen; Pastete"), Fem. zu *piceus* „aus Pech"]

**Pizzeria** 〈f.; -, -rien od. -s〉 *kleine italienische Gaststätte, in der bes. Pizzen zubereitet werden*

**PJ** 〈Abk. für〉 *Petajoule*

**Pkw** 〈m. 6; Abk. für〉 *Personenkraftwagen*

**Placebo** 〈n. 15; Med.〉 *unwirksames Scheinmedikament (für Versuche)* [lat., „ich werde gefallen"]

**Plackerei** 〈f. 18; unz.〉 *schwere Mühe, schwere Arbeit, Plage*

**plädieren** 〈V. i.; hat〉 **1** *ein Plädoyer halten* **2** für etwas plädieren *für etwas sprechen, sich (mit Worten) für etwas einsetzen, (mit Worten) etwas unterstützen* [< frz. *plaider* „gerichtlich vorgehen, plädieren"]

PITBULLTERRIER

**Plädoyer** 〈[-doaje:] n. 15; Rechtsw.〉 *zusammenfassende Rede vom Staatsanwalt od. Verteidiger vor Gericht* [< frz. *plaidoyer* „Verteidigungsrede (eines Advokaten)"]

**Plage** 〈f. 19〉 **1** *mühsame, schwere Arbeit, große Mühe* **2** *anhaltende, lästige Beschwerde* ◆ man hat schon seine Plage mit dir! 〈umg.〉 [< spätahd. *plaga* „Strafe des Himmels, göttl. Heimsuchung, Missgeschick, Qual, Not" < lat. *plaga* „Schlag" < grch. *plaga* „Schlag, Wunde"]

**plagen** 〈V.; hat〉 **I** 〈V. t.〉 jmdn. plagen **1** *jmdm. viel Mühe u. Arbeit machen* **2** *jmdn. stark belästigen (mit etwas), quälen* ◆ von Kopfschmerzen geplagt werden **II** 〈V. refl.〉 sich plagen *sich abmühen, schwer arbeiten* ◆ sich mit einer Arbeit plagen

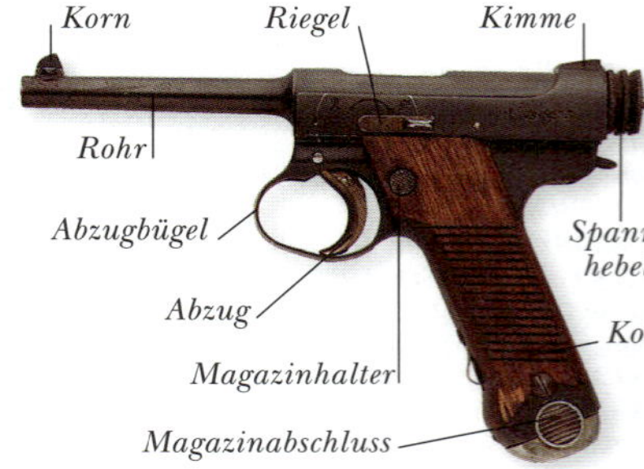


PISTOLE: JAPANISCHE AUTOMATIKPISTOLE DES II. WELTKRIEGS

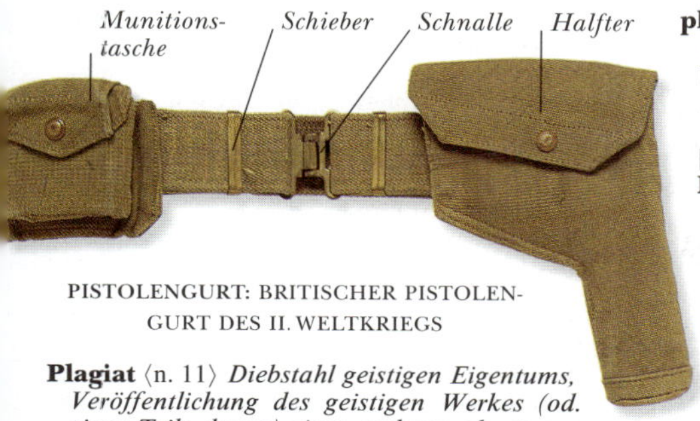


PISTOLENGURT: BRITISCHER PISTOLENGURT DES II. WELTKRIEGS

**Plagiat** 〈n. 11〉 *Diebstahl geistigen Eigentums, Veröffentlichung des geistigen Werkes (od. eines Teils davon) eines anderen als eigenes Werk* ◆ ein Plagiat begehen [frz., „literar. Diebstahl"; zu lat. *plagium* „Menschendiebstahl, Seelenverkauf"]

**plagiieren** 〈[-gii:-] V. i.; hat〉 *ein Plagiat begehen* [< spätlat. *plagiare* „Menschendiebstahl begehen"; zu lat. *plagium* „Menschendiebstahl, Seelenverkauf"]

**Plaid** 〈[plɛid] n. 15〉 Sy *Tartan (1)* **1** *Reisedecke, meist kariert* **2** *großes Umschlagtuch aus Wolle* [engl. (schott.)]

**Plakat** 〈n. 11〉 *öffentl. Aushang, Bekanntmachung in großem Format (bes. zu Werbezwecken, an Wänden, Litfaßsäulen usw.)* [< ndrl. *plakkaat* < frz. *placard* „Wandschrank, Anschlagzettel"; zu frz. *plaque* „Platte" < ndrl. *plak*]

**plakatieren** 〈V. t.; hat〉 *öffentlich anschlagen, durch ein Plakat bekannt machen* ◆ das Zusatzkonzert wurde überall plakatiert

**plakativ** 〈Adj.〉 *in der Art eines Plakats, auffallend, stark betont* ◆ plakative Darstellung, Aufmachung

**Plakette** 〈f. 19〉 **1** *kleine Platte mit einer Zeichner. od. Reliefdarstellung, meist mit Nadel zum Anstecken an der Kleidung* **2** *Schau- od. Gedenkmünze* [< frz. *plaquette* „kleine Platte, Gedenktäfelchen", Verkleinerungsform zu *plaque* „Tafel, Platte"; → *Plakat*]

**plan** 〈Adj.; meist adv.〉 *eben, flach, platt, glatt* [< mhd. *plan* „eben" < lat. *planus* „eben"; → *Plan²*]

**Plan¹** 〈m. 1u〉 **1** *Vorhaben, Absicht* **2** *schemat. Zeichnung aus der Vogelschau* (Stadtplan), *Grundriss* **3** *Skizze für eine zu leistende Arbeit od. ein Vorhaben, Einteilung einer Arbeit od. eines Vorhabens* (Zeitplan) ◆ einen Plan **ausführen,** verwirklichen, fallen lassen; jmds. Plan, jmds. Pläne **durchkreuzen,** stören; einen Plan **entwerfen;** Pläne **machen,** schmieden; den Plan eines Gebäudes, Raumes, Grundstücks **zeichnen** ◆ **genialer,** heimtückischer, kluger, kühner Plan [< frz. *plan,* älter *plant* „Grundriss, Plan", Französisierung von ital. *pianta* „Grundriss" < lat. *planta* „Fußsohle"]

**Plan²** 〈m. 1u; Pl. selten〉 **1** *ebene Fläche, freier Platz* (Wiesenplan) **2** *Kampfplatz* ◆ als Sieger auf dem Plan bleiben; auf dem Plan erscheinen 〈fig.〉 *in Erscheinung treten* [< mhd. *plan* < mlat. *planum,* Subst. zu Adj. *planus* „eben"; → *plan*]

**Planche** 〈[plãʃ] f. 10; Sp.; Fechtsp.〉 *Fechtbahn* [frz., „Brett, Planke"]

**Plane** 〈f. 19〉 *Schutzdach, Verdeck aus dichtem Stoff* (Wagenplane) [< ahd. *blaha* „grobes Leintuch"]

**planen** 〈V. t.; hat〉 etwas planen *einen Plan von etwas (Vorhaben, Tat) machen* ◆ eine Reise, einen Überfall planen

**Planet** 〈m. 16; Astron.〉 *nicht selbst leuchtender Himmelskörper, der sich auf ellipt. Bahn um einen Fixstern bewegt;* Sy *Wandelstern* [< mhd. *planete* < spätlat. *planeta* < grch. *planetes;* zu grch. *planos* „irrend, umherschweifend"]

**planetarisch** 〈Adj.; Pl.; Astron.〉 *zu den Planeten gehörend* ◆ planetarische Nebel 〈Pl.; Astron.〉 ► *gasförmige, meist regelmäßig begrenzte Nebelflecke, die eine komplizierte Feinstruktur aufweisen* [→ *Planet*]

**Planetarium** 〈n.; -s, -rien; Astron.〉 **1** ▼ *Vorrichtung zum Darstellen des Himmels mit den Gestirnen u. ihrer Bahn* **2** *Raum mit einer halbkugelförmigen Kuppel für diese Darstellung* [→ *Planet*]

**Planetensystem** 〈n. 11; Astron.〉 *Gesamtheit der ein Zentralgestirn umlaufenden Planeten (z. B. der Planeten der Sonne)*

**Planetoid** 〈m. 16; Astron.〉 *kleiner, planetenartiger Himmelskörper, der um die Sonne kreist;* Sy *Asteroid* [< *Planet* + grch. *eidos* „Gestalt, Aussehen"]

**planieren** 〈V. t.; hat〉 *plan machen, ebnen, glätten* (Gelände, Boden)

**Planierraupe** 〈f. 19〉 *Kettenfahrzeug mit einem in der Höhe verstellbaren Stahlschild zum Wegschieben von Erdreich*

**Planke** 〈f. 19〉 **1** *breites Brett* **2** *Brett der Außenhaut des Schiffes u. der Schiffsböden* [< mhd. *planke* < pikard. *planke* (frz. *planche*) < lat. *planca* „Bohle, Brett" < grch. *phalanx* „Baumstamm"]

**Plankton** 〈n.; -s; unz.〉 *Schwebeorganismen des freien Wassers, Gesamtheit der im Wasser schwebenden und durch die Bewegung des Wassers transportierten, meist sehr kleinen Pflanzen und Tiere;* Sy *planktonische Lebewesen;* Ggs *Nekton* [< grch. *planktos* „Umherirrender"]

**planktonisch** 〈Adj.〉 planktonische Lebewesen = *Plankton*

**Planquadrat** 〈n. 11〉 *auf Landkarten durch parallele Längs- u. Querlinien gebildetes Quadrat*

**Planspiel** 〈n. 11〉 *an besonderen Plänen, an Landkarten od. am Sandkasten durchgeführte militär. Übung im Lehrsaal, zuweilen von zwei „gegnerischen" Parteien geführt*

**Planstelle** 〈f. 19; im öffentl. Dienst〉 *im Haushaltsplan vorgesehene Arbeitsstelle*

**Plantage** 〈[-ʒə] f. 19〉 *Pflanzung in großem Umfang, großes, bepflanztes Stück Land* (Baumwollplantage, Kaffeeplantage, Tabakplantage) [frz., „Pflanzung, Anpflanzung"; zu *planter* „(an)pflanzen"]

**Planwirtschaft** 〈f. 20; unz.〉 *Wirtschaftsform, bei der die Produktion u. Verteilung geplant u. gelenkt wird;* Ggs *Marktwirtschaft*

**plappern** 〈V. i.; hat〉 **1** *viel u. nichts sagend reden, schwätzen* **2** *fehlerhaft sprechen (von kleinen Kindern)* [lautmalend]

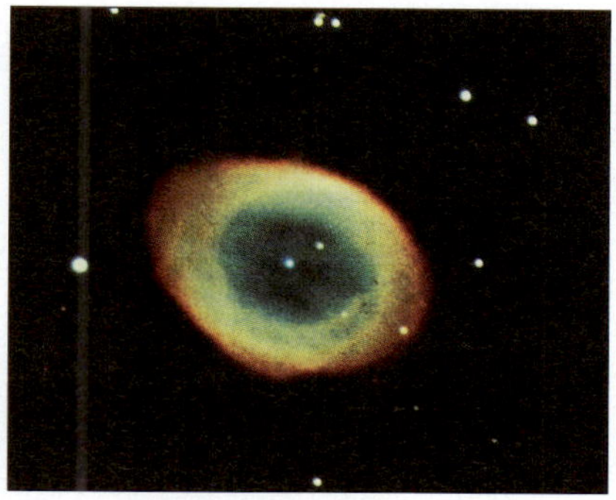

PLANETARISCHER NEBEL IM STERNBILD *LEIER*

**Plaque** 〈[plak] f. 10〉 **1** *erhöhter Fleck auf der Haut* **2** *Zahnbelag* [frz., „Platte"]

**Plasma** 〈n.; -s, Plasmen〉 **1** *flüssiger Bestandteil von Blut u. Milch* **2** 〈Phys.〉 *Gas, das aus neutralen Atomen, freien Elektronen u. Ionen besteht* **3** 〈Min.〉 *lauchgrüner Chalzedon* [< grch. *plasma* „Gebilde"]

**Plastik** 〈f. 20〉 **1** *Erzeugnis der Bildhauerkunst, dreidimensionale Figur* **2** 〈Chir.〉 *Wiederherstellung von Organen oder Gewebslücken;* Sy *plastische Operation* **3** 〈Tech.〉 *(Gegenstand aus) Kunststoff* [< frz. *plastique* „Bildhauerkunst" < grch. *plastike (techne)* „Kunst des Gestaltens"]

**Plastilin** 〈n.; -s; unz.〉, **Plastilina** 〈f.; -; unz.; Warenzeichen für〉 *(oft gefärbte) zähe Masse zum Modellieren aus Kalk, Paraffinoxidat u. Schlämmkreide;* Sy *Knetmasse* [< ital. *plastilina* < grch. *plassein* „formen, gestalten" + lat. *linere* „schmieren"]

**plastisch** 〈Adj.〉 **1** *zur Plastik gehörend* **2** *in der Art einer Plastik, dreidimensional* **3** *modellierbar, knetbar* (Masse) **4** 〈fig.〉 *anschaulich, einprägsam, deutlich, bildhaft* ◆ plastische Operation = *Plastik;* etwas plastisch darstellen 〈a. fig.〉; das Bild wirkt fast plastisch [< frz. *plastique* < grch. *plastikos* „zum Gestalten gehörig"; zu *plassein* „gestalten"]

**Plastizität** 〈f. 20; unz.〉 **1** *plast. Beschaffenheit, Körperlichkeit* **2** *Geschmeidigkeit, Form-, Knetbarkeit* **3** 〈fig.〉 *Anschaulichkeit*

**Platane** 〈f. 19; Bot.〉 *Angehörige einer Gattung der Laubbäume mit glatter Borke, die sich in Platten ablöst: Platanus;* ► *Bäume* [< grch. *platanos;* zu *platys* „breit" (nach den breiten Blättern od. dem breiten Wuchs)]

**Plateau** 〈[-to:] n. 15〉 **1** *Hochebene* **2** *obere ebene Fläche eines Felsens* (Felsplateau) [frz., „Tablett, Platte; Hochebene"]



## PLANETARIUM

Die Aussage des englischen Gelehrten Isaac Newton (1642–1727), das Weltall funktioniere wie ein riesiges Uhrwerk, bewegte seine Zeitgenossen zum Bau der ersten Planetarien, bei denen Getriebe für den originalgetreuen Umlauf der Planeten um die Sonne sorgen.

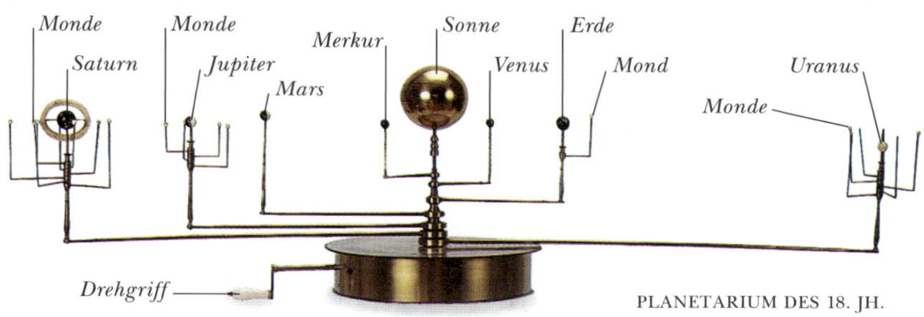


PLANETARIUM DES 18. JH.

## PLATINE

Die meisten elektrischen Geräte enthalten Platinen, auf denen Schaltungen in Form von Kupferbahnen aufgedruckt sind. Diese verbinden die einzelnen Komponenten miteinander, zu denen integrierte Schaltkreise, Widerstände, Chips oder Kondensatoren zählen, die alle auf der Leiterplatte festgelötet oder in Steckverbindungen eingefügt sind.

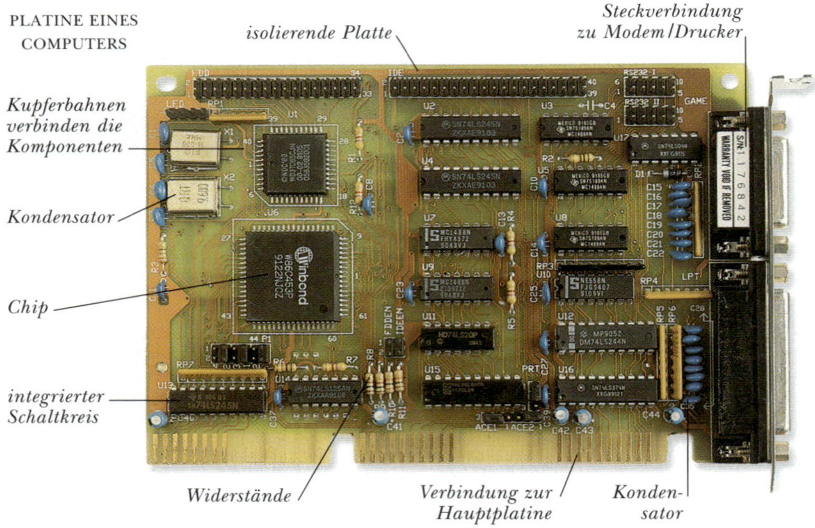


PLATINE EINES COMPUTERS

**Platin** ⟨n.; -s; unz.; Chem.; Zeichen: Pt⟩ ▼ *weißes, glänzendes Edelmetall, Ordnungszahl 78* [< span. *platina* (heute *platino*) „Silberkörnchen", Verkleinerungsform zu span. *plata* „silber" < mlat. *platta* „Metallplatte"; → *platt*]

**Platine** ⟨f. 19⟩ ▲ *Träger einer elektronischen Schaltung;* Sy *Leiterplatte*

**Platitude** ⟨[-ty:də] f. 19⟩ = *Plattitüde*

**platonisch** ⟨Adj.; Philos.⟩ *zur Philosophie Platos gehörend, auf ihr beruhend* ◆ platonische Körper ⟨Math.⟩ *von lauter regelmäßigen, kongruenten Vielecken begrenzte Körper;* platonische Liebe ⟨fig.⟩ *nicht körperliche, rein seelische od. geistige Liebe*

**platschen** ⟨V. i.⟩ **I** *ein klatschendes Geräusch von sich geben* **II** ⟨hat/ist⟩ *mit klatschendem Geräusch fallen od. auftreffen* [lautmalend; verwandt mit *platzen*]

PLATIN (NUGGET)

**plätschern** ⟨V. i.; hat⟩ *mit leisem, klatschendem Geräusch fließen* (Bach, Brunnen) *od. fallen* (Regen) ◆ ihr Redefluss, ihre Rede plätschert ununterbrochen ⟨fig.; umg.⟩; im Wasser plätschern *planschen*

**platt** ⟨Adj.⟩ **1** *flach, eben, glatt, breit gedrückt* **2** ⟨fig.⟩ *geistlos, nichts sagend* (Redensart) ◆ er war (einfach) platt ⟨fig.; umg.⟩ *sprachlos, sehr erstaunt;* platt auf dem Bauch liegen [< mnddt. *plat(t)* < frz. *plat* < vulgärlat. **plattus* „flach" < grch. *platys* „flach, breit"]

**Platt** ⟨n.; -s; unz.⟩ *plattdeutsche, niederdeutsche Mundart* ◆ Hamburger, Mecklenburger Platt; Platt sprechen

**Platte** ⟨f. 19⟩ **1** *ebenes, flaches Gebilde, meist von geringer Stärke, Scheibe* (Holzplatte, Marmorplatte, Metallplatte, Steinplatte; Herdplatte, Tischplatte) **2** *obere ebene Fläche* (Felsplatte) **3** *obere Fläche eines Tafelberges* **4** ⟨Kochk.⟩ **4.1** *sehr flache Schüssel zum Anrichten von Speisen* (Fleischplatte, Tortenplatte) **4.2** *die Speisen selbst* (Aufschnittplatte, Gemüseplatte, Käseplatte) **5** ⟨Mus.; kurz für⟩ *Schallplatte* **6** ⟨Typ.⟩ *Druckstock* (Druckplatte) **7** *Glasscheibe mit lichtempfindl. Schicht für fotograf. Aufnahmen* **8** ⟨fig.⟩ *Glatze, Tonsur* ◆ Platten **hören,** spielen; Platten **kaufen,** sammeln ◆ **kalte** Platte *Platte mit Aufschnitt* [< spätahd. *platta, blatta* „Steinplatte, Tonsur" < mlat. *platta* „Metallplatte"; zu vulgärlat. *plattus* „flach, eben"; → *platt*]

**Plattenbauweise** ⟨f. 19; unz.; Bauw.⟩ *Bauverfahren unter Verwendung vorgefertigter Betonplatten*

**Plattenkiemer** ⟨m. 3; Zool.⟩ ▼ *Angehöriger einer Unterklasse der Knorpelfische mit verkalktem Knorpelskelett u. Hautskelett aus Plakoidschuppen: Elasmobranchii*

**Plattenspieler** ⟨m. 3; Mus.⟩ *elektr. Gerät zur Wiedergabe von Schallplatten*

**Plattentektonik** ⟨f. 20; unz.; Geol.⟩ ► *wissenschaftl. Hypothese, nach der die Erdkruste aus mehreren Platten besteht, die sich aufgrund von Bewegungen im Erdinnern gegeneinander verschieben*

**Platterbse** ⟨f. 19; Bot.⟩ ► = *Gartenwicke*

**Plattfisch** ⟨m. 1; Zool.⟩ *auf einer Seite schwimmender Meeresfisch mit unsymmetrischem Körperbau: Pleuronectidae;* Sy *Flachfisch*

**Plattform** ⟨f. 20⟩ **1** *flacher, erhöhter Platz* **2** ⟨früher⟩ *Raum ohne Sitzplätze an beiden Enden des Eisen- und Straßenbahnwagens* [< frz. *plateforme*]

**Plattfuß** ⟨m. 1u⟩ **1** ⟨Anat.⟩ *Fuß mit zu geringer Wölbung des Fußgelenkes nach oben: Pes planus;* Ggs *Hohlfuß* **2** ⟨fig.⟩ *Reifen, aus dem die Luft entwichen ist*

**Plattitüde** ⟨f. 19⟩ *Plattheit, nicht sagende, geistlose Redensart;* oV *Platitude* [< frz. *platitude* „Plattheit, Leichtheit"]

**Plattstich** ⟨m. 1⟩ *Stich, bei dem die Fäden unmittelbar parallel nebeneinander liegen, so dass eine fast geschlossene Fläche entsteht*

**Platz** ⟨m. 1u⟩ **1** *Stelle, Ort zu einem bestimmten Zweck* (Bauplatz, Sitzplatz, Stehplatz) **2** *durch Güte und Preis bestimmter Sitzplatz (im Theater usw.)* **3** *abgegrenztes, für bestimmte, bes. sportl. Zwecke hergerichtetes*

## PLATTENKIEMER

Die Plattenkiemer umfassen die Haie und die Rochen (zwei weitere Ordnungen, Cladoselachiformes und Xenacanthiformes, sind ausgestorben) und bilden eine Unterklasse der Knorpelfische, welche den weitaus artenreicheren Knochenfischen gegenüberstehen. Anders als diese haben die Plattenkiemer 5–7 Kiemenspalten und keinen Kiemendeckel. Während ihre Haut kleine zahnartige Schuppen trägt, ist ihr Skelett nicht verknöchert, und ihre nur lose verankerten Zähne wachsen ständig nach.

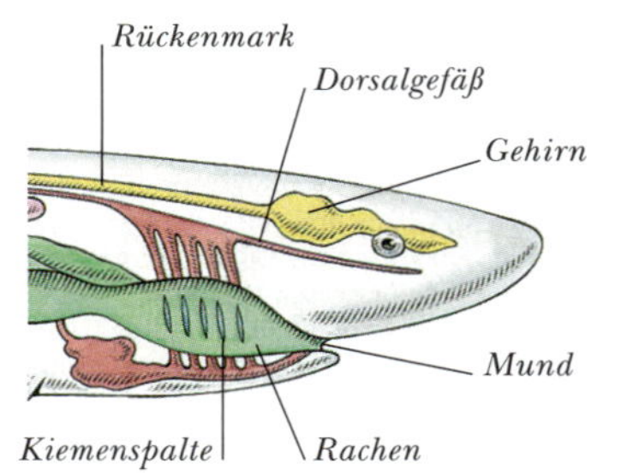


ANATOMIE DES HAIKOPFES

### ORDNUNGEN DER PLATTENKIEMER

HAIE
WEISSHAI
*(Carcharodon carcharias)*
► *Haie*

ROCHEN
NAGELROCHEN
*(Raja clavata)*
► *Rochen*

P

*Gelände* (Golfplatz, Spielplatz, Tennisplatz) **4** *freie Stelle innerhalb eines bebauten Geländes, bes. einer Stadt, meist an der Kreuzung mehrerer Straßen* (Marktplatz) **5** *Ort, Stadt* (Handelsplatz) **6** *Raum, Unterbringungsmöglichkeit* ◆ Platz! *(Befehl für den Hund, sich zu legen);* **Straßen** und Plätze einer Stadt ◆ **anbieten:** er bot mir seinen Platz an; einen Platz im Theater, Kino usw. **bestellen;** seinen Platz **einnehmen;** der Schrank nimmt viel Platz ein; jmdm. Platz **machen** *beiseite treten, rücken;* bitte **nehmen** Sie Platz! *bitte setzen Sie sich (Aufforderung an einen Besucher);* seinen Platz **wechseln** ◆ den ersten, zweiten Platz belegen *Sieger bzw. Zweiter im Wettkampf werden;* wir haben im Wagen noch einen Platz **frei; geschützter,** windstiller Platz; hier ist noch ein **leerer** Platz ◆ der Saal hat, bietet Platz **für** 100 Personen; alle erhoben sich **von** ihren Plätzen [< spätmhd. *plaz, platz* < frz. *place* < vulgärlat. *platea* „breite, öffentl. Straße, Platz" < grch. *plateia (hodos)* „breite (Straße)"; zu grch. *platys* „breit, flach"]

**Plätzchen** ⟨n. 14⟩ **1** *kleiner Platz* **2** *schmales, kleines Gebäck* [vermutl. Verkleinerungsform von *Platz,* nach der breiten, flachen Form]

**platzen** ⟨V. i.; ist⟩ *bersten, zerspringen* (Reifen, Rohr, Sprengkörper) ◆ wir sind vor Lachen fast geplatzt ⟨fig.; umg.⟩ *wir haben sehr, heftig gelacht;* ich könnte platzen vor Wut ⟨fig.; umg.⟩ [lautmalend]

**Platzhalter** ⟨m. 3; Sprachw.⟩ **1** *Symbol für eine Leerstelle* **2** *sprachliches Element, das eine unbesetzte grammatische Stelle ausfüllt u. wegfallen kann,* z. B. „es" in: Es freut mich, dass ihr kommt

**Platzhirsch** ⟨m. 1⟩ *stärkster Hirsch auf dem Brunftplatz*

**platzieren** ⟨V. t.; hat⟩ **1** *etwas an einen bestimmten Platz stellen, legen* **2** *anlegen* (Kapital) **3** jmdn. (auf einen bestimmten Platz) platzieren *jmdm. einen bestimmten Platz anweisen* **4** einen Ball (an eine bestimmte Stelle) platzieren ⟨Sp.; Tennis, Tischtennis⟩ *so schlagen, dass er auf einer bestimmten, für den Gegner schwer erreichbaren Stelle auftrifft* [< frz. *placer* „an seinen Platz stellen, unterbringen, (Geld) anlegen"]

**Platzpatrone** ⟨f. 19⟩ *zu Übungszwecken benutzte Gewehrmunition, deren Geschoss aus Papier od. Holz kurz nach dem Verlassen des Gewehrlaufes zerplatzt*

**Platzverweis** ⟨m. 1; Sp.⟩ *Verweis (eines Spielers) vom Platz wegen Missachtung der Spielregeln*

**Platzwunde** ⟨f. 19⟩ *durch Stoß od. Aufprall hervorgerufene Hautverletzung*

**plaudern** ⟨V. i.; hat⟩ *zwanglos unterhaltend reden* ◆ mit jmdm. (angeregt) plaudern *sich zwanglos und meist nicht tiefgründig mit jmdm. unterhalten;* aus der Schule plaudern ⟨fig.⟩ *etwas, das eigentlich nur für einen kleinen Kreis bestimmt ist, Außenstehenden erzählen* [< spätmhd. *pludern;* lautmalend]

**plausibel** ⟨Adj.; -bler, am -sten⟩ *einleuchtend* ◆ jmdm. etwas plausibel machen *erklären, zu verstehen geben* [< frz. *plausible* „glaubhaft" < lat. *plausibilis* „Beifall verdienend"; zu *plaudere* „(Beifall) klatschen"; verwandt mit *applaudieren, explodieren*]

**Playback,** ⟨auch⟩ **Play-back** ⟨[plɛi'bæk] n. 15; Film, TV⟩ **1** *nachträgliche Abstimmung der Bildstreifen mit der bereits vorliegenden Tonaufzeichnung* **2** *bei Livesendungen in Fernsehen u. Hörfunk angewandtes Verfahren, bei dem der Sänger zu dem durch Tonband eingespielten, gesungenen Text nur noch synchron die Lippen bewegt* [engl., eigtl. „spiel zurück"]

**Playboy** ⟨['plɛibɔi] m. 6⟩ *(meist reicher) junger Mann, der nicht arbeitet, sondern nur seinem Vergnügen nachgeht* [< engl. *play* „spielen" + *boy* „Knabe"]

**Playgirl** ⟨['plɛigə:l] n. 15⟩ *(meist reiches) junges Mädchen, das nicht arbeitet, sondern nur seinem Vergnügen nachgeht* [< engl. *play* „spielen" + *girl* „Mädchen"]

**Playoff,** ⟨auch⟩ **Play-off** ⟨[plɛi-] n. 15; Sp.⟩ *Verfahren der Qualifikation od. Meisterschaftsrunde durch Ausscheidungsspiele* [< engl. *play* „spielen" + *off* „fort, weg"]

**Plazenta** ⟨f.; -, -s od. -zenten; Med.⟩ **1** = *Mutterkuchen* **2** *Ansatzstelle der Samenanlage am Fruchtblatt* [< lat. *placenta* „Kuchen"; zu grch. *plakous* „flach, flacher Kuchen"]

**Plazet** ⟨n. 15⟩ *Bestätigung, Erlaubnis, Zustimmung* ◆ das Plazet einholen; sein Plazet geben, verweigern [< lat. *placet* „es gefällt"; zu *placere* „gefallen"]

## PLATTENTEKTONIK

Die Lithosphäre der Erde besteht wahrscheinlich aus halb steifen Platten, die sich auf der darunter liegenden Asthenosphäre, einer teilweise aufgeschmolzenen Schicht des Erdmantels, relativ zueinander bewegen, was vermutlich von Konvektionsströmen im Mantel verursacht wird. Gebirgsbildungen, Erdbeben und Vulkaneruptionen finden überwiegend nahe der Grenzen einzelner Platten statt, welche sich gegeneinander, voneinander weg oder schräg zueinander bewegen können. Besonders aktiv sind Bereiche, in denen kontinentale und ozeanische Platten aufeinander treffen.

SCHNITT DURCH DIE ERDE MIT KONVEKTIONSSTRÖMUNGEN

DIE TEKTONISCHEN PLATTEN DER ERDE

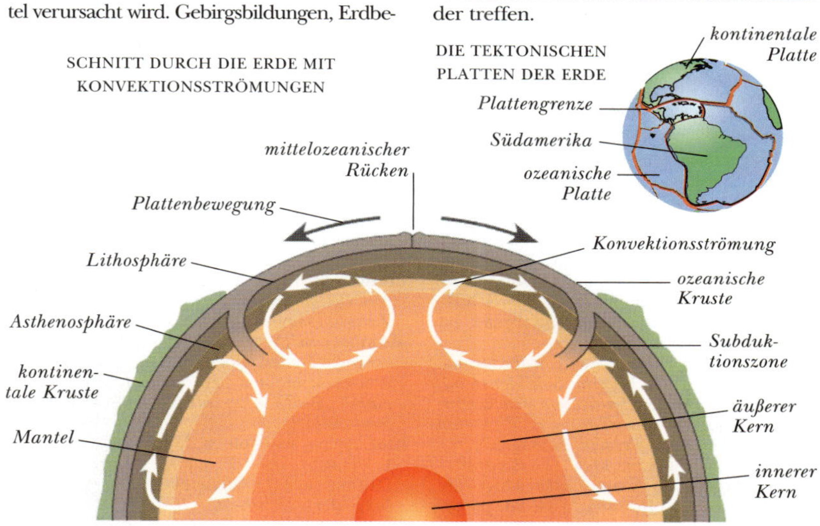


### VERSCHIEDENE FORMEN PLATTENTEKTONISCHER BEWEGUNG

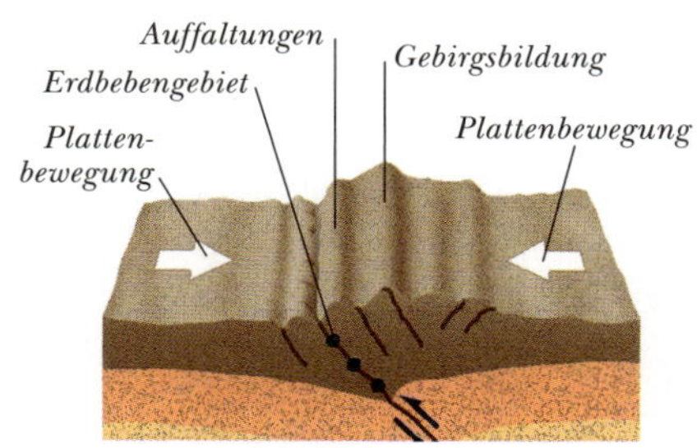


KONTINENTALE PLATTEN BEWEGEN SICH GEGENEINANDER

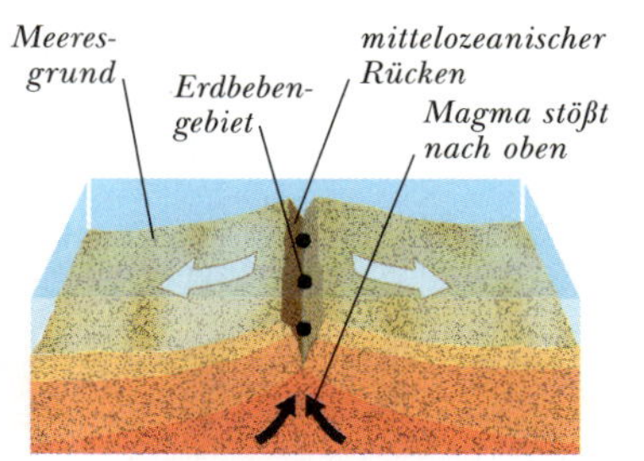


OZEANISCHE PLATTEN BEWEGEN SICH AUSEINANDER

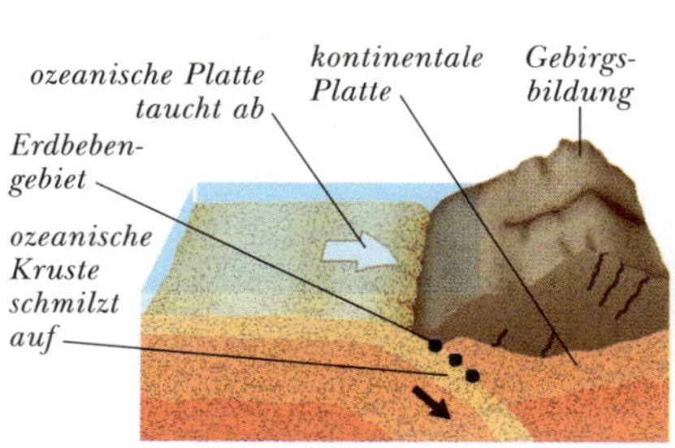


KONTINENTALE PLATTE TRIFFT AUF OZEANISCHE PLATTE

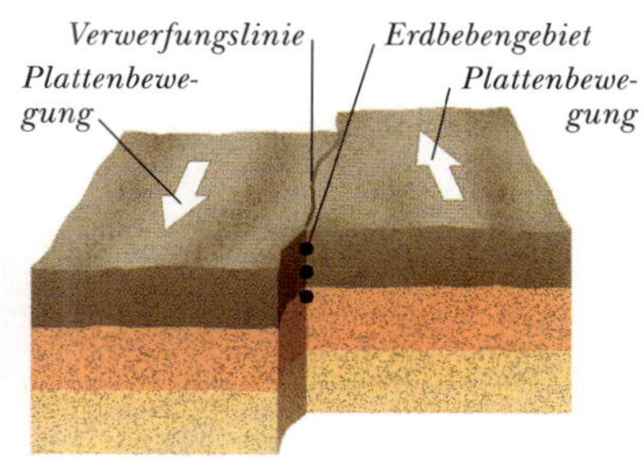


KONTINENTALE PLATTEN GLEITEN ANEINANDER

**Plebejer** ⟨m. 3⟩ **1** ⟨im antiken Rom⟩ *Angehöriger der Plebs* **2** ⟨fig.⟩ *ungehobelter, ungebildeter Mensch* [< lat. *plebeius* „der Plebs angehörig"; → *Plebs*]
**Plebiszit** ⟨n. 11; Pol.⟩ **1** = *Volksentscheid* **2** = *Volksbefragung* [< lat. *plebis scitum* „Beschluss der Plebs"; → *Plebs*]
**plebiszitär** ⟨Adj.⟩ *durch ein Plebiszit*
**Plebs I** ⟨f.; -; unz.; im antiken Rom⟩ *das Volk* **II** ⟨m.; -es; unz.; fig.; abwertend⟩ *ungebildete Menge, die breite Masse* [lat., „Bürgerstand, Gesamtheit der frei geborenen, aber nicht zum Adel (Patrizier) gehörender Bürger"]
**Pleistozän** ⟨n.; -s; unz.⟩ **1** *Eiszeitalter, untere Abteilung des Quartärs* **2** ⟨früher⟩ *Diluvium* [< grch. *pleistos* „am meisten" + *kainos* „neu"]
**pleite** ⟨Adv.; nur adv. u. präd.; Kleinschreibung in Verbindung mit den Verben „sein", „bleiben", „werden"⟩ pleite sein *zahlungsunfähig, bankrott sein* (Firma); ich bin (völlig) pleite ⟨umg.⟩ *ich habe kein Geld mehr*
**Pleite** ⟨f. 19⟩ **1** *Zahlungsunfähigkeit, Bankrott* **2** ⟨fig.; umg.⟩ *Reinfall, Misserfolg* ◆ Pleite gehen, machen *Bankrott machen;* die ganze Sache war eine Pleite ⟨fig.; umg.⟩; das ist ja eine schöne Pleite! ⟨fig.; umg.⟩ [< hebr. *peleta* „Entrinnen, Rettung", d. h., Flucht vor der Schuldhaft]
**Plejaden** ⟨Pl.; grch. Myth.⟩ *die sieben Töchter des Atlas u. der Pleione, die von Zeus als „Siebengestirn" an den Himmel versetzt wurden* [< grch. *Pleiades;* zu *plein* „fahren, segeln"; das Siebengestirn, mit dessen Aufgang im Mai bei den Griechen die Schifffahrt begann u. mit dessen Untergang im November sie eingestellt wurde]
**Plektron** ⟨n.; -s, Plektren; Mus.⟩ *Stäbchen od. Plättchen aus Holz, Metall, Schildpatt od. Elfenbein, mit dem die Saiten von Zupfinstrumenten angerissen werden;* oV *Plektrum* [< grch. *plektron;* zu *plessein* „schlagen"]
**Plektrum** ⟨n.; -s, Plektren; Mus.⟩ = *Plektron*
**Plenarsitzung** ⟨f. 20⟩ *Sitzung aller Mitglieder* [< lat. *plenarius* „vollständig"; zu lat. *plenus* „voll"]
**Plenum** ⟨n.; -s; unz.⟩ = *Vollversammlung* [lat., Neutr. zu *plenus* „voll"]
**Plesiosaurier** ⟨[-riər] m. 3⟩, **Plesiosaurus** ⟨m.; -, -saurier⟩ *Angehöriger einer ausgestorbenen Gruppe von Meeresreptilien (Trias bis Oberkreide) vom Aussehen schalenloser Schildkröten* [< grch. *plesios* „nahe" + *sauros* „Eidechse"]

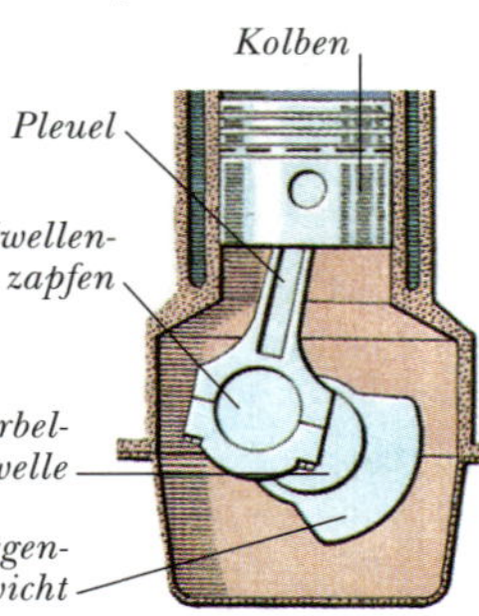


PLEUEL IN EINEM VIERTAKT-VERBRENNUNGSMOTOR

**Pleuel** ⟨m. 5⟩, **Pleuelstange** ⟨f. 19⟩ ▲ *Maschinenelement zum Umwandeln von kreisförmigen in hin- u. hergehende Bewegungen u. umgekehrt;* Sy *Schubstange* [< ahd. *bliuwil*]
**Plexiglas** ⟨n. 12u; unz.; Warenzeichen für⟩ *glasartiger Kunststoff aus Polymethacrylsäureester, splittersicher u. leicht zu bearbeiten* [< lat. *plexus* „Geflecht" + *Glas*]

P

## PLUTO

Der Pluto ist der kleinste und sonnenfernste Planet, welcher jedoch während seiner Umlaufzeit von 248 Jahren etwa 20 Jahre lang der Sonne näher ist als der Neptun. Er wurde 1930 entdeckt und ist wahrscheinlich ein von Wasser- und Methaneis bedeckter Gesteinsplanet, der mit dem Charon, seinem etwa halb so großen Mond, ein Doppelplanetensystem bildet.

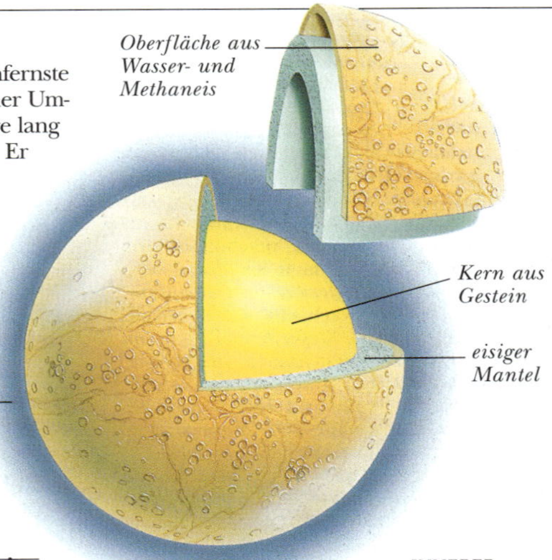


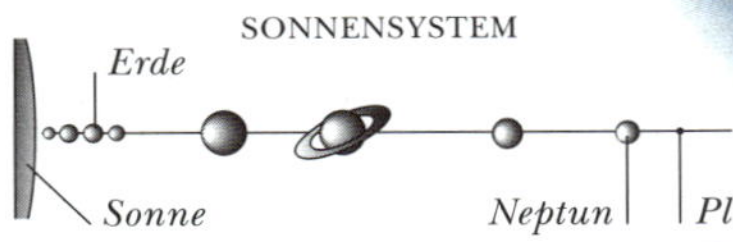


INNERER AUFBAU DES PLUTO

**Plinthe** ⟨f. 19⟩ ▼ *Sockel, Fußplatte (an Säule, Pfeiler od. Statue)* [< grch. *plinthos* „Ziegel"]
**Pliozän** ⟨n.; -s; unz.⟩ *jüngerer Zeitabschnitt des Jungtertiärs* [< grch. *pleion* „mehr" + *kainos* „neu"]
**Plombe** ⟨f. 19⟩ **1** *Metallsiegel zum Verschluss von Behältern od. Eisenbahnwagen* **2** ⟨umg.⟩ *Zahnfüllung* [→ *plombieren*]
**plombieren** ⟨V. t.; hat⟩ *mit einer Plombe versehen* [< frz. *plomber* „mit Blei verschließen"; zu frz. *plomb* „Blei" < lat. *plumbum* „Blei"]

PLINTHE

**Plot** ⟨[plɔt] m. 6 od. n. 15⟩ **1** ⟨Lit.; im Roman, Drama u. Ä.⟩ *(Verwicklung der) Handlung, Inhalt, Konflikt* **2** ⟨EDV⟩ *graf. Darstellung eines Ergebnisses, eines funktionalen Zusammenhangs* [engl., „Fabel, Handlung; grafische Darstellung"]
**Plotter** ⟨m. 3⟩ *Gerät zur graf. Darstellung von Kurven, funktionalen Zusammenhängen, Messwerten od. berechneten Ergebnissen* [zu engl. *plot* „eine Zeichnung machen, grafisch darstellen"]
**Plötze** ⟨f. 19; Zool.⟩ ► *Süß- u. Brackwasserfisch mit roter Iris u. roten Flossen an Bauch u. After, in Haffen der Ostseeküste massenhaft gefangen: Rutilus rutilus;* Sy *Rotauge* [< kaschub. *plocica*, poln. *płocica*, Verkleinerungsform zu kaschub. *ploć*, poln. *płoć* „Rotkarpfen"]
**plötzlich** ⟨Adj.⟩ *unerwartet, mit einem Mal, sehr schnell (eintretend od. geschehend), jäh* ◆ plötzlicher **Besuch;** plötzliche **Bewegung;** plötzlicher **Entschluss** ◆ die Krankheit ist ganz plötzlich **aufgetreten;** plötzlich **sah,** hörte ich ...; plötzlich **stand** er vor mir ◆ bitte, **etwas** plötzlich! ⟨umg.; scherzh.⟩ *etwas schnell!* [zu veraltetem, lautmalendem Subst. *Plotz* „klatschender Schlag, Knall"]
**Pluderhose** ⟨f. 19; 16. Jh.⟩ *halblange, weite, faltige Hose mit Bund unterm Knie*
**Plumbum** ⟨n.; -s; unz.; Chem.; Zeichen: Pb⟩ *Blei* [lat.]
**plump** ⟨Adj.⟩ **1** *grob (in der Form), unförmig* **2** *schwerfällig, ungeschickt* **3** ⟨fig.⟩ *nicht fein, derb, unzart* ◆ plumper Annäherungsversuch ⟨fig.⟩; plumpe Gestalt; plumper Körper; plumper Witz ⟨fig.⟩; sich plump ausdrücken ⟨fig.⟩ [eigtl. „plumpsend, mit dumpfem Geräusch auftretend oder fallend" < mnddt. *plump, plomp* „dick, grob, stumpf, plump" (lautmalend)]
**Plumpudding** ⟨[plʌm-] m. 6⟩ *in England zu Weihnachten bereiteter, gekochter od. gedämpfter Pudding aus Mehl od. Brot, Rosinen u. Gewürzen* [engl., „Rosinenpudding"]
**Plunder** ⟨m. 3; unz.⟩ **1** *unbrauchbar gewordener Kram* **2** *billige, wertlose od. unnütze Dinge* [< mhd. *blunder, plunder* „Hausgerät, Kleider, Wäsche, Bettzeug"; → *plündern*]
**plündern** ⟨V. t.; hat⟩ *ausrauben, rücksichtslos, roh alles von od. aus etwas wegnehmen* ◆ Läden plündern; Obstbäume plündern; eine Stadt (nach der Eroberung) plündern; den Kühlschrank plündern ⟨fig.; umg.⟩ *die darin aufbewahrten Lebensmittel aufessen* [< mhd. *plundern;* → *Plunder*]
**Plural** ⟨m. 1; Gramm.⟩ *eine der beiden Zahlformen des Verbums, Substantivs u. Pronomens;* Sy *Mehrzahl (2);* Ggs *Singular* [< lat. *pluralis* „Mehrzahl"; zu *plus* „mehr"]
**Pluralismus** ⟨m.; -; unz.⟩ **1** ⟨Philos.⟩ *philosophische Lehre, nach der die Wirklichkeit aus vielen selbständigen Wesen besteht, die insgesamt keine Einheit bilden;* Ggs *Monismus* **2** ⟨Pol.⟩ *Auffassung, dass der Staat aus vielen Macht- bzw. Interessengruppen besteht* [zu lat. *pluralis* „zu mehreren gehörig, aus mehreren bestehend, Mehrzahl"; zu *plus* „mehr"]
**pluralistisch** ⟨Adj.⟩ *zum Pluralismus gehörend, auf ihm beruhend* ◆ pluralistische Gesellschaft
**plus** ⟨Adv.; Zeichen: +⟩ *und, dazu, zuzüglich;* Ggs *minus* ◆ drei plus zwei ist, macht fünf (3 + 2 = 5); es sind plus fünf Grad, ⟨od.⟩ fünf Grad plus ⟨umg.⟩ *fünf Grad über null Grad* [lat., „mehr"]
**Plus** ⟨n.; -, -⟩ Ggs *Minus* **1** *Mehrbetrag, Überschuss* **2** ⟨umg.⟩ *Vorteil, Gewinn* ◆ etwas als Plus für sich buchen ⟨fig.⟩ *als Gewinn für sich betrachten*
**Plüsch** ⟨m. 1⟩ **1** *Baumwollgewebe mit langem Flor* **2** *Wirkware mit langen Fadenbüscheln* [< frz. *peluche* „Wollsamt"; zu galloroman. **piluccare* „enthaaren"; zu lat. *pilus* „Haar"; verwandt mit *pflücken*]

**Pluspol** ⟨m. 1; El.⟩ *positiver Pol;* Ggs *Minuspol*
**Plusquamperfekt** ⟨n. 11; Gramm.⟩ *Zeitform des Verbums,* z. B. „ich war gekommen", „er hatte gesagt"; Sy *Vorvergangenheit, vollendete Vergangenheit* [< lat. *plus quam perfectum* „mehr als vollendet"]
**plustern** ⟨V.; hat⟩ **I** ⟨V. refl.⟩ sich plustern *die Federn sträuben* (Vogel) **II** ⟨V. t.⟩ die Federn plustern *die Feder sträuben, aufrichten* (Vogel) [< mnddt. *plusteren* „(zer)zausen, herumstöbern"; zu mnddt. *plusen* „zupfen"]
**Pluszeichen** ⟨n. 14; Zeichen: +⟩ *Zeichen für die Addition;* Ggs *Minuszeichen (1)*
**Pluto** ⟨m.; -; unz.; Astron.⟩ ◄ *(1930 von C. Tombaugh entdeckter) äußerster, neunter Planet des Sonnensystems*
**Plutokratie** ⟨f. 19⟩ *Staatsform, in der die Macht auf dem Besitz, dem Reichtum beruht* [< grch. *plutos* „Reichtum" + *kratein* „herrschen"]
**Plutonium** ⟨n.; -s; unz.; Chem.; Zeichen: Pu⟩ *radioaktives künstl. chem. Element, Ordnungszahl 94* [nach dem Planeten *Pluto*]
**Pluviograf** ⟨[-vio-] m. 16; Meteor.⟩ = *Pluviograph*
**Pluviograph** ⟨[-vio-] m. 16; Meteor.⟩ *selbsttätig schreibender Regenmesser;* oV *Pluviograf;* Sy *Ombrograph* [< lat. *pluvia* „Regen" + grch. *graphein* „schreiben"]
**Pm** ⟨Chem.; Zeichen für⟩ *Promethium*
**p. m.** ⟨Abk. für lat.⟩ **1** *post meridiem* **2** *per mille, pro mille* **3** *pro memoria*
**Pneumatik** ⟨f. 20; unz.; Phys.⟩ *Gebiet der Technik, das sich mit der Erzeugung u. Anwendung von Druckluft befasst* [< grch. *pneuma* „Hauch, Atem, Wind"]
**Pneumologie** ⟨f. 19; unz.; Med.⟩ *Lehre von den Lungenkrankheiten* [< grch. *pneumon* „Lunge" + *...logie*]
**Pneumonie** ⟨f. 19; Med.⟩ = *Lungenentzündung* [< grch. *pneumon* „Lunge"]
**Po**[1] ⟨Chem.; Zeichen für⟩ *Polonium*
**Po**[2] ⟨m. 6; umg.⟩ = *Gesäß (2)*
**Pöbel** ⟨m. 5; unz.; abwertend⟩ *unterste, verkommene Schicht des Volkes, Abschaum des Volkes* [< mhd. *bovel, povel* < ostafrz. *poble* „Volk" < lat. *populus* „Volk"; beeinflusst von neufrz. *peuple* „Volk"]
**pochen** ⟨V.; hat⟩ **I** ⟨V. i.⟩ *klopfen* ◆ das Herz pocht; an die Tür pochen; auf sein Recht pochen ⟨fig.⟩ *auf seinem Recht bestehen* **II** ⟨V. t.⟩ *zerklopfen* ◆ Erz pochen [< mhd. *bochen, puchen*]
**pochieren** ⟨[-ʃiː-] V. t.; hat; Kochk.⟩ oV *poschieren* **1** eine Speise pochieren *bei milder Hitze in wenig Flüssigkeit ziehen lassen, bis sie gar ist* **2** pochierte Eier *in kochendes Essigwasser geschlagene und darin gar gekochte Eier* [< frz. *œufs pochés* „verlorene Eier"]

PLÖTZE
*(Rutilus rutilus)*

**Pocken** ⟨Pl.; Med.⟩ *gemeingefährliche, durch ein Virus hervorgerufene Infektionskrankheit mit Bläschenbildung;* Sy *schwarze → Blattern*
**Podest** ⟨n. 11⟩ **1** *Treppenabsatz* **2** *erhöhte Plattform, schmales Podium* **3** *schmales Gestell mit einem Fuß* ◆ der Redner betrat das Podest [→ *Podium*]
**Podium** ⟨n.; -s, Podien⟩ *breite Erhöhung für das Redner- od. Lehrerpult* [lat., „Tritt, trittartige Erhöhung" < grch. *podion;* zu grch. *pous,* Gen. *podos* „Fuß"]

## POINTILLISMUS

Der Pointillismus ist die Weiterentwicklung einer ursprünglich impressionistischen Maltechnik, die Georges Seurat und Paul Signac vornahmen und auf der Grundlage der physikalischen Kenntnisse des 19. Jh. zu einer systematischen Farbtheorie ausbauten. Sie trugen Punkte oder kleine Flecken reiner, unvermischter Farbe so auf die Leinwand auf, dass sie von einer bestimmten Entfernung aus gesehen ineinander zu verschwimmen scheinen. Dadurch sollte ein dynamischerer, intensiverer Leuchtkrafteffekt entstehen als bei der Verwendung vor dem Auftragen direkt miteinander vermischter Farben.

AUSSCHNITT AUS
*Les Poseuses*

*Bild aus winzigen Farbpunkten*

*Les Poseuses* (um 1888),
GEORGES SEURAT

**Poesie** ⟨[poeː-] f. 19⟩ **1** ⟨Lit.⟩ **1.1** ⟨i. w. S.⟩ *Dichtkunst* **1.2** ⟨i. e. S.⟩ *Dichtung in Versen, in gebundener Rede;* Ggs *Prosa (1)* **2** ⟨fig.⟩ *Stimmungsgehalt, Zauber* [< frz. *poésie* < lat. *poesis* < grch. *poiesis* „das Verfertigen, das Dichten, Dichtkunst"; zu *poiein* „machen, schaffen"]
**Poet** ⟨[po'eːt] m. 16; Lit.⟩ **1** ⟨i. w. S.⟩ *Dichter* **2** ⟨i. e. S.⟩ *Lyriker* [< mhd. *poete* < lat. *poeta* „Dichter" < grch. *poietes* „Schöpfer. Mensch, Dichter"; → *Poesie*]
**poetisch** ⟨[poeː-] Adj.; Lit.⟩ *in der Art der Poesie, dichterisch;* Ggs *prosaisch (1)* [< frz. *poétique* < lat. *poeticus* < grch. *poietikos* „die Poesie betreffend"]
**Pogrom** ⟨n. 11 od. m. 1⟩ *Hetze, Ausschreitungen gegen nationale, religiöse od. rassische Gruppen* (Judenpogrom) [russ., „Verheerung, Verwüstung"]
**Pointe** ⟨[po'ɛ̃t(ə)] f. 19⟩ *Hauptsache, Schlusseffekt (des Witzes), das Entscheidende, Wesentliche (an einer Aussage)* [frz., „Spitze, Stachel" < lat. *puncta* „Stich"]
**pointieren** ⟨[poɛ̃-] V. t.; hat⟩ *nachdrücklich betonen, herausheben* ◆ pointiert *zugespitzt, das Wesentliche betonend;* etwas pointiert erzählen [< frz. *pointer* „auf etwas zielen, hervorheben, zuspitzen"; zu *pointe* „Spitze"]
**Pointillismus** ⟨[poɛ̃-] m.; -; unz.; Mal.⟩ ▲ *Richtung der Malerei am Ende des Impressionismus, die durch das dichte Nebeneinander von unvermischten Farbpunkten bestimmte opt. Wirkungen (aus der Entfernung) erstrebte* [< frz. *pointillisme;* zu *pointiller* „mit Punkten darstellen"; zu frz. *point* „Punkt"]
**Pokal** ⟨m. 1⟩ *Trinkgefäß aus Silber, Gold. od. Kristall mit Fuß u. oft mit Deckel (auch als Siegespreis bei sportl. Wettkämpfen)* [< ital. *boccale* „Krug, Becher" < spätlat. *baucalis* „tönernes Kühlgefäß" < grch. *baukalis* „enghalsiges Gefäß", beeinflusst von lat. *poculum* „Becher"]
**pökeln** ⟨V. t.; hat⟩ *in Pökel einlegen* (Fisch od. Fleisch)
**Poker** ⟨n. od. m.; -s; unz.; Kart.⟩ *Glücksspiel mit Whistkarten, bei dem der Spieler mit der besten Figurenzusammenstellung (Pokerhand) gewinnt* [engl.; zu *poke* „schlagen, stechen"; verwandt mit *pochen*]
**pokern** ⟨V. i.; hat⟩ **1** ⟨Kart.⟩ *Poker spielen* **2** ⟨fig.; umg.⟩ *bei einem Vorhaben nicht immer alle Pläne aufdecken u. mit den Faktor „Glück" spekulieren*
**Pol**[1] ⟨m. 1⟩ **1** *Drehpunkt, Mittelpunkt, Zielpunkt* **2** *nördl. bzw. südl. Endpunkt der Erdachse* (Nordpol, Südpol) **3** ⟨Math.⟩ *Punkt mit bes. Bedeutung* **4** ⟨El.⟩ *Anschlussklemme*

P

## POLARISATION

Polarisation bewirkt, dass z. B. Licht, das üblicherweise in allen senkrecht zur Fortpflanzungsrichtung stehenden Ebenen schwingt, seine Schwingung auf eine Ebene beschränkt. Die hier abgebildeten Polarisationsfilter stehen senkrecht zueinander, sodass das nur noch in einer Ebene schwingende Licht, welches der erste Filter passieren lässt, vom zweiten vollständig zurückgehalten werden kann. Polarisationsfilter dienen zum Zurückhalten gleißenden Lichts bei Sonnenbrillen und zur Unterdrückung unerwünschter Reflexe in der Fotografie.

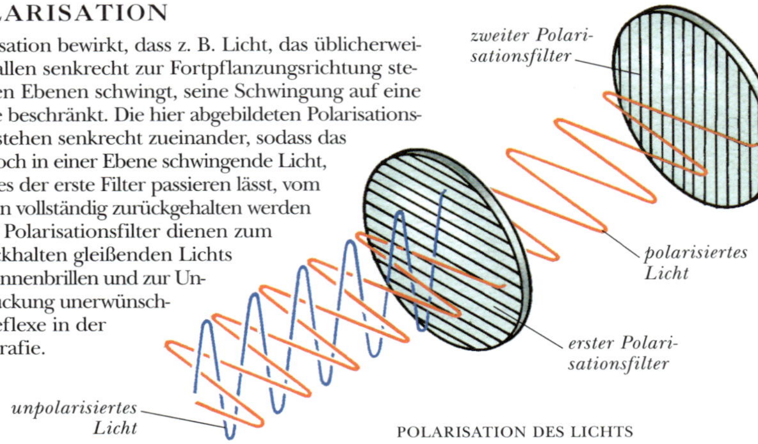


POLARISATION DES LICHTS MITHILFE VON FILTERN

*von Stromquellen* (Minuspol, Pluspol) **5** ⟨Phys.⟩ *Ein- od. Austrittsstelle magnet. Feldstärkenlinien* ◆ negativer Pol *Minuspol;* positiver Pol *Pluspol* [< lat. *polus* < grch. *polos* „Drehpunkt, Achse, Erdpol"; zu *pelein* „in Bewegung sein"]

**Pol²** ⟨m. 1⟩ *Flordecke von Samt u. Plüsch* [< frz. *poil* „Haar"]

**polacca** ⟨Mus.⟩ *in der Art der Polonaise* [ital., „polnisch"]

**polar** ⟨Adj.⟩ *zu den Polen (der Erde) gehörend* [< neulat. *polaris* „den Pol betreffend, am Pol befindlich"; zu lat. *polus* „Drehpunkt, Pol"; → *Pol¹*]

**Polarachse** ⟨[-ks-] f. 19; unz.; Geogr.⟩ *zwischen dem Nord- u. dem Südpol verlaufende gedachte Achse, um die sich die Erde dreht*

**Polarbanden** ⟨Pl.; Meteor.⟩ *hohe, in Nord-Süd-Richtung ausgerichtete, parallel verlaufende Wolkenstreifen*

P

**Polarfuchs** ⟨[-fuks] m. 1u⟩ *im Sommer grau bis schwarzblau, im Winter weiß gefärbter Fuchs: Alopex lagopus;* Sy *Eisfuchs*

**Polarisation** ⟨f. 20⟩ ▲ *Beschränkung der Lichtschwingungen auf eine bestimmte Ebene* ◆ elektrische Polarisation *durch ein äußeres elektr. Feld hervorgerufene Elektrisierung;* Polarisation des Lichtes *Vorhandensein einer festen Phasenbeziehung zwischen den einzelnen Komponenten der elektr. Feldstärke, insbes. schwingt bei linearer Polarisation der Lichtvektor nur in einer Ebene*

**Polarisationsebene** ⟨f. 19⟩ *zur Schwingungsrichtung des elektr. Feldes senkrecht stehende Ebene einer polarisierten Welle*

**Polarisationsfilter** ⟨m. 3 od. fachsprachl.: n. 13⟩ *Filter zur Erzeugung polarisierter elektromagnetischer Wellen, bes. Licht*

**Polarisator** ⟨m. 23⟩ *Vorrichtung zur Erzeugung von linear polarisiertem Licht*

**polarisieren** ⟨V.; hat⟩ **I** ⟨V. t.⟩ Licht polarisieren *in polarisiertes Licht umwandeln* **II** ⟨V. refl.⟩ sich polarisieren *sich gegensätzlich entwickeln, als Gegensätze hervortreten* ◆ Meinungen polarisieren sich

**Polarität** ⟨f. 20; unz.⟩ **1** *Gegensätzlichkeit* **2** *Verhältnis von Gegensätzen zueinander*

**Polarkreis** ⟨m. 1; Geogr.⟩ *Breitenkreis von 66,5° nördl. bzw. südl. Breite;* → a. *Nordpolarkreis, Südpolarkreis*

**Polarlicht** ⟨n. 12⟩ ► *vorwiegend an den Erdpolen auftretende Lichterscheinung in der oberen Atmosphäre*

**Polarnacht** ⟨f. 7u⟩ *Nacht in den Polargebieten, in der die Sonne länger als 24 Stunden unter dem Horizont bleibt*

**Polarstern** ⟨m. 1; unz.; Astron.⟩ ► *hellster Stern im Sternbild Kleiner Bär, der fast immer genau die Nordrichtung anzeigt;* Sy *Nordstern*

**Polder** ⟨m. 3⟩ = *Koog* [< ndrl. *polder;* vielleicht verwandt mit *Pfuhl* od. < ndrl. *(hoender) polder* < frz. *poulailler* < mlat. *pullarium* „Hühnerbehälter"]

**Pole** ⟨m. 17⟩ *Einwohner von Polen*

**Polemik** ⟨f. 20⟩ **1** *wissenschaftl., meist publizistisch ausgetragener Streit* **2** ⟨allg.⟩ *nicht mehr ganz sachl. Angriff mit Worten* [zu frz. *polémique,* urspr. „kriegerisch, streitbar" < grch. *polemikos* „den Krieg betreffend, kriegerisch"; zu *polemos* „Krieg"]

**polemisch** ⟨Adj.⟩ **1** *in der Art einer Polemik, streitbar* **2** *feindselig*

**polemisieren** ⟨V. i.; hat⟩ *wissenschaftlich, in der Art einer Polemik streiten* ◆ gegen jmdn. polemisieren *feindselig, nicht mehr ganz sachlich gegen jmdn. sprechen od. schreiben*

**Poleposition** ⟨['poulpəziʃn] f. 10; Motorsp.⟩ *(aufgrund der Trainingszeiten ermittelte) beste, vordere Startposition bei Autorennen* [engl., „Innenbahn" < *pole* „Stange" + *position* „Position"]

**Police** ⟨[-li:s(ə)] f. 19⟩ *vom Versicherer ausgestellte Urkunde über eine abgeschlossene Versicherung* (Versicherungspolice) [< frz. *police* < ital. *polizza* < mlat. *apodixa* „Nachweis, Quittung" < grch. *apodeixis* „Darlegung, Nachweis"]

**Polier** ⟨m. 1⟩ *Vorarbeiter der Maurer u. Zimmerleute* [< spätmhd. (im 14. Jh. bei den Bauhütten entstanden) *parlier* < afrz. *parlier* „Sprecher" (nfrz. *parleur*); zu frz. *parler* „sprechen" → *polieren*]

**polieren** ⟨V. t.; hat⟩ **1** *glänzend machen, putzen* **2** *die letzten Unebenheiten entfernen von, fein glätten* ◆ Metall, Möbel polieren [< mhd. *polieren* < lat. *polire* „glätten"]

**Poliklinik** ⟨f. 20; Med.⟩ *Abteilung eines Krankenhauses zur ambulanten Behandlung* [< grch. *polis* „Stadt" + *Klinik*]

**Polin** ⟨f. 22⟩ *Einwohnerin von Polen*

**Polio** ⟨f.; -; unz.; Med.; Kurzw. für⟩ *Poliomyelitis*

**Poliomyelitis** ⟨f.; -, -tiden; Med.; Kurzw. Polio⟩ = *Kinderlähmung* [< grch. *polios* „grau" + *myelos* „Mark"]

**Polis** ⟨f.; -, Poleis; im antiken Griechenland⟩ *Stadtstaat*

**polit..., Polit...** ⟨in Zus.⟩ *politisch, die Politik betreffend,* z. B. Politkarriere, Politsong, Politbarometer

**Politik** ⟨f. 20⟩ **1** ⟨Pol.⟩ *alle Maßnahmen zur Führung eines Staates hinsichtlich seiner inneren Verwaltung* (Innenpolitik) *u. seines Verhältnisses zu anderen Staaten* (Außenpolitik) **2** ⟨fig.⟩ *berechnendes Verhalten* ◆ eine (bestimmte) Politik treiben, verfolgen; äußere, innere, erfolgreiche, friedliche, geschickte, kluge, kriegerische Politik; die deutsche, englische, französische Politik [< frz. *politique* < grch. *politike (techne)* „Kunst der Staatsverwaltung"; zu grch. *polites* „Stadtbürger, Staatsbürger"; zu grch. *polis* „Stadt, Bürgerschaft, Staat"]

**Politiker** ⟨m. 3⟩ *jmd., der aktiv an der Politik teilnimmt, Staatsmann* [< mlat. *politicus* < grch. *politikos* „Staatsmann"; → *Politik*]

**Politikum** ⟨n.; -s, -tika⟩ *Gegenstand der Politik, Sache, Ereignis von weit reichender politischer Bedeutung* [neulat. Bildung zu *Politik* mit dt. Schreibung]

**politisch** ⟨Adj.⟩ *die Politik betreffend, zu ihr gehörend, auf ihr beruhend* ◆ politischer Beamter *Beamter in hoher Stellung, der die polit. Ziele der Regierung vertreten muss;* im politischen Leben stehen; Politische Ökonomie = *Volkswirtschaftslehre* [< frz. *politique* < lat. *politicus* < grch. *politikos* „die Bürgerschaft betreffend"; → *Politik*]

**Politologie** ⟨f. 19; unz.⟩ *Lehre von der Politik* [< *Politik* + grch. *logos* „Lehre, Kunde"]

**Politur** ⟨f. 20⟩ **1** *durch Polieren erzeugter Glanz* **2** *Poliermittel* [< lat. *politura* „das Glätten"; zu *polire* „glätten"]

**Polizei** ⟨f. 18; unz.⟩ **1** *Behörde zur Aufrechterhaltung der öffentl. Ordnung u. Sicherheit* **2** *deren Amtsräume* **3** *Gesamtheit der Polizeibeamten* ◆ du bist ja dümmer, als die Polizei erlaubt ⟨umg.⟩; die Polizei holen [< mlat.

## POLARLICHT

Das besonders deutlich am arktischen Nachthimmel sichtbare Polarlicht entsteht durch vom Sonnenwind herangetragene geladene Teilchen, die beim Eindringen in die Atmosphäre Gasteilchen zum Leuchten bringen. Die farbigen Lichterscheinungen, deren Leuchtkraft oft veränderlich, unregelmäßig oder pulsierend ist, heißen in der Arktis Nordlicht, in der Antarktis Südlicht.

NORDLICHT

## POLARSTERN

Den Weg nach Norden weist auf der Nordhalbkugel der fast exakt über dem Nordpol im Sternbild des Kleinen Bären stehende Polarstern. Durch die fünffache Verlängerung der Distanz zwischen den Sternen Dubhe und Merak im Großen Bären kann der Polarstern gefunden werden.

POSITION DES POLARSTERNS

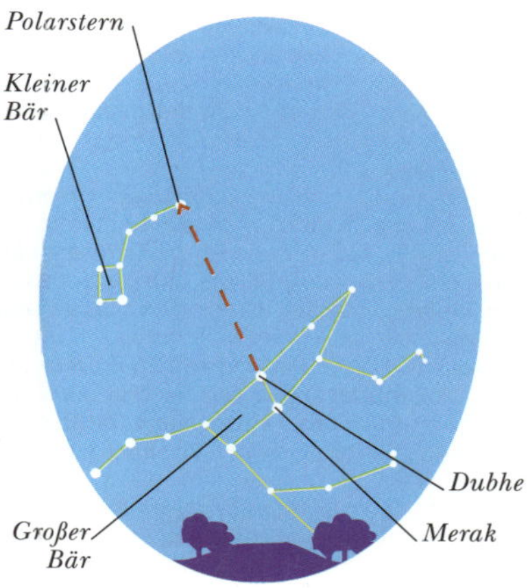


*policia* < spätlat. *politia* „Staatsverwaltung, Staatsverfassung" < grch. *politeia* „Bürgerrecht, Staatsverwaltung, Staatsverfassung"; zu *polites* „Stadtbürger, Staatsbürger"; zu *polis* „Stadt, Bürgerschaft, Staat"]

**Polizist** ⟨m. 16⟩ *Polizeibeamter*

**Polka** ⟨f. 10⟩ *Rundtanz im schnellen ²/₄-Takt u. Wechselschritt* [tschech., „poln. Tanz"]

POLLEN: POLLENKORN DER KIEFER

**Pollen** ⟨m. 4; Bot.⟩ ◄ *mikroskopisch kleine Körner aus den Staubbeuteln der Blütenpflanzen, aus denen die männlichen Geschlechtszellen hervorgehen;* Sy *Blütenstaub* [lat., „sehr feines Mehl, Staubmehl"; verwandt mit *Polenta, Pulver*]

**polnisch** ⟨Adj.⟩ *Polen betreffend, dazu gehörend, von dort stammend* ◆ polnische Sprache *zu den westslaw. Sprachen gehörende, in Polen gesprochene Sprache*

**Polo** ⟨n. 15; unz.; Sp.⟩ *dem Hockey ähnl. Ballspiel zu Pferde* [< engl. *polo* < ind. Baltispr. *polo* „Ball"]

**Polonaise** ⟨[-nɛː-]⟩, **Polonäse** ⟨f. 19⟩ *polnischer Schreittanz im ³/₄-Takt, meist zur Eröffnung des Tanzes* [< frz. *polonaise* „polnischer (Tanz)"]

**Polonium** ⟨n.; -s; unz.; Chem.; Zeichen: Po⟩ *radioaktives chem. Element, Ordnungszahl 84* [nach *Polonia,* dem lat. Namen für Polen, dem Heimatland von Marie Curie]

**Polster** ⟨n. 13 od. österr.: m. 3⟩ **1** *festes Kissen* **2** ► *mit weicher, aber fester Füllung, meist auch mit Sprungfedern sowie Stoffüberzug versehene Auflage für Stühle, Sessel, Sofas, Couches* **3** *Auflegematratze* **4** ⟨allg.⟩ *dicke, weiche Unterlage* ◆ sich od. jmdm. einen Mantel als Polster unter den Kopf legen; finanzielles Polster ⟨fig.⟩ *Rücklagen, Ersparnisse* [< ahd. *polstar, bolstar,* engl. *bolster* < germ. *bolhstra-;* verwandt mit *Ball, Ballen, Bolle*]

**polstern** ⟨V. t.; hat⟩ **1** *mit Polster versehen* **2** *mit weicher Unter- od. Auflage versehen* ◆ gepolsterter Stuhl, Sessel

**Polterabend** ⟨m. 1⟩ *Vorabend der Hochzeit, an dem nach altem Brauch vor der Tür Geschirr zerschlagen wird, dessen Scherben dem Brautpaar Glück bringen sollen*

**poltern** ⟨V. i.; hat⟩ **1** *mit dumpf krachendem Geräusch hinfallen* (von Sachen) **2** *mit dumpf krachendem Gräusch fahren od. gehen* **3** ⟨fig.⟩ *schimpfen, ohne es böse zu meinen* ◆ Steine, Kisten poltern vom Wagen auf die Straße [< spätmhd. *buldern, boldern*]

**Polwender** ⟨m. 3⟩ **1** = *Kollektor (1)* **2** = *Kollektor (2)*

**poly..., Poly...** ⟨in Zus.⟩ *viel..., Viel...* [< grch. *polys*]

**Polyacryl** ⟨n.; -s; unz.⟩ *synthetische Faser* [< *Poly...* + *Acryl*]

**Polyandrie** ⟨f. 19; unz.; bei einigen Naturvölkern⟩ *Ehegemeinschaft einer Frau mit mehreren Männern;* Sy *Vielmännerei;* Ggs *Polygynie* [< grch. *polys* „viel" + *aner,* Gen. *andros* „Mann"]

**Polyäthylen** ⟨n. 11; unz.; fachsprachl. Abk.: PE⟩ *durch Polymerisation von Äthylen hergestellter Kunststoff;* oV ⟨fachsprachl.⟩ *Polyethylen*

**Polychät** ⟨[-çɛːt] m. 16; Zool.⟩ *Angehöriger einer Klasse der Ringelwürmer mit seitl. Anhängen an den Körpersegmenten, auf denen Borstenbüschel, Fühler u. Kiemen sitzen: Polychaeta* [zu grch. *polychaites* „viele Haare besitzend"]

**polychrom** ⟨[-kroːm] Adj.⟩ *vielfarbig;* Ggs *monochrom* [< grch. *polys* „viel" + *chroma* „Farbe"]

**Polyeder** ⟨n. 13⟩ *von mehr als vier Flächen begrenzter Körper* [< grch. *polys* „viel" + *hedra* „Sitz, Fläche"]

**Polyester** ⟨m. 3⟩ *aus Säuren u. Alkoholen synthetisierter Kunststoff zur Herstellung von Chemiefasern, Harze u. Lacke*

**Polyethylen** ⟨n. 11; Abk.: PE; fachsprachl.⟩ = *Polyäthylen*

**Polyfonie** ⟨f. 19; unz.; Mus.⟩ = *Polyphonie*

**polygam** ⟨Adj.⟩ **1** *in Polygamie lebend* **2** *ein- und zweigeschlechtige Blüten tragend* **3** *mit mehreren Frauen gleichzeitig verheiratet;* Ggs *monogam*

**Polygamie** ⟨f. 19; unz.; bei Naturvölkern u. im Orient⟩ *Ehegemeinschaft mit mehreren Frauen gleichzeitig;* Sy *Vielweiberei (1);* Ggs *Monogamie* [< grch. *polys* „viel" + *gamein* „heiraten"]

**polyglott** ⟨Adj.⟩ **1** *vielsprachig* (Buchausgabe) **2** *viele Sprachen sprechend* [< grch. *polys* „viel" + *glotta* „Zunge"]

**Polyglotte I** ⟨m. 17⟩ *jmd., der viele Sprachen beherrscht* **II** ⟨f. 19⟩ **1** *mehrsprachiges Wörterbuch* **2** *Buch (bes. Bibel) mit Text in mehreren Sprachen*

**Polygon** ⟨n. 11⟩ *geometr. Figur mit mehr als drei Seiten;* Sy *Vieleck* [< *Poly...* + grch. *gonia* „Winkel"]

**Polygraf** ⟨m. 16⟩ = *Polygraph*

**polygrafisch** ⟨Adj.⟩ = *polygraphisch*

**Polygraph** ⟨m. 16⟩ oV *Polygraf* **1** ⟨Med.⟩ *Gerät zum Aufzeichnen von Herzschlag, Blutdruck, Atmung, Schweißabsonderung usw., um damit Erregungszustände festzustellen (auch als Lügendetektor verwendet)* **2** *Gerät zur gleichzeitigen Feststellung u. Aufzeichnung mehrerer Größen, Mehrfachschreiber* [< grch. *polys* „viel" + *graphein* „schreiben"]

**polygraphisch** ⟨Adj.⟩ *zur Polygraphie gehörend, auf ihr beruhend;* oV *polygrafisch*

**Polygynie** ⟨f. 19; unz.; im Orient⟩ *Ehegemeinschaft eines Mannes mit mehreren Frauen;* Sy *Vielweiberei (2);* Ggs *Polyandrie* [< grch. *polys* „viel" + *gyne* „Frau"]

**polymer** ⟨Adj.⟩ *durch Polymerisation entstanden, auf ihr beruhend;* Ggs *monomer* [< grch. *polys* „viel" + *meros* „Teil"]

**Polymer** ⟨n. 11⟩, **Polymere(s)** ⟨n. 31⟩ *natürliche od. synthetische makromolekulare Verbindung, die durch Polymerisation, Polykondensation od. Polyaddition gebildet wird*

**polynesisch** ⟨Adj.⟩ *Polynesien betreffend, dazu gehörend, von dort stammend* ◆ polynesische Sprachen *zu den ozean. Sprachen gehörende, in Polynesien gesprochene Sprachen, z. B. Hawaiisch, Tahitisch, Maori*

P

## POLSTER

Polster bestehen meistens aus einem Holzrahmen mit Stahlfedern und Drahtgeflechten, die in mehreren Schichten z. B. mit Rosshaar, Watte oder Schaumstoffen verkleidet werden, bis daraus eine bequeme Sitzgelegenheit entsteht. Der möglichst dauerhafte äußere Bezugsstoff wird vom Polsterer von Hand über die Polsterung gespannt.

SCHICHTUNG IN EINEM POLSTERSESSEL

**Polyp** ⟨m. 16⟩ **1** ⟨Med.⟩ ► *gestielte Geschwulst* **2** ⟨Zool.⟩ **2.1** ► = *Kopffüßer* **2.2** *auf einer Unterlage festsitzendes, einzelnes Nesseltier mit Tentakeln u. Mundöffnung* (Süßwasserpolyp) [< lat. *polypus* < grch. *polys* „viel" + *pous* „Fuß"]

**Polyphonie** ⟨f. 19; unz.; Mus.⟩ *Musik mit mehreren bis zu einem gewissen Grade selbständigen Stimmen;* oV *Polyfonie;* Ggs *Homophonie* [< grch. *polys* „viel" + *phone* „Stimme"]

**Polypropylen** ⟨n. 11; Abk.: PP⟩ *durch Polymerisation von Propylen hergestellter thermoplast. Kunststoff, der vielseitige Verwendung im Apparatebau sowie in der Verpackungs- u. Textilindustrie findet*

**Polysaccharid, Polysacharid** ⟨[-xa-] n. 11⟩ *Kohlenhydrat, das sich aus mehr als zehn einfachen Zuckermolekülen unter Bildung hochmolekularer Stoffe zusammensetzt, z. B. Stärke, Zellulose*

**Polysemie** ⟨f. 19; unz.; Gramm.⟩ *Mehrdeutigkeit* (von Wörtern); Ggs *Monosemie* [< grch. *polys* „viel" + *semasia* „Bezeichnung"]

**polytechnisch** ⟨Adj.⟩ *mehrere Zweige der Technik umfassend*

**Polytheismus** ⟨[-teis-] m.; -; unz.; Rel.⟩ *Glaube an mehrere Götter zugleich;* Sy *Vielgötterei;* Ggs *Monotheismus* [< grch. *polys* „viel" + *theos* „Gott"]

**Pomade** ⟨f. 19⟩ *wohlriechendes Fett zur Pflege des Haars u. der Lippen* [< frz. *pommade* < ital. *pomata* < vulgärlat. **pomata;* zu lat. *pomum* „Obstfrucht"]

**Pomander** ⟨m. 3⟩ *kleines, mit Löchern versehenes (kugeliges) Gefäß, das mit duftenden Kräutern o. Ä. gefüllt in Kleiderschränke gehängt wird* [< mfrz. *pome d'ambre* < mlat. *pomum de ambra* „Apfel, Kugel aus Ambra"]

**Pomeranze** ⟨f. 19; Bot.⟩ *Zitrusgewächs, dessen Fruchtschale als Gewürz verwendet wird: Citrus aurantium amara* ♦ Landpomeranze ⟨fig.; umg.⟩ *einfältiges Mädchen vom Land* [< mlat. und ital. *pomarancia* < ital. *pomo* „Apfel" < lat. *pomum* „Baumfrucht" + < ital. *arancia* < pers. *naräng* „bittere Apfelsine"; → *Orange*]

**Pommes frites** ⟨[pɔm 'frit] Pl.⟩ *roh in Öl od. Fett gebackene Kartoffelstäbchen* [frz., „Röstkartoffeln"; zu *frire* „braten, backen"]

**Pomp** ⟨m.; -s; unz.⟩ *Prunk, übertriebene Pracht, Schaugepränge* ♦ mit großem Pomp [< mhd. *pomp(e),* im 17. Jh. neu entlehnt < frz. *pompe,* beide: < lat. *pompa* < grch. *pompe* „Sendung, Geleit, festl. Aufzug"]

**Pompon** ⟨[pɔ̃'pɔ̃] m. 6⟩ ▲ *Quaste, Troddel* [frz.]

**pompös** ⟨Adj.⟩ *voller Pomp, überladen mit Prunk, mit übertriebenem Aufwand* ♦ ein pompöses Fest [< frz. *pompeux* „prunkhaft" < lat. *pomposus* „prächtig"; → *Pomp*]

**Poncho** ⟨[-tʃo] m. 6⟩ **1** *von den Indianern Mittel- u. Südamerikas getragener, viereckiger Überwurf mit einem Loch in der Mitte für den Kopf* **2** *weiter, mantelartiger Umhang für Frauen u. Mädchen* [span.]

**Pontifex** ⟨m.; -, -tifizes od. -tifices; im antiken Rom⟩ *Oberpriester* ♦ Pontifex maximus *(Titel des röm. Kaisers,* ⟨später⟩ *des Papstes)* [lat., „Priester, Oberpriester"; Herkunft umstritten; vielleicht < *pons,* Gen. *pontis* „Brücke" + *feci,* 1. Pers. Perf. von *facere* „machen", da die Pontifizes für die Instandhaltung der den Römern heiligen Brücke, des Pons Sublicius, zu sorgen hatten; zu *maximus:* lat., „der höchste"]

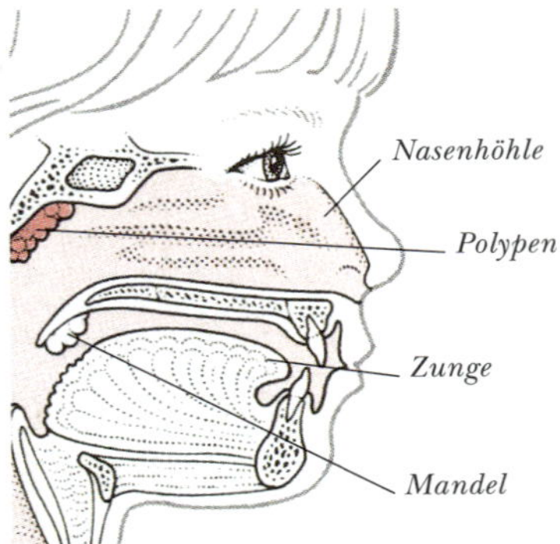


POLYPEN: LAGE DER POLYPEN IM MENSCHLICHEN KOPF

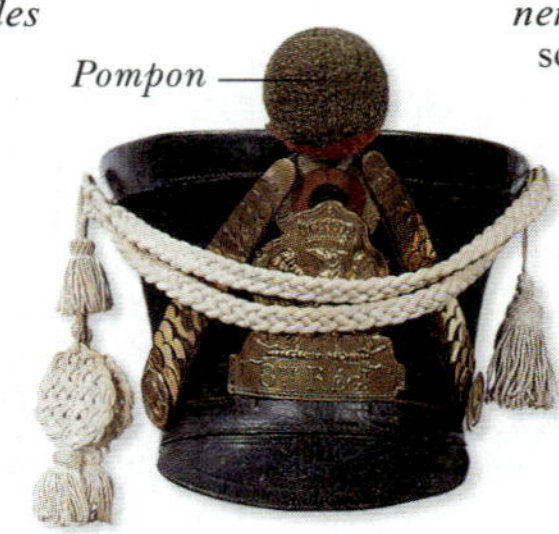


POMPON AUF DEM TSCHAKO EINES FRANZÖSISCHEN FÜSILIERS

**Pontifikat** ⟨n. 11⟩ *Amt, Amtszeit, Würde des Bischofs od. Papstes* [< lat. *pontificatus* „Oberpriesterwürde"; zu *pontifex* „Oberpriester"]

**Ponton** ⟨[pɔn'tɔŋ], [pɔ̃'tɔ̃] od. österr. [pɔn'to:n] m. 6⟩ **1** *breiter, flacher Kahn als Teil einer schwimmenden Brücke* **2** *geschlossener Schwimmkörper von Docks, Schwimmkränen u. a.* [frz., „Ponton, Brückenschiff"; zu *pont* „Brücke"]

**Pontonbrücke** ⟨[pɔntɔŋ-], [pɔ̃tɔ̃-] od. österr. [pɔnto:n-] f. 19⟩ *bewegliche, schwimmende Brücke aus Pontons od. anderen Schwimmkörpern;* Sy *Schiffbrücke*

**Pony 1** ⟨n. 15⟩ *Pferd, dessen Widerrist nicht höher als 1,50 m ist;* ► *Pferde* **2** ⟨m. 6; fig.⟩ *in die Stirn gekämmtes, glattes Haar* [engl.]

**Pool** ⟨[pu:l] m. 6⟩ **1** *Zusammenschluss von Firmen mit gemeinsamer Gewinnverteilung* **2** *Zusammenfassung von Beteiligungen am gleichen Objekt* **3** *Einsatz beim Spiel* [engl., „gemeinsame Kasse, gemeinsamer Fonds"]

**Poolbillard** ⟨['pu:lbiljard] n.; -; unz.⟩ ▼ *Billard, bei dem Kugeln in sechs mögliche Löcher gespielt werden* [< *Pool* + *Billard*]

**Pop** ⟨m. 6; unz.; Mus.; kurz für⟩ *Popmusik*

**Pop...** ⟨in Zus.⟩ *modern, auffallend, bes. Jugendliche ansprechend* [wahrscheinl. zu *pop* „zentraler Sperrpflock eines amerik. Spielautomaten" (der guten Gewinn bringt, wenn die Kugel daran stößt) od. zu engl. *pop* „Knall, Schlag"; verbunden mit *popular* „volkstümlich"]

**Popanz** ⟨m. 1⟩ **1** *Schreckgespenst* **2** *spaßige Figur, Strohpuppe* **3** ⟨fig.⟩ *willenloser, von anderen in seinen Handlungen abhängiger Mensch* [< ostmdt. *popenz* < tschech. *bubák* „Schreckgestalt"]

**Pop-Art** ⟨f.; -; unz.; Mal.⟩ ► *Richtung der modernen bildenden Kunst, die (zumeist alltägliche Gebrauchs-)Gegenstände durch Isolierung, Vergrößerung, Vervielfältigung, Montage usw. verfremdet u. als Kunstgegenstände vorstellt*

**Popcorn** ⟨n. 15; unz.⟩ = *Puffmais* [< engl. (amerik.) *pop* „Knall" + *corn* „Mais"]

**Pope** ⟨m. 17; Rel.⟩ *niederer Geistlicher der russ. und grch.-orthodoxen Kirche* [< russ. *pop* < ngrch. *papas* „Priester" < agrch. *pappas* „Vater"]

**Popmusik** ⟨f. 20; unz.; Mus.⟩ *dem Beat u. Rock verwandte, einem breiten Publikum zugängliche Musik;* Sy ⟨kurz⟩ *Pop* ♦ die Beatles haben Meilensteine in der Popmusik gesetzt [→ *Pop...*]

**populär** ⟨Adj.⟩ *volkstümlich, beim Volk beliebt* [< frz. *populaire* „volkstümlich" < lat. *popularis* „zum Volke gehörig, volkstümlich"; zu lat. *populus* „Volk"]

**populärwissenschaftlich** ⟨Adj.⟩ *wissenschaftlich, aber trotzdem allgemein verständlich* ♦ ein populärwissenschaftlicher Artikel

**Population** ⟨f. 20⟩ **1** *Bevölkerung* **2** ⟨Biol.⟩ *Gesamtheit der Angehörigen einer Art in einem bestimmten Gebiet* **3** ⟨Astron.⟩ *Gesamtheit der Sterne mit ähnlicher chemischer Zusammensetzung, räumlicher Stellung u. gleichem Alter* **4** ⟨Stat.⟩ *Klasse von zu untersuchenden Gegenständen* [frz., „Bevölkerung"; zu lat. *populus* „Volk"]

**Populist** ⟨m. 16; abwertend⟩ *politischer Führer, der (ohne ein festes Programm zu vertreten) seine Haltungen u. Forderungen opportunistisch nach den Ängsten u. Bedürfnissen breiter Bevölkerungsschichten ausrichtet, um sich beliebt zu machen u. sich die Unterstützung der Wähler zu sichern* [< lat. *populus* „Volk"]

## POOLBILLARD

Bei der beliebtesten Form des Poolbillards gilt es, eine weiße Kugel mittels eines Queues so gegen andere Kugeln zu stoßen, dass diese in am Rand des Billardtischs eingelassene Taschen fallen. Der eine Spieler zielt dabei nur auf die farbigen (Volle), der andere nur auf die gestreiften Kugeln (Halbe). Um zu gewinnen, muss nach dem Einlochen aller sieben Kugeln die achte, die schwarze Kugel, in der richtigen Tasche versenkt werden.

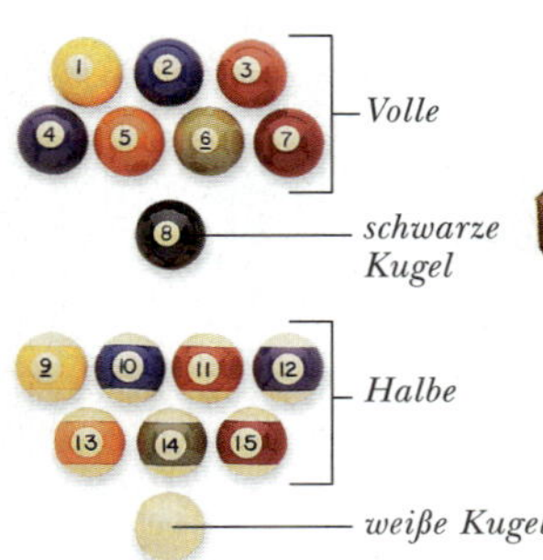


SPIELTISCH MIT KUGELN

**Pore** ⟨f. 19⟩ **1** *feines Loch, kleine Öffnung* **2** *Mündung der Schweißdrüsen in der Haut* [< grch. *poros* „Durchgang"]

**...porig** ⟨Adj.; in Zus.⟩ *mit einer bestimmten Art od. Zahl von Poren versehen,* z. B. großporig, kleinporig, dreiporig

**Pornografie** ⟨f. 19; unz.⟩ *primitive, die geschlechtl. Begierden reizende Darstellung der Geschlechtsteile od. sexueller Vorgänge in Wort u. Bild;* oV *Pornographie* [< grch. *porne* „Hure" + *graphein* „schreiben"]

**Pornographie** ⟨f. 19; unz.⟩ = *Pornografie*

**porös** ⟨Adj.; -er, am -esten⟩ *durchlässig (für Flüssigkeit und Luft), mit feinsten Löchern versehen* [< frz. *poreux* „porös, löcherig" → *Pore*]

**Porree** ⟨m. 6⟩ *winterharte Pflanze aus Südeuropa, deren zwiebelartiger Stamm als Gemüse genutzt wird: Allium porrum* [< westfrz. *porrée* (= frz. *porreau*) < vulgärlat. **porrata;* zu lat. *porrum* „Lauch"]

**Port I** ⟨m. 1; veraltet; noch poet.⟩ *Hafen* **II** ⟨m. 6; EDV⟩ ▼ *Ein- od. Ausgangsbuchse an einer elektr. Apparatur, insbesondere bei Computern, zur Verbindung mit externen Computern od. anderen Peripheriegeräten* [< lat. *porta* „Tor"]

**Portable** ⟨['pɔ:rtəbəl] m. 6⟩ **1** *tragbarer Fernsehapparat* **2** *tragbarer Computer im Aktentaschenformat* [engl., „tragbar"]

**Portal** ⟨n. 11⟩ *architektonisch verziertes Tor* (Kirchenportal) [< mlat. *portale* „Vorhalle"; zu lat. *porta* „Tor"]

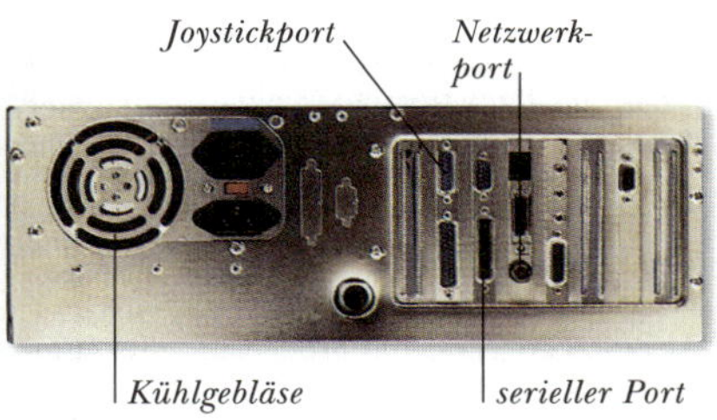


PORT: INPUT-/OUTPUTPORTS AUF DER RÜCKSEITE EINES COMPUTERS

**Portefeuille** ⟨[pɔrt'fø:j] n. 15⟩ **1** *Aktentasche* **2** ⟨Pol.⟩ *Geschäftsbereich (eines Ministers)* **3** *Bestand an Wertpapieren* ◆ Minister ohne Portefeuille *Minister ohne eigenen Amtsbereich* [frz., „Brieftasche" < *porter* „tragen" + *feuille* „Blatt"]

**Portemonnaie** ⟨[pɔrtmɔ'ne:] n. 15⟩ = *Portmonee*

**Porti** ⟨Pl. von⟩ *Porto*

**Portier** ⟨[-tje:] m. 6⟩ *Türsteher, Pförtner, Hauswart* [frz., „Hausmeister"; zu *porte* „Tür"]

**Portierloge** ⟨[pɔr'tje:lo:ʒə] f. 19⟩ *Dienstraum des Portiers (früher in Mietshäusern)*

**Portikus** ⟨m.; -, -; Arch.⟩ ▼ *Säulenvorbau (an Gebäuden)* [< lat. *porticus* „Säulengang, Halle"; zu *porta* „Tor"]

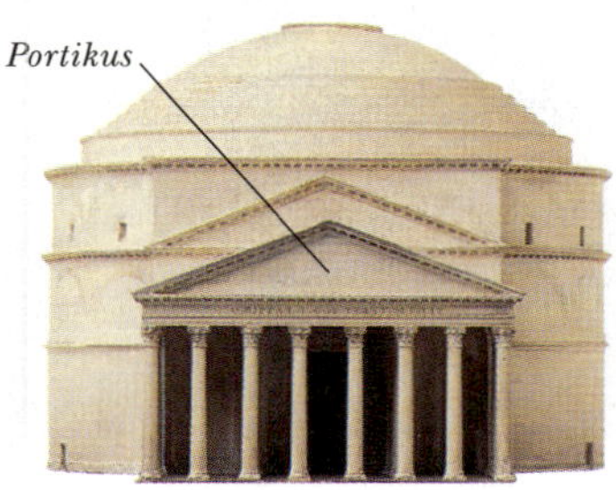


PORTIKUS MIT ACHT SÄULEN

## POP-ART

Den Begriff Pop-Art prägte der Kunstkritiker Lawrence Alloway in den fünfziger Jahren, um einen Kunststil zu bezeichnen, der populäre Bilder aus Werbung, Comicstrip, Film und Fernsehen verwandte. Dabei setzten Popkünstler Materialien und Techniken für figurative Zwecke ein, die abstrakte Maler und Actionpainter schon seit langem genutzt hatten. Zu den führenden Künstlern dieser Kunstrichtung zählen die Briten Peter Blake und Richard Hamilton sowie die US-Amerikaner Roy Lichtenstein und Andy Warhol.

*Marilyn* (1967), ANDY WARHOL

ZEITLEISTE

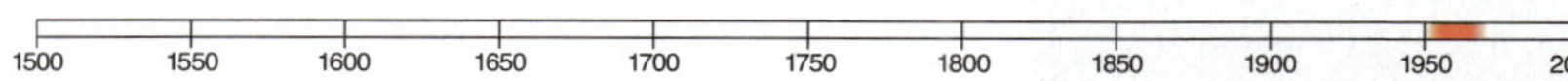


**Portion** ⟨f. 20⟩ *abgemessene Menge (bes. von Speisen) Ration, Anteil, Stück* ◆ eine Portion Eis, Gemüse, Kartoffeln; er besitzt eine tüchtige Portion Frechheit ⟨fig.; umg.⟩; sich noch eine Portion nehmen; er ist nur eine halbe Portion ⟨fig.; umg.⟩ *er ist sehr dünn, klein, schwächlich* [< lat. *portio,* Gen. *portionis* „Anteil"]

**Portmonee** ⟨n. 15⟩ = *Geldbeutel;* oV *Portemonnaie* [< frz. *portemonnaie* „Geldbörse" < *porter* „tragen" + *monnaie* „Münze, Kleingeld"]

**Porto** ⟨n.; -s, -s od. -Porti⟩ *Gebühr für das Befördern von Postsendungen* (Briefporto, Paketporto) [ital., „Porto, Fracht", eigtl. 1. Pers. Präs. zu *portare* „tragen"]

**portofrei** ⟨Adj.⟩ *ohne Porto*

**Portrait** ⟨[-trɛ:] od. [-tre:] n. 15⟩ = *Porträt* [frz.]

**Porträt** ⟨[-trɛ:] od. [-tre:] n. 15⟩ = *Bildnis;* oV *Portrait* [< frz. *portrait* „Porträt, Bildnis"]

**porträtieren** ⟨V. t.; hat⟩ jmdn. porträtieren *jmds. Bildnis malen*

**Portugiese** ⟨m. 17⟩ *Einwohner von Portugal*

**portugiesisch** ⟨Adj.⟩ *Portugal betreffend, dazu gehörend, von dort stammend* ◆ portugiesische Sprache *zu den westroman. Sprachen gehörende, in Portugal u. Brasilien gesprochene Sprache*

**Portulak** ⟨m. 1 od. m. 6; Bot.⟩ ▲ *Angehöriger der Gattung der Portulakgewächse mit fleischigen Blättern, die als Salat dienen: Portulaca;* Sy *Burzelkraut* [< lat. *portulaca*]

PORTULAK: GEWÖHNLICHER PORTULAK *(Portulaca oleracea)*

**Portwein** ⟨m. 1⟩ *dunkler, süßer portugiesischer Wein* [nach dem portugies. Ausfuhrhafen *Porto,* port. *Oporto*]

**Porzellan** ⟨n. 11⟩ **1** *dichtes, weißes, durchscheinendes keramisches Erzeugnis* **2** ⟨kurz für⟩ ► *Tafelgeschirr aus Porzellan* [< ital. *porcellana,* urspr. eine Art weißer Meeresmuschel]

PORZELLAN: PORZELLANTELLER

**Pos.** ⟨Abk. für⟩ *Position (7)*

**Posaune** ⟨f. 19; Mus.⟩ ►► *Blechblasinstrument mit zwei ineinander liegenden U-förmigen Rohren, von denen das eine (der Zug) verschoben werden kann;* ► *Blechblasinstrumente* ◆ die Posaunen des Jüngsten Gerichts ⟨sinnbildl.⟩ *Ankündigung des Jüngsten Gerichts* (nach 1. Korintherbrief 15,52); tönen wie die Posaunen von Jericho [< mhd. *busune* < afrz. *buisine* < lat. *bucina* „Jagdhorn, Signalhorn" < lat. *bos* „Rind" + *canere* „tönen, klingen", also: „aus einem Rinderhorn hergestelltes Toninstrument"]

**poschieren** ⟨V. t.; hat; Kochk.⟩ = *pochieren*

**Pose**[1] ⟨f. 19⟩ **1** *gekünstelte, gezierte Haltung* **2** ⟨Mal., bildende Kunst⟩ *Stellung, Haltung (einer Person)* ◆ eine Pose einnehmen; Figur in der Pose eines Schlafenden, Kämpfenden [frz., „das Legen, Setzen, Stellen"]

**Pose**[2] ⟨f. 19; nddt.⟩ *Federkiel* [< ahd. *phoso*]

**posieren** ⟨V. i.; hat⟩ **1** *eine Pose einnehmen und einhalten* **2** ⟨fig.⟩ *sich gekünstelt benehmen, sich wichtig machen* [< frz. *poser* „setzen, legen, stellen"]

**Position** ⟨f. 20⟩ **1** *Haltung, Stellung* **2** *berufl. Stellung* **3** *Stelle (einer Zahl)* **4** *Lage (einer Figur)* **5** *Standort (eines Schiffes od. Flugzeugs)* **6** ⟨Astron.⟩ *Ort (eines Gestirns), astronom. Ort* **7** ⟨Abk.: Pos.⟩ *Einzelposten (im Etat, Haushaltsplan, in einer Warenliste)* **8** *Bejahung;* Ggs *Negation (1)* ◆ die Position eines Schiffes ermitteln, in gesicherter, guter Position sein *in gesicherter, guter beruflicher Stellung* [< frz. *position* „Lage, Stellung" u. lat. *positio* „das Setzen, Stellen"; zu *ponere* „setzen, stellen"]

**positionieren** ⟨V. t.; hat⟩ **1** ⟨geh.⟩ *in eine bestimmte Position bringen* **2** ⟨fig.⟩ *in einen Zusammenhang bringen, ein-, zuordnen*

P

## POSITRON

Ein Positron, das u. a. beim radioaktiven Betazerfall produziert wird, ist das Antiteilchen des Elektrons. Die Grafik zeigt die Entstehung eines Positrons und eines Elektrons im Beschleuniger durch freiwerdende Energie und ihre gegenläufige, durch die entgegengesetzte Ladung bedingte, spiralförmige Bewegung.

SPUREN EINES POSITRONS UND EINES ELEKTRONS

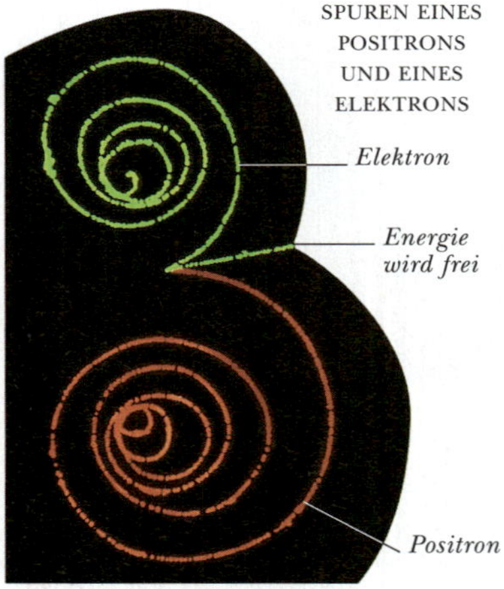


**positiv** ⟨Adj.⟩ Ggs *negativ* **1** *bejahend* **2** ⟨Math.⟩ *größer als null* **3** ⟨Philos.⟩ *wirklich, tatsächlich (vorhanden), gegeben* **4** ⟨umg.⟩ *bestimmt, gewiss* **5** ⟨Fot.⟩ *in den Farben bzw. der Helligkeit wie das Original* ◆ eine positive **Antwort** geben; positiver **Befund** *der Befund, dass sich in dem untersuchten Abstrich od. Gewebeteil Krankheitserreger befinden;* positive **Kritik,** positives Urteil ◆ sich positiv (zu einer Sache) **äußern** [< frz. *positif* „positiv, bejahend, sicher" u. spätlat. *positivus* „gesetzt, gegeben"; zu lat. *ponere* „setzen, stellen, legen"]

**Positiv** ⟨n. 15⟩ **1** ⟨Mus.⟩ *kleine Standorgel ohne Pedal mit Flötenstimmen* **2** ⟨Fot.⟩ *fotograf. Bild in der richtigen Wiedergabe der Seiten u. von Licht u. Schatten;* Ggs *Negativ*

**Positivismus** ⟨[-vis-] m.; -; unz.; Philos.⟩ *philosophische Lehre, die nur auf dem Gegebenen, Tatsächlichen, dem „Positiven", beruht u. metaphysische Erörterungen ablehnt*

**Positron** ⟨n.; -s, -en⟩ ▲ *leichtes Elementarteilchen mit elektr. positiver Ladung, Antiteilchen des Elektrons* [< *positiv* + *Elektron*]

**Positur** ⟨f. 20⟩ **1** *für eine bestimmte Situation gewählte Haltung* **2** ⟨umg.⟩ *Gestalt, Statur, Figur* ◆ sich in Positur setzen, stellen [< lat. *positura* „Stellung, Lage"; zu *ponere* „setzen, stellen, legen"]

**Posse** ⟨f. 19; Lit.⟩ *anspruchslose, derbe Komödie, in der die Komik meist durch Übertreibung erreicht wird* [< frühnhd. *bosse, posse* „Zierrat, Beiwerk an Kunstdenkmälern" < spätmhd. *possen* „Figur" < frz. *(ouvrage à) bosse* „erhabene Arbeit" < galloroman. **bottia* „Schwellung", zuerst „Scherzfiguren an öffentl. Brunnen"]

**Possessiv** ⟨n. 11⟩, **Possessivpronomen** ⟨n.; -s, - od. -mina; Gramm⟩, **Possessivum** ⟨[-vum] n.; -s, -va [-va]; Gramm.⟩ *besitzanzeigendes Fürwort,* z. B. mein, dein, unser, euer

**possierlich** ⟨Adj.⟩ *(klein u.) lustig, drollig* (bes. von Tieren) [→ *Posse*]

**Post** ⟨f.; -; unz.⟩ **1** *staatl. Einrichtung zur Beförderung von Briefen, Karten, Paketen, (kleinen) Gütern u. Personen, zur Übermittlung von Nachrichten sowie von Geld;* → a. *Deutsche Post AG* **2** *mit der Post beförderte Nachricht, Brief, Postkarte* ◆ Post **austragen;** Post **beantworten;** ich habe Post von ihm **bekommen;** die Post ist von 8 bis 18 Uhr **geöffnet** ◆ die **eingegangene,** heutige Post durchsehen ◆ einen Brief, ein Paket **auf** die Post bringen; einen Brief **mit** der Post schicken [< frühnhd. *post* < ital. *posta* < lat. *posita (mansio)* „festgesetzter Aufenthaltsort"]

**post..., Post...** ⟨in Zus.⟩ *nach..., Nach..., hinter..., Hinter...* [< lat. *post* „nach, hinter"]

**Postamt** ⟨n. 12u⟩ *Dienststelle der Post zur Abwicklung aller postalischen Geschäfte, zur Verwaltung, Abrechnung usw.*

**Postbote** ⟨m. 17; bes. süddt.⟩ = *Briefträger*

**post Christum (natum)** ⟨Abk.: p. Chr. (n.)⟩ *nach Christi Geburt* [lat.]

**Posten** ⟨m. 4⟩ **1** ⟨kurz für⟩ *Wachtposten* **2** *Anstellung, Stellung, Amt* **3** *Stelle, Ort, Platz (zu bestimmtem Zweck)* **4** *bestimmte Warenmenge (innerhalb einer größeren Menge verschiedenartiger Sachen)* **5** *Einzelziffer im Haushaltsplan* **6** *Einzelbetrag (in der Rechnung)* **7** *gebuchter Betrag* **8** *gröbste Sorte Schrot (6–8 mm Durchmesser)* ◆ ein Posten **Hemden,** Schürzen ◆ die Posten **ablösen;** Posten **aufstellen;** seinen Posten **verlieren** *entlassen werden* ◆ einen **guten,** sicheren, kleinen Posten haben ◆ **auf** dem Posten sein ⟨fig.⟩ *aufpassen; wohlauf, gesund sein;* nicht ganz bzw. wieder auf dem Posten sein ⟨fig.⟩ bleib auf deinem Posten!; auf verlorenem Posten stehen, kämpfen *an einer Stelle, die nicht gehalten werden kann;* ⟨fig.⟩ *für eine aussichtslose od. überholte Sache kämpfen* [< ital. *posto* < lat. *positus* „festgesetzt", Part. Perf. von *ponere* „setzen, stellen, legen"; in der Bedeutung „in Rechnung gebrachter Betrag" < ital. *posta* „bestimmter Geldbetrag, Spieleinsatz", eigtl. „die gesetzte (Summe)" < lat. *posita,* Part. Perf. Fem. von *ponere* „setzen, stellen, legen"]

POSTHORN DES 19. JH.

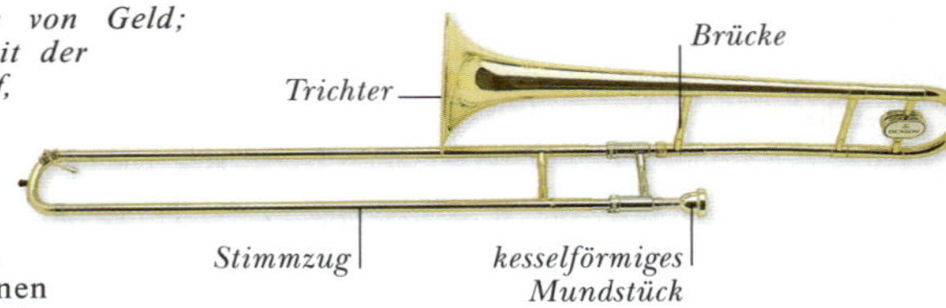


POSAUNE

**Poster** ⟨[po:s-] m. 3 od. n. 13⟩ *plakatives, großformatiges Bild* ◆ politisches Poster; Kunstposter [engl., „Plakat"]

**Postfach** ⟨n. 12u; Abk.; PF⟩ *verschließbares, im Postamt zu mietendes Fach für Briefe, die der Empfänger selbst abholt*

**Postgeheimnis** ⟨n. 11; unz.⟩ *Pflicht des Postbeamten zur Geheimhaltung dessen, was er beruflich erfährt;* → a. *Briefgeheimnis*

**Posthorn** ⟨n. 12u; früher⟩ ◄ *Signalhorn des Postillions (auch in der Kunstmusik verwendet)*

**Posthörnchen** ⟨n. 14; Zool.⟩ *gelber Wanderfalter mit schwarzer Randfärbung: Volias croceus;* Sy *Postillion (2)*

**posthum** ⟨Adj.; fälschl. für⟩ *postum*

**postieren** ⟨V. t.; hat⟩ jmdn. od. sich an eine od. an einer Stelle postieren *jmdn. od. sich an einer Stelle aufstellen* ◆ jmdn. (als Wache) vor die oder vor der Tür, vor ein od. einem Gebäude postieren [< frz. *poster* „aufstellen"; zu frz. *poste* „Stelle, Posten"]

**Postillion** ⟨m. 1⟩ **1** *Fahrer der Postkutsche* **2** ⟨Zool.⟩ = *Posthörnchen* [< frz. *postillon* < ital. *postiglione* „Postknecht"; zu ital. *posta* „Post"]

**Postimpressionismus** ⟨m.; -; unz.; Mal.⟩ ▼ *(ca. zwischen 1880 u. 1910 beherrschende) Stilrichtung der europäischen Malerei, für die das Streben nach verfestigter Bildform charakteristisch ist und die damit z. T. den Expressionismus vorbereitet hat;* Sy *Nachimpressionismus* [< *Post...* + *Impressionismus*]

## POSTIMPRESSIONISMUS

Der Begriff Postimpressionismus (auch Nachimpressionismus) wurde erstmals im Jahre 1910 von dem englischen Kunstkritiker Roger Fry in der Absicht verwendet, die verschiedenen Malstile zusammenzufassen, die von 1880 bis 1910 in Frankreich verbreitet waren. Heute wird er allgemein auf das Schaffen von Künstlern bezogen, die sich nach der impressionistischen Revolution um neue Ausdrucksformen bemühten. Einige der wichtigsten Vertreter dieser Zeit, die auf individuell unterschiedlichen Wegen den Impressionismus prägten, waren Paul Cézanne, Paul Gauguin, Georges Seurat und Vincent van Gogh.

*Die Italienerin* (1887), VINCENT VAN GOGH

ZEITLEISTE

P

POSTKUTSCHE: AMERIKANISCHE POSTKUTSCHE DES 19. JH.

**Postkarte** ⟨f. 19⟩ *Karte für (meist kurze) Mitteilungen zum Versand durch die Post*
**Postkasten** ⟨m. 4u⟩ = *Briefkasten (1)*
**postkommunistisch** ⟨Adj.⟩ *die Verhältnisse nach dem Zusammenbruch des Kommunismus in Osteuropa betreffend*
**Postkutsche** ⟨f. 19; früher⟩ ► *Kutsche zur Beförderung von Personen u. Briefen durch die Post*
**postlagernd** ⟨Adj.⟩ *zur Abholung an einem Postschalter bestimmt* ◆ postlagernde Briefe; einen Brief postlagernd schicken
**Postleitzahl** ⟨f. 20⟩ *(auf Postsendungen anzugebende) Kennzahl für einen Postort zur rascheren, bes. maschinellen Verteilung der Post*
**Postler** ⟨m. 3; umg.⟩ **1** *Postbeamter (bes. am Schalter)* **2** *Briefträger*
**Postludium** ⟨n.; -s, -dien; Mus.⟩ *Nachspiel (eines Klavierzyklus, als Orgelkomposition für den gottesdienstl. Gebrauch);* Ggs *Präludium (2)* [< *Post...* + *ludere* „spielen"]
**post meridiem** ⟨[-diəm] Abk.: p.m.⟩ *nachmittags* ◆ 6 Uhr p.m. [lat., „nach Mittag"]
**postmodern** ⟨Adj.⟩ *die Postmoderne betreffend, zu ihr gehörig*
**Postmoderne** ⟨f.; -; unz.⟩ ► *in den 1960er Jahren eingeführter Begriff der Kulturtheorie für Entwicklungen u. a. in Architektur, Kunst, Literatur u. Musik innerhalb einer, auf die Moderne folgende, Epoche, die durch Subjektivismus, Stilpluralismus u. spielerischen Umgang mit historischen Elementen gekennzeichnet ist* [< lat. *post* „nach" + *Moderne*]
**Postmolar** ⟨m. 16; Anat.⟩ *hinterer Backenzahn* [< lat. *post* „nach" + *Molar*]
**postmortal** ⟨Adj.; geh.⟩ *nach dem Tod (eintretend, geschehend)* [< lat. *post* „nach" + *mors*, Gen. *mortis* „Tod"]
**post mortem** *nach dem Tode (geschehend)* [lat., „nach dem Tode"]
**postnatal** ⟨Adj.⟩ *nach der Geburt (eintretend, geschehend);* Ggs *pränatal* [< lat. *post* „nach" + *natalis* „Geburtstag"]
**Postscript** ⟨[poust-] n.; -s; unz.⟩ *Programmiersprache zur Datenausgabe mit vielen grafischen Möglichkeiten, die eine systemunabhängige Übertragung von dem die Datei erstellenden System zu dem die Datei darstellenden System (z. B. Drucker) erlaubt*
**Postskript** ⟨n. 11⟩, **Postskriptum** ⟨n.; -s, -skripte od. -skripta; Abk.: PS⟩ *Nachschrift (in einem Brief, einer E-Mail)* [< lat. *post* „nach" + *scriptum* „das Geschriebene"]
**Poststempel** ⟨m. 5⟩ *Stempel der Post zum Entwerten der Briefmarke*
**Postulat** ⟨n. 11⟩ **1** *sittl. Forderung* **2** *Annahme, die unbeweisbar, aber glaubhaft ist* **3** *Probezeit beim Eintritt in einen kath. Orden* [< lat. *postulatum* „Forderung"; zu *postulare* „fordern"]
**postulieren** ⟨V. t.; hat⟩ etwas postulieren *fordern, ein Postulat über etwas aufstellen* [< lat. *postulare* „fordern"]
**postum** ⟨Adj.⟩ *nach dem Tode des Verfassers od. Komponisten erschienen od. herausgegeben, nachgelassen* [< lat. *postumus* „nachgeboren, zuletzt geboren"]
**postwendend** ⟨Adj.⟩ *mit der nächsten Post, augenblicklich, sofort, umgehend, so schnell wie möglich* ◆ postwendend antworten, schreiben, schicken
**Postwurfsendung** ⟨f. 20⟩ **1** *Sendung einer Massendrucksache (oft mit Sammelanschrift, z. B. „An alle Haushaltungen"), die mit der Post ausgetragen wird* **2** *Wurfsendung*
**potemkinsche Dörfer,** ⟨auch⟩ **Potemkin'sche Dörfer** ⟨russ. [pʌtjɔm-] Pl.⟩ *Vorspiegelungen, Blendwerk* [nach dem russ. Feldherrn u. Staatsmann G.A. *Potemkin,* Fürst Tawritscheski, 1739-1791, der in Südrussland zum Schein Dörfer errichten u. bevölkern ließ, um Katharina II. Wohlstand des Landes vorzutäuschen]
**potent** ⟨Adj.; -er, am -esten⟩ **1** ⟨allg.⟩ *leistungsfähig* **2** ⟨Med.⟩ *zeugungsfähig;* Ggs *impotent (2)* **3** *fähig zum Geschlechtsverkehr (vom Mann);* Ggs *impotent (1)* [< lat. *potens* „mächtig"; zu *potentatus* „Macht"]
**potential** ⟨Adj.⟩ = *potenzial*
**Potential** ⟨n. 11⟩ = *Potenzial*
**Potentialdifferenz** ⟨f. 20⟩ ► = *Potenzialdifferenz*
**Potentialgefälle** ⟨n. 13⟩ ► = *Potenzialgefälle*
**Potentialis** ⟨m.; -, -tiales [-le:s]; Gramm.⟩ *Aussageweise der Möglichkeit (eine der Funktionen des Konjunktivs)*
**potentiell** ⟨Adj.⟩ = *potenziell*
**Potentiometer** ⟨n. 13⟩ = *Potenziometer*
**Potenz** ⟨f. 20⟩ **I** ⟨unz.⟩ **1** *Leistungsfähigkeit* **2** *Zeugungsfähigkeit, Geschlechtsreife;* Ggs *Impotenz (2)* **3** *Fähigkeit, den Geschlechtsverkehr auszuüben* (vom Mann); Ggs *Impotenz (1)* **4** ⟨Homöopathie⟩ *Verdünnungsgrad (eines Arzneimittels)* **II** ⟨zählb.; Math.⟩ *Produkt mehrerer gleicher Faktoren* ◆ eine Zahl in die zweite, dritte Potenz erheben *zwei-, dreimal mit sich selbst multiplizieren* [< lat. *potentia* „Macht"]
**potenzial** ⟨Adj.⟩ oV *potential* **1** *eine Möglichkeit enthaltend, als Möglichkeit vorhanden* **2** *eine Möglichkeit ausdrückend* [< spätlat. *potentialis* „nach Vermögen"; zu lat. *potens* „mächtig"]
**Potenzial** ⟨n. 11⟩ oV *Potential* **1** *Leistungsfähigkeit* **2** *unterschwelliges Vorhandensein* **3** ⟨Phys.⟩ *Maß zur Beschreibung eines (Kraft-)Feldes* **4** *potentielle Energie*
**Potenzialdifferenz** ⟨f. 20⟩ oV *Potentialdifferenz;* Sy *Potenzialgefälle* **1** ⟨i. w. S.⟩ ►► *Unterschied der Werte der Potenziale an zwei verschiedenen Punkten* **2** ⟨i. e. S.⟩ *Spannung zwischen zwei elektr. geladenen Körpern*
**Potenzialgefälle** ⟨n. 13⟩ ► = *Potenzialdifferenz;* oV *Potentialgefälle*
**potenziell** ⟨Adj.⟩ *möglich, denkbar;* oV *potentiell* ◆ er ist der potenzielle Nachfolger des scheidenden Bundestrainers [< frz. *potentiel* „möglich" < lat. *potentialis;* → *potenzial*]
**potenzieren** ⟨V. t.; hat⟩ **1** *steigern, erhöhen* **2** ⟨Math.⟩ *in die Potenz erheben, mit sich selbst multiplizieren* **3** ⟨Homöopathie⟩ *verdünnen* (Arzneimittel)
**Potenziometer** ⟨n. 13; El.⟩ *aus mehreren Widerständen bestehende Anordnung zum Teilen einer Spannung;* oV *Potentiometer;* Sy *Spannungsteiler*
**Potpourri** ⟨[-pur-] n. 15⟩ **1** ⟨Mus.⟩ *aus verschiedenen, durch Übergänge verbundenen Melodien eines od. mehrerer Musikstücke zusammengesetztes Musikstück* **2** ⟨fig.⟩ *Kunter-*

P

## POSTMODERNE

„Postmoderne" ist ein kulturtheoretischer Begriff des späten 20. Jh., der in Bezug auf die Architektur eine Abwendung von der geometrischen Abstraktheit und Technikbezogenheit der „Moderne" bezeichnet. Postmoderne Architekten spielen mit Stilelementen vergangener Epochen und stellen diese oft in einen ironischen Zusammenhang.

Pumpstation (1989), LONDON, ENGLAND

ZEITLEISTE

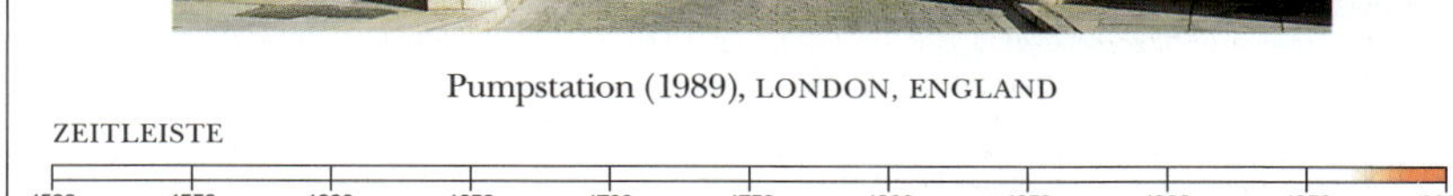

## POTENZIALDIFFERENZ

Nur wenn eine Spannung vorhanden ist, kann elektrischer Strom fließen. Die Potenzialdifferenz in einem Stromkreis führt dazu, dass sich Elektronen fortbewegen. Als Maß für die Spannung und die Potenzialdifferenz verwendet man das Volt.

DEMONSTRATION DER POTENZIALDIFFERENZ IN EINEM STROMKREIS

*buntes, Allerlei* [< frz. *potpourri,* Übersetzung von span. *olla podrida* „verfaulter Topf", dann „buntes Allerlei" im Sinne eines Eintopfgerichtes u. einer Melodienfolge]

**Pottasche** ⟨f. 19; unz.; Chem.⟩ = *Kaliumkarbonat* [< ndrl. *potasch* < *Pott* + *Asche*]

**Pottwal** ⟨m. 1; Zool.⟩ **1** ⟨i. w. S.⟩ *Angehöriger einer Familie der Zahnwale mit sehr großen Köpfen: Physeteridae* **2** ⟨i. e. S.⟩ ▼ *meist dunkelgrauer bis schwarzer Wal von 20-23 m Länge mit riesigem Kopf, bewohnt alle warmen Weltmeere und ernährt sich vorwiegend von Tintenfischen: Physeter catodon* [< *Pott* + *Wal;* (der große, blockartige Kopf wurde mit einem riesigen Topf verglichen)]

**Poularde** ⟨[pu-] f. 19⟩ *junges, vor der Geschlechtsreife geschlachtetes Masthuhn* [frz., „junges Masthuhn"; zu *poule* „Huhn"]

**Pound** ⟨[paund] n.; -s, - od. -s; Zeichen: lb; Plural: lbs⟩ *engl. Gewichtseinheit, 453,6 g*

**Pour le mérite** ⟨[pur lə me'rit] m.; - - -; unz.⟩ *1740 von Friedrich dem Großen gestifteter, hoher Verdienstorden (bis 1918, seit 1952 in der BRD wieder verliehen)* ◆ Friedensklasse des Pour le mérite *1842 von Friedrich Wilhelm IV. gestifteter Orden für Verdienste in Wissenschaft u. Kunst* [frz., „für das Verdienst"]

**Power** ⟨['pauə(r)] f.; -; unz.⟩ **1** *Leistung* **2** ⟨umg.⟩ *Energie, Kraft, Stärke* ◆ sie hat ganz schön Power [engl.]

**pp** ⟨Mus.; Abk. für ital.⟩ *pianissimo*

**PP** ⟨Chem.; Zeichen für⟩ *Polypropylen*

**PP.** ⟨Abk. für lat.⟩ *Patres*

**ppb** ⟨Chem.; Abk. für engl.⟩ *part per billion*

**ppm** ⟨Chem.; Abk. für engl.⟩ *part per million*

**PR** ⟨Abk. für engl.⟩ *Publicrelations*

**P + R** ⟨Abk. für engl.⟩ *park and ride (Parken und Fahren), Parken des Autos auf Parkplätzen am Stadtrand, von denen aus öffentl. Verkehrsmittel ins Stadtzentrum fahren (zur Entlastung der Innenstädte vom Autoverkehr)*

**prä..., Prä...** ⟨in Zus.⟩ *vor..., Vor...* [< lat. *prae...* „vor, vorher"]

**Präambel** ⟨f. 21⟩ *Einleitung (zu einer Urkunde, einem Staatsvertrag)* [< lat. *praeambulum* „Vorangehendes, Vorrede" < *prae* „vor" + *ambulare* „gehen"]

**Pracht** ⟨f.; -; unz.⟩ **1** *strahlende Schönheit, reicher, glänzender Aufwand* **2** *strahlender Glanz von Silber, Gold, Edelsteinen u. Farben, Prunk* ◆ es ist eine Pracht ⟨fig.⟩ *es ist herrlich;* große Pracht entfalten; kalte Pracht ⟨umg.⟩ *reich ausgestattete, aber unwohnl. Räume;* verschwenderische Pracht [< ahd. *praht* „Lärm"; vermutl. verwandt mit *brechen*]

**Prachtfink** ⟨m. 16; Zool.⟩ *Angehöriger einer Unterfamilie der Weberfinken: Estrildinae*

**prächtig** ⟨Adj.⟩ **1** *mit großer Pracht ausgestattet* **2** *vortrefflich* **3** *herrlich, großartig, prachtvoll* ◆ prächtige **Ausstattung** (von Räumen); prächtige **Gewänder;** prächtiges **Mahl** *üppiges, reichhaltiges Mahl;* ein prächtiger **Mensch** ⟨umg.⟩ *Mensch mit vielen guten Eigenschaften* ◆ der Festzug war prächtig **anzuschauen;** das hat er prächtig **gemacht** ⟨umg.⟩ *außerordentlich gut;* **sein:** das ist ja prächtig! ⟨umg.⟩ *fein, großartig*

**prädestinieren** ⟨V. t.; hat⟩ *vorausbestimmen (im Sinne der theologischen Prädestinationslehre)* ◆ zu etwas prädestiniert sein ⟨fig.; umg.⟩ *für etwas besonders gut geeignet, veranlagt sein* [< lat. *praedestinare* „im Voraus bestimmen"]

**Prädikat** ⟨n. 11⟩ **1** *Titel, Rangbezeichnung* (Adelsprädikat) **2** *Zensur, Bewertung, Beurteilung* **3** ⟨Logik⟩ *Ausdruck, der eine Aussage bildet* **4** ⟨Gramm.⟩ *Satzteil, der den Zustand od. die Tätigkeit des Subjekts angibt;* Sy *Satzaussage* ◆ mit dem Prädikat „sehr gut" bewerten [< lat. *praedicatum* „Rangbezeichnung"]

**Prädikativ** ⟨n. 11; Gramm.⟩ *Sinnteil des zusammengesetzten Prädikats in Form eines Substantivs, Adjektivs, Pronomens od. Zahlwortes*

**Prädikatswein** ⟨m. 1⟩ *ungezuckerter Wein mit einem Prädikat,* z. B. „Spätlese", „Auslese"

**Prädisposition** ⟨f. 20⟩ *Anlage, Empfänglichkeit (für eine Krankheit)* [< lat. *prae* „vor" + *Disposition*]

**Präfektur** ⟨f. 20⟩ *Amt, Bezirk, Wohnung eines Präfekten*

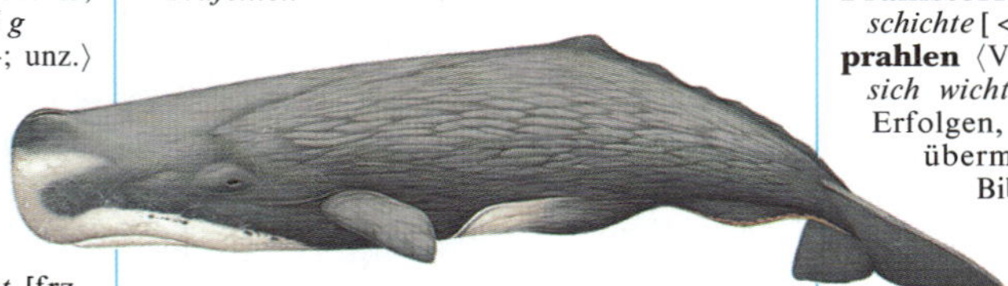

POTTWAL
*(Physeter catodon)*

**Präferenz** ⟨f. 20⟩ **1** *Vorrang, Vorzug* **2** ⟨Kart.⟩ *Trumpfkarte* ◆ in der Wahl ihres Urlaubslandes besitzt sie bestimmte Präferenzen [Neubildung zu lat. *praeferre* „vorziehen" + frz. *préférence* „Bevorzugung, Vorzug"]

**Präfix** ⟨n. 11; Sprachw.⟩ = *Vorsilbe* [< lat. *praefixum,* Part. Perf. von lat. *praefigere* „vorn anheften, vorstecken"]

**Präfixbildung** ⟨f. 20; Sprachw.⟩ *Art der Wortbildung (bei Verben und Adjektiven), bei der ein Affix vor den Wortstamm gesetzt wird,* z. B. „an-greifen", „in-aktiv"

**prägen** ⟨V. t.; hat⟩ **1** *durch Druck mit dem Prägestock od. -stempel mit einem Bild od. mit Schrift versehen* **2** ⟨fig.⟩ *beeinflussen, gestalten, mit einem bestimmten Gepräge, einer bestimmten Eigenart versehen* ◆ geprägt werden ⟨Verhaltensforschung⟩ *in einer bestimmten Entwicklungsphase sich ausbilden;* Leder, Pappe, Metall prägen; Münzen prägen; ein Wort prägen *einen Ausdruck formulieren, der von da an häufig von anderen benutzt wird;* geprägte Pappe, geprägtes Leder [< ahd. *prahhen, brahhen* „brechen machen, gebrochene Arbeit hervorbringen" → *brechen*]

PRÄGUNG: GOLDPRÄGUNG AUF EINEM BUCHRÜCKEN

**Prägestempel** ⟨m. 5⟩ *Stempel, auf dem ein Bild od. eine Schrift erhaben od. vertieft eingearbeitet ist, zum Prägen von Metall, Leder, Pappe u. Ä.*

**Pragmatik** ⟨f. 20⟩ **1** ⟨geh.⟩ *Orientierung auf das Nützliche* **2** ⟨Sprachw.⟩ *derjenige Aspekt der Semiotik, der die Beziehungen zwischen den Zeichen u. den Menschen, die die Zeichen vereinbaren u. anwenden, betrifft* **3** ⟨österr.⟩ *Ordnung des Staatsdienstes* [< grch. *pragmatike (techne)* „Kunst, richtig zu handeln"]

**pragmatisch** ⟨Adj.⟩ **1** ⟨Philos.⟩ *im Sinne des Pragmatismus* **2** ⟨Sprachw.⟩ *zur Pragmatik gehörend, auf ihr beruhend* **3** ⟨allg.⟩ *sachlich, den Tatsachen, Erfahrungen, der Praxis des Lebens entsprechend, dem prakt. Nutzen dienend* ◆ pragmatische Geschichtsschreibung *Geschichtsschreibung die die Ursachen u. Wirkungen von histor. Ereignissen erforscht u. daraus Lehren zu ziehen sucht* [< grch. *pragmatikos;* zu grch. *pragma* „das Handeln"]

**Pragmatismus** ⟨m.; -; unz.; Philos.⟩ *Lehre, nach der sich das Wesen des Menschen in seinem Handeln ausdrückt u. nach der Handeln u. Denken dem prakt. Leben dienen sollen*

**prägnant** ⟨Adj.; -er, am -esten⟩ *genau, kurz u. treffend* ◆ prägnante Ausdrucksweise; einen Sachverhalt prägnant ausdrücken, bezeichnen [< lat. *praegnans* „schwanger, trächtig, voll, strotzend"]

**Prägung** ⟨f. 20⟩ **1** *das Prägen* **2** ▲ *erhaben od. vertieft in die Oberfläche eines geeigneten Materials (z. B. Papier, Leder, Metall) eingeprägtes Bild, Muster o. Ä.* **3** *Gepräge, Eigenart* ◆ er ist ein Mensch von (ganz) eigener Prägung

**Prähistorie** ⟨[-riə] f. 19; unz.⟩ = *Vorgeschichte* [< lat. *prae* „vor" + *Historie*]

**prahlen** ⟨V. i.; hat⟩ *sich einer Sache rühmen, sich wichtig machen, großtun* ◆ mit seinen Erfolgen, seinem Können prahlen; gerne, übermäßig prahlen [zuerst in Luthers Bibelübersetzung; vermutl. verwandt mit *prallen, prellen*]

**Präjudiz** ⟨n. 11⟩ **1** *Vorentscheidung* **2** ⟨Rechtsw.⟩ *für spätere Rechtsfälle maßgebende richterliche Entscheidung* [< lat. *praeiudicium* „Vorentscheidung" < *prae* „vor" + *iudicare* „urteilen"]

**Präkambrium** ⟨n.; -s; unz.⟩ *Zeitraum vor dem Kambrium, umfasst Archaikum, Alt- u. Jungalgonkium* [< lat. *prae* „vor" + *Kambrium*]

**Praktik** ⟨f. 20⟩ **1** *Ausübung (einer Tätigkeit), Handhabung (eines Werkzeugs), Verfahren* **2** ⟨fig.⟩ *Kunstgriff, Kniff* **3** ⟨15./17. Jh.⟩ *Anhang an den Kalender mit Bauernregeln* ◆ dunkle Praktiken *Machenschaften* [< mlat. *practica* < grch. *praktike (techne)* „Lehre vom Tun u. Handeln"]

**Praktika** ⟨Pl. von⟩ *Praktikum*

P

**praktikabel** ⟨Adj.⟩ **1** *brauchbar, benutzbar, zweckmäßig* **2** *anwendbar, durchführbar* ◆ praktikable Vorschläge [< mlat. *practicabilis* „tunlich, ausführbar"; → *Praktik*]

**Praktikant** ⟨m. 16⟩ *jmd., der in der prakt. Ausbildung, im Praktikum, steht* ◆ als Praktikant Einblicke in alle Unternehmensbereiche erhalten [< mlat. *practicans,* Part. Präs. von *practicare* „eine Tätigkeit ausüben"; → *Praktik*]

**Praktiker** ⟨m. 3⟩ *praktisch veranlagter Mensch, Mann mit praktischer Erfahrung;* Ggs *Theoretiker (2)* [< mlat. *practicus* „tätig" < grch. *praktikos* „tätig, auf das Handeln gerichtet, tauglich"]

**Praktikum** ⟨n.; -s, -tika⟩ **1** *Übungen, Kurs zur praktischen Anwendung des in der Vorlesung Erlernten* **2** *zeitlich zusammenhängende Ausbildung in der praktischen Arbeit als Teil der Gesamtausbildung* **3** *zeitlich befristete Tätigkeit in einer Behörde od. einem Betrieb mit Ausrichtung auf ein später eventuell angestrebtes Berufsziel* ◆ ein Praktikum absolvieren; halbjähriges, zweimonatiges Praktikum [Neubildung zu *Praktik*]

**praktisch** ⟨Adj.⟩ **1** *auf Praxis beruhend, in der Praxis, in Wirklichkeit, tatsächlich;* Ggs *theoretisch* **2** *zweckmäßig, gut zu handhaben* (Werkzeug, Gegenstand, Verfahren) **3** *geschickt, findig* (Person) ◆ praktischer Arzt ⟨Med.; nur noch umg.⟩ *Arzt für Allgemeinmedizin;* Ggs *Facharzt;* eine praktische Einrichtung; praktisches Jahr *Praktikum von einem Jahr Dauer* [< mlat. *practicus* < grch. *praktikos* „tätig, auf das Handeln gerichtet, tunlich, tauglich"]

**praktizieren** ⟨V.; hat⟩ **I** ⟨V. t.⟩ *in die Praxis umsetzen, in der Praxis anwenden, durchführen, ausführen* ◆ etwas an eine Stelle praktizieren ⟨umg.⟩ *geschickt an eine Stelle bringen* **II** ⟨V. i.⟩ *als Arzt tätig sein* ◆ Dr. Schmidt praktiziert ab 1.10. wieder; praktizierender Arzt *in der Praxis tätiger Arzt;* Sy *ausübender Arzt* [< mlat. *practicare* „eine Tätigkeit ausüben"; → *Praktik*]

**Prälat** ⟨m. 16; Titel für⟩ **1** *katholischer geistlicher Würdenträger, z. B. Bischof, Abt, mit besonderen Befugnissen* **2** *leitender evang. Geistlicher in einigen süddt. Landeskirchen* [< mlat. *praelatus* „höherer geistl. Würdenträger"]

**Prälatur** ⟨f. 20⟩ *Amt, Wohnung eines Prälaten*

**Praline** ⟨f. 19⟩ *kleines Stück Konfekt mit Schokoladenüberzug u. Füllung aus Marzipan, Nougat, Creme, Likör, Weinbrand, Krokant od. Früchten;* oV ⟨österr.; schweiz.⟩ *Praliné,* ⟨österr.⟩ *Pralinee* [frz., „gebrannte Mandel", nach dem frz. Marschall du *Plessis-Praslin* († 1675), dessen Koch diese Süßigkeit angeblich erfand]

**Praliné** ⟨n. 15; veraltet; noch österr., schweiz.⟩, **Pralinee** ⟨n. 15; österr.⟩ = *Praline* [französisierende Bildung zu *Praline*]

**prall** ⟨Adj.⟩ **1** *ganz gefüllt* (Beutel, Sack) **2** *straff gespannt u. gewölbt* (Segel) **3** ⟨umg.⟩ *dick, fest u. rund* (Arme, Waden) ◆ in der prallen Sonne *in der heißen Sonne, ohne Schatten;* die Hose liegt prall an; der Sack ist prall gefüllt ⟨verstärkend⟩ [nddt.; → *prallen*]

**prallen** ⟨V. i.; ist⟩ *heftig stoßen (an, gegen), heftig aufschlagen (auf) und zurückgeworfen werden* ◆ er rannte um die Ecke und prallte gegen eine Frau; der Ball prallte gegen die Mauer [< mhd. *prellen* (Prät. *pralte*); verwandt mit *prahlen, prellen*]

**prallvoll** ⟨Adj.; umg.⟩ *ganz voll*

PRÄRIEHUND:
SCHWARZSCHWANZPRÄRIEHUND
*(Cynomys ludovicianus)*

## PRÄRAFFAELITEN

Die Präraffaeliten schlossen sich, verbunden durch ihre Ablehnung des im frühen 19. Jh. dominierenden klassizistischen Stils und der formalen akademischen Malweise, im Jahre 1848 in London zusammen. Ihre wichtigsten Mitglieder waren Holman Hunt, John Everett Millais und Dante Gabriel Rossetti. Trotz individueller Unterschiede entwickelte die Gruppe, die ihre Inspirationen aus vergangenen Epochen bezog und sich vor allem religiösen, historischen und literarischen Themen widmete, gemeinsame Stilelemente, was zu einem gewichtigen Teil darauf zurückzuführen ist, dass alle Künstler direkt in der Natur malten und historische Darstellungstreue anstrebten.

*Horatio entdeckt Ophelias Wahnsinn* (1864),
DANTE GABRIEL ROSSETTI

ZEITLEISTE

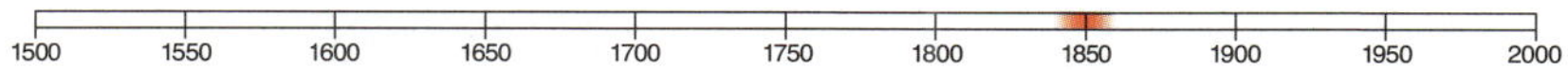


**Präludium** ⟨n.; -s, -dien⟩ **1** ⟨allg.⟩ *Vorspiel* **2** ⟨Mus.⟩ *frei gestaltetes, einleitendes Musikstück;* Ggs *Postludium* **3** ⟨fig.⟩ *einem Vorgang od. Ereignis vorausgehender Vorgang* [zu lat. *praeludere* „vorspielen, ein Vorspiel machen"]

**Prämie** ⟨[-miə] f. 19⟩ **1** *Preis, Belohnung für gute Leistung* (Buchprämie, Geldprämie) **2** *Betrag, den der Versicherte der Versicherung regelmäßig zu zahlen hat* (Versicherungsprämie) [< lat. *praemium* „Belohnung, Preis"]

**prämieren, prämiieren** ⟨V. t.; hat⟩ *mit einer Prämie belohnen* [< spätlat. *praemiare* „belohnen"; zu lat. *praemium* „Belohnung"]

**Prämisse** ⟨f. 19; Logik⟩ *Vordersatz, Voraussetzung (eines Schlusses)* [< lat. *(propositio) praemissa* „vorausgeschickter (Satz)"]

**Prämolar** ⟨m. 23; Anat.⟩ ► = *Vorderbackenzahn* [< lat. *prae* „vor" + *Molar*]

**Prämonstratenser I** ⟨m. 3⟩ *Angehöriger des Ordens der Prämonstratenser* **II** ⟨m. 3⟩ *1120 vom hl. Norbert gestifteter Orden, der in Deutschland bes. in der Christianisierung der Ostgebiete wirkte* [nach dem frz. Ort *Prémontré* < frz. *pré montré* < lat. *pratum monstratum* „gezeigte Wiese"; nach der Legende wurde dem hl. Norbert 1120 dort von Gott ein Wiesental zur Ordensgründung gezeigt]

**pränatal** ⟨Adj.⟩ *vor der Geburt (eintretend, geschehend);* Ggs *postnatal* [< lat. *prae* „vor, vorher" + *natalis* „Geburtstag"]

**prangen** ⟨V. i.; hat⟩ **1** *glänzen, leuchten* **2** *auffällig angebracht sein* **3** ⟨Mar.⟩ *(im Notfall) mehr Segel als gewöhnlich führen* [< mhd. *prangen, brangen* „prahlen, großtun, sich zieren", dann „mit Prunk auftreten"; in der seemannssprachl. Bedeutung eigtl. *pfrengen* < mhd. *phrengen* „pressen, drängen"]

**Pranger** ⟨m. 3; früher⟩ *Pfahl auf einem öffentl. Platz, an dem Übeltäter (bes. Frauen) zu ihrer Schande eine Zeitlang angebunden stehen mussten* ◆ jmdn. an den Pranger stellen ⟨fig.⟩ *der öffentlichen Schande preisgeben* [< mhd. *pranger;* zu mnddt. *prangen* „drücken, pressen, klemmen"]

**Pranke** ⟨f. 19⟩ **1** ⟨Zool.⟩ *Tatze (großer Raubtiere)* **2** ⟨umg.; scherzh.⟩ *große, starke Hand* [< mhd. *pranke* < spätlat. *branca* „Pfote", gall. Ursprungs]

**Präparat** ⟨n. 11⟩ **1** *etwas kunstgerecht Vor-, Zubereitetes, z. B. Arzneimittel* **2** *zu Lehrzwecken getrocknete Pflanze od. ausgestopftes Tier* **3** *zum Mikroskopieren vorbereiteter Gewebsschnitt* [< lat. *praeparatum* „das Vor-, Zubereitete", Neutr. des Part. Perf. von *praeparare* „vor-, zubereiten"]

**präparieren** ⟨V. t.; hat⟩ **1** *zur Aufbewahrung dauerhaft machen* (Pflanze, Tier) **2** *zerlegen, um daran zu lernen* (menschl., tier. od. pflanzl. Körper) ◆ sich präparieren *sich auf den Unterricht vorbereiten;* ein fremdsprachiges Lesestück präparieren *vorbereitend lesen u. übersetzen* [< lat. *praeparare* „vor-, zubereiten"]

**Präposition** ⟨f. 20; Gramm.⟩ *Wort, das ein räumliches, zeitliches oder logisches Verhältnis zwischen Personen, Sachen, Begriffen usw. ausdrückt,* z. B. „auf", „während", „zwischen" [< lat. *praepositio* „Voransetzung"; zu *praeponere* „voranstellen"]

**Präpositionalobjekt** ⟨n. 11; Gramm.⟩ *Objekt, das durch eine Präposition mit einem Verb verbunden ist und dessen Kasus von der Präposition bestimmt wird, z. B. „an dich" in dem Satz „wir denken oft an dich" (an wen?)*

**Präraffaelit** ⟨m. 16; Mal.⟩ ▲ *Angehöriger einer von D.G. Rossetti gegründeten Vereinigung engl. Maler, die der Kunst einen neuen Gehalt im Sinne der Vorläufer Raffaels zu geben suchten* [nach dem ital. Maler u. Baumeister *Raffaello* Santi, 1483-1520]

**Prärie** ⟨f. 19⟩ *nordamerikanische Grassteppe östlich des Felsengebirges* [< frz. *prairie* „Wiese"]

**Präriehund** ⟨m. 1; Zool.⟩ ◄ *Angehöriger einer Gattung von Nagetieren aus der Verwandtschaft der Eichhörnchen, geselliger Erdhöhlenbewohner mit bellender Stimme: Cynomys*

**Präriewolf** ⟨m. 1u; Zool.⟩ = *Kojote*

**Präsens** ⟨n.; -; unz.; Gramm.⟩ *Zeitform des Verbs, die ein gegenwärtiges od. unbestimmtes Geschehen bezeichnet,* z. B. ich „gehe"; Sy *Gegenwart (3), Gegenwartsform* ◆ Präsens historicum *historisches Präsens, das zur Schilderung eines vergangenen Geschehens*

P

*verwendet wird, um eine lebendigere Darstellung zu erreichen* [< lat. *(tempus) praesens* „gegenwärtige (Zeit)"]

**präsent** ⟨Adj.⟩ *anwesend, gegenwärtig* ♦ etwas präsent haben *etwas gegenwärtig, vorbereitet, im Gedächtnis haben* [< lat. *praesens* „gegenwärtig"]

**Präsent** ⟨n. 11⟩ *Geschenk, kleine Aufmerksamkeit* [< frz. *présent* „Geschenk"; zu *présenter* „darbieten, vorstellen" < spätlat. *praesentare* „gegenwärtig machen, zeigen"]

**Präsentation** ⟨f. 20⟩ **1** *das Präsentieren* **2** *Darbietung, Vorstellung, Zurschaustellung* **3** *Vorschlag (für ein Amt)* ♦ die Präsentation einer neuen Luxuslimousine [< spätlat. *praesentatio* „Vorzeigung"; zu *praesentare* „gegenwärtig machen, zeigen"]

**präsentieren** ⟨V. t.; hat⟩ *darreichen, darbieten, vorlegen* ♦ das Gewehr präsentieren *das Gewehr senkrecht vor den Körper halten (als militärische Ehrenbezeigung);* präsentiert das Gewehr! *(militärisches Kommando);* jmdm. die Rechnung präsentieren *zur Bezahlung vorlegen;* ⟨fig.⟩ *Vergeltung üben;* jmdm. einen Wechsel präsentieren ⟨Bankw.⟩ *zur Einlösung vorlegen* [< spätlat. *praesentare* „gegenwärtig machen, zeigen"; zu *praesens* „gegenwärtig"]

**Präsenz** ⟨f. 20; unz.⟩ **1** *Anwesenheit* **2** *Anzahl der Anwesenden* [< lat. *praesentia* „Gegenwart"]

**Präsenzbibliothek** ⟨f. 20⟩ *Bibliothek, deren Bücher nicht ausgeliehen werden, sondern nur im Lesesaal benutzt werden dürfen*

**Präservativ** ⟨[-va-] n. 11⟩ = *Kondom* [→ *präservieren*]

**präservieren** ⟨[-viː-] V. t.; hat⟩ **1** *schützen, bewahren (vor)* **2** *haltbar machen* [< neulat. *praeservare* < *prae* „vorher" + *servare* „retten, bewahren"]

**Präses** ⟨m.; -, Präsides od. Präsiden⟩ **1** ⟨kath. Kirche⟩ *Vorstand (eines kirchl. Vereins)* **2** ⟨ev. Kirche⟩ **2.1** *Vorsitzender (einer Landessynode)* **2.2** ⟨Rheinland/Westfalen⟩ *Vorsitzender (der Kirchenleitung)* [< lat. *praeses,* Gen. *praesidis* „vor etwas sitzend, leitend; Vorsteher"; zu lat. *sedere* „sitzen"]

**Präsident** ⟨m. 16⟩ **1** *Vorsitzender (einer Versammlung)* **2** *Leiter (einer Behörde, eines Vereins)* **3** *republikan. Staatsoberhaupt* (Bundespräsident, Staatspräsident) [< lat. *praesidens,* Part. Präs. von *praesidere* „voransitzen, vorsitzen, leiten"; zu *sedere* „sitzen"]

**Präsidentin** ⟨f. 22⟩ *weibl. Präsident*

**präsidial..., Präsidial...** ⟨in Zus.⟩ *zum Präsidenten, zum Präsidium gehörend, auf ihm beruhend* [< lat. *praesidialis* „den Vorsitzer betreffend"; zu lat. *praeses,* Gen. *praesidis* „Vorsitzer, Vorsteher"]

**Präsidium** ⟨n.; -s, -dien⟩ **1** *Vorsitz, Leitung* **2** *Amtsgebäude eines Polizeipräsidenten* (Polizeipräsidium) [< lat. *praesidium* „Vorsitz"; zu *sedere* „sitzen"]

**prasseln** ⟨V. i.; ist/hat⟩ *mit knatterndem Geräusch fallen, aufschlagen* ♦ der Regen prasselt aufs Dach; Steine sind gegen das Fenster geprasselt; Feuer prasselt im Ofen *brennt knisternd u. lichterloh* [< mhd. *brasteln,* Intensivbildung zu *brasten* < ahd. *braston* „krachen, dröhnen"; → *bersten*]

**prassen** ⟨V. i.; hat⟩ *schwelgen, in Saus u. Braus leben, Geld verschwenden* ♦ er prasste mit seinem Geld [< mnddt. *brassen,* urspr. „lärmen", dann „üppig leben"]

**prätentiös** ⟨Adj.; geh.⟩ *anspruchsvoll, anmaßend* [< frz. *prétentieux* „anspruchsvoll, anmaßend"]

**Präteritum** ⟨n.; -s, -rita; Gramm.⟩ **1** ⟨i. w. S.⟩ *Zeitform des Verbs, Vergangenheit* **2** ⟨i. e. S.⟩ *Imperfekt* [< lat. *(tempus) praeteritum* „vorübergegangene (Zeit)"]

## PRÄZESSION

Die Erdachse ist immer um 23°27' geneigt, doch ihre Ausrichtung im Raum ändert sich fortwährend. Etwa alle 25 800 Jahre beschreibt die Erdachse einen vollständigen Präzessionskegel.

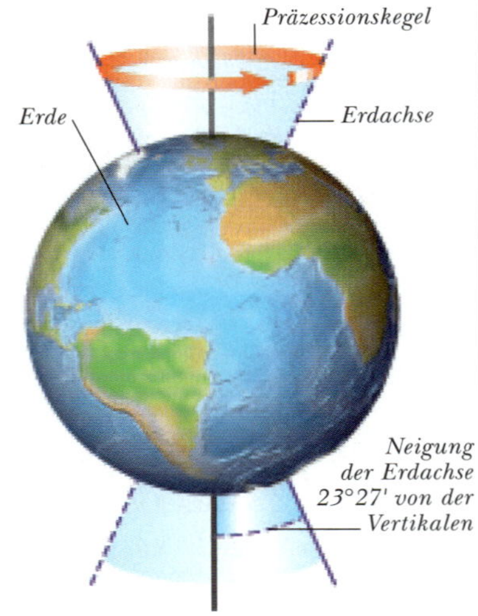


PRÄZESSION DER ERDE

**Prätor** ⟨m. 23; im antiken Rom⟩ *Justizbeamter, höchster Beamter nach den Konsuln* [< lat. *praetor* „Anführer, Prätor, Statthalter"]

**Prävention** ⟨[-vεn-] f. 20⟩ **1** *Zuvorkommen (z. B. mit einer Rechtshandlung)* **2** *Vorbeugung, Abschreckung* [Neubildung zu *prävenieren,* nach frz. *prévention* „Vorbeugung"]

**präventiv** ⟨[-vεn-] Adj.⟩ *vorbeugend* [Neubildung zu *prävenieren, Prävention,* nach frz. *préventif* „vorbeugend"]

**Präverb** ⟨[-vεrb] n.; -s, -ien; Gramm.⟩ *Bestandteil eines zusammengesetzten Verbs, der nur im Infinitiv, im Partizip u. im Nebensatz bei Endstellung des Verbs nicht abgetrennt wird,* z. B. „herunter"-laufen, „umher"-irren, „vorüber"-gehen [< *Prä...* + *Verb*]

**Praxis** ⟨f.; -, Praxen⟩ **I** ⟨unz.⟩ **1** *Ausübung, prakt. Anwendung;* Ggs *Theorie (1)* **2** *Berufsausübung, Berufserfahrung* ♦ sich eine gewisse Praxis aneignen; er besitzt eine langjährige, noch keine Praxis; eine Idee in die Praxis umsetzen **II** ⟨zählb.⟩ *Räume für die Berufsausübung (bes. der Ärzte u. Rechtsanwälte),* z. B. Arztpraxis, Rechtsanwaltspraxis ♦ eine ärztliche Praxis aufmachen *sich als Arzt niederlassen* [< grch. *praxis* „Tätigkeit, Geschäft, Unternehmen"]

**Präzedenzfall** ⟨m. 1u⟩ *Musterfall, der für spätere ähnl. Fälle beispielgebend ist*

**Präzession** ⟨f. 20⟩ **1** ⟨Phys.⟩ *Drehbewegung, die die Figurenachse eines Kreisels unter dem Einfluss einer äußeren Kraft um eine raumfeste Achse in Kraftrichtung ausführt* **2** ⟨Astron.⟩ ▲ *Verlagerung der Rotationsachse u. des Frühlingspunkts der Erde infolge der Gravitationsanziehung von Mond u. Sonne, die zur langfristigen Verschiebung der Position des Polarsterns führt* [< lat. *praecessio* „das Vorangehen"; zu *cedere* „gehen"]

**präzis, präzise** ⟨Adj.⟩ *genau, exakt* ♦ präzise Ausdrucksweise; 3 Uhr präzis; präzis arbeiten; sich präzis ausdrücken; etwas präzis formulieren [< frz. *précis* „genau" < lat. *praecisus* „vorn abgeschnitten, abgekürzt"; zu *caedere* „(ab)hauen"]

**präzisieren** ⟨V. t.; hat⟩ *genauer angeben, genauer ausdrücken*

**Präzision** ⟨f. 20; unz.⟩ *Genauigkeit, Feinheit, Exaktheit* [< frz. *précision* „Genauigkeit" < lat. *praecisio* „das Abschneiden"]

**predigen** ⟨V. i. od. umg. a.: V. t.; hat; Rel.⟩ *im Gottesdienst die Predigt halten* ♦ jmdm. etwas predigen ⟨fig.; umg.⟩ *jmdn. häufig zu etwas mahnen, jmdm. etwas immer wieder mahnend sagen;* tauben Ohren predigen ⟨fig.; umg.⟩ *mahnen, raten, ohne dass der andere sich danach richtet;* jmdm. Ordnung, Vernunft predigen ⟨fig.; umg.⟩; über ein Bibelwort predigen [< ahd. *bredigon, predigon* < lat. *praedicare* „öffentlich ausrufen, verkünden, aussagen"; zu *dicere* „sagen"]

**Prediger** ⟨m. 3; Rel.⟩ **1** *jmd., der regelmäßig Predigten hält, Verkünder von Gottes Wort (in manchen evang. Landeskirchen u. Sekten auch als Titel)* **2** der Prediger Salomonis *dem König Salomo zugeschriebenes Buch des AT*

**Predigt** ⟨f. 20⟩ **1** ⟨Rel.⟩ *Ansprache des Geistlichen im Gottesdienst, meist von der Kanzel, über einen Bibeltext* **2** ⟨fig.; umg.⟩ *ermahnende Rede* ♦ die Predigt halten; jmdm. eine Predigt halten ⟨fig.; umg.⟩ [< ahd. *brediga;* → *predigen*]

**Preis** ⟨m. 1⟩ **1** *als Geldwert ausgedrückter Wert einer Ware* (Kaufpreis, Marktpreis, Liebhaberpreis) **2** *Belohnung für einen Sieg* (Siegespreis) ♦ einen Preis (auf etwas) **aussetzen** *eine Belohnung für etwas versprechen;* der Preis des Mantels **beträgt** 2000 DM; die Preise **drücken**, hochtreiben; einen Preis **erringen,** gewinnen, stiften; die Preise **fallen,** sinken in die Höhe; einen Preis **festsetzen; sein:** wie hoch ist der Preis?; jmdm. den Preis **zuerkennen** ♦ erster, zweiter, dritter Preis; **hohe,** niedrige Preise ♦ sich **auf** einen Preis einigen; einen Preis auf den Kopf eines Mörders aussetzen *eine Belohnung für die Entdeckung des Mörders versprechen;* **um** jeden Preis ⟨fig.⟩ *unbedingt, unter allen Umständen;* Waren **zu** herabgesetzten, ermäßigten Preisen verkaufen [< mhd. *pris* „Ruhm, Herrlichkeit, Lob, Anerkennung, Belohnung" < afrz. *pris* < nfrz. *prix* „Preis, Wert, Ruhm, Herrlichkeit, Verdienst, Lob, Belohnung" < lat. *pretium* „Wert, Preis, Lohn"]

**Preiselbeere** ⟨f. 19⟩ *der Heidelbeere ähnliches Heidekrautgewächs mit roten, essbaren Beeren: Vaccinium vitis idaea;* Sy *Kranbeere, Kränbeere* [< atschech. *bruslina* „Beere, die sich leicht abstreifen lässt"; zu aslaw. *obrusiti* „abreißen"]

**preisen** ⟨V. t. 191; hat⟩ *loben, rühmen* ♦ Gott preisen; jmdn. od. sich glücklich preisen *glücklich nennen* [< mhd. *prisen* < afrz. *preisier* (nfrz. *priser*) < spätlat. *pretiare* „im Wert abschätzen, hochschätzen"]

**preisgeben** ⟨V. t. 143; hat⟩ **1** *ausliefern, hingeben* (Person, Sache) **2** *nicht bewahren, nicht für sich behalten* (Geheimnis) ♦ jmdn. der Schande preisgeben; jmdn. dem Spott der anderen preisgeben; das Boot war den Wellen (hilflos) preisgegeben; der Witterung preisgegeben sein [Lehnübersetzung von frz. *donner en prise* „als Beute geben"; zu *prise* „Ergreifung, Fang"; → *Prise*]

**preisgekrönt** ⟨Adj.⟩ *mit einem Preis ausgezeichnet* (Dichter, Sieger, Werk) ♦ im Fernsehen läuft ein preisgekrönter Spielfilm

**Preisträger** ⟨m. 3⟩ *Sieger eines Wettbewerbs, Gewinner eines Preisausschreibens*

**preiswert** ⟨Adj.; -er, am -esten⟩ *verhältnismäßig billig u. dabei qualitativ gut*

**prekär** ⟨Adj.⟩ *misslich, schwierig, bedenklich, peinlich, unangenehm* (Frage, Situation) [< frz. *précaire* „widerruflich, unsicher, heikel", eigtl. „durch Bitten erlangt" < lat. *precarius;* zu lat. *preces* „Bitten" (Pl.)]

**Prellbock** ⟨m. 1u⟩ **1** *Bock, Klotz am Ende eines Gleises zum Anhalten von Eisenbahnwagen* **2** ⟨fig.; umg.⟩ *jmd., der Zusammenstöße auffangen u. für alles geradestehen muss*
**prellen** ⟨V. t.; hat⟩ **1** jmdn. prellen **1.1** *zu mehreren auf verschränkten Armen mehrmals in die Höhe werfen* **1.2** ⟨fig.⟩ *jmdn. betrügen, durch List um etwas bringen* **2** sich prellen *sich stoßen, ohne dass eine offene Wunde entsteht* ◆ die Zeche prellen *die Zeche (Getränke-, Speiserechnung) in betrügerischer Absicht nicht bezahlen* [< mhd. *prellen* „auf-, abprallen, zurückschlagen, -stoßen"; im 17./18. Jh. war es in Studentenverbindungen üblich, die Füchse (die jungen Studenten) zu „prellen", d. h. zu hänseln und die Zeche bezahlen zu lassen, von da aus Bedeutungsveränderung zu „betrügen"]
**Premier** ⟨[prə'mje:] m. 6; kurz für⟩ *Premierminister* [frz., „erster"]
**Premiere** ⟨[prə'mjɛ:rə] f. 19⟩ *Ur- od. Erstaufführung* ◆ gestern war die Premiere des Theaterstücks [< frz. *première (représentation)* „erste (Aufführung)"]
**Premierminister** ⟨[prəmje:-] m. 3; in Großbritannien u. einigen anderen Ländern⟩ *Ministerpräsident;* Sy ⟨kurz⟩ *Premier*
**premium** ⟨Adj.; undekl.⟩ *ausgezeichnet, herausragend* ◆ eine premium Qualität [engl., „Prämie"]
**Presbyterianer** ⟨Pl.; Rel.⟩ *Angehörige der evang.-reformierten Kirche in England u. den USA, die die Episkopalverfassung der anglikanischen Kirche ablehnen u. ihre Gemeinde durch eine Presbyterialverfassung verwalten*
**Presse** ⟨f. 19⟩ **1** *Maschine, die mittels Drucks Werkstücke formt, Druckmaschine* (Druckpresse) **2** *Apparat zum mechan. Auspressen von Saft* (Obstpresse) **3** *Gesamtheit der Tageszeitungen* (Tagespresse) ◆ die Presse ist sich darüber einig, dass ...; die deutsche, englische, französische, inländische, ausländische Presse; er hat eine gute, schlechte Presse ⟨umg.⟩ *er wird in der Zeitung gut, schlecht beurteilt* [< ahd. *pressa* „Obstpresse, Kelter" < mlat. *pressa* „Druck, Zwang"]
**Pressegeheimnis** ⟨n. 11; unz.⟩ *Recht der Zeugnisverweigerung aller bei der Presse Beschäftigten über den Verfasser, Einsender od. Gewährsmann einer Veröffentlichung*
**Presseis** ⟨n.; -es; unz.⟩ = *Trockeneis*
**Pressekonferenz** ⟨f. 20⟩ *Konferenz (besonders von öffentlichen Institutionen) mit Vertretern der Presse, um diese über wichtige Ereignisse zu unterrichten*

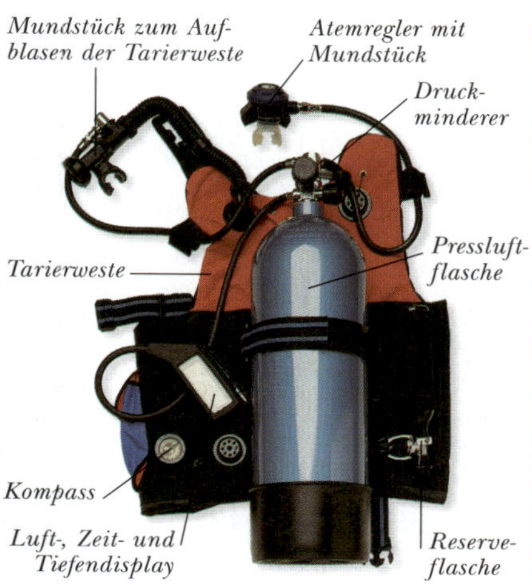

PRESSLUFTTAUCHGERÄT

## PRESSLUFTBOHRER

Mit Pressluftbohrern werden Beton und harte Straßenbeläge aufgebrochen. Pressluft bewegt dabei einen Kolben in einem Zylinder rasch auf und ab. Die Grafik stellt dar, wie Pressluft von oben in den Zylinder eindringt und den Kolben bewegt, welcher den Amboss und schließlich die Bohrspitze nach unten treibt.

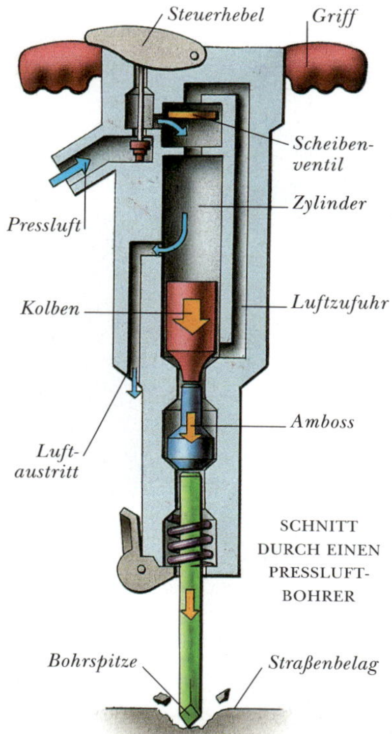

SCHNITT DURCH EINEN PRESSLUFTBOHRER

**pressen** ⟨V. t.; hat⟩ **1** *heftig, stark drücken* **2** *durch Druck od. mittels einer Presse bearbeiten* ◆ jmdn. pressen ⟨fig.⟩ *unterdrücken, erpressen; drängen, mit Zwang etwas von ihm zu erreichen suchen;* Pflanzen pressen; die Hand aufs Herz, an die Stirn pressen; mit gepresster Stimme antworten [< lat. *pressare* „drücken, pressen"]
**Pressesprecher** ⟨m. 3⟩ *Angestellter einer Behörde, eines Unternehmens, der für Informationen an die Presse verantwortlich ist*
**Presskopf** ⟨m. 1u; unz.⟩ *Art Sülzwurst aus Schweinefleisch*
**Pressluft** ⟨f. 7u; unz.⟩ *verdichtete Luft für den Betrieb bestimmter Werkzeuge;* Sy *Druckluft*
**Pressluftbohrer** ⟨m. 3⟩ ▲ *mit Pressluft betriebenes, mechan. Bohrgerät*
**Presslufthammer** ⟨m. 3u⟩ *mit Druckluft betriebener, mechanischer Hammer*
**Presslufttauchgerät** ⟨n. 11⟩ ◄ *Atemgerät mit Schläuchen u. Mundstück für Taucher*
**Pressschichtholz** ⟨n. 12u; unz.⟩ *Schichtstoff aus phenolharzgetränkten Holzfurnieren, die unter Druck verdichtet werden*
**Presswehen** ⟨Med.; Pl.⟩ *Wehen während der Austreibungsperiode*
**Pressuregroup** ⟨['prɛʃəgru:p] f. 10⟩ *bestimmte Interessen vertretende Gruppe, die auf Staat, Öffentlichkeit o. Ä. Druck ausübt* [engl.]
**Prestige** ⟨[-ti:ʒ] n.; -s; unz.⟩ *Ansehen, Geltung bei anderen* [frz., „Zauber, Reiz, Ansehen"]
**presto** ⟨Mus.⟩ *schnell (zu spielen)* [ital.]

**Prêt-à-porter** ⟨[prɛtapɔr'te:] n. 15⟩ *Konfektionskleidung eines Modeschöpfers* [frz., eigtl. „fertig zum Tragen"]
**pretiös** ⟨Adj.; -er, am -esten; geh.⟩ = *preziös*
**Pretiosen** ⟨[-tsjo:-] Pl.⟩ = *Preziosen*
**Preuße** ⟨m. 17⟩ *Einwohner Preußens*
**Preview** ⟨['pri:vju:] m. od. f.; -, -s⟩ *Voraufführung (vor allem von Filmen) vor einem meist selektierten bzw. geladenen Publikum* [< engl. *preview* „Vorschau"]
**preziös** ⟨Adj.; -er, am -esten; geh.⟩ oV *pretiös* **1** *kostbar* **2** ⟨fig.⟩ *geziert, unnatürlich im Benehmen* [< frz. *précieux*, fem. *précieuse* „kostbar, wertvoll, geziert, gesucht"]
**Preziosen** ⟨Pl.⟩ *Goldschmiedearbeit, kostbarer Schmuck;* oV *Pretiosen* [< lat. *pretiosa*, Fem. Pl. zu *pretiosus* „kostbar"; zu *pretium* „Preis, Wert"]
**Pricke** ⟨f. 19; Zool.⟩ ► = *Neunauge* [< nddt.; Herkunft ungeklärt]
**prickeln** ⟨V. i.; hat⟩ **1** *wie mit feinen Stichen jucken* **2** *im Glas perlen u. leicht spritzen* (Sekt, Mineralwasser) ◆ Sekt, Mineralwasser prickelt auf der Zunge; prickelnd ⟨fig.⟩ *geschlechtlich leicht erregend, reizend;* ein prickelndes Gefühl, einen prickelnden Reiz verspüren [< mnddt. *prickeln* < mnddt. *pricken* „stechen", *prick* „Spitze, Stachel"]
**Priester** ⟨m. 3; Rel.⟩ **1** ⟨i. w. S⟩ *mit bes. Vollmachten ausgestatteter Träger eines relig. Amtes u. Vertreter der Gemeinde bei kult. Handlungen* **2** ⟨i. e. S.⟩ *kath. Geistlicher* [< ahd. *prestar*, afrz. *prestre* < kirchenlat. *presbyter* „Gemeindeältester, Priester" < grch. *presbyteros* „älter, ehrwürdig; der Ältere, Gemeindeobere"]
**Priesterin** ⟨f. 22; ev. Kirche⟩ *mit bes. Vollmachten ausgestattete Trägerin eines religiösen Amtes u. Vertreterin der Gemeinde bei kult. Handlungen*
**priesterlich** ⟨Adj.⟩ **1** ⟨kath. Kirche⟩ *zum Priester bzw. zum Beruf eines Priesters gehörend, ihm gemäß, in der Art eines Priesters* **2** ⟨fig.⟩ *salbungsvoll, feierlich*
**Priesterseminar** ⟨n. 11; kath. Kirche⟩ *Ausbildungsstätte für kath. Geistliche*
**prima** ⟨Adj.; undekl.⟩ **1** ⟨kaufmannssprachl. Abk.: pa., Ia⟩ *erstklassig, erster Güte, bester Qualität* **2** ⟨umg.⟩ *ausgezeichnet, hervorragend* **3** *herrlich, großartig, sehr schön* **4** *tüchtig, prächtig* (Person) ◆ wie war es im Urlaub? prima! ⟨umg.⟩; er ist ein prima Kerl, Schüler ⟨umg.⟩; prima Qualität; das ist prima! ⟨umg.⟩ [lat., Fem. zu *primus* „der erste"]
**Primaballerina** ⟨f.; -, -rinen⟩ *erste Tänzerin eines Balletts* [< ital. *prima ballerina* „erste Tänzerin"]
**primär** ⟨Adj.⟩ Ggs *sekundär (1)* **1** *unmittelbar entstanden, erst...* **2** *ursprünglich, Anfangs...* **3** *die Grundlage, Voraussetzung bildend* [< frz. *primaire* „zuerst vorhanden, ursprünglich, vorrangig, grundlegend" < lat. *primarius* „zu den ersten gehörend"; zu *primus* „der erste"]
**Primäraffekt** ⟨m. 1; Med.⟩ *erste krankhafte Gewebsveränderung nach einer Infektion bei Syphilis od. Lungentuberkulose*
**Primärenergie** ⟨f. 19⟩ *naturbelassene Energieträger unmittelbar nach ihrer Gewinnung,* z. B. Rohöl, Kohle, Erdgas
**Primärgestein** ⟨n. 11⟩ *Gestein, das unmittelbar aus erstarrter Lava entstanden ist*
**Primärliteratur** ⟨f. 20; unz.⟩ *die dichter. Werke, die Quellen selbst;* Ggs *Sekundärliteratur*
**Primas** ⟨m.; -, -se⟩ **1** ⟨kath. Kirche⟩ *oberster Bischof der röm.-kath. Kirche* (eines Landes) **2** ⟨Mus.⟩ *Primgeiger einer Zigeunerkapelle* [< spätlat., kirchenlat. *primas*, Gen. *primatis* „der dem Range nach Erste, der Vornehmste"; zu lat. *primus* „der erste"]

P

## PRIMATEN

Zu den Primaten zählen neben den Menschen vor allem baumbewohnende Säugetiere mit nach vorne gerichteten Augen und langen Armen, von denen die meisten große Gehirne haben und eine beträchtliche Intelligenz aufweisen. Mit Ausnahme des Menschen sind die Primaten, die in zwei Unterordnungen gegliedert werden (Halbaffen und Affen), überwiegend in den Tropen und Subtropen beheimatet.

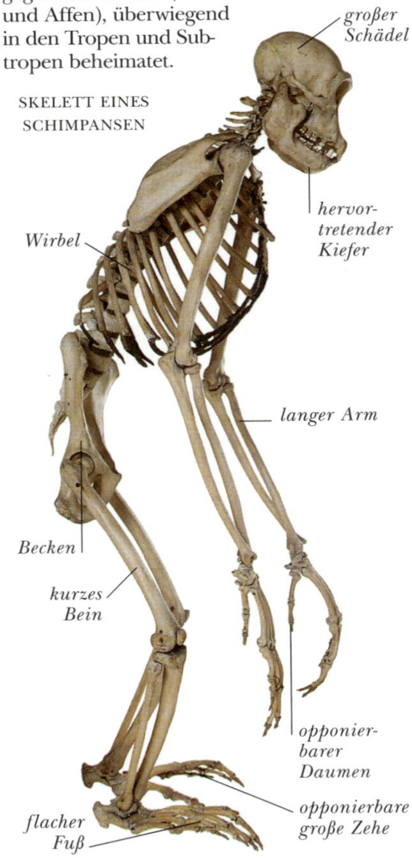

SKELETT EINES SCHIMPANSEN

### UNTERORDNUNGEN UND VERTRETER DER PRIMATEN

AFFEN

NASENAFFE *(Nasalis larvatus)*

ROTER BRÜLLAFFE *(Alouatta seniculus)*

GEOFFROY-KLAMMERAFFE *(Ateles geoffroyi)*

ORANG-UTAN *(Pongo pygmaeus)*

GORILLA *(Gorilla gorilla)*

HALBAFFEN

FINGERTIER *(Daubentonia madagascariensis)*

INDRI *(Indri indri)*

**Primat I** ⟨m. 1 od. n. 11⟩ **1** *Vorrang, Vorzug, Vorherrschaft* **2** *Erstgeburtsrecht* **3** ⟨kath. Kirche⟩ *Vorrangstellung (des Papstes als Oberhaupt der kath. Kirche)* **II** ⟨m. 16; meist Pl.⟩ ▲ *Angehöriger der Gruppe von Säugetieren, zu denen Halbaffen, Affen u. Menschen gerechnet werden;* ► *Säugetiere* [< lat. *primatus* „erste Stelle"; zu *primus* „der erste"]

**Prime** ⟨f. 19⟩ **1** ⟨Typ.⟩ *Signatur auf der ersten Seite des Druckbogens;* Ggs *Sekunde (4)* **2** ⟨Mus.⟩ *erster Ton der diatonischen Tonleiter;* Sy *Primton*

**Primel** ⟨f. 21; Bot.⟩ **1** ⟨i. w. S.⟩ ► *Angehörige einer zu den Primelgewächsen (Primulaceae) gehörenden Gattung ausdauernder Rosettenpflanzen: Primula* **2** ⟨i. e. S.⟩ *gezüchtete Form des Himmelschlüssels: Primula elatior,* ⟨od.⟩ *Primula veris* [< neulat. *primula veris* „erste (Blume) des Frühlings"; zu lat. *primulus,* Verkleinerungsform zu *primus* „der erste"]

**Primeur** ⟨[pri'mø:r] m. 6⟩ *junger Rotwein* ◆ Beaujolais Primeur [boʒɔ'lɛ -] [frz., eigtl. „Neuheit"]

**primitiv** ⟨Adj.⟩ **1** *ursprünglich, im Urzustand (befindlich)* **2** *einfach, dürftig, unvollkommen* **3** *geistig wenig entwickelt, wenig anspruchsvoll* ◆ ein primitives Ritual *ursprüngl. Ritual;* ein primitiver Film *Film mit anspruchslosem Inhalt* [< frz. *primitif* „primitiv, ursprünglich" < lat. *primitivus* „der erste in seiner Art; zu *primus* „der erste"]

**Primitivität** ⟨[-vi-] f. 20; unz.⟩ **1** *primitive Beschaffenheit* **2** *primitives Wesen*

**Primitivling** ⟨m. 1; umg.; abwertend⟩ *primitiver Mensch*

**Primton** ⟨m. 1u; Mus.⟩ = *Prime (2)*

**Primzahl** ⟨f. 20; Math.⟩ *nur durch 1 u. durch sich selbst teilbare ganze Zahl,* z. B. „7", „13" usw. [zu lat. *primus* „der erste"]

**Printe** ⟨f. 19⟩ *stark gewürzter, harter Pfefferkuchen, urspr. mit Heiligenbild* [< ndrl. *prent;* zu *prenten* „drucken", nach den urspr. aufgedrückten Heiligenfiguren]

**Prinz** ⟨m. 16⟩ *nicht regierendes Mitglied eines Fürstenhauses* [< mhd. *prinze* „Fürst, Statthalter" < frz. *prince* „Prinz, Fürst" < lat. *princeps* „erster im Rang; Gebieter, Fürst" < *primus* „der erste" + *capere* „nehmen, fassen"]

**Prinzessin** ⟨f. 22⟩ *weibl., nicht regierendes Mitglied eines Fürstenhauses* [< älter *princess(e)* < frz. *princesse* „Fürstin"; → *Prinz*]

**Prinzip** ⟨n.; -s, -ien od. (selten) -e⟩ *Grundsatz, Regel, Richtschnur* ◆ Prinzipien haben; es ist mein Prinzip, mich nie sofort zu entscheiden; etwas aus Prinzip tun od. nicht tun; im Prinzip habe ich nichts dagegen *im Grunde, eigentlich* [< lat. *principium* „Anfang, Ursprung, Grundlage"]

**prinzipiell** ⟨Adj.⟩ **1** *grundsätzlich, im Prinzip* **2** *aus Prinzip* ◆ prinzipiell bin ich einverstanden [französierende Bildung nach lat. *principalis* „anfänglich, ursprünglich"; zu *principium* „Anfang, Ursprung, Grundlage"]

**Prion** ⟨n.; -s, -en; Med.⟩ *Proteinpartikel, das im Verdacht steht, Gehirnerkrankungen wie die Alzheimer-Krankheit od. BSE mitzuverursachen* [< Protein + infektiös + *...on*]

**Prior** ⟨m. 23⟩ **1** *Klostervorsteher* **2** *Stellvertreter eines Abtes* [mlat., „der vordere, der dem Range nach höher Stehende" < lat. *prior* „eher, früher"]

**Priorität** ⟨f. 20⟩ **1** *Vorrecht (bes. eines älteren Rechts vor dem jüngeren)* **2** *Vorrang* ◆ Prioritäten setzen *bestimmte Dinge für wichtig halten und vorrangig behandeln* [< frz. *priorité* „Vorrang, Vorrecht"; zu lat. *prior* „eher, früher"]

**Prise** ⟨f. 19⟩ **1** *von einem Krieg führenden Staat annektiertes feindliches od. neutrales Handelsschiff od. Handelsgut* **2** *kleine Menge, die man mit drei Fingern fassen kann* ◆ eine Prise Salz, eine Prise Schnupftabak [frz., „das Ergreifen, das Ergriffene, Fang, Beute"]

**Prisma** ⟨n.; -s, Prismen⟩ **1** ⟨Math.⟩ ► *Körper, der von zwei kongruenten n-Ecken u. n-Rechtecken* (gerades Prisma) *od. Parallelogrammen* (schiefes Prisma) *begrenzt ist* **2** ⟨Opt.⟩ *durchsichtiger, keilförmiger Körper, der zur Totalreflexion von Lichtstrahlen od. zur Zerlegung von Licht in die Spektralfarben dient* [< grch. *prisma*, eigtl. „das Zersägte, das Zerschnittene"; zu *priein* „sägen, zerschneiden"]

**Pritsche** ⟨f. 19⟩ **1** *flaches Schlagholz* **2** *schmales, bis auf den Griff mehrmals gespaltenes Holz als Schlag- u. Klapperinstrument des Hanswursts* (Narrenpritsche) **3** *Holzschlägel zum Glätten von Lehmböden* **4** *Ladefläche auf Lastkraftwagen mit nach drei Seiten abklappbaren Seitenwänden* **5** *Liegestätte aus Holzbrettern* [< ahd. *britissa* „Bretterverschlag"; zu *bret* „Brett"]

**privat** ⟨[-vaːt] Adj.; -er, am -esten; Steig. nur umg.⟩ **1** *außeramtlich, nicht öffentlich, persönlich, vertraulich* **2** *nicht staatlich* (Geschäft, Unternehmen) ◆ private Angelegenheiten; privater Eingang [< lat. *privatus* „(der Herrschaft) beraubt, gesondert"; zu lat. *privare* „berauben, befreien, sondern"]

**Privatdozent** ⟨[-vaːt-] m. 16⟩ *nicht beamteter Hochschullehrer*

**Privatfernsehen** ⟨[-vaːt-] n.; -s; unz.⟩ *private, nicht staatliche Fernsehanstalt*

**privatisieren** ⟨[-va-] V.; hat⟩ **I** ⟨V. t.⟩ staatl. Unternehmen privatisieren *in Privateigentum umwandeln* **II** ⟨V. i.⟩ *ohne Ausübung eines Berufes leben, vom Vermögen od. von einer (nicht staatl.) Rente leben* [französierende Bildung zu *privat*]

**Privatperson** ⟨[-vaːt-] f. 20⟩ *Person außerhalb des behördl. od. staatl. Lebens* ◆ gehört das Museum einer Privatperson?

**Privatrecht** ⟨[-vaːt-] n. 11; unz.; Rechtsw.⟩ *Regelung der Rechtsverhältnisse der Einzelnen u. ihrer wirtschaftl. Zusammenschlüsse sowie des Staates u. a. Körperschaften, soweit sie dem Wettbewerb des Wirtschaftslebens unterliegen*

**Privatwirtschaft** ⟨[-vaːt-] f. 20; unz.⟩ **1** *die wirtschaftl. Tätigkeit Einzelner* **2** *die privaten Unternehmen*

**Privileg** ⟨[-vi-] n.; -s, -ien⟩ *Recht eines Einzelnen od. einer gesellschaftl. Gruppe, Sonderrecht, Vorrecht* [< lat. *privilegium* „Vorrecht"]

**privilegieren** ⟨[-vi-] V. t.; hat⟩ *mit einem Privileg ausstatten* ◆ privilegierte Gesellschaftsschichten, Stände [< mlat. *privilegiare* „ein Vorrecht einräumen"; zu lat. *privilegium* „Vorrecht"]

**pro** ⟨Präp. m. Akk.⟩ **1** *für, zugunsten;* Ggs *kontra* **2** *für, je* ◆ die Entscheidung fiel pro Rentenreform; pro Person

**Pro** ⟨n.; -; unz.⟩ *das Für, das, was für eine Sache spricht;* Ggs *Kontra (1)* ◆ das Pro und das Kontra gegeneinander abwägen [< lat. *pro* „vor, für, gemäß, im Verhältnis zu"]

**pro…, Pro…** ⟨Vors.⟩ **1** *vor, vorher, vorwärts,* z. B. Progression **2** *für,* z. B. proarabisch [lat. „vor, vorwärts, hervor, vorher; für, eher, lieber"]

**pro anno** ⟨Abk.: p. a.; veraltet⟩ *für ein Jahr, je Jahr, jährlich* [lat.]

PRIMEL: KISSENPRIMEL *(Primula vulgaris)*

**Proband** ⟨m. 16⟩ **1** *Person, deren Ahnentafel aufgestellt wird* **2** *jmd., der zu wissenschaftlichen Zwecken beobachtet, getestet wird* [< lat. *probandus* „ein zu Erprobender, zu Prüfender", Gerundivum zu *probare* „erproben, prüfen"]

**probat** ⟨Adj.; -er, am -esten⟩ *erprobt, bewährt* ◆ ein probates Mittel [< lat. *probatus* „erprobt", Part. Perf. von *probare* „erproben, prüfen"]

**Probe** ⟨f. 19⟩ **1** *Versuch* **2** *Versuch, um jmdm. die Möglichkeit zu geben, sich zu bewähren* (Bewährungsprobe, Geduldsprobe) **3** *Übung vor einer Aufführung* (Singprobe, Theaterprobe) **4** *Untersuchung, Prüfung* **5** *Stück, um eine Ware zu prüfen, Muster,* (Warenprobe, Stoffprobe) **6** *Teilmenge eines zu untersuchenden Stoffes* (Mineralprobe, Gewebsprobe) ◆ eine Probe seiner **Kunst** zeigen ◆ eine Probe von seinem Können **ablegen** *sein Können zeigen;* die Proben für den „Faust" haben **begonnen; beilegen:** ich lege Ihnen eine Probe zur Ansicht bei; die Probe aufs Exempel **machen** *versuchen, ob ein Exempel, eine Behauptung stimmt* ◆ jmdn. **auf** die Probe stellen; jmds. Geduld auf die Probe, auf eine harte Probe stellen [< mlat. *proba* „Prüfung, Untersuchung"; zu lat. *probare* „erproben, prüfen"]

**Probeexemplar** ⟨n. 11⟩ *unentgeltliches Exemplar als Probe zur Ansicht, Muster, Werbeexemplar*

**proben** ⟨V. t.; hat⟩ **1** ⟨allg.⟩ *üben* **2** ⟨Theat.⟩ *einstudieren, zur Probe aufführen;* Sy *probieren (3)* ◆ ein Theaterstück proben [< lat. *probare* „erproben, prüfen"]

**probieren** ⟨V. t.; hat⟩ **1** *versuchen* **2** *auf den Geschmack prüfen, kosten* (Speise) **3** = *proben (2)* ◆ ich hab' es noch nicht probiert; ein Getränk, eine Soße probieren; den Kopfstand, das Radfahren, Schwimmen probieren; Probieren geht über Studieren ⟨Sprichw.⟩; lass mich (es) mal probieren! [< lat. *probare* „erproben, prüfen"]

**Problem** ⟨n. 11⟩ *schwierige, ungelöste Aufgabe od. Frage* ◆ ein Problem lösen; es ist wirklich ein Problem (wie wir das machen sollen); das ist kein Problem ⟨umg.⟩ *das ist nicht schwierig, das ist sehr einfach (zu bewerkstelligen);* das ist ein unlösbares Problem [< grch. *problema* „das Vorgelegte, die gestellte Aufgabe, Streitfrage"]

**Problematik** ⟨f. 20; unz.⟩ *Schwierigkeit (einer Aufgabe, einer Frage)*

**problematisch** ⟨Adj.⟩ *schwierig, schwer zu lösen* [< grch. *problematikos;* → *Problem*]

**problematisieren** ⟨V. t.; hat⟩ **1** *zum Problem machen, als problematisch darstellen* **2** *die Problematik (eines Sachverhalts) darstellen, diskutieren* ◆ wir wollen die Sache nicht unnötig problematisieren

**Problemstellung** ⟨f. 20⟩ *die Art, wie ein Problem sich darstellt* ◆ daraus ergibt sich folgende Problemstellung; die Problemstellung ist hier anders

**Procedere** ⟨n.; -, -; geh.⟩ *Prozedur, Vorgehensweise;* oV *Prozedere* [→ *prozedieren*]

**pro centum** ⟨Abk.: p. c.⟩ *pro hundert;* Sy *per centum* [< lat., „für hundert"]

**Produkt** ⟨n. 11⟩ **1** *Erzeugnis* (Industrieprodukt) **2** *Ergebnis menschlicher Arbeit* (Industrieprodukt) **3** ⟨Math.⟩ *Ergebnis des Malnehmens, der Multiplikation* ◆ das ist nun das Produkt meiner Erziehung! ⟨iron.⟩; chemische, pflanzliche, tierische Produkte; geistiges, künstlerisches Produkt [< lat. *productum* „das Erzeugte"; Part. Perf. Neutr. von *producere* „hervorbringen"]

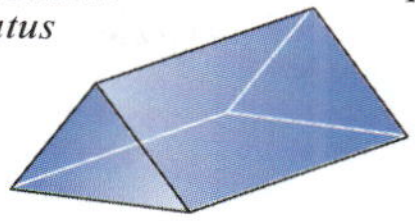

PRISMA

**Produktion** ⟨f. 20⟩ **1** *Erzeugung (von Gütern, Waren)* **2** *Herstellung* ◆ handwerkliche, landwirtschaftliche, literarische, maschinelle Produktion; in der Produktion arbeiten [< frz. *production* „Erzeugung" < lat. *productio* „das Hervorführen"; zu *producere* „hervorbringen, erzeugen, herstellen"]

**produktiv** ⟨Adj.⟩ *Produkte hervorbringend, schöpferisch, fruchtbar* ◆ produktive Arbeit; produktiv arbeiten, tätig sein [< frz. *productif* < spätlat. *productivus* „zur Verlängerung geeignet"; zu *producere* „hervorbringen, erzeugen"]

**Produzent** ⟨m. 16⟩ **1** *jmd., der etwas, z. B. Güter, produziert, Hersteller;* Ggs *Konsument (1)* **2** *jmd., der durch eigenes od. über ihn geliehenes Fremdkapital an der Herstellung eines Films beteiligt ist* (Filmproduzent) **3** ⟨Bot.⟩ *grüne Pflanze, die organ. Substanz aus anorganischer aufzubauen vermag* [< lat. *producens* „hervorbringend", Part. Präs. von *producere* „hervorbringen"]

**produzieren** ⟨V.; hat⟩ **I** ⟨V. t.⟩ *schaffen, hervorbringen, erzeugen* (Verbrauchsgüter) **II** ⟨V. refl.; fig.; umg.⟩ sich produzieren *zeigen, was man kann (u. dabei die Aufmerksamkeit anderer unangenehmn auf sich lenken)* [< lat. *producere* „hervorführen, hervorbringen" < *pro…* „hervor" + *ducere* „führen"]

**Prof.** ⟨Abk. für⟩ *Professor*

**profan** ⟨Adj.⟩ **1** ⟨Rel.⟩ *weltlich, unkirchlich, unheilig* **2** ⟨allg.⟩ *alltäglich* [< lat. *profanus* „vor dem heiligen Bezirk liegend, ungeheiligt"; zu *fanum* „Heiligtum"; verwandt mit *fanatisch*]

**Professional** ⟨m. 1 od. engl. [prəˈfɛʃənəl] m. 6; Sp.; Kurzw.: Profi⟩ *Berufssportler* [engl., „beruflich, berufsmäßig"]

**professionell** ⟨Adj.⟩ *beruflich versiert, mit großem Können ausgeführt* ◆ ein professioneller Dieb [< frz. *professionnel* „berufsmäßig"]

**Professor** ⟨m. 23; Abk.: Prof.⟩ **1** *beamteter Hochschullehrer* (Universitätsprofessor) **2** ⟨Ehrentitel für⟩ *Gelehrter, Künstler* **3** ⟨früher Titel für⟩ *Lehrer an einer höheren Schule* (Studienprofessor) ◆ Professor der Germanistik, der Medizin; ordentlicher Professor ⟨Abk.: o. P.⟩; außerordentlicher Professor ⟨Abk.: a. o. P., ao. P.⟩; er ist ein zerstreuter Professor ⟨umg.; scherzh.⟩ *er ist sehr zerstreut* [lat., „einer, der sich öffentlich bekennt, erklärt, öffentl. Lehrer"; zu *profiteri* „öffentlich bekennen, erklären"]

**Profi** ⟨m. 6; umg.⟩ **1** ⟨Sp.; Kurzw. für⟩ *Professional* **2** *jmd., der eine Tätigkeit professionell ausübt* **3** *jmd., der auf einem Gebiet großes Können besitzt* ◆ er kann, macht das wie ein Profi ⟨umg.⟩

**Profil** ⟨n. 11⟩ **1** *Seitenansicht (bes. des Gesichts)* **2** *Umrisslinie, Längs- od. Querschnitt* **3** *aus dem Gesamtbau vorspringender Teil eines Baugliedes* **4** *senkrechter Schnitt durch die Erdoberfläche* **5** *Kerbung (von Reifen, Schuhsohlen)* **6** ⟨Tech.⟩ *Höhe u. (od.) Breite einer Durchfahrt* (Brückenprofil) ◆ das Profil eines Eisenbahnwagens, Gebäudes, Turmes; Profil haben ⟨fig.⟩ *eine klare Richtung verfolgen, eine klare Haltung einnehmen;* jmdn. od. etwas im Profil darstellen, malen, zeichnen [< frz. *profil* u. ital. *profilo* „Seitenansicht, Umriss"]

**Profit** ⟨m. 1⟩ *Gewinn, Vorteil, Nutzen* ◆ Profit aus etwas schlagen, ziehen; mit, ohne Profit arbeiten; Profit von etwas haben [< frz. *profit* „Gewinn"]

P

**profitieren** ⟨V. t. u. V. i.; hat⟩ *Profit, Gewinn erzielen, Nutzen haben* ◆ von etwas profitieren; bei einer Sache etwas profitieren [frz. *profiter* „ausnutzen"]

**profund** ⟨Adj.; -er, am -esten⟩ *tief(gründig), gründlich* ◆ profunde Kenntnisse, profundes Wissen [< lat. *profundus* „tief"]

**Prognose** ⟨f. 19⟩ *Vorhersage (eines Krankheitsablaufs, des Wetters usw.)* [< grch. *prognosis* „das Vorherwissen" < *pro...* + *gnosis* „Erkenntnis, Urteil"]

**prognostizieren** ⟨V. t.; hat⟩ *voraussagen* [→ *Prognose*]

**Programm** ⟨n. 11⟩ **1** *Folge der Darbietungen einer Veranstaltung, Rundfunksendung usw.* (Rundfunkprogramm, Sendeprogramm) **2** *Blatt od. Heft mit dem Verzeichnis der Darbietungen, der Darsteller usw., oft bebildert* (Filmprogramm, Theaterprogramm) **3** *Warenangebot, Sortiment* (Möbelprogramm) **4** *Plan, Pläne, Vorhaben* **5** *öffentlich verkündete Gesamtheit der Tätigkeit u. Ziele einer polit. Partei* (Parteiprogramm) **6** ⟨EDV⟩ **6.1** *in kleine Einzelschritte zerlegte Vorschrift zur Lösung einer komplexen Aufgabe mithilfe von elektronischen, datenverarbeitenden Maschinen* **6.2** *Anweisungseinheit, innerhalb derer man elektronische Daten lesen u. bearbeiten kann* (Textverarbeitungsprogramm) ◆ das Programm der **Woche** (beim Rundfunk, Fernsehfunk, Theater, Kino) ◆ ein (Partei-)Programm **aufstellen,** verkünden; ein Programm für einen Rechner **entwickeln;** ein Programm **kaufen** ◆ **auf** dem Programm stehen tänzerische Darbietungen [< grch.-lat. *programma* „schriftl. Bekanntmachung, Tagesordnung" < grch. *pro* „vor" + *graphein* „schreiben"]

**Programmatik** ⟨f.; -; unz.⟩ *Zielsetzung, Zielvorstellung*

**programmieren** ⟨V. t.; hat; EDV⟩ eine EDV-Anlage programmieren *ein Programm für eine EDV-Anlage aufstellen, entwickeln* ◆ programmierter Unterricht *durch Bücher od. andere Lehrmedien vermittelter Unterricht, bei dem der Lehrstoff in kleinste Einheiten eingeteilt ist u. jeder Schritt des Lernvorgangs überprüft werden kann*

**Programmierer** ⟨m. 3; EDV; Berufsbez.⟩ *jmd., der Programme für EDV-Anlagen erstellt*

**Programmiersprache** ⟨f. 19; EDV⟩ *formalisierbare Sprache mit eindeutigen Zeichen zum Programmieren von EDV-Anlagen*

**Programmkino** ⟨n. 15; Film⟩ *in der Regel kleineres Kino mit einem eigenständigen, von den kommerziellen Verleihern unabhängigen Filmprogramm, das auch Produktionen unbekannterer Regisseure od. Filme über Themen enthält, die eher ein kleines Publikum ansprechen*

**Progression** ⟨f. 20⟩ **1** *Steigerung, z.B. in arithmet. Reihen* **2** *Zunahme des prozentualen Steuersatzes bei Zunahme der zu versteuernden Werte* (Steuerprogression) [< lat. *progressio* „Fortschritt"; zu *progredi* „vorwärts gehen"]

**progressiv** ⟨Adj.⟩ **1** *fortschreitend* **2** *fortschrittlich* ◆ progressive Steuer *Steuer, die einer Progression unterliegt;* → a. *Paralyse* [< frz. *progressif* „vorwärts schreitend"]

**Prohibition** ⟨f. 20⟩ *Verbot,* ⟨bes.⟩ *Alkoholverbot* [< lat. *prohibitio* „Verbot"]

**Projekt** ⟨n. 11⟩ **1** *Plan, Vorhaben, Absicht* **2** *Entwurf* [< lat. *proiectum,* Neutr. zu *proiectus* „nach vorn geworfen", Part. Perf. von *proicere* „vorwärts werfen"]

**projektieren** ⟨V. t.; hat⟩ *ein Projekt entwerfen für, planen, beabsichtigen*

**Projektil** ⟨n. 11⟩ *Geschoss, Rakete, selbstgesteuerter Flugkörper* [< frz. *projectile* „Geschoss"; zu lat. *proicere* „vorwärts werfen"]

**Projektion** ⟨f. 20⟩ **1** ⟨Math.⟩ *Abbildung räuml. Gebilde auf einer Ebene* **2** ⟨Kartogr.⟩ *Darstellung der gekrümmten Erdoberfläche auf einer Ebene* **3** ⟨Opt.⟩ *vergrößerte Abbildung durchsichtiger od. undurchsichtiger Bilder mittels Lichtstrahlen auf einer hellen Fläche* [< lat. *proiectio* „das Vorwärtswerfen"; zu *proicere* „vorwärts werfen"]

**Projektor** ⟨m. 23, Fot.⟩ *opt. Gerät zur Projektion von Bildern, Bildwerfer*

**projizieren** ⟨V. t.; hat⟩ **1** *auf einer Fläche zeichnerisch darstellen* (Körper) **2** ⟨Fot.⟩ *auf eine Bildwand werfen* (Lichtbild) **3** etwas in etwas od. jmdn. projizieren ⟨Psych.⟩ *etwas, das nur in der eigenen Vorstellung besteht, in der eigenen Person vorhanden ist, einer Sache oder einem Lebewesen zuschreiben* ◆ sie projiziert ihre eigenen Ängste auf das Kind, auf den Hund [< lat. *proicere* „vorwärts werfen, hinwerfen"]

**proklamieren** ⟨V. t.; hat⟩ *öffentlich bekannt machen, feierlich verkünden, einen Aufruf erlassen über* ◆ stolz proklamierte er sein gutes Ergebnis [< lat. *proclamare* „ausrufen"]

**Pro-Kopf-Verbrauch** ⟨m. 1; unz.⟩ *Verbrauch (eines Nahrungsmittels, einer Ware u. Ä.) pro Person, durchschnittlicher Verbrauch eines Einzelnen*

**Prokura** ⟨f.; -, -kuren; Rechtsw.⟩ *im Handelsregister eingetragene Vollmacht, alle Arten von Rechtsgeschäften u. -handlungen für einen Betrieb des Handlungsgewerbes vorzunehmen* [< ital. *procura* „Vollmacht"; zu ital., lat. *procurare* „für etwas Sorge tragen"; zu lat. *cura* „Sorge"]

**Proletarier** ⟨[-riər] m. 3⟩ **1** ⟨im antiken Rom⟩ *Angehörige der Klasse des niedrigsten Vermögensstandes* **2** ⟨seit Marx u. Engels⟩ *abhängiger Lohnarbeiter ohne Besitz an Produktionsmitteln* [< lat. *proletarius* „Bürger der untersten Klasse, der dem Staat nur mit seiner Nachkommenschaft dient"; zu *proles* „Nachkomme"]

**Prolog** ⟨m. 1⟩ **1** *Einleitung;* Ggs *Epilog (1)* **2** *Vorrede, Vorspiel;* Ggs *Epilog (2)* [< grch. *prologos* „Vorrede" < *pro* „vor" + *logos* „Rede, Lehre"]

**pro memoriam** ⟨Abk.: p. m.⟩ *zum Gedächtnis, zur Erinnerung an, in Gedenken an* [lat., „für das Gedächtnis"]

**Promenade** ⟨f. 19⟩ **1** *Spaziergang* **2** *Spazierweg, meist mit Grünanlagen* (Strandpromenade) [frz., „Spaziergang"]

**Promethium** ⟨n.; -s; unz.; Chem.; Zeichen: Pm⟩ *zu den Metallen der Seltenen Erden gehörendes chem. Element, Ordnungszahl 61* [nach dem grch. Titanen *Prometheus*]

**pro mille** ⟨Abk.: p. m.; Zeichen: ‰⟩ **1** *für tausend, für, auf 1000 (Stück)* **2** *vom Tausend* [lat., „für tausend"]

**Promille** ⟨n.; -s, -⟩ *ein Teil vom Tausend, Tausendstel (umg. häufig auf den Alkoholspiegel im Blut bezogen)* [< lat. *pro mille* „für tausend"]

**prominent** ⟨Adj.; -er, am -esten⟩ *hervorragend, bedeutend, allgemein bekannt, tonangebend* [< lat. *prominens* „hervorragend", Part. Präs. von *prominere* „hervorragen"]

**Prominenz** ⟨f. 20⟩ **1** *Gesamtheit der prominenten Personen* **2** ⟨veraltet⟩ *hervorragende Bedeutung* [< lat. *prominentia* „das Hervorragen"; zu *prominere* „hervorragen"]

**Promiskuität** ⟨f. 20; unz.⟩ **1** *häufiger Wechsel des Geschlechtspartners ohne gegenseitige Bindung auf längere Zeit* **2** ⟨Zool.⟩ *geschlechtl. Vermischung von Stämmen* [zu lat. *promiscuus* „gemischt, gemeinschaftlich"; zu *miscere* „mischen"]

**Promotion**[1] ⟨f. 20⟩ *Verleihung der Doktorwürde* [< spätlat. *promotio* „Beförderung"; zu lat. *movere* „bewegen"]

**Promotion**[2] ⟨[prou'mouʃən] f.; -; unz.⟩ *Verkaufsförderung* [engl.]

**Promotor** ⟨m. 23⟩ **1** *Förderer, Manager* **2** ⟨Chem.⟩ *Aktivator, Synergist, Beschleuniger, Verstärker (einer chemischen Reaktion)* [→ *Promotion*[1]]

**promovieren** ⟨[-viː-] V.; hat⟩ **I** ⟨V. i.⟩ **1** *die Doktorwürde erlangen* **2** *die Doktorarbeit schreiben* ◆ über Shakespeare promovieren; zum Dr. phil. promovieren **II** ⟨V. t.⟩ jmdn. promovieren *jmdm. die Doktorwürde verleihen* [< lat. *promovere* „vorwärts bewegen"; zu *movere* „bewegen"]

**prompt** ⟨Adj.; -er, am -esten⟩ **1** *rasch, unmittelbar, sofort* **2** *schlagfertig, ohne zu überlegen* ◆ eine prompte Antwort; prompte Erledigung eines Auftrages; ich ließ ihn einen Augenblick los, und prompt fiel er herunter [frz., „bereit, geschwind" < lat. *promptus* „bereit, verfügbar"]

**Pronomen** ⟨n.; -s, - od. -mina; Sprachw.⟩ *Wort, das für ein Nomen steht,* z. B. „er", „dieser"; Sy *Fürwort* [< lat. *pro* „für" + *Nomen*]

**pronominal** ⟨Adj.; Gramm.⟩ *als Pronomen gebraucht, in der Form eines Pronomens, fürwörtlich*

**Pronominaladjektiv** ⟨n. 11⟩ *wie ein Pronomen verwendetes Adjektiv,* z.B. kein, viel

**prononciert** ⟨[-nɔ̃siːrt] Adj.⟩ *mit Nachdruck vorgebracht, scharf betont, deutlich ausgesprochen* ◆ er war stets ein prononcierter Gegner dieses Plans; etwas prononciert kritisieren

**Propaganda** ⟨f.; -; unz.⟩ *werbende Tätigkeit für bestimmte Ziele, besonders auf politischem Gebiet* ◆ Propaganda für etwas machen [als Kurzwort herausgelöst < *Congregatio de propaganda fide,* dem Namen einer 1622 in Rom gegründeten „(päpstl.) Gesellschaft zur Verbreitung des Glaubens"; zu lat. *propagare* „weiter ausbreiten, ausdehnen"; → *propagieren*]

**propagieren** ⟨V. t.; hat⟩ etwas propagieren *für etwas Propaganda machen, für etwas werben* [< lat. *propagare* „weiter ausbreiten, ausdehnen, durch Senkreis fortpflanzen"]

**Propan** ⟨n.; -s; unz.; Chem.⟩ *aliphatischer, gasförmiger Kohlenwasserstoff,* $CH_3 - CH_2 - CH_3$, *Nebenprodukt der Kokereien u. Erdölaufbereitungsanlagen, für Beleuchtungs- u. Heizzwecke verwendet* [verkürzt < *Propylen* + *Methan*]

**Propeller** ⟨m. 3⟩ **1** ⟨Flugw.⟩ = *Luftschraube* **2** ► = *Schiffsschraube* [engl.; zu *propel* „vorwärts treiben" < lat. *propellere*]

**proper** ⟨Adj.; umg.⟩ *sauber, ordentlich* ◆ proper aussehen; proper gekleidet sein [< frz. *propre* „sauber"]

**Prophet** ⟨m. 16; bes. Rel.⟩ **1** *jmd., der etwas prophezeit, Seher* **2** ⟨bes. im AT⟩ *von Gott berufener Mahner, Weissager* **3** ⟨im Islam Bez. für⟩ *Mohammed* [< lat. *propheta* < grch. *prophetes* „Verkünder und Deuter der Orakelsprüche, Wahrsager, Prophet"]

**prophezeien** ⟨V. t.; hat⟩ **1** *vorhersagen, verkünden* **2** *weissagen, wahrsagen* ◆ er hat es dir ja prophezeit, dass es so kommen würde; Ereignisse prophezeien; gutes, schlechtes Wetter prophezeien [< mhd. *prophetien, prophezien;* → *Prophet*]

**prophylaktisch** ⟨Adj.⟩ *vorbeugend, verhütend*

**Prophylaxe** ⟨f. 19; Med.⟩ *Vorbeugung, Verhütung von Krankheiten* [< grch. *prophylaxis* „Vorsicht"]

**Proportion** ⟨f. 20⟩ **1** *Größenverhältnis* **2** ⟨Math.⟩ *Verhältnisgleichung* ◆ gute Proportionen haben ⟨umg.⟩ *eine Figur mit gut ausgewogenen Formen;* die Zeichnung ist in den Proportionen falsch, richtig [< lat. *proportio* „entsprechendes Verhältnis, Ebenmaß; zu *portio* „Anteil"]

P

**proportional** ⟨Adj.⟩ *hinsichtlich der Proportion(en), eine Proportion ausdrückend, im gleichen Verhältnis stehend* ◆ proportionale Konjunktion ⟨Gramm.⟩ *Konjunktion, die in Verbindung mit einer anderen Konjunktion des Verhältnis eines Sachverhaltes zu einem anderen ausdrückt,* z. B. je – desto

**Proportionalwahl** ⟨f. 20; Pol.⟩ = *Verhältniswahl;* Sy ⟨schweiz.⟩ *Proporz (2)*

**proportioniert** ⟨Adj.⟩ *in einem Verhältnis zueinander stehend* (von Maßen) ◆ Gewinn und Aufwand sind schlecht proportioniert

**Proporz** ⟨m. 1; Pol.⟩ **1** ⟨österr.⟩ *Verteilung der Mandate, Ämter usw. nach dem Stimmenverhältnis bei der Proportionalwahl* **2** = ⟨schweiz.⟩ *Proportionalwahl* [→ *Proportion*]

**Proposition** ⟨f. 20⟩ **1** ⟨Sprachw.; bes. in der Sprechakttheorie⟩ *Inhalt, Wahrheitswert der Bedeutung einer sprachlichen Äußerung;* → a. *Illokution, Lokution, Perlokution* **2** ⟨veraltet⟩ *Vorschlag* **3** *Antrag* **4** *Angebot* [< lat. *propositio* „Vorstellung, Vorsatz"; zu *proponere* „öffentlich vorlegen"]

**Propst** ⟨m. 1u⟩ **1** ⟨kath. Kirche⟩ *Leiter der äußeren Angelegenheiten eines Kapitels od. Stifts* (Dompropst, Stiftspropst) **2** ⟨in einigen evangelischen Landeskirchen⟩ *Leiter mehrerer Superintendenturen* [< ahd. *probost* < spätlat. *propositus,* für lat. *praepositus* „Vorgesetzter" < *prae* „vor" + *ponere* „setzen, stellen"]

**Propyläen** ⟨Pl.⟩ **1** *Säulenvorhalle griechischer Tempel od. anderer monumentaler Gebäude* **2** *mit Säulen versehener Eingang od. Durchgang* [< grch. *propylaia* „Vorhalle" < *pro* „vor" + *pyle* „Tor"]

**Prosa** ⟨f.; -; unz.⟩ **1** ⟨Lit.⟩ *nicht durch Verse, Rhythmus od. Reim gebundene Sprachform;* Ggs *Poesie (1.2)* **2** ⟨fig.⟩ *Nüchternheit, Nüchternes* ◆ die Prosa des Alltags ⟨fig.⟩; Poesie und Prosa; Prosa schreiben; das ist ja nur gereimte Prosa ⟨umg.⟩ *das sind schlecht gereimte Verse* [< lat. *prosa (oratio)* „geradeaus gerichtete (= schlichte) Rede"]

**prosaisch** ⟨[-za:ɪʃ] Adj.⟩ **1** ⟨Lit.⟩ *in Prosa (geschrieben, abgefasst);* Ggs *poetisch* **2** ⟨meist fig.⟩ *nüchtern, alltäglich* ◆ ein prosaischer Mensch; etwas (ganz) prosaisch ausdrücken

## PROTOZOEN

Protozoen bevorzugen feuchte Lebensräume und sind in Wasser, im Feuchtigkeitsfilm über Bodenteilchen oder im Inneren anderer Lebewesen anzutreffen. Eine Ausnahme unter den meist allein lebenden Protozoen stellen die Glockentierchen dar, die bevorzugt Kolonien bilden.

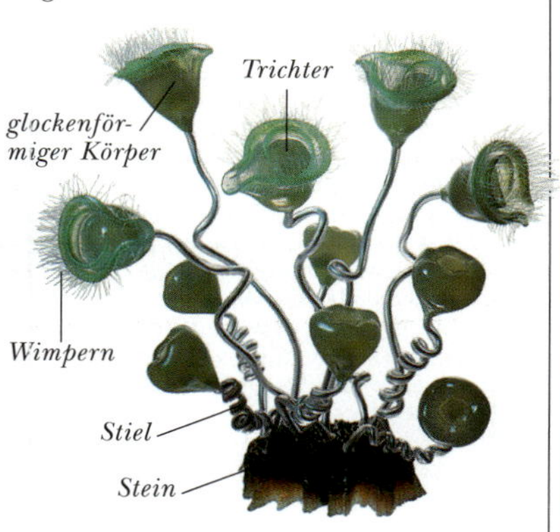


MODELL EINER GRUPPE VON PROTOZOEN (GLOCKENTIERCHEN)

**Prosecco** ⟨m. 6⟩ *ital. Schaum- od. Weißwein* [ital.; zu *secco* „trocken"]

**Proseminar** ⟨n. 11⟩ *Vorseminar, einführendes Seminar, Vorstufe zum Hauptseminar* [< lat. *pro* „vor" + *Seminar*]

**Prospekt** ⟨m. 1⟩ **1** *meist perspektivisch übertriebene Ansicht, bildliche Darstellung (von Gebäuden, Straßen, Plätzen);* → a. *Vedute* **2** *(meist bebilderte) Werbeschrift* **3** *Preisliste* **4** ⟨Mus.⟩ *Schauseite der Orgel* (Orgelprospekt) [< lat. *prospectus* „Hinblick, Aussicht"; zu *specere* „schauen"]

**prospektiv** ⟨Adj.⟩ **1** *in der Art einer Aussicht, Möglichkeit* **2** *vorausschauend* **3** *die Weiterentwicklung betreffend* [< lat. *prospectivus* „die Aussicht betreffend"; → *Prospekt*]

**prosperieren** ⟨V. i.; hat⟩ *gedeihen, blühen, gut vorankommen (bes. wirtschaftlich)* [< frz. *prospérer* „gedeihen" < lat. *prosperare* „gedeihen lassen"]

**Prostata** ⟨f.; -, -tae [-tɛ:] Anat.⟩ = *Vorsteherdrüse* [< grch. *pro* „vor" + Stamm *sta-* „stehen"]

**prostituieren** ⟨V. t.; hat⟩ **1** *bloßstellen, preisgeben* **2** sich prostituieren **2.1** *sich unter Verletzung moralischer Wertmaßstäbe für etwas hergeben, um einen persönl. Vorteil zu erzielen* **2.2** *der Prostitution nachgehen* [< frz. *prostituer* „der Unzucht preisgeben" < lat. *prostituere* „vorn hinstellen, öffentlich preisgeben"]

**Prostituierte** ⟨f. 30⟩ *Frau, die sich gewerbsmäßig Männern zum Geschlechtsverkehr zur Verfügung stellt;* Sy *Freudenmädchen*

**Prostitution** ⟨f. 20; unz.⟩ *gewerbsmäßige körperliche Hingabe zum Geschlechtsverkehr* [frz., „gewerbsmäßige Unzucht" < lat. *prostitutio* „Preisgebung zur Unzucht"; → *prostituieren*]

**Protagonist** ⟨m. 16⟩ **1** ⟨Theat.⟩ *der erste Schauspieler des altgrch. Theaters* **2** ⟨Lit.; Roman⟩ *handelnde Person, Hauptfigur* **3** ⟨fig.⟩ *Vorkämpfer (für eine Sache)* [< grch. *protos* „erster" + *agon* „Wettkampf"]

**Protegé** ⟨[-ʒe:] m. 6⟩ *jmd., der protegiert wird, Günstling* [frz., „Schützling", eigtl. „beschützt", Part. Perf. von *protéger* „schützen, beschützen"]

**protegieren** ⟨[-ʒi:-] V. t.; hat⟩ **1** *fördern, begünstigen* **2** *schützen* [< frz. *protéger* „schützen, beschützen"]

**Proteine** ⟨[-tei:-] Pl.; Chem.⟩ *hochmolekulare Verbindungen aus Kohlenstoff-, Wasserstoff-, Stickstoff- u. Sauerstoffatomen, z. T. auch Phosphor u. Schwefel, die durch Verknüpfung von Aminosäuren unter Wasseraustritt entstehen u. durch die Peptidbindung charakterisiert werden, neben den Kohlenhydraten u. Fetten die wichtigsten Bestandteile aller Lebewesen, indem sie Zellstrukturen bilden u. z. T. am Stoffwechsel beteiligt sind (Enzyme);* Sy *Eiweiße* [zu grch. *protos* „der erste"]

**Protektion** ⟨f. 20⟩ **1** *Schutz* **2** *Förderung, Gönnerschaft* [< frz. *protection* „Schutz" < lat. *protectio* „Schutz"]

**Protest** ⟨m. 1⟩ **1** *Einspruch, Widerspruch* **2** *Beurkundung der vergebl. Präsentation eines Wechsels auf diesem selbst od. auf einem angefügten Blatt* ◆ Protest erheben (gegen) [< ital. *protesto* „Widerspruch, Einspruch"; zu *protestare* < lat. *protestari* „öffentlich bezeugen, erklären, eine Gegenerklärung abgeben, missbilligen"]

**Protestant** ⟨m. 16; Rel.⟩ *Angehöriger der protestant. Kirche* [< lat. *protestans,* Part. Präs. von *protestari* „öffentlich bezeugen, eine Gegenerklärung abgeben, missbilligen", nach dem Protest der ev. Stände auf dem Reichstag zu Speyer 1529 gegen die Wiederherstellung des Wormser Edikts, das alle kirchl. Reformen verbot]

**protestantisch** ⟨Adj.; Rel.⟩ *zum Protestantismus gehörend, auf ihm beruhend;* → a. *evangelisch*

**Protestantismus** ⟨m.; -; unz.; Rel.⟩ *Gesamtheit der aus der Reformation hervorgegangenen christl. Kirchen*

**protestieren** ⟨V. i.; hat⟩ *widersprechen, Einspruch erheben, sich gegen etwas verwahren* ◆ ich protestiere!; dagegen muss ich energisch protestieren [< frz. *protester* „beteuern, versichern, Einspruch erheben" < lat. *protestari;* → *Protest*]

**Protestnote** ⟨f. 19; Pol.⟩ *offizieller schriftlicher Einspruch, Protest gegen die Verhaltensweise einer Partei od. Regierung*

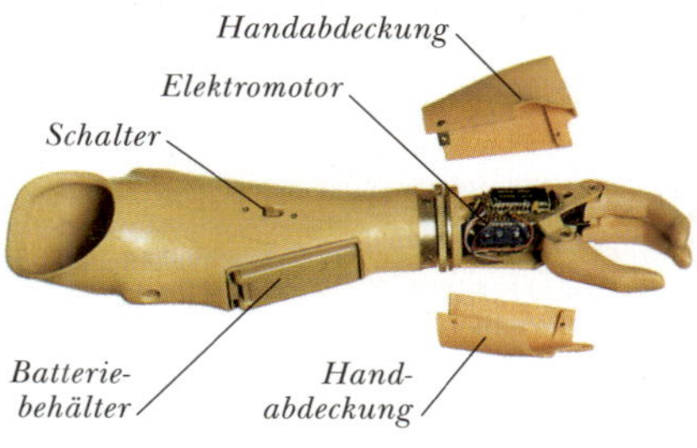


PROTHESE: ARMPROTHESE

**Prothese** ⟨f. 19⟩ **1** ⟨Med.⟩ **1.1** ▲ *Ersatzglied, künstl. Glied;* Sy *Kunstglied* **1.2** *künstliche Zähne;* Sy *Zahnersatz* **2** ⟨Sprachw.⟩ *Voransetzen eines Lautes vor den Wortanfang ohne Bedeutungsveränderung,* z. B. frz. „esprit" aus lat. „spiritus" [< älter *Prothesis, Prosthesis* < grch. *prosthesis* „das Hinzufügen, das Ansetzen"]

**Protokoll** ⟨n. 11⟩ **1** *gleichzeitig erfolgende od. erfolgte (wortgetreue) Niederschrift einer Verhandlung od. eines Verhörs* **2** *Gesamtheit der Regeln für Höflichkeit u. angemessene Form im diplomat. Verkehr, diplomat. Etikette* ◆ Chef des Protokolls *Diplomat, der für die Einhaltung des Protokolls verantwortlich ist;* Protokoll eines Prozesses; ein Protokoll aufnehmen; das Protokoll führen; das Protokoll schreibt vor, dass ...; laut Protokoll hat der Angeklagte ...; eine Aussage zu Protokoll geben, zu Protokoll nehmen [< mlat. *protocollum* < mgrch. *protokollon;* < grch. *protos* „der erste" + *kolla* „Leim"; urspr. ein den amtl. Papyrusrollen vorgeleimtes Blatt mit Angaben über Entstehung u. Verfasser des Papyrus]

**protokollieren** ⟨V.; hat⟩ **I** ⟨V. t.⟩ *zu Protokoll nehmen, urkundlich niederschreiben* **II** ⟨V. i.⟩ *das Protokoll führen* [< mlat. *protocollare* „ein Protokoll anfertigen"]

**Proton** ⟨n.; -s, -en; Abk.: p⟩ *positiv geladenes Elementarteilchen, zusammen mit dem Neutron Baustein von Atomkernen* [< grch. *proton* „das erste"]

**Protoplasma** ⟨n.; -s; unz.; Biol.⟩ *die von der Zellmembran umhüllte Grundsubstanz der lebenden Zelle, in der alle Lebensvorgänge ablaufen, Plasma* [< grch. *protos* „erster" + *plassein* „gestalten, bilden"]

**Prototyp** ⟨m. 23⟩ **1** *Urbild, Vorbild, Muster* **2** *Normalmaß* **3** *erster Abdruck* **4** *erste Ausführung eines Flugzeugs, Fahrzeugs oder einer Maschine, die so weit entwickelt ist, dass danach der Serienbau erfolgt* ◆ er ist der Prototyp eines romantischen Dichters, eines Spießbürgers [< grch. *protos* „erster" + *typos* „Abdruck, Bild"]

**Protozoon** ⟨n.; -s, -zoen; Zool.⟩ ◄ *einzelliges Tier* [< grch. *protos* „erster" + *zoon* „Lebewesen"]

**Protuberanz** ⟨f. 20⟩ **1** *Eruption von Gasmassen (auf der Sonne)* **2** ⟨Anat.⟩ *natürl. Vorsprung (an Organen, Knochen)* [zu lat. *protuberare* „hervorschwellen"]

**Protz** ⟨m. 1 od. 16; umg.⟩ *Wichtigtuer, Angeber, Prahler* (Geldprotz, Kraftprotz) [urspr. „Kröte"; zu einer sprachl. Wurzel mit der Bedeutung „schwellen"]

**Protze** ⟨f. 19; Mil.⟩ ► *zweirädriger Vorderwagen von Geschützen* [< ital. *biroccio* „Zweiradkarren" < spätlat. *birotium* < lat. *bi...* „zwei" + *rota* „Rad"]

**protzen** ⟨V. i.; hat; umg.⟩ *prahlen, plump wichtig tun* ◆ mit seinen Erfolgen, seinem Geld, seiner Kraft protzen [→ *Protz*]

**provenzalisch** ⟨[-vɛn-] Adj.⟩ *zu der südfranzösischen Landschaft Provence gehörend, aus ihr stammend* ◆ provenzalische Sprache *Langue d'oc,* ⟨früher⟩ *Limousinisch,* ⟨MA⟩ *Lenga Romana, die noch heute in der Provence gesprochenen Mundarten*

**Proviant** ⟨[-vi-] m.; -s; unz.⟩ *Lebensmittel für einen begrenzten Zeitraum, Mundvorrat* (Reiseproviant) ◆ genügend Proviant mitnehmen; Proviant für drei Tage; sich od. jmdn. mit Proviant ausrüsten, versehen, versorgen [1.: < mndrl. *provande* < afrz. *provende* „Mundvorrat"; 2.: < ital. *provianda* „Mundvorrat"; beide < vulgärlat. *probenda,* für lat. *praebenda* „das Darzureichende"; zu *praebere* „darreichen"]

**Provider** ⟨[prou'vaidə(r)] m. 3⟩ *Anbieter (bes. von Onlinediensten)* [engl., eigtl. „Ernährer"]

**Provinz** ⟨[-vints] f. 20⟩ **1** *Landesteil, Verwaltungsbezirk* **2** ⟨fig.⟩ *ländl. (u. meist etwas rückständige) Gegend* ◆ aus der Provinz kommen, stammen ⟨fig.⟩; wir leben hier wie in der Provinz ⟨fig.⟩ [< lat. *provincia* „Herrschaftsbereich, unter röm. Oberherrschaft u. Verwaltung stehendes eroberes Gebiet außerhalb Italiens", dann „Gegend, Bereich"]

**provinzial** ⟨[-vin-] Adj.⟩ *eine Provinz betreffend, zu ihr gehörend*

P

**provinziell** ⟨[-vin-] Adj.⟩ *kleinstädtisch, beschränkt (in den Ansichten)* [→ *Provinz*]

**Provision** ⟨[-vi-] f. 20⟩ *Vermittlungsgebühr, Vergütung durch prozentualen Gewinnanteil* ◆ auf Provision arbeiten [< ital. *provvigione* „Vorsorge", dann „Vorrat, Erwerb, Vergütung" < lat. *provisio* „Vorausschau, Vorsorge"; zu *providere* „vorhersehen"]

**provisorisch** ⟨[-vi-] Adj.⟩ *vorübergehend, vorläufig, behelfsmäßig* ◆ eine provisorische Lösung [< frz. *provisoire*]

**Provitamin** ⟨[-vit-] n. 11⟩ *Vorstufe eines Vitamins* [< lat. *pro* „vor" + *Vitamin*]

**provokant** ⟨[-vo-] Adj.; -er, am -esten; geh.⟩ *provozierend, herausfordernd* ◆ provokante Äußerungen, Bemerkungen [< frz. *provocant* „herausfordernd"]

**provozieren** ⟨[-vo-] V. t.; hat⟩ **1** etwas provozieren *heraufbeschwören, hervorrufen* **2** jmdn. provozieren *jmdn. zu einer unbedachten Handlung veranlassen, jmdn. herausfordern* ◆ eine Krankheitserscheinung provozieren; ein solches Verhalten wirkt provozierend [< lat. *provocare* „heraus-, hervorrufen"; zu *vocare* „rufen"]

**Prozedere** ⟨n.; -, -; geh.⟩ = *Procedere*

**prozedieren** ⟨V. i.; hat; veraltet⟩ *verfahren, zu Werke gehen, vorgehen* [< lat. *procedere* „vorrücken, fortschreiten, vor sich gehen"; zu *cedere* „einhergehen"]

**Prozedur** ⟨f. 20⟩ **1** *(langwierige, schwierige) Behandlung, (mühsames) Verfahren* **2** *Rechtsgang* **3** ⟨EDV⟩ *als Programm formulierte Anweisung, die durch Aufruf des Prozedurnamens mehrfach od. auch in anderen Programmen als Unterprogramm verwendet werden kann*

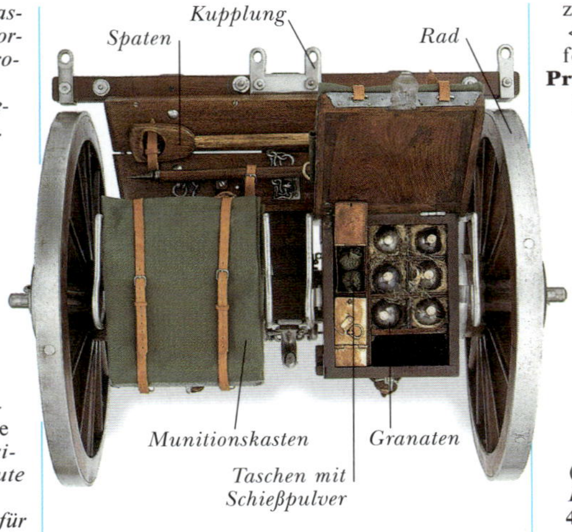


PROTZE EINES GESCHÜTZES AUS DEM 19. JH.

**Prozent** ⟨n. 11; nach Zahlen Pl.: -; Abk.: p.c.; Zeichen: %⟩ **1** *der hundertste Teil, Hundertstel* **2** Prozente ⟨Pl.⟩ *nach Prozenten berechneter Gewinnanteil* ◆ Prozente für eine Arbeit bekommen; Prozente (beim Verkauf einer Ware) geben; 10 Prozent Bedienungszuschlag; der Schnaps enthält 40 Prozent Alkohol; es waren höchstens 75 Prozent aller Mitglieder anwesend; das Kapital verzinst sich mit 4 Prozent [< *pro cento,* latinisiert < ital. *per cento* „für hundert"]

**...prozentig** ⟨Adj.; in Zus.⟩ *eine bestimmte Zahl von Prozenten enthaltend,* z. B. dreiprozentig, ⟨in Ziffern⟩ 3 %ig, 3-prozentig

**prozentual** ⟨Adj.⟩ *in Prozenten (ausgedrückt, gerechnet), im Verhältnis zum Ganzen (betrachtet)* ◆ die Anzahl der Kranken ist prozentual (gerechnet) sehr hoch

**Prozess** ⟨m. 1⟩ **1** *Gerichtsverfahren, Rechtsstreit* **2** *Vorgang, Verlauf* (Entwicklungsprozess, Fäulnisprozess, Wachstumsprozess) ◆ in dem Prozess **Müller** gegen Schulze ◆ einen Prozess (gegen jmdn.) **anstrengen,** führen; einen Prozess **gewinnen,** verlieren ◆ **chemischer** Prozess *chem. Vorgang bei der Umwandlung von Stoffen;* **langwieriger,** schwieriger Prozess [< lat. *processus* „Fortschreiten, Fortgang, Verlauf", mlat. „Handlungsweise, Rechtsstreit"; zu *procedere* „vorwärts schreiten"]

**prozessieren** ⟨V. i.; hat⟩ *einen Prozess führen* ◆ gegen jmdn. prozessieren

**Prozession** ⟨f. 20⟩ **1** ⟨kath. Kirche⟩ *feierl. Umzug der Geistlichen u. der Gemeinde, Bittgang, Dankgang* (Fronleichnamsprozession) **2** ⟨allg.⟩ *feierl. Aufzug, Umzug* [< lat. *processio* „das Vorrücken, feierl. Aufzug"; zu *procedere* „vorwärts schreiten"]

**Prozessor** ⟨m. 23; EDV⟩ *Steuerungsteil eines Computers*

**prüde** ⟨Adj.; meist abwertend⟩ *in geschlechtl. Dingen übertrieben sittsam, zimperlich* [< frz. *prude* „prüde, geziert"]

**prüfen** ⟨V. t.; hat⟩ **1** jmdn. prüfen **1.1** *jmds. Kenntnisse, Leistungen, Wissen feststellen* **1.2** *jmds. Eignung für etwas untersuchen* **2** eine Sache prüfen *die Richtigkeit einer Sache erkunden* **3** sich prüfen *sein Gewissen erforschen* ◆ einen **Examenskanditaten,** Schüler prüfen; eine **Maschine** prüfen; eine **Rechnung** prüfen ◆ etwas **gründlich,** gewissenhaft prüfen ◆ eine Behauptung **auf** ihre Wahrheit prüfen ◆ er ist vom Leben schwer geprüft ⟨fig.⟩ *er hat viel Schweres erleben müssen* [< mhd. *brüeven, prüeven* „erwägen, zählen, zurechtmachen, erproben" u. a. < lat. *probare* „billigen, untersuchen, prüfen, erproben"]

**Prüfer** ⟨m. 3⟩ **1** *jmd., (meist Lehrer), der jmdn. (den Prüfling) auf seine Kenntnisse, Leistungen prüft* **2** *jmd., der etwas auf seine Richtigkeit untersucht* (Wirtschaftsprüfer)

**Prüfling** ⟨m. 1⟩ *jmd., der geprüft wird, Prüfungskandidat*

**Prüfstand** ⟨m. 1u⟩ *Anlage, die es ermöglicht, all die Umweltbedingungen zu erzeugen, denen eine Maschine bei ihrer Verwendung ausgesetzt ist, u. dabei ihre Leistung zu messen* ◆ sich auf dem Prüfstand befinden ⟨fig.⟩ *einer genauen Prüfung unterzogen werden*

**Prüfung** ⟨f. 20⟩ **1** *Untersuchung auf Kenntnisse, Leistungen, Fähigkeiten* (Abschlussprüfung, Universitätsprüfung, Zwischenprüfung) **2** *Feststellung der Eignung* (Eignungsprüfung) **3** *Untersuchung auf die Richtigkeit, den Zustand (einer Sache)* **4** ⟨fig.⟩ *Heimsuchung, schwerer Schicksalsschlag* ◆ eine Prüfung **abhalten;** eine Prüfung **ablegen;** eine Prüfung **bestehen,** nicht bestehen; (schwere) Prüfungen **durchmachen,** durchstehen ⟨fig.⟩ *Schweres im Leben erleiden;* sich einer Prüfung **unterziehen** ◆ **eingehende,** gründliche, sorgfältige Prüfung; **juristische,** medizinische, philologische Prüfung; **mündliche,** schriftliche Prüfung ◆ sich **auf** eine Prüfung vorbereiten; **durch** die Prüfung fallen

PSYCHEDELISCHE KUNST: PSYCHEDELISCHES POSTER DER SECHZIGER JAHRE

**Prügel I** ⟨m. 5⟩ *Stock, Knüppel* **II** Prügel ⟨Pl.⟩ *Schläge* ◆ jmdm. eine Tracht Prügel verabreichen; Prügel bekommen, beziehen; komm her, oder es gibt, setzt Prügel!; du verdienst Prügel, wenn du das tust! ⟨umg.⟩ [< mhd. *brügel* „Holzscheit, Knüttel"]

**prügeln** ⟨V. t.; hat⟩ *schlagen, mit Schlägen bestrafen* ◆ sich (eigtl. einander) prügeln

**Prunk** ⟨m. 1; unz.⟩ *Prachtentfaltung, üppig zur Schau gestellter Reichtum* [< mnddt. *prunk* „Aufwand, Zierde"; verwandt mit *prangen*]

**prunkvoll** ⟨Adj.⟩ *prächtig (ausgestattet), üppig, von Gold, Silber u. Edelsteinen glänzend*

**PS¹** ⟨Abk. für⟩ *Pferdestärke*

**PS², P. S.** ⟨Abk. für⟩ *Postskriptum*

**Psalm** ⟨m. 23; Rel.; Mus.⟩ *geistl. Lied aus dem Psalter* [< ahd. *psalm(o)* < kirchenlat. *psalmus* < grch. *psalmos* „das Zupfen der Saiten eines Musikinstrumentes, Saitenspiel, zum Saitenspiel vorgetragenes Lied, Psalm"; zu *psallein* „berühren, die Saite zupfen"]

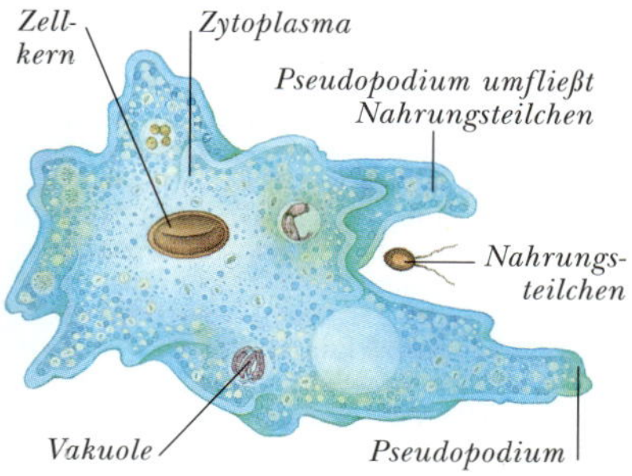


PSEUDOPODIEN EINER AMÖBE

**Psalter** ⟨m. 3⟩ **1** ⟨Rel.⟩ *Buch mit den 150 geistlichen Liedern des AT* **2** ⟨Mus.⟩ *Hackbrett (2)* **3** ⟨Zool.⟩ *Blättermagen (der Wiederkäuer)* [< kirchenlat. *psalterium* < grch. *psalterion* (Name eines Saiteninstruments); → *Psalm*]

**Pseudonym** ⟨n. 11⟩ *angenommener Name, Deckname (bes. von Schriftstellern)* ◆ das kritische Buch über den Golfkrieg erschien unter einem Pseudonym [< grch. *pseudein* „täuschen" + *onyma* „Name"]

**Pseudopodium** ⟨n.; -s, -dien; Biol.⟩ ▲ *vorübergehende Bildung eines Fortsatzes aus Plasma, der vielen Wurzelfüßern die Fortbewegung ermöglicht;* Sy *Scheinfüßchen* [< grch. *pseudein* „täuschen" + *pous,* Gen. *podos* „Fuß"]

**pseudowissenschaftlich** ⟨Adj.⟩ *sich den Anschein der Wissenschaftlichkeit gebend* ◆ eine pseudowissenschaftliche Theorie

**Psi** ⟨n. 15⟩ **I** ⟨zählb.; Zeichen: ψ, Ψ⟩ *23. Buchstabe des grch. Alphabets* **II** ⟨unz.; Parapsych.⟩ *das bestimmende Element eines außersinnlichen Vorgangs*

**Psychagoge** ⟨m. 17; Med.⟩ *Heilpädagoge mit vierjähriger theoret. u. prakt. Ausbildung* [< grch. *psyche* „Seele" + *agogos* „führend; Führer"; zu *agein* „führen"]

**Psychagogik** ⟨f.; -; unz.; Med.⟩ *Gesamtheit pädagogisch-therapeutischer Maßnahmen zur Behandlung von Verhaltensstörungen* [→ *Psychagoge*]

**Psyche** ⟨f. 19⟩ **1** *Seele, seelisch-geistiges Leben* **2** ⟨österr. a.⟩ *Frisiertoilette* [< grch. *psyche* „Lebensodem, Lebenskraft, Seele"]

**psychedelisch** ⟨Adj.⟩ *bewusstseinserweiternd, Farben, Formen, Klänge aus dem Unbewussten hervorrufend;* oV *psychodelisch* ◆ psychedelische Drogen; psychedelische Kunst ◄ *Werke, die unter Drogeneinfluss entstanden sind od. deren Aussage beim Betrachtenden vergleichbare Empfindungen hervorrufen soll* [< engl. *psychedelic* < *Psyche* + grch. *delos* „offenbar, klar"]

**Psychiater** ⟨m. 3; Med.⟩ *Facharzt für Geistes- sowie Gemütskrankheiten* [< grch. *psyche* „Seele" + *iatros* „Arzt"]

**Psychiatrie** ⟨f. 19; unz.; Med.⟩ **1** *Fachgebiet der Medizin, das sich mit der Erkennung u. Behandlung psych. Störungen u. Geisteskrankheiten befasst* **2** ⟨umg.⟩ *psychiatr. Klinik*

**psychisch** ⟨Adj.⟩ *die Psyche betreffend, zu ihr gehörend, seelisch* ◆ ihre psychische Verfassung war nicht immer stabil

**Psychoanalyse** ⟨f. 19; Med.⟩ **I** ⟨unz.⟩ *Methode zur Heilung psychischer Krankheiten, Störungen od. Fehlleistungen durch Bewusstmachen der ins Unterbewusstsein verdrängten Komplexe* **II** ⟨zählb.⟩ *Untersuchung u. Behandlung nach dieser Methode* ◆ sich einer Psychoanalyse unterziehen

**psychodelisch** ⟨Adj.⟩ = *psychedelisch*

**psychogen** ⟨Adj.⟩ *seelisch bedingt* [< grch. *psyche* „Seele" + *gennan* „erzeugen"]

**Psychokinese** ⟨f. 19; Parapsych.⟩ *physikalisch nicht erklärbare mechan. Einwirkung des Menschen auf Gegenstände* [< *Psyche* + grch. *kinesis* „Bewegung"]

**Psycholinguistik** ⟨f.; -; unz.; Sprachw.⟩ *Teilgebiet der Linguistik, das die psychischen Vorgänge beim Sprachgebrauch u. Sprechenlernen untersucht*

**Psychologie** ⟨f. 19; unz.⟩ *Wissenschaft von den seelischen Vorgängen* [< grch. *psyche* „Seele" + *logos* „Lehre"]

**psychologisch** ⟨Adj.⟩ *die Psychologie betreffend, auf ihr beruhend, mit ihrer Hilfe* ◆ psychologische Kampfführung *Kampfführung durch psychische Beeinflussung von Freund u. Feind;* das ist psychologisch falsch, richtig (gedacht, gehandelt, geurteilt)

**Psychopath** ⟨m. 16; Med.⟩ *an Psychopathie leidender, seelisch gestörter Mensch*

**psychopathisch** ⟨Adj.; Med.⟩ *auf Psychopathie beruhend, dadurch bewirkt, seelisch gestört*

**Psychopharmakon** ⟨n.; -s, -maka; Pharm.⟩ *auf die Psyche wirkendes Arzneimittel*

**Psychose** ⟨f. 19; Med.⟩ = *Geisteskrankheit* [zu grch. *psyche* „Seele"]

**Psychosomatik** ⟨f.; -; unz.⟩ *Lehre von den Beziehungen zwischen Körper u. Seele* [< grch. *psyche* „Seele" + *soma* „Körper"]

**psychosomatisch** ⟨Adj.⟩ *zur Psychosomatik gehörend, auf den Beziehungen zwischen Körper u. Seele beruhend* ◆ psychosomatische Störungen

**Psychotechnik** ⟨f. 20; unz.⟩ *Anwendung der Psychologie u. ihrer Methoden auf den Arbeitsprozess*

**Psychotherapeut** ⟨m. 16; Med.⟩ *Arzt, der Kranke mit den Verfahren der Psychotherapie behandelt*

**Psychotherapie** ⟨f. 19; unz.; Med.⟩ *Krankenbehandlung (bei Neurosen, psychischen Fehlleistungen usw.) durch seelische Beeinflussung*

**psychotisch** ⟨Adj.; Psych.; Med.⟩ **1** *auf einer Psychose beruhend, zum Krankheitsbild einer Psychose gehörend* **2** *an einer Psychose erkrankt*

**Pt** ⟨Zeichen für⟩ *Platin*

**Pta** ⟨Abk. für span.⟩ *Peseta*

**Pteranodon** ⟨n.; -s, -noda⟩ *ein Flugsaurier der oberen Kreide Nordamerikas* [< grch. *pteron* „Flügel" + *an-* „nicht" + *odous,* Gen. *odontos* „Zahn"]

**Pterosaurier** ⟨[-riər] m. 3⟩ *Angehöriger einer Gruppe ausgestorbener Reptilien mit Flughäuten;* Sy *Flugsaurier, Flugechse* [< grch. *pteron* „Flügel" + *Saurier*]

**Ptolemäer** ⟨m. 3⟩ *Angehöriger einer ägypt. Herrscherfamilie (323-30 v. Chr.)*

**ptolemäisch** ⟨Adj.⟩ *von dem alexandrinischen Astronomen u. Geographen Ptolemäus stammend* ◆ ptolemäisches System ▼ *Weltbild des Ptolemäus mit der Erde als Mittelpunkt*

**Pu** ⟨Chem.; Zeichen für⟩ *Plutonium*

**Pub** ⟨[pʌb] m. 6⟩ *kleine englische Gaststätte, gemütliche Kneipe* [verkürzt < engl. *public house* „öffentliches Haus"]

**Pubertät** ⟨f. 20; unz.⟩ *Zeit des Eintritts der Geschlechtsreife* [< lat. *pubertas* „Mannbarkeit, Geschlechtsreife"; zu *pubes* „mannbar, erwachsen"]

**Publicity** ⟨[pʌ'blisiti] f.; -; unz.⟩ *Bekanntheit in der Öffentlichkeit, Aufsehen in der Öffentlichkeit* [engl., „Öffentlichkeit"]

**Publicrelations,** ⟨auch⟩ **Public Relations** ⟨['pʌblikri'lɛiʃənz] Pl.; Abk.: PR⟩ = *Öffentlichkeitsarbeit* [engl., „öffentliche Beziehungen"]

**publik** ⟨Adv.⟩ **1** *öffentlich* **2** *allgemein bekannt* ◆ eine Angelegenheit publik machen [< frz. *public* „öffentlich" < lat. *publicus* „öffentlich, staatlich, allgemein"]

**Publikation** ⟨f. 20⟩ **1** *das Publizieren, Veröffentlichen* **2** *im Druck erschienene Schrift, Veröffentlichung* [< frz. *publication* „Veröffentlichung" < spätlat. *publicatio* „Veröffentlichung"; zu lat. *publicare* „zum Staatseigentum machen, veröffentlichen"]

**Publikum** ⟨n.; -s; unz.⟩ **1** *Allgemeinheit, Öffentlichkeit,* ⟨bes.⟩ *Gesamtheit der an Kunst u. Wissenschaft interessierten Menschen* **2** *Gesamtheit der Zuhörer, Besucher (in Vorträgen, Lokalen usw.)* ◆ das Publikum lachte, pfiff, schrie, tobte; er hat in den Kindern ein dankbares Publikum für seine Späße [< spätlat. *publicum (vulgus)* „das gemeine Volk, die Öffentlichkeit"]

**publizieren** ⟨V. t.; hat⟩ *veröffentlichen, bekanntmachen, bes. im Druck* ◆ eine Zeitschrift publizieren [< lat. *publicare* „zum Staatseigentum machen, veröffentlichen"]

**Publizistik** ⟨f. 20; unz.⟩ = *Zeitungswissenschaft*

**Puck**[1] ⟨m. 6⟩ *Kobold, kleiner Dämon* [< engl., mengl. *puke,* aengl. *puca;* verwandt mit anord. *puki* „Teufel"]

**Puck**[2] ⟨m. 6; Sp.⟩ *Hartgummischeibe für Eishockey* [engl.; zu *poke* „stoßen, puffen"]

**Pudding** ⟨m. 6⟩ **1** *Süßspeise aus Milch, Zucker u. Puddingpulver* (Schokoladenpudding, Vanillepudding) **2** *Speise aus Mehl, Milch, Eiern, Butter u. Brot, Fleisch, Fisch od. Gemüse* (Brotpudding, Fleischpudding) [engl., „feine, in einer Form gekochte Mehlspeise; Blutwurst" < lat. *botulus* „Wurst"]

**Pudel I** ⟨m. 5⟩ **1** ⟨Zool.⟩ *kleine bis mittelgroße, gelehrige Hunderasse mit krausem, meist schwarzem, auch weißem, braunem od. grauem Fell;* ► *Hunde* **2** ⟨Sp.⟩ *Fehler, z. B. beim Kegeln* ◆ wie ein begossener Pudel dastehen, abziehen ⟨umg.⟩ *sehr beschämt, verlegen;* einen Pudel werfen ⟨Sp.⟩ *bei einem Wurf keine Figur umstoßen* **II** ⟨f. 21; oberdt.⟩ **1** *Ladentisch* **2** *Kegelbahn* **3** *Pfütze*

P

## PTOLEMÄISCHES SYSTEM

Der im 2. Jh. lebende ägyptische Astronom Ptolemäus betrachtete die Erde als Zentrum des Universums, um das die Sonne, der Mond und die Planeten sich drehen. Dieses geozentrische, nach ihm „ptolemäisch" genannte System, galt bis ins 16. Jh., als der polnische Astronom Nikolaus Kopernikus ein heliozentrisches System postulierte, das die Sonne ins Zentrum des Universums stellt.

DARSTELLUNG DES PTOLEMÄISCHEN SYSTEMS (1708)

## PUEBLO

Die nordamerikanischen Puebloindianer bauten zusammenhängende, oft mehrstöckige Siedlungen mit über Dachluken betretbaren Wohneinheiten. Das größte Pueblo, das von 900–1100 n. Chr. bewohnte Pueblo Bonito, umfasste über 800 Räume. In jedem Pueblo gab es mehrere kreisrunde, in die Erde versenkte Kultbauten, die so genannten Kivas.

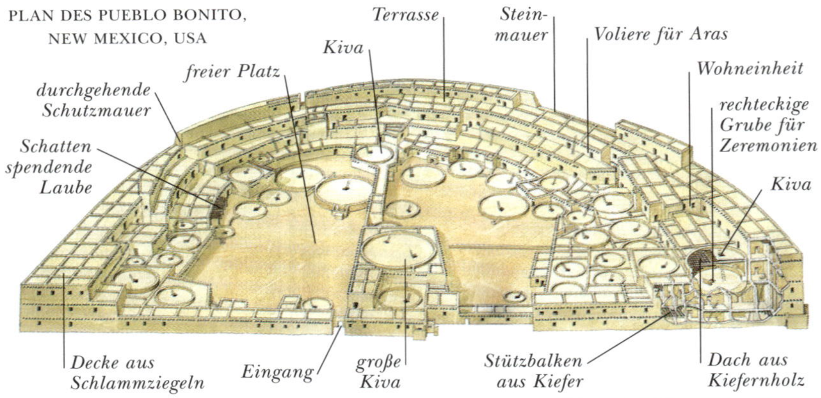

PLAN DES PUEBLO BONITO, NEW MEXICO, USA

[zu I.1: verkürzt < *Pudelhund;* zu *pudeln* „im Wasser plätschern" (der Pudel war urspr. auf Wasserjagd abgerichtet)]

**Puder** ⟨m. 3⟩ *zur Körperpflege u. zu Heilzwecken verwendetes, feines Pulver auf der Grundlage von Talkum, Stärke, Zinkoxid mit Zusätzen* [< frz. *poudre* „Staub, Pulver, Puder" < lat. *pulvis* „Staub"; verwandt mit *Pulver, Pollen, Polenta*]

**pudern** ⟨V. t.; hat⟩ *mit Puder bestäuben* ◆ sich pudern *sich das Gesicht mit Puder bestäuben;* sich das Gesicht, das Haar pudern

**Pueblo I** ⟨m. 6 od. m.; -, -⟩ *Angehöriger eines der vier Indianervölker (Zuni u. a.) im Südwesten der USA* **II** ⟨n. 15⟩ ▲ *Dorf der Pueblo mit kastenförmigen, neben- u. übereinander geschachtelten Steinhäusern* [span., „Volk, Dorf" < lat. *populus* „Volk"]

**Puerto-Ricaner** ⟨m. 3⟩ *Einwohner von Puerto Rico*

**Puff I** ⟨m. 1u⟩ **1** *Stoß, bes. mit der Faust* **2** *Aufprall (bei Zusammenstößen)* ◆ Püffe austeilen; einen Puff vertragen können ⟨fig.; umg.⟩ *nicht empfindlich sein;* jmdm. einen Puff in den Rücken, in die Seite geben **II** ⟨m. 1⟩ **1** *Bausch (an der Kleidung), Wulst* **2** *festes Sitzkissen* **3** *niedriger, gepolsterter Sitz ohne Beine u. Lehne* **4** *gepolsterter Behälter* (Wäschepuff) **III** ⟨n.; -s; unz.⟩ **1** *Würfelbrettspiel mit je 15 Steinen auf dem Puffbrett, die in das Spiel hinein- u. wieder herausgespielt werden müssen* **2** *Wurf mit gleicher Augenzahl beider Würfel* **IV** ⟨n. 15; umg.⟩ = *Bordell* [lautmalend]

**puffen** ⟨V.; hat⟩ **I** ⟨V. t.⟩ **1** jmdn. puffen *jmdm. einen Puff geben, jmdn. (mit der Faust) stoßen, knuffen* **2** etwas puffen *bauschig machen, aufblähen, weit u. faltig machen* (Ärmel, Stoff) ◆ zu allem muss man ihn puffen ⟨umg.⟩ *er braucht immer erst einen Anstoß, er tut nichts von selbst* **II** ⟨V. i.; umg.⟩ *knallen, schießen* [→ *Puff;* verwandt mit engl. *puff* „blasen, schnauben"]

**Puffer** ⟨m. 3⟩ **1** *Vorrichtung zum Auffangen von Stößen an Schienenfahrzeugen* **2** ⟨kurz für⟩ *Kartoffelpuffer* **3** *Pistole, Knallbüchse* [→ *Puff*]

**Pufferzone** ⟨f. 19⟩ **1** ⟨Pol.⟩ *Gebiet, in dem Vorkehrungen getroffen wurden, um Auseinandersetzungen einander feindlicher Kräfte zu verhindern* **2** ⟨allg.⟩ *Bereich, in dem einander entgegengesetzte Kräfte keine unerwünschten Wirkungen entfalten*

**Puffmais** ⟨m.; -es; unz.⟩ *nach dem gleichen Verfahren wie Puffreis behandelter Mais;* Sy *Popcorn*

**Puffmutter** ⟨f. 8u; umg.; abwertend⟩ *Besitzerin, Aufseherin eines Bordells*

**Puffotter** ⟨f. 21; Zool.⟩ *bis 1,5 m lange, sehr gefährliche Viper des tropischen u. südlichen Afrikas, die bei Erregung ein deutliches Zischen hören lässt u. dabei den Körper dick aufbläht: Bitis arietans;* ► *Schlangen*

**Puffreis** ⟨m.; -es; unz.⟩ *geschälter, durch Dämpfen unter hohem Druck aufgequollener u. durch plötzl. Druckabfall aufgeplatzter Reis* [< engl. *puff* „aufblasen"; → *Puff*]

**Pulk** ⟨m. 1⟩ **1** *Truppenabteilung* **2** *Flugzeugverband* **3** *Anhäufung* [< poln. *pulk,* russ. *polk* „Regiment, bes. leichter Reiter"]

**Pulli** ⟨m. 6; Kurzw. für⟩ *Pullover*

**Pullover** ⟨[-və(r)] m. 3⟩ *über den Kopf zu ziehendes, gestricktes Oberbekleidungsstück;* Sy ⟨kurz⟩ *Pulli* [< engl. *pull* „ziehen" + *over* „über"]

**Pullunder** ⟨m. 3⟩ *ärmelloser Pullover (unter dem man eine Bluse trägt)* [< engl. *pull* „ziehen" + *under* „unter"]

**Puls** ⟨m. 1⟩ *durch rhythm. Zusammenziehungen des Herzens u. dadurch stoßweises Einfließen des Blutes in die Arterien erzeugter, leichter, an manchen Körperstellen (Hals, Innenseite des Handgelenks) fühlbarer Schlag der Arterien* ◆ jmdm. den Puls fühlen (am Handgelenk, um die Tätigkeit des Herzens zu prüfen); der Puls geht ruhig, langsam, schnell; aussetzender, beschleunigter, hämmernder, matter, regelmäßiger, schwacher, unregelmäßiger, verlangsamter Puls [< mhd. *puls* < lat. *pulsus* „Schlag (der Ader)"; zu *pellere* „schlagen, stoßen, treiben"]

**Pulsader** ⟨f. 21⟩ *Arterie, Schlagader* ◆ sich die Pulsader (am Handgelenk) aufschneiden (um Selbstmord zu begehen)

**Pulsar** ⟨m. 1; Astron.⟩ ▼ *Neutronenstern, der in raschen, regelmäßigen Abständen Radiostrahlung aussendet* [→ *Puls*]

**pulsieren** ⟨V. i.; hat⟩ *durch Schlagen, Klopfen sein Leben, sein Vorhandensein zeigen* ◆ pulsierender Gleichstrom *gleichgerichteter Wechselstrom, der keine weiteren Umwandlungen erfahren hat;* pulsierendes Leben in den Straßen ⟨fig.⟩; pulsierende Vakuole *sich periodisch nach außen entleerendes, flüssigkeitsgefülltes Bläschen im Zellleib von Protozoen, dient zur Entfernung von Exkretstoffen u. zur Aufrechterhaltung des isoton. Gleichgewichts* [< lat. *pulsare* „schlagen, stoßen"; → *Puls*]

**Pulswärmer** ⟨m. 3⟩ *warme Hülle für das Handgelenk, Müffchen*

**Pult** ⟨n. 11⟩ **1** *tischähnl. Gestell mit schräger Fläche* (Lesepult, Notenpult, Schreibpult) **2** *schräg gedeckter Festungsgang* ◆ am Pult sitzen, stehen [< mhd. *pulpit* < lat. *pulpitum* „Brettergerüst"]

**Pulver** ⟨[-vər] n. 13⟩ **1** *staubfein zerteilter, fester Stoff* **2** *Arznei in Pulverform* (Schlafpulver) **3** ► = *Schießpulver* **4** ⟨fig.; umg.⟩ *Geld* ◆ er ist keinen **Schuss** Pulver wert ⟨fig.; umg.⟩ *er taugt nichts* ◆ ein Pulver **einnehmen,** verschreiben [< mhd. *pulver* „Pulver, Staub, Asche, Sand" < mlat. *pulver* < lat. *pulvis,* Gen. *pulveris* „Staub"; verwandt mit *Puder, Pollen, Polenta*]

**pulverisieren** ⟨[-və-] V. t.; hat⟩ *zu Pulver zerkleinern* [< frz. *pulvériser* „pulverisieren, zerstäuben"; zu lat. *pulvis* „Staub"]

**Puma** ⟨m. 6; Zool.⟩ ► *gelblich bis silbergrau gefärbte Raubkatze: Puma concolor;* Sy *Silberlöwe* [span. < peruan. (Ketschua)]

## PULSARE

Pulsare sind aus Supernovaexplosionen resultierende Neutronensterne, die in regelmäßigen Abständen elektromagnetische Strahlung aussenden, welche durch ein Magnetfeld stark gebündelt wird. Die schnellsten der über 500 Pulsare rotieren ca. tausend Mal pro Sekunde, was als regelmäßiges Aufleuchten zu beobachten ist.

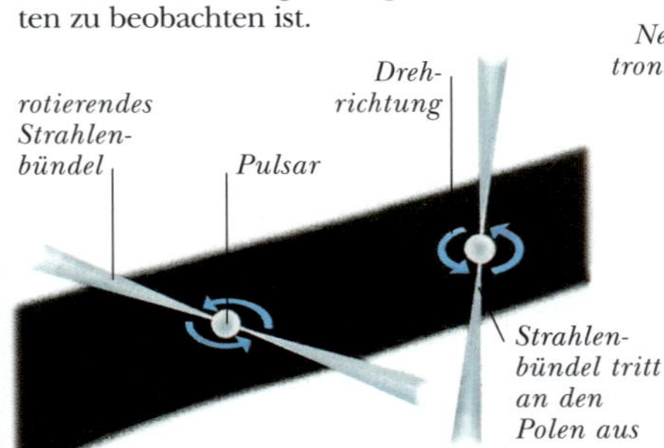

ROTATION EINES PULSARS

INNERER AUFBAU EINES PULSARS

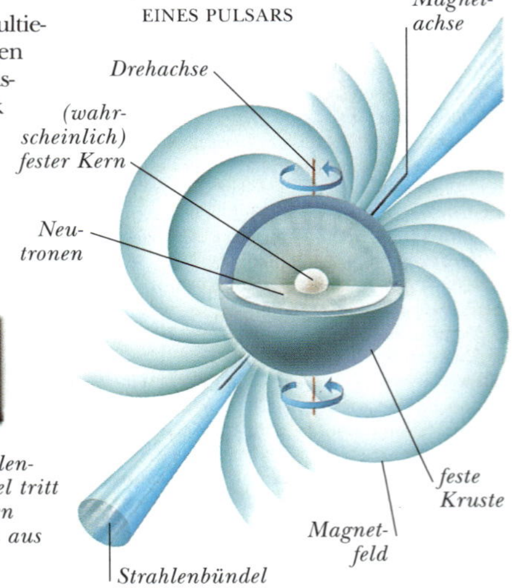

**Pump** ⟨m.; -s; unz.; umg.⟩ *Borg, das Leihen* ◆ einen Pump bei jmdm. aufnehmen *sich von jmdm. Geld borgen;* etwas auf Pump bekommen *geborgt bekommen;* auf Pump leben *von geborgtem Geld leben* [→ *pumpen*[2]]

**Pumpe** ⟨f. 19⟩ **1** ► *Arbeitsmaschine od. -gerät zum Fördern von Flüssigkeiten u. Gasen* (Luftpumpe, Wasserpumpe) **2** ⟨umg.⟩ *Spritze (für Rauschgift)* **3** ⟨umg.⟩ *Herz* [< nddt. < mndrl. *pompe* < span., port. *bomba* „Schiffspumpe"]

**pumpen**[1] ⟨V.; hat⟩ **I** ⟨V. i.⟩ *eine Pumpe betätigen* **II** ⟨V. t.⟩ *mittels Pumpe hervor-, heraufbringen* ◆ Luft pumpen; Wasser pumpen

**pumpen**[2] ⟨V. t.; hat; umg.⟩ **1** sich etwas von jmdm. pumpen *entleihen, borgen* **2** jmdm. etwas pumpen *jmdm. etwas leihen* ◆ ich habe ihm 20 Mark gepumpt; kannst du mir dein Rad, deine Schuhe pumpen?; ich habe mir von ihm 20 Mark gepumpt; er ist mit einem gepumpten Wagen losgefahren [< rotw. *pumpen* „stechen", rotw. *stechen* entspricht dt. „geben, schenken"]

**Pumpernickel** ⟨m. 5⟩ *schwarzbraunes, dichtes Brot aus Roggenschrot mit süßl. Geschmack* [vielleicht 1. Teil: lautmalend (nach der blähenden Wirkung); 2. Teil: Kurzform für *Nikolas,* urspr. Schimpfwort, also etwa „Stinknickel"]

**Pumps** ⟨[pœmps] m.; -, -⟩ *leichte Damenschuhe mit hohem od. halbhohem Absatz ohne Spangen od. Verschnürung* [engl.; Herkunft unbekannt]

PUMA
*(Puma concolor)*

**punisch** ⟨Adj.⟩ *die Punier betreffend, zu ihnen gehörend, von ihnen stammend* ◆ die Punischen Kriege *drei Kriege der Römer gegen die Punier im 3. u. 2. Jh. v. Chr.;* punische Sprache *zu den westsemit. Sprachen gehörende, tote Sprache der Punier*

**Punk** ⟨[pʌŋk] m. 6; bes. in den 70er u. 80er Jahren⟩ **I** ⟨unz.⟩ **1** *Protestbewegung der Punker* **2** ⟨Mus.; kurz für⟩ *Punkrock* **II** ⟨zählb.⟩ **1** = *Punker* **2** ⟨Mus.⟩ *Musiker des Punkrocks*

**Punker** ⟨[pʌŋ-] m. 3⟩ *Angehöriger einer von London ausgehenden Protestbewegung Jugendlicher gegen die Gesellschaft, die durch auffälliges Aussehen (z. B. grell gefärbte Haare, zerrissene Kleidung, Metallketten als Schmuck) u. rüdes Benehmen provozieren wollen;* Sy *Punk (I, 1)* [→ *Punk*]

**Punkrock** ⟨[pʌŋk-] m.; -s; unz.; Mus.⟩ *laute Rockmusik mit schnellen, hämmernden Rhythmen;* Sy ⟨kurz⟩ *Punk (I, 2)*

**Punkt** ⟨m. 1⟩ **1** *sehr kleiner Fleck, Tupfen* **2** *gedachtes geometr. Gebilde ohne Ausdehnung, gedacht als Stelle, an der sich zwei Linien schneiden* **3** ⟨Gramm.⟩ *Satzzeichen am Satzende u. bei manchen Abkürzungen* **4** *hinter eine Note gesetztes Zeichen, das die Note um ihren halben Zeitwert verlängert* **5** *bestimmter Ort, bestimmte Stelle* **6** *Zeitpunkt* **7** *Bewertungseinheit (in vielen Spielen u. Sportarten)* **8** ⟨Typ.; Abk.: p⟩ *Maßeinheit für den Schriftsatz, 0,376 mm* **9** ⟨fig.⟩ *Sache, Frage, Angelegenheit, Einzelheit* **10** *Abschnitt* **11** *Paragraph* ◆ die Linie verläuft von Punkt A nach Punkt C; eine Zehn-Punkt-Schrift; diese Schrift hat die **Größe** von 10 Punkt(en); Punkt 12 **Uhr** *pünktlich um 12 Uhr;* die einzelnen Punkte eines **Vertrages** ◆ einen Punkt **setzen,** machen ◆ es gibt in seiner Vergangenheit einige **dunkle** Punkte ⟨fig.⟩ *einige Vorfälle, über die er nicht gern spricht od. deren Bekanntwerden ihm schaden würde;* **strittiger** Punkt ⟨fig.⟩; **toter** Punkt ⟨fig.⟩ *Zeitpunkt, an dem man glaubt, nicht weiterzukönnen (beim Arbeiten, Wandern, Schwimmen u. Ä.);* der **wichtigste,** schwierigste Punkt der Sache ist ... ⟨fig.⟩ ein **wunder** Punkt ⟨fig.⟩ *eine für jmdn. unangenehme Angelegenheit* ◆ **an** diesem Punkt gabelt sich der Weg; wir kommen noch auf diesen Punkt zurück ⟨fig.⟩; er kam auf den Punkt genau *pünktlich;* eine Angelegenheit Punkt **für** Punkt durchgehen ⟨fig.⟩; die beiden Geraden schneiden sich **in** einem Punkt; in diesem Punkt bin ich anderer Meinung ⟨fig.⟩; den Gegner **nach** Punkten schlagen ⟨Sp.; Boxen⟩ [< mhd. *punct* „Punkt, Mittelpunkt, Zeitpunkt, Umstand" < lat. *punctum,* eigtl. „das Gestochene, der Einstich", Part. Perf. Neutr. von *pungere* „stechen"]

**Punktauge** ⟨n. 28; Zool.⟩ ▼ *primitives Sinnesorgan niederer Tiere zur Wahrnehmung der Richtung des Lichts;* Sy *Ozelle*

**punkten** ⟨V.; hat⟩ **I** ⟨V. t.⟩ *mit Punkten versehen, tüpfeln* ◆ gepunkteter Stoff **II** ⟨V. i.; Sp.⟩ *Punkte sammeln*

**punktieren** ⟨V. t.; hat⟩ **1** jmdn. punktieren ⟨Med.⟩ *an jmdm. eine Punktion vornehmen* **2** etwas punktieren *mit vielen Punkten versehen* ◆ einen Teil einer schematischen Darstellung punktieren; punktierte Linie *durch Punkte angedeutete Linie* [< mlat. *punctare* „Einstiche, Punkte machen"; zu lat. *pungere* „stechen"]

**Punktion** ⟨f. 20; Med.⟩ *Entnahme von Flüssigkeit od. Gewebsstückchen aus dem Körper mit feinen Instrumenten (Punktiernadeln) für diagnost. Zwecke* [< lat. *punctio* „das Stechen"; zu *pungere* „stechen"]

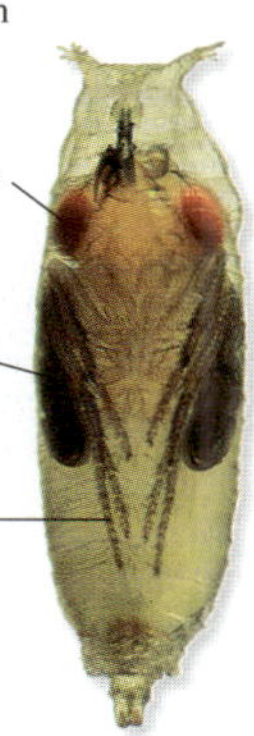


PUPPE EINER ESSIGFLIEGE

**pünktlich** ⟨Adj.⟩ **1** *zur rechten Zeit, auf die Minute genau* **2** *gewissenhaft, genau* ◆ pünktlich um 3 Uhr; pünktlich ankommen, gehen; es wird pünktlich erledigt

**punktuell** ⟨Adj.⟩ **1** *an, in einzelnen Punkten, einzelne Punkte betreffend* **2** ⟨Gramm.⟩ *Aktionsart von Verben, die ein Geschehen kennzeichnet, das auf einen kurzen Zeitpunkt begrenzt ist,* z. B. „platzen"

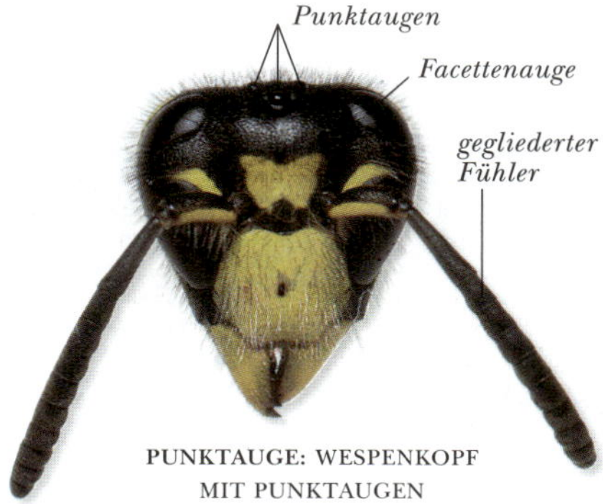


PUNKTAUGE: WESPENKOPF MIT PUNKTAUGEN

## PUMPE

Die einfachste Form einer Pumpe ist die Saugpumpe, mit der Wasser aus dem Boden gefördert werden kann. Wird ihr Handgriff betätigt, hebt sich der Kolben, worauf sich das Zylindervolumen vergrößert und Wasser durch das Saugventil nach oben strömt.

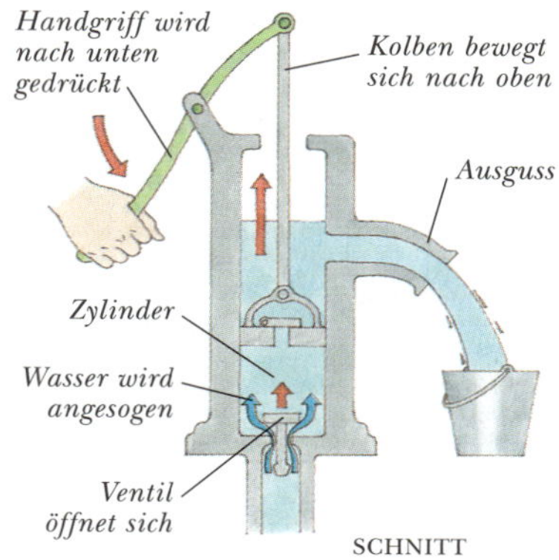


SCHNITT DURCH EINE SAUGPUMPE

**Punsch** ⟨m. 1; unz.⟩ *Mischgetränk aus Rum od. Arrak mit Wasser od. Tee, auch Wein, u. Zucker, meist heiß getrunken* [< engl. *punch* < hind. *pantsch* „fünf", nach den fünf Grundbestandteilen]

**Punschglas** ⟨n. 12u⟩ *Trinkglas mit Henkel ohne Fuß für Punsch*

**Punze** ⟨f. 19⟩ **1** *meißelartiger Stempel zum Treiben erhabener Muster in Metall* **2** *Stahlstift für Lederarbeiten* **3** ⟨österr.⟩ *eingestanztes Zeichen zur Angabe des Goldgehalts* [< mhd. *punze* „Stichel" < ital. *punzone* „Stoß, Stempel" < lat. *punctio,* Gen. *punctionis* „das Stechen"; zu *pungere* „stechen"]

**punzen** ⟨V. t.; hat⟩ **1** *mit der Punze stanzen, treiben* (Metall, Leder) **2** *mit dem Prüfungszeichen stempeln* (Gold)

**Pupille** ⟨f. 19⟩ *die Öffnung der Regenbogenhaut des Auges* [< lat. *pupilla* „Pupille", Verkleinerungsform zu *pupa* „Mädchen, Puppe" (nach dem Püppchen, als das sich der Betrachter in den Augen seines Gegenübers abbildet)]

**Puppe** ⟨f. 19⟩ **1** *Kinderspielzeug in Form eines kleinen Menschen* **2** *Figur des Puppen- u. Kasperletheaters* (Handpuppe, Kasperpuppe) **3** ⟨sinnbildl.⟩ *unselbständige, dem Willen anderer unterworfene Person* **4** *Gebilde in Form einer menschl. Gestalt od. des menschl. Rumpfes zum Anprobieren od. Ausstellen von Kleidung* (Schaufensterpuppe, Schneiderpuppe) **5** ⟨fig.⟩ ▲ *Hülle, in der Insekten mit vollkommener Verwandlung ein Ruhestadium durchmachen* **6** *mehrere aufrecht zusammengestellte Getreidegarben* ◆ mit Puppen spielen [< spätmhd. *puppe* < lat. *pupa* „Mädchen, Puppe"]

**pur** ⟨Adj.⟩ *rein, lauter, unverfälscht, unverdünnt* ◆ pures Gold; aus purer Neugierde *nur aus Neugierde;* das ist der pure Wahnsinn ⟨umg.⟩; es war purer Zufall; den Whisky pur trinken [< lat. *purus* „rein"]

**Püree** ⟨n. 15⟩ *Brei, Mus* (Erbspüree, Kartoffelpüree) [< frz. *purée* „Brei aus Hülsenfrüchten"; zu *purer* „reinigen"; zu lat. *purus* „rein"]

**pürieren** ⟨V. t.; hat⟩ *zu Püree verarbeiten* ◆ Kartoffeln pürieren

**Purismus** ⟨m.; -; unz.⟩ *(übertriebenes) Streben, die Sprache von Fremdwörtern zu reinigen* [zu lat. *purus* „rein"]

**puritanisch** ⟨Adj.⟩ **1** ⟨Rel.⟩ *auf dem Puritanismus beruhend, von ihm ausgehend* **2** ⟨fig.⟩ *sittenstreng*

**Puritanismus** ⟨m.; -; unz.; Rel.⟩ *seit etwa 1560 Bewegung in der englischen protestantischen Kirche, die im Sinne Calvins die Kirche von kath. Elementen reinigen, bes. die bischöfliche durch eine Presbyterialverfassung ersetzen wollte u. ein sittenstrenges persönliches Leben erstrebte* [zu lat. *purus* „rein"]

**Purpur** ⟨m.; -s; unz.⟩ *blaustichiger roter Farbstoff, ursprüngl. aus den im Mittelmeer lebenden Schnecken Murex u. Purpura gewonnen* [< ahd. *purpura* < lat. *purpura* < grch. *porphyra* „Purpurschnecke, aus dem Saft der Purpurschnecke gewonnener Farbstoff"; dasselbe: *Porphyr*]

**Purpurmantel** ⟨m. 5u⟩ *purpurfarbener Herrschermantel, Kardinalsgewand*

**Purpurschnecke** ⟨f. 19⟩ ▼ *Vorderkiemer wärmerer Meere, dessen Purpurdrüse einen zunächst gelben, am Sonnenlicht sich purpurn färbenden Stoff absondert, der früher zur Stofffärberei verwendet wurde: Nucella lapillus, Purpurea lapillus;* ► *Schneckengehäuse*

**Purzelbaum** ⟨m. 1u⟩ *turnerische Rolle um die eigene Querachse auf dem Boden* ◆ einen Purzelbaum machen, schlagen, schießen [< *purzeln* + *bäumen*]

**purzeln** ⟨V. i.; ist⟩ *fallen, hinfallen, stürzen* (bes. von Kindern) ◆ sie purzelte die Treppe hinunter [< spätmhd. *burzeln* „hinfallen, niederstürzen"; → *Bürzel*]

**Push** ⟨[pʊʃ] m.; -(e)s, -es [-ʃiz]; umg.⟩ **1** *(nachdrückliche) Unterstützung eines Produktes od. einer Person durch Werbemaßnahmen, Nutzen von Beziehungen usw.* **2** ⟨Sp.; Golf⟩ *Schlag, der den Ball zu weit in die der Schlaghand entgegengesetzte Richtung treibt* [< engl. *push* „Stoß"]

PURPURSCHNECKE
*(Nucella lapillus)*

**pusseln** ⟨V. i.; hat; umg.⟩ **1** *sich mit Kleinigkeiten aufhalten, trödeln* **2** *Kleinkram verrichten*

**Puste** ⟨[puːs-] f.; -; unz.; umg.⟩ *Atem* ◆ ich habe keine Puste mehr; jmdm. geht die Puste aus ⟨fig.⟩ *jmdm. geht die Kraft, das Geld aus* [→ *pusten*]

**Pusteblume** ⟨f. 19; umg.⟩ = *Löwenzahn* [wegen der sehr losen Fruchtstände, die Kinder gern wegpusten]

**Pustel** ⟨f. 21⟩ *Bläschen, Pickel, Eiterbläschen auf der Haut* [< lat. *pustula* „Hautbläschen"]

**pusten** ⟨[puːs-] V. i.; hat⟩ **1** *blasen* **2** *kräftig atmen* **3** *außer Atem sein, keuchen* ◆ ich werde dir eins, ⟨od.⟩ was pusten! ⟨umg.⟩ *das kommt gar nicht in Frage!* [< mnddt. *pusten* „blasen, hauchen"; verwandt mit *Bö, Pocke,* dem ersten Teil von *Pausback*]

**Puszta** ⟨['pusta] f.; -; unz.⟩ *ungar. Steppe* [< magyar. *puszta* „Heide"; Adj. *puszta* „öde, nackt, leer"]

**putativ** ⟨Adj.⟩ *vermeintlich, irrtümlich aber für gültig gehalten* [< lat. *putativus* „vermeintlich"; zu *putare* „meinen"]

PUTZEN: PAPAGEI BEI DER GEFIEDERPFLEGE

## PYRAMIDE

Die bis zu 137 m hohen ägyptischen Pyramiden dienten als Grabdenkmäler für die Pharaonen und ihre nächsten Verwandten. Der allen klassischen Pyramiden angegliederte Tempelkomplex bestand aus einem in geringer Entfernung im Tal gelegenen und über einen Fußweg mit dem Hauptgebäude verbundenen Tempel sowie einem Totentempel direkt neben der Pyramide.

MODELL DER CHEOPSPYRAMIDE VON GIZEH, ÄGYPTEN

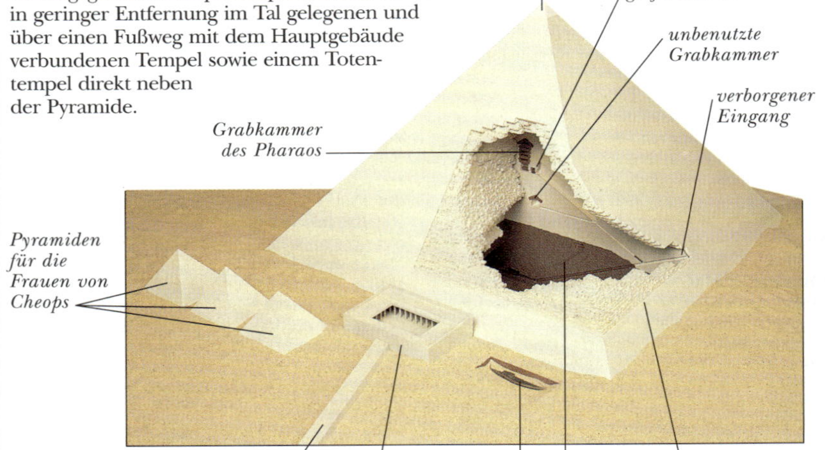


**Pute** ⟨f. 19⟩ **1** ⟨Zool.⟩ *Truthenne* **2** ⟨fig.; umg.; Schimpfwort⟩ *Mädchen, Frau* ◆ dumme Pute! [zu nddt. *puteren* „schnell u. undeutlich sprechen"]

**Puter** ⟨m. 3; Zool.⟩ *Truthahn* [→ *Pute*]

**Putsch** ⟨m. 1⟩ **1** ⟨Pol.⟩ *polit. Umsturz od. Umsturzversuch* **2** ⟨schweiz.⟩ *Stoß* [< schweiz. Mundart „Stoß"; lautmalend]

**putschen** ⟨V. i.; hat; Pol.⟩ *einen Putsch versuchen od. verüben* ◆ das Militär hat geputscht

**Putte** ⟨f. 19⟩ = *Putto*

**Putto** ⟨m.; -s, Putti od. Putten; Mal. u. bild. Kunst⟩ *Kindergestalt, kleine Engelsfigur;* Sy *Putte;* → a. *Amorette* [< ital. *putto* „Knäblein" < lat. *putus* „Knabe"]

**Putz** ⟨m.; -es; unz.⟩ **1** *Gegenstände zum Schmücken der Kleidung* **2** *Mauerbewurf, Mörtel* ◆ der Putz bröckelt von den Wänden [→ *putzen*]

**putzen** ⟨V. t.; hat⟩ **1** *(einen Gegenstand od. einen Ort) säubern, von Schmutz befreien* (Fenster, Wohnung, Zähne) **2** ⟨Zool.⟩ ▼ *(bes. bei Katzen u. Vögeln) mit der Zunge od. dem Schnabel sorgfältig reinigen* (Fell, Gefieder) **3** *einkremen u. blank reiben* (Schuhe) ◆ (sich) die Nase putzen *schnäuzen* [früher auch *butzen;* zu *Butzen* „Unreinigkeit, Schmutzklümpchen"; eigtl. „Butzen entfernen", dann „reinigen, schmücken"]

**Putzfrau** ⟨f. 18⟩ *Frau, die stundenweise gegen Entgelt Wohn- u. Geschäftsräume putzt*

**puzzeln** ⟨['puzəln] od. ['pʌzəln] V. i.; hat⟩ *ein Puzzlespiel spielen*

**Puzzle** ⟨n. 15⟩, **Puzzlespiel** ⟨[puz(ə)l-] od. [pʌz(ə)l-] n. 11⟩ *Geduldsspiel, bei dem viele kleine Teile zu einer Bildfläche zusammengesetzt werden müssen* [engl., „Rätsel, Geduldsspiel", eigtl. „Verlegenheit"]

**Pygmäe** ⟨m. 17⟩ *Angehöriger eines Zwergvolkes, urspr. an den Nilquellen* [zu grch. *pygme* „Faust; (kurzes) Längenmaß"]

**Pyjama** ⟨[py'dʒaːma] m. 6 od. n. 15⟩ = *Schlafanzug* [engl. < hind. *paejama* „lose, um die Hüften geknüpfte Hose"]

**Pykniker** ⟨m. 3⟩ *gedrungener, zu Fettansatz neigender Mensch;* → a. *Konstitutionstyp* [zu grch. *pyknos* „dicht, fest, stark, groß"]

**Pylon** ⟨m. 1⟩ *kleiner, meist rot-weiß gestreifter Kegel zur Absperrung od. Markierung von Baustellen, Unfällen usw.*

**Pyramide** ⟨f. 19⟩ **1** *geometr. Körper mit einem Vieleck als Basis u. dreieckigen Seitenflächen, die in einer Spitze zusammenlaufen* **2** ▲ *altägypt. Grabbau* **3** *Gebilde in Form einer Pyramide* (Weihnachtspyramide) *od. aus pyramidenförmig aufrecht zusammengestellten Einzelteilen* [< grch. *pyramis* wahrscheinl. < altägypt. *mr* „Pyramide"]

**Pyrrhussieg** ⟨m. 1; fig.⟩ *mit zu großen Opfern erkaufter Sieg* [nach dem Sieg des Königs *Pyrrhus* von Epirus über die Römer bei Asculum 279 v. Chr.]

**Pythonschlange** ⟨f. 19; Zool.⟩ ▼ *Angehörige einer Unterfamilie eierlegender Riesenschlangen: Pythonidae;* ► *Schlangen* [nach dem von Apollo getöteten Ungeheuer der grch. Sage]

PYTHONSCHLANGE: NETZPYTHON
*(Python reticulatus)*

P

# Q

**q** **1** ⟨früher Abk. für⟩ *Quadrat...* **2** ⟨Abk. für⟩ *Quintal*

**Q** **1** ⟨Abk. für⟩ *Quetzal (II)* **2** ⟨Zeichen für⟩ *elektrische Ladung u. Wärmemenge*

**q. e. d.** ⟨Abk. für lat.⟩ *quod erat demonstrandum*

**Qigong** ⟨[tʃi'guŋ] n.; - od. -s; unz.; Med.⟩ *aus China stammende (Selbst-)Heilmethode, bei der über Atmung, Bewegung u. Vorstellungskraft Erkrankungen von Herz, Kreislauf od. Nervensystem behandelt werden* [nach dem philos. chines. Begriff *Qi* „Dunst, Äther, Stoff"]

**qua** **I** ⟨Präp.⟩ **1** *mittels* **2** *gemäß, entsprechend* ◆ qua Vertrag festgelegt **II** ⟨Konj.⟩ *(in der Eigenschaft) als* ◆ qua Beamter des Staates [lat.]

**quabbeln** ⟨V. i.; hat; umg.⟩ *zittern, sich rasch u. weich hin u. her bewegen* ◆ der Pudding quabbelt [lautmalend]

**Quacksalber** ⟨m. 3⟩ **1** *angeblicher Arzt, der von seinem Handwerk nichts versteht* **2** *Kurpfuscher, Scharlatan* [< ndrl. *kwaksalver* „prahlerischer Salbenkrämer" < *kwakken* „schwatzen, prahlen, quaken" + *zalven* „salben" (→ *Salbe*)]

**Quaddel** ⟨f. 21; norddt.⟩ *juckende Anschwellung bes. durch Insektenstiche* [< ahd. *quedilla* „Pustel, Bläschen"]

**Quader** ⟨m. 3⟩ **1** *rechteckig behauener Steinblock* **2** ⟨Math.⟩ *Körper mit drei Paar kongruenten, in parallelen Ebenen liegenden Rechtecken als Oberfläche* [< mhd. *quader* < mlat. *quadrus (lapis)* „viereckiger Stein"; zu lat. *quattuor* „vier"]

**Quadragesima** ⟨f.; -; unz.⟩ *40. Tag vor Karfreitag, Beginn der Fastenzeit* [< lat. *quadragesima (dies)* „der 40. (Tag)"; zu *quadraginta* „vierzig"]

**Quadrant** ⟨m. 16⟩ **1** *Viertelkreis* **2** ► *Messgerät für Höhenwinkel* **3** ⟨Astron.⟩ *Gerät zum Bestimmen der Höhe von Gestirnen* **4** ⟨Math.⟩ *Viertel des rechtwinkligen Koordinatensystems* [< lat. *quadrans* „der vierte Teil", Part. Präs. von *quadrare* „viereckig machen"; zu *quadrus* „viereckig"]

**Quadrat** **I** ⟨n. 11⟩ **1** *Viereck mit vier gleichen Seiten u. vier rechten Winkeln* **2** *die zweite Potenz* ◆ eine Zahl ins Quadrat erheben; drei zum Quadrat *zweite Potenz von drei,* $3^2$ **II** ⟨m. 23; Typ.⟩ *Ausschlussstück verschiedener Länge u. Schriftgröße, z. B. zum Füllen von Schlusszeilen* [< lat. *quadratum* „Viereck"; zu *quadrare* „viereckig machen"; verwandt mit *Quader*]

**Quadratdezimeter** ⟨m. 3; Abk.: $dm^2$⟩ *Flächendezimeter, Viereck, dessen Seiten je 1 Dezimeter lang sind*

**quadratisch** ⟨Adj.⟩ **1** ⟨Geom.⟩ *in der Form eines Quadrats* **2** ⟨Math.⟩ *in der zweiten Potenz* ◆ quadratische Gleichung *algebraische Gleichung 2. Grades, in der Formel* $ax^2 + bx + c = 0$

**Quadratkilometer** ⟨m. 3; Abk.: $km^2$⟩ *Flächenkilometer, Viereck, dessen Seiten je 1 Kilometer lang sind*

**Quadratmeter** ⟨m. 3; Abk.: $m^2$⟩ *Flächenmeter, Viereck, dessen Seiten je 1 Meter lang sind*

**Quadratmillimeter** ⟨m. 3; Abk.: $mm^2$⟩ *Flächenmillimeter, Viereck, dessen Seiten je 1 Millimeter lang sind*

**Quadratur** ⟨f. 20; Math.⟩ **1** *Berechnung eines Integrals* **2** *Umwandlung einer krummlinig begrenzten, ebenen Fläche in ein flächengleiches Quadrat durch geometr. Konstruktion* ◆ Quadratur des Kreises ⟨fig.⟩ *unlösbare Aufgabe (da ein Kreis mit geometr. Mitteln nicht in ein Quadrat verwandelt werden kann)* [Neubildung zu lat. *quadrare* „viereckig machen"; → *quadrieren*]

QUAGGA
*(Equus quagga)*

**Quadratwurzel** ⟨f. 21; Math.⟩ *die Zahl b, deren zweite Potenz gleich a ist,* $a = \sqrt[2]{b}$ ◆ die Quadratwurzel (aus einer Zahl) ziehen

**Quadratzahl** ⟨f. 20; Math.⟩ *die zweite Potenz einer Zahl,* z. B. $2^2$ ◆ die Quadratzahl von zwei ist vier

**Quadratzentimeter** ⟨m. 3; Abk.: $cm^2$⟩ *Flächenzentimeter, Viereck, dessen Seiten je 1 Zentimeter lang sind*

**quadrieren** ⟨V. t.; hat; Math.⟩ *ins Quadrat erheben, mit sich selbst multiplizieren* (Zahl) [< lat. *quadrare* „viereckig machen"]

**Quadriga** ⟨f.; -, -drigen⟩ *antikes zweirädriges Viergespann, u. a. Gefährt der siegreichen Feldherren in der röm. Triumphprozession, auch grch. u. röm. Rennwagen* [< lat. *quattuor* „vier" + *iugum* „Joch"]

**Quadrille** ⟨[kva'driljə] od. [ka'driljə] od. österr. [ka'dril] f. 19⟩ **1** ⟨18. bis Anfang 20. Jh.; Mus.⟩ *Tanz mit vier Tänzern od. vier Paaren, die sich im Karree gegenüberstehen, Form des Kontertanzes, Lancier* **2** ⟨Reitsp.⟩ *zu Musik gerittene (festliche) Dressurvorstellung von mindestens vier Reitern* [< frz. *quadrille* < span. *cuadrilla* „Gruppe von vier Reitern, Quadrille"; zu lat. *quadrus* „viereckig"]

**Quadrivium** ⟨[-vi-] n.; -s; unz.⟩ *die vier höheren Wissensgebiete der sieben freien Künste: Arithmetik, Geometrie, Astronomie, Musik;* → a. *Trivium* [lat., „Kreuzweg, Vierweg" < *quadri* < *quattuor* „vier" + *via* „Weg"]

**Quadrofonie** ⟨f. 19; unz.; Mus.⟩ = *Quadrophonie*

**Quadrophonie** ⟨f. 19; unz.; Mus.⟩ *Stereophonie über vier Kanäle u. vier Lautsprecher (vorn links u. rechts, hinten links u. rechts);* oV *Quadrofonie* [< lat. *quadro, quattuor* „vier" + *phone* „Stimme"]

**Quagga** ⟨n. 15⟩ ◄ *ausgerotteter, zu den Zebras gehörender Einhufer in den Steppen Südafrikas: Equus quagga* [< Afrikaans *quagga, kwagga;* vermutl. < Bantuspr.]

**Quai** ⟨[kɛ:] m. 6⟩ ► = *Kai (1)*

**Quäker** ⟨m. 3; Rel.⟩ *Angehöriger einer evangel., aus der puritan. Bewegung hervorgegangenen, von George Fox 1649 in England gegründeten, von William Penn in den USA weiterentwickelten Gemeinschaft (eigener Name: Gesellschaft der Freunde)* [< engl. *quaker* „Zitterer", urspr. Spottname]

**Qual** ⟨f. 20⟩ *großer körperl. od. seel. Schmerz* ◆ die Qual des bösen **Gewissens,** der Reue ◆ körperliche, seelische Qualen **aushalten,** ertragen müssen; jmdm. Qualen **bereiten** ◆ er starb **unter** großen Qualen [< ahd. *quala;* zu *quelan* „Schmerz empfinden, leiden"]

**quälen** ⟨V.; hat⟩ **I** ⟨V. t.⟩ jmdn. quälen **1** *jmdm. Qual, Schmerz zufügen* **2** ⟨fig.⟩ *ständig mit Bitten bedrängen* ◆ ein Tier quälen; quälender Durst; quälende Zweifel; gequält lächeln **II** ⟨V. refl.⟩ sich (mit etwas) quälen *sich (mit etwas) abmühen* ◆ quäl dich nicht mit traurigen Gedanken *mach dir nicht so viele traurige Gedanken* [< ahd. *quellan* < *quelan* „Schmerz empfinden"]

**Qualifikation** ⟨f. 20⟩ **1** *das Qualifizieren, das Sichqualifizieren, Ausbildung* **2** *Beurteilung* **3** *Fähigkeit, Eignung, Befähigung* **4** *Befähigungsnachweis* ◆ die Qualifikation für eine Aufgabe, Tätigkeit besitzen [< frz. *qualification* „Eignung, Befähigung" < mlat. *qualificatio* < lat. *qualis* „wie beschaffen" + *facere* „machen"]

**qualifizieren** ⟨V. t.; hat⟩ **1** *befähigen, fähig machen (zu etwas), durch Unterricht u. Übung ausbilden u. entwickeln (für etwas)* **2** *als geeignet anerkennen* **3** *beurteilen, einordnen, kennzeichnen* ◆ sich qualifizieren *sich ausbilden, sich durch Fleiß u. Übung entwickeln, sich als geeignet erweisen*

**qualifiziert** ⟨Adj.; -er, am -esten⟩ *durch Übung, Erfahrung geeignet, befähigt* ◆ qualifizierte Arbeit *leisten sehr gute, brauchbare Arbeit;* qualifizierte Mehrheit ⟨Pol.⟩ *für bestimmte Parlamentsbeschlüsse notwendige Mehrheit (Zweidrittel-, Dreiviertelmehrheit)* [→ *Qualifikation*]

**Qualität** ⟨f. 20⟩ → a. *Quantität* **1** *Art, Beschaffenheit, Brauchbarkeit* **2** *Sorte, Güte, Wertstufe* **3** *Eigenschaft, Fähigkeit* **4** ⟨Phon.⟩ *Vokalfärbung,* z. B. „e" gegenüber „o" ◆ ausgezeichnete, hervorragende, gute Qualität [< lat. *qualitas* „Beschaffenheit, Eigenschaft"]

**qualitativ** ⟨Adj.⟩ **1** *die Qualität betreffend* **2** *der Güte, dem Werte nach* ◆ dieser Stoff ist qualitativ besser, deshalb aber auch erheblich teurer; qualitative Analyse ⟨Chem.⟩ *Analyse zum Nachweis von Stoffen* [< mlat.

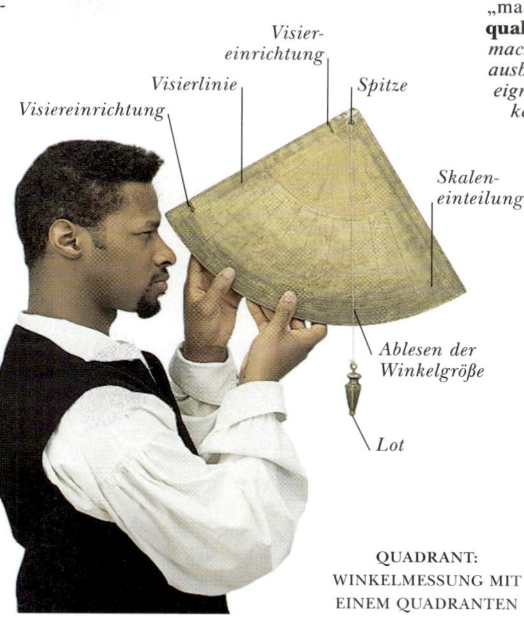


QUADRANT:
WINKELMESSUNG MIT
EINEM QUADRANTEN

*qualitativus* „der Beschaffenheit, dem Wert nach"]

**Qualle** ⟨f. 19; Zool.⟩ ▼ *Meerestier, das in der Nähe des Meeresbodens von der Strömung getrieben schwimmt;* Sy *Meduse (II)* [< nddt. *qualle;* zur Wurzel von ahd. *quellan* „schwellen, aufquellen"]

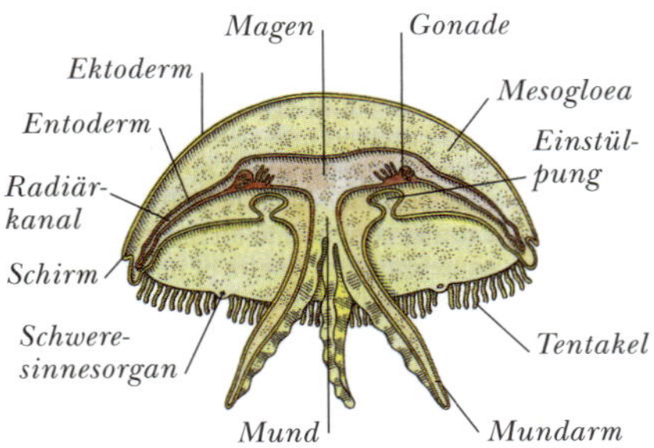


QUALLE (SCHNITT)

**Qualm** ⟨m. 1; unz.⟩ **1** *dichter Rauch* **2** ⟨oberdt.⟩ *Dunst, Brodem* **3** ⟨fig.; umg.⟩ *Streit, Krach* ◆ mach nicht so viel Qualm! ⟨fig.; umg.⟩ *so viel Aufhebens* [< mnddt. *qual(le)m* „Dunst, Dampf, Rauch"; → *quellen*]

**qualmen** ⟨V.; hat⟩ **I** ⟨V. i.⟩ **1** *Qualm von sich geben, stark rauchen* (Schornstein) **2** ⟨fig.; umg.⟩ *viel, häufig rauchen* (Person) ◆ er, sie qualmt wie ein Schlot ⟨fig.; umg.⟩ **II** ⟨V. t.; umg.⟩ eine Zigarre, Pfeife qualmen *rauchen*

**qualvoll** ⟨Adj.⟩ *voller Qual, quälend, Qual bereitend* ◆ qualvollen Durst haben; es war qualvoll, das anzusehen, anzuhören

**Quant** ⟨n. 27; Phys.⟩ *kleinster Wert physikal. Größen, von denen nur ganzzahlige Vielfache auftreten* (Energiequant, Lichtquant, Wirkungsquant) [< lat. *quantum,* Neutr. von *quantus* „wie groß, wie viel"]

**Quäntchen** ⟨n. 14⟩ ein Quäntchen ⟨fig.⟩ *ein wenig, eine kleine Menge* [< mlat. *quintinus* „Fünftel" < lat. *quintus* „der fünfte"]

**Quantenmechanik** ⟨f. 20; unz.; Phys.⟩ *Mechanik atomarer Teilchen, die sowohl die Teilchen- als auch die Wellennatur der Elektronen berücksichtigt*



**Quantenphysik** ⟨f. 20; unz.; Phys.⟩ *Teilgebiet der Physik, das sich mit der Entwicklung der Quantenmechanik und Quantenstatistik befasst*

**Quantentheorie** ⟨f. 19; unz.; Phys.⟩ *physikalische Theorie zur Beschreibung des Verhaltens außerordentlich kleiner Objekte, die davon ausgeht, dass viele physikalische Größen nur in der Form von Quanten auftreten, u. das plancksche Wirkungsquantum als grundlegende Naturkonstante einführt*

**quantifizieren** ⟨V. t.; hat⟩ *mathematisch beschreibbar machen* (Eigenschaften, Veränderungen) [< lat. *quantus* „wie groß, wie viel" + *facere* „machen"]

**Quantität** ⟨f. 20⟩ → a. *Qualität* **1** *Menge, Masse, Größe, Umfang* **2** *Anzahl* **3** ⟨Phonol.⟩ *Vokaldauer (Länge bzw. Kürze)* [< lat. *quantitas* „Größe, Menge"; zu *quantus* „wie groß, wie viel"]

**quantitativ** ⟨Adj.⟩ *hinsichtlich der Quantität, der Menge, Größe, Anzahl, dem Umfang nach* ◆ quantitative Analyse *Gewichtsanalyse, Feststellung der Mengenanteile von Bestandteilen eines Stoffes od. Stoffgemisches, meist im Anschluss an eine qualitative Analyse* [Neubildung zu *Quantität*]

**Quappe** ⟨f. 19; Zool.⟩ **1** ⟨kurz für⟩ ► = *Kaulquappe* **2** *Süßwasserfisch (Schellfisch) der nördlichen Halbkugel mit sehr schmackhaftem Fleisch: Lota lota* [< mnddt. *quappe, quabbe;* wahrscheinl. zu *quabbeln*]

**Quarantäne** ⟨[karan-] f. 19; Med.⟩ *Absonderung, Isolierung (von Personen od. Tieren) als Schutzmaßnahme gegen Einschleppung od. Verbreitung von epidemischen Krankheiten* ◆ in Quarantäne legen; in Quarantäne liegen [< frz. *quarantaine* u. a. „Zeitraum von 40 Tagen"; zu *quarante* „vierzig"]

**Quark**[1] ⟨m.; -(e)s; unz.⟩ **1** *beim Gerinnen der Milch ausgefällter Käsestoff* **2** *daraus hergestellter Käse;* Sy *Weißkäse,* ⟨süddt., österr.⟩ *Topfen* **3** ⟨fig.; umg.⟩ *lächerl. Kleinigkeit, belanglose Sache* **4** *Unsinn, Unfug, Quatsch* ◆ Kartoffeln mit Quark; sich über jeden Quark aufregen ⟨fig.; umg.⟩ *über jede Kleinigkeit* [< spätmhd. *twarc, quarc, zwarc* < westslaw. (poln.) *tvarog,* obersorb. *twaroh,* tschech. *tvaroh* „Quark"]

**Quark**[2] ⟨[kwɔ:rk] n. 15; Phys.⟩ *nachgewiesenes Elementarteilchen, grundlegender Baustein der Materie* [nach dem von James Joyce geprägten Fantasienamen *quarks*]

**Quart I** ⟨n.; -s, -⟩ **1** *altes deutsches Flüssigkeitsmaß 0,24-1,1 l;* oV ⟨bair.⟩ *Quartel* **2** *engl. Flüssigkeitsmaß, Quarter* **II** ⟨n.; -s; unz.; Buchw.; Zeichen: 4°; kurz für⟩ *Quartformat* **III** ⟨f. 20⟩ **1** ⟨Mus.⟩ = *Quarte* **2** ⟨Sp.; Fechten⟩ *eine bestimmte Klingenlage* [< lat. *quartum, quarta,* Neutr. bzw. Fem. von *quartus* „der vierte"; zu *quattuor* „vier"]

**Quartal** ⟨n. 11⟩ *Vierteljahr* ◆ erstes, zweites Quartal; zum Quartal kündigen *zum Ende des Vierteljahres* [< mlat. *quartale (anni)* „Viertel (eines Jahres)"]

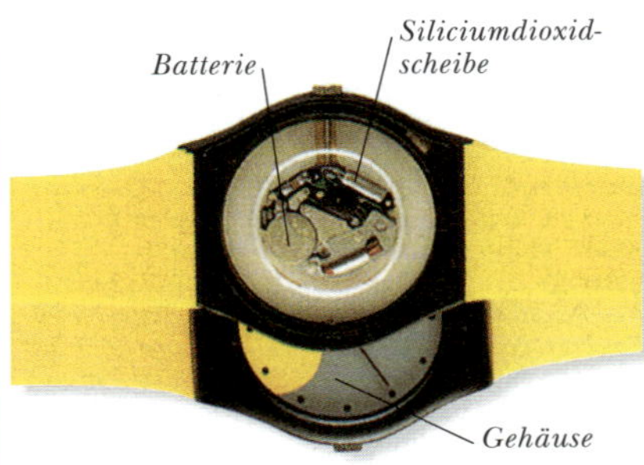


QUARZUHR (INNEN UND AUSSEN)

**Quartär** ⟨n.; -s; unz.⟩ *erdgeschichtl. Gegenwart, jüngste Formation des Känozoikums, die vierte Stufe der Erdgeschichte nach alter Zählung* [< frz. *quartaire* < lat. *quartus* „der vierte"]

**Quarte** ⟨f. 19; Mus.⟩ oV *Quart (III, 1)* **1** *vierter Ton der diaton. Tonleiter* **2** *Intervall von vier Tönen* [< lat. *quarta,* Fem. zu *quartus* „der vierte"; zu *quattuor* „vier"]

**Quartel** ⟨n. 13; bair.⟩ = *Quart (I, 1)*

**Quarterback** ⟨['kwɔtə(r)bæk] m. 6; Sp.; American Football⟩ *zentral offensiv spielender Feldspieler, der aus der Offensive heraus Angriffe der eigenen Mannschaft einleitet u. insbesondere für das Passspiel zuständig ist* [< engl. *quarter* „Viertel" + *back* „Verteidiger", da der Quarterback aus dem eigenen Viertel des Spielfeldes heraus agiert]

**Quartett** ⟨n. 11⟩ **1** ⟨Mus.⟩ **1.1** *Musikstück für vier Stimmen* (Vokalquartett) *oder Instrumente* (Bläserquartett, Streichquartett) **1.2** *die vier Ausführenden* **2** *Kartenspiel, besonders für Kinder, bei dem vier zusammengehörige Karten abgelegt werden, die man durch Fragen der anderen Spieler zu erhalten sucht* **3** ⟨Lit.; Verslehre⟩ *vierzeilige Strophe eines Sonetts;* Sy *Quatrain (2)* [< ital. *quartetto;* zu lat. *quattuor* „vier"]

**Quartformat** ⟨n. 11; Buchw.⟩ *Buchformat, bei dem der Papierbogen viermal gefaltet wird;* Sy ⟨kurz⟩ *Quart (II)*

**Quartier** ⟨n. 11⟩ **1** *Unterkunft* (Nachtquartier) **2** *Wohnung* (Ferienquartier, Urlaubsquartier) **3** ⟨Mil.⟩ *Truppenunterkunft* **4** ⟨schweiz. u. österr.⟩ *Stadtviertel* ◆ sich ein Quartier suchen; Quartiere beziehen, nehmen; haben Sie schon ein Quartier? [< frz. *quartier* „Viertel" < lat. *quartarius* „Viertel"; zu *quattuor* „vier"]

**Quarz** ⟨m. 1; Min.⟩ ▼ *häufigstes Mineral der Erdoberfläche, chemisch Siliciumoxid,* $SiO_2$ [< mhd. *quarz,* Fachwort des böhm. Bergbaus < westslaw. *kwardy* „Quarz"; Nebenform zu tschech. *tvrdy,* poln. *twardy* „Quarz"; alle zu aslaw. *tvrudu* „hart" od. zu mdt. *querch* „Zwerg", nach dem früheren Glauben der Bergleute, dass eine Schädigung der Erze durch wertlose Mineralien Berggeistern zuzuschreiben sei]

**Quarzglas** ⟨n. 12u; unz.⟩, **Quarzgut** ⟨n. 12u; unz.⟩ *durchsichtiges Kieselglas*

**Quarzit** ⟨m. 1⟩ *Gestein aus Quarz u. einem kieseligen Bindemittel*

**Quarzlampe** ⟨f. 19⟩ *Quecksilberdampflampe mit Quarzrohr*

**Quarzuhr** ⟨f. 20; Tech.⟩ ◄ *von Quarzkristallen gesteuerte, sehr genau gehende elektr. Uhr*

**Quasar** ⟨m. 1; Astron.⟩ ► *sternähnliches Objekt mit intensiver Radiostrahlung* [verkürzt < *quasistellare Radioquelle*]

**quasi** ⟨Adv.⟩ *gewissermaßen, gleichsam* [lat.]

## QUARZ

Der Quarz ist ein sehr hartes, in reiner Form farbloses und durchsichtiges Mineral, das in magmatischen, metamorphen und Sedimentgesteinen vorkommt. Quarz in Form von wasserhellen Kristallen heißt Bergkristall, während seine Farbvarietäten unter den Namen Amethyst, Zitrin, Rauchquarz, Rosenquarz oder Morion bekannt sind. Auch Achat, Chalcedon und Onyx sind chemisch gesehen Quarze, da sie aus Siliciumdioxid bestehen.

### QUARZVARIETÄTEN

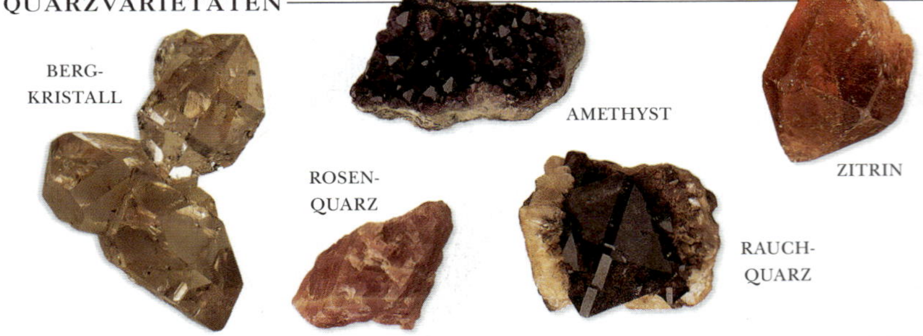

QUASTENFLOSSER
(*Latimeria chalumnae*)

**quasseln** ⟨V. i.; hat; umg.⟩ *unaufhörlich reden, schwatzen* [zu nddt. *dwas* „töricht“]
**Quaste** ⟨f. 19⟩ **1** *an einem Ende zusammengebundenes Büschel von Fäden, Fransen, dünnen Schnüren od. Litzen* **2** *Watte- od. Faserbausch* (Puderquaste) [< mhd. *quast(e)* „Büschel, Wedel von einem Baum, Laubbüschel, Federbüschel“]
**Quastenflosser** ⟨m. 3; Zool.⟩ ▲ *Angehöriger einer Ordnung fast vollständig ausgestorbener Fische mit quastenförmigen Flossen: Crossopterygia*

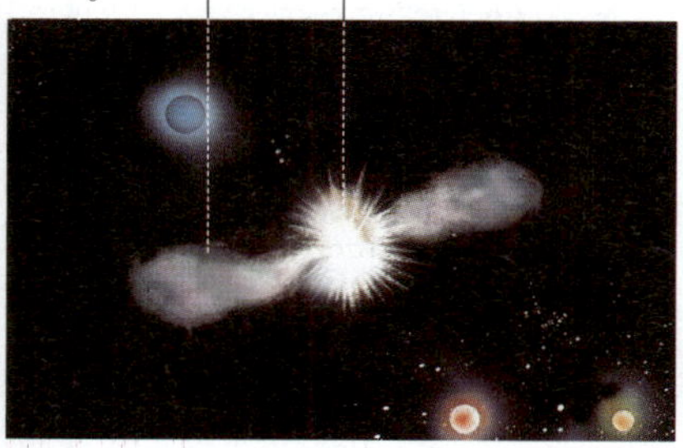


QUASAR: KÜNSTLERISCHE DARSTELLUNG EINES QUASARS

**Quatember** ⟨m. 3⟩ **1** *erster Tag eines Vierteljahres* **2** ⟨kath. Kirche⟩ *einer der drei Festtage (Mittwoch, Freitag und Samstag) zu Beginn des Vierteljahres, nach dem 3. Advent, dem 1. Fastensonntag, nach Pfingsten und nach dem 14. September (Kreuzerhöhung)* [< mhd. *quatember* < kirchenlat. *quattuor tempora* „vier Zeiten“]
**Quaternio** ⟨m.; -s, -nen⟩ **1** *aus vier Einheiten bestehendes Ganzes* **2** *(bes.) zu vier Doppelbogen abgeheftete Lage mittelalterl. Handschriften* [lat., „die Vier, Vierzahl“; zu *quattuor* „vier“]
**Quatrain** ⟨[ka'trɛ̃ː] n. od. m.; -s, -s od. -en; Lit.⟩ **1** *vierzeiliges Gedicht* **2** ⟨Verslehre⟩ = *Quartett (3)* [frz.]
**Quatsch** ⟨m.; -(e)s; unz.; umg.⟩ **1** *falsches, dummes Zeug, Fehler* **2** *dummes Gerede, Unsinn* **3** *dumme Späße, Kinderei, Alberei* ◆ das ist alles Quatsch!; die Kinder machen im Unterricht nur Quatsch
**quatschen** ⟨V. i.; hat; umg.⟩ *viel u. töricht reden* ◆ miteinander quatschen *sich ungezwungen unterhalten* [< nddt. *quatsken* „wertloses Zeug reden“; zu mnddt. *quat* „böse, schlecht“; verwandt mit *Kot*]
**Quattrocento** ⟨[-tʃɛn-] n.; - od. -s; unz.⟩ ► *das 15. Jahrhundert in der ital. Kunst (Frührenaissance)* [ital., „vierhundert (nach 1000)“]
**Quebrachobaum** ⟨[kɛbratʃo-] m. 1u⟩ **1** *Baum aus einer Gattung der Sumachgewächse: Schinopsis* **2** *Baum aus der Familie der Hundsgiftgewächse: Aspidosperma quebracho*

**Quechua** ⟨['kɛtʃua]⟩ **I** ⟨m. 6 od. m.; -, -⟩ = *Ketschua (I)* **II** ⟨n.; -; unz.⟩ = *Ketschua (II)*
**Quecke** ⟨f. 19; Bot.⟩ *Angehörige einer Gattung der Süßgräser mit langen, kriechenden Wurzelstöcken: Agropyron;* Sy *Queckengras* [zu germ. **kwikw-* „lebendig“ (nach seiner unverwüstlichen Lebenskraft); → *keck*]
**Queckengras** ⟨n. 12u; unz.; Bot.⟩ = *Quecke*
**Quecksilber** ⟨n.; -s; unz.; Chem.; Zeichen: Hg⟩ ► *bei Zimmertemperatur flüssiges, silberglänzendes Metall, chem. Element, Ordnungszahl 80;* Sy *Hydrargyrum* [< ahd. *quecsilbar,* Übersetzung von mlat. *argentum vivum* „lebendes Silber“; 1. Teil zu germ. **kwikw-* „lebendig“]
**Quecksilberdampflampe** ⟨f. 19⟩ *Gasentladungslampe zur Erzeugung ultravioletten Lichts, bei der zwischen zwei Elektroden eine elektrische Entladung im Quecksilberdampf stattfindet*
**Quecksilbervergiftung** ⟨f. 20⟩ *durch Einatmen giftiger Quecksilberdämpfe od. durch giftige Quecksilberpräparate hervorgerufene Vergiftung, die akut zu schwerer Verätzung der Schleimhäute, zu Erbrechen u. Kollaps führt*
**Queen** ⟨[kwiːn] f. 10⟩ **1** *die englische Königin* **2** ⟨fig.; umg.⟩ *(im Mittelpunkt stehende) attraktive Frau od. junges Mädchen* **3** *attraktiver, bes. femininer Homosexueller* [engl., „Königin“]
**Quehle** ⟨f. 19; ostmdt.⟩ *Handtuch, Tischtuch* [mdt. Form für *Zwehle*]
**Quell** ⟨m. 1; poet.; oberdt.⟩ *Quelle, Brunnen* ⟨a. fig.⟩ ◆ ein Quell der Freude ⟨fig.⟩; ein frischer, klarer Quell
**Quelle** ⟨f. 19⟩ **1** *aus der Erde tretendes fließendes Wasser, Ursprung eines Baches, Flusses* **2** ⟨kurz für⟩ *Heilquelle* (Mineralquelle) **3** ⟨fig.⟩ *Herkunft, Ursprung* **4** *Person, Stelle, Zeitung, von der man eine Nachricht, Information od. Ware bekommen hat* **5** Quellen ⟨Pl.⟩ *Urkunden, schriftlichen Zeugnisse u. Werke (zur historischen, literarischen Forschung)* ◆ die Quelle der **Donau;** die Quelle seiner **Freuden,** Leiden, seines Glücks ⟨fig.⟩; das ist die Quelle alles (allen) **Übels** ⟨fig.⟩ ◆ die Quellen **angeben** (bei historischen, literarischen Arbeiten) ◆ **amtliche,** erste, gute Quelle ⟨fig.⟩; **heiße,** kalte, warme Quelle ◆ Wasser **aus** einer Quelle schöpfen [< ahd. *quella;* → *quellen*]

QUECKSILBER IN EINEM THERMOMETER DES 18. JH.

**quellen** ⟨V. 192⟩ **I** ⟨V. i.; ist⟩ **1** *herausfließen, hervordringen* **2** *durch Aufnehmen von Wasser anschwellen, sich vergrößern, sich ausdehnen* (Erbsen, Reis) ◆ das **Holz** ist durch die Feuchtigkeit gequollen ◆ Erbsen vor dem Kochen quellen **lassen** ◆ das Blut quillt **aus** der Wunde; Rauch quoll aus den Fenstern, aus dem Krater **II** ⟨V. t.; schwach konjugiert; hat⟩ *zum Aufschwemmen ins Wasser legen* ◆ Linsen quellen [< ahd. *quellan*]
**Quellenkritik** ⟨f. 20; unz.⟩ *historische Hilfswissenschaft, die die Zuverlässigkeit geschichtlicher Quellen beurteilt*
**Quellenstudium** ⟨n.; -s, -dien⟩ *Studium von historischen od. literarischen Quellen*
**Quellenwerk** ⟨n. 11; Lit.⟩ *Sammlung historischer od. literarischer Quellen*
**Queller** ⟨m. 3; Bot.⟩ *der Landgewinnung dienendes, hohen Salzgehalt des Bodens vertragendes Gänsefußgewächs: Salicornia;* → a. *Salzpflanze*
**Quellfaltung** ⟨f. 20⟩ *Kleinfaltung bei Gesteinen, bes. Salzgesteinen, die durch Wasseraufnahme ihr Volumen ändern*
**Quellgebiet** ⟨n. 11⟩ *Ursprungsgebiet, Gebiet um die Quelle (eines Flusses)*
**Quellkuppe** ⟨f. 19; Geol.⟩ *aus der Erdrinde hervorgequollene Lava, die einen von Tuffen bedeckten Vulkan aufbaut*
**Quellmoos** ⟨n. 11; unz.⟩ *in sauberen Gewässern vorkommendes, derbes Laubmoos: Fontinalis antipyretica*
**Quellprogramm** ⟨n. 11; EDV⟩ **1** *Originalversion eines übersetzten Programms* **2** *Programm, das von einem anderen Programm (meist Compiler, Interpreter) bearbeitet werden soll*
**Quellton** ⟨m. 1⟩ = *Bentonit*

Q

## QUATTROCENTO

Als Quattrocento bezeichnet man die italienische Frührenaissance des 15. Jh., in der viele neue Ideen aufkamen, wie z. B. die Zentralperspektive, eine naturalistischere und ausdrucksstärkere Malweise und die Wiederaufnahme von Themen der klassischen Antike. Zu den wichtigsten Künstlern dieser Epoche gehören Sandro Botticelli, Donatello und Masaccio.

*Kreuzigung* (UM 1427), MASACCIO

ZEITLEISTE

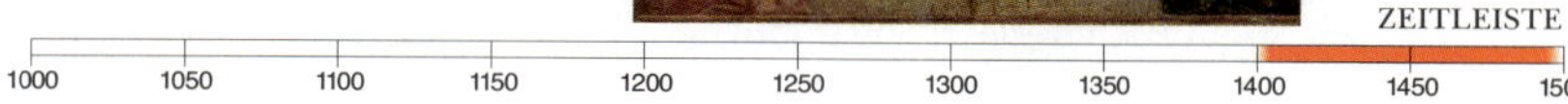

**Quempas** ⟨m.; -; unz.⟩, **Quempaslieder** ⟨Pl.; Rel.⟩ *Lieder im Wechselgesang über die Weihnachtsgeschichte, die früher von Jugendlichen (Quempassängern) im Gottesdienst u. bei Umzügen von Haus zu Haus gesungen wurden* [nach den Anfangssilben des Liedes „Quem pastores laudavere" (Den die Hirten lobten sehre)]

**Quendel** ⟨m. 5⟩ *echter Thymian als Gewürz- od. Heilpflanze: Thymus serpyllum* [< ahd. *quenela, quenil* < älter *kunele, chunil, chonela* < lat. *cunila* „Quendel" < grch. *konile*]

**quengeln** ⟨V. i.; hat; umg.⟩ *weinerlich immer wieder bitten, weinerlich nörgeln* (besonders von Kindern) [zu mhd. *twengen* „drücken"; → *zwängen*]

**quer** ⟨Adv.⟩ **1** *von einer Breitseite zur gegenüber liegenden Breitseite, die Längsausdehnung kreuzend, senkrecht zu dieser;* Ggs *längs (2)* **2** ⟨fig.⟩ *störend, verkehrt* ◆es **geht** ihm alles quer ⟨fig.⟩ *es missrät, missglückt ihm alles;* **leg** das Blatt quer (nicht längs) ◆quer **gestreift** *von einer Breitseite zur anderen, quer zur Längsrichtung gestreift* ◆eine Schnur quer **durch** einen Raum spannen; alles liegt **kreuz** und quer ⟨fig.; umg.⟩ *durcheinander, ungeordnet;* quer **über** den See, den Fluss fahren; quer über die Straße gehen [< mhd. *twerh* „schräg, verkehrt, quer"; dasselbe: *dwars,* der 1. Teil von *Zwerchfell*]

QUERFLÖTE AUS METALL

**Querbalken** ⟨m. 4⟩ **1** ⟨Arch.⟩ *quer zu anderen gelegter Balken in einem Bauwerk;* Sy *Querbaum (1)* **2** ⟨Her.⟩ *quer über das Wappen verlaufender Balken* **3** ⟨Mus.⟩ *zwei od. mehrere Notenhälse verbindender Strich, der Achtel- u. kürzere Noten zusammenfasst*

**Querbaum** ⟨m. 1u⟩ **1** ⟨Arch.⟩ = *Querbalken (1)* **2** ⟨Sp.⟩ *Turngerät aus einem waagerechten, auf beiden Enden ruhenden Balken für Gleichgewichtsübungen u. Ä.*

**querbeet** ⟨Adv.; umg.⟩ **1** *ohne genaues Ziel, ohne feste Richtung* **2** *ohne genauen Plan* ◆querbeet durchs Gelände laufen; querbeet aus den verschiedensten Gebieten Beispiele suchen

**Querdenker** ⟨m. 3⟩ *jmd., dessen Ansichten u. Äußerungen von der offiziell vorgegebenen od. mehrheitlichen Denkrichtung abweichen* ◆in seiner Partei gilt er schon seit Jahren als Querdenker

**querdurch** ⟨Adv.⟩ *mitten hindurch*

**Quere** ⟨f. 19; unz.⟩ **1** *Querrichtung* **2** ⟨fig.; umg.; meist in festen Redensarten⟩ es ist ihm etwas in die Quere gekommen ⟨fig.; umg.⟩ *er wurde durch etwas abgehalten, gestört* ◆jmdm. in die Quere kommen ⟨fig.; umg.⟩ *jmds. Weg störend kreuzen, jmdn. bei der Arbeit stören* [< ahd. *twer(h)i*]

QUILT (DETAIL)

**Querele** ⟨f. 19⟩ *Klage, Streit* [< lat. *querela* „Klage, Beschwerde"; zu *queri* „klagen"]

**querfeldein** ⟨Adv.⟩ *mitten durch Feld u. Wiesen, ohne Weg*

**Querflöte** ⟨f. 19; Mus.⟩ ◄ *Flöte, die quer gehalten u. an der Kante des Blaslochs angeblasen wird;* Sy *Traversflöte;* ► *Holzblasinstrumente*

**Querlage** ⟨f. 19; Med.⟩ *selten vorkommende, abnorme, geburtsunmögliche Lage des Kindes im Mutterleib quer zur Öffnung der Gebärmutter, erfordert die Herstellung einer normalen Längslage durch Wendung od. eine Schnittentbindung*

**Querruder** ⟨n. 13; Flugw.⟩ ► *zur Bewegung um die Längsachse dienendes Ruder außen an den Flügeln eines Flugzeuges*

**Querschiff** ⟨n. 11; Arch.⟩ *dem Langhaus im Osten quer vorgelagerter u. dieses seitlich überragender Teil der Kirche*

**Querschläger** ⟨m. 3⟩ *Geschoss einer Handfeuerwaffe, das im Flug einen Gegenstand streift u. sich dadurch querstellt, verursacht schwere Verwundung*

**Querschnitt** ⟨m. 1⟩ **1** ⟨Geom.⟩ *Schnitt quer zur Längs- od. Drehachse eines Körpers;* Ggs *Längsschnitt* **2** *Überblick, Zusammenfassung der wichtigsten Punkte*

**Querschnittslähmung** ⟨f. 20; Med.⟩ *Lähmung durch Unterbrechung des Rückenmarks an einer best. Stelle, einem sog. Rückenmarkquerschnitt, unterhalb dieser Stelle sind die Körperteile gelähmt*

**Querstraße** ⟨f. 19⟩ *eine (meist größere) Straße kreuzende Straße* ◆an der nächsten Querstraße links abbiegen

**Quersumme** ⟨f. 19; Math.⟩ *Summe der Ziffern einer mehrstelligen Zahl* ◆die Quersumme von 253 ist 10

**Querverbindung** ⟨f. 20⟩ *direkte Verbindung zwischen untergeordneten Einheiten eines zentralisierten Systems*

**Querwelle** ⟨f. 19⟩ = *Transversalwelle*

**Quesal** ⟨[kɛ-] m. 6; Zool.⟩ ► = *Quetzal (I)*

**Quese** ⟨f. 19⟩ **1** ⟨norddt.⟩ *Blase unter der Haut, Schwiele* **2** ⟨Vet.⟩ = *Drehwurm* [< mnddt. *quese* „Blutblase, Blase im Schafhirn, die die Drehkrankheit erzeugt", eigtl. „Quetschwunde"]

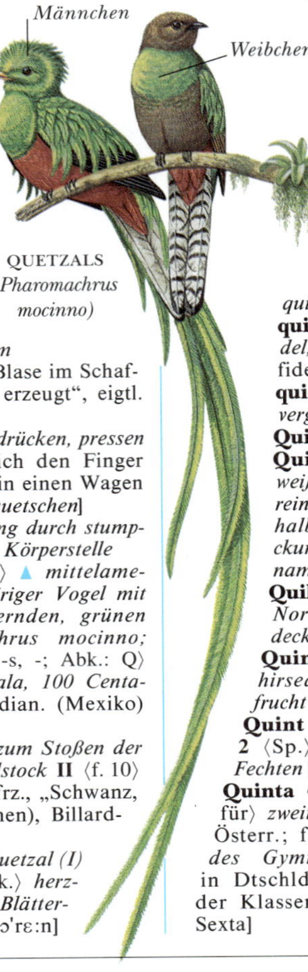

QUETZALS (*Pharomachrus mocinno*)

**quetschen** ⟨V. t.; hat⟩ **1** *heftig drücken, pressen* **2** *durch Druck verletzen* ◆sich den Finger quetschen; sich mit anderen in einen Wagen quetschen [< mhd. *quetzen, quetschen*]

**Quetschung** ⟨f. 20⟩ **1** *Verletzung durch stumpfen Gegenstand* **2** *gequetschte Körperstelle*

**Quetzal** **I** ⟨[kɛt-] m. 6; Zool.⟩ ▲ *mittelamerikan., zu den Trogons gehöriger Vogel mit langen, metallisch schimmernden, grünen Schwanzfedern: Pharomachrus mocinno;* oV *Quesal, Quezal* **II** ⟨m.; -s, -; Abk.: Q⟩ *Währungseinheit in Guatemala, 100 Centavos* [< span. *quetzal(e)* < indian. (Mexiko) *quetzalli* „Schwanzfeder"]

**Queue** ⟨[kø:]⟩ **I** ⟨n. 15⟩ *Stock zum Stoßen der Kugeln beim Billard, Billardstock* **II** ⟨f. 10⟩ *lange Reihe (von Personen)* [frz., „Schwanz, Stiel, Schlange (von Menschen), Billardstock"]

**Quezal** ⟨[kɛ'zal] m. 6⟩ ► = *Quetzal (I)*

**Quiche** ⟨[kiʃ] f. 10; frz. Kochk.⟩ *herzhafte Torte aus Mürbe- oder Blätterteig* ◆Quiche Lorraine [- lɔ'rɛ:n] *lothringische Torte mit Auflage aus Speck, Käse und gewürzter Eiermilch* [frz.]

**quick** ⟨Adj.; umg.⟩ *munter, lebhaft, flink* [< germ. **kwikw-* „lebendig"]

**Quickborn** ⟨m. 1; unz.; poet.⟩ *Jungbrunnen* [eigtl. „Lebensbrunnen" < *quick* + *Brunnen*]

**Quickie** ⟨m. 6; umg.⟩ **1** *etwas, das schnell u. leicht zu machen od. zu erledigen ist* **2** *schnell u. ohne Vorspiel vollzogener Geschlechtsverkehr* [zu engl. *quick* „schnell"]

**quicklebendig** ⟨Adj.; umg.⟩ *sehr lebendig, lebhaft, sehr munter*

**Quickout,** ⟨auch⟩ **Quick-out** ⟨[-aut] n. 15⟩ *Autoradio, das sich schnell ausbauen u. mitnehmen lässt* [< engl. *quick* „schnell" + *out* „heraus"]

**Quickstepp** ⟨m. 6⟩ *schneller Foxtrott* [engl., „schneller Schritt"]

**Quickwert,** ⟨auch⟩ **Quick-Wert** ⟨m. 11; Med.⟩ *Blutgerinnungsfaktor* [nach dem amerikanischen Physiologen Armand James *Quick,* 1894-1978]

**quiddern** ⟨V. i.; hat; nddt.⟩ **1** *kichern* **2** *undeutlich reden* **3** *zwitschern* [wohl lautmalend]

**Quidditas** ⟨f.; -; unz.⟩, **Quiddität** ⟨f. 20; unz.; Philos.⟩ *das Wesen (eines Dinges), das Was-Sein;* Ggs *Entität* [Neubildungen zu lat. *quid* „was"]

**Quidproquo** ⟨n.; -, -s⟩ *Verwechslung zweier Dinge, Missverständnis;* → a. *Quiproquo* [< lat. *quid pro quo* „was für wen"]

**quieken** ⟨V. i.; hat⟩ **1** *Laut geben, rufen* (vom Ferkel, Schwein) **2** ⟨fig.; umg.⟩ *einen hohen, quietschenden Laut ausstoßen* ◆vor Schreck quieken ⟨fig.; umg.⟩; es ist zum Quieken! ⟨fig.; umg.⟩ *sehr komisch* [lautmalend]

**Quietismus** ⟨[kviə-] m.; -; unz.⟩ **1** *weltabgewandte Lebenshaltung in völliger Ruhe des Gemüts* **2** ⟨Rel.⟩ *religiöse Lehre, die das Einswerden mit Gott durch wunsch- u. willenloses Sichergeben in seinen Willen erstrebt* [zu lat. *quietus* „ruhig"]

**quietschen** ⟨V. i.; hat⟩ *einen hohen schrillen Ton von sich geben* ◆die Tür, der Wagen, das Rad quietscht; vor Schreck, vor Vergnügen quietschen ⟨umg.⟩

**Quietscher** ⟨m. 3; umg.⟩ *hoher quietschender Ton*

**quietschfidel** ⟨Adj.; umg.⟩ *sehr fidel, äußerst munter* ◆ein quietschfideles Kind

**quietschvergnügt** ⟨Adj.; umg.⟩ *sehr vergnügt, unbeschwert, fröhlich*

**Quillaja** ⟨f. 10⟩ = *Seifenbaum*

**Quillajarinde** ⟨f. 19; unz.⟩ *gelbweiße Rinde des Seifenbaumes, die reinigende Saponine enthält u. deshalb als Reinigungs- u. Entfleckungsmittel verwendet wird;* Sy *Panamarinde*

**Quilt** ⟨[kwilt] m. 6; Textilw.⟩ ◄ *in Nordamerika hergestellte Steppdeckenart* [engl.]

**Quinoa** ⟨[ki:noa] f. 10⟩ *nahrhafte, hirseähnliche bolivianische Körnerfrucht* [engl.]

**Quint** ⟨f. 20⟩ **1** ⟨Mus.⟩ = *Quinte* **2** ⟨Sp.⟩ *bestimmte Klingenlage beim Fechten* [zu lat. *quintus* „der fünfte"]

**Quinta** ⟨f.; -, Quinten⟩ **1** ⟨frühere Bez. für⟩ *zweite Klasse des Gymnasiums* **2** ⟨in Österr.; frühere Bez. für⟩ *fünfte Klasse des Gymnasiums* [lat., „die fünfte"; in Dtschld. begann früher die Zählung der Klassen mit der höchsten Zahl, der Sexta]

Q

**Quintal** ⟨[kɛ̃-] m.; -s, -e od. -; Abk.: q; früher⟩ *Gewichtseinheit in roman., mittel- u. südamerik. Ländern, 1 Zentner* [< frz. „Zentner" < mlat. *quintale* < arab. *quintar*]

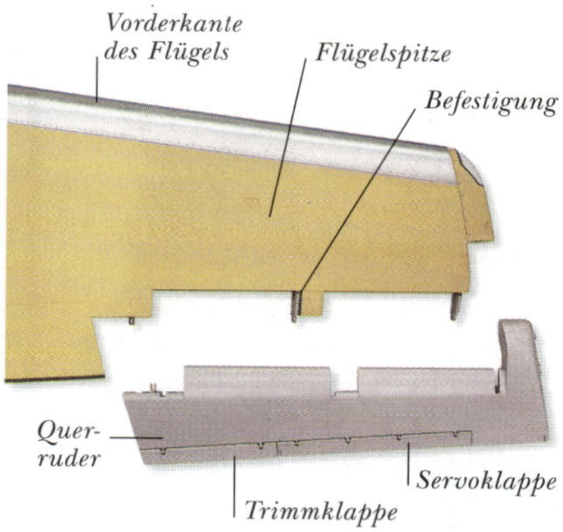


QUERRUDER: FLÜGELSPITZE EINES FLUGZEUGS MIT QUERRUDER

**Quintanafieber** ⟨n. 13; unz.; Med.⟩ = *Fünftagefieber* [→ *Quinta*]
**Quintaner** ⟨m. 3⟩ *Schüler der Quinta*
**Quinte** ⟨f. 19; Mus.⟩ oV *Quint (1)* **1** *fünfter Ton der diaton. Tonleiter* **2** *Intervall von fünf Tönen* [< lat. *quinta*, Fem. zu *quintus* „der fünfte"; zu *quinque* „fünf"]
**Quintenzirkel** ⟨m. 5; Mus.⟩ *kreisförmige Aufzeichnung sämtlicher Tonarten, jeweils in Quinten fortschreitend, nach links die b-, nach rechts die Kreuz-Tonarten*
**Quintessenz** ⟨f. 20⟩ *Wesen (einer Sache), Kern, Auszug* ◆ die Quintessenz des Buches; die Quintessenz der Vorlesung [< mlat. *quinta essentia* „das fünfte Seiende"]
**Quintett** ⟨n. 11; Mus.⟩ **1** *Musikstück für fünf Singstimmen oder fünf Instrumente* **2** *die fünf Ausführenden* [< ital. *quintetto;* zu *quinto* < lat. *quintus* „der fünfte"]
**Quintsextakkord** ⟨m. 1; Mus.⟩ *erste Umkehrung des Septimenakkords, bei der die Terz den Grundton bildet*
**Quiproquo** ⟨n.; -, -s; bes. Lit.⟩ *Verwechslung zweier Personen (im Lustspiel);* → a. *Quidproquo* [< lat. *qui pro quo* „wer für wen"]
**Quirite** ⟨m. 17; im antiken Rom Ehrentitel für⟩ *Vollbürger* [< lat. *quiris*, Gen. *quiritis* „röm. Bürger in staatsbürgerl. Beziehung"]
**Quirl** ⟨m. 1⟩ **1** *Küchengerät aus einem Holzstab (der zwischen den Handflächen gedreht wird) mit verdicktem Ende, von dem mehrere Zähne sternförmig abstehen, zum raschen Vermengen von Flüssigkeiten mit pulverigen Stoffen* **2** ⟨Bot.⟩ ► = *Wirtel (1)* **3** ⟨fig.; umg.; scherzh.⟩ *sehr unruhiger, sehr lebhafter Mensch* [< ahd. *dwiril*]
**quirlen** ⟨V. t.; hat⟩ *mit dem Quirl verrühren*
**quirlig** ⟨Adj.; fig.; umg.⟩ *unruhig, sehr lebhaft* (Person) ◆ ein sehr quirliges Kind
**Quisquilien** ⟨[-liən] Pl.; geh.⟩ *Kleinigkeiten, Nichtigkeiten, Abfall* [< lat. *quisquiliae* „Abfall, Ausschuss"]
**quitt** ⟨Adj.; nur präd.⟩ *frei von allen Verbindlichkeiten* ◆ nun sind wir quitt [< afrz. *quite* „los, ledig, frei" < lat. *quietus* „ruhig"]
**Quitte** ⟨f. 19⟩ ▼ *Frucht des Quittenbaums*
**quittegelb** ⟨Adj.⟩ *gelb wie die Quitte, kräftig hellgelb*
**Quittenbaum** ⟨m. 1u⟩ *Rosengewächs mit bitteren, apfel- od. birnenähnl. Früchten von feinem Aroma: Cydonia oblonga* ◆ Japanische Quitte *kleiner, sommergrüner Strauch mit verschiedenfarbigen Blüten u. grünlich gelben Scheinfrüchten: Chaenomeles lagenoria* [< ahd. *qitina* < vulgärlat. *quidonea* für lat. *cydonea (mala)*, „Quittenäpfel" < grch. *kydonia (mela)*, kleinasiat. Ursprungs, volksetymolog. auf den Namen der antiken Stadt *Kydonia* bezogen]
**Quittenbrot** ⟨n. 11; unz.⟩ *aus Quitten hergestelltes, geleeartiges Konfekt, in kleine Stücke geschnitten*
**Quittenvogel** ⟨m. 5u; Zool.⟩ *goldgelb bis goldbraun gezeichneter Spinner aus der Familie der Glucken, dessen Raupen vor allem an Eiche u. Weide leben, Eichenspinner: Lasiocampa quercus*
**quittieren** ⟨V. t.; hat⟩ **1** einen Betrag quittieren *den Empfang eines B. bescheinigen* **2** den Dienst quittieren *den D. aufgeben, das Amt niederlegen* **3** eine Rechnung quittieren *den Empfang des Betrages auf der R. bescheinigen* ◆ quittierte Rechnung [< frz. *quitter* „frei machen, verlassen"; → *quitt*]
**Quittung** ⟨f. 20⟩ **1** *Empfangsbescheinigung* **2** ⟨fig.⟩ *Antwort,* ⟨bes.⟩ *Strafe* ◆ eine Quittung ausstellen; diese Strafe ist die Quittung für dein wirklich leichtsinniges Verhalten ⟨fig.; umg.⟩
**Quivive** ⟨[ki'vi:f] n. 15⟩ *Ruf des französischen Postens, „Wer da?"* ◆ auf dem Quivive sein ⟨fig.; umg.⟩ *auf der Hut sein, aufpassen* [< frz. *Qui vive?* „Wer lebe?", d. h., „Wer soll leben?"; der Ruf war urspr. die Frage nach der Parole, worauf die Antwort zu lauten hatte: „Vive le roi!" bzw. „Vive la révolution!" („Es lebe der König!" bzw. „Es lebe die Revolution!"), womit der Angerufene zu erkennen gab, zu welcher Partei er gehörte]
**Quiz** ⟨[kvis] n.; -, -; bes. TV⟩ *unterhaltsames Frage-und-Antwort-Spiel* [engl., „Scherz, Neckerei, Prüfung"]
**Quizmaster** ⟨['kvisma:stə(v)] m. 3⟩ *Leiter einer Quizveranstaltung, einer Quizshow* [< *Quiz* + engl. *master* „Herr"]
**quizzen** ⟨['kvisən] V.; hat⟩ **I** ⟨V. i.; umg.⟩ *ein Quiz spielen* **II** ⟨V. t.; umg.⟩ jmdn. quizzen *jmdm. Quizfragen stellen*
**Qumranrolle** ⟨[kum-] f. 19; Rel.⟩ *eine der 1947 in den Höhlen von Qumran (Ruine einer Siedlung am Nordwestufer des Toten Meeres) entdeckten Schriftrollen, die Texte des AT u. Kommentare enthalten, welche Rückschlüsse auf die Überlieferung des AT u. die geistige Welt der Essener, einer frühjüdischen Sekte, erlauben* [< arab. *Qumran* „Ruine von Qum" (Siedlung am Nordwestufer des Toten Meeres)]
**quod erat demonstrandum** ⟨Abk.: q. e. d.⟩ *was zu beweisen war* [lat.; auf Euklid zurückgehende Redensart als Schlusssatz eines mathemat. od. philosoph. Beweises]
**Quodlibet** ⟨n. 15⟩ **1** *buntes Durcheinander, willkürl. Auswahl* **2** ⟨Mus.⟩ *mehrstimmiges Gesangstück mit lustigen Texten u. wechselnden Melodien* [< lat. *quod libet* „was gefällt"]
**Quorum** ⟨n.; -s; unz.⟩ *beschlussfähige Anzahl, für einen Beschluss (einer Körperschaft) erforderl. Zahl anwesender Mitglieder* [engl., urspr. *quorum of justices of the peace* „zur Bildung eines Gerichtshofes nötige Zahl von Friedensrichtern" < lat. *quorum*, Gen. Pl. von *qui* „wer"]
**Quotation** ⟨f. 20⟩ *Kursnotierung (an der Börse), Berechnung eines Anteils* [Neubildung zu *quotieren*]

QUITTE
*(Cydonia oblonga)*

**Quote** ⟨f. 19⟩ **1** *den Verhältnissen entsprechender Anteil, Teilbetrag* **2** *Beteiligungszahl* [< mlat. *quota (pars)* „der wie vielte (Teil)"; zu lat. *quot* „wie viel"]
**Quotenmethode** ⟨f. 19⟩ *Verfahren der Meinungsforschung, bei dem Zahl als auch Art der zu befragenden Personen (Stichprobe) durch statistische Berechnungen ermittelt wird*
**Quotenregelung** ⟨f. 20⟩ *Festschreibung einer bestimmten Anzahl an Arbeitsplätzen od. (leitenden) Positionen, die von Frauen besetzt werden sollen*
**Quotient** ⟨[-tsi] m. 16; Math.⟩ *Zähler u. Nenner eines Bruches* [< lat. *quotiens* „wie oft"; zu *quot* „wie viele"]
**quotieren** ⟨V. t.; hat⟩ *angeben, mitteilen* (Kurs, Preis) [Neubildung zu *Quote*]
**Quo vadis?** ⟨[- va-]⟩ *Wohin gehst du?* [lat., eigtl. *Quo vadis, Domine?* „Wohin gehst du, Herr?" (in der christl. Legende Frage des aus dem Kerker entflohenen Petrus an den ihm erscheinenden Christus)]

# R

**r** ⟨Math.; Abk. für⟩ *Radius (Halbmesser)*
**R 1** ⟨auf der Rückseite von Uhren; Abk. für frz.⟩ *retard (zurück) (zeigt an, dass man eine Schraube od. einen Hebel in der bezeichneten Richtung verstellen muss, um ein Langsamergehen der Uhr zu bewirken);* Ggs *A (II, 2)* **2** ⟨Münzbuchstabe der Münzstätten⟩ *Orléans, Rom, Rio de Janeiro* **3** ⟨Zeichen für⟩ *Warenzeichen* **4** ⟨Abk. für engl.⟩ *registered (eingetragen)* **5** ⟨in Bibliotheken, Münzkatalogen u. Ä.; Abk. für lat.⟩ *rarus (selten)*
**r.** ⟨Abk. für⟩ *rechts*
**Ra** ⟨Chem.; Zeichen für⟩ *Radium*
**Rabatt** ⟨m. 1⟩ *Preisnachlass* ◆ 20 % Rabatt; Rabatt geben, gewähren [< ital. *rabatto;* zu *rabattere* „niederschlagen"]
**Rabatte** ⟨f. 19⟩ **1** *schmales Beet, besonders als Einfassung von Wegen u. Rasenflächen, Randbeet* **2** *Aufschlag an Ärmel oder Kragen, bes. von Uniformen* [< ndrl. *rabat* „Randbeet" < frz. *rabat* „Umschlag an Kleid od. Tasche"]
**Rabbi** ⟨m.; -s, -s od. -nen; Rel.; Ehrentitel für⟩ *jüd. Schriftgelehrter* [< grch. *rhabbi* < hebr. *rabbi,* Anredeform zu *rabb* „Herr, Lehrer"]
**Rabbiner** ⟨m. 3; Rel.⟩ **1** *Geistlicher der jüd. Gemeinde* **2** *jüd. Religions- u. Gesetzeslehrer* [< mlat. *rabbinus* < hebr. *rabbuni;* → *Rabbi*]
**Rabe** ⟨m. 17; Zool.⟩ **1** ⟨i. w. S.⟩ *großer, kräftiger Rabenvogel* **2** ⟨i. e. S.⟩ *Kolkrabe* ◆ ein weißer Rabe sein ⟨fig.; umg.⟩ *eine ganz große Seltenheit, eine große Ausnahme sein;* wie ein Rabe stehlen ⟨fig.; umg.⟩ *häufig stehlen* [< ahd. *hraban,* engl. *raven*]
**Rabenkrähe** ⟨f. 19; Zool.⟩ *westl. der Elbe lebende, schwarze Krähenrasse: Corvus corone*
**Rabenvater** ⟨m. 3u; fig.; umg.⟩ *Vater, der sich nicht um seine Kinder kümmert, hartherziger, schlechter Vater*
**Rabenvogel** ⟨m. 5u; Zool.⟩ ► *Angehöriger einer Familie meist großer, kräftiger Singvögel mit z. T. ausgezeichnetem Lernvermögen, Allesfresser, die in Scharen manchmal schädlich werden (Dohle, Krähe, Elster, Häher, Kolkrabe): Corvidae*
**rabiat** ⟨Adj.; -er, am -esten; umg.⟩ *wild vor Zorn, sehr wütend* ◆ eine rabiate Vorgehensweise [zu lat. *rabies* „Wut, Tollheit"]
**Rache** ⟨f. 19; unz.⟩ *Vergeltung für erlittenes Unrecht* ◆ (an jmdm.) Rache nehmen *sich rächen;* jmdm. Rache schwören; Rache ist süß! ⟨umg.; scherzh.⟩ *na warte, ich werde es dir (mit Freude) vergelten!;* blutige Rache nehmen; auf Rache sinnen; etwas aus Rache tun [< ahd. *rahha* „Rache, Strafe"; → *rächen*]
**Racheakt** ⟨m. 1⟩ *Tat der Rache, Vergeltungstat*
**Rachen** ⟨m. 4; Anat.⟩ **1** ⟨i. e. S.⟩ ► *hinter dem Gaumensegel liegende Erweiterung des Schlundes: Fauces;* Sy *Pharynx* **2** ⟨i. w. S.⟩ *Maul, Schlund (von großen Raubtieren)* ◆ entzündeter, geröteter Rachen; jmdm. etwas in den Rachen werfen ⟨fig.; umg.⟩ *jmdm. etwas geben, überlassen, um ihn zu befriedigen, zum Schweigen zu bringen* [< ahd. *rahho;* zu *rachison* „sich räuspern"]
**rächen** ⟨V. t.; hat⟩ **1** jmdn. rächen *Rache für jmdn. nehmen, Vergeltung für ein Unrecht, das jmdm. geschehen ist, üben* **2** sich rächen *Rache nehmen, Vergeltung üben (für erlittenes Unrecht)* ◆ es wird sich (noch) rächen, dass du so leichtsinnig bist *du wirst die Strafe für deinen Leichtsinn schon noch bekommen* [< ahd. *rehhan*]
**Rachenkatarr** ⟨m. 1; Med.⟩ = *Rachenkatarrh*
**Rachenkatarrh** ⟨m. 1; Med.⟩ *Entzündung des Rachens mit Rötung der Rachenschleimhaut u. oft mit Mandelentzündung;* oV *Rachenkatarr*
**Rachenmandel** ⟨f. 21; Anat.⟩ *mandelförmiger Teil des Rachenrings am oberen Teil des Rachens;* Sy *Rachentonsille*
**Rachentonsille** ⟨f. 19; Anat.⟩ = *Rachenmandel*
**Rächer** ⟨m. 3⟩ *jmd., der Rache übt*
**Rachitis** ⟨[-xiː-] f.; -; unz.; Med.⟩ *durch Störung des Kalk- und Phosphorstoffwechsels charakterisierte Erkrankung, die auf Vitamin-D-Mangel beruht, führt zur Erweichung der Knochen;* oV *Rhachitis;* Sy *englische Krankheit* [zu grch. *rhachis* „Rücken, Wirbelsäule"]
**Rachsucht** ⟨f. 7u; unz.⟩ *starkes Bedürfnis, Verlangen, sich für etwas zu rächen*
**Raclette** ⟨[-klɛt]⟩ **I** ⟨m. 6⟩ *ein schweizer. Schnittkäse* **II** ⟨n. 15⟩ **1** *Speise aus diesem Käse, der mit Tomaten, Weinbeeren o. Ä. auf Weißbrotscheiben oder gerösteter Kartoffel erhitzt wird* **2** *Gerät zum Zubereiten dieser Speise* [frz.; zu *racler* „abschaben"]
**rad 1** ⟨Math.; Zeichen für⟩ *Radiant (2)* **2** ⟨Zeichen für⟩ *Rad[1]*
**Rad[1]** ⟨n.; - od. -s, -; Zeichen: rad⟩ *bis 31.12.1985 zulässige Bezeichnung für Strahlungseinheit, 1 rad entspricht einer absorbierten Energie von 100 erg je Gramm Substanz,*

RABENVOGEL: ALPENDOHLE (*Pyrrhocorax graculus*)

## RADDAMPFER

Nach der Erfindung der Dampfmaschine im 18. Jh. wurde der Raddampfer vor allem auf Flüssen zu einem Konkurrenten für das herkömmliche Segelschiff. Angetrieben wurde er von Schaufelrädern, die zur Hälfte ins Wasser eintauchten, während zum Antrieb von Hochseedampfern ab Mitte des 19. Jh. Schiffsschrauben zum Einsatz kamen.

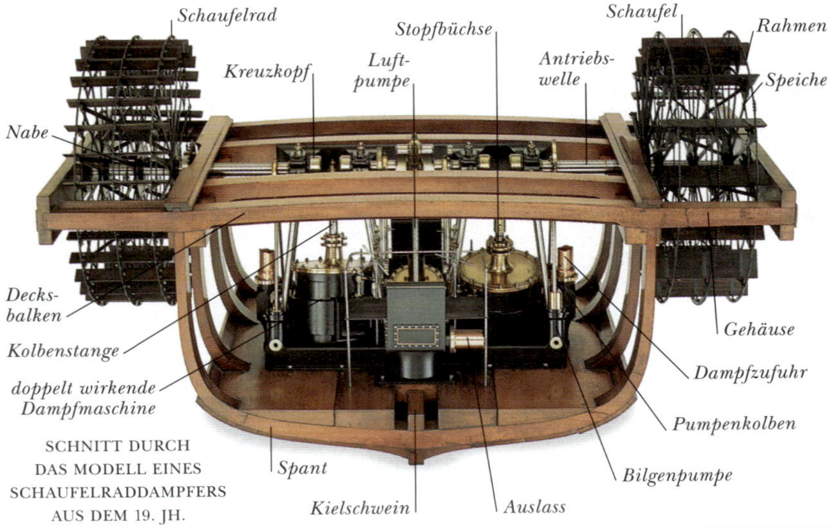


SCHNITT DURCH DAS MODELL EINES SCHAUFELRADDAMPFERS AUS DEM 19. JH.

## RACHEN

Als Rachen wird der muskuläre Übergang von der Nasenhöhle zur Speiseröhre bezeichnet. Der obere Rachen ist über die eustachische Röhre mit dem Mittelohr verbunden und dient als Luftweg, während der zwischen dem weichen Gaumen und dem oberen Ende des Kehldeckels liegende mittlere Rachen Luft und Nahrung passieren lässt. An ihn schließt sich der untere Rachen an, der in den Kehlkopf (Atmung) und die Speiseröhre (Nahrung) übergeht.

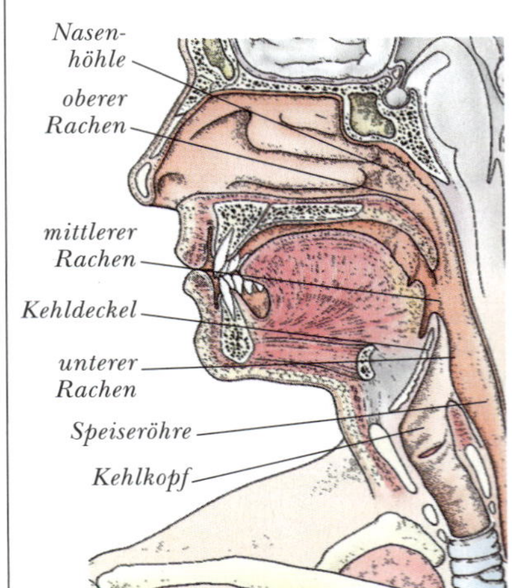


AUFBAU DES RACHENS

*wurde ersetzt durch die Einheit Joule/Kilogramm (J/kg), 1 rad = 0,01 J/kg*

**Rad²** ⟨n. 12u⟩ **1** *Rollkörper, bes. an Wagen* **2** *Getriebeteil* **3** ⟨kurz für⟩ ► = *Fahrrad, Mühlrad, Spinnrad* **4** ⟨MA⟩ *Hinrichtungswerkzeug in Form eines Rades, auf das der Verurteilte mit zerschmetterten Gliedern gebunden wurde u. auf dem er verendete* **5** ⟨Sp.; Turnen⟩ *ein- od. mehrmaliger seitl. Überschlag auf beiden Händen u. Füßen nacheinander* ◆ das Rad der **Geschichte** lässt sich nicht zurückdrehen ⟨fig.⟩ ◆ Rad **fahren;** Rad **schlagen** ⟨Sp.; Turnen⟩ ◆ das **fünfte** Rad am Wagen sein ⟨fig.; umg.⟩ *in der Gemeinschaft anderer sich als überflüssig empfinden od. auch sein* [< ahd. *rad;* → *Rädelsführer, rinnen, Rolle*]

**Radar** ⟨m. od. n.; -s; unz.⟩ **1** ► *Funktechnik, die sich mit Entfernungsmessung mittels elektromagnetischer Wellen befasst;* Sy *Funkmesstechnik* **2** ⟨kurz für⟩ *Radargerät* [engl.; verkürzt < *radio detecting and ranging* „durch Funk auffinden u. die Entfernung messen"]

**Radargerät** ⟨n. 11⟩ *Funkmessgerät zum Orten von Flugkörpern, Schiffen, Hindernissen im Wasser, am Boden, in der Luft mittels Radar;* Sy ⟨kurz⟩ *Radar (2)*

**Radau** ⟨m.; -(e)s; unz.; umg.⟩ *Lärm, Krach, Getöse* ◆ auf dem Gartenfest wurde so ein Radau gemacht, dass die Polizei kam [lautmalend]

**Rädchen** ⟨n. 14⟩ **1** *kleines Rad* **2** *kleines Gerät mit einem gezahnten Rad zum Durchdrücken von Schnittmustern auf Papier od. zum Ausschneiden von Teigstückchen für kleines Gebäck* ◆ bei dir ist wohl ein Rädchen locker? ⟨fig.; umg.⟩ *du bist wohl nicht gescheit, was denkst du dir eigentlich?*

**Raddampfer** ⟨m. 3⟩ ◄ *Dampfschiff mit Radantrieb*

**radebrechen** ⟨V. t.; hat⟩ eine Sprache radebrechen *eine Sprache stümperhaft sprechen* [eigtl. „auf dem Rad brechen, rädern"]

**radeln** ⟨V. i.; ist; umg.; bes. süddt.⟩ *Rad fahren* ◆ an den Strand radeln

**Rädelsführer** ⟨m. 3⟩ *Anführer (eines Tumults, einer Verschwörung)* [< *Rädleinsführer;* zu fnhd. *rädlein* „Zusammenrottung"; zu mhd. *redelin* „Rädchen", im 16. Jh. die kreisförmige Formation einer Schar von Landsknechten; → *Rad²*]

**...räderig** ⟨Adj.; in Zus.⟩ = *...rädrig*

**rädern** ⟨V. t.; hat⟩ *durch das Rad hinrichten, aufs Rad flechten* ◆ ich bin wie gerädert ⟨fig.; umg.⟩ *todmüde, alle Glieder tun mir weh*

**Rädertier** ⟨n. 11; Zool.⟩ *Angehöriges einer mit typischem Strudelorgan versehenen Klasse kleiner Rund- od. Hohlwürmer, die meist im Süßwasser leben: Rotatoria*

**Räderwerk** ⟨n. 11⟩ **1** *Gesamtheit der miteinander arbeitenden Räder (einer Maschine)* **2** ⟨fig.⟩ *ineinander verzahntes System*

**radial** ⟨Adj.⟩ **1** *in Richtung des Radius* **2** *strahlenförmig* [Neubildung zu lat. *radius* „Strahl"]

**Radialgeschwindigkeit** ⟨f. 20⟩ **1** *Geschwindigkeitskomponente in Richtung das Radius* **2** ⟨Astron.⟩ *Geschwindigkeit eines Gestirns in Richtung auf den Beobachter zu od. von ihm weg*

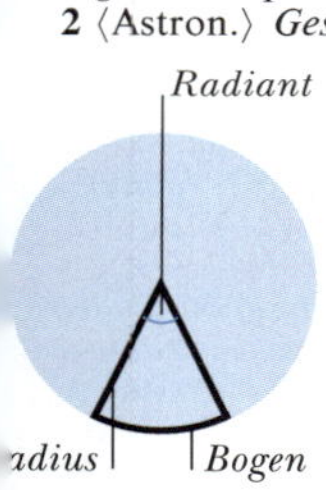

RADIANT

**Radiant** ⟨m. 16⟩ **1** ⟨Astron.⟩ *scheinbarer Ausgangspunkt eines Meteorstroms* **2** ⟨Math.; Zeichen: rad⟩ ◄ *SI-Einheit für den ebenen Winkel, angegeben im Bogenmaß* [zu lat. *radians* „strahlend", Part. Präs. von *radiare* „Strahlen von sich geben, strahlen"]

## RADAR

Ein Primärradar ortet Ziele, indem es die Zeit misst, die reflektierte Impulse brauchen, um zur Antenne zurückzukehren, und gleichzeitig die Impulsrichtung aufzeichnet. Beim Sekundärradar hingegen antwortet der Transponder eines Flugzeugs auf Radarimpulse und sendet genauere Informationen.

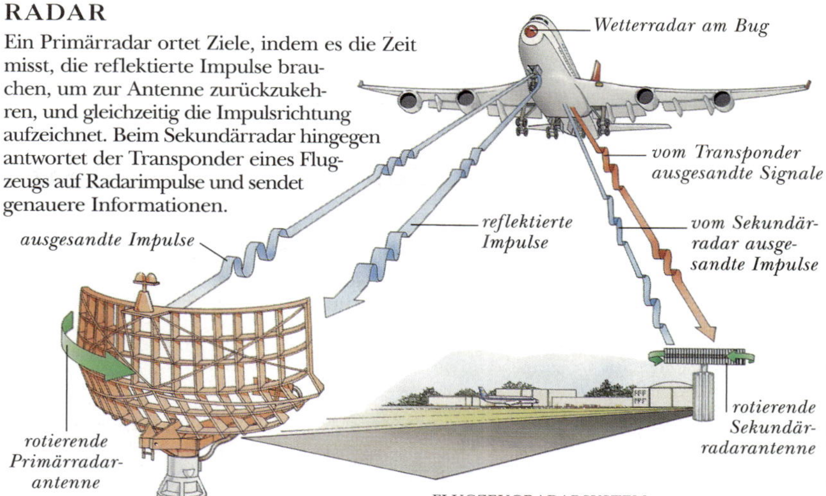

FLUGZEUGRADARSYSTEM

**radiär** ⟨Adj.⟩ *strahlenförmig (angeordnet)* [< frz. *radiaire* „strahlenförmig"; zu lat. *radius* „Strahl"]

**Radiation** ⟨f. 20⟩ **1** *Strahlung* **2** *Ausstrahlung* [< lat. *radiatio* „das Strahlen, Glanz"; zu *radius* „Strahl"]

**Radiator** ⟨m. 23⟩ *Heizkörper, der die Luft in einem Raum vorwiegend durch Strahlung erwärmt* [zu lat. *radiare* „strahlen, Strahlen von sich geben"]

**Radicchio** ⟨[-dikjo] m.; -s, -dicchi [-ki]⟩ *als Salatpflanze genutzte Zichorienart mit rotweißen, bitter schmeckenden Blättern* [ital.; zu lat. *radicula* „kleine Wurzel"]

**Radien** ⟨[-diən] Pl. von⟩ *Radius*

**radieren** ⟨V.; hat⟩ **I** ⟨V. i.⟩ *Geschriebenes od. Gezeichnetes mit dem Radiergummi od. Radiermesser entfernen* **II** ⟨V. t.⟩ *wegradieren, durch Radieren entfernen* ◆ eine Zeichnung radieren *mit der Radiernadel in eine geätzte Kupferplatte ritzen* [< lat. *radere* „schaben, kratzen"]

**Radiergummi** ⟨m. 6⟩ *Gummi zum Entfernen von Schrift od. Zeichnung;* Sy ⟨kurz⟩ *Gummi (II, 2)*

**Radierung** ⟨f. 20⟩ **1** *Art des Kupferstichs, bei der die Zeichnung mit der Radiernadel in eine mit einer säurefesten Masse überzogene Kupferplatte eingeritzt wird, die Platte wird dann mit einer Säure übergossen, die in die eingeritzten Stellen eindringt;* → a. *Kaltnadelradierung* **2** *der von dieser Platte hergestellte Abdruck*

**Radieschen** ⟨n. 14⟩ *Rettichsorte mit kleinen, runden, weißen od. roten Stängelknollen* ◆ sich die Radieschen von unten ansehen, besehen ⟨fig.; umg.; scherzh.⟩ *gestorben sein, unter der Erde liegen* [Verkleinerungsform zu *Radies* < ndrl. *radijs* < frz. *radis* „Radieschen" < lat. *radix* „Wurzel"]

**radikal** ⟨Adj.⟩ **1** *bis auf die Wurzel, bis zum Äußersten (gehend)* **2** *von Grund auf* **3** *gründlich, rücksichtslos* ◆ eine Sache radikal ändern [< frz. *radical* < spätlat. *radicalis* „an die Wurzel gehend, von Grund auf, gründlich"; zu lat. *radix* „Wurzel"; verwandt mit *Rettich, Radieschen*]

**Radikal** ⟨n. 11⟩ **1** *das zur Bezeichnung des Wurzelziehens verwendete Zeichen:* $\sqrt{}$ **2** *Resultat des Wurzelziehens* **3** *Atomgruppe od. Molekül mit einem od. mehreren Elektronen, die eine starke Reaktionsfähigkeit besitzen* [→ *radikal*]

**Radikale(r)** ⟨f. 30 (m. 29)⟩ *Vertreter(in), Anhänger(in) des Radikalismus* ◆ in ihrer Partei zählte sie zu den Radikalen

R

## RADIOAKTIVITÄT

Atomkerne bestehen aus Protonen und Neutronen. Alle Protonen sind positiv geladen und stoßen sich daher gegenseitig ab, werden jedoch von einer starken Kernkraft zusammengehalten. Sind Protonen und Neutronen ungleich verteilt, so wird der Kern instabil, zerfällt und setzt dabei Energie frei. Beim Alphazerfall werden Alphateilchen (Heliumkerne) freigegeben, beim Betazerfall verlassen Betateilchen, schnelle Elektronen, den Kern. In beiden Fällen können auch elektromagnetische Gammastrahlen auftreten. Radioaktivität wurde erstmals 1896 beobachtet und wird heute in Medizin (z. B. zur Zerstörung von Krebsgeschwülsten) und Archäologie eingesetzt.

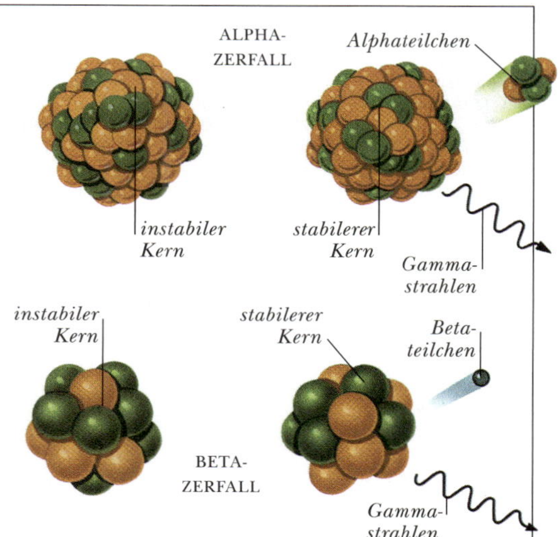

**Radikalismus** ⟨m.; -; unz.⟩ **1** *bis zum Äußersten gehende Richtung, bes. politisch* **2** *radikales Denken, extreme Anschauungen*

**Radio** ⟨n. 15⟩ **1** ⟨schweiz. a.: m. 6⟩ ► = *Rundfunkgerät* **2** = *Rundfunk (1)* [engl.-amerikan.; verkürzt < *radiotelegraphy* „Übermittlung von Nachrichten durch Ausstrahlung elektromagnet. Wellen" < lat. *radius* „Strahl" + *Telegrafie*]

**radio..., Radio...** ⟨in Zus.⟩ **1** *strahl(en)..., Strahl(en)...* **2** *Rundfunk...* [zu lat. *radius* „Strahl"]

**radioaktiv** ⟨Adj.; Phys.⟩ *unter Aussendung von Strahlen sich umwandelnd, Strahlen aussendend* (chem. Elemente, Isotope) ◆ radioaktiver Niederschlag *auf die Erde fallende, radioaktive Stoffe;* radioaktiver Zerfall *Spaltung von Atomkernen unter Aussendung radioaktiver Strahlung;* Sy *Atomzerfall* [< lat. *radius* „Strahl" + *aktiv*]

**Radioaktivität** ⟨[-vi-] f. 20; unz.; Phys.⟩ ◄◄ *radioaktive Beschaffenheit, Strahlenaussendung*

**Radiofrequenzstrahlung** ⟨f. 20⟩ = *Radiowellen*

**Radiografie** ⟨f. 19⟩ = *Radiographie*

**Radiographie** ⟨f. 19⟩ *Durchstrahlen od. Fotografieren von Werkstoffen mittels Röntgen- od. Gammastrahlen zur Werkstoffprüfung;* oV *Radiografie*

**Radiokarbonmethode** ⟨f. 19⟩ *Verfahren zur Altersbestimmung von organischen Materialien durch Feststellung des Gehaltes an radioaktivem Kohlenstoff (C 14), dessen Halbwertzeit 5500 Jahre beträgt;* Sy *Radiokohlenstoffdatierung*

**Radiokohlenstoffdatierung** ⟨f. 20⟩ = *Radiokarbonmethode*

**Radiologie** ⟨f. 19; unz.; Med.⟩ *Lehre von den Strahlen, besonders den Röntgen- u. radioaktiven Strahlen sowie ihrer Anwendung* [< lat. *radius* „Strahl" + grch. *logos* „Lehre, Kunde"]

**radiologisch** ⟨Adj.; Med.⟩ *die Radiologie betreffend, zu ihr gehörig*

**Radiometrie** ⟨f. 19; unz.⟩ *Untersuchung der Radioaktivität von Gesteinen in der Erdkruste* [< lat. *radius* „Strahl" + grch. *metrein* „messen"]

**Radiorecorder** ⟨m. 3⟩ = *Radiorekorder*

**Radiorekorder** ⟨m. 3⟩ *(tragbares) Radio mit eingebautem Kassettenrekorder;* oV *Radiorecorder*

**Radioskopie** ⟨f. 19⟩ **1** *Durchleuchtung mit Röntgenstrahlen* **2** *Röntgenoskopie* [< lat. *radius* „Strahl" + grch. *skopein* „schauen"]

**Radioteleskop** ⟨n. 11; Astron.⟩ *Antennensystem zum Empfang von Radiowellen aus dem Weltall, das aufgrund der in diesem Bereich sehr schlechten Auflösung oft beträchtliche Ausmaße besitzt*

**Radiotherapie** ⟨f. 19; unz.⟩ = *Strahlenbehandlung*

**Radiowellen** ⟨Pl.⟩ *elektromagnetische Strahlung im Bereich der für die Rundfunkübertragung benutzten Wellenlängen;* Sy *Radiofrequenzstrahlung*

**Radium** ⟨n.; -s; unz.; Chem.; Zeichen: Ra⟩ *radioaktives chem. Element, Ordnungszahl 88* [zu lat. *radius* „Strahl"]

**Radius** ⟨m.; -, Radien; Math.; Abk.: r⟩ ► *Hälfte des Durchmessers, der halbe Durchmesser;* Sy *Halbmesser* [lat., „Stab, Speiche, Strahl"]

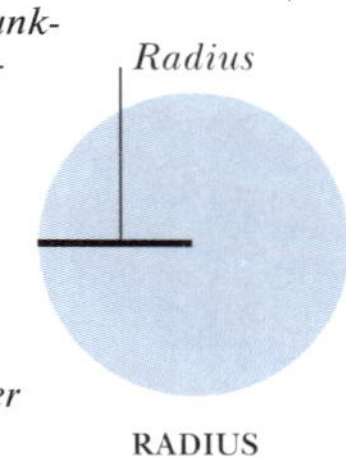

RADIUS

**Radiusvektor** ⟨[-vɛk-] m. 23; Math.⟩ = *Leitstrahl (2)*

**Radkranz** ⟨m. 1u⟩ **1** *äußerer Teil des Zahnrads* **2** ⟨bei Schienenfahrzeugen⟩ *der unter dem Reifen liegende Unterreifen*

**Radmantel** ⟨m. 5u⟩ **1** *ärmelloser Überwurf für Radfahrer* **2** *Gummireifen zum Schutz des Radschlauchs*

**Radnabe** ⟨f. 19⟩ *Nabe*

**Radon** ⟨n.; -s; unz.; Chem.; Zeichen: Rn⟩ *chem. Element, radioaktives Edelgas, Ordnungszahl 86* [zu lat. *radius* „Strahl"]

**...rädrig** ⟨Adj.; in Zus.⟩ *mit einer bestimmten Anzahl von Rädern ausgestattet,* z. B. zweirädrig, dreirädrig, vierrädrig; oV *...räderig*

**Radscha** ⟨m. 6⟩ *eingeborener indischer Fürst* [< hind. *raja* „Fürst"]

**Radsport** ⟨m.; -(e)s; unz.⟩ *sportliches, wettkampfartig betriebenes Radfahren*

**Radtour** ⟨[-tu:r] f. 20⟩ *Ausflug auf dem Fahrrad* ◆ eine Radtour machen

**raffen** ⟨V. t.; hat⟩ **1** *etwas zeitgleich schnell, eilig nehmen, fassen* **2** *gierig nehmen, fassen* **3** *geizig anhäufen* **4** *in kleine Falten legen, bauschen* (Stoff, Kleid, Vorhang) **5** *ein wenig hochheben, an sich ziehen* (Schleppe, langes Kleid) **6** ⟨Jugendspr.⟩ *begreifen, kapieren, verstehen* ◆ alles Geld, alle Geschenke an sich raffen; geraffte Vorhänge [< mhd. *raffen*, engl. *rap* „reißen"]

RAFFHALTER

**Raffhalter** ⟨m. 3⟩ ◄ *dekoratives Stoffband od. Kordel, um Gardinen seitlich des Fensters zusammenzuhalten*

**Raffinade** ⟨f. 19⟩ *feiner, bes. gereinigter Zucker* (Zuckerraffinade) [frz., „fein gemahlener, gereinigter Zucker"; → *raffinieren*]

**Raffinerie** ⟨f. 19⟩ *Fabrikanlage zur Reinigung* (bes. von Zucker u. Erdöl) ◆ Erdölraffinerie; Zuckerraffinerie [frz.; → *raffinieren*]

**Raffinesse** ⟨f. 19⟩ **1** ⟨umg.⟩ *Durchtriebenheit, Schlauheit, fein ausgedachte Sache* **2** *Feinheit, Überfeinerung* ◆ mit allen Raffinessen *mit allem prakt. u. bequemen Zubehör, mit allen Feinheiten* [französierende Neubildung zu *raffiniert*, nach *Finesse*]

**Raffineur** ⟨[-nø:r] m. 1⟩ *Maschine, in der Holzfasern zwischen Mühlsteinen zerkleinert werden* [frz.; → *raffinieren* ]

**raffinieren** ⟨V. t.; hat⟩ *reinigen, läutern* (Zucker, Erdöl) [< frz. *raffiner* „verfeinern, läutern"; zu *fin* „fein"]

**raffiniert** ⟨Adj.; -er, am -esten⟩ **1** *schlau, durchtrieben* **2** *ausgeklügelt, fein ausgedacht* ◆ ein raffinierter Diebstahl, Einbruch; raffinierter Plan

**Rafting** ⟨n. 15; unz.; Sp.⟩ *Wildwasserfahren (als Sportart)* [< engl. *raft* „Floß"]

**Rage** ⟨[-ʒə] f. 19; unz.; umg.⟩ *Wut, Raserei* ◆ jmdn. in Rage bringen; in Rage kommen [frz.]

**ragen** ⟨V. i.; hat⟩ *emporstehen, länger, höher sein als etwas* ◆ ⟨meist in Zus.⟩ emporragen, hervorragen, hinausragen [< mhd. *ragen*]

**Ragout** ⟨[-gu:] n. 15⟩ *Gericht aus fein geschnittenem Fleisch mit stark gewürzter Soße* ◆ Ragout fin [- fɛ̃] *feines Ragout als Füllung von Pasteten, auch in Muschelschalen überbacken* [< frz. *ragoût* + *fin* „fein"]

**Rah** ⟨f. 20⟩, **Rahe** ⟨f. 19⟩ *Querstange am Mast für das Rahsegel* [< mhd. *rahe*]

**Rahm** ⟨m. 1; unz.⟩ = *Sahne* ◆ den Rahm abschöpfen ⟨fig.; umg.⟩ *sich das Beste nehmen* [< mhd. *roum;* vielleicht zu *Strom:* „das, was oben schwimmt", od. verwandt mit pers. *rougän* „(ausgelassene) Butter"]

**rahmen** ⟨V. t.; hat⟩ *mit einem Rahmen umgeben, einfassen* (Bild) ◆ ein Bild dunkel, hell rahmen lassen

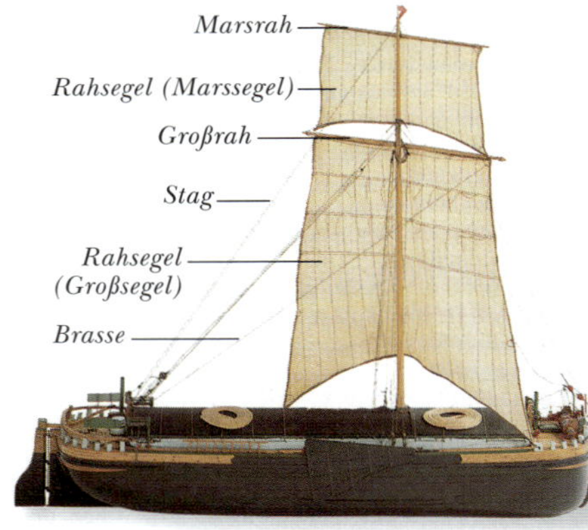

RAHSEGEL EINES ENGLISCHEN LASTKAHNS DES 19. JH.

**Rahmen** ⟨m. 4⟩ **1** *einfassende Leiste, Einfassung* (Bilderrahmen, Fensterrahmen) **2** *als Stütze dienendes Gestell* (Webrahmen) **3** *Gestell der Kraftwagen (Chassis) u. Fahrräder* **4** *Gerät aus zwei genau ineinander passenden Reifen zum Spannen von Stoff* (Stickrahmen) **5** *schmaler Streifen aus Sohlenleder um den Rand des Schuhs, an dem Sohle, Brandsohle (u. Zwischensohle) u. Oberleder angenäht werden, gewährleistet bessere Haltbarkeit* **6** *Einkleidung, Vor- und Nachgeschichte einer Rahmenerzählung* **7** ⟨fig.⟩ *Umwelt, Umgebung, Hintergrund* **8** *Gesamtzusammenhang, in den Einzelnes sich einfügt* ◆ einem Fest einen feierlichen, würdigen Rahmen geben ⟨fig.⟩; aus dem Rahmen fallen ⟨fig.⟩ *vom Üblichen, Gewohnten abweichen, stark auffallen* [Zusammenfall von zwei Stämmen: 1.: < ahd. *rama* „Säule, Stütze"; 2.: < asächs. *hrama* „Rahmen, Gestell"]

**Rahmengesetz** ⟨n. 11; Rechtsw.⟩ *Gesetz (des Bundes) mit allgemeinen Richtlinien, deren Durchführung im Einzelnen durch besondere Gesetze (der Länder) bestimmt wird,* z. B. das Hochschulrahmengesetz

**Rahmentarif** ⟨m. 1⟩ = *Manteltarif*

**Rahmenwerk** ⟨n. 11; unz.; Arch.⟩ ► = *Fachwerk (1)*

**Rahmkäse** ⟨m. 3⟩ *Weichkäse mit mindestens 47 % Fettgehalt*

**Rahsegel** ⟨n. 13⟩ ▲ *an der Rah befestigtes, trapezförmiges Segel*

**Rain** ⟨m. 1⟩ *den Acker begrenzende kleine Bodenerhöhung* (Feldrain) [< ahd. *rein, rain-* (nur in Zus.)]

**rainen** ⟨V.; hat⟩ **I** ⟨V. t.⟩ *umgrenzen, abgrenzen* (Feld, Acker) **II** ⟨V. i.; oberdt.⟩ an jmdn. rainen *jmds. Feldnachbar sein* [→ *Rain*]

**Rainfarn** ⟨m. 1; Bot.⟩ ◄ *an Wegen u. Rainen verbreiteter Korbblütler mit aromatisch duftenden Blättern: Tanacetum vulgare* [< ahd. *rein(e)fano* „Grenzfahne"; im 15. Jh. nach den farnkrautartigen Blättern umgedeutet zu *reinfarn*]

RAINFARN
*(Tanacetum vulgare)*

R

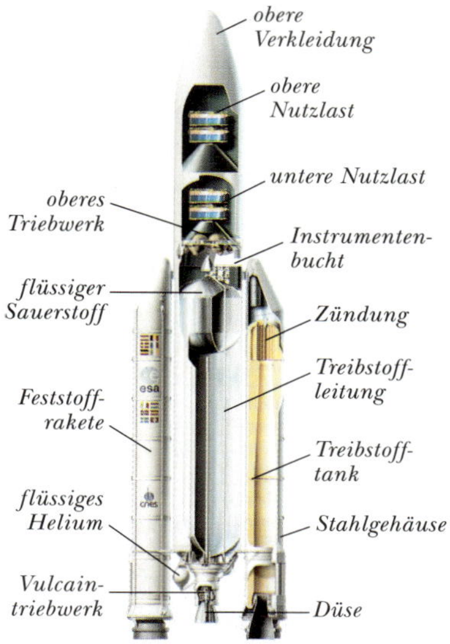


RAKETE: TRÄGERRAKETE „ARIANE“

**Rakete** ⟨f. 19⟩ **1** *Feuerwerkskörper* **2** ▲ *durch Rückstoßantrieb betriebenes Fahrzeug,* ⟨bes.⟩ *Flugkörper* [< ital. *rocchetta,* eigtl. „kleine Spindel“ (nach der Ähnlichkeit); zu *rocca* „Spinnrocken“; → *Rocken*]

**Raketenantrieb** ⟨m. 1; unz.⟩ *Antrieb durch ein Raketentriebwerk*

**Raketenbasis** ⟨f.; -, -basen⟩ *militär. Stützpunkt, von dem aus Raketen abgeschossen werden können*

**Raketentriebwerk** ⟨n. 11⟩ *Triebwerk, das durch Ausstoß von Masseteilchen in eine Richtung nach dem Rückstoßprinzip einen Vortrieb (Schub) in eine andere Richtung erzeugt*

**Rally** ⟨['ræli] od. ['rali] n. 15 od. f. 10; Sp.⟩ = *Rallye*

**Rallye** ⟨['ræli] od. ['rali] n. 15 od. f. 10; Sp.⟩ oV *Rally* **1** *sportl. Wettfahrt mit verschiedenen Etappen auf ein Ziel zu* **2** *sportl. Wettfahrt von verschiedenen Ausgangsorten auf ein Ziel zu, Sternfahrt* [frz. < engl. *rally* „Zusammenkunft, Treffen“]

**Ramadan** ⟨m.; - od. -s; unz.⟩ *Fastenmonat der Mohammedaner* [< arab. *ramadan,* eigtl. „der heiße Monat“; zu *ramida* „sehr heiß sein“]

**Rambutan** ⟨m. 1; Bot.⟩ **1** *in Südostasien verbreitetes Seifenbaumgewächs, großer Baum mit gefiederten Blättern u. essbaren Früchten: Nephelium lappaceum* **2** ▼ *pflaumengroße, der Litschi ähnliche Frucht des Rambutans mit stacheliger Schale u. weißem Fruchtfleisch* [engl., frz. *ramboutan* < malaiisch]

**ramifizieren** ⟨V. refl.; hat; Biol.⟩ *verästeln, verzweigen* [< lat. *ramus* „Ast, Zweig“ + *facere* „machen“]

**rammen** ⟨V.; hat⟩ **I** ⟨V. t.⟩ **1** ein Schiff, einen Wagen rammen *einem Schiff, einem Wagen in die Seite fahren u. es bzw. ihn beschädigen* **2** einen Pfahl in die Erde rammen ⟨fig.⟩ *tief u. fest in die E. stoßen* **II** ⟨V. i.⟩ *Kohle in Flözen geringer Mächtigkeit vollmechanisch gewinnen*

**Rammler** ⟨m. 3; Zool.⟩ **1** *männliches Kaninchen, männlicher Hase* **2** *Schafbock*

RAMBUTAN
(*Nephelium lappaceum*)

**Rampe** ⟨f. 19⟩ **1** *schiefe Ebene als Auffahrt für Wagen zum Verladen von Gütern* (Laderampe) **2** *vorderer, etwas erhöhter Rand des Bühnenbodens, an dem innen die Lampen zum Beleuchten der Bühne von unten angebracht sind* **3** *Böschung* [frz., „geneigte Fläche, Abhang, Verladerampe“]

**Rampenlicht** ⟨n. 12⟩ *Licht der Lampen an der Rampe* ◆ im Rampenlicht stehen *im Blickpunkt;* im Rampenlicht der Öffentlichkeit, des Interesses ⟨fig.⟩

**ramponieren** ⟨V. t.; hat; umg.⟩ *beschädigen* [Seemannsspr., eigtl. „mit eisernen Haken bearbeiten“; zu ital. *rampone* „Enterhaken“]

**Ramsch**[1] ⟨m.; -(e)s; unz.⟩ *Plunder, Ausschuss, Warenreste* ◆ im Ramsch kaufen *zu Schleuderpreisen kaufen* [Zusammenfall von 1.: hebr. *ramma'uth* „Betrug“ u. 2.: spätmnddt. *im rampe kopen* „in Bausch u. Bogen kaufen“; zu *ramp* „Menge bunt zusammengewürfelter Sachen“; 3. frz. *ramas* „wirre Menge von Dingen“; → *Ramsch*[2]]

**Ramsch**[2] ⟨m. 1⟩ **1** *Spielgang beim Skat, wenn niemand reizt* **2** ⟨Studentenspr.⟩ *zu einer Forderung führender Streit* [< frz. *ramas* „das Auflesen, das Sammeln“; zu *ramasser* „sammeln“]

**ramschen** ⟨V. t.; hat⟩ *zu Schleuderpreisen aufkaufen* (Restbestände) [→ *Ramsch*[1]]

**Rand** ⟨m. 2u⟩ **1** *Begrenzung, Grenzstreifen, Grenze* (Bachrand, Stadtrand, Uferrand, Waldrand, Wegrand, Wundrand) **2** *Kante* (Hutrand, Tischrand) ◆ am Rand des **Abgrunds,** des Verderbens ⟨fig.⟩ *nahe am A., am V.;* am Rande seiner **Kraft** sein *am Ende seiner K.;* am Rand der **Stadt** wohnen ◆ einen Rand **lassen** (auf der Seite beim Schreiben); einen Rand **zurücklassen** (von Wasser- od. Weinflecken) ◆ **breiter,** schmaler Rand; **dunkle,** rote Ränder um die Augen haben ◆ ich habe das nur **am** Rande miterlebt ⟨fig.⟩ *nur als Beobachter, nicht unmittelbar;* ein Gefäß bis **zum** Rand füllen; ich komme damit nicht zu Rande/zurande ⟨fig.⟩ *ich bringe es nicht zustande, nicht fertig* [< ahd. *rant*]

RANKE EINER KÜRBISPFLANZE

**randalieren** ⟨V. i.; hat⟩ *zügellos lärmenden Unfug treiben*

**Randbemerkung** ⟨f. 20⟩ **1** *Anmerkung auf dem Rand einer Seite* **2** ⟨fig.⟩ *Nebenbemerkung* ◆ einen Text mit Randbemerkungen versehen

**...ränderig** ⟨Adj.⟩ = *...randig*

**Randfigur** ⟨f. 20⟩ *nur am Rande (nebenbei) in Erscheinung tretende, nicht wichtige Person*

**Randgruppe** ⟨f. 19⟩ *soziale Gruppe am Rand der Gesellschaft, z. B. Obdachlose*

**...randig** ⟨Adj.⟩ *mit einer bestimmten Art von Rand versehen,* z. B. breitrandig; Sy *ränderig, rändrig*

**...rändrig** ⟨Adj.⟩ = *...randig*

**Rang**[1] ⟨m. 1u⟩ **1** *Stellung, Stand, Stufe (innerhalb einer Ordnung)* **2** ⟨zusammenfassende Bez. für⟩ *mehrere militär. Dienstgrade* (Offiziersrang, Unteroffiziersrang) **3** ⟨Theat.⟩ *Stockwerk im Zuschauerraum* **4** ⟨Toto, Lotto⟩ *Gewinnklasse* ◆ **erster** Rang Seite, Mitte ⟨Theat.⟩; ersten Ranges *erster Qualität, erster Güteklasse;* jmdm. den Rang **streitig** machen *in Wettbewerb mit jmdm. stehen, mit jmdm. konkurrieren* ◆ **im** Rang eines Majors; ein Mann **von** (hohem) Rang *bedeutende Persönlichkeit* [frz., „Reihe, Ordnung“; → *arrangieren, rangieren*]

**Rang**[2] ⟨m. 1u; nur noch in der Wendung⟩ jmdm. den Rang ablaufen *jmdn. überflügeln, übertreffen* ◆ beim Schach lief er ihm den Rang ab [< oberdt. *Rank* „Wegkrümmung“, also urspr. „die Krümmung des Weges abschneiden und so dem anderen zuvorkommen“]

**rangeln** ⟨V.; hat⟩ **I** ⟨V. i.; umg.⟩ **1** *sich balgen, leicht raufen* **2** *klettern* **II** ⟨V. refl.⟩ sich rangeln **1** *sich behaglich dehnen u. strecken* **2** *sich wälzen* ◆ sich auf dem Boden rangeln [Weiterbildung von *rangen* „hin u. her laufen“]

**Rangierbahnhof** ⟨[raŋʒiːr-] od. [rãʒiːr-] m. 1u⟩ *Bahnhof, auf dem Züge u. Wagen rangiert werden, Verschiebebahnhof*

**rangieren** ⟨[raŋʒiː-] od. [rãʒiː-] V.; hat⟩ **I** ⟨V. i.⟩ *einen bestimmten Rang einnehmen, eine bestimmte Stellung innehaben* ◆ er rangiert vor, hinter ihm **II** ⟨V. t.⟩ **1** *verschieben, auf ein anderes Gleis stellen, umstellen* (Eisenbahnwagen) **2** ⟨umg.⟩ *ordnen, (an eine bestimmte Stelle) bringen, setzen* [< frz. *ranger* „ordnen, anordnen“; → *Rang*[1]]

**Rangliste** ⟨f. 19; Sp.⟩ **1** ⟨oberdt.⟩ *(Aufzeichnung der) Reihenfolge der Sieger (in einem sportlichen Wettkampf)* **2** *Verzeichnis der Offiziere (einer Armee)*

**Rangordnung** ⟨f. 20⟩ **1** *Gliederung nach Rängen* **2** *abstufende Wertordnung*

**rank** ⟨Adj.⟩ *biegsam, schlank* ◆ ranke Gestalt; rank und schlank [eigtl. „ausgestreckt“ < nddt.]

**Rank** ⟨m. 1u; oberdt.⟩ **1** *Wegkrümmung* **2** ⟨allg.⟩ *List, heimtückische Handlung, Intrige* ◆ den Rank finden ⟨schweiz.⟩ *sich zu helfen wissen, sich aus der Schlinge ziehen* ⟨fig.⟩; → a. *Ränke* [< mhd. *ranc* „schnelle, drehende Bewegung“; → *Renke*]

**Ranke** ⟨f. 19⟩ ◄ *aus Blatt, Spross od. Wurzel entstandener, fadenförmig verlängerter Pflanzenteil, der in der Lage ist, sich an Stützen zu befestigen* (Weinranke) [< ahd. *hranca;* Herkunft nicht geklärt]

**Ränke** ⟨Pl.⟩ *hinterhältige Anschläge, Intrigen* ◆ Ränke schmieden [Plural von *Rank*]

**ranken** ⟨V. i.; hat; meist V. refl.⟩ *lang an etwas empor- od. um etwas wachsen, sich winden* ◆ Efeu rankt sich um den Baum, die Mauer

**Rankenfüßer** ⟨m. 3⟩ *Angehöriger einer Klasse meeresbewohnender, meist festsitzender Krebse von muschelartiger Gestalt: Cirripedia*

**Rankenwerk** ⟨n. 11; unz.; Mal. u. bildende Kunst⟩ *Nachbildung ineinander verschlungener Ranken (als künstlerische Verzierung)*

**Ranunkel** ⟨f. 21⟩ = *Hahnenfuß* [< lat. *ranunculus* „Fröschchen“; zu *rana* „Frosch“]

**Ranzen** ⟨m. 4⟩ **1** *auf dem Rücken zu tragende Tasche,* ⟨bes.⟩ *Schultasche* (Schulranzen), *Tornister* **2** ⟨fig.; umg.⟩ *Bauch* ◆ sich den Ranzen voll schlagen ⟨umg.⟩ *sehr viel essen* [< mnddt. *rent(s)el, rent(s)er* „Reisesack“; zu nddt. *rant* < rotw. *rantz* „Sack“]

**ranzig** ⟨Adj.⟩ *alt, nicht mehr frisch, schlecht* (Fett) ◆ ranzige Butter; ranziges Öl; ranzig riechen, schmecken [< ndrl. *ransig* (älter *ranstig*), Weiterbildung von frz. *rance* „ranzig“ < lat. *rancidus* „nach Fäulnis riechend“; zu *rancere* „stinken, faulen“]

**Rap** ⟨[ræp] m. 6; unz.; Mus.⟩ *mechanischer Sprechgesang, der dem Rhythmus sich wiederholender Bass- u. Schlagzeugfiguren angepasst ist* [engl.]

R

**Raphia** ⟨f.; -, -phien; Bot.⟩ **1** *ostafrik. Fiederpalme, deren Blätter Fasern liefern;* Sy *Bambuspalme* **2** *Blattfaser dieser Pflanze* [< grch. *rhaphis* „Nadel"]

**Raphiabast** ⟨m. 1⟩ ► *aus den Raphiablättern gewonnener Bast*

**rapid** ⟨Adj.; -er, am -esten⟩ = *rapide*

**rapide** ⟨Adj.⟩ *sehr schnell;* oV *rapid* ◆ mit dem Unternehmen geht es rapide abwärts; die Seuche greift rapide um sich [< frz. *rapide* < lat. *rapidus* „schnell"]

**Rapier** ⟨n. 11; Sp.⟩ **1** ► *Fechtwaffe, Degen;* ► *Schwerter* **2** ⟨veraltet⟩ *Florett* (Stoßrapier) [< frz. *rapière* „Rapier"]

RAPIER: PAPPENHEIMER RAPIER AUS DEM 17. JH.

**Rapp** ⟨m. 1⟩, **Rappe**[1] ⟨f. 19; oberdt.⟩ *abgebeerte Traube, Traubenkamm* [< mhd. *rappe* < frz. *râpe* „Traubenkamm"]

**Rappe**[2] ⟨m. 17⟩ *schwarzes Pferd* [< ahd. *rappo*]

**rappeln** ⟨V. i.; hat⟩ **1** ⟨schwäb.⟩ *klappern* **2** ⟨umg.; unpersönl.; in Wendungen wie⟩ bei dir rappelt's wohl? *du bist wohl verrückt?* [< nddt. *rapen* „klopfen"; erweiterte Bedeutung „nicht recht bei Verstand sein"

**Rapport** ⟨m. 1⟩ **1** ⟨bes. Mil.⟩ *Bericht, Meldung* **2** *regelmäßiger Bericht an eine übergeordnete Stelle oder Behörde* **3** *Verbindung, Zusammenhang, Wechselbeziehung (besonders bei der Hypnose zwischen Hypnotiseur u. Medium)* **4** *sich regelmäßig wiederholendes Muster* (auf Geweben, Teppichen usw.) ◆ sich zum Rapport melden ⟨Mil.⟩ [frz., „Bericht"]

**Raps** ⟨m. 1; unz.; Bot.⟩ ▼ *zur Gattung Kohl gehörende Kulturpflanze mit gelben Blüten, deren Schotenfrüchte Öl enthalten: Brassica napus* [< nddt. *rapsad;* 1. Teil: < lat. *rapa* „Rübe"; 2. Teil: = *Saat;* verwandt mit *Rübe,* dem 2. Teil von *Kohlrabi*]

**Rapsöl** ⟨n. 11; unz.⟩ *Öl aus Raps*

**Rapunze** ⟨f. 19⟩, **Rapunzel** ⟨f. 21; beide nur im Pl. üblich⟩ = *Feldsalat*



**rar** ⟨Adj.⟩ *selten, knapp (u. daher begehrt), kostbar* ◆ ein rarer Artikel; sich rar machen ⟨umg.⟩ *sich selten blicken lassen, selten zu Besuch kommen* [< lat. *rarus* „selten"]

**Rara** ⟨Pl.; Bibliotheksw.⟩ *seltene Bücher* [Pl. Neutrum zu lat. *rarus* „selten"]

**Rarität** ⟨f. 20⟩ **1** *Seltenheit* **2** *selten vorkommender (u. daher) kostbarer Gegenstand, Kostbarkeit, Sammlerstück* ◆ das Stück ist eine Rarität [< lat. *raritas* „Seltenheit"; zu *rarus* „selten"]

**rasant** ⟨Adj.; -er, am -esten⟩ **1** *flach verlaufend (von der Flugbahn eines Geschosses)* **2** ⟨fig.; umg.⟩ *rasend schnell* ◆ ein rasanter Aufstieg [frz., „den Erdboden streifend, niedrig, flach"; zu *raser* „über etwas hinstreichen, rasieren", volksetymologisch angelehnt an *rasend*]

**rasch** ⟨Adj.; -er, am -esten⟩ *schnell, geschwind* ◆ rasch! ◆ eine rasche **Bewegung;** ein rascher **Entschluss;** in rascher **Folge;** mit raschen **Schritten** ◆ einen Auftrag rasch **erledigen** [< ahd. *rasc* „schnell, hurtig, gewandt", engl. *rash* „übereilt"]

RAPS: WINTERRAPS *(Brassica napus* var. *oleifera)*

**rascheln** ⟨V. i.; hat⟩ *ein Geräusch verursachen wie bewegtes Laub, Stroh od. Papier* ◆ dort in der Ecke raschelt etwas; die Blätter rascheln im Wind [lautmalend]

**rasen I** ⟨V. i.; hat⟩ **1** *sehr wütend sein, vor Wut außer sich sein* **2** *schreien u. sich wild gebärden, toben* (auch vom Sturm) **II** ⟨V. i.; ist⟩ *sehr schnell fahren od. laufen, sich mit größter Geschwindigkeit fortbewegen* ◆ ich bin gerast, um möglichst schnell hier zu sein; durch die Stadt rasen; mit dem Auto gegen einen Baum rasen [< mhd. *rasen* „toben"; verwandt mit *rinnen*]

RAPHIABAST

**Rasen** ⟨m. 4⟩ *gepflegte Grasfläche* ◆ der grüne Rasen deckt ihn zu ⟨fig.⟩ *er liegt unter der Erde, er ist tot* [< mhd. *rase*]

**rasend I** ⟨Adj.⟩ **1** *sehr schnell* **2** *wild, sehr stark, heftig* **3** *toll, verrückt* **II** ⟨adv.; umg.⟩ *sehr* ◆ das tu ich rasend gern; das ist rasend teuer; er ist rasend verliebt

**Rasenmäher** ⟨m. 3⟩ ► *meist motorbetriebene Mähmaschine zur Pflege von Grünflächen*

**rasieren** ⟨V. t.; hat⟩ **1** jmdn. od. sich rasieren *jmdm. od. sich mit dem Rasierapparat od. -messer unmittelbar an der Haut die Barthaare abschneiden* **2** jmdm. den Kopf rasieren *jmdm. die Kopfhaare völlig abschneiden* ◆ sich (beim Friseur) rasieren lassen; rasiertes Gesicht, Kinn; rasierter Kopf; frisch, glatt, gut, schlecht rasiert sein [< frz. *raser* „rasieren"]

**Rasierwasser** ⟨n. 13u⟩ *wohlriechende Lotion, die zur Hautpflege u. -desinfektion nach dem Rasieren verwendet wird;* Sy *Aftershave, Aftershavelotion*

**Raspel I** ⟨f. 21⟩ **1** *Stahlwerkzeug, eine Art grober Feile zum Glätten von Holz, Horn, Kunststoff, Leder u. Ä.* (Holzraspel) **2** *Küchengerät zum Raspeln* **II** ⟨m. 5; unz.⟩ *geraspelte Stückchen, Späne, bes. von Schokolade* (Schokoladenraspel) *u. Kokosnuss* (Kokosraspel) [→ *raspeln*]

**raspeln** ⟨V. t.; hat⟩ **1** *mit der Raspel glätten* (Holz) **2** *mit der Raspel in kleine, flache Stückchen, in Späne schneiden* ◆ Äpfel, Gurken, gelbe Rüben, Schokolade raspeln [Weiterbildung von mhd. *raspen* < ahd. *raspon* „an sich reißen"; → *raffen*]

**Rasse** ⟨f. 19⟩ **1** *Gesamtheit der Angehörigen einer Art, die sich durch bestimmte erbliche Merkmale voneinander unterscheiden, mit Angehörigen anderer Rassen dieser Art aber fruchtbare Nachkommen zeugen können* (natürliche Rasse) **2** *durch Züchtung ausgewählte Angehörige einer Art mit vom Menschen besonders geschätzten erblichen Eigenschaften* (Zuchtrasse) **3** = *Menschenrasse* **4** ⟨fig.⟩ *ausgeprägtes, feuriges Wesen* ◆ er, das Auto, das Motorrad hat Rasse ⟨fig.⟩; zwei Rassen kreuzen (bei der Züchtung) [< frz. *race* < ital. *razza* „Geschlecht, Stamm, Rasse"; zu arab. *ra's* „Kopf"]

**Rassel** ⟨f. 21⟩ *Gerät mit Handgriff, das bei drehender Bewegung um diesen ein rasselndes Geräusch hervorbringt* ◆ das Baby spielt mit der Rassel

**rasseln** ⟨V. i.; hat/(fig. a.) ist; umg.⟩ **1** *dumpf klirren, ein Geräusch wie bei der Bewegung von Ketten hervorbringen* **2** *die Rassel betätigen* ◆ er ist durchs Examen gerasselt ⟨fig.; umg.⟩ *durchgefallen;* mit den Ketten rasseln [< mhd. *razzeln* „toben, lärmen", Weiterbildung von mhd. *razzen,* „toben", in der Bedeutung beeinflusst von nddt. *ratelen* „klappern, rattern"; lautmalend]

**Rassendiskriminierung** ⟨f. 20⟩ *Diskriminierung einer Rasse von Menschen*

**rassig** ⟨Adj.⟩ **1** *von ausgeprägter, edler Rasse* **2** ⟨fig.⟩ *feurig, schwungvoll, temperamentvoll* **3** *mit ausgeprägten, edlen, schönen Zügen ausgestattet* (Gesicht) ◆ sie sieht rassig aus

**Rassismus** ⟨m.; -; unz.⟩ **1** *Rassenhass* **2** *Unterdrückung von Menschen anderer Rasse*

**Rast** ⟨f. 20⟩ **1** *Marschunterbrechung, Arbeitsunterbrechung, Ruhepause* **2** *Mittelteil des Hochofens* ◆ Rast machen; kurze, lange Rast; ohne Rast und Ruh(e) [< ahd. *rasta* „Ruhe, Wegstrecke, Meile, Weile, Zeitraum", engl. *rest* „Ruhe"; verwandt mit *Ruhe, Rüste*]

**Raste** ⟨f. 19; Tech.⟩ *Vorrichtung, die durch Ineinandergreifen einen Verschluss bildet, Haken zum sichernden Einrasten*

**rasten** ⟨V. i.; hat⟩ *Rast machen, sich ausruhen, die Arbeit, den Marsch unterbrechen*

**Raster I** ⟨m. 3⟩ *zur Reproduktion von Halbtonbildern verwendetes Gerät aus zwei mit eingeätzten, geschwärzten Linien versehenen gläsernen Platten, die so zusammengekittet sind, dass sich die Linien kreuzen* **II** ⟨n.; -s, -⟩ **1** *genormte (punkt- oder strichförmige) Vorgabe* **2** ⟨fig.⟩ *vorgegebenes Schema, System von Merkmalen, Daten o. Ä.* ◆ er passt nicht in dieses vorgegebene Raster [lat., „Hacke, Karst", mlat. auch „Rechen"; verwandt mit *radieren, rasieren*]

**Rasterelektronenmikroskop** ⟨n. 11⟩ *elektronenoptisches Mikroskop mit sehr hohem Auflösungsvermögen, bei dem das Objekt zeilenweise mit einem fokussierten Elektronenstrahl abgetastet wird*

**Rasterfahndung** ⟨f. 20⟩ *polizeiliche Fahndung, bei der mithilfe eines Computers die Daten eines größeren Personenkreises überprüft werden*

**rastern** ⟨V. t.; hat⟩ *mit Raster versehen, mit Raster aufnehmen, in Rasterpunkte zerlegen* (Bild)

**rastlos** ⟨Adj.⟩ *ohne zu rasten, ohne auszuruhen, unablässig, unermüdlich* ◆ rastlos tätig sein

**Rasur** ⟨f. 20⟩ **1** *das Rasieren* **2** *das Radieren* **3** *ausradierte Stelle* [< lat. *rasura* „das Schaben, Kratzen, Abrasieren"; zu *radere* „schaben, kratzen"]

**Rat** ⟨m. 1u⟩ **I** ⟨unz.⟩ **1** *Empfehlung, Vorschlag, etwas zu tun* **2** *gemeinsame Überlegung, Beratung* ◆ ich bin seinem Rat **gefolgt;** ich **weiß** mir keinen Rat mehr *keinen Ausweg* ◆ **guter,** schlechter, weiser, wohlmeinender Rat ◆ **auf** jmds. Rat hören; jmdm. **mit** Rat und Tat beistehen; jmdn. (in einer Sache) **um** Rat fragen; jmdn. **zu** Rate/zurate ziehen *sich von jmdm. beraten lassen* **II** ⟨zählb.⟩ **1** *Kollegium, Versammlung, Behörde zur Beratung u. Lenkung öffentl. Angelegenheiten*

(Bundesrat, Staatsrat, Stadtrat) **2** *deren Mitglieder* **3** ⟨früher, österr. noch heute⟩ *(Ehrentitel verdienter Personen)* z. B. Hofrat ◆ der Rat der **Stadt,** der Gemeinde ◆ der Rat hat **beschlossen,** dass ... [< ahd. *rat* „vorhandene Mittel, Vorrat an Lebensmitteln", so in *Gerät, Hausrat, Unrat, Vorrat, Heirat* (= „Hausbesorgung"), dann „Beschaffung, Hilfe, Fürsorge, Rat" → *raten*]

**Ratatouille** ⟨[-tui] f. 10 od. n. 15; frz. Kochk.⟩ *Gericht aus verschiedenen Gemüsesorten (Auberginen, Zucchini, Tomaten u. a.)*

**Rate** ⟨f. 19⟩ **1** *Teilzahlung, Teilbetrag* (Monatsrate) **2** *Quote, Prozentzahl* (Geburtenrate, Todesrate) ◆ etwas auf Raten kaufen; in Raten zahlen [< ital. *rata* < mlat. *rata (pars)* „berechneter Anteil"; zu lat. *reri* „(im Geiste) ordnen, schätzen, meinen", *ratus* „berechnet, bestimmt"]

**raten** ⟨V. t. 193; hat⟩ **1** *herauszufinden suchen, mutmaßen, vermuten* **2** jmdm. etwas raten *jmdm. einen Rat geben, jmdm. empfehlen, vorschlagen, was er tun soll* ◆ ich habe ihm geraten, er soll ...; ein **Rätsel** raten *zu lösen suchen* ◆ ich weiß es nicht, ich **kann** nur raten; **sein:** ihm ist nicht zu raten und zu helfen ◆ ich rate dir **gut,** lass das bleiben!; **richtig,** falsch raten ◆ **hin und her** raten *Verschiedenes mutmaßen;* jmdm. **zu** einer Sache raten ◆ **was,** wozu rätst du mir? ◆ es ist nicht geraten, das jetzt zu tun *es ist nicht empfehlenswert* [< ahd. *ratan*]

**Rathaus** ⟨n. 12u⟩ *Sitz der Stadtverwaltung*

**Ratifikation** ⟨f. 20⟩ *das Ratifizieren, Bestätigung, Genehmigung (bes. von Staatsverträgen durch das Parlament)* [< mlat. *ratificatio* „Bestätigung, Genehmigung" < lat. *ratus* „berechnet, gültig" + *facere* „machen"]

**ratifizieren** ⟨V. t.; hat⟩ *bestätigen* ◆ einen Staatsvertrag ratifizieren [< mlat. *ratificare* „bestätigen, genehmigen" < lat. *ratus* „berechnet, gültig" + *facere* „machen"]

**Ratio** ⟨f.; -; unz.⟩ **1** *Vernunft, vernünftiges, logisches Denkvermögen* **2** *Vernunftgrund* **3** *Seinsursache* [lat., „Berechnung, Rechenschaft, Vernunft, Beweisführung"]

**Ration** ⟨f. 20⟩ *zugeteiltes Maß, tägl. Bedarf, tägl. Verpflegungsmenge* [frz., „Zuteilung" < mlat. *ratio* „berechneter Anteil"; → *Ratio*]

**rational** ⟨Adj.⟩ Ggs *irrational* **1** *auf der Ratio beruhend* **2** *vernunftgemäß, vernünftig* **3** *begrifflich (fassbar)* ◆ rationales Denken [< lat. *rationalis* „vernünftig"; zu *ratio* „Vernunft"]

**rationalisieren** ⟨V. t.; hat⟩ **1** *wirtschaftlich gestalten* **2** *im Sinne der Vernunft gestalten, durchdenken* **3** ⟨Psych.⟩ *Ereignisse, Handlungen (nachträglich) auf vernunftmäßige Gründe zurückführen* ◆ Arbeitsvorgänge rationalisieren *zur Erhöhung der Wirtschaftlichkeit zweckmäßig gestalten*

**Rationalisierung** ⟨f. 20; unz.⟩ *das Rationalisieren* ◆ die Rationalisierung des Unternehmens, des Konzerns

**Rationalismus** ⟨m.; -; unz.⟩ **1** *Auffassung, dass die Welt von vernünftiger, d. h. logischer, logisch berechenbarer Beschaffenheit sei* **2** *jede Lehre, die die Vernunft, das logische Denken in den Mittelpunkt der Betrachtung stellt;* Ggs *Empirismus* **3** *Vernunftstandpunkt, rein vernunftgemäßes Denken;* Ggs *Irrationalismus*

**rationalistisch** ⟨Adj.⟩ *zum Rationalismus gehörend, auf ihm beruhend*

**rationell** ⟨Adj.⟩ *zweckmäßig, wirtschaftlich, sparsam, haushälterisch* ◆ rationell arbeiten [< frz. *rationnel* „rational, vernunftgemäß"; zu lat. *ratio* „Vernunft"]

**rationieren** ⟨V. t.; hat⟩ *planmäßig einteilen* ◆ Lebensmittel rationieren; einen beschränkten Vorrat rationieren [< frz. *rationner* „rationieren, auf Rationen setzen"]

**ratlos** ⟨Adj.⟩ *ohne Rat, keinen Rat wissend*

**ratsam** ⟨Adj.; nur präd. u. adv.⟩ *empfehlenswert, klug, nützlich, vorteilhaft* ◆ es ist (nicht) ratsam, das zu tun

**Ratsche** ⟨[ra:t-] f. 19⟩ **1** ⟨oberdt.⟩ *Rassel, Knarre* **2** ⟨fig.; abwertend⟩ *geschwätzige, klatschsüchtige Frau* **3** ⟨Tech.⟩ *Feststellvorrichtung aus einem Zahnsegment mit einer in die Zähne eingreifenden, durch federnd gelagerten Hebel ausklinkbaren Sperrklinke* [→ *ratschen, rätschen*]

**Rätsche** ⟨f. 19⟩ *Ratsche (Rassel)*

**ratschen** ⟨[ra:t-] V. i.; hat⟩ **1** *mit der Ratsche lärmen;* oV *rätschen* **2** ⟨fig.; bair., österr., schweiz.⟩ *viel u. oberflächlich reden* **3** *sich zwanglos unterhalten* [lautmalend]

**rätschen** ⟨V. i.; hat⟩ = *ratschen (1)*

**Ratschlag** ⟨m. 1u⟩ *Rat, Empfehlung* ◆ Ratschläge erteilen, geben; jmds. Ratschlag folgen [zu ahd. *ratslagon* „den Beratungskreis schlagen" (d. h. bilden)]

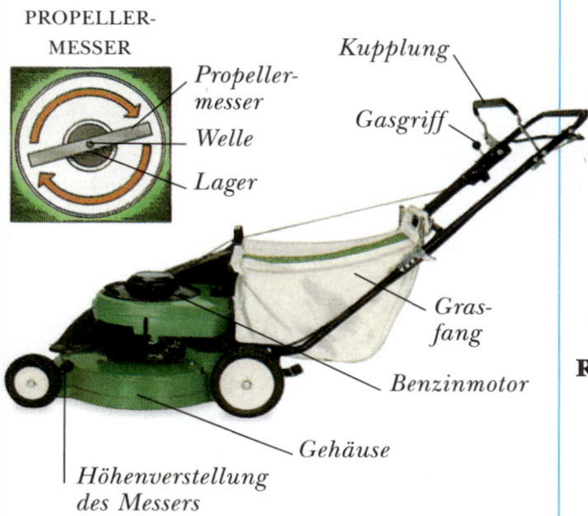


RASENMÄHER: MOTORRASENMÄHER MIT PROPELLERMESSER

**Ratschluss** ⟨m. 1u⟩ *Beschluss, Urteil* ◆ Gottes Ratschluss *Gottes Wille;* nach Gottes unerforschlichem Ratschluss *(Formel in Todesanzeigen)*

**Rätsel** ⟨n. 13⟩ **1** *spieler. Aufgabe, die gelöst werden soll* (Bilderrätsel, Buchstabenrätsel, Silbenrätsel) **2** ⟨fig.⟩ *Geheimnis, Undurchschaubares* ◆ das ist des Rätsels Lösung! ⟨fig.⟩; jmdm. ein Rätsel aufgeben; ein Rätsel raten, lösen; ich stehe vor einem Rätsel ⟨fig.⟩ *ich begreife das nicht* [< spätmhd. *rætsel, ratsel;* → *raten*]

**rätselhaft** ⟨Adj.; -er, am -esten⟩ *undurchschaubar, unverständlich, dunkel* ◆ es ist mir (völlig) rätselhaft, wie das geschehen konnte

**rätseln** ⟨V. i.; hat⟩ *raten, herauszufinden suchen, mutmaßen* ◆ ich habe lange gerätselt, wie es zugegangen sein könnte

**Rattan** ⟨n.; -s; unz.⟩ = *Peddigrohr* [< engl. *rat(t)an* < mal. *rotan*]

**Ratte** ⟨f. 19⟩ **1** ⟨Zool.⟩ **1.1** ⟨i. w. S.⟩ *Angehörige einer Gattung von Nagetieren: Rattus* **1.2** ⟨i. e. S.⟩ *Hausratte: Rattus rattus* **2** ⟨fig.; scherzh.⟩ *jmd., der eine Liebhaberei od. einen Beruf eifrig, leidenschaftlich ausübt* (Ballettratte, Leseratte) [< ahd. *ratta, rato;* Herkunft ungeklärt]

**Rattenfänger** ⟨m. 3⟩ *besonders für den Rattenfang geeigneter Hund (Pinscher u. a. Rassen)* ◆ der Rattenfänger von Hameln *mittelalterliche Sagengestalt, Mann, der mit seinem Flötenspiel zuerst alle Ratten u. dann, aufgrund ausbleibender Entlohnung, alle Kinder der Stadt Hameln mit sich lockte*

**Rattenschwanz** ⟨m. 1u⟩ **1** *Schwanz einer Ratte* **2** ⟨meist Pl.; fig.⟩ *seitlich am Kopf zusammengebundener, herabhängender Haarschopf* **3** ⟨fig.; umg.⟩ *endlose Folge, Verknüpfung mehrerer unangenehmer Dinge* ◆ diese Maßnahme zog einen ganzen Rattenschwanz von Vorgängen, Anfragen nach sich

**rattern** ⟨V. i.; hat/ist⟩ *ein Geräusch wie von hart u. rasch aneinander schlagenden hölzernen, steinernen od. metallenen Gegenständen von sich geben* ◆ die Nähmaschine rattert; der Wagen ratterte über das holprige Pflaster [lautmalend]

**ratzekahl** ⟨Adv.; umg.⟩ *völlig, ganz u. gar, radikal* ◆ sie haben alles ratzekahl aufgegessen, aufgefressen [volksetymolog. Umbildung von *radikal*]

**rau** ⟨Adj.; -er, am -(e)sten⟩ **1** *voller kleiner Unebenheiten, nicht glatt, rissig, aufgesprungen* (Haut, Hände) **2** *derb, grob, hart* (Stoff) **3** *leicht heiser* (Stimme) **4** ⟨fig.⟩ *barsch, unfreundlich* (Umgangston) **5** *ungeschliffen, grob* (Benehmen) **6** *oft kalt, unfreundlich* (Klima) ◆ einen rauen **Hals** haben *heiser sein;* raue **Luft** *kalte, frische u. windbewegte Luft;* in rauen **Mengen** ⟨fig.; umg.⟩ *in großen Mengen;* raue **See** ⟨Seemannsspr.⟩ *bewegte See;* rauer **Winter** *kalter, strenger Winter* ◆ jmdn. rau **behandeln,** anreden ⟨fig.⟩ ◆ bei uns ist der Ton rau, aber **herzlich** ⟨fig.; umg.⟩ [< ahd. *ruh, ruher* „rau, grob, haarig, ungezähmt", engl. *rough* „rau, grob"]

**Raub** ⟨m. 1; unz.⟩ **1** *das Rauben, gewaltsames Wegnehmen, mit Gewaltanwendung gegen eine Person od. Gewaltandrohung verbundener Diebstahl* **2** *gewaltsame Entführung* (Kindesraub) **3** *geraubter Gegenstand, geraubte Gegenstände, Beute* ◆ das Haus ist ein Raub der Flammen geworden *ist verbrannt;* der Raub der Helena, der Sabinerinnen; einen Raub verüben; auf Raub ausgehen (von Personen u. Tieren) [< ahd. *roub* „Beute, Raub"]

**Raubbau** ⟨m.; -(e)s; unz.⟩ *Wirtschaftsweise, bei der ein möglichst hoher Ertrag erstrebt, aber die Weiterentwicklung der Erzeugungsgrundlagen nicht gesichert wird* ◆ Raubbau treiben; Raubbau am Wald; Raubbau mit seiner Gesundheit treiben *ohne Rücksicht auf seine Gesundheit arbeiten, leben*

**rauben** ⟨V. t.; hat⟩ **1** *gewaltsam wegnehmen, mit Gewaltanwendung gegen eine Person od. Gewaltandrohung* **2** *gewaltsam entführen* **3** ⟨fig.⟩ *nehmen, wegnehmen (unter tragischen Umständen)* ◆ Geld, Wertsachen rauben; diese Nachricht raubte ihm die letzte Hoffnung ⟨fig.⟩ [< ahd. *roubon;* → *Raub*]

**Räuber** ⟨m. 3⟩ **1** *jmd., der vom Rauben lebt* **2** *jmd., der etwas raubt, geraubt hat* (Kindsräuber) ◆ Räubern in die Hände fallen; unter die Räuber fallen, geraten ⟨scherzh.⟩ *ausgebeutet werden*

**Raubfisch** ⟨m. 1; unz.⟩ *Fisch, der sich als Räuber von anderen Fischen u. Wassertieren ernährt;* Ggs *Friedfisch*

**Raubkatze** ⟨f. 19⟩ *katzenartiges Raubtier* ◆ der Puma zählt zu den Raubkatzen

**Raubmord** ⟨m. 1⟩ *Raub u. Mord in Tateinheit*

**Raubmöwe** ⟨f. 19; Zool.⟩ ◄ *Angehörige einer Unterfamilie der Möwen, kräftiger, düster gefärbter Vogel mit fast raubvogelhaftem Verhalten: Stercorariidae*

RAUBMÖWE: GROSSE SKUA (*Catharacta skua*)

R

## RAUBTIERE

Die Raubtiere bilden eine in die Robben und die Landraubtiere unterteilte Säugetierordnung. Sie fressen überwiegend Fleisch und sind hervorragende Jäger, wobei die Gliedmaßen den Landraubtieren schnelles Laufen ermöglichen und ihre nach vorn gerichteten Augen ihnen das Einschätzen von Entfernungen erleichtern. Allen Raubtieren gemeinsam ist das typische Gebiss mit spitzen Eckzähnen, wobei viele Arten zusätzlich spezialisierte Backen- und Vorderbackenzähne, die so genannten Reißzähne, aufweisen. Zum Teil nehmen Raubtiere neben Fleisch auch pflanzliche Nahrung zu sich, die in seltenen Fällen (wie beim Großen Panda) sogar ihre Hauptnahrungsquelle darstellen kann.

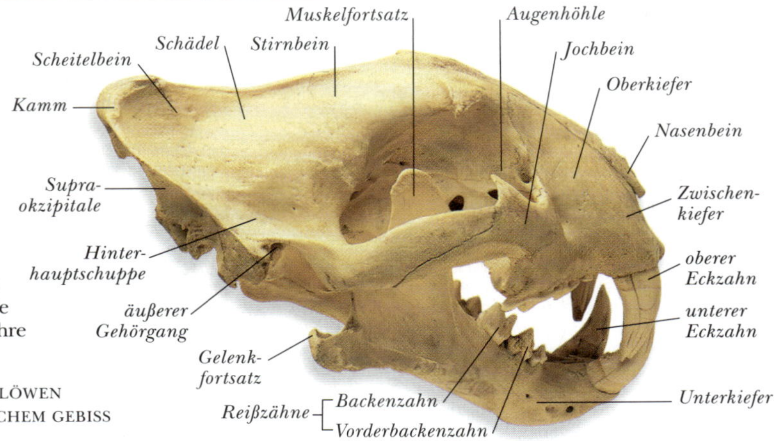


SCHÄDEL EINES LÖWEN
MIT CHARAKTERISTISCHEM GEBISS

### VERSCHIEDENE RAUBTIERFAMILIEN

FELIDAE
(KATZEN, GEPARDEN, LÖWEN)
► *Katzen*

PROCYONIDAE
(WASCHBÄREN, PANDAS)

MUSTELIDAE
(MARDER, WIESEL, DACHSE)
► *Marder*

CANIDAE
(HUNDE, FÜCHSE, WÖLFE)
► *Hunde*

VIVERRIDAE
(SCHLEICHKATZEN, GINSTERKATZEN,
ZIBETKATZEN, MUNGOS)

URSIDAE
(BÄREN)
► *Bären*

HYAENIDAE
(HYÄNEN)

R

**Raubtier** ⟨n. 11; Zool.⟩ ▲ *Tier, das andere Tiere tötet, um sich ausschließlich auf diese Art zu ernähren;* Sy ⟨neuere Bez.⟩ *Beutegreifer;* ► *Säugetiere*

**Raubüberfall** ⟨m. 1u⟩ *Überfall auf jmdn., um ihn zu berauben*

**Raubvogel** ⟨m. 5u; Zool.⟩ *Angehöriger einer Ordnung räuberisch lebender Vögel mit spitzen Greifzehen, kräftigem Hakenschnabel u. ausgezeichnetem Gesichtssinn: Falcones;* → a. *Greifvögel*

**Rauch** ⟨m.; -(e)s; unz.⟩ *von Feuer aufsteigendes Gewölk, Qualm* ◆ Name ist **Schall** und Rauch (Goethe, „Faust I“, Marthens Garten); der Rauch der **Zigarre,** Zigarette, Pfeife ◆ (starken) Rauch **entwickeln** ◆ **beißender,** dichter, dicker, grauer, schwarzer Rauch ◆ in Rauch und Flammen aufgehen *verbrennen;* es riecht **nach** Rauch [< ahd. *rouh,* engl. *reek*]

**Rauchabzug** ⟨m. 1u⟩ *Einrichtung zum Abziehen des Rauchs, Kamin, Schornstein*

**Rauchbombe** ⟨f. 19⟩ *Bombe, die als Signal abgeworfen wird u. starken Rauch entwickelt*

**rauchen** ⟨V.; hat⟩ **I** ⟨V. i.⟩ **1** *Rauch aufsteigen lassen* (Feuer, Ofen, Schornstein) **2** *beim Verbrennen od. Explodieren Rauch entwickeln* (Pulver) **3** *unter Entwicklung von sichtbaren Dämpfen verdunsten* (Säure) ◆ von dem Haus waren nur noch rauchende Trümmer zu sehen; → a. *Schlot* **II** ⟨V. t. u. V. i.⟩ *den Rauch von glühendem Tabak genießen* ◆ danke, ich rauche nicht *(ablehnende Antwort, wenn man Zigarren od. Zigaretten angeboten bekommt);* Pfeife rauchen; Rauchen verboten! *(Aufschrift auf Schildern)* [< ahd. *rouhhan* „(be)räuchern“]

**Raucher** ⟨m. 3⟩ *jmd., der gewohnheitsmäßig raucht* ◆ ein starker, mäßiger Raucher sein

**Räucheraal** ⟨m. 1⟩ *geräucherter Aal*

**Raucherbein** ⟨n. 11; Med.⟩ *durch starkes Rauchen verursachte Verengung in den Beingefäßen*

**Räucherfass** ⟨n. 12u⟩, **Räuchergefäß** ⟨n. 11⟩ ► = *Rauchfass*

**Räucherhering** ⟨m. 1⟩ *kalt geräucherter Hering;* → a. *Bückling*[2]

**Räucherkammer** ⟨f. 21⟩ *Kammer zum Räuchern von Fleisch u. Fisch*

**Räucherkerze** ⟨f. 19⟩, **Räucherkerzchen** ⟨n. 14⟩ *kleines Räuchermittel in Kegelform*

**Räuchermittel** ⟨n. 13⟩ *Kerze, Stäbchen od. Pulver aus Weihrauch u. Ä. zum Erzeugen von wohlriechendem Rauch*

**räuchern** ⟨V.; hat⟩ **I** ⟨V. t.⟩ *in den Rauchfang od. in die Räucherkammer hängen u. dadurch haltbar machen* (Schinken, Wurst, Fisch, Käse) **II** ⟨V. i.⟩ *Räuchermittel verbrennen*

**Räucherstäbchen** ⟨n. 14⟩ *Räuchermittel in Stäbchenform (bes. in China)*

**Rauchfahne** ⟨f. 19⟩ *lange, dünne, waagerechte Rauchwolke (eines sich rasch bewegenden Fahr- od. Flugzeugs)* ◆ das brennende Flugzeug ließ eine lange Rauchfahne hinter sich

**Rauchfass** ⟨n. 12u⟩ ► *Behälter für Weihrauch;* Sy *Räucherfass, Räuchergefäß*

**Rauchmelder** ⟨m. 3⟩ *Gerät, das bei Rauchbildung Alarm auslöst*

**Rauchsäule** ⟨f. 19⟩ *dicht u. senkrecht aufsteigender Rauch*

**Rauchschwalbe** ⟨f. 19; Zool.⟩ *Schwalbenart mit rostbrauner Kehle: Hirundo rustica*

**Rauchwolke** ⟨f. 19⟩ *Wolke von Rauch* ◆ die dicken Rauchwolken stiegen über dem Brandherd auf

**Räude** ⟨f. 19; unz.⟩ **1** = *Krätze* **2** ⟨oberdt.⟩ *Schorf* [< ahd. *riudi, ruda;* Herkunft ungeklärt]

**räudig** ⟨Adj.⟩ **1** *mit Räude behaftet* **2** ⟨fig.⟩ *elend, widerwärtig (meist in Verbindung mit „Hund“ o. Ä. als Schimpfwort)*

**rauen** ⟨V. t.; hat⟩ *rau machen* (Oberfläche, Tuch, Leder)

**'rauf** ⟨Adv.; umg.; Kurzform von⟩ *herauf, hinauf* ◆ komm 'rauf!; ich muss 'rauf

**Raufaser** ⟨f. 21; unz.; bei Tapeten⟩ *raue, faserige Oberfläche*

RAUFUSSHUHN: HASELHUHN
*(Bonasa bonasia)*

**Raufbold** ⟨m. 1⟩ *jmd., der gern und oft rauft* [< *raufen* + *...bold*]
**Raufe** ⟨f. 19⟩ *Futtergestell im Stall od. Wald* (Futterraufe) [< spätmhd. *roufe;* → *raufen*]
**raufen** ⟨V.; hat⟩ **I** ⟨V. t.⟩ *abreißen, rupfen* (Flachs) ◆ sich die Haare raufen (vor Ärger, Ungeduld) *sich die Haare verwirren* ⟨meist fig.⟩ **II** ⟨V. i.⟩ **1** *streiten u. einander prügeln, streitend ringen* **2** *mit andern kämpfen u. andere beißen* (von Hunden) **3** *sich balgen* (von Kindern) ◆ er rauft gern; miteinander raufen [< ahd. *rouf(f)en* „raufen, rupfen"; → *Raub*]
**Raufußhuhn** ⟨n. 12u; Zool.⟩ ▲ *Angehöriges einer zu den Fasanenvögeln gehörenden Unterfamilie der Hühnervögel, bei dem die Läufe, z. T. auch die Zehen befiedert sind: Tetraoninae;* Sy *Waldhuhn*
**raufüßig** ⟨Adj.⟩ raufüßige Vögel *Vögel mit Füßen, die bis zur Kralle mit Federn besetzt sind*
**Rauke** ⟨f. 19; Bot.⟩ *Kreuzblütler mit gelben Blüten u. Schotenfrüchten: Sisymbrium* [< lat. *eruca* „Senfkohl"]
**Raum** ⟨m. 1u⟩ **I** ⟨unz.⟩ **1** *Weite, Ausdehnung* **2** *Länge, Breite und Höhe* **3** *Platz, Möglichkeit, etwas unterzubringen* **4** *Weltall, Weltraum* ◆ diese Waschmaschine **braucht,** beansprucht wenig Raum; **einnehmen:** der Schrank nimmt wenig Raum ein; einer Sache Raum geben *eine Sache ermöglichen, ihr stattgeben;* (keinen) Raum (für etwas) **haben;** im Text für Ergänzungen etwas Raum **lassen** ◆ **auf** (sehr) engem Raum wohnen **II** ⟨zählb.⟩ **1** *Zimmer, Wohn-, Geschäfts-, Arbeitszimmer* **2** *Gebiet militär. Unternehmungen* **3** *geographisch zusammenhängendes Gebiet* (Mittelmeerraum) ◆ **Erforschung** des Raums; Raum und **Zeit** ◆ die Wohnung hat **drei** Räume; **luftleerer** Raum; der **unendliche** Raum ◆ wir arbeiten zu zweit **in** einem Raum [< ahd. *rum,* engl. *room*]
**Raumanzug** ⟨m. 1u; Astron.⟩ ► *unter Druck stehende, absolut strahlungs- u. temperaturisolierte hermetische Schutzkleidung mit integriertem Lebenserhaltungssystem für außerhalb der Raumkapsel od. des Raumschiffs arbeitende Astronauten*
**Raumausstatter** ⟨m. 3; Berufsbez.⟩ *jmd., der Teppichböden verlegt, Wände bespannt u. ä. Arbeiten ausführt*
**räumen** ⟨V. t.; hat⟩ **1** *leer machen* **2** *verlassen, ausziehen aus* (Wohnung, Zimmer) **3** *säubern, entleeren* (Brunnen, Latrine) **4** ⟨Tech.⟩ *mit einem zahnstangenförmigen Werkzeug spanend formen* (Werkstücke, Bohrungen) ◆ (jmdm.) das **Feld** räumen ⟨fig.⟩ *(jmdm.) weichen, sich zurückziehen;* seinen **Platz** räumen *seinen Platz verlassen, aufgeben;* den **Saal** räumen *einen S. verlassen; die in einem S. befindl. Personen hinausweisen;* wir müssen die **Wohnung** bis zum 1. April räumen ◆ etwas **an** eine andere Stelle räumen *an eine andere Stelle bringen, setzen;* Möbel **in** ein anderes Zimmer räumen [< ahd. *rum(m)an*]

RAUCHFASS

**Raumfahrer** ⟨m. 3; Astron.⟩ *Besatzungsmitglied eines Raumfahrzeugs;* Sy *Astronaut, Kosmonaut*
**Raumfahrt** ⟨f. 20; unz.; Astron.⟩ *Wissenschaft u. Technik der Erforschung u. Durchquerung des Weltraums außerhalb der Erdatmosphäre;* Sy *Astronautik, Kosmonautik*
**Raumfahrzeug** ⟨n. 11; Astron.⟩ ►► *zur Raumfahrt eingerichtetes Fahrzeug*
**Rauminhalt** ⟨m. 1⟩ *Inhalt, Größe, Volumen eines Raumes*
**Raumklima** ⟨n.; -s; unz.⟩ *Luftzustand in einem Raum, gegeben durch Temperatur, Feuchtigkeit, Staub- u. Schadstoffgehalt*
**Raumkrümmung** ⟨f. 20; unz.⟩ *die gemäß der allgemeinen Relativitätstheorie durch Materie bewirkte Abweichung des Raumes von seinen linearen Eigenschaften*
**räumlich** ⟨Adj.⟩ **1** *körperlich* **2** *einen Raum, die Räume betreffend* ◆ wir sind hier räumlich sehr beengt
**Räumlichkeit** ⟨f. 20⟩ **I** ⟨unz.⟩ *Körperlichkeit* **II** ⟨zählb.⟩ **1** *Örtlichkeit* **2** *Raum, Zimmer*
**Raummaß** ⟨n. 11⟩ = *Hohlmaß*
**Raummeter** ⟨m. 3; Abk.: rm⟩ = *Kubikmeter (1)*
**Raumplanung** ⟨f. 20⟩ *Planung für die Nutzung von Grund u. Boden*
**Raumsonde** ⟨f. 19; Astron.⟩ *(unbemanntes) Raumfahrzeug zur Erforschung des Raumes außerhalb des Anziehungsbereiches der Erde;* Sy ⟨kurz⟩ *Sonde (3);* ► *Raumfahrzeuge*
**Raumstation** ⟨f. 20; Astron.⟩ *Stützpunkt im Weltraum für die Raumfahrt*
**Räumungsklage** ⟨f. 19⟩ *Klage auf Räumung von Wohn- od. Gewerberaum*
**raunen** ⟨V. t. u. V. i.; hat⟩ **1** *sehr leise sprechen, murmeln* **2** *dumpf säuseln* (Wind) **3** *dumpf plätschern* (Bach) **4** *heimlich klatschen, Gerüchte verbreiten* ◆ jmdm. etwas ins Ohr raunen [< ahd. *runen* „heimlich u. leise reden"]
**Raupe** ⟨f. 19⟩ **1** ▲ *Larve des Schmetterlings* **2** *aus Metallfäden geflochtenes Achselstück* (Achselraupe) **3** ⟨Tech.⟩ ► = *Gleiskette* **4** *von vorn nach hinten über den Scheitel verlaufende Verzierung aus Rosshaar auf bair. Helmen des 19. Jh.* ◆ Raupen im Kopf haben ⟨fig.; umg.⟩ *ein bisschen verrückt sein* [< spätmhd. *rup(p)e*]
**Raupenkette** ⟨f. 19⟩ ► = *Gleiskette*
**Rauputz** ⟨m.; -es; unz.⟩ *Art des Verputzes, wobei der Mörtel mit der Kelle an die Mauer geworfen u. nicht weiter geglättet wird*
**Raureif** ⟨m. 1; unz.⟩ *Niederschlag feinster Eisteilchen an Zweigen u. Ä.*

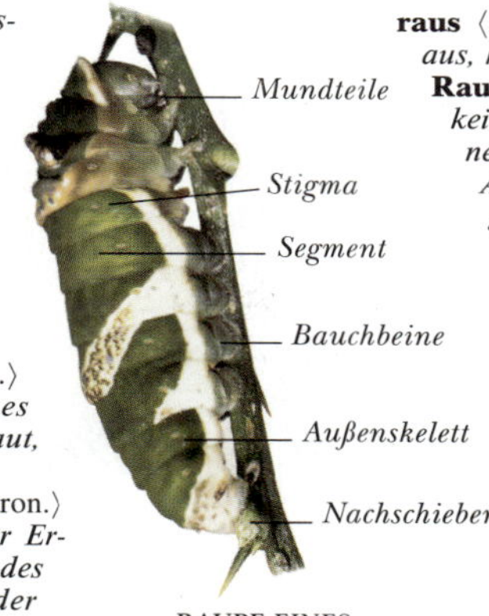


RAUPE EINES SCHWALBENSCHWANZES
*(Papilio demodocus)*

**raus** ⟨Adv.; umg. Kurzform von⟩ *heraus, hinaus*
**Rausch** ⟨m. 1u⟩ **1** *meist mit Traurigkeit od. Heiterkeit verbundene Benebelung der Sinne als Folge von Alkoholgenuss* **2** ⟨fig.⟩ *überwältigende Begeisterung, überwältigendes Glücksgefühl* (Freudenrausch, Glücksrausch) ◆ sich einen starken Rausch antrinken ⟨umg.⟩ *sich betrinken* [< mhd. *rusch* „das Rauschen, Ansturm"; zu *rauschen* „Geräusch machen"]
**rauschen** ⟨V. i.; hat⟩ **1** *ein Geräusch wie von stark im Wind bewegten Blättern od. von stark fließendem Wasser von sich geben* **2** *stark hörbar fließen* ◆ der **Bach,** Fluss rauscht; **Bäume,** Blätter rauschen (im Wind) ◆ der Wind rauscht **in** den Bäumen ◆ rauschender Bach, Fluss, Wasserfall; rauschender Beifall [< mhd. *ruschen, riuschen;* lautmalend]
**Rauschgift** ⟨n. 11⟩ = *Rauschmittel*
**Rauschgiftsucht** ⟨f. 7u; unz.⟩ = *Rauschmittelsucht*

RAUMANZUG EINES APOLLO-9-ASTRONAUTEN

**rauschgiftsüchtig** ⟨Adj.⟩ *an Rauschmittelsucht leidend*
**Rauschgold** ⟨n.; -(e)s; unz.⟩ *sehr dünnes Messingblech, das beim Bewegen knistert;* Sy *Katzengold, Knistergold* [→ *rauschen*]
**Rauschgoldengel** ⟨m. 5⟩ *aus Rauschgold hergestellter Weihnachtsengel*
**Rauschmittel** ⟨n. 13⟩ *Stoff, der einen Rausch erzeugt, indem er das Zentralnervensystem erregt, dämpft od. lähmt,* z. B. Opium, Haschisch, Alkohol; Sy *Droge, Rauschgift*

# RAUMFAHRZEUGE

Seit 1959 sammeln Raumfahrzeuge Daten über unser Sonnensystem und das Weltall. Unterschieden wird zwischen Satelliten und Sonden: Satelliten (auch Orbiter genannt) verlassen das Schwerefeld der Erde nicht, sondern umkreisen unseren Planeten. Sonden hingegen lösen sich vom irdischen Schwerefeld und nähern sich anderen Himmelskörpern, wie z. B. die 2004 gestartete Sonde Rosetta, die 2014 auf einem Kometen landen soll. 1969 landete Apollo 11 als erstes bemanntes Raumfahrzeug auf dem Mond, und im Jahre 1978 war Sigmund Jähn als erster Deutscher im All. Drei Jahre darauf wurde mit dem Spaceshuttle das erste wiederverwendbare Raumfahrzeug entwickelt.

VERSCHIEDENE RAUMFAHRZEUGTYPEN

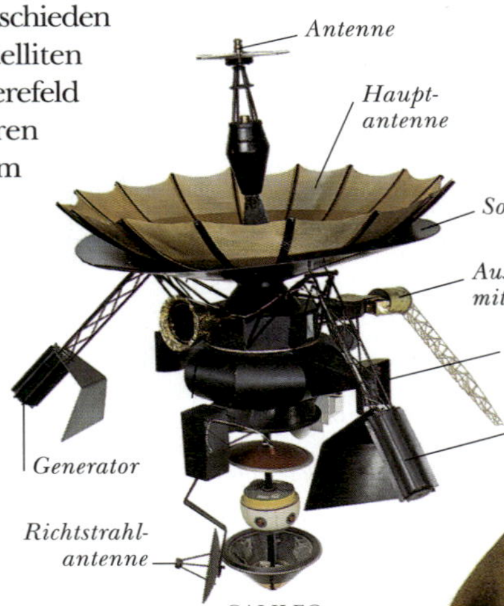


GALILEO (SONDE)

GIOTTO (SONDE)

MARS 3 (ORBITER UND LANDEGERÄT)

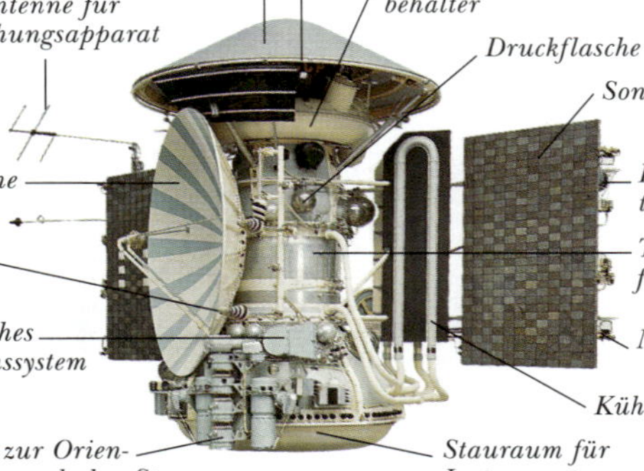


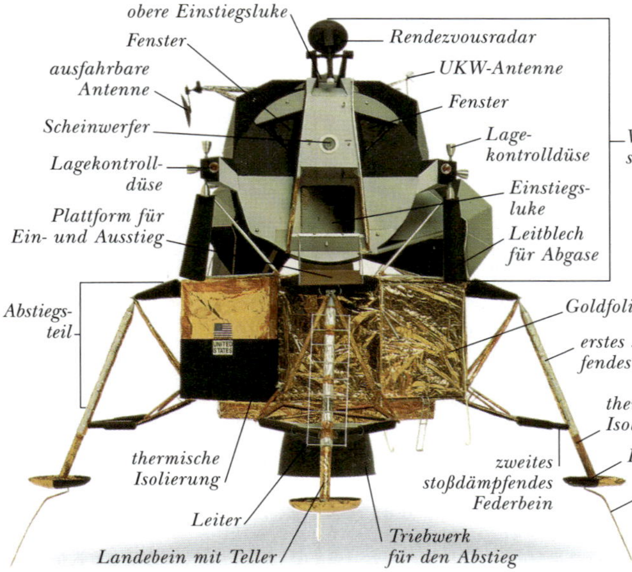


APOLLO 16 (MONDLANDEEINHEIT)

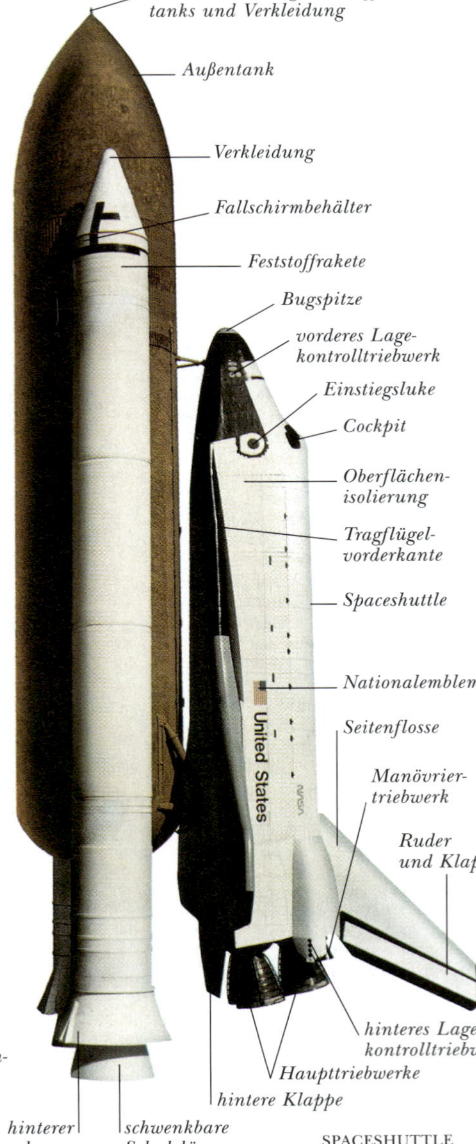


SPACESHUTTLE

**Rauschmittelsucht** ⟨f. 7u⟩ *durch Rauschmittel erzeugte Abhängigkeit, die psychischer u. physischer Art sein kann, Drogenabhängigkeit;* Sy *Rauschgiftsucht*

**Rauschunterdrückung** ⟨f. 20; unz.; Mus.⟩ *elektron. Maßnahmen zur Verringerung des elektr. Rauschens bei der Tonaufnahme u. Tonwiedergabe*

**räuspern** ⟨V. refl.; hat⟩ sich räuspern **1** *durch Hüsteln die Kehle reinigen* **2** *verlegen hüsteln* **3** *sich durch leichtes Hüsteln bemerkbar machen* [< mhd. *riuspern, ruspern,* eigtl. „im Halse kratzen"]

**Raute** ⟨f. 19⟩ **1** *Angehörige einer Gattung der Rautengewächse: Ruta* **2** ⟨Geom.⟩ = *Rhombus* **3** ⟨Her.⟩ *auf der Spitze stehender Rhombus* **4** *Art des Schliffs von Diamanten, wobei eine Pyramide mit ebener Basis von 24 Facetten begrenzt ist* **5** ⟨Kart.⟩ = *Karo (3)* **6** *Verzierung in Form einer Reihe von Rhomben, z. B. auf Harlekinskostümen* [< ahd. *ruta* < lat. *ruta* „Raute"]

**rautiert** ⟨Adj.⟩ *durch sich kreuzende Linien in gleichmäßige Rechtecke eingeteilt* (von Papier)

**Ravioli** ⟨[-vio:-] Pl.⟩ *ital. Gericht aus kleinen, viereckigen Teigstückchen mit Fleischfüllung* [ital. „Maultaschen"]

**Razzia** ⟨f.; -, -zien⟩ *Polizeistreife (zur Fahndung nach verdächtigen Personen)* ◆ eine Razzia machen, veranstalten [frz., „Beutezug, Strafexpedition, Razzia" < arab. *ghazija* „Kriegszug eines Stammes gegen einen anderen"]

**Rbl.** ⟨Abk. für⟩ *Rubel*

**rd.** ⟨Abk. für⟩ *rund (4)* ◆ rd. 100 Jahre

**Re** ⟨Chem.; Zeichen für⟩ *Rhenium*

**re..., Re...** ⟨Vors.⟩ *zurück, wieder, noch einmal* [lat.]

**Reader** ⟨['ri:də(r)] m. 3⟩ *aus wissenschaftlichen Beiträgen zu einem Thema (oder aus Abschnitten daraus) zusammengestelltes Buch od. Heft* [zu engl. *read* „lesen"]

**Reagens, Reagenz** ⟨n.; -, -genzien; Chem.⟩ *Stoff, der beim Zusammentreffen mit einem andern eine bestimmte Reaktion auslöst und ihn so identifiziert* [→ *reagieren*]

**Reagenzglas** ⟨n. 12u⟩ *schmales, röhrenförmiges Glas für chem. Untersuchungen*

**reagieren** ⟨V. i.; hat⟩ **1** *sich anzeigen, chemisch aufeinander einwirken* **2** *rückwirken, Gegenwirkung zeigen, auf etwas ansprechen* ◆ sauer, basisch reagieren ⟨Chem.⟩ *die Eigenschaften einer Säure, einer Base zeigen;* sauer reagieren ⟨fig.⟩ *böse werden, sich ablehnend verhalten* [< lat. *re...* „zurück" + *agieren*]

**Reaktion** ⟨f. 20⟩ **1** *das Reagieren* **2** *Gegenwirkung, Rückwirkung* **3** ⟨Phys.; Chem.⟩ *Vorgang, der eine stoffl. Umwandlung zur Folge hat* (chemische Reaktion, Kernreaktion) **4** *das Streben, alte, nicht mehr zeitgemäße Einrichtungen, bes. auf polit. Gebiet, zu erhalten* [< lat. *re...* „zurück" + *Aktion*]

**Reaktionär** ⟨m. 1⟩ *jmd., der den (polit.) Rückschritt anstrebt* [< frz. *réactionnaire* „fortschrittsfeindlich, Reaktionär"; → *Reaktion*]

**Reaktionsgeschwindigkeit** ⟨f. 20⟩ *die Geschwindigkeit, mit der eine chem. Reaktion abläuft, abhängig von der Konzentration der Reaktionspartner, dem Aggregatzustand, vom Druck, von der Temperatur u. vom Katalysator*

**reaktivieren** ⟨[-vi:-] V. t.; hat⟩ **1** *wieder in Tätigkeit setzen* **2** *wieder (chemisch) wirksam machen* ◆ nach dem Tragen eines Gipsverbandes muss man die Muskeln allmählich wieder reaktivieren

REBE

**Reaktor** ⟨m. 23; Chem.⟩ **1** *Apparat, in dem chemische od. biochemische Reaktionen ablaufen (in der Biotechnologie auch als Bioreaktor oder Fermenter bezeichnet)* **2** ⟨kurz für⟩ *Kernreaktor* [→ *Reaktion*]

**real** ⟨Adj.⟩ **1** *sachlich, dinglich, stofflich* **2** *der Realität entsprechend, tatsächlich, wirklich;* Ggs *irreal* ◆ real denken [< mlat. *realis* „sachlich, wesentlich"; zu lat. *res* „Sache, Ding"]

**Realeinkommen** ⟨n. 14⟩ *Einkommen mit Berücksichtigung der Kaufkraft des Geldes;* Ggs *Nominaleinkommen*

**Realenzyklopädie** ⟨f. 19⟩ = *Reallexikon*

**Realien** ⟨[-liən] Pl.⟩ **1** *wirkliche Dinge, Tatsachen* **2** *Sachkenntnisse* **3** *die Wissenschaften von der Wirklichkeit, neusprachl. u. naturwissenschaftl. Fächer* [→ *real*]

**Realisation** ⟨f. 20; unz.⟩ *das Realisieren, Verwirklichung* [< frz. *réalisation* „Verwirklichung"; → *realisieren*[1]]

**realisieren**[1] ⟨V. t.; hat⟩ **1** *in die Tat umsetzen, verwirklichen* **2** *in Geld umwandeln, gegen bares Geld verkaufen, zu Geld machen* ◆ einen Plan, ein Vorhaben, Ideen realisieren [< frz. *réaliser* „verwirklichen"; → *real*]

**realisieren**[2] ⟨V. t.; hat⟩ etwas realisieren *etwas begreifen, wahrhaben wollen, sich klar werden über etwas* ◆ er will seine Niederlage bis heute nicht realisieren [< engl. *realize* „begreifen, erkennen"]

**Realismus** ⟨m.; -; unz.⟩ **1** ⟨Philos.⟩ *philosoph. Lehre, die das Vorhandensein einer Wirklichkeit außerhalb des Bewusstseins bejaht* **2** *Wirklichkeitssinn, Tatsachensinn, Sachlichkeit* **3** ⟨bild. Kunst; Lit.⟩ **3.1** *wirklichkeitsnahe Darstellung* **3.2** *Richtung, bes. der bild. Kunst u. der Literatur, Mitte des 19. Jh., die diese Darstellungsweise vertraten* [→ *real*]

**realistisch** ⟨Adj.⟩ **1** *auf dem Realismus beruhend, in der Art, im Sinne des Realismus* **2** *wirklichkeitsnah, naturgetreu* **3** *nüchtern, sachlich (denkend)* ◆ realistische Darstellung; eine Sache realistisch betrachten; ein realistisch veranlagter Mensch

**Realität** ⟨f. 20⟩ **1** *das Realsein, Wirklichsein* **2** *Wirklichkeit* **3** *Tatsache* **4** Realitäten ⟨Pl.⟩ *Grundstücke* [< frz. *réalité* „Wirklichkeit, Tatsächlichkeit"; → *real*]

**Reallexikon** ⟨n.; -s, -xika⟩ *Lexikon, das (nur) die Sachbegriffe eines Wissensgebietes erklärt;* Sy *Realenzyklopädie*

**Realschule** ⟨f. 19⟩ *auf dem vierten Volksschuljahr aufbauende Schule vom 5. bis zum 10. Schuljahr*

**Realsteuer** ⟨f. 21⟩ *Steuer auf ein bestimmtes Objekt, z. B. ein Grundstück, einen Gewerbebetrieb*

**Realwert** ⟨m. 1⟩ *wirklicher Wert, Sachwert* ◆ der Realwert ist bereits sehr hoch

**Reanimation** ⟨f. 20; Med.⟩ *Wiederbelebung durch Atemspende od. künstliche Beatmung, Herzmassage o. Ä.* [< lat. *re...* „wieder" + *animare* „beleben"]

**reanimieren** ⟨V. t.; hat⟩ *wiederbeleben*

**Reassekuranz** ⟨f. 20⟩ = *Rückversicherung*

**Rebe** ⟨f. 19⟩ **1** ◄ *Schössling, Zweig des Weinstocks* **2** ⟨kurz für⟩ *Weinrebe (1)* [< ahd. *reba* „Rebe, Ranke, Schlingschössling"]

**Rebell** ⟨m. 16⟩ *Aufrührer, Empörer* [< frz. *rebelle* „aufrührerisch, Rebell" < lat. *rebellis,* eigtl. „den Krieg erneuernd"; < *re...* „wieder" + *bellum* „Krieg"]

**rebellieren** ⟨V. i.; hat⟩ *sich empören, sich auflehnen* ◆ mein Magen hat gestern rebelliert *reagierte mit Übelkeit, mir wurde übel, ich musste mich übergeben* [< lat. *rebellare* „sich auflehnen"; → *Rebell*]

**Rebellion** ⟨f. 20⟩ *Aufruhr, Empörung* [< lat. *rebellio* „Erneuerung des Krieges, Aufstand"; → *Rebell*]

**rebellisch** ⟨Adj.⟩ *aufrührerisch* ◆ rebellisch werden *sich empören, sich auflehnen*

**Rebhuhn** ⟨n. 12u; Zool.⟩ *einheim., unscheinbarer, gedrungener Fasanenvogel mit braunem Fleck auf der Brust: Perdix perdix* [< ahd. *reb(a)huon*]

**Reblaus** ⟨f. 7u; Zool.⟩ *Blattlaus, die an Blättern u. Wurzeln des Weinstocks schädlich wird: Viteus vitifolii*

**Rebling** ⟨m. 1⟩ *Rebenschössling*

**Rebstock** ⟨m. 1u; Bot.⟩ = *Weinrebe (2)*

**Rechaud** ⟨[re'ʃo:] m. 6 od. n. 15⟩ **1** *Wärmeplatte, Tellerwärmer* **2** ⟨österr.⟩ *Gaskocher* [< frz. *réchaud* „Tellerwärmer, Kocher"; zu *réchauffer* „aufwärmen"]

**rechen** ⟨V. t.; hat; süddt., mdt., österr., schweiz.⟩ *harken* [< mhd. *rechen* „harken"; → *Rechen*]

**Rechen** ⟨m. 4; süddt., mdt.⟩ **1** ► = *Harke* **2** *Gitter zum Zurückhalten von groben Verunreinigungen vor Mühlen, Wasserturbineneinläufen, Kläranlagen* [< ahd. *rehho;* zu ahd. *rehhan* „zusammenscharren, häufen"]

**Rechenbrett** ⟨n. 12; Math.⟩ ► = *Abakus (1)*

RECHENSCHIEBER

**Rechenschaft** ⟨f. 20; unz.⟩ *Bericht, Auskunft über Tun u. Lassen, das Sichverantworten* ◆ Rechenschaft ablegen, geben; den Schuldigen zur Rechenschaft ziehen

**Rechenschaftsbericht** ⟨m. 1⟩ *Bericht über geleistete Arbeit mit einer Rechnungslegung*

**Rechenschieber** ⟨m. 3⟩, **Rechenstab** ⟨m. 1u; Math.⟩ ▲ *Rechengerät mit mehreren gegeneinander verschiebbaren, logarithmisch eingeteilten Skalen*

**Rechenzentrum** ⟨n.; -s, -tren; EDV⟩ *mit überdurchschnittl. leistungsfähigen (elektron.) Rechenmaschinen ausgerüsteter Dienstleistungsbetrieb od. Teil eines Betriebs, der für die EDV-Anlage verantwortlich ist*

**Recherche** ⟨[re'ʃɛrʃə] f. 19; meist Pl.⟩ *Ermittlung, Nachforschung, Untersuchung* ◆ Recherchen anstellen [frz., „Suche"]

**recherchieren** ⟨[reʃɛrʃi:-] V. t. u. V. i.; hat⟩ **1** *Nachforschungen anstellen* **2** *nachforschen, ermitteln* [< frz. *rechercher* „erforschen"]

**rechnen** ⟨V.; hat⟩ **I** ⟨V. t. u. V. i.⟩ **1** ⟨Math.⟩ *zu einer Zahlenaufgabe das Ergebnis ermitteln* **2** *zählen, berücksichtigen* **3** *veranschlagen, für nötig halten* **4** *sparsam sein, sparsam wirtschaften* ◆ sie **müssen** sehr rechnen ◆ **falsch,** richtig rechnen ◆ **auf** jmdn. rechnen *erwarten, dass jmd. etwas tut, dass jmd. kommt;* **mit** Zahlen, Brüchen rechnen ◆ 20 Personen, die Kinder nicht gerechnet; vom 1. April an gerechnet **II** ⟨V. refl.⟩ sich rechnen *Gewinn bringen, sich rentieren* ◆ es rechnet sich nicht [< ahd. *rehhanon,* engl. *reckon* „rechnen, meinen", zum Adj. mnddt. *reken* „ordentlich, genau, offen, ungehindert"; → *recht*]

**Rechnung** ⟨f. 20⟩ **1** *Zahlenaufgabe* **2** *Berechnung* **3** *schriftl. Kostenforderung* **4** ⟨schweiz.⟩ *Abrechnung* (Jahresrechnung) **5** ⟨fig.⟩ *Erwartung, Planung* ◆ **aufgehen:** die Rechnung geht (nicht) auf; eine Rechnung **begleichen,** bezahlen; die Rechnung ohne den Wirt **machen** ⟨fig.⟩ *sich in einer Erwartung täuschen;* **schicken** Sie die Rechnung an mich, an meinen Vater; einer Sache Rechnung **tragen** *eine Sache berücksichtigen* ♦ **auf** Rechnung kaufen *kaufen u. nicht sofort, sondern nach Zusendung der Rechnung bezahlen;* jmdm. einen Strich **durch** die Rechnung machen ⟨fig.⟩ *jmds. Pläne vereiteln;* das müssen wir **in** Rechnung ziehen ⟨fig.⟩ *berücksichtigen*

**recht I** ⟨Adj.⟩ **1** *richtig, so, wie es sich gehört, zufrieden stellend, so, wie es sein soll* **2** *geeignet, passend, zutreffend* **3** *angenehm* ♦ das ist die rechte **Art,** mit ihm umzugehen; er ist der rechte **Mann** am rechten Ort; er gibt sich rechte **Mühe** *er gibt sich wirklich Mühe;* es steht alles am rechten **Ort;** ein rechter **Winkel** *ein W. von 90°* ♦ habe ich recht **gehört?** *stimmt das?, soll das wirklich so sein?;* du **kommst** gerade recht; man kann ihm nichts recht machen *er ist nie zufrieden, er hat immer etwas auszusetzen;* **sein:** ist es dir recht, wenn ich um drei Uhr komme?; wenn ich es recht **überlege;** ich **weiß** nicht recht, ob ich es tun soll *ich bin mir noch nicht klar, ich zögere noch, es zu tun* ♦ nun **erst** recht *trotzdem, nun gerade;* **nach** dem Rechten sehen *nachsehen, ob alles in Ordnung ist, ob alles richtig getan wird, etwas überprüfen* **II** ⟨Partikel⟩ **1** *sehr* **2** *ganz, einigermaßen (etwas weniger als „sehr")* ♦ recht **gern!**; du bist wohl nicht recht **gescheit!**; ich danke Ihnen recht **herzlich;** ich werde nicht recht **klug** daraus; recht vielen **Dank! III** ⟨adv. u. präd.⟩ *dem Recht, dem Gesetz, der Wahrheit entsprechend, gut* ♦ **sein:** das ist mir recht; das ist nicht mehr als recht und billig! [< ahd. *reht,* engl. *right,* → *gerecht, richten*]

**Recht** ⟨n. 11⟩ **1** *Rechtsordnung, Gesamtheit der Gesetze (des Staates, der Kirche od. eines Lebensgebietes* (Handelsrecht, Kirchenrecht, Staatsrecht, Strafrecht) **2** ⟨meist Pl.⟩ *Rechtspflege, Rechtswissenschaft* **3** *Befugnis, Anspruch, Berechtigung* (Hoheitsrecht, Nutzungsrecht, Vorkaufsrecht) **4** *das Richtige, das, was recht u. gut ist* ♦ **Doktor,** Student der Rechte; Rechte und **Pflichten** ♦ ein Recht **ausüben,** beanspruchen; jmd. **behält** Recht *es war richtig, was jmd. gesagt, vermutet hat;* er will immer Recht behalten *er will immer, dass seine Meinung anerkannt wird;* das Recht **beugen,** brechen, verletzen; sein Recht **fordern;** jmdm. Recht **geben** *zustimmen;* wer gibt dir das Recht, das zu behaupten, zu tun?; Recht **haben** *das Richtige sagen, vermuten, richtig urteilen;* Recht **sprechen** ♦ **bürgerliches** Recht; sein Recht **geltend** machen; das ist mein **gutes** Recht ♦ **auf** seinem Recht bestehen; auf ein Recht verzichten; etwas **mit** Recht verlangen; **nach** Recht und Billigkeit *nach geschriebenem Gesetz u. nach dem Gefühl für Gerechtigkeit;* nach geltendem Recht; **von** Rechts wegen *nach dem Gesetz;* sein Anspruch besteht **zu** Recht *ist berechtigt* [→ *recht*]

**Rechte** ⟨f. 31⟩ Ggs *Linke* **1** *rechte Hand* **2** *rechte Seite* **3** ⟨Boxsp.⟩ *rechte Schlaghand* **4** *Gesamtheit der konservativen Parteien (da sie im Parlament zur rechten Seite des Präsidenten sitzen)* ♦ Anhänger der Rechten *Konservativer;* die äußerste, gemäßigte Rechte; sie saß an seiner, zu seiner Rechten

**rechte(r, -s)** ⟨Adj.⟩ *gegenüber der Seite liegend, auf der sich das Herz befindet;* Ggs *linke(r, -s)* ♦ der rechte **Arm,** das rechte Bein; das Haus liegt rechter **Hand** *rechts;* jmds. rechte Hand ⟨fig.⟩ *jmds. wichtigster Helfer*

**Rechteck** ⟨n. 11; Geom.⟩ *Parallelogramm mit vier rechten Winkeln*

**rechten** ⟨V. i.; hat; geh.⟩ mit jmdm. rechten *sein Recht von jmdm. fordern, jmdn. tadeln; mit jmdm. streiten*

**rechtens** ⟨Adv.⟩ *nach dem Recht, mit Recht* ♦ der Anspruch gilt rechtens als verjährt; es ist rechtens, dass ... *es ist rechtmäßig* [erstarrter alter Genitiv zu *Recht*]

**rechtfertigen** ⟨V. t.; hat⟩ jmdn. od. sich rechtfertigen **1** *die Berechtigung seines Tuns nachweisen od. erklären* **2** *jmdn. od. sich von einem Verdacht befreien* **3** eine Handlung rechtfertigen *nachweisen od. erklären, dass eine H. berechtigt war* [< mhd. *rehtvertigen* „in rechten Stand setzen"; zu *rehtvertic* „gerecht, rechtmäßig"]

**Rechtfertigung** ⟨f. 20⟩ *das Rechtfertigen, Sichrechtfertigen, Erklärung od. Nachweis berechtigten Handelns, Reinigung von Verdacht* ♦ kannst du etwas zu deiner Rechtfertigung sagen, vorbringen?

**rechtgläubig** ⟨Adj.; Theol.⟩ *dem rechten Glauben anhängend;* Sy *orthodox (1)*

**Rechtgläubigkeit** ⟨f. 20; unz.; Theol.⟩ *rechter Glauben;* Sy *Orthodoxie (1)*

**rechthaberisch** ⟨Adj.⟩ *immer Recht behalten wollend, stets starr an seinem Standpunkt festhaltend* ♦ ein rechthaberischer Mensch; rechthaberisch sein

**rechtlich** ⟨Adj.⟩ **1** *das Recht betreffend, dem Recht nach, hinsichtlich des Rechtes, auf dem Recht beruhend, juristisch* **2** *redlich, ehrlich, ordentlich, rechtschaffen* (Person) ♦ rechtlicher Anspruch; die rechtliche Seite einer Sache; das ist rechtlich nicht zulässig (aber menschlich verständlich)

**rechtmäßig** ⟨Adj.⟩ *dem Recht entsprechend, aufgrund eines Rechtes* ♦ rechtmäßiger Anspruch

**rechts** ⟨Adv.; Abk.: r.⟩ Ggs *links* **1** *auf der rechten Seite* **2** *nach der rechten Seite (hin)* **3** ⟨fig.⟩ *politisch zur konservativen Richtung neigend* ♦ rechts der **Donau;** dritter **Stock** rechts ♦ rechts **abbiegen;** er **steht** (mit seinen polit. Anschauungen) rechts ♦ sich **nach** rechts wenden

**Rechtsanwalt** ⟨m. 1u⟩ *Jurist mit der Berechtigung, die Rechtsangelegenheiten anderer vor Gericht zu vertreten* ♦ Rechtsanwalt und Notar; sich einen Rechtsanwalt nehmen; sich als Rechtsanwalt niederlassen

**Rechtsbeistand** ⟨m. 1u⟩ *Rechtsanwalt od. andere Person mit jurist. Kenntnissen*

**Rechtsbelehrung** ⟨f. 20⟩ *Belehrung über gesetzl. Vorschriften*

**Rechtsbeugung** ⟨f. 20⟩ *missbräuchliche Anwendung des Rechtes*

**Rechtsbruch** ⟨m. 1u⟩ *Verstoß gegen Recht od. Gesetz*

**rechtschaffen I** ⟨Adj.⟩ **1** *ehrlich, anständig, unbescholten* **2** ⟨umg.⟩ *gehörig, groß, stark* ♦ ein rechtschaffener Mensch **II** ⟨adv.; veraltet⟩ *sehr* ♦ er hat sich rechtschaffen anstrengen, plagen müssen; rechtschaffen müde sein [< frühnhd. *recht(ge)schaffen* „recht beschaffen"]

**Rechtschreibreform** ⟨f. 20⟩ *Reform, Neuregelung der Rechtschreibung*

**Rechtschreibung** ⟨f. 20⟩ Sy *Orthographie* **1** *durch Regeln festgelegte, richtige Schreibung* **2** *Rechtschreibbuch*

**Rechtsextremismus** ⟨m.; -; unz.⟩ *politische Bewegung, die extrem rechtsgerichtet ist;* Ggs *Linksextremismus*

**Rechtsextremist** ⟨m. 16⟩ *jmd., der politisch extrem rechts steht;* Ggs *Linksextremist*

**rechtsgerichtet** ⟨Adj.⟩ *Rechtsparteien nahe stehend;* Ggs *linksgerichtet*

**Rechtsgrundsatz** ⟨m. 1u⟩ *Grundsatz rechtlicher Regelungen od. Beziehungen*

**rechtsgültig** ⟨Adj.⟩ *gültig aufgrund der Rechtsordnung*

**Rechtshänder** ⟨m. 3⟩ *jeder, der mit der rechten Hand geschickter als mit der linken ist;* Ggs *Linkshänder*

**rechtshändig** ⟨Adj.⟩ *mit der rechten Hand geschickter als mit der linken;* Ggs *linkshändig* ♦ er schreibt rechtshändig

**Rechtshilfe** ⟨f. 19⟩ *Amtshilfe, Beistand in Rechtshandlungen*

**rechtskräftig** ⟨Adj.⟩ *nicht mehr anfechtbar, endgültig* ♦ rechtskräftige gerichtliche Entscheidung

**Rechtskurve** ⟨[-və] f. 19⟩ *in Fahrtrichtung nach rechts sich wendende Kurve*

**Rechtslage** ⟨f. 19⟩ *Lage, Zustand einer Sache hinsichtlich ihrer rechtl. Beurteilung*

**Rechtsordnung** ⟨f. 20⟩ *Gesamtheit aller rechtl. Vorschriften*

**Rechtspflege** ⟨f. 19; unz.⟩ *Anwendung der Gesetze, Ausübung der Gerichtsbarkeit durch staatl. Organe*

**Rechtsprechung** ⟨f. 20⟩ **1** *gerichtl. Entscheidung* **2** *Gerichtsbarkeit*

**rechtsradikal** ⟨Adj.⟩ *politisch extrem rechts stehend;* Ggs *linksradikal*

**Rechtsschutz** ⟨m.; -es; unz.⟩ *Schutz, den das Gesetz gewährt* ♦ Rechtsschutz genießen

**Rechtsschutzversicherung** ⟨f. 20⟩ *Versicherung gegen finanziellen Verlust durch einen Rechtsstreit*

**Rechtsstaat** ⟨m. 23⟩ *Staat, in dem die Regierungsgewalt durch eine Rechtsordnung begrenzt u. die rechtl. Stellung des Bürgers gesichert ist*

**Rechtsstreit** ⟨m. 1⟩ **1** *Streit, der gerichtlich entschieden wird, worden ist od. werden muss* **2** *Meinungsverschiedenheit in der Gesetzesauffassung*

**rechtsverbindlich** ⟨Adj.⟩ *aufgrund der Rechtsordnung verbindlich, zwingend* ♦ ein rechtsverbindlicher Vertrag

**Rechtsweg** ⟨m. 1⟩ *Inanspruchnehmen des Gerichts* ♦ den Rechtsweg beschreiten, einschlagen, gehen *die Hilfe des Gerichts in Anspruch nehmen;* eine Sache auf dem Rechtsweg entscheiden; der Rechtsweg ist ausgeschlossen (bei Preisausschreiben)

**rechtswidrig** ⟨Adj.⟩ *gegen das Recht verstoßend* ♦ rechtswidrige Handlung

**Rechtswissenschaft** ⟨f. 20; unz.⟩ *Lehre von den Gesetzen u. ihrer Anwendung sowie Rechtsgeschichte, -philosophie, -soziologie u. a.;* Sy *Jurisprudenz*

**rechtwinklig** ⟨Adj.⟩ *mit einem Winkel von 90° versehen* ♦ rechtwinkliges Dreieck

**rechtzeitig** ⟨Adj.⟩ *zum richtigen Zeitpunkt (eintretend, geschehend), pünktlich* ♦ um rechtzeitiges Erscheinen wird gebeten; die Krankheit muss rechtzeitig behandelt werden *ehe es zu spät ist;* sei bitte rechtzeitig da

**Reck** ⟨n. 11; Sp.⟩ **1** *Turngerät, an zwei Pfeilern waagerecht befestigte, verstellbare Eisenstange* **2** *an zwei frei hängenden Seilen befestigte, kurze Holzstange* (Schwebereck) [< mnddt. *reck(e)* „Querstange zum Aufhängen von Wäsche, Hühnerstange"]

**recken** ⟨V. t.; hat⟩ *strecken, dehnen* ♦ sich recken *sich hoch aufrichten, sich strecken, die Glieder dehnen;* die Arme, die Glieder recken; Kunststoffe recken ⟨Chem.⟩ *thermoplastische Kunststoffe zur Erhöhung der Festigkeit von Folien u. Fasern strecken* [< ahd. *recchen* „ausstrecken, dehnen"]

**Recorder** ⟨m. 3⟩ = *Rekorder*

**recyceln** ⟨[ri'saikəln] V. t.; hat⟩ *wiederverwerten* ♦ Altglas, Kunststoff recyceln [→ *Recycling*]

**Recycling** ⟨[ri'saikliŋ] n.; -s; unz.⟩ *Wiederverwertung von Abfallstoffen* ♦ neue Methoden des Recyclings gehören zu den dringlichsten Aufgaben der Zukunft [< engl. *re...* „wieder..., zurück..." + *cycle* „Kreislauf, Zyklus"]

**Redakteur** ⟨[-tøːr] m. 1⟩ *(wissenschaftlich ausgebildeter) Angestellter einer Zeitung, eines Verlages od. des Rundfunks, der Manuskripte beurteilt u. bearbeitet, mit Autoren verhandelt* *usw.* ◆ Technischer Redakteur ⟨Berufsbez.⟩ *jmd., der im Bereich der schriftsprachlichen Vermittlung von technischem Wissen tätig ist* [< frz. *rédacteur* „Verfasser, Schriftleiter, Redakteur"]

**Redaktion** ⟨f. 20⟩ **1** *Bearbeitung des Manuskripts für ein Druckwerk (Buch, Zeitung, Zeitschrift)* **2** *Gesamtheit der hierbei mitwirkenden Arbeitskräfte* **3** *die für diese Arbeit zur Verfügung stehenden Arbeitsräume* [< frz. *rédaction* „Abfassung, Ausarbeitung, Redaktion"]

**redaktionell** ⟨Adj.⟩ *zur Redaktion gehörend, auf ihr beruhend, in der Redaktion (vor sich gehend)*

**Rede** ⟨f. 19⟩ **1** *das, was gesprochen wird od. wurde, das, was jmd. sagt od. gesagt hat, Äußerungen, (sinnvoll zusammenhängende) Worte* **2** *Redeweise, sprachl. Gestaltung (von Gedanken, Empfindungen)* **3** *Ansprache, Vortrag* (Kanzelrede, Trauerrede) **4** ⟨Sprachw.⟩ *aktualisierte Sprache* **5** *Gerücht* ◆ jmdm. Rede und **Antwort** stehen *Antwort, Auskunft geben; auf Fragen hin etwas bekennen, zugeben* ◆ davon **ist** nicht die Rede *das hat keiner gesagt od. gemeint;* wovon ist die Rede? *wovon wird (gerade) gesprochen?* ◆ **direkte** Rede ⟨Gramm.⟩ *etwas, das wörtlich von jmdm. gesagt wird;* **gehobene** Rede *feierl. Sprechweise;* **große** Reden führen; **indirekte** Rede *Gesprochenes, das dem Sinne nach, nicht wörtlich, wiedergegeben wird;* es ist nicht der Rede **wert** *nur eine Kleinigkeit, nicht erwähnenswert* ◆ jmdm. **in** die Rede fallen *jmdn. unterbrechen;* jmdn. (wegen etwas) **zur** Rede stellen *jmdn. energisch (über etwas) befragen, zur Rechenschaft ziehen* [< ahd. *radia, red(i)a* „Rechenschaft, Vernunft, Verstand, Rede u. Antwort, Gespräch, Erzählung, Sprache"]

**Redefigur** ⟨f. 20⟩ *von der üblichen Ausdrucksweise abweichende, schmückende, anschaul. od. bes. einprägsame Redewendung*

**Redefreiheit** ⟨f. 20; unz.⟩ *Recht der freien Meinungsäußerung*

**reden** ⟨V.; hat⟩ **I** ⟨V. i. u. V. t.⟩ *sprechen, etwas sagen, eine Rede halten* ◆ **Gutes,** Schlechtes, Böses über jmdn. reden; **Unsinn** reden; er hat die ganze Zeit kein **Wort** geredet; dummes **Zeug** reden ◆ darüber **lässt** sich reden *das ist verständig, einleuchtend;* er lässt mit sich reden *er ist aufgeschlossen für die Meinung anderer, nachgiebig, entgegenkommend, umgänglich;* von einer Sache viel Redens **machen** *einer Sache unnötig viel Aufmerksamkeit schenken;* von sich reden machen *allgemein bekannt werden* ◆ **laut,** leise, **öffentlich** reden ◆ **mit** jmdm. reden; mit sich selbst reden; mit den Händen reden *die Zeichensprache anwenden;* ⟨fig.⟩ *sein Sprechen mit lebhaften Gebärden begleiten;* **über** jmdn. od. etwas reden; **von** jmdm. od. etwas reden **II** ⟨V. refl.; in Wendungen wie⟩ sich heiser reden *so viel reden, dass man heiser davon wird* [< ahd. *red(i)on;* → *Rede*]

**Redewendung** ⟨f. 20⟩ *abwandelbare, nicht feststehende sprachl. Wendung, sprachl. Ausdruck,* z. B. „Ich mache mir nichts daraus"

**redigieren** ⟨V. t.; hat⟩ *bearbeiten, satzfertig bzw. (im Rundfunk) sendefertig machen* (Manuskript) [< frz. *rédiger* „ausarbeiten, verfassen, abfassen, redigieren"]

**redlich** **I** ⟨Adj.⟩ **1** *ehrlich, zuverlässig, pflichtbewusst* **2** ⟨fig.⟩ *groß, viel* ◆ ein redlicher Mann; ich habe mir redliche Mühe gegeben ⟨fig.⟩; redlich handeln **II** ⟨adv.; veraltet⟩ *sehr, tüchtig* ◆ sich redlich bemühen; ich habe mich redlich plagen müssen; redlich müde sein [< ahd. *redilih,* urspr. „so, wie man es verantworten kann", dann „wie es sich gehört"; zu *redia* „Rechenschaft"; → *Rede*]

## REDUKTION

In der Chemie wird u. a. von Reduktion gesprochen, wenn ein Stoff Wasserstoff aufnimmt. Der Stoff, der den Wasserstoff liefert, heißt Reduktionsmittel. Reduktion und Oxidation treten gleichzeitig auf, weshalb man von einem Redoxsystem spricht.

MODELL ZUR REDUKTION

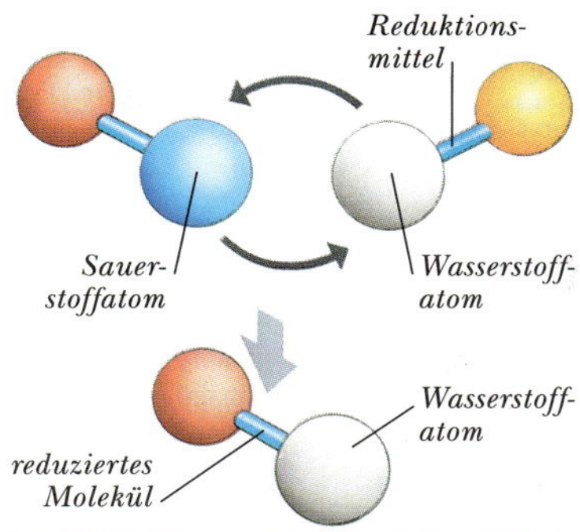


**Redner** ⟨m. 3⟩ **1** *jmd., der eine Rede hält oder gehalten hat* **2** *jmd., der (gut) Reden halten kann* ◆ ein guter, schlechter Redner sein [< ahd. *redinari;* → *reden*]

**Redoxsystem** ⟨n. 11; unz.⟩ *chem. System, in dem Oxidations- u. Reduktionsreaktionen nebeneinander ablaufen u. miteinander im Gleichgewicht stehen* [verkürzt < *Reduktions-Oxidations-System*]

**redselig** ⟨Adj.⟩ **1** *viel u. gern redend* **2** *wortreich, weitschweifig*

**Reduktion** ⟨f. 20⟩ **1** *das Reduzieren, Herabsetzung (von Preisen)* **2** *Einschränkung, Minderung* **3** *Zurückführung (eines komplizierten Sachverhalts, Begriffes auf einen einfachen)* **4** ⟨Chem.⟩ ▲ *stets mit einer Oxidation gekoppelter chem. Vorgang, der durch eine Abspaltung von Sauerstoff, eine Anlagerung von Wasserstoff od. eine Abgabe von Elektronen charakterisiert ist;* Ggs *Oxidation* **5** ⟨Biol.⟩ *rückschreitende Umwandlung von Organen im Laufe der Stammesgeschichte od. der Individualentwicklung* **6** ⟨Phon.⟩ *Abschwächung od. Schwinden eines Vokals od. Konsonanten* [< lat. *reductio* „Zurückführung"; zu *reducere* „zurückführen"]

**Reduktionsteilung** ⟨f. 20⟩ ► = *Meiose*

**redundant** ⟨Adj.⟩ *zur Information nicht notwendig, keine Information enthaltend, überflüssig* ◆ redundante Wörter, Satzteile [zu lat. *redundare* „überfließen, im Überfluss vorhanden sein"]

**Redundanz** ⟨f. 20; unz.; Nachrichtentech.⟩ *Teil einer Nachricht, der keinen Informationswert hat u. deshalb bei der Übermittlung weggelassen werden kann* [< engl. *redundance;* zu lat. *redundare* „überfließen"]

**reduplizieren** ⟨V. t.; hat; Sprachw.⟩ *verdoppeln, wiederholen* ◆ reduplizierende Verben *Verben, die im Präteritum den anlautenden Buchstaben mit einem e-Laut wiederholen* [< lat. *reduplicare* „verdoppeln"; zu *duplex* „doppelt"]

**reduzieren** ⟨V. t.; hat⟩ **1** *zurückführen* **2** *einschränken, herabsetzen* **3** *mindern, verkleinern* **4** *umwandeln* **5** ⟨Chem.⟩ eine chemische Verbindung reduzieren *einer Reduktion unterwerfen* ◆ die tägliche Dosis eines Arzneimittels (auf zehn Tropfen, drei Tabletten) reduzieren; den Arbeitsaufwand auf ein Mindestmaß reduzieren [< lat. *reducere* „zurückführen"; zu *ducere* „führen"]

**Reede** ⟨f. 19⟩ **1** *Ankerplatz vor einem seichten Hafen, Außenhafen, Vorhafen* **2** *geschützter Ankerplatz in einer Bucht* ◆ auf der Reede liegen [< mnddt. *reede, reide* „Reede", urspr. „Platz, an dem Schiffe ausgerüstet, bereitgemacht werden"; → *reiten*]

**Reeder** ⟨m. 3⟩ *Schiffseigentümer, Schifffahrtsunternehmer* [< mnddt. *reder;* zu nddt. *reden* „bereitmachen, ausrüsten"; → *Reede*]

**reell** ⟨Adj.⟩ *redlich, ehrlich, zuverlässig* ◆ eine reelle Firma; reelles Geschäft *anständiges Geschäft ohne Übervorteilung des Käufers;* reelle Zahlen ⟨Sammelbez. für⟩ *rationale u. irrationale Zahlen* [< frz. *réel* „tatsächlich, wirklich" < mlat. *realis* „sachlich, wesentlich"; → *real*]

**Reeperbahn** ⟨f. 20⟩ = *Seilerbahn*

**ref.** ⟨Rel.; Abk. für⟩ *reformiert*

**Refaktie** ⟨[-tsiə] f. 19⟩ *Preisabzug, Preisnachlass wegen beschädigter oder fehlerhafter Waren* [ndrl., eigtl. „Wiederherstellung (des angemessenen Preises)" < lat. *re...* „wieder" + *facere* „machen"]

**Refektorium** ⟨n.; -s, -rien; in Klöstern⟩ *Speisesaal* [< mlat. *refectorium;* zu *reficere* „wiederherstellen"]

**Referat** ⟨n. 11⟩ **1** *Bericht, Vortrag in der Art eines Gutachtens* **2** *Fachberichterstattung* **3** *Vortrag zur Übung (in der Schule u. im Hochschulseminar)* **4** *Bearbeitungsgebiet, Arbeitsgebiet* (Pressereferat) [< lat. *referat* „es möge berichten ..."; zu *referre* „berichten"; zu *ferre* „tragen"]

**Referendar** ⟨m. 1⟩ *Anwärter auf die höhere Beamtenlaufbahn im Vorbereitungsdienst nach der (ersten) Staatsprüfung* (Gerichtsreferendar, Studienreferendar) [< mlat. *referendarius,* also etwa: „einer, der Bericht zu erstatten hat"; → *Referendum*]

**Referendum** ⟨n.; -s, -renden od. -renda⟩ *Volksentscheid* [lat., „zu Berichtendes", Gerundivum zu *referre* „berichten"]

**Referent** ⟨m. 16⟩ **1** *jmd., der ein Referat hält* **2** *Berichterstatter* **3** *Gutachter* **4** *jmd., der ein Referat bearbeitet* ◆ der Referent sprach über die Folgen der Gentechnik [< lat. *referens* „berichtend", Part. Präs. von *referre* „berichten"]

**referentiell** ⟨Adj.; Sprachw.⟩ = *referenziell*

**Referenz** ⟨f. 20⟩ **I** ⟨zählb.⟩ **1** *Empfehlung* **2** *jmd. (Stelle), auf den (die) man sich berufen kann, bei dem (der) Auskünfte eingeholt werden können* ◆ jmdn. als Referenz angeben (bei Bewerbungen); über erstklassige Referenzen verfügen **II** ⟨unz.; Sprachw.⟩ *Beziehung zwischen einem sprachl. Ausdruck und dem damit bezeichneten Inhalt* [< frz. *référence* „Bezugnahme, Empfehlung"; zu lat. *referre;* → *referieren*]

**referenziell** ⟨Adj.; Sprachw.⟩ *die Referenz betreffend;* oV *referentiell* ◆ referenzielle Bedeutung

**referieren** ⟨V. i.; hat⟩ über etwas referieren *über etwas ein Referat, einen Vortrag halten, über etwas berichten* [< frz. *référer* „Bericht erstatten, berichten" < lat. *referre* „zurücktragen, überbringen"; zu *ferre* „tragen"]

**Reflation** ⟨f. 20⟩ *Erhöhung des Geldumlaufs als finanzpolit. Maßnahme* [< lat. *re...* „wieder" + *flare* „blasen, blähen"; nach *Inflation* gebildet]

**reflektieren** ⟨V.; hat⟩ **I** ⟨V. t.⟩ Strahlen reflektieren *zurückwerfen, zurückstrahlen* **II** ⟨V. i.⟩ *nachdenken, bes. über die eigenen Handlungen, Gedanken, Empfindungen* ◆ ich reflektiere nicht mehr darauf *ich habe kein Interesse mehr daran* [< lat. *reflectere* „zurückbiegen, umwenden"; zu *flectere* „beugen; auf etwas reflektieren", nach lat. *animum reflectere* „seine Gedanken auf etwas hinwenden"]

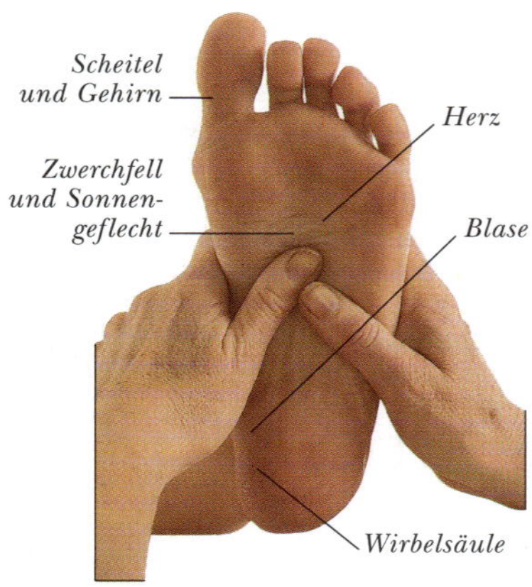


REFLEXZONENMASSAGE: REFLEXPUNKTE UND DIE IHNEN ZUGEORDNETEN KÖRPERTEILE

**Reflektor** ⟨m. 23⟩ **1** *Hohlspiegel hinter einer Lichtquelle* **2** *Teil einer Richtantenne, der einfallende elektromagnet. Strahlen zur Sammlung nach einem Brennpunkt hin reflektiert* **3** = *Spiegelfernrohr* [Neubildung zu *reflektieren* in der Bedeutung „zurückwerfen, zurückstrahlen", nach frz. *réflecteur* „Reflektor"]

**Reflex** ⟨m. 1⟩ **1** *Widerschein* (Lichtreflex) **2** ⟨Physiol.⟩ *Ansprechen auf einen Reiz* ◆ bedingter Reflex *während des Lebens erworbene, gelernte Reaktion auf einen Reiz;* unbedingter Reflex *zwangsläufig auf einen bestimmten äußeren Reiz eintretende, für diesen typische Reaktion* (Kniesehnenreflex) [< frz. *réflexe* „unwillkürlich, Reflex" < lat. *reflexum* „das Zurückgeworfene", Part. Perf. von *reflectere;* → *reflektieren*]

**Reflexion** ⟨f. 20⟩ **1** ⟨Phys.⟩ ► *Zurückwerfen von Wellen an der Grenze zweier Medien* **2** *prüfendes vergleichendes Nachdenken, bes. über die eigenen Handlungen, Gedanken, Empfindungen* [< frz. *réflexion* „Reflexion, Rückstrahlung, Überlegung" < lat. *reflexio* „Zurückbeugung"; → *reflektieren*]

**Reflexionswinkel** ⟨m. 5⟩ *Winkel zwischen reflektiertem Strahl u. einer zur reflektierenden Fläche senkrecht stehenden Gerade*

R

**reflexiv** ⟨Adj.; Gramm.⟩ *sich auf das Subjekt beziehend;* Sy *rückbezüglich* ◆ reflexives Pronomen *sich auf das Subjekt beziehendes Pronomen (sich);* Sy *rückbezügliches Fürwort;* reflexive Verben *Verben, die sich mithilfe des Reflexivpronomens auf das Subjekt beziehen,* z. B. „sich schämen" [Neubildung zu lat. *reflexus,* Part. Perf. von *reflectere* „zurückbiegen, umwenden"; → *reflektieren*]

**Reflexivität** ⟨[-vi-] f. 20; unz.⟩ *reflexive Beschaffenheit, Eigenschaft*

**Reflexivpronomen** ⟨n. 14; Pl. a.: -nomina; Gramm.⟩ *rückbezügl. Fürwort (sich)*

**Reflexzonenmassage** ⟨[-ʒə] f. 19; Med.⟩ ▲ *Massage bestimmter Hautbezirke, über die auf reflektorischem Weg therapeutisch auf die ihnen entsprechenden Organe eingewirkt werden kann*

**Reform** ⟨f. 20⟩ *verbessernde Umgestaltung, planmäßige Neugestaltung* ◆ Reform des Steuersystems [< frz. *réforme* „Umgestaltung, Neugestaltung"; → *reformieren*]

**Reformation** ⟨f. 20⟩ **I** ⟨unz.; i. e. S.⟩ *die durch Luther, Zwingli u. Calvin ausgelöste Bewegung zur Erneuerung der Kirche, wodurch die abendländische Kircheneinheit gesprengt wurde u. neue, vom Papst unabhängige, evangelische Kirchen (protestantische, reformierte Kirche) entstanden;* → a. *Gegenreformation* **II** ⟨zählb.; i. w. S.⟩ *Erneuerung, Neugestaltung* [< lat. *reformatio* „Umgestaltung, Erneuerung"; → *reformieren*]

**Reformator** ⟨m. 23⟩ **1** ⟨Theol.; i. e. S.⟩ *Begründer der Reformation, Luther, Zwingli, Calvin* **2** ⟨i. w. S.⟩ = *Reformer* [< lat. *reformator* „Umgestalter, Erneuerer"; zu *reformare;* → *reformieren*]

**Reformer** ⟨m. 3⟩ *jmd., der eine Reform anstrebt od. durchführt;* Sy *Reformator (2)*

**reformieren** ⟨V. t.; hat⟩ *verbessern, erneuern, umgestalten* ◆ reformiert ⟨Rel.; Abk.: ref.⟩ *der reformierten Kirche angehörend;* reformierte Kirche *die durch die Reformation Zwinglis u. Calvins (die Weiterentwicklung der durch Luther ausgelösten Bewegung) entstandene Kirche* [< lat. *reformare* „umgestalten, umbilden, neu gestalten"; zu *forma* „Form, Gestalt"]

**Reformkost** ⟨f.; -; unz.⟩ *natürliche, leichte, vitamin- u. mineralreiche Kost*

**Refrain** ⟨[rəˈfrɛ̃] m. 6⟩ *Kehrreim* [frz., urspr. „Rückschlag der brandenden Wellen" < frz. *refreindre* „brechen, zurückschlagen, unterbrechen"]

**Refraktion** ⟨f. 20; Phys.⟩ ► = *Brechung (1)* [< lat. *re...* „zurück" + *Fraktion*]

**Refugium** ⟨n.; -s, -gien; geh.⟩ *Zufluchtsort, Ort, an den man sich zurückziehen kann* [lat.]

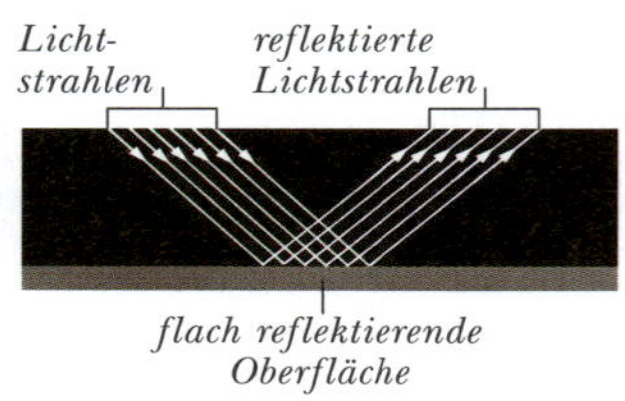


REFLEXION: RÜCKSTRAHLUNG VON EINER GLATTEN OBERFLÄCHE

**Regal** ⟨n. 11⟩ **1** *Gestell mit Fächern* (für Bücher od. Waren) **2** *kleine, tragbare Orgel nur mit Zungenpfeifenregister u. leicht schnarrendem Ton* **3** ⟨Typ.⟩ *Gestell für Setzkästen* [< nddt. *rijol, riole* „Bretterfach für Bücher, Waren, Küchengeschirr" < ital. *riga* „Zeile, Reihe" < ahd. *riga* „Reihe"; → *Reihe*]

**rege** ⟨Adj.; -r, am regsten⟩ *munter, lebhaft, beweglich, rüstig, betriebsam* ◆ rege **Beteiligung;** reger **Briefwechsel;** es herrschte reger **Verkehr; sein:** er ist für sein Alter noch sehr rege [→ *regen*]

**Regel** ⟨f. 21⟩ **1** *Richtlinie, Richtschnur* **2** *Vorschrift* **3** *das allgemein Übliche, Norm* **4** *Vorschrift od. Gruppe von Vorschriften, die die Angehörigen eines Ordens einhalten müssen, Ordensregel* (Augustinerregel) **5** ⟨Physiol.⟩ = *Menstruation* ◆ nach allen Regeln der **Kunst** *ganz richtig, sehr sorgfältig;* die Regeln eines **Spiels** ◆ die Regel ist **ausgeblieben** ⟨Physiol.⟩; eine Regel (nicht) **befolgen,** einhalten; die Regel **haben** ⟨Physiol.⟩ ◆ **keine** Regel ohne Ausnahme ◆ sich (streng) **an** eine Regel halten; **in** der Regel ist es so *meist, im Allgemeinen;* **nach** einer Regel leben (im Kloster); eine Ausnahme **von** der Regel machen [< ahd. *regula,* urspr. „Ordensregel" < lat. *regula* „Richtholz, Richtschnur, Maßstab, Regel"; → *regieren*]

**Regelkreis** ⟨m. 1; Kyb.⟩ *sich selbst regulierendes System*

**regelmäßig** ⟨Adj.⟩ *nach einer bestimmten Regel (geschehend, verlaufend, eintretend), in gleichen Abständen (sich wiederholend)* ◆ in regelmäßigen **Abständen;** regelmäßiger **Puls,** Herzschlag; die regelmäßigen **Verben** *die nach bestimmter Regel gebildeten Verben* ◆ etwas regelmäßig **tun**

**regeln** ⟨V. t.; hat⟩ **1** *nach einer bestimmten Regel ordnen, festlegen, festsetzen, einrichten* **2** *in ordnungsgemäße Bahnen lenken* ◆ das werde ich noch regeln; seine persönlichen, geschäftlichen Angelegenheiten regeln; den Verkehr regeln

**regelrecht** ⟨Adj.⟩ **1** *der Regel gemäß* **2** *in aller Form, wie es sich gehört* **3** ⟨umg.⟩ *beinahe, sozusagen* ◆ ein regelrechtes Verfahren

**Regeltechnik** ⟨f. 20⟩ **1** *Technik der Regelung industrieller Prozesse;* → a. *Messtechnik* **2** ⟨Kyb.⟩ *Technik der Regelung*

**Regelung** ⟨f. 20⟩ **1** *das Regeln* (Verkehrsregelung) **2** ⟨Kyb.⟩ *automat. Kontrolle u. Korrektur eines sich ständig wiederholenden Ablaufs, so dass ein konstanter Wert erhalten bleibt*

**regelwidrig** ⟨Adj.⟩ *der Regel nicht entsprechend, gegen die Regel (verstoßend)*

## REGENBOGEN

Weißes Sonnenlicht besteht aus Farben mit verschiedenen Wellenlängen, die beim Eindringen in einen Wassertropfen unterschiedlich gebrochen werden. Im Tropfenhintergrund werden die Strahlen reflektiert und beim Austreten erneut gebrochen, wodurch ein Regenbogen aus Spektralfarben erscheint.

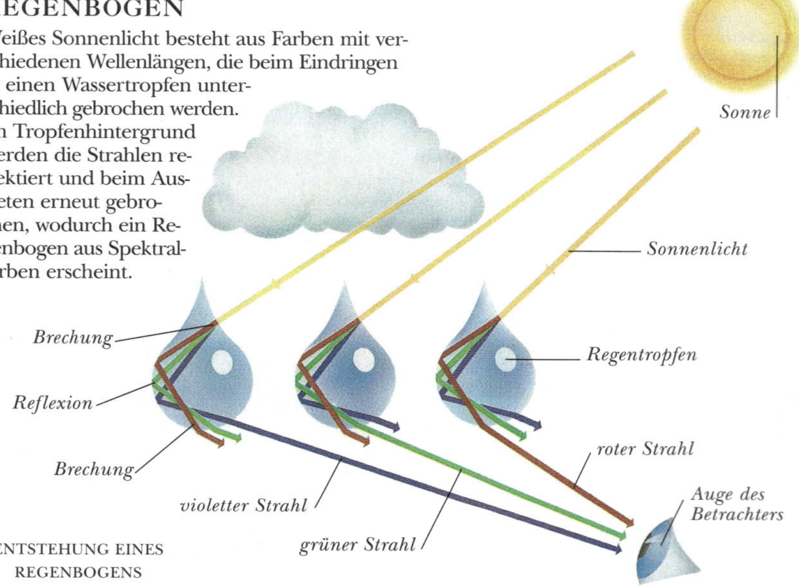


ENTSTEHUNG EINES REGENBOGENS

## REGEN

Regen fällt, wenn Warmluft aufsteigt und sich dabei abkühlt. Der darin enthaltene Wasserdampf kondensiert zu kleinen Tröpfchen, welche sich vergrößern und als Tropfen von bisweilen mehr als 8 mm Größe auf die Erde fallen. Bei sehr niedrigen Temperaturen kristallisieren die Tropfen aus und fallen meist als Graupel oder Schnee.

REGENBILDUNG IN EINER KUMULONIMBUSWOLKE

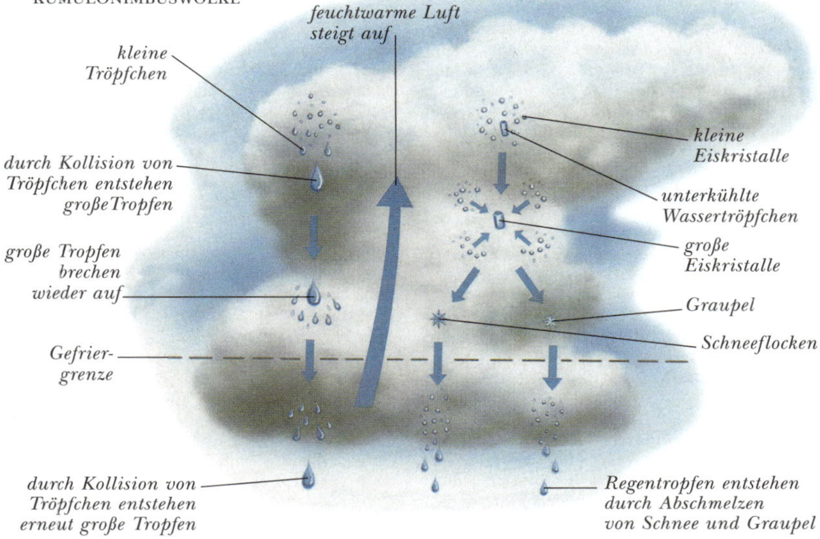


**regen** ⟨V.; hat⟩ **I** ⟨V. t.⟩ *bewegen* ◆ ich kann vor Kälte kaum noch die Finger regen; die Glieder regen **II** ⟨V. refl.⟩ sich regen **1** *sich bewegen, tätig sein, etwas tun, sich beschäftigen* **2** *erwachen, spürbar werden (von Gefühlen)* ◆ es war alles still, nichts regte sich [< mhd. *regen* „ragen machen, aufrichten, erregen, bewegen"; zu mhd. *regen* „sich erheben, emporragen"; → *rege*]

**Regen** ⟨m. 4; Pl. selten⟩ **1** ▲ *flüssiger atmosphärischer Niederschlag* **2** ⟨fig.⟩ *große herabfallende Menge* ◆ der Regen fällt; im strömenden Regen; es sieht nach Regen aus; ein Regen von Schimpfwörtern, Vorwürfen prasselte auf ihn herab ⟨fig.⟩ [< ahd. *regan*, engl. *rain*]

**Regenbogen** ⟨m. 4 od. süddt., österr., schweiz.: m. 4u⟩ ◄ *farbiger Bogen an Regenschauern, die von der Sonne beschienen werden*

**Regenbogenhaut** ⟨f. 7u⟩ *im Auge der Wirbeltiere u. des Menschen der vordere, durch die Hornhaut hindurch sichtbare, freie Rand der Aderhaut;* Sy *Iris (1)*

**Regenbogenpresse** ⟨f. 19; unz.⟩ *Wochenzeitungen in bunter Aufmachung, die bes. das Bedürfnis nach Sensationen u. Klatsch befriedigen*

**Regeneration** ⟨f. 20⟩ **1** *Wiederherstellung, Erneuerung;* Ggs *Degeneration (1)* **2** ⟨Biol.⟩ *natürl. Ersetzen verloren gegangener organischer Teile* **3** ⟨Geol.⟩ *Zurückführung erstarrter, konsolidierter Teile der Erdkruste in einen mobilen, faltbaren Zustand* [< lat. *regeneratio* „Wiedererzeugung"; zu *regenerare* „wiedererzeugen"]

**regenerativ** ⟨Adj.⟩ *durch Regeneration bewirkt, entstanden;* Sy *regeneratorisch* [zu lat. *regenerare* „wiedererzeugen"]

**regeneratorisch** ⟨Adj.⟩ = *regenerativ*

**regenerieren** ⟨V. t.; hat⟩ Ggs *degenerieren* **1** einen verloren gegangenen Körperteil regenerieren *neu bilden* **2** *auffrischen, beleben, wiedererzeugen, erneuern* [< lat. *regenerare* „wiedererzeugen"; zu *generare* „erzeugen"]

**Regenguss** ⟨m. 1u⟩ *kurzer, heftiger Regen* ◆ nach dem Regenguss schien die Sonne

**Regenrinne** ⟨f. 19⟩ = *Dachrinne*

**Regenschirm** ⟨m. 1⟩ *Schirm als Schutz gegen Regen* ◆ ich bin gespannt wie ein Regenschirm! ⟨fig.; umg.; scherzh.⟩ *sehr gespannt*

**Regent** ⟨m. 16⟩ *regierender Fürst od. dessen Stellvertreter* [< lat. *regens* „leitend", Part. Präs. von *regere* „richten, lenken, leiten"]

**Regentin** ⟨f. 22⟩ *regierende Fürstin*

**Regenwald** ⟨m. 2u⟩ ▼ *immergrüner tropischer Urwald mit üppigem Pflanzenwuchs*

**Regenwurm** ⟨m. 2u; Zool.⟩ *Angehöriger einer Familie der Ringelwürmer mit deutlicher äußerer Segmentierung u. ohne Körperanhänge, feuchtigkeitsliebender Bewohner des Erdbodens, der bei Regen an die Oberfläche kommt: Lumbricidae*

REGENWALD: SCHICHTUNG

**Regenzeit** ⟨f. 20⟩ *in trop. u. subtrop. Ländern regelmäßig auftretende Periode, in der es fast ununterbrochen regnet;* Ggs *Trockenzeit*

**Regie** ⟨[-ʒiː] f. 19⟩ **1** *Verwaltung der gemeinde- od. staatseigenen Betriebe durch Gemeinde od. Staat selbst* **2** ⟨Theat.⟩ *künstler. Gestaltung eines Dramas für die Aufführung auf der Bühne u. Leitung der Schauspieler bei den Proben* **3** ⟨Film⟩ *künstler. Gestaltung des Drehbuchs für einen Film u. Leitung der Schauspieler u. des Kameramannes bei den Aufnahmen* **4** ⟨Rundfunk; TV⟩ *künstler. Gestaltung einer Sendung, Spielleitung* **5** ⟨österr. a.⟩ *staatliches Monopol* (Tabakregie) ◆ die Regie führen, haben; ein Geschäft in eigener Regie führen *selbst führen* [< frz. *régie* „verantwortl. Leitung, Verwaltung"]

**regieren** ⟨V.; hat⟩ **I** ⟨V. i.⟩ *herrschen* ◆ Friedrich der Große regierte von 1740 bis 1786; regierender Fürst; der Regierende Bürgermeister von Berlin **II** ⟨V. t.⟩ **1** *beherrschen, verwalten, lenken, leiten* **2** ⟨Gramm.⟩ *fordern, nach sich ziehen* ◆ die Präposition „mit" regiert den Dativ [< mhd. *regieren* < afrz. *reger* „herrschen" < lat. *regere* „gerade richten, lenken, herrschen"]

**Regierung** ⟨f. 20⟩ **1** *Tätigkeit u. Dauer des Regierens, Ausübung der Staatsgewalt, Herrschaft, Regentschaft* **2** *oberste staatl. Behörde, deren Mitglieder den Staat leiten*

**Regierungsbezirk** ⟨m. 1; BRD u. früheres Deutsches Reich⟩ *einer Länderregierung unterstehende Verwaltungseinheit*

**Regierungserklärung** ⟨f. 20⟩ *Erklärung, in der eine Regierung ihre Politik darlegt*

**Regierungssprecher** ⟨m. 3⟩ *jmd., der im Auftrag der Regierung offizielle Mitteilungen macht, z. B. gegenüber Pressevertretern*

**Regime** ⟨[-ʒiːm] n. 15; Pol.⟩ **1** *Regierungsform* **2** *Leitung* ◆ totalitäres Regime [< frz. *régime* „Regierungsform, Staatsform" < lat. *regimen* „Lenkung, Leitung, Regierung"; zu *regere;* → *regieren*]

**Regimekritiker** ⟨[-ʒiːm-] m. 3⟩ *jmd., der das Regime des eigenen Staates kritisiert*

**Regiment** ⟨n. 12⟩ **I** ⟨zählb.; Mil.⟩ *Truppeneinheit aus zwei bis vier Bataillonen unter einem Obersten od. Oberstleutnant* **II** ⟨unz.⟩ *Herrschaft, Leitung* ◆ das Regiment führen *herrschen, die Leitung haben;* sie führt das Regiment im Haus [< spätlat. *regimentum* „Leitung, Oberbefehl"; → *regieren*]

**Regiolekt** ⟨m. 1; Sprachw.⟩ *nur in einer bestimmten Region übliche Ausdrucksweise* [< *Region* + dem zweiten Teil von *Dialekt* gebildet]

**Region** ⟨f. 20⟩ **1** *Landstrich, Gebiet, Gegend* **2** *Bezirk* ◆ die Region des ewigen Schnees; in den höheren, höher gelegenen, wilderen Regionen [< lat. *regio* „Richtung, Gegend, Bereich, Gebiet"; → *regieren*]

**regional** ⟨Adj.⟩ *hinsichtlich der Region(en)* ◆ der Gebrauch dieses Wortes ist regional verschieden [< spätlat. *regionalis* „zu einer Landschaft gehörig"; → *Region*]

**Regisseur** ⟨[reʒiˈsøːr] m. 1; Theat.; Film; Radio; TV⟩ *derjenige, der die Regie führt, Spielleiter* ◆ ein extravaganter Regisseur [< frz. *régisseur* „Gutsverwalter; Spielleiter"]

**Register** ⟨n. 13⟩ **1** *alphabet. Verzeichnis (der Namen od. Begriffe in einem Buch),* z. B. Namensregister, Sachregister **2** *amtliches Verzeichnis rechtlich wichtiger Vorgänge* (Handelsregister, Standesregister) **3** *Einschnitte am Seitenrand (von Geschäfts-, Notiz-, Telefonbüchern u. a.) mit den Buchstaben des Alphabets od. Buchstabengruppen zum schnelleren Nachschlagen* **4** *Stoß von Blättern, die am rechten Rand eingeschnitten u. mit den Buchstaben des Alphabets versehen sind, zum Einlegen in Ordner* **5** ⟨EDV⟩ *An-*

*ordnung zur vorübergehenden Speicherung kleiner Mengen von Informationen* **6** ⟨Typ.⟩ **6.1** *genaues Aufeinanderpassen der Druckseiten u. des Satzspiegels auf Vorder- u. Rückseite* **6.2** *genaues Aufeinanderpassen der einzelnen Farben beim Mehrfarbendruck* **7** ⟨Mus.⟩ **7.1** *Bereich der mit gleicher Einstellung der Stimmbänder hervorgebrachten Töne: Brust-, Kopf-, Falsett-, gemischte Stimme* **7.2** ⟨Orgel⟩ *Gruppe von Tönen aus Pfeifen gleicher Klangfarbe u. Bauart: Stimmen der Labial- bzw. Zungenpfeifen* **8** ⟨Sprachw.⟩ *(in einer bestimmten Situation verwendete) charakteristische Art zu sprechen od. zu schreiben* [< mlat. *registrum* „Verzeichnis" < spätlat. *regesta* „Verzeichnis"]

**Registertonne** ⟨f. 19; Abk.: RT⟩ *Raummaß für Schiffe, 2,8 m³*

**Registratur** ⟨f. 20⟩ **1** *das Eintragen in ein Register* **2** *Arbeitsraum des Registrators, Aufbewahrungsraum für Briefe usw.* **3** *Aktenschrank* **4** ⟨Mus.; an der Orgel⟩ *Gesamtheit der Registerzüge* [Neubildung zu mlat. *registrare;* → *registrieren*]

**registrieren** ⟨V.; hat⟩ **I** ⟨V. t.⟩ **1** *in ein Register eintragen, buchen* **2** ⟨fig.; umg.⟩ *zur Kenntnis nehmen (ohne sich zu äußern)* **II** ⟨V. i.; an der Orgel⟩ *Stimmenkombinationen einschalten, Register ziehen* [< mlat. *registrare* „in ein Verzeichnis eintragen"; → *Register*]

**Reglement** ⟨[-mã] n. 15 od. schweiz.: [-mɛnt] n. 11⟩ **1** *Dienstvorschrift* **2** *Geschäftsordnung* [< frz. *règlement* „Regelung, Abwicklung, Erledigung"; zu *régler* „regulieren"]

**reglementieren** ⟨V. t.; hat⟩ *durch ein Reglement, durch Vorschriften regeln*

**Regler** ⟨m. 3⟩ *Vorrichtungen zur Regulierung von Arbeitsvorgängen u. Zuständen* (Temperaturregler)

**Reglette** ⟨f. 19; Typ.⟩ ► = *Durchschuss (II, 2.1)* [< frz. *réglette* „Durchschuss, Reglette"; zu *régler* „regulieren"]

**reglos** ⟨Adj.⟩ *regungslos, unbeweglich*

**regnen** ⟨V. i.; unpersönl.; umg. u. fig. a.: V. t.; hat⟩ **1** *sich als Tropfen aus den Wolken niederschlagen* **2** ⟨fig.⟩ *in Mengen kommen, eintreffen, zuströmen* ◆ es regnet *es fällt Regen;* es regnete Anfragen, Beschwerden ⟨fig.; umg.⟩; es regnet Bindfäden, Schusterjungen ⟨fig.; umg.; scherzh.⟩ *es regnet heftig* [< ahd. *regannon;* → *Regen*]



**regnerisch** ⟨Adj.⟩ *mit Regen verbunden, zu Regen neigend* ◆ regnerischer Tag; regnerisches Wetter

**Regress** ⟨m. 1⟩ **1** ⟨Philos.⟩ *das Rückschreiten von der Wirkung zu der Ursache* **2** ⟨Rechtsw.⟩ **2.1** *Ersatz, Entschädigung* **2.2** *Ersatzanspruch an den Hauptschuldner (von Bürgen od. an zweiter Stelle haftbar gemachten Personen)* ◆ einen Regress auf jmdn. nehmen [< lat. *regressus* „Rückkehr, Rückhalt, Zuflucht"; zu *regredi* „zurückgehen"]

**Regression** ⟨f. 20⟩ *Rückbildung, Rückbewegung* [< lat. *regressio* „Rückgang"; zu *regredi* „zurückgehen"]

**regressiv** ⟨Adj.⟩ **1** *zurückgreifend (im Sinne eines Regresses)* **2** ⟨Philos.⟩ *von der Wirkung auf die Ursache zurückgehend* [zu lat. *regredi* „zurückgehen"]

**regulär** ⟨Adj.⟩ *der Regel entsprechend, üblich, gewöhnlich;* Ggs *irregulär (1)* ◆ regulärer Preis *nicht herabgesetzter Preis* [< spätlat. *regularis* „einer Richtschnur gemäß, regelmäßig"; → *Regel*]

**Regularität** ⟨f. 20; unz.⟩ *reguläre Beschaffenheit;* Ggs *Irregularität (1)*

**Regulation** ⟨f. 20⟩ *das Regulieren* [zu lat. *regulare;* → *regulieren*]

**Regulativ** ⟨n. 11; geh.⟩ *allgemeine Anweisung, regelnde Verfügung* [zu lat. *regulare;* → *regulieren*]

**regulieren** ⟨V. t.; hat⟩ **1** *regeln, ordnen, gleichmäßig machen* **2** *nach einer Norm, einem Maß einrichten* ◆ Arbeitsvorgänge regulieren; einen Fluss regulieren *in geraden Lauf bringen, begradigen* [< spätlat. *regulare* „regeln, einrichten"; zu lat. *regula* „Maßstab, Regel"; → *Regel*]

**Regulierung** ⟨f. 20⟩ *das Regulieren* ◆ die Regulierung des Wasserhaushalts

**Regung** ⟨f. 20⟩ **1** *Bewegung* **2** *leichte Gefühlsaufwallung* (Gefühlsregung, Gemütsregung, Seelenregung) ◆ Regung des Gewissens

**regungslos** ⟨Adj.⟩ *bewegungslos, ohne sich zu regen* ◆ er stürzte und blieb regungslos liegen; die Fahne hing regungslos am Mast

**Reh** ⟨n. 11⟩ *Angehöriges einer zierlich gebauten Gattung der Hirsche mit kleinem, gabelig verzweigtem Gehörn: Capreolus* ◆ anmutig, schlank, scheu wie ein Reh [< ahd. *reh(o),* engl. *roe*]

**Rehabilitation** ⟨f. 20⟩ **1** *das Rehabilitieren, das Rehabilitiertwerden, Ehrenrettung* **2** *Wiedereinsetzung in frühere Rechte, in den früheren Stand* **3** *Wiederherstellung der Leistungsfähigkeit u. Gesundheit durch Leibesübungen* **4** *Wiedereingliederung von Kranken u. Süchtigen in die Gesellschaft* [zu *rehabilitieren,* nach frz. *rehabilitation* „Rehabilitierung"; → *habilitieren*]

**rehabilitieren** ⟨V. t.; hat⟩ **1** jmdn. rehabilitieren *jmdn. in seine früheren Rechte, in seinen früheren Stand wiedereinsetzen* **2** sich rehabilitieren *sich rechtfertigen u. seinen (beschmutzten) Ruf wiederherstellen* [< lat. *re* „wieder" + *habilitieren*]

**Rehbock** ⟨m. 1u⟩ *männl. Reh*

**Rehgeiß** ⟨f. 20⟩ *weibl. Reh*

**Rehkalb** ⟨n. 12u⟩, **Rehkitz** ⟨n. 11⟩ *junges Reh*

**Reibahle** ⟨f. 19⟩ *kegelförmiges Werkzeug zum Reiben*

**Reibeisen** ⟨n. 14⟩ *Küchengerät zum Reiben von Kartoffeln, Gemüse, Brötchen u. a.*

**Reibekuchen** ⟨m. 4⟩ **1** *eine Art Pfefferkuchen zum Würzen u. Färben von Soßen* **2** ⟨nddt., rhein.⟩ = *Kartoffelpuffer*

**Reibelaut** ⟨m. 1; Phon.⟩ *durch Verengung des Mundkanals hervorgebrachter Laut: f, v, w, ch, s, sch;* Sy *Frikativlaut*

**reiben** ⟨V. 194; hat⟩ **I** ⟨V. t.⟩ **1** etwas reiben *etwas auf einer Fläche mit Druck hin u. her bewegen* **2** *mit dem Reibeisen fein zerkleinern* **3** *mit der Reibahle durch Abheben feiner Späne innen glätten* (Bohrlöcher) **4** sich etwas (einen Körperteil) reiben *die Hand od. Finger mit Druck darauf hin u. her bewegen* ◆ sich die **Augen** reiben; sich die **Hände** reiben (um sie zu erwärmen, vor Vergnügen od. aus Schadenfreude); **Kartoffeln** reiben ◆ etwas **zu** Staub, zu Pulver reiben ◆ geriebene Nüsse, Schokolade **II** ⟨V. i.⟩ *sich (störend od. schmerzhaft) auf einer Fläche hin u. her bewegen* ◆ der Schuh reibt (an der Ferse) [< ahd. *riban;* verwandt mit *werfen*]

REICHSAPFEL: ENGLISCHER REICHSAPFEL DES 17. JH.

**Reibfläche** ⟨f. 19⟩ *raue Fläche an der Streichholzschachtel zum Entflammen der Zündhölzer*

**Reibung** ⟨f. 20⟩ **1** *das Reiben* **2** ⟨Phys.⟩ *Kraft, die die Bewegung eines Körpers relativ zu einem anderen berührten Körper od. die Bewegung von Teilen eines Stoffes gegeneinander zu hindern sucht* **3** ⟨fig.⟩ *Spannung, Verstimmung, Unstimmigkeit, leichter Streit*

**Reibungsfläche** ⟨f. 19⟩ *Fläche, an der eine Reibung auftritt* ◆ ich will keine Reibungsflächen bieten ⟨fig.; umg.⟩ *ich will möglichst keinen Anlass zu Unstimmigkeiten od. Streit geben*

**reibungslos** ⟨Adj.; fig.⟩ *ohne Zwischenfall, ohne Hindernisse, ohne Hemmnisse* ◆ die Sache ist reibungslos verlaufen ⟨fig.⟩

**reich** ⟨Adj.⟩ **1** *viel Geld u. Sachwerte besitzend, sehr wohlhabend, sehr vermögend, begütert* (Person); Ggs *arm (1)* **2** *mit vielen wertvollen od. schönen Dingen (ausgestattet), üppig, reichhaltig, kostbar* (Mahl, Ausstattung, Schmuck) **3** *ergiebig, gehaltvoll* (Ernte, Ölquellen) **4** *groß, umfassend, vielfältig* (Erfahrung, Kenntnisse, Lohn) ◆ eine reiche **Auswahl** bieten; eine reiche **Erbschaft** machen; die reichen **Leute;** in reichem **Maße** *in hohem Maße* ◆ jmdn. reich **belohnen,** beschenken; **sein:** er ist sehr reich ◆ **Arm** und Reich *jedermann, alle;* die Krone ist reich **verziert** ◆ das Land ist reich **an** Bodenschätzen *besitzt viele B.* [< ahd. *rihhi,* engl. *rich*]

**Reich** ⟨n. 11⟩ **1** *Staat, Imperium* (Königreich, Weltreich) **2** *großes Gebiet, Bereich* (Pflanzenreich, Tierreich) ◆ das Dritte Reich ⟨nationalsozialist. Bez. für⟩ *Deutschland 1933-1945;* Deutsches Reich ⟨Bez. für⟩ *die dt. Fürstentümer von 962 bis 1806* ⟨u. für⟩ *Deutschland von 1871 bis 1945* [< ahd. *rihhi*]

**reichen** **I** ⟨V. i.⟩ **1** *Reichweite haben, sich erstrecken* **2** *genügen, ausreichen* (Geld, Vorrat) ◆ reicht es Ihnen?; das **Brot** reicht nicht; meine **Stimme** reicht nicht so weit *trägt nicht so weit* ◆ **bis** an, bis zu etwas reichen *es berühren, daran angrenzen;* er reicht mir gerade bis zur Schulter; das Essen reicht auch **für** drei **II** ⟨V. t.⟩ jmdm. etwas reichen **1** *geben, hinhalten* **2** *anbieten* ◆ würden Sie mir bitte das **Brot,** das Salz reichen?; jmdm. die **Hand** reichen ◆ der Kaffee, Tee wird **im** Nebenzimmer gereicht ⟨geh.⟩ [< ahd. *reichen, reichon* „erlangen, darreichen, sich erstrecken", engl. *reach*]

**reichhaltig** ⟨Adj.⟩ **1** *vieles enthaltend* (Auswahl, Bibliothek, Mahlzeit) **2** *vieles darbietend* (Programm)

**reichlich** **I** ⟨Adj.⟩ **1** *ziemlich groß, ziemlich umfangreich* **2** *etwas mehr, größer als notwendig* **3** ⟨bei Maß-, Mengen- u. Zeitangaben⟩ *etwas mehr als, etwas länger als* ◆ sein reichliches **Auskommen** haben *etwas mehr Geld haben als notwendig;* es ist (noch) reichlich **Platz;** reichliche **Verpflegung** ◆ jmdn. reichlich **belohnen,** beschenken; **sein:** der Stoff ist reichlich ◆ reichlich **vorhanden** ◆ mehr **als** reichlich ⟨verstärkend⟩ *zu viel, übermäßig* **II** ⟨adv.; umg.⟩ *ziemlich (etwas weniger als „sehr")*

**Reichsadler** ⟨m. 3⟩ *Adler auf Fahne u. Wappen des alten Dt. Reiches*

**Reichsapfel** ⟨m. 5u; unz.⟩ ◄ *Kleinod der Reichsinsignien in Form einer Kugel (Sinnbild der Weltkugel) mit darauf stehendem Kreuz*

**Reichsbank** ⟨f. 20; unz.; bis 1945⟩ *zentrale Bank mit dem Recht der Notenausgabe*

**Reichsinsignien** ⟨[-niən] Pl.⟩ *symbolische Gegenstände für die Herrscherkrönung: Krone, Zepter, Reichsapfel, Schwert, Mantel (sowie Schuhe u. Handschuhe) u. Kreuz;* Sy *Reichskleinodien*

**Reichskanzler** ⟨m. 3; im Dt. Reich⟩ **1** ⟨1871-1918⟩ *vom Kaiser ernannter, einziger, dem Parlament nicht verantwortlicher Minister u. Vorsitzender des Bundesrats* **2** ⟨1919-1933⟩ *vom Reichspräsidenten ernannter Führer der Reichsregierung* **3** ⟨1933-1945⟩ *seit dem Ermächtigungsgesetz 1933 zugleich oberster Gesetzgeber, seit 1934 zugleich Reichspräsident u. damit alleiniger Führer der Reichsregierung, seit 1942 auch oberster Richter*

**Reichskleinodien** ⟨[-diən] Pl.⟩ = *Reichsinsignien*
**Reichskristallnacht** ⟨f. 7u⟩ = *Novemberpogrom*
**Reichspräsident** ⟨m. 16; 1919-1934⟩ *vom Volk gewähltes Staatsoberhaupt des Dt. Reiches*
**Reichsstadt** ⟨f. 7u; im Dt. Reich bis 1806⟩ *reichsunmittelbare Stadt*

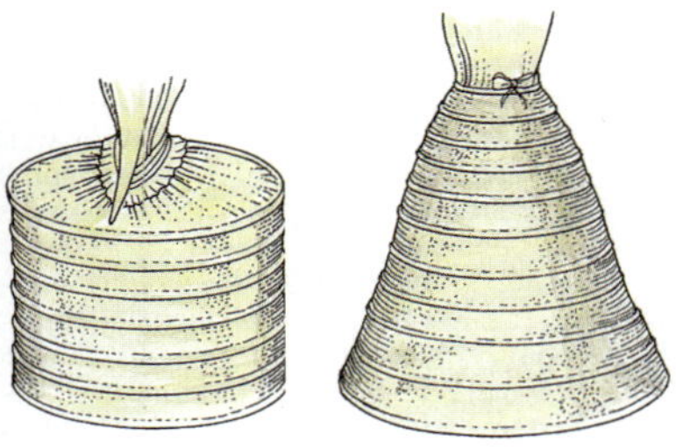

TONNENFORM GLOCKENFORM

REIFRÖCKE

**Reichstag** ⟨m. 1; im Dt. Reich⟩ **1** ⟨bis 1806⟩ *Vertretung der Reichsstände zur Gesetzgebung* **2** ⟨1871-1918⟩ *Volksvertretung zur Gesetzgebung (gemeinsam mit dem Bundesrat) u. Gesetzausübung u. Verwaltung* **3** ⟨1919-1933⟩ *Volksvertretung zur Gesetzgebung mit bes. Einfluss auf die Dauer der Reichsregierung* **4** ⟨1933-1945⟩ *das machtlose Parlament des Dt. Reiches unter Hitler*
**Reichtum** ⟨m. 2u⟩ **1** *großer Besitz an Geld u. Sachwerten, Vermögen* **2** *Menge, Fülle, Reichhaltigkeit* ◆ Reichtümer erwerben; damit sind keine Reichtümer zu erwerben ⟨umg.⟩; Reichtum an Bodenschätzen
**Reichweite** ⟨f. 19⟩ **1** *Entfernung, bis zu der etwas reicht, fliegt* (Geschoss) **2** *Entfernung, bis zu der man mit der Hand reichen kann* **3** ⟨fig.⟩ *Bereich, in dem man Wirkung, Einfluss ausüben kann* ◆ er befand sich außerhalb, innerhalb meiner Reichweite
**reif** ⟨Adj.⟩ **1** *in der körperl. Entwicklung vollendet* (Person, Frucht) **2** *seelisch u. geistig vollendet* (Person) **3** ⟨fig.⟩ *genügend vorbereitet* (Angelegenheit) ◆ in reiferen **Jahren** *in mittleren, vorgeschrittenen Jahren;* ein reifer **Mensch** ◆ **sein:** das Obst ist reif ◆ die Zeit ist reif **für** eine neue Entwicklung, eine Neuerung [< ahd. *rifi,* engl. *ripe;* verwandt mit *reißen*]
**Reif**[1] ⟨m. 1; unz.⟩ *gefrorener Tau, Niederschlag feinster Eisteilchen an Zweigen u. Ä.* (Raureif) [< ahd. *rifo*]
**Reif**[2] ⟨m. 1; poet.⟩ **1** *Stirnreif* **2** *Fingerring,* ⟨bes.⟩ *Verlobungs- od. Ehering* **3** ⟨Nebenform von⟩ *Reifen* ◆ einem Mädchen einen goldenen Reif an den Finger stecken ⟨poet.⟩; einen goldenen Reif am Finger, um die Stirn tragen [< ahd. *reif* „Seil"; → *Reifen,* nddt. *Reep, Fallreep*]
**Reife** ⟨f.; -; unz.⟩ **1** *das Reifsein, Vollendung der Entwicklung* **2** *Geschlechtsreife* ◆ mittlere Reife *Abschluss der Realschule od. der 10. Klasse einer höheren Schule;* zur Reife bringen *reifen lassen, sich entwickeln lassen*
**reifen**[1] ⟨V. i.; hat; unpersönl.⟩ es hat gereift *es ist Raureif gefallen* [→ *Reif*[1]]
**reifen**[2] **I** ⟨V. i.; ist⟩ **1** *reif werden* (Frucht, Person) **2** *sich körperlich, seelisch u. geistig entwickeln, heranwachsen* (Person) **3** ⟨fig.⟩ *sich entwickeln, bereit werden* (Angelegenheit, Plan) ◆ in ihm reifte ein Plan; zur Frau, zum Manne reifen; ein gereifter Mensch *nicht mehr junger, sittlich gefestigter, an Erfahrungen reicher Mensch* **II** ⟨V. t.; hat; selten⟩ *reif werden lassen* ◆ die Sonne, Wärme hat die Früchte gereift

**Reifen** ⟨m. 4⟩ **1** *ringförmiges Eisenband, ringförmiger Eisenbeschlag um Fässer u. Räder* (Fassreifen, Radreifen) **2** ▼ *luftgefüllter Gummischlauch mit darüber liegender Decke an den Rädern von Kraftfahrzeugen u. Fahrrädern* (Gummireifen, Luftreifen) **3** *ringförmiges Gestell aus Draht, Fischbein u. Ä. für Reifröcke* **4** *großer Ring aus Holz od. Kunststoff* **5** *Ring als Schmuck für den Arm* (Armreifen) ◆ die Reifen wechseln (am Auto); einen Tiger durch einen Reifen springen lassen (als Dressurübung) [→ *Reif*[2]]
**Reifglätte** ⟨f.; -; unz.⟩ *durch Raureif entstandene Glätte (von Straßen)*
**reiflich** ⟨Adj.⟩ *eingehend, in aller Ruhe, gründlich* ◆ nach reiflicher Überlegung; sich etwas reiflich überlegen
**Reifrock** ⟨m. 1u; 16./18. Jh.⟩ ◄ *über einem Reifengestell getragener, weiter Rock für Frauen, Vorläufer der Krinoline*
**Reigen** ⟨m. 4; Mus.⟩ oV *Reihen*[1] **1** ⟨seit dem 10. Jh.⟩ *gesprungener bäuerl. Rundtanz* **2** ⟨allg.⟩ *Rundtanz, Tanz im Kreis* ◆ den Reigen eröffnen ⟨fig.⟩ *den Anfang machen* [< mhd. *rei(g)e* < afrz. *raie* „Tanz"]
**Reihe** ⟨f. 19⟩ **1** *mehrere zusammengehörige Dinge* **2** *geregeltes Neben- od. Hintereinander von Personen od. Sachen* **3** *regelmäßige, geordnete Folge* **4** *der Familie übergeordnete Kategorie der biologischen Systematik;* Sy *Ordnung (7)* **5** *nach bestimmten Gesetzmäßigkeiten (z. B. gleichartige Rechenoperationen) od. durch regelmäßige Größenunterschiede gekennzeichnete, aufeinander folgende mathematische Größen* **6** ⟨Zwölftonmusik⟩ *festgelegte Folge von 12 Tönen (11 Intervallen)* ◆ am **Anfang,** Ende, Schluss der Reihe; eine Reihe **Bäume,** Häuser, Knöpfe ◆ eine Reihe, Reihen **bilden;** **herumgehen:** das Bild ging die Reihe herum *es wurde von einem zum anderen Betrachter weitergereicht* ◆ Reihe 3, Nr. 10 (im Kino, Theater); eine **endliche,** fallende, steigende, unendliche Reihe ⟨Math.⟩; er hat schon eine ganze Reihe Bilder gemalt; eine **kurze,** lange Reihe; dafür kann ich eine **lange** Reihe von Beispielen nennen ◆ **an** die Reihe kommen, an der Reihe sein ⟨fig.⟩ *als Nächster abgefertigt werden, als Nächster auf-, vortreten müssen;* **aus** der Reihe fallen, tanzen ⟨fig.; umg.⟩ *sich nicht an die vorgeschriebene Ordnung halten, eigene Wege gehen;* **außer** der Reihe *zwischendurch, nicht in der vorgeschriebenen Ordnung;* **in** Reih und Glied antreten, stehen ⟨Mil.⟩; in der ersten Reihe; immer der Reihe **nach!**; er ist schon eine

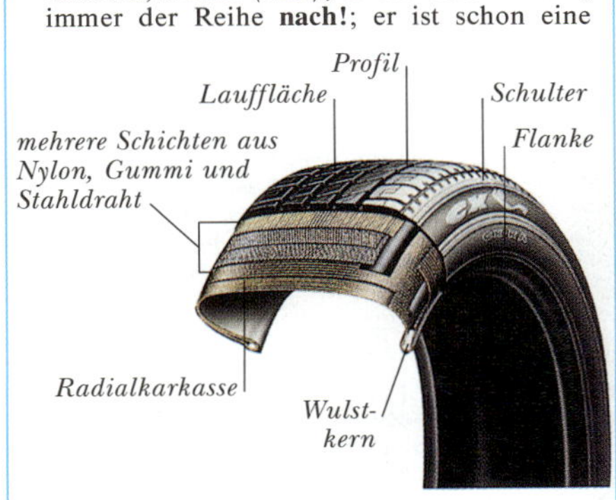


REIFEN: SCHNITT DURCH EINEN RADIALGÜRTELREIFEN

Reihe von Tagen nicht mehr da gewesen *mehrere Tage* [< mhd. *rihe* „Reihe, Linie"; zu mhd. *rihen* < ahd. *rihan* „auf einen Faden ziehen"]
**reihen** ⟨V. t.; hat⟩ **1** *in Reihen ordnen, aneinander fügen* **2** ⟨a.: rieh, geriehen⟩ *mit großen Stichen nähen u. den Stoff dann in Fältchen zusammenziehen, heften* **3** sich an etwas reihen *zeitlich aufeinander folgen* ◆ Perlen auf eine Schnur reihen; einen Saum reihen *heften* [< ahd. *rihan* „auf einen Faden ziehen"; → *Reihe*]
**Reihen**[1] ⟨m. 4; Mus.⟩ = *Reigen*
**Reihen**[2] ⟨m. 4; Anat.; süddt.⟩ *Rücken, Rist (des menschl. Fußes)* [< ahd. *riho* „Kniekehle, Wade"]
**Reihenfolge** ⟨f. 19⟩ *geregelte Aufeinanderfolge* ◆ in alphabetischer Reihenfolge

REIHER: PURPURREIHER

*(Ardea purpurea)*

**Reihenschaltung** ⟨f. 20; El.⟩ *Schaltung mehrerer Elemente eines Stromkreises, so dass alle der Reihe nach vom Strom durchflossen werden;* Sy *Hintereinanderschaltung, Serienschaltung*
**Reiher** ⟨m. 3; Zool.⟩ ◄ *Angehöriger einer Familie von Schreitvögeln, der seine Nahrung mit plötzlichem Zustoßen aus dem Wasser erbeutet: Ardeidae;* ► *Vögel* [< ahd. *reigaro, heigaro*]
**Reiherente** ⟨f. 19; Zool.⟩ *einheim. schwarzweiße Tauchente mit Federbusch am Hinterkopf: Aythya fuligula*
**...reihig** ⟨Adj.; in Zus.⟩ *aus einer bestimmten Anzahl von Reihen bestehend,* z. B. dreireihig
**reihum** ⟨Adv.⟩ *in der Runde, von einem zum andern* ◆ ein Buch reihum gehen lassen; reihum gehen und Geld einsammeln
**Reim** ⟨m. 1; bes. Lit.⟩ *Gleichklang einer od. mehrerer Silben bei verschiedenem Anlaut* ◆ Reime **bilden,** schmieden ◆ **klingender** Reim ⟨Lit.⟩ *Reim, bei dem zwei Silben reimen, z.B. klingen – singen;* Sy *weiblicher Reim;* **reiner** Reim *Reim, dessen sich reimende Silben völlig gleich klingen;* **unreiner** Reim *Reim eines offenen mit einem geschlossenen Vokal, z. B. finden – münden* ◆ **darauf** kann ich mir keinen Reim machen ⟨fig.; umg.⟩ *das verstehe ich nicht* [< mhd. *rim* „Reim, Verszeile, Verspaar" < afrz. *rime*]
**Reimdichtung** ⟨f. 20; Lit.⟩ *Dichtung in gereimten Versen*
**reimen** ⟨V.; hat; bes. Lit.⟩ **I** ⟨V. i.⟩ *Reime bilden* ◆ er kann gut reimen **II** ⟨V. t.⟩ **1** *in Reimen ausdrücken* **2** *in Reime bringen* **III** ⟨V. refl.⟩ sich reimen *gleich klingen* ◆ das reimt sich nicht ⟨a. fig.; umg.⟩ *passt nicht zueinander, stimmt nicht miteinander überein;* „Sang" reimt sich auf „Klang"
**Reimplantation** ⟨[re:im-] f. 20; Chir.⟩ = *Replantation*
**Reimwort** ⟨n. 12u⟩ *Wort, das mit einem andern einen Reim bilden kann* ◆ zu „Maus" ein Reimwort finden
**rein**[1] ⟨umg.; Kurzform von⟩ *herein, hinein*
**rein**[2] **I** ⟨Adj.⟩ **1** *sauber, klar, frisch gewaschen* **2** *geordnet* **3** *unberührt, keusch, unschuldig, ohne Falsch* **4** *echt, lauter, unvermischt, keine andersartigen Bestandteile enthaltend, unverfälscht* **5** *ohne Abzüge* **6** *vollkommen, fehlerlos* **7** ⟨schweiz.⟩ *fein gemahlen* ◆ reiner **Alkohol;** der reine **Gewinn** beträgt ...; ich habe ein reines **Gewissen;** es war reines **Glück,** dass ...; reines **Gold,** Silber; eine reine **Haut,** einen reinen Teint haben; ein reines **Leben** führen; ⟨bei Substantiven⟩ aus reinem **Lei-**

**nen,** Leder, Perlmutt hergestellt; die Luft ist rein ⟨fig.; umg.⟩ *es sind keine Polizisten, Wächter usw. da, es besteht keine Gefahr;* reiner **Orangen-,** Tomatensaft; das ist ja der reinste **Roman** *so unglaublich od. merkwürdig, dass es einen wie ein Roman anmutet;* im reinsten **Sächsisch** sprechen; ein reiner **Ton** ⟨Mus.⟩; sie haben es aus reinem **Übermut** getan; die reine **Wahrheit** sagen; reiner **Wein;** jmdm. reinen Wein einschenken ⟨fig.; umg.⟩ *die volle Wahrheit (über etwas Unangenehmes) sagen;* eine (keine) reine **Weste** haben ⟨fig.; umg.⟩ *(nicht) schuldlos sein;* ein Pullover aus reiner **Wolle** ♦ sich rein **halten;** die Wohnung rein halten, machen ♦ einen Stoff **chemisch** rein darstellen; rein **seiden** = *reinseiden* ♦ etwas **ins** Reine bringen *ordnen, klären;* mit jmdm. (nicht) ins Reine kommen *sich (nicht) mit ihm verständigen, einigen;* mit sich selbst im Reinen sein *sich klar (über etwas) sein;* rein **wie** Gold ⟨sprichwörtl.⟩ **II** ⟨Partikel; umg.⟩ *ausschließlich, ganz, gänzlich, nichts anderes als, wirklich* (als Verstärkung) ♦ er ist rein des **Teufels** ⟨umg.⟩ ♦ vom rein **juristischen** Standpunkt aus; rein **menschlich** betrachtet, sieht die Sache etwas anders aus ♦ rein **durch** Zufall habe ich davon erfahren; du weißt auch rein **gar nichts** [< ahd. *(h)reini*]

**Reineclaude** ⟨[rɛn(ə)'klo:d(ə)] f. 19⟩ = *Reneklode*

**Reineke Fuchs** ⟨[-ks] m.; --; unz.⟩ *der Fuchs in der Tierfabel* [nach dem nddt. Gedicht *Reinke de Vos* (Lübeck 1498) „Reineke der Fuchs" < nddt. *Reineke* = hochdt. *Reinhart* < ahd. *Reginhart* „kundiger Ratgeber"]

**reinfallen** ⟨V. i. 131; umg.⟩ *hereinfallen*

**Reinfusion** ⟨[re:in-] f. 20⟩ *Zurückführung körpereigener Flüssigkeiten ins Gefäßsystem;* Sy *Retransfusion*

**Reinheit** ⟨f. 20; unz.⟩ **1** *Sauberkeit, Klarheit* **2** *Echtheit, Lauterkeit* **3** *Unvermischtheit* **4** ⟨fig.⟩ *Unschuld, Keuschheit* ♦ Reinheit der Aussprache, des Reimes, des Tones; Reinheit des Charakters, des Herzens, der Seele, des Wesens ⟨fig.⟩; Reinheit einer Lehre, Reinheit der Luft, des Wassers

**Reinheitsgebot** ⟨n. 11⟩ *gesetzliche Bestimmung, nach der beim Brauen von Bier nur Gerstenmalz, Hopfen, Wasser u. Hefe verwendet werden dürfen*

R

**reinigen** ⟨V. t.; hat⟩ **1** *sauber machen, säubern, von Schmutz, Zusätzen od. anderen Fehlern befreien* **2** ⟨bes. Rel.⟩ *läutern* ♦ das Blut, eine Wunde reinigen

**Reinigung** ⟨f. 20⟩ **1** *Tätigkeit des Reinigens* **2** *Betrieb, der gegen Entgelt Textilien, bes. Kleidungsstücke, chem. reinigt*

**Reinkarnation** ⟨[re:in-] f. 20⟩ *Wiederverkörperung, Wiedergeburt (der Seele in einem neuen Leben)* [< lat. *re...* „wieder" + *Inkarnation*]

**Reinkultur** ⟨f. 20; Bakteriologie⟩ = *Reinzucht (2)* ♦ in Reinkultur ⟨fig.; umg.⟩ *unverfälscht;* dieses Bild ist Kitsch in Reinkultur

**reinlegen** ⟨V. t.; hat; fig.; umg.⟩ *hereinlegen*

**reinlich** ⟨Adj.⟩ **1** *die Sauberkeit liebend* (Mensch) **2** *sauber (gehalten)* (Zimmer) ♦ eine reinliche Scheidung, Trennung beider Begriffe ⟨fig.⟩ *klare, gründl. Scheidung, Trennung*

**reinseiden** ⟨Adj.⟩ *aus reiner Seide bestehend;* oV *rein seiden* ♦ ein reinseidenes Kleid

**Reintegration** ⟨[re:in-] f. 20⟩ *Wiedereingliederung (in die Gesellschaft)* ♦ die Reintegration von Strafgefangenen ist (nicht) gelungen [< lat. *re...* „wieder" + *Integration*]

**reintegrieren** ⟨[re:in-] V. t.; hat⟩ *wieder eingliedern (in die Gesellschaft)*

**Reinzucht** ⟨f. 20; unz⟩ **1** ⟨Biol.⟩ *Vermehrung innerhalb der Nachkommenschaft eines Ausgangselternpaares;* Sy *Inzucht (1)* **2** ⟨Bakteriologie⟩ *Züchtung nur einer bestimmten Art;* Sy *Reinkultur*

**Reis**[1] ⟨n. 12⟩ *junger Zweig, Schössling* ♦ ein Bündel Reiser; ein junges Reis zum Okulieren; ein neues Reis am alten Stamm ⟨a. fig.⟩ *frisches Blut für eine alte Familie;* viel Reiser machen einen Besen ⟨Sprichw.⟩ *geeint gewinnt man an Kraft* [< ahd. *(h)ris*]

**Reis**[2] ⟨m. 1⟩ **1** ⟨i. w. S.⟩ *Angehöriger einer trop. Gattung der Süßgräser: Oryza* **2** ⟨i. e. S.⟩ *zu dieser Gattung gehörige Getreideart: Oryza sativa* **3** *zubereitete Früchte des Reises* ♦ Huhn mit Reis [< mhd. *ris* < mlat. *risus* < lat. *oriza* < grch. *oryza* < pers. *wrizey* < altind. *vrihi*]

**Reisbranntwein** ⟨m. 1⟩ *alkohol. Getränk aus Reis, Reisschnaps*

**Reise** ⟨f. 19⟩ **1** *längeres Entfernen vom Heimatort, großer Ausflug, Fahrt* **2** ⟨scherzh.⟩ *langer Weg* ♦ eine Reise **antreten,** abbrechen, unterbrechen, unternehmen; eine Reise **planen,** verschieben, vorhaben ♦ **glückliche** Reise!; **gute** Reise! *(Abschiedsgruß);* die **letzte** Reise antreten ⟨fig.⟩ *sterben* ♦ sich **auf** die Reise begeben; auf Reisen gehen; er ist (geschäftlich) viel auf Reisen; wir haben eine weite Reise **hinter** uns ♦ **wie** war die Reise?; **wohin** geht die Reise? [< ahd. *reisa* „Aufbruch, Fahrt"; zu ahd. *risan* „steigen, fallen", engl. *rise*]

**Reisebüro** ⟨n. 15⟩ *Unternehmen, das Gesellschafts- u. Einzelreisen, Ausflugsfahrten usw. organisiert, zwischen Reisenden u. Verkehrsbetrieben, Hotels usw. vermittelt sowie die Reisenden berät u. unterstützt*

**Reisekrankheit** ⟨f. 20⟩ *Störungen des vegetativen Nervensystems infolge Überreizung des Gleichgewichtsorgans im Innenohr durch anhaltende, starke, unregelmäßige Beschleunigungsreize, wobei Übelkeit, Brechreiz, Kopfschmerzen u. Ä. auftreten*

**reisen** ⟨V. i.; ist⟩ **1** *sich auf eine Reise machen, abfahren* **2** *auf der Reise sein, in der Welt umherfahren, fremde Orte besuchen* **3** *fahren* **4** *Handlungsreisender sein* ♦ erster, zweiter **Klasse** reisen; **Tag** und Nacht reisen ♦ Reisen **bildet** ⟨sprichwörtl.⟩ ♦ **dienstlich,** geschäftlich reisen; er ist schon **viel** gereist ♦ **allein** reisen ♦ **aufs** Land reisen; **durch** Italien reisen; **mit** der Bahn, mit dem Flugzeug, mit dem Wagen reisen; **nach** Rom reisen ♦ reisende Kaufleute [< ahd. *reison;* → *Reise*]

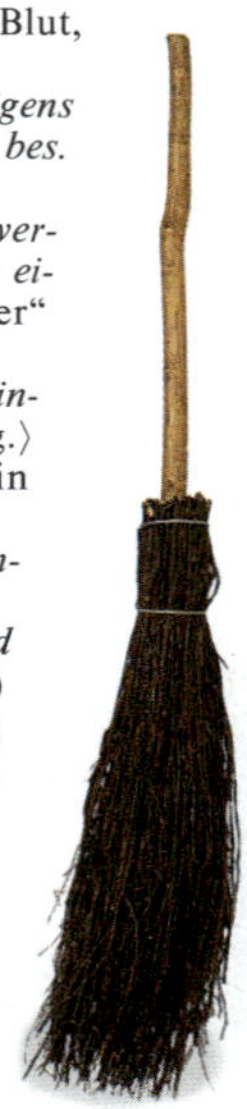
REISIGBESEN

**Reisende(r)** ⟨f. 30 (m. 29)⟩ **1** *jmd., der auf der Reise ist* **2** *Fahrgast* **3** *Vertreter eines Geschäftsinhabers, der die Kunden besucht* ♦ er ist Reisender für die Firma Giesbrecht

**Reiseroute** ⟨[-ru:-] f. 19⟩ *vorgeschriebener od. geplanter Reiseweg*

**Reisescheck** ⟨m. 6⟩ *im internationalen Reiseverkehr übliches Bankakkreditiv zum Erlangen von Zahlungsmitteln*

**Reisfink** ⟨m. 16; Zool.⟩ *schwarz-weißgrauer, rotschnäbliger Prachtfink, der auf Reisfeldern schädlich ist: Padda oryzivora*

**Reisig** ⟨n. 11; unz.⟩ *dürre Zweige* [< ahd. *risahi,* Kollektiv zu *ris;* → *Reis*[1]]

**Reisigbesen** ⟨m. 4⟩ ◄ *Besen aus Reisern, bes. Birkenreisern*

**Reispapier** ⟨n. 11; unz.⟩ *in China u. Japan hergestelltes Papier aus dem fein abgeschälten weißen Wurzelmark der Aralia papyrifera (bes. für Aquarelle)*

**Reißbrett** ⟨n. 12⟩ *viereckiges Holzbrett, auf dem mit Reißzwecken das Zeichenpapier befestigt wird* [zu *reißen* in der Bedeutung „zeichnen"]

**reißen** ⟨V. 195⟩ **I** ⟨V. t.; hat⟩ **1** *durch Auseinanderziehen zertrennen, entzweimachen, zerreißen* **2** *gewaltsam ziehen, zerren* ♦ der Sturm riss die **Fahne** mittendurch; das **Gewicht** reißen ⟨Sp.; Gewichtheben⟩ *das Gewicht ohne innezuhalten rasch hochstemmen;* einen **Hengst** reißen *kastrieren;* **Possen,** Witze, Zoten reißen *machen;* der Wolf, Fuchs hat ein **Schaf** gerissen *hat es getötet* ♦ etwas **an** sich reißen *gewaltsam in seinen Besitz bringen;* **aus** dem Zusammenhang gerissen, ist diese Stelle unverständlich; ich war (innerlich) **hin** und her gerissen ⟨fig.⟩ *ich konnte mich nicht entscheiden;* Papier **in** Fetzen, in Stücke reißen; er wurde vom Strudel in die Tiefe gerissen; er wird dich noch mit ins Verderben reißen ⟨fig.⟩ **II** ⟨V. i.; ist⟩ *durch Auseinandergezogenwerden entzweigehen, zertrennt werden* ♦ jetzt reißt mir die **Geduld,** der Geduldsfaden ⟨fig.⟩ *jetzt verliere ich die Geduld, werde ungeduldig;* das **Seil** ist gerissen **III** ⟨V. refl.; hat⟩ **1** sich (etwas) reißen *sich (etwas) durch einen Riss verletzen* **2** sich um etwas reißen *etwas dringend haben, tun wollen* ♦ ich habe mich an einem Nagel gerissen [< ahd. *rizan* „reißen, schreiben", engl. *write* „schreiben"]

**reißend** ⟨Adj.⟩ **1** *ungestüm, mit starkem Gefälle* (Fluss, Strömung) **2** *heftig ziehend* (Schmerz) ♦ die Ware geht reißend ab, findet reißenden Absatz *wird schnell verkauft;* reißendes Tier *Raubtier*

**Reißer** ⟨m. 3⟩ **1** *zugkräftige Ware, die sich leicht u. schnell verkaufen lässt* **2** *nicht bes. wertvolles, aber viel gelesenes, leicht verkäufliches Buch od. viel gespieltes, erfolgreiches Theaterstück* **3** *bes. erfolgreicher Schlager* **4** *Maschine zum Zerreißen von Textilien, aus denen wieder Spinnstoffe gewonnen werden sollen*

**reißfest** ⟨Adj.⟩ *widerstandsfähig gegen Reißen* ♦ reißfeste Textilien

**Reißlänge** ⟨f. 19⟩ *Maß für die Festigkeit von Papier od. Textilfasern, Garnen u. Geweben, wobei die Länge berechnet wird, bei der die Probe unter ihrem eigenen Gewicht reißen würde*

**Reißleine** ⟨f. 19⟩ *Leine, mit der ein Fallschirm geöffnet wird*

**Reißnadel** ⟨f. 21⟩ *Stahlnadel mit gehärteter Spitze zum Anreißen von Linien, Maßen usw. auf Werkstücken*

**Reißnagel** ⟨m. 5u⟩ = *Reißzwecke*

**Reißverschluss** ⟨m. 1u⟩ ► *Verschlussvorrichtung für Kleidungsstücke, Taschen u. Ä., bei der die Zahnreihen der beiden Verschlussstücke durch einen Schieber ineinander geschoben werden*

**Reißverschlusssystem** ⟨n. 11; unz.⟩ *abwechselndes Einordnen von Fahrzeugen von mehreren Spuren auf eine Spur (bei Staus o. Ä.)* ♦ sich im Reißverschlusssystem einfädeln

**Reißwolf** ⟨m. 1u⟩ *Maschine zum Zerreißen von Papier u. Textilien*

**Reißzahn** ⟨m. 1u; Zool.⟩ *besonders großer Backenzahn der Raubtiere zum Zerreißen der Nahrung*

**Reißzwecke** ⟨f. 19⟩ *dünner, kurzer, spitzer Stift mit breitem, flachem Kopf zum Befestigen von Papier, Karton, Stoff o. Ä. an Wänden, Brettern usw.;* Sy *Reißnagel*

**Reitel** ⟨m. 5; mdt.⟩ **1** *Drehstange, Hebel* **2** *Knebel* [zu ahd. *ridan* „drehen, winden"]

**reiten** ⟨V. 196⟩ **I** ⟨V. i.; ist/hat⟩ *sich auf einem Tier, bes. Pferd, fortbewegen* ♦ reiten **lernen** ♦ **gut,** schlecht reiten; ich bin, habe früher **viel** geritten ♦ **auf** einem Esel, Kamel, Pferd reiten; sie hat Unterricht **im** Reiten; im Galopp, Schritt, Trab reiten ◆ ein reitender Bote *berittener Bote, Bote zu Pferde* **II** ⟨V. t.; hat⟩ *zum Reiten benutzen* (Tier) ◆ einen **Esel,** ein Kamel, ein Pferd reiten ◆ er hat das Pferd **zuschanden** geritten [< ahd. *ritan,* engl. *ride*]

**Reiter** ⟨m. 3⟩ **1** *jmd., der reitet, jmd. zu Pferde* **2** *Soldat der Kavallerie* **3** *Gestell, Bock, Trockengestell* **4** *auf Karteikarten aufklemmbare Kennmarke aus Metall* **5** *verschiebbarer Maschinenteil, z. B. Laufgewicht an der Waage* ◆ ein kühner, tüchtiger, verwegener Reiter; spanischer Reiter ⟨fig.⟩ *mit Stacheldraht überzogener, tragbarer Holzbock zum Sperren von Brücken, Straßen u. Ortsausgängen od. zum Bau von Hindernissen*

**Reitgerte** ⟨f. 19⟩ *dünner Stock, Peitsche, die beim Reiten verwendet wird;* Sy ⟨kurz⟩ *Gerte (2), Reitpeitsche*

**Reitpeitsche** ⟨f. 19⟩ = *Reitgerte*

**Reitschule** ⟨f. 19⟩ *Ausbildungsstätte zum Erlernen des Reitens*

**Reiz** ⟨m. 1⟩ **1** *alles, was von außen auf den Organismus, d. h. seine Organe, Gewebe u. Zellen, einwirkt* **2** *angenehme Wirkung, Ausstrahlung, Zauber,* ⟨bes.⟩ *Schönheit* **3** *Versuchung, Verlockung, Antrieb, Anreiz* ◆ das ist der Reiz dieser Frau; ich kann dieser Sache keinen Reiz **abgewinnen;** einen starken Reiz **ausüben** ◆ **chemischer,** mechanischer, optischer Reiz ◆ die Sache verliert immer mehr **an** Reiz; es hat keinen Reiz **für** mich [→ *reizen*]

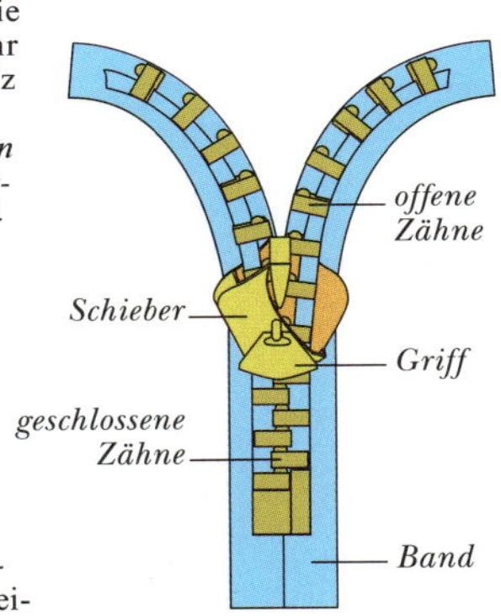

REISSVERSCHLUSS

**reizbar** ⟨Adj.⟩ **1** *fähig, einen Reiz zu beantworten* **2** *erregbar, empfindlich, aufbrausend* ◆ eine reizbare Schwäche *krankhafte nervlich-vegetative Reizbarkeit, Übererregbarkeit, Nervosität*

**reizen** ⟨V.; hat⟩ **I** ⟨V. t.⟩ **1** etwas od. jmdn. reizen *einen Reiz auf etwas od. jmdn. ausüben, etwas hervorlocken, hervorrufen, erwecken, erregen* **2** jmdn. reizen *verlocken* **3** *zornig machen, seelisch peinigen* **4** *herausfordern* **5** ⟨Jägerspr.⟩ *durch Töne anlocken* ◆ das kann mich nicht reizen; es würde mich reizen, es zu versuchen; den **Appetit** reizen; das Licht reizt meine **Augen;** jmds. **Begierde,** Interesse, Neugierde reizen; er hat den **Hund** so lange gereizt, bis er zubiss ◆ jmdn. **bis** zu Tränen, bis zur Weißglut, Wut, bis zum Zorn reizen ◆ gereizt *empfindlich, erregt, nervlich angespannt;* heute herrscht hier eine gereizte Stimmung **II** ⟨V. i.; Skat⟩ *Zahlenwerte nennen, um das höchste Spiel zu ermitteln* ◆ er reizte bis 28 [< ahd. *reizzen, reizen* „antreiben, locken, anregen, ärgern"]

**reizend** ⟨Adj.⟩ **1** *einen angenehmen Reiz ausübend, anziehend, lieblich, anmutig u. hübsch* **2** *anregend, angeregt* ◆ es war ein reizender Abend; ein reizendes Kind, Mädchen

**Reizklima** ⟨n.; -s; unz.; Meteor.⟩ *Klima mit starken Temperaturschwankungen od. Wind*

**Reizmittel** ⟨n. 13⟩ **1** *anregender, belebender, leistungssteigernder chem. Stoff, der bes. auf das Zentralnervensystem einen Reiz ausübt, z. B. Koffein, Alkohol, Gewürze* **2** ⟨fig.⟩ *Mittel, um jmdn. zu reizen, zu verlocken*

**Reizschwelle** ⟨f. 19; Psych.⟩ *Minimum eines Nervenreizes, das zum bewussten Empfinden des Reizes notwendig ist* ◆ eine hohe, niedrige Reizschwelle

**Reizüberflutung** ⟨f. 19; unz.⟩ *Übermaß an Reizen*

**reizvoll** ⟨Adj.⟩ *von eigenartigem, besonderem Reiz, anziehend* ◆ ein reizvoller Anblick; eine reizvolle Aufgabe

**rekapitulieren** ⟨V. t.; hat⟩ *zusammenfassend wiederholen* [< lat. *recapitulare* „in den Hauptpunkten zusammenfassen, wiederholen"; zu *capitulum,* „Köpfchen, Hauptabschnitt"; → *Kapitel*]

**Reklamation** ⟨f. 20⟩ *Beanstandung, Beschwerde, Einspruch* [< lat. *reclamatio* „Gegenruf, das Neinrufen"; → *reklamieren*]

**Reklame** ⟨f. 19⟩ *das Anpreisen von Waren durch Plakate, Zeitung, Film, Funk u. a., Werbung* ◆ eine geschickte, wirkungsvolle Reklame; Reklame für etwas machen [< frz. *réclame* < *ré...* „zurück..." + afrz. *clamer* < lat. *clamare* „rufen"]

**reklamieren** ⟨V.; hat⟩ **I** ⟨V. t.⟩ = *beanstanden* ◆ ich habe das verloren gegangene Päckchen bei der Post reklamiert *habe die Post beauftragt, nachzuforschen* **II** ⟨V. i.⟩ *eine Reklamation erheben, sich beschweren über* ◆ dagegen werden wir reklamieren [< lat. *reclamare* „dagegen rufen, laut „nein" rufen"; zu *clamare* „laut rufen"]

**Rekombination** ⟨f. 20⟩ *Wiedervereinigung der durch Ionisation od. Dissoziation entstandenen Teile eines Atoms od. Moleküls od. der Elektronen u. Löcher in einem Halbleiter* [< lat. *re...* „wieder" + *Kombination*]

**rekompensieren** ⟨V. t.; hat⟩ *entschädigen* [< lat. *recompensare* „wieder ausgleichen"; zu *compensare* „abwägen, ausgleichen"]

**rekonstruieren** ⟨V. t.; hat⟩ etwas rekonstruieren **1** *den ursprünglichen Zustand von etwas wiederherstellen* **2** *naturgetreu nachbilden* ◆ einen Vorgang rekonstruieren *ihn aus od. nach der Erinnerung berichten* [< lat. *re...* „wieder" + *konstruieren*]

**Rekonstruktion** ⟨f. 20⟩ **1** *Wiederherstellung (des ursprünglichen Zustandes)* **2** *Nachbildung* **3** *das Ergebnis von beidem* **4** *Bericht eines Vorgangs nach der Erinnerung* ◆ Rekonstruktion eines Bildes [< lat. *re...* „wieder" + *Konstruktion*]

**rekonvaleszent** ⟨[-va-] Adj.⟩ *genesend, gesundend, auf dem Wege der Besserung befindlich*

**Rekonvaleszent** ⟨[-va-] m. 16⟩ *jmd., der auf dem Weg der Genesung ist* [< spätlat. *reconvalescens* „wieder erstarkend", Part. Präs. von *reconvalescere* „wieder erstarken"; zu lat. *valere* „bei Kräften sein, stark sein"]

**Rekonvaleszenz** ⟨[-va-] f. 20; unz.⟩ *Genesung(szeit) nach einer Krankheit* [→ *Rekonvaleszent*]

**rekonvaleszieren** ⟨[-va-] V. i.; hat; geh.⟩ *genesen, gesunden, sich auf dem Wege der Besserung befinden* [→ *Rekonvaleszent*]

**Rekord** ⟨m. 1⟩ **1** *sportliche Höchstleistung* **2** *Verzeichnis der Kämpfe eines Boxers* ◆ einen Rekord **aufstellen,** erringen, erzielen; einen Rekord **brechen,** verbessern [engl., „Aufzeichnung, Beurkundung, Urkunde", dann „urkundl. Bestätigung einer sportl. Leistung", dann „sportl. Höchstleistung"; zu lat. *recordari* „sich erinnern"]

**Rekorder** ⟨m. 3⟩ *Gerät zur elektromagnetischen Ton- u./od. Bildaufzeichnung u. deren Wiedergabe;* oV *Recorder* [zu engl. *record* „aufnehmen"]

**Rekrut** ⟨m. 16⟩ **1** *Soldat in der ersten Ausbildung, eben ausgehobener Soldat* **2** ⟨fig.⟩ *Neuling* ◆ Rekruten ausheben [< frz. *recrue* „Nachwuchs, Rekrut", substantiviertes Part. Perf. (f.) von *recroître* „nachwachsen"]

**Rekta** ⟨Pl. von⟩ *Rektum*

**rektal** ⟨Adj.⟩ *zum Mastdarm gehörig, im Mastdarm, durch den Mastdarm* ◆ Zäpfchen rektal einführen; Temperatur rektal messen [→ *Rektum*]

**rektifizieren** ⟨V.; hat⟩ **I** ⟨V. t.⟩ **1** *berichtigen, zurechtweisen* **2** *einer Rektifikation unterwerfen* **II** ⟨V. i.⟩ *eine Rektifikation vornehmen* [< lat. *rectus* „richtig, recht" + *facere* „machen"]

**Rektion** ⟨f. 20; Gramm.⟩ *die Fähigkeit eines Wortes, den Kasus des von ihm abhängigen Wortes zu bestimmen, zu regieren* ◆ die Präposition „mit" hat als Rektion (regiert) den Dativ [< lat. *rectio* „Lenkung, Leitung"; → *regieren*]

**Rekto** ⟨n. 15⟩ *Vorderseite, erste Seite* (eines Blattes); Ggs *Verso (1)* [< lat. *recto (folio)* „auf der rechten (Seite)"]

**Rektor** ⟨m. 23⟩ *Leiter (einer Grund-, Haupt-, Real- od. Sonderschule, einer Hochschule od. kirchl. Einrichtung)* [< kirchenlat. *rector scholae* „Leiter einer Schule"; → *regieren*]

**Rektoskopie** ⟨f. 19⟩ *Untersuchung des Mastdarms mithilfe des Rektoskops, Mastdarmspiegelung*

**Rektum** ⟨n.; -s, Rekta; Anat.⟩ **1** *Enddarm, hinterer Abschnitt des Darmkanals* **2** ⟨beim Menschen⟩ = *Mastdarm* [verkürzt < lat. *rectum intestinum* „gerade verlaufender Darm"]

**rekultivieren** ⟨[-vi:-] V. t.; hat⟩ *für die landwirtschaftl. Nutzung wiedergewinnen*

**rekurrent** ⟨Adj.; Sprachw.⟩ = *rekursiv (2)*

**rekurrieren** ⟨V. i.; hat⟩ **1** *Bezug nehmen (auf), anknüpfen, aufgreifen* **2** ⟨Rechtsw.; österr., schweiz.⟩ *Einspruch erheben, Berufung einlegen* ◆ auf ein Referat, einen Bericht rekurrieren [< lat. *recurrere* „zurücklaufen, seine Zuflucht nehmen"; zu *currere* „laufen"]

**Rekurs** ⟨m. 1⟩ **1** *(an etwas anknüpfender) Rückgriff, Bezugnahme* **2** ⟨Rechtsw.; österr., schweiz.⟩ *Beschwerde, Einspruch, Berufung* ◆ mit Rekurs auf; Rekurs einlegen [< lat. *recursus* „Rücklauf, Rückkehr, Berufung"; → *rekurrieren*]

**rekursiv** ⟨Adj.⟩ **1** ⟨Math.⟩ *auf bekannte Werte zurückgehend* **2** ⟨Sprachw.⟩ *(bei der Bildung von Sätzen) auf Regeln, die für vorangegangene Sätze gelten, zurückgreifend;* Sy *rekurrent* [→ *rekurrieren*]

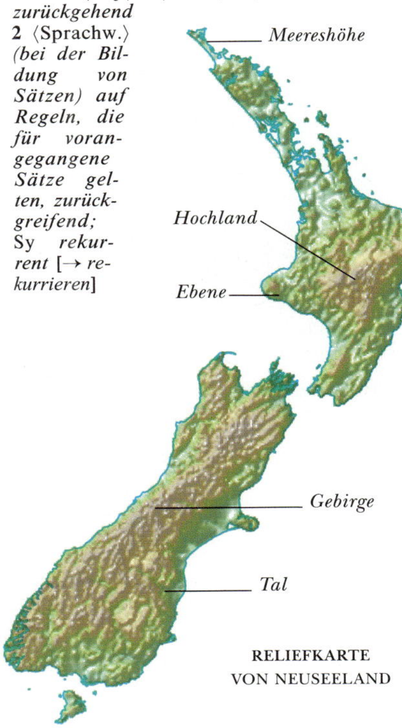

RELIEFKARTE VON NEUSEELAND

R

**Relais** ⟨[rəlɛ:] n.; - [-lɛ:s], - [-lɛ:s]⟩ **1** ⟨früher⟩ *Pferdewechsel* **2** *Umspannstelle für frische Postkutschpferde* **3** ⟨Mil.⟩ *Melderkette, Postenkette* **4** ⟨Tech.⟩ *elektr. Schaltvorrichtung zum Steuern großer Strom- u. Spannungsstärken durch kleine Strom- und Spannungsstärken* [frz., „Staffel, Stafette, Relais"]

**Relaisröhre** ⟨[rəlɛ:-] f. 19⟩ *als Relais verwendete Elekronenröhre*

**Relaisstation** ⟨[rəlɛ:-] f. 20⟩ **1** *auf der Erde befindliche Funkstation zum Auffangen u. Weiterleiten von Funk- u. Fernsehwellen, die bei ihrer Ausbreitung nicht der Erdkrümmung folgen* **2** *in längeren Telefon- oder Telegrafiekabeln (z. B. Überseekabeln) eingebaute Verstärkereinrichtung* **3** *als Reflektor u. Verstärker für elektromagnet. Wellen dienende Satelliten, bes. Nachrichtensatelliten*

**Relaps** ⟨m. 1; Med.⟩ *Wiederausbrechen einer Krankheit;* Sy *Rückfall* [< lat. *relapsio* „das Zurückgleiten"; zu *relabi* „zurückgleiten, -fallen"]

**Relation** ⟨f. 20⟩ **1** ⟨allg.⟩ *Beziehung, Verhältnis* **2** ⟨Math.⟩ *Zuordnung zwischen Elementen einer od. mehrerer Mengen* [< lat. *relatio* „Bericht, Berichterstattung", dann „Beziehung, Verhältnis"]

**relativ** ⟨Adj.⟩ **1** *in einem Verhältnis zu etwas stehend, im Verhältnis zu etwas anderem zu betrachten, verhältnismäßig;* Ggs *absolut (1)* **2** *bedingt, beschränkt, nicht völlig;* Ggs *absolut (2)* **3** ⟨Gramm.⟩ *(auf ein vorher genanntes Wort) bezüglich* ◆ relative **Bewegung** *Bewegung innerhalb eines Bezugssystems;* relative **Feuchtigkeit** *Feuchtigkeitsgehalt der Luft unter Berücksichtigung der Tatsache, dass warme Luft mehr Wasser aufnimmt als kalte;* relatives **Gehör** *Fähigkeit, einen Ton durch Intervalle zu bestimmen;* → a. *absolut;* relative **Mehrheit** *Abstimmungsergebnis, bei dem der Wahlkandidat mehr Stimmen als die anderen erhalten hat, ohne aber die absolute Mehrheit erreicht zu haben;* relative **Zahl** *mit einem negativen od. positiven Vorzeichen versehene Zahl* ◆ **sein:** alles im Leben ist relativ *von den Umständen od. wechselnder Beurteilung abhängig* ◆ er ist relativ **groß** [< frz. *relatif* „bezüglich, sich beziehend" < spätlat. *relativus* „sich beziehend, bezüglich"]

R

RELIQUIAR:
RELIQUIENKÄSTCHEN DES 12. JH.

**relativieren** ⟨[-vi:-] V. t.; hat⟩ **1** *in Beziehung, in ein Verhältnis setzen zu* **2** *in Zweifel ziehen, einschränken* ◆ wenn man alles genau betrachtet, relativiert sich die Tat

**Relativismus** ⟨[-vis-] m; -; unz.⟩ *Lehre, dass alle Dinge für uns nur in ihren Beziehungen zueinander, nicht aber als Dinge selbst erkennbar sind*

**Relativität** ⟨[-vi-] f. 20; unz.⟩ *Bezüglichkeit, Bedingtheit, bedingte Geltung* ◆ die Relativität aller Wertvorstellungen

## RELATIVITÄTSTHEORIE

Einsteins allgemeiner Relativitätstheorie zufolge bewirken Himmelskörper eine Krümmung der Raumzeit, welche ihrerseits Schwerefelder hervorruft: Je größer der Körper, umso größer Krümmung und Schwerefeld. Wenn andere Himmelskörper in den Einflussbereich dieses Schwerefelds gelangen, krümmt sich ihre Bahn. Selbst Licht wird auf diese Weise abgelenkt, was auch Gravitationslinseneffekt genannt wird.

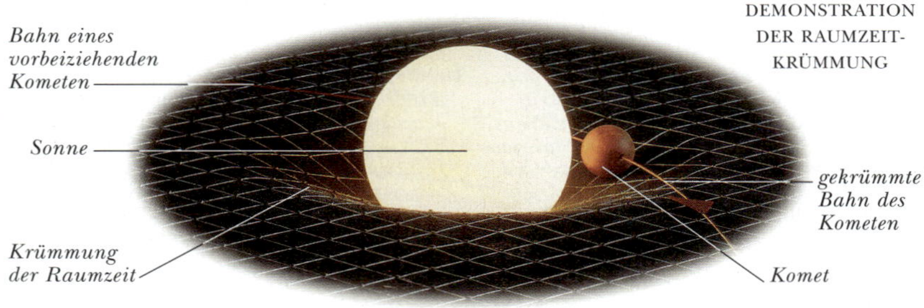


DEMONSTRATION DER RAUMZEIT-KRÜMMUNG

**Relativitätstheorie** ⟨[-vi-] f. 19; unz.; Phys.⟩ ▲ *von Einstein begründete Theorie zur möglichst allgemeinen Beschreibung der Naturgesetze, aufgrund derer sich auch Raum u. Zeit relativ, d. h. von der Wahl des Bezugssystems abhängig, erweisen*

**Relativpronomen** ⟨n. 14; Pl. a.: -mina; Gramm.⟩ *Fürwort, das sich auf ein vorangegangenes Substantiv od. Pronomen od. auf einen vorangegangenen Satz bezieht;* Sy *bezügliches Fürwort*

**Relaxation** ⟨f. 20⟩ **1** ⟨Phys.⟩ *Entwicklung eines Systems in einen Gleichgewichtszustand* **2** *verzögertes Eintreten der Reaktion eines Systems auf eine Einwirkung, z. B. die Verringerung der Elastizität bei Deformation* **3** ⟨Med.⟩ *Entspannung (als Therapie)* **4** *Erschlaffung (von Muskeln)* **5** ⟨Chem.⟩ *Wiederherstellung eines chem. Gleichgewichts* [< lat. *relaxatio* „Erleichterung, Erholung"]

RELIEF: ALTGRIECHISCHES FLACHRELIEF

**relaxen** ⟨[ri'læksən] V. i.; hat; umg.⟩ *sich entspannen, erholen* [< engl. *relax* „entspannen"]

**Relegation** ⟨f. 20⟩ **1** *Verweisung eines Studenten bzw. Schülers von der Hochschule bzw. Schule* **2** ⟨Sp.⟩ *Entscheidungsmodus (meist aus Hin- u. Rückspiel) um den Auf- u. gleichzeitig Abstieg in eine höhere bzw. in eine niedrigere Spielklasse* [< lat. *relegatio* „Fortschickung, Verweisung"; zu *relegare* „fortschicken, entfernen"]

**relevant** ⟨[-vant] Adj.; -er, am -esten⟩ *wichtig, erheblich, belangvoll;* Ggs *irrelevant* [< lat. *relevans* „erleichternd", Part. Präs. von *relevare* „erleichtern, mildern"]

**Relevanz** ⟨[-vants] f. 20; unz.⟩ *Erheblichkeit, Wichtigkeit, Belang;* Ggs *Irrelevanz* ◆ von großer Relevanz sein [→ *relevant*]

**Relief** ⟨[reli'ɛf] n. 15 od. n. 11⟩ **1** ▲ *aus einer Fläche mehr od. minder erhaben herausgearbeitetes, in der ägypt. Kunst auch eingegrabenes (versenktes Relief) Bild* **2** ⟨Geogr.⟩ *Oberflächenform der Erde* **3** *verkleinerte Nachbildung dieser Oberfläche* [frz., „Relief, erhabene Arbeit"]

**Reliefkarte** ⟨[reliɛf] f. 19; Geogr.⟩ ◄◄ *halbplastische Darstellung eines Teils der Erdoberfläche für Unterrichtszwecke*

**Religion** ⟨f. 20⟩ **1** *Glaube an u. Auseinandersetzung mit einer überirdischen Macht sowie deren kultische Verehrung* **2** *Gottesglaube, Gottesverehrung* **3** *Glaube* **4** *Glaubensbekenntnis* ◆ er hat keine Religion *ist nicht fromm, nicht gläubig* [< lat. *religio* „rücksichtsvolle, gewissenhafte Beachtung, Gewissensscheu"]

**Religionsfreiheit** ⟨f. 20; unz.⟩ *das Recht, seine Religion frei zu wählen u. auszuüben*

**Religionsphilosophie** ⟨f. 19⟩ **1** *Teil der Philosophie, der Inhalt u. Bedeutung der Religion erforscht* **2** *philosophische Behandlung religiöser u. dogmatischer Fragen vom Standpunkt der Theologie aus*

**Religionsstifter** ⟨m. 3⟩ *Begründer einer Religion*

**Religionswissenschaft** ⟨f. 20; unz.⟩ *Lehre von den verschiedenen Religionen, Religionsformen u. ihrer Entwicklung*

**religiös** ⟨Adj.; -er, am -esten⟩ **1** *die Religion betreffend, auf ihr beruhend* **2** *gläubig, fromm;* Ggs *areligiös* [< lat. *religiosus* „gewissenhaft, gottesfürchtig, fromm" mit frz. Endung; → *Religion*]

**Relikt** ⟨n. 11⟩ *Überbleibsel, Rest* [< lat. *relictum* „Zurückgelassenes", Neutr. des Part. Perf. von *relinquere* „zurücklassen"]

**Reling** ⟨f. 10 od. f. 7⟩ *Geländer um das Oberdeck eines Schiffes;* Ggs *Schanzkleid* ◆ über die Reling beugen [< nddt. *regeling;* zu mnddt. *regel* „Riegel, Querholz"; → *Riegel*]

**Reliquiar** ⟨n. 11⟩ ◄ *oft kunstvoll gearbeiteter Behälter zur Aufnahme von Reliquien;* Sy *Heiligenschrein, Reliquienschrein*

**Reliquie** ⟨[-kviə] f. 19⟩ **1** *körperl. Überrest eines Heiligen od. ihm einst gehöriger Gegenstand* **2** *kultisch verehrtes Andenken* [< lat. *reliquiae* „Zurückgelassenes, Überrest"; zu *relinquere* „zurück-, übrig lassen"]

**Reliquienschrein** ⟨[-kviən-] m. 1⟩ ► = *Reliquiar*

**Remake** ⟨['ri:mɛik] n. 15⟩ *neue Verfilmung eines bereits verfilmten Stoffes* ◆ das Remake hat Schwächen [< engl. *remake* „erneuern" < *re...* „wieder..." + *make* „machen"]

**Remigrant** ⟨m. 16⟩ **1** *jmd., der nach Emigration wieder in sein Land zurückkehrt* **2** *Rückwanderer*

**Reminiszenz** ⟨f. 20⟩ *Erinnerung, Anklang* (Kindheitsreminiszenz) [< lat. *reminiscentia* „Rückerinnerung"; zu *reminisci* „sich erinnern"]

## RENAISSANCE

Die Renaissance war eine Kulturwende, die in Europa einer künstlerischen „Wiedergeburt“ entsprach und sich im schöpferischen Rückgriff auf Vorbilder der klassischen Antike äußerte. Die Architekten studierten römische Gebäude, während sich die Maler für allegorische, mythologische und historische Themen sowie die Möglichkeiten perspektivischer Malerei interessierten.

*Die Geburt der Venus* (um 1486), SANDRO BOTTICELLI

PALAZZO STROZZI (1489), ITALIEN

ZEITLEISTE

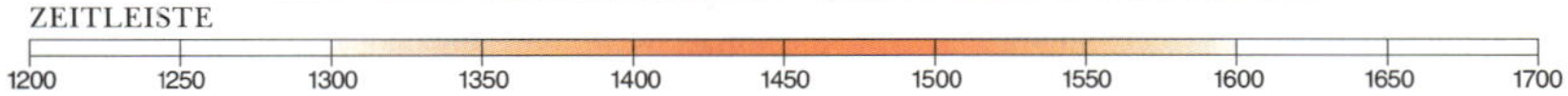


**remis** ⟨[rəˈmiː] Adj.; nur präd. u. adv.⟩ *unentschieden (bes. beim Schachspiel)* ◆ die Partie endete remis [frz., „unentschieden“, eigtl. „aufgeschoben“, Part. Perf. von *remettre* „aufschieben“]

**Remission** ⟨f. 20⟩ **1** ⟨veraltet⟩ *Rücksendung* **2** *Erlass, Vermittlung* **3** *Verminderung* **4** *vorübergehendes Zurückgehen von Krankheitserscheinungen* **5** ⟨Phys.⟩ *diffuse Reflektion von Licht an nicht spiegelnden Oberflächen* [< lat. *remissio* „Zurücksendung, Unterbrechung, Erlassung“; zu *remittere* „zurückschicken, nachlassen“]

**Remittende** ⟨f. 30⟩ *beschädigtes od. fehlerhaftes u. deshalb vom Sortimenter dem Verlag zurückgeschicktes Buch* [< lat. *remittenda* „Zurückzuschickende“, Gerundivum zu *remittere* „zurückschicken“]

**remittieren** ⟨V. t. u. V. i.; hat⟩ **1** *zurücksenden* **2** *übersenden, überweisen* **3** *(vorübergehend) vermindern, nachlassen, zurückgehen* (Krankheitserscheinung) [< lat. *remittere* „zurücksenden, (wieder) zustellen“; zu *mittere* „senden“]

**remontieren** ⟨V.; hat⟩ **I** ⟨V. t.⟩ *wieder einrichten* **II** ⟨V. i.⟩ **1** *den Pferdebestand auffrischen, junge Pferde kaufen* **2** ⟨Bot.⟩ *nach dem Hauptflor am jungen Trieb zum zweiten Mal blühen* [< frz. *remonter* „wieder hinaufsteigen, auffrischen, ergänzen; zweimal (im Jahr) blühen“ u. a.]

**Remoulade** ⟨[rəmu-] f. 19⟩ *pikante, dicke Soße aus Öl, Ei u. Gewürzen* [< frz. *rémoulade* „Remoulade(nsoße)“]

REN
*(Rangifer tarandus)*

**rempeln** ⟨V. t.; hat; umg.⟩ **1** jmdn. rempeln *(absichtlich) stoßen* **2** den Gegner rempeln ⟨Sp.⟩ *vom Ball abdrängen* [zu obersächs. *Rämpel* „Baumstamm, Klotz, Flegel“ (Studentenspr. der Univ. Leipzig, 19. Jh.)]

**Ren** ⟨[reːn] n. 11⟩ ▼ *im Norden lebende Art der Hirsche, von denen beide Geschlechter ein Geweih tragen: Rangifer tarandus;* Sy *Rentier*[1] [< norw., dän., schwed. *ren*]

**Renaissance** ⟨[rənɛˈsãs] f. 19⟩ **1** *Wiedererweckung einer untergegangenen Kultur, bes. der Antike im 14.–16. Jh. in Italien u. ganz Europa* **2** ▲ *antike Stilelemente nach- u. umformender Stil in der Bau- u. Bildhauerkunst dieser Zeit* [frz., „Wiedergeburt“]

**renaturieren** ⟨V. t.; hat⟩ *in einen naturnahen Zustand zurückführen*

**Rendezvous** ⟨[rãdeˈvuː] n.; - [-vuːs], - [-vuːs]⟩ **1** = *Stelldichein* **2** *Verabredung* **3** *Treffen* **4** *durch Änderung der Umlaufbahnen erreichte Begegnung bemannter od. unbemannter Satelliten od. Weltraumstationen* ◆ ein Rendezvous haben [< frz. *rendez-vous* „Verabredung, Stelldichein“]

**Rendite** ⟨f. 19⟩ **1** *Gewinn in der Zeiteinheit im Verhältnis zum eingesetzten Kapital* **2** *Ertrag im Verhältnis zum Kurs (eines Wertpapiers)* [< ital. *rendita* „Einkünfte“]

**Renegat** ⟨m. 16⟩ *Abtrünniger eines Glaubens od. einer politischen Überzeugung* [< lat. *re...* „wieder“ + *negare* „verneinen, verleugnen“]

**Reneklode** ⟨f. 19⟩ *feste, grüngelbe Pflaume;* oV *Reineclaude* [< frz. *reineclaude* = *reine Claude* „Königin Claudia“ (Gemahlin Franz’ I. von Frankreich)]

**renitent** ⟨Adj.; -er, am -esten⟩ *widerspenstig, widersetzlich* [< frz. *rénitent* „dem Druck widerstehend“ < lat. *renitens* „sich entgegenstemmend“, Part. Präs. von *reniti* „sich entgegenstemmen“]

RENKE: SEENWEISSFISCH
*(Coregonus clupeaformis)*

**Renke** ⟨f. 19⟩, **Renken** ⟨m. 4; Zool.⟩ ▲ *Angehörige einer Gattung der Lachsfische: Coregonus* [< mhd. *rînanke* < ahd. *rinanko* „Butter des Rheins“ od. zu mhd. *renken* < got. *wrankjan* „drehen, hin u. herbewegen“]

**Rennbahn** ⟨f. 20⟩ *Platz od. Strecke für Wettrennen* (Pferderennbahn, Radrennbahn)

**Rennboot** ⟨n. 11; Sp.⟩ ►► *schnelles Motorboot für Wettkämpfe*

**rennen** ⟨V. 197⟩ **I** ⟨V. i.; ist⟩ **1** *sehr schnell laufen* **2** ⟨Sp.⟩ *um die Wette laufen, fahren, reiten, am Rennen teilnehmen* **3** ⟨Jägerspr.⟩ *brünstig sein* (vom Fuchs) ◆ er rannte mit dem Kopf an, gegen die Wand; von allen Teilnehmern rannte sie am schnellsten; du wirst noch ins Verderben rennen ⟨fig.⟩ **II** ⟨V. t.; hat⟩ **1** *heftig stoßen* **2** *im Laufen umstoßen, zu Fall bringen* ◆ er rannte ihm den Degen durch, in den Leib; jmdn. zu Boden rennen [< ahd. *rennen* „laufen machen, jagen, verfolgen, treiben“; → *rinnen*]

**Rennen** ⟨n. 14⟩ *sportl. Schnelligkeitswettkampf im Laufen, Fahren (zu Lande u. zu Wasser), Reiten* ◆ er läuft das Rennen seines **Lebens** ◆ das Rennen **aufgeben** *vorzeitig aus dem Wettkampf ausscheiden;* ⟨fig.⟩ *die Hoffnung aufgeben, ein angestrebtes Ziel zu erreichen, darauf verzichten;* ein Rennen **abhalten,** veranstalten; ein Rennen **fahren,** laufen, reiten; das Rennen **gewinnen,** verlieren; das Rennen **machen** *siegen, gewinnen;* ⟨fig.⟩ *Erfolg haben*

R

RENNKUCKUCK: ERDKUCKUCK
*(Geococcyx californianus)*

**Renner** ⟨m. 3⟩ **1** *gutes Rennpferd* **2** ⟨fig.⟩ *Ware, die sich sehr gut verkauft* **3** *Film, Theaterstück, der bzw. das großen Erfolg hat und hohe Einnahmen bringt* ◆ Hüte sind in diesem Sommer der Renner

**Rennerei** ⟨f. 18; umg.⟩ *anhaltendes, lästiges Umherrennen*

**Rennfahrer** ⟨m. 3; Sp.⟩ *Teilnehmer an einem Auto-, Motorrad- od. Radrennen*

**Rennjacht** ⟨f. 20; Sp.⟩ *für Wettkämpfe ausgelegte Segeljacht*

**Rennkuckuck** ⟨m. 1; Zool.⟩ ▲ *Angehöriger einer selbst brütenden amerikanischen Kuckucksart: Geococcyx*

## RENNBOOT

Rennboote sind mit leistungsstarken Außen- oder Innenbordmotoren ausgestattet, die bei Offshorerennen über Entfernungen von bis zu 260 km für maximale Geschwindigkeiten von über 160 km/h sorgen. Der Pilot steuert das Boot über Satellitennavigation, während der Maschinist für Trimmung und Geschwindigkeit zuständig ist.

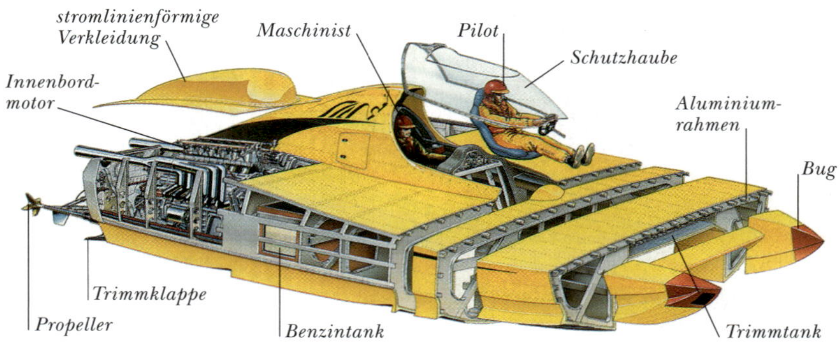


EXPLOSIONSGRAFIK EINES OFFSHORE-KATAMARANRENNBOOTS

**Rennmaus** ⟨f. 7u; Zool.⟩ ► *Angehörige einer Unterfamilie der Wühlmäuse, bes. in den Trockengebieten Afrikas u. Asiens verbreitet: Gerbillus*

**Rennschuh** ⟨m. 1; Sp.⟩ *absatzloser, leichter Lederschuh mit Dornen vorn an der Sohle*

**Rennsport** ⟨m.; -(e)s; unz.; Sp.⟩ *Gesamtheit aller (auto-)mobilen sowie Leichtathletikrennwettkämpfe*

**Renommee** ⟨n. 15⟩ *Ansehen, Ruf, Leumund* ◆ ein, kein gutes Renommee haben; sein Renommee hat durch diese Affäre gelitten [frz., „(guter) Ruf, Leumund, Ansehen"]

**renommiert** ⟨Adj.; -er, am -esten⟩ *angesehen, anerkannt, gelobt, berühmt* ◆ ein renommiertes Hotel

**renovieren** ⟨[-viː-] V. t.; hat⟩ *neu herrichten, erneuern* (Gebäude) [< lat. *renovare* „erneuern"; zu *novus* „neu"]

**rentabel** ⟨Adj.; -bler, am -sten⟩ **1** *so beschaffen, dass es sich rentiert* **2** *einträglich, Gewinn bringend, vorteilhaft* [< frz. *rentable*]

**Rentabilität** ⟨f. 20; unz.⟩ *rentable Beschaffenheit, Einträglichkeit, Verzinsung*

**Rente** ⟨f. 19⟩ *regelmäßiges Einkommen aus Versicherung* (Altersrente, Invalidenrente) *od. Vermögen* ◆ die Renten anheben, erhöhen, kürzen; jmdm. eine Rente aussetzen, zahlen; Rente bekommen, beziehen; in Rente gehen ⟨umg.⟩ *erstmalig die Altersrente erhalten* [< mhd. *rente* < afrz. *rente* „Einkommen, Ertrag, Gewinn"]

**Rentenversicherung** ⟨f. 20⟩ *Versicherung, bei der sich der Versicherte durch regelmäßige Zahlungen einen Anspruch auf eine Rente erwirbt*

**Rentier**[1] ⟨n. 11⟩ ► = *Ren*

**Rentier**[2] ⟨[-tjeː] m. 6⟩ *Empfänger einer (privaten) Rente* [frz.]

**rentieren** ⟨V. refl.; hat⟩ sich rentieren **1** *Rente, Gewinn bringen, Ertrag abwerfen* **2** ⟨fig.⟩ *sich lohnen* ◆ diese Ausgabe, das Geschäft rentiert sich nicht [seit 17./18. Jh. für mhd. *renten* „Gewinn bringen"; → *Rente*]

**Rentner** ⟨m. 3⟩ *Empfänger einer (staatlichen) Rente*

**Reorganisation** ⟨f. 20⟩ *Neuordnung, Umgestaltung* ◆ Reorganisation der Finanzen [< lat. *re...* „wieder" + *Organisation*]

**reorganisieren** ⟨V. t.; hat⟩ *neu ordnen, umgestalten* [< lat. *re...* „wieder" + *organisieren*]

**reparabel** ⟨Adj.⟩ *so beschaffen, dass es wieder gut zu machen, zu reparieren ist;* Ggs *irreparabel* ◆ reparable Schäden [< lat. *reparabilis* „ersetzbar"; zu *reparare* „wiederherstellen, ersetzen"]

**Reparation** ⟨f. 20⟩ *dem Besiegten auferlegte Geld-, Sach- od. Arbeitsleistung als Wiedergutmachung von Kriegsschäden im Feindstaat* [< lat. *reparatio* „Wiederherstellung"; zu *reparare* „wiederherstellen"]

**Reparatur** ⟨f. 20⟩ *Instandsetzung, Wiederherstellung, Ausbesserung* [→ *reparieren*]

**reparieren** ⟨V. t.; hat⟩ etwas reparieren *eine Reparatur an etwas ausführen, wiederherstellen, ausbessern* [< lat. *reparare* „wiederherstellen"; zu *parare* „bereiten"]

**Repellent** ⟨n. 15⟩ *chem. Mittel, das der Abschreckung u. dem Fernhalten von Schädlingen dient, ohne sie zu töten, Abwehrstoff* [engl.; zu *repel* „abschrecken"]

**Reperkussion** ⟨f. 20⟩ **1** *Zurückwerfung, Rückprall* **2** ⟨Mus.⟩ *Durchführung des Themas durch alle Stimmen der Fuge* [< lat. *repercussio* „das Zurückschlagen"; zu *repercutere* „zurückschlagen, zurückstoßen"]

**Repertoire** ⟨[-toaːr] n. 15⟩ **1** *Gesamtheit der Bühnenstücke im Spielplan (eines Theaters)* **2** *Gesamtheit der einstudierten Rollen, Lieder od. Vortragsstücke (eines Künstlers)* ◆ ein großes Repertoire haben [< frz. *répertoire* „Register, Verzeichnis, Textsammlung"]

**Repertorium** ⟨n.; -s, -rien⟩ *Verzeichnis, Register, Nachschlagewerk* [lat., „Verzeichnis"; zu *reperire* „wiederfinden, auffinden"]

**repetieren** ⟨V. t.; hat⟩ *wiederholen, durch Wiederholen einüben* [< lat. *repetere* „wiederholen"; eigtl. „von neuem anstreben"; zu *petere* „anstreben, zu erreichen suchen"]

**Repetitorium** ⟨n.; -s, -rien⟩ **1** *Wiederholungsunterricht* **2** *Lehrbuch hierfür* [< lat. *repetitor* „Wiederholer"]

**Replantation** ⟨f. 20; Chir.⟩ *Wiedereinpflanzung (eines vorher zur Behandlung entfernten Körperteils in den Organismus);* Sy *Reimplantation* [< lat. *re...* „wieder..., zurück..." + *plantare* „pflanzen"]

**Replik** ⟨f. 20⟩ **1** *Entgegnung, Erwiderung* **2** *Gegenrede (bes. des Klägers auf die Verteidigung des Beklagten)* **3** ⟨bild. Kunst; Mal.⟩ *genaue Wiederholung eines Kunstwerks durch den Künstler selbst;* → a. *Kopie* [< frz. *réplique* „Antwort, Gegenrede"]

**Replikat** ⟨n. 11; bild. Kunst⟩ *genaue Nachbildung einer Skulptur* [→ *Replikation*]

**Replikation** ⟨f. 20; Genetik⟩ *Kopieren der in der DNS gespeicherten genetischen Information als Voraussetzung für die Eiweißbiosynthese* [< lat. *replicatio* „das Wiederaufrollen"; zu *replicare* „wieder aufrollen, entfalten"]

**Report** ⟨m. 1⟩ *ausführliche, oft anspruchsvolle Darstellung od. Studie zu einem wissenschaftlichen od. gesellschaftlichen Thema,* z. B. Wirtschaftsreport, Sportreport [< engl. *report* „Bericht"]

**Reportage** ⟨[-ʒə] f. 19⟩ *Tatsachenbericht, aktuelle Schilderung über ein Geschehen in Zeitung, Rundfunk u. Fernsehen* [frz., „Berichterstattung"; → *Reporter*]

**Reporter** ⟨m. 3⟩ *Berichterstatter bei Zeitung, Rundfunk u. Fernsehen* [engl., „Berichterstatter (einer Zeitung)"; zu lat. *reportare* „zurücktragen, überbringen"]

**Repräsentant** ⟨m. 16⟩ **1** *jmd., der etwas repräsentiert, Bevollmächtigter, Vertreter* **2** *Volksvertreter, Abgeordneter* [< lat. *repraesentans* „darstellend", Part. Präs. von *repraesentare;* → *repräsentieren*]

**Repräsentation** ⟨f. 20⟩ **1** *Vertretung, Stellvertretung* **2** *würdiges Auftreten* **3** *(gesellschaftl.) Aufwand* ◆ Repräsentation des Unternehmens [< lat. *repraesentatio* „Vergegenwärtigung"; → *repräsentieren*]

**repräsentativ** ⟨Adj.⟩ **1** *würdig vertretend, würdig wirkungsvoll* **2** ⟨Stat.⟩ *aus einer Menge so ausgewählt, dass auch bei einer größeren Anzahl von Daten keine Änderung in den statistischen Werten zu erwarten ist* ◆ eine repräsentative Gruppe von Versuchspersonen [< frz. *représentatif* „vorstellend, darstellend"; → *repräsentieren*]

**repräsentieren** ⟨V.; hat⟩ **I** ⟨V. t.⟩ **1** *vertreten* **2** *darstellen* ◆ das Grundstück repräsentiert einen Wert von 500 000 Mark **II** ⟨V. i.⟩ *würdig auftreten, bes. gesellschaftlich, etwas darstellen* [< lat. *representare* „vergegenwärtigen, vorstellen, darstellen"; zu *praesens* „gegenwärtig"]

**Repression** ⟨f. 20⟩ **1** *Abwehr, Hemmung* **2** *Unterdrückung* [< lat. *repressio* „das Zurückdrängen"; zu *reprimere* „zurückdrängen"]

RENNMAUS: SANDMAUS
*(Meriones unguiculatus)*

**reprivatisieren** ⟨[-va-] V. t.; hat⟩ ein verstaatlichtes Unternehmen reprivatisieren *in Privatbesitz zurückführen, entnationalisieren* [< lat. *re...* „wieder" + *privatisieren*]

**Reproduktion** ⟨f. 20⟩ **1** *Wiederherstellung* **2** *Nachbildung, Wiedergabe durch Fotografie od. Druck* **3** *Vervielfältigung* **4** *Fortpflanzung* ◆ Reproduktion eines Buches [< lat. *re...* „wieder" + *Produktion*]

**reproduzieren** ⟨V. t.; hat⟩ etwas reproduzieren *eine Reproduktion von etwas herstellen, (durch Fotografie od. Druck) wiedergeben, vervielfältigen* [< lat. *re...* „wieder" + *produzieren*]

**Reptil** ⟨n.; -s, -ien od. selten: -e; Zool.⟩ ► *Angehöriges einer Klasse wechselwarmer Wirbeltiere mit drüsenarmer, beschuppter od. beschilderter Haut u. meist vier Gliedmaßen, die den Körper bei der schlängelnd-kriechenden Bewegung nur unvollkommen vom Boden abhebt, die Atmung erfolgt durch Lungen: Reptilia;* Sy *Kriechtier* [< lat. *reptilis* „kriechend"; zu *repere* „kriechen"]

**Republik** ⟨f. 20; Pol.⟩ *Staatsform, bei der die Regierung auf bestimmte Zeit gewählt wird* [< frz. *république* < lat. *res publica* „Gemeinwesen, Staatswesen, Staat", eigtl. „öffentliche Angelegenheit"]

**Republikaner** ⟨m. 3; Pol.⟩ *Anhänger einer republikanischen Staatsform od. Partei*

## REPTILIEN

Aufgrund ihres wasserdichten, mit Hornschuppen bedeckten Körpers können Reptilien auch in Trockengebieten überleben. Die meisten Reptilien legen Eier und durchlaufen anders als die Amphibien kein Larvenstadium, was bedeutet, dass die Jungen der über 6000 bekannten Arten bereits beim Schlüpfen über die Form erwachsener Tiere verfügen.

ÄUSSERE MERKMALE EINES BINDENWARANS
*(Varanus salvator)*

SKELETT EINES WARANS

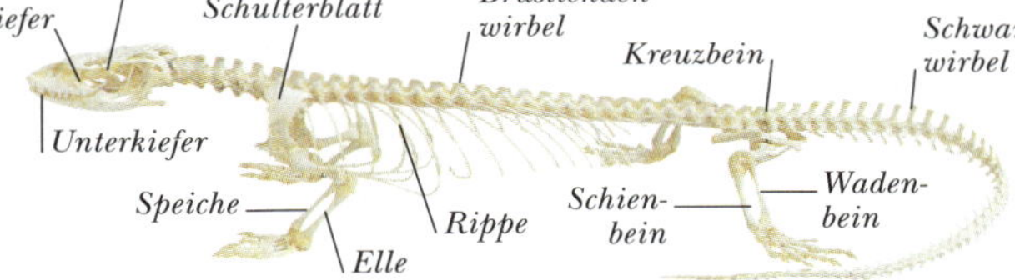


## REPTILIENORDNUNGEN

SQUAMATA (ECHSEN, SCHLANGEN)
► *Echsen, Schlangen*

RHYNCHOCEPHALIA (BRÜCKENECHSEN)

CROCODYLIA (KROKODILE, ALLIGATOREN, GAVIALE)

CHELONIA (SCHILDKRÖTEN)
► *Schildkröten*

**Repulsion** ⟨f. 20; Tech.⟩ *Zurückstoßung, Abstoßung* [< lat. *repulsio* „Zurücktreibung"; zu *repellere* „zurücktreiben, zurückstoßen"]

**Reputation** ⟨f. 20; unz.⟩ *Ruf, Ansehen* ◆ eine schlechte Reputation haben [< lat. *reputatio* „Berechnung, Erwägung, Betrachtung"; zu *reputare* „rechnen, erwägen"]

**Requiem** ⟨['re:kviəm] n. 15; österr. Pl. a.: -quien⟩ *Totenmesse zum Gedächtnis Verstorbener* [lat.; nach den Anfangsworten des Introitus: *requiem aeternam dona eis, Domine* „gib ihnen die ewige Ruhe, o Herr"]

**requirieren** ⟨V. t.; hat⟩ **1** *beschlagnahmen, herbeischaffen, besorgen (für Truppen)* **2** *untersuchen, (um Rechtshilfe) ersuchen* **3** *anfordern* [< lat. *requirere* „aufsuchen, nach etwas fragen, verlangen"; zu *quaerere* „suchen, verlangen"]

**Requisit** ⟨n. 27; meist Pl.⟩ **1** *Rüst-, Handwerkszeug* **2** ⟨Theat.; Film⟩ *bei einer Theateraufführung od. Filmszene benötigter Gegenstand* [< lat. *requisitum* „das Verlangte", Neutr. des Part. Perf. von *requirere;* → *requirieren*]

**Requisite** ⟨f. 19; Theat.; umg.⟩ **1** *Requisitenkammer* **2** *für Requisiten zuständige Stelle*

**Reseda** ⟨f.; -, -seden⟩, **Resede** ⟨f.; -, -n⟩ **1** ⟨i. w. S.⟩ ► *Angehörige einer Gattung der Resedagewächse (Resedaceae) mit kleinen gelbl. od. weißl. Blüten in traubigen Blütenständen: Reseda;* Sy *Färbergras, Färberwaid* **2** ⟨i. e. S.⟩ *angenehm duftende, als Zierpflanze angebaute Art* (Gartenreseda): *Reseda odorata* [verkürzt aus der lat. Formel *reseda, morbos reseda* „heile, heile die Krankheiten wieder", mit der die Pflanze zum Heilen von Entzündungen benutzt wurde]

RESEDA: GELBE RESEDA
*(Reseda lutea)*

**Resektion** ⟨f. 20; Chir.⟩ *chirurgische Entfernung (eines kranken Organs od. Organteils)* [< lat. *resectio* „das Abschneiden"; zu *resecare* „abschneiden"]

**Reservat** ⟨[-va:t] n. 11⟩ oV *Reservation (3)* **1** *Schutzbezirk als Lebensraum für Ureinwohner* (Indianerreservat) **2** *ausgewiesenes Schutzgebiet für Tiere u. Pflanzen* **3** *Vorkaufs-, Sonderrecht* [< lat. *reservatum* „das Aufbewahrte, Vorbehaltene", Neutr. des Part. Perf. von *reservare* „aufsparen, aufbewahren, (vor)behalten"]

**Reservation** ⟨[-va-] f. 20; geh.⟩ **1** *Vorbehalt* **2** *Verwahrung* **3** = *Reservat* [< spätlat. *reservatio* „Vorbehalt"; zu *reservare* „aufsparen, aufbewahren, behalten"]

**Reserve** ⟨[-və] f. 19⟩ **I** ⟨zählb.⟩ **1** *für den Notfall zurückgehaltener Vorrat (an Lebens-, Geldmitteln, Truppen usw.), Rücklage* **2** *die ausgebildeten, bis zum Notfall beurlaubten Wehrpflichtigen* **3** *Gesamtheit der Reservisten* ◆ **Leutnant** der Reserve ⟨Mil.; Abk.: d. R.⟩ ◆ wir müssen unsere Reserven **angreifen;** die Reserven sind **aufgebraucht;** die Reserven **einziehen** ⟨Mil.⟩; unsere Reserven haben sich, sind **erschöpft; stille** Reserven ⟨Kaufmannsspr.⟩ *Rücklagen* **II** ⟨unz.⟩ *Zurückhaltung, kühles Wesen* [< frz. *réserve* „Vorrat, Vorbehalt, Einschränkung"]

**reservieren** ⟨[-vi:-] V. t.; hat⟩ **1** *vormerken, freihalten* (Platz) **2** *aufbewahren* ◆ sich reserviert verhalten ⟨fig.⟩ *zurückhaltend, kühl* [< lat. *reservare* „aufsparen, aufbewahren, behalten"; zu *servare* „erhalten, bewahren"]

**Reservist** ⟨[-vist] m. 16⟩ *ausgebildeter u. entlassener Wehrpflichtiger, der außer zu Wehrübungen erst im Verteidigungsfall zur Verstärkung der Streitkräfte herangezogen wird* [< frz. *réserviste* „Reservist"]

**Reservoir** ⟨[-voa:r] n. 11⟩ **1** *Sammelbecken, Sammelbehälter (bes. für Wasser), Speicher* **2** *Vorrat* [< frz. *réservoir* „Reservoir, Wasserbecken, Behälter"]

**resezieren** ⟨V. t.; hat⟩ ein krankes Organ od. einen Teil davon resezieren *chirurgisch entfernen* [< lat. *resecare* „abschneiden"; zu *secare* „schneiden"; → *sezieren*]

**Residenz** ⟨f. 20⟩ **1** *Sitz eines weltl. od. kirchlichen Oberhauptes, Regierungssitz* **2** *Hauptstadt;* Sy *Residenzstadt* [< mlat. *residentia* „Wohnsitz"; zu lat. *residere* „sitzen"; → *residieren*]

**Residenzstadt** ⟨f. 7u⟩ = *Residenz (2)*

**residieren** ⟨V. i.; hat⟩ *seinen Wohn-, Regierungssitz haben* (von hoch gestellten Per-

R

sonen) ♦ der deutsche Bundespräsident residiert in Berlin [< lat. *residere* „sitzen", eigtl. „sitzend zurückbleiben"; zu *sedere* „sitzen"]

**Resignation** ⟨f. 20; unz.⟩ **1** *Verzicht, Entsagung* **2** *Ergebung (in das Schicksal)* [< spätlat. *resignatio* „Entsagung, Verzicht"; → *resignieren*]

**resignieren** ⟨V. i.; hat⟩ *verzichten, entsagen, sich in sein Schicksal ergeben, sich abfinden* ♦ resigniert sein *ergeben, gefasst* [< lat. *resignare* „entsiegeln, eröffnen, entsagen"; zu *signare* „bezeichnen, besiegeln"]

**resigniert** ⟨Adj.⟩ *niedergeschlagen, mutlos, sich fügend, kapitulierend, enttäuscht* ♦ resigniert verließ er nach der Niederlage das Spielfeld

**Resina** ⟨f.; -, -nae [-nɛ:]⟩ ► = *Harz* [lat.]

**resistent** ⟨Adj.; -er, am -esten⟩ *widerstandsfähig* (besonders von Krankheitserregern) [< lat. *resistens* „sich widersetzend"; → *resistieren*]

**Resistenz** ⟨f. 20; unz.⟩ **1** *Widerstand* **2** *Widerstandsfähigkeit, Zählebigkeit* (besonders von Krankheitserregern) [< lat. *resistentia* „Widerstand"; → *resistieren*]

**resistieren** ⟨V.i.; hat⟩ *widerstehen, ausdauernd, zählebig sein* [< lat. *resistere* „stehen bleiben, Widerstand leisten"; zu *sistere* „sich stellen"]

**resolut** ⟨Adj.; -er, am -esten⟩ *beherzt, tatkräftig, entschlossen* [< frz. *résolu* „entschlossen, beherzt" (latinisiert)]

**Resolution** ⟨f. 20⟩ *Entschließung, Beschluss* [< frz. *résolution* „Entschließung"]

**Resonanz** ⟨f. 20⟩ **1** *Mitschwingen, Mittönen eines Körpers durch auf ihn einwirkende Schwingungen gleicher Wellenlänge (kann beim ungebremsten Anwachsen zur Resonanzkatastrophe führen)* **2** ⟨Chem.⟩ *das Hin- u. Herschwingen von Elektronen innerhalb von ungesättigten Molekülen;* Sy *Mesomerie* **3** ⟨fig.⟩ *Widerhall, Anklang* ♦ (mit einem Bericht, Vorschlag usw.) keine Resonanz finden ⟨fig.⟩ [< lat. *resonantia* „Widerhall"; zu *resonare* „einen Widerhall geben"]

**Resonanzkörper** ⟨m. 3; bei Musikinstrumenten⟩ *die Schwingungen verstärkender Körper*

**resorbieren** ⟨V. t.; hat; Vet.⟩ *eine Fehlgeburt haben, verwerfen* ♦ einen gelösten Stoff resorbieren *aufsaugen, aufnehmen* [< lat. *resorbere* „wieder aufsaugen" zu *sorbere* „einsaugen"]



**Resorption** ⟨f. 20⟩ *Aufsaugung, Aufnahme (eines gelösten Stoffes)* [zu lat. *resorbere;* → *resorbieren*]

**resozialisieren** ⟨V. t.; hat⟩ *wieder in die Gesellschaft eingliedern* (Obdachlose, ehemalige Strafgefangene)

**resp.** ⟨Abk. für⟩ *respektive*

**Respekt** ⟨m. 1; unz.⟩ **1** *Achtung, Hochachtung* **2** *Ehrerbietung, Ehrfurcht, Scheu* ♦ allen Respekt! *meine Anerkennung!, das haben Sie gut gemacht;* jmdm. Respekt einflößen; jmdm. Respekt schulden; sich Respekt verschaffen; vor jmdm. Respekt haben [< frz. *respect* „Hochachtung, Respekt" < lat. *respectus* „das Zurückblicken, Rücksicht"]

**respektabel** ⟨Adj.; -bler, am -sten⟩ *so beschaffen, dass man es respektieren muss, Achtung einflößend, angesehen, geachtet* ♦ eine respektable Leistung [< frz. *respectable* „achtbar, ehrwürdig"]

**respektieren** ⟨V. t.; hat⟩ jmdn. od. etwas respektieren *vor jmdm. od. etwas Respekt haben, jmdn. od. etwas achten* ♦ jmds. Meinung respektieren; einen Wechsel respektieren *ihn anerkennen, bezahlen* [< frz. *respecter* „achten" < lat. *respectare* „sich umsehen"]

**respektive** ⟨Adv.; Abk.: resp.⟩ *beziehungsweise*

**respektvoll** ⟨Adj.⟩ *voller Respekt (handelnd), ehrerbietig*

**Respiration** ⟨f. 20; unz.⟩ *Atmung* [< lat. *respiratio* „das Atemholen"; → *respirieren*]

**respirieren** ⟨V. i.; hat; Med.⟩ *atmen* [< lat. *respirare* „Atem holen"; zu *spirare* „blasen, hauchen"]

**respondieren** ⟨V. i.; hat; Mus.⟩ *(im Wechselgesang) den zweiten Part singen* [< lat. *respondere* „erwidern, entsprechen"; zu *spondere* „geloben"]

**Ressentiment** ⟨[rɛsãti'mã] n. 15⟩ *gefühlsbedingtes Vorurteil* ♦ Ressentiments *negative Gefühle, wie Abneigung, Groll, Hass, Rache* [frz., „Ressentiment, heimlicher Groll"]

**Ressort** ⟨[rɛ'so:r] n. 15⟩ *Amts-, Verwaltungsbereich, Aufgabengebiet, Zuständigkeitsbereich* ♦ das ist (nicht) mein Ressort [frz., u. a. „Zuständigkeit, Geschäftsbereich"]

**Ressource** ⟨[rə'sursə] f. 19; meist Pl.⟩ *Geld-, Hilfs-, Rohstoffquelle* [frz., „Hilfsquelle, Einnahmequelle"]

**Rest** ⟨m. 1; Kaufmannsspr.⟩ **1** ⟨bes. von Schnittwaren Pl. a.: -er od. schweiz.: -en⟩ *Übrigbleibendes, Übriggebliebenes, Überbleibsel, Rückstand* **2** ⟨Math.⟩ *die Zahl, die übrig bleibt, wenn eine Rechenaufgabe nicht aufgeht (9 : 2 = 4 Rest 1)* ♦ für den Rest meines **Lebens;** der Rest des **Tages,** die Reste vom Mittagessen müssen noch **gegessen** werden; die **irdischen,** sterblichen Reste zur letzten Ruhe betten *den Toten beerdigen;* ein **kleiner,** schäbiger, trauriger, unansehnlicher Rest [< ital. *resto* „Rückstand" < mlat. *restum;* zu lat. *restare* „zurückstehen"]

**Restaurant** ⟨[rɛsto'rã] n. 15⟩ *(feinere) Gaststätte, Speiselokal* [frz., „Gaststätte"]

**Restaurateur** ⟨[rɛstora'tø:r] m. 1⟩ *Gastwirt, Restaurantbesitzer, Inhaber einer Gaststätte* [frz., „Gastwirt"]

**Restauration** ⟨[-tau-] f. 20⟩ **1** *Wiederherstellung einer Gesellschaftsordnung, Wiedereinsetzung eines Herrscherhauses* **2** *Wiederherstellung eines Kunstwerkes* [< spätlat. *restauratio* „Erneuerung, Wiederherstellung"; zu *restaurare* „wiederherstellen"]

**Restaurator** ⟨[-tau-] m. 23⟩ *Wiederhersteller (bes. von Kunstwerken)* [lat., „Wiederhersteller (eines Bauwerkes u.a.)"; zu *restaurare* „wiederherstellen"]

**restaurieren** ⟨[-tau-] V. t.; hat⟩ *wiederherstellen, erneuern, ausbessern (bes. Kunstwerke)* [< lat. *restaurare* „wiederherstellen"]

**restituieren** ⟨V. t.; hat⟩ *wiederherstellen, wiederaufbauen, -aufrichten* [< lat. *restituere* „wiederherstellen"]

**Restitution** ⟨f. 20⟩ **1** *Wiederherstellung* **2** *Rückerstattung (beschlagnahmter od. geraubter Gegenstände)* [< lat. *restitutio* „Wiederherstellung, Rückgabe"; zu *restituere* „wieder hinstellen"]

**Restposten** ⟨m. 4⟩ *restliche Ware* ♦ einen Restposten Wolle billig abgeben, verkaufen

**Restriktion** ⟨f. 20⟩ *Beschränkung, Einschränkung, Vorbehalt* [< lat. *restrictio* „Einschränkung"; zu *restringere* „zurückziehen, beschränken"]

**restriktiv** ⟨Adj.; bes. Rechtsw.⟩ *einengend, einschränkend, begrenzend;* Ggs *extensiv (5)* [< frz. *restrictif* „einschränkend"; → *Restriktion*]

**restringieren** ⟨V. t.; hat⟩ *einschränken, beschränken* ♦ Möglichkeiten restringieren [< lat. *restringere* „zurückhalten, hemmen"]

RETABEL: INNENRAUM EINER KIRCHE MIT ALTAR UND RETABEL

**Restrisiko** ⟨n. 15; Pl. a.: -risiken⟩ *(trotz Sicherheitsmaßnahmen) verbleibendes Risiko* ♦ das Restrisiko der Kernenergie

**Restwiderstand** ⟨m. 1u⟩ *elektrischer Widerstand bei sehr tiefen Temperaturen*

**Resultat** ⟨n. 11⟩ **1** *Ergebnis (z. B. einer Rechnung)* **2** *Erfolg* [< frz. *résultat* „Ergebnis" < mlat. *resultatum,* „Neutr. des Part. Perf. von lat. *resultare;* → *resultieren*]

**resultieren** ⟨V. i.; hat⟩ *sich (als Schlussfolgerung) ergeben, folgen* ♦ daraus resultiert, dass ... [< frz. *résulter* „hervorgehen, sich ergeben" < lat. *resultare* „zurückspringen, zurückprallen"; zu *saltare* „springen"]

**Resümee** ⟨n. 15⟩ *Zusammenfassung, Übersicht* ♦ ein Resümee geben [< frz. *résumé* „Zusammenfassung"]

**resümieren** ⟨V. t.; hat⟩ *zusammenfassen, zusammenfassend wiederholen* [< frz. *résumer* „zusammenfassen, kurz wiederholen"]

**Retabel** ⟨n. 13⟩ ▲ *seit dem 11. Jh. nachweisbarer, an der Wand hinter dem Altar befindlicher u. mit Reliefs od. Malereien geschmückter Altaraufsatz* [< frz. *retable, rétable* „Altaraufsatz" < lat. *retrotabulum* „Rückwand"]

**retardieren** ⟨V. t.; hat; geh.⟩ *aufhalten, verzögern, zurückbleiben* ♦ retardierendes Moment ⟨Film; Lit.⟩ *ein Stilmittel, eingeschobene Beschreibung, Schilderung, um die Handlung aufzuhalten u. die Spannung zu vergrößern* [< lat. *retardare* „verzögern, zurückhalten"; zu *tardus* „langsam, säumig"]

**Retardierung** ⟨f. 20; Biol.⟩ *Verzögerung der geistigen od. körperl. Entwicklung bei Kindern*

**Retikulom** ⟨n. 11; Med.⟩ *gutartige, knotige Wucherung*

**Retorte** ⟨f. 19⟩ **1** ◄ *birnenförmiges Glasgefäß mit langem, abgebogenem Hals zum Destillieren* **2** *mit Ableitungsrohr versehener, geschlossener, eiserner Kessel zur trockenen Destillation von Kohle, Holz u.a. Stoffen, Entgasungskammer* ♦ aus der Retorte ⟨fig.; umg.⟩ *künstlich erzeugt, hergestellt* [< lat. *retorta* „die Zurückgedrehte", Fem. des Part. Perf. von *retorquere* „zurückdrehen, verdrehen"]

RETORTE: FRÜHE GLASRETORTE IN EINEM OFEN

**retour** ⟨[rə'tu:r] Adv.⟩ *zurück* [frz.]
**Retransfusion** ⟨f. 20⟩ = *Reinfusion* [< lat. *re...* „zurück" + *Transfusion*]
**Retribution** ⟨f. 20⟩ *Rückgabe, Vergütung* [< lat. *retributio* „Rückgabe, Vergeltung"; zu *retribuere* „wiedergeben, zurückgeben"]
**Retriever** ⟨[ri'tri:və(r)] m. 3⟩ ► *aus sechs Unterarten bestehende, ursprünglich in Großbritannien u. Nordamerika gezüchtete Jagdhundrasse, 45-70 cm großer, Wasser liebender Familien-, Blinden- sowie Rettungshund;* → a. *Golden Retriever, Labrador;* ► *Hunde* [< engl. *retriever* „Apportierhund"]
**Retrospektion** ⟨f. 20⟩ = *Retrospektive*
**Retrospektive** ⟨f. 19⟩ *Rückblick, Rückschau;* Sy *Retrospektion*
**Retsina** ⟨m.; -; unz.⟩ *weißer, harzig schmeckender, grch. Wein* [< grch. *retsina* „Harz" (da dem Wein, urspr. der besseren Haltbarkeit wegen, vor der Gärung Harz der Aleppokiefer zugesetzt wird)]
**retten** ⟨V. t.; hat⟩ *(aus Gefahr) befreien, in Sicherheit bringen, bewahren* ◆ sich retten; rette sich, wer kann!; **Hab** und Gut retten; jmdm. das **Leben** retten; die **Schiffbrüchigen,** Verunglückten konnten gerettet werden ◆ sich **aufs** Dach retten; jmdn. **aus** dem Feuer, aus Not retten ◆ er erschien als rettender Engel ⟨fig.; umg.⟩; eine rettende Tat [< ahd. *(h)retten*]
**Retter** ⟨m. 3⟩ *jmd., der einen anderen rettet, Befreier* ◆ Retter in der Not
**Rettich** ⟨m. 1⟩ **1** ⟨i. w. S.⟩ *Angehöriger einer Gattung der Kreuzblütler, dessen Früchte in einzelne Gliederschoten zerfallen: Raphanus* **2** ⟨i. e. S.⟩ *Gemüsepflanze mit verdickten, würzig schmeckenden, schwarzen od. weißen Wurzeln: Raphanus sativus var. vulgaris* [< ahd. *ratih* < lat. *radix* „Wurzel"; verwandt mit *Radieschen, radikal*]
**Rettung** ⟨f. 20⟩ *Befreiung aus, Bewahrung vor Gefahr, Hilfe* ◆ jmdm. Rettung bringen; für ihn gibt es keine Rettung mehr; auf Rettung hoffen; die Gesellschaft zur Rettung Schiffbrüchiger
**Rettungsboot** ⟨n. 11⟩ *kleines, auf Schiffen mitgeführtes Boot zur Rettung Schiffbrüchiger u. der Passagiere in Not*
**Rettungsdienst** ⟨m. 1⟩ **1** *Dienst sowie alle Maßnahmen zur Rettung Verunglückter* **2** *die Rettungsmannschaft selbst*
**Rettungsinsel** ⟨f. 21⟩ ▼ *sich selbsttätig aufblasendes Schlauchboot für Seenotfälle*
**rettungslos** ⟨Adj.⟩ **1** *so geartet, dass keine Rettung od. Hilfestellung mehr möglich ist* **2** ⟨meist adv.⟩ *ohne Rettungsmöglichkeit* ◆ rettungslos verloren sein; die Sache ist rettungslos verfahren ⟨umg.⟩

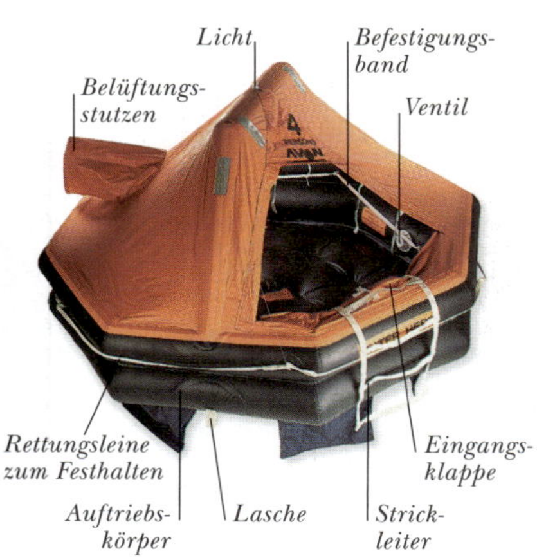


RETTUNGSINSEL

RETRIEVER:
FLAT-COATED RETRIEVER

**Rettungsmannschaft** ⟨f. 20⟩ *stets einsatzbereite, in erster Hilfe ausgebildete Gruppe von Personen zur Rettung Verunglückter*
**Rettungsweste** ⟨f. 19; Mar.⟩ ▼ *mit Luftkammern ausgestattete, meist orangefarbene Schwimmweste, die um Hals u. Oberkörper gespannt wird u. den Körper über Wasser hält* [→ *Weste*]

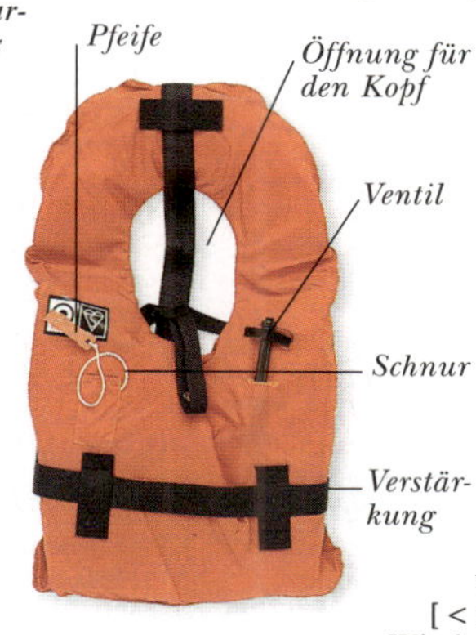


RETTUNGSWESTE

**Retusche** ⟨f. 19⟩ *Überarbeitung von Bildvorlagen, Verbesserung von Fehlern, Heraushebung od. Abschwächung von Einzelheiten usw.* [< frz. *retouche* „Retusche"]
**retuschieren** ⟨V. t.; hat⟩ eine Bildvorlage retuschieren *an einer Bildvorlage Retuschen vornehmen, sie überarbeiten* ◆ die Fotografie wird noch retuschiert [< frz. *retoucher* „wieder berühren, retuschieren"]
**Reue** ⟨f. 19; unz.⟩ **1** *Bedauern, Schmerz, Zerknirschung über das eigene Tun, brennender Wunsch, eine Handlung rückgängig machen zu können* **2** *Bereitschaft zur Buße* ◆ große Reue, keine Reue fühlen, zeigen [< ahd. *(h)riuwa*]
**reuen** ⟨V. t.; hat; veraltet⟩ es reut mich, dass ... *es tut mir Leid, ich bedauere es* [< ahd. *(h)riuwon*]
**reumütig** ⟨Adj.; meist adv.⟩ *voller Reue, reuig* ◆ reumütig zurückkehren
**Reuse** ⟨f. 19⟩ *Fischereigerät aus Draht, Holz, Weidengeflecht oder Garn, meist ein fassartiger Behälter, der als Öffnung einen oder zwei sich nach innen verengende Trichter hat* [< ahd. *riusa, rusia*]
**reüssieren** ⟨V. i.; hat; geh.⟩ *Erfolg haben* [< frz. *réussir* „Erfolg haben, zum Ziel gelangen"]
**Revanche** ⟨[rə'vãʃə] f. 19⟩ *Rache, Vergeltung* ◆ Revanche geben ⟨Sp.⟩ *dem Gegner die Möglichkeit geben, seine Niederlage in einem neuen Kampf wettzumachen* [frz., „Rache"]
**revanchieren** ⟨[rəvãʃi:-] V. refl.; hat⟩ sich revanchieren *jmdm. etwas (Böses od. Gutes) vergelten* ◆ sich für eine Beleidigung revanchieren; sich für eine Einladung, für ein Geschenk revanchieren [frz., „rächen"]
**Revers I** ⟨[rə'vɛ:r] n. od. (österr. nur) m.; - [-vɛ:rs], - [-vɛ:rs]⟩ ► *Um- od. Aufschlag an Jacke, Kleid, Mantel od. Weste* **II** *Rückseite (Wappen-, Bildseite) einer Münze od. Medaille;* Ggs *Avers* **III** ⟨[rə'vɛrs] m. 1⟩ *schriftliche Erklärung eines rechtlichen Inhalts, Verpflichtung* [frz., „Rückseite"]

**reversibel** ⟨[-vɛr-] Adj.⟩ Ggs *irreversibel* **1** *umkehrbar* **2** ⟨Med.⟩ *heilbar* ◆ reversible Prozesse ⟨Chem.⟩ [< frz. *reversible* „umkehrbar"]
**Reversion** ⟨[-vɛr-] f. 20⟩ *Umkehrung* [< lat. *reversio* „Umkehrung"; zu *reverti* „umkehren"]
**revidieren** ⟨[-vi-] V. t.; hat⟩ *prüfen, überprüfen, überdenken* ◆ seine Meinung revidieren *nach besserem Wissen ändern;* man will die bisherige Außenpolitik revidieren [< lat. *revidere* „wieder hinsehen"; zu *videre* „sehen"]
**Revier** ⟨[-vi:r] n. 11⟩ **1** *Bezirk, Gebiet* **2** *Abbaugebiet* (Kohlenrevier) **3** *Waldbezirk, Jagdgebiet* (Jagdrevier) **4** *Polizeidienststelle, Meldestelle* (Polizeirevier) **5** *von einer Truppe (in Kaserne od. Lager) belegter Raum, Krankenstube (in der Kaserne)* [< mndrl. *riviere* < afrz. *rivière* „ebenes Land entlang einem Wasserlauf" < vulgärlat. *riparia* „das am Ufer Befindliche" < lat. *ripa* „Ufer"; urspr. auf die Jagd bezogen]
**Revision** ⟨[-vi-] f. 20⟩ **1** *(nochmalige) Durchsicht, Prüfung, Überprüfung* **2** *Fahndung nach zollpflichtigen Gütern beim Grenzübertritt* (Zollrevision) **3** ⟨Buchw.⟩ *Überprüfung der Druckbogen auf die Ausführung der Fehlerkorrekturen* **4** *Anrufung einer höheren Instanz zur nochmaligen Entscheidung einer Rechtsfrage* ◆ Revision einlegen ⟨Rechtsw.⟩; die Revision ist verworfen worden ⟨Rechtsw.⟩ [< mlat. *revisio* „prüfende Wiederdurchsicht"; zu lat. *revidere* „wieder hinsehen"]
**Revisor** ⟨[-vi:-] m. 23⟩ **1** *jmd., der eine Revision vornimmt, Prüfer* (Bücherrevisor) **2** *erfahrener Korrektor, der die letzte Korrektur vor dem Druck liest* [→ *Revision*]
**revitalisieren** ⟨[-vi-] V. i.; hat⟩ *wieder kräftigen, erholen, wieder in ein natürliches Gleichgewicht bringen*
**Revolte** ⟨[-vɔl-] f. 19⟩ *Aufruhr, Aufstand, Empörung* [< frz. *révolte* „Aufruhr"]
**revoltieren** ⟨[-vɔl-] V. i.; hat⟩ *sich empören, auflehnen* ⟨a. fig.⟩ ◆ gegen Missstände revoltieren; sein Magen revoltierte ⟨fig⟩ *er musste sich übergeben* [< frz. *révolter* „aufwiegeln, aufsässig machen"]
**Revolution** ⟨[-vo-] f. 20⟩ **1** *Umwälzung* (industrielle Revolution) **2** *politischer Umsturz* ◆ eine Revolution bricht aus, wird niedergeschlagen; die Französische Revolution [< spätlat. *revolutio* „das Zurückwälzen, Umdrehung", urspr. Ausdruck der Astronomie, als „Volkserhebung" von frz. *révolution* beeinflusst]
**Revolutionär** ⟨[-vo-] m. 1⟩ *jmd., der eine Revolution herbeiführt od. an ihr teilnimmt* [< frz. *révolutionnaire* „umstürzlerisch, Revolutionär"]
**revolutionieren** ⟨[-vo-] V.; hat⟩ **I** ⟨V. t.⟩ *(grundlegend) umwandeln, in Aufruhr bringen* **II** ⟨V. i.⟩ *eine Revolution herbeiführen* [< frz. *révolutionner* „in Aufruhr versetzen, revolutionieren"]

REVERS AN EINER WESTE

R

**Revolver** ⟨[-vɔlvər] m. 3⟩ **1** ► *Mehrladepistole mit trommelförmigem Magazin;* Sy *Trommelrevolver* **2** ⟨Tech.; kurz für⟩ *Revolverkopf* [engl., „Revolver"; zu *revolvere* „sich drehen" < lat. *revolvere* „zurückrollen"]
**Revolverkopf** ⟨[-vɔlvər-] m. 1u; Tech.⟩ *an Revolverdrehbänken drehbare Vorrichtung zum Einsetzen mehrerer Werkzeuge, die nacheinander gebraucht werden;* Sy ⟨kurz⟩ *Revolver (2)*
**Revue** ⟨[rə'vy:] f. 19; Pl. [rə'vy:ən]⟩ **1** ⟨veraltet⟩ *Heeres-, Truppenschau, Parade* **2** ⟨heute⟩ *musikal. Bühnenstück mit aufwändiger Bühnen- u. Kostümgestaltung, oft mit Ballett, Ausstattungsstück* **3** *bebilderte Zeitschrift mit allgemeinen Überblicken, Magazin* ◆ etwas Revue passieren lassen *(in Gedanken) an sich vorüberziehen lassen* [frz., „Übersicht, Rundschau, Besichtigung"]
**Rex** ⟨m.; -; unz.; im antiken Rom Titel für⟩ *König*
**Rezensent** ⟨m. 16⟩ *Verfasser einer Rezension, Kritiker* [< lat. *recensens* „musternd", Part. Präs. von *recensere;* → *rezensieren*]
**rezensieren** ⟨V. t.; hat⟩ Bücher, Filme, Theateraufführungen, Fernsehspiele, Computerspiele rezensieren *in Zeitung od. Rundfunk kritisch besprechen* [< lat. *recensere* „sorgfältig prüfen, mustern"; zu *censere* „begutachten, einschätzen"]
**Rezension** ⟨f. 20⟩ *krit. Besprechung von Büchern, Filmen, Theateraufführungen, Fernsehsendungen u. Ä. in Zeitung od. Rundfunk* [< lat. *recensio* „Musterung"; → *rezensieren*]
**rezent** ⟨Adj.⟩ **1** *neu, frisch, gegenwärtig* **2** ⟨Biol.⟩ *noch in der Gegenwart lebend;* Ggs *fossil* **3** ⟨Geol.⟩ *in der jüngeren Erdzeit gebildet* [< lat. *recens* „frisch, neu, jung"]
**Rezept** ⟨n. 11⟩ **1** *Anleitung zum Zubereiten einer Speise* (Backrezept, Kochrezept) **2** *schriftl. Anweisung des Arztes an den Apotheker zur Abgabe eines Medikamentes* ◆ ein Rezept **ausstellen,** schreiben; ein neues Rezept **ausprobieren** ◆ das ist ein **gutes** Rezept gegen deine Ängstlichkeit ⟨fig.; umg.⟩ *Mittel* [< lat. *receptum* „das Genommene", Neutrum des Part. Perf. von *recipere* „zurück-, aufnehmen"; urspr. Vermerk des Apothekers, dass er die Anordnung des Arztes (eingeleitet durch lat. *recipe* ... „nimm ...") befolgt hat]
**rezeptfrei** ⟨Adj.⟩ *ohne Rezept erhältlich* ◆ rezeptfreies Medikament
**Rezeption** ⟨f. 20⟩ **1** *An-, Auf-, Übernahme* **2** *Empfang* **3** ⟨in Hotels⟩ *Empfangsbüro* ◆ die Rezeption eines Gastes im Hotel [< lat. *receptio* „Aufnahme, Annahme"; zu *recipere* „aufnehmen"]
**Rezeptionsästhetik** ⟨f.; -; unz.; Lit.⟩ *Erforschung der Wirkungsgeschichte von literarischen Werken*
**rezeptiv** ⟨Adj.⟩ **1** *Sinneseindrücke (nur) aufnehmend, empfangend* **2** *empfänglich* [< frz. *réceptif* „empfänglich"]
**Rezeptor** ⟨m. 23⟩ **1** ⟨veraltet⟩ *Empfänger* **2** *Steuereinnehmer* **3** ⟨Biol.⟩ *Organ zur Aufnahme von mechanischen* (Mechanorezeptor), *chemischen* (Chemorezeptor), *thermischen* (Thermorezeptor) *u. Lichtsinnesreizen* (Fotorezeptor) [< lat. *receptor* „Empfänger"; zu *recipere* „auf-, annehmen"]
**rezeptpflichtig** ⟨Adj.⟩ *nur gegen ärztl. Rezept erhältlich, verschreibungspflichtig* ◆ ein rezeptpflichtiges Medikament
**Rezeptur** ⟨f. 20⟩ **1** *Herstellung einer Arznei nach einem Rezept* **2** *der dafür bestimmte Raum in der Apotheke* **3** ⟨veraltet⟩ *Steuereinnehmerei* [→ *Rezept*]

REVOLVER

**Rezess** ⟨m. 1⟩ **1** *Auseinandersetzung* **2** *Vergleich* **3** *schriftlich fixiertes Verhandlungsergebnis* [< lat. *recessus* „Rückgang"; zu *recedere* „zurückgehen"]
**Rezession** ⟨f. 20⟩ *Rückgang (der Konjunktur)*
**rezessiv** ⟨Adj.; Biol.⟩ *von anderen Erbanlagen überdeckt;* Ggs *dominant* [< frz. *récessiv;* → *Rezess*]
**Rezessivität** ⟨[-vi-] f. 20; unz.; Vererbungslehre⟩ *Zurücktreten bestimmter genetischer Merkmale;* Ggs *Dominanz*
**Rezipient** ⟨[-piɛnt] m. 16⟩ **1** *Empfänger (einer Information)* **2** ⟨Phys.⟩ *Behälter, der luftleer gepumpt werden kann* **3** *metallene Grundplatte zur Aufnahme des Schmelzes (bei Emailarbeiten)* ◆ ein aufmerksamer Rezipient [< lat. *recipiens* „aufnehmend", Part. Präs. von *recipere;* → *rezipieren*]
**rezipieren** ⟨V. t.; hat⟩ *auf-, an-, übernehmen* [< lat. *recipere* „zurücknehmen, annehmen, aufnehmen"; zu *capere* „fassen, greifen"]
**reziprok** ⟨Adj.⟩ **1** *wechsel-, gegenseitig* **2** *umgekehrt* [< lat. *reciprocus* „auf derselben Bahn zurückkehrend"]
**Reziprozität** ⟨f. 20; unz.⟩ *Wechselseitigkeit, Gegenseitigkeit, Wechselbeziehung*
**Rezitation** ⟨f. 20⟩ *künstlerischer (gesprochener) Vortrag (z. B. eines Gedichtes)* [< lat. *recitatio* „das Vorlesen, Vortrag"; zu *recitare* „laut vortragen"]
**Rezitativ** ⟨n. 11⟩ *Sprechgesang in Oper, Oratorium, Kantate, auch als Einleitung einer Arie* [< ital. *recitativo* „Sprechgesang"]
**rezitieren** ⟨V. t.; hat⟩ *künstlerisch vortragen* (Gedicht), *auswendig hersagen* [< lat. *recitare* „laut vortragen"]
**rh** ⟨Abk. für⟩ *Rhesusfaktor negativ*
**Rh** **1** ⟨Chem.; Zeichen für⟩ *Rhodium* **2** ⟨Abk. für⟩ *Rhesusfaktor positiv*
**Rhabarber** ⟨m. 3; unz.⟩ *Knöterichgewächs mit großen Blättern, deren Stiele zu Kompott* (Pontischer Rhabarber) *od. als Abführmittel* (Gemeiner Rhabarber) *verwendet werden: Rheum* [< ital. *rabarbaro* < grch. *rha barbaron* < grch. *rha, rheon,* vermutl. zu *Rha,* dem grch. Namen der Wolga + *barbaron* „fremdländisch" < russ. *reven* < pers. *rewend,* der Bez. für die Pflanze]
**Rhachitis** ⟨[-xi:-] f.; -, -tiden; Med.⟩ = *Rachitis*
**Rhapsodie** ⟨f. 19⟩ **1** ⟨Lit.⟩ **1.1** ⟨urspr.⟩ *von den Rhapsoden (wandernde Sänger) vorgetragenes, erzählendes Gedicht oder Teil einer Dichtung* **1.2** ⟨heute⟩ *Gedicht in freier Form* **2** ⟨Mus.⟩ **2.1** *balladenhaft erzählendes Gesangstück* **2.2** *Instrumentalstück über Volksweisen, meist balladenhaft*
**rheinfränkisch** ⟨Adj.⟩ *Franken den Rhein entlang betreffend, dazu gehörig* ◆ rheinfränkische Mundart *eine oberfränk. Mundart in Hessen, Lothringen, der Rheinpfalz u. Teilen von Württemberg*
**rheinisch** ⟨Adj.⟩ *zum Rhein u. seiner Landschaft gehörig, von dort stammend*
**rheinländisch** ⟨Adj.⟩ *zum Rheinland gehörig, von dort stammend*

**Rhema** ⟨n.; -s, -ta; Sprachw.⟩ **1** *Teil des Satzes, der die wesentliche Information, den Kern der Aussage enthält;* Ggs *Thema (3.1)* **2** *Kommentar;* Ggs *Thema (3.2)* [grch., „Ausspruch"]
**Rhenium** ⟨n.; -s; unz.; Chem.; Zeichen: Re⟩ *chem. Element, edelmetallähnliches Schwermetall, Ordnungszahl 75* [zu lat. *rhenus* „Rhein"]
**Rheostat** ⟨m. 1 od. m. 16; El.⟩ ▼ *mittels Schleifkontakts regelbarer elektrischer Widerstand* [< grch. *rheos* „Fluss" + *statos* „stehend"]
**Rhesusaffe** ⟨m. 17⟩ *zu den Meerkatzenartigen gehörende Schmalnase von mittlerer Größe, in Laboratorien beliebtes Versuchstier: Macaca mulatta*
**Rhesusfaktor** ⟨m. 23; unz.; kurz: Rh-Faktor⟩ *erbliche Eigenschaft der roten Blutkörperchen, deren Vorhandensein bei Bluttransfusionen u. Schwangerschaften überprüft wird, um gesundheitlichen Schäden vorzubeugen, da es bei Nichtübereinstimmung zur Klumpenbildung des Blutes durch Bildung von Antikörpern kommen kann*
**Rhetorik** ⟨f. 20; unz.⟩ **1** *Redekunst* **2** *Lehre von der Redekunst* [< grch. *rhetorike (techne)* „Redekunst"]
**rhetorisch** ⟨Adj.⟩ *die Rhetorik betreffend, auf ihr beruhend, rednerisch* ◆ rhetorische Frage *Frage, auf die keine Antwort erwartet wird*
**Rheuma** ⟨n. 15; unz.; kurz für⟩ *Rheumatismus*
**Rheumatismus** ⟨m.; -, -men⟩ *schmerzhafte Entzündung von Gelenken, Muskeln u. serösen Häuten;* Sy ⟨kurz⟩ *Rheuma* [< lat. *rheumatismus* < grch. *rheumatismos,* eigtl. „das Fließen"; zu *rhein* „fließen, strömen"]
**Rh-Faktor** ⟨m. 23; unz.; kurz für⟩ *Rhesusfaktor*

## RHEOSTAT

Der Rheostat ist ein veränderlicher Widerstand, der durch einen Schleifkontakt längs eines Metallstabs gesteuert wird. Je länger der aufgewickelte Draht ist, umso größer ist auch der Widerstand.

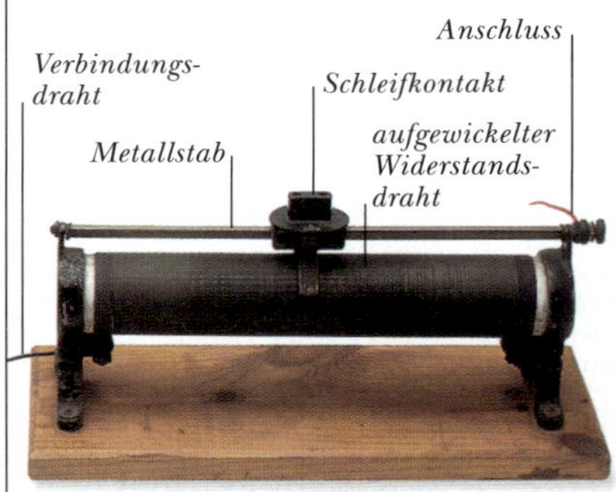

FRÜHER RHEOSTAT

**Rhinitis** ⟨f.; -, -tiden; Med.⟩ *Entzündung der Nasenschleimhaut* [→ *Rhinozeros*]
**Rhinoskopie** ⟨f. 19⟩ = *Nasenspiegelung*
**Rhinozeros** ⟨n.; - od. -ses, -se⟩ **1** ⟨Zool.⟩ ► = *Nashorn* **2** ⟨fig.; umg.; abwertend⟩ *Dummkopf, Tölpel* [< lat. *rhinoceros* < grch. *rhinokeros* < grch. *rhis,* Gen. *rhinos* „Nase" + *keras* „Horn"]
**Rhizoid** ⟨n. 11⟩ *wurzelartiges Gebilde (z. B. bei Algenpilzen)* [< grch. *rhiza* „Wurzel"]
**Rhizom** ⟨n. 11⟩, **Rhizoma** ⟨n.; -s, -ta; Bot.⟩ ► = *Wurzelstock* [< grch. *rhiza* „Wurzel"]
**Rh-negativ** ⟨Adj.⟩ *den Rhesusfaktor nicht aufweisend;* Ggs *Rh-positiv*
**Rho** ⟨n. 15; Zeichen: ϱ, P⟩ *17. Buchstabe des grch. Alphabets*

**Rhodium** ⟨n.; -s; unz.; Chem.; Zeichen: Rh⟩ *chem. Element, sehr hartes Platinmetall, Ordnungszahl 45* [zu grch. *rhodon* „Rose"]

**Rhododendron** ⟨n. od. m.; -s, -dren; Bot.⟩ ► *Angehöriger einer Gattung immergrüner Heidekrautgewächse: Rhododendron* [< grch. *rhodon* „Rose" + *dendron* „Baum"]

RHODODENDRON: BALLRHODODENDRON (*Rhododendron yakushimanum*)

**rhombisch** ⟨Adj.⟩ *die Form eines Rhombus besitzend, in Form eines Rhombus (dargestellt)*

**Rhomboeder** ⟨n. 13; Geom.⟩ ► *von sechs Rhomben gebildeter Körper, von denen jeweils zwei in parallelen Ebenen liegen* [< *Rhombus* + grch. *hedra* „Sitz, Fläche"]

**Rhomboid** ⟨n. 11; Geom.⟩ *ungleichseitiges, schiefwinkliges Parallelogramm* [< *Rhombus* + grch. *eidos* „Aussehen"]

**Rhombus** ⟨m.; -, Rhomben; Geom.⟩ *schiefwinkliges Parallelogramm mit gleichen Seiten;* Sy *Raute* [< grch. *rhombos,* eigtl. „Umdrehung"]

**Rh-positiv** ⟨Adj.⟩ *den Rhesusfaktor besitzend;* Ggs *Rh-negativ*

**Rhythmen** ⟨Pl. von⟩ *Rhythmus*

**Rhythmik** ⟨f. 20; unz.⟩ **1** *Lehre von Rhythmus u. rhythmischer Bewegung* **2** ⟨Sp.⟩ = *rhythmische Gymnastik*

**rhythmisch** ⟨Adj.⟩ *den Rhythmus, die Rhythmik betreffend, auf ihnen beruhend, in gleichen zeitl. Abständen erfolgend* ♦ rhythmische Gymnastik ⟨Sp.⟩ *die Umsetzung von musikal. Rhythmen in schwingende, natürliche Körperbewegungen zur harmon. Durchbildung des Körpers;* Sy *Rhythmik (2)*

**Rhythmus** ⟨m.; -, -men⟩ **1** *zeitl. Ebenmaß* **2** *gleichförmige Gliederung eines Ton- od. Bewegungsablaufs* **3** *gleichmäßige Wiederkehr von Vorgängen* **4** *Gliederung eines Kunstwerkes durch gleichmäßig wiederholte, gleiche od. ähnliche Formen* ♦ freie Rhythmen *reimlose, durch kein bestimmtes Versmaß u. nicht in Strophenform gebundene, stark rhythmisch bewegte Verszeilen* [< lat. *rhythmus* < grch. *rhythmos* „geregelte Bewegung, Zeitmaß, Gleichmaß"]

**Riboflavin** ⟨[-viːn] n.; -s; unz.; Biochem.⟩ *gelber organischer Naturstoff, Faktor des Vitamin-*$B_2$*-Komplexes* [< *Ribose* + lat. *flavus* „gelb"]

**Ribonucleinsäure** ⟨[-kleiːn] f. 19; unz.; Abk.: RNS od. (engl.) RNA; fachsprachl.⟩ = *Ribonukleinsäure*

**Ribonukleinsäure** ⟨[-kleiːn] f. 19; unz.; Abk.: RNS od. (engl.) RNA⟩ *eine Nukleinsäure, die als Zuckerkomponente die Ribose enthält; besitzt u. a. wichtige Funktionen bei der Übertragung der genetischen Informationen des Zellkerns zu den Orten der Proteinbiosynthese u. bei der Proteinbiosynthese selbst;* oV ⟨fachsprachl.⟩ *Ribonucleinsäure* [< *Ribose* + *Nukleinsäure*]

**Ribosom** ⟨n. 11⟩ *nur mit dem Elektronenmikroskop sichtbares, aus Ribonukleinsäure u. Eiweiß bestehendes Zellkörnchen, das der Eiweißsynthese dient* [< *Ribose* + grch. *soma* „Körper"]

**Richtantenne** ⟨f. 19⟩ *Antenne mit gerichtetem Sende- u. Empfangsverhalten*

**Richtbaum** ⟨m. 1u⟩ *zum Richtfest auf dem Dachfirst aufgerichteter, mit Kranz u. Bändern verzierter Balken (Baum)*

**Richtblei** ⟨n. 11⟩ *Senkblei, Lot*

**richten** ⟨V.; hat⟩ **I** ⟨V. t.⟩ jmdn., etwas od. sich richten **1** *in die richtige Lage, Stellung, Richtung bringen, (richtig) einstellen* **2** *in gerade Richtung bringen* **3** *eben od. gerade machen (Bleche, Stangen)* **4** ⟨süddt.⟩ *instand setzen, in Ordnung bringen* **5** *vorbereiten (Fest)* **6** *zubereiten (Essen)* **7** *zurechtmachen (Tafel, sich selbst)* **8** *hinrichten* ♦ er hat sich selbst gerichtet *er hat sich der Verurteilung durch Selbstmord entzogen;* die **Betten** für die Gäste richten; er hat mir mein **Fahrrad** wieder gerichtet; ein **Gebäude** richten *die Dachbalken eines Gebäudes aufsetzen* ♦ eine Aufforderung, eine Bitte, eine Frage **an** jmdn. richten *ihn auffordern, bitten, fragen;* seine Aufmerksamkeit, sein Augenmerk, sein Interesse, den Sinn, seine Wünsche **auf** etwas richten; das Fernrohr, die Waffe auf ein Ziel richten; richten Sie sich bitte **danach!** *bitte verhalten Sie sich so, wie man es Ihnen gesagt hat;* sein ganzes Streben ist **darauf** gerichtet, möglichst schnell Karriere zu machen; **gegen** wen richtet sich dein Verdacht?; die Waffe gegen etwas od. jmdn. richten; die Magnetnadel richtet sich **nach** dem magnetischen Pol der Erde; sich nach jmds. Wünschen richten; die Endung des Verbums richtet sich nach dem Subjekt; jmdn. **zugrunde** richten *jmdn. in seiner Existenz vernichten* **II** ⟨V. i.⟩ *ein Urteil fällen, Recht sprechen, urteilen* ♦ **gerecht,** milde, streng, unparteiisch in einer Sache richten ♦ **über** jmdn. od. etwas richten [< ahd. *rihten;* → *recht*]

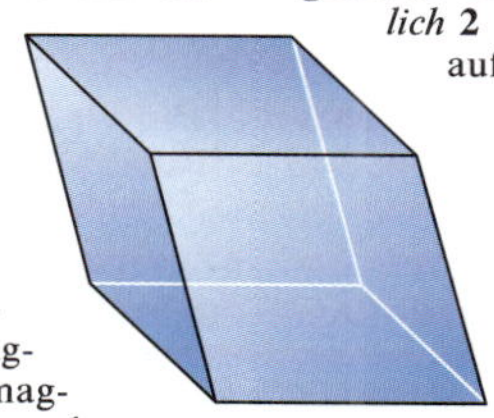

RHOMBOEDER

**Richter** ⟨m. 3⟩ **1** ⟨i. w. S.⟩ *jmd., der über etwas od. jmdn. richtet* **2** ⟨i. e. S.⟩ *mit der Entscheidung von Rechtsstreitigkeiten vom Staat bevollmächtigter Beamter* **3** Richter ⟨Pl.; nach bibl. Überlieferung⟩ *Stammeshelden u. zeitweise Regenten der Israeliten zwischen der Landnahme u. der Einsetzung des Königtums* **4** ⟨El.; kurz für⟩ *Gleichrichter* ♦ das Buch der Richter *über die Geschichte der Richter berichtender Teil des AT;* ein **gerechter,** milder, strenger, ungerechter, weiser Richter; der **höchste** Richter *Gott* ♦ jmdn. oder etwas **vor** den Richter bringen; man soll sich nicht **zum** Richter über seine Mitmenschen aufwerfen, machen [< ahd. *rihtari;* → *richten*]

**Richterskala,** ⟨auch⟩ **Richter-Skala** ⟨f.; -, -skalen⟩ *nach oben offene Skala zum Messen der Stärke von Erdbeben* [nach dem amerik. Seismologen C.F. *Richter,* 1900-1985]

**Richtfest** ⟨n. 11⟩ *Fest der Bauhandwerker (u. oft Hausbesitzer) wenn der Dachstuhl eines Neubaus aufgesetzt ist*

**Richtfeuer** ⟨n. 13⟩ *Leitfeuersignal für Schiffe u. Flugzeuge*

**Richtgeschwindigkeit** ⟨f. 20; unz.⟩ *empfohlene Höchstgeschwindigkeit für Kraftfahrzeuge*

**richtig I** ⟨Adj.⟩ **1** *so, wie es sein soll, wie es sich gehört, genau stimmend, passend, den Tatsachen entsprechend, zutreffend* **2** *regelrecht, fehlerfrei* **3** *echt, eigentlich, wirklich* ♦ richtig! ⟨bestätigend, ermunternd⟩; du gehst von der richtigen **Annahme,** Voraussetzung aus, dass ...; die **Antwort** war richtig; richtige **Aussprache,** Betonung; es war ein richtiges **Durcheinander;** den richtigen **Farbton** treffen; wir spielen um richtiges **Geld** *nicht um Spielgeld;* er ist noch ein richtiges **Kind;** ich will versuchen, die Dinge ins richtige **Licht** zu rücken ⟨fig.⟩ *klar zu machen;* wir hatten in diesem Jahr keinen richtigen **Sommer;** auf dem richtigen **Wege** sein ⟨a. fig.⟩; es ist der richtige **Zeitpunkt** dafür ♦ etwas richtig **beurteilen; geht** deine Uhr richtig?; er hat nichts Richtiges **gelernt** *er hat keine ordentliche Berufsausbildung;* richtig **rechnen;** ein Wort richtig **schreiben;** das kann nicht richtig **sein;** du bist (mir) der Richtige! ⟨iron.⟩ *gerade dich kann ich dabei, dafür nicht gebrauchen;* etwas ist da nicht richtig ⟨fig.; umg.⟩ *nicht in Ordnung;* er hat den Irrtum richtig **gestellt;** wenn ich ihn richtig **verstanden** habe, will er ... ♦ das ist **ganz** richtig; es ist nicht ganz richtig mit ihm ⟨fig.; umg.⟩ *er ist nicht ganz bei Verstand;* es ist **gerade** richtig (so) ♦ sie ist **an** den Richtigen geraten, gekommen *sie hat den passenden Mann gefunden;* etwas **für** richtig halten; wir halten es für das Richtigste wenn ...; **sehr** richtig! ♦ hat denn niemand eine richtig **gehende** Uhr? **II** ⟨Partikel; umg.⟩ **1** *tatsächlich* **2** *sehr* ♦ er wurde richtig ärgerlich, aufgebracht, zornig [→ *recht*]

**richtiggehend** ⟨Adj.; fig.⟩ *vollkommen, ausgesprochen, wirklich* ♦ sie wurde richtiggehend böse

**Richtigkeit** ⟨f. 20; unz.⟩ *das Richtigsein, ordnungsgemäße Beschaffenheit* ♦ die Richtigkeit einer Aussage **anzweifeln,** bezweifeln; die Richtigkeit einer Abschrift **beglaubigen,** bescheinigen, bestätigen; die Richtigkeit **feststellen,** prüfen; es wird schon seine Richtigkeit **haben** *es wird schon richtig sein* ♦ **an** der Richtigkeit einer Behauptung zweifeln

**Richtkranz** ⟨m. 1u⟩ *Kranz auf dem Richtbaum*

**Richtlinie** ⟨[-niə] f. 19; meist Pl.⟩ *Grundsatz, Vorschrift, Anweisung* ♦ die Richtlinien beachten, einhalten, außer Acht lassen

**Richtlot** ⟨n. 11⟩ = *Lot (2)*

**Richtplatz** ⟨m. 1u; früher⟩ *Platz für (öffentl.) Hinrichtungen*

**Richtpreis** ⟨m. 1⟩ **1** *behördlich festgesetzter Preis, dessen Einhaltung aber nicht erzwungen werden kann* **2** *vom Hersteller einer Ware empfohlener Ladenpreis*

**Richtschnur** ⟨f. 7u; unz.⟩ **1** *Schnur für den Maurer, Gärtner usw. zum Bezeichnen gerader Linien auf od. über der Erde* **2** ⟨fig.⟩ *Grundsatz, nach dem man sich richtet* ♦ das soll mir als Richtschnur dienen; sich etwas zur Richtschnur seines Handelns machen

**Richtspruch** ⟨m. 1u⟩ *Urteilsspruch*

**Richtung** ⟨f. 20⟩ **1** *das Gerichtetsein* **2** *Wendung auf ein Ziel zu, Verlauf* **3** *Strömung, Bewegung (innerhalb der Kunst, Politik usw.* (Kunstrichtung, Stilrichtung) **4** ⟨fig.⟩ *Neigung, Streben* **5** ⟨umg.⟩ *Hinsicht* ♦ die Richtung der **Autobahn,** einer Bahnlinie, eines Flusses; die Richtung einer **Partei** ♦ die Richtung **ändern,** beibehalten, wechseln; einer bestimmten Richtung **angehören** *sie vertreten;* eine falsche Richtung **einschlagen; sein:** das ist nicht meine Richtung ⟨fig.⟩; jmdm. die Richtung **zeigen** ♦ eine **andere** Richtung einschlagen, nehmen; in **nördlicher** Richtung fliegen; eine **politische** Richtung; das ist die **verkehrte** Richtung ♦ **aus** welcher Richtung ist das Auto gekommen?; **in** welche Richtung gehst du?

**Richtungsanzeiger** ⟨m. 3; kurz für⟩ *Fahrtrichtungsanzeiger*

**richtungweisend** ⟨Adj.⟩ *wegweisend, bestimmend* ♦ für etwas richtungweisend sein

**Richtwaage** ⟨f. 19⟩ = *Wasserwaage*

**Richtwert** ⟨m. 1⟩ *vorgegebener Vergleichswert, an dem Werte gemessen werden können*

**Ricke** ⟨f. 19⟩ *weibl. Reh nach dem ersten Wurf* [vermutl. zu *Reh* nach *Sicke* gebildet]

**Ridikül** ⟨m. 1 od. n. 11; veraltet⟩ ► *Handarbeitsbeutel, Handtäschchen* [< frz. *réticule* „Handtäschchen" < lat. *reticulum;* Verkleinerungsform zu *rete* „Netz"]

RIDIKÜL: BESTICKTES RIDIKÜL DES 19. JH.

**riechen** ⟨V. 198; hat⟩ **I** ⟨V. i.⟩ *einen Geruch von sich geben, ausströmen* ◆ sein Atem riecht; es riecht **angebrannt,** brenzlig; **angenehm,** gut, scharf, schlecht, stark, streng, unangenehm, widerlich riechen ◆ **an** etwas riechen *einen Geruch an etwas wahrzunehmen suchen;* an einer Blume, einer Parfümflasche riechen; er riecht **aus** dem Mund; es riecht **nach** Fisch, Käse, Knoblauch **II** ⟨V. t.⟩ etwas riechen *einen Geruch von etwas wahrnehmen* ◆ riechst du nichts?; du darfst mal riechen (wenn du schon nichts davon haben darfst) ⟨fig.; umg.⟩; das kann ich doch nicht riechen! ⟨fig.; umg.⟩ *woher soll ich das wissen?;* etwas od. jmdn. nicht riechen können ⟨fig.; umg.⟩ *nicht leiden, nicht ausstehen können* [< ahd. *richhan* „rauchen, dampfen, duften, einen Geruch empfinden"]

**Riecher** ⟨m. 3; fig.; umg.⟩ einen Riecher dafür haben *ein Gefühl dafür haben*

**Riechhirn** ⟨n. 11; Anat.⟩ *Teil der Großhirnhemisphäre, in dem der Geruchssinn lokalisiert ist: Rhinencephalon*

**Riechnerv** ⟨m. 23 od. fachsprachl.: m. 16⟩ *Nerv, der vom Geruchsorgan zum Riechhirn führt: Nervus olfactorius;* Sy *Geruchsnerv, Olfaktorius*

**Riechorgan** ⟨n. 11⟩ **1** ⟨Anat.⟩ ► = *Nase (1)* **2** *der Wahrnehmung von Geruch dienendes Organ niederer Tiere;* Sy *Riechwerkzeug*

**Riechwerkzeug** ⟨n. 11⟩ = *Riechorgan (2)*

**Ried** ⟨n. 11⟩ **1** = *Schilf (2)* **2** = *Röhricht* **3** = *Moor* [< ahd. *(h)riot,* engl. *reed*]

**Riedgras** ⟨n. 12u; unz.; Bot.⟩ **1** ⟨i. w. S.⟩ *Mitglied einer Familie grasartiger Pflanzen mit festen, kaum knotig gegliederten Stängeln: Cyperaceae* **2** ⟨i. e. S.⟩ = *Segge*

**Riege** ⟨f. 19; Sp.⟩ *Gruppe von Turnern unter einem Vorturner* [< mhd. *rige, rihe* „Linie, Reihe"; → *Reihe*]

RIESENEISVOGEL (*Dacelo gigas*)

**Riegel** ⟨m. 5⟩ **1** *Querholz* **2** *einseitige Verschlussvorrichtung an Türen, Fenstern* **3** *Querbalken am Fachwerkbau* **4** *eingeteilter Streifen, z. B. bei Seife, Schokolade* **5** *Stoffspange als Kleid-, Jackenverschluss* ◆ ein Riegel **Kernseife,** Schokolade ◆ den Riegel **vorlegen,** vorschieben (an der Tür); einer Sache einen Riegel vorlegen, vorschieben ⟨fig.⟩ *ihre Wiederholung verhindern;* einen Riegel **zurückschieben** ◆ ein **eiserner,** hölzerner Riegel [< ahd. *rigil* „schmales Schiebeholz"]

**Riegelwand** ⟨f. 7u⟩ *Wand aus Fachwerk*

**Riegelwerk** ⟨n. 11; unz.; Arch.⟩ ► = *Fachwerk (1)*

**Riemen**[1] ⟨m. 4⟩ **1** *Streifen aus Leder, Gummi od. Stoff, der oft zur Kraftübertragung dient* (Treibriemen) **2** *schmales Stück Leder* **3** *Lederstreifen mit Schnalle u. Löchern zum Verschließen (als Gürtel, am Schuh usw.)* **4** *lederner Schnürsenkel* ◆ (sich) den Riemen enger schnallen ⟨fig.; umg.⟩ *sich sehr einschränken;* sich am Riemen reißen ⟨fig.; umg.⟩ sich anstrengen [< ahd. *riomo*]

**Riemen**[2] ⟨m. 4; Mar.⟩ *Ruder* ◆ sich (tüchtig) in die Riemen legen *kräftig rudern;* ⟨fig.; umg.⟩ *sich anstrengen, für etwas einsetzen* [< ahd. *riemo* < lat. *remus* „Ruder"]

**Ries**[1] ⟨n. 11; bei Maßangaben Pl.: -⟩ *Papierballen, Papiermaß* (in Deutschland 1000 Blatt) ◆ 2 Ries Papier [< mhd. *ris, riz, rist* < mlat. *risma* < span., port. *resma* < arab. *rizma* „Paket, Bündel"]

**Ries**[2] ⟨n. 11; unz.⟩ *fruchtbare Landschaft vulkan. Ursprungs zwischen Schwäbischer u. Fränkischer Alb* [< lat. *raetia*]

**Riese** ⟨m. 17⟩ **1** *Märchen- u. Sagengestalt, menschliches, übernatürlich großes Wesen, entweder gutmütig-tölpelhaft od. dem Menschen feindlich* **2** ⟨fig.⟩ *sehr großer Mensch* ◆ er ist kein Riese ⟨fig.⟩ *er ist nicht sehr groß;* ein Riese an Geist ⟨fig.⟩ [< ahd. *risi, riso;* Herkunft nicht geklärt]

**Rieselfeld** ⟨n. 12⟩ *Feld, über das die Abwässer einer Stadt zur Reinigung fließen, wobei die festen Bestandteile in Kläranlagen zurückgehalten werden*

**rieseln** ⟨V. i.; hat/ist⟩ **1** *sacht fließen, rinnen* **2** *in feinen Tropfen fallen* (Regen) ◆ hier hat einst ein Bach, eine Quelle gerieselt; Körner, Sand durch die Finger rieseln lassen; Angst, ein Schauder rieselt mir über den Rücken [< mhd. *riselen* „tröpfeln, leise regnen"]

**riesen..., Riesen...** ⟨in Zus.⟩ *sehr groß, übermäßig groß,* z. B. Riesenhunger, riesenstark

**Riesenblume** ⟨f. 19; Bot.⟩ *Schmarotzerpflanze, die das Gewebe ihrer Wirtspflanze durchdringt u. selbständig nur Blüten mit einem Durchmesser bis zu 1 m bildet*

**Rieseneisvogel** ⟨m. 5u; Zool.⟩ ◄ *mit 45 cm einer der größten Eisvögel, der in Ostaustralien, Tasmanien sowie Neuguinea verbreitet ist u. sich von Insekten, Reptilien, kleinen Säugetieren u. Vögeln ernährt: Dacelo gigas*

**Riesenmuschel** ⟨f. 21⟩ *bis zu 200 kg schwere, 1,20 m große Muschel an Korallenbänken: Tridacna gigas*

**Riesenrad** ⟨n. 12u⟩ ► *Karussell in Form eines bis zu 60 Meter hohen, senkrecht stehenden Rades, das am Rand in regelmäßigen Abständen mit Fahrgastgondeln bestückt ist*

**Riesensalamander** ⟨m. 3⟩ *größte lebende Amphibie, wird bis zu 150 cm lang: Megaloba trachus maximus*

**Riesenschildkröte** ⟨f. 19⟩ *größte Landschildkröte, bis 1,5 m lang u. 215 kg schwer: Testudo gigantea*

**Riesenschlange** ⟨f. 19⟩ *bis 10 m lange, ungiftige Angehörige der ursprünglichsten Familie der Schlangen, Reste der Hinterbeine als Aftersporne noch neben der Kloake sichtbar: Boidae;* ► *Schlangen*

**Riesenslalom** ⟨m. 6; Sp.⟩ *Skirennen, bei dem die Wettkämpfer einer durch Kontrolltore bestimmten Strecke zu folgen haben, Höhenunterschied für Männer 400 m, Frauen 300 m* ◆ er ist Sieger des Riesenslaloms

**Riesenwuchs** ⟨[-ks] m.; -es; unz.⟩ *übermäßiges Wachstum;* Sy *Hypersomie, Makrosomie*

**riesig** ⟨Adj.⟩ **1** *groß wie ein Riese, sehr, übermäßig groß* **2** ⟨fig.⟩ *gewaltig, schrecklich,* ⟨umg.⟩ *sehr* ◆ von riesigen Ausmaßen, von riesiger Größe sein; sich riesig freuen ⟨umg.⟩; es war riesig nett ⟨umg.⟩

**Riesling** ⟨m. 1⟩ *edle, sehr aromat. Traubensorte für Weißweine* [Herkunft nicht geklärt]

**Riff** ⟨n. 11⟩ *Felsenbank, Klippe, Felsengrat im Meer* ◆ das Schiff ist auf ein Riff aufgelaufen; → a. *Korallenriff* [< nddt. < mnddt. *rif, ref* < nord. (aisl. *rif* „Riff, Rippe")]

**riffeln** ⟨V. t.; hat⟩ **1** *mit Riffeln, Rillen versehen* **2** ⟨Techn.⟩ Flachs riffeln *kämmen, um die Samenkapseln von den Halmen zu entfernen*

**rigid, rigide** ⟨Adj.⟩ *steif, starr, streng* [< lat. *rigidus* „starr, steif"]

**Rigips** ⟨m. 1; unz.⟩ *beidseitig mit Pappe beschichtete Gipsplatte* [verkürzt < *Rigaer Gips;* nach der Stadt *Riga* in Lettland]

**Rigole** ⟨f. 19⟩ *Rinne, kleiner Abzugsgraben zur Entwässerung* [zu nddt. *riolen* „tief umpflügen, umgraben"]

RIND: LANGHÖRNIGE KUH

**rigoros** ⟨Adj.; -er, am -esten⟩ **1** *streng, hart, unerbittlich* **2** *scharf, rücksichtslos* ◆ rigorose Ansichten vertreten; eine rigorose Strafe verhängen [< mlat. *rigorosus* „streng, hart"; zu lat. *rigor* „Steifheit, Härte"]

**Rigorosum** ⟨n.; -s, -rosa⟩ *mündliche Prüfung zum Erlangen des Doktorgrades, Doktorprüfung* [< lat. *rigorosum (examen)* „strenge (Prüfung)"]

**Rikscha** ⟨f. 10; in Ostasien⟩ *zweirädriger Wagen zur Personenbeförderung, der von einem Mann zu Fuß od. auf einem Fahrrad gezogen wird* [< jap. *jinrikischa* „durch Menschen bewegter Wagen"]

**Rille** ⟨f. 19⟩ *Furche, Rinne, Kerbe* [< nddt. *rille* „Rinne, Furche, Flussbett"; Verkleinerungsform zu mnddt. *ride* „Bach, Wasserlauf"; → *rinnen*]

**Rind** ⟨n. 12⟩ **1** ⟨i. w. S.⟩ ▲ *Angehöriges einer Familie der Wiederkäuer: Bovidae;* ► *Säugetiere* **2** ⟨i. e. S.⟩ *Angehöriges einer Gattung dieser Familie, zu der Auerochse, Grunzochse, Wisent und Bison gehören* **3** *wahrscheinlich vom Auerochsen abstammende Zuchtform als Zugtier, Milch- und Fleischlieferant* [< ahd. *(h)rind*]

RIESENRAD

**Rinde** ⟨f. 19⟩ **1** *äußerer Gewebemantel an Stamm, Ast, Wurzel höherer Pflanzen* **2** *bei Menschen u. Tieren das Mark mancher Organe umgebende Schicht* (Hirnrinde) **3** *Kruste, Schale* (Brotrinde, Käserinde) ◆ die Rinde des Baumes; die Rinde ablösen, abschälen; eine glatte, raue, rissige Rinde [< ahd. *rinda, rinta,* engl. *rind*]

**Rinderbremse** ⟨f. 19⟩ *Bremse mit rotgelbem, schwarz gebändertem Hinterleib, Überträger des Milzbrandes, der infektiösen Pferdeanämie u. a. Krankheiten: Tabanus bovinus*

**Rinderpest** ⟨f.; -; unz.⟩ *in Asien u. Nordafrika verbreitete, sehr ansteckende Entzündung der Schleimhäute beim Rind*

**Rindsleder** ⟨n. 13; unz.⟩ *die verarbeitete Haut vom Rind*

**Rindvieh I** ⟨n.; -s; unz.; Sammelbez. für⟩ *Rinder* ◆ Rindvieh halten **II** ⟨Pl.: -viecher; derb⟩ *dummer Mensch*

**Ring** ⟨m. 1⟩ **1** *kreisförmiger Gegenstand, Reif, bes. als Schmuck* (Fingerring), *aus Eisen od. Leichtmetall zum Befestigen von Tauen, Schnüren usw., als Türklopfer, als Fußring bei Vögeln, als Nasenring bei Stieren, aus Gummi als Wurfspielgerät, aus Kork als Rettungsring, aus Meteoriten um Planeten* (Saturnring) **2** *Kettenglied* **3** *abgegrenzter Platz für Wettkämpfe (bes. beim Boxen)* **4** *kreisförmige Straße um den Stadtkern* **5** *Lichthof, Lichtsaum (z. B. um den Mond)* **6** ⟨Chem.⟩ = *zyklische Verbindung* (Benzolring) **7** *kreisförmige Zeichnung im Holz* (Jahresring) **8** *Vereinigung von Großhändlern od. Finanzgruppen* **9** *Vereinigung von Theaterbesuchern zum Abonnementsbesuch* **10** Ringe ⟨Pl.; Sp.; Turnen⟩ *an Seilen schwebendes Doppelturngerät* ◆ damit schließt sich der Ring der **Beweise,** Ermittlungen ⟨fig.⟩ ◆ zur Verlobung einen Ring **anstecken** (an den Finger); einen Ring **bilden;** einen Ring (am Finger) **tragen** ◆ ein **goldener,** kostbarer Ring ◆ **an** den Ringen turnen; wir wohnen am Ring; die Boxer traten **in** den Ring; einen Ring **um** jmdn. schließen; sich **zu** einem Ring zusammenschließen [< ahd. *(h)ring,* engl. *ring;* → *ringen*]

**Ringel** ⟨m. 5⟩ **1** *kleiner Ring* **2** *Teil einer Spirale* **3** *etwas, das kreisförmig gewunden ist* [Verkleinerungsform zu *Ring*]

**Ringelblume** ⟨f. 19; Bot.⟩ ► *Angehörige einer Gattung der Korbblütler mit eingerollten Früchten: Calendula;* ► *Früchte, Kräuter*

RINGELBLUME: GEWÖHNLICHE RINGELBLUME *(Calendula officinalis)*

**Ringelgans** ⟨f. 7u; Zool.⟩ *kleine, fast schwarze Art der Gänse: Branta bernicla*

**ringeln** ⟨V.; hat⟩ **I** ⟨V. t.⟩ *zu Ringen, zu einer Spirale drehen, winden, schlingen* **II** ⟨V. refl.⟩ sich ringeln *sich zu Ringen, zu einem Ring formen* ◆ das Haar ringelt sich (zu Locken)

**Ringelnatter** ⟨f. 21; Zool.⟩ *Art der Nattern mit gelbem, halbmondförmigem Fleck an den Seiten des Kopfes: Natrix natrix;* Sy *Schnake*[1]

**Ringelreim** ⟨m. 1; Lit.⟩ = *Rondeau (I)*

**Ringelrobbe** ⟨f. 19⟩ *zu den Seehunden gehörende Robbe mit hellen Ringen auf der dunklen Oberseite: Phoca hispida*

**Ringeltaube** ⟨f. 19⟩ *blaugraue Taube mit Halsring: Columba palumbus,* Sy *Holztaube*

**Ringelwurm** ⟨m. 2u; Zool.⟩ ► *Angehöriger eines Stammes geringelter, wurmförmiger Tiere: Annelida;* Sy *Annelide, Gliederwurm*

**ringen** ⟨V. 199; hat⟩ **I** ⟨V. t.⟩ **1** die Hände ringen **1.1** *drehend zusammenpressen* **1.2** ⟨fig.⟩ *außer sich sein vor Kummer, Angst usw.* **2** jmdm. etwas aus der Hand ringen *ihm entwinden* **II** ⟨V. i.⟩ **1** *mithilfe bestimmter Körpergriffe kämpfen* **2** ⟨fig.⟩ *schwer kämpfen, heftig streben* ◆ mit einem Entschluss ringen ⟨fig.⟩; mit einem Gegner, miteinander ringen; mit dem Tode ringen *todkrank sein;* nach Atem, Luft ringen; nach Worten ringen; mit jmdm. um ein Problem ringen ⟨fig.⟩; um den Sieg ringen [< ahd. *(h)ringan,* „sich im Kreise oder hin und her bewegen; sich anstrengen, kämpfen"; → *Ring*]

**Ringen** ⟨n.; -s; unz.; Sp.⟩ *waffenloser, nur mit best. Körpergriffen ausgeführter Zweikampf*

**Ringfinger** ⟨m. 3⟩ *der vierte Finger der Hand (vom Daumen aus)*

**ringförmig** ⟨Adj.⟩ **1** *in sich geschlossen wie ein Ring* **2** ⟨Chem.⟩ ringförmige Verbindung = *zyklische Verbindung*

**Ringkampf** ⟨m. 1u; Sp.⟩ *Wettkampf im Ringen*

**Ringknorpel** ⟨m. 5; Anat.⟩ *ringförmiger Knorpel im Skelett des Kehlkopfes*

**Ringmauer** ⟨f. 21⟩ *ringförmige Mauer um Burg od. Stadtkern*

**Ringmuskel** ⟨m. 25⟩ *ringförmig um eine Körperöffnung liegender Muskel, der die Öffnung verschließen kann*

**Ringrichter** ⟨m. 3; Sp.⟩ *Schiedsrichter beim Boxen*

**rings** ⟨Adv.⟩ rings um *um ... herum, auf allen Seiten, überall (um einen Mittelpunkt herum)* ◆ der Zaun läuft rings um den Garten; die Kinder sprangen rings um ihn her; Blumen waren rings um sie verstreut

RISPE: FRUCHTSTAND DER TOMATE

**ringsherum** ⟨Adv.⟩ *im Kreis (um etwas od. jmdn.) herum*

**ringsum** ⟨Adv.⟩ *um ... herum, im Umkreis* ◆ ich konnte ringsum nichts entdecken; ringsum lief ein breiter Graben

**ringsumher** ⟨Adv.⟩ **1** *im Kreis (um etwas od. jmdn.)* **2** *von allen Seiten* ◆ ich sah nichts ringsumher, ⟨od.⟩ rings um mich her; auf 3 Kilometer ringsumher

**Rinne** ⟨f. 19⟩ **1** *lange, schmale, natürliche (z. B. vom Wasser ausgewaschene) od. künstlich angelegte Vertiefung im Boden (zur Be- od. Entwässerung)* **2** *offenes Rohr zum Abfluss von Regen- od. Abwasser* **3** *langer Riss im Eis* **4** *Rille* [< ahd. *rinna;* → *rinnen*]

**rinnen** ⟨V. 200⟩ **I** ⟨V. i.; ist⟩ *langsam, sacht od. spärlich fließen* ◆ Blut rinnt aus der Wunde; der Regen rinnt; Tränen rannen ihm übers Gesicht **II** ⟨V. i.; hat⟩ *undicht, leck sein* ◆ der Topf rinnt [< ahd. *rinnan,* engl. *run*]

**Rinnsal** ⟨n. 11⟩ *sacht fließendes, schmales Wasser, kleiner Bach*

**Rinnstein** ⟨m. 1⟩ **1** *Abflussrinne am Gehsteig, Gosse* **2** *Ausgussbecken in der Küche* **3** ⟨fig.⟩ *Elend, verkommene Umgebung* ◆ jmdn. aus dem Rinnstein auflesen ⟨fig.⟩ *aus einem asozialen Milieu herausholen;* im Rinnstein enden ⟨fig.⟩ *verkommen*

**R.I.P.** ⟨Abk. für lat.⟩ *requiescat in pace! (er/sie/es ruhe in Frieden!)*

**Rippe** ⟨f. 19⟩ **1** ⟨Anat.⟩ *einer der länglichen, gebogenen Knochen (mit knorpeligen Anteilen), die, von der Wirbelsäule ausgehend, nach vorn den Leib des Menschen u. der Wirbeltiere beiderseits umfassen: Costa* **2** ⟨Kochk.⟩ *Fleischstück mit Rippenknochen* **3** ⟨Arch.⟩ *aus dem Gewölbe hervortretender, stützender Bogen* **4** ⟨Bot.⟩ *Ader im Blatt* **5** ⟨allg.⟩ *lange, schmale Erhöhung zwischen zwei Rillen, eingeteilter Streifen, Riegel (bei Schokolade, Seife)* **6** *Teil des im Zimmer befindl. Heizkörpers (bei Dampf- od. Warmwasserheizung)* **7** ⟨Mar.⟩ ► = *Spant* ◆ er hat sich eine Rippe gebrochen [< ahd. *rippa, ribba,* engl. *rib*]

**Rippenfell** ⟨n. 11; unz.⟩ *Teil des Brustfells, der die Innenseite der Rippen überzieht*

**Rippenwerk** ⟨n. 11; unz.⟩ *Gefüge aus Rippen, Gesamtheit der Rippen eines Gewölbes*

**Rips** ⟨m. 1; Textilw.⟩ *geripptes Gewebe mit feiner Kette u. starkem Schuss* (Querrips) *od. mit starker Kette u. feinem Schuss* (Längsrips) [< engl. *ribs* „Rippen", hier „die starken Einschlagfäden"]

**ripuarisch** ⟨Adj.⟩ *am Rheinufer wohnend, bes. aus der Gegend um Köln* ◆ ripuarische Franken; ripuarische Mundart ⟨Sprachw.⟩ *zu den mittelfränk. Mundarten gehörende Mundart um Köln u. Aachen* [zu lat. *ripa* „Ufer"]

**Risiko** ⟨n. 15; Pl. a.: Risiken; Pl. österr.: Risken⟩ *Gefahr,* ⟨bes.⟩ *Verlustgefahr, Wagnis* ◆ ein (kein) Risiko eingehen; das Risiko tragen; das Risiko fürchten, wagen; auf eigenes Risiko [< ital. *risico, risco;* zu *risicare* „Gefahr laufen, wagen" < vulgärlat. **risicare* „Klippen umschiffen"; zu grch. *rhiza* „Wurzel, Klippe"]

**riskant** ⟨Adj.; -er, am -esten⟩ *mit einem Risiko verbunden, gewagt, gefährlich* ◆ ein riskantes Unternehmen; es ist mir zu riskant [< frz. *risquant* „wagend, Gefahr laufend", Part. Präs. von *risquer* „wagen"]

**riskieren** ⟨V. t.; hat⟩ etwas riskieren *ein Risiko für etwas eingehen, auf sich nehmen, etwas wagen* ◆ ein Auge riskieren ⟨umg.; scherzh.⟩ *einen bewundernden Blick auf eine fremde Frau werfen;* Kopf und Kragen ⟨umg.⟩, sein Leben riskieren; eine Lippe ⟨fig.; umg.⟩, ein Wort riskieren *eine Meinung offen aussprechen, auch wenn es einem schaden kann* [< frz. *risquer* „wagen"; zu *risque* „Wagnis" < ital. *risco;* → *Risiko*]

**Risotto** ⟨m.; österr. u. schweiz. a.: n.; -s; unz.⟩ *dicker, in Brühe gekochter u. mit Butter od. Käse angerichteter Reis* [ital.; zu *riso* „Reis"]

**Rispe** ⟨f. 19⟩ ▲ *Blütenstand, bei dem an der Hauptachse der Traube wieder Trauben hängen* [< mhd. *rispe* „Gebüsch"; zu ahd. *hrispahi* „Gesträuch"; → *Reis*[1]]

**Rispengras** ⟨n. 12u; unz.⟩ *Angehöriges einer Gattung der Süßgräser mit zwei- bis vielblütigen Ährchen in Rispen: Poa*

**Riss** ⟨m. 1⟩ **1** *das Reißen* **2** *durch Reißen entstandener Spalt, z. B. im Stoff, in der Mauer, in der Haut* **3** *feine Öffnung, Ritze* **4** *techn. Zeichnung* **5** *Abbildung eines Körpers auf einer Ebene* (Grundriss, Aufriss) **6** ⟨fig.⟩ *Bruch, trennende Kluft* ◆ ihre Freundschaft hat einen Riss **bekommen** ⟨fig.⟩; einen Riss **flicken,** leimen, verschmieren; einen Riss (von einem Haus) **zeichnen** ◆ ein **großer,** kleiner, leichter, tiefer Riss ◆ ein Riss **im**

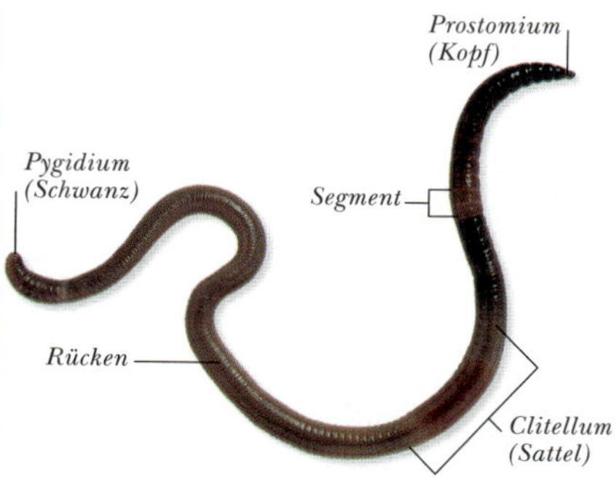


RINGELWURM: REGENWURM *(Lumbricus terrestris)*

R

Eis, im Felsen, im Gestein, in der Haut, im Papier, Stoff [< ahd. *riz* „Furche, Strich, Buchstabe“; → *reißen*]

**rissig** ⟨Adj.⟩ **1** *mit Rissen bedeckt* **2** *aufgesprungen* (Haut) ◆ durch die lange Trockenheit ist der Boden rissig geworden; rissige Haut, Rinde; rissige Wände

**Rist** ⟨m. 1⟩ **1** *Fuß-, Handrücken* **2** ⟨bei Horn- u. Huftieren⟩ ► = *Widerrist* [< ahd. *rist < *wrist, engl. *wrist*]

**ristornieren** ⟨V. t.; hat⟩ *rückgängig machen, zurückbuchen* ◆ eine Buchung ristornieren [< ital. *ristornare* „zurückwenden“]

**rite** ⟨[-te:] Adv.⟩ **1** *ordnungsgemäß, wie es sich gehört, richtig* **2** *genügend (niedrigste Note bei der Doktorprüfung)* [lat., „den bestehenden Bräuchen gemäß“; zu *ritus* „feierlicher religiöser Brauch“]

**Riten** ⟨Pl. von⟩ *Ritus*

**Ritt** ⟨m. 1⟩ **1** *das Reiten, Ausreiten* **2** *Reise zu Pferde* ◆ ein kurzer, langer, scharfer Ritt

**Ritter** ⟨m. 3⟩ **1** ⟨im antiken Rom⟩ *berittener, vermögender Krieger* **2** ⟨im MA⟩ ▼ *adliger Krieger, Edelmann* **3** ⟨in Bayern u. Österreich bis 1918⟩ *niedere Adelsstufe, meist zusammen mit einem Orden verliehen* **4** ⟨heute⟩ *Inhaber eines hohen Ordens, z. B. des Pour le mérite* **5** ⟨fig.⟩ *Kavalier, Begleiter, Beschützer einer Dame* ◆ arme Ritter ⟨Kochk.⟩ *in Milch eingeweichte, in Ei u. Zucker gewendete, in Fett gebackene Weißbrotscheiben* [< mndrl. *riddere,* bis 12. Jh. „Reiter“, dann nur Standesbez.; → *reiten*]

RITTERLING
(*Tricholoma* species)

**Ritterkreuz** ⟨n. 11⟩ *hohe Stufe des Ordens vom Eisernen Kreuz*

**ritterlich** ⟨Adj.⟩ **1** *den Ritter betreffend, zu ihm gehörig, ihm gemäß* **2** *einem Ritter ähnlich* **3** *edel gesinnt, anständig* **4** *schützend-hilfreich, ehrerbietig-aufmerksam, zuvorkommend* ◆ ritterliches Benehmen, ritterliches Verhalten

**Ritterling** ⟨m. 1; Bot.⟩ ▲ *Angehöriger einer Gattung großer Blätterpilze: Tricholoma*

**Ritterorden** ⟨m. 4⟩ *geistl. Orden von Rittern zum Schutz des Heiligen Landes u. der Pilger, zur Hilfe für Kranke u. Verwundete* ◆ Deutscher Ritterorden

**Ritterschlag** ⟨m. 1u; unz.⟩ *Schlag mit dem Schwert zum Zeichen der Aufnahme in den Ritterstand* ◆ den Ritterschlag empfangen

**Rittersporn** ⟨m. 1⟩ *Hahnenfußgewächs mit lang gespornten Blüten u. hohen Stauden: Delphinium;* ► *Früchte* ◆ Feldrittersporn: *Delphinium consolida*

**rittlings** ⟨Adv.⟩ *im Reitersitz* ◆ sich rittlings auf einen Stuhl setzen

**ritual** ⟨Adj.⟩ = *rituell*

**Ritual** ⟨n.; -s, -e od. -lien⟩ *Gesamtheit der Riten (eines Kultes)* [< lat. *rituale,* Neutrum zu *ritualis* „dem religiösen Brauch entsprechend“; zu *ritus* „feierlicher religiöser Brauch“]

**Ritualisierung** ⟨f. 20; Soziol.⟩ *Erscheinung, dass eine Instinktbewegung durch einen Bedeutungswechsel zu einem neuen, selbständigen Verständigungsmittel unter Artgenossen wird*

RITTER: ENGLISCHER KREUZRITTER DES SPÄTEN 13. JH.

## ROBBEN

Robben bilden die Ordnung der Wasserraubtiere, eine Unterordnung der Raubtiere, der neben den Ohrenrobben und Seehunden auch die Walrosse angehören. An das Leben im Wasser sind sie dadurch angepasst, dass sie stromlinienförmige Körper und Flossen anstelle von Laufbeinen besitzen. Sämtliche der rund 30 Robbenarten atmen Luft und pflanzen sich auf dem Festland fort, wobei sie sich meist in großen Kolonien treffen.

### ROBBENFAMILIEN

WALROSSE
WALROSS
(*Odobenus rosmarus*)

OHRENROBBEN
KALIFORNISCHER SEELÖWE
(*Zalophus californianus*)

SEEHUNDE
KEGELROBBE
(*Halichoerus grypus*)
► *Seehunde*

**rituell** ⟨Adj.⟩ *zum Ritus gehörend, auf ihm beruhend;* Sy *ritual* [< frz. *rituel;* → *Ritus*]

**Ritus** ⟨m.; -, Riten⟩ **1** *religiöser Brauch, Kulthandlung* **2** *Gesamtheit der Bräuche bei einem Gottesdienst* [lat.]

**Ritz** ⟨m. 1⟩ **1** *Riss, Kerbe, Schramme* **2** *Ritze* [< mhd. *riz;* → *ritzen*]

**Ritze** ⟨f. 19⟩ *schmale Öffnung, Spalt* (Mauerritze) ◆ eine Ritze im Fußboden, in der Tür, in der Wand ausbessern, dichten [→ *ritzen*]

**Ritzel** ⟨n. 13; Tech.⟩ *kleines Zahnrad, das ein größeres Zahnrad, eine Zahnstange usw. antreibt, Treibrad*

**ritzen** ⟨V.; hat⟩ **I** ⟨V. t.⟩ etwas in etwas ritzen *einen Ritz in etwas machen, mit hartem, spitzem Gegenstand eine schmale Vertiefung eingraben* ◆ seinen Namen in einen Baum, in die Rinde ritzen; Glas mit einem Diamanten ritzen **II** ⟨V. refl.⟩ sich ritzen *sich die Haut oberflächlich durch Reißen verletzen* [Intensivbildung zu *reißen*]

**Rivale** ⟨[-va:-] m. 17⟩ *Nebenbuhler, Mitbewerber, Konkurrent* [< frz. *rival* < lat. *rivalis,* eigtl. „an der Nutzung des Wasserlaufs mitberechtigt, Bachnachbar“; zu *rivus* „Wasserrinne, Bach“]

**rivalisieren** ⟨[-va-] V. i.; hat⟩ mit jmdm. rivalisieren *sich mitbewerben, mit jmdm. wetteifern* ◆ rivalisierende Banden [< frz. *rivaliser;* → *Rivale*]

**Rizinus** ⟨m.; -; unz.⟩ *aus den Samen des Wolfsmilchgewächses Ricinus gewonnenes Öl, das als starkes Abführmittel u. in der chem. Industrie verwendet wird* [< lat. *Ricinus communis* „Wunderbaum“; zu *ricinus* „Zecke“, da der Same der Zecke ähnelt]

**R. K.** ⟨Abk. für⟩ *Rotes Kreuz*

**rm** ⟨Abk. für⟩ *Raummeter*

**Rn** ⟨Chem.; Zeichen für⟩ *Radon*

**RNA** ⟨engl. Abk. für⟩ *Ribonukleinsäure (ribonucleic acid)*

**RNS** ⟨Abk. für⟩ *Ribonukleinsäure*

**Roastbeef** ⟨['roustbi:f] n. 15⟩ *gebratene Rindslende* [< engl. *roast beef* „Rinderbraten“]

**Robbe** ⟨f. 19; Zool.⟩ ▲ *Angehörige einer Unterordnung dem Wasserleben angepasster Raubtiere mit torpedoförmigem Körper u. dicker Speckschicht: Pinnipedia;* Sy *Flossenfüßer;* ► *Säugetiere* [< nddt. *rub(be),* ndrl. *rob,* fries. *rob;* zur Wurzel von *Raupe,* eigtl. „die Borstige“]

**Robe** ⟨f. 19⟩ **1** *Amtstracht der Richter, Anwälte, Professoren, Geistlichen* **2** *Gesellschafts-, Abendkleid* **3** ⟨scherzh.⟩ *(neues) Kleid* ◆ in feierlicher, großer Robe erscheinen; eine neue Robe vorführen [frz., „Gewand, Kleid“ < fränk. *rauba* „erbeutetes (Kleid)“; zu ahd. *roub* „Raub“; → *Raub*]

**Robinie** ⟨[-niə] f. 19; Bot.⟩ ▼ *Schmetterlingsblütler mit gefiederten Blättern u. weißen, duftenden Blüten, liefert wertvolles Nutzholz: Robinia pseudoacacia;* Sy *falsche* → *Akazie;* ► *Bäume, Bedecktsamer*

ROBINIE
(*Robinia pseudoacacia*)

**Robinson** ⟨m. 1.; fig.⟩ *Schiffbrüchiger, Gestrandeter auf einer einsamen Insel* [nach dem Helden des Abenteuerromans *Robinson Crusoe* des Engländers Daniel Defoe, 1660-1731]

**Robot** ⟨f. 20 od. m. 1; veraltet⟩ *Frondienst, -arbeit* [< spätmhd. *robat(e)* < tschech., poln. *robota* „Fronarbeit, Zwangsdienst“]

R

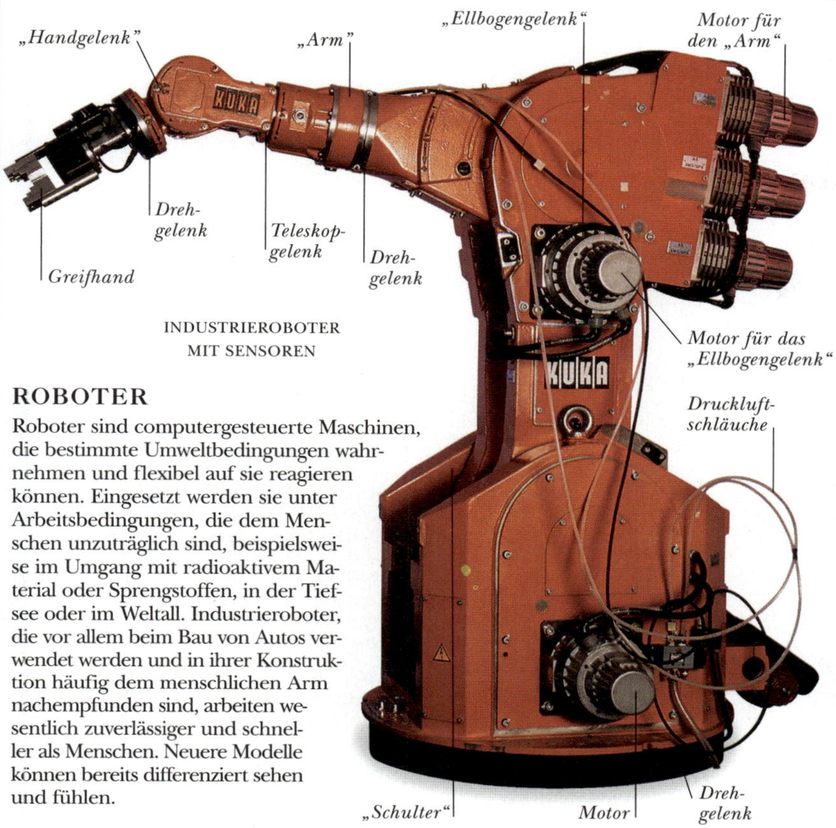


INDUSTRIEROBOTER MIT SENSOREN

## ROBOTER

Roboter sind computergesteuerte Maschinen, die bestimmte Umweltbedingungen wahrnehmen und flexibel auf sie reagieren können. Eingesetzt werden sie unter Arbeitsbedingungen, die dem Menschen unzuträglich sind, beispielsweise im Umgang mit radioaktivem Material oder Sprengstoffen, in der Tiefsee oder im Weltall. Industrieroboter, die vor allem beim Bau von Autos verwendet werden und in ihrer Konstruktion häufig dem menschlichen Arm nachempfunden sind, arbeiten wesentlich zuverlässiger und schneller als Menschen. Neuere Modelle können bereits differenziert sehen und fühlen.

**Roboter** ⟨m. 3⟩ **1** ▲ *künstlicher Mensch, Automat, der (ferngesteuert) bestimmte Tätigkeiten ausführt, Maschinenmensch* **2** ⟨fig.; umg.⟩ *Schwerarbeiter* ◆ einen Roboter entwickeln, konstruieren [→ *Robot*]

**robust** ⟨Adj.; -er, am -esten⟩ **1** *kräftig, derb, stark* **2** *stämmig, vierschrötig* ◆ ein robuster Kerl; eine robuste Natur haben [< lat. *robustus* „stark, kräftig"]

**röcheln** ⟨V. i.; hat⟩ *schnarchend, rasselnd, stöhnend atmen* ◆ der Sterbende röchelte [< mhd. *rücheln, rüheln* „wiehern, brüllen, rasselnd atmen"; zu mhd. *rohen* < ahd. *rohon* „brüllen, grunzen"]

**Rochen** ⟨['rɔxən] m. 4; Zool.⟩ ►► *Angehöriger einer Familie der Knorpelfische mit abgeplattetem Körper u. stark verbreiterten Brustflossen, die seitlich gestreckt werden: Batoidei;* ► *Fische* [< mnddt. *roche, ruche;* zu *rau,* nach der dornigen Haut]

**Rock**[1] ⟨m. 1u⟩ **1** *von der Hüfte bis an od. über die Knie reichendes Damenoberbekleidungsstück* **2** ⟨schweiz.⟩ *(das ganze) Frauenkleid (in einem Stück)* **3** *männl. Oberbekleidungsstück, Jacke* **4** ⟨früher⟩ *mantelartiges Obergewand* (Gehrock) **5** *Anzug* ◆ ein enger, kurzer, langer Rock [< ahd. *roc(h)*]

**Rock**[2] ⟨m.; - od. -s; unz.; Mus.; kurz für⟩ **1** *Rock and Roll* **2** *Rockmusik* [engl., eigtl. „schaukeln, wiegen"]

**Rock and Roll** ⟨['rɔkn 'roul] m.; - - -; unz.; Mus.⟩ *den Rhythmus betonender, stark synkopierter amerikan. Modetanz im* $^4/_4$*-Takt;* oV *Rock 'n' Roll;* Sy ⟨kurz⟩ *Rock*[2] *(1)* [engl., „wiegen und rollen"]

**Rocken** ⟨m. 4⟩ ► *hölzerner Stab, um den die zu verspinnenden Fasern geschlungen sind;* Sy *Kunkel, Spinnrocken* [< ahd. *rocko, roc(c)ho,* engl. *rock;* → *Rock*[1]]

**Rockmusik** ⟨f. 20; unz.; Mus.⟩ *Musikstil, der sich aus Rock and Roll, Rhythm and Blues u. Blues entwickelt hat;* Sy ⟨kurz⟩ *Rock*[2] *(2)*

**Rock 'n' Roll** ⟨['rɔkn'roul] m.; - - -; unz.; Mus.⟩ = *Rock and Roll*

**Rockschoß** ⟨m. 1u⟩ **1** *schwanzartige Verlängerung der Herrenjacke* **2** *in der Taille angesetzte Falbel über dem Frauenrock* ◆ an jmds. Rockschößen hängen ⟨fig.; umg.⟩ *ihm nicht von der Seite weichen*

**Rockzipfel** ⟨m. 5; in den Wendungen⟩ sich an jmds., ⟨od.⟩ sich jmdm. an den Rockzipfel hängen ⟨fig.; umg.⟩ *unselbständig sein* ◆ das Kind hängt der Mutter noch am Rockzipfel, an Mutters Rockzipfel

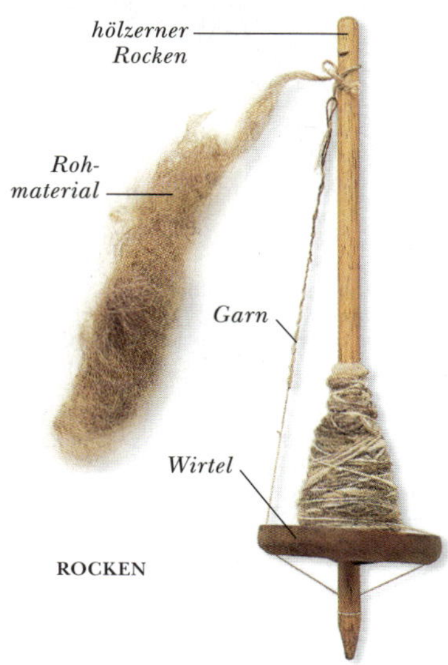


ROCKEN

**roden** ⟨V. t.; hat⟩ Land roden *urbar machen, Waldland in Feld verwandeln, Wurzelstöcke herausreißen* [< mnddt. *roden,* Ablaut zu mhd. *riuten* „reuten"]

**Rodung** ⟨f. 20⟩ **1** *das Roden* **2** *gerodetes Stück Land*

**Rogen** ⟨m. 4⟩ *Eier (der Fische)* [< ahd. *rogo, rogan*]

**Roggen** ⟨m. 4; unz.; Bot.⟩ ► *zu den Süßgräsern gehörende Pflanze, die das wichtigste Brotgetreide Nord- und Osteuropas liefert: Secale cereale* [< ahd. *rocko*]

ROGGEN: KÖRNER (*Secale cereale*)

**roh** ⟨Adj.; -er, am -esten; Steig. nur fig.⟩ **1** *nicht zubereitet, ungekocht* (Fleisch, Gemüse, Kartoffeln, Obst) **2** *noch nicht verarbeitet, nicht behauen* (Erz, Stein) **3** ⟨fig.⟩ *ungeschliffen* (Sitten) **4** *ungebildet, unzart, rücksichtslos, gewalttätig, grausam* **5** ⟨oberdt.⟩ *rau* ◆ rohes **Benehmen,** Betragen; rohes **Fleisch;** mit roher **Gewalt** kann man da nichts erreichen; ein roher **Kerl;** roher **Schinken** ◆ Obst, Gemüse roh **essen;** ich kann das vorläufig nur roh **schätzen** *ungefähr* ◆ roh **behauene** Steine; ein roh **gezimmerter** Schemel [< ahd. *(h)rao, hrawer,* engl. *raw*]

**Rohbau** ⟨m.; -(e)s, -ten⟩ **1** *nur aus den rohen Mauern (nicht verputzt u. ohne Inneneinrichtung) bestehender Bau* **2** *Bauweise mit unverputzten Ziegeln*

**Rohdiamant** ⟨m. 16⟩ ▼ *ungeschliffener Diamant;* ► *Schmucksteine*

**Roheisen** ⟨n. 14; unz.⟩ *Eisen, wie es aus dem Hochofen kommt*

ROHDIAMANT

**Rohheit** ⟨f. 20⟩ **I** ⟨unz.⟩ **1** *roher Zustand (z. B. des Fleisches)* **2** ⟨fig.⟩ *rohe Gesinnung, rohes Benehmen* **II** ⟨zählb.⟩ *rohe Handlung, Grausamkeit* ◆ Rohheiten begehen

**Rohkost** ⟨f.; -; unz.⟩ *Kost aus rohem Obst, Gemüse, Salat, Nüssen*

**Rohling** ⟨m. 1⟩ **1** *roher Mensch* **2** ⟨Tech.⟩ *unpoliertes Guss(eisen)stück*

**Rohmaterial** ⟨n.; -s; -lien⟩ = *Rohstoff*

**Rohöl** ⟨n. 11; unz.⟩ ► = *Erdöl*

**Rohr** ⟨n. 11⟩ **1** *meist runder Hohlkörper zum Weiterleiten von Flüssigkeiten* (Wasserrohr), *Gasen* (Gasrohr), *Rauch* (Ofenrohr, Pfeifenrohr), *Gegenständen* (Geschützrohr), *Schallwellen* (Sprachrohr) **2** *Pflanze mit rohrförmigem Stiel, Stängel od. Stamm, z. B. Bambus, Schilf* ◆ Rohre verlegen; ein dickes, dünnes, gebogenes, gerades Rohr; aus Rohr geflochtene Gartenstühle, Körbe [< ahd. *ror;* → *Röhre*]

**Rohrblatt** ⟨n. 12u; Mus.⟩ *aus Schilf- od. Zuckerrohr geschnittenes Blatt im Mundstück von Holzblasinstrumenten, das durch die einströmende Luft in Schwingungen versetzt wird u. so den Ton erzeugt*

**Röhre** ⟨f. 19⟩ **1** *Rohr, rohrartiges Gebilde* **2** *Hohlraum im Küchenherd zum Backen* (Backröhre) *od. Warmhalten* (Wärmeröhre) **3** ⟨umg.; abwertend⟩ *Fernsehgerät* ◆ in die Röhre gucken ⟨fig., umg.⟩ *leer ausgehen, benachteiligt werden;* den Kuchen in die Röhre schieben [< ahd. *ror(r)a* < *rorea* „Schilfstängel, hohler Stängel, Röhre"; → *Rohr*]

**röhren** ⟨V. i.; hat⟩ *schreien* (vom Hirsch in der Brunftzeit) [< ahd. *reren* „brüllen, blöken", engl. *roar*]

R

## ROCHEN

Rochen sind mit ihren flachen Körpern bestens an das Leben auf dem Meeresboden angepasst. Zwar befinden sich ihre Kiemenspalten auf der Körperunterseite, zu ihren Kiemen gelangt Atemwasser jedoch durch ein Spritzloch direkt hinter den Augen. Rochen fressen vor allem Muscheln, Krebstiere und Fische. Zitterrochen sind 10 cm klein, die Plankton filtrierenden Mantas der Hochsee hingegen erreichen eine Flügelspannweite von 6 m.

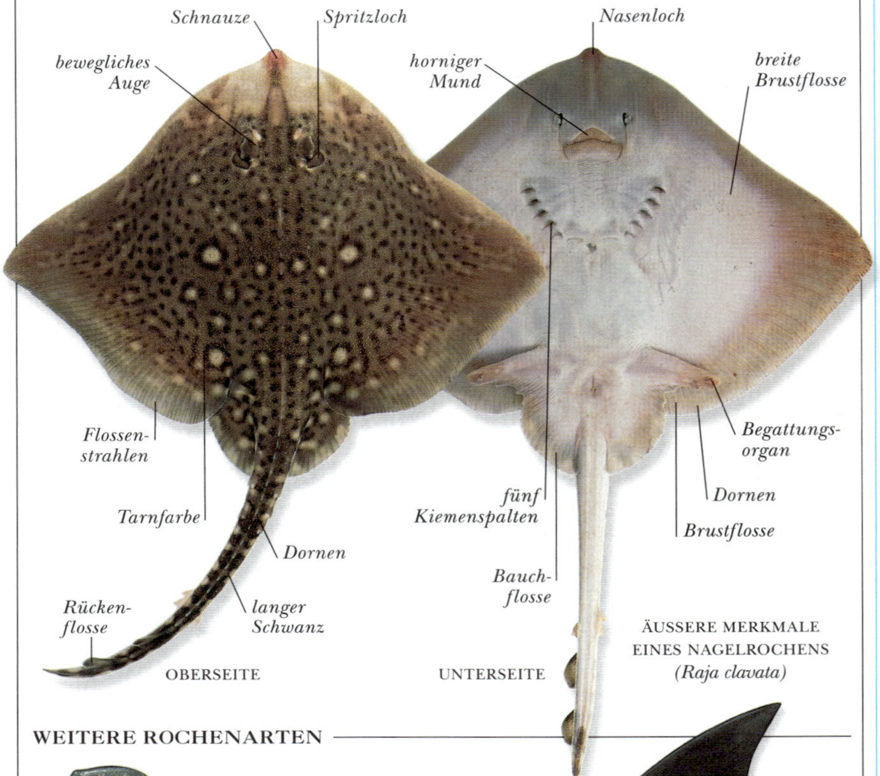


OBERSEITE

UNTERSEITE

ÄUSSERE MERKMALE EINES NAGELROCHENS (*Raja clavata*)

### WEITERE ROCHENARTEN

STECHROCHEN (*Urobatis halleri*)

FLECKEN-ROCHEN (*Raja montagui*)

ADLERROCHEN (*Myliobatis californica*)

MANTA (*Manta birostris*)

**Röhrenpilz** ⟨m. 1⟩ = *Röhrling*
**Röhrenschwamm** ⟨m. 1u⟩ = *Röhrling*
**Röhricht** ⟨n. 11⟩ *Dickicht aus Schilf;* Sy *Ried (2)* [< ahd. *rorahi;* → *Rohr*]
**Rohrkolben** ⟨m. 4; Bot.⟩ ► *Angehöriger einer Gattung der Rohrkolbengewächse (Typhaceae), dessen Blüten an einem Kolben sitzen:* Sy *Teichkolben*
**Röhrling** ⟨m. 1⟩ *Angehöriger einer Familie der Basidienpilze mit gestieltem Hut, der an der Unterseite senkrecht zur Oberfläche stehende Röhren hat: Boletaceae;* Sy *Röhrenpilz, Röhrenschwamm*
**Rohrpost** ⟨f.; -; unz.⟩ *Anlage zur Beförderung von Post, bei der die in Hülsen verschlossenen Nachrichten mittels Saug- od. Druckluft durch Rohrleitungen befördert werden*
**Rohrsänger** ⟨m. 3⟩ *Angehöriger einer Gattung der Singvögel, der in Gras u. Schilf lebt: Acrocephalus;* Sy *Schilfrohrsänger*
**Rohrspatz** ⟨m. 23; Zool.⟩ *Art der Rohrsänger: Acrocephalus arundinaceus* ◆ schimpfen wie ein Rohrspatz ⟨fig.; umg.⟩
**Rohrzange** ⟨f. 19⟩ *metallische Zange mit verstellbarem Maul zum Bearbeiten von Rohrgewinden u. a.*
**Rohrzucker** ⟨m. 3; unz.⟩ *aus Zuckerrohr gewonnener Zucker*
**Rohseide** ⟨f. 19; unz.⟩ **1** *noch mit Seidenleim behaftete Seide* **2** *daraus gewebter Stoff*
**Rohstoff** ⟨m. 1⟩ *Naturprodukt vor der Ver- u. Bearbeitung, z. B. Holz;* Sy *Rohmaterial*
**Rohzustand** ⟨m. 1u; unz.⟩ *Zustand vor der Be- od. Verarbeitung*
**Rokoko** ⟨n.; -s; unz.⟩ ► *im 18. Jh. auf das Barock folgender Stil, der durch zierliche, heitere, beschwingte Formen, bes. Rocaillenornamente (daher der Name), gekennzeichnet ist* [< frz. *rococo* (im Pariser Künstlerjargon des 19. Jh.) < *rocaille* „Geröll, aufgehäufte Steine, Grotten-, Muschelwerk" usw. zur Verspottung der Zierformen des 18. Jh.; zu *roc* „Felsen"]
**Rolle** ⟨f. 19⟩ **1** *lang gestreckter, massiver Körper mit rundem Querschnitt* **2** *drehbare Walze* **3** *drehbare Scheibe mit Rille am (senkrechten) Rand für das aufzuwickelnde od. entlanglaufende Seil, z. B. bei Flaschenzügen* **4** *Stab mit einer scheibenförmigen Verdickung an jedem Ende zum Aufwickeln von Garn o. Ä.* (Zwirnsrolle) **5** *etwas Gewickeltes, Zusammengerolltes* (Papierrolle, Geldrolle) **6** = *Mangel*[1] (Wäscherolle) **7** ⟨Film; Theater⟩ *Sprechtext eines Schauspielers* **8** *das den Text enthaltende Heft, Rollenheft, -buch, darzustellende Gestalt in einem Bühnenwerk* **9** ⟨Soziol.⟩ *Gesamtheit der Verhaltensweisen, die von einer Person innerhalb der Gesellschaft erwartet werden* **10** ⟨Sp.; Turnen⟩ *Überschlag, Purzelbaum auf dem Boden od. über den Kasten* **11** *Einteilung der Schiffsbesatzung zu verschiedenen Dienstarten* **12** *Kunstflugfigur mit Drehung um die Längsachse des Flugzeugs* ◆ eine Rolle **Draht,** Garn, Nähseide, Papier, Zwirn; eine Rolle **Geldstücke,** Markstücke ◆ ich muss noch meine Rolle **lernen;** er **spielt** die Rolle des Heldenvaters; es spielt keine Rolle, ob ... ⟨fig.⟩ *es ist nicht wichtig* ◆ eine **führende,** entscheidende, verhängnisvolle Rolle spielen; die **tragende** Rolle in diesem Stück spielt ...; das spielt nur eine **untergeordnete** Rolle ◆ Kinderbetten, Schiebewände **auf** Rollen; **aus** der Rolle fallen ⟨fig.⟩ *grob, verletzend werden* [< mhd. *rolle, rulle* „kleines Rad, kleine Scheibe oder Walze", dann „rollenförmiger Gegenstand" < afrz. *rol(l)e* (nfrz. *rôle*) „Rolle, Liste, Register" < mlat. *rotulus, rotula* „Rädchen"; Verkleinerungsform zu lat. *rotta* „Rad"]
**rollen I** ⟨V. i.; ist⟩ **1** *sich auf einer Fläche um die Achse drehen u. dabei vorwärts bewegen* (Ball, Kugel) **2** *sich auf Rädern bewegen* (Wagen) **3** *donnern, grollen, dumpf dröhnen* (Donner, Schuss) **4** *sich wälzen, stürzen* (Lawine, Wellen) ◆ das Schiff rollt *schlingert u. stampft zugleich;* die See rollt *ist heftig bewegt;* den Stein ins Rollen bringen ⟨fig.⟩ *eine Sache in Bewegung bringen od. aufklären;* das rollende Material der Eisenbahn *sämtliche Fahrzeuge der Eisenbahn* **II** ⟨V. t.; hat⟩ **1** *schiebend drehen, wälzen* (Ball, Fass) **2** *mangeln* (Wäsche) **3** *glätten, in eine flache Form bringen* (Teig) **4** *auf eine Rolle wickeln* (Schlauch) **5** *eine Rolle herstellen aus* ◆ jmdn. rollen ⟨umg.⟩ *verhauen;* die Augen rollen *die Augäpfel heftig bewegen* (vor Zorn); einen Felsbrocken, einen Stein zur Seite rollen; den Teppich soll man rollen, nicht

ROHRKOLBEN: BREITBLÄTTRIGER ROHRKOLBEN (*Typha latifolia*)

ROKOKO: BAYERISCHE ROKOKOKIRCHE DES 18. JH.

knicken **III** ⟨V. refl.; hat⟩ sich rollen *sich um die eigene Achse drehen, sich kringeln, sich zusammenwickeln* (Blätter, Papier) ◆ der Regenwurm, die Schlange rollt sich; sich auf den Bauch rollen [< mhd. *rollen,* afrz. *rol(l)er* (= nfrz. *rouler*) „rollen" < mlat. **rotulare;* → *Rolle*]

**Rollenerwartung** ⟨f. 20; Soziol.⟩ *Erwartung, dass eine Person ein bestimmtes, ihrer sozialen Stellung entsprechendes Verhalten zeigt*

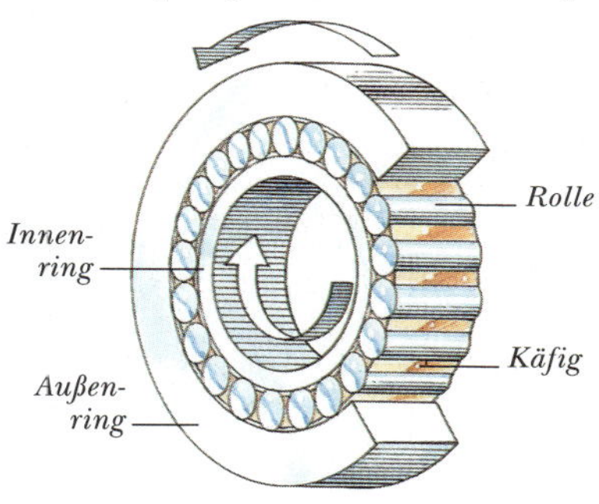


ROLLENLAGER IM SCHNITT

**Rollenlager** ⟨n. 13; Tech.⟩ ▲ *Lager zur Aufnahme von Wellen, das zur Verringerung der Reibung mit Rollen ausgekleidet ist*

**Rollenspiel** ⟨n. 11; Psych.⟩ *spielerisches Nachahmen bestimmter Rollen zur Einübung sozialer Verhaltensweisen*

**Roller** ⟨m. 3⟩ **1** *niedriges Kinderfahrzeug aus zwei durch ein Brett verbundenen Rädern u. Lenkstange, auf dem man mit einem Fuß steht* (Tretroller); → a. *Kickboard* **2** ⟨Seemannsspr.⟩ *große Brandungswelle*

**Rollerblades** ⟨[ˈroulə(r)blɛids] Pl.; Wz.⟩ *Rollschuhe mit vier in einer Reihe hintereinander angeordneten Rollen;* → a. *Inlineskates* [< engl. *roll,* „Rolle; rollen" + *blade* „Klinge, Kufe"]

**rollern** ⟨V. i.; hat/ist⟩ *mit dem Roller fahren*

**Rollfeld** ⟨n. 12; auf Flugplätzen⟩ *Feld zum Starten u. Landen der Flugzeuge*

**Rollgerste** ⟨f. 19; unz.⟩ *Graupen von Gerste*

**rollig** ⟨Adj.⟩ *brünstig* (von Katzen)

**Rollkragen** ⟨m. 4⟩ *am Hals (mehrfach) umgeschlagener hoher Kragen (bei Pullovern)*

**Rollladen** ⟨m. 4 od. m. 4u⟩ *aufrollbare Wand vor Fenstern od. Türen, auch am Aktenschrank od. Rollschreibtisch aus Holz- od. Stahlblechstäben*

**Rollmops** ⟨m. 1u⟩ *um ein Stück Gurke, Zwiebel u. Gewürz gerollter, entgräteter halber Hering*

**Rollschreibtisch** ⟨m. 1⟩ ► *Schreibtisch mit aufrollbarem Deckel*

**Rollschuh** ⟨m. 1⟩ *schlittschuhähnliches Sportgerät mit vier auf Kugellagern laufenden Rädern an der am Schuh zu befestigenden od. mit dem Schuh fest verbundenen Stahlsohle* ◆ Rollschuh laufen

**Rollstuhl** ⟨m. 1u⟩ *drei- od. vierrädriger Stuhl zum Fortbewegen nicht gehfähiger Kranker*

**Rolltreppe** ⟨f. 19⟩ *Treppe, bei der die Stufen auf einem Förderband befestigt sind u. sich auf- od. abwärts bewegen*

**Rom** ⟨[rɔm] m.; - od. -s, Roma; Selbstbez.⟩ *Zigeuner* [Zigeunerspr., „Mensch"]

**ROM** ⟨EDV⟩ *ein Festwertspeicher für EDV-Anlagen, bei dem die einmal eingegebenen Daten nur wieder gelesen, aber nicht mehr verändert werden* [Abk. für engl. *read only memory* „nur lesbarer Speicher"]

**Roman** ⟨m. 1⟩ **1** *breit ausgeführte Prosaerzählung, deren Held in seiner Auseinandersetzung mit der Umwelt gezeigt wird* **2** ⟨fig.⟩ *abenteuerliche od. an Einzelereignissen reiche Begebenheit* ◆ erzähl doch keine (langen) Romane! ⟨fig.; umg.⟩ *fasse dich kürzer;* das gibt es nur in Romanen!; das ist ja ein ganzer Roman ⟨fig.⟩; ein historischer, satirischer, utopischer Roman [< frz., „Roman" < afrz. *romanz* < vulgärlat. *romanice* „auf romanische Art, in romanischer (d. h., nicht klassisch-lat.) Sprache"; zu lat. *Romanus* „römisch, romanisch"]

**Romancier** ⟨[rɔmãˈsje:] m. 6⟩ *Romanschreiber, -schriftsteller* [frz., „Romanschriftsteller"; → *Roman*]

**Romanik** ⟨f.; -; unz.⟩ ▼ *europäischer Kunststil (etwa 950-1250) mit (in der Baukunst) römischen Elementen* [→ *romanisch*]

**romanisch** ⟨Adj.⟩ **1** *die Romanen betreffend, zu ihnen gehörig* **2** *auf der Romanik beruhend, aus ihr stammend* ◆ die romanischen Sprachen *zur indogerman. Sprachfamilie gehörende, aus dem Vulgärlateinischen entstandene Sprachen,* z. B. Französisch, Italienisch, Spanisch, Rumänisch [< lat. *Romanus* „Römer, römisch"]

**Romanistik** ⟨f.; -; unz.⟩ **1** *Lehre von den roman. Sprachen u. Literaturen* **2** *Lehre des römischen Rechts*

ROLLSCHREIBTISCH

**Romantik** ⟨f.; -; unz.⟩ **1** *die geistigen u. die gefühlsmäßigen Kräfte betonende künstlerisch-philosophische Bewegung in Europa, bes. in Deutschland zwischen 1794 u. etwa 1830* **2** ⟨fig.⟩ *Hang zum Träumerischen, Abenteuerlichen, Fantastischen* **3** *dieses selbst* ◆ die Romantik einer Landschaft, einer Schilderung; er hat keinen Sinn für Romantik [→ *romantisch;* nach *Klassik* gebildet]

**romantisch** ⟨Adj.⟩ **1** ⟨urspr.⟩ *romanhaft* **2** ⟨heute allg.⟩ *zur Romantik gehörend, auf ihr beruhend, aus ihr stammend* **3** ⟨fig.⟩ *träumerisch, schwärmerisch* **4** *fantastisch, unwirklich, malerisch, wild* (Landschaft) [< frz. *romantique,* zunächst „dem Geist der mittelalterl. Ritterdichtung gemäß, romanhaft" (→ *Roman*); im 18. Jh. unter Einfluss von engl. *romantic* (frz. *romantique*) „fantastisch, stimmungsvoll, malerisch"]

**Romanze** ⟨f. 19⟩ **1** ⟨Lit.⟩ *aus Spanien stammende (14. Jh.), lyrisch gefärbte, volkstüml. Verserzählung in vierzeiligen Strophen mit acht- od. später vierhebigem trochäischem Versmaß* **2** ⟨Mus.⟩ *seit Ende des 18. Jh. zuerst in Frankreich aufkommendes strophisches Gesangstück (für ein od. zwei Singstimmen u. Klavier), später stimmungsvolles Instrumentalstück* **3** ⟨fig.; umg.⟩ *Liebeserlebnis* [< span. *romance* „episch-lyrisches Gedicht in frischem Volkston" < afrz. *romanz;* → *Roman*]

R

## ROMANIK

Der Baustil der Romanik löste im frühen Mittelalter die Epoche der karolingischen Kunst ab. Vorbilder fanden ihre Architekten zunächst im altrömischen Stil, später auch in byzantinischer und islamischer Ornamentik. Typisch für die Romanik sind festes Mauerwerk mit kleinen Fenstern, Tonnengewölbe, Rundbogen und Kuppeln.

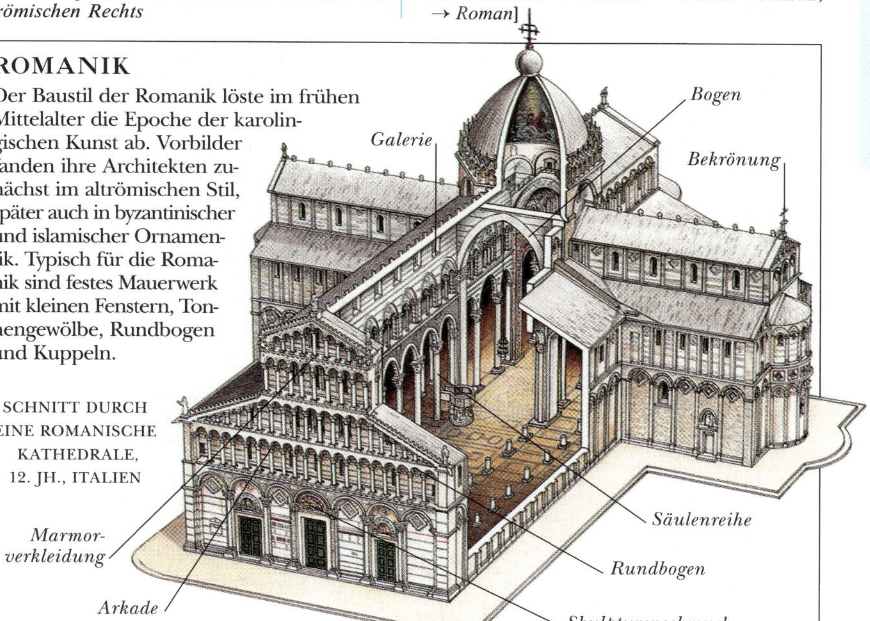


SCHNITT DURCH EINE ROMANISCHE KATHEDRALE, 12. JH., ITALIEN

ZEITLEISTE

800 850 900 950 1000 1050 1100 1150 1200 1250 1300

**Römer**[1] ⟨m. 3⟩ *(großes) Weinglas, meist geschliffen, aus Kristall, oft farbig* [< ndrl. *roemer;* zu ndrl. *roemen* „rühmen“, eigtl. „Prunkglas, mit dem man einen Trinkspruch zu jmds. Ruhm ausbringt“]

**Römer**[2] ⟨m. 3⟩ **1** *Einwohner der Stadt Rom* **2** *Bürger des Röm. Reiches*

**römisch** ⟨Adj.⟩ *die Römer od. Rom betreffend, von ihnen od. aus Rom stammend* ◆ die römischen Kaiser; das römische Recht; die römischen Ziffern *(I, V, X usw.);* das Römische Reich; das Heilige Römische Reich Deutscher Nation; der Römische Stuhl

**römisch-katholisch** ⟨Adj.; Rel.; Abk.: röm.-kath.⟩ *zur katholischen Kirche des Abendlandes gehörig*

**röm.-kath.** ⟨Rel.; Abk. für⟩ *römisch-katholisch*

**Rommé** ⟨n. 15; unz.⟩ = *Rommee*

**Rommee** ⟨n. 15; unz.⟩ *ein Kartenspiel mit französ. Karten;* oV *Rommé*

**Ronde** ⟨f. 19⟩ **1** ⟨Mil.⟩ **1.1** *nächtl. Rundgang zur Überprüfung der Wachen;* oV *Runde (6);* Sy *Rundgang (2)* **1.2** *der diesen Rundgang ausführende Offizier mit seiner Gruppe* **2** *runde Blechscheibe, aus der ein Werkstück hergestellt wird* ◆ Ronde gehen [frz., „Runde, Kontrollgang; Ring“]

**Rondeau** ⟨n. 15⟩ **I** ⟨[rɔ̃ˈdoː] Lit.⟩ *aus dem zum Rundtanz gesungenen Lied entwickelte Gedichtform des MA aus meist 8 Zeilen mit 2 Reimen, bei dem die erste Zeile in der Mitte, die beiden ersten Zeilen am Schluss der Strophe wiederkehren, später werden jeweils nur die Anfangsworte der ersten Zeile wiederholt;* Sy *Ringelreim* **II** ⟨[rɔnˈdoː] österr.⟩ *rundes Beet, runder Platz* [frz., „Ringelgedicht, Rondo“; zu *rond* „rund“]

**Rondell** ⟨n. 11⟩ **1** *rundes Schmuckbeet* **2** *runder Turm (einer Festung), kreisrunder Gartenweg* [< frz. *rondelle* „runder Gegenstand“ < vulgärlat. **rotundella* „Kügelchen, runder Gegenstand“; zu lat. *rotundus* „rund“]

ROSENKRANZ

**Rondo** ⟨n. 15; Mus.⟩ *aus dem Rundtanz entstandenes Instrumentalstück, bei dem das Hauptthema nach mehreren Zwischenthemen immer wiederkehrt* [ital., „Ringelgedicht, Rondo“]

**röntgen** ⟨V. t.; hat⟩ *mit Röntgenstrahlen durchleuchten, untersuchen*

**Röntgenbestrahlung** ⟨f. 20⟩ *Verwendung von Röntgenstrahlen zu Heilzwecken*

**Röntgenbild** ⟨n. 12⟩ *Röntgenaufnahme*

**Röntgenschichtverfahren** ⟨n. 14; unz.⟩ *diagnostisches Verfahren mittels Röntgenaufnahmen, bei dem ein Organ in mehreren, unterschiedlich tiefen Schichten aufgenommen wird;* Sy *Tomographie*

**Röntgenspektrum** ⟨n.; -s, -tren⟩ **1** ⟨i. w. S.⟩ *Frequenzverteilung von Röntgenstrahlung* **2** ⟨i. e. S.⟩ *charakteristisches Atomspektrum im Röntgenbereich*

**Röntgenstrahlen** ⟨Pl.⟩ ► *kurzwellige elektromagnetische Strahlen mit hohem Durchdringungsvermögen;* Sy *X-Strahlen*

**rosa** ⟨Adj.; undekl.⟩ *blass-, zartrot;* Sy *rosig* [lat., „Rose“]

**rosarot** ⟨Adj.⟩ *hellrot, blassrot, rosa* ◆ alles durch eine rosarote Brille sehen ⟨fig.⟩ *Optimist sein, alles von der besten Seite sehen, alles beschönigen, verklären*

**rösch** ⟨Adj.; -er, am -(e)sten⟩ **1** ⟨Bgb.⟩ *grob, großstückig* **2** ⟨oberdt.⟩ *knusprig, scharf gebacken od. gebraten* (Brot, Fleisch) **3** ⟨fig.⟩ *munter, lebhaft, flink, frisch* (Mädchen) [< ahd. *rosc(i)* „spröde, scharf, lebhaft, heftig“; vielleicht Weiterbildung zu *rasch*]

**Rose** ⟨f. 19⟩ **1** ⟨Bot.⟩ ► *Angehörige einer Gattung stacheliger Rosengewächse mit duftenden Blüten u. Steinfrüchten (Hagebutten): Rosa;* ► *Bedecktsamer* **2** *Blüte dieser Pflanze* **3** ⟨Arch.⟩ *Ornament in Form einer stilisierten Rose, als Fensteröffnung* (Fensterrose); → a. *Rosette* **4** *Blatt des Kompasses* ◆ Rose von Jericho ⟨Bot.⟩ *Wüstenpflanze, ein Korbblütler: Odontospermum pygmaeum;* nicht auf Rosen gebettet sein ⟨fig.; umg.⟩ *kein leichtes Leben haben* [< ahd., *rosa* < lat. *rosa* „Edelrose“]

**rosé** ⟨[-zeː] Adj.; undekl.⟩ *hell-, blassrosa* [frz.]

**Rosé** ⟨[-zeː] m. 6⟩ = *Weißherbst*

**Rosenkohl** ⟨m. 1; unz.⟩ *Angehöriger einer Unterart des Gemüsekohls, dessen in den Blattachseln der Seitentriebe sitzende Blattknospen als Wintergemüse genutzt werden: Brassica oleacea var. gemmifera*

**Rosenkranz** ⟨m. 1u; kath. Kirche⟩ **1** ◄ *Gebetskette, an deren Perlen sich die Zahl der gesprochenen Gebete überprüfen lässt* **2** *diese Gebete selbst (gewöhnlich fünfmal je ein Vaterunser u. zehn Ave-Maria)* ◆ den Rosenkranz beten; rachitischer Rosenkranz *eine der schweren rachitischen Skelettveränderungen, die in Schwellung u. Verdickung der Knochenknorpelgrenzen der Rippen am Brustkorb besteht* [Übersetzung von kirchenlat. *rosarium* „Schnur mit größeren u. kleineren Perlen zur Benutzung bei Gebeten“, eigtl. „Rosengirlande“; zu lat. *rosa* „Rose“]

**Rosenlorbeer** ⟨m. 23; Bot.⟩ = *Oleander*

**Rosenmontag** ⟨m. 1⟩ *Montag vor Fastnacht* [< niederrhein. *rasen(d) Montag* „rasender Montag“; zu *rasen,* köln. *rose* „tollen“]

**Rosenquarz** ⟨m. 1; unz.⟩ *als Schmuckstein verwendeter, hellrosa Quarz*

**Rosenschwamm** ⟨m. 1u⟩ *durch den Stich der Rosengallwespe an Kletterrosen entstehende Galle*

ROSETTEN

**Rosette** ⟨f. 19⟩ **1** *kreisrundes Ornament mit von einem Mittelpunkt strahlenförmig ausgehenden, blattförmigen Gebilden, ähnlich einer stilisierten Rose od. Margerite, häufig als Fensteröffnung* **2** ◄ *kreisrundes Stoffschleifchen* **3** *Schliffform von Edelsteinen* [frz. „rosenförmige Bandschleife“, eigtl. „Röschen“; zu *rose* „Rose“]

**Roséwein** ⟨m. 1⟩ = *Weißherbst*

**rosig** ⟨Adj.⟩ = *rosa* ◆ jmdm. etwas in rosigen Farben schildern ⟨fig.⟩ *von der besten Seite darstellen;* etwas in rosigem Licht sehen ⟨fig.⟩ *von der besten Seite*

**Rosine** ⟨f. 19⟩ *getrocknete Weinbeere* ◆ er pickt sich die Rosinen aus dem Kuchen ⟨fig.; umg.⟩ *er nimmt das Beste für sich;* er hat große Rosinen im Kopf ⟨fig.; umg.⟩ *große, unerfüllbare Pläne* [< mhd. *rosin* < mnddt. *rosin(e)* < afrz. *(pineu) rosin* „Weintraube“ < lat. *racemus* „Weinbeere“]

**Röslein** ⟨n. 14; poet⟩ *kleine Rose*

**Rosmarin** ⟨m. 1; unz.⟩ *im Mittelmeergebiet heimischer Lippenblütler, dessen Blätter ein in der Kosmetik verwendetes wohlriechendes Öl enthalten;* ► *Kräuter* [< mlat. *ros marinus,* eigtl. „Meertau“]

**Ross** ⟨[rɔs] n. 11⟩ **1** ⟨poet.⟩ *edles (Reit-)Pferd* **2** ⟨oberdt.; Pl.: Rösser⟩ *Pferd* ◆ Ross und Reiter; auf dem hohen Ross sitzen ⟨fig.; umg.⟩ *herablassend, überheblich sein* [< ahd. *(h)ros,* engl. *horse*]

**Rossantilope** ⟨f. 19; Zool.⟩ *Angehörige einer Gattung der Pferdeböcke mit Nacken- u. Halsmähne: Hippotragus*

**Rossbreite** ⟨f. 19; Mar.⟩ *jede der ziemlich windstillen Zonen 25°–35° nördlicher u. südlicher Breite auf den Meeren* [zur Zeit der Segelschifffahrt führten die Flauten in diesen Gebieten zu Verzögerungen beim Transport von Pferden (Rössern) nach Südamerika, so dass diese häufig vor der Ankunft im Zielhafen eingingen]

**Rosselenker** ⟨m. 3; poet.⟩ *Lenker eines Pferdegespanns*

**Rossgras** ⟨n. 12u; unz.; Bot.⟩ **1** = *Glatthafer* **2** = *Honiggras*

**Rosskäfer** ⟨m. 3⟩ ► = *Mistkäfer*

## RÖNTGENSTRAHLEN

Die 1895 entdeckten Röntgenstrahlen liegen am energiereichen Ende des elektromagnetischen Spektrums. In der Röntgenröhre gibt eine Glühkathode Elektronen ab, die durch ein starkes elektrisches Feld auf ein Wolframtarget hin beschleunigt werden. Diese Elektronen erreichen im Hochvakuum enorme Geschwindigkeiten, sodass sich beim Auftreffen auf das Target ein Teil ihrer kinetischen Energie in hochfrequente elektromagnetische Strahlung (Röntgenstrahlen) verwandelt. Die Durchleuchtung mit Röntgenstrahlen ist nach wie vor das wichtigste bildgebende Verfahren der medizinischen Diagnostik.

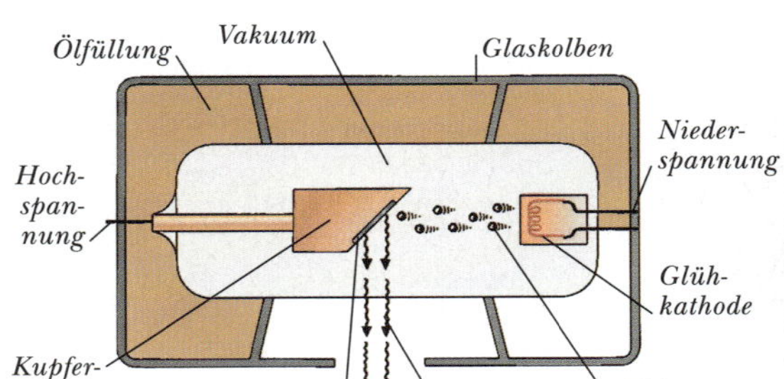


SCHNITT DURCH EINE RÖNTGENRÖHRE

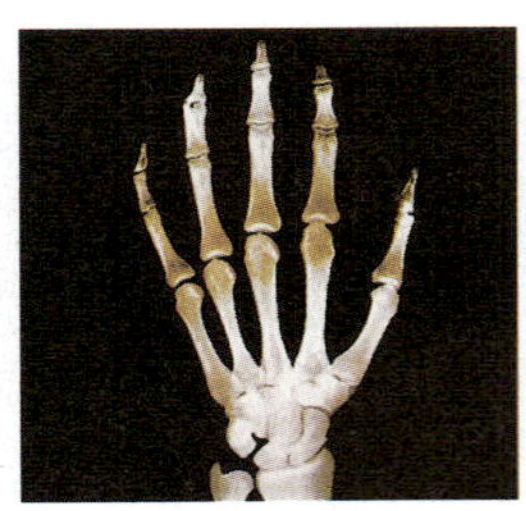

RÖNTGENBILD EINER HAND

R

# ROSEN

Es gibt etwa 150 teils jahrhundertealte Arten der Gattung der Rosengewächse, aus denen im Laufe der Zeit durch Kreuzung, Mutation und Selektion viele tausend Kultursorten entstanden sind. Die meisten Rosen werden wegen der Form, der Farbe und des Duftes der Blüten gezüchtet, andere wegen ihrer Früchte, der Hagebutten. Eingeteilt wird die große Vielfalt der Rosensorten nach unterschiedlichen Kriterien (z. B. Wuchsform).

## ALTE ROSEN

BOURBON
(*Rosa* 'Variegata di Bologna')

REMONTANTROSE
(*Rosa* 'Baron Girod de l'Ain')

DAMASZENERROSE
(*Rosa* 'Ispahan')

NOISETTEROSE
(*Rosa* 'Alister Stella Gray')

ALBA
(*Rosa* 'Great Maiden's Blush')

SEMPERVIRENS
(*Rosa* 'Félicité et Perpétue')

BENGALROSE
(*Rosa* 'Perle d'Or')

ZENTIFOLIE
(*Rosa* 'Tour de Malakoff')

TEEROSE
(*Rosa* 'Duchesse de Brabant')

FLORIBUNDA-GRANDIFLORA-HYBRID
(*Rosa* 'Grandiflora')

MOOSROSE
(*Rosa* 'Henri Martin')

PORTLANDROSE
(*Rosa* 'Marchesa Boccella')

ESSIGROSE
(*Rosa* 'Charles de Mills')

BOURSAULT
(*Rosa* 'Mme de Sancy de Parabère')

## WILDROSEN

WEINROSE
(*Rosa rubiginosa*)

APFELROSE
(*Rosa rugosa*)

MOSCHUSROSE
(*Rosa moschata*)

## MODERNE ROSEN

IN BÜSCHELN BLÜHENDE BUSCHROSE
(*Rosa* 'Arthur Bell')

ZWERGROSE
(*Rosa* 'Blue Peter')

RAMBLER
(*Rosa* 'Wedding Day')

KLETTERROSE
(*Rosa* 'Climbing Iceberg')

ENGLISCHE ROSE
(*Rosa* 'Abraham Darby')

IN BÜSCHELN BLÜHENDE ZWERGROSE
(*Rosa* 'Gentle Touch')

POLYANTHAROSE
(*Rosa* 'Ballerina')

KARTOFFELROSE
(*Rosa* 'Yellow Dagmar Hastrup')

GROSSBLÜTIGE BUSCHROSE
(*Rosa* 'Cherry Brandy')

MINIATURKLETTERROSE
(*Rosa* 'Laura Ford')

BODENDECKERROSE
(*Rosa* 'Hertfordshire')

**Rosskastanie** ⟨[-niə] f. 19; Bot.⟩ ► *Angehörige einer Gattung von Zierbäumen mit traubenförmigem Blütenstand u. braunen Früchten, die in stacheligen Kapseln sitzen: Aesculus;* → a. *Kastanienbaum*

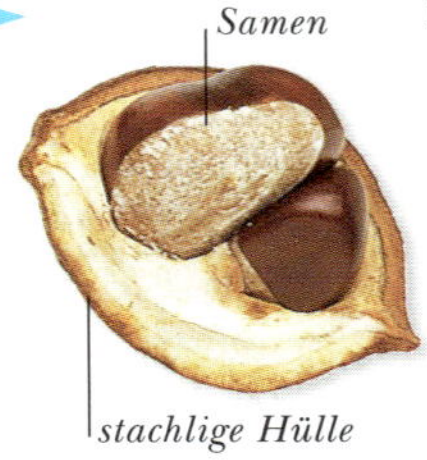

ROSSKASTANIE: FRUCHT DER GEWÖHNLICHEN ROSSKASTANIE *(Aesculus hippocastanum)*

**Rost**[1] ⟨m. 1⟩ **1** *Gitter aus mehreren nebeneinander liegenden Holz-, Stahl- od. Eisenstäben* **2** ⟨regional⟩ *Stahlmatratze* ◆ Fleisch auf dem Rost braten, rösten [< ahd. *rost* „Rost, Scheiterhaufen, Feuersbrunst, Glut"; Herkunft nicht geklärt]

**Rost**[2] ⟨m. 1; unz.⟩ **1** *rötlich brauner, bröckeliger Belag auf Eisen u. Stahl aus Eisenoxid* **2** *durch einen Rostpilz hervorgerufene Pflanzenkrankheit* ◆ Rost ansetzen *verrosten;* Rost frisst Eisen, Sorge den Menschen ⟨Sprichw.⟩ [< ahd. *rost*, engl. *rust;* → *rot*]

**rosten** ⟨V. i.; ist⟩ *Rost ansetzen, oxidieren* (von Eisen) ◆ rast' ich, so rost' ich; wer rastet, der rostet ⟨Sprichw.⟩ *ohne Betätigung wird der Mensch träge u. geistig stumpf;* alte Liebe rostet nicht ⟨umg.⟩ *alte Liebe bleibt lange lebendig* [→ *Rost*[2]]

**rösten**[1] ⟨V. t.; hat⟩ **1** *ohne Zusatz von Fett od. Wasser durch Erhitzen bräunen* (Brot, Kaffee) **2** *auf dem Rost, in der Pfanne braten* (Kartoffeln) **3** ⟨Met.⟩ *unter Luftzutritt erhitzen* (schwefelhaltige Erze) [→ *Rost*[1]]

**rösten**[2] ⟨V. t.; hat⟩ **1** *mürbe werden lassen, in fließendem Wasser wässern, damit die Holzteile faulen u. entfernt werden können* (Flachs, Hanf) **2** *durch Einfluss von Chemikalien innerhalb von 3 bis 4 Stunden aufschließen* (Fasern) [< mhd. *roetzen* „faulen machen"]

**Rösterei** ⟨f. 18⟩ *Vorrichtung od. Betrieb zum Rösten* (von Kaffee usw.)

**rostrot** ⟨Adj.⟩ *rotbraun wie Rost*

RÖTEGEWÄCHS: LEVANTINISCHE KRAPPWURZEL *(Rubia peregrina)*

**rot** ⟨Adj.; röter, am rötesten; a.: -er, am -esten⟩ **1** *wie Blut, wie Feuer gefärbt* **2** ⟨umg.⟩ *linksgerichtet, sozialistisch, kommunistisch* ◆ die Rote **Armee** ⟨Kurzform für⟩ die Rote Arbeiter- u. Bauernarmee ⟨früher⟩ *das Heer der Sowjetunion;* sie hat rote **Augen** (vom vielen Lesen, vom Weinen, vor Übernächtigung); das Kind hat gesunde, rote **Backen;** die Rote **Erde** ⟨Bez. für⟩ *Westfalen (= gerodetes Land);* roter **Faden** ⟨eigtl.⟩ *in das Tauwerk der engl. Marine eingewebter, roter, wollener Faden;* ⟨fig.; seit Goethes „Wahlverwandtschaften"⟩ *Leitmotiv, Leitgedanke, der Fortlauf der Handlung, Entwicklung;* der rote Faden des Buches, Theaterstückes, Vortrages; sie hat rotes **Haar;** Rotes **Kreuz** ⟨Abk.: R. K.⟩ *in Genf 1863/64 gegründete internationale Organisation, die im Krieg das Los der Kriegsopfer zu mildern sucht u. den neutralen Vermittler in allen Fragen spielt, die die Verwundeten u. Gefangenen betreffen;* ⟨auch⟩ *das internationale Schutzzeichen dieser Organisation: rotes Kreuz auf weißem Feld;* rote **Lippen;** rote **Socke** ⟨Pol.; umg.; scherzh. od. abwertend⟩ *Linke(r);* rote **Zahlen** *(rot eingetragene) Schulden, Fehlbeträge;* in die roten Zahlen kommen, in den roten Zahlen sein *Schulden haben* ◆ vor Zorn rot **anlaufen;** diesen Tag werde ich mir im Kalender rot **anstreichen** *bes. merken, einprägen;* rot **sehen** *sehr wütend sein, sich empören, in seiner Erregung keine Grenzen mehr kennen* [< ahd. *rot*, engl. *red;* → *Rost*[1]]

**Rot** ⟨n. 15⟩ **1** *rote Farbe, Farbe des Blutes, Feuers* **2** *rotes Licht (der Verkehrsampel)* **3** ⟨Kart.⟩ = *Herz (3)* ◆ Rot auflegen *rote Lippenschminke;* ein dunkles, helles, sattes, tiefes Rot; die Vorhänge spielen ins Rote *sie haben einen rötlichen Farbton;* sie war ganz in Rot gekleidet

**Rotation** ⟨f. 20⟩ **1** *Drehung (eines Körpers od. einer Fläche) um eine Achse* **2** ⟨Sp.⟩ *Positionswechsel* [< lat. *rotatio* „kreisförmige Umdrehung"; zu *rotare* „wie ein Rad drehen"; zu *rota* „Rad"]

**Rotationsfläche** ⟨f. 19⟩ *die durch Drehung einer Kurve um eine Achse entstehende Fläche, z. B. Rotationszylinder*

**Rotationsprinzip** ⟨n.; -s; unz.⟩ *Prinzip, nach dem Ämter nach Ablauf einer bestimmten Zeitspanne umbesetzt werden müssen*

**Rotauge** ⟨n. 28; Zool.⟩ ► = *Plötze*

**Rotbarsch** ⟨m. 1; Zool.⟩ *zu den Drachenköpfen gehörender, leuchtend roter Fisch der Nordsee u. der höheren Breiten des Atlantiks: Sebastes marinus*

**Rotbleierz** ⟨n. 11; Min.⟩ *gelblich rotes Mineral, chem. Bleichromat,* $PbCrO_4$

**rotblond** ⟨Adj.⟩ *blond mit rötl. Schimmer* ◆ rotblondes Haar

**Rotbuche** ⟨f. 19⟩ ► = *Buche*

**Röte** ⟨f. 19; unz.⟩ *rote Farbe, das Rotsein* ◆ die Röte des Abendhimmels; die Röte stieg ihm ins Gesicht

**Rötegewächs** ⟨n. 11; Bot.⟩ ◄ *Vertreter einer ca. 500 Gattungen umfassenden, v. a. in den Tropen verbreiteten Pflanzenfamilie, der u. a. Kaffeestrauch u. Waldmeister angehören: Rubiaceae*

**Roteisenstein** ⟨m. 1; Min.⟩ ► = *Hämatit*

**Rötel** ⟨m. 5⟩ **1** *Gemenge aus Eisenocker u. Ton (als Mal- u. Anstrichfarbe), Rotstein* **2** *Zeichenstift aus Rötel, eine rote Kreide* [verkürzt < mhd. *rötelstein;* → *rot*]

**Röteln** ⟨nur Pl.⟩ *Infektionskrankheit mit masernähnl. Ausschlag u. Lymphknotenschwellung: Rubeola* [→ *rot*]

**röten** ⟨V. t.; hat⟩ **1** *rot färben* **2** sich röten *rot werden* **3** *erröten* ◆ die Bergspitzen, die Wolken sind von der Abendsonne gerötet

**Rotfeder** ⟨f. 21; Zool.⟩ *der Plötze ähnlicher Fisch mit blutroten Flossen: Scardinius erythrophthalmus*

**Rotfuchs** ⟨[-ks] m. 1u⟩ ▼ *Pferd mit rotbraunem Deckhaar*

**rotglühend** ⟨Adj.; fachsprachl.⟩ *in roter Farbe glühend* (Kohle, Eisen)

**Rotgrünblindheit** ⟨f.; -; unz.⟩ *erbl. Farbenblindheit für Rot u. Grün*

ROTFUCHS

**Rothirsch** ⟨m. 1; Zool.⟩ *in 12 verschiedenen Unterarten über die ganze Nordhalbkugel verbreiteter Hirsch* ◆ Europäischer Rothirsch: *Cervus elaphus;* Sy *Hirsch (2)*

**Rotholz** ⟨n. 12u⟩ *rotes Farbholz;* Sy *Sequoie*

**rotieren** ⟨V. i.; hat⟩ **1** *sich gleichmäßig u. anhaltend um eine Achse drehen* **2** ⟨Sp.⟩ *Positionen wechseln* **3** ⟨umg.⟩ *Arbeit, Erledigungen unter starker Anspannung u. Nervosität verrichten* [< lat. *rotare* „wie ein Rad drehen"; zu *rota* „Rad"]

**Rotkehlchen** ⟨n. 14⟩ *kleiner Singvogel mit orangefarbener Brust: Erithacus rubecula*

**Rotkohl** ⟨m. 1; unz.⟩ *Unterart des Gemüsekohls mit bläulich violetten Blättern: Brassica oleracea var. capitata f. rubra;* Sy *Rotkraut, Blaukraut*

**Rotkraut** ⟨n. 12u; unz.⟩ = *Rotkohl*

**Rötling** ⟨m. 1; Bot.⟩ *Angehöriger einer Gattung der Blätterpilze mit fest verwachsenem Hut- u. Stielfleisch: Entoloma*

**Rotluchs** ⟨[-ks] m. 1; Zool.⟩ ▼ *hauptsächlich in Nordamerika verbreiteter, einzeln lebender Luchs mit rot gefärbtem, oft gepunktetem Fell u. kurzem Schwanz: Lynx rufus*

ROTLUCHS *(Lynx rufus)*

**Rotor** ⟨m. 23⟩ **1** ⟨El.⟩ = *Läufer (6)* **2** ⟨Flugw.⟩ *Drehflügel des Hubschraubers* [→ *rotieren*]

**Rotschwanz** ⟨m. 1u⟩, **Rotschwänzchen** ⟨n. 14⟩ *Singvogel mit rotem Schwanz* ◆ Hausrotschwänzchen: *Phoenicurus ochrurus;* Gartenrotschwänzchen: *P. phoenicurus*

**Rotte** ⟨f. 19⟩ **1** *Abteilung, Schar* **2** *drei im Glied nebeneinander marschierende Soldaten* **3** *zwei zusammen fliegende Flugzeuge od. zwei zusammen fahrende Schiffe* **4** ⟨abwertend⟩ *Bande, Gruppe (von Kriminellen)* ◆ eine Rotte Halbwüchsiger [< mhd. *rot(t)e* „Abteilung, Schar, wilder Haufen" < afrz. *rote* „Schar, Abteilung" < mlat. *rupta* „Abteilung, Schar", eigtl. „abgeteilte Schar"; zu lat. *rumpere* „brechen"]

**Rottweiler** ⟨m. 3; Zool.⟩ ► *große, schwere Hunderasse, als Schutzhund verwendet* [nach der Stadt *Rottweil* in Baden-Württemberg]

**Rotunde** ⟨f. 19⟩ **1** ► = *Rundbau* **2** *runder Raum* [< lat. *rotunda*, Fem. zu *rotundus* „rund"]

**Rotwein** ⟨m. 1⟩ *roter Wein aus blauen Trauben*

**Rotwelsch** ⟨n.; -s od. -; unz.⟩ *Gaunersprache, Jargon der Landstreicher u. fahrenden Leute* [< rotw. *rot* „Bettler; falsch, untreu" + *welsch* in der Bedeutung „unverständliche Sprache"]

**Rotwild** ⟨n.; -(e)s; unz.; Sammelbez. für⟩ *Edelhirsch, Reh (Edelwild)*

**Rotz** ⟨m. 1; unz.⟩ **1** ⟨derb⟩ *Nasenschleim* **2** *mit Knötchen u. Geschwüren in Haut u. Unterhaut verbundene Infektionskrankheiten der Einhufer* ◆ Rotz und Wasser heulen ⟨derb⟩ *heftig u. lange weinen* [< ahd. *(h)roz* „Nasenschleim"; zu ahd. *(h)ruzan* „schnarchen, knurren"; lautmalend]

**rotzig** ⟨Adj.⟩ **1** *an Rotz leidend* **2** ⟨umg.; derb⟩ *schmutzig* **3** *frech* **4** *schnodderig, zweideutig*

**Rotzunge** ⟨f. 19; Zool.⟩ ► *Plattfisch der nördl. Breiten: Microstomus kitt*

**rouge** ⟨['ruːʒ] Adj.; Roulett⟩ *rot* [frz., „rot"]
**Rouge** ⟨[ruːʒ] n. 15⟩ *rote Schminke* ◆Rouge auflegen *die Wangen rot schminken* [frz., „rot"]
**Roulade** ⟨[ru-] f. 19⟩ **1** ⟨Kochk.⟩ *Fleischrolle, dünne Fleischscheibe, die mit Speck u. Zwiebeln gefüllt, zusammengerollt u. geschmort wird* **2** ⟨Mus.⟩ *perlender Lauf, bes. in der Gesangskunst* [frz., „gerollte Fleischschnitte; Koloratur, Lauf, Triller"]

RUBIN

**Roulett** ⟨[ru-] n. 11 od. n. 15⟩ *Glücksspiel, bei dem eine Kugel in einem Apparat mit einer drehbaren Scheibe mit schwarzen u. roten nummerierten Feldern über den Gewinn entscheidet;* oV *Roulette (I)* [frz., eigtl. „Rädchen"]
**Roulette** ⟨[ru'lɛt]⟩ **I** ⟨n. 15⟩ = *Roulett* **II** ⟨f. 19⟩ *Rollrädchen, Werkzeug der Kupferstecher* [< frz. *roulette* „Rollrädchen"]
**Roundheads** ⟨['raundhɛdz] Pl.⟩ = *Rundköpfe* [engl.]
**Route** ⟨['ruːtə] f. 19⟩ *(vorgeschriebener od. geplanter) Reiseweg, Marschstrecke* [frz., „Landstraße, Reiseweg" < vulgärlat. *(via) rupta* „gebrochener (= gebahnter) Weg"; zu lat. *rumpere* „brechen"]
**Routine** ⟨[ru-] f. 19; unz.⟩ *Übung, Geschicklichkeit, Erfahrung, Gewohnheit* ◆(keine) Routine in einer Sache haben; etwas mit Routine erledigen [frz., „Gewohnheit, Routine"; → *Route*]
**Routine...** ⟨[ru-] in Zus.⟩ *regelmäßig stattfindend, zur Gewohnheit gehörend, Reihen...*
**Routinier** ⟨[ruti'njeː] m. 6⟩ *jmd., der Routine hat, in einer Arbeit, Kunst gewandter, geübter, erfahrener Mensch (oft etwas abwertend im Unterschied zum schöpferischen Menschen)* ◆er ist ein reiner Routinier [frz., „Gewohnheitsmensch"]
**routiniert** ⟨[ru-] Adj.; -er, am -esten⟩ *geschickt, gewandt, geübt, erfahren, flink* [< frz. *routiné;* → *Routine*]
**Rowdy** ⟨['raudiː] m. 6⟩ *streitsüchtiger, gewaltbereiter Mensch* [engl.]

ROTTWEILER

**Royalismus** ⟨[roaja-] m; -; unz.⟩ *Königstreue, Befürwortung der Monarchie* [< frz. *royalisme* „Königstreue"]
**RT** ⟨Abk. für⟩ *Registertonne*
**rubbeln** ⟨V. t.; hat; bes. norddt.⟩ *reiben, reibend trocknen, frottieren* [zu nddt. *rubben* „reiben, kratzen, raufen, zerren"; → *rupfen*]
**Rübe** ⟨f. 19⟩ **1** *ganz od. teilweise verdickte pflanzliche Pfahlwurzel* **2** *Pflanze, deren verdickte Pfahlwurzeln genutzt werden* **3** ⟨fig.; umg.⟩ *Frechdachs, Spitzbube* **4** ⟨derb⟩ *Kopf* ◆gelbe Rübe = *Möhre;* rote, weiße Rübe [< ahd. *ruoba*]

ROTZUNGE
*(Microstomus kitt)*

**Rubel** ⟨m. 5; Abk.: Rbl.⟩ *Währungseinheit der ehemal. Sowjetunion (heute GUS), 100 Kopeken* [< russ. *rubl;* zu *rubitj* „abschneiden, abhauen"]
**Rübenzucker** ⟨m. 3; unz.⟩ *aus Rüben gewonnener Zucker*
**Rübezahl** ⟨ohne Art.⟩ *sagenhafter schlesischer Berggeist* [< älter *rüebenzagel* „Rübenschwanz" < *Rübe* + *Zagel* „Schwanz, Zopf"]
**Rubin** ⟨m. 1⟩ ◄ *roter Edelstein, roter Korund;* ► *Schmucksteine* [< mlat. *rubinus;* zu lat. *rubeus* „rot"]
**Rubor** ⟨m.; -s; unz.; Med.⟩ *entzündliche Hautrötung* [< lat. *rubor* „Röte"]
**Rubrik** ⟨[-briːk] f. 20⟩ **1** *Titel, Überschrift* **2** ⟨fig.⟩ *Spalte, Abschnitt* **3** *Klasse, Abteilung* [< mhd. *rubrik(e),* urspr. „roter Schreibstoff", dann „in Rot gehaltene Überschrift, die in mittelalterl. Handschriften die einzelnen Abschnitte trennte" < spätlat. *rubrica (terra)* „rote (Erde), roter (Farbstoff)"; zu lat. *ruber* „rot"]
**ruchbar** ⟨Adj.⟩ *durch Gerücht bekannt, ins Gespräch gekommen* ◆es wurde ruchbar, dass ... [zu nddt. *rucht* „guter od. schlechter Ruf"; hierzu *anrüchig, berüchtigt, Gerücht,* entspricht mhd. *ruoft* „Leumund"; → *rufen*]
**ruchlos** ⟨Adj.; -er, am -esten⟩ *gewissenlos, niederträchtig, ehrfurchtslos, verrucht* (Verbrechen) [< mhd. *ruochelos* „unbekümmert, sorglos"; zu mhd. *ruoche* „Sorge, Sorgfalt"]
**Ruck** ⟨m. 1⟩ **1** *plötzl. Zug (am Zügel, Seil), Stoß, Erschütterung* **2** *kurzes, heftiges Anreißen od. Stemmen* ◆sich einen Ruck **geben** ⟨fig.⟩ *sich überwinden* ◆**auf** einen Ruck *auf einmal, plötzlich;* **mit** einem Ruck anfahren; mit einem Ruck raffte er sich auf; die Wahl ergab einen Ruck **nach** links, rechts *einen plötzlichen Stimmengewinn einer links-, rechtsgerichteten polit. Partei* [< ahd. *ruc* „schnelle Ortsveränderung"; → *rücken*]
**rückbauen** ⟨V. t.; hat; nur im Inf. u. Part. Perf.⟩ Gebäude rückbauen *G. in der Höhe abtragen, um sie dem Stadtbild anzupassen*
**rückbezüglich** ⟨Adj.; Gramm.⟩ = *reflexiv* ◆rückbezügliches Fürwort = *Reflexivpronomen*
**Rückbildung** ⟨f. 20; Biol.⟩ *Verkümmerung von (meist nicht benutzten) Organen od. Gliedern;* Sy *Rückentwicklung*
**Rückblende** ⟨f. 19; Film, Drama, Roman⟩ *Einschieben einer Szene, die Vergangenes schildert, in den Handlungsablauf*
**Rückblick** ⟨m. 1; fig.⟩ *(geistiger) Blick zurück, Erinnerung an Vergangenes*
**rückdatieren** ⟨V. t.; hat⟩ *mit einem zurückliegenden Datum versehen;* Ggs *vordatieren*
**rucken** ⟨V. i.; hat⟩ **1** *sich mit einem Ruck bewegen, sich plötzlich abstoßen* **2** *gurren* (Tauben) ◆der Zug ruckte und blieb wieder stehen
**rücken I** ⟨V. i.; ist⟩ **1** *Platz machen* **2** *sich ein Stück fortbewegen* ◆kannst du ein **Stückchen** rücken? *etwas Platz machen* ◆**an** jmds. Stelle rücken *jmds. Stelle einnehmen;* dieses Problem rückt zum ersten Mal **in** unser Blickfeld ⟨fig.⟩ *wir werden zum ersten Mal darauf aufmerksam;* der Zeiger der Bahnhofsuhr ist **um** eine Minute gerückt; nicht **von** der Stelle rücken *nicht weichen, sich nicht bewegen (lassen)* **II** ⟨V. t. u. V. i.; hat⟩ *an einen anderen Platz schieben, verschieben* ◆den Tisch **an** die Wand rücken; an etwas rücken *etwas ein Stückchen bewegen, zur Seite schieben* [< ahd. *rucken, rucchan,* engl. *rock* „schaukeln"]
**Rücken** ⟨m. 4⟩ **1** *der Bereich von der Schulter- bis zur Lendengegend auf der Rückseite des menschl. Rumpfes* **2** *Oberseite des tier. Rumpfes* **3** ⟨allg.⟩ *Rückseite* **4** *Oberseite* (Berg-, Fußrücken, Handrücken, Messerrücken, Nasenrücken) **5** *(hintere) Lehne* (Stuhlrücken) **6** *die Seite an eingebundenen Büchern, an der die Blätter befestigt sind* ◆jmdm. den Rücken **decken** ⟨fig.; umg.⟩ *ihn gegen Angriffe, Vorwürfe schützen;* **hinunterlaufen:** es lief mir kalt den Rücken hinunter (vor Angst, Grauen, Kälte) *ich erschauerte;* jmdm. den Rücken **kehren,** zukehren *sich von ihm abwenden, ihn stehen lassen;* jmdm. den Rücken **stärken,** steifen ⟨fig.⟩ *ihm beistehen, ihm Recht geben, ihn ermutigen;* jmdm. den Rücken **zudrehen** ◆er hat einen **breiten** Rücken ⟨fig.; umg.⟩ *er ist nicht leicht zu erschüttern, er kann viel ertragen;* der **verlängerte** Rücken ⟨scherzh.⟩ *das Gesäß* ◆Rücken **an** Rücken stehen; jmdn. **auf** den Rücken legen *ihn zu Fall bringen;* auf dem Rücken liegen ⟨fig.; umg.⟩; etwas **hinter** jmds. Rücken besprechen od. tun ⟨fig.⟩ *heimlich, ohne sein Wissen;* jmdm. **in** den Rücken fallen ⟨fig.⟩ *ihn hinterrücks angreifen, gegen ihn sprechen, nicht in seinem Sinne handeln;* beim Fotografieren hatte ich die Sonne im Rücken [< ahd. *rucki,* älter *hrukki,* engl. *ridge* „Bergrücken"]
**Rückendeckung** ⟨f. 20; unz.; fig.⟩ **1** *Sicherung vor Angriffen aus dem Hinterhalt* **2** *Sicherung gegen mögliche Vorwürfe*

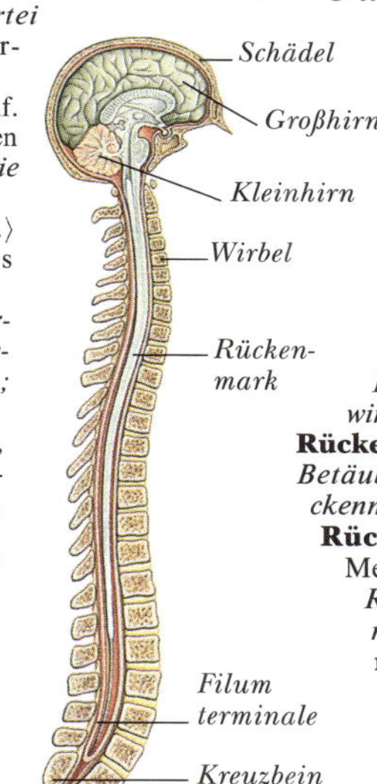

RÜCKENMARK: SCHNITT DURCH DAS RÜCKENMARK DES MENSCHEN

**Rückenflosse** ⟨f. 19⟩ *auf dem Rücken von Fischen befindliche unpaare Flosse zur Bewegungssteuerung u. Körperstabilisierung;* → a. *Finne*[2]
**Rückenlehne** ⟨f. 19⟩ *hintere Lehne (des Stuhls)*
**Rückenmark** ⟨n.; -s; unz.; Anat.⟩ ◄ *der im Innern der Wirbelsäule gelegene Teil des Zentralnervensystems, reicht vom 1. Halswirbel bis zum 2. Lendenwirbel*
**Rückenmark(s)anästhesie** ⟨f. 19; Med.⟩ *Betäubung durch Einspritzung ins Rückenmark;* Sy *Spinalanästhesie*
**Rückenmark(s)entzündung** ⟨f. 20; Med.⟩ *entzündliche Erkrankung des Rückenmarks bzw. des Rückenmarks u. seiner Häute;* Sy *Myelitis*
**rückenschwimmen** ⟨V. i.; nur im Inf. üblich⟩ *auf dem Rücken schwimmen* ◆er kann rückenschwimmen
**Rückenschwimmen** ⟨n.; -s; unz.⟩ *das Schwimmen auf dem Rücken*
**Rückensaite** ⟨f. 19;⟩ = *Chorda dorsalis*
**Rückenstärkung** ⟨f. 20; unz.; fig.⟩ *moralischer, seelischer Beistand* ◆Rückenstärkung erhalten, geben
**Rückentwicklung** ⟨f. 20; Biol.⟩ = *Rückbildung*
**Rückenwirbel** ⟨m. 5; Anat.⟩ = *Brustwirbel*
**rückerstatten** ⟨V. t.; hat; nur im Inf. u. Perf.; verstärkend⟩ *erstatten, wiedergeben, zurückgeben* ◆jmdm. ausgelegtes Geld, Unkosten, Fahrtkosten rückerstatten
**Rückfall** ⟨m. 1u⟩ **1** *Rückkehr in einen früheren (schlechteren) Zustand* **2** ⟨Med.⟩ *Wiederauftreten einer scheinbar überwundenen Krankheit* **3** *erneute Begehung der gleichen Straftat nach verbüßter Strafe* ◆einen Rückfall bekommen, erleiden

R

**rückfällig** ⟨Adj.⟩ **1** *die gleiche Straftat noch einmal begehend* **2** *an den urspr. Besitzer zurückfallend* ◆ ein rückfälliger Betrüger; rückfällige Güter; rückfällig werden

**rückfragen** ⟨V. i.; hat; nur im Inf. u. Perf.⟩ (bei jmdm.) rückfragen *anfragen, nochmals fragen* ◆ ich werde noch einmal rückfragen; ich habe rückgefragt

**Rückführung** ⟨f. 20⟩ *Zurückführung*

**Rückgabe** ⟨f. 19; unz.⟩ *Zurückgabe, Zurückgeben von verlorenen, geliehenen od. gestohlenen Gegenständen an den Eigentümer* ◆ gegen Rückgabe der Eintrittskarte; mit der Bitte um Rückgabe

**Rückgang** ⟨m. 1u; unz.; fig.⟩ *Verringerung, Verschlechterung, Verfall* ◆ der Rückgang der Bevölkerung, eines Börsenpapiers, des Exports, des Geschäftsumsatzes, der Preise

**Rückgrat** ⟨n. 11; Anat.⟩ = *Wirbelsäule* ◆ der Holzreichtum ist das Rückgrat der finnischen Wirtschaft ⟨fig., umg.⟩ *das, worauf sich die Wirtschaft hauptsächlich stützt;* das hat ihm das Rückgrat gebrochen ⟨fig.; umg.⟩ *ihn (wirtschaftlich, moralisch od. seelisch) vernichtet;* jmdm. das Rückgrat stärken, steifen ⟨fig., umg.⟩ *Rücken;* ein Mensch ohne Rückgrat ⟨fig.; umg.⟩ *ein unentschlossener, schwacher Charakter* [< *Rücken* + *Grat*]

**Rückhalt** ⟨m. 1; unz.⟩ **1** *Halt, Stütze, Beistand* **2** ⟨veraltet⟩ *Vorbehalt* ◆ ich habe keinen, einen starken Rückhalt an ihm; durch seine Eltern hat er einen finanziellen Rückhalt; ihm fehlt jeder moralische Rückhalt; etwas ohne Rückhalt anerkennen *ohne Vorbehalt*

**Rückhand** ⟨f. 7u; Sp.; Badminton, (Tisch-)Tennis⟩ ► *(bei Rechtshändern) Schlag des Balles links vom Körper bzw. (bei Linkshändern) rechts vom Körper, bei dem der Handrücken stets zum Netz zeigt;* Ggs *Vorhand (1.1)*

RÜCKHAND

**Rückkehr** ⟨f.; -; unz.⟩ *das Zurückkehren, Zurückkommen, Heimkehr, Fahrt zum Ausgangspunkt zurück, Heimreise* ◆ wir erwarten heute seine Rückkehr; auf jmds. Rückkehr warten; nach seiner Rückkehr

**Rückkoppelung, Rückkopplung** ⟨f. 20⟩ **1** ⟨Elektrotech.⟩ *Schaltung eines Verstärkers, wobei ein Teil der Ausgangsspannung zur Verstärkung der Eingangsspannung dient* **2** ⟨in Steuerungssystemen⟩ *Rückwirkung eines Faktors in einem geschlossenen Wirkungskreis auf den ersten Faktor;* Sy *Feedback (1), Rückmeldung (4)*

**Rücklage** ⟨f. 19⟩ *für den Notfall zurückgelegtes Geld, Ersparnisse*

**rückläufig** ⟨Adj.⟩ **1** *sich rückwärts bewegend, rückwärts gewandt* **2** ⟨Astron.⟩ *in einer Bewegung verlaufend, die der Beobachter von der Ekliptik zum Nordpol im Uhrzeigersinn wahrnimmt* ◆ rückläufige Bewegung, Entwicklung, Gewinne

**rücklings** ⟨Adv.⟩ *rückwärts, nach hinten, von hinten* ◆ jmdn. rücklings angreifen; rücklings ins Wasser stürzen [< *Rücken* + *...lings*]

**Rückmeldung** ⟨f. 20⟩ **1** *Meldung (bei einer übergeordneten Stelle), dass man von einem Gang zurückgekehrt ist* **2** *Meldung an eine Zentrale, an einen Ausgangspunkt zurück* **3** *eingegangene Antwort auf Fragen in einem zugesandten Fragebogen* **4** ⟨in Steuerungssystemen⟩ = *Rückkopp(e)lung (2)*

**Rückruf** ⟨m. 1⟩ **1** *Aufforderung, Ruf zur Umkehr, zur Rückkehr* **2** ⟨Tel.⟩ *Telefonanruf als Antwort auf einen vorher erfolgten Anruf eines anderen Fernsprechteilnehmers* **3** *Zurücknahme eines Nutzungsrechtes* **4** *Aufforderung, etwas zurückzuschicken (z. B. eine mangelhafte Ware)* ◆ ich erwarte in Kürze seinen Rückruf ⟨Tel.⟩

**Rucksack** ⟨m. 1u⟩ *von Wanderern auf dem Rücken getragener Sack aus Segeltuch für Mundvorrat, Kleidung, Ausrüstung* [Alpenmundarten; < *Rücken* + *Sack*]

**Rückschau** ⟨f. 20; unz.⟩ *Erinnerung an Vergangenes u. Rechenschaft darüber vor sich selbst* ◆ Rückschau halten

**Rückschlag** ⟨m. 1u⟩ **1** *das Zurückschlagen (z. B. des Balles)* **2** *Rückstoß, Rückprall* **3** ⟨fig.⟩ *ungünstige Wendung nach anfangs günstiger Entwicklung* ◆ der Rückschlag eines Gewehres; er hat seinen geschäftlichen Rückschlag überwunden

**Rückschluss** ⟨m. 1u⟩ *logischer Schluss einer gedankl. Überlegung auf eine vorangegangene* ◆ sein Verhalten gestattet den Rückschluss, dass ...; aus seinem Verhalten kann man den Rückschluss ziehen, dass ...

**Rückschritt** ⟨m. 1; fig.⟩ *Verschlechterung, Rückfall in scheinbar (lange) Überwundenes;* Ggs *Fortschritt*

**Rückseite** ⟨f. 19⟩ *rückwärtige, hintere Seite;* Sy *Hinterseite (1);* Ggs *Vorderseite*

**Rücksicht** ⟨f. 20⟩ *Achtsamkeit auf die Interessen, Gefühle usw. anderer* ◆ er **kennt** keine Rücksicht; auf jmdn. od. etwas Rücksicht **nehmen;** gegenüber jmdm. Rücksicht **üben** ◆ aus **finanziellen,** geschäftlichen Rücksichten ◆ er hat es **an** der nötigen Rücksicht fehlen lassen

**Rücksichtnahme** ⟨f. 19; unz.⟩ *das Rücksichtnehmen, Achtung vor fremden Interessen, Gefühlen usw.*

**rücksichtslos** ⟨Adj.; -er, am -esten⟩ **1** *ohne Rücksicht, skrupellos, unbedenklich, selbstsüchtig* **2** *hart, streng, grob* ◆ rücksichtsloses Benehmen, Verhalten; seine Gutmütigkeit, Hilfsbereitschaft wurde rücksichtslos ausgenutzt

**Rückspiel** ⟨n. 11; Sp.⟩ *zweites von zwei vereinbarten Spielen zwischen zwei Mannschaften;* Ggs *Hinspiel*

**Rücksprache** ⟨f. 19; unz.⟩ **1** *erkundende Besprechung über eine bestimmte Frage* **2** *Aufforderung an den Bearbeiter, sich zu rechtfertigen od. die Sache zu erläutern (als Vermerk auf Geschäftsvorgängen)*

**Rückstand** ⟨m. 1u⟩ **1** *Rest, Überbleibsel* **2** *unbezahlter Rest einer Rechnung, zurückbleibender Stoff beim Filtern, Auspressen usw., Bodensatz, Abfall, Überbleibsel* **3** ⟨Chem.⟩ ► *Bezeichnung für Materie, die bei chemischen Operationen zurückbleibt* ◆ alle Rückstände bezahlen; in Rückstand (mit etwas) sein *nicht auf dem Laufenden sein, etwas nicht pünktlich u. regelmäßig getan haben*

**rückständig** ⟨Adj.⟩ **1** *restlich, übrig bleibend, noch unbeglichen* (Zahlungen) **2** ⟨fig.⟩ *überholten Ansichten anhängend* (Person) **3** *nicht fortschrittlich, nicht modern, nicht zeitgemäß* (Ansichten) **4** *auf niederer Entwicklungsstufe verharrend* ◆ ein rückständiger Steuerzahler *S., der mit den Zahlungen in Verzug ist*

**Rückstau** ⟨m. 1⟩ *nach hinten wirkender Stau* ◆ infolge des Hochwassers im Rhein kam es zu einem Rückstau in der Mosel

**Rückstoß** ⟨m. 1u; Phys.⟩ *Rückwirkung, Impulsübertragung einer von einem Körper sich abstoßenden Masse auf diesen selbst (z. B. des Gewehrs beim Abfeuern des Schusses)*

**Rückstrahler** ⟨m. 3⟩ *Rücklicht an Fahrzeugen;* Sy ⟨umg.⟩ *Katzenauge (2)*

**Rücktritt** ⟨m. 1⟩ **1** *das Zurücktreten (von einem Amt, einem Vertrag usw.), das Niederlegen eines Amtes, der Verzicht darauf* **2** *Abdankung (eines Staatsoberhauptes)* **3** *Verzicht (auf eine Vergünstigung)* **4** *rückwirkende Vernichtung eines Vertrages durch einseitige Erklärung*

**Rückversicherung** ⟨f. 20⟩ *Versicherung, bei der sich ein Versicherer zur Teilung der von ihm übernommenen Risiken bei anderen Versicherern weiterversichert;* Sy *Reassekuranz*

**rückwärtig** ⟨Adj.⟩ *dahinter gelegen, hinten, im Hintergrund befindlich*

**rückwärts** ⟨Adv.⟩ **1** *nach hinten, zurück, der ursprüngl. Bewegung entgegengesetzt* **2** *mit dem Rücken zuerst* ◆ zwei Schritte rückwärts; rückwärts gehen *mit dem Rücken voran;* ⟨a. fig.⟩ *sich verschlechtern* [< *zurück* + *...wärts*]

**Rückweg** ⟨m. 1⟩ *Weg zurück, Heimweg* ◆ den Rückweg antreten; das Kind fand den Rückweg nicht mehr; er befindet sich, ist schon auf dem Rückweg

**ruckweise** ⟨Adv.⟩ *in Rucken, Stößen* ◆ sich ruckweise vorwärts bewegen

**rückwirkend** ⟨Adj.⟩ **1** *Rückwirkung ausübend, mit Rückwirkung geschehend* **2** *gültig für einen bestimmten Zeitraum vor der Vereinbarung od. vor der Veröffentlichung (eines Gesetzes usw.)* ◆ der Betrag wird ab 1.5. regelmäßig und für drei Monate rückwirkend bezahlt

**Rückwirkung** ⟨f. 20⟩ **1** *Wirkung auf den Wirkenden od. die wirkende Kraft zurück* **2** *Wirkung (eines Gesetzes, einer Willenserklärung usw.) auf einen bestimmten Zeitraum vorher* ◆ Gehaltserhöhung mit Rückwirkung bis zu drei Monaten

**Rückzieher** ⟨m. 3⟩ **1** ⟨fig.; umg.⟩ *das Aufgeben zu hoch gespannter Ziele, Verkleinerung zu großer Pläne, halber Widerruf, Einlenkung* **2** ⟨Fußb.⟩ *das Schießen des Balls über den eigenen Kopf nach rückwärts* ◆ einen Rückzieher machen

**Rückzug** ⟨m. 1u⟩ *Rückwärtsbewegung (bes. von Truppen), das Sichzurückziehen, Sichabsetzen vom Feind, geordnete Flucht* ◆ dem Fliehenden den Rückzug abschneiden; den Rückzug antreten

**rüde** ⟨Adj.; abwertend⟩ *rau, ungeschliffen, roh* [< frz. *rude* „roh, rau, grob"]

**Rüde** ⟨m. 17⟩ *Männchen* (vom Hund, Wolf, Fuchs u. der Marderfamilie) [< ahd. *rudio* „großer Hund, Hetzhund"; vermutl. verwandt mit *rot*]

**Rudel** ⟨n. 13⟩ **1** *zusammenlebende Gruppe (von Hirschen, Gemsen, Rehen, Wölfen)* **2** ⟨fig.⟩ *Schar, Ansammlung, große Gruppe* [vermutl. als „sich (geräuschvoll) bewegende, dicht gedrängte Schar" zu bair. *rodeln, rudeln* „rütteln, schütteln, rollen, kugeln"]

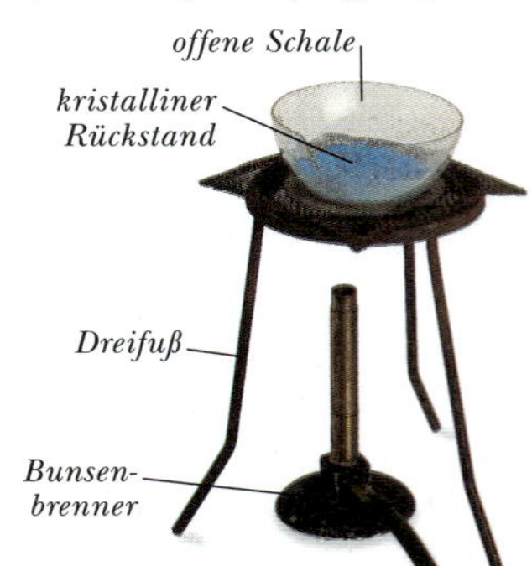


RÜCKSTAND: EXPERIMENT ZUR GEWINNUNG EINES RÜCKSTANDS AUS EINER LÖSUNG

R

**Ruder** ⟨n. 13⟩ **1** ⟨volkstüml.⟩ *Riemen* **2** ► *Steuer, Vorrichtung zum Steuern (eines Bootes, Schiffes od. Flugzeugs)* **3** ⟨Jägerspr.⟩ *Fuß (des Schwans);* → a. *Latsche*[2] ◆ das Ruder der Regierung, des Staates führen, halten ⟨fig.⟩ *an der Spitze der Regierung stehen;* die Ruder auslegen, einziehen; am Ruder sein ⟨fig.; umg.⟩ *an der Macht;* am Ruder sitzen; ans Ruder kommen ⟨fig.; umg.⟩ *an die Macht, in eine einflussreiche Stellung gelangen* [< ahd. *ruodar,* engl. *rudder* „Steuerruder"; zu mhd. *rüejen,* mnddt. *rojen* „rudern"]

RUDER AN EINEM SEGELBOOT

**Ruderhaus** ⟨n. 12u; Mar.⟩ ► *Aufbau auf dem Deck für die Steueranlagen des Schiffes*

**rudern I** ⟨V. i.; ist/hat⟩ **1** *in einem Boot sich mit Rudern fortbewegen* **2** *in der Luft Ruderbewegungen machen* ◆ gegen die Strömung rudern; mit den Armen rudern; wir haben/sind eine Stunde gerudert **II** ⟨V. t.; hat⟩ *mit Rudern fortbewegen* ◆ das Boot ans andere Ufer rudern

**Rudersport** ⟨m.; -(e)s; unz.⟩ ▼ *sportlich betriebenes Rudern*

**Rudiment** ⟨n. 11⟩ **1** *Rest, Überbleibsel, Bruchstück* **2** ⟨Biol.⟩ *verkümmertes Organ* [< lat. *rudimentum* „der erste Anfang, der erste Versuch"]

**rudimentär** ⟨Adj.⟩ *rückgebildet, verkümmert*

**Ruf** ⟨m. 1⟩ **1** *laute, meist kurze Äußerung, laut gesprochenes Wort* **2** *Äußerung von Tieren, bes. Vögeln* **3** ⟨fig.⟩ *Leumund, Ansehen* **4** *Ruhm* **5** *Aufforderung, Berufung (zu einem Amt, auf einen Posten)* **6** *Telefonnummer* ◆ der Ruf der **Eule,** des Kuckucks ◆ er **erfreut** sich keines guten Rufes; es **erging** der Ruf an ihn, die Regie des neuen Stückes zu übernehmen; er **erhielt** einen Ruf an die Universität München; **sein:** er ist besser als sein Ruf ◆ die **anfeuernden** Rufe der Zuschauer ◆ seinen Ruf **aufs** Spiel setzen; eine Firma **von** Ruf; Ruf **zur** Ordnung *Aufforderung zur Ordnung* [< ahd. *(h)ruof;* → *rufen*]

**rufen** ⟨V. 201; hat⟩ **I** ⟨V. i.⟩ **1** *laut, mit weit tragender Stimme aussprechen* **2** *die Stimme laut ertönen lassen (auch von Tieren)* ◆ „Komm schnell!", rief er; ich muss gehen, die **Pflicht** ruft ⟨fig.⟩ ◆ **anhaltend,** aufgeregt, wiederholt rufen ◆ **nach** jmdm. rufen *rufen, damit jmd. kommt;* der Gong ruft **zum** Essen **II** ⟨V. t.⟩ jmdn. rufen **1** *kommen lassen, herbeiholen* **2** *nennen, heißen, anreden* ◆ bitte rufen Sie ihn, lassen Sie ihn rufen; den **Arzt** rufen ◆ jmdn. **bei,** mit seinem Namen rufen; jmdm. etwas **ins** Gedächtnis rufen *ihn daran erinnern;* jmdn. **zum** Essen rufen; jmdn. zu Hilfe rufen; jmdn. zur Ordnung rufen *ihn auffordern, sich ordentlich, manierlich zu benehmen, sachlich zu bleiben* **III** ⟨V. refl.; umg.⟩ ich habe mich heiser gerufen *ich habe so lange gerufen, bis ich heiser wurde* [< ahd. *(h)ruofan*]

**Rüffel** ⟨m. 5; umg.⟩ *Verweis, Rüge, Tadel* ◆ einen Rüffel bekommen; einen Rüffel einstecken; jmdm. einen Rüffel erteilen [< nddt. *Ruffel* „Rauhobel"]

**Rufnummer** ⟨f. 21⟩ = *Telefonnummer* ◆ ich bin unter der Rufnummer 3869 zu erreichen

**Rugby** ⟨['rʌgbi] n. 15; unz.; Sp.⟩ *Spiel zwischen zwei Mannschaften mit einem eiförmigen Lederball, der mit Händen u. Füßen bespielt werden darf* [engl.; nach dem englischen Ort *Rugby* bei Birmingham]

**Rüge** ⟨f. 19⟩ *Tadel, Verweis, Zurechtweisung* ◆ eine Rüge bekommen, erhalten, einstecken müssen; jmdm. eine Rüge erteilen [< mhd. *rüege, ruoge* „gerichtl. Anklage, Anzeige, gerichtl. Strafe, Tadel"]

**rügen** ⟨V. t.; hat⟩ **1** jmdn. rügen *jmdm. eine Rüge erteilen, jmdn. tadeln, zurechtweisen* **2** etwas rügen *bemängeln* ◆ ich muss deine Nachlässigkeit rügen [< ahd. *ruogen* „anklagen, beschuldigen, tadeln, gerichtl. anzeigen, öffentl. bekannt machen, mitteilen, melden"]

**Ruhe** ⟨f.; -; unz.⟩ **1** *Schweigen, Stille* **2** *Frieden* (Waffenruhe) **3** *Kaltblütigkeit, Gleichmut* **4** *Stillstehen, Stillliegen, Unbeweglichsein, Stillstand* **5** *Ausruhen, Schlaf, Erholung* ◆ bitte einen **Augenblick** Ruhe!; in Ruhe und **Frieden** leben ◆ Ruhe **ausstrahlen;** der Kranke **bedarf** dringend der Ruhe; die Ruhe **bewahren; eintreten:** plötzlich trat Ruhe ein; (keine) Ruhe **finden,** haben; **gebt** Ruhe, Kinder! *lärmt nicht mehr;* du solltest dir mehr Ruhe **gönnen;** jmdm. keine Ruhe **lassen** *ihn dauernd stören, bedrängen* ◆ **angenehme** Ruhe! *(als Gute-Nacht-Gruß);* die **nächtliche,** öffentliche Ruhe stören; eine **unerschütterliche** Ruhe besitzen ◆ er lässt sich nicht **aus** der Ruhe bringen; **in** aller Ruhe die Vorbereitungen treffen; immer **mit** der Ruhe! ⟨umg.⟩ *nicht so hastig;* sich **zur** Ruhe begeben, legen *schlafen gehen;* sich zur Ruhe setzen *in den Ruhestand treten, aufhören mit Arbeiten* [< ahd. *ruowo*]

RUDERHAUS EINES FEUERLÖSCHBOOTS

**Ruhegehalt** ⟨n. 12u; veraltet⟩ = *Pension (1)* ◆ ein Ruhegehalt beziehen

**Ruhejahr** ⟨n. 11; jüd. Rel.⟩ = *Sabbatjahr*

R

## RUDERSPORT

Ruderer treiben ihre Boote mit Riemen oder mit Skulls an. Riemen, die nicht seemännisch auch Ruder genannt werden, bedient man beidhändig, Skulls hingegen sind immer paarweise vorhanden. Zur besseren Nutzung der Beinkraft verwenden Sportruderer bewegliche Rollsitze in ihren schmalen Booten, die auf Regatten in zwei Gewichts- und den Bootsklassen Einer, Zweier, Vierer und Achter Rennen über jeweils 2000 m bestreiten. Achtercrews führen dabei stets einen Steuermann mit sich, der den Schlagrhythmus vorgibt. Zweier und Vierer, die mit oder ohne Steuermann fahren, heißen Doppelzweier bzw. Doppelvierer, wenn Skulls eingesetzt werden.

SCHLAGPHASEN BEI FESTEM SITZ

VIERER OHNE STEUERMANN

**Ruhelage** ⟨f. 19; unz.⟩ **1** *Stillstand, Unbeweglichsein (einer Maschine)* **2** *Lage, in der z. B. ein gebrochenes Glied nicht bewegt werden kann* ◆ sich in Ruhelage befinden

**ruhelos** ⟨Adj.; -er, am -esten⟩ *keine Ruhe findend, unruhig, unstet*

**ruhen** ⟨V.; hat⟩ **1** *still sein, stillliegen, stillstehen, stillsitzen, bewegungslos sein* **2** *nicht arbeiten, sich nicht regen, verweilen* **3** *rasten, sich erholen, sich entspannen* **4** *schlafen* **5** *außer Kraft, außer Geltung sein* (Vertrag) **6** *nicht weitergehen, zum Stillstand gekommen sein, aufgehört haben* (Arbeit, Verkehr) **7** *beerdigt sein (bes. in Grabinschriften)* ◆ der **Acker** ruht *liegt brach;* die **Arbeit** ruht während des Streiks; die **Sache** ruht vorläufig *bleibt zunächst unentschieden, wird nicht weitergeführt;* die **Waffen** ruhen *es wird nicht mehr gekämpft* ◆ nicht ruhen und **rasten,** bis ... *unermüdlich tätig sein* ◆ nach getaner Arbeit ist **gut** ruhn ⟨Sprichw.⟩; ruhe **sanft** *(Grabinschrift)* ◆ **auf** etwas ruhen *auf etwas liegen;* die Brücke ruht auf mehreren Pfeilern; er ruht nun **in** Frieden *er ist tot;* hier ruht (in Gott) *(Grabinschrift);* **nach** dem Mittagessen eine Stunde ruhen [< ahd. *ruowen;* → *Ruhe*]

**Ruhepunkt** ⟨m. 1⟩ *ruhige Stelle inmitten von unruhigem Leben u. Getriebe*

**Ruhestand** ⟨m. 1u; unz.⟩ *Stellung eines im Alter aus dem Dienst ausgeschiedenen Beamten od. Offiziers;* Sy *Pension (2)* ◆ im Ruhestand ⟨Abk.: i. R.⟩; in den Ruhestand gehen, treten; jmdn. in den Ruhestand versetzen

**ruhestörend** ⟨Adj.⟩ *die (allgemeine) Ruhe störend, Unruhe verursachend, durch Geräusche belästigend* ◆ ruhestörender Lärm

**ruhig** **I** ⟨Adj.⟩ **1** *bewegungslos, unbeweglich, unbewegt* **2** *geräuschlos, still, schweigend* **3** *lärmfrei, abgelegen* **4** *ohne Aufregung, ohne Sorge* **5** *kaltblütig, gefasst* **6** *ausgeglichen* **7** *gleichmäßig, geordnet* **8** *keine Kontraste aufweisend* (Farbgebung) ◆ jmdn. mit ruhigem **Blick** beobachten; nur ruhig **(Blut)**! *keine Aufregung!;* alles geht seinen ruhigen **Gang;** eine ruhige **Gegend;** ich habe ein ruhiges **Gewissen;** wir führen ein sehr ruhiges **Leben;** ruhige **See,** ruhiger Seegang ◆ er **blieb** völlig ruhig; der Motor **läuft** ruhig *leise u. gleichmäßig;* etwas ruhig **sagen;** ein gebrochenes Glied ruhig **stellen;** wir müssen uns ruhig **verhalten;** sie muss ruhiger **werden** **II** ⟨Partikel⟩ *ohne weiteres, unbesorgt* ◆ du kannst ruhig mitkommen

R

**Ruhm** ⟨m. 1; unz.⟩ *durch hervorragende Taten errungenes hohes Ansehen in der Öffentlichkeit* ◆ den **Gipfel,** die Höhe seines Ruhmes erreichen ◆ **großer,** unsterblicher, verdienter, wahrer Ruhm ◆ dieses Gemälde hat seinen Ruhm **begründet;** sich seines Ruhmes **erfreuen;** er **sonnt** sich in seinem Ruhm(e) [< ahd. *(h)ruom*]

**rühmen** ⟨V.; hat⟩ **I** ⟨V. t.⟩ jmdn. rühmen *jmds. Ruhm verkünden, jmdn. loben, preisen, lobend hervorheben* ◆ man kann ihn deshalb nicht genug rühmen; das muss besonders rühmend hervorgehoben werden **II** ⟨V. refl.⟩ sich einer Sache rühmen *auf eine S. stolz sein, sie stolz verkünden, mit ihr prahlen* [< ahd. *(h)ruomen;* → *Ruhm*]

**Ruhr** ⟨f.; -; unz.; Med.⟩ *infektiöse anzeigepflichtige Darmerkrankung, die durch mehrere Typen von Bakterien od. einzellige Lebewesen übertragen wird, in den Tropen herrscht die Amöbenruhr vor* [< ahd. *(h)ruore,* urspr. „heftige, eilige Bewegung, Unruhe" (noch in *Aufruhr*), dann „Bauchfluss, Ruhr als Krankheit"; → *rühren*]

**rühren** ⟨V.; hat⟩ **I** ⟨V. t.⟩ **1** etwas rühren **1.1** *bewegen* **1.2** ⟨Mus.⟩ *spielen, schlagen* (Saiten, Trommel) **1.3** *kreisend, drehend bewegen, vermischen, vermengen* (Flüssigkeit, breiige od. körnige Masse) **2** jmdn. rühren *Rührung, gefühlvolle Stimmung, Mitleid in jmdm. verursachen* **3** sich rühren *sich bewegen, tätig sein* ◆ kein **Blättchen,** Lüftchen rührt sich *es ist ganz windstill;* er hat keinen **Finger** gerührt ⟨umg.⟩ *ließ alles die anderen machen, tat selbst nichts;* sein **Gewissen** rührte sich; alle **Kräfte** rühren ⟨umg.⟩ *sich anstrengen* ◆ **lassen** Sie rühren! *(militär. Aufforderung)* ◆ er rührte sich **nicht** mehr *er war tot;* man kann sich hier nicht rühren (so eng ist es); rühr dich **rechtzeitig!** ⟨umg.⟩ *mach dich bemerkbar, melde dich* ◆ rühren Sie sich nicht **vom** Fleck, von der Stelle!; jmdn. **zu** Tränen rühren ◆ er stand da wie vom Donner gerührt ⟨fig.; umg.⟩ *bewegungslos, erstarrt vor Überraschung* **II** ⟨V. i.⟩ an etwas rühren *etwas anfassen, berühren* ◆ an diese Begebenheit darf man bei ihm nicht rühren [< ahd. *(h)ruoren*]

**rührend** ⟨Adj.⟩ **1** *das Gemüt bewegend, zu Herzen gehend, das Herz erwärmend* **2** *liebevoll, aufopfernd, selbstlos*

**rührig** ⟨Adj.⟩ *tätig, unternehmungslustig, flink, emsig* ◆ ein rühriger Mensch

**rührselig** ⟨Adj.⟩ **1** *zu Rührung neigend, (übertrieben) gefühlvoll* (Person) **2** *mit starken Mitteln Rührung verursachend* (Buch, Film)

**Rührung** ⟨f. 20; unz.⟩ *innere Bewegung, Bewegtsein, Ergriffenheit, weiche Stimmung* ◆ Rührung empfinden, erwecken, hervorrufen; mich überkam, übermannte die Rührung; etwas mit Rührung anhören

**Ruin** ⟨m. 1; unz.⟩ **1** *Zusammenbruch, Untergang, Verfall* **2** *Vermögensverlust* ◆ der Ruin war nicht aufzuhalten; geschäftlicher, moralischer, wirtschaftlicher Ruin [→ *Ruine*]

**Ruine** ⟨f. 19⟩ **1** *verfallenes Gebäude* **2** *Trümmer* [< frz. *ruine* < lat. *ruina* „Einsturz, Zusammenbruch"]

**ruinieren** ⟨V. t.; hat⟩ *zerstören, zugrunde richten, verderben, so stark beschädigen, dass es nicht mehr zu gebrauchen ist* ◆ ich bin ruiniert *ich habe mein Vermögen, mein Ansehen verloren* [< frz. *ruiner* „zerstören, vernichten"; → *Ruine*]

**ruinös** ⟨Adj.; -er, am -esten⟩ *zum Ruin führend* [< frz. *ruineux;* → *Ruin*]

RUNDBAU: BAROCKER RUNDBAU DES 18. JH., ENGLAND

**rülpsen** ⟨V. i.; hat; umg.⟩ *hörbar aufstoßen* [seit 17. Jh., neben *rülzen;* lautmalend]

**rum** ⟨Adv.; umg.; Kurzform von⟩ *herum*

**Rum** ⟨m. 6⟩ *Branntwein aus Rohrzucker* [< engl. (Siedlerspr. auf Barbados) *rum* „Zuckerbranntwein" < engl. *rumbullion* „großer Aufruhr"]

**Rummel** ⟨m. 5; unz.⟩ **1** ⟨umg.⟩ *Lärm und Getriebe, Menschengewühl und Geschrei* (Jahrmarktsrummel) **2** *Gerümpel, Plunder, Trödelkram* **3** ⟨fig., umg.⟩ *unruhige, lästige Angelegenheit* ◆ den ganzen Rummel kaufen *alles in Bausch und Bogen;* den Rummel kenne ich ⟨fig.; umg.⟩ *ich weiß, wie die Sache vonstatten geht* [lautmalend; → *rumpeln*]

RUNDKOPFDELPHIN
*(Grampus griseus)*

**rumoren** ⟨V. i.; hat⟩ *lärmen, poltern* ◆ es rumort im Bauch ⟨umg.⟩ *es sind dumpfe Geräusche aus dem Bauch zu hören* [zu lat. *rumor* „dumpfes Geräusch; Gerücht"]

**rumpeln** **I** ⟨V. i.; hat/ist⟩ *(mit dem Wagen) polternd über grobes Pflaster fahren* ◆ der Wagen hat den ganzen Weg über tüchtig gerumpelt **II** ⟨V. t.; hat; früher⟩ *reibend waschen, scheuern* [< mhd. *rumpeln* „poltern, rasseln, lärmen, geräuschvoll fallen"]

**Rumpf** ⟨m. 1u⟩ **1** ⟨Anat.⟩ *menschl. od. tierischer Körper ohne Kopf u. Glieder, Leib* **2** *Körper des Schiffes od. Flugzeugs ohne Masten bzw. Tragflächen u. Fahrgestell* ◆ Kopf, Rumpf und Glieder; den Rumpf beugen, drehen, strecken (beim Turnen) [< mhd. *rumph, rumpf,* engl. *rump* „Steiß, Rücken"; Herkunft nicht geklärt]

**rümpfen** ⟨V. t.; hat; nur in den Wendungen⟩ **1** die Nase rümpfen *in Falten, kraus ziehen* **2** über jmdn. od. etwas die Nase rümpfen ⟨fig.⟩ *verächtlich über jmdn. od. etwas sprechen* [< mhd. *rümpfen* „kraus, runzlig machen, in Falten legen"; zu mhd. *rimpfen* < ahd. *(h)rimpfan* „zusammenziehen, krümmen, falten, runzeln"]

**rund** **I** ⟨Adj.; -er, am -esten⟩ **1** *kugel-, kreis-, ringförmig, abgerundet, gewölbt* **2** *dick, rundlich, pausbäckig* **3** ⟨fig.⟩ *vollendet (geformt)* **4** ⟨Abk.: rd.⟩ *ungefähr, etwa* ◆ runde **Bäckchen,** Backen, Schultern haben; ein runder **Klang,** Ton ⟨fig.⟩; die runde **Summe** von 1200 Mark; ein runder **Tisch;** Konferenz am runden Tisch ⟨fig.⟩ *mit allen zu einem Thema od. Anlass gehörigen Leuten, Parteien aus entgegengesetzten Lagern;* runde **Zahlen** *abgerundete Zahlen* ◆ sich **dick** und rund essen **II** ⟨adv.⟩ **1** *im Kreis* **2** *ungefähr, etwa* ◆ rund 500 **Mark;** rund zwei **Stunden** ◆ heute **ging** es rund ⟨fig.; umg.⟩ *heute war viel Betrieb, viel Arbeit* ◆ rund **um** die Welt fliegen; rund um die Uhr *24 Stunden lang* [< mhd. *runt* < afrz. *ront, rond* < lat. *rotundus* „scheibenförmig rund"; zu *rota* „Rad"]

**Rund** ⟨n. 11; unz.⟩ **1** *Rundung, Wölbung* **2** *umliegendes Gebiet, Umkreis* ◆ das Rund der Erde; im ganzen Rund *ringsumher* [< frz. *rond* „das Runde, Kreis, Ring"; → *rund*]

**Rundbau** ⟨m.; -(e)s, -ten⟩ ◄ *rundes Gebäude, runder Bau;* Sy *Rotunde (1)*

**Rundbogen** ⟨m. 4 od. süddt., österr., schweiz.: m. 4u; Arch.⟩ *Halbkreisbogen, romanischer Bogen*

**Rundbrief** ⟨m. 1⟩ *Brief, der entweder jeweils von einem Empfänger an den nächsten weitergeleitet wird od. der in mehreren Exemplaren an mehrere Empfänger zugleich verschickt wird;* Sy *Rundschreiben (2)*

**Runde** ⟨f. 19⟩ **1** *Kreis, Umkreis, Umgebung* **2** ⟨Sp.⟩ *Kampfbahn* **3** *(meist zeitl. begrenzter) Abschnitt eines Wettkampfes (z. B. beim Boxen)* **4** *einmal zurückgelegter Weg rund um die Kampfbahn* **5** *Gesellschaft rund um den Tisch* (Tafelrunde, Stammtischrunde), *Kreis von Menschen* **6** ⟨Mil.⟩ = *Ronde (1.1)* ◆ eine Runde (Bier, Schnaps) **ausgeben,** geben, spendieren ⟨umg.⟩ *für jeden in der Runde ein Glas (Bier, Schnaps) zahlen;* drei Runden Karussell **fahren;** er **lief** 25 Runden (beim 10 000-m-Lauf); die Runde **machen** *einen Bezirk prüfend abschreiten;* der Brief, die Neuigkeit machte die Runde *wurde von einem zum anderen weitergegeben, weitergesagt* ◆ das haben wir gut **über** die Runden gebracht ⟨fig.; umg.⟩ *erfolgreich beendet* [< frz. *ronde* „Runde, Rundgang, Rundgesang, Rundtanz"]

**Rundell** ⟨n. 11; Nebenform von⟩ *Rondell*

**runden** ⟨V.; hat⟩ **I** ⟨V. t.⟩ *rund machen, rund formen, abrunden* ◆ die Lippen runden **II** ⟨V. refl.⟩ sich runden *rund werden* ◆ die einzelnen Teile runden sich zu einem geschlossenen Ganzen

**runderneuern** ⟨V. t.; hat; nur im Inf. u. Perf.⟩ Autoreifen runderneuern *abgefahrene Autoreifen mit neuem Profil versehen*

**Rundfahrt** ⟨f. 20⟩ *Fahrt, kleine Reise, bei der mehrere Stationen angefahren werden (z. B. durch eine Stadt, durch ein Land)* ◆ eine Rundfahrt durch Barcelona, durch den Kaiserstuhl

**Rundfunk** ⟨m. 1; unz.⟩ **1** *Übertragung von Bild-, Wort- u. Tonsendungen an ein Netz von Empfängern durch elektromagnet. Wellen;* Sy *Hörfunk, Radio (2)* **2** *die Dienststelle, in der diese Sendungen gesammelt, verarbeitet bzw. vorbereitet u. übertragen werden* ◆ den Rundfunk ausschalten, einschalten; der Rundfunk überträgt heute die zweite Halbzeit des Fußballspiels; beim Rundfunk arbeiten, angestellt sein

**Rundfunk...** ⟨in Zus.⟩ → a. *Fernseh...*

**Rundfunkanstalt** ⟨f. 20⟩ *Unternehmen zur Produktion u. Ausstrahlung von Rundfunksendungen*

**Rundfunkgebühr** ⟨f. 20⟩ *monatl. Gebühr für den Besitz von Rundfunkgeräten;* Sy *Fernsehgebühr*

**Rundfunkgerät** ⟨n. 11⟩ ▼ *Gerät zum Empfang von Rundfunksendungen;* Sy *Radio (1)*

**Rundgang** ⟨m. 1u⟩ **1** *Gang in der Runde, im Kreis, durch ein Gebäude, einen Bezirk (als Spazier-, Besichtigungsgang oder zur Prüfung, Bewachung)* **2** ⟨Mil.⟩ = *Ronde (1.1)* **3** ⟨Arch.⟩ *kreis- oder halbkreisförmiger Gang, Wandelgang* ◆ einen Rundgang machen; einen Rundgang durch das Museum

**Rundgesang** ⟨m. 1u; Mus.⟩ **1** *Gesang in der Runde, einer Runde* **2** = *Kanon (I, 6)* ◆ einen Rundgesang anstimmen

**rundheraus** ⟨Adv.⟩ *offen, ohne Umschweife* ◆ etwas rundheraus sagen, bekennen, erklären, fordern, verbieten, zugeben; rundheraus gesagt ...

**rundherum** ⟨Adv.⟩ **1** *ringsum, ringsumher, im Umkreis* **2** *im Kreis um einen Mittelpunkt* ◆ die Menschen standen rundherum

**Rundkopfdelfin** ⟨m. 1; Zool.⟩ ► = *Rundkopfdelphin*

**Rundkopfdelphin** ⟨m. 1; Zool.⟩ ◄ *etwa 4 Meter langer Delphin mit steil aufsteigendem Vorderkopf u. stark rückgebildeten Zähnen, der in kleinen Gruppen in nahezu allen Meeren lebt und sich von Tintenfischen ernährt: Grampus griseus;* oV *Rundkopfdelfin*

**Rundköpfe** ⟨Pl.; Spitzname für⟩ *die Anhänger des englischen Parlaments im Bürgerkrieg 1642-1649 (nach ihrem kurzgeschorenen Haar);* Sy *Roundheads*

**Rundschreiben** ⟨n. 14⟩ **1** *meist geschäftl. Rundbrief* **2** = *Rundbrief*

**Rundstuhl** ⟨m. 1u⟩ = *Rundwirkmaschine*

**rundum** ⟨Adj.⟩ *ringsum, im Umkreis* ◆ es gab rundum nur Wiesen und Felder

**rundumher** ⟨Adv.⟩ *ringsherum, nach allen Seiten* ◆ rundumher schauen

**Rundung** ⟨f. 20⟩ **1** *gerundete Form, Wölbung* **2** ⟨Math.; EDV⟩ *Vernachlässigung od. Abschätzung der letzten Ziffer(n) einer Zahl*

**Rundwebstuhl** ⟨m. 1u; Textilw.⟩ *Webstuhl zur Herstellung schlauchförmiger Gewebe*

**rundweg** ⟨Adv.⟩ *unumwunden, klar, ohne Umschweife* ◆ etwas rundweg ablehnen, ableugnen, abschlagen, verneinen

**Rundwirkmaschine** ⟨f. 19⟩, **Rundwirkstuhl** ⟨m. 1u; Textilw.⟩ *Maschine zur Herstellung schlauchförmiger Wirkwaren;* Sy *Rundstuhl*

**Rundwurm** ⟨m. 2u⟩ = *Hohlwurm*

RUNEN AUF GERÖLLSTEINEN FÜR DIE DEUTUNG DER ZUKUNFT

**Rune** ⟨f. 19⟩ **1** ⟨Sprachw.⟩ ▲ *ältestes german. Schriftzeichen* **2** ⟨urspr.⟩ *Zauberzeichen* [< ahd. *runa* „Geheimnis, geheime Beratung, Geflüster"]

**Runenstein** ⟨m. 1⟩ *Gedenkstein mit Runeninschrift*

**Runkelrübe** ⟨f. 19⟩ *Angehörige einer Gattung der Gänsefußgewächse, aus der durch Züchtung die Rote Rübe, Zuckerrübe u. a. hervorgegangen sind* [1. Teil: < mhd. *runke* „Runzel" nach dem runzeligen Samen, od. < *Runken* „großen Stück Brot" nach der großen, derben Wurzel; 2. Teil: → *Rübe*]

**Runzel** ⟨f. 21⟩ *Hautfalte, Falte, Furche auf der Oberfläche (z. B. auf der Gesichtshaut, Fruchtschale)* ◆ Runzeln im Gesicht, auf der Stirn [< ahd. *runzula;* Verkleinerungsform zu ahd. *runza* < älterem **hrunkza* < vulgärlat. *froncetura* „Runzel"]

**runzeln** ⟨V. t.; hat⟩ **I** ⟨V. t.; nur in der Wendung⟩ **1** die Stirn runzeln *in Falten, Runzeln ziehen* **2** über jmdn. od. etwas die Stirn runzeln *(als Ausdruck der Missbilligung)* ◆ mit dem Alter runzelt die Haut **II** ⟨V. refl.⟩ sich runzeln *sich zu Runzeln, Falten zusammenziehen* ◆ die Schale runzelt sich (Obst)

**Rüpel** ⟨m. 5⟩ *Mensch, der sich flegelhaft, grob benimmt, Flegel, Grobian* [< rotw. *Rubel* < mhd. *ribalt* „Landstreicher", mlat. *ribaldus;* od. Kurzform zu *Ruprecht* (weniger wahrscheinlich)]

**rupfen** ⟨V. t.; hat⟩ **1** *reißen, ziehen, zerren* **2** *pflücken, jäten* ◆ man hat mich tüchtig gerupft, ich bin tüchtig gerupft worden ⟨fig.; umg.⟩ *man hat mir viel Geld abgenommen;* Geflügel rupfen *ihm vor der Zubereitung die Federn herausziehen*

## RUNDFUNKGERÄT

Rundfunkgeräte wandeln elektromagnetische Wellen in Schallwellen um. Nach dem Einstellen der gewünschten Station mit dem Tuner wird das Signal von der Trägerwelle abgetrennt, in Gleichstromschwankungen verwandelt und dann dem Lautsprecher zugeführt.

BAUTEILE EINES TRAGBAREN RUNDFUNKGERÄTS

R

## RÜSTUNG

Seit frühesten Zeiten schützt sich der Mensch mit Rüstungen vor Kampfverletzungen. In Europa erreichte die Kunst, Körperpanzer herzustellen, im 15. und 16. Jh. ihren Höhepunkt, als Ritter ausgefeilte Rüstungen mit erheblichem Gewicht trugen. Noch heute werden Soldaten oder Polizisten z. T. damit ausgestattet, etwa in Form kugelsicherer Westen, die allerdings nur den Rumpf schützen. Auch im Sport ist rüstungsähnliche Schutzkleidung noch üblich, zum Beispiel beim Eishockey oder beim japanischen Kendo.

SCHUTZKLEIDUNG EINES KENDOKÄMPFERS

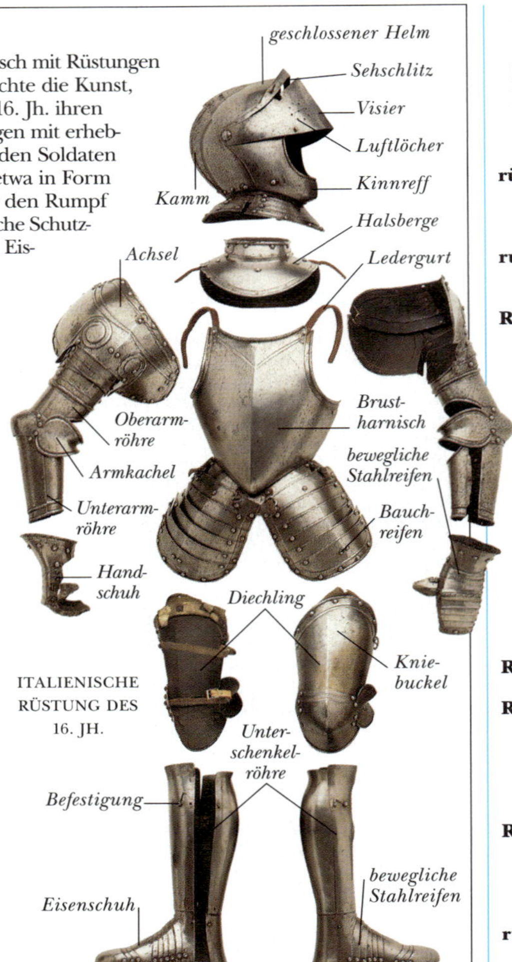


ITALIENISCHE RÜSTUNG DES 16. JH.

R

**ruppig** ⟨Adj.; abwertend⟩ **1** *grob, derb, ungeschliffen, unhöflich* **2** ⟨norddt. a.⟩ *ärmlich, zerlumpt, struppig* ◆ ruppiges Aussehen; ein ruppiger Mensch [urspr. „gerupft"; zu nddt. *ruppen* „ausreißen, zupfen"; → *rupfen*]

**Ruprecht** ⟨m. 1; unz.⟩ Knecht Ruprecht ⟨im dt. Volksbrauch⟩ *Begleiter des heiligen Nikolaus od. des Christkindes, der mit Rute od. Geschenken am 6.12. erscheint*

**Ruptur** ⟨f. 20; Med.⟩ *Zerreißung, das Reißen (eines Organs bzw. eines Gewebsverbands* [< lat. *ruptura* „Bruch"; zu *rumpere* „brechen"]

**Rüsche** ⟨f. 19⟩ *gefälteter od. gekräuselter Besatz* [< frz. *ruche* „rüsche", eigtl. „Bienenkorb"]

**Ruß** ⟨m. 1; unz.⟩ *tiefschwarzes Pulver aus Kohlenstoff, das sich bei unvollkommener Verbrennung organ. Substanzen ausscheidet* ◆ mit Ruß geschwärzt [< ahd. *ruoz, rouz;* weitere Herkunft nicht geklärt]

RÜSSELKÄFER: HASELNUSSBOHRER
*(Curculio nucum)*

**Russe** ⟨m. 17⟩ **1** *Einwohner des alten Russlands der Zarenzeit* **2** ⟨von 1918 bis 1991⟩ *Einwohner der Russischen SFSR* **3** ⟨i. e. S.⟩ *Einwohner der ehem. Sowjetunion* **4** ⟨heute⟩ *Einwohner Russlands* **5** ⟨i. w. S.⟩ *Angehöriger eines ostslawischen Volkes in den Staaten der ehem. Sowjetunion* **6** ⟨Zool.⟩ = *Deutsche → Schabe*

**Rüssel** ⟨m. 5⟩ **1** ⟨Zool.⟩ *spitze od. röhrenförmige Verlängerung des Kopfes mancher Tiere, z. B. der Nase beim Elefanten, Mundorgan bei Würmern u. Schnecken, Saug- u. Stechwerkzeug bei manchen Insekten* **2** ⟨umg.; scherzh.⟩ *Nase* [< mhd. *rüezel,* eigtl. „Wühler"; zu ahd. *ruozzen* „wühlen"]

**Rüsselbeutler** ⟨m. 3; Zool.⟩ ► *Angehöriger einer Unterfamilie der Beuteltiere, die nur durch den Honigbeutler (Tarsipes spenserae) vertreten wird: Tarsipedinae*

**Rüsselkäfer** ⟨m. 3; Zool.⟩ ◄ *Käfer mit rüsselförmig verlängertem Kopf: Curculionidae*

**rußen** ⟨V. i.; hat⟩ *(unvollständig verbrennen u. dabei) Ruß absondern* ◆ der Ofen rußt stark

**russisch** ⟨Adj.⟩ *Russland od.* ⟨i. w. S.⟩ *die GUS betreffend, dazu gehörig, von dort stammend* ◆ Russischbrot *kleines Dauergebäck in Buchstabenformen aus Mehl, Zucker, Eiweiß u. Gewürzen*

**rüsten** ⟨V.; hat⟩ **I** ⟨V. t.⟩ *vorbereiten, bereit machen, fertig machen* ◆ sich zum Abreisen, Aufbrechen rüsten; ein Haus rüsten *ein Baugerüst anbringen* **II** ⟨V. i.⟩ *Kriegsvorbereitungen treffen, sich od. das Land mit Waffen versehen* ◆ die Staaten rüsten um die Wette [< ahd. *(h)rusten,* urspr. „herrichten, ausstatten, schmücken", dann „bereitmachen, vorbereiten", dann „sich zur Reise od. zum Kampf bereitmachen"; zu ahd. *hrust* „Ausrüstung, Rüstung"]

**rüstig** ⟨Adj.⟩ *kräftig, frisch, tätig, tatkräftig* ◆ eine rüstige alte Dame [< mhd. *rüstec* „gerüstet, bereit" < ahd. *hrustig* „geschmückt"; → *rüsten*]

**rustikal** ⟨Adj.⟩ *ländlich, bäuerlich* ◆ rustikale Möbel [< lat. *rustica* Fem. zu *rusticus* „ländlich, bäurisch"; zu *rus* „Land"]

**Rüstung** ⟨f. 20⟩ **I** ⟨unz.⟩ *das Rüsten, Kriegsvorbereitung, Ausstattung mit Waffen* **II** ⟨zählb.; bes. im MA⟩ ◄ *Schutzbekleidung der Krieger aus Metallplatten od. -ringen*

**Rüstzeug** ⟨n. 11; unz.⟩ *Werkzeuge od. Kenntnisse, die man für eine Arbeit braucht*

**Rute** ⟨f. 19⟩ **1** *langer, dünner, gerader Zweig, Gerte* (Weidenrute) **2** *Gerte od. Gertenbündel zum Züchtigen* **3** *altes dt. Längenmaß, etwa 3,8 m* **4** ⟨Jägerspr.⟩ *Schwanz* (vom Raubwild, Hund u. Eichhörnchen) ◆ sie regiert mit der eisernen Rute ⟨fig.⟩ *sie ist sehr streng;* jmdn. mit der Rute hauen, schlagen, züchtigen [< ahd. *ruota* „Gerte, Stange, Messstange", engl. *rood* „Rute (als Längenmaß)"]

**Rutengänger** ⟨m. 3⟩ *jmd., der mit einer Wünschelrute nach Wasser-, Erzadern usw. sucht*

**Rutin** ⟨n.; -s; unz.⟩ *in zahlreichen Pflanzen vorkommender Naturstoff, der zur Behandlung von Venenerkrankungen u. Durchblutungsstörungen eingesetzt wird* [nach der Gartenraute, *Ruta graveolens,* aus der der Stoff erstmals isoliert wurde]

**Rutsch** ⟨m. 1⟩ **1** *gleitende Bewegung abwärts (bes. von Stein-, Erdmassen* **2** Bergrutsch, Erdrutsch) **3** ⟨umg.⟩ *kleiner Ausflug, kurze Fahrt* ◆ guten Rutsch ins neue Jahr! ⟨fig.; umg.⟩ *(Neujahrsglückwunsch)*

**rutschen** ⟨V. i.; ist⟩ *sich gleitend auf einer Fläche bewegen, gleiten, ausrutschen* ◆ ins Rutschen kommen *den Halt verlieren;* vor jmdm. auf den Knien rutschen ⟨fig.; umg.⟩ *jmdn. demütig, devot um etwas bitten* [< spätmhd. *rütschen* „gleiten" < älter *rützen;* lautmalend]

**rutschig** ⟨Adj.⟩ *zum Rutschen bringend, glatt, glitschig*

**rütteln** ⟨V. t. u. V. i.; hat⟩ *heftig schütteln, in schnellen Rucken stoßend und ziehend hin und her bewegen* ◆ einen Obstbaum rütteln und schütteln; Getreide rütteln *Getreide sieben;* jmdn. an den Schultern rütteln; an der Tür rütteln *die geschlossene Tür heftig und rasch durch Stoßen und Ziehen zu öffnen versuchen;* daran ist nicht zu rütteln ⟨fig.⟩ *daran kann keinesfalls etwas geändert werden, das steht unumstößlich fest* [< mhd. *rütten* „schütteln" (noch in *zerrütten*)]

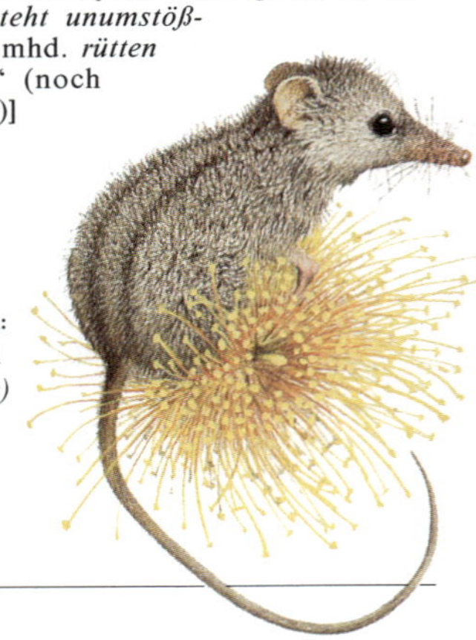

RÜSSELBEUTLER: HONIGBEUTLER
*(Tarsipes spenserae)*

# S

**s** **1** ⟨Abk. für engl.⟩ *Shilling* **2** ⟨Abk. für⟩ *Sekunde*
**S** **1** ⟨Abk. für⟩ *Schilling* **2** ⟨Abk. für⟩ *Süd, Süden* **3** ⟨Abk. für engl.⟩ *small, klein (als Konfektionsgröße)* **4** ⟨Zeichen für⟩ *Siemens* **5** ⟨Chem.; Zeichen für⟩ *Schwefel*
**$** ⟨Zeichen für⟩ *Dollar*
**S.** ⟨Abk. für⟩ **1** ⟨Abk. für ital. u. span.⟩ *San* **2** ⟨Abk. für ital.⟩ *Sant', Santa* **3** ⟨Abk. für ital. u. port.⟩ *Santo* **4** ⟨Abk. für port.⟩ *São* **5** ⟨Abk. für⟩ *Seite (5)*
**Sa** ⟨Abk. für⟩ *Samstag, Sonnabend*
**s. a.** ⟨Abk. für⟩ *siehe auch*
**Saal** ⟨m.; -(e)s, Säle⟩ *sehr großer Innenraum* ◆ der Ball fand im festlich geschmückten Saal des Kurhauses statt [< ahd. *sal* „Halle, Saal, Wohnung, Gebäude, Tempel, Kirche"; → *Geselle, Salon*]
**Saat** ⟨f. 20⟩ **1** *das Säen, Aussäen* **2** *Samen od. Knollen, die gesät od. gesteckt werden u. aus denen neue Pflanzen entstehen sollen;* Sy *Saatgut* **3** *das noch grüne Getreide* ◆ die Saat ist aufgegangen ⟨fig.⟩ *die Folgen zeigen sich* [< ahd. *sat*, engl. *seed*]
**Saateule** ⟨f. 19; Zool.⟩ *Nachtschmetterling aus der Familie der Eulen, dessen Raupen an Getreidekeimlingen u. bodennahen Teilen des Getreides fressen: Agrotis segetum*
**Saatgerste** ⟨f. 19; unz.⟩ *Kulturform der Gerste: Hordeum sativum*
**Saatgut** ⟨n. 12u; unz.⟩ = *Saat (2)*
**Saatkorn** ⟨n. 12u⟩ *zur Saat bestimmtes, besonders gutes Korn*
**Sabbat** ⟨m. 1; jüd. Rel.⟩ *der jüd. Samstag (Freitag- bis Samstagabend), an dem alle Arbeit ruht;* Sy *Schabbes* [< lat. *sabbatum* < grch. *sabbaton* < hebr. *schabbath* „Feiertag"; → *Samstag*]
**Sabbatjahr** ⟨n. 11; jüd. Rel.⟩ *jedes 7. Jahr des jüd. Kalenders, in dem man das Land nicht bebaute u. alle Schulden erließ;* Sy *Ruhejahr* [→ *Sabbat*]
**sabbern** ⟨V. i.; hat; umg.⟩ **1** *Speichel ausfließen lassen* **2** ⟨fig.⟩ *überflüssiges, dummes Zeug reden* [→ *Saft*]
**Säbel** ⟨m. 5⟩ *Hiebwaffe mit einschneidiger, spitzer, gekrümmter Klinge* ◆ den Säbel ziehen, zücken; jmdn. auf Säbel fordern *zum Säbelduell;* mit dem Säbel rasseln ⟨fig.⟩ *sich angriffslustig gebärden, mit kriegerischen Aktionen drohen;* ► *Schwerter* [< poln. *szabla* < magyar. *szablya* „Säbel"; zu *szabni* „schneiden"]
**Säbelantilope** ⟨f. 19; Zool.⟩ *in Trockensteppen u. Wüsten lebende, zu den Spießböcken gehörende Antilope mit säbelartig gekrümmten, langen Hörnern: Oryx algazel*
**Säbelbeine** ⟨Pl.⟩ = *O-Beine*
**säbelbeinig** ⟨Adj.⟩ = *O-beinig*
**Säbelschnäbler** ⟨m. 3; Zool.⟩ ► *hochbeiniger Watvögel mit langem, gebogenem Schnabel u. meist schwarz-weißem Gefieder: Recurvirostra avosetta*

SÄBELSCHNÄBLER
*(Recurvirostra avosetta)*

**Säbelzahntiger** ⟨m. 3; Zool.⟩ ► *Angehöriger einer fossilen Gattung von tigergroßen Katzen mit säbelförmig gekrümmten oberen Eckzähnen u. verkümmerten unteren Eckzähnen: Smilodon*
**Sabotage** ⟨[-ʒə] f. 19⟩ *planmäßige Vereitelung eines Zieles anderer, besonders durch Zerstören od. Beschädigen von Maschinen, Waren usw., meist zu politischen Zwecken* [< frz. *saboter;* → *sabotieren*]
**sabotieren** ⟨V. t.; hat⟩ etwas sabotieren *etwas planmäßig vereiteln, behindern* ◆ sie sabotierten die neue Maßnahme [< frz. *saboter* „mit Holzschuhen klappern od. treten, ohne Sorgfalt arbeiten, pfuschen, sabotieren"; zu frz. *sabot* „Holzschuh"]
**Saccharid** ⟨[zaxa-] n. 11⟩ = *Kohlenhydrat*
**Saccharin** ⟨[zaxa-] n. 11; unz.; fachsprachl.⟩ = *Sacharin*
**Sacharin** ⟨[zaxa-] n. 11; unz.⟩ *künstlicher Süßstoff, chemisch ein Benzolsäuresulfimid;* oV ⟨fachsprachl.⟩ *Saccharin* [zu grch. *sakcharon* „Zuckerrohrsaft"]
**sachdienlich** ⟨Adj.⟩ *einer Sache dienlich, nützlich* ◆ sachdienliche Angaben machen; sachdienliche Hinweise erbittet die Kriminalpolizei
**Sache** ⟨f. 19⟩ **1** *Gegenstand, Ding* **2** ⟨Rechtsw.⟩ **2.1** *jeder körperl. Gegenstand* **2.2** *Angelegenheit, Frage, Fall* **3** *Aufgabe, Pflicht* **4** *Unternehmen, Begebenheit* **5** ⟨meist Pl.; umg.⟩ *Besitz,* ⟨bes.⟩ *Kleidungsstücke, Gebrauchsgegenstände, Toilettenartikel, Möbel, Gepäck, Esswaren* ◆ es ist Sache der **Behörden,** das zu entscheiden; im **Dienst** der (großen) Sache stehen; erzähl doch einmal den **Hergang** der Sache; nach **Lage** der Sache *so wie es zur Zeit um diese Angelegenheit steht;* das liegt in der **Natur** der Sache *das ist hierbei unvermeidlich* ◆ eine Sache **aufschieben,** entscheiden, führen, gewinnen, verlieren, verteidigen; **sein:** die Sache ist die, dass... *es verhält sich so, dass...;* die Sache **verhielt** sich so ...; er **versteht** seine Sache *er ist tüchtig in seinem Beruf* ◆ das ist eine **abgekartete** Sache ⟨umg.⟩ *das war vorher verabredet;* eine **bedeutende,** ehrliche, gerechte, große, gute, verheißungsvolle, wichtige Sache; mit jmdm. **gemeinsame** Sache machen *mit jmdm. gemeinsam etwas (Verbotenes od. nicht ganz Korrektes) unternehmen, sich mit ihm verbünden;* es gab **gute** Sachen zu essen; ich esse gern **scharfe** Sachen *pikante Speisen* ◆ das ist aber auch das Beste **an** der Sache; ich möchte wissen, was an der Sache wahr ist; einer Sache **auf** den Grund gehen *eine Angelegenheit erforschen;* sie kann nicht **bei** der Sache bleiben *sie schweift immerzu vom Thema ab;* **in** Sachen X gegen Y ⟨Rechtsw.⟩ *im Prozess des X gegen Y;* etwas **um** der Sache willen tun *ohne Rücksicht auf die eigene Person od. auf eigene Vorteile;* ich kann mir noch kein Bild **von** der Sache machen *die Angelegenheit ist mir noch nicht klar* [< ahd. *sahha* „Rechtssache, Rechtsstreit, Ding, Ursache, Grund"; zu ahd. *sahhan* „prozessieren, streiten, schelten", urspr. „eine Rechtsspur verfolgen"; → *Widersacher*]
**Sachertorte** ⟨f. 19⟩ *eine feine Schokoladentorte* [nach dem Hotel *Sacher* in Wien, von dessen Besitzer die Torte 1832 erfunden wurde, als er noch Koch beim Fürsten Metternich war]

SÄBELZAHNTIGER
*(Smilodon species)*

**sachgemäß, sachgerecht** ⟨Adj.⟩ *dem Wesen einer Sache entsprechend, ihr angemessen, passend, treffend* ◆ seine Aussage zu dem Thema ist sachgemäß richtig
**Sachgründung** ⟨f. 20; Kaufmannsspr.⟩ *Gründung einer Gesellschaft durch Sacheinlagen*
**Sachkenner** ⟨m. 3⟩ *jmd., der Sachkenntnis besitzt*
**Sachkenntnis** ⟨f. 9⟩ **1** *Wissen, Erfahrung auf einem Gebiet* **2** *Kenntnis der Umstände, der Lage, des Sachverhalts* ◆ sein Urteil verrät Sachkenntnis
**sachkundig** ⟨Adj.⟩ *Sachkenntnis besitzend, erfahren, fachmännisch* ◆ ein sehr sachkundiges Urteil
**Sachkundige(r)** ⟨f. 30 (m. 29)⟩ *jmd., der Sachkenntnis besitzt*
**Sachlage** ⟨f. 19; unz.⟩ *Stand der Dinge, derzeitige Situation* ◆ bei der gegenwärtigen Sachlage
**sachlich** ⟨Adj.⟩ **1** *eine Sache betreffend, zur Sache gehörig* **2** *nüchtern (denkend), vorurteilsfrei, objektiv* ◆ sachliche Angaben, Bemerkungen, Kritiken, Urteile; sachliche Gründe; eine Angelegenheit sachlich behandeln, betrachten; er bleibt immer sachlich
**sächlich** ⟨Adj.; Gramm.⟩ *weder zum männlichen noch zum weiblichen Geschlecht gehörend, mit dem Artikel „das" verbunden* ◆ das sächliche Geschlecht *Neutrum;* männliche, weibliche und sächliche Substantive [→ *Sache*]
**Sachlichkeit** ⟨f. 20; unz.⟩ *sachliches Wesen, sachliche Betrachtungsweise, Nüchternheit* ◆ die Neue Sachlichkeit *Stilrichtung in der Kunst etwa 1925, die im Gegensatz zum Expressionismus objektives Dasein darzustellen suchte;* ein Mensch von unbestechlicher Sachlichkeit
**Sachschaden** ⟨m. 4u⟩ *Schaden an, Beschädigung von Sachen, von Eigentum* ◆ es entstand nur geringer Sachschaden; ein Sachschaden in Höhe von 10 000 DM
**Sachse** ⟨[-ks-] m. 17⟩ **1** *Angehöriger eines westgerman. Volksstammes zwischen Elbe u. Ems, Nordsee u. Harz* **2** *Einwohner von Sachsen*
**sächsisch** ⟨[-ks-] Adj.⟩ **1** *zu Sachsen gehörig, von dort stammend* **2** sächsische Mundart **2.1** ⟨i. w. S.⟩ *obersächsische (Sachsen, südliches Brandenburg) u. niedersächsische (Hannover, nördliches Hessen, Oldenburg, Braunschweig, Schleswig-Holstein, Teile von Anhalt u. Brandenburg, Magdeburg, Mecklenburg) Mundart* **2.2** ⟨i. e. S.⟩ *die in Sachsen gesprochene Mundart*
**sacht, sachte** ⟨Adj.⟩ **1** *leise* **2** *leicht, sanft* **3** *vorsichtig* **4** *langsam, allmählich, kaum merklich* ◆ sachte, sachte! ⟨umg.⟩ *vorsichtig!, langsam!;* mit sachter Hand etwas berühren, darüber streichen; sich mit sachten Schritten nähern; sacht(e) näher kommen, sich entfernen; ein sacht(e) ansteigender Weg [< mnddt. *sachte;* entspricht nhd. *sanft*]

S

## SÄGEN

Sägen wurden in der Bronzezeit erfunden und zählen heute zu den vielseitigsten Werkzeugen. Es gibt eine Reihe von Spezialsägen, wie z. B. Laubsägen, mit denen sich komplizierte Formen aus Sperrholz ausschneiden lassen, oder motorbetriebene Kettensägen (deren Sägeblatt ist eine endlose Sägegliederkette) und Bügelsägen, die aufgrund besonders gehärteter Sägezähne auch Metalle durchtrennen können.

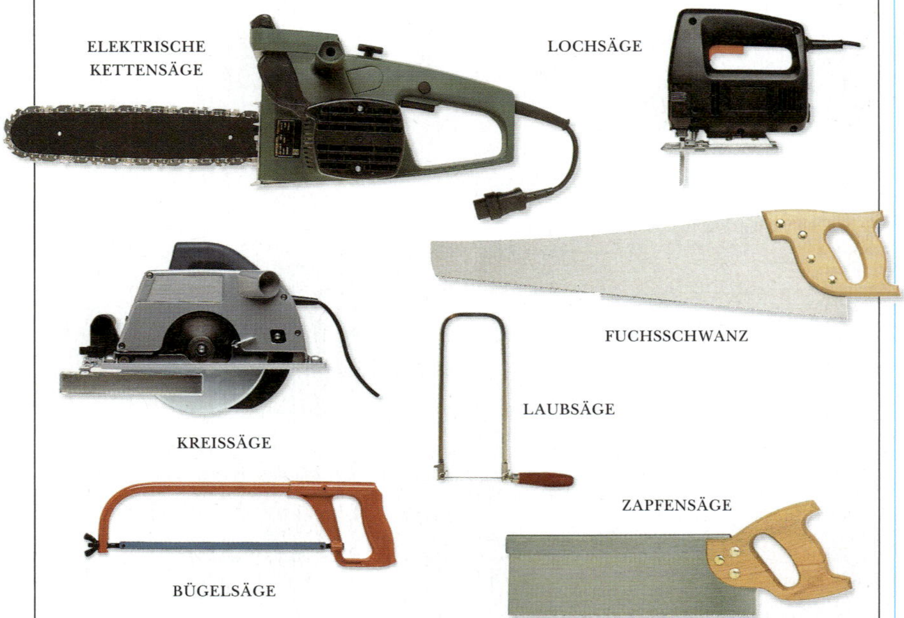




**Sachverhalt** ⟨m. 1⟩ **1** *Lage, Stand der Dinge, Tatbestand* **2** ⟨Rechtsw.⟩ *die in einem Rechtsfall zu beurteilenden tatsächlichen Verhältnisse u. Vorgänge* ◆ den Sachverhalt durchschauen, erkennen, erfahren, untersuchen; jmdn. über den Sachverhalt aufklären

**sachverständig** ⟨Adj.⟩ **1** *sachkundig* **2** *verständnisvoll für eine Sache, ein Gebiet* ◆ sachverständiges Publikum

**Sachverständige(r)** ⟨f. 30 (m. 29)⟩ *Fachmann od. Fachfrau, die bzw. die wegen seiner/ihrer Sachkenntnis von einem Gericht bei schwierigen Fragen zur Abgabe eines Gutachtens berufen wird*

**Sachwalter** ⟨m. 3⟩ **1** *jmd., der sich einer Sache annimmt, Verwalter einer Sache* **2** ⟨fig.⟩ *Verteidiger, Fürsprecher* ◆ sich für etwas zum Sachwalter machen [< spätmhd. *sachwalter* < *Sache* in der alten Bedeutung „Rechtssache" + ahd. *walto* „Walter"; → *walten*]

**Sachwörterbuch** ⟨n. 12u⟩ *alphabetisch geordnetes Wörterbuch, das nur über Sachen u. Begriffe, nicht über Personen eines Gebietes Auskunft gibt*

**Sack** ⟨m. 1u; bei Maßangabe Pl.: -⟩ **1** *längl. Behälter aus grobem Stoff od. Papier zum Aufbewahren od. zum Transport von körnigen od. kleinstückigen Gütern* **2** ⟨süddt.⟩ *Tasche* (Geldsack, Hosensack) **3** ⟨fig.⟩ *etwas mit einem Sack Vergleichbares, entweder weil es nur einen Eingang u. keinen Ausgang hat* (Sackgasse) *od. weil es schlaff od. bauschend hängt* (Tränensack) **4** ⟨fig.; umg.; abwertend⟩ *Mensch, Person* ◆ es ist leichter, einen Sack **Flöhe** zu hüten als euch ⟨umg.; scherzh.⟩; ein Sack **Kartoffeln** ◆ einen Sack **aufbinden,** zubinden; den Sack **ausschütten,** leeren ◆ so ein **fauler** Sack ⟨fig.; umg.⟩ *fauler Mensch* ◆ Getreide **in** Säcke füllen, schütten; jmdn. in den Sack stecken ⟨fig.; umg.⟩ *ihm überlegen sein; ihn betrügen;* **mit** Sack und Pack ⟨umg.⟩ *mit allem Besitz* [< ahd. *sac,* engl. *sack* < lat. *saccus* „Sack" < grch. *sakkos* „grober Stoff aus Ziegenhaar, daraus hergestellter Sack, grober Mantel" < hebr. *sak* „Sack, grobes Gewand" < assyr. *schakku* „Sack, Büßergewand"]

**Sackbahnhof** ⟨m. 1u⟩ *Kopfbahnhof, Bahnhof ohne durchgehende Gleise*

**sacken**[1] ⟨V. t.; hat; regional⟩ *in Säcke füllen, hineinstopfen* [→ *Sack*]

**sacken**[2] ⟨V. i.; ist⟩ *sinken, sich senken* (Gebäude) [→ *sinken*]

**Sackgasse** ⟨f. 19⟩ *Gasse mit nur einem Zugang* ◆ in eine Sackgasse geraten ⟨fig.⟩ *in eine ausweglose Situation geraten*

**Sackpfeife** ⟨f. 19; Mus.⟩ ► = *Dudelsack*

**Sadismus** ⟨m.; -; unz.⟩ Ggs *Masochismus* **1** ⟨i. e. S.⟩ *Erregung der Geschlechtslust durch Zufügen von Schlägen, Grausamkeiten, Erniedrigung usw.* **2** ⟨i. w. S.⟩ *Lust an Grausamkeiten* [nach dem frz. Schriftsteller Donatien-Alphonse-François Marquis de *Sade,* 1740-1814]

**sadistisch** ⟨Adj.⟩ *auf Sadismus beruhend, in der Art des Sadismus;* Ggs *masochistisch*

**säen** ⟨V. t. u. V. i.⟩ **1** *Saatgut in den Boden bringen, Samen über das Feld ausstreuen* **2** ⟨fig.⟩ *die Grundlage für eine spätere (gute od. schlechte) Entwicklung legen* ◆ Astern, Gerste, Karotten säen; Hass, Liebe, Misstrauen, Zwietracht säen ⟨fig.⟩; nach dem Sturm lagen die Kastanien wie gesät auf dem Weg [< ahd. *sawen, sa(j)en,* engl. *sow*]

**Safari** ⟨f. 10⟩ **1** ⟨urspr.⟩ *Karawanenreise (z. B. von Kaufleuten) in Afrika* **2** ⟨heute⟩ *Reise nach Afrika zur Jagd od. Tierbeobachtung* (Fotosafari) [Suaheli < arab. *safar* „Reise"]

**Safe** ⟨[sɛif] m. 6⟩ **1** *feuerfester, stark gesicherter Stahlbehälter zum Aufbewahren von Geld od. Wertgegenständen, Geldschrank* **2** *(mietbares) Fach in den Stahlkammern einer Bank* ◆ die Juwelen werden im Safe verwahrt [engl., „sicher, geschützt, Geldschrank"]

**Safersex,** ⟨auch⟩ **Safer Sex** ⟨[sɛifə(r)-] m.; (-) -; unz.⟩ *Vorsichtsmaßnahmen beim Geschlechtsverkehr zum Schutz vor der Ansteckung mit Aids, z. B. die Verwendung von Kondomen* [< engl. *safer sex* „sicherer Sex"]

**Safflor** ⟨m. 1⟩ = *Färberdistel* [< ital. *asf(i)ori* < arab., angelehnt an lat. *flos,* Gen. *floris* „Blume"]

**Safran** ⟨m. 1⟩ **1** ► *gelber Pflanzenfarbstoff aus den Narben u. einem Teil des Griffels von Crocus sativus* **2** *aus dieser Pflanze gewonnenes Gewürz (u. a. für Kräuterlikör)* [< mhd. *saffran, sapharan* < afrz. *safran* < arab. *za'faran* „aus Blütennarben von Crocus sativus hergestellter Farb- u. Würzstoff"]

**Saft** ⟨m. 1u⟩ **1** *der flüssige Bestandteil organ. Körper* **2** *Kraftstoff, Blut* (Lebenssaft) **3** ⟨fig.⟩ *Energie, Kraft, Leben* **4** *aus reifen Früchten od. Gemüsen durch Auspressen gewonnene Flüssigkeit (bes. als Getränk),* z. B. Obstsaft **5** *Flüssigkeit, die während des Kochens od. Bratens aus dem Fleisch austritt u. zum Bereiten von Soßen dient* ◆ der Saft von Äpfeln, Birnen, Karotten, Tomaten; Saft der Reben *Wein;* den Saft der Früchte auspressen, einkochen, zu Gelee verarbeiten; Fleisch im eigenen Saft schmoren *mit wenig Fett dünsten* [< mhd. *saft,* vorher *saf* < ahd. *saf,* engl. *sap*]

**saften** ⟨V. i.; hat⟩ **1** *Saft auspressen* **2** ⟨fig.; umg.⟩ *große Worte machen*

**saftig** ⟨Adj.⟩ **1** *viel Saft enthaltend, reich an Saft* **2** ⟨fig.⟩ *kräftig* **3** ⟨fig.; umg.⟩ *unanständig, derb* (bes. von Witzen) ◆ saftige Früchte; ein saftiges Grün ⟨fig.⟩; saftiges Obst; ein saftiger Rasen ⟨fig.⟩

**Saga** ⟨f. 10; Lit.⟩ *isländ. Prosaerzählform des 11.–14. Jh.* [altnord., „(dargestellte od. erlebte) Geschichte"; → *Sage*]

**Sage** ⟨f. 19; Lit.⟩ **1** *mündl. überlieferte Erzählung histor. od. mytholog. Inhalts* **2** *Überlieferung, Gerücht* ◆ Sagen einer Landschaft, eines Volkes; Sagen aufzeichnen, sammeln, veröffentlichen; wie die Sage berichtet, erzählt ...; es geht die Sage, dass ... [< ahd. *saga* „Rede, Aussage, Erzählung, Gerücht"; → *sagen*]

**Säge** ⟨f. 19⟩ **1** ◄ *aus einem stählernen, mit scharfen Zacken versehenen Blatt u. Griff bestehendes Werkzeug zum Zerschneiden von Metall u. Holz* **2** *der Säge ähnlicher Gegenstand, z. B. Nasenfortsatz der Sägefische* [< ahd. *sega*]

**Sägeblatt** ⟨n. 12u⟩ *der dünne, gezähnte, stählerne Teil der Säge*

**Sägedach** ⟨n. 12u⟩ *Dach, bes. auf Industriegebäuden, mit mehreren nebeneinander gesetzten Pult- od. Satteldächern*

**Sägefisch** ⟨m. 1; Zool.⟩ ▼ *Angehöriger einer Familie der Knorpelfische mit haiähnl. Körperform: Pristidae*

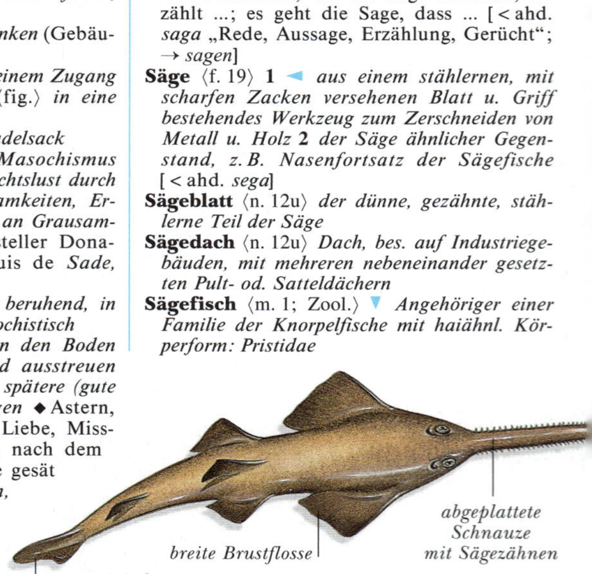


SÄGEFISCH:
WESTLICHER SÄGEFISCH
*(Pristis pectinata)*

**Sägemehl** 〈n. 11; unz.〉 *beim Sägen von Holz entstehender, mehlartiger Abfall, als Heiz- u. Isoliermaterial, beim Räuchern von Fleisch u. Fischen, zum Ausstopfen verwendet*

**sagen** 〈V.; hat〉 **I** 〈V. t.〉 **1** *äußern, aussprechen, ausdrücken, vorbringen* **2** *meinen, behaupten, erklären, gestehen* **3** *mitteilen, erzählen* **4** *bemerken, erwähnen* **5** *geltend machen, einwenden, zugeben* **6** *befehlen, bestimmen, anordnen* **7** *bedeuten* ◆ das will schon etwas sagen! *(Ausdruck der Anerkennung);* sie sagen du zueinander *sie duzen sich;* ich sage, wie's ist *offen meine Meinung;* sagen Sie, wenn es genug ist *(beim Einschenken);* das **Buch,** dieses Gemälde sagt mir gar nichts *bedeutet mir nichts, spricht mich nicht an;* jmdm. **Dank** sagen; jmdm. **Komplimente,** etwas Nettes, Schmeicheleien sagen; **Lebewohl** sagen *sich verabschieden;* jmdm. seine **Meinung,** jmdm. ordentlich die Meinung sagen; sagt dir dieser **Name** etwas? *hast du diesen Namen in irgendeinem Zusammenhang schon einmal gehört?;* du sollst die **Wahrheit** sagen (und nicht lügen) ◆ denken kannst du dir dein Teil, nur sagen **darfst** du es nicht; du **hast** mir nichts zu sagen! *zu befehlen;* da **kann** er sagen, was er will, ich glaube ihm kein Wort; **lassen** Sie es sich gesagt sein *nehmen Sie es als Lehre, als Warnung an;* sie will sich nichts sagen lassen *sie ist eigensinnig, nimmt keine Ratschläge an* ◆ etwas **bescheiden,** besorgt freundlich, liebevoll, vorsorglich sagen; etwas **brüsk,** herablassend, herausfordernd, mürrisch, vorwurfsvoll, wütend, zornig sagen ◆ das hat er nur **aus** Bosheit gesagt; haben Sie etwas **dagegen** zu sagen? *einzuwenden;* **damit** ist nicht gesagt, dass ... *das bedeutet nicht, dass ...;* **dazu** kann ich nichts sagen; etwas **über** jmdn. od. etwas sagen; ich kann dasselbe **von** mir sagen *mir ist es ebenso ergangen, ich bin ganz Ihrer Meinung;* hast du etwas **zu** ihm, 〈od.〉 ihm etwas gesagt? ◆ **was** ich noch sagen wollte *übrigens;* was sagen Sie zu den neuesten Ereignissen? *wie ist Ihre Meinung dazu?;* **wem** sagst du das? *das weiß ich doch schon längst!;* **wer** kann sagen, was die Zukunft bringen wird *niemand weiß, was ...* **II** 〈V. i.〉 **1** *sprechen, sich äußern* **2** *reden* ◆ es kostet sage und schreibe 20 Mark! *(Ausdruck der Entrüstung);* ich müsste lügen, **wenn** ich anders sagte *ich stehe zu meiner Meinung;* wenn ich so sagen darf *wenn dieser Ausdruck berechtigt ist* ◆ gesagt – getan *(eine Absicht äußern u. sogleich danach handeln);* ich nehme von dem Gesagten kein Wort zurück [< ahd. *sagen*]

**sägen** 〈V.; hat〉 **I** 〈V. t.〉 *mit einer Säge zerschneiden* **II** 〈V. i.; umg.; scherzh.〉 *schnarchen*

**sagenhaft** 〈Adj.〉 **1** *nur in Sagen überliefert, nicht historisch belegt* **2** 〈fig.; umg.〉 *erstaunlich, fabelhaft, unglaublich* ◆ die sagenhafte Gründung des Reiches; der Stoff für das Modellkleid war sagenhaft teuer 〈fig.; umg.〉

**Sägerei** 〈f. 18〉 = *Sägewerk*

**Sägetang** 〈m. 1〉 ► *an der Nord- u. Ostseeküste vorkommende Tangart mit gesägten Thallusrändern: Fucus serratus*

**Sägewerk** 〈n. 11〉 *industrieller Betrieb, der Rundholz in Bretter, Balken usw. zersägt;* Sy *Sägerei*

SAFRAN: GRIFFEL DER SAFRANBLÜTE *(Crocus sativus)*

**Sahne** 〈f. 19; unz.; mdt.; norddt.〉 *nach dem Entzug der Magermilch verbleibender, sehr fetthaltiger Teil der Milch;* Sy *Rahm* ◆ geschlagene Sahne *Schlagsahne* [< spätmhd. *sane,* wahrscheinl. < südmndrl. *sane* < afrz. *sain* „Fett" < lat. *sagina* „Fett"]

**Sahnebaiser** 〈[-bɛze:] n. 15〉 *mit Sahne gefülltes Baiser*

**Saibling** 〈m. 1; Zool.〉 ► *Angehöriger einer Gattung der Lachsfische, die mit einer Art in Eurasien u. mehreren Arten in Amerika verbreitet ist: Salvelinus*

**saint** 〈[sɛ̃] Adj.〉 〈vor männl. frz. Heiligennamen〉 *der heilige ...,* z. B. saint François

**Saint I** 〈[sənt] Abk.: St.; vor engl. u. amerik. Heiligennamen u. davon abgeleiteten Ortsnamen〉 *der, die heilige ...,* z. B. Saint Paul 〈Abk.: St. Paul〉 **II** 〈[sɛ̃] Abk.: St; vor frz. Ortsnamen, die auf männl. Heiligennamen zurückgehen〉 *der heilige ...,* z. B. Saint-Bernard 〈Abk.: St-Bernard〉 *Großer, Kleiner Sankt Bernhard*

**sainte** 〈[sɛ̃t] Adj.; vor weibl. frz. Heiligennamen〉 *die heilige ...,* z. B. sainte Claire *die heilige Klara*

**Sainte** 〈[sɛ̃t] Abk.: Ste; vor weibl. frz. Heiligennamen u. vor frz. Ortsnamen, die auf weibl. Heiligennamen zurückgehen〉 *die heilige ...,* z. B. Sainte-Hélène 〈Abk.: Ste-Hélène〉 *die Insel Sankt Helena* [frz., „heilig" < lat. *sanctus,* fem. *sancta* „heilig"]

**Saison** 〈[sɛˈzɔ̃] od. [sɛˈzɔŋ] f. 10 od. österr.: f. 20〉 *(die richtige) Jahreszeit, Hauptbetriebs-, Hauptverkehrszeit, Hauptgeschäfts-, Theaterspielzeit* ◆ die Saison ist eröffnet, geht zu Ende; in diesem Jahr hatten wir eine gute, schlechte Saison [frz., „Jahreszeit"]

**saisonal** 〈[sɛ-] Adj.〉 *zur Saison gehörig, während der Saison*

**Saite** 〈f. 19〉 **1** 〈Mus.〉 *Faden aus gedrehten Därmen, aus Pflanzenfasern, aus Metall od. Kunststoff als Tonträger von Saiteninstrumenten* **2** *Draht, Metallband* **3** 〈fig.〉 *Gefühl* ◆ eine Saite **anschlagen** 〈fig.〉 *Erinnerungen wachrufen, Gefühle wecken;* eine neue Saite **aufziehen,** spannen, stimmen; ich werde bald andere Saiten aufziehen! 〈fig.〉 *böse, energisch werden, streng durchgreifen;* die Saiten **erklingen,** ertönen, platzen, reißen, zerreißen ◆ **in** die Saiten greifen *(ein Zupfinstrument) zu spielen beginnen* [< ahd. *saita* „Saite, Strick Fessel" u. ahd. *seit(o)* „Saite, Band, Strick, Halfter"]

**Saiteninstrument** 〈n. 11; Mus.〉 ►► *Musikinstrument, bei dem Saiten zum Klingen gebracht werden, entweder durch Reiben (Streichinstrumente), durch Zupfen (Harfe, Zither) od. durch Schlagen (Klavier)*

**...saitig** 〈Adj.; in Zus.〉 *mit einer bestimmten Zahl von Saiten versehen,* z. B. dreisaitig, fünfsaitig

**Sake** 〈m.; - od. -s; unz.〉 *japan., stark alkohol. Reiswein, wird meist heiß getrunken* [< jap.]

**Sakko** 〈m. 6 od. fachsprachl. meist, österr. nur: n. 15〉 *Jacke zum Straßenanzug des Mannes* ◆ ein beiges Sakko [italianisierende Bildung des ausgehenden 19. Jh. zu *Sack* in der Bedeutung „kurzer, modischer Männerrock ohne Taille, gleichsam sackförmig", nach dem Vorbild von amerik.-engl. *sack* „lose sitzender Rock"]

SÄGETANG *(Fucus serratus)*

**sakral** 〈Adj.〉 *heilig, heilige Handlungen od. den Gottesdienst betreffend* ◆ sakrale Kunst *kirchliche, der Kirche dienende Kunst* [zu lat. *sacer* „heilig"]

**Sakrament** 〈n. 11; Rel.〉 **1** *(auf Christus zurückgeführte) religiöse Handlung, bei der besondere Gnaden vermittelt werden* **2** *Symbol dieser Gnaden (Wasser, Wein, Brot, Öl)* ◆ ein Sakrament austeilen, empfangen; die sieben Sakramente der katholischen Kirche *Taufe, Firmung, Altarsakrament, Buße, Letzte Ölung, Priesterweihe, Ehe;* die zwei Sakramente der evangelischen Kirche *Taufe u. Abendmahl* [< kirchenlat. *sacramentum* „religiöses Geheimnis", (klass.) lat. „Weihe, Verpflichtung (zum Kriegsdienst), Treueid"]

SAIBLING: AMERIKANISCHER SEESAIBLING *(Salvelinus namaycush)*

**Sakrileg** 〈n. 11; bes. Rel.〉 *Frevel, bes. Religionsfrevel, Vergehen gegen Heiliges, z. B. Kirchenraub, Gotteslästerung* ◆ ein Sakrileg begehen [< lat. *sacrilegium* „Entweihung, Verletzung des Heiligen"]

**Sakristei** 〈f. 18〉 *Nebenraum in der Kirche für den Geistlichen u. die gottesdienstl. Geräte* [< mhd. *sacristie* < mlat. *sacristia* „Nebenraum der Kirche"; zu lat. *sacer* „heilig, geweiht"]

**sakrosankt** 〈Adj.〉 *heilig, geheiligt, unverletzlich, unantastbar* [< lat. *sacrosanctus* „hochheilig, unverletzlich" < *sacer* „geweiht, heilig" + *sanctus* „heilig"]

**säkular** 〈Adj.〉 **1** *alle hundert Jahre wiederkehrend* **2** *weltlich* [< lat. *saecularis* „dem Zeitalter, dem irdischen Leben zugehörig"; zu *saeculum;* → *Säkulum*]

**Säkularisation** 〈f. 20〉 Sy *Säkularisierung* **1** *Überführung in weltl. Hände* (kirchl. Besitz) **2** 〈fig.〉 *Verweltlichung* [→ *säkular*]

**Säkularisierung** 〈f. 20〉 = *Säkularisation*

**Säkulum** 〈n.; -s, -kula〉 **1** *Jahrhundert* **2** *Zeitalter* [< lat. *saeculum* „Menschenalter, Zeitalter, Jahrhundert, die Welt, das irdische Leben"]

**Salamander** 〈m. 3; Zool.〉 **1** 〈i. w. S.〉 ►► *Angehöriger einer Unterordnung der Schwanzlurche: Salamandroidae* **2** 〈i. e. S.〉 *Angehöriger einer Familie der Molche, die als Larven durch Kiemen atmen: Salamandridae* [< mhd. *salamander* < lat. *salamandra* < grch. *salamandra*]

**Salami** 〈f.; -, -s od. -〉 *harte, geräucherte Wurst, meist aus Schweinefleisch u. mit weißer Schutzschicht* [< ital. *salame* „Pökelfleisch, Schlackwurst"; zu *sale* „Salz" < lat. *sal* „Salz"; → *Salz*]

**Salär** 〈n. 11; schweiz.〉 *Gehalt, Lohn* [< frz. *salaire* „Lohn" < lat. *salarium* „im antiken Rom die den Soldaten gelieferte Salzmenge", „Salzzuteilung für reisende Beamte", dann „Besoldung des Offiziers, Tagegelder des Beamten, Jahresgehalt"; zu lat. *sal* „Salz"; → *Salz*]

**Salat** 〈m. 1〉 *appetitanregendes, kaltes Gericht aus klein geschnittenen, rohen od. gekochten Gemüsen, Obst, Fleisch, Fisch u. a., mit Essig, Öl, Salz u. Gewürzen od. Majonäse angerichtet* ◆ ein Kopf Salat *Kopfsalat;* den Salat abschmecken, anmachen; da haben wir den Salat! 〈fig.; umg.〉 *die Bescherung (Ausruf*

S

# SAITENINSTRUMENTE

Mehrere gespannte Saiten und ein hohler Korpus, der als Resonanzkörper die Saitenschwingungen verstärkt, sind die elementaren Bestandteile der meisten Saiteninstrumente. Die Saitenschwingungen entstehen auf verschiedene Weise: Harfensaiten werden gezupft, die des Cellos gestrichen und die des Klaviers angeschlagen. Die Tonhöhe hängt dabei von der Saitenlänge und -stärke sowie von der Korpusgröße ab, weshalb der voluminöse, langsaitige Kontrabass tiefere Töne erzeugt als die kleine Violine mit ihren kurzen Saiten.

BESTANDTEILE EINER GEIGE

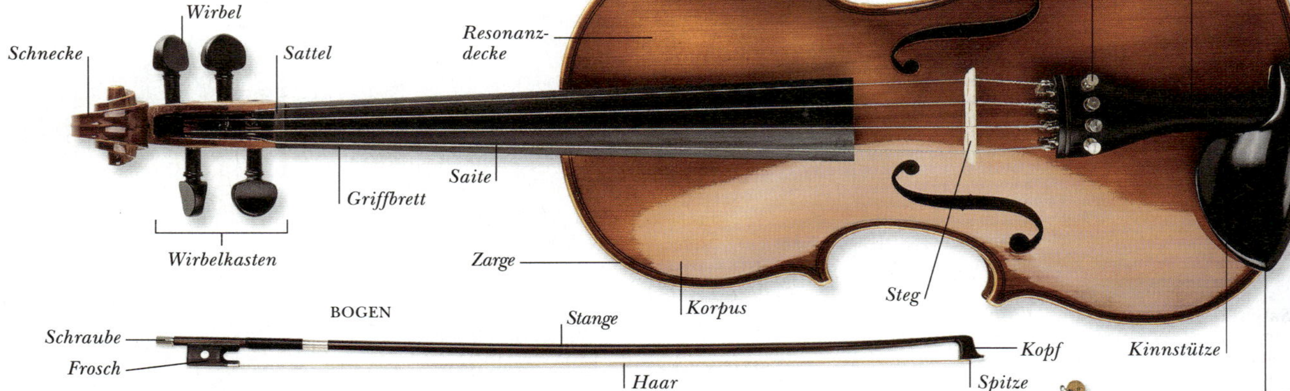


## WEITERE SAITENINSTRUMENTE

BALALAIKA

ZITHER

LAUTE

AKUSTIK-GITARRE

ELEKTRISCHE GITARRE
► *Gitarren*

FLÜGEL
► *Flügel*

HARFE

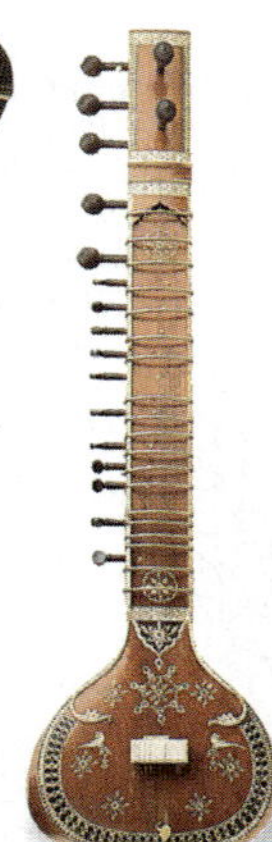
SITAR

CELLO

KONTRABASS

*des Unwillens);* gemischter, italienischer, russischer Salat; grüner Salat *Kopfsalat* [< spätmhd. *salat* < ital. *insalata* „Eingesalzenes, Gewürztes, Salat"; zu ital. *sale* < lat. *sal* „Salz"; → *Salz*]

**Salbe** ⟨f. 19; Pharm.⟩ *schmierfähiges, fettiges Arzneimittel zur Behandlung von Hautkrankheiten, Wunden, zum Kühlen od. Erwärmen od. zu kosmet. Zwecken: Unguentum* [< ahd. *salba,* engl. *salve*]

**Salbei** ⟨m. 1; od. f. 7; unz.⟩ **1** ⟨i. w. S.⟩ ▼ *Angehöriger einer Gattung der Lippenblütler mit blauen od. rötlich violetten Blüten: Salvia;* ► *Kräuter* **2** ⟨i. e. S.⟩ *ätherische Öle u. Gerbstoffe enthaltende Art, aus der Salbeitee hergestellt wird: Salvia officinalis* [< ahd. *salbeia* < mlat. *salvegia* < lat. *salvia;* zu lat. *salvus* „gesund"]

**salben** ⟨V. t.; hat⟩ **1** *mit Salbe einreiben* **2** ⟨Rel.⟩ *durch Salbung od. Ölung weihen* [< ahd. *salbon;* → *Salbe*]

**Salbung** ⟨f. 20⟩ **1** ⟨bei Naturvölkern u. im Orient⟩ *Einreiben des Körpers mit Salbe, Öl od. Fett zur Körperpflege, gegen Insekten od. zu Heilzwecken* **2** ⟨Rel.⟩ *Einreiben bestimmter Körperstellen (Stirn) mit Öl od. Salbe zu kult. Zwecken, z. B. zur Weihe, Reinigung, Abwehr von bösen Kräften*

**salbungsvoll** ⟨Adj.⟩ *übertrieben feierlich, sanft, süßlich-würdevoll* ◆ salbungsvoll reden; sich salbungsvoll niederbeugen

**Salchow** ⟨[-ço:] m. 6; Sp.; Eis- u. Rollkunstlauf⟩ *rückwärts eingeleiteter Kürsprung* [nach dem schwedischen Eiskunstläufer U. *Salchow,* 1877-1949]

**Saldo** ⟨m. 6; Pl. a.: Saldi od. Salden; Bankw.⟩ *Betrag, um den sich die eine Seite eines Kontos von der anderen unterscheidet, Restbetrag des Soll- od. des Habenkontos beim Abschluss* ◆ einen Saldo aufstellen, ausgleichen, auszahlen, bestätigen, feststellen, gutschreiben; der Saldo beträgt ...; in Saldo bleiben, sein *noch etwas schulden;* per Saldo *laut Saldo, aufgrund des Saldos;* ein Saldo zu unseren Gunsten, Lasten in Höhe von ... [ital., „Rechnungsabschluss"]

**Säle** ⟨Pl. von⟩ *Saal*

**Salier**[1] ⟨m. 3⟩ *Angehöriger eines altröm. Priesterkollegiums* [< lat. *Salii,* eigtl. „die Hüpfenden", ein von Numa für den Kultus des Mars eingesetztes Kollegium von 12 Priestern, das jährlich im März Umzüge mit Waffentänzen veranstaltete; zu lat. *salire* „springen, tanzen"]

**Salier**[2] ⟨m. 3⟩ *Angehöriger eines Frankenstammes* [< lat. *Salii* „die an der Salzflut, dem Meer Wohnenden"; zu lat. *sal* „Salz"]

**Saline** ⟨f. 19⟩ *Anlage zur Gewinnung von Kochsalz aus Salzlösungen durch Verdunstung* [< lat. *salinae* „Salzwerk, Salzgrube"; zu lat. *sal* „Salz"; → *Salz*]

**Salm** ⟨m. 1; Zool.⟩ ► = *Lachs* [< ahd. *salmo* < lat.-gall. *salmo* „Lachs"]

**Salmiak** ⟨m. 1; unz.⟩ = *Ammoniumchlorid* [< lat. *sal ammoniacus* „bei dem Tempel des *Jupiter Ammon* gefundenes Salz"]

**Salmonella, Salmonelle** ⟨f.; -, -nellen; Med.⟩ *Krankheiten (z. B. Paratyphus, Fleischvergiftung) erregendes Darmbakterium* [nach dem amerik. Bakteriologen D.E. *Salmon,* 1850-1914]

**salomonisch** ⟨Adj.⟩ *dem jüd. König Salomo (ca. 950 v. Chr.) ähnlich* ◆ salomonisches Urteil *weises Urteil;* salomonische Weisheit besitzen

## SALAMANDER

Die zwischen 2,5 cm und 1,8 m großen Salamander gehören zu den Amphibien und haben kurze Gliedmaßen, eine dünne schleimige Haut sowie einen kräftigen, drehrunden Schwanz. Da der Übergang zu den Molchen mit ihren seitlich abgeplatteten Schwänzen fließend ist, heißen die beiden hier abgebildeten amerikanischen Arten auch Querzahnmolche.

### WEITERE SALAMANDERARTEN

FEUERSALAMANDER
*(Salamandra salamandra)*

TIGERSALAMANDER
*(Ambystoma tigrinum)*

ÄUSSERE MERKMALE EINES GELBFLECKEN-SALAMANDERS
*(Ambystoma maculatum)*

SALBEI: SCHARLACHSALBEI
*(Salvia splendens)*

**Salomonloop,** ⟨auch⟩ **Salomon-Loop** ⟨[sæləmən'lu:p] f.; -; unz.; Phys.⟩ *Verfahren zur selbstreplikativen Energiegewinnung aus Antipoden* [nach dem engl. Phys. A. *Salomon* (*1969) + engl. *loop* „Schleife"]

**Salon** ⟨[-lɔ̃] od. [-lɔŋ] od. österr. [-lo:n] m. 6⟩ **1** *Empfangs-, Besuchszimmer* **2** ⟨17. bis 19. Jh.⟩ *regelmäßiger Empfangsabend für einen kleinen literarisch u. künstlerisch interessierten, geselligen Kreis* **3** *Geschäft der Mode- od. Kosmetikbranche od. eines Friseurs* (Frisiersalon, Kosmetiksalon, Modesalon) **4** *Kunstausstellung* [frz., „Salon, Empfangszimmer" < ital. *salone,* urspr. „großer Saal"; zu *sala* „Saal"]

**salonfähig** ⟨[-lɔ̃-] od. [-lɔŋ-] od. österr. [-lo:n] Adj.⟩ *für feine Gesellschaft geeignet, manierlich, schicklich* ◆ der Witz ist nicht salonfähig *der Witz ist unpassend, anstößig, unanständig*

**salopp** ⟨Adj.; -er, am -(e)sten⟩ **1** *ungezwungen* **2** *nachlässig, schlampig* ◆ saloppe Ausdrucksweise, Haltung; er kleidet sich gern salopp [< frz. *salope* „schmierig, dreckig"]

**Salpeter** ⟨m. 3; unz.⟩ *Leichtmetallsalz der Salpetersäure* (Chilesalpeter, Natronsalpeter, Kalisalpeter) [< mhd. *salpeter* < *salniter* „Salpeter" < lat. *sal nitrum* „Salpeter" < lat. *sal* „Salz" + *nitrum* „Natron" < grch. *nitron* < ägypt. *ntr*]

**Salsa** ⟨m. 6⟩ **1** *(paarweise getanzter) lateinamerikanischer Gesellschaftstanz, der dem Mambo ähnelt* **2** ⟨mex. Kochk.⟩ *scharfe Tomatensoße, Chilisoße* [span., „Soße"]

**Salto** ⟨m. 6; Pl. a.: Salti⟩ *Sprung mit Überschlag in der Luft, Sprung mit Drehung um die Breitenachse des Körpers* ◆ ein dreifacher Salto [ital., „Sprung"]

**Salto mortale** ⟨m.; - -, - - od. Salti mortali⟩ *mehrfacher Salto* [ital., „Todessprung"]

**Saluki** ⟨m. 6⟩ ► *Angehöriger einer Windhunderasse mit langem, seidigem Fell* [arab.]

**Salut** ⟨m. 1⟩ *militär. Ehrengruß durch eine Salve von Schüssen* ◆ Salut schießen [< lat. *salus,* Gen. *salutis* „Heil, Wohl, Gedeihen"]

**Salve** ⟨[-və] f. 19⟩ *das gleichzeitige Abfeuern mehrerer Schusswaffen* [< frz. *salve,* urspr. „Begrüßungsschießen", lat. *salve!* „sei gegrüßt!"; zu *salvere* „gesund sein, sich wohlbefinden"]

**Salweide** ⟨f. 19⟩ *Art der Weiden mit großen, dicken Kätzchen: Salix caprea* [< ahd. *salewida;* 1. Teil: zu ahd. *sal(a)ha* „Salweide", engl. *sallow* „Salweide" (ahd. *salo* „dunkelfarbig", engl. *sallow* „blass"); 2. Teil: → *Weide*]

**Salz** ⟨n. 11⟩ **1** ⟨i.w.S.⟩ *chem. Verbindung aus einem Säurerest u. einem Metall od. auch Ion* **2** ⟨i. e. S.⟩ *Kochsalz* **3** ⟨fig.⟩ *Geist, Witz, Kraft* ◆ das Salz der Erde (Matth. 5,13) *die Menschen;* Stoff im Pfeffer-und-Salz-Muster *dunkel u. hell gesprenkelter Stoff;* eine Prise Salz; Fleisch, Fisch in Salz legen *einsalzen u. dadurch konservieren* [< ahd. *salz,* engl. *salt*]

SALUKI

**salzen** ⟨V. t. 202; hat⟩ *mit Salz versehen, bestreuen, würzen, Salz beigeben* ◆ eine Speise, ein Gericht salzen

**salzig** ⟨Adj.⟩ *Salz enthaltend, gesalzen, nach Salz schmeckend* ◆ es hat einen leicht salzigen Geschmack

**Salzkraut** ⟨n. 12u; unz.⟩ *Gänsefußgewächs, das auf Salzböden gedeiht: Salsola*

S

**Salzpflanze** ⟨f. 19; Bot.⟩ ► *Pflanze, die auf salzhaltigem Boden gedeiht;* Sy *Halophyt*
**Salzsäure** ⟨f. 19; unz.⟩ *stark ätzende Säure, chem. Formel HCl*
**Salzsee** ⟨m. 24⟩ *salzhaltiger, abflussloser See in Wüstengebieten, dessen Salzgehalt sich durch die dauernde Verdunstung ständig erhöht*
**Salzsole** ⟨f. 19⟩ **1** *stark salzhaltiges Wasser, aus dem in Salinen od. auf Gradierwerken Salz gewonnen wird* **2** *salzhaltige Heilquelle*
**Salzstock** ⟨m. 1u⟩ *Salzlagerstätte*
**Salzwasser** ⟨n. 13; unz.⟩ **1** *salzhaltiges Wasser, Wasser, in dem (Koch-)Salz gelöst ist;* Sy *Sole* **2** *Meerwasser;* Ggs *Süßwasser*

SALZPFLANZE: GEMEINER QUELLER (*Salicornia europaea*)

**...sam** ⟨in Zus.; Adjektivsuffix⟩ *von bestimmter Beschaffenheit, eine Tätigkeit ausübend,* z. B. gelehrsam, langsam, mitteilsam, strebsam, unbeugsam [urspr. selbständiges Wort mit der Bedeutung „von gleicher Beschaffenheit", ahd. *samo* „derselbe", *sama* „ebenso"; → *sammeln*]
**Samariter** ⟨m. 3⟩ **1** der barmherzige Samariter ⟨NT⟩ *ein Samariter, von dessen barmherziger Tat durch Jesus berichtet wird* **2** ⟨fig.⟩ *freiwilliger Krankenpfleger* [nach dem barmherzigen *Samariter,* Luk. 10,33]
**Samba** ⟨m. 6 od. fachsprachl.: f. 10; Mus.⟩ *aus einem Tanz brasil. Schwarzer hervorgegangener Gesellschaftstanz im* $^{2}/_{4}$*-Takt, um 1950 Modetanz, heute Turniertanz* [< port. < afrikan.]

SAMENMANTEL: MUSKATNUSS MIT UND OHNE SAMENMANTEL

**Sambuca** ⟨m. 6 od. f. 10⟩ *ital. Anislikör*
**Samen** ⟨m. 4⟩ **1** ⟨Biol.⟩ **1.1** ▼ *von der Pflanze abfallender, von einer Schutzhülle umgebener, mit Nahrungsstoffen versehener Keim* **1.2** *von den Geschlechtsdrüsen bei Mensch u. Tier gebildete, die Samenzellen enthaltende Flüssigkeit;* Sy *Sperma* **2** ⟨Bot.⟩ *die für die Aussaat ausgewählten Samenkörner, Saat* **3** *Keim* ⟨a. fig.⟩ **4** ⟨fig.; bes. poet.⟩ *Ursprung* **5** *Grundlage* **6** ⟨bibl.⟩ *die Nachkommen* ◆der Samen des Hasses, Neides, der Zwietracht ⟨fig.⟩; der Samen geht auf, treibt ⟨Bot.⟩; Samen streuen, züchten [< ahd. *samo*]
**Samenbank** ⟨f. 20⟩ *Einrichtung, in der Sperma für künstliche Samenübertragungen konserviert wird*
**Samenerguss** ⟨m. 1u⟩ = *Ejakulation*
**Samenfaden** ⟨m. 4u⟩ = *Samenzelle*
**Samengang** ⟨m. 1u⟩ = *Samenleiter*
**Samenleiter** ⟨m. 3; Anat.⟩ *Gang zwischen Hoden u. Harnröhre zur Weiterleitung des Samens: Vas deferens;* Sy *Samengang*
**Samenmantel** ⟨m. 5u; Bot.⟩ ◄ *den Samen umhüllende Schale*
**Samenzelle** ⟨f. 19⟩ *im Samen des Mannes enthaltene, reife Keimzelle, die der Befruchtung u. Fortpflanzung dient;* Sy *Samenfaden*
**...samig** ⟨in Zus.⟩ *mit einer bestimmten od. unbestimmten Anzahl od. mit einer bestimmten Art von Samen versehen,* z. B. vielsamig, bedecktsamig
**sämig** ⟨Adj.⟩ *dickflüssig, angedickt* [< nddt. *semig* < nhd. *seimig* „dickflüssig"; zu *Seim*]

## SAMEN

Der außen von einer Schale umgebene Samen enthält den Pflanzenembryo mit einem Vorrat an Nährstoffen. Diese sind beim Getreide vor allem im so genannten Endosperm enthalten, während sie bei vielen anderen Samen, etwa den Bohnen, in den fleischigen Keimblättern liegen. Samen bedecktsamiger Pflanzen entwickeln sich in Früchten, die der nacktsamigen Pflanzen sitzen hingegen ungeschützt auf Zapfenschuppen.

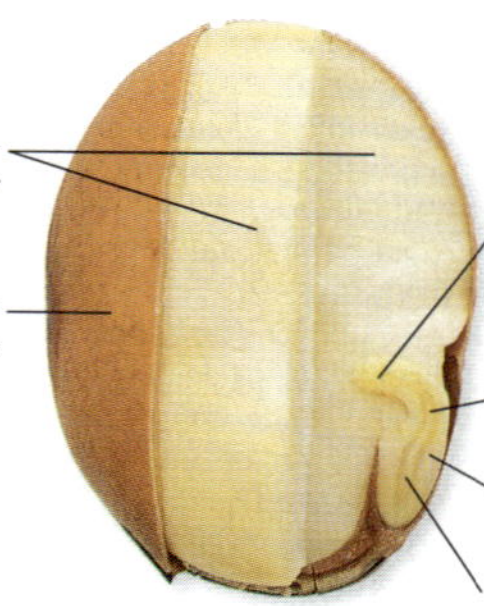


MERKMALE EINER PUFFBOHNE

WEITERE SAMENFORMEN

KIEFER

WEIZEN

BOHNE

KASTANIE

ERBSE

APFEL

MOHN

JUNGFER IM GRÜNEN (VERGRÖSSERT)

ERDBEERE (VERGRÖSSERT)

MONDVIOLE

**Samkraut** ⟨n. 12u; Bot.⟩ ► = *Laichkraut*
**Sammelbecken** ⟨n. 14⟩ **1** *Behälter zum Sammeln u. Aufspeichern von Flüssigkeiten, z. B. Regenwasser* **2** ⟨fig.⟩ *Ansammlung, Treffpunkt, Vereinigung* ◆diese Partei ist ein Sammelbecken aller liberalen Kräfte

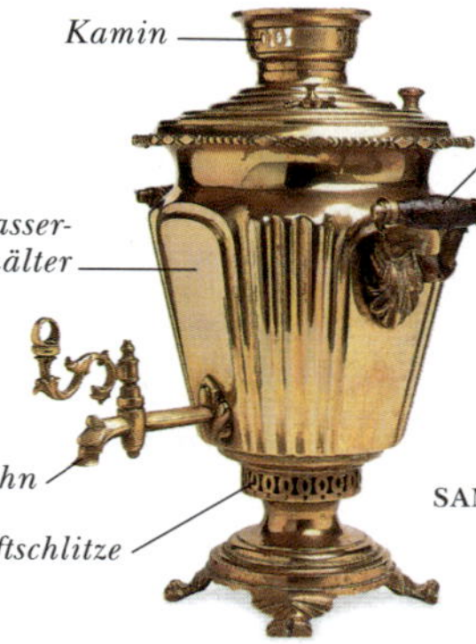


SAMOWAR

**Sammellinse** ⟨f. 19⟩ = *Konvexlinse;* Ggs *Zerstreuungslinse*
**sammeln** ⟨V. t.; hat⟩ **I** ⟨V. t.⟩ **1** *zusammentragen, zusammenbringen, zusammenlesen, anhäufen, aufhäufen u. (meist) zugleich ordnen* **2** *vereinigen* ◆**Aphorismen** sammeln u. herausgeben; **Beeren,** Holz, Pilze, Regenwasser sammeln; **Briefmarken,** Gemälde, Münzen, Pflanzen, Schmetterlinge, Steine sammeln; ich muss meine **Gedanken** sammeln *auf einen Gegenstand lenken, mich konzentrieren;* **Unterschriften** sammeln; seine **Herde,** Schar um sich sammeln; **Kenntnisse** sammeln; seine **Kräfte** für eine große Aufgabe sammeln ◆Heines gesammelte Werke *Ausgabe der wesentlichsten Werke Heines* **II** ⟨V. refl.⟩ sich sammeln **1** *zusammenkommen, zusammenströmen, sich vereinigen* **2** *sich häufen* **3** *im Brennpunkt zusammentreffen* (von Lichtstrahlen) **4** ⟨fig.⟩ *sich konzentrieren, seine Gedanken nur auf einen Gegenstand lenken* ◆sammeln! *(militär. Kommando)* ◆die zerstreuten **Truppen** sammelten sich wieder ◆**zum** Sammeln blasen ⟨Mil.⟩ ◆er machte einen sehr gesammelten Eindruck *er wirkte konzentriert* [< mhd. *samelen* < älter *samenen* < ahd. *samanon;* zu ahd. *saman* „bei-, zusammen"; zu *samo* „derselbe"; → *...sam*]
**Sammelstelle** ⟨f. 19⟩ *Stelle, an der gesammelte Dinge abgegeben werden können*
**Sammler** ⟨m. 3⟩ **1** *jmd., der etwas sammelt* (Briefmarkensammler) **2** *Gerät zum Speichern, bes. für elektr. Strom, Akkumulator* **3** ⟨Straßenbau⟩ *Hauptstrang der Kanalisation* **4** ⟨Typ.⟩ *Behälter, in den die Linotypematrizen fallen, bis die ganze Zeile gesetzt ist*
**Sammlung** ⟨f. 20⟩ **1** *das Sammeln, Tätigkeit des Sammelns* **2** *das Gesammelte, gesammelter Besitz* **3** *Zusammenstellung* **4** *Ort, Gebäude, in dem eine Sammlung aufbewahrt wird* **5** ⟨fig.⟩ *Konzentration der Gedanken auf einen bestimmten Gegenstand* ◆eine öffentliche, private, staatliche Sammlung
**Samowar** ⟨m. 1⟩ ▲ *russische Teemaschine aus Kupfer od. Messing* [< russ. *samowar* „Selbstkocher" < *samo...* „selbst..." + *warit* „kochen"]
**Sampan** ⟨m. 6⟩ ► *chinesisches Hausboot* [< chin. *san pan* < *san* „drei" + *pan* „Brett, Bohle"]
**Sampler** ⟨['sa:mplə(r)] od. ['sæmplə(r)] m. 3; Mus.⟩ *Sammlung erfolgreicher Musiktitel einer best. Stilrichtung, eines Zeitabschnitts, eines Sängers od. einer Gruppe (auf Tonträgern)* [engl., „Auswahlplatte, -CD"]

S

**Samstag** ⟨m. 1; Abk.: Sa; süddt., rhein., österr., schweiz.⟩ = *Sonnabend;* → a. *Dienstag* [< ahd. *sambaztac* < vulgärgrch. *sambaton* < grch. *sabbaton* < hebr. *schabbath* „Feiertag"; → *Sabbat*]

**samt** ⟨Präp. m. Dat.⟩ *mit, einbegriffen, einschließlich* ◆ das Haus samt allem Zubehör; samt und sonders *alles zusammen, alle miteinander, ohne Ausnahme* [< ahd. *samant* „zusammen, zusammen mit"; → *sammeln*]

**Samt** ⟨m. 1; Textilw.⟩ *Gewebe, meist aus Baumwolle, mit kurzer, dichter, feiner, meist aufgeschnittener Flordecke* ◆ sich in Samt und Seide kleiden ⟨fig.⟩ *vornehm;* Hände, eine Haut wie Samt *zart, weich, glatt* [< mhd. *samit* < afrz. *samit* < mlat. *(e)xamitum,* mgrch. *examiton* < grch. *hex* „sechs" + *mitos* „Faden"; urspr. „sechsfädiges Gewebe"]

**Samthandschuh** ⟨m. 1; fig.; umg.; nur in der Wendung⟩ jmdn. mit Samthandschuhen anfassen *ihn besonders rücksichtsvoll, vorsichtig behandeln*

**sämtlich** ⟨Pronominaladj.⟩ *alle, ohne Ausnahme* ◆ ich habe sämtliche Aufträge erledigt; ich habe alle deine Aufträge sämtlich erledigt; sämtliches gesammelte Material, eine Aufstellung sämtlicher gesammelter Aufträge; sämtliche Unterlagen, Angehörigen; ⟨selten⟩ Thomas Manns sämtliche Werke in 12 Bänden [< spätmhd. *samentlich;* → *samt*]

**Samurai** ⟨m. 6 od. m.; -, -; früher⟩ ► *Angehöriger des japanischen Kriegerstandes;* ► *Schwerter* [japan., „Dienende"]

**San** ⟨vor ital. männl. Namen, die mit einem Konsonanten beginnen, außer vor Sp... u. St..., u. vor span. männl. Namen, die mit einem Konsonanten beginnen, außer vor Do... u. To...; Abk.: S.⟩ *der heilige...,* z. B. San Michele, San Giovanni; → a. *Sant', Santa, Sante, Santi, Santo u. São* [ital., span., port. < lat. m. *sanctus,* f. *sancta,* Pl. m. *sancti* „heilig"]

**Sanatorium** ⟨n.; -s, -rien⟩ *Heilstätte, Genesungsheim in klimatisch günstiger Lage* [zu lat. *sanare* „heilen"]

**Sanctus** ⟨n.; -; unz.; kath. Kirche⟩ *Lobgesang der kath. Messe* [lat., „heilig", nach dem Anfangswort]

**Sand** ⟨m. 1⟩ **1** *feinkörniges, durch Wasser od. Wind transportiertes Sedimentgestein* (Dünensand, Flugsand, Seesand) **2** *sandiges Ufer, Strand, Dünengebiet, Sandbank* **3** *Streusand, Turnierplatz, Kampfplatz* ◆ **feiner,** grober, nasser, weißer, trockener Sand; **auf** Sand bauen *auf unsicheren Grund;* **im** Sand graben, Burgen bauen, liegen *am Strand;* **wie** Sand am Meer *zahllos, in großer Menge, im Überfluss* [< ahd. *sant,* engl. *sand*]

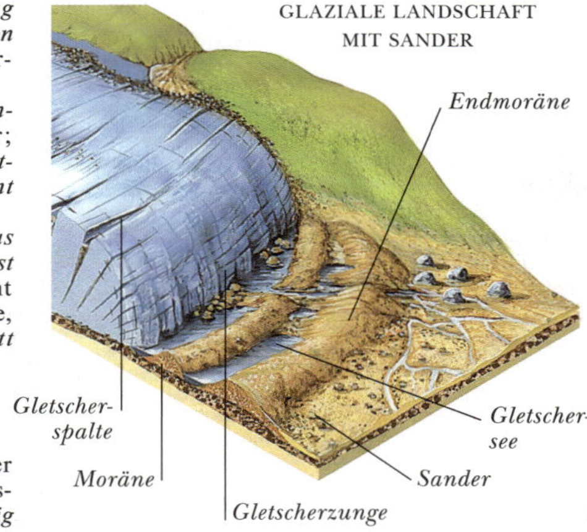


SANDER:
GLAZIALE LANDSCHAFT
MIT SANDER

SAMURAI:
SAMURAIRÜSTUNG
AUS DEM 19. JH.

**Sandale** ⟨f. 19⟩ *leichter Schuh mit Oberteil aus Riemchen od. durchbrochenem Leder* [< lat. *sandalia,* Sing. *sandalium* < grch. *sandalion;* zu neupers. *sändäl* „Schuh", urspr. „Schuh des (lydischen Gottes) *Sandal*"]

**Sandalette** ⟨f. 19⟩ *leichte, elegante Sandale (oft mit höherem Absatz)* [französier. Verkleinerungsform zu *Sandale*]

**Sandbank** ⟨f. 7u⟩ *Anhäufung von Sand in Flussbetten u. im Meer dicht unter der Oberfläche*

**Sanddorn** ⟨m. 1; Bot.⟩ *zu den Ölweidengewächsen gehörender, dorniger Strauch mit gelben, essbaren Beeren: Hippopha rhamnoides*

**Sandelbaum** ⟨m. 1u; Bot.⟩ *in den Tropen beheimateter, zur Familie der Sandelbaumgewächse (Santalaceae) gehörender Baum, der Sandelholz liefert: Santalum album* [< ital. *sandalo* < arab. *sandal* < pers. *tschändäl* < aind. *candana* „Farbholz des Baumes *Pterocarpus santalina*"]

**Sandelholz** ⟨n. 12u; unz.⟩ *Holz des Sandelbaums u. a. nicht verwandter Bäume, das zu Schnitzarbeiten verwendet wird u. zur Gewinnung von Sandelholzöl dient*

**Sander**[1] ⟨m. 3; Zool.⟩ = *Zander*

**Sander**[2] ⟨m. 3; Geol.⟩ ▲ *flache, oft weit ausgedehnte, fächerförmige, vor den Endmoränen der Gletscher durch Schmelzwasser abgelagerte Sand- u. Schotterfläche*

SAMPAN

**Sandfang** ⟨m. 1u⟩ **1** *vor Kläranlagen angeordnetes, flaches Becken, in dem sich sandige Stoffe nach starker Verringerung der Wasserströmung absetzen* **2** *Bauwerk von Wasserkraftanlagen, das Sand u. Kies von den Turbineneinläufen fern hält*

**Sandfloh** ⟨m. 1u; Zool.⟩ *an Menschen u. Warmblütern schmarotzender Floh, dessen Weibchen sich tief in die Haut, vor allem unter den Zehennägeln, einbohrt: Sarcopsylla penetrans*

**Sandgräber** ⟨m. 3; Zool.⟩ *Angehöriger einer unterirdisch lebenden Familie der Nagetiere von maulwurfartiger Gestalt, Knollen- u. Wurzelfresser: Bathyergidae;* Sy *Maulwurfsratte*

**Sandgras** ⟨n. 12u; unz.⟩, **Sandhafer** ⟨m. 3; unz.; Bot.⟩ ► = *Strandhafer*

**Sandhose** ⟨f. 19⟩ *von einem Wirbelsturm säulen- od. trichterförmig emporgerissener Sand* [nach *Windhose* gebildet]

**Sandkasten** ⟨m. 4u⟩ *mit Sand gefüllter, großer, niedriger Kasten für Kinder zum Spielen, auch für militärische Planspiele*

**Sandkorn** ⟨n. 12u⟩, **Sandkörnchen** ⟨n. 14⟩ *einzelnes Korn des Sandes von 0,02 bis 2 mm Durchmesser*

**Sandlaufkäfer** ⟨m. 3; Zool.⟩ *Angehöriger einer Familie grüner, gut fliegender Käfer mit starken Mundwerkzeugen u. langen Beinen, der auf warmem Boden sehr rasch laufen kann u. sich räuberisch von anderen Insekten ernährt: Cicindelidae*

**Sandmann** ⟨m. 2u; unz.⟩ *märchenhafte Gestalt: kleines Männchen, das den Kindern Sand in die Augen streut, damit sie (besser) einschlafen*

**Sandpier** ⟨m. 1; Zool.⟩ ► = *Pier*[2]

**Sandpilz** ⟨m. 1⟩ = *Sandröhrling*

**Sandregenpfeifer** ⟨m. 3; Zool.⟩ *bes. an Meeresküsten verbreitete Art der Regenpfeifer: Charadrius hiaticula*

**Sandröhrling** ⟨m. 1⟩ *essbarer Röhrenpilz (Boletaceae) mit flach gewölbtem, gelbem Hut, weißgelblichem od. orangefarbenem Fleisch, das beim Durchschneiden bläulich grün anläuft: Boletus variegatus;* Sy *Hirsepilz, Sandpilz*

SANDSTEIN

**Sandstein** ⟨m. 1; unz.⟩ ◄ *aus Sand u. Bindemitteln bestehendes Sedimentgestein, leicht zu bearbeiten u. von warmem Farbton, allerdings witterungsempfindlich, häufig als Baustein od. zu Skulpturen verwendet*

**Sanduhr** ⟨f. 20⟩ ▼ *Gerät zum Messen der Zeit, wobei feiner Sand innerhalb einer bestimmten Zeit aus dem oberen Teil eines Glasgehäuses durch eine sehr enge Passage in den gleich großen unteren Teil fließt, heute nur noch als Eieruhr verwendet;* Sy *Stundenglas*

**Sandwespe** ⟨f. 19; Zool.⟩ *Angehörige einer von zwei Gattungen der Grabwespen, die Raupen durch einen Stich lähmen u. als Larvenfutter in ihre Erdhöhlen tragen: Ammophila, Podalonia*

**Sandwich** ⟨['sændwitʃ] n.; -es, -es⟩ *zwei mit Butter bestrichene, aufeinander gelegte Scheiben Weißbrot mit einer Einlage von Wurst, Käse, Ei usw.* [nach dem 4. Earl of *Sandwich,* 1718-1792, der solche Brotscheiben zubereiten ließ]

**sanft** ⟨Adj.; -er, am -esten⟩ **1** *zart, mild, weich, freundlich* (Stimme, Augen, Berührung, Druck, Vorwurf, Lüftchen) **2** *friedfertig, zahm* (Wesen, Gemüt) **3** *leicht, gering* (Steigung), *wenig*

SANDUHR

*ansteigend* (Hügel) ◆ eine sanfte **Farbe;** einen sanften **Druck,** Zwang ausüben; jmdn. mit sanfter **Gewalt** zu etwas zwingen; das sanfte **Licht,** Rot des Abendhimmels; sanfte **Revolution** *gewaltfreie R.;* sie hat eine sanfte **Stimme;** etwas auf die sanfte **Tour** erreichen ⟨umg.⟩ *durch gutes Zureden;* ihr sanftes **Wesen** ◆ sanft **entschlafen** *friedlich sterben;* **ruhe** sanft! *(Grabinschrift);* sanft ruhen, **schlafen** [< ahd. *semfti* (Adj.), *samfto* (Adv.), engl. *soft* „weich"]

**Sänfte** ⟨f. 19⟩ *kastenartiges, offenes od. geschlossenes, von Menschen od. Tieren getragenes Gestell zur Beförderung von Personen* [< ahd. *samfti, semfti* „Ruhe, Gemächlichkeit, Annehmlichkeit", seit 16. Jh. „Tragsessel"; → *sanft*]

**Sanftmut** ⟨f.; -; unz.⟩ *sanfte, milde, geduldige Gesinnung* ◆ Sanftmut des Herzens

**Sang** ⟨m. 1u⟩ *Gesang, Singen* ◆ mit Sang und Klang *mit Gesang u. Musikbegleitung, singend u. musizierend;* sang- und klanglos verschwinden ⟨umg.⟩ *unbemerkt, unfeierlich, ruhmlos* [< ahd. *sang,* engl. *song;* → *singen*]

**Sänger** ⟨m. 3⟩ **1** ⟨i. w. S.⟩ *jmd., der singt* **2** ⟨i. e. S.⟩ *jmd., der berufsmäßig singt, Gesangskünstler* (Konzertsänger, Opernsänger) **3** *Mitglied eines Gesangvereins od. eines Chors* **4** ⟨poet.⟩ *jmd., der etwas verherrlicht, Dichter* ◆ ein Sänger der Freiheit, der Liebe ⟨poet.⟩; darüber schweigt des Sängers Höflichkeit ⟨fig.; umg.⟩ *darüber spricht man besser nicht, das ist zu peinlich;* die Sänger des Waldes *die Vögel;* fahrender Sänger *Spielmann* [< ahd. *sangari;* → *Sang*]

SAPHIR

**Sängerkrieg** ⟨m. 1; veraltet⟩ **1** *Wettstreit von Sängern* **2** ⟨Lit.⟩ *der Sängerkrieg auf der Wartburg (Wartburgkrieg)* **2.1** *sagenhafter Wettstreit berühmter Minnesänger auf der Wartburg* **2.2** *diesen schilderndes mhd. episches Gedicht um 1260*

**Sangria** ⟨f. 10⟩ *(in Spanien beliebtes) Getränk aus leicht gezuckertem Rotwein mit Orangensaft* [span., eigtl. „Aderlass"; zu *sangre* „Blut"]

**Sanguiniker** ⟨m. 3⟩ *Mensch von heiterem, lebhaftem Temperament* [→ *sanguinisch*]

**sanguinisch** ⟨Adj.⟩ *lebhaft, heiter* [< lat. *sanguineus* „aus Blut bestehend, blutvoll"; zu lat. *sanguis* „Blut"]

**sanieren** ⟨V. t.; hat⟩ **1** etwas sanieren *gesunde Verhältnisse für etwas schaffen* **2** jmdn. sanieren *gesund machen, heilen* ◆ ein Unternehmen sanieren [< lat. *sanare* „heilen, gesund machen"; zu *sanus* „gesund"]

**sanitär** ⟨Adj.⟩ **1** *zum Gesundheitswesen gehörend, darauf beruhend* **2** *der Gesundheit, Hygiene dienend* **3** *hygienisch* [< frz. *sanitaire* „gesundheitlich, sanitär"; zu lat. *sanitas* „Gesundheit"]

**Sanität** ⟨f. 20; unz.; österr., schweiz.⟩ **1** *(Zustand der) Gesundheit* **2** *Krankendienst, Krankenpflege* **3** *Sanitätswesen, -truppe* **4** *Rettungsdienst* [< lat. *sanitas* „Gesundheit"; zu *sanus* „gesund"]

**Sanitäter** ⟨m. 3⟩ **1** *jmd., der in der ersten Hilfe ausgebildet ist* **2** *Sanitätssoldat* **3** *Krankenpfleger* [→ *Sanität*]

**Sankt** ⟨vor dt. Namen; Abk.: St.⟩ *der, die heilige* ..., z. B. Sankt Elisabeth, Sankt-Bernhard-Gymnasium, ⟨od.⟩ St.-Bernhard-Gymnasium [< lat. *sanctus* „heilig"]

SAPROPHYTEN: HALLIMASCHE AUF TOTEM HOLZ

**Sanktion** ⟨f. 20⟩ **1** *Bestätigung, Anerkennung* **2** *Erhebung zum verbindl. Gesetz* **3** Sanktionen ⟨Pl.⟩ *Strafmaßnahmen, Zwangsmaßnahmen mehrerer Staaten gegen die Verletzung völkerrechtl. Pflichten seitens eines anderen Staates* ◆ Sanktionen gegen einen Staat verhängen [< frz. *sanction* „Genehmigung, Zustimmung, natürl. Folge, Strafmaßnahme" < lat. *sanctio* „Billigung, verschärfte Verordnung, Strafgesetz, Vertragsklausel"; zu *sancire* „heiligen, als heilig u. unverbrüchlich festsetzen"]

**sanktionieren** ⟨V. t.; hat⟩ **1** *bestätigen, gutheißen, anerkennen* **2** *zum verbindl. Gesetz erheben* [< frz. *sanctionner* „billigen, Gesetzeskraft verleihen"; → *Sanktion*]

**Sanktissimum** ⟨n.; -s; unz.; kath. Kirche⟩ *Allerheiligstes, geweihte Hostie* [< lat. *sanctissimum* „das Heiligste", Neutr. des Superl. zu *sanctus* „heilig"]

**Sant'** ⟨vor ital. männl. u. weibl. Namen, die mit einem Vokal beginnen; Abk.: S.⟩ *der, die heilige* ..., z. B. Sant' Antonio, Sant' Agata; → a. *San, Santa, Sante, Santi, Santo u. São* [→ *San*]

**Santa** ⟨vor ital., span. u. portug. weibl. Namen, die mit einem Konsonanten beginnen; ital. Abk.: S.; span. u. portug. Abk.: Sta.⟩ *die heilige* ..., z. B. Santa Maria; → a. *San, Sant', Sante, Santi, Santo u. São* [→ *San*]

**Sante** ⟨Pl.; vor ital. weibl. Namen; Abk.: SS.⟩ *die heiligen* ..., z. B. Sante Maria e Maddalena; → a. *San, Sant', Santa, Santi, Santo, São* [→ *San*]

**Santi** ⟨Pl.; vor ital. männl. Namen; Abk.: SS.⟩ *die heiligen* ..., z. B. Santi Pietro e Paolo; → a. *San, Sant', Santa, Sante, Santo, São* [→ *San*]

**Santo** ⟨vor ital. männl. Namen, die mit Sp...od. St... beginnen (Abk.: S.), vor span. männl. Namen, die mit Do... od. To... beginnen (Abk.: Sto.) u. ausnahmslos vor port. männl. Namen; Abk.: S.⟩ *der heilige* ..., z. B. Santo Spirito, Santo Stefano, Santo Domingo; → a. *San, Sant', Santa, Sante, Santi, São* [→ *San*]

**São** ⟨['sãu] vor portug. männl. Namen, die mit einem Konsonanten beginnen; Abk.: S.⟩ *der heilige* ..., z. B. São Paulo; → a. *San, Sant', Santa, Sante, Santi, Santo* [→ *San*]

**Saphir** ⟨m. 1⟩ **1** ⟨Min.⟩ ▲ *Mineral u. Edelstein, hellblauer Korund;* ► *Schmucksteine* **2** *Nadel am Tonabnehmer eines Plattenspielers mit einer Spitze aus Saphir, die nur selten ausgewechselt zu werden braucht* [< mhd. *saphir(e)* < lat. *sapp(h)irus* < grch. *sappheiros* < hebr. *sappir* < Sanskrit *sanipriya,* eigtl. „dem Planeten Saturn teuer" < *Sani* „Saturn" + *priya* „lieb, wert, teuer"]

**Saprophyt** ⟨m. 16⟩ ◄ *Fäulnisbewohner, heterotropher Organismus, z. B. viele Pilze u. Bakterien, die von großer Bedeutung für den Abbau toter organ. Substanz sind* [< grch. *sapros* „faul" + *phyton* „Gewächs"]

**Sarazene** ⟨m. 17⟩ **1** ⟨im MA Name für⟩ *Araber* **2** ⟨später für⟩ *Mohammedaner*

**Sarde** ⟨m. 17⟩ *Einwohner von Sardinien*

**Sardelle** ⟨f. 19⟩ *Angehöriger einer Familie bis 15 cm langer, meist eingesalzen verwendeter, heringartiger Knochenfische: Engraulidae* [< ital. *sardella,* Verkleinerungsform zu *sardina;* → *Sardine*]

**Sardine** ⟨f. 19; Zool.⟩ *bis zu 26 cm langer Heringsfisch der subtrop. u. gemäßigten Gebiete des Ostatlantiks u. Mittelmeeres: Sardina pilchardus* (Ölsardine) [< spätmhd. *sardien* < spätlat.-ital. *sardina* < grch. *sardine*]

**Sardinier** ⟨m. 3⟩ *Einwohner von Sardinien*

**sardonisch** ⟨Adj.⟩ *krampfhaft* ◆ sardonisches Lachen *grimmiges, höhnisches Lachen ohne ehrliche Freude od. Humor* [nach dem Giftkraut *Sardonia,* das Gesichtsverzerrungen hervorrufen soll]

**Sardonyx** ⟨m. 1; Min.⟩ ◄ *Mineral, fleischfarbener Onyx;* ► *Schmucksteine* [lat. < grch. *sardonyx* „Mineral von Fingernagelfarbe" < *sardo,* nach dem ersten Fundort bei *Sardes,* der Hauptstadt Lydiens + *onyx* „Fingernagel"]

SARDONYX

**Sarg** ⟨m. 1u⟩ *langer, meist hölzerner Kasten, in den der Leichnam gelegt wird, Totenschrein* ◆ den Toten in den Sarg legen [< ahd. *sarc, saruh* < lat. *sarcophagus* < grch. *sarkophagos* „Fleischfresser", urspr. Bez. für Särge aus dem Stein von Assos in Kleinasien, die das Fleisch der darin beigesetzten Leichen allmählich vernichteten < grch. *sarx,* Gen. *sarkos* „Fleisch" + *phagein* „essen, fressen"; → *Sarkophag*]

**Sari** ⟨m. 6⟩ *kunstvoll gewickeltes Gewand der ind. Frau* [< Hindi *sari* < Sanskrit *sati*]

**Sarkasmus** ⟨m.; -, -men⟩ **I** ⟨unz.⟩ *beißender Spott, bitterer Hohn* **II** ⟨zählb.⟩ *sarkast. Äußerung* [< grch. *sarkasmos;* zu grch. *sarkazein* „zerfleischen, hohnsprechen"; zu *sarx,* Gen. *sarkos* „Fleisch"]

**sarkastisch** ⟨Adj.⟩ *beißend spöttisch, bissig-höhnisch* ◆ eine sarkastische Antwort

**Sarkophag** ⟨m. 1⟩ *großer, prunkvoller Sarg, Steinsarg zur Bestattung hoch gestellter Persönlichkeiten* [< grch. *sarkophagos;* → *Sarg*]

**Sarsaparille** ⟨f. 19; Zool.; Sammelbez. für⟩ *verschiedene tropische Stechwindenarten (Smilax utilis, Smilax medica u. Smilax papyracea) aus Mittel- u. Südamerika, deren Wurzel zum Anregen der Harn- u. Schweißausscheidung u. als Blut reinigendes Mittel verwendet wird;* oV *Sassaparille* [< span. *zarzaparrilla*]

SASSAFRASBAUM
*(Sassafras albidum)*

**Sassafrasbaum** ⟨m. 1u; Bot.⟩ ▲ *in Nordamerika beheimateter Angehöriger einer Gattung der Lorbeergewächse mit bis zu 30 m hohem Stamm: Sassafras*

**Sassafrasöl** ⟨n. 11⟩ *ätherisches Öl aus den Wurzeln des Lorbeergewächses Sassafras albidum, das u. a. Safrol enthält*

**Sassaparille** ⟨f. 19; Zool.⟩ = *Sarsaparille*

**Satan** ⟨m. 1⟩ **I** ⟨unz.⟩ *Teufel, Widersacher Gottes* **II** ⟨zählb.; fig.⟩ *böser, teuflischer Mensch* ◆ er ist ein leibhaftiger Satan! [< ahd. *satanas* < kirchenlat. *satanas* < grch. *Satan,* Gen. *Satanas* < hebr. *satan* „Widersacher"]

**Satanskerl** ⟨m. 1⟩ **1** *Satan, böser Mensch* **2** *verwegener Kerl, Draufgänger*

**Satanspilz** ⟨m. 1⟩ *Giftpilz mit dickfleischigem, grauweißem od. ledergelbem bis grünlichem Hut: Boletus satanas*

## SATELLIT

Satelliten sind Raumfahrzeuge, die die Erde umkreisen und unterschiedliche Funktionen ausüben. Erderkundungssatelliten ermitteln z. B. Daten zur Erstellung topographischer Profile, während Wettersatelliten Infrarotsensoren verwenden, um auch Nachtaufnahmen der Erdoberfläche machen zu können und die Luftfeuchtigkeit und den Grad der Wolkenbedeckung zu messen. Mit Solarzellen bestückte Sonnensegel liefern die Energie, um diese Daten an Empfangsstationen auf der Erde zu senden.

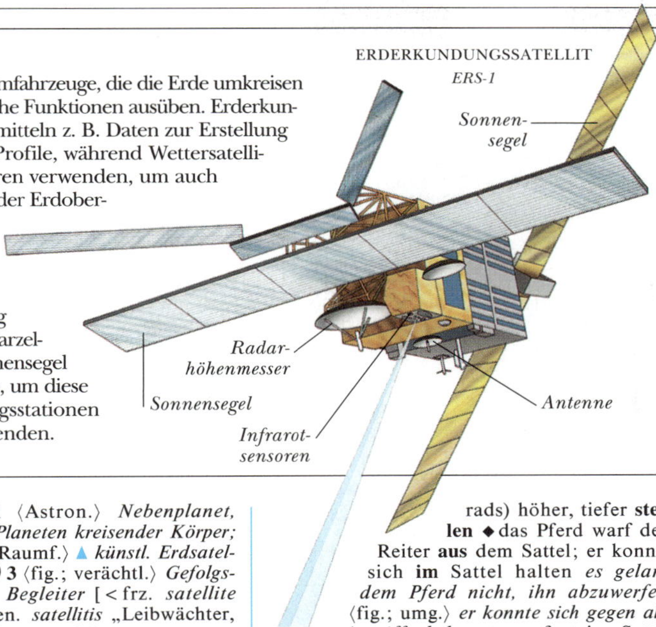


ERDERKUNDUNGSSATELLIT
*ERS-1*

**Satellit** ⟨m. 16⟩ **1** ⟨Astron.⟩ *Nebenplanet, Mond, um einen Planeten kreisender Körper;* Sy *Trabant (3)* **2** ⟨Raumf.⟩ ▲ *künstl. Erdsatellit;* Sy *Trabant (4)* **3** ⟨fig.; verächtl.⟩ *Gefolgsmann, ständiger Begleiter* [< frz. *satellite* < lat. *satelles,* Gen. *satellitis* „Leibwächter, Trabant", vermutl. < etrusk.]

**Satellitenschüssel** ⟨f. 21⟩ ▼ *(aus Parabolantenne u. Verstärker bestehende) schüsselförmige Antenne zum Empfang von mittels eines Satelliten übertragenen Rundfunk- u. Fernsehprogrammen*

**Satellitenstadt** ⟨f. 7u⟩ = *Trabantenstadt*

**Satin** ⟨[sa'tɛ̃] m. 6; Textilw.⟩ *atlasartiger Stoff aus Baumwolle, Wolle, Seide od. Chemiefasern mit glatter, glänzender Oberfläche* [< mhd. *satin* < afrz. *satin* < arab. *atlas zaituni* „glattes Gewebe aus Zaitun", der arab. Bez. für den chines. Ausfuhrhafen *Tsau-tung*]

**Satire** ⟨f. 19; Lit.⟩ *Literaturgattung, die durch Ironie u. spöttische Übertreibung menschl. Schwächen, polit. Ereignisse u. Ä. kritisiert* [< lat. *satira* „Satire" < *satura* „Fruchtschüssel als Gabe an die Götter, bunte Mischung, Gemengsel"]

**satt** ⟨Adj.; -er, am -esten⟩ **1** *befriedigt (von einem Genuss)* **2** *tief, kräftig* (von Farben) **3** ⟨Chem.⟩ *gesättigt* ◆ ein sattes **Grün,** Rot ◆ etwas satt bekommen ⟨umg.⟩ *die Lust daran verlieren* [< ahd. *sat*]

**Sattel** ⟨m. 5u⟩ **1** ► *Sitzvorrichtung für Reiter auf Reittieren* (Reitsattel) **2** *Tragvorrichtung für Lasten auf Lasttieren* (Tragsattel) **3** *Sitzvorrichtung auf dem Fahrrad od. Motorrad* **4** *Senke in einem Bergrücken, Pass* **5** ⟨bei Streich- u. Zupfinstrumenten⟩ *kleine Querleiste am Ende des Griffbretts, auf der die Saiten aufliegen* **6** *Querbalken* **7** ⟨Sp.; Turnen⟩ *Mittelteil des Turnpferdes* ◆ den Sattel **abschnallen,** auflegen; den Sattel (des Fahrrads) höher, tiefer **stellen** ◆ das Pferd warf den Reiter **aus** dem Sattel; er konnte sich **im** Sattel halten *es gelang dem Pferd nicht, ihn abzuwerfen,* ⟨fig.; umg.⟩ *er konnte sich gegen alle Angriffe behaupten;* fest im Sattel sitzen ⟨fig.; umg.⟩ *in einer Stellung sicher sein* [< ahd. *satul, satal,* engl. *saddle*]

**Satteldach** ⟨n. 12u⟩ *Dach mit zwei am First zusammenstoßenden Dachflächen, Giebeldach*

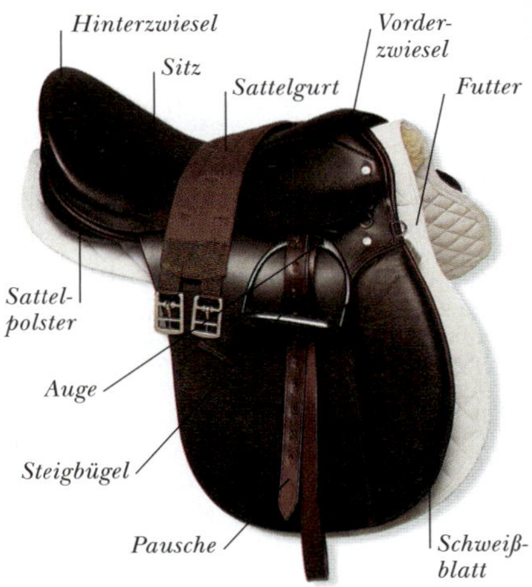


SATTEL: VIELSEITIGKEITSSATTEL

**sattelfest** ⟨Adj.; -er, am -esten⟩ sattelfest sein **1** *fest im Sattel sitzen, ein guter Reiter sein* **2** ⟨fig.⟩ *auf einem Gebiet gut beschlagen, bewandert sein, gründliche Kenntnisse besitzen* **3** *moralisch gefestigt, charakterstark sein*

**Sattelknopf** ⟨m. 1u; früher⟩ *der runde Teil, der am vorderen Ende des Sattels hervorragt*

**satteln** ⟨V.; hat⟩ **I** ⟨V. t.⟩ ein Reittier satteln *einem Reittier den Sattel auflegen* **II** ⟨V. refl.⟩ sich satteln ⟨fig.; umg.⟩ *sich vorbereiten* ◆ er hat sich für die Prüfung gesattelt ⟨fig.; umg.⟩ [< ahd. *satalon;* → *Sattel*]

**Sattelpferd** ⟨n. 11⟩ *das im Gespann links gehende Pferd;* Ggs *Handpferd (1)*

**Sattelschlepper** ⟨m. 3⟩ *mit Motor versehener Kraftwagen aus einem verkürzten Lastwagenfahrgestell, auf das ein Anhänger ohne Vorderachse aufgesattelt wird*

**sättigen** ⟨V. t. u. V. i.; hat⟩ jmdn. sättigen **1** *jmdn. satt machen, jmds. Hunger stillen* **2** ⟨fig.⟩ *jmds. Begierde stillen, befriedigen* ◆ eine **Lösung** sättigen ⟨Chem.⟩ *einer Lösung so viel von einer Substanz hinzufügen, wie sie maximal aufnehmen kann;* **Basen** oder Säuren sättigen ⟨Chem.⟩ *unwirksam machen;* jmds. **Ehrgeiz,** Neugier, Wissensdrang sättigen ◆ sich **an,** mit, von einer Speise sättigen; der Markt ist **mit** Waren gesättigt ⟨fig.⟩ ◆ das Essen ist sehr sättigend *es macht schnell satt;* gesättigter Dampf *Dampf, der keine weitere Zunahme der Dampfdichte zulässt, ohne zu kondensieren;* gesättigte Lösung *Lösung, die so viel von einem Stoff gelöst enthält, wie bei der betreffenden Temperatur überhaupt von dem Lösungsmittel gelöst werden kann;* gesättigte Verbindung *organ. Verbindung, die keine Doppel- od. Dreifachbindungen zwischen Kohlenstoffatomen enthält* [< spätmhd. *set(t)igen,* für mhd. *set(t)en;* → *satt*]

**Sättigung** ⟨f. 20; unz.⟩ **1** *das Sättigen, Stillen des Hungers, Sattheit, Sattsein* **2** ⟨Chem.⟩ *Herstellung einer gesättigten Lösung* **3** ⟨Phys.⟩ *Bereich einer veränderten Größe eines Systems, in dem sich diese auch bei Änderung einer sie beeinflussenden Größe nicht mehr ändert* **4** ⟨fig.⟩ *Befriedigung* ◆ die Sättigung einer Flüssigkeit mit Salz; Sättigung eines Hungrigen mit Brot; Sättigung des Marktes mit Waren

**Sattler** ⟨m. 3⟩ *Handwerker, der Sättel sowie alle übrigen gröberen Ledergegenstände (Koffer, Mappen, Wagenpolster) herstellt*

**Saturn** ⟨m. 1; unz.; Astron.⟩ ►► *zweitgrößter Planet unseres Sonnensystems*

**Satyr** ⟨m.; -s, od. -n, -n⟩ **1** ⟨grch. Myth.⟩ *lüsterner Naturdämon im Gefolge des Dionysos mit Schwanz u. Bocksfüßen* **2** ⟨fig.⟩ *wollüstiger Mensch* [< grch. *Satyros*]

**Satz** ⟨m. 1u⟩ **1** ⟨Gramm.⟩ *sprachlicher, nach bestimmten Regeln aufgebauter, sinnvoller Ausdruck eines in sich abgeschlossenen Gedankens* **2** *Grundsatz, Lehrsatz, Gesetz* **3** ⟨Typ.⟩ **3.1** *das Setzen des Textes aus Lettern mit der Hand* (Handsatz) *od. maschinell* (Maschinensatz) **3.2** ▼ *der so zusammengestellte (gesetzte) Text* **4** ⟨Mus.⟩ **4.1** *in sich geschlossener Teil eines mehrteiligen Instrumentalstücks, z. B. der Sonate, Sinfonie, des Quartetts* **4.2** *die Stimmführung in einem mehrstimmigen Musikwerk* **5** *eine Anzahl zusammengehöriger Gegenstände* **6** ⟨Sp.; z. B. Tennis, Tischtennis⟩ *Spielabschnitt* **7** *Sprung* **8** *Rückstand, Niederschlag* (Bodensatz, Kaffeesatz) **9** ⟨Wirtsch.⟩ *einheitl. festgelegter Preis für Lieferungen u. Leistungen, Tarif, übliches Maß* (Frachtsatz, Zinssatz) **10** ⟨Zool.⟩ *eingesetzte Fischbrut im Teich* ◆ ein Satz **Briefmarken,** Gewichte, Schüsseln, Töpfe; ein Satz **Forellen,** Karpfen ◆ einen Satz **analysieren,** zergliedern, zerlegen ⟨Gramm.⟩ *die Satzteile bestimmen;* der Satz **beträgt** etwa 5 Mark; einen Satz **bilden,**

S

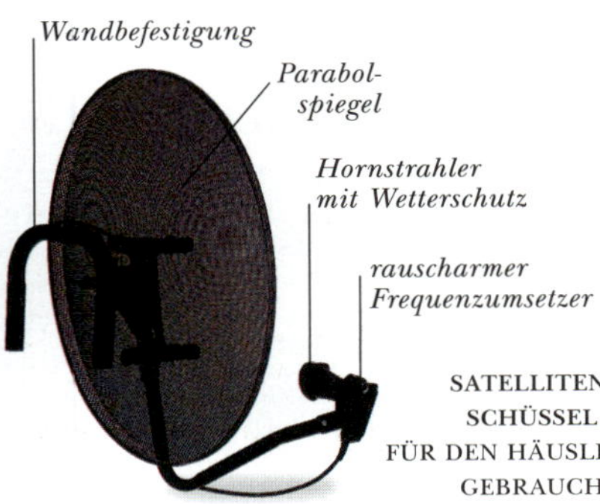


SATELLITENSCHÜSSEL FÜR DEN HÄUSLICHEN GEBRAUCH

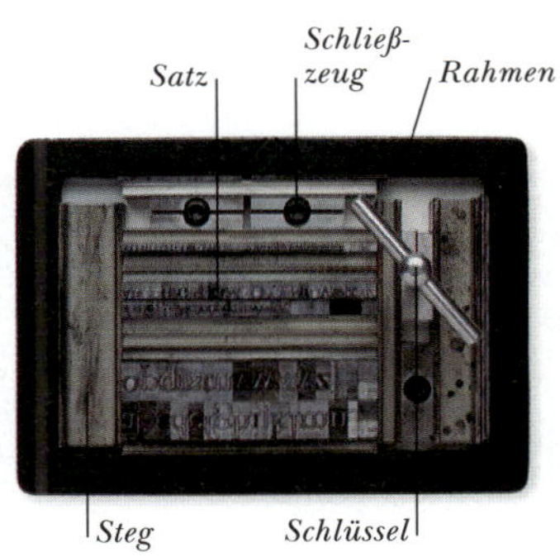


SATZ: LETTERN IN DER DRUCKFORM

## SATURN

Der Saturn ist der zweitgrößte Planet unserer Galaxis mit 18 Monden und einem aus Eis- und Staubteilchen bestehenden Ringsystem von ca. 280 000 km Durchmesser.

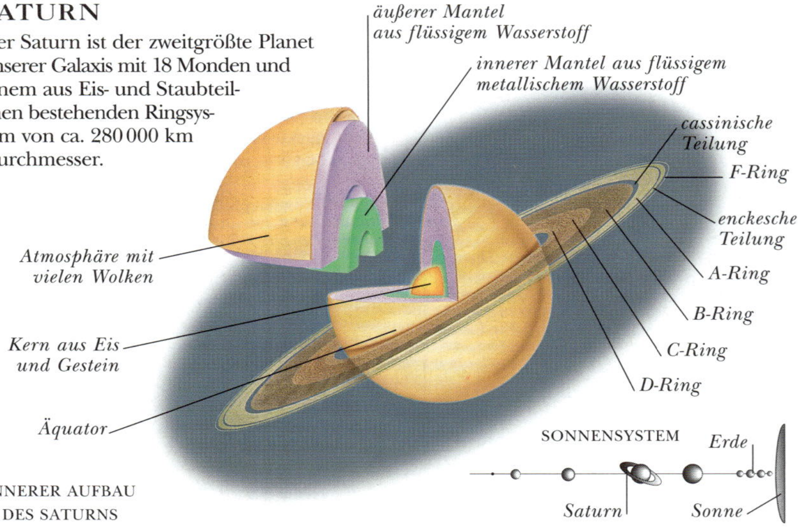


INNERER AUFBAU DES SATURNS

konstruieren ⟨Gramm.⟩, den Satz **korrigieren** ⟨Typ.⟩; einen Satz **machen** *springen* ◆ ein **abhängiger** Satz *ein Nebensatz;* ein klar **gegliederter,** treffender, übersichtlicher, unübersichtlicher, verschachtelter Satz; der **langsame** Satz eines Klavierkonzerts ◆ ein Manuskript geht **in** Satz ⟨Typ.⟩ *wird zum Setzen in die Druckerei gegeben;* ein Manuskript in Satz geben ⟨Typ.⟩ *zum Setzen in die Setzerei geben;* **mit** einem großen Satz sprang er zur Seite [ < mhd. *saz;* → *sitzen*]

**Satzanalyse** ⟨f. 19; Gramm.⟩ *grammat. Zergliederung eines Satzes*

**Satzaussage** ⟨f. 19; Gramm.⟩ = *Prädikat (4)*

**Satzbau** ⟨m.; -(e)s; unz.; Gramm.⟩ *Bau des Satzes aus seinen Teilen, Zusammenstellung u. Verknüpfung der Satzteile im Satz*

**Satzergänzung** ⟨f. 20; Gramm.⟩ = *Objekt (3)*

**Satzgefüge** ⟨n. 13; Gramm.⟩ *aus Haupt- u. einem od. mehreren Nebensätzen zusammengesetzter Satz*

**Satzgegenstand** ⟨m. 1u; Gramm.⟩ = *Subjekt (3)*

**Satzglied** ⟨n. 12; Gramm.⟩ = *Satzteil*

**...sätzig** ⟨Adj.; in Zus.; Mus.⟩ *aus einer bestimmten od. unbestimmten Zahl von Sätzen bestehend,* z. B. dreisätzig, mehrsätzig

**Satzlehre** ⟨f. 19; unz.; Gramm.⟩ = *Syntax*

**Satzspiegel** ⟨m. 5; Typ.⟩ *der bedruckte Teil einer Seite;* Sy *Schriftspiegel*

**Satzteil** ⟨m. 1; Gramm.⟩ *Teil eines Satzes, z. B. Subjekt, Prädikat;* Sy *Satzglied*

**Satzung** ⟨f. 20⟩ *schriftlich niedergelegtes Recht, grundlegende Regeln, Ordnung, Vorschrift* (Vereinssatzung, Ordenssatzung)

**Satzzeichen** ⟨n. 14; Gramm.⟩ *Schriftzeichen zur Gliederung des Satzes od. Trennung von Sätzen bzw. Satzteilen od. zur Bezeichnung des Satztons, Interpunktionszeichen,* z. B. Punkt, Komma

**Sau** ⟨f.; -, Säue od. jägersprachl.: f. 18⟩ *weibl. Hausschwein, Mutterschwein* ◆ das ist unter aller Sau ⟨fig.; derb⟩ *sehr schlecht, nicht zu gebrauchen* [ < ahd. *su*]

**sauber** ⟨Adj.⟩ **1** *rein, reinlich, frisch gewaschen, fleckenlos, frei von Schmutz* **2** *genau, ordentlich, sorgfältig* (Arbeit) **3** ⟨fig.; umg.⟩ *anständig, lauter, sittlich einwandfrei* **4** *hübsch, schmuck* (Mädchen) **5** ⟨iron.⟩ *nichtsnutzig, schlimm, böse* ◆ sauber! *(Ausruf der Anerkennung)* ⟨a. iron.⟩ ◆ eine saubere **Arbeit;** ein sauberer **Charakter** ⟨fig.⟩; saubere **Fensterscheiben;** das ist mir ein sauberer **Freund!** ⟨iron.⟩; saubere **Hände** haben ⟨a. fig.⟩; ein sauberer **Kerl** ◆ die Wohnung ist schwer sauber zu **halten;** die Lampe sauber **machen** [ < ahd. *subar, subiri* „rein, hübsch" < vulgärlat. *suber* < lat. *sobrius* „nüchtern, mäßig, enthaltsam, besonnen, verständig"]

**Sauberkeit** ⟨f. 20; unz.⟩ **1** *Zustand des Saubersseins* **2** *Reinheit, Reinlichkeit* **3** ⟨fig.⟩ *Anständigkeit, Lauterkeit* ◆ Sauberkeit der Arbeit, der Schrift; hier herrscht Ordnung und Sauberkeit

**säubern** ⟨V. t.; hat⟩ etwas säubern *sauber machen, Schmutz aus, von etwas entfernen, reinigen* ⟨a. fig.⟩ ◆ den Boden, das Geschirr, den Tisch, das Zimmer säubern; eine Wunde säubern; ein Beet von Unkraut säubern; der Saal wurde von randalierenden Jugendlichen gesäubert ⟨fig.; umg.⟩ *sie wurden gewaltsam hinausgebracht*

**Säuberung** ⟨f. 20⟩ **1** *das Entfernen von Schmutz, Reinigung* **2** ⟨fig.; umg.⟩ *Entfernung von missliebigen od. störenden Personen (aus einer Partei, Regierung, Truppe usw.)* ◆ die Säuberung des Gebäudes

**Saubohne** ⟨f. 19⟩ *große Ackerbohne;* Sy *Feldbohne*

**Saubruch** ⟨m. 1u; Jägerspr.⟩ *vom Wildschwein aufgewühlte Stelle*

**Sauce** ⟨['zo:sə] f. 19; fachsprachl.⟩ = *Soße (1)* ◆ Sauce béarnaise [bear'nɛ:z] *dickflüssige Soße aus Weißwein, Weinessig, Estragon, Kerbel, Butter, Eigelb* [ < frz. *sauce* „Soße"; < frz. *béarnaise* „Béarner, aus Béarn" (Name einer südfrz. Landschaft)]

**Sauciere** ⟨[zo'sjɛ:rə] f. 19⟩ *Soßenschüssel* [ < frz. *saucière;* → *Sauce*]

**Saudistel** ⟨f. 21; Bot.⟩ = *Gänsedistel*

**saudumm** ⟨Adj.; derb⟩ **1** *sehr dumm* **2** ⟨fig.⟩ *sehr unangenehm, sehr peinlich* ◆ das ist eine saudumme Angelegenheit, Geschichte ⟨fig.⟩

**sauer** ⟨Adj.; saurer, am -sten⟩ **1** *so schmeckend, dass sich der Mund zusammenzieht* **2** *sehr herb* (Wein) **3** ⟨Chem.⟩ *aus Säure bestehend, säurehaltig* **4** *gestockt, geronnen, dick geworden* (Milch) **5** *reich an säurehaltigen Stoffen* (Boden) **6** ⟨oberdt.⟩ *grün* (Holz) **7** ⟨fig.⟩ *mühselig, schwierig, hart, schwer* (Arbeit) **8** *ärgerlich, verdrießlich* (Gesicht) ◆ saure **Drops;** eine saure **Miene** machen, ziehen ⟨fig.; umg.⟩ *verdrießlich dreinschauen;* saure **Milch** *Dickmilch;* saurer **Regen** ▼ *Schwefelsäure enthaltender Regen;* **saurer Wind** *Wind bei bedecktem Himmel ohne Regen* ◆ **aufstoßen:** es stößt mir sauer vom Magen auf; das wird ihm noch sauer aufstoßen ⟨fig.; umg.⟩ *die unangenehmen Folgen wird er noch zu spüren bekommen;* das habe ich mir sauer **erworben** ⟨fig.; umg.⟩ *mit großem Fleiß, großer Mühe;* sauer **reagieren** ⟨Chem.⟩ *die Eigenschaften von Säuren zeigen;* ⟨a. fig.⟩ *etwas ablehnen, nicht darauf eingehen;* es **wird** mir sauer ⟨fig.; umg.⟩ *fällt mir schwer* [ < ahd. *sur,* engl. *sour*]

**Sauerampfer** ⟨m. 3⟩ *als Wildgemüse verwendeter Ampfer*

**Sauerkirsche** ⟨f. 19⟩ *sauer schmeckende Art der Kirschen: Prunus cerasus*

**Sauerklee** ⟨m. 6; unz.; Bot.⟩ *Angehöriger einer zur Familie der Sauerkleegewächse (Oxalidaceae) gehörenden Gattung kleiner Kräuter mit kleeähnl. Blättern: Oxalis* ◆ essbarer Sauerklee *Glücksklee*

**Sauerkohl** ⟨m. 1; unz.⟩, **Sauerkraut** ⟨n. 12u; unz.⟩ *fein geschnittenes, mit Salz u. Gewürzen in Fässern eingestampftes, gegorenes Weißkraut*

## SAURER REGEN

Wenn aus der Verbrennung fossiler Brennstoffe resultierende Abgase, vor allem Schwefeldioxid und Stickstoffoxide, mit dem Wasserdampf von Wolken reagieren, entstehen schweflige Säure, Schwefelsäure und Salpetersäure, die den pH-Wert von Niederschlägen drastisch senken. Dieser so genannte „saure Regen" zersetzt die Fassaden historischer Gebäude und ist die Hauptursache für das Waldsterben.

ENTSTEHUNG DES SAUREN REGENS

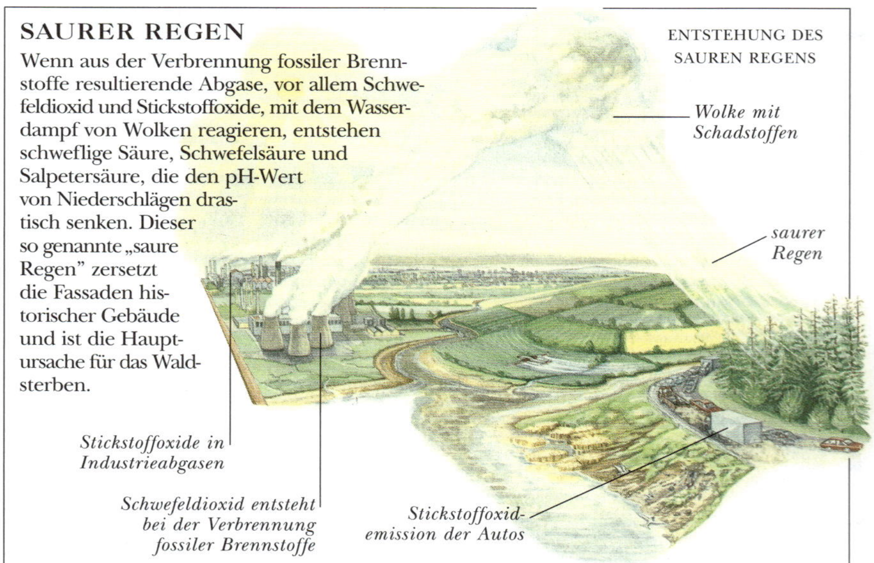

## SAUGGLOCKE

Bei langwierigen Geburten kommt oftmals eine Saugglocke zum Einsatz, die im Wesentlichen aus einer Vakuumpumpe und einer Saugschale besteht. Diese wird durch Unterdruck am Kopf des Babys angesetzt, um es bei jeder Wehe weiter den Geburtskanal hinabzuziehen.

GEBURT MITHILFE EINER SAUGGLOCKE

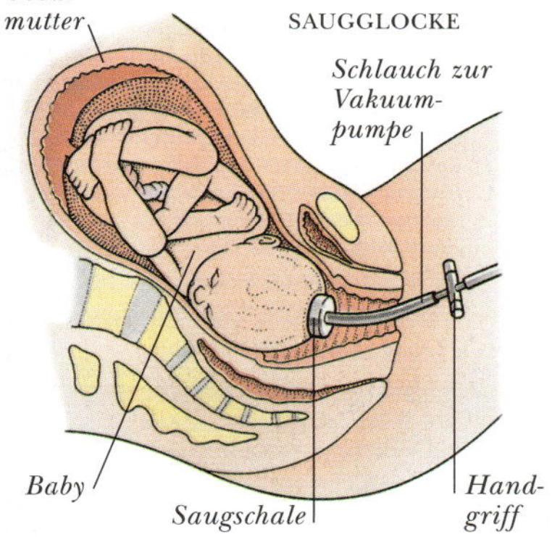


**säuerlich** ⟨Adj.⟩ **1** *schwach sauer* **2** ⟨fig.⟩ *missvergnügt, verdrießlich*

**Sauermilch** ⟨f. 20; unz.⟩ *sauer gewordene Milch, Dickmilch*

**Sauerstoff** ⟨m. 1; unz.; Chem.; Zeichen: O⟩ *chem. Element, farb-, geruch- u. geschmackloses Gas, das für alle Lebensprozesse unentbehrlich ist* ◆ mit Sauerstoff verbinden *oxidieren*

**Sauerstoffgerät** ⟨n. 11⟩ *Gerät zum Einatmen von Sauerstoff, z. B. bei der Arbeit in nicht atembarer Luft (Gasen), zur künstl. Atmung od. zur Unterstützung der Atmung (bei Gasvergiftung)*

**Sauerteig** ⟨m. 1; unz.⟩ **1** *gegorener Roggenteig als Treibmittel beim Brotbacken* **2** *Rest des aufgegangenen Brotteiges, der bis zum nächsten Backen aufbewahrt wird und währenddessen weitergärt*

**Säuerungsmittel** ⟨n. 13⟩ *Lebensmittelzusatzstoff, der geschmacksgebende u. meist auch konservierende Eigenschaften hat, z. B. Fruchtsäure, Phosphorsäure*

**saufen** ⟨V. t. u. V. i. 203; hat⟩ **1** *trinken* (von Tieren) **2** ⟨derb⟩ *unmäßig trinken* **3** *dem Alkohol verfallen sein* ◆ die Katze säuft Milch; er säuft alle unter den Tisch ⟨umg.⟩ *er kann viel Alkohol vertragen;* dem Vieh zu saufen geben [< ahd. *sufan*]

**Säufer** ⟨m. 3; umg.⟩ *jmd., der maßlos Alkohol trinkt, der ihm verfallen ist, Trinker* ◆ er ist ein Säufer und Taugenichts

**saugen** ⟨V. t. u. V. i. 204; hat; im techn. Bereich schwach konjugiert⟩ **1** *mit Lippen u. Zunge, mit Saugrüssel* (bei Tieren), *mit Wurzeln* (bei Pflanzen) *in sich hinein ziehen* **2** ⟨kurz für⟩ *staubsaugen* ◆ **Blut** aus einer Wunde saugen; der Säugling saugt **Milch** aus der Brust, aus der Flasche; die Bienen saugen **Nektar** aus den Blüten; **Staub** saugen; den **Teppich** saugen ◆ der Schwamm hat sich **voll** Wasser gesogen, gesaugt ◆ **an** der Pfeife, Zigarre saugen *aus ihr Rauch in den Mund ziehen* [< ahd. *sugan*]

**säugen** ⟨V. t.; hat⟩ *an der Mutterbrust od. an Euter bzw. Zitzen* (bei Tieren) *zu trinken geben, stillen, nähren* [< ahd. *sougen*]

**Sauger** ⟨m. 3⟩ **1** *hohler, dünnwandiger Gummistöpsel von der Größe eines Fingergliedes mit breitem Rand, der Säuglingen zum Lutschen gegeben wird, um sie zu beruhigen;* Sy *Schnuller* **2** *mit feinem Loch versehenes Gummihütchen auf der Milchflasche, an dem das Kind saugt* **3** ⟨Tech.⟩ *Gerät, das etwas an sich saugt* (Saugheber, Staubsauger) **4** ⟨Zool.⟩ *Ernährungstyp (Lebensformtyp) von Tieren, die mit besonders ausgestalteten Mundwerkzeugen ihre Nahrung saugend aufnehmen*

**Säuger** ⟨m. 3; Zool.⟩ ► = *Säugetier*

**Säugetier** ⟨n. 11; Zool.⟩ ►► *Angehöriger einer Klasse der Wirbeltiere, deren Junge durch ein Milchsekret ernährt (gesäugt) werden: Mammalia;* Sy *Säuger*

**Saugflasche** ⟨f. 19⟩ *Milchflasche mit Sauger für Säuglinge*

**Saugglocke** ⟨f. 19; Med.⟩ ◄ *glockenförmiges Gerät, mit dem bei einer schwierigen Entbindung das Kind durch Anlegen eines Vakuums aus dem Mutterleib geholt wird*

**Säugling** ⟨m. 1⟩ *Kind, das noch an der Mutterbrust (od. mit der Flasche) genährt wird, bis etwa zum Ende des 1. Lebensjahres* ◆ ein kräftiger Säugling [< spätmhd. *sugelinc;* zu mhd. *sugen* „saugen"]

**Saugpumpe** ⟨f. 19⟩ *Pumpe, die saugend Flüssigkeiten hebt*

**Saugreflex** ⟨m. 1⟩ *reflektorische Saugbewegungen, die von den Lippen u. der Mundschleimhaut (bes. Gaumen) ausgelöst werden u. als angeborener Reflex dem Säugling das Saugen ermöglichen*

**Saugröhrchen** ⟨n. 14⟩ ► = *Pipette*

**Saugrüssel** ⟨m. 5; Zool.⟩ ► *saugendes Mundwerkzeug mancher Insekten*

**Säule** ⟨f. 19⟩ **1** ▼ *stützender od. die Fassade schmückender Bauteil von kreisrundem Querschnitt, gegliedert in Fuß, Schaft u. Kapitell* **2** *senkrechter Stützbalken, Pfosten* **3** *etwas gerade Emporsteigendes* (Rauchsäule, Wassersäule) **4** ⟨Math.⟩ *Körper mit gleichlaufenden Kanten, Prisma* **5** *in geschlossener Ordnung marschierende große Gruppe, Kolonne* (Heeressäule, Marschsäule) **6** ⟨fig.⟩ *Stütze, wichtiger Helfer* ◆ die Säulen der **Gesellschaft,** des modernen Lebens, der Technik ⟨fig.⟩; die Säulen des **Herkules** ⟨in der Antike Bez. für⟩ *die Meerenge von Gibraltar* ◆ eine Säule **aufstellen,** errichten ◆ eine **dicke,** dünne, hohe, marmorne, steinerne Säule; **dorische,** ionische, korinthische Säule ◆ das Dach ruht **auf** Säulen [< ahd. *sul,* bzw. aus der Pluralform *suli*]

**Säulendiagramm** ⟨n. 11⟩ *Diagramm, bei dem die Vergleichsgrößen in Form von rechteckigen Säulen dargestellt sind*

**Säulengang** ⟨m. 1u⟩ *aus zwei Säulenreihen gebildeter Gang*

**Säulenknauf, Säulenknopf** ⟨m. 1u; Arch.⟩ ► = *Kapitell*

**Saum**[1] ⟨m. 1u⟩ **1** *einfach od. (meist) doppelt umgebogener u. mit kleinen Nähstichen befestigter Stoffrand* **2** *Besatz, Einfassung* **3** *Rand* (Ufersaum, Waldsaum, Wolkensaum) ◆ ich muss noch den Saum (des Kleides, am Kleid) abstecken, bügeln, heften, nähen [< ahd. *soum,* engl. *seam;* zu mhd., ahd. *siuwen* „nähen", engl. *sew*]

**Saum**[2] ⟨m. 1u; veraltet⟩ *Traglast eines Tieres* [< mhd., ahd. *soum* „Traglast; Lasttier"; zu vulgärlat. *sauma* „Packsattel" < grch. *sagma* „Decke, Packsattel"]

**säumen**[1] ⟨V. t.; hat⟩ **1** *mit einem Saum versehen* (Kleidungsstück) **2** *mit einem Rand, einer Einfassung versehen* (Gartenbeet) ◆ Bretter säumen *die Kanten roher Bretter beschneiden;* Pappeln säumen die Allee [frühnhd.; → *Saum*[1]]

SAUGRÜSSEL: SCHWÄRMER MIT BESONDERS LANGEM SAUGRÜSSEL

**säumen**[2] ⟨V. i.; hat⟩ *zögern, zaudern, sich nicht entschließen können, sich aufhalten, sich verspäten, auf sich warten lassen, zurückbleiben* [< mhd. *sumen* „aufhalten, hindern, verzögern"; ahd. *virsumen* „versäumen", *arsumen* „unterlassen"; unklare Herkunft]

**säumig** ⟨Adj.⟩ **1** *säumend, langsam, verspätet* **2** *nachlässig* (Schuldner, Schüler, Zahler) [→ *säumen*[2]]

## SÄULEN

Ägypter und Griechen waren die ersten, die ihre Gebäude mit Säulen schmückten. Die Griechen entwickelten mit der dorischen, der ionischen und der korinthischen Ordnung drei normative Säulentypen, die römische und Renaissancearchitekten um das Kompositkapitell und die tuskanische Ordnung erweiterten.

VERSCHIEDENE SÄULENFORMEN

DORISCH — IONISCH — KORINTHISCH — KOMPOSITKAPITELL

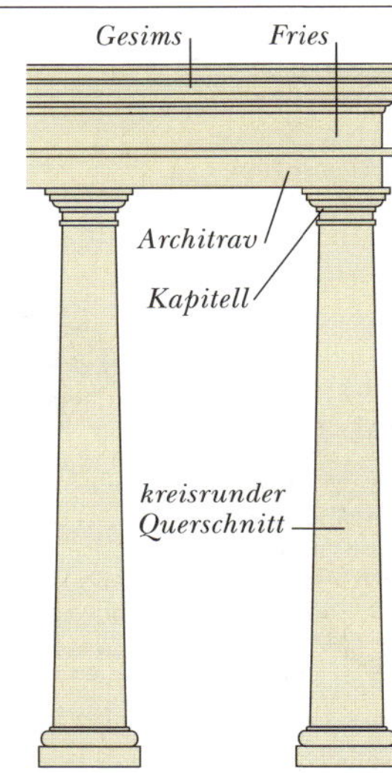


TUSKANISCHE SÄULE MIT GEBÄLK

S

# SÄUGETIERE

Die rund 4000 Säugetierarten ernähren ihre vorwiegend lebend geborenen Jungen mit einem in ihrer Brustdrüse produzierten Sekret und sind durch das den Körper isolierende Haarkleid in der Lage, verschiedenste Lebensräume zu besiedeln. Eingeteilt werden die Säugetiere in drei ungleich große Gruppen, von denen die weitaus größte die Plazentatiere bilden, deren Junge im Inneren des weiblichen Körpers heranwachsen und von der Mutter über den Mutterkuchen ernährt werden. Die Jungen der Beuteltiere werden unvollkommen entwickelt geboren und entwickeln sich anschließend im mütterlichen Beutel weiter, während die heute nur noch durch das Schnabeltier und den Ameisenigel vertretenen Kloakentiere als einzige Säugetiere Eier legen.

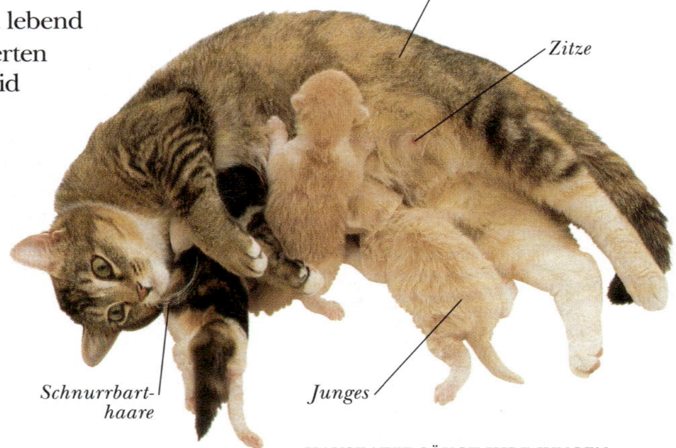


HAUSKATZE SÄUGT IHRE JUNGEN

## SÄUGETIERORDNUNGEN

### PLAZENTATIERE

PROBOSCIDEA
(Rüsseltiere: Elefanten)
► *Elefanten*

PERISSODACTYLA
(Unpaarhufer: Pferde, Nashörner, Tapire)
► *Huftiere, Nashörner, Pferde*

TUBULIDENTATA
(Erdferkel)

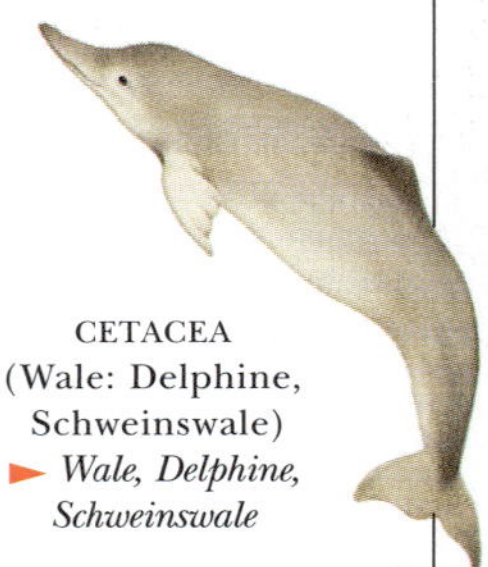

CETACEA
(Wale: Delphine, Schweinswale)
► *Wale, Delphine, Schweinswale*

PHOLIDOTA
(Schuppentiere)

PRIMATES
(Affen, Halbaffen, Mensch)
► *Primaten*

LAGOMORPHA
(Hasentiere, Kaninchen)
► *Hasentiere*

RODENTIA
(Nager: Biber, Stachelschweine, Mäuse, Hörnchen)
► *Nager*

ARTIODACTYLA
(Paarhufer: Antilopen, Rinder, Hirsche, Schafe)
► *Hirsche, Huftiere, Wiederkäuer*

DERMOPTERA
(Pelzflatterer)

PINNIPEDIA
(Robben, Seelöwen, Walrosse)
► *Robben, Seehunde*

CARNIVORA
(Raubtiere: Bären, Hunde, Katzen, Hyänen, Marder)
► *Bären, Hunde, Katzen Marder, Raubtiere*

CHIROPTERA
(Fledertiere)
► *Fledermäuse*

SIRENIA
(Seekühe, Dugong, Manati)

HYRACOIDEA
(Schliefer)

SCANDENTIA
(Spitzhörnchen)

XENARTHRA
(Nebengelenker: Ameisenbären, Gürteltiere, Faultiere)
► *Edentaten*

INSECTIVORA
(Insektenfresser: Igel, Spitzmäuse, Maulwürfe)

### KLOAKENTIERE

MONOTREMATA
(Schnabeltier, Ameisenigel)

### BEUTELTIERE

MARSUPIALIA
(Beuteltiere: Kängurus, Koala, Opossums, Wombats)
► *Beuteltiere*

S

**Säumnis** ⟨f. 9 od. n. 11; geh.⟩ **1** *das Säumen, Zögern* **2** *Verzögerung, Verspätung*
**Sauna** ⟨f. 10; Pl. a.: Saunen⟩ *finn. Heißluftbad mit period. Dampfstößen durch Übergießen heißer Steine mit Wasser* [finn.]
**Säure** ⟨f. 19⟩ **1** *chemische Verbindung, die mit Basen Salze bildet, aber nicht immer sauer schmeckt* **2** *saurer Geschmack* ◆ die Säure des Essigs, des Magens; eine ätzende, schwache, starke Säure [< ahd. *suri* „Herbheit, Bitterkeit, Schärfe, Säure"; zu *sur* „herb, bitter, scharf, sauer"; → *sauer*]

SAVANNE: SERENGETI-EBENE, TANSANIA

**Saurier** ⟨m. 3; meist Pl.⟩ *ausgestorbenes, oft riesiges Reptil* [< grch. *sauros* „Eidechse"]
**Sauropode** ⟨m. 17⟩ *Pflanzen fressender Riesensaurier* [< grch. *sauros* „Eidechse" + *pous*, Gen. *podos* „Fuß"]
**säuseln** ⟨V. i.; hat⟩ **1** *leicht u. leise wehen, leise rauschen* **2** ⟨iron.⟩ *süßlich-freundlich reden* [Iterativbildung zu *sausen*]
**sausen** ⟨V.; hat/ist⟩ **1** *mit dunklem Zischen tönen, brausen, rauschen* **2** *sich sehr schnell fortbewegen, eilen* **3** ⟨oberdt.⟩ *gären, schäumen* (vom Wein) ◆ das Auto ist um die Ecke gesaust; der Wind saust in den Bäumen, Blättern, Zweigen; ein Vorhaben sausen lassen ⟨fig.; umg.⟩ *darauf verzichten;* er ist durchs Examen gesaust ⟨umg.; scherzh.⟩ *er hat es nicht bestanden* [< ahd. *suson, susan* „summen, säuseln; knarren, zischen"; lautmalend]
**Sauser** ⟨m. 3; oberdt.⟩ **1** *gärender Most* **2** *Rausch* **3** *Zechpartie, feuchtfröhlicher Abend* ◆ einen Sauser machen *einen feuchtfröhlichen Abend verbringen*
**Savanne** ⟨[-van-] f. 19⟩ ▲ *Grasland mit Buschwerk u. Baumgruppen* [< span. *zavana* < Taino *zabana*]
**Saxofon** ⟨n. 11; Mus.⟩ ► = *Saxophon*
**Saxophon** ⟨n. 11; Mus.⟩ ► *Holzblasinstrument mit Metallkorpus unten stark nach oben gebogenem Rohr, einfachem Klarinettenmundstück u. weichem, klarinettartigem Klang;* oV *Saxofon;* ► *Holzblasinstrumente* [nach dem belgischen Instrumentenbauer Adolph *Sax*, 1814-1894, + grch. *phone* „Stimme, Ton"]
**Sb** ⟨Chem.; Zeichen für⟩ *Antimon* [< lat. *stibium*]
**S-Bahn** ⟨f. 20⟩ *elektrisch betriebene Schienenbahn innerhalb von Großstädten u. deren Vororten;* Sy *Schnellbahn;* → a. *U-Bahn*
**s. Br.** ⟨Geogr.; Abk. für⟩ *südliche(r) Breite*

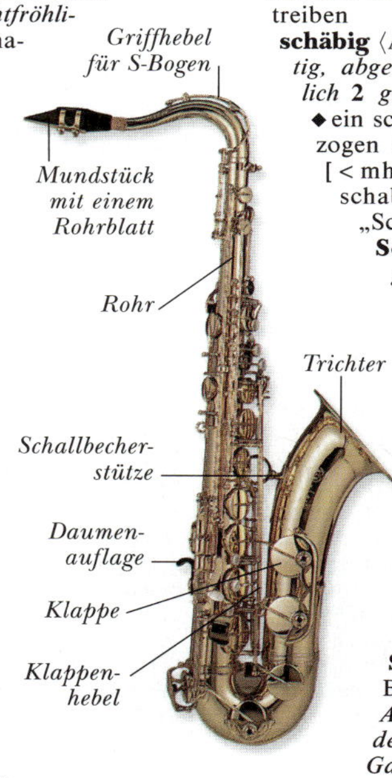


SAXOPHON: TENORSAXOPHON

**Scala** ⟨f.; -; unz.; Mus.⟩ *Opernhaus in Mailand* ◆ Mailänder Scala
**Scampi** ⟨Pl.⟩ *eine Krebsart, die als Speise dient* [ital.]
**Scanner** ⟨['skænə(r)] m. 3⟩ *Gerät, das ein Objekt (z. B. ein Foto) mit einem Elektronen- od. Lichtstrahl punkt- oder zeilenweise abtastet u. die dabei anfallenden Messwerte zur weiteren Verarbeitung in digitale Signale umsetzt* [engl.; zu *scan* „abtasten"]
**Scenario** ⟨[ʃɛ-] n. 15; in der Commedia dell' Arte⟩ *festgelegte Handlung eines Theaterstückes in groben Zügen mit angedeuteten Dialogen, die durch Improvisation weiter gestaltet wird;* Sy *Kanevas* [ital.; zu *scena* „Szene"]
**Schabbes** ⟨m.; -, -; umg.; jüd. Rel.⟩ = *Sabbat* [jidd. < hebr. *Schabbath* „Sabbat"]
**Schabe**[1] ⟨f. 19; Zool.⟩ ► *Angehörige einer Ordnung der Insekten, mittelgroßes bis großes, stark abgeplattetes Tier mit kräftigen Laufbeinen u. langen Fühlern, Bewohner von Ritzen u. Spalträumen, dämmerungs- u. wärmeliebend: Blattodea* ◆ Deutsche Schabe *bis 13 mm lange, weltweit verbreitete Schabe mit zwei dunklen Längsstreifen auf dem gelbl. Halsschild;* Sy *Schwabe (3), Russe, Franzose (3)* [vermutl. erst im 18. Jh. zu *Schabe* „Motte"; volkstüml. Bez. nach den Ländern, die irrtümlich als ursprüngliche Heimat dieser Art angesehen wurden]

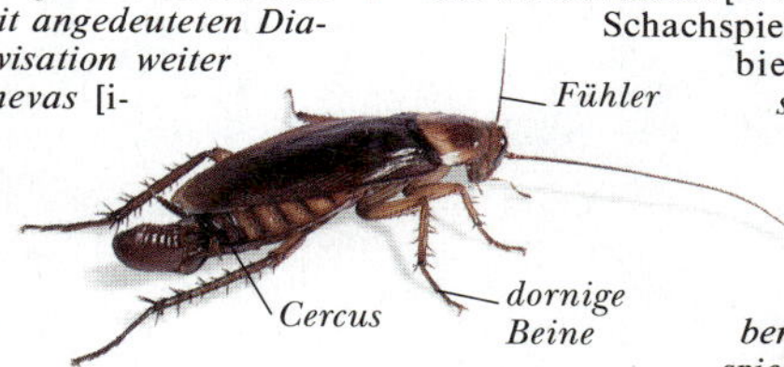


SCHABE: AMERIKANISCHE SCHABE *(Periplaneta americana)*

**Schabe**[2] ⟨f. 19⟩ *Schabemesser* [< ahd. *scaba* „Schabeisen, Hobel"; zu *scaban* „schaben, kratzen"; → *schaben*]
**schaben** ⟨V. t.; hat⟩ **1** *reiben, kratzen u. dabei von Schmutz, Unebenheiten o. Ä. befreien* (Möhren, Leder) **2** *rasch in dünne Streifen od. kleine Stückchen zerschneiden* (Fleisch) ◆ sich den Bart (eigtl.: das Gesicht) schaben *sich rasieren* [< ahd. *scaban* „kratzen, scharren, radieren", engl. *shave* „schaben"]
**Schabernack** ⟨m. 1⟩ **1** *übermütiger Streich, Neckerei* **2** *übermütiges Kind, das gern Schabernack treibt* ◆ Schabernack machen, treiben
**schäbig** ⟨Adj.⟩ **1** *armselig, ärmlich, dürftig, abgetragen, ungepflegt, unansehnlich* **2** *geizig, kleinlich, nicht vornehm* ◆ ein schäbiger Anzug; schäbig angezogen sein; sich schäbig benehmen [< mhd. *schebig* „räudig; abgeschabt aussehend"; → *Schabe*[2] „Schafräude, Krätze"]
**Schablone** ⟨f. 19⟩ **1** ► *ausgeschnittene od. ausgestanzte Vorlage* (Zeichenschablone) **2** *Muster* **3** ⟨fig.⟩ *übliche, herkömmliche, erstarrte Form* [< mnddt. *schampelion, schamplun, schaplun* „Vorbild, Muster", von unklarer Herkunft, beeinflusst von *schaben*]
**Schabziger** ⟨m. 3; unz.; alem.⟩ *Kräuterkäse* [urspr. aus den Rückständen von Magerkäse *(Ziger)* durch Verreiben mit Steinkäse gewonnen]
**Schabzigerklee** ⟨m. 6; unz.; Bot.⟩ *in den Alpen kultivierter Angehöriger einer als Gewürz in der Käseindustrie verwendeten Gattung einjähriger Schmetterlingsblütler, Bockshornklee: Trigonella coerulea*

**Schach** ⟨n.; -s; unz.⟩ **1** ►► *sehr altes, urspr. oriental. Brettspiel für 2 Spieler mit je 16 teils verschiedenen Steinen;* Sy *Schachspiel (1)* **2** *Warnruf an den König (beim Schachspiel)* ◆ Schach (dem **König**)! *(Zuruf beim Angriff im Schachspiel auf den gegnerischen König);* Schach **bieten,** geben *den gegnerischen König angreifen* ◆ Schach und **matt!** *(Ankündigung des Sieges im Schachspiel)* ◆ jmdn. **in** od. im Schach halten ⟨fig.⟩ *jmdn. unter Druck od. in Furcht halten, ihn nicht gefährlich werden lassen* [< mhd. *schach* „König im Schachspiel, Schachbrett, schachbietender Zug", mndrl. *scaec* < afrz. *eschac* < pers. *schah* „König"; → *Schah*]
**Schachaufgabe** ⟨f. 19⟩ *Aufgabe mit bestimmten gegebenen Zügen zum Alleinspielen einer Partie Schach (meist in der Rätselecke von Zeitungen)*
**Schachbrett** ⟨n. 12⟩ *quadratisches Brett mit 64 weißen u. schwarzen Feldern zum Schachspielen*
**schachbrettartig** ⟨Adj.⟩ *wie ein Schachbrett (gemustert)*
**Schachcomputer** ⟨[-pju:-] m. 3⟩ *leistungsfähiger, meist kleiner Computer mit bereits installiertem Programm, der in der Lage ist, Schach zu spielen* ◆ gegen den Schachcomputer hat er keine Chance
**Schacher** ⟨m. 3; unz.; abwertend⟩ *Handel mit vielem Feilschen, gewinnsüchtiger, unsauberer Handel, Wucher* ◆ mit einer Ware Schacher treiben [< hebr. *sāhar* „als Händler umherziehen"]
**schachern** ⟨V. i.; hat⟩ *Schacher treiben, feilschen* ◆ um den Preis schachern
**schachmatt** ⟨Adj.⟩ **1** *matt gesetzt, besiegt (beim Schachspiel)* **2** ⟨fig.⟩ *sehr müde, erschöpft* ◆ dein König ist schachmatt ⟨Schachspiel⟩; jmdn. schachmatt setzen *ihn im Schachspiel besiegen;* ⟨fig.⟩ *ihn der Möglichkeiten zum Handeln berauben, ihn ausschalten*

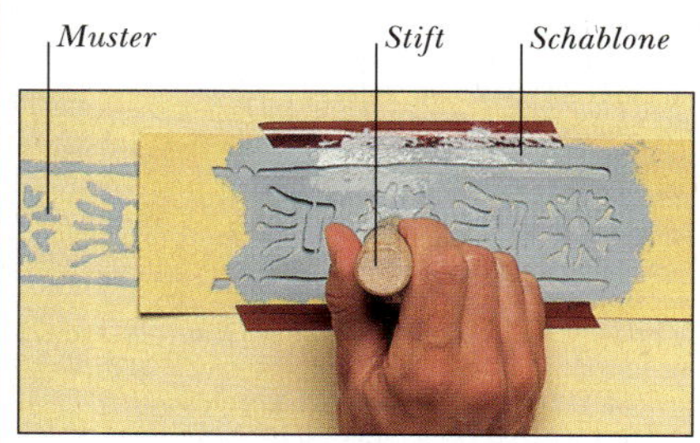


SCHABLONE

**Schachspiel** ⟨n. 11⟩ **1** ► = *Schach (1)* **2** *Schachbrett u. -figuren*
**Schacht** ⟨m. 1u⟩ **1** *hoher, schmaler, geschlossener Raum* (Brunnenschacht, Fahrstuhlschacht, Lichtschacht) **2** ⟨Bgb.⟩ *senkrechter od. schräg abwärts führender Grubenbau* **3** *Loch zum Einsteigen in Abwässer- od. Kabelkanäle* [< ostmdt. *schaht* < mnddt. (aus dem Harzer Bergbau) *schacht* „senkrechte Grube", nddt. Lautform von älterem oberdt. *schaft,* urspr. „Messstange u. die damit abgesteckte quadratische Fläche"]
**Schachtel** ⟨f. 21⟩ *dünnwandiger, eckiger od. runder Behälter mit Deckel aus Pappe, Holz, Span od. Blech* (Blechschachtel, Hutschachtel, Pappschachtel) ◆ eine Schachtel Streichhölzer [< spätmhd. *schahtel,* älter *schattel, scat(t)el* < ital. *scatola*]

S

## SCHACH

Das Schachspiel wurde vor über 1400 Jahren in Indien entwickelt und simuliert auf einem Brett mit 64 Feldern einen Feldzug, dessen Ziel es ist, den gegnerischen König matt zu setzen. Jeder Spieler hat 16 Figuren mit 6 verschiedenen Rängen, deren Spielzüge exakt vorgegeben sind. Seit 1886 werden regelmäßig Schachweltmeister ermittelt.

SCHACHBRETT MIT FIGUREN

**Schachtelhalm** ⟨m. 1; Bot.⟩ ► *Angehöriger einer Gattung der Schachtelhalmgewächse (Equisetinae), deren Stängel aus ineinander geschachtelten Gliedern bestehen: Equisetum* [der erste Bestandteil gehört mit nddt. *-cht-* für oberdt. *-ft-* zu *Schaft,* Anlehnung an *Schachtel;* urspr. Benennung nach dem Stängel, dann nach den ineinander verschachtelten Gliedern des Stängels; → *Schaft*]

**schachteln** ⟨V. t.; hat⟩ *einen Teil in den andern stecken, ineinander fügen* ◆ ineinander schachteln; ⟨fig.⟩ Sätze schachteln *Schachtelsätze bilden* [→ *Schachtel*]

**schade** ⟨Adj.; nur präd.⟩ **1** *bedauerlich* **2** *wertvoll, gut* ◆ es ist (sehr) schade, dass du nicht kommen kannst; um den ist es nicht schade *er hat es nicht besser verdient;* es ist zu schade zum Wegwerfen *man kann es noch verwenden* [< mhd. *schade* < *es ist schade; schade* ist urspr. Subst. (präd. gebraucht)]

**Schädel** ⟨m. 5⟩ **1** ▼ *das Knochengerüst des Kopfes* (Totenschädel) **2** ⟨umg.⟩ *Kopf* ◆ mir **brummt** der Schädel *ich habe Kopfschmerzen, bin ganz benommen, überarbeitet;* sich den Schädel (über etwas) **zermartern** *angestrengt überlegen* ◆ ein **hohler** Schädel *Totenkopf;* ein **kahler** Schädel *unbehaarter Kopf, Glatze* ◆ eins **auf,** über den Schädel bekommen, kriegen ⟨umg.⟩ *einen Hieb auf den Kopf* [< mhd. *schedel* „Knochen des Kopfes", spätmhd. auch Trockenmaß, engl. *skull;* vielleicht ein alter Gefäßname]

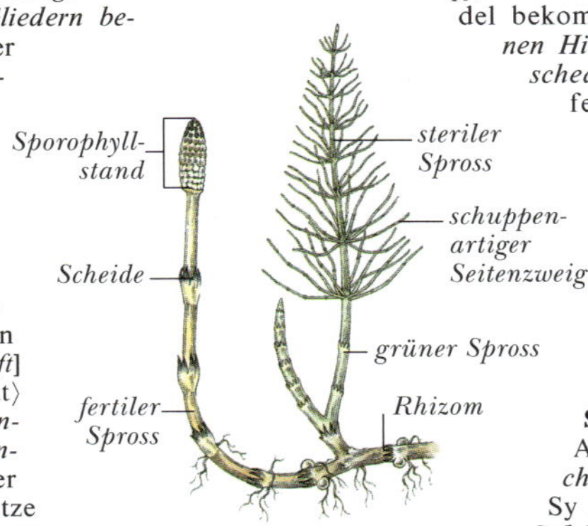


SCHACHTELHALM: ACKERSCHACHTELHALM (*Equisetum arvense*)

**Schädelbasis** ⟨f.; -, -basen; Anat.⟩ *untere Fläche des Hirnschädels, bestehend aus Keilbein, Schläfenbeinen u. Hinterhauptsbein*

**Schädeldach** ⟨n. 12u⟩, **Schädeldecke** ⟨f. 19; Anat.⟩ *obere gewölbte Fläche des Hirnschädels;* Sy *Kalotte*

**Schädeltier** ⟨n. 11; Zool.⟩ ► = *Vertebrat*

**schaden** ⟨V. i.; hat⟩ jmdm. od. einer Sache schaden **1** *Schaden zufügen, bereiten, tun* **2** *Nachteil bringen, nicht zuträglich sein* ◆ du wirst dir damit selbst schaden; das schadet ihm gar nichts *geschieht ihm ganz recht;* das wird ihm geschäftlich, gesundheitlich schaden [< ahd. *scadon;* zu *scado* „Schaden, Verderben, Nachteil"; → *Schade(n)*]

**Schaden** ⟨m. 4u⟩ **1** *Verlust, Beeinträchtigung, Wertminderung* **2** *Beschädigung, Zerstörung* **3** *Verletzung, Gebrechen, Körperbehinderung* **4** *Nachteil* ◆ Schaden **anrichten,** bringen, erleiden, verhüten, verursachen; einen Schaden **aufdecken,** davontragen; der Schaden **beläuft** sich auf 3000 Mark; daraus **entsteht,** erwächst ihm kein großer Schaden; den Schaden **ersetzen,** tragen, wieder gutmachen; jmdm. einen Schaden **zufügen** ◆ ein **beträchtlicher,** empfindlicher, geringer, großer Schaden ◆ einen Schaden **am** Bein, Rücken haben [< ahd. *scado* „Schaden, Verderben, Nachteil"]

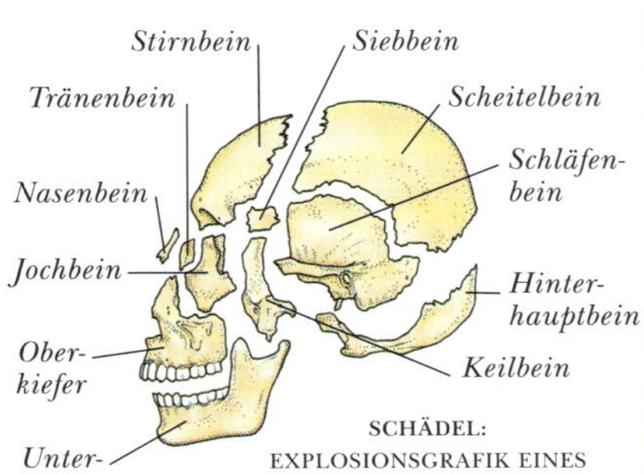


SCHÄDEL: EXPLOSIONSGRAFIK EINES MENSCHLICHEN SCHÄDELS

**Schadenersatz** ⟨m. 1u; unz.; Rechtsw.⟩ *Ausgleich, Ersatz des Schadens, Wiedergutmachung des Verlustes*

**Schadenfreude** ⟨f. 19; unz.⟩ *boshafte Freude über den Schaden od. das Missgeschick eines anderen*

**schadhaft** ⟨Adj.; -er, am -esten⟩ **1** *beschädigt, mangelhaft, fehlerhaft, abgenutzt, angeschlagen* **2** *krank* (von Zähnen)

**schädigen** ⟨V. t.; hat⟩ jmdn. od. etwas schädigen *jmdm. od. einer Sache Schaden zufügen, schaden* ◆ jmds. Ansehen, Interessen, Gesundheit, seinen guten Ruf schädigen; schädigende Einflüsse *schädliche Einflüsse*

**schädlich** ⟨Adj.⟩ **1** *Schaden bringend, nachteilig, gefährlich* **2** *nicht zuträglich, nicht bekömmlich;* Ggs *nützlich (1)* ◆ schädliche Folgen; ein schädliches Tier

**Schädling** ⟨m. 1⟩ **1** ⟨Landw.⟩ ► *Tier od. Pflanze, das bzw. die Schaden bringt, zufügt;* Ggs *Nützling* **2** ⟨umg.⟩ *zerstörungssüchtiger Mensch* ◆ ein Schädling der Gesellschaft

**Schaf** ⟨n. 11⟩ **1** ⟨Zool.⟩ *Angehöriges einer Gruppe von Horntieren aus der Familie der Ziegenartigen: Caprinae;* ► *Säugetiere* **2** ⟨fig.⟩ *dummer Mensch* ◆ Schafe **halten,** hüten, scheren, weiden ◆ das **schwarze** Schaf der Familie *das ungeratene Kind, das sich nicht einordnen kann;* **verlorenes** Schaf *Abtrünniger* ⟨bes. im christl. Sprachgebrauch⟩ ◆ furchtsam, geduldig, sanft **wie** ein Schaf [< ahd. *scaf,* engl. *sheep*]

**Schäferdichtung** ⟨f. 20; Lit.⟩ = *Hirtendichtung*

**Schäferhund** ⟨m. 1⟩ ► *eine Hunderasse (bes. als Polizei-, Wach-, Hütehund verwendet);* ► *Hunde*

**schaffen** ⟨V. 205; hat; in der Bedeutung „hervorbringen" stark konjugiert⟩ **I** ⟨V. t.⟩ **1** *an einen anderen Ort bringen, wegbringen, herbringen* **2** *bewältigen, bezwingen, fertigbringen, zuwege bringen* **3** *hervorbringen, errichten, gründen* **4** *schöpferisch gestalten* (Kunstwerk, Rolle) **5** ⟨österr.⟩ *befehlen* ◆ jmdn. schaffen ⟨fig.; umg.⟩ *bis zur Erschöpfung ärgern, belästigen* ◆ **Abhilfe,** Linderung, Ordnung, Rat schaffen; ich kann die **Arbeit** nicht schaffen; eine **Dichtung,** Komposition, ein unsterbliches Werk schaffen; neue soziale **Einrichtungen,** eine Zweigstelle in der Provinz schaffen ◆ etwas **auf** die Seite, beiseite schaffen *heimlich wegbringen;* die Voraussetzungen **für** etwas schaffen **II** ⟨V. i.⟩ **1** *wirken, rege tätig sein* **2** ⟨west-, südwestdt.⟩ *arbeiten* ◆ fleißig, sein Leben lang, tüchtig, unermüdlich schaffen; **auf** dem Feld, **im** Garten, im Haus schaffen; sich **zu** schaffen machen (an) *sich beschäftigen (mit), herumwirtschaften (an)* [< mhd. *schaffen* (mit starken und schwachen Formen) „(er)schaffen, gestalten; tun, bewirken, besorgen; einrichten, (an)ordnen" < ahd. *saphan, sceffen* (stark) „erschaffen, gestalten", *scaffon* (schwach) „formen, bilden"]

**Schaffen** ⟨n.; -s; unz.⟩ **1** *das Wirken* **2** *Arbeit, Werk* ◆ dichterisches Schaffen

**Schaffner** ⟨m. 3⟩ *Angestellter bei der Eisen- u. (früher) Straßenbahn, der die Fahrkarten prüft und auch verkauft* [< mhd. *schaffnære* „Anordner, Aufseher, Verwalter", umgebildet aus *schaffære;* zu *schaffen* „(an)ordnen"]

**Schafgarbe** ⟨f. 19; Bot.⟩ ► *als Arznei- u. Wildgemüsepflanze verwendete Art der Korbblütler mit fein zerteilten Blättern: Achillea millefolium;* Sy ⟨kurz⟩ *Garbe (2)* [Grundwort < mhd. *garwe* < ahd. *gar(a)wa* als älterer Name der Pflanze, evtl. als „bereitgestelltes Wundkraut" zu *gar*]

SCHAFGARBE (*Achillea millefolium*)

S

SCHÄDLING: BLATTWESPENLARVEN FRESSEN AN EINER WEISSWURZPFLANZE

**Schafkäse** ⟨m. 3⟩ = *Schafskäse*

**Schafkot** ⟨m.; -(e)s; unz.⟩ *kleine, kugelige, dem Kot der Schafe ähnliche Kotballen, die bei krankhafter Verengung unterer Darmabschnitte entleert werden*

**Schafott** ⟨n. 11⟩ *erhöhtes Gerüst für Hinrichtungen* ◆ das Schafott besteigen; jmdn. aufs Schafott bringen; auf dem Schafott enden [vermutl. < ndrl. *scharot* < mndrl. *scafaut, scafot* < afrz. *chafaud, chafout* „erhöhte Stätte für Hinrichtungen, Blutgerüst", urspr. „Bau-, Schaugerüst"]

**Schafpelz** ⟨m. 1⟩ = *Schafspelz*

**Schafskäse** ⟨m. 3⟩ *aus Schafsmilch hergestellter, weicher Käse;* oV *Schafkäse*

SCHÄFERHUND: DEUTSCHER SCHÄFERHUND

**Schafsmilch** ⟨f. 20; unz.⟩ *von Milchschafen gewonnene Milch (bes. zu Schafskäse verarbeitet)*

**Schafsnase** ⟨f. 19; fig.; umg.⟩ *Dummkopf, Dummerchen*

**Schafspelz** ⟨m. 1⟩ *Pelz aus dem Fell von Schafen;* oV *Schafpelz* ◆ ein Wolf im Schafspelz ⟨fig.⟩ *ein sich freundlich u. arglos stellender Bösewicht, scheinheiliger Mensch*

**...schaft** ⟨f. 20; in Zus.⟩ *Nachsilbe zur Bez. eines Zustands od. einer Gesamtheit,* z. B. Freundschaft, Beamtenschaft, Schülerschaft [< mhd. *schaft,* ahd. *scaft* „Beschaffenheit"]

**Schaft** ⟨m. 1u⟩ **1** *stangenartiger Griff* (Fahnenschaft, Lanzenschaft) **2** *langer, gerader Mittelteil der Säule* (Säulenschaft), *des Ruders* (Ruderschaft), *des Schlüssels usw.* **3** *das Bein umhüllender, langer Oberteil des Stiefels* **4** *hölzerner Teil von Handfeuerwaffen, in dem Lauf u. Verschluss usw. befestigt sind* **5** ⟨Bot.⟩ **5.1** *laubloser Teil des Zweiges* **5.2** *blattloser Blütenstiel, z. B. bei Zwiebelpflanzen* **6** *glatter Teil der Vogelfeder* **7** *Vorrichtung an Webstühlen, die das Heben u. Senken jeweils eines Teils der Kettfäden bewirkt* [< ahd. *scaft* „Lanzenschaft, Lanze; Stiel, Stange", urspr. „ein geglätteter, entrindeter Ast bzw. junger Baum"; → *schaben*]

**Schah** ⟨m. 6; im Iran Titel für⟩ *Herrscher* [< pers. *schah* „König"]

**Schakal** ⟨m. 1; Zool.⟩ **1** *Angehöriger einer Gruppe gelblich grauer, hundeartiger Raubtiere, die im Körperbau zwischen Füchsen u. Wölfen stehen* **2** ⟨i. e. S.⟩ *Canis aureus* [< türk. *tschakal* < pers. *schagal* < Sanskrit *srgala*]

**Schäkel** ⟨m. 5⟩ ► *durchlöcherter, mit Bolzen verschließbarer Ring zum Verbinden zweier Kettenglieder*

**schäkern** ⟨V. i.; hat⟩ *(kokett) scherzen, sich necken, neckischen Spaß treiben (bes. mit dem weibl. Geschlecht)* ◆ er schäkert gern mit jungen Frauen; sie ist zum Schäkern aufgelegt [vermutl. zu jidd. *chek* „Busen, weibl. Schoß"]

**schal** ⟨Adj.⟩ **1** *abgestanden, fade, ohne Geschmack, ohne Würze* **2** ⟨fig.⟩ *witzlos, geistlos* ◆ schales Bier; das Bier schmeckt, ist schal [< spätmhd. *schal* „fade (vom Geschmack); trübe, unklar (vom Aussehen)" < mnddt. *schal,* engl. *shallow* „seicht, flach"]

**Schal** ⟨m. 1 od. m. 6⟩ **1** *langes, rechteckiges Halstuch* **2** *der an der Seite des Fensters herabhängende Teil der Übergardine* (Vorhangschal)

**Schale**[1] ⟨f. 19⟩ **1** ► *flache Schüssel* **2** ⟨bes. österr.⟩ *(flache) Tasse* (Kompottschale, Trinkschale, Waagschale) ◆ eine Schale Kaffee, Tee; eine gläserne, kristallene, silberne Schale [< ahd. *skala* „Trinkschale; Waagschale"]

**Schale**[2] ⟨f. 19⟩ **1** *Hülle (bes. von Früchten, Keimen),* z. B. Eierschale, Kartoffelschale, Nussschale, Obstschale **2** *Rinde (z. B. vom Baum, vom Käse)* **3** *Schalbrett* **4** *Einband* **5** ⟨fig.⟩ *(gute) Kleidung, Äußeres* **6** *hölzerne Wandverkleidung, Verschalung* **7** *unten ausgehöhlter Cabochon* **8** ⟨Kochk.⟩ *Fleischteil vom Rind* **9** ⟨Phys.⟩ *sich nach dem Schalenmodell ergebender, von anderen Bereichen deutlich unterscheidender Bereich energetischer Zustände des Atomkerns od. der Atomhülle* ◆ die Schale **abziehen,** entfernen, mitessen ◆ eine **dicke,** dünne, glatte, harte, raue, weiche Schale; in einer rauen Schale steckt oft ein guter, ⟨od.⟩ weicher Kern ⟨Sprichw.⟩ ◆ ich muss mich noch **in** Schale werfen ⟨fig.; umg.⟩ *mich gut, festlich anziehen* [< ahd. *scala* „Hülse, Schale", engl. *shell* „Hülse, Muschel", eigtl. „Schindel, Schuppenartiges"]

**schälen** ⟨V.; hat⟩ **I** ⟨V. t.⟩ eine Frucht schälen *die Schale einer F. entfernen* ◆ gekochte Eier, Gemüse, Kartoffeln, Obst schälen; geschälte Nüsse *Nusskerne* **II** ⟨V. refl.⟩ sich schälen *sich in Schuppen ablösen* (Haut) [< ahd. *scellen;* zu *scala* „Hülse"]

**Schalenblende** ⟨f. 19; Min.⟩ *eine durch schalige Oberfläche ausgezeichnete Zinkblende*

**Schalenhaut** ⟨f. 7u; Biol.⟩ ► *(bes. bei Vogeleiern) zweischichtige Haut unter der Schale*

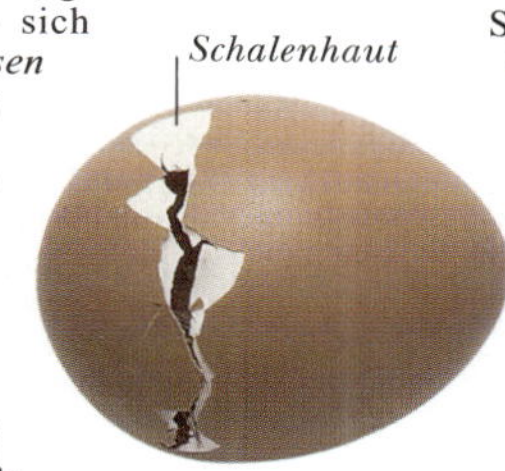


SCHALENHAUT EINES EIS

**Schalentier** ⟨n. 11; meist Pl.; Zool.; im Handel Bez. für⟩ *Meerestier mit Schale (Krabbe, Krebs, Languste, Muschel usw.)*

**Schalk** ⟨m. 1 od. 1u⟩ **1** ⟨veraltet⟩ *hinterlistiger Mensch* **2** ⟨heute⟩ *lustiger, spitzbübischer Kerl, Schelm* ◆ er hat den Schalk im Nacken ⟨fig.⟩ *ist immer zu Spaß u. Neckerei aufgelegt, macht häufig einen Streich* [< ahd. *scalc*]

**Schall** ⟨m. 1 od. 1u⟩ **1** = *Schallwelle* **2** *Geräusch, Klang, Ton, Laut, Widerhall* ◆ der Schall einer Glocke, einer Stimme, einer Trompete [< ahd. *scal(l);* zu *scellan* „tönen, lärmen"]

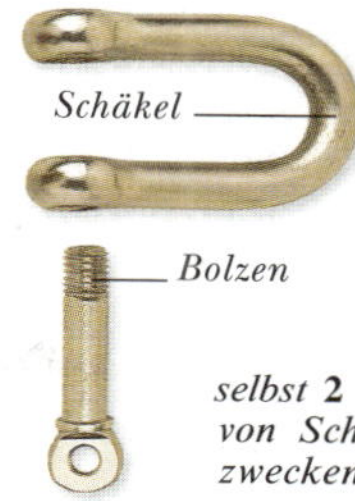


SCHÄKEL

**Schallaufzeichnung** ⟨f. 20⟩ **1** ⟨Mus.⟩ **1.1** ►► *Konservierung von Schall, bes. Klängen, früher auf mechanischen* (Walzen, Schallplatten), *heute auf magnetischen* (Magnetbänder) *od. optischen* (Compactdiscs) *Tonträgern* **1.2** *das Aufgezeichnete selbst* **2** ⟨Tech.⟩ **2.1** *das Sichtbarmachen von Schallvorgängen zu Untersuchungszwecken* **2.2** *durch Schallaufzeichnung gewonnenes Bild*

**schallen** ⟨V. i. 206; hat⟩ *Schall von sich geben, tönen, hallen*

**Schallgeschwindigkeit** ⟨f. 20; unz.⟩ *vom Ausbreitungsmedium abhängige Geschwindigkeit, mit der sich Schallwellen fortsetzen*

SCHALE: SPANISCHE SCHALE DES 15. JH.

**Schallmauer** ⟨f. 21; unz.; bildhafte Bez. für⟩ *die starke Zunahme des Luftwiderstandes, die ein Flugobjekt bei Geschwindigkeiten nahe der Schallgeschwindigkeit erfährt, vor dem Objekt entsteht eine Stauung stark komprimierter Luft, von der bei Überschreiten der Schallgeschwindigkeit eine starke Stoßwelle ausgeht* ◆ die Schallmauer durchbrechen ⟨a. fig.⟩ *die Grenze (von etwas) überschreiten*

**Schallplatte** ⟨f. 19; Mus.⟩ *Scheibe aus Kunststoff, in die pro Seite in je eine spiralenförmig verlaufende Rille Schallschwingungen eingraviert sind, die mit einem Plattenspieler wieder hörbar gemacht werden können;* Sy ⟨kurz⟩ *Platte (5)*

**Schalltrichter** ⟨m. 3⟩ *Trichter zum Verstärken von Schall* (z. B. an Blasinstrumenten); Sy *Megaphon*

**Schallwelle** ⟨f. 19⟩ *hörbare Schwingung in einem Frequenzbereich von 16 Hz bis 20 000 Hz;* Sy *Schall (1)*

**Schalmei** ⟨f. 18; Mus.⟩ **1** *Holzblasinstrument der Hirten mit einem Rohr u. Doppelrohrblatt, Vorform der Oboe* **2** *Blechblasinstrument mit mehreren Rohren* **3** *Melodiepfeife des Dudelsacks* [< mhd. *schal(e)mîe* < afrz. *chalomie* < grch. *kalamaia* „Rohrpfeife"; zu *kalamos* „Rohr"]

**Schalom!** *(hebräisches Grußwort)* [hebr., eigtl. „Frieden"]

**Schalotte** ⟨f. 19; Bot.⟩ ► *Lauchart mit kleinen, eiförmigen Brutzwiebeln, die zusammen mit den Röhrenblättern als Gemüse dienen: Allium ascalonicum* [< frz. *échalotte*]

SCHALOTTE: ZWIEBEL *(Allium ascalonicum)*

S

## SCHALLAUFZEICHNUNG

Bei der Schallaufzeichnung werden Schallwellen in speicherbare Signale umgewandelt. Unterschieden wird dabei grundsätzlich zwischen analoger und digitaler Schallaufzeichnung. Analoge Schallplatten speichern die Signale in Form feiner Rillen und bei Tonbändern erfolgt die Aufzeichnung mittels Magnetisierung, während digitale Signale auf einer Compactdisc in Pits genannten, winzigen Vertiefungen gebunden sind. Jüngere digitale Speichermedien sind das digitale Tonband und die Minidisc.

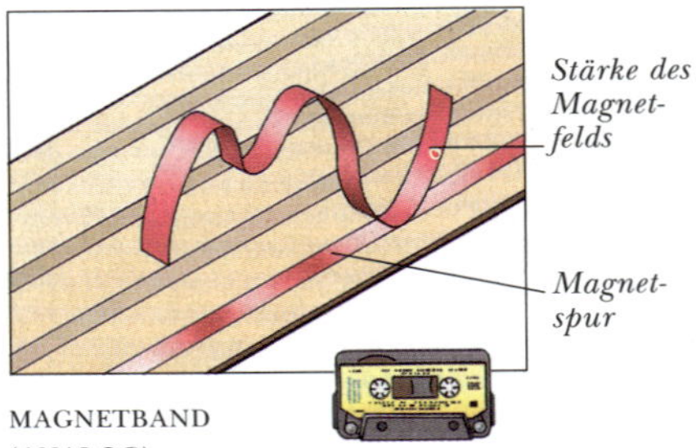


MAGNETBAND (ANALOG)

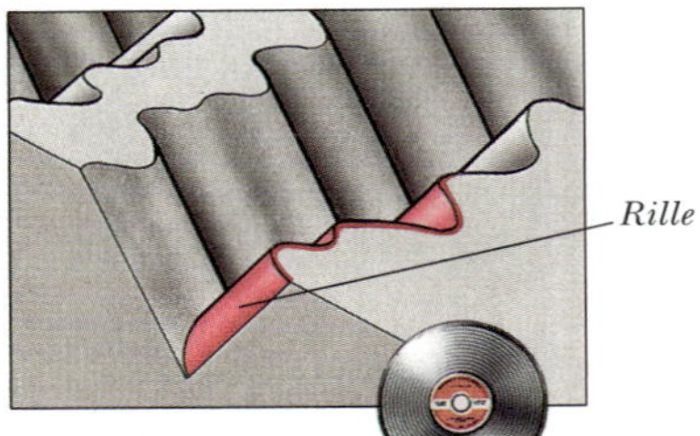


SCHALLPLATTE (ANALOG)

COMPACTDISC (DIGITAL)

**Schaltbild** ⟨n. 12⟩ *Zeichnung vom Aufbau eines elektr. Gerätes, gezeichnet mit Verwendung der Schaltzeichen;* Sy *Schaltplan*

**schalten** ⟨V.; hat⟩ **I** ⟨V. i.⟩ **1** *einen Schalter betätigen, eine Schaltung herstellen, einen Stromkreis schließen od. unterbrechen* **2** *den Gang wechseln (beim Auto)* **3** *herrschen, wirtschaften, umgehen mit, hantieren, verfügen über* **4** ⟨umg.⟩ *begreifen, verstehen* ◆ da habe ich **falsch,** nicht richtig geschaltet ⟨umg.⟩ *das habe ich missverstanden* ◆ Sie können hier nach Belieben schalten und **walten** ◆ **auf,** in den zweiten Gang schalten **II** ⟨V. t.⟩ *mit einem Schalter in Betrieb setzen* [< mhd. *schalten* „stoßen, schieben; (bes. ein Schiff) in Bewegung setzen" < ahd. *scaltan* „stoßen"]

**Schalter** ⟨m. 3⟩ **1** ⟨El.⟩ ▼ *Gerät zum Schließen u. Unterbrechen von Stromkreisen* **2** *kleiner, abgetrennter Raum, oft mit Schiebefenster, zur Bedienung von Kunden, z. B. bei Post, Bank, Bahn u. Ämtern* ◆ den Schalter andrehen, anknipsen, drehen; der Schalter war schon geschlossen [< mhd. *schalter, schelter* „Riegel (als Schubstange)"; zu *schalten* „stoßen, schieben"]

**Schalterhalle** ⟨f. 19; auf großen Bahnhöfen⟩ *Halle mit den Fahrkartenschaltern*

**Schaltjahr** ⟨n. 11⟩ *Jahr zu 366 Tagen mit dem zusätzl. 29. Februar;* Sy *Gemeinjahr*

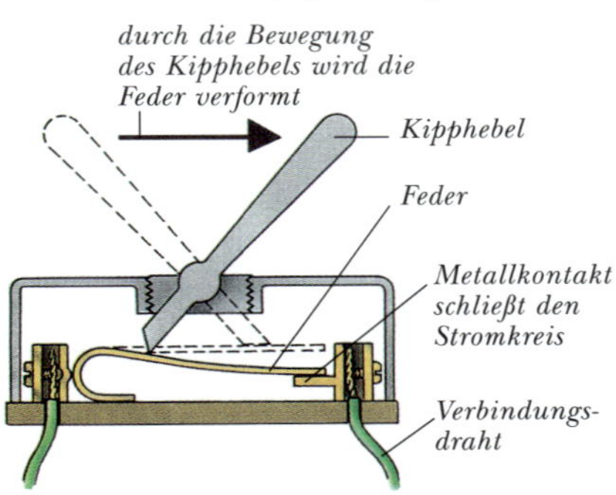


SCHALTER: SCHNITT DURCH EINEN SCHALTER

**Schaltplan** ⟨m. 1u⟩ = *Schaltbild*

**Schalttafel** ⟨f. 21⟩ *Tafel aus Isolierstoffen, auf der die zum Betrieb einer elektr. Anlage erforderlichen Schalter, Instrumente, Mess-, Regel-, Warn-, Zähl- u. Anzeigegeräte angebracht sind*

**Schalttag** ⟨m. 1⟩ *zusätzlich im Schaltjahr eingeschalteter Tag (29. Februar), um die Differenz zwischen Sonnen- u. Kalenderjahr auszugleichen*

**Schaltung** ⟨f. 20⟩ **1** *das Schalten* **2** *Vorrichtung zum Wechseln der Gänge im Auto* (Gangschaltung) **3** *Anordnung der elektr. Leitungen zwischen Stromquellen u. elektr. Geräten aller Art*

**Schaltzentrale** ⟨f. 19; in techn. Anlagen⟩ *zentrale Stelle, von der aus der Betriebsablauf überwacht u. gesteuert wird;* Sy *Leitstand*

**Schaluppe** ⟨f. 19; Mar.⟩ *auf größeren Schiffen mitgeführtes Beiboot, Küstenfahrzeug* [< frz. *chaloupe*]

**Scham** ⟨f.; -; unz.⟩ **1** *Gefühl des Bloßgestelltseins* **2** *Scheu, sich bloßzustellen od. andere zu verletzen* **3** *starke Verlegenheit* **4** *die Gegend der Geschlechtsteile beim Menschen* ◆ seine Scham **bedecken,** verhüllen; Scham **empfinden,** erkennen lassen, zeigen ◆ **falsche** Scham *unberechtigte Furcht, sich bloßzustellen, falsche Bescheidenheit* ◆ **bar** aller, jeder Scham; **vor** Scham erröten, die Augen senken; ich möchte vor Scham vergehen, versinken [< mhd. *scham(e), schem(e)* „Scham(gefühl); Beschämung, Schande; Schamteile" < ahd. *scama* „Scham(gefühl)", engl. *shame*]

**Schamane** ⟨m. 17; bei Naturvölkern⟩ *Geisterbeschwörer* [< tungus. *schaman* „Schamane; buddhist. Mönch" < Pali *samana* < Sanskrit *sramana* < *srama* „Strapaze, Anstrengung, religiöse Übung"]

**Schamanismus** ⟨m.; -; unz.⟩ ► *Glaube an die magische Fähigkeit mancher Menschen, Geister zu beschwören*

SCHAMANISMUS: GEISTERFIGUR NORDAMERIKANISCHER INDIANER

**Schambein** ⟨n. 11⟩ *vorderer, unterer Teil des Hüftbeins*

**Schamberg** ⟨m. 1; Anat.⟩ *etwas erhobener, behaarter Teil der Bauchwand über dem Schambein der Frau;* Sy *Schamhügel, Venusberg*

**schämen** ⟨V. refl.; hat⟩ sich schämen *Scham empfinden, sich aus Scham scheuen, etwas zu tun* ◆ du brauchst dich dessen nicht zu schämen; ich schäme mich, das sagen zu müssen; sich einer Handlung, einer Sache, eines Wortes, wegen einer Handlung schämen [< ahd. *scamen, scamon* „Scham empfinden; schmähen, schänden"; → *Scham*]

**Schamgegend** ⟨f. 20; unz.; Anat.⟩ *der Bereich der Geschlechtsteile beim Menschen*

**Schamgrenze** ⟨f. 19; fig.⟩ *Grenze, an der es die Scham verbietet, sich auf weitere Kompromisse einzulassen od. weiterhin Nachsicht zu üben* ◆ die Schamgrenze erreichen

**Schamhaar** ⟨n. 11⟩ *Haar, Behaarung der Schamgegend*

**schamhaft** ⟨Adj.; -er, am -esten⟩ **1** *voller Scham, leicht Scham empfindend* **2** *sittsam, keusch, verschämt* ◆ schamhaft etwas bekennen, gestehen, zugeben; schamhaft lächeln

**Schamhügel** ⟨m. 5; Anat.⟩ = *Schamberg*

**Schamlippen** ⟨Pl.; Anat.⟩ *die äußeren weibl. Geschlechtsorgane* ◆ die äußeren, ⟨od.⟩ großen Schamlippen *zwei größere, mit Schamhaaren bedeckte Hautfalten, die an der von ihnen gebildeten Schamspalte zusammenstoßen;* die kleinen Schamlippen *zwei unter den großen Schamlippen liegende kleinere, zarte, unbehaarte Hautfalten, die den Scheidenvorhof begrenzen*

**schamlos** ⟨Adj.; -er, am -esten⟩ **1** *ohne Schamgefühl, unsittlich, unanständig* **2** *schändlich, ruchlos* ◆ ein schamloser Betrug, eine schamlose Forderung; ein schamloses Buch

**Schampus** ⟨m.; -; unz.; umg., scherzh. für⟩ *Champagner* [österr.]

**Schande** ⟨f. 19; Pl. selten⟩ **1** *etwas, dessen man sich (sehr) schämen muss, etwas Verachtenswertes* **2** *Schmach, Schimpf* **3** *Unehre, Zustand des Verachtetseins* ◆ ich will ihr diese Schande **ersparen;** das **macht** ihm, seinem Namen Schande; jmdn. der Schande **preisgeben; sein:** die Aufführung war so schlecht, dass es eine Schande war ◆ sie muss die Schande **auf** sich nehmen; jmdn. **mit** Schimpf und Schande davonjagen; **zu** meiner Schande muss ich gestehen, dass ... ⟨scherzh.⟩ *es ist mir peinlich, gestehen zu müssen ...* [< ahd. *scanta, scanda*]

**schänden** ⟨V. t.; hat⟩ **1** jmdn. schänden **1.1** *jmdn. in Schande bringen, jmdm. Schande antun* **1.2** *ihn mit einem Schandmal versehen (bes. im MA)* **2** eine Frau schänden *eine Frau sexuell missbrauchen, vergewaltigen* **3** etwas schänden **3.1** *verstümmeln, verunstalten* **3.2** *beflecken, entweihen* (Heiliges, Heiligtum) ◆ ein Grab, eine Kirche schänden [< ahd. *scenten* < *scanta* „Schande"; → *Schande*]

**schändlich** ⟨Adj.⟩ **1** *so geartet, dass es Schande bringt* **2** *ehrlos, ehrvergessen, niederträchtig, gemein* **3** ⟨umg.⟩ *ungemein, ungeheuer* ◆ schändliche Absichten, Betrügereien, Taten; jmdn. schändlich betrügen

**Schandmal** ⟨n. 11 od. n. 12u⟩ *entstellendes Mal, Zeichen, das früher einem Verbrecher zur Strafe für seine Tat beigebracht wurde*

**Schankbetrieb, Schänkbetrieb** ⟨m. 1; unz.⟩ *Ausschank von alkohol. Getränken* ◆ Gastwirtschaft mit Schänkbetrieb

**Schankbier** ⟨n. 11⟩ *aus dem Fass in Gläser ausgeschenktes Bier (im Gegensatz zum Flaschen- u. Dosenbier)*

**Schänke** ⟨f. 19⟩ = *Schenke*

**Schanze** ⟨f. 19⟩ **1** ⟨Mil.⟩ *Befestigung, Erdwall* **2** ⟨Mar.⟩ *Achterdeck* **3** ⟨Sp.⟩ *Gerüst mit hoher Absprungstelle u. steiler Anlaufbahn zum Skispringen* (Sprungschanze) ◆ eine Schanze aufführen, aufwerfen, bauen, graben, schleifen [< spätmhd. *schanze* „Schutzbefestigung, Wehrbau (mit Flechtwerk haltbar gemacht); Reisigbündel", vielleicht < ital. *scansi,* Pl. von *scanso* „Abwehr"]

**Schanzkleid** ⟨n. 12; Mar.⟩ *feste Schutzwand um das Oberdeck eines Schiffes;* Ggs *Reling*

**Schar**[1] ⟨f. 20 od. regional a.: n. 11⟩ *Pflugschar* [< ahd. *scara;* zu *scheren* „schneiden"]

**Schar**[2] ⟨f. 20⟩ **1** *Menge, Gruppe* **2** ⟨in Jugendvereinen od. militär. Verbänden⟩ *Abteilung* ◆ eine Schar Gänse, Hühner, Vögel [< ahd. *scara* „Schar, Menge, Heerhaufen", Grundbedeutung „Abteilung, Abschnitt", eigtl. „Abgeteiltes, Abgeschnittenes"; zu *scheren* „schneiden"]

**Schärbaum** ⟨m. 1u⟩ = *Kettbaum*

**scharen** ⟨V. refl.; hat⟩ sich um jmdn. od. etwas scharen *sich um jmdn. od. etwas sammeln, versammeln, sich drängen* ◆ die Kinder scharten sich um ihren Star [→ *Schar* [2]]

**Schären** ⟨Pl.⟩ *kleine, durch Eiszeitgletscher abgerundete Felseninseln vor der finn. od. schwed. Küste*

**scharf** ⟨Adj.; schärfer, am schärfsten⟩ **1** *schneidend, geschliffen, sehr schmal, spitz* (Kante, Messer, Zacke, Zähne) **2** *beißend, stark würzig* (Soße, Geruch), *ätzend* (Säure) **3** *hochprozentig* (alkohol. Getränk) **4** *kalt, eisig* (Luft, Wind) **5** *schrill, zischend* (Stimme, Geräusch) **6** *ausgeprägt, deutlich, gut erkennbar* (Fotografie, Kurve, Umrisse) **7** *durchdringend, klar, genau sehend, hörend, denkend* (Augen, Blick, Gehör, Ohren, Verstand) **8** *heftig, hart, hitzig, energisch* (Kampf, Ritt, Rüge, Protest) **9** ⟨fig.⟩ *ätzend, bissig, beißend* (Kritik) **10** *schonungslos, rücksichtslos* (Maßnahmen) **11** *hart abweisend, zurechtweisend, streng* (Antwort) **12** *angriffslustig, bissig* (Hund) **13** ⟨derb⟩ *geschlechtlich erregt, geil* ◆ eine scharfe **Bemerkung,** Entgegnung, Zurechtweisung ⟨fig.⟩; ein scharfes **Beil,** Messer, seinem scharfen **Blick** entging nichts; ein scharfes **Fernglas;** scharfer **Geruch,** Senf; scharfe **Getränke,** Schnäpse; ein scharfer **Hund** *ein bissiger, auf den Mann dressierter Wachhund;* scharfe **Munition** *Munition für den (militärischen, polizeilichen) Ernstfall;* scharfen **Protest** einlegen, erheben; ein scharfer **Tadel,** Verweis; in scharfem **Ton** sprechen ◆ jmdn. scharf **beobachten;** scharf **durchgreifen,** vorgehen *streng, unnachsichtig;* die Waffe ist scharf **geladen** *mit scharfer Munition geladen;* hier wird scharf **geschossen!** ⟨a. fig.⟩ *offen, schonungslos gesprochen;* Äste, Klingen, Messer, Scheren scharf **machen;** etwas schärfstens, aufs schärfste/Schärfste **verurteilen;** das Essen scharf **würzen** ◆ er hat ein scharf **geschnittenes** Gesicht *markante Gesichtszüge* ◆ **auf** etwas scharf sein *darauf erpicht, lüstern sein, darauf Lust haben, es sich sehr wünschen* [< ahd. *skarpf, scarf,* engl. *sharp* „scharf", im Sinne von „schneidend"]

**Schärfe** ⟨f. 19; unz.⟩ **1** *das Scharfsein* **2** *Schneidfähigkeit* **3** *Würze* **4** *Ätzkraft* **5** *scharfer Umriss* **6** *Fähigkeit, logisch zu denken* (Geistesschärfe, Verstandesschärfe) **7** *Genauigkeit, Klarheit* **8** *Kraft, Heftigkeit* **9** *Strenge, Schonungslosigkeit* ◆ ihn trifft die ganze Schärfe des Gesetzes [< ahd. *scarfi, scarphi* „Schärfe, Strenge, Grausamkeit", eigtl. „Schneide"; → *scharf*]

**schärfen** ⟨V.; hat⟩ **I** ⟨V. t.⟩ **1** *scharf machen, schleifen* (Messer, Werkzeug) **2** *stärken, üben, bilden, verbessern* **II** ⟨V. refl.⟩ sich schärfen *scharf werden* ◆ sein Blick schärft sich allmählich für Feinheiten

**Schärfentiefe** ⟨f. 19; unz.; Fot.⟩ *Tiefenausdehnung derjenigen Raumzone vor der Kamera, die ein Objektiv scharf abbildet;* Sy ⟨veraltet⟩ *Tiefenschärfe*

**scharfkantig** ⟨Adj.⟩ *mit scharfen Kanten versehen*

**Scharfrichter** ⟨m. 3⟩ *jmd., der die Todesstrafe durch Enthaupten vollstreckt;* → a. *Henker*

**Scharfsinn** ⟨m. 1; unz.⟩ *durchdringender Verstand, Fähigkeit, das Wesentliche zu erfassen, die Dinge rasch zu durchschauen*

**Scharia** ⟨f.; -; unz.⟩ *von Mohammed begründetes Rechtssystem der Moslems, das auch rituelle Vorschriften enthält;* oV *Scheria* [< arab. *schari'ah* „heiliges Gesetz"]

**Scharlach** ⟨m. 1; unz.⟩ **1** *leuchtend rote Farbe* **2** ⟨Med.⟩ *meldepflichtige, fieberhafte Infektionskrankheit mit rotem Fleckenausschlag* ◆ in Scharlach gekleidet [< mlat. *scarlatum* „roter Stoff, rote Seide; roter Farbstoff, rote Farbe" < pers. *saqalat* „kostbarer Stoff"]

**Scharlatan** ⟨m. 1⟩ *Aufschneider, Schwindler, einer, der nichts von seinem Fach versteht, Kurpfuscher, Quacksalber* [< frz. *charlatan* < ital. *ciarlatano* „Marktschreier, Schaumschläger"; zu *ciarlare* „schwatzen"]

**Scharm** ⟨m. 6⟩ = *Charme*

**scharmant** ⟨Adj.⟩ = *charmant*

**Scharmützel** ⟨n. 13⟩ **1** ⟨veraltet; Mil.⟩ *kleines Gefecht* **2** ⟨fig.⟩ *Geplänkel* [< mhd. *scharmutzel, -mützel* < ital. *scaramuccia*]

**Scharnier** ⟨n. 11⟩ **1** *Drehgelenk zur bewegl. Befestigung von Türen, Fenstern, Klappen, Deckeln* **2** ⟨Goldschmiedekunst⟩ *hohlgezogener Draht* [< frz. *charnière*]

**Schärpe** ⟨f. 19⟩ **1** *breites, um die Hüften od. schräg über Schulter u. Brust getragenes Band (als Uniformteil od. Band bestimmter Orden)* **2** *breite, um die Hüften getragene u. zur Schleife geschlungener Schal (als Kleiderschmuck)* [< frz. *écharpe,* zunächst als „Armbinde"]

**scharren** ⟨V. t. u. V. i.; hat⟩ *geräuschvoll reiben, kratzen, oberflächlich graben* ◆ ein Loch scharren; das Pferd scharrt ungeduldig mit dem Huf [< mhd. *scharren,* Intensivbildung zu *scherren* „(ab)kratzen, schaben; graben" < ahd. *sceran* „(ab)kratzen, (ab)schaben"]

**Scharte** ⟨f. 19⟩ **1** *Kratzer, Riss, durch Kratzen entstandene Einkerbung (bes. an Messerklingen usw.)* **2** *schmaler Bergsattel, Einschnitt in einem Bergrücken* **3** *Öffnung in Befestigungsanlagen* (Schießscharte) **4** ⟨fig.⟩ *Fehler, Misserfolg* ◆ eine Scharte wieder auswetzen ⟨fig.⟩ *einen Fehler wieder gutmachen* [< mhd. *schart(e)* „Vertiefung, schmale Öffnung, durch Schneiden, Schlagen, Ausbrechen entstanden; Wunde"; zu mhd. *schart* < ahd. *scart* „zerhauen, verletzt"; → *scheren* [1]]

**schartig** ⟨Adj.⟩ *mit einer Scharte versehen, voller Scharten*

**Schaschlik** ⟨m. 6 od. n. 15⟩ *auf einem Spieß gebratene od. gegrillte Fleischstückchen mit Gemüse, Zwiebeln u. Speck* [< russ. *šašlyk* < turktatar.]

SCHATTENSPIEL: SCHATTENSPIELFIGUR AUS JAVA

**schassen** ⟨V. t.; hat⟩ *schimpflich entlassen* (von der Schule, der Hochschule; aus dem Amt) ◆ er ist geschasst worden [< frz. *chasser* < vulgärlat. *capitare* „zum Gefangenen machen; jagen"]

**Schatten** ⟨m. 4⟩ **1** *der hinter einem undurchsichtigen Körper vom Licht nicht getroffene dunkle Raum im gleichen Umriss wie der Körper* **2** *dunkle Stelle* **3** *Dunkel, Dunkelheit, Dämmerung;* Ggs *Licht (2)* **4** *undeutliche, visionäre, dunkle Erscheinung* **5** ⟨Myth.⟩ *körperloses Wesen, Geist eines Toten* **6** ⟨fig.⟩ *Beeinträchtigung, Sorge, Makel* **7** *Spur, Anzeichen, Schein* ◆ die Verteilung von **Licht** und Schatten auf einem Gemälde ◆ ein Schatten **fiel** auf ihr Glück ⟨fig.⟩; Schatten **geben,** spenden, werfen; **sein:** er ist nur noch ein Schatten seiner selbst *er ist vollkommen abgemagert* ◆ die Lüge **warf** einen Schatten auf ihr sonst so gutes Verhältnis ⟨fig.⟩ ◆ **erfrischender,** kühler, wohltuender Schatten ◆ 30 Grad **im** Schatten *30 °C Lufttemperatur;* im Schatten eines Baumes, Hauses; im Schatten liegen, sitzen [< ahd. *scato,* engl. *shade, shadow*]

**Schattenboxen** ⟨n.; -s; unz.⟩ **1** ⟨Sp.; Boxen⟩ *Boxtraining, bei dem gegen einen vorgestellten Gegner geboxt wird* **2** ⟨fig.⟩ *Bekämpfung eines vermeintlichen (nicht vorhandenen) Gegners*

**Schattenmorelle** ⟨f. 19⟩ *edle Sauerkirschenart*

**Schattenreich** ⟨n. 11; unz.; Myth.⟩ *Totenreich*

**Schattenriss** ⟨m. 1⟩ *dem Schatten nachgezeichneter, schwarz ausgefüllter Umriss des Profils (im 18. Jh. als Bildniszeichnung beliebt);* Sy *Silhouette*

**Schattenspiel** ⟨n. 11⟩ **1** ◄ *Form des Puppenspiels, bes. in Ostasien verbreitet: Spiel mit den auf eine lichtdurchlässige, beleuchtete Wand geworfenen Schatten flacher, beweglicher od. unbeweglicher, meist äußerst kunstreich gearbeiteter Figuren* **2** ⟨Mal.⟩ *kunstreich verwendeter Kontrast zwischen Licht u. Schatten*

**Schattierung** ⟨f. 20⟩ *farbl. Abstufung* ◆ eine Schattierung dunkler, heller; Stoffe in allen Schattierungen; die Presse aller Schattierungen ⟨fig.⟩ *aller politischen Richtungen*

**schattig** ⟨Adj.⟩ **1** *voll Schatten, im Schatten liegend* **2** *Schatten spendend* (Baum, Wald)

**Schatulle** ⟨f. 19⟩ **1** *Kästchen, bes. für Geld od. Schmuck* **2** *Privatkasse eines Fürsten od. Staatsoberhauptes* [< mlat. *scatula* „Geldschrein", angelehnt an frz. *chatouille* „Geldkassette, Schmuckkästchen, Kästchen"]

**Schatz** ⟨m. 1u⟩ **1** ⟨Rechtsw.⟩ *eine Sache, die so lange verborgen war, dass der Eigentümer nicht mehr festzustellen ist* **2** ⟨allg.⟩ *etwas Teures, Kostbares, sorgfältig Gehütetes, kostbarer Besitz* **3** *Geldvorrat eines Staates für Notfälle* (Staatsschatz) **4** *Liebste, Liebster* (als Kosewort) ◆ mein (lieber) Schatz!; die Schätze eines **Landes** (Bodenschätze usw.); der Schatz der **Nibelungen** ◆ Schätze **anhäufen,** ansammeln, besitzen, erwerben; einen Schatz **ausgraben,** heben ◆ ein **kostbarer,** reicher, vergrabener Schatz ◆ das Museum besitzt einen reichen Schatz **an** impressionistischen Gemälden [< mhd. *schat, schatz* „Geld, Reichtum, Hort; Tribut, Steuer", im 15. Jh. auch „Liebster, Liebstes" < ahd. *skaz* „Geld(stück), Vermögen"]

S

**schätzen** ⟨V. t.; hat⟩ **1** *ungefähr berechnen* **2** *vermuten, annehmen* **3** ⟨bibl.⟩ *zählen, die Zahl feststellen von* (Volk) **4** *hoch achten, für wertvoll, achtbar halten, verehren* ◆ eine **Entfernung,** Grundstücke, einen Wert schätzen ◆ jmds. Fleiß (nicht) zu schätzen **wissen;** er weiß ein gutes Glas Wein zu schätzen ◆ einen Gegenstand, Kosten **hoch** schätzen ◆ ich schätze sie **auf** 30 Jahre ◆ er ist ein geschätzter Gelehrter, Gesellschafter, Künstler, Mitarbeiter [< mhd. *schetzen* „nach Wert od. Zahl anschlagen, schätzen; besteuern", neben *schatzen* „Schätze sammeln, schätzen, besteuern" < ahd. *scazzon* „Schätze sammeln"; → *Schatz*]

**Schau** ⟨f. 18⟩ **1** *Ansicht, Blickwinkel* **2** *Überblick* **3** *Betrachtung, (prüfendes) Ansehen* **4** *Ausstellung, Darbietung, Vorführung* **5** *Parade* (Blumenschau, Heeresschau, Modenschau, Musterschau) **6** *Revue* **7** ⟨fig.; umg.⟩ *eindrucksvolles Ereignis* **8** *bildhafte Erkenntnis durch tiefes Insichversenken* ◆ sie hat ihr die Schau **gestohlen** ⟨umg.⟩ *sie hat sie um die erwartete Wirkung, um die berechnete Beachtung durch die anderen gebracht, aus dem Vordergrund verdrängt* ◆ **dichterische,** innere, mystische, religiöse Schau ◆ etwas **zur** Schau stellen *öffentlich zeigen* [< mhd. *schouwe* „prüfendes Blicken; (offizielle) Besichtigung, Überprüfung"; → *schauen*]

**Schaubühne** ⟨f. 19; früher Bez. für⟩ *Theater*

**Schauder** ⟨m. 3⟩ **1** *Grauen, Abscheu u. Angst zugleich* **2** *Erzittern vor Kälte* **3** *ehrfürchtiges Erbeben* ◆ mich erfasst, ergreift, überläuft ein Schauder [→ *schaudern*]

**schaudern** ⟨V. i. u. V. t.; hat⟩ *von Schauder erfasst, geschüttelt werden, Schauder, Abscheu, Grauen, Entsetzen empfinden* ◆ ⟨meist in unpersönl. Wendungen wie⟩ es schaudert mich; mir od. mich schaudert vor jmdm. od. etwas [< niederrhein. *schudern,* Nebenform von nddt. *schuddern* für mnddt. *schoderen,* engl. *shudder*]

**schauen** ⟨V.; hat⟩ **I** ⟨V. i.⟩ *sehen, blicken* ◆ schau doch mal!; schau, schau!; schau (einer) an! ⟨iron.⟩ *(Ausrufe des Erstaunens);* schau, dass du weiterkommst! *mach, dass du fortkommst, verschwinde!;* überall, wohin man schaut ◆ **aus** dem Fenster schauen; jmdm. **ins** Auge, in die Augen, ins Gesicht schauen; besorgt in die Zukunft schauen; **nach** dem Kranken schauen *sich um ihn kümmern* **II** ⟨V. t.⟩ **1** *geistig, innerlich erleben* **2** *durch tiefes Sichversenken bildhaft sehen, erkennen, begreifen* **3** ⟨poet.⟩ *mit innerer Freude sehen, betrachten* ◆ das **Licht** der Sonne schauen [< ahd. *scauwon* „ansehen, betrachten, beachten", engl. *show* „zeigen"]

**Schauer**[1] ⟨m. 3⟩ **1** *kurzer, heftiger Niederschlag* (Hagelschauer, Regenschauer) **2** *Frösteln, Zittern* **3** *Gruseln* **4** *ehrfurchtsvolle Scheu* ◆ ein (kalter) Schauer (der Angst, des Schreckens) lief mir den Rücken hinunter [< ahd. *scur,* engl. *shower* „Sturm, Regen-, Hagelschauer"]

**Schauer**[2] ⟨m. 3 od. n. 13; regional⟩ *Schuppen, Scheune* [< ahd. *scur* „bedeckter Ort; Schirm, Schutz"]

**schauerig** ⟨Adj.⟩ = *schaurig*

**schauerlich** ⟨Adj.⟩ **1** *grässlich, schrecklich, Furcht erregend, gruselig* **2** ⟨umg.⟩ *sehr schlecht* ◆ schauerliche Arbeit, Schrift; er hörte schauerliche Klagelaute

**Schaufel** ⟨f. 21⟩ **1** *Werkzeug aus leicht gewölbtem Blatt, oft mit aufgebogenen Seitenrändern, u. Stiel zum Aufnehmen u. Forttragen von körnigem od. kleinstückigem Material* (Kohlenschaufel, Sandschaufel) **2** *blattförmiger Teil von Wasser- od. Windrädern u. Turbinen* **3** ⟨Kart.; schweiz.⟩ *Pik* ◆ eine Schaufel voll Erde, Kies, Sand [< ahd. *scuvala,* engl. *shovel,* eigtl. „Gerät, auf das man etwas schiebt"; → *schieben*]

**schaufeln** ⟨V. t.; hat⟩ **1** *mit der Schaufel bewegen, mit der Schaufel aufnehmen* (Körner, Sand, Schnee) **2** *mit der Schaufel ausheben* (Grab, Graben) [< mhd. *schuveln;* zu *schuvel* „Schippe"]

**Schaufelraddampfer** ⟨m. 3; früher⟩ *mit Schaufelrädern (an beiden Seiten) betriebener Dampfer*

**Schaufenster** ⟨n. 13⟩ *verglaste Auslage eines Geschäfts*

**Schaukel** ⟨f. 21⟩ *an zwei Seilen od. Ketten aufgehängter Sitz, auf dem man sich hin u. her schwingt (meist im Freien)* [< nddt. *Schukel,* daneben *Schucke,* mnddt. *schucke, schocke,* mhd. *schoc, schocke;* unklare Herkunft]

**schaukeln** ⟨V.; hat⟩ **I** ⟨V. i.⟩ **1** *auf der Schaukel hin u. her schwingen* **2** *von einer Seite auf die andere wippen, sich wiegen, schwanken* ◆ mit einem Boot auf den Wellen schaukeln **II** ⟨V. t.⟩ ein Kind auf den Knien, in der Wiege schaukeln *es hin u. her bewegen (oft zur Beruhigung)* ◆ wir werden das Kind, die Sache schon schaukeln ⟨fig.; umg.⟩ *die Sache in Ordnung bringen, regeln*

**schaulustig** ⟨Adj.⟩ *gern zuschauend, neugierig* ◆ eine schaulustige Menge hatte sich angesammelt

**Schaum** ⟨m. 1u⟩ **1** *Gefüge aus gasgefüllten Bläschen (bes. Luftbläschen), die durch dünne Häutchen aus Flüssigkeit od. festem Stoff getrennt sind u. zugleich zusammengehalten werden* (Bierschaum, Seifenschaum) **2** *Geifer* **3** ⟨sinnbildl.⟩ *Hohlheit, Nichtigkeit, trügerischer Schein* ◆ **Träume** sind Schäume ⟨Sprichw.⟩ *sie gehen nicht in Erfüllung;* Schaum **schlagen** ⟨fig.⟩ *große Reden führen, angeben, durch prahlerisches Reden blenden* ◆ dem Pferd flog der Schaum **vom** Maul; Schaum **vor** dem Mund haben (vor Zorn od. im epilept. Anfall); Eiweiß **zu** Schaum schlagen [< ahd. *scum,* engl. *scum* < mndrl. *scum(e)*]

**schäumen** ⟨V. i.; hat⟩ **1** *Schaum bilden, Gischt aufwerfen* (Bier, Sekt, Wellen) **2** *gären* (Wein) **3** ⟨fig.⟩ *wütend sein* ◆ der Sekt schäumt im Glas

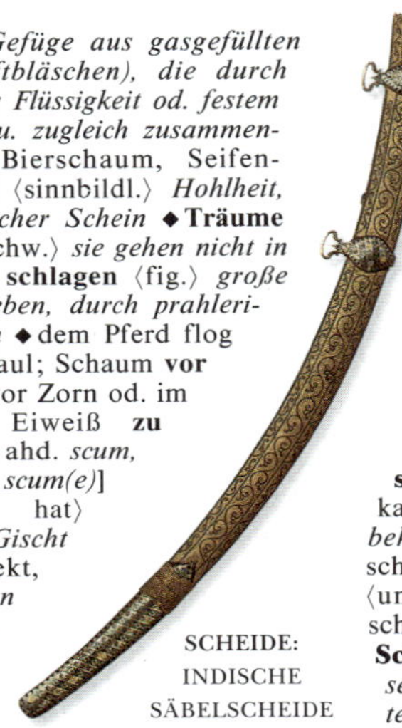

SCHEIDE: INDISCHE SÄBELSCHEIDE DES 19. JH.

**Schaumgummi** ⟨m. 6; unz.⟩ *aus natürl. od. synthet. Latex hergestellter, schwammartiger, poröser Stoff (bes. für Polster)* ◆ ein mit Schaumgummi gefüllter Sessel

**schaumig** ⟨Adj.⟩ **1** *mit Schaum bedeckt* **2** *wie Schaum* ◆ Eiweiß schaumig schlagen; Butter schaumig rühren

**Schaumlöffel** ⟨m. 5⟩ *flacher, mit Löchern versehener, runder Löffel zum Abschöpfen von Schaum*

**Schaumstoff** ⟨m. 1⟩ *poröser Kunststoff, der bes. leicht ist u. gut gegen Wärme u. Schall isoliert* ◆ mit Schaumstoff polstern

**Schaumwein** ⟨m. 1⟩ *Kohlensäure enthaltender Wein, der beim Öffnen der Flasche stark schäumt, Sekt*

**Schaumzikade** ⟨f. 19; Bot.⟩ ◄ *Angehörige einer Familie der Zikaden, deren Larven den Kuckucksspeichel erzeugen: Cercopidae*

SCHAUMZIKADE: BLUTZIKADE (*Cercopis vulnerata*)

**Schauplatz** ⟨m. 1u⟩ *Platz, an dem sich eine Handlung, ein Vorgang abspielt* ◆ der Schauplatz eines Dramas, Romans, eines Unglücks

SCHECKE

**schaurig** ⟨Adj.⟩ *Schauer erregend, schrecklich, gruselig;* oV *schauerig* ◆ ein schauriger Unfall [zunächst zu Schauer „Unwetter"; später auch im Sinne von „gruselig", angelehnt an *Schauer* „Gruseln, Erbeben"]

**Schauspiel** ⟨n. 11⟩ **1** ⟨Lit.; Theat.⟩ **1.1** ⟨i. w. S.⟩ *jedes auf der Bühne darstellbare Werk* (Trauerspiel, Lustspiel, Schwank usw.) **1.2** ⟨i. e. S.⟩ *ernstes Bühnenstück ohne tragischen Ausgang, Drama* **2** ⟨fig.⟩ *Anblick eines Geschehens, Vorgangs, einer Handlung, Szene* ◆ da bot sich ihren Blicken ein besonders reizvolles Schauspiel

**Schausteller** ⟨m. 3⟩ *jmd., der etwas zur Schau stellt, ausstellt, zeigt (bes. auf dem Jahrmarkt)*

**Schech** ⟨[ʃeːç] m. 1; Nebenform von⟩ *Scheich*

**Scheck** ⟨m. 6 od. (selten) m. 1⟩ *an bestimmte Form gebundene Zahlungsanweisung auf das Guthaben des Ausstellers* ◆ einen Scheck ausstellen, schreiben, sperren lassen; ein ungedeckter Scheck; mit einem Scheck bezahlen [< engl. *cheque* „Einwirkung von amerik. *check*]

**Schecke** ⟨f. 19 od. m. 17⟩ ▲ *weibliches Tier (Pferd od. Rind) mit hellen Flecken im Fell* [→ *scheckig*]

**scheckig** ⟨Adj.⟩ *gefleckt* ◆ er ist hier bekannt wie ein scheckiger Hund ⟨umg.⟩ *sehr bekannt;* eine scheckige Kuh, Stute; ein scheckiges Pferd, Rind; sich scheckig lachen ⟨umg.⟩ *heftig lachen* [< mhd. *schecke* „gescheckt"; zu afrz. *eschiec* „Schach(brett)"]

**Scheckkarte** ⟨f. 19⟩ *von Banken u. Sparkassen ausgegebene, auf den Kontoinhaber lautende Karte, mit der diese garantieren, einen bis zur Höhe von 400 DM ausgestellten Scheck einzulösen u. mit der man an Geldautomaten Geld abheben kann*

**scheel** ⟨Adj.⟩ **1** *schielend, schief* **2** ⟨fig.⟩ *neidisch* ◆ jmdn. scheel, mit scheelem Blick ansehen [< mnddt. *schel,* mhd. *schelch(es)* < ahd. *scelah* „schielend; schief, krumm"]

**Scheffel** ⟨m. 5⟩ **1** *altes Hohlmaß landschaftlich sehr verschiedener Größe, 23-223 l* **2** *altes Flächenmaß, so viel Boden, wie man mit einem Sch. voll Körner besäen kann* **3** *offenes Holzgefäß, Bottich* ◆ er stellt sein Licht nicht unter den Scheffel ⟨fig.⟩ *er bringt seine Fähigkeiten gern zur Geltung*

**scheffeln** ⟨V.; hat⟩ **I** ⟨V. t.⟩ **1** ⟨veraltet⟩ *mit dem Scheffel aufhäufen* **2** ⟨heute fig.⟩ *gierig zusammenraffen, in großen Mengen erlangen, gewinnen* ◆ Geld scheffeln **II** ⟨V. i.⟩ das Getreide scheffelt *gibt viele Körner* [< ahd. *sceffil;* zu ahd. *scaf* „Gefäß für Flüssigkeiten, Kornmaß"]

**Scheibe** ⟨f. 19⟩ **1** *runde od. ovale Platte, Fläche, bes. als Maschinenteil, z. B. zum Formen von Ton* (Töpferscheibe) *u. als Zielfläche beim Schießen* (Schießscheibe) **2** *dünn abgeschnittenes Stück, Schnitte* (Apfelscheibe,

Brotscheibe, Wurstscheibe) **3** *Glas des Fensters* (Fensterscheibe) *oder Spiegels* (Spiegelscheibe) **4** ⟨Mus.; Jugendspr.⟩ *Schallplatte, CD* ◆ eine Scheibe Brot, Fleisch, Käse, Schinken, Wurst; eine Scheibe einsetzen (ins Fenster); die Detonation war so stark, dass die Scheiben klirrten; Brot, Fleisch in Scheiben schneiden [< ahd. *sciba,* engl. *shive,* urspr. „vom Baum abgeschnittene runde Platte"]

**Scheibenbremse** ⟨f. 19⟩ *Backenbremse, bei der zwei Bremsbacken eine sich drehende Scheibe von beiden Seiten fassen*

**Scheibenegge** ⟨f. 19⟩ ▼ *Egge, die den Boden mittels Scheiben aufschneidet u. flach umlegt*

**Scheibenkupplung** ⟨f. 20⟩ *Kupplung, bei der eine Drehbewegung durch zwei aufeinander gepresste Scheiben übertragen wird*

**Scheibenpilz** ⟨m. 1⟩ *zu den Schlauchpilzen (Ascomycetes) gehörender Pilz mit becher- bis schlüsselförmigem Fruchtkörper: Discomycetales*

**Scheich** ⟨m. 1 od. m. 6⟩ **1** *Stammeshäuptling bei den arabischen Nomaden* **2** *mohammedanischer Hauptprediger einer Moschee* **3** *Ehrentitel im Vorderen Orient* [< arab. *schaich,* eigtl. „Greis"]

**Scheide** ⟨f. 19⟩ **1** *Grenze* (Feldscheide, Wasserscheide) **2** ◄ *schmaler Behälter, Futteral für Schneidwerkzeuge, Hieb- u. Stichwaffen* (Degenscheide) **3** ⟨Anat.⟩ *Teil des weibl. Geschlechtsorgans bei Mensch u. Tier, Verbindungsgang zwischen Gebärmutter u. äußerem Geschlechtsteil;* Sy *Vagina* **4** *Werkstätte, in der Gold u. Silber legiert wird* **5** ⟨Biol.⟩ *röhrenförmiger Pflanzenteil* ◆ den Degen, das Schwert aus der Scheide ziehen, in die Scheide stecken [< ahd. *sceida* „Schwertscheide", urspr. „Gespaltenes"; später a. „Messerscheide"; → *scheiden*]

**Scheidemünze** ⟨f. 19⟩ *kleine Münze, die wegen stärkerer Abschleifung infolge rascheren Umlaufs höheren Geldwert als tatsächl. Feinmetallwert hat*

**scheiden** ⟨V. 207⟩ **I** ⟨V. t.; hat⟩ *trennen, zerlegen, teilen, lösen* ◆ eine **Ehe** scheiden; **Erze** scheiden *vom tauben Gestein trennen;* eine chemische **Verbindung** scheiden ◆ er ist **aus** dem Amt geschieden *hat sein Amt niedergelegt;* aus dem Leben scheiden *sterben;* **von** jmdm., von einem Ort scheiden **II** ⟨V. refl.⟩ sich scheiden *sich trennen, auseinander gehen* ◆ sich scheiden **lassen** *seine Ehe gerichtlich lösen, trennen lassen* ◆ eine geschiedene Frau, ein geschiedener Mann *eine Frau bzw. ein Mann, deren bzw. dessen Ehe geschieden wurde; geschieden* ⟨Abk.: gesch.⟩ **III** ⟨V. i.; ist⟩ *Abschied nehmen, sich trennen, auseinander gehen* ◆ wir müssen scheiden; Scheiden tut weh; als Freunde scheiden; das scheidende Jahr, der scheidende Tag [< ahd. *sceidan, skeidan,* engl. *shed*]

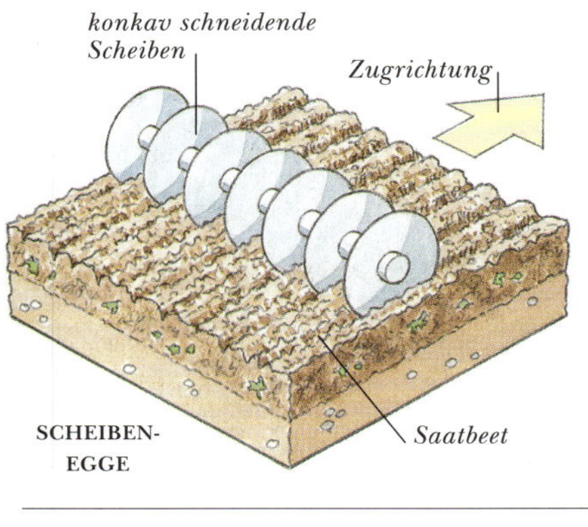

SCHEIBEN-EGGE

**Scheidenmuschel** ⟨f. 21; Zool.⟩ ◄ *Meeresmuschel mit langen klaffenden Schalen, die sich senkrecht in den Meeresboden bohren: Solenidae*

SCHEIDENMUSCHEL: TASCHENMESSERMUSCHEL *(Ensis siliqua)*

**Scheidepunkt** ⟨m. 1⟩ *Trennpunkt, Grenzpunkt*

**Scheidewand** ⟨f. 7u⟩ *Wand, die etwas voneinander scheidet, Trennwand* (Nasenscheidewand)

**Scheideweg** ⟨m. 1⟩ *Kreuzweg, sich gabelnder Weg* ◆ am Scheidewege stehen ⟨fig.⟩ *vor einer Entscheidung stehen*

**Scheidung** ⟨f. 20⟩ **1** ⟨i. w. S.⟩ *das Scheiden, Trennung* **2** ⟨i. e. S.⟩ *Ehescheidung* **3** ⟨Chem.⟩ *Trennung von Gold u. Silber durch Scheidewasser* ◆ in Scheidung leben *im Begriff sein, geschieden zu werden*

**Schein** **I** ⟨m.; -(e)s; unz.⟩ **1** *Licht, Lichterscheinung, Glanz, Schimmer* (Lampenschein, Lichtschein, Mondschein, Sonnenschein) **2** *äußeres Ansehen, Aussehen, äußeres Bild, das nicht sofort erkennen lässt, was wirklich dahinter steckt* **3** *Sinnestäuschung, Trugbild* ◆ der (helle) Schein eines **Lächelns;** der Schein des **Mondes,** der Sonne, der Sterne; Schein und **Sein** ◆ den (äußeren) Schein **retten;** der Schein **spricht** gegen ihn ◆ **heller,** leuchtender, strahlender Schein; **matter,** trüber Schein ◆ sich **durch** den Schein täuschen lassen; **im** Schein der Lampe, Laterne; etwas (nur) **zum** Schein sagen, tun **II** ⟨m. 1⟩ **1** *Bescheinigung, schriftliche Bestätigung, Attest, Quittung* (Empfangsschein, Gutschein, Schuldschein) **2** *einzelnes Stück Papiergeld, Banknote* (Geldschein, Zehnmarkschein) ◆ **geben** Sie mir bitte keine Münzen, sondern Scheine ◆ jmdm. einen **größeren** Schein in die Hand drücken [< mhd. *schin* < ahd. *scin,* engl. *shine* „Glanz, Helligkeit"; seit 15. Jh. „trüger. Aussehen"; spätmhd. „etwas Sichtbares; Urkunde"]

SCHEINBEERE: AMERIKANISCHES WINTERGRÜN *(Gaultheria procumbens)*

**scheinbar** ⟨Adj.⟩ **1** *nicht wirklich, nur so scheinend, vermeintlich* **2** *vorgetäuscht, erheuchelt;* → a. *anscheinend* ◆ er gab nur scheinbar nach

**Scheinbeere** ⟨f. 19; Bot.⟩ ▲ *Angehörige einer Gattung der Heidekrautgewächse, immergrüner Strauch mit glockenförmigen Blüten: Gaultheria*

**scheinen** ⟨V. i. 208; hat⟩ **1** *Helligkeit verbreiten, leuchten, glänzen, schimmern* **2** *den Anschein haben, aussehen wie ..., wirken, als ob ..., so tun, als ob ...* ◆ es scheint, als käme er heute nicht mehr; mir scheint, als wolle er ...; der **Mond,** die Sonne scheint ◆ er scheint keine Lust zu **haben;** er scheint nicht zu **wissen,** dass ... ◆ er scheint sehr **fröhlich,** ist es aber nicht ◆ ein Licht schien **durch** die Bäume; die Sonne, der Mond scheint **ins** Zimmer [< ahd. *skinan* „glänzen, sich zeigen, deutlich sein", engl. *shine* → *Schein*]

**Scheinfüßchen** ⟨n. 14; meist Pl.; Biol.⟩ ► = *Pseudopodium*

**scheinheilig** ⟨Adj.⟩ **1** *Aufrichtigkeit od. Freundlichkeit vortäuschend, heuchlerisch* **2** *Frömmigkeit vortäuschend*

**Scheintod** ⟨m. 1; unz.⟩ *Zustand, in dem alle Lebensäußerungen scheinbar erloschen sind, z. B. bei Sauerstoffmangel, Blutverlust usw.*

**Scheinwerfer** ⟨m. 3⟩ *Lichtquelle, die mithilfe von Reflektoren einen Lichtstrahl aussendet*

**Scheit** ⟨n. 11 od. süddt., österr., schweiz.: n. 12⟩ **1** *durch Hacken, Spalten zugehauenes Stück Holz vom Stamm* **2** ⟨ostdt.⟩ *Spaten* (Grabscheit) [< ahd. *scit* „Holzscheit", engl. *shide*]

**Scheitel** ⟨m. 5⟩ **1** *mittlerer oberer Teil des Kopfes* **2** ⟨allg.⟩ *Kopf* **3** *höchster Punkt, Spitze* **4** ⟨Math.⟩ **4.1** ▼ *Punkt, in dem sich eine Kurve mit der Symmetrieachse schneidet* **4.2** ▼ *Punkt, in dem sich die Schenkel des Winkels treffen* **5** *Trennungslinie der Frisur* (Mittelscheitel, Seitenscheitel) ◆ der Scheitel eines **Bogens,** einer Kurve, eines Kegels; den Scheitel links, rechts **tragen;** beim Kämmen einen Scheitel **ziehen** [< ahd. *sceitila* „Kopfwirbel; Haarscheide vom Wirbel bis zur Stirn, Haarscheitel"; → *scheiden*]

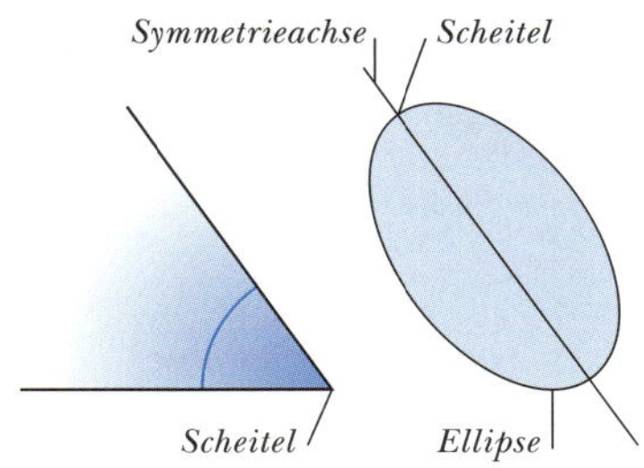

SCHEITEL

**Scheitelpunkt** ⟨m. 1⟩ **1** *höchster Punkt (einer Flugbahn, Gestirnbahn, Kurve);* Sy *Zenit (1)* **2** ⟨fig.⟩ *Gipfelpunkt*

**Scheiterhaufen** ⟨m. 4⟩ *Stoß aus Holzscheiten (früher zum Verbrennen von Ketzern, Hexen, verbotenen Büchern)*

**scheitern** ⟨V. i.; ist⟩ **1** *nicht zum Ziel gelangen, Schiffbruch erleiden* (Person) **2** *zunichte werden, misslingen* (Plan, Vorhaben) **3** *auf Klippen auflaufen, zerschellen* (Schiff) [< frühnhd. „in Stücke gehen"; zu *Scheiter,* alter Pl. von *Scheit;* → *Scheit*]

**Schelf** ⟨m. 1 od. n. 11⟩ ▼ *der vom Meer bis zu 200 m bedeckte Rand der Kontinente;* Sy *Festland(s)sockel, Kontinentalsockel* [< engl. *shelf*]

SCHELF VOR SÜDAMERIKA

S

**Schellack** ⟨m. 1⟩ *harzige Ausscheidungen von Schildläusen auf den Zweigen verschiedener Bäume, für die Herstellung von Lacken, Firnissen, Polituren, Kitten, Appreturen u. Kunststoffen verwendet* [< ndrl. *schellak;* zu *schel* „Schuppe (des Fisches)"]

**Schelle**[1] ⟨f. 19⟩ **1** *Klingel, Glocke* **2** *geschlossenes Glöckchen* **3** ⟨mdt.⟩ = *Ohrfeige* **4** Schellen ⟨Pl.⟩ *metallene Handfesseln* (Handschellen) ♦ einem Gefangenen Schellen anlegen [< ahd. *scella* „Glöckchen"; zu dem im Nhd. untergegangenen starken Verb ahd. *scellan* „tönen"; in der Bedeutung „Ohrfeige" verkürzt < *Maulschelle;* zu frühnhd. *schellen* „schallen"]

**Schelle**[2] ⟨f. 19⟩ **1** *Haltering für Rohre* **2** *Klammer, Bügel* [vermutl. zu *Schale* „Hülse"]

**Schellenbaum** ⟨m. 1u; Mus.⟩ *aus der Janitscharenmusik stammendes Instrument für Militärkapellen aus einer Tragstange mit Querhölzern, an denen Schellen hängen, von einem Halbmond gekrönt u. mit zwei Pferdeschwänzen verziert*

SCHELLFISCH
*(Melanogrammus aeglefinus)*

**Schellfisch** ⟨m. 1; Zool.⟩ **1** *Angehöriger der Familie der Schellfischartigen mit sehr schmackhaftem u. zartem, lockerem Fleisch: Gadidae* **2** ▲ *bis maximal 1 m langer u. bodennah lebender, zu den Schellfischen gehörender Fisch des Nordatlantik: Melanogrammus aeglefinus* [< mnddt. *schellevisch* < *Schelle* „Hülse, Schale", nach seinem schuppenförmigen, blätterigen Fleisch]

**Schelm** ⟨m. 1⟩ **1** ⟨früher⟩ *ehrloser, aus der Gesellschaft ausgestoßener Mensch* **2** *Henker* **3** ⟨Lit.⟩ *Held des Schelmenromans, lustiger, durchtriebener, vom Missgeschick verfolgter Bursche, Picaro* **4** ⟨heute allg.⟩ *Schalk, Spaßvogel* **5** ⟨als Kosewort⟩ *Schlingel* ♦ du kleiner Schelm! [< mhd. *schelme* „Bösewicht, Verführer, durchtriebener Mensch" < ahd. *skelmo* „Todeswürdiger"]



**schelten** ⟨V. t. u. V. i. 210; hat⟩ **1** jmdn. schelten *jmdm. Vorwürfe machen, jmdn. laut tadeln* **2** *schimpfen* ♦ jmdn. einen Faulpelz, einen Dummkopf schelten *ihn einen Faulpelz, einen Dummkopf nennen* [< ahd. *sceltan* „tadeln, schmähen", eigtl. „Lärm über etwas machen"]

**Schema** ⟨n. 15; Pl. a.: -mata od. -men⟩ **1** *vereinfachte, anschauliche,* ⟨bes.⟩ *zeichnerische Darstellung, Übersicht* **2** *äußere Form einer Ordnung, Rahmen, Norm* **3** *Muster, Vorbild* ♦ wir sind mit unserer Arbeit an diesem Projekt an kein verbindliches Schema gebunden [< grch. *schema* „Haltung, Stellung; Gestalt, Figur, Form"]

**schematisch** ⟨Adj.⟩ **1** *in der Art eines Schemas, durch, mithilfe eines Schemas (verdeutlicht, dargestellt)* **2** *nach einem bestimmten Schema, an ein Schema gebunden* **3** *grundsätzlich regelnd* **4** *gleichmacherisch* ♦ das ist eine ganz schematische Arbeit, Tätigkeit

**Schemel** ⟨m. 5⟩ *Hocker, niedriger Stuhl ohne Lehne, Fußbank* (Fußschemel) [< mhd. *schamal* < ahd. *scamal* „Hocker, Stuhl, Bank" < lat. *scamellus* „Bänkchen"]

**Schemen**[1] ⟨n. 14⟩ **1** *Gespenst, Schatten, wesenloses Trugbild* **2** ⟨bair.⟩ *Maske* [< mhd. *scheme* „Schatten, Schattenbild"]

**Schemen**[2] ⟨Pl. von⟩ *Schema*

**schemenhaft** ⟨Adj.⟩ **1** *wie ein Schemen, gespenstisch* **2** *flüchtig, schattenhaft*

**Schenke** ⟨f. 19⟩ *Gaststätte, kleines Wirtshaus, Schankwirtschaft, Ausschank* (Weinschenke); oV *Schänke* [zu *schenken* im Sinne von „einschenken"]

**Schenkel** ⟨m. 5⟩ **1** ⟨Anat.⟩ **1.1** *Abschnitt des Beins vom Knie bis zur Hüfte* (Oberschenkel) *bzw. vom Knöchel bis zum Knie* (Unterschenkel) **1.2** ⟨allg. kurz für⟩ *Oberschenkel* **2** *von einer Knickung, einem gemeinsamen Ansatzpunkt ausgehender Teil eines Gerätes, Arm, z. B. an Schere, Zange, Zirkel* **3** *jede der beiden einen Winkel einschließenden Geraden* ♦ sich (vor Vergnügen, Überraschung) auf die Schenkel schlagen [< mhd. *schenkel*]

**...schenkelig** ⟨Adj.⟩ = *...schenklig*

**schenken** ⟨V.; hat⟩ **I** ⟨V. t.⟩ **1** *eingießen, einschenken* **2** jmdm. etwas schenken *zum Geschenk machen, freiwillig u. gern geben* **3** *erlassen (Strafe)* ♦ jmdm. od. einer Sache **Aufmerksamkeit** schenken *widmen;* jmdm. **Blumen,** ein Buch schenken; jmdm. **Glauben** schenken *jmdm. glauben;* einem Verurteilten das **Leben** schenken *ihn begnadigen;* jmdm. **Vertrauen** schenken *jmdm. vertrauen* ♦ jmdm. etwas **als** Andenken schenken; er schenkt **gern;** Bier, Wein **ins** Glas schenken; jmdm. etwas **zum** Geburtstag, zu Weihnachten schenken ♦ etwas geschenkt bekommen **II** ⟨V. refl.⟩ ⟨umg.⟩ *etwas nicht tun (weil es nicht nötig ist)* ♦ sich etwas schenken [< mhd. „einschenken, jmdm. zu trinken geben; schenken, geben" < ahd. *skenken* „einschenken, jmdm. zu trinken geben"; Grundbedeutung ist „schief halten"]

**...schenklig** ⟨Adj.; in Zus.⟩ *mit einer bestimmten Art od. Zahl von Schenkeln versehen,* z. B. gleichschenklig, zweischenklig, dreischenklig; oV *...schenkelig*

**Scherbe** ⟨f. 19⟩ *Bruchstück (eines Gefäßes, Glasscherbe, Porzellanscherbe)* ♦ sei vorsichtig, sonst gibt's Scherben; in Scherben gehen *zerbrechen, entzweigehen* [< ahd, *scirbi* „Scherbe; irdener Topf"; verwandt mit *schroff, Schorf, Scherflein*]

**Schere** ⟨f. 19⟩ **1** *aus zwei gegeneinander bewegl. Messern bestehendes Werkzeug zum Schneiden, Zertrennen* **2** *Stange am Zaumzeug, an der Backen- u. Kinnriemen befestigt sind* **3** *Riemenspanner* **4** *Greifwerkzeug der Krebse u. Hummer sowie mancher Spinnentiere* (Skorpione) **5** ⟨fig.⟩ *starker Unterschied, Mißverhältnis zwischen zwei Faktoren* (Lohn-Preis-Schere) ♦ den Gegner in die Schere nehmen ⟨Sp.; Ringen⟩ [< mhd. *schære* < ahd. *scari,* Pl. von *scar* „Messer, Schere"; → *scheren*[1]]

**scheren**[1] ⟨V. t. 211; hat⟩ **1** *abschneiden, kurz schneiden* (Bart, Haar, Wolle) **2** *glatt schneiden, beschneiden* (Hecke) ♦ jmdn. od. ein Tier scheren *ihm Bart, Haar od. Wolle abschneiden* [< ahd. *skeran,* urspr. „(zer-)schneiden, zerhauen"]

**scheren**[2] ⟨V.; hat⟩ **I** ⟨V. t.⟩ es schert mich nicht *es kümmert mich nicht, es ist mir völlig gleichgültig* ♦ was schert euch das? *was geht euch das an?;* was schert mich seine Meinung? **II** ⟨V. refl.; umg.⟩ sich scheren **1** *fortgehen* **2** *machen, dass man fortkommt* ♦ sich nicht um etwas scheren *sich nicht um etwas kümmern;* scher dich zum Kuckuck, zum Teufel! [< spätmhd. *schern* „schnell weglaufen"; zu ahd. *sceron* „ausgelassen sein"]

**Scherenschnitt** ⟨m. 1⟩ *aus Papier geschnittene bildliche Darstellung;* Sy *Silhouette*

**Scheria** ⟨f.; -; unz.⟩ = *Scharia*

**Scherif** ⟨m. 1 od. m. 16; Titel für⟩ *Nachkomme Mohammeds* [< arab. *sharif* „adlig, edel, erhaben"]

**Schermaus** ⟨f. 7u; oberdt.; Zool.⟩ = *Wasserratte (1)* [< ahd. *skero,* zu *skeran* „schneiden", also „Tier, das den Boden durchschneidet"; mhd. trat *mus* „Maus" als Verdeutlichung hinzu]

**Scherz** ⟨m. 1⟩ **1** *Spaß, Neckerei, schalkhafter Einfall* **2** *Witz* ♦ Scherz und **Ernst** ♦ einen Scherz **machen; sein:** es war doch nur ein Scherz!; (seinen) Scherz mit jmdm. **treiben** *jmdn. necken, jmdn. zum Narren halten* ♦ **alberner,** derber, grober, netter, plumper Scherz; **harmloser,** unschuldiger Scherz ♦ ich hab' es doch nur **aus** Scherz, zum Scherz gesagt; halb **im** Scherz, halb im Ernst [< mhd. *scherz* „Vergnügen, Spiel", urspr. „muntere, hüpfende Bewegung"; vermutl. rückgebildet aus *scherzen* „springen, sich vergnügen"]

**scherzen** ⟨V. i.; hat⟩ **1** *einen Scherz od. Scherze machen, Spaß treiben, lustig sein* **2** *etwas im Scherz sagen* ♦ „...!", scherzte er; Sie (belieben zu) scherzen! *das kann nicht Ihr Ernst sein!;* mit den Kindern (fröhlich sein und) scherzen [< ahd. *scherzen* „fröhlich springen; sich vergnügen"]

SCHEUKLAPPEN

**Scherzo** ⟨['skɛrtso] n. 15; Pl. a.: Scherzi; Mus.⟩ **1** *heiterer, bewegter Satz der Sonate, auch der Sinfonie, im ¾-Takt* **2** *kurzes, heiteres Musikstück* [ital., eigtl. „Spaß, Scherz"; zu *scherzare* „spaßen, scherzen"]

**scheu** ⟨Adj.; -er, am -esten⟩ **1** *ängstlich, schüchtern, furchtsam, bange* (menschenscheu, wasserscheu) **2** *leicht erschreckend* **3** *ehrfürchtig* **4** *leicht erregt, bei der kleinsten Annäherung fliehend* (Tier) **5** *erregt, wild* ♦ ein scheuer Blick, Kuss; ein scheues Kind; scheu näher treten [lautlich angelehnt an *scheuen, Scheu* < mhd. *schiech* „scheu; abschreckend, hässlich" < ahd. **scioh*]

**Scheu** ⟨f.; -; unz.⟩ **1** *Angst, Furcht, Bangigkeit* **2** *ängstl. Zurückhaltung* (Menschenscheu, Wasserscheu) **3** *Ehrfurcht* ♦ eine abergläubische, geheime, unerklärliche Scheu; voller Scheu näher kommen; sie schwieg aus Scheu; ohne Scheu sprechen [< mhd. *schiuhe* „Abscheu; Schreckbild"; zu *schiech* „scheu, schüchtern; abschreckend, hässlich"; → *scheu*]

**scheuchen** ⟨V. t.; hat⟩ *jagen, treiben, wegjagen* ♦ Hühner aus dem Garten scheuchen [< mhd. *schiuhen* „scheu machen, verjagen"; → *scheuen*]

**scheuen** ⟨V.; hat⟩ **I** ⟨V. i.⟩ ein Pferd scheut *wird wild, springt erschrocken zur Seite* **II** ⟨V. t.⟩ etwas scheuen *vor etwas zurückschrecken, Angst haben* ♦ die Arbeit scheuen; ich scheue jede Auseinandersetzung; er scheut kein Mittel, sich einen Vorteil zu verschaf-

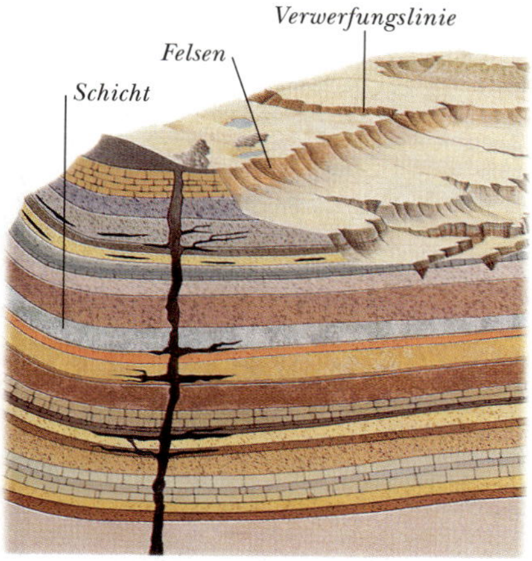


SCHICHT: SCHNITT DURCH DIE SCHICHTEN DES GRAND CANYON, USA

fen **III** ⟨V. refl.⟩ sich scheuen *Angst, Bedenken haben, etwas zu sagen od. zu tun* ◆ sich vor etwas scheuen *vor etwas zurückschrecken, Angst davor haben* [< mhd. *schiuhen* „scheu machen, erschrecken, verjagen; scheu sein; sich scheuen" < ahd. *sciuhen* „scheu machen, erschrecken"]

**scheuern** ⟨V. t. u. V. i.; hat⟩ **1** *durch kräftiges Reiben säubern, grob reinigen* (Fußboden) **2** *reiben, die Haut aufreiben* ◆ der Schuh scheuert die Ferse, ⟨od.⟩ an der Ferse; der Riemen des Rucksacks scheuert an der Schulter [< frühnhd. *schewren* < mhd. *schiuren, schuren,* mnddt. *schüren;* vielleicht über mndrl. *schuren* „reiben" < afrz. *escurer* (frz. *écurer* „abreiben") „reinigen, fegen"]

**Scheuklappen** ⟨Pl.⟩ ◄ *zwei seitlich der Augen angebrachte, viereckige Lederstücke (für leicht scheuende Pferde)* ◆ mit Scheuklappen durchs Leben gehen ⟨fig.⟩ *ohne Interesse für andere*

**Scheune** ⟨f. 19⟩ *Gebäude zum Lagern von Getreide, Stroh, Heu, Hülsenfrüchten u. a.* [< mhd. *schiun(e)* < ahd. *scugin(a)* „Schuppen, Obdach"]

**scheußlich** ⟨Adj.⟩ **1** *abstoßend, hässlich, ekelhaft* (Tier, Anblick) **2** *gemein, verabscheuenswert, widernatürlich grausam* (Verbrechen) **3** *entstellend* (Narbe, Wunde) **4** ⟨umg.⟩ *unangenehm, peinigend* (Lage) ◆ es ist ein scheußliches Gefühl; es ist scheußlich kalt [mit Anlehnung an *Scheusal* umgebildet < frühnhd. *scheutzlich* < mhd. *schiuzlich* „scheu; abscheulich"; zu *schiuzen* „Abscheu empfinden"; zu *schiuhen* „(sich) scheuen"]

**Schi** ⟨m.; -s, -er; meist Pl.; Sp.⟩ = *Ski*

**Schicht** ⟨f. 20⟩ **1** *Lage (eines einheitl. Stoffes), Überzug* (Farbschicht, Luftschicht, Staubschicht, Wolkenschicht, Schutzschicht) **2** ⟨Geol.⟩ ▲ *durch Sedimentation entstandene, tafel- od. plattenförmige Gesteinslage, deren waagerechte Ausdehnung beträchtlich ist* **3** *gesellschaftlich gleichgestellte Personengruppe* (Arbeiterschicht, Gesellschaftsschicht, Oberschicht) **4** *Tagewerk, tägl. Arbeitszeit der Industrie- u. Bergarbeiter* (Frühschicht, Spätschicht, Nachtschicht) **5** *alle Bergleute, die zur gleichen Arbeitszeit ins Bergwerk einfahren, Arbeitsgruppe, die gleichzeitig arbeitet* ◆ die verschiedenen Schichten der **Bevölkerung** ◆ **dicke,** dünne, feine Schicht ◆ der Betrieb arbeitet **in** drei Schichten [< mhd. *schicht* „Schickung, Geschehnis"; vermutl. zu ahd. *missa skiht* „Unglück", *niuskiht* „neues Ereignis, Neuigkeit"; zu *scehan* „sich fügen, geschehen"]

**schichten** ⟨V.; hat⟩ **I** ⟨V. t.⟩ *in Schichten übereinander legen* ◆ Getreide, Holz, Kohlen schichten; einen Hochofen schichten *beschicken* **II** ⟨V. i.; Geol.⟩ eine Schicht bilden

**Schichtkäse** ⟨m. 3⟩ *Speisequark, der aus mehreren Schichten von Magerquark u. fettem Quark besteht*

**schick** ⟨Adj.⟩ oV ⟨nicht bei flektierten Formen⟩ *chic* **1** *modisch, elegant, geschmackvoll* **2** ⟨umg.⟩ *großartig, sehr erfreulich* ◆ ein schickes Kostüm; schick gekleidet; das ist ja schick! [< frz. *chic;* → *Schick*]

**Schick** ⟨m.; -s; unz.⟩ *Eleganz, modische Feinheit* ◆ Schick haben *elegant sein, ein Gefühl für modische Wirkung haben* [< mnddt. *schick* „was sich schickt, richtige Ordnung"; zu *schicken* „etwas in Ordnung bringen", seit 1850 beeinflusst u. verdrängt von frz. *chic* „Eleganz, verfeinerte Lebensart; Geschick"; → *schick*]

**schicken** ⟨V.; hat⟩ **I** ⟨V. t.; geh. a.: V. i.⟩ **1** *senden, bringen lassen* (Waren) **2** *veranlassen zu gehen, sich an einen bestimmten Ort zu begeben* ◆ meine Mutter schickt mich, ich soll Ihnen sagen ...; jmdm. **Blumen** schicken; jmdm. einen **Brief,** ein Paket, eine Einladung, Vorladung schicken ◆ sich die Waren schicken **lassen** ◆ die Kinder **ins** Bett schicken; **nach** dem Arzt schicken **II** ⟨V. refl.⟩ sich schicken **1** *sich gehören, dem Anstand, der guten Sitte entsprechen* **2** *sich entwickeln, sich fügen, sich ergeben* ◆ es schickt sich nicht, in der Nase zu bohren; ich hab' mich schicken müssen, um damit rechtzeitig fertig zu werden ⟨oberdt.⟩ ◆ es hat sich alles noch **gut,** recht, wohl geschickt ◆ sich **in** sein Los, Schicksal, in die Umstände schicken [< mhd. *schicken,* zunächst „ordnen, bereiten, ins Werk setzen", dann (im Sinne des Zurechtmachens zum Verschicken) „entsenden"; vermutl. zu mnddt. *schicken* „etwas in Ordnung bringen"; *sich schicken* zur urspr. Bedeutung von *schicken* „ordnen, bereiten"; angelehnt an *Schick, Geschick* „Eignung, Talent"]

**Schickeria** ⟨f.; -; unz.⟩ *reiche, sich extravagant gebärdende, übertrieben schick gekleidete Gesellschaftsschicht* ◆ die Schickeria von München [< ital. *sciccheria* „Schick, Eleganz, schicke Sache", zu *scicche* „schick, elegant", < frz. *chic;* → *schick*]

**schicklich** ⟨Adj.; geh.⟩ *so, wie es sich schickt, passend, geziemend, Brauch u. Sitte gemäß* ◆ eine schickliche Entschuldigung

**Schicksal** ⟨n. 11⟩ **1** *alles, was dem Menschen widerfährt, Geschick, Los* **2** *Fügung, Lebensbestimmung, das menschl. Leben lenkende Macht* ◆ die **Gunst,** Ungunst des Schicksals ◆ was mir auch das Schicksal **beschieden** hat; jmdn. seinem Schicksal **überlassen** *sich nicht mehr um ihn kümmern, ihn allein lassen* ◆ **blindes,** unerbittliches Schicksal; **böses,** grausames, schweres, trauriges Schicksal ◆ es war ihm **vom** Schicksal bestimmt, seinen größten Wunsch erfüllen zu können

**Schiebefenster** ⟨n. 13⟩ ► *Fenster zum Aufschieben nach oben od. nach der Seite*

**schieben** ⟨V. 212⟩ **I** ⟨V. t.; hat⟩ *durch Drücken in Bewegung setzen, vorwärts, rückwärts od. seitwärts drücken* ◆ jmdn. schieben ⟨fig.; umg.⟩ *jmdn. in nicht ganz einwandfreier Weise fördern;* das **Fahrrad** schieben (nicht darauf fahren); **Kegel** schieben *kegeln;* einen **Kinderwagen,** Schubkarren schieben; **Wache** schieben *Posten stehen, auf Wache stehen* ◆ du **glaubst** zu schieben, und du wirst geschoben (Goethe, Faust I, Walpurgisnacht) ◆ die Schuld **auf** jmdn. schieben ⟨fig.⟩ ◆ er muss immer geschoben werden *er macht nichts von selbst, von allein* **II** ⟨V. i.; hat; umg.⟩ *unsaubere Geschäfte tätigen, auf dem schwarzen Markt handeln* ◆ mit Butter, Kaffee, Teppichen schieben **III** ⟨V. i.; ist; umg.; scherzh.⟩ *plump u. vorgebeugt gehen* ◆ durch die Gegend schieben [< ahd. *scioban,* engl. *shove,* „(Waren) verschieben, fragwürdige Geschäfte machen" unter Einfluss der Gaunerspr.]

**Schieber** ⟨m. 3⟩ **1** *Teil eines Gerätes, der geschoben wird (bes. vor einer Öffnung), Riegel* **2** *Maschinenteil zum Öffnen u. Schließen von Leitungen für Gase od. Flüssigkeiten* **3** *Essgerät für Kinder zum Nachschieben der Bissen auf den Löffel* **4** *flaches Gefäß zur Aufnahme der Notdurft, das bettlägerigen Kranken untergeschoben wird, Bettpfanne* **5** ⟨fig.⟩ *jmd., der unsaubere Geschäfte unter Umgehung von Wirtschaftsgesetzen macht, bes. in Notzeiten* [→ *schieben*]

**Schiedsgericht** ⟨n. 11⟩ *aus mehreren Personen bestehendes Gremium, das einen Streit entscheidet*

**Schiedsmann** ⟨m. 2u; Pl. a.: -leute⟩ **1** *Angehöriger des Schiedsgerichts, Vermittler, Friedensrichter* **2** ⟨Sp.⟩ *Unparteiischer, Schiedsrichter*

**Schiedsrichter** ⟨m. 3⟩ **1** *Angehöriger eines Schiedsgerichts, Vermittler* **2** ⟨Sp.⟩ *Unparteiischer, der ein Wettspiel beaufsichtigt u. die Entscheidung fällt*

**Schiedsspruch** ⟨m. 1u⟩, **Schiedsurteil** ⟨n. 11⟩ *Urteilsspruch des Schiedsgerichts od. Schiedsrichters*

**schief** ⟨Adj.⟩ **1** *schief, schräg, geneigt, weder senkrecht noch waagerecht* **2** ⟨fig.⟩ *nicht ganz korrekt, nicht ganz richtig* (Ausdruck, Vergleich, Satz) **3** *verdächtig, zweideutig* (Lage) ◆ schiefe **Absätze** (an den Schuhen); auf die schiefe **Bahn** geraten ⟨fig.⟩ *den inneren, sittl. Halt verlieren, unmoralisch od. unredlich werden;* ein schiefes **Bild** von etwas haben ⟨fig.⟩ *eine nicht ganz richtige Vorstellung;* schiefe **Ebene** ⟨Phys.⟩ ►► *geneigte Fläche als einfache Maschine zum Heben von Lasten;* eine schiefe **Haltung** haben; in ein schiefes **Licht** geraten ⟨fig.⟩ *(infolge falschen Verhaltens) falsch beurteilt werden;* der Schiefe **Turm** zu Pisa ◆ jmdn. schief **ansehen** ⟨fig.⟩ *misstrauisch, argwöhnisch;* schief **gehen** *in gekrümmter Haltung;* ⟨fig.⟩ *misslingen;* sich schief **halten;** die Decke **liegt** schief; schief (da) **sitzen;** der Hut, die Mütze sitzt schief ◆ seine Zeilen sind **krumm** und schief ◆ den Hut schief **auf** dem Kopf [< mhd. *schief* „ungerade, verkehrt, falsch"]

**Schiefblatt** ⟨n. 12u⟩ = *Begonie*

**Schiefer** ⟨m. 3⟩ **1** ⟨i. w. S.⟩ *Gestein, das sich in ebene, dünne Platten spalten lässt* **2** ⟨i. e. S.⟩ *Dachschiefer* **3** ⟨oberdt.⟩ *kleiner Splitter* ◆ ein Dach mit Schiefer decken; sich einen Schiefer eingezogen haben ⟨oberdt.⟩ [< mhd. *schiver(e), schever(e)* „Stein-, Holzsplitter" < ahd. *skivaro* „zerrissene Felsen u. Hölzer"]

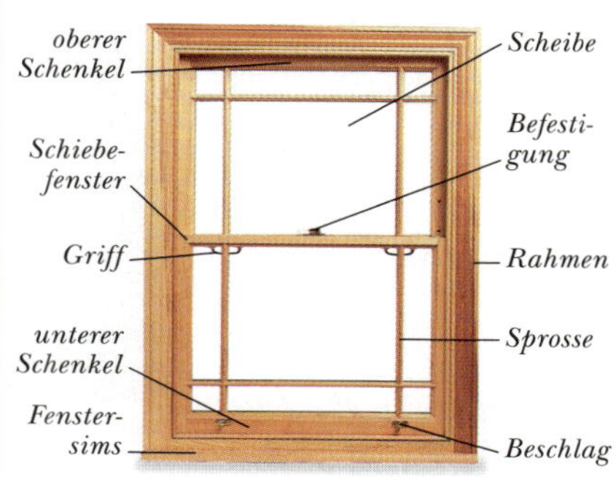


SCHIEBEFENSTER

S

## SCHIEFE EBENE

Eine schiefe Ebene verringert den Kraftaufwand, der notwendig ist, um einen Gegenstand hochzuziehen, indem sie einen Teil seines Gewichts trägt. Je flacher eine schiefe Ebene ist, desto geringer ist auch die Kraftanstrengung. Allerdings verlängert sich dadurch der Weg erheblich, während die Arbeit (Kraft · Weg) dieselbe bleibt.

DARSTELLUNG DES EFFEKTS DER SCHIEFEN EBENE

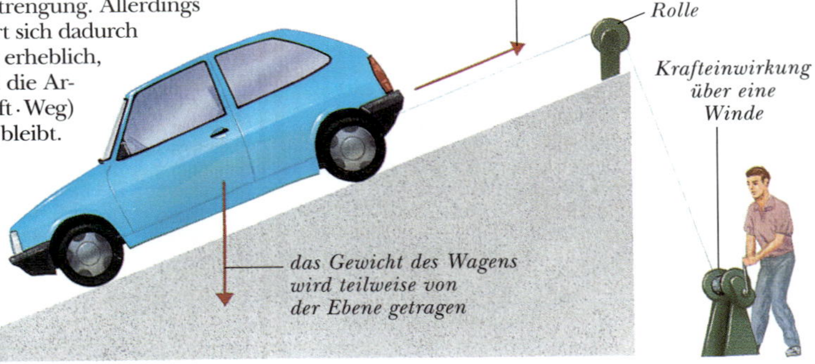


**Schieflage** ⟨f. 19⟩ **1** *schiefe Lage (eines Schiffes o. Ä.)* **2** ⟨fig.⟩ *finanzielle Instabilität (eines Betriebes, Unternehmens)* ◆ die vorübergehende Schieflage eines Unternehmens

**schielen** ⟨V. i.; hat⟩ *eine fehlerhafte Augenstellung haben* ◆ er schielt mit dem rechten Auge; auf od. nach etwas schielen ⟨fig.⟩ *von der Seite her, unbemerkt nach etwas blicken* [→ *scheel*]

**Schienbein** ⟨n. 11; Anat.⟩ **1** ⟨Zool.⟩ *einer der beiden Unterschenkelknochen der vierfüßigen Wirbeltiere* **2** ⟨beim Menschen⟩ ► *der größere, nach innen gelegene Unterschenkelknochen: Tibia*

**Schiene** ⟨f. 19⟩ **1** ⟨Eisenb.⟩ *aus Stahl gewalzter Profilstab als Fahrbahn für Schienenfahrzeuge* (Eisenbahnschiene, Straßenbahnschiene) **2** ⟨Med.⟩ *Gerät aus festem od. biegsamem Material zum Verstärken von Verbänden u. Bandagen mit dem Zweck der Ruhigstellung u. Feststellung von Knochenbrüchen u. Gelenken* **3** *Arm bzw. Bein bedeckender Teil der Rüstung* (Armschiene, Beinschiene) ◆ die Bahn läuft auf Schienen; aus den Schienen springen *entgleisen;* einen Arm in der Schiene tragen [< mhd. *schine* „schmaler Metall-, Holzstreifen", ahd. *scina* „Nadel"]

**schienen** ⟨V. t.; hat⟩ *in Schienen legen, mit Schiene(n) stützen* ◆ ein gebrochenes Bein schienen

**Schienenräumer** ⟨m. 3⟩ ▼ *Räumgerät, Säuberungsgerät am Eisenbahn- od. Straßenbahnwagen zur Beseitigung von Hindernissen, die sich auf dem Gleis befinden*

**schier**[1] ⟨Adj.⟩ *rein, lauter* ◆ schieres Fleisch *Fleisch ohne Knochen* [< mhd. *schir* mnddt. *schir,* engl. *sheer*]

**schier**[2] ⟨Adv.; altertümelnd; oberdt.⟩ *fast, beinahe* ◆ man möcht' (ja) schier meinen [< frühnhd. „bald" < mhd. *schier(e)* „schnell" < ahd. *skiaro, skero,* zum Adj. *skiari, skeri* „schnell"; scharfsinnig; scharf, hitzig"]

**Schier** ⟨Pl. von⟩ *Schi*

**Schierling** ⟨m. 1⟩ *Angehöriger einer Gattung der Doldengewächse, der wegen seines Gehaltes an Koniin giftig ist: Conium* [< mhd. *scherlinc, schirlinc* < ahd. *scerning,* mnddt. *scharn* „Mist" (der Sch. wächst mit Vorliebe in der Nähe von Düngerhaufen u. in dichtem Gras)]

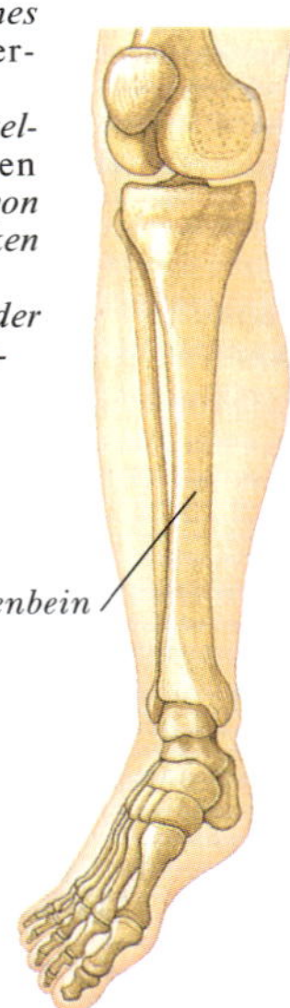


SCHIENBEIN: UNTERSCHENKEL DES MENSCHEN MIT SCHIENBEIN

SCHIENENRÄUMER AN EINER NORDAMERIKANISCHEN LOKOMOTIVE DES 19. JH.

**schießen** ⟨V. 213⟩ **I** ⟨V. i.; hat⟩ *ein Geschoss abschnellen, abfeuern, Feuer geben* ◆ **gut,** schlecht schießen; zu **hoch,** zu kurz, zu tief, zu weit schießen ◆ **in** die Luft schießen (als Warnung); **mit** dem Gewehr, mit Kanonen schießen; mit Kugeln, mit Schrot schießen; **nach** der Scheibe schießen **II** ⟨V. i.; ist; fig.⟩ **1** *schnell wachsen* (Kind, Salat, Spargel) **2** *stürzen, sich rasch in einer Richtung bewegen, rasch laufen, fahren, fliegen* ◆ der **Junge** ist in den letzten Jahren mächtig, ziemlich geschossen ◆ das Wasser schießt **aus** dem Felsen, aus der Leitung; ein Gedanke schoss ihm **durch** den Kopf *plötzlich kam ihm, durchzuckte ihn ein Gedanke;* **in** die Höhe schießen *rasch wachsen;* der Bau schoss in die Höhe *ging rasch voran* **III** ⟨V. t.; hat⟩ **1** *in schnelle Bewegung bringen, abstoßen, werfen* (Ball) **2** *erlegen* (Jagdtier) **3** ⟨Bgb.⟩ *sprengen* ◆ ein **Bild** schießen (mit der Kamera) ⟨fig.⟩ *ein Bild, einen Schnappschuss machen;* **Blicke** (auf jmdn.) schießen *wütende, empörte Blicke (auf jmdn.) werfen;* ein **Tor** schießen ⟨Fußb.⟩ *den Ball ins Tor befördern* ◆ jmdm. einen Ball, Stein **an** den Kopf schießen; jmdn. od. ein Tier **ins** Herz, in die Brust schießen; einen Vogel **vom** Baum schießen [< mhd. *schiezen* „werfen, schleudern, stoßen, (ab)schießen; sich schnell bewegen" < ahd. *skiozan* „(ab)schießen", engl. *shoot*]

**Schießpulver** ⟨n. 13; unz.⟩ ► *explosive Mischung aus pulverförmigen Stoffen, die bei der Verbrennung Gas entwickeln, das sich plötzlich stark ausdehnt;* Sy *Pulver (3)* ◆ Schießpulver in ein Kanonenrohr stopfen

**Schießscharte** ⟨f. 19; in Festungen, Burgen⟩ *schmale, senkrechte Maueröffnung durch die geschossen werden kann*

**Schiff** ⟨n. 11⟩ **1** ⟨Mar.⟩ ► *Wasserfahrzeug* (Handelsschiff, Kriegsschiff, Segelschiff) **2** ⟨Arch.⟩ *Raum der Kirche für die Gemeinde* (Mittelschiff, Seitenschiff, Langschiff, Querschiff) **3** ⟨Typ.⟩ *Metallplatte mit an drei Seiten aufgebogenem Rand, auf der der Schriftsatz zusammengestellt wird, Setzschiff* **4** ⟨allg.⟩ *längliches Gefäß, z. B. Weihrauchfass, Brotkorb* ◆ das Schiff schaukelt, schlingert, stampft, rollt; mit dem Schiff fahren; → a. *Schiffchen* [< ahd. *skif, skef* „Schiff", daneben „Gefäß", engl. *ship,* urspr. „ausgeschnittener, ausgehöhlter Einbaum"]

**Schiffbruch** ⟨m. 1u⟩ *schwerer Schiffsunfall, Kentern od. Sinken des Schiffes* ◆ Schiffbruch erleiden ⟨fig.⟩ *scheitern*

**Schiffbrücke** ⟨f. 19⟩ = *Pontonbrücke*

**Schiffchen** ⟨n. 14⟩ **1** *kleines Schiff, Schiff zum Spielen* **2** ⟨Rel.⟩ *Weihrauchgefäß* **3** ⟨Bot.⟩ *kahnförmiger, unterster Teil der Schmetterlingsblüte* **4** ⟨Textilw.⟩ **4.1** *unterer Spulenhalter der Nähmaschine, der die Schlingen fängt* **4.2** *längl. Gegenstand, auf den der Schussfaden aufgewickelt ist u. mit dem dieser durch die Kettfäden geführt wird* **5** ⟨Mil.⟩ *schmale, längs gefaltete Militärmütze*

**Schiffchenarbeit** ⟨f. 20⟩ Sy *Okkiarbeit* **1** ▼ *Handarbeit mit Zwirn u. Schiffchen zum Herstellen von Spitzen* **2** *die Spitze selbst*

**Schifferklavier** ⟨[-viːr] n. 11; Mus.⟩ ► = *Akkordeon*

**Schifffahrt** ⟨f. 20; unz.⟩ *Verkehr zu Schiff*

**Schiffsbohrwurm** ⟨m. 2u; Zool.⟩ *Muschel, deren verkümmerte Schalen als Bohrorgan dienen, nährt sich von Holz, verursacht großen Schaden an Hafenanlagen u. Schiffskörpern: Teredo navalis;* Sy *Schiffswurm*

**Schiffshebewerk** ⟨n. 11⟩ *Anlage zum Heben u. Senken von Schiffen mittels eines heb- u. senkbaren Troges*

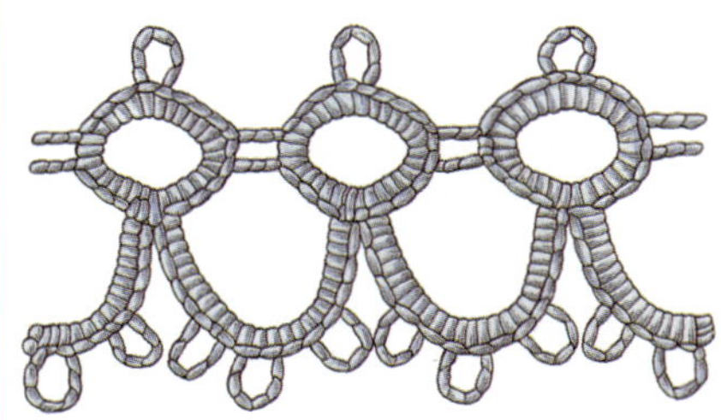

SCHIFFCHENARBEIT

**Schiffsjournal** ⟨[-ʒur-] n. 11⟩ = *Logbuch*

**Schiffsschraube** ⟨f. 19⟩ ► *Antriebsmittel am Heck des Schiffes mit zwei bis fünf Flügeln;* Sy *Propeller (2)*

**Schiffstagebuch** ⟨n. 12u⟩ = *Logbuch*

**Schiffswurm** ⟨m. 2u; Zool.⟩ = *Schiffsbohrwurm*

**Schiit** ⟨m. 16; islam. Rel.⟩ *Anhänger der Schia (der Partei Alis, des Schwiegersohnes Mohammeds, u. seiner Nachkommen), einer der beiden Hauptglaubensrichtungen des Islams* [zu arab. *schi'at' Ali* „Partei Alis"]

**Schikane** ⟨f. 19⟩ *böswillig bereitete Schwierigkeit (meist unter Ausnutzung einer Machtstellung)* ◆ mit allen Schikanen ⟨fig.; umg.⟩ *mit allen Annehmlichkeiten, Feinheiten (ausgestattet);* alle diese Maßnahmen, Vorschriften sind nur Schikanen [< frz. *chicane*]

**Schikoree** ⟨f.; -; unz. od. m.; -s; unz.⟩ = *Chicorée*

SCHIESSPULVER

## SCHIFFE

Seit Jahrtausenden werden Schiffe in Friedens- und Kriegszeiten dazu genutzt, Menschen und Güter über weite Entfernungen zu transportieren. Vom 15. bis in die Mitte des 19. Jh. ging man mit Segelschiffen wie dem abgebildeten Viermaster auf Entdeckungsreisen und trieb Handel. Um 1885 wurden sie durch Dampfschiffe ersetzt, und heutige Schiffe werden von Gasturbinen oder Dieselmotoren angetrieben, wobei mit Passagierschiffen Kreuzfahrten auf allen Weltmeeren unternommen werden. Zu den gängigsten Spezialschiffen zählen Kriegs-, Container- und Fährschiffe sowie Supertanker mit einem Fassungsvermögen von 300 000 Tonnen Öl.

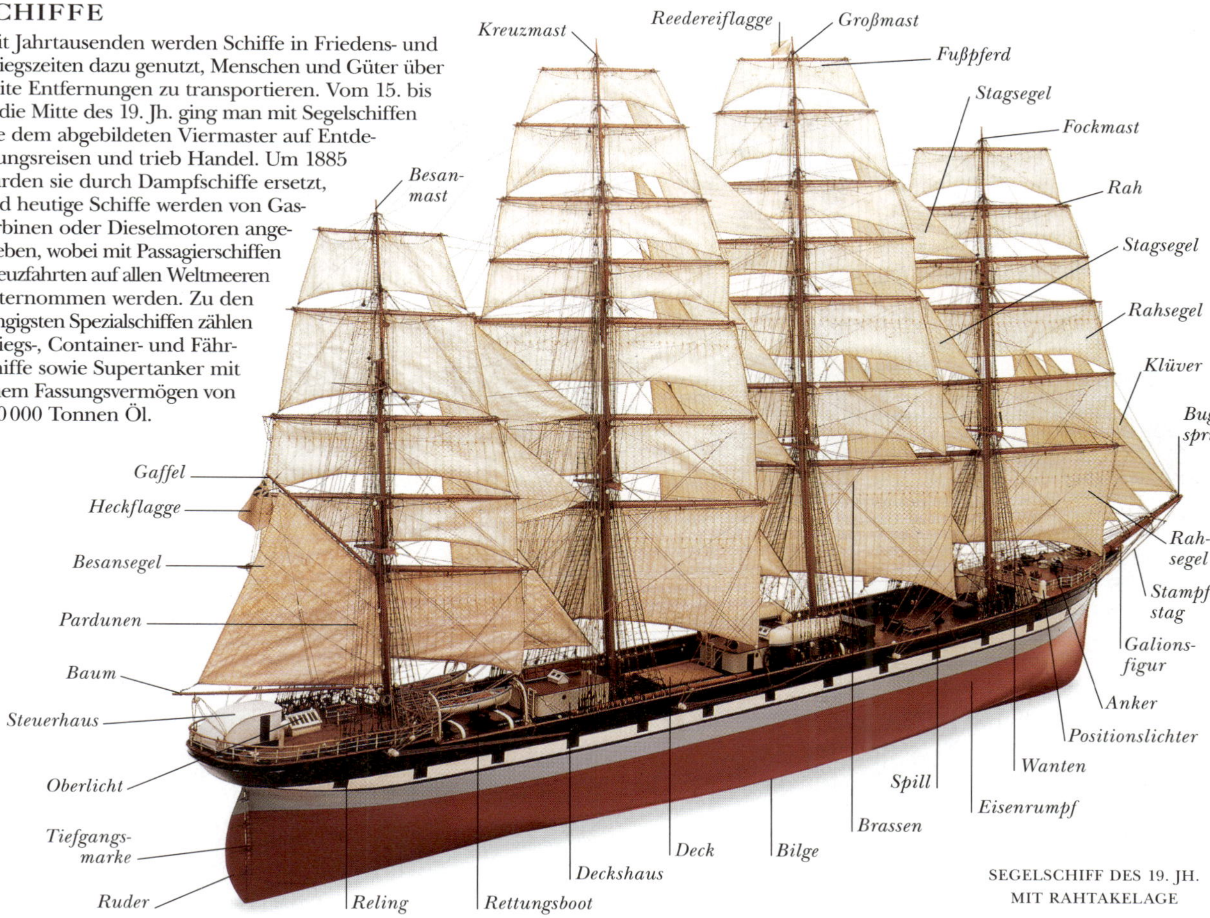


SEGELSCHIFF DES 19. JH. MIT RAHTAKELAGE

**Schild I** ⟨m. 1⟩ **1** ▼ *älteste, am Arm getragene Schutzwaffe, runde od. ovale, leicht gekrümmte Platte aus Holz, Leder, Metall od. Flechtwerk* **2** *Hauptteile des Wappens mit der für den Eigentümer kennzeichnenden Figur* **3** *Teil des Außenskeletts von Krebsen u. Insekten* (Brustschild, Kopfschild, Rückenschild) ◆jmdn. auf den Schild erheben ⟨fig.⟩ *jmdn. zum Führer machen* [nach der alten Sitte, den Gewählten auf einen Schild für alle sichtbar hochzuheben]; einen Adler, Löwen o. Ä. im Schilde führen *als Wappentier haben;* etwas im Schilde führen ⟨fig.⟩ *insgeheim etwas beabsichtigen* **II** ⟨n. 12⟩ *Abzeichen, Erkennungs-, Warnungszeichen, meist Platte aus Holz od. Metall bzw. Blatt Papier mit Aufschrift* (Blechschild, Holzschild; Flaschenschild, Ladenschild) ◆ein Schild anbringen, anschlagen, aufhängen, aufkleben, entfernen [< ahd. *scilt,* engl. *shield,* ursprünglich „gespaltenes Holzstück, Brett"]

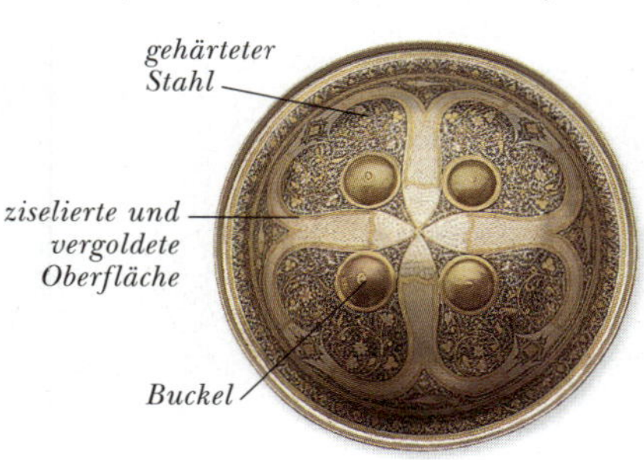


SCHILD: INDISCHER SCHILD DES 19. JH.

**Schildbürger** ⟨m. 3; fig.⟩ *jmd., der eine törichte Handlung begeht* [urspr. (16. Jh.) wohl als Spottname „mit einem Schild bewaffneter Bürger", später auf die Einwohner des sächs. Städtchens *Schilda* (Schildau?) bezogen, die Helden eines Schwankbuches des 16. Jh.]

**Schildbürgerstreich** ⟨m. 1⟩ *törichte Handlung*

**Schildchen** ⟨n. 14⟩ **1** ⟨Zool.⟩ *zwischen den Vorderflügeln der Insekten sichtbares dreieckiges Rückenschild der Mittelbrust: Scutellum* **2** *kleines Schild*

**Schilddrüse** ⟨f. 19⟩ *Drüse innerer Sekretion bei Wirbeltieren u. Menschen, die dem Epithel des Kiemendarmes entstammt: Glandula thyreoidea*

**Schilddrüsenhormon** ⟨n. 11; unz.; Biol.⟩ *von der Schilddrüse an das Blut abgegebenes Hormon, das bei den Säugetieren u. dem Menschen den Grundumsatz u. das Wachstum regelt*

**Schilderer**[1] ⟨m. 3⟩ *jmd., der etwas schildert, beschreibt* (Naturschilderer)

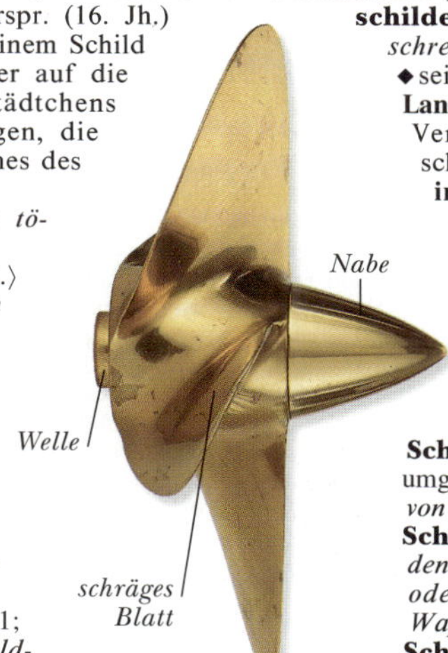


SCHIFFSSCHRAUBE

**Schilderer**[2] ⟨m. 3; Her.⟩ *Wappenmaler*

**Schilderhaus** ⟨n. 12u; früher⟩ *meist hölzernes Wetterschutzhäuschen für Wachposten* [zu soldatensprachl. (17. Jh.) *schildern* „Schildwache stehen"]

**schildern** ⟨V. t.; hat⟩ *lebendig beschreiben, anschaulich erzählen* ◆seine **Erlebnisse** schildern; eine **Landschaft,** einen Menschen, ein Verbrechen schildern ◆bitte schildern Sie mir den Vorgang **in** allen Einzelheiten; etwas begeistert, in leuchtenden Farben schildern [< mnddt. *schilderen* „malen, anstreichen (bes. Wappen)"; → *Schild*]

**Schilderung** ⟨f. 20⟩ *das Schildern, anschauliche Beschreibung*

**Schilderwald** ⟨m. 2u; unz.; fig.; umg.⟩ *große, unübersichtliche Zahl von Verbots-, Verkehrsschildern*

**Schildhalter** ⟨m. 3; Her.⟩ *neben den Schild gezeichnete Menschen- oder Tierfigur, die ihn hält, Wappenknecht*

**Schildkäfer** ⟨m. 3⟩ *Angehöriger einer Gruppe goldgrüner Blattkäfer, die in der Gestalt an kleine Bockkäfer erinnern: Donaciini*

**Schildkrot** ⟨n.; -s; unz.; österr.⟩ ► = *Schildpatt* [nddt., ndrl. *schildpad;* zu nddt. *padde* „Kröte"]

S

## SCHILDKRÖTEN

Die weltweit etwa 250 Schildkrötenarten zeichnen sich neben ihren scharfen Hornkiefern durch ihren Panzer aus, der sich aus einer Knochen- und einer Hornschicht zusammensetzt. Im Inneren des Panzers liegt das teilweise mit ihm verwachsene Skelett.

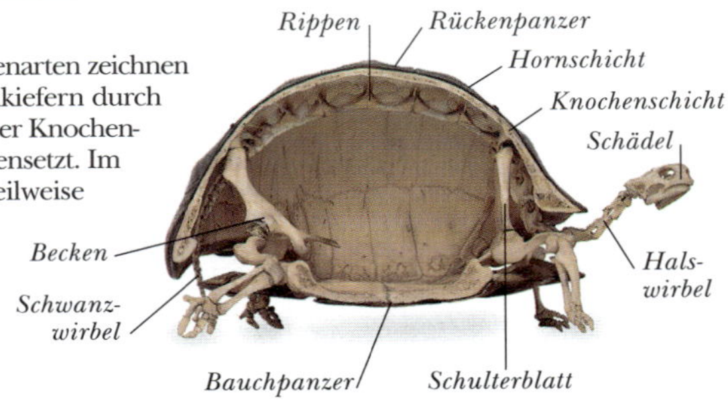


SCHNITT DURCH DEN PANZER UND DAS SKELETT EINER LANDSCHILDKRÖTE

### SCHILDKRÖTENFAMILIEN

LANDSCHILDKRÖTEN
KÖHLERSCHILDKRÖTE
*(Geochelone carbonaria)*

MEERESSCHILDKRÖTEN
SUPPENSCHILDKRÖTE
*(Chelonia mydas)*

SUMPFSCHILDKRÖTEN
ROTWANGENZIER-SCHILDKRÖTE
*(Pseudemys cripta)*

**Schildkröte** 〈f. 19; Zool.〉 **1** 〈i. w. S.〉 ▲ *Kriechtier mit kurzer, gedrungener Körperform u. knöchernem Rücken- u. Bauchschild, zwischen die Kopf, Schwanz u. Beine zurückgezogen werden können: Testudines, Chelonia* **2** 〈i. e. S.〉 *Angehörige einer Gruppe der Halsberger mit einem Panzer aus Hornschildern u. kleinen, ruderartigen Beinen: Testudinoidea*

SCHILDPATT: SCHILDPATTSCHACHTEL AUS DEM FRÜHEN 19. JH.

**Schildlaus** 〈f. 7u〉 **1** *Angehörige einer Gruppe der Pflanzensauger, deren Weibchen einen schildförmigen Leib besitzen* **2** *Schnabelkerf, der oft als gefürchteter Schädling an Kulturpflanzen auftritt: Coccina*
**Schildpatt** 〈n.; -s; unz.〉 ▲ *getrocknete Hornplatten der Karettschildkröte;* Sy 〈österr.〉 *Schildkrot* [nddt., ndrl. *schildpad;* zu nddt. *padde* „Kröte"]
**Schildwanze** 〈f. 19〉 = *Baumwanze*
**Schilf** 〈n. 11; unz.〉 **1** 〈i. w. S.〉 *Angehöriges einer Gattung der Süßgräser: Phragmites;* Sy *Schilfrohr* **2** 〈i. e. S.〉 *an Ufern vorkommendes, als Papierrohstoff u. für Matten verwendetes, hohes Gras mit braunen Rispen: Phragmites communis;* Sy *Ried (1), Teichrohr* **3** 〈nichtbotan. Bez. für〉 *Rohrkolben* [< ahd. *sciluf;* von unklarer Herkunft; vielleicht entlehnt aus lat. *scirpus* „Binse"]
**schilfen** 〈Adj.〉 *aus Schilf*
**Schilfrohr** 〈n. 11; unz.〉 = *Schilf (1)*
**Schilfrohrsänger** 〈m. 3; Zool.〉 = *Rohrsänger*
**Schilift** 〈m. 1〉 ► = *Skilift*
**Schillerfalter** 〈m. 3〉 *zu dem Nymphaliden gehöriger, kräftig schwarzweiß gezeichneter Tagfalter mit blauem Schimmer auf den Flügeln des Männchens: Apatura*
**Schillerlocke** 〈f. 19〉 **1** *mit Schlagsahne od. Creme gefüllte Blätterteigrolle* **2** *enthäutete u. heiß geräucherte Bauchlappen des Dornhais*
**schillern** 〈V. i.; hat〉 *in wechselnden Farben glänzen* ◆ in allen Regenbogenfarben, in vielen Farben schillern; schillernder Charakter 〈fig.〉 *zwiespältiger, undurchschaubarer Charakter* [< frühnhd.; Intensivbildung zu mhd. *schillen,* dieses Nebenform zu *schil(he)n* „schielen, blinzeln"]
**Schilling** 〈m. 1; nach Zahlenangaben Pl.: -〉 **1** 〈Abk.: S, öS〉 *österr. Währungseinheit, 100 Groschen* **2** *kleine mittelalterl. Münze* **3** 〈etwa 1400 bis Ende 19. Jh.〉 *kleine nddt. Münze* [< ahd. *skilling,* engl. *shilling*]
**Schimäre** 〈f. 19〉 *Trugbild, Hirngespinst;* oV *Chimäre (3)*
**Schimmel** 〈m. 5〉 **I** 〈unz.〉 **1** *weißlicher Überzug aus Schimmelpilzen* **2** *Schimmelpilz* **II** 〈zählb.〉 *graues od. weißes Pferd* [< mhd. *schimel,* formal beeinflusst von *schime* „Glanz" < ahd. *schimbli;* in der Bedeutung „weißes Pferd" wohl < mhd. *schimelpfert* „schimmelfarbenes Pferd"]
**schimmeln** 〈V. i.; hat〉 *schimmelig werden, sich mit Schimmel überziehen*
**Schimmelpilz** 〈m. 1〉 *auf feuchten Nahrungsmitteln (Brot) u. verderbenden Früchten verbreiteter Schlauchpilz der Gattungen Aspergillus (Gießkannenschimmel) u. Penicillium (Pinselschimmel), der den als Schimmel bekannten Überzug bildet*
**Schimmer** 〈m. 3; unz.〉 **1** *schwacher Glanz, schwacher Schein, leichtes Funkeln, zartes Leuchten* **2** 〈norddt.〉 *Dämmerung* **3** 〈fig.; umg.〉 *Ahnung* **4** *Spur, Abglanz* ◆ der Schimmer eines Lichts; keinen (blassen) Schimmer von etwas haben 〈fig.; umg.〉 *nichts wissen, keine Ahnung von etwas haben* [im 18. Jh. Rückbildung aus *schimmern*]
**schimmern** 〈V. i.; hat〉 *schwach (wider)scheinen, schwach glänzen, leicht funkeln, zart leuchten* ◆ Licht schimmerte durch die Bäume; wie Perlmutter schimmern; schimmernde Seide [< mdt. *schemmeren,* mnddt. *schemeren;* Iterativbildung zu mdt. *schemen* „blinken", engl. *shimmer;* mit mhd. *schime* < ahd. *scimo* „Glanz"]
**Schimpanse** 〈m. 17; Zool.〉 *häufigster Vertreter der Menschenaffen, lebt gesellig in den Wäldern West- u. Zentralafrikas: Pan troglodytes* [< Kongospr. *chimpenzi, kimpenzi*]
**Schimpf** 〈m. 1〉 *Beleidigung, Schmach, Demütigung* ◆ jmdn. mit Schimpf und Schande davonjagen [< ahd. *skimpf* „Scherz, Spaß; Kurzweil, Kampfspiel"; die Bedeutung „Beleidigung, Schmach, Demütigung, Schande" hat sich im Frühmhd. über „Hohn, Verspottung" entwickelt]
**schimpfen** 〈V.; hat〉 **I** 〈V. i.〉 *Zorn laut äußern, fluchen* ◆ laut, tüchtig, unflätig schimpfen; auf jmdn. od. etwas schimpfen 〈umg.〉; über jmdn. od. etwas schimpfen **II** 〈V. t.; umg.〉 *schelten, grob tadeln* ◆ jmdn. etwas schimpfen [< ahd. *skimpfen* „Scherz treiben; spielen; verspotten, auslachen"]
**Schindel** 〈f. 21〉 *Holzbrettchen zum Dachdecken* (Dachschindel) [< ahd. *scintula,* aengl. *scindel* < lat. *scindula* „Schindel"]
**schinden** 〈V. t. 214; hat〉 **1** jmdn. schinden *jmdn. grausam quälen, ausbeuten* **2** sich schinden *sich plagen, sich sehr anstrengen, sich hart mühen* ◆ **Eindruck** schinden 〈umg.〉 *Eindruck machen;* **Eintrittsgeld,** Fahrgeld schinden 〈umg.〉 *nicht bezahlen;* **Vieh** schinden *dem Viehkadaver die Haut abziehen* [< ahd. *scinten* „enthäuten, schälen, misshandeln"]
**Schinken** 〈m. 4〉 **1** *Schenkel, Keule* (bes. vom Schlachtvieh) **2** 〈umg.; scherzh.〉 *großes, dickes (urspr. in Schweinsleder gebundenes) Buch* **3** 〈umg.; scherzh.〉 *riesiges Gemälde* ◆ gekochter, geräucherter, roher Schinken [< mhd. *schinke* „Schenkel; Knochenröhre; Schinken" < ahd. *scinko, scinka* „Knochenröhre, Schenkel"]
**Schintoismus** 〈m.; -; unz.; Rel.〉 *die ursprüngliche Religion der Japaner, Glaube an Naturgottheiten, später mit Ahnenkult verbunden;* oV *Shintoismus* [< jap. *shin* „Geist, Gott" + *to* „Weg" = „Weg der Götter"]
**Schintoschrein** 〈m. 1; Rel.〉 ▼ *Kultstätte des Schintoismus*
**schippen** 〈V. t.; hat〉 *schaufeln*
**Schippen** 〈n.; -s, -; Kart.〉 = *Pik*[2]
**Schirm** 〈m. 1〉 **1** ► *Gerät aus einem aufspann- u. zusammenklappbaren Seiden- od. Segeltuchdach mit langem Griff zum Schutz gegen Regen u. Sonne* (Regenschirm, Sonnenschirm) **2** *schirm- od. halbschirmähnl. Gegenstand zum Schutz gegen zu helles Licht* (Augenschirm, Lampenschirm, Mützenschirm) **3** *Projektionsleinwand, Bildschirm* **4** *Metall- od. Stoffwand zum Schutz gegen strahlende Wärme* (Ofenschirm) **5** 〈Med.〉 *Teil des Röntgenapparates, auf dem der zu untersuchende Körper sichtbar wird* (Röntgenschirm) ◆ den Schirm aufspannen, zusammenklappen [< ahd. *skirm, skerm* „Schutz(wehr), Schild"]
**Schirmherr** 〈m. 16〉 *meist prominente Persönlichkeit, die als Förderer einer wohltätigen od. sportl. Veranstaltung auftritt*

SCHINTOSCHREIN: JAPANISCHER SCHINTOSCHREIN DES 19. JH.

S

**Schirmling** 〈m. 1〉 ► *Angehöriger einer Gattung der Ständerpilze, dessen oberirdischer Fruchtkörper wie ein aufgespannter Schirm aussieht: Lepiota;* Sy *Schirmpilz (1)*
**Schirmmütze** 〈f. 19〉 *Mütze mit Schutzschild über den Augen*
**Schirmpilz** 〈m. 1〉 **1** 〈i. w. S.〉 ► = *Schirmling* **2** 〈i. e. S.〉 *bis 50 cm hoher Speisepilz mit hellbraunem Hut: Lepiota procera;* Sy *Parasolpilz, Parasolschwamm*

SCHIRMLING: SPITZ-SCHUPPIGER SCHIRMLING *(Lepiota aspera)*

**Schirokko** 〈m. 6; Meteor.〉 *warmer Wind im Mittelmeergebiet aus der nordafrikan. Wüste, der oft Sand od. Staub mit sich führt* [< ital. *scirocco*]
**Schisma** 〈[ʃis-] od. [sçis-] n.; -s, -ta od. -men〉 *Spaltung der kirchlichen Einheit (in die griechisch-orthodoxe u. die römisch-katholische Kirche 1054 u. innerhalb der abendländischen Kirche 1378-1417);* Sy *Kirchenspaltung* [< grch. *schisma* „Spaltung"]
**Schisport** 〈m.; -(e)s; unz.; Sp.〉 ► = *Skisport*
**Schiwa** 〈m. 6; unz.〉 *Gott der Fruchtbarkeit, der Zerstörung u. des Todes in der hinduistischen Götterdreiheit (Trimurti), als Herrscher über den Kosmos oft als Tänzer dargestellt u. für die ihn als einzigen Gott verehrenden Gläubigen auch ein Gott erlösender Gnade;* oV *Shiva* [Sanskrit, „der Gnädige"]
**schizoid** 〈Adj.〉 *seelisch gespalten, zerrissen* [< grch. *schizein* „spalten" + Endung *-id*]
**Schizophrenie** 〈f. 19; Psych.〉 *Geisteskrankheit (endogene Psychose) mit einem völligen Auseinanderfallen der inneren seel. Zusammenhänge von Wollen, Fühlen u. Denken u. mit Entfremdung des eigenen Ichs;* Sy *Bewusstseinsspaltung* [< grch. *schizein* „spalten" + *phren* „Seele"]
**Schlacht** 〈f. 20〉 **1** *heftige, umfangreiche Kampfhandlung, großes Gefecht* **2** 〈fig.〉 *Kampf, Wettstreit* (Kissenschlacht, Schneeballschlacht) **3** *Prügelei zwischen vielen Personen* (Saalschlacht) ◆ eine Schlacht führen, gewinnen, verlieren; die Schlacht um Stalingrad [< ahd. *slahta;* zu *schlagen;* urspr. „Töten (eines Menschen od. Tieres)", erst im 16. Jh. „Kampf zwischen den Heeren"]
**Schlachtbank** 〈f. 7u〉 *Gestell, Bank zum Schlachten von Tieren (im Schlachthaus)* ◆ jmdn. zur Schlachtbank führen 〈fig.〉 *zur Hinrichtung führen*
**schlachten** 〈V. t.; hat〉 *ein Tier fachgerecht töten zur Herstellung von Fleisch- u. Wurstwaren* ◆ ein Huhn, Kalb, Schwein schlachten [< ahd. *slahton* „töten; Vieh schlachten"; zu *slahta* „Tötung, Schlachten"; → *Schlacht*]

SCHIRM

**Schlachtenbummler** 〈m. 3〉 **1** 〈früher〉 *Zuschauer bei militär. Ereignissen* **2** 〈fig.; umg.〉 *Anhänger einer sportl. Mannschaft, der diese zu auswärtigen Spielen begleitet*
**Schlachter** 〈m. 3; norddt.〉 = *Fleischer*
**Schlächter** 〈m. 3〉 **1** *Fleischer* **2** 〈fig.〉 *Massenmörder* [→ *schlachten*]
**Schlachtfeld** 〈n. 12; Mil.〉 *Gelände, auf dem eine Schlacht stattfindet od. stattgefunden hat*
**Schlachtplan** 〈m. 1u; fig.〉 *Plan für eine Unternehmung, ein Vorhaben* ◆ einen Schlachtplan entwerfen
**Schlachtschiff** 〈n. 11; Mil.〉 ▼ *sehr schnelles, stark bewaffnetes Großkampfschiff*
**Schlacke** 〈f. 19〉 **1** *bei einer Verbrennung zusammengesinterte Aschenteile* **2** *Rückstand bei der Erzverhüttung, Hochofenschlacke* **3** 〈Geol.〉 *(lockere) Lava* **4** 〈Physiol.〉 *Rückstände des Stoffwechsels im Gewebe u. im Verdauungskanal* **5** 〈fig.〉 *Unnützes, Unreines* [< mnddt. *slagge;* zu *schlagen,* urspr. „Abfall beim Schmieden"]
**Schlaf** 〈m.; -(e)s; unz.〉 *Zustand der Ruhe u. Untätigkeit bei herabgesetzter Nervenreizfähigkeit* ◆ täglich acht **Stunden** Schlaf ◆ keinen Schlaf **finden** *nicht einschlafen können;* der Schlaf **überfiel,** übermannte, überwältigte mich ◆ **bleierner,** fester, leichter, tiefer, traumloser, unruhiger Schlaf ◆ jmdn. **aus** dem Schlaf reißen, rütteln; aus tiefstem Schlaf emporfahren; **im** Schlaf(e) *während des Schlafens;* in (tiefen) Schlaf fallen, sinken *schnell einschlafen;* im Schlaf reden; ein Kind in den Schlaf wiegen *wiegen, bis es eingeschlafen ist* [< ahd. *slaf,* engl. *sleep,* → *schlafen*]
**Schlafanzug** 〈m. 1u〉 *leichter Anzug fürs Bett;* Sy *Pyjama*
**Schläfe** 〈f. 19; Anat.〉 *über jeder Wange gelegene Gegend des Kopfes der Wirbeltiere u. des Menschen* ◆ das Blut pochte, hämmerte in seinen Schläfen [der Form nach Pl. zu *Schlaf* „Schlafstelle, Stelle des Kopfes, auf der man beim Schlafen liegt"; → *Schlaf*]
**schlafen** 〈V. i. 215; hat〉 **1** *im Schlaf liegen* **2** 〈fig.; umg.〉 *nicht aufpassen, unaufmerksam sein* ◆ oh, Verzeihung, jetzt hab' ich geschlafen!; schlafen **gehen** *zu Bett gehen;* früh, spät, zeitig schlafen gehen; nicht schlafen **können** ◆ **fest,** gut, ruhig, schlecht, tief, unruhig schlafen ◆ **bei** jmdm. schlafen *übernachten;* **mit** offenen Augen schlafen *unaufmerksam sein, nicht aufpassen;* mit einem Mann, einer Frau schlafen *Geschlechtsverkehr haben* ◆ **wie** hast du geschlafen? ◆ sich schlafend stellen [< ahd. *slaf(f)an,* engl. *sleep*]
**Schläfenbein** 〈n. 11; Anat.〉 *unter der Schläfe liegender Teil des Schädels der Wirbeltiere u. des Menschen*
**schlaff** 〈Adj.〉 **1** *entspannt, locker, nicht straff* **2** *welk, erschlafft* **3** *schwach, kraftlos* **4** 〈fig.〉 *matt, mutlos* [< ahd. *slaf(f), slaph,* mnddt. *slapp* (→ *schlapp*)]
**Schlafittchen** 〈n. 14; unz.; nur in den Wendungen〉 jmdn. beim Schlafittchen kriegen, nehmen, packen *jmdn. zu fassen bekommen, festhalten (um ihn zu schlagen od. ihm die Meinung zu sagen)* [Nebenform zu *Schlafittich,* „Rockschoß" < *Schlagfittich* „Flügelschwungfedern der Gans"]
**schlaflos** 〈Adj.〉 *ohne Schlaf, nicht schlafen könnend*

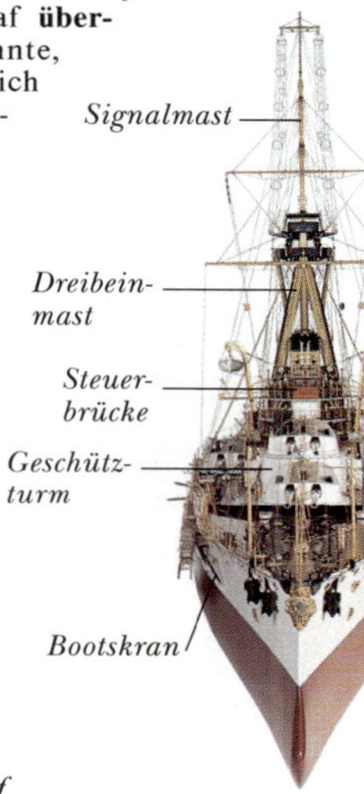


SCHLACHTSCHIFF: BRASILIANISCHES SCHLACHTSCHIFF DES 20. JH.

**Schlafmaus** 〈f. 7u; Zool.〉 *Angehörige einer Winterschlaf haltenden Familie mausartiger Nagetiere: Muscardinidae;* Sy *Bilchmaus*
**Schlafmohn** 〈m. 1; unz.; Bot.〉 *Mohnart des östl. Mittelmeerraums, die das Opium liefert: Papaver somniferum*
**schläfrig** 〈Adj.〉 **1** *schlafbedürftig, müde* **2** 〈fig.〉 *langsam, träge* ◆ schläfrige Augen, schläfriger Blick [< ahd. *slafarag*]
**schlafwandeln** 〈V. i.; ist od. hat geschlafwandelt〉 *im Schlaf umhergehen, traumwandeln*
**Schlafwandeln** 〈n.; -s; unz.〉 = *Mondsüchtigkeit*
**Schlag** 〈m. 1u〉 **1** *kurze, heftige Berührung, Hieb* (Faustschlag, Handschlag) **2** *dadurch hervorgerufener Ton* (Glockenschlag, Hammerschlag, Hufschlag, Trommelschlag) **3** *dadurch hervorgerufene Bewegung* (Herzschlag, Pendelschlag, Pulsschlag, Ruderschlag, Wellenschlag) **4** *Stromstoß, Durchlaufen des elektr. Stroms durch den Körper* **5** 〈Forstw.〉 *von Bäumen befreite Fläche im Walde* (Kahlschlag, Waldschlag) **6** *Niederprasseln von kleinen Körpern* (Hagelschlag, Steinschlag) **7** 〈bei der Wechselwirtsch.〉 *Feld, das zu einer bestimmten Fruchtfolge gehört* (Gerstenschlag, Haferschlag, Weizenschlag) **8** 〈bei Singvögeln〉 *Art des Singens, Lied* (Finkenschlag) **9** *Tür, Wagentür* (Wagenschlag) **10** *Verschlag, Kasten mit Falltür* (Hühnerschlag, Taubenschlag) **11** 〈Soldatenspr.〉 *eine Kelle voll, ein Teller voll* **12** 〈fig.〉 *Art, Sorte* (Menschenschlag, Volksschlag) [nach den Münzen, die vom gleichen Prägestempel geschlagen worden sind] **13** 〈fig.〉 *Unglück, niederdrückendes Ereignis* (Schicksalsschlag) **14** Schläge 〈Pl.〉 *Prügel* ◆ der Schlag der **Nachtigall;** ein Schlag **Suppe;** der Schlag der **Uhr** ◆ einen (elektrischen) Schlag **bekommen** ◆ Leute **jeden** Schlages *Leute jeder Art, die verschiedensten Leute;* **leichter,** lauter, schwacher, tödlicher Schlag; **elektrischer** Schlag; ein **harter,** schwerer Schlag *Schicksalsschlag* ◆ Schlag **an** die, gegen die Tür; es ging Schlag **auf** Schlag *ohne Unterbrechung, schnell nacheinander;* Schlag **ins** Gesicht *Ohrfeige;* 〈fig.〉 *grobe Beleidigung, verletzende Taktlosigkeit;* es war ein Schlag ins Wasser 〈fig.〉 *Misserfolg;* **mit** einem Schlag *plötzlich, auf einmal;* sie hat sich **von** dem Schlag noch immer nicht erholt *Schicksalsschlag;* vom Schlage getroffen werden *einen Schlaganfall erleiden* [< ahd. *slag,* engl. *slay*]
**Schlagader** 〈f. 21〉 ► = *Arterie*
**Schlaganfall** 〈m. 1u; Med.〉 *durch Zerreißen eines Blutgefäßes im Hirn verursachtes plötzliches Aufhören bestimmter Gehirnfunktionen;* Sy *Apoplexie*
**schlagartig** 〈Adj.〉 *schnell, kurz wie ein Schlag, sehr schnell, plötzlich* ◆ der Lärm hörte schlagartig auf
**Schlagbaum** 〈m. 1u; an Grenzen, Bahnübergängen〉 *Sperrschranke*
**Schlagbohrer** 〈m. 3〉, **Schlagbohrmaschine** 〈f. 19〉 *elektr. Bohrmaschine, deren Bohrer nicht nur drehende, sondern gleichzeitig schlagende Bewegungen ausführt*

S

# SCHLAGINSTRUMENTE

Schlaginstrumente bilden die älteste und verbreitetste Gruppe der Musikinstrumente und werden geschlagen, geschüttelt oder gekratzt, um einen Rhythmus zu erzeugen. Im Gegensatz zu den Melodieinstrumenten ist die Tonhöhe der meisten Schlaginstrumente nicht fest gestimmt, wovon jedoch einige (z. B. Röhrenglockenspiel und Xylophon) ausgenommen sind, mit denen aufgrund fester Tonhöhen neben Rhythmen auch Melodien gespielt werden können.

## VERSCHIEDENE SCHLÄGEL

SCHLÄGEL MIT HOLZKOPF

JAZZBESEN

SCHLÄGEL MIT FILZKOPF

STOCK

## UNGESTIMMTE INSTRUMENTE

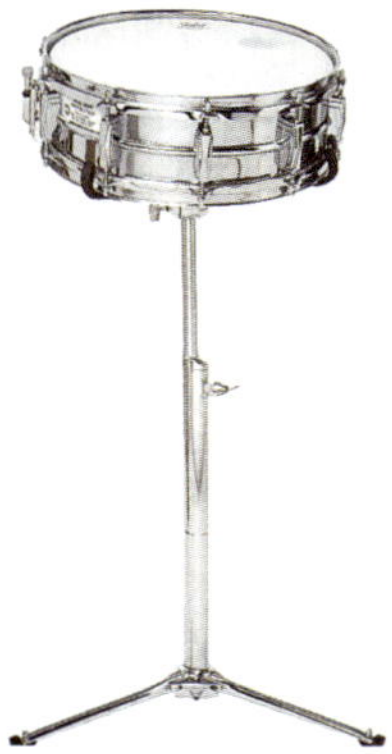

SNAREDRUM

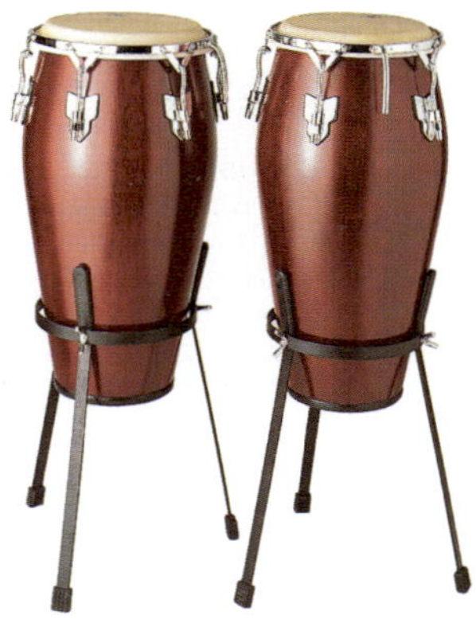

CONGAS

BASSTROMMEL

TABLA

CLAVES

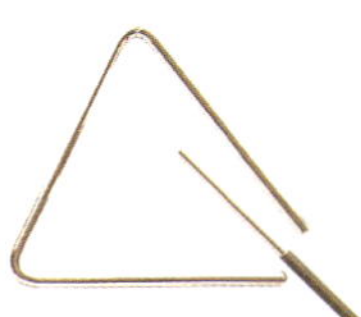

TRIANGEL

KASTAGNETTEN

TAMBURIN

MARACAS

ZIMBELN

## GESTIMMTE INSTRUMENTE

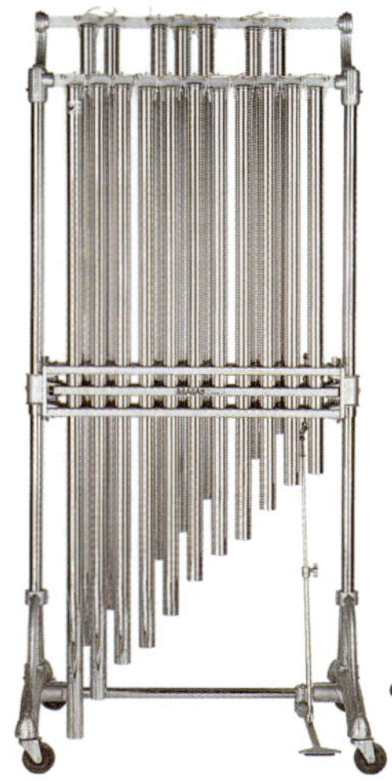

RÖHRENGLOCKENSPIEL

KESSELPAUKE

XYLOPHON

VIBRAPHON

S

**Schlägel**[1] ⟨m. 5⟩ *Hammer des Bergmannes;* → a. *Schlegel*
**Schlägel**[2] ⟨m. 5⟩ *Werkzeug zum Schlagen* (Trommelschlägel), *Klöppel;* ► *Schlaginstrumente* [< ahd. *slegil* „Werkzeug zum Schlagen, Keule, Hammer“; → *schlagen*]
**schlagen** ⟨V. t. u. V. i. 216; hat⟩ **1** *einen Schlag gegen jmdn. od. etwas führen, hauen* **2** *durch Schläge Töne erzeugen* **3** *durch Schlag, Berührung eine Bewegung erzeugen* **4** *ungleichmäßig laufen* (Motor) **5** *auf besondere Art singen* (Vogel) **6** jmdn. schlagen **6.1** *züchtigen* **6.2** *prügeln* **6.3** *besiegen* ◆ sich, ⟨eigtl.⟩ einander schlagen *prügeln, balgen;* einen **Baum** schlagen *fällen;* **Beute** schlagen *ergreifen, töten (von Bär und Raubvogel);* **Brennholz** schlagen *schneiden, abhauen;* eine **Brücke** (über einen Fluss) schlagen *errichten, bauen;* das Kleid, die Hose schlägt **Falten** *bildet Falten;* das **Herz,** der Puls schlägt; die **Nachtigall** schlägt; **Schaum,** Schnee schlagen *Eiweiß, Sahne durch Schlagen zu Schaum machen;* eine **Schlacht** schlagen *eine Schlacht liefern, kämpfen* ◆ ehe ich mich schlagen **lasse,** will ich's tun ⟨umg.⟩ *(Antwort, wenn man mit einer Bitte bedrängt wird)* ◆ die Uhr schlägt sechs; wir haben sie 3:2 geschlagen ⟨Sp.⟩ ◆ **an** oder gegen etwas schlagen *stoßen;* sich **auf** jmds. Seite schlagen ⟨fig.⟩ *auf jmds. Seite treten, ihn unterstützen;* etwas **aus** der Hand schlagen *durch einen Schlag auf die Hand zum Fallen bringen;* den Ball **ins** Netz schlagen; etwas in Scherben, in Stücke schlagen; sich **mit** jmdm. schlagen *sich prügeln, sich duellieren;* mit den Flügeln schlagen *die Flügel rasch bewegen (ohne wegzufliegen);* einen Bogen Papier **um** etwas schlagen *hüllen, legen* [< ahd. *slahan,* engl. *slay*]

SCHLAGZEUG

**Schlager** ⟨m. 3⟩ **1** ⟨Mus.⟩ *in Mode befindliches, eingängiges Musikstück, auch aus Operette, Film od. Musical;* → a. *Gassenhauer* **2** ⟨allg.⟩ *Ware, die reißend abgesetzt wird, großen Erfolg hat* **3** ⟨Theater; Film⟩ *erfolgreiches Theaterstück, Erfolgsstück, Zugstück od. Film*
**Schläger** ⟨m. 3⟩ **1** ⟨bes. Sp.⟩ *Gerät zum Schlagen,* z. B. Golfschläger, Hockeyschläger, Tennisschläger **2** *Fechtwaffe mit gerader Klinge* **3** *Küchengerät zum Schlagen von Eiweiß od. Sahne* (Schneeschläger) **4** *leicht ausschlagendes Pferd* **5** *zu Gewalttätigkeiten neigender Mensch, jmd., der bei Auseinandersetzungen sofort u. brutal zuschlägt*
**Schlägerei** ⟨f. 18⟩ *Rauferei, Prügelei*
**Schlägertyp** ⟨m. 23; abwertend⟩ *jmd., dessen Äußeres darauf schließen lässt, dass er ein Schläger ist*
**schlagfertig** ⟨Adj.; fig.⟩ **1** *nie um eine Antwort verlegen, einfallsreich im Antworten* (Person) **2** *rasch u. meist auch witzig* (Antwort)
**Schlaggold** ⟨n.; -(e)s; unz.⟩ = *Blattgold*
**Schlaginstrument** ⟨n. 11; Mus.⟩ ◄ *durch Schlagen betätigtes Musikinstrument, z. B. Becken, Pauke, Trommel, Triangel, Glockenspiel*
**Schlaglicht** ⟨n. 12⟩ **1** *Lichtstrahl* **2** ⟨Mal., Fot.⟩ *wirkungsvoll gesammeltes Licht zum Hervorheben eines Gegenstandes*

**Schlagmal** ⟨n. 11 od. n. 12u; Sp.; Baseball⟩ *markierter Punkt innerhalb des Spielfeldes, von dem aus der Ball möglichst für die gegnerischen Fänger unerreichbar weggeschlagen werden soll*
**schlagreif** ⟨Adj.⟩ *schlagbar, geeignet zum Fällen* (Baum)
**Schlagsahne** ⟨f. 19; unz.⟩ *steif geschlagene Sahne*
**Schlagschatten** ⟨m. 4; Mal.; Fot.⟩ *Schatten, den eine Person od. ein Gegenstand wirft*
**Schlagseite** ⟨f. 19; unz.⟩ *Schräglage (eines Schiffes)* ◆ das Schiff hat Schlagseite *liegt schräg;* Schlagseite haben ⟨umg.; scherzh.⟩ *einen Rausch haben (u. deshalb nicht mehr gerade gehen können)*
**Schlagwort** ⟨n. 12u⟩ **1** *treffendes, viel gebrauchtes Wort zum Kennzeichnen einer Zeiterscheinung* **2** *Gemeinplatz* **3** ⟨Bibliothek⟩ *Stichwort, Kennwort, das den Inhalt eines Buches bezeichnet, meist dem Buchtitel entnommen* ◆ Katalog nach Schlagwörtern
**Schlagzeile** ⟨f. 19; in Zeitungen⟩ *hervorgehobene Überschriftzeile* ◆ Schlagzeilen machen *auf sensationelle Weise bekannt werden*
**Schlagzeug** ⟨n. 11; Mus.⟩ ▲ *Gruppe von Schlaginstrumenten im Orchester od. anderen Musikbands*
**Schlagzeuger** ⟨m. 3; Mus.⟩ *Spieler des Schlagzeugs*
**schlaksig** ⟨Adj.⟩ *lang aufgeschossen u. etwas ungeschickt in den Bewegungen (bes. von Jugendlichen)* [< nddt. *slak* „schlaff“]
**Schlamassel** ⟨m. 5; umg.⟩ **1** *ärgerl. Missgeschick, Schwierigkeit, lästige Angelegenheit* **2** *Durcheinander* ◆ da haben wir den Schlamassel!; jetzt sitzen wir schön im Schlamassel [< jidd. *schlimasel* < *schlimm masol* „Missgeschick“ < *schlimm* + neuhebr. *masol* „Stern, Schicksal“]

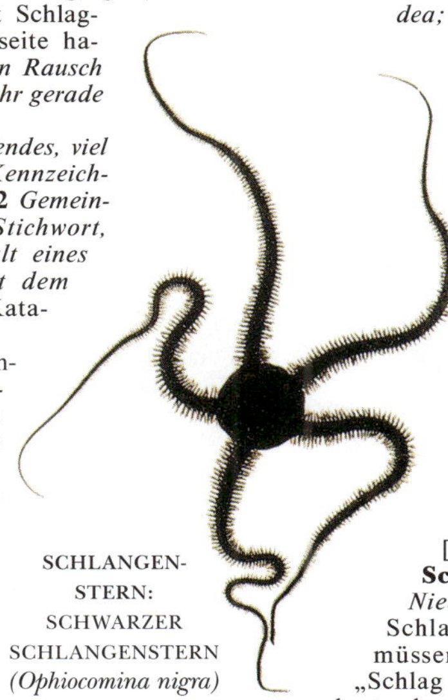
SCHLANGENSTERN: SCHWARZER SCHLANGENSTERN *(Ophiocomina nigra)*

**Schlamm** ⟨m. 1 od. m. 1u⟩ *aufgeweichte, morastige Erde, Schmutz, Ablagerung in schmutzigen Gewässern* [< spätmhd. *slam,* Gen. *slammes* „nasser, weicher Bodensatz“, älter mnddt. *slam* „minderwertige Mahlfrucht“, auch „Schmutz, Morast“]
**schlammig** ⟨Adj.⟩ *voller, beschmutzt mit Schlamm, schmutzig aufgeweicht* (Boden)
**schlampig** ⟨Adj.; umg.⟩ *unordentlich, nachlässig, liederlich* ◆ schlampig angezogen sein; schlampig herumlaufen; er, sie ist schlampig
**Schlange** ⟨f. 19⟩ **1** ⟨Zool.⟩ ►► *Angehörige einer Unterordnung der Schuppenkriechtiere, Körper lang, Gliedmaßen fehlen: Serpentes, Ophidia* **2** ⟨fig.⟩ *falsche, hinterhältige Frau* **3** *etwas Langgestrecktes, Gewundenes* (Papierschlange, Heizschlange) **4** *lange Reihe wartender Menschen* **5** ⟨Astron.⟩ *Sternbild am Himmelsäquator, Serpens* ◆ Schlange stehen ⟨fig.; umg.⟩ *sich in einer Reihe anstellen u. warten;* giftige Schlangen; gib Acht, sie ist eine Schlange! [< ahd. *slango;* zu *schlingen* „sich winden“]
**schlängeln** ⟨V. t.; hat; meist refl.⟩ sich schlängeln *sich wie eine Schlange bewegen, sich geschmeidig (windend) bewegen, sich winden, in Windungen verlaufen* ◆ eine Linie schlängeln *in gleichmäßigen Windungen zeichnen*
**Schlangenbeschwörer** ⟨m. 3⟩ *Orientale, der Schlangen durch Kopfbewegungen (u. scheinbar auch Musik) zu Bewegungen (zum „Tanzen“) veranlasst*
**Schlangenstern** ⟨m. 1⟩ ▼ *Stachelhäuter mit scharf vom zentralen Körper abgesetzten, dünnen u. sehr beweglichen Armen: Ophiuroidea;* Sy *Ophiure*
**Schlangenwurz** ⟨f. 20; Bot.⟩ = *Kalla (1)*
**schlank** ⟨Adj.⟩ *dünn, schmal, dünn u. biegsam, dünn u. geschmeidig* ◆ ein schlanker Baum; schlanke Beine, Finger, Hände; eine schlanke Figur, Gestalt, Taille; schlanker Wuchs; schlank bleiben wollen [< mhd. *slanc* „mager, dünn“, mnddt. *slank* „biegsam“]
**schlapp** ⟨Adj.⟩ **1** *schlaff* **2** *ohne Spannkraft, schwach, matt* **3** *träge* ◆ ein schlapper Kerl [< nddt. *slapp* „schlaff“]
**Schlappe** ⟨f. 19⟩ *Misserfolg, Niederlage, Schaden* ◆ eine Schlappe erleiden, einstecken müssen [< frühnhd. *schlappe* „Schlag mit der Hand“; zu einem lautmalenden *schlapp* „patsch“]
**Schlaraffenland** ⟨n. 12u; unz.⟩ *märchenhaftes Schlemmerland*
**schlau** ⟨Adj.; -er, am -(e)sten⟩ *klug, gewitzt, listig* ◆ ein schlauer Bursche; ein schlauer Kopf [< nddt. *slu*]
**Schlauberger** ⟨m. 3; umg.; scherzh.⟩ *schlauer, gewitzter Bursche, Schlaukopf* [Scherzwort der Volksspr., gebildet nach Einwohnernamen wie *Bamberger, Württemberger*]

S

# SCHLANGEN

Es gibt etwa 2700 Fleisch fressende Schlangenarten, die ihre Kiefer weit öffnen können, um relativ große Tiere vollständig zu verschlingen. Würgeschlangen wie die Pythonschlangen und die Boaschlangen töten ihre Beute durch Erdrosseln, während Giftschlangen ihren Opfern Gift einspritzen und andere Arten ihre Beute mit den Kiefern zermalmen. Obwohl Schlangen keine Ohren haben, können sie doch feinste Schwingungen spüren und nehmen beim Züngeln Geruchsstoffe auf, die sie im jacobsonschen Organ am Munddach überprüfen.

SCHLANGENSKELETT

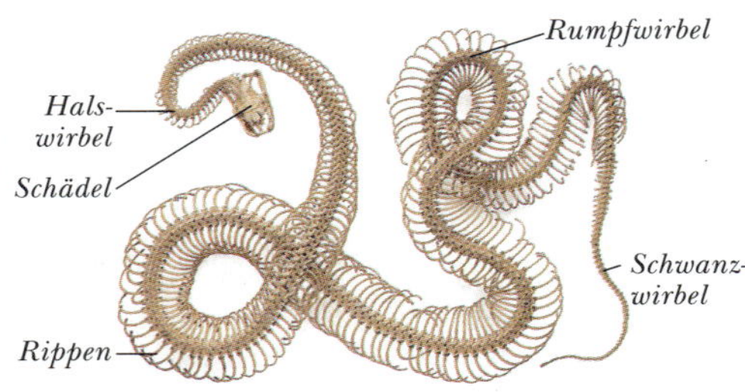


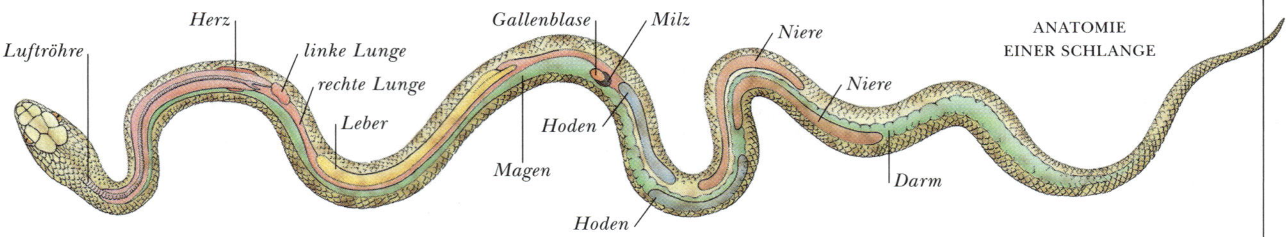


ANATOMIE EINER SCHLANGE

## VERSCHIEDENE SCHLANGENFAMILIEN

### RIESENSCHLANGEN (BOIDAE)

ABGOTTSCHLANGE
*(Boa constrictor)*

TIGERPYTHON
*(Python molurus)*

GROSSE ANAKONDA
*(Eunectes murinus)*

### NATTERN (COLUBRIDAE)

SCHMUCKBAUMNATTER
*(Chrysopelea pelias)*

KORNNATTER
*(Elaphe guttata)*

KETTENNATTER
*(Lampropeltis getulus)*

GLANZSPITZNATTER
*(Oxybelis fulgidus)*

### VIPERN (VIPERIDAE)

TEXASKLAPPERSCHLANGE
*(Crotalus atrox)*

GEWÖHNLICHE PUFFOTTER
*(Bitis arietans)*

### GIFTNATTERN (ELAPIDAE)

SPEIKOBRA
*(Naja nigricollis)*

KORALLENSCHLANGE
*(Micrurus nigrocinctus)*

**Schlauch** ⟨m. 1u⟩ **1** *biegsame Röhre, meist aus Gummi, für Flüssigkeiten od. Luft* (Fahrradschlauch, Gartenschlauch, Wasserschlauch, Weinschlauch) **2** ⟨Bot.⟩ *schlauchförmiges Pflanzenteil* **3** ⟨umg.⟩ *große körperl. Anstrengung, Strapaze* [< mhd. *sluch* „Schlangenhaut, Hülle, Hülse, Röhre; Rüssel", eigtl. „Schlupfhülle, Schlupfhülse", engl. *slough* „abgestreifte Schlangenhaut"]

**Schlauchboot** ⟨n. 11⟩ *aufblasbares Boot*

**schlauchen** ⟨V. t.; hat⟩ **1** *durch einen Schlauch leiten* (Flüssigkeit) **2** ⟨fig.; umg.⟩ *körperlich sehr anstrengen* ◆ die lange Reise hat mich sehr geschlaucht [zu *Schlauch* im Sinne von „körperlich anstrengen, überfordern" aus der Soldatensprache des ersten Weltkrieges, eigtl. „weich machen wie einen Schlauch"]

**Schlauchklemme** ⟨f. 19⟩ = *Quetschhahn*

**Schlauchpilz** ⟨m. 1; Bot.⟩ *Angehöriger einer Unterklasse der höheren Pilze, der sich geschlechtlich u. ungeschlechtlich fortpflanzen kann: Ascomycetes*

**Schlaufe** ⟨f. 19⟩ *Schlinge, Schleife* [ältere Form von *Schleife*]

**schlecht** ⟨Adj.; -er, am -esten⟩ **1** *minderwertig, nicht gut, wertlos, ungenügend* (Arbeit, Ware) **2** *gering, schwach* **3** *faul, verdorben, ungenießbar* (Lebensmittel) **4** *sittlich minderwertig, übel, böse* (Gesinnung, Mensch, Tat) **5** *unwohl, übel, krank* **6** ⟨veraltet⟩ *schlicht, einfach* ◆ ⟨noch in der Wendung⟩ sich recht und schlecht durchschlagen; schlechte **Angewohnheit;** jmdm. einen schlechten **Dienst** erweisen; das macht einen schlechten **Eindruck;** einen schlechten **Geschmack** im Mund haben; in schlechte **Hände** geraten *an jmdn., der ungeeignet (zur Aufsicht, als Besitzer) ist od. nachteiligen Einfluss ausübt;* schlechte **Laune,** Stimmung; einen schlechten **Ruf** haben; das ist ein schlechter **Trost;** es ist schlechtes **Wetter** *kühles, kaltes u. regner. Wetter;* das ist ein schlechtes **Zeichen;** schlechte **Zeiten** *wirtschaftlich ungünstige Zeiten, Notzeiten;* schlechte **Zensuren** ◆ das Essen ist mir schlecht **bekommen;** ich kann in diesen Schuhen schlecht **gehen;** nein, heute geht es schlecht ⟨umg.⟩ *heute passt es mir nicht* ◆ (das ist gar) **nicht** schlecht! *ganz gut* [< ahd. *sleht* „eben, glatt", engl. *slight* „schwach, unbedeutend"]

**schlecken** ⟨V. t. u. V. i.; hat⟩ **1** *lecken* **2** *naschen, leckere,* ⟨bes.⟩ *süße Speisen genießen* ◆ die Tiermutter schleckt ihre Jungen; er schleckt gern an seinem Lutscher; an einer Eiswaffel schlecken [< mhd. *slecken* „naschen", → *lecken*[2]]

**Schlegel** ⟨m. 5; süddt.⟩ **1** *Schenkel* (eines geschlachteten od. geschossenen Tieres), *Keule* (Kalbsschlegel, Rehschlegel) **2** ⟨schweiz.; umg.⟩ *Bierflasche, Mostflasche*

**Schlehbusch** ⟨m. 1u⟩, **Schlehdorn** ⟨m. 1⟩ *dorniger Heckenstrauch mit blauen, herben Steinfrüchten (Schlehen): Prunus spinosa;* Sy *Schwarzdorn*

**Schleiche** ⟨f. 19⟩ **1** ⟨Zool.⟩ *Angehörige einer Familie bodenbewohnender Echsen von meist schlangenförmiger Gestalt: Anguidae* (Blindschleiche) **2** ⟨fig.; umg.⟩ *falschfreundl. weibl. Person, Heuchlerin* [→ *schleichen*]

SCHLEIE (*Tinca tinca*)

SCHLEIER: HOCHZEITS-SCHLEIER DES 19. JH.

**schleichen** ⟨V. i. 217; ist⟩ *vorsichtig, leise u. möglichst unbemerkt gehen* ◆ die Zeit schleicht *vergeht quälend langsam;* auf Zehenspitzen schleichen; sich aus dem Haus schleichen; sich in jmds. Vertrauen schleichen ⟨fig.⟩ *jmds. Vertrauen zu betrüger. Zwecken gewinnen;* schleichend *langsam, allmählich fortschreitend* [< ahd. *slihhan*]

**Schleichwerbung** ⟨f. 20; unz.; bes. TV⟩ *Werbung, bei der Firmennamen auf Plakaten, Etiketten u. Ä. scheinbar absichtslos ins Bild gebracht werden*

**Schleie** ⟨f. 19; Zool.⟩ ▲ *Karpfenfisch, der in fast allen Gewässern mit schlammigem Grund häufig ist: Tinca tinca* [< ahd. *slio*]

**Schleier** ⟨m. 3⟩ **1** ▼ *Gesicht od. Kopf verhüllendes, dichtes od. durchsichtiges Gewebe* (Spitzenschleier) **2** ⟨allg.⟩ *dünnes, leichtes, durchsichtiges Gewebe* (Brautschleier) **3** *schleierähnlicher Federschmuck (von Eulen)* **4** *Blättchen um die Fruchthäutchen (von Farnen)* **5** ⟨fig.⟩ *Dunst, Dunstschicht, Trübung* **6** *Hülle, etwas Verhüllendes* ◆ etwas mit dem Schleier der **Nächstenliebe** verhüllen ◆ das Bild, Foto **hat** einen Schleier ◆ alles wie **durch** einen Schleier sehen [< mhd. *slei(g)er, slo(g)ier, sloiger*]

**Schleiereule** ⟨f. 19; Zool.⟩ *einheimische, schlanke, helle Eule: Tyto alba;* Sy *Perleule*

**Schleierschwanz** ⟨m. 1u; Zool.⟩ = *Goldfisch*

**Schleife**[1] ⟨f. 19⟩ **1** *Schlinge, leicht lösbare Verknüpfung (aus Schnur od. Band)* **2** *zur Schleife geschlungenes Band* (Bandschleife, Haarschleife) **3** *fast kreisförmige Kurve, Windung, Kehre* (Flussschleife) **4** *schleifenähnl. Figur, Doppelkurve, „Acht"* **5** *Ringflim* ◆ das Flugzeug fliegt eine große Schleife [< frühnhd. *schleuffe* < mhd. *sloufe,* ahd. *slouf* „Schleife, Hülle"; zu mhd., ahd. *sloufen* „schlüpfen machen, an-, ausziehen"; → *schlüpfen*]

**Schleife**[2] ⟨f. 19⟩ *Schleifbahn, Rutschbahn, Rutsche* [< ahd. *sleifa;* zum starken Verb *schleifen* < ahd. *slifan* „gleiten"; → *schleifen*]

**schleifen** ⟨V.; hat⟩ **I** ⟨V. i.⟩ *in anhaltender Bewegung in derselben Richtung den Boden, eine Fläche berühren* ◆ den kranken Fuß (beim Laufen) schleifen **lassen;** die Kupplung schleifen lassen *die K. eines Kraftfahrzeugs so betätigen, dass sie nur einen Teil der Motorkraft auf das Getriebe überträgt;* die Zügel schleifen lassen ⟨fig.⟩ *nicht mehr so streng sein, keine Ordnung, Disziplin mehr halten* ◆ das Kleid schleift **am,** über den Boden **II** ⟨V. t.⟩ **1** etwas schleifen *schleppend nachziehen, über den Boden mitziehen* **2** jmdn. schleifen ⟨fig.; umg.; scherzh.⟩ *trotz leichten Widerstrebens mitnehmen* ◆ eine **Festung** schleifen *niederreißen;* einen **Sack** (hinter sich her, über den Hof) schleifen ◆ jmdn. mit **ins** Theater, zu Freunden schleifen ⟨fig.; umg.; scherzh.⟩ **III** ⟨V. t. 218⟩ etwas schleifen **1** *durch dauernde Bewegung am sich drehenden Schleifstein schärfen* **2** ► *die Oberfläche von etwas zu bestimmten Formen bearbeiten* ◆ **Bohrer,** Messer schleifen; **Edelsteine,** Gläser schleifen; **Rekruten** schleifen ◆ das Messer ist **frisch** geschliffen ◆ **geschliffene** Formulierungen, Sätze *gut gebaute Formulierungen, Sätze;* geschliffener Stil *sehr guter, einwandfreier Stil* [< ahd. *slifan* „gleiten" + ahd. *sleifen* „gleiten lassen, gleiten machen"]

**Schleifscheibe** ⟨f. 19⟩ *umlaufende Scheibe aus Natursandstein, Korund, Karborund u. a. Stoffen zum Schleifen;* Sy *Schleifstein (2)*

**Schleifstein** ⟨m. 1⟩ **1** *Wetzstein, Stein zum Schleifen* **2** = *Schleifscheibe*

**Schleim** ⟨m. 1⟩ **1** *bei Menschen u. Tieren eine von Schleimdrüsen u. Becherzellen abgesonderte, zähe, schlüpfrige, leicht klebrige Flüssigkeit* (Nasenschleim) **2** *alle quellbaren, nicht fadenziehenden Polysaccharide* (Pflanzenschleim) [< mhd. *slim* „Schleim, klebrige Flüssigkeit, schmierige Substanz; Schlamm" < ahd. *slim,* engl. *slime*]

**Schleimbeutel** ⟨m. 5⟩ *kleiner Beutel, der Schleim absondert, um die Reibung zwischen Muskeln, Sehnen u. Knochen zu verringern: Bursa synovialis*

**Schleimfisch** ⟨m. 1; Zool.⟩ ▼ *Angehöriger einer Familie langer gestreckter Fische, deren Körper mit Schleim bedeckt ist: Blenniidae*

**Schleimhaut** ⟨f. 7u⟩ *die bei den Menschen u. Wirbeltieren alle nach außen sich öffnenden Höhlen u. Kanäle auskleidende Membran, wird stets feucht u. schlüpfrig gehalten: Tunica muosca*

SCHLEIMFISCH: SEESCHMETTERLING (*Blennius ocellaris*)

**schleimig** ⟨Adj.⟩ **1** *voller Schleim* **2** *schlüpfrig, schmierig wie Schleim* **3** ⟨fig.⟩ *schmeichlerisch, kriecherisch, süßlich* ◆ schleimiger Auswurf

**Schleimkopf** ⟨m. 1u⟩ *Angehöriger einer Ordnung der echten Knochenfische, den Barschfischen nahe stehend: Beryciformes*

**schlemmen** ⟨V. i.; hat⟩ **1** *gut, üppig, reichlich essen u. trinken* **2** *genießen* [< spätmhd. *slemmen;* vermutl. Umbildung von spätmhd. lautmalendem *slampen, slempen* „schmatzen, schlürfen", beeinflusst von *Schlamm*]

**schlendern** ⟨V. i.; ist⟩ *langsam und behaglich gehen, bummeln* ◆ auf und ab schlendern; durch die Stadt, Straßen schlendern [< nddt. *slendern*]

**schlenkern** ⟨V. t. u. V. i.; hat⟩ *behaglich od. nachlässig hin- u. herschwingen (lassen), pendeln (lassen)* ◆ mit den Armen, Beinen schlenkern [< spätmhd. *slenkern* „schleudern"; zu mhd. *slenker, slenger* < ahd. *slengira* „Schleuder"]

**schlenzen** ⟨V. i.; hat; Sp.; bes. Fußb., Hockey⟩ *den Spielball schlagen, ohne auszuholen* [→ *schlenkern*]

**Schleppe** ⟨f. 19⟩ *langer, am Boden nachschleifender Teil des Kleides*

GESCHLIFFEN UNGESCHLIFFEN

SCHLEIFEN: GESCHLIFFENER UND UNGESCHLIFFENER BERNSTEIN

**schleppen** ⟨V.; hat⟩ **I** ⟨V. t.⟩ **1** *mit großer Anstrengung tragen* (Koffer, Sack) **2** *hinter sich herziehen, nachschleifen lassen* (Fischernetz) **3** *mit dem Schlepper ziehen, abschleppen* ◆ Lastkähne (stromaufwärts) schleppen; ⟨umg.; scherzh.⟩ jmdn. an einen Ort, zu jmdm. schleppen *trotz Widerstandes mitnehmen;* jmdn. vor den Richter schleppen **II** ⟨V. i.⟩ *nachschleifen, den Boden berühren* (Kleid) **III** ⟨V. refl.⟩ sich schleppen *sich mühsam fortbewegen* ◆ sich mit einer Erkältung, Grippe schleppen [< mhd. *slepen* „am Boden hinziehen", daneben u. häufiger „angestrengt ziehen, schwer tragen" < mnddt. *slepen* „schleifen"]

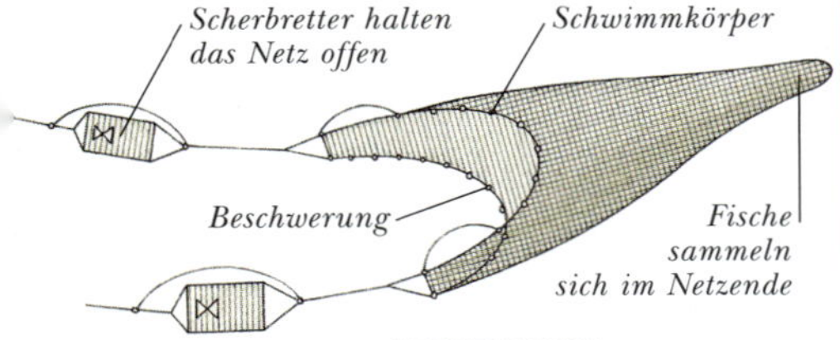


SCHLEPPNETZ

**schleppend** ⟨Adj.⟩ **1** *schwerfällig, schlurfend* (Gang) **2** *langsam, unbeholfen, träge* (Redeweise, Melodie) **3** *langsam, mühsam* (Unterhaltung) ◆ der Absatz war schleppend

**Schlepper** ⟨m. 3⟩ **1** *Fahrzeug zum Schleppen anderer Fahrzeuge, z. B. Schleppdampfer, Traktor* **2** ⟨früher⟩ *jmd., der Bauernfängern Opfer zuführt* **3** ⟨heute⟩ *jmd., der einem fragwürdigen Unternehmen in aufdringlicher Weise Kunden zuführt*

**Schleppfischerei** ⟨f. 18; unz.⟩ *Fischerei mit Schleppnetzen*

**Schleppnetz** ⟨f. 11⟩ ▲ *von Fischereifahrzeugen nachgeschlepptes Netz;* Sy *Zugnetz*

**Schleppnetzfahndung** ⟨f. 20; polizeitakt. Bez. für⟩ *Kontrolle von nicht verdächtigen Personen aufgrund einer bereits eingeleiteten Fahndung, wobei persönl. Daten verglichen und weitergegeben werden können*

**Schlepptau** ⟨n. 11⟩ **1** *Tau od. Seil zum Befestigen eines Fahrzeugs am Schlepper, Schleppseil* **2** *am Freiballon hängendes Seil zur Erleichterung der Landung* ◆ jmdn. ins Schlepptau nehmen ⟨fig.; umg.⟩ *jmdn. mit sich ziehen, mitschleppen; über jmdn. verfügen u. seine Angelegenheiten leiten;* sich (nicht) ins Schlepptau nehmen lassen ⟨fig.; umg.⟩

**schlesisch** ⟨Adj.⟩ *Schlesien betreffend, zu ihm gehörend, aus ihm stammend* ◆ Schlesische Dichterschule ⟨Lit.⟩ *in Schlesien gebildete Gruppe dt. Dichter der Spätrenaissance um Opitz, Fleming, Gryphius, Logau* (erste Schlesische Dichterschule); *Gruppe dt. Barockdichter um Lohenstein, Hofmannswaldau* (zweite Schlesische Dichterschule)

**Schleuder** ⟨f. 21⟩ **1** ⟨Antike⟩ *Wurfgerät für Steine od. Bleikugeln aus zwei durch ein taschenartiges Lederstück verbundenen Riemen od. Stricken, deren einer nach dem Schwingen um den Kopf losgelassen wird* (Bandschleuder) **2** ⟨MA⟩ *das gleiche, an einem Stab befestigte Wurfgerät für Brandkugeln* (Stabschleuder) **3** *Vorrichtung zum Trennen von Flüssigkeiten, Zentrifuge* (Honigschleuder) **4** *schnell rotierende Maschine zum Entfernen des Wassers aus nasser Wäsche* (Wäscheschleuder, Trockenschleuder) [→ *schleudern*]

**schleudern** **I** ⟨V. t.; hat⟩ **1** *mit Schwung, Wucht werfen* **2** *in der Schleuder bearbeiten* ◆ einen Ball, Stein schleudern; Honig, Milch, Wäsche schleudern; jmdm. eine Antwort ins Gesicht schleudern *jmdm. heftig, zornig antworten* **II** ⟨V. i.; ist⟩ *auf glatter Bahn schnell abwechselnd links u. rechts seitlich abgleiten* (Auto, Motorrad) ◆ das Auto geriet ins Schleudern [< mhd. *sludern* „schlenkern"; zu *sluder* „Schleuder"]

**schleunig** ⟨Adj.⟩ *eilig, baldig, unverzüglich, sofortig, schnell* ◆ wir bitten um schleunige Rückgabe des Buches [< mhd. *sliunec;* zu *sliunen, slunen, slounen* „beeilen"]

**Schleuse** ⟨f. 19⟩ **1** ▼ *Anlage in Flüssen für Schiffe zur Überwindung von Höhenunterschieden* **2** *Klappe zum Stauen u. Freigeben eines Wasserlaufs* **3** *Vorrichtung zum Ableiten von Wasserläufen od. Abwässern in Kanäle od. Rohre* **4** *luftdichter Raum, in dem der Luftdruck langsam erhöht od. gesenkt werden kann, um bei Menschen plötzlichen Druckunterschied zu vermeiden* (Luftschleuse) **5** *hermetisch abschließbarer Raum zur Entgiftung, Desinfizierung* [< ndrl. *sluis* < mndrl. *sluse, sluise* über afrz. *escluse* < mlat. *exclusa, sclusa*]

**schleusen** ⟨V. t.; hat⟩ **1** ein Schiff durch einen Kanal schleusen *mittels Schleuse bringen* **2** jmdn. durch eine Reihe von Instanzen, Ämtern schleusen ⟨fig.⟩ *bringen, leiten* **3** jmdn. durch eine Kontrolle, über die Grenze schleusen ⟨fig.⟩ *heimlich bringen*

**Schleusentor** ⟨n. 11⟩ *jede der beiden Klappen am Ein- bzw. Ausgang der Schleuse zum Stauen bzw. Freigeben des Wassers*

**schlicht** ⟨Adj.; -er, am -esten⟩ **1** *einfach, ungekünstelt* **2** *bescheiden* ◆ das Haar schlicht zurückgekämmt tragen [Nebenform von *schlecht* in der alten Bedeutung „einfach, eben"; zu *schlichten* „glätten"]

**schlichten** ⟨V. t.; hat⟩ **1** Holz, Metall schlichten *glätten* **2** Leder schlichten *geschmeidig machen* **3** die Kettfäden schlichten *mit Schlichte behandeln* **4** einen Streit schlichten *beilegen, die Streitenden versöhnen, befrieden* [< ahd. *slihten,* urspr. „glatt machen"; zu *schlecht* „eben, glatt"; → *schlecht, schlicht*]

**Schlichthammer** ⟨m. 3u⟩ *Handhammer des Schmiedes*

**Schlichthobel** ⟨m. 5⟩ *Hobel zum Glätten, zur Feinbearbeitung*

**Schlick** ⟨m. 1⟩ **1** ⟨nddt.⟩ *Schlamm, der von Flüssen in Seen od. im Meer abgelagert ist* **2** *aus Salzen, organischen u. anorganischen Stoffen bestehender, feiner Meerschlamm, der sich in ruhigen Buchten absetzt* [< ahd. *slich* „Schlick, Schlamm"; zu *slihhan* „leise gleitend gehen"; → *schleichen*]

**Schliere** ⟨f. 19⟩ **1** ⟨obersächs.⟩ *schleimige Masse* **2** ⟨Tech.⟩ *Stelle in einem durchsichtigen Körper, die infolge verschiedener Dichte einen anderen Brechungsindex besitzt als ihre Umgebung, z. B. Fehlerstelle (Streifen) im Glas*

**schließen** ⟨V. 220; hat⟩ **I** ⟨V. t.⟩ **1** *die Öffnung verdecken von, zumachen* (Kasten, Koffer, Schrank) **2** *zuklappen* (Augen, Buch, Tür, Fenster) **3** *beenden* (Sitzung, Versammlung) **4** *für Besucher unzugänglich machen, versperren* (Kirche, Laden, Museum, Schalter, Schule) ◆ er hat seine **Augen** (für immer) geschlossen *er ist gestorben;* die **Ehe** (mit jmdm.) schließen *jmdn. heiraten;* mit jmdm. **Freundschaft** schließen *jmds. Freund(in) werden;* **Frieden** schließen *sich versöhnen, einen Streit beenden; einen Krieg durch einen Friedensvertrag beenden;* wir schließen (den **Laden**) um 18 Uhr; eine **Lücke** schließen; er schloss seine **Rede,** mit den Worten: ...; einen **Vertrag,** ein Bündnis schließen *unterzeichnen, rechtskräftig machen* ◆ und damit **will** ich schließen *(Schlussformel im Brief, bei einem Vortrag)* ◆ jmdn. od. etwas **an** etwas schließen *(mit Schloss) befestigen;* an den Vortrag schloss sich eine lebhafte Diskussion *dem Vortrag folgte eine lebhafte Diskussion;* das Fahrrad an einen Zaun schließen; etwas **aus** etwas schließen *folgern, eine Schlussfolgerung ziehen;* daraus kann man schließen, dass ...; diese Behauptung schließt einen Widerspruch **in** sich; jmdn. in die Arme schließen *umarmen;* einen Brief, Geld in ein Fach, in den Schreibtisch schließen ◆ **wann** werden die Läden geschlossen? ◆ ein geschlossenes Ganzes *eine Einheit;* geschlossene Gesellschaft *Gesellschaft nur für Mitglieder od. geladene Gäste* **II** ⟨V. i.⟩ eine Tür schließt (nicht) *kann (nicht) ganz ge-*

## SCHLEUSE

Nachdem ein Boot in eine Schleusenkammer eingefahren ist, wird das Tor hinter ihm geschlossen, was bei alten Schleusen noch von Hand geschieht. Darauf öffnet sich das Schütz des oberen Tores, und je nach Niveauunterschied tritt Wasser ein oder aus, bis die Wasserstände sich angeglichen haben. Schließlich wird das obere Tor geöffnet, sodass die Fahrt auf dem neuen Wasserstand fortgesetzt werden kann.

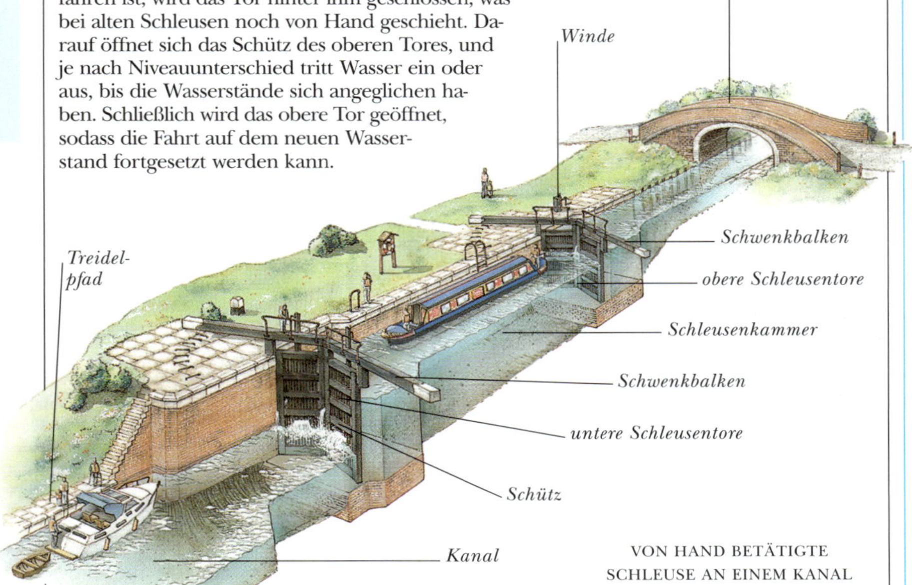


VON HAND BETÄTIGTE SCHLEUSE AN EINEM KANAL

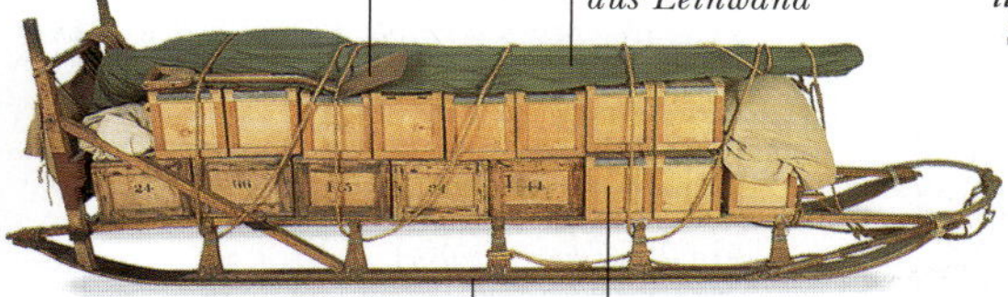


SCHLITTEN

*schlossen werden;* der Schlüssel schließt *man kann mit ihm auf- u. zuschließen;* von sich auf andere schließen *annehmen, dass andere genauso denken od. handeln wie man selbst;* der Schlüssel schließt zu mehreren Türen **III** ⟨V. refl.⟩ sich schließen *zugehen* ◆ die Blüten schließen sich am Abend; die Wunde hat sich geschlossen *ist zugeheilt* [< ahd. *sliozan* „schließen, verschließen", mnddt. *sluten*]

**Schließfach** ⟨n. 12u; in Banken, Postämtern, auf Bahnhöfen⟩ *mietbares, verschließbares Fach zur Aufbewahrung von Gepäck, Wertgegenständen usw.*

**Schließfrucht** ⟨f. 7u⟩ *Frucht, in der pflanzliche Samen während der Verbreitung eingeschlossen bleiben;* ► Früchte

**schließlich** ⟨Adv.⟩ **1** *zum Schluss, endlich, am Ende* **2** *nach einigem Zögern* **3** *wenn man es recht bedenkt, im Grunde* ◆ schließlich fragte er ...; schließlich hat er doch recht; er ist schließlich doch noch gekommen

**Schließmuskel** ⟨m. 25; Anat.⟩ **1** *Muskel, der eine Muschelschale verschließt* **2** *ringförmiger Muskel, der Hohlorgane verschließt* (Afterschließmuskel)

**Schliff** ⟨m. 1⟩ **I** ⟨unz.⟩ **1** *das Schleifen, das Geschliffensein* **2** ⟨fig.⟩ *gutes Benehmen* **3** *gute Umgangsformen, gute Manieren* **4** *militärischer Drill* ◆ jmdm. Schliff beibringen; er hat keinen Schliff **II** ⟨zählb.⟩ **1** *durch Schleifen bearbeitete Stellen* **2** *Art des Schliffs, des Geschliffenseins* **3** *unausgebackene, glasige Stelle im Backwerk* ◆ der Schliff des Glases; Schliff backen ⟨fig.⟩ *keinen Erfolg haben, scheitern;* der Kuchen ist Schliff geworden *ist nicht durchgebacken, nicht aufgegangen, nicht hochgegangen* [< mhd. *slif,* Gen. *sliffes* „Abgeschliffenheit, Ausgleiten"; zu *schleifen* „glätten"]

**schliffig** ⟨Adj.⟩ **1** *mit Schliff versehen* (Diamant) **2** *gutes Benehmen, Manieren aufweisend* (Personen) **3** *unausgebacken* (Kuchen)

**schlimm** ⟨Adj.⟩ **1** *böse, übel, schlecht* **2** ⟨umg.⟩ *unangenehm* **3** ⟨umg.⟩ *krank, wund* ◆ du Schlimmer! ⟨umg.; scherzh.⟩ *du Schwerenöter!;* es wird mit ihm noch ein schlimmes **Ende** nehmen; eine schlimme **Nachricht** ◆ es **gibt** Schlimmeres als das; **sein:** das ist (noch lange) nicht das Schlimmste ⟨umg.⟩ *es hätte ärger kommen können;* es **steht** schlimm (mit ihm) *es geht ihm sehr schlecht* ◆ das ist **halb** so schlimm (wie es aussieht) ⟨umg.⟩ ◆ ich bin **auf** das Schlimmste gefasst; das ist **nicht** (so) schlimm ⟨umg.⟩ *das macht nichts* [< mhd. *slimp, slimber* „schief, verkehrt" < ahd. **slimb* (zu erschließen aus *slimbi* „Schräge")]

SCHLITTSCHUH: EISHOCKEYSCHLITTSCHUH

**schlimmstenfalls** ⟨Adv.⟩ *im ungünstigsten, schlechtesten Falle*

**Schlinge** ⟨f. 19⟩ **1** *einfache Schleife, lose verknüpftes Band;* ► Knoten **2** *Fanggerät aus lose verknüpftem Draht* ◆ sich, ⟨od.⟩ den Kopf aus der Schlinge ziehen ⟨fig.⟩ *sich im letzten Moment geschickt aus einer bedrängten Lage befreien* [nach der Schlinge des Stricks am Galgen]; sich in einer Schlinge fangen; den Arm in der Schlinge tragen [< ahd. *slinga* „Schleuder"; → *schlingern*]

**Schlingel** ⟨m. 5⟩ **1** *durchtriebener, frecher, gemeiner Kerl, Tunichtgut* **2** *freches Kerlchen, kleiner Schelm* [zu *schlingen*[1] in der Bedeutung „schlendern, (sich) winden"]

**schlingen**[1] ⟨V. t. 221; hat⟩ **1** *kreisförmig od. in Windungen legen* **2** *(ver)flechten, lose (ver)knüpfen* ◆ sich ein Band durchs Haar schlingen; eine Schnur, ein Band um etwas schlingen; die Schlange schlingt sich um ihr Opfer [< mhd. *slingen* < ahd. *slingan* „hin u. her schwingen; winden, flechten"]

**schlingen**[2] ⟨V. i. 221; hat⟩ **1** *schlucken* **2** *gierig essen* ◆ er schlang das Essen hinunter [< mhd. *(ver)slinden* < ahd. *(fer)slintan*]

**schlingern** ⟨V. i.; hat⟩ **1** das Schiff schlingert *pendelt infolge Seeganges um die Längsachse* **2** jmd. schlingert ⟨umg.; scherzh.⟩ *geht (infolge Trunkenheit) schwankend* [aus der Seemannsspr. < nddt. *slingern* „schwingen, schwanken" < mnddt. *slingern* „hin u. her schlenkern"; Iterativbildung zu *schlingen* „hin u. her pendeln, Schwingbewegungen machen"]

**Schlingpflanze** ⟨f. 19⟩ *Pflanze, die sich rund um eine Stütze nach oben schlingt*

**Schlips** ⟨m. 1⟩ *lange, selbstgeknotete Krawatte* ◆ sich auf den Schlips getreten fühlen ⟨umg.; scherzh.⟩ *beleidigt sein* [< nddt. *slips;* Pl. zu *slip* „Hemd-, Rock-, Tuchzipfel"]

**Schlipsnadel** ⟨f. 21⟩ = *Krawattennadel*

**Schlitten** ⟨m. 4⟩ **1** ▲ *auf Kufen gleitendes Fahrzeug zum Fahren auf Schnee u. Eis* (Pferdeschlitten, Rodelschlitten) **2** *gleitender Maschinenteil, Gleitstück, Gleitschuh* **3** *die Holzvorrichtungen, auf denen das Schiff beim Stapellauf ins Wasser gleitet* **4** ⟨umg.; scherzh.⟩ *Motorfahrzeug, Flugzeug* ◆ Schlitten fahren *rodeln;* unter den Schlitten kommen ⟨umg.⟩ *moralisch sinken, verkommen* [< ahd. *slito, slita;* zu mhd. *sliten* „gleiten"]

**schlittern** ⟨V. i.; ist/hat; umg.⟩ **1** *auf dem Eis gleiten, rutschen* **2** *auf glatter Fläche rutschen, ausgleiten* ◆ die Kinder haben/sind geschlittert [< nddt. *sliddern;* zu regional (Elsass, Trierer Raum) *schlitten* „auf dem Eise gleiten" < mhd. *sliten* „gleiten"; → *Schlitten*]

**Schlittschuh** ⟨m. 1⟩ ◄ *knöchelhoher Schnürschuh, unter dem zur schnellen Fortbewegung auf dem Eis eine Stahlkufe befestigt ist* ◆ Schlittschuh laufen *sich auf Schlittschuhen fortbewegen*

**Schlittschuhbahn** ⟨f. 20⟩ *Eisbahn zum Schlittschuhlaufen, Eislaufbahn*

**Schlitz** ⟨m. 1⟩ **1** *schmale Öffnung, Spalt* (Mauerschlitz, Briefkastenschlitz) **2** *Einschnitt als Öffnung* (Hosenschlitz) [< ahd. *sliz* „Spaltung, Bruch"; → *schlitzen*]

**schlitzen** ⟨V. t.; hat⟩ *mit einem Schlitz versehen, der Länge nach aufschneiden od. aufreißen* [< ahd. *slizzen,* Intensivbildung zu schleißen]

**Schlitzflügel** ⟨m. 5; Flugw.⟩ *Tragflügel, zwischen dessen Ober- u. Unterseite sich ein fester od. sich automatisch öffnender Schlitz befindet, zur Verbesserung der Auftriebseigenschaften*

**Schlitzohr** ⟨n. 27⟩ **1** *geschlitzte Ohrmuschel* **2** ⟨fig.⟩ *durchtriebener, gerissener Kerl* **3** ⟨abwertend⟩ *Betrüger* [früher wurden Betrüger durch Schlitzen der Ohren bestraft]

**schlitzohrig** ⟨Adj.⟩ **1** ⟨fig.⟩ *durchtrieben, schlau, gerissen* **2** ⟨abwertend⟩ *betrügerisch*

**Schloss** ⟨n. 12u⟩ **1** ▼ *Vorrichtung zum Verschließen* (Türschloss, Vorhängeschloss) **2** *Teil der Handfeuerwaffen, in den die Patronen eingelegt u. in dem sie zum Zünden gebracht werden* **3** *großes, repräsentatives, künstlerisch ausgestaltetes Wohngebäude, bes. von Fürsten* ◆ jmdn. hinter Schloss und Riegel setzen *gefangen setzen, ins Gefängnis einsperren;* hinter Schloss und Riegel sitzen *im Gefängnis* [< ahd. *sloz* „Türverschluss, Riegel"; → *schließen*]

**Schlosser** ⟨m. 3⟩ **1** *Handwerker der Eisen- u. Metallverarbeitung* **2** *Lehrberuf mit dreijähriger Lehrzeit* (Autoschlosser, Kunstschlosser, Maschinenschlosser, Bauschlosser) [< mhd. *slozær, slozzer;* zu *sloz* „Vorrichtung zum Verschließen, Verschluss, Riegel"]

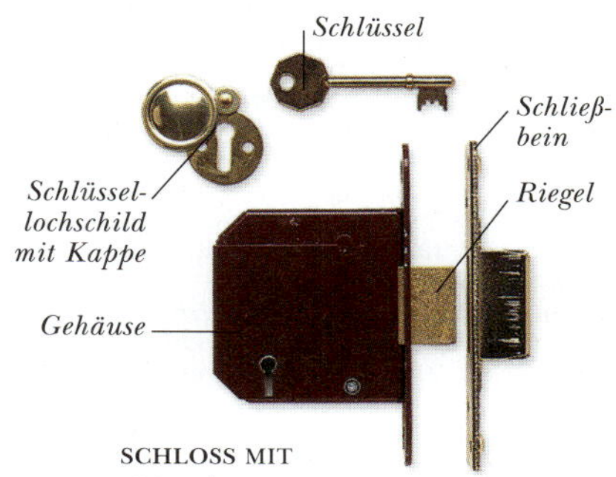


SCHLOSS MIT SCHLÜSSEL

**Schlosshund** ⟨m. 1; veraltet⟩ *Kettenhund, an die Kette geschlossener Wachhund* ◆ ⟨meist in der Wendung⟩ heulen wie ein Schlosshund *heftig, laut u. klagend heulen, bitterlich weinen*

**Schlot** ⟨m. 1⟩ **1** = *Schornstein* **2** ⟨Geol.⟩ ▼ *meist runder Förderkanal vulkanischen Materials, der bei erloschenen Vulkanen mit erstarrter Lava gefüllt ist* **3** ⟨fig.; umg.⟩ *leichtsinniger, oberflächl. Mensch* **4** *unangenehmer Kerl* [< ahd. *slat* „Rauchfang, Kamin, Ofenloch"; evtl. Zusammenhang mit mhd. *slate* „Schilfrohr" (dann wäre der Rauchfang mit dem Rohrhalm verglichen worden)]

**schlottern** ⟨V. i.; hat⟩ *heftig zittern* ◆ seine Knie schlotterten (vor Angst); die Kleider schlotterten ihm um den Körper *waren zu weit u. hingen ihm schlaff um die Glieder;* vor Kälte (an allen Gliedern) schlottern [< mhd. *slot(t)ern;* Intensivbildung zu mhd. *sloten* „zittern"]

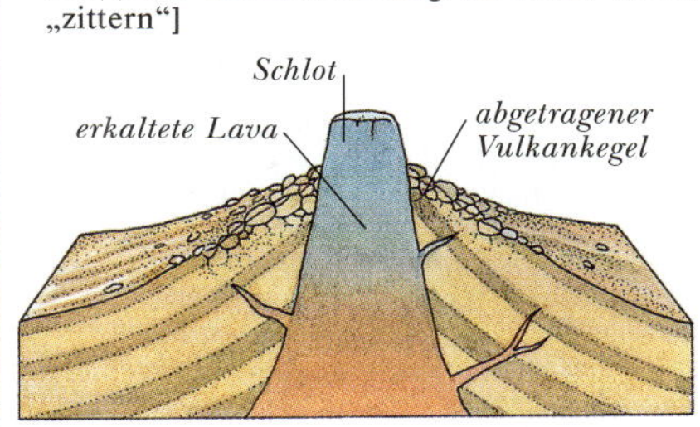


SCHLOT: FREI STEHENDER, MIT ERKALTETER LAVA GEFÜLLTER VULKANSCHLOT

S

**Schlucht** ⟨f. 20⟩ ► *tiefes, enges Tal, bes. zwischen Felsen* [zuerst norddt. u. mdt. entspricht mit niederdt. *-cht-* für hochdt. *-ft-* dem veralteten *Schluft* < mhd. *sluft;* zu *schliefen* „schlüpfen"]

**schluchzen** ⟨V. i.; hat⟩ *stoßweise weinen* ◆ schluchzend etwas sagen [< spätmhd. *sluchzen;* Intensivbildung zu mhd. *sluchen* „schlingen, schlucken"; zu *sluch* „Schlauch" in der Bedeutung „Schlund"]

**Schluck** ⟨m. 1⟩ *Flüssigkeitsmenge, die man auf einmal schlucken kann* ◆ einen Schluck trinken *ein Getränk probieren, ein wenig trinken* [< mhd. *sluc;* → *schlucken*]

**Schluckauf** ⟨m. 6⟩ *wiederholtes krampfartiges, kurzes Einatmen infolge schneller, heftiger Zusammenziehung des Zwerchfells u. anschließenden Verschlusses der Stimmritze*

**schlucken** ⟨V.; hat⟩ **I** ⟨V. t.⟩ **1** *aus dem Mund in den Magen bringen* **2** *schweigend hinnehmen* (Beleidigung, Zurechtweisung) ◆ der große Betrieb hat mehrere kleine geschluckt ⟨fig.⟩ *mit sich vereinigt;* eine Pille schlucken; Staub schlucken ⟨fig.⟩ *einatmen* **II** ⟨V. i.⟩ *die Schluckbewegung ausführen* ◆ ich musste erst dreimal schlucken vor Überraschung ⟨fig.; umg.⟩ [< mhd. *slucken* „schlingen, schlucken; schluchzen" < ahd. **sluckon*]

**Schluckspecht** ⟨m. 1; umg.; scherzh.⟩ *jmd., der viel Alkohol trinkt*

**Schluff** ⟨m. 1 od. 1u⟩ **1** *feinstes, staubförmiges Gesteinsmaterial* **2** ⟨bair.⟩ *Muff*

**Schlummer** ⟨m. 3; unz.⟩ *leichter, sanfter Schlaf* [→ *schlummern*]

**schlummern** ⟨V. i.; hat⟩ *in Schlummer liegen, sanft schlafen, leicht schlafend ruhen* [< spätmhd. *slummern* < mnddt. *slummeren, slom(m)eren*]

**Schlumpf** ⟨m. 1u⟩ **1** *einfältiger Mensch* **2** *zwergenhafte Gestalt (aus der Comicliteratur)* **3** *niedliches, süßes Geschöpf* [vermutl. nach der Comicfigur]

**Schlund** ⟨m. 1u⟩ **1** *trichterförmige Verbindung der Mund- u. Nasenhöhle mit der Speiseröhre* **2** ⟨Jägerspr.⟩ *Speiseröhre (beim Schalenwild)* **3** ⟨fig.⟩ *tiefe Öffnung, Abgrund* ◆ der tiefe, trichterförmige Schlund eines Vulkans [< ahd. *slunt* „Schlucht, Abgrund, Rachen, Kehle"; zu *slintan* „schlingen"]

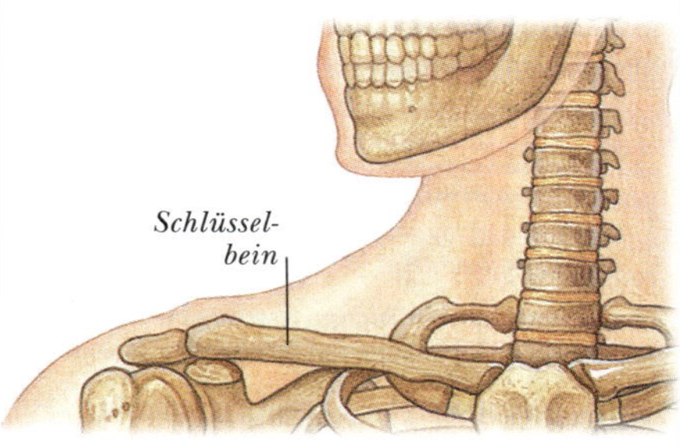


SCHLÜSSELBEIN IM MENSCHLICHEN SKELETT

**Schlupf** ⟨m. 1u⟩ **1** ⟨oberdt.⟩ *Loch, durch das man schlüpft, Durchschlupf* **2** ⟨Tech.⟩ *kleiner u. in der Regel veränderlicher Unterschied zwischen zwei Drehgeschwindigkeiten, der nicht durch eine Übersetzung vorgeschrieben ist, toter Gang* **3** ⟨bei Asynchronmotoren⟩ *Maß für die Drehzahldifferenz zwischen Ständer- u. Läuferdrehfeld* [< mhd. *slupf* „Schlüpfen; Strick, Schlinge"; zu *slupfen* „schlüpfen"; → *schlüpfen*]

**schlüpfen** ⟨V. i.; ist⟩ *sich gleitend, behände, bes. durch enge Öffnung od. unbemerkt, bewegen* ◆ Vögel schlüpfen aus dem Ei *kriechen aus* [< mhd. *slüpfen, slupfen* < ahd. *slupfen;* Intensivbildung zu *sliofan*]

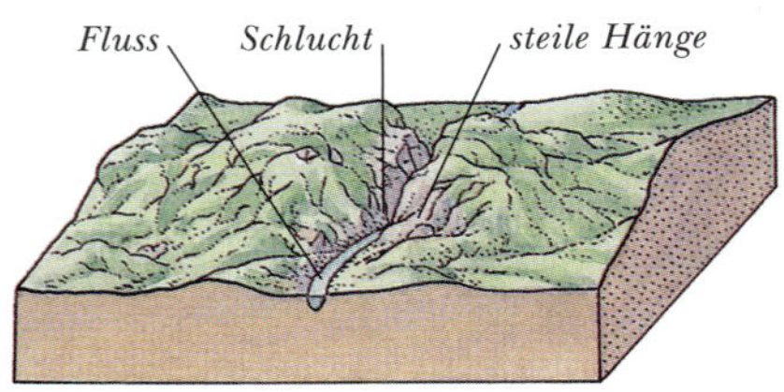


SCHLUCHT: SCHNITT DURCH EINE SCHLUCHT

**Schlüpfer** ⟨m. 3⟩ *kurze Unterhose für Damen od. Kinder* [→ *schlüpfen*]

**schlüpfrig** ⟨Adj.⟩ **1** *glatt, feucht, rutschig* (Straße, Weg) **2** *schleimig* **3** ⟨fig.⟩ *unanständig, zweideutig, anstößig* (Bemerkung, Lektüre, Witz) [< mhd. *slipfec, slipferic* „glatt, glitschig" < *slipfen, slipfern* „ausgleiten, fallen"]

**Schlupfwespe** ⟨f. 19; Zool.⟩ *Angehörige einer rotgelb bis schwarz gefärbten, schlanken, langbeinigen Wespenfamilie, die als Zerstörerin von Parasiten aller Art außerordentlich nützlich ist: Ichneumonidae*

**Schluss** ⟨m. 1u⟩ **1** *Ende, Abschluss, Beendigung* **2** *abschließende Worte, abschließendes, letztes Kapitel* **3** *feste Zusammenfügung, dichtes Schließen* **4** ⟨Börse⟩ *festgesetzte kleinste Menge, in der Waren od. Wertpapiere gehandelt werden* **5** ⟨Logik⟩ *Folgerung, aus einem Sachverhalt geschlossenes, abgeleitetes Urteil* ◆ Schluss des **Schuljahres** ◆ mit etwas Schluss **machen** *etwas abschließen, beenden;* mit jmdm. Schluss machen *ein Liebesverhältnis mit jmdm. beenden;* Schluss machen *sich das Leben nehmen, Selbstmord begehen;* aus einer Bemerkung, Handlung einen Schluss **ziehen** *etwas daraus folgern, schließen* ◆ **überzeugender,** zwingender Schluss ⟨Logik⟩ ◆ **am** Schluss des Briefes; am Schluss marschieren *als letzte(r);* **zum** Schluss *zuletzt; schließlich, endlich*

SCHLUSSSTEIN ÜBER DEN RIPPEN EINES GEWÖLBES

**Schlüssel** ⟨m. 5⟩ **1** *Gerät zum Öffnen u. Schließen von Schlössern* **2** *Gerät zum Drehen, zum Festziehen, Lockern, Aufziehen* (Schraubenschlüssel, Uhrschlüssel) **3** ⟨Mus.⟩ = *Notenschlüssel* (Bassschlüssel, Bratschenschlüssel, Violinschlüssel) **4** ⟨fig.⟩ *Schema für die Verteilung, bestimmtes Verhältnis für die Aufteilung* (Verteilungsschlüssel, Verteilerschlüssel) **5** *nur Eingeweihten bekanntes Verfahren zum Entziffern von Geheimtexten* (Chiffrenschlüssel) **6** *Mittel zum Verständnis, zur Deutung, zur Ergründung eines Geheimnisses* ◆ F-Schlüssel, C-Schlüssel ⟨Mus.⟩; der Schlüssel passt (nicht); der Schlüssel zum Verständnis einer Sache, eines Vorgangs [→ *schließen*]

**Schlüsselbart** ⟨m. 1u⟩ = *Bart*[2]

**Schlüsselbein** ⟨n. 11; Anat.⟩ ◄ *paariger Knochen des Schultergürtels, der beim Menschen am oberen Brustbein ansetzt u. zum Schulterblatt zieht: Clavicula*

**Schlüsselblume** ⟨f. 19; Bot.⟩ ► *im Frühjahr blühendes Primelgewächs: Primula officinalis;* Sy *Himmel(s)schlüssel*

**Schlüsselerlebnis** ⟨n. 11⟩ *entscheidendes, wichtiges Erlebnis*

**schlüsselfertig** ⟨Adj.⟩ *so weit fertig, dass dem Mieter od. Bauherrn der Schlüssel übergeben werden kann, bezugsfertig* (Haus)

SCHLÜSSELBLUME
*(Primula officinalis)*

**Schlüsselkind** ⟨n. 12; umg.⟩ *Kind berufstätiger Eltern, das nach Schulschluss sich selbst überlassen bleibt* [nach dem Wohnungsschlüssel, den das Kind tagsüber bei sich trägt]

**Schlüsselreiz** ⟨m. 1⟩ = *Signalreiz*

**schlussfolgern** ⟨V. t.; hat⟩ etwas aus etwas schlussfolgern *einen Schluss aus etwas ziehen, etwas folgern*

**schlüssig** ⟨Adj.⟩ **1** *einen Schluss zulassen* (Behauptung), *folgerichtig* (Argumentation, Gedankengang) **2** ⟨meist präd.⟩ *entschlossen* ◆ sich (noch nicht) schlüssig sein *sich (noch nicht) entschlossen haben* [zu *Schluss* in seinen früheren fig. Bedeutungen „Entschluss" u. „Beschluss" sowie in der Bedeutung „Folgerung, Ableitung"]

**Schlussstein** ⟨m. 1⟩ **1** ▼ *Stein im Scheitel eines Kreuzrippengewölbes, meist figürlich verziert* **2** ⟨fig.⟩ *Vollendung (eines Werkes)*

**Schlussstrich** ⟨m. 1⟩ **1** ⟨allg.⟩ *Strich am Ende eines Schriftstückes* **2** ⟨fig.⟩ *Beendigung, Abschluss von etwas* ◆ einen Schlussstrich unter eine Angelegenheit ziehen ⟨fig.⟩ *eine Angelegenheit beenden*

**Schmach** ⟨f.; -; unz.⟩ *Schande, Demütigung, Entehrung, Kränkung* ◆ Schmach und Schande über dich! [< ahd. *smahi* „Schmähung; Unehre", urspr. u. daneben „Kleinheit, Niedrigkeit"; zu *smahi* „klein, gering, niedrig; verächtlich"]

**schmachten** ⟨V. i.; hat⟩ *leiden, hungern u. dürsten* ◆ im Kerker schmachten; nach etwas od. jmdm. schmachten *sich schmerzlich nach etwas od. jmdm. sehnen;* jmdn. schmachtend ansehen [< mnddt. *smahten,* mhd. *versmahten* „hinsiechen, verhungern, verdursten, heftigen Hunger u. Durst verspüren" < ahd. *gismahteon* „schwinden, schwach werden"; zu *smahi* „klein, gering"; → *Schmach*]

**schmächtig** ⟨Adj.⟩ *mager, dünn u. klein, schwächlich* (Person) [< mhd. *smahtec* „verschmachtet, verschmachtend" zu mhd. *smaht* „(vor Hunger od. Durst) verschmachten"; → *schmachten*]

**schmackhaft** ⟨Adj.; -er, am -esten⟩ *wohlschmeckend* [→ *Geschmack, schmecken*]

**Schmäh** ⟨m.; -s, - od. -s; österr.; umg.⟩ **I** ⟨zählb.⟩ *Schwindel, Trick, Beleidigung* **II** ⟨unz.⟩ *Witze, Späße, oberflächliche Freundlichkeit*

**schmähen** ⟨V. t.; hat⟩ *beleidigen, beschimpfen, schlecht machen* ◆ er hat meine Kochkünste geschmäht; schmäh nicht so viel! [< ahd. *smahen* „herabsetzend behandeln, verächtlich machen"; zu *smahi* „klein, gering; verächtlich"; → *Schmach*]

**schmählich** ⟨Adj.⟩ *schmachvoll, schändlich* ◆ er hat ihn schmählich betrogen; jmdn. schmählich im Stich lassen

**schmal** ⟨Adj.; -er (a.: schmäler), am schmalsten, selten: schmälsten⟩ **1** *von geringer Breite* (Gegenstand, Gesicht, Hand); Ggs *breit (2)* **2** *mager u. blass* **3** *eng* (Durchgang, Weg) **4** *dünn, sehr schlank* (Gestalt, Wuchs) **5** *knapp, karg, gering* (Einkommen, Kost) [< ahd. *smal,* engl. *small*]

**schmälern** ⟨V. t.; hat⟩ **1** *verringern, verkleinern* **2** *herabsetzen* ◆ jmds. Verdienste schmälern [< spätmhd. *smelern* „schmälern, schmaler machen"; zu *schmal* „gering, verächtlich; wenig breit"]

**Schmalspur...** ⟨in Zus.; fig.; umg.; abwertend⟩ *Bezeichnung für jmdn., der etwas nur nebenbei, nicht mit vollem Einsatz betreibt* ◆ Schmalspurakademiker *nicht vollwertiger Akademiker, jmd., der an einer Hochschule studiert, aber kein Abschlussexamen gemacht hat;* Schmalspurganove ⟨umg.⟩ *Krimineller, der ständig den ganz großen Coup plant, aber nie ausführt, sondern sich stets nur kleinere Delikte zu begehen traut*

**Schmalz I** ⟨n. 11⟩ **1** *ausgelassenes, weiches tierisches Fett als Speisefett, im Unterschied zum Talg* (Schweineschmalz) **2** ⟨oberdt.; schweiz.⟩ *Butterschmalz, ausgelassene Butter* **II** ⟨m. 1; unz.; fig.; umg.⟩ **1** *übertriebenes Gefühl, Sentimentalität* **2** *sentimentales Erzeugnis* (Gedicht, Lied) [→ *schmelzen*]

**Schmant** ⟨m. 1; unz.⟩ **1** ⟨nddt.; westdt.⟩ *Sahne, Rahm* **2** ⟨ostmdt.⟩ *Regen u. Schnee zugleich, Matsch, Schlamm* **3** *Bodensatz* [zu nddt. *smand* „Milchrahm", jünger daneben „Schmutz, Schlamm"]

**schmarotzen** ⟨V. i.; hat⟩ *auf Kosten anderer leben;* Sy *parasitieren* ◆ bei jmd. schmarotzen ⟨umg.⟩; in fremden Körpern schmarotzen (Tier) [< frühnhd. *schmorotzen* „auf Kosten anderer leben" < älterem *smorotzen* „betteln"; ungeklärte Herkunft]

**Schmarotzer** ⟨m. 3⟩ **1** ⟨Biol.; Zool.⟩ ▼ *Pflanze od. Tier, die bzw. das sich in od. auf einem anderen Lebewesen aufhält u. sich von ihm ernährt;* Sy *Parasit (1)* **2** ⟨umg.⟩ *jmd., der schmarotzt, der auf fremde Kosten lebt;* Sy *Parasit (2)*

**schmatzen** ⟨V.; hat⟩ **I** ⟨V. t.; umg.⟩ jmnd. schmatzen *laut küssen* **II** ⟨V. i.⟩ **1** *geräuschvoll essen* **2** ⟨unpersönl.⟩ es schmatzt *ein schmatzendes Geräusch ertönt* ◆ laut schmatzend aß er den Apfel [< mhd. *smatzen, schmackezen* „mit Wohlbehagen geräuschvoll essen; mit schmatzendem Laut küssen"; zu *smacken* „kosten, schmecken"; → *schmecken*]

**schmausen** ⟨V. i.; hat⟩ *mit Genuss essen, es sich gut schmecken lassen* [Studentenspr., urspr. als Kraftwort „ungesittet essen u. trinken"; verwandt mit älterem ndrl. *smuisteren* „beschmieren", daneben mnddt. *smudden* „schmutzen"]

SCHMEISSFLIEGE:
BLAUE SCHMEISSFLIEGE
*(Calliphora vomitoria)*

**schmecken** ⟨V.; hat⟩ **I** ⟨V. i.⟩ **1** *auf der Zunge wirken* **2** *Süße, Bitterkeit, Säure usw. im Mund empfinden, Geschmack empfinden* **3** ⟨schweiz. a.⟩ *riechen* ◆ das schmeckt (gut)!; es schmeckt ihm *das Essen behagt ihm, sagt ihm zu;* diese Arbeit schmeckt ihm nicht ⟨fig.; umg.⟩ *behagt ihm nicht, missfällt ihm, bereitet ihm zu viel Mühe;* angebrannt schmecken; angenehm, unangenehm, lecker, gut, schlecht schmecken; bitter, fad, herb, salzig, sauer, süß schmecken; wie schmeckt Ihnen der Wein? **II** ⟨V. t.⟩ **1** *kosten, geschmacklich erproben, mit der Zunge prüfen* **2** ⟨schweiz. a.⟩ *riechen* ◆ ich habe den Braten geschmeckt ⟨schweiz.; fig.⟩ *gerochen, die Sache geahnt* [< mhd. *smecken, smacken* „aufspüren, versuchen; Geschmack, Geruch wahrnehmen; riechen, duften" < ahd. *smecken* „Geschmack wahrnehmen", daneben *smacken* „Geschmack von sich geben"]

**Schmeichelei** ⟨f. 18⟩ **1** *Äußerung, die einem anderen wohl tut* **2** *liebenswürdige Übertreibung, übermäßiges Lob* ◆ jmdm. Schmeicheleien sagen

**schmeicheln** ⟨V. i.; hat⟩ jmdm. schmeicheln *jmdm. Angenehmes sagen, jmdn. übertrieben loben* ◆ es schmeichelt mir, dass ... *es hebt mein Selbstbewusstsein, macht mich ein wenig eitel;* etwas schmeichelnd sagen [< mhd. *smeicheln;* zu älterem *smeichen* < ahd. *smeichen;* zu *smeih* „Liebkosung, Schmeichelei", Grundbedeutung ist vielleicht „streicheln"]

**Schmeichler** ⟨m. 3⟩ **1** *jmd., der schmeichelt, Schmeicheleien sagt* **2** ⟨abwertend⟩ *jmd., der durch Schmeicheleien seine Ziele zu erreichen sucht*

**schmeißen I** ⟨V. t. 222; hat; umg.⟩ *werfen, schleudern* ◆ das Mädchen schmiss sich ihm an den Hals ⟨fig.⟩ *drängte sich ihm auf;* einen Gegenstand auf den Boden, an die Wand, in eine Ecke schmeißen (aus Zorn) [< mhd. *smizen* „streichen, schmieren; schlagen" < ahd. *(bi)smizan* „beflecken", engl. *smite* „schlagen"]

**Schmeißfliege** ⟨f. 19; Zool.⟩ ◄ *Angehörige einer mit 800 Arten weltweit verbreiteten Familie der Fleischfliegen, die vom Aasfresser bis zum Parasiten alle möglichen Ernährungsweisen ausbilden können: Calliphoridae;* Sy *Aasfliege;* ► *Insekten*

**Schmelz** ⟨m. 1⟩ **1** *Glasfluss, Email* **2** *Glasur (auf Tongefäßen)* **3** *oberste Schicht (des Zahns)* **4** ⟨poet.⟩ *weicher Glanz (einer Farbe), weicher Klang, Wohllaut (einer Stimme)* [→ *schmelzen*]

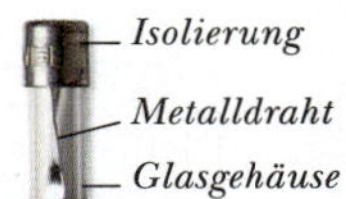


SCHMELZSICHERUNG

**schmelzen** ⟨V. 223⟩ **I** ⟨V. t.; hat⟩ **1** *durch Hitze flüssig machen* (Butter, Eis, Metall, Wachs) **2** *Erz, Eisen schmelzen* ◆ die Sonne schmilzt das Eis, den Schnee **II** ⟨V. i.; ist⟩ **1** *vom festen in den flüssigen Zustand übergehen, z. B. durch Wärmezufuhr flüssig werden, zerfließen* **2** ⟨fig.⟩ *weich werden* ◆ sein Herz schmolz, als er sie sah, reden hörte ⟨fig.⟩; der Schnee ist (in der Sonne) geschmolzen; schmelzender Gesang [zu I: < ahd. *smelzan;* zu II: < ahd. *smelzen*]

**Schmelzpunkt** ⟨m. 1⟩ *Temperatur, bei der ein fester Stoff flüssig wird*

**Schmelzsicherung** ⟨f. 20; El.⟩ ▲ *Sicherung für elektr. Anlagen, Porzellanhohlkörper mit einem in Sand gebetteten Schmelzleiter, der bei Überlastung od. Kurzschluss schmilzt u. so den Stromkreis unterbricht*

**Schmerle** ⟨f. 19; Zool.⟩ **1** ▼ *Angehöriger einer Familie großer karpfenähnlicher Fische des Süßwassers, deren wulstiger Mund mit Bartfäden zum Ertasten der Nahrung am Grund der Gewässer umstellt ist: Cobitidae* [< mhd. *smerle, smerlin;* verwandt mit grch. *smaris* „ein geringer Seefisch"]

SCHMERLE:
PRACHTSCHMERLE
*(Botia macracantha)*

## SCHMAROTZER

Eine schmarotzerische Lebensweise tritt häufig bei Wirbellosen, Blütenpflanzen, Pilzen und Einzellern auf. Während Endoparasiten (wie z. B. Bandwürmer), die sich mit Haken und Saugnäpfen an der Darmwand ihres Wirtes festheften, in dessen Inneren leben, verankern sich Ektoparasiten wie die Läuse oft mit Krallen oder scharfen Mundwerkzeugen an der Oberfläche ihrer Wirte. Die meisten schmarotzerischen Blütenpflanzen saugen wie die Seide Säfte ihrer Wirte durch spezielle Sprossen oder Wurzeln auf.

### VERSCHIEDENE SCHMAROTZERARTEN

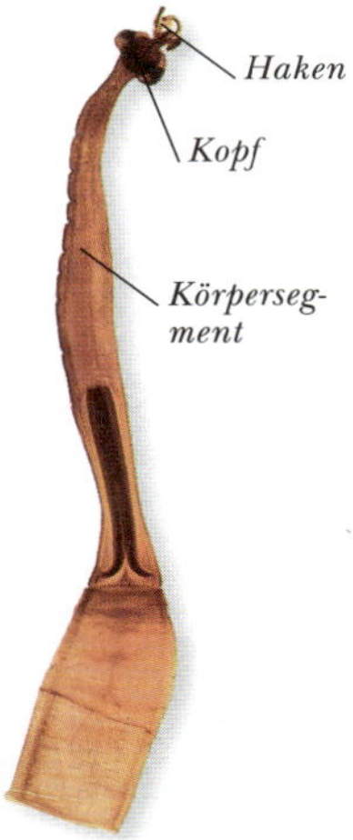


ENDOPARASIT
Bandwurm

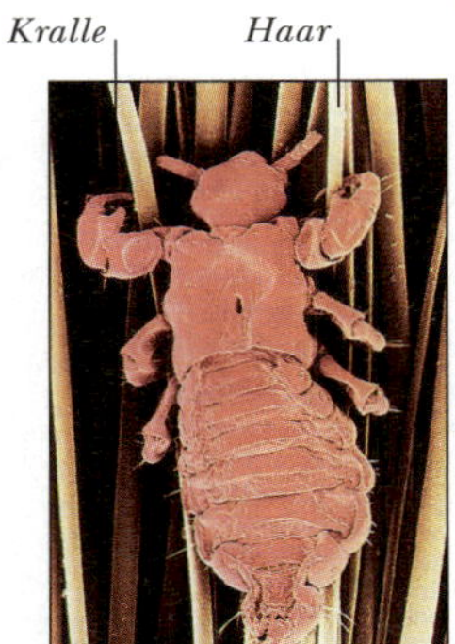


EKTOPARASIT
Kopflaus des Menschen

PFLANZLICHER PARASIT
Seide

S

**Schmerz** ⟨m. 23⟩ **1** *unangenehme, peinigende körperliche Empfindung* **2** ⟨fig.⟩ *peinigende seelische Empfindung, große Trauer, Kummer, Leid* ◆ Schmerzen **aushalten** (können); dein Verhalten **bereitet** mir Schmerz; den Schmerz **betäuben;** Schmerzen **erdulden,** erleiden, ertragen, haben, leiden; Schmerzen **lindern,** stillen ◆ **bohrender,** brennender, schneidender, stechender Schmerz; **großer,** kleiner, rasender, unerträglicher Schmerz ◆ **vor** Schmerz aufschreien, stöhnen [ < ahd. *smerzo,* engl. *smart*]

**schmerzempfindlich** ⟨Adj.⟩ *empfindlich gegen Schmerzen* ◆ ich bin (nicht) sehr schmerzempfindlich

**schmerzen** ⟨V. t. u. V. i.; hat⟩ **1** *wehtun, Schmerz bereiten* **2** ⟨fig.⟩ *Kummer bereiten* ◆ es schmerzt mich (sehr), dass ... ⟨fig.⟩; die Wunde schmerzt (nicht, stark, wenig) [ < ahd. *smerzan* (bes. von dem durch Scheuerwunden verursachten Schmerz)]

**Schmerzensgeld** ⟨n. 12⟩ *Entschädigung in Geld für einen erlittenen, immateriellen Schaden* ◆ Schmerzensgeld fordern

**schmerzhaft** ⟨Adj.; -er, am -esten⟩ *körperl. Schmerz bereitend, wehtuend* ◆ eine schmerzhafte Wunde

**schmerzlich** ⟨Adj.⟩ *seel. Schmerz, Kummer erregend, betrüblich* ◆ eine schmerzliche Erinnerung; ein schmerzlicher Verlust

**schmerzstillend** ⟨Adj.⟩ *Schmerzen behebend, das Schmerzgefühl beseitigend* ◆ schmerzstillendes Medikament

**Schmetterling** ⟨m. 1⟩ **1** ⟨Zool.⟩ *Angehöriger einer Insektenordnung, der gleichartig beschuppte Flügel u. einen aus den Maxillen gebildeten Saugrüssel besitzt, die Larven (Raupen) besitzen kauende Mundwerkzeuge u. bringen nach Verpuppung u. Ruhestadium den erwachsenen Falter hervor: Lepidopteren;* Sy *Falter;* ► *Insekten* **2** ⟨Sp.; Turnen⟩ *frei gesprungener Salto mit Drehung;* Sy *Butterfly (I, 2)* ◆ Schmetterlinge fangen, sammeln [eigtl. „Rahmlecker" < österr., schles. *Schmetten* „Sahne, Rahm"]

**Schmetterlingsblütler** ⟨m. 3; Bot.⟩ *Angehöriger einer zu den Hülsenfruchtartigen gehörenden Pflanzenfamilie, deren Blüten sehr den Schmetterlingen ähneln: Papilionaceae;* ► *Bedecktsamer*

**Schmetterlingsstil** ⟨m. 1; unz.; Sp.⟩ *Stil des Brustschwimmens, bei dem die Arme kreisförmig bewegt werden, von vorn nach hinten unter Wasser u. von hinten nach vorn über Wasser, wobei gleichzeitig der Körper nach vorn geschnellt wird;* Sy *Butterflystil*

**schmettern** ⟨V.; hat⟩ **I** ⟨V. t.⟩ **1** *laut tönen lassen* **2** *mit Wucht hinwerfen* **3** *laut u. fröhlich singen* (auch von Singvögeln) ◆ der Sänger schmettert eine **Arie;** einen **Ball** (übers Netz) schmettern; die Trompeten schmetterten einen **Marsch** ◆ die Tür **ins** Schloss schmettern; einen Gegenstand in Stücke schmettern **II** ⟨V. i.⟩ *wuchtig schlagen* ◆ **auf** die Pauke schmettern [ < mhd. *smeteren* „plappern, schwatzen", frühmhd. *schmettern* „krachend hinschmeißen"; lautmalend]

**Schmied** ⟨m. 1⟩ *Handwerker der Eisenverarbeitung, der (glühendes) Eisen mit dem Hammer formt* [ < ahd. *smid*]

**Schmiede** ⟨f. 19⟩ *Werkstatt des Schmiedes*

**Schmiedeeisen** ⟨n. 14; unz.⟩ ► *handwerklich bearbeitetes Eisen;* Ggs *Gusseisen*

SCHMIEDEEISEN: ORNAMENTALES GELÄNDER AUS DEM 18. JH.

**schmieden** ⟨V. t.; hat⟩ **1** ► *in glühendem Zustand mit dem Hammer formen* **2** ⟨fig.⟩ *ersinnen, sich ausdenken* ◆ man muss das Eisen schmieden, solange es heiß ist ⟨Sprichw.⟩ *man muss versuchen, einen Plan durchzusetzen, solange die Zeit dafür günstig ist;* Pläne schmieden ⟨fig.⟩; jmdn. in Ketten schmieden *in Ketten legen, mit Ketten fesseln* [ < ahd. *smidon*]

**schmiegen** ⟨V. t.; hat⟩ **1** *einer Form geschmeidig anpassen, einer Form entsprechend biegen, in eine Form einpassen* **2** sich schmiegen **2.1** *sich weich, geschmeidig einer Form anpassen* (Sache) **2.2** *sich wohlig, behaglich (an)lehnen, sich zärtlich andrücken* (Person) ◆ sich an jmdn. schmiegen; sich an jmds. Brust, in jmds. Arme schmiegen; sich in die Sofaecke, in einen Sessel schmiegen [ < mhd. *smiegen* „in etwas eng Umschließendes drücken; sich zusammenziehen, sich ducken"]

**Schmiere**[1] ⟨f. 19⟩ **1** *Fett zum Schmieren, Schmiermittel* (Schuhschmiere, Wagenschmiere) **2** *fettige, klebrige Masse, Salbe* **3** *feuchter Schmutz* **4** ⟨umg.⟩ *schlechtes kleines Theater* [ < mhd. *smirwe* „Schmierfett, Schmieröl"; zu *Schmer* unter Anlehnung an *schmieren*]

**Schmiere**[2] ⟨f.; umg.; nur in der Wendung⟩ Schmiere stehen *Wache stehen (bei Verbrechen od. bösen Streichen)* [aus der Gaunerspr. < jidd. *schmiro* „Bewachung, Wächter"; zu hebr. *schamar* „bewachen"]

**schmieren** ⟨V.; hat⟩ **I** ⟨V. t.⟩ **1** *streichen, bestreichen* (Brotscheibe) **2** *mit Schmiere einfetten, ölen* (Rad, Schloss, Türangel) **3** jmdn. schmieren ⟨fig.; umg.⟩ *bestechen* ◆ jmdm. od. sich ein **Brot** schmieren ◆ wer **gut** schmiert, der gut fährt ⟨Sprichw.⟩ *gute Vorbereitung erleichtert jeden Plan* ◆ Butter dick **aufs** Brot schmieren; jmdm. etwas aufs Brot, aufs Butterbrot schmieren ⟨fig.; umg.⟩ *jmdm. etwas Unangenehmes (deutlich) zu verstehen geben* ◆ es geht wie geschmiert *es geht reibungslos, es klappt ohne Zwischenfälle* **II** ⟨V. t. u. V. i.⟩ **1** *schlecht, unsauber schreiben od. malen, klecksen* **2** *einen Ton beim Singen, Blasen od. Streichen zum andern unsauber hinüberziehen* [ < ahd. *smirwen*]

**Schmiererei** ⟨f. 18⟩ **1** *anhaltendes Schmieren* **2** *geschmiertes Schriftstück od. Bild, etwas schmierig Geschriebenes*

**Schmiergeld** ⟨n. 12; fig.⟩ *Bestechungsgeld*

**schmierig** ⟨Adj.⟩ **1** *voller Schmiere* **2** *fettig, feucht-klebrig, feucht-schmutzig* **3** *unsauber* ⟨a. fig.⟩ **4** *abgegriffen u. schmutzig* (Buch) **5** ⟨fig.⟩ *unangenehm freundlich, kriecherisch* (Person)

**Schminke** ⟨f. 19⟩ *Mittel zum Färben der Haut, Lippen, Augenbrauen u. Wimpern* [ < spätmhd. *smicke;* → *schmeicheln, schmeißen*]

**schminken** ⟨V. t.; hat⟩ *mit Schminke färben* ◆ sich schminken und pudern

**Schmirgel** ⟨m. 5; unz.⟩ *das feinkörnige Mineral Korund, das als Poliermittel verwendet wird* [ < frühnhd. *schmergel, schmirgel* < ital. *smeriglio*]

SCHMIEDEN: SCHMIED BEI DER ARBEIT AM AMBOSS

**schmirgeln** ⟨V. t.; hat⟩ *mit Schmirgel abreiben, schleifen, glätten*

**schmollen** ⟨V. i.; hat⟩ *seinen Unwillen zeigen, trotzen* ◆ mit jmdm. schmollen *ihm böse sein, ihm etwas übel nehmen* [ < mhd. *smollen* „unwillig" schweigen, urspr. „den Mund verziehen"; vermutl. zu mhd. *smielen,* engl. *smile* „lächeln"]

**schmoren** ⟨V.; hat⟩ **I** ⟨V. t.⟩ *in Fett anbraten u. dann mit wenig Wasser in zugedecktem Topf langsam kochen lassen* ◆ Kalb-, Rind-, Schweinefleisch schmoren **II** ⟨V. i.⟩ **1** *nach dem Anbraten im zugedeckten Topf langsam unter Kochen gar werden* **2** ⟨fig.; umg.⟩ *vor Hitze schwitzen* **3** *peinl. Verlegenheit empfinden* **4** *unbearbeitet liegen lassen* **5** ⟨El.⟩ *infolge schlechten Kontaktes unerwünschte Hitze entwickeln* ◆ unter glühender südlicher Sonne schmoren ⟨fig.; umg.⟩ [ < mnddt. *smoren* „dünsten, dämpfen", urspr. „ersticken"; zu engl. *smother* „Dampf, Qualm"]

**Schmorpfanne** ⟨f. 19⟩ *Pfanne mit Deckel zum Schmoren*

**schmuck** ⟨Adj.⟩ **1** *hübsch, zierlich, fein* **2** *gut gekleidet, gepflegt* ◆ ein schmuckes Dorf, Haus, Paar [ < nddt. *smuck* < mnddt. *smuk* „geschmeidig, biegsam"; → *schmücken*]

**Schmuck** ⟨m. 1; Pl. selten⟩ **1** ⟨i. w. S.⟩ *Verzierung, Verschönerung, Zierde* **2** ⟨i. e. S.⟩ *vom Menschen getragene schmückende Gegenstände, oft aus kostbarem Material, z. B. Ringe, Ketten, Broschen* ◆ Schmuck anlegen, tragen, umtun; echter, falscher, goldener, mit Edelsteinen besetzter Schmuck [ < mdt., nddt. *(ge)schmuck;* → *schmücken*]

**schmücken** ⟨V. t.; hat⟩ *verzieren, verschönern, dekorieren* ◆ jmdn. od. sich schmücken *jmdm. od. sich Schmuck anlegen;* den Christbaum schmücken; die Geburtstagstafel war festlich geschmückt; schmückendes Beiwerk; schmückendes Beiwort ⟨Rhet.⟩ *Adjektiv, das nicht der Erläuterung od. genaueren Bezeichnung dient,* z. B. der „wunderbare" Sternenhimmel [ < mhd. *smücken, smucken* „in etwas hineindrücken, (sich) ein-, anschmiegen"]

**Schmuckstein** ⟨m. 1⟩ ► *Halbedelstein, nicht sehr wertvolles u. nicht sehr hartes Mineral*

**Schmuggel** ⟨m. 5; unz.⟩ *gesetzwidrige Ein- od. Ausfuhr, Schleichhandel* [im 19. Jh. aus *schmuggeln* rückgebildet]

**schmuggeln** ⟨V. i. u. V. t.; hat⟩ *Schmuggel treiben (mit)* [ < nddt. *smuggeln,* engl. *smuggle,* urspr. „sich ducken"]

**schmunzeln** ⟨V. i.; hat⟩ *(wohlwollend) ein wenig lächeln* ◆ sie schmunzelt verlegen [ < mdt. *smunzen* „lächeln"; gleichbedeutend mit mhd. *smutzen* u. *smutzelachen* (umgedeutet zu „schmutzig lachen")]

**schmusen** ⟨V. i.; hat; umg.⟩ *zärtlich sein* ◆ mit jmdm. schmusen; der Kleine schmust gern

**Schmutz** ⟨m. 1; unz.⟩ **1** *unsauberer Sand, Staub, herumliegende Abfälle, unsaubere Feuchtigkeit* **2** ⟨fig.⟩ *Unanständiges* ◆ den Schmutz zusammenkehren; jmdn. mit Schmutz bewerfen ⟨fig.⟩ *ihn beschimpfen, verleumden* [ < mhd. *smutz*]

**Schmutzfänger** ⟨m. 3⟩ **1** ⟨fig.⟩ *Gegenstand, der leicht verschmutzt* **2** *ein am Kotflügel od. am Schutzblech von Fahrzeugen befestigtes trapezförmiges Stück Gummi, das das Emporschleudern von Schmutz u. Regenwasser verhindern soll*

S

# SCHMUCKSTEINE

Früher wurden weniger wertvolle und nicht sehr harte Mineralien fälschlich als Halbedelsteine bezeichnet, wobei dieser Begriff auch im Handel noch geläufig ist. Diese ca. 50 Mineralien werden nun unter der Bezeichnung Schmucksteine zusammengefasst. Edelsteine hingegen werden heute z. T. im Labor hergestellt und sind von den natürlich entstandenen Steinen kaum noch zu unterscheiden.

WICHTIGE SCHLIFFFORMEN

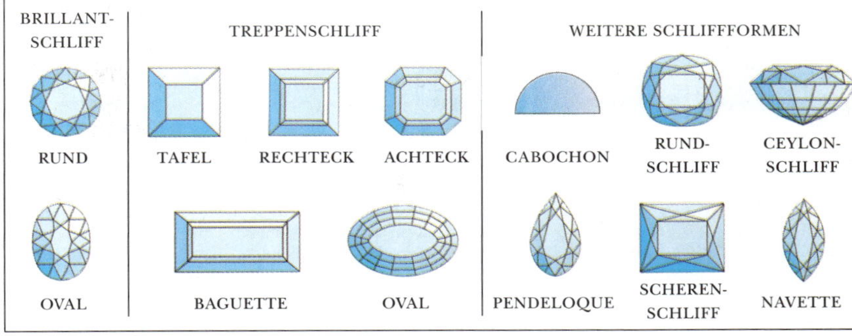


## SCHMUCKSTEINE

KARNEOL

SARDONYX

HESSONIT

HIDDENIT

JADEIT

MOLDAVIT

TÜRKIS

CASSITERIT

HYPERSTHEN

FEUERACHAT

MALACHIT

SODALITH

LAPISLAZULI

SCHÖRL

PYROP

MILCHQUARZ

KUNZIT

LABRADORIT

SCHEELIT

PETALIT

BERGKRISTALL

## EDELSTEINE

SMARAGD

FEUEROPAL

ZITRIN

RUBIN

DIAMANT

OPAL

RHODONIT

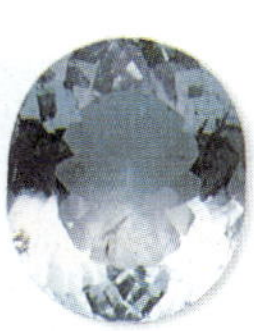
AQUAMARIN

SAPHIR

AMETHYST

OLIVIN

## ORGANISCHE SCHMUCKSTEINE

BERNSTEIN

PERLE

GAGAT

S

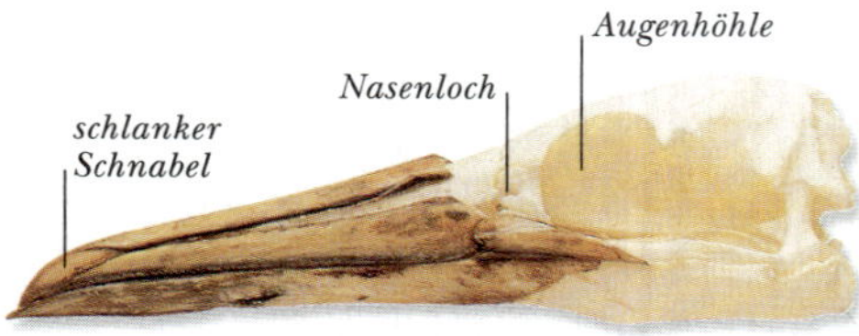


SCHNABEL UND SCHÄDEL EINES BASSTÖLPELS
*(Sula bassana)*

**schmutzig** ⟨Adj.⟩ **1** *unsauber, mit Schmutz bedeckt, fleckig* **2** ⟨fig.⟩ *unanständig, gegen die Sitte verstoßend* **3** *geizig, schäbig* ◆ schmutzige **Arbeit;** schmutzige **Ausdrücke,** Gedanken, Redensarten, Witze, Worte ⟨fig.⟩; die schmutzigen **Füße,** Hände waschen; ein schmutziges **Geschäft,** *ein unredliches Geschäft;* schmutzige **Kleider,** Strümpfe, Wäsche ◆ gib Acht, dass du dich nicht schmutzig **machst!**

**Schmutztitel** ⟨m. 5; in Büchern⟩ *Titel in Kurzform (auf eigenem Blatt) vor dem Titelblatt;* → a. *Haupttitel*

**Schnabel** ⟨m. 5u⟩ **1** ▲ *der verlängerte u. mit einer Hornscheide überzogene Kiefer der Vögel* **2** *Stechrüssel der Schnabelkerfe* **3** ⟨umg.⟩ *Mund* **4** *schnabelartiger Vorsprung, Spitze, Ausguss an Kannen* **5** ⟨Mus.⟩ *Mundstück an der Klarinette u. Schnabelflöte* ◆ den Schnabel weit **aufreißen,** aufsperren; der Vogel **wetzt** seinen Schnabel ◆ ein **breiter,** dicker, dünner, gekrümmter, kurzer, langer, spitzer Schnabel ◆ sie spricht, **wie** ihr der Schnabel gewachsen ist *natürlich, ohne Scheu* [< ahd. *snabul;* wohl zu *schnappen*]

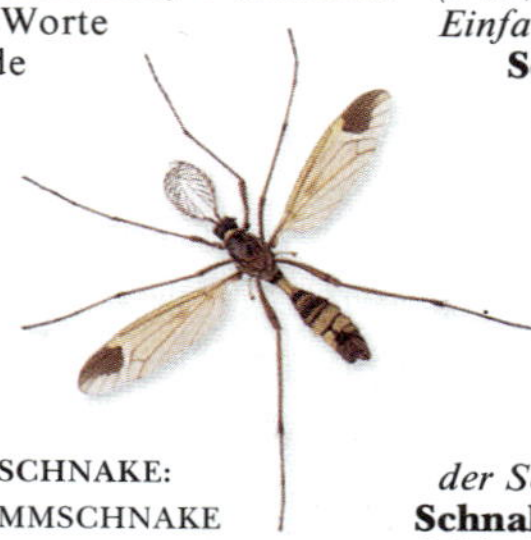

SCHNAKE: KAMMSCHNAKE
*(Ctenophora ornata)*

**Schnabelkerf** ⟨m. 1; Zool.⟩ ▼ *Angehöriger einer Ordnung der Insekten mit stechend-saugenden, schnabelartigen Mundwerkzeugen: Rhynchota;* ► *Insekten*

**Schnabeltier** ⟨n. 11⟩ ► *Kloakentier mit breitem Hornschnabel: Ornithorhynchus anatinus;* ► *Säugetiere*

**Schnake**[1] ⟨f. 19; nddt.; Zool.⟩ = *Ringelnatter* [< nddt. *snake,* engl. *snake;* → *Schnecke*]

**Schnake**[2] ⟨f. 19; norddt.⟩ *Schnurre, verrückter Einfall, Scherz*

**Schnake**[3] ⟨f. 19; Zool.⟩ ◄ *Angehörige einer Familie großer, langbeiniger Mücken, deren Larven sich im od. am Wasser entwickeln: Tipulidae* [< mhd. *snake* < ahd. **snako*]

**Schnakenlarve** ⟨[-və] f. 19; Zool.⟩ *bis 50 mm lange walzenförmige Larve der Schnake*

**Schnalle** ⟨f. 19⟩ **1** *Vorrichtung zum Schließen, bes. an Riemen* (Gürtelschnalle) **2** ⟨österr. a.⟩ *Türklinke, Türgriff* [< mhd. *snalle;* zu *snallen* „schnellen", zu *schnell*; vermutl. nach der schnellen Bewegung des Schließdorns so genannt]

## SCHNABELKERFE

Die Schnabelkerfe bilden eine große Insektenordnung, welche Zikaden, Blattsauger und Blattflöhe sowie alle Wanzen umfasst. Mit ihren speziell ausgebildeten Mundwerkzeugen und einem nadelartigen Rüssel nehmen viele Arten Pflanzensäfte auf, wobei durch die giftige Wirkung des Speichels einiger Arten an den Pflanzen Gallen entstehen oder sogar Wachstumsanomalien auftreten können. Aber bereits die Larven können durch ihr Saugen an Blättern, Trieben und Knospen große Schäden anrichten und werden daher als Schädlinge betrachtet.

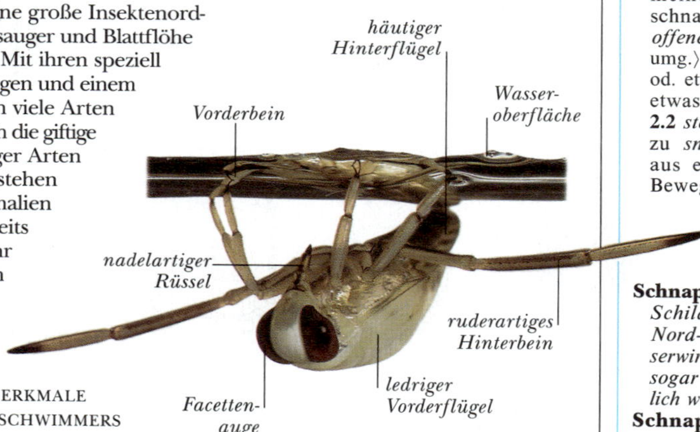


ÄUSSERE MERKMALE EINES RÜCKENSCHWIMMERS
*(Notonecta glauca)*

### WEITERE SCHNABELKERFARTEN

ROSENBLATTLAUS
*(Macrosiphum rosae)*

BLUMENWANZE
*(Bitta flavolineata)*

RIESENWASSERWANZE
*(Lethocerus grandis)*

ZIKADE
*(Angamiana aetherea)*

RAUBWANZE
*(Centraspis species)*

FLECKIGE BRUSTWANZE
*(Elasmucha grisea)*

SCHNABELTIER
*(Ornithorhynchus anatinus)*

**schnallen** ⟨V. t.; hat⟩ **1** *mit einer Schnalle befestigen, schließen* **2** ⟨fig.; umg.⟩ *verstehen, begreifen* ◆ einen Gürtel, Riemen enger, weiter schnallen; den Gürtel enger schnallen ⟨fig.; umg.⟩ *sich einschränken*

**schnalzen** ⟨V. i.; hat⟩ *ein kurzes schnappendes Geräusch erzeugen (durch schnelle Bewegung der Peitsche, der Zunge, der Finger)* [< mhd. *snalzen,* Intensivbildung zu *snallen* „schnellen (u. dabei ein kurzes Geräusch verursachen)"]

**Schnäppchen** ⟨n. 14; umg.⟩ *günstiger Kauf*

**schnappen** **I** ⟨V. i.; hat/ist⟩ **1** *sich plötzlich ruckweise bewegen* **2** *in die Höhe fahren* (Deckel) *od. sich schließen* (Schloss) ◆ nach jmdm. od. etwas schnappen *mit dem Mund, den Zähnen zu greifen suchen, darauf zufahren, beißen;* der Deckel schnappte plötzlich in die Höhe; der Hund hat nach der Beute, meiner Hand, meinem Hosenbein geschnappt; nach Luft schnappen ⟨umg.⟩ *mit offenem Mund keuchend atmen* **II** ⟨V. t.; hat; umg.⟩ **1** jmdn. od. etwas schnappen, sich jmdn. od. etwas schnappen *erwischen, fangen* **2** sich etwas schnappen **2.1** *sich rasch aneignen* **2.2** *stehlen* [< mhd. *snappen;* Intensivbildung zu *snaben* „schnappen, schnauben"; wohl aus einer lautmalenden Nachahmung der Bewegung schnell zufassender Kiefer entstanden; → *schnapp*]

**Schnappmesser** ⟨n. 13⟩ ▼ *Messer, dessen Schneide in den Griff geklappt werden kann*

**Schnappschildkröte** ⟨f. 19; Zool.⟩ *sehr große Schildkröte der Flüsse u. Sümpfe Nord- u. Mittelamerikas, frisst Wasserwirbeltiere bis Entengröße, kann sogar dem Menschen gefährlich werden: Chelydridae*

**Schnappschuss** ⟨m. 1u; umg.; Fot.⟩ *kurz belichtete, charakteristische fotografische Aufnahme*

**Schnaps** ⟨m. 1u⟩ *stark alkohol. Getränk, Branntwein* [→ *schnappen;* urspr. ein „kurzer Schluck, Mund voll"; seit dem 18. Jh. auf den Branntwein eingeschränkt]

**schnarchen** ⟨V. i.; hat⟩ *beim Atmen (bes. mit offenem Mund im Schlaf) durch das hin u. her schwingende, erschlaffte Gaumensegel ein sägendes Geräusch erzeugen*

**Schnarrheuschrecke** ⟨f. 19; Zool.⟩ *Feldheuschrecke trockener Gebirgswiesen, fliegt mit schnarrendem Geräusch: Psophus stridulus*

SCHNAPPMESSER

**Schnarrsaite** ⟨f. 19; Mus.⟩ *Metall- od. Nylonsaite, die beim Mitschwingen schwirrt u. einen scharf rasselnden Klang erzeugt*

**Schnarrtrommel** ⟨f. 21; Mus.⟩ ► = *Snaredrum*

**Schnarrwerk** ⟨n. 11; Mus.⟩ **1** ⟨ältere Bez. für⟩ *die Zungenregister der Orgel* **2** ⟨danach⟩ *das Regal als Kleinorgel mit Zungenstimmen*

**Schnat** ⟨f. 20⟩, **Schnate** ⟨f. 19; regional⟩ **1** *junges, abgeschnittenes Reis* **2** *Schneise, Durchhau* **3** *Grenze einer Flur* [< ahd. *snatta* „Schnitt, Durchhau, Grenze im Forst"; vermutl. zu westgerm. **snadwo-* „schnitzen, schneiden"]

**Schnatterente** ⟨f. 19⟩ **1** *schnatternde Ente* **2** ⟨fig.; umg.; abwertend⟩ *schwatzhafte, unüberlegt redende Person*

**Schnattergans** ⟨f. 7u⟩ **1** *schnatternde Gans* **2** ⟨fig.; umg.; abwertend⟩ *schwatzhafte, unüberlegt redende Person*

**schnattern** ⟨V. i.; hat⟩ **1** *klappernde Laute von sich geben* (Ente, Gans) **2** ⟨fig.; umg.⟩ *unaufhörlich reden, schwatzen, durcheinander sprechen* ◆ vor Angst, Kälte schnattern *zittern u. mit den Zähnen klappern* [< mhd. *snateren;* lautmalend]

**Schnatz** ⟨m. 1u; hess.⟩ *Kopfputz (der Braut, der Taufpatin) mit Haarkrönchen* [Rückbildung zu *schnatzen*]

**schnatzen** ⟨V. refl.; hat; hess.⟩ sich schnatzen *sich das Haar aufstecken* [vermutl. zu *schnitzen,* als Intensivbildung von *schneiden*]

**Schnau** ⟨f. 18; nddt.⟩ *Schiff mit schnabelförmigem Bug* [< nddt. *snau* „Schnabel, geschnäbeltes Schiff"]

**schnauben** ⟨V.; hat⟩ **I** ⟨V. i.; starke Konjugation nur noch gelegentl. poet. in der 3. Pers. Imperfekt „schnob"⟩ **1** *heftig, hörbar durch die Nase atmen* (Pferd) **2** *keuchen* **3** *hörbar blasen* (Wind) **II** ⟨V.i. u. V. refl.; bes. nord- u. mitteldt.⟩ *sich die Nase putzen* ◆ sich die Nase schnauben [< mdt. *snuben,* oberdt. *schnaufen,* lautmalend]

**Schnauf** ⟨m. 1⟩ = *Schnaufer*

**schnaufen** ⟨V. i.; hat⟩ **1** *heftig atmen, außer Atem sein, keuchen* **2** ⟨bair.⟩ *atmen* ◆ ich konnte kaum noch schnaufen ⟨umg.⟩ *war außer Atem* [→ *schnauben*]

**Schnaufer** ⟨m. 3; umg.⟩ *(schnaufender) Atemzug;* oV *Schnauf* ◆ junger Schnaufer ⟨schweiz.⟩ *unreifes Bürschchen;* einen tiefen Schnaufer tun; den letzten Schnaufer tun *sterben;* bis zum letzten Schnaufer arbeiten

**Schnaupe** ⟨f. 19; süddt.⟩ *Ausgussröhre an Gefäßen* [eigtl. „Nase, Schnauze"; → *schnaufen*]

**schnauzbärtig** ⟨Adj.⟩ *einen Schnauzbart tragend*

**Schnauze** ⟨f. 19⟩ **1** *Gegend von Mund u. Nase mancher Tiere* **2** ⟨derb⟩ *Mund* **3** *Schnabel, Ausguss an Gefäßen, Vorsprung an Dachrinnen* ◆ die Schnauze des **Hundes** ist kalt; wie hast du das gemacht? frei **nach** Schnauze! ⟨derb⟩ *ohne Plan, spontan, ganz ohne Vorbereitung* [unter dem Einfluss von *schnäuzen* aus frühnhd. *Schnauße* < mnddt. *snut(e)* „Schnauze"; vielleicht < mhd. *snawen* „schnauben"]

**schnäuzen** ⟨V. t. u. V. refl.; hat⟩ sich (die Nase) schnäuzen *sich die Nase putzen* [< mhd. *sniuzen* < ahd. *snuzen;* zu ahd. *snuzza* „Nasenschleim"]

**Schnauzer** ⟨m. 3⟩ **1** *mittelgroßer rauhaariger Hund mit kurz kupiertem Schwanz* **2** ⟨umg.⟩ *großer Schnurrbart, Schnauzbart*

SCHNECKENGETRIEBE IN EINER AUTOLENKUNG

## SCHNECKEN

Alle Schnecken bewegen sich auf einem flachen, muskulösen Fuß fort und haben neben Fühlern eine raspelartige, zungenähnliche Reibplatte (Radula). Meeresschnecken atmen über Kiemen, während viele Süßwasser- und Landformen eine Lunge besitzen. Die meisten der über 100 000 Arten schützt eine spiralförmige Kalkschale.

ÄUSSERE MERKMALE EINER ACHATSCHNECKE *(Achatina fulica)*

### WEITERE SCHNECKENARTEN

SPITZSCHLAMMSCHNECKE *(Lymnaea stagnalis)*

NACKTKIEMERSCHNECKE *(Archidoris pseudoargus)*

PURPURSCHNECKE *(Nucella lapillus)*

KRÄUSELSCHNECKE *(Elysia crispata)*

STRANDSCHNECKE *(Littorina littorea)*

GROSSE WEGSCHNECKE *(Arion ater)*

**Schnecke** ⟨f. 19⟩ **1** ⟨Zool.⟩ ▲ *Angehörige einer Klasse der Weichtiere, ohne od. mit Gehäuse in Form einer Spirale: Gastropoda* **2** ⟨fig.⟩ *gewundenes, spiralförmiges Gebilde* **3** ⟨Kochk.⟩ *flach spiralförmiges Gebäck aus Hefeteig* **4** Schnecken ⟨Pl.⟩ *Haartracht mit spiralförmig über die Ohren gelegten Zöpfen* **5** ⟨Mus.⟩ *Kopfende des Geigenhalses* **6** *Spirale, Schraube ohne Ende* **7** ⟨Tech.⟩ *Welle mit Gewinde, in das ein Schneckenrad eingreift* **8** ⟨Anat.⟩ *Teil des inneren Ohrs: Cochlea* [< mhd. *snecke* < ahd. *snecko* m. (daher oberdt. a. der Schneck); zu ahd. *snahhan* „kriechen"]

**Schneckenförderer** ⟨m. 3⟩ *Fördereinrichtung, die mithilfe eines spiralig um eine Welle gewundenen Bleches oder Stahlbandes Schüttgut bewegt*

**Schneckengang** ⟨m. 1u⟩ **1** ⟨Tech.⟩ *Gewinde mit großer Steigerung;* Sy *Schneckengewinde* **2** ⟨fig.⟩ *besonders langsamer, schleichender Gang*

**Schneckengehäuse** ⟨n. 13; Zool.⟩ ►► *gewundenes Gehäuse mancher Schnecken;* Sy *Schneckenhaus*

**Schneckengetriebe** ⟨n. 13; Tech.⟩ ◄ *aus Schnecke u. Schneckenrad gebildetes Getriebe, das die schnelle Bewegung der Schnecke in eine langsame Bewegung des Schneckenrades umsetzt*

**Schneckengewinde** ⟨n. 13; Tech.⟩ = *Schneckengang (1)*

**Schneckenhaus** ⟨n. 12u; Zool.⟩ ► = *Schneckengehäuse*

**Schneckenlinie** ⟨[-niə] f. 19⟩ = *Spirale (1)*

**Schneckennatter** ⟨f. 21; Zool.⟩ *Angehörige einer Unterfamilie der Nattern, Schneckenfresser: Dipsadinae*

**Schneckenrad** ⟨n. 12u; Tech.⟩ *Zahnrad, Stirnrad, das in das Gewinde einer Schnecke eingreift u. mit dieser das Schneckengetriebe bildet, wobei eine schnelle Drehung der Schnecke eine sehr langsame Drehung des Schneckenrades bewirkt*

**Schneckentempo** ⟨n.; -s; unz.; fig.; umg.⟩ *sehr langsames Tempo* ◆ im Schneckentempo arbeiten, bewegen, fahren, gehen, reden

SCHNEEBALL: CHINESISCHER SCHNEEBALL *(Viburnum macrocephalum)*

**Schnee** ⟨m.; -s; unz.⟩ **1** *aus gefrorenem Wasser bestehender, fester, flockenförmiger Niederschlag* **2** *geschlagenes Eiweiß* (Eischnee) **3** ⟨fig.; umg.⟩ *weißes, pulveriges Rauschmittel* ◆ es **fällt** Schnee *es schneit;* Schnee **fegen,** kehren, schippen; es **liegt** viel Schnee; mit dem Schneebesen Schnee **schlagen** ◆ **dichter,** fest getretener, lockerer, verharschter Schnee; **hoher** Schnee bedeckte die Felder; der Wald lag in **tiefem** Schnee ◆ **durch** den Schnee stapfen; Eiweiß **zu** Schnee schlagen [< mhd. *sne* < ahd. *sneo*]

**Schneealge** ⟨f. 19⟩ *rot gefärbte Grünalge, die im Hochgebirge od. in der Arktis den „Blutregen" hervorruft: Chlamydomonas nivalis*

**Schneeammer** ⟨f. 21; Zool.⟩ *nordischer Finkenvogel, der im Winter auch in Mitteleuropa umherstreift: Plectrophenax nivalis*

**Schneeball** ⟨m. 1u⟩ **1** *zum Ball geformter Schnee, mit dem Kinder werfen* **2** ⟨Bot.⟩ ▲ *Angehöriger einer Gattung der Geißblattgewächse (Caprifoliaceae) mit etwa 120 Arten auf der Nordhalbkugel u. in den südamerikanischen Anden: Viburnum;* Sy *Viburnum*

S

# SCHNECKENGEHÄUSE UND MUSCHELSCHALEN

Im gesamten Tierreich gibt es vielfältige Schalenformen, von denen die Kalkschalen der Weichtiere am bekanntesten sind. Schneckengehäuse sind stets einteilig und meist spiralig gedreht, während die zweiteiligen Muschelschalen von einem Scharnier zusammengehalten werden. Bei allen Weichtieren wird die innere Schale, deren prächtig schillernde innerste Schicht Perlmutter heißt, vom Mantel gebildet und besteht aus von Proteinen umrahmten Kalkkristallen. Bei den Käferschnecken setzt sich die Schale aus acht gelenkig miteinander verbundenen Rückenplatten zusammen, während Kahnfüßerschalen die Form von Elefantenzähnen haben und bei den Kopffüßern die Schale ganz fehlen kann.

ÄUSSERE MERKMALE EINES TRITONSHORNS (*Cymatium* species)

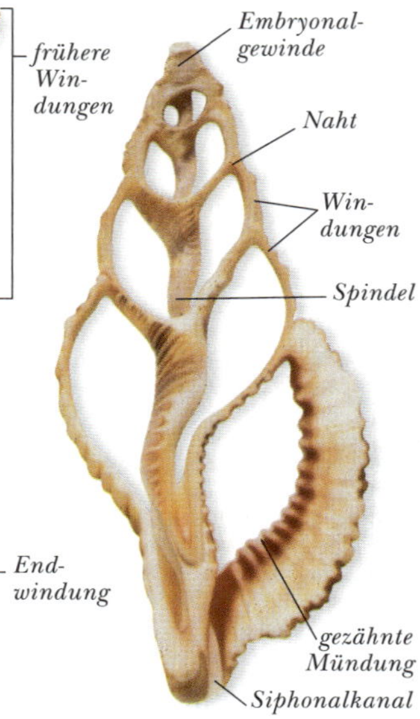


SCHNITT DURCH DAS GEHÄUSE EINES TRITONSHORNS

## VERSCHIEDENE SCHNECKENGEHÄUSE

TURMSCHNECKE (*Turritella terebra*)

SPINNENSCHNECKE (*Lambis lambis*)

DIE WUNDERBARE (*Thatcheria mirabilis*)

SPITZKREISELSCHNECKE (*Trochus niloticus*)

KEGELSCHNECKE (*Conus pulicarius*)

WURMSCHNECKE (*Vermicularia spirata*)

PURPURSCHNECKE (*Purpura patula*)

DRUPA (*Drupa rubusidaeus*)

PORZELLANSCHNECKE (*Ovula ovum*)

NARRENKAPPE (*Capulus ungaricus*)

## VERSCHIEDENE MUSCHELSCHALEN

TASCHENMESSERMUSCHEL (*Ensis siliqua*)

HAHNENKAMMAUSTER (*Lopha cristagalli*)

PLATTMUSCHEL (*Tellina listeri*)

STACHLIGE STECKMUSCHEL (*Pinna rudis*)

GEMEINE SAMTMUSCHEL (*Glycymeris glycymeris*)

JAKOBSMUSCHEL (*Lyropecten nodosus*)

HERZMUSCHEL (*Corculum cardissa*)

## KAHNFÜSSER

ELEFANTENZAHN (*Dentalium elephantinum*)

## KÄFERSCHNECKEN

GEKERBTSCHALIGE KÄFERSCHNECKE (*Chaetopleura papilio*)

## KOPFFÜSSER

SCHIFFSBOOT (*Nautilus pompilius*)

**Schneeballsystem** ⟨n. 11; unz.⟩ **1** *in Deutschland verbotene Form des Warenabsatzes, bei der dem Käufer Vorteile gewährt werden, wenn er weitere Kunden wirbt* **2** *Verständigungs- od. Alarmsystem durch Weitergabe der Mitteilung von einem zu mehreren anderen (bei Pfadfindern u. ä. Organisationen)*
**Schneebesen** ⟨m. 4⟩ *Küchengerät, mit dem Eiweiß zu Schnee, Sahne zu Schlagsahne geschlagen wird*
**Schneeblindheit** ⟨f.; -; unz.⟩ *akute Sehstörung infolge zu starker Lichteinstrahlung ins Auge bei längerem Aufenthalt auf beleuchteten Schneeflächen*
**Schneebrett** ⟨n. 12⟩ *Lawinenart, die durch Winddruck auf Hängen der Hochgebirge über lockeren Schneemassen entsteht*
**Schneeflocke** ⟨f. 19⟩ *zu einer Flocke vereinigte Eiskristalle*
**Schneeglöckchen** ⟨n. 14; Bot.⟩ **1** ⟨i. w. S.⟩ *Mitglied einer Gattung der Narzissengewächse: Galanthus* **2** ⟨i. e. S.⟩ *ein bis 15 cm hohes Pflänzchen, das bereits im Februar bis April seine weißen Blüten entfaltet: Galanthus nivalis* ◆ Großes Schneeglöckchen = *Märzbecher*
**Schneehase** ⟨m. 17; Zool.⟩ *Hase, der im Winter ein weißes Fell bekommt: Lepus timidus*
**Schneehuhn** ⟨n. 12u; Zool.⟩ *Raufußhuhn mit im Winter weißem Gefieder: Lagopus mutus*
**Schneekanone** ⟨f. 19⟩ *Gerät zum Erzeugen von künstlichem Schnee*
**Schneekette** ⟨f. 19⟩ *Geflecht aus Ketten, das über Autoreifen befestigt wird, um deren Griffigkeit bei Schnee u. Straßenglätte zu erhöhen*

SCHNEIDE EINES STECHBEITELS

SCHNEEMOBIL

**Schneeleopard** ⟨m. 16; Zool.⟩ *Raubkatze mit dichtem, weißlich grauem Pelz in höheren Lagen Mittelasiens: Uncia uncia*
**Schneemann** ⟨m. 2u⟩ *(meist von Kindern) aus Schnee geformte Figur*
**Schneemobil** ⟨n. 11⟩ ▲ *im Schnee geländegängiges Fahrzeug mit Kettenantrieb*
**Schneepflug** ⟨m. 1u⟩ **1** *Gerät zum Beiseiteschieben des Schnees auf Verkehrswegen* **2** ⟨Skilauf⟩ *Fahrweise zum Bremsen od. langsamen Bergabfahren durch Auseinanderdrücken der Skienden*
**Schneerose** ⟨f. 19; Bot.⟩ = *Christrose*
**Schneestolz** ⟨m.; - od. -es; unz.; Bot.⟩ ► *im östlichen Mittelmeerraum beheimatete Zwiebelblume der Gattung Chionodoxa mit blauen Blüten: Chionodoxa luciliae*
**Schneeverwehung** ⟨f. 20⟩ *vom Wind zusammengewehter lockerer Schnee, oft in großem Ausmaß*
**Schneeziege** ⟨f. 19; Zool.⟩ ► *zu den Antilopen gehörendes, gämsenartiges Horntier, gewandter Kletterer im nordamerikan. Felsengebirge: Oreamnos americanus*

SCHNEESTOLZ
*(Chionodoxa luciliae)*

**Schneid** ⟨m.; -(e)s; unz.; bair. f.; -; unz.; umg.⟩ *Mut, Tatkraft, forsches Wesen* ◆ er hat (keinen) Schneid [in der Soldatenspr. des 18./19. Jh. < süddt. *Schneid(e)* „Messerschneide, Schärfe, Durchschlagskraft, Schwung"]
**Schneidbohrer** ⟨m. 3⟩ *Bohrer, der gleichzeitig ein Innengewinde schneidet*
**Schneidbrenner** ⟨m. 3⟩ *Schweißbrenner, der zum Zerschneiden von Stahl- u. Eisenstücken verwendet wird*
**Schneide** ⟨f. 19⟩ **1** ◄ *scharfe Seite der Klinge (des Messers, Säbels, der Axt usw.)* **2** ⟨oberdt.⟩ *Grat* **3** ⟨südostdt.⟩ *Schneid, Trieb zu etwas* ◆ Rücken und Schneide der Klinge [< mhd. *snide;* → *schneiden*]
**schneiden** ⟨V. 224; hat⟩ **I** ⟨V. t.⟩ **1** *mit dem Messer od. etwas ähnlich Scharfem zerteilen* (Fleisch, Brot) **2** *mit einem scharfen Werkzeug abtrennen* (Haar, Blume) **3** *schnitzen, gravieren, meißeln* (Figuren) ◆ jmdn. od. sich schneiden *mit etwas Scharfem verletzen;* jmdn. schneiden ⟨fig.; umg.⟩ *ihn absichtlich unbeachtet lassen, übersehen;* **Bäume,** Hecken, Sträucher schneiden; **Blech,** Bretter, Papier schneiden; **Fleisch,** Tomaten, Wurst (in Scheiben) schneiden; eine **Fratze,** Grimasse schneiden *das Gesicht zu einer Fratze, Grimasse verziehen;* **Gemmen,** Stempel schneiden; **Gras,** Getreide schneiden *mähen;* sich das **Haar** schneiden lassen; eine **Kurve** schneiden *dicht an der Innenseite fahren u. dabei die linke Fahrbahn benutzen;* jmdm. od. sich die **Nägel** schneiden ◆ Figuren, Muster **in** Holz, Metall, Stein schneiden ◆ mandelförmig geschnittene Augen; ein markant geschnittenes Gesicht **II** ⟨V. refl.⟩ sich schneiden **1** *sich durch Schnitt verletzen* **2** *sich kreuzen* (Linien) ◆ die beiden Straßen schneiden sich hier; sich **in** den Finger schneiden; sich ins eigene Fleisch schneiden ⟨fig.⟩ *sich selbst schaden* **III** ⟨V. i.⟩ ein Messer schneidet *ist scharf, ist imstande, zu zertrennen* ◆ die Schere schneidet **gut,** schlecht ◆ der Wind schneidet **ins** Gesicht ⟨fig.⟩ ◆ schneidender Hohn, Spott ⟨fig.⟩; schneidende Kälte ⟨fig.⟩; eine schneidende Stimme; es ist schneidend kalt ⟨fig.⟩ [< ahd. *snidan*]
**Schneider** ⟨m. 3⟩ **1** *Handwerker, der nach Maß Oberbekleidung herstellt sowie daran Änderungen, Reparaturen vornimmt* (Damenschneider, Herrenschneider) **2** *Lehrberuf mit dreijähriger Lehrzeit* **3** ⟨Zool.⟩ = *Weberknecht* **4** ⟨Skat⟩ *die Punktzahl 30* **5** ⟨Textilw.⟩ *ein Garnmaß* ◆ aus dem Schneider (heraus) sein ⟨Skat⟩ *mehr als 30 Punkte haben;* ⟨fig.; umg.⟩ *aus allen Schwierigkeiten heraus sein* [→ *schneiden*]
**Schneiderarbeit** ⟨f. 20⟩ *Maßarbeit für Oberbekleidung*
**Schneiderlein** ⟨n. 14⟩ *kleiner Schneider* ◆ das tapfere Schneiderlein ⟨Lit.⟩ *deutsche Märchenfigur*
**schneidern** ⟨V.; hat⟩ **I** ⟨V. i.⟩ *das Schneiderhandwerk betreiben* **II** ⟨V. t.⟩ *Oberbekleidung nähen* ◆ das Kleid, das Kostüm, den Rock hat sich meine Tante selbst geschneidert
**Schneidersitz** ⟨m. 1; unz.⟩ *Sitzhaltung (auf dem Boden) mit gespreizten Oberschenkeln u. angewinkelten, gekreuzten Unterschenkeln* ◆ im Schneidersitz sitzen

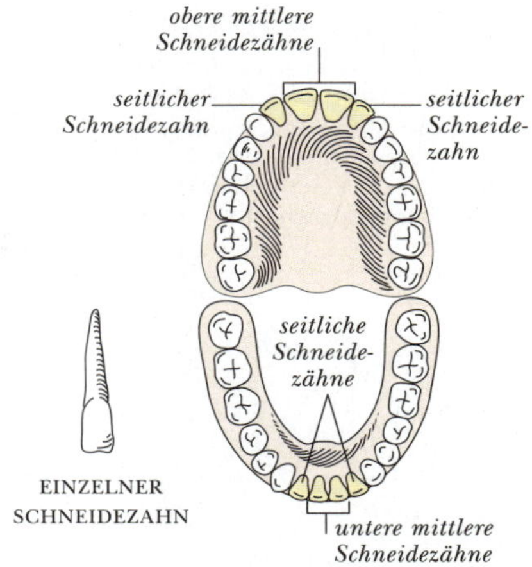

SCHNEIDEZÄHNE

**Schneidezahn** ⟨m. 1u; Anat.⟩ ▲ *am Ober- u. Unterkiefer jeder der vier mittleren Zähne, die von jeweils zwei Eckzähnen eingefasst werden;* Sy *Beißzahn*
**schneien** ⟨V. i.; hat; unpersönl.⟩ es schneit *es fällt Schnee* ◆ jmdm. ins Haus schneien ⟨fig.; umg.⟩ *überraschend bei jmdm. auftauchen* [< mhd. *snien* < ahd. *sniwan*]
**schnell** ⟨Adj.⟩ Ggs *langsam (I)* **1** *rasch, geschwind, eilig, flink* **2** *plötzlich, jäh* ◆ eine schnelle **Bedienung;** eine schnelle **Bewegung,** Drehung, Wendung; noch ein schneller **Blick,** und dann ...; schnelle **Hilfe** ist nötig ◆ sich schnell **entscheiden,** entschließen; das muss schnellstens **erledigt** werden; ihr Puls **ging** schnell; der Arzt war schnell **gekommen; allmählich** schneller werden *das Tempo beschleunigen* ◆ für schnell **entschlossene** Käufer ◆ nicht **so** schnell! [< ahd. *snel* „kräftig, tapfer, behände", seit dem 11. Jh. auch „rasch"; Herkunft ungeklärt]
**Schnellbahn** ⟨f. 20⟩ = *S-Bahn*
**Schnellboot** ⟨n. 11⟩ **1** *bes. schnelles, kleines, wendiges Kriegsschiff (20-50 t)* **2** *Motorboot mit ein bis drei schnell laufenden Benzin- od. Dieselmotoren für Sport- u. Rennzwecke*
**Schnelle** ⟨f. 19; unz.⟩ = *Schnelligkeit* ◆ jmdn. auf die Schnelle besuchen ⟨umg.⟩ *ganz kurz;* nur auf die Schnelle eine Kleinigkeit essen ⟨umg.⟩ *ganz rasch (im Stehen)* [→ *schnell, schnellen*]
**schnellen I** ⟨V. t. u. V. i.; hat⟩ *federnd springen lassen, ruckartig in Schwung bringen* ◆ einen Pfeil, einen Stein in die Höhe schnellen **II** ⟨V. i.; ist⟩ *federnd (in die Höhe) springen* ◆ er schnellte von seinem Sitz (in die Höhe) [< mhd. *snellen, snallen;* zu mhd. *snal* „kurze Bewegung"]
**Schnellhefter** ⟨m. 3⟩ *Mappe aus leichter Pappe mit Vorrichtung zum Anheften, zum Aufbewahren von Schriftstücken;* Sy ⟨kurz⟩ *Hefter (1)*
**Schnelligkeit** ⟨f. 20; unz.⟩ *Geschwindigkeit;* Sy *Schnelle*
**Schnellimbiss** ⟨m. 1⟩ **1** *rasch eingenommener kleiner Imbiss, Zwischenmahlzeit* **2** *Schnellgaststätte die einen Imbiss anbietet*

SCHNEEZIEGE
*(Oreamnos americanus)*

S

## SCHNELLKOCHTOPF

Schnellkochtöpfe lassen sich so fest verschließen, dass zu Dampf erhitztes Wasser nicht entweichen kann, wodurch Druck und Temperatur im Inneren des Topfes steigen und ein wesentlich rascheres Garen der Nahrung möglich wird.

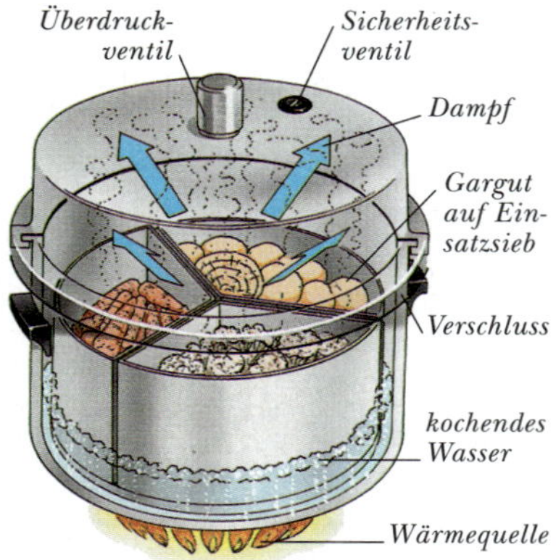


BLICK IN EINEN SCHNELLKOCHTOPF

**Schnellkochtopf** ⟨m. 1u⟩ ▲ *Kochtopf, in dem Speisen unter höherem Druck bei kürzerem Zeitaufwand gegart werden;* Sy *Dampfkochtopf*

**schnelllebig** ⟨Adj.⟩ **1** *von kurzer Lebensdauer* **2** *sich schnell wandelnd* ◆ das Zeitungsmetier ist ihr zu schnelllebig

**Schnellzug** ⟨m. 1u; Kurzw.: D-Zug⟩ *Eisenbahnzug, der nur an wichtigen Bahnhöfen hält*

**Schnepfe** ⟨f. 19⟩ **1** *Angehörige einer Unterfamilie der regenpfeiferartigen Vögel: Scolopacinae* **2** ⟨i. e. S.⟩ *mit langen Watbeinen versehener Vogel der Sümpfe u. feuchten Wiesen u. Wälder, dessen meist langer Schnabel mit einem gut ausgebildeten Tastsinn für die Nahrungssuche im Boden ausgerüstet ist* (Waldschnepfe) [< ahd. *snepfa* (so genannt nach ihrem langen Schnabel); zu mnddt. *snippe, sneppel, snebbe* „Schnabel, Spitze"]

S

**schnetzeln** ⟨V. t.; hat⟩ *klein schneiden* ◆ geschnetzeltes Fleisch [→ *schneiden*]

**schniegeln** ⟨V. t.; hat⟩ *putzen* ◆ sich schniegeln *sich mit übertriebener Sorgfalt kleiden u. kämmen* [zu ostmitteldt. *snixl* „Haarlocke" < mhd. *snegel* „Schnecke"]

**schnippisch** ⟨Adj.⟩ *naseweis, keck u. anmaßend* [< frühnhd. *(auf)schnüppisch* „hochmütig"; zu mdt. *aufschnuppen* „die Luft hörbar durch die Nase einziehen"; → *schnuppern, schnupfen*; unter dem Einfluss von *schnipp* u. *Schnippchen* zu „kurz angebunden, selbstbewusst, abweisend" umgedeutet]

**Schnitt** ⟨m. 1⟩ **1** *Tätigkeit des Schneidens* **2** *Ergebnis des Schneidens, Spur eines scharfen Gegenstandes, einer Klinge, Schnittwunde* **3** *die Art, wie etwas geschnitten, zugeschnitten ist* (Gesichtsschnitt, Kleiderschnitt) **4** *Schneidwerkzeug zum Stanzen* **5** ⟨Film⟩ *Bearbeitung durch Herausschneiden u. neu Zusammensetzen* **6** *der vordere, glattgeschnittene Rand der Buchseiten* **7** ⟨Biol.; Med.⟩ ► *durch Schneiden mit Rasierklinge, -messer od. Mikrotom hergestelltes, sehr dünnes Plättchen aus Gewebe od. Organteilen für die Untersuchung unter dem Mikroskop o. Ä.* **8** ⟨Geom.⟩ *gemeinsame Punkte zweier Kurven (Schnittpunkt), zweier Flächen (Schnittlinie), einer Fläche mit einem Körper (Schnittfläche)* **9** *Zeichnung, die einen Körper darstellt, den man sich in irgendeiner Ebene geschnitten vorstellt* (Längsschnitt, Querschnitt) **10** *Vorlage aus Papier zum Zuschneiden eines Kleidungsstückes* **11** *abgeschnittenes Stück* **12** *Ernte,* ⟨bes.⟩ *Heuernte* **13** *das Verschneiden der Obstbäume, Reben u. a. Holzgewächse* **14** ⟨kurz für⟩ *Durchschnitt* ◆ der Schnitt des **Getreides** ◆ einen (guten) Schnitt bei einem Geschäft **machen** ⟨umg.⟩ *großen Gewinn, Vorteil erzielen* ◆ der Film hat einen **harten** Schnitt *Bild folgt unvermittelt auf Bild* ◆ ich laufe täglich **im** Schnitt zwei Stunden; der Schnitt ging tief ins Fleisch [→ *schneiden*]

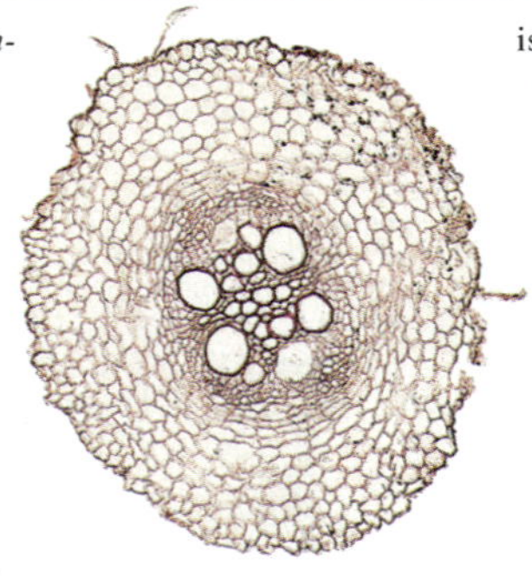

SCHNITT: MIKROSKOPISCHE AUFNAHME EINES SCHNITTS DURCH EINE WURZEL

**Schnittblume** ⟨f. 19⟩ **1** *geschnittene Blume für die Vase* **2** *jede für die Vase geeignete Blütenpflanze*

**Schnitte** ⟨f. 19⟩ **1** *abgeschnittene Scheibe, bes. vom Brot* **2** *belegtes Butterbrot*

**Schnittfläche** ⟨f. 19⟩ **1** *durch Schnitt entstandene Fläche* **2** ⟨Math.⟩ *gemeinsame Punkte einer Fläche mit einem Körper, Schnitt*

**schnittig** ⟨Adj.⟩ **1** *erntereif* (Getreide, Gras) **2** ⟨fig.⟩ *rassig, elegant, (scharf) ausgeprägt* ◆ Inga fährt einen schnittigen Sportwagen [→ *Schnitt;* urspr. „zum Schnitt geeignet", im 19. Jh. von *schneidig* beeinflusst]

**Schnittlauch** ⟨m. 1; unz.; Bot.⟩ ▼ *Lauch mit röhrig gefalteten Blättern, die als Gewürz (bes. für Salate) dienen, u. lila bis rosaroten Doldenblüten: Allium schoenoprasum*

SCHNITTLAUCH
*(Allium schoenoprasum)*

**Schnittlinie** ⟨[-niə] f. 19⟩ **1** *Form eines Schnittes* **2** ⟨Math.⟩ *gemeinsame Punkte zweier Flächen, Schnitt*

**Schnittmenge** ⟨f. 19; Math.; Mengenlehre⟩ *die zwei od. mehr Mengen gemeinsam zugehörigen Mengenbestandteile*

**Schnittpunkt** ⟨m. 1⟩ **1** ⟨Math.⟩ *gemeinsamer Punkt zweier od. mehrerer Linien od. Kurven* **2** ⟨allg.⟩ *Kreuzung (zweier Straßen, Wege)* ◆ der Schnittpunkt zweier Geraden

**Schnittstelle** ⟨f. 19; EDV⟩ *(auf Hardware od. Software beruhende) Funktionseinheit eines EDV-Systems, das eine Verbindung zwischen Teilen dieses Systems od. dem System u. der Außenwelt herstellt;* Sy *Interface*

**Schnitzel I** ⟨n. 13 od. m. 5⟩ *kleines Stückchen Papier* (Papierschnitzel) **II** ⟨n. 13⟩ *dünne Scheibe Fleisch von der Keule od. Schulter (gebraten, od. zum Braten)* (Kalbsschnitzel)

**schnitzen** ⟨V. t.; hat⟩ *in Holz ausschneiden* ◆ eine Krippe, ein Kruzifix, eine Pfeife, einen Weihnachtsengel schnitzen; er ist aus sehr hartem Holz geschnitzt ⟨fig.⟩ *unbeugsam* [Intensivbildung zu *schneiden*]

**schnöd** ⟨Adj.⟩ = *schnöde*

**schnöde** ⟨Adj.⟩ *gemein, schändlich, verächtlich, geringschätzig;* oV *schnöd* ◆ schnöder Geiz, Gewinn, Undank, Verrat; jmdn. schnöde abweisen, behandeln [< mhd. *snœde* „verächtlich, gering, rücksichtslos"]

**Schnorchel** ⟨m. 5⟩ **1** ⟨am Unterseeboot⟩ *ausfahrbare Röhre mit Ventil zum Ansaugen von Frischluft* **2** ▼ *gebogenes Kunststoffrohr mit einem Mundstück, durch das ein Taucher unter Wasser Luft von der Wasseroberfläche einatmen kann* [→ *schnarchen* (nach dem gurgelnden Geräusch)]

**Schnörkel** ⟨m. 5⟩ **1** *gewundene Linie als Verzierung (an Schriftzügen)* **2** *linear gewundene Verzierung (an Möbeln)* **3** *unnötige Verzierung (in der Rede)* [vermutl. Vermischung < frühnhd. *schnögel* „Schnecke(nlinie)" + *Schnirre* „Schleife"]

**schnorren** ⟨V. t. u. V. i.; hat⟩ *betteln od. erbetteln* ◆ eine Zigarette schnorren [zu *Schnurre* „Lärmgerät", eigtl. „mit einer Schnurre umhergehen (u. dabei betteln)"]

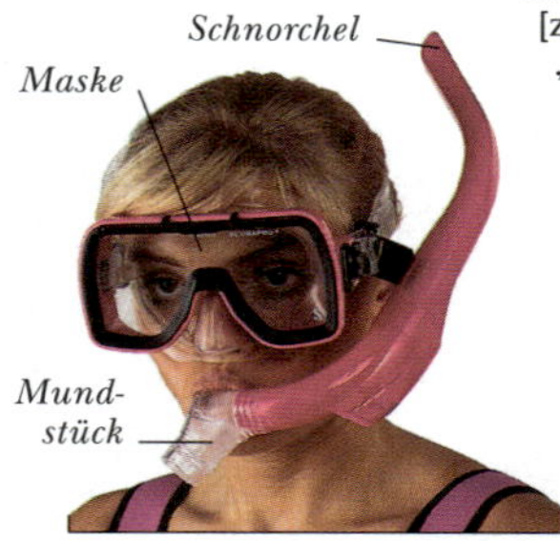


SCHNORCHEL

**schnüffeln** ⟨V. i.; hat⟩ **1** *die Luft hörbar durch die Nase einziehen* **2** *den Atem einziehen, um zu wittern* **3** ⟨fig.⟩ *allem nachspüren, stöbern, heimlich beobachten, seine Nase in alles stecken* **4** ⟨Drogenszene⟩ *Dämpfe von Rauschgift od. von organischen Lösungsmitteln in Klebstoffen, Farben, Lacken u. a. inhalieren, um sich in einen Rauschzustand zu versetzen* [< nddt. *snüffeln* < mnddt. *snuffelen;* zu nddt. *Snüff* „Nase, Schnauze"; → *schnauben*]

**Schnuller** ⟨m. 3; umg.⟩ = *Sauger (1)*

**Schnulze** ⟨f. 19; umg.⟩ *kitschiges, rührseliges Schlagerlied, Theater-, Kino- od. Fernsehstück* [vermutl. in Anlehnung an nddt. *snulten* „gefühlvoll reden"]

**schnupfen** ⟨V. i.; hat⟩ **1** *Schnupftabak nehmen* **2** ⟨oberdt. a.⟩ *schluchzen* [< mhd. *snupfen* „die Luft durch die Nase einziehen", „schluchzen"; → *schnauben*]

**Schnupfen** ⟨m. 4⟩ *Entzündung der Nasenschleimhaut mit Absonderung schleimigen, flüssigen od. eitrigen Sekrets* ◆ einen Schnupfen bekommen, haben; sich einen Schnupfen einfangen, holen [< spätmhd. *snupfe;* → *schnupfen*]

**schnuppern** ⟨V. i.; hat⟩ *den Atem einziehen, um zu wittern* [Iterativbildung zu mdt. *schnuppen;* → *schnupfen*]

**Schnur** ⟨f. 7u od. regional u. fachsprachl. a.: f. 20⟩ *aus dünneren Fäden od. Fasern gedrehter dickerer Faden, Bindfaden, Kordel* ◆ eine derbe, dicke, dünne, feste, seidene Schnur; Perlen auf eine Schnur fädeln, ziehen; mit Schnüren besetzen, einfassen, verzieren [< ahd. *snuor*]

**schnüren I** ⟨V. t.; hat⟩ *mit einer Schnur umwickeln, zubinden, fest zusammenbinden* ◆ sein Bündel schnüren ⟨fig.⟩ *verreisen* **II** ⟨V. i.; ist; Jägerspr.⟩ *die Tritte beim Traben in gerader Linie hintereinander setzen* (bei Wolf, Luchs, Wildkatze u. Fuchs) [→ *Schnur*]

**Schnurrbart** ⟨m. 1u⟩ *Bart auf der Oberlippe* [< nddt. *snurre* „Gerät zum Lärmen“, fig., derb „Mund, Schnauze“]

**Schnurre** ⟨f. 19⟩ *scherzhafte Erzählung, Posse, Schwank* [zu nddt. *snurre* urspr. „Lärmgerät, Knarre“, im 16. Jh. a. „Brummkreisel“; solche Geräte trugen bes. die umherziehenden Possenreißer bei sich; im 18. Jh. wurde *Schnurre* allg. auf deren Spaßmachereien übertragen]

SCHNURRHAARE BEI DER KATZE

**schnurren** ⟨V. i.; hat⟩ **1** *ein leises, behaglich knurrendes Geräusch von sich geben* (Katze) **2** *summen* (Kreisel, Spinnrad) **3** *schnorren* [lautmalend]

**Schnurrhaar** ⟨n. 11; Zool.⟩ ▲ *jedes der bes. dicken Haare an der Oberlippe vieler Säugetiere;* Sy *Spürhaar* [→ *Schnurrbart*]

**Schnürsenkel** ⟨m. 5⟩ *Band zum Schnüren des Schnürschuhs*

**Schober** ⟨m. 3; Landw.⟩ ▼ *überdachter Platz zum Aufbewahren von Heu u. Ä.* ◆in dem Schober wird das Heu nicht nass [< ahd. *scobar* „Getreide-, Heuhaufen“]

**Schock**[1] ⟨n.; -s, -; veraltet⟩ *60 Stück* ◆ein, zwei Schock Eier; ein halbes Schock *30 Stück;* ⟨selten fig.⟩ *große Menge* [< mhd. *schoc* „Haufen (aus 60 Garben)“; verwandt mit *Hocke*]

**Schock**[2] ⟨m. 6 od. m. 1⟩ *plötzl. gewaltsame Erschütterung, die den Organismus trifft u. ihn an die äußerste Grenze seiner Anpassungsfähigkeit bringt* [< frz. *choc;* zu frz. *choquer* „anstoßen, beleidigen“, vermutl. < mndrl. *schocken* „stoßen“; verwandt mit *Schaukel*]

SCHOBER: HEUSCHOBER

**schockieren** ⟨V. t.; hat⟩ *in sittliche Entrüstung versetzen* ◆sein Verhalten hat mich schockiert; ich bin von seinem Verhalten schockiert [→ *Schock*[2]]

**schofel** ⟨Adj.; umg.⟩ *erbärmlich, schäbig, geizig, knauserig* [rotwelsche Form von jidd. *schophol,* hebr. *schafel* „niedrig“]

**Schöffe** ⟨m. 17; Rechtsw.⟩ **1** *ehrenamtl. Beisitzer des Schöffengerichts u. der Strafkammer* **2** ⟨früher⟩ *ländlicher Gemeinderat der altpreuß. Magistratsverfassung* [< ahd. *sceffino* < *scaffin;* zu *schaffen* „gestalten, vollbringen“, auch „(an)ordnen“]

**Schöffengericht** ⟨n. 11; Rechtsw.⟩ *dem Amtsgericht angegliedertes Gericht aus Berufsrichter u. Schöffen*

**Schokokuss** ⟨m. 1u⟩ *süßer Eiweißschaum mit Schokoladenüberzug auf Waffelboden;* Sy *Mohrenkopf (2)*

**Schokolade** ⟨f. 19⟩ *Nahrungs- u. Genussmittel aus Kakaobohnen, Milch u. Sahne, Gewürzen, meist Kakaobutter u. bis zu 60 % Zucker, in Tafeln gewalzt od. in Figuren gegossen* [< span. *chocolate* < Nahuatl (Mexiko) *chocolatl* „Kakaogetränk“, vielleicht < *xococ* „sauer, bitter“ + *atl* „Wasser, Getränk“]

**Scholastik** ⟨f. 20; unz.⟩ **1** ⟨Philos.⟩ *die auf die antike Philosophie gestützte, christliche Dogmen verarbeitende Philosophie u. Wissenschaft des MA* **2** ⟨allg.⟩ *engstirnige Schulweisheit* [zu lat. *scholasticus* „zur Schule gehörig“]

**Scholle** ⟨f. 19⟩ **I** ⟨zählb.⟩ **1** *flacher Erdklumpen* (Erdscholle) **2** *Bruchstück der Eisdecke (auf Flüssen, Seen)* (Eisscholle) **3** *ein von Verwerfungen umsäumtes Bruchstück der Erdkruste* **4** ⟨Zool.⟩ ► *Plattfisch der europäischen Meere, Goldbutt: Pleuronectes platessa* **II** ⟨unz.; fig.⟩ *Heimatboden, Heimat* ◆die eigene, ererbte, heimische Scholle; Liebe zur heimatlichen Scholle [zu I: so genannt nach der flachen Form; zu II: < ahd. *scolla, scollo* „abgespaltenes Stück“]

**schon** ⟨Adv.⟩ **1** *bereits* **2** *früher als erwartet, erhofft, gewünscht* **3** *rechtzeitig, bestimmt* **4** *endlich* **5** *allein* **6** *ohnehin* **7** ⟨einräumend od. bedingend⟩ *wohl, zwar, auch, an u. für sich* ◆ich muss schon um 6 Uhr aufstehen; schon am frühen Morgen ...; er liegt schon drei Wochen im Krankenhaus; du kannst schon jetzt kommen [< ahd. *scono;* Adv. zu *schön* mit der Bedeutung „in schöner Art u. Weise“, im 13. Jh. auch „vollständig“]

**schön I** ⟨Adj.⟩ **1** *hübsch, bewundernswert, angenehm, wohlgefällig* **2** ⟨umg.⟩ *beträchtlich* ◆schön! (als Antwort) ⟨umg.⟩ *gut, ich bin einverstanden;* schöne **Augen,** Bilder, Stoffe; schönen, schönsten **Dank!;** ein schöner **Garten,** Park; einen schönen **Gewinn** erzielen ⟨umg.⟩; die schöne **Literatur** ⟨ungenaue Bez. für⟩ *die nicht zweckgebundene, die dichterische u. unterhaltende Literatur, Belletristik* ◆wir wollen es schön **haben;** das hast du aber schön **gemacht** *gut, sauber, ordentlich;* schön **reden** *wirkungsvoll, angenehm reden;* **sein:** sie ist (auffallend, blendend, ungewöhnlich) schön; das **wird** ja immer schöner! ⟨iron.⟩ *das geht zu weit* ◆**am** schönsten wäre es, wenn ... ◆da hast du etwas Schönes angerichtet, angestellt ⟨iron.⟩ *eine Dummheit gemacht;* die Schönste von allen **II** ⟨adv.; umg.⟩ *sehr, tüchtig* ◆er wird sich schön **ärgern** [< ahd. *sconi,* im MA identisch mit *klar* „von schöner Farbe“, erst später „von schöner Gestalt“]

**schonen** ⟨V. t.; hat⟩ **1** *gut, behutsam, pfleglich behandeln* **2** sich schonen *sich nicht überanstrengen, seine Kräfte sorgsam einteilen, auf seine Gesundheit bedacht sein* ◆du solltest dich mehr schonen!; jmds. **Gefühle** schonen; der Patient muss sich noch schonen ◆jmdm. etwas **auf** schonende Weise beibringen [→ *schön;* urspr. „etwas schön behandeln“]

**Schoner**[1] ⟨m. 3⟩ *Schutzdecke, Hülle, Deckchen auf Polstermöbeln* [→ *schonen*]

**Schoner**[2] ⟨m. 3; Mar.⟩ ► *mehrmastiges Segelschiff* [< engl. *schooner;* zu regional *scoon* „Steine über das Wasser gleiten lassen“]

**Schonfrist** ⟨f. 20⟩ *Zeitraum, in dem eine angedrohte Maßnahme noch nicht durchgeführt wird* ◆noch Schonfrist haben

**Schönheit** ⟨f. 20⟩ **I** ⟨unz.⟩ *das Schönsein, schönes Aussehen* **II** ⟨zählb.⟩ *schöne Person, Sache* ◆die Schönheit der Natur; sie ist eine wahre Schönheit; ein Kunstwerk von großer, klassischer Schönheit; landschaftliche Schönheiten

**Schonung** ⟨f. 20⟩ **I** ⟨unz.⟩ **1** *das Schonen, pflegl. Behandlung, Sorgfalt* **2** *Nachsicht, Gnade* **3** *Vermeiden von Überanstrengung, sorgsame Einteilung seiner Kräfte zur Erhaltung der Gesundheit* ◆die Schonung deiner **Gesundheit** geht vor ◆einer Sache Schonung **angedeihen** lassen *sie schonend behandeln;* der Arzt hat dem Patienten noch Schonung **auferlegt;** der Zustand der Patientin **verlangt** äußerste Schonung ◆er kann **auf** keine Schonung rechnen; jmdn. od. etwas **mit** Schonung behandeln **II** ⟨zählb.; Forstw.⟩ *junger, geschützter Forstbezirk*

**Schonzeit** ⟨f. 20; Forstw.⟩ *Zeit, während deren jagdbares Wild nicht erlegt werden darf, bes. zur Schonung des Nachwuchses;* Sy *Hegezeit*

SCHOLLE *(Pleuronectes platessa)*

**Schopf**[1] ⟨m. 1u⟩ **1** ⟨eigtl.⟩ *Haarbüschel auf dem Kopf* **2** ⟨danach⟩ *Gesamtheit der Kopfhaare* **3** *Blätterbüschel* **4** ⟨Jägerspr.⟩ *verlängerte Kopffedern (bei verschiedenen Vogelarten)* ◆ein kleiner Junge mit blondem Schopf; eine Gelegenheit beim Schopfe ergreifen, fassen, nehmen, packen ⟨fig.⟩ *sofort nutzen* [< mhd. *schopf,* urspr. „geerntetes Laub- od. Getreidebüschel“, dann auf das menschl. Haupthaar übertragen]

**Schopf**[2] ⟨m. 1u; oberdt.⟩ *Schuppen, Wetterdach* [< ahd. *scopf* „Gebäude ohne geschlossene Wände“, urspr. wohl „strohgedecktes Dach“]

**schöpfen** ⟨V.; hat⟩ **I** ⟨V. t.⟩ *mit einem Gefäß od. der hohlen Hand aufnehmen, heben* (Flüssigkeit); ◆Atem schöpfen *tief, bewusst atmen;* Kraft schöpfen ⟨fig.⟩; er hat Verdacht geschöpft ⟨fig.⟩ *etwas hat seinen Verdacht erregt* **II** ⟨V. i.⟩ aus dem Vollen schöpfen ⟨fig.⟩ *ohne jede Einschränkung frei verfügen, nicht eingeengt sein* [< mhd. *schepfen, scheffen* < ahd. *scephen;* zu ahd. *scaph* „Schaff, Gefäß“, urspr. „Ausgehöhltes“]

S

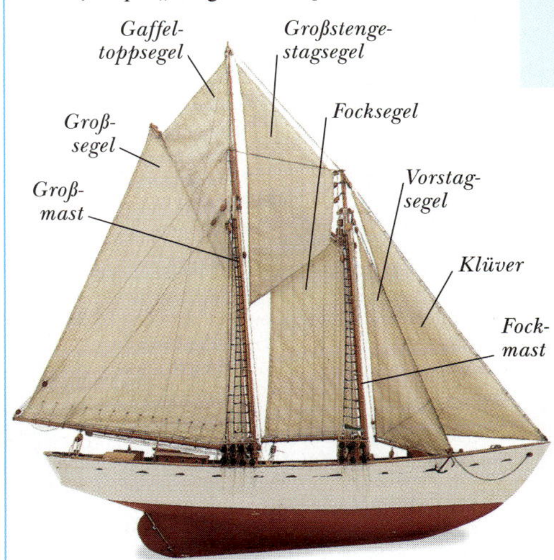


SCHONER: GAFFELSCHONER DES 19. JH.

**Schöpfer**[1] ⟨m. 3⟩ *Gefäß zum Schöpfen, Schöpfkelle, Schöpfeimer*
**Schöpfer**[2] ⟨m. 3⟩ **1** ⟨allg.⟩ *jmd., der schöpferisch tätig ist, etwas erschafft, Urheber* (eines Kunstwerkes) **2** ⟨Rel.⟩ *Gott* [→ *schaffen;* verwandt mit *schöpfen*]
**schöpferisch** ⟨Adj.⟩ *in der Art eines Schöpfers, aus sich selbst wirkend, schaffend* ◆ ein schöpferischer Akt, Augenblick *A., in dem etwas schöpferisch getan od. gedacht wird;* schöpferische Arbeit leisten; schöpferische Kräfte; schöpferische Fantasie ◆ schöpferisch tätig sein, schöpferisch wirken [→ *Schöpfer*[2]]
**Schöpferkraft** ⟨f. 7u; unz.⟩ *schöpferische Kraft*
**Schöpfung** ⟨f. 20⟩ **1** *Erschaffung (der Welt, des Weltalls)* **2** ⟨allg.⟩ *Werk eines schöpferischen Menschen* ◆ die Schöpfung der Erde, eines Kunstwerkes; die Wunder der Schöpfung [< mhd. *schepf(en)unge;* → *schaffen, Schöpfer*[2]]
**Schoppen** ⟨m. 4⟩ **1** ⟨oberdt.⟩ *Flüssigkeitsmaß, etwa* ½ *l* **2** ⟨im Gastgewerbe⟩ ¼ *l* (Bier od. Wein) [< lothring. *chopenne* < afrz. *chopine* < mnddt. *schope,* mhd. *schuofe* „Schöpfkelle des Maurers u. Brauers"]
**Schorf** ⟨m. 1⟩ *verkrusteter Belag über einer Wunde, bes. aus eingetrocknetem Wundsekret, Blut u. Gewebsflüssigkeit bestehend* [< ahd. *scorf,* aengl. *sceorfan* „beißen, zerfressen", urspr. „rissige, zerrissene Haut", seit dem 18. Jh. auch „Blutkruste"]
**Schorle, Schorlemorle** ⟨f. 19 od. n. 15; bei Maßangaben Pl.: -⟩ *Weiß- od. Rotwein mit Mineral- od. Sodawasser u. einer Scheibe Zitrone* [volkstüml. Scherzwort]
**Schornstein** ⟨m. 1⟩ *bis über das Dach geführter Kanal zum Abzug für die Rauchgase der Feuerstätten;* Sy *Kamin (1), Schlot (1)* ◆ der Schornstein qualmt [< spätahd. *schor(en)stein* < mndrl. *scorsteen* < mnddt. *schore,* engl. *shore* „Stütze, Strebe"; bezeichnete urspr. den vorspringenden Mauerteil, der den Rauchfang über dem Herd trug]
**Schornsteinfeger** ⟨m. 3⟩ *Handwerker, der den Schornstein von Ruß reinigt u. die Feuerungsanlagen überprüft, Kaminkehrer*
**Schoß** ⟨[ʃoːs]⟩ **I** ⟨m. 1u⟩ **1** *beim Sitzen durch Unterleib u. Oberschenkel gebildete Vertiefung* **2** *Mutterleib* **3** ⟨poet.⟩ *weibl. Geschlechtsteil, Scheide* **4** ⟨fig.⟩ *Inneres* **5** *Hüftteil (mancher Kleidungsstücke)* (Frackschoß, Rockschoß) ◆ in den Schoß der **Familie** zurückkehren ⟨fig.⟩ *zur Familie heimkehren* ◆ ein Kind **auf** den Schoß nehmen; auf jmds. Schoß sitzen; die Hände **in** den Schoß legen ⟨fig.⟩ *nichts tun, müßig sein* **II** ⟨f. 7 od. f. 20; österr.⟩ *Damenrock* **III** ⟨f. 20; schweiz.⟩ *Schürze, Arbeitsmantel* (Berufsschoß) [< ahd. *scozo, scoza* bezeichnete urspr. den wieder ausschlagenden Baumstumpf, dann auf den fruchtbaren Mutterleib übertragen, später a. auf den Winkel zwischen Oberschenkel u. Unterleib beim Sitzen u. auf das den Unterleib bedeckende Kleidungsstück]
**Schoss** ⟨[ʃɔs]⟩ **I** ⟨m. 1⟩ *Ausläufer, junger Trieb* (einer Pflanze); Sy *Schössling* **II** ⟨m. 1, 1u, 2u od. m. 23; veraltet⟩ *Zoll, Steuer, Abgabe* [< ahd. *scozo, scozza* „aus einem Baumstumpf *(Schoss)* wieder ausschlagender junger Trieb"; → *schießen*]

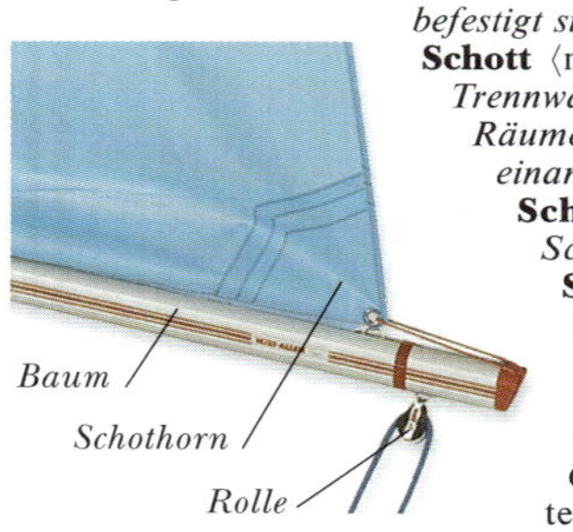

SCHOTHORN EINES SEGELS

SCHRAFFIEREN: DETAIL AUS EINER BLEISTIFTZEICHNUNG (KREUZSCHRAFFUR)

SCHRÄGKREUZ

**Schössling** ⟨[ʃœs-] m. 1⟩ = *Schoss (I)*
**Schote**[1] ⟨f. 19⟩ **1** *Fruchtform der Kreuzblütler;* ► *Früchte* **2** ⟨volkstüml.⟩ *Hülse (der Hülsenfrüchte)* [< ahd. *scota;* altisl. *skaut*]
**Schote**[2] ⟨f. 19; Mar.⟩ *Tau zum Segelspannen, Segelleine* [< mnddt. *schote* < nhd. *Schoß* „Kleiderzipfel", daraus „spitz auslaufendes Ende des Segels" (mit dem daran befestigten Tau)]
**Schothorn** ⟨n. 12u; Mar.⟩ ◄ *untere Ecke eines Rah- u. Dreieckssegels, an der die Schoten, Geie u. beim Focksegel zusätzlich der Hals befestigt sind*
**Schott** ⟨n. 27⟩, **Schotte**[1] ⟨f. 19; Mar.⟩ *Trennwand in einem Schiff, die zwei Räume, Kabinen wasserdicht voneinander abschließt* [→ *schützen*]
**Schotte**[2] ⟨m. 17⟩ *Bewohner Schottlands*
**Schottenrock** ⟨m. 1u⟩ = *Kilt*
**Schotter** ⟨m. 3⟩ **1** *grobes Geröll, z. B. in Flüssen* **2** *feingeschlagene Steine, besonders zum Straßenbau u. zur Gleisbettung* (Straßenschotter) [→ *Schutt, schütten*]
**schottisch** ⟨Adj.⟩ *Schottland betreffend, dazu gehörend, von dort stammend, schottländisch* ◆ der Schottische *der Polka ähnlicher Rundtanz, urspr. nur mit Dudelsackbegleitung;* schottische Sprache *nordengl. Mundart, durch Absonderung u. Fremdeinflüsse charakteristisch gestaltet*
**Schraffe** ⟨f. 19; fast nur Pl.⟩ Schraffen *Striche einer Schraffur* [→ *schraffieren*]
**schraffen** ⟨V. t.; hat; selten⟩ *schraffieren*
**schraffieren** ⟨V. t.; hat; Mal.⟩ ▼ eine Fläche schraffieren *mit feinen parallelen Strichen bedecken* [über mndrl. *schraeffeeren* < ital. *sgraffiare* „kratzen, stricheln"]
**schräg** ⟨Adj.⟩ **1** *geneigt, weder senkrecht noch waagerecht* **2** ⟨fig.; umg.⟩ *vom Üblichen abweichend* ◆ schräge Linie, Richtung; ein schräger Vogel *ein anrüchig, wenig Vertrauen erweckend, seltsam aussehender Mensch;* den Stoff zum Rock schräg verarbeiten *in einem Winkel von 45° zum Fadenlauf* [< ahd. **scregi*]
**Schrägbalken** ⟨m. 4; Her.⟩ ▼ *schräg stehender Balken in einem Wappen*
**Schrägkreuz** ⟨n. 11; bes. Her.⟩ ▼ *x-förmiges Kreuz (besonders in einem Wappen)*
**Schramme** ⟨f. 19⟩ **1** *Kratzwunde, oberflächlicher Riss (in der Haut)* **2** *Kratzer (in Glas, auf Politur, im Lack)* [< mhd. *schram(me)* „lange Wunde"]
**Schrank** ⟨m. 1u⟩ *aufrecht stehendes, meist verschließbares Möbel zum Aufbewahren von Kleidung* (Kleiderschrank), *Geschirr* (Geschirrschrank), *Büchern* (Bücherschrank) *u. a.* ◆ er ist ein Schrank von einem Mann ⟨umg.⟩ *er ist sehr groß, breitschultrig u. muskulös gebaut* [< ahd. *scranc* „Verschränkung, Verflechtung", später „verschlossenes Gestell, abgeschlossener Raum"]
**Schranke** ⟨f. 19⟩ **1** *horizontal gelegte, lange Stange als Absperrung, z. B. Schlagbaum, Bahnschranke u. Ä.* **2** ⟨fig.⟩ *Grenze* **3** *umgrenzter Raum, Kampfplatz* ◆ sich Schranken **auferlegen** ⟨fig.⟩ *sich Grenzen setzen;* Schranken **errichten** ⟨a. fig.⟩ *etwas einschränken;* auch die letzten Schranken zwischen ihnen **fielen** ⟨fig.⟩ *das, was sie noch trennte;* jmds. Willen, Plänen Schranken **setzen** ⟨fig.⟩ ◆ jmdn. **in** die Schranken fordern *zum Kampf fordern;* jmds. Streben nach Selbständigkeit in Schranken halten; **vor** den Schranken des Gerichts erscheinen, stehen, sich verantworten ⟨fig.⟩ *vor Gericht*

SCHRÄGBALKEN

**schrankenlos** ⟨Adj.⟩ **1** *ohne Schranke* **2** ⟨fig.⟩ *unbeherrscht, zügellos*
**Schrapnell** ⟨n. 11 od. n. 15; Mil.⟩ *ein zum Flachbahnschuss bestimmtes, mit Bleikugeln gefülltes Hohlgeschoss der Artillerie, das infolge Zünderstellung kurz vor dem Ziel zerspringt* [nach dem Erfinder, dem engl. General Henry *Shrapnel,* 1761-1842]
**Schraube** ⟨f. 19⟩ **1** ▼ *walzenförmiger Körper mit Gewinde, der in einen anderen Körper eingedreht werden kann, zur Herstellung lösbarer Verbindungen, zur Erzeugung von Druck od. zur Übertragung von Bewegung* **2** ⟨Sp.; Turnen⟩ *spiralige Bewegung um die Längsachse des Körpers, z. B. beim Turmspringen* ◆ eine Schraube anziehen, lockern; bei ihm ist eine Schraube locker, los ⟨umg.; derb⟩ *er ist ein bisschen verrückt;* etwas mit Schrauben befestigen [< mhd. *schrube,* frz. *ecrou;* Herkunft nicht geklärt]

SCHRAUBE: BLECHSCHRAUB

**schrauben** ⟨V. t.; hat⟩ *mit Schrauben befestigen* ◆ etwas fester, lockerer schrauben; das Flugzeug schraubte sich allmählich in die Höhe *stieg in Windungen in die Höhe;* die Preise in die Höhe schrauben ⟨fig.⟩ *immer wieder erhöhen;* geschraubt ⟨fig.; umg.⟩ *geziert, gekünstelt, unnatürlich* (Benehmen, Sprache, Stil)
**Schraubenschlüssel** ⟨m. 5⟩ *Werkzeug zum Anziehen u. Lösen von Schrauben u. Muttern mit eckigen Köpfen;* Sy *Mutternschlüssel*
**Schraubenwinde** ⟨f. 19⟩ *Hebegerät mit Schraubenrad*
**Schraubenziege** ⟨f. 19; Zool.⟩ *Wildziege der Bergländer Afghanistans u. des westlichen Himalajagebietes mit schraubenförmig gewundenen Hörnern, größte Art der Ziegen: Capra falconeri*
**Schraubenzieher** ⟨m. 3⟩ *Werkzeug zum Anziehen u. Lösen einer Schraube mit eingekerbtem runden Kopf*
**Schraubstock** ⟨m. 1u⟩ ► *Werkzeug zum Festhalten von Arbeitsstücken, die mit der Hand oder einer Maschine bearbeitet werden sollen*
**Schraubverschluss** ⟨m. 1u⟩ *Verschluss, bei dem ein Deckel auf ein Gefäß aufgeschraubt wird*
**Schrebergarten** ⟨m. 4u⟩ *kleiner Garten innerhalb einer Gartenkolonie, meist am Rand der Stadt* [nach dem Begründer, dem Arzt Daniel Gottlob Moritz *Schreber,* 1808-1861]
**Schreck** ⟨m. 1⟩ = *Schrecken* ◆ vor Schreck aufschreien, beben, davonlaufen, zittern [< mhd. *schrecke* „Schrecken; Springer"; abgeleitet von *schrecken*]
**schrecken I** ⟨V. t.; hat⟩ *in Schrecken versetzen, erschrecken, ängstigen* ◆ du kannst mich nicht schrecken; die neue Aufgabe muss sie nicht schrecken **II** ⟨V. i. 225; ist; veraltet⟩ *aufschrecken* ◆ ⟨nur noch in Wendungen wie⟩ aus dem Schlaf schrecken [< mhd. *(er)schrecken* „auffahren, sich erschrecken" < ahd. *screckan* „springen"]

S

**Schrecken** ⟨m. 4⟩ oV *Schreck* **1** *heftige, plötzliche, mit Angst u. Entsetzen verbundene Gemütserschütterung* **2** *schrecklicher, entsetzlicher, Furcht erregender Vorgang* ◆ die Schrecken des **Krieges** ◆ einen Schrecken **bekommen,** ⟨umg.⟩ kriegen; der Schrecken **lag** mir noch in den Gliedern, ⟨umg.⟩ in den Knochen ◆ ein **eisiger,** jäher, tiefer Schrecken ◆ **auf** den Schrecken hin muss ich erst einmal einen Schnaps trinken; **zu** meinem Schrecken musste ich feststellen, dass ...

**Schreckgespenst** ⟨n. 12⟩ **1** *Schrecken verbreitendes Gespenst* **2** ⟨fig.⟩ *drohende Gefahr, Vorstellung von etwas Schrecklichem* ◆ das Schreckgespenst des Krieges heraufbeschwören ⟨fig.⟩

**schreckhaft** ⟨Adj.; -er, am -esten⟩ *leicht erschreckend* ◆ sehr schreckhaft sein

**schrecklich** ⟨Adj.⟩ **1** *furchtbar, entsetzlich, grauenvoll* **2** ⟨umg.⟩ *sehr groß, sehr* ◆ die Unfallstelle bot einen schrecklichen **Anblick;** er stieß schreckliche **Drohungen** aus; eine schreckliche **Entdeckung,** Nachricht; ich habe schreckliche **Stunden,** Tage hinter mir ◆ ich **freue** mich schrecklich darauf ⟨umg.⟩ ◆ es hat schrecklich **lange** gedauert ⟨umg.⟩ ◆ **wie** schrecklich! *(Ausruf des Erschreckens u. des Mitleids)*

**Schreckstarre** ⟨f.; -; unz.; Med.⟩ = *Katalepxie*

**Schredder** ⟨m. 5⟩ *Maschine zum Zertrümmern u. Zusammenpressen von Schrott bzw. zum Zerfetzen von Papier;* oV *Shredder*

**Schrei** ⟨m. 1⟩ *lauter Ausruf eines Lebewesens, bes. bei Angst* ◆ der letzte Schrei ⟨fig.; umg.⟩ *die letzte Modeneuheit* [Rückbildung aus *schreien* < mhd. *schri, schrei* < ahd. *screi* „Ruf, Geschrei"]

**schreiben** ⟨V. 226; hat⟩ **I** ⟨V. t.⟩ *in Buchstaben od. Zahlen schriftlich festhalten, zu Papier bringen, schriftlich mitteilen* ◆ er schreibt mir, dass ...; **Adressen** schreiben; in der Schule einen **Aufsatz** schreiben; ich schreibe ihm einen **Brief,** ⟨od.⟩ einen Brief an ihn; er schreibt ein **Buch,** ein Drama, einen Roman; man schrieb das **Jahr** 1914 *es war, geschah im Jahr 1914* ◆ das Kind **kann** schon, lernt schreiben ◆ **deutlich,** unleserlich schreiben; **langsam,** schnell schreiben ◆ **an** jmdn. schreiben; er schreibt an einem Roman *er ist mit dem Schreiben eines Romans beschäftigt;* eine Arbeit **ins** Konzept, ins Reine schreiben; **mit** Bleistift, Kugelschreiber, Schreibmaschine schreiben ◆ **wie** schreibt er sich? er schreibt sich Mueller mit ue ◆ das gesprochene und das geschriebene Wort **II** ⟨V. i.⟩ *als Schriftsteller tätig sein* ◆ er schreibt für Zeitschriften, Zeitungen [< mhd. *schriben* < ahd. *scriban* < lat. *scribere* „mit dem Griffel eingraben, einzeichnen"; → *scheren*[1]]

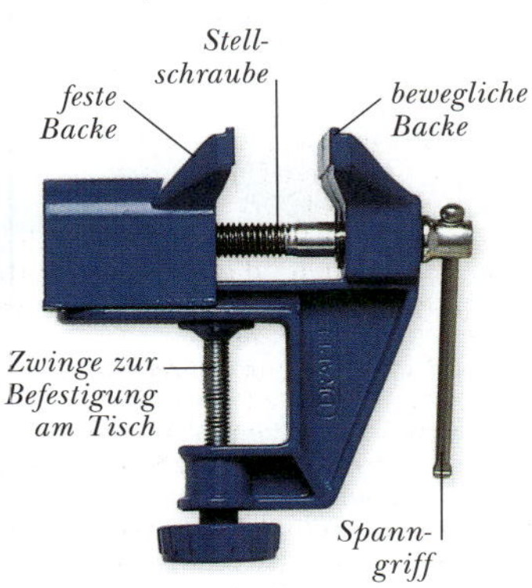


SCHRAUBSTOCK

SCHREIBFEDER: AUS EINER GÄNSEFEDER GEFERTIGTE SCHREIBFEDER

**Schreiben** ⟨n. 14⟩ *Schriftstück, Brief* ◆ ein Schreiben abfassen, diktieren; wir danken Ihnen für Ihr Schreiben vom ...; in unserem Schreiben vom ..., fragten wir an, ob ...

**Schreiber** ⟨m. 3⟩ **1** *jmd., der etwas schreibt od. geschrieben hat* **2** *Schriftsteller, Verfasser eines literarischen Werkes* **3** *Angestellter* **4** *Empfangsgerät für Fernmeldungen* (Fernschreiber) [< mhd. *schribære* < ahd. *scribari* „Kanzler, Notar"; später „niederer Kanzlist"]

**Schreibfeder** ⟨f. 21⟩ ▲ *kleine, spitze (tierische od. künstlich hergestellte) Feder zum Schreiben mit Tinte od. Tusche*

**Schreibkrampf** ⟨m. 1u; unz.⟩ *auf Überanstrengung od. seel. Ursache beruhende Schreibstörung, die sich in Krämpfen, Zittern od. Lähmungen der zum Schreiben benötigten Finger- u. Handmuskeln äußert*

**Schreibmaschine** ⟨f. 19⟩ ▼ *Maschine, mit der man durch Niederdrücken von Tasten schreibt*

**Schreibschrift** ⟨f. 20⟩ *Schrift, wie sie von der Hand hergestellt wird;* Sy *Kurrentschrift;* Ggs *Druckschrift*

**Schreibung** ⟨f. 20⟩ *das Schreiben, Rechtschreibung*

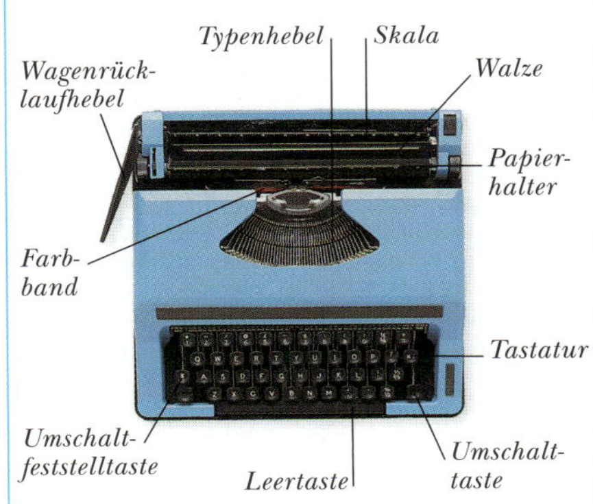


SCHREIBMASCHINE: TRAGBARE MECHANISCHE SCHREIBMASCHINE DES SPÄTEN 20. JH.

**Schreibweise** ⟨f. 19⟩ **1** *die Art, wie ein Wort geschrieben wird* **2** *die Art zu schreiben*

**schreien** ⟨V. 227; hat⟩ **I** ⟨V. i.⟩ **1** *Schrei(e) ausstoßen, die Stimme laut erschallen lassen, laut rufen* **2** *kreischen, gellen* (von Tieren, von Maschinen, Werkzeugen) **3** *weinen* (Kleinkind) ◆ der **Affe,** der Hirsch, das Käuzchen, der Papagei schreit ◆ **durchdringend,** gellend, laut, markerschütternd, schrill schreien ◆ **aus** vollem Halse schreien; es schreit **gen,** zum Himmel ⟨fig.; umg.⟩ *verlangt dringend Abhilfe, Bestrafung;* **nach** etwas schreien ⟨fig.⟩ *durch Schreien sein Verlangen nach etwas ausdrücken;* nach Rache, Vergeltung schreien ⟨fig.⟩ *heftig, laut verlangen;* **vor** Angst, Schmerz schreien; **wie** am Spieß schreien *sehr laut* ◆ schreiende Farben ⟨fig.⟩ *grelle Farben* **II** ⟨V. t.⟩ *durch Schreien äußern, ausdrücken* ◆ Hilfe, Zetermordio, Zeter und Mord schreien ⟨umg.⟩ **III** ⟨V. refl.⟩ sich heiser, müde schreien *so lange schreien, bis man heiser, müde ist* [< mhd., mnddt. *schri(en)* < ahd., ags. *srian*]

**Schrein** ⟨m. 1⟩ *stehender Behälter mit Türen, Schrank, Kasten, Lade, bes. zum Aufbewahren von Reliquien* (Reliquienschrein) [< mhd., mnddt. *schrin* „Kasten für Kleider u. Kostbarkeiten; Reliquienschrein, Sarg; Archivschrank" < ahd. *scrihi* „Behälter für Wertsachen" < lat. *scrinium* „zylindrische Kapsel für Papiere, Buchrollen, Salben u. a."]

**Schreiner** ⟨m. 3; süddt., westdt.⟩ = *Tischler (1)* [< mhd. *schrinære* < mlat. *scrinarius;* → *Schrein*]

**schreinern** ⟨V. i.; hat⟩ *als Schreiner arbeiten, die Arbeit eines Schreiners verrichten*

**schreiten** ⟨V. i. 228; ist⟩ *gemessenen Schrittes, feierlich gehen* ◆ die Trauernden schritten hinter dem Sarge; zu etwas schreiten *zu etwas übergehen, damit beginnen* [< mhd. *schriten* „schreiten, sich aufs Pferd schwingen" < ahd. *scritan,* „schreiten, weichen von"; ndrl. *schrijden,* aengl. *scridan* „sich bewegen, kriechen, gleiten"]

**Schreitvogel** ⟨m. 5u; Zool.⟩ *Angehöriger einer Ordnung von Vögeln, die sich animalisch ernähren: Gressores*

**Schreivogel** ⟨m. 5u; Zool.⟩ *Angehöriger einer Gruppe der Sperlingsvögel, die eine geringere Anzahl von Singmuskeln hat als Singvögel: Clamatores*

**Schrift** ⟨f. 20⟩ **1** *System von Zeichen, mit denen die gesprochene Sprache festgehalten, lesbar gemacht wird* **2** ⟨kurz für⟩ *Handschrift* **3** *jeder geschriebene od. gedruckte Text, Abhandlung, Aufsatz, Buch* **4** Schriften ⟨Pl.; schweiz.⟩ *persönliche Ausweispapiere* ◆ die Schrift der **Ägypter,** Azteken ◆ eine Schrift **abfassen,** aufsetzen ◆ **deutsche,** gotische, lateinische, griechische, kyrillische Schrift; die **Heilige** Schrift *die Bibel* [< mhd. *schrift* < ahd. *scrift* „Geschriebenes; Bibel; Schreibkunst; Buchstabenart" < lat. *scriptum* „Geschriebenes"]

**Schriftart** ⟨f. 20⟩ *Art der Druckschrift*

**Schriftauslegung** ⟨f. 20; Lit.; Rel.⟩ *Auslegung der Heiligen Schrift*

**Schriftbild** ⟨n. 12; Typ.⟩ *äußere Form einer Schrift* ◆ ein markantes Schriftbild haben

**schriftdeutsch** ⟨Adj.⟩ *deutsch, wie es der Schriftsprache entspricht*

**Schriftdeutsch** ⟨n.; -s; unz.⟩ *das Deutsch der Schriftsprache*

**Schriftdeutung** ⟨f. 20⟩ *(psychologische) Deutung von Handschriften*

**Schriftform** ⟨f. 20; unz.; Rechtsw.⟩ **1** *bes. Art, Rechtsgeschäfte abzuschließen* **2** gesetzliche Schriftform *gesetzl. Vorschrift, dass die Urkunde vom Aussteller eigenhändig durch Namensunterschrift unterzeichnet wird*

**Schriftführer** ⟨m. 3⟩ *jmd., der in Versammlungen dazu bestimmt wird, Verhandlungsgang u. Abstimmung offiziell zu beurkunden* ◆ er wurde zum Schriftführer gewählt

**Schriftgelehrte(r)** ⟨m. 29; bibl.⟩ *jüd. Gelehrter, Leiter der Synagoge, Rechtsberater, zugleich Richter u. oft Ortsvorstand*

**Schriftgießer** ⟨m. 3⟩ *in der Schriftgießerei tätiger Handwerker*

**Schriftgießerei** ⟨f. 18; Typ.⟩ **I** ⟨unz.⟩ *Herstellung der Buchdrucklettern aus Metall* **II** ⟨zählb.⟩ *Werkstatt dafür*

**schriftgläubig** ⟨Adj.⟩ *an den Wortlaut der Bibel glaubend*

**Schriftgrad** ⟨m. 1; Buchdruck⟩ *die Größe einer Druckschrift*

**Schrifthöhe** ⟨f. 19; Typ.⟩ *Höhe der Letter*

**schriftlich** ⟨Adj.⟩ *durch Schrift festgehalten, niedergeschrieben;* Ggs *mündlich* ◆ schriftliche **Arbeit,** Überlieferung, Vereinbarung; eine schriftliche **Prüfung** ablegen ◆ Fragen schriftlich **beantworten;** einen Vorgang schriftlich **festhalten,** niederlegen

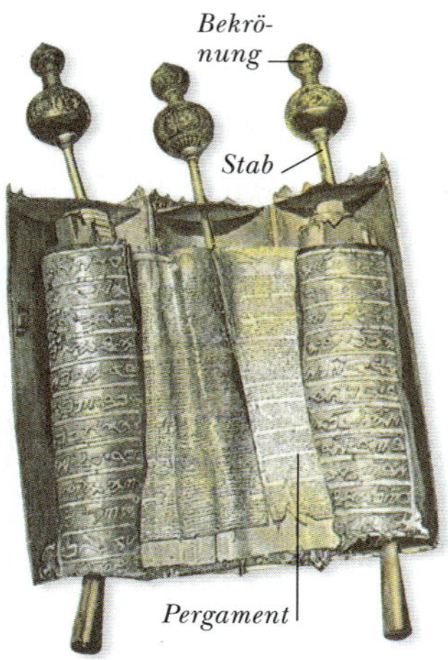


SCHRIFTROLLE: HEBRÄISCHE SCHRIFTROLLEN

**Schriftrolle** ⟨f. 19⟩ ▲ *Rolle aus beschriebenem Pergament, Papyros od. Papier, Vorläufer des Codex*

**Schriftspiegel** ⟨m. 5; Typ.⟩ = *Satzspiegel*

**Schriftsteller** ⟨m. 3; Lit.⟩ *Verfasser von schöngeistigen, kritischen od. die verschiedensten Sachgebiete betreffenden Werken, die zur Veröffentlichung bestimmt sind*

**Schriftwechsel** ⟨[-ks-] m. 5⟩ **1** *Austausch von schriftl. Äußerungen* **2** *diese Äußerungen selbst*

**schrill** ⟨Adj.⟩ *durchdringend, grell tönend* ◆ ein schriller Missklang, Misston, Schrei; der schrille Ton der Klingel, Pfeife [< engl. *shrill*]

**Schrimp** ⟨m. 6; meist Pl.⟩ = *Shrimp*

**Schritt** ⟨m. 1; als Maßbez. Pl.: -⟩ **1** *Vorsetzen eines Fußes* **2** *Entfernung von 70 bis 90 cm* **3** *Entfernung vom Gürtel bis zum Ansatz der Beine bei der Hose* **4** *Gehen, (langsame) Gangart* **5** ⟨fig.⟩ *Maßnahme, Vorgehen* ◆ den Schritt **beschleunigen,** verlangsamen, zurückhalten; Schritt **fahren** *langsam fahren;* mit der Zeit Schritt **halten** ⟨fig.⟩ *ihre Veränderungen, ihre Anschauungen, ihre Fortschritte zu verstehen suchen;* die nötigen Schritte **tun,** unternehmen, veranlassen ⟨fig.⟩; wir sind in unseren Verhandlungen noch keinen Schritt **weitergekommen** ⟨fig.⟩ *gar nicht* ◆ auf der Straße hörte man **eilige** Schritte; ein **elastischer,** federnder, forscher, schleppender, wankender, zaghafter Schritt; zu **enger,** kurzer, langer Schritt (der Hose) ◆ jmdn. **am** Schritt erkennen; er begegnet mir **auf** Schritt und Tritt *ich treffe ihn immer wieder;* jmdm. auf Schritt und Tritt folgen *überallhin;* sich Schritt **für** Schritt vorwärts tasten; (rechtliche) Schritte **gegen** jmdn. od. gegen eine Maßnahme unternehmen; **im** Schritt fahren, reiten; Schritt **vor** Schritt kommt auch ans Ziel ⟨Sprichw.⟩ *langsam, aber stetig* [→ *schreiten*]

**Schrittmacher** ⟨m. 3⟩ **1** ⟨Sp.⟩ **1.1** *Motorradfahrer, der bei Radrennen für Steher vor dem Steher herfährt u. ihm Windschatten gibt* **1.2** *Helfer (bes. Läufer) bei sportl. Wettbewerben, der durch Anschlagen eines bestimmten Tempos dem Wettkämpfer eine schnelle (Lauf-)Zeit erleichtern soll* **2** ⟨fig.⟩ *jmd., der anderen den (günstigen) Weg vorbereitet* **3** ⟨Med.⟩ = *Herzschrittmacher*

**schroff** ⟨Adj.⟩ **1** *steil aufragend, jäh abfallend* (Felsen) **2** ⟨fig.⟩ *hart u. unfreundlich, unverbindlich, grob abweisend* ◆ eine schroffe Ablehnung, Abweisung; schroffes Benehmen, Wesen ⟨fig.⟩; schroffe Felsen, Klippen; seine Aussage steht im schroffen Gegensatz zu der deinen ⟨fig.⟩ [frühnhd. Rückbildung aus mhd. *schroffe, schrove* „schneidender Stein, Klippe"; zu frühmhd. *schruffen* „spalten", mhd. *schraf* „zerklüfteter Fels"; zu ahd. *screvon* „einschneiden", *screvunga* „Einschnitt"]

**schröpfen** ⟨V. t.; hat⟩ jmdn. schröpfen **1** ⟨Med.⟩ *jmdm. mit einem Schröpfkopf Blut in die Haut ableiten od. entziehen* **2** ⟨fig.⟩ *jmdn. viel zahlen lassen, finanziell ausnützen, übervorteilen* ◆ Obstbäume schröpfen *bei schlechtem Ertrag die Rinde einschneiden* [< mhd. *schrepfen* (neben *schreffen*) „reißen, ritzen, kratzen"; → *scharf*]

**Schrot** ⟨m. 1 od. n. 11⟩ **1** *grob gemahlene Getreidekörner* **2** *gehärtete Bleikügelchen, die in größerer Anzahl mit einem einzigen Schuss aus Gewehren mit glatten Läufen geschossen werden* **3** *Schrott* **4** *Gesamtgewicht von Gold- u. Silbermünzen* **5** *unförmiges Stück Holz, Klotz, Scheit* **6** ⟨oberdt.⟩ *Leinwandmaß, Bahn* [< mhd. *schrot* < ahd. *scrot* „Schnitt, Hieb; Wunde; abgesägtes Stück", ndrl. *schroot* „Schrotkugeln", engl. *shred* „Fetzen, Schnitzel"; → *schroten*]

**Schrotbrot** ⟨n. 11⟩ *bes. mineralstoff- u. vitaminreiches Brot aus Schrot*

**Schrotbüchse** ⟨[-ks-] f. 19⟩ ► = *Schrotflinte*

**schroten** ⟨V. t.; hat⟩ **1** *grob zerkleinern, zermahlen, zermalmen, zerschneiden* (Getreide, Alteisen) **2** *wälzen, rollen* ◆ ein Fass in den Keller schroten [< mhd. *schroten* < ahd. *scrotan* „hauen, (ab)schneiden"]

**Schrotflinte** ⟨f. 19⟩ ► *Gewehr mit glattem Lauf zum Schießen mit Schrot;* Sy *Schrotbüchse*

**Schrott** ⟨m. 1; unz.⟩ **1** ⟨i. e. S.⟩ *Alteisen, Eisenabfälle* **2** ⟨i. w. S.⟩ = *Altmetall* (Aluminiumschrott) **3** ⟨umg.⟩ *unnützes Zeug* **4** *Unsinn* ◆ er redet den ganzen Tag nur Schrott [Nebenform von *Schrot,* niederrhein. „abgeschnittenes Stück"]

**schrubben** ⟨V. t.; hat⟩ **1** *kräftig abreiben* **2** *mit dem Schrubber reinigen* [< mnddt., ndrl. *schrobben* „kratzen", engl. *scrub, shrab*]

**Schrulle** ⟨f. 19⟩ **1** *Laune, wunderlicher Einfall* **2** ⟨umg.; verächtl.⟩ *wunderliche, altjüngferliche Frau* [< ältere Form *Schrolle* „Laune", nddt. „toller Einfall" < mnddt. *schrul, schrol* „Anfall von toller Laune", ndrl. *schrollen* „unzufrieden sein, schimpfen"]

**schrumpeln** ⟨V. i.; ist; nddt. u. mdt.⟩ = *schrumpfen*

**schrumpfen** ⟨V. i.; ist⟩ oV ⟨nddt. u. mdt.⟩ *schrumpeln* **1** *eingehen, kleiner werden, sich vermindern* **2** *runzlig werden* ◆ das Kapital schrumpft; manche Stoffe schrumpfen bei der Wäsche [seit dem 17. Jh. statt mhd. *schrimpfen* „rümpfen, einschrumpfen" → *rümpfen*]

**Schrumpfung** ⟨f. 20; unz.⟩ *das Schrumpfen*

**Schub** ⟨m. 1u⟩ **1** *das Schieben, einzelner weicher Stoß* **2** ⟨Phys.⟩ *Kraft, mit der ein durch Rückstoß bewegter Körper, z. B. Rakete, Flugzeug, angetrieben wird* **3** *das Geschobene, auf einmal bewegte Menge* **4** *größere Anzahl von Personen od. Dingen* ◆ ein Schub Brötchen *Anzahl Brötchen, die auf einmal in den Ofen geschoben werden;* der Andrang war so groß, dass die Schaulustigen nur in Schüben eingelassen werden konnten [→ *schieben*]

**Schubkarre** ⟨f. 19⟩, **Schubkarren** ⟨m. 4⟩ *mit Griffen versehener, einrädriger Karren zum Schieben*

**Schublade** ⟨f. 19⟩ *ausziehbarer Kasten unter Tischen, bes. Schreibtischen, u. in Schränken*

**Schubs** ⟨m. 1; umg.⟩ *leichter Stoß* ◆ jmdm. einen Schubs geben [→ *schieben*]

**schubsen** ⟨V. t.; hat⟩ *leicht stoßen* [→ *schieben*]

**Schubstange** ⟨f. 19⟩ ► = *Pleuelstange*

**schüchtern** ⟨Adj.⟩ *scheu, ängstlich* ◆ dein Bruder ist ein sehr schüchternes Kind [schriftdeutsch seit Luther < *schochter, schüter(n)* „scheu gemacht, aufgeschreckt" (von Tieren); zu mnddt. *schüchteren* „verscheuchen, auseinander treiben", frühnhd. *schauchzen* „Scheu empfinden"]

**Schuft** ⟨m. 1⟩ *ehrloser, gemeiner Mensch, Schurke, Betrüger* [< nddt. *schufft, schofft* „lichtscheuer Raubritter" < mnddt. *schuvut* „Uhu" (lautmalend nach dem Ruf des Vogels); von dem lichtscheuen Vogel auf den Menschen übertragen]

**schuften** ⟨V. i.; hat; umg.⟩ *schwer arbeiten, ackern* [< nddt. *schuften* „in einem Schub arbeiten"; zu ndrl. *schuft* „Vierteltagwerk", → *Schub*]

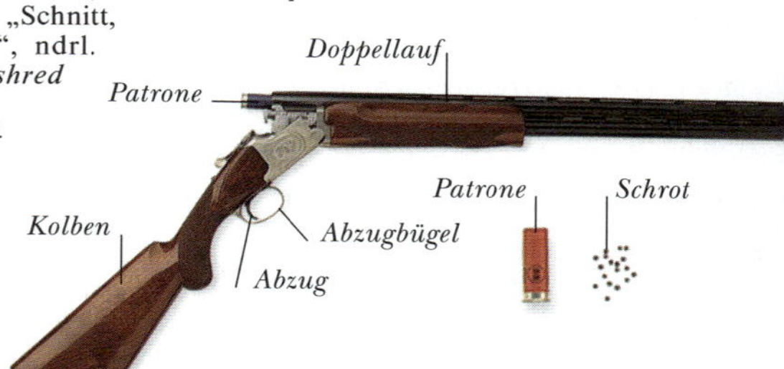


SCHROTFLINTE: DOPPELLÄUFIGE SCHROTFLINTE

**Schuh** ⟨m. 1; als veraltete Maßangabe Pl.: -⟩ **1** ▼ *Fußbekleidung des Menschen* **2** *Hülle aus Eisen um das untere Ende von Lanzen, Pfählen* **3** ⟨kurz für⟩ *Hemmschuh* **4** *Hufeisen o. ä. Beschlag* ◆ Schuhe **anhaben** ⟨umg.⟩, an- und ausziehen; den Schuh lass' ich mir nicht **anziehen** ⟨umg.⟩ *dafür trage ich keine Verantwortung;* Schuhe **ausbessern,** besohlen, flicken; Schuhe **putzen;** jmdm. etwas in die Schuhe **schieben** *jmdm. die Schuld an etwas geben, zuschieben* ◆ ein **bequemer,** derber, leichter Schuh; **flache,** hohe, offene, orthopädische, spitze Schuhe ◆ Schuhe **nach** Maß arbeiten lassen [< mhd. *schuoch* < ahd. *scuoh*]

**Schuhcreme** ⟨[-kre:m] f. 10⟩ *Creme zur Pflege von Schuhen;* oV *Schuhkrem, Schuhkreme*

**Schuhkrem,** ⟨auch⟩ **Schuhkreme** ⟨f. 10⟩ = *Schuhcreme*

SCHUH: SCHNITT DURCH EINEN LEDERSCHUH

**Schuhmacher** ⟨m. 3⟩ *Handwerker zur Herstellung von Lederschuhen nach Maß u. für Schuhreparaturen;* Sy *Schuster*

**Schuhschnabel** ⟨m. 5; Zool.⟩ *blaugrauer Schreitvogel Ostafrikas mit großem, schuhähnlichem Schnabel: Balaeniceps rex*

**Schuhwerk** ⟨n. 11; unz.⟩ *Schuhe* ◆ gutes, schlechtes Schuhwerk; ich habe für Bergtouren kein geeignetes Schuhwerk

**Schularbeit** ⟨f. 20⟩ **1** *zu Hause zu erledigende Aufgabe für die Schule* **2** ⟨österr.⟩ *Aufgabe, die in der Schule schriftlich zu lösen ist* ◆ Schularbeiten machen

**Schulbildung** ⟨f. 20; unz.⟩ *durch die Schule vermittelte Bildung* ◆ er hat eine gute Schulbildung erhalten, genossen

**schuld** ⟨Adj.; nur präd. u. adv.; Kleinschreibung in Verbindung mit den Verben „sein", „bleiben", „werden"⟩ *schuldig* ◆ wer ist schuld?; sie ist an allem schuld; die gesellschaftlichen Verhältnisse sind schuld daran

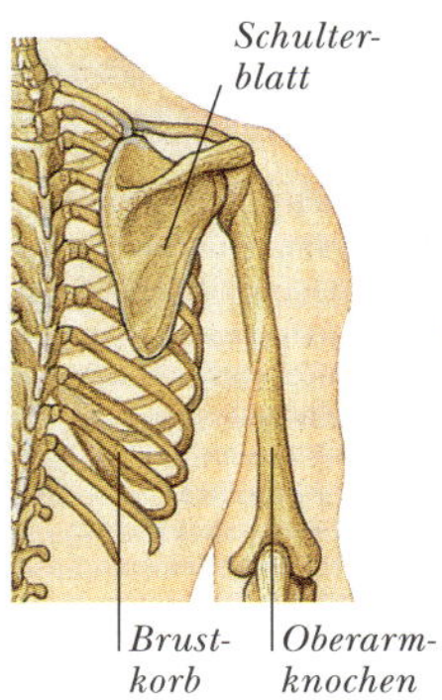


SCHULTERBLATT: MENSCHLICHES SKELETT MIT SCHULTERBLATT

**Schuld** ⟨f. 20⟩ **I** ⟨zählb.⟩ *Verpflichtung zur Rückgabe von Geld* ◆ eine Schuld **abtragen,** anerkennen, begleichen, bezahlen, löschen, tilgen; Schulden **einklagen,** eintreiben; sich einer Schuld **entledigen;** Schulden **haben;** auf dem Grundstück **liegt** eine Schuld von 20 000 DM; Schulden **machen** ◆ **in** Schulden geraten; zu **Schulden** = *zuschulden* **II** ⟨unz.⟩ **1** *Verpflichtung zu einer Gegenleistung* **2** ⟨Rel.⟩ *die in der Übertretung des Gottesgebotes (Sünde) begründete u. im Gewissen erfahrbare Strafwürdigkeit des Menschen* **3** ⟨Rechtsw.⟩ **3.1** *die innere Beziehung des Täters zu seiner Tat* **3.2** *strafbare Verfehlung die Verantwortung dafür* ◆ Schuld und **Sühne** ◆ seine Schuld **abstreiten,** eingestehen, leugnen, zugeben; man kann ihm seine Schuld nicht **beweisen;** ich bin mir keiner Schuld **bewusst;** eine Schuld **büßen,** sühnen; Schuld **haben;** er allein hat Schuld; ihn **trifft** keine Schuld ◆ eine **große,** schwere, tiefe Schuld ◆ jmdm. die Schuld **an** etwas geben; die Schuld **auf** jmdn. abwälzen, schieben; sich frei **von** Schuld fühlen [< mhd. *schult, schulde* < ahd. *schuld(a), scult* „Verpflichtung zu einer Zahlung oder Leistung oder zu Buße; Sünde"]

**Schuldbekenntnis** ⟨n. 11⟩ *Eingeständnis einer Schuld*

**schuldbewusst** ⟨Adj.⟩ *im Bewusstsein einer Schuld betroffen, kleinlaut* ◆ schuldbewusst blickte er mich an

**schulden** ⟨V. t.; hat⟩ jmdm. etwas schulden **1** *jmdm. zu einer Leistung, bes. zur Rückzahlung eines Geldbetrages verpflichtet sein* **2** *jmdm. etwas verdanken* ◆ ich schulde ihm mein Leben *er hat es mir gerettet;* er schuldet mir nichts, noch Geld, eine Gegenleistung [< mhd. *schulden* „verpflichtet sein; sich schuldig machen" < ahd. *sculdon* „sich etwas zuziehen, es verdienen"; → *Schuld*]

**schuldfähig** ⟨Adj.; Rechtsw.⟩ *fähig, im Sinne des Gesetzes das Unrecht einer Tat zu erkennen;* Ggs *schuldunfähig*

**schuldig** ⟨Adj.⟩ *Schuld tragend, für eine Tat verantwortlich* ◆ jmdm. etwas schuldig sein *jmdm. zu etwas verpflichtet sein, jmdm. etwas schulden, jmdm. etwas (bes. Geld) zurückgeben müssen* ◆ er lässt es an der schuldigen **Achtung,** Anteilnahme, Rücksicht fehlen *an der notwendigen Achtung, Rücksicht;* er hat sich schuldig **bekannt;** jmdm. nichts schuldig **bleiben** *jmdm. alles vergelten, schlagfertig antworten;* ich werde den wahren Schuldigen **herausfinden; sein:** ich bin ihm noch Geld, 100 Mark, die Miete schuldig ◆ die Geschworenen erkannten **auf** schuldig

**Schuldner** ⟨m. 3⟩ *jmd., der einem anderen eine Leistung schuldet, bes. Geld* ◆ Sie haben so viel für mich getan, ich werde immer Ihr Schuldner sein; ein säumiger, unzuverlässiger Schuldner

**schuldunfähig** ⟨Adj.; Rechtsw.⟩ *nicht fähig, im Sinne des Gesetzes das Unrecht einer Tat zu erkennen;* Ggs *schuldfähig* ◆ zum Tatzeitpunkt war der jugendliche Täter noch schuldunfähig

**Schule** ⟨f. 19⟩ **1** *Erziehung u. Ausbildung der Kinder u. Jugendlichen sowie die dazu nötigen Anlagen: Lehranstalt, Schulgebäude, Unterricht in Klassen* **2** *Anstalt, Gebäude u. Unterricht für Spezialbildung* (Dolmetscherschule, Ingenieurschule) *u. Fortbildung von Erwachsenen* (Abendschule, Erwachsenenschule) **3** ⟨in Zus.⟩ *Lehrbuch* (Lese-, Klavierschule) **4** *künstler. od. wissenschaftl. Richtung, die von einem Meister ausging* ◆ die harte Schule des **Lebens** ⟨fig.⟩; die Schule **Rembrandts,** Dürers ⟨fig.⟩ ◆ **ausfallen:** morgen fällt die Schule aus; die Schule **beginnt** um 8 Uhr; die Schule **besuchen;** das wird Schule **machen** ⟨fig.; umg.⟩ *nachgeahmt werden* ◆ **öffentliche,** private Schulen ◆ **an** einer Schule unterrichten; sie geht noch **in** die Schule [< mhd. *schuole* < ahd. *scuola* < lat. *schola* „Unterrichtsort; Anhängerschaft eines Lehrers, Amtsgehilfen" < grch. *schole* „Einhalt, Ruhe; Muße; Lehranstalt; Vortrag"]

**schulen** ⟨V. t.; hat⟩ *unterrichten, ausbilden, heranbilden, unterweisen* ◆ die Augen, das Gedächtnis, den Verstand schulen; mit geschultem Blick sah er sofort den Tippfehler

**Schüler** ⟨m. 3⟩ **1** *Angehöriger einer Schule, Schulkind* **2** *Lernender (bei einem Meister)* ◆ ein aufmerksamer, begabter, fauler, fleißiger, gelehriger, guter, schlechter Schüler [< mhd. *schuolære* < ahd. *scuolari* < mlat. *scholaris* „zur Schule gehörig"]

**Schülermitverwaltung** ⟨f. 20; Abk.: SMV⟩ *in den Bundesländern unterschiedlich geregelte Teilnahme der Schüler an der Schulverwaltung, wobei sie Recht u. Stimme in Lehrerkonferenzen od. Elternversammlungen haben*

**Schulklasse** ⟨f. 19⟩ **1** *Gesamtheit der Schüler, die gemeinsam unterrichtet werden* **2** *der Raum hierfür, Klassenzimmer*

**Schulmedizin** ⟨f. 20; unz.⟩ *die allg. anerkannten, an den Hochschulen gelehrten, jeweils dem neuesten Stand der Wissenschaften entsprechenden Lehren u. Regeln der Heilkunde*

SCHUPPENTIER: WEISSBAUCHSCHUPPENTIER (*Manis tricuspis*)

**Schulpflicht** ⟨f. 20; unz.⟩ *Verpflichtung zum Besuch allgemein bildender Schulen vom vollendeten 6. bis zum 14. Lebensjahr*

**Schulschiff** ⟨n. 11; Mar.⟩ *Schiff zur Ausbildung von Seeleuten*

**Schulter** ⟨f. 21; Anat.⟩ *die Verbindung der Arme mit dem Brustkorb* ◆ bedauernd die Schultern **hochziehen;** die Schultern zucken *(zum Zeichen, dass man etwas nicht weiß)* ◆ **breite,** gerade, hängende, schmale Schultern; vom Alter **gebeugte** Schultern; sie hat ihm die **kalte** Schulter gezeigt ⟨fig.; umg.⟩ *ihn abgewiesen, nicht beachtet;* etwas auf die **leichte** Schulter nehmen ⟨fig.; umg.⟩ *etwas nicht ernst nehmen* ◆ jmdn. **an** den Schultern fassen, packen; ein Kind **auf** die Schultern nehmen, auf den Schultern reiten lassen; die Jacke **über** die Schultern hängen [< mhd. *schulter, schulder,* ahd. *scultra* „Schulter; Vorderschinken, Vorderbug"]

**Schulterblatt** ⟨n. 12u; Anat.⟩ ◄ *dreieckiger, flacher Knochen, der hinten dem Brustkorb aufliegt und das Schultergelenk mit bildet: Scapula*

**Schultergelenk** ⟨n. 11; Anat.⟩ *Gelenk zwischen Schulter u. Oberarm*

**Schultergürtel** ⟨m. 5; Anat.⟩ *Schlüsselbein u. Schulterblatt*

**Schulterklappe** ⟨f. 19; Mil.⟩ *Schulterbesatz der Militäruniform mit den Rangabzeichen*

**schultern** ⟨V. t.; hat⟩ *auf die Schulter nehmen* ◆ das Gewehr schultern; mit geschultertem Gewehr

**Schulung** ⟨f. 20⟩ **1** *Belehrung, Unterricht, Ausbildung, Heranbildung* **2** *Übung, Erfahrung* ◆ eine fachmännische, gründliche, langjährige, strenge Schulung

**schummeln** ⟨V. i.; hat; umg.⟩ *nicht ganz ehrlich arbeiten od. spielen, leicht betrügen* ◆ er hat im Examen geschummelt

**Schund** ⟨m.; -(e)s; unz.; abwertend⟩ **1** *wertloses Zeug, Plunder, Abfall, Ausschussware* **2** *minderwertiges Kunsterzeugnis* ◆ das ist doch alles Schund! [frühnhd., „Unrat, Kot, Abfall beim Schinden"; seit 18. Jh. „Trödelware; schlechte Literatur"; → *schinden*]

**schunkeln** ⟨V. i.; hat⟩ *sich im Sitzen hin u. her wiegen, wobei man die Nachbarn unterhakt* [Nebenform zu *schuckeln;* → *schaukeln*]

**Schupfen** ⟨m. 4; oberdt.⟩ *Schuppen, Wetterdach*

**Schuppe** ⟨f. 19⟩ **1** *Plättchen der Haut bei Fischen, Schlangen, Eidechsen, Lurchen* **2** *Talgabsonderung der Kopfhaut* (Kopfschuppe) **3** *flache, mehrzellige Haarbildung bei Pflanzen* ◆ ein Haarwasser gegen Schuppen [< mhd. *schuoppe, schuopfe* < ahd. *scuobba, scuoppa* „Fischschuppe"; → *schaben*]

**schuppen** ⟨V.; hat⟩ **I** ⟨V. t.⟩ einen Fisch schuppen *die Schuppen von der Haut abschaben* **II** ⟨V. refl.⟩ sich schuppen *Schuppen bilden, in Schuppen abfallen* (Haut)

**Schuppen** ⟨m. 4⟩ **1** *überdeckter Raum, meist aus Brettern (bes. zum Abstellen für Geräte od. Wagen), Speicher* **2** ⟨Jugendspr.⟩ *Diskothek, Kneipe* [< mdt. u. nddt. *schuppen,* engl. regional *shippen* „Stall"]

**Schuppenflechte** ⟨f. 19; unz.; Med.⟩ *chron. Hautkrankheit, bei der sich scharf begrenzte, rötl. Flecken bilden, die mit matt silbrigen Schuppen bedeckt sind*

**Schuppenpanzer** ⟨m. 3⟩ *Panzer aus schuppenförmigen Eisenplättchen;* Sy *Kettenpanzer;* → a. *Panzerhemd*

**Schuppentier** ⟨n. 11; Zool.⟩ ◄ *Mitglied einer den Reptilien ähnlichen Ordnung der Säugetiere, dessen Körper dachziegelartig mit Hornschuppen bedeckt ist: Pholidota;* ► *Säugetiere*

S

**schuppig** ⟨Adj.⟩ **1** *in der Art von Schuppen* **2** *mit Schuppen bedeckt*

**Schur I** ⟨f. 20⟩ *das Scheren, bes. der Schafe* (Schafschur), *auch von Hecken, Sträuchern, Wiesen* **II** ⟨m. 1; unz.⟩ *Schererei, Plage, Verdruss* ◆⟨nur noch in den Wendungen⟩ jmdm. einen Schur tun; jmdm. etwas zum Schur tun [< mhd. *schuor* „Schererei, Plage"; → *scheren* [1]]

**Schüreisen** ⟨n. 14⟩ *eiserner Haken zum Schüren des Feuers;* Sy *Schürhaken*

**schüren** ⟨V. t.; hat⟩ **1** *anfachen, indem man im Feuer stochert, damit Luft zugeführt wird* **2** ⟨fig.⟩ *anfachen, vergrößern* (Hass) ◆den Brand, das Feuer in der Heizung, im Ofen schüren; jmds. Argwohn, Eifersucht, Groll, Hass, Zorn schüren [< mhd. *schür(g)en* „Feuer durch Stoßen anfachen; anfeuern" < ahd. *scur(ig)en* „stoßen"; zu mhd. *schor* < ahd. *scora* „Schaufel", mhd. *schorn* „stoßen; fort-, zusammenschieben"]

**schürfen** ⟨V.; hat⟩ **I** ⟨V. i.⟩ **1** ⟨Bgb.⟩ *Minerallagerstätten aufsuchen* **2** ⟨fig.⟩ *emsig forschen, suchen* ◆tief schürfen ⟨fig.⟩ *gründlich forschen;* nach Gold schürfen **II** ⟨V. t.⟩ Bodenschätze schürfen *nach Bodenschätze graben, suchen* ◆Erz schürfen **III** ⟨V. refl.⟩ sich schürfen *sich oberflächlich verletzen,* ⟨meist⟩ *aufschürfen* [seit 16. Jh. *schürfen, schorfen* < mhd. *schür(p)fen* „(Feuer) schlagen" < ahd. *scurfen, scurphen* „aufschneiden, ausweiden"]

**Schürhaken** ⟨m. 4⟩ = *Schüreisen*

**Schurke** ⟨m. 17⟩ *gemeiner, niederträchtiger Mensch, Verräter* [vielleicht Nomen agentis zu *schürgen* < ahd. *(fiur)scurgo*]

**Schurwolle** ⟨f. 19; unz.⟩ *am lebenden Tier geschorene, ungebrauchte Wolle*

**Schurz** ⟨m. 1⟩ *um die Hüften gebundenes Kleidungsstück* (Lendenschurz) [< mhd. *schurz* „kurzes Kleidungsstück"; zu ahd. *scurz,* ags. *scort,* engl. *short* „kurz abgeschnitten"]

**Schürze** ⟨f. 19⟩ **1** *zum Schutz gegen Beschmutzung bei der Arbeit getragenes Kleidungsstück* **2** ⟨Jägerspr.⟩ *Haarpinsel am Geschlechtsteil der Ricke* ◆eine Schürze umbinden [< germ. **skurtjon*]

**schürzen** ⟨V. t.; hat⟩ *heben, raffen, hochziehen* ◆sie schürzte hochmütig ihre Lippen [< mhd. *schürzen* „abkürzen; Gewand im Gürtel aufnehmen, dadurch unten kürzen"; → *Schurz*]

**Schuss** ⟨m. 1u; als Maßangabe Pl.: -⟩ **1** *das Fortschleudern eines Geschosses, Abdrücken einer Feuerwaffe* **2** *das dabei entstehende Geräusch* **3** *das Fortschleudern, kräftiger Wurf des Balls* **4** *rasche Bewegung, Schwung* **5** *Schub, Menge, die man mit einem Mal hinwirft od. eingießt* **6** *schnelles Wachstum* **7** ⟨Web.⟩ *Querfäden* **8** ⟨Bgb.⟩ *Sprengung, Sprengladung* **9** ⟨fig.; umg.⟩ *(einmaliges) Einspritzen von Rauschgift* ◆seine Rede war mit einem kräftigen Schuss **Ironie** gewürzt ⟨fig.⟩; Tee mit einem Schuss **Rum** ◆einen Schuss **abfeuern,** abgeben; plötzlich **fiel** ein Schuss; **losgehen:** ein Schuss geht los, trifft fehl, verfehlt sein Ziel ◆ich habe noch drei Schuss im Magazin; zwei Schuss Rum ◆**auf** den ersten Schuss treffen; ein Schuss **durch** die Brust; ein Schuss **in** der Schulter *eine Schussverletzung* [→ *schießen*]

**Schüssel** ⟨f. 21⟩ *weites Gefäß (bes. zum Anrichten u. Auftragen von Speisen)* ◆eine flache, runde, tiefe Schüssel; eine Schüssel voll Kartoffelbrei; aus einer Schüssel essen ⟨fig.⟩ *gemeinsame Sache machen;* vor leeren Schüsseln sitzen ⟨fig.; umg.⟩ *hungern müssen* [< mhd. *schüzzel* < ahd. *scuzzila, scuzzula* < lat. *scutula, scutella* „Trinkschale"; zu *scutra* „flache Schüssel, Schale, Platte (Gefäß aus Leder)"]

**Schusswaffe** ⟨f. 19; Sammelbez. für⟩ ▼ *Feuer-, Schleuder- u. Wurfwaffe* ◆von der Schusswaffe Gebrauch machen *schießen*

**Schuster** ⟨m. 3⟩ **1** = *Schuhmacher* **2** ⟨Zool.⟩ = *Weberknecht* ◆Schuster, bleib bei deinen Leisten ⟨sprichwörtl.⟩ *tu nur das, wovon du etwas verstehst* [< spätmhd. *schuo(ch)ster* < mhd. *schuochsutære,* verdeutlichend für mhd. *sutare* < ahd. *sutari* „Schuster, Schneider" < *sutor* „Flickschuster; Näher"]

SCHÜTZE: DIE STERNE DES STERNBILDS *SCHÜTZE*

**Schusterjunge** ⟨m. 17⟩ **1** ⟨veraltet⟩ *Jugendlicher während der Lehrzeit bei einem Schuhmachermeister* **2** ⟨Typ.⟩ *erste Zeile eines neuen Absatzes, der als letzte Zeile auf einer Seite steht;* Ggs *Hurenkind* ◆es regnet Schusterjungen ⟨fig.; umg.; scherzh.⟩ *es regnet heftig*

**Schutt** ⟨m.; -(e)s; unz.⟩ **1** *Trümmer, Gesteinstrümmer* **2** *Abfall* ◆Schutt abladen, abtransportieren; Bomben legten die Stadt in Schutt und Asche *zerstörten sie* [< mhd. *schut* „Erschütterung; Geschüttetes" < angelsächs. *scydd* „(durch) Anschwemmung (gebildete Insel); Aufschüttung; Schuttabladeplatz"; → *schütten*]

**Schüttelfrost** ⟨m. 1u; unz.⟩ *Kältegefühl, Muskelzittern u. Gänsehaut bei plötzlichem, hohem Fieber* ◆mit einer Grippe bekam er stets auch Schüttelfrost

**Schüttellähmung** ⟨f. 20; unz.; Med.⟩ *durch Erkrankung der großen Stammhirnkerne entstehendes, grobes, ständiges Zittern, bes. der Hände: Paralysis agitans;* Sy *parkinsonsche Krankheit, Zitterlähmung*

**schütteln** ⟨V. t.; hat⟩ **1** *schnell hin u. her bewegen* **2** sich schütteln *die Glieder heftig hin u. her bewegen* ◆der Hund schüttelte sich (und damit das Wasser aus seinem Fell); jmdm. zur Begrüßung die **Hand,** die Hände schütteln; sie schüttelte verneinend den **Kopf; Pflaumen** schütteln (vom Baum) ◆**vor** Gebrauch schütteln! *(Aufschrift auf Arzneiflaschen)* ◆vom Fieber geschüttelt; vom Lachen, Schluchzen geschüttelt [< mhd. *schüteln* < ahd. *scutilon* „heftig bewegen"; → *schütten*]

**Schüttelreim** ⟨m. 1⟩ *Vers, dessen Reim wortspielhaft durch Vertauschen der im Reimtakt stehenden Konsonanten entsteht,* z. B.: An der Liebe Niederlagen lässt der Dichter Lieder nagen (Erich Mühsam)

**schütten** ⟨V.; hat⟩ **I** ⟨V. t.⟩ *gießen, strömen lassen, fließen lassen* ◆Getreide auf den Kornboden schütten; das Schmutzwasser in den Ausguss schütten **II** ⟨V. i.⟩ *guten Ertrag geben* (Getreide) ◆in diesem Jahr schüttet das Korn **III** ⟨unpersönl.⟩ es schüttet ⟨umg.⟩ *es regnet in Strömen* [< mhd. *schüt(t)en* „aufhäufen, anschwemmen" < ahd. *skutten* „schütten, erschüttern", *skuddian* „mit Schwung ausgießen, schütteln"; → *schütteln, Schutt*]

## SCHUSSWAFFEN

Seit der Erfindung des Schießpulvers im 14. Jh. werden Schusswaffen eingesetzt, deren Bandbreite heute von der Pistole bis hin zu Geschützen reicht. Klassifiziert werden sie nach dem Durchmesser ihres Laufs, dem Kaliber. Bei allen Schusswaffen treibt eine Explosion je nach Größe eine Kugel oder eine Granate aus dem Lauf.

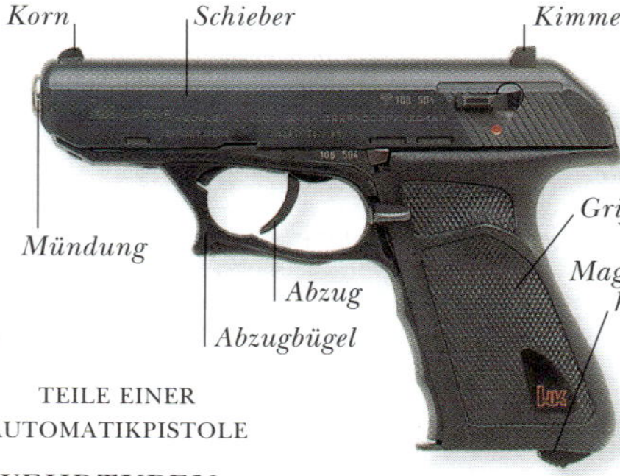


TEILE EINER AUTOMATIKPISTOLE

### WEITERE PISTOLEN- UND GEWEHRTYPEN

REVOLVER
USA 11,1 mm
Smith & Wesson (1873)

GEWEHR MIT KLEINEM MAGAZIN
Großbritannien 5,23 mm
Lee Enfield (1902)

SCHARFSCHÜTZENGEWEHR
Japan 6,5 mm Typ 97 (um 1937)

AUTOMATIKPISTOLE MIT SCHALLDÄMPFER
Großbritannien 5,59 mm
(um 1939–45)

KARABINER
USA 5,56 mm Colt
Commando (1960–90)

MASCHINENPISTOLE
Deutschland 9 mm
Heckler und Koch
(um 1995)

**schütter** ⟨Adj.⟩ **1** *lose* **2** *dünn stehend, spärlich, gelichtet* ◆ er hat schon schütteres Haar [< mhd. *schiter* < ahd. *sketar* „dünn“ < grch. *skidaros* „dünn, gebrechlich“; → *scheiden*]

**Schutz** ⟨m. 1; Pl. nur Tech.⟩ **I 1** ⟨i. w. S.⟩ *Unterstützung der Sicherheit, Abwehr von etwas Unangenehmem, Hilfe bei etwas Bedrohlichem* **2** ⟨i. e. S.⟩ *Abwehr, Verteidigung* (Militärschutz) **3** *Bewachung* (Geleitschutz) **4** *Zuflucht, Bedeckung vor Unwetter* **5** *Bürgschaft, Fürsprache, Gönnerschaft* **6** *Patronat* **7** *Vorbeugung, vorbeugende Maßnahme* ◆ den Schutz des **Gesetzes** genießen ◆ Schutz **bieten,** gewähren, finden, suchen, verleihen ◆ **bei** jmdm. Schutz suchen; Schutz **gegen** Regen; sich **in** jmds. Schutz begeben; jmdn. in seinen Schutz nehmen *in seine Obhut* [→ *schützen*]

**Schütze** ⟨m. 17⟩ **1** ⟨i. w. S.⟩ *jmd., der mit einer Schusswaffe schießt* **2** ⟨i. e. S.⟩ *niedrigster Mannschaftsdienstgrad in Heeresinfanteriedivisionen* **3** ⟨Sp.; Fußb.⟩ *den Ball schießender Spieler* (Torschütze) **4** ⟨Astron.⟩ ◄ *ein Sternbild des Tierkreises am südlichen Himmel* **5** ⟨Textilw.⟩ = *Weberschiffchen* [< mhd. *schütze* < ahd. *scuzz(i)o;* → *schießen*]

SCHWAMM: SKELETT EINES BADESCHWAMMS *(Spongia officinalis)*

**schützen** ⟨V. t.; hat⟩ *bewahren, behüten, verteidigen* ◆ jmdn. od. etwas vor jmdm. od. etwas schützen; sich schützen (vor); Gott schütze dich! *(Abschiedsgruß);* jmds. Eigentum, Leben schützen; jmdn. od. sich vor Ansteckung, Gefahr, Nachstellungen, Verleumdung schützen; seine schützende Hand über jmdn. breiten, halten ⟨fig.⟩ [< mhd. *schüt(t)en* „Wasser aufstauen, um-, eindämmen“ < ahd. *skutison, engl. shut „verriegeln, schließen“]

**Schützen** ⟨m. 4; Textilw.⟩ = *Weberschiffchen*

**Schutzheiliger** ⟨f. 30 (m. 29)⟩ *Heilige(r) als besonderer Beschützer einer Kirche od. eines Berufsstandes;* Sy *Patron (2), Schutzpatron*

**Schutzherr** ⟨m. 16⟩ *Inhaber der Schutzherrschaft;* Sy *Patron (4)*

**Schutzhütte** ⟨f. 19⟩ *Hütte zum Schutz vor Unwetter u. zum Übernachten, bes. in den Bergen;* Sy ⟨kurz⟩ *Hütte (4)*

**schutzimpfen** ⟨V. t.; hat; nur im Inf. u. Part. Perf.⟩ *vorbeugend impfen, einer Schutzimpfung unterziehen*

**Schützling** ⟨m. 1⟩ *jmd., den man schützt, für den man sorgt*

**Schw.** ⟨Abk. für⟩ *Schwester (2)*

**Schwa** ⟨n.; - od. -s; - od. -s; Zeichen: ə; in den idg. Sprachen⟩ *Schwundstufe (von Vokalen),* z. B. das „e“ in „Vase“ [< hebr. *swa* „Leere“]

**Schwabe** ⟨m. 17⟩ **1** *Einwohner von Schwaben* **2** *jmd., der aus Schwaben stammt* **3** ⟨Zool.⟩ = *Deutsche* → *Schabe*

**Schwäbin** ⟨f. 22⟩ *weibl. Schwabe*

**schwäbisch** ⟨Adj.⟩ *Schwaben betreffend, von dort stammend, dazu gehörig* ◆ schwäbische Mundart *in Württemberg u. Schwaben gesprochene, oberdt. Mundart*

**schwach** ⟨Adj.; schwächer, am schwächsten⟩ **1** *arm an Kraft, kraftlos, geschwächt* **2** *hinfällig, kränklich* **3** *zart* **4** *machtlos* **5** *arm an Geist, unbedeutend* **6** *dünn* **7** *klein, gering* **8** *gering an Zahl od. Menge, nicht zahlreich* **9** *gering an Wert, minderwertig, gehaltlos* ◆ er hat schwache **Augen;** in einem schwachen **Augenblick,** in einer schwachen Stunde gab sie nach; der **Kaffee,** Tee ist schwach; er hat einen schwachen **Charakter;** eine schwache **Dosis** des Medikaments genügt; ein schwaches **Gedächtnis** haben; eine schwache **Gesundheit** haben; sie hat ein schwaches **Herz** *sie ist herzkrank;* es besteht nur noch eine schwache **Hoffnung** *wenig Hoffnung;* schwache **Leistungen;** als Lehrer darf man keine schwachen **Nerven** haben; das ist nur ein schwacher **Trost** *ein geringer Trost;* ⟨Gramm.⟩ schwaches **Verb** *Verb, das zur Bildung des Präteritums den Konsonanten „t“ benötigt* (z. B. lachen – lachte – gelacht); dieser Roman ist eins seiner schwächsten **Werke** ◆ **sein:** der Kranke ist noch sehr schwach ◆ der Konzertsaal war schwach **besetzt;** die Vorstellung war schwach **besucht; krank** und schwach ◆ er ist schwach **auf** der Brust, auf der Lunge ⟨Med.⟩ *er hat eine Neigung zu Tuberkulose* [< mhd. *swach* „schlecht, gering, unedel, niedrig, armselig, verachtet, kraftlos“, mnddt. *swak* „biegsam, dünn; gering“]

SCHWALBENSCHWANZ *(Papilio cresphontes)*

**Schwäche** ⟨f. 19⟩ **1** *Mangel an Kraft* **2** *Geringwertigkeit, Mangel* ◆ darin besteht die Schwäche dieser **Arbeit,** Leistung; darin zeigt sich die Schwäche seines **Charakters** ◆ jmds. Schwäche **ausnutzen;** jeder Mensch **hat** seine Schwächen; **sein:** Rechnen ist meine größte Schwäche *ich kann es schlecht* ◆ **menschliche** Schwächen; ein Beweis **persönlicher** Schwäche ◆ eine Schwäche **für** jmdn. od. etwas *eine Vorliebe;* **vor** Schwäche umfallen, zusammenbrechen [→ *schwach*]

**schwächen** ⟨V. t.; hat⟩ **1** jmdn. schwächen *jmds. Kraft mindern, jmdn. ermüden, entnerven* **2** etwas schwächen *etwas vermindern, geringer machen* ◆ jmds. Ansehen schwächen *herabsetzen, vermindern* [< mhd. *swechen* „kraftlos machen, beschimpfen“]

**Schwächling** ⟨m. 1; abwertend⟩ *körperlich kraftloser, charakterlich schwacher Mensch*

**Schwachsinn** ⟨m. 1; unz.; umg.⟩ *Unsinn, dummes Zeug*

**schwachsinnig** ⟨Adj.; umg.⟩ *unsinnig, widersinnig*

**Schwade** ⟨f. 19⟩, **Schwaden**[1] ⟨m. 4⟩ **1** *Reihe hingemähten Grases od. Getreides* **2** *Angehörige(r) einer Gattung der Süßgräser an feuchten Standorten: Glyceria* [< mhd., mnddt. *swade* „Stapfe, Spur, Pfad; Narbe“, engl. *swath(e)* „Streifwunde“; Grundbedeutung „durch Schnitt gezogene Spur“]

**Schwaden**[2] ⟨m. 4⟩ **1** *mit Gasen od. Dämpfen durchsetzte Luftströmung, Dunstfetzen* (Nebelschwaden) **2** ⟨Bgb.⟩ *Grubengasausströmung* **3** *(giftige) Bodenausdünstung* [< mhd., mnddt. *swadem, swaden* „Dunst“, ahd. *swedan* „schwelend verbrennen“; zu ahd. *swidan* „brennen“]

**Schwager** ⟨m. 3u⟩ **1** *Ehemann der Schwester* **2** *Bruder eines Ehepartners* [< mhd., mnddt. *swager* „Schwager; Schwiegervater, -sohn“ < ahd. *suagur* „Bruder der Frau“]

**Schwalbe** ⟨f. 19; Zool.⟩ *Angehörige einer Familie kleiner Singvögel mit nicht zum Laufen geeigneten Beinen: Hirundinidae* [< mhd. *swalwe, swalbe, swal(e)* < ahd. *swal(a)wa*]

SCHWALBENSCHWANZVERBINDUNG AN EINER SCHUBLADE

**Schwalbenschwanz** ⟨m. 1u⟩ **1** ⟨Tech.⟩ *trapezförmiger Einschnitt in einen Maschinenteil, wobei die kürzere Seite offen ist, dient als leicht lösbare Verbindung von Maschinenteilen, z. B. in der Tischlerei* **2** ⟨Zool.⟩ **2.1** *Tagfalter mit schwanzartigem Anhang an den Hinterflügeln: Papilio machaon;* ► *Tagfalter* **2.2** ◄ *südamerikanische Art dieses Tagfalters: Papilio cresphontes* **3** ⟨umg.; scherzh.⟩ *Rockschoß am Frack*

**Schwalbenschwanzverbindung** ⟨f. 20⟩ ▼ *Verbindung zweier Werkstoffe durch trapezförmig ineinander greifende Vertiefungen u. Vorsprünge längs der gemeinsamen Verbindungskante*

**Schwall** ⟨m. 1⟩ *Gewoge, Welle, Guss* (Wasserschwall) ◆ ein Schwall von Worten ⟨fig.⟩ *eine Flut von Worten* [→ *schwellen*]

**Schwalm** ⟨m. 1⟩ *Angehöriger einer Familie der Nachtschwalben aus Australien u. Südasien: Podargidae*

**Schwamm** ⟨m. 1u⟩ **1** *weiches, poriges Gerät, das Wasser aufnimmt, zum Waschen u. Säubern* **2** ⟨umg. Bez. für⟩ *Ständerpilz* **3** *Zunder von Baumpilzen* **4** ⟨Zool.⟩ ◄ *Angehöriger eines Tierstammes mit sehr verschieden gestalteten, festsitzenden Arten, die aus lockeren Zellansammlungen bestehen: Porifera* **5** *Wucherung an der Innenseite des Pferdeschenkels* ◆ ein feuchter, nasser, trockener Schwamm [< mhd., ahd. *swamm(p)*]

**schwammig** ⟨Adj.⟩ **1** *weich, aufgedunsen* **2** *ungenau, nicht präzise* ◆ ein schwammiges Gesicht; schwammige Begründung

**Schwammtuch** ⟨n. 12u⟩ *Tuch aus schwammähnl. Kunststoff (zum Reinigen)* ◆ mit einem Schwammtuch die Fenster putzen

**Schwan** ⟨m. 1u; Zool.⟩ *Angehöriger einer Gruppe mit den Gänsen nah verwandter Siebschnäbler, die sich durch bedeutende Größe u. langen Hals auszeichnen: Cygneae* [< mhd., ahd. *swan(e)*]

**schwanen** ⟨V. i.; hat; unpersönl.; umg.⟩ mir schwant, ⟨od.⟩ es schwant mir *ich ahne* ◆ mir schwant nichts Gutes; das hat mir schon lange geschwant [Herkunft unklar]

**Schwanengesang** ⟨m. 1u; Lit.; fig.; geh.⟩ *letztes Werk eines Dichters vor seinem Tod*

**Schwanenhals** ⟨m. 1u⟩ **1** *Hals des Schwans* **2** ⟨fig.; umg.⟩ *schlanker, weißer, reiner Hals* **3** ⟨Jägerspr.⟩ *Fangeisen zum Töten von Raubwild*

**schwanenweiß** ⟨Adj.; a. fig.⟩ *so weiß wie ein Schwan*

**Schwang** ⟨m.; veraltet⟩ *Brauch, Sitte, Gebrauch* ◆ ⟨nur noch in den Wendungen⟩ in Schwang kommen *üblich werden, in Gebrauch kommen;* im Schwange sein *üblich sein* [< mhd. *swanc* „Schwung, Hieb; lustiger Streich; Erzählung davon“; beeinflusst von *schwingen*]

**schwanger** ⟨Adj.⟩ *die Geburt eines Kindes erwartend, in anderen Umständen befindlich* ◆ schwanger sein, werden [< mhd. *swanger* < ahd. *swangar* „trächtig“]

**Schwangerenberatung** ⟨f. 20⟩ *Beratung von Schwangeren durch das Gesundheitsamt*

**schwängern** ⟨V. t.; hat⟩ **1** *schwanger machen* **2** ⟨fig.⟩ *erfüllen, sättigen* ◆ die laue Luft mit Wohlgeruch schwängern

## SCHWANGERSCHAFT

Die Dauer der Schwangerschaft beträgt beim Menschen 40 Wochen. Am Ende des ersten Schwangerschaftsdrittels sind beim Fötus sämtliche Körperorgane angelegt. Er kann bereits Berührungen, Bewegungen und seine Stellung Raum wahrnehmen. Im zweiten zeigt er erste Reaktionen auf optische und akustische Reize. Im letzten Drittel dreht sich das Baby mit dem Kopf in Richtung Geburtskanal und nimmt somit die Geburtsposition ein. Alle Sinne sind so weit entwickelt, dass es seine Umgebung wahrnehmen kann.

STADIEN DER SCHWANGERSCHAFT BEIM MENSCHEN

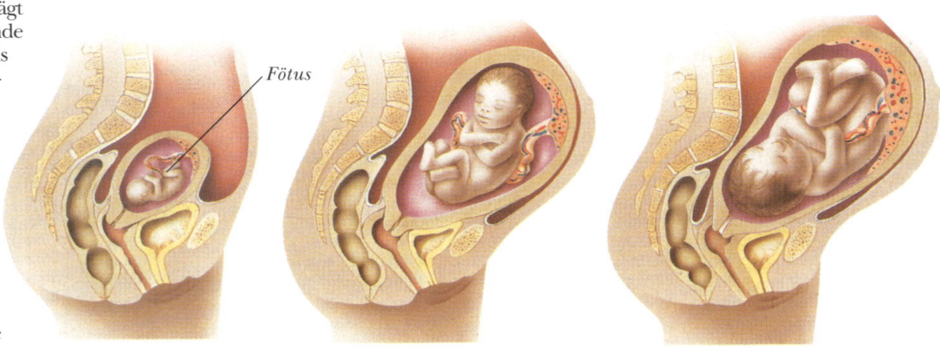


ERSTES DRITTEL | ZWEITES DRITTEL | DRITTES DRITTEL

**Schwangerschaft** ⟨f. 20⟩ **1** ▲ *Zeitabschnitt von der Befruchtung der Eizelle der Frau bis zur Geburt des Kindes* **2** *Zustand der Frau während dieser Zeit, das Schwangersein;* Sy *Gravidität*

**Schwangerschaftsabbruch** ⟨m. 1u; Med.⟩ = *Abtreibung*

**Schwank** ⟨m. 1u; Lit.⟩ *derb-komische Erzählung, derb-komisches Bühnenstück* [< mhd. *swanc* „Schlag, Hieb; lustiger Streich; Erzählung davon"]

**schwanken** ⟨V. i.; hat⟩ **1** *hin u. her schwingen* (Zweige, Brücke, Magnetnadel) **2** *sich auf u. nieder bewegen, nicht fest sein, wechseln* (Kurse, Preise, Gesundheit) **3** *taumeln, torkeln* (Betrunkener) **4** *geringfügig von einem mittleren Wert abweichen* (physikal. Größe) **5** *zögern, zaudern, noch nicht entschlossen sein* ◆ ich schwanke (noch), ob ich es tun soll; die **Gräser**, Halme, Zweige schwanken im Winde ◆ mein Vertrauen ist **ins** Schwanken geraten ◆ er ist wie ein schwankendes Rohr im Winde *ein unbeständiger Charakter* [< spätmhd. *swanken,* ndrl. *zwanken*]

**Schwänlein** ⟨n. 14; poet.⟩ *kleiner, junger Schwan*

SCHWÄRMER:
OLEANDERSCHWÄRMER
*(Daphnis nerii)*

**Schwanz** ⟨m. 1u⟩ **1** *bei fast allen Wirbeltieren bewegl. Fortsatz der Wirbelsäule über den Rumpf hinaus* **2** *langer Anhang, Schlussteil, Endglied* **3** *Ende (z. B. des Zuges)* **4** *lange Reihe (wartender Menschen)* **5** ⟨umg.⟩ *das männl. Glied* ◆ wir **bildeten** den Schwanz in der Reihe der Wartenden ⟨umg.⟩ *wir warteten ganz hinten;* **einziehen:** der Hund klemmt, zieht den Schwanz ein ◆ danach fragt **kein** Schwanz ⟨fig.; umg.⟩ *kein Mensch* ◆ jmdm. **auf** den Schwanz treten ⟨fig.; umg.⟩ *ihn beleidigen;* der Hund wedelt vor Freude **mit** dem Schwanz [< mhd. *swanz,* Rückbildung aus mhd. *swanzen* „sich schwankend bewegen"]

**Schwanzlurch** ⟨m. 1; Zool.⟩ ► = *Molch*

**schwappen** ⟨V. i.; ist; umg.⟩ *sich bewegen* (von Flüssigkeiten in Gefäßen), *überfließen, überlaufen* ◆ die Suppe schwappt im Topf

**Schwarm** ⟨m. 1u⟩ **1** *lockere Menge, Gruppe,* (Bienenschwarm, Mückenschwarm) **2** ⟨fig; umg.⟩ *jmd. od. etwas, für den bzw. wofür man schwärmt* ◆ er, sie ist mein Schwarm ⟨fig.; umg.⟩; ein Schwarm von Menschen; ein Schwarm von Fischen, Vögeln [< mhd., ahd. *swarm* „Bienenschwarm"]

**schwärmen I** ⟨V. i.; hat⟩ **1** *durcheinander laufen, durcheinander springen* **2** *durcheinander fliegen, „tanzen"* (Mücken) **3** *zur Gründung eines neuen Staates ausfliegen* (Bienen) **4** ⟨fig.⟩ *begeistert reden, sich in Träumen verlieren* ◆ er schwärmt wieder *kommt ins Träumen;* für jmdn. od. etwas schwärmen *begeistert sein* **II** ⟨V. i.; ist⟩ **1** *sich im Schwarm in einer Richtung bewegen* **2** ⟨Mil.⟩ *die geschlossene Formation verlassen u. eine lockere Schützenlinie bilden* ◆ die Mücken schwärmen um die Lampe

**Schwärmer** ⟨m. 3⟩ **1** *jmd., der sich leicht begeistert u. dabei nicht auf dem Boden der Tatsachen bleibt* **2** *religiöser Eiferer* **3** *ein Feuerwerkskörper* **4** ⟨Zool.⟩ ◄ *Angehöriger einer Familie der Nachtfalter mit langen, schmalen Vorderflügeln: Sphingidae* ◆ er ist ein sentimentaler Schwärmer

**schwärmerisch** ⟨Adj.⟩ *verzückt, übertrieben begeistert* ◆ ein schwärmerischer Liebhaber; jmdn. schwärmerisch anblicken; schwärmerisch von jdm. sprechen

**Schwarte** ⟨f. 19⟩ **1** *dicke, zähe Haut* (Speckschwarte) **2** ⟨Pelzhandel⟩ *Sommerfell* **3** *Schwiele* **4** ⟨Jägerspr.⟩ *Haut* (von Dachs u. Wildschwein) **5** ⟨früher⟩ *schweinsledernes Buch* **6** ⟨umg.⟩ *altes, meist wertloses Buch* **7** ⟨Schreinerei⟩ *die gesunden, äußeren Teile des Baumstammes, die beim Zersägen übrig bleiben* **8** ⟨Med.⟩ *flächenhafte, narbige Verwachsung von Brust- und Rippenfell nach Entzündungen* [< mhd. *swart(e),* mnddt., afries., mndrl. *swarde* „behaarte Menschen- oder Tierhaut (bes. Kopfhaut)"]

**schwarz** ⟨Adj.; schwärzer, am schwärzesten⟩ **1** *ohne Farbe, Licht vollkommen absorbierend, nicht reflektierend* **2** *sehr dunkel, finster* **3** *verbotenerweise* **4** *böse, unheilvoll* **5** *sehr schmutzig* (Hände) **6** *sehr stark sonnengebräunt* **7** *einer konservativen Partei angehörend* ◆ sie hat schwarze **Augen,** schwarzes Haar; schwarzer **Bernstein** ► = *Gagat;* das schwarze **Brett** *Anschlagtafel für Bekanntmachungen (bes. in der Universität);* der schwarze **Erdteil** *Afrika;* der Schwarze **Freitag** *Tag des Börsensturzes am 27. 10. 1929;* schwarze **Gedanken** haben ⟨fig.⟩ *böse, heimtückische, (oder auch) sorgenvolle, traurige Gedanken;* schwarzer **Kaffee** *Kaffee ohne Milch od. Sahne;* schwarze **Kirschen** *dunkelrote Kirschen;* schwarze **Kleidung** tragen (zum Zeichen der Trauer); schwarzer **Körper** *ein Körper, dessen Absorptionsvermögen für alle Wellenlängen des Lichts gleich groß ist;* die schwarze **Kunst** *die Buchdruckerkunst, Zauberei;* auf der schwarzen **Liste** stehen *auf der Liste von Verdächtigen, Missliebigen;* schwarzes **Loch** ⟨Astron.⟩ ▲ *begrenztes Gebiet in einer Galaxie, welches auf umgebende Objekte eine so starke Anziehungskraft ausübt, dass sie nicht entweichen können;* der schwarze **Mann** *Schornsteinfeger;* ⟨fig.⟩ *Kinderschreck;* schwarzer **Peter** *ein Kartenspiel für Kinder, bei dem derjenige, der die Karte mit der Figur des „schwarzen Peters" zuletzt behält, zur Strafe schwarz angemalt wird;* heute hatte ich meinen schwarzen **Tag** *einen unheilvollen Tag, Unglückstag, Pechtag;* Schwarze **Witwe** ⟨Zool.⟩ ► *zu den Kugelspinnen gehörende amerikan. Spinne, deren Biss sehr giftig u. für den Menschen gefährlich ist, Black widow: Latrodectus mactans;* schwarze **Wolken** am Himmel ◆ ich habe den Stoff schwarz **gekauft** ⟨fig.⟩

## SCHWARZES LOCH

Beträgt die Masse einer Supernova mehr als das Dreifache der Sonnenmasse, so entwickelt sie sich zu einem schwarzen Loch, dessen enorme Schwerkraft jegliche Strahlung zurückhält. Daher sind schwarze Löcher nur erkennbar, sobald sie große Gasmengen benachbarter Sterne anziehen.

KÜNSTLERISCHE DARSTELLUNG EINES SCHWARZEN LOCHS

S

*auf dem schwarzen Markt;* sich schwarz **kleiden,** Schwarz tragen (zum Zeichen der Trauer); etwas schwarz **malen** *in dunklen Farben darstellen;* schwarz **sehen** *pessimistisch sein* ◆ etwas schwarz **auf** weiß besitzen *schriftlich haben;* etwas **in** schwarzen Farben schildern ⟨fig.⟩ *schlimmer schildern, als es ist* [< mhd., ahd. *swarz*]

**Schwarz** ⟨n.; - od. -es; unz.⟩ *Farbe, die alles Licht absorbiert, kein Licht reflektiert* ◆ sie **trägt** gern Schwarz *schwarze Kleidung;* (ganz) **in** Schwarz gehen, gekleidet sein *in Trauerkleidung;* ins Schwarze treffen *in den Mittelpunkt der Scheibe;* ⟨fig.⟩ *das Wesentliche herausfinden*

SCHWARZKEHLCHEN
*(Saxicola torquata)*

**Schwarzarbeit** ⟨f. 20; unz.⟩ *Lohnarbeit entgegen den gesetzl. Bestimmungen, z. B. ohne Abführung von Steuern od. bei gleichzeitigem Bezug von Arbeitslosenunterstützung*

**Schwarzbeere** ⟨f. 19⟩ ► = *Heidelbeere*

**Schwarzdorn** ⟨m. 1⟩ = *Schlehbusch*

**Schwarzdrossel** ⟨f. 21; Zool.⟩ = *Amsel*

**Schwarze(r)** ⟨f. 30 (m. 29)⟩ **1** *Angehörige(r) der in Afrika lebenden negriden Rasse* **2** *Nachkomme der nach Amerika verschleppten schwarzen Afrikaner;* Sy *Farbige(r) (2)* **3** ⟨abwertend⟩ *Anhänger einer konservativen Partei*

**schwärzen** ⟨V. t.; hat⟩ *schwarz machen, schwarz färben* ◆ jmdn. schwärzen ⟨österr.⟩ *hintergehen;* etwas schwärzen ⟨österr.⟩ *schmuggeln*

**Schwarzfahren** ⟨V. i. 130; ist; umg.⟩ *ohne Führerschein od. ohne Fahrkarte fahren*

**Schwarzfilter** ⟨m. 3⟩ *dichter optischer Rotfilter, der nur Infrarotstrahlen durchlässt*

**Schwarzhandel** ⟨m.; -s; unz.⟩ *Handel (in Krisenzeiten mit eingeschränktem Warenangebot) zu Preisen, die höher liegen als die gesetzlich festgelegten Preise*

**Schwarzkäfer** ⟨m. 3; Zool.⟩ *meist versteckt od. unterirdisch lebender Käfer von brauner bis schwarzer Farbe: Tenebrionidae*

**Schwarzkehlchen** ⟨n. 14; Zool.⟩ ▲ *kleiner einheim. Singvogel mit schwarzer Kehle u. schwarzem Kopf: Saxicola torquata*

**Schwarzkiefer** ⟨f. 21⟩ *in den Alpen u. Karpaten vorkommende, bis 45 m hohe Kiefer mit schwarzgrauer Borke: Pinus niger*

**Schwarzmarkt** ⟨m. 1u⟩ *amtlich nicht genehmigter, illegaler Warenhandel*

**Schwarzpappel** ⟨f. 21⟩ *Art der Pappeln mit schwarzem Stamm: Populus nigra*

**schwarzrotgolden,** ⟨auch⟩ **schwarz-rot-golden** ⟨Adj.⟩ *in den drei Farben Schwarz, Rot u. Gold gehalten* ◆ eine schwarz-rot-goldene Fahne wehte am Mast

SCHWARZE WITWE
*(Latrodectus mactans)*

**Schwarzrotgold,** ⟨auch⟩ **Schwarz-Rot-Gold** ⟨n. 11; unz.⟩ *Farben der dt. Fahne von 1919-1933 u. seit 1949 der Bundesrepublik Deutschland, als Symbol des großdt. Gedankens u. freiheitlicher Gesinnung in der heutigen Form erstmals auf dem Hambacher Fest (1832) von der Dt. Burschenschaft getragen*

**Schwarzspecht** ⟨m. 1; Zool.⟩ *schwarzer Specht mit rotem Scheitel: Dryocopus martius*

**Schwarzwal** ⟨m. 1; Zool.⟩ = *Grindwal*

**schwarzweiß,** ⟨auch⟩ **schwarz-weiß** ⟨Adj.⟩ *schwarz u. weiß* ◆ schwarzweiße Streifen

**Schwarzweißfilm** ⟨m. 1⟩ *Film, der nur Grautöne wiedergibt;* Ggs *Farbfilm*

**Schwarzwurz** ⟨f. 20⟩, **Schwarzwurzel** ⟨f. 21; Bot.⟩ **1** *Angehörige einer Gattung der Korbblütler: Scorzonera* **2** ⟨i. e. S.⟩ *Gemüsepflanze, deren schwarze Pfahlwurzel als Nahrung dient: Scorzonera hispanica*

**schwatzen,** ⟨süddt.⟩ **schwätzen** ⟨V.; hat⟩ **I** ⟨V. i.⟩ **1** *sich gemütlich unterhalten* **2** *viel u. oberflächl. reden* **3** *während des Unterrichts heimlich reden* **4** *Geheimnisse, Vertrauliches ausplaudern* **II** ⟨V. t.⟩ *erzählen, daherreden* ◆ lauter dummes Zeug schwätzen [< spätmhd. *swatzen, swetzen* < mhd. *swateren,* beeinflusst von spätmhd. *smetzen* „plaudern"]

SCHWEFEL: KRISTALLE

**Schwebe** ⟨f. 19; unz.; nur in wenigen Wendungen⟩ sich in der Schwebe halten *frei schweben;* in der Schwebe bleiben, lassen, sein ⟨fig.⟩ *unentschieden*

**Schwebebahn** ⟨f. 20⟩ ► *Transportmittel für Personen u. Sachen, bei dem die Kabinen od. Sitze an einem in der Luft ausgespannten Seil od. einer hängenden Schienenkonstruktion befördert werden*

**Schwebebalken** ⟨m. 4; Sp.⟩ *ein Turngerät: auf einem Gestell ruhender Balken zum Üben des Balancierens*

**schweben** ⟨V. i.; hat; bei Bewegung in einer Richtung: ist⟩ **1** *sich langsam in der Luft bewegen, ohne festen Halt zu haben, sacht, langsam fliegen* **2** *frei hängen* **3** ⟨fig.⟩ *sich zwischen zwei Möglichkeiten, Zuständen befinden, schwanken* **4** *im Gang sein, noch nicht beendet, unentschieden sein* ◆ die **Angelegenheit,** der Prozess, das Verfahren schwebt (noch); das **Blatt** ist sanft zu Boden geschwebt ◆ Wolken schweben **am** Himmel; **in** großer Angst, Gefahr schweben ⟨fig.⟩; der Verletzte schwebt noch in Lebensgefahr ⟨fig.⟩; an einem Seil **über** dem Abgrund schweben; mir schwebt sein Bild **vor** Augen ◆ schwebende Fragen, Geschäfte, Verhandlungen; schwebende Schulden *kurzfristige Staatsschulden, die nach Präsentieren des Schuldscheins, spätestens aber innerhalb eines Jahres zurückzuzahlen sind* [< mhd., ahd. *sweben* „sich hin und her bewegen"]

**Schwebezustand** ⟨m. 1u; unz.⟩ *Zustand des Schwebens*

**Schwebfliege** ⟨f. 19; Zool.⟩ *Angehörige einer Familie der Fliegen, die mit raschen Flügelschlägen sehr lange u. ruhig in der Luft an Ort u. Stelle zu „stehen" vermag: Syrphidae;* Sy *Schwirrfliege*

**Schwebstoff** ⟨m. 1⟩ *Stoff, der fein verteilt in einer Flüssigkeit schwebt*

**Schwede** ⟨m. 17⟩ **1** *Einwohner von Schweden* **2** *jmd., der aus Schweden stammt*

**schwedisch** ⟨Adj.⟩ *Schweden betreffend, dazu gehörig, von dort stammend* ◆ hinter schwedische Gardinen kommen ⟨umg.⟩ *ins Gefängnis;* schwedische Sprache *zu den nordgermanischen Sprachen gehörende, in Schweden gesprochene Sprache*

**Schwefel** ⟨m. 5; unz.; Chem.; Zeichen: S⟩ ▼ *chem. Element, Nichtmetall, Ordnungszahl 16* [< mhd. *swevel, swebel* < ahd. *sweual, swebal* < lat. *sulp(h)ur*]

**Schwefeldioxid** ⟨n. 11; unz.; Chem.⟩ *die Schleimhäute reizendes, stechend riechendes Gas, Verbrennungsprodukt des Schwefels,* $SO_2$

**schwefeln** ⟨V. t.; hat⟩ **1** *mit Schwefel behandeln (bes. zum Desinfizieren, zur Schädlingsbekämpfung)* **2** *mit Schwefeldioxid behandeln (zum Haltbarmachen)* ◆ Wein, Früchte schwefeln

**schwefelsauer** ⟨Adj.; Chem.⟩ schwefelsaures Kalium = *Kaliumsulfat* ◆ schwefelsaure Tonerde

**Schwefelsäure** ⟨f. 19; unz.; Chem.⟩ *ölige Flüssigkeit, chem. Formel* $H_2SO_4$ ◆ rauchende Schwefelsäure *ölige, rauchende Flüssigkeit, die organische Stoffe zerstört*

**schweflig** ⟨Adj.; Chem.⟩ **1** *Schwefel enthaltend, schwefelhaltig* **2** *schwefelartig, dem Schwefel ähnlich* ◆ schweflige Säure *wässrige, farblose Flüssigkeit, die an der Luft in Schwefelsäure übergeht,* $H_2SO_3$

**Schweif** ⟨m. 1⟩ **1** *langer, buschiger Schwanz* **2** *Schleppe* (Kometenschweif) [< mhd., ahd. *sweif* „Umschwung; umschlingendes Band, Kleiderbesatz"; → *schweifen*]

**schweifen I** ⟨V. t.; hat⟩ **1** *mit einem Schweif versehen* **2** *wölben, bogen-, kurvenförmig ausschneiden, -sägen* ◆ Wäsche schweifen ⟨oberdt.⟩ *spülen;* geschweifter Stern *Komet* **II** ⟨V. i.; ist⟩ *ziellos gehen, umherwandern* ◆ durch Wald und Feld schweifen; er ließ seine Gedanken weit in die Vergangenheit schweifen [< mhd. *sweifen* < ahd. *sweifan* „schwingen, winden; sich schlängeln"]

SCHWEBEBAHN IN WUPPERTAL

**schweigen** ⟨V. i. 229; hat⟩ **1** *nichts sagen, still sein* **2** *aufhören* (von Geräuschen) ◆ der **Donner,** der Gesang der Vögel, die Musik schweigt; der **Wind** schweigt *hat sich gelegt* ◆ er **befahl,** gebot Schweigen; schweigen **können** *ein Geheimnis bewahren können* ◆ ein **beklemmendes,** eisiges Schweigen; **beschämt,** eingeschüchtert, erschreckt, verlegen, verwirrt schweigen ◆ sie hüllte sich **in** Schweigen; **über,** von etwas schweigen *nicht*

## SCHWEINSWALE

Die sechs Schweinswalarten mit ihren stumpfen, nicht abgesetzten Schnauzen sind kleiner als die übrigen Zahnwale und die Delphine. Ihre Zähne sind im Unterschied zu denen der Delphine nicht konisch, sondern spatelförmig.

SCHWEINSWALZAHN

DELPHINZAHN

ÄUSSERE MERKMALE EINES KLEINEN TÜMMLERS (*Phocoena phocoena*)

### WEITERE SCHWEINSWALARTEN

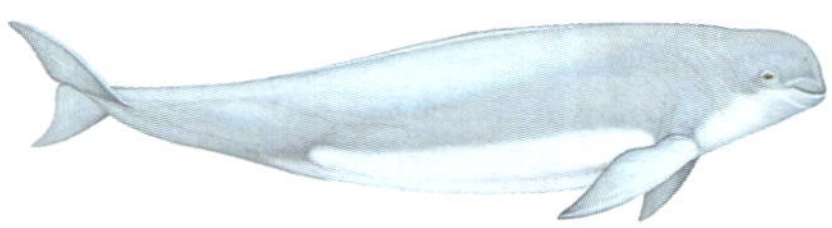

INDISCHER SCHWEINSWAL (*Neophocaena phocaenoides*)

BRILLENSCHWEINSWAL (*Australophocoena dioptrica*)

*darüber sprechen;* er schweigt **wie** ein Grab; jmdn. od. etwas **zum** Schweigen bringen ◆ in schweigender Erwartung verharren; schweigend nicken [< mhd., ahd. *swigen* „still, ruhig sein"; mhd., ahd. *sweigen* „zum Schweigen bringen"]

**Schweigepflicht** ⟨f. 20; unz.⟩ *die Pflicht, z. B. des Arztes, Rechtsanwalts, über das ihm Anvertraute zu schweigen*

**schweigsam** ⟨Adj.⟩ *nicht gesprächig, wortkarg*

**Schwein** ⟨n. 11⟩ **I 1**⟨Zool.⟩ **1.1** ⟨i. w. S.⟩ *Angehöriges einer Familie nicht wiederkäuender Paarhufer mit Borstenkleid u. kurzer, rüsselförmiger Schnauze, die meist zum Wühlen eingerichtet ist: Suidae* **1.2** ⟨i. e. S.⟩ *vom Eurasischen Wildschwein (Sus scrofa) abstammendes Haustier* (Hausschwein) **2** ⟨Kochk.⟩ *Schweinefleisch* **3** ⟨fig.⟩ *schmutziger, unreinlicher Mensch* **4** *unanständiger Mensch* **5** *Lump, gemeiner Mensch* **6** ⟨umg.⟩ *Glück, unverhofft guter Ausgang einer Sache* ◆ Schweine **füttern,** mästen, schlachten; da hast du aber Schwein **gehabt** ⟨umg.⟩ *Glück gehabt* ◆ er ist ein **armes** Schwein ⟨umg.; derb⟩ *ein bedauernswerter Mensch;* da haben wir das **falsche** Schwein geschlachtet ⟨fig.; umg.⟩ *einen Fehler gemacht, der nie wieder gutgemacht werden kann;* 500 g Gehacktes, **halb** Rind, halb Schwein ◆ er blutete **wie** ein Schwein ⟨derb⟩ *heftig* [< mhd., ahd. *swin*"]



**Schweine...** ⟨in Zus.⟩ **1** *vom Schwein stammend, zum Schwein gehörig* **2** ⟨umg.⟩ *schlecht* **3** *gemein,* z. B. Schweinekerl **4** *schmutzig,* z. B. Schweinearbeit

**Schweinestall** ⟨m. 1u⟩ **1** ⟨Landw.⟩ *Stall, Verschlag für Schweine* **2** ⟨derb⟩ *schmutzige, unordentl. Behausung, Wirtschaft* **3** *Misswirtschaft*

**Schweinswal** ⟨m. 1; Zool.⟩ ▲ *bis zu 2 m langer Angehöriger einer Familie der Zahnwale, dessen Oberkiefer länger ist als der Unterkiefer u. der neben Küstengewässern manchmal auch Flüsse bewohnt: Phocaenidae;* ► *Säugetiere*

**Schweiß** ⟨m. 1; unz.⟩ **1** *wasserklare Absonderung der Schweißdrüsen der Haut* **2** ⟨Sinnbild für⟩ *Mühe, schwere Arbeit* **3** ⟨Jägerspr.⟩ *Blut des Wildes* ◆ die **Früchte** seines Schweißes ⟨poet.⟩ *der Ertrag seiner Arbeit* ◆ der Schweiß **bricht** ihm aus allen Poren; sich den Schweiß **trocknen,** von der Stirn wischen ◆ **kalter** Schweiß stand ihm vor Angst auf der Stirn ◆ ich bin **in** Schweiß gebadet *durchnässt von Schweiß* [< mhd., ahd. *sweiz* „Schweiß, Blut"]

**Schweißbrenner** ⟨m. 3; Tech.⟩ *Brenner, der aus brennbarem Gas u. Sauerstoff eine heiße Flamme zum Schweißen erzeugt*

**Schweißdrüse** ⟨f. 19⟩ *jede der zahlreichen, in der Haut befindlichen Drüsen, die ein Schweiß bildendes Knäuel besitzen, dessen Ausführungsgang in einer Pore mündet*

**schweißen** ⟨V.; hat⟩ **I** ⟨V. t.⟩ *durch Druck, Schläge od. Schmelzen miteinander verbinden* (Metall, Kunststoff) **II** ⟨V. i.; Jägerspr.⟩ *Blut verlieren, bluten* (vom Wild) [< mhd. *sweizen* „braten, rösten", ags. *swaetan* „schwitzen, bluten", engl. *sweat* „Schweiß absondern"]

**Schweißer** ⟨m. 3⟩ *Facharbeiter für Schweißarbeiten*

**Schweißhund** ⟨m. 1; Jägerspr.⟩ ▼ *zum Verfolgen der Schweißfährte abgerichteter Jagdhund;* Sy *Bluthund (1)*

**Schweizer** ⟨m. 3⟩ **1** *Einwohner der Schweiz* **2** *ausgebildeter Melker, Pfleger der Rinder auf Bauernhöfen* **3** *Türhüter, Aufseher in kath. Kirchen* **4** *Mitglied der päpstl. Garde* ◆ Schweizer Käse *urspr. in der Schweiz hergestellter Hartkäse mit Löchern*

**schweizerdeutsch** ⟨Adj.⟩ schweizerdeutsche Mundarten *die in der Schweiz gesprochenen deutschen Mundarten*

**schweizerisch** ⟨Adj.⟩ *die Schweiz betreffend, dazu gehörig, daraus stammend*

**Schwelbrand** ⟨m. 1u⟩ *schwelender, glimmender Brand, Brand ohne Flamme*

SCHWEISSHUND

**schwelen** ⟨V.; hat⟩ **I** ⟨V. i.⟩ **1** *langsam, ohne Flamme u. mit starker Rauchentwicklung brennen* **2** ⟨fig.⟩ *unter der Oberfläche, unmerklich (weiter)leben* (Hass-, Rachegefühl, Feindschaft) ◆ das Feuer schwelt noch unter der Asche; jahrelang schwelender Hass ⟨fig.⟩; das Holz schwelt **II** ⟨V. t.⟩ *unter Luftabschluss erhitzen, langsam verbrennen* ◆ Koks schwelen; Rasen schwelen [< nddt. *swelen* „schwelen, Heu dörren" < ahd. *swilozon* „sengen, rösten]

**schwelgen** ⟨V. i.; hat⟩ *üppig leben,* ⟨bes.⟩ *gut essen u. trinken* ◆ in etwas schwelgen *etwas in vollen Zügen genießen* [< mhd. *swelgen, swelhen* „verschlucken, saufen" < ahd. *swelgan* „verschlucken"]

**Schwelle** ⟨f. 19⟩ **1** *waagerechter Balken od. Brett als untere Begrenzung u. zum Abdichten der Türöffnung* (Türschwelle) **2** *Querbalken, auf dem die Eisenbahnschienen befestigt sind* **3** ⟨Wasserbau⟩ *unterer Abschluss eines Wehres od. Schützes unterhalb der Wasserlinie* **4** *Bodenerhebung zwischen zwei Senken* **5** ⟨Psych.⟩ *Reizschwelle* ◆ die Schwelle des Bewusstseins (nicht mehr erreichen) ⟨Psych.⟩; Schwellen legen ⟨Eisenb.⟩; an der Schwelle einer neuen Zeit, eines neuen Jahrhunderts ⟨fig.⟩; über jmds. Schwelle treten *zu jmdm. ins Haus kommen* [< mhd. *swelle* < ahd. *swelli, swella* „Balken, Schwelle"]

**schwellen I** ⟨V. i. 230; ist⟩ *dick, groß werden, sich weiten, sich (auf)blähen, sich (aus)dehnen* ◆ der Finger schwillt; der Wind schwoll zum Sturm; schwellende Früchte, Knospen; geschwollene Augen vom Weinen **II** ⟨V. t.; schwach konjugiert; hat⟩ *zum Schwellen bringen* ◆ Freude schwellte ihm die Brust; der Wind schwellte das Segel [< mhd. < ahd. *swellan*]

**Schwellenangst** ⟨f. 7u; unz.⟩ **1** *Angst vor dem Betreten fremder Räume, weil man dadurch in eine Lage geraten könnte, der man nicht gewachsen ist* **2** ⟨fig.⟩ *Angst vor Entscheidungen* [→ *Schwelle*]

**Schwellkörper** ⟨m. 3; Anat.⟩ *schwammartiges Gewebe innerhalb einer festen Kapsel, das durch Blutstauung anschwellen, groß und hart werden kann, bes. am Penis u. an der Klitoris: Corpus cavernosum*

**Schwellung** ⟨f. 20⟩ **1** *das Schwellen* **2** *Zustand des Geschwollenseins* **3** *geschwollene Stelle (am Körper)* **4** *Rundung*

**Schwemme** ⟨f. 19⟩ **1** *Teich als Bad für Tiere, bes. Wild u. Pferde* **2** ⟨fig.; umg.⟩ *großes Überangebot* **3** ⟨veraltet⟩ *Wirtsstube, Kneipe* [→ *schwemmen*]

**schwemmen** ⟨V. t.; hat⟩ **1** *waschen, baden* (Pferde) **2** *spülen, wässern* (Felle) **3** *flussabwärts treiben lassen* ◆ der Ufersand ist allmählich in den Fluss geschwemmt worden [< mhd. *swemmen*]

**Schwengel** ⟨m. 5⟩ **1** *schwenkbarer Griff der Pumpe* (Brunnenschwengel, Pumpenschwengel) **2** ⟨Mus.⟩ = *Klöppel (1)* [< mhd., mnddt. *swengel;* zu *swengen* „schwingen machen"]

**Schwenk** ⟨m. 1⟩ **1** ⟨Film⟩ *seitliche Bewegung der Filmkamera während der Aufnahme* **2** ⟨allg.⟩ *Wendung, Änderung des Verhaltens, der Gesinnung* ◆ in seiner politischen Gesinnung machte er einen Schwenk nach links

**schwenken I** ⟨V. t.; hat⟩ **1** *hin u. her bewegen, hin u. her schwingen* (Arme, Fahnen, Hut, Taschentuch) **2** *im Wasser hin u. her bewegen, spülen* (Wäsche, Gläser) ◆ Kartoffeln in Butter schwenken *wälzen* **II** ⟨V. i.; ist⟩ *sich herumdrehen, die Richtung verändern* ◆ der Kran schwenkte nach rechts [< mhd., (mnddt., mndrl.) *swenken* „schwingen machen, in Schwung bringen, schleudern; schweben, schweifen, sich schlingen"; → *schwingen*]

**schwer** ⟨Adj.⟩ **1** *ein (bestimmtes) Gewicht habend* **2** *von großem Gewicht, lastend, drückend* (Stein, Gepäck, ⟨fig.⟩ Sorgen) **3** *schwerfällig, unbeholfen, massig, massiv*

## SCHWERKRAFT

Im Jahr 1687 veröffentlichte Isaac Newton seine Theorie, nach der auf jede Masse eine Schwerkraft einwirkt. Er stellte die Behauptung auf, dass diese Schwer- oder Anziehungskraft zwischen zwei Körpern nicht nur von deren Masse, sondern auch von deren Abstand abhängt. Besäße der Mond die doppelte Masse, so wäre die gegenseitige Schwerkraft zwischen Mond und Erde doppelt so groß. Befände er sich dagegen nur halb so weit von der Erde entfernt, so herrschte eine insgesamt viermal größere Schwerkraft.

### ABHÄNGIGKEIT DER SCHWERKRAFT VON DER MASSE

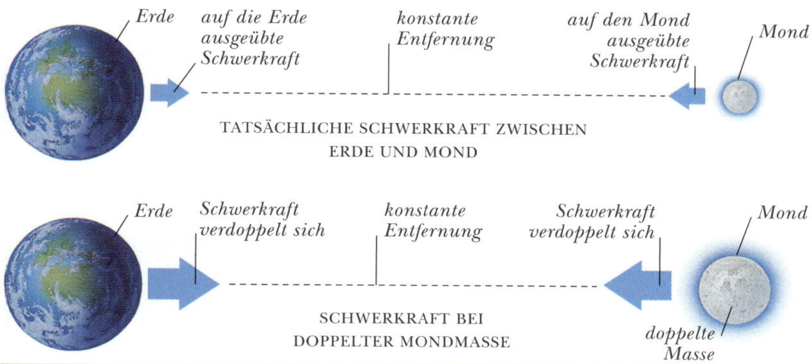


(Pferd, Hand, Schritt, Bau) **4** *mühsam, anstrengend, hart, ermüdend* (Arbeit, Geburt) **5** *schwierig, nicht leicht, nicht leicht zu lösen* (Aufgabe), *nicht leicht verständlich* (Buch, Musik) **6** *ernst, schwer wiegend* (Krankheit, Vergehen, Problem) **7** *bedrückt, belastet, kummervoll* (Herz) **8** *unheilvoll, unglücklich, kaum zu ertragen* (Schicksal) **9** *rau, stark bewegt* (See) **10** *schwer verdaulich, gehaltvoll* (Speisen, Wein) **11** ⟨umg.⟩ *beträchtlich* (Menge), *sehr stark, viel* ◆ ein schweres **Amt** übernehmen *ein verantwortungsvolles Amt;* diese Pflanze braucht schweren **Boden** *nährstoffreiche Erde;* jmdm. eine schwere **Enttäuschung** bereiten; ein schweres **Gewitter,** Unwetter; das **Herz** ist ihm schwer; der Sack ist 50 **kg,** 1 Zentner schwer; ich habe einen schweren **Kopf** *ein dumpfes Gefühl im Kopf (z. B. nach Alkoholgenuss);* eine schwere **Krankheit;** sie hatte ein schweres **Leben** *ein Leben voller Sorgen;* nach langem, schwerem **Leiden;** schwere **Schuld** auf sich laden; eine schwere **Strafe** *eine strenge Strafe;* er hatte einen schweren **Tod** *einen qualvollen Tod* ◆ er muss schwer **arbeiten;** das kann man nur schwer **begreifen,** nachfühlen, verstehen, sich vorstellen; das Auto war nach dem Unfall schwer **beschädigt;** er wurde sehr schwer **bestraft;** schwer **hören** *schwerhörig sein* ◆ der Soldat war schwer **bewaffnet;** er wurde bei dem Unfall schwer **verletzt;** sein Verhalten ist mir nur schwer **verständlich** ◆ schwer **an** etwas tragen ⟨fig.⟩ *sehr unter etwas leiden* ◆ **wie** schwer ist das Paket? *wie viel wiegt es?* [< mhd. *swære, sware* < ahd. *swari, swaro*]

**Schwerathletik** ⟨f.; -; unz.; Sp.; Sammelbez. für⟩ *Boxen, Ringen, Judo u. Gewichtheben*

**schwerbehindert** ⟨Adj.⟩ *aufgrund körperlicher od. geistiger Behinderung dauerhaft geschädigt (u. in der Erwerbsfähigkeit eingeschränkt)*

**schwerbeschädigt** ⟨Adj.⟩ *durch (im Krieg od. durch einen Unfall erlittene) gesundheitliche Schäden ständig um mehr als 50% arbeitsbehindert*

**Schwere** ⟨f. 19; unz.⟩ **1** ⟨Phys.⟩ *Anziehungskraft der Erde* **2** ► = *Schwerkraft* **3** *das Schwersein* **4** *Gewicht* **5** *Schwierigkeit, Gewichtigkeit* **6** *Ernst*

**Schwerelosigkeit** ⟨f. 20; unz.⟩ *Aufgehobensein der Schwere, Gewichtslosigkeit* ◆ das Gefühl der Schwerelosigkeit

**schwerfällig** ⟨Adj.⟩ *ungeschickt, unbeholfen, langsam, träge* ◆ ein schwerfälliger Mensch

**Schwergewicht** ⟨n. 11; Sp.⟩ *höchste Gewichtsklasse in der Schwerathletik*

**schwerhörig** ⟨Adj.⟩ *nicht gut, nicht genau hörend, vermindert hörfähig* ◆ eine schwerhörige alte Frau; die alte Frau ist schwerhörig; auf diesem Ohr bin ich schwerhörig! ⟨scherzh.; umg.⟩ *gerade das will ich nicht verstehen*

**Schwerindustrie** ⟨f. 19; unz.; Sammelbez. für⟩ *Großeisen- u. Stahlindustrie u. Bergbau*

**Schwerkraft** ⟨f. 7u; unz.⟩ ▲ *Anziehungskraft der Erde, die verursacht, dass alle Körper nach dem Erdmittelpunkt gezogen werden;* Sy *Schwere (2)*

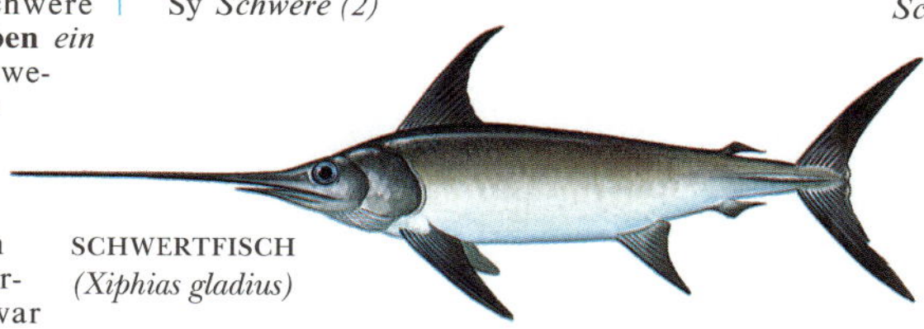

SCHWERTFISCH
*(Xiphias gladius)*

**schwerlich** ⟨Adv.⟩ *kaum* ◆ das wirst du schwerlich fertig bringen

**Schwermetall** ⟨n. 11⟩ *Metall mit einem spezifischen Gewicht über 5*

**Schwermut** ⟨f.; -; unz.⟩ *anhaltende tiefe Niedergeschlagenheit, Melancholie*

**Schwerpunkt** ⟨m. 1⟩ **1** = *Massenmittelpunkt* **2** ⟨fig.⟩ *wichtigster Punkt (eines Problems, einer Frage, Tätigkeit)* ◆ der Schwerpunkt seines Wirkens lag im politischen Bereich ⟨fig.⟩; den Schwerpunkt berechnen, verlagern

**Schwerspat** ⟨m. 1⟩ ► = *Baryt (1)*

**schwerstbehindert** ⟨Adj.⟩ *in schwerster Weise körperlich und geistig behindert*

**Schwert** ⟨n. 12⟩ **1** ►► *Hieb- u. Stichwaffe mit gerader, breiter, ein- od. zweischneidiger Klinge u. kurzem Querstück vor dem Griff* **2** ⟨sinnbildl. für⟩ *Krieg* **3** *schräge Verstrebung im Gerüstbau* **4** ⟨bei Segelbooten⟩ *senkbare Holz- od. Stahlplatte in einem Kasten unten in der Mitte des Rumpfes, um das Boot am Abtreiben zu hindern* ◆ das Schwert der **Gerechtigkeit** ⟨fig.⟩ ◆ das Schwert **ergreifen,** nehmen, ziehen, zücken ◆ ein **blankes,** rostiges, scharfes Schwert ◆ **mit** dem Schwert auf jmdn. eindringen, gegen jmdn. kämpfen, vordringen, sich verteidigen; **zum** Schwert greifen [< mhd., ahd. *swert, swerd*]

**Schwertfisch** ⟨m. 1; Zool.⟩ ▼ *Fisch mit schwertartig verlängertem, zahnlosem Oberkiefer: Xiphias gladius;* Sy *Meerschwert*

**Schwertlilie** ⟨[-liə] f. 19; Bot.⟩ ► = *Iris (2)*

**Schwertschwanz** ⟨m. 1u; Zool.⟩ ► = *Pfeilschwanz*

**Schwertwal** ⟨m. 1; Zool.⟩ *größte Art der Delphine: Orcinus orca*

**Schwester** ⟨f. 21⟩ **1** *von denselben Eltern abstammende weibl. Person* **2** ⟨Abk.: Schw.⟩ *in der Kranken-, Säuglings- od. Kinderpflege, oft auch in der Operationshilfe ausgebildete weibl. Person* (Kinderschwester, Krankenschwester, Operationsschwester, Säuglingsschwester) **3** *weibl. Mitglied einer kirchl. od. krankenpflegerischen Vereinigung* (Ordensschwester) [< mhd., ahd. *swester*]

**Schwiegereltern** ⟨nur Pl.⟩ *Eltern des Ehepartners*

**Schwiegermutter** ⟨f. 8u⟩ *Mutter des Ehepartners*

**Schwiegersohn** ⟨m. 1u⟩ *Ehemann der Tochter*

**Schwiegertochter** ⟨f. 8u⟩ *Ehefrau des Sohnes*

**Schwiegervater** ⟨m. 3u⟩ *Vater des Ehepartners*

**Schwiele** ⟨f. 19⟩ **1** *durch ständige Reibung entstandene Verdickung der Außenhaut (beim Menschen)* **2** ⟨Zool.⟩ *Hautwulst* (Gesäßschwiele) [< frühnhd. *schwill(en)* < mhd. *swil(e), swel* < ahd. *swil(o)*]

**schwierig** ⟨Adj.⟩ **1** *mühsam, schwer (zu bewerkstelligen)* **2** *schwer zu behandeln, zu erziehen* (Mensch, Kind) ◆ eine schwierige Angelegenheit, Aufgabe, Lage, Sache; das ist ein besonders schwieriger Fall; schwieriges Unternehmen, Vorhaben, Werk [vom nhd. Sprachgefühl als verwandt mit *schwer* empfunden, noch 17. Jh. *schwirig* „eitrig" < mhd. *swiric, swerig* „voll Schwären", seit 16. Jh. auch „aufsässig", abgeleitet von *Schwär, schwären*]

**Schwierigkeit** ⟨f. 20⟩ **1** *etwas Schwieriges, das Schwierige, das Schwierigsein* **2** *Unannehmlichkeit, Hindernis* ◆ wenn du das tust, **bekommst** du Schwierigkeiten; jmdm. Schwierigkeiten **bereiten,** machen, verursachen; Schwierigkeiten **beseitigen,** vermeiden; die Schwierigkeit **liegt** darin, dass ...; ich **sehe** (dabei, hierbei) keine Schwierigkeiten ◆ **berufliche,** geschäftliche Schwierigkeiten ◆ **auf** Schwierigkeiten stoßen; Schwierigkeiten **aus** dem Wege gehen; Schwierigkeiten aus dem Wege räumen; jmdn. **in** Schwierigkeiten bringen; jmdm. Schwierigkeiten in den Weg legen; das ist **mit** großen Schwierigkeiten verbunden [< frühnhd. *schwerig-, schwirigkeit* „Vereiterung" u. spätmhd. *swærecheit* „Schwere, Beschwerlichkeit" < mhd. *swære* „Schwere, Beschwerde, Zwist"; → *schwierig*]

**Schwimmbad** ⟨n. 12u⟩ *Anlage mit Schwimmbecken, Umkleideräumen, im Freien auch mit Liegewiesen*

**Schwimmbeutler** ⟨m. 3; Zool.⟩ = *Yapok*

**schwimmen** ⟨V. 231; ist/hat⟩ **I** ⟨V. i.⟩ **1** *von einer Flüssigkeit getragen werden, nicht untergehen* **2** *sich in einer Flüssigkeit (meist Wasser) fortbewegen* **3** ⟨umg.⟩ *sehr nass, überschwemmt sein* **4** ⟨fig.⟩ *nicht Bescheid wissen, nicht genügend Kenntnisse haben u. deshalb unsicher sein* ◆ am Anfang einer neuen Arbeit schwimmt man noch etwas ⟨fig.⟩; Schiffchen schwimmen **lassen** (als Kinderspiel); schwimmen **lernen** ◆ **ans** Ufer

S

# SCHWERTER, SÄBEL UND DEGEN

Schwerter, Säbel und Degen gehören zu den ältesten Waffen der Menschheit, den Hieb- und Stichwaffen, die sich in der Bronzezeit auf der Grundlage des Dolchs entwickelten. Während Hiebwaffen mit beiden Händen gehalten werden, führt man Stichwaffen, die noch im II. Weltkrieg in Form von Bajonetten beim Nahkampf eingesetzt wurden, mit nur einer Hand. Vom 16. bis zum 19. Jh. griff die Kavallerie vor allem mit breiten Schwertern und Säbeln an, und auch die japanischen Samurai kannten unterschiedlichste Schwertformen. Heute jedoch dienen Hieb- und Stichwaffen abseits des modernen Fechtsports, der seine Wurzeln im 14. Jh. hat und seit 1896 olympische Disziplin ist, meist zeremoniellen oder rituellen Aufgaben, z. B. bei Fechtduellen schlagender studentischer Verbindungen.

TEILE EINES DEUTSCHEN RAPIERS (17. JH.)

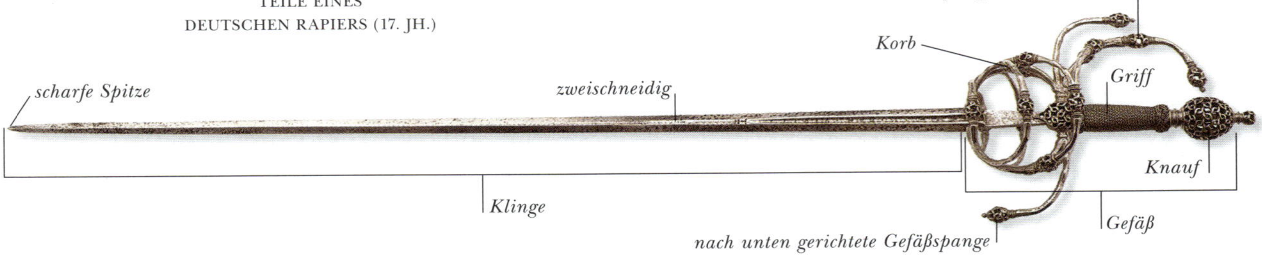


## WEITERE HIEB- UND STICHWAFFEN

BRONZEZEITLICHES SCHWERT (9. JH. v. CHR.)

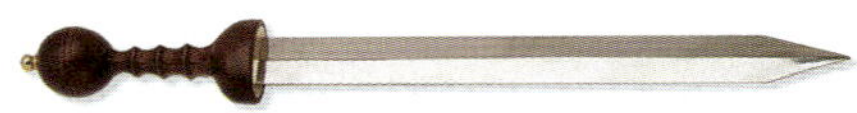

RÖMISCHES GLADIUS (1. JH. n. CHR.)

WIKINGER-SCHWERT (10. JH.)

FRANZÖSISCHES RITTERSCHWERT (14. JH.)

ENGLISCHER ZWEIHÄNDER (15. JH.)

INDISCHES FECHTSCHWERT (17. JH.)

KURZSCHWERT EINES SAMURAI (17. JH.)

DEUTSCHES KAVALLERIERAPIER (17. JH.)

FRANZÖSISCHER JAGDDEGEN (18. JH.)

FRANZÖSISCHER INFANTERIESÄBEL (18. JH.)

ENGLISCHER KURZDEGEN (19. JH.)

INDISCHER SHAMSHIR (19. JH.)

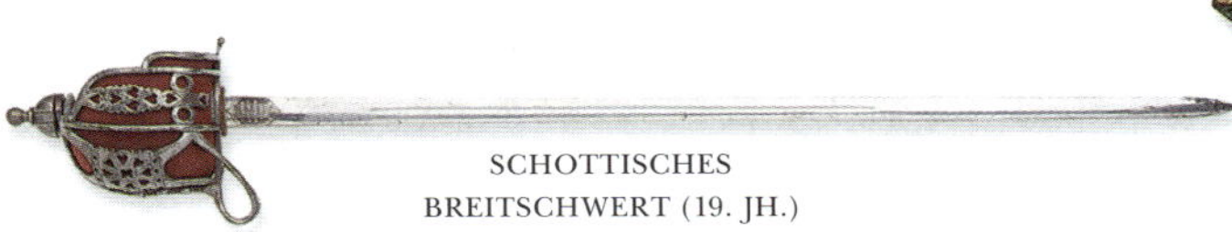

SCHOTTISCHES BREITSCHWERT (19. JH.)

MODERNES FLORETT

schwimmen; **auf** der Brust, dem Rücken, der Seite schwimmen; er schwimmt **im** Geld ⟨fig.; umg.⟩ *er ist sehr reich;* **stromabwärts,** stromaufwärts schwimmen ◆ schwimmender Estrich *Unterboden für Bodenbeläge, der zur Schalldämmung auf seitlich hochgezogenen Dämmschichten so gegossen wird, dass keine Berührung mit den Wänden od. der Tragdecke entsteht;* schwimmende Konturen *Konturen ohne feste Umrisse;* schwimmende Waren *auf Seetransport befindliche Waren* **II** ⟨V. t.⟩ einen **Rekord,** eine gute Zeit schwimmen *beim Schwimmen erzielen* [< mhd., nddt. *swimmen* < ahd. *swimman*]

**Schwimmer** ⟨m. 3⟩ **1** *jmd., der schwimmen kann, der das Schwimmen beherrscht* **2** *jmd., der sich schwimmend fortbewegt* **3** *auf einer Flüssigkeit schwimmender Hohlkörper, der ihren Stand anzeigt od. ein Ventil betätigt* **4** Schwimmer ⟨Pl.⟩ *bootähnliches Gestellpaar unten am Rumpf von Wasserflugzeugen zum Starten u. Landen auf dem Wasser* **5** *Teil der Angel, der auf dem Wasser schwimmt u. den Köder im Wasser schwebend hält* ◆ er ist ein ausdauernder, gewandter Schwimmer

**Schwimmflosse** ⟨f. 19⟩ ► *schuhartige Flosse aus Gummi zum Schwimmen u. Tauchen*

SCHWIMMFLOSSE

**Schwimmweste** ⟨f. 19⟩ *gürtelartige Weste aus wasserdichtem Tuch zur Rettung aus Seenot*

**Schwindel** ⟨m. 5; unz.⟩ **1** *das Schwindligsein* **2** *Störung des Gleichgewichtssinnes: Vertigo* **3** *Vorspiegelung falscher Tatsachen, Betrug, Aufschneiderei* **4** ⟨umg.⟩ *wertloses Zeug, Kram* ◆ **erzähl** nicht solchen Schwindel!; **sein:** das ist alles Schwindel!; mich **überfällt** ein Schwindel ◆ **auf** einen Schwindel hereinfallen *sich betrügen, reinlegen lassen* [→ *schwindeln*]

**schwindelfrei** ⟨Adj.⟩ *selten od. nie von Schwindelgefühl befallen*

**schwindelig** ⟨Adj.⟩ = *schwindlig*

**schwindeln** ⟨V.; hat⟩ **I** ⟨V. i.⟩ **1** *nicht ganz die Wahrheit sagen, lügen* (in kleinen Dingen) **2** *ein wenig betrügen* **3** ⟨unpersönl.⟩ *vom Schwindel befallen werden* ◆ mir, ⟨selten⟩ mich schwindelt; er schwindelt gelegentlich, manchmal, oft **II** ⟨V. t.; umg.⟩ etwas schwindeln *etwas erzählen, behaupten, was nicht wahr ist* ◆ das hat er gestern geschwindelt [< mhd. *swindeln* < ahd. *swintilon* „in Ohnmacht fallen, Schwindelgefühle haben"; → *schwinden*]

**schwinden** ⟨V. i. 232; ist⟩ **1** *abnehmen, sich vermindern, weniger, kleiner werden, zusammenschrumpfen, sich in nichts auflösen* (Hoffnung, Vorrat) **2** *leiser werden* (Ton im Radio) **3** *verblassen* (Farben) **4** *verfallen* (Kräfte) **5** *verschwinden, entschwinden* ◆ meine **Angst,** meine Hoffnung schwindet; sein **Einfluss** schwindet mehr und mehr; **Metall** schwindet beim Bearbeiten, beim Gießen; ihm schwand der **Mut;** die **Sinne** schwanden ihr *sie wurde bewusstlos* ◆ es ist mir aus der Erinnerung geschwunden *ich erinnere mich nicht mehr daran* [< mhd., mnddt. *swinden* < ahd. *swintan* „vergehen, abmagern, bewusstlos werden"]

**Schwindler** ⟨m. 3⟩ **1** *jmd., der schwindelt* **2** *Betrüger* ◆ einem hinterlistigen Schwindler zum Opfer fallen

**schwindlig** ⟨Adj.⟩ *von Schwindel befallen;* oV *schwindelig* ◆ ich bin, mir ist schwindlig; ich werde, mir wird leicht schwindlig

**Schwindsucht** ⟨f. 7u; unz.; Med.; veraltet⟩ *zehrende Krankheit,* ⟨bes.⟩ *Lungentuberkulose* ◆ galoppierende Schwindsucht *letztes Stadium der Lungentuberkulose*

**Schwinge** ⟨f. 19⟩ **1** *Flügel (des Vogels), Fittich* **2** *zweiarmiger Hebel am Handwebstuhl, der die Verbindung zwischen Tritthebel u. Schaft herstellt* **3** *Gerät zum Schwingen des Flachses, Schwingmaschine* **4** *Kornsieb, flacher Korb, Wanne* [< mhd. *swinge* < ahd. *swinga* „Schwinggerät, Peitsche"]

**schwingen** ⟨V. 233⟩ **I** ⟨V. t.; hat⟩ **1** *in großem Bogen hin und her bewegen, schleudernd bewegen* (Fahne) **2** ⟨Phys.⟩ *gleichmäßige Bewegungen um eine Gleichgewichtslage ausführen* **3** *in weitem Bogen ausholen mit* (Schwert, Gerte, Peitsche) ◆ den **Becher,** das Glas schwingen; eine **Fackel,** Fahne, Waffe schwingen; das **Tanzbein** schwingen ⟨umg.⟩ *tanzen* ◆ schön geschwungene Augenbrauen, Lippen; eine kühn, leicht geschwungene Linie **II** ⟨V. refl.; hat⟩ sich schwingen *sich schleudernd, schnellend, mit Schwung bewegen, bes. aufwärts* ◆ sie schwang sich auf der Schaukel hin und her; der Vogel schwang sich in die Luft **III** ⟨V. i.; ist/hat⟩ **1** *sich regelmäßig hin u. her bewegen* (Pendel, Schaukel, Saite) **2** *einen Bogen beschreiben, ausführen* **3** *in großen Bogen abwärts Ski fahren* **4** *sich wellenförmig fortpflanzen* (Ton) **5** *nachklingen* (Worte) **6** ⟨schweiz.; hat⟩ *ringen, indem man versucht, den Gegner hochzuheben u. auf den Boden zu legen* ◆ das **Pendel** der Uhr schwingt; die **Töne** des Schlussakkords schwangen noch im Raum ◆ unüberhörbar schwang der Vorwurf **in** ihrer Stimme ⟨fig.⟩ [< mhd., mnddt. *swingen* „schwingend bewegen; schütteln; mit geschwungenem Gerät schlagen; sich schwingen, fliegen, schweben; sich bewegen" < ahd., asächs. *swingan* „(sich) schwingen, stürzen"]

**Schwingung** ⟨f. 20⟩ **1** *die zeitl. sich wiederholende Zu- u. Abnahme einer physikal. Größe, z. B. das Hin- u. Herschwingen einer Feder od. Saite, von Licht- u. Materiewellen* **2** *Oszillation*

**Schwingungszahl** ⟨f. 20; Phys.⟩ ► = *Frequenz*

**Schwips** ⟨m. 1; umg.⟩ **1** *Schlag mit der Gerte* **2** *kleiner (Alkohol-)Rausch* [zu *schwippen* „leicht schwanken"]

**schwirren** ⟨V. i.; ist⟩ **1** *mit leicht sausendem Geräusch schnell fliegen* **2** *an Ort u. Stelle fliegen* ◆ allerlei Gedanken schwirren mir durch den Kopf ⟨fig.⟩ [lautmalend]

**Schwirrfliege** ⟨f. 19; Zool.⟩ = *Schwebfliege*

**schwitzen** ⟨V.; hat⟩ **I** ⟨V. i.⟩ **1** *Schweiß absondern* **2** *in Schweiß geraten* **3** *Feuchtigkeit absondern* (Wände) **4** ⟨fig.⟩ *sich sehr anstrengen* ◆ die Füße, Hände schwitzen; am ganzen Körper schwitzen; bei der Arbeit, beim Essen schwitzen; vor Angst, Anstrengung, Hitze schwitzen **II** ⟨V. t.⟩ Angst schwitzen ⟨fig.; umg.⟩ *große Angst haben* [< mhd. *switzen* < ahd. *swizzan* „Schweiß absondern"; → *Schweiß*]

**Schwitzkasten** ⟨m. 4u⟩ **1** *heizbarer Holzkasten mit einer Öffnung für den Kopf für Schwitzbäder* **2** ⟨Ringen⟩ *Griff, bei dem der Kopf des Gegners in der Armbeuge gegen den Oberkörper gepresst wird*

**schwören** ⟨V. t. u. V. i. 234; hat⟩ **1** *durch Eid versichern* **2** *geloben, feierlich versprechen, erklären* ◆ ich schwöre dir, dass es so ist; einen **Eid,** den Fahneneid, einen Meineid schwören; **Stein** und Bein schwören ⟨umg.⟩ *fest behaupten* ◆ **falsch,** feierlich, hoch und heilig schwören ◆ **auf** etwas schwören *fest an etwas, an die Wirkung von etwas glauben;* **bei** ewas od. jmdm. schwören *etwas od. jmdn. zum Zeugen anrufen;* **mit** erhobener Hand schwören ◆ ein geschworener Anhänger, Feind von jmdm. od. etwas *ein unbedingter Anhänger, Feind* [< mhd. *swern, swe-ri(g)en* < ahd. *swerien, swerren*]

**schwul** ⟨Adj.; umg.⟩ *homosexuell* (von Männern)

**schwül** ⟨Adj.⟩ **1** *drückend heiß, feuchtwarm* (Luft) **2** ⟨fig.⟩ *beängstigend, beklemmend* **3** *durch unterschwellige Sinnlichkeit erregend* [< nddt. *swul,* ndrl. *zwoel* „drückend heiß"; verwandt mit *schwelen*]

**Schwuler** ⟨m. 29; umg.⟩ *jmd. (männl. Person), der homosexuell ist*

**Schwulst** ⟨m. 1u; unz.⟩ **1** *überschwängliche, hochtrabende, aufgeblasene Redeweise* **2** *Überladenheit, überreicher Schmuck* ◆ eine mit sakralem Schwulst ausgestattete Kirche [< mhd. *swulst* „Geschwür"]

**schwülstig** ⟨Adj.⟩ **1** *hochtönend, hochtrabend, überschwänglich* **2** *überladen, überreich verziert* ◆ ein schwülstiger Ausdruck, Stil

**Schwund** ⟨m. 1; unz.⟩ **1** *das Schwinden* **2** *geschwundene Menge* **3** ⟨bei Waren⟩ *Gewichtsverlust* **4** ⟨Med.⟩ *Abnahme, Verminderung, Schrumpfung* (Muskelschwund)

**Schwung** ⟨m. 1u⟩ **1** *schnelle, treibende Bewegung, Stoßkraft, Triebkraft, Antrieb* **2** *schwingende Bewegung* (Pendelschwung) **3** ⟨fig.⟩ *Begeisterung, inneres Feuer, mitreißende innere Kraft* **4** *geschwungene Form, geschwungene Linie, Bogen, Schnörkel (an Buchstaben)* **5** *Richtungsänderung im Bogen* **6** ⟨umg.⟩ *Menge, größere Anzahl* ◆ die Schwünge der **Skiläufer** ◆ die Sache **bekommt** allmählich Schwung ⟨fig.⟩; (keinen) Schwung **haben,** etwas zu tun ⟨a. fig.⟩ ◆ **dichterischer,** rednerischer, schöpferischer Schwung ◆ jmdn. od. etwas **in** Schwung bringen ⟨fig.; umg.⟩ *antreiben, mitreißen;* eine Schaukel, ein Uhrpendel in Schwung setzen

**schwunghaft** ⟨Adj.; fig.⟩ **1** *mit Schwung durchgeführt* **2** *lebhaft, rege* ◆ einen schwunghaften Handel mit etwas treiben *(meist unter Umgehung der Gesetze) mit etwas handeln*

**Schwungkraft** ⟨f. 7u; unz.⟩ = *Zentrifugalkraft*

**Schwungrad** ⟨n. 12u; Tech.⟩ ▼ *schweres Rad zum Ausgleichen des unregelmäßigen Ganges einer Maschine*

**schwungvoll** ⟨Adj.⟩ *voller Schwung, lebhaft, feurig* (Rede, Stil) ◆ schwungvolle Linien, Schriftzüge

**Schwur** ⟨m. 1u⟩ *Eid* ◆ einen Schwur ablegen, leisten, tun; seinen Schwur brechen, verletzen; seinen Schwur halten; die Hand zum Schwur erheben [→ *schwören*]

**Sciencefiction** ⟨['saiəns 'fikʃn] f. 10⟩ *utopische Prosadichtung auf naturwissenschaftlich-technischer Grundlage* [< engl. *science* „Wissenschaft" + *fiction* „Erfindung, Erzählung"]

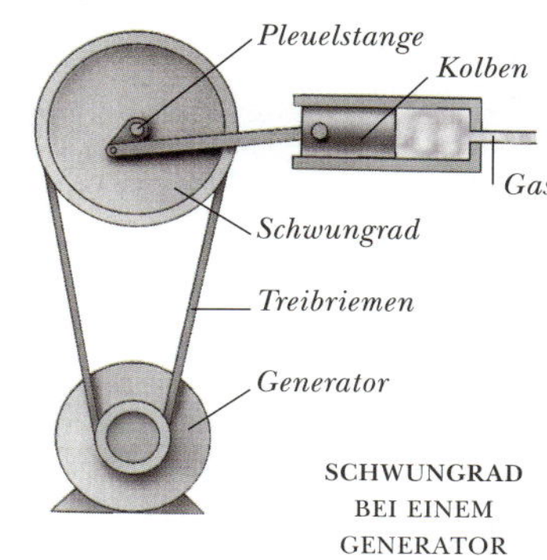

SCHWUNGRAD BEI EINEM GENERATOR

**Scotch** ⟨[skɔtʃ] m. 6⟩ *aus Gerste hergestellter schottischer Whisky* [engl., kurz für *Scotch whisky* „schottischer Whisky"]

S

**Scotland Yard** ⟨[skɔtlənd 'ja:(r)d] m.; - -; unz.⟩ *(Hauptdienststelle der) Londoner Kriminalpolizei* [engl., „schottischer Platz“ (nach dem Sitz des Dienstgebäudes in London)]
**Scout** ⟨[skaut] m. 6⟩ *Pfadfinder* [engl., „Weggefährte“ < mengl. *scouten* < afrz. *escouter* „zuhören“ < lat. *auscultare*]
**Scrabble** ⟨[skræbl] n. 15; Warenzeichen⟩ *Gesellschaftsspiel, bei dem Buchstaben waagerecht u. senkrecht zu Wörtern verbunden werden müssen* [< engl. *scrabble* „kritzeln“]
**Scrapie** ⟨['skrɛipi] f.; -; unz.⟩ *der BSE ähnliche, vor allem bei Schafen auftretende Tierseuche, bei der das Zentralnervensystem mit tödlicher Folge erkrankt, Traberkrankheit* [engl., vielleicht zu *scrappy* „kratzen, schaben; sich (gerade noch) durchschlagen“]
**Scylla** ⟨['stsyla] f.; -; unz.⟩ **1** *gefährl. Klippe gegenüber der Charybdis* **2** ⟨grch. Myth.⟩ *Meeresungeheuer, das die Vorüberfahrenden verschlingt;* oV *Szylla* ◆ sich zwischen Scylla und Charybdis befinden *zwischen zwei gleich großen Gefahren od. Schwierigkeiten*
**Se** ⟨Chem.; Zeichen für⟩ *Selen*
**Se.** ⟨Abk. für⟩ *Seine (Exzellenz usw.)*
**Sealyhamterrier** ⟨[si:liəm-] m. 3⟩ ▼ *robuster Terrier mit schlichtem, hartem Deckhaar ohne Lockenbildung* [nach dem walisischen Landsitz *Sealy Ham* in Pembrokeshire (wo diese Rasse erstmals gezüchtet wurde) + *Terrier*]

SEALYHAMTERRIER

**Séance** ⟨[se'ãs(ə)] f. 19⟩ *spiritistische Sitzung* [frz., „Sitz, Sitzung“; zu *seoir* < lat. *sedere* „sitzen“]
**sec I** ⟨Abk. für⟩ *Sekans, Sekunde* **II** ⟨Adj.⟩ *herb* (Wein) [frz., „trocken“]
**secco** ⟨Adj.⟩ *trocken, herb* (Sekt, Wein) [ital.]
**sechs** ⟨[-ks] Num.; in Ziffer⟩ *6* ◆ wir waren sechs, ⟨od. umg.⟩ zu sechsen, ⟨od.⟩ zu sechst; wo sechs essen, wird auch der siebente satt ⟨Sprichw.⟩ [< mhd. *sehs* < ahd. *sehs* < lat. *sex*]
**Sechs** ⟨[-ks] f. 20⟩ *die Zahl 6*
**Sechseck** ⟨[-ks-] n. 11; Geom.⟩ = *Sexagon*
**Sechser** ⟨[-ks-] m. 3⟩ ⟨Lotto⟩ *Gewinn mit sechs richtigen Zahlen, Hauptgewinn, Haupttreffer*
**Sechsflach** ⟨n. 11⟩, **Sechsflächner** ⟨[-ks-] m. 3; Geom.⟩ ► = *Hexaeder*
**sechshundert** ⟨[-ks-] Num.; in Ziffern⟩ *600*
**Sechsstern** ⟨[-ks-] m. 1⟩ ► = *Hexagramm*
**Sechstagewerk** ⟨[-ks-] n. 11; unz.; AT⟩ *die Erschaffung der Welt in sechs Tagen*
**Sechstel** ⟨[-ks-] n. 13 od. schweiz.: m. 5⟩ *sechster Teil* [< *sechs* + *Teil*]
**sechstens** ⟨[-ks-] Adv.⟩ *an sechster Stelle*
**sechzehn** ⟨Num.; in Ziffern⟩ *16*
**Sechzehntel** ⟨n. 13 od. schweiz.: m. 5⟩ **1** *16. Teil* **2** ⟨Mus.⟩ *Sechzehntelnote*
**sechzig** ⟨Num.; in Ziffern⟩ *60*
**Sechzig** ⟨f. 20⟩ *die Zahl 60*
**secondhand** ⟨[sɛkənd'hænd] Adj.; undekl.⟩ *gebraucht, aus zweiter Hand* ◆ Kleidung secondhand kaufen [engl.]

SEEBÄR: GALAPAGOSSEEBÄR
*(Arctocephalus galapagoensis)*

**sedieren** ⟨V. t.; hat⟩ *durch Schlafmittel beruhigen* [zu lat. *sedare* „beruhigen“]
**Sediment** ⟨n. 11⟩ **1** ⟨Geol.⟩ *Ablagerung, Absatz- od. Schichtgestein* **2** *Bodensatz* [zu lat. *sedimentum* „Bodensatz“, zu *sedere* „sitzen, sich setzen“]
**Sedimentgestein** ⟨n. 11; Geol.⟩ ▼ *durch Ablagerung entstandenes Gestein, Schichtgestein*
**See I** ⟨m. 24⟩ **1** *große, mit Wasser gefüllte Bodenvertiefung, stehendes Binnengewässer* (Binnensee) **2** *künstlich angelegtes, großes Wasserbecken* (Stausee) ◆ das Hotel liegt unmittelbar an einem See; über den See rudern **II** ⟨f. 19⟩ **1** *Meer* **2** *große, sich brechende Welle* (Sturzsee) ◆ **bewegte,** ruhige, stürmische See; **faule** See *Windstille;* auf **hoher** See *auf dem Meer, ohne Land zu sehen;* in die **offene** See hinausfahren; **raue,** schwere See *hoher Wellengang* ◆ im Urlaub **an** die See fahren, reisen; Kapitän, Leutnant **zur** See *bei der Marine* [< mhd. *se* < ahd. *se(o)* „Binnensee, Meer“]

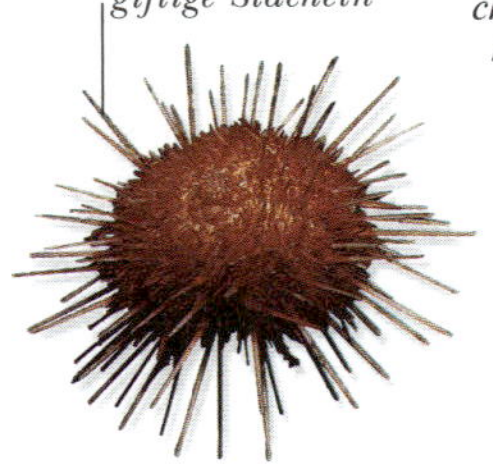


SEEIGEL
*(Sterechinus neumayeri)*

**Seeadler** ⟨m. 3; Zool.⟩ *großer, weißschwänziger Raubvogel, der sich von größeren Vögeln u. mittelgroßen Säugetieren ernährt: Haliaetus albicilla*
**Seeanemone** ⟨f. 19; Zool.⟩ *Angehörige einer Gattung der Korallentiere mit langen Tentakeln: Anemonia*
**Seebär** ⟨m. 16⟩ **1** ⟨Zool.⟩ ◄ *Angehöriger der sich in Gattungen der Ohrenrobben (Callorhina) u. der Südlichen Seebären (Arctocephalus) aufteilenden Familie Arctocephalini, der im Wasser in Männchen- u. Weibchenrudeln u. an Land in Haremsfamilien lebt;* Sy *Pelzrobbe* **2** ⟨fig.; umg.⟩ *erfahrener, älterer Seemann* **3** ⟨Geogr.⟩ *plötzliche Flutwelle an der Ost- od. Nordseeküste*
**Seebarbe** ⟨f. 19; Zool.⟩ ► = *Meerbarbe*
**Seeblase** ⟨f. 19⟩ ► *Staatsqualle, die sich mithilfe einer an der Wasseroberfläche schwimmenden Gasblase vom Wind über das Meer treiben lässt: Physalia*
**Seefeder** ⟨f. 21⟩ *zu den Octocorallia gehörendes, federartiges Meerestier, das im Gegensatz zu allen übrigen Korallen nicht festgewachsen ist, sondern nur locker im Untergrund steckt: Pennatularia;* Sy *Federkoralle*
**Seegang** ⟨m. 1u; unz.⟩ *Bewegung der See, Wellengang* ◆ hoher, leichter Seegang
**Seegras** ⟨n. 12u; unz.; Bot.⟩ *Mitglied einer Gattung der Seegrasgewächse, im Meeresschlamm der Küsten wurzelnde Pflanze mit grasartigen Blättern, die getrocknet als Polstermaterial verwendet werden: Zostera;* Sy *Seetang*
**Seegurke** ⟨f. 19; Zool.⟩ = *Seewalze*
**Seehase** ⟨m. 17; Zool.⟩ ► = *Lumpfisch*
**Seehecht** ⟨m. 1; Zool.⟩ *Schellfisch, der sich von Fischen ernährt: Merluccius vulgaris;* Sy *Meerhecht, Hechtdorsch*

## SEDIMENTGESTEINE

Alle Gesteinsarten verwittern an der Erdoberfläche, wobei Trümmer entstehen, die von der Schwerkraft sowie von Wasser, Wind und Gletschern weitergetragen und andernorts abgelagert werden. Im Lauf der Jahrmillionen verfestigen sich diese Ablagerungen zu Sedimentgesteinen wie Sandstein oder Kalk. Zu den organischen, aus abgestorbenen Lebewesen entstandenen Sedimentgesteinen zählen Kohle, Torf und Erdöl.

ENTSTEHUNGSORTE VON SEDIMENTGESTEINEN

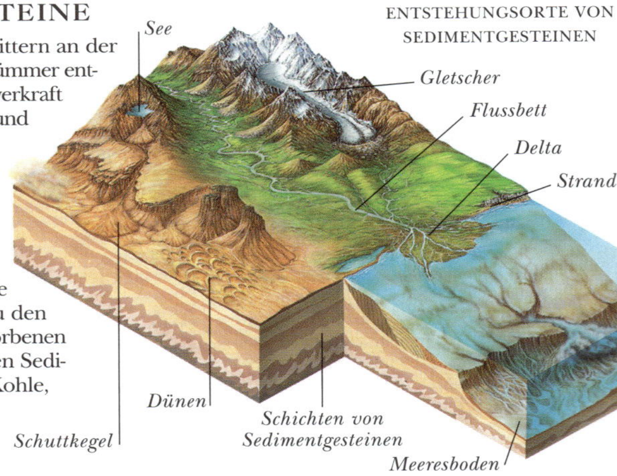


VERSCHIEDENE SEDIMENTGESTEINE

QUARZ-KONGLOMERAT | SANDSTEIN | MUSCHEL-KALK | ÖL-SCHIEFER | KOHLE

**Seehund** ⟨m. 1; Zool.⟩ **1** ⟨i. w. S.⟩ ► *Angehöriger einer Familie der Robben, die im Gegensatz zu den Ohrenrobben kein äußeres Ohr haben: Phocidae* **2** ⟨i. e. S.⟩ Gemeiner Seehund *in den nördl. Meeren verbreiteter, bis zu 2 m langer Seehund, Meerkalb: Phoca vitulina* [< frühnhd. *Seelhund,* mnddt. *selhund,* verdeutlichend für *seel* < mhd. *sele* < ahd. *selah, selho,* engl. *seal*]

**Seeigel** ⟨m. 5; Zool.⟩ ◄ *kugel-, herz- od. scheibenförmiges Meerestier aus dem Stamm der Stachelhäuter, dessen aus Kalktafeln aufgebautes Skelett den Körper außen umschließt u. bewegl. Stacheln besitzt: Echinoidea;* Sy *Echinus*

**Seejungfer** ⟨f. 21; Zool.⟩ **1** *smaragdgrüne Libelle mit großen, blau schillernden Flügelflecken: Calopteryx virgo* **2** = *Seekuh*

SEEBLASE
(*Physalia* species)

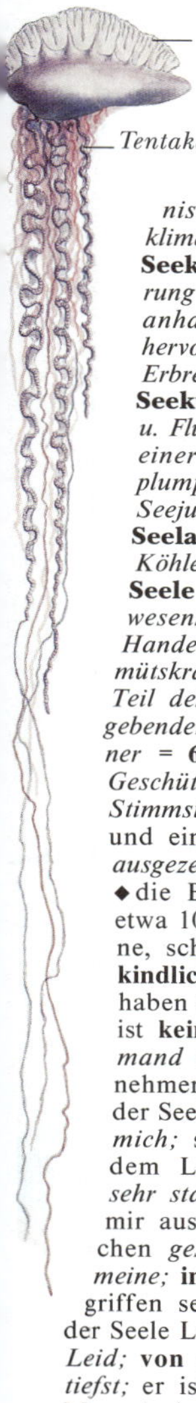


**Seeklima** ⟨n.; -s; unz.⟩ *Klima meeresnah gelegener Länder mit geringen Temperaturschwankungen, hoher Winter- u. niedriger Sommertemperatur;* Sy *Meeresklima, maritimes Klima, ozeanisches Klima;* Ggs *Kontinentalklima*

**Seekrankheit** ⟨f. 20; unz.⟩ *durch Störung des Gleichgewichtsorgans infolge anhaltender schaukelnder Bewegung hervorgerufene Krankheit mit Übelkeit, Erbrechen, Schwindel*

**Seekuh** ⟨f. 7u; Zool.⟩ *an Meeresküsten u. Flussmündungen lebende Angehörige einer Ordnung der Säugetiere mit plumpem Körper: Sirenia;* Sy *Sirene, Seejungfer (2);* ► *Säugetiere*

**Seelachs** ⟨[-ks] m. 1; Handelsbez. für⟩ *Köhler*[2]

**Seele** ⟨f. 19⟩ **1** *Innenleben eines Lebewesens, das sich im Denken, Fühlen, Handeln od. Bewegen äußert* **2** *die Gemütskräfte des Menschen* **3** *der unsterbl. Teil des Menschen* **4** *Triebkraft, lebengebender Mittelpunkt* **5** *Mensch, Einwohner* = **6** *Hohlraum des Gewehrlaufs od. Geschützes* **7** ⟨bei Streichinstrumenten⟩ *Stimmstock* ◆ die beiden sind ein **Herz** und eine Seele ⟨fig.⟩ *sie verstehen sich ausgezeichnet;* an **Leib** und Seele gesund ◆ die Bevölkerung des Dorfes beträgt etwa 1000 Seelen; eine **edle,** große, reine, schöne, stolze Seele; sie hat eine **kindliche,** zarte Seele; eine **gute** Seele haben ⟨umg.⟩ *gutmütig, selbstlos sein;* es ist **keine** Seele hier ⟨fig.; umg.⟩ *niemand* ◆ Schaden **an** seiner Seele nehmen; es liegt mir schwer **auf** der Seele, dass ... *es bedrückt mich;* sich die Seele **aus** dem Leib husten ⟨umg.⟩ *sehr stark husten;* du hast mir aus der Seele gesprochen *gesagt, was auch ich meine;* **in** tiefster Seele ergriffen sein; es tut mir in der Seele Leid *sehr, unendlich Leid;* **von** ganzer Seele *zutiefst;* er ist eine Seele von Mensch ⟨umg.⟩ *ein gutmütiger, selbstloser Mensch* [< mhd. *sele* < ahd. *se(u)la*]

**Seelenamt** ⟨n. 12u; kath. Kirche⟩ *Totenmesse*

**Seelenruhe** ⟨f.; -; unz.⟩ *innere Ruhe, Gemütsruhe, Ausgeglichenheit* ◆ in aller Seelenruhe erwartete er den Ausgang der Verhandlungen

## SEEHUNDE

Seehunde leben an den Küsten aller Meere und an den Ufern großer Binnengewässer. Sie weisen im Gegensatz zu den Ohrenrobben keine äußeren Ohrmuscheln auf und können, da sie Sauerstoff im Blut und in den Muskeln speichern, bis zu 30 Minuten unter Wasser bleiben. Die Weddellrobbe taucht dabei bis in Rekordtiefen von 600 m hinab.

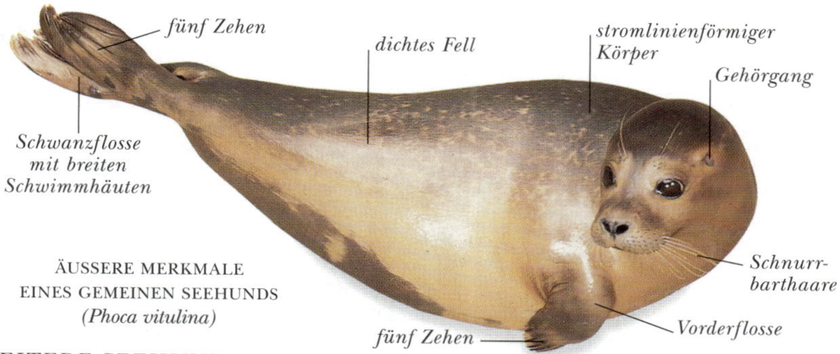


ÄUSSERE MERKMALE EINES GEMEINEN SEEHUNDS (*Phoca vitulina*)

### WEITERE SEEHUNDARTEN

KLAPPMÜTZE (*Cystophora cristata*)

BAIKALROBBE (*Phoca sibirica*)

SATTELROBBE (*Phoca groenlandica*)

**Seelenwanderung** ⟨f. 20; unz.⟩ *nach der Lehre verschiedener Religionen die Wiederverkörperung der Seele nach dem leibl. Tod in anderer Gestalt (Mensch, Tier, Pflanze) in einem neuen Leben*

**Seeleopard** ⟨m. 16; Zool.⟩ *zu den Seehunden gehörende Robbe der Antarktis: Hydrurga leptonyx*

**seelisch** ⟨Adj.⟩ *die Seele betreffend, auf ihr beruhend, ihr angehörend* ◆ eine seelische Belastung, Erschütterung, Störung; sie befindet sich in großer seelischer Erregung; sein seelisches Gleichgewicht verlieren, wiederfinden; ein seelisches Leiden

**Seelöwe** ⟨m. 17; Zool.⟩ *Angehöriger einer Gruppe der Ohrenrobben* ◆ Stellers Seelöwe *im Nordpazifik lebender Seelöwe: Euliametops jubatus;* Kalifornischer Seelöwe *im Pazifik lebender Seelöwe, der wegen seines guten Balanciervermögens bekannt ist: Zalophus californianus;* ► *Säugetiere*

**Seelsorger** ⟨m. 3⟩ *besonders der im Gemeindedienst tätige Geistliche*

**Seemann** ⟨m.; -(e)s, -leute⟩ *jmd., der auf einem Hochseeschiff beschäftigt ist*

**Seemannsgarn** ⟨n. 11; unz.; fig.; umg.⟩ *abenteuerliche, stark übertriebene, skurrile u. nicht ganz der Wahrheit entsprechende Erzählung eines Seemanns* ◆ Seemannsgarn spinnen *eine abenteuerliche Geschichte, die oft erfunden ist, erzählen*

**Seemannslied** ⟨n. 12⟩ *von Seeleuten handelndes u. gesungenes Lied*

**Seemaus** ⟨f. 7u; Zool.⟩ *oft mit Befestigungsschnüren versehenes Ei von Haien u. Rochen*

**Seemeile** ⟨f. 19; Zeichen: sm⟩ *bei seefahrenden Völkern gebräuchliches Längenmaß: 1852 bzw. 1855 m*

**Seenadel** ⟨f. 21; Zool.⟩ *Angehörige einer Gattung im Meeres- u. Brackwasser lebender Fische mit kantiger, nadelförmiger Gestalt u. röhrenartiger Schnauze, ohne Rippen: Syngnathus*

**Seenot** ⟨f. 7u; unz.⟩ *schwere Gefahr des Untergangs von Schiffen u. auf See notgelandeten Flugzeugen* ◆ Rettung aus Seenot; Schiff in Seenot

**Seenotrettungskreuzer** ⟨m. 3; Mar.⟩ ◄ *besonders seetüchtiges, wendiges Schiff mit Beiboot zur Rettung Schiffbrüchiger*

**Seeotter** ⟨m. 3; Zool.⟩ *robbenartiges, zu den Ottern gehöriges Raubtier der nördl. Küsten mit kostbarem Fell: Enhydra lutris;* Sy *Meerotter*

**Seepferd** ⟨n. 11; Zool.⟩ = *Seepferdchen*

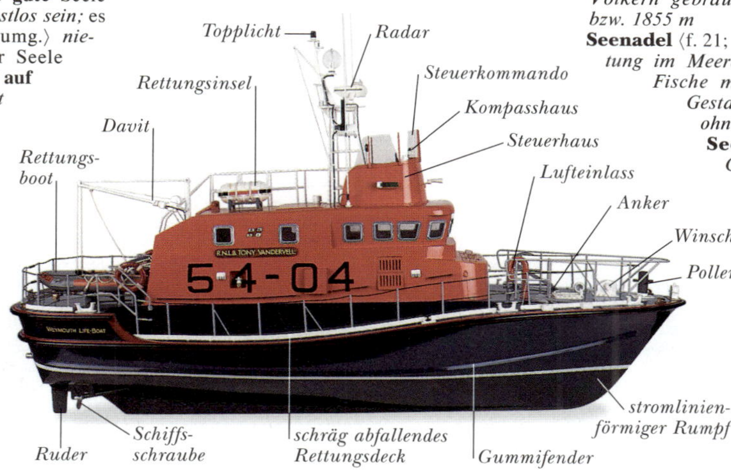


SEENOTRETTUNGSKREUZER:
SINKSICHERER SEENOTRETTUNGSKREUZER

S

## SEEVÖGEL

Die an schwer zugänglichen Stellen in Kolonien nistenden Seevögel sind besonders an das Leben am und im Meer angepasst, z. B. durch ein wasserundurchlässiges Gefieder, Schwimmhäute und Nasendrüsen, die überschüssiges Salz ausscheiden. Ihre Nahrung holen sie sich aus dem Meer: Albatrosse packen ihre Beute an der Wasseroberfläche, Tölpel stürzen sich aus größerer Höhe ins Meer, während Papageitaucher von der Oberfläche abtauchen, um Fische zu fangen.

**Seepferdchen** ⟨n. 14; Zool.⟩ *Angehöriges einer Gattung der Seenadeln, deren Männchen die Jungen in einer Bruttasche tragen: Hippocampus;* Sy *Seepferd;* ► *Fische*

**Seepocke** ⟨f. 19; Zool.⟩ *Angehörige einer Gruppe der Rankenfußkrebse mit kegelförmigem Gehäuse, dessen kraterförmige Öffnung meist durch zwei bewegliche Klappen verschlossen werden kann: Balanomorpha*

**Seerabe** ⟨m. 17; Zool.⟩ ► = *Kormoran*

**Seeräuber** ⟨m. 3⟩ *jmd., der Seeraub begeht;* Sy *Pirat*

**Seeringelwurm** ⟨m. 2u; Zool.⟩ *bis zu 10 cm langer Borstenwurm, der in verschiedenen Farben (gelb, grün, rot u. orange) auftritt: Nereis diversicolor*

SEESCHWALBE: ZWERGSEESCHWALBE (*Sterna albifrons*)

**Seerose** ⟨f. 19; Bot.⟩ **1** = *Aktinie* **2** ► = *Teichrose*

**Seeschildkröte** ⟨f. 19; Zool.⟩ *Meeresschildkröte, deren Panzer aus großen Knochenplatten besteht: Cheloniidae*

**Seeschmetterling** ⟨m. 1; Zool.⟩ *Schleimfisch mit bunten Flossen, die Schmetterlingsflügeln ähneln: Blennius ocellaris*

**Seeschwalbe** ⟨f. 19; Zool.⟩ ▲ *Angehörige einer Unterfamilie der Möwen mit besonders zierlichem Körper u. gewandtem Flug: Sterninae;* ► *Vögel*

**Seeskorpion** ⟨m. 1; Zool.⟩ *gefräßiger Raubfisch, dessen Kopf mit Stacheln versehen ist: Cottus scorpius*

**Seespinne** ⟨f. 19; Zool.⟩ **1** *gelbrote Dreieckskrabbe, die meist mit Algen, Schwämmen od. Polypenkolonien bewachsen ist: Hyas araneus* **2** = *Asselspinne*

**Seestern** ⟨m. 1; Zool.⟩ **1** *Angehöriger einer Ordnung der Stachelhäuter mit flachem, sternförmigem Körper mit meist fünf Armen: Asteroidea* **2** ⟨i. e. S.⟩ *Asterias rubens*

**Seestichling** ⟨m. 1; Zool.⟩ *zur Gattung der Stichlinge gehöriger, nur in Salzwasser lebender, etwa 18 cm langer Fisch: Spinachia spinachia;* Sy *Meerstichling*

**Seetang** ⟨m. 1; unz.; Bot.⟩ = *Seegras*

**Seetaucher** ⟨m. 3; Zool.⟩ *Angehöriger einer Ordnung sehr gewandt tauchender Schwimmvögel: Gaviae*

**Seeteufel** ⟨m. 5; Zool.⟩ **1** ⟨i. w. S.⟩ *Angehöriger einer Unterordnung der Armflosser mit abgeplattetem Körper: Lophioidei* **2** ⟨i. e. S.⟩ = *Anglerfisch*

**seetüchtig** ⟨Adj.⟩ *fähig, übers Meer zu fahren, tauglich für hohe See* (Schiff)

**Seevogel** ⟨m. 5u; Zool.⟩ ▲ *an der See lebender, auf See seine Nahrung suchender Vogel;* ► *Vögel*

**Seewalze** ⟨f. 19; Zool.⟩ *wurmförmig gestreckter Stachelhäuter mit lederartiger Körperhülle, in der kleine Kalkkörperchen lose liegen: Holothurioidea;* Sy *Seegurke*

**Seeweg** ⟨m. 1⟩ *Weg übers Meer* ◆ der Seeweg nach Indien; auf dem Seeweg reisen; Waren auf dem Seeweg befördern

**Seewesen** ⟨n.; -s; unz.⟩ *alle Einrichtungen u. Vorgänge, die zur Segelschifffahrt gehören*

**Seewolf** ⟨m. 1u; Zool.⟩ **1** ⟨i. e. S.⟩ *gefräßiger Schleimfisch mit gewaltigem Gebiss: Anarhichas lupus;* Sy *Karbonadenfisch, Katfisch* **2** ⟨i. w. S.⟩ *Angehöriger einer Familie der Schleimfischartigen, großer Meeresfisch ohne Bauchflossen u. mit mächtigen Fangzähnen: Anarhichadidae*

**Seezunge** ⟨f. 19; Zool.⟩ *Plattfisch der europäischen Küsten mit wohlschmeckendem Fleisch: Solea solea*

**Segel** ⟨n. 13⟩ **1** ⟨Mar.⟩ *am Mast eines Schiffes befestigtes, durch Taue ausgespanntes Leinwandtuch, in dem sich der Wind fängt, so dass sich das Schiff fortbewegt* **2** *als Sonnenschutz aufgespanntes Leinwandtuch* (Sonnensegel) ◆ die Segel **aufziehen,** klarmachen, heißen, hissen; die Segel **reffen;** die Segel **streichen** ⟨fig.; umg.⟩ *nachgeben, klein beigeben, sich zurückziehen* ◆ jmdm. den Wind **aus** den Segeln nehmen ⟨fig.; umg.⟩ *sein Vorhaben verhindern;* **unter** Segel gehen *abfahren* [< mhd. *segel, sigel* < ahd. *segal*]

**Segelboot** ⟨n. 11; Mar.⟩ *Boot, das mit Segeln fortbewegt wird*

**Segelflosser** ⟨m. 3; Zool.⟩ *Angehöriger einer Gattung der Buntbarsche mit einem scheibenförmigen Körper u. hoher Rücken- u. Afterflosse: Pterophyllum*

**Segelflug** ⟨m. 1u⟩ *Flug mit motorlosem Flugzeug unter Ausnutzung aufsteigender Luftströmungen*

**Segelflugzeug** ⟨n. 11⟩ *motorloses Flugzeug;* ► *Luftfahrzeuge*

**Segeljacht** ⟨f. 20⟩ *Jacht, die mit Segeln fortbewegt wird;* oV *Segelyacht*

**segeln** ⟨V. i.; hat; fig. u. bei Vorwärtsbewegung: ist⟩ **1** *mit einem Segelboot fahren* **2** *sich mithilfe des Windes auf dem Wasser od. durch die Luft fortbewegen* **3** ⟨fig.; umg.⟩ *schnell, mit fliegenden Röcken, gewichtig gehen* **4** *fallen, stürzen* [→ *Segel*]

**Segelschiff** ⟨n. 11⟩ ► *Schiff, das mit Segeln fortbewegt wird*

**Segelyacht** ⟨f. 20⟩ = *Segeljacht*

**Segen** ⟨m. 4; unz.⟩ **1** *Gunst, Gnade* **2** *Heil, Glück* **3** *Bitte um die Gnade Gottes (auch als Teil des Gottesdienstes)* **4** ⟨umg.⟩ *Einverständnis, Zustimmung* ◆ den Segen **erteilen,** spenden, sprechen; jmdm. seinen Segen **geben** ◆ es ist ein **wahrer** Segen ◆ den Segen **über** jmdn. od. etwas sprechen; ihm, uns **zum** Segen [< mhd., mnddt. *segen* < ahd., ags. *segan* < langobard. *segum* „(Segnung mit dem) Kreuzeszeichen; Zauber“, Rückbildung zu *segnen*]

SEGLER: MAUERSEGLER (*Apus apus*)

**Segenswunsch** ⟨m. 1u⟩ **1** *Wunsch nach (göttl.) Segen für jmdn.* **2** *größter, innigster Wunsch* ◆ herzliche Glück- und Segenswünsche zum Geburtstag, zur Taufe

**Segge** ⟨f. 19; Bot.⟩ *Angehöriger einer Gattung der Riedgräser mit dreikantigen Halmen ohne knotige Gliederung: Carex;* Sy *Riedgras (2)* [< frühnhd. *sacher* < mhd. *saher* < ahd. *sahar*]

**Segler** ⟨m. 3⟩ **1** *Segelschiff* **2** *jmd., der Segelsport betreibt* **3** ⟨Zool.⟩ ▲ *Angehöriger einer Familie den Schwalben ähnelnder, schnell fliegender Vögel mit schmalen, langen Flügeln: Apodidae;* ► *Vögel*

**Segment** ⟨n. 11⟩ **1** *Abschnitt, Teilstück* **2** *Kreisabschnitt, Kugelabschnitt* **3** *jeder der hintereinander gelegenen Abschnitte, aus denen (entwicklungsgeschichtlich) der Körper zusammengesetzt ist, bes. bei Wirbelsäule u. Rückenmark* **4** *gleichförmiges Teil, aus dem der Körper von Tieren aufgebaut ist* [< lat. *segmentum* „Schnitt; Ein-, Abschnitt"; zu *secare* „(ab)schneiden"; → *sezieren*]

**segmentieren** ⟨V. t.; hat⟩ *in Segmente teilen*

**segnen** ⟨V. t.; hat⟩ jmdn. segnen **1** *jmdm. Segen spenden, den Segen über jmdn. sprechen* **2** *Gottes Segen auf jmdn. herabwünschen* **3** *das Zeichen des Kreuzes über jmdm. machen* **4** *weihen* ◆ Gott segne dich!; der Pfarrer segnet die **Gemeinde;** das **Zeitliche** segnen ⟨fig.⟩ *sterben* ◆ segnend die Hände ausbreiten, heben; im gesegneten Alter von 90 Jahren entschlief heute ... *(Todesanzeige);* ein gesegnetes Jahr wünschen; einen gesegneten Schlaf haben ⟨fig.⟩ *guten, festen Schlaf* [< mhd. *segenen* „bekreuzigen, segnen" < ahd. *segannon* < kirchenlat. *signare* „bezeichnen, (ver)siegeln; das Zeichen des Kreuzes machen"; zu *signum* „Zeichen (des Kreuzes), Kenn-, Merkzeichen"; → *Segen, Signum*]

**Segregat** ⟨n. 11⟩ *Ausgeschiedenes* [< lat. *segregatum* „das Abgetrennte"; Part. Perf. von *segregare* „absondern, entfernen"]

**Sehachse** ⟨[-ks-] f. 19⟩ *bis zum betrachteten Gegenstand verlängerte Augenachse*

**sehen** ⟨V. 235; hat⟩ **I** ⟨V. t.⟩ **1** ▼ *mit dem Gesichtssinn wahrnehmen, unterscheiden* **2** *entdecken, bemerken* **3** *erblicken, erschauen* **4** *erkennen* **5** *erleben* **6** ⟨umg.⟩ *versuchen, sich bemühen* ◆ ich kann darin keine beleidigende **Absicht** sehen ⟨fig.⟩; hast du den **Film,** das Theaterstück schon gesehen?; siehe **Seite ...** *(Verweis in Büchern);* er hat einmal bessere **Zeiten** gesehen ⟨fig.⟩ *früher lebte er in besseren Verhältnissen* ◆ das habe ich **kommen** sehen ⟨fig.⟩ *erwartet;* ich habe ihn kommen sehen; **lassen** Sie einmal sehen! *zeigen Sie es mir;* dieses Werk kann sich sehen lassen *es ist gut gelungen;* wir **werden** ja, ⟨od.⟩ schon sehen *(ausweichende Antwort) lass uns abwarten, die Zeit wird es bringen* ◆ ich kann das gegenüberliegende Ufer **deutlich,** gut, kaum, nur verschwommen sehen; die Dinge; er sieht es nicht **gern,** wenn ... ⟨fig.⟩ *er möchte nicht, dass ..., er mag es nicht, wenn ...* ◆ siehe **auch ...** ⟨Abk.: s. a.⟩ *(Verweis in Büchern);* jmdn., Gäste **bei** sich sehen *empfangen;* Sie sehen **daraus,** dass ... *Sie erkennen daraus;* das muss man **im** Zusammenhang sehen ⟨fig.⟩ *beurteilen;* jmdn. od. etwas **von** weitem sehen; wir kennen uns vom Sehen *nur flüchtig;* es ist nichts (mehr davon) **zu** sehen; ich freue mich, Sie zu sehen *(Begrüßungsformel)* ◆ **wann** hast du ihn zuletzt gesehen?; **wo** hast du ihn gesehen? ◆ gesehen *(als Vermerk auf Akten);* stets gern gesehen sein *willkommen sein;* ein gern gesehener Gast **II** ⟨V. refl.⟩ sich sehen, ⟨eigtl.⟩ einander sehen *sich treffen* ◆ ich sehe mich **bemüßigt,** gezwungen, veranlasst ...; leider sehen wir uns **gezwungen,** Ihnen mitzuteilen, dass ... **III** ⟨V. i.⟩ *etwas wahrnehmen, erkennen, begreifen können* ◆ wer nicht sehen **will,** dem hilft keine Brille ⟨Sprichw.⟩ ◆ jmdm. **ähnlich** sehen *ihm gleichen;* das sieht ihm ähnlich ⟨fig.; umg.⟩ *diese Handlungsweise ist bezeichnend für ihn;* **gut,** scharf, schlecht, weit sehen ◆ **auf** jmdn. od. etwas sehen ⟨meist fig.⟩ *auf ihn, sie, darauf achten, aufpassen, sich um ihn, sie, es kümmern;* **aus** dem Fenster sehen; sieh **da!** *(Ausruf des Erkennens, Erstaunens);* **durch** die Brille, ein Fernglas, die Lupe, das Mikroskop sehen; sie kann beruhigt **in** die Zukunft sehen *ihre Zukunft ist gesichert;* **nach** der Uhr sehen; siehe **oben** ⟨Abk.: s. o.⟩ *vergleiche (als Verweis in Büchern);* siehe **unten** ⟨Abk.: s. u.⟩ *vergleiche;* **von** seinem Standpunkt aus gesehen, ist es richtig [< mhd. *sehen* < ahd. *sehan*]

**sehenswert** ⟨Adj.; -er, am -esten⟩ *so beschaffen, dass man es sich ansehen sollte* ◆ der Film ist wirklich sehr sehenswert

## SEGELSCHIFF

Die ersten Segelschiffe kamen vor rund 8000 Jahren auf dem Nil zum Einsatz. In der Folgezeit wurden Segelboote und -schiffe für die unterschiedlichsten Zwecke genutzt, anfangs für den Transport von Gütern und Menschen, im 20. Jh. jedoch vor allem für Sport und Freizeit.

ZWEIMASTSCHONER DES 19. JH.

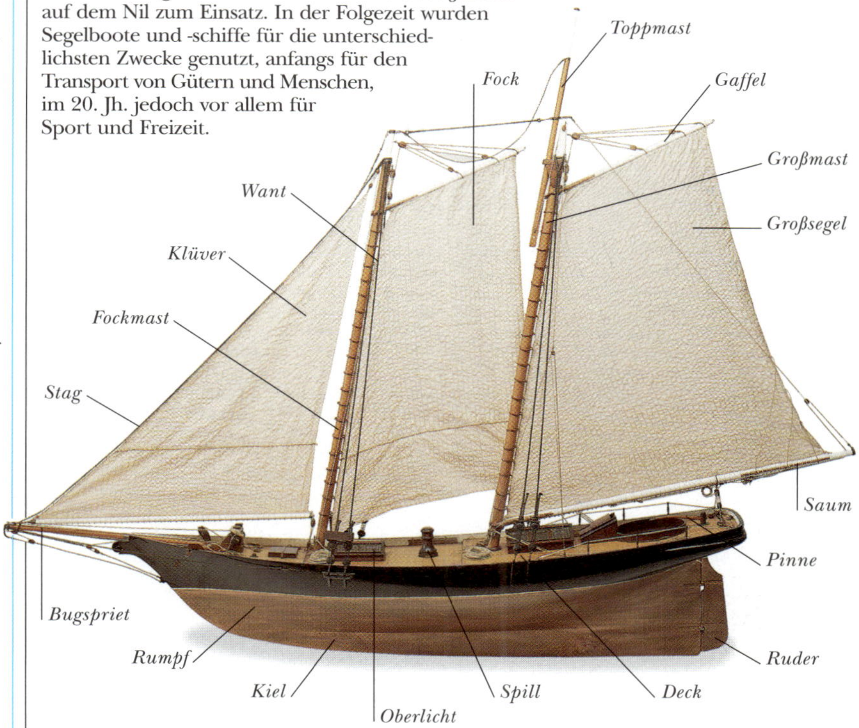


## SEHEN

Beim Sehen werden Lichtstrahlen von der Hornhaut und der Linse so gebrochen, dass ein Kopf stehendes, seitenverkehrtes scharfes Bild auf der Netzhaut entsteht. Sinneszellen in der Netzhaut nehmen diese Lichtstrahlen wahr und senden Informationen darüber an das Gehirn. Bei Kurzsichtigkeit ist der Augapfel zu lang, um auf der Netzhaut ein scharfes Bild entstehen zu lassen, bei Weitsichtigkeit hingegen ist er zu kurz.

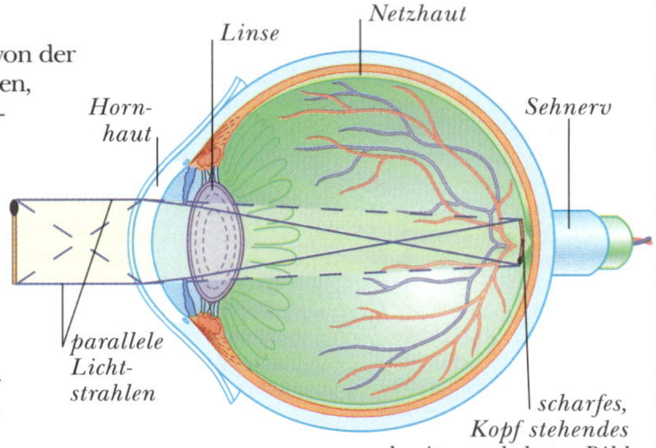


ENTSTEHUNG EINES BILDES IM MENSCHLICHEN AUGE

### HÄUFIGE SEHSTÖRUNGEN

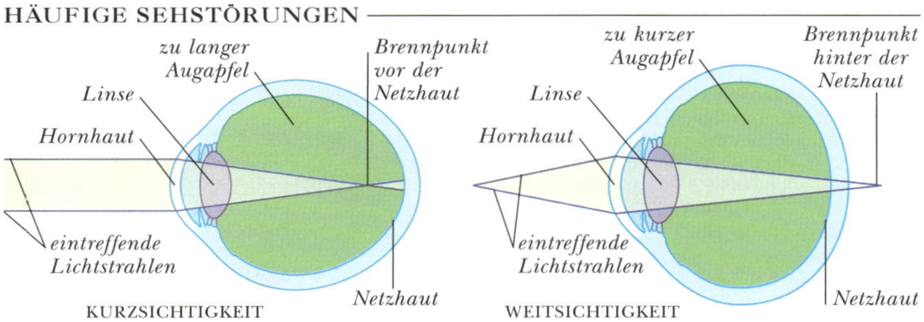


KURZSICHTIGKEIT

WEITSICHTIGKEIT

S

**Sehenswürdigkeit** ⟨f. 20⟩ *sehenswertes Kunst- oder Bauwerk* ◆ die Sehenswürdigkeiten einer Stadt besichtigen

**Seher** ⟨m. 3⟩ **1** *jmd., der in die Zukunft schaut, Prophet* **2** Seher ⟨Pl.; Jägerspr.⟩ *Augen* (beim Hasen u. niederen Raubwild)

**Sehfehler** ⟨m. 3⟩ *Mangel, Fehlleistung des Auges, z. B. Schielen, Kurzsichtigkeit*

**Sehfeld** ⟨n. 12⟩ = *Gesichtsfeld*

**Sehkraft** ⟨f. 7u; unz.⟩ *Fähigkeit des Auges zu sehen;* Sy *Sehvermögen*

**Sehkreis** ⟨m. 1⟩ = *Horizont*

**Sehne** ⟨f. 19⟩ **1** ⟨Anat.⟩ ▼ *weiße, derbe, bindegewebige Endfaser des Muskels, Verbindung zwischen Muskel u. Knochen* **2** ⟨Geom.⟩ ▲ *Gerade, die zwei Punkte einer krummen Linie verbindet* **3** *Strang zum Spannen des Bogens* (Bogensehne) ◆ die Sehne spannen (am Bogen); der Pfeil schnellt von der Sehne [< mhd. *senewe* < ahd. *senawa*]

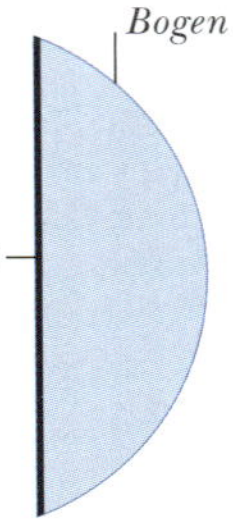

SEHNE

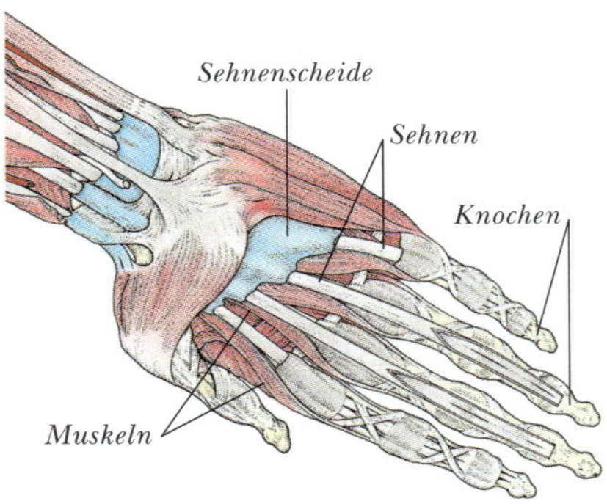

SEHNEN IN DER MENSCHLICHEN HAND

**sehnen** ⟨V. refl.; hat⟩ sich nach jmdm. od. etwas sehnen *innig, schmerzlich nach jmdm. od. etwas verlangen* ◆ er sehnte sich nach ihr; er sehnte sich nach Ruhe [< mhd. *senen* „sich sehnen, härmen, liebend verlangen"; → *Sehnsucht*]

**Sehnenscheide** ⟨f. 19; Anat.⟩ *bindegewebige, gleitende Hülle der Sehne*

**Sehnenscheidenentzündung** ⟨f. 20; Anat.⟩ *akute od. chronische Entzündung der Sehnenscheide nach Überanstrengung od. Sehnenzerrung, Tendovaginitis*

**Sehnerv** ⟨m. 23 od. fachsprachl.: m. 16; Med.⟩ ▼ *von der Netzhaut zum Gehirn führender Nerv: Opticus;* Sy *Augennerv*

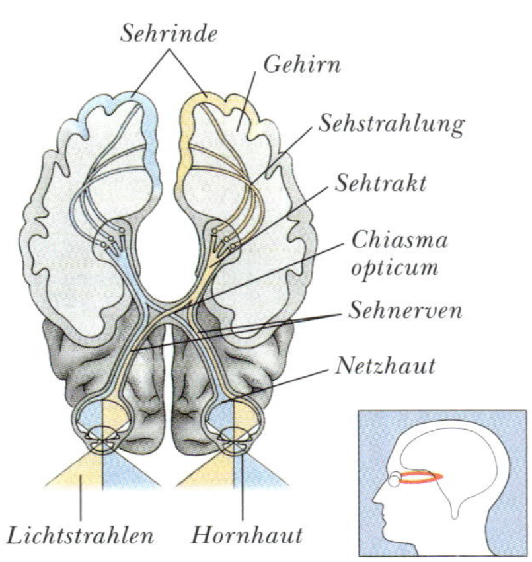

SEHNERV: WEG DER NERVENIMPULSE VON DER NETZHAUT BIS ZUM GEHIRN (UNTERSICHT)

**sehnlich** ⟨Adj.⟩ *voller Sehnsucht, sehnsüchtig* ◆ es ist mein sehnlicher, sehnlichster Wunsch

**Sehnsucht** ⟨f. 7u⟩ *inniges, schmerzliches Verlangen* ◆ Sehnsucht empfinden, fühlen, wachrufen, wecken; brennende, glühende, verzehrende Sehnsucht [< mhd. *sensuht,* verdeutlichend für *sene* „liebendes Verlangen, Kummer"; → *sehnen*]

**sehnsüchtig** ⟨Adj.⟩ *voller Sehnsucht, innig, schmerzlich verlangend* ◆ ein sehnsüchtiges Verlangen; sehnsüchtig nach jmdm. ausschauen; sehnsüchtig auf seine Freundin warten

**sehr** ⟨Adv.⟩ **1** *in hohem Grade, Maße* **2** *stark, heftig* ◆ es **regnet** sehr; sie hat sehr **geweint** ◆ sehr **arm,** sehr reich; das ist sehr **bedauerlich;** sehr **betrübt,** niedergeschlagen, traurig sein; sehr **fein** (Qualität) ⟨Abk.: ff⟩; das ist sehr **freundlich** von Ihnen; sehr geehrter Herr Müller!, sehr geehrte Frau Kaufmann! *(als Anrede im Brief);* ich bin sehr **froh** darüber; du weißt sehr **gut,** was damit gemeint ist; sehr gut *(beste Schulnote);* ein sehr **nettes** Mädchen; sehr vieles hat mir nicht gefallen ◆ **bitte** sehr!; ich wünsche es mir **so** sehr; (nicht) **zu** sehr *(nicht) übermäßig, (nicht) zu viel* [< mhd. *sere* < ahd. *ser* (Adj.), *sero* (Adv.) „schmerzlich, schwer, heftig" (in dieser Bedeutung noch in nhd. *versehren*)]

**Sehrohr** ⟨n. 11⟩ ► = *Periskop*

**Sehschärfe** ⟨f. 19; unz.⟩ *Grad der Fähigkeit des Auges, Einzelheiten scharf zu erkennen*

**Sehvermögen** ⟨n.; -s; unz.⟩ = *Sehkraft*

**Sehweise** ⟨f. 19⟩ *Art u. Weise, etwas zu sehen, etwas zu beurteilen* ◆ mit dieser Sehweise stimme ich nicht überein

**Sehwinkel** ⟨m. 5⟩ = *Gesichtswinkel*

**seicht** ⟨Adj.; -er, am -esten⟩ **1** *wenig tief, flach* (Fluss, Wasser) **2** ⟨fig.⟩ *oberflächlich, nichtig, fade* (Lektüre, Unterhaltung, Mensch) [< mhd. *sint(e)* „wo das Wasser abgelaufen od. in den Boden gesunken ist; Untiefe"]

**Seide** ⟨f. 19⟩ **1** *sehr feiner, dünner Faden vom Kokon der Seidenspinner* (Naturseide) *od. aus Zellstoff künstlich hergestellt* (Kunstseide) **2** *glänzendes, feines Gewebe aus diesem Faden* **3** *Schmarotzerpflanze aus der Familie der Windengewächse mit chlorophyllfreiem, blattlosem, windendem Stängel: Cuscuta* [< mhd. *side* < ahd. *sida* < mlat. *seta,* frz. *soie*]

**Seidel** ⟨n. 13⟩ **1** *Bierglas, Bierkrug* (Bierseidel) **2** *altes süddt. Flüssigkeitsmaß, 0,3-0,5 l* ◆ ein Seidel, zwei Seidel Bier [< mhd. *sidel(in)* < rätorom. *sidla, sedla* < vulgärlat. *sicla* < lat. *situla* „Eimer"]

**Seidelbast** ⟨m. 1; unz.⟩ *zur Familie der Seidelbastgewächse gehörender, giftiger Strauch in Bergwäldern mit roten Beeren: Daphne mezereum;* Sy *Heideröschen (2)* [mit volksetymolog. Anlehnung an *Seide* < mhd. *zidelbast;* zu *Zeidler* „Bienenzüchter"]

**seiden** ⟨Adj.⟩ *aus Seide bestehend* ◆ seidene Blusen, Kissen, Kleider, Krawatten, Schals, Stoffe, Wäsche; es hängt an einem seidenen Faden ⟨fig.; umg.⟩ *es ist ganz ungewiss*

**Seidenäffchen** ⟨n. 14; Zool.⟩ *Mitglied einer Affengattung mit seidener Mähne: Guereza*

**Seidenpflanze** ⟨f. 19; Bot.⟩ *häufig als Zierpflanze angebautes Schwalbenwurzgewächs: Asclepias syriaca*

**Seidenraupe** ⟨f. 19; Zool.⟩ ► *Larve des Maulbeerspinners*

SEIDENSCHWANZ
*(Bombycilla garrulus)*

**Seidenschwanz** ⟨m. 1u; Zool.⟩ ▼ *kräftiger, bräunlicher Singvogel mit Haube, gelbem, spitzem Schwanz u. roten Plättchen an den Spitzen der Schwingen: Bombycilla garrulus*

**Seidenspinne** ⟨f. 19; Zool.⟩ *Spinne, die ein derart festes Netz herstellt, dass sich sogar Vögel darin verfangen können: Nephila*

**Seidenspinner** ⟨m. 3; Zool.⟩ *Schmetterling, dessen Kokongespinste man zu Seidenfäden verarbeiten kann: Bombycidae*

**Seidenstraße** ⟨f. 19; unz.⟩ *alte Karawanenstraße von China durch Zentral- nach Westasien, auf der bes. Seide ausgeführt wurde*

**seidig** ⟨Adj.⟩ *weich, glänzend wie Seide* ◆ ein Fell, Pelz, Stoff mit seidigem Glanz; dieser Stoff fühlt sich seidig an

**Seife** ⟨f. 19⟩ **1** *zum Reinigen verwendete Natrium- od. Kaliumsalze von höheren Fettsäuren* **2** *Waschmittel* **3** ⟨Geol.⟩ *Sand- u. Kieselablagerungen, in denen sich Metalle, Erze od. Diamanten abgelagert haben* (Diamantseife, Goldseife) ◆ ein Stück Seife; Seife kochen, sieden; duftende Seife [< mhd. *seife* < ahd. *seif(f)a*]

**Seifenbaum** ⟨m. 1u; Bot.⟩ *in Südamerika heimischer Baum, aus dem Quillajarinde gewonnen wird: Quillaja saponaria;* Sy *Quillaja*

**Seifenblase** ⟨f. 19⟩ **1** *Blase des Seifenschaums* **2** *daraus mit Röhrchen, Strohhalm o. Ä. geblasene Kugel (als Kinderspiel)* **3** ⟨Sinnbild für⟩ *das leicht Vergängliche, Trügerische, Nichtige* ◆ seine ganzen Hoffnungen sind nur Seifenblasen ⟨fig.⟩

**Seifenoper** ⟨f. 21; TV; a. abwertend⟩ = *Soapopera*

**seigern I** ⟨V. i.; ist⟩ **1** *sickern, sich ausscheiden* **2** ⟨Chem.⟩ *beim Erkalten Kristalle ausscheiden* **II** ⟨V. t.⟩ *sickern lassen, ausscheiden* ◆ Metalle seigern *aus ihren Erzen auf einer schräg gestellten Unterlage ausscheiden;* die Bestandteile von Metallschmelzen seigern *beim Erstarren entmischen, wodurch ein uneinheitl. Gefüge entsteht*

**seihen** ⟨V. t.; hat⟩ *(durch einen Filter) sickern lassen, filtern* [< mhd. *sihen* < ahd. *sihan* „durch ein Sieb laufen lassen, leise tröpfelnd fließen"]

**Seil** ⟨n. 11⟩ ► *dicker Strick, dünnes Tau aus Fasern (z. B. Hanf) od. Draht* (Hanfseil, Drahtseil) ◆ ein Seil spannen; eine Last am Seil emporwinden, hochziehen; eine Ziege am Seil führen; jmdn. am Seil herunterlassen ⟨schweiz.; fig.; umg.⟩ *jmdn. unbegründete Hoffnungen machen und sie dann zerstören, jmdn. versetzen, verspotten, verulken;* wir ziehen am gleichen Seil, Strang ⟨fig.; umg.⟩ *wir halten zusammen;* auf dem Seil balancieren [< mhd., ahd. *seil*]

SEIDENRAUPE
*(Bombyx mori)*

S

**Seilbahn** ⟨f. 20⟩ *auf Schienen od. auf einem als Schiene dienenden Seil fahrendes, durch Seil gezogenes Transportmittel für Personen u. Lasten;* Sy *Drahtseilbahn;* → a. *Schwebebahn*

**Seilerbahn** ⟨f. 20⟩ *langer, freier, geschützter Platz, auf dem Seile hergestellt werden;* Sy *Reeperbahn*

**Seillinie** ⟨[-niə] f. 19⟩ = *Kettenlinie*

**Seilschaft** ⟨f. 20⟩ **1** *durch ein Seil verbundene Gruppe von Bergsteigern* **2** ⟨fig.; bes. Pol.; abwertend⟩ *Gruppe von Personen, bes. Funktionären, die heimliche Absprachen treffen (u. unsaubere Geschäfte tätigen)*

**Seiltanz** ⟨m. 1u⟩ **1** *das Seiltanzen* **2** ⟨fig.⟩ *sehr vorsichtiges, geschicktes Vorgehen (in einer schwierigen, prekären Situation od. Angelegenheit)* ◆ wahre Seiltänze vollführen, um etwas zu erreichen ⟨fig.⟩

**Seilwinde** ⟨f. 19⟩ *Winde mit Seiltrommel*

**sein**[1] **I** ⟨Possessivpron.⟩ **1** *zu ihm gehörig, ihm gehörend* **2** ⟨fig.⟩ *ihm zur Gewohnheit geworden* ◆ sein **Vater,** seine Mutter, sein Kind, seine Angehörigen; sein **Buch,** ⟨od.⟩ das Buch ist sein, ⟨od.⟩ es ist seins; er hat seinen **Bus** verpasst ⟨umg.⟩ *den, mit dem er gewöhnlich fährt;* Seine ⟨Abk.: Se.⟩ **Durchlaucht,** Exzellenz, Heiligkeit, Majestät; einer seiner **Freunde** war hier; seiner **Meinung** nach **II** ⟨Gen. des Personalpron. „er"; veraltet⟩ er ist seiner nicht mehr mächtig *er hat die Fassung verloren;* gedenke sein, ⟨od.⟩ seiner [< mhd., ahd. *sin;* → *dein*[1]*, mein, sich*]

**sein**[2] ⟨V. i. 236; ist gewesen⟩ **I** ⟨zur Bildung zusammengesetzter Formen u. des Passivs⟩ ich bin gewesen; bist du angekommen? **II** ⟨als selbständiges Prädikat; persönlich; mit Pron. u. Subst.⟩ **1** *existieren, vorhanden sein, bestehen* **2** *stattfinden, geschehen* **3** *sich (an einem Ort) befinden, aufhalten* **4** *sich in einem bestimmten Zustand befinden* **5** *stammen (aus)* **6** *ausmachen, bilden* **7** *vorstellen, darstellen* **8** *gehören, zugehörig sein* ◆ es ist **Abend,** Morgen, Nacht, Vormittag; er ist **Arzt,** Geschäftsmann; heute ist **Mittwoch;** er ist des **Todes** *todgeweiht* **III** ⟨mit Verben⟩ es **braucht** nicht gleich, sofort zu sein *es eilt nicht;* Ordnung **muss** sein; muss das sein? *ist das unbedingt nötig?* **IV** ⟨mit Num. u. Adj.⟩ zwei und zwei ist vier (2 + 2 = 4); **alt,** jung, krank, schlank, sportlich sein; sie ist acht Jahre alt; **angesehen,** bekannt, berühmt, geachtet, geehrt, umworben sein; er war **ärgerlich,** wütend, zornig; er ist **blind;** das kann dir doch ganz **gleich** sein!; **mehr** sein als scheinen; es ist **möglich,** dass ... **V** ⟨mit Partikeln⟩ jetzt ist es **an** dir, zu handeln *jetzt bist du an der Reihe;* das Kino ist **aus;** er ist aus guter Familie, aus gutem Haus, aus Italien; mir ist nicht **danach** (zumute); das ist **für** mich; **hier** ist es; es war **im** Frühjahr, im Sommer; es ist **nichts** *es hat nichts zu bedeuten, ist unerheblich* **VI** ⟨mit Fragepron.⟩ **wann** ist es? (das Fest); **was** ist (geschehen, los)?; was ist das (denn)? **VII** ⟨unpersönl.⟩ *sich fühlen* ◆ mir ist schon wieder **besser;** mir ist **kalt,** warm; ihr ist es nur **um** sein Geld zu tun *sie will nur sein Geld* **VIII** ⟨als Part. Präs. u. Perf.⟩ das Seiende *das Sein, das, was ist, existiert;* das Gewesene *das Vergangene, das, was vorbei ist;* Gewesenem soll man nicht nachtrauern [< mhd., ahd. *sin;* → *Wesen*]

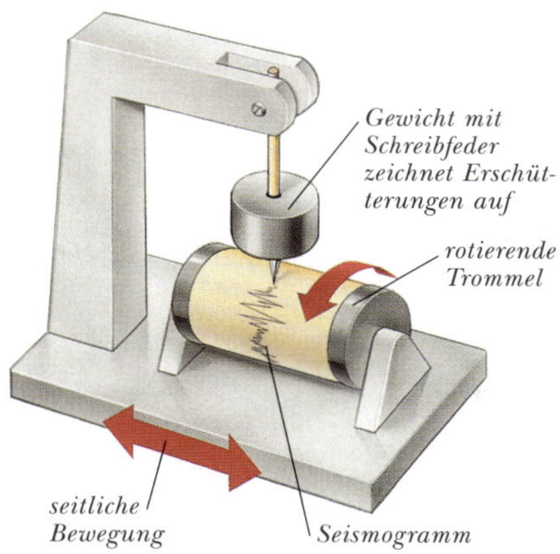

SEISMOGRAPH

**Sein** ⟨n.; -s; unz.⟩ das Sein *das Dasein, Vorhandensein, Existieren, die Existenz* ◆ mit allen Fasern seines Seins hängt er daran; Sein und Schein unterscheiden zu können ist sehr wichtig

## SEILE

Es gibt zwei Seiltypen, von denen einer nur aus zusammengeschlagenen Litzen besteht, während der andere, das Kernmantelseil, über einen Kern aus mehreren Litzen und einen darüber geflochtenen Schutzmantel verfügt. Heute verwendet man fast ausschließlich synthetische Materialien, die leichter, zugfester und langlebiger sind.

TROSSENSCHLAG

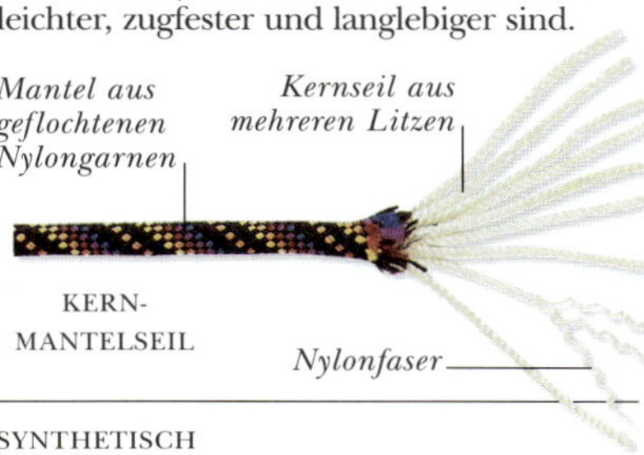

KERNMANTELSEIL

### WERKSTOFFE FÜR DIE SEILEREI

NATÜRLICH

SISAL · BAUMWOLLE · HANF · KOKOSFASER

SYNTHETISCH

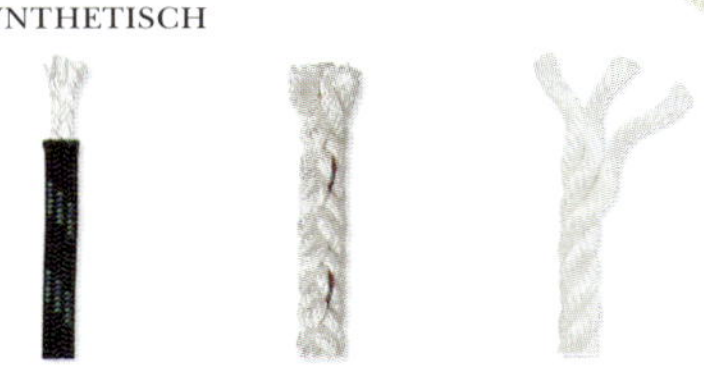
POLYESTER · NYLON · POLYPROPYLEN

**seine** ⟨Possessivpron.; Kleinschreibung, wenn es sich auf ein vorher genanntes Subst. bezieht⟩ das Seine/seine *das, was ihm gehört, zukommt, zusteht;* wessen Haus ist das?, er muss das Seine/seine tun *seine Pflicht, das, was von ihm erwartet wird;* ich bin ganz der Seine/seine *ihm treu ergeben;* er und die Seinen/seinen *seine Angehörigen*

**seinerseits** ⟨Adv.⟩ *von seiner Seite, von seiner Person, von ihm* ◆ seinerseits ist kein Einwand zu befürchten

**seinesgleichen** ⟨Pron.⟩ **1** *Person(en) od. Sache(n) von gleichem Wert, etwas od. jmd. Ebenbürtiges* **2** *Leute wie er, seines Schlages* ⟨oft abwertend⟩ ◆ er und seinesgleichen ⟨abwertend⟩; er soll unter seinesgleichen bleiben

**seinige** ⟨Possessivpron.⟩ = *seine* [→ *sein*[1]]

**Seismograf** ⟨m. 16⟩ ► = *Seismograph*

**Seismograph** ⟨m. 16⟩ ◄ *Gerät zum Aufzeichnen von Bodenerschütterungen, die durch seismische Wellen hervorgerufen wurden;* oV *Seismograf;* Sy *Erdbebenmesser* [< grch. *seismos* „Erderschütterung" + *graphein* „schreiben"]

**seit I** ⟨Präp. m. Dat.⟩ *von einer bestimmten Zeit an (bis jetzt andauernd)* ◆ seit ich ihn kenne; seit Anfang dieses Jahrhunderts; seit etwa einem Jahr; seit der Zeit, da ...; seit damals; seit kurzem, seit kurzer Zeit **II** ⟨Konj.; umg.; kurz für⟩ *seitdem* [< mhd. *sit, sider* < ahd. *sid(or)* „seitdem", später, „da, weil; seit"]

**seitdem I** ⟨Konj.⟩ *seit der Zeit, da;* Sy ⟨kurz⟩ *seit (II)* ◆ seitdem er pensioniert ist ... **II** ⟨Adv.⟩ *seit dieser Zeit;* Sy *seither* [< mhd. *sit dem male* „seit der Zeit"]

**Seite** ⟨f. 19⟩ **1** ⟨Geom.⟩ *Grenzfläche (eines Körpers)* (Vorderseite, Rückseite) **2** ⟨Math.⟩ *Grenzlinie (einer Fläche, z. B. eines Dreiecks);* Sy *Seitenlinie (1)* **3** *rechte od. linke, zwischen vorn u. hinten gelegene Fläche, Flanke* **4** ⟨bei sehr flachen Körpern⟩ *Vorder- bzw. Rückseite* **5** ⟨Abk.: S.⟩ *Vorder- od. Rückfläche (eines Papierblattes),* z. B. Buchseite, Heftseite, Zeitungsseite **6** *Linie (in der Abstammung), Familie* **7** *Richtung* **8** *Gruppe, Partei* **9** ⟨fig.⟩ *Charakterzug, Eigenschaft* ◆ die **äußere,** hintere, innere, obere Seite; man muss einer Sache die **beste** Seite abgewinnen *das Gute an ihr sehen;* dieser Stoff hat eine **glänzende** und eine matte Seite; jeder hat seine **guten** und seine schlechten Seiten; die **linke,** rechte Seite; ich entdecke ganz **neue** Seiten an ihm ⟨fig.⟩ ◆ **an** jmds. Seite gehen *neben ihm;* ich sehe das Recht **auf** ihrer Seite ⟨fig.⟩ *ich glaube, dass sie Recht hat;* jmdn. auf die Seite bringen, schaffen ⟨fig.; umg.⟩ *jmdn. ermorden, beseitigen;* etwas auf die Seite bringen, schaffen ⟨fig.; umg.⟩ *heimlich wegnehmen;* auf die Seite gehen, treten (um Platz zu machen); das Schiff legte sich auf die Seite; auf jmds. Seite stehen *zu ihm halten, für ihn eintreten;* auf der einen Seite hast du Recht, auf der anderen Seite darfst du aber nicht vergessen, dass ... *einerseits – andererseits;* auf einer Seite gelähmt sein; **nach** allen Seiten auseinander laufen, auseinander fliegen; er hat sich **von** seiner besten Seite gezeigt; von Seiten = *vonseiten;* jmdm. **zur** Seite stehen ⟨fig.⟩ *ihm beistehen, helfen;* zu Seiten = *zuseiten* [< mhd. *site* < ahd. *sit(t)a*]

**Seiteneinsteiger** ⟨m. 3⟩ *jmd., der (bes. in der Politik) schnell eine gehobene Position einnimmt, obwohl er aus einem anderen berufl. Zusammenhang kommt* ◆ er hat als Seiteneinsteiger eine rasante Karriere gemacht

**Seitenlinie** ⟨[-niə] f. 19⟩ **1** ⟨Math.⟩ = *Seite (2)* **2** *Nebenlinie (des Eisenbahnnetzes od. eines biologischen Geschlechts)* **3** ⟨Sp.⟩ *Außenlinie eines Spielfeldes*

S

**Seitenlinienorgan** ⟨n. 11⟩ *an beiden Flanken des Fisches verlaufendes Organ, mit dem dieser feinste Strömungsänderungen und Wasserdruckwellen wahrnimmt*

**Seitenruder** ⟨n. 13; Flugw.⟩ *bewegl. Teil des Seitenleitwerks*

**seitens** ⟨Präp. m. Gen.⟩ *vonseiten, von der Seite des, der* ◆ seitens des Klägers wurde Folgendes vorgebracht *von dem Kläger;* seitens einiger Abgeordneter, ⟨selten⟩ Abgeordneten *von einigen Abgeordneter*

**Seitenschiff** ⟨n. 11; bei drei- od. mehrschiffigen Kirchenbauten⟩ *schmalerer u. niedrigerer Raumteil der Kirche;* Ggs *Mittelschiff*

**Seitensprung** ⟨m. 1u; fig.; umg.⟩ *Ehebruch*

**Seitenstechen** ⟨n.; -s; unz.⟩ *vorübergehender stechender Schmerz in den Körperseiten unter den Rippen od. in der Milzgegend (bei körperlichen Anstrengungen, bes. bei schnellem Laufen)*

**Seitenstraße** ⟨f. 19⟩ *kleinere Straße neben einer größeren Straße;* Sy *Nebenstraße;* Ggs *Hauptstraße*

**seitenverkehrt** ⟨Adj.⟩ *dem Spiegelbild des Originals entsprechend*

**seither** ⟨Adv.⟩ = *seitdem (II)* [< mhd. *sit her,* Umdeutung aus mhd. *sider* „später (als)"]

**...seitig** ⟨Adj.; in Zus.⟩ *mit einer bestimmten Anzahl von Seiten versehen,* z. B. vierseitig

**seitlich I** ⟨Adj.⟩ **1** *an, auf der Seite, rechts od. links gelegen* **2** *von der Seite (her)* ◆ das Grundstück wird seitlich begrenzt vom ...; ein Schiff seitlich rammen **II** ⟨Präp. m. Gen.⟩ seitlich des Hauses, der Straße

**Seitpferd** ⟨n. 11; Sp.; Turnen⟩ *ein Turngerät für den Pferdsprung;* → a. *Langpferd*

**...seits** ⟨Adv.; in Zus.⟩ *von jmds. Seite her,* z. B. seinerseits; ärztlicherseits verordnet

**seitwärts I** ⟨Adv.⟩ **1** *nach der Seite* **2** *von einer Seite her* ◆ sich seitwärts in die Büsche schlagen **II** ⟨Präp. m. Gen.⟩ *auf der Seite (des, der ...)* ◆ seitwärts der Straße

**Sekans** ⟨m.; -, Sekanten; Abk.: sec⟩, **Sekante** ⟨f. 19; Math.⟩ **1** *Gerade, die eine Kurve schneidet* **2** *Winkelfunktion im Dreieck, Kehrwert des Kosinus eines Winkels* [zu lat. *secare* „schneiden"]

**Sekret I** ⟨n. 11⟩ **1** *Absonderung, abgesonderte Flüssigkeit (bes. einer Drüse)* **2** *kristallisierte, in Gesteinshohlräume gelöst infiltrierte Mineralmasse* **II** ⟨f. 7; kath. Kirche⟩ *stilles Gebet des Priesters während der Messe* [< lat. *secretum* „das Abgesonderte, Ausgeschiedene", Part. Perf. von *secernere* < *se-* „ab-, weg-" + *cernere* „schneiden, sondern"; verwandt mit *scheren, Sekretär*]

SEKRETÄR
*(Sagittarius serpentarius)*

**Sekretär** ⟨m. 1⟩ **1** ⟨urspr.⟩ *Schreiber, Geheimschreiber* **2** ⟨heute⟩ *Schriftführer, qualifizierter kaufmänn. Angestellter für Korrespondenz, Verhandlungen u. Organisationsaufgaben bei einer leitenden Persönlichkeit* **3** *Dienstbezeichnung bei Beamten* (Staatssekretär) **4** *leitender Funktionär einer Partei od. Organisation* **5** *verschließbarer Schreibschrank* **6** ⟨Zool.⟩ ▲ *afrikan. Raubvogel mit Kopfhaube u. langen Läufen: Sagittarius serpentarius;* Sy *Kranichgeier, Stelzengeier* [< spätmhd. *secratari* „Geheimschreiber" < mlat. *secretarius;* zu lat. *secretus* „abgesondert; geheim"; seit dem 18. Jh. beeinflusst von frz. *secrétaire;* → *Sekret*]

**Sekretärin** ⟨f. 22⟩ *weibl. Sekretär*

**sekretieren** ⟨V. t.; hat⟩ **1** *absondern* **2** *verschließen, abschließen* **3** *geheim halten*

**Sekretion** ⟨f. 20⟩ **1** *das Absondern, Absonderung* **2** *von außen nach innen gewachsene mineral. Ausfüllung eines Gesteinshohlraumes* ◆ Drüsen mit innerer Sekretion *Absonderung in die Blut- od. Lymphbahnen* [→ *Sekret*]

**Sekt** ⟨m. 1⟩ *Schaumwein, Wein mit viel Kohlensäure* ◆ französischer Sekt *Champagner* [< frz. *vin sec* < ital. *vino secco* „süßer, schwerer Wein aus Beeren, die am Stock getrocknet sind", eigtl. „trockener Wein"; zu ital. *secco* „trocken"]

**Sekte** ⟨f. 19; Rel.⟩ *kleine religiöse Gemeinschaft, die sich von einer großen Glaubensgemeinschaft losgelöst hat* [< mhd. *secte* < mlat. *secta* „befolgter Grundsatz; Denkweise; Partei; philosoph. Lehre"; zu lat. *sequi* „folgen"]

**Sektion** ⟨f. 20⟩ **1** = *Leichenöffnung* **2** *Abteilung, Unterabteilung, Gruppe* **3** *Wissenschaftszweig an einer Hochschule, Universität* [< lat. *sectio* „Abschnitt"]

**Sektor** ⟨m. 23⟩ **1** *Sachgebiet* **2** *Abschnitt, Gebietsteil, Bezirk* **3** ⟨Math.⟩ = *Kreisausschnitt* **4** ⟨EDV⟩ *Abschnitt einer Diskette, in dem sich bestimmte Daten befinden* **5** ⟨nach 1945⟩ *jedes der vier Besatzungsgebiete in Berlin u.* ⟨bis 1955⟩ *Wien* [< lat. *sector* „Kreisausschnitt; Schneider, Abschneider"; zu *secare* „abschneiden"; → *Sekte, sezieren*]

**sekundär** ⟨Adj.⟩ **1** *zur zweiten Ordnung gehörig, zweitrangig, in zweiter Linie in Betracht kommend, nachträglich, später hinzukommend;* Ggs *primär* **2** ⟨bei Transformatoren⟩ *auf der Ausgangsseite liegend* [< frz. *secondaire* < lat. *secundarius* „von der zweiten Sorte, Neben..."; → *Sekunde*]

**Sekundärliteratur** ⟨f. 20; unz.⟩ *Literatur über Dichtwerke;* Ggs *Primärliteratur*

**Sekundärtugend** ⟨f. 20⟩ *als zweitrangig eingestufte Tugend, deren Wert erst im gesellschaftl. Zusammenhang zutage tritt (z. B. Gründlichkeit, Fleiß, Ordnungssinn, Pflichterfüllung)*

**Sekunde** ⟨f. 19; Zeichen: s, sec⟩ **1** *60. Teil einer Minute* **2** ⟨Mus.⟩ **2.1** *zweiter Ton der diatonischen Tonleiter* **2.2** *Intervall von zwei Tönen* **3** ⟨Sp.; Fechten⟩ *Hieb von unten nach oben* **4** ⟨Typ.⟩ *Signatur auf der dritten Seite eines Druckbogens;* Ggs *Prime (1)* **5** ⟨fig.; umg.⟩ *sehr kurze Zeitspanne, Augenblick* ◆ eine Sekunde, bitte! ⟨fig.; umg.⟩ [< lat. *pars minuta secunda* „der kleinste Teil zweiter" (Ordnung einer durch 60 teilbaren Größe) im Sexagesimalsystem des Ptolemäus]

**sekundieren** ⟨V. i.; hat; veraltet⟩ jmdm. sekundieren *jmdm. beistehen (bes. im Duell, Boxkampf), helfen, (mit Worten) jmdn. unterstützen* [< lat. *secundare* „begünstigen"; zu *secundus* „folgend, zweiter; günstig"; beeinflusst von frz. *seconder* „beim Duell Beistand leisten"]

**sel.** ⟨Abk. für⟩ *selig (4)*

**selb** ⟨Pronominaladj.⟩ *der-, die-, dasselbe* ◆ im selben Augenblick; zur selben Stunde

**selber** ⟨Pronominaladj.; undekl.⟩ *selbst* ◆ das glaubst du doch selber nicht! [< mhd. *selb* < ahd. *selb*]

**Selbst** ⟨n.; -; unz.⟩ *die eigene Person, das Ich*

**selbst I** ⟨Pronominaladj.⟩ *in eigener Person, persönlich* ◆ mir ist es ja selbst peinlich; jeder ist sich selbst der Nächste; er ist die **Güte** selbst *er ist durch u. durch gütig;* der

SELBSTBILDNIS VON
VINCENT VAN GOGH (1887)

**Komponist** dirigiert die Oper selbst ◆ er **belügt,** betrügt sich damit selbst; ich selbst habe **gehört,** wie ..., ⟨od.⟩ ich habe selbst gehört, wie ...; jmdn. sich selbst **überlassen** *allein lassen;* wir wollen uns selbst davon **überzeugen** ◆ **aus** sich selbst etwas tun, schaffen *ohne äußere Hilfsmittel;* **mit** sich selbst sprechen; das solltest du **um** deiner selbst willen tun *in deinem eigenen Interesse;* **von** selbst *allein, aus eigenem Antrieb;* die Tür schließt (sich) von selbst; das versteht sich von selbst *ist ganz selbstverständlich* **II** ⟨Adv.⟩ *sogar* ◆ selbst seine Freunde haben ihn im Stich gelassen; selbst in den schlimmsten Zeiten; selbst wenn es dazu kommen sollte ...

**Selbstachtung** ⟨f.; -; unz.⟩ *Achtung vor sich selbst, Gefühl von der eigenen Würde* ◆ wenn ich das täte, müsste ich ja die, ⟨od.⟩ meine Selbstachtung verlieren

**selbständig** ⟨Adj.⟩ **1** *unabhängig, nicht fest angestellt* **2** *ohne Hilfe, allein, ohne Anregung, Antrieb von außen;* oV *selbstständig* ◆ er ist selbständiger Kaufmann; sie ist ein sehr selbständiger Mensch; selbständig arbeiten können; der Ball hat sich selbständig gemacht ⟨fig.; umg.⟩ *ist davongerollt;* das Kind hat sich selbständig gemacht ⟨fig.; umg.⟩ *ist davongelaufen*

**Selbstauslöser** ⟨m. 3⟩ *Vorrichtung an der Kamera, die den Verschluss nach einer gewissen Zeit selbsttätig auslöst (für Selbstaufnahmen)*

**Selbstbedienung** ⟨f. 20; unz.; in Einzelhandels-, bes. Lebensmittelgeschäften u. Gaststätten⟩ *selbständiger Einkauf des Kunden, der die Waren selbst aussucht u. zur Kasse bringt*

**Selbstbefriedigung** ⟨f. 20; unz.⟩ *selbst herbeigeführte (bes. sexuelle) Befriedigung*

**Selbstbefruchtung** ⟨f. 20; Biol.⟩ *Vereinigung zweier Gameten, die vom gleichen Individuum abstammen*

**Selbstbeherrschung** ⟨f. 20; unz.⟩ *Beherrschung der eigenen Gefühle u. Triebe, Zurückhaltung, Fassung* ◆ seine Selbstbeherrschung bewahren

**Selbstbestimmung** ⟨f. 20; unz.⟩ *Bestimmung des eigenen Handelns, eigene Entscheidung;* Ggs *Fremdbestimmung*

**selbstbewusst** ⟨Adj.⟩ **1** ⟨Philos.⟩ *seiner selbst bewusst, seiner Fähigkeiten als denkendes, fühlendes Wesen bewusst* **2** ⟨allg.⟩ *vom eigenen Wert, Können überzeugt* ◆ selbstbewusstes Benehmen, selbstbewusste Haltung; selbstbewusst auftreten

S

**Selbstbewusstsein** ⟨n.; -s; unz.⟩ **1** ⟨Philos.⟩ *das Wissen von sich selbst als denkendem, fühlendem Wesen* **2** ⟨allg.⟩ *Überzeugung vom eigenen Wert u. Können* ◆ ein ausgeprägtes, starkes, schwach entwickeltes Selbstbewusstsein haben; jmds. Selbstbewusstsein stärken

**Selbstbildnis** ⟨n. 11⟩ ◄ *Bildnis, Darstellung eines Künstlers von sich selbst;* Sy *Selbstporträt*

**Selbstdisziplin** ⟨f.; -; unz.⟩ *Beherrschung der eigenen Triebe, andauerndes selbstbeherrschtes Verhalten* ◆ nur mit großer Selbstdisziplin schaffte er es das Rauchen aufzugeben

**Selbsterfahrung** ⟨f. 20; unz.⟩ *Kennenlernen des eigenen Ichs durch Sprechen über sich selbst und Anhören von Kritik (oft innerhalb einer Gruppe)*

**Selbsterhaltung** ⟨f. 20; unz.⟩ *Erhaltung der eigenen Lebensfähigkeit, der eigenen Persönlichkeit*

**Selbsterkenntnis** ⟨f. 11⟩ *Erkenntnis der eigenen Fähigkeiten, Fehler usw.* ◆ Selbsterkenntnis ist der erste Schritt zur Besserung ⟨umg.; scherzh.⟩

**selbstgefällig** ⟨Adj.⟩ *sich selbst gefallend, von sich selbst beglückt, eitel* ◆ eine selbstgefällige Miene zur Schau tragen; sich selbstgefällig im Spiegel betrachten

**Selbstgefühl** ⟨n. 11; unz.⟩ *Selbstbewusstsein* ◆ ein gesteigertes, übertriebenes, unterentwickeltes Selbstgefühl besitzen; in seinem Selbstgefühl gekränkt sein

**selbstgerecht** ⟨Adj.⟩ *von der Richtigkeit des eigenen Handelns u. Denkens überzeugt, dies betonend*

**Selbstgespräch** ⟨n. 11⟩ *Gespräch mit sich selbst;* Sy *Monolog* ◆ Selbstgespräche führen, halten

**selbstherrlich** ⟨Adj.⟩ *eigenmächtig, rücksichtslos* ◆ selbstherrlich regieren

**Selbsthilfe** ⟨f. 19; unz.⟩ **1** *Durchsetzung von Rechtsansprüchen, ohne die Behörde in Anspruch zu nehmen, notfalls mit Gewalt* **2** *Mitarbeit des Bauherrn am eigenen Bau* ◆ zur Selbsthilfe greifen; bei seinem Hausbau war Selbsthilfe notwendig

**Selbstjustiz** ⟨f.; -; unz.; Rechtsw.⟩ *(gesetzlich unzulässige) Vergeltung eines erlittenen Unrechts unter Umgehung des Rechtsweges* ◆ Selbstjustiz üben

**Selbstkritik** ⟨f. 20; unz.⟩ *Kritik der eigenen Fehler, an der eigenen Person*

**Selbstlaut** ⟨m. 1; Phon.⟩ = *Vokal*

**Selbstlob** ⟨n. 11; unz.⟩ *Lob eigener Fähigkeiten od. Verdienste;* Sy *Eigenlob*

**selbstlos** ⟨Adj.; -er, am -esten⟩ *ohne Rücksicht auf das eigene Wohl (handelnd), uneigennützig* ◆ ein selbstloser Verzicht; selbstlos handeln; sich selbstlos für jmdn. einsetzen

**Selbstmord** ⟨m. 1⟩ *gewaltsame Beendigung des eigenen Lebens;* Sy *Freitod, Suizid* ◆ Selbstmord begehen; durch Selbstmord enden; das ist ja Selbstmord! ⟨fig.; umg.⟩ *das sind übertriebene Anforderungen, das kann man unmöglich leisten; durch eine solche Handlungsweise schadet man sich selbst am meisten*

**Selbstporträt** ⟨[-trɛː] n. 15⟩ ► = *Selbstbildnis*

**selbstsicher** ⟨Adj.⟩ *seiner Wirkung sicher, nicht schüchtern, gewandt, bes. im Auftreten* ◆ er wirkte sehr selbstsicher

**selbstständig** ⟨Adj.⟩ = *selbständig*

**selbstsüchtig** ⟨Adj.⟩ *nur an sich selbst denkend, nur auf den eigenen Vorteil bedacht, eigensüchtig*

**Selbsttäuschung** ⟨f. 20⟩ *Täuschung der eigenen Person, falsche Vorstellung* ◆ sich einer, keiner Selbsttäuschung hingeben; einer Selbsttäuschung erliegen, zum Opfer fallen

**selbstverständlich** ⟨Adj.⟩ **1** *ohne Erklärung od. Begründung verständlich* **2** *ohne Bedenken, ohne Umschweife handelnd* **3** *ganz u. gar unbefangen, arglos* ◆ jmdn. mit selbstverständlicher Herzlichkeit begrüßen; das ist doch selbstverständlich, dass wir dir helfen; er setzte sich ganz selbstverständlich zu ihnen an den Tisch

**Selbstverständlichkeit** ⟨f. 20⟩ **1** *das, was sich von selbst versteht, was keine Erklärung braucht* **2** *Unbefangenheit* **3** *Bedenkenlosigkeit* ◆ das ist doch eine Selbstverständlichkeit *das ist doch selbstverständlich;* mit der größten Selbstverständlichkeit beanspruchte er dieses Recht für sich

**Selbstverteidigung** ⟨f. 20; unz.⟩ *Verteidigung der eigenen Person* ◆ Judo ist eine Technik zur Selbstverteidigung

**Selbstvertrauen** ⟨n.; -s; unz.⟩ *Vertrauen in die eigene Kraft, die eigenen Fähigkeiten* ◆ (kein) Selbstvertrauen haben; an mangelndem Selbstvertrauen leiden

**Selbstverwirklichung** ⟨f. 20; unz.⟩ *Verwirklichung, Entfaltung der eigenen Persönlichkeit u. der eigenen Fähigkeiten*

**selbstzufrieden** ⟨Adj.⟩ *mit sich selbst zufrieden* ◆ ein selbstzufriedener Mensch

**Selbstzweck** ⟨m. 1; unz.⟩ *Zweck ohne äußeres Ziel, sich in der Sache selbst erfüllender Zweck* ◆ eine Tätigkeit, z. B. Autofahren, als Selbstzweck betreiben *nicht als Mittel, z. B. zur Fortbewegung, sondern um der Sache selbst willen*

**selektieren** ⟨V. t.; hat⟩ *aussuchen, auswählen (bes. zur Zucht)* ◆ Pflanzen, Tiere selektieren

**Selektion** ⟨f. 20⟩ *Auslese, Auswahl, Zuchtwahl* [zu lat. *selectio* „Auswahl“]

**selektiv** ⟨Adj.⟩ **1** *auf Selektion beruhend, auswählend* **2** *trennscharf* (vom Rundfunkempfänger) ◆ eine selektive Betrachtungsweise

**Selen** ⟨n. 11; unz.; Chem.; Zeichen: Se⟩ *chem. Element, Nichtmetall, Ordnungszahl 34* [< grch. *selene* „Mond“]

**Selenit** ⟨n. 11⟩ ► = *Gips (1)*

**selig** ⟨Adj.⟩ **1** *nach dem Tod der himmlischen Freude teilhaftig* **2** ⟨kath. Kirche⟩ *selig gesprochen, eine begrenzte (lokale) Verehrung genießend* **3** *verklärt* **4** ⟨Abk.: sel.⟩ *verstorben* **5** ⟨fig.⟩ *überglücklich, wunschlos glücklich, beglückt, entzückt* **6** ⟨fig.; umg.⟩ *leicht betrunken, beschwipst* ◆ seligen Angedenkens *mit freundlicher, heiterer Erinnerung verbunden;* Gott hab' ihn selig *gebe ihm die ewige Seligkeit;* verstorbene Gläubige selig sprechen *nach Prüfung ihres Lebenswandels u. Nachweis mindestens zweier Wunder feierlich für selig erklären u. ihnen damit eine lokale Verehrung zugestehen* [< mhd. *sælec* < ahd. *salig,* mnddt., mndrl. *salich* „selig“; zu ahd. **sali* „glücklich, gut“]

**Seligkeit** ⟨f. 20; unz.⟩ **1** *himmlische Freude nach dem Tode* **2** *vollkommene Einheit mit Gott nach dem Tode* **3** ⟨fig.⟩ *Zustand wunschlosen Glücks, strahlender Freude* ◆ die ewige Seligkeit erlangen, gewinnen

**Sellerie** ⟨m. 6 od. f. 19⟩ ► *Doldengewächs, dessen Knollen als Gewürz, Salat u. Gemüse verwendet werden: Apium graveolens* [< ital. *selleri,* Pl. zu *sellero,* frz. *céleri* < lat. *selinum* < grch. *selinon* „Eppich“; → *Petersilie*]

**selten** ⟨Adj.⟩ **1** *sehr wenig, kaum* **2** *kaum vorkommend, rar, knapp* **3** ⟨umg.⟩ *außergewöhnlich, besonders* **4** ⟨umg.⟩ *merkwürdig, sonderbar* ◆ ein Mensch von einer seltenen **Begabung;** er sammelt seltene **Bücher** ◆ wir **sehen** uns nur selten; **sein:** das ist ganz selten der Fall ◆ ein selten **schönes** Exemplar ⟨umg.⟩ ◆ es kommt **nicht** selten vor, dass ... *ziemlich oft* [< mhd. < ahd. *seltan;* → *seltsam*]

**Seltenheit** ⟨f. 20⟩ **I** ⟨unz.⟩ *seltenes Vorkommen, geringe Häufigkeit* **II** ⟨zählb.; fig.⟩ *seltenes Stück* ◆ diese Marke gehört zu den Seltenheiten dieser Briefmarkenauktion; dieser Vogel ist heute eine Seltenheit; diese Unpünktlichkeit ist keine Seltenheit bei ihm

**Selterswasser** ⟨n. 13u; unz.⟩ **1** ⟨eigtl.⟩ *Wasser der Mineralquelle in Niederselters an der Ems* **2** ⟨danach allg.⟩ *mit Kohlensäure versetztes Wasser*

**seltsam** ⟨Adj.⟩ *eigenartig, ungewöhnlich, befremdlich, merkwürdig, sonderbar, wunderlich* ◆ es war ein seltsames Gefühl; das ist eine seltsame Geschichte; ein seltsamer Mensch; ihm war etwas seltsam zumute [< mhd. *seltsæne* < ahd. *seltsani;* zu *selten* + mhd. *sæne* „Gestalt“ < ahd. *-sani*]

**Semantik** ⟨f.; -; unz⟩ **1** ⟨Sprachw.⟩ *Lehre von der Bedeutung der Wörter u. ihren Wandlungen, Semasiologie u. Onomasiologie* **2** *Lehre von den Zeichen u. Symbolen als Denkinhalten einer Wissenschaft, z. B. der Mathematik* **3** ⟨Philos.⟩ *neopositivist. Richtung, die sich bes. um die logische Klärung von Allgemeinbegriffen bemüht* [zu grch. *semantikos* „bezeichnend, bedeutend“; zu *semainein* „Zeichen geben, zeigen“; zu *sema* „Zeichen“]

**Semester** ⟨n. 13⟩ **1** *Studien-, Schulhalbjahr* (Sommersemester, Wintersemester) **2** ⟨fig.; umg.⟩ *Student, Studentin* ◆ erstes Semester *erstes Studienhalbjahr,* ⟨fig.; umg.⟩ *Student(in) im ersten Semester;* er hat sechs Semester Philosophie studiert [zu lat. *semestris* < *sexmenstris* „sechsmonatig“ < *sex* „sechs“ + *mensis* „Monat“]

**Semifinale** ⟨n. 13; Sp.⟩ = *Halbfinale* [< lat. *semi-* „halb“ + ital. *finale* „endlich, schließlich“ < lat. *finalis*]

**Semikolon** ⟨n. 15; Pl. a.: -kola: Gramm.; Zeichen: ;⟩ *zwei Hauptsätze trennendes, aus Punkt u. Strich (untereinander) bestehendes Satzzeichen, trennt stärker als das Komma, aber weniger stark als der Punkt;* Sy *Strichpunkt* [< lat. *semi-* „halb“ + grch. *kolon* „Glied (einer Satzperiode)“]

**Seminar** ⟨n. 11⟩ **1** *Ausbildungsstätte für Geistliche* (evang. Predigerseminar, kath. Priesterseminar) **2** ⟨früher u. schweiz.⟩ *Ausbildungsstätte für Volksschullehrer* (Lehrerseminar) **3** *Arbeitsgemeinschaft für Studierende innerhalb eines Fachgebietes unter Leitung eines Dozenten während eines Semesters* **4** *die Räume hierfür, meist mit Handbibliothek* ◆ althochdeutsches Seminar; ein Seminar (an der Universität) belegen; an einem Seminar teilnehmen [zu *seminarium* „Pflanzschule, Baumschule; Keim“; zu *semen* „Same; Setzling“]

**Semiotik** ⟨f. 20; unz.⟩ *Lehre von den Zeichensystemen (z. B. Verkehrszeichen, Bilderschrift, Formeln, Sprache) in ihren Beziehungen zu den dargestellten Gegenständen*

**Semit** ⟨m. 16⟩ *Angehöriger einer vorderasiatischen u. nordafrikanischen Sprach- und Völkergruppe*

SELLERIE
*(Apium graveolens)*

S

**semitisch** ⟨Adj.⟩ *die Semiten betreffend, zu ihnen gehörig, von ihnen stammend* ◆ semitische Sprachen *Sprachfamilie in Vorderasien u. Nordafrika, z. B. die arab., hebräische Sprache*

**Semmel** ⟨f. 21; fränk., bair.⟩ = *Brötchen* ◆ altbackene, frische, geriebene, knusprige Semmeln [< mhd. *semel, simel* < ahd. *semala, simila* „feines Weizenmehl" < lat. *simila* „feinstes Weizenmehl" (im 8. Jh. auch schon „Semmel") < grch. *semidalis* < arab. *samid* < akkad. *samidu* „feines Weizenmehl"]

**Sen** ⟨m.; - od. -s, - od. -s⟩ **1** *kleine japan. Münze,* $^1/_{100}$ *Yen* **2** *kleine indonesische Münze,* $^1/_{100}$ *Rupiah* [jap. < chin.]

**Senat** ⟨m. 1⟩ **1** ⟨im antiken Rom⟩ *oberste Regierungsbehörde* **2** ⟨in verschiedenen Staaten⟩ *eine Kammer des Parlaments* **3** *Verwaltungsbehörde an Hochschulen* (Universitätssenat) **4** *Entscheidungsgremium höherer deutscher Gerichte* (Strafsenat) **5** *städt. Regierungsbehörde von Berlin, Bremen u. Hamburg* [< mhd. *senat* „Staatsrat" < lat. *senatus* „Staatsrat, (erfahrener) Alter", zu *senex* „Greis"; → *Seneschall, senil*]

**Senator** ⟨m. 23⟩ *Mitglied des Senats (Kammer des Parlaments), Ratsherr*

**senden** ⟨V. t. 237; hat gesandt; Funk, TV: gesendet⟩ **1** *schicken, übermitteln, zukommen lassen, mit Auftrag weggehen lassen* **2** *durch Radio od. Fernsehen verbreiten, übertragen* ◆ jmdm. Glückwünsche, Grüße senden; einen Brief, ein Telegramm senden; der Rundfunk hat eben eine Durchsage gesendet; er ist von Gott gesandt [< mhd., mnddt., mndrl. < ahd. *senten, sendan*]

**Sender** ⟨m. 3⟩ *Anlage zum Senden von elektromagnet. Wellen* (Rundfunksender) ◆ einen Sender gut, schlecht empfangen; einen Sender auf Kurzwelle, Mittelwelle, Langwelle, UKW hören

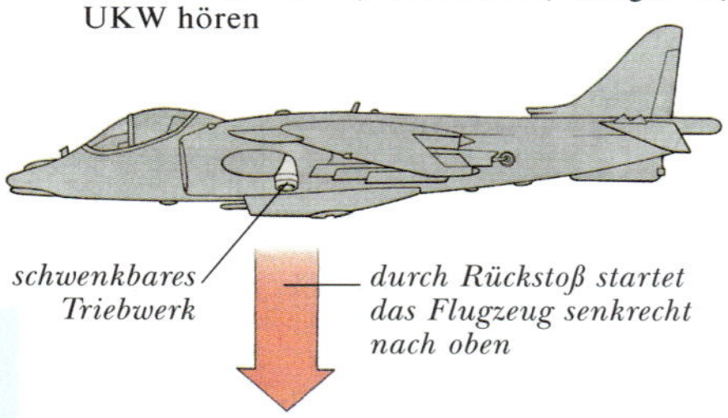


SENKRECHTSTARTER



**Sendung** ⟨f. 20⟩ **1** *das Senden, Schicken* **2** *das Gesendete* **3** *Funkübertragung* **4** *hoher, ⟨bes.⟩ göttlicher Auftrag, geschichtlich wichtige, schicksalhafte Aufgabe, Berufung* ◆ eine diplomatische, politische Sendung erfüllen; er betrachtet es als seine Sendung, diesen Menschen zu helfen; der Schulfunk bringt eine Sendung über ...

**senegalesisch** ⟨Adj.⟩ *den afrikanischen Staat Senegal betreffend, dazu gehörig, von dort stammend*

**Seneschall** ⟨m. 1⟩ **1** ⟨im fränk. Reich⟩ *oberster Hofbeamter* **2** ⟨im 1. Dt. Reich⟩ *Truchsess* [< mhd. *seneschalt, scheneschalt, sin(e)tschalt* < frz. *sénéchal,* ahd. *senescalh* „der Älteste der Dienerschaft"; → *senil, Schalk, Marschall*]

**Senf** ⟨m. 1⟩ **1** *aus den Samen des weißen Senfes gewonnenes Gewürz, Mostert, Mostrich* **2** Weißer Senf *Kreuzblütler mit gelblich weißen, in Schoten enthaltenen Samen: Sinapis alba* ◆ ich habe auch meinen Senf dazugegeben ⟨umg.⟩ *meine Meinung dazu geäußert;* milder, scharfer, süßer Senf; Bockwurst mit Senf [< mhd. *sen(e)f* < ahd. *senef* < lat. *sinapi* < grch. *sinapi* < grch. *kokkon sinapeos*]

**Senfgas** ⟨n. 11; unz.⟩ *senfartig riechende Flüssigkeit, Giftgaskampfstoff der Gelbkreuzklasse von lungen- u. hautschädigender Wirkung, chemisch Dichlordiethylsulfid, Formel* $(C_2H_4Cl)_2S$

**sengen** ⟨V.; hat⟩ **I** ⟨V. t.⟩ gerupftes Geflügel sengen *über einer Flamme die letzten feinen Federteile abbrennen* **II** ⟨V. i.⟩ die Sonne sengt *brennt* [< mhd. < ahd. *bisenkan, -sengan*]

**senil** ⟨Adj.⟩ *greisenhaft, altersschwach, hinfällig;* Ggs *juvenil* [< lat. *senilis* „greisenhaft"; zu lat. *senex* „alt; Greis"]

**Senilität** ⟨f. 20; unz.⟩ = *Altersschwäche*

**Senior** ⟨m. 23⟩ **1** *der Ältere* **2** *Ältester (in einem best. Kreis);* Ggs *Junior* **3** *Vorsitzender, Sprecher, Alterspräsident* **4** ⟨Sp.⟩ *Angehöriger einer bestimmten Altersklasse, Sportler, der schon in mehreren Wettkämpfen gesiegt hat* ◆ Wettkämpfe der Senioren ⟨Sp.⟩

**Senkblei** ⟨n. 11⟩ *am Faden aufgehängtes Gewicht als Lot zur Bestimmung der Senkrechten;* Sy *Grundblei, Senklot*

**Senke** ⟨f. 19⟩ **1** *flache Bodenvertiefung, Mulde* **2** *Visier am Helm*

**Senkel** ⟨m. 5⟩ *Band zum Zuschnüren der Schuhe* (Schnürsenkel) [mhd. „Nestel; Anker, Zugnetz" < ahd. *senchil* „Anker, Zugnetz"; → *senken*]

**senken** ⟨V.; hat⟩ **I** ⟨V. t.⟩ **1** *sinken lassen, niedriger machen* **2** *ein-, niederdrücken* ◆ die **Angel,** das Lot ins Wasser senken; die **Arme,** den Blick senken; **Löhne,** Steuern senken; die **Preise** senken *herabsetzen;* die **Stimme** senken *leiser sprechen* ◆ den Sarg **in** die Erde senken ◆ mit gesenktem Kopf stand er vor mir **II** ⟨V. refl.⟩ sich senken *sinken, einsinken, niedergleiten, sich neigen* ◆ der Abend senkte sich über das Land ⟨poet.⟩; das Haus hat sich gesenkt [< mhd. (mnddt.), ahd. *senken;* → *sinken*]

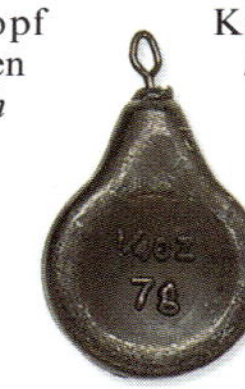


SENKER ZUM FISCHEN

**Senker** ⟨m. 3⟩ **1** *spanabhebendes Werkzeug zum Erweitern vorgebohrter Löcher* **2** ► *Stein od. Bleikugel zum Beschweren des Fischernetzes* **3** ⟨Bot.⟩ ► = *Ableger (1)*

**Senkfuß** ⟨m. 1u; Anat.⟩ *erhebl. Abflachung des inneren Längsgewölbes des Fußes*

**Senklot** ⟨n. 11⟩ = *Senkblei*

**senkrecht** ⟨Adj.; Math.⟩ *im Winkel von 90° zueinander od. auf einer Ebene stehend;* Ggs *waagerecht* ◆ zu beiden Seiten des Pfades stürzt der Felsen fast senkrecht ab [< *senkelrecht* (17. Jh.); → *Senkel*]

**Senkrechtstarter** ⟨m. 3⟩ **1** ⟨Flugw.⟩ ◄ *Flugzeug mit schwenkbaren Tragflächen od. Triebwerken, das senkrecht starten u. landen kann;* Sy *VTOL-Flugzeug* **2** ⟨fig.; umg.; scherzh.⟩ *Person, die sehr schnell od. plötzlich eine steile Karriere macht* **3** *etwas, das plötzlich außerordentlich erfolgreich (u. gut verkäuflich) ist*

**Senkung** ⟨f. 20⟩ **1** *das Senken, Tieferlegen, Sinken (des Erdreichs)* **2** *Gefälle, Neigung* **3** *Verkleinerung, Herabsetzung;* Ggs *Hebung* **4** ⟨kurz für⟩ *Blutsenkung (1)*

**Senn** ⟨m. 1⟩, **Senne**[1] ⟨m. 17; bair.-österr. u. schweiz.⟩ *Hirt auf der Alm, der auch die Butter- u. Käsebereitung besorgt* [< mhd. *senære,* ahd. *senno*]

**Senne**[2] ⟨f. 19; bair.-österr.⟩ *Viehweide, Almweide*

**Senne**[3] ⟨f. 19; unz.; westfäl.⟩ *Heideland*

**Senner** ⟨m. 3; Nebenform von⟩ *Senn*

**Sennesblätter** ⟨Pl.; Bot.⟩ ► *als Abführmittel verwendete Blätter einiger Arten der Kassie* [< mhd. *sen(e)* < mlat. *sene* < arab. *sene, sana*]

**Sennhütte** ⟨f. 19⟩ *Hütte für die Sennen u. Sennerinnen mit Raum für die Butter- u. Käsebereitung, oft auch Ställen*

**Señor** ⟨[sɛ'njɔ:r] m.; -s, -es⟩ *Herr (span. Anrede)* [span. *senior* „der ältere"]

**Señora** ⟨[sɛnjɔ:-] f. 10⟩ *Herrin, Dame, Frau (span. Anrede)* [span., Fem. zu *Señor*]

**Señorita** ⟨[sɛnjɔ-] f. 10⟩ *Fräulein (span. Anrede)* [span., Verkleinerungsform zu *Señora*]

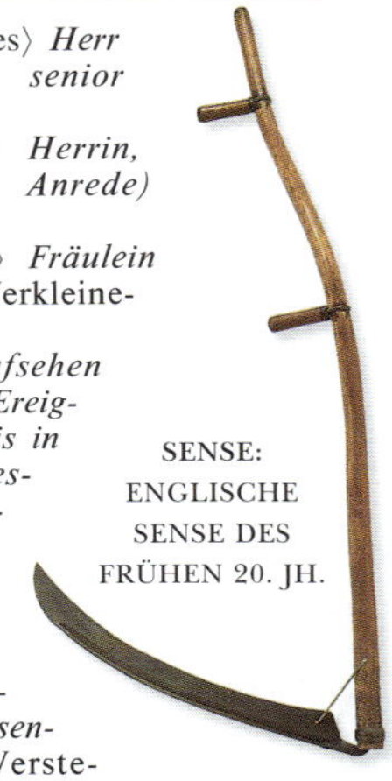

SENSE: ENGLISCHE SENSE DES FRÜHEN 20. JH.

**Sensation** ⟨f. 20⟩ **1** *Aufsehen* **2** *Aufsehen erregendes Ereignis* **3** *Gespräch, Ereignis in aller Munde, Tagesgespräch* **4** *Körper-, Gefühlsempfindung* ◆ die Sensation des Tages; sein Auftreten war eine Sensation [< frz. *sensation* „Empfindung, Sinneseindruck" < mlat. *sensatio* „Empfinden; Verstehen" < *sensus* „Gefühl; Verstand"; zu *sentire* „fühlen, empfinden, wahrnehmen"]

**sensationell** ⟨Adj.⟩ *Aufsehen erregend* ◆ ein sensationeller Erfolg; eine sensationelle Meldung, Nachricht

**Sense** ⟨f. 19⟩ ▲ *armlanges, leicht gebogenes Messer an langem Stiel mit zwei Handgriffen zum Mähen von Getreide, Gras usw.* ◆ und damit, dann ist aber Sense! ⟨umg.⟩ *damit, dann ist es genug!* [< mhd. *segens(e), seinse, sense* < ahd. *segensa*]

**sensibel** ⟨Adj.; -bler, am -sten⟩ **1** *reizempfindlich* **2** *empfindsam, feinfühlig* ◆ ein sensibles Kind; sensible Nerven *die Reize aufnehmende u. weiterleitende Nerven* [< frz. *sensible* < lat. *sensibilis* „sinnlich wahrnehmbar"; zu lat. *sentire* „fühlen, empfinden, wahrnehmen"]

**sensibilisieren** ⟨V. t.; hat⟩ **1** *empfindlich(er) machen (bes. fotografische Schichten für bestimmte Lichtwellen)* **2** ⟨Biol.⟩ *Empfindlichkeit gegenüber artfremdem Eiweiß bei Mensch u. Tier hervorrufen* [→ *sensibel*]

**Sensille** ⟨f. 19; Biol.⟩ = *Sinneszeile* [zu lat. *sensus* „Gefühl, Verstand"]

**sensitiv** ⟨Adj.⟩ **1** *leicht reizbar, überempfindlich* **2** *feinnervig*

**Sensor** ⟨m. 23⟩ *elektr. Bauelement, das physikal. od. chem. Größen erfasst u. in elektrische od. digitale Signale umsetzt u. somit zu Messungen in unzugänglichen Bereichen geeignet ist, Messfühler* [< lat. *sensus* „Gefühl"]

**Sentenz** ⟨f. 20⟩ **1** *knapp formulierter Satz mit allgemeingültigem Sinngehalt, Ausspruch, Denkspruch* **2** *Urteilsspruch* [< lat. *sententia* „Meinung, Urteil; Sinn-, Denkspruch"; zu lat. *sentire* „fühlen, denken, meinen"]

**sentimental** ⟨Adj.⟩ **1** *gefühlvoll* **2** *gefühlsselig, rührselig* ◆ gestern wurde Matthias ganz sentimental [< engl. *sentimental* „(übertrieben) gefühlvoll, rührselig"; zu engl. *sentiment* „Gefühl, Empfindung" < afrz. *sentement* (frz. sentiment) < mlat. *sentimentum;* zu lat. *sentire* „fühlen, wahrnehmen"]

SENNESBLÄTTER EINER KASSIE *(Cassia senna)*

SEPIA: SEPIATONUNG EINER FOTOGRAFIE

**separat** ⟨Adj.⟩ **1** *getrennt, abgesondert, einzeln, privat* **2** *für sich* ◆ ein separates Zimmer *Einzelzimmer;* Zimmer mit separatem Eingang; er wohnt separat [< lat. *separatus* „abgesondert, getrennt"; zu lat. *separare* „trennen"]

**Separation** ⟨f. 20⟩ **1** *Trennung, Absonderung* **2** ⟨früher⟩ *Flurbereinigung*

**Separatismus** ⟨m.; -; unz.; bes. Pol. u. Rel.⟩ *Streben nach staatl., religiöser od. geistiger Absonderung (bes. Minderheiten)* [→ *separat*]

**Separator** ⟨m. 23⟩ *Zentrifuge zum Trennen, Scheiden fester u. flüssiger Stoffe, z. B. Milchzentrifuge, Erzscheider*

**Séparée,** ⟨auch⟩ **Separee** ⟨[sepa're:] n. 15⟩ *abgetrennter Gästeraum, Nische in Weinlokalen* [< frz. *chambre séparée* „getrenntes Zimmer"; zu *séparer* < lat. *separare* „trennen"]

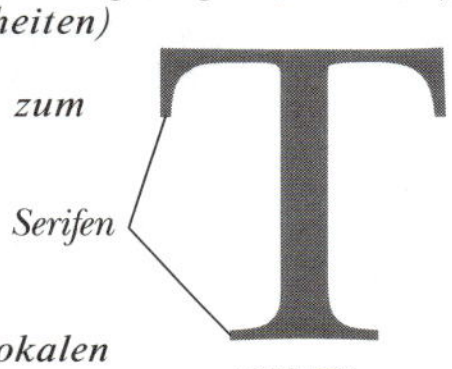


SERIFE: T MIT SERIFEN

**sepia** ⟨Adj.; undekl.; österr.⟩ *dunkelbraun*

**Sepia** ⟨f.; -, -pien⟩ **I** ⟨zählb.; Zool.⟩ = *Sepie* **II** ⟨unz.⟩ ▲ *brauner Farbstoff, der von Sekreten der Tintenfische stammt* [< grch. *sepia* „Tintenfisch"]

**Sepie** ⟨[-piə] f. 19; Zool.⟩ *Angehörige einer Gattung der Tintenfische, die Sepia produzieren: Sepia;* oV *Sepia (I)*

**Sepiolith** ⟨m. 16⟩ = *Meerschaum* [< grch. *sepion* „Rückenknochen des Tintenfisches, Meerschaum" + *lithos* „Stein"]

**Sepsis** ⟨f.; -, Sepsen; Med.⟩ = *Blutvergiftung* [grch., „Fäulnis"]

**Sept.** ⟨Abk. für⟩ *September*

**Sept** ⟨f. 20⟩ = *Septime*

**Septa** ⟨Pl. von⟩ *Septum*

**Septe** ⟨f. 19⟩ = *Septime*

**September** ⟨m.; - od. -s, -; Abk.: Sept.⟩ *neunter Monat des Jahres* ◆ September-Oktober-Heft ⟨od.⟩ September/Oktober-Heft [< lat. *(mensis) september* „der siebente (Monat)" des mit dem März beginnenden altrömischen Jahres]

**Septime** ⟨f. 19; Mus.⟩ oV *Sept, Septe* **1** *siebenter Ton der diaton. Tonleiter* **2** *Intervall von sieben Tönen* [< lat. *septima,* Fem. zu *septimus* „der siebente"]

**septisch** ⟨Adj.⟩ *auf Sepsis beruhend, Krankheitserreger enthaltend, eine Blutvergiftung hervorrufend*

**Septuaginta** ⟨f.; -; unz.⟩ *die grch. Bibelübersetzung aus dem 3. Jh. v. Chr.* [lat., „siebzig" (nach den angebl. siebzig Übersetzern)]

**Sequenz** ⟨f. 20⟩ **1** *Reihe, Folge* **2** ⟨in der mittelalterl. Liturgie⟩ *eingefügter, hymnusähnl. Gesang* **3** ⟨Mus.⟩ *auf anderer Tonstufe wiederholte kleine Tonfolge* **4** ⟨Film⟩ *Reihe von Einstellungen, die im Handlungsablauf unmittelbar aufeinander folgen* **5** ⟨Kart.⟩ *mindestens drei aufeinander folgende Karten gleicher Farbe* [zu lat. *sequentia*]

**sequenzieren** ⟨V. t.; hat; Mus.⟩ *eine Sequenz wiederholen* ◆ eine Tonfolge sequenzieren

**Sequester I** ⟨n. 13; Med.⟩ *abgestorbenes Gewebestück, meist von Knochen* **II** ⟨m. 3⟩ *von einer Behörde eingesetzter Verwalter od. Verwahrer* [lat., „vermittelnd"]

**Sequoia** ⟨[-ja]⟩, **Sequoie** ⟨[-jə] f. 19⟩ = *Rotholz* [nach dem amerik.-indian. Gelehrten *Sequoya* (engl. Name: George Guess); †1843]

**Sera** ⟨Pl. von⟩ *Serum*

**Serail** ⟨[se'raj] n. 15⟩ *Palast, Schloss des türk. Sultans* [< frz. *sérail* < türk. *seraj* < pers. *saraj* „Palast (des Sultans)"]

**Serbe** ⟨m. 17⟩ *Einwohner von Serbien*

**Seren** ⟨Pl. von⟩ *Serum*

**Serenade** ⟨f. 19; Mus.⟩ **1** *freies Instrumentalstück, meist mit mehreren Sätzen* **2** *Ständchen* [< ital. *serenata* „Abendständchen"; zu *sera* „Abend"]

**Sergeant** ⟨[zɛr'ʒant] m. 16 od. engl. ['sa:rdʒənt] m. 6⟩ *Unteroffizier* [< mhd. *serjant* < afrz. *serjant* „Fußknecht" od. < engl. *sergeant* < lat. *serviens* „dienend"; zu lat. *servire* „dienen"]

**Serie** ⟨[-riə] f. 19⟩ *Reihe, Folge, zusammengehörige Gruppe von Sammelgegenständen, z. B. von Briefmarken* ◆ eine Ware in Serie herstellen; das Buch ist innerhalb einer Serie erschienen; eine neue Serie von Geschirr, Möbeln, Stoffen usw. herausbringen; eine Serie von Verbrechen [< mhd. *serje* „Reihe(nfolge); Streifen; Zeitlauf" < lat. *series* „Reihe(nfolge)"; zu lat. *serere* „fügen, reihen, knüpfen"]

**seriell** ⟨Adj.⟩ **1** *in Serien* **2** ⟨EDV⟩ *zeitlich aufeinander folgend* ◆ serielle Verarbeitung von Programmen; serielle Datenübertragung; serielle Schnittstelle ⟨EDV⟩ *Schnittstelle, bei der die Datenübertragung Bit für Bit über eine Leitung erfolgt*

**Serienfabrikation** ⟨f. 20⟩ *Fabrikation von Waren in Serien*

**Serienschaltung** ⟨f. 20; El.⟩ = *Reihenschaltung*

**Serife** ⟨f. 19; Typ.; meist Pl.⟩ ▲ *kleiner Querstrich an den Buchstaben der Antiquaschriften, z. B. an den Füßen des „m", der Querstrich des „t"* [< frz. < ndrl. *schreef* „Strich" < lat. *scribere* „schreiben"]

**seriös** ⟨Adj.; -er, am -esten⟩ **1** *ernst, ernsthaft* **2** *ernst gemeint* **3** *feierlich, gediegen, anständig* ◆ seriöse Angebote bitte richten an ... *(bei Zeitungsanzeigen);* eine seriöse Firma [< frz. *sérieux* < mlat. *seriosus;* zu lat. *serius* „ernst"]

**Seriosität** ⟨f. 20; unz.⟩ *seriöses Wesen, Ernsthaftigkeit, Würde*

**Serologie** ⟨f. 19; unz.⟩ *Lehre von den Eigenschaften u. Reaktionen des Blutserums* [< *Serum* + grch. *logos* „Wort, Lehre"]

**serologisch** ⟨Adj.⟩ *zur Serologie gehörend, auf ihr beruhend, mit ihrer Hilfe*

SERPENTIN

**serös** ⟨Adj.⟩ *Blutserum enthaltend, ihm ähnlich, serumartig*

**Serpent** ⟨m. 1; Mus.⟩ ► *schlangenförmig gebogenes, oft mit Leder überzogenes Blechblasinstrument in weiter Mensur, dessen spezielle Form besonders das Greifen der sechs Tonlöcher (später auch Klappen) ermöglicht* [frz., „Schlange"]

**Serpentin** ⟨m. 1; Min.⟩ ◄ *dunkelgrünes Mineral, chem. ein Magnesium-Silicat mit wechselnden Gehalten an Magnesium, Aluminium u. Nickel;* Sy *Ophit* [zu lat. *serpens* „Schlange"]

**Serpentine** ⟨f. 19⟩ **1** *in Schlangenlinien ansteigender Weg an Berghängen* **2** *Kurve, Kehre, Windung* [zu lat. *serpens* „Schlange"]

**Serpuliden** ⟨Pl.; Zool.⟩ *Familie der Ringelwürmer, in Wohnröhren lebend* [< lat. *serpere* „kriechen"]

**Serradella** ⟨f.; -, -dellen⟩, **Serradelle** ⟨f. 19; Bot.⟩ *Futterpflanze aus der Familie der Schmetterlingsblütler: Ornithopus sativus* [< port. *serradela*]

**Serum** ⟨n.; -s, Seren od. Sera⟩ *wässriger, nicht gerinnender, von Butkörperchen u. Fibrin freier Bestandteil von Körperflüssigkeiten, besonders des Blutes* [lat., „Molke"]

**Serumbehandlung** ⟨f. 20; Med.⟩ *medikamentöse Behandlung mit Serum in Form von Einspritzung;* Sy *Serumtherapie*

**Serumkonserve** ⟨[-və] f. 19; Med.⟩ *aus reinem Blutserum bestehendes Blutersatzmittel, das sehr lange haltbar ist u. blutgruppenfrei hergestellt werden kann*

**Serumkrankheit** ⟨f. 20; unz.; Med.⟩ *Krankheitserscheinung, die nach Einspritzung artfremden Serums auftreten kann, z. B. Hautausschlag, Drüsenschwellung, Fieber*

**Serumtherapie** ⟨f. 19; Med.⟩ = *Serumbehandlung*

**Servelatwurst** ⟨[-ve-] f. 7u⟩ = *Zervelatwurst*

**Server** ⟨['sə:və(r)] m. 3⟩ **1** ⟨EDV⟩ *Rechner für besondere Funktionen in einem EDV-System, z. B. für die Steuerung eines Druckers* **2** ⟨Sp.; Tennis⟩ *Spieler, der aufschlägt* [zu engl. *serve* „dienen"]

**Service**[1] ⟨[-vi:s] n.; - od. -s [-səs], - [-vi:s] od. [-vi:sə]⟩ *zusammengehöriges Tischgeschirr* (Speiseservice, Kaffeeservice) [< frz. *service* „Tafelgeschirr; Dienst(leistung)" < lat. *servitium* „Sklavendienst"; zu lat. *servire* „dienen"]

**Service**[2] ⟨['sə:vis] m. od. (selten) n.; -, -s [-səz]⟩ **1** *Kundendienst, z. B. in der Autoreparatur* **2** *Bedienung in Gaststätten* **3** ⟨Sp.; Tennis⟩ ► = *Aufschlag (2)* ◆ First Service [fə:st -] *erster Aufschlag (von zweien ohne Strafpunkt)* [engl. < frz.; → *Service* [1]]

**servieren** ⟨[-vi:-] V.; hat⟩ **I** ⟨V. t.⟩ **1** *auftragen* (Speisen) **2** ⟨fig.; umg.⟩ *vortragen, erklären (bes. etwas Unangenehmes)* ◆ er hat mir heute höhnisch deine gestrigen Bemerkungen serviert ⟨fig.; umg.⟩ **II** ⟨V. i.⟩ *Speisen auftragen, bei Tisch bedienen* ◆ es ist serviert; beim Servieren helfen [< frz. *servir* „dienen" < lat. *servire* „Sklave sein; dienen"; zu *servus* „Sklave, Diener"]

**Serviette** ⟨[-vi-] f. 19⟩ *Tuch zum Abwischen des Mundes beim Essen* [frz.; zu *servir* „aufwarten"; → *servieren*]

S

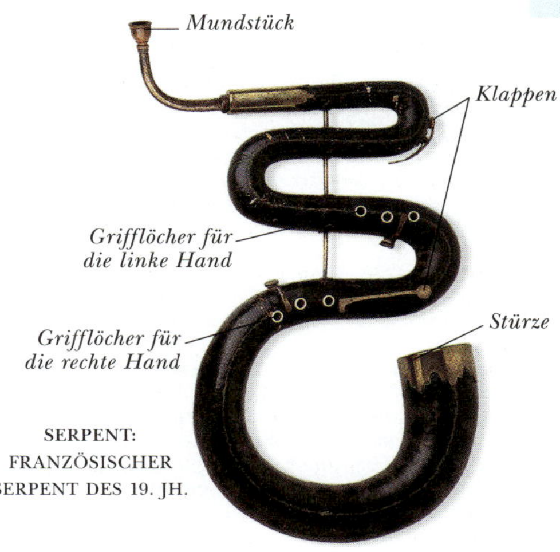


SERPENT: FRANZÖSISCHER SERPENT DES 19. JH.

**servil** ⟨[-vi:l] Adj.; geh.⟩ *unterwürfig, kriecherisch, ergeben* [< lat. *servilis*]

**Servo...** ⟨[-vo] in Zus.⟩ *die Einleitung von geringen Kräften in entsprechend gebaute Mechanismen zur Regelung u. Steuerung großer Kräfte,* z. B. Servobremse, -lenkung, -motor usw. [< lat. *servus* „Diener"]

SESAM: SAMEN DES INDISCHEN SESAMS (*Sesamum indicum*)

**Sesam** ⟨m. 6; Bot.⟩ ► *Angehöriger einer zur Familie der Sesamgewächse (Pedaliaceae) gehörenden Gattung krautiger Pflanzen mit oben aufspringenden Kapselfrüchten: Sesamum;* Sy *Sesamkraut* ◆ Sesam, öffne dich! ⟨in 1001 Nacht⟩ *(Zauberformel für eine verschlossene Schatzkammer in einem Berg);* ⟨fig.⟩ *Zauberwort, wirkungsvolles Wort (um etwas zu erreichen)* [< lat. *sesamum* < grch. *sesame, sesamon* < semit.]

**Sesamkraut** ⟨n. 12u; unz.; Bot.⟩ ► = *Sesam*

SETTER: IRISCHER SETTER

**Seschellennuss** ⟨f. 7u⟩ *Nuss einer Gattung der Fächerpalme (Lodoicea), die auf den Seschellen wächst;* oV *Seychellennuss*

**Sessel** ⟨m. 5⟩ *bequemer, gepolsterter Stuhl mit (oft gepolsterten) Armlehnen* (Armsessel, Lehnsessel, Klubsessel) [< mhd. *sezzel* „Stuhl, Unterlage des Edelsteins im Ring" < ahd. *sezzal*]

S

**sesshaft** ⟨Adj.⟩ **1** *einen festen Wohnsitz habend* **2** ⟨scherzh.⟩ *gern bei jmdm. sitzen bleiben* ◆ zur sesshaften Lebensweise übergehen [< mhd. *sezhaft;* zu mhd., ahd. *sez* „Sitz, Wohnsitz"]

**Sesterz** ⟨m. 1⟩ *altröm. Silbermünze,* ¼ *Denar (etwa 17 Pfennig)* [< lat. *sestertium*]

**Set** ⟨[zɛt]⟩ **I** ⟨n. 15; Pl. a.: Seteinheiten; Typ.⟩ *Maßeinheit für die Dickte der Monotypeschrift* **II** ⟨n. 15⟩ **1** *mehrere zusammengehörige Gebrauchsgegenstände* (Topfset), Kleidungsstücke (Twinset), Teppiche usw. **2** *eins von mehreren, farblich aufeinander abgestimmten kleinen Tischdeckchen für ein Gedeck* **3** ⟨Sp.; Tennis⟩ *Satz* [engl., zu *set* „setzen"]

**Setter** ⟨m. 3⟩ ▲ *hochbeiniger Spürhund mit halblangem, seidenweichem Haarkleid u. ausgeprägten Haushundeigenschaften* [engl., „Setzer"]

**setzen** ⟨V.; hat⟩ **I** ⟨V. t.⟩ *an einen Ort, Platz tun, stellen* ◆ einen **Baum,** Strauch setzen *einpflanzen;* jmdm. ein **Denkmal** setzen *errichten;* jmdm. eine **Frist** setzen *bestimmen, dass jmd. zu einem Zeitpunkt etwas zu tun hat;* einen **Punkt,** ein Komma setzen *anbringen, schreiben;* die **Segel** setzen *aufziehen, ausspannen;* sich od. einer Sache ein **Ziel** setzen *ein Ziel bestimmen* ◆ Personen vom Schiff **ans** Land setzen *bringen;* das Glas, die Trompete an den Mund setzen *heben;* Hoffnungen **auf** jmdn. setzen *hoffen, dass jmd. etwas Bestimmtes erreichen wird;* eine Vase auf den Tisch setzen; Vertrauen **in** jmdn. setzen *jmdm. vertrauen;* jmdn. **über** den Fluss setzen *mit dem Boot bringen* ◆ gesetzt, er kommt *angenommen, er kommt* **II** ⟨V. refl.⟩ sich setzen **1** *einen Sitzplatz einnehmen, sich in sitzende Stellung begeben, sich niederlassen* **2** *feste Teilchen, Unreinheiten zu Boden sinken lassen (in Flüssigkeiten)* **3** *zusammensinken, Hohlräume verschwinden lassen* (Erdreich) ◆ der **Kaffee** hat sich gesetzt; bitte setzen Sie sich! ◆ sich **an** eine Arbeit setzen *eine Arbeit beginnen;* sich ans Fenster, an den Tisch setzen; der Vogel hat sich **auf** einen Zweig, der Staub hat sich **in** die Fugen, Ritzen gesetzt *ist eingedrungen;* sich **neben** jmdn. setzen; sich **zu** jmdm. setzen **III** ⟨V. i.⟩ **1** *schwungvoll springen* **2** ⟨Glücksspiel⟩ *einen Einsatz zahlen* ◆ hoch, niedrig setzen ◆ über einen Bach, eine Hecke setzen [< mhd. *setzen* < ahd. *sezzen*]

**Setzerei** ⟨f. 18⟩ *Teil der Druckerei, in dem Manuskripte gesetzt werden* (Handsetzerei, Maschinensetzerei)

**Setzkasten** ⟨m. 4u⟩ **1** ⟨Typ.⟩ *Kasten, in dem die Lettern für das Setzen eines Textes geordnet liegen* **2** ⟨Bot.⟩ ► *schützender flacher Kasten zur Aufzucht junger Blumen- u. Gemüsepflanzen für die späte Auspflanzung im Freien*

**Setzling** ⟨m. 1⟩ **1** ⟨Bot.⟩ *junge Pflanze, die gesetzt (in die Erde gepflanzt) wird* **2** ⟨Zool.⟩ *junger Fisch, der in einen Teich (zur Zucht) gesetzt wird*

**Seuche** ⟨f. 19⟩ **1** *sich rasch u. weit verbreitende, ansteckende Krankheit* **2** ⟨fig.; umg.⟩ *weit verbreitete, als unangenehm empfundene modische Erscheinung od. Gewohnheit* ◆ das Rollschuhlaufen ist hier eine Seuche [< mhd. *siuche* < ahd. *siuhhi;* Substantivbildung zum Adj. *siech* „krank"]

**seufzen** ⟨V. i.; hat⟩ **1** *einmal tief u. hörbar ausatmen (vor Kummer, Bangen, Sehnsucht)* **2** *etwas seufzend sagen* ◆ „Vielleicht!", seufzte er; unter jmds. Herrschaft seufzen ⟨fig.⟩ *leiden, sie stumm erdulden* [< mhd. *siufzen,* Umbildung < älterem *siuften* < ahd. *suft(e)on* „seufzen"; zu ahd. *suffan* „trinken, schlürfen"]

**Sex** ⟨m.; - od. -es; unz.; kurz für⟩ **1** *Sexualität* **2** *sexuelle Handlung, Geschlechtsverkehr* **3** *Sexappeal*

**Sexagon** ⟨n. 11; Geom.⟩ *geometrische Figur mit sechs Ecken;* Sy *Sechseck* [< lat. *sex* „sechs" + grch. *gonia* „Winkel"]

**Sexappeal** ⟨[-əpi:l] m.; -s; unz.⟩ *körperliche Anziehungskraft;* Sy ⟨kurz⟩ *Sex (3)*

**Sexismus** ⟨m.; -, unz.⟩ *Überbewertung der geschlechtl. Unterschiede zwischen Mann u. Frau (die zur Benachteiligung der Frau im gesellschaftl. Leben führt)*

**Sext** ⟨f. 20⟩ = *Sexte*

**Sextakkord** ⟨m. 1; Mus.⟩ *Umkehrung eines Dreiklangs, Dreiklang aus Terz und Sexte*

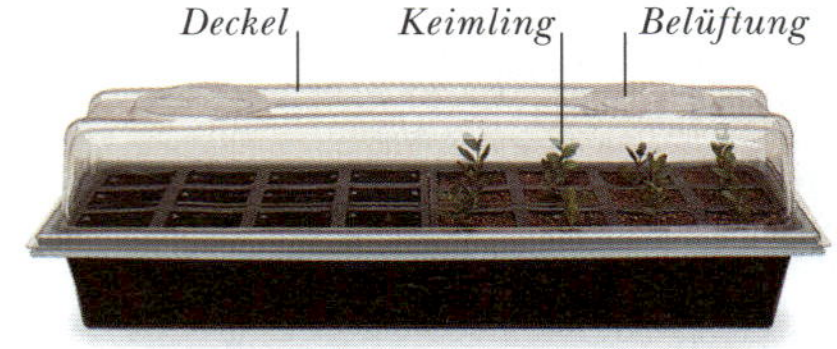


SETZKASTEN

**Sextant** ⟨m. 16; Astron.⟩ ▼ *astronom. Instrument zur Winkelmessung* [< lat. *sextans* „Sechstel"]

**Sexte** ⟨f. 19; Mus.⟩ oV *Sext* **1** *sechster Ton der diatonischen Tonleiter* **2** *Intervall aus sechs Tönen* [< lat. *sexta,* Fem. zu *sextus* „der sechste"; zu *sex* „sechs"]

**Sextett** ⟨n. 11; Mus.⟩ **1** *Musikstück für sechs Instrumente od. Sänger* **2** *die ausführenden Musiker selbst* [< frz. *sextetto,* ital. *sestetto;* zu lat. *sex* „sechs"]

**sexual..., Sexual...** ⟨in Zus.⟩ *geschlechtlich, geschlechts..., Geschlechts...* [Adjektivbildung zu lat. *sexus* „Geschlecht"]

**Sexualität** ⟨f. 20; unz.⟩ *Gesamtheit der geschlechtlichen Äußerungen u. Empfindungen, Geschlechtsleben;* Sy ⟨kurz⟩ *Sex (1)*

**Sexualorgan** ⟨n. 11⟩ ► = *Geschlechtsorgan*

**sexuell** ⟨Adj.⟩ *geschlechtlich, zum Geschlecht gehörend, auf ihm beruhend* ◆ sexuelle Anziehungskraft; (rein) sexuelle Bindung; sexuelles Verhalten; sexuelle Interessen

**sexy** ⟨Adj.; undekl.⟩ *sexuell anziehend, körperlich reizvoll, geschlechtsbetont*

## SEXTANT

Mit einem Sextanten wird der Winkel zwischen dem Horizont und einem Himmelskörper gemessen und auf See zur astronomischen Ortsbestimmung verwendet. Das Bild des Sterns wird vom Indexspiegel auf den Horizontspiegel und von dort in das Fernrohr reflektiert, wobei die Alhidade (Ablesevorrichtung) so lange zu bewegen ist, bis die Horizontlinie und das Abbild des Sterns deckungsgleich sind. Im Anschluss lässt sich der Winkel zwischen Horizont und Stern auf dem Gradbogen ablesen.

SEXTANT DES 19. JH.

SHAKERS: WANDSCHRANK UND HOLZSCHACHTELN IM SHAKERS-STIL

**Seychellennuss** ⟨[ze'ʃɛlən-] f. 7u⟩ = *Seschellennuss*

**Sezession** ⟨f. 20⟩ **1** *Abfall, Loslösung (eines Staates, einer Provinz)* **2** *Name für eine Gruppe von Künstlern, die sich von einer bestehenden Künstlervereinigung loslösen, weil sie sich anderen Zielen zugewendet haben* ◆ Berliner Sezession (1899); Münchner Sezession (1892); Wiener Sezession (1897) [< lat. *secessio* „Trennung, Spaltung, Absonderung"]

**sezieren** ⟨V. t.; hat⟩ **1** *anatomisch zerlegen, untersuchen* (Leiche) **2** ⟨fig.⟩ *auseinander nehmen, genau untersuchen* [< lat. *secare* „(ab)schneiden, zerlegen"]

**sf** ⟨Mus.; Abk. für ital.⟩ *sforzando, sforzato*

**S-förmig,** ⟨auch⟩ **s-förmig** ⟨Adj.⟩ *wie ein S geformt* ◆ s-förmige Kurven

**sforzando, sforzato** ⟨Mus.; Abk.: sf; Zeichen: <, V⟩ *mit starkem Ton, betont, akzentuiert (zu spielen);* oV *forzando, forzato* [< ital. *sforzando* „zwingend", *sforzato* „gezwungen"; zu *sforzare*]

**sfr.** ⟨schweiz.⟩, **sFr.** ⟨Abk. für⟩ *Schweizer → Franken*

**s-Genitiv** ⟨m. 1; Gramm.⟩ *Genitiv, der durch das Anfügen eines S mit Apostroph an das Substantiv markiert wird (z. B. engl. „father's book"), bes. bei Eigennamen mitunter auf das Deutsche übertragen (z. B. „Erika's Gemüseladen" statt „Erikas Gemüseladen")*

SHETLAND-PONY

**sh** ⟨Abk. für⟩ *Shilling*

**Shaker** ⟨['ʃɛikə(r)] m. 3⟩ *Mischbecher für alkohol. Getränke* [zu engl. *shake* „schütteln"]

**Shakers** ⟨['ʃɛikə(r)s] Pl.⟩ ▲ *heute nicht mehr bestehende Quäkergruppe, die bes. durch ihren funktionalistischen Stil bei Gebrauchsgegenständen u. Möbeln bekannt wurde;* → a. *Quäker* [engl., „Zitterer"]

**Shampoo** ⟨['ʃampu:] od. ['ʃampo] n. 15⟩, **Shampoon** ⟨[ʃam'pu:n] od. [ʃam'po:n] n. 15 od. n. 11⟩ *Haarwaschmittel* [engl., zunächst „den Körper massieren", dann über das Anglo-ind. < hind. *chhampna* „kneten"]

**Shanty** ⟨['ʃænti] n. 15; Pl.: -s⟩ *Seemannslied* [< engl. *shanty* od. *shantey;* zu frz. *chanter* „singen"]

**Shareware** ⟨['ʃɛ:(r)wɛ:(r)] f. 10; unz.; EDV⟩ *kostenlos od. preisgünstig angebotene Software mit eingeschränkter Funktionalität, die dem potenziellen Käufer die Möglichkeit geben soll, das Produkt vor Erwerb auf die Eignung zu testen* [< engl. *share* „Anteil" + Soft*ware*]

**Sheriff** ⟨['ʃɛrif] m. 6; in Großbritannien u. den USA⟩ *höchster Vollzugsbeamter in einer Grafschaft, in den USA auch mit richterlichen Befugnissen* [< engl. *sheriff* „Landrat, Bezirksdirektor, Polizeichef" < arab. *sharif* „Nachkomme des Propheten Mohammed"]

**Sherpa** ⟨[ʃɛr-] m. 6⟩ *tibetanischer Lastenträger u. Bergführer im Himalaja* [Name eines tibet. Volksstammes]

**Sherry** ⟨['ʃɛri] m. 6⟩ *würziger Süßwein aus der span. Stadt Jerez de la Frontera;* Sy *Jerez, Xeres* [engl. Form der Stadt *Jerez*]

**Shetlandpony** ⟨[ʃɛt-] n. 15⟩ ▼ *Pony mit langer Mähne, großem Kopf u. kleinen, spitzen Ohren;* ► *Pferde* [nach den *Shetlandinseln* bei Schottland]

**Shiitakepilz** ⟨[ʃi-] m. 1⟩ *Blätterpilz mit rundem od. nierenförmigem Hut u. weißlichem Fleisch, der in Ostasien gewerbemäßig als Speisepilz angebaut wird* [jap.]

**Shilling** ⟨[ʃil-] m.; -s, - od. -s; Abk.: s. od. sh; bis 14.2.1971⟩ *mittlere Währungseinheit in Großbritannien u. Irland,* $^{1}/_{20}$ *£, 12 Pence* [→ *Schilling*]

**Shintoismus** ⟨[ʃin-] m.; -; unz.; Rel.⟩ = *Schintoismus*

**Shirt** ⟨[ʃə:t] n. 15⟩ *(meist kurzärmeliges) Hemd aus weichem Baumwollstoff* (T-Shirt, Polo-Shirt) [engl., „Hemd"]

**Shiva** ⟨['ʃi:va] m. 6; unz.⟩ = *Schiwa*

**Shoa** ⟨'ʃoa] f.; -; unz.⟩ = *Holocaust* [hebr., „Vernichtung"]

**Shogun** ⟨[ʃo:-] m. 1; früher Titel für⟩ *japan. Feldherr* [jap., „Heerführer"]

**Shorts** ⟨[ʃɔ:rts] Pl.⟩ *kurze Sommerhosen* [< engl. *short* „kurz"]

**Shortstory,** ⟨auch⟩ **Short Story** ⟨['ʃɔ:(r)t 'stɔ:ri] f.; (-) -, (-) -s⟩ *Kurzgeschichte (bes. in der engl. u. amerik. Lit.)* [engl.]

**Show** ⟨[ʃou] f. 10⟩ *Darbietung, Vorführung, Schau* [< engl. *show* „zeigen"]

**Showdown,** ⟨auch⟩ **Show-down** ⟨[ʃou'daun] n. 15 od. m. 6⟩ **1** ⟨Film, bes. Western⟩ *abschließende, entscheidende Auseinandersetzung zwischen den Haupthelden* **2** ⟨Poker⟩ *Aufdecken der Karten* **3** ⟨allg.⟩ *Kraftprobe, Machtprobe* [< engl. *show* „zeigen" + *down* „nieder"]

**Shredder** ⟨[ʃrɛd-] m. 5⟩ = *Schredder*

**Shrimp** ⟨[ʃrimp] m. 6; meist Pl.; Zool.⟩ ► = *Krabbe (1);* oV *Schrimp* [engl.]

**Shuttle** ⟨[ʃʌtl] n. 15 od. m. 6⟩ **1** ⟨kurz für⟩ *Spaceshuttle* **2** *Fahrzeug für den Pendelverkehr* [engl., eigtl. „Weberschiffchen"]

**Si**[1] ⟨Chem.; Zeichen für⟩ *Silicium*

**Si**[2] ⟨n.; -, -; Mus.; ital. u. frz. Bez. für⟩ *Ton H, in der Tonika-Do-Methode der jeweils siebte Ton einer Tonleiter*

**Siamese** ⟨m. 17⟩ **1** *Einwohner von Siam (Thailand)* **2** *jmd., der aus Siam stammt*

**siamesisch** ⟨Adj.⟩ *Siam betreffend, zu ihm gehörend, aus ihm stammend* ◆ siamesische Sprache *zur Gruppe der tibetisch-chines. Sprachen gehörende Sprache der Siamesen;* Sy *Thai (II);* siamesische Zwillinge *zusammengewachsene Zwillinge* [nach dem ersten, allg. bekannt gewordenen Fall solcher Zwillinge in *Siam*]

**Siamkatze** ⟨f. 19⟩ ◄ *aus Asien stammende Katze mit weißem bis bräunlichem Fell, das am Kopf, an den Pfoten u. am Schwanzende dunkler gezeichnet ist;* ► *Katzen* [vermutlich aus *Siam* (heute Thailand) eingeführt]

SIAMKATZE

**sibirisch** ⟨Adj.⟩ *Sibirien betreffend, dazu gehörend, daraus stammend, wie in Sibirien* ◆ sibirische Kälte ⟨umg.⟩ *sehr große Kälte*

**Sibylle** ⟨f. 19; im antiken Griechenland⟩ *weissagende Frau* [< grch. *sibylla* < *sios boule* „Gottesraterin"]

**sibyllinisch** ⟨Adj.⟩ *von der Sibylle stammend* ◆ sibyllinische Bücher *verschollene Sammlung von Orakeln der Sibylle von Erithrai; Sammlung jüdischer, auf heidnischer Grundlage beruhender, von Christen bearbeiteter Orakel*

**sic!** ⟨[sik]⟩ *(wirklich) so! (als Randbemerkung bei ungewöhnl. Schreibung eines Wortes od. Zitat eines ungewöhnl. od. unpassenden Ausdrucks)* [lat.]

**sich** ⟨refl. Pron. der 3. Pers. Sing. u. Pl.⟩ sich ereignen, geschehen, vorkommen; sich wundern; an (und für) sich *eigentlich, wenn man die Sache selbst betrachtet;* er hat etwas an sich, das alle anzieht; es hat nichts auf sich *nichts zu bedeuten;* das ist eine Sache für sich *eine andere, besondere Sache;* etwas für sich behalten *es niemandem sagen;* für sich sein *allein sein;* etwas hinter sich bringen ⟨fig.⟩ *etwas vollenden, fertig machen;* der Wein hat es in sich *er ist stärker, als man anfangs glaubte;* etwas von sich aus tun *von selbst, freiwillig, aus eigenem Antrieb;* er bat ihn zu sich *er lud ihn ein, bat ihn zu kommen;* (wieder) zu sich kommen *das Bewusstsein wiedererlangen* [< mhd. *sich* < ahd. *sih,* lat. *se, sibi*]

**Sichel** ⟨f. 21; Landw.⟩ ▼ *kleines Werkzeug mit gebogener Klinge zum Mähen* [< mhd. *sichel,* ahd. *sihhila,* engl. *sickle* < nlat. *secula* „kleine Sichel"; zu lat. *secare* „schneiden, mähen"]

**sicher I** ⟨Adj.⟩ **1** *zweifelsfrei, bestimmt, gewiss, zuverlässig, verbürgt* **2** *gefahrlos* **3** *ungefährdet, geschützt, gesichert, geborgen* **4** *fest u. ruhig, geübt* **5** *unfehlbar, untrüglich* ◆ sein sicheres **Auskommen** haben; ein sicheres **Gefühl** für etwas haben; eine sichere **Hand** haben; das ist ein sicheres **Zeichen** für... ◆ einen Gegenstand sicher **aufbewahren;** sicher **auftreten;** er **fährt,** schwimmt (völlig) sicher; seine Aufgaben, Vokabeln sicher **können,** beherrschen; **sein:** wir gehen hier herum, das ist sicherer; du kannst seiner Freundschaft, Liebe, ich bin mir meiner Sache sicher *ich weiß es genau* ◆ ich weiß es **aus** sicherer Quelle; ist das wirklich so? **ganz** sicher!; etwas **mit** sicherem Blick erkennen; sicher **vor** etwas od. jmdm. **II** ⟨adv.⟩ *vermutlich, wahrscheinlich* ◆ er kommt sicher noch;

SICHEL AUS DEM 19. JH.

## SICHERHEITSSCHLOSS

Ein Sicherheitsschloss wird von mehreren Stiften blockiert, die angehoben werden und den Zylinder freigeben, sobald man den passenden Schlüssel einführt. Daraufhin lässt sich der Schlüssel zusammen mit einer Nocke drehen, die einen Riegel anhebt und somit die Tür öffnet.

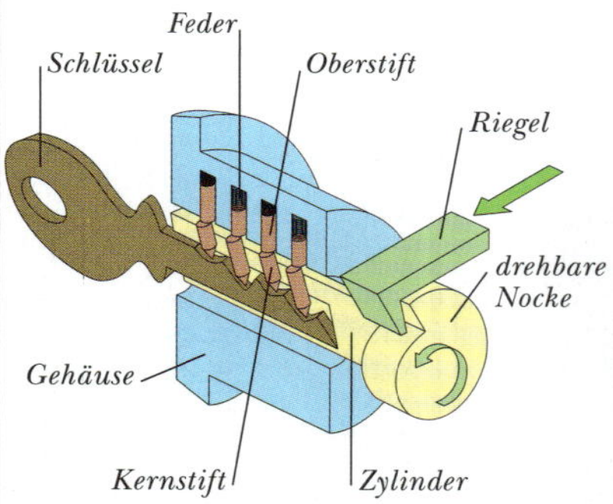


SCHNITT DURCH EIN SICHERHEITSSCHLOSS

er hat es sicher vergessen [< mhd. *sicher,* ahd. *sichur(e), sichor* < spätlat. *sicurus* < lat. *securus*]

**Sicherheit** ⟨f. 20⟩ **I** ⟨unz.⟩ **1** *das Sichersein, Gewissheit* **2** *sichere Beschaffenheit, Festigkeit* **3** *Ruhe, Sorglosigkeit, Geborgenheit, Geschütztsein, Schutz* ◆ ihm fehlt die nötige Sicherheit; öffentliche Sicherheit *öffentliche Ruhe und Ordnung;* in Sicherheit sein; ich kann es (nicht) mit Sicherheit behaupten **II** ⟨zählb.⟩ *Bürgschaft, Pfand* ◆ gewisse Sicherheiten fordern; Sicherheit leisten; eine Summe als Sicherheit geben

**Sicherheitsglas** ⟨n. 12u; unz.⟩ = *Verbundglas*

**Sicherheitsgurt** ⟨m. 1⟩ *Gurt zur Sicherung einer Person bei Bauarbeiten u. zum Anschnallen in Auto u. Flugzeug*

**sicherheitshalber** ⟨Adv.⟩ *wegen der Sicherheit, um der Sicherheit willen, um sicher zu sein*

**Sicherheitsnadel** ⟨f. 21⟩ *gebogene Nadel mit Verschluss*

S

**Sicherheitsrat** ⟨m. 1u; unz.⟩ *Behörde der Vereinten Nationen, die bei Aggressionen angerufen werden kann*

**Sicherheitsschloss** ⟨n. 12u⟩ ▲ *Schloss mit mehreren Zuhaltungen, in das nur ein bestimmter, sägeförmig ausgearbeiteter Schlüssel passt*

**sicherlich** ⟨Adv.⟩ **1** *bestimmt, gewiss* **2** *vermutlich, wahrscheinlich* ◆ ich werde ihn sicherlich finden

**sichern** ⟨V.; hat⟩ **I** ⟨V. t.⟩ **1** *in Sicherheit bringen, vor Gefahr schützen* **2** *fest, zusätzlich (mit Hebel, Riegel) verschließen* **3** *festmachen, befestigen* ◆ sich einen guten Platz sichern; eine Waffe sichern *den Abzugshebel feststellen;* sich beim Bergsteigen durch ein Seil sichern; seine Zukunft ist gesichert; in gesicherten Verhältnissen leben **II** ⟨V. i.; Jägerspr.⟩ *den Wind prüfen, ob Gefahr droht* ◆ Wild sichert

**Sicherung** ⟨f. 20⟩ **I** ⟨unz.⟩ **1** *das Sichern, Schutz, Verwahrung* **2** ⟨Mil.⟩ *Schutzmaßnahme gegen Überfall* ◆ zur Sicherung des Friedens **II** ⟨zählb.⟩ **1** *Vorrichtung, die das selbsttätige Lösen eines Maschinenteils verhindert* **2** *Hebel an Schusswaffen, der das unbeabsichtigte Lösen eines Schusses verhindern soll* **3** *Vorrichtung, die den Stromfluss bei Überlastung des Netzes od. Überschreitung eines bestimmten Wertes unterbricht* (Schmelzsicherung)

**Sicht** ⟨f. 20; unz.⟩ **1** *Fähigkeit, Möglichkeit des Sehens über größere Entfernung, Ausblick, Betrachtungsweise, Blickwinkel* **2** *Zeitpunkt der Vorlage eines Wechsels zur Bezahlung* ◆ heute ist gute, klare Sicht *die Luft ist klar, man kann weit sehen;* heute ist keine, schlechte Sicht *es ist dunstig, neblig, man kann nicht weit sehen* [→ *sehen;* seit dem 15. Jh. Ausdruck des Wechselverkehrs, Lehnübersetzung in der Bedeutung „Laufzeit eines Wechsels" < ital. *vista;* heutige Hauptbedeutung „Sehweite" im 19. Jh. aus der Seemannsspr.]

SIENA

**sichtbar** ⟨Adj.⟩ **1** *so beschaffen, dass man es sehen kann* **2** ⟨umg.⟩ *sichtlich* ◆ er ärgerte, freute sich sichtbar; etwas durch Röntgenstrahlen sichtbar machen

**sichten** ⟨V.t.; hat⟩ **1** *in größerer Entfernung erblicken* **2** ⟨fig.⟩ *prüfen u. ordnen* ◆ ein Flugzeug, Schiff sichten; Papiere, Akten sichten ⟨fig.⟩ [< mnddt. *sichten* „sieben"]

**...sichtig** ⟨Adj.; in Zus.⟩ *nur über eine gewisse Entfernung hin sehen könnend,* z. B. kurzsichtig, weitsichtig

**sichtlich** ⟨Adj.⟩ *offensichtlich, offenkundig* ◆ er war sichtlich erleichtert

**Sichtvermerk** ⟨m. 1⟩ *Vermerk auf einem Pass über die Erlaubnis zur Einreise in ein fremdes Land*

**Sickergrube** ⟨f. 19⟩ *Grube, in der Abwasser aus der Hauswirtschaft versickern kann*

**sickern** ⟨V. i.; ist⟩ *langsam u. dünn fließen* ◆ Regenwasser sickert durchs Dach; aus der Wunde sickert Blut [< nddt. *sikern, sickern* „tröpfeln, einsickern"; → *seihen*]

**sie I** ⟨persönl. Pron. für das weibl. Geschlecht der dritten Person im Sing.⟩ er und sie; sie kommt **II** ⟨persönl. Pron. für alle drei Geschlechter der dritten Person im Pl.⟩ sie kommen; hast du sie gesehen?

**Sie I** ⟨persönl. Pron. für die Anrede nicht verwandter u. nicht befreundeter erwachsener Personen im Sing. u. Pl.⟩ jmdn. mit Sie anreden **II** ⟨f.; umg.⟩ eine Sie *eine Frau, ein weibl. Wesen* ◆ ein Er und eine Sie *ein Mann u. eine Frau* [< mhd. *si, sie* < ahd. Nom. Sing. Fem. *si, siu,* Akk. Sing. Fem. *sia,* Pl. Fem. *sio,* Mask. *sie,* Neutr. *siu*]

**Sieb** ⟨n. 11⟩ **1** *Gefäß mit mehr od. weniger feinen Löchern, Scheibe aus grobem od. feinem Drahtgeflecht, um körnige Stoffe nach ihrer Größe zu scheiden* (Mehlsieb, Sandsieb) *bzw. feste Stoffe von einer Flüssigkeit zu trennen* (Teesieb) **2** *Flechtwerk zum Reinigen von Getreide u. a.* (Getreidesieb, Körnersieb) ◆ feines, grobes Sieb; eine Flüssigkeit durch ein Sieb gießen [< mhd. *sip(b),* ahd. *sib,* engl. *sieve* „Sieb"]

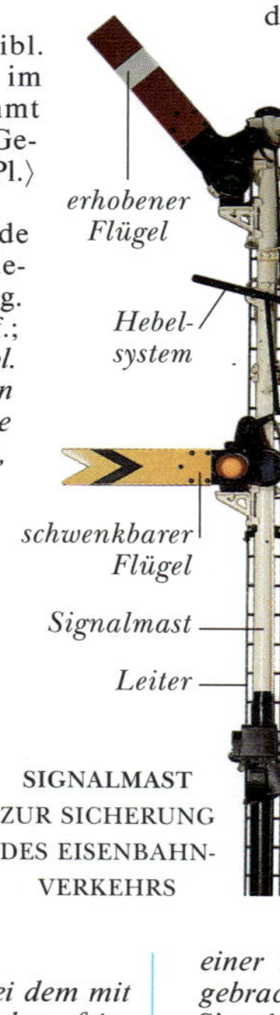


SIGNALMAST ZUR SICHERUNG DES EISENBAHN-VERKEHRS

**Siebdruck** ⟨m. 1⟩ *Druckverfahren, bei dem mit einer Rakel Druckfarbe durch ein bes. feinmaschiges Sieb gepresst wird*

**sieben**[1] ⟨V. t.; hat⟩ **1** *durch ein Sieb schütten od. rühren, so dass die gröberen Teile zurückbleiben* **2** ⟨fig.⟩ *die besseren Arbeitskräfte, Schüler o. Ä. von den schlechteren trennen* ◆ Getreide, Korn, Mehl sieben

**sieben**[2] ⟨Num.; in Ziffer⟩ *7* ◆ sieben Stück, die sieben Weltwunder; die sieben freien Künste [< mhd. *siben,* ahd. *sibun*]

**Sieben** ⟨f.; -, -⟩ *Zahl 7, (nach Volksglauben) Glück od. Unheil bringende od. auch nur bedeutungsvolle Zahl*

**Siebenflach** ⟨n. 11⟩, **Siebenflächner** ⟨m. 3; Geom.⟩ = *Heptaeder*

**Siebenpunkt** ⟨m. 1; Zool.⟩ = *Marienkäfer (2)*

**Siebenschläfer** ⟨m. 3⟩ **1** *Fest der sieben Schläfer am 27. Juni (nach alter Bauernregel wichtig für das Wetter der darauf folgenden sieben Wochen)* **2** *zu den Schlafmäusen gehörendes Nagetier: Glis glis* [nach der Sage von den sieben Jünglingen, die während der Christenverfolgung unter Kaiser Decius eingemauert wurden, aber nicht starben, sondern 200 Jahre lang schliefen]

**Siebentel** ⟨n. 13 od. schweiz.: m. 5⟩ *siebenter Teil;* oV *Siebtel* [< *sieben* + *Teil*]

**Siebtel** ⟨n. 13 od. schweiz.: m. 5⟩ = *Siebentel*

**siebzig** ⟨Num.; in Ziffern⟩ *70;* → a. *achtzig*

**siechen** ⟨V. i.; hat; geh.⟩ *lange kränkeln, kränklich, gebrechlich sein* ◆ ⟨meist in Zus.⟩ dahinsiechen: seit seiner schweren Krankheit siecht er nur noch dahin [< mhd., ahd. *siuchan, siuchen*]

**siedeln** ⟨V. i.; hat⟩ **1** *sich auf einem Stück Land niederlassen u. einen Bauernhof gründen* **2** ⟨bei Pflanzen u. Tieren⟩ *(an einem bestimmten Ort) leben* ◆ manche Tiere u. Pflanzen siedeln auf anderen Organismen [< mhd. *sidelen* < ahd. *gisidalen* „ansässig machen"; zu ahd. *sedal* „Sitz, Wohnsitz"]

**sieden** ⟨V. t. u. V. i. 238; hat⟩ **1** *kochen* **2** *verdampfen* **3** ⟨Phys.⟩ *Übergang vom flüssigen in den gasförmigen Aggregatzustand* ◆ das Wasser siedet; siedendes Wasser; siedend heiß [< mhd. *siden* < ahd. *siodan* „kochen, aufwallen"]

**Siedepunkt** ⟨m. 1⟩ *Temperatur, bei der eine Flüssigkeit siedet*

**Siedfleisch** ⟨n.; -(e)s; unz.; schwäb., schweiz.⟩ *gekochtes Fleisch, Suppenfleisch*

**Siedler** ⟨m. 3⟩ **1** *jmd., der siedelt* **2** *Inhaber einer Siedlerstelle* ◆ Siedler in Übersee ⟨früher⟩ *Kolonist*

**Siedlung** ⟨f. 20⟩ **I** ⟨unz.⟩ *das Siedeln* **II** ⟨zählb.⟩ **1** ⟨i. w. S.⟩ *Niederlassung mit bebautem Land, Wohnhäusern u. Ställen* **2** ⟨i. e. S.⟩ *Siedlerstelle* **3** *Gruppe gleichartiger, kleiner Wohnhäuser mit Garten am Rand eines Dorfes od. einer Stadt*

**Sieg** ⟨m. 1⟩ **1** *das Besiegen des Gegners* **2** *gewonnener Kampf* ◆ Sieg des Guten, der Wahrheit; den Sieg erringen, davontragen; ein leichter Sieg; ein schwer erkämpfter Sieg [< mhd. *sige, sic* < ahd. *sigu, sigo*]

**Siegel** ⟨n. 13⟩ **1** *Stempel zum Abdruck eines Zeichens in weiche Masse* **2** *der Abdruck davon, auf einem Schriftstück, Behältnis od. einer Tür als Verschluss od. Bestätigung angebracht* ◆ ein Siegel erbrechen, lösen; ein Siegel auf etwas drücken [< mhd. *sigel,* engl. *seal,* schwed. *sigill* < lat. *sigillum* „Bildchen, Figürchen, Siegelabdruck"; zu lat. *signum* „Zeichen, Kennzeichen"]

**siegeln** ⟨V. t.; hat⟩ *mit einem Siegel verschließen od. bestätigen* (Schriftstück) ◆ einen Brief, eine Urkunde siegeln

**Siegelring** ⟨m. 1⟩ ► *Ring mit graviertem Stein zum Siegeln* ◆ ein Siegelring ist das Wahrzeichen der adeligen Familie

**siegen** ⟨V. i.; hat⟩ *einen Kampf gewinnen, einen Sieg erringen* ◆ die Vernunft siegte; wir haben 3:2 gesiegt; im Kampf, Wettkampf siegen; über jmdn. siegen

**Sieger** ⟨m. 3⟩ *jmd., der im Kampf gesiegt, den Sieg errungen hat* ◆ als Sieger aus dem Kampf, Wettbewerb hervorgehen

**siegreich** ⟨Adj.⟩ *gesiegt habend*

**Siegwurz** ⟨f. 20; unz.; Bot.⟩ ► = *Gladiole* ◆ Gemeine Siegwurz: *Gladiolus communis*

**Siel** ⟨n. 11 od. m. 1⟩ *Deichschleuse, Abwasserkanal* [< nddt. *sil* „Schleuse" mndrl. *sile* „Abzugskanal"]

**Siemens** ⟨n.; -, -; Zeichen: S⟩ **1** *Maßeinheit der elektr. Leitfähigkeit* **2** *Kehrwert des Ohms, der Einheit für den elektr. Widerstand* [nach W. von *Siemens,* 1816-1892]

**Siena** ⟨[si'e:na] n.; -s; unz.⟩ ◄ *rotbraune Farbe*

**Sierra** ⟨f.; -, -s od. Sierren⟩ *Gebirge, Bergkette,* z. B. die Sierra Nevada in Spanien [span.]

**Siesta** ⟨[si'ɛsta] f.; -, -s od. -sten⟩ *Mittagsruhe* ◆ Siesta halten [< span. *siesta;* zu lat. *(hora) sexta* „sechste (Stunde)" nach Sonnenaufgang, heiße Mittagszeit]

**siezen** ⟨V. t.; hat⟩ *mit „Sie" anreden;* Ggs *duzen* [< *Sie* + Endung *-zen;* Ursprung dunkel, im Gebrauch seit 17. Jh.]

**Sigel** ⟨n. 13⟩ oV *Sigle* **1** *Wortkürzung, Abkürzungszeichen* **2** ⟨Stenografie⟩ *Kürzel* [< lat. *sigillum* „kleines Zeichen", Verkleinerungsform von *signum* „Zeichen, Kennzeichen"; → *Siegel, siegeln*]

SILBER: NATÜRLICH VORKOMMENDES SILBER

**Sightseeing** ⟨['saitsi:iŋ] n.; -s; unz.⟩ *Besichtigung von Sehenswürdigkeiten* [< engl. *sight* „Ansicht; Sehenswürdigkeit" + *seeing,* Part. Präs. zu *see* „sehen"]

**Sigle** ⟨f. 19⟩ = *Sigel*

**Sigma** ⟨n. 15; Zeichen: σ, ς, Σ⟩ *18. Buchstabe des grch. Alphabets*

**Signa** ⟨Pl. von⟩ *Signum*

**Signal** ⟨n. 11⟩ **1** *opt., akust. od. elektromagnet. Zeichen, das eine Information übermittelt* **2** *Zeichen zur Übermittlung einer Nachricht, eines Befehls* (Hornsignal, Lichtsignal, Warnungssignal) ◆ ein Signal geben, blasen; das Signal auf „Halt" stellen [zu lat. *signalis* „bestimmt, ein Zeichen zu geben"; zu *signum* „Zeichen, Siegel"]

**signalisieren** ⟨V. t.; hat⟩ **1** *durch Signal(e) übermitteln* (Nachricht) **2** ⟨fig.⟩ *anzeigen, ankündigen* ◆ jmds. Kommen signalisieren ⟨fig.⟩; einen Zug signalisieren ⟨fig.⟩ [zu frz. *signaler* „signalisieren"]

**Signalmast** ⟨m. 23⟩ ◄ *leichter Mast, an dem sich nur Signale befinden*

**Signalreiz** ⟨m. 1; Psych.; Verhaltensforschung⟩ *Reiz, der zur Erkennung dient od. ein bestimmtes Verhalten auslöst, z. B. die Färbung der Innenseite des Schnabels von Jungvögeln als Reiz für das Füttern;* Sy *Auslöser, Schlüsselreiz*

SIEGELRING

**Signalwirkung** ⟨f. 20⟩ *ein bestimmtes Verhalten auslösende Wirkung* ◆ eine Farbe, ein Geruch, ein Schild, ein Summton von starker Signalwirkung

**Signatur** ⟨f. 20⟩ **1** *Zeichen, Ordnungszeichen, Kennzeichen, meist Buchstaben u. Zahlen* **2** *im Kartenbild verwendetes Zeichen für die Darstellung wichtiger Gegenstände, Kartenzeichen* **3** *abgekürzte Unterschrift, Namenszeichen* **4** *laufende Nummer eines Druckbogens auf dessen erster Seite links unten* **5** *abgerundeter Einschnitt, Kerbe am Fuß einer Letter* ◆ beim Bestellen eines Bibliotheksbuches die Signatur angeben [< mlat. *signatura* „Siegelzeichen, Unterschrift" < lat. *signum* „Zeichen" u. *signare* „mit einem Zeichen versehen, unterzeichnen"]

**signieren** ⟨V. t.; hat⟩ *mit dem Signum, der Signatur versehen* ◆ ein Buch signieren *(als Verfasser) seinen Namen in ein Buch schreiben* [zu lat. *signare* „mit einem Zeichen versehen"]

**signifikant** ⟨Adj.⟩ *bezeichnend, bedeutsam, wichtig* ◆ ein signifikantes Wort [zu lat. *significans,* Part. Präs. zu *significare* „ein Zeichen geben, etwas anzeigen"]

**Sikh** ⟨m. 6; Rel.⟩ *Vertreter, Anhänger des Sikhismus* [Sanskrit, „Schüler"]

**Sikhismus** ⟨m.; -; unz.; Rel.⟩ *von Nanak im 15. Jh. begründete ind. Religionsgemeinschaft, die versuchte, Hinduismus u. Islam zu vereinigen u. sich später militärisch organisierte* [→ *Sikh*]

SILICIUM: SILICIUMKRISTALL ZUR HERSTELLUNG VON MIKROCHIPS

**Silbe** ⟨f. 19; Sprachw.⟩ *zusammengehörige Lautgruppe innerhalb eines Wortes als kleinste Sprecheinheit, aus einem Einzelvokal od. einem Vokal u. einem od. mehreren Konsonanten bestehend* ◆ betonte, unbetonte, kurze, lange Silbe; geschlossene Silbe *mit einem Konsonanten endende Silbe;* offene Silbe *mit einem Vokal endende Silbe;* ich habe es mit keiner Silbe angedeutet ⟨fig.⟩ [< mhd. *silbe,* älter *sillabe* < ahd. *sillaba* < lat. *syllaba,* grch. *syllabe* „Zusammenfassung (von Lauten)" < *syn* „zusammen" + *lambanein* „fassen"]

**Silber** ⟨n.; -s; unz.⟩ **1** ⟨Chem.; Zeichen: Ag⟩ ▲ *chem. Element, weißes, glänzendes Edelmetall, Ordnungszahl 47;* Sy *Argentum* **2** ⟨umg.⟩ *Silbergerät, Tafelbesteck aus Silber* **3** ⟨umg.; veraltet⟩ *Hartgeld, Münzen* **4** ⟨fig.; poet.⟩ *etwas Schimmerndes* ◆ Gold und Silber; das Silber des Mondlichts, des nächtlichen Sees ⟨fig.⟩; Silber putzen ⟨umg.⟩ [< mhd. *silber* < ahd. *sil(a)bar*]

**Silberblatt** ⟨n. 12u; Bot.⟩ ▲ *Angehöriger einer Gattung der Kreuzblütler: Lunaria;* ► *Früchte*

SILBERBLATT: JUDASSILBERBLATT *(Lunaria annua)*

**Silberdistel** ⟨f. 21; Bot.⟩ *große Eberwurz*

**Silberfischchen** ⟨n. 14; Zool.⟩ *zur Ordnung Fischchen (Zygentoma) gehöriges, primitives Insekt mit glänzenden Hautschuppen, lebt bes. an feuchten Orten, in Kellern, hinter Tapeten usw., wo es sich von zucker-, bzw. stärkehaltigen Stoffen ernährt: Lepisma saccharina*

**Silberfuchs** ⟨[-ks] m. 1u; Zool.⟩ *Angehöriger einer Unterart des Rotfuchses mit schwarzen, an den Spitzen silbrig weißen Grannenhaaren: Vulpes vulpes argentatus*

**Silberglanz** ⟨m.; -es; unz.⟩ **1** ⟨Min.⟩ *dunkelgraues Silbermineral, chem. Silbersulfid,* $Ag_2S$*;* Sy *Akanthit, Argentit, Glaserz* **2** *Glanz des Silbers* ◆ Silberglanz des Haars; Silberglanz des Mondes

**Silberhochzeit** ⟨f. 20⟩ *25. Jahrestag der Hochzeit* ◆ das Paar feiert Silberhochzeit

**silberig** ⟨Adj.⟩ = *silbrig*

**Silberling** ⟨m. 1; bibl.⟩ *silberne Münze*

**Silberlöwe** ⟨m. 17; Zool.⟩ ► = *Puma*

**Silbermedaille** ⟨[-daljə] f. 19; Sp.⟩ *silberne Medaille, zweithöchste Auszeichnung bei Wettbewerben* ◆ eine Silbermedaille gewinnen

**Silbermöwe** ⟨f. 19⟩ *Art der Möwen: Larus argentatus*

**silbern** ⟨Adj.⟩ *aus Silber,* ⟨poet.⟩ *schimmernd, hell wie Silber* ◆ silbernes Haar ⟨poet.⟩; silberne Hochzeit *25. Jahrestag der Hochzeit;* das silberne Licht des Mondes ⟨poet.⟩

**Silberpappel** ⟨f. 21⟩ *Pappel, deren Blätter an der Unterseite weiß schimmern: Populus alba*

**Silberstift** ⟨m. 1⟩ *Stift mit Silberspitze zum Zeichnen auf bes. präpariertem Papier*

**Silbertanne** ⟨f. 19⟩ = *Edeltanne*

**Silberzwiebel** ⟨f. 21⟩ = *Perlzwiebel*

**...silbig** ⟨Adj.; in Zus.⟩ *aus einer bestimmten od. unbestimmten Zahl von Silben bestehend,* z. B. dreisilbig, mehrsilbig, vielsilbig

**silbrig** ⟨Adj.⟩ *wie Silber (glänzend);* oV *silberig* ◆ silbriger Schimmer

**Silhouette** ⟨[zilu'ɛtə] f. 19⟩ **1** = *Schattenriss* **2** = *Scherenschnitt* [nach dem franz. Finanzminister Etienne de *Silhouette,* 1709-1767, der die Mode der Porträtierung durch Schattenrisse einführte]

**Silicium** ⟨n.; -s; unz.; Chem.; Zeichen: Si⟩ ▲ *chem. Element, Halbmetall, Ordnungszahl 14;* oV *Silizium* [zu lat. *silex* „Kieselstein"]

**Silicon** ⟨n. 11; fachsprachl.⟩ = *Silikon*

**Silicon Valley** ⟨['silikən væli] n.; - -s; unz.⟩ *weltweit bedeutende Produktionsstätte für Mikroelektronik in Kalifornien (USA)* [engl., „Siliciumtal"; → *Silicon*]

**Silikon** ⟨n. 11⟩ *polymere Verbindung des Siliciums mit Kohlenwasserstoffen;* oV ⟨fachsprachl.⟩ *Silicon* [zu lat. *silex* „Kieselstein"]

**Silizium** ⟨n.; -s; unz.; Chem.; Zeichen: Si⟩ ► = *Silicium*

**Silo** ⟨n. 15; Landw.⟩ ▼ *Behälter für Gärfutter, Getreidespeicher* [< span. *silo* „Getreidegrube"]

**Silur** ⟨n. 11; unz.⟩ *geologische Formation zwischen Ordovizium u. Devon* [nach den *Silurern*]

**Silvaner** ⟨[-va:-] m. 3⟩ *Rebsorte für Weißweine* [< lat. *silvanus* „Wald..."]

**Silvester** ⟨[-vɛs-] n. 13; meist ohne Art.⟩ *letzter Tag des Jahres, 31. Dezember;* oV *Sylvester* ◆ an, zu Silvester; das vergangene Silvester [Todes- u. Namenstag des Papstes *Silvester I.,* 314-335]

**simpel** ⟨Adj.; -pler, am -sten⟩ *einfach, einfältig* ◆ eine simple Aufgabe, Frage; die Antwort

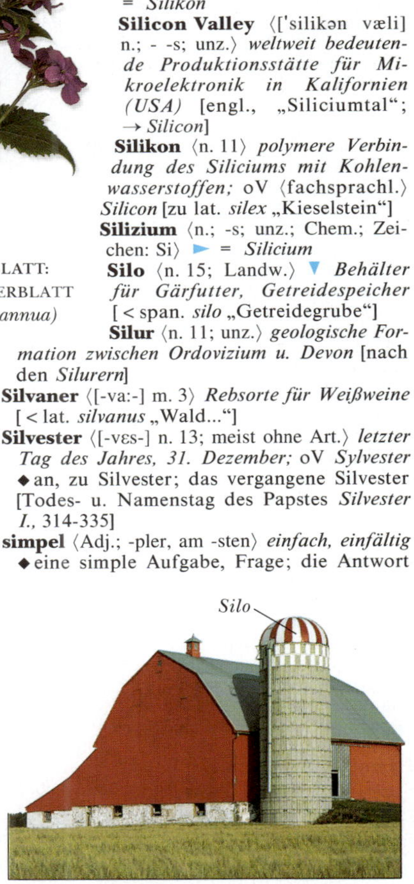


SILO: KORNSILO AN EINER SCHEUNE

S

## SIMULATOR

Simulatoren spiegeln realistische Situationen vor und werden vor allem bei der Ausbildung von Piloten eingesetzt. Flugsimulatoren bestehen aus einem Podest, das von einer Hydraulik bewegt wird und die Kräfte simuliert, die während eines Fluges herrschen. Gleichzeitig erzeugen Computer die entsprechende Aussicht aus dem Cockpitfenster.

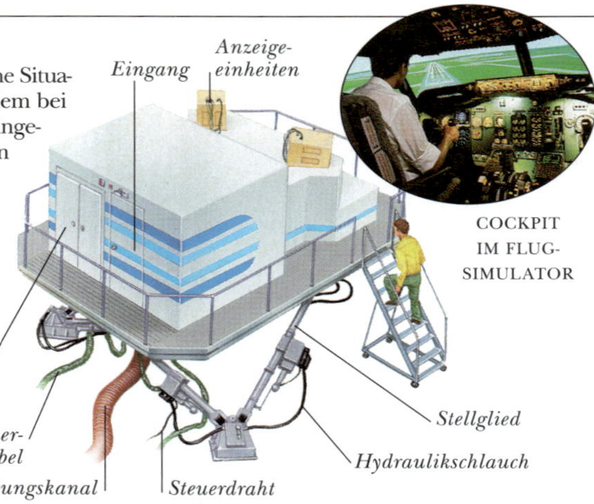


AUSSENANSICHT EINES FLUGSIMULATORS

klingt simpel, trifft aber das Wesentliche [< frz. *simple* < lat. *simplex* „einfach"]

**Simplex** ⟨n.; -es, -e od. -plizia; Sprachw.⟩ *einfaches, nicht zusammengesetztes Wort,* z. B. Freund, Bauer, Schönheit; Ggs *Kompositum* [lat., „einfach"]

**simplifizieren** ⟨V. t.; hat⟩ *vereinfachen* [< lat. *simpliciter facio* „ich mache einfach"]

**Sims** ⟨n. 11 od. m. 1⟩ **1** = *Gesims* **2** *Wandbrett, kleiner Mauervorsprung unmittelbar unter dem Fenster* (Fenstersims)

**Simulation** ⟨f. 20; unz.⟩ **1** *das Simulieren, Vortäuschung* (von Krankheiten), *Verstellung* **2** ⟨Tech.; EDV⟩ *Nachahmung von Prozessen od. Systemen unter vereinfachten Bedingungen durch Modelle, die, in Programme umgesetzt, von EDV-Anlagen bearbeitet werden können* [< lat. *simulatio* „Nachahmung, falscher Schein"]

**Simulator** ⟨m. 23⟩ ▲ *Vorrichtung, durch die wirklichkeitsgetreue Bedingungen u. Verhältnisse künstlich hergestellt werden können, zum Beispiel zum Testen von Fahr- od. Flugzeugen* [→ *simulieren*]

**simulieren** ⟨hat⟩ **I** ⟨V. i.⟩ *etwas (bes. Krankheit) vortäuschen, sich verstellen* ◆ ihm fehlt nichts, er simuliert nur **II** ⟨V. t.⟩ *vortäuschen, wirklichkeitsgetreu nachahmen* (techn. Vorgang) ◆ Blindheit, Schwäche simulieren; eine hohe Geschwindigkeit simulieren [zu lat. *simulare* „ähnlich machen; vorgeben, vorschützen, sich verstellen"]

S

**simultan** ⟨Adj.⟩ **1** *zu gleicher Zeit, gleichzeitig* **2** *gemeinsam* [< mlat. *simultaneus* „gemeinsam, gleichzeitig" < lat. *simul* „zugleich" < *similis* „gleich, ähnlich"]

**sin** ⟨Zeichen für⟩ *Sinus (2)*

**Sinfonie** ⟨f. 19; Mus.⟩ *großes Musikstück aus vier bis fünf Sätzen für Orchester;* oV *Symphonie* [< grch. *symphonia* „Einklang"; < *syn* „zusammen" + *phone* „Laut, Klang"]

**Sinfonieorchester** ⟨[-kɛ-] n. 13; Mus.⟩ *häufig Name eines großen Orchesters* ◆ Sinfonieorchester des Bayerischen Rundfunks

**sinfonisch** ⟨Adj.; Mus.⟩ *in der Art einer Sinfonie* ◆ sinfonische Dichtung *Orchesterwerk in einem Satz über eine Dichtung in der Art der Programmmusik*

**Singalese** ⟨m. 17⟩ = *Singhalese*

**Singdrossel** ⟨f. 21⟩ *im Wald lebende Drossel: Turdus philomelos*

**singen** ⟨V. 239; hat⟩ **I** ⟨V. i.⟩ **1** ⟨Mus.⟩ *die Stimme in einer Melodie ertönen lassen* **2** ⟨fig.⟩ *einen singenden, summenden Ton von sich geben* **3** ⟨poet.; veraltet⟩ *in Versen erzählen, berichten (von etwas)* ◆ die **Geige** singt ⟨fig.⟩ *wird ausdrucksvoll gespielt;* die **Vögel** singen ◆ **kannst** du singen? ◆ **hoch,** tief, laut, leise, gut, schön singen; **zweistimmig,** dreistimmig singen ◆ **im** Chor singen ◆ mit singendem Tonfall sprechen **II** ⟨V. t.; Mus.⟩ **1** *als Gesang vortragen* **2** *als Stimmlage haben* ◆ eine **Arie,** ein Lied singen; ein **Duett** singen ◆ deine Ermahnungen **kann** ich schon singen ⟨umg.⟩ *kann ich schon auswendig, kenne ich bis zum Überdruss* [< mhd. *singen* < ahd. *singan*]

**Singhalese** ⟨m. 17⟩ *Einwohner der Insel Ceylon;* oV *Singalese*

**singhalesisch** ⟨Adj.⟩ *die Singhalesen betreffend, zu ihnen gehörend, von ihnen stammend* ◆ singhalesische Sprache *neuind., von den Singhalesen gesprochene Sprache*

**Single** ⟨['siŋgəl]⟩ **I** ⟨n. 15⟩ **1** ⟨Sp.⟩ **1.1** ⟨Tennis⟩ *Einzelspiel (zwischen zwei Spielern)* **1.2** ⟨Golf⟩ *Zweierspiel (Loch- od. Zählspiel)* **2** *Einzelstück (einer Sammlung)* **II** ⟨f. 10⟩ *kleine Schallplatte mit nur je einem Titel auf der Vorder- u. Rückseite* **III** ⟨f. 10 od. m. 6⟩ *allein, ohne Bindung an einen Partner lebende Person* ◆ er, sie lebt als Single [engl., „einzeln, einzig, Einzelstück"; zu lat. *singulus* „einzeln"]

**Singular** ⟨m. 1; Gramm.⟩ *Zahlform des Verbums, Substantivs u. Pronomens;* Sy *Einzahl;* Ggs *Plural* [< lat. *singularis* „einzeln"]

**singulär** ⟨Adj.⟩ *vereinzelt, einzeln auftretend* [zu lat. *singularis* „einzeln"]

**Singvogel** ⟨m. 5u; Zool.⟩ ▼ *Angehöriger einer Unterordnung der Sperlingsvögel, die sich durch meist fünf Paar Singmuskeln auszeichnen: Oscines*

**sinken** ⟨V. i. 240; ist⟩ **1** *langsam fallen, abwärts gleiten, sich abwärts bewegen* **2** *niedriger werden* (Preis, Kurs, Temperatur, Wert) ◆ sein **Ansehen** sank *wurde geringer;* das **Schiff** ist gesunken *untergegangen;* die **Sonne** sinkt *geht unter;* unsere **Stimmung** sank (immer mehr) *wir wurden bedrückt, traurig, mutlos* ◆ die Arme sinken **lassen** ◆ **moralisch** sinken *den sittl. Halt verlieren, in zunehmendem Maße moralisch nicht einwandfrei handeln* ◆ **auf** einen Stuhl sinken; **in** jmds. Achtung sinken *jmds. Achtung verlieren;* jmdm. in die Arme sinken; **zu** Boden sinken [< mhd. *sinken* < ahd. *sinkan*]

**Sinn** ⟨m. 1⟩ **1** *Fähigkeit der Organismen, verschiedene Arten von Reizen zu unterscheiden* **2** *Denken, Gedanken, Bewusstsein* **3** *Gesinnung, Denkungsart, Gemüt* **4** *Verständnis, Empfänglichkeit (für), Bedeutung, geistiger Gehalt (einer Dichtung, Aufgabe, Frage, eines Wortes)* **5** Sinne ⟨Pl.⟩ *sexuelles Empfinden, geschlechtl. Begierde* ◆ der Sinn einer **Fabel,** Erzählung ◆ dieser Satz **gibt** keinen Sinn; sein Sinn **steht** nach Höherem *er strebt nach H.* ◆ die fünf Sinne *Gesicht, Gehör, Geruch, Geschmack, Gefühl;* einen sechsten Sinn haben (für etwas) ⟨umg.; scherzh.⟩ *ein besonderes Ahnungsvermögen;* **leichten** Sinnes *froh u. zuversichtlich; sich keine Gedanken ma-*

## SINGVÖGEL

Die über 4000 Singvögel bilden die größte Gruppe unter den Sperlingsvögeln. Ihren arttypischen Gesang erzeugen sie, indem sie die am Lungeneingang gelegenen Syrinxwände mit hoher Frequenz zum Schwingen bringen. Während der Brutzeit markieren die Männchen mit dem Gesang ihr Territorium und schrecken so nicht nur Konkurrenten ab, sondern locken auch die meist nicht singenden Weibchen an.

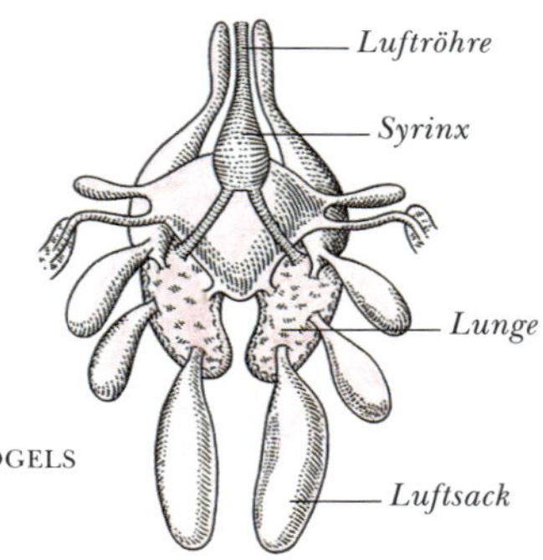


ATMUNGSSYSTEM EINES SINGVOGELS MIT SYRINX

### VERSCHIEDENE SINGVOGELARTEN

ROTKÖPFIGE GOULDAMADINE (*Chloebia gouldiae*)

SINGDROSSEL (*Turdus philomelos*)

NACHTIGALL (*Luscinia megarhynchos*)

BALTIMORE-TRUPIAL (*Icterus galbula*)

*chend;* einem Brauch, einer Gewohnheit einen **neuen** Sinn geben *ihn, sie wieder sinnvoll machen* ◆ seine Bemerkung geht, will mir nicht **aus** dem Sinn *ich muss immer daran denken;* Sinn **für** Humor, Kunst, Musik haben; **in** jmds. Sinne handeln *so handeln, wie der andere es wünscht;* im Sinne des Gesetzes *so, wie es das Gesetz vorschreibt;* im eigentlichen Sinne *in der eigentl., ursprüngl. Bedeutung* [< mhd., ahd. *sin* „auf Verstand, Wahrnehmung bezogen"; Grundbedeutung „Weg, Reise, Gang"]

**Sinnbild** ⟨n. 12⟩ *Bild od. Gegenstand, das od. der die Bedeutung, den Sinn eines Begriffs anschaulich ausdrückt, z. B. das Kreuz für das Leiden Christi u. allgemein für Leid, Bürde, Last*

**sinnen** ⟨V. 241; hat⟩ **I** ⟨V. i.⟩ *nachdenken, grübeln* ◆ (all) sein Sinnen und Trachten auf etwas richten; auf etwas sinnen *überlegen, wie man etwas tun, bewerkstelligen kann;* auf Mittel und Wege sinnen **II** ⟨V. t.; meist poet.⟩ *planen, vorhaben* ◆ er sinnt auf Verrat [< mhd. *sinnen* < ahd. *sinnan* „die Gedanken auf etwas richten, begehren"; → *Sinn*]

**sinnentstellend** ⟨Adj.⟩ *einen falschen Sinn gebend* ◆ sinnentstellender Fehler

**Sinnesorgan** ⟨n. 11⟩ *Organ, das der Information eines Organismus über äußere u. innere Zustandsänderungen dient*

**Sinnestäuschung** ⟨f. 20⟩ *sinnliche Wahrnehmung od. Empfindung, die entweder den äußeren Gegebenheiten, auf die sie sich bezieht, nicht od. nur teilweise entspricht (z. B. optische Täuschung) od. der jeder äußere Anlass fehlt (z. B. Illusion)*

**Sinneszelle** ⟨f. 19; Biol.⟩ *tierische Zelle, die auf die Aufnahme von Erregungsreizen spezialisiert ist;* Sy *Sensille*

**Sinn Fein** ⟨[ʃin 'fɛin] f.; - -; unz.; Pol.⟩ *1905 gegründete nationalist. Partei u. Bewegung in Irland* [irisch, „wir allein"]

**sinngemäß** ⟨Adj.⟩ *dem Sinn entsprechend, nicht wörtlich*

**sinnig** ⟨Adj.⟩ **1** *sinnreich* (Vorrichtung) **2** *tiefsinnig, tiefschürfend, überlegt, durchdacht* (Äußerung, Gedanke) **3** *gut ausgedacht, genau den Erfordernissen entsprechend* (Geschenk) [< mhd. *sinnic, sinnec* < ahd. *sinnig* „besonnen, bedächtig; sinnend"]

**sinnlich** ⟨Adj.⟩ **1** ⟨i. w. S.⟩ *mit den Sinnen wahrnehmbar, körperlich, leiblich, fleischlich* **2** ⟨i. e. S.⟩ *auf Sinnengenuss beruhend, geschlechtlich* **3** *dem Sinnengenuss ergeben, dem Geschlechtlichen zugänglich* (Person) **4** *auf sinnliche Veranlagung hindeutend* (Mund, Lippen) ◆ sinnliche Freuden; sinnliche Wahrnehmung [< mhd. *sin(ne)lich, sinneclich* „verständig, klug"]

**sinnlos** ⟨Adj.; -er, am -esten⟩ **1** *ohne Sinn, ohne Zusammenhang* **2** *ohne Zweck, ohne Vernunft, unvernünftig, unüberlegt* ◆ sinnloses Handeln, Tun; sinnlos betrunken *so betrunken, dass der Betreffende seiner Sinne nicht mehr mächtig ist, nicht weiß, was er tut*

**Sinnpflanze** ⟨f. 19; Bot.⟩ ► = *Mimose (1)*

**sinnvoll** ⟨Adj.⟩ **1** *einen Sinn ergebend* **2** ⟨fig.⟩ *zweckmäßig, vernünftig*

**Sinologie** ⟨f. 19; unz.⟩ *Wissenschaft von der chines. Sprache u. Kultur* [< grch. *Thinai* < ind. *cina* „Staat Ts'in", nach dem Fürstengeschlecht *Ts'in* (221-206 v. Chr.), das zum ersten Mal einen einheitl. chines. Staat schuf + grch. *logos* „Kunde, Wort"]

**Sinter** ⟨m. 3; unz.; Min.⟩ ► *mineralische Ausscheidung aus fließendem od. tropfendem Wasser* [< mhd. *sinter, sinder* „Metallschlacke" < ahd. *sintar, sinder* „glühende Asche, Schlacke"]

SINTER: KALKSINTER

**Sinterglas** ⟨n. 12u; unz.⟩ *Glasformstücke, die durch Pressen u. gleichzeitiges Erhitzen bis zum Weichwerden aus Glasgrieß od. Glaspulver hergestellt sind* [→ *Sinter*]

**Sintflut** ⟨f. 20; unz.; nach der Überlieferung der Bibel⟩ *von Gott herbeigeführte Überschwemmung der Erde infolge 40 Tage anhaltenden Regens als Strafe für die sündige Menschheit, der nur Noah u. seine Familie entgingen* [< mhd., ahd. *sin(t)vluot,* Vorsilbe mhd. *sin(e)-,* ahd. *sin(a)-* < lat. *semper* „immer" + *Flut;* im MA volksetymolog. umgedeutet zu *süntvluot* „Sündflut"]

**Sinti** ⟨Pl. von⟩ *Sinto*

**Sinto I** ⟨m.; -s, Sinti⟩ *männlicher Angehöriger eines Volkes deutschstämmiger Zigeuner* **II** ⟨f.; -, Sinti⟩ *weibliche Angehörige eines Volkes deutschstämmiger Zigeuner*

**Sinus** ⟨m.; -, - od. -se⟩ **1** ⟨Med.⟩ *Vertiefung, Höhlung, Ausbuchtung an einem Organ* **2** ⟨Math.; Zeichen: sin⟩ *eine Winkelfunktion, das Verhältnis zwischen der einem Winkel im rechtwinkeligen Dreieck gegenüberliegenden Kathete u. der Hypothenuse* [< lat., „bauschige Rundung, Krümmung"]

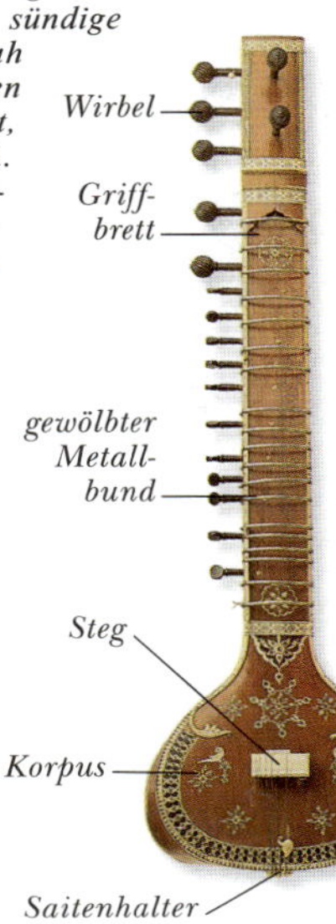


SITAR

**Sinusschwingung** ⟨f. 20⟩ *gleichförmige Schwingung, deren räumlich-zeitlicher Verlauf sich als Sinuskurve darstellen lässt*

**Sioux** ⟨['ziːuks] od. engl. [suː] m.; - [sus] od. [suːs], - [suː] od. [suːs]; in der Selbstbenennung⟩ = *Dakota*

**Siphon** ⟨[-fɔ̃] od. österr. [-foːn] m. 6⟩ *Gefäß zum Ausschank von Bier od. Mineralwässern, die durch zugefügte Kohlensäure beim Öffnen eines Ventiles herausgedrückt werden* [frz. < lat. *sipho,* grch. *siphon* „Wasserröhre, Saugröhre"]

**Sippe** ⟨f. 19; Völkerk.⟩ **1** *durch ausgeprägtes Zusammengehörigkeitsgefühl u. bestimmte Vorschriften u. Bräuche verbundene Gruppe von Blutsverwandten* **2** ⟨allg.⟩ *Gesamtheit der Blutsverwandten* [< mhd. *sippe,* ahd. *sippa*]

**Sir** ⟨[sɜː] m. 6⟩ **1** ⟨i. w. S.⟩ *Herr (engl. Anrede ohne Namen)* **2** ⟨i. e. S.⟩ *(engl. Titel für Adlige, oft nur mit dem Vornamen gebraucht);* → a. *Lady* [< mengl. *sire;* zu *senior* „älter"]

**Sirene** ⟨f. 19⟩ **1** ⟨grch. Myth.⟩ *eine von mehreren auf einer Insel lebenden Frauen mit Vogelleib, die die Vorbeifahrenden durch ihren Gesang anlocken u. dann töten* **2** ⟨Tech.⟩ *Gerät zur Erzeugung eines Tones, wobei ein Luftstrom durch eine mit Löchern versehene Platte rhythmisch unterbrochen u. in Schwingung versetzt wird; Dampfpfeife* **3** ⟨Zool.⟩ = *Seekuh* [< mhd. *siren(e)* < afrz. *syren(e)* < malt. *sirena* < grch. *seiren*]

**sirren** ⟨V. i.; hat od. bei Fortbewegung: ist⟩ *hell u. scharf klingen, hell brummend zischen* ◆ eine Libelle sirrt durch die Luft; Telegrafendrähte sirren [lautmalend]

**Sirup** ⟨m. 1⟩ **1** *konzentrierte, zähflüssige, bei der Gewinnung von Zucker entstehende Zuckerlösung, die überwiegend aus Rohr-, Rüben-, Invert- od. Stärkezucker besteht* **2** *eingedickter Fruchtsaft* (Himbeersirup, Brombeersirup) [< mhd. *sirup, syrop,* < mlat. *siropus, -usus* < arab. *sarab* „Trank"]

**Sisal** ⟨m. 1; unz.⟩ **1** *Blattfaser der Sisalagave;* Sy *Sisalhanf* **2** *daraus hergestelltes Garn od. Gewebe* [nach der gleichnamigen mexikan. Hafenstadt]

**Sisalhanf** ⟨m. 1; unz.⟩ = *Sisal (1)*

**Sisyphusarbeit** ⟨f. 20⟩ *sinnlose Anstrengung, schwere vergebl. Arbeit* [nach dem sagenhaften König von Korinth, *Sisyphos,* der von Zeus dazu verurteilt wurde, in der Unterwelt einen Felsbrocken einen Berg hinaufzurollen, der jedes Mal, wenn er oben angekommen war, wieder hinunterrollte]

**Sitar** ⟨m. 6; Pl. a.: -; Mus.⟩ ◄ *einer Laute ähnliches, indisches Zupfinstrument;* ► *Saiteninstrumente* [pers.]

**Sitcom** ⟨f. 10; TV⟩ *Fernsehserie, die wenig Handlung od. Ortswechsel bietet, sondern von der Komik der dargestellten Situationen u. Gespräche lebt* [verkürzt < engl. *sit* uation „Situation" + *com* edy „Komödie"]

**Sitte** ⟨f. 19⟩ **1** *auf den allg. Moralgesetzen beruhende Verhaltensweise* **2** *allg. verbreitete Gewohnheit, Brauch, Sittlichkeit* **3** ⟨umg.⟩ *Sittenpolizei* ◆ Anstand und Sitte (nicht) beachten; Sitten und Gebräuche; das ist bei uns (nicht) Sitte; alte, althergebrachte Sitte; feine, schlechte Sitten; gute Sitten *gutes Benehmen, Anstand;* Verstoß gegen die guten Sitten [< mhd. *site* < ahd. *situ,* aengl. *sidu*]

**sittenwidrig** ⟨Adj.⟩ *gegen die gute Sitte, der guten Sitte widersprechend*

**Sitter** ⟨m. 3⟩ = *Sumpfwurz*

**Sittich** ⟨m. 1; Zool.⟩ *Angehöriger einer Gruppe meist langschwänziger Papageien: Psittacinae* [< lat. *psittacus* „Papagei"]

**sittlich** ⟨Adj.⟩ *auf Sittlichkeit beruhend, den Forderungen der Sittlichkeit entsprechend, wie es den allgemein verbindl. guten Sitten entspricht* ◆ sittliche Entrüstung ⟨meist scherzh. od. iron.⟩

**sittsam** ⟨Adj.⟩ **1** *sehr zurückhaltend (bes. gegenüber Männern)* **2** *brav, sehr bescheiden u. still, keusch, tugendhaft* ◆ sittsam die Augen niederschlagen; sittsam an der Seite der Mutter gehen [→ *Sitte*]

**Situation** ⟨f. 20⟩ **1** *(augenblickliche Lage, Zustand)* **2** ⟨Kart.⟩ *die durch Signaturen in Form von Punkten, Linien od. Flächen dargestellten Gegebenheiten der Erdoberfläche im Grundriss* ◆ die Situation retten *einer Situation (durch Scherz, schnelles Handeln) das Unangenehme, Peinliche nehmen* [< frz. *situation;* zu *situer* „in die richtige Lage bringen"; zu lat. *situs* „Lage, Stellung"]

**situativ** ⟨Adj.⟩ *durch eine Situation hervorgerufen*

**situiert** ⟨Adj.⟩ *in einer best. Lebensstellung befindlich, in bestimmten Verhältnissen leben* ◆ gut situiert sein [zu frz. *situé,* Part. Perf. von *situer* „in die richtige Lage bringen"; zu lat. *situs* „Lage"]

**Sitz** ⟨m. 1⟩ **1** *Platz, auf den man sich setzen kann* **2** *Stuhl, Sessel, Sitzfläche (des Stuhls)* **3** *einzelner Platz im Zuschauerraum, im Fahrzeug* (Parkettsitz, Rücksitz) **4** *Platz, Stelle mit Stimmberechtigung (im Parlament, Vorstand)* **5** *Wohnort, ständiger Aufenthaltsort* (Regierungssitz, Wohnsitz) **6** ⟨fig.⟩ *Schnitt, Passform* (von Kleidungsstücken) ◆ Sitz einer **Firma;** in einer Versammlung Sitz und **Stimme** haben ◆ jmdm. einen Sitz **anbieten** ◆ unsere Partei hat im Parlament 65 Sitze; **erhöhter** Sitz; das Kleid, der Anzug hat einen **guten,** schlechten Sitz; **harter,** gepolsteter Sitz ◆ sie erhoben sich **von** ihren Sitzen [→ *sitzen*]

S

**sitzen** ⟨V. i. 242; hat; süddt., österr., schweiz.: ist⟩ **1** ⟨von Personen u. Tieren⟩ **1.1** *auf dem Gesäß (u. unterer Seite der Oberschenkel) ruhen* **1.2** *stehen (von Vögeln)* **1.3** ⟨fig.⟩ *sich befinden, (in einer Lage) sein* **1.4** ⟨umg.⟩ *im Gefängnis sein, eine Gefängnisstrafe verbüßen* **1.5** ⟨umg.; scherzh.⟩ *in einer Sitzung sein* **2** ⟨von Sachen⟩ **2.1** *passen* (Kleidungsstücke) **2.2** *treffen* (Schuss, Schlag) **2.3** *gut gelernt sein, im Gedächtnis eingeprägt sein* (Gedicht, Vokabeln) ◆der **Hieb,** Schuss hat gesessen; einem **Maler** sitzen *sich von einem Maler porträtieren lassen;* die lateinischen **Wörter** sitzen jetzt ◆sitzen **bleiben** *nicht aufstehen;* ⟨a. fig.⟩ *nicht in die nächste Klasse versetzt werden;* jmd. sitzen **lassen** *im Stich lasen* ◆**aufrecht,** gebückt, gerade, krumm sitzen; das Kleid sitzt **gut,** schlecht, wie angegossen; einen sitzen **haben** ⟨fig.; umg.⟩ *einen Rausch, Schwips haben, betrunken, angeheitert sein;* er hat **jahrelang** gesessen (im Gefängnis); des **langen** Sitzens müde ◆die Henne sitzt **auf** den Eiern *sie brütet;* der Hut sitzt schief auf dem Kopf; auf einem Stuhl, auf der Couch sitzen; **hinter,** neben, vor jmdm. sitzen; sie sitzen **im** Café Tucholsky; sie sitzt im Vorstand *hat einen Sitz im Vorstand;* **über** den Büchern sitzen ⟨fig.⟩ *arbeiten, studieren;* **unter,** zwischen lauter Fremden sitzen [< mhd. *sitzen* < ahd. *sizzen*]

**...sitzer** ⟨m. 3; in Zus.⟩ *Wagen (Auto) für eine bestimmte Zahl von Personen,* z. B. Viersitzer, Zweisitzer

**...sitzig** ⟨Adj.; in Zus.⟩ *mit einer bestimmten Zahl von Sitzen versehen* (Fahrzeug), z. B. viersitzig, zweisitzig

SKATEBOARD

**Sitzplatz** ⟨m. 1u⟩ *Platz zum Sitzen, z. B. im Zuschauerraum, im Fahrzeug;* Ggs *Stehplatz* ◆jmdm. einen, seinen Sitzplatz anbieten; Theater mit 800 Sitzplätzen

**Sitzstreik** ⟨m. 6 od. m. 1⟩ *Streik, bei dem die Arbeitnehmer am Arbeitsplatz erscheinen, aber nicht arbeiten* ◆der Sitzstreik dauerte drei Tage

**Sitzung** ⟨f. 20⟩ **1** *Versammlung zur Beratung* **2** *Zusammenkunft mit einem Maler od. Bildhauer zum Porträtieren* ◆eine Sitzung einberufen; die Sitzung eröffnen, schließen; Sitzung haben; der Maler brauchte für das Bild vier Sitzungen

**Sizilianer** ⟨m. 3⟩ **1** *Einwohner von Sizilien* **2** *jmd., der aus Sizilien stammt*

**sizilianisch** ⟨Adj.⟩ *Sizilien betreffend, zu ihm gehörend, aus ihm stammend*

**Skabies** ⟨f.; -; unz.; Med.⟩ = *Krätze* [< lat. *scabies* „Unreinheit, Aussatz"]

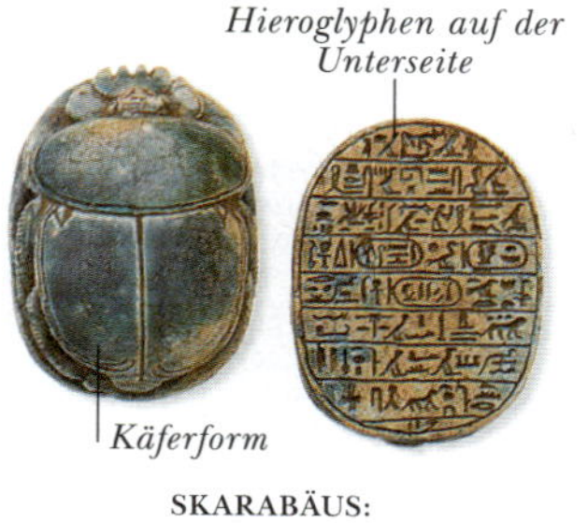


SKARABÄUS: ALTÄGYPTISCHER SKARABÄUS

## SKISPORT

Beim Skilauf werden Slalom, Riesenslalom, Super-G und Abfahrt als alpine Disziplinen bezeichnet. Nordische Wettbewerbe hingegen sind Langlauf, Skispringen und Biathlon, ein Langlauf mit Schießprüfungen. Die heute überwiegend aus synthetischen Materialien bestehenden Skier sind in Länge, Form und Gewicht genau an ihre Aufgabe angepasst, wie z. B. Slalomskier, die kürzer und manövrierfähiger sind als Abfahrtsskier. Alpine Skier haben Sicherheitsbindungen, die den Fuß des Läufers zwar fest mit dem Brett verbinden, den Ski aber bei einem Sturz nach vorn oder zur Seite ganz von diesem lösen. Die Bindungen von Langlaufskiern erlauben dagegen das Abheben der Fußsohle bei jedem Schritt.

ABFAHRTSLÄUFER

**Skala** ⟨f.; -, Skalen⟩ **1** *Maßeinteilung bei Messinstrumenten, Rechengeräten, Abstimmanzeigern* **2** *Angaben der zu einem Druck od. einer fotograf. Wiedergabe verwendeten Farben* (Farbskala) **3** *Reihe, Folge zusammengehöriger Dinge* (Tonskala) [< ital. *scala* „Treppe, Leiter" < lat. *scala;* zu *scandere* „steigen"]

**skalieren** ⟨V. t.; hat⟩ **1** ⟨Psych.; Soz.⟩ *(in eine Werteskala) Verhaltensweisen od. Leistungen für eine statistische Auswertung einordnen* **2** ⟨EDV⟩ *vergrößern od. verkleinern (die Schriftgröße auf dem Bildschirm)* [→ *Skala*]

**Skalpell** ⟨n. 11⟩ *kleines chirurg. Messer mit fest stehender Klinge* [< lat. *scalpellum,* Verkleinerungsform von lat. *scalprum* „scharfes Messer"]

**Skandal** ⟨m. 1⟩ **1** *Aufsehen erregendes Ärgernis, unerhörtes Vorkommnis* **2** *etwas Unerhörtes, Empörendes* ◆wenn das herauskommt, gibt es einen Skandal [< grch. *skandalon* „das losschnellende Stellholz in der Falle" (verwandt mit lat. *scandere* „steigen", *scala* „Treppe"), „Anstoß gebende Sache, Ärgernis"]

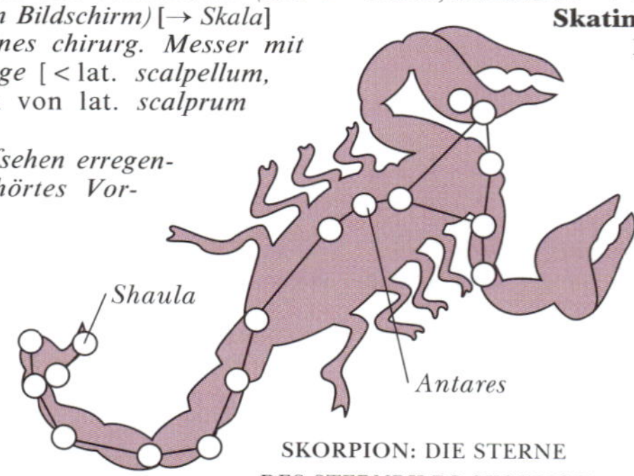


SKORPION: DIE STERNE DES STERNBILDS *SKORPION*

**skandalös** ⟨Adj.; -er, am -esten⟩ **1** *einen Skandal verursachend, großes Ärgernis erregend* **2** *unerhört, empörend*

**skandieren** ⟨V. t. u. V. i.; hat⟩ *mit starker Betonung der Hebungen (Verse) lesen od. sprechen* [zu lat. *scandere* „sich erheben, emporsteigen"]

**Skandinavier** ⟨[-viər] m. 3⟩ **1** *Einwohner von Skandinavien* **2** *jmd., der aus Skandinavien stammt*

**skandinavisch** ⟨[-viʃ] Adj.⟩ *Skandinavien betreffend, dazu gehörend, daraus stammend* ◆skandinavische Sprachen *nordische Sprachen, nordgermanische Sprachen, umfassen die altnordische, isländische, norwegische, dänische, schwedische u. färöische Sprache*

**Skarabäus** ⟨m.; -, -bäen⟩ **1** ⟨Zool.⟩ **1.1** ⟨i. w. S.⟩ *Angehöriger einer Familie der Blatthornkäfer: Scarabaeidae* **1.2** ⟨i. e. S.⟩ = *Pillendreher (1)* **2** ⟨im antiken Ägypten⟩ ◄ *als Siegel, später als Amulett benutzte Nachbildung des Käfers* [< lat. *scarabäus,* grch. *skarabos* „Pillendreher" (Käfer)]

**Skat** ⟨m. 1 od. 6⟩ **I** ⟨unz.⟩ *deutsches Kartenspiel zu dreien* **II** ⟨zählb.⟩ *die zwei beiseite gelegten Karten* [zu ital. *scarto* „das Wegwerfen der Karten" (nach den zwei beiseite gelegten Karten); zu *carta* „Papier, Karte" < lat. *charta;* → *Charta*]

**Skateboard** ⟨['skɛitbɔː(r)d] n. 15⟩ ◄ *kleines Brett auf vier Rollen, auf dem der Fahrer frei steht, als Sportgerät zum Fahren hauptsächlich in der Ebene* [< engl. *skate* „Schlittschuh, Rollschuh" + *board* „Brett"]

**Skating** ⟨['skɛitiŋ] n.; -s; unz.⟩ **1** ⟨Sp.⟩ *Rollschuhlauf, Eislauf* **2** ⟨Tech.⟩ *zur Mitte gerichtete konstante Kraftwirkung auf die Abtastnadel eines Plattenspielers, die beim Abspielen einer Schallplatte auftritt* [zu engl. *skate* „Schlittschuhlaufen"]

**Skelett** ⟨n. 11; Anat.⟩ ► *Knochengerüst, Gerippe, lebloser Teil des Tierkörpers;* ► *Körper* ◆zum Skelett abgemagert sein *sehr dünn geworden sein* [zu grch. *skeletos* „ausgetrocknet"]

**Skepsis** ⟨f.; -; unz.⟩ *Bedenken, Zweifel, Ungläubigkeit* ◆Skepsis äußern [< grch. *skepsis* „Bedenken, Untersuchung"; zu *skeptesthai* „schauen, spähen"]

**skeptisch** ⟨Adj.⟩ **1** *misstrauisch, ungläubig* **2** *zum Zweifel neigend* ◆eine Sache skeptisch betrachten; einem Vorhaben, Vorschlag skeptisch gegenüberstehen; ich bin noch etwas skeptisch, ob es gelingen wird

**Skeptizismus** ⟨m.; -; unz.; Philos.⟩ *philosophische Richtung, die den Zweifel, besonders an einer allgemein gültigen Wahrheit, zum Denkprinzip erhebt, die Möglichkeit wirklicher Erkenntnis in Frage stellt u. sich auf die Erkenntnis von Tatsachen beschränkt*

**Sketch** ⟨[skɛtʃ] m. 1⟩ *kurzes Bühnenstück mit meist witziger Pointierung;* oV *Sketsch* [engl., „Skizze, Entwurf"]

**Sketsch** ⟨m. 1⟩ = *Sketch*

**Ski** ⟨[ʃiː] m.; -s, -er; meist Pl.⟩ *an den Schuhen befestigtes, langes, schmales Brett zur Fortbewegung auf Schneeflächen (als Sportgerät*

SKILIFT

*1,8-2,5 m lang u. 6-10 cm breit), elastisch, vorn aufgebogen, aus Holz, Metall od. Kunststoff;* oV *Schi* ◆ Ski fahren; Ski laufen [< norw. *ski* „Schneeschuh" < anord. *skiot* „Scheit"]

**Skilift** ⟨[ʃi:-] m. 1⟩ ◄ *Seilbahn, mit der sich Skiläufer mit angeschnallten Skiern die Berge hinaufbefördern lassen können;* oV *Schilift*

**Skin** ⟨m. 6; umg. kurz für⟩ *Skinhead*

**Skinhead** ⟨[-hɛd] m. 6⟩ *Angehöriger einer Gruppe gewalttätiger, meist dem Rechtsextremismus nahe stehender Jugendlicher mit kurz od. kahl geschorenem Kopf, Lederstiefeln u. militantem Verhalten;* Sy ⟨kurz⟩ *Skin* [engl., „Kahlkopf" <*skin* „Haut" + *head* „Kopf"]

**Skisport** ⟨[ʃi:-] m.; -s; unz.⟩ ◄ *sportlich betriebenes Skilaufen;* oV *Schisport*

**Skizze** ⟨f. 19⟩ **1** *Entwurf, flüchtige Zeichnung* **2** *kurze Aufzeichnung in Andeutungen, in Stichworten* **3** *kurze, fragmentar. Erzählung* [< ital. *schizzo* „Spritzer"]

**skizzieren** ⟨V. t.; hat⟩ *in einer Skizze andeuten, darstellen*

**Sklave** ⟨[-və] m. 17⟩ **1** *Leibeigener, unfreier, entrechteter Mensch im Besitz eines anderen* **2** ⟨fig.⟩ *jmd., der von einer anderen Person, einem Laster, einer Gewohnheit abhängig ist* ◆ sich zum Sklaven seiner Begierden machen [< spätmhd. *sclave,* mhd. *slave* < mlat. *slavus, sclavus* < mgrch. *sklabos* „Slawe, Sklave"; → *Slawe*]

**Sklaverei** ⟨[-və-] f. 18; unz.⟩ *Zustand des Sklaveseins, Knechtschaft, Leibeigenschaft*

**sklavisch** ⟨[-viʃ] Adj.⟩ **1** *wie ein Sklave, unterwürfig, blind gehorchend, willenlos* **2** ⟨fig.⟩ *ohne eigene Erfindungsgabe, unselbständig* ◆ sklavische Nachahmung; sich sklavisch an eine Anordnung halten

**Sklerodermie** ⟨f. 19; unz.⟩ *Erkrankung des Bindegewebes, die allmählich zur Verhärtung der Haut führt;* Sy *Darrsucht (2)* [<grch. *skleros* „hart" + *derma* „Haut"]

**Sklerose** ⟨f. 19⟩ *krankhafte Verhärtung od. Verkalkung eines Organs* [< grch. *sklerosis* „Verhärtung"]

**skontieren** ⟨V. t.; hat⟩ eine Rechnung, einen Betrag skontieren *von einer Rechnung, einem Betrag das Skonto abziehen* [< ital. *scontare* „abziehen"]

**Skonto** ⟨n. 15 od. m. 6⟩ *Abzug vom Rechnungsbetrag bei sofortiger Zahlung* ◆ 2 % Skonto gewähren [< ital. *sconto* „Abzug"]

**...skop** ⟨in Zus.⟩ **1** *Beobachtungs-, Untersuchungsinstrument, Messgerät* **2** *Gerät zur Aufnahme oder Wiedergabe von Bildern* [< grch. *skopein* „sehen"]

**...skopie** ⟨f. 19; in Zus.⟩ *Untersuchung, Erforschung* [< grch. *skopein* „sehen"]

**Skorbut** ⟨m. 1; unz.⟩ *Krankheit infolge Mangels an Vitamin C (Blutungen am Zahnfleisch, in den Verdauungswegen u. a.)* [Herkunft unbekannt]

**Skorpion** ⟨m. 1⟩ **1** ⟨Zool.⟩ *Angehöriger einer Ordnung der Spinnentiere mit langem, gegliedertem Hinterleib, der als Anhang eine Giftblase mit beweglichem Endstachel trägt: Scorpiones* **2** ⟨Astron.⟩ ◄ *Sternbild des südlichen Himmels: Scorpius* [< mhd. *sc(h)orpion* < ahd. *scorpion* < lat. *scorpio* < grch. *skorpios*]

**skr** ⟨Abk. für⟩ *schwedische* → *Krone (8)*

**Skribent** ⟨m. 16; geh.; abwertend⟩ *Vielschreiber, Schreiberling* [< lat. *scribendus* „der Schreibende"]

**Skript** ⟨n. 27⟩ *Schriftstück, schriftl. Ausarbeitung* [verkürzt < *Skriptum* < lat. *scriptum* „das Geschriebene"]

**Skriptorium** ⟨n.; -s, -rien; im MA⟩ *Schreibstube eines Klosters* [< lat. *scriptorium*]

**Skrofulose** ⟨f. 19; unz.⟩ *tuberkulöse, allergische Reaktion im Kindesalter mit Schwellung der Lymphknoten u. Katarrh der oberen Atemwege*

**Skrupel** ⟨Pl.⟩ *Bedenken, Gewissensbisse* ◆ (keine) Skrupel haben, etwas zu tun [< lat. *scrupulus* „spitzes Steinchen", Verkleinerungsform zu lat. *scrupus* „spitzer, scharfer Stein", daher dt. „stechendes, peinigendes Angstgefühl"]

**skrupellos** ⟨Adj.; -er, am -esten⟩ *ohne Skrupel, ohne Bedenken, gewissenlos* ◆ ein skrupelloser Geschäftemacher; eine skrupellose Vorgehensweise; er ist skrupellos

**skrupulös** ⟨Adj.; -er, am -esten⟩ **1** *voller Skrupel, ängstlich* **2** *peinlich genau* ◆ bei diesem Thema war er immer sehr skrupulös

**Skullboot** ⟨n. 11; Sp.⟩ *Sportboot mit jeweils zwei Rudern (Skulls) für einen Ruderer;* Sy *Skuller (1)* [< engl. *sculler* „Boot mit zwei Rudern"; zu engl. *scull, skull* „kurzes Ruder"]

**Skuller** ⟨m. 3; Sp.⟩ **1** = *Skullboot* **2** *Ruderer im Skullboot*

## SKELETT

Das Skelett, welches aus Knochen und einem besonderen Bindegewebe, dem Knorpel, besteht, trägt und stützt den Körper, schützt innere Organe und liefert Anheftungsstellen für die Muskeln, wobei eine große Anzahl an Gelenken für enorme Bewegungsfreiheit sorgt. Beim Menschen besteht das Skelett aus 206 Knochen, die jeder für sich ungefähr fünfmal so widerstandsfähig sind wie Stahlstücke gleichen Gewichts und sich etwa zur Hälfte in den Händen und Füßen befinden. Unterschieden werden das Achsenskelett mit Schädel, Wirbelsäule und Brustkorb und das Gliedmaßenskelett mit den Arm- und Beinknochen. Für den Geburtsvorgang ist die Beckenöffnung der Frau breiter als beim Mann.

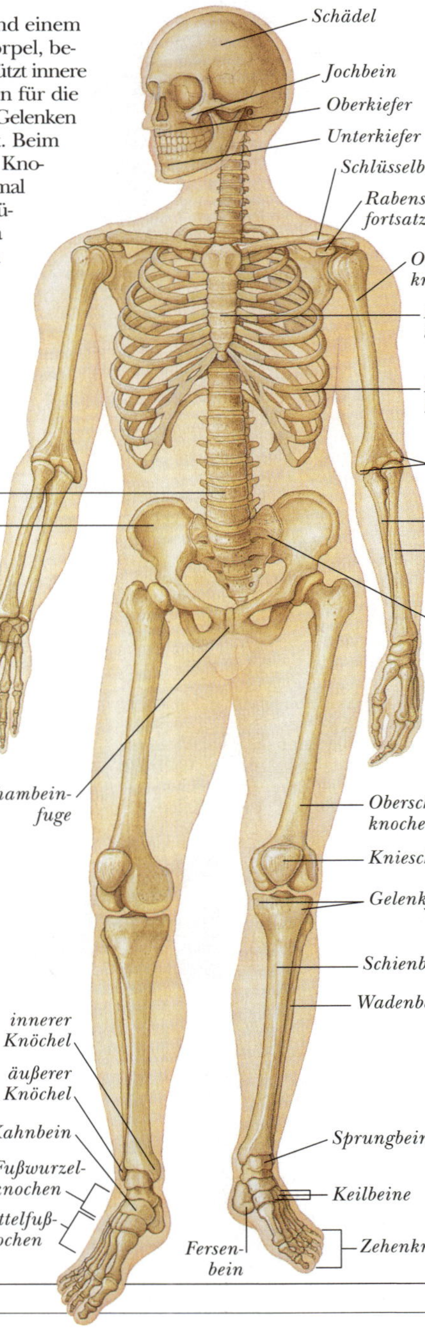

SKELETT EINES MANNES

UNTERSCHIEDE IN DER BECKENANATOMIE

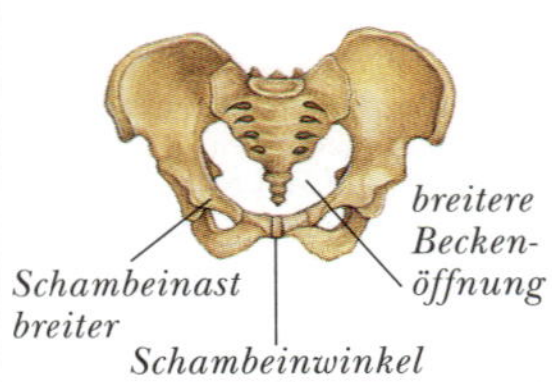

FRAU

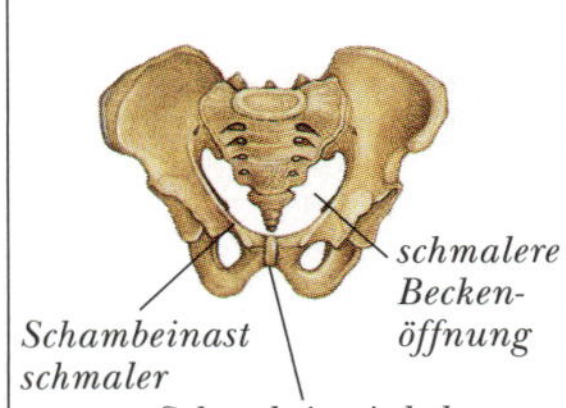

MANN

**Skulptur** ⟨f. 20⟩ **I** ⟨unz.⟩ *Bildhauerkunst, künstler. Formung, Gestaltung von Figuren in Stein, Ton, Holz od. Metall* **II** ⟨zählb.⟩ *Werk der Bildhauerkunst, Statue* (Holzskulptur, Steinskulptur) [< lat. *sculptura;* zu lat. *sculpere* „etwas herausmeißeln, -schnitzen, -schneiden"]

**Skunk** ⟨m. 6⟩ **1** ► = *Stinktier* **2** *Pelz des Skunks* [< engl. < indian.]

**skurril** ⟨Adj.⟩ *närrisch, possenhaft, drollig* [< lat. *scurrilis* „possenhaft"; wahrscheinl. zu lat. *scurra* „Witzereißer, Spaßmacher"]

**Skyline** ⟨['skailain] f. 10⟩ *Ansicht einer Stadt, wie sie sich von außen betrachtet, gegen den Himmel abhebt, Silhouette (einer Stadt)* [engl., „Horizont(linie)" <*sky* „Himmel" + *line* „Linie"]

**Skythe** ⟨m. 17⟩ = *Szythe*

**Slalom** ⟨m. 6 od. n. 15; bes. Sp.⟩ *Skilauf bzw. Kanufahrt durch von Fähnchen gebildete Tore* [< norw. *slalåm,* urspr. „leicht abfallende Skispur"]

SLAMDUNKING

**Slamdunking** ⟨['slæm-dʌnkiŋ] n. 15; Sp.; Basketball⟩ ► *bes. Art des Dunkings, bei dem der Ball vom Spieler so kraftvoll u. hart wie möglich mit einer Hand od. beiden Händen in den Korb versenkt wird* [< engl. *slam* „schlagen" + *dunking* „das Eintauchen"]

**Slang** ⟨[slæŋ] m. 6⟩ **1** *nachlässige Umgangssprache, bes. im Englischen* **2** = *Jargon* [engl.; Herkunft unbekannt]

**Slapstick** ⟨[slæp-] m. 6; bes. im Stummfilm⟩ *grotesker Einfall* [engl., „Holzklapper" (mit der ein Schauspieler einen Schlag vortäuscht) <*slap* „Schlag, Klaps" + *stick* „Stock"]

**Slash** ⟨[slæʃ] m. 6; Zeichen: /⟩ *Schrägstrich von links unten nach rechts oben;* Ggs *Backslash* [engl., eigtl. *slash mark* „Schrägstrich" < *slash* „Schnitt, Schmiss"]

**s-Laut** ⟨m. 1; Phon.⟩ *im Deutschen mit den Buchstaben s, ss od. ß bezeichneter Laut*

**Slawe** ⟨m. 17⟩ *Angehöriger einer ost- u. südosteuropäischen Völkergruppe* [→ *Sklave* (im mittelalterl. Orient waren meist Slawen die Opfer der Sklaverei)]

**slawisch** ⟨Adj.⟩ *die Slawen betreffend, zu ihnen gehörend, von ihnen stammend* ◆ slawische Sprachen *zu den idg. Sprachen gehörende Sprachfamilie, umfasst u. a. die russ., bulgar., tschech., poln. Sprache*

**Slawistik** ⟨f.; -; unz.⟩ *Wissenschaft von den slawischen Sprachen u. Kulturen*

**Slingpumps** ⟨['sliŋpœms] m.; -, -⟩ ► *mit einem dünnen Riemen über der Ferse gehaltener Pumps* [< engl. *sling* „Schlinge, Schlaufe" + *Pumps*]

SLINGPUMPS

**Slip** ⟨m. 6⟩ **1** *kurze, anliegende Unterhose* **2** ⟨Bankw.⟩ *Buchungs- u. Ausführungsbeleg von Bankaufträgen* **3** *Formularstreifen, aufgrund dessen Buchungen im Börsengeschäft erfolgen* [zu engl. *slip* „gleiten, schlüpfen"]

**Slipper** ⟨m. 3⟩ *bequemer Straßenschuh ohne Schnürung* [< engl. *slipper* „Hausschuh, Pantoffel"; zu *slip* „(hinein)schlüpfen"]

**Sliwowitz** ⟨m. 1⟩ *Pflaumenbranntwein* [< serb. *sliva* „Zwetschge"]

**Slogan** ⟨['slougən] m. 6⟩ *Schlagwort, besonders in der Werbung* [engl., „Werbeschlagwort" < gälisch *sluaghghairm* „Kriegsgeschrei"]

**Slowake** ⟨m. 17⟩ *Einwohner der Slowakischen Republik*

**slowakisch** ⟨Adj.⟩ *die Slowakische Republik betreffend, zu ihr gehörend, aus ihr stammend* ◆ slowakische Sprache *zu den westslaw. Sprachen gehörende Sprache der Slowaken*

**Slowene** ⟨m. 17⟩ **1** *Angehöriger eines südslaw. Volkes* **2** *Bewohner der Republik Slowenien*

**slowenisch** ⟨Adj.⟩ *die Slowenen betreffend, von ihnen stammend* ◆ slowenische Sprache *zu den südslawischen Sprachen gehörende Sprache der Slowenen*

**Slowfox** ⟨[slo:-] od. engl. [slou-] m. 1⟩ *langsamer Foxtrott* [< engl. *slow* „langsam" + *Fox(trott)*]

**Slum** ⟨[slʌm] m. 6; meist Pl.⟩ *Elendsviertel, bes. in Großstädten* [engl.]

**sm** ⟨Abk. für⟩ *Seemeile*

**Smaragd** ⟨m. 1⟩ *ein Mineral, grüner Edelstein;* ► *Schmucksteine* [< mhd. *smaragt, smarat* < ahd. *smaragdus* < lat. *smaragdus* < grch. *smaragdos*]

**Smaragdeidechse** ⟨[-ks-] f. 19⟩ *Angehörige einer grünen Art der Eidechsen: Lacerta viridis*

**smart** ⟨Adj.⟩ **1** ⟨salopp⟩ *hübsch, elegant u. dabei gewandt u. findig* **2** ⟨EDV⟩ *intelligent* [engl. „beißend, scharf; schneidig geputzt; pfiffig, schlau" (auch im negativen Sinne), Adj. zu *smart* „schmerzen, büßen"]

**Smetana** ⟨f.; -; unz.⟩ *sehr fette saure Sahne (als Zutat zu vielen russischen Gerichten verwendet)*

**Smog** ⟨[smɔg] m.; - od. -s; unz.⟩ *dicker, mit Rauch vermischter Nebel, besonders über Industriestädten* [Verbindung von engl. *smoke* „Rauch" + *fog* „Nebel"]

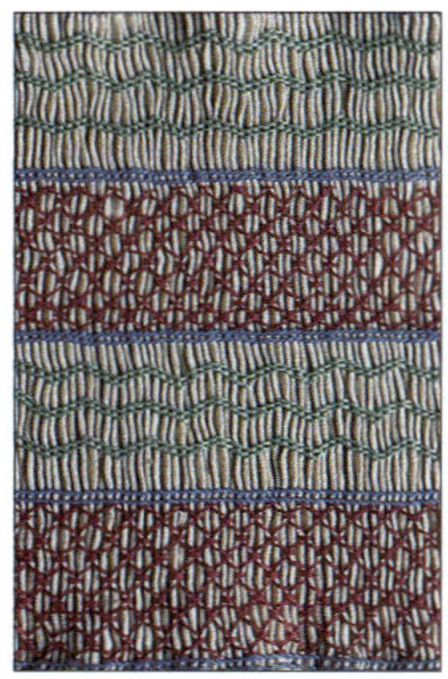

SMOKARBEIT

**Smokarbeit** ⟨[smo:k-] f. 20; Textilw.⟩ ► *gesmokte Verzierung, Zierstickerei*

**smoken** ⟨V. i.; hat; Textilw.⟩ *mit einem Zierstich nähen, bei dem der Stoff zugleich in kleine Fältchen gerafft wird* [< slow. *smok* „Hemd"]

**Smoking** ⟨m. 6 od. österr. a.: m. 1⟩ *Gesellschaftsanzug mit seidenen Rockaufschlägen für Herren* [Kurzform aus *smoking-suit* od. *smoking-jacket* „Rauchjackett, Rauchanzug"; zu engl. *smoke* „rauchen"]

**SMV** ⟨Abk. für⟩ *Schülermitverwaltung*

**Sn** ⟨Chem.; Zeichen für⟩ *Zinn*

**Snack** ⟨[snæk] m. 6⟩ *kleiner Imbiss, Kleinigkeit zu essen* [engl.]

**Snaredrum** ⟨['snɛ:(r)drʌm] f. 10; Mus.⟩ ► *Trommel mit quer über die Unterseite gespannten Saiten od. Drahtspiralen, die v. a. beim Trommelwirbel einen schnarrenden Ton hervorrufen;* Sy *Schnarrtrommel;* ► *Schlaginstrumente*

**SNG** ⟨Abk. für russ.⟩ *Sodrushestwo Nesawisimich Gosudarstw, Gemeinschaft Unabhängiger Staaten;* → a. *GUS*

**Snob** ⟨[snɔb] m. 6⟩ **1** *reicher, vornehm tuender, aber ungebildeter Mensch* **2** *jmd., der sich (zu Recht od. Unrecht) anderen überlegen fühlt u. dies auch zu erkennen gibt* [< engl. *snob,* Ursprung unsicher, vielleicht urspr. Kurzform von lat. *s(ine) nob(ilitate)* „ohne Adel"; angeblich wurden im 18. Jh. die nicht adeligen, bürgerlichen Studenten an der englischen Universität Cambridge mit diesem Vermerk in die Matrikel eingetragen]

SNOWBOARD

**snobistisch** ⟨Adj.⟩ *wie ein Snob, eitel u. eingebildet*

**Snooker, Snookerpool** ⟨['snu:-kəpu:l] n. 15; Sp.⟩ ► *(besonders in Großbritannien beliebte) Variante des Billards, bei der farbige Kugeln nach bestimmten Regeln in die sechs Löcher des Billardtisches eingespielt werden müssen* [engl.]

**Snowboard** ⟨['snoubɔ:d] n. 15⟩ ▲ *Brett zum Fahren bzw. Gleiten auf dem Schnee* [engl., „Schneebrett"]

**so I** ⟨Adv.⟩ **I.i** ⟨allein stehend, als abschließende Äußerung, als Frage⟩ so! *endlich!;* so? *wirklich?, kann, soll ich das glauben?;* so, und nun? **I.ii** ⟨mit Verben, Adj., Partikeln⟩ **1** *auf diese Art, auf diese Weise* **2** *in dieser Weise, in dieser Art* **3** *von dieser Art* **4** *ebenso, genauso, in demselben Maße, Grade, gleichermaßen* ◆ **aussehen:** so siehst du aus! ⟨iron.⟩ *das glaubst du doch selbst nicht!, das könnte dir so passen!;* so **geht** es, wenn man ...; so **genannt** ⟨Abk.: sog.⟩ *unter diesem Namen bekannt; diesen Namen habend, der nicht ganz zutrifft;* habt ihr eine Eintrittskarte? Nein, wir sind so **hereingekommen** *ohne zu zahlen, umsonst;* du **kannst** so nicht auf die Straße gehen *in diesem Aufzug, in diesem Zustand;* **sein:** so ist er nun einmal; wenn dem so ist, dann ...; so und nicht anders (ist es)!; die Sache **verhält** sich so; **vorkommen:** es kommt mir so vor, als sei ..., als ob ... *ich habe den Eindruck* ◆ er ist so **groß** wie ich; du stellst dir das so **leicht** vor; ich habe nicht gewusst, dass es ihm so **schlecht** geht; ist es schon so **spät?;** so **stark** wie ein Löwe; so **viel** du willst; so viel wie *von gleicher Bedeutung;* so **wahr** ich lebe, ich weiß es nicht *ebenso wahr, wie dass ich lebe, ist, dass ich es nicht weiß* ◆ so **bald** wie möglich *sofort, wenn es möglich ist;* so **etwas** *etwas wie dieses (hier), von dieser Art* **I.iii 1** *in solchem od. so hohem*

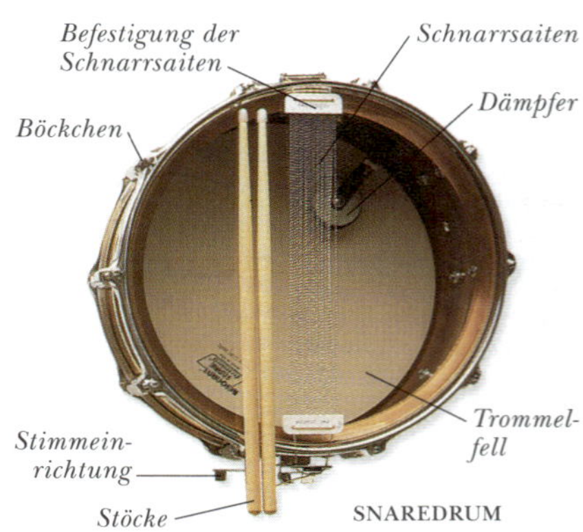


SNAREDRUM (UNTERSICHT)

## SNOOKER

Snooker ist eine Form des Billards, bei der es darum geht, mehr Punkte zu erzielen als der Gegner. Mit dem Spielball werden die übrigen Bälle, deren Punktwerte von ihrer Farbe abhängen, in die Taschen befördert. Hat ein Spielpartner keine Bälle eingelocht oder einen Fehler begangen (etwa das Einlochen des Spielballs), ist der andere an der Reihe. Als Stütze für die Queues dürfen Brücken verwendet werden.

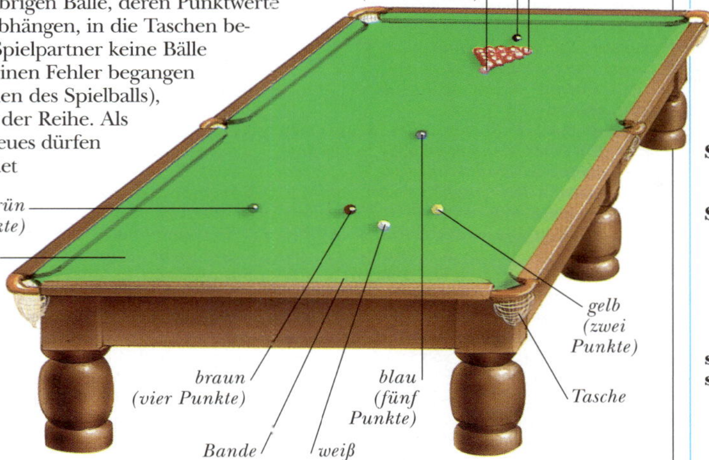


SNOOKERTISCH MIT BÄLLEN

VERSCHIEDENE BRÜCKEN

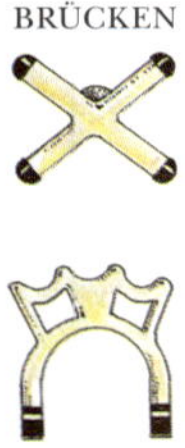

ZWEITEILIGES QUEUE

*Maße, Grade* **2** *eine solche Menge od. Anzahl* **3** ⟨umg.⟩ *sehr, ungemein* ◆ ich bin so durstig; ich bin so froh, dass du da bist; so weit ist es mit uns gekommen **II** ⟨Pron.⟩ *solch* ◆ so ein Mensch wie er; so ein Unglück! *was für ein schreckliches Unglück!* **III** ⟨Konj.⟩ *demnach, wenn ich es richtig verstanden habe* ◆ sein: so bist du also immer noch nicht dort gewesen **IV** ⟨verstärkend⟩ *also, nun* ◆ so hör doch! **V** ⟨einschränkend⟩ *wie, wie sehr, wenn auch, obwohl* **VI** ⟨als Füllwort; umg.⟩ das ist so eine Art von Pfannkuchen *etwas Ähnliches wie;* so gegen Abend *etwa, ungefähr* **VII** ⟨in festen Wendungen⟩ ach so! *ja, jetzt verstehe ich;* so gut wie nichts *fast nichts;* ich meinte (ja) nur so *ich sagte es, ohne ihm bes. Bedeutung beizulegen;* der Wind sauste mir nur so um die Ohren *heftig;* um so besser! *das ist noch besser* **VIII** ⟨veraltet; noch poet.⟩ *wenn, sofern* ◆ ich werde dir helfen, so ich kann, so du nicht willst [< mhd., ahd. *so*]

**So** ⟨Abk. für⟩ *Sonntag*

**SO** ⟨Abk. für⟩ *Südost(en)*

**s. o.** ⟨Abk. für⟩ *siehe oben*

**Soapopera** ⟨['soupɔpərə] f. 10; TV; a. abwertend⟩ *täglich od. wöchentlich ausgestrahlte TV-Serie mit fortlaufender Handlung;* Sy *Seifenoper* ◆ mit der „Lindenstraße“ begann der Siegeszug der Soapoperas im deutschen Fernsehen [engl., „Seifenoper“]

**sobald** ⟨Konj.⟩ *gleich wenn, sofort wenn* ◆ komm, sobald du kannst; sobald das Wetter schlechter wird, fahre ich in den Urlaub

**Soca** ⟨m. 6⟩ *lateinamerikan. Tanz, eine Mischung aus Calypso u. Soul, aus dem traditionellen karib. Karnevalcalypso entstanden*

**Soccer** ⟨['sɔkə(r)] m.; -s; unz.; amerik. Bez. für⟩ *Fußballspiel* [< engl. *association football* „Fußballverband“]

**Socke** ⟨f. 19⟩ *kurzer Strumpf* (Herrensocke, Skisocke, Wollsocke) ◆ sich auf die Socken machen ⟨fig.; umg.⟩ *weggehen, aufbrechen* [< mhd., ahd. *soc,* engl. *sock* < lat. *soccus* < grch. *sykchis, sykchos* „grch. Schlupfschuh, wie sie die Komödienspieler trugen“]

**Sockel** ⟨m. 5⟩ **1** ⟨Arch.⟩ *etwas vorspringender Unterbau* (von Gebäuden, Säulen, Pfeilern, Möbelstücken) **2** ⟨El.⟩ *Bauteil zum Einsetzen von Elektronenröhren* (Röhrensockel) *od. Glühlampen* (Lampensockel) *mittels Steckers od. Bajonettverschlusses* [< frz. *socle* < ital. *zoccolo* < lat. *socculus,* Verkleinerung zu lat. *soccus* „leichter (grch.) Schlupfschuh“]

**Soda I** ⟨f. 10 od. n. 15; unz.; veraltet⟩ = *Natriumkarbonat* **II** ⟨n. 15; unz.; kurz für⟩ *Sodawasser, mit Kohlensäure versetztes Wasser* ◆ Whisky mit Soda [ital. „Salzkraut, Soda“ < mlat. *soda* „Salzkraut“, vielleicht < arab. *suwwad*]

SOJABOHNEN (*Glycine soja*)

**Sodale** ⟨m. 17⟩ *Genosse, Mitglied einer katholischen Sodalität* [< lat. *sodalis* „Gefährte, Genosse, Tischgenosse; Mitglied des Priesterkollegiums“]

**Sodalität** ⟨f. 20⟩ *katholische Bruderschaft, Genossenschaft* [→ *Sodale*]

**Sodbrennen** ⟨n.; -s; unz.⟩ *brennendes Gefühl in der Speiseröhre infolge Überschusses od. Mangels an Magensäure od. Verkrampfungen am Mageneingang*

**soeben** ⟨Adv.⟩ *eben, im vergangenen Augenblick, gerade*

**Sofa** ⟨n. 15⟩ *gepolstertes Sitzmöbel für mehrere Personen mit Rückenlehne u. Armlehnen* [< frz. *sofa* < arab. *suffa* „Kissen auf dem Kamelsattel“]

**sofern** ⟨Konj.⟩ *wenn, im Fall, dass ..., vorausgesetzt, dass ...* ◆ ich bleibe hier, sofern ich nicht abberufen werde [< spätmhd. *so verre* „so fern“, ⟨fig.⟩ „soweit, sofern“]

**sofort** ⟨Adv.⟩ *gleich, ohne Aufschub, unverzüglich* ◆ komm bitte einmal her! ⟨Antwort;⟩ „Sofort!“; es wird sofort geschehen; komm her, aber sofort! ⟨befehlend⟩ [< mnddt. *vort* „vorwärts, alsbald“, im 16. Jh. mit *so* zur Verstärkung zusammengestellt]

**soft** ⟨[sɔft] Adj.⟩ **1** *weich, sanft* **2** ⟨Mus.; bes. Jazz⟩ *weich (zu spielen)* ◆ softer Jazz [engl., „weich“]

**Softball** ⟨['sɔftbɔ:l] m. 6; unz.: Sp.⟩ *aus dem Baseball bes. für das Spiel in Hallen entwickeltes Schlagballspiel, das hauptsächlich von Jugendlichen u. Frauen gespielt wird* [engl.; zu *soft* „weich“ + *ball* „Ball“]

**Software** ⟨['sɔftwɛ:r] f. 10⟩ *Programm für eine EDV-Anlage;* → a. *Hardware* [< engl. *soft* „weich“ + *ware* „Ware“]

**Sog** ⟨m. 1⟩ **1** *das Saugen* **2** *saugende Strömung* (in Luft, Wasser) **3** *Wirbel hinter einem Fahrzeug od. um ein Feuer* **4** ⟨fig.⟩ *etwas Anziehendes, starke, verführerische Anziehungskraft* (von Sachen) ◆ einen (starken) Sog ausüben [< nddt. *soge,* ndrl. *zog* „Kielwasser“; → *saugen*]

**sog.** ⟨Abk. für⟩ *so genannt*

**sogar** ⟨Adv.⟩ *auch (obwohl man es nicht vermutet, nicht angenommen hat), dazu, obendrein* ◆ sogar ich war dabei; man könnte sogar sagen, es sei Betrug [< frühnhd. *so gar* „so sehr, so vollständig“; → *gar*]

**sogleich** ⟨Adv.⟩ *sofort, gleich, ohne Aufschub* [*gleich* „gerade, eben“, durch *so* verstärkt]

**Sohle** ⟨f. 19⟩ **1** *Lauffläche des Fußes, Schuhs u. Strumpfes* (Fußsohle, Schuhsohle, Gummisohle, Ledersohle) **2** *Einlage aus festem Papier, Schaumgummi od. Fell von gleicher Form wie die Lauffläche zum Einlegen in den Schuh* (Einlegesohle) **3** *Boden von Tälern, Flüssen, Kanälen, Gräben* (Flusssohle, Talsohle, Kanalsohle) **4** ⟨Bgb.⟩ **4.1** *Boden eines Grubenbaues* **4.2** *zum Förderschacht waagerecht verlaufender Grubenbau, Abbausohle* **4.3** *Höhenlage eines Streckensystems in einer Grube* [< mhd. *sole* < ahd. *sola,* engl. *sole* < lat. *solea* „Sandale“ (Weiterbildung von lat. *solum* „Boden“)]

**Sohn** ⟨m. 1u⟩ *unmittelbarer männl. Nachkomme, männl. Kind von Vater u. Mutter* ◆ Gottes Sohn *Christus;* der größte Sohn seiner Heimat(stadt) ⟨fig.⟩ *der berühmteste Vertreter* [< mhd. *sun* < ahd. *sun(u), suno, son,* engl. *son*]

**Soiree** ⟨[soa-] f. 19⟩ **1** *Abendgesellschaft* **2** *Abendvorstellung;* Ggs *Matinee (1)* [frz., „Abendzeit, -gesellschaft“; zu *soir* „Abend“]

**Soja** ⟨f.; -; Sojen; kurz für⟩ *Sojabohne (1)* ◆ Sojamilch, Sojawurst

**Sojabohne** ⟨f. 19⟩ **1** *aus Ostasien stammende Nutzpflanze, deren ölhaltiger Samen bei uns seit dem 18. Jh. eingeführt wird: Glycine soja;* Sy ⟨kurz⟩ *Soja* **2** ◄ *Samen dieser Pflanze* [< jap. *shoju* < chin. *chiang-yu,* eigtl. *„Sojaöl“*]

**Sojasauce** ⟨[-zo:sə] f. 19; asiat. Kochk.⟩ *aus Sojabohnen gewonnene ostasiatische Würzsauce (gilt als älteste Würzsauce der Welt);* oV *Sojasoße*

**Sojasoße** ⟨f. 19; asiat. Kochk.⟩ = *Sojasauce*

**Sojus** ⟨m.; -; unz.⟩ *sowjet. Weltraumfahrzeug, früher als bemannte Weltraumstation genutzt, heute nur noch als Personen- u. Materialtransporter für Weltraumstationen vom Typ Saljut verwendet* [russ., „Union“]

**sokratisch** ⟨Adj.⟩ *auf Sokrates u. seiner Lehre beruhend, von ihm ausgehend*

**solar** ⟨Adj.⟩ *auf die Sonne bezüglich, von ihr ausgehend, zu ihr gehörend;* oV *solarisch* [< lat. *solaris* „zur Sonne gehörig“; zu *sol* „Sonne“]

**Solaranlage** ⟨f. 19⟩ = *Sonnenkraftwerk*

**Solarenergie** ⟨f. 19; unz.⟩ = *Sonnenenergie*
**solarisch** ⟨Adj.⟩ = *solar*
**Solarium** ⟨n.; -s, -rien⟩ *Anlage zur Ganzbestrahlung mit Höhensonne*
**Solarkraftwerk** ⟨n. 11⟩ = *Sonnenkraftwerk*
**Solarplexus** ⟨m.; -, -; Anat.⟩ = *Sonnengeflecht*
**Solarzelle** ⟨f. 19⟩ *Halbleiterbauelement zur direkten Umwandlung von Strahlungsenergie (der Sonne) in elektr. Energie;* Sy *Sonnenzelle*
**solch** ⟨Demonstrativpron.⟩ **1** *derartig, von dieser Art, ebenso geartet* **2** ⟨umg.⟩ *so (groß, viel)* ♦ solch ein Mensch; ein solcher Mensch; ich habe einen solchen Schrecken bekommen, dass ... ⟨umg.⟩ [< mhd. *solch* < ahd. *solih*]
**Sold** ⟨m. 1; unz.⟩ **1** *Lohn, Löhnung (des Soldaten)* **2** *Dienst* ♦ in jmds. Sold stehen [< mhd. *solt* „Vergütung für geleistete Kriegsdienste“ < afrz. *solt* „Goldmünze“ < mlat. *soldus* < lat. *(nummus) solidus* „gediegene (Münze)“]
**Soldat** ⟨m. 16⟩ **1** *Angehöriger eines Heeres* **2** ⟨Schach⟩ *Bauer* **3** ⟨Zool.⟩ *auf die Verteidigung spezialisiertes Individuum bei Staaten bildenden Insekten (Termiten, Ameisen)* **4** ⟨Zool.⟩ = *Feuerwanze (1)* ♦ Soldat sein, werden [< ital. *soldato,* frz. *soldat,* span. *soldado* „der Besoldete“; → *Sold*]
**soldatisch** ⟨Adj.⟩ *wie ein Soldat, wie bei den Soldaten, straff* ♦ soldatische Disziplin
**Söldner** ⟨m. 3⟩ *Soldat, der gegen Sold überall dort Kriegsdienste annimmt, wo er gebraucht wird* [< mhd. *soldenære, soldenier;* → *Sold*]
**Sole** ⟨f. 19⟩ *kochsalzhaltiges Wasser aus natürl. Quelle, Salzbrühe;* Sy *Salzwasser* [< spätmhd. *sul, sol* „Salzwasser zum Einlegen“; → *Salz*]
**Solenoid** ⟨m. 1⟩ ► *lang gestreckte, zylindrische Spule, in deren Innerem bei Stromdurchfluss ein nahezu homogenes Magnetfeld entsteht* [< grch. *solen* „Röhre“ + *eidos* „Gestalt“]

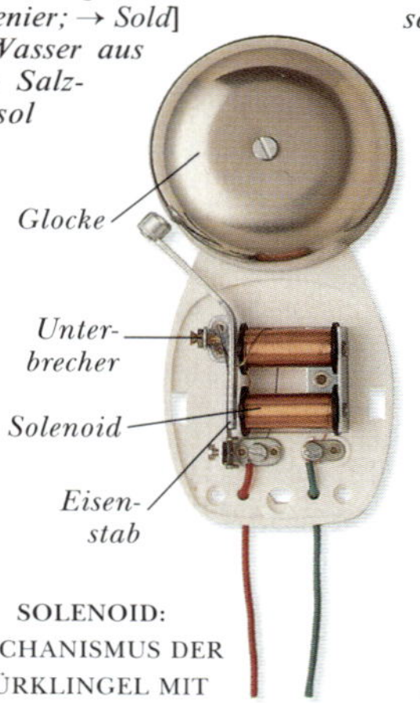

SOLENOID: MECHANISMUS DER TÜRKLINGEL MIT SOLENOID

**solid** ⟨Adj.⟩ = *solide*
**Solidargemeinschaft** ⟨f. 20⟩ *Zusammenschluss unterschiedlicher gesellschaftlicher Gruppen mit dem Ziel gegenseitiger Förderung u. Stärkung, bes. der solidarische Zusammenhalt einer stärkeren mit einer schwächeren Gruppe*
**solidarisch** ⟨Adj.⟩ **1** *füreinander einstehend, fest verbunden, gemeinsam* **2** *einig, übereinstimmend* ♦ solidarisch (für etwas) haften [< frz. *solidaire* „miteinander verbunden, füreinander haftend“; zu lat. *solidus* „echt, ganz und gar“; → *solide*]
**solidarisieren** ⟨V. refl.; hat⟩ sich solidarisieren *sich miteinander verbinden, sich miteinander solidarisch erklären*
**Solidarität** ⟨f. 20; unz.⟩ *Zusammengehörigkeit, Verbundensein* [→ *solidarisch*]
**solide** ⟨Adj.⟩ oV *solid* **1** *charakterfest, zuverlässig, maßvoll, sittlich einwandfrei, nicht ausschweifend* (Person, Lebensweise) **2** *anständig, ordentlich, geordnet, gut bürgerlich* (Verhältnisse) **3** *dauerhaft, haltbar, fest* (Gegenstand, Gerät) ♦ solide Arbeit leisten; solide leben [< frz. *solide* < lat. *solidus* „echt, gediegen, haltbar“]
**Solidität** ⟨f. 20; unz.⟩ *solide Beschaffenheit, solides Wesen*
**Solist** ⟨m. 16; Mus.⟩ *(von Orchester od. Chor begleiteter) einzeln hervortretender Instrumentalist od. Sänger* (Violinsolist) [< ital. *solista,* frz. *soliste* < lat. *solus* „allein“]
**Solitär** ⟨m. 1⟩ **1** ► *sehr großer, einzeln eingefasster Diamant* **2** ⟨Arch.⟩ *großes, einzeln stehendes Gebäude* **3** ⟨Forstw.⟩ *einzeln stehender Baum* **4** *Geduldspiel für eine Person, Einsiedlerspiel* [< frz. *solitaire* < lat. *solitarius* „allein, gesondert“]

SOLITÄR

**Soll** ⟨n.; -s; unz.⟩ **1** *Schuld, linke Seite eines Kontos* **2** *in einer bestimmten Zeit zu bewältigende Arbeit od. Produktion (bes. bei Wirtschaftsplänen)* **3** *Planaufgabe* ♦ Soll und Haben *die beiden Seiten eines Kontos;* sein Soll (nicht) erfüllen [Substantivierung des bis Ende des 18. Jh. in der Kaufmannsspr. gebräuchlichen *ich soll* „ich bin schuldig“]
**sollen** ⟨V. i.; hat⟩ **1** *die Pflicht, Verpflichtung, Aufgabe, den Auftrag haben (etwas zu tun)* **2** ⟨zum Ausdruck einer Vermutung, einer unverbürgten Nachricht⟩ *jmd. od. etwas ist od. hat angeblich, vermutlich, man sagt, es sei so, man nimmt an, es werde ...* ♦ ich soll Ihnen **ausrichten,** dass ...; ich hätte daran **denken** sollen; soll ich **gehen,** kommen?; er soll schon gestern **gekommen** sein; man sollte **glauben,** dass ... *man könnte fast glauben ...;* das Grundstück soll 50 000 Mark **kosten;** das hättest du nicht **tun** sollen *es wäre besser gewesen, wenn du es nicht getan hättest* ♦ **was** soll's? *was nützt's?* [< mhd. *suln, soln* < spätahd. *solan, sulen*]
**Söller** ⟨m. 3⟩ **1** *offener, umlaufender Balkon, Altar, offener Saal* **2** *Dachboden, Speicher* **3** ⟨schweiz.⟩ *Fußboden* [< mhd. *solre, sölre, sulre* < ahd. *solari, soleri, solær* < lat. *solarium* „der Sonne ausgesetzter Teil des Hauses“]
**Sollseite** ⟨f. 19; Bankw.⟩ *linke Seite eines Kontos, auf der das Soll festgehalten wird;* Ggs *Habenseite*
**Sollzinsen** ⟨m. 23; Pl.; Bankw.⟩ *für geliehenes Geld geforderte Zinsen;* Ggs *Habenzinsen*
**solo** ⟨Adj.; undekl.; Mus.⟩ *allein, einzeln* ♦ solo singen, spielen; ich bin ganz solo ⟨umg.; scherzh.⟩ [ital., „allein, einzig“ < lat. *solus*]
**Solo** ⟨n.; -s, Soli⟩ **1** ⟨Mus.⟩ *Gesang od. Instrumentalspiel eines einzelnen Sängers od. Spielers* **2** ⟨Kart.⟩ *Spiel eines Einzelnen gegen mehrere Mitspieler* ♦ ein Solo singen, spielen; Kantate für Soli, Chor und Orchester [< ital. *solo* „allein, einzig“ < lat. *solus*]
**solvent** ⟨[-vɛnt] Adj.⟩ = *zahlungsfähig;* Ggs *insolvent* [zu lat. *solvere* „(Schuld, Lohn) (ab)zahlen“]
**Solvenz** ⟨[-vɛnts] f. 20; unz.⟩ = *Zahlungsfähigkeit;* Ggs *Insolvenz* [→ *solvent*]
**somatisch** ⟨Adj.; Med.⟩ *leiblich, körperlich* [< grch. *somatikos* „den Körper betreffend“]
**Sombrero** ⟨m. 6⟩ ► *breitrandiger mexikan. Hut* [span., „Schattenspender“; zu *sombra* „Schatten“]

SOMBRERO

**somit** ⟨Konj.⟩ *und so, also, folglich* ♦ er hat angerufen, (und) somit brauche ich nicht hinzugehen
**Sommer** ⟨m. 3⟩ *astronomisch die Zeit vom 21. Juni bis 23. September (auf der nördl. Halbkugel) bzw. vom 21. Dezember bis 21. März (auf der südl. Halbkugel);* Ggs *Winter* ♦ heißer, kühler, kurzer, trockener Sommer [< mhd. *sumer* < ahd. *sumar*]
**Sommerferien** ⟨Pl.⟩ *(Schul-)Ferien im Sommer, große Ferien*
**sommerlich** ⟨Adj.⟩ *wie im Sommer* ♦ sommerliches Wetter; sich sommerlich kleiden; es ist schon, noch sommerlich warm
**Sommersonnenwende** ⟨f. 19; Astron.⟩ *Zeitpunkt des höchsten Sonnenstandes auf der nördl. Halbkugel am 21. u. 22. Juni;* Ggs *Wintersonnenwende*
**Sommersprosse** ⟨f. 19; meist Pl.⟩ *kleiner Hautfleck, bes. im Gesicht, infolge zu starker Pigmentbildung, der im Sommer deutlicher hervortritt als im Winter*
**Sommerzeit** ⟨f. 20; unz.⟩ **1** *Zeit des Sommers, Sommer* **2** *verlegte Stundenzählung während des Sommers, meist eine Stunde früher als die Einheitszeit*
**somnambul** ⟨Adj.⟩ *nachtwandelnd, schlafwandlerisch, mondsüchtig* [frz. < lat. *somnus* „Schlaf“ + *ambulare* „gehen“]
**Somnambulismus** ⟨m.; -; unz.⟩ = *Mondsüchtigkeit*
**Sonar** ⟨n. 11⟩ *mit Schallwellen arbeitendes Gerät zur Ortung unter Wasser* [zu lat. *sonare* „tönen“]
**Sonate** ⟨f. 19; Mus.⟩ *Musikstück für ein od. mehrere Instrumente aus drei od. vier Sätzen* (Klaviersonate, Violinsonate) [< ital. *sonata;* zu *sonare* „tönen, klingen“]
**Sonde** ⟨f. 19⟩ **1** ⟨Med.⟩ *stab- od. schlauchförmiges Instrument zum Austasten von Körperhöhlen u. -gängen od. zum Entnehmen bzw. Einbringen von Flüssigkeiten* (Blasensonde, Magensonde) **2** ⟨Bgb.⟩ *bis 10 m tiefe Bohrung zum Entnehmen einer Probe* **3** ⟨Astron.; kurz für⟩ *Raumsonde* **4** ⟨Tech.⟩ *Vorrichtung zur Messung von Strömungen, elektr. Feldern o. Ä.* [< frz. *sonde* „Lot, Senkblei“]
**Sonder...** ⟨in Zus.⟩ *Einzel..., besonder...*
**Sonderangebot** ⟨n. 11⟩ **1** *besonderes Angebot* **2** ⟨meist⟩ *bes. günstiges Angebot von Konsumwaren in Warenhäusern, Einzelhandelsgeschäften, Supermärkten*
**sonderbar** ⟨Adj.⟩ *eigenartig, merkwürdig, anders als das Gewohnte, Übliche, Erstaunen erregend, befremdend, befremdlich* ♦ sonderbares Benehmen, Verhalten; ein sonderbares Erlebnis; ein sonderbarer Heiliger ⟨umg.⟩ *Sonderling* [< sonder + ...*bar*]
**Sonderfall** ⟨m. 1u⟩ **1** *Einzelfall, selten vorkommender Fall* **2** *Fall, der für sich betrachtet u. beurteilt werden muss* **3** *Ausnahme*
**Sonderling** ⟨m. 1⟩ *sonderbarer Mensch, Einzelgänger, Mensch von starker Eigenschaft, mit besonderen, ausgeprägten Gewohnheiten*
**Sondermüll** ⟨m.; -s; unz.⟩ *Stoffe, die gesondert vom normalen Haus- u. Gewerbemüll behandelt werden müssen (z. B. giftige Chemikalien, elektr. Geräte)*
**sondern I** ⟨V. t.; hat⟩ *beiseite legen, trennen, auslesen* ♦ die guten Beeren von den schlechten sondern; die Spreu vom Weizen sondern; gesondert *getrennt, einzeln, für sich;* eine Sache gesondert behandeln **II** ⟨Konj.⟩ *vielmehr, richtiger gesagt* ♦ nicht er, sondern sie ist schuld; ich habe ihr nicht geschrieben; er ist nicht nur ein guter Wissenschaftler, sondern auch ein guter Lehrer [< mhd. *sunder* < ahd. *suntar(i), suntir* < lat. *sine* „ohne“]

**Sonderpädagogik** ⟨f.; -; unz.⟩ *Lehre von der Erziehung u. Förderung geistig u./od. körperlich behinderter Kinder*
**sonders** ⟨Adv.⟩ → *samt*
**Sonderschule** ⟨f. 19; Päd.⟩ *Schule zum Unterrichten u. Betreuen von geistig od. körperlich behinderten Kindern*
**sondieren** ⟨V. t.; hat⟩ **1** *mit einer Sonde untersuchen* **2** ⟨fig.; umg.⟩ *vorsichtig erkunden, erforschen* ◆ die Lage sondieren ⟨fig.; umg.⟩ [→ *sondern (I)*]
**Sonett** ⟨n. 11⟩ *Gedicht aus zwei vier- u. zwei dreizeiligen Strophen* [zu ital. *sonare* „klingen"]
**Song** ⟨m. 6; Mus.⟩ **1** *Schlager, Lied* **2** ⟨seit B. Brecht u. K. Weill⟩ *balladenhaftes, oft parodistisches Lied im Stil des Bänkelsangs mit Jazzelementen* [engl., „Lied"]
**Sonnabend** ⟨m. 1; Abk.: Sa; bes. nord- u. mitteldt.⟩ *sechster, vorletzter Tag der Woche;* Sy *Samstag* [„Abend vor dem Sonntag"]
**Sonne** ⟨f. 19⟩ **1** ⟨Astron.⟩ **1.1** *selbst leuchtender, kugelförmiger, aus Gas bestehender Himmelskörper, um den sich die Planeten drehen* **1.2** ▼ *der zentrale Fixstern unseres Planetensystems* **2** *Sonnenschein, Sonnenlicht* **3** ⟨fig., umg.⟩ *Licht, Wärme, etwas Strahlendes, Helles, Schönes* ◆ Sonne, **Mond** und Sterne ◆ **aufgehen:** die Sonne geht auf; die Pflanze **braucht** viel Sonne; die Sonne **brennt,** wärmt; die Sonne **steht** hoch, niedrig, tief ◆ **brennende,** sengende Sonne; die **goldene** Sonne; die **liebe** Sonne ⟨umg.⟩ ◆ **bei** sinkender Sonne; **gegen** die Sonne fotografieren, schauen; **in** der Sonne sitzen, liegen [< mhd. *sunne* < ahd. *sunna*]

SONNENBLUME
*(Helianthus annuus)*

**sonnen** ⟨V. t.; hat⟩ *von der Sonne bescheinen lassen, der Sonne aussetzen* ◆ sich sonnen; die Betten auf dem Balkon sonnen
**Sonnenaufgang** ⟨m. 1u⟩ *Sichtbarwerden der Sonne am östlichen Himmel;* Ggs *Sonnenuntergang* ◆ bei, nach, vor Sonnenaufgang
**Sonnenbad** ⟨n. 12u⟩ *ruhen in der Sonne, wobei der Körper nicht od. nur wenig bekleidet ist* ◆ ein Sonnenbad nehmen
**Sonnenblume** ⟨f. 19; Bot.⟩ ▲ *Korbblütler mit einer großen, gelben, der Sonne ähnl. Blüte: Helianthus annuus;* Sy *Helianthus*

## SONNE

Die Sonne ist ein ungefähr fünf Milliarden Jahre alter Hauptreihenstern mit einem Durchmesser von rund 1,4 Millionen km, der fast ausschließlich aus Helium und Wasserstoff besteht und an der Oberfläche, der Fotosphäre, 5500 °C heiß ist. Bedeckt der Mond bei einer Sonnenfinsternis die Sonne, sind deren innere (Chromosphäre) und äußere Atmosphäre (Korona) zu erkennen, welche sich sehr weit in den Weltraum erstreckt.

SONNENSYSTEM

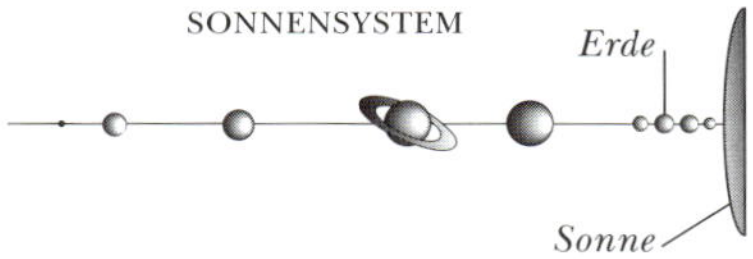


INNERER AUFBAU DER SONNE

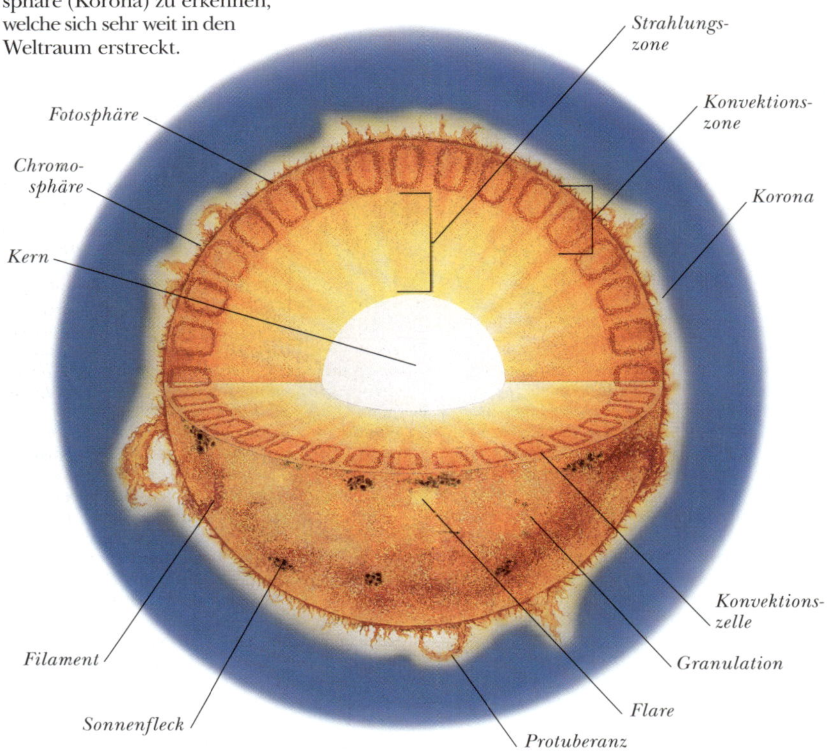


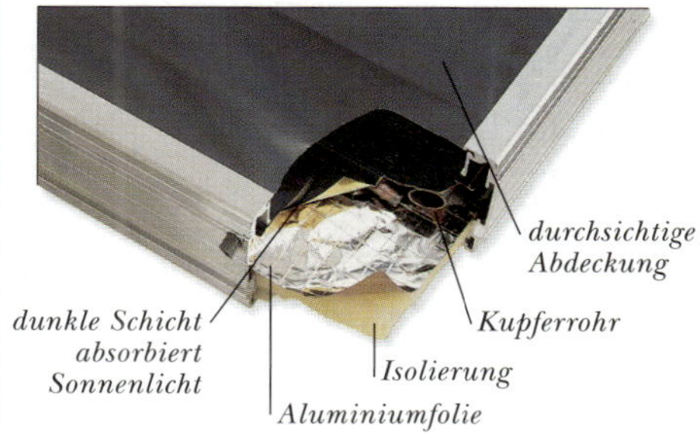


SONNENKOLLEKTOR: INNERER AUFBAU

**Sonnenbrand** ⟨m. 1u⟩ *Rötung u. Reizung der Haut durch zu große Sonnenbestrahlung* ◆ einen Sonnenbrand haben
**Sonnenenergie** ⟨f. 19; unz.⟩ *aus der Sonnenstrahlung gewonnene Energie;* Sy *Solarenergie* ◆ Sonnenenergie verwenden
**Sonnenfinsternis** ⟨f. 9; Astron.⟩ *volle od. teilweise Verfinsterung der Sonne durch den Mond, wenn er zwischen Sonne u. Erde hindurchgeht*
**Sonnenfleck** ⟨m. 1; Astron.⟩ *dunkles Gebiet auf der Sonnenoberfläche, das kälter ist als seine Umgebung*
**sonnengebräunt** ⟨Adj.⟩ *von der Sonne gebräunt* (Gesicht, Haut)
**Sonnengeflecht** ⟨n. 11; Anat.⟩ *größtes Nervenknotengeflecht des vegetativen Nervensystems beim Menschen, auf der Vorderseite der Hauptschlagader, dicht unter dem Zwerchfell, ist mit den Nerven der Bauchorgane verbunden: Plexus solaris;* Sy *Solarplexus*
**Sonnenjahr** ⟨n. 11; Astron.⟩ *Jahr, das einer Umkreisung der Erde um die Sonne entspricht*
**Sonnenkollektor** ⟨m. 23⟩ ▲ *Einrichtung zum Sammeln der Sonnenenergie (z. B. zur Erzeugung von Warmwasser)*
**Sonnenkönig** ⟨m. 1; unz.⟩ *(Beiname des französischen Königs Ludwig XIV.)*
**Sonnenkraftwerk** ⟨n. 11⟩ *mit Sonnenenergie betriebenes Kraftwerk od. Heizungssystem;* Sy *Solarkraftwerk, Solaranlage*
**Sonnenofen** ⟨m. 4u⟩ *Einrichtung zur Erzeugung höchster Temperaturen (bis 3900 °C) durch Konzentration der Sonnenenergie auf einen kleinen Punkt*
**Sonnenpaddel** ⟨n. 13⟩ *der Energieversorgung von Raumflugkörpern dienender, paddelförmiger Ausleger, der mit Sonnenzellen bestückt ist*
**Sonnenschein** ⟨m. 1; unz.⟩ **1** *Licht, Strahlen der Sonne* **2** ⟨fig.⟩ *immer fröhliches Kind od. immer fröhlicher junger Mensch* ◆ er ist ein (kleiner, richtiger) Sonnenschein
**Sonnensittich** ⟨m. 1; Zool.⟩ ► *der Gattung der Keilschwanzsittiche angehöriger Sittich mit gelb gefiedertem Kopf: Aratinga solstitialis*

SONNENSITTICH
*(Aratinga solstitialis)*

**Sonnenstich** ⟨m. 1⟩ **1** *Gehirnschädigung durch Einwirkung von Sonnenstrahlen auf Kopf u. Nacken, meist mit Kreislauf-, Atem- u. Bewusstseinsstörungen: Ictus solis* **2** ⟨fig.⟩ *Verrücktheit* ◆ du hast wohl einen ziemlichen Sonnenstich? ⟨fig.⟩
**Sonnenstudio** ⟨n. 15⟩ *Räumlichkeit, in der gegen eine Gebühr Solarien zur Ganzkörperbräunung benutzt werden können*

S

## SONNENSYSTEM

Unser Sonnensystem, das einen Durchmesser von über 12 Milliarden km hat, besteht aus der Sonne, neun Planeten, 61 bislang bekannten Monden, zahlreichen Kometen und Asteroiden sowie interplanetarischen Gasen und Staub. Es nahm vor fünf Milliarden Jahren seinen Anfang als Gas- und Staubwolke, aus der zunächst die Sonne entstand, während die vier Gesteinsplaneten (Venus, Merkur, Erde und Mars) sich aus übrig gebliebenem, sonnennahem Material bildeten. In größerer Entfernung von der Sonne formten sich die Gasplaneten Jupiter, Saturn, Uranus und Neptun aus Eis, Gas und Staub. Dagegen besteht der kleinste Planet, der Pluto, aus Gesteinen und Eis. Die Planeten bewegen sich auf elliptischen Bahnen um die Sonne, die alle ungefähr in derselben Ebene liegen, wobei die Bahn des Pluto am exzentrischsten und mit 17° zugleich am stärksten geneigt ist. Zwischen Mars und Jupiter liegt der Asteroidengürtel aus Millionen von Gesteinsbruchstücken. Die Schwerkraft des Jupiter verhinderte, dass sich dieses Material zusammenballte.

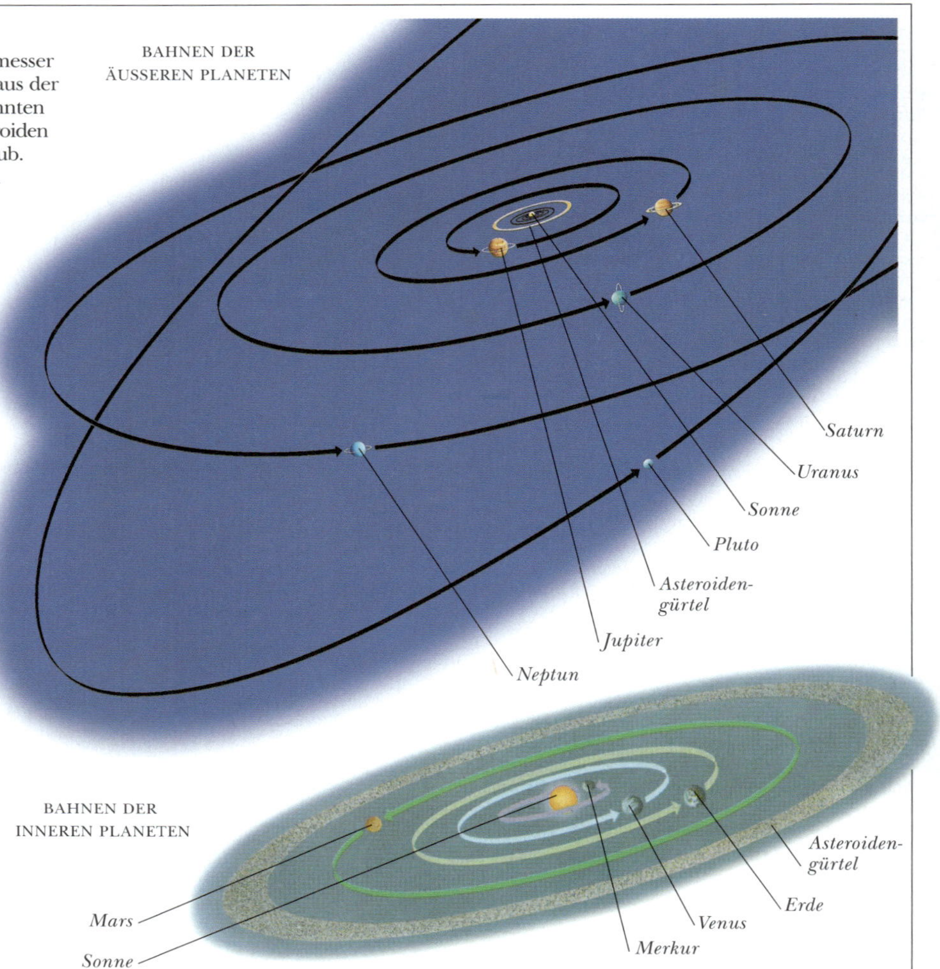


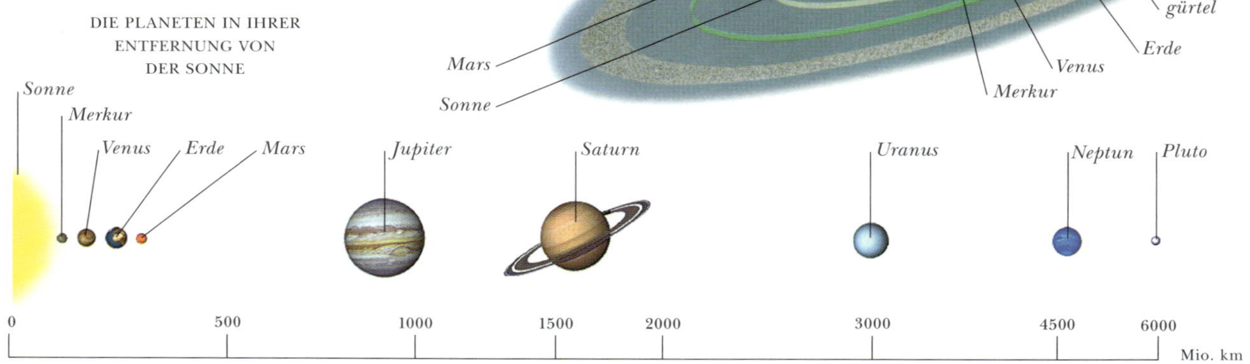


**Sonnensystem** ⟨n. 11; Astron.⟩ ▲ *eine Sonne mit ihren Planeten u. a. Himmelskörpern, die zusammen einen gemeinsamen Schwerpunkt umkreisen*

**Sonnentau** ⟨m. 1; unz.; Bot.⟩ *Angehöriger einer Gattung Insekten fressender Pflanzen: Drosera*

**Sonnenuhr** ⟨f. 20⟩ ► *waagerecht auf dem Boden od. senkrecht an einer Mauer angebrachter Zeitmesser, bei dem der Schatten eines Stabes als Zeiger dient* ◆ pünktlich wie die Sonnenuhr ⟨umg.; scherzh.⟩ *sehr, ganz pünktlich*

**Sonnenuntergang** ⟨m. 1u⟩ *das Verschwinden der Sonne unter dem westlichen Horizont;* Ggs *Sonnenaufgang* ◆ bei, nach, vor Sonnenuntergang

**Sonnenwende** ⟨f. 19⟩ *Tag des Sommer- od. Winterbeginns, wenn die Sonne ihren höchsten oder tiefsten Stand erreicht hat* (Sommersonnenwende, Wintersonnenwende)

**Sonnenzelle** ⟨f. 19⟩ = *Solarzelle*

**sonnig** ⟨Adj.⟩ **1** *vom Sonnenlicht erleuchtet u. erwärmt* **2** ⟨fig.⟩ *heiter, fröhlich* (Mensch, Gemüt, Wesen) ◆ sonniger Morgen, Tag, Platz; der sonnige Süden; sonniges Wetter; hier ist es mir zu sonnig

**Sonntag** ⟨m. 1; Abk.: So⟩ *siebenter, letzter Tag der Woche, Ruhetag;* Ggs *Werktag* ◆ Weißer Sonntag *Sonntag nach Ostern;* an Sonn- und Feiertagen ist das Museum geschlossen; Ableitungen: → *Dienstag* [Lehnübersetzung < lat. *solis* u. grch. *hemera Helion* „Tag der Sonne"]

**Sonnyboy** ⟨[-bɔi] m. 6⟩ *fröhlicher, charmanter junger Mann* [< engl. *sonny* „Kleiner" (als Anrede), Koseform zu *son* „Sohn" + *boy* „Junge"]

**Sonochemie** ⟨[-çe-] f.; -; unz.⟩ = *Ultraschallchemie*

**Sonografie** ⟨f. 19⟩ = *Sonographie*

**Sonographie** ⟨f. 19⟩ *Untersuchung mit Ultraschall;* oV *Sonografie* [< lat. *sonor* „Ton, Klang" + *...graphie*]

**sonor** ⟨Adj.⟩ *tief u. klangvoll, volltönend* (Stimme); ◆ sonore Laute ⟨Sammelbez. für⟩ *Nasale u. Liquiden* [< lat. *sonorus* „tönend"; zu *sonor* „Ton, Klang"]

**sonst** ⟨Adv.⟩ **1** *andernfalls, außerdem, bei anderer Gelegenheit* **2** *für gewöhnlich, im Allgemeinen, immer* **3** *anderes* ◆ will sonst noch **jemand** mitfahren?; sonst **niemand** ◆ **da sein:** war sonst noch jemand da?; was soll ich denn sonst **tun?;** sonst **weiß** ich nichts zu erzählen ◆ der sonst so **schlagfertige** Chef blieb ihr diesmal die Antwort schuldig ◆ mehr **als** sonst ◆ **wer** sonst, wenn nicht er?; wer kommt denn sonst noch? [< mhd. *sust, sunst* < ahd. *sus,* urspr. „so" über „so nicht" u. „so aber"; → *so*]

S

er?; wer kommt denn sonst noch? [< mhd. *sust, sunst* < ahd. *sus,* urspr. „so" über „so nicht" u. „so aber"; → *so*]

**sonstig** ⟨Adj.⟩ *ander, übrig* ◆ das Sonstige regelt mein Bruder; Sonstiges *Verschiedenes, alles, was nicht einzuordnen ist;* und sonstige Kleinigkeiten

**Sophist** ⟨m. 16⟩ **1** ⟨urspr.⟩ *Denker, Weiser* **2** ⟨dann⟩ *Lehrer der Redekunst und Philosophie* **3** ⟨seit Sokrates⟩ *allzu spitzfindiger Philosoph* **4** *Wortklauber, Scheingelehrter* [zu grch. *sophistes* „ein Mensch, der im Besitz einer besonderen Geschicklichkeit od. Kunst ist"; zu *sophos* „geschickt, klug, weise"]

**Sophistik** ⟨f.; -; unz.⟩ **1** *Lehre der Sophisten, Scheinweisheit* **2** *spitzfindige Weisheit, Spitzfindigkeit* [zu grch. *sophistike techne* „die Kunst des eleganten Stils u. des Wortverdrehens"; zu *sophos* „geschickt, klug, weise"]

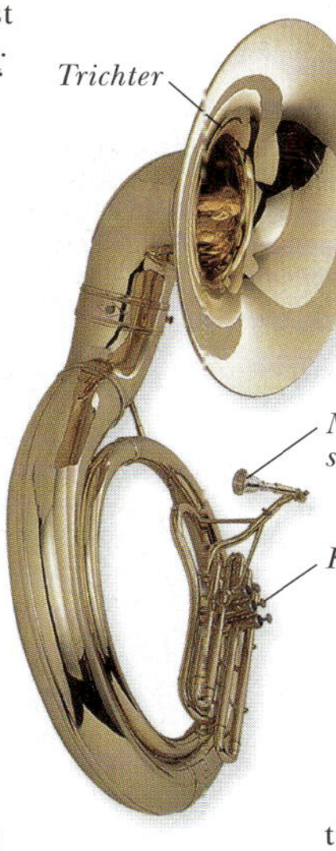

SOUSAPHON

**Sopran** ⟨m. 1; Mus.⟩ **1** *die hohe Stimmlage bei Frauen u. Knaben* **2** *Knaben- od. Frauenstimme in hoher Lage, Sopranstimme* **3** *Gesamtheit der Sopranstimmen im Chor* [< ital. *soprano* < lat. *supremus* „der höchste"]

**Sopranschlüssel** ⟨m. 5; unz.; Mus.⟩ *Notenschlüssel auf der ersten Linie, der anzeigt, dass dort der Ton c liegt, C-Schlüssel*

**Sorbe** ⟨m. 17⟩ *Angehöriger eines westslaw. Volksstammes in einem Teil der Lausitz an der oberen Spree;* Sy *Wende[1]*

**Sorbet** ⟨[zɔr'beː]⟩, **Sorbett** ⟨m. 6 od. n. 15⟩ **1** *Halbgefrorenes (bes. Fruchteis)* **2** *türk. Erfrischungstrank* **3** *Fruchtsaft mit Eis* [< ital. *sorbetto* < *sorbire* „trinken" < türk.-pers. *scherbet* „süßer Kühltrank"]

**sorbisch** ⟨Adj.⟩ *die Sorben betreffend, zu ihnen gehörend, von ihnen stammend;* Sy *wendisch*

**Sorge** ⟨f. 19⟩ **1** *Unruhe, Bangigkeit, Kummer (um etwas od. jmdn.)* **2** *Fürsorge (für jmdn.), Pflege* ◆ Sorgen **haben;** du hast Sorgen! ⟨iron.; erstaunt⟩ *wie kann dich eine Kleinigkeit so bekümmern?;* dein schlechtes Aussehen **macht** mir Sorgen; für Ruhe und Ordnung Sorge **tragen** *sorgen* ◆ **berufliche,** finanzielle Sorgen; **drückende,** große, quälende, schwere Sorge ◆ ich komme **aus** den Sorgen nicht heraus; ich mache mir Sorgen **um** ihn [< mhd. *sorge* < ahd. *sor(a)ga*]

**sorgen** ⟨V.; hat⟩ **I** ⟨V. i.⟩ *sich bemühen, bewirken, aufpassen (dass ...)* **1** für etwas sorgen *etwas herbeischaffen. sich bemühen, dass etwas geschieht* **2** für jmdn. sorgen *sich um jmdn. kümmern* ◆ sorgen, dass ihm nichts geschieht; für seine Familie sorgen; dafür ist gesorgt **II** ⟨V. refl.⟩ sich sorgen *sich Sorgen machen, sich ängstigen* ◆ sich um jmdn. sorgen; sich um jmds. Gesundheit sorgen [< mhd. *sorgen* < ahd. *sorgen* zwei Bedeutungen ( → *Sorge*); 1. im Sinne von „besorgen" < mhd. *besorgen* < ahd. *bisorgen* „für etwas sorgen"; 2. im Part. *besorgt* od. *versorgt* wird der ältere Sinn „ängstlich, innerlich unruhig" sichtbar]

**Sorgerecht** ⟨n. 11; unz.⟩ *Recht der Eltern, für ein minderjähriges Kind zu sorgen*

**Sorgfalt** ⟨f.; -; unz.⟩ *Genauigkeit, Gewissenhaftigkeit* ◆ es an der nötigen Sorgfalt fehlen lassen; Sorgfalt auf etwas verwenden [< *Sorge* + Vervielfältigungssuffix *...falt*]

**sorgfältig** ⟨Adj.⟩ *mit Sorgfalt, genau, gewissenhaft* ◆ sorgfältig arbeiten; sorgfältig aufpassen

**sorglos** ⟨Adj.; -er, am -esten⟩ **1** *ohne Sorgen, sich keine Gedanken, keine Sorgen machend, leichtfertig, leichtsinnig* **2** *vertrauensselig* ◆ ein sorgloses Leben; du bist zu sorglos; mit etwas sorglos umgehen

**Sorte** ⟨f. 19⟩ **1** *Art, Wertgruppe* (bes. von Waren) **2** Sorten ⟨Pl.; Bankw.⟩ *ausländ. Banknoten u. Münzen sowie in ausländ. Währung ausgestellte Kupons ausländ. Wertpapiere* ◆ beste, feinste, gute mittlere, schlechte Sorte; in allen Sorten u. Preislagen; das gibt es in verschiedenen Sorten [< ital. *sorta,* frz. *sorte* „Art, Qualität" < lat. *sors* „Los", spätlat. „Art und Weise"]

**sortieren** ⟨V. t.; hat⟩ *(nach Sorten) ordnen, auslesen* ◆ Gegenstände in verschiedene Fächer, Kästen sortieren; Gegenstände nach ihrer Farbe, Größe, Form sortieren [< ital. *sortire* < lat. *sortiri* „auswählen, auslosen"; → *Sorte*]

**Sortiment** ⟨n. 11⟩ *Gesamtheit der vorhandenen Sorten, Warenangebot* ◆ ein Sortiment von Büchern, Wäsche [zu ital. *sortimento* „Warenangebot"; → *Sorte*]

**SOS** ⟨n.; -; unz.⟩ *(in Morsezeichen ausgesandter Hilferuf von Schiffen in Notlage)* [gedeutet als engl. *save our souls* „rettet unsere Seelen", in Wirklichkeit wegen der leichten Merkbarkeit der Zeichen gewählt: drei kurze, drei lange, drei kurze Zeichen]

**sosehr** ⟨Konj.⟩ *wie sehr (auch immer)* ◆ sosehr ich ihn auch schätze, billige ich in diesem Fall sein Verhalten nicht

**Soße** ⟨f. 19⟩ **1** *Flüssigkeit aus reinem Bratensaft od. mit Mehl bzw. aus Mehl, Milch, Ei u. Gewürzen od. Kräutern* (Bratensoße, Vanillesoße); oV ⟨fachsprachl.⟩ *Sauce* **2** *Geschmacks- u. Geruchsstoff zum Aromatisieren von Tabakblättern* (Tabaksoße) **3** ⟨umg.; scherzh.⟩ *schmutzige Brühe, flüssiger Schmutz* [< frz. *sauce* „Tunke, Brühe" < nlat. *salsa* < mhd. *salse* „gesalzene (Brühe)"; zu lat. *salsus* „gesalzen"]

**Soufflé** ⟨[su'fleː] n. 15⟩ *sehr lockerer Auflauf mit geschlagenem Eiweiß,* oV *Soufflee* [frz., „Auflauf"; zu *souffler* „blasen"]

**Soufflee** ⟨[su'fleː] n. 15⟩ = *Soufflé*

**Souffleur** ⟨[su'fløːr] m. 1; Theat.⟩ *jmd., der während des Spiels die Rollen flüsternd mitliest, um die Schauspieler vor dem Steckenbleiben im Text zu bewahren* [frz., „Vorsager (durch Zuhauchen, Zuflüstern), Bläser"; → *soufflieren*]

**soufflieren** ⟨[su-] V.; hat; Theat.⟩ **I** ⟨V. t.⟩ jmdm. etwas soufflieren *jmdm. vorsagen* **II** ⟨V. i.⟩ *als Souffleur bzw. Souffleuse tätig sein* [zu frz. *souffler* „hauchen, blasen; flüstern" < lat. *sufflare* „hineinblasen"]

**Soul** ⟨[soul] m.; -s; unz.; Mus.⟩ *gefühlsbetonte, ausdrucksstarke afroamerikan. Jazzmusik mit Elementen des Blues* [engl., „Seele"]

**Sound** ⟨[saund] m. 6; Mus.; meist in Zus.⟩ *Klang, Klangqualität* ◆ im Sound der Rockmusik [engl., „Ton, Klang"]

**Souper** ⟨[su'peː] n. 15⟩ *(festl.) Abendessen* [frz., „Abendessen"]

**Sousafon** ⟨[suː-] n. 11; Mus.⟩ ► = *Sousaphon*

**Sousaphon** ⟨[suː-] n. 11; Mus.⟩ ◄ *(im Jazz verwendete) Art der Basstuba;* oV *Sousafon;* ► *Blechblasinstrumente* [nach dem amerikan. Komponisten J. Ph. *Sousa,* 1854-1932 + grch. *phone* „Stimme, Ton, Klang"]

**Soutane** ⟨[su-] f. 19⟩ = *Sutane*

**Souterrain** ⟨[sutə'rɛ̃] n. 15⟩ *Kellergeschoss, etwa zur Hälfte unter dem Straßenniveau liegendes Geschoss* [frz., „unterird. Gewölbe" < *sous* „unterhalb" + *terrain* „Erde, Boden" < lat. *subterraneus* „unterirdisch"]

**Souvenir** ⟨[suvə'niːr] n. 15⟩ *Geschenk zum Andenken, Erinnerungsstück* [zu frz. *se souvenir* „sich an etwas erinnern" < lat. *subvenire* „in die Gedanken kommen, einfallen"]

**souverän** ⟨[suvə-] Adj.⟩ **1** *unumschränkt (herrschend), die Herrschergewalt, Oberherrschaft ausübend* **2** ⟨fig.⟩ *überlegen* ◆ mit einer Situation souverän umgehen; er wirkt sehr souverän [< frz. *souverain* < mlat. *superanus* „überlegen"]

**Souverän** ⟨[suvə-] m. 1⟩ *Herrscher*

**Souveränität** ⟨[suvə-] f. 20; unz.⟩ **1** *höchste Herrschaftsgewalt (eines Staates)* **2** *Hoheitsrechte* **3** *Unabhängigkeit* [< frz. *souveraineté* „höchste Gewalt, Staatshoheit"]

**soviel** ⟨Konj.⟩ *nach dem zu urteilen, was (ich sehe, weiß usw.)* ◆ soviel ich sehe, ist die Arbeit fertig; soviel ist gewiss *eins,* ⟨od.⟩ *das ist gewiss;* soviel ich weiß, kommt er heute nicht mehr

**sowie** ⟨Konj.⟩ **1** *wenn, im gleichen Augenblick, wie ...* **2** *wie auch, und auch, außerdem* ◆ Äpfel, Birnen, Apfelsinen sowie Nüsse und Mandeln; sowie ich fertig bin, komme ich

**Sowjet** ⟨m. 6⟩ **1** ⟨urspr.⟩ *Arbeiter- u. Soldatenrat* **2** ⟨bis 1991⟩ *Verwaltungsbehörde in der Sowjetunion* ◆ die Sowjets ⟨['--] umg.⟩ *die Sowjetrussen, die Einwohner der Sowjetunion* [< russ. *sowjet*]

**sowjetisch** ⟨Adj.⟩ *die Sowjetunion betreffend, dazu gehörend, daraus stammend*

**sowohl** ⟨Konj.; nur in der Fügung⟩ sowohl ... als auch ... *nicht nur ..., sondern auch* ◆ wir arbeiten alle sowohl schnell als auch gründlich; sowohl Kritiker als auch Fans loben den neuen Film

**sozial** ⟨Adj.⟩ **1** *die Gemeinschaft, Gesellschaft betreffend, zu ihr gehörend, ihr dienend, gemeinnützig;* Ggs *unsozial* **2** *die gesellschaftliche Stellung betreffend, auf ihr beruhend* ◆ soziales **Ansehen;** Soziale **Bienen** ⟨Zool.⟩ *Stechimmen aus der Familie der Bienen, die in Staaten leben, in denen ein befruchtetes Weibchen, die Königin, Eier legt, während kleine Weibchen mit unentwickelten Geschlechtsorganen die Aufzucht der Brut u. alle Bau- u. Versorgungsarbeiten ausführen;* soziale **Fürsorge;** soziale **Lasten;** soziale **Marktwirtschaft;** soziale **Tiere** *Tiere, die die Gesellschaft anderer Tiere aus innerem Antrieb heraus suchen;* soziales **Verhalten** ◆ sozial **aufsteigen,** sinken; sich sozial **verhalten** [< frz. *social* < lat. *socius* „Genosse, Gefährte; gemeinsam"; zu lat. *sequi* „folgen, begleiten"]

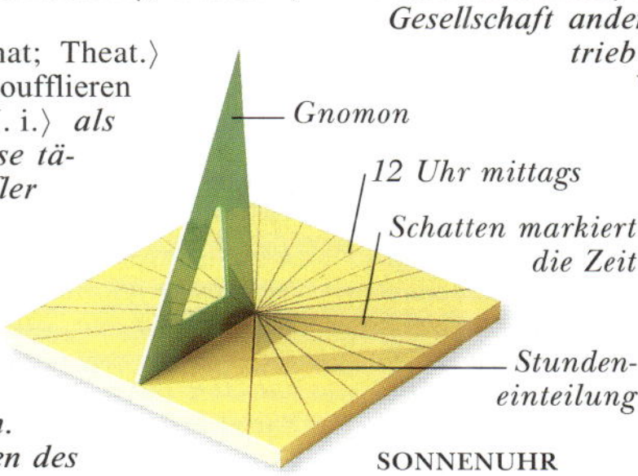

SONNENUHR

**Sozialarbeit** ⟨f. 20; unz.; Sammelbez. für⟩ *alle Berufe, die sich mit der Durchführung der im Bundessozialhilfegesetz u. Jugendwohlfahrtsgesetz genannten Aufgaben befassen*

**Sozialdemokratie** ⟨f. 19; unz.; Pol.⟩ **1** *polit. Richtung, die die Grundsätze des Sozialismus u. der Demokratie zu verbinden sucht* **2** *Gesamtheit der Sozialdemokratischen Partei*

S

**sozialdemokratisch** ⟨Adj.; Pol.⟩ *sozial u. zugleich demokratisch (denkend, handelnd), soziale u. demokratische Ziele verfolgend* ◆ Sozialdemokratische Partei ⟨seit dem 1. Weltkrieg⟩ *der gemäßigte Flügel der auf dem Marxismus beruhenden politischen Bewegung*
**Sozialhilfe** ⟨f. 19; unz.⟩ *Gesamtheit aller staatlichen Hilfen für Menschen in (materieller) Notlage*
**Sozialisation** ⟨f. 20; unz.⟩ *allmähliches Hineinwachsen des Menschen in die Gesellschaft*
**sozialisieren** ⟨V. t.; hat⟩ *in staatl. Besitz überführen, verstaatlichen, vergesellschaften* ◆ jmdn. sozialisieren *in die Gesellschaft hineinwachsen lassen, zum Leben in der Gemeinschaft befähigen*
**Sozialismus** ⟨m.; -; unz.; Pol.⟩ *Bewegung gegen den wirtschaftlichen u. politischen Liberalismus, die dem Arbeitnehmer mehr Einfluss auf die Verwendung der Produktionsmittel u. damit eine größere persönliche Unabhängigkeit u. soziale Sicherheit geben will* ◆ demokratischer Sozialismus *Bewegung, die den Sozialismus mit den bürgerlichen Freiheiten zu verbinden sucht;* wissenschaftlicher Sozialismus *Theorie des Marxismus-Leninismus über die sozialistische Gesellschaft*
**sozialistisch** ⟨Adj.; Pol.⟩ *zum Sozialismus gehörend, auf ihm beruhend* ◆ sozialistischer Realismus ⟨in den früher kommunist. regierten Staaten⟩ *realist. Kunstrichtung auf marxistische Grundlage*
**Sozialkunde** ⟨f.; -; unz.⟩ *Unterrichtsfach, das polit. u. soziale Zusammenhänge der Gesellschaft behandelt*
**sozialliberal** ⟨Adj.; Pol.⟩ *soziale u. liberale Aspekte betreffend* ◆ sozialliberale Regierungskoalition *Regierungskoalition aus einer sozialdemokratischen u. einer liberalen Partei*
**Sozialpädagogik** ⟨f. 20; unz.⟩ *in den Bundesländern unterschiedlich geregelter Berufszweig für die außerschul. Erziehung von Kindern u. Jugendlichen (Erziehung im Kindergarten, Erziehungsberatung, Bewährungshilfe usw.) mit drei- bis vierjähriger Ausbildung an einer Fachhochschule*
**Sozialprodukt** ⟨n. 11; unz.⟩ *volkswirtschaftliches Nettoprodukt, das sich aus der Summe aller produzierten Güter ergibt;* Sy *Volkseinkommen*
**Sozialstaat** ⟨m. 23⟩ *Staat, der versucht, soziale Ungleichheiten zu verringern bzw. abzubauen*
**Sozialwissenschaft** ⟨f. 20⟩ = *Soziologie*
**Sozietät** ⟨[-tsie-] f. 20⟩ **1** *Interessen-, Berufsgenossenschaft, so z. B. von Ärzten* **2** *Form der Vergesellschaftung von Tieren, die für die beteiligten Tiere u. deren Arterhaltung notwendig ist* [zu lat. *societas* „Gemeinschaft"]
**Soziolinguistik** ⟨f.; -; unz.; Sprachw.⟩ *Zweig der Linguistik, der sich mit den Unterschieden im Sprachgebrauch verschiedener sozialer Schichten od. Gruppen befasst*
**Soziologie** ⟨f. 19; unz.⟩ *Lehre vom Zusammenleben von Menschen, Tieren u. Pflanzen innerhalb einer Gemeinschaft bzw. Gesellschaft;* Sy *Gesellschaftslehre, Sozialwissenschaft* [< lat. *socius* „Genosse, Gefährte" + grch. *logos* „Rede, Wort, Kunde"]
**Sozius** ⟨m.; -, -se⟩ **1** *Teilhaber (an einem Geschäft od. einer Praxis)* **2** *Beifahrer (auf dem Motorrad)* ◆ er ist der Sozius [< lat. *socius* „Genosse, Gefährte"]

SPALIER ALS STÜTZE FÜR EINE KLETTERPFLANZE

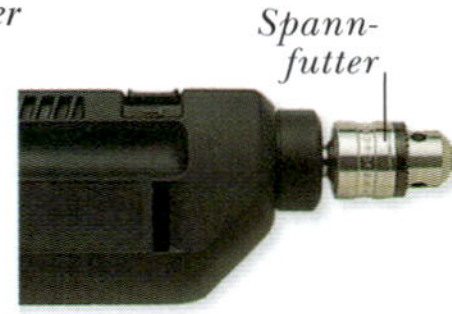


SPANNFUTTER AN EINER ELEKTRISCHEN BOHRMASCHINE

**Sp.** **1** ⟨Typ.; Abk. für⟩ *Spalte (2)* **2** ⟨Abk. für⟩ *Sport*
**Spaceshuttle** ⟨['spɛisʃʌtl] n. 15 od. m. 6⟩ *wiederverwendbares Raumfahrzeug der USA;* ► *Raumfahrzeuge* [< engl. *space* „Weltall, Weltraum" + *shuttle* „rasch hinu. herbefördern"]
**Spachtel** ⟨m. 5 od. f. 21⟩ **1** *kleines Werkzeug mit trapezförmigem Blatt zum Aufstreichen und Abkratzen von weichen bzw. fest gewordenen Stoffen* **2** *Masse zum Ausfüllen von Unebenheiten in Werkstücken, die lackiert werden sollen* [< ital. *spatola* „Schäufelchen (der Apotheker und Maler)" < lat. *spatula* „Rührlöffel", Verkleinerungsform von grch. *spathe* „Klinge"; → *Spatel*]
**Spagat** ⟨m. 1⟩ **1** *Figur beim Ballett u. Turnen, völliges Spreizen der Beine nach vorn u. rückwärts, so dass sie eine gerade Linie bilden* **2** ⟨bair.-österr.⟩ *Bindfaden* [< ital. *spago* „Bindfaden"]
**Spagetti** ⟨Pl.; ital. Kochk.⟩ = *Spaghetti*
**Spaghetti** ⟨Pl.; ital. Kochk.⟩ *lange, dünne, nicht hohle Nudeln;* oV *Spagetti* [< ital. *spaghetti;* Verkleinerungsform zu ital. *spago,* Pl. *spaghi* „dünne Schnur"]
**spähen** ⟨V. i.; hat⟩ *genau schauen, vorsichtig, aber scharf schauen* ◆ durch eine Mauerritze spähen [< mhd. *spehen* < ahd. *spehon*]
**Spalier** ⟨n. 11⟩ **1** ▲ *Holzgitter an einer Mauer, an dem junge Obstbäume, Reben oder Kletterpflanzen hochgezogen werden* **2** *doppelte Reihe von Personen, die sich zu jmds. ehrenvollem Empfang so aufgestellt haben, dass der Betreffende zwischen ihnen hindurchschreiten muss* ◆ ein Spalier bilden; Spalier stehen [< ital. *spaliera* „Spalier, Rückenlehne"; zu *spalla* „Schulter"]
**Spalierobst** ⟨n.; -es; unz.; Landw.⟩ **1** *Obst von Bäumen, die am Spalier gezogen werden* **2** *die Obstbäume selbst*
**Spalt** ⟨m. 1⟩ *sehr schmale Öffnung, winziger Zwischenraum, Ritze* (Türspalt); → a. *Spalte (1)* ◆ die Tür, das Fenster (nur) einen Spalt weit öffnen [< mhd. *spalt;* → *spalten*]
**spaltbar** ⟨Adj.⟩ *so beschaffen, dass man es spalten kann* ◆ spaltbares Material *Atomkerne, die im Kernreaktor durch Neutronen gespalten u. zur Energiegewinnung verwendet werden können;* Sy *Spaltmaterial*
**Spalte** ⟨f. 19⟩ **1** *tiefe, senkrechte Öffnung in einer, oft massiven, ebenen Fläche* (Erdspalte, Felsspalte, Gletscherspalte); → a. *Spalt* **2** ⟨Abk.: Sp.; Typ.⟩ *Schriftsatz in Form eines senkrechten Streifens (in der Zeitung od. in einem meist wissenschaftlichen Buch)* ◆ der Artikel nahm zwei Spalten ein; die Spalten (der Zeitung) füllen
**spalten** ⟨V. t. 243; hat⟩ **1** *senkrecht, in der Mitte zerteilen, zerschlagen* **2** *(gewaltsam) in seine Bestandteile zerlegen* **3** ⟨fig.⟩ *teilen, trennen* ◆ Atomkerne spalten *durch Kernspaltung in ein Element niederer Ordnung verwandeln, wobei Energie frei wird;* der Blitz hat den Baum gespalten; Holz spalten; die Partei hat sich in zwei Lager gespalten; die Schlange hat eine gespaltene Zunge [< mhd. *spalten* „ahd. *spaltan*]
**...spaltig** ⟨Adj.; in Zus.⟩ *in einer bestimmten od. unbestimmten Zahl von Spalten,* z. B. einspaltig, zweispaltig, mehrspaltig, vielspaltig ◆ das Wörterbuch, das Lexikon ist dreispaltig gedruckt

**Spaltleder** ⟨n. 13; unz.⟩ *Leder aus dem beim maschinellen Abspalten der Narbenschicht zurückbleibenden Teil der bindegewebigen Lederhaut*
**Spaltmaterial** ⟨n.; -s; unz.⟩ = *spaltbares Material*
**Spaltpilz** ⟨m. 1⟩ ► = *Bakterium*
**Spaltprodukt** ⟨n. 11⟩ *bei der Spaltung von Atomkernen im Kernreaktor entstehendes, stark radioaktives Kernbruchstück*
**Spaltung** ⟨f. 20⟩ **1** *das Spalten, Teilung, Trennung* **2** ⟨kurz für⟩ *jede Art von physikal. Kernspaltung;* Sy ⟨fachsprachl.⟩ *Fission* **3** ⟨fig.⟩ *Entzweiung* ◆ Spaltung der Atome
**Span** ⟨m. 1u⟩ *abgespaltenes, abgehobeltes Blättchen, Streifchen* (Hobelspan, Holzspan) [< mhd., ahd. *span,* engl. *spoon* „Löffel"]
**Spanferkel** ⟨n. 13⟩ *junges Ferkel, das noch gesäugt wird*
**Spange** ⟨f. 19⟩ **1** *schmales, leicht gebogenes Stück Metall od. Horn mit Verschluss zum Festhalten des Haars* (Haarspange) *od. am Hausschuh zum Schließen* **2** *schmaler Lederstreifen am Schuh mit Knopfloch zum Schließen* **3** *Fibel* (Gewandspange) **4** *Armreif ohne Verschluss* (Armspange) [< mhd. *spange* < ahd. *spanga,* engl. *spangle* „Metallblättchen, Flitter", urspr. „Querholz, Riegel"]
**Spaniel** ⟨m. 6⟩ ▼ *kleiner, langhaariger Jagdhund mit Schlappohren;* ► *Hunde* [< engl. *spaniel* < span. *español* < lat. *hispaniolus* „Spanier"; also „aus Spanien stammender Hund"]
**Spanier** ⟨m. 3⟩ **1** *Einwohner von Spanien* **2** *jmd., der aus Spanien stammt*
**spanisch** ⟨Adj.⟩ *Spanien betreffend, zu ihm gehörend, aus ihm stammend* ◆ Spanische Flagge ⟨Zool.⟩ *mitteleurop. Nachtschmetterling aus der Familie der Bärenspinner: Vorderflügel schwarz-weiß, Hinterflügel schwarz u. gelb oder rot gezeichnet: Panaxia dominula;* Spanische Fliege *südeurop. Käfer, aus dem Kantharidin gewonnen wird: Lytta vesicatoria;* Spanische Lilie = *Jakobslilie;* spanischer Pfeffer = *Paprika;* spanisches Rohr = *Peddigrohr;* spanische Sprache *zu den romanischen Sprachen gehörende Sprache der Spanier;* das kommt mir spanisch vor ⟨fig.; umg.⟩ *merkwürdig, verdächtig*
**Spann** ⟨m. 1⟩ **1** ⟨Anat.⟩ *oberer Teil des Fußes vom Ansatz des Schienbeins bis zu den Zehen, Spanne* **2** *Gespann* ◆ einen hohen, breiten Spann haben [→ *spannen*]
**Spannbeton** ⟨[-tɔ̃] od. umg. [-tɔŋ] m.; -s; unz.⟩ *Beton mit unter Spannung eingesetzten Stahleinlagen*
**Spanne** ⟨f. 19⟩ **1** *altes Längenmaß, etwa 20 cm, so lang, wie man Daumen u. Mittelfinger auseinander spannen kann* **2** *Zwischenraum, Unterschied* (Verdienstspanne, Zeitspanne) ◆ die Spanne zwischen Brutto- und Nettogehalt, zwischen gestern u. heute [< mhd. *spanne, spange* < ahd. *spanna*]

SPANIEL: KING-CHARLES-SPANIEL

S

**spannen** ⟨V.; hat⟩ **I** ⟨V. t.⟩ **1** *straff anziehen, straff ziehen* (Seil) **2** jmdn. spannen *neugierig machen, fesseln, erregen* ◆ den **Bogen** spannen; den **Kameraverschluss** spannen *bereit zum Abziehen, zum Auslösen machen;* die **Muskeln** spannen; die **Saiten** spannen ◆ eine Oktave spannen **können** *greifen* ◆ jmds. Erwartungen, Hoffnungen **hoch** spannen *sehr reizen* ◆ ein Zugtier **an,** vor den Wagen spannen *mit dem Geschirr am Wagen zum Ziehen befestigen;* einen Briefbogen **in** die Schreibmaschine spannen **II** ⟨V. i.⟩ **1** *zu eng sein* (Kleidungsstück) **2** *eine Spannweite haben von* **3** ⟨umg.⟩ *sich als Voyeur betätigen* ◆ das **Kleid,** der Rock spannt ◆ **auf** etwas od. jmdn. spannen *etwas od. jmdn. neugierig, ungeduldig erwarten* **III** ⟨V. refl.⟩ sich spannen *straff werden* ◆ seine **Muskeln** spannten sich ◆ sich **über** etwas spannen *sich über etwas wölben* [< mhd. *spennen* „spannen" < ahd. *spannan* „dehnen, ziehend befestigen"]

SPARGEL (*Asparagus officinalis*)

**spannend** ⟨Adj.⟩ **1** *Spannung erregend, fesselnd* (Film, Buch) **2** *hoch interessant* (Bericht, Vorgang) ◆ es war ein spannender Augenblick

**Spanner** ⟨m. 3⟩ **1** ⟨Zool.⟩ *Angehöriger einer Familie der Schmetterlinge, die die Flügel in der Ruhestellung dachartig zusammenlegen u. deren Raupen sich spannend (mit Buckelbildung) fortbewegen, da sie außer den 3 Brustbeinpaaren nur noch 2 Bauchbeinpaare am 6. u. 10. Hinterleibssegment haben: Geometridae* **2** *Vorrichtung, in die man ein Gerät od. ein Kleidungsstück spannt, damit es seine Form behält* (Hosenspanner, Rockspanner) **3** ⟨umg⟩ = *Voyeur*

**Spannfutter** ⟨n. 13; Tech.⟩ ◄ *Vorrichtung zum Einspannen von Werkzeugen*

**Spannkraft** ⟨f. 7u; unz.⟩ **1** *Kraft, mit der die Glieder einer Reibungsbremse aneinander gepresst werden* **2** ⟨fig.⟩ *Leistungsfähigkeit (des Menschen)*

**Spannung** ⟨f. 20⟩ **I** ⟨unz.⟩ **1** *das Spannen* **2** *das Gespanntsein* **3** ⟨Tech.⟩ *auf einen Körper wirkende Kraft während einer Belastung* **4** ⟨El.⟩ *Arbeit, die pro elektr. Ladung bei deren Verschiebung in einem elektr. Feld geleistet werden muss od. gewonnen wird, den Fluss des elektr. Stromes in einem Stromkreis bewirkende Kraft* (Gleichspannung, Hochspannung, Niederspannung, Wechselspannung) **5** ⟨fig.⟩ *gespannte, neugierige Erwartung, Ungeduld* **6** *gespannte Aufmerksamkeit* **7** *starke, anhaltende innere Erregung, Überreizung* **8** *gespanntes Verhältnis, Feindseligkeit* ◆ die Spannung beträgt 220 Volt; die Spannung wurde unerträglich; atemlose Spannung, elektrische Spannung, politische Spannung; jmdn. od. etwas mit Spannung erwarten **II** ⟨zählb.⟩ *Zustand der Feindseligkeit, Missstimmung* ◆ zwischen uns ergeben sich dauernd Spannungen

**Spannungsmesser** ⟨m. 3⟩ *Vorrichtung zum Messen der elektr. Spannung;* Sy *Voltmeter*

**Spannungsteiler** ⟨m. 3; El.⟩ = *Potenziometer*

**Spannweite** ⟨f. 19⟩ **1** ⟨Zool.⟩ *Entfernung zwischen beiden Spitzen der (ausgebreiteten) Flügel* **2** *Weite (einer Brücke, eines Bogens)* **3** ⟨fig.⟩ *Reichweite, Wirkungsbereich* ◆ der Vogel hat eine Spannweite von 50 cm; geistige Spannweite ⟨fig.⟩ *Umfang der geistigen Begabung od. Interessen*

**Spant** ⟨n. 27; Mar.⟩ ► *rippenähnl. Bauteil zum Verstärken der Außenhaut von Schiffs- u. Flugzeugrümpfen;* Sy *Rippe (7)*

**Sparbuch** ⟨n. 12u⟩ *Buch, in das die auf einer Bank od. Sparkasse zum Sparen eingezahlten Geldsummen eingetragen werden*

**Sparbüchse** ⟨[-ks-] f. 19⟩ *Büchse od. anderes Gefäß mit Schlitz zum Einwerfen für ersparte Münzen* ◆ hier hast du zwei Mark für die Sparbüchse

**sparen** ⟨V.; hat⟩ **I** ⟨V. t.⟩ **1** *zurücklegen, nicht ausgeben* (Geld) **2** *für andere Zwecke aufbewahren, nicht verwenden, nicht gebrauchen* (Kraft, Zeit) ◆ ich habe mir 100 Mark gespart; die Mühe kannst du dir sparen **II** ⟨V. i.⟩ **1** *Geld zurücklegen* **2** *sich einschränken, wenig Geld ausgeben, sparsam sein* ◆ wir **müssen** sehr sparen ◆ wir sparen **am** Essen *wir geben wenig Geld für Essen aus;* ich spare **auf,** für ein Auto; sie sparte nicht **mit** Lob *sie lobte freundlich, ausdrücklich* [< mhd. *sparn* < ahd. *sparon,* engl. *spare*]

**Spargel** ⟨m. 5; Bot.⟩ ▲ *ein Liliengewächs mit stark verzweigtem Stängel, kleinen borstenähnl. Blättern u. roten Beeren, dessen junge, essbare Schösslinge wenig über die Erde herauskommen: Asparagus officinalis;* Sy *Asparagus* [< frühnhd. *spargen, sperg(e), spargel* < spätmhd. *sparer* < lat. *asparagus* < grch. *asp(h)aragos* „junger Trieb, Spargel"]

**Sparkasse** ⟨f. 19⟩ *(meist öffentlich-rechtliches) kommunales Kreditinstitut, das, ursprünglich zur Förderung des Sparens eingerichtet, heute sämtliche Bankgeschäfte erledigt*

**spärlich** ⟨Adj.⟩ **1** *knapp, dürftig, kümmerlich* (Nahrung, Ertrag) **2** *wenig* (Licht, Mittel) **3** *vereinzelt* ◆ spärliches Haar; die Straße ist spärlich beleuchtet [< mhd. *sperlich(e)* < ahd. *sparlihho* „mäßig"; → *sparen*]

**Sparren** ⟨m. 4⟩ **1** *schräger Balken (des Daches),* z. B. Dachsparren **2** ⟨fig.; umg.⟩ *kleine Verrücktheit, Klaps, Spleen* ◆ er hat einen Sparren ⟨fig.; umg.⟩ [< mhd. *sparre* < ahd. *sparro,* engl. *spar*]

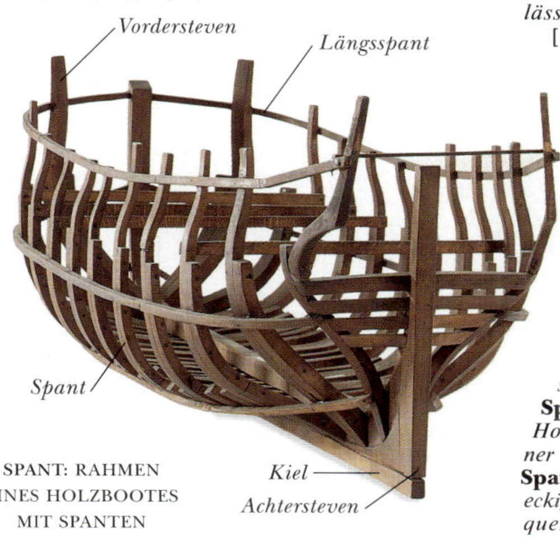


SPANT: RAHMEN EINES HOLZBOOTES MIT SPANTEN

SPÄTGOTIK: FENSTER DER ENGLISCHEN SPÄTGOTIK IM PERPENDIKULARSTIL

**Sparring I** ⟨n.; -s; unz.; Sp.⟩ *Boxtraining* **II** ⟨m. 6⟩ *Übungsball für das Boxtraining* ◆ zum Sparring gehen [engl.; zu *spar* „boxen, Scheinhiebe austeilen"]

**sparsam** ⟨Adj.⟩ **1** *immer sparend, Verschwendung vermeidend, mit wenig auskommend* **2** ⟨fig.⟩ *zurückhaltend, mäßig, wenig* ◆ von seiner Macht, Vollmacht sparsam(en) Gebrauch machen; mit seinem Geld, seinen Vorräten, Kräften sparsam umgehen; sparsam wirtschaften [Ersatz für das veraltete Adj. *spar* „haushälterisch, nicht reichlich, dürftig"; → *sparen*]

**spartanisch** ⟨Adj.⟩ **1** *Sparta betreffend, zu ihm gehörend, aus ihm stammend* **2** *in der Art der Spartaner* **3** ⟨fig.⟩ *streng, genügsam u. einfach, anspruchslos* ◆ spartanische Erziehung, Lebensweise; spartanisch leben

**Sparte** ⟨f. 19⟩ **1** *Abteilung, Fach, Gebiet* **2** *Geschäfts-, Wissenszweig, Sportart* **3** *Zeitungsspalte* ◆ er kennt sich in vielen Sparten sehr gut aus [< ital. *spartizione* „Abteilung, Wissens- und Geschäftszweig, Fach"; zu *spartire* „teilen"]

**Spasmus** ⟨m.; -, Spasmen⟩ *Krampf* [zu grch. *spasmos*]

**Spaß** ⟨m. 1u⟩ **1** *Scherz, Witz* **2** *Vergnügen, Belustigung* ◆ die Späße des **Clowns,** des Hanswursts ◆ der Spaß **geht** zu weit; er **hat** seinen Spaß damit, daran; wir hatten viel Spaß miteinander; Spaß **machen,** treiben; **sein:** es war ein Spaß, zu sehen ... ◆ **alberner,** derber, dummer, netter Spaß ◆ das hab ich doch nur **aus** Spaß gesagt, getan; etwas nur **im** Spaß sagen [< ital. *spasso* „Vergnügen"; das zugehörige ital. Verb *spassari* „sich belustigen" setzt ein spätlat. *expassare* voraus < lat. *expandere* „ausbreiten"]

**spaßen** ⟨V. i.; hat⟩ *Spaß machen, scherzen* ◆ Sie spaßen! *Sie meinen das wohl nicht im Ernst?;* er lässt nicht mit sich spaßen *er erlaubt nicht, dass man sich über ihn lustig macht*

**spastisch** ⟨Adj.⟩ *durch Erhöhung der Muskelspannung bewirkt, in der Art eines Spasmus* ◆ spastische Lähmung

**Spat** ⟨m. 1⟩ *glanzloses Mineral, das sich nach mehreren Richtungen blättrig u. gut spalten lässt* (Feldspat, Flussspat, Kalkspat) [< mhd. *spat* „blättrig brechende Gesteinsart, Spat", daneben „abgerissenes Stück, Splitter"]

**spät** ⟨Adj.; -er, am -esten⟩ **1** *nicht rechtzeitig* **2** *am Ende (eines Zeitraums), vorgerückt* (Stunde, Jahreszeit) ◆ ein spätes **Einsehen;** eine späte Erkenntnis; das späte **Mittelalter** ◆ spät **aufstehen,** schlafen gehen ◆ **besser** spät als nie ◆ spät **abends** ◆ spät **am** Morgen; **im** späten Frühjahr, Sommer; bis in die späte Nacht, ⟨od.⟩ bis spät in die Nacht hinein; **zu** spät kommen ◆ **wie** spät ist es? *wie viel Uhr ist es?* [< mhd. *spæte* < ahd. *spati*]

**Spatel** ⟨m. 5⟩ *schmaler, flacher Stab (aus Holz, Kunststoff o. Ä.) zum Aufnehmen kleiner Substanzmengen* [→ *Spachtel*]

**Spaten** ⟨m. 4⟩ *Gerät zum Graben aus viereckiger Metallscheibe (Blatt), langem Stiel u. quer dazu stehendem Griff* [< spätmhd.

S

*spat(e),* ahd. nicht bezeugt, aengl. *spada* (engl. *spade*), ursprüngl. „langes, flaches Holzstück"; → *Span*]

**später I** ⟨Adj.; Komp. von⟩ **1** *spät* **2** *danach folgend, eintretend, lebend* ◆ ein späterer Zeitpunkt wäre mir lieber **II** ⟨Adv.⟩ *danach, nachher* ◆ drei Stunden später; ich komme etwas später; ich vertröstete ihn auf später; sonntags stehe ich später auf

**spätestens** ⟨Adv.⟩ *nicht nach einem bestimmten Zeitpunkt* ◆ spätestens um fünf Uhr; spätestens morgen

**Spätfolge** ⟨f. 19; meist Pl.⟩ *spät eintretende (u. daher gefährliche) Folge (bes. einer Erkrankung)* ◆ die Spätfolge radioaktiver Strahlung

**Spätgeburt** ⟨f. 20⟩ *Geburt mindestens 14 Tage nach Ablauf der normalen Schwangerschaftszeit*

**Spätgotik** ⟨f. 20; unz.⟩ ◄◄ *letzte Phase der Gotik (14-16. Jh.)*

**Spatha** ⟨f.; -, Spathen⟩ **1** ⟨Bot.⟩ ► = *Blütenscheide* **2** *zweischneidiges Langschwert* [< grch. *spathe* „Stiel der Palmblätter u. der männlichen Blüte des Palmbaums"]

**Spätherbst** ⟨m. 1; unz.⟩ *die letzten Wochen, Tage des Herbstes vor Beginn des Winters*

**Spatium** ⟨[-tsjum] n.; -s, Spatien; Typ.⟩ *Zwischenraum (zwischen den Druckbuchstaben)* [lat., „Strecke, Weite, Zwischenraum"]

**Spätlese** ⟨f. 19⟩ *Weinlese am Ende des Herbstes nach dem normalen Zeitpunkt der Lese*

**Spätrenaissance** ⟨[-rənɛsãs(ə)] f. 19; unz.⟩ *letzter Abschnitt der Renaissance nach der Hochrenaissance, in Italien etwa 1530 bis 1600*

**Spätromantik** ⟨f.; -; unz.⟩ *letzter Abschnitt der Romantik, bes. in der deutschen Literatur, 1814 bis etwa 1830*

**Spatz** ⟨m. 23⟩ **1** = *Sperling (1)* **2** *kleines, mageres od. kränkl. Kind* [< mhd. *spaz, spaze* Kosename für mhd. *spare* < ahd. *sparo* „Sperling" (Suffix-z wirkt verkleinernd wie bei Heinz zu Heinrich)]

**Spätzle** ⟨Pl.; süddt.⟩ *kleine Stückchen Nudelteig, die mit dem Messer von einem Holzbrett abgeschabt (heute meist durch ein Gerät gepresst) u. in Wasser gekocht werden;* oV ⟨schweiz.⟩ *Spätzli*

**Spätzli** ⟨Pl.; schweiz.⟩ = *Spätzle*

**spazieren** ⟨V. i.; ist⟩ **1** *zur Erholung im Freien (umher)gehen* **2** *fröhlich, behaglich (umher)gehen* ◆ vor jmds. Haus auf und ab spazieren; spazieren gehen [< ital. *spaziare* „umherwandeln, sich ergehen" < lat. *spatiari* „lustwandeln, einherschreiten"; zu lat. *spatium* „Raum, Zwischenraum; Spaziergang, Promenade"]

**Spaziergang** ⟨m. 1u⟩ *Gang im Freien zur Erholung od. Unterhaltung* ◆ einen Spaziergang machen; kurzer, langer, weiter, schöner Spaziergang

**SPD** ⟨Pol.; Abk. für⟩ *Sozialdemokratische Partei Deutschlands*

**Specht** ⟨m. 1; Zool.⟩ *Angehöriger einer Familie mit Meißelschnabel ausgerüsteter, kräftiger, oft bunter Vögel, die Insekten u. deren Larven aus Baumrinde u. Holz heraushacken: Picidae;* ► *Vögel* [< mhd., ahd. *speht,* engl. *speight* (veraltet), afrz. *espoit,* daneben mhd., ahd. *spech,* frz. *épeiche* < afrz. *espech* „Buntspecht"]

**Spechtmeise** ⟨f. 19; Zool.⟩ ► = *Kleiber (1.2)*

SPERBER MIT BEUTE
*(Accipiter nisus)*

**Speck** ⟨m.; -s; unz.⟩ *unter der Haut sitzendes, von Fett erfülltes Zellgewebe bei Schwein, Robbe u. Wal sowie (umg.) beim Menschen* ◆ **gebratener,** geräucherter Speck ◆ wie die Made **im** Speck sitzen ⟨fig.; umg.⟩ *ein sehr einträgl. Amt haben* [< mhd. *spec* < ahd. *spek,* aengl. *spic;* → *sparen*]

**speckig** ⟨Adj.⟩ **1** *fettig* (Papier, Haar) **2** ⟨fig.⟩ *schmutzig u. abgegriffen* (Buch) **3** *abgewetzt, abgetragen u. glänzend* (Anzug)

**Speckseite** ⟨f. 19⟩ *großes Speckstück vom Schwein* ◆ mit der Wurst nach der Speckseite werfen ⟨fig.; umg.⟩ *durch ein kleines Geschenk ein größeres zu erhalten suchen*

**Speckstein** ⟨m. 1; unz.⟩ = *Talk*[1]

**Spedition** ⟨f. 20⟩ **1** *das Spedieren* **2** *Versandabteilung (eines Betriebes)* **3** *Speditionsfirma* [< ital. *spedizione* „Beförderung, Abfertigung"; → *Expedition*]

**Speer** ⟨m. 1⟩ *Wurfwaffe, mit Eisenspitze versehener, langer Stab, Spieß, Lanze (auch als Sportgerät für Wurfübungen u. -wettkämpfe)* [< ahd. *sper*]

**Speerfisch** ⟨m. 1; Zool.⟩ ► = *Marlin*

**Speiche** ⟨f. 19⟩ **1** *Teil des Rades, Strebe zwischen Nabe u. Felge* **2** ⟨Anat.⟩ ► *einer der beiden Unterarmknochen: Radius* ◆ dem Schicksal in die Speichen greifen ⟨fig.⟩ *das Schicksal aufzuhalten, zu hemmen suchen* [< ahd. *speicha* „Radspeiche", mnddt. *spiker* „Nagel"]

**Speichel** ⟨m. 5; unz.⟩ *Absonderung der im Mund befindl. Speicheldrüsen: Saliva* [< ahd. *speihhila;* → *speien*]

**Speicheldrüse** ⟨f. 19; Anat.⟩ *jeder der drei paarigen Drüsen im Mund, am Ohr, am Unterkiefer und unter der Zunge*

**Speicher** ⟨m. 3⟩ **1** *Lagerhaus, Raum, Behälter für Vorräte* (Kornspeicher, Wasserspeicher) **2** *Bodenraum im Haus, Dachboden (als Abstellraum u. zum Wäschetrocknen, Trockenspeicher)* **3** *Teil einer EDV-Anlage, auch Diskette, Magnetband o. Ä. zum Aufbewahren von Daten u. Programmen* [< mhd. *spicher* < ahd. *spihhari* < spätlat. *spicarium* „Kornboden"; zu < lat. *spica* „Ähre"]

**Speicherkraftwerk** ⟨n. 11⟩ *Kraftwerk, das die zu Zeiten geringen Verbrauchs erzeugte elektrische Energie speichern kann, z. B. mithilfe eines Pumpspeicherwerks*

**speichern** ⟨V. t.; hat⟩ *in einem Speicher sammeln, aufbewahren, lagern, als Vorrat anhäufen* ⟨a. fig.⟩ ◆ etwas in seinem Gedächtnis gespeichert haben ⟨fig.⟩

**Speicherofen** ⟨m. 4u⟩ *elektr. Heizkörper aus keramischem Material, das durch eingelegte Heizwicklungen meist mit Nachtstrom aufgeheizt wird, die so gespeicherte Wärme wird tagsüber wieder abgegeben*

**speien** ⟨V. t. u. V. i. 244; hat⟩ **1** *Speichel auswerfen, spucken* **2** *von sich sprühen* (Feuer, Wasser) **3** *sich erbrechen, sich übergeben* ◆ der Kranke speit Blut, der Vulkan speit Feuer, Lava [< mhd. *spi(w)en* < ahd. *spi(w)an*]

**Speik** ⟨m. 1; Bot.⟩ = *Baldrian* [< mlat. *spica (nardi)* < lat. *spica* „Ähre" + *nardus* „Narde"]

**Speise** ⟨f. 19; zählb.⟩ **1** *feste Nahrung, Essen* **2** *zum Essen Zubereitetes, Gericht* **3** *Nachtisch* (Eierspeise, Fleischspeise, Mehlspeise, Süßspeise, Vorspeise, Nachspeise) **4** *das flüssige Metall zum Guss* (Glockenspeise) [< ahd. *spisa* < mlat. *spesa* < lat. *expensa;* zu *expendere* „aufwenden"]

**Speisekarte** ⟨f. 19; in Gaststätten⟩ *Verzeichnis der vorrätigen od. schnell zubereitbaren Speisen* ◆ nach der Speisekarte essen

**speisen** ⟨V.; hat⟩ **I** ⟨V. i.; geh.⟩ *Speise zu sich nehmen, eine Mahlzeit einnehmen, essen* ◆ wir haben hervorragend, ausgezeichnet, gut gespeist; zu Abend, zu Mittag speisen **II** ⟨V. t.⟩ **1** etwas speisen *etwas zu sich nehmen, etwas essen* **2** einen Apparat o. Ä. speisen *mit Betriebsstoff versorgen* ◆ einen Ofen mit Brennmaterial speisen; eine elektrische Anlage mit Strom speisen

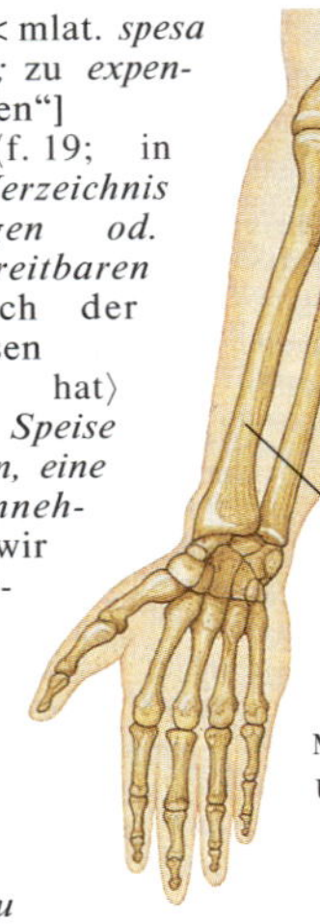


SPEICHE: MENSCHLICHER UNTERARM MIT SPEICHE

**Speisepilz** ⟨m. 1⟩ *essbarer Pilz;* Ggs *Giftpilz*

**Speiseröhre** ⟨f. 19; Anat.⟩ ▼ *Muskelschlauch zwischen Schlund u. Magen zur Beförderung der Speise in den Magen: Oesophagus*

**Speisung** ⟨f. 20; geh.⟩ **1** *das Speisen, Versorgen mit Speise* **2** *Versorgen mit Betriebsstoff*

**Spektakel I** ⟨n. 13; veraltet⟩ *Schauspiel* **II** ⟨m. 5 od. n. 13; fig.; umg.⟩ **1** *Lärm, Krach* **2** *Aufregung, Aufsehen, lauter Auftritt, Szene* ◆ wenn das herauskommt, gibt es einen großen Spektakel! ⟨fig.; umg.⟩ [< lat. *spectaculum* „Tribüne; Schauspiel"; zu *spectare* „schauen"]

**spektakulär** ⟨Adj.⟩ *großes Aufsehen erregend, als Sensation herausgestellt* ◆ spektakuläre Werbung; ihr Bühnenauftritt war ziemlich spektakulär [→ *Spektakel*]

**Spektralanalyse** ⟨f. 19⟩ *chem. Analyse durch Untersuchung der von einem Stoff ausgestrahlten Spektralfarben;* Sy *spektrochemische* → *Analyse*

**Spektralfarbe** ⟨f. 19⟩ **1** *Licht einer einzigen Wellenlänge* **2** Spektralfarben ⟨Pl.⟩ *die durch Zerlegung von weißem Licht entstehenden Farben*

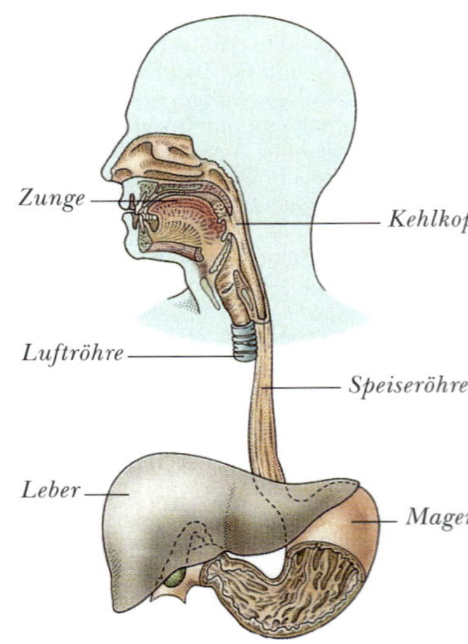


SPEISERÖHRE: VERDAUUNGSAPPARAT DES MENSCHEN MIT SPEISERÖHRE

**Spektrum** ⟨n.; -, -tren od. -tra; Phys.⟩ **1** ⟨i. e. S.⟩ *Intensitätsverteilung einer elektromagnet. Strahlung (insbes. Licht) in Abhängigkeit von der Frequenz* **2** ⟨i. w. S.⟩ *Intensitätsverteilung in Abhängigkeit von einer physikal. Größe* **3** *Gesamtheit der elektromagnet. Strahlung verschiedener Wellenlänge* **4** ⟨fig.⟩ *Vielfalt, Buntheit* [< lat. *spectrum* „Abbild"; zu *spectare* „schauen" u. *specere* „sehen"]

**Spekulant** ⟨m. 16⟩ **1** *jmd., der spekuliert* (Börsenspekulant) **2** *jmd., der sich um hoher Gewinne willen in unsichere Geschäfte einlässt* [< lat. *speculans;* → *spekulieren*]

**Spekulation** ⟨f. 20⟩ **1** *Betrachtung* **2** *das Denken, das über die reine Erfahrung hinaus durch Überlegung Erkenntnis zu gewinnen sucht* **3** *die nur auf Überlegung beruhende Erkenntnis* **4** *Geschäft aufgrund von (erwarteten) Preisschwankungen, bes. mit Wertpapieren, Grundstücken usw.* **5** *(gewagtes) Geschäft, Unternehmen* ◆ das ist eine gewagte Spekulation; das ist reine Spekulation [< nlat. *speculatio;* → *spekulieren*]

**spekulieren** ⟨V. i.; hat⟩ **1** *Handel aufgrund von Spekulationen treiben* **2** *grübeln, nachsinnen, überlegen* ◆ an der Börse spekulieren; auf Hausse, auf Baisse spekulieren *die Hausse, Baisse für Spekulationen ausnutzen;* auf diese Stellung habe ich schon lange spekuliert ⟨umg.⟩ *nach dieser Stellung strebe ich schon lange* [< lat. *speculari* „Ausschau halten, belauern"; zu *specula* „Wartturm"; zu *specere* „sehen"]

**Spelze** ⟨f. 19⟩ **1** *Hülse, Schale des Getreidekorns* **2** *trockenes Blatt der Grasblüten* [< mhd. *spelte, spilte* „Splitter"]

**Spende** ⟨f. 19⟩ **1** *Gabe, Geschenk, Schenkung* **2** *Beitrag, Unterstützung* [< ahd. *spenda, spenta* < mlat. *spenda* „Gabe"; → *spenden*]

**spenden** ⟨V. t.; hat⟩ *reichlich, großzügig geben, schenken* ◆ einem Künstler, einem Vorschlag Beifall spenden; Blut spenden *sich B. zur Konservierung für Blutübertragungen abzapfen lassen;* Geld (für etwas) spenden; Lob, Segen spenden [< ahd. *spendon, spenton* < mlat. *spendere* < lat. *expendere* „abwägen, aufwenden, ausgeben"]

**Spender** ⟨m. 3⟩ **1** *jmd., der eine Spende gibt, der etwas spendet* (Blutspender) **2** *Geber, Schenker, Stifter*

**spendieren** ⟨V. i.; hat; umg.⟩ *spenden, geben, ausgeben* ◆ er hat uns zehn Mark fürs Kino spendiert; eine Runde spendieren [latinisierende Weiterbildung zu *spenden*]

**Sperber** ⟨m. 3; Zool.⟩ ◄ *dem Habicht ähnelnder, aber kleinerer Raubvogel mit graubraunem Gefieder: Accipiter nisus;* Sy *Finkenhabicht, Taubenstößer* [< mhd. *sperwære* < ahd. *sparwari*]

**Sperenzchen, Sperenzien** ⟨nur Pl.; umg.⟩ **1** *Umstände* **2** *Widerstand, Schwierigkeiten* ◆ Sperenzchen machen *sich sträuben* [< mlat. *sperentia* „Hoffnung"; zu lat. *sperare* „hoffen"; in der Bedeutung an *sperren* angelehnt]

**Sperling** ⟨m. 1; Zool.⟩ **1** ⟨i. w. S.⟩ *Angehöriger einer Unterfamilie der Webervögel: Passerinae;* Sy *Spatz (1)* **2** ⟨i. e. S.⟩ Haussperling: *Passer domesticus* **3** Feldsperling: *Passer montanus* [Verkleinerungsform zu mhd. *spare* < ahd. *sparo*]

**Sperlingsvogel** ⟨m. 5u; Zool.⟩ ► *Angehöriger einer ca. 5000 Arten umfassenden Ordnung der Vögel mit den Unterordnungen Breitrachen, Schreivögel, Leierschwänze u. Singvögel: Passeriformes;* ► *Vögel*

**Sperma** ⟨n.; -s, -ta od. -men⟩ = *Samen (1.2)* [grch., „Same"; zu *speirein* „säen"]

**Spermatide** ⟨f. 19⟩ *unreife männliche Keimzelle* [→ *Sperma*]

## SPERLINGSVÖGEL

Die Sperlingsvögel umfassen etwa 50 % aller bekannten Vogelarten und bilden damit die größte Vogelordnung. Charakteristisch sind ihre vier Zehen, von denen drei nach vorn und eine nach hinten gerichtet sind. Bei der Landung auf einem Ast bewirkt das Gewicht des Vogels, dass sich die Sehnen anziehen und die Zehen die Unterlage fest umklammern. Unterschieden werden die für ihren Gesang berühmten Singvögel (Oscines) und die nur begrenzt Laute hervorbringenden Primärsingvögel (Suboscines).

BEIN EINES SPERLINGSVOGELS

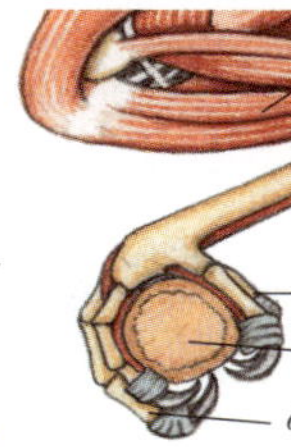


### VERSCHIEDENE SPERLINGSVOGELARTEN

SINGVÖGEL

RAUCHSCHWALBE (*Hirundo rustica*)

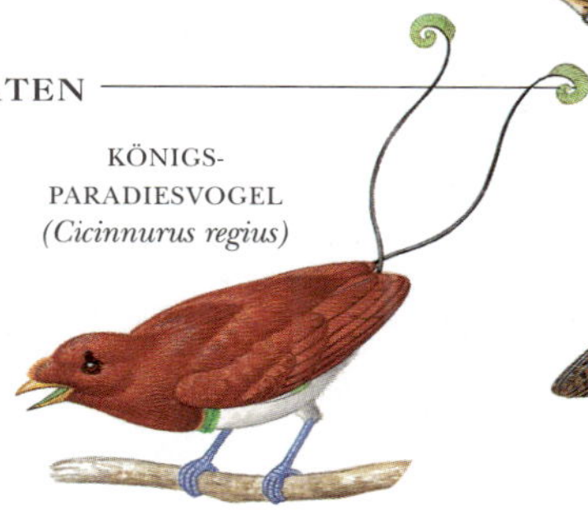

KÖNIGSPARADIESVOGEL (*Cicinnurus regius*)

KAKTUSZAUNKÖNIG (*Campylorhynchus brunneicapillus*)

WALDLAUBSÄNGER (*Phylloscopus sibilatrix*)

EICHELHÄHER (*Garrulus glandarius*)

LOBELIENNEKTARVOGEL (*Nectarinia johnstoni*)

WANDERDROSSEL (*Turdus migratorius*)

BLAUMEISE (*Parus caeruleus*)

PRIMÄRSINGVÖGEL

PRACHTLEIERSCHWANZ (*Menura novaehollandiae*)

TÖPFERVOGEL (*Furnarius rufus*)

S

**spermatogen** ⟨Adj.⟩ *Samenzellen bildend*
**Spermatozoon** ⟨n.; -s, -zoen⟩ ► = *Spermium* [< *Sperma* + grch. *zoon* „Lebewesen, Tier"]
**Spermien** ⟨Pl. von⟩ *Spermium*
**Spermium** ⟨n.; -s, -mien⟩ ▼ *Samenfaden, Samenzelle, männl. Geschlechtszelle;* Sy *Spermatozoon* [→ *Sperma*]
**Sperre** ⟨f. 19⟩ **1** *Sperrvorrichtung, Riegel, Schranke, Schlagbaum* **2** *Hindernis* **3** *schmaler, bedachter Durchgang* **4** *das Verhindern von Warenbezügen oder -lieferungen, von Vergünstigungen usw., Verbot* (Urlaubssperre) ◆ eine Sperre errichten; eine Sperre verhängen [Rückbildung zu *sperren*]
**sperren** ⟨V.; hat⟩ **I** ⟨V. t.⟩ **1** etwas sperren *eine Sperre in, an etwas errichten, den Zugang zu etwas, den Durchgang durch etwas verhindern* (Grenze, Hafen, Straße) **2** *eine Sperre über etwas verhängen, etwas verhindern, verbieten, untersagen* (Einfuhr, Ausfuhr, Handel, Korrespondenz, Nachrichten, Urlaub) **3** ⟨fachsprachl.⟩ *gegen Feuchtigkeit schützen* ◆ jmdm. das **Gas,** Licht, den Strom, das Telefon sperren *den Gebrauch von Gas, Licht, Strom, Telefon durch Abschalten od. Abstellen der Leitung verhindern, unterbinden;* ein **Konto** sperren *unzugänglich machen, nichts mehr vom Konto auszahlen;* einen **Scheck** sperren *ungültig machen;* einen **Spieler** sperren ⟨Sp.⟩ *einen gegner. Spieler, bes. den Verteidiger, an der Abwehr hindern; einem Spieler für einen bestimmten Zeitraum das Mitspielen untersagen (als Disziplinarstrafe);* **Wörter** sperren ⟨Typ.⟩ *mit größeren Zwischenräumen zwischen den Buchstaben drucken* ◆ eine Straße **für** den Verkehr sperren ◆ der Weg, Platz ist gesperrt; gesperrt für Durchgangsverkehr *(auf Verkehrsschildern)* **II** ⟨V. i.⟩ eine Tür, ein Schloss sperrt *klemmt, ist nicht oder schlecht beweglich* **III** ⟨V. refl.⟩ sich sperren (gegen) *sich sträuben (gegen), sich (einer Sache) widersetzen* [< ahd. *sperren*]

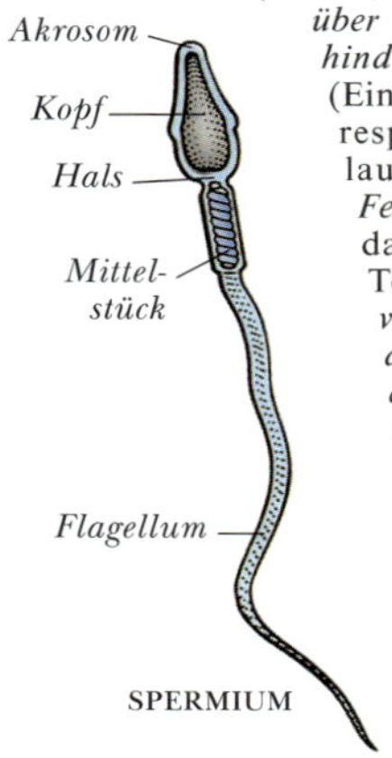

SPERMIUM

**Sperrfrist** ⟨f. 20⟩ *Schutzfrist, während der bestimmte Rechtshandlungen ruhen müssen*
**Sperrholz** ⟨n. 12u; unz.⟩ *Holz aus mehreren übereinander geleimten Platten, die sich in der Faserrichtung kreuzen, wodurch das Sichverziehen „gesperrt" wird*
**sperrig** ⟨Adj.⟩ **1** *viel Platz einnehmend, unhandlich* (Paket) **2** *schwer zu handhaben, widerspenstig* [→ *sperren*]
**Sperrkraut** ⟨n. 12u; Bot.⟩ ► = *Himmelsleiter*
**Sperrmüll** ⟨m.; -s; unz.⟩ *unbrauchbar gewordene Gegenstände, die wegen ihrer Sperrigkeit außerhalb der normalen Müllabfuhr abgeholt werden müssen*
**Sperrsitz** ⟨m. 1⟩ **1** ⟨im Zirkus, früher a. Theat.⟩ *die vorderen Plätze* **2** ⟨Kino⟩ *die hinteren Plätze* [nach den Sperrschlössern, mit denen die Abonnenten im Theater früher ihre hochgeklappten Sitze absperrten]
**Spesen** ⟨nur Pl.⟩ *Nebenausgabe bei der Besorgung eines Geschäftes, die vom Auftraggeber zu erstatten ist* [< ital. *spese* „Aufwand" < mlat. *spesa* < lat. *expensa;* zu *expendere* „aufwenden"]
**spezial** ⟨Adj.; fast nur in Zus. mit Subst.⟩ = *speziell* [< lat. *specialis,* urspr. „einer bes. Art entsprechend", daraus dann allg. „besonders"; zu *species* in der Bedeutung „Art (einer Gattung)"]
**Spezial...** ⟨in Zus.⟩ **1** *Einzel..., Sonder...* **2** *Fach...,* z. B. Spezialwissenschaft

**spezialisieren** ⟨V.; hat⟩ **I** ⟨V. t.⟩ *gliedern, bestimmen, unterscheiden, sondern* **II** ⟨V. refl.⟩ sich auf etwas spezialisieren *sich auf etwas (ein Teilgebiet) beschränken und dieses bes. eingehend studieren* ◆ er hat sich auf Kinderheilkunde, auf Porträtfotografie spezialisiert [→ *spezial*]
**Spezialist** ⟨m. 16⟩ *jmd., der sich auf ein Gebiet spezialisiert hat, Fachmann* ◆ Spezialist für ein Fachgebiet sein; Spezialist für innere Krankheiten [→ *spezial*]
**Spezialität** ⟨f. 20⟩ **1** *Besonderheit* **2** *bes. eingehend studiertes Fachgebiet* **3** *das, wovon man bes. viel versteht, was man bes. gut beherrscht* **4** *Liebhaberei, das, was man bes. gern hat od. tut* ◆ eine Spezialität des Hauses *eine in der Gaststätte bes. schmackhaft bereitete Speise;* Eierkuchen sind meine besondere Spezialität [< spätlat. *specialitas;* → *spezial*]
**speziell** ⟨Adj.⟩ oV ⟨in Zus. mit Subst.⟩ *spezial* **1** *einzeln* **2** *besonders, eigens;* Ggs *generell* ◆ auf dein Spezielles! (erg.: Wohl) ⟨umg.⟩ *(Formel beim Zutrinken);* das Auto ist speziell für ihn angefertigt worden [→ *spezial*]
**Spezies** ⟨f.; -, -⟩ **1** *Art, Gattung* **2** ⟨Biol.⟩ *Art, Gestalt, Erscheinung, Erscheinungsform* **3** *Grundrechnungsart* **4** *Teegemisch* [< lat. *species* „Blick, äußere Erscheinung, Art (einer Gattung)", zu *specere* „sehen"]
**spezifisch** ⟨Adj.⟩ *(art)eigen, eigentümlich* ◆ spezifisches Gewicht *Gewicht (= Masse) im Verhältnis zum Volumen;* spezifische Wärme *die Wärme, die benötigt wird, um 1 g (od. 1 kg) eines Stoffes um 1 °C zu erwärmen* [< mlat. *specificus* „der Art entsprechend, besonders"; zu lat. *species* „Art"; → *Spezies*]
**spezifizieren** ⟨V. t.; hat⟩ **1** *gliedern, unterscheiden* **2** *einzeln anführen, im einzelnen darlegen* ◆ eine Rechnung spezifizieren [< lat. *species* „Art" ( → *Spezies*) + *facere (-ficare)* „machen"]
**Sphäre** ⟨f. 19⟩ **1** *Kugel, Himmelskugel* **2** *Kreis, Gesichtskreis* **3** *Bereich, Machtbereich, Wirkungskreis* [< grch. *sphaira* „Kugel, Ball"]
**Sphinx I** ⟨[sfinks] m. 1; Pl. a.: Sphingen; umg. a.: f. 7⟩ *ägypt. Fabelwesen mit Löwenleib und Menschenkopf* **II** ⟨f. 7; unz.; grch. Myth.⟩ *weibl. Ungeheuer mit Löwenleib u. Frauenkopf, das jeden tötete, der sein Rätsel nicht lösen konnte* [grch.]
**Sphygmomanometer** ⟨n. 13; Med.⟩ ▼ *Blutdruckmesser* [< grch. *sphygmos* „Puls" + *Manometer*]
**spicken** ⟨V.; hat⟩ **I** ⟨V. t.⟩ **1** *vor dem Braten mit Speckstreifen durchziehen* (Fleisch) **2** sich od. jmdm. den Beutel spicken ⟨fig.⟩ *sich od. jmdn. reichlich mit Geld versehen* ◆ einen Hasen

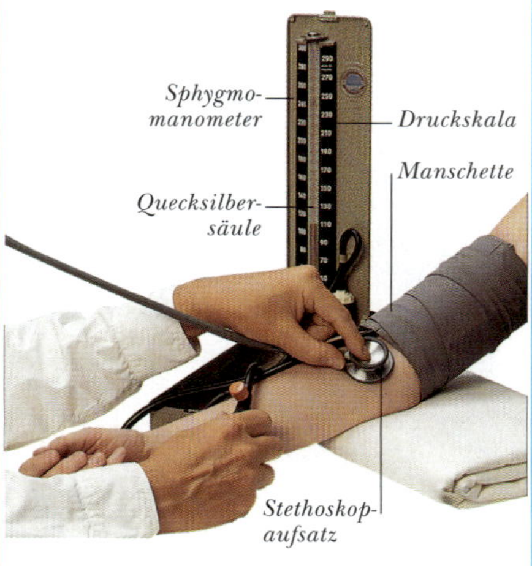

SPHYGMOMANOMETER

## SPIEGEL

In einem bestimmten Winkel auf einen Spiegel treffende Lichtstrahlen werden in genau demselben Winkel zurückgeworfen. Das Gehirn nimmt jedoch an, dass die reflektierten Lichtstrahlen auf geradem Weg ins Auge gelangt sind und sieht ein virtuelles Bild hinter dem Spiegel.

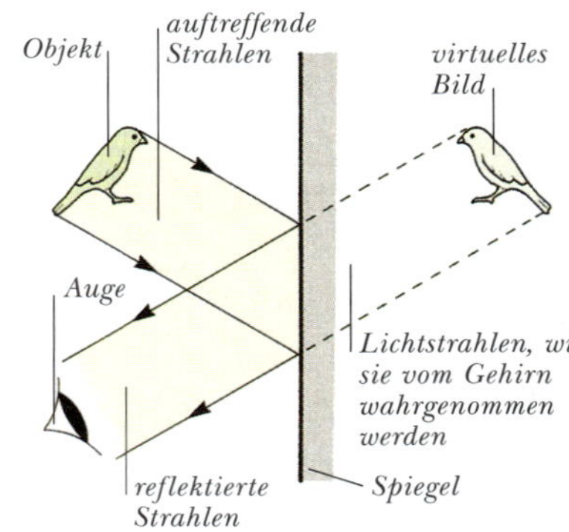

REFLEXION AN EINEM EBENEN SPIEGEL

spicken **II** ⟨V. i.⟩ **1** ⟨Schülerspr.⟩ *bei Prüfungen vom Nachbarn abschreiben, abgucken* **2** ⟨schweiz. a.⟩ *(durch eine Prüfung) durchfallen* [< mhd. *spicken,* mnddt. *specken,* Ableitung von *Speck,* eigtl. „etwas mit Speck versehen", ⟨fig.⟩ „sein eigenes Werk mit fremden Gedanken aufbessern"]
**Spiegel** ⟨m. 5⟩ **1** ▲ *glatte Fläche, die den größten Teil der auftreffenden Lichtstrahlen zurückwirft u. dadurch ein Abbild des davor befindlichen Gegenstandes gibt, bes. Glas mit dünner Silberschicht* **2** ⟨Med.⟩ **2.1** *mit Spiegel versehenes Instrument zur Besichtigung von Körperhöhlen* (Augenspiegel, Kehlkopfspiegel) **2.2** *röhrenförmiges Instrument zum Einführen in Körperhöhlen, so dass man diese durch das nun einfallende Licht sehen kann* (Mastdarmspiegel) **3** ⟨Arch.⟩ **3.1** *flache Decke eines Kreuzgewölbes (Spiegelgewölbe)* **3.2** *eingefasstes Feld an der Decke od. zwischen Fenstern* **4** *Türfüllung* **5** *Oberfläche einer Flüssigkeit, eines Gewässers* (Meeresspiegel, Wasserspiegel) **6** ⟨Physiol.⟩ *Gehalt einer Körperflüssigkeit an bestimmten Stoffen* (Vitaminspiegel, Zuckerspiegel) **7** *seidener Aufschlag am Rock des Fracks u. Smokings* **8** *Tuchbesatz an den Kragenecken der Uniform, meist mit Kennzeichen der Einheit, Waffengattung, des Dienstgrades usw.* **9** *mittlerer Teil der Schießscheibe* **10** *blank polierter Harnisch* **11** ⟨früher⟩ *Erziehungs-, Regelbuch* (Fürstenspiegel, der jungen Knaben Spiegel) ◆ jmdm. einen Spiegel vorhalten ⟨fig.⟩ *ihn über seine Fehler aufklären;* sich im Spiegel betrachten [< ahd. *spiagal* < mlat. *speglum* < lat. *speculum;* zu *specere* „sehen"]
**spiegelbildlich** ⟨Adj.⟩ *in der Art eines Spiegelbildes, seitenverkehrt;* → a. *symmetrisch*
**Spiegelei** ⟨n. 12⟩ *in der Pfanne in Fett gebratenes Ei* [nach der spiegelähnl. Form des unzerstörten Dotters]
**Spiegelfernrohr** ⟨n. 11⟩ *Fernrohr mit Hohlspiegel statt der Objektivlinse u. dadurch ohne Verfärbung der Bildränder infolge Lichtbrechung;* Sy *Spiegelteleskop, Reflektor*
**spiegeln** ⟨V.; hat⟩ **I** ⟨V. i.⟩ *Lichtstrahlen zurückwerfen, wie ein Spiegel glänzen, blenden* ◆ der Fußboden spiegelt **II** ⟨V. t.⟩ etwas spiegeln *ein Abbild von etwas geben,* ⟨meist⟩ *widerspiegeln* **III** ⟨V. refl.⟩ sich spiegeln **1** *ein*

S

*(seitenverkehrtes) Abbild zeigen* **2** *sich wie in einem Spiegel zeigen*

**Spiegelreflexkamera** ⟨f. 10; Fot.⟩ *Kamera mit eingebautem Spiegel, der vor dem Auslösen des Verschlusses das auf der fotograf. Schicht abzubildende Bild auf eine Mattscheibe reflektiert*

**Spiegelschrift** ⟨f. 20; unz.⟩ *seitenverkehrte Schrift* ◆ in Spiegelschrift schreiben

**Spiegelteleskop** ⟨n. 11⟩ = *Spiegelfernrohr*

**Spiel** ⟨n. 11⟩ **1** *zweckfreie Tätigkeit, Beschäftigung aus Freude an ihr selbst, Zeitvertreib, Kurzweil* **2** *unterhaltende Beschäftigung nach bestimmten Regeln* (Geduldsspiel, Geschicklichkeitsspiel) **3** *um Geld mit Vermögenseinsatz u. vom Zufall abhängigem Gewinn od. Verlust* (Glücksspiel) **4** *unterhaltender Wettbewerb* (Gesellschaftsspiel, Ballspiel, Kartenspiel) **5** ⟨Sp.⟩ **5.1** *sportl. Wettkampf, Wettspiel* (Fußballspiel) **5.2** ⟨Billard, Kart., Tennis⟩ *einzelner Abschnitt eines längeren Wettspiels* **6** *Theaterstück* (Schauspiel, Mysterienspiel, Puppenspiel) **7** *schauspieler. Vorführung, Darstellung, Gestik u. Mimik* (des Schauspielers) **8** *musikal. Darbietung* (Lautenspiel, Klavierspiel) **9** *das Spielen* (eines Instruments) **10** *Anschlag u. Ausdruck* (des Spielenden) **11** *lebhafte, harmonische Bewegung* (Farbenspiel, Wellenspiel) **12** ⟨fig.⟩ *leichtsinniges, gefährliches Treiben* **13** *Maßunterschied zweier zusammengehöriger Maschinenteile, Spielraum* ◆ Spiel der **Augen,** Hände, Muskeln; ein Spiel **Karten,** Stricknadeln ◆ das Spiel **beginnt** um 10 Uhr; jmds. Spiel **durchschauen** ⟨fig.⟩ *jmds. Absichten, Handlungen, Ränke durchschauen;* die Räder **haben** genügend Spiel *Spielraum;* **sein:** das ist für mich ein Spiel ⟨fig.⟩ *ein Leichtes;* ein Spiel **verlieren** ◆ **abgekartetes** Spiel ⟨fig.⟩ *heimliche Abmachung;* **ausdrucksvolles** Spiel des Schauspielers ◆ etwas nur **als** Spiel auffassen *es nicht ernst nehmen;* etwas **aufs** Spiel setzen *etwas wagen, etwas einsetzen, etwas einer Gefahr aussetzen;* er hat Glück **im** Spiel gehabt [< ahd. *spil,* urspr. „Tanz", daraus „Vorführung"; Herkunft unsicher]

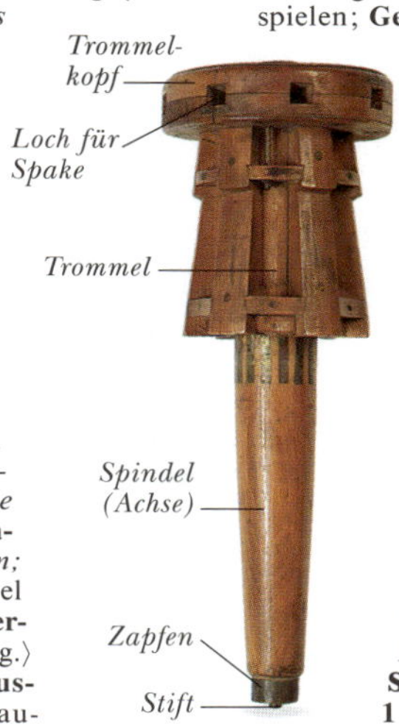

SPILL

**Spielart** ⟨f. 20⟩ **1** *Abweichung innerhalb einer Art, Abart, Sonderform* **2** ⟨Biol.⟩ *die innerhalb einer Art möglichen Abweichungen in Farbe, Form usw. eines Lebewesens* **3** *Unterabteilung einer Art* **4** *Rasse, Subspezies*

**Spielball** ⟨m. 1u⟩ **1** *Ball zum Spielen* **2** ⟨fig.⟩ *macht-, willenloses Werkzeug* ◆ das Boot war nur noch ein Spielball der Wellen

**Spielbank** ⟨f. 20⟩ *öffentliches, staatlich genehmigtes Unternehmen für Glücksspiele, Spielkasino*

**Spielchen** ⟨n. 14; umg.⟩ *kleines, kurzes Spiel* ◆ ein Spielchen machen (bes. Glücks-, Kartenspiel)

**Spieldose** ⟨f. 19⟩ *durch ein Uhrwerk od. eine Kurbel bewegtes, eine od. mehrere Melodien spielendes Musikgerät in Kasten- od. Dosenform mit Zungen, die von den Haken einer Walze angerissen werden;* Sy *Spieluhr*

**spielen** ⟨V.; hat⟩ **I** ⟨V. t. u. V. i.⟩ *sich ohne Zweck, zur Unterhaltung (mit etwas) beschäftigen, ein Spiel machen, treiben* ◆ komm, wir spielen ein bisschen!; **Ball** spielen; ein **Spiel** spielen ◆ **mit** dem Gedanken spielen, etwas zu tun *überlegen, ob man etwas tun soll;* mit Puppen, mit der Eisenbahn spielen ◆ **was** wollen wir spielen? **II** ⟨V. i.⟩ **1** *ein Glücksspiel betreiben, ein Wettspiel durchführen* **2** *sich als Schauspieler betätigen* **3** *ein Musikinstrument betätigen* **4** *Spiel(raum) haben* **5** *eine Sache nicht ernst meinen, nehmen* **6** *leichtsinnig gefährl. Dinge treiben* **7** *in lebhafter, leichter, harmon. Bewegung sein* (Farben, Lichter) **8** *schimmern, schillern* ◆ er spielt ja nur (mit ihr); es spielt das Hochschulorchester; alle Beziehungen spielen **lassen** ⟨fig.⟩ *einsetzen;* seine Reize spielen lassen *zur Geltung bringen* ◆ **fair,** unfair spielen ⟨Sp.⟩; **falsch** spielen (auf einem Instrument); ◆ **um** Geld spielen; um seine Lippen spielte ein Lächeln ◆ spielend ⟨fig.⟩ *leicht, mühelos, ohne Schwierigkeiten;* spielend lernen **III** ⟨V. t.⟩ **1** *schauspielerisch darstellen* (Rolle) **2** *im Theater aufführen* (Drama, Oper) **3** *künstlerisch betätigen können* (Musikinstrument) **4** *musikalisch darbieten* (Musikstück) **5** ⟨fig.⟩ *vorgeben, vortäuschen, so tun, als ob* ◆ **Beethoven** spielen *ein Stück von Beethoven spielen;* den **Beleidigten,** Unschuldigen spielen ⟨fig.⟩; den **Don Carlos** spielen; **Geige,** Klavier spielen; **Karten** spielen ◆ **was** wird heute (im Theater) gespielt? ◆ seine Entrüstung war nur gespielt [→ *Spiel*]

**Spieler** ⟨m. 3⟩ **1** *jmd., der spielt, an einem Spiel teilnimmt* (Mitspieler) **2** *jmd., der ein Glücksspiel betreibt* (Roulettespieler) **3** *jmd., der ein Musikinstrument spielt* (Klavierspieler) ◆ er ist ein Spieler *er spielt häufig Glücksspiele*

**spielerisch** ⟨Adj.⟩ **1** *wie ein Spiel, als Spiel* **2** ⟨fig.⟩ *ohne Ernst, ohne ernste Absicht* **3** *tändelnd* **4** *zierlich, leicht* (z. B. Verzierungen)

**Spielfeld** ⟨n. 12⟩ *begrenztes Feld für Wettspiele, Spielfläche*

**Spielkarte** ⟨f. 19⟩ *Karte für ein Kartenspiel*

**Spielmann** ⟨m.; -(e)s, -leute⟩ **1** ⟨MA⟩ *fahrender Musikant* **2** ⟨Mil.⟩ *Angehöriger eines Spielmannszuges* [< ahd. *spiliman* (a. *spilari*); zu *Spiel* in der alten Bedeutung „Tanz(vorführung)"]

**Spielplan** ⟨m. 1u⟩ **1** *Plan der in einer Spielzeit zu spielenden Bühnenstücke (eines Theaters)* **2** *Plan der in einer bestimmten Zeit in bestimmten Theatern od. Lichtspieltheatern gespielten Stücke bzw. Filme* (Wochenspielplan) ◆ „Hamlet" steht (noch, nicht mehr) auf dem Spielplan; das Stück ist vom Spielplan abgesetzt worden

**Spielplatz** ⟨m. 1u⟩ *umgrenzter Platz im Freien zum Spielen für Kinder*

**Spielraum** ⟨m. 1u; unz.⟩ **1** *Hohlraum zwischen zwei ineinander greifenden od. fast aneinander stoßenden Maschinenteilen od. anderen Gegenständen* **2** ⟨fig.⟩ *Bewegungs-, Handlungsfreiheit* ◆ (keinen) Spielraum haben; genügend Spielraum lassen ⟨fig.⟩ [zu *spielen* in der Bedeutung „sich frei bewegen" (urspr. von der Kugel im Gewehrlauf)]

**Spieltisch** ⟨m. 1⟩ **1** *kleiner, viereckiger Tisch zum Spielen, zuweilen mit eingebauten Fächern für Gläser u. Aschenbecher* **2** ⟨allg.⟩ *Tisch, an dem gespielt wird* **3** *Teil der Orgel mit Manualen, Registerknöpfen u. Pedal, an dem der Spieler sitzt*

**Spieluhr** ⟨f. 20⟩ = *Spieldose*

**Spielzeug** ⟨n.; -s; unz.⟩ **1** *Gegenstand zum Spielen für Kinder, Spielsachen* **2** ⟨fig.⟩ *Mensch, der einem andern nur als Zeitvertreib dient* ◆ der Junge hat viel Spielzeug; sie ist für ihn nur ein Spielzeug ⟨fig.⟩

**Spierstaude** ⟨f. 19; Bot.⟩ ► = *Mädesüß*

**Spieß** ⟨m. 1⟩ **1** *Stich- u. Wurfwaffe aus langem Stab mit Eisenspitze* (Wurfspieß) **2** *Lanze, Speer* **3** *dünner, zugespitzter Eisen- od. Holzstab* (Bratspieß) **4** ⟨Soldatenspr.⟩ *Kompaniefeldwebel* ◆ am Spieß gebratenes Huhn; den Spieß umdrehen ⟨fig.⟩ *den Angriff durch Gegenangriff abwehren, einen Vorwurf zurückgeben* [aus zwei urspr. verschiedenen Wörtern zusammengewachsen; in der Bedeutung „Wurfgeschoss"; < mhd. *spiez* < ahd. *spioz* in der Bedeutung „Bratstock"; < ahd. *spiz* „spitzer Gegenstand"]

**Spießbürger** ⟨m. 3; fig.; abwertend⟩ *engstirniger, kleinlich denkender Mensch* [urspr. abwertende Bez. für den unberittenen, nur mit einem Spieß bewaffneten Stadtbewohner]

**spießen** ⟨V.t.; hat⟩ **1** *mit dem Spieß durchstechen, durchbohren* **2** *auf eine Spitze stecken, mit einem spitzen Gegenstand feststecken* ◆ ein Stück Fleisch auf die Gabel spießen [mhd. *spiezen;* zu *Spie* „Wurfspieß"]

**Spike** ⟨[spaik] m. 6⟩ **1** *Stahlnagel an der Sohle von Rennschuhen u. Autoreifen* **2** Spikes ⟨Pl.⟩ *Rennschuhe mit herausstehenden Stahlnägeln in der Sohle* [< engl. *spike* „langer Nagel, Dorn"]

**Spill** ⟨n. 11; Mar.⟩ ◄ *Winde mit senkrechter Achse* (Ankerspill)

**Spin** ⟨[spin] m. 1; unz.⟩ **1** ⟨Kernphys.⟩ *innerer Freiheitsgrad eines Elementarteilchens oder Atomkerns, der als Drehimpuls einer inneren Drehbewegung des Teilchens angesehen werden kann;* Sy *Eigendrehimpuls* **2** ⟨Sp.⟩ *Drall, Rotation des Balls* [engl., „Drehung"]

**Spinalanästhesie** ⟨f. 19; Med.⟩ = *Rückenmark(s)anästhesie*

**Spinat** ⟨m. 1; unz.⟩ *als Blattgemüse angebautes, eisenhaltiges Gänsefußgewächs: Spinacia oleracea* [< arab. *isfinag* < pers. *äspänah* entlehnt; volksetymolog. wegen der spitzen Samenkörner mit lat. *spina* „Dorn" verschmolzen]

**Spind** ⟨m. 1 od. n. 11⟩ *schmaler Schrank (bes. in Kasernen)* ◆ sie sah ein Spind in der Universität [nddt. < mlat. *spenda* „Vorratsraum, Speiseschrank"; zu lat. *expendere* „abwägen, ausgeben, auszahlen"]

**Spindel** ⟨f. 21⟩ **1** *Teil des Spinnrades od. der Spinnmaschine, der die Spule trägt* **2** *mit einem Gewinde versehene Welle zur Umwandlung einer Drehbewegung in eine Längsbewegung* **3** *Mittelsäule (einer Wendeltreppe)* **4** ⟨allg.⟩ *Achse, Stange* [< mhd. *spinnel* < ahd. *spinnial* < *spilla;* „Spinngerät"; → *spinnen*]

**Spinett** ⟨n. 11; Mus.⟩ ▼ *Tasteninstrument, bei dem die quer od. schräg zu den Tasten stehenden Saiten mit einem Kiel angerissen werden, Vorläufer des Klaviers* [< ital. *spinetta;* nach dem Venezianer Giovanni *Spinetti* (um 1500) od. zu lat. *spina* „Dorn"]

S

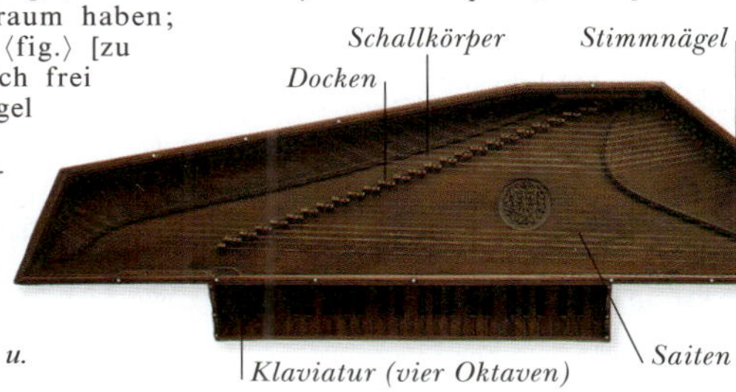

SPINETT: ITALIENISCHES SPINETT DES 16. JH.

## SPINNEN

Bislang bekannt sind rund 40 000 Spinnenarten, die in die beiden Unterordnungen Mygalomorphae (Beißrichtung der Chelizeren von oben nach unten) und Araneomorphae (Beißrichtung seitlich) eingeteilt werden. Spinnen fangen ihre Beutetiere entweder mit Seidenfäden oder indem sie sich direkt auf sie stürzen. Ihren Opfern spritzen sie dabei ein Gift ein, bevor sie den verflüssigten Körperinhalt einsaugen. Bei der Begattung führt das Männchen den vorher abgesetzten Samen mit einem Kiefertaster in die Geschlechtsöffnung des Weibchens ein.

ÄUSSERE MERKMALE EINER VOGELSPINNE
(*Theraphosa* species)

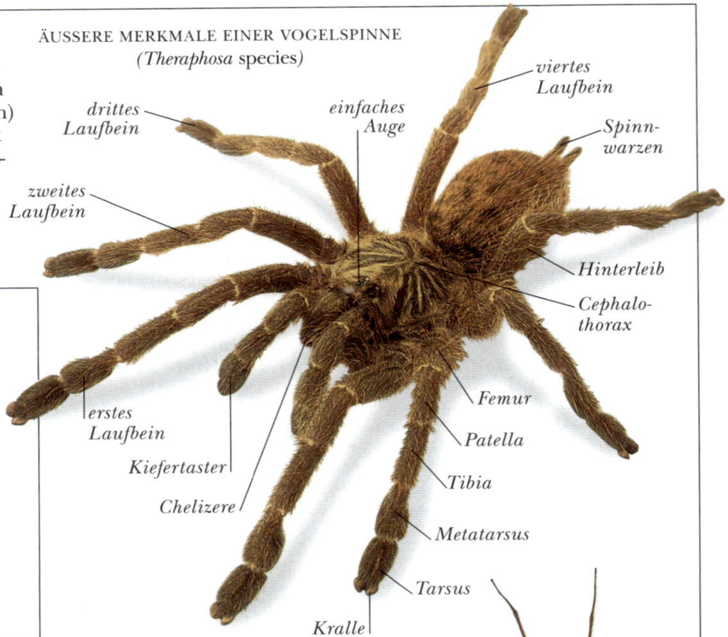


ANATOMIE EINES SPINNENWEIBCHENS

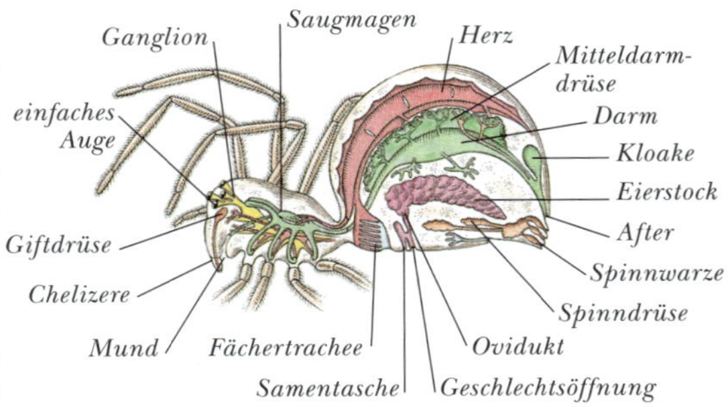


### WEITERE SPINNENARTEN

ROTFÜSSIGE VOGELSPINNE
(*Euathlus emilia*)

WOLFSSPINNE
(*Lycosa* species)

TRICHTERNETZSPINNE
(*Atrax robustus*)

SCHWARZE WITWE
(*Latrodectus mactans*)

HAUSSPINNE
(*Tegenaria domestica*)

FALLTÜRSPINNE
(*Ummidia* species)

SPRINGSPINNE
(*Plexippus paykulli*)

SCHATTENKREUZSPINNE
(*Nuctenea umbratica*)

KRABBENSPINNE
(*Olios* species)

ZITTERSPINNE
(*Pholcus phalangioides*)

**Spinne** ⟨f. 19; Zool.⟩ ▲ *Angehörige einer Ordnung der Spinnentiere, deren Kopf u. Brust zum Kopf-Brust-Stück verschmolzen sind, an dem zwei Paar Mundwerkzeuge u. vier Paar Beine sitzen: Araneidae* [< ahd. *spinna*]

**spinnen** ⟨V. t. u. V. i. 245; hat⟩ **1** *aus einem Körpersekret, das an der Luft erstarrt, Fäden erzeugen* (von Spinnen, Raupen) **2** *mit dem Spinnrad od. der Spinnmaschine Fasern zum Faden drehen* **3** *einen Faden aus einer Spinnlösung, Schmelze od. verformbaren Masse, die durch Spinndüsen gepresst wird, herstellen* **4** ⟨fig.⟩ *(etwas) ersinnen, ausdenken, erzählen* **5** *schnurren* (von der Katze) **6** ⟨umg.⟩ *geisteskrank, verrückt sein* **7** *dummes Zeug, Unsinn reden* ◆ ein Garn, Seemannsgarn spinnen ⟨fig.⟩ *eine abenteuerl., nicht ganz glaubwürdige Geschichte erzählen;* ein Netz von Lügen spinnen ⟨fig.⟩ [< ahd. *spinnan;* Aus der übertragenen Wendung *einen Gedanken spinnen* hat sich im 19. Jh. die Bedeutung „nicht recht im Kopfe sein" entwickelt]

**Spinnennetz** ⟨n. 11⟩ *Netz der Spinne*

**Spinnentier** ⟨n. 11; Zool.⟩ *Angehöriges einer Klasse der Gliederfüßer mit vier Beinpaaren, einem Kopf-Brust-Stück u. einem Hinterleibsabschnitt: Arachnidea*

**Spinner** ⟨m. 3⟩ **1** *Facharbeiter in einer Spinnerei* **2** ⟨Zool.⟩ **2.1** ⟨i. e. S.⟩ *Angehöriger verschiedener Familien der Großschmetterlinge, deren Raupen vor der Verpuppung einen Kokon spinnen* **2.2** ⟨i. w. S.⟩ *Angehöriger einer Überfamilie der Schmetterlinge, zu der die Familien der Glucken u. Seidenspinner zählen: Bombycoidea* **3** *zum Fang von Raubfischen benutzter künstl. Köder, der sich um die Längsachse dreht, wenn er durch das Wasser gezogen wird u. so einen kleinen Fisch vortäuscht* **4** ⟨fig.; umg.⟩ *jmd., der spinnt, der dummes Zeug od. nicht ernst zu nehmende Dinge redet* ◆ du blöder Spinner!

SPIRALE

**Spinnrad** ⟨n. 12u⟩ *Gerät mit Fußantrieb zum Verspinnen von Fasern zum Faden* ◆ am Spinnrad arbeiten

**Spinnrocken** ⟨m. 4⟩ ► = *Rocken*

**Spion** ⟨m. 1⟩ **1** *jmd., der Spionage treibt* **2** ⟨fig.⟩ *Guckloch in der Wohnungstür, um von innen den Flur überblicken zu können* **3** ⟨fig.⟩ *außen am Fenster angebrachter Spiegel, in dem man vom Zimmer aus die Straße überblicken kann* [im Dreißigjährigen Krieg aus frz. *espion* entlehnt < ital. *spione*]

**Spionage** ⟨[-ʒə] f. 19; unz.⟩ *das Auskundschaften von militär., polit. od. wirtschaftl. Geheimnissen eines Staates im Auftrag eines anderen* [< frz. *espionage;* → *Spion*]

**spionieren** ⟨V. i.; hat⟩ *Spionage treiben*

**Spirale** ⟨f. 19⟩ **1** ▼ *ebene, sich unendlich um einen Punkt windende Kurve, die sich immer weiter von diesem Punkt entfernt;* Sy *Schneckenlinie* **2** ⟨allg.⟩ *sich um eine Achse windende, räuml. Kurve* **3** *Gegenstand in dieser Form* [< nlat. *spiralis;* zu lat. *spira* < grch. *speira* „Windung, Schlinge"]

**Spirallinie** ⟨[-niə] f. 19⟩ *spiralförmig gewundene Linie*

**Spiralnebel** ⟨m. 5, Astron.⟩ ► *Sternsystem in spiraliger Form*

**Spiritismus** ⟨m.; -; unz.⟩ *Glaube an Geister u. an den möglichen Verkehr mit ihnen* [< lat. *spiritus* „Hauch, Atem, Seele, Geist"]

**spiritistisch** ⟨Adj.⟩ *zum Spiritismus gehörig, auf ihm beruhend*
**Spiritual** ⟨['spiritjuəl] m. 6; Mus.⟩ *geistl. Lied der nordamerikan. Schwarzen mit synkopiertem Rhythmus*
**Spiritualität** ⟨f. 20; unz.⟩ *Geistigkeit* [< mlat. *spiritualitas;* → *spirituell*]
**spirituell** ⟨Adj.⟩ *geistig, übersinnlich;* Ggs *materiell (2)* [< mlat. *spiritualis* „geistlich"; → *Spiritus*]
**Spirituosen** ⟨Pl.⟩ *stark alkoholhaltige Getränke* ◆ Verkauf von Spirituosen [→ *Spiritus*]
**Spiritus** ⟨[spi-] m.; -; unz.⟩ **1** *Atem, Hauch* **2** *Leben* **3** *Geist* **4** ⟨[ʃpi:-] i. w. S.⟩ *techn. hergestelltes Äthanol* **5** ⟨i. e. S.⟩ *Weingeist, Äthanol mit geringer Beimischung von Wasser* ◆ Spiritus asper ⟨Zeichen: ῾⟩ *(in der grch. Schrift) Zeichen auf einem Vokal zur Aussprache mit anlautendem h* [lat., „harte Atmung"]; Spiritus lenis ⟨Zeichen: ᾿⟩ *Zeichen zur Aussprache ohne h* [lat., „weiche Atmung"]; Spiritus Rector *führender, belebender Geist, treibende Kraft (eines Unternehmens)* [lat., „lenkender Geist"]; Spiritus sanctus *der Heilige Geist* [lat., „Hauch, Atem, Seele, Geist", ⟨a. fig.⟩ „Weingeist"; zu *spirare* „hauchen, atmen"]
**Spirometer** ⟨n. 13⟩ *Gerät zur Bestimmung der Leistungsfähigkeit der Lunge durch Messung des Volumens der ausgeatmeten Luft* [< lat. *spirare* „hauchen, atmen" + grch. *metron* „Maß"]
**spitz** ⟨Adj.; -er, am -esten⟩ **1** *mit einer Spitze versehen* **2** *immer schmaler, dünner werdend, in einem Punkt endend* **3** ⟨fig.⟩ *leicht boshaft, anzüglich, stichelnd* (Bemerkung) ◆ etwas mit spitzen **Fingern** anfassen *mit Daumen u. Zeigefinger u. die übrigen abspreizend (vor Ekel od. aus Angst, sich zu beschmutzen);* spitze **Reden** führen ⟨fig.⟩; spitzer **Winkel** *Winkel unter 90 °C;* eine spitze **Zunge** haben ⟨fig.⟩ *boshaft sein, gern sticheln* ◆ etwas spitz **bekommen** *etwas durchschauen* [< mhd. *spitz* „spitz", ⟨fig.⟩ „klug, schlau" < ahd. *spizzi* „spitz"]
**Spitz** ⟨m. 1⟩ **1** *kleine Hunderasse mit spitzer Schnauze, spitzen Ohren u. langhaarigem Fell;* ► *Hunde* **2** ⟨fig.; umg.⟩ *leichter Rausch* [in der Bedeutung „Rausch" vielleicht < *Spitze, Messerspitze* „kleine Menge"]
**Spitzbogen** ⟨m. 4 od. süddt., österr., schweiz.: m. 4u; Arch.⟩ ▲ *oben spitz zulaufender Bogen, z. B. der gotische*
**Spitzbohrer** ⟨m. 3; Tech.⟩ ▲ *Bohrer zum Anreißen od. Anstechen von Löchern in einem Werkstoff*
**Spitzbube** ⟨m. 17⟩ *Dieb, Gauner, Betrüger, Frechdachs, Schelm* [zu *spitz* in der Bedeutung „schlau"]
**Spitze I** ⟨f. 19⟩ **1** *in einem Punkt auslaufendes od. dünner, schmaler werdendes Ende (eines Gegenstandes),* z. B. Baumspitze, Felsspitze, Fingerspitze, Nadelspitze, Schuhspitze, Turmspitze **2** *Punkt, an dem zwei od. mehrere Linien od. Kanten zusammenstoßen (eines Dreiecks, einer Pyramide)* **3** *nach der Abrechnung übrig bleibender Betrag, Überschuss* **4** *vorderste Gruppe (eines Zuges, einer Menge)* **5** ⟨fig.⟩ *leicht boshafte Anspielung od. Bemerkung, Anzüglichkeit, Stichelei* **6** *durchbrochenes Gewebe, Fadengeflecht (als Kleider-, Wäscheeinsatz)* ◆ die Spitze des **Eisbergs** ⟨fig.⟩ *der bereits bekannte, kleine Teil einer skandalösen, misslichen Angelegenheit größeren Ausmaßes;* die Spitzen der **Gesellschaft,** der Stadt *die führenden, leitenden od. tonangebenden Personen* ◆ vom Bleistift die Spitze **abbrechen;** einer Sache die Spitze abbrechen ⟨fig.⟩; Spitzen **häkeln,** klöppeln, weben, wirken ◆ im Rennen **an** der Spitze liegen; sich an die Spitze eines Unternehmens, Zuges stellen; das ist eine Spitze **gegen** dich ⟨fig.⟩; **mit** Spitzen besetztes Kleid **II** ⟨ohne Art., unz.; umg.⟩ *ausgezeichnete, großartige Sache* ◆ das ist einsame Spitze!; der Mann, der Film, das Buch ist Spitze [→ *spitz*]

SPITZBOGEN ÜBER EINEM KIRCHENFENSTER

SPITZBOHRER

SPIRALNEBEL

**Spitzel** ⟨m. 5⟩ *Späher, Aushorcher, heiml. Aufpasser, Spion* (Polizeispitzel, Lockspitzel) ◆ er war mehrere Jahre als Spitzel für die Stasi tätig [vermutl. nach dem oft als Wachhund gehaltenen *Spitz*]
**spitzen** ⟨V.; hat⟩ **I** ⟨V.t.⟩ *mit einer Spitze versehen, spitz machen* ◆ den Bleistift spitzen; die Lippen (zum Pfeifen) spitzen; die Ohren spitzen ⟨fig.⟩ *aufmerksam lauschen, gut zuhören, aufpassen* **II** ⟨V. refl.; umg.⟩ sich auf etwas spitzen *etwas erhoffen, etwas unbedingt haben wollen; sich auf etwas freuen* ◆ ich spitze mich schon auf seinen Besuch **III** ⟨V.i.; umg.⟩ **1** *aufmerksam od. vorsichtig schauen, lugen* **2** *aufpassen* ◆ die Schneeglöckchen spitzen schon aus der Erde zeigen schon ihre Spitzen; um die Ecke spitzen
**Spitzen...** ⟨in Zus. mit Subst.⟩ **1** *zur Spitze gehörend, führend* (Spitzensportler, Spitzenmannschaft) **2** *höchste Qualität besitzend* (Spitzenprodukt, Spitzenerzeugnis) **3** *von höchstem Rang u. Ansehen* (Spitzenpolitiker, Spitzenmanager) **4** *höchste Werte aufweisend* (Spitzenbelastung)
**spitzenmäßig** ⟨Adj.; umg.⟩ *hervorragend, besonders gut, exzellent*
**Spitzenreiter** ⟨m. 3⟩ **1** *hervorragender Turnierreiter* **2** ⟨fig.; umg.⟩ *besonders zugkräftiger Artikel, besonders erfolgreiches Stück (bei Theater, Film od. Fernsehen)*
**Spitzentanz** ⟨m. 1u; unz.⟩ *Balletttanz auf den äußersten Zehenspitzen in entsprechend gearbeiteten Schuhen*
**Spitzhacke** ⟨f. 19⟩ *Hacke mit spitz zulaufendem Blatt, Pickel*
**...spitzig** ⟨Adj.; in Zus.⟩ *mit einer bestimmten Zahl von Spitzen versehen,* z. B. dreispitzig
**Spitzklette** ⟨f. 19; Bot.⟩ *Angehörige einer Gattung einhäusiger Korbblüter, deren weibl. Blütenköpfe mit Widerhaken ausgerüstet sind: Xanthium*
**Spitzmaus** ⟨f. 7u; Zool.⟩ ► *Angehörige einer Familie der Insektenfresser mit rüsselförmiger Schnauze u. weichem, kurzem Fell: Soricidae;* ► *Säugetiere*
**Spitzname** ⟨m. 26⟩ *jmdm. von anderen gegebener, zusätzl., neckender Name, Neckname* ◆ sein Spitzname ist Kalle [zu *spitz* in der Bedeutung „bissig, boshaft"]
**Spitzsenker** ⟨m. 3; Tech.⟩ ► *Senker mit kegelförmigem Kopf*

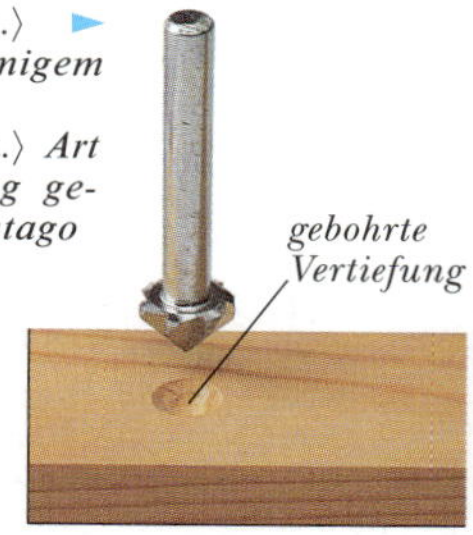


SPITZSENKER

**Spitzwegerich** ⟨m. 1; Bot.⟩ *Art des Wegerichs mit lang gestielter Blütenähre: Plantago langeolata*
**spitzwinklig** ⟨Adj.⟩ *mit einem spitzen Winkel versehen* (Dreieck)
**Spleen** ⟨[ʃpli:n] od. [spli:n] m. 1⟩ **1** *ein wenig sonderbares, verschrobenes, schrulliges Wesen* **2** *überspannte, sonderbare, komische Idee, Klaps* ◆ er hat schon wieder einen neuen Spleen [engl. < grch. *splen* „Milz", auch „Milzsucht", daraus fig. „durch die Milzsucht hervorgerufener Geisteszustand"]
**Spleiß** ⟨m. 1⟩, **Spleiße** ⟨f. 19⟩ **1** *Splitter, Span* **2** *Verbindung zweier gespleißter Tauenden, die Stelle, an der diese verbunden sind* [Rückbildung zu *spleißen*]
**spleißen** ⟨V. t.; hat; früher auch stark konjugiert: spliss, gesplissen⟩ **1** *spalten* (Holz) **2** *zerreißen* **3** ⟨Tech.; Mar.⟩ *miteinander verflechten* ◆ zwei aufgedrehte Tauenden, Kabel spleißen [< mhd. *splizen,* engl. *split*]
**splendid** ⟨Adj.; -er, am -esten; veraltet⟩ **1** *freigebig, großzügig, prächtig* **2** ⟨Typ.⟩ *weitläufig, mit großen Zwischenräumen* ◆ Splendid Isolation ['splendid aisə'lɛiʃən] *von dem englischen Minister G.J. Göschen geprägtes Schlagwort für die politische Unabhängigkeit Englands von Europa;* einen Text splendid setzen ⟨Typ.⟩ [< lat. *splendidus* „herrlich, prächtig"; zu *splendere* „glänzend"]
**Splitt** ⟨m. 1⟩ *körniges Gestein für Straßenbelag mit 7-30 mm Korngröße* [nddt.; → *Splitter*]
**splitten** ⟨[sp-] V.t.; hat⟩ *teilen, (nach dem Splittingverfahren) aufteilen, halbieren* [→ *Splitting*]
**Splitter** ⟨m. 3⟩ *spitzes, abgesprungenes Stück von einem Holz- od. Metallgegenstand, scharfer Span, kleines Bruchstück* (Eisensplitter, Glassplitter, Granatsplitter, Holzsplitter, Knochensplitter) ◆ sich einen Splitter einziehen [< mnddt. *splittere* „abgespaltenes Stückchen"; zu *spleißen,* mnddt. *spliten*]
**Splittergruppe** ⟨f. 19; bes. Pol.⟩ *kleine polit. Gruppe, die sich von einer größeren od. einer Partei getrennt hat*
**splittern** ⟨V. t.; ist⟩ *in viele Splitter zerbrechen*
**Splitting** ⟨n.; -s; unz.⟩ *Form der Besteuerung von Ehegatten, wobei zur Berechnung der Steuer beide Einkommen zusammengezählt u. durch zwei geteilt werden* [zu engl. *split* „spalten" (entspricht dt. *spleißen*)]
**Spoiler** ⟨m. 3⟩ **1** *Luftleitblech am Heck od. an der Front von Autos zur Verbesserung der Bodenhaftung* **2** *zur Änderung der Strömungsverhältnisse an Flugzeugtragflächen dienende Klappe* [engl., eigtl. „Plünderer", zu *spoil* „rauben, wegnehmen"]

SPITZMAUS: WALDSPITZMAUS
*(Sorex araneus)*

**sponsern** ⟨V. t.; hat⟩ **1** jmdn. sponsern *jmdn. finanziell unterstützen, fördern* **2** einen Betrag sponsern *durch einen Sponsor bezahlen* ◆ die Hälfte des Betrages wird gesponsert

**Sponsor** ⟨m. 23⟩ *jmd., der eine Sache od. jmdn. finanziell unterstützt, Geldgeber* [engl.]

**spontan** ⟨Adj.⟩ *von selbst, aus eigenem Antrieb, von innen heraus, plötzlich, aus plötzl. Eingebung, plötzl. Entschluss* ◆ spontane Äußerung; es geschah ganz spontan [< spätlat. *spontaneus;* zu lat. *sponte* „aus eigenem Willen"; zu **spons* „Antrieb"]

**Spontaneität** ⟨[-ne:i-]⟩, **Spontanität** ⟨f. 20; unz.⟩ *spontanes, schnelles Handeln od. Geschehen, Handeln aus eigenem Antrieb, Selbstbestimmung (des Willens)* [< frz. *spontanéité;* zu *spontan* (frz. *spontané*)]

SPORE: MIKROFOTOGRAFIE EINER LAUBMOOSSPORE (*Funaria hygrometrica*)

**sporadisch** ⟨Adj.⟩ **1** *vereinzelt, verstreut* **2** *hin u. wieder, nicht oft, unregelmäßig* ◆ diese Pflanzen kommen hier nur sporadisch vor [< grch. *sporadikos* „verstreut"; zu *speirein* „aussäen"]

**Spore** ⟨f. 19; Bot.⟩ ► *ungeschlechtl. Fortpflanzungszelle vieler Algen, Farnpflanzen, Moose u. Pilze* [< grch. *spora* „Same"; zu *speirein* „säen"]

**Sporen** ⟨Pl.; Sing.: Sporn⟩ ► *zwei metallene, mit je einem Bügel an den Stiefelabsätzen befestigte Dornen od. Rädchen zum Antreiben des Pferdes* ◆ dem Pferd die Sporen geben; sich die Sporen verdienen ⟨fig.⟩ *sich (bei einer Aufgabe, einem Auftrag) bewähren;* → a. *Sporn*

**Sporn** ⟨m.; -s, Sporen⟩ **I** ⟨zählb.⟩ **1** ⟨Biol.⟩ *horniger Fortsatz hinten am Fuß vieler männl. Vögel, bes. der Hühnervögel, dient als Waffe, bei Kampfhähnen künstlich befestigt u. aus Stahl* **2** ⟨Med.⟩ *schmerzhafter, knöcherner Vorsprung am Fersenbein, der sich durch länger andauernden Reiz bilden kann* **3** ⟨Mar.⟩ *Vorsprung am Bug von Kriegsschiffen unter Wasser zum Rammen anderer Schiffe* **4** *hornartige, meist Nektar enthaltende Ausstülpung mancher Blütenblätter* **5** *mit Bügel unter dem Heck von Flugzeugen befestigte Kufe, Spornrad, Stachel od. spatenartiger Fortsatz an Geschützen, der das Zurückrollen verhindert* **6** *Nagel an der Sohle des Bergschuhs;* → a. *Sporen* **II** ⟨unz.; fig.⟩ *Antrieb, Ansporn* [< mhd. *spor* < ahd. *sporo*]

SPORNAMMER (*Calcarius lapponicus*)

**Spornammer** ⟨f. 21; Zool.⟩ ► *Singvogel mit langer Hinterzehenkralle, der in arktischen Breiten vorkommt: Calcarius lapponicus*

**spornen** ⟨V. t.; hat⟩ **1** *mit Sporen versehen* **2** ein Pferd spornen *einem Pferd die Sporen geben* ◆ die Stiefel spornen *die Stiefel mit Sporen versehen;* gestiefelt und gespornt *mit Sporenstiefeln angetan;* ⟨fig.⟩ *reisefertig;* → a. *anspornen*

**Sport** ⟨m. 1; Pl. selten; Abk.: Sp.⟩ **1** *körperliche Betätigung nach bestimmten Regeln als Freizeitbeschäftigung od. zur Gesundheraltung, Gesamtheit der Leibesübungen* (Wassersport, Skisport) **2** ⟨fig.; umg.⟩ *Liebhaberei, Steckenpferd* ◆ einen Sport betreiben; Sport treiben; einen Sport aus etwas machen *etwas wiederholt aus (boshaftem) Spaß machen* [< engl. < afrz. *despot* „Belustigung"; Rückbildung zu mlat. *disportare* „sich zerstreuen" < lat. *dis...* „auseinander" + *portare* „tragen"]

**Sportabzeichen** ⟨n. 14; Sp.⟩ *Abzeichen für bestimmte sportl. Leistungen (zumeist in der Leichtathletik)* ◆ goldenes, silbernes Sportabzeichen

**Sportart** ⟨f. 20; Sp.⟩ *bestimmte Art von Sport, spezielles Gebiet im Sport, z. B. Badminton, Handball, Reiten, Schwimmen, Tennis*

**Sportgericht** ⟨n. 11; Rechtsw.; Sp.⟩ *von einem Sportverband eingesetztes Gericht zum Schlichten von Streitfällen*

**sportiv** ⟨Adj.⟩ *sportlich, flott* ◆ sportive Kleidung; ein sportiver Mann

**Sportler** ⟨m. 3⟩ **1** *jmd., der einen Sport betreibt* **2** *jmd., der Sport treibt*

**sportlich** ⟨Adj.⟩ **1** *den Sport betreffend, auf dem Sport beruhend* **2** *zum Sport gehörend* **3** *für den Sport geeignet* (Kleidung) **4** *in der Art eines Sportlers* **5** *Sport liebend* ◆ sportliche Ertüchtigung; eine sportliche Figur haben *eine kräftige, schlanke, sehnige Figur haben;* sportliche Leistungen; er ist sportlich

**Sportplatz** ⟨m. 1u⟩ *Rasenplatz, auf dem Sport (bes. Ballsport u. Leichtathletik) getrieben wird*

**Sportschuh** ⟨m. 1⟩ *bequemer, praktischer Schnürschuh mit flachem Absatz*

**Sporttauchen** ⟨n.; -s; unz.; Sp.⟩ *Unterwasserjagd auf Fische*

**Sportverband** ⟨m. 1u⟩ *Verband von Vereinen einer Sportart od. von Vereinigungen mehrerer Sportarten zur Wahrung gemeinsamer Interessen*

SPOREN: HANDGESCHMIEDETER AMERIKANISCHER SPORN

**Sportverein** ⟨m. 1; Sp.⟩ *Verein von Sportlern, der eine od. mehrere Sportarten unter einer Vereinsführung und einem Vereinsnamen vereint, Sportklub*

**Sportwagen** ⟨m. 4⟩ **1** *leichter Kinderwagen, in dem das Kind nur sitzt* **2** *niedriger, schneller Personenkraftwagen*

**Spot** ⟨[spɔt] m. 6⟩ *kurze Sendung im Rundfunk od. Fernsehen, meist zur Werbung* (Fernsehspot, Hörspot, Werbespot) [engl., „Punkt, Stelle"]

**Spott** ⟨m.; -(e)s; unz.⟩ *das Auslachen, boshaftes Veralbern, Lächerlichmachen, leichter Hohn* ◆ nur Spott und Hohn ernten; jmdn. rücksichtslos dem Spott der anderen preisgeben [< ahd. *spot* „Hohn"]

**spotten** ⟨V. i.; hat⟩ **1** *spöttisch reden, spöttische Bemerkungen machen* **2** *sich über etwas od. jmdn. lustig machen* ◆ das spottet jeder Beschreibung *das ist unbeschreiblich (schlimm, hässlich usw.);* über etwas oder jmdn. spotten [→ *Spott*]

**spöttisch** ⟨Adj.⟩ **1** *mit Spott, spottend* **2** *leicht boshaft, heiter-verächtlich, sich lustig machend* ◆ spöttische Bemerkung; spöttischer Blick; spöttisches Lächeln; etwas in spöttischem Ton sagen; spöttisch lächeln; „...!" sagte er spöttisch

**Sprachbarriere** ⟨[-rie:-] f. 19⟩ **1** *Behinderung der sprachl. Entwicklung von Kindern aus Elternhäusern mit niedrigem Bildungsstand* **2** *Behinderung im gesellschaftl. Aufstieg von Angehörigen sozial niedriger Schichten infolge einer Ausdrucksweise, die nicht der Sprachnorm der Hochsprache entspricht*

**Sprache** ⟨f. 19⟩ **1** *System von Lauten, die durch Atemluft u. Sprechwerkzeuge des Menschen hervorgebracht werden u. zum Ausdruck von Gedanken, Gefühlen, Willensregungen usw. dienen, wichtigstes Verständigungsmittel der Menschen untereinander* **2** *Lautsystem einer menschl. Gemeinschaft* (Landessprache, Volkssprache) **3** *Redeweise der Angehörigen eines Berufs od. einer sozialen Gemeinschaft* (Bergmannssprache, Kaufmannssprache, Gaunersprache, Geheimsprache) **4** *Fähigkeit zu sprechen, System von Gebärden, Zeichen, die der Verständigung dienen* (Gebärdensprache, Taubstummensprache, Zeichensprache) **5** *die Art sich schriftlich od. mündlich auszudrücken, Stil* **6** ⟨fig.⟩ *lebendiger, stummer Ausdruck* (Augensprache) **7** *Laut- u. Signalsystem der Tiere* (Hundesprache, Vogelsprache) ◆ er ist ein **Meister** der Sprache ◆ fünf Sprachen **beherrschen;** dieser Schriftsteller **hat,** schreibt eine schöne Sprache; **wiederfinden:** endlich fand er nach dem Schreck die Sprache wieder ◆ die **deutsche,** englische Sprache ◆ er will nicht **mit** der Sprache heraus(rücken) *er will nicht darüber sprechen;* heraus mit der Sprache! *sprich!;* etwas **zur** Sprache bringen *von etwas zu sprechen beginnen, um es zu erörtern* [< ahd. *sprahha*]

**Sprachforschung** ⟨f. 20; unz.⟩ *Erforschung der einzelnen Sprachen u. der Sprache als solcher (bzgl. ihrer Grammatik, Phonetik usw.)* ◆ Sprachforschung betreiben

**Sprachgebrauch** ⟨m. 1u⟩ *gewohnte, übliche Ausdrucksform einer Sprache* ◆ diese Wendung ist im deutschen Sprachgebrauch nicht üblich

**Sprachheilkunde** ⟨f. 19; unz.; Med.⟩ *Gesamtheit der psychologischen u. medizinischen Maßnahmen zur Behandlung von Sprachfehlern;* Sy *Logopädie*

**...sprachig** ⟨Adj.; in Zus.⟩ *eine bestimmte Anzahl von Sprachen sprechend, in einer bestimmten Sprache oder einer bestimmten Zahl von Sprachen abgefasst* ◆ er ist zweisprachig aufgewachsen; deutschsprachiger, englischsprachiger, fremdsprachiger Unterricht *in deutscher, in englischer, in einer fremden Sprache gehaltener Unterricht;* → a. *...sprachlich*

**Sprachlabor** ⟨n. 15⟩ *elektron. Anlage zum individuellen Lernen im fremdsprachl. Unterricht, in dem die Schüler über Kopfhörer, Tonband, Mikrofon das Lehrprogramm aufnehmen u. wiedergeben*

**Sprachlehre** ⟨f. 19⟩ = *Grammatik*

**sprachlich** ⟨Adj.⟩ *die Sprache, eine Sprache betreffend, zu ihr gehörig, einer Sprache eigentümlich* ◆ sprachlicher Fehler; der Aufsatz ist inhaltlich gut, aber sprachlich nicht einwandfrei; das ist sprachlich richtig, falsch

**...sprachlich** ⟨Adj.; in Zus.⟩ *eine bestimmte Sprache betreffend* ◆ englischsprachlicher, fremdsprachlicher Unterricht *Unterricht über die englische, über eine fremde Sprache, aber in der Muttersprache der Schüler gehalten;* → a. *...sprachig*

**sprachlos** ⟨Adj.⟩ **1** *ohne Sprache, nicht sprechen könnend* **2** ⟨fig.⟩ *so erstaunt od. erschrocken, dass man nicht sprechen kann* ◆ sie sah ihn in sprachlosem Erstaunen an ⟨fig.⟩; ich war völlig sprachlos, als ich das hörte ⟨fig.⟩

**Sprachraum** ⟨m. 1u⟩ *geograph. Gebiet, in dem eine bestimmte Sprache gesprochen wird* ◆ der deutsche, englische Sprachraum

**Sprachrohr** ⟨n. 11; veraltet⟩ = *Megaphon* ◆ sich zum Sprachrohr einer Sache machen ⟨fig.⟩ *öffentlich für eine Sache eintreten;* jmds. Sprachrohr sein ⟨fig.⟩ *kritiklos jmds. Meinung nachreden*

**Sprachwissenschaft** ⟨f. 20; unz.⟩ *Wissenschaft von der Sprache als solcher u. den verschiede-*

S

*nen Sprachen* ♦ allgemeine Sprachwissenschaft *Wissenschaft von den Vorgängen beim Sprechen (Phonetik), der Wort- u. Satzbildung (Grammatik), der Sprachgeschichte (Etymologie, Semasiologie), Sprachgeographie, Stilistik u. a.;* vergleichende Sprachwissenschaft *Erforschung der Verwandtschaft der Sprachen untereinander mithilfe des Vergleichs*

**Sprachzentrum** ⟨n.; -s, -tren; Anat.⟩ *Teil des Gehirns, der die psychologischen Vorgänge des Sprechens u. Hörens verarbeitet*

**Spray** ⟨[ʃpre:] od. engl. [sprɛi] n. 15 od. m. 6⟩ **1** *Gerät zum Zerstäuben von Flüssigkeiten* **2** *Flüssigkeit zum Zerstäuben* [< engl. *spray* „sprühen, (be)spritzen, zerstäuben"]

**Spraydose** ⟨[ʃpre:-] od. engl. [sprɛi-] f. 19⟩ *zylindrische Dose zum Zerstäuben von Flüssigkeiten mithilfe von Treibmitteln*

**sprayen** ⟨[ʃpre:-] od. engl. [sprɛi-] V. t. u. V. i.; hat⟩ *(Flüssigkeit) sprühen, zerstäuben (auf)* [→ *Spray*]

**Sprayer** ⟨['sprɛiə(r)] m. 3⟩ *jmd., der mittels eines Farbsprays Wände (mit Graffiti) besprüht* [engl.]

**sprechen** ⟨V. t. u. V. i. 246; hat⟩ **1** *Laute, Wörter bilden* **2** *sagen* **3** *eine Rede halten* **4** *sich unterhalten, reden* ♦ „...", sprach er; wir sprechen uns noch! *(bei der Verabschiedung; auch als Drohung);* der Teufel, sprich: das Böse im Menschen ... *das bedeutet, das heißt ...;* diese Bemerkung spricht **Bände** *sagt, erklärt vieles;* (einen) **Dialekt** sprechen; **Englisch,** Französisch sprechen *die engl., französ. Sprache beherrschen;* ein **Gebet,** Gedicht sprechen; **Recht** sprechen; den **Segen** sprechen; eine **Sprache** sprechen *beherrschen;* die **Wahrheit** sprechen; er hat die ganze Zeit kein **Wort** gesprochen ♦ das Kind **konnte** mit drei Jahren noch nicht sprechen; das Kind **lernt** sprechen ♦ sprich doch **deutlich!**; er spricht **fließend** Französisch; **laut,** leise sprechen ♦ **aus** all dem spricht seine tiefe Dankbarkeit; **durch** die Nase sprechen; **für** jmdn. sprechen *Fürsprache einlegen, für ihn eintreten, sich für ihn einsetzen; jmdn. vertreten, an seiner Stelle verhandeln;* wir haben lange **miteinander** gesprochen; **über** etwas od. jmdn. sprechen *sich darüber od. über ihn unterhalten;* über etwas sprechen *ein Thema behandeln;* **von** jmdm. sprechen; auf jmdn. nicht gut **zu** sprechen sein ⟨umg.⟩ *ihn nicht gut leiden können, ihm böse sein* ♦ sprechend *ausdrucksvoll;* sprechende Augen [< ahd. *sprehhan*]

SPRINGSCHWANZ (*Orchesella* species)

**Sprecher** ⟨m. 3⟩ **1** *jmd., der (gerade) spricht* **2** *Redner* **3** *Ansager (z. B. im Rundfunk)* **4** *Wortführer (einer Gruppe)* **5** *Staatsbeamter, der offiziell Mitteilungen an die Presse weitergibt* **6** *Sitzungsleiter* **7** *jmd., der eine einleitende Rolle zu sprechen hat* ♦ ein Sprecher des Außenministeriums teilte der Presse mit ... [→ *sprechen*]

**Sprechstunde** ⟨f. 19⟩ *Zeit, in der jmd. (Arzt, Professor, Behördenangestellter) zu sprechen ist* ♦ wann haben Sie Sprechstunde?; Sprechstunde halten; Sprechstunde ist täglich von 10-12 Uhr; kommen Sie bitte in meine Sprechstunde

**Sprechwerkzeug** ⟨n. 11; meist Pl.; Anat.⟩ *Körperteil od. Organ, das man zum Sprechen benötigt, z. B. Lippen, Zunge, Stimmbänder*

**Sprechzimmer** ⟨n. 13⟩ *Zimmer, in dem man mit jmdm. (bes. dem Arzt) in dessen Sprechstunde sprechen kann*

**spreizen** ⟨V.; hat⟩ **I** ⟨V. t.⟩ **1** *auseinander stellen, strecken* (Beine, Finger, Zehen) **2** *ausbreiten* (Flügel) **3** *aufplustern, sträuben* (Federn) **II** ⟨V. refl.⟩ **1** sich spreizen *geziert einherschreiten, sich wichtig tun (mit Gebärden)* **2** sich gegen etwas spreizen ⟨fig.⟩ *sich sträuben, sich zieren, sich geziert wehren* ♦ sich spreizen wie ein Pfau; gespreizter Stil *schwülstiger, gezierter S.* [seit dem 16. Jh. statt mhd. *spriuzen* „stemmen, stützen"; Ableitung zu mhd. *spriuz* „Stützbalken"]

**Spreizfuß** ⟨m. 1u; Anat.⟩ *Fuß, dessen Mittelfußknochen gespreizt sind*

**Sprengel** ⟨m. 5⟩ *Amtsbezirk (einer weltl. Behörde)* [< mhd. *sprengel* „Weihwasserwedel"; → *(be)sprengen;* seit dem 15. Jh. als Symbol der geistl. Gewalt auf den Amtsbezirk eines Bischofs übertragen]

**sprengen I** ⟨V. t.; hat⟩ **1** *mit Sprengstoff zerstören* **2** *mit Gewalt öffnen, aufbrechen* (Tür, Schloss) **3** *durch Druck von innen her zertrümmern* **4** *auseinander reißen* (Ketten, Fesseln) **5** *auseinander treiben, aufscheuchen, verjagen* (Versammlung) **6** *bespritzen, besprühen, beträufeln* (Wäsche, Rasen, Straße) ♦ die Bank sprengen ⟨fig.⟩ *durch hohen Gewinn der Spielbank alles Geld abnehmen;* das Eis hat das Gefäß gesprengt; ein Haus in die Luft sprengen **II** ⟨V. i.; ist; poet.⟩ *galoppieren* ♦ der Reiter sprengte in den Hof [< ahd. *sprengen,* transitive Ableitung von *springen,* eigtl. „springen machen"]

**Sprengkopf** ⟨m. 1u; Mil.⟩ *die Sprengladung enthaltender, vorderer Teil einer Rakete od. eines anderen Geschosses*

**Sprengkraft** ⟨f. 7u; unz.⟩ *Kraftwirkung, die bei einer Sprengung freigesetzt wird* ♦ die Sprengkraft einer Bombe

**Sprengstoff** ⟨m. 1⟩ *Stoff, der nach einer Zündung plötzlich große Mengen heißer Gase bildet, die einen zerstörenden Druck auf ihre Umgebung ausüben*

**Spreu** ⟨f.; -; unz.⟩ **1** *Hülsen, Spelzen, Grannen (des gedroschenen Getreides)* **2** ⟨Sinnbild für⟩ *Wertloses* ♦ die Spreu vom Weizen trennen, sondern ⟨fig.⟩ *Schlechtes vom Guten trennen* [< ahd. *spriu(w),* eigtl. „Stiebendes, Sprühendes"]

**Sprichwort** ⟨n. 12u⟩ *kurze, in ausdrucksvoller, einprägsamer Form (häufig mit End- od. Stabreim) überlieferte Lebensweisheit,* z. B. „Frisch gewagt ist halb gewonnen"

**sprießen** ⟨V. i. 247; ist⟩ *wachsen, keimen, treiben, sprossen* ♦ die Blumen sprießen aus der Erde; die erste Knospe spross aus der Erde [< ahd. *spriozan*]

**Springbock** ⟨m. 1u; Zool.⟩ *Antilope mit einer Hautfalte auf dem Rücken, die sich bei den bis zu 2 m hohen Sprüngen entfaltet: Antidorcas marsupialis*

**Springbrunnen** ⟨m. 4⟩ *Brunnen, bei dem das Wasser durch Druck aus einer Düse nach oben schießt u. in einem Becken gesammelt wird*

**springen** ⟨V. i. 248; ist⟩ **1** *einen Sprung machen, sich vom Boden wegschnellen* **2** *in Sprüngen laufen, hüpfen* **3** *einen Sprung, Riss bekommen, bersten* (von Glas, Metall) **4** *in die Höhe schnellen, schießen, hervor-, herausspritzen* (Wasserstrahl, Quelle, Blut) **5** ⟨fig.⟩ *eine Stelle aus-, weglassen (beim Vortrag eines Musikstücks, Darstellen einer Rolle)* **6** ⟨Brettspiel⟩ *ein Feld überschlagen* **7** ⟨umg.⟩ *rasch laufen* **8** *sich beeilen, eilen* **9** *eilfertig zu Diensten sein* ♦ das **Glas,** der Topf ist gesprungen; eine **Saite** ist gesprungen *gerissen* ♦ die Kinder **kamen** gesprungen; jmdn. (nur für sich) springen **lassen** ⟨fig.; umg.⟩ *seine Hilfsbereitschaft dauernd in Anspruch nehmen;* etwas springen lassen ⟨fig.; umg.⟩ *etwas ausgeben, spendieren* ♦ 1,20 m **hoch** springen; 4 m **weit** springen ♦ **aus** dem Bett springen; das Glas, die Schüssel sprang **in** tausend Stücke; ins Wasser springen; **über** einen Graben springen; **zur** Seite springen ♦ der springende Punkt dabei ist, dass ... ⟨fig.⟩ *das Entscheidende* [< ahd. *springan,* urspr. „auf-, hervorbrechen"]

**Springer** ⟨m. 3⟩ **1** *jmd., der springt* **2** *Arbeitnehmer, der in einem (Industrie-)Betrieb je nach Bedarf an unterschiedlichen Arbeitsplätzen eingesetzt wird* **3** ⟨Zool.⟩ **3.1** *Typ von Tieren, die sich springend bewegen* **3.2** *Bespringer, männliches Zuchttier*

**Springflut** ⟨f. 20⟩ *hohe Flut zur Zeit des Voll- u. Neumondes, wenn die Anziehungskraft von Sonne u. Mond in gleicher Richtung wirkt*

**Springform** ⟨f. 20⟩ *Kuchenblech mit bewegl., hohem Rand, der nach dem Backen gelöst wird*

**Springkraut** ⟨n. 12u; unz.; Bot.⟩ *Mitglied einer Gattung krautiger Pflanzen, aus deren Frucht beim Berühren die Samen weggeschleudert werden: Balsamine, Impatiens;* Sy *Nolimetangere*

**Springmaus** ⟨f. 7u; Zool.⟩ *Angehörige einer Gruppe der Springnager mit stark verlängerten Springbeinen u. langem Balancierschwanz: Jaculinae*

**Springreiten** ⟨n.; -s; unz.; Sp.⟩ ►► *Disziplin des Pferdesports, bei der in einem Parcours (meist in zwei Durchgängen) eine bestimmte Anzahl von unterschiedlichen Hindernissen zu überspringen ist*

**Springschwanz** ⟨m. 1u; Zool.⟩ ◄ *Angehöriger einer Ordnung ursprünglich flügelloser Insekten mit großer Sprunggabel, die von den Beinanlagen des 3. u. 4. Hinterleibssegmentes gebildet wird: Collembola*

**Sprinkler** ⟨m. 3⟩ *Gerät zum Besprengen, Berieseln größerer Flächen* ♦ mit Sprinklern wird die Rasenfläche des Parks besprengt [zu engl. *sprinkle* „besprengen"]

**Sprinkleranlage** ⟨f. 19⟩ *Sprinkler größeren Ausmaßes (als Feuerschutz in Kaufhäusern, Lagerhallen u. a.)*

**Sprint** ⟨m. 1; Sp.⟩ **1** *Kurzstreckenwettlauf* **2** *Radrennfahrt über eine kurze Strecke* [< engl. *sprint* „schnell rennen"]

**sprinten** ⟨V. i.; hat/ist; fig.; umg.: ist⟩ **1** ⟨Sp.⟩ *eine kurze Strecke mit größtmöglicher Geschwindigkeit zurücklegen* **2** ⟨fig.; umg.⟩ *schnell, eilig laufen* ♦ sie sprintet zur Bushaltestelle [→ *Sprint*]

**Sprinter** ⟨m. 3; Sp.⟩ *Kurzstreckenwettläufer* [engl.; → *Sprint*]

**Sprit** ⟨m. 1; umg.⟩ = *Benzin, Kraftstoff* [→ *Spiritus;* angelehnt an frz. *esprit* „Geist, Weingeist"]

**Spritzbeton** ⟨[-tɔ̃] od. [-tɔŋ] m.; -s; unz.⟩ *unter hohem Druck gegen Schalungen od. bereits bestehende Betonwände gespritzter Betonbrei, der dort zu einer festen Masse erstarrt*

**Spritzbeutel** ⟨m. 5⟩ ▼ *Stoffbeutel mit geöffneter Spitze zur Herstellung von Gebäck u. zum Verzieren von Torten, Süßspeisen u. Ä.*

SPRITZBEUTEL: HERSTELLUNG FRANZÖSISCHER BAISERS MIT EINEM SPRITZBEUTEL

## SPRINGREITEN

Obwohl Reitwettbewerbe bereits 642 v. Chr. Teil des olympischen Programms waren und Pferderennen seit dem Mittelalter ausgetragen werden, fanden Wettkämpfe im Springreiten erstmals zu Anfang des 20. Jh. statt. Dabei gilt es, möglichst fehlerfrei und schnell einen Hindernisparcours zu absolvieren, in dem Fehlerpunkte angerechnet werden, sobald Teile eines Hindernisses zu Boden fallen, ein Sprung verweigert wird, Pferd bzw. Reiter stürzen oder die Richtzeit überschritten wird. Bei Punktgleichheit wird der Sieger in bis zu fünf Stechen ermittelt. Wer die meist aus Stangen bestehenden und aus Sicherheitsgründen nur leicht befestigten Hindernisse in der falschen Reihenfolge überspringt, wird disqualifiziert.

SPRINGPFERD MIT REITER

### HINDERNISSE

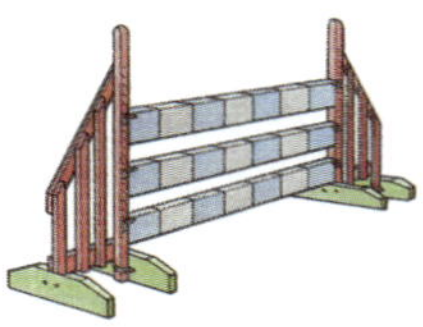

PFOSTEN MIT LATTE

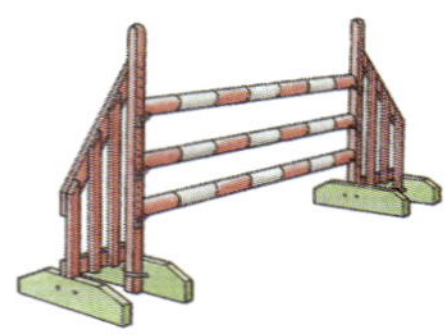

PFOSTEN MIT STANGE

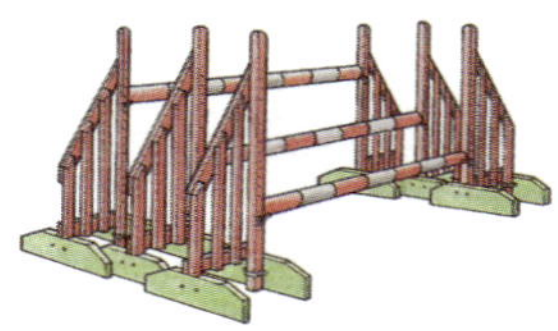

TRIPLEBARRE

MAUER

**Spritze** ⟨f. 19⟩ **1** ► *Gerät zum Spritzen, entweder als Gummiball mit Kanüle* (Handspritze, Klistierspritze), *als Schlauch mit verstellbarer Düse* (Gartenspritze, Feuerspritze) *od. als zylinderförmiges Glasröhrchen, in dem ein mit Handdruck bewegter Kolben die Flüssigkeit durch eine feine Nadel auspresst (für Einspritzungen zu Heilzwecken)* **2** *Einspritzung* ◆ eine Spritze bekommen; jmdm. eine Spritze geben

**spritzen I** ⟨V. i.; hat; fig.; umg. u. bei Bewegung in einer Richtung: ist⟩ **1** *Flüssigkeit in Tropfen wegschleudern* **2** *mit der Spritze Flüssigkeit aussenden, Flüssigkeit aus der Spritze pressen* **3** *in Tropfen od. Strahl herausschnellen, hervorquellen* **4** *leicht in wenigen Tropfen regnen* ◆ das heiße Fett spritzt (aus der Pfanne); mit Wasser spritzen **II** ⟨V. t.; hat⟩ **1** *mittels Spritze befeuchten, besprengen* **2** *mit der Spritzpistole Farben auftragen auf, mit Farbe, Lack versehen* **3** *mit Sodawasser verdünnen* (Wein, Schnaps, Saft) ◆ jmdn. spritzen *jmdm. eine Einspritzung geben;* Bäume, Pflanzen (mit einem Schädlingsbekämpfungsmittel) spritzen; der Wagen muss frisch gespritzt werden [seit dem 16. Jh. mhd. *sprützen,* urspr. „hervorschnellen"]

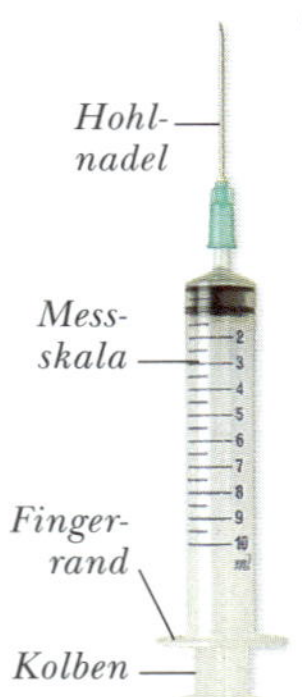


SPRITZE

**Spritzer** ⟨m. 3⟩ **1** *durch Spritzen entstandener Fleck* (Farbspritzer, Wasserspritzer) **2** *kleine gespritzte Menge* ◆ mach mir keine Spritzer aufs Kleid!; kann ich noch einen Spritzer Soda ins Glas haben?

**Spritzfahrt** ⟨f. 20; umg.⟩ *kleiner Ausflug mit einem Fahrzeug* [→ *spritzen*]

**Spritzguss** ⟨m. 1u⟩ ▼ *Guss, bei dem Kunststoffformteile aus pulver- od. granulatförmigen Formmassen mit Druck in die Form gepresst werden*

**spritzig** ⟨Adj.⟩ **1** *prickelnd* (Wein) **2** ⟨fig.⟩ *sprühend witzig, geistreich* (Lustspiel, Stil) ◆ die heutige Aufführung war sehr spritzig; ein spritziger Vortrag ⟨fig.⟩ [→ *spritzen*]

**Spritzkuchen** ⟨m. 4⟩ *mit Teigspritze geformter, in schwimmendem Fett gebackener, kleiner Kuchen aus eireichem Wasserteig*

## SPRITZGUSS

Beim Spritzguss gelangen Kunststoffteilchen (z. B. als Granulat) über einen Trichter in eine Kammer, in der sie aufgeheizt und aufgeschmolzen werden. Ein Schneckengetriebe presst die flüssige Masse in eine Gussform, wo sie rasch erkaltet, bevor sie ausgeworfen wird.

SPRITZGUSSVERFAHREN

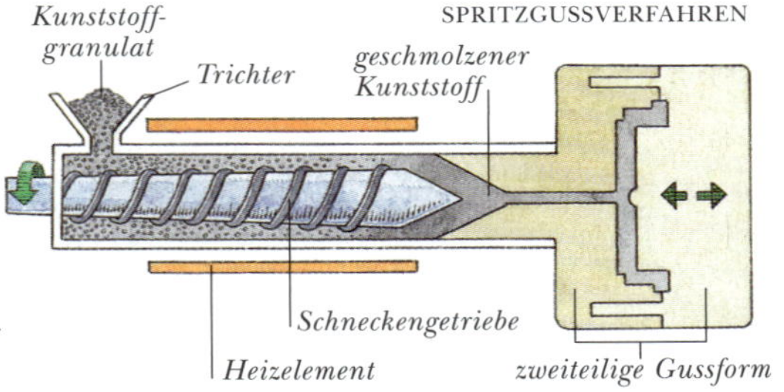


**Spritzloch** ⟨n. 12u; Zool.⟩ **1** *nur bei Haien u. Rochen ausgebildeter vorderster der sechs Kiemendarmdurchbrüche, der bei landlebenden Wirbeltieren zum Mittelohr wird: Spiraculum* **2** ▼ *weit nach hinten verschobene Nasenöffnung (paarig od. unpaarig) auf der Kopfoberseite der Wale, aus der beim Ausatmen eine Wasserdampffontäne emporsteigt*

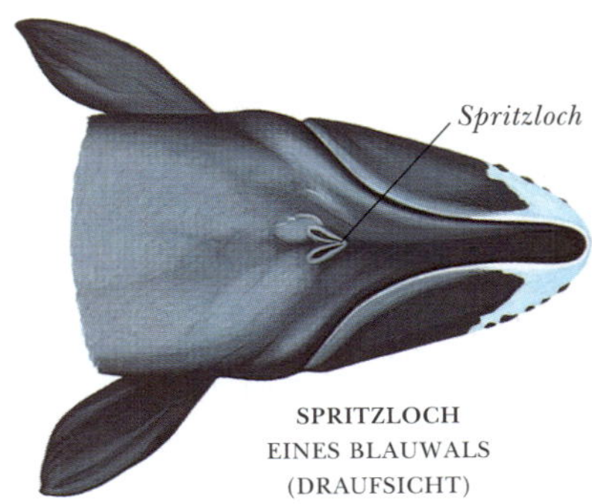


SPRITZLOCH EINES BLAUWALS (DRAUFSICHT)

**Spritzpistole** ⟨f. 19⟩ ► *Gerät zum Aufspritzen von Farbe od. Lack*

**spröd, spröde** ⟨Adj.⟩ **1** *hart, fest, aber bei Druck od. Schlag zerspringend, zerbrechlich* (Glas, Porzellan) **2** *trocken, aufgesprungen, rissig* (Haut) **3** *brüchig, heiser* (Stimme) **4** *schwer formbar, widerspenstig* **5** *kühl, herb, abweisend, verschlossen* [urspr. „ungeschmeidig" (von Erzen); vermutl. verwandt mit fläm. *sprooi* „gebrechlich"]

**Spross** ⟨m. 1⟩ **1** ⟨Bot.⟩ *junger Trieb* **2** ⟨fig.⟩ *Nachkomme* [zu *sprießen* in der urspr. Bedeutung „schnell emporwachsen"]

**Sprosse** ⟨f. 19⟩ **1** *Querholz zum Darauftreten an der Leiter* **2** *Zacke, Ende (am Geweih)* [→ *Spross*]

**Sprotte** ⟨f. 19; Zool.⟩ *rund 15 cm langer, mit dem Hering verwandter Fisch der Nord- u. Ostsee: Clupea sprattus;* Sy *Breitling* [< nddt. *sprot(tes),* vielleicht in der Bedeutung „kleiner, junger Fisch"]

**Spruch** ⟨m. 1u⟩ **1** *kurz u. einprägsam ausgesprochener Gedanke, kurzer Lehrsatz, Lebensregel, oft in Reimen* (Denkspruch, Sinnspruch, Wahlspruch) **2** *Form der mittelhochdeutschen Lyrik, liederartiges, strophisches, sangbares Gedicht* (Sangspruch) **3** *kurzes Lehrgedicht in Reimpaaren ohne strophische Einteilung* **4** *ausgedrückte Entscheidung* (Richterspruch, Schiedsspruch, Urteilsspruch) **5** *Beschwörungsformel* (Zauberspruch) **6** *Stelle aus einem Buch, Zitat, bes. aus der Bibel* (Bibelspruch) ◆ die Sprüche Salomons; Sprüche machen, klopfen ⟨fig.⟩ *leeres Gerede von sich geben, große Worte od. Versprechungen machen* [< mhd. *spruch,* eigtl. „Gesprochenes"; → *sprechen*]

**Spruchdichtung** ⟨f. 20; unz.; bes. im MA⟩ *Dichtung von Sprüchen (als eigene Literaturgattung)*

**spruchreif** ⟨Adj.⟩ *reif zur Entscheidung, zur öffentlichen Bekanntgabe* ◆ der Drucktermin, Hochzeitstermin ist (noch nicht) spruchreif

**Sprudel** ⟨m. 5⟩ **1** *Wasserwirbel, Strudel* **2** *Strahl des Springbrunnens* **3** *Quelle* **4** *Mineral-, Sodawasser* [Rückbildung zu *sprudeln* (18. Jh.)]

**sprudeln** ⟨V. i.; hat; fig. u. bei Bewegung in einer Richtung: ist⟩ **1** *sprühend, schäumend hervorquellen* **2** *wirbeln, sprühend od. schäumend bewegt sein* **3** *wallen, kochen, Blasen bilden* **4** ⟨fig.⟩ *überquellen, überschäumen, sprühen* ◆ der Sekt ist aus der Flasche gesprudelt; die Worte sprudelten nur so aus seinem Mund [vermutl. unter Einfluss von *prudeln (= brodeln)* aus *sprühen* abgeleitet]

**Sprühdose** ⟨f. 19⟩ *Dose mit Zerstäuber zum Versprühen von Flüssigkeit*

**sprühen** **I** ⟨V. i.; hat; bei Bewegung in einer Richtung: ist⟩ **1** *in kleinen Teilchen* (Funken, Flüssigkeit) *spritzen, davon-, auseinander fliegen* **2** *leicht, fein regnen* ◆ es sprüht; die Gischt sprühte ins, übers Boot; die Funken sprühten nach allen Seiten; sprühen vor Freude, Lebenslust ⟨fig.⟩ *sehr lebhaft, ausgelassen sein;* sprühender Witz ⟨fig.⟩ *lebhaft-geistreiche, einfallsreiche Witzigkeit* **II** ⟨V. t.; hat⟩ *kleinste Teilchen (besonders von Flüssigkeit) aussenden* ◆ Flüssigkeit über Pflanzen usw. sprühen

**Sprühregen** ⟨m. 4; unz.⟩ *feiner, leichter Regen*

**Sprung** ⟨m. 1u⟩ **1** *das Springen* **2** *Bewegung, bei der man sich mit einem Bein od. beiden Beinen zugleich vom Boden abstößt, so dass man sekundenlang frei od. sich auf ein Gerät stützend in der Luft schwebt* **3** *Wettkampfübung im Springen* (Hochsprung, Weitsprung, Stabhochsprung) **4** *kleiner Spalt, Riss (im Glas, Porzellan)* **5** ⟨Geol.⟩ ► = *Verwerfung (2)* **6** *Weglassen von Zwischenstufen, plötzl. Veränderung ohne Übergang* (Gedankensprung) **7** *Erhöhung des Schiffsdecks, Heck u. Bug* **8** ⟨fig.; umg.⟩ *kleine Entfernung, kurze Strecke* **9** *kurze Zeitspanne* ◆ das Glas **hat** einen Sprung ◆ **großer,** hoher, weiter Sprung ◆ jmdm. **auf** die Sprünge helfen ⟨fig.⟩ *ihm helfen, ihn fördern; ihm einen Hinweis, Tipp, Wink geben;* Sprung **aus** dem Fenster; **in** großen Sprüngen davonlaufen; Sprung ins Wasser; Sprung **über** einen Graben; **zum** Sprung ansetzen (besonders vom Raubtier)

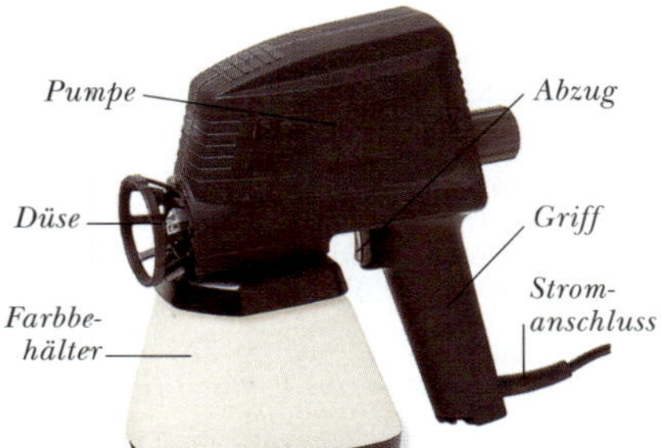

SPRITZPISTOLE

**Sprungbein** ⟨n. 11; Anat.⟩ *Hauptknochen der Fußwurzel: Talus*

**Sprungbrett** ⟨n. 12⟩ **1** *federndes, übers Wasser hinausragendes Brett zum Absprung beim Kunstspringen* **2** *schräg stehendes, nicht federndes Brett als Hilfsmittel beim Geräteturnen* **3** ⟨fig.⟩ *günstiger Ausgangspunkt* ◆ etwas als Sprungbrett für eine höhere Stellung benutzen ⟨fig.⟩

**Sprungfeder** ⟨f. 21⟩ *Stahlfeder für Polstermöbel, Matratzen*

**Sprunggelenk** ⟨n. 11; Anat.⟩ ► *Fußgelenk zwischen Unterschenkel- und Fußwurzelknochen: Tarsalgelenk*

**sprunghaft** ⟨Adj.; -er, am -esten⟩ **1** *in Sprüngen, ruckweise* **2** ⟨fig.⟩ *unfähig, bei der Sache zu bleiben, einen Gedanken zu verfolgen* (Person) ◆ er ist sehr sprunghaft (in seinen Gedanken, Stimmungen, seinem Verhalten); sich sprunghaft steigern

**Sprungschanze** ⟨f. 19; Sp.⟩ *Anlage zum Skispringen, bestehend aus geneigter Anlaufbahn, Absprunghügel od. -gerüst (Schanzentisch) u. Auslaufbahn*

**Sprungtuch** ⟨n. 12u⟩ *rundes Segeltuch mit Griffen am Rand, zum Auffangen von Personen, die aus den oberen Stockwerken brennender Gebäude springen müssen*

**spucken** ⟨V. t. u. V. i.; hat; umg.⟩ *Speichel, Auswurf von sich geben, speien, sich übergeben, erbrechen* ◆ **Blut** spucken; jmdm. auf den **Kopf** spucken können ⟨fig.; umg.; scherzh.⟩ *größer sein als er* ◆ jmdm. **ins** Gesicht spucken; jmdm. in die Suppe spucken ⟨fig.; umg.⟩ *ihm ein Vorhaben, einen Plan verderben* (aus verächtl. Ablehnung) [vermutl. < mhd. *spiuchen*]

**Spuk** ⟨m. 1; Pl. selten⟩ **1** *Gespenstererscheinung, gespenstisches Treiben* **2** ⟨fig.; umg.⟩ *Lärm, Unfug* **3** *Aufhebens, Umstände* [< mnddt. *spok, spuk;* Herkunft nicht geklärt]

**spuken** ⟨V. i.; hat⟩ **1** jmd. spukt *geht als Geist um,* ⟨fig.⟩ *treibt sein Unwesen* **2** etwas spukt *ist (noch) lebendig* **3** ⟨unpersönl.⟩ es spukt *Geister gehen um* ◆ hier im Schloss spukt es [→ *Spuk*]

**Spule** ⟨f. 19⟩ **1** ⟨Textilw.⟩ ► *Rolle zum Aufwickeln von Garnen* **2** ⟨El.⟩ *in mehreren Windungen um einen Zylinder gewickelter Draht* **3** *unterer, in der Haut steckender Teil der Vogelfeder* [< ahd. *spuolo, spuola,* eigtl. „kleines Holzstück"; → *spalten*]

SPULE: GARNSPULE

**spulen** ⟨V. t.; hat⟩ **1** *auf eine Spule wickeln* **2** *von einer Spule abwickeln*

**spülen** ⟨V. t.; hat⟩ **1** *mit Wasser reinigen* (Mund, Gläser, Geschirr) **2** *im Wasser schwenken, um Seife zu entfernen* (Haar, Wäsche) **3** *mit viel Flüssigkeit benetzen, auswaschen (bes. zu Heilzwecken)* **4** *durch Wasser fortbewegen* ◆ eine Verletzung, einen Zahn mit Kamillentee spülen [< ahd. *spuolen;* Herkunft nicht geklärt]

**Spülmaschine** ⟨f. 19⟩ *Maschine zum Geschirrspülen*

**Spulwurm** ⟨m. 2u; Zool.⟩ *im Verdauungskanal des Menschen u. der Säugetiere schmarotzender Fadenwurm: Ascaris*

**Spund** ⟨m. 1⟩ **1** *Holzpflock, Zapfen, Pfropfen zum Verschließen von Fässern u. anderen Behältern* **2** *in die Nut eingreifender Zapfen* [< mhd. *spunt* „Spundloch" < lat. *expunctum* „gestochenes Loch"]

**Spur** ⟨f. 20⟩ **1** *Abdruck von Füßen, Rädern, Skiern usw. im Boden od. Schnee* (Fußspur, Radspur, Schlittenspur, Wagenspur) **2** *Fährte, Tritt* **3** *Furche, Kielwasser* **4** ⟨Jägerspr.⟩ *Fußabdrücke (des Niederwildes)* **5** *Eisenbahngleis hinsichtlich seines Schienenabstandes* (Schmalspur) **6** *(meist durch Markierung abgegrenzter) Streifen einer Fahrbahn* (Kriechspur, Überholspur) **7** ⟨fig.⟩ *Anzeichen* **8** *Überrest* **9** *Kleinigkeit, winzige Menge* ◆ die Spuren einer versunkenen **Kultur** ⟨fig.⟩; es fehlt noch eine Spur **Salz** ⟨fig.⟩ ◆ wir haben keine Spur von ihm **gefunden** *kein Zeichen, dass er hier gewesen ist;* die Spur **führt** in den Wald, ins Ausland; eine Spur **verfolgen;** die Spur **verlieren** ◆ eine **alte,** frische, neue Spur; **keine** Spur! ⟨fig.; umg.⟩ *ganz u. gar nicht!* ◆ jmdn. **auf** die (richtige) Spur bringen ⟨fig.⟩ *jmdm. einen Hinweis geben;* einem Dieb auf der Spur sein *einen Dieb verfolgen;* **nicht** die Spur! ⟨fig.; umg.⟩ *ganz u. gar nicht, nicht das Geringste!* [< ahd. *spor*]

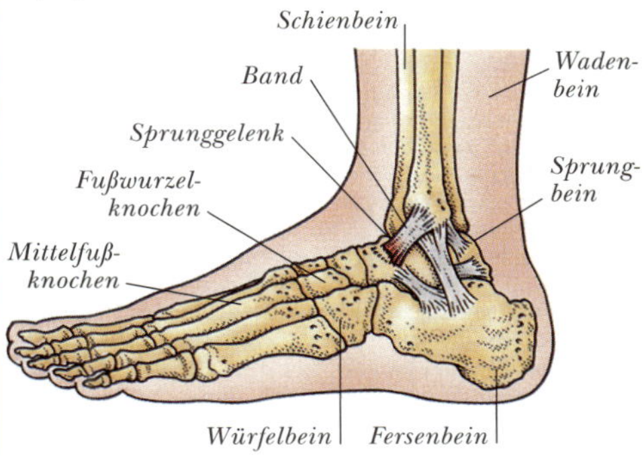

SPRUNGGELENK IM FUSS DES MENSCHEN

**spuren** ⟨V. i.; hat⟩ **1** ⟨Skisp.⟩ *die erste Spur hinterlassen (im Neuschnee)* **2** *genau in einer Spur fahren* **3** ⟨fig.; umg.⟩ *gehorchen, sich einfügen, einordnen*

**spüren** ⟨V. t.; hat⟩ *mit dem Tastsinn wahrnehmen, merken, empfinden, fühlen* ◆ er spürt jetzt sein Alter; Schmerz, Wirkung spüren; den Wind, die Kälte spüren; etwas am eigenen Leibe spüren *es selbst erleben* [< ahd. *spurian* „eine Spur suchen", später „wahrnehmen"; → *Spur*]

**Spurenelement** ⟨n. 11⟩ **1** ⟨Biol.⟩ *von einem Lebewesen in geringen Mengen benötigtes Element* [zu *Spur* „geringe Menge"]

**Spurensicherung** ⟨f. 20⟩ *polizeil. Ermittlung u. Aufzeichnung der Spuren einer Straftat*

**Spürhaar** ⟨n. 11; Zool.⟩ ► = *Schnurrhaar*

**Spürhund** ⟨m. 1⟩ **1** *Hund, der das Wild aufspürt od. auf die Spur eines Verbrechers angesetzt wird* **2** ⟨fig.; umg.⟩ *findiger Mensch* **3** *Spitzel*

**...spurig** ⟨Adj.; in Zus.⟩ *mit einer bestimmten Anzahl od. Art von Spur(en) versehen,* z. B. einspurig, zweispurig, schmalspurig

**Spürsinn** ⟨m. 1; unz.⟩ **1** *Fähigkeit zum Spüren (vom Jagdhund)* **2** ⟨fig.⟩ *feines Gefühl, etwas aufzuspüren, zu finden*

**Spurt** ⟨m. 1 od. 6⟩ *plötzl., kurzfristige Beschleunigung des Tempos während od. am Ende eines Rennens* (Zwischenspurt, Endspurt) [engl.; zu *spirt, spurt* „hervorspritzen"]

S

**spurten** ⟨V. i.; hat⟩ *das Tempo kurzfristig steigern* [→ *Spurt*]
**sputen** ⟨V. refl.⟩ sich sputen *sich eilen, beeilen* ◆ wir müssen uns sputen [< ahd. *spuoten* „beschleunigen"; zu ahd. *spuot* „Erfolg, Schnelligkeit"]
**Sputnik** ⟨m. 6; Raumf.⟩ ▼ *erster sowjet. Erdsatellit* [russ., „Begleiter, Weggefährte"]
**Squaredance** ⟨['skwɛːr'dæns] m.; -, -s [-siz]⟩ *in Formationen getanzter amerikanischer Volkstanz* [< engl. *square* „Quadrat" + *dance* „Tanz"]
**Squash** ⟨[skwɔʃ] n.; - od. -s; unz.; Sp.⟩ ► *Rückschlagspiel zwischen zwei Spielern auf einer 6,40×9,75 m großen, von vier Wänden begrenzten Fläche* [engl., „pressen" < vulgärlat. *exquassare* < lat. *ex* „aus, heraus" + *quassare* „schleudern"]
**Squaw** ⟨[skwɔː] f. 10⟩ *indian. Frau, Indianerin* [Algonkin]
**Sr** ⟨Zeichen für⟩ *Strontium*
**S-Rohr** ⟨n. 11⟩ *wie ein S gekrümmtes Rohr*
**SS.** ⟨Abk. für⟩ **1** *Sante* **2** *Santi*
**st** ⟨Abk. für⟩ *Stunde*
**St** ⟨Abk. für frz.⟩ *Saint*
**St.** ⟨Abk. für⟩ **1** *Stunde* **2** *Stück (1)* **3** *Sankt* **4** *Saint*
**Sta.** ⟨span. u. portugies. Abk. für⟩ *Santa*
**Staat** ⟨m. 23⟩ **1** *größere Gemeinschaft von Menschen innerhalb festgelegter Grenzen unter einer hoheitl. Gewalt* **2** ⟨umg.⟩ *Land* **3** *zweckvoll organisierte, größere Gemeinschaft mancher Tiere* (Bienenstaat, Ameisenstaat) **4** ⟨fig.⟩ *Regierung eines Staates* **5** ⟨fig.; umg.⟩ *Aufwand, Pracht, Prunk* **6** ⟨umg.⟩ *schöne Kleidung* (Sonntagsstaat) ◆ im **Interesse** des Staates ◆ Staat **machen** ⟨fig.; umg.⟩ *Aufwand treiben* ◆ der **französische,** englische Staat ◆ **beim** Staat angestellt sein; **in** ihrem besten Staat ⟨fig.; umg.⟩ *in ihrer besten Kleidung* [< spätmhd. *sta(a)t* „Stand, Zustand, Lebensweise", bes. „gehobener Stand" < lat. *status;* zu *stare* „stehen"; die polit. Bedeutung ist im 17. Jh. aus dem frz. Wort *état* „Staatsverfassung, Staat" entlehnt]
**staatlich** ⟨Adj.⟩ **1** *den Staat betreffend, zu ihm gehörig, von ihm ausgehend* **2** *die Staatsregierung betreffend, zu ihr gehörig, in ihrem Dienst stehend, sie vertretend, von ihr ernannt* ◆ staatlich geprüft *im Beisein einer staatlichen Prüfungskommission geprüft*
**Staatsakt** ⟨m. 1⟩ *feierliche Handlung einer Staatsregierung*
**Staatsangehörigkeit** ⟨f. 20⟩ *Zugehörigkeit zu einem bestimmten Staat* ◆ die deutsche, französische, türkische Staatsangehörigkeit besitzen
**Staatsanwalt** ⟨m. 1u; Rechtsw.⟩ *juristisch ausgebildeter, nicht richtender Beamter der Staatsanwaltschaft*
**Staatsbegräbnis** ⟨n. 11⟩ *feierliches öffentliches Begräbnis einer hohen Persönlichkeit auf Staatskosten* ◆ ein pompöses Staatsbegräbnis
**Staatsbürger** ⟨m. 3; Pol.⟩ **1** *Staatsangehöriger* **2** *Bürger eines Staates mit allen politischen Rechten u. Pflichten*
**Staatsexamen** ⟨n. 14; Pl. a.: -mina⟩ *Examen vor einer staatl. Prüfungskommission*
**Staatskirche** ⟨f. 19; Rel.⟩ *dem Staat untergeordnete, dafür jedoch von staatl. Seite mit besonderen Vorrechten ausgestattete Kirche*

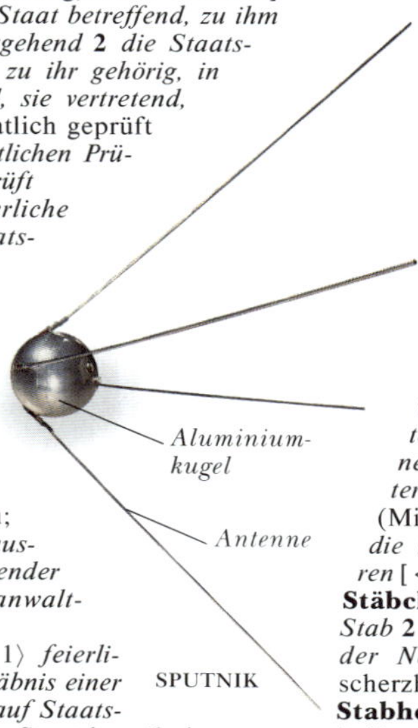


SPUTNIK

## SQUASH

Squashspieler schlagen einen Gummiball abwechselnd gegen die Stirnwand eines vierwändigen Spielfeldes. Dabei kann der Ball, der sich nur dann im Spiel befindet, wenn er zwischen Tin und Auslinie auftrifft, zwar von jeder Wand zurückprallen, darf aber höchstens einmal den Boden berühren. Ein Spiel besteht aus zwei oder drei Gewinnsätzen, die bis zum Erreichen von neun oder zehn Punkten gespielt werden.

INTERNATIONALES SPIELFELD

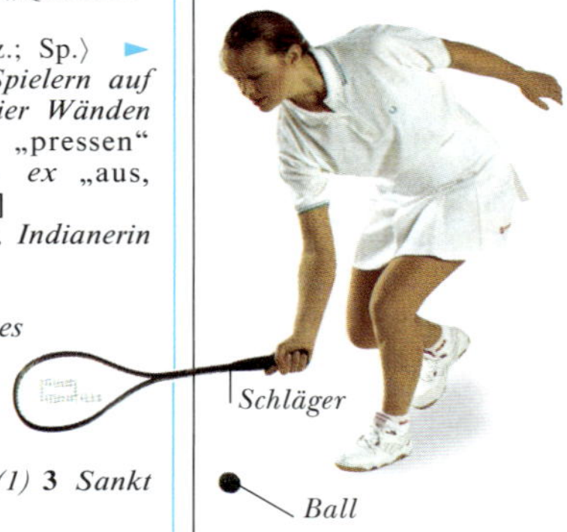


SQUASHSPIELERIN

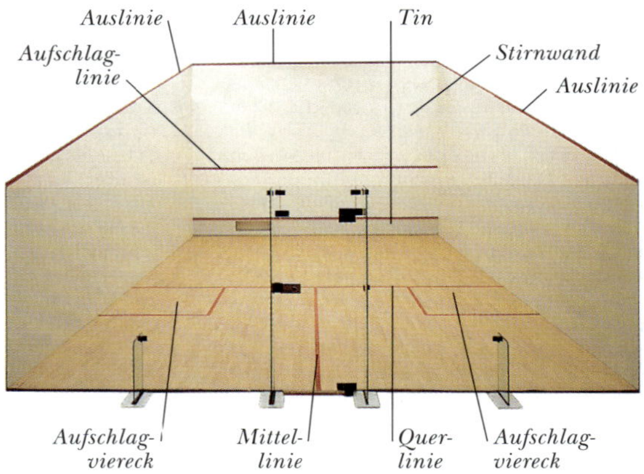


**Staatspräsident** ⟨m. 16; Pol.⟩ *Oberhaupt einer Republik*
**Staatsqualle** ⟨f. 19; Zool.⟩ *von Medusen gebildeter Tierstaat: Siphonophora*
**Staatsreligion** ⟨f. 20; Rel.⟩ *in einem Staat verbindliche od. mit besonderen Vorrechten ausgestattete Religion*
**Staatssekretär** ⟨m. 1; Pol.⟩ **1** *hoher Staatsbeamter* **2** ⟨in Deutschland seit 1919 bzw. der BRD⟩ *höchster Beamter eines Ministeriums unter dem Minister*
**Staatssicherheit** ⟨f.; -; unz.; DDR; Kurzw.: Stasi; kurz für⟩ *Ministerium für Staatssicherheit (polit. Polizei)*
**Staatsstreich** ⟨m. 1; Pol.⟩ *Regierungsumsturz durch die Regierung selbst od. hohe Militärpersonen* [in Anlehnung an *Handstreich*]
**Stab** ⟨m. 1u⟩ **1** *(bes. runder, glatter) Stock* (Wanderstab), *dünne Stange* (Holzstab, Gitterstab), *als Turngerät für Stabhochsprung, oft als Zeichen einer bes. Würde* (Bischofsstab, Marschallstab) **2** ⟨fig.⟩ *Hilfspersonal von Truppenführern (vom Bataillon an aufwärts)* (Generalstab, Regimentsstab) **3** *Gesamtheit der leitenden Angestellten eines Unternehmens* **4** *Gruppe von Mitarbeitern um eine leitende Persönlichkeit* (Mitarbeiterstab) ◆ den Stab führen *die musikal. Leitung haben, dirigieren* [< ahd. *stab*]
**Stäbchen** ⟨n. 14⟩ **1** *kleiner, dünner Stab* **2** *lichtempfindliche Sinneszelle in der Netzhaut des Auges* **3** ⟨umg.; scherzh.⟩ *Zigarette*
**Stabheuschrecke** ⟨f. 19; Zool.⟩ **1** ⟨i. w. S.⟩ *Angehörige einer Familie der Gespenstheuschrecken mit stabförmigem Körper: Bacillidae, Bacteriidae;* ► *Insekten* **2** ⟨i. e. S.⟩ *als Versuchstier verwendete Art: Carausius morosus*
**Stabhochsprung** ⟨m. 1u; unz.; Sp.⟩ *Hochsprung mithilfe eines 4-5 m langen Stabes über eine Latte*

STACHELKEULE: INDISCHE STACHELKEULE DES 18. JH.

**stabil** ⟨Adj.⟩ Ggs *instabil, labil* **1** *fest, standfest* **2** *dauerhaft, beständig* [< lat. *stabilis* „standfest"; zu *stare* „stehen"]
**stabilisieren** ⟨V. t.; hat⟩ *stabil machen* (Währung); Ggs *destabilisieren* [→ *stabil*]
**Stabilität** ⟨f. 20; unz.⟩ **1** *stabile Beschaffenheit, Festigkeit, Standfestigkeit* **2** *Beständigkeit, Dauerhaftigkeit;* Ggs *Instabilität* [< lat. *stabilitas;* → *stabil*]
**Stabreim** ⟨m. 1; Lit.⟩ *altgerman. Reim, gekennzeichnet durch gleichen Anlaut mehrerer betonter Wörter in der Langzeile;* Sy *Alliteration* [zu *Stab* in der Bedeutung „senkrechter Strich eines Buchstabens, Buchstabe", daraus „im Anlaut wiederholter Buchstabe"]
**staccato** ⟨Mus.⟩ *jeder Ton einzeln kurz abgestoßen (zu spielen);* oV *stakkato* [ital., „abgesondert"]
**Stachel** ⟨m. 25⟩ **1** *spitzes Anhangsgebilde der Pflanzen, an dessen Bildung außer der Oberhaut auch tiefer liegende Gewebeschichten beteiligt sind* **2** Stacheln ⟨Pl.⟩ *kräftige, spitze, stark entwickelte Haare, Schuppen od. Anhänge des Hautskeletts* **3** *mit Giftdrüsen verbundener, umgewandelter Teil des Legeapparates von Hautflüglern* (Wehrstachel) **4** *metallene Spitze, schmaler, spitzer, metallener Gegenstand, Dorn (an Schnallen)* **5** ⟨fig.⟩ *heftiger Antrieb* **6** ⟨fig.⟩ *stechender seel. Schmerz, leiser Groll* ◆ der Stachel des Ehrgeizes [< ahd. *stachil(la);* → *Stich* u. *stechen*]
**Stachelbeere** ⟨f. 19⟩ *Frucht des Stachelbeerstrauches;* ► *Früchte*
**Stacheldraht** ⟨m. 1u⟩ *Geflecht aus vielen zusammengedrehten Drähten, deren Enden abgebogen sind (als Hindernis, Einzäunung)*
**Stachelhäuter** ⟨m. 3; Zool.⟩ ► *radial-symmetrisches, meeresbewohnendes Tier, dessen Haut meist von starren Stacheln aus Kalk bedeckt ist: Echinodermata*
**stachelig** ⟨Adj.⟩ oV *stachlig* **1** *voller Stacheln* **2** *stechend, kratzend* (Bart, Stoff)
**Stachelkeule** ⟨f. 19⟩ ◄ *an einem Ende mit einer stachelbesetzten metal. Kugel versehenes Schlaggerät*

S

STACHELMAKRELE (*Caranx hippos*)

**Stachelmakrele** 〈f. 19; Zool.〉 ▲ *Angehörige einer Familie der Barsche: Carangidae*
**stacheln** 〈V. t.; hat〉 *mit Stacheln antreiben* (Zugtier)
**Stachelpilz** 〈m. 1〉 *durch Stacheln, Warzen od. zahnförmige Fortsätze an der Hutunterseite gekennzeichneter Ständerpilz: Hydnaceae*
**Stachelratte** 〈f. 19; Zool.〉 *Nagetier aus der Familie der Erdstachelschweine mit Rückenstacheln: Atherura africana*
**Stachelrochen** 〈m. 4; Zool.〉 *Angehöriger einer Stacheln tragenden Familie der Rochen: Dasyatidae*
**Stachelschwein** 〈n. 11; Zool.〉 *Angehöriger einer Familie der Erdstachelschweine, dessen Körper auf der Oberseite mit Stacheln u. Borsten besetzt ist;* ► *Säugetiere* [zu *Schwein,* weil das Nagetier ähnlich grunzt]
**stachlig** 〈Adj.〉 = *stachelig*
**Stadel** 〈m. 5; oberdt.; schweiz.〉 **1** *Scheune* **2** *Gerüst zum Trocknen von Heu* (Heustadel) [< ahd. *stadel,* urspr. „Stand, Standort"]
**stadial** 〈Adj.〉 *stufenweise, abschnittsweise* [mit latinisierender Endung zu *Stadium*]
**Stadien** 〈Pl. von〉 **1** *Stadion* **2** *Stadium*
**Stadion** 〈n.; -s, -dien〉 *Sportplatz, Wettkampfplatz* (Sportstadion, Schwimmstadion) [< grch. *stadion,* urspr. ein Längenmaß (185 m); auch Bez. für die Rennbahn von Olympia, die ein Stadion lang war; daraus allg. „Kampfplatz"]
**Stadium** 〈n.; -s, -dien〉 **1** *Stand, Zustand* **2** *Entwicklungsstufe, Abschnitt* ◆ im letzten Stadium (einer Krankheit usw.) [lat., „Rennbahn" < grch. *stadion;* in der medizin. Fachsprache des 18./19. Jh. in der Bedeutung „Abschnitt im Verlauf einer Krankheit gebraucht"; → *Stadion*]
**Stadt** 〈f. 7u〉 **1** 〈i. w. S.〉 *größere, geschlossene, vom Dorf durch bestimmte Rechte unterschiedene Wohnsiedlung* **2** 〈i. e. S.〉 *Innenstadt, Geschäftszentrum* **3** 〈umg.〉 *die Bewohner einer Stadt* ◆ die Stadt **Krefeld;** am **Rand** der Stadt wohnen; der **Rat** der Stadt ◆ die **Ewige** Stadt *Rom;* die **ganze** Stadt spricht schon davon 〈umg.〉 ◆ **außerhalb** der Stadt wohnen [< ahd. *stat* „Ort, Stelle", bes. „Wohnort", seit dem 12. Jh. auch als Rechtsbegriff gebraucht; im 16. Jh. durch Schreibung mit *dt* von *Statt* in der Bedeutung „Stätte, Stelle" abgehoben]

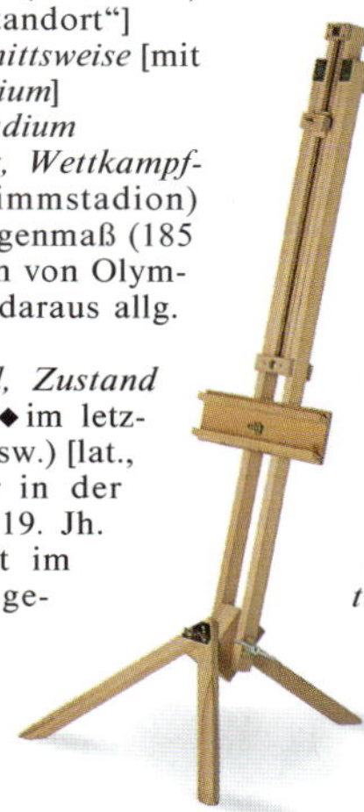

STAFFELEI

**Stadtbuch** 〈n. 12u〉 *seit dem Mittelalter in den Städten geführtes Buch mit Aufzeichnungen über Rechte, Rechts- u. Verwaltungsvorgänge usw.*
**Städtebau** 〈m.; -(e)s; unz.〉 *planmäßiger, sinnvoller Bau von Städten*
**Stadtflucht** 〈f. 20; unz.〉 *Abwanderung von Einwohnern von Städten in nahe gelegene ländl. Wohngebiete*
**städtisch** 〈Adj.〉 **1** *die Stadt betreffend, zu ihr gehörend* **2** *in ihr wohnend, aus ihr stammend* **3** *die Stadtverwaltung betreffend, zu ihr gehörend, ihr unterstellt, von ihr ausgehend* **4** *wie in der Stadt üblich, ihr gemäß;* Ggs *ländlich (1)* ◆ städtischer Angestellter
**Stadtplan** 〈m. 1u〉 *Straßenkarte einer Stadt*
**Stadtrat** 〈m. 1u〉 **1** *Gemeindevertretung einer Stadt* **2** 〈Amtstitel für〉 *Mitglied des Gemeindevorstandes einer Stadt*
**Stadtstaat** 〈m. 23〉 *eine Stadt als selbständiges Staatswesen (z. B. früher in Italien, die Polis im alten Griechenland, in Dtschld. die Reichsstädte, heute noch Hamburg)*
**Stadttheater** 〈n. 13〉 *von der Stadt verwaltetes u. finanziell unterhaltenes Theater*
**Stadtväter** 〈nur Pl.〉 *die leitenden Mitglieder der Stadtverwaltung, der Rat der Stadt*
**Stadtverordnete(r)** 〈f. 30 (m. 29); Amtsbezeichnung für〉 *Mitglied der Gemeindevertretung*
**Stadtverwaltung** 〈f. 20〉 **1** *Verwaltung einer Stadt* **2** *Gesamtheit der in ihr tätigen Personen* ◆ er arbeitet bei der Stadtverwaltung
**Stadtwerke** 〈Pl.〉 *von einer Stadt betriebenes Unternehmen zur Energieversorgung*
**Staffage** 〈[-ʒə] f. 19〉 *(schmückendes) Beiwerk, Nebensächliches, zusätzliche Ausstattung* ◆ überflüssige Staffage [im 18. Jh. mit frz. Endung zu *staffieren* gebildet]
**Staffel** 〈f. 21〉 **1** *Stufe, z. B. Leitersprosse, Gehaltsstufe* **2** 〈schwäb.〉 *Treppe* **3** 〈Mil.〉 **3.1** *Verband von neun Flugzeugen* **3.2** *der Kompanie entsprechende Einheit der Fliegertruppe* **4** 〈Sp.〉 *Mannschaft beim Staffellauf* [< ahd. *staffal, staphal* „Grundlage, Schritt", urspr. „erhöhter Tritt"]
**Staffelei** 〈f. 18〉 ▲ *Gerüst, auf dem das Bild beim Malen steht* [zu *Staffel* „Stufe", wegen der verstellbaren Höhe]
**Staffellauf** 〈m. 1u; Sp.; Leichtathl.〉 *Wettlauf, bei dem die Mitglieder einer Mannschaft einander ablösen und dabei jeweils einen Stab übergeben* [im 20. Jh. statt *Stafettenlauf;* → *Staffel*]
**staffeln** 〈V. t.; hat〉 **1** *abstufen* (Löhne, Tarife) **2** *staffelweise aufstellen* [→ *Staffel*]
**Staffelung** 〈f. 20; unz.〉 **1** *das Staffeln, das Gestaffeltsein, Gliederung* **2** *Aufstellung in gestaffelter Ordnung*
**staffieren** 〈V. t.; hat〉 **1** *ausstatten, ausrüsten* **2** 〈meist〉 *ausstaffieren* **3** 〈österr.〉 *verzieren* (Hut) ◆ einen Mantel staffieren *Futter in einen M. einnähen* [zu mnddt. *staffieren, stofferen* „ausschmücken" < afrz. *estoffer* (frz. *étoffer*) „mit Stoff versehen"]
**Stagnation** 〈f. 20; unz.〉 *das Stagnieren, Stillstand;* Sy *Nullwachstum*
**stagnieren** 〈V. i.; hat〉 *stocken, stillstehen, beharren* (Entwicklung) [< lat. *stagnare* „überschwemmt, gestaut sein"; zu *stagnum* „stehendes Gewässer"]

## STACHELHÄUTER

Seeigel, Seesterne und Seewalzen sind die bekanntesten Vertreter der Stachelhäuter, die als einzige Tiere fünfstrahlig-radialsymmetrisch sind und weder über einen Kopf noch über ein Ausscheidungs- oder ein zentrales Nervensystem verfügen. Ihre Fortbewegung vollzieht sich mittels schwellbarer muskulöser Schläuche, den so genannten Ambulakralfüßchen.

ÄUSSERE MERKMALE EINES EISSEESTERNS (*Marthasterias glacialis*)

ANATOMIE EINES SEESTERNS

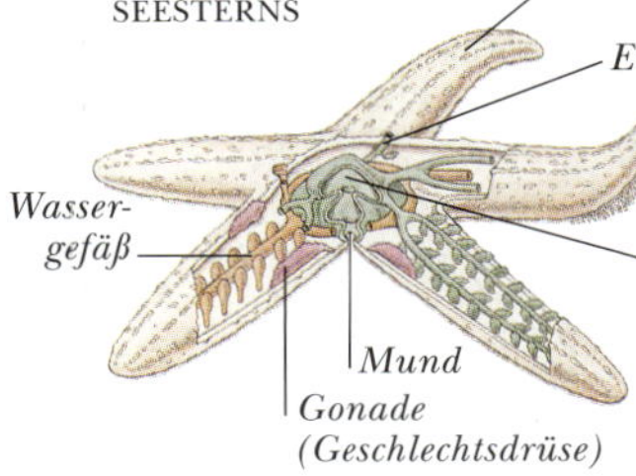


DIE WICHTIGSTEN STACHELHÄUTERGRUPPEN

ECHINOIDEA (Seeigel, Sanddollars)

ASTEROIDEA (Seesterne)

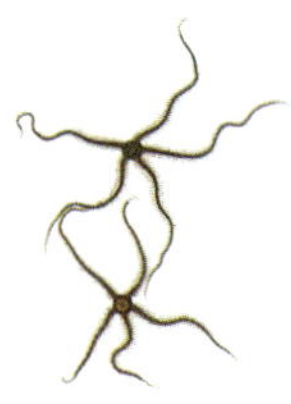

OPHIUROIDEA (Schlangensterne)

HOLOTHUROIDEA (Seewalzen)

S

**Stahl** ⟨m. 1 od. 1u⟩ **1** *schmiedbares Eisen mit einem Kohlenstoffgehalt unter 1,7 %* **2** ⟨poet.⟩ *blanke Waffe, Schwert, Säbel, Messer* ◆ Nerven wie Stahl, aus Stahl; hart wie Stahl [< ahd. *stahal,* eigtl. „das Standfeste, Widerstandsfähige"]

**Stahlbeton** ⟨[-tõ] od. [-tɔŋ] m.; -s; unz.⟩ ▼ *Stahl mit Beton verbunden als Baustoff*

**Stahlblech** ⟨n. 11; unz.⟩ *Blech aus Stahl;* Sy *Eisenblech*

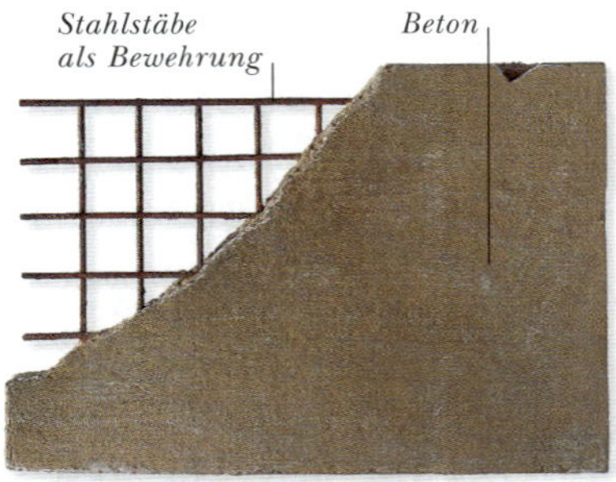


STAHLBETON

**stählen** ⟨V. t.; hat⟩ **1** *in Stahl verwandeln* (Eisen) **2** ⟨fig.⟩ *härten, kräftigen, abhärten* ◆ seinen Körper stählen ⟨fig.⟩

**Stahlhütte** ⟨f. 19⟩ = *Stahlwerk*

**Stahlstich** ⟨m. 1⟩ *dem Kupferstich entsprechende grafische Technik, bei der statt der Kupfer- eine Stahlplatte verwendet wird, die höhere Auflagen zulässt;* Sy ⟨kurz⟩ *Stich (6)*

**Stahlwerk** ⟨n. 11⟩ *Betrieb zur Herstellung u. Verarbeitung von Stahl;* Sy *Stahlhütte*

**Stahlwolle** ⟨f. 19; unz.⟩ ▼ *langfaserige Stahlspäne*

**stainless steel** ⟨['steinlɛs 'sti:l] Aufdruck auf Eisenwaren⟩ *rostfreier Stahl* [engl.]

**staken** ⟨V. t.; hat⟩ *mit einer Stange ab-, wegstoßen u. dadurch vorwärts bewegen* (Boot, Stechkahn)

STAHLWOLLE

**stakkato** ⟨Mus.⟩ = *staccato*

**Stalagmit** ⟨m. 1 od. m. 16⟩ *(in Höhlen) von unten nach oben sich aufbauendes, stehendes Tropfsteingebilde;* Ggs *Stalaktit* [< grch. *stalagmos* „Getröpfel, Tropfen"; zu *stalattein* „tropfen"]

**Stalaktit** ⟨m. 1 od. m. 16⟩ *von der Decke (einer Höhle) nach unten wachsendes, hängendes Tropfsteingebilde;* Ggs *Stalagmit* [zu *stalaktos* „tropfend"]

**Stalinismus** ⟨m.; -; unz.; Pol.⟩ **1** *der von Stalin weiterentwickelte Marxismus* **2** *der unter der Herrschaft von Stalin betriebene Staatsterror*

**Stall I** ⟨m. 1u⟩ **1** *Raum für Tiere* (Kuhstall, Hühnerstall, Pferdestall, Schweinestall); Sy *Stallung* **2** ⟨fig.; umg.⟩ *schmutziges, elendes Zimmer* ◆ den Stall ausmisten **II** ⟨m. 23⟩ *Einzelsitz des Chorgestühls* [< ahd. *stal,* urspr. „Standort, Stelle"]

**Stallung** ⟨f. 20; meist Pl.⟩ = *Stall (I, 1)* ◆ die Stallungen des riesigen Gutes

**Stamm** ⟨m. 1u⟩ **1** ⟨Bot.⟩ *das Astwerk tragender Holzkörper des Baumes* (Baumstamm) **2** ⟨biol. Systematik⟩ *höchste der obligatorischen Kategorienstufen oberhalb der Klasse* **3** ⟨Tierzucht⟩ *kleinste züchterisch bearbeitete Gruppe gleicher Rasse* (Bakterienstamm) **4** *größere Gruppe von Familien, Sippen od. Clans, die sich durch sprachl. u. kulturelle Gemeinsamkeiten von anderen unterscheiden* (Volksstamm, Indianerstamm) **5** *Geschlecht, Familie* **6** ⟨Gramm.; kurz für⟩ *Stammsilbe* **7** ⟨Mil.⟩ *altgediente Mannschaft* **8** *fester Bestand von Personen (z. B. Kunden, Mitarbeitern)* ◆ einen festen Stamm von Kunden, Arbeitern haben [< ahd. *stam*]

**Stammbaum** ⟨m. 1u⟩ **1** *Aufzeichnung aller Nachkommen eines Elternpaares, häufig in Baumform, Ahnentafel* **2** ⟨Biol.⟩ *Darstellung der Abstammung eines Lebewesens od. einer Gruppe verwandter Arten, Klassen usw.* ◆ ein Hund mit erstklassigem Stammbaum

**Stammbuch** ⟨n. 12u; seit dem 16. Jh.⟩ *Buch, in das sich Freunde und Gäste zur Erinnerung eintragen*

**stammen** ⟨V. i.; hat; Perf. selten⟩ **1** *seinen Ursprung haben (in)* **2** *Nachkomme sein (von)* **3** *zur Heimat haben, geboren sein (in)* **4** *herrühren (von), sich ableiten (von)* ◆ er stammt aus einer Arztfamilie; das Wort stammt aus dem Griechischen; er stammt aus Verl [zu *Stamm* in der Bedeutung „Grundlage"]

**Stammform** ⟨f. 20; Gramm.⟩ *ohne Hilfsverb gebildete Form*

**Stammhalter** ⟨m. 3⟩ *männl. Nachkomme, der den Stamm, d. h. den Familiennamen, erhalten soll*

**Stammhirn** ⟨n. 11⟩ *Teil des Gehirns, der die Instinkte u. Triebe regelt*

**Stammholz** ⟨n. 12u; unz.⟩ *Nutzholz, das 1 m über dem unteren Ende mindestens 14 cm Durchmesser (mit Rinde) hat*

**stämmig** ⟨Adj.⟩ **1** *nicht groß, aber kräftig, untersetzt, gedrungen* **2** *handfest, derb* ◆ eine kleine, stämmige Fichte; ein kleiner, stämmiger Kerl [→ *Stamm*]

**Stammkapital** ⟨n.; -s; unz.⟩ *Gesamtheit der Stammeinlagen*

**Stammsilbe** ⟨f. 19; Gramm.⟩ *sinntragende Silbe eines Wortes ohne Vor- u. Nachsilbe u. Flexionsendungen;* Sy ⟨kurz⟩ *Stamm (6), Wortstamm* ◆ ken- ist die Stammsilbe von kennen, Kenner, Kenntnis, erkenntlich

**Stammsitz** ⟨m. 1⟩ **1** *ursprüngl. Wohnsitz eines Geschlechts* **2** *Ort od. Gebäude, in dem eine Firma gegründet wurde* **3** *ständiger gemieteter Platz im Theater*

**Stammtisch** ⟨m. 1; umg.⟩ **1** *immer gleicher Tisch im Gasthaus, an dem man bei jedem Besuch sitzt* **2** *der regelmäßig dort zusammenkommende Kreis von Gästen* **3** *der Tag, an dem dieser Kreis sich trifft*

**Stammwähler** ⟨m. 3; Pol.⟩ *Wähler, der immer dieselbe Partei wählt*

**stampfen** ⟨V.; hat⟩ **I** ⟨V. i.⟩ **1** *kräftig mit dem Fuß auftreten* **2** *schwer wuchtig gehen* **3** *sich wuchtig regelmäßig bewegen* (Maschinen) ◆ das Schiff stampft *bewegt sich (bei hohem Seegang) in der Längsrichtung auf u. nieder* **II** ⟨V. t.⟩ **1** *mit der Stampfe od. dem Stampfer zerkleinern* (Kartoffeln, Zucker) **2** *mit der Ramme in den Boden treiben* (Pflastersteine) **3** *mit den Füßen festtreten* (Erde, Schnee) ◆ Gewürze im Mörser stampfen [< ahd. *stam(p)fon;* zu ahd. *stampf* „Stoßgerät"]

**Stampfer** ⟨m. 3⟩ *Gerät zum Stampfen, einfaches Sauggerät zum Reinigen des verstopften Abflusses im Waschbecken*

**Stand I** ⟨m. 1; unz.⟩ **1** *stehende Stellung, Stillstehen, festes Stehen, Halt in sich* **2** *Stellung, Standort* (von Schützen) **3** *Höhe* (von Wasser, Sonne, Wechselkurs) **4** *Betrag* (Kassenstand) **5** *Zustand (eines Spiels)* **6** *Lage, Punkt (einer Entwicklung)* **7** ⟨Jägerspr.⟩ *Lieblingsaufenthalt (des Wildes)* ◆ wie war der Stand der **Dinge,** als du ankamst? ◆ **keinen** (festen) Stand haben ◆ er hat bei seinem Vorgesetzten einen **guten** Stand *er ist gut angeschrieben, angesehen;* seinen **höchsten** Stand erreichen (Wasser, Gestirn, Kurs); ein Buch, Werk auf den **neuesten** Stand bringen *die neuesten Ergebnisse darin berücksichtigen* ◆ **aus** dem Stand springen *ohne Anlauf;* diese Tabelle gibt den Stand **von** 1999 wieder **II** ⟨m. 1u⟩ **1** *soziale, gesellschaftliche, berufliche Stellung, Rang, Würde* (Familienstand, Adelsstand) **2** *Beruf, Berufsgruppe* (Kaufmannsstand) **3** ⟨auf Straßen, Jahrmärkten⟩ *offene Verkaufsbude* (Zeitungsstand, Würstchenstand) **4** *kleiner, offener Ausstellungsraum* (Messestand) **5** *kleiner, abgeteilter Raum (für Pferd, Auto) innerhalb eines größeren* **6** *Aufenthaltsort, Warteplatz* (Taxistand) **7** ⟨schweiz.⟩ *Kanton* ◆ **Name** und Stand ◆ seinen Stand **verändern** *sich verheiraten* ◆ ein Mann **von** Stand, von hohem Stand ⟨veraltet⟩ *ein vornehmer Mann;* **zu** Stande = *zustande* [< mhd. *stand* „Stand, Zustand"; → *stehen*]

**Standard** ⟨m. 6⟩ **1** *Richt-, Eichmaß* **2** *Norm, Qualität* (Lebensstandard) **3** *Feingehalt (der Münzen)* **4** ⟨Golf⟩ *für das Spielen einer Golfplatzrunde festgelegte Anzahl von Schlägen* [< engl. *standard,* urspr. „Standarte, Fahne" < afrz. *estandart*]

**Standard...** ⟨in Zus.⟩ *etwas Durchschnittliches, Normales, Grundlegendes, Muster ...*

**standardisieren** ⟨V. t.; hat⟩ *vereinheitlichen, normen*

**Standardtanz** ⟨m. 1u⟩ *für den Turniertanz verbindlicher Tanz: langsamer u. Wiener Walzer, Foxtrott, langsamer Foxtrott, Tango*

STANDARTE: NORWEGISCHE KAVALLERIESTANDARTE DES 17. JH.

**Standarte** ⟨f. 19⟩ **1** *kleine viereckige Fahne* **2** ⟨früher⟩ ▲ *Reiterfahne* **3** *Rangflagge, die von Fürsten od. Staatsoberhäuptern geführt wird* **4** ⟨Jägerspr.⟩ *Schwanz (von Wolf u. Fuchs)* [< mhd., mndrl. *stanthart* < afrz. *estandart* < afränk. *standord* „Sammelplatz der Soldaten", dann „die um eine Fahne sich sammelnden Soldaten", dann „Fahne, Fähnlein"]

**Standbild** ⟨n. 12⟩ *vollplastische (meist stehende) Nachbildung eines Menschen od. Tieres aus Stein, Bronze o. Ä.*

**Stand-by-Betrieb** ⟨[stændbai-] m. 1; unz.⟩ *Betriebsart eines elektr. Gerätes (z. B. Fernseher), bei der es ausgeschaltet ist, aber durch die Fernbedienung jederzeit aktiviert werden kann* [zu engl. *stand-by* „einsatzbereit"]

**Ständchen** ⟨n. 14⟩ *Musikstück als Huldigung für jmdn., meist für die Geliebte, unter dem Fenster vorgetragen* ◆ jmdm. ein Ständchen bringen

**Ständer** ⟨m. 3⟩ **1** *Gestell, das zur besseren Aufstellung von etwas dient* (Fahrradständer, Notenständer, Schirmständer) **2** *vertikaler Balken im Fachwerk* **3** *feststehender Teil einer elektr. Maschine;* Ggs *Läufer (6)*

**Ständerpilz** ⟨m. 1⟩ ► *Angehöriger einer Unterklasse der höheren Pilze, der zu den höchstentwickelten Pilzen gehört: Basidiomyceten*

**Standesamt** ⟨n. 12u⟩ *Behörde zur Beurkundung von Geburten, Eheschließungen und Todesfällen*

**Standesbeamte(r)** ⟨m. 29⟩ *Beamter auf dem Standesamt für die Eintragungen ins Personenstandsregister*
**Standesorganisation** ⟨f. 20⟩ *die Rechte u. Angelegenheiten eines Berufsstandes vertretende Organisation*
**standfest** ⟨Adj.; -er, am -esten⟩ *fest stehend* ◆ der Stuhl ist jetzt standfest; nicht mehr ganz standfest sein *betrunken sein, infolge Trunkenheit leicht schwanken, torkeln*
**standhaft** ⟨Adj.; -er, am -esten⟩ *fest, unerschütterlich, nicht nachgebend, beharrlich* ◆ standhaft bleiben; sich standhaft wehren, weigern
**standhalten** ⟨V. i. 160; hat⟩ **1** *nicht zurückweichen, nicht ausweichen, fest stehen bleiben* **2** *nicht zerbrechen, nicht entzweigehen* ◆ einem Angriff standhalten
**ständig** ⟨Adj.⟩ **1** *dauernd, immer (bestehend, vorhanden)* (Einrichtung, Institution, Wohnsitz) **2** *ununterbrochen, unaufhörlich* (Anwesenheit, Aufenthalt, Mitarbeit) **3** *häufig* ◆ ein ständiger Gast; ständig zunehmen, wachsen [→ *Stand*]
**Standingovations,** ⟨auch⟩ **Standing Ovations** ⟨[ˈstændiŋoˈvɛiʃəns] Pl.⟩ *Beifallssturm, heftiges Beifallklatschen im Stehen* ◆ für seine mitreißende Rede bekam er Standingovations [engl., „stehende Ovationen“]
**Standort** ⟨m. 1⟩ **1** *Ort, an dem sich jmd. od. etwas augenblicklich befindet, räumliche Lage* **2** *dauernder Unterkunfts-, Aufenthaltsort* ◆ Standort eines Flugzeugs, Schiffes, einer Truppe; die Pflanze braucht einen kühlen, schattigen, sonnigen Standort; von meinem Standort aus kann ich alles besonders gut beobachten
**Standpunkt** ⟨m. 1⟩ **1** *Ort, an dem jemand steht* **2** *Stellung des Beobachters* **3** ⟨fig.⟩ *Ansicht, Auffassung, Meinung* ◆ jmdm. den

## STÄNDERPILZE

Was gewöhnlich Pilz genannt wird, ist in der Regel der Fruchtkörper eines Ständerpilzes, der einem weit verzweigten unterirdischen Pilzgeflecht aus zahlreichen Pilzfäden (Hyphen), dem Myzel, entspringt. Die Ständerpilze gehören zur Klasse der Höheren Pilze, besitzen kein Chlorophyll und gewinnen ihre Energie aus dem Abbau meist toter organischer Stoffe. Zu ihnen zählen u. a. Blätter- und Röhrenpilze, Boviste sowie Rost- und Brandpilze, die parasitisch leben. Die über 30 000 Ständerpilzarten lassen sich am leichtesten anhand ihrer Fruchtkörper unterscheiden, deren Aufgabe es ist, auf der Hutunterseite in Lamellen oder Röhren Sporen auszubilden, mit denen die Pilze sich vermehren und ausbreiten. Es gibt viele teils ausgezeichnete Speisepilze, während nur etwa 10 % aller Pilze giftig sind.

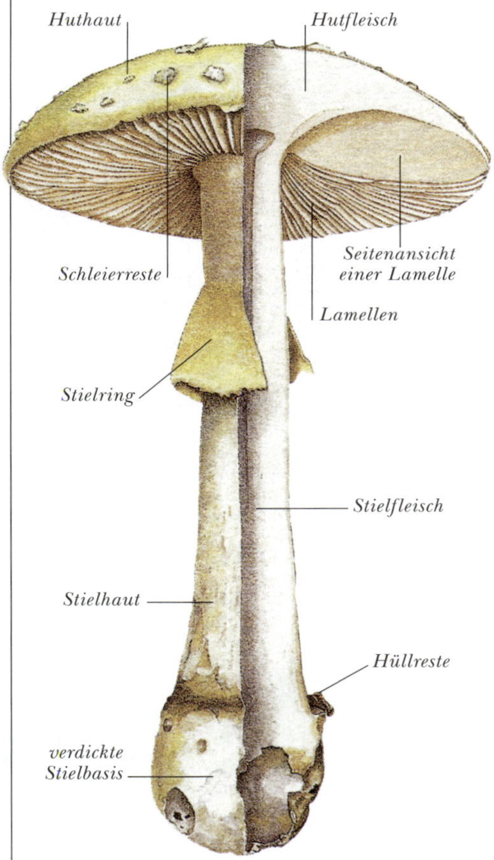

MERKMALE EINES BLÄTTERPILZES

### VERSCHIEDENE STÄNDERPILZARTEN

KAISERLING (*Amanita caesarea*)

MORCHEL (*Meorchella semilibera*)

STEINPILZ (*Boletus edulis*)

TÄUBLING (*Russula xerampelina*)

WIESEN-CHAMPIGNON (*Agaricus campestris*)

VIOLETTER RITTERLING (*Lepista nuda*)

GROSSER SAFTLING (*Hygrocybe punicea*)

FELDSCHWINDLING (*Marasmius oreades*)

RIESENSCHIRMPILZ (*Macrolepiota procera*)

REHBRAUNER DACHPILZ (*Pluteus cervinus*)

STOPPELFELD-SCHEIDLING (*Volvariella gloiocephala*)

SCHOPF-TINTLING (*Coprinus comatus*)

### LAMELLENFORMEN

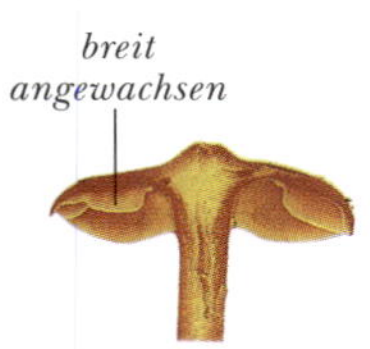

BREIT ANGEWACHSEN

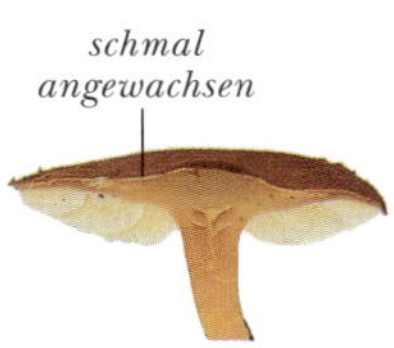

SCHMAL ANGEWACHSEN

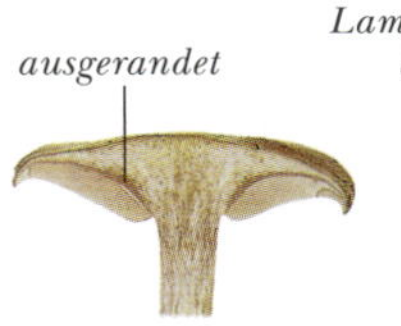

AUS-GERANDET

FREI

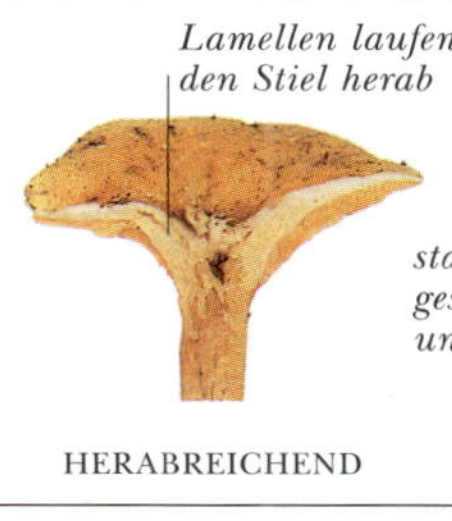

HERABREICHEND

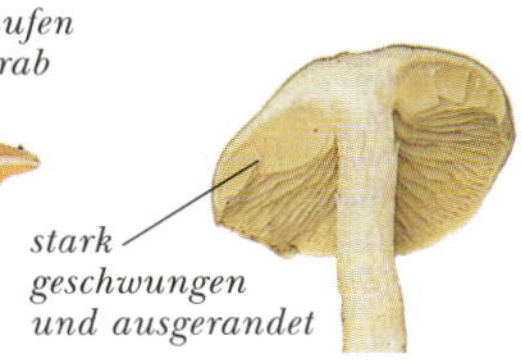

STARK GESCHWUNGEN UND AUSGERANDET

S

## STÄNGEL

Der Stängel ist als Träger von Blättern und Blüten eines der Grundorgane der Blütenpflanzen, dessen vornehmliche Aufgabe es ist, Flüssigkeiten zu leiten und Leitbündel auszubilden. Der Holzteil (Xylem) befördert Wasser und Salze von den Wurzeln zu den Blättern, während der Siebteil (Phloem) von den Blättern produzierte Nährstoffe weitertransportiert. Krautige Stängel sterben im Herbst ab, verholzte hingegen wachsen jedes Jahr durch sekundäres Dickenwachstum weiter.

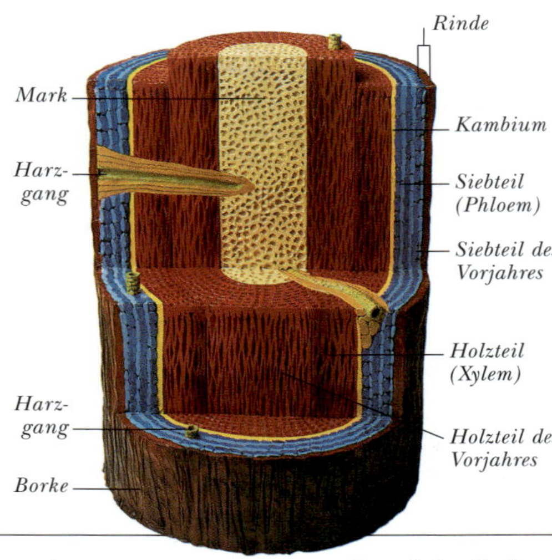


SCHNITT DURCH EINEN KIEFERNZWEIG

Standpunkt, seinen Standpunkt klar machen ⟨fig.⟩ *jmdm. energisch seine Auffassung erklären;* ich stehe auf einem anderen Standpunkt ⟨fig.⟩

**Standrecht** ⟨n. 11; unz.⟩ **1** *Ausnahmezustand* **2** *verschärftes Strafrecht u. vereinfachtes Strafverfahren während eines Ausnahmezustandes*

**Standspur** ⟨f. 20⟩ *Spur neben der Fahrbahn zum Halten u. Parken*

**Stange** ⟨f. 19⟩ **1** *langer Stab, langer Stock zum Stützen, Halten, Stoßen o. Ä.* (Bohnenstange, Fahnenstange, Pleuelstange, Vorhangstange) **2** *der im Maul des Pferdes liegende Teil des Zaums sowie der seitlich daran beweglich befestigte Teil, an dem Backenstück und Kinnkette festgehalten werden* ◆ das kostet eine Stange **Geld** ⟨fig.; umg.⟩ *das kostet viel Geld, das ist teuer;* eine Stange **Zigaretten** *mehrere nebeneinander zu einem langen Paket verpackte Schachteln Zigaretten;* eine Stange **Zimt** ◆ jmdm. die Stange **halten** ⟨fig.; umg.⟩ *jmds. Partei ergreifen, jmds. Meinung unterstützen* ◆ jmdn. **bei** der Stange halten ⟨fig.; umg.⟩ *jmdn. so beeinflussen, dass er bei einem Unternehmen bleibt, weiter mitmacht;* Anzug **von** der Stange ⟨umg.⟩ *Konfektionsanzug* [< ahd. *stanga*]

**Stängel** ⟨m. 5⟩ ▲ *Sprossachse der höheren Pflanzen;* Sy *Stiel (2)* ◆ fall nicht vom Stängel! ⟨umg.⟩ *werd nicht zu dünn!* [< mhd. *stengel* < *stengil* „Blatt- od. Blumenstiel; Stange"]



**Stangenbohne** ⟨f. 19⟩ *Gartenbohne mit rankendem Stängel, die eine Stange zum Stützen braucht*

**Stanniol** ⟨n. 11; unz.⟩ *sehr dünn ausgewalzte Folie aus Zinn,* ⟨umg. a.⟩ *aus Aluminium* [< nlat. *stanniolum* < lat. *stagnum* (a. *stannum*) „Zinn"]

**Stannum** ⟨n.; -s; unz.; Chem.; Zeichen: Sn⟩ ► = *Zinn* [lat.]

**Stanze**[1] ⟨f. 19⟩ *Werkzeug od. Maschine zum Stanzen* (Lochstanze)

**Stanze**[2] ⟨f. 19; Lit.⟩ *achtzeilige Strophe, in Jamben u. meist in den letzten beiden Zeilen paarig (sonst wechselweise reimend)* ◆ die Stanzen *drei Gemächer im Vatikan mit Wandmalereien von Raffael* [< ital. *stanza* „Zimmer, Strophe" < mlat. *stantia* „Aufenthalt, Wohnung"; zu *stans,* Part. Präs. von *stare* „stehen"]

**stanzen** ⟨V. t.; hat⟩ **1** Blech, Kunststoff, Leder, Papier stanzen *mit der Stanze Formstücke ausschneiden* **2** Löcher stanzen *mit der Stanze herausschneiden*

**Stapel** ⟨m. 5⟩ **1** *aufgeschichteter Haufen* **2** *Unterlage, auf der ein Schiff während des Baues ruht* **3** *Warenniederlage* **4** *Stapelplatz* **5** *einzelnes Wollbüschel in der Wolldecke des Schafes* (Wollstapel) **6** *Länge einer Textilfaser* ◆ ein Schiff vom Stapel (laufen) lassen *ein Sch. nach vollendetem Bau zu Wasser lassen* [nddt. u. ndrl. Form von *Staffel*]

**Stapellauf** ⟨m. 1u⟩ *Hinabgleiten eines neu gebauten Schiffes vom Stapel ins Wasser*

**stapeln** ⟨V. t.; hat⟩ **1** *zu einem Stapel schichten, aufhäufen* **2** ⟨fig.⟩ *anhäufen, in Mengen lagern* ◆ Bücher auf dem Schrank stapeln

**stapfen** ⟨V. i.; ist⟩ *kräftig auftreten, mit schwerem Schritt gehen* ◆ durch den Schnee stapfen [< mhd. *stapfen, stepfen* < ahd. *stapfon, stephen* „treten"]

**Star**[1] ⟨m. 1; Zool.⟩ *Angehöriger einer Familie der Singvögel mit kurzem Hals u. langem, spitzem Schnabel: Sturnidae* [< ahd. *stara,* engl. *stare, starn* „Star, Seeschwalbe" < lat. *sturnus* „Star", lautnachahmend]

**Star**[2] ⟨m. 1; Med.⟩ *Gruppe von Augenkrankheiten* ◆ grauer Star *Undurchsichtigwerden der sonst glasklaren Augenlinse: Cataracta;* Sy *Katarakt (II);* grüner Star *krankhafte Erhöhung des Innendrucks eines od. beider Augen;* Sy *Glaukom;* schwarzer Star *totale Blindheit, bei der keinerlei Lichtempfindlichkeit mehr vorhanden ist* ◆ jmdm. den Star stechen ⟨fig.⟩ *jmdm. die Augen öffnen, ihn warnen* [< ahd. *starablint* „starblind"; → *starren*]

**Star**[3] ⟨m. 6⟩ *berühmte, erfolgreiche Persönlichkeit* (Filmstar) [engl. „Stern"]

**stark** ⟨Adj.; stärker, am stärksten⟩ **I** ⟨attr. u. präd.⟩ **1** *viel Körperkraft besitzend, sehr kräftig, dick, umfangreich* (Baum, Band eines Werkes, Nagel, Strick) **2** ⟨bei Maßangaben⟩ *mfang, Dicke aufweisend* **3** *mächtig, heftig* (Wind, Frost, Strömung, Schmerzen) **4** *dick, beleibt* (Person) **5** *gehaltvoll, kräftig* (Kaffee, Tee, Bier, Tabak) **6** ⟨Jugendspr.⟩ *sehr gut, großartig* ◆ starke **Arme;** eine starke **Brille** brauchen *Brille mit stark gekrümmten Gläsern;* starkes **Fieber** haben; starke **Knochen,** Muskeln, Nerven; das Heer war 10 000 **Mann** stark; starkes **Mittel** *kräftig, nachhaltig wirkendes Mittel;* ein 200 **Seiten** starker Band; das ist ein starkes **Stück!** ⟨fig.; umg.⟩ *das ist unerhört!;* starker **Verkehr** *lebhafter Verkehr* ◆ der Kranke **fühlt** sich schon stark genug, einmal auszugehen; **sein:** das Brett ist 3 cm stark; stärker **werden** *dicker werden, an Körpergewicht zunehmen* **II** ⟨adv.⟩ **1** *viel, reichlich* **2** *heftig, sehr* ◆ die Wunde **blutet** stark; stark **essen,** rauchen, husten ◆ stark **befestigt,** bewacht; der Saal, die Straßenbahn war stark **besetzt;** stark **besucht** *gut besucht;* stark **betrunken** [< ahd. *starc, star(a)h* „starrer Gegenstand"]

**Stärke** ⟨f. 19; unz.⟩ **1** *große Kraft* **2** *Umfang, Durchmesser, Dicke* **3** *Fülle* **4** *starke Seite, bes. Fähigkeit* **5** *Macht, Heftigkeit* **6** *Anzahl, Bestand (an Menschen)* **7** *Konzentration, Gehalt an gelöstem Stoff* **8** *in den Chloroplasten der Pflanzen gebildetes, quellfähiges Polysaccharid, das in Form kleiner Körnchen in Wurzeln, Knollen u. Samen gespeichert wird* (Kartoffelstärke, Maisstärke), *auch zur Versteifung von Textilien verwendet* (Wäschestärke) ◆ die Stärke des Baumes; eine Truppe von 300 Mann Stärke; seine Stärke liegt im schnellen Auffassen, scharfen Denken [→ *stark*]

**stärken** ⟨V. t.; hat⟩ **1** jmdn. stärken *stark machen, kräftigen, jmds. Kräftezustand verbessern* **2** etwas stärken *mit Pflanzenstärke steifen* ◆ Wäsche stärken; sich od. jmdn. mit einem Imbiss stärken

**Starkstrom** ⟨m. 1u; unz.; Bez. für⟩ *die Versorgung mit elektr. Energie mittels einer höheren Spannung (meist über 110 Volt)*

**starr** ⟨Adj.⟩ **1** *steif, unbeweglich* **2** *regungs-, bewegungslos* (Blick, Haltung) **3** *erstarrt* (Glieder) **4** *unbeugsam, hart, unbeeinflussbar* (Sinn) ◆ von Kälte starre **Finger;** starrer **Körper;** starre **Regeln,** Prinzipien ⟨fig.⟩; starres **Papier** ◆ jmdn. od. etwas starr **ansehen;** starr an einer Meinung, einem Gedanken **festhalten** *hartnäckig* ◆ starr und **steif** (daliegen, dasitzen); die beiden Gegenstände, Teile sind starr miteinander **verbunden** *fest, nicht beweglich* ◆ starr **vor,** von der Kälte [nhd. Rückbildung (17. Jh.) zu mhd. *starren, sterren* „steif sein"; → *starren*]

**Starre** ⟨f.; -; unz.⟩ *Starrheit, Starrsein*

**starren** ⟨V. i.; hat⟩ *unbeweglich, starr blicken, unentwegt in eine Richtung schauen* ◆ auf jmdn. od. etwas starren; die Wohnung, das Zimmer starrte vor, von Schmutz *war völlig schmutzig* [< mhd. *starren, sterren* „steif sein" u. mhd., ahd. *stareb,* engl. *stare* „unbeweglich blicken"]

**Starrkrampf** ⟨m. 1u; unz.; Med.; kurz für⟩ *Wundstarrkrampf*

**Starrsinn** ⟨m. 1; unz.⟩ *unbeugsame Härte, Unnachgiebigkeit, Eigensinn*

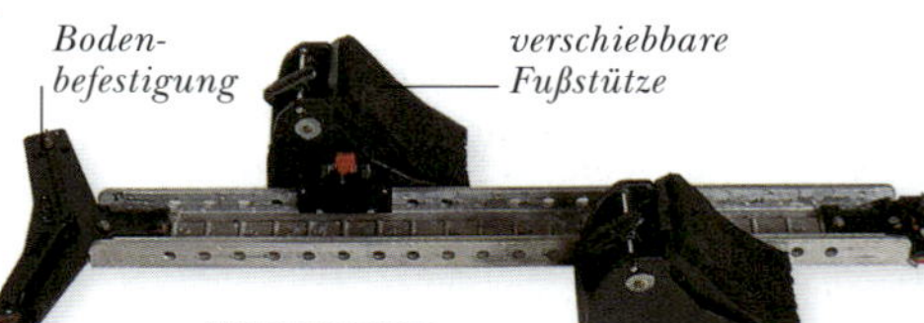


STARTBLOCK

**Start** ⟨m. 6⟩ **1** ⟨Sp.⟩ *Beginn eines Wettlaufs od. Rennens* **2** *Abflug* (von Flugzeugen, Raketen) **3** *Startplatz* ◆ den Start freigeben *einem Luftfahrzeug den Abflug genehmigen; einen Wettlauf, ein Rennen beginnen lassen;* fliegender Start *Start mit Anlauf od. Anfahrt;* das Zeichen zum Start geben [< engl. *start* „loslaufen"]

**Startbahn** ⟨f. 20⟩ *besonders gekennzeichneter, meist zementierter Teil eines Flugplatzes, auf dem Flugzeuge starten u. landen*

**Startblock** ⟨m. 1u; Sp.⟩ **1** ▲ *Erhöhung am Rand des Schwimmbeckens zum Absprung der Schwimmer bei Wettkämpfen* **2** *in die Aschenbahn eingeschlagener Pflock mit schräger oberer Fläche zur Erleichterung des Starts für Läufer*

**starten** **I** ⟨V. i.; ist⟩ **1** ⟨Sp.⟩ *bei einem Rennen, Wettkampf ablaufen, abfahren, abspringen, abschwimmen* **2** *abfliegen, zum Flug aufsteigen* (Flugzeug) **3** ⟨umg.⟩ *abreisen (besonders mit dem Auto)* **II** ⟨V. t.; hat⟩ *starten lassen* (Flugzeug, Rakete) ◆ eine Veranstaltung starten ⟨fig.; umg.⟩ *eine Veranstaltung stattfinden lassen* [→ *Start*]

**Startpistole** ⟨f. 19; Sp.⟩ ▼ *Pistole, die das Zeichen zum Start eines Wettkampfes (bes. eines Rennens) gibt*

**Startschuss** ⟨m. 1u; bes. Sp.⟩ *Schuss zum Zeichen des Starts* ◆ den Startschuss geben *durch Schuss ein Rennen beginnen lassen;* ⟨fig.⟩ *etwas beginnen lassen*

**Stasi** ⟨f. od. m.; -; unz.; DDR; Kurzw. für⟩ *Staatssicherheit*

**...stat** ⟨in Zus.⟩ **1** *Feststehendes, Unveränderliches* **2** *Mess-, Beobachtungsgerät* [< grch. *statos* „stehend, feststehend"]

**Statement** ⟨['stɛitmənt] n. 15⟩ *(bes. öffentl.) Behauptung, Erklärung* ◆ er gab ein unverbindliches Statement ab [engl.]

**Statik** ⟨f. 20; unz.⟩ *Lehre von den Kräften, die an ruhenden Körpern auftreten;* Ggs *Dynamik* [zu grch. *statikos* „stellend, wägend, stehen machend"]

**Station** ⟨f. 20⟩ **1** *Bahnhof, Haltepunkt, Haltestelle für Bus, Eisen- u. Straßenbahn* **2** *Funksendestelle* (Sendestation) **3** *wissenschaftl. Beobachtungsstelle, Abteilung im Krankenhaus* **4** ⟨fig.⟩ *Halt, Aufenthalt, Rast* ◆ die Stationen einer **Prozession** ◆ an einem Ort, bei jmdm. Station **machen** ⟨fig.⟩ *Halt machen, einen kurzen Aufenthalt einschieben* ◆ **chirurgische,** innere Station ◆ ich muss **an** der nächsten Station aussteigen [< lat. *statio* „Stillstand; Standort, Aufenthalt(sort)"]

**stationär** ⟨Adj.⟩ Ggs *ambulant* **1** *in Ruhe befindlich, ruhend* **2** *zeitlich unveränderlich* **3** *bleibend* **4** *ortsfest* **5** *an einen Krankenhausaufenthalt gebunden* [< frz. *stationnaire* < spätlat. *stationarius* „stillstehend, zum Standort gehörig"]

**stationieren** ⟨V. t.; hat⟩ **1** etwas stationieren *an einen Standort stellen, an einer Stelle aufstellen* **2** jmdn. stationieren *jmdm. einen Standort zuweisen* (bes. Truppen) [→ *Station*]

START-PISTOLE

**statisch** ⟨Adj.⟩ **1** *die Statik betreffend* **2** *das Stehen od. das Gleichgewicht betreffend* **3** *stillstehend, ruhend, unbewegt;* Ggs *dynamisch* ◆ statische Elektrizität ▲ *sich punktuell an einem Ort befindliche elektrische Ladung;* statischer Sinn = *Gleichgewichtssinn* [< grch. *statikos* „stellend, wägend, stehen machend"]

**Statist** ⟨m. 16⟩ **1** ⟨Theat.; Film⟩ *ungenannter Darsteller einer stummen Nebenrolle* **2** ⟨fig.⟩ *Nebenperson, unbedeutende Person (in einer Angelegenheit)* [zu lat. *stare* „stehen"]

**Statistik** ⟨f. 20⟩ *Wissenschaft, die aus dem massenhaften Auftreten bestimmter Erscheinungen auf Erfahrungsgesetze schließt, Zusammenstellung der Ergebnisse von Massenuntersuchungen* [zu lat. *status* „Stand"]

**statistisch** ⟨Adj.⟩ **1** *die Statistik betreffend, auf ihr beruhend* **2** *durch Zahlen (belegt)* ◆ statistische Physik *Behandlung einer sehr großen Zahl gleicher physikal. Objekte (z. B. der Moleküle in einem Gas) mit Mitteln der Wahrscheinlichkeitsrechnung u. Statistik*

## STATISCHE ELEKTRIZITÄT

Die starke Konzentration geladener Teilchen an einer Stelle, die elektrische und elektronische Geräte u. U. zerstören kann, nennt man statische Elektrizität. Wenn z. B. ein Polyäthylenstab an einem Wollpullover gerieben wird, übernimmt er negativ geladene Elektronen von der Wolle und lädt sich statisch auf. Berührt man nun mit diesem Stab ein Goldblattelektroskop, so fließen Elektronen abwärts durch den zentralen Streifen, von dem sich das Goldblatt aufgrund der abstoßenden Wirkung gleichnamiger Ladungen abhebt.

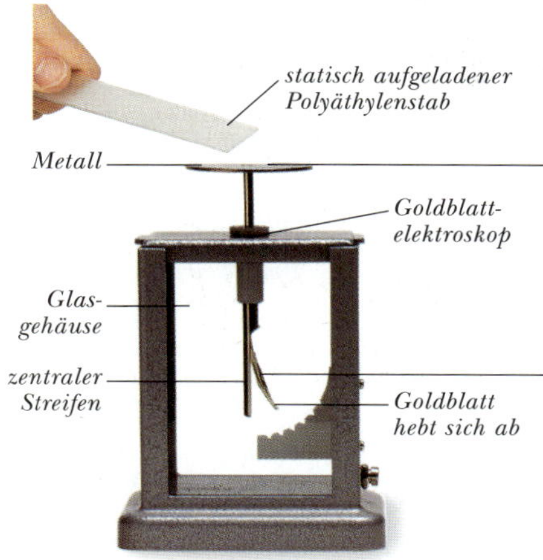


NACHWEIS STATISCHER ELEKTRIZITÄT MIT EINEM GOLDBLATTELEKTROSKOP

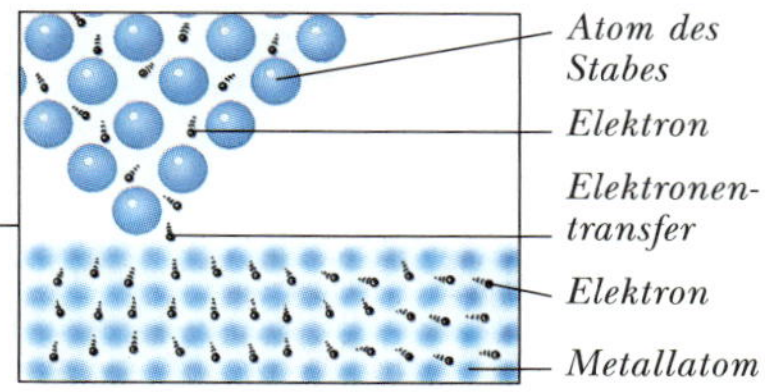


ELEKTRONENTRANSFER

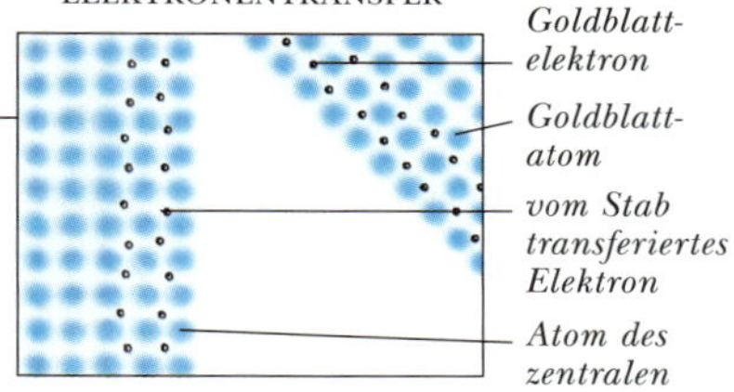


ABSTOSSUNG DER ELEKTRONEN

**Stativ** ⟨n. 11; bes. Fot.⟩ ▼ *dreibeiniges Gestell zum Aufstellen u. Festhalten von Geräten, z. B. von (Foto-)Kameras* [zu lat. *stativus* „feststehend"]

**statt** **I** ⟨Präp. m. Gen.⟩ *anstatt, anstelle eines, einer ...* ◆ er wird statt meiner zu dir kommen *an meiner Stelle, für mich* **II** ⟨Konj.⟩ *anstatt, anstelle von* ◆ wir fahren nun morgen statt heute [< *anstatt;* Dat. von *Statt*]

**Statt** ⟨f.; -, Stätten⟩ **1** ⟨veraltet⟩ *Stätte, Platz, Stelle* **2** ⟨heute nur noch in bestimmten Wendungen mit „an"⟩ an seiner statt; an Eides statt [< mhd., ahd. *stat* „Ort, Stelle"]

**Stätte** ⟨f. 19⟩ *Stelle, Platz* (Ruhestätte, Wohnstätte) ◆ dieser Ort ist eine Stätte des Friedens, des Grauens; keine bleibende Stätte haben ⟨poet.⟩ *keinen festen Wohnsitz, keine Heimat haben;* eine gastliche, ungastliche Stätte [→ *Statt*]

**stattfinden** ⟨V. i. 134; hat⟩ *sich ereignen, vor sich gehen* ◆ heute findet keine Vorstellung statt [< *statt* + *finden*]

STATIV EINER KAMERA

**stattgeben** ⟨V. i. 143; hat⟩ einer Bitte stattgeben *eine Bitte gewähren;* einem Gesuch stattgeben *ein Gesuch bewilligen* [< *Statt* + *geben*]

**statthaft** ⟨Adj.⟩ *zulässig, erlaubt* [< mhd. *statthaft(ic)* „der seine Statt besitzt"]

**Statthalter** ⟨m. 3⟩ *Beamter als Vertreter des Staatsoberhauptes od. der Staatsregierung in einer Provinz* [< spätmhd. *stathalter,* Lehnsübersetzung von mlat. *locum tenens* „Stellvertreter", eigtl. „Platzhalter"]

**stattlich** ⟨Adj.⟩ *groß u. kräftig, ansehnlich, eindrucksvoll, ziemlich groß, beträchtlich* ◆ stattliche Einnahmen [→ *Staat*]

**Statue** ⟨[-tuə] f. 19⟩ *Standbild, vollplastisch gestaltete, einzelne Figur* [< lat. *statua;* zu *stare* „stehen"]

**statuieren** ⟨V. t.; hat⟩ *feststellen, festsetzen* ◆ ein Exempel statuieren *ein warnendes Beispiel geben* [zu lat. *statuere* „festsetzen"]

**Statur** ⟨f. 20; unz.⟩ *Gestalt, Wuchs* ◆ von kräftiger Statur [< lat. *statura;* zu *stare* „stehen"]

**Status** ⟨m.; -, - [-tu:s]⟩ **1** *Lage, Zustand, Bestand* **2** *gesellschaftliche Stellung, Vermögensstand* ◆ Status quo *gegenwärtiger Zustand;* Status quo ante *Zustand, in dem sich etwas vor einem bestimmten Ereignis od. bis zu einem bestimmten Zeitpunkt befunden hat* [lat., Part. Perf. von *stare* „stehen"]

**Statut** ⟨n. 27⟩ *Satzung, Gesetz, Ordnung* (Vereinsstatut) [< lat. *statutum* „Festgesetztes"; zu *statuere* „festsetzen"]

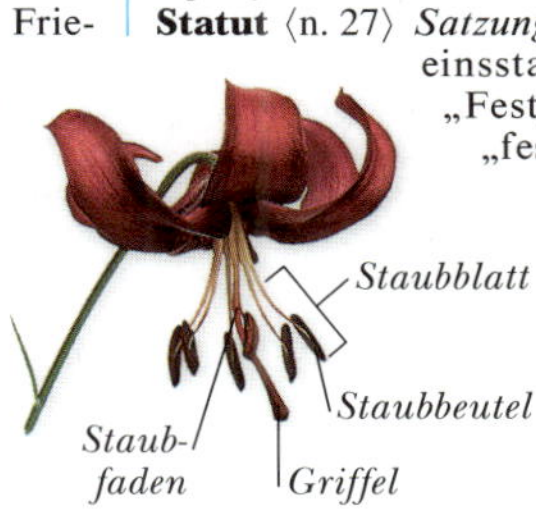


STAUBBLATT: BLÜTE EINER LILIE MIT DEN STAUBBLÄTTERN

**Stau** ⟨m. 1⟩ **1** *Stillstand od. Hemmung in einer fließenden Bewegung* (Blut-, Wasserstau) **2** *Aufwärtsströmen des Windes vor Hindernissen* [Rückbildung zu *stauen*]

**Staub** ⟨m.; -(e)s; unz.⟩ **1** *winzige, sich absondernde od. in der Luft schwebende feste Teilchen* (Blütenstaub, Straßenstaub) **2** ⟨poet.⟩ *Erde* ◆ Staub saugen = *staubsaugen;* Staub wischen *niedergeschlagenen Staub wegwischen;* sich aus dem Staube machen ⟨fig.; umg.⟩ *verschwunden* [< mhd., ahd. *stoup* „das Stiebende"; → *stieben*]

**Staubbeutel** ⟨m. 5⟩ **1** ⟨Bot.⟩ ► = *Staubblatt* **2** *Papier- bzw. Stoffbeutel im Staubsauger zum Auffangen des Staubes*

**Staubblatt** ⟨n. 12u; Bot.⟩ ▲ *männl. Blütenorgan, in dem der Pollen gebildet wird;* Sy *Staubbeutel (1)*

**stauben** ⟨V. i.; hat⟩ *Staub geben, Staub absondern, aufwirbeln* ◆ es staubt hier sehr; die Straße staubt [< mhd. *stouben, stöuben,* ahd. *stouben* „stieben machen, Staub erregen"; → *stieben*]

**stäuben I** ⟨V. i.; ist⟩ *in kleinste Teilchen zerstieben* **II** ⟨V. t.; hat⟩ eine feinkörnige Masse über etwas stäuben *schütten, verteilen* [→ *stauben*]

**Staubfaden** ⟨m. 4u⟩ *unterer Teil des Staubblattes, der den Staubbeutel mit der Blütenachse verbindet, Filament*

**staubig** ⟨Adj.⟩ *voller Staub, mit Staub bedeckt* ◆ staubige Kleider, Polster; eine staubige Straße; es ist hier sehr staubig

STECHAPFEL
*(Datura stramonium)*

**staubsaugen** ⟨V.; hat⟩ oV *Staub saugen;* Sy ⟨kurz⟩ *saugen* **I** ⟨V. i.⟩ *mit dem Staubsauger arbeiten* ◆ ich staubsauge; ich habe heute noch nicht gestaubsaugt **II** ⟨V. t.⟩ *mit dem Staubsauger von Staub befreien* ◆ den Teppich staubsaugen

**Staubsauger** ⟨m. 3⟩ *elektr. Gerät zum Absaugen des Staubes vom Fußboden, von Teppichen u. Polstermöbeln*

**Staubwolke** ⟨f. 19⟩ *durch Windstoß, Luftstrom od. Schlag aufgewirbelte Wolke aus Staub*

**stauchen** ⟨V. t.; hat⟩ **1** *kräftig auf den Boden od. auf den Tisch stoßen, heftig zusammendrücken u. dadurch kürzer u. breiter machen* **2** ⟨Techn.⟩ *mittels Drucks verkürzen* (Werkstoff) ◆ jmdn. stauchen ⟨fig.; umg.⟩ *grob zurechtweisen* [< nddt., mndrl. *stuken,* mnddt. *stuke* „Baumstumpf, Stapel, Ärmel"]

**Staudamm** ⟨m. 1u⟩ *Damm zum Stauen von Wasser*

**Staude** ⟨f. 19⟩ **1** *ausdauernde Pflanze, deren oberirdische krautige Teile im Winter absterben, während die unterirdischen Teile überwintern* **2** *Kopf des Salats* [< mhd. *stude,* ahd. *studa* „Staude, Strauch, Busch"]

**stauen** ⟨V.; hat⟩ **I** ⟨V. t.⟩ *am Fließen hindern, hemmen, zurückhalten* ◆ durch Abbinden der Vene Blut stauen (zur Entnahme); einen Fluss, Wasser stauen; Ladung stauen ⟨Seemannsspr.⟩ *auf dem Schiff seefest unterbringen;* Möbel stauen *im Möbelwagen auf engstem Raum unterbringen* **II** ⟨V. refl.⟩ sich stauen **1** *sich ansammeln, sich anhäufen* **2** *ins Stocken geraten* [< mhd., ahd. *stouwen* „Einhalt tun, gebieten"]

**staunen** ⟨V. i.; hat⟩ **1** *sich sehr wundern, verwundert sein* **2** *bewundernd vor etwas stehen* ◆ ich staunte, wie schnell er das zuwege hatte; Bauklötze staunen *übermäßig staunen;* ich kam aus dem Staunen nicht heraus; etwas staunend beobachten [< mnddt., mndrl. *stunen* „sich widersetzen"]

STAUSEE

**Staunen** ⟨n. 14; unz.⟩ *Verwunderung, Verblüffung* ◆ starr vor Staunen sein *übermäßig verwundert, fassungslos sein*

**Staupe** ⟨f. 19⟩ *durch ein Virus hervorgerufene Seuche der Hunde, Füchse, Katzen u. Frettchen* (Hundestaupe) [< nndrl. *stuip* „Krampf, Grille, Laune" < mndrl. *stuype* „Zuckung, Schüttelanfall"]

**Stausee** ⟨m. 24⟩ ◄ *durch Stauen des Wassers entstandener See*

**Staustufe** ⟨f. 19⟩ *Teil eines Systems von Staudämmen*

**Std., Stde.** ⟨Abk. für⟩ *Stunde*

**Stdn.** ⟨Abk. für⟩ *Stunden*

**Ste** ⟨Abk. für⟩ *Sainte*

**Steak** ⟨engl. [stɛik] od. [ste:k] n. 15⟩ *(gegrilltes od. kurz gebratenes) Fleischstück, besonders von Rind- u. Kalbfleisch* (Beefsteak, Rumpsteak) [< engl., aisl. *steik* „Braten"; zu aisl. *steikja* „braten, an den Bratspieß stecken"]

**Stearin** ⟨n. 11⟩ *weiße Masse aus Stearin- u. Palmitinsäure, für Kerzen, Lippenstifte u. kosmet. Salben verwendet* [< grch. *stear* „stehendes Fett, Talg"]

**Stechapfel** ⟨m. 5u; Bot.⟩ ▲ *auf Schutt wachsendes, giftiges Nachtschattengewächs mit stacheligen Früchten, dessen Blätter Asthma lindernde Mittel enthalten, Stachelnuss: Datura stramonium*

**Stechbecken** ⟨n. 14⟩ *flaches Nachtgeschirr (für Bettlägrige)*

**Stechbeitel** ⟨m. 5⟩ ▼ *flaches, schlankes Werkzeug mit einer Schneide an der Stirnseite zur Holzbearbeitung*

STECHBEITEL

**stechen** ⟨V. 249; hat⟩ **I** ⟨V. i.⟩ **1** *sich mit dem Stachel wehren* (Insekt) **2** *mit dem Stachel od. Dorn bohren* (Pflanzen) **3** *mit einem spitzen Gegenstand zustoßen* **4** *spitz, rau, kratzig sein* (Stachel, Stoff, Wolle) **5** *einen unentschiedenen Wettkampf durch ein letztes Spiel entscheiden* ◆ **Bienen,** Mücken stechen; die **Rose** sticht; die **Sonne** sticht ⟨fig.⟩ *brennt, strahlt sehr heiß* ◆ **in** die Augen stechen ⟨fig.⟩ *auffallen;* das Schiff sticht in See *fährt aus, verlässt den Hafen;* (mit dem Messer) **nach** jmdm. stechen ◆ stechender Blick *scharfer, durchbohrender Blick;* stechender Geruch *scharfer, beißender Geruch* **II** ⟨V. t.⟩ **1** *mit dem Stachel od. Dorn verletzen* **2** *mit einem spitzen Gegenstand verwunden, verletzen* ◆ eine **Biene,** Mücke, Wespe hat mich gestochen; dich sticht wohl der **Hafer!** ⟨fig.; umg.⟩ *du bist wohl ein wenig zu übermütig!;* **Torf,** Rasen stechen *mit dem Spaten in viereckigen Stücken ausgraben, herausheben* ◆ sich od. jmdn. (mit der Nadel) **in** den Finger, Arm stechen; ein Bild in Kupfer stechen *mit dem Stichel in eine Kupferplatte eingraben, von einem Bild einen Kupferstich herstellen* ◆ **wie** gestochen schreiben *gleichmäßig u. gut lesbar schreiben* [< ahd. *stehhan*]

STECHGINSTER:
KLEINBLÜTIGER STECHGINSTER
*(Ulex parviflorus)*

**Stechfliege** ⟨f. 19; Zool.⟩ *hellgraue Fliege mit Stechrüssel, Stallfliege: Stomoxys calcitrans*

**Stechginster** ⟨m. 3; Bot.⟩ ▲ *Angehöriger einer Gattung der Schmetterlingsblütler mit Dornen: Ulex*

**Stechglas** ⟨n. 12u⟩ *Urinflasche (für bettlägrige männl. Kranke)*

**Stechkahn** ⟨m. 1u⟩ ► *mit einer Stoßstange fortbewegter Kahn*

**Stechkarte** ⟨f. 19⟩ *Kontrollkarte für die Stechuhr*

**Stechmücke** ⟨f. 19; Zool.⟩ *Angehörige einer Familie der Mücken, deren Weibchen mit einem Stechrüssel Blut saugen: Culicidae*

**Stechpalme** ⟨f. 19⟩ *Angehörige einer immergrünen Gattung der Stechpalmengewächse (Aquifoliaceae) mit glänzenden, stacheligen Blättern*

**Stechrüssel** ⟨m. 5; Zool.⟩ ▼ *spitze od. röhrenförmige Verlängerung des Kopfes mancher Insekten, mit der sie stechend Nahrung (z. B. Blut) aufnehmen können*

**Stechschritt** ⟨m. 1; unz.⟩ *gekünstelte militärische Art zu gehen, wobei das Bein vor dem Aufsetzen, das mit Fußsohle u. Ferse gleichzeitig geschieht, völlig gestreckt wird* ◆ im Stechschritt marschieren

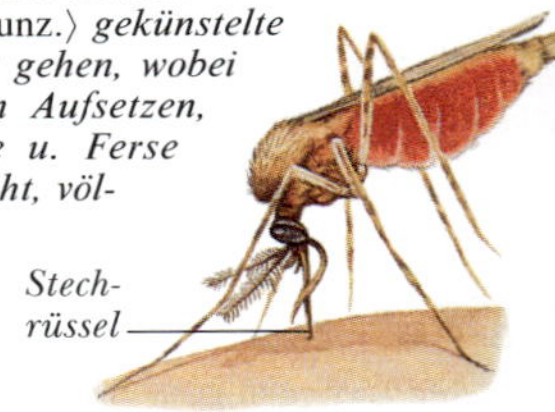


STECHRÜSSEL: MOSKITO MIT STECHRÜSSEL BEIM BLUTSAUGEN

**Stechuhr** ⟨f. 20⟩ *Kontrolluhr, die auf Hebeldruck hin den jeweiligen Zeitpunkt auf einer Karte o. Ä. markiert (zur Überwachung von Arbeitsgängen u. Ä.)*

**Steckbrief** ⟨m. 1⟩ *öffentlich bekannt gegebene Personenbeschreibung (flüchtiger Verbrecher usw.)*

**Steckdose** ⟨f. 19⟩ *an einer Wand befestigte Vorrichtung zum Anschluss an das Stromnetz*

**stecken** ⟨V. 250; hat⟩ **I** ⟨V. i.; heute meist schwach konjugiert⟩ **1** *sich (an einem Ort, einer Stelle) befinden, sein* **2** *festgemacht sein (an), festsitzen (in)* ◆ der **Schlüssel** steckt (im Schloss) ◆ stecken **bleiben:** er ist beim Aufsagen des Gedichtes stecken geblieben *kam nicht vorwärts, wusste nicht weiter;* im Schnee stecken bleiben ◆ **warm** stecken ⟨umg.⟩ *warm angezogen od. zugedeckt sein* ◆ der Ring steckt (fest) **am** Finger; die Krankheit steckt schon lange **in** ihm; wir stecken mitten in der Arbeit ⟨umg.⟩; die Zeitung, ein Brief steckt im Kasten; er steckte, ⟨od.⟩ stak bis zu den Knien im Schlamm ◆ **wo** steckt er?; wo hast du die ganze Zeit gesteckt? **II** ⟨V. t.; nur schwach konjugiert⟩ **1** *mit einer Nadel, mehreren Nadeln befestigen (an, in)* **2** *durch Schieben befestigen, daran-, darauf schieben, anfügen, hineinschieben, einfügen* ◆ jmdm. etwas stecken ⟨umg.⟩ *heimlich mitteilen, jmdm. einen Wink geben über etwas;* **Erbsen,** Bohnen stecken *in die Erde geben;* sich ein **Ziel** stecken *ein Ziel setzen* ◆ jmdm. einen Ring **an** den Finger stecken; eine Blume ans Kleid stecken; eine Hülse **auf** einen Gegenstand stecken; jmdn. **ins** Gefängnis stecken *gefangen setzen, einsperren* [< ahd. *stecken* „stechend festheften" u. *stechen* „festsitzen"; → *stechen*]

**Stecken** ⟨m. 4; bes. oberdt.⟩ *Stock* [< mhd. *stecke,* ahd. *stecko* neben mhd. *steche,* ahd. *stehho*]

**Steckenpferd** ⟨n. 11⟩ **1** *an einem Stock befestigter, hölzerner Pferdekopf (als Kinderspielzeug)* **2** ⟨fig.⟩ *Lieblingsbeschäftigung, Liebhaberei, Hobby*

**Stecker** ⟨m. 3⟩ *Vorrichtung zum Anschluss eines Geräts an das Stromnetz*

**Steckling** ⟨m. 1; Bot.⟩ *Pflanzenteil, der zur vegetativen Vermehrung von der Mutterpflanze abgetrennt u. in die Erde gesteckt wird*

S

**Stecknadel** ⟨f. 21⟩ *Nadel mit Kopf, mit Verdickung an einem Ende*

**Steckschloss** ⟨n. 12u⟩ *kleines zylindrisches Schloss, das zur Sicherung vor Diebstahl in ein größeres Schloss eingesetzt werden kann*

**Steek** ⟨m. 6; Seemannsspr.⟩ = *Stek* [nddt. < mnddt., eigtl. „das Einstechen, Stich"]

**Steg** ⟨m. 1⟩ **1** *sehr schmale, einfache Brücke, Brett als Brücke* (Bachsteg, Landungssteg) **2** *Zwischenstück, Verbindungsteil* (Brillensteg) **3** *die Saitenschwingungen auf den Klangkörper übertragende Hartholzplättchen (bei Streichinstrumenten) od. Holzleiste (bei Klavier u. Zither)* (Geigensteg) **4** ⟨Typ.⟩ *freier Raum an den Seiten der Druckform bis zum Rand der Seite* (Bundsteg, Kopfsteg) **5** *nicht mitdruckendes Material zum Ausfüllen größerer Zwischenräume* **6** *am Hosenbein befestigtes, unter der Fußsohle durchlaufendes Gummiband zum Straffhalten der Hose* (Hosensteg) [< mhd. *stec* < ahd. *steg* „Aufstieg"]

**Steghose** ⟨f. 19⟩ = *Keilhose*

STEGOSAURIER

**Stegosaurier** ⟨[-riər] m. 3⟩ ▲ *6-9 m langer Saurier, dessen Rücken zwei Reihen knöcherner Zacken trug;* ► *Dinosaurier* [< grch. *stegos* „Dach" + *sauros* „Eidechse"]

**Stegreif** ⟨m. 1⟩ **1** ⟨veraltet⟩ *Steigbügel* **2** ⟨heute nur noch fig. in den Wendungen⟩ **2.1** aus dem Stegreif dichten *rasch, aus einer augenblickl. Eingebung, ohne lange nachzudenken* **2.2** aus dem Stegreif reden, sprechen *ohne Vorbereitung eine Rede halten* [< mhd. *stegreif* < ahd. *stegareif,* „Steigbügel" < ahd. *stegon,* Nebenform von *stigan* „steigen" + *Reif* „Ring" = „aus dem Steigbügel", also urspr. „ohne vom Pferd zu steigen, rasch"]

**stehen** ⟨V. 251⟩ **I** ⟨V. i.; hat; süddt., österr., schweiz.: ist⟩ **1** *sich auf den Füßen halten, auf den Füßen verharren, nicht liegen u. nicht sitzen* (Person, Tier) **2** *sich in aufrechter Stellung befinden, nicht liegen* (Gegenstand) **3** *nicht weitergehen, stocken* (Arbeit, Verkehr) **4** *nicht mehr in Betrieb sein, sich nicht mehr bewegen* (Maschine, Uhr) **5** *sich an einer Stelle, einem Ort befinden, aufgestellt, erbaut, gewachsen sein* ◆ ein Kleidungsstück steht jmdm. *passt zu jmdm., sieht an jmdm. hübsch, gut aus;* das **Manuskript,** Referat steht ⟨umg.⟩ *ist fertig, ist in Ordnung* ◆ es steht zu **befürchten,** zu hoffen *es ist zu befürchten, zu hoffen;* die Uhr ist stehen **geblieben** *hat aufgehört zu gehen;* so wie er **ging** und stand *sofort, ohne den geringsten Aufenthalt, ohne sich an- od. umzuziehen;* ich **kam** neben ihn zu stehen ⟨umg.⟩ *ich geriet zufällig neben ihn;* das Kind **kann** schon stehen; jmd. stehen **lassen** *sich unhöflich von ihm abwenden u. weggehen;* ein Wort stehen lassen *nicht auslöschen;* die Flasche **soll** stehen, nicht liegen ◆ das Spiel steht 2:3; der Hut steht ihr **ausgezeichnet; fest,** sicher, unsicher, wackelig stehen ◆ **am** Fenster, an der Tür stehen; **auf** der Leiter, Mauer stehen; es steht **bei** ihm ⟨fig.⟩ *es liegt an ihm, es hängt von ihm ab, er kann es bestimmen;* ich stehe **für** nichts *ich bürge für nichts, ich leiste für nichts Gewähr;* **hinter** jmdm. stehen ⟨fig.⟩ *jmdn. unterstützen, jmdn. schützen;* **in** hohem Ansehen bei jmdm. stehen *hohes Ansehen bei jmdm. genießen;* bei jmdm. in Arbeit stehen *beschäftigt sein;* die Obstbäume stehen in Blüte *blühen;* **mit** jmdm. gut, schlecht stehen *sich mit jmdm. gut, schlecht vertragen;* **oben,** unten stehen; **rechts,** links (von jmdm. od. etwas) stehen; **über** jmdm. stehen *jmds. Vorgesetzter sein;* **unter** jmdm. stehen *jmds. Untergebener sein;* zu jmdm. stehen *zu jmdm. halten, jmdm. beistehen, ihn unterstützen* ◆ **wie** geht's, wie steht's? ⟨umg.⟩ *wie geht es dir?;* wie steht's mit deiner Gesundheit? *wie ist deine Gesundheit?* ◆ stehendes Gewässer *nicht fließendes Gewässer, z. B. See, Teich;* stehendes Heer *Heer, dessen Soldaten ständig unter Waffen stehen* **II** ⟨V. refl.; hat⟩ sich stehen *sein Auskommen haben, Geld verdienen* ◆ sich gut, schlecht stehen *viel, wenig Geld verdienen od. besitzen* **III** ⟨V. t.; hat; nur in bestimmten Wendungen⟩ Posten, Wache stehen *auf Wache sein, etwas bewachen* [< mhd., ahd. *sten, stan*]

**stehlen** ⟨V. t. 252; hat⟩ *widerrechtlich wegnehmen, entwenden* [< mhd. *steln* < ahd. *stelan*]

**Stehplatz** ⟨m. 1u⟩ *Platz zum Stehen, z. B. im Bus, Zug od. in einem Zuschauerraum;* Ggs *Sitzplatz*

**steierisch** ⟨Adj.⟩ = *steirisch*

**steif** ⟨Adj.⟩ **1** *starr, fest, unbeweglich, nicht biegsam* **2** *ungelenk, schwer zu bewegen* (Glieder, Gelenke) **3** *mit Wäschestärke gestärkt* (Kragen, Wäsche) **4** *sehr dickflüssig, fast ganz fest* (Eischnee, Pudding) **5** ⟨fig.⟩ *förmlich, gezwungen* (Benehmen) ◆ ein steifes **Bein** haben; einen steifen **Hals** haben *Halsstarre* ◆ jmdn. steif **begrüßen** ⟨fig.⟩; das Eiweiß steif **schlagen; zugehen:** bei ihnen geht es immer etwas steif zu ⟨fig.⟩ ◆ etwas steif und **fest** behaupten *etwas hartnäckig behaupten* ◆ meine Finger sind steif **vor** Kälte [< mdt., mnddt. *stif* „steif, starr, stattlich"]

**Steigbügel** ⟨m. 5⟩ **1** *am Sattel befestigter Metallbügel als Fußstütze für den Reiter* **2** *ein Gehörknöchelchen* ◆ jmdm. den Steigbügel halten ⟨fig.⟩ *jmdm. Hilfestellung leisten (bes. zum berufl. Aufstieg)*

**Steigeisen** ⟨Pl.⟩ **1** ▲ *mit Zacken versehene Halbringe, die an den Schuhen befestigt werden, als Hilfsmittel zum Erklettern hölzerner Leitungsmasten;* Sy *Klettereisen* **2** *mit scharfen Zacken versehene Eisen, die beim Begehen von Gletschern u. vereisten Bergwänden unter die Schuhe geschnallt werden* **3** *außen in Mauern od. Schornsteine eingemauerte Eisensprossen od. -bügel zum Hinaufsteigen*

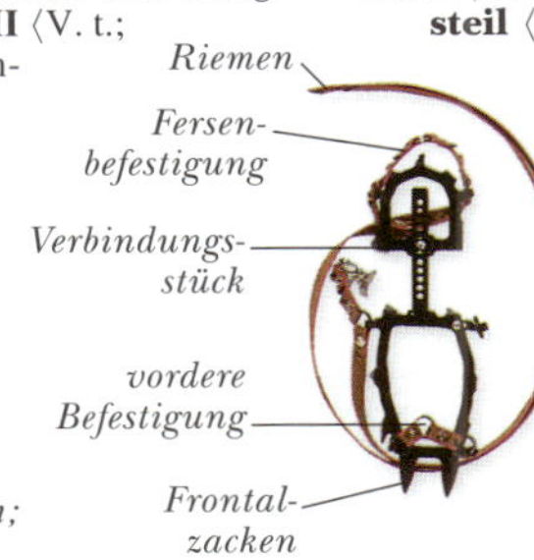

STEIGEISEN

**steigen** ⟨V. 253; ist⟩ **I** ⟨V. i.⟩ **1** *sich aufwärts, nach oben bewegen* (Nebel, Rauch, Sonne, Temperatur, Preise, Wasserspiegel) **2** *aufwärts fliegen* (Flugzeug, Vogel) **3** *gehen, sich begeben, klettern* (Person) **4** ⟨fig.⟩ *stärker werden* (Spannung, Ungeduld) **5** ⟨fig.; umg.⟩ *stattfinden* (Veranstaltung) ◆ das **Fieber** ist gestiegen; die **Flut** steigt; das **Pferd** steigt *bäumt sich;* die **Stimmung** stieg *hob sich, man wurde lustiger;* der **Wert** des Bildes, des Grundstücks ist gestiegen ◆ das Steigen und **Fallen,** Steigen und Sinken der Kurse; Drachen steigen **lassen** ◆ **auf** einen Berg, auf eine Leiter, einen Stuhl steigen; **aus** dem Auto, aus dem Wasser steigen; **durchs** Fenster steigen; er ist **in** meiner Achtung gestiegen *ich achte ihn jetzt mehr, höher;* das Blut stieg ihr ins Gesicht **II** ⟨V. t.; nur in der Wendung⟩ Treppen steigen *hinaufsteigen* [< mhd. *stigen* < ahd. *stigan*]

**steigern** ⟨V.; hat⟩ **I** ⟨V. t.⟩ **1** *verstärken, vergrößern* (Ton, Gefühl, Bewegung) **2** *erhöhen* (Miete, Preise, Leistungen) ◆ Adjektive steigern *in die Steigerungsstufen (Komparativ, Superlativ) setzen;* die Geschwindigkeit steigern **II** ⟨V. i.⟩ *bieten, ein Angebot machen* (bei Auktionen) **III** ⟨V. refl.⟩ sich steigern *mehr, größer, stärker werden* [< spätmhd. *steigeren,* als Ersatz für ahd. *steigen* „steigen machen, erhöhen"]

**Steigerung** ⟨f. 20⟩ **1** *das Steigern, Verstärkung, Vergrößerung, Erhöhung* **2** Steigerung der Adjektive ⟨Gramm.⟩ *das Bilden der Steigerungsstufen (Komparativ, Superlativ)*

**Steigung** ⟨f. 20⟩ **1** *Höhenzunahme* **2** *Böschung, Bodenerhebung* **3** *ansteigender Weg* ◆ Steigung von 10% *10m Höhenänderung auf 100m (Strecke, Weg)*

**steil** ⟨Adj.⟩ *stark ansteigend bzw. schroff abfallend* (Berg, Küste) ◆ ein steiler Abhang; steil abfallen, ansteigen [< mhd. *steigel* < ahd. *steigal* „auf- od. absteigend"]

**Steilküste** ⟨f. 19⟩ *steil abfallende od. ansteigende Küste;* Ggs *Flachküste*

**Stein** ⟨m. 1⟩ **1** *natürl. Gestein, Gesteinsstück* (Kieselstein, Sandstein) **2** *künstl. Werkstoff mit dem natürl. Gestein ähnlichen Eigenschaften* (Ziegelstein, Baustein, Mauerstein) **3** *Fels* **4** *Stück eines Minerals* (Edelstein) **5** ⟨kurz für⟩ *Edelstein, Grabstein, Spielstein* (Dominostein) **6** ⟨bei Steinfrüchten⟩ *innerer, harter, den Samen umgebender Teil der Fruchtwand* **7** ⟨in Hohlorganen⟩ *aus organ. Gerüsten u. gestaltlosen od. kristallisierten Salzen zusammengesinterte Bildungen* (Blasenstein, Gallenstein, Nierenstein, Speichelstein) ◆ Steine und **Erden;** über **Stock** und Stein *querfeldein, ohne Weg* ◆ den Stein **behauen;** das könnte einen Stein **erbarmen,** erweichen ⟨fig.⟩ *das ist jammervoll, Mitleid erregend;* (schöne) Steine **sammeln;** einen Stein **schlagen** (im Spiel) ◆ die Uhr hat 15 Steine; **echte,** edle, künstliche Steine; **geschnittener,** geschliffener Stein; der Weg durch den Wald ist **voller** Steine ◆ beim Graben **auf** Stein stoßen; keinen Stein auf dem anderen lassen *alles zerstören;* Funken **aus** einem Stein schlagen; eine Gestalt, Figur **in** Stein hauen; den Stein ins Rollen bringen ⟨fig.⟩ *den Anstoß zu etwas geben, eine Sache, Entwicklung in Bewegung bringen;* einen Weg **mit** Steinen pflastern [< mhd., ahd. *stein*]

STECHKAHN AUF EINEM FLUSS

S

**Steinadler** ⟨m. 3; Zool.⟩ *großer, felsige Hochgebirgswälder bewohnender Raubvogel von dunkler Färbung: Aquila chrysaetos*

**Steinbeißer** ⟨m. 3; Zool.⟩ *Grundfisch in stehenden u. fließenden Gewässern: Cobitis taenia*

**Steinbock** ⟨m. 1u⟩ **1** ⟨Zool.⟩ *mit den Ziegen verwandtes Horntier, das als gewandter Kletterer die Gipfelregionen der Hochgebirge Eurasiens u. Nordafrikas bewohnt: Capra ibex* **2** ⟨Astron.⟩ ► *Sternbild des südlichen Himmels* ◆ Wendekreis des Steinbocks ⟨Astron.⟩ *südlicher Wendekreis*

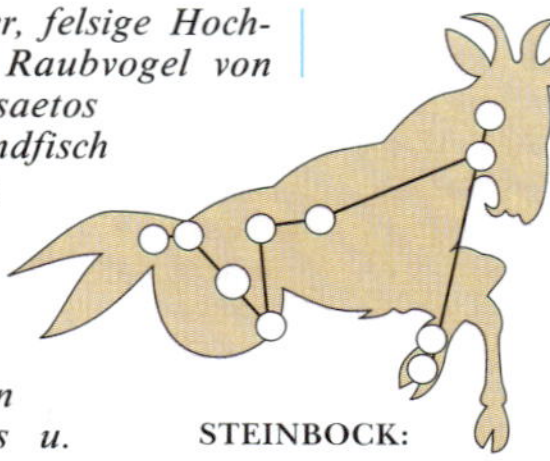

STEINBOCK: DIE STERNE DES STERNBILDS *STEINBOCK*

**Steinbrech** ⟨m. 1; unz.; Bot.⟩ *Angehöriger einer Gattung der Steinbrechgewächse (Saxifragaceae) mit Blattrosetten u. rötlich weißen Blüten*

**Steinbruch** ⟨m. 1u⟩ *Abbaustelle für nutzbares Gestein im Tagebau;* Sy ⟨kurz⟩ *Bruch*[1] *(5)*

**Steinbutt** ⟨m. 1; Zool.⟩ *großer, begehrter Plattfisch: Rhombus maximus* [→ Butt]

**Steindruck** ⟨m. 1⟩ ► = *Lithographie*

**steinern** ⟨Adj.⟩ **1** *aus Stein* **2** ⟨fig.⟩ *hart, mitleidlos* ◆ ein steinernes Herz haben

**Steingut** ⟨n. 12u; unz.⟩ *Erzeugnis der Feinkeramik mit porösen Scherben, das weniger dicht ist als Porzellan*

**steinhart** ⟨Adj.⟩ *hart wie Stein, sehr hart*

**Steinhuhn** ⟨n. 12u; Zool.⟩ *rebhuhnähnl. Fasanenvogel der höchsten Gebirgslagen: Alectoris graeca;* Sy *Berghuhn*

**Steinhummel** ⟨f. 21; Zool.⟩ *schwarze Hummel mit rotem Hinterleibsende, die ihr Nest vor allem in Mauerspalten, unter Steinen u. Ä. anlegt: Bombus lapidarius*

**steinigen** ⟨V. t.; hat⟩ jmdn. steinigen *durch Steinwürfe töten*

**Steinkauz** ⟨m. 1u; Zool.⟩ *kleine, flachköpfige Eule mit durchdringender Stimme: Athene noctua*

**Steinklee** ⟨m.; -s; unz.; Bot.⟩ ► = *Honigklee*

**Steinkohle** ⟨f. 19; unz.⟩ *dichte, erdgeschichtlich alte Kohle mit hohem Gehalt an Kohlenstoff*

**Steinkoralle** ⟨f. 19⟩ *stockbildender Polyp, der an seiner Fußscheibe ein kalkhaltiges Außenskelett abscheidet: Madreporaria*

**Steinkraut** ⟨n. 12u; Bot.⟩ ► *Angehöriges einer Gattung der Kreuzblütler: Alyssum*

STEINKRAUT: FELSENSTEINKRAUT *(Alyssum saxatile)*

**Steinmarder** ⟨m. 3⟩ *graugelb gefärbter Marder mit weißem Kehlfleck: Martes foina;* Sy *Hausmarder*

**Steinmetz** ⟨m. 16⟩ **1** *Handwerker, der (z. B. Marmor-)Steine für Bauten, Denkmäler usw. bearbeitet* **2** *Lehrberuf mit dreijähriger Lehrzeit* [< mhd. *steinmetze* < ahd. *steinmezzo* < vulgärlat. *matio, macio* „Maurer"]

**Steinmetzarbeit** ⟨f. 20⟩ ► *von einem Steinmetzen bearbeitetes Fassaden- bzw. Mauerwerk*

**Steinobst** ⟨n.; -es; unz.⟩ *Früchte (z. B. Pfirsich, Aprikose, Pflaume, Kirsche, Mango, Walnuss), bei denen die innere Schicht der Fruchtwand einen den Samen bergenden Steinkern bildet;* Ggs *Kernobst (2)*

**Steinpilz** ⟨m. 1⟩ *sehr wohlschmeckender Röhrenpilz mit braunem Hut u. weißem, später gelblichem Fleisch: Boletus edulis;* Sy *Eichpilz, Herrenpilz*

**Steinschlag** ⟨m. 1u⟩ **I** ⟨zählb.⟩ *Abstürzen von Gesteinsbruchstücken im Gebirge* **II** ⟨unz.⟩ *gebrochenes Gestein als Schotter*

**Steinschlosspistole** ⟨n. 11; früher⟩ *Pistole mit einem Feuerstein, der das Pulver entzündet*

**Steinsetzer** ⟨m. 3⟩ *Straßenpflasterer*

**Steinzeit** ⟨f. 20⟩ *Abschnitt der Urgeschichte, während dessen die Menschen vorwiegend Steine als Werkzeug verwendeten* ◆ ältere, jüngere, mittlere Steinzeit

**Steirer** ⟨m. 3⟩ *Einwohner der Steiermark, Steiermärker*

**steirisch** ⟨Adj.⟩ *die Steiermark betreffend, zu ihr gehörend, aus ihr stammend, steiermärkisch;* oV *steierisch*

**Steiß** ⟨m. 1; Anat.; kurz für⟩ ► = *Steißbein*

**Steißbein** ⟨n. 11; Anat.⟩ ► *kleiner, am Kreuzbein nach unten ansetzender, aus Wirbelkörpern verwachsener Knochen am unteren Ende des menschl. Rumpfes: Os coccygis;* Sy ⟨kurz⟩ *Steiß* [mdt. statt *Steuß* < mhd., ahd. *stiuz* „dicker Teil des Oberschenkels"; zu *stoßen, stutzen,* also eigtl. „gestutzter Körperteil"]

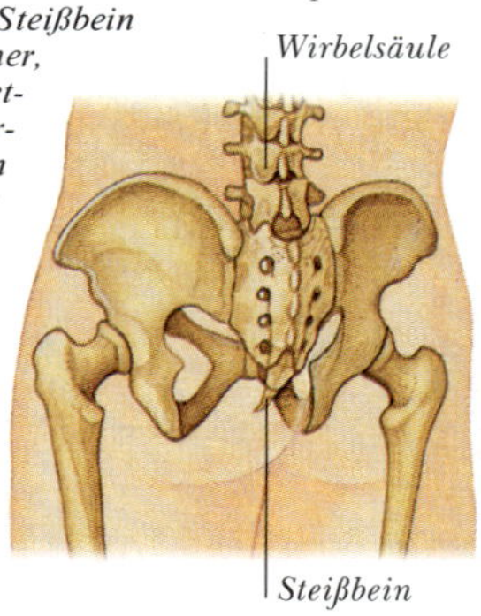


STEISSBEIN: UNTERE RUMPFHÄLFTE DES MENSCHEN MIT STEISSBEIN (RÜCKENANSICHT)

**Stek** ⟨m. 6; Seemannsspr.⟩ *Knoten;* oV *Steek;* ► *Knoten*

**Stele** ⟨f. 19⟩ *frei stehender Pfeiler als Grab- od. Gedenkstein, oft mit Bildnis des Toten* [grch.]

**stellar** ⟨Adj.; Anat.⟩ *die Fixsterne u. Sternsysteme betreffend, zu ihnen gehörend* [zu lat. *stella* „Stern"]

**Stellarie** ⟨[-riə] f. 19; Bot.⟩ *Angehörige einer Gattung der Nelkengewächse: Stellaria* [zu lat. *stella* „Stern"]

**Stelldichein** ⟨n. 15⟩ *Verabredung, Zusammenkunft, Treffen zwischen Mann u. Frau;* Sy *Rendezvous (1)* ◆ sich ein Stelldichein geben ⟨fig.⟩ *zusammentreffen*

**Stelle** ⟨f. 19⟩ **1** *Ort, Platz, Stätte* **2** *Sitz* **3** *Örtlichkeit, Gegend* **4** *Textstelle (in einem Buch, einer Zeitung), Teilstück, Absatz, Abschnitt* **5** *Platz einer Zahl im Zehnersystem* (Dezimalstelle) **6** *Anstellung, Stellung, Posten, Dienst* **7** *Amt, Behörde* (Beratungsstelle, Dienststelle) ◆ eine Stelle (aus einem Buch, Brief) **herausschreiben;** die Stelle **wechseln;** eine Stelle **zitieren** ◆ die **amtlichen** Stellen *die Behörden;* **freie,** offene, unbesetzte Stelle; eine **kahle** Stelle auf dem Kopf, im Wald; eine **spannende** Stelle (im Buch) ◆ versetz dich einmal **an** meine Stelle!; an dieser Stelle *hier;* an erster Stelle stehen ⟨fig.⟩ *die größte Bedeutung haben, am wichtigsten sein; Vorgesetzter sein;* etwas an eine andere Stelle setzen; **auf** der Stelle *sofort;* die erste Stelle **hinter** dem Komma; sich **um** eine Stelle bemühen, bewerben, sich nicht **von** der Stelle rühren *still sitzen od. stehen bleiben;* **zur** Stelle sein *da sein, bereit sein, wo man gebraucht wird* [Rückbildung zu *stellen,* im 16. Jh. statt mhd. *stal* „Ort des Stehens"]

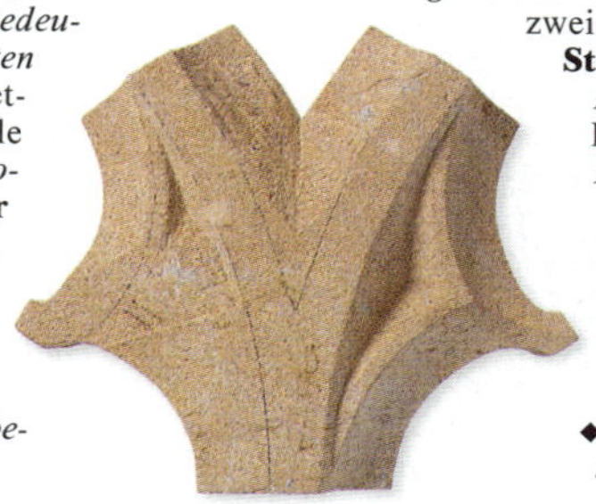

STEINMETZARBEIT: MITTELALTERLICHE STEINMETZARBEIT AN EINEM FENSTERBOGEN

**stellen** ⟨V.; hat⟩ **I** ⟨V. t.⟩ **1** *in aufrechte Lage, stehende Haltung bringen* **2** *an einen bestimmten Platz tun, bringen* **3** *in einen bestimmten Zustand, eine bestimmte Lage, Stellung bringen* (Uhr, Weiche) **4** *herbeischaffen* (Personen) **5** *geltend machen* (Antrag, Bedingung, Forderung) ◆ jmdn. stellen ⟨fig.⟩ *zur Rechenschaft ziehen, Antwort, Aufklärung von ihm verlangen;* für einen Bau **Arbeitskräfte** stellen; sich od. jmdm. eine **Aufgabe** stellen *sich eine Aufgabe vornehmen, jmdm. eine Aufgabe geben;* einen **Bürgen,** Vertreter, Zeugen stellen; jmdm. ein **Thema** (zur Bearbeitung) stellen *nennen, geben;* den **Wecker** stellen *auf die richtige bzw. bestimmte Zeit einstellen* ◆ Wein **kalt** stellen; Speisen **warm** stellen ◆ sich **ans** Fenster stellen; jmdn. (der gestürzt ist) wieder **auf** die Füße stellen; Geschirr, Blumen auf den Tisch stellen; sich **hinter** jmnd. stellen ⟨fig.⟩ *jmdn. unterstützen, für ihn Partei ergreifen* ◆ eine gestellte Aufnahme ⟨Fot.⟩ *vorbereitete Aufnahme (kein Schnappschuss);* gut gestellt sein *gut verdienen;* auf sich selbst gestellt sein *für sich selbst sorgen müssen, sich seinen Lebensunterhalt selbst verdienen* **II** ⟨V. refl.⟩ sich stellen **1** *sich freiwillig melden, sich freiwillig zu den Behörden (der Polizei) begeben* **2** *sich versammeln, sich treffen (zum Marsch, zum Umzug, Aufmarsch)* ◆ der Täter hat sich (freiwillig) gestellt; sich mit jmdm. gut stellen *versuchen, mit jmdm. gut auszukommen;* er stellt sich nur so [< mhd., ahd. *stellen* „auf-, feststellen"]

**stellenlos** ⟨Adj.⟩ *stellungslos, ohne Anstellung, arbeitslos*

**stellenweise** ⟨Adv.⟩ *an manchen Stellen, hier und da* ◆ stellenweise liegt auf den Feldern noch Schnee; der Roman ist stellenweise sehr langweilig

**Stellenwert** ⟨m. 1; unz.; fig.⟩ *Rang, Bedeutung* ◆ die Sache hat ihren Stellenwert *hat an dieser Stelle ihre besondere Bedeutung, ist gerade hier wichtig*

**...stellig** ⟨Adj.; in Zus.⟩ *aus einer bestimmten od. unbestimmten Zahl von Stellen (Ziffern) bestehend,* z. B. dreistellige, mehrstellige, vielstellige Zahl

**Stellmacher** ⟨m. 3⟩ **1** ⟨urspr.⟩ *Handwerker, der Fahrzeuge herstellt;* Sy *Wagner* **2** ⟨später⟩ *Handwerker, der kleine Fahrzeuge (meist aus Holz) sowie hölzerne Werkzeuge herstellt* [< *Gestell* + *machen*]

**Stellplatz** ⟨m. 1u⟩ **1** *Platz zum Hinstellen von etwas* **2** *Platz zum Parken eines Kraftfahrzeugs* ◆ vor dem Haus befinden sich nur zwei Stellplätze

**Stellung** ⟨f. 20⟩ **1** *Lage, Stand, Haltung* (Körperstellung, Beinstellung) **2** *Anordnung, Reihenfolge* **3** ⟨Mil.⟩ *Feldbefestigung, in der sich die Truppen zur Abwehr einrichten, Einstellung, Regulierung* **4** *Rang, Amt, Anstellung, Posten* (Dienststellung) ◆ die Stellung der **Gestirne** ◆ Stellung **beziehen** *sich auf einen klaren Standpunkt stellen;* für jmdn. Stellung **nehmen** ⟨fig.⟩ *für jmdn. Partei ergreifen;* zu einer Sache Stellung nehmen *seine*

*Meinung zu einer Sache äußern;* eine Stellung **suchen** ◆ **befestigte** Stellung ⟨Mil.⟩; **bequeme,** gezierte, gezwungene Stellung; **einflussreiche,** hohe Stellung ◆ eine Stellung **als** Debitorenbuchhalter haben

**Stellungnahme** ⟨f. 19⟩ *Äußerung einer Meinung zu einem Vorfall od. Problem*

**Stellvertreter** ⟨m. 3⟩ *jmd., der einen anderen vertritt, jmd., der im Namen eines anderen handelt* ◆ er ist der Stellvertreter von Herrn Hünermann

**Stelze** ⟨f. 19⟩ **1** *Stange mit über dem Boden angebrachtem Klotz zum Daraufstellen zur Verlängerung des Beins* **2** *Angehörige einer Familie gut laufender Erdvögel: Motacillidae* ◆ auf Stelzen gehen ⟨fig.⟩ *ein hochtrabendes Wesen zur Schau tragen* [< mhd. *stelze* < ahd. *stelza* „Holzbein, Krücke", urspr. „Pfahl, Stütze"]

**stelzen** ⟨V. i.; ist⟩ *auf Stelzen gehen,* ⟨fig.⟩ *steif gehen*

**Stelzengeier** ⟨m. 3; Zool.⟩ ► = *Sekretär (6)*

**Stelzenschuh, Stelzschuh** ⟨m. 1⟩ *offener Schuh mit einer übermäßig dicken Sohle od. einem unter der Sohle befestigten Eisenring*

**Stemmeisen** ⟨n. 14⟩ *Stechbeitel mit zweiseitig zugespitzter Schneide*

**stemmen** ⟨V. t.; hat⟩ **1** *fest gegen etwas drücken* **2** *über den Kopf in die Höhe heben* ◆ **Gewichte,** Hanteln stemmen ◆ die Ellbogen **auf** den Tisch stemmen; sich **gegen** eine Sache stemmen ⟨fig.⟩ *sich einer Sache widersetzen, sie zu verhindern suchen* [< frühnhd. *stemmen* „Wasser stauen" < mhd. *stemmen* „zum Stehen bringen, hemmen, steif machen" < ahd. *gistemen, gistemon* „Einhalt tun"]

**Stempel** ⟨m. 5⟩ **1** *Gerät mit Gummitypen od. -zahlen zum Drucken von Hand* **2** *Abdruck davon* (Datumstempel, Firmenstempel) **3** *Teil einer Prägevorrichtung* **4** *geprägtes Zeichen* (auf Waren, Silber usw.) **5** *Kolben einer Druckpumpe* **6** ⟨Bgb.⟩ *senkrecht od. schräg stehende Stütze in einer Strecke od. einem Abbau* **7** ⟨Bot.⟩ *Fruchtknoten mit Griffel u. Narbe* **8** ⟨fig.⟩ *Zeichen, Prägung, Aussehen* [< mnddt., ndrl. *stempel* „aufgedrucktes Zeichen" < mhd. *stempfel* „Stößel, Prägestock" < spätahd. *stemphil* „Stößel"; Name des weibl. Organs der Pflanzenblüte nach seiner Stößelform; → *stampfen*]

**stempeln** ⟨V. t.; hat⟩ etwas stempeln **1** *einen Stempel auf etwas drücken (Ausweis, Urkunde, Brief)* **2** *mit einem Prägezeichen versehen* (Gold, Silber) ◆ stempeln gehen ⟨umg.⟩ *Arbeitslosenunterstützung beziehen;* jmdn. zum Verräter stempeln *als Verräter bezeichnen, kennzeichnen*

**Steno** ⟨f.; -; unz.; umg.; Kurzw. für⟩ *Stenografie* ◆ sie kann, schreibt Steno; Steno lernen

**Stenografie** ⟨f. 19; Kurzw.: Steno⟩ = *Kurzschrift;* oV *Stenographie*

**Stenogramm** ⟨n. 11⟩ *Niederschrift in Stenografie* ◆ ein Stenogramm aufnehmen *ein Diktat in Kurzschrift niederschreiben* [< grch. *stenos* „eng, schmal" + *gramma* „Geschriebenes, Schrift"]

**Stenographie** ⟨f. 19⟩ = *Stenografie*

**Step** ⟨m. 6; Sp.; Leichtathl.⟩ *der mittlere Sprung beim Dreisprung, der in einem Schritt in der Luft ähnelt;* → a. *Hop, Jump (II)* [engl., „(Zwischen-)Schritt"]

**Stepp** ⟨m. 6; unz.; kurz für⟩ *Stepptanz* [< engl. *step* „Schritt, Tritt, Tanzschritt"]

**Steppdecke** ⟨f. 19⟩ *gefüllte Bettdecke, bei der die Hülle durch gesteppte Nähte mit dem Futter verbunden ist*

STEPPEISEN AN TANZSCHUHEN

**Steppe** ⟨f. 19⟩ *weite, baumlose Grasebene* [< russ. *step]*

**Steppeisen** ⟨n. 14⟩ ▼ *Beschlag für Schuhe zum Stepptanz*

**steppen**[1] ⟨V. t.; hat⟩ *mit Steppstichen nähen* (Naht, Saum) *od. verzieren* ◆ zwei Stoffe von Hand aufeinander nähen [< mhd. *steppen* „stellenweise stechen, reihenweise nähen, sticken"; vielleicht < asächs. *steppon* „(Vieh) durch Einstiche kennzeichnen"; Grundbedeutung „stechen"]

**steppen**[2] ⟨V. i.; hat⟩ *Stepp tanzen*

**Steppenfuchs** ⟨[-ks] m. 1u; Zool.⟩ *in zentralasiatischen Steppen lebender Fuchs, der bis zu 60 cm groß wird: Alopex corsac*

**Stepptanz** ⟨m. 1u⟩ *Tanz in Schuhen mit Steppeisen in lockeren, schnellen Fußbewegungen, bei denen mit Spitzen und Fersen der Rhythmus geschlagen wird;* Sy ⟨kurz⟩ *Stepp*

**Sterbehilfe** ⟨f. 19; unz.; Med.⟩ = *Euthanasie*

**sterben** ⟨V. i. 254; ist⟩ **1** *aus dem Leben scheiden, zu leben aufhören* **2** ⟨fig.⟩ *vergehen, schwinden, erlöschen* ◆ **hungers** sterben *verhungern;* seine **Liebe** ist gestorben; eines natürlichen, unnatürlichen, gewaltsamen **Todes** sterben ◆ **jung,** alt sterben; **plötzlich,** unerwartet sterben ◆ **an** Herzschlag sterben; **aus** Gram sterben; **durch** jmdn., durch jmds. Hand sterben *von jmdm. ermordet werden;* er ist **für** seine Überzeugung gestorben; **im** Sterben liegen *mit dem Tode ringen, kurz vorm Tode sein;* **über** einem Werk, einer Arbeit sterben; es ist **zum** Sterben langweilig ⟨umg.⟩ *sehr langweilig* ◆ der Sterbende; eine sterbende Kultur; gestorben ⟨Abk.: gest.⟩ [< mhd. *sterben* < ahd. *sterban,* urspr. „erstarren, steif werden"; → *starren*]

**sterblich** ⟨Adj.⟩ *so beschaffen, dass es sterben muss, dem Tod unterworfen, vergänglich* ◆ die Sterblichen ⟨poet.⟩ *die Menschen;* ein gewöhnlicher Sterblicher *ein ganz gewöhnlicher, durchschnittlicher Mensch*

**stereo..., Stereo...** ⟨in Zus.⟩ **1** *starr, fest* **2** *Raum..., Körper...* [< grch. *stereo* „fest, starr"]

**Stereoanlage** ⟨f. 19⟩ *Anlage zum stereophonen Hören*

**Stereofotografie** ⟨f. 19⟩ *Aufnahme zweier Teilbilder, die, im Stereoskop od. mittels Stereoprojektor betrachtet, einen plastischen Eindruck vermitteln, Raumbild*

**Stereokamera** ⟨f. 10⟩ *Aufnahmegerät mit zwei Objektiven im Augenabstand zur Herstellung von Stereofotografien*

**Stereoskop** ⟨n. 11⟩ *einen räuml. Eindruck vermittelndes Gerät zur Wiedergabe von Stereofotografien* [< grch. *stereos* „fest, starr" + *skopein* „sehen, schauen, betrachten"]

**stereotyp** ⟨Adj.⟩ **1** *mit feststehender Schrift (gedruckt)* **2** *feststehend, unveränderlich* **3** ⟨fig.⟩ *ständig wiederkehrend, immer wieder gleich, formelhaft* ◆ stereotype Antwort, Phrase, Redewendung ⟨fig.⟩; ein stereotypes Lächeln ⟨fig.⟩

**Stereotyp** ⟨n. 11; Psych.⟩ *Vorurteil, vorgefasste Meinung über eine bestimmte Gruppe od. Schicht*

**steril** ⟨Adj.⟩ **1** *keimfrei* **2** *unfruchtbar;* Ggs *fertil* **3** ⟨fig.; abwertend⟩ *kalt, unpersönlich, übertrieben sauber u. ordentlich* **4** *übertrieben geistig od. intellektuell, nicht (mehr) natürlich empfindend* ◆ eine sterile Wohnung; sterile Denkweise [< frz. *stérile* < lat. *sterilis* „unfruchtbar, ertraglos"]

**sterilisieren** ⟨V. t.; hat⟩ **1** *keimfrei machen, entkeimen durch Erhitzen auf 100 bis 130 °C* **2** *unfruchtbar, zeugungsunfähig machen bei Erhaltung der Keimdrüsen* [< frz. *stériliser;* → *steril]*

## STERNBILDER

Bereits die antiken Babylonier unterschieden Sternbilder und benannten diese nach Tieren oder Sagengestalten. Seit einer Konferenz in Rom im Jahre 1922 teilen Astronomen den gesamten Himmel zur Orientierung in 88 aus größeren Sternen bestehende Sternbilder ein, die zwar für unser Auge ein zusammenhängendes Bild ergeben, tatsächlich jedoch meist nichts gemeinsam haben und weit voneinander entfernt stehen.

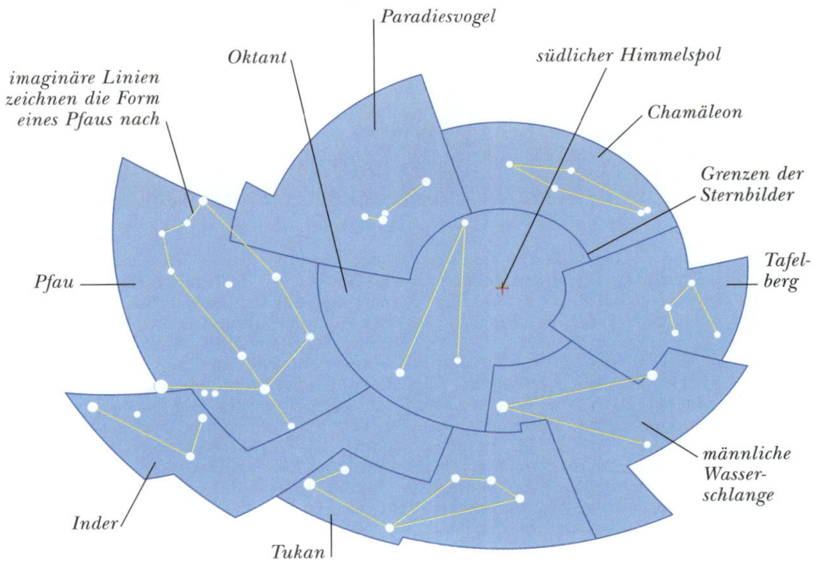


STERNBILDER IN DER NÄHE DES SÜDLICHEN HIMMELSPOLS

S

## STERNE

Sterne entstehen aus Gas- und Staubwolken, den Nebeln, in denen sich Bereiche mit größerer Masse unter dem Einfluss der Schwerkraft zu Protosternen verdichten. Ein Protostern wird zum Hauptreihenstern (wie z. B. die Sonne), wenn in seinem Inneren Kernverschmelzungen stattfinden, bei denen Wasserstoff zu Helium wird. Über die weitere Entwicklung eines Sterns entscheidet seine Masse. Wenn der gesamte Wasserstoff in einem Stern mit geringer Masse aufgebraucht ist, dehnt sich dieser aus und kühlt an der Oberfläche ab, wodurch er zu einem so genannten „Roten Riesen" wird, der sein Helium zu „verbrennen" beginnt. Schleudert ein alter „Roter Riese" seine äußere Gashülle ins Weltall, entsteht daraus ein planetarischer Nebel. Sterne mit großer Masse entwickeln sich schneller zu „Roten Überriesen" und explodieren in einer Supernova, was dazu führt, dass ihre Kerne sich zu Neutronensternen oder schwarzen Löchern verdichten.

### LEBENSZYKLUS EINES STERNS

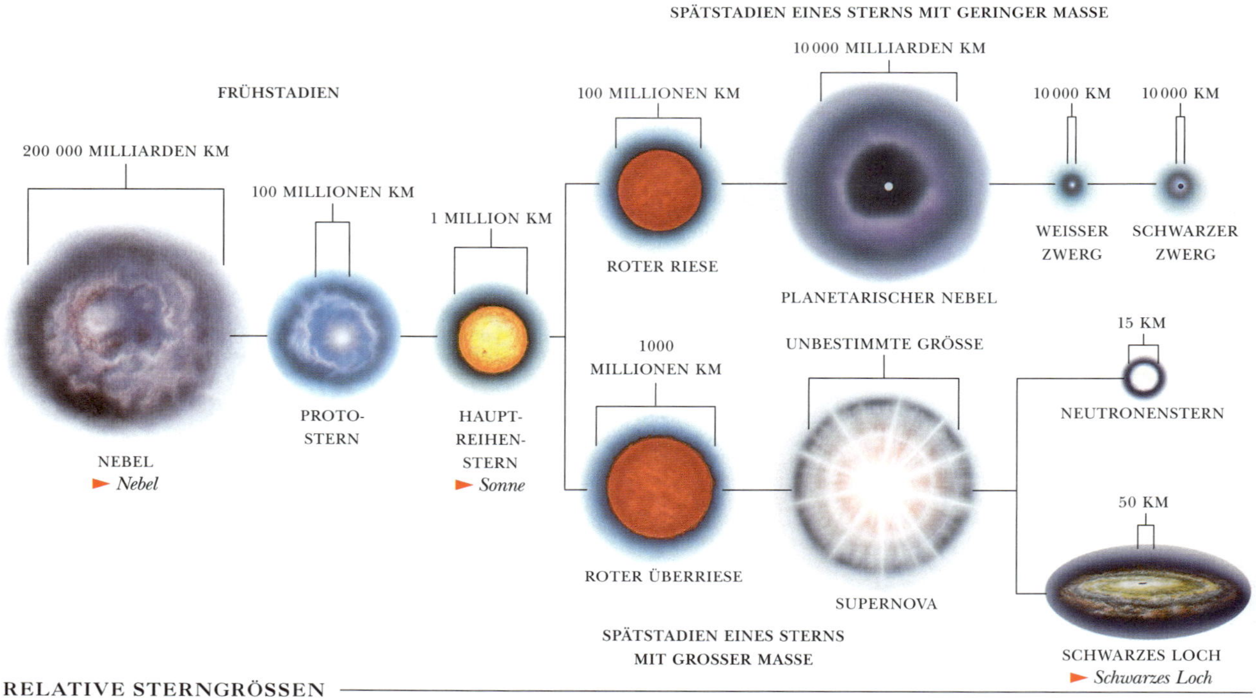


### RELATIVE STERNGRÖSSEN

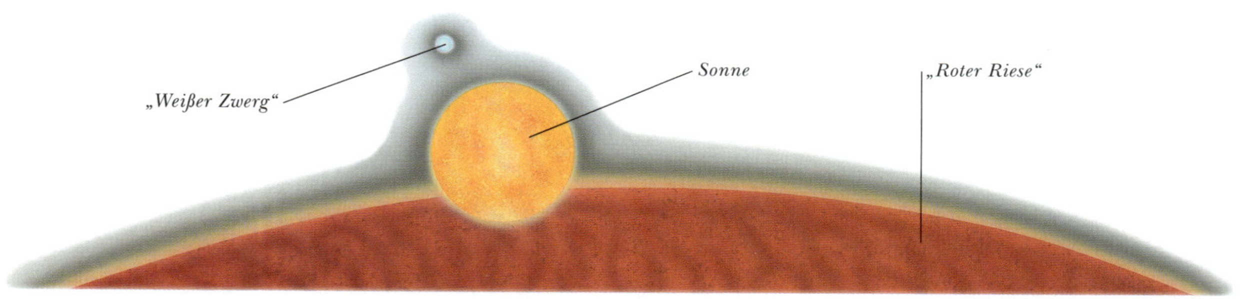




**Sterilität** ⟨f. 20; unz.⟩ **1** *sterile Beschaffenheit, keimfreier Zustand, Unfruchtbarkeit;* Ggs *Fertilität* **2** ⟨fig.⟩ *Fehlen von natürlichem Empfinden bei übertriebener Betonung des Geistigen*

**Sterling** ⟨[stəː-] m. 1⟩ *altengl. Münze* ◆ Pfund Sterling ⟨Zeichen: £⟩ *Währungseinheit in Großbritannien* [engl., „Penny" < mlat. *sterlingus* < lat. *statera* < grch. *stater* „Stater, Goldmünze"]

**Stern**[1] ⟨m. 1⟩ **1** ▲ *Himmelskörper, selbst leuchtendes Gestirn (Sonne)* **2** = *Sternchen* **3** *sternförmiger Gegenstand als Rangabzeichen* (Ordensstern) **4** *Blesse (des Pferdes)* **5** *Kreuzung von mehr als zwei Straßen* **6** ⟨poet.⟩ *strahlender, leuchtender Gegenstand* (Augenstern) **7** ⟨fig.⟩ *Berühmtheit, Star* (Filmstern) **8** *Gütezeichen von Hotels u. Speiselokalen* **9** ⟨fig.; umg.; schweiz.⟩ *Freund(in), Geliebte(r)* ◆ die Sterne **funkeln,** strahlen, leuchten ◆ zwei Sterne auf den Schulterstücken haben; **neuer** Stern = *Nova*[1]; ein neuer Stern am Film-, Theaterhimmel ⟨fig.⟩ ◆ das Schicksal **aus** den Sternen deuten ⟨Astrol.⟩; **mit** Sternen besäter Himmel; **nach** den Sternen greifen ⟨fig.⟩ *nach dem Höchsten streben, Unmögliches wollen;* **unter** einem günstigen, ungünstigen Stern geboren sein ⟨fig.⟩ *im Leben viel Glück, Unglück haben* [< mhd. *stern* < ahd. *sterno*]

**Stern**[2] ⟨m. 1; Mar.⟩ *Heck (des Schiffes)* [< engl. *stern* „Heck" < anord. *stjorn* „Schiffsteuer"; → *steuern*]

**Sternbild** ⟨n. 12; Astron.⟩ ◄◄ *als Bild gedeutete Gruppe von Sternen* ◆ Sternbild des Wassermanns

**Sternchen** ⟨n. 14⟩ **1** *kleiner Stern* **2** *sternförmiges gedrucktes Zeichen (für Fußnoten, zur Kennzeichnung besonderer Qualitäten usw.);* Sy *Stern (2)* **3** ⟨fig.⟩ *angehende Berühmtheit beim Film* (Filmsternchen)

**Sterndeutung** ⟨f. 20; unz.⟩ = *Astrologie*

**Sternenbanner** ⟨n. 13⟩ *Nationalflagge der Vereinigten Staaten von Nordamerika* [nach der engl. Bez. *Stars and Stripes* „Sterne und Streifen"]

**Sternblume** ⟨f. 19; Bot.⟩ ► = *Aster*

**Sternhaufen** ⟨m. 4⟩ *Anhäufung von Sternen*

**Sternkarte** ⟨f. 19; Astron.⟩ *Karte des Sternhimmels;* Sy *Himmelskarte*

**Sternkunde** ⟨f. 19; unz.⟩ = *Astronomie*

**Sternmotor** ⟨m. 23; Tech.⟩ *Verbrennungsmotor, dessen Zylinder sternförmig um die Kurbelwelle angeordnet sind*

**Sternschnuppe** ⟨f. 19⟩ *aus dem Weltraum stammendes Materieteilchen, das beim Eintreten in die Lufthülle der Erde aufglüht u. sekundenlang als leuchtender Punkt am Nachthimmel zu sehen ist* [zu *Schnuppe* „glühender Dochtabfall", eigtl. *Sternschneuze,* da man glaubte, Sterne müssten wie Kerzen geschneuzt werden]

**Sternstunde** ⟨f. 19⟩ *bes. günstige Stunde, in der sich eine Schicksalswende vollzieht od. vollziehen könnte* ◆ die Mondlandung war eine Sternstunde in der Raumfahrtgeschichte

**Sternsystem** ⟨n. 11; Astron.⟩ *Ansammlung von physikalisch zusammengehörigen Fixsternen, z. B. Galaxie*

**Sternum** ⟨n.; -, Sterna; Anat.⟩ ► = *Brustbein*

**Sternutationstheorie** ⟨f. 19; unz.; Psych.⟩ *Theorie, wonach ein anhaltender od. wiederholt zur selben Tageszeit wiederkehrender Niesreiz nicht durch organische od. allergene Faktoren, sondern durch außersinnliche Wahrnehmung ausgelöst wird* [< lat. *sternuo* „niesen" + *Theorie*]

**Sternwarte** ⟨f. 19; Astron.⟩ *wissenschaftliches Observatorium, Institut, in dem die Gestirne beobachtet werden*

**Sternzeichen** ⟨n. 14; Astron.⟩ ► = *Tierkreiszeichen*

**Stethoskop** ⟨n. 11; Med.⟩ ▲ *ärztliches Untersuchungsgerät zum Abhören von Herz u. Lunge;* Sy *Hörrohr (1)* [< grch. *stethos* „Brust" + *skopein* „sehen, betrachten"]

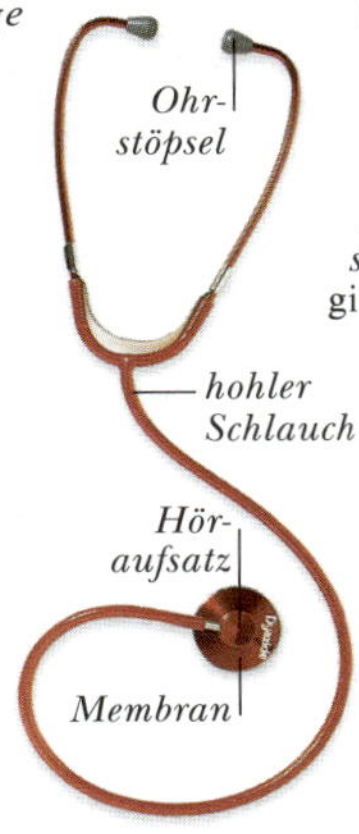


STETHOSKOP

**stetig** ⟨Adj.⟩ **1** *beständig, andauernd, gleichmäßig, nicht unterbrochen* **2** *fest, nicht schwankend* (Aktienkurs) ◆ stetige Arbeit; stetiger Fleiß; stetiger Wind

**stets** ⟨Adv.⟩ **1** *immer, jederzeit* **2** *jedes Mal* ◆ stets der, die Ihre *(Briefschluss);* ich bin stets für ihn eingetreten, wenn es nötig war; er ist stets hilfsbereit [erstarrter Gen. des Adj. *stet* im Sinne von „fest (stehend)"]

**Steuer** **I** ⟨n. 13⟩ **1** *Vorrichtung zum Lenken* **2** ⟨Sinnbild für⟩ *Leitung, Führung* ◆ am Steuer sitzen *ein Auto steuern;* am Steuer stehen *ein Schiff steuern;* das Steuer (der Beziehung, Regierung o. Ä.) fest in der Hand haben **II** ⟨f. 21⟩ *vom Staatsbürger zu leistende Abgabe* (Einkommensteuer, Lohnsteuer) ◆ Steuern hinterziehen; Steuern zahlen [< spätmhd. *stiure,* ahd. *stiura* „Stütze; Steuerruder, Schiffsheck" < mnddt. *stur(e)* Steuerruder"]

**Steuerberater** ⟨m. 3⟩ *von einer Oberfinanzdirektion zugelassener Berater in Steuersachen*

**Steuerbord** ⟨n. 11; unz.⟩ *rechte Seite (eines Schiffes, von hinten gesehen);* Ggs *Backbord* [benannt nach dem urspr. an der rechten Seite angebrachten Steuerruder]

**steuerbord(s)** ⟨Adv.; Mar.⟩ *rechts;* Ggs *backbord(s)*

**Steuererklärung** ⟨f. 20⟩ *schriftl. Erklärung des Steuerpflichtigen als Unterlage für die Festsetzung der Steuer durch das Finanzamt*

**steuerlich** ⟨Adj.⟩ *die Steuern betreffend, auf ihnen beruhend* ◆ steuerliche Belastung

**steuern** ⟨V.; hat⟩ **I** ⟨V. t.⟩ **1** *lenken* (Schiff, Auto, Flugzeug, Kran) **2** *leiten, beeinflussen* ◆ einen Ablauf steuern **II** ⟨V. i.⟩ **1** *das Steuer handhaben* **2** *steuernd fahren* ◆ nach einer Insel, in den Hafen steuern; wohin steuert er? ⟨fig.⟩ *worauf will er hinaus?; was beabsichtigt er (damit)?* [< mhd. *stiuren* < ahd. *stiur(r)en,* mnddt. *stüren* „stützen, lenken, abwehren"]

**steuerpflichtig** ⟨Adj.⟩ **1** *zur Steuerzahlung verpflichtet* (Person) **2** *so beschaffen, dass es versteuert werden muss, dass der Inhaber dafür Steuern zahlen muss* (Einkommen)

**Steuerrad** ⟨n. 12u⟩ *radförmiger Hebel zum Steuern eines Kraftfahrzeugs od. Schiffes*

**Steuerung** ⟨f. 20⟩ **I** ⟨unz.⟩ **1** *das Steuern, das Lenken* **2** ⟨fig.⟩ *Bekämpfung* ◆ zur Steuerung der Wohnungsnot **II** ⟨zählb.⟩ **1** *Vorrichtung zum Steuern* **2** *Vorrichtung zur Regelung eines Arbeitsablaufes*

**Steven** ⟨[-vən] m. 4⟩ *Bug u. Heck eines Schiffes begrenzende Bauteile* [< mnddt. *steven* „Vordersteven" < mndrl., afries. *stevene;* → *Stab*]

**Steward** ⟨['stju:ərt] m. 6; auf Schiffen u. in Flugzeugen⟩ *Betreuer der Fahrgäste* [< engl. *steward* „Verwalter, Aufwärter, Steward" < aengl. *stigweard* „Hauswart"]

**Stewardess** ⟨['stju:ərdɛs] f.; -, -en⟩ *weibl. Steward*

**Stibium** ⟨[sti:-] n.; -s; unz.; Chem.; Zeichen: Sb⟩ = *Antimon* [lat.]

**Stich** ⟨m. 1⟩ **1** *das Stechen, Einbohren eines spitzen Gegenstandes* **2** *die dadurch entstandene Wunde* (Dolchstich, Messerstich, Nadelstich, Insektenstich) **3** *einstechen mit der Nadel u. Durchziehen des Fadens* (beim Nähen, Sticken) **4** ▼ *die daraus entstehende Figur* (Kreuzstich, Steppstich, Stielstich)

## STICHE

Von Hand oder mit der Maschine genähte Stiche dienen zahlreichen Zwecken: Mit ihnen werden zwei oder mehr Stoffteile verbunden, Kanten versäubert und damit ein eventuelles Ausfransen verhindert sowie Knopflöcher oder Säume hergestellt. Handstiche kommen heute nur noch an für Maschinen unzugänglichen Stellen zum Einsatz und sind ansonsten von Maschinenstichen abgelöst worden, welche die gleichen Aufgaben wesentlich schneller meistern. Manche Stiche haben auch eine dekorative Funktion, wie der Zickzackstich, mit dem man Blusen schmückt und gleichzeitig Kanten befestigt. Auch in der Stickerei, beim Häkeln und beim Stricken wird mit den unterschiedlichsten Stichen gearbeitet.

HANDSTICHE

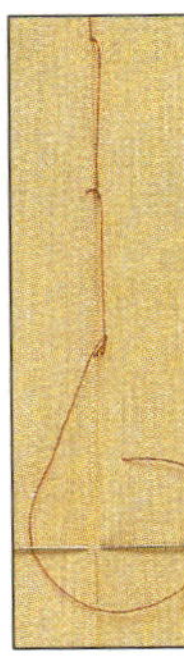

KETTENSTICH

DECKENSAUMSTICH

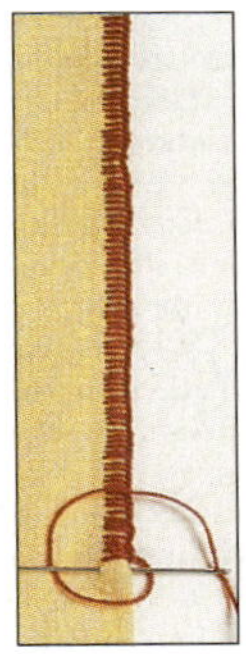

KNOPFLOCHSTICH

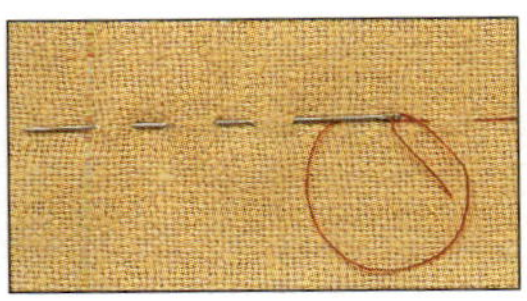

HEFTSTICH

RÜCKSTICH

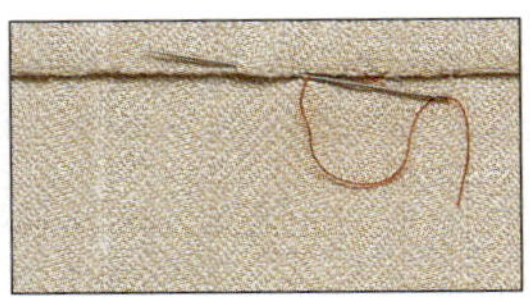

STAFFIERSTICH

SCHRÄGER SAUMSTICH

HEXENSTICH

ÜBERWENDLICHER STICH

MASCHINENSTICHE

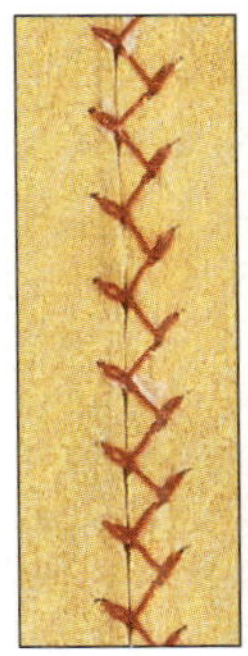

FISCHGRÄTENSTICH

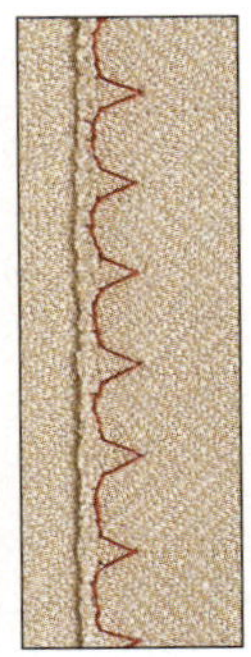

BLINDER STICH

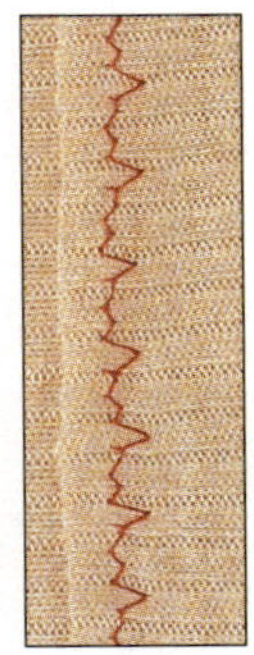

BLINDER ZICKZACKSTICH

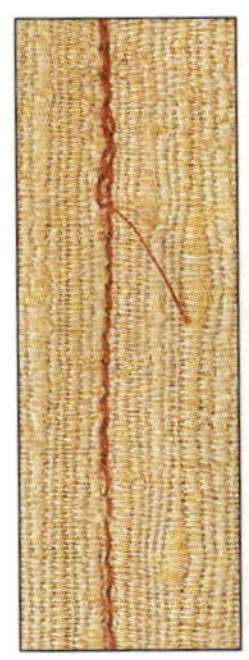

STEPPSTICH

ZICKZACKSTICH

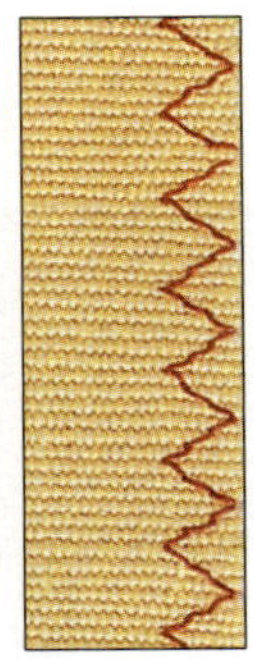

DREISTICHIGE ZICKZACKNAHT

S

5 ⟨bild. Kunst⟩ ▼ *Ergebnis der Kupferstecherkunst, Abzug von der Kupferplatte mit der eingeritzten Zeichnung;* Sy *Kupferstich* **6** ⟨kurz für⟩ *Stahlstich* **7** *stechender Schmerz* **8** ⟨Mar.⟩ *eine Art Knoten* **9** ⟨Kart.⟩ *Wegnahme gegnerischer Karten durch höherwertige eigene* **10** ⟨Jägerspr.⟩ *unterer Brustteil (des Hochwildes), aus dem sich der Hals heraushebt* **11** ⟨Arch.⟩ *Höhe eines Bogens od. Gewölbes* **12** ⟨Met.⟩ *Durchgang des Walzgutes beim Walzen* ◆ die Sache stimmt auf **Hieb** und Stich ⟨fig.⟩ *sie ist in Ordnung, daran gibt es nichts zu rütteln* ◆ das **gab** mir einen Stich (ins Herz) *das schmerzte mich tief;* die Milch, das Fleisch **hat** einen Stich *schmeckt nicht mehr ganz frisch;* einen Stich **machen** ⟨Kart.⟩ *die gegnerischen Karten wegnehmen* ◆ **tiefer,** tödlicher Stich ◆ jmdn. **im** Stich lassen *jmdn. treulos verlassen, jmdn. seinem Schicksal preisgeben* (Herkunft unsicher; vielleicht: jmdn. beim Stechen (im Kampf) verlassen); einen Stich ins Grüne, Rötliche usw. haben *ins Grüne, Rötliche usw. übergehen;* ein Stich **von** Dürer [< mhd. *stich* < ahd. *stih*]

STICH: AUSSCHNITT AUS EINEM KUPFERSTICH VON ALBRECHT DÜRER MIT DEM HEILIGEN SIMON (1523)

**Stichbahn** ⟨f. 20⟩ *Endstrecke der Abzweigung einer Eisenbahnlinie*

**Stichbalken** ⟨m. 4⟩ *Balken, der nicht durch das ganze Gebäude geht*

**Stichelhaar** ⟨n. 11; Zool.⟩ ▼ *Fell von Säugetieren (bes. von Pferden), das mit farblich abweichenden Haaren durchsetzt ist*

**sticheln** ⟨V. i.; hat⟩ **1** *mit kleinen Stichen nähen od. sticken* **2** *eifrig, emsig nähen od. sticken* **3** ⟨fig.⟩ *boshaft auf etwas anspielen, boshafte Bemerkungen machen* ◆ gegen jmdn. sticheln [Iterativbildung zu *stechen*]

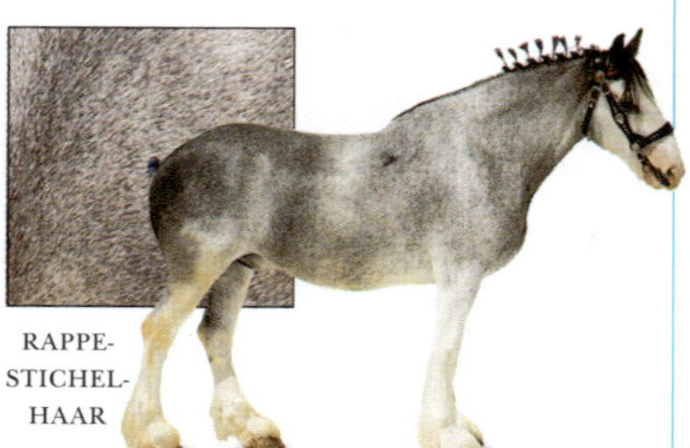
RAPPE-STICHEL-HAAR

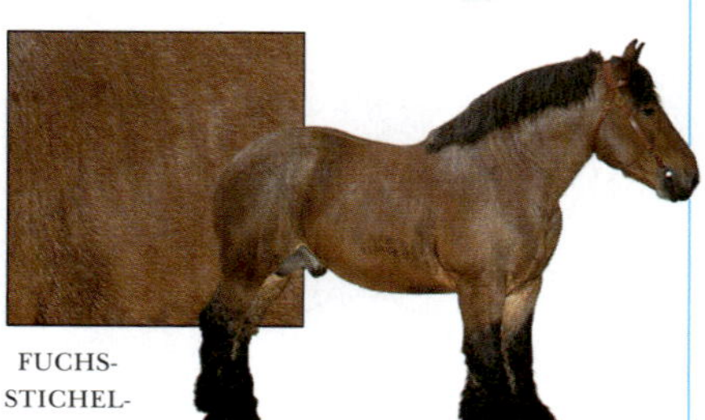
FUCHS-STICHEL-HAAR

STICHELHAAR: STICHELHAARIGE PFERDE

**Stichflamme** ⟨f. 19⟩ *plötzlich auflodernde, lange, spitze Flamme*

**stichhaltig** ⟨Adj.⟩ *überzeugend, wohl begründet, nicht widerlegbar* (Begründung, Beweis)

**...stichig** ⟨Adj.; in Zus.⟩ **1** *Stiche aufweisend,* z. B. wurmstichig **2** *einen Stich in eine bestimmte Farbe aufweisend, eine Farbe zu stark aufweisend,* z. B. grünstichiges, blaustichiges Bild, Farbfoto

**Stichling** ⟨m. 1; Zool.⟩ ► *Angehöriger einer Fischfamilie, deren Rücken- u. Bauchflossen in kleine Stacheln umgewandelt sind: Gasterosteidae* [< mhd. *stichlinc,* mengl. *stikeling*]

STICHLING: DREISTACHELIGER STICHLING *(Gasterosteus aculeatus)*

**Stichprobe** ⟨f. 19⟩ *Prüfung od. Untersuchung eines einzelnen Teils, von dem man aufs Ganze schließen kann* [nach den alten Hochöfen, die auch „Stichöfen" genannt wurden; mit dem Probelöffel wurde der Schmelzmasse eine Probe, die „Stichprobe", entnommen]

**Stichtag** ⟨m. 1⟩ *für bestimmte Handlungen, für das Inkrafttreten von Vorschriften u. Ä. festgesetzter Tag* ◆ der 1. September ist der Stichtag für das Alter schulpflichtig werdender Kinder

**Stichwahl** ⟨f. 20⟩ *Entscheidung zwischen zwei Hauptbewerbern (in einem Wettbewerb o. Ä.) nach Ausschaltung der Übrigen* [nach einem mittelalterl. Turnierausdruck]

**Stichwort** ⟨n. 12u⟩ **1** ⟨in Nachschlagewerken⟩ *Wort, das erklärt wird* **2** *Wort eines Schauspielers, auf das hin ein anderer einsetzen od. auftreten muss* **3** *Wort, Bemerkung, auf das bzw. die hin etwas geschieht od. etwas getan wird* ◆ das Stichwort geben *das Wort zum Einsatz sprechen;* sich etwas in Stichwörtern aufschreiben, notieren *in Wörtern, nicht in ganzen Sätzen* [eigtl. „verletzendes Wort, Stichelwort"; → *sticheln*]

**sticken** ⟨V. t. u. V. i.; hat⟩ *Stoff mit Stichen verzieren* ◆ eine Decke, ein Kissen, ein Kleid, ein Bild sticken [< mhd. *sticken* < ahd. *sticchen* „stechen; mit feinen Stichen erhabene Figuren nähen", urspr. „Stiche machen"]

**Sticker** ⟨m. 3; umg.⟩ *Aufkleber* ◆ ein Sticker ihrer Lieblingsgruppe [< engl. *stick* „kleben"]

**stickig** ⟨Adj.⟩ *schwer zum Atmen, zum Ersticken* ◆ stickige Luft; hier ist es so stickig; stickig heiß [→ *ersticken*]

**Stickoxid** ⟨n. 11; unz.; Chem.⟩ = *Stickstoffoxid*

**Stickstoff** ⟨m. 1; unz.; Chem.; Zeichen: N⟩ *chem. Element, Nichtmetall, Ordnungszahl 7, Hauptbestandteil der Luft* [zu *ersticken* (weil er brennende Flammen erstickt u. rein nicht geatmet werden kann)]

**Stickstoffkreislauf** ⟨m. 1u; unz.; Chem.⟩ ► *in der Atmosphäre ablaufender Kreislauf, in dem Stickstoff die Organismen durchläuft u. anschließend wieder an die Atmosphäre abgegeben wird*

**Stickstoffoxid** ⟨n. 11; Chem.; Zeichen: $NO_x$⟩ *Oxid des Stickstoffs;* Sy *Stickoxid*

**stieben** ⟨V. i. 255; ist⟩ *sprühen* ◆ das Pferd galoppierte davon, dass die Funken stoben [< mhd. *stieben* „sich schnell bewegen, fliegen" (von Pferden u. Vögeln) < ahd. *stioban*]

**Stiefbruder** ⟨m. 3u⟩ *Bruder, mit dem man keinen oder nur einen Elternteil gemeinsam hat;* → a. *Halbbruder* [< mhd. *stief-,* ahd. *stiof-, stiuf-* „beraubt, verwaist"; zu ahd. *bistiufen* „der Kinder od. Eltern berauben"]

**Stiefel** ⟨m. 5⟩ **1** *hoher, über die Knöchel reichender Schuh* **2** *hohes Trinkgefäß in Form eines Stiefels* ◆ einen ordentlichen Stiefel vertragen ⟨fig.; umg.⟩ *viel Alkohol vertragen;* er hat einen tüchtigen Stiefel zusammengeredet ⟨fig., umg.⟩ *viel Unsinn;* es geht immer so im alten Stiefel, nach dem alten Stiefel weiter *im alten Trott* [< mhd. *stival, stivel* „hochgeschlossener Männerschuh" < ahd. *stival;* Herkunft umstritten]

**Stiefkind** ⟨n. 12⟩ **1** *Sohn od. Tochter des Ehepartners* **2** ⟨fig.⟩ *Sache, der man ungerechterweise wenig Aufmerksamkeit widmet* ◆ diese Abteilung ist das Stiefkind des Betriebes ⟨fig.⟩ [→ *Stiefbruder*]

**Stiefmutter** ⟨f. 8u⟩ *zweite Frau des Vaters* [→ *Stiefbruder*]

**Stiefmütterchen** ⟨n. 14; Bot.⟩ ► *Veilchenart mit bunten Blüten: Viola tricolor,* ⟨od.⟩ *Viola wittrockiana*

**stiefmütterlich** ⟨Adj.⟩ *wie eine schlechte Stiefmutter* ◆ jmdn. stiefmütterlich behandeln ⟨fig.⟩ *lieblos behandeln, vernachlässigen;* die Natur hat ihn stiefmütterlich behandelt *die Natur hat ihn vernachlässigt, er ist nicht sehr schön*

**Stiefvater** ⟨m. 3u⟩ *zweiter Mann der Mutter* [→ *Stiefbruder*]

**Stiege** ⟨f. 19⟩ **1** *schmale, steile Treppe* **2** ⟨süddt.⟩ *Treppe* **3** ⟨bes. österr.⟩ *Verschlag, Lattenkiste* [→ *steigen*]

STIEGLITZ *(Carduelis carduelis)*

**Stieglitz** ⟨m. 1⟩ ◄ *bunter einheim. Finkenvogel des Kulturlandes: Carduelis carduelis;* Sy *Distelfink* [< mhd. *stigeliz* < slowen. *scegljec,* tschech. *stehlec,* poln. *szczygieł*]

**Stiel** ⟨m. 1⟩ **1** *stabförmiger Griff, Handgriff* (Axtstiel, Peitschenstiel, Pinselstiel) **2** ⟨Bot.⟩ ► = *Stängel* **3** *Teil des Glases zwischen Fuß u. Kelch* [< mhd., ahd. *stil* „Handhabe, Griff an Geräten, Pflanzenstängel" < lat. *stilus* „spitzer Pfahl, Gartengerät, Pflanzenstängel"; → *Stil*]

**Stielbrille** ⟨f. 19⟩ *Brille mit Stiel (ohne Bügel für die Ohren);* Sy *Lorgnette*

**...stielig** ⟨Adj.; in Zus.⟩ *mit einer bestimmten Art von Stiel versehen,* z. B. kurzstielig, langstielig (Blume, Glas)

**stier** ⟨Adj.⟩ *starr, unbeweglich* (Blick) ◆ stier sein ⟨österr., schweiz.; umg.⟩ *ohne Geld sein* [vermutl. < mndrl. *stuur* „streng, barsch; wild, drohend, nach Art eines Stieres blickend"]

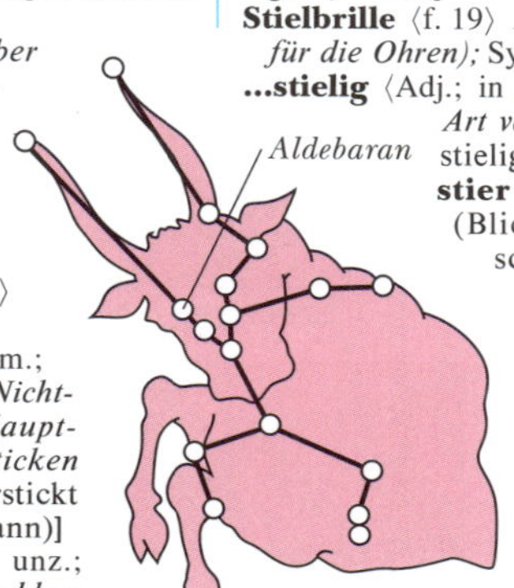

STIER: STERNE DES STERNBILDS *STIER*

**Stier** ⟨m. 1⟩ **1** ⟨Zool.⟩ *Bulle, männl. Rind* **2** ⟨Astron.⟩ ◄ *Sternzeichen des nördlichen Himmels mit dem Hauptstern Aldebaran* [< mhd. *stier* < ahd. *stior,* lat. *taurus* „Stier" < grch. *tauros*]

**stieren**[1] ⟨V. i.; hat⟩ *nach dem Stier verlangen, brünstig sein* ◆ die Kuh stiert

**stieren**[2] ⟨V. i.; hat⟩ *starr blicken* ◆ auf etwas stieren [→ *stier*]

**Stierkampf** ⟨m. 1u⟩ *Kampf mit einem Stier in der Arena nach strengen Regeln (bes. in Spanien u. Portugal als Volksbelustigung);* Sy *Corrida*

**Stift**[1] ⟨m. 1⟩ **1** *stäbchenförmiges Gerät, kleiner Pflock, kleiner Nagel ohne Kopf* **2** ⟨kurz für⟩ *Bleistift, Buntstift, Zeichenstift* **3** ⟨fig.; umg.⟩ *kleiner Junge* **4** *junger Lehrling* [< mhd. *stift, steft* „Stachel, Dorn, Stift" < ahd. *steft* „Stachel, Zapfen, Radnabe"; in der figurativen Bedeutung eigtl. „etwas Kleines, Geringwertiges"]

STIEFMÜTTERCHEN
*(Viola tricolor)*

**Stift**[2] ⟨n. 12 od. n. 11⟩ **1** *mit gestiftetem Grundbesitz u. Vermögen ausgestattete, einem geistl. Kollegium gehörende, kirchl. Zwecken dienende Anstalt, z. B. Kloster* **2** ⟨danach a.⟩ *Erziehungsanstalt (für Mädchen), Altersheim (bes. für adlige Damen)* [< frühmhd. *stift* „geistl. Stiftung, Gründung, Bau, Einrichtung" (ndrl. *sticht, stift* „Bistum")]

**stiften** ⟨V.; hat⟩ **1** *schenken, spenden* **2** *gründen* (Kloster, Kirche) **3** ⟨fig.⟩ *schaffen, veranlassen* ◆ Brand stiften *Brand legen, etwas böswillig anzünden;* Frieden stiften; Gutes stiften; einen Preis stiften [→ *Stift*[2]]

**Stifter** ⟨m. 3⟩ *jmd., der etwas stiftet od. gestiftet hat, Spender*

**Stiftshütte** ⟨f. 19⟩ *jüdischer Zelttempel für das Heiligtum auf dem Zug durch die Hütte* [< hebr. *ohel mo-ed* „Zelt des Zusammenkommens", von Luther mit „Stifthütte, Bundeshütte" übersetzt]

**Stiftung** ⟨f. 20⟩ **1** *zweckgebundenes, geschenktes Vermögen* **2** *Schenkung* **3** *Gründung* [→ *Stift*[2], *stiften*]

**Stiftzahn** ⟨m. 1u⟩ *mithilfe eines Stifts in der Zahnwurzel befestigter künstlicher Zahn*

**Stigma** ⟨n.; -s, -ta od. -men⟩ **1** *Kennzeichen, Brandmal* **2** ⟨Rel.⟩ *Wundmal (Christi)* **3** ⟨bei Insekten, Tausendfüßern u. Spinnen⟩ *Atemöffnung* **4** ⟨bei Einzellern⟩ *Augenfleck* **5** ⟨bei Pflanzen⟩ = *Narbe (3)* [< grch. *stigma* „Stich, Punkt, Brandmal"]

**stigmatisieren** ⟨V. t.; hat; fast nur im Passiv gebraucht⟩ **1** ⟨Rel.⟩ *mit (den) Wundmalen (Christi) zeichnen* **2** *jmdn. brandmarken* ◆ seine Vorstrafen stigmatisieren ihn [→ *Stigma*]

**Stil** ⟨m. 1⟩ **1** ⟨urspr.⟩ *Schreibweise eines Dichters* **2** ⟨danach⟩ *einheitl. Gepräge der künstler. Erzeugnisse einer Zeit, einer Persönlichkeit* (Baustil, Malstil; Barockstil, Rembrandtstil) **3** ⟨fig.⟩ *besonderes Gepräge einer menschl. Lebensform* (Lebensstil) **4** *Art, Technik der Ausübung einer Sportart* (Schwimmstil) ◆ der Stil Richard **Wagners,** Franz Marcs; der Stil einer **Zeit,** unserer Zeit ◆ einen eigenen, persönlichen Stil **entwickeln;** er **hat** Stil *seine Art zu leben hat ein besonderes Gepräge (nur im positiven Sinn);* einen guten, schlechten Stil **schreiben** ◆ Jahreszählung **alten,** neuen Stils ⟨Abk.: a. St.; n. St.⟩ *der julianische u. gregorianische Kalender;* **byzantinischer,** griechischer, römischer Stil; **flüssiger,** knapper, gewandter, weitschweifiger Stil; **gotischer,** romanischer Stil ◆ **in** großem Stil leben *in finanziell großzügiger Weise leben* [< ital. *stile,* frz. *style* < lat. *stilus* „spitzer Pfahl, Stiel, Stängel; Schreibgerät, Griffel"; → *Stiel*]

**Stilblüte** ⟨f. 19⟩ *komischer sprachl. Missgriff*

**Stilbruch** ⟨m. 1u⟩ **1** *Verstoß gegen die Einheitlichkeit des Stils* **2** *Verwendung nicht zueinander passender Stilmittel, störender Übergang in einen anderen Stil*

**Stilett** ⟨n. 11⟩ *Dolch mit kurzer, schmaler, dreikantiger Klinge* [< ital. *stile* „Pfriem, Dolch", Verkleinerungsform *stiletto* < lat. *stilus* „Stiel, Stängel, Griffel zum Schreiben"; → *Stiel, Stil*]

**stilisieren** ⟨V. t.; hat⟩ *stilvoll gestalten, formen, künstlerisch vereinfachen (besonders Naturformen)*

**Stilistik** ⟨f. 20; unz.⟩ = *Stilkunde (1)* [< frz. *stylistique* „Stilkunde"]

**stilistisch** ⟨Adj.⟩ *den Stil betreffend* ◆ stilistisch gut, schlecht, einwandfrei

**Stilkunde** ⟨f. 19; unz.⟩ **1** *Lehre von den Gesetzen des sprachlichen Stils;* Sy *Stilistik* **2** *Lehrbuch darüber*

**still** ⟨Adj.⟩ **1** *ohne zu sprechen, schweigend, stumm* **2** *geräuschlos, lautlos* **3** *unbeweglich, regungslos* **4** *wenig belebt, ruhig, friedlich* (Straße, Ort) **5** *zurückhaltend, wenig sprechend, ruhig* (Person) ◆ still! *Ruhe!, ruhig!;* ein stiller **Beobachter** *jmd., der am Gespräch, am Trubel eines Festes u. Ä. nicht teilnimmt, sondern nur zuhört, zusieht;* stilles **Gebet;** er ist ein stiller **Mensch,** der stille **Ort,** das stille Örtchen ⟨umg.; verhüllend⟩ *die Toilette;* ein stiller **Seufzer;** ein schönes Buch für eine stille **Stunde;** stiller **Teilhaber,** ⟨od.⟩ Gesellschafter ◆ bitte den Kopf jetzt ganz still **halten; sei** still! *hör auf zu reden!;* um diese Sache ist es still geworden *es wird nur noch wenig davon gesprochen* ◆ **im** Stillen *heimlich, bei sich, im Inneren;* sich im Stillen wundern, freuen; in stiller Trauer, in stillem Schmerz *(in Todesanzeigen)* [< mhd. *stille* < ahd. *stilli* „stehend, unbeweglich; ruhig, schweigend, verborgen"]

**Stille** ⟨f.; -; unz.⟩ **1** *Zustand des Stillseins, Ruhigseins* **2** *Fehlen von Bewegung* (Geschäftsstille, Windstille) **3** *Ruhe, Schweigen, Friede* ◆ die Stille der Nacht, des Waldes; andächtige, feierliche, tiefe, wohltuende Stille

**stillen** ⟨V. t.; hat⟩ **1** *an der Mutterbrust trinken lassen, nähren* (Säugling) **2** *zur Ruhe bringen, besänftigen* (Schmerz, innere Unruhe) **3** *befriedigen* (Durst, Hunger) ◆ Blut stillen *zum Stocken bringen, am Weiterfließen aus der Wunde hindern*

**Stillleben** ⟨n. 14⟩ *bildl. Wiedergabe lebloser od. unbewegter Gegenstände (besonders Blumen, Früchte, erlegtes Wild)* [→ *still*]

**stilllegen** ⟨V. t.; hat⟩ *schließen, vorübergehend od. dauernd einstellen* (Betrieb, Gleise, Kraftwerk, Verkehr)

**Stillstand** ⟨m. 1u; unz.⟩ *das Stillstehen, Pause, Unterbrechung einer Bewegung* ◆ Stillstand einer Entwicklung; etwas zum Stillstand bringen *anhalten, unterbrechen*

## STICKSTOFFKREISLAUF

Alle Lebewesen sind am Stickstoffkreislauf beteiligt. Den Bakterien kommt dabei eine doppelte Schlüsselrolle zu, denn einerseits fixieren sie atmosphärischen Stickstoff und machen ihn so für Pflanzen und Tiere nutzbar, andererseits bauen sie Nitrate zu Stickstoff und Sauerstoff ab.

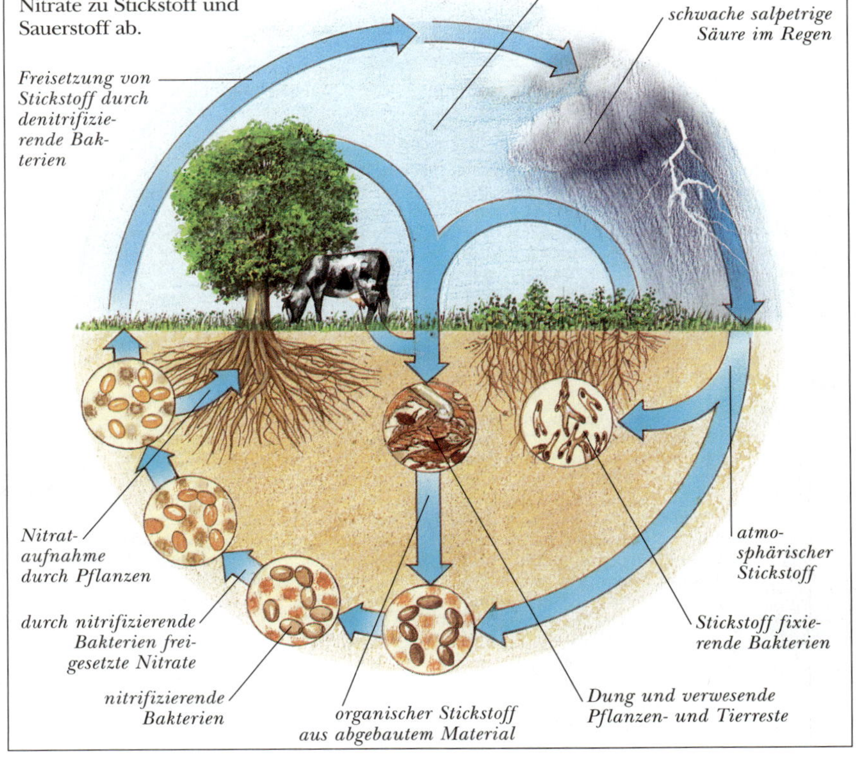


S

**Stimmband** ⟨n. 12u; Anat.⟩ ▼ *jedes der bandartigen Organe im Kehlkopf, die an der Stimmbildung beteiligt sind*
**Stimmbruch** ⟨m. 1u; unz.⟩ = *Stimmwechsel* ◆ im Stimmbruch sein

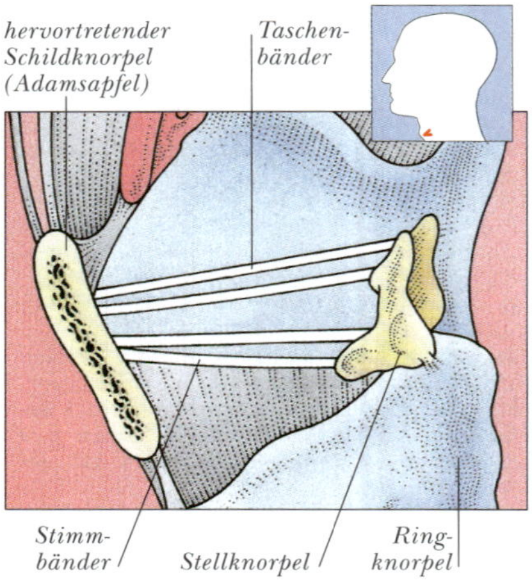


STIMMBÄNDER: SCHNITT DURCH DEN KEHLKOPF MIT DEN STIMMBÄNDERN

**Stimme** ⟨f. 19⟩ **1** *die von Menschen u. Tieren mittels der Stimmbänder erzeugten Töne* **2** ⟨Mus.⟩ **2.1** *Singstimme* **2.2** *Stimmlage* **2.3** *von einem einzelnen Spieler od. Sänger (bzw. einer Spieler- od. Sängergruppe) auszuführender Teil eines Musikstückes* (Gesangsstimme, Instrumentalstimme) **2.4** *Orgelregister* (Orgelstimme) **2.5** *die Noten dafür* **3** *(Recht zur) Meinungsäußerung* **4** *Willensbekundung des Einzelnen bei einer Abstimmung* **5** ⟨sinnbildl. für⟩ *Äußerung, Mahnung, Weisung* ◆ die Stimmen der **Geigen,** Flöten, Trompeten; die Stimme der **Öffentlichkeit,** des Volkes *die öffentl. Meinung;* in einer Vereinigung, im Parlament **Sitz** und Stimme haben ◆ seine Stimme **abgeben** *sich an einer Abstimmung beteiligen, wählen;* seine Stimme **ausbilden** (lassen) *Gesangsunterricht nehmen;* die Stimme **erheben,** senken ◆ erste, zweite, dritte, vierte Stimme singen (in einem mehrstimmigen Satz); **dunkle,** harte, heisere, laute, leise, tiefe, weiche Stimme; der Sänger hat eine **gute,** schöne, volle, tragende Stimme ◆ jmdn. od. ein Tier **an** der Stimme erkennen; **mit** gedämpfter, lauter, leiser Stimme sprechen [ < mhd. *stimme* „Stimme, abgegebenes Urteil, Votum" < ahd. *stimma, stimna* „Stimme"; zu grch. *stoma* „Mund"]

STINKMORCHEL
*(Phallus impudicus)*

**stimmen** ⟨V.; hat⟩ **I** ⟨V. i.⟩ **1** *seine Stimme abgeben* **2** etwas stimmt *ist richtig, wahr* ◆ es stimmt, was er gesagt hat; das stimmt nicht!; die Nachricht stimmt (nicht); das **kann** nicht, kann unmöglich stimmen ◆ **bei** dir stimmt's wohl nicht (ganz)? ⟨umg.⟩ *du bist wohl nicht recht bei Verstand?;* **für,** gegen etwas stimmen *etwas in einer Abstimmung befürworten od. verneinen;* **zu** etwas stimmen *zu etwas passen* **II** ⟨V. t.⟩ **1** jmdn. stimmen *in eine bestimmte Laune, Stimmung bringen* **2** ⟨Mus.⟩ ein Instrument stimmen *die Höhe der einzelnen Töne richtig stellen* ◆ eine Geige, Gitarre, ein Klavier stimmen ◆ jmdn. **froh,** traurig stimmen [I.: < mhd. *stimmen,* mnddt. *stemmen* „die Stimme betätigen, mit ihr wirken, rufen"; → *Stimme;* II.: < mhd. *stimmen,* mnddt. *stemmen* „(einer Saite) die richtige Tonhöhe geben; (jmdn.) in die rechte Gemütslage versetzen; nicht in Widerspruch stehen, richtig sein"]

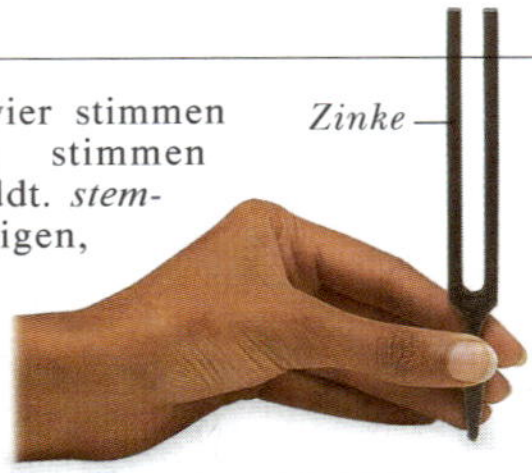


STIMMGABEL

**Stimmgabel** ⟨f. 21; Mus.⟩ ▲ *gabelförmiger, zweizinkiger Stahlstab, der durch Anschlagen in Schwingungen versetzt wird u. einen bestimmten Ton, meist den Kammerton, angibt;* Sy *Diapason (2)*
**stimmhaft** ⟨Adj.⟩ *mithilfe der Stimmbänder gebildet* (Laut); Ggs *stimmlos* ◆ stimmhafte Laute *alle Vokale sowie die Konsonanten b, d, g, l, m, n, r, v, w*
**stimmig** ⟨Adj.⟩ *passend, einleuchtend* ◆ die Folgerung, der Schluss ist stimmig
**...stimmig** ⟨Adj.⟩ *eine bestimmte od. unbestimmte Zahl von Stimmen aufweisend, mit einer bestimmten od. unbestimmten Zahl von Stimmen,* z. B. einstimmig, dreistimmig, mehrstimmig singen ◆ der vielstimmige Chor der Vögel
**stimmlos** ⟨Adj.⟩ *ohne Hilfe der Stimmbänder gebildet* (Laut); Ggs *stimmhaft* ◆ stimmlose Laute *p, t, k, f, s, sch, ch*
**Stimmritze** ⟨f. 19; Anat.⟩ ► *Ritze zwischen den Stimmbändern im Kehlkopf;* Sy *Glottis*
**Stimmung** ⟨f. 20⟩ **1** *das Stimmen, Gestimmtsein* (von Instrumenten) **2** *Gefühlslage, Gemütslage, Laune* **3** *für etwas Bestimmtes* (Raum, Natur u. a.) *charakteristischer Zustand* (Abendstimmung, Gewitterstimmung) **4** *fröhliche Laune, Fröhlichkeit, Ausgelassenheit* ◆ die Stimmung der **Geige** ist nicht einwandfrei, nicht rein ◆ die (allgemeine) Stimmung **heben,** beeinträchtigen; hier **herrscht** Stimmung; Stimmung **machen** *allgemeine Fröhlichkeit hervorrufen* ◆ **abendliche** Stimmung; es herrscht eine **angeregte** Stimmung; **frohe,** gute, heitere, düstere Stimmung ◆ **in** Stimmung geraten, kommen; in guter, schlechter Stimmung sein
**Stimmwechsel** ⟨[-ks-] m. 5; unz.⟩ *Übergang von der Knabenstimme zur Stimme des Erwachsenen;* Sy *Mutation (2), Stimmbruch* ◆ im Stimmwechsel sein
**Stimulanz** ⟨f. 20; geh.⟩ *Antrieb, Anreiz, Anregung*
**Stimulation** ⟨f. 20; unz.⟩ *das Stimulieren, Anregung* [ < lat. *stimulatio* „Anreizung, Sporn"]
**stimulieren** ⟨V. t.; hat⟩ *anregen* ◆ den Kreislauf stimulieren [ < lat. *stimulare*]
**Stimulus** ⟨m.; -, -muli⟩ **1** *Stachel, Sporn* **2** ⟨fig.⟩ *Antrieb, Reiz* [lat., „Stachel, Treibstecken; Qual, Unruhe"]
**stinken** ⟨V. i. 256; hat⟩ *übel riechen* ◆ hier stinkt es ⟨fig.; umg.⟩ *hier ist etwas nicht in Ordnung;* das stinkt mir (ganz gewaltig) *das passt, gefällt mir gar nicht;* **nach** Alkohol, Tabak stinken; er stinkt **vor** Faulheit, Geiz ⟨fig.; umg.⟩ *er ist sehr faul, sehr geizig* [ < mhd. *stinken* „Geruch, Duft verbreiten; Geruch wahrnehmen; übel riechen" < ahd. *stinkan, stinchen* „riechen, duften, wittern"]
**Stinkmarder** ⟨m. 3; Zool.⟩ ► = *Stinktier*
**Stinkmorchel** ⟨f. 21; Bot.⟩ ◄ *Bauchpilz, dessen weiche, weiße Fruchtkörper im Volksmund als Hexen- od. Teufelseier gelten, zur Reifezeit ist ein dünnfleischiger Hut von blaugrünem, widerlich riechendem Schleim bedeckt: Phallus impudicus;* Sy *Giftmorchel*
**Stinktier** ⟨n. 11; Zool.⟩ ► *Marder, der bei Gefahr ein widerlich riechendes Afterdrüsensekret verspritzt: Mephitis mephitis;* Sy *Stinkmarder, Skunk (1)*
**Stinkwanze** ⟨f. 19; Zool.⟩ *lange Baumwanze mit grüner Ober- u. rötlicher Unterseite auf Beeren u. Gemüse, hinterlässt widerlichen Geruch: Palomena prasina*
**Stipel** ⟨f. 21; Bot.⟩ *Nebenblatt* [ < lat. *stipula* „Halm"]
**Stipendiat** ⟨m. 16⟩ *Empfänger eines Stipendiums* [ < lat. *stipendiarius* „steuertributpflichtig, um Sold dienend"; → *Stipendium*]
**Stipendium** ⟨n.; -s, -dien⟩ *Studienbeihilfe, Geldunterstützung für Studierende* [lat., „Steuer, Löhnung" < *stips* „Geldbeitrag, Spende" + *pendere* „wägen, zahlen"]
**stippen** ⟨V. t.; hat; umg.⟩ **1** *hineintauchen, hineintunken* **2** *tupfen, tippen, rühren* ◆ Brot in Milch od. Kaffee stippen [ < mnddt. *stippen* „stechen, in etwas stoßen, punktieren"; → *steppen[1]*]

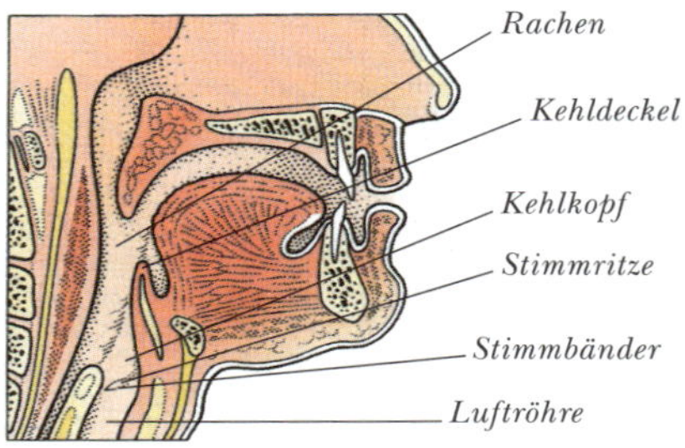


STIMMRITZE: LAGE DER STIMMRITZE IM MENSCHLICHEN KOPF

**stippig** ⟨Adj.; umg.⟩ *fleckig, mit Pusteln bedeckt*
**Stipulation** ⟨f. 20⟩ **1** *mündl. Vertrag zwischen Gläubiger u. Schuldner* **2** ⟨geh.⟩ *Übereinkunft, Vereinbarung* [ < lat. *stipulatio* „Zusage, Handgelöbnis, Kontrakt"]
**Stirn** ⟨f. 20⟩ **1** *oberer Teil des Gesichts zwischen Augen u. Haar* **2** *Stirnseite, Vorderseite, Front* (von Gebäuden) ◆ jmdm. die Stirn **bieten** *trotzen, offen Widerstand leisten;* er **hat** die Stirn zu behaupten, dass ... ⟨fig.⟩ *er wagt es zu behaupten;* sich die Stirn **trocknen,** kühlen ◆ **fliehende,** gewölbte, hohe, steile Stirn ◆ jmdm. od. sich das Haar **aus** der Stirn streichen; sich den Schweiß **von** der Stirn wischen; er schlug sich **vor** die Stirn (weil er etwas vergessen hatte) [ < mhd. *stirn(e)* < ahd. *stirna*]

STIRNLOCKE BEI EINEM PFERD

**Stirnbein** ⟨n. 11; Anat.⟩ *vorderer Teil des Gehirnschädels, Frontale*
**Stirnhöhle** ⟨f. 19; Anat.⟩ *Nebenraum der Nase im Stirnbein über den inneren Augenwinkel: Sinus frontalis*
**Stirnlocke** ⟨f. 19⟩ ◄ *in die Stirn hängende Haarlocke* ◆ eine lange Stirnlocke
**Stirnnaht** ⟨f. 7u⟩ *beim Neugeborenen sichtbare Naht zwischen den beiden Stirnseiten: Sutura frontalis*
**Sto.** ⟨Abk. für⟩ *Santo*
**Stoa** ⟨f.; -; unz.; Philos.⟩ *auf der Lehre Zenos beruhende grch. Philosophenschule um 300 v. Chr., die ein Leben im Einklang mit der*

S

*Natur u. der göttl. Macht der „Weltseele“ od. „Weltvernunft“ erstrebte* [< grch. *stoa* „Säulenhalle, Säulengang, Halle, Galerie“, hier gemeint: die *stoa poikile* „die bunte Halle“ (wegen der Wandgemälde Polygnots), wo sich die Anhänger Zenos trafen]

**stöbern** ⟨V.; hat⟩ **I** ⟨V. i.⟩ **1** *Wild aufscheuchen* (vom Jagdhund) **2** ⟨fig.⟩ *nach etwas suchen, Sachen durcheinander bringen, um etwas zu finden* **3** *(in fremden Sachen) herumsuchen, schnüffeln* ◆ es stöbert *es herrscht Schneegestöber;* in jmds. Schreibtisch stöbern **II** ⟨V. t. u. V. i.; süddt.⟩ *gründlich sauber machen, gründlich reinigen* [zu nddt. *stöwen, stöben* „stieben“]

STINKTIER: STREIFENSKUNK *(Mephitis mephitis)*

**Stochastik** ⟨[-xas-] f.; -; unz.; Math.⟩ *Verfahren zur Ermittlung von Wahrscheinlichkeiten zufälliger Ereignisse* [zu grch. *stochastikos* „im Erraten geschickt“; zu *stochazesthai* „nach etwas zielen“]

**Stocher** ⟨m. 3⟩ *Werkzeug zum Stochern, z. B. Feuerhaken, Zahnstocher*

**stochern** ⟨V. t.; hat⟩ *mit einem spitzen Gegenstand herumbohren, herumsuchen* ◆ im Ausguss stochern (um ihn wieder durchlässig zu machen); im Essen stochern *langsam u. lustlos essen;* im Feuer, in der Glut stochern [zu älterem *stochen* „Feuer schüren“ < mnddt. *stoken* „stochern, schüren“; Grundbedeutung „stoßen, stechen“]

**Stock** ⟨m. 1u⟩ **1** *Stab, kurze Holzstange als Stütze beim Gehen, zum Schlagen od. Zeichengeben* (Krückstock, Spazierstock, Taktstock, Zeigestock) **2** *Stamm u. Hauptwurzel holziger Pflanzen* (Blumenstock, Rebstock, Rosenstock, Weinstock) **3** *Baumstumpf u. -wurzel* (Wurzelstock) **4** *feste Unterlage, Klotz* (Druckstock, Opferstock) **5** ⟨kurz für⟩ ► *Bienenstock* **6** *große Masse,* ⟨bes.⟩ *Bergmassiv* (Gebirgsstock, Granitstock) **7** *Vermögen als Grundlage, Stammkapital* (Grundstock) **8** *Bestand, Vorrat, Warenlager, Aktie* **9** ⟨kurz für⟩ *Stockwerk* ◆ sich einen Stock **zurechtschneiden** ◆ **erster,** zweiter Stock ◆ **am** Stock gehen ⟨fig.; umg.; scherzh.⟩ *augenblicklich sehr wenig Geld haben, zu viel Geld ausgegeben haben;* **im** fünften Stock wohnen [< mhd., ahd. *stoc* „Baumstumpf (Wurzelstock, Klotz), Knüttel, Balken; Geschoss eines Hauses“, urspr. „abgeschlagener Stamm od. Ast“; die Bedeutung „Grundstock, Grundbestand“ beeinflusst von engl. *stock* „Kapital“]

**stock...** ⟨in Zus. mit Adj., verstärkend⟩ *völlig,* z. B. stockdunkel, stockbesoffen ⟨umg.⟩

**stocken** ⟨V. i.⟩ **I** ⟨hat⟩ **1** *nicht vorangehen, stillstehen, unterbrochen sein* (Arbeit, Handel, Geschäft, Verkehr) **2** *im Sprechen innehalten, nicht weitersprechen* **3** *Stockflecke bekommen, stockig werden* (Wäsche, Papier) ◆ er stockte mitten im Satz; der Atem stockte mir vor Schreck; das Gespräch stockte **II** ⟨ist⟩ *dick werden, gerinnen* ◆ das Blut, die Milch ist gestockt; gestockte Milch [urspr. nur „fest, dickflüssig werden“ (zunächst als medizin. Fachwort vom Blut u. den Körpersäften gebraucht)]

**Stockente** ⟨f. 19; Zool.⟩ ► *einheimische Schwimmente, von der fast alle Hausentenrassen abstammen: Anas platyrhynchos*

**Stockfleck** ⟨m. 1⟩ *durch Schimmel entstandener Fleck in Textilien*

**...stöckig** ⟨Adj.; in Zus.⟩ *mit einer bestimmten oder unbestimmten Zahl von Stockwerken versehen,* z. B. ein-, zwei-, mehrstöckig

**Stockrose** ⟨f. 19; Bot.⟩ ► = *Roter → Eibisch*

**Stockschwamm** ⟨m. 1u⟩ *Blätterpilz an modernden Stöcken von Laubgehölzen: Pholiota mutabilis*

**Stockwerk** ⟨n. 11⟩ *Geschoss, alle Räume eines Gebäudes in gleicher Höhe;* Sy ⟨kurz⟩ *Stock (9)* ◆ erstes, zweites Stockwerk; das oberste Stockwerk; ein Hochhaus mit fünfzehn Stockwerken [< mhd. *stoc* „Balken; Geschoss eines Hauses“ + *Werk,* eigtl. also „Balkenwerk“; → *Stock*]

**Stoff** ⟨m. 1⟩ **1** *etwas räumlich Ausgedehntes (fest, flüssig od. gasförmig)* **2** *Masse, Materie* **3** *Ungeformtes* (Betriebsstoff, Grundstoff) **4** *künstlerisch noch nicht verarbeitete Grundlage (erdachtes od. überliefertes Geschehen) zu einem Literaturwerk* **5** *noch nicht verarbeitetes Gewebe* (Seidenstoff, Wollstoff, Kleiderstoff, Mantelstoff) **6** ⟨fig.⟩ *Grundlage, Möglichkeiten, Material, Gegenstand* (Gesprächsstoff, Lehrstoff, Lesestoff, Wissensstoff) **7** ⟨umg.⟩ *Rauschgift* ◆ einen (literarischen) Stoff **bearbeiten,** gestalten; einen Stoff **beherrschen;** der Stoff **liegt** 90 cm breit; Stoff **sammeln** (für eine wissenschaftl. Arbeit); Stoff **zuschneiden** ◆ **dicker,** dünner, weicher Stoff; **gemusterter** Stoff; **pflanzlicher,** tierischer, mineralischer, synthetischer Stoff; **seidener,** wollener Stoff ◆ Rock und Jacke **aus** dem gleichen Stoff; Stoff aus Leinen, Seide, Wolle; Stoff **für,** zu einem Roman, Film, Theaterstück [< afrz. *estoffe* (frz. *étoffe*), span. *estofa,* ital. *stoffa* „Gewebe, Tuch, Zeug“, wahrscheinl. < grch. *styphein* „zusammenziehen, verengen“]

**Stoffwechsel** ⟨[-ks-] m. 5; unz.; Biol.⟩ *Gesamtheit der chem. Umwandlungen, denen körpereigene Stoffe u. Nährstoffe unterworfen sind;* Sy *Metabolismus*

**stöhnen** ⟨V. i.; hat⟩ **1** *laut seufzen* **2** *schmerzvoll klagen* ◆ über etwas stöhnen *sich über etwas beklagen, über etwas klagen, leicht schelten;* über eine Arbeit stöhnen [< mhd. *stenen* „seufzen, stöhnen“ < mnddt. *stenen* „mühsam atmen, ächzen“]

**stoisch** ⟨[ˈʃtoːiʃ] Adj.⟩ **1** ⟨Philos.⟩ *auf der Stoa, dem Stoizismus beruhend* **2** ⟨fig.⟩ *gleichmütig* ◆ etwas mit stoischem Gleichmut ertragen ⟨fig.⟩

**Stola** ⟨f.; -, Stolen⟩ **1** *altrömisches langes, weißes, mit Borten verziertes Ärmelgewand für Frauen* **2** *breiter Schal zum Umhängen* **3** *langer, schmaler, über beide Schultern hängender Teil des priesterl. Messgewandes* [< lat. *stola* „langes Frauenoberkleid, Stola“ < grch. *stole* „Kleidung“]

ENTERICH

ENTE

STOCKENTEN *(Anas platyrhynchos)*

**Stolle** ⟨f. 19; mdt.; norddt.⟩, **Stollen**[1] ⟨m. 4; süddt.⟩ *zu Weihnachten gebackener, langer, flacher Hefekuchen mit Rosinen, Mandeln u. Zitronat;* Sy *Christstollen* [< mhd. *stolle* < ahd. *stollo* „Stütze, Pfosten; kurze, dicke Stütze“, wegen der Pfostenform (Symbol für Christus als Wickelkind)]

**Stollen**[2] ⟨m. 4⟩ **1** *unterird. Gang* **2** *jeder der beiden eisernen Bolzen am Ende des Hufeisens, um ein Ausgleiten zu vermeiden* **3** ⟨Mus.⟩ *jede der zwei gleichgebauten Strophen des Aufgesangs im Lied des Meistergesangs* ◆ einen Stollen vortreiben [< mhd. *stolle* < ahd. *stollo* „Stütze, Pfosten“]

**stolpern** ⟨V. i.; ist⟩ *straucheln, fast über etwas fallen* [zu älterem *stolpen, stölpen* „mit dem Fuß anstoßen, beinahe fallen“]

**stolz** ⟨Adj.; -er, am -esten⟩ **1** *voller Selbstbewusstsein* **2** *hochbefriedigt* **3** *hochmütig, eingebildet* **4** *stattlich* (Erscheinung) ◆ ein stolzer Preis ⟨fig.; umg.⟩ *ein recht hoher Preis;* er ist zu stolz, andere um Hilfe zu bitten [< mhd. *stolz* „vornehm, prächtig“ < spätahd. *stolz* „hochmütig“]

**Stolz** ⟨m.; -es; unz.⟩ **1** *Selbstbewusstsein, Selbstgefühl* **2** *große Befriedigung* **3** *Hochmut, Dünkel* [→ *stolz*]

**stolzieren** ⟨V. i.; ist⟩ *stolz od. hochmütig u. steif einhergehen* ◆ im neuen Kleid durchs Zimmer, durch die Stadt stolzieren

Betriebs-einstellung

Start-/Stopp-knopf

Rückstell-knopf

Flüssigkristall-anzeige

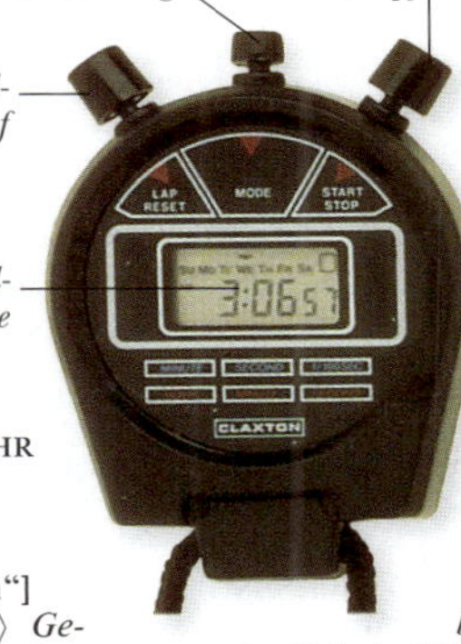


STOPPUHR

**stopfen** ⟨V.; hat⟩ **I** ⟨V. t.⟩ **1** *füllen, bis nichts mehr hineingeht, vollfüllen, unordentlich od. gewaltsam (in etwas) hineintun* **2** *mit Nadel u. Faden ausbessern* (Gewebe, Strümpfe) ◆ eine **Hose,** Jacke, Tischdecke stopfen; ein **Loch** stopfen ⟨fig.⟩ *einen Mangel beseitigen;* die **Pfeife** stopfen *mit Tabak füllen;* **Wurst** stopfen *Fleischmasse in den Darm füllen* ◆ Sachen **in** etwas stopfen *hastig u. unordentlich hineintun, hineinpressen* ◆ gestopfte Töne (bei Blechblasinstrumenten) *durch Stopfen gedämpfte Töne;* der Saal war gestopft voll ⟨umg.⟩ *der Saal war sehr besetzt, überfüllt* **II** ⟨V. i.⟩ **1** *stark sättigen* (Speise) **2** *Hartleibigkeit verursachen, den Stuhlgang verlangsamen* **3** *das Essen rasch hinunterschlingen* ◆ stopf nicht so!; Kakao, Schokolade stopft; bei Durchfall ein Mittel zum Stopfen verschreiben [< mhd., ahd. *stopfen* „dicht machen, verschließen“ < mlat. *stuppare* „mit Werg verstopfen“; zu *stuppa* „Werg“]

**Stoppel** ⟨f. 21; meist Pl.⟩ **1** *nach dem Mähen stehen gebliebener Halmrest* **2** *nach dem Rasieren nachgewachsenes Haar* (Bartstoppel) [< mhd. *stupfel* < ahd. *stupfala,* mnddt., ndrl. *stoppel* „Halmstumpf“ < spätlat. *stupula* „Strohhalm“ < lat. *stipula* „Halm, Stroh“]

**stoppen** ⟨hat⟩ **I** ⟨V. t.⟩ jmdn. od. etwas stoppen *aufhalten, anhalten, am Weiterfahren hindern, mit der Stoppuhr messen* **II** ⟨V. i.⟩ *anhalten, stehen bleiben, nicht weiterfahren* [→ *stop, Stopp*]

**Stoppuhr** ⟨f. 20; bes. Sp.⟩ ▲ *(bei sportlichen Wettkämpfen verwendete) Uhr zum genauen Messen der Zeitdauer von Vorgängen*

S

STÖR: GEWÖHNLICHER STÖR
*(Acipenser sturio)*

**Stör** ⟨m. 1; Zool.⟩ ▲ *Angehöriger einer Unterklasse der Fische, die in Flüssen gefangen werden, um ihren Rogen (Kaviar) u. ihre Schwimmblase (Hausenblase) zu gewinnen: Acipenseridae* [Herkunft unsicher]

**Storch** ⟨m. 1u; Zool.⟩ **1** *Angehöriger einer Familie der Stelzvögel mit kräftigem, langem, geradem Schnabel: Ciconiidae;* ► *Vögel* **2** ⟨früher⟩ *Märchengestalt für Kinder, bevor sie aufgeklärt waren: Vogel, der die kleinen Kinder bringt,* ⟨volkstüml.⟩ *Adebar* ◆ er geht wie ein Storch im Salat ⟨umg.; scherzh.⟩ *steif, unbeholfen* [< mhd. *storch(e), storc* < ahd. *stor(a)h*]

**Storchschnabel** ⟨m. 5u; Bot.⟩ **1** ► *zu den Storchschnabelgewächsen (Geraniaceae) gehörende Pflanzengattung mit gefiederten od. bandförmig geteilten Blättern u. schnabelförmig verlängerten Fruchtgrannen: Geranium;* Sy *Geranie (2)* **2** *Holz- oder Metallgerät für geometrisches Vergrößern oder Verkleinern nach dem Gesetz der Ähnlichkeit von Parallelogrammen;* Sy *Zeichenmaschine (2)*

STORCHSCHNABEL: BERGSTORCHSCHNABEL
*(Geranium pyrenaicum)*

**stören** ⟨V. t.; hat⟩ **1** jmdn. stören *belästigen, von der Arbeit ablenken* **2** etwas stören *hemmen, behindern beeinträchtigen* ◆ störe ich Sie?; hör auf mit dem Pfeifen, das stört mich; entschuldigen Sie, wenn ich (erg.: Sie) störe; jmds. **Pläne** stören *durchkreuzen, behindern;* den **Empfang** (des Rundfunksenders) stören ◆ **lassen** Sie sich nicht stören! ◆ jmdn. **bei** der Arbeit stören ◆ ein störender Umstand; der Lärm ist sehr störend [1.: < mhd. *stœren* < ahd. *stor(r)an;* 2.: < mhd. *stür(e)n*]

**Störenfried** ⟨m. 1⟩ *jmd., der andere, die Eintracht anderer dauernd stört*

**Störfaktor** ⟨m. 23⟩ *Faktor, der den beabsichtigten Ablauf eines Geschehens stört*

**störfrei** ⟨Adj.⟩ *störungsfrei*

**stornieren** ⟨V. t.; hat⟩ eine Buchung, einen Betrag stornieren *berichtigen, ungültig machen, durch Gegenbuchung ausgleichen;* einen Auftrag stornieren *rückgängig machen* ⟨österr. nur in dieser Bedeutung⟩ [< ital. *stornare* „zum Weichen bringen, ablenken; rückgängig machen"]

**störrisch** ⟨Adj.⟩ *widerspenstig, nicht fügsam, schwer lenkbar, trotzig* ◆ störrisches Pferd; störrisch sein; störrisch wie ein Esel [eigtl. „starr wie ein Baumstumpf"; zu *Storren* „Baumstumpf" < mhd. *storre* < ahd. *storro*]

**Störung** ⟨f. 20⟩ **1** *das Stören* **2** *etwas, das stört, Ablenkung* **3** *Unterbrechung, Hemmung* (Entwicklungsstörung, Stoffwechselstörung, Verdauungsstörung) ◆ entschuldigen Sie die Störung!; atmosphärische Störungen *durch elektr. Entladungen in der Atmosphäre hervorgerufene Beeinträchtigung des Rundfunkempfangs*

**Story** ⟨engl. ['stɔ:ri] f.; -, -s⟩ *kurze Erzählung, Kurzgeschichte* [engl., „Geschichte, Erzählung" < *history* „Geschichte, Historie" < lat. *historia*]

**Stoß** ⟨m. 1u⟩ **1** *heftiger, plötzlicher Anprall eines bewegten Körpers an einen anderen bewegten od. unbewegten* (Zusammenstoß) **2** *heftige Bewegung in einer Richtung* (Erdbebenstoß, Atemstoß, Windstoß) **3** *ruckartige gezielte Bewegung* (Dolchstoß, Schwimmstoß) **4** *Menge von geordnet aufeinander liegenden Gegenständen, Stapel* (Aktenstoß, Bücherstoß, Holzstoß, Wäschestoß) **5** *untergelegtes u. ein wenig hervorschauendes Gewebestück an Kleidungsstücken* **6** *Seitenwände eines Grubenbaus* **7** *Verbindung zweier aneinander stoßender Konstruktionsteile* **8** *größere Menge einer Arznei o. Ä. innerhalb eines kurzen Zeitraumes* (Vitaminstoß) ◆ ein Stoß **Briefe,** Teller ◆ einen Stoß **abwehren,** auffangen; einen Stoß **erhalten;** seinem Herzen einen Stoß **geben** ⟨fig.⟩ *sich zu etwas durchringen;* jmdn. od. einem Gegenstand einen Stoß **versetzen** ◆ mit **kräftigen** Stößen schwimmen ◆ ein Stoß **ins** Horn *Atemstoß;* Stoß **mit** dem Ellenbogen, Fuß [< mhd., ahd. *stoz* in der Bedeutung „aufgeschichteter Haufen"; vermutl. aus der fig. Bedeutung von mhd. *stozen* „stellen, stecken, stopfen"]

**Stoßdämpfer** ⟨m. 3; bei Kfz⟩ ▼ *Vorrichtung zum Auffangen von Stößen durch Bodenunebenheiten;* Sy *Dämpfer (2)*

**Stößel** ⟨n. 5⟩ *Werkzeug zum Stoßen, Zerkleinern, Zerreiben;* → a. *Mörser* ◆ Kräuter im Stößel zerkleinern [< mhd. *stœzel* < ahd. *stozil*]

**stoßen** ⟨V. 257⟩ **I** ⟨V. t.; hat⟩ *kurz u. heftig in einer Richtung bewegen* ◆ jmdm. **Bescheid** stoßen ⟨fig.; umg.⟩ *jmdm. energisch die Meinung sagen* ◆ jmdn. mit der Nase **auf** etwas stoßen ⟨fig.⟩ *jmdn. nachdrücklich auf etwas hinweisen;* jmdn. **ins** Elend stoßen ⟨fig.⟩; jmdn. in den Rücken, in die Seite stoßen; jmdn. od. etwas **von** sich stoßen ◆ gestoßener Zucker *zerkleinerter Zucker;* einen Ton gestoßen spielen (auf der Flöte) *kurz u. mit der Zunge anblasen* **II** ⟨V. i.; hat⟩ **1** *rütteln, schütteln* (Räder, Wagen) **2** *häufig mit den Hörnern od. dem Kopf zustoßen, angreifen* (Kuh, Ziege) **3** *einen Stoß ausführen* ◆ ins Horn stoßen *kurz u. kräftig ins Horn blasen (bes. als Signal);* das Kind stieß mit den Füßen nach ihm *versuchte, ihm mit den Füßen einen Stoß zu versetzen* **III** ⟨V. i.; ist⟩ an, gegen etwas od. jmdn. stoßen *etwas od. jmdn. heftig berühren, an, gegen etwas od. jmdn. prallen, rennen;* an etwas stoßen *an etwas angrenzen;* auf etwas stoßen ⟨fig.⟩ *etwas zufällig finden, einer Sache unerwartet begegnen, ihr plötzlich gegenüberstehen;* auf Schwierigkeiten, Widerstand, Abneigung stoßen; zu jmdm. stoßen ⟨fig.⟩ *zu jmdm. gelangen, sich mit jmdm. treffen;* unsere Gruppe stößt an der Weggabelung zu euch **IV** ⟨V. refl.; hat⟩ sich an etwas stoßen **1** *sich durch Stoß an etwas wehtun, verletzen* **2** ⟨fig.⟩ *sich durch etwas stören lassen* ◆ sich an den Kopf, ans Schienbein stoßen; du darfst dich an der Unordnung bei uns nicht stoßen ⟨fig.⟩ [< mhd. *stozen* < ahd. *stozan*]

STOSSDÄMPFER: SCHNITT DURCH DEN STOSSDÄMPFER EINES AUTOS

**Stoßgebet** ⟨n. 11⟩ *kurzes, ganz schnell hervorgestoßenes Gebet* ◆ ein Stoßgebet zum Himmel schicken

**Stoßseufzer** ⟨m. 3⟩ **1** *kurzer, starker Seufzer* **2** *Stoßgebet* ◆ einen Stoßseufzer ausstoßen

**Stoßstange** ⟨f. 19; bei Kfz⟩ *Stange vorn u. hinten an der Karosserie zum Schutz gegen Stöße von anderen Fahrzeugen*

**Stoßtherapie** ⟨f. 19; Med.⟩ *Heilverfahren, bei dem eine große Menge einer Arznei innerhalb eines kurzen Zeitraumes verabreicht wird*

**Stoßzahn** ⟨m. 1u; Zool.⟩ ► *stark ausgebildeter Zahn im Oberkiefer, z. B. bei Elefant u. Walross, der zum Stoßen gebraucht werden kann*

**stottern** ⟨V. i.; hat⟩ **1** *stoßweise sprechen, indem die ersten Buchstaben od. Silben von Wörtern mehrmals rasch u. krampfartig wiederholt werden* **2** ⟨fig.⟩ *stammeln, stockend, gehemmt, in abgerissenen Sätzen sprechen* ◆ vor Verlegenheit stottern [< nddt. *stotern, stötern;* zu nddt. *stoten* „stoßen"]

**Stövchen** ⟨n. 14⟩ **1** *kleiner Untersatz mit Kerze zum Warmhalten der Tee- od. Kaffeekanne* **2** ⟨nddt.⟩ *Kohlenbecken zum Erwärmen der Füße*

**StPO** ⟨Rechtsw.; Abk. für⟩ *Strafprozessordnung*

**Str.** ⟨Abk. für⟩ *Straße*

**Strafanstalt** ⟨f. 20⟩ = *Strafvollzugsanstalt*

**Strafanzeige** ⟨f. 19⟩ *Anzeige einer strafbaren Handlung an die Polizei od. Staatsanwaltschaft*

**strafbar** ⟨Adj.⟩ *gesetzlich mit Strafe bedroht* (Handlung) ◆ sich strafbar machen *etwas tun, wofür man gesetzlich bestraft werden kann*

**Strafbefehl** ⟨m. 1⟩ *Entscheidung des Amtsrichters über eine Geld- od. Freiheitsstrafe (bis zu 3 Monaten) auf Antrag der Staatsanwaltschaft;* → a. *Strafverfügung* ◆ einen Strafbefehl ergehen lassen, erlassen

**Strafe** ⟨f. 19⟩ **1** *Vergeltung für begangenes Unrecht* (Freiheitsstrafe, Geldstrafe, Todesstrafe, Zuchthausstrafe) **2** ⟨fig.⟩ *Übel* ◆ eine Strafe **Gottes** ◆ jmdm. eine Strafe **androhen,** auferlegen, zuerkennen; eine Strafe **aufheben,** aufschieben, aussetzen, erlassen, mildern, verhängen, verschärfen; er hat eine Strafe **verdient;** wegen falschen Parkens musste ich 30 Mark Strafe **zahlen** ◆ eine **abschreckende,** angemessene, empfindliche, leichte, grausame, milde, schwere Strafe; eine **disziplinarische,** gerechte, gerichtliche, ungerechte Strafe ◆ Betreten der Baustelle **bei** Strafe verboten; eine Strafe **über** jmdn. verhängen; etwas **unter** Strafe stellen [→ *strafen*]

**strafen** ⟨V. t.; hat⟩ jmdn. strafen *eine Strafe an jmdm. vollziehen* ◆ jmdn. **Lügen** strafen *ihm beweisen, dass er gelogen hat* ◆ jmdn. **hart,** leicht, nachdrücklich strafen; jmdn. **körperlich** strafen *ihn züchtigen* ◆ jmdn. **für** ein Vergehen strafen; jmdn. **mit** Verachtung strafen *ihn nicht beachten* ◆ ein strafender Blick [< mhd. *strafen,* das ein älteres Wort *refsen,* ahd. *rafsjan* „mit Worten tadeln" ersetzt, wahrscheinl. wegen der leichteren Sprechbarkeit; weitere Herkunft unklar]

S

**straff** ⟨Adj.⟩ **1** *fest, gespannt* (Seil) **2** *streng, energisch* (Zucht) **3** *knapp, bündig* (Stil) ◆ er führt ein straffes **Regiment** ◆ die Zügel straff **anziehen;** der Gürtel **sitzt** straff ◆ straff **aufgerichtet** sitzen, stehen; straff **zurückgekämmtes** Haar [< spätmhd. *straf* „streng, hart"; zu mnddt. *stref* „angespannt", ostfries. *strabben* „ausdehnen"]

STOSSZAHN EINES ELEFANTEN

**straffällig** ⟨Adj.⟩ *eine Straftat begangen habend* ◆ (von neuem) straffällig werden *sich (zum wiederholten Male) strafbar machen*

**straffen** ⟨V.; hat⟩ **I** ⟨V. t.⟩ *straff machen, fest anziehen, spannen* **II** ⟨V. refl.⟩ sich straffen *straff werden, sich aufrichten, sich recken* ◆ seine Züge strafften sich

**straffrei** ⟨Adj.⟩ **1** *ohne Strafe* (von Personen) **2** *ohne eine Strafe nach sich zu ziehen* (Handlung) ◆ straffrei davonkommen

**Strafgefangene(r)** ⟨f. 30 (m. 29)⟩ *Gefangene(r), der bzw. die wegen einer Straftat eine Freiheitsstrafe abbüßt*

**Strafgesetz** ⟨n. 11⟩ *Gesetz über die Entscheidung von Straftaten* ◆ gegen das Strafgesetz verstoßen

**Strafkammer** ⟨f. 21⟩ *Kollegialgericht für Strafsachen (beim Landgericht)*

**sträflich** ⟨Adj.⟩ *strafbar, tadelnswert, unverantwortlich, unverzeihlich* ◆ das war sträflicher Leichtsinn

**Strafmandat** ⟨n. 11⟩ = *Strafverfügung*

**strafmildernd** ⟨Adj.; Rechtsw.⟩ *die Strafe mildernd* ◆ strafmildernde Umstände; strafmildernd wirkte dabei, dass ...

**Strafmündigkeit** ⟨f. 20; unz.; Rechtsw.⟩ *Mindestalter für die strafrechtl. Verantwortlichkeit (18. Lebensjahr)*

**Strafprozess** ⟨m. 1; Rechtsw.⟩ *gerichtl. Verfahren bei der Untersuchung, Entscheidung u. Bestrafung einer Straftat;* Sy *Strafverfahren;* Ggs *Zivilprozess*

**Strafprozessordnung** ⟨f. 20; unz.; Abk.: StPO; Rechtsw.⟩ *alle Vorschriften über die Abwicklung von Strafprozessen*

**Strafraum** ⟨m. 1u; Sp.; bes. Fußb.⟩ *Raum um das Tor, in dem der Torwart den Ball mit der Hand berühren darf u. in dem verschärfte Strafbestimmungen gelten*

**Strafrecht** ⟨n. 11; unz.; Rechtsw.⟩ **1** *Rechtsprechung im Strafprozess* **2** *Gesamtheit der Rechtsvorschriften für den Strafprozess* **3** *Strafgewalt;* Ggs *Zivilrecht*

**Strafstoß** ⟨m. 1u; Sp.; Fußb.⟩ *bei Verstoß gegen die Spielregeln im eigenen Strafraum Freistoß der Gegenpartei vom Elfmeterpunkt*

**Straftat** ⟨f. 20; Rechtsw.⟩ *strafbare Handlung* ◆ er beging eine schwere Straftat

**Strafverfahren** ⟨n. 14; Rechtsw.⟩ = *Strafprozess*

**Strafverfügung** ⟨f. 20; Rechtsw.⟩ *Entscheidung über eine Strafe ohne Einschaltung der Staatsanwaltschaft;* Sy *Strafmandat;* → a. *Strafbefehl*

**strafversetzen** ⟨V. t.; hat; nur im Inf. u Part. Perf.⟩ *zur Strafe auf einen anderen Posten versetzen* ◆ er wurde strafversetzt

**Strafverteidiger** ⟨m. 3; Rechtsw.⟩ *Anwalt, der Angeklagte in Strafprozessen verteidigt*

**Strafvollzug** ⟨m. 1u; Rechtsw.⟩ *Teil der Strafvollstreckung, der die unmittelbare Verwirklichung, das Inkrafttreten der Freiheitsstrafe betrifft;* Sy ⟨kurz⟩ *Vollzug (2)*

**Strafvollzugsanstalt** ⟨f. 20; Rechtsw.⟩ *Anstalt für den Strafvollzug, Gefängnis;* Sy *Strafanstalt*

**Strahl** ⟨m. 23⟩ **1** *etwas, das sich geradlinig ausbreitet* (Lichtstrahl, Sonnenstrahl, Wasserstrahl) **2** ⟨Math.⟩ *von einem Punkt ausgehende Gerade* **3** *mittlerer, empfindlicher Teil des Pferdehufs* **4** ⟨poet.⟩ *Blitz* ◆ Strahlen ⟨Pl.; physikal. Sammelbez. für⟩ *die aus elektromagnetischen Wellen bestehenden Licht-, Röntgen- u. Gammastrahlen sowie die aus Elementarteilchen bestehenden Strahlen, z. B. Alpha-, Beta-, Kathodenstrahlen;* ein Strahl der Hoffnung ⟨fig.⟩; unter den brennenden, glühenden, sengenden Strahlen der Sonne leiden [< mhd., mnddt. *strale* < ahd., asächs. *strala* „Pfeil, Blitzstrahl", Grundbedeutung „Streifen, Strich"]

**Strahlantrieb** ⟨m. 1; unz.⟩ *Antrieb durch Luftstrahl od. Raketentriebwerk;* Sy *Düsenantrieb*

**strahlen** ⟨V. i.; hat⟩ **1** *Strahlen aussenden* (Licht, Sonne) **2** *glänzen, funkeln* (Edelsteine) **3** *glücklich aussehen* ◆ die Sonne strahlt am Himmel; sie strahlte übers ganze Gesicht; ihre Augen strahlten vor Begeisterung, Freude, Glück; jmdn. strahlend ansehen; mit strahlenden Augen, strahlendem Blick; an einem strahlenden Sommertag

**Strahlenbehandlung** ⟨f. 20; Med.⟩ *Verwendung von Licht-, Wärme-, bes. Röntgenstrahlen zu Heilzwecken;* Sy *Radiotherapie, Strahlentherapie*

**Strahlengriffelgewächs** ⟨[-ks] n. 11; Bot.⟩ *Angehöriges einer Familie der Freikronblättrigen tropischer u. subtropischer Gebiete mit strahligen zwittrigen od. zweihäusigen Blüten, deren Griffel häufig strahlenförmig auseinander stehen: Actinidiaceae;* → a. *Kiwi*[2]

**Strahlenpilzkrankheit** ⟨f. 20; unz.; Med.⟩ *durch Strahlenpilze hervorgerufene, chronisch-entzündl. Erkrankung, bei denen Eiterungen mit Knotenbildungen in den Fistelgängen, daneben Drüsen- u. Gewebsvereiterungen, auch Wucherungen auftreten*

**Strahlenschutz** ⟨m.; -es; unz.⟩ *Schutzmaßnahmen u. -vorrichtungen zum Verhüten schädl. Nebenwirkungen bei der Strahlenbehandlung sowie zum Vorbeugen gegen Strahlenschäden durch Kernspaltungsversuche usw.*

**Strahlentherapie** ⟨f. 19; Med.⟩ = *Strahlenbehandlung*

**Strahlstrom** ⟨m. 1u⟩, **Strahlströmung** ⟨f. 20⟩ *Zone größter Windgeschwindigkeit in etwa 10 km Höhe über der Erde;* Sy *Jetstream*

**Strahltriebwerk** ⟨n. 11⟩ ▼ *Triebwerk für Strahlantrieb;* Sy *Düsentriebwerk*

**Strahlung** ⟨f. 20⟩ **1** *das Strahlen* **2** ⟨Phys.⟩ *Ausbreitung von Energie durch Wellen od. Teilchen* **3** *(gerichtete) Ströme von Teilchen, z. B. Elektronenstrahlung*

**Strahlungsgürtel** ⟨m. 5⟩ Van Allen'scher Strahlungsgürtel *gürtelförmig um die Erde liegende Zone, in der Teilchenstrahlungen sehr hoher Intensität vorhanden sind*

## STRAHLTRIEBWERKE

Das einfachste Strahltriebwerk ist der Turbojet, in dessen Brennkammer Treibstoff verbrennt, der in Form von heißen Abgasen nach hinten austritt und einen Vorwärtsschub bewirkt. Zudem treibt eine Turbine einen Luftverdichter an, der zusätzliche Luft in die Brennkammer presst. Beim Turbofan erzeugt ein Gebläse einen kalten Mantelstrom, der sich am Ende mit den heißen Abgasen mischt und so doppelten Schub verursacht, während der Schub des Turboproptriebwerks aus einem Propeller und heißen Abgasen resultiert.

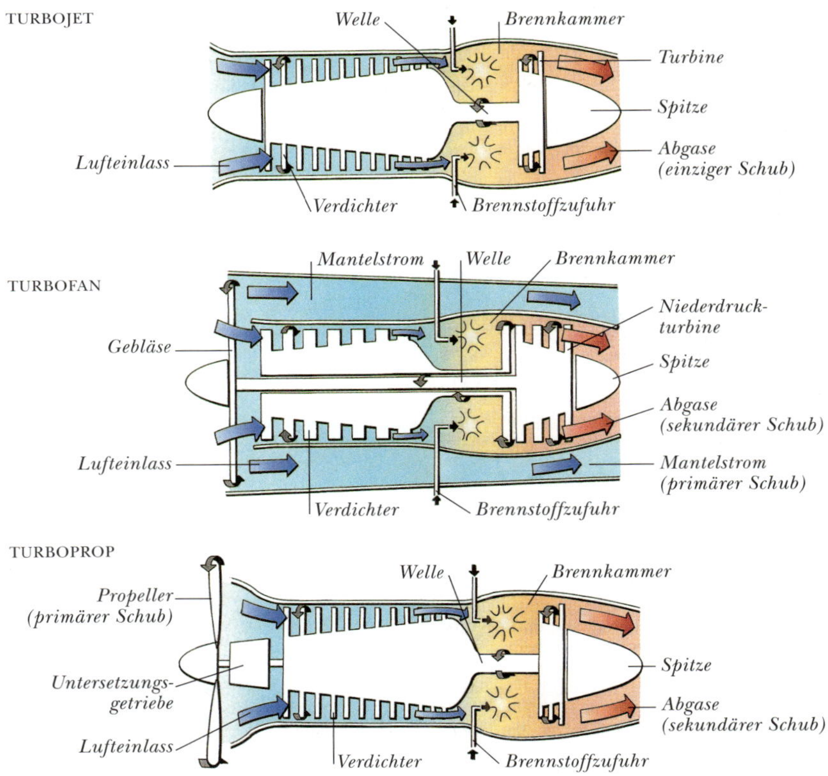

**Strähne** ⟨f. 19⟩ **1** *Büschel* (Haarsträhne) **2** *zu einem Büschel zusammengebundener Garnfaden bestimmter Länge* [< mhd. *stren(e)* < ahd. *streno* „Haar-, Garn-, Flachsflechte"]

**strähnig** ⟨Adj.⟩ *in Strähnen herabhängend, Strähnen bildend* ◆ sein strähniges Haar hing ihm tief im Gesicht

**stramm** ⟨Adj.⟩ **1** *straff gespannt* **2** *kräftig, gesund* (Junge, Mädchen) **3** *stattlich u. tüchtig* (Soldat) **4** *stramme Haltung annehmen* ◆ der Anzug, Gürtel sitzt zu stramm; stramm ziehen *an einem Gegenstand fest, kräftig ziehen* [< mnddt. *stram* „gespannt, steif, aufrecht"]

**strampeln** ⟨V. i.; hat; fig.: ist⟩ **1** *die Beine rasch, hastig bewegen* **2** ⟨fig., umg.⟩ *zügig Rad fahren* ◆ das Baby im Kinderwagen strampeln lassen [< mnddt. *stramp(el)en, strümp(el)en* „stolpern"]

**Strand** ⟨m. 1u⟩ **1** *vom Meer bespülter Festlandssaum* **2** ⟨umg.⟩ *Küstensaum* (Sandstrand, Uferstrand) ◆ ein breiter, flacher, sandiger, schmaler, steiniger Strand; ein Schiff gerät, läuft auf Strand; das lecke Schiff wurde auf Strand gesetzt [< spätmhd. *strant* < nddt., ndrl. *strand,* ags., engl. *strand* „lang gestreckter Streifen"]

**Stranddistel** ⟨f. 21; Bot.⟩ *mit stachligen Blättern versehene Art des Mannstreu: Eryngium maritimum*

**stranden** ⟨V. i.; ist⟩ **1** *auf Grund auflaufen* (Schiff) **2** ⟨fig.⟩ *scheitern, nicht zum Ziel gelangen* [→ *Strand*]

**Strandgerste** ⟨f. 19; Bot.⟩ *eine Wildgerstenart: Hordeum marinum*

**Strandgut** ⟨n. 12u; unz.⟩ *an den Strand gespültes Gut von gestrandeten Schiffen*

STRANDHAFER (*Ammophila arenaria*)

**Strandhafer** ⟨m. 3; unz.; Bot.⟩ ► *gemeinstes Dünengras Europas u. Nordamerikas, sehr geeignet für Dünenbefestigung: Ammophila arenaria;* Sy Helmgras, Sandgras, Sandhafer

**Strandkiefer** ⟨f. 21⟩ *für das westl. Mittelmeergebiet typische Kiefer: Pinus pinaster*

**Strandkorb** ⟨m. 1u⟩ *großer Doppelkorbstuhl mit Sonnendach als Wind- u. Sonnenschutz am Badestrand*

**Strandläufer** ⟨m. 3; Zool.⟩ *Angehöriger einer Gattung kleiner, kräftiger Schnepfenvögel, die gesellig die Küsten bevölkern: Calidris*

**Strandnelke** ⟨f. 19; Bot.⟩ *zur Familie der Strandnelkengewächse (Plumbaginaceae) gehörende Staude salziger Sumpfwiesen, deren Blüten auch getrocknet ihre Farbe behalten: Limonium vulgare;* Sy *Limone (1)*

**Strandung** ⟨f. 20⟩ *das Stranden*

**Strandversetzung** ⟨f. 20⟩ ► *Sandverlagerungen an Küsten, an denen entsprechend der vorhandenen Windrichtung eine starke Brandungslängsströmung verläuft;* Sy *Küstenversetzung*

**Strang** ⟨m. 1u⟩ **1** *Seil, Strick* **2** *Bündel, Büschel* (Nervenstrang), *Strähne* (Wollstrang) **3** *langes, zusammenhängendes Stück* (Schienenstrang) **4** *Teil des Pferdegeschirrs, mit dem das Pferd am Wagen befestigt ist* ◆ wenn alle Stränge **reißen,** werde ich ... ⟨fig.; umg.⟩ *im Notfall* ◆ wir ziehen alle **an** einem, an demselben, am gleichen Strang *wir haben das gleiche Ziel, wir gehen gemeinsam vor;* er wurde zum Tod **durch** den Strang verurteilt *zum Tod durch Erhängen* [< mhd. *stranc, strange* < ahd. *strang* „Strick, Seil"]

**strangulieren** ⟨V. t.; hat⟩ *erhängen, erwürgen, erdrosseln* [Rechtswort < lat. *strangulare* < grch. *strangaloun* „erdrosseln"; zu *strangale* „Strang, Strick"]

**Strapaze** ⟨f. 19⟩ *(große) Anstrengung, Beschwerlichkeit* ◆ Strapazen aushalten, ertragen; den Strapazen (nicht) gewachsen sein, standhalten; Strapazen auf sich nehmen [< frühnhd. *strapatz* < ital. *strapazzo* „Abarbeitung"; → *strapazieren*]

**strapazieren** ⟨V. t.; hat⟩ **1** *überanstrengen, stark in Anspruch nehmen, beanspruchen* **2** *abnutzen, viel benutzen* (Kleider, Schuhe) ◆ jmdn. mit einer Arbeit strapazieren; er sieht strapaziert aus [< ital. *strapazzare* „überanstrengen" < lat. *extra* „außerdem, über ... hinaus" + **patiare;* zu *pati* „leiden"; oder < ital. *strappare* „zerreißen, zerbrechen"]

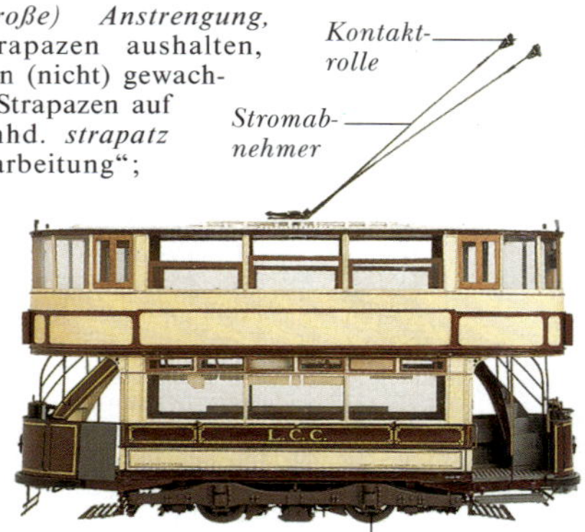


STRASSENBAHN: BRITISCHER STRASSENBAHNWAGGON DES FRÜHEN 19. JH.

**Straps** ⟨m. 1⟩ *Strumpfhalter* [Pl. von engl. *strap* „Riemen, Gurt, Band"]

**Strass** ⟨m.; -es, - od. -e⟩ *Nachbildung von Edelsteinen aus stark lichtbrechendem Bleiglas* [nach dem Juwelier Joseph *Straßer* im 18. Jh.]

**Straße** ⟨f. 19; Abk.: Str.⟩ **1** *Weg, bes. wenn er planmäßig angelegt u. gepflastert ist* (Bundesstraße, Fahrstraße, Landstraße, Nationalstraße) **2** *Verkehrslinie zur See* (Schifffahrtsstraße) **3** *Meerenge* ◆ die Kinder vor den **Gefahren** der Straße warnen *vor den Gefahren des Straßenverkehrs* ◆ eine Straße **anlegen,** ausbessern, bauen, sperren, verbreitern, verlegen; diese Straße **führt** nach ...; die Straße **kreuzen,** überschreiten ◆ **belebte,** ruhige, verkehrsreiche Straße; eine **breite,** enge, gerade, kurze, lange Straße ◆ wir fuhren **auf** derselben Straße zurück, auf der wir gekommen waren; auf die Straße gehen *öffentlich demonstrieren;* ⟨fig.⟩ *Prostituierte werden;* er wurde auf die Straße gesetzt ⟨fig.⟩ *aus der Wohnung vertrieben, (fristlos) aus dem Dienst entlassen;* auf der Straße sitzen ⟨fig.⟩ *ohne Obdach, ohne Verdienst sein;* **in** eine Straße einbiegen; eine Wohnung, ein Zimmer **nach** der Straße *mit Fenster(n) auf der Straßenseite;* der Mann **von** der Straße *der Durchschnittsmensch;* der Balkon des Hauses ist von der Straße aus nicht sichtbar [< mhd. *straze* < ahd. *straz(z)a*]

**Straßenbahn** ⟨f. 20⟩ ◄ *auf Schienen laufende, elektr. betriebene Bahn für den Stadt- u. Vorortverkehr*

**Straßenkind** ⟨n. 12⟩ *Kind, das auf der Straße lebt (oft eltern- u. obdachlos)*

**Straßenlage** ⟨f. 19; unz.⟩ *Verhalten des Kraftfahrzeugs beim Fahren, bes. auf schlechten Wegstrecken u. in Kurven*

**Straßenlärm** ⟨m.; -s; unz.⟩ *Verkehrslärm auf der Straße*

**Straßennetz** ⟨n. 11⟩ *Gesamtheit der Straßen (einer Stadt od. eines Landes)*

**Straßenverkehrsordnung** ⟨f. 20; unz.; Rechtsw.; Abk.: StVO⟩ *alle Vorschriften über den Straßenverkehr*

**Straßenverkehrs-Zulassungs-Ordnung** ⟨f. 20; unz.; Rechtsw.; Abk.: StVZO⟩ *alle Vorschriften über die Zulassung von Fahrzeugen u. Personen für den Straßenverkehr*

**Stratege** ⟨m. 17⟩ *jmd., der sich auf Strategie versteht*

**Strategie** ⟨f. 19⟩ **1** ⟨Mil.⟩ *Kunst der militär. Kriegführung* **2** ⟨allg.⟩ *umfassende Planung zur Verwirklichung von Grundvorstellungen* **3** ⟨allg.⟩ *Plan zur Verwirklichung eines Ziels mittels aufeinander einwirkender dynam. Systeme* [< frz. *stratégie* < grch. *strategia* < *stratos* „Heer" + *agein* „führen"]

## STRANDVERSETZUNG

Als Strandversetzung wird die Bewegung von Sedimenten längs der Küste bezeichnet, deren treibende Kräfte die schräg eintreffende Brandung, die senkrecht zurückflutenden Wellen und der Wind sind. Diese Versetzung kann zur Folge haben, dass ein Strand im Winter aus grobem Geröll besteht, im Sommer jedoch aus Sand. In Gebieten mit starker Strandversetzung können Landzungen, Haken und letztlich Nehrungen entstehen. Einhalt gebietet man dem Phänomen mit Buhnen.

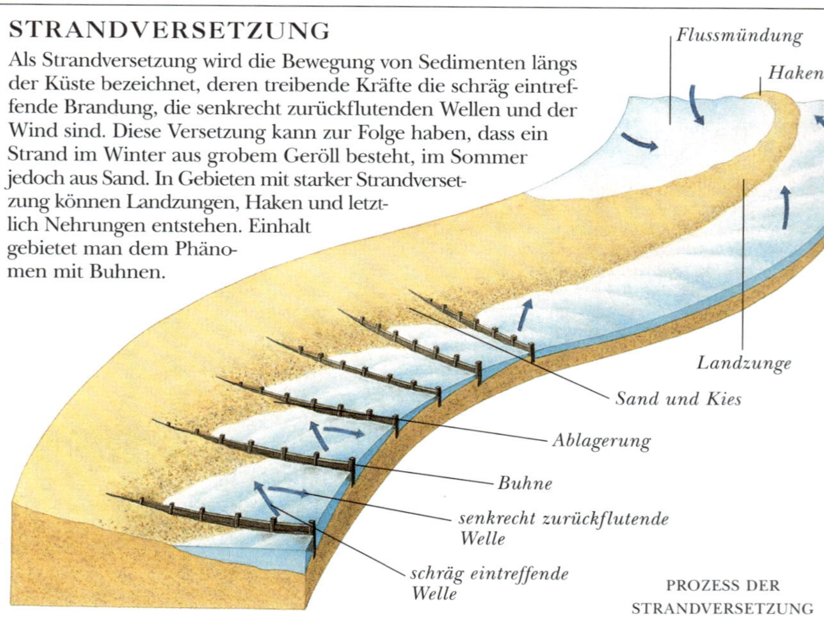


PROZESS DER STRANDVERSETZUNG

**strategisch** ⟨Adj.⟩ *die Strategie betreffend, zu ihr gehörig, auf ihr beruhend* ◆ strategische **Waffen** ⟨Mil.⟩ *Waffen von großer Reichweite u. Wirkung;* → a. *taktisch;* strategisches **Controlling** ⟨Wirtsch.⟩ *die vorausschauende Sicherung der Unternehmerexistenz durch die Erarbeitung neuer Erfolgspotenziale vor dem Hintergrund einer sich ständig verändernden Umwelt (wie z. B. durch die Globalisierung);* Sy *operativ (4)*

**Stratokumulus** ⟨m.; -, -muli⟩ *aus flachen, unscharf begrenzten Ballen bestehende Schichtwolke* [< *Stratus* + *Kumulus*]

**Stratosphäre** ⟨f. 19; unz.⟩ *mittlere Schicht der Lufthülle der Erde von etwa 10-80 km über der Erdoberfläche* [< lat. *stratum* „Decke" + grch. *sphaira* „Kugel"]

**Stratus** ⟨m.; -, Strati⟩, **Stratuswolke** ⟨f. 19⟩ *niedrige (bis etwas 2 km) Schichtwolke* [zu lat. *stratum* „Decke, Polster; Lager"]

**sträuben** ⟨V.; hat⟩ **I** ⟨V. t.⟩ *aufrichten, aufplustern* (Gefieder, Fell) **II** ⟨V. refl.⟩ sich sträuben ⟨a. fig.⟩ *sich wehren, sich widersetzen, widerstreben* ◆ er sträubte sich mit Händen und Füßen gegen die Niederlage [< mhd. *struben* < ahd. *struben* „starr stehen, starren, emporrichten"]

STRAUCHVERONIKA
*(Hebe* 'Bowles')

**Strauch** ⟨m. 2u⟩ **1** *Holzpflanze mit mehreren, von der Wurzel an sich teilenden, dünn bleibenden Stämmen* **2** ⟨umg.⟩ *Busch* (Haselnussstrauch, Johannisbeerstrauch) [< mhd. *struch,* ndrl. *struik,* mnddt. *struk*]

**straucheln** ⟨V. i.; ist⟩ **1** *fehltreten u. dadurch taumeln, stolpern* **2** ⟨fig.⟩ *sich etwas zuschulden kommen lassen, einen (moralischen) Fehltritt begehen* [< mhd. *strucheln,* Iterativum zu *struchen,* ahd. *struhhon, struhhen* „über einen Strauch fallen"]

**Strauchveronika** ⟨[-ve-] f. 10; Bot.⟩ ▲ *Angehörige einer Gattung der Rachenblütler, Strauchgewächs: Hebe*

**Strauchwerk** ⟨n. 11; unz.⟩ *dicht beieinander stehende Sträucher, Gebüsch, Gestrüpp* ◆ sich im Strauchwerk verfangen

**Strauß**[1] ⟨m. 1; Zool.⟩ *größter heute lebender Vogel, zu den Flachbrustvögeln gehörender Vertreter einer eigenen Ordnung (Struthiones) in den Steppen Afrikas u. Vorderasiens: Struthio camelus;* → a. *Laufvogel;* ► *Vögel* [< mhd. *struze* < ahd. *struz* < vulgärlat. *struthio* < grch. *strouthion* = *strouthos megas* „großer Vogel"]

**Strauß**[2] ⟨m. 1u⟩ **1** *mehrere zusammengebundene Blumen* (Blumenstrauß, Rosenstrauß) **2** ⟨poet.⟩ *Kampf, Gefecht, Streit* ◆ einen Strauß ausfechten; Blumen zu einem Strauß binden [< mhd. **struz* „Aufgeschwollenes", mhd. *gestriuze, striuzach* „Buschwerk"; Grundbedeutung „Aufschwellung, Hervorstehendes"]

**Streamer** ⟨['stri:mə(r)] m. 3; EDV⟩ *Speichermedium, mit dessen Hilfe Datensicherungen von größeren Datenmengen (z. B. einer ganzen Festplatte usw.) vorgenommen werden können* [< engl. *stream* „Strom, Flut, Schwall"]

**Strebe** ⟨f. 19⟩ *schräge Stütze (bes. am Dach)* [→ *streben*]

**Strebebogen** ⟨m. 4 od. südd., österr., schweiz.: m. 4u; got. Kirchenbau⟩ ► *Bogen zwischen Strebepfeiler des Seitenschiffs u. Mauer des Mittelschiffs zum Auffangen des Gewölbeschubes*

**streben I** ⟨V. i.; hat⟩ *sich eifrig bemühen* ◆ sein ganzes Streben; nach Erkenntnis, Gewinn, Macht, Ruhm, Vollkommenheit streben **II** ⟨V. i.; ist⟩ *(eilig) auf etwas zugehen, sich in Richtung auf etwas bewegen* ◆ sie strebten auf die Höhe (des Berges); die Pflanze strebt zum Licht [< mhd., ahd. *streben* „ragen, sich strecken, sich angestrengt bewegen, kämpfen"]

**Strebepfeiler** ⟨m. 3⟩ *Pfeiler zur Verstärkung der Außenmauer im Strebewerk*

**Streber** ⟨m. 3⟩ *jmd., der sich ehrgeizig u. egoistisch bemüht, rasch vorwärts zu kommen* (bes. von Schülern)

**Strebewerk** ⟨n. 11; unz.; got. Kirchenbau⟩ *Gefüge aus Strebebogen u. -pfeilern*

**strebsam** ⟨Adj.⟩ *sehr fleißig, gewissenhaft u. zielbewusst*

**Strecke** ⟨f. 19⟩ **1** *bestimmte od. unbestimmte Entfernung, Teilstück, Abschnitt eines Weges* (Wegstrecke) **2** ⟨Sp.⟩ *bei einem Rennen zurückzulegender Weg* **3** ⟨Math.⟩ *durch zwei Punkte begrenzte Gerade* **4** ⟨Eisenb.⟩ **4.1** *Abschnitt einer Bahnlinie, bes. zwischen zwei Bahnhöfen, Gleisabschnitt* **4.2** *Bahnlinie, Route* **5** ⟨Jägerspr.⟩ **5.1** *Ort, an dem die Jagdbeute niedergelegt wird* **5.2** *die Jagdbeute selbst* ◆ die Strecke **Frankfurt**-Hamburg ◆ der Zug hielt auf **freier** Strecke *außerhalb eines Bahnhofs;* eine **große,** kleine, kurze, (un)übersichtliche, weite Strecke ◆ **auf** der Strecke (liegen) bleiben *unterwegs liegen bleiben, nicht mehr weiterkommen;* ⟨fig.⟩ *scheitern;* jmdn. **zur** Strecke bringen ⟨fig.⟩ *überwältigen, besiegen, töten* ◆ **welche** Strecke bist du gefahren?

**strecken** ⟨V.; hat⟩ **I** ⟨V. t.⟩ **1** *ziehen, langziehen, dehnen* **2** *in gerade Richtung bringen, ausstrecken* (Arm, Bein) ◆ das (verkrümmte) **Bein** muss gestreckt werden; **Suppe,** Soße strecken *verdünnen u. damit reichlicher machen;* die **Waffen** strecken *sich ergeben;* der **Weg** streckt sich *ist länger als erwartet* ◆ behaglich die Beine **von** sich strecken; jmdn. **zu** Boden strecken *niederschlagen;* die Arme zur Seite strecken ◆ in gestrecktem Galopp (Lauf) *in raschem Galopp (Lauf), mit weit ausgreifenden, gestreckten Beinen;* gestreckter Winkel ⟨Math.⟩ *Winkel von 180°* **II** ⟨V. refl.⟩ sich strecken **1** *die Glieder dehnen* **2** *länger sein als erwartet* [< mhd. *strecken* < ahd. *strecchan*]

**Streckenlauf** ⟨m. 1u⟩ *Wettlauf über eine bestimmte Strecke*

**streckenweise** ⟨Adv.⟩ *über gewisse Strecken hin, in Strecken* ⟨a. fig.⟩ ◆ die Arbeit ist streckenweise gut, schlecht

**Strecker** ⟨m. 3⟩ **1** ⟨Anat.⟩ *Muskel, der dem Strecken eines Gliedes dient;* Sy *Streckmuskel;* Ggs *Beuger* **2** *Teil der Angel*

**Streckmuskel** ⟨m. 25; Anat.⟩ = *Strecker (1)*

**Streckverband** ⟨m. 1u⟩ *Verband, bei dem ein gebrochenes Glied gestreckt wird, um die verschobenen Bruchenden in die richtige Lage zu bringen;* Sy *Extension*

**Streich** ⟨m. 1⟩ **1** *Schlag mit der Hand* (Backenstreich), *Hieb* **2** ⟨bes.⟩ *Schwerthieb, auch mit der Rute od. Peitsche; Possen, Schabernack* **3** ⟨fig.⟩ *Dummheit, Unfug, Unüberlegtheit* ◆ dumme Streiche **machen,** verüben, vollführen; jmdm. einen Streich **spielen;** jmdm. einen heftigen, tödlichen Streich **versetzen** ◆ **böse,** dumme, leichtsinnige, lustige Streiche ◆ er ist stets **zu** Streichen aufgelegt; zu einem Streich ausholen [< mhd. *streich* „Hieb, Schlag", engl. *stroke;* zu *streichen* „schlagen"]

**streicheln** ⟨V. t.; hat⟩ *mit der Hand sacht, zärtlich streichen, darüber hinfahren, liebkosen* ◆ jmdn. streicheln; jmds. Gesicht, Haar, Hand, Kopf, Wange zärtlich streicheln [Iterativbildung zu *streichen*]

**streichen** ⟨V. 258⟩ **I** ⟨V. i.; hat; bei Bewegung in einer Richtung: ist⟩ **1** *mit der Hand od. einem Gegenstand (über etwas) gleiten, wischen, hinfahren* **2** *vorsichtig od. erwartungsvoll gehen (meist um etwas herum)* ◆ durch die Felder, das Land, die Wälder streichen; ein kühles Lüftchen strich durch die offenen Fenster; jmdm. od. sich mit den Fingern durchs Haar streichen; der Wind streicht übers Feld *bläst ruhig, gleichmäßig;* die Katze streicht ihm um die Beine **II** ⟨V. t.; hat⟩ **1** etwas streichen *Farbe auf etwas auftragen, etwas bemalen* (Möbel, Zaun) **2** *durchstreichen, weglassen, tilgen, ausmerzen* (Geschriebenes) ◆ diesen **Abschnitt** (im Text) können wir streichen; sich ein **Brot** mit Butter, Honig, Marmelade, Wurst streichen; die **Flagge,** Segel streichen *einziehen, einholen;* ⟨fig.⟩ *sich ergeben;* einen **Namen** aus einem Verzeichnis streichen; **Nichtzutreffendes** bitte streichen!; **Salbe** auf eine Wunde streichen ◆ jmdm., sich das Haar **aus** der Stirn streichen; Kitt, Mörtel **in** die Fugen streichen ◆ ein gestrichenes Maß, ein Maß gestrichen voll *genau bis an den Rand voll;* der Zaun ist frisch gestrichen [< mhd. *streichen, strichen* „glätten, Striche ziehen, zeichnen, bestreichen" < ahd. *strihhan, streihhon* „streifen, berühren, streicheln"]

**Streicher** ⟨m. 3; Mus.⟩ *Spieler eines Streichinstruments*

**Streichholz** ⟨n. 12u⟩ = *Zündholz*

**Streichinstrument** ⟨n. 11; Mus.⟩ *Musikinstrument, dessen Saiten durch Streichen mit einem schwach gekrümmten, mit Pferdehaaren bespannten Bogen zum Klingen gebracht werden,* z. B. *Violine, Cello*

**Streichorchester** ⟨[-kɛ-] n. 13; Mus.⟩ *nur aus Streichern bestehendes Orchester*

**Streife** ⟨f. 19⟩ **1** *kleiner Trupp zur Erkundung od. Kontrolle* **2** *zwei od. mehrere Polizisten, die planmäßig Kontrollgänge durchführen* [→ *streifen*]

STREBEBOGEN: VORDERANSICHT VON WESTMINSTER ABBEY, LONDON, MIT STREBEBOGEN

S

**streifen I** ⟨V. t.; hat⟩ **1** *mit Streifen versehen, mit Streifen bemalen* **2** *leicht berühren, leicht darüberstreichen, -wischen* **3** ⟨fig.⟩ *nebenbei erwähnen* **4** ⟨mundartl.⟩ *melken* ◆ die Kugel streifte nur seinen **Arm;** eine **Frage,** ein Problem im Gespräch nur streifen ⟨fig.⟩ ◆ das Armband **über** die Hand streifen *ziehen;* sich das Hemd über den Kopf streifen *ziehen* ◆ die Hyäne hat gestreiftes Fell; ein schwarz-weiß gestreifter Stoff **II** ⟨V. i.; ist; fig.: hat⟩ *schweifen, ziellos wandern* ◆ an etwas streifen ⟨fig.⟩ *an etwas grenzen;* durch die Wälder streifen [zu I: < mhd. *streifen* „streichen, gleitend berühren, (ab)ziehen", mnddt., mndrl. *stripen* „(ab)streifen"; zu II: < mhd. *striefen* „streifen"]

**Streifen** ⟨m. 4⟩ **1** *langes, schmales Stück* (Filmstreifen, Papierstreifen, Tuchstreifen, Waldstreifen, Wiesenstreifen) **2** *Band* **3** *Strich* (Farbstreifen) **4** ⟨umg.⟩ *Film* ◆ ein Streifen **Landes** ◆ wir haben neulich einen ausgezeichneten Streifen **gesehen** ⟨umg.⟩ ◆ der **weiße** Streifen auf der Fahrbahn ◆ Papier **in** Streifen schneiden [< mhd. *strife*]

STREIFENBACKENHÖRNCHEN (*Tamias striatus*)

**Streifenbackenhörnchen** ⟨n. 14; Zool.⟩ ► *auf dem Rücken fünf Längsstreifen tragendes Nagetier Nordamerikas: Tamias striatus*

**Streifzug** ⟨m. 1u⟩ **1** *Erkundungszug, Wanderung* **2** ⟨fig.⟩ *kurzer Überblick über ein Sachgebiet* ◆ Streifzüge durch die Geschichte unserer Stadt ⟨fig.⟩

**Streik** ⟨m. 6 od. m. 1⟩ *meist organisierte u. mit bestimmten Forderungen verknüpfte, vorübergehende Arbeitsniederlegung von Arbeitnehmern* ◆ in (den) Streik treten [< engl. *strike* „Schlag"; → *streiken*]

**streiken** ⟨V. i.; hat⟩ **1** *in Streik treten, einen Streik durchführen, die Arbeit niederlegen* **2** ⟨umg.⟩ *nicht mitmachen, sich weigern* **3** ⟨fig.; umg.⟩ *aufhören zu funktionieren, aussetzen, versagen* [< engl. *strike* „streichen; sich fortbewegen, schlagen; (Segel) niederlassen", seit 1768 in England „die Arbeit einstellen" = *to strike work*]

**Streit** ⟨m. 1⟩ **1** *Kampf* **2** *Zank, Zwist, Händel, Auseinandersetzung, heftiger Wortwechsel, hitzige Erörterung* (Meinungsstreit, Wortstreit) **3** ⟨Rechtsw.; kurz für⟩ *Rechtsstreit* ◆ bei ihnen gibt es immer **Zank** und Streit ◆ einen Streit **anfangen,** anzetteln, beginnen, entfachen, austragen; den Streit **beilegen,** schlichten; ein heftiger Streit **entbrannte** zwischen ihnen ◆ ein **erbitterter,** heftiger, kleinlicher Streit ◆ mit jmdm. **in** Streit geraten; Streit **zwischen** zwei Parteien [< mhd., ahd. *strit;* Grundbedeutung „Widerstreben, Starrsinn, Aufruhr"; → *starren*]

STREITAXT

**Streitaxt** ⟨f. 1u⟩ ► *axtartige Hieb- u. Wurfwaffe* ◆ die Streitaxt begraben ⟨fig.⟩ *den Streit beenden*

**streiten** ⟨V.i. u. V.refl. 259; hat⟩ **1** *kämpfen, ringen* **2** *zanken* **3** *etwas heftig, hitzig erörtern* **4** *prozessieren* **5** sich (mit jmdm.) streiten *mit jmdm. in Streit liegen, eine heftige Auseinandersetzung haben, eine Meinungsverschiedenheit austragen* ◆ miteinander streiten; **für** eine Idee streiten; ich habe mich noch nie **mit** ihm gestritten; **über** ein Problem streiten; darüber kann man, lässt sich streiten *darüber kann man verschiedener Meinung sein;* **wegen** dieser Angelegenheit haben wir uns schon (oft) gestritten ◆ die streitenden Parteien *die Gegner in einem Prozess* [< mhd. *striten* < ahd. *stritan*]

**streitig** ⟨Adj.⟩ **1** *umstritten, fraglich, nicht geklärt* **2** ⟨Rechtsw.⟩ *einem Gericht zur Entscheidung vorgelegt* ◆ eine streitige Angelegenheit, Sache; jmdm. eine Sache streitig machen *behaupten, dass jmd. keinen Anspruch auf eine Sache hat* [< mhd. *stritec* < ahd. *stritig* „kampflustig; starrsinnig"; → *Streit*]

**Streitkolben** ⟨m. 4⟩ *schwere Hiebwaffe*

**Streitkraft** ⟨f. 7u; meist Pl.; Mil.⟩ *Truppen* ◆ die feindlichen Streitkräfte

**Streitsache** ⟨f. 19; Rechtsw.⟩ *Rechtsstreit, Prozess* ◆ eine Streitsache erörtern

**Streitwagen** ⟨m. 4; in der Antike⟩ ► *zweirädriger, mit Pferden bespannter Kriegswagen mit Wagenlenker u. Krieger*

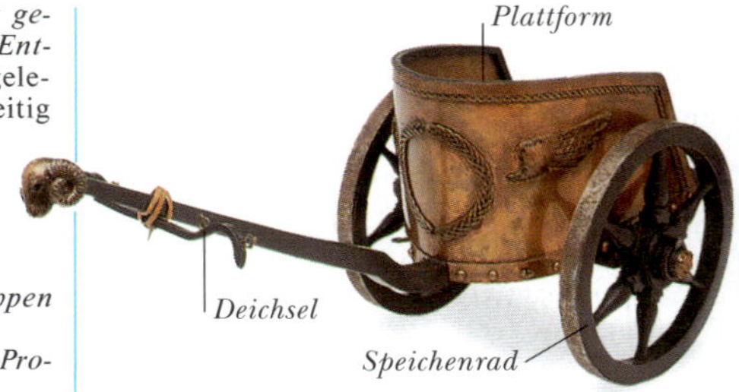

STREITWAGEN: REPLIK EINES ANTIKEN RÖMISCHEN STREITWAGENS

**Streitwert** ⟨m. 1; Rechtsw.⟩ *Wert des Streitgegenstandes, meist vom Gericht nach freiem Ermessen festzusetzen*

**streng** ⟨Adj.⟩ **1** *hart, unerbittlich, unnachsichtig, unbeugsam* (Lehrer, Erziehung, Gesetz, Befehl) **2** *ernst* (Gesicht) **3** *barsch, schroff* (Worte) **4** *herb* (Geschmack) **5** *durchdringend, scharf, beißend* (Geruch, Kälte) **6** *genau* (Vorschrift, Grundsätze, Diät) ◆ ein strenges **Gesetz,** Verbot; strenge **Maßnahmen,** Verordnungen, Vorschriften; ein strenger **Winter** ◆ jmdn. streng **anblicken;** jmdn. streng **bestrafen;** Vorschriften streng **einhalten;** streng **riechen;** etwas streng **untersagen,** verbieten ◆ ein Thema streng **sachlich,** wissenschaftlich behandeln ◆ sich streng **an** eine Anweisung, Vorschrift halten; streng **gegen** sich selbst u. gegen andere sein [< mhd. *strenge* < ahd. *strengi* „stark, tapfer, hart, unfreundlich"; → *Strang*]

**Strenge** ⟨f. 19; unz.⟩ **1** *das Strengsein* **2** *Härte, Unerbittlichkeit, Unnachsichtigkeit* **3** *Ernst* **4** *Barschheit, Herbheit, Genauigkeit* ◆ mit eiserner, unerbittlicher Strenge durchgreifen; ein Gesicht von großer Strenge

**stranggläubig** ⟨Adj.; Theol.⟩ *seinen Glauben sehr ernst nehmend, sich genau an die religiösen Vorschriften haltend;* Sy *orthodox (2)* ◆ ein strenggläubiger Katholik

**Strenggläubigkeit** ⟨f. 20; unz.; Theol.⟩ *strenggläubige Haltung;* Sy *Orthodoxie (2)*

**Streptokokken** ⟨Pl.⟩ *in Schnüren zusammenhängende Bakterien, gehören zu den häufigsten Eitererregern* [< grch. *streptos* „gekrümmt" + *kokkos* „Kern"]

**Stress** ⟨m. 1⟩ *Belastung, die der Körper durch zu lang dauernde od. ihm unangemessene Reize u. schädigende Einflüsse erhält* [< engl. *stress* < *distress* „Not, Bedrängnis, Erschöpfung"; zu lat. *strictus* „verwundet"]

**stressen** ⟨V. t.; hat⟩ *sehr anstrengen, erschöpfen* ◆ das stresst mich zu sehr; gestresst sein [→ *Stress*]

**Stressor** ⟨m. 23⟩ *etwas, das einen Stress ausübt*

**Stretching** ⟨[ˈstrɛtʃiŋ] n. 15; Sp.⟩ *Streck-, Dehnungsübung zum Muskeltraining* [engl., „das Strecken"]

**Streu** ⟨f. 18; unz.⟩ *Stroh (bes. als Lager für Vieh)* [< mhd. *strewe, ströu(we), strou;* → *streuen*]

**streuen** ⟨V.; hat⟩ **I** ⟨V. t.⟩ *durch leichtes Werfen locker verteilen* ◆ Samen auf den Acker streuen **II** ⟨V. i.⟩ das Geschütz, das Gewehr streut *trifft nicht genau* [< mhd. *stro(e)uwen* < ahd. *strewen (strouwen)*]

9 780751 304169 >

STRICHKODE

**streunen** ⟨V. i.; ist/hat; umg.⟩ *sich herumtreiben* (bes. vom Hund) [< mhd. *-striunen* „neugierig oder argwöhnisch nach etwas forschen"; zu ahd. *gistriunan* „erwerben", *gistriuni* „Schatz"]

**Streusalz** ⟨n. 11; unz.⟩ *ungereinigtes Kochsalz zum Streuen auf Straßen u. Wegen bei Schnee- u. Eisglätte*

**Streusel** ⟨m. 5 od. n. 13; meist Pl.⟩ *kleines Bröckchen aus Butter, Zucker u. wenig Mehl zum Bestreuen von Streuselkuchen* [mundartl. „Streu" < mnddt. *Strouwelse,* ndrl. *strowsel* „Streu, Stroh" < *streuen* + Endung *-sal*]

**Streuung** ⟨f. 20; unz.⟩ **1** *das Streuen* **2** *Richtungsänderung von Teilen einer Strahlung (z. B. Licht) beim Durchlaufen od. bei Reflexion an der rauen Oberfläche eines Mediums* **3** *Änderung der Bewegungsrichtung eines atomaren Teilchens beim Vorbeilaufen an einem Kraftzentrum (z. B. einem Atom)*

**Strich** ⟨m. 1⟩ **I** ⟨zählb.⟩ **1** *einmaliges Streichen, Linie* (Federstrich, Pinselstrich) **2** *Streifen Landes, Gegend* (Landstrich, Küstenstrich) **3** *gestrichene Stelle im Text, Streichung* **4** Striche ⟨Pl.⟩ *1/32 der Kompassrose, 1/8 eines rechten Winkels* ◆ einen Strich **machen,** zeichnen, ziehen; ich habe an der Arbeit noch keinen Strich **getan** ⟨fig.; umg.⟩ *noch nichts* ◆ ein **dicker,** dünner, gerader, langer Strich ◆ er hat uns einen Strich **durch** die Rechnung gemacht ⟨fig.; umg.⟩ *unseren Plan vereitelt;* der Redner zeichnete **mit** knappen Strichen ein Bild der derzeitigen Schulpolitik ⟨fig.⟩ *er kennzeichnete in wenigen Sätzen;* einen Strich **unter** etwas machen, ziehen ⟨fig.; umg.⟩ *neu beginnen u. das Alte vergessen sein lassen* **II** ⟨unz.⟩ **1** *Zug der Vögel* **2** ⟨Mus.⟩ *Art der Bogenführung beim Spielen auf einem Streichinstrument* **3** *Richtung, Lage des Haars beim Kopfhaar, Fell, Tuch* **4** *Farbe fein zerteilter od. pulverisierter Mineralien, die oft von der im kompakten Zustand abweicht* ◆ der Strich der **Schwalben,** Stare ◆ einen **harten,** weichen Strich haben ◆ **auf** den Strich gehen *als Prostituierte arbeiten;* das geht mir **gegen** den Strich ⟨fig.; umg.⟩ *passt mir nicht, ist mir zuwider;* **unterm** Strich stehen *im Unterhaltungsteil einer Zeitung (der urspr. vom polit. od. lokalen Teil durch einen Querstrich getrennt war);* ⟨fig.⟩ *das Endergebnis sein* [< mhd., ahd. *strich* „Strich, Linie"; → *streichen*]

**Strichcode** ⟨[-ko:d] m. 6; fachsprachl.⟩ ► = *Strichkode*

**stricheln** ⟨V. t.; hat⟩ **1** *mit feinen Strichen versehen* (Fläche) **2** *in kleinen Strichen zeichnen* (Linie)

**Strichkode** ⟨[-ko:d] m. 6⟩ ◄ *innerhalb der EU standardisierter, aus Strichen unterschiedl. Dicke bestehender Kode für Lebensmittel u. andere Handelsgüter in computerlesbarer Ausführung;* oV ⟨fachsprachl.⟩ *Strichcode;* Sy *EAN-Code*

## STRICKEN

Die ältesten bekannten Strickarbeiten entstanden im 7. Jh. in Arabien, während das Stricken in Europa erst im Spätmittelalter aufkam und zu Anfang reine Männersache war. An der Grundidee, aus einem Garn mithilfe von zwei oder mehr Nadeln Schlaufen durch bereits bestehende Maschen anzufertigen, hat sich bis heute nichts geändert. Die Vielfalt der Mustertypen ergibt sich dabei aus der Verwendung unterschiedlicher Maschen.

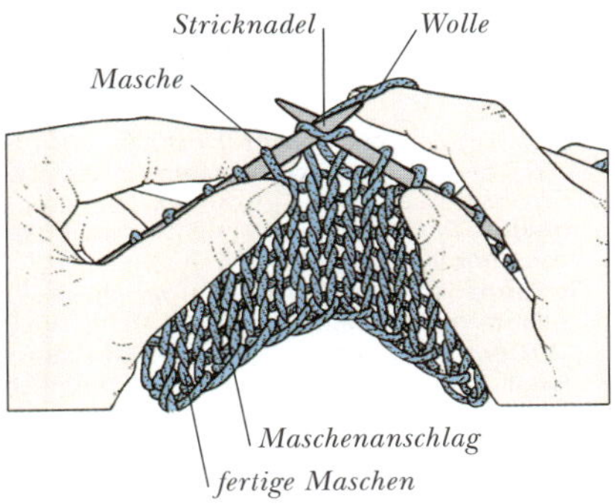


STRICKEN MIT ZWEI NADELN

### MASCHEN UND MUSTER

KRAUSSTRICK · GLATTSTRICK · NOPPENMUSTER · GERSTENKORNMUSTER · KORBMUSTER · ZOPFMUSTER

**Strichpunkt** ⟨m. 1⟩ = *Semikolon*
**strichweise** ⟨Adv.; bes. Geogr.⟩ *nur in manchen Gebietsstreifen* ◆ es hagelt, regnet am kommenden Wochenende (nur) strichweise
**Strichzeichnung** ⟨f. 20⟩ *Zeichnung nur in Strichen, ohne Halbtöne, z. B. Federzeichnung*
**Strick** ⟨m. 1⟩ **I** ⟨zählb.⟩ **1** *dünnes Tau, dünnes Seil, dicke Schnur* **2** ⟨umg.⟩ *spitzbübisches, schelmisches Kind* **3** *Schlingel* ◆ wenn alle Stricke **reißen** ⟨umg.⟩ *im Notfall* ◆ dieser Schuft ist den Strick (zum Aufhängen) nicht **wert** ◆ ein Tier **mit** einem Strick an-, festbinden **II** ⟨unz.; umg.⟩ *Strickwaren, Gestricktes, gestrickte Oberbekleidung* ◆ eine Bluse aus Flanell **mit** Strick *mit gestrickten Teilen* [< mhd., ahd. *stric* „Fangstrick, Schlinge"; weitere Herkunft unklar]
**stricken** ⟨V. t. u. V. i.; hat⟩ ▲ *mit einer Rundnadel od. zwei u. mehreren Nadeln einen Faden zu Maschen verschlingen u. so allmählich ein Maschengeflecht herstellen* ◆ Muster stricken; gestrickte Handschuhe, Strümpfe; ein gestrickter Wollschal [< mhd. (mnddt.) *stricken* < ahd. *stricken* „schnüren, heften, flechten", ags. *strician* „(Netze) ausbessern"; → *Strick*]
**Strickleiter** ⟨f. 21⟩ *aus Stricken geknüpfte Leiter (bes. in der Schifffahrt verwendet)*
**Stricknadel** ⟨f. 21⟩ *lange Nadel zum Stricken*
**Strickwaren** ⟨Pl.⟩ *zum Verkauf stehende gestrickte Gegenstände,* ⟨bes.⟩ *Kleidungsstücke*
**Strickweste** ⟨f. 19⟩ *gestrickte Weste*
**Strickzeug** ⟨n. 11; unz.⟩ *Gegenstand, der gerade (mit Stricknadeln) gestrickt wird*
**Striegel** ⟨m. 5⟩ *harte Bürste od. gezähntes Gerät mit Handgriff zum Reinigen des Fells der Haustiere* (Pferdestriegel) [< mhd. < ahd. *strigel, strigil* < lat. *strigilis* „Schabeisen"; zu *stringere* „streichen"]
**striegeln** ⟨V. t.; hat⟩ *mit dem Striegel reinigen* ◆ ein Pferd striegeln
**Strieme** ⟨f. 19⟩, **Striemen** ⟨m. 4⟩ *blutunterlaufener Streifen auf der Haut (meist durch Hieb)* [< mhd. *strieme, streime, strime* < ahd. *strimo* „farbiger Streifen, blutunterlaufenes Hautmal"]
**Striezel**[1] ⟨m. 5; umg.⟩ *dreister Bursche, Lausbub*
**Striezel**[2] ⟨m. 5; ostmdt.⟩ *ein Hefegebäck, meist in Zopfform* (Mohnstriezel) [< ostdt. *strüzel* „Wecken"; zu österr. *Strutz* „länglicher Brotlaib"]
**Strike** ⟨[straik] m. 6; bes. Sp.⟩ **1** ⟨Bowling⟩ *vollständiges Abräumen mit dem ersten od. zweiten Wurf* **2** ⟨Baseball⟩ *verfehlter Schlag* **3** ⟨umg.⟩ *Glücksfall, Treffer (meist als Ausruf der Freude)* [engl., „Treffer"]
**strikt** ⟨Adj.; -er, am -esten⟩ *streng, peinlich genau* ◆ ein strikter Befehl; eine Anordnung strikt befolgen [< lat. *strictus* „zusammengeschnürt; straff, eng; streng"; zu *stringere* „schnüren, zusammenziehen, straffen"]
**stringent** ⟨Adj.; geh.⟩ *bündig, zwingend, überzeugend* [< lat. *stringens,* Part. Präs. von *stringere* „schnüren"]
**Stringenz** ⟨f. 20; unz.; geh.⟩ **1** *Schlüssigkeit* **2** *beweiskräftiger Zusammenhang* [→ *stringent*]
**Stringer** ⟨m. 3⟩ *Längsverband bei stählernen Schiffen, verstärkter Plattengang der Außenhaut, meist dort, wo die Decks mit dieser verbunden sind, ähnlich auch im Flugzeugbau* [< engl. *stringer* „Tragbalken"; zu lat. *stringere* „schnüren"]
**Strip** ⟨m. 6⟩ **1** ⟨kurz für⟩ *Striptease* **2** *zugeschnittener u. steril verpackter Streifen Heftpflaster* [engl.; zu *strip* „abstreifen"]
**Striptease** ⟨[-ti:z] m. od. n.; -; unz.⟩ *erotisches, tänzerisches Entkleiden vor Publikum (im Varietee o. Ä.);* Sy ⟨kurz⟩ *Strip (1)* [< engl. *strip* „abstreifen" + *tease* „necken"]
**strittig** ⟨Adj.⟩ *umstritten, fraglich, nicht geklärt* ◆ eine strittige Angelegenheit
**Strobelight, Strobolight** ⟨['strɔ:b(ɔ)lait] n. 15⟩ *in schnellen Abständen kurz aufleuchtende Lichtblitze, die den Eindruck von ruckartigen Bewegungen erwecken (z. B. in Diskos)* [< engl. *strobo*scopic *light* „stroboskopisches Licht"]

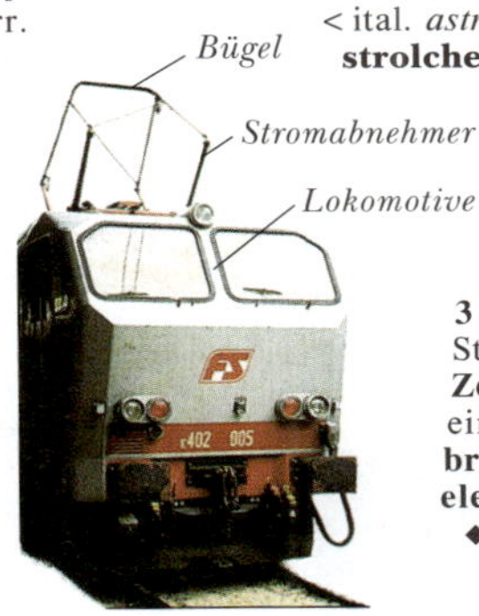


STROMABNEHMER AN EINER ELEKTRISCHEN LOKOMOTIVE

**Stroboskop** ⟨n. 11⟩ **1** *sich drehender Zylinder, auf dessen innere Fläche Figuren in verschiedenen Bewegungsphasen gezeichnet sind, die beim Betrachten durch einen feststehenden Schlitz den Eindruck einer Bewegung vermitteln* **2** *Vorläufer des Films* **3** *Gerät, das in regulierbarer Frequenz Licht aussendet, wird zur Frequenzmessung od. auch als Gerät für Lichteffekte in Diskotheken verwandt* [< grch. *strobos* „Wirbel, Drehung" + *skopein* „schauen"]
**Stroh** ⟨n. 11; unz.⟩ *Halme, Blätter, Hülsen ohne Früchte (von Getreide u. Hülsenfrüchten)* ◆ ein **Bund,** eine Schütte Stroh ◆ dem Vieh frisches Stroh **aufschütten,** schütten ◆ **leeres** Stroh dreschen ⟨fig.; umg.⟩ *nutzlos reden, arbeiten;* **viel** Stroh, wenig Korn ⟨Sprichw.⟩ ◆ **mit** Stroh gedecktes Dach; das brennt **wie** Stroh *sehr gut* [< mhd. < ahd. *stro,* Gen. *strawes;* → *streuen*]
**Strohblume** ⟨f. 19⟩ *Korbblütler, dessen Blüten auch nach dem Trocknen ihre Farbe behalten: Helichrysum;* Sy *Immortelle*
**Strohdach** ⟨n. 12u⟩ ▼ *mit Stroh gedecktes Dach*
**Strohhalm** ⟨m. 1⟩ *Getreidehalm ohne Körner (auch als Trinkhalm)* ◆ nach dem rettenden Strohhalm greifen ⟨fig.⟩ *nach der letzten Möglichkeit zur Hilfe*
**Strohmann** ⟨m. 2u; fig.⟩ *nur nach außen hin als Rechtsträger auftretende Person, die eine andere verdecken od. ersetzen soll*
**Strolch** ⟨m. 1⟩ **1** *Landstreicher, Lump, Gauner* **2** *Schlingel, Schelm* [< lombard. *strolegh, strolch* „betrügerischer Gaukler, Vagabund" < ital. *astrologo* „Astrologe, Scharlatan"]
**strolchen** ⟨V. i.; ist⟩ *schweifen, streifen, umherwandern* ◆ durch den Wald, die Felder, die Stadt strolchen [→ *Strolch;* rotw. *strolchen* „lungern"]
**Strom** ⟨m. 1u⟩ **1** *großer Fluss* **2** *fließende Bewegung, Strömung* **3** *fließende elektr. Ladungen* ◆ der Strom des **Verkehrs;** der Strom der **Zeit** ⟨fig.⟩ ◆ den Strom **ausschalten,** einschalten, unterbrechen ◆ ein **breiter,** langer, reißender Strom; **elektrischer,** magnetischer Strom ◆ mit dem Dampfer **auf** einem Strom fahren; es regnet **in** Strömen ⟨fig.⟩ *heftig;* **mit** dem Strom schwimmen *stromabwärts schwimmen;* ⟨fig.⟩ *die allg. geltende Meinung (kritiklos) vertreten;* Ströme **von** Schweiß vergießen ⟨fig.⟩ [< mhd. < ahd. *stroum, strom*]
**Stromabnehmer** ⟨m. 3⟩ ▲ *Vorrichtung (besonders Gestänge mit Rollen oder Gleitbügeln) zur Entnahme von Strom aus der Stromleitung, z. B. bei Eisenbahnen, Straßenbahnen, Obussen usw.*

STROHDACH: AUFBAU EINES STROHDACHS

S

## STROMKREIS

Strom fließt in einem Stromkreis vom Minus- zum Pluspol, was der früher angenommenen Richtung zuwiderläuft, die noch heute der herkömmlichen Stromkreistheorie zugrunde liegt.

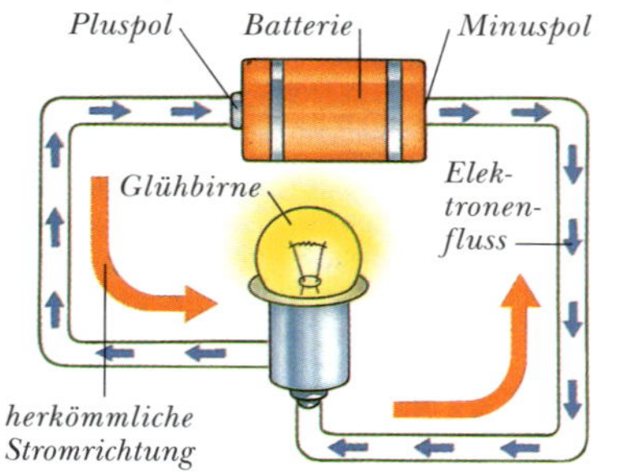


EINFACHER STROMKREIS MIT STROMRICHTUNG

**strömen** ⟨V. i.; ist⟩ *ununterbrochen, stark, in großen Mengen fließen* ◆ die Menschen strömten aus dem Kino ⟨fig.⟩; das Gas strömte aus der Leitung; Wasser strömt ins Becken; bei strömendem Regen [→ *Strom*]

**Stromer** ⟨m. 3; umg.⟩ **1** *Landstreicher, Strolch* **2** *stets zu Streichen aufgelegtes Kind, Schlingel* ◆ du kleiner Stromer [rotw.; zu mhd. *stromen* „strömen, stürmend einherziehen"]

**Stromkreis** ⟨m. 1⟩ ▲ *aus Spannungsquelle, Leitern u. Widerständen bestehendes, in sich geschlossenes Gefüge, in dem elektrischer Strom fließt*

**Stromlinie** ⟨[-niə] f. 19⟩ *Kurve, deren Richtung an jeder Stelle die Geschwindigkeitsrichtung einer Flüssigkeit od. eines Gasstromes angibt u. deren Dichte ein Maß für die Größe dieser Geschwindigkeit ist*

STROMLINIENFORM: TEST DER STROMLINIENFORM EINES AUTOS IM WINDKANAL

**Stromlinienform** ⟨f. 20⟩ ▲ *bes. Form eines festen Körpers, die einer Flüssigkeits- od. Gasströmung den kleinsten Widerstand entgegensetzt*

**Strommesser** ⟨m. 3⟩ = *Ampèremeter*

**Stromnetz** ⟨n. 11⟩ *verzweigte Anlage der elektr. Leitung*

**Stromschlag** ⟨m. 1u⟩ = *Stromstoß*

**Stromschnelle** ⟨f. 19⟩ *kurze Flussstrecke mit starkem Gefälle u. bes. starker Strömung*

**Stromstoß** ⟨m. 1u⟩ *als kurzer Stoß auftretende Elektrizität;* Sy *Stromschlag*

**Strömung** ⟨f. 20⟩ **1** *strömende Bewegung* **2** ⟨fig.⟩ *geistige Bewegung, Meinung* ◆ die Strömung des Flusses; eine kalte, warme Strömung, z. B. im Meer; gegen die Strömung ankämpfen ⟨a. fig.⟩ *gegen die herrschende Meinung*

**Strontium** ⟨n.; -s; unz.; Chem.; Zeichen: Sr⟩ *silberweißes Leichtmetall, Ordnungszahl 38* ◆ Strontium 90 *radioaktives Isotop des Strontiums*

**Strophe** ⟨f. 19; Lit.⟩ **1** ⟨in der antiken grch. Tragödie⟩ *Wendung des singenden u. tanzenden Chors zum Altar u. der dazu gesungene Abschnitt des Chorgesangs* **2** ⟨dann⟩ *aus mehreren Versen bestehender, durch Zeilenlänge, Rhythmus u. (meist) Reim bestimmter, sich in gleicher Form wiederholender Abschnitt eines Liedes od. Gedichtes* ◆ in Strophen gegliedertes Gedicht; ein Lied mit vier Strophen [< lat. *stropha* „List, Kunstgriff" < grch. *strophe* „Wendung"; zu *strephein* „drehen, wenden"]

**strotzen** ⟨V. i.; hat⟩ *übervoll sein (von/vor), fast bersten* ◆ er strotzt von/vor Energie, Gesundheit, Kraft; der Aufsatz strotzt von/vor Fehlern [< mhd. *strotzen* „anschwellen", *striuzen* „spreizen, sträuben"]

**Strubbelpeter** ⟨m. 3; mdt., rheinfränk.⟩ = *Struwwelpeter*

**Strudel** ⟨m. 5⟩ **1** *heftige kreis- od. spiralförmige Drehbewegung im Wasser, oft mit Sog nach unten* (Wasserstrudel) **2** *Wirbel* **3** ⟨fig.⟩ *tolles Treiben* **4** ⟨oberdt.⟩ *Mehlspeise aus Nudelteig od. Hefeteig mit eingerolltem Obst od. Fleisch* (Apfelstrudel, Kirschstrudel) **5** ⟨oberdt.⟩ *Quirl* ◆ das ging im Strudel der Ereignisse unter ⟨fig.⟩; er stürzte sich in den Strudel der Vergnügen ⟨fig.⟩ [< mhd. *strodel, strudel* „Strömung, Stromschnelle"; zu ahd. *stredan* „wallen, glühen, brausen" < grch. *rhothos* „Wogenrauschen"]

**strudeln** ⟨V.; hat⟩ **I** ⟨V. i.⟩ **1** *einen Strudel bilden, sich heftig kreisend bewegen* (Wasser), *brodeln, wallen* **2** *sich durch kreisende Bewegungen von Körperanhängen im Wasser fortbewegen* **II** ⟨V. t.; oberdt.⟩ *quirlen, rühren* [< spätmhd. *strodeln, strudeln* „sieden, brodeln"; → *Strudel*]

**Strudler** ⟨m. 3⟩ **1** ⟨Zool.⟩ ▼ *Wassertier, das einen Wasserstrom durch seinen Körper lenkt u. aus diesem durch Reusen od. Sieben Algen od. Kleintiere als Nahrung zurückbehält;* ► *Haie* **2** ⟨österr.; umg.⟩ *große grüne Apfelsorte, die sich bes. für Apfelstrudel eignet*

**Struktur** ⟨f. 20⟩ **1** *Gefüge* **2** *Bau, Aufbau (Aufsatz, Diplomarbeit; Gebäude)* **3** *innere Gliederung, Anordnung der Teile* (Gewebestruktur, Zellstruktur) **4** ⟨Wissenschaftstheorie⟩ *Menge der Relationen, die die Elemente eines Systems miteinander verbinden* [< lat. *structura* „Zusammenfügung, Schichtung, Gefüge, Bau(werk)"; zu *struere* „zusammenfügen; errichten"]

**struktural** ⟨Adj.⟩ = *strukturell*

**strukturell** ⟨Adj.⟩ *die Struktur betreffend, der Struktur nach;* oV *struktural*

**strukturieren** ⟨V. t.; hat⟩ etwas strukturieren *die Struktur von etwas maßgeblich bestimmen*

STRUMPFBANDNATTER
*(Thamnophis* species*)*

**strullen** ⟨V. i.; hat; bes. norddt.; scherzh.⟩ *harnen, urinieren*

**Strumpf** ⟨m. 1u⟩ **1** *Bekleidung von Fuß u. Bein* (Kniestrumpf, Perlonstrumpf, Wollstrumpf) **2** *Glühkörper des Gaslichts* (Glühstrumpf) ◆ ein Paar Strümpfe; Strümpfe stopfen, stricken, waschen; sie hat ihre Ersparnisse im Strumpf *zu Hause (nicht auf der Bank)* [< mhd. *strumpf* „Stummel, Baumstumpf, Rumpf", mnddt. *strump* „Halbhose; Hosenende, Kurzhose"]

**Strumpfband** ⟨n. 12u⟩ *Gummiband zum Festhalten der Strümpfe*

**Strumpfbandnatter** ⟨f. 21; Zool.⟩ ▲ *Angehörige einer Gattung lebend gebärender, ungiftiger Nattern mit farbigen Längsstreifen: Thamnophis*

**Strumpfhose** ⟨f. 19⟩ *gestrickte od. gewirkte Hose u. Strümpfe in einem Stück*

**Strunk** ⟨m. 1u⟩ **1** *Rest vom Stamm eines gefällten Baumes mit Wurzeln* (Baumstrunk) **2** *dicker Pflanzenstängel ohne Blätter* (Kohlstrunk, Krautstrunk) [< spätmhd. *strunc,* Grundbedeutung „gestutzt, verstümmelt"]

**struppig** ⟨Adj.⟩ *unordentlich, verwirrt, ungepflegt* (Haar, Bart) ◆ ein struppiger Kerl; mit struppigem Haar [< mhd. *strup* „rau emporstehend"]

**Struwwelpeter** ⟨m. 3; umg.⟩ *Kind mit strubbeligem Haar;* oV *Strubbelpeter* [nach der von H. Hoffmann geschaffenen Gestalt des gleichnamigen Kinderbuches]

**Strychnin** ⟨n. 11; unz.⟩ *Alkaloid der Brechnuss (Strachnos nux vomica) u. der Ignatiusbohne (Strychnos ignatii), wirkt erregend auf Nervensystem, Muskeln, Kreislauf u. Atmung* [< grch. *strychnos* „Nachtschatten"; vielleicht zu *Strauch*]

## STRUDLER

Bartenwale sind die größten Strudler, deren im Mund befindlichen Barten bei der Aufnahme und der Ausstoßung von Meerwasser wie ein Sieb wirken und Krill sowie andere planktische Lebewesen und Fische zurückhalten, welche ihre Nahrungsgrundlage bilden.

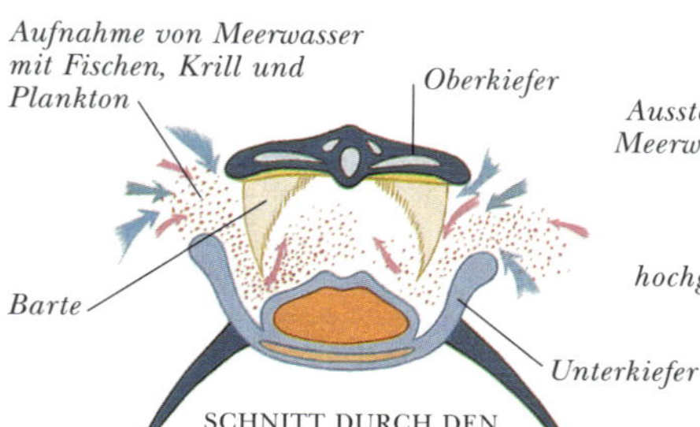


SCHNITT DURCH DEN KOPF EINES BARTENWALS (KIEFER GEÖFFNET)

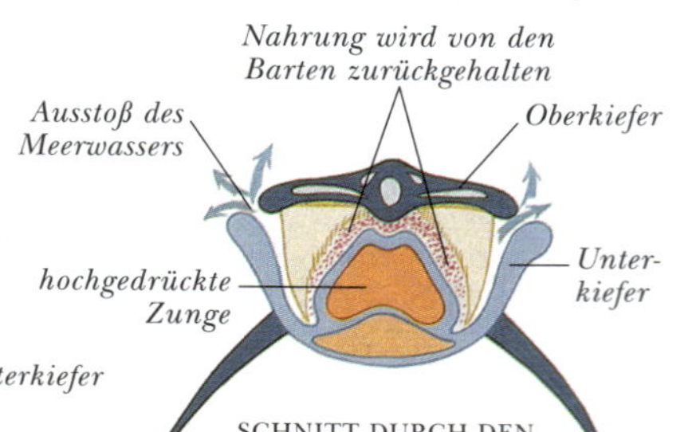


SCHNITT DURCH DEN KOPF EINES BARTENWALS (KIEFER GESCHLOSSEN)

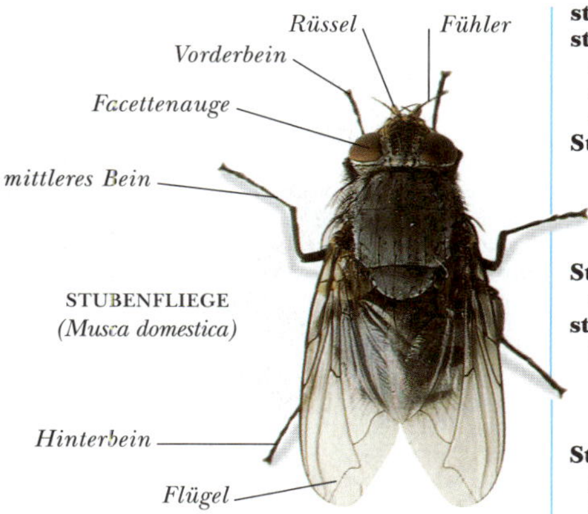


STUBENFLIEGE
*(Musca domestica)*

**Stube** ⟨f. 19⟩ **1** *Zimmer, Kammer* (Wohnstube, Schlafstube) **2** ⟨in Kasernen, Internaten⟩ *Wohn- u. Schlafraum mehrerer Soldaten od. Schüler* ◆ die gute Stube ⟨veraltet; nur noch scherzh.⟩ *Zimmer, das nur bei feierl. Anlässen benutzt wird* [< mhd. *stube* < ahd. *stuba* „heizbares Frauengemach, Badezimmer" < mlat. *stuba* „heizbarer Raum, warmes Bad, Badestube" < grch. *typhos* „Rauch, Dampf, Dunst"]

**Stubenfliege** ⟨f. 19; Zool.⟩ ▲ *über die ganze Erde verbreitete Fliegenart: Musca domestica*

**stubenrein** ⟨Adj.⟩ *das Zimmer nicht verunreinigend* (Hund) ◆ der Witz ist nicht ganz stubenrein ⟨fig.; umg.⟩ *der Witz ist anstößig, schlüpfrig, unanständig*

**Stuck** ⟨m. 1; unz.⟩ ► *schnell erhärtende Masse aus Gips, Kalk, Sand u. Leimwasser zum halbplastischen Verzieren von Decken u. Wänden* [< ital. *stucco* „Gips" < ahd. *stucki* „Abgehauenes; Rinde"; → *Stück*]

**Stück** ⟨n. 11; mundartl. (meist vorangestellt) a.: n. 12; bei Maßangabe Pl.: -⟩ **1** ⟨Abk.: St.⟩ *Teil eines Ganzen, Bruchteil* **2** *Einzelheit* **3** *Absatz, Abschnitt* (Lesestück, Textstück) **4** *Kunstwerk, Bühnenwerk* (Musikstück, Theaterstück) **5** *Gemälde* (Blumenstück, Seestück) **6** *Münze* (Geldstück, Zehnpfennigstück) **7** *Wertpapier, Gegenstand* (Erbstück, Meisterstück, Möbelstück, Prachtstück) **8** *Kerl, Weib* (Weib(s)stück) **9** *Handlung, Unternehmen* (Bubenstück, Kunststück) **10** ⟨veraltet⟩ *Geschütz* ◆ ein schweres Stück **Arbeit;** ein Stück **Brot,** Fleisch; ein Stück **Feld,** Land, Wiese; diese Aktie ist nur noch ein Stück **Papier** *nichts mehr wert;* ein Stück **Seife;** ich nehme zwei Stück **Zucker** in den Kaffee ◆ ein Stück **abbeißen,** abschneiden; das Stück **läuft** Abend für Abend vor ausverkauftem Haus *Theaterstück;* ein Stück **spazieren gehen** ◆ ein halbes Stück (Kuchen, Fleisch); möchten Sie drei, vier Stück?; ein **abgerissenes,** abgeschnittenes, abgesprungenes Stück; ein **breites,** dickes, großes, langes, schmales Stück; er hat in seiner Sammlung ein paar **herrliche** Stücke ◆ er hält große Stücke **auf** ihn ⟨umg.⟩ *er hält viel von ihm, er schätzt ihn sehr;* ein Stück auf dem Klavier spielen, üben, vortragen; **aus** freien Stücken *freiwillig;* einen Text Stück **für** Stück durcharbeiten; das wird noch **in** Stücke gehen *zerbrechen;* in seiner Wut schlug er alles in Stücke [< mhd. *stücke* < ahd. *stucki,* ndrl. *stuk;* Grundbedeutung „Abgehauenes, Bruchstück"]

**stückeln** ⟨V. t.; hat⟩ = *stücken (2)*

**stücken** ⟨V. t.; hat⟩ **1** *in Stücke zerteilen, zerstückeln* **2** *in Stücken zusammensetzen (bes. beim Schneidern);* oV *stückeln* ◆ einen Ärmel, ein Oberteil stücken

**Stückgut** ⟨n. 12u⟩ **1** ⟨Kaufmannsspr.⟩ *nach Stück verkaufte Ware* **2** ⟨Eisenb.⟩ *einzeln, gesondert befördertes Frachtgut, z. B. Eilgut* ◆ einen Gegenstand als Stückgut versenden

**Stückwerk** ⟨n. 11; unz.; fig.⟩ *unvollkommene, unvollständige Arbeit*

**stud.** ⟨Abk. für⟩ *studiosus (Student),* z. B. stud. iur. (iuris) *Student der Rechtswissenschaften;* stud. med. (medicinae) *Student der Medizin;* stud. phil. (philosophiae) *Student der Philosophie*

**Student** ⟨m. 16⟩ **1** *jmd., der an einer Hochschule studiert* **2** ⟨österr., schweiz. a.⟩ *Schüler einer höheren Schule* ◆ Student der Mathematik, der Medizin, Philosophie [seit 14. Jh. für *Schüler, scholar* < lat. *studens,* Part. Präs. von *studere* „eifrig betreiben"; → *studieren*]

**Studentenblume** ⟨f. 19; Bot.⟩ *Korbblütler mit gelben bis bräunl. Blüten: Tagetes patulus*

**Studentin** ⟨f. 22⟩ **1** *Frau, die an einer Hochschule studiert* **2** ⟨österr., schweiz. a.⟩ *Schülerin einer höheren Schule*

**Studie** ⟨[-diə] f. 19⟩ **1** *(wissenschaftl.) Arbeit, Untersuchung* **2** *Vorarbeit zu einem wissenschaftl. Werk, Entwurf zu einem Kunstwerk, bes. der Malerei* [Rückbildung zu *Studium*]

**Studien** ⟨Pl. von⟩ **1** *Studie* **2** *Studium*

STUCK: DEKORATIV GESTALTETE STUCKARBEIT

**Studienrat** ⟨m. 1u; Amtsbez. für⟩ *fest angestellter (beamteter) Lehrer an einer höheren Schule*

**studieren** ⟨hat⟩ **I** ⟨V. t.⟩ **1** *an einer Hochschule erlernen* **2** *gründlich einüben, erlernen* **3** *erforschen, untersuchen, sich gründlich befassen mit* **4** *eingehend lesen* ◆ Biologie, Germanistik, Jura studieren; eine Frage, ein Problem studieren; die Speisekarte, die Zeitung studieren **II** ⟨V. i.⟩ **1** *eine Hochschule besuchen* **2** *wissenschaftlich arbeiten* ◆ sie wollen ihren Sohn studieren lassen; an der Freiburger Universität studieren [< lat. *studere* „eifrig betreiben"]

**Studierende(r)** ⟨f. 30 (m. 29)⟩ *jmd., der (an einer Hochschule) studiert (meist als offizielle Bezeichnung)* ◆ alle Studierenden der Universität Göttingen

**Studio I** ⟨n. 15⟩ **1** *Arbeitsraum (bes. von Künstlern)* **2** ⟨Film, Funk, TV⟩ *Aufnahme-, Senderaum* **3** *Versuchsbühne* **4** ⟨modische Bez. für⟩ *Handwerksbetrieb,* z. B. Haarstudio *(Friseurgeschäft)* **II** ⟨m. 6; scherzh.⟩ *Student* [zu I: < ital. *studio* „Studium, Atelier"; zu II: < *Bruder Studeo* < lat. *studeo* „ich bemühe mich eifrig"]

**Studium** ⟨n.; -s, -dien⟩ **1** *Ausbildung an einer Hochschule* (Universitätsstudium, Medizinstudium, Musikstudium) **2** *wissenschaftl. Untersuchung* **3** *ernste Lernarbeit* ◆ Studium generale ⟨im MA⟩ *allgemein bildende Lehranstalt, Vorläufer der Universität;* ⟨in Deutschland⟩ *allgemein bildende Vorlesung;* das Studium der Literaturwissenschaft; ein Studium abschließen, beenden, beginnen [< lat. *studium* „Eifer, Streben"]

**Stufe** ⟨f. 19⟩ **1** *Absatz in einer schiefen Ebene zum Darauftreten* **2** *Absatz in einer fortlaufenden Folge, in einer vertikal gegliederten Ordnung* (Treppenstufe, Tonstufe, Rangstufe) **3** ⟨Bgb.⟩ *erzhaltiges Gesteinsstück* **4** ⟨Geol.⟩ *kleinster Abschnitt der Erdgeschichte, Teil einer Abteilung* **5** *Abschnitt* (Entwicklungsstufe, Zwischenstufe) **6** *waagerecht abgenähte Falte (im Kleid)* ◆ Vorsicht Stufe(n)! *(Warnungsschild);* die höchste Stufe einer **Laufbahn;** die Stufen einer **Leiter,** einer Treppe ◆ **ausgetretene,** breite Stufen ◆ die ägyptische Kultur stand damals schon **auf** einer hohen Stufe ⟨fig.⟩; er kann sich nicht mit ihm auf die gleiche Stufe stellen ⟨fig.⟩ *sich nicht als gleichwertig betrachten;* ein paar Stufen führten **zum** Eingang hinauf, zum Wasser hinunter [< mhd. *stuofe* < ahd. *stuof(f)a* „Treppen-, Leiterstufe"]

**stufen** ⟨V. t.; hat⟩ **1** *in Stufen einteilen, nach Stufen ordnen, gliedern* **2** *mit Stufen versehen* **3** *treppenartig, terrassenförmig gestuft*

**Stufenheck** ⟨n. 15; bei Kfz⟩ *in zwei od. mehreren Stufen abfallendes Heck*

**Stufenleiter** ⟨f. 21⟩ *Gesamtheit von Entwicklungsstufen, Rangordnung* ◆ auf der Stufenleiter des Erfolges emporsteigen; die Stufenleiter zum Erfolg

**Stufenschalter** ⟨m. 3; El.⟩ *Mehrfachschalter, der bei jeder Einstellung einen anderen Stromkreis schließt*

**stufig** ⟨Adj.⟩ *mit Stufen versehen* (Fußweg; Haarschnitt)

**Stuhl** ⟨m. 1u⟩ **1** *Sitzmöbel mit Rückenlehne* (Gartenstuhl, Korbstuhl, Küchenstuhl) **2** *Sitzmöbel zum Zusammenklappen od. -falten ohne Lehne* (Jagdstuhl, Klappstuhl) **3** ⟨fig.; in einigen Zus.⟩ *Amt* (Lehrstuhl, Richterstuhl) **4** ⟨Med.; kurz für⟩ *Stuhlgang* ◆ jmdm. einen Stuhl **anbieten** *jmdn. zum Sitzen auffordern* ◆ der **Apostolische,** Heilige, Päpstliche, Römische Stuhl *die päpstliche Regierung;* ein **bequemer,** gepolsteter Stuhl; **blutiger,** harter, weicher Stuhl *Stuhlgang;* einen Mörder durch den **elektrischen** Stuhl hinrichten ◆ sich **auf** einen Stuhl setzen; sich **zwischen** zwei Stühle setzen, ⟨schweiz.⟩ zwischen Stuhl und Bank fallen ⟨fig.⟩ *sich nicht zwischen zwei Gelegenheiten, Möglichkeiten entscheiden können* [< mhd. < ahd. *stuol* „Thron, Hochsitz, Gestell"; → *stehen*]

**Stuhlgang** ⟨m. 1u; unz.⟩ *Ausscheidung von Kot;* Sy ⟨kurz⟩ *Stuhl (4)* ◆ keinen, regelmäßigen Stuhlgang haben [urspr., „Gang zum Nachtstuhl"]

**Stuhlsäule** ⟨f. 19; Arch.⟩ ▼ *Pfosten als Teil des (mit zweifach stehendem Stuhl gebauten) Dachgebälkes*

**Stulpe** ⟨f. 19⟩ **1** *umgeschlagenes, umgekrempeltes Stück, z. B. am Ärmel, Handschuh, Stiefel* **2** *verlängertes, über das Handgelenk reichendes Stück am Handschuh* [< *Stülp(en)* „Rand eines Hutes" < nddt. *stülpe* „Deckel, Hülle, Hutkrempe, Stiefelschaft", ndrl. *stulp, stolp* „Glassturz"; Rückbildung von *stülpen*]

**stülpen** ⟨V. t.; hat⟩ **1** *umkehren, umstürzen, umdrehen* **2** *(darauf) setzen* ◆ er stülpte sich den Hut auf den Kopf [< nddt., ndrl. *stulpen, stolpen* „einen Deckel darauf decken", Grundbedeutung „steif Stehendes"]

**stumm** ⟨Adj.⟩ **1** *unfähig zu sprechen, schweigend* **2** *lautlos, wortlos, nicht von Worten begleitet* (Blick, Gebärde) ◆ stummer **Laut** ⟨Phon.⟩ *Laut, der nur geschrieben, nicht gesprochen wird,* z. B. das stumme „e" im Französ.; stummes **Spiel** ⟨Theat.⟩ *ausdrucksvolle*

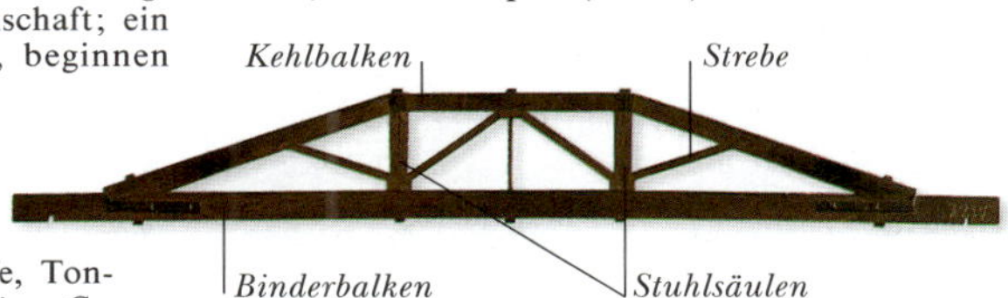


STUHLSÄULEN IM DACHGEBÄLK

*Gestik u. Mimik, ohne zu sprechen* ◆ er **blieb** auf alle Fragen stumm ◆ stumm **vor** Freude, Schreck, Staunen sein [< mhd., ahd., asächs., afries. *stum(m),* ndrl. *stom* „sprachlich gehemmt"]

**Stummel** ⟨m. 5⟩ *kleines Endstück eines lang gestreckten (kleinen) Körpers, Stückchen, Rest* (Zigarettenstummel) [< mhd. *stummel, stumbel* < ahd. *stumbal* „abgeschnittenes, verkürztes Stück, Stumpf"; → *stumpf, Stumpf*]

**Stummelaffe** ⟨m. 17; Zool.⟩ ► *Schmalnase von schlanker Gestalt, mit reicher Behaarung, langem Schwanz u. stummelförmiger Rückbildung des Daumens: Colobus*

STUMMELAFFE: GUEREZA (*Colobus guereza*)

**Stummfilm** ⟨m. 1⟩ *Spielfilm ohne Ton;* Ggs *Tonfilm*

**Stumpen** ⟨m. 4⟩ **1** *rohe Filzform, die zur endgültigen Hutform gepresst wird* **2** *Zigarrenart ohne Spitzen* **3** ⟨süddt.⟩ *Stumpf, Baumstumpf* [→ *Stumpf*]

**Stümper** ⟨m. 3⟩ *jmd., der von seinem Fach nicht viel versteht, Pfuscher, Nichtskönner* [< frühnhd. *stümper* „Handwerker mit stumpfem (unzulänglichem) Werkzeug; Zusammenflicker von Reststückchen"; → *Stumpf*]

**stumpf** ⟨Adj.⟩ **1** *nicht scharf* (Zähne), *nicht spitz* (Nase), *nicht gespitzt* (Bleistift), *nicht schneidend, schlecht geschliffen* (Messer, Schwert), *nicht stechend* (Nadel) **2** ⟨fig.⟩ *matt, ohne Glanz* (Haar, Metall, Stoff, Farbe) **3** *unempfindlich* (Sinne) **4** *ausdruckslos, verständnislos* (Blick) ◆ die Gefangenen haben einen stumpfen Blick, Gesichtsausdruck; stumpfer Reim ⟨Lit.⟩ *Reim, bei dem die einzige od. letzte Silbe des Wortes reimt,* z. B. Klang – Sang; stumpfer Winkel ⟨Geom.⟩ *Winkel, der größer als 90° u. kleiner als 180° ist* [< mhd., ahd. *stump* „verstümmelt, unvollkommen", mnddt. *stump* „verkürzt, mit stumpfer Schneide; ohne Spitze, Schärfe" = „unbrauchbar"]

S

**Stumpf** ⟨m. 1u⟩ *übrig bleibendes Stück eines lang gestreckten Körpers, Reststück, Ende* (Baumstumpf, Beinstumpf) [< mhd., ahd. *stumpf* „steifer Rest eines Baumes oder Körperteils"]

**Stunde** ⟨f. 19; Abk.: St., Std. od. Stde.; Zeichen: st od. h; Astron.: ...ʰ; Pl.: Stdn⟩ **1** *der 24. Teil des Tages, Zeitraum von 60 Minuten* **2** *ein altes Längenmaß: Wegstunde, 4 bis 5 km* **3** *Unterricht von etwa einer Stunde* (Deutschstunde, Gesangsstunde, Schulstunde, Unterrichtsstunde) **4** *Zeitpunkt, Augenblick* **5** ⟨allg.⟩ *Zeit* (Mußestunde) ◆ die Stunde der **Entscheidung,** der Gefahr; die **Gunst** der Stunde nutzen, wahrnehmen ◆ die richtige, rechte, geeignete Stunde **abwarten;** Stunden **geben** *Unterricht;* seine Stunde hat **geschlagen** *sein Tod,* ⟨od.⟩ *der Zeitpunkt der Abrechnung naht;* ich musste ungefähr eine Stunde **warten** ◆ eine viertel Stunde/Viertelstunde; der Zug hat eine halbe Stunde Aufenthalt, Verspätung ◆ in **einsamen,** langen Stunden darüber nachdenken; **bittere,** trübe Stunden erleben; zu **früher** Stunde *früh (am Morgen);* bis dorthin ist es eine **gute,** reichliche Stunde (Weges); in einer **stillen** Stunde werde ich es dir erzählen ◆ er bekommt 35 Mark **für** die Stunde; der Wagen fährt 240 km **in** der, ⟨umg.⟩ die Stunde; er kam **nach** einer Stunde zurück; **vor** einer Stunde hat er angefangen; **während** der Stunde gut aufpassen *während des Unterrichts* [< mhd. *stunde, stunt* „Zeitabschnitt, Zeit(punkt); Gelegenheit, Mal" < ahd. *stunta, stunda* „Zeit(punkt), Stunde; stehender Punkt im Zeitverlauf"]

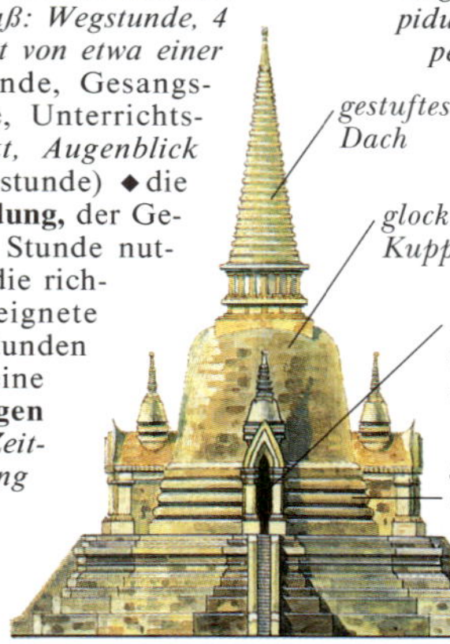


STUPA: WAT PHRA SI SANPHET, THAILAND

**Stundenblume** ⟨f. 19; Bot.⟩ ► = *Hibiskus*

**Stundenbuch** ⟨n. 12u; Lit.; Rel.⟩ *bes. im 13. bis 16. Jh. gebräuchliche, nach den täglichen Andachtsstunden geordnete, Gebetssammlung für Laien, häufig mit reichem Bildschmuck;* Sy *Horarium*

**Stundenglas** ⟨n. 12u⟩ ► = *Sanduhr*

**Stundenplan** ⟨m. 1u⟩ *Plan, Übersicht über die Verteilung der Unterrichts- od. Arbeitsstunden* ◆ ein voller Stundenplan

**...stündig** ⟨Adj.; in Zus.⟩ *eine best. od. unbest. Anzahl von Stunden dauernd* ◆ dreistündig, mehrstündig, vielstündig; ein dreistündiger Vortrag; → a. *...stündlich*

**stündlich** ⟨Adj.⟩ *jede Stunde (stattfindend, auftretend), alle Stunden (wiederkehrend)* ◆ sein Zustand ändert sich stündlich

**...stündlich** ⟨Adj.; in Zus.⟩ *im Abstand einer bestimmten Anzahl von Stunden (auftretend, stattfindend, wiederkehrend);* → a. *...stündig* ◆ der Bus, die Bahn verkehrt dreistündlich *alle drei Stunden*

**Stuntman** ⟨[ˈstʌntmæn] m.; -, -men [-mən]⟩ *Ersatzmann für den Hauptdarsteller in gefährlichen Filmszenen, die besonderes akrobat. Können verlangen* [< engl. *stunt* „Kunststück" + *man* „Mann"]

**Stupa** ⟨m. 6; Rel.⟩ ▼ *buddhist., indischer Sakralbau, meist mit einer Reliquie* [< Sanskrit]

**stupend** ⟨Adj.⟩ *erstaunlich, ungeheuer* ◆ ein stupendes Können, Wissen [zu lat. *stupere* „starr, steif sein, staunen"; → *stupid, stupide*]

**stupid, stupide** ⟨Adj.⟩ **1** *dumm, beschränkt* (Person) **2** *stumpfsinnig, eintönig, langweilig* (Arbeit) [< frz. *stupide* < lat. *stupidus* „betäubt, verdutzt, borniert"; zu *stupere* „starr sein"]

**stur** ⟨Adj.; umg.⟩ **1** *stier, starr* (Blick) **2** *sehr beharrlich, hartnäckig* **3** *verbissen u. eigensinnig* **4** *uneinsichtig* ◆ er bleibt stur bei seiner Meinung; stur ein Ziel verfolgen; auf stur schalten ⟨umg.⟩ *eine störrische, ablehnende Haltung einnehmen, sich unzugänglich zeigen* [< nddt., mnddt. *stur* „groß, schwer; störrisch, widerspenstig", mndrl. *stuur* „streng, hartherzig, barsch", ahd. *sturi, stiuri* „stattlich, stolz, wild"; Grundbedeutung „standfest, dick, breit"]

**Sturm**[1] ⟨m. 1u⟩ **1** *Wind mit einer Stärke von mindestens 9, starker Wind* **2** ⟨Sp. u. Mil.⟩ *heftiger, entscheidender Angriff* **3** ⟨fig.⟩ *heftige Erregung* **4** *Aufruhr, Tumult* **5** ⟨Sp.⟩ *Gesamtheit aller Stürmer* **6** Sturm und **Drang** ⟨m.; - - -(e)s; unz.; Lit.⟩ *Richtung der dt. Literatur von 1767-1785, die sich gegen den Rationalismus der Aufklärung wandte u. durch Gefühlsüberschwang u. Freiheitsdrang gekennzeichnet ist* ◆ ein Sturm der **Empörung,** Entrüstung ◆ gegen eine Anordnung Sturm **laufen** *heftig dagegen ankämpfen;* Sturm **läuten** ⟨fig.; umg.⟩ *heftig, stark läuten;* der Sturm **tobt** ◆ eine Festung **im** Sturm erobern, nehmen; die Ruhe **vor** dem Sturm *vor dem Gewitter, vor einem Angriff,* ⟨fig.⟩ *vor einem Zornausbruch;* **zum** Sturm blasen ⟨Mil.⟩ [< mhd., ahd. *sturm;* zu 5: nach dem Schauspiel „Sturm und Drang" (urspr. Titel „Der Wirrwarr") von F. M. Klinger]

**Sturm**[2] ⟨m. 1; unz.; österr.⟩ *in Gärung übergegangener Most*

**stürmen I** ⟨V. i.; hat; fig.: ist⟩ **1** *stark wehen* (Wind) **2** ⟨fig.⟩ *heftig rennen* **3** ⟨Sp.⟩ *als Stürmer spielen* **4** *gären* (Most, Wein) ◆ durch den Wald stürmen; ins Zimmer stürmen **II** ⟨V. i.; hat; unpersönl.⟩ es stürmt *ein Sturm weht* ◆ es stürmt u. schneit **III** ⟨V. t.; hat; Mil.⟩ **1** *im Sturm nehmen, erobern* **2** ⟨fig.⟩ *im Ansturm in Besitz nehmen* ◆ die feindliche Stellung stürmen [< mhd. *stürmen* < ahd. *sturmen* „lärmen, stürmen, kämpfen"]

**Stürmer** ⟨m. 3; Sp.; bes. Fußb., Handb., Hockey⟩ **1** *jeder der (zumeist) zwei bzw. drei* ⟨Fußb.⟩, *fünf bzw. acht* ⟨Rugby⟩ *Spieler der vordersten Reihe, die hauptsächlich den Angriff vortragen* **2** *Studentenmütze* **3** *gärender Most, Federweißer* **4** ⟨fig.⟩ *Draufgänger* ◆ Stürmer und Dränger *die Dichter des Sturm u. Drangs*

STURMTAUCHER: SCHWARZSCHNABEL-STURMTAUCHER (*Puffinus puffinus*)

**Sturmflut** ⟨f. 20⟩ *durch Sturm hervorgerufene, sehr hohe Flut*

**stürmisch** ⟨Adj.⟩ **1** *sehr windig* (Wetter, Tag, Nacht) **2** *mit hohem Wellengang* (See) **3** *ungestüm, heftig drängend* ◆ die Auseinandersetzung, Begrüßung war stürmisch; stürmischer Beifall *lauter, begeisterter Beifall;* stürmische Leidenschaften

**Sturmtaucher** ⟨m. 3; Zool.⟩ ◄ *Angehöriger einer Familie der Sturmvögel, der von der Wasseroberfläche aus nach Nahrung taucht: Puffinus*

**Sturmtief** ⟨n. 15⟩ *Tiefdruckgebiet mit Stürmen*

**Sturz I** ⟨m. 1u⟩ **1** *heftiger, schwerer, plötzl. Fall* (Absturz, Einsturz, Felssturz, Preissturz, Temperatursturz) **2** *plötzl. Hervorbrechen* (Blutsturz) **3** ⟨Bgb.⟩ *Ausladeplatz* **4** ⟨fig.⟩ *gewaltsame Amtsenthebung, Absetzung* (Regierungssturz) ◆ Sturz eines Ministers ⟨fig.⟩ **II** ⟨m. 1; Arch.⟩ ► *oberer Abschluss von Fenster u. Tür* (Fenstersturz, Türsturz) [< ahd. *sturz;* Rückbildung zu *stürzen*]

**Sturzbach** ⟨m. 1u⟩ **1** *Bach mit starkem Gefälle* **2** ⟨fig.⟩ *Schwall, Flut* ◆ ein Sturzbach von Flüchen, Worten brach auf ihn nieder ⟨fig.⟩

**stürzen I** ⟨V. i.; ist⟩ **1** *heftig fallen, hinfallen* **2** *eilen, rennen* **3** *heftig, plötzlich hervorbrechen* **4** *abfallen* (Gelände) ◆ sie ist gestürzt und hat sich ein Bein gebrochen; sein **Pferd** stürzte ◆ sie ist **schwer,** unglücklich gestürzt ◆ sie ist **auf** der Treppe gestürzt; **aus** dem Fenster stürzen; **beim** Skilaufen stürzen; **ins** Wasser stürzen; **mit** dem Pferd stürzen; **über** einen Stein stürzen ◆ er kam ins Zimmer gestürzt **II** ⟨V. t.; hat⟩ **1** *zum Sturz, zu Fall bringen* **2** *hinunterwerfen* **3** *umdrehen, umkippen* (Gefäß) ◆ jmdn. stürzen ⟨fig.⟩ *ge-*

*waltsam absetzen, seines Amtes entheben;* bitte nicht stürzen! *(Aufschrift auf Kisten mit zerbrechlichem Inhalt);* die **Kasse** stürzen ⟨eigtl.⟩ *umdrehen, damit das Geld herausfällt;* ⟨fig.⟩ *den Kassenbestand prüfen, genau abrechnen;* einen **Minister,** die Regierung stürzen ⟨fig.⟩ *zum Rücktritt zwingen;* den **Pudding** (eigtl.: die Schüssel mit dem Pudding) stürzen ◆ jmdn. **aus** dem Fenster, ins Wasser stürzen **III** ⟨V. refl., hat⟩ sich auf etwas stürzen *schnell, stürmisch auf etwas zugehen u. danach greifen;* sich auf jmdn. stürzen *ihn tätlich angreifen;* ⟨fig.⟩ *ihn mit Beschlag belegen;* sich in Arbeit stürzen ⟨fig.⟩ *energisch zu arbeiten beginnen;* sich in den Trubel, sich ins Vergnügen stürzen; sich zu Tode stürzen *durch Sturz sterben* [< ahd. *sturzen*]

**Sturzflug** ⟨m. 1u⟩ *Flug steil nach unten*

**Sturzhelm** ⟨m. 1⟩ *leichter Helm zum Schutz des Kopfes beim Stürzen (bes. für Motorrad- u. Rennfahrer)*

**Stute** ⟨f. 19⟩ *weibl. Einhufer, bes. weibl. Pferd* (Eselstute, Kamelstute); Ggs *Hengst* [< ahd. *stuot*]

**Stuten** ⟨m. 4; norddt.⟩ *längl. Kuchenbrot* [< mnddt. *stut ( = Steiß)* „dicker Teil des Oberschenkels", so genannt nach der Form]

**Stütze** ⟨f. 19⟩ **1** *stützender Pfahl, Pfosten, Balken* **2** ⟨fig.⟩ *Hilfe, Beistand, Unterstützung, Halt* **3** *Hausangestellte* **4** ⟨umg.⟩ *Sozialhilfe* ◆ meine Stütze hat heute ihren freien Tag ⟨fig.⟩; er ist die Stütze meines Alters ⟨fig.⟩; eine Stütze an jmdm. haben ⟨fig.⟩; Bäume mit Stützen versehen

**stutzen**[1] ⟨V. i.; hat⟩ **1** *erstaunt, verwirrt innehalten, überrascht sein* **2** *plötzlich argwöhnisch werden, Verdacht schöpfen* **3** *plötzlich aufrecht, gespannt stehen bleiben* (Pferde, Wild) [< mhd. *stutzen* „scheu werden"; Intensivbildung zu *stoßen;* eigtl. „kurz u. heftig anstoßen"]

**stutzen**[2] ⟨V. t.; hat⟩ *kurz schneiden, beschneiden, verkürzen* (Bart, Bäume, Flügel, Haare)

**stützen** ⟨V.; hat⟩ **I** ⟨V. t.⟩ *durch Stützen sichern, am Fallen, Zusammenbrechen hindern, Halt geben* (Äste, Bäume, Gebrechliche, Kranke, Mauern) ◆ jmdn. stützen *jmdm. helfen, jmdn. unterstützen;* die Ellenbogen auf den Tisch stützen; ein baufälliges Haus stützen **II** ⟨V. refl.⟩ sich auf etwas stützen **1** *etwas als Stütze benutzen* **2** ⟨fig.⟩ *sich stark an etwas anlehnen, als Grundlage benutzen* ◆ stützen Sie sich auf meinen Arm!; sich auf Aussagen, Beweise stützen; sich auf die Ellbogen stützen [< ahd. *stuzzen;* Intensivbildung zu ahd. *studen* „feststellen, stützen"; zu *stud* „Pfosten"]

STURZ: TÜRSTURZ ÜBER EINER GEORGIANISCHEN TÜR

**stutzig** ⟨Adj.⟩ *verwundert, argwöhnisch* ◆ ihre auffallend gute Laune machte mich stutzig [→ *stutzen*[1]]

**Stützpunkt** ⟨m. 1⟩ **1** *Punkt, auf den ein Teil einer Last ruht, an dem ein Hebel Halt findet* **2** ⟨fig.⟩ *Ort, der sich besonders gut zur Verteidigung innerhalb eines größeren Gebietes eignet* **3** *wichtiger, oft befestigter Ausgangspunkt* (Flottenstützpunkt, Handelsstützpunkt, Militärstützpunkt)

**StVO** ⟨Rechtsw.; Abk. für⟩ *Straßenverkehrsordnung*

**StVZO** ⟨Rechtsw.; Abk. für⟩ *Straßenverkehrs-Zulassungsordnung*

**Styling** ⟨[stai-] n. 15⟩ *Entwurf, (modische) Gestaltung, Design* ◆ das Styling von Industrieprodukten [< engl. *style* „Stil" < lat.]

## SUBDUKTION

Wenn eine flache ozeanische Platte mit einer breiten kontinentalen Platte zusammenstößt, taucht sie in die Asthenosphäre ab und bildet einen Ozeangraben, was als Subduktion bezeichnet wird. In der Hitze der Asthenosphäre schmilzt die subduzierte Platte auf, sodass Magma an der Kontaktstelle der beiden Platten aufsteigt und Vulkane bildet. Subduktion ist auch möglich, wenn zwei kontinentale Platten miteinander kollidieren.

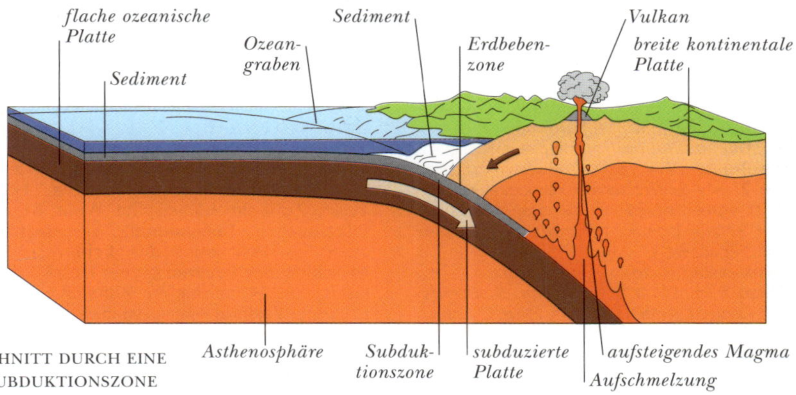


SCHNITT DURCH EINE SUBDUKTIONSZONE

**Styropor** ⟨n.; -s; unz.; Warenzeichen⟩ *aus Styrol und Treibmittel gewonnener Kunststoff mit geringer Dichte, als Schaumstoff, Verpackungs- sowie Isoliermittel verwendet* [< *Styrol* + *porös*]

**s. u.** ⟨Abk. für⟩ *siehe unten*

**Suaheli** ⟨[swa-]⟩ **I** ⟨m. 6 od. m.; -, -⟩ *Angehöriger eines Volksstammes an der ostafrikan. Küste* **II** ⟨n.; - od. -s; unz.⟩ *Sprache der Suaheli, Handels- u. Verkehrssprache in Ostafrika* [zu arab. *sawahil* „Küste"]

**sub..., Sub...** ⟨in Zus.⟩ *unten, unter, niedriger als* [lat., „unter(halb), von unten"]

**Subduktion** ⟨f. 20; Geol.⟩ ▲ *Vorgang, bei dem sich eine Platte (der Erdkruste) unter eine andere schiebt* [zu lat. *subducere* „wegziehen"]

**Subjekt** ⟨n. 11⟩ **1** *das denkende, wahrnehmende, wollende Wesen;* Ggs *Objekt (3)* **2** ⟨Logik⟩ *Begriff, dem ein anderer beigelegt od. abgesprochen wird* **3** ⟨Gramm.⟩ *Satzteil, von dem etwas ausgesagt wird;* Sy *Satzgegenstand* **4** ⟨fig.; umg.; abwertend⟩ *Person* ◆ ein betrügerisches, erbärmliches, verdächtiges Subjekt ⟨fig.; umg.; abwertend⟩ [< lat. *subiectum* „darunter gelegt", d. h. „was der Aussage zugrunde liegt", Part. Perf. zu *subicere* „darunter werfen/legen, zugrunde legen"]

**subjektiv** ⟨Adj.⟩ **1** *das Subjekt betreffend, zu ihm gehörig, auf ihm beruhend, von ihm ausgehend, ihm entsprechend, gemäß* **2** *unsachlich, parteiisch, vorurteilsbehaftet;* Ggs *objektiv (2)* **3** *persönlich;* Ggs *objektiv (3)* ◆ ein subjektives Urteil [→ *Subjekt*]

**subjektivieren** ⟨[-vi-] V. t.; hat⟩ *aus persönlicher, subjektiver Sicht darstellen, beurteilen;* Ggs *objektivieren (2)*

**Subjektivismus** ⟨[-vis-] m.; -; unz.⟩ **1** ⟨Philos.⟩ *Lehre, dass alle Erkenntnisse, Werte usw. nur für das Subjekt, nicht allgemein gültig sind;* Ggs *Objektivismus (1)* **2** *Auffassung, dass das Subjekt das Maß aller Dinge sei*

**Subjektivität** ⟨[-vi-] f. 20; unz.⟩ *persönliche Auffassung, Einstellung, Meinung, Voreingenommenheit, Unsachlichkeit;* Ggs *Objektivität* [→ *Subjekt*]

**Subjunktion** ⟨f. 20; Gramm.⟩ **1** *Implikation* **2** *Hypotaxe* **3** *unterordnende Konjunktion,* z. B. „damit", „weil" [< lat. *subiunctio* „Anfügung"; zu *subiungere* „verbinden, hinzufügen, beigesellen"]

**Subkultur** ⟨f. 20⟩ *Kultur einer sozialen Gruppe innerhalb eines größeren Kulturbereichs, die oft in bewusstem Gegensatz zu diesem entstanden ist*

**subkutan** ⟨Adj.⟩ *unter der Haut, unter die Haut* ◆ eine subkutane Einspritzung [< lat. *sub* „unter" + *cutis* „Haut"]

**sublim** ⟨Adj.⟩ *erhaben, verfeinert, nur einem feineren Verständnis od. Empfinden zugänglich* [< lat. *sublimis* „in der Luft befindlich, erhaben"]

**Sublimation** ⟨f. 20; Chem.⟩ *unmittelbarer Übergang eines Stoffes aus dem festen in den gasförmigen Aggregatzustand, ohne dass die Stufe des flüssigen Aggregatzustandes durchlaufen wird*

**sublimieren** ⟨V. t.; hat⟩ **1** *ins Erhabene steigern, läutern, verfeinern* **2** ⟨Chem.⟩ *durch Sublimation trennen u. reinigen* [< lat. *sublimare* „emporheben"; → *sublim*]

**subordinieren** ⟨V. t.; hat⟩ *unterordnen;* Ggs *koordinieren (3.1)* ◆ subordinierende Konjunktion ⟨Gramm.⟩ *Konjunktion, die einen Nebensatz mit einem Hauptsatz verbindet;* Sy *unterordnendes Bindewort* [< mlat. *subordinare* < lat. *sub* „unter" + *ordinare* „(an)ordnen"]

**subsidiär, subsidiarisch** ⟨Adj.⟩ *hilfsweise, unterstützend, zur Aushilfe dienend* [< lat. *subsidiarius* „zur Reserve gehörig"]

**Subsidiarität** ⟨f. 20; unz.⟩ **1** ⟨Pol.⟩ *staatliche Unterstützung, die aber nur auf eine Ergänzung der Eigenverantwortung abzielt* **2** ⟨Rechtsw.⟩ *konkurrierender Zusammenprall von Rechtsnormen in Bezug auf Straftaten* [→ *subsidiär*]

**Subskription** ⟨f. 20⟩ **1** *Vorbestellung u. Verpflichtung zur Abnahme von Neuerscheinungen (bes. bei in mehreren Bänden erscheinenden Literaturwerken)* **2** *Zeichnung von Anleihen* [< lat. *subscriptio* „Unterschreibung"]

**substantiell** ⟨Adj.⟩ = *substanziell*

**Substantiv** ⟨n. 11; Gramm.⟩ *Wort, das einen Gegenstand od. Begriff bezeichnet;* Sy *Hauptwort, Dingwort* [< spätlat. *(verbum) substantivum* „für sich selbst bestehendes (Wort)"; → *Substanz*]

S

**substantivisch** ⟨[-viʃ] Adj.⟩ *wie ein Substantiv gebraucht, hauptwörtlich*

**Substanz** ⟨f. 20⟩ **1** ⟨Philos.⟩ **1.1** *das Ding* **1.2** *das allen Dingen innewohnende Wesen, Urgrund alles Seins* **2** *Materie* **3** ⟨allg.⟩ *Stoff, das Stoffliche, das Bleibende, Wesentliche* **4** ⟨fig.⟩ *innerstes Wesen, Kern (einer Sache)* **5** ⟨umg.⟩ *das Vorhandene, Besitz, Vorrat, Kapital, Vermögen* ◆ die Substanz angreifen, aufbrauchen ⟨fig.; umg.⟩; eine neue Substanz auf chemischem Gebiet entdecken [< lat. *substantia* „Bestand, Beschaffenheit, Wesen"; zu *substare* „standhalten"]

**substanziell** ⟨Adj.⟩ oV *substantiell* **1** *wesentlich, wesenhaft* **2** *stofflich* **3** *materiell* [< spätlat. *substantialis;* → *Substanz*]

**substituieren** ⟨V. t.; hat⟩ **1** *ersetzen, austauschen* **2** *(als Stellvertreter) einsetzen* ◆ einen Begriff substituieren *an die Stelle eines anderen setzen* [< lat. *substituere* „dahinter stellen, ersetzen"]

**Substituierung** ⟨f. 20⟩ = *Substitution*

**Substitut I** ⟨m. 16⟩ **1** *Ersatzmann, Stellvertreter* **2** *Verkaufsleiter* **II** ⟨n. 11⟩ *Ersatz, Ersatzmittel* [→ *substituieren*]

**Substitution** ⟨f. 20⟩ Sy *Substituierung* **1** *Ersatz, Austausch* **2** *Stellvertretung* [→ *substituieren*]

**Substrat** ⟨n. 11⟩ **1** *Grund-, Unterlage* **2** ⟨Biol.; Chem.; Phys.⟩ *Nährboden, Grundmaterial, auf das das zu untersuchende Material aufgebracht wird* **3** ⟨Chem.⟩ *am Aufbau von Farbstoffen beteiligter farbloser Stoff* **4** ⟨Sprachw.⟩ *Sprache eines unterworfenen Volkes, das seine Sprache der des Eroberers angleicht* [zu lat. *substratus* „darunter gelegt" < *substernere* „darunter legen"]

**subsumieren** ⟨V. t.; hat⟩ **1** *einordnen, (einem allg. Begriff) unterordnen* **2** *zusammenfassen* [< nlat. *subsumere* < lat. *sub* „unter" + *sumere* „nehmen"]

**subtil** ⟨Adj.⟩ **1** *zart, fein* **2** *schwierig, differenziert* **3** *spitzfindig, scharfsinnig* **4** *unterschwellig vorhanden* [< lat. *subtilis* eigtl. „fein gewebt"]

**Subtrahend** ⟨m. 16; Math.⟩ *von einer anderen abzuziehende Zahl;* Ggs *Minuend* [→ *subtrahieren*]

**subtrahieren** ⟨V. t.; hat; Math.⟩ eine Zahl von einer anderen subtrahieren *abziehen* [< lat. *subtrahere* „unten wegziehen"]

**Subtraktion** ⟨f. 20; Math.⟩ *eine der vier Grundrechenarten, das Abziehen* [→ *subtrahieren*]

**Subtropen** ⟨Pl.; Geol.⟩ *Zone zwischen den Tropen u. den beiderseitig liegenden gemäßigten Zonen* [< lat. *sub* „unter" + *Tropen*]

**Subunternehmer** ⟨m. 3⟩ *jmd., der für eine Firma, die einen Auftrag übernommen hat, einen Teil dieses Auftrags ausführt*

**Subvention** ⟨[-vɛn-] f. 20⟩ *(finanzielle) Hilfe, zweckgebundene Unterstützung, besonders aus öffentlichen Mitteln* [zu lat. *subvenire* „beistehen, zu Hilfe kommen"]

**subventionieren** ⟨[-vɛn-] V. t.; hat⟩ *durch Subventionen unterstützen*

**subversiv** ⟨[-vɛr-] Adj.⟩ *umstürzend, umstürzlerisch, zerstörend*

**Suche** ⟨f. 19; unz.⟩ *das Suchen, Aufspüren, Nachforschung, Fahndung* ◆ sich auf die Suche begeben, machen; ich bin auf der Suche nach einem Hotel, einer Stellung

**suchen** ⟨V.; hat⟩ **I** ⟨V. t.⟩ **1** *finden wollen, zu finden sich bemühen* **2** *nachforschen* **3** *wünschen, erstreben* (Rat) **4** *versuchen, trachten, sich bemühen* **5** ⟨umg.; in bestimmten Wendungen⟩ *tun, treiben* ◆ **Abenteuer,** Bekanntschaften suchen; einen **Ausweg,** Hilfe, Trost, Zuflucht suchen; im Wald **Beeren,** Pilze suchen; **Entspannung,** Vergessen suchen; er sucht noch den **Fehler** (in der Maschine, der Rechnung); ein **Hotel,** Unterkunft, eine Wohnung, ein Zimmer suchen; **Verkäuferin** gesucht *(in Stellenanzeigen);* er sucht stets den eigenen **Vorteil;** eine **Stelle** in einem Buch suchen; eine **Stellung** suchen; er hat das **Weite** gesucht *ist ausgerissen, geflohen* ◆ etwas zu **erreichen** suchen; hier **haben** wir nichts zu suchen ⟨fig.; umg.⟩ *hier gehören wir nicht her, lasst uns gehen* ◆ er sucht eine Hilfe **für** sein Büro; sie sucht **in** allem etwas ⟨fig.⟩ *sie ist sehr misstrauisch;* jmdn. **polizeilich,** steckbrieflich suchen (lassen) ◆ **was** hast du hier zu suchen? ⟨umg.⟩ *zu tun?* ◆ sich suchend umschauen; er ist ein gesuchter Künstler *ein begehrter;* gesuchter Stil, Vergleich ⟨fig.⟩ *gezierter, gekünstelter;* diese Ware ist sehr gesucht **II** ⟨V. i.⟩ nach jmdm. od. etwas suchen; nach einem passenden Ausdruck, Wort suchen [< ahd. *suohhan*]

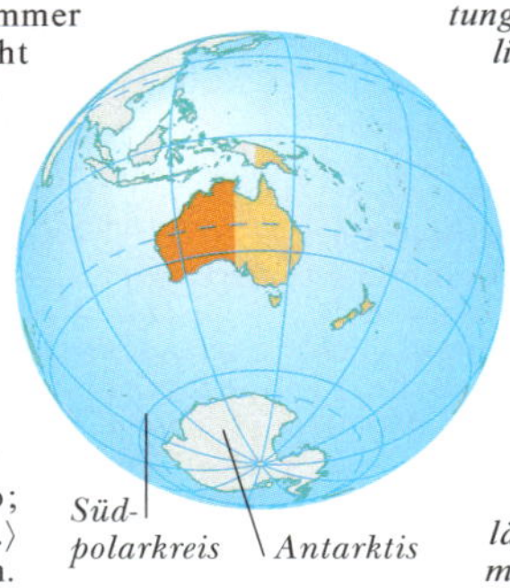


SÜDPOLARKREIS

**Sucher** ⟨m. 3⟩ **1** ⟨Fot.⟩ ▼ *kleines Fenster, in dem das Bild erscheint* **2** ⟨Astron.⟩ *kleines Hilfsfernrohr mit größerem Gesichtsfeld, parallel zum Hauptfernrohr angebracht*

**Sucht** ⟨f. 7u⟩ **1** *krankhaft gesteigertes Bedürfnis* (Trunksucht, Rauschgiftsucht) **2** *übersteigertes Streben* (Geltungssucht, Ruhmsucht, Vergnügungssucht) **3** ⟨veraltet⟩ *Krankheit, Leiden* (Schwindsucht, Geldsucht) [< ahd. *suht* „Krankheit"; → *siechen*]

**süchtig** ⟨Adj.⟩ *einer Sucht verfallen, erlegen* (trunksüchtig, kokainsüchtig)

**Sucre** ⟨m.; -, -⟩ *Währungseinheit in Ecuador, 100 Centavos* [nach dem südamerikan. Freiheitskämpfer Antonio José *Sucre* y de Alcala, 1795-1830]

**Sud** ⟨m. 1; Pl. selten⟩ *Abkochung, etwas Gekochtes*

**Süd I** ⟨ohne Art.; poet., postal. u. in geograph. Angaben; Abk.: S⟩ = *Süden* ◆ Stuttgart Süd **II** ⟨m. 1; poet.⟩ *Südwind* ◆ es wehte ein leichter Süd [< mhd. *sut* < mndrl. *suut,* statt mhd. *sunt*]

**Sudaner** ⟨m. 3⟩, **Sudanese** ⟨m. 17⟩ *Einwohner des Sudans*

**süddeutsch** ⟨Adj.⟩ *Süddeutschland betreffend, dazu gehörig, von dort stammend*

**sudeln** ⟨V. i.; hat⟩ **1** *Schmutz machen, mit Schmutz herumschmieren, im Schmutz wühlen* **2** *schlecht, flüchtig, nicht sorgfältig, nicht sauber arbeiten* ◆ das ist nur so gesudelt [eigtl. „schmutzige Arbeit verrichten"; zu *Sudel* „Sumpf, Pfütze, Jauche"]

**Süden** ⟨m.; -s; unz.; Abk.: S⟩ **1** *Himmelsrichtung, Richtung auf den Südpol* **2** *südlich gelegenes Gebiet* **3** *die südl. Länder der Erde* ◆ aus dem Süden (Europas, eines Landes) stammen; er verbringt den Winter im Süden; im sonnigen Süden; das Zimmer liegt, schaut nach Süden [→ *Süd*]

**sudetisch** ⟨Adj.⟩ *die Sudeten betreffend, dazu gehörig, von dort stammend*

**Südfrucht** ⟨f. 7u; meist Pl.⟩ *aus dem Süden (den Mittelmeerländern od. den Tropen) stammende Frucht*

**südl. Br.** ⟨Geogr.; Abk. für⟩ *südliche(r) Breite*

**südlich** ⟨Adj.⟩ *im Süden liegend, nach Süden zu* ◆ südlicher Breite ⟨Abk.: s. Br. od. südl. Br.⟩ *geograph. Breite südlich des Äquators;* die südlichen Länder *die im Süden Europas bzw. der Erde liegenden Länder;* der südliche Sternenhimmel; in südlicher Richtung gehen, fahren; südlicher Polarkreis *Südpolarkreis*

**Südost I** ⟨ohne Art.; Abk.: SO⟩ = *Südosten (1)* **II** ⟨m. 1; poet.⟩ *Südostwind*

**Südosten** ⟨m.; -s; unz.; Abk.: SO⟩ **1** *Himmelsrichtung zwischen Süden u. Osten;* oV *Südost (I)* **2** *im Südosten gelegenes Gebiet*

**Südpol** ⟨m. 1; unz.⟩ *südl. Pol der Erd- u. Himmelskugel*

**Südpolargebiet** ⟨n. 11⟩ *südlichster Teil der südlichen Erdhalbkugel* ◆ eine Expedition ins Südpolargebiet unternehmen; Sy *Antarktis*

**Südpolarkreis** ⟨m. 1; Geogr.⟩ ▲ *Breitenkreis von 66,5° südl. Breite, der eine imaginäre Linie um die antarktische Region beschreibt;* → a. *Polarkreis*

**Südwest I** ⟨ohne Art.; Abk.: SW⟩ = *Südwesten* **II** ⟨m. 1; poet.⟩ *Südwestwind*

**Südwesten** ⟨m.; -s; unz.; Abk.: SW⟩ *Himmelsrichtung zwischen Süden u. Westen, im Südwesten gelegenes Gebiet;* oV *Südwest (I)*

**Südwester** ⟨m. 3⟩ *wasserdichter Leinenhut (des Seemanns)* [so genannt, weil er vor dem scharfen Südwestwind schützen soll]

**Suebe** ⟨m. 17⟩, **Sueve** ⟨[ˈsveːvə] m. 17⟩ = *Swebe*

**süffisant** ⟨Adj.; -er, am -esten⟩ *selbstgefällig, dünkelhaft, spöttisch* ◆ ein süffisantes Lächeln [< frz. *suffisant;* zu *suffire* „genügen"]

**Süffisanz** ⟨f.; -; unz.⟩ *Dünkel, Selbstgefälligkeit* [< frz. *suffisance;* zu *suffire* „genügen"]

**Suffix** ⟨n. 11; Gramm.⟩ *an den Wortstamm angehängte Silbe,* z.B. „-er" in „Bauer" [< lat. *suffixus* „angeheftet"]

## SUCHER

Mithilfe des Suchers richtet der Fotograf seine Kamera genau auf das darzustellende Objekt aus. Doch nur, wenn Licht durch das Objektiv eindringt, wie bei der einäugigen Spiegelreflexkamera, entspricht das im Sucher erscheinende Bild dem auf dem Film fixierten. Die blauen Linien in der Grafik zeigen den Weg des Lichts zum Sucher.

SUCHERTYPEN

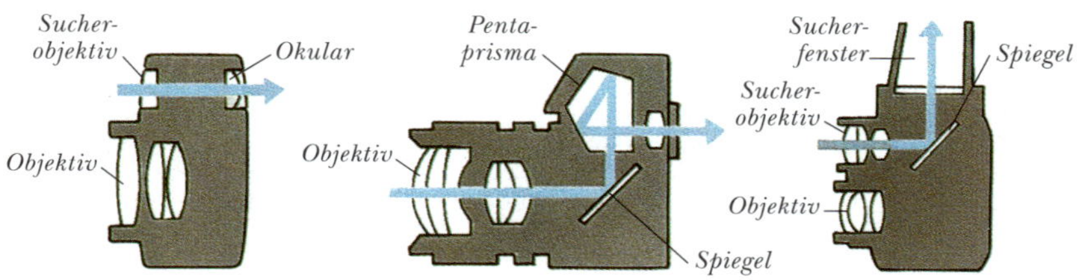


SUCHERKAMERA — EINÄUGIGE SPIEGELREFLEXKAMERA — ZWEIÄUGIGE SPIEGELREFLEXKAMERA

S

**Suffizienz** ⟨f. 20; unz.⟩ *ausreichende Fähigkeit, Hinlänglichkeit;* Ggs *Insuffizienz*

**Suffragette** ⟨f. 19; in England u. Amerika 1903-1914⟩ *Verfechterin der Frauenrechte, bes. des Stimmrechts* [zu lat. *suffragium* „Stimmrecht"]

**suggerieren** ⟨V. t.; hat⟩ jmdm. etwas suggerieren *jmdm. etwas einreden, ihn zu etwas veranlassen* [< lat. *suggerere* „von unten herantragen"]

**Suggestion** ⟨f. 20⟩ *Beeinflussung, Willensübertragung, Hervorrufen best. Gedanken, Gefühle od. Handlungen (bei einem andern od. bei sich selbst)* [< spätlat. *suggestio;* zu lat. *suggerere* „von unten herantragen"]

**suggestiv** ⟨Adj.⟩ **1** *seelisch beeinflussend* **2** *verfänglich* ◆ suggestive Frage *Frage, die eine bestimmte Antwort nahe legt;* von ihm ging eine suggestive Macht aus; eine suggestive Wirkung auf jmdn. ausüben, haben [→ *Suggestion*]

**Sühne** ⟨f. 19⟩ **1** *Buße, Genugtuung, Vergeltung (für begangenes Unrecht)* **2** *Versöhnung* ◆ jmdm. Sühne leisten; jmdm. eine Sühne auferlegen; von jmdm. Sühne erhalten, fordern, verlangen; ein Verbrechen findet (seine) gerechte Sühne [< ahd. *suona* „Urteil, Gericht, Versöhnung"]

**sühnen** ⟨V. t.; hat⟩ etwas sühnen *wieder gutmachen, dafür büßen, Genugtuung geben* ◆ begangenes Unrecht, eine Verfehlung sühnen; ein Verbrechen mit dem Leben, dem Tode sühnen [< ahd. *suonen;* → *Sühne*]

**Suite** ⟨['svi:t(ə)] f. 19⟩ **1** ⟨Mus.⟩ *Folge von langsamen u. schnellen Tonsätzen gleicher Tonart* (Tanzsuite) **2** *militär. od. fürstl. Gefolge, Begleitung* **3** ⟨in Hotels⟩ *Zimmerflucht* [< frz. *suite* „Folge, Reihenfolge, Gefolge"; zu *suivre* „folgen"]

**Suizid** ⟨m. 1⟩ = *Selbstmord* [< lat. *sui* „seiner selbst" + *caedes* „das Töten"]

**Sujet** ⟨[sy'ʒɛ:] n. 15⟩ *Thema (einer künstler. Darstellung)* [frz., „Subjekt"]

**sukkulent** ⟨Adj.⟩ *saftig, fleischig, kräftig* [< spätlat. *suc(c)ulentus;* zu lat. *suc(c)us* „Saft"]

**Sukkulente** ⟨f. 19; Bot.⟩ ► *Pflanze in Trockengebieten, deren Blätter, Achsen od. Wurzeln ein Wasser speicherndes Gewebe besitzen;* Sy *Fettpflanze* [→ *sukkulent*]

**sukzessiv** ⟨Adj.⟩ *allmählich, in Folge (eintretend)* [< spätlat. *successivus;* zu lat. *succedere* „sich nähern, folgen"]

**sukzessive** ⟨[-və] Adv.⟩ *allmählich, nach u. nach* [→ *sukzessiv*]

**Sulfur** ⟨n.; -s; unz.; Chem.; Zeichen: S⟩ *Schwefel* [< lat. *sulfur, sulphur, sulpur;* vermutl. aus dem Oskischen]

**Sulky** ⟨engl. ['sʌlki:] n. 15; Sp.⟩ = *Traberwagen* [engl.]

**Sultan** ⟨m. 1; Titel für⟩ *mohammedanischer Herrscher* [< arab. *sultan* „Herrschaft", später auch „Herrscher"]

**Sulz** ⟨f. 20⟩, **Sulze** ⟨f. 19; oberdt.⟩ = *Sülze (4)*

**Sülze** ⟨f. 19⟩ **1** *Salzquelle* **2** *Sole* **3** *Salzlake, -brühe* **4** ⟨Kochk.⟩ *Fleisch-, Fischstücke in Gallert;* oV *Sulz, Sulze* [< ahd. *sulza* „Salzwasser"; → *Salz*]

**Sumach** ⟨m. 1; Bot.⟩ *Gerbstoff lieferndes Holzgewächs mit gefiederten Blättern u. harzhaltigen Steinfrüchten;* Sy *Gerbersumach* ◆ Provenzalischer Sumach = *Myrtenblättriger* → *Gerberstrauch* [< arab. *summaq*]

**summa cum laude** *mit höchstem Lob (höchste Auszeichnung bei akademischen Prüfungen)* ◆ ein Examen summa cum laude bestehen [lat.]

**Summand** ⟨m. 16; Math.⟩ *Zahl, die zu einer anderen hinzugezählt werden soll;* Sy *Addend* [< lat. *summandus,* Gerundivum von *summare* „hinzuzählen"; zu *summa* „Summe"]

## SUKKULENTEN

Sukkulente Pflanzen leben in wasserarmer Umgebung und verdanken ihr Aussehen fleischigem, Wasser speicherndem Gewebe, das sich ausdehnt, wenn genügend Wasser zur Verfügung steht, wohingegen es sich bei Trockenheit zusammenzieht. Bei den Blattsukkulenten dienen die Blätter als Wasserspeicher, welche für diesen Zweck meist rundlich ausgebildet sind, während bei den Stammsukkulenten, zu denen die meisten Kakteen zählen, der Spross angeschwollen ist und die Blätter reduziert oder nicht vorhanden sind.

SCHNITT DURCH EINE STAMM-SUKKULENTE

STAMMOBERFLÄCHE (VERGRÖSSERT)

### VERSCHIEDENE SUKKULENTENARTEN

BLATTSUKKULENTEN

HAWORTHIA
(*Haworthia coarctata*)

KREUZKRAUT
(*Senecio haworthii*)

LEBENDER STEIN
(*Lithops salicola*)

STAMMSUKKULENTEN

BASKETBALL-WOLFSMILCH
(*Euphorbia obesa*)

IGELSÄULENKAKTUS
(*Echinocereus triglochidiatus*)

REBUTIA
(*Rebutia canigueralii*)

S

**summarisch** ⟨Adj.⟩ **1** *kurz zusammengefasst, kurz gefasst, bündig* **2** *oberflächlich* ◆ ein summarisches Verfahren; ein Thema nur, sehr summarisch behandeln; eine Debatte summarisch abschließen

**Summe** ⟨f. 19⟩ **1** *Ergebnis einer Zusammenrechnung, Gesamtzahl* **2** *Geldbetrag* **3** ⟨fig.⟩ *Gesamtheit, das Ganze* ◆ die Summe einer **Addition;** Summe aller **Erkenntnis,** des Wissens; eine **beträchtliche,** große, stattliche Summe [< lat. *summa* „Gesamtzahl", eigtl. „oberste (Zahl)"; in der Antike wurde von unten nach oben addiert]

**summen** ⟨V. t. u. V. i.; hat; bei Bewegung in einer Richtung: ist⟩ **1** *einen vibrierenden, anhaltenden Ton von sich geben (wie Insekten)* **2** *leise, anhaltend brummen, hörbar fliegen* (Insekten, Flugzeuge) **3** *mit geschlossenen Lippen singen, leise, ohne Worte vor sich hin singen* **4** ⟨umg.; a. poet.⟩ *summend fliegen* ◆ ein Flugzeug summt am Himmel; Bienen summten über die Wiese; leise ein Lied summen [lautmalend]

SUMO: SUMORINGER IM KAMPF

**summieren** ⟨V.; hat⟩ **I** ⟨V. t.⟩ etwas summieren *eine Summe aus etwas bilden, zusammenzählen, vereinigen* **II** ⟨V. refl.⟩ sich summieren *anwachsen, sich häufen, immer mehr werden* [< lat. *summare;* → *Summe*]

**Sumo** ⟨n.; - od. -s; unz.; Sp.⟩ ▲ *eine japanische Form des Ringens* [jap.]

**Sumpf** ⟨m. 1u⟩ **1** *mit Wasser durchtränkter Erdboden (eines größeren Gebietes)* **2** ⟨Bgb.⟩ *unterster Teil eines Schachtes, meist mit Wasser gefüllt* **3** ⟨Sinnbild für⟩ *Verkommenes, Schlechtes, moralisch Verwerfliches* ◆ einen Sumpf entwässern, trockenlegen; im Sumpf der Großstadt untergehen, versinken ⟨fig.⟩; im Sumpf stecken bleiben ⟨a. fig.⟩ [< mhd. *sumpf,* daneben ahd. *sunft* „schlammiger Ort"; → *Schwamm*]

SUMPF-DOTTERBLUME (*Caltha palustris*)

**Sumpfbiber** ⟨m. 3; Zool.⟩ = *Nutria*

**Sumpfdotterblume** ⟨f. 19; Bot.⟩ ► *auf sumpfigen Wiesen vorkommendes Hahnenfußgewächs, mit gelben Blüten: Caltha palustris;* Sy *Ankenballen*

**Sumpffieber** ⟨n. 13; unz.; Med.⟩ = *Malaria*

**Sumpfhuhn** ⟨n. 12u⟩ **1** ⟨Zool.⟩ *Mitglied einer unauffälligen, sumpfbewohnenden Gattung der Rallen: Porzana* **2** ⟨fig.; umg.; scherzh.⟩ *jmd., der „versumpft", der gern zecht u. sich die Nächte um die Ohren schlägt*

**sumpfig** ⟨Adj.⟩ *dauernd sehr feucht, schlammig* ◆ sumpfiger Boden; sumpfige Wiese [→ *Sumpf*]

**Sumpfläufer** ⟨m. 3; Zool.⟩ *kleiner, schnepfenartiger Watvogel Skandinaviens, der zur Zugzeit in Deutschland auftritt: Limicola falcinellus*

**Sumpfohreule** ⟨f. 19; Zool.⟩ *Eule mit undeutlichen Federohren, lebt in offenem sumpfigen od. sandigem Gelände: Asio flammeus*

**Sumpfschildkröte** ⟨f. 19; Zool.⟩ *Angehörige einer weit verbreiteten Gruppe meist wasserbewohnender Schildkröten: Emydidae*

SUMPF-SCHWERTLILIE (*Iris pseudacorus*)

**Sumpfschnepfe** ⟨f. 19; Zool.⟩ = *Bekassine*

**Sumpfschwertlilie** ⟨[-liə] f. 19; Bot.⟩ ▲ *an Wasserläufen u. Sümpfen wachsende Art der Schwertlilie mit gelben Blüten: Iris pseudacorus*

**Sumpfwurz** ⟨f. 20; unz.; Bot.⟩ *Angehörige einer Gattung in Dtschld. häufiger Orchideen: Epipactis;* Sy *Sitter*

**Sund** ⟨m. 1⟩ *Meerenge (bes. die zwischen Ostsee u. Kattegat)* [nddt.]

**Sünde** ⟨f. 19⟩ **1** ⟨Rel.⟩ *Verfehlung gegen die Gottheit od. ihr Gebot* **2** ⟨allg.⟩ *Handlung, deren man sich schämt, Verstoß, Unrecht* **3** *Schuld* ◆ die Sünden des **Fleisches** ◆ eine Sünde **begehen,** tun; seine Sünden **beichten,** bekennen, bereuen; **sein:** es ist eine Sünde, das Brot wegzuwerfen ◆ **in** Sünde fallen, geraten [< ahd. *sunt(e)a;* Herkunft ungeklärt; vielleicht zu lat. *sons, sontis* „schuldig"]

**Sündenbock** ⟨m. 1u; fig.; umg.⟩ *jmd., dem man alle Schuld zuschiebt* ◆ immer muss ich den Sündenbock abgeben, spielen! [nach 3. Buch Mose, 16,21 ff]

**Sündenfall** ⟨m. 1u; unz.; Theol.⟩ *erster Ungehorsam des Menschen (Adams u. Evas) gegen Gott, der daraufhin das Menschengeschlecht der Verderbnis u. der Sünde auslieferte*

**Sündenregister** ⟨n. 13⟩ **1** ⟨Rel.; urspr.⟩ *Verzeichnis der begangenen Sünden für die Beichte* **2** ⟨fig.; umg.⟩ *Anzahl von Fehlern od. Vergehen* ◆ jmdm. sein Sündenregister vorhalten ⟨fig.; umg.⟩

**Sünder** ⟨m. 3; bes. Rel.⟩ *jmd., der eine Sünde begangen hat od. immer wieder sündigt* ◆ wir sind alle Sünder; du stehst da wie ein ertappter Sünder

**sündigen** ⟨V. i.; hat; bes. Rel.⟩ *eine Sünde begehen, gegen etwas verstoßen, sich vergehen* ◆ gegen Gottes Gebote sündigen; du sündigst gegen deine Gesundheit [unter dem Einfluss von *sündig* statt mhd. *sünden;* → *Sünde*]

**Sunna** ⟨f.; -; unz.; Rel.⟩ *Sammlug von Aussprüchen u. Vorschriften Mohammeds u. der ersten vier Kalifen als Richtschnur des islam. Lebens* [< arab. *sunnah*]

**Sunnit** ⟨m. 16; Rel.⟩ *Anhänger der orthodoxen Sunna, zu der über 90% der Muslime gehören, die auf Ali zurückzuführende gesonderte Sunna der Schiiten wird von den Sunniten nicht als echt anerkannt*

**super** ⟨Adj.; undekl.; umg.⟩ *erstklassig, großartig* ◆ das ist super; ein super Angebot

**Super** ⟨n.; -; unz.; kurz für⟩ *Superbenzin* ◆ Super tanken

**super..., Super...** ⟨in Zus.⟩ **1** *ober..., Ober..., über..., Über...,* z.B. Supervisor **2** ⟨umg.⟩ *sehr, besonders, höchst,* z.B. superklug [lat., „oben, auf, darüber (hinaus)"]

**Super-8-Film** ⟨m. 1⟩ *Schmalfilm für Amateurkameras mit 8 mm Filmbreite*

**superb** ⟨[sy-] bes. österr.⟩, **süperb** ⟨Adj.⟩ *vorzüglich, prächtig, großartig* [< frz. *superbe* „stolz, prächtig" < lat. *superbus*]

**Superbenzin** ⟨n. 11⟩ *Benzin mit einer Oktanzahl über 96*

**Superintendent** ⟨m. 16⟩ *evang. Geistlicher, der einem Kirchenkreis vorsteht* [< kirchenlat. *superintendens;* Part. Präs. von *superintendere* „die Aufsicht haben"]

**Superlativ** ⟨m. 1⟩ **1** ⟨Gramm.⟩ *zweite Steigerungsstufe bei der Komparation,* z.B. der Schönste, am schönsten **2** ⟨allg.⟩ *übertriebener Ausdruck, übermäßiges Lob* ◆ in (lauter) Superlativen reden; eine Ware in Superlativen anpreisen [< spätlat. *superlativus* „darüber hinausgetragen" < lat. *super* + *latus,* Part. Perf. von *ferre* „tragen"]

SURFBOARD

**Supermacht** ⟨f. 7u; umg.⟩ *Weltmacht (besonders die USA u. die ehem. UdSSR)* ◆ Gespräche von Vertretern der Supermächte beim Weltwirtschaftsgipfel

**Supermarkt** ⟨m. 1u⟩ *großes Lebensmittelgeschäft mit Selbstbedienung u. umfangreichem Sortiment nach amerikanischem Vorbild*

**Supernova** ⟨[-va] f.; -, -novae [-vɛ:]; Astron.⟩ *eine besonders helle Nova*

**Supervisor** ⟨['sjupə(r)vaizər] m. 3; EDV⟩ *den Ablauf eines Betriebssystems lenkendes Hauptsteuerungsprogramm* [engl., eigtl. „Aufseher"]

**Suppe** ⟨f. 19⟩ *flüssige Speise* ◆ ein **Teller** Suppe ◆ die Suppe **auslöffeln,** die man sich eingebrockt hat ⟨fig.; umg.⟩ *die Folgen seiner Handlungsweise tragen;* die Suppe hast du dir selbst **eingebrockt** ⟨fig.; umg.⟩ *diese Unannehmlichkeit hast du selbst verschuldet* ◆ eine **dicke,** klare, legierte, süße Suppe ◆ Suppe **aus** der Tüte ⟨fig.; umg.⟩ *S., die aus einem pulverförmigen, mit Wasser angerührten Extrakt gekocht wurde;* jmdm. **in** die Suppe fallen ⟨umg.; scherzh.⟩ *jmdn. unerwartet während der Essenszeit besuchen;* Suppe **mit** Einlage [Rückbildung aus mhd. *suppen, supfen;* zu *saufen* in der alten Bedeutung „schlürfen"]

**Suppenpilz** ⟨m. 1; Bot.⟩ *wohlschmeckender Blätterpilz mit ledergelbem, ausgebreitetem Hut u. blassgelblichem, angenehm würzig riechendem u. nusskernartig schmeckendem Fleisch, Würzpilz für Suppen u. Soßen: Marasmius oreades*

**Suppenschildkröte** ⟨f. 19; Zool.⟩ *eine in trop. Meeren lebende, unter Naturschutz stehende Schildkröte, die bis zu 450 kg schwer wird u. gern für Suppen verwendet wird: Chelonia mydas*

**Suppleant** ⟨m. 16; schweiz.⟩ **1** *Stellvertreter* **2** *Ersatzmann* (in Behörden) [< frz. *suppléant;* zu *suppléer* „ergänzen"]

**Supplement** ⟨n. 11⟩ *Ergänzung, Nachtrag (zu einem Werk)* [< frz. *supplément;* zu *suppléer* „erzeugen"]

**Supplementwinkel** ⟨m. 5⟩ *Winkel, der einen anderen Winkel zu 180° ergänzt;* → a. *Komplementwinkel*

**Support** ⟨m. 1⟩ **I** ⟨zählb.; an Werkzeugmaschinen⟩ *Vorrichtung zur festen Führung des Werkzeuges od. Werkstückes* **II** ⟨[səpo:(r)t] unz.⟩ *Hilfe, Unterstützung* [zu lat. *supportare* „nachführen"]

**Supposition** ⟨f. 20⟩ **1** *Voraussetzung* **2** *Annahme* **3** *Unterstellung*

**Suppression** ⟨f. 20⟩ *Unterdrückung, Zurückdrängung, Verheimlichung* [< lat. *suppressio;* zu *supprimere* „unterdrücken"]

**supprimieren** ⟨V. t.; hat; geh.⟩ *unterdrücken, zurückdrängen* [→ *Suppression*]

**supra..., Supra...** ⟨in Zus.⟩ *ober..., Ober..., über..., Über...* [lat. *supra* „oben, oberhalb, über"]

**Supraleiter** ⟨m. 3; El.⟩ *Stoff, der die Eigenschaft der Supraleitfähigkeit besitzt*

**Supraleitfähigkeit** ⟨f. 20; unz.; El.⟩ ► *sprunghaft erhöhte elektrische Leitfähigkeit von Stoffen bei tiefen Temperaturen*

**supranational** ⟨Adj.; bes. Pol.⟩ *übernational, überstaatlich* ◆ supranationale Organisation *Zusammenschluss mehrerer Staaten, der, anders als eine internationale Organisation, schon selbst unmittelbar Machtbefugnisse gegenüber den Bürgern seiner Mitgliedstaaten besitzt* [< *supra...* + *national*]

**Sure** ⟨f. 19⟩ *Abschnitt des Korans* [< arab. *surah* „Stufe, Grad"]

**Surfboard** ⟨[ˈsəːfbɔːd] n. 15⟩, **Surfbrett** ⟨[səːf-] n. 12⟩ ◄ *Brett zum Surfen*

**surfen** ⟨[səː-] V. i.; hat; bei Bewegung in einer Richtung: ist⟩ **1** *das Surfen, Surfing betreiben* **2** *auf dem Surfbrett segeln* **3** ⟨kurz für⟩ *im Internet surfen, dort (mehr oder weniger zielgerichtet) nach etwas suchen*

**Surfing** ⟨[ˈsəːfiŋ] n.; -s; unz.⟩ *Wassersport, bei dem man sich, auf einem Brett stehend, von einer Welle über die Brandung tragen lässt* [< engl. *surf* „Brandung" + *riding* „das Reiten"]

**Surrealismus** ⟨a. [zyr-] m.; -; unz.; seit Anfang des 20. Jh.⟩ ▼ *Strömung in Kunst u. Literatur, die das Fantastische, das Unbewusste u. Traumhafte u. seine Verschmelzung mit der Wirklichkeit darzustellen sucht* [< frz. *sur* „über" + *Realismus*]

SUSHI

**surren** ⟨V. i.; hat; bei Bewegung in einer Richtung: ist⟩ *scharf, metallisch summen* (z. B. Flugzeug) ◆ eine Fliege ist durchs Zimmer gesurrt [lautmalend]

**Surrogat** ⟨n. 11; geh.⟩ *(nicht vollwertiger) Ersatz, Behelf* [zu lat. *surrogare* „nachwählen lassen, ersetzen"]

**Sushi** ⟨[ˈzuːʃi] n. 15; jap. Kochk.⟩ ▼ *Gericht aus rohem Fisch (u. einer Reisbeilage)*

**suspekt** ⟨Adj.⟩ *verdächtig* ◆ dieser Mensch ist mir suspekt [< lat. *suspectus;* zu *suspicere* „emporblicken, argwöhnen"]

**suspendieren** ⟨V. t.; hat⟩ **1** *bis auf weiteres des Amtes entheben* (Beamte) **2** *(zeitweilig) aufheben* **3** *aufschieben, in der Schwebe lassen* **4** ⟨Med.⟩ *schwebend aufhängen* ◆ feste Teilchen suspendieren ⟨Chem.⟩ *in einer Flüssigkeit fein verteilen, so dass sie schweben* [< lat. *suspendere* „aufhängen, schweben lassen, unterbrechen"]

**süß** ⟨Adj.; -er, am -esten⟩ **1** *wie Zucker od. Honig (schmeckend)* **2** *wie Blüten, Backwerk (riechend)* **3** ⟨fig.⟩ *lieblich* (Stimme, Klang) **4** *entzückend, reizend, sehr hübsch* (Kind, Kleid) **5** *süßlich* ◆ mögen Sie den **Kaffee** süß? *gezuckert;* süße **Kirschen,** Mandeln; die **Musik** ist reichlich süß *ziemlich sentimental* ◆ süß **aussehen,** duften, riechen, schmecken ◆ das schmeckt **widerlich** süß; der Kuchen ist mir **zu** süß [< ahd. *suozi*]

**Süße** ⟨f.; -; unz.⟩ *das Süß-, Gesüßtsein, süßer Geschmack od. Geruch;* Sy *Süßigkeit (I)*

## SUPRALEITFÄHIGKEIT

Wird ein Metall bis knapp über den absoluten Nullpunkt (-273,15 °C) abgekühlt, verliert es seinen elektrischen Widerstand und leitet Ströme verlustfrei. Diese so genannte Supraleitfähigkeit tritt bei manchen Stoffen bereits bei Temperaturen von -196 °C ein.

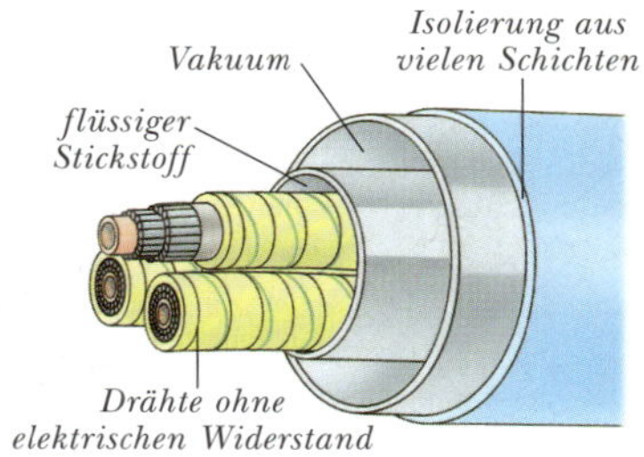

SCHNITT DURCH EIN SUPRALEITENDES KABEL

**süßen** ⟨V. t.; hat⟩ *süß machen, zuckern* ◆ den Kaffee, Tee, Quark, Kuchen stark süßen

**Süßgras** ⟨n. 12u⟩ ► = *Gras (1)*

**Süßholz** ⟨n. 12u; unz.; Bot.⟩ **1** ► *ein bis zu 1,5 m hoher Schmetterlingsblütler mit gefiederten Blättern: Glycyrrhiza glabra* **2** *als Hustenmittel u. zur Herstellung von Lakritze verwendeter Wurzelstock dieser Pflanze* ◆ Süßholz raspeln ⟨fig.; umg.; abwertend⟩ *schmeichlerisch, anbiedernd reden, schöntun (Frauen gegenüber)*

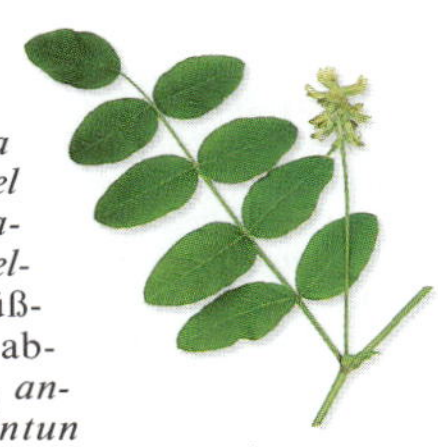
SÜSSHOLZ
*(Glycyrrhiza glabra)*

**Süßigkeit** ⟨f. 20⟩ **I** ⟨unz.⟩ = *Süße* **II** Süßigkeiten ⟨Pl.; Sammelbez. für⟩ **1** *Schokolade, Pralinen, Bonbons* **2** *Naschereien*

**Süßkartoffel** ⟨f. 21⟩ *Windengewächs aus Südamerika mit essbaren Wurzelknollen: Ipomoea batatas;* Sy *Batate* [→ *Kartoffel*]

**Süßkirsche** ⟨f. 19⟩ *süß schmeckende Art der Kirschen: Prunus avium*

**süßlich** ⟨Adj.⟩ **1** *etwas süß* **2** *unangenehm süß* **3** ⟨fig.⟩ *kitschig, sentimental, unangenehm gefühlvoll* (Bild, Gedicht, Lied, Darstellung) **4** *scheinheilig freundlich* (Benehmen, Worte) ◆ ein süßliches Lächeln; eine süßliche Miene machen

**Süßmost** ⟨m. 1⟩ *naturreiner, unvergorener, keimfreier Fruchtsaft*

**süßsauer** ⟨Adj.⟩ *süß u. säuerlich zugleich* ◆ süßsauer lächeln ⟨fig.⟩

**Süßstoff** ⟨m. 1⟩ *synthetisch hergestellte organ. Verbindung von starker Süßkraft, aber ohne Nährwert, z. B. Sacharin*

**Süßwasser** ⟨n. 13; unz.⟩ *Fluss-, Binnenseewasser;* Ggs *Salzwasser*

**Süßwasserpolyp** ⟨m. 16⟩ *zu den Hydrozoen gehöriger, einzeln im Süßwasser lebender Polyp, der niemals Medusen hervorbringt*

**Sutane** ⟨f. 19⟩ *langer Rock der kath. Geistlichen;* oV *Soutane* [< frz. *soutane* < ital. *sottana* „Untergewand"; zu ital. *sotto* „unter, unterhalb"]

**Sütterlinschrift** ⟨f. 20; unz.⟩ *von Ludwig Sütterlin (1865-1917) entworfene, stark gerundete Schreibschrift*

**Suzerän** ⟨m. 1; Pol.⟩ = *Oberherr* [zu frz. *suzerain;* analog gebildet zu *souverain* < lat. *sursum* „in der Höhe"]

**Suzeränität** ⟨f. 20; unz.; Pol.⟩ = *Oberherrschaft (1)*

## SURREALISMUS

In der bildenden Kunst verbreitete sich der maßgeblich von den Ideen Freuds beeinflusste Surrealismus über ganz Europa. Die Surrealisten versuchten Fantasien auszudrücken, die sich weder dem Verstand noch den Konventionen unterwarfen. So verwendeten Salvador Dalí und andere Künstler beunruhigende Traumsymbole, während Max Ernst realistisch gemalte Szenen kombinierte, deren Zusammenhang nicht auf Anhieb erkennbar war.

*Der erhabene Moment* (1938), SALVADOR DALÍ

ZEITLEISTE

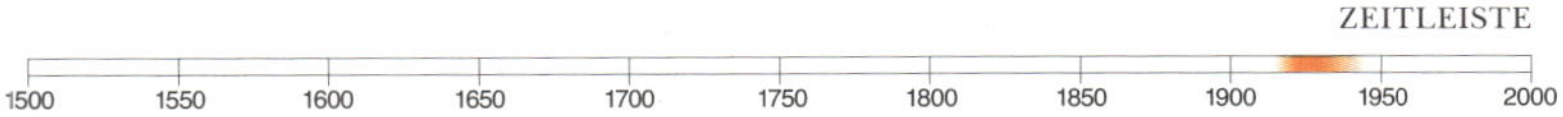


S

## SYMBIOSE

Vergesellschaftungen verschiedener Lebewesen werden danach bewertet, welchen Nutzen die Partner aus ihnen ziehen. Im Unterschied zum Schmarotzertum, bei dem ein Beteiligter auf Kosten eines Wirts lebt, ist die Symbiose eine Lebensgemeinschaft zum beiderseitigen Vorteil. Als typische Symbiose gilt das Zusammenleben von Clownfisch und Seeanemone, bei der der Fisch sich zwischen den nesselnden Tentakeln versteckt, während die Seeanemone von seinen Nahrungsabfällen profitiert.

SYMBIOSE ZWISCHEN SEEANEMONE UND CLOWNFISCH

**SW** ⟨Abk. für⟩ *Südwest(en)*
**Swami** ⟨m. 6; Rel.⟩ *hinduistischer Lehrer, Mönch (als Anrede)* [< hind. *svami* „Inhaber, Gebieter"]
**Swapgeschäft** ⟨[swɔp-] n. 11⟩ *Devisenaustauschgeschäft* [zu engl. *swap* „austauschen"]
**Swastika** ⟨f.; -, -ken⟩ *altind. Sonnenkreuz, Hakenkreuz* [< Sanskrit *svastika* < su „gut" + *asti* „seiend"; → *Hakenkreuz*]
**Sweater** ⟨['swɛtə(r)] m. 3⟩, **Sweatshirt** ⟨['swɛtʃə:t] n. 15⟩ *Sportpullover aus Baumwolltrikot* [< engl. *sweat* „schwitzen" + *shirt* „Hemd"]
**Swebe** ⟨m. 17⟩ *Angehöriger einer german. Völkergruppe an Elbe u. Havel; oV Suebe, Sueve*
**Swimmingpool** ⟨[-pu:l] m. 6⟩ *Schwimmbecken (im Garten od. im Haus)* [< engl. *swim* „schwimmen" + *pool* „Teich"]
**Swinegel** ⟨m. 5; nddt.⟩ *Igel, Schweinigel*
**Swing** ⟨m. 6⟩ **1** ⟨Mus.⟩ **1.1** *ruhig schwingender Stil im Jazz* **1.2** *Tanz in diesem Stil* **2** ⟨Kaufmannsspr.⟩ *höchste Kreditquote bzw. -grenze, die sich zwei Staaten bei bilateralen Handelsverträgen gegenseitig einräumen* [engl., „Schwingen, Rhythmus"; zu *swing* „schwingen"]
**Swinger** ⟨m. 3⟩ **1** *schwingender, nach unten weit fallender kurzer Mantel* **2** ⟨umg.⟩ *jmd., der Gruppensex betreibt* [engl., eigtl. „lockerer Typ"]
**sy..., Sy...** ⟨in Zus. vor s⟩ = *syn..., Syn...*
**syl..., Syl...** ⟨in Zus. vor l⟩ = *syn..., Syn...*
**Syllogismus** ⟨m.; -, -men; Philos.⟩ *logischer Schluss vom Allgemeinen aufs Besondere* [< grch. *syllogismos* „das Zusammenrechnen" < *syn* „zusammen" + *logizesthai* „rechnen"]
**Sylphe** ⟨m. 17 od. f. 19; in der Myth. des MA⟩ *luftiges Wesen, Luftgeist* [von Paracelsus so genannt]
**Sylvester** ⟨[-vɛ-] n. 13; meist ohne Art.⟩ = *Silvester*
**sym..., Sym...** ⟨in Zus. vor b, p, m⟩ = *syn..., Syn...*
**Symbiose** ⟨f. 19⟩ ▲ *dauerndes Zusammenleben zweier Lebewesen (Tiere, Pflanzen od. Tier u. Pflanze) zum beiderseitigen Nutzen* [< grch. *symbiosis* < syn „zusammen" + *bios* „Leben"]
**symbiotisch** ⟨Adj.⟩ *in Symbiose (lebend)*

SYMBOL: ORNAMENTALE SONNE ALS SYMBOL DES AUFERSTANDENEN CHRISTUS, KATHEDRALE VON SIENA, ITALIEN

**Symbol** ⟨n. 11⟩ **1** *einen tieferen Sinn andeutendes Zeichen, Sinnbild* **2** ▼ *bildhaftes, anschaul., wirkungsvolles Zeichen für einen Begriff od. Vorgang, oft ohne erkennbaren Zusammenhang mit diesem* **3** *für ein chem. Element od. einen physikal. Begriff stehendes Zeichen* ♦ die blaue Blume ist ein Symbol für die Romantik; → a. *Allegorie* [< grch. *symbolon* „Erkennungszeichen"; zu *symballein* „zusammenwerfen, -halten"]
**Symbolik** ⟨f. 20; unz.⟩ **1** *Sprache, Ausdruckskraft, Bedeutung der Symbole* **2** *Anwendung von Symbolen* **3** ⟨Theol.; veraltet⟩ *Lehre von den verschiedenen christl. Bekenntnissen u. ihren dogmat. Unterschieden*
**symbolisieren** ⟨V. t.; hat⟩ *durch ein Symbol darstellen*
**Symbolismus** ⟨m.; -; unz.⟩ *literar. Strömung des 19. Jh., die ihre Aussagen durch symbol. Darstellung vermitteln wollte*
**Symmetrie** ⟨f. 19⟩ *spiegelbildl. Gleichmaß* [< grch. *symmetria* „Ebenmaß"; zu *symmetros* „gleichmäßig"]
**symmetrisch** ⟨Adj.⟩ → a. *spiegelbildlich* **1** *auf beiden Seiten einer gedachten Mittellinie gleich* **2** ⟨Math.⟩ *bezüglich einer Spiegelung, Drehung, Drehspiegelung od. Schraubung gleich* [→ *Symmetrie*]
**sympathetisch** ⟨Adj.⟩ **1** *mitfühlend* **2** *geheimnisvoll wirkend* ♦ sympathetische Kur *Heilverfahren durch sympathetische Mittel (Besprechen, Gesundbeten usw.);* sympathetische Tinte *unsichtbar schreibende Tinte, die erst nach besonderer Behandlung die Schriftzüge zeigt* [→ *Sympathie*]
**Sympathie** ⟨f. 19⟩ **1** *Neigung, Zuneigung, Wohlwollen* **2** *gefühlsmäßige Übereinstimmung, Seelenverwandtschaft; Ggs Antipathie* [zu grch. *sympathein* „mitleiden, mitempfinden" < *syn* „zusammen" + *pathos* „Leiden"]
**Sympathikus** ⟨m.; -; unz.⟩ *einer der Nerven des Lebensnervensystems der Säugetiere u. des Menschen: Nervus sympathicus* [→ *Sympathie*]
**Sympathisant** ⟨m. 16⟩ *jmd., der mit jmdm. od. etwas sympathisiert*
**sympathisch** ⟨Adj.⟩ **1** *auf Sympathie beruhend, von angenehmem, ansprechendem u. liebenswertem Wesen;* Ggs *antipathisch, unsympathisch* **2** ⟨Med.⟩ *auf dem Sympathikus beruhend, mit ihm verbunden* ♦ sympathische Augenentzündung; ein sehr sympathischer Mensch
**sympathisieren** ⟨V. i.; hat⟩ mit jmdm. od. etwas sympathisieren *eine Neigung zu jmdm. od etwas haben, mit jmdm. übereinstimmen, gleich gestimmt sein* [→ *Sympathie*]
**Symphonie** ⟨f. 19⟩ = *Sinfonie*
**Symposion, Symposium** ⟨n.; -s, -sien⟩ **1** *altgrch. Trinkgelage* **2** *(urspr. dabei geführte) wissenschaftliche Diskussion* **3** ⟨heute⟩ *wissenschaftliche Tagung* [grch.; zu *sympinein* „zusammen trinken"]
**Symptom** ⟨n. 11⟩ *Zeichen, Kennzeichen, Merkmal (bes. einer Krankheit, Entwicklung)* ♦ das ist ein Symptom der Gesellschaft unserer Zeit [< grch. *symptoma;* zu *sympiptein* „zusammenfallen, -treffen"]
**symptomatisch** ⟨Adj.⟩ *auf bestimmten Symptomen beruhend, kennzeichnend, typisch*
**syn..., Syn...** ⟨vor b, p, m⟩ sym..., Sym..., ⟨vor l⟩ syl..., Syl..., ⟨vor s⟩ sy..., Sy... ⟨in Zus.⟩ *mit..., zusammen..., Mit..., Zusammen...* [grch.]
**Synagoge** ⟨f. 19; Rel.⟩ ▼ *Gotteshaus, Tempel der Juden* [< grch. *synagoge* „Versammlung(sort)"; zu *synagein* „zusammenführen"]
**Synapse** ⟨f. 19; Phys.⟩ ► *Kontaktstelle der Neuronen* [zu grch. *synapsis* „eng verbunden"]
**Synästhesie** ⟨f. 19⟩ *Verknüpfung verschiedener Empfindungen, Miterregung eines Sinnesorgans, wenn ein anderes gereizt wird, z. B. Farben beim Hören, Klänge beim Sehen* [zu grch. *synaisthanesthai* „zugleich wahrnehmen"]

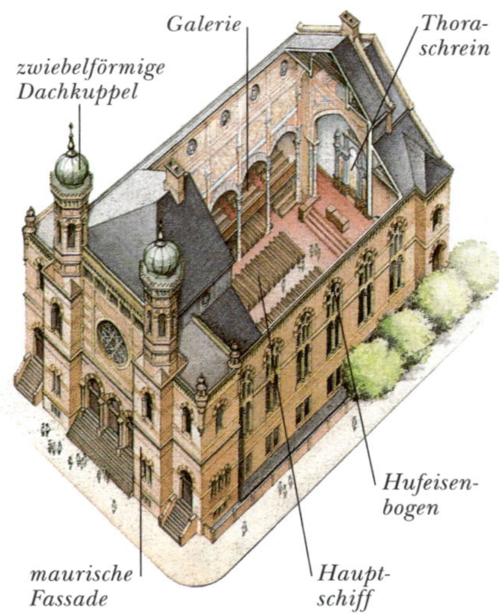


SYNAGOGE: SCHNITT DURCH DIE ZENTRALSYNAGOGE IN NEW YORK, USA

**synchron** ⟨[-kro:n] Adj.⟩ *gleichlaufend, gleichzeitig, zeitl. übereinstimmend;* Ggs *asynchron* [< grch. *syn* „zusammen" + *chronos* „Zeit"]
**Synchrongetriebe** ⟨[-kro:n-] n. 13⟩ ► *synchronisiertes Getriebe*
**Synchronie** ⟨[-kro-] f.; -; unz.; Sprachw.⟩ **1** *Sprachzustand zu einem bestimmten Zeitpunkt* **2** *Untersuchung, Beschreibung eines Sprachzustands;* → a. *Diachronie* [→ *synchron*]
**Synchronisation** ⟨[-kro-] f. 20⟩ **1** ⟨Tech.⟩ *Vorgang u. Ergebnis des Synchronisierens* **2** ⟨Film⟩ *das zeitl. Zusammenbringen von getrennt aufgenommenen Bildern u. Tonbän-*

S

*dern* **3** ⟨bei einem fremdsprachl. Film⟩ *Herstellung eines Tonbandes in der Sprache des Vorführungslandes u. zeitl. Zusammenstimmen mit den Bildern*

**synchronisieren** ⟨[-kro-] V. t.; hat⟩ **1** *gleichschalten, genau aufeinander abstimmen, in gleichen Takt bringen* **2** ⟨Film⟩ *zeitlich zusammenbringen, in Übereinstimmung bringen* ◆ die Drehzahlen eines Getriebes synchronisieren; einen fremdsprachigen Film synchronisieren *der Synchronisation unterwerfen* [→ *synchron*]

**Syndikat** ⟨n. 11⟩ **1** ⟨Rechtsw.⟩ *Amt eines Syndikus* **2** *Form des Kartells mit festen Preisbestimmungen u. eigener Verkaufsorganisation* **3** *in roman. Ländern verbandsartiger Zusammenschluss von Arbeitgebern u. -nehmern nach Branchen* [→ *Syndikus*]

**Syndikus** ⟨m.; -, -diken od. -dizi; Rechtsw.⟩ *ständiger Rechtsbeistand von Wirtschaftsunternehmen, Vereinen usw.* [< grch. *syndikos* „gerichtlicher Beistand" < *syn* „zusammen" + *dike* „Recht"]

**Syndrom** ⟨n. 11; Med.⟩ *Zusammentreffen einzelner, für sich allein uncharakteristischer Symptome zu einem kennzeichnenden Krankheitsbild* [< grch. *syndrome* „Zusammenlauf"]

**Synekdoche** ⟨[-dɔxe:] f. 19; Stil.⟩ *Stilmittel, bei dem etwas Allgemeines durch etwas Besonderes (Abstraktes durch Konkretes, Gattung durch Einzelwesen) od. umgekehrt ersetzt wird,* ◆ z. B. „der Römer" statt „alle Römer", „Schwert" statt „Waffen" [zu grch. *synekdechesthai* „mit verstehen"]

**synergetisch** ⟨Adj.⟩ *zusammenwirkend* [→ *Synergie*]

**Synergie** ⟨f. 19⟩ *das Zusammenwirken* [< grch. *syn* „zusammen" + *ergon* „Werk"]

**Synkope** ⟨[-kɔpe:] f. 19⟩ **1** *Ausfall eines unbetonten Vokals im Innern des Wortes,* z. B. „ew'ger" statt „ewiger" **2** ⟨Metrik⟩ *Ausfall einer Senkung* **3** ⟨Mus. [-ko:pǝ]⟩ *Verlagerung des Akzentes von einem betonten Taktteil auf einen unbetonten durch Zusammenziehung beider (gleicher) Noten zu einer* [zu grch. *synkoptein* „zusammenschlagen"]

**Synkretismus** ⟨m.; -; unz.⟩ *Verschmelzung mehrerer Religionen, verschiedener Auffassungen, Standpunkte usw.* [zu grch. *synkretizein* „verbinden"]

**Synode** ⟨f. 19⟩ **1** *Kirchenversammlung, bes. die evangelische, als Trägerin der Gesetzgebung* **2** ⟨in der kath. Kirche⟩ = *Konzil* **3** *Körperschaft der evang. kirchl. Selbstverwaltung* [< grch. *synodos* „Zusammenkunft" < *syn* „zusammen" + *hodos* „Weg"]

## SYNAPSE

Die Synapse hat die Aufgabe, Informationen von einer Nervenzelle (Neuron) auf eine andere Nervenzelle oder eine Muskelfaser zu übertragen. Sie besteht aus einer prä- und einer postsynaptischen Membran sowie aus einem Endbläschen, zu dem Informationen in Form elektrischer Impulse gelangen, die die Nervenfaser entlanggeleitet werden. Im Endbläschen werden Neurotransmitter an den Spalt abgegeben, welche sich an Rezeptoren heften und dabei die Information abgeben.

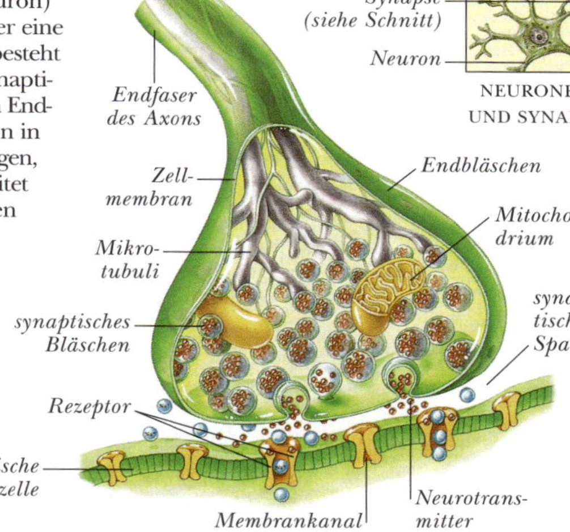


SCHNITT DURCH EINE SYNAPSE

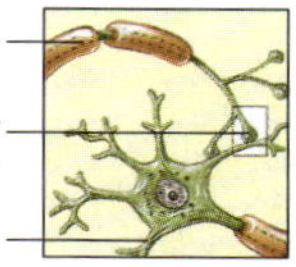


NEURONEN UND SYNAPSE

**synonym** ⟨Adj.⟩ *sinnverwandt, von gleicher Bedeutung* ◆ die Wörter „liebevoll" und „zärtlich" können synonym verwandt werden [< grch. *synonymos* „gleichnamig" < *syn* „zusammen" + *onyma* „Name"]

**Synonym** ⟨n.; -s, -e od. -a⟩ *sinnverwandtes Wort, Wort von gleicher od. ähnlicher Bedeutung;* Ggs *Antonym* [→ *synonym*]

**Synopse** ⟨f. 19⟩, **Synopsis** ⟨f.; -, -opsen⟩ **1** ⟨Theol.⟩ *Zusammenstellung der Berichte gleichen Inhalts aus dem Matthäus-, Markus- u. Lukasevangelium* **2** *Zusammenstellung von Schriften od. Stellen über den gleichen Gegenstand* [< grch. *synopsis* „Übersicht" < *syn* „zusammen" + *opsis* „das Sehen"]

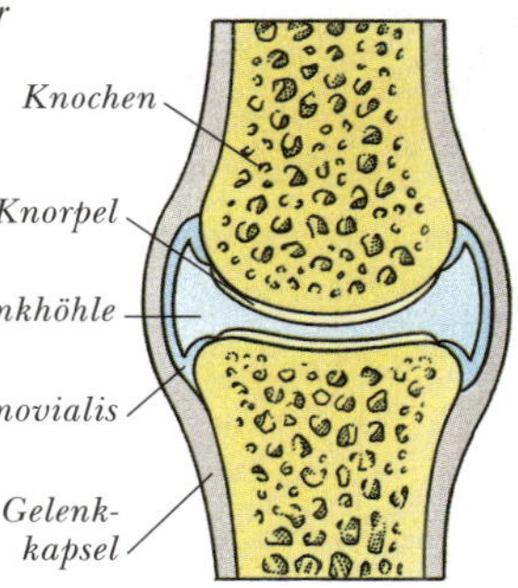


SYNOVIALIS IN EINEM GELENK

**Synovia** ⟨[-vi-] f.; -; unz.; Anat.⟩ *Gelenkschmiere* [< *Syn...* + lat. *ovum* „Eistoff"]

**Synovialis** ⟨[-vi-] f.; -; unz.; Anat.⟩ ▲ *aus Bindegewebe bestehende Innenschicht der Gelenkkapsel: Membrana synovialis*

**Syntax** ⟨f. 20; unz.; Gramm.⟩ *Lehre vom Satzbau;* Sy *Satzlehre* [< grch. *syntaxis* „Anordnung"; zu *syntattein* „zusammenstellen"]

**Synthese** ⟨f. 19⟩ **1** *Aufbau eines Ganzen aus seinen Teilen* **2** *Verbindung zweier gegensätzlicher Begriffe (These u. Antithese) zu einem höheren Dritten* **3** *dieser höhere Begriff selbst* **4** *Aufbau einer chem. Verbindung aus ihren Bestandteilen* [< grch. *synthesis* „Zusammensetzung"]

**Synthesizer** ⟨[-saizǝ(r)] m. 3; Mus.⟩ *Gerät zur Erzeugung verschiedenartiger, künstlicher Töne mittels elektronischer Schaltungen, das in vielen neuen Musikstilen bes. seit den 1980er-Jahren Anwendung findet* [zu engl. *synthesize* „verbinden, verschmelzen"]

**Synthetics** ⟨Pl.⟩ *Textilien aus Chemiefasern* [zu engl. *synthetic* „künstlich, synthetisch"]

**Synthetik** ⟨f. 20; unz.; Math.⟩ *nicht zergliedernde Betrachtungsweise mathematischer Probleme;* Ggs *Analytik*

**synthetisch** ⟨Adj.⟩ **1** *auf Synthese beruhend, mithilfe einer Synthese* **2** *aus einfachsten Stoffen chemisch hergestellt, künstlich hergestellt* ◆ synthetische Methode *vom Allgemeinen zum Besonderen führende Lehrmethode;* synthetische Sprachen ⟨Sprachw.⟩ *Sprachen, in denen die Flexion durch an den Wortstamm angefügte Silben ausgedrückt wird,* z. B. lat. „legi" im Unterschied zu dt. „ich habe gelesen", od. lat. „patris" im Unterschied zu dt. „des Vaters"; Ggs *analytische Sprachen;* synthetisches Urteil ⟨Rechtsw.⟩ *Erweiterungsurteil, Urteil, in dem von einem Gegenstand etwas Neues ausgesagt wird, das nicht bereits in seinem Begriff enthalten ist;* Ggs *analytisches Urteil*

**synthetisieren** ⟨V. t.; hat⟩ *aus einfacheren Stoffen chemisch herstellen* [→ *Synthese*]

**Syntropie** ⟨f. 19⟩ **1** ⟨Med.⟩ *Auftreten von zwei verschiedenen Krankheiten bei einem Kranken* **2** ⟨Phys.⟩ *Zustandsgröße der Thermodynamik, die den Grad von freier Energie angibt, die sich in einem physikalischen System befindet* [< *Syn...* + grch. *tropos* „Wendung, Drehung"]

**Synzytium** ⟨n.; -s, -zytien; Biol.⟩ *durch Verschmelzung vieler Zellen nach Auflösung der*

## SYNCHRONGETRIEBE

Mit Zahnrädern bestückte Getriebe sind vor allem bei Kraftfahrzeugen für die Bewegungsübertragung unerlässlich. Je nach gewünschter Geschwindigkeit, Steigung und Drehzahl des Motors müssen verschiedene Gänge eingelegt werden, was heutzutage mittels eines Synchrongetriebes geschieht. Dieses enthält eine Gleichlaufschaltung, die dafür sorgt, dass die Zahnräder dauernd im Eingriff sind, wobei das gewählte Zahnrad schließlich durch eine Schiebemuffe kraftübertragend wird und auf diese Weise das Fahrzeug fortbewegt.

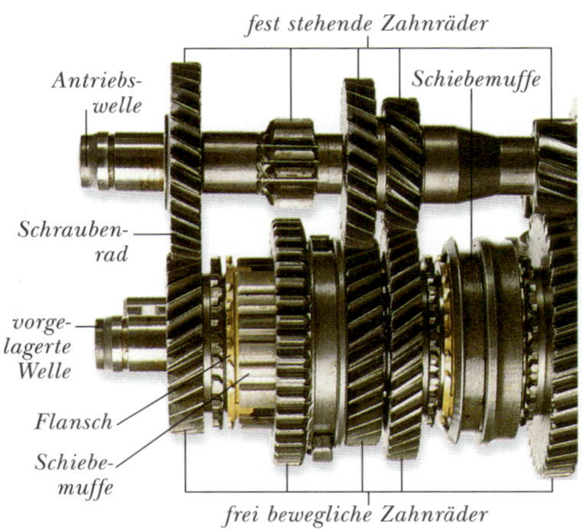


SYNCHRONGETRIEBE

S

*Zellgrenzen entstandene, vielkernige Plasmamasse* [< nlat. *syncytium* < grch. *syn* „zusammen" + *kytos* „Hohlkörper, Zelle"]

**Syphilis** ⟨f.; -; unz.; Med.⟩ *wegen ihrer spät auftretenden Folgen bes. gefährliche Geschlechtskrankheit;* Sy *Lues* [nach dem Schäfer *Syphilus* in Fracastoros Gedicht „Syphilis sive Morbus Gallicus" (1530)]

**Syrer, Syrier** ⟨m. 3⟩ **1** *Einwohner von Syrien* **2** *jmd., der aus Syrien stammt*

**Syrinx** ⟨f.; -, Syringen⟩ **1** ⟨Zool.⟩ *Stimmorgan der Vögel* **2** ⟨Mus.⟩ ► = *Panflöte* [grch., eigtl. „Röhre"]

**syrisch** ⟨Adj.⟩ *Syrien, die Syrer betreffend, dazu gehörig, von dort, von ihnen stammend* ◆ syrische Sprache *urspr. im NW Mesopotamiens beheimatete, heute nur noch in einigen Sprachinseln lebende semit. Sprache*

**Syrologie** ⟨f. 19; unz.⟩ *Wissenschaft von der Geschichte, Kultur u. den Sprachen Syriens* [< *Syrien* + grch. *logos* „Wort, Lehre, Kunde, Rede"]

**System** ⟨n. 11⟩ **1** *in sich geschlossenes, geordnetes u. gegliedertes Ganzes, Gesamtheit, Gefüge von Teilen, die voneinander abhängig sind, ineinander greifen od. zusammenwirken, z. B. von Straßen, Flüssen, Lauten (einer Sprache)* **2** *Gesamtheit von Anschauungen, Lehrgebäude* **3** *Gesellschaftsordnung, Staatsform* **4** *Methode, Prinzip* **5** ⟨Biol.⟩ *Einteilung von Tieren u. Pflanzen in übersichtl. Gruppen, die entwicklungsgeschichtlich verwandt sind* **6** ⟨Phys.⟩ *Gesamtheit von Körpern, Feldern usw., die voneinander abhängig sind u. als Ganzes betrachtet werden* ◆ das System einer Wissenschaft; ein korruptes, totalitäres System; das herrschende System ablehnen, bekämpfen, unterstützen; ein ausgeklügeltes System; in seinem Verhalten liegt System *berechnete Absicht* [< grch. *systema* „Gebilde" < *syn* „zusammen" + *histanai* „stellen"]

SZILLA: SIBIRISCHER BLAUSTERN
*(Scilla siberica)*

**Systemanalyse** ⟨f. 19; EDV⟩ **1** *Zerlegung einer gestellten Aufgabe in zahlreiche Einzelschritte u. deren computergerechte Programmierung* **2** *Untersuchung der Eignungsmöglichkeiten eines Computers für die Lösung eines speziellen Problems*

**Systematik** ⟨f. 20⟩ **1** *Aufbau eines Systems, Kunst, ein System aufzubauen* **2** *Lehre vom System einer Wissenschaft*

**systematisch** ⟨Adj.⟩ **1** *auf einem System beruhend, in ein System gebracht* **2** *nach einem bestimmten System geordnet od. gegliedert* **3** *sinnvoll u. folgerichtig* ◆ systematisch arbeiten, denken; systematisch geordnet

**systematisieren** ⟨V. t.; hat⟩ *in ein System bringen, nach einem System ordnen, aufbauen, gliedern*

**systemkonform** ⟨Adj.; Pol.⟩ *mit einem politischen System in Übereinstimmung (denkend, handelnd)* ◆ systemkonforme Ansichten

**Systemkritiker** ⟨m. 3; Pol.⟩ *Kritiker des politischen Systems des eigenen Staates*

**Systemtheorie** ⟨f. 19; Soziol.⟩ *Wissenschaft von der Beschreibung u. Erklärung natürlicher, sozialer od. technischer Systeme, deren Strukturen u. Funktionen sich gegenseitig bedingen u. beeinflussen;* → a. *Kybernetik*

**Systole** ⟨f.; -, -n⟩ *Zusammenziehung des Herzmuskels;* → a. *Diastole* [grch., „Einschränkung"; zu *systellein* „zusammenziehen"]

**Szenario** ⟨n. 15⟩ **1** *Beschreibung einer möglichen Abfolge von Ereignissen, Zukunftsmodell, Plan, wie etwas ablaufen soll* **2** *Landschaft, Schauplatz* [< ital. *scenario*]

**Szenarium** ⟨n.; -s, -rien⟩ **1** *Verzeichnis aller zu einer Theateraufführung notwendigen Requisiten, Dekorationen, der technischen Vorgänge usw.* **2** ⟨Film⟩ *literarischer Teil eines Drehbuches* **3** ⟨allg.; geh.⟩ *Schauplatz* ◆ das Szenarium eines Ereignisses, Vorgangs, Geschehens [→ *Szene*]

**Szene** ⟨f. 19⟩ **1** *Schauplatz, Bühne, Teil eines Aktes, Auftritt, Bild* **2** *Vorgang, Anblick* **3** ⟨umg.⟩ *Bereich, in dem etwas gilt, in dem sich etwas abspielt* (Rauschgiftszene, Musikszene) **4** ⟨Jargon⟩ *Treffpunkt von Rauschgiftsüchtigen* **5** ⟨fig.; umg.⟩ *Zank, heftiger Streit* ◆ erster Akt, dritte Szene; eine Szene **filmen,** proben; jmdm. eine Szene **machen** ⟨fig.; umg.⟩ *heftige, laute Vorwürfe machen* ◆ es kam zu **ärgerlichen,** hässlichen Szenen ⟨fig.; umg.⟩ ◆ ein Stück **in** Szene setzen *zur Aufführung vorbereiten, inszenieren* [< frz. *scène* „Szene" < grch. *skene* „Schattenraum, Zelt", im Theater das Zelt hinter der Bühne, später das ganze Bühnengerüst, daraus die heutigen Bedeutungen]

**Szenen...** ⟨in Zus.⟩ → a. *Bühnen...*

**Szenenapplaus** ⟨m. 1; unz.; bes. Theat.⟩ *Applaus während einer Szene bei offener Bühne*

**Szenenwechsel** ⟨[-ks-] m. 5; Theat.⟩ *Bildwechsel mit Veränderung der Kulissen, Übergang von einem Schauplatz zu einem anderen*

**Szenerie** ⟨f. 19⟩ **1** *Bühnendekoration* **2** *Rundblick, Landschaftsbild, Gegend* [→ *Szene*]

**Szilla** ⟨f.; -, Szillen; Bot.⟩ ◄ *Angehörige einer Gattung der Liliengewächse (Liliaceae) mit kleinen, blau, seltener weiß od. violett blühenden Pflänzchen: Scilla;* Sy *Blaustern, Zille*[2] [< nlat. *scilla* < grch. *skilla*]

**Szylla** ⟨[stsyla] f.; -; unz.⟩ = *Scylla*

**Szythe** ⟨m. 17; in der Antike⟩ *Bewohner der südrussischen Steppe;* oV *Skythe*

# T

**t 1** ⟨Abk. für⟩ *Tonne (2)* **2** ⟨Zeichen für⟩ *Zeit (Tempus)*

**T 1** ⟨Abk. für⟩ *Tara* **2** ⟨Zeichen für⟩ *Tera...*

**Tab** ⟨[tab] od. engl. [tæ:b] m. 1⟩ **1** ⟨kurz für⟩ *Tabulator* **2** *vorspringender Teil einer Karteikarte zur Kennzeichnung*

TABAK: VIRGINISCHER TABAK *(Nicotiana tabacum)*

**Tabak** ⟨m. 1⟩ **I** ⟨Bot.; unz.⟩ ► *Angehöriger einer Gattung nikotinhaltiger Nachtschattengewächse: Nicotiana;* Sy *Tabakstrauch* **II** ⟨zählb.⟩ *aus der Tabakpflanze hergestelltes Genussmittel* (Zigarettentabak, Pfeifentabak, Kautabak, Schnupftabak) ◆Tabak anbauen, beizen, ernten; Tabak kauen, rauchen, schnupfen [< frz. *tabac* (a. *tobaco*) < span. *tabaco,* vermutl. < karaibisch *tobaco, taboca,* nach der Insel *Tobago* (Kl. Antillen)]

**Tabakstrauch** ⟨m. 2u; Bot.⟩ ► = *Tabak (I)*

**tabellarisch** ⟨Adj.⟩ *in Form einer Tabelle, von Tabellen* ◆einen Lebenslauf in tabellarischer Form verfassen

**Tabelle** ⟨f. 19⟩ **1** *Übersicht von Zahlen, Begriffen o. Ä. in Spalten od. Listen* **2** ⟨Sp.⟩ *Rangliste (von Mannschaften, Sportlern)* ◆die Tabelle anführen; eine Tabelle anlegen [< lat. *tabella* „Täfelchen"; Diminutivform zu *tabula*]

**Tabernakel** ⟨n. 13 od. m. 5; bes. kath. Kirche⟩ *Altarschrein zum Aufbewahren der geweihten Hostie, Hostienschrein* [< lat. *tabernaculum,* Verkleinerungsform zu *taberna* „Hütte"]

**Tableau** ⟨[-blo:] n. 15⟩ **1** ⟨Theat.⟩ *wirkungsvoll gruppiertes Bild* **2** ⟨El.⟩ *Meldetafel* **3** ⟨österr.⟩ *Tabelle, Übersicht* [frz. < lat. *tabula* „Tafel"]

**Tablett** ⟨n. 15 od. n. 11⟩ *kleines Brett mit erhöhtem Rand zum Auftragen von Geschirr, Speisen usw.* [< frz. *tablette* „Täfelchen"; Verkleinerungsform zu *table* „Tisch" < lat. *tabula*]

**Tablette** ⟨f. 19⟩ *in kugelige, flache od. ovale Form gepresstes Arzneimittel* [→ *Tablett*]

**tabu** ⟨Adj.; nur präd.⟩ **1** *unantastbar, heilig, geheiligt* **2** *verboten* ◆das ist tabu (für sie, ihn) [aus einer Eingeborenenspr. Polynesiens (Tonga-Inseln), urspr. Bez. für gottgeweihte Dinge, die nicht berührt u. besprochen werden dürfen]

**Tabu** ⟨n. 15⟩ **1** ⟨bei Naturvölkern⟩ *Vorschrift, gewisse Gegenstände, Personen, Tiere, Pflanzen, Nahrungsmittel usw. zu meiden* **2** ⟨allg.⟩ *herkömml. Vorschrift (innerhalb einer Gesellschaft), über etwas nicht zu sprechen od. etwas nicht zu tun* ◆etwas mit einem Tabu belegen; Tabus beseitigen; ein Tabu verletzen [→ *tabu*]

**Tabulator** ⟨m. 23⟩ *Einstelltaste zum Erstellen von Tabellen o. Ä. an Schreibmaschinen, EDV-Anlagen, die ein sprunghaftes Weiterrücken des Cursors bewirkt;* Sy ⟨kurz⟩ *Tab (1)* [zu lat. *tabula* „Brett, Tafel"]

**Tacheles** ⟨nur in der Fügung⟩ Tacheles reden **1** *zur Sache kommen, von geschäftlichen Dingen reden* **2** *offen miteinander reden* [< jidd. *tachlis* „Endzwecke"]

**Tachometer** ⟨n. 13⟩ *Geschwindigkeitsmesser* [< grch. *tachos* „Geschwindigkeit" + *metron* „Maß"]

**Tacker** ⟨m. 3⟩ *kleines Gerät zum Befestigen von Heftklammern* [zu engl. *tack* „anheften, befestigen"]

**Tadel** ⟨m. 5⟩ **1** *missbilligende Äußerung, Rüge, Verweis* **2** *Mangel, Gebrechen, Unvollkommenheit* ◆einen Tadel bekommen, ⟨umg.⟩ einstecken; ihn trifft kein Tadel [< mhd. *tadel* statt *zadel* < ahd. *zadal;* Herkunft nicht vollständig geklärt: urspr. „Mangel, Gebrechen", im 17. Jh. vom abgeleiteten Verb *tadeln* beeinflusst, daher die Bedeutung „Vorwurf"]

**tadeln** ⟨V. t.; hat⟩ jmdn. od. etwas tadeln *Unwillen, Missfallen über jmdn. od. etwas äußern, abfällig beurteilen, bemängeln, rügen* ◆jmds. Verhalten tadeln; an seinem Verhalten gibt es überhaupt nichts zu tadeln [→ *Tadel;* urspr. „verunglimpfen"]

**Tadschike** ⟨m. 17⟩ *Angehöriger eines iran. Volksstammes in Mittelasien*

**tadschikisch** ⟨Adj.⟩ *die Tadschiken, Tadschikistan betreffend, dazu gehörig, von dort, von ihnen stammend* ◆tadschikische Sprache *zu den iran. Sprachen gehörende Sprache der Tadschiken*

**Taekwondo** ⟨[tɛ-] n.; -; unz.⟩ ▼ *koreanische Form der waffenlosen Selbstverteidigung*

**Taf.** ⟨Typ.; Abk. für⟩ *Tafel (10)*

**Tafel** ⟨f. 21⟩ **1** *breites Brett, größere Platte* **2** ⟨El.⟩ *Brett od. brettförmiges Gerät mit Schaltern, Instrumenten usw.* (Schalttafel) **3** *Gesamtheit von Tabellen* (Logarithmentafel) **4** *aufgehängtes Brett mit Anzeigen, Mitteilungen, großes Schild* (Anschlagtafel, Aushängetafel) **5** ► *Stein-, Metallplatte mit Inschrift* (Gedenktafel) **6** *plattenförmiges Stück* (Schokoladentafel) **7** ⟨kurz für⟩ *an der Wand hängende (Schul-)Tafel zum Anschreiben von Aufgaben u. a. mit Kreide* **8** *langer Tisch, Speisetisch, gedeckter Tisch* **9** ⟨fig.⟩ *festl. Mahlzeit an der Speisetafel* **10** ⟨Typ.; Abk.: Taf.⟩ *ganzseitige Illustration (in Büchern)* ◆zwei Tafeln **Schokolade** ◆eine Tafel (am Haus usw.) **anbringen** ◆eine **festliche,** festlich gedeckte, geschmückte, reich besetzte Tafel ◆etwas **an** die Tafel schreiben *Wandtafel;* er führte die Dame des Hauses **zur** Tafel; zur Tafel bitten *zur Mahlzeit* [< ahd. *tavala, tabala* < lat. *tabula* „Brett"]

TAEKWONDO: AXTKICK

**tafeln** ⟨V. i.; hat⟩ *an der Tafel sitzen und gut essen und trinken*

**täfeln** ⟨V. t.; hat⟩ *mit Holztafeln verkleiden* ◆eine Wand, Zimmerdecke täfeln; getäfelte Decke

**Tafelobst** ⟨n.; -es; unz.⟩ *schönes, fehlerfreies Obst guter Sorten (eigtl. zur Mahlzeit an der festl. Tafel)*

**Tafelspitz** ⟨m. 1; österr.⟩ *Hüftstück vom Rind*

**Täfelung** ⟨f. 20⟩ **1** *das Täfeln* **2** *Wand- od. Deckenverkleidung mit Holztafeln*

**Tafelwein** ⟨m. 1; nach dem Weingesetz von 1971⟩ *unterste Stufe der Qualität eines Weins*

**Taft** ⟨m. 1⟩ **1** ⟨Textilw.⟩ *steifer, glänzender Seiden- od. Halbseidenstoff für Kleider u. als Futter* **2** = *Haarlack* ◆ein Kleid ganz aus Taft (gearbeitet) [< mlat. *taffeta* < pers. *taftah,* eigtl. „gewebt"]

**Tag** ⟨m. 1⟩ **1** ⟨Phys. u. Astron.; Zeichen: d⟩ *Zeitspanne einer Erdumdrehung, Zeit von 24 Stunden, von Mitternacht bis Mitternacht gerechnet* **2** *ein bestimmter Tag im Ablauf des Jahres od. der Jahre, Datum* **3** *die helle Zeit des Tages* **4** *Tagewerk, Arbeitszeit an einem Tag* (8-Stunden-Tag) **5** ⟨in Zus.⟩ *Versammlung von Abgeordneten* (Reichstag, Bundestag, Landtag, Kirchentag) ◆er muss jeden Tag ankommen ⟨umg.⟩ *sehr bald;* bei **Anbruch** des Tages; die **Forderung** des Tages *das im Augenblick Nötige, Wichtigste;* ich habe seit **Jahr** und Tag nichts von ihm gehört *seit langem;* im **Laufe** des (heutigen) Tages; Tag und **Nacht** arbeiten ◆**abnehmen:** die Tage nehmen ab, nehmen zu, werden kürzer, länger; sie **hat** ihre Tage ⟨umg.⟩ *sie hat ihre Menstruation;* der Tag **neigt** sich, sinkt, geht zur Neige ◆alle acht Tage ⟨umg.⟩ *jede Woche einmal;* **einige,** etliche, ein paar, viele, wenige Tage; ein **bedeutender,** großer, historischer, kalter, nebliger, regnerischer, sonniger Tag; **erholsame,** frohe, heitere Tage verbringen; ich habe den **ganzen** Tag auf dich gewartet; er kam noch am **gleichen,** selben Tag; **guten** Tag!, ⟨umg. a.⟩ Tag! *(Grußformel);* er hat heute seinen guten, schlechten Tag *er ist heute gut, schlecht aufgelegt, gelaunt;* der **kürzeste,** längste Tag des Jahres *der 22.12. bzw. 22.6.;* er redet viel, wenn der Tag **lang** ist ⟨umg.⟩ *man kann nichts auf seine Worte geben;* den **lieben** langen Tag faulenzen *immerzu* ◆ein Verbrechen **an** den Tag bringen *es aufdecken;* auch das wird an den Tag kommen *offenbar werden;* er legte eine überraschende Sachkenntnis an den Tag *zeigte, offenbarte;* an manchen Tagen geht es mir schon recht gut; an welchem Tag bist du geboren?; am folgenden, nächsten Tag; früh, spät am Tage; er kommt **auf** ein paar Tage zu uns; auf meine alten Tage, in meinen alten Tagen fange ich damit nicht mehr an *in meinem hohen Alter;* er kommt **für** ein paar Tage zu uns; **in** den nächsten Tagen wird es sich entscheiden; in den Tag hinein leben ⟨fig.⟩ *sorglos, ohne sich Gedanken um die Zukunft zu machen;* **unter** Tage arbeiten ⟨Bgb.⟩ *in der Grube;* **vor** einigen Tagen; ein Unterschied **wie** Tag und Nacht *ein sehr krasser Unterschied* [< ahd. *tag*]

TAFEL MIT DER BABYLONISCHEN WELTSICHT

T

**tagaktiv** ⟨Adj.⟩ *tagsüber die zum Leben notwendigen Aktivitäten entwickelnd, nachts schlafend* (von Tieren); Ggs *nachtaktiv*

**Tagbau** ⟨m. 1; oberdt.; Bgb.⟩ = *Tagebau*

**Tagdienst** ⟨m. 1⟩ *Dienst während des Tages;* Ggs *Nachtdienst*

**Tagebau** ⟨m. 1; Bgb.⟩ *Bergbau an der Erdoberfläche;* oV ⟨oberdt.⟩ *Tagbau*

**Tagebuch** ⟨n. 12u⟩ **1** *Buch, in dem man sich täglich (od. häufig) Aufzeichnungen, bes. über Erlebnisse, Gedanken, macht* **2** *Geschäftsbuch, in das die tägl. Geschäfte eingetragen werden* ◆ ein Tagebuch führen

**Tagegeld** ⟨n. 12⟩ *Vergütung für die Arbeit od. Unkosten eines Tages, z. B. bei Reisenden*

**Tagelöhner** ⟨m. 3⟩ *Arbeiter, der täglich bezahlt wird u. dessen Arbeitsverhältnis täglich gelöst werden kann*

**tagen**[1] ⟨V. i.; hat; unpersönl.⟩ es tagt **1** *es wird Tag, der Tag bricht an* **2** ⟨schweiz. a.⟩ *man kann ein Ende absehen* ◆ es tagt mit der Arbeit; es beginnt zu tagen *der Tag bricht an*

**tagen**[2] ⟨V. i.; hat⟩ *eine Tagung, Sitzung abhalten* ◆ das Kollegium tagt schon seit zwei Stunden; das Parlament tagt; wir tagten bis zum frühen Morgen ⟨fig.; umg.⟩ *wir feierten* [zu *Tag* in der Bedeutung „Versammlung"]

**Tagesanbruch** ⟨m. 1u; unz.⟩ *Anbruch des Tages* ◆ bei, vor Tagesanbruch

**Tageskurs** ⟨m. 1⟩ **1** ⟨Börse⟩ *Preis einer Aktie od. Devise für einen bestimmten Tag* **2** *einen Tag lang dauernder Unterrichtskurs* ◆ Devisen zum Tageskurs kaufen

**Tageslicht** ⟨n. 12; unz.⟩ *Licht des Tages, natürl. Licht* ◆ er scheut das Tageslicht ⟨fig.⟩; bei Tageslicht arbeiten; ein Verbrechen kommt ans Tageslicht *wird offenbar, wird aufgedeckt*

**Tageslichtprojektor** ⟨m. 23⟩ = *Overheadprojektor*

**Tagesordnung** ⟨f. 20⟩ *Reihenfolge der Themen, die bei einer Versammlung behandelt werden sollen* ◆ Autodiebstähle sind jetzt an der Tagesordnung ⟨fig.; umg.⟩ *ereignen sich häufig;* ein Thema auf die Tagesordnung setzen; ein Thema von der Tagesordnung absetzen, streichen; zur Tagesordnung übergehen *die Beratung beginnen;* ⟨fig.; umg.⟩ *eine Sache nicht beachten, sich über etwas hinwegsetzen*

**Tagessatz** ⟨m. 1u⟩ **1** ⟨Med.⟩ *tägliche Festkosten für Krankenhaus-, Heimaufenthalte o. Ä.* **2** ⟨Rechtsw.⟩ *nach dem Einkommen bemessene Einheit für Geldstrafen*

**Tagfalter** ⟨m. 3; Zool.⟩ **1** ⟨i. w. S.⟩ *am Tage fliegender Schmetterling;* ► *Insekten* **2** ⟨i. e. S.⟩ ► *Angehöriger einer Überfamilie der Schmetterlinge, fast stets bei Tage fliegend, in den meisten Fällen mit am Ende keulen- od. knopfartig verdickten Fühlern: Papilionoidae*

**...tägig** ⟨Adj.; in Zus.⟩ *eine bestimmte od. unbestimmte Zahl von Tagen dauernd,* z. B. dreitägig (⟨in Ziffern⟩ 3-tägig), zehntägig; ganztägig, halbtägig, mehrtägig; → a. *...täglich*

**täglich** ⟨Adj.⟩ **1** *jeden Tag, an jedem Tag, für jeden Tag, einen Tag während* **2** *nach einer bestimmten Zahl von Tagen wiederkehrend* ◆ meine tägliche Arbeit; tägliches Geld ⟨an der Börse⟩ *innerhalb eines Tages kündbare Darlehen;* ⟨im Bankverkehr⟩ *jederzeit ohne Kündigung abhebbare Darlehen*

TAGPFAUENAUGE
*(Inachis io)*

**...täglich** ⟨Adj.; in Zus.⟩ *nach einer bestimmten Anzahl von Tagen regelmäßig wiederkehrend* ◆ in dreitäglichem Wechsel; die Zeitung erscheint vierzehntäglich ( ⟨in Ziffern⟩ 14-täglich); → a. *...tägig*

**Taglilie** ⟨[-liə] f. 19; Bot.⟩ *Angehörige einer Gattung der Liliengewächse mit schmalen, grundständigen Blättern u. großen, gelben od. orangefarbenen, wohlriechenden Blüten: Hemerocallis*

**Tagpfauenauge** ⟨n. 28; Zool.⟩ ▲ *Tagschmetterling von braunrotem Grundton mit je einem bläulich bunt schillernden Fleck („Pfauenauge") auf den vier Flügen: Inachis io*

**tags** ⟨Adv.⟩ *am Tage* ◆ tags darauf; tags zuvor [→ *Tag*]

**Tagschicht** ⟨f. 20⟩ *während des Tages geleistete Schicht;* → a. *Nachtschicht*

**tagsüber** ⟨Adv.⟩ *während des Tages*

**tagtäglich** ⟨Adj.⟩ *jeden Tag, immerzu*

**Tagundnachtgleiche** ⟨f. 19⟩ *Tag, an dem Tag u. Nacht gleich lang sind;* Sy *Äquinoktium* ◆ Frühlings-Tagundnachtgleiche *21. März;* Herbst-Tagundnachtgleiche *23. September*

**Tagung** ⟨f. 20⟩ *Versammlung, (längere) Beratung, Sitzung* [→ *tagen*[2]]

TAI-CHI: TIEFE PEITSCHENSTELLUNG

**Tai-Chi** ⟨[-tʃiː] n.; - od. -s; unz.⟩ **1** ⟨Philos.⟩ *der Urgrund des Seins, aus dem alles hervorgeht* **2** ⟨Sp.⟩ ▲ *Übungen mit langsamem, ruhigem Bewegungsablauf, Schattenboxen* [chin., „das höchste Prinzip; der große Balken"]

**Taifun** ⟨m. 1⟩ *Wirbelsturm, bes. an den Küsten Südostasiens* [< chin. *tai fung* „großer Wind", vermischt mit engl. *typhoon* < grch. *typhon* „Wirbelsturm"]

**Taiga** ⟨f.; -; unz.; Geol.⟩ *sumpfiges Waldgebiet, besonders in Sibirien* [russ.; zu türk. *dag* „Gebirge"]

**Taille** ⟨['taljə] f. 19⟩ **1** ⟨Anat.⟩ *Körperteil zwischen Hüfte u. Brust, Gürtelgegend* **2** *Leibchen, Mieder* ◆ sie hat eine schlanke Taille; ein Anzug, Kleid ist auf Taille gearbeitet *in der Taille anliegend;* das Kleid sitzt auf Taille [frz., „Einschnitt"; zu *tailler* „schneidern"]

**taillieren** ⟨[ta'jiːrən] V. t.; hat⟩ **1** *etwas in der Taille eng Anliegendes schneidern* (Anzug, Kostüm) **2** ⟨Kart.⟩ die Karten taillieren *aufdecken*

**Takel** ⟨n. 13; Mar.⟩ ◄ *Winde (zum Straffen von Tauen);* Sy *Talje* [< mnddt. *takel*]

**Takelage** ⟨[-ʒə] f. 19; Mar.; bei Segelschiffen⟩ ►► *die gesamte Segeleinrichtung einschließlich der Masten*

TAKEL

**Takeoff,** ⟨auch⟩ **Take-off** ⟨[tɛik'ɔf] n. 15⟩ **1** *Start (einer Rakete od. eines Flugzeugs)* **2** ⟨Drogenszene⟩ **2.1** *Einnahme von Rauschgift* **2.2** *Rauschzustand* [engl., „abnehmen, von Bord bringen"]

**Takt** ⟨m. 1⟩ **1** ⟨Mus.⟩ **1.1** *rhythm. Maßeinheit eines Musikstücks, am Anfang durch Bruchzahlen ($^3/_4$, $^4/_4$, $^6/_8$), innerhalb des Stückes durch senkrechte Taktstriche gekennzeichnet* **1.2** *der zwischen Taktstriche eingeschlossene kleinste Teil eines aufgezeichneten Musikstückes* **2** *regelmäßiger Schlag, regelmäßige Bewegung (von Maschinen)* **3** *Abschnitt bei der Arbeit am Fließband* **4** ⟨EDV⟩ *Zeit zwischen zwei Steuerungs- od. Arbeitsschritten einer EDV-Anlage* **5** ⟨fig.⟩ *Gefühl für richtiges Verhalten, Einfühlungsvermögen u. entsprechende Handlungsweise, Zartgefühl* ◆ er pfiff ein paar Takte des **Liedes;** hier sind drei Takte **Pause** ◆ den Takt **angeben** ⟨a. fig.⟩ *der Führende sein;* den Takt **schlagen** ⟨Mus.⟩ ◆ jmdm. Mangel **an** Takt vorwerfen ⟨fig.⟩; ich bin **aus** dem Takt gekommen ⟨Mus.⟩; **im** Takt arbeiten, marschieren, spielen, turnen; eine Angelegenheit **mit** Takt behandeln ⟨fig.⟩ [< lat. *tactus* „Berührung"; zu *tangere;* im 16. Jh. „Schlag, der den Rhythmus angibt", daraus die heutige musikal. Bedeutung; im 18. Jh. unter frz. Einfluss a. „Gefühl für Rhythmus", ⟨fig.⟩ „Gefühl für Schicklichkeit"]

**taktieren**[1] ⟨V. i.; hat; Mus.⟩ *den Takt schlagen, durch Handbewegungen angeben*

**taktieren**[2] ⟨V. i.; hat⟩ *taktisch vorgehen, eine bestimmte Taktik anwenden*

**Taktik** ⟨f. 20⟩ **1** *Kunst der Mannschaftsführung während des (militär. od. sportl.) Kampfes* **2** ⟨fig.⟩ *geschicktes, planmäßiges Vorgehen* ◆ eine bestimmte, raffinierte Taktik verfolgen ⟨fig.⟩ [< grch. *taktike (techne)* „Kunst der Anordnung"; zu *tattein* „aufstellen"]

**taktil** ⟨Adj.⟩ *auf dem Tastsinn beruhend* ◆ taktiler Typ ⟨Psych.⟩ *motorischer Typ* [< lat. *tactilis;* zu *tactus,* Part. Perf. von *tangere* „berühren"]

**taktisch** ⟨Adj.⟩ *die Taktik betreffend, auf ihr beruhend* ◆ taktischer Fehler; das ist taktisch falsch, unklug; taktische Waffen ⟨Mil.⟩ *Waffen von relativ geringer Reichweite u. Wirkung;* → a. *strategisch;* taktische Zeichen *symbolhafte Darstellungen von Truppenteilen, Waffengattungen, Waffen, Grenzen usw. in Lagekarten, Gliederungsdarstellungen, Hinweisschildern*

**taktlos** ⟨Adj.; -er, am -esten⟩ *ohne Taktgefühl, verletzend* ◆ taktloses Benehmen, Verhalten [→ *Takt*]

**Taktstock** ⟨m. 1u; Mus.⟩ *dünner, kurzer Stab, mit dem der Dirigent den Takt angibt*

**Taktstrich** ⟨m. 1; Mus.; in der Notenschrift⟩ *senkrechter Strich durch das Liniensystem zur Bezeichnung des Anfangs und Endes des Taktes*

**taktvoll** ⟨Adv.⟩ *Taktgefühl besitzend, voll Einfühlungsvermögen, zart fühlend* ◆ er ist sehr taktvoll; er ging taktvoll darüber hinweg; taktvoll schweigen

**Tal** ⟨n. 12u⟩ *meist durch ein fließendes Gewässer oder durch Gletscher entstandener, lang gestreckter Einschnitt in der Erdoberfläche* (Flusstal) ◆ über **Berg** und Tal wandern ◆ das Tal **verengt** sich, weitet sich ◆ ein **breites,** enges, weites Tal; ein **dunkles,** einsames, liebliches, stilles Tal ◆ der Fluss schlängelt sich **durch** das Tal; **zu** Tal; zu Tal fahren [< ahd. *tal*]

**Talar** ⟨m. 1⟩ *weites, weitärmeliges, bis zu den Knöcheln reichendes schwarzes Obergewand, Amtstracht von Geistlichen, Richtern u. a.* [< lat. *talaris (ornatus)* „bis zum Knöchel reichendes (Gewand)"; zu *talus* „Knöchel"]

T

# TAGFALTER

Tagfalter, die gemeinsam mit den Nachtfaltern die über 200 000 Arten umfassende Insektenordnung der Schmetterlinge bilden, lassen sich leicht an ihren bunten Farben und den keulenförmigen Fühlern erkennen. Sie fliegen nur tagsüber und klappen ihre Flügel in Ruhephasen aufrecht über dem Körper zusammen. Ihre Mundwerkzeuge bestehen wie bei allen Schmetterlingen aus einem langen, aufrollbaren Saugrüssel, mit dem sie Flüssigkeiten aufnehmen. Schmetterlinge durchlaufen eine vollständige Metamorphose, die vom Ei über die Larve bzw. Raupe und die Puppe zum voll ausgebildeten Falter führt.

ANATOMIE EINES SCHMETTERLINGS

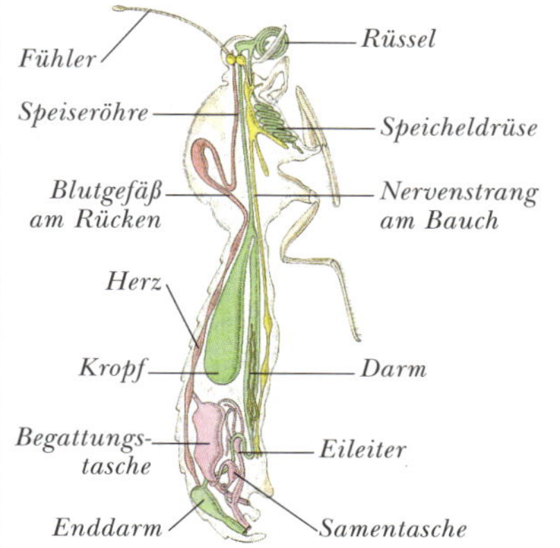

ÄUSSERE MERKMALE EINES SCHWALBENSCHWANZES (*Papilio* species)

## VERSCHIEDENE TAGFALTERFAMILIEN

### RITTER- UND VOGELFALTER

VOGELFALTER (*Ornithoptera* species)

TIGERSCHWALBENSCHWANZ (*Papilio glaucus*)

APOLLOFALTER (*Parnassius apollo*)

### DICKKOPFFALTER

ART: *Epargyreus clarus*

ART: *Euschemon rafflesia*

ART: *Phocides polybius*

### WEISSLINGE

KOHLWEISSLING (*Pieris brassicae*)

BAUMWEISSLING (*Aporia crataegi*)

ZITRONENFALTER (*Gonepteryx cleopatra*)

### BLÄULINGE

HIMMELBLAUER BLÄULING (*Lysandra bellargus*)

HIMMELBLAUER STEINKLEEBLÄULING (*Glaucopsyche alexis*)

GROSSER FEUERFALTER (*Lycaena dispar*)

### SCHECKENFALTER

TRAUERMANTEL (*Nymphalis antiopa*)

MORPHOFALTER (*Morpho menelaus*)

MONARCHFALTER (*Danaus plexippus*)

## TAKELAGE

Takelage nennt man die Masten, die Stengen und das Tauwerk eines Schiffes. Letzteres wird unterteilt in unbewegliche Taue (stehendes Gut), mit denen Masten verspannt werden, und bewegliche Taue (laufendes Gut), mit denen z. B. Segel aufgezogen werden.

TAKELAGE EINES MIT KANONEN BESTÜCKTEN KRIEGSSCHIFFES, 18. JH.

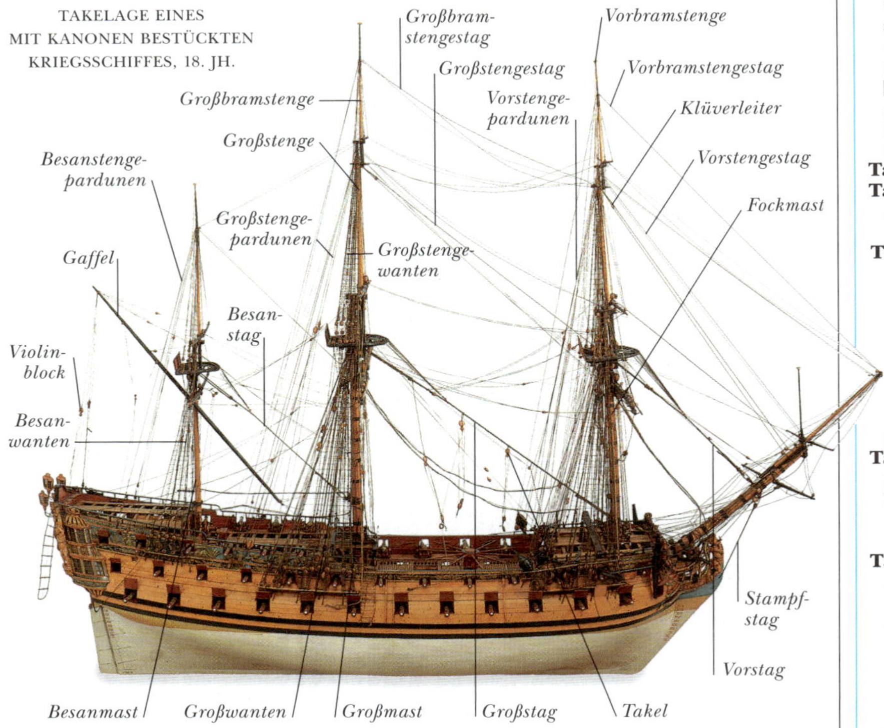


**Talent** ⟨n. 11⟩ **1** *antikes Gewicht (60 Minen = 36 kg) u. ihm entsprechende Geldeinheit (6000 Drachmen)* **2** ⟨fig.⟩ *angeborene Begabung, Fähigkeit, doch keine schöpferische wie beim Genie* **3** *talentvoller Mensch* ◆ sein Talent **entfalten,** entwickeln, verkümmern lassen; er **hat** ein Talent, immer gerade das Falsche zu sagen, zu tun ⟨umg.; scherzh.⟩ ◆ er ist ein **großes,** starkes, musikalisches Talent [< lat. *talentum* < grch. *talanton,* urspr. „Waage, das Gewogene"; im NT (Matth. 25,15 ff.) in der Bedeutung „anvertrautes Gut" gebraucht, daraus die Bedeutung „Anlage"]

TALISMAN DER MAORI

**talentiert** ⟨Adj.; -er, am -esten⟩ *Talent besitzend, talentvoll, begabt* ◆ eine talentierte Schriftstellerin

**Taler** ⟨m. 3⟩ **1** *bis ins 18. Jh. amtliche dt. Münze* (Reichstaler) **2** ⟨in Preußen⟩ *drei Mark* [nach dem *Joachimstaler,* einer Silbermünze, nach dem Silberbergwerk von *St. Joachimsthal* im Erzgebirge u. dem dort seit 1518 geprägten Groschen]

**Talg** ⟨m. 1⟩ *geschmolzenes u. gereinigtes Fett, bes. vom Rind u. Schaf (Hammel), zu Kochzwecken sowie zur Kerzen-, Seifenherstellung verwendet* [< mnddt. *talch*]

**Talgdrüse** ⟨f. 19⟩ *Drüse der Säugetiere u. des Menschen, die ihr Produkt, das Talgfett od. den Talg, in den Haarfollikel od. außen auf die Haut entleert;* Sy *Haarbalgdrüse*

**Talisman** ⟨m. 1⟩ ▼ *kleiner, meist am Körper getragener, vermeintlich vor Unheil schützender od. Glück bringender Gegenstand (z. B. eine Münze od. ein Amulett)* [< ital. *talismano* < arab. *tilasm* (Pl. *tilisman*) „Zauberbild"]

**Talje** ⟨f. 19; Mar.⟩ ► = *Takel* [< lat. *talea* „abgeschnittenes Stück"]

**Talk**[1] ⟨m. 1; unz.⟩ *sehr weiches, blättriges Mineral, das sich fettig anfühlt, Bestandteil von Pudern und Schminken;* Sy *Speckstein, Talkum* [< arab. *tal(a)q;* daraus a. die nlat. Form *talcum*]

**Talk**[2] ⟨m. 1; oberdt.⟩ *Teig* [Herkunft nicht geklärt]

**Talk**[3] ⟨[tɔ:k] m. 6⟩ *Gespräch, Plauderei (in einer Gesprächsrunde)* [engl.]

**Talkshow** ⟨[ˈtɔ:kʃou] f. 10; TV⟩ *Fernsehsendung, in der ein Moderator einen Gast od. mehrere Gäste in lockerem Gespräch zu verschiedenen Themen befragt* [< engl. *talk* „Gespräch" + *Show*]

**Talkum** ⟨n.; -s; unz.⟩ = *Talk*[1]

**Talmud** ⟨m. 1; unz.; Rel.⟩ *Aufzeichnung (6. Jh. v. Chr. bis 9. Jh. n. Chr.) der jüd. Lehren, Vorschriften, Überlieferungen* [hebr., „Gelerntes, Lehre"]

TAMARISKE: KASPISCHE TAMARISKE (*Tamarix ramosissima* 'Pink Cascade')

**Talon** ⟨[-lɔ̃] m. 6⟩ **1** ⟨Kaufmannsspr.⟩ **1.1** *Gutschein* **1.2** *Schein für den Bezug eines neuen Zinsbogens* **2** ⟨Kart.⟩ *nach dem Geben übrigbleibender Kartenstoß* **3** ⟨Dominospiel⟩ *Kaufstein* **4** ⟨Mus.; bei Streichinstrumenten⟩ *Griffende des Bogens* [frz., urspr. „Stamm, Rest"; zu lat. *talus* „Ferse"]

TANGARE: SCHARLACHTANGARE (*Piranga olivacea*)

**Talsohle** ⟨f. 19⟩ *Boden des Tals*

**Talsperre** ⟨f. 19⟩ ► *Bauwerk, das einen Fluss über die ganze Breite des Tals absperrt u. so einen Stausee bildet*

**Tamarinde** ⟨f. 19; Bot.⟩ **1** *Baum mit gefiederten, immergrünen Blättern: Tamarindus indica* **2** *dessen Frucht, die das Tamarindenmus, ein leichtes Abführmittel, liefert* [< arab. *tamr hindi* „indische Dattel"]

**Tamariske** ⟨f. 19; Bot.⟩ ▼ *einer Gattung der Tamariskengewächse angehörender Strauch der Salzsteppen mit kleinen, nadel- od. schuppenförmigen Blättern: Tamarix* [< lat. *tamariscus;* zu arab. *tamr* „Dattel"]

**Tambour** ⟨[-bu:r] m. 1 od. schweiz.: m. 23; Pl. [-bu:]⟩ **1** ⟨Mus.⟩ *Trommler, Trommelschläger* **2** ⟨Arch.⟩ *von Fenstern durchbrochener Sockel einer Kuppel* [< mhd. *tambur* < afrz. *ta(m)bo(u)r* < arab. *tanbur* „Trommel"]

**Tamburin** ⟨n. 11⟩ **1** ⟨Mus.⟩ *im Orient u. in Südeuropa (bes. Spanien) kleine, flache Handtrommel, an deren Rand z. T. Schellen befestigt sind;* ► *Schlaginstrumente* **2** ⟨Sp.⟩ *kleines, flaches, trommelartiges, unten offenes Gerät zum Ballspiel u. zum Taktschlagen bei der Gymnastik* **3** *Stickrahmen* [< frz. *tambourin;* Verkleinerungsform zu *tambour* „Handtrommel"]

**Tamile** ⟨m. 17⟩ *Angehöriger eines drawidischen Volksstammes in Südvorderindien u. Nordceylon*

**Tampon** ⟨[-pɔ̃] m. 6⟩ **1** *mit Gaze, Mull o. Ä. überzogener Bausch aus Watte od. Zellstoff zum Aufsaugen von Flüssigkeiten, zur Blutstillung* **2** *während der Menstruation innerhalb der Scheide getragener Bausch aus saugfähigem Zellstoff* [frz., „Pfropfen"]

**Tamtam I** ⟨n. 15; Mus.⟩ *ostasiat. Musikinstrument, mit Klöppel geschlagenes, flaches Metallbecken, Gong* **II** ⟨unz.; umg.⟩ *Lärm, Aufhebens, Aufwand, aufdringl. Reklame* ◆ jmdn. mit großem Tamtam empfangen; viel Tamtam um jmdn. od. etwas machen [bei den Eingeborenen Indiens lautmalerische Bez. für das Musikinstrument]

**Tand** ⟨m. 1; unz.⟩ **1** *wertloses Zeug* **2** *wertlose, hübsche Kleinigkeiten* ◆ eitler, nichtiger Tand [< mhd. *tant* „leeres Geschwätz"; vermutl. aus rom. *tanto* „Kaufpreis, Spielgeld" < lat. *tantus* „so viel"]

**Tandem** ⟨n. 15⟩ **1** *Fahrrad mit zwei Sitzen hintereinander* **2** *Wagen mit zwei hintereinander gespannten Pferden* [lat., „schließlich, endlich", scherzh. in der Bedeutung „mit einem (verlängerten) Ende" gebraucht]

**tang** ⟨Math.: Abk. für⟩ *Tangens*

**Tang** ⟨m. 1⟩ ► *die derben Formen der Braunalgen* (Blasentang) [< nord. *tang*]

**Tanga** ⟨m. 6⟩ *sehr knapper Bikini* [port., „Lendenschurz"]

**Tangare** ⟨f. 19; Zool.⟩ ◄ *Angehörige einer Familie meist leuchtend gefärbter Singvögel der Neuen Welt: Thraupinae* [< portug. *tangara* < Tupi]

**Tangens** ⟨m.; -, -; Math.; Abk.: tang, tg⟩ *Winkelfunktion, das Verhältnis von Gegenkathete zu anliegender Kathete* [zu lat. *tangens,* Part. Präs. zu *tangere* „berühren"]

**Tangent** ⟨m. 16; Mus.⟩ *Berührungsstift, Hämmerchen (im Klavier)* [→ *Tangens*]

**Tangente** ⟨f. 19⟩ **1** ⟨Geom.⟩ ▼ *Gerade, die eine Kurve in einem Punkt berührt* **2** ⟨Mus.⟩ *Metallzunge am Ende einer Taste des Clavichords, die die Saiten zum Klingen bringt* [→ *Tangens*]

**tangieren** ⟨V. t.; hat⟩ **1** eine Kurve oder gekrümmte Fläche tangieren *berühren* **2** ⟨fig.⟩ etwas oder jmdn. tangieren **2.1** *berühren, beeindrucken* **2.2** *betreffen, angehen* ◆ das tangiert mich nicht ⟨fig.⟩ *das berührt mich nicht* [< lat. *tangere* „berühren"]

**Tango** ⟨m. 6⟩ *aus einem argentin. Volkstanz hervorgegangener europ. Gesellschaftstanz im langsamen $^2/_4$-Takt* [span.-südamerik., vermutl. kongoles. Herkunft]

**Tank** ⟨m. 6 od. m. 1⟩ **1** *großer Behälter für (meist feuergefährliche) Flüssigkeiten* **2** ⟨Mil.; veraltet⟩ = *Panzer (3)* [vermutlich < hindostan. *tankh* „Wasserbehälter"; 1915 in England als Deckname für die ersten Panzer gebraucht]

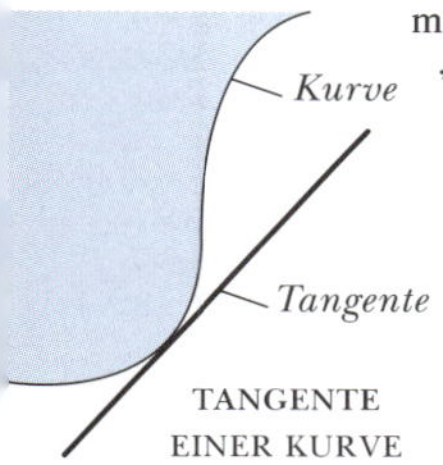

TANGENTE EINER KURVE

**tanken** ⟨V.; hat⟩ **I** ⟨V. t. u. V. i.⟩ **1** *Treibstoff ins Kraftfahrzeug füllen* **2** ⟨fig.; umg.; scherzh.⟩ *(viel) Alkohol trinken* ◆ ich muss noch tanken **II** ⟨V. t.; fig.; umg.⟩ etwas tanken *aufnehmen* ◆ neue Kräfte, neuen Mut, neues Selbstvertrauen tanken [→ *Tank*]

**Tanker** ⟨m. 3⟩, **Tankschiff** ⟨n. 11⟩ *Schiff zur Beförderung von Flüssigkeiten, bes. Mineralölen u. Benzin* [→ *tanken*]

**Tankstelle** ⟨f. 19⟩ *Anlage zum Versorgen von Fahrzeugen mit Treibstoff u. Öl*

## TALSPERREN

Mit Talsperren werden fließende Gewässer aufgestaut, um Überflutungen zu verhindern oder um Speicher anzulegen, die zur Bewässerung, Trinkwassergewinnung und Stromerzeugung dienen. Ihre Bauweise hängt von der jeweiligen Beschaffenheit des Tals ab. So leiten z. B. Bogenstaumauern in engen Tälern den Wasserdruck auf die Talflanken ab.

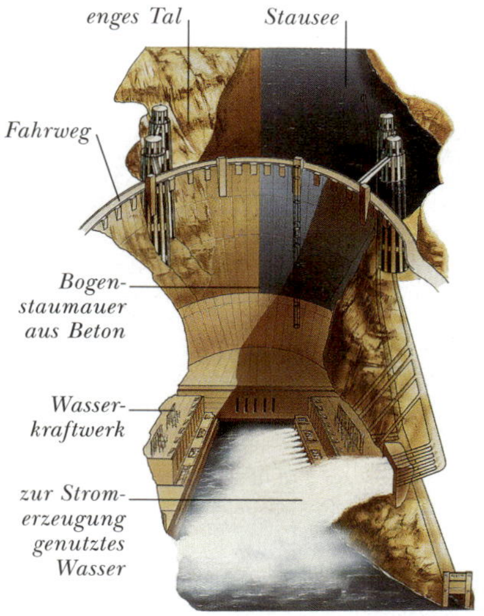

AUFBAU EINER TALSPERRE MIT BOGENSTAUMAUER

### WEITERE TALSPERRENFORMEN

PFEILERSTAUMAUER

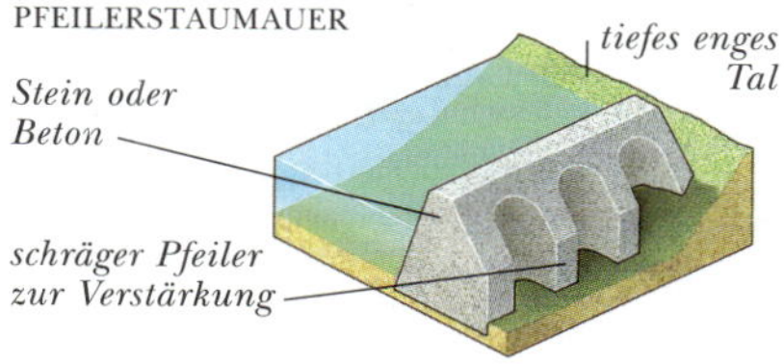


STAUDAMM

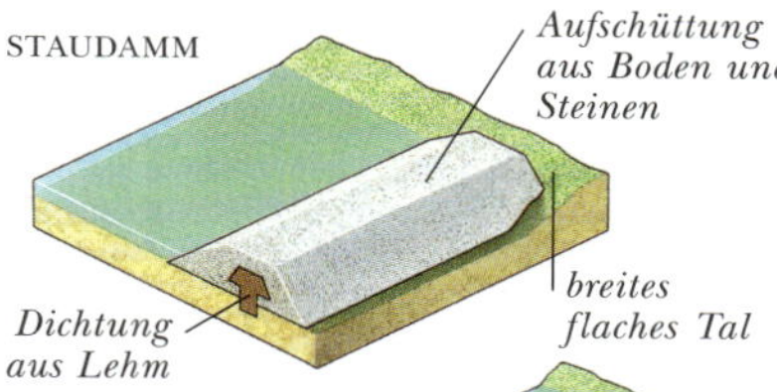


GEWICHTSSTAUMAUER

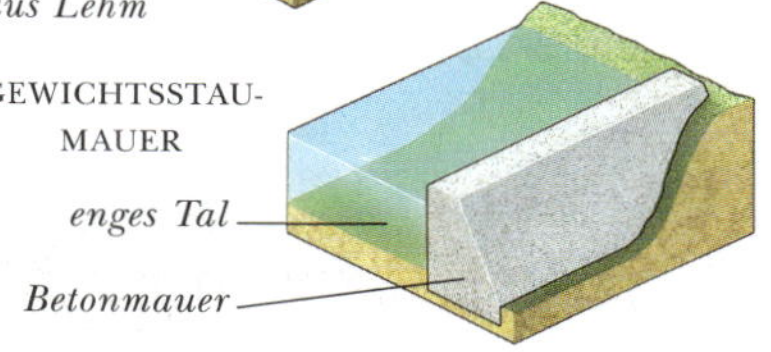


**Tanne** ⟨f. 19; Bot.⟩ *Angehörige einer immergrünen Gattung der Kieferngewächse: Abies;* Sy *Tannenbaum (1);* ► *Bäume*

**Tannenbaum** ⟨m. 1u; Bot.⟩ **1** = *Tanne* **2** *Weihnachtsbaum*

**Tannenhäher** ⟨m. 3; Zool.⟩ *in Gebirgswaldungen Eurasiens heimischer Rabenvogel: Nucifraga caryoctactes*

**Tannennadel** ⟨f. 21; Bot.⟩ *Nadel, „Blatt" der Tanne*

**Tannenzapfen** ⟨m. 4; Bot.⟩ *Fruchtzapfen der Tanne*

## TANG

Als Tange bezeichnet man größere blättrige Meeresalgen, die wie alle grünen Pflanzen Sonnenlicht zur Fotosynthese benötigen. Entsprechend ihrer Farbe werden sie drei Gruppen der Algen zugeordnet. Die zähen und glitschigen Tange der Braunalgen erreichen eine Länge bis zu 100 m. Die Tange unter den Grünalgen, von denen einige essbar sind, haben zarte dünne Blätter, und große Rotalgen finden sich noch in 220 m Tiefe.

GRÜNALGEN DARMTANG (*Enteromorpha* species)

ROTALGEN KALKROTALGE (*Corallina* species)

BRAUNALGEN SACKWURZELTANG (*Saccorhiza polyschides*)

**Tannin** ⟨n. 11; unz.⟩ *in den Galläpfeln vorkommende organische Verbindung, die als Gerb- u. Beizstoff zur Herstellung von Tinten, Arzneimitteln u. Klebstoffen verwendet wird* [< frz. *tanin* „Gerbstoff"]

**Tante** ⟨f. 19⟩ **1** *Schwester des Vaters od. der Mutter (auch als kindliche Anrede für Frauen)* **2** ⟨umg.⟩ *nicht sehr sympathische Frau* [< frz. *tante* < afrz. *ante* < lat. *amita* „Vaterschwester, Tante"]

**Tante-Emma-Laden** ⟨m. 4u; umg.⟩ *kleines Einzelhandelsgeschäft*

**Tantieme** ⟨[tãˈtjɛːmə] f. 19; meist Pl.⟩ *Gewinnanteil* ◆ Tantiemen beziehen [< frz. *tantième* „der sovielte Teil"; zu lat. *tantus* „so groß, so viel"]

**Tantra** ⟨n.; -s; unz.⟩ *religiös-lehrhafte Schriften des Hinduismus* [Sanskrit, „Leitfaden"]

**Tanz** ⟨m. 1u⟩ **1** *rhythmische, meist von Musik begleitete Körperbewegungen u. Gebärden, urspr. als Ausdruck von Empfindungen, Vorstellungen, Gedanken, auch als Beschwörung* **2** *die dazu gespielte od. gesungene Musik* **3** *Gesellschaftstanz* **4** *Instrumentalstück in der Art eines Tanzes, Teil der Sonate, Suite u. a.* **5** ⟨fig.; umg.⟩ *Zank, Streit, heftiger Wortwechsel, Auftritt* ◆ **kultischer** Tanz; **langsamer,** schneller, feierlicher Tanz; ein **spanischer,** russischer Tanz ◆ **zum** Tanz gehen [< mhd. *tanz* < afrz. *danse;* zu ndrl. *dans;* weitere Herkunft umstritten]

**tänzeln** ⟨V. i.; hat; bei Bewegung in einer Richtung: ist⟩ *in tänzerischen Schritten, fast hüpfend gehen* ◆ ein (Dressur-)Pferd tänzelt; sie ist durch den Saal, über die Bühne getänzelt

**tanzen** ⟨V. t. u. V. i.; hat⟩ **1** *sich rhythmisch zur Musik bewegen* **2** *einen Tanz aufführen* **3** ⟨fig.⟩ *hüpfen, springen, sich leicht u. schnell bzw. leicht u. froh bewegen* ◆ **Figuren** tanzen; **Walzer** tanzen ◆ tanzen **können,** lernen ◆ sie tanzte sehr **gut,** sehr leicht ◆ das Kind tanzte vor Freude **durchs** Zimmer; **mit** jmdm. tanzen; die Mücken tanzen im Schwarm **über** dem Wasser

TAPIR: SCHABRACKENTAPIR (*Tapirus indicus*)

**Tänzer** 〈m. 3〉 **1** *jmd., der tanzen kann, der tanzt* **2** *jmd., der den künstler. Tanz beruflich ausübt u. ihn öffentlich vorführt* (Solotänzer) **3** *Partner beim Tanz* ◆ ein guter, schlechter, leidenschaftlicher Tänzer sein; sie hat immer viele Tänzer

**Tao** 〈n.; -; unz.; chin. Rel.〉 **1** *der Urgrund des Seins* **2** *der in mystischer Versenkung zu beschreitende Weg dorthin* [chin., „Weg"]

**Taoismus** 〈m.; -; unz.; chin. Rel.〉 *von dem altchin. Philosophen Laotse (wahrscheinlich 4./3. Jh. v. Chr.) begründete Lehre vom Tao*

**Tape** 〈[tɛip] n. 15〉 *Magnetband, Tonband, Kassette* [engl., „Band, Streifen"]

**Tapete** 〈f. 19〉 *Wandverkleidung aus Gewebe, Seide, Leder od. (meist) Papier, häufig künstlerisch gestaltet* [< mlat. *tapeta;* zu mlat. *tapetum* „Wandteppich"]

**tapezieren** 〈V. t.; hat〉 *mit Tapete bekleben, verkleiden* ◆ ein Zimmer tapezieren (lassen) [< ital. *tappezzare,* frz. *tapisser* „tapezieren"]

**tapfer** 〈Adj.〉 *mutig, furchtlos, kühn, unerschrocken, widerstandsfähig, nicht wehleidig* ◆ du bist ein tapferer Kerl; Schmerzen tapfer ertragen, aushalten [< mhd. *tapfer,* ahd. *tapfar* „fest, gedrungen (von Körperteilen); gewichtig, bedeutend"; im Sinne von „mutig, kühn" erst seit dem 15. Jh.]

TAPISSERIE AUF EINEM KISSEN

**Tapferkeit** 〈f. 20; unz.〉 *tapferes Verhalten, Beherztheit, Mut*

**Tapir** 〈m. 1〉 ▲ *Angehöriger einer Familie von Pflanzenfressern, die den Schweinen ähneln: Tapiridae;* ► *Säugetiere* [< Tupi-Sprache *tapira*]

**Tapisserie** 〈f. 19〉 **1** *Tapeten-, Teppichwirkerei* **2** *Geschäft für Handarbeiten* **3** *gewirkte Tapete, Wandteppich* **4** ▲ *Kreuzstichstickerei auf gitterartigem Gewebe* [< frz. *tapis* „Teppich"]

**tappen** 〈V. i.; ist〉 **1** *mit leise, dumpf klatschendem Geräusch gehen, bes. barfuß* **2** *unbeholfen, unsicher gehen, bes. im Dunkeln od. blind* ◆ im Dunkeln, Finstern tappen 〈fig.; umg.〉 *im Ungewissen sein;* in eine Pfütze tappen [zu frühnhd. *tappe,* mhd. *tape* „Tatze, Pfote"]

**Tara** 〈f.; -, Taren; Abk.: T〉 **1** *Gewicht der Verpackung* **2** *Verpackung (einer Ware)* [< ital. *tara* < arab. *tarh* „Abzug"]

**Tarantel** 〈f. 21; Zool.〉 *in Erdhöhlen lebende Wolfsspinne in Südeuropa, deren Biss entgegen dem Volksglauben für den Menschen harmlos ist: Lycosa tarantula* ◆ wie von der Tarantel gestochen aufspringen *plötzlich u. heftig* [< frühnhd. *tarantula,* ital. *tarantola* < *Taranto,* dem ital. Namen von *Tarent*]

**tarieren** 〈V. t.; hat〉 eine Ware tarieren **1** *durch Gegengewichte das Reingewicht feststellen* **2** *das Gewicht der Tara einer Ware feststellen* [→ *Tara*]

**Tarif** 〈m. 1〉 **1** *vertraglich od. gesetzlich festgelegte Summe für Preise, Löhne, Gehälter, Steuern usw.* **2** *amtl. Verzeichnis von Preisen, Löhnen, Steuern usw.* (Zolltarif, Steuertarif, Frachttarif) [< ital. *tariffa,* span., portug. *tarifa,* arab. *tarif(a);* zu *arafa* „wissen"]

**Tarifautonomie** 〈f. 19; unz.〉 **1** *Berechtigung, in eigener Verantwortung Tarifverträge zu schließen* **2** *Berechtigung, Tarife im öffentlichen Verkehr selbständig festzusetzen*

**Tarifvertrag** 〈m. 1u〉 *schriftl. Vereinbarung zwischen Gewerkschaft u. Arbeitgeber od. Arbeitgeberverband über die Arbeitsbedingungen zwischen Arbeitgeber u. -nehmer bezüglich des Tarifs*

**Tarnanzug** 〈m. 1u; Mil.〉 *Uniform in Tarnfarben od. in weißer Farbe (Schneehemd) im Winter*

**tarnen** 〈V. t.; hat〉 **1** *unsichtbar machen, gegen Sicht od. Entdeckung schützen, der Umgebung anpassen* **2** 〈fig.〉 *verdecken, verhüllen, verschleiern, bemänteln* ◆ ein gut getarnter Ort [< mhd. *tarnen, ternen* < ahd. *tarnjan;* zu *tarni* „heimlich, verborgen"]

**Tarnfarben** 〈Pl.; bes. Mil.〉 *die Farben Gelb, Braun u. Grün in unregelmäßigen Figuren zum Tarnen (z. B. auf Kleidung)*

**Tarnung** 〈f. 20; unz.〉 **1** ► *das Tarnen, Anpassen an die Umgebung* **2** *Gerät, Vorrichtung, das bzw. die der Tarnung dient, Tarnmittel*

**Taro** 〈m. 6; Bot.〉 *Wurzelstock eines tropischen Aronstabgewächses (Colocasia), der als Nahrungsmittel (Kartoffelersatz und Mehl) dient;* Sy *Wasserbrotwurzel* [< polynes.]

**Tarock** 〈m. od. n.; -s; unz.〉 *Kartenspiel für vier Personen mit 78 Blättern, dessen Kartensymbolen seit dem 18. Jh. eine bes. Bedeutung zugeschrieben wird, heute daher häufig zum Wahrsagen gebraucht;* → a. *Tarot* [< ital. *tarocco* < arab. *taraha*]

**Tarot** 〈[-roː] m. 6 od. n. 15〉 ▼ *zu spekulativen Aussagen über die Zukunft verwendetes Kartenspiel;* → a. *Tarock* [frz.]

TARNUNG: BLATTSCHMETTERLING IN RUHEHALTUNG

**Tartan** 〈m. 6〉 **1** = *Plaid* **2** 〈Textilw.〉 ► *Wollstoff mit schottischem Muster* **3** *besonders elastischer Belag für Laufbahnen* [engl.-schott.]

**Tartaros** 〈m.; -; unz.; grch. Myth.〉 *Abgrund der Unterwelt, in den Zeus seine Feinde stürzt;* oV *Tartarus¹* [grch.]

**Tartarus¹** 〈m.; -; unz.; grch. Myth.〉 = *Tartaros* [lat.]

**Tartarus²** 〈m.; -; unz.〉 *Kaliumsalz der Weinsäure* [lat.]

**Tasche** 〈f. 19〉 **1** *in ein Kleidungsstück eingenähter Beutel* (Rocktasche, Hosentasche, Schürzentasche) **2** *meist flaches Behältnis aus Stoff od. Leder, oft mit Henkel* (Brieftasche, Aktentasche, Handtasche, Schultasche) ◆ jmdm. die Taschen **durchsuchen;** sich die Taschen mit Obst, Nüssen usw. **füllen** ◆ **aufgesetzte** Taschen (am Anzug, Kleid) ◆ die Hand **auf** der Tasche haben 〈fig.〉 *geizig sein;* jmdm. auf der Tasche liegen 〈fig.; umg.〉 *sich von ihm ernähren, unterhalten lassen;* (tief) **in** die Tasche greifen 〈fig.; umg.〉 *(viel) bezahlen;* jmdn. in der Tasche haben 〈fig.; umg.〉 *gefügig wissen, sich ihm überlegen fühlen;* er hat den Auftrag sicher in der Tasche 〈fig.; umg.〉 *erhalten;* ich kenne die Branche, den Weg **wie** meine (Westen-)Tasche 〈fig.; umg.〉 *bis in alle Einzelheiten* [< mhd. *tasche,* ahd. *tasca,* vielleicht < lat. *taxare* „abschätzen"]

**Taschenbuch** 〈n. 12u〉 **1** *Merkbuch, Notizbuch* **2** *broschiertes Buch in Taschenformat* ◆ dieser Roman erscheint jetzt auch als Taschenbuch

**Taschendieb** 〈m. 1〉 *Dieb, der Gegenstände aus Taschen entwendet, meist ein Gedränge ausnutzend*

**Taschengeld** 〈n. 12; unz.〉 *regelmäßig gezahlte Geldsumme für kleine persönl. Ausgaben (bes. für Kinder, Jugendliche)* ◆ wöchentlich, monatlich Taschengeld bekommen

**Taschenkrebs** 〈m. 1; Zool.〉 *Angehöriger einer Familie der Krabben, der die Form einer runden Tasche hat: Lancoidae*

## TAROT

Das aus dem Tarockspiel hervorgegangene Tarot umfasst meist 78 Karten, die in das kleine und große Arkana unterteilt werden. Das große Arkana besteht aus 22 Einzelkarten, wie etwa den Liebenden und dem Mond, während sich das kleine Arkana aus vier Farben mit je 4 Hof- und 10 Zahlenkarten zusammensetzt.

VERSCHIEDENE TAROTKARTEN

DIE LIEBENDEN

DER MOND

MÜNZE

SCHWERT

POKAL

STAB

HOFKARTE

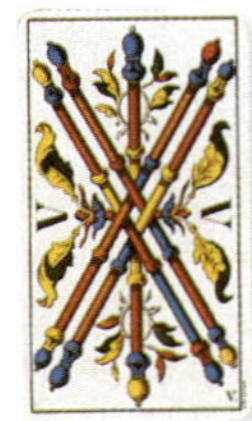

ZAHLENKARTE

T

## TARTAN

Jahrhundertelang signalisierten Schotten ihre Zugehörigkeit zu einem bestimmten Clan durch das Tragen eines Tartans mit einem Karomuster, dessen Form und Farbe sich von Clan zu Clan unterschied.

### VERSCHIEDENE TARTANS

CLAN MACLEOD

CLAN STEWART

CLAN FRASER

CLAN GORDON

**Taschenlampe** ⟨f. 19⟩ *kleine, durch Batterie gespeiste, in der Tasche zu tragende Lampe*
**Taschenmesser** ⟨n. 13⟩ *kleines, in der Tasche zu tragendes, zusammenklappbares Messer, meist mit mehreren Klingen*
**Taschenrechner** ⟨m. 3⟩ *elektron. Rechenmaschine, die in der Tasche mitgeführt werden kann*
**Taschenspieler** ⟨m. 3⟩ *Zauberkünstler, der durch Fingerfertigkeit Kunststücke vollbringt*
**Taschentuch** ⟨n. 12u⟩ *kleines Tuch aus Stoff od. Papier zum Naseschnäuzen*
**TASS** ⟨f.; -; unz.; Kurzw. für russ.⟩ *Telegrafnoje Agenstwo Sowjetskowo Sojusa (Nachrichtenagentur der ehem. UdSSR)*
**Tasse** ⟨f. 19⟩ *schalen- od. becherartiges Trinkgefäß mit Henkel u. dazugehöriger Untertasse* ◆ eine Tasse Kaffee, Tee; trübe Tasse ⟨fig.; umg.⟩ *langweilige Person* [ < älterem nhd. *tatse, tatze* < frz. *tasse,* ital. *tazza* < arab. *tas(a)* „Schälchen" < pers. *täst* „Becken"]
**Tastatur** ⟨f. 20⟩ *Gesamtheit der Tasten (an Klavier, Schreibmaschine, Computer)*
**Taste** ⟨f. 19⟩ *mit dem Finger herabzudrückender Hebel zur Erzeugung eines Tones, Zeichens usw., z. B. am Klavier, an der Schreibmaschine* ◆ die schwarzen und weißen Tasten am Klavier [ < ital. *tasto* „Taste"]
**tasten** ⟨V.; hat⟩ **I** ⟨V. i.⟩ **1** *Tasten bedienen* **2** ⟨fig.⟩ *durch vorsichtiges Fragen etwas zu ergründen suchen, behutsam fragen* **3** nach etwas tasten **3.1** *vorsichtig od. unsicher mit den Händen ohne Hilfe der Augen suchen* **3.2** *vorsichtig etwas ergreifen* ◆ vorsichtig tasten, ob der andere etwas davon weiß ⟨fig.⟩ **II** ⟨V. refl.⟩ sich tasten *vorsichtig mit den Händen suchend vorwärts gehen* ◆ sich durch einen dunklen Gang tasten **III** ⟨V. t.⟩ *mit der Hand fühlend, prüfend berühren, zu erkennen suchen* [ < mhd. *tasten,* ital. *tastere,* afrz. *taster* „tasten", spätlat. *taxare* „fest anrühren"; zu lat. *tangere* „berühren"]
**Tastsinn** ⟨m. 1; unz.⟩ *Fähigkeit zu Tastempfindungen;* Sy *Gefühlssinn*
**Tat** ⟨f. 20⟩ **1** *das Tun* **2** *das, was getan worden ist, Leistung* (Heldentat) **3** *Unternehmen* **4** *(gewollte, bewusste) Handlung* ◆ **Leben** und Taten des ... *(als Untertitel);* ein **Mann** der Tat *jmd., der handelt, ohne viele Worte zu machen* ◆ eine (große) Tat **vollbringen** ◆ eine **gute,** böse, edle, mutige, verhängnisvolle Tat ◆ jmdn. **auf** frischer Tat ertappen *bei einer heiml., verbotenen Handlung;* nehmen Sie die gute Absicht **für** die Tat!; **in** der Tat ist es so, dass; einen Gedanken, ein Vorhaben in die Tat umsetzen; sich **zu** einer (unbedachten usw.) Tat hinreißen lassen [ < mhd., ahd. *tat;* → *tun*]
**Tatar** ⟨m. 16⟩ **1** ⟨urspr.⟩ *Angehöriger eines mongolischen Volksstammes* **2** ⟨später a.⟩ *Angehöriger eines von verschiedenen Turkvölkern im Süden u. Osten Russlands*
**Tatbestand** ⟨m. 1u; Rechtsw.⟩ *Gesamtheit aller Merkmale einer strafbaren Handlung* ◆ den Tatbestand aufnehmen
**Tateinheit** ⟨f. 20; unz.; Rechtsw.⟩ *Verletzung mehrerer Strafgesetze durch dieselbe Handlung* ◆ Raub und Mord in Tateinheit
**Täter** ⟨m. 3⟩ *jmd., der eine Tat, bes. Übeltat, begangen hat, Schuldiger*
**Tatform** ⟨f. 20; unz.; Gramm.⟩ = *Aktiv*[1]; Ggs *Leideform*
**tätig** ⟨Adj.⟩ **1** *handelnd, wirksam, wirkend* **2** *tatkräftig* ◆ tätige Mitarbeit; tätige Reue ⟨Rechtsw.⟩ *Abwendung des Erfolgs einer eingeleiteten strafbaren Handlung durch den Täter vor seiner Entdeckung;* tätig sein *arbeiten, angestellt sein;* als Grafikerin tätig sein
**tätigen** ⟨V. t.; hat⟩ *in die Tat umsetzen, machen, vollbringen, abschließen*
**Tätigkeit** ⟨f. 20⟩ **1** *Handeln, Wirken, Schaffen, Wirksamkeit* **2** *Arbeit, Beruf* ◆ eine Tätigkeit **ausüben** ◆ **angenehme,** anstrengende, fieberhafte, rastlose Tätigkeit; **berufliche,** häusliche Tätigkeit; an eine **geregelte** Tätigkeit gewöhnt sein ◆ eine Maschine **außer** Tätigkeit setzen *außer Betrieb*
**Tätigkeitsform** ⟨f. 20; unz.; Gramm.⟩ = *Aktiv*[1]
**Tätigkeitsverb** ⟨[-vɛrb] n. 27; Gramm.⟩ *Verb, das ein Geschehen, eine Tätigkeit bezeichnet,* z. B. fallen, reiten
**Tätigkeitswort** ⟨n. 12u; Gramm.⟩ = *Verb*
**tatkräftig** ⟨Adj.⟩ *voller Tatkraft, wirksam* ◆ tatkräftige Hilfe; tatkräftig eingreifen, helfen, mitarbeiten
**Tatort** ⟨m. 1⟩ *Ort, an dem eine Straftat begangen worden ist* ◆ eine genaue Besichtigung des Tatorts vornehmen
**tätowieren** ⟨V. t.; hat⟩ jmdn. tätowieren *Farbstoff durch Nadelstich in jmds. Haut bringen u. diese dadurch mit (nicht mehr entfernbaren) Figuren od. Mustern versehen (urspr. bei Naturvölkern üblich)* [ < tahitisch *tatau* „Zeichen, Malerei"]
**Tätowierung** ⟨f. 20⟩ **I** ⟨unz.⟩ *das Tätowieren* **II** ⟨zählb.⟩ *die durch das Tätowieren entstandene Figur od. das entstandene Muster auf der Haut;* Sy *Tattoo*
**Tatsache** ⟨f. 19⟩ **1** *etwas Geschehenes* **2** *etwas Feststehendes, etwas, woran nicht zu zweifeln ist* ◆ auf dem **Boden** der Tatsachen bleiben *sachlich bleiben* ◆ der Bericht, die Behauptung **entspricht** nicht den Tatsachen; **sein:** Tatsache ist, dass ... ◆ Vorspiegelung **falscher** Tatsachen, ⟨besser⟩ Vorspiegelung von Tatsachen ◆ sich **mit** einer Tatsache, mit den Tatsachen abfinden
**tatsächlich** ⟨Adj.⟩ **1** *den Tatsachen entsprechend, wirklich, wahrhaftig* **2** *in Wirklichkeit* ◆ tatsächlich? *ist das wirklich so?;* tatsächlich hat sich die Sache anders zugetragen
**Tattoo** ⟨[tɐ'tu:] od. engl. [tə'tu:] m. 6 od. n. 15⟩ = *Tätowierung (II)* [engl.]
**Tatverdacht** ⟨m. 1; unz.; Rechtsw.⟩ *Verdacht, eine Straftat begangen zu haben* ◆ unter Tatverdacht stehen
**Tatze** ⟨f. 19⟩ **1** *Pfote* (von großen Tieren, bes. Raubtieren), *Pranke* **2** ⟨umg.; scherzh.⟩ *derbe, große, plumpe Hand* **3** ⟨oberdt.; früher⟩ *Schlag, bes. auf die Hand (als Schulstrafe)* [ < mhd. *tatze,* Herkunft unsicher; vielleicht zu *tappe* „Pfote"]
**Tau**[1] ⟨n. 11⟩ *dickes Seil* [ < mnddt. *touwe* „Werkzeug, Webstuhl"]
**Tau**[2] ⟨m. 1; unz.⟩ *wässriger Niederschlag während der Nacht an der sich abkühlenden Erd-*

## TAUCHBOOT

Tauchboote arbeiten in Meerestiefen von z. T. mehr als 4 km und sind in der Regel mit dem Mutterschiff über ein Speisekabel verbunden, in dem Leitungen für elektrischen Strom, Steuersignale und Videoaufnahmen verlaufen. Tauchboote werden zu Forschungszwecken, zur Reparatur von Pipelines, zur Rettung von Menschen oder zur Erkundung von Wracks eingesetzt. Viele verfügen über Manipulatorarme, die zur Bewältigung der vielfältigen Aufgaben mit Sensoren, Videokameras oder Greifern ausgerüstet sind.

UNBEMANNTES TAUCHBOOT

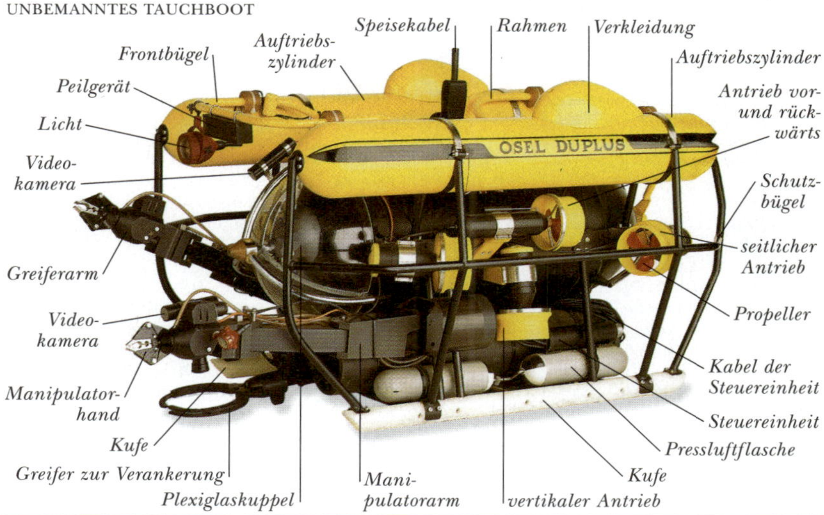


T

## TAUCHEN

Tauchern wird der benötigte Sauerstoff aus einer Pressluftflasche über ein Ventilsystem zugeführt. An der Austrittsöffnung der Pressluftflasche befindet sich ein Druckminderer, der in der ersten Stufe den Luftdruck auf einen Wert knapp oberhalb des umgebenden Wasserdrucks reduziert. Ein zweiter Druckminderer, der auch das Mundstück einschließt, passt schließlich Luft- und Wasserdruck genau aneinander an.

TAUCHER

*oberfläche* ◆ der Tau fällt; vor Tau und Tag *vor Tagesanbruch, sehr früh am Morgen* [< mhd., ahd. *tou,* engl. *dew;* zu aind. *dhavate* „rennt, fließt"]

**Tau**³ ⟨neugrch. [taf] n. 15; Zeichen: τ, T⟩ *19. Buchstabe des grch. Alphabets*

**taub** ⟨Adj.⟩ **1** *unfähig zu hören, ohne Hörvermögen* **2** ⟨fig.⟩ *nicht willens zu hören* **3** *ohne Empfindung, gefühllos, „eingeschlafen"* (Glieder) **4** *leer, hohl, ohne Frucht* (Nuss) **5** *matt, glanzlos* (Metall) **6** ⟨schweiz.⟩ *mürrisch, unwillig* ◆ taubes **Gestein** *Gestein ohne nutzbare Mineralien;* tauben **Ohren** predigen ⟨fig.⟩ *vergeblich predigen* ◆ gegen alle Bitten taub **bleiben, sein** ◆ **auf** einem, auf dem rechten, linken Ohr taub sein [< mhd. *toup,* ahd. *toub* „nicht empfindend, nichts hörend; abgestorben", engl. *deaf* „taub"]

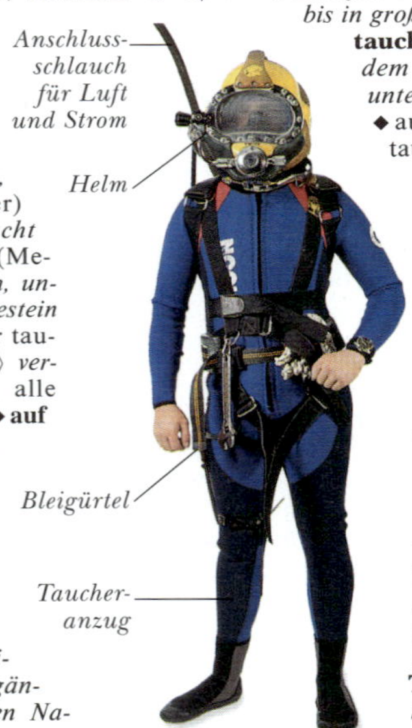


TAUCHER: HELMTAUCHER

**Taube** ⟨f. 19; Zool.⟩ **1** ⟨i. w. S.⟩ *Angehöriger einer Ordnung amsel- bis gänsegroßer Vögel mit an den Nasenlöchern blasig aufgetriebenem Schnabel: Columbae;* ► *Vögel* **2** ⟨i. e. S.⟩ *in vielen Rassen verbreiteter Abkömmling der Felsentaube: Columba livia;* Sy *Haustaube* [< mhd. *tube,* ahd. *tuba*]

**Taubenschlag** ⟨m. 1u⟩ *auf einer Säule od. im Dachgeschoss befestigter Holzverschlag mit Fluglöchern, Sitzstangen u. Nistkästen für Haustauben* ◆ heute ging es im Betrieb, Büro zu wie in einem Taubenschlag ⟨fig.; umg.⟩ *es war ein ständiges Kommen u. Gehen*

**Taubenstößer** ⟨m. 3; Zool.⟩ ► = *Sperber*

**Täubling** ⟨m. 1; Bot.⟩ *Blätterpilz mit mürbebrüchigem Fleisch, bunten Hutfarben u. brüchigen Lamellen: Russula* [< *Taube* (wegen der Farbe)]

**Taubnessel** ⟨f. 21; Bot.⟩ *Lippenblütler mit Blättern, die denen der Brennnessel ähneln, aber nicht brennen: Lamium* [< mhd. *toupnessel*]

**taubstumm** ⟨Adj.⟩ *unfähig zu hören u. (daher auch) zu sprechen,* ⟨besser⟩ *gehörlos*

**Tauchboot** ⟨n. 11⟩ **1** ► = *Unterseeboot* **2** ◄◄ *kleines, bemanntes od. unbemanntes Wasserfahrzeug zur Erforschung des Meeres bis in große Tiefen*

**tauchen I** ⟨V. i.; ist od. hat⟩ ▲ *mit dem Kopf od. dem ganzen Körper unter Wasser gehen od. schwimmen* ◆ aus dem Wasser, aus der Flut tauchen *wieder nach oben gehen;* nach Muscheln, nach einem ins Wasser gefallenen Gegenstand tauchen **II** ⟨V. t.; hat⟩ etwas in eine Flüssigkeit tauchen *hineinstecken, hineinhalten* ◆ Stoff in die Farbbrühe tauchen; die Hand ins Wasser tauchen [< mhd. *dauchen, duhen,* ahd. *tuhhan, touhhan;* Herkunft unsicher]

**Taucher** ⟨m. 3⟩ ◄ *jmd., der beruflich od. in der Freizeit (meist mit professioneller Ausrüstung) taucht* (Helmtaucher, Sporttaucher)

**Taucheranzug** ⟨m. 1u⟩ ▼ *wasserdichter Anzug für Taucher in größeren Tiefen od. bei längerem Aufenthalt unter Wasser*

**Taucherglocke** ⟨f. 19⟩ ► *Schwimm- od. Senkkasten für Unterwasserarbeiten*

**Tauchsieder** ⟨m. 3⟩ *elektr. Gerät zum Erhitzen von Wasser, mit spiralförmigem Heizkörper, der eingetaucht wird*

**tauen**¹ ⟨V. i.; hat; unpersönl.⟩ es taut *es fällt Tau, Tau setzt sich an* [→ *Tau*²]

**tauen**² ⟨V. i.; hat/ist⟩ *schmelzen* (von Eis, Schnee) ◆ es taut, hat heute getaut *der Schnee ist (heute) geschmolzen;* das Eis ist getaut; der Schnee taut von den Dächern [< mhd. *touwen, töuwen,* ahd. *douwen, doan, dewen* „tauen" < lat. *tabere* „schwinden"]

**Taufbecken** ⟨n. 14⟩ *Becken mit dem Taufwasser*

**Taufe** ⟨f. 19⟩ **1** ⟨Rel.⟩ *Sakrament der Aufnahme des Täuflings in die Gemeinschaft der Christen durch Besprengen des Kopfes mit Wasser durch den Geistlichen, bei manchen Sekten durch Untertauchen des ganzen Körpers* **2** ⟨fig.⟩ *feierl. Namensgebung* (Schiffstaufe) ◆ etwas aus der Taufe heben ⟨fig.⟩ *etwas (be)gründen;* eine Partei, einen Verein aus der Taufe heben [< mhd. *toufe* < ahd. *toufa, toufi(n)*]

**taufen** ⟨V. t.; hat⟩ jmdn. taufen **1** *jmdm. die Taufe geben, spenden* **2** ⟨fig.⟩ *jmdm. einen Namen geben, jmdn. benennen* ◆ getauft ⟨Abk.: get.⟩; wir haben den Hund Fips getauft; ein Kind taufen; sich taufen lassen; ein Kind auf den Namen Malte taufen [< mhd. *toufen* < ahd. *toufan*]

**Taufliege** ⟨f. 19; Zool.⟩ *Fliege, deren Larven sich in gärenden Flüssigkeiten od. überreifem Obst entwickeln: Drosophilidae;* Sy *Fruchtfliege*

**Taufpate** ⟨m. 17⟩ *Pate des Täuflings*

**Taufpatin** ⟨f. 22⟩ *Patin des Täuflings*

**taugen** ⟨V. i.; hat⟩ **1** *brauchbar, nützlich, dienlich, geeignet sein* **2** *wert sein* ◆ er hat nie viel getaugt; taugt der Bursche etwas?; die gleiche Arznei taugt nicht für jeden; das Werkzeug, das Buch, das Essen, der Stoff taugt nichts [< mhd. *tougen* < ahd. *tugan* (toug „es taugt, nützt")]

**Taugenichts** ⟨m. 1⟩ *jmd., der nichts taugt, unbrauchbarer Mensch, Nichtsnutz*

**tauglich** ⟨Adj.⟩ *zu etwas taugend, brauchbar, geeignet* ◆ zum Kriegs-, Wehrdienst (nicht) tauglich

**Taumel** ⟨m. 5; unz.⟩ **1** *Schwindel (bes. bei Ohnmachtsanfällen)* **2** *Zustand des Schwankens* **3** ⟨fig.⟩ *Rausch, Zustand der Verzückung, Überschwang* (Begeisterungstaumel) ◆ in einen Taumel des Entzückens geraten [Rückbildung von *taumeln*]

**taumeln** ⟨V. i.; ist; a. hat⟩ **1** *hin u. her schwanken, schwankend, stolpernd gehen* **2** *ungleichmäßig fliegen* ◆ durch die Straßen taumeln; vor Müdigkeit, Schwäche taumeln [< mhd. *tumeln, tumen* < ahd. *tumilon, tumon* „sich im Kreise drehen, schwanken"]

**Tausch** ⟨m. 1⟩ *Hingabe eines Gutes u. dafür Annahme eines anderen* ◆ einen Tausch vornehmen; einen guten, schlechten Tausch machen [Rückbildung von *tauschen*]

**tauschen** ⟨V. t. u. V. i.; hat⟩ *(etwas) hergeben u. dafür etwas anderes erhalten* ◆ Briefmarken, Sammelbilder tauschen; Blicke, Küsse tauschen *austauschen* die Rollen tauschen *sich so benehmen, wie der andere es sonst tut* [< mhd. *tuschen,* „unwahr reden, lügnerisch versichern", Nebenform des gleichbedeutenden mhd. *tiuschen;* → *täuschen*]

**täuschen** ⟨V.; hat⟩ **I** ⟨V. t.⟩ jmdn. täuschen *jmdn. irreführen, betrügen, jmdm. etwas vorspiegeln* ◆ wenn meine Augen mich nicht täuschen ...; meine Erwartungen haben (mich) getäuscht; er hat eine täuschende Ähnlichkeit mit seinem Bruder; er sieht ihm täuschend ähnlich **II** ⟨V. refl.⟩ **1** sich täuschen *sich irren* **2** sich in etwas od. jmdm. täuschen *etwas od. jmdn. für etwas anderes od. jmd. anderen halten* [< mhd. *tiuschen* „unwahrhaftig reden", mnddt. *tuschen* „anführen, betrügen, tauschen"; → *tauschen*]

**Tauschhandel** ⟨m.; -s; unz.⟩ *Handel, bei dem Waren nicht ge- u. verkauft, sondern getauscht werden*

**Täuschung** ⟨f. 20⟩ **1** *das Täuschen* **2** *das Getäuschtwerden, Irrtum* (Sinnestäuschung) **3** *Irreführung, Betrug* **4** *Missbrauch (z. B. des Vertrauens)* **5** ⟨fig.⟩ *Einbildung* ◆ das Opfer einer Täuschung werden

TAUCHERANZUG

**tausend** ⟨Num.; in Ziffern: 1000⟩ **1** *zehnmal hundert* **2** ⟨fig.⟩ *sehr viel, ungezählt* ◆tausend **Ängste** ausstehen ⟨fig.⟩; er hat die Geschichte mit tausend **Einzelheiten** ausgeschmückt ⟨fig.⟩; tausend **Menschen;** tausend **Stück;** das Glas zersprang in tausend Stücke ⟨fig.⟩ ◆tausend und **abertausend** Menschen ◆**an** die tausend Menschen; er ist nur einer **unter** tausend; → a. *Tausend* [< mhd. *tusunt* < ahd. *dusunt*]

**Tausend** ⟨n. 11; Abk.: Tsd.⟩ *Gesamtheit von 1000 Stück od. Einzelwesen* ◆Tausende/tausende begeisterter **Menschen** ◆Tausende und Abertausende/tausende und abertausende; **einige** Tausend/tausend; es waren einige Tausende/tausende; das **erste** Tausend der Auflage ◆die Zahl der Verletzten geht **in** die Tausende/tausende

TAUSENDFUSS

**Tausendblatt** ⟨n. 12u; unz.; Bot.⟩ *Mitglied einer Gattung von Wasserpflanzen aus der Familie der Seebeerengewächse: Myriophyllum*

**Tausender** ⟨m. 3⟩ **1** *1000 Mark* **2** *Tausendmarkschein* **3** ⟨bei Dezimalbrüchen⟩ *vierte Stelle vor dem Komma*

**Tausendfuß** ⟨m. 1; Zool.⟩ ▲ *Angehöriger einer Klasse der Gliederfüßer, dessen Rumpf aus einer großen Zahl fast gleichartiger Segmente besteht, die alle ausgebildete Laufbeinpaare tragen: Myriapoda;* Sy *Tausendfüß(l)er*

**Tausendfüßer, Tausendfüßler** ⟨m. 3; Zool.⟩ ► = *Tausendfuß*

**Tausendguldenkraut,** ⟨österr., schweiz.⟩ **Tausendgüldenkraut** ⟨n. 12u; unz.; Bot.⟩ *auf Wiesen vorkommendes Enziangewächs, das einen magenstärkenden Bitterstoff enthält: Centaurium;* Sy *Fieberkraut*

**Tausendschön** ⟨n. 11; Bot.⟩ *in Gärten mit gefülltem Köpfchen rot blühende Abart des Gänseblümchens: Bellis perennis*

**Tausendstel** ⟨n. 13; unz.⟩ *der tausendste Teil*

**Tautologie** ⟨f. 19; Stil.⟩ *Bezeichnung derselben Sache durch zwei od. mehrere gleich bedeutende Ausdrücke,* z. B. alter Greis, weißer Schimmel, neu renoviert [< grch. *to auto (legein)* „das Gleiche (sagen, zum Ausdruck bringen)" + *logos* „Wort, Rede"]

**Tauwerk** ⟨n. 11; unz.; bes. Mar.⟩ **1** *alle Taue (eines Schiffes)* **2** *Gefüge von Tauen*

**Taverne** ⟨[-vɛr-] f. 19⟩ *Schenke, Kneipe* [< lat. *taberna* „Hütte, Laden, Wirtshaus, Schaubude"]

**Taxameter** ⟨m. 3⟩ *Zähluhr, Fahrpreisanzeiger in Taxis* [< frz. *taximètre* < *taxer* < lat. *taxare* „abtasten, im Wert schätzen" + frz. *mètre* < lat. *metrum* < grch. *metron* „Maß"]

**Taxe** ⟨f. 19⟩ **1** *Schätzung (eines Wertes)* **2** *festgesetzter Preis* **3** *Gebühr, Abgabe* (Kurtaxe) **4** = *Taxi* [< frz. *taxe* < mlat. *taxa* „Schätzung, Anschlag"]

**Taxi** ⟨n. 15⟩ *von einem Taxifahrer gelenktes Auto, in dem Fahrgäste gegen Zahlung der Fahrtkosten befördert werden;* oV *Taxe (4)* ◆(sich) ein Taxi nehmen, fahren [verkürzt < *Taxameter*]

TAUCHERGLOCKE: SCHNITT DURCH EINE TAUCHERGLOCKE VON 1965

**taxieren** ⟨V. t.; hat⟩ **1** *einen Wert taxieren schätzen* **2** *einen Gegenstand taxieren den Wert eines Gegenstand ermitteln, begutachten* [< frz. *taxere* < lat. *taxare* „berühren, betasten; im Wert schätzen"]

**Taxus** ⟨m.; -, -⟩ = *Eibe* [lat.]

**Tb** ⟨Chem.; Zeichen für⟩ *Terbium*

**Tb, Tbc** ⟨Med.; Abk. für⟩ *Tuberkulose*

**Tbc-krank, Tb-krank** ⟨Med.; Adj.; kurz für⟩ *an Tbc erkrankt*

**T-Bone-Steak** ⟨['ti:bo:nstɛik] n. 15⟩ *dünnes Rinderlendensteak mit einem t-förmigen Knochen* [< engl. *t-bone* „T(-förmiger)-Knochen" + *Steak*]

**Tc** ⟨Chem.; Zeichen für⟩ *Technetium*

**Te** ⟨Chem.; Zeichen für⟩ *Tellur*

**Teakbaum** ⟨[ti:k-] m. 1u⟩ *trop. Baum, der ein gelblich braunes, sehr dauerhaftes Holz liefert: Tectona grandis* [< engl. *teak* < port. *teca* < Malayalam *tekka*]

**Team** ⟨[ti:m] n. 15⟩ *Gruppe von Personen, die berufl. od. sportl. zusammenarbeiten* [< engl. *team* „Arbeitsgruppe, Mannschaft" < aengl. *team* „Nachkommenschaft, Familie; Gespann"]

**Teamchef** ⟨['ti:mʃɛf] m. 6; Sp.⟩ *Trainer einer Mannschaft, der keine offizielle Trainerausbildung absolviert hat*

**Teamgeist** ⟨[ti:m-] m. 1; unz.⟩ = *Mannschaftsgeist*

**Technetium** ⟨n.; -s; unz.; Chem.; Zeichen: Tc⟩ *künstlich hergestelltes, radioaktives chem. Element, Ordnungszahl 43;* Sy ⟨veraltet⟩ *Masurium* [< grch. *technetos* „künstlich"]

**Technicolor** ⟨n.; -s; unz.; Warenzeichen⟩ *frühes Verfahren zur Erstellung von Farbfilmen, bei dem drei Schwarzweißfilme gleichzeitig belichtet werden, aus denen über Farbfilter der eigentliche Farbfilm hergestellt wird*

**Technik** ⟨f. 20⟩ **1** ⟨i. w. S.⟩ *Kunst, mit den zweckmäßigsten u. sparsamsten Mitteln ein bestimmtes Ziel od. die beste Leistung zu erreichen* **2** ⟨i. e. S.⟩ *Gesamtheit aller Mittel, die Natur aufgrund der Kenntnis u. Anwendung ihrer Gesetze dem Menschen nutzbar zu machen* **3** *Gesamtheit der Kunstgriffe, Regeln, maschinellen Verfahren auf einem bestimmten Gebiet* (Dramentechnik, Bühnentechnik, Bautechnik) **4** *Herstellungsweise, Verfahren* **5** *ausgebildete Fähigkeit, Kunstfertigkeit* (Fahrtechnik, Schwimmtechnik, Maltechnik) **6** ⟨Mus.⟩ *Fingerfertigkeit* **7** ⟨österr.⟩ *technische Hochschule* ◆das Zeitalter der Technik [< frz. *technique* < grch. *technikos* „kunstvoll, kunstgemäß, fachmännisch"]

**Techniker** ⟨m. 3⟩ **1** *Facharbeiter auf einem Gebiet der Technik* **2** *wissenschaftlich ausgebildeter Fachmann auf einem Gebiet der Technik, Ingenieur* **3** *auf techn. Gebiet bes. begabter Mensch* ◆davon verstehe ich nichts, ich bin kein Techniker; er ist ein reiner Techniker

**Technikum** ⟨n.; -s, -nika⟩ *technische Fachschule*

**technisch** ⟨Adj.⟩ **1** *die Technik betreffend, darauf beruhend, mit ihrer Hilfe* **2** *in der Technik gebräuchlich* ◆technische **Ausbildung;** technische Ausstattung; technischer **Fachausdruck;** (irgendeine) technische **Hochschule,** ⟨aber⟩ die Technische Hochschule ⟨Abk.: TH⟩ *der Universität gleichgestellte Ausbildungs- u. Forschungsstätte der Technik;* technische **Lehranstalt** ⟨Sammelbez. für⟩ *Ausbildungsstätte für Ingenieure der verschiedenen Fachrichtungen; Hoch- u. Tiefbau, Elektrotechnik, Maschinenbau, Chemie u. a.;* Technischer **Direktor** eines Betriebes; Technischer **Überwachungsverein** ⟨Abk.: TÜV⟩ *eingetragener Verein zur Überwachung von techn. Anlagen u. Kraftfahrzeugen, Prüfung von Werkstoffen u. a.;* (irgendeine) technische **Universität,** ⟨aber⟩ die Technische Universität ⟨Abk.: TU⟩ *technische Hochschule mit auch nichttechn. Fakultäten* ◆technisch **einwandfrei** Klavier spielen ◆**aus** technischen Gründen; **wegen** technischer Schwierigkeiten

**Techno** ⟨['tɛkno:] m. 6 od. n. 15; unz.; Mus.⟩ *(bes. in Diskotheken verbreitete) schnelle, stark rhythmisierte elektronische Popmusik;* oV *Tekkno*

**Technologie** ⟨f. 19⟩ **I** ⟨unz.⟩ *Lehre von den in der Technik angewendeten u. anwendbaren Produktionsverfahren* **II** ⟨zählb.; heute häufig für⟩ *Technik, technisches Verfahren* ◆neue Technologien einführen [< *Technik* + grch. *logos* „Wort, Kunde"]

**Teckel** ⟨m. 5⟩ = *Dackel* [nddt. Form von *Dackel*]

**TED** ⟨m. 6; unz.⟩ *Verfahren der telefonischen Meinungsermittlung bei Fernsehsendungen o. Ä., bei dem die Meinung der Zuschauer über die Telefonnummer verschlüsselt mitgeteilt wird* [verkürzt < *Teledialog*]

**Teddy** ⟨m. 6; kurz für⟩ *Teddybär* [engl. Koseform von *Theodor*]

**Teddybär** ⟨m. 16⟩ *Stoffbär (als Kinderspielzeug), der dem Beutelbären nachgebildet ist;* Sy ⟨kurz⟩ *Teddy* [< engl. *teddy bear* (belegt seit 1907); → *Teddy*]

**Tee**[1] ⟨m. 6⟩ **1** *die aufbereiteten jungen Blätter des Teestrauches* **2** *Aufguss daraus* **3** *Aufguss von getrockneten Pflanzenteilen als Heilmittel* (Kamillentee, Pfefferminztee) ◆eine **Tasse** Tee ◆Tee **aufbrühen,** aufgießen, kochen; einen Tee **geben** *eine Teegesellschaft einladen;* der Tee muss fünf Minuten, muss noch etwas **ziehen** ◆**grüner,** schwarzer Tee; **starker,** schwacher, dünner Tee ◆jmdn. **zum** Tee bitten, einladen *nachmittags zu einer leichten Mahlzeit mit Tee* [< engl. *tea,* frz. *thé,* ndrl. *thee,* ital. *tè* < chin. *tscha,* südchin. Dialekt *te,* über die Malaien Ende des 17. Jh. nach Europa]

**Tee**[2] ⟨[ti:] n. 15; Sp.; Golf⟩ **1** *Abschlagplatz für ein zu spielendes Loch* **2** ◄ *Holz- od. Plastikstift, auf den der Golfball zum Abschlag gelegt wird* [engl., eigtl. „(Buchstabe) T"]

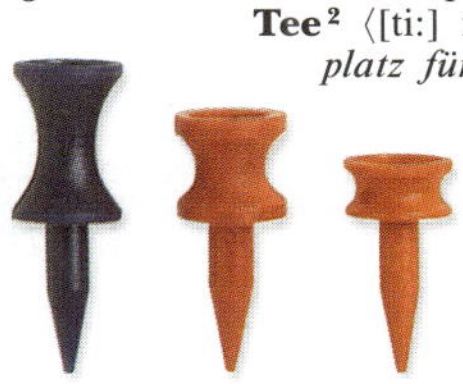

TEES IN VERSCHIEDENEN FORMEN

**Teekessel** ⟨m. 5⟩ **1** *Kessel zum Teekochen* **2** ⟨fig.⟩ *Gesellschaftsspiel, bei dem mehrere homonyme Wörter erraten werden müssen*

**Teen** ⟨[ti:n] m. 6; kurz für⟩ *Teenager*

**Teenager** ⟨['ti:nɛidʒə(r)] m. 3⟩ *Junge od. Mädchen zwischen 13 u. 19 Jahren;* Sy ⟨kurz⟩ *Teen, Teeny* [< engl. *thirteen* „dreizehn" bis *nineteen* „neunzehn" (also alle Zahlen, die mit *-teen* gebildet werden) + *age* „Alter"]

**Teeny** ⟨['ti:ni] m. 6; kurz für⟩ *Teenager*

**Teer** ⟨m. 1⟩ *bei der trockenen Destillation von Stein- u. Braunkohle, Torf u. Holz entstehende, braune bis schwarze, übel riechende, zähe Flüssigkeit* (Holzteer, Holzkohlenteer, Braunkohlenteer, Steinkohlenteer) [< ndrl. *teer,* engl. *tar*]

**teeren** ⟨V. t.; hat⟩ *mit Teer bestreichen*

**Teestrauch** ⟨m. 2u; Bot.⟩ ► *einer der beiden zu den Teegewächsen gehörenden Sträucher, dessen Blätter für die Bereitung von Tee verwendet werden: Camellia sinensis u. Camellia assamica*

TEESTRAUCH: CHINESISCHER TEE *(Camellia sinensis)*

**Teflon** ⟨n.; -s; unz.; Warenzeichen für⟩ *Polytetrafluorethylen, ein hitzebeständiger Kunststoff*

**Teich** ⟨m. 1⟩ *kleines, stehendes Gewässer, sehr kleiner See* ◆ der große Teich ⟨umg.; scherzh.⟩ *der Atlantische Ozean;* über den großen Teich fahren *nach Übersee (bes. nach Amerika)* [< mhd. *tich;* gleichbedeutend mit *Deich*]

**Teichfrosch** ⟨m. 1u; Zool.⟩ = *Wasserfrosch*

**Teichhuhn** ⟨n. 12u; Zool.⟩ ► *in heimischen Gewässern lebende Ralle mit roter Stirnblesse: Gallinula chloropus*

**Teichkolben** ⟨m. 4⟩ ► = *Rohrkolben*

**Teichläufer** ⟨m. 3; Zool.⟩ ▼ *Wanze aus der Gruppe der Wasserläufer: Hydrometra stagnorum*

**Teichlinse** ⟨f. 19; Bot.⟩ *Angehörige einer Gattung der Wasserlinsengewächse: Spirodela*

**Teichmolch** ⟨m. 1; Zool.⟩ *Schwanzlurch des gemäßigten Europas u. Asiens, oft in kleinen Teichen u. Tümpeln: Triturus vulgaris*

**Teichmuschel** ⟨f. 21⟩ *im Schlamm von Teichen lebende Muschel: Anodonta cygnea*

**Teichrohr** ⟨n. 11; unz.⟩ = *Schilf (2)*

**Teichrohrsänger** ⟨m. 3; Zool.⟩ *Singvogel mit braun getönter Oberseite, weißlicher Unterseite u. spitz zulaufenden Flügeln, der bes. im Schilfrohr nistet: Acrocephalus scirpaceus*

**Teichrose** ⟨f. 19; Bot.⟩ ▼ *zu den Teichrosengewächsen (Nymphaeaceae) gehörende Schwimmpflanze des Süßwassers mit kreisrunden Blättern u. gelben, duftenden Blüten: Nymphaea;* Sy *Seerose (2), Wasserrose*

TEICHLÄUFER *(Hydrometra stagnorum)*

**Teig** ⟨m. 1⟩ *breiige od. festere, zähe Masse aus Mehl, Milch od. Wasser, Eiern, Zucker u. a. zum Herstellen von Teigwaren od. zum Backen von Brot, Kuchen, Kleingebäck* ◆ den Teig kneten, rühren, ausrollen [< mhd. *teic* < ahd. *teig*]

**teigig** ⟨Adj.⟩ **1** *wie Teig, breiig-geschmeidig, dickflüssig* **2** *mehlig, weich* (Apfel, Birne) ◆ teigige Farben *stark aufgetragene Farben*

**Teil** ⟨m. 1 od. n. 11⟩ **1** *Stück von einem Ganzen, Glied* (Ersatzteil, Körperteil, Landesteil) **2** *Abschnitt, Einzelheit* **3** *Abteil* **4** ⟨Rechtsw.⟩ *Partei* ◆ ein Teil der **Stadt** ist niedergebrannt ◆ sein(en) Teil zu etwas **beitragen;** sich sein Teil **denken** ⟨fig.⟩ *sich seine eigenen Gedanken über etwas machen* ◆ der **erste,** zweite Teil des „Faust"; der 4. Teil von 20 ist 5; der **beklagte** Teil ⟨Rechtsw.⟩ die **einzelnen** Teile eines Gegenstandes, eines Romans; der **obere,** untere, mittlere, kleinere, größere Teil; der **schönste** Teil des Landes ◆ ich **für** meinen Teil ⟨fig.⟩ *was mich betrifft;* einen Gegenstand **in** seine (einzelnen) Teile zerlegen; ich habe die Arbeit **zum** Teil fertig [< mhd., ahd. *teil*]

TEICHROSE *(Nymphaea* species)

**teilbar** ⟨Adj.⟩ *so beschaffen, dass man es teilen kann* ◆ teilbare Zahl *Zahl, die durch eine andere Zahl geteilt werden kann, ohne dass ein Rest bleibt* ◆ die Zahl 20 ist durch 4 teilbar

**Teilchen** ⟨n. 14⟩ **1** *sehr kleines Teilstück, winziger Bestandteil* **2** *kleinster Bestandteil der Materie, Atom, Molekül, Teil eines Atoms*

**Teilchenbeschleuniger** ⟨m. 3⟩ *Vorrichtung zum Beschleunigen geladener Elementarteilchen u. Ionen, Beschleunigungsanlage*

**teilen** ⟨V. t.; hat⟩ **1** *in Teile, Einzelteile zerlegen* **2** *in gleiche Teile zerlegen* (Zahl) **3** *zerschneiden, zertrennen* **4** *zerstückeln* ◆ ich teile seine **Ansicht** (nicht) *ich bin (nicht) der gleichen Ansicht wie er;* sich die **Kosten** teilen *die Kosten gemeinsam, meist zu gleichen Teilen, tragen;* die **Straße** teilt sich *gabelt sich;* die **Zelle** teilt sich ◆ etwas **brüderlich** teilen ◆ zehn **durch** zwei teilen; ein Stück Brot **mit** jmdm. teilen; wir haben den Gewinn gerecht miteinander, untereinander geteilt ◆ sie waren geteilter Meinung *verschiedener Meinung* [< mhd., ahd. *teilen*]

TEICHHUHN *(Gallinula chloropus)*

**Teiler** ⟨m. 3; Math.⟩ *ganze Zahl, die in einer anderen Zahl mehrmals ohne Rest enthalten ist*

**teilhaben** ⟨V. i. 159; hat⟩ an etwas teilhaben **1** *an etwas beteiligt sein* **2** ⟨poet. a.⟩ *teilnehmen* ◆ jmdn. an seiner Arbeit, seinem Erfolg, seiner Freude teilhaben lassen

**Teilhaber** ⟨m. 3⟩ **1** *Mitberechtigter am Eigentum* **2** *Gesellschafter (eines Geschäftsunternehmens, bes. einer Personalgesellschaft)* ◆ stiller Teilhaber *Gesellschafter, der nach außen hin nicht in Erscheinung tritt, aber gewisse Rechte hat*

**...teilig** ⟨Adj.; in Zus.⟩ *aus einer bestimmten od. unbestimmten Zahl von Teilen bestehend,* z. B. dreiteilig ( ⟨in Ziffern⟩ 3-teilig), mehrteilig

**Teilnahme** ⟨f. 19⟩ **1** *das Teilnehmen, Mitmachen* **2** *Mitempfinden, Mitgefühl* **3** *Interesse* ◆ eine Sache mit aufrichtiger, brennender Teilnahme verfolgen; jmdm. seine herzliche Teilnahme aussprechen

**teilnahmslos** ⟨Adj.⟩ *ohne Teilnahme, gleichgültig, interesselos, apathisch* ◆ der Kranke ist völlig teilnahmslos; teilnahmslos dabeisitzen

**teilnehmen** ⟨V. i. 187; hat⟩ an etwas teilnehmen **1** *sich an etwas beteiligen, bei etwas mitmachen* **2** *an etwas Anteil nehmen, etwas mitempfinden, mitfühlen* ◆ an jmds. Freude, Kummer, Schmerz teilnehmen

**teils** ⟨Adv.⟩ *teilweise, zum Teil* ◆ teils, teils ⟨umg.⟩ *wechselnd; sowohl als auch;* 100 Menschen, teils Männer, teils Frauen

**...teils** ⟨Adv.; in Zus.⟩ *zu einem bestimmten Teil,* z. B. größtenteils, einesteils, andernteils

**Teilung** ⟨f. 20⟩ **1** *das Teilen* (Erbschaftsteilung) **2** ⟨Biol.⟩ *Form der ungeschlechtl. Fortpflanzung* (Kernteilung) **3** ⟨Math.⟩ *Division* **4** ⟨Maschinenbau⟩ *auf dem Teilkreis gemessener Abstand zweier entsprechender Punkte auf den Zähnen von Zahnrädern* ◆ die Teilung eines Reiches

**teilweise** ⟨Adv.; umg. a. Adj.⟩ **1** *in Teilen* **2** *zum Teil* ◆ das Haus ist teilweise fertig

**Tein** ⟨[te'i:n] n. 11; unz.⟩ = *Thein* [< *Tee* (beeinflusst von *Koffein*)]

**Teint** ⟨[tɛ̃] m. 6⟩ *Zustand, Farbe der Gesichtshaut* ◆ einen reinen, unreinen, zarten Teint haben [frz., „gefärbter Stoff, Färbung, Tönung" < *teindre* „färben" < lat. *tingere;* → *Tinte*]

**Tekkno** ⟨m. 6 od. n. 15; unz.; Mus.⟩ = *Techno*

**Tektonik** ⟨f. 20; unz.⟩ **1** *Lehre vom Bau u. von den Bewegungen der Erdkruste* **2** *Lehre vom inneren Aufbau eines Kunstwerkes* **3** ⟨bes. Baukunst⟩ *Lehre vom harmonischen Zusammenfügen von Einzelteilen zu einem Ganzen* [< grch. *tektonikos* „die Baukunst betreffend"]

**Tela** ⟨f.; -, Telen; Med.⟩ *Gewebe, Bindegewebe* [lat.]

**tele..., Tele...** ⟨in Zus.⟩ *fern..., Fern..., weit* [grch.]

**Telefax** ⟨n. 11⟩ ► = *Fax (II, 1)* [verkürzt < *Tele*fon + engl. *ex*change „Austausch"; analog zu *Telex* gebildet]

**Telefon** ⟨n. 11⟩ ► *Apparat zum Empfangen u. Senden mündlicher Nachrichten;* Sy *Fernsprecher* [< grch. *tele* „fern, weit" + *phone* „Stimme"]

**telefonieren** ⟨V. i.; hat⟩ *durch das Telefon (mit jmdm.) sprechen* ◆ mit jmdm. stundenlang telefonieren

**Telefonnummer** ⟨f. 21⟩ *Nummer, unter der jmd. telefonisch zu erreichen ist;* Sy *Rufnummer* ◆ sie hat die Telefonnummer ...

**Telefonzelle** ⟨f. 19⟩ *kleiner, geschlossener (z. T. schallisolierter) Raum mit einem öffentlichen Münz- od. Kartentelefon;* Sy *Fernsprechzelle*

**telegen** ⟨Adj.⟩ *wirkungsvoll im Fernsehen* (von Personen, Landschaften) [< grch. *tele* „fern, weit" + *gignesthai* „werden, entstehen"; analog zu *fotogen* gebildet]

**Telegraf** ⟨m. 16⟩ *Gerät zur elektr., akust. od. opt. Nachrichtenübermittlung in bestimmten Zeichen, z. B. Morseapparat;* oV *Telegraph* [< frz. *télégraphe* < grch. *tele* „weit, fern" + *graphein* „schreiben"]

**Telegramm** ⟨n. 11⟩ *mittels Telegrafie weitergeleitete Mitteilung* ◆ ein Telegramm aufgeben, durch Fernsprecher übermitteln, zusprechen [< grch. *tele* „fern, weit" + *gramma* „Buchstabe, Geschriebenes"]

**Telegraph** ⟨m. 16⟩ = *Telegraf*

**Telekinese** ⟨f. 19; Okk.⟩ *angebl. Bewegung von Gegenständen durch übersinnl. Kräfte ohne Berührung* [< grch. *tele* „fern, weit" + *kinein* „bewegen"]

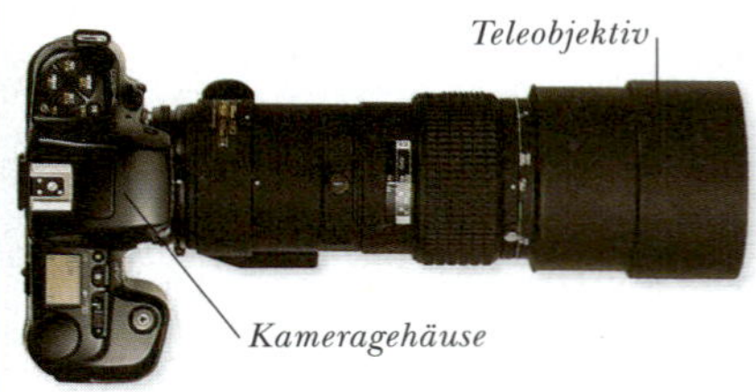


TELEOBJEKTIV AN EINER SPIEGELREFLEXKAMERA

T

## TELEFON

Das Telefon wandelt Schallwellen in elektrische Signale um und umgekehrt. Bei der Wahl einer Nummer werden elektrische Impulse an eine computergesteuerte Vermittlungsstelle gesendet, die den Anruf weiterleitet. Wenn der Anrufer spricht, erzeugt ein Mikrofon im Telefonhörer elektrische Signale, die über eine Leitung oder über Radiowellen zum Empfänger gelangen. Dort werden sie von einem Lautsprecher in Schallwellen zurückverwandelt.

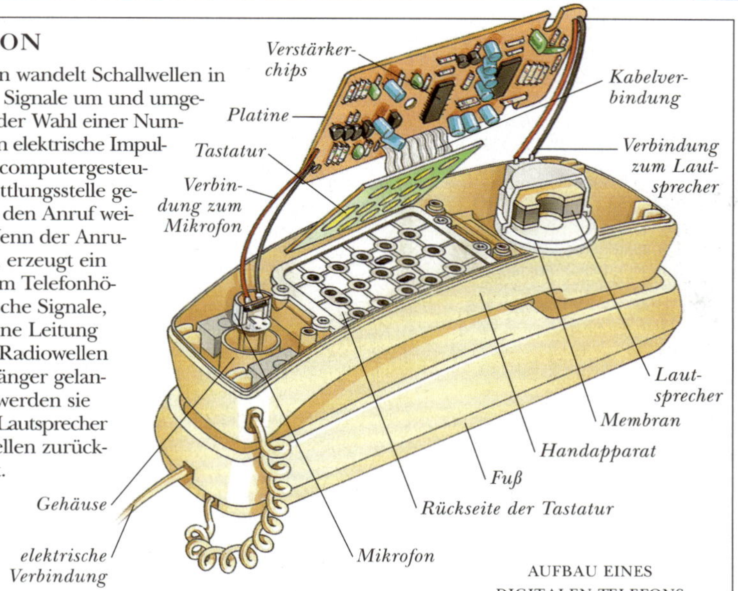


AUFBAU EINES DIGITALEN TELEFONS

**Telekolleg** ⟨n. 15⟩ *von schriftl. Texten begleitetes Unterrichtsprogramm im Fernsehen, das in der Art eines Kollegs bestimmte Wissensgebiete behandelt u. eine Abschlussprüfung ermöglicht*

**Telekommunikation** ⟨f. 20⟩ *Nachrichtenaustausch zwischen Menschen, Maschinen u. anderen Systemen mithilfe nachrichtentechnischer Übermittlungsverfahren*

**Telekonverter** ⟨[-vɛr-] m. 3; Fot.⟩ *Zwischenring mit Linsensystem zur Veränderung der Brennweite;* Sy *Konverter (2)*

**Teleobjektiv** ⟨n. 11; Fot.⟩ ◄ *Objektiv zur Detail- oder Großaufnahme weit entfernter Gegenstände;* Sy *Fernobjektiv* [< grch. *tele* „fern, weit" + *Objektiv*]

**Telepathie** ⟨f. 19; unz.⟩ *Übertragung von geistigen u. seelischen Inhalten ohne Hilfe der Sinnesorgane* [< grch. *tele* „fern, weit" + *pathein* „leiden, erleiden"]

**Teleprompter** ⟨[-prɔmptə(r)] m. 3; Warenzeichen⟩ *elektrische Vorrichtung, von der ein Redner (z. B. vor einer Fernsehkamera) für den Zuschauer unbemerkt den dort ablaufenden Text ablesen kann* [< *Tele...* + engl. *prompter* „Souffleur, Souffleuse"]

**Teleskop** ⟨n. 11⟩ ► *optisches Gerät, mit dem man weit entfernte Gegenstände unter einem größeren Gesichtswinkel als mit dem bloßen Auge u. dadurch scheinbar näher sieht;* Sy *Fernrohr* [< grch. *tele* „fern, weit" + *skopein* „spähen, schauen, blicken"]

**Teleskopantenne** ⟨f. 19⟩ *Antenne, die aus mehreren ineinander verschiebbaren Metallrohren besteht*

**Television** ⟨[-vi-] f. 20; unz.⟩ = *Fernsehen* [< grch. *tele* „weit, fern" + *Vision*]

**Telex I** ⟨m. 1 od. n. 11; Pl. a.: -⟩ = *Fernschreiber* **II** ⟨n. 11; Pl. a.: -⟩ = *Fernschreiben* [verkürzt < engl. *teleprinter exchange* „Austausch über Fernschreiber"]

**Teller** ⟨m. 3⟩ **1** *flache Schale als Essgerät* (Kuchenteller, Suppenteller) **2** *kreisrundes Gitter etwa 10 cm über dem unteren Ende des Skistocks* **3** ⟨Jägerspr.⟩ *Ohr des Wildschweins* **4** ⟨fig.⟩ *Scheibe, runde Fläche* (Handteller) ◆ ein Teller (voll) Suppe [< mhd. *deller,* frz. *tailloir* „Hackbrett" < ital. *tagliere* „Hackbrett, kleine Platte" < vulgärlat. *taliare* „schneiden, zerlegen" < mlat. *tellerium* < lat. *talea* „Einschnitt"; → *Detail, Taille*]

**Tellereisen** ⟨n. 14⟩ *tellerförmige Tierfalle, Schlageisen*

**Tellur** ⟨n. 11; unz.; Chem.; Zeichen: Te⟩ *braunschwarzes, nichtmetallisches chem. Element, Ordnungszahl 52* [< lat. *tellus* „Erde, Erdreich, Boden"]

**Telos** ⟨n.; -; unz.⟩ *Ziel, Zweck* [grch.]

**Tempel** ⟨m. 5⟩ **1** ⟨urspr.⟩ *als heilig geltende, kult. Zwecken dienende Stätte* **2** ⟨dann⟩ ►► *einer (nichtchristl.) Gottheit geweihter Bau* **3** ⟨fig.⟩ *Heiligtum* ◆ jüdischer, heidnischer Tempel [< mhd., ahd. *tempal* < lat. *templum* „ausgeschnittenes Stück" (von den Auguren abgegrenzter Bezirk zum Beobachten des Vogelfluges), dann „geweihte Stätte"; vielleicht zu grch. *temnein* „schneiden", *temenos* „abgegrenztes Gut"]

**Tempelorden** ⟨m. 4; unz.⟩ = *Templerorden*

**Temperafarbe** ⟨f. 19; Mal.⟩ *Farbe, deren mit Wasser verdünnte Bindemittel (Eigelb, Leim, Honig u. a.) nach dem (sehr raschen) Trocknen wasserunlösl. werden* [zu ital. *tempera* „Auflösungsmittel" (für Farben) < lat. *temperare* „richtig mischen"]

**Temperament** ⟨n. 11⟩ **1** *Gemütsart, Wesensart, Gefühlsanlage* **2** *Art des Ablaufs seelischer Vorgänge* **3** ⟨fig.⟩ *Erregbarkeit, Lebhaftigkeit, Munterkeit* ◆ sein Temperament ist mit ihm durchgegangen *er hat die Beherrschung verloren;* (kein) Temperament haben; cholerisches, melancholisches, phlegmatisches, sanguinisches Temperament; sich von seinem Temperament hinreißen lassen ⟨fig.⟩ [< frz. *tempérament* „Wesens-, Gemütsart, Lebhaftigkeit, Schwung, Feuer" < lat. *temperamentum* „das richtige Verhältnis gemischter Dinge, das rechte Maß"]

**Temperatur** ⟨f. 20⟩ **1** *Wärmegrad (eines Gases, Körpers, einer Flüssigkeit)* **2** ⟨Mus.⟩ *die temperierte Stimmung* ◆ Temperatur haben *leichtes Fieber haben;* die Temperatur messen [< lat. *temperatura* „gehörige Mischung, Beschaffenheit"; zu *temperare* „in das gehörige Maß bringen, richtig lenken"]

**temperieren** ⟨V. t.; hat⟩ **1** einen Raum temperieren *gleichmäßige, gemäßigte Temperatur in einem Raum herbeiführen, Lufttemperatur u. -feuchtigkeit in einem Raum regeln* **2** etwas temperieren ⟨fig.⟩ *mäßigen, mildern* **3** temperierte Stimmung ⟨Mus.⟩ *Stimmung aufgrund*

## TELESKOPE

Teleskope umfassen Linsenfernrohre und Spiegelteleskope. Beim Linsenfernrohr wird das eintretende Licht durch eine Linse gebrochen und das so entstandene Abbild durch ein Okular vergrößert. Beim Spiegelteleskop wird das Licht von einem konkaven Haupt- auf einen flachen Fangspiegel geworfen und von dort zum Okular gelenkt.

### TELESKOPTYPEN

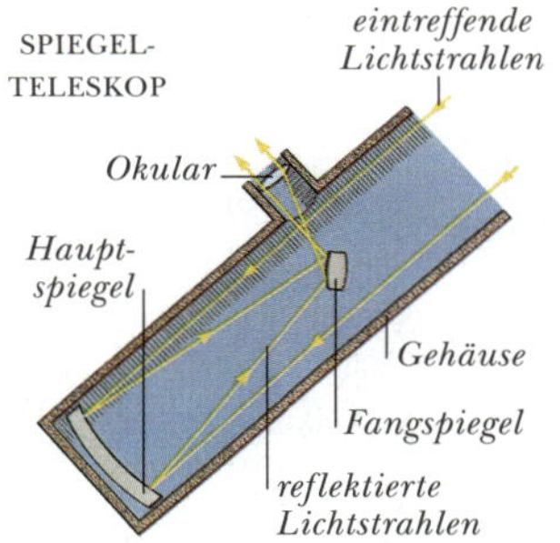


KLEINES ASTRONOMISCHES LINSENFERNROHR

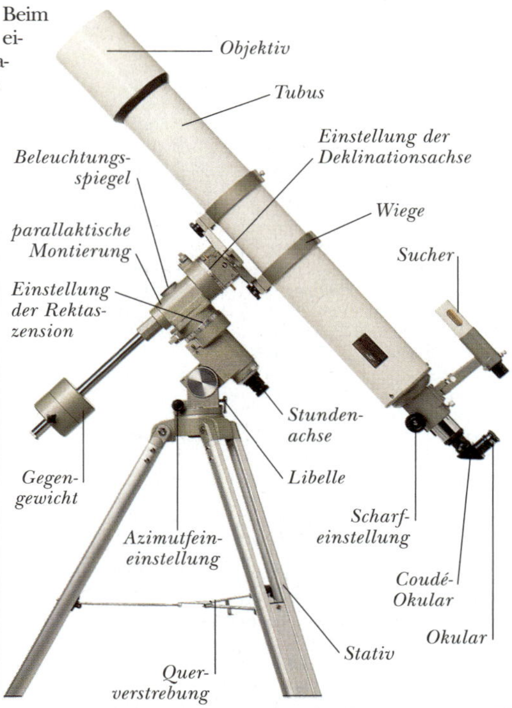

## TEMPEL

Die Architektur der meisten Tempel ist von symbolischer Bedeutung. Bei dem Aztekentempel von Tenochtitlan in Mexiko wurden auf einem pyramidenförmigen Bau, der einen Berg darstellen sollte, zwei Schreine als Sitz der Götter errichtet. Über die steilen Treppen näherten sich die Priester den Göttern, um ihnen Menschenopfer darzubringen.

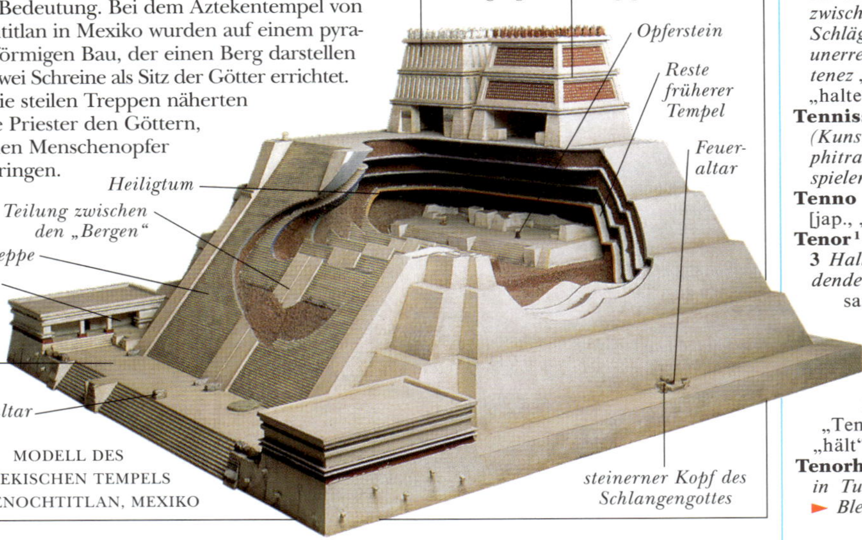


MODELL DES AZTEKISCHEN TEMPELS VON TENOCHTITLAN, MEXIKO

*der in 12 gleiche Halbtöne eingeteilten Oktave* ◆ der Raum ist gut, angenehm temperiert *nicht zu warm u. nicht zu kalt* [zu lat. *temperare* „mäßigen, in das rechte Maß bringen"]

**Templerorden** ⟨m. 4; unz.⟩ *1119 in Palästina gegründeter geistl. Ritterorden zum Schutz des Heiligen Grabes gegen Ungläubige;* Sy *Tempelorden* [nach ihrem Wohnsitz, dem „Tempel Salomons", einem Palast, der angeblich auf der Stätte dieses Tempels stand u. der ihnen von König Balduin II. von Jerusalem überlassen worden war]

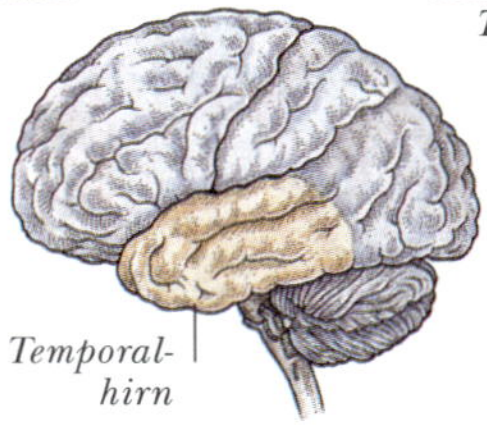


TEMPORALHIRN ALS TEIL DES MENSCHLICHEN GEHIRNS

**Tempo** ⟨n.; -s, Tempi⟩ **1** *Geschwindigkeitsgrad* **2** ⟨Mus.⟩ *Zeitmaß* **3** ⟨fig.⟩ *Schnelligkeit* ◆ Tempo, Tempo *(Anfeuerung zu größerer Schnelligkeit);* das Tempo **beschleunigen,** verringern; das Tempo **einhalten,** halten; die Tempi einhalten ⟨Mus.⟩ ◆ **schnelles,** langsames, rasendes, gemütliches, mörderisches Tempo ◆ Tempo **di** marcia, di valsa *Marschtempo, Walzertempo* [ital., „Zeit" < lat. *tempus* „Zeit, rechte Zeit"; → *Temperament, Temperatur*]

**Tempolimit** ⟨n. 15⟩ *Geschwindigkeitsbegrenzung (bes. auf Autobahnen)*

**Tempora** ⟨Pl. von⟩ *Tempus*

**Temporalhirn** ⟨n. 11; Anat.⟩ ▲ *unterhalb der Schläfen liegender Teil des Gehirns*

**Temporalis** ⟨f.; -, -rales; Med.⟩ *Schläfenschlagader* [< lat. *tempus,* Pl. *tempora* „Schläfe"]

**Temporalsatz** ⟨m. 1u; Gramm.⟩ *Umstandssatz der Zeit*

**temporär** ⟨Adj.⟩ *zeitweise, zeitweilig, vorübergehend* ◆ ein temporärer Schwächeanfall

**Tempus** ⟨n.; -s, Tempora; Gramm.⟩ *Zeitform des Verbums,* z. B. Präsens, Perfekt [lat., „Zeit"]

**Tendenz** ⟨f. 20⟩ **1** *Neigung, Hang, Streben* **2** *erkennbare Absicht (eines Buches, Theaterstückes)* **3** *Stimmung (an der Börse)* ◆ die Kurse zeigen die Tendenz zu steigen, zu fallen; fallende, steigende Tendenz der Preise; eine eindeutige, neue Tendenz [< frz. *tendance* „Richtung, Trachten, Streben, Hang" < nlat. **tendentia;* zu *tendere* „spannen, ausstrecken, sich hinneigen"]

**tendenziell** ⟨Adj.⟩ *der Tendenz nach*

**tendenziös** ⟨Adj.; -er, am -esten⟩ **1** *eine Tendenz erkennen lassend* **2** *(partei)politisch gefärbt* [< frz. *tendancieux* „tendenziös"; → *Tendenz*]

**Tender** ⟨m. 3⟩ **1** ► *mit der Lokomotive gekoppelter Wagen für Kohle od. Wasser* **2** *Begleitschiff eines Schiffes od. Schiffsverbandes für Kohle, Wasser, Proviant usw.* [< engl. *attender* „Aufwärter, Begleiter"; verkürzt zu *tender* für „Begleitboot"]

**tendieren** ⟨V. i.; hat⟩ zu etwas tendieren *nach etwas streben, zu etwas neigen* ◆ er tendiert nun doch eher dazu, das Haus nicht zu bauen [zu *Tendenz* „Zweckstreben, Hang, Neigung" < frz. *tendre* < lat. *tendere* „spannen, strecken, hinneigen"]

**Tenne** ⟨f. 19; Landw.⟩ *festgestampfter od. gepflasterter Platz, meist in der Scheune, zum Dreschen des Getreides* [< mhd. *tenne* < ahd. *tenni* < nordostfrz. *daigne* „Tenne", fläm. „Dreschplatz auf freiem Felde"]

**Tennis** ⟨n.; -; unz.; Sp.⟩ ▼ *Ballspiel auf Gras- od. Sandplatz od. in der Halle* (Hallentennis) *zwischen zwei od. vier Spielern, die mit einem Schläger den Ball für den bzw. die Gegner unerreichbar zu platzieren versuchen* [zu afrz. *tenez* „nehmt, haltet" < lat. *tenetis;* zu *tenere* „halten"]

**Tennisschläger** ⟨m. 3; Sp.⟩ *netzartig mit (Kunst-)Darmsaiten bespannter, ovaler Graphitrahmen mit langem Griff zum Tennisspielen*

**Tenno** ⟨m. 6; Titel für⟩ *japanischer Kaiser* [jap., „Erhabener, Herrscher des Himmels"]

**Tenor**[1] ⟨m.; -s; unz.⟩ **1** *Inhalt, Wortlaut* **2** *Sinn* **3** *Haltung, Einstellung* **4** ⟨Rechtsw.⟩ *entscheidender Teil eines Urteils* [< lat. *tenor* „Zusammenhang, Sinn, Inhalt"]

**Tenor**[2] ⟨m. 1u; Mus.⟩ **1** *hohe Stimmlage der Männer* **2** *Männerstimme in hoher Lage, Tenorstimme* **3** *Sänger mit Tenorstimme* **4** *Gesamtheit der Tenorstimmen im Chor* [< ital. *tenore* „Tenor" (Stimme, die die anderen Stimmen „hält"); zu *tenere* „halten"]

**Tenorhorn** ⟨n. 12u; unz.; Mus.⟩ ► *Bügelhorn in Tubaform, das in B od. C gestimmt ist;* ► *Blechblasinstrumente*

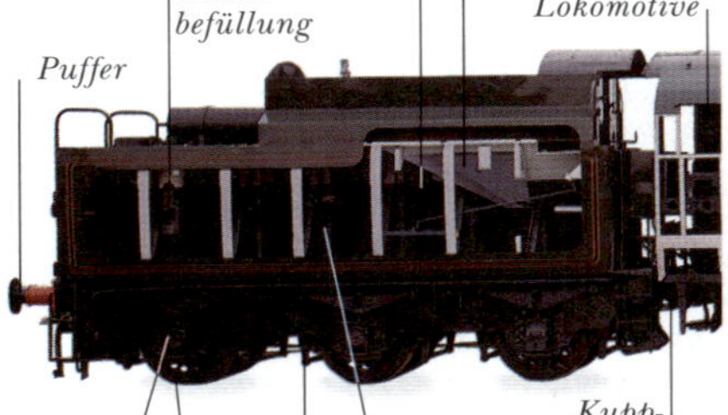


TENDER: SCHNITT DURCH EINEN TENDER AUS DER MITTE DES 20. JH.

**Tensid** ⟨n. 11; meist Pl.⟩ *die Oberflächenspannung von Flüssigkeiten herabsetzende Substanz, Bestandteil vieler Wasch- u. Reinigungsmittel* [< ital. *tensione* „Spannung"; zu lat. *tendere* „halten, spannen"]

## TENNIS

Obwohl tennisähnliche Spiele bereits im Mittelalter populär waren, wurde das moderne Tennis erst 1874 entwickelt. Ein Tennismatch geht bei den Damen über zwei und bei den Herren oft über drei Gewinnsätze, in denen jeweils mindestens sechs Spiele gewonnen werden müssen.

TENNISSPIELER

TENNISPLATZ

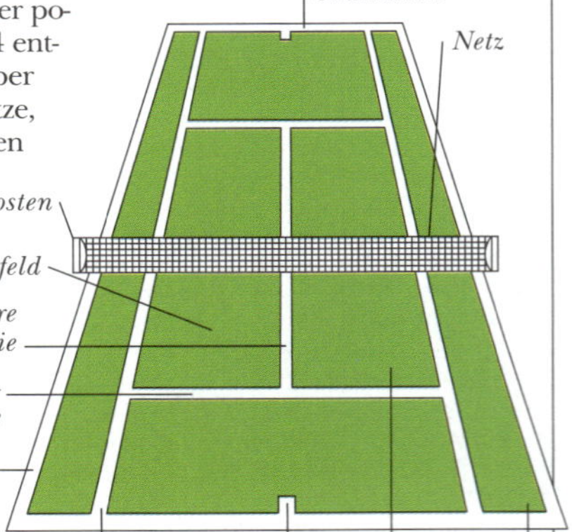

**Tentakel** ⟨m. 5 od. n. 13⟩ ► *zum Tasten u. Ergreifen der Beute dienender Körperanhang von wasserbewohnenden, zumeist festsitzenden Tieren, Fangarm* [< neulat. *tentaculum;* zu lat. *temptare* „angreifen, betasten, befühlen, berühren"]

TENTAKEL EINES RÖHRENWURMS

**Teppich** ⟨m. 1⟩ **1** *geknüpfter od. gewebter Fußbodenbelag od. Wandbehang* (Wandteppich) *aus Wolle, Haargarn, Seide od. Kunstfaser, oft reich gemustert* **2** ⟨schweiz. a.⟩ *Wolldecke* ◆ Teppiche klopfen; etwas unter den Teppich kehren ⟨fig.; umg.⟩ *etwas vertuschen, verschleiern, verborgen halten, verharmlosen* [< mhd. *tep(p)ich, tebech* < ahd. *tep(p)ih* < lat. *tapete, tap(p)etum* „Teppich, Decke" < grch. *tapes* „Teppich, Decke"]

**Tequila** ⟨[-kiː-] m. 6⟩ *aus Agaven hergestellter mexikan. Branntwein* [nach der mexikan. Stadt *Tequila*]

**Tera...** ⟨in Zus.; Zeichen: T⟩ *das $10^{12}$fache (Billionenfache) einer Maßeinheit,* z. B. 1 TW = $10^{12}$ Watt [< grch. *teras* „Zeichen, Vorzeichen"]

**Terbium** ⟨n.; -s; unz.; Chem.; Zeichen: Tb⟩ *metallisches chemisches Element aus der Gruppe der Lanthanoiden, Ordnungszahl 65* [nach dem schwed. Ort *Ytterby*]

**Term** ⟨m. 1⟩ **1** ⟨Math.⟩ *ein od. mehrere Zeichen, die in einer Theorie, Gleichung, o. Ä. für ein betrachtetes Objekt stehen, z. B. Glied einer Summe* **2** ⟨Phys.⟩ *einem Niveau zugeordnete Größe, die dessen Energie angibt* [< frz. *terme,* engl. *term* „Ziel" < lat. *terminus* „Grenze, Ziel"]

**Termin** ⟨m. 1⟩ **1** *bestimmter Zeitpunkt, Stichtag* **2** *Lieferung, Zahltag* **3** ⟨Rechtsw.⟩ *Verhandlung* ◆ einen Termin **anberaumen,** festsetzen; **sein:** am 20. ist Termin; einen (anderen, neuen usw.) Termin **vereinbaren;** einen Termin **versäumen,** verpassen, verschieben ◆ **an** einen Termin, an bestimmte Termine gebunden sein ◆ bis zu **welchem** Termin können Sie die Arbeit fertig bekommen? [< lat. *terminus* „Grenzzeichen, Grenzstein, Grenze"]

**Terminal** ⟨['tœː(r)minəl] n. 15⟩ **1** *Flughafen* **2** *Zielbahnhof* **3** ⟨EDV⟩ *(meist von der Zentraleinheit getrennte) Ein- u. Ausgabeeinheit einer EDV-Anlage, bestehend aus Monitor u. Tastatur, über die die Kommunikation des Anwenders mit der Anlage erfolgt* [engl., „Endstation"]

**terminieren** ⟨V. t.; hat⟩ eine Sache terminieren *einer Sache einen Termin setzen, eine Sache befristen*

**Terminologie** ⟨f. 19⟩ *Gesamtheit der Fachausdrücke (eines Kunst- od. Wissensgebietes)* ◆ medizinische, technische Terminologie [< lat. *terminus* „Grenzstein, Grenze" + grch. *logos* „Lehre, Kunde, Wort"]

**Terminus** ⟨m.; -, -mini⟩ **1** *Grenze, Stichtag* **2** *Fachausdruck* ◆ Terminus technicus = *Fachausdruck* [< mlat. *terminus* „inhaltlich abgegrenzter, fest umrissener Begriff" < lat. *terminus* „Grenze, Grenzzeichen, Ziel, Ende" < grch. *terma* „Ende, Ziel"]

**Termite** ⟨f. 19; Zool.⟩ ► *Angehörige einer Ordnung der Insekten aus der Überordnung der Schabenartigen mit hoch entwickeltem Instinkt- u. Staatenleben: Isoptera* [< lat. *termes* „abgeschnittener Zweig" (vermutlich wegen ihrer Gestalt)]

**Termitenhügel** ⟨m. 5; Zool.⟩ *Bau der Termiten*

**Terpentin** ⟨n. 11; unz.⟩ *dickflüssiges Harz bestimmter Kiefernarten, das feste Harzanteile u. Terpentinöl enthält* [< spätmhd. *terebint* < mlat. *terebintina (resina)* „Harz der Terebinthe"]

**Terpentinöl** ⟨n. 11; unz.⟩ *aus dem Terpentin gewonnene, scharf riechende Flüssigkeit, Lösungsmittel für Farbanstriche u. Reinigungsmittel*

**Terra** ⟨f.; -; unz.; Geogr.⟩ *Land, Erde* [lat.]

**Terracotta** ⟨f.; -, -cotten⟩ = *Terrakotta (I)*

**Terrain** ⟨[-rɛ̃ː] n. 15⟩ **1** *Gebiet, Gelände* **2** *Grundstück* ◆ das Terrain sondieren, erkunden [frz., „Gebiet, Gelände, Boden, Baugelände" < lat. *terrenum* „Erde, Acker"; zu *terra* „Erde, Sand", eigtl. „die Trockene"]

**Terra incognita** ⟨f.; - -; unz.⟩ **1** *unbekanntes Land* **2** ⟨fig.⟩ *Unerforschtes* [lat., „unbekanntes Land" < *terra* „Erde, Land" + *incognita* „unbekannt"; zu *cognoscere* „kennen, erkennen"]

**Terrakotta** ⟨f.; -, -kotten⟩ **I** ⟨unz.⟩ *gebrannter Ton;* oV *Terracotta* **II** ⟨zählb.⟩ ◄ *kleine Figur aus gebranntem Ton;* oV *Terrakotte* [ital.; zu lat. *terra* „Erde" u. ital. *cotta* „gebrannt", Part. Perf. Pass. zu *cuocere* „kochen" < lat. *coquere* „kochen, brennen"]

TERRAKOTTA: FIGUR EINES ASSYRISCHEN HAUSGOTTES AUS TERRAKOTTA

**Terrakotte** ⟨f. 19⟩ ► = *Terrakotta (II)*

**Terrarium** ⟨n.; -s, -rien⟩ *Behälter zur Pflege u. Zucht von Lurchen u. Kriechtieren* [nlat. < lat. *terra* „Erde, Land"]

**Terrasse** ⟨f. 19⟩ **1** ► *waagerechte Stufe im Gelände, durch die die Neigung eines Hanges unterbrochen wird* **2** *Absatz* **3** *nicht überdachter, gepflasterter, an das Erdgeschoss eines Hauses angebauter Platz* **4** *großer, offener Balkon* **5** *Dachgarten* (Dachterrasse) [< frz. *terrasse* „Stufe, Absatz" < gallorom. **terracea,* etwa „Erdaufhäufung"; zu lat. *terra* „Erde"]

**terrestrisch** ⟨Adj.⟩ **1** *zum Festland gehörig, auf dem Festland entstanden* **2** *zur Erde gehörig, auf ihr entstanden, erd..., Erd...* [→ *Terrain, Terrasse*]

**Terrier** ⟨[-riər] m⟩ *kleine bis mittelgroße Hunderasse, meist stichelhaarig* (Airedaleterrier, Foxterrier, Scotchterrier, Welshterrier) [< engl. *terrier (dog)* „Erdhund" (wegen seiner Eignung für die Erdwildjagd) < spätlat. *terrarius;* zu lat. terra „Erde"]

EIER LEGENDE KÖNIGIN

SOLDAT

TERMITEN (*Macrotermes* species)

**Terrine** ⟨f. 19⟩ *Schüssel,* ⟨bes.⟩ *Suppenschüssel* (Suppenterrine) [< frz. *terrine* „Schüssel" < afrz. *terrin* „irden" < vulgärlat. **terrinus* „irden"; zu lat. *terra* „Erde"]

**territorial** ⟨Adj.⟩ *ein Territorium betreffend, zu ihm gehörig, es beherrschend* [< frz. *territorial* „zu einem Staatsgebiet gehörig, es betreffend"; → *Territorium*]

**Territorium** ⟨n.; -s, -rien⟩ **1** *Gebiet, Land* **2** *Herrschafts-, Hoheitsgebiet* [< frz. *territoire* „Gebiet, Boden, Territorium" < lat. *territorium* „zu einer Stadt gehörendes Ackerland, Stadtgebiet"; zu *terra* „Erde"]

**Terror** ⟨m.; -s; unz.⟩ **1** *Schrecken* **2** *gewalttätiges, rücksichtsloses Vorgehen, das die Betroffenen in Angst u. Schrecken versetzen soll* **3** *Gewalt-, Schreckensherrschaft* **4** ⟨in Zus.⟩ *Zwang,* (Konsumterror) **5** ⟨umg.⟩ *Aufregung, Unruhe, Zank* ◆ mach doch nicht solchen Terror! ⟨umg.⟩ [< lat. *terror* „Schrecken"; zu *terrere* „erschrecken"]

**terrorisieren** ⟨V. t.; hat⟩ **1** *durch Gewaltanwendung einschüchtern* **2** *in Furcht u. Schrecken versetzen, bedrohen* [< frz. *terroriser;* → *Terror*]

**Terrorismus** ⟨m.; -; unz.⟩ *Ausübung von Terror, um bestimmte (bes. politisch motivierte) Ziele durchzusetzen*

**Terrorist** ⟨m. 16⟩ **1** *jmd., der Terror ausübt* **2** *Anhänger des Terrorismus*

**Tertiär** ⟨[-tsjɛːr] n.; -s; unz.; Geol.⟩ *untere Formation des Känozoikums, Braunkohlenformation*

TERRASSEN

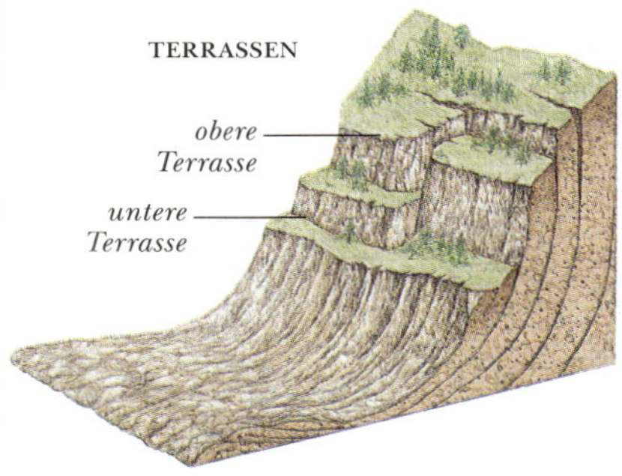


**Terz**[1] ⟨f. 20⟩ **1** ⟨Mus.⟩ *dritter Ton der diaton. Tonleiter* **2** ⟨Sp.; Fechten⟩ *Fechthieb vom rechten Ohr des Gegners zu dessen linker Hüfte* **3** ⟨kath. Kirche⟩ *dritte Gebetsstunde (9 Uhr), dritter Teil des Stundengebets* [< ital. *terza* „Terz" < lat. *tertia* „die dritte"]

**Terz**[2] ⟨m. 1; unz.; Jugendspr.; in der Wendung⟩ Terz machen *randalieren, sich streiten, Ärger machen* ◆ nun mach mal nicht so'n Terz!

**Terzett** ⟨n. 11; Mus.⟩ *Musikstück für drei Singstimmen od. drei gleiche Instrumente, die drei Sänger bzw. Spieler* [< ital. *terzetto* < lat. *tertius* „der dritte"]

**Test** ⟨m. 1 od. m. 6⟩ **1** *Probe, Experiment, Wertbestimmung* **2** *Eignungsprüfung* [engl., „Probe, Prüfung" < afrz. *test* „irdener Topf, Tiegel (für alchimist. Experimente)" < lat. *testum* „Geschirr, Schüssel"]

**Testament** ⟨n. 11⟩ **1** *letzter Wille, letztwillige Verfügung* **2** *Teil der Bibel* ◆ ein Testament anfechten; sein Testament machen; das Alte, Neue Testament; gemeinschaftliches Testament (zweier Ehegatten) [< (kirchen)lat. *testamentum* „Ordnung Gottes, Bund Gottes mit den Menschen"; zu lat. *testari* „bezeugen, als Zeugen nehmen; ein Testament machen"; zu *testis* „Zeuge"]

**testamentarisch** ⟨Adj.⟩ *durch Testament* ◆ jmdn. testamentarisch als Erben einsetzen; etwas testamentarisch verfügen, bestimmen, anweisen

T

**Testat** ⟨n. 11⟩ *Bescheinigung, Beglaubigung, schriftl. Bestätigung (bes. des Besuchs einer Vorlesung)* [< lat. *testatus* „bezeugt, dargetan, klar, augenscheinlich"; zu *testis* „Zeuge, Mitwisser"]

**testen** ⟨V. t.; hat⟩ **1** *mithilfe eines Tests prüfen* **2** ⟨allg.; umg.⟩ *untersuchen* ◆ ein neues Produkt testen [< engl. *test* „prüfen, erproben, ausprobieren"; → *Test*]

**testieren** ⟨V. t.; hat⟩ etwas testieren **1** *durch Testament, letztwillig verfügen* **2** *ein Testat über etwas geben, bescheinigen, schriftlich bestätigen* ◆ eine Vorlesung testieren [zu lat. *testari* „bezeugen"]

**Testikel** ⟨m. 5; Anat.⟩ ► = *Hoden* [< lat. *testiculus*, Verkleinerungsform von *testes*, Gen. *testis* „Hoden"]

**Testosteron** ⟨n. 11; unz.; Med.⟩ *Geschlechtshormon des Mannes* [< lat. *testis* „Hoden" + grch. *stereos* „starr, hart, fest"]

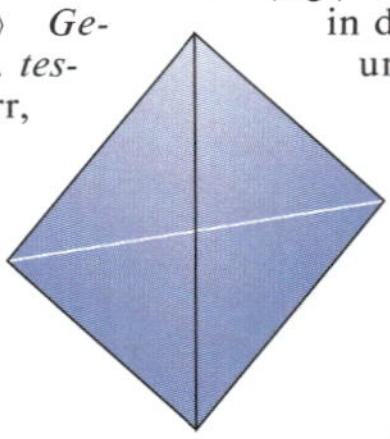
TETRAEDER

**Tetanus** ⟨m.; -; unz.; Med.⟩ = *Wundstarrkrampf* [latinisiert < grch. *tetanos;* zu *teinein* „(aus)strecken, spannen"]

**Tete-a-tete,** ⟨auch⟩ **Tête-à-tête** ⟨[tɛːtaˈtɛːt] n. 15⟩ *inniges, trauliches, vertrautes Beisammensein, Liebesstündchen* ◆ sie hat heute ein Tete-a-tete mit ihrem Liebsten [frz., „Kopf an (bei) Kopf"]

**Tetraeder** ⟨n. 13; Geom.⟩ ▲ *von vier Flächen begrenzter Körper;* Sy *Vierflach, Vierflächner* [< grch. *tessares, tettares* „vier" + *hedos, hedra* „Grundlage, Grundfläche"]

**Tetragon** ⟨n. 11⟩ *Viereck* [< grch. *tetragonos* „viereckig, vierkantig"]

**Tetraplegie** ⟨f. 19; Med.⟩ *Lähmung aller vier Gliedmaßen* [< *Tetra...* + grch. *plege* „Schlag"]

**teuer** ⟨Adj.; teu(e)rer, am -sten⟩ **1** *viel kostend, von hohem Preis, kostspielig;* Ggs *billig (1)* **2** *eine bestimmte Summe kostend* **3** ⟨fig.⟩ *kostbar, wert, lieb* (Andenken) ◆ das habe ich mir für teures **Geld** erstanden ⟨umg.⟩ *für viel Geld;* teure **Zeiten** ⟨fig.⟩ *Zeiten, in denen Preise hoch sind* ◆ etwas teuer **kaufen,** verkaufen; **sein:** da ist guter Rat teuer *ich bin ratlos; was sollen wir jetzt tun?* sein Leichtsinn kam ihn teuer zu **stehen** *er musste für seinen Leichtsinn büßen;* ◆ dieses Buch ist um fünf Mark teurer **als** das andere ◆ **wie** teuer ist der Stoff? [< mhd. *tiure* < ahd. *tiuri* „lieb, wert, kostbar", engl. *dear*]

**Teufel** ⟨m. 5⟩ **1** ⟨in fast allen Religionen⟩ *Verkörperung des Bösen, böser Geist, Dämon* **2** ⟨christl. Religion⟩ *Widersacher Gottes, von Gott abgefallener Engel, Verführer des Menschen zum Bösen* ◆ in (des) Teufels **Küche** geraten, kommen ⟨fig.⟩ *in eine unangenehme Lage* ◆ den Teufel mit Beelzebub **austreiben** ⟨fig.⟩ *ein Übel durch ein anderes bekämpfen;* in der Not **frisst** der Teufel Fliegen ⟨fig.; umg.⟩ *in der Not kann man sich mit wenigem begnügen;* **hol** dich der Teufel! *(Verwünschung);* **los** sein: dort ist der Teufel los ⟨fig.⟩ *dort herrscht großes Durcheinander, großer Zank, Streit, dort ist ein wilder Kampf im Gange;* man soll den Teufel nicht an die Wand **malen** *man soll nicht von etwas reden, was man in Wahrheit weit weg wünscht (weil es dann vielleicht gerade eintritt)* **weiß** der Teufel, wo das Geld geblieben ist ⟨fig.; umg.⟩ *ich möchte nur wissen ...* ◆ er ist ein **armer** Teufel *armer Kerl* ◆ arbeiten **auf** Teufel komm 'raus ⟨fig.; umg.⟩ *aus Leibeskräften;* das Geld ist **beim,** ⟨od.⟩ zum Teufel ⟨fig.; umg.⟩ *verloren, weg;* es müsste schon **mit** dem Teufel zugehen, wenn es nicht klappte ⟨fig.; umg.⟩ *es müsste schon etwas ganz Unerwartetes eintreten* [< mhd. *tiuvel, tievel* < ahd. *tiufal* < kirchenlat. *diabolus, diabulus* < grch. *diabolos* „Verleumder, verleumdend, schmähend"]

**Teufelskreis** ⟨m. 1⟩ *Kreislauf, in dem der Versuch, eine Zwangslage zu lösen, wieder in eine neue führt;* → a. *Circulus vitiosus*

**Teufelsnadel** ⟨f. 21⟩ *Libelle mit schwarz-grün gezeichnetem Körper u. farblosen Flügeln: Aeschna cyanea*

**Teufelsrochen** ⟨m. 4⟩ *Angehöriger einer Familie der Rochen, sehr große Tiere mit breitem, scheibenförmigem Körper, die auch Menschen anfallen u. Boote zum Kentern bringen können: Mobudilae*

**Teutone** ⟨m. 17⟩ *Angehöriger eines germ. Volksstammes auf den dänischen Inseln*

**Text I** ⟨m. 1⟩ **1** *Wortlaut (z. B. eines Vortrags, einer Bühnenrolle, eines Telegramms)* **2** *Unterschrift (zu Abbildungen, Karten usw.)* **3** *Worte, Dichtung (zu Musikstücken, Operntext, Liedertext)* **4** *Bibelstelle als Grundlage für eine Predigt* ◆ einen Text (auswendig) **lernen,** lesen ◆ ein **schwieriger** Text ◆ **über** einen Text sprechen **II** ⟨f.; -; unz.; Typ.⟩ *Schriftgrad, 20 Punkt* [< lat. *textus* „Gewebe, Geflecht"; zu *texere* „weben, flechten, kunstvoll zusammenfügen"]

**texten** ⟨V. i.; hat⟩ *einen Werbe- od. Schlagertext verfassen*

**Texter** ⟨m. 3⟩ *Verfasser von Werbe- od. Schlagertexten*

**textil** ⟨Adj.⟩ *zur Textiltechnik oder -industrie gehörend* [→ *Textilien*]

**Textilien** ⟨[-liən] Pl.; Sammelbez. für⟩ *Stoffe, Tuche, Gewebe, Gewirke, Fasererzeugnisse, Kleidung, Wäsche* [zu frz. *textile* „gewebt, gewirkt" < lat. *textilis* „gewebt, gewirkt"; zu *texere;* → *Text*]

**Textverarbeitung** ⟨f. 20; EDV⟩ *maschinen- od. computerunterstützte Erstellung, Speicherung u. Veränderung von Texten*

**T-förmig** ⟨Adj.⟩ *wie ein T geformt* ◆ eine T-förmige Kreuzung

**tg** ⟨Math.; Abk. für⟩ *Tangens*

**Th** ⟨Zeichen für⟩ *Thorium*

**TH** ⟨Abk. für⟩ *Technische Hochschule*

**Thai I** ⟨m. 6 od. m.; -, -⟩ **1** *Angehöriger einer Völkergruppe in Hinterindien* **2** *Einwohner Thailands* **II** ⟨n.; -; unz.⟩ = *siamesische Sprache* [siamesisch, „Freier"]

## THEATER

Die ersten, im antiken Griechenland errichteten Theater waren Freilufttheater, die in natürlichen Geländevertiefungen oder an Hängen lagen. Sie besaßen einen Sing- oder Tanzplatz, eine Bühne und im Halbkreis angeordnete Sitzreihen. Auch in den Theatern der römischen Antike und der Renaissance saßen die Zuschauer noch im weiten Halbrund vor der Bühne, in der elisabethanischen Zeit jedoch rückten sie z. T. stehend näher an das Geschehen. Bei einigen modernen Theatern wurde diese Idee weiterentwickelt und der Zuschauerraum rings um die Bühne gruppiert.

ANLAGE EINES THEATERS

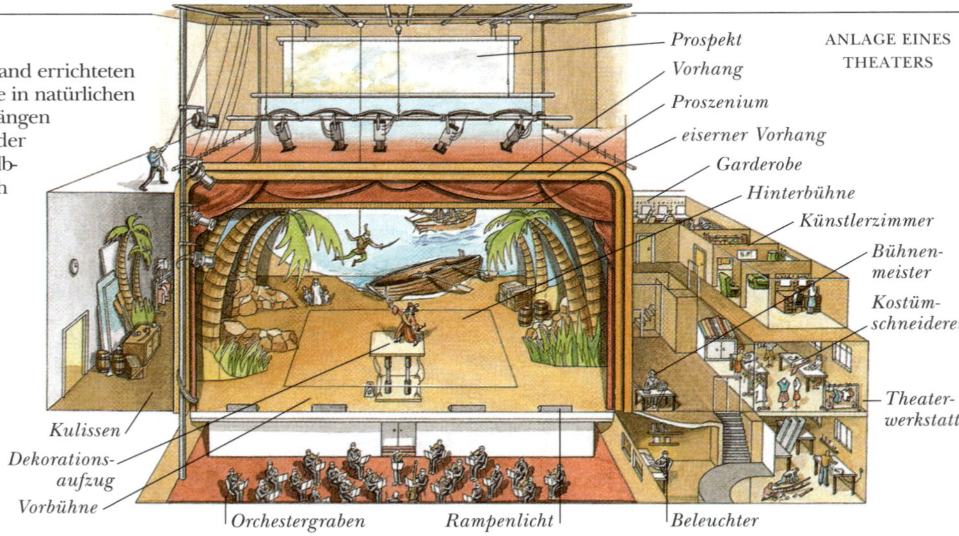


VERSCHIEDENE THEATERFORMEN

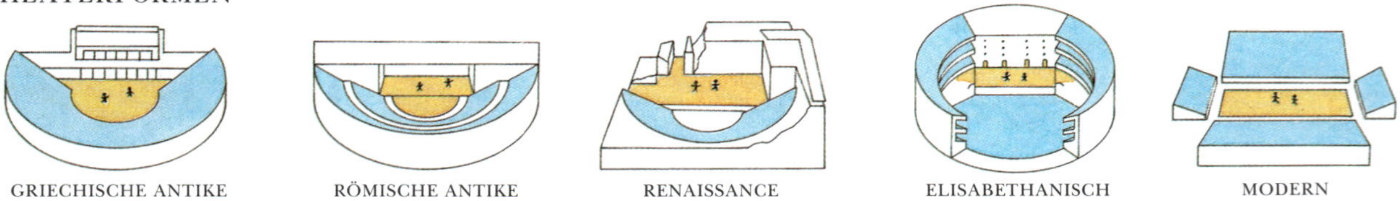

## THEODOLIT

Der Theodolit ist ein geodätisches Winkelmessgerät, das an den beiden Enden einer Grundlinie, deren Länge bekannt ist, aufgestellt wird. Gemessen werden die Winkel zu einem Objekt, die dessen Entfernung und Niveau bestimmbar machen.

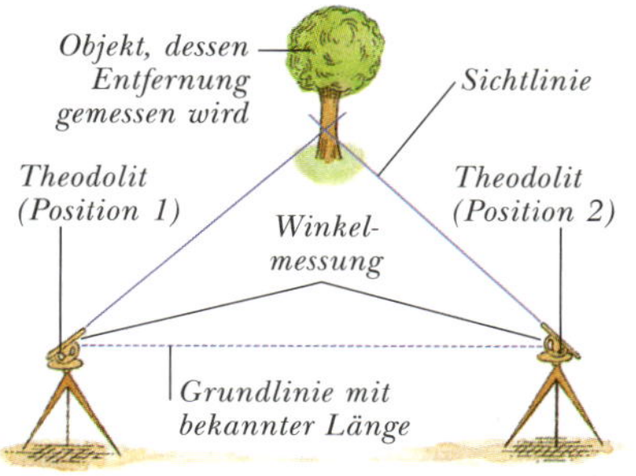


ENTFERNUNGSMESSUNG MIT DEM THEODOLITEN

**Thalamus** ⟨m.; -, -lami⟩ *Ansammlung grauer Substanz im Gehirn, durch die alle zur Großhirnrinde ziehenden Sinnesbahnen verlaufen, Sehhügel* [< grch. *thalamos* „Raum, Innenraum"]

**Thallium** ⟨n.; -s; unz.; Chem.; Zeichen: Tl⟩ *chem. Element, weißes, giftiges Metall, Ordnungszahl 81* [nlat. < grch. *thallos* „Spross, grüner Zweig" (nach der grünen Spektrallinie)]

**Thallus** ⟨m.; -, Thalli; Bot.⟩ ► = *Lager (9);* Ggs *Kormus* [< grch. *thallos* „Spross"]

**Theater** ⟨n. 13⟩ **1** ⟨i. w. S. Sammelbez. für⟩ ◄ *Schauspiel, Oper, Operette, Bühnentanz, Gebäude für deren Vorführung* **2** ⟨i. e. S.⟩ *Bühne* **3** *die Gesamtheit der Zuschauer* **4** *Gesamtheit der dramat. Werke eines Volkes od. einer Zeit* (Barocktheater) **5** *Schaustellung, Vorführung* **6** *Vorstellung im Theater* **7** ⟨fig.; umg.⟩ *Getue, Aufregung* ◆ das Theater **beginnt** um 8 Uhr; tu das nicht, sonst **gibt** es ein großes Theater ⟨fig.; umg.⟩; **sein:** das ist doch alles nur Theater! ⟨fig.; umg.⟩ ◆ **griechisches**, römisches, deutsches, französisches Theater ◆ was wird heute **im** Theater gegeben?; ins Theater gehen; ein Stück im Theater sehen [< frz. *théâtre* < lat. *theatrum* „Zuschauerraum, Theater" < grch. *theatron* „Schauplatz, Theater"; zu *thea* „das Anschauen, die Schau; Schauspiel"]

**theatralisch** ⟨Adj.⟩ **1** *das Theater betreffend, zu ihm gehörig, ihm entsprechend, bühnengerecht, Bühnen..., Theater...* **2** ⟨fig.⟩ *gespreizt, unnatürlich, geziert* [zu lat. *theatralis* „das Theater betreffend"]

**Thein** ⟨[te'i:n] n. 11; unz.⟩ = *Koffein;* oV *Tein*

**Theismus** ⟨[te:is-] m.; -; unz.⟩ *Lehre von einem höchsten, überweltl., persönlichen Gott, der die Welt erschaffen hat u. noch lenkt;* → a. *Deismus* [zu grch. *theos* „Gott"]

**...thek** ⟨in Zus.⟩ *Sammlung, Zusammenstellung,* z. B. Bibliothek, Videothek [< grch. *theke* „Behältnis, Kasten"]

**Theke** ⟨f. 19⟩ **1** *Verkaufstisch (meist mit Bierzapfstelle) zum Ausschenken von Getränken* **2** *Ladentisch* [< grch. *theke* „Behältnis, Kasten, Kiste", zu *tithenai* „setzen, stellen, legen"]

**T-Helferzellen** ⟨Pl.; Med.; kurz für⟩ *Thymus-Helfer-Lymphozyten (von dem HI-Virus angegriffene Zellen, durch ihre Zerstörung entsteht eine Abwehr- u. Immunschwäche des Körpers)*

**Thema** ⟨n.; -s, Themen; veralteter Pl. a.: -mata⟩ **1** *behandelter od. zu behandelnder Gegenstand, Stoff (bes. einer wissenschaftl. Arbeit, eines Vortrags usw.),* z. B. Aufsatzthema, Gesprächsthema **2** *Haupt-, Leit-, Grundgedanke* **3** ⟨Sprachw.⟩ **3.1** *Teil des Satzes, der die bereits bekannte Information enthält;* Ggs *Rhema (1)* **3.2** *Gesprächsgegenstand;* Ggs *Rhema (2)* **4** ⟨Mus.⟩ **4.1** *aus mehreren Motiven bestehende Hauptmelodie eines Musikstücks od. eines Teils davon* **4.2** *bei Variationen die Grundmelodie, die abgewandelt wird* ◆ ein Thema behandeln, abhandeln [< grch. *thema* „das Aufgestellte, Satz; zu behandelnder Gegenstand"]

**Thematik** ⟨f. 20; Pl. selten⟩ **1** *Themenkreis, -auswahl* **2** *Themenstellung* **3** *Kunst der Behandlung u. Ausführung eines musikalischen Themas*

**thematisch** ⟨Adj.⟩ *das Thema betreffend, auf ihm beruhend, ihm entsprechend* ◆ thematisches Verzeichnis *chronolog. Verzeichnis der Werke eines Komponisten mit Angabe jeweils der ersten Takte in Notenschrift*

**thematisieren** ⟨V. t.; hat⟩ *zum Thema machen, diskutieren, erörtern* ◆ er muss lernen, seine Probleme, seine Vorstellungen zu thematisieren

**Themen** ⟨Pl. von⟩ *Thema*

**theo..., Theo...** ⟨in Zus.⟩ *gott..., Gottes..., Götter...* [< grch. *theos* „Gott"]

**Theodolit** ⟨m. 1; Vermessungstech.⟩ ◄ *aus einem Fernrohr mit Fadenkreuz bestehendes Winkelmessgerät (für Horizontal- u. Vertikalwinkel)* [< engl. *theodolite,* vielleicht < *the alidade* < arab. *al-hadat* „Lineal"]

**Theokratie** ⟨f. 19; Pol.; Rel.⟩ *Staatsform, in der staatl. u. kirchl. Gewalt vereinigt sind, wobei die Regierungsgewalt meist von Priestern ausgeübt (Lamaismus) od. der Herrscher als Vertreter Gottes betrachtet wird (antikes Ägypten, antikes China)* [< grch. *theos* „Gott, Gottheit" + *kratos* „Stärke, Macht, Gewalt"]

**Theologie** ⟨f. 19; unz.⟩ *Lehre von der Religion, bes. von der christlichen* ◆ historische Theologie *Kirchengeschichte, Bibelwissenschaft;* praktische Theologie *Lehre von den gottesdienstl. Handlungen, von der Seelsorge u. christl. Erziehung;* systematische Theologie *Dogmatik* [< grch. *theos* „Gott, Gottheit" + *logos* „Lehre, Wort"]

**theologisch** ⟨Adj.⟩ *die Theologie betreffend, zu ihr gehörend, auf ihr beruhend*

**Theorem** ⟨n. 11⟩ *Lehrsatz* [< grch. *theorema* „das Angeschaute; Lehrsatz, Grundsatz, Regel"]

**Theoretiker** ⟨m. 3⟩ **1** *jmd., bes. Wissenschaftler, der eine Sache od. ein Wissensgebiet gedanklich betrachtend bearbeitet* **2** ⟨fig.⟩ *Mensch, der die Dinge nur gedanklich, begrifflich erfasst u. dem die Einsicht in die Praxis, ins praktische Leben fehlt;* Ggs *Praktiker* [< grch. *theoretikos* „beschauend, beschaulich"]

**theoretisch** ⟨Adj.⟩ *nur auf dem Denken, auf der Theorie beruhend, (rein) gedanklich, begrifflich;* Ggs *praktisch (1)* ◆ theoretisch ist das richtig, aber in der Praxis sieht es etwas anders aus

**Theorie** ⟨f. 19⟩ **1** *wissenschaftl., rein gedankl. Betrachtungsweise, wissenschaftl. Denken;* Ggs *Praxis (I, 1)* **2** *Lehre* (Musiktheorie) **3** *Lehrmeinung* **4** ⟨Naturwiss.⟩ *Erkenntnis von gesetzl. Zusammenhängen, Erklärung von Tatsachen* (Relativitätstheorie) ◆ eine Theorie aufstellen, belegen, vertreten, widerlegen [< grch. *theoria* „das Anschauen, Betrachtung; Untersuchung, Forschung"]

## THERMIK

Von der Sonne erwärmte Luft dehnt sich aus und verliert gegenüber umgebenden Luftschichten an Dichte. Der dabei entstehende Aufwind wird Thermik genannt und von Vögeln sowie in Flugsportarten zum mühelosen Aufstieg in die Höhe genutzt.

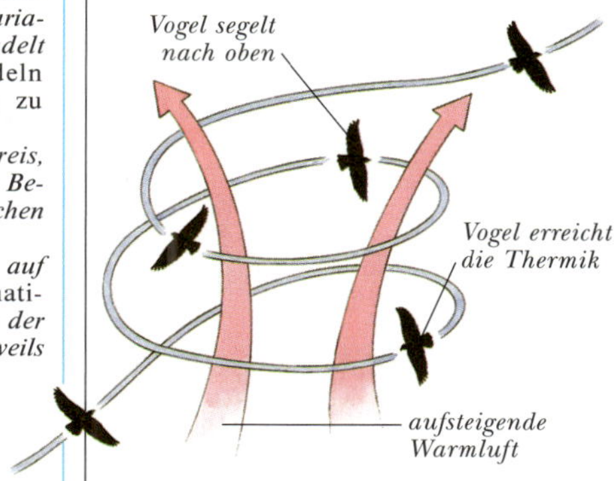


VOGEL IN DER THERMIK

**Theosophie** ⟨f. 19⟩ *jede Bestrebung od. Lehre, die den Sinn des Weltgeschehens aufgrund religiösen Glaubens erfassen will* [< grch. *theos* „Gott, Gottheit" + grch. *sophia* „Weisheit, Wissenschaft, Kenntnisse"]

**Therapeut** ⟨m. 16; Med.⟩ *Wissenschaftler, der eine Therapie anwendet* (Psychotherapeut), *behandelnder Arzt* [< grch. *therapeutes* „Diener, Wärter, Pfleger"; zu *therapeutein* „dienen, behandeln"]

**therapeutisch** ⟨Adj.; Med.⟩ *zu einer Therapie gehörend, auf ihr beruhend*

**Therapie** ⟨f. 19; Med.⟩ *Heil-, Krankenbehandlung* (Radiumtherapie, Stoßtherapie) [< grch. *therapeia* „Dienst; Behandlung, Wartung; Pflege, Heilung"]

**therapieren** ⟨V. t.; hat; Med.⟩ jmdn. therapieren *mit jmdm. eine Therapie machen, ihn therapeutisch behandeln*

THERMOGRAMM EINES MANNES MIT BRILLE

**Thermalbad** ⟨n. 12u⟩ **1** *(Heil-)Bad von einer warmen Quelle* **2** *Badeort mit warmer Quelle*

**Therme** ⟨f. 19⟩ **1** *warme Quelle* **2** Thermen ⟨Pl.⟩ *die warmen Bäder im antiken Rom für jedermann* [grch., „Wärme, warme Quelle"]

**Thermik** ⟨f. 20; unz.⟩ ▲ *durch unregelmäßige Erwärmung der Luft entstandener Aufwind* [zu grch. *thermos* „warm, heiß"]

**thermisch** ⟨Adj.⟩ *auf Wärme beruhend* [→ *Therme*]

**thermo..., Thermo...** ⟨in Zus.⟩ *wärme..., Wärme...* [< grch. *thermos* „warm, heiß"]

**Thermodynamik** ⟨f.; -; unz.⟩ *theoretische Wärmelehre, die sich mit den durch Wärme hervorgerufenen Erscheinungen befasst* [< grch. *thermos* „warm, heiß" + *Dynamik*]

**Thermografie** ⟨f.; -; unz.⟩ = *Thermographie*

**Thermogramm** ⟨n. 11⟩ ◄ *durch Infrarotstrahlen erzeugtes Wärmebild eines Körpers* [< grch. *thermos* „warm" + *gramma* „Schriftzeichen"]

T

**Thermographie** ⟨f.; -; unz.⟩ oV *Thermografie* **1** *Verfahren zum Sichtbarmachen von Wärmestrahlung* **2** *Untersuchungsmethode, die die Wärmestrahlung des Patienten ausnutzt* [< grch. *thermos* „warm, heiß" + *...graphie*]

**Thermomagnetismus** ⟨m.; -; unz.⟩ *in elektr. Leitern bei Wärme auftretender Magnetismus* [< grch. *thermos* „warm, heiß" + *Magnetismus*]

**Thermometer** ⟨n. 13⟩ ► *Wärmemesser, Gerät zum Messen der Temperatur* (Fieberthermometer, Außenthermometer, Zimmerthermometer) ◆ das Thermometer fällt, steigt; das Thermometer zeigt 10 °C über, unter Null [< grch. *thermos* „warm, heiß" + *metron* „Maß"]

**thermonuklear** ⟨Adj.⟩ *auf einer durch Wärme hervorgerufenen Atomkernumwandlung beruhend* ◆ thermonukleare Reaktionen; thermonukleare Waffen [< grch. *thermos* „warm, heiß" + lat. *nucleus* „Nusskern, Kern"]

**Thermosflasche** ⟨f. 19⟩ ► *kannenartiges Gefäß mit doppelten, luftleeren Wänden, in dem Speisen od. Getränke ihre Temperatur lange behalten* [zu grch. *thermos* „warm, heiß"]

**Thermostat** ⟨m. 1 od. m. 16⟩ ▼ *Gerät, das die Temperatur in einem Raum auf einem bestimmten, einstellbaren Wert hält;* Sy *Wärmeregler* [< grch. *thermos* „warm, heiß" + *statos* „stehend, feststehend"]

**Thesaurus** ⟨m.; -, -sauri od. -sauren⟩ *Wissensschatz, wissenschaftl. Sammlung, z. B. umfassendes Wörterverzeichnis einer Sprache mit Redewendungen usw.* ◆ Thesaurus linguae Latinae *seit 1894 in München bearbeitetes u. herausgegebenes, umfassendes Wörterbuch der lateinischen Sprache* [lat. < grch. *thesauros* „Vorratskammer, Schatzhaus; Vorrat, Schatz"]

**These** ⟨f. 19⟩ *Behauptung, Lehrsatz, Leitsatz* ◆ These und Antithese; eine These aufstellen [< grch. *thesis* „das Setzen, aufgestellter Satz, Lehrsatz, Behauptung"]

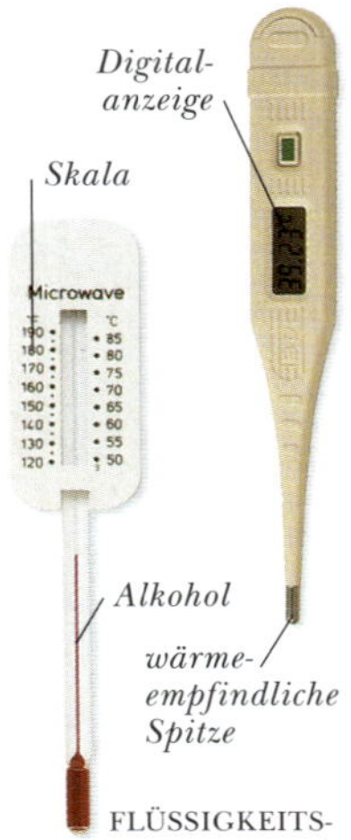


ELEKTRONISCHES THERMOMETER

FLÜSSIGKEITS-THERMOMETER

THERMOMETER

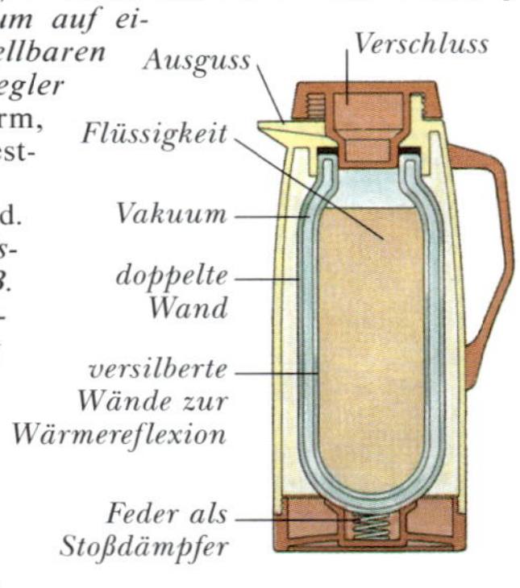


THERMOSFLASCHE (SCHNITT)

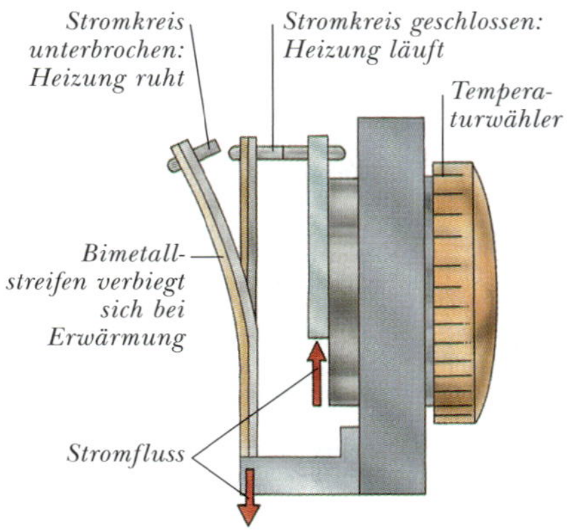


THERMOSTAT ZUR STEUERUNG EINER HEIZUNG

**Theta** ⟨neugrch. ['θi:ta] n. 15; Zeichen: θ, Θ⟩ *achter Buchstabe des grch. Alphabets*

**thetisch** ⟨Adj.⟩ *in der Art einer These behauptend (schriftl. od. mündl.)*

**Thing** ⟨n. 11⟩ = *Ding (III)*

**thio..., Thio...** ⟨in Zus.⟩ *schwefel..., Schwefel...* [< grch. *theion* „Schwefel, Schwefelgeruch"]

**Thora** ⟨f.; -; unz.; jüd. Rel.; hebr. Bez. für⟩ ► *die fünf Bücher Mose* [hebr., „Lehre"]

**Thoraschrein** ⟨m. 1; jüd. Rel.⟩ *meist reich verzierter Schrein, in dem die Thorarollen aufbewahrt werden*

**Thorax** ⟨m. 1; Anat.⟩ **1** *Brustkasten* **2** *mittlerer Körperabschnitt von Gliederfüßern zwischen Kopf u. Hinterleib* [grch., „Rumpf des Leibes, Brustkorb"]

**Thorium** ⟨n.; -s; unz.; Chem.; Zeichen: Th⟩ *chem. Element, weiß glänzendes, radioaktives Metall, Ordnungszahl 90* [nach dem nord. Gott *Thor*]

**Thriller** ⟨[θril-] m. 3; Film; Theat.; Lit.⟩ *Werk, das Spannung, Grausen u. Nervenkitzel hervorrufen soll* [engl.; zu *thrill* „durchbohren, durchdringen, zittern machen"]

**Thrombose** ⟨f. 19⟩ *Blutgerinnung innerhalb der Venen* [< grch. *thrombos* „geronnene Masse, Klumpen, dicker Tropfen" (bes. vom Blut)]

**Thrombozyt** ⟨m. 16⟩ = *Blutplättchen* [< grch. *thrombos* „geronnene Masse, Klumpen, dicker Tropfen" + nlat. *cytus* „Zelle" < grch. *kytos* „Höhlung; Urne"]

**Thrombus** ⟨m.; -, Thromben⟩ *Blutpfropf innerhalb eines Blutgefäßes* [lat. < grch. *thrombos;* → *Thrombose*]

**Thron** ⟨m. 1⟩ **1** ► *prunkvoller Sessel eines regierenden Fürsten für feierliche Anlässe* **2** ⟨sinnbildl. für⟩ *monarch. Regierung* **3** ⟨umg.; scherzh.⟩ *Nachtgeschirr, bes. für kleine Kinder* ◆ die Stützen des Thrones ⟨fig.⟩; den Thron besteigen *die Regierung beginnen;* dem Thron entsagen *auf die Regierung verzichten;* jmdn. auf den Thron erheben *jmdn. zum Herrscher erklären;* jmdn. vom Thron stürzen *ihn entmachten* [< mhd. *t(h)ron* < afrz. *tron* < lat. *thronus* < grch. *thronos* „(Ehren-)Sitz, Sessel, Herrschersitz"]

**thronen** ⟨V. i.; hat⟩ *feierlich sitzen* ◆ am obersten Ende der Tafel thronen; auf einem Sessel thronen; thronende Madonna ⟨Mal.⟩

**Thuja** ⟨f.; -, Thujen⟩, **Thuje** ⟨f. 19; Bot.; österr.⟩ ► = *Lebensbaum (1)* [< grch. *thyon* „Lebensbaum, afrik. Thujabaum" < grch. *thyos* „Räucherwerk, Rauchopfer, etwas, das Wohlgeruch ausströmt"]

**Thulium** ⟨n.; -s; unz.; Chem.; Zeichen: Tm⟩ *chem. Element, Metall aus der Gruppe der Lanthanoide, Ordnungszahl 69* [nach dem nord. Sagenland *Thule*]

**Thunfisch** ⟨m. 1⟩ oV *Tunfisch* **1** ⟨i. e. S.⟩ *großer Fisch warmer Meere mit schmackhaftem Fleisch: Thunnus thynnus* **2** ⟨i. w. S.⟩ *Angehöriger einer Unterordnung der Barschfische: Thunnoidei* [< ital. *tonno,* frz. *thon,* engl. *tunny* < lat. *thunnus* < grch. *thynnos* < phöniz.-arab. *tinnin* < aram.- hebr. *tannin* „großer Fisch"]

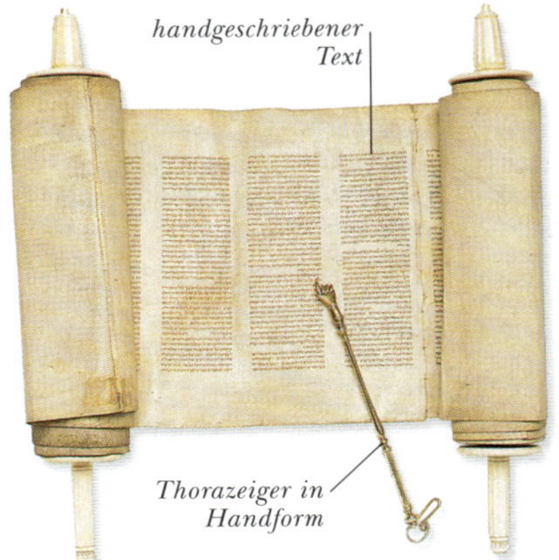


THORA: TRADITIONELLE JÜDISCHE THORAROLLE

**Thymian** ⟨m. 1⟩ *Angehöriger einer ätherische Öle enthaltenden Gattung halbsträuchiger Lippenblütler des Mittelmeergebietes, Würzpflanze: Thymus;* ► *Kräuter*

**Thymus** ⟨m.; -, Thymi; Anat.; kurz für⟩ *Thymusdrüse*

**Thymusdrüse** ⟨f. 19; Anat.⟩ *Brustdrüse, (mit Beginn der Pubertät verkümmernde) Drüse innerer Sekretion von Menschen u. Wirbeltieren im vorderen Teil der Brusthöhle: Glandula thymus;* Sy ⟨kurz⟩ *Thymus* [< grch. *thymos* „Lebenskraft" (deren Sitz man im Zwerchfell vermutete)]

**thyreo..., Thyreo...** ⟨in Zus.⟩ *schilddrüse..., Schilddrüse...* [< grch. *thyreos* „Schild"]

**Thyreoidea** ⟨f.; -; unz.⟩ *Schilddrüse* [grch.]

**Ti** ⟨Chem.; Zeichen für⟩ *Titan*

**Tiara** ⟨f.; -, Tiaren⟩ **1** *hohe, spitze Kopfbedeckung der altpers. Könige* **2** *mit drei Kronen verzierte, hohe Mütze des Papstes* [grch., „Kopfbund, Turban, kegelförm. Kopfbedeckung (der Perser)"; pers. Fremdwort]

**Tibet** ⟨m. 1⟩ **1** *Fell eines in Nordchina lebenden Fettsteißschafes* **2** *Reißwolle aus Lumpen von Kammgarn* [nach dem asiat. Land *Tibet*]

**Tibetaner** ⟨m. 3⟩ = *Tibeter*

**Tibeter** ⟨m. 3⟩ Sy *Tibetaner* **1** *Einwohner von Tibet* **2** *jmd., der aus Tibet stammt*

**tibetisch** ⟨Adj.⟩ *Tibet betreffend, dazu gehörend, daraus stammend* ◆ tibetische Sprache

THRON: MIT GOLDBLECH ÜBERZOGENER THRON AUS TUTANCHAMUNS GRAB, ÄGYPTEN

### TIEFDRUCKGEBIET

Wenn in den gemäßigten Breiten tropische Warmluft auf kalte Polarluft trifft, entstehen oft spiralige Tiefdruckgebiete. Dabei fließt Kaltluft unter die Warmluft, worauf die beiden Fronten zu einer Okklusion verschmelzen können.

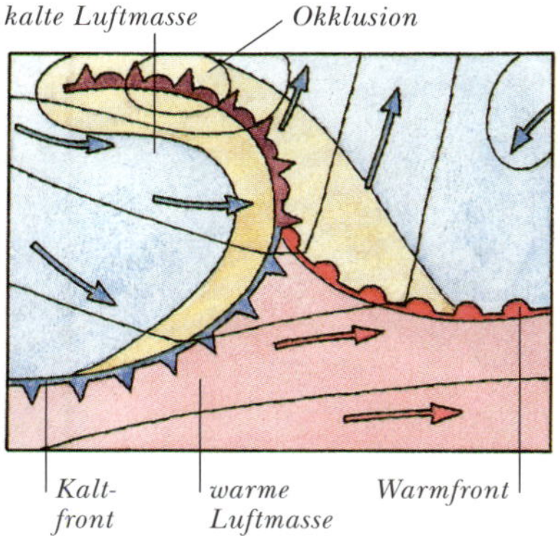


BILDUNG EINES TIEFDRUCKGEBIETS

*zur tibetanisch-chines. Sprachfamilie gehörende Sprache der Tibeter*

**Tick** ⟨m. 6⟩ **1** *in kurzen Abständen zwanghaft wiederholte Bewegung* **2** *Gesichtszucken* **3** ⟨fig.⟩ *Angewohnheit* **4** *Schrulle, Klaps, kleine Verrücktheit* **5** ⟨EDV⟩ *periodisches Signal* ◆ einen Tick haben ⟨a. fig.⟩ [< frz. *tic* „Zucken der Glieder, wunderl. Gewohnheit" < ital. *ticchio* „fehlerhafte Gewohnheit, bes. der Pferde, ungewöhnl. Bewegungen zu machen"]

**ticken** ⟨V. i.; hat⟩ *ein knackend-klopfendes Geräusch erzeugen* ◆ die Uhr tickt [< ndrl. *tikken*, ital. *tichettare* „ticken (von der Uhr)"; lautmalend]

**Ticker** ⟨m. 3⟩ **1** ⟨umg.⟩ *Nachrichten u. Börsenkurse empfangender, vollautomatischer Fernschreiber* **2** ⟨Med.⟩ *die Pulsfrequenz überwachendes Gerät* ◆ diese Nachricht ist gerade über den Ticker reingekommen [engl., „Fernschreiber; Pumpe (Herz)"]

**Ticket** ⟨n. 15⟩ *Einlass-, Fahrkarte* [engl.]

**Tide** ⟨f. 19; nddt.⟩ **1** *Zeit* **2** *Flut (beim Gezeitenwechsel)* **3** *Nachricht* ◆ Tiden *Gezeiten* [nddt. Form zu ahd. *tid* „Zeit"]

**Tidenhub** ⟨m. 1; unz.⟩ *Unterschied des Wasserstands im Wechsel der Gezeiten*

**Tie-Break,** ⟨auch⟩ **Tiebreak** ⟨['taibrɛik] m. 6 od. n. 15; Sp.; Tennis⟩ *besondere Zählweise zur Entscheidung eines Satzes bei 6:6-Punktegleichstand* [< engl. *tie* „punktgleich sein" + *break* „Bruch"]

**tief** ⟨Adj.⟩ **1** *weit nach unten reichend, in der Abmessung nach unten* (Abgrund, Wasser) **2** *weit unten, weit nach unten* **3** *von geringer Schwingungszahl, weit unten liegend, weit unten erzeugt* (Stimme, Ton) **4** *in den Hintergrund, nach hinten reichend* (Fach, Schrank, Bühne) **5** *stark ausgehöhlt* (Teller, Schüssel) **6** *kräftig, dunkel* (Farbe) **7** ⟨fig.⟩ *tiefgründig, tief schürfend* (Denken, Gedanke) **8** ⟨fig.; bes. adv.⟩ *stark, heftig, kräftig, sehr* ◆ tiefe **Not,** Verlassenheit, Einsamkeit ⟨fig.⟩; tiefe **Ohnmacht,** Bewusstlosigkeit; ein tiefes **Rot,** Blau; tiefer **Schlaf** *fester Schlaf;* eine tiefe **Wunde** ◆ tief **atmen;** ich **bedaure** es tief, dass ...; das lässt tief **blicken** ⟨umg.⟩ *das lässt mancherlei Schlussfolgerungen zu;* das **erschüttert,** betrübt mich tief; sich tief **hinunterbeugen;** tief Luft **holen;** seine Augen **liegen** tief in den Höhlen; tief **nachdenken** *scharf, angestrengt;* tief **seufzen;** tief **singen;** der Vorwurf hat mich tief **getroffen** ◆ tief **ausgeschnittenes** Kleid; ich war tief **erschrocken,** gekränkt, beleidigt *sehr;* die Wege sind tief **verschneit** ◆ ich bedaure es **aus** tiefstem Herzen *stark, herzlich;* einen Pflock tief **in** die Erde bohren; tief in Schulden stecken *große Schulden haben* [< mhd. *tief* < ahd. *tiof*]

**Tief** ⟨n. 15⟩ **1** ⟨Meteor.⟩ *Zone niedrigen Luftdrucks, Tiefdruckgebiet* **2** *Senkung im Meeresboden, Fahrrinne zwischen Sandbänken* ◆ über Island liegt ein ausgedehntes Tief

**Tiefbau** ⟨m.; -(e)s; unz.; Bauw.⟩ *Zweig der Bautechnik, in dem Bauten in u. unter der Erde sowie zu ebener Erde ausgeführt werden;* Ggs *Hochbau*

**Tiefdruck** ⟨m. 1⟩ **I** ⟨unz.⟩ *Druckverfahren, bei dem die druckenden Stellen (mit Druckfarbe gefüllt) vertieft in der Druckplatte liegen, z. B. beim Kupferstich* **II** ⟨zählb.⟩ *dessen Erzeugnis*

**Tiefdruckgebiet** ⟨n. 11; Meteor.⟩ ◄ *Gebiet niedrigen Luftdrucks*

**Tiefe** ⟨f. 19⟩ **1** *Abmessung, Ausdehnung nach unten* (Wassertiefe) **2** *Abmessung, Ausdehnung nach hinten* (Schrank, Fach) **3** *tiefe Beschaffenheit* ⟨a. fig.⟩ (Gedankentiefe) **4** *Stärke* **5** *Abgrund* ◆ die **Höhen** und Tiefen des Lebens ⟨fig.⟩ *die Freuden u. Leiden des Lebens* ◆ die Tiefe des Wassers **messen** ◆ **in** die Tiefe stürzen; Gedanken **von** großer Tiefe ⟨fig.⟩ [→ *tief*]

**Tiefebene** ⟨f. 19⟩ *Ebene in nicht mehr als 200 m Höhe über dem Meeresspiegel;* Ggs *Hochebene*

**Tiefenpsychologie** ⟨f.; -; unz.⟩ *Teil der Psychologie, die sich mit den vor- u. unterbewussten Schichten des Seelenlebens befasst*

**Tiefenrausch** ⟨m. 1u; unz.⟩ *durch einen zu hohen Außendruck hervorgerufener, rauschartiger Zustand bei Tauchern von etwa 40 m Tiefe an*

**Tiefenschärfe** ⟨f.; -; unz.; Fot.; veraltet⟩ = *Schärfentiefe*

**Tiefgang** ⟨m. 1u; unz.⟩ *Höhe eines Schiffes von der Wasseroberfläche bis zu seiner untersten Kante, verändert sich je nach der Beladung*

**tiefgefroren** ⟨Adj.⟩ *bei tiefen Temperaturen eingefroren* ◆ tiefgefrorenes Fleisch, Gemüse

**tiefgründig** ⟨Adj.; fig.⟩ *einer Sache auf den Grund gehend, die Dinge gründlich durchdenkend, philosophisch betrachtend* ◆ tiefgründige Gedanken; tiefgründiges Gespräch

**Tiefkühlung** ⟨f. 20⟩ **1** *Kühlung auf sehr niedrige Temperatur* **2** *Kühlung durch rasches Gefrieren* (von Lebensmitteln)

**Tieflader** ⟨m. 3⟩, **Tiefladewagen** ⟨m. 4⟩ *Wagen mit tief liegender Ladefläche*

**Tiefland** ⟨n. 12u; unz.⟩ *Landschaft, Landstrich in geringer Höhe (bis 200 m) über dem Meeresspiegel;* Ggs *Hochland*

**Tiefschlaf** ⟨m.; -(e)s; unz.⟩ *tiefer Schlaf, tiefste Schlafphase* ◆ (noch) im Tiefschlaf liegen

**Tiefsee** ⟨f. 19; unz.⟩ *Meer in 200 m Tiefe u. darunter*

**Tiefseeforschung** ⟨f. 20⟩ *Erforschung der Tiefsee*

**Tiefseegraben** ⟨m. 4u; Geol.⟩ ► *lange, schmale, oft parallel zur Küste verlaufende Rinne von 6000-11 000 m Tiefe im Boden der Tiefsee*

**Tiegel** ⟨m. 5⟩ **1** *flacher Topf, Pfanne* **2** *Metallplatte (der Tiefdruckpresse)* [< mhd. *tegel, tigel* < ahd. *tegel* „irdener Topf" < lat. *tegula* „Bratpfanne" < grch. *teganon* „Pfanne"]

**Tier** ⟨n. 11⟩ *Lebewesen, das sich von organischen Stoffen ernährt, sich bewegen u. auf Reize reagieren kann* ◆ Tiere **dressieren;** ein Tier **schlachten** ◆ ein **großes** od. hohes Tier ⟨fig.; umg.; leicht abwertend⟩ *jmd., der öffentliches Ansehen genießt* [< mhd. *tier* < ahd. *tior*]

**Tierarzt** ⟨m. 1u⟩ *Arzt für Tiere;* Sy *Veterinär*

**Tiergarten** ⟨m. 4u⟩ = *zoologischer Garten*

**Tiergeografie** ⟨f. 19; unz.⟩ = *Tiergeographie*

**Tiergeographie** ⟨f. 19; unz.⟩ = *Geozoologie;* oV *Tiergeografie*

**Tierheim** ⟨n. 11⟩ *Heim, in dem herrenlose Kleintiere (bes. Hunde u. Katzen) gepflegt werden*

**tierisch** ⟨Adj.⟩ **1** *wie ein Tier,* ⟨fig.⟩ *auf das Niveau des Tieres herabgesunken* **2** *grausam, roh* **3** ⟨Jugendspr.⟩ **3.1** *sehr, besonders, äußerst* **3.2** *großartig* ◆ tierischer Ernst ⟨umg.⟩ *tiefer, humorloser Ernst*

**Tierkreis** ⟨m. 1; unz.; Astron.⟩ *die Folge der zwölf Sternbilder auf der Ekliptik (Widder, Stier, Zwillinge, Krebs, Löwe, Jungfrau, Waage, Skorpion, Schütze, Steinbock, Wassermann, Fische);* Sy *Zodiakus* [Lehnübersetzung von lat. *zodiacus* (→ *Zodiakus*), eigtl. „Kreis von Lebewesen"]

**Tierkreiszeichen** ⟨n. 14; Astron.⟩ ►► *Sternbild im Tierkreis;* Sy *Sternzeichen*

**Tierkunde** ⟨f. 19; unz.⟩ *Lehre von den Tieren;* Sy *Zoologie*

**Tiermedizin** ⟨f. 20; unz.⟩ *Lehre von den Krankheiten der Tiere sowie ihre Behandlung;* Sy *Veterinärmedizin*

**Tierpark** ⟨m. 6⟩ = *zoologischer Garten*

**Tierschutz** ⟨m.; -es; unz.⟩ *gesetzlicher Schutz der Tiere vor Misshandlung u. Quälerei u. Ausrottung seltener Arten*

**Tierversuch** ⟨m. 1⟩ *biologischer od. medizinischer Versuch am lebenden Tier od. mit lebenden Tieren*

**Tiffanylampe,** ⟨auch⟩ **Tiffany-Lampe** ⟨[tifəni-] f. 19⟩ *Lampe mit einem Glasschirm, der aus vielen, kunstvoll zusammengesetzten, buntfarbigen Glasstückchen besteht* [nach dem amerikan. Kunsthandwerker Louis Comfort *Tiffany,* 1848-1933]

**Tiger** ⟨m. 3; Zool.⟩ *Großkatze des asiatischen Raumes, deren gelbliches bis rötliches Fell eine typische dunkle Querstreifung zeigt u. die gelegentlich auch dem Menschen gefährlich wird: Panthera tigris* [< mhd. *tigertier* < ahd. *tigirtior* < lat. *tigris* < grch. *tigris* < altpers. *tigri* „Pfeil"]

**Tigerauge** ⟨n. 28⟩ *Mineral, gelbbraunes od. blaues Quarzkatzenauge*

**Tigerkatze** ⟨f. 19⟩ *getüpfelte Raubkatze Südamerikas, Afrikas u. Asiens: Prionailurus*

**Tigerlilie** ⟨[-liə] f. 19; Bot.⟩ *Lilie mit orangefarbenen, braun gesprenkelten Blüten: Lilium lancifolium*

**Tigerpython** ⟨m. 6; Pl. a.: -en⟩, **Tigerschlange** ⟨f. 19; Zool.⟩ *bis 6,5 m lange Riesenschlange Südostasiens u. des indo-austral. Archipels: Python molurus;* ► *Schlangen*

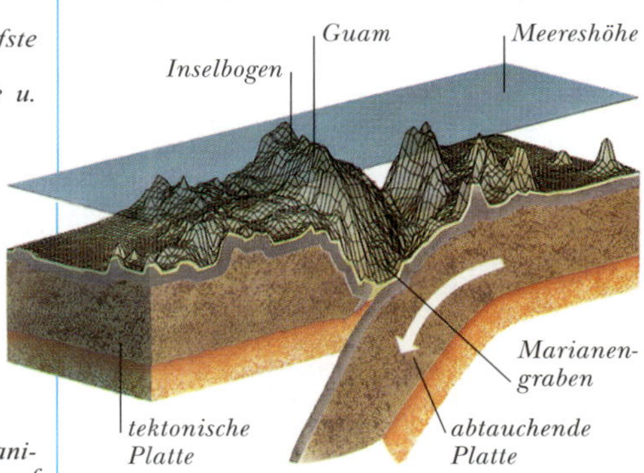


TIEFSEEGRABEN: BILDUNG DES MARIANENGRABENS IM PAZIFIK

T

## TIERKREISZEICHEN

Der Tierkreis ist ein imaginäres Band rund um die Himmelskugel, das in zwölf Teile, die so genannten Tierkreiszeichen, unterteilt wird. Dieses Band verläuft entsprechend der Ekliptik, also jenes scheinbaren Weges, den die Sonne im Laufe eines Jahres am Himmel zurücklegt. Bis auf den Pluto bewegen sich auch die Planeten im Bereich des Tierkreises. Die Benennung der Sternbilder, in denen sich die Sonne je nach Jahreszeit befindet, geht im Wesentlichen auf die babylonische und griechische Mythologie zurück. Seit dem 5. Jh. v. Chr. versuchen Astrologen anhand der Tierkreiszeichen den Charakter eines Menschen zu bestimmen und die Zukunft vorherzusagen.

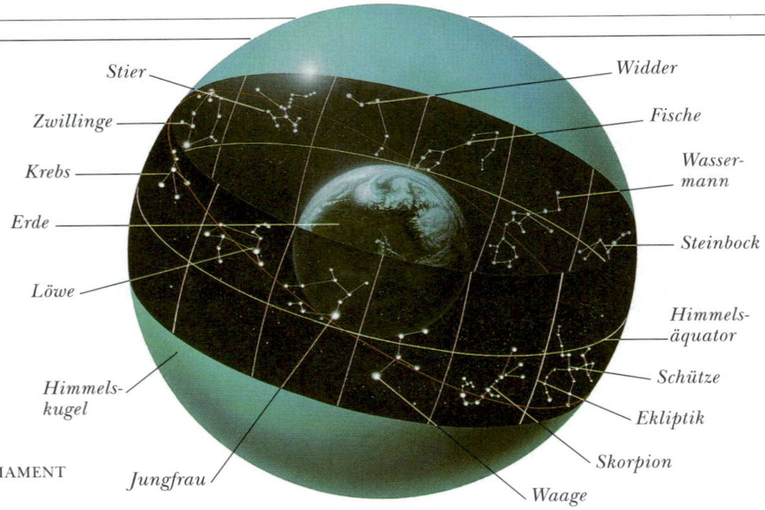


DIE TIERKREISZEICHEN AM FIRMAMENT

### DIE ZWÖLF TIERKREISZEICHEN

WIDDER
21. MÄRZ–20. APR.

STIER
21. APR.–20. MAI

ZWILLINGE
21. MAI–21. JUNI

KREBS
22. JUNI–22. JULI

LÖWE
23. JULI–23. AUG.

JUNGFRAU
24. AUG.–23. SEPT.

WAAGE
24. SEPT.–23. OKT.

SKORPION
24. OKT.–22. NOV.

SCHÜTZE
23. NOV.–21. DEZ.

STEINBOCK
22. DEZ.–20. JAN.

WASSERMANN
21. JAN.–19. FEB.

FISCHE
20. FEB.–20. MÄRZ

**Tigerschnecke** ⟨f. 19⟩ ► = *Kaurischnecke*

**Tilapia** ⟨m. 6; Zool.⟩ *Angehöriger einer ursprüngl. nur in Afrika u. Asien verbreiteten Gattung der Buntbarsche, heute als Nutzfisch weiter verbreitet: Tilapia* [lat.]

**Tilde** ⟨f. 19; Zeichen: ~⟩ **1** *Aussprachezeichen, im Spanischen über dem n zur mouillierten Aussprache* [nj] **2** *Wiederholungszeichen für ein Wort od. einen Wortteil* [span. < lat. *titulus* „Aufschrift, Überschrift"]

**tilgen** ⟨V. t.; hat⟩ **1** *vernichten* **2** *beseitigen, streichen, löschen, auslöschen* **3** *zurückzahlen* ◆ eine Schuld tilgen; die Spuren des Verbrechens tilgen [< mhd. *tiligen* < ahd. *tiligon, tilen* < ags. *adilgian, (far)diligon* < lat. *delere* „zerstören, vernichten; Eingegrabenes, Geschriebenes auslöschen"]

**Tilsiter** ⟨m. 3⟩ **1** *Einwohner der Stadt Tilsit* **2** ⟨kurz für⟩ *Tilsiter Käse*

**Timbal** ⟨f.; -, -es; meist Pl.; Mus.⟩ *Trommel eines aus Mittelamerika stammenden Trommelpaares, das auf einem Ständer befestigt ist u. bes. in Tanzorchestern verwendet wird* [span., „Pauke"]

**Timbre** ⟨[ˈtɛ̃brə] n. 15⟩ *Klangfarbe (der Singstimme)* ◆ ein angenehmes, warmes Timbre haben [frz., „Klang, Schall, Schmelz"]

**Timer** ⟨[ˈtaime(r)] m. 3⟩ **1** *Zeitmesser, Zeitschaltuhr, z. B. an einem Videorekorder* **2** *Terminkalender, Zeitplaner* [engl.]

**Timpano** ⟨m.; -s, -pani; meist Pl.; Mus.⟩ *Kesselpauke* [ital. < grch. *tympanon* „Handpauke, Handtrommel, Tamburin"]

**tingieren** ⟨V. t.; hat⟩ *färben, eintauchen* [< lat. *tingere* < grch. *teggein* „benetzen, fließen lassen, vergießen"]

**Tinktur** ⟨f. 20⟩ **1** *Auszug aus Pflanzen- od. Tierstoffen* **2** *Färbemittel* [→ *tingieren*]

**Tinte** ⟨f. 19⟩ *Flüssigkeit zum Schreiben aus Lösungen od. Suspensionen von Farbstoffen in Wasser* ◆ blaue, grüne, rote, schwarze Tinte; in der Tinte sitzen ⟨fig.; umg.⟩ *in einer unangenehmen Lage sein* [< mhd. *tincte, tinte* < ahd. *tincta,* mlat. *tincta (aqua)* „gefärbte Flüssigkeit, Tinktur"]

**Tintenfisch** ⟨m. 1; Zool.⟩ ► = *Kopffüßer*

**Tintenstrahldrucker** ⟨m. 3; EDV⟩ *Ausgabeeinheit von EDV-Anlagen zum Druck von Text u. Grafik mittels eines feinen Tintenstrahls*

**Tipi** ⟨n. 15⟩ ► *spitzes, aus Fellen bestehendes Zelt der nordamerik. Prärieindianer;* → a. *Wigwam* [< Dakota *ti* „wohnen" + *pi* „benutzen"]

**Tipp** ⟨m. 6⟩ **1** ⟨allg.⟩ *Wink, Hinweis, Rat* **2** ⟨Börse⟩ *Andeutung, Hinweis auf gute Wertpapiere* **3** ⟨Sp.; Toto; Lotto⟩ *Wette auf den Sieger od. die zu ziehende Zahl* ◆ jmdm. einen Tipp geben; einen Tipp erhalten [< engl. *tip* „Hinweis, Anstoß, Wink"]

TIPI

**tippen** ⟨V.; hat⟩ **I** ⟨V. i.⟩ **1** *mit dem Finger od. auch mit der Zehe, dem Fuß leicht berühren* **2** *auf der Maschine schreiben* **3** ⟨Sp.; Toto; Lotto⟩ *wetten* **4** *etwas erraten, voraussagen* ◆ falsch, richtig tippen **II** ⟨V. t.⟩ *auf der Schreibmaschine abschreiben* ◆ eine Arbeit, einen Text tippen [< engl. *tip* „leicht berühren, anstoßen"]

**Tirade** ⟨f. 19⟩ **1** ⟨Gesangskunst⟩ *Lauf schnell aufeinander folgender Töne* **2** ⟨allg.; abwertend⟩ *Worterguss, Wortschwall* [frz., „länger anhaltendes Ziehen; lang gezogener Vortrag" entweder < frz. *tirer* „ziehen" od. < ital. *tirata* „Ziehung, Zug, Strecke"; zu ital. *tirare* „ziehen, sich hinziehen"]

**Tiramisu** ⟨n. 15; ital. Kochk.⟩ *aus mehreren (mit Alkohol u. Kaffee verfeinerten) Sahne- u. Biskuitschichten bestehende, cremige Süßspeise* [ital., eigtl. „zieh mich hoch"]

**tirilieren** ⟨V. i.; hat⟩ *singen, trällern, jubilieren* (von Singvögeln, bes. Lerchen) [lautmalend]

**Tisch** ⟨m. 1⟩ *Möbelstück aus waagerechter Platte auf einem od. mehreren Beinen* (Esstisch, Schreibtisch) ◆ der Tisch des **Herrn** *der Altar* ◆ den Tisch **decken,** abdecken; sich einen Tisch (im Restaurant) **reservieren**

lassen ◆ **grüner** Tisch *Sinnbild des Bürokratismus, des verwalterischen Denkens ohne Berücksichtigung der Tatsachen* [nach der grünen Filzdecke auf Verhandlungstischen]; **langer,** niedriger, runder Tisch; **reinen** Tisch machen ⟨fig.⟩ *eine Sache ganz klarstellen, energisch Ordnung schaffen, durchgreifen;* **runder** Tisch *Sinnbild der Kollegialität, Brüderlichkeit, bes. unter Parteien;* am runden Tisch verhandeln *in kollegialer, freundschaftl.* *Runde* ◆ sich **an** den gedeckten Tisch setzen ⟨fig.⟩ *nicht für das Essen zu sorgen brauchen, ernährt, versorgt werden;* **bei** Tisch *beim Essen;* **nach** Tisch *nach dem Essen;* die Sache ist **unter** den Tisch gefallen ⟨fig.⟩ *nicht beachtet, nicht berücksichtigt worden;* **vom** Tisch aufstehen *vom Essen aufstehen;* die Sache ist vom Tisch ⟨umg.⟩ *die Sache ist erledigt* [< mhd. *tisch* „Speisetafel, Ladentisch" < ahd. *tisc* „Schüssel, Tisch" < lat. *discus* „Wurfscheibe, flache Schüssel, Platte" < grch. *diskos* „Wurfscheibe, scheibenförmiger Gegenstand; Teller, Schüssel"; zu *diskein* „werfen"; → *Diskus*]

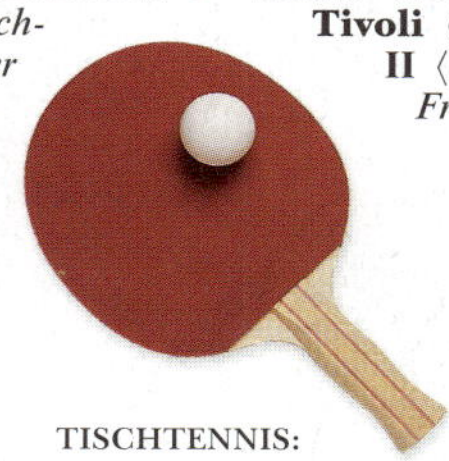

TISCHTENNIS: SCHLÄGER UND BALL

**Tischler** ⟨m. 3⟩ **1** *Handwerker, der Möbel herstellt;* Sy *Schreiner* **2** *Lehrberuf mit dreijähriger Lehrzeit*

**Tischtennis** ⟨n.; -; unz.; Sp.⟩ ▲ *dem Tennis ähnl. Spiel auf einem rechteckigen Tisch mit kleinen Holzschlägern u. Zelluloidball, das als Einzel od. Doppel gespielt werden kann;* Sy *Pingpong*

**Titan I** ⟨m. 16⟩ **1** ⟨grch. Myth.⟩ *Angehöriger eines riesenhaften Göttergeschlechts, das sich gegen Zeus erhob u. von ihm in den Tartarus gestürzt wurde* **2** ⟨allg.⟩ *Riese* **II** ⟨n.; -s; unz.; Chem.; Zeichen: Ti⟩ ► *chemisches Element, weißes, hartes, glänzendes Metall, Ordnungszahl 22* [grch.; zu *titainein* „spannen, ausspannen, ausstrecken"]

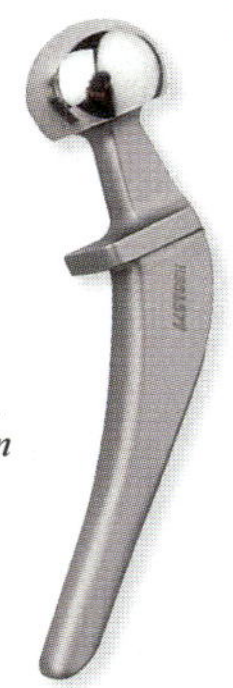

TITAN: KÜNSTLICHES HÜFTGELENK AUS TITAN

**Titanstahl** ⟨m.; -s; unz.⟩ *Stahllegierung mit Titanzusatz zur Erhöhung der Korrosionsbeständigkeit*

**Titel** ⟨m. 5⟩ **1** *ehrenvoller, durch eine Prüfung erworbener od. für Verdienste verliehener Zusatz zum Namen* (Doktortitel) **2** *Standesbezeichnung* (Grafentitel, Herzogstitel) **3** *Überschrift eines literar. od. musikal. Werkes* (Buchtitel, Filmtitel, Operntitel) **4** *Name od. Ziffer des Abschnitts eines Gesetzes, des Haushaltsplans usw.* [< mhd. *tit(t)el* < ahd. *titul(o)* „Überschrift, Aufschrift, Name eines Buches; Amts-, Dienstbezeichnung; Ehrenbezeichnung, Anredeform" < lat. *titulus* „der an die Schriftrolle angehängte Zettel" < grch. *titlos* „Aufschrift"]

**Titelei** ⟨f. 18; in Büchern⟩ *die dem Text vorausgehenden Seiten mit Titelblatt, Schmutztitel usw.*

**titeln** ⟨V. t.; hat⟩ einen Zeitungsartikel, ein Buch, einen Film titeln *einen Titel geben, mit einem Titel überschreiben*

**Titelrolle** ⟨f. 19; Theat.⟩ *Rolle (meist die Hauptrolle), deren Name mit dem Titel des Schauspiels übereinstimmt, z. B. Don Carlos, Iphigenie*

**Titer** ⟨m. 3⟩ **1** ⟨Chem.⟩ *Quotient aus der tatsächlich vorliegenden Konzentration einer Maßlösung u. der angestrebten Konzentration derselben Lösung* **2** *der Erstarrungspunkt eines Fettes od. eines fetten Öles* **3** ⟨Textilkunde⟩ *Grad der Feinheit einer Faser, der dem Verhältnis vom Gewicht zur Länge entspricht;* → a. *Text* **4** ⟨Mikrobiol.⟩ Coli-Titer *die kleinste Wassermenge in ml, in der das Bakterium Escherichia coli nachweisbar ist* [< frz. *titre* „Feingehalt, Feinheitsgrad"]

**Titular** ⟨m. 1⟩ *jmd., der ein Amt nur dem Titel nach innehat, es aber nicht wirklich ausübt, z. B. Titularbischof, Titularkonsul* [< nlat. *titularis* < lat. *titulus* „Titel"]

**Tivoli** ⟨[-vo-]⟩ **I** ⟨n. 15⟩ *ital. Kugelspiel* **II** ⟨m. 6 od. n. 15⟩ *Vergnügungspark, Freilufttheater,* z. B. der Tivoli in Kopenhagen [nach dem Ort *Tivoli,* dem antiken *Tibur* an den Wasserfällen des Anio (Sommerfrische der Römer)]

**Tjost** ⟨f. 20; MA⟩ ▼ *Turnierzweikampf zu Pferd u. mit scharfen Waffen* [< afrz. *jouste* „Turnier"]

**Tl** ⟨Chem.; Zeichen für⟩ *Thallium*

**TL** ⟨Abk. für⟩ *Lira*[2] *(2)*

**Tm** ⟨Chem.; Zeichen für⟩ *Thulium*

**Toast** ⟨[to:st] m. 1 od. m. 6⟩ **1** *geröstete Weißbrotscheibe* **2** *Trinkspruch* ◆ einen Toast auf jmdn. ausbringen [engl.; zu afrz. *toster* „rösten" < lat. *tostus* „gedörrt, getrocknet"]

**Toaster** ⟨[to:s-] m. 3⟩ ► *elektr. Gerät zum Toasten (von Weißbrotscheiben)*

**toben** ⟨V. i.; hat⟩ **1** *wild, wütend sein* **2** *tollen, lärmen, ausgelassen herumlaufen u. spielen* (von Kindern) **3** *außer sich sein, rasen* ◆ der Kampf, die Schlacht tobte; der See tobte *schlug wilde Wellen;* der Sturm tobte stundenlang *wehte wild, heulte;* tobend um sich schlagen; Paula tobte vor Zorn [< mhd. *toben* < ahd. *toben, tobon* „rasen, von Sinnen sein", eigtl. „taub, dumm, unsinnig werden"; → *taub*]

**Toccata** ⟨f.; -, -caten; Mus.⟩ *stark bewegtes, der Fantasie ähnl. Musikstück bes. für Tasteninstrumente;* oV *Tokkata* [< ital. *toccata* „Berührung, Vorspiel"; zu *toccare* „berühren"]

**Tochter** ⟨f. 8u⟩ **1** *weibl. Kind in Beziehung auf die Eltern* **2** ⟨schweiz.⟩ *Mädchen* (Lehrtochter, Saaltochter) ◆ grüßen Sie Ihre Tochter; die Tochter des Hauses; die älteste, jüngste Tochter [< mhd., ahd. *tohter*]

**Tochtergeschwulst** ⟨f. 7u; Med.⟩ = *Metastase (1)*

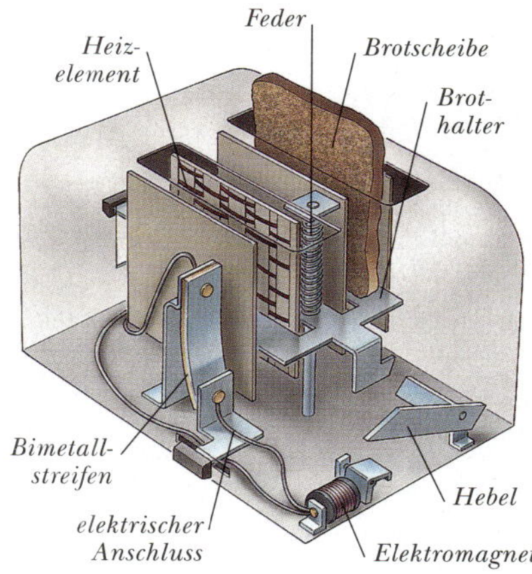



TOASTER: MECHANISMUS EINES TOASTERS

**Tod** ⟨m. 1; Pl. selten⟩ **1** *Sterben, Aufhören aller Lebensvorgänge* **2** ⟨fig.⟩ *Ende, Erlöschen (eines Vorgangs, einer Entwicklung, eines Zustandes)* ◆ den Tod **erleiden** *durch Gewalteinwirkung sterben;* den Tod (nicht) **fürchten;** er wird sich noch den Tod **holen** ⟨fig.⟩ *schwerkrank werden;* der Tod **nahm** ihm die Feder, den Pinsel aus der Hand *er starb während seiner Arbeit, über seinem Werk* ◆ ein **früher,** plötzlicher, unerwarteter Tod; eines **gewaltsamen,** unnatürlichen Todes sterben *durch Unfall, Kriegseinwirkung, Mord, Hinrichtung u. Ä. sterben;* dem Tode **nahe** sein; eines **natürlichen** Todes sterben *durch Krankheit, Altersschwäche u. Ä. sterben;* ein **ruhiger,** schmerzloser Tod; **schwarzer** Tod *Pest;* **tausend** Tode sterben ⟨fig.⟩ ◆ **an** jmds. Tod schuld sein; ein Kampf **auf** Leben und Tod *Kampf, bei dem bis zum Tod eines Gegners gekämpft wird;* das kann ich auf den Tod nicht leiden ⟨fig.; umg.⟩ *ganz und gar nicht;* Tod **durch** Erschießen, den Strang; der Tod **in** den Wellen *ertrinken;* **mit** dem Tode kämpfen *dem Tode nahe sein, lebensgefährlich krank sein;* es geht **um** Leben und Tod; jmdn. **vom** Tode erretten; kurz **vor,** nach seinem Tode; sich **zu** Tode langweilen ⟨fig.; umg.⟩ *sich sehr, furchtbar langweilen* [< mhd. *tot* < ahd. *tod*]

T

## TJOST

Bis ins 16. Jh. bewiesen Ritter ihr Kampfgeschick in Tjosten, bei denen sie versuchten, den Gegner im Galopp mit der Stechlanze aus dem Sattel zu heben. Mit Sattel und Ritter in voller Rüstung lasteten knapp 200 kg auf einem Turnierpferd.

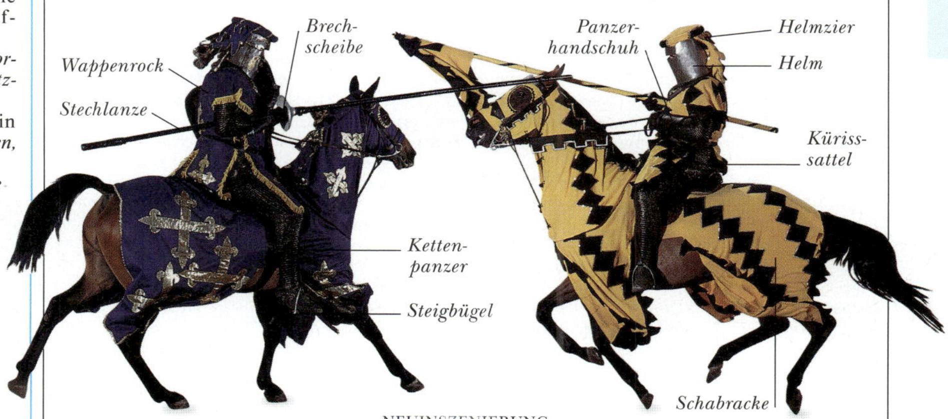



NEUINSZENIERUNG EINER TJOST DES 14. JH.

**Todesangst** ⟨f. 7u⟩ **1** *Angst vor dem Tod* **2** *sehr große Angst* **3** *Todesängste ausstehen*

**Todesfall** ⟨m. 1u⟩ *Tod einer Person, bes. innerhalb einer Familie od. anderen Gemeinschaft, Sterbefall;* Sy *Trauerfall* ◆ wegen Todesfall vorübergehend geschlossen

**Todeskampf** ⟨m. 1u; unz.⟩ *das Ringen des Sterbenden mit dem Tode;* Sy *Agonie*

**Todesopfer** ⟨n. 13⟩ *durch Unglücksfall, Epidemie o. Ä. getöteter Mensch* ◆ der Verkehrsunfall forderte mehrere Todesopfer

**Todesstoß** ⟨m. 1u; unz.⟩ *Stoß mit einer Stichwaffe, als dessen Folge der Tod eintritt* ◆ jmdm. od. einem Tier den Todesstoß geben *jmdn. od. ein T., der bzw. das schon dem Tode nahe ist, töten;* jmdm. den Todesstoß geben ⟨fig.⟩ *jmdn., dem es finanziell sehr schlecht geht, vollends ruinieren*

**Todesstrafe** ⟨f. 19⟩ *Strafe, den Tod zu erleiden* ◆ Anhänger, Gegner der Todesstrafe; die Todesstrafe abschaffen; auf dieses Verbrechen steht (die) Todesstrafe

**Todesurteil** ⟨n. 11⟩ *Urteil, dass jmd. den Tod erleiden soll* ◆ das Todesurteil aussprechen, fällen, unterschreiben, vollstrecken

**Todfeind** ⟨m. 1⟩ *grimmig, abgründig hassender u. verhasster Gegner, unversöhnlicher Feind* ◆ er ist mein Todfeind

**todkrank** ⟨Adj.⟩ *sterbenskrank, so krank, dass Todesgefahr besteht*

**tödlich** ⟨Adj.⟩ *todbringend, zum Tode führend, den Tod zur Folge habend* ◆ Körperverletzung mit tödlichem **Ausgang;** tödliches **Gift;** tödlicher **Schlag,** Sturz; mit tödlicher **Sicherheit** ⟨fig.⟩ *mit absoluter, völliger Sicherheit;* tödliche **Verletzungen** ◆ tödlich **verunglücken;** jmdn. tödlich **verwunden** ◆ tödlich **beleidigt** sein ⟨fig.; umg.; scherzh.⟩ *sehr beleidigt*

**Todsünde** ⟨f. 19; Rel.⟩ *schwere Sünde, die den Verlust der Gnade nach sich zieht* ◆ die sieben Todsünden *Hochmut, Geiz, Wollust, Neid, Völlerei, Zorn, Trägheit (des Herzens)*

**Tofu** ⟨m.; - od. -s; unz.⟩ *Quark aus Sojabohnen* [< jap. *to* „Bohne" + *fu* „Gärung, Gerinnung"]

TOGA

**Toga** ⟨f.; -, Togen⟩ ► *weites altröm. Obergewand für Männer* [lat.; zu *tegere* „decken, bedecken, verhüllen" < grch. *stegein* „decken"]

**Toilette** ⟨[toa-] f. 19⟩ **I** ⟨unz.⟩ *das Ankleiden u. Frisieren (bes. für festl. Gelegenheiten)* ◆ Toilette machen; (gerade, noch) bei der Toilette sein **II** ⟨zählb.⟩ **1** *festl., meist langes Kleid* **2** *Tisch mit Spiegel zum Frisieren, Schminken usw.* (meist: Frisiertoilette) **3** = *Abort*[1] ◆ auf die Toilette gehen [Verkleinerungsform von frz. *toile* „Tuch" < lat. *tela* „Tuch"]

**Tokkata** ⟨f.; -, -katen; Mus.⟩ = *Toccata*

**tolerant** ⟨Adj.; -er, am -esten⟩ *duldsam, nachsichtig, weitherzig, großzügig;* Ggs *intolerant* ◆ tolerant gegen Andersdenkende [< frz. *tolérant* „duldsam, nachsichtig, großzügig" < lat. *tolerare* „ertragen"]

**Toleranz** ⟨f. 20; unz.⟩ **1** *tolerantes Verhalten, Duldsamkeit;* Ggs *Intoleranz* **2** *zulässige Abweichung von Maßen* ◆ religiöse Toleranz [< lat. *tolerantia* „das Ertragen, Erdulden, Geduld, Duldsamkeit"]

**tolerieren** ⟨V. t.; hat⟩ *mit Toleranz behandeln, nachsichtig dulden, großzügig ertragen* [< lat. *tolerare* „ertragen, erdulden"]

**toll I** ⟨Adj.⟩ **1** *an Tollwut erkrankt* **2** *verrückt* **3** *ausgelassen, wild, zügellos* **4** ⟨fig.; umg.⟩ *großartig, herrlich* **5** *unglaublich, unerhört* ◆ ein tolles **Buch,** toller Film ⟨fig.; umg.⟩; ein toller **Bursche,** Kerl *ein Draufgänger;* ein toller **Ritt** *schneller, mutiger, waghalsiger Ritt;* ein tolles **Haus,** Kleid ⟨fig.; umg.⟩ ◆ **aussehen:** das sieht (einfach) toll aus ⟨fig.; umg.⟩; der Schmerz **machte** ihn (fast) toll; das hast du toll gemacht!; er **treibt** es (denn doch) zu toll ◆ er schrie, schlug um sich, gebärdete sich **wie** toll **II** ⟨adv.; umg.⟩ ◆ es hat heute toll **geschneit;** toll **viel** [< mhd., ahd. *tol,* ags. *dol* „einfältig, anmaßend"; zu aind. *dhuli* „Staub"]

TOLLKIRSCHE
*(Atropa belladonna)*

**Tolle** ⟨f. 19⟩ *welliger Haarschopf, große Locke* [Nebenform von mhd. *tolde* „Pflanzenkrone, Quaste]

**Tollkirsche** ⟨f. 19; Bot.⟩ ► *Nachtschattengewächs mit schwarzen, kirschenähnlichen, sehr giftigen Beeren: Atropa belladonna* [wegen der Wirkung, die der Genuss der Frucht auf den Menschen ausübt]

**tollkühn** ⟨Adj.⟩ *sehr kühn, die Gefahr, den Tod nicht scheuend* (Mensch, Tat, Unternehmen)

**Tollwut** ⟨f.; -; unz.; bes. Vet.⟩ *durch Biss übertragene, auch beim Menschen vorkommende Viruskrankheit warmblütiger Tiere, die sich u. a. in rasender Wut äußert;* Sy *Hundswut, Lyssa*

**Tölpel** ⟨m. 5⟩ **1** ⟨umg.; abwertend⟩ *schwerfälliger, einfältiger Mensch, Dummkopf* **2** ⟨Zool.⟩ *Angehöriger einer Familie gänsegroßer, starkschnäbliger Ruderfüßer, die stoßtauchend Fische erbeuten: Sulidae* [< mhd. *dörper, dörpel* „Bauer", mndrl. *dorper(e)* „Dörfler, Bauer"; zu *dorp* „Dorf"]

**Tomahawk** ⟨['tɔməhɔ:k] m. 6⟩ ► *Streitaxt der nordamerikan. Indianer* [engl. < Algonkin]

TOMAHAWK: ZEREMONIELLER TOMAHAWK DER DAKOTA

**Tomate** ⟨f. 19; Bot.⟩ **1** *urspr. aus Südamerika stammendes Nachtschattengewächs mit roten, auch gelben Früchten: Lycopersicum esculentum;* ► *Früchte* **2** *Frucht dieses Gewächses* [< span. *tomate* < mexikan. Indianerspr. Nahuatl *tomatl*]

**Tombola** ⟨f.; -, -bolen od. -s⟩ *Verlosung von Gegenständen (bei Festen u. Wohltätigkeitsveranstaltungen)* ◆ sie nahm an einer Tombola teil und gewann eine Traumreise [< ital. „Warenlotterie, Lottospiel"; zu *tombolare* „hinkullern"]

**Tomografie** ⟨f. 19⟩ = *Tomographie*

**Tomographie** ⟨f. 19⟩ = *Röntgenschichtverfahren;* oV *Tomografie* [< grch. *tome* „Schnitt" + *graphein* „schreiben"]

**Ton**[1] ⟨m. 1⟩ **1** *Feldspat enthaltendes Sediment mit Korngrößen meist kolloidaler Größenordnung, in feuchtem Zustand weiche, formbare Masse, die von Töpfern u. Bildhauern verwendet wird* **2** *gebrannte Masse* ◆ eine Vase aus Ton [< mhd. *tahe, dahe* < ahd. *daha* „Ton, Lehm, irdenes Gefäß", eigtl. „(beim Austrocknen) Dichtwerdendes"]

**Ton**[2] ⟨m. 1u⟩ **1** *hörbare Schwingung der Luft* **2** ⟨Mus.⟩ **2.1** *Klang* **2.2** *Klangfarbe, Klangart* (von Instrumenten) **3** *Betonung, Nachdruck, Akzent* **4** *Schattierung, Spur, Kleinigkeit* (auch von Farben) **5** ⟨fig.⟩ *Art des Sprechens, Umgangston, die Art, innerhalb einer Gemeinschaft miteinander zu sprechen* ◆ er redete im Ton eines **Schulmeisters** ◆ den Ton **angeben** ⟨fig.⟩ *eine Gesellschaft beherrschen;* den Ton nicht **halten** *beim Singen allmählich immer tiefer werden* ◆ die Vorhänge haben einen **anderen** Ton als die Tapeten *Farbton;* etwas in **barschem,** befehlendem, freundlichem, liebevollem Ton zu jmdm. sagen; ein **blecherner,** metallischer Ton; hier herrscht ein **herzlicher,** liebenswürdiger, rauer Ton ⟨fig.⟩ ◆ jmdn. **in** den höchsten Tönen loben ⟨fig.⟩ *überschwänglich loben;* in freundlichem Ton sprechen; Ton in Ton *farblich einheitlich* [< mhd. *ton, don* „Melodie, Lied, Laut, Ton, Stimme" < ahd. *tonus* < lat. *tonus* „Spannung (der Saiten); Ton, Laut, Klang, Färbung"]

**Tonabnehmer** ⟨m. 3; Mus.⟩ **1** ► *Gerät zum Abtasten von Schallplatten, das die in den Rillen festgehaltenen Schwingungen in Wechselspannungen umformt* (Kristalltonabnehmer, Magnettonabnehmer); Sy ⟨fachsprachl.⟩ *Pick-up (1)* **2** ► *die mechanischen Schwingungen der Saiten in ein elektrisches Signal umwandelnde Vorrichtung an elektrischen Gitarren;* Sy ⟨fachsprachl.⟩ *Pick-up (2)*

**tonal** ⟨Adj.; Mus.⟩ *auf der Tonalität beruhend;* Ggs *atonal* ◆ tonale Musik [frz., „dem Tone gemäß"]

**tonangebend** ⟨Adj.⟩ **1** *eine Gesellschaft bestimmend, sie beherrschend* **2** *als Muster, Vorbild dienend* ◆ er muss immer tonangebend sein

**Tonart** ⟨f. 20⟩ **1** ⟨Mus.⟩ **1.1** *Beziehung der Tongeschlechter (Dur u. Moll) auf einen Grundton* (Durtonart, Molltonart) **1.2** *auf einem Grundton beruhendes System von Tönen als Grundlage von Musikstücken* **2** ⟨fig.⟩ *Art des Sprechens, Ton* ◆ eine andere Tonart anschlagen ⟨fig.⟩ *sein Benehmen ändern, energischer durchgreifen;* in welcher Tonart steht das Stück?

**Tonband** ⟨n. 12u⟩ ► *magnetisierbare Eisenteilchen enthaltendes Kunststoffband zur Speicherung von Schallwellen;* Sy ⟨kurz⟩ *Band*[1] *(I, 2)*

**tönen** ⟨V.; hat⟩ **I** ⟨V. i.⟩ **1** *Töne, Klang von sich geben* **2** ⟨fig.; umg.⟩ *prahlen, sich wichtig machen* ◆ die Glocken tönten; von irgendwoher tönte ein Lautsprecher, ein Ruf, eine Stimme; dumpf, hell, laut, leise tönen **II** ⟨V. t.⟩ *schattieren, ein wenig farbig machen* ◆ sich das Haar (kupferrot o. Ä.) tönen (lassen); ein Bild dunkler tönen [< mhd. *dœnen, tœnen* „singen, spielen, erklingen"; → *Ton*[2]]

**Toner** ⟨m. 3⟩ *elektrisch geladener, farbabgebender Bestandteil in elektrofotograf. Entwicklern*

**tönern** ⟨Adj.⟩ *aus Ton* ◆ die Sache, das Unternehmen steht auf tönernen Füßen *ist unsicher, hat keine feste Grundlage*

**Tonfilm** ⟨m. 1⟩ *Film, bei dem neben Bildern gleichzeitig auch Sprache, Musik, Geräusche wiedergegeben werden;* Ggs *Stummfilm*

**Tonic** ⟨['tɔnik] n. 15⟩, **Tonicwater,** ⟨auch⟩ **Tonic Water** ⟨[-wɔ:tə(r)] n. 13⟩ *mit Kohlensäure u. Chinin versetztes Wasser* [< engl. *tonic* „stärkend, belebend" + *water* „Wasser"]

**Tonika** ⟨f.; -, -niken; Mus.⟩ *Grundton einer Tonleiter, nach der diese benannt wird u. der darauf aufbauende Dreiklang* [< ital. *tonica* „Grundton"]

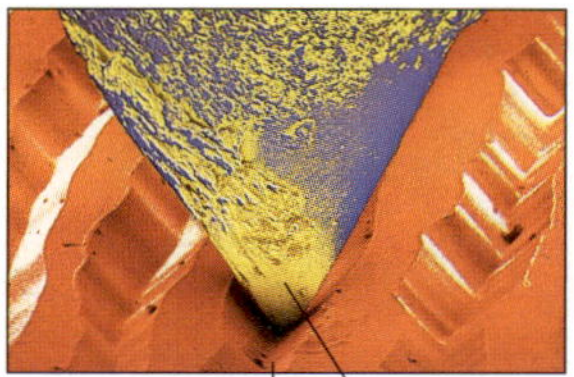


TONABNEHMER: MIKROFOTOGRAFIE EINER TONABNEHMERNADEL IN DER RILLE EINER SCHALLPLATTE

**Tonikum** ⟨n.; -s, -nika⟩ *anregendes, stärkendes Mittel* [< grch. *tonos* „Spannung, Spannkraft"]

**Tonkabaum** ⟨m. 1u⟩ *südamerikanischer Baum, dessen Samen in der Parfümerie- u. Tabakindustrie verwendet werden: Dipteryx odorata* [vermutl. < Tupi *tonka*]

**Tonkopf** ⟨m. 1u⟩ *Elektromagnet zum Magnetisieren u. Abtasten von Magnetbändern, z. B. beim Tonbandgerät*

**Tonlage** ⟨f. 19; Mus.⟩ *Lage, Höhe eines Tons* ◆ eine hohe, tiefe Tonlage

**Tonleiter** ⟨f. 21; Mus.⟩ *vom Grundton ausgehende Folge der durch Tonart u. Tongeschlecht bestimmten Ganz- und Halbtöne innerhalb einer Oktave* (C-Dur-Tonleiter, a-Moll-Tonleiter) ◆ Tonleitern üben

TONABNEHMER BEI EINER ELEKTRISCHEN GITARRE

**tonlos** ⟨Adj.⟩ **1** *ohne Ton, ohne Klang* **2** *ohne Stimme* ◆ etwas tonlos sagen ⟨fig.⟩ *leise u. niedergeschlagen*

**Tonnage** ⟨[-ʒə] f. 19; unz.⟩ *in Registertonnen gemessener Rauminhalt (eines Schiffes)* [frz.]

**Tonne** ⟨f. 19⟩ **1** *großes Fass* **2** ⟨Abk.: t⟩ *Maßeinheit für Gewicht: 1000 kg* **3** ⟨früher⟩ *Hohlmaß, bes. für Wein u. Bier, 100 – 700 l* **4** *schwimmendes Seezeichen in Form einer Tonne, oft mit Signaleinrichtung* (Heultonne) [< mhd. *tunne, tonne* < ahd. *tunna* < mlat. *tunna* „Fass"]

**Tonnengewölbe** ⟨n. 13⟩ *Gewölbe mit halbkreisförmigem Querschnitt*

**Tonnenschnecke** ⟨f. 19; Zool.⟩ *zu den Vorderkiemern gehörende Meeresschnecke mit Schalen, um die sich zahlreiche fassreifenähnliche Spiralrippen ziehen: Doliidae*

**...tonner** ⟨m. 3; in Zus.⟩ *Straßenfahrzeug mit einem bestimmten, in Tonnen angegebenen zulässigen Gesamtgewicht,* z. B. Dreitonner

**Tonometer** ⟨n. 13⟩ **1** *Blutdruckmesser* **2** *Gerät zum Messen des Augeninnendrucks* [< grch. *tonos* „Spannung" + *...meter*]

**Tonschiefer** ⟨m. 3; unz.⟩ *leicht metamorphes, gut zusammenhaltendes, graues Gestein*

**Tonsille** ⟨f. 19; Anat.⟩ = *Mandel (2)* [< nlat. *tonsilla* „Mandel" < lat. *tosilae*]

**Tonspur** ⟨f. 20⟩ *optische Aufzeichnung des Tons neben den Bildern auf dem Filmstreifen für den Tonfilm*

**Tonsur** ⟨f. 20⟩ *kreisrund geschorene Stelle auf dem Scheitel katholischer Mönche* [< lat. *tonsura* „das Scheren, Schur"; zu *tondere* „scheren, den Bart scheren"]

**Tonträger** ⟨m. 3⟩ *Schallplatte, Magnetband od. sonstiger Datenträger, auf dem akustische Informationen gespeichert sind*

**Tönung** ⟨f. 20⟩ *das Tönen, das Getöntsein*

**Tonus** ⟨m.; -; unz.⟩ **1** ⟨Med.⟩ *Spannungs- od. Aktivitätszustand* **2** ⟨Mus.⟩ *Ganzton, große Sekunde* [< grch. *tonos* „Seil, Tau, Saite; Spannung, Spannkraft"]

**Tonzeichen** ⟨n. 14⟩ **1** ⟨Mus.⟩ *Note* **2** ⟨Gramm.⟩ *Schriftzeichen, das die Betonung angibt, Akzent*

TÖPFERSCHEIBE

**Tool** ⟨[tu:l] n. 15; EDV⟩ *Programm, mit dessen Hilfe das Programmieren bestimmter Abläufe erleichtert wird, Hilfsprogramm* [engl., eigtl. „Werkzeug"]

**Top** ⟨n. 15⟩ *(meist unter festlicher Abendbekleidung getragenes) ärmelloses Damenoberteil aus feinem, meist seidigem Gewebe* [engl., eigtl. „Spitze"]

**top..., Top...** ⟨in Zus.⟩ *höchst, oberst, spitzen...,* z. B. topaktuell, Topmanager [engl., „Spitze"]

**Topas** ⟨m. 1⟩ ► *Mineral, Edelstein, chem. ein Aluminium-Fluor-Silikat* [< mhd. *topaze, topazius* „Topas" < lat. *toparus, topazius* < grch. *topazos, topazios, topazion* „Topas, Chrysolith"]

TOPAS

**Topf** ⟨m. 1u⟩ **1** ⟨i. w. S.⟩ *tiefes Gefäß* (Blumentopf) **2** ⟨i. e. S.⟩ *Gefäß zum Kochen, Kochtopf* **3** *Nachttopf* ◆ ein Topf voll Wasser, Suppe; alles in einen Topf werfen ⟨fig.; umg.⟩ *alles unterschiedslos behandeln* [< mhd. *topf* < ahd. *doph, topf* „Kreisel"]

**Topfen** ⟨m. 4; unz.; süddt., österr.⟩ = *Quark[1] (2)* [< mhd. *topfe* „Milchquark" < *dopp* „Punkt, Berührung" = „kleiner Knollen gestockter Milch"]

**topfen** ⟨V. t.; hat; umg.⟩ *in einen Blumentopf einpflanzen*

**Töpfer** ⟨m. 3⟩ **1** *Handwerker, der Töpfe u. andere Gegenstände aus Ton herstellt* **2** ⟨Berufsbez.⟩ *Lehrberuf mit dreijähriger Lehrzeit* **3** *Ofensetzer;* Sy ⟨oberdt.⟩ *Hafner, Häfner*

**Töpferei** ⟨f. 18⟩ **I** ⟨unz.⟩ *Töpferhandwerk* **II** ⟨zählb.⟩ *Werkstatt des Töpfers*

**Töpferscheibe** ⟨f. 19⟩ ▲ *Drehscheibe zum Formen des Tons für Töpferwaren*

**Töpferwaren** ⟨Pl.⟩ ► *vom Töpfer hergestellte Tonwaren*

**Topik** **I** ⟨f.; -; unz.; antike Rhetorik⟩ *Lehre von der Zusammenstellung von Gesichtspunkten („Gemeinplätzen"), die zur Erörterung eines Themas dienen sollen* **II** ⟨n. 15; Sprachw.⟩ *Satzgegenstand* [< grch. *to-*

TÖPFERWAREN: TRADITIONELLER GRIECHISCHER TONTOPF

## TONBAND

Tonbänder bestehen aus Kunststoffstreifen, die mit magnetischen Teilchen beschichtet sind. Unbespielt weisen ihre magnetischen Pole in unterschiedliche Richtungen, doch bei der Aufnahme werden sie mittels elektrischer Signale zu magnetischen Mustern ausgerichtet, die sich bei der Wiedergabe in elektrische Signale und Schall rückverwandeln lassen.

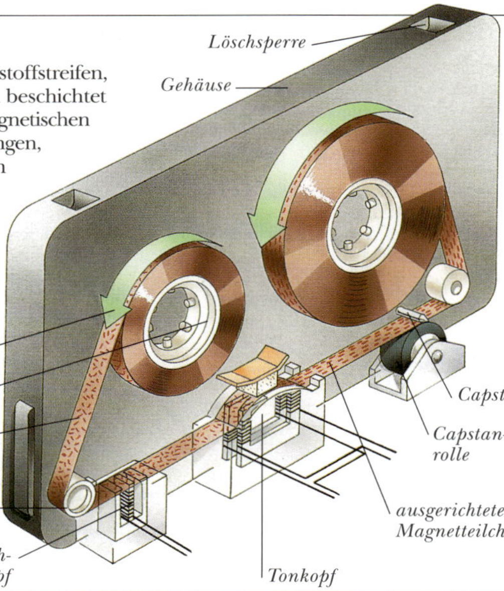


TONBANDKASSETTE BEI DER AUFNAHME

T

*pos* „Ort, Stelle, Platz, Gegend; Gemeinplatz; Kapital (einer Wissenschaft)"]

**Topinambur** ⟨m. 6 od. m. 1 od. f. 20; Bot.⟩ *violette, essbare Knolle einer amerik. Sonnenblumenart (Helianthus tuberosus), die auch in Europa, bes. Südfrankreich, gedeiht, wird wie die Kartoffel verwendet u. zubereitet* [frz. < port. *tupinambor, (batata)tupinamba;* nach den Indianerstämmen der *Tupinamba*]

**Topografie** ⟨f. 19⟩ = *Topographie*

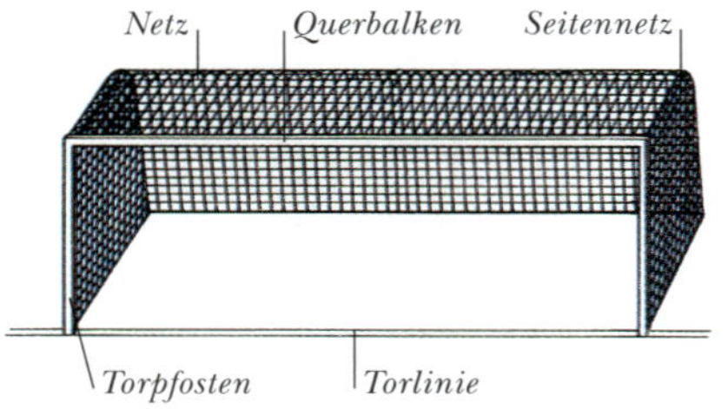


TOR BEIM FUSSBALLSPIEL

**topografisch** ⟨Adj.⟩ = *topographisch*

**Topographie** ⟨f. 19⟩ oV *Topografie* **1** *Ortskunde, Lagebeschreibung* **2** *Landesaufnahme* [< grch. *topos* „Ort, Stelle" + *graphein* „schreiben"]

**topographisch** ⟨Adj.⟩ *die Topographie betreffend, auf ihr beruhend;* oV *topografisch* ◆ topographische Aufnahme *zur Herstellung von Karten erforderliche Arbeiten im Gelände;* topographische Karte *Landkarte, die hauptsächlich Forschungs- und Beobachtungsergebnisse der Topographie enthält*

**Topos** ⟨m.; -, Topoi⟩ **1** ⟨Antike⟩ *allgemein anerkannter Gesichtspunkt, Redewendung* **2** ⟨Lit.⟩ *feste Formel, traditionelles Motiv* [grch. „Ort, Stelle; Gemeinplatz"]

## TORNADO

Unter allen Stürmen können die in zerstörerischer Form fast ausschließlich in den USA auftretenden Tornados die höchsten Windgeschwindigkeiten erreichen. Bei einem Tornado steigt feuchtwarme Luft in einem Kanal nach oben und beschleunigt sich kontinuierlich, bis die spiralförmigen Winde im Herzen des Sturms Geschwindigkeiten von über 400 km/h erreichen, während der niedrige Luftdruck an der Basis zu Gebäudeexplosionen führen kann. In Mitteleuropa gibt es Tornados in harmloseren Formen als Tromben, Wind- oder Wasserhosen.

MERKMALE EINES TORNADOS

**Topp** ⟨m. 1⟩ **1** ⟨Mar.⟩ *oberes Ende des Mastes* **2** ⟨umg.⟩ *oberster Rang (im Theater)* [< ndrl., nddt. *top* „Spitze (der Masten u. Stengen)"]

**Topspin** ⟨m. 6; Sp.; Tennis⟩ *überrissen geschlagener Ball* [< engl. *top* „Spitze" + *spin* „sich drehen"]

**Tor**[1] ⟨m. 16⟩ **1** *einfältiger Mensch* **2** *töricht handelnder Mensch, Narr* ◆ oh, ich Tor! [< mhd. *tore* „Dummkopf", urspr. adjektiv. Bedeutung „umnebelt, verwirrt; taub"]

**Tor**[2] ⟨n. 11⟩ **1** *große Tür, Einfahrt* (Scheunentor, Stadttor) **2** *schmaler Durchgang* (Felsentor) **3** ⟨Sp.; Fußb.; Hockey u. a.⟩ ◄ *Vorrichtung aus zwei Längs- u. einer darüber liegenden Querstange mit Netz als Ziel, in das der Ball geschossen, geschlagen od. geworfen werden muss* **4** *durch zwei Pfosten bezeichnete Stelle, durch die bei bestimmten Wettfahrten (z. B. beim Skilauf) gefahren werden muss* ◆ einer Sache Tür und Tor öffnen ⟨fig.⟩ *eine Sache bereitwillig ermöglichen, geschehen lassen;* ein Tor schießen *den Ball ins Ziel schießen;* vor den Toren der Stadt ⟨früher⟩ *außerhalb der Stadt* [< mhd., ahd. *tor* engl. *door* „Tür"; → *Tür*]

**Toreador** ⟨m. 1 od. m. 16⟩ *berittener Stierkämpfer* [< span. *torear* „mit dem Stier kämpfen" < *toro* „Stier" < lat. *taurus* < grch. *tauros* „Stier, Ochse"]

**Torero** ⟨m. 6⟩ *Stierkämpfer, der zu Fuß kämpft* [span. < lat. *taurarius* „Stierkämpfer"]

**Torf** ⟨m. 1; unz.⟩ *Bodenart aus einem Gemenge von kohlenstoffreichen, im Wasser unvollständig zersetzten Pflanzenteilen* ◆ Torf stechen [< mnddt. *torf* „Rasen(stück), Torf" < ahd. *zurf, zurba* „Rasen(stück)"]

**Torfmoos** ⟨n. 11; unz.; Bot.⟩ *Laubmoos sumpfiger Standorte, das große, an der Oberfläche weiterwachsende Polster bildet, während die tieferen Schichten in Torf übergehen: Sphagnum*

**Torheit** ⟨f. 20⟩ *törichte Handlung, Dummheit, Unvernunft, Narrheit* ◆ unbewusst beging er eine Torheit nach der anderen [→ *Tor*[1]]

**töricht** ⟨Adj.⟩ **1** *einfältig* **2** *unklug, unvernünftig* ◆ es ist töricht, zu glauben, dass ... [< mhd. *toreht* „töricht"; → *Tor*[1]]

**torkeln** ⟨V. i.; ist⟩ *taumeln, unsicher, schwankend gehen* [< mhd. *torkeln;* zu *turc* „Taumel" < lat. *torculare* „keltern, in der Weinpresse drehen"]

**Törn** ⟨m. 6⟩ *Fahrt, Ausflug mit dem Segelboot* (Segeltörn) [< engl. *turn* „Drehung, Wendung, Spaziergang, Spazierfahrt"]

**Tornado** ⟨m. 6⟩ **1** ⟨Meteor.⟩ ◄ *nordamerikanischer Wirbelsturm* **2** ⟨Mil.; Typenbezeichnung für⟩ *seit 1982 eingeführtes Kampfflugzeug der Bundeswehr* [< span. *tornada;* zu *tronar* „donnern"]

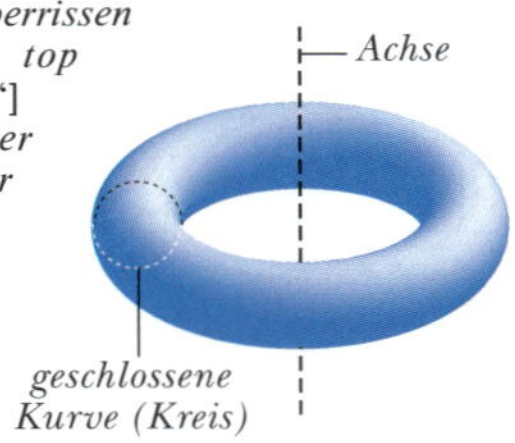


TORUS

TOTEMPFAHL: TRADITIONELLER TOTEMPFAHL DER NORDAMERIKANISCHEN HAIDA

TOTENKOPF AUF EINEM GIFTWARNSCHILD

**Tornister** ⟨m. 3⟩ **1** ⟨bes. Mil.⟩ *Ranzen aus Segeltuch od. Fell* **2** *Schulranzen* [< tschech. *tanystra,* slowak. *tanistra* „Ranzen" < mgrch. *tagistron* „Futtersack (der Reitpferde)"]

**torpedieren** ⟨V. t.; hat; Mil.⟩ *mit einem Torpedo beschießen* ◆ Maßnahmen torpedieren ⟨fig.; umg.⟩ *zu verhindern suchen, stören, sabotieren*

**Torpedo** ⟨m. 6; Mil.⟩ *durch eigene Kraft sich fortbewegendes, unter Wasser eingesetztes Geschoss gegen Schiffe, das von Schiffen u. von U-Booten aus einem Rohr durch Pressluft ausgestoßen wird* [< lat., span. *torpedo* „Zitterrochen" (da dieser Fisch seine Gegner durch elektr. Schläge lähmt); zu *torpere* „erstarren"]

**Torpedofisch** ⟨m. 1; Zool.⟩ = *Zitterrochen*

**Torso** ⟨m. 6⟩ **1** *nicht vollendete od. nicht vollendet erhaltene Statue, die (meist) nur aus Rumpf u. Kopf besteht* **2** ⟨fig.⟩ *unvollendetes Werk* [ital., „Strunk (vom Obst), Rumpf (einer verstümmelten Bildsäule)" < spätlat. *tursus* < lat. *thyrsus* „Stängel (eines Gewächses), Strunk" < grch. *thyrsos* „Bacchusstab, Thyrsusstab"]

**Torte** ⟨f. 19⟩ *kreisrunder, gefüllter od. mit Obst belegter Kuchen* (Buttercremetorte, Obsttorte) [< ital. *torta* „Torte, Feingebäck", frz. *tourte* „Fleischtorte, Ölkuchen", span. *torta* „Torte" < spätlat. *torta* „rundes Brot, Brotgebäck" < mlat. *tortum* „gewundenes Brot" < lat. *tortus;* zu *torquere* „drehen, winden"]

**Tortellini** ⟨Pl.; ital. Kochk.⟩ *Gericht aus kleinen Nudelteigringen, die mit einer Fleisch- od. Gemüsemasse gefüllt sind* [ital.]

**Tortilla** ⟨[-tilja] f. 10; Kochk.⟩ **1** ⟨in Lateinamerika⟩ *kleiner, runder, flacher Kuchen aus Maismehl* **2** ⟨in Spanien⟩ *Omelette* [span., „kleine Torte"]

**Tortur** ⟨f. 20⟩ **1** ⟨früher⟩ *Folter* **2** ⟨heute; fig.⟩ *Qual, Quälerei, Plage* ◆ die Fahrt hierher war eine Tortur ⟨fig.⟩ [< mlat. *tortura* „Folterung, Marter, Peinigung" < lat. *tortura* „Krümmung, Verrenkung"; zu *torquere,* Part. Perf. *tortus,* „drehen; martern, quälen"]

**Torus** ⟨m.; -s, Tori; Math.⟩ ▲ *Rotationsfläche, die durch Drehung eines Kreises um eine außerhalb von ihm verlaufende, mit ihm in einer Ebene liegende Achse entsteht;* Sy *Kreiswulst* [lat., „Polster, Wulst; Knoten, Schleife"]

**Torwart** ⟨m. 1; Sp.; Fußb., Hockey u. a.⟩ *Verteidiger des Tores, Torhüter*

**Tory** ⟨m.; -s, -s⟩ **1** ⟨in England seit 1679⟩ *Mitglied der Königspartei* **2** ⟨seit Mitte des 19. Jh.⟩ *Mitglied der konservativen Partei* [engl. < irisch *toraidhe* „Verfolger, Räuber", Name der seit 1646 von ihrem Besitz vertriebenen katholischen Iren, die meist von Straßenraub lebten u. besonders die Besitzungen der protestantischen Engländer plünderten]

**tosen** ⟨V. i.; hat⟩ *laut brausen, wild rauschen, lärmend fließen* (Wasserfall, Wildbach) ◆ tosender Beifall ⟨fig.⟩ *rauschender, sehr lauter Beifall* [< mhd. *dosen* < ahd. *doson* „tosen"]

T

**tot** ⟨Adj.⟩ **1** *gestorben, des Lebens beraubt, leblos* **2** *ohne Leben* ⟨a. fig.⟩ **3** *abgestorben* (Ast, Baum) **4** ⟨fig.⟩ *öde, unbelebt, ohne Bewegung* **5** *ohne Nutzwert* (Ballast, Last) **6** ⟨fig.; umg.⟩ *erschöpft, sehr müde* ◆ toter **Arm** eines Flusses *Arm, der nicht weiterführt;* totes **Gewicht** *Eigengewicht (eines Fahrzeugs);* totes **Gleis** *nicht weiterführendes Gleis, auf dem Eisenbahnwagen abgestellt werden;* tote **Leitung** *elektrische Leitung, die keine Verbindung herstellt;* toter **Punkt** *Punkt, an dem man nicht vorwärts kommt (bei einer Arbeit) od. glaubt, nicht weiterzukönnen (beim Schwimmen, Wandern);* totes **Rennen** *unentschiedenes Rennen;* tote **Sprachen** *Sprachen, die nicht mehr gesprochen werden;* Ggs *lebende Sprachen* ◆ der Verschüttete konnte nur tot **geborgen** werden; **sein:** der Verunglückte war sofort tot; tot **umfallen** ◆ eine vermisste Person **für** tot erklären lassen [< mhd. *tot* < ahd. *tot, tod* zu ahd. *touwen* „betäubt, bewusstlos werden; hinschwinden"]

**total I** ⟨Adj.⟩ *ganz, gänzlich, vollständig* ◆ totale Mond-, Sonnenfinsternis **II** ⟨Partikel⟩ *absolut, völlig, vollständig* ◆ total kaputt, zerstört [frz., „ganz u. gar, vollständig, restlos; Gesamt..." < mlat. *totalis* „gänzlich"; zu lat. *totus* „ganz, in vollem Umfang"]

**Totale** ⟨f. 19; Film, TV⟩ *Aufnahme des gesamten Szenenbildes*

**totalitär** ⟨Adj.⟩ **1** *die Gesamtheit umfassend* **2** *sich alles unterwerfend, diktatorisch* [Neubildung mit frz. Endung; → *total*]

**Tote(r)** ⟨f. 30 (m. 29)⟩ *Person, die gestorben ist, toter Mensch* ◆ das Reich der Toten ⟨Myth.⟩; einen Toten begraben, bestatten, beisetzen, einäschern

**Totem** ⟨n. 15⟩ *Wesen (Pflanze, Tier) od. Ding, das als Ahne eines Menschen od. eines Clans verehrt wird und das als zauberischer Helfer dient u. nicht verletzt werden darf* [engl. < Algonkin *ototeman;* zu *ote* „Sippe, Clan"]

**Totempfahl** ⟨m. 1u⟩ ◄ *großer Holzpfosten, in den das Abbild eines Totems geschnitzt u. anschließend bemalt wird*

**töten** ⟨V. t.; hat⟩ **1** *totmachen, gewaltsam des Lebens berauben* **2** ⟨fig.⟩ *vernichten, zerstören* ◆ einen Menschen, ein Tier töten; einen Nerv töten *unempfindlich machen* [< mhd. *tœten* < ahd. *toden* „totmachen"; → *tot*]

**Toten...** ⟨in Zus.⟩ → a. *Leichen...*

**Totenflecke** ⟨Pl.⟩ *eine halbe bis ganze Stunde nach dem Aussetzen von Herz u. Kreislauf auftretende, graulila bis blaurote Flecke an Toten: Livores;* Sy *Leichenflecke*

**Totengräber** ⟨m. 3⟩ **1** *Angestellter des Friedhofsamtes, der die Gräber gräbt* **2** ⟨früher⟩ *Friedhofsverwalter, der die Gräber auch instand hielt* **3** ⟨Zool.⟩ *zu den Silphiden gehörender Aaskäfer, der tote Kleintiere ganz od. teilweise unter die Bodenoberfläche gräbt u. seine Eier daran ablegt:* Großer Totengräber: *Necrophorus germanicus,* Kleiner Totengräber: *Necrophorus vespillo*

**Totenkopf** ⟨m. 1u⟩ **1** ◄ *Schädel ohne Fleisch u. Haar;* Sy *Totenschädel* **2** ⟨Zool.⟩ *ein Schwärmer mit totenkopfartiger Zeichnung auf der Oberseite des Brustabschnittes: Acherontia atropos*

TOTENKOPF-ÄFFCHEN (*Saimiri sciureus*)

## TOUCHSCREEN

In Museen, Kaufhäusern oder Ämtern ermöglichen Touchscreens, berührungsempfindliche Bildschirme, einen bequemen Zugang zu Informationen. Durch das Berühren grafischer Schaltflächen können die Benutzer das System steuern und die für sie interessanten Bildschirmseiten aufrufen. Sensoren in einer leitfähigen Schicht nehmen die Berührung wahr, lokalisieren sie und aktivieren dann die gewählte Option.

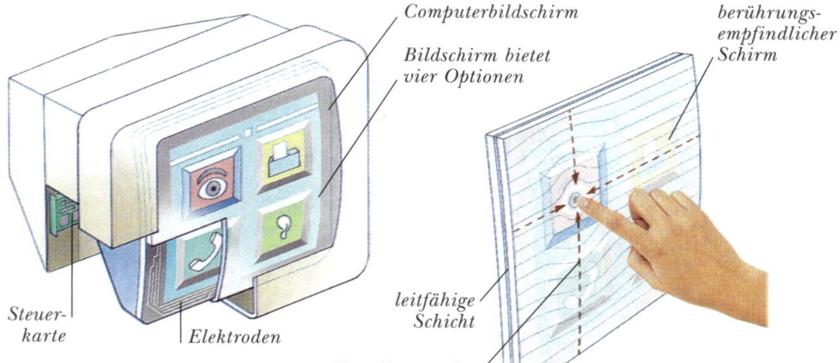


EXPLOSIONSGRAFIK EINES TOUCHSCREENS

**Totenkopfäffchen** ⟨n. 14; Zool.⟩ ▼ *zu den Rollschwanzaffen gehörende Breitnase mit langem, doch greifuntüchtigem Schwanz u. totenkopfähnlichem Gesichtsmuster: Saimiri sciureus*

**Totenmaske** ⟨f. 19⟩ ► *Abguss aus Gips od. Wachs vom Gesicht eines Toten*

**Totenmesse** ⟨f. 19⟩ *Messe zum Andenken an einen Toten* ◆ eine Totenmesse lesen (lassen)

**Totenschädel** ⟨m. 5⟩ ► = *Totenkopf (1)*

**Totenschein** ⟨m. 1⟩ *Bescheinigung durch den Arzt über den erfolgten Tod mit Angabe der Todesursache* ◆ den Totenschein ausstellen

**Totensonntag** ⟨m. 1; Rel.⟩ *dem Andenken der Toten gewidmeter, letzter Sonntag des Kirchenjahres*

**Totenstarre** ⟨f.; -; unz.; Med.⟩ *sieben bis acht Stunden nach Aussetzen von Herz u. Kreislauf eintretende Starre von Leichen;* Sy *Leichenstarre*

**Totenuhr** ⟨f. 20; Zool.⟩ *brauner, fein gepunkteter Klopfkäfer: Xestobium rufovillosum* [beruht auf dem Aberglauben, dass das Klopfen das Sterben eines Menschen anzeigt]

TOTENMASKE DES DICHTERS HEINRICH HEINE (1797–1856)

**Toto** ⟨m. 6 od. n. 15⟩ *Sportwette im Fußballsport* [engl. Kurzw. für *Totalisator*]

**totschlagen** ⟨V. t. 216; hat⟩ *durch Schlagen töten, erschlagen* ◆ die Zeit totschlagen ⟨fig.⟩ *mit irgendetwas verbringen, weil man nichts Rechtes anfangen kann*

**totschweigen** ⟨V. t. 229; hat; fig.⟩ eine Sache totschweigen *über eine Sache mit Schweigen hinweggehen, so lange darüber schweigen, bis sie vergessen ist*

**Totstellreflex** ⟨m. 1; unz.; bei Tieren⟩ = *Akinesie*

**Touch** ⟨[tʌtʃ] m. 6⟩ *Anflug, Hauch, besondere Note* ◆ mit dem Touch eines Weltmannes; einen besonderen Touch haben [engl., „Berührung"]

**touchieren** ⟨[tuʃi:-] V. t.; hat⟩ **1** ⟨Sp.⟩ *leicht berühren* **2** ⟨Med.⟩ *mit dem Finger untersuchen* **3** *mittels Ätzstifts entfernen* ◆ ein Hindernis beim Springen, den Gegner mit der Klinge (beim Fechten) touchieren [zu frz. *toucher* „berühren"]

**Touchscreen** ⟨['tʌtʃskri:n] m. 6; EDV⟩ ▲ *berührungsempfindlicher Computerbildschirm, auf dem durch das Berühren bestimmter Sensorfelder auf der Oberfläche die Programmfunktionen gesteuert werden* [< engl. *touch* „Berührung" + *screen* „Bildschirm"]

**tough** ⟨[tʌf] Adj.; umg.⟩ *hart, streng, tüchtig, selbstsicher, bestimmt* ◆ die Verhandlungen waren sehr tough; ihr Auftreten ist tough [engl., „hart, zäh"]

**Toupet** ⟨[tu'pe:] n. 15⟩ *Haarersatz zum Abdecken einer kahlen Stelle* [frz., „Büschel, Schopf, Tolle; Haube"]

**toupieren** ⟨[tu-] V. t.; hat⟩ Haar toupieren *mit dem Kamm aufbauschen* [→ *Toupet*]

**Tour** ⟨[tu:r] f. 20⟩ **1** *Umdrehung (einer Maschine)* **2** *Ausflug, Wanderung, Fahrt* (Autotour, Bergtour) **3** *zurückgelegte Strecke* **4** *Fahrt (z. B. auf dem Karussell)* **5** *Figur (beim Rundtanz)* **6** *Reihe (beim Stricken, Häkeln)* **7** ⟨fig.; umg.⟩ *Art, Weise, Benehmen* ◆ Tour de **France** [tu:r də 'frãs] *jährlich stattfindendes Radrennen von Berufsfahrern in mehreren Etappen durch Frankreich;* Tour de **Suisse** [tu:r də sy'is] *Radrennen von Berufsfahrern durch die Schweiz* ◆ ich bin eine Tour **gefahren** und eine gelaufen *den Hinbzw. Rückweg* ◆ zwei Touren links, zwei Touren rechts stricken; eine **schöne,** weite, anstrengende Tour ◆ **auf** Touren kommen ⟨fig.; umg.⟩ *in Schwung kommen* [frz., „Umfang; Kreislauf, Fahrt, Reise; Drehbank, Drehlade" < lat. *tornus* „Dreheisen, Drechseleisen" < grch. *tornos* „Achse einer sich drehenden Kugel, Dreheisen, Zirkel"]

**Tourismus** ⟨[tu-] m.; -; unz.⟩ *das Reisen der Touristen* [→ *Tour, Tourist*]

## TRABRENNEN

Der Trabrennsport ist nicht nur in Europa, sondern auch in Nordamerika, Neuseeland und Australien sehr beliebt. Der Sulky genannte Fahrerwagen wird von einem Pferd gezogen, das nur traben, nicht aber in eine andere Gangart (z. B. Galopp) verfallen darf.

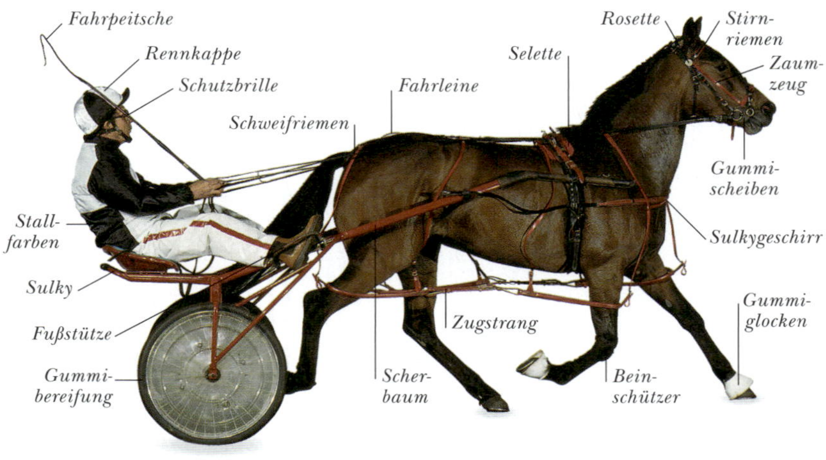


PFERD, SULKY UND FAHRER

**Tourist** ⟨[tu-] m. 16⟩ *jmd., der eine Urlaubsreise macht, Wanderer, Bergsteiger (bes. im Ausland)* [engl., „Urlaubsreisender, Ausflügler, Wanderer" < *tour* „Ausflug" < frz. *tour;* → *Tour*]

**Touristik** ⟨[tu-] f. 20; unz.⟩ **1** *Touristenverkehr, Reisewesen zum Vergnügen u. zur Erholung* **2** *Wandern, Bergsteigen*

**Tournee** ⟨[tur-] f. 19⟩ *Rundreise (von Künstlern), Gastspielreise* ◆ auf (eine) Tournee gehen; auf Tournee sein [frz., „Rundreise, Amtsreise; Ausflug"]

**Tower** ⟨['tauə(r)] m. 3⟩ **1** = *Kontrollturm* **2** ⟨EDV⟩ *kofferförmiger Computer, der meist auf dem Boden steht;* → a. *Desktop, Laptop* [engl., „Turm"]

**Toxikologie** ⟨f. 19; unz.⟩ *Lehre von den Giften u. Vergiftungen* [< *Toxikum* + grch. *logos* „Lehre, Wort, Rede"]

**Toxikum** ⟨n.; -s, -xika⟩ *Gift* [< lat. *toxicum* „Pfeilgift" < grch. *toxikon (pharmakon)* „zum Bogen bzw. Pfeil *(toxon)* gehöriges Gift"]

**Toximeter** ⟨n. 13; Tech.⟩ *Gerät zur Messung gasförmiger Luftverschmutzung* [< *Toxikum* + *...meter*]

**Toxin** ⟨n. 11; Biol.⟩ *giftiges Stoffwechselprodukt von Bakterien, Pilzen, Tieren od. Pflanzen* [→ *Toxikum*]

**toxisch** ⟨Adj.⟩ **1** *durch Toxine verursacht* **2** *giftig*

**tr** ⟨Mus.; Abk. für⟩ *Triller (1)*

**Trab** ⟨m. 1; unz.⟩ **1** *beschleunigte Fortbewegung der Vierfüßer* **2** *beschleunigte Gangart des Pferdes, bei der die diagonalen Beinpaare gleichzeitig auf den Boden aufsetzen* **3** *Laufschritt* ◆ kurzer, leichter, scharfer, schneller Trab; jmdn. auf (den) Trab bringen ⟨fig.; umg.⟩ *jmdn. energisch zu einer Tätigkeit bringen, antreiben* [Rückbildung von *traben*]

**Trabant** ⟨m. 16⟩ **1** ⟨früher⟩ *Leibwächter* **2** ⟨heute⟩ *von jmdm. abhängiger, bevormundeter Begleiter* **3** ⟨Astron.⟩ = *Satellit (1)* **4** ⟨Raumf.⟩ = *Satellit (2)* [< frühnhd. *drabant* „Krieger zu Fuß, Landsknecht", später „Leibwächter", wohl < tschech. *draband;* zu *drab* „Krieger zu Fuß"]

**Trabantenstadt** ⟨f. 7u⟩ *in der Nähe einer Großstadt entstandene Wohnsiedlung mit Geschäften usw.;* Sy *Satellitenstadt*

**traben** ⟨V. i.; ist⟩ *im Trab laufen* [< mhd. *draben*]

**Traberwagen** ⟨m. 4⟩ *sehr kleiner, offener, zweirädriger Wagen für Trabrennen;* Sy *Sulky*

**Trabrennen** ⟨n. 14⟩ ▲ *Pferderennen, bei dem die Pferde nur Trab gehen dürfen*

**Tracer** ⟨['trɛisə(r)] m. 3⟩ *ein od. mehrere durch Radioaktivität od. Fluoreszenz markierte Moleküle od. Atome, die es ermöglichen, chemische od. biologische Prozesse zu beobachten* [engl.; zu *trace* „aufspüren"]

**Trachee** ⟨[-xeːə] f. 19⟩ **1** ⟨Zool.⟩ *Atemröhre von Insekten, Tausendfüßlern u. manchen Spinnen* **2** ⟨Bot.⟩ *Wasser leitende Zelle im Leitgewebe der Pflanzen*

**Tracht** ⟨f. 20⟩ **1** *nach Landschaften, Berufsgruppen, Ständen od. Zeiten unterschiedene Kleidung* (Bergmannstracht, Schwesterntracht, Volkstracht) **2** *die Art, sich zu frisieren od. den Bart zu tragen* (Haartracht, Barttracht) **3** *Traglast* **4** *Anteil, Portion* ◆ eine Tracht Holz [< mhd. *traht(e)* < ahd. *draht(a)* „das Tragen, das Getragenwerden; das, was getragen wird"]

**trachten** ⟨V. i.; hat⟩ trachten, etwas zu tun *versuchen, etwas zu tun, zu erreichen* ◆ er trachtete ihn zu töten; nach etwas trachten *etwas begehren, erstreben* [< mhd. *trahten* „an etwas denken, nach etwas streben, bedenken, erwägen" < ahd. *trahton* < lat. *tractare* „sich mit etwas beschäftigen, behandeln, bearbeiten, untersuchen, erwägen"]

**trächtig** ⟨Adj.⟩ *(Leibesfrucht) tragend, schwanger* (von Tieren) [< mhd. *trehtec* „(Leibesfrucht) tragend"; → *Tracht*]

**Track** ⟨[træk] m.; -s, -s⟩ **1** *Zugelement, z. B. Kette, Riementrieb od. Seil bei Maschinen* **2** *Reiseroute eines Schiffes* **3** ⟨Mus.⟩ *Titel, Stück (auf einer CD)* **4** ⟨EDV⟩ *Spur* [engl., „Spur, Weg, Fährte"]

**Tradeskantie** ⟨[-tsjə] f. 19; Bot.⟩ ► *Angehörige einer Gattung der Scheibenblumengewächse mit langen, lanzettförmigen Blättern: Tradescantia* [nach dem engl. Gärtner J. *Tradescant,* 1656]

**tradieren** ⟨V. t.; hat⟩ *überliefern, mündlich fortpflanzen* ◆ tradierte Verhaltensweisen [< lat. *tradere* „überliefern, übergeben, ausliefern, mitteilen"]

**Tradition** ⟨f. 20⟩ *Überlieferung, Herkommen, Gewohnheit, Brauch* ◆ eine Tradition fortsetzen, bewahren; alte Tradition; an der Tradition festhalten [< lat. *traditio* „Übergabe, Bericht"; → *tradieren*]

**traditionell** ⟨Adj.⟩ *der Tradition gemäß* [< frz. *traditionnel;* → *Tradition*]

**Trafo** ⟨m. 6; Kurzw. für⟩ *Transformator*

**tragbar** ⟨Adj.⟩ **1** *so beschaffen, dass es getragen werden kann* (Apparat, Maschine) **2** *so beschaffen, dass man es noch tragen, anziehen kann* (Kleidungsstück) **3** ⟨fig.⟩ *so beschaffen, dass man es ertragen kann, erträglich* ◆ dieser Zustand ist nicht mehr tragbar

**Trage** ⟨f. 19⟩ **1** *Bahre zum Tragen eines Kranken od. Toten* **2** *Tragkorb* (Rückentrage)

**träge** ⟨Adj.; -r, am trägsten⟩ **1** *schwerfällig, langsam* **2** *faul, sich nicht gern bewegend* **3** *schläfrig* ◆ träge Masse *sich schwer bewegende od. schwer zu bewegende Masse* [< mhd. *træge* < ahd. *tragi* „von langsamer, mühsamer Bewegung"]

**tragen** ⟨V.; hat⟩ **I** ⟨V. t. 260⟩ **1** *stützen, stützend halten* **2** *beim Gehen in der Hand, im Arm, auf der Schulter, dem Rücken halten* **3** *(aufheben u.) fortbringen od. mitnehmen, befördern* **4** *mit sich führen, an sich haben* (Bart, Brille) **5** *auf dem Leib haben* (Kleidungsstücke) **6** ⟨fig.⟩ *ertragen, dulden, aushalten* ◆ der Baum trägt (keine) **Früchte** *bringt (keine) Früchte hervor bzw. hat zur Zeit (keine) Früchte;* die Sache hat (reiche) Früchte getragen ⟨fig.⟩ *hat (guten) Erfolg, (gute) Wirkung gehabt;* **Gepäck** (zum Bahnhof) tragen; (viel, wenig, keinen) **Schmuck** tragen; die **Schuld** (an etwas) tragen *schuld (an etwas) sein, die Schuld (an etwas) haben;* eine **Uniform,** Tracht tragen; den **Verlust,** den Schaden tragen *auf sich nehmen* ◆ jmdm. tragen **helfen;** ich **kann** das Kleid dieses Jahr noch, nicht mehr tragen *anziehen* ◆ den Kopf **hoch** tragen ⟨fig.⟩ *stolz, selbstbewusst sein* ◆ einen Ring **am** Finger tragen; eine Last **auf** dem Kopf, auf den Schultern tragen; eine Blume **im** Haar tragen; etwas in der Hand tragen; ein Leiden **mit** Geduld tragen ◆ getragene Kleider *gebrauchte Kleider* **II** ⟨V. i.⟩ **1** *Frucht tragen* (Baum, Feld, Strauch) **2** *schießen, Reichweite haben* (Geschütz, Gewehr) **3** *gehört werden* (Stimme) ◆ das **Eis** trägt (schon, noch nicht) *ist (schon, noch nicht) so fest, dass man darauf gehen kann* ◆ der Baum trägt **gut,** reichlich ◆ **zum** Tragen kommen *zur Auswirkung kommen, wirksam werden, angewendet werden* ◆ die tragende Idee, das tragende Motiv *die grundlegende Idee, das grundlegende Motiv;* die tragende Rolle ⟨Theat.⟩ *Hauptrolle;* die Kuh, Sau usw. ist tragend *trächtig*

TRADESKANTIE:
DREIMASTERBLUME
*(Tradescantia* x *andersoniana*
'Blue and Gold')

T

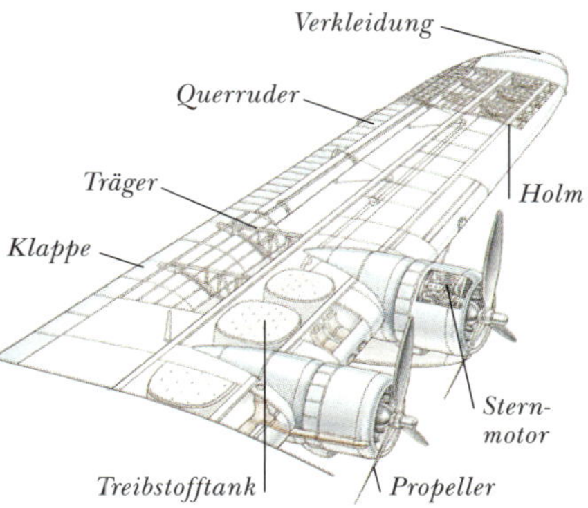


TRAGFLÜGEL EINES FLUGBOOTES AUS DER ERSTEN HÄLFTE DES 20. JH.

**III** ⟨V. refl.⟩ sich tragen **1** *so viel Ertrag abwerfen, dass kein Zuschuss notwendig ist* (Geschäft, Unternehmen) **2** *haltbar sein, angenehm im Gebrauch sein* (Kleidungsstück) ◆ der Stoff, das Kleid hat sich (nicht) **gut** getragen ◆ sich **mit** dem Gedanken tragen, etwas zu tun *den G. erwägen, etwas planen, beabsichtigen* [< mhd. *tragen* < ahd. *tragan* „tragen"]

**Träger** ⟨m. 3⟩ **1** *jmd. od. Gegenstand, der etwas trägt* ⟨a. fig.⟩ (Briefträger, Gepäckträger, Lastenträger, Preisträger) **2** *tragender Balken* **3** *Unterbau* **4** *Flugzeugträger* **5** *Band, das ein Kleidungsstück festhält* (Hosenträger, Schürzenträger) **6** ⟨Chem.⟩ *chem. inaktiver Stoff, der als Unterlage od. Gerüst für einen anderen, chem. aktiven Stoff dient* ◆ die Träger einer Entwicklung

**tragfähig** ⟨Adj.⟩ **1** *fähig, eine bestimmte Last zu tragen* (Balken, Brücke) **2** ⟨fig.⟩ *so beschaffen, dass man darauf aufbauen, damit arbeiten kann, annehmbar, brauchbar, tauglich* ◆ eine tragfähige Mehrheit ⟨fig.⟩; eine tragfähige Lösung ⟨fig.⟩

**Tragfläche** ⟨f. 19; Flugw.⟩ ► = *Tragflügel*

**Tragflächenboot** ⟨n. 11⟩ *Bootskörper mit kurzen Auftriebsflächen, ähnlich Flugzeugflügeln*

**Tragflügel** ⟨m. 5; Flugw.⟩ ▲ *der den Flugzeugrumpf tragende Flügel;* Sy *Tragfläche*

**Trägheit** ⟨f. 20; unz.⟩ **1** *träge Beschaffenheit, träges Wesen* **2** *Eigenschaft von jedem Körper, dem Trägheitsgesetz zu folgen*

**Trägheitsgesetz** ⟨n. 11; unz.⟩ *Gesetz, das besagt, dass ein Körper die ihm innewohnende Geschwindigkeit od. Ruhe nicht ohne äußere Einflüsse ändert*

**Tragik** ⟨f.; -; unz.⟩ **1** *schweres, schicksalhaftes Leid* **2** *tragische Beschaffenheit, Leid bringende Unabwendbarkeit* ◆ die Tragik dieses Geschehens [< lat. *tragicus* „tragisch, aus dem Trauerspiel" < grch. *tragikos* „tragisch, pathetisch, überschwänglich, der Tragödie eigen"; → *Tragödie*]

**Tragikomik** ⟨f.; -; unz.⟩ **1** *Komik, die auf einem im Grunde tragischen Geschehen beruht, bzw. Tragik, die auch eine komische Seite hat* **2** *halb tragische, halb komische Beschaffenheit*

**tragisch** ⟨Adj.⟩ **1** *in der Art einer Tragödie* **2** *unabwendbaren, unverschuldeten Untergang bringend* **3** *erschütternd, ergreifend* ◆ tragisches Ende; tragische Rolle *Rolle in einer Tragödie;* ein tragischer Unglücksfall; etwas tragisch nehmen ⟨fig.; umg.⟩ *etwas schwerer nehmen, als es tatsächlich ist*

**Traglast** ⟨f. 20⟩ *Last, die ein Tier od. Mensch tragen kann*

**Tragödie** ⟨[-diə] f. 19⟩ **1** *Schauspiel vom schicksalhaften Untergang eines Menschen, der in den unausweichlichen Konflikt zwischen zwei (moralischen) Forderungen gerät u. dadurch unabwendbar schuldig wird;* Sy *Trauerspiel (1)* **2** ⟨fig.⟩ *herzzerreißendes Unglück* [< lat. *tragoedia* „Trauerspiel" < grch. *tragodia* „Trauerspiel, tragisches Ereignis" < *tragos* „Bock" + *ode* „Gesang", eigtl. also „Bocksgesang, Lied beim Opfer eines Bockes am Dionysosfest"]

**Tragweite** ⟨f. 19; unz.⟩ **1** *Schussweite (einer Feuerwaffe)* **2** ⟨fig.⟩ *Bedeutung, Wirkung* ◆ ein Geschehen, eine Maßnahme von großer Tragweite ⟨fig.⟩ [Lehnübersetzung von frz. *portée* „Bereich, Schuss-, Wurf-, Spannweite, Hörweite"]

**Trainee** ⟨[trɛi'ni:] m. 6; Wirtsch.⟩ *jmd., der (insbes. nach abgeschlossenem Hochschulstudium) in einem Unternehmen alle Abteilungen durchläuft u. so auf seinen späteren Beruf vorbereitet wird* [engl.; zu *train* „ausbilden, trainieren"]

**Trainer** ⟨[trɛ:] od. [tre:-] m. 3⟩ *jmd., der Sportler (od. auch Tiere) auf einen Wettkampf vorbereitet* ◆ Trainer der Tennismannschaft [engl., „Sportlehrer"; → *trainieren*]

**trainieren** ⟨[trɛ:] od. [tre:-] V.; hat⟩ **I** ⟨V. i.⟩ *sich auf einen Wettkampf vorbereiten, sich üben* **II** ⟨V. t.⟩ jmdn. trainieren *jmdn. auf einen Wettkampf vorbereiten, mit ihm üben* [< engl. *train* < frz. *traîner* „ziehen, schleppen" < lat. *trahere* „ziehen, schleppen"]

**Training** ⟨[trɛ:] od. [tre:-] n. 15⟩ *systematische Vorbereitung auf einen Wettkampf* [engl.]

**Trakt** ⟨m. 1⟩ **1** *größerer Gebäudeteil, Flügel* (Seitentrakt) **2** *Straßenzug, Strecke* [zu lat. *tractus* „Ausdehnung, Reihe, Zug"; zu *trahere* „ziehen"]

**Traktat** ⟨n. 11⟩ **1** *Abhandlung* **2** *(religiöse) Flugschrift* [zu lat. *tractare* „erörtern, besprechen, behandeln"]

**traktieren** ⟨V. t.; hat⟩ **1** *schlecht behandeln, plagen, quälen* **2** ⟨veraltet⟩ *bewirten (mit)* [zu lat. *tractare* „behandeln"]

**Traktor** ⟨m. 23⟩ *meist durch Dieselmotor angetriebenes Schleppfahrzeug;* Sy *Trecker* [zu lat. *tractus,* Part. Perf. von *trahere* „ziehen, schleppen"]

**trampeln** **I** ⟨V. i.; ist⟩ *derb auftreten, schwerfällig u. achtlos gehen* ◆ durch die Gartenbeete trampeln **II** ⟨V. i.; hat⟩ **1** *mit den Füßen stampfen* **2** *infolge abwechselnden Hebens u. Senkens der beiden Räder einer Achse unerwünschte Bewegungen um die Längsachse ausführen* (Straßenfahrzeug) **III** ⟨V. t.; hat⟩ *durch festes Auftreten herstellen* ◆ einen Weg durch den Schnee trampeln [lautmalend]

TRÄNENNASENGANG: LAGE DES TRÄNENNASENGANGS IM MENSCHLICHEN AUGE

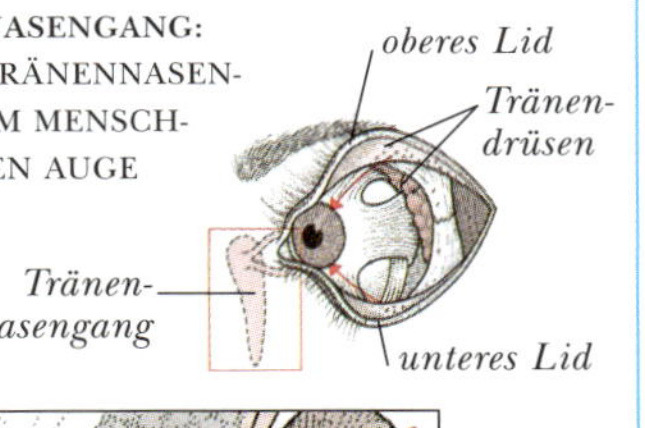


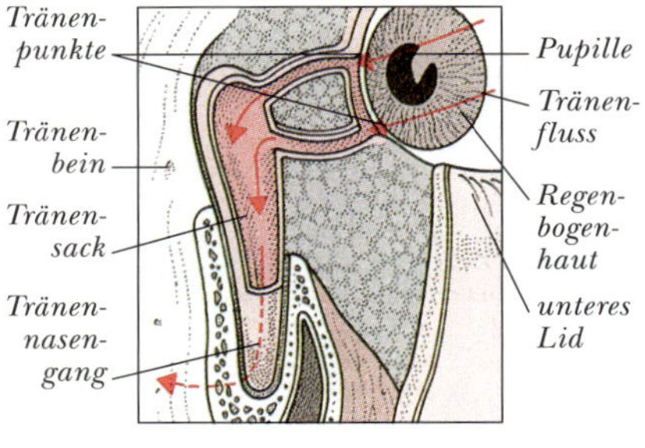


DETAIL DES TRÄNENNASENGANGS

**Trampeltier** ⟨n. 11⟩ **1** ⟨Zool.⟩ *zweihöckeriges Kamel: Camelus baktrianus* **2** ⟨umg.⟩ *plumpe, schwerfällige Person*

**trampen** ⟨[træm-] V. i.; ist⟩ *reisen, indem man auf den Straßen Autos anhält u. sich von ihnen mitnehmen lässt, per Anhalter reisen*

**Tramper** ⟨[træm-] m. 3⟩ *Anhalter*

**Trampolin** ⟨n. 11⟩, **Trampoline** ⟨f. 19; Sp.⟩ *federndes Sprungbrett für sportliche Übungen* [< ital. *trampolino* „Sprungbrett" < span. *trampolín* < vulgärlat.]

**Trampschifffahrt** ⟨f. 20; unz.⟩ *Schiffahrt, die sich nicht an feste Routen hält;* Ggs *Linienschifffahrt*

**Tran** ⟨m. 1⟩ *Öl, das aus dem Fettgewebe od. der Leber von Meeressäugetieren u. Fischen gewonnen wird;* Sy *Fischöl* ◆ im Tran sein ⟨fig.; umg.⟩ *betrunken sein; schlaftrunken sein* [< mnddt. *tran,* ndrl. *traan* < mhd. *trahen* „Träne" < ahd., asächs. *trahan;* Grundbedeutung: „durch Kochen dem tierischen Fett ausgepresster Tropfen"; → *Träne*]

**Trance** ⟨[trɑ̃s] f. 19⟩ **1** *schlafähnl. Dämmerzustand* **2** *schlafähnl. Entrückungszustand* (von Medien) [< engl. *trance* < afrz. *transe* „Hinübergehen; Angstzustand"; zu *transir* < lat. *transire* „hinübergehen"]

**tranchieren** ⟨[trɑ̃ʃi:-] V. t.; hat⟩ *in Scheiben schneiden* (Fleisch), *zerlegen* (gebratenes Geflügel); oV *transchieren* [zu frz. *trancher* „abschneiden, zerlegen, zerschneiden" < lat. *truncare* „beschneiden, verstümmeln"]

**Träne** ⟨f. 19⟩ **1** *von den Tränendrüsen im Auge abgesonderte Flüssigkeit (Lacrima), hervortretend bei Schmerz od. innerer Bewegung* (Freudenträne, Zornesträne) **2** ⟨fig.; umg.⟩ *kleine Menge Flüssigkeit, Tropfen* ◆ Tränen der **Freude,** der Rührung, des Zornes ◆ jmdn. od. sich die Tränen **abwischen; nachweinen:** ich weine ihm keine Träne nach ⟨fig.⟩ *ich bedaure sein Fortgehen, die Trennung von ihm nicht;* Tränen **vergießen** *weinen* ◆ **bittere** Tränen weinen ⟨fig.⟩ *bitterlich, schmerzlich, reuevoll weinen;* **dicke,** große Tränen; ihre Augen standen **voller** Tränen ◆ **in** Tränen aufgelöst *weinend u. stark erregt;* in Tränen ausbrechen *zu weinen beginnen;* der Rauch trieb mir die Tränen in die Augen; **unter** Tränen lachen *zwischen dem Weinen lachen (müssen);* er war **zu** Tränen gerührt [< spätmhd. *trene,* Pl. von *trahen, trähene* < ahd. *trahan, trahani;* → *Tran*]

**tränen** ⟨V. i.; hat⟩ *Tränen absondern* (Augen)

**Tränendrüse** ⟨f. 19; Anat.⟩ *in den Augenwinkeln der Wirbeltiere u. des Menschen gelegene Drüse, die Tränen ausscheidet* ◆ auf die Tränendrüsen drücken ⟨fig.⟩ *auf Rührung berechnet, sentimental sein* (Buch, Film, Theaterstück, Vortrag)

**Tränengas** ⟨n. 11; unz.⟩ *flüchtige chem. Verbindung (z. B. Bromazeton, Brombenzylzyanid, Chlorazetophenon), die die Schleimhaut der Augen reizt*

**Tränennasengang** ⟨m. 1u; Anat.⟩ ◄ *Gang, durch den die Tränenflüssigkeit in die Nase geleitet wird*

**tränenreich** ⟨Adj.⟩ *reich an Tränen, sehr traurig* ◆ einen tränenreichen Abschied nehmen

**Tränensack** ⟨m. 1u⟩ *sackförmige Erweiterung des Tränennasenganges*

**Trank** ⟨m. 1u; poet.⟩ *Getränk* (Heiltrank, Liebestrank, Zaubertrank) ◆ Speis und Trank *Essen u. Trinken;* einen Trank brauen

**Tränke** ⟨f. 19⟩ *Stelle, kleines Gewässer, wo Vieh trinken kann* ◆ Vieh zur Tränke führen [→ *tränken*]

**tränken** ⟨V. t.; hat⟩ **1** Tiere tränken *Tieren zu trinken geben, Tiere trinken lassen* **2** Holz, Stoff, Papier mit etwas tränken *völlig nass machen, mit Flüssigkeit sättigen* [< mhd. *trenken* < ahd. *trenkan* „trinken machen"]

T

## TRANSFORMATOREN

Ein Transformator besteht aus zwei um einen Weicheisenkern gewickelten Spulen. Durch die Primärspule fließender Wechselstrom erzeugt ein wechselndes Magnetfeld im Kern und induziert in der Sekundärspule elektrischen Strom mit einer anderen Spannung. Aufwärtstransformatoren haben mehr Wicklungen in der Sekundär-, Abwärtstransformatoren in der Primärspule.

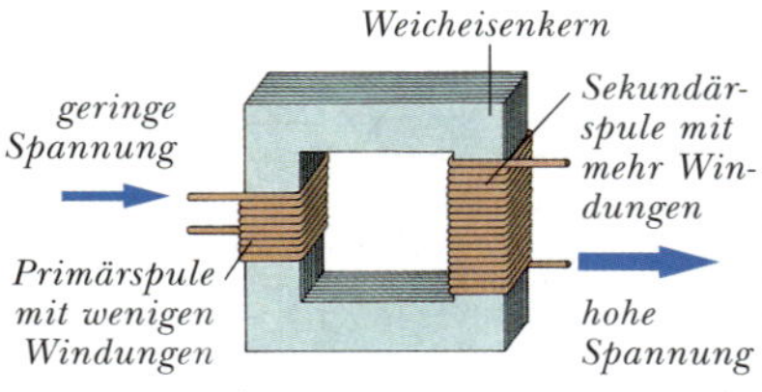


AUFWÄRTSTRANSFORMATOR

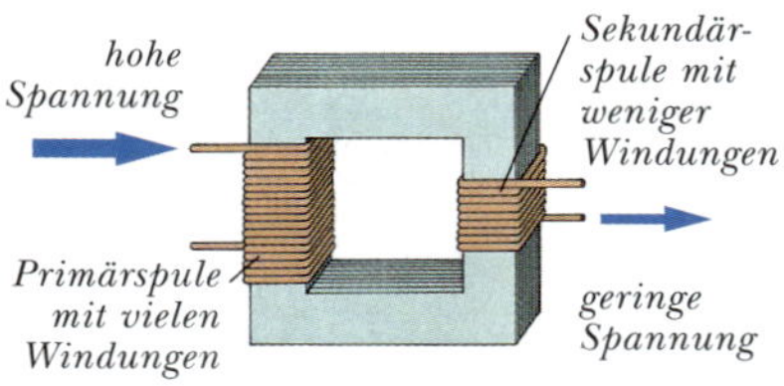


ABWÄRTSTRANSFORMATOR

**trans..., Trans...** ⟨in Zus.⟩ *(hin)über..., (Hin)über..., hindurch..., Hindurch..., jenseits von ...;* Ggs *cis-..., Cis-...* [< lat. *trans* „jenseits, über ... hinaus"]

**Transaktion** ⟨f. 20⟩ **1** *Unternehmung* **2** *großes Geld- od. Bankgeschäft* (Börsentransaktion, Geldtransaktion, Wertpapiertransaktion) [< lat. *transactio* „Vermittlung"]

**transchieren** ⟨V. t.; hat⟩ = *tranchieren*

**Transfer** ⟨m. 6⟩ **1** *Übertragung, Übermittlung, Überführung* (Technologie) **2** *Übertragung von Geld ins Ausland in der fremden Währung* **3** ⟨Sp.⟩ *Wechsel eines Berufsspielers zu einem anderen Verein (meist nach Zahlung einer Ablösesumme)* **4** *Überführung (von Personen im Reiseverkehr)* ◆ Transfer vom Flugzeug zum Hotel [< engl. < lat. *transferre* „hinübertragen"]

**Transformator** ⟨m. 23; Kurzw.: Trafo⟩ ▲ *aus zwei Drahtwicklungen mit Eisenkernen bestehender Apparat zum Erhöhen od. Herabsetzen der Spannung von Dreh- od. Wechselstrom;* Sy *Umspanner* [< frz. *transformateur;* zu lat. *transformare* „umgestalten"]

**transformieren** ⟨V. t.; hat⟩ **1** *umwandeln, umgestalten, umformen* **2** *in einen anderen mathemat. Ausdruck umwandeln* ◆ Dreh-, Wechselstrom transformieren *die Spannung von Dreh-, Wechselstrom erhöhen od. erniedrigen;* einen Ausdruck transformieren ⟨Sprachw.⟩ *nach bestimmten Regeln in einen anderen Ausdruck mit demselben Inhalt umwandeln,* z. B. „das schöne Buch" in: „das Buch ist schön" [zu lat. *transformare* „umwandeln, umgestalten"]

**Transfusion** ⟨f. 20⟩ *Übertragung* (Bluttransfusion) [< lat. *transfusio* „Vermischung"]

**Transistor** ⟨m. 23⟩ ► *steuerbares elektron. Halbleiterbauelement, das aus meist drei verschieden dotierten Schichten besteht u. zur Verstärkung u. Regelung verwendet wird* [< engl. *transfer* < lat. *transferre* „hinübertragen" + nlat. *resistor* „Widerstand"; zu lat. *resistere* „sich widersetzen"]

**Transit** ⟨m. 1⟩ = *Durchfuhr* ◆ im Transit [< lat. *transitus,* Part. Perf. von *transire* „hinübergehen"]

**transitiv** ⟨Adj.; Gramm.⟩ *zielend, ein Akkusativobjekt verlangend* (Verb); Ggs *intransitiv* [zu lat. *transitus,* Part. Perf. von *transire* „(hin)übergehen" (auf das Objekt)]

**transkribieren** ⟨V. t.; hat⟩ **1** *einer Transkription unterziehen, in eine andere Schrift übertragen* **2** ⟨Mus.⟩ *für ein anderes Instrument umschreiben* (Tonstück) [< lat. *trans* „hinüber" + *scribere* „schreiben"]

**Transkription** ⟨f. 20⟩ **I** ⟨unz.⟩ **1** ⟨Phon.⟩ *das Transkribieren, Umwandlung einer Schrift in eine andere, wobei die Ursprungssprache möglichst lautgetreu wiedergegeben werden soll* **2** ⟨Mus.⟩ *Umschreibung für ein (anderes) Instrument möglichst ohne Veränderung des Klangbildes* **3** ⟨Biol.⟩ *das „Abschreiben" der genetischen Information von der DNA im Zellkern* **II** ⟨zählb.⟩ *die andere Schrift selbst, Umschrift* ◆ internationale Transkription [→ *transkribieren*]

**transparent** ⟨Adj.; -er, am -esten⟩ *durchsichtig* [< frz., „durchsichtig" < mlat. *transparere* „durchscheinen"]

**Transparent** ⟨n. 11⟩ **1** *Spruchband, das aufgespannt od. in Demonstrationen mitgeführt wird* **2** *Bild auf durchsichtigem Material* (Glas, Pergament, Stoff), *das von hinten beleuchtet wird*

**Transparenz** ⟨f. 20; unz.⟩ *transparente Beschaffenheit, Durchsichtigkeit*

**Transpiration** ⟨f. 20⟩ **1** *das Transpirieren, Schweißabsonderung* **2** ► *Abgabe von Wasserdampf* (von Pflanzen u. von Tieren) [< lat. *trans* „hinüber" + *spirare* „hauchen"]

**transpirieren** ⟨V. i.; hat⟩ **1** *schwitzen* (Person) **2** *Wasserdampf abgeben* (Pflanze, Tier)

**Transplantation** ⟨f. 20; Chir.⟩ = *Gewebsverpflanzung* (Nierentransplantation, Hauttransplantation) [< nlat. *transplantatio* „Überpflanzung" < lat. *trans* „hinüber" + *planta* „Steckling, Pflanze"]

**transplantieren** ⟨V. t.; hat⟩ Gewebe, Organe transplantieren *verpflanzen*

**transponieren** ⟨V. t.; hat⟩ *in eine andere Tonart setzen* [< lat. *transponere* „hinüberbringen, hinübersetzen"]

**Transport** ⟨m. 1⟩ *das Transportieren, Beförderung* ◆ der Transport einer Ware

## TRANSISTOR

Transistoren steuern und verstärken elektrische Ströme. Eine geringe Spannungsänderung zwischen Basis und Emitter führt zu einer großen Veränderung im Stromfluss zwischen Kollektor und Emitter. Transistoren in Rundfunkgeräten verstärken aufgenommene Spannungsschwankungen und erzeugen die für die Lautsprecher benötigten Stromstärken.

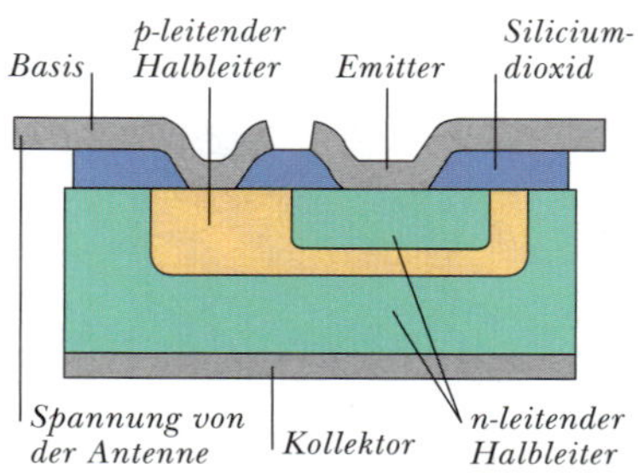


AUFBAU EINES BIPOLAREN TRANSISTORS

## TRANSPIRATION

Durch Spaltöffnungen an der Oberfläche eines Blattes entweicht ständig Wasserdampf. Das verlorene Wasser ersetzen Pflanzen durch neues, das über die Wurzeln aus der Erde aufgenommen und durch Kapillarkräfte zu den Blättern weitertransportiert wird.

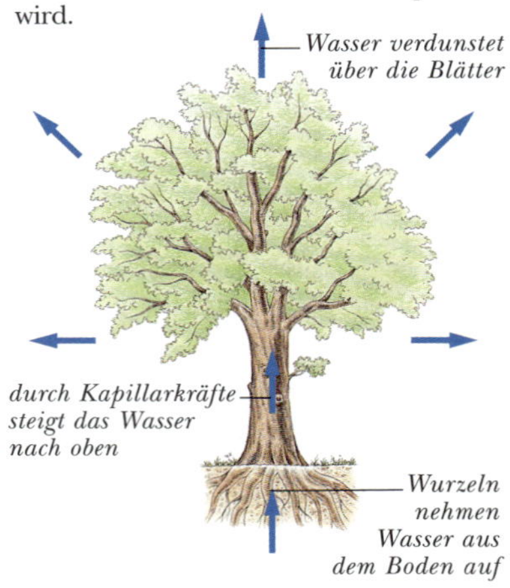


TRANSPIRATION EINES BAUMES

**transportieren** ⟨V. t.; hat⟩ = *befördern (1)* ◆ Waren, Reisende transportieren [< frz. *transporter* < lat. *transportare* „hinüberbringen, hinübersetzen"]

**Transsexualismus** ⟨m.; -; unz.⟩ *Bedürfnis nach operativer Umwandlung des eigenen Geschlechts* [< *Trans...* + lat. *sexus* „Geschlecht"]

**Transsexuelle(r)** ⟨f. 30 (m. 29)⟩ **1** *Frau bzw. Mann mit transsexuellen Neigungen* **2** *Person, die durch einen operativen Eingriff ihr Geschlecht geändert hat*

**Transversalwelle** ⟨[-vɛr-] f. 19⟩ *Welle, die sich transversal ausbreitet;* Sy *Querwelle*

**Transvestismus** ⟨[-vɛs-] m.; -; unz.⟩ *Bedürfnis, sich wie ein Angehöriger des anderen Geschlechts zu kleiden od. zu benehmen* [< lat. *trans* „hinüber" + *vestire* „kleiden"]

**Transvestit** ⟨[-vɛs-] m. 16⟩ *jmd., der zum Transvestismus neigt*

**transzendent** ⟨Adj.; Philos.⟩ *die Grenzen der Erfahrung u. des sinnlich Wahrnehmbaren überschreitend;* Ggs *immanent (2)* ◆ transzendente Zahl ⟨Math.⟩ *Zahl, die sich nicht als ganze Zahl, Wurzel od. Bruch ausdrücken lässt, z. B.* π [< lat. *transcendens,* Part. Präs. von *transcendere* „hinübersteigen"]

TRAPEZ

**Transzendenz** ⟨f. 20; unz.⟩ **1** *transzendente Beschaffenheit;* Ggs *Immanenz (2)* **2** *das Transzendieren*

**Trapez** ⟨n. 11⟩ **1** ⟨Geom.⟩ ► *Viereck mit zwei parallelen Seiten* **2** ⟨Sp.; Turnen⟩ *im Schulturnen u. in der Artistik verwendete kurze Holzstange an zwei Schaukelseilen* [< lat. *trapezium* „ungleichseitiges Viereck" < grch. *trapezion,* Verkleinerungsform von *trapeza* „Vierfuß, Tisch"]

**Trapezflügel** ⟨m. 5⟩ *Flugzeugflügel in der Form eines Trapezes*

**Trapezmuskel** ⟨m. 5; Anat.⟩ *flacher Rückenmuskel zwischen Nacken u. Schulterblättern, Kapuzenmuskel: Musculus trapecius*

**Trapezoeder** ⟨n. 13; Geom.⟩ *von Trapezen begrenzter geometr. Körper*

**Trapezoid** ⟨n. 11; Geom.⟩ ► *Viereck, dessen ungleich lange Seiten nicht parallel sind* [< lat. *trapezium* „ungleichseitiges Viereck, Tischchen“ + grch. *eidos* „Form“]

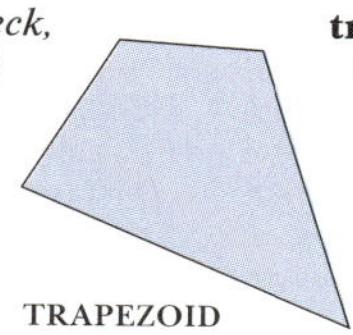

TRAPEZOID

**Trappe** ⟨f. 19; Zool.⟩ *Angehörige einer Familie der Kranichartigen mit einigen sehr großen, kräftigen Arten: Otididae* [< mhd. *trap(pe), trapgans,* mnddt. *trappe,* poln., tschech. *drop* < *drop(i)a*]

**Trapper** ⟨m. 3⟩ *nordamerik. Pelztierjäger* [engl., „Fallensteller“; zu *trap* „Falle“]

**Trappistenorden** ⟨m. 4; Rel.⟩ *1664 innerhalb des Zisterzienserordens gegründeter Orden mit strenger Regel (Redeverbot, vegetar. Nahrung)* [nach dem Gründungsort, der Abtei La *Trappe* im frz. Departement Orne]

**Trasse** ⟨f. 19⟩ *durch Trassieren festgelegte Linie für Straßen- u. Eisenbahnen* [zu ital. *trassare* „trassieren“, zu frz. *trace* „Spur, Fährte“; zu lat. *tractus,* Part. Perf. von *trahere* „ziehen“]

**Traube** ⟨f. 19⟩ **1** ⟨i. w. S.⟩ *Blütenstand mit gestielten Einzelblüten an der verlängerten Hauptachse* **2** ⟨i. e. S.⟩ *Fruchtstand des Weinstocks;* Sy *Weintraube;* ► *Früchte* **3** ⟨fig.⟩ *dichter Schwarm, geballte Menge* (von Bienen, auch Menschen) ◆ 1 kg Trauben; die Trauben **hängen** ihm zu hoch ⟨fig.⟩ *die gesteckten Ziele sind unerreichbar für ihn* ◆ **blaue,** grüne Trauben; die Johannisbeeren hängen in **dichten** Trauben am Strauch ◆ vor dem Schalter stand eine Traube **von** Menschen ⟨fig.⟩ [< mhd. *trube* „Bündel, Büschel, Traube“ < ahd. *thruba, druba, trubo,* mnddt., mndrl. *druve,* ndrl. *druif*]

**Träubel** ⟨n. 13; Bot.⟩ ► = *Traubenhyazinthe*

**Traubenhyazinthe** ⟨f. 19; Bot.⟩ ► *Angehörige einer im Mittelmeergebiet verbreiteten Gattung der Liliengewächse mit blauem Blütenstand in Form einer Traube: Muscari;* Sy *Träubel*

**Traubenzucker** ⟨m. 3; unz.⟩ = *Glukose*

**trauen** ⟨V.; hat⟩ **I** ⟨V. t.⟩ jmdn. trauen *jmds. Eheschließung standesamtl. beurkunden od. kirchl. segnen* ◆ der Pfarrer, der Standesbeamte traut das Brautpaar; sich trauen lassen *die Ehe schließen;* sich kirchlich, standesamtlich trauen lassen **II** ⟨V. i.⟩ jmdm. od. einer Sache trauen *glauben, Vertrauen schenken* ◆ trau, schau, wem ⟨Sprichw.⟩ *bevor du jmdm. Vertrauen schenkst, erwäge erst, ob du ihm glauben kannst;* jmdm. od. einer Sache nicht (recht) trauen; jmdm. nicht über den Weg trauen ⟨verstärkend⟩ **III** ⟨V. refl.⟩ sich trauen, etwas zu tun *wagen, etwas zu tun* ◆ er traut sich nicht [zu I: < mhd. *truwen* „hoffen, erwarten, vermuten, anvertrauen“ < ahd. *(ga)tru(w)en* „vertrauen, glauben, hoffen, zutrauen“; zu II u. III: < mhd. *triuwen* < got. *trauan* „fest werden“; verwandt mit *treu, Trost*]

**Trauer** ⟨f. 21; unz.⟩ **1** *Schmerz um etwas Verlorenes, tiefe Betrübnis* **2** *Trauerkleidung* **3** *Trauerzeit* ◆ Trauer **anlegen;** die Trauer **ablegen;** die Trauer **dauert** noch ein halbes Jahr ◆ sein Tod erfüllte alle **mit** tiefer Trauer; Trauer **um** einen Toten [< mhd. *trure;* → *trauern*]

**Trauerente** ⟨f. 19; Zool.⟩ *einheimische, im männl. Geschlecht schwarze Meerente: Melanitta nigra*

**Trauerfall** ⟨m. 1u⟩ = *Todesfall*

**Trauermantel** ⟨m. 5u; Zool.⟩ *Tagfalter mit dunkelbraunen Flügeln, die weißliche od. gelbliche Ränder tragen: Nymphalis antiopa;* ► *Tagfalter*

**Trauermücke** ⟨f. 19; Zool.⟩ *Angehörige einer Familie kleiner Mücken mit dunklen Flügeln: Lycoriidae*

**trauern** ⟨V. i.; hat⟩ **1** *Trauer fühlen, traurig sein über den Tod eines Menschen* **2** *Trauerkleidung tragen* ◆ um jmdn. trauern [< mhd. *truren* < ahd. *truren* „die Augen niederschlagen“]

**Trauerspiel** ⟨n. 11⟩ **1** = *Tragödie (1)* **2** ⟨fig.⟩ *trauriges od. bedauerl. Geschehen*

**Trauerweide** ⟨f. 19⟩ **1** ⟨Bot.⟩ *Weide mit herabhängenden Zweigen: Salis babylonica;* Sy *Hängeweide* **2** ⟨fig.; umg.⟩ *oft missgestimmter, wehleidiger Mensch*

**Trauf** ⟨m. 1⟩ *Waldrand mit Bäumen, die möglichst bis zum Erdboden hinunter Äste tragen als Schutz gegen schädigende Einflüsse (Wind usw.)* [→ *Traufe*]

**Traufe** ⟨f. 19⟩ **1** *aus der Dachrinne abfließendes Regenwasser* **2** *untere waagerechte Kante der Dachfläche* [< mhd. *troufe, trouf* „die Triefende“; → *triefen*]

**Traufrinne** ⟨f. 19⟩ = *Dachrinne*

**traulich** ⟨Adj.⟩ **1** *gemütlich, anheimelnd* **2** *vertraut* ◆ traulicher Kerzenschein; beim traulichen Licht der Tischlampe; traulich beisammensitzen; hier ist es warm und traulich

**Traum** ⟨m. 1u⟩ **1** *Vorstellungen, die während des Schlafes auftreten* **2** *Träumerei, Versonnenheit, Spiel der Einbildungskraft* (Tagtraum, Wachtraum) **3** ⟨fig.⟩ *sehnlicher Wunsch, Sehnsucht* (Wunschtraum) ◆ es war immer der Traum meiner **Jugend,** immer mein Traum, einmal die Pyramiden zu sehen ◆ Träume **analysieren,** deuten; dieser Traum ist **ausgeträumt** ⟨fig.⟩ *dieser Wunsch hat sich nicht erfüllt;* einen Traum **haben; sein:** aus der Traum!, der Traum ist aus! ⟨fig.⟩ *es ist vorbei, vorüber (etwas Schönes)* ◆ **böser,** quälender, wirrer Traum ◆ er ist mir **im** Traum erschienen; ich habe nicht im Traum daran gedacht, ihn kränken zu wollen ⟨fig.; umg.⟩ *ganz u. gar nicht, wirklich nicht;* im Traum reden, lachen [< mhd., ahd. *troum*]

TRAUBENHYAZINTHE: ARMENISCHE TRAUBENHYAZINTHE
*(Muscari armeniacum)*

**Traum...** ⟨in Zus.⟩ *traumhaft, erträumt,* z. B. Traumberuf, Traumfrau, Traummann

**Trauma** ⟨n.; -s, -ta od. -men⟩ **1** *Wunde, Verletzung* **2** *Einwirkung von Gewalt* **3** *seelische Erschütterung* [grch., „Wunde“]

**traumatisch** ⟨Adj.⟩ *in der Art eines Traumas*

**träumen** ⟨V. t. u. V. i.; hat⟩ **1** *einen Traum od. Träume haben* **2** *sich Fantasievorstellungen hingeben* ◆ du hast wieder mal geträumt ⟨fig.⟩ *nicht aufgepasst;* ich träumte, ⟨od.⟩ mir träumte, dass ... ◆ einen **Traum** träumen ◆ das hätte ich mir nicht träumen **lassen!** *das hätte ich nicht gedacht!* ◆ ich habe **schlecht** geträumt ⟨umg.⟩ ◆ **mit** offenen Augen träumen *geistesabwesend sein, nicht aufpassen, in Gedanken versunken sein;* **von** jmdm. od. etwas träumen; von etwas träumen ⟨fig.⟩ *sich etwas sehnsüchtig vorstellen, wünschen* ◆ träumend zum Fenster hinausschauen

**traurig** ⟨Adj.⟩ **1** *voll Trauer, bekümmert, betrübt* (Person) **2** *schmerzlich, betrüblich, sehr bedauerlich, beschämend* (Sache, Ereignis, Handlung) ◆ er hat durch sein brutales Verbrechen eine traurige **Berühmtheit** erlangt; ein trauriges **Gesicht** machen; es ist nur noch ein trauriger **Rest** vorhanden ⟨fig.⟩; er hat ein trauriges **Schicksal** gehabt ◆ traurig **aussehen; sein:** er ist traurig ◆ (es ist) traurig **genug,** dass du das nicht einsiehst [→ *trauern*]

**Trauring** ⟨m. 1⟩ *oft goldener Ring ohne Stein als Zeichen des Vermähltseins;* Sy *Ehering*

**traut** ⟨Adj.; poet.⟩ **1** *lieb, vertraut* **2** *traulich, gemütlich, behaglich* ◆ trauter Freund; mein Trauter ⟨veraltet⟩ *mein Liebster* [Herkunft ungeklärt; vielleicht < mhd. *trut* < ahd. *trut, drut* „lieb, geliebt, geliebter Gemahl“]

**Trauung** ⟨f. 20⟩ *Eheschließung* ◆ kirchliche, standesamtliche Trauung [→ *trauen*]

**travers** ⟨[-vɛrs] Adj.⟩ *quer, quer gestreift* [frz. < lat. *transversarius* „quer liegend“]

**Traversflöte** ⟨[-vɛrs-] f. 19; Mus.⟩ ► = *Querflöte*

**Travestie** ⟨[-vɛs-] f. 19⟩ *satirische Verspottung eines literarischen Werkes, bei der (im Unterschied zur Parodie) der Inhalt beibehalten u. die Form verändert wird* [< frz. *travesti* „Verkleidung“ < lat. *trans* „hinüber“ + *vestire* „kleiden“]

**Trawler** ⟨[trɔ:-] m. 3⟩ *Fischereifahrzeug, das mit Schleppnetz (Trawl) arbeitet*

**Treck** ⟨m. 6⟩ **1** *Zug* (Flüchtlingstreck) **2** *Auszug, Auswanderung* [< mnddt. *trek* „Kriegszug, Prozession“]

**Trecker** ⟨m. 3⟩ = *Traktor*

**Treff** ⟨n.; -s; unz.; Kart.⟩ *frz. Spielkartenfarbe, Kleeblatt* ◆ da ist Treff Trumpf ⟨fig.; umg.⟩ *man kann dabei Glück haben, ebenso aber auch Pech* [Rückbildung von schweiz. *Treffle* < frz. *trèfle* „Klee, Dreiblatt (im Kartenspiel)“ < lat. *trifolium*]

**treffen** ⟨V. 261⟩ **I** ⟨V. i.; hat/ist⟩ *das Ziel erreichen* ◆ das Geschoss, der Hieb hat getroffen; auf jmdn. treffen *jmdm. zufällig begegnen* **II** ⟨V. t.; hat⟩ **1** jmdn. treffen **1.1** *jmdm. (zufällig od. nach Vereinbarung) begegnen* **1.2** *(körperlich od. seelisch) verletzen* **2** etwas treffen **2.1** *durch Schlag, Geschoss od. Aufprall berühren od. verwunden* **2.2** *richtig herausfinden, richtig bezeichnen, erraten* ◆ sich treffen, ⟨eigtl.⟩ einander treffen; eine Kugel hat ihn getroffen; der Schlag hat ihn getroffen *er hat einen Schlaganfall erlitten;* ihn trifft keine Schuld *er hat keine Schuld;* **Anordnungen** treffen *etwas anordnen;* **Anstalten,** Vorbereitungen treffen, etwas zu tun *etwas vorbereiten;* eine **Auswahl,** Wahl treffen *etwas auswählen;* der Blitz hat den **Baum** getroffen ◆ wann, wo **kann** ich dich treffen? ◆ er ist (auf dem Bild) **gut** getroffen *gut, richtig dargestellt;* dein Vorwurf trifft mich **tief;** die Kugel hat ihn **tödlich** getroffen ◆ jmdn. **auf** der Straße, zu Hause treffen; die Linien treffen sich **in** einem Punkt ◆ er stand da **wie** vom Blitz getroffen *unbeweglich, starr* ◆ treffend *genau (bezeichnend), richtig (kennzeichnend);* treffende Bezeichnung; das ist treffend gesagt; sich getroffen fühlen *finden, dass man zu Recht od. Unrecht gemeint ist* **III** ⟨V. refl.; hat; unpersönl.⟩ sich treffen *sich fügen, passen, zufällig geschehen* [< ahd. *treffan* „schlagen, stoßen“; Herkunft ungeklärt]

T

## TREIBHAUSEFFEKT

Seit Jahrmillionen haben die Gase der Erdatmosphäre einstrahlende Sonnenwärme zurückgehalten und so die Entwicklung von Leben begünstigt. Der auf menschliche Einflüsse zurückzuführende Anstieg von Treibhausgasen (wie z. B. Kohlendioxid) hat jedoch eine zusätzliche, unerwünschte Erderwärmung zur Folge.

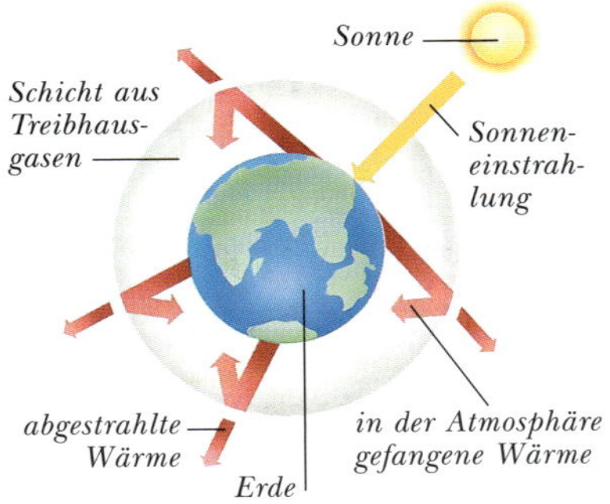


GLOBALE ERWÄRMUNG DURCH DEN TREIBHAUSEFFEKT

**Treffen** ⟨n. 14⟩ **1** ⟨in der altröm. Legion⟩ *Linie, Glied* **2** ⟨allg.⟩ *Versammlung, Zusammenkunft, Begegnung* **3** ⟨Sp.⟩ *Wettkampf* ◆ ein Treffen aller Mitglieder, Sportler

**Treffer** ⟨m. 3⟩ **1** ⟨bes. Sp.⟩ *Schlag, Schuss, der richtig trifft* **2** ⟨fig.⟩ *etwas, das Glück u. Erfolg hat, Handlung, mit der man Glück hat* **3** *Los, das gewinnt* ◆ einen Treffer erzielen

**Treffpunkt** ⟨m. 1⟩ **1** *Ort der Begegnung, Ort, an dem zwei od. mehrere Personen einander treffen* **2** ⟨Math.⟩ *Punkt, in dem sich Geraden, Kurven berühren od. schneiden*

**Treibanker** ⟨m. 3⟩ *Anker aus einem Holzrahmen mit trichterförmigem Sack aus Segeltuch u. Haltetauen, der bei schlechtem Wetter Abtrift verhindern soll, Schleppanker*

**Treibeis** ⟨n.; -es; unz.⟩ *auf dem Meer od. einem Fluss treibende Eisstücke*

**treiben** ⟨V. 262⟩ **I** ⟨V. t.; hat⟩ **1** *vor sich her jagen, heftig drängen* **2** *in Bewegung bringen* (Tiere, Personen) **3** *drängen, zur Eile veranlassen* **4** *in kaltem Zustand formen* (Metall) **5** *in Treibarbeit anfertigen* (metallenen Gegenstand) **6** *mit Treibern jagen, vor die Schützen jagen* (Wild) **7** *hervorbringen* (Blätter, Blüten, Knospen, Wurzeln) **8** etwas treiben ⟨fig.⟩ *etwas betreiben, längere Zeit tun, ausüben* (Sport, Musik) **9** jmdn. treiben ⟨fig.⟩ *anspornen, veranlassen (etwas zu tun)* ◆ es treibt mich, dir zu sagen ... *ich fühle mich veranlasst, ich habe das Bedürfnis;* **Handel** (mit etwas) treiben *(mit etwas) handeln;* **Missbrauch** (mit etwas) treiben; **Pflanzen** treiben *im Treibhaus zum vorzeitigen Blühen bringen;* eine **Schale** (aus Silber) treiben ◆ sich treiben **lassen** *nicht selbst handeln, sich dem Geschehen überlassen* ◆ du treibst es gar zu **arg,** zu wild ⟨fig.⟩ *du bist zu übermütig, zu streng o. Ä.* ◆ Vieh **auf** die Weide treiben; einen Tunnel **durch** den Berg treiben; Preise **in** die Höhe treiben *zum Steigen bringen;* seinen Spott **mit** jmdm. treiben ⟨fig.⟩ *jmdn. verspotten* ◆ **was** treibst du in deiner Freizeit? ◆ er war bei dem Unternehmen die treibende Kraft; getriebenes Metall **II** ⟨V. i.; ist⟩ *sich ohne eigenen Antrieb fortbewegen* ◆ das Boot trieb steuerlos auf dem Meer **III** ⟨V. i.; hat⟩ *gären, aufgehen* (Bier, Hefe) [< mhd. *triben* < ahd. *triban*]

TRENCHCOAT

**Treiberameise** ⟨f. 19; Zool.⟩ = *Wanderameise*

**Treibgas** ⟨n. 11⟩ **1** *in Spraydosen enthaltenes Gas* **2** *Gas als Kraftstoff für Verbrennungsmotoren* **3** *zum Aufschäumen von Kunst- u. Baustoffen verwendetes Treibmittel*

**Treibhaus** ⟨n. 12u; Bot.⟩ *Gewächshaus mit einer Temperatur von 12-15°C zur Vermehrung einheim. Pflanzen od. mit einer Temperatur von 15-30°C zur Erhaltung trop. Pflanzen;* → a. *Gewächshaus*

**Treibhauseffekt** ⟨m. 1; unz.⟩ **1** *die Eigenschaft eines Glashauses, die Wärmestrahlung der Sonne hereinzulassen, aber wenig Wärme nach außen abzugeben* **2** ◄ *wärmeregulierender Effekt der Erdatmosphäre, der ähnlich der Wirkung eines Glasdaches ist;* Sy *globale Erwärmung* **3** *übermäßige Erwärmung der Erdatmosphäre, insbes. durch einen zu hohen Gehalt an Kohlendioxid*

**Treibholz** ⟨n. 12u; unz.⟩ **1** *Holz, das auf Flüssen befördert wird* **2** *angetriebenes Holz*

**Treibjagd** ⟨f. 20⟩ *Jagd, bei der in einem von Jägern (Schützen) u. Treibern umstellten Gebiet (Treiben) das Wild aufgescheucht und auf die Schützen zugetrieben wird*

**Treibmittel** ⟨n. 13⟩ *Treibgas od. ein anderes Mittel, das unter Einwirkung von Wärme od. Chemikalien dazu geeignet ist, ein Treibgas zu entwickeln, zur Teiglockerung (z. B. Backpulver), als Blähmittel für Schaum- u. Baustoffe, in Antrieben sowie zur Erzeugung von Aerosolen in Sprays verwendet*

**Treibnetz** ⟨n. 11; Fischerei⟩ *senkrecht im Wasser schwebendes Netz, das vom Strom getrieben od. von Schiffen gezogen wird*

**Treibriemen** ⟨m. 4⟩ *endloser Riemen aus Leder, Gummi od. Kunststoff zum Übertragen einer Drehbewegung*

**Treibsand** ⟨m. 1; unz.⟩ *feinkörniger Sand, der vom Wind an- od. weggetrieben wird*

**Treibstoff** ⟨m. 1⟩ = *Kraftstoff*

**Trekking** ⟨n.; -s; unz.⟩ *Wanderung (einer Gruppe) im Hochgebirge* [zu engl. *trek* „(mit dem Ochsenwagen) ziehen, wandern"]

**Trekkingbike** ⟨[-baik] n. 15⟩ *Tourenfahrrad mit stabilem Rahmen und geländetauglichen Reifen* [< engl. *trek* „marschieren, wandern; anstrengender Weg od. Marsch" + *bike* „Fahrrad"]

**Tremolo** ⟨n.; -s, -s od. -moli; Mus.⟩ **1** *Bebung, schnelle Wiederholung desselben Tones, um Erregung darzustellen* **2** *fehlerhaftes Beben der Gesangstimme, im Unterschied zum natürlichen Vibrato* [ital., „ich bebe, zittere"; zu *tremolare*]

**Tremor** ⟨m.; -s, -es; Med.⟩ *Zittern, Wackeln infolge unwillkürlichen, abwechselnden Zusammenziehens u. Erschlaffens gegenseitig wirkender Muskeln* [lat., „das Zittern, Beben"]

**Trenchcoat** ⟨['trɛntʃkout] m. 6⟩ ◄ *Regenmantel aus Gabardine od. Popeline, oft mit warmem Futter* [engl., „Schützengrabenmantel"; zu *trench* „Grube, Rinne, Schützengraben" < frz. *trancher* „ein-, durchschneiden", lat. *truncare* „verstümmeln" + *coat* < afrz. < spätlat. *cotta* „Kotze, Kutte, Rock, Überzug"]

TREPPENSCHLIFF: SMARAGDSCHLIFF

**Trend** ⟨m. 6⟩ **1** *Richtung einer neuen, modischen (statistisch erfassten) Entwicklung* **2** ⟨Biol.⟩ *Entwicklungstendenz* ◆ der Trend der 90er Jahre [< engl. *trend* „Richtung, Neigung; sich neigen, richten, erstrecken"]

**Trendsetter** ⟨m. 3; umg.⟩ *Person od. Sache, die das Entstehen einer neuen Mode, eines neuen Trends anregt* ◆ er war der Trendsetter der Saison [< engl. *trend* „Richtung, Mode" + *set* „setzen, bestimmen"]

**trennbar** ⟨Adj.⟩ *so beschaffen, dass es getrennt werden kann* ◆ trennbarer Verbteil ⟨Gramm.⟩ *erster Bestandteil eines unfesten Partikelverbs* (z. B. „ab"-laufen), *der innerhalb eines Satzes abgetrennt vom zweiten Bestandteil stehen kann,* z. B. „die Frist läuft ab"; Ggs *Vorsilbe*

**trennen** ⟨V.; hat⟩ **I** ⟨V. t.⟩ **1** jmdn. od. etwas trennen *die Verbindung von zwei Personen od. Gegenständen unterbrechen, lösen, beide auseinander bringen* **2** *auftrennen (Naht)* **3** *auseinander halten, unterscheiden (Begriffe)* **4** ⟨Chem.; Phys.⟩ *in die einzelnen Bestandteile zerlegen (Gemisch, Gemenge, Legierung)* **5** ⟨Tech.⟩ *durch Erhitzen, Spannen, Schneiden zerlegen (Werkstoffe)* ◆ ein Bach trennt die beiden **Grundstücke; Silben** (richtig) trennen; **Streitende,** Kämpfende trennen; **Wörter** getrennt schreiben ◆ das Rundfunkgerät trennt **gut** bzw. schlecht *die einzelnen Sender sind gut, klar zu hören bzw. stören einander* ◆ wir machen, führen getrennte Kasse *jeder bezahlt für sich;* getrennt berechnen *einzeln;* getrennt leben *nicht im gleichen Haushalt, nicht in ehel. Gemeinschaft leben* (Ehepaar) **II** ⟨V. refl.⟩ sich trennen *Abschied nehmen, auseinander gehen* ◆ ich konnte mich **von** dem Anblick kaum trennen; er hat sich von seiner Frau getrennt *er lebt nicht mehr mit ihr zusammen, er hat sich von ihr scheiden lassen* [zu I: < mhd. *trennen* < ahd. *en-, zatrennan;* zu II: < mhd. *trinnen* „sich abspalten" < ahd. *trinnan*]

**Trennung** ⟨f. 20⟩ **1** *das Trennen, Lösung, Unterbrechung* **2** *Unterscheidung* **3** *Abschied* ◆ Trennung von Tisch und Bett *Ehescheidung od. Beendung des gemeinsamen Lebens*

**Trennungsstrich** ⟨m. 1⟩ *Strich zwischen zwei Silben eines Wortes am Ende einer Zeile* ◆ einen Trennungsstrich zwischen zwei Dingen ziehen ⟨fig.⟩ *zwei Dinge scharf unterscheiden, sie endgültig nicht (mehr) zusammenbringen*

**Trense** ⟨f. 19⟩ *Zaum mit Gebiss u. durch Ring daran befestigtem Zügel* [< ndrl. *trens(se)* „Seil, Fessel" < span. *trenza* „Flechte, Seil"; zu spätlat. **trinicare* „aus drei Strängen flechten"]

**Treppe** ⟨f. 19⟩ **1** *aus Stufen bestehender Aufgang* **2** ⟨umg.⟩ *Stockwerk, Geschoss* ◆ die Treppe hinauf-, hinuntergehen, -steigen; wir wohnen 3 Treppen (hoch) [< nddt., mdt., ndrl. *treppe, trappe* „Treppe", zu lautmalendem *trappen;* Grundbedeutung „Tritt, Stufe"]

**Treppengeländer** ⟨n. 13⟩ *Geländer am Rand der Treppe*

**Treppenschliff** ⟨m. 1⟩ ▲ *in langen, meist trapezförmigen Facetten gehaltener Schliff eines Edel- od. Schmucksteins*

**Tresen** ⟨m. 4; niederrhein.⟩ *Ladentisch, Schanktisch* [< lat. *thesaurus* „Schatzkammer"; → *Tresor*]

**Tresor** ⟨m. 1⟩ **1** = *Geldschrank* **2** ⟨in Banken⟩ *gepanzerter unterird. Raum mit Stahlschränken u. -fächern zum sicheren Aufbewahren von Geld und Wertpapieren, Stahlkammer* [< lat. *thesaurus* „Schatz, Schatzkammer" < grch. *thesauros* „Schatz"]

**Trespe** ⟨f. 19; Bot.⟩ *Angehörige einer Gattung der Süßgräser, bes. der gemäßigten nördl. Hemisphäre u. des gemäßigten Südamerikas: Bromus*

**Tresse** ⟨f. 19⟩ *Besatz, Borte an Kleidungsstücken, bes. Livreen u. (als Rangabzeichen) Uniformen, meist aus Gold- od. Silberfäden* ◆ die Tressen bekommen ⟨umg.⟩ *zum Offizier befördert werden;* jmdm. die Tressen herunterreißen ⟨fig.⟩ *jmdn. degradieren* [< frz. *tresse* „Schnur, Borte“, ital. *treccia* „Flechte“ < grch. *tricha* „dreifach“]

**Tretbalg** ⟨m. 1u⟩ *Blasebalg für Orgel u. Harmonium, der durch Treten bedient wird*

**treten** ⟨V. 263⟩ **I** ⟨V. i.; ist⟩ *einen od. mehrere Schritte gehen od. machen, den Fuß setzen (auf, aus, in)* ◆ bitte, treten Sie **näher!** *kommen sie herein, her!* ◆ **ans** Fenster treten; **auf** den Balkon treten; auf der Stelle treten *gehen, ohne sich vorwärts zu bewegen;* jmdm. auf die Zehen treten; **ins** Haus, ins Zimmer treten; mit jmdm. in Beziehungen treten *Beziehungen anknüpfen;* **nach** vorn treten; **über** die Schwelle treten; der Fluss ist über die Ufer getreten *hat die Ufer überschwemmt* ◆ hier ist eine solche Unordnung, dass man nicht weiß, **wohin** man treten soll **II** ⟨V. i.; hat⟩ *mit dem Fuß kräftig stoßen* ◆ **gegen** die Tür treten; **nach** jmdm. od. etwas treten **III** ⟨V. t.; hat⟩ *mit dem Fuß stoßen, drücken, den Fuß setzen auf* ◆ die **Bälge** treten (an der Orgel); den **Takt** treten *durch leichtes Fußklopfen auf den Boden den Takt angeben* ◆ jmdn. **auf** den Fuß treten (versehentlich od. um ein Zeichen zu geben) [< mhd. *treten* < ahd. *tretan,* mnddt. *tredden, tretten* „trampeln, niedertreten“, engl. *tread*]

**Tretmine** ⟨f. 19⟩ *Mine, die knapp unter der Erdoberfläche verlegt wird u. die auf (Fuß-)Druck explodiert*

**Tretroller** ⟨m. 3⟩ *Roller, der durch Treten eines Hebels auf dem Trittbrett angetrieben wird;* → a. *Kickboard*

**treu** ⟨Adj.; -er, am -(e)sten⟩ **1** *unveränderlich fest (in der Gesinnung), fest verbunden, beständig in Liebe u. Anhänglichkeit* **2** *gewissenhaft, redlich* **3** *treuherzig* ◆ jmdn. für treue **Dienste** belohnen; treue **Freundschaft;** jmdm. in treuer **Liebe** verbunden sein; treu seinem **Schwur,** Versprechen ◆ sich selbst treu **bleiben** *seine Gesinnung, sein Verhalten nicht ändern;* seinen Grundsätzen, seiner Überzeugung treu bleiben; treu seine Pflicht **erfüllen** ◆ treu und **brav; jmdm.** treu ergeben **sein** ◆ jmdm. eine Sache **zu** treuen Händen übergeben *zur gewissenhaften Verwaltung od. Verwahrung* [< spätmhd. *triuwe* < *getriuwe* „getreu“, mnddt. *truwe,* ndrl. *(ge)trouw,* engl. *true* „wahr, richtig, echt“]

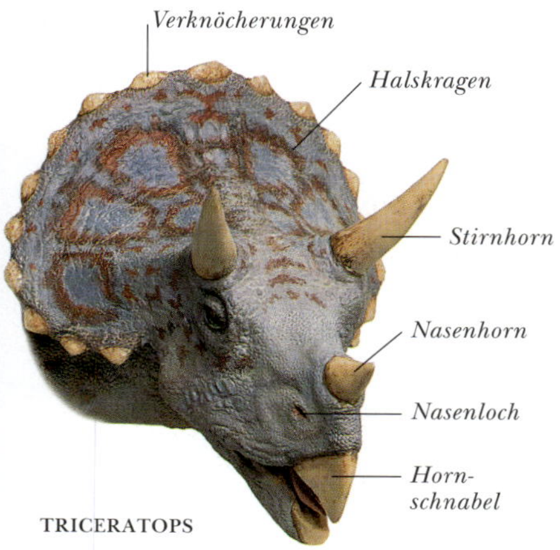


TRICERATOPS

**Treue** ⟨f. 19; unz.⟩ **1** *treue Gesinnung, treues Verhalten, unverändert feste Verbundenheit, beständige Anhänglichkeit, unwandelbare Zuneigung, Liebe, Freundschaft, Kameradschaft* **2** *Gewissenhaftigkeit* (Pflichttreue) ◆ die Treue **brechen;** jmdm. die Treue **halten** ◆ **eheliche** Treue ◆ jmdm. etwas **auf** Treu und Glauben überlassen *im Vertrauen auf sein redliches Verhalten* [< mhd. *triuwe* „Aufrichtigkeit, Treue; Versprechen, Gelübde“ < ahd. *triuwa* „Treue, Zuverlässigkeit“]

**Treueid** ⟨m. 1⟩ *Eid der Beamten, Soldaten,* ⟨früher⟩ *der Lehnsleute, die Treue zu halten u. ihre Pflicht zu erfüllen*

**Treuhänder** ⟨m. 3⟩ *jmd., der fremdes Eigentum in Treuhand verwaltet*

**treuherzig** ⟨Adj.⟩ *ohne Falsch, arglos, kindlich offen, voll kindl. Vertrauens* ◆ jmdn. treuherzig ansehen

**treulos** ⟨Adj.⟩ *nicht treu, ohne Treue* ◆ treuloser Freund, Geliebter; treulos handeln

**tri..., Tri...** ⟨in Zus.⟩ *drei..., Drei..., dreimalig, dreifach* [< grch. *treis, tria* „drei“ bzw. lat. *tres, tria* „drei“, *tri...* „drei...“]

**Trial and Error** ⟨[ˈtraɪəl ənd ˈɛrə(r)] n.; - - -; unz.; Päd.; Verhaltensforschung⟩ *Methode der Problemlösung u. des Lernens, bei der eine Aufgabe nicht durch strategische Vorüberlegung, sondern durch wiederholtes Ausprobieren verschiedener Verhaltensoptionen bis zum schließlichen Eintreffen des gewünschten Ergebnisses gelöst wird* [engl., eigtl. „Versuch und Irrtum“]

**Triangel** ⟨m. 5 od. umg. a.: f. 21; Mus.⟩ *Schlaginstrument aus einem zum Dreieck gebogenen Stahlstab, der mit einem Stahlstäbchen geschlagen wird;* ► *Schlaginstrumente* [< lat. *tri...* „drei...“ + *angulus* „Winkel, Ecke“]

**Trias** ⟨f.; -, -⟩, **Triasformation** ⟨f. 20; unz.⟩ **1** ⟨Geol.⟩ *geolog. Formation zwischen Perm u. Jura, älteste Formation des Erdmittelalters* **2** ⟨Sprachw.⟩ *Satz, der aus einem dreiteiligen Gefüge besteht,* z. B. „alles rennt, rettet, flüchtet“ (Schiller, „Die Glocke“) [< grch. *trias* „Dreizahl, Dreiheit“]

**Triathlon** ⟨m.; -s; unz.; Sp.⟩ *Mehrkampfdisziplin, die aus Schwimmen, Radfahren u. Laufen besteht* [< *Tri...* + grch. *athlon* „Kampf“]

**Tribalismus** ⟨m.; -; unz.⟩ *Stammesbewusstsein, Zugehörigkeitsgefühl zu einem Stamm* [< engl. *tribalism.;* zu *tribe* „Volksstamm“]

**Tribun** ⟨m. 23 od. 16⟩ **1** *von der Volksversammlung gewählter altröm. Beamter zum Schutz des Volkes gegen Willkür von Beamten* (Volkstribun) **2** *zweithöchster Offizier der röm. Legion* (Militärtribun) **3** *Volksführer* [zu lat. *tribunus* „Vorsteher eines Tribus“ (eines Bezirks), einer der drei röm. Urstämme]

**Tribunal** ⟨n. 11⟩ **1** ⟨im antiken Rom urspr.⟩ *erhöhter Platz für den Richterstuhl* **2** ⟨dann⟩ *Gerichtshof* [< lat. *tribunal* „Sitz des Tribuns; Gerichtshof“]

**Tribüne** ⟨f. 19⟩ **1** *erhöhter Platz für den Redner* (Rednertribüne, Sprechertribüne) **2** *Gerüst mit Sitzreihen für Zuschauer* (Zuschauertribüne) **3** ⟨fig.⟩ *die Zuschauer selbst* [< frz. *tribune,* ital. *tribuna* „Rednerbühne, Galerie“ < lat. *tribunal*]

**Tribut** ⟨m. 1⟩ **1** ⟨im antiken Rom⟩ *direkte Steuer* **2** ⟨dann⟩ *Steuer, Beitrag* **3** *Entschädigung an den Sieger* **4** ⟨fig.⟩ *Hochachtung, Ehrerbietung, Respekt* ◆ Tribut zahlen; jmds. Leistung, Kunst den schuldigen Tribut zollen [< spätmhd. *tribut* „öffentliche Abgabe“ < lat. *tributum;* zu *tribus* „Gau, Bezirk“ u. *tribuere* „zuteilen, einteilen“]

**Triceratops** ⟨m.; -, -⟩ ◄ *Angehöriger einer Gattung der Dinosaurier, die bis 8 m lang, 2,50 m hoch u. 10 t schwer waren;* ► *Dinosaurier* [< *Tri...* + grch. *keras* „Horn“ + *ops* „Gesicht, Auge“]

**Trichine** ⟨f. 19; Zool.⟩ *parasitärer Fadenwurm, den Schwein, Bär, Dachs, Ratte, Hund, Katze, Fuchs, Marder u. a. Tiere in eingekapseltem Zustand in ihrer Muskulatur beherbergen: Trichinella spiralis* [zu grch. *trichinos* „aus Haaren bestehend, haarartig“; zu *thrix,* Gen. *trichos* „Haar“, also eigtl. „Haarwurm“]

**Trichinenschauer** ⟨m. 3⟩ *Tierarzt od. amtlich bestellter Fachmann, der Fleisch auf Trichinen zu untersuchen hat*

**Trichter** ⟨m. 3⟩ **1** *kegelförmiges Gerät mit Abflussrohr an der Spitze zum Eingießen von Flüssigkeiten in enge Öffnungen* **2** *konischer Fortsatz des Zwischenhirns: Infundibulum* **3** *durch Geschoss entstehendes, trichterförmiges Loch* (Bombentrichter) **4** *das sich erweiternde Ende der Blechblasinstrumente, Schallbecher* [< mhd. *trahter, trehter, trihter* < ahd. *trahtar(e), træchter,* mnddt., mndrl. *trechter* < lat. *traiectorium* „Gerät zum Hinüberschütten“; zu *traicere* „aus einem Gefäß ausgießen“]

**Trichterling** ⟨m. 1⟩ *Angehöriger einer Gattung der Blätterpilze mit in der Mitte trichterförmig vertieftem Hut: Clitocybe*

**Trick** ⟨m. 6⟩ **1** *Kunstgriff, Kniff* **2** *List* **3** ⟨Whist⟩ *höherer Stich* ◆ einen Trick anwenden; bei dem Kunststück ist ein Trick dabei [< engl. *trick* „Streich“ < pikard. *trique* „Stock“; zu *estriquer* < ndrl. *striken* „aufeinander legen“]

**Trickfilm** ⟨m. 1⟩ *Film, bei dem durch fotografische od. technische Tricks verblüffende Wirkungen erzielt od. in Wirklichkeit nicht mögliche Szenen gezeigt werden können*

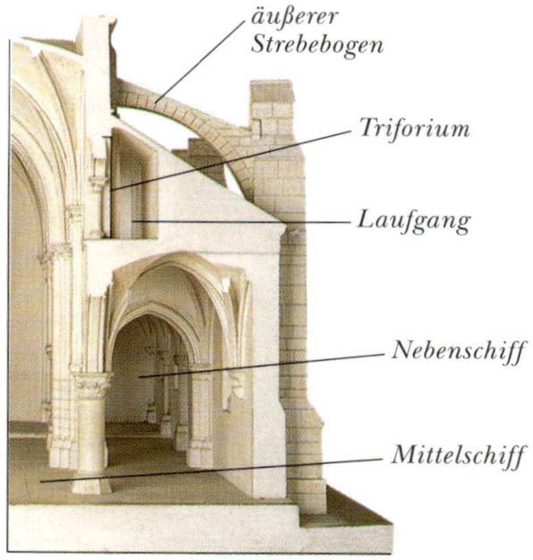


TRIFORIUM IN EINER GOTISCHEN KIRCHE IN FRANKREICH, SPÄTES 12. JH.

**Trieb** ⟨m. 1⟩ **1** *(innerer) Antrieb, Drang, (innere) treibende Kaft* (Naturtrieb, Nahrungstrieb) **2** *geschlechtl. Verlangen* (Geschlechtstrieb, Fortpflanzungstrieb) **3** *Kraftübertragung von einer Welle auf eine andere* (Kettentrieb, Riementrieb, Seiltrieb, Zahnradtrieb) **4** ⟨Feinmechanik⟩ *dem Ritzel entsprechendes kleines Zahnrad mit wenig Zähnen* **5** *neuer, sich entwickelnder Teil einer Pflanze* **6** ⟨veraltet⟩ *das Treiben der Herde* (Abtrieb, Auftrieb) **7** *Viehweg* **8** *Weiderecht* ◆ seinen (geschlechtlichen) Trieb befriedigen; seinen Trieben nachgeben [< mhd. *trip;* → *treiben, Trift*]

**Triebfeder** ⟨f. 21⟩ **1** *Feder des Uhrwerkes* **2** ⟨fig.⟩ *Antrieb, (innere) treibende Kraft*

**triebhaft** ⟨Adj.; -er, am -esten⟩ **1** *durch inneren Trieb, durch den Geschlechtstrieb bewirkt* (Handeln, Handlung) **2** *mehr den Trieben als dem Willen od. Verstand folgend* (Mensch)

T

## TRIERE

Trieren, die im antiken Rom Triremen hießen, waren seit dem 6. Jh. v. Chr. Kriegsschiffe des Stadtstaates Athen. Von 170 Ruderern bewegt, rammten und versenkten sie feindliche Schiffe mit einem Unterwassersporn. Bug und Heck waren miteinander durch ein festes Tau verspannt.

REKONSTRUKTION EINER ALTGRIECHISCHEN TRIERE

**Triebwerk** ⟨n. 11⟩ **1** ⟨Tech.⟩ *Antriebsvorrichtung* **2** ⟨Flugw.⟩ *Motor mit Luftschraube* **3** *Vorrichtung zum Erzeugen eines nach rückwärts gerichteten Luft- od. Gasstrahls*

**triefen** ⟨V. i. 264; hat; meist schwach konjugiert; poet.: stark⟩ *so nass sein, dass es tropft, tropfen* ◆ ihm trieft die Nase ⟨umg.⟩; er triefte von Schweiß; seine Haare trieften von Wasser; triefend nass [< mhd. *triefen* „ahd. *triofen*]

**Triere** ⟨[tri'e:rə] f. 19⟩ ▲ *Kriegsschiff im antiken Griechenland mit drei übereinander liegenden Ruderbänken;* Sy *Trireme* [zu grch. *trieres* „dreifach versehen"]

**Triforium** ⟨n.; -s; -rien; in roman. u. got. Kirchen⟩ ◄◄ *Laufgang, Galerie mit dreifachen Bogenstellungen unter den Fenstern des Mittel-, Oberschiffs od. Chores* [< lat. *tri...* „drei" + *foris* „Türflügel"]

**Trift** ⟨f. 20⟩ **1** ⟨urspr.⟩ **1.1** *das Treiben des Viehs auf die Weide* **1.2** *der Weg dazu* **1.3** *Recht zum Treiben des Viehs durch fremde Grundstücke* **2** ⟨dann⟩ *Weidewiese* **3** *Flößerei einzelner Stämme* [→ *treiben*]

**triftig** ⟨Adj.⟩ **1** *wohl begründet* (Einwand, Entschuldigung) **2** *zwingend, stichhaltig, nur schwer widerlegbar, überzeugend* (Beweis, Grund) [< spätmhd. *triftec, triftlich* „treffend"; → *treffen*]

**trigonal** ⟨Adj.⟩ *dreieckig*

**Trigonometrie** ⟨f. 19; unz.⟩ *Dreiecksberechnung, -messung* ◆ darstellende Trigonometrie *zeichner. Darstellung von Dreiecken;* ebene Trigonometrie *Berechnung, Messung u. Darstellung von Dreiecken in der Ebene;* sphärische Trigonometrie *Berechnung, Messung u. Darstellung von Dreiecken in einem Raum* [< *Trigon* + grch. *metron* „Maß"]

TRIKOLORE

**Trikolore** ⟨f. 19⟩ ► *die dreifarbige Fahne (blau-weiß-rot) der französischen Republik*

**Trikot** ⟨[-ko:] n. 15⟩ **1** *Gewebe, das die Eigenschaften von Wirkwaren hat* **2** *dehnbare Wirkware zur Herstellung von Trikotagen* **3** *fest anliegendes, dehnbares Kleidungsstück* (Badetrikot) [< frz. *tricot* „gestickter Stoff"; nach dem nordfrz. Ort *Tricot*]

**Trikotagen** ⟨[-ʒən] Pl.⟩ *Unter- u. Oberbekleidung aus Strick- u. Wirkwaren* [< frz. *tricotage* „gestrickte Arbeit"; → *Trikot*]

**Triller** ⟨m. 3⟩ **1** ⟨Mus.; Abk.: tr; Zeichen: tr∼⟩ *rascher mehrmaliger Wechsel eines Tones mit dem nächsthöheren halben od. ganzen Ton* **2** *dem Triller ähnl. Vogelruf* [< ital. *trillo* „Triller", urspr. „Vibrato"; lautmalend]

**trillern** ⟨V. i.; hat; umg.⟩ **1** ⟨Mus.⟩ *mit Tremolo singen* **2** *singen* (von Vögeln) **3** *auf der Trillerpfeife pfeifen*

**Trillerpfeife** ⟨f. 19⟩ *Pfeife, bei der durch Blasen eine kleine Kugel in Bewegung versetzt wird, so dass ein dem Triller ähnl. Ton zustande kommt*

**Trilliarde** ⟨f. 19⟩ *1000 Trillionen* [zu lat., grch. *tri...* „drei..."; analog zu *Milliarde* gebildet]

**Trillion** ⟨f. 20⟩ *eine Million Billionen,* $10^{18}$ [zu lat. od. grch. *tri...* „drei..."; analog zu *Million* gebildet]

TRILOBIT

**Trilobit** ⟨m. 16; Zool.⟩ ► *Angehöriger einer ausgestorbenen Gruppe der Gliederfüßer, dessen Chitinpanzer in der Längsrichtung in drei Regionen gegliedert u. in der Querrichtung durch zwei Längsfurchen dreigeteilt ist: Trilobita* [< grch. *tri...* „drei..." + *lobos* „Lappen, Schotenhülse"]

**Trilogie** ⟨f. 19⟩ *Literaturwerk aus drei selbständigen, gleichartigen, stofflich zusammengehörigen Teilen* (Dramentrilogie, Romantrilogie) [< grch. *trilogia* < *tri...* „drei..." + *logos* „Wort, Rede"]

**trimer** ⟨Adj.; Bot.⟩ dreiteilig [< grch. *tri...* „drei..." + *meros* „Teil"]

**Trimester** ⟨n. 13⟩ *dritter Teil eines Studienjahres* [zu lat. *trimestris, trimenstris* „dreimonatig" < *tri...* „drei..." + *mensis* „Monat"]

**trimmen** ⟨V. t.; hat⟩ **1** einen Hund trimmen *einem Hund das Fell scheren* **2** Kohlen trimmen ⟨Mar.⟩ *Kohlen aus den Bunkern zu den Kesseln bringen* **3** das Ruder trimmen ⟨Flugw.⟩ *das Ruder so einstellen, dass eine günstige Fluglage entsteht* **4** einen Schwingkreis trimmen *einen Schwingkreis genau auf die gewünschte Frequenz einstellen* **5** sich trimmen ⟨fig.⟩ *sich durch Sporttreiben körperlich leistungsfähig machen* **6** jmdn. od. ein Tier auf etwas trimmen *ihm etwas Bestimmtes beibringen, ihn od. es gezielt zu etwas erziehen* [< engl. *trim* „putzen" < ags. *trymman* „fest, stark machen, in Ordnung bringen"; zu *trum* „fest, sicher"]

**Trinität** ⟨f. 20; unz.; Rel.⟩ = *Dreieinigkeit* [< lat. *trinitas* „Dreiheit"]

**trinken** ⟨V. 265; hat⟩ **I** ⟨V. t. u. V. i.⟩ **1** *mittels Trinkgefäßes Flüssigkeit zu sich nehmen* **2** ⟨fig.⟩ *(gierig) einsaugen* ◆ **Kaffee,** Tee trinken *Kaffee, Tee zu sich nehmen,* ⟨od.⟩ *die Frühstücks-, Nachmittagsmahlzeit einnehmen;* die Erde trinkt den **Regen** ⟨fig.⟩; **Milch,** Wasser, Wein trinken ◆ jmdm. zu trinken **geben** ◆ **auf** jmds. Wohl, Gesundheit trinken *jmdm. W. od. G. wünschen u. dabei zur Bekräftigung etwas Alkohol trinken;* **aus** dem Glas, aus der Flasche trinken; **in** durstigen, langen, vollen Zügen trinken **II** ⟨V. i.⟩ *regelmäßig u. zu viel Alkohol trinken, ein Trinker sein* ◆ er hat angefangen zu trinken [< mhd. *trinken* < ahd. *trinkan;* Grundbedeutung vermutl. „einen Zug tun"]

**Trinker** ⟨m. 3⟩ *jmd., der regelmäßig u. zu viel Alkohol trinkt, jmd., der an Trunksucht leidet*

**Trinkgeld** ⟨n. 12⟩ *kleines Geldgeschenk für erwiesene Dienste (bes. im Restaurant)* ◆ jmdm. ein Trinkgeld geben; kleines, ordentliches, reichliches Trinkgeld; etwas für ein Trinkgeld tun ⟨fig.⟩ *gegen sehr od. zu geringen Lohn*

**Trinkspruch** ⟨m. 1u⟩ *bei festl. Anlass ausgesprochene Huldigung für jmdn., nach der ein Schluck Alkohol getrunken wird* ◆ einen Trinkspruch (auf jmdn.) ausbringen

**Trinkwasser** ⟨n. 13; unz.⟩ *für menschlichen Genuss ausreichend reines Wasser*

**Trio** ⟨n. 15⟩ **1** ⟨Mus.⟩ **1.1** *Musikstück für drei verschiedene Instrumente* **1.2** *die ausführenden Musiker* **1.3** *ruhiges Mittelstück eines musikal. Satzes* **2** ⟨umg.⟩ *drei zusammengehörige Personen* ◆ ein fideles Trio ⟨umg.⟩ [ital.; zu *tre* „drei"]

**Triole** ⟨f. 19; Mus.⟩ *Gruppe von drei Noten im Taktwert von zwei (od. vier) Noten*

**Trip** ⟨m. 6⟩ **1** ⟨umg.⟩ *(kurzfristiger) Ausflug, kleine Reise* **2** ⟨Drogenszene⟩ **2.1** *Rauschzustand mit Halluzinationen* **2.2** *gebrauchsfertige Dosis Rauschgift* **3** ⟨umg. a. bes. in Zus.⟩ *dauerhafte Betätigung, Beschäftigung* (Ökotrip, Biotrip, Videotrip) ◆ er ist zur Zeit auf dem Ökotrip *er beschäftigt sich zur Zeit mit Ökologie* [engl.]

**tripel..., Tripel...** ⟨in Zus.⟩ *drei..., Drei..., dreifach* [< frz. *triple...* < lat. *triplex* „dreifach"]

**trippeln** ⟨V. i.; ist⟩ *mit kleinen Schritten laufen* (bes. von kleinen Kindern) [frühnhd. Bildung zu *trappeln;* lautmalend]

**Tripper** ⟨m. 3; Med.⟩ *durch die Neisseria gonorrhoeae hervorgerufene Geschlechtskrankheit, die sich in Entzündung der Schleimhäute der Geschlechtsorgane äußert;* Sy *Gonorrhö*

**Triptychon** ⟨[-çɔn] n.; -s, -tychen; Mal.⟩ *drei beweglich miteinander verbundene Tafelgemälde, meist als Altarbild* [< grch. *triptychos* „dreischichtig, dreifach" < *tri...* „drei..." + *ptyche, ptyx* „Falte, Schicht, Lage, Zusammengelegtes"]

**Trireme** ⟨f. 19⟩ ► = *Triere*

**Trishaw** ⟨[-ʃɔ:] n. 15; in Ostasien⟩ ► *dreirädiges Fahrrad mit Beiwagen zur Beförderung von bis zu zwei Personen* [< *Tri...* + jap. jinriki*scha* „durch Menschen bewegter Wagen" (mit anglisierter Endung)]

**trist** ⟨Adj.; -er, am -esten⟩ **1** *traurig* **2** *öde* **3** *grau in grau* ◆ eine triste Gegend; tristes Wetter [ < frz. *triste* „traurig" < lat. *tristis*]

**Tristesse** ⟨[-tɛs] f.; -; unz.; geh.⟩ *Traurigkeit, Schwermut* [frz.]

**Triton** ⟨m.; -en, -en; grch. Myth.⟩ *Meeresgott, halb Mensch, halb Fisch* [nach dem Sohn des Poseidon]

**Tritonshorn** ⟨n. 12u; Zool.⟩ *Mitglied einer Gattung der Kiemenschnecken: Charossia;* Sy *Trompetenschnecke;* ► *Schneckengehäuse* [→ *Triton*]

**Tritt** ⟨m. 1⟩ **1** *das Auftreten mit dem Fuß, Schritt* **2** *Art des Auftretens* **3** *Fußspur* **4** *Stoß mit dem Fuß* (Fußtritt) **5** *Stufe, Trittbrett* **6** *kleine Plattform, Podium, erhöhter Platz im Raum* **7** ⟨kurz für⟩ *Trittleiter* ◆ jmdm. einen Tritt **geben,** versetzen; Tritt **halten** *denselben Takt beim Marschieren einhalten;* man **hörte** Tritte ◆ einen **festen,** kräftigen, schweren Tritt haben ◆ **auf** einen Tritt steigen; Tritte **im** Schnee [→ *treten*]

**Trittbrett** ⟨n. 12⟩ ▼ *Brett am Wagen als Stütze für den Fuß beim Ein- u. Aussteigen, am Roller zum Stehen*

**Trittbrettfahrer** ⟨m. 3; fig.⟩ *jmd., der von etwas profitiert bzw. zu profitieren versucht, ohne selbst etwas zu tun*

**Trittleiter** ⟨f. 21⟩ *kurze Stehleiter mit zwei od. drei Stufen;* Sy ⟨kurz⟩ *Tritt (7)*

TRITTBRETT AN EINEM AUTOMOBIL DER VIERZIGER JAHRE

**Triumph** ⟨m. 1⟩ **1** ⟨urspr.⟩ *festlicher Einzug röm. Feldherren nach erfolgreicher Schlacht* **2** ⟨allg.⟩ *Freude, Genugtuung über einen Sieg od. Erfolg* **3** *mit Jubel gefeierter Sieg* [ < lat. *triumphus,* wahrscheinl. etrusk.]

**triumphal** ⟨Adj.⟩ *Triumph bereitend, herrlich, großartig* ◆ ein triumphaler Erfolg

**Triumphbogen** ⟨m. 4 od. süddt., österr., schweiz.: m. 4u⟩ **1** ⟨im antiken Rom⟩ *steinernes Ehrentor für den Einzug des siegreichen Feldherrn* **2** ⟨in der Basilika⟩ *das Kirchenschiff vom Chor trennender Bogen, oft mit der Darstellung des Triumphes Christi*

**triumphieren** ⟨V. i.; hat⟩ *über einen Sieg od. Erfolg frohlocken, jubeln* ◆ „...! " rief er triumphierend

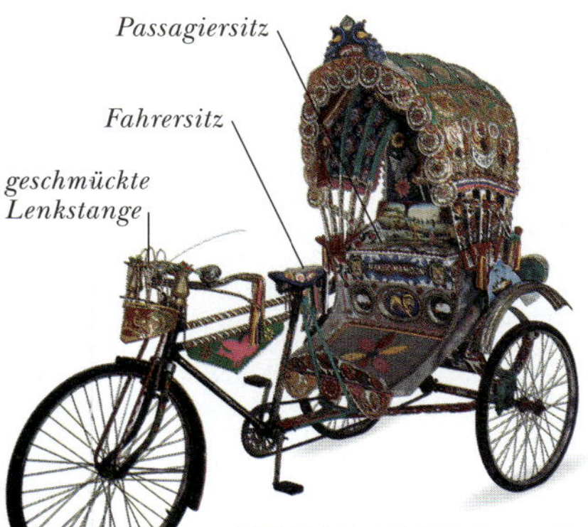


TRISHAW: TRADITIONELLES ASIATISCHES TRISHAW

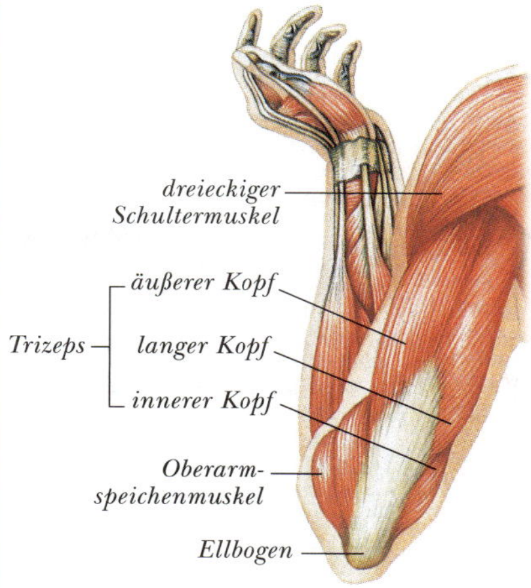


TRIZEPS: OBERARM DES MENSCHEN MIT DEM DREIKÖPFIGEN OBERARMMUSKEL

**trivial** ⟨[-vi-] Adj.⟩ **1** *gewöhnlich, ohne wertvollen Gehalt* **2** *platt, abgedroschen, bis zum Überdruss bekannt, seicht* [ < frz. *trivial* < lat. *trivialis* „gewöhnlich, allbekannt, jedem zugänglich, gassen..."; zu *trivium* „Ort, an dem drei Wege zusammenstoßen, Kreuzung" < fig. „öffentlicher, viel begangener Weg" < *tri...* „drei..." + *via* „Weg"]

**Trivium** ⟨[-vi-] n.; -s; unz.⟩ *Grammatik, Dialektik u. Rhetorik umfassender, unterer Lehrgang der mittelalterl. Universitäten, die ersten drei der sieben freien Künste;* → a. *Quadrivium* [lat., „Ort, an dem drei Wege zusammenstoßen" < *tri...* „drei..." + *via* „Weg"]

**Trizeps** ⟨m. 1; Anat.⟩ **1** ⟨i. w. S.⟩ *dreiköpfiger Muskel: Triceps* **2** ⟨i. e. S.⟩ ▲ *dreiköpfiger Streckmuskel des Oberarms: Triceps brachii* **3** *Drillingsmuskel der Wade: Triceps surae* [ < lat. *triceps* „dreiköpfig" < *tri...* „drei..." + *caput* „Kopf"]

**Trochäus** ⟨[-xɛ-] m.; -, -chäen; Metrik⟩ *Versfuß aus einer langen, betonten u. einer kurzen, unbetonten Silbe;* Sy *Choreus* [zu grch. *trochaios* „laufend, schnell"]

**trocken** ⟨Adj.⟩ **1** *ohne Feuchtigkeit, dürr* (Erde, Zweig) **2** ⟨fig.⟩ *langweilig, ohne Schwung* (Vortrag) **3** *witzig-nüchtern* (Bemerkung, Antwort) **4** *herb, nicht gezuckert* (Sekt) **5** *schlank, von edler Rasse* (Pferd) **6** ⟨umg.⟩ *nicht mehr rauschgiftsüchtig,* ⟨bes.⟩ *nicht mehr alkoholsüchtig* ◆ trockenen **Auges** *zusehen ohne Rührung, ohne Mitleid;* trockene **Destillation** → *Destillation;* trockene **Luft,** trockener Sommer; trockene **Schuhe,** Strümpfe anziehen ◆ das Brot trocken **essen** *ohne Aufstrich;* sich trocken **rasieren** *mit dem elektr. Rasierapparat, ohne Seife;* „..." **sagte** er trocken ⟨fig.⟩; **sein:** die Wäsche ist schon, noch nicht trocken ◆ **auf** dem Trockenen sitzen ⟨fig.; umg.⟩ *nicht weiterkönnen, in einer unangenehmen Lage sein (bes. finanziell)* [ < mhd. *trucken* < ahd. *truckan, truchan*]

**Trockendock** ⟨n. 15⟩ *Dock, in dem Schiffe zur Reparatur im Trocknen liegen*

**Trockeneis** ⟨n.; -es; unz.⟩ *feste Masse aus gefrorenem Kohlendioxid;* Sy *Presseis*

**Trockenfliege** ⟨f. 19; Angeln⟩ ► *einem Insekt gleichender künstlicher Köder, der auf dem Wasser treibt*

**trockenlegen** ⟨V. t.; hat⟩ **1** ein Kind trockenlegen *die nassen Windeln entfernen, es säubern u. neu wickeln* **2** einen Sumpf od. ein Land trockenlegen *durch Kanalisation entwässern* **3** jmdn. trockenlegen ⟨fig.; umg.; scherzh.⟩ *unter Alkoholverbot stellen*

**Trockenmilch** ⟨f. 20; unz.⟩ *durch Wasserentzug haltbar gemachte Voll- od. Magermilch;* Sy *Milchpulver*

**Trockenobst** ⟨n.; -es; unz.⟩ = *Backobst*

**Trockenrasierer** ⟨m. 3⟩ *elektr. Rasierapparat*

**Trockenzeit** ⟨f. 20⟩ *regelmäßig auftretende, länger andauernde Periode, in der es nicht regnet, bes. am Rande der Tropen u. in den Subtropen;* Ggs *Regenzeit*

**trocknen I** ⟨V. i.; ist⟩ *trocken werden* ◆ Farben, Kleider trocknen lassen; Wäsche zum Trocknen in die Sonne legen; trocknende Öle *fette Ö., die durch Aufnahme von Luftsauerstoff oxidieren u. dann auf der Unterlage einen fest haftenden Film bilden, z. B. Leinöl* **II** ⟨V. t.; hat⟩ *trocken machen* ◆ Obst, Gemüse, Pflanzen trocknen; Wäsche trocknen; getrocknetes Obst, Gemüse; getrocknete Pflanzen

**Troddel** ⟨f. 21⟩ **1** *Quaste* **2** ⟨Weberei⟩ *Anfang od. Ende der Kettfäden* [ < mhd. *trodel* „Holzfaser im Werg"; zu mhd. *trade* „Saum(fransen)" < ahd. *trado* „Saum"]

**Trödel** ⟨m. 5; unz.; umg.⟩ **1** *billiger Kram* **2** *wertloser, alter Kram* **3** *Altwaren, bes. Kleider, Möbel, Hausgerät* ◆ der ganze Trödel ⟨umg.⟩ *das ganze alte Zeug* [frühnhd. Bildung, Herkunft unklar]

**trödeln** ⟨V. i.; hat⟩ **1** ⟨urspr.⟩ *mit Trödel handeln* **2** ⟨fig.⟩ *langsam sein, langsam arbeiten, die Zeit verschwenden* ◆ die Zeit drängt, trödel nicht herum!

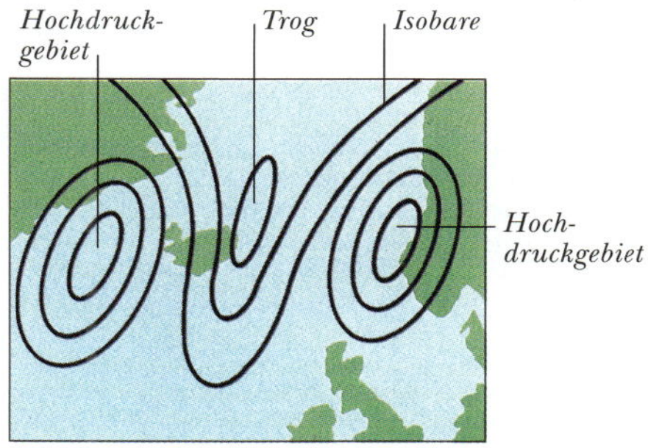


TROG AUF EINER WETTERKARTE

**Trog** ⟨m. 1u⟩ **1** *großes ovales od. rechteckiges Gefäß aus Holz od. Stein* (Backtrog, Brunnentrog, Futtertrog, Waschtrog) **2** ⟨Meteor.⟩ ▲ *Gebilde, das eine breite Rinne tiefen Luftdrucks aufweist, nach dem trogförmigen Verlauf der Isobaren benannt* [ < mhd. *troc* < ahd. *trog* „hölzernes Gefäß"]

**Troika** ⟨[trɔi:-] od. [tro:i-] f. 10⟩ **1** ⟨urspr.⟩ *russ. Gespann aus drei Pferden* **2** ⟨allg.⟩ *mit drei Pferden bespannter Wagen;* Sy *Dreigespann* **3** ⟨fig.⟩ *Dreigestirn* [russ., „Dreier"; zu *troje* „drei"]

TROCKENFLIEGE: NACHAHMUNG EINER EINTAGSFLIEGE

T

**Trojaner** ⟨m. 3⟩ *Einwohner von Troja*

**trojanisch** ⟨Adj.⟩ *Troja betreffend, zu ihm gehörend, aus ihm stammend* ◆ Trojanischer Krieg ⟨in der grch. Sage⟩ *zehn Jahre währender Krieg der Griechen um Troja zur Befreiung der von Paris geraubten Helena;* Trojanisches Pferd *hölzernes Pferd, in dessen Bauch sich im Trojanischen Krieg mehrere grch. Krieger verbargen u. in dem sie sich unbemerkt in die Stadt bringen ließen*

**Troll** ⟨m. 1⟩ **1** ⟨nord. Myth.⟩ *dämon. Wesen, Unhold* **2** ⟨Jägerspr.⟩ *Trab* (vom Schalenwild) [< mhd. *trolle* „Tölpel, ungeschlachter Mensch, gespensterhaftes Ungetüm“ < anord. *troll* „Unhold“; → *treten, trollen*]

**Trollblume** ⟨f. 19; Bot.⟩ *im Gebirge vorkommendes Hahnenfußgewächs mit großer, gelber Blüte: Trollius europaeus* [→ *Troll*]

**trollen I** ⟨V. refl.; hat⟩ sich trollen *ein wenig beschämt od. unwillig weggehen* **II** ⟨V. i.; ist; Jägerspr.⟩ *traben* (vom Schalenwild) [< mhd. *trollen* „in kurzen Schritten laufen“]

**Trombe** ⟨f. 19⟩ *Wirbelwind, der um eine senkrechte Achse kreist u. dabei Staub, kleine Gegenstände od. Wasser mitführt;* Sy *Windhose* [< frz. *trombe* < ital. *tromba* od. frz. *trompe* „Trompete“; → *Trommel*]

**Trommel** ⟨f. 21⟩ **1** ⟨Mus.⟩ *Schlaginstrument mit zylindrischen, an beiden Seiten mit Kalbfell bespanntem Resonanzkörper;* → a. *Schlagzeug;* ► *Schlaginstrumente* **2** *walzenförmiger Teil einer Maschine od. eines Gerätes* (Revolvertrommel, Siebtrommel) **3** *walzenförmiger Behälter* (Brottrommel, Botanisiertrommel) [< spätmhd. *trum(b)el* < mhd. *trum(b)e* „Trommel, Trompete, Posaune“; zu *trum(m)e* „Schlaginstrument“ < ahd. *trumba* (lautmalend)]

TROPENHELM

**Trommelfell** ⟨n. 11⟩ **1** ⟨Mus.⟩ *Kalbfell der Trommel* **2** ⟨Anat.⟩ *das Mittelohr der Wirbeltiere u. des Menschen nach außen abschließende Haut, an der die Gehörknöchelchen angreifen;* Sy *Tympanum (1)*

**trommeln** ⟨V.; hat⟩ **I** ⟨V. i.⟩ **1** ⟨Mus.⟩ *die Trommeln schlagen* **2** ⟨fig.⟩ *(mit den Fingern od. Fäusten) rasch auf eine Fläche klopfen* ◆ mit den Fingern auf den Tisch, die Armlehne trommeln ⟨fig.⟩; mit den Fäusten gegen die Tür trommeln **II** ⟨V. t.; Mus.⟩ *durch Schlagen auf die Trommel ertönen lassen od. anzeigen* ◆ den Takt trommeln

**Trommelrevolver** ⟨[-vɔlvər] m. 3⟩ ► = *Revolver (1)*

**Trommelwirbel** ⟨m. 5; Mus.⟩ *Wirbel, schnelle Schläge mit den Trommelstöcken auf der Trommel*

**Trommler** ⟨m. 3; Mus.⟩ *jmd., der (in einem Orchester, in einer Kapelle) die Trommel schlägt;* → a. *Schlagzeuger*

**Trompete** ⟨f. 19; Mus.⟩ ► *Blechblasinstrument mit oval gebogenem Rohr;* ► *Blechblasinstrumente* ◆ die Trompete, auf der Trompete blasen; die Trompete schmettert [< mhd. *trum(b)et* < frz. *trompette,* ital. *trombetta* < ahd. *trumba;* → *Trommel*]

**trompeten** ⟨V. i.; hat⟩ **1** ⟨Mus.⟩ *auf der Trompete blasen* **2** ⟨fig.⟩ *Laut geben* (vom Elefanten) **3** ⟨fig.; umg.⟩ *laut und triumphierend oder fröhlich rufen* **4** ⟨fig.; umg.; scherzh.⟩ *sich laut die Nase schnäuzen*

**Trompetenbaum** ⟨m. 1u; Bot.⟩ *zur Familie der Schotengewächse gehörender Baum aus Nordamerika mit großen, herzförmigen Blättern: Catalpa;* ► *Bäume*

**Trompetenblume** ⟨f. 19; Bot.⟩ = *Bignonie*

**Trompetenschnecke** ⟨f. 19; Zool.⟩ = *Tritonshorn*

**...tron** ⟨in Zus.⟩ **1** *Elektron* **2** *Beschleuniger von Elektronen od. Elementarteilchen* **3** *Kathodenstrahlröhre* [< grch. *...tron* „Werkzeug“ (z. B. *arotron* „Pflug“)]

**...trop**[1] ⟨Adj.; in Zus.⟩ **1** *best. Eigenschaften aufweisend, in bestimmten Modifikationen vorkommend* **2** *sich wendend* [< grch. *trepein* „wenden“]

TRÜFFEL: SOMMERTRÜFFEL (*Tuber aestivum*)

**...trop**[2] ⟨m. 1 od. n. 11; in Zus.⟩ *Lebewesen od. Gegenstand, das (der) sich zu etwas hinwendet,* z. B. Heliotrop [→ *...trop*[1]]

**Tropen** ⟨nur Pl.⟩ *heiße Zone auf beiden Seiten des Äquators zwischen den Wendekreisen* [zu grch. *tropos* „Drehung, Wendung“, hier im Sinne von „Sonnenwende“]

**Tropenanzug** ⟨m. 1u⟩ *leichter, für heißes Klima geeigneter Anzug*

**Tropenhelm** ⟨m. 1⟩ ▼ *helmartiger Hut aus Kork zum Schutz gegen die besonders heiße Sonne der Tropen*

**Tropenmedizin** ⟨f. 20; unz.⟩ *Richtung der medizin. Wissenschaft zur Erforschung und Bekämpfung von Tropenkrankheiten*

**Tropf** ⟨m. 1u⟩ **1** *Kerl, Bursche,* ⟨bes.⟩ *einfältiger Kerl* **2** ⟨umg.⟩ *Gerät für die Dauertropfinfusion* ◆ armer Tropf *armer Kerl;* am Tropf hängen ⟨umg.⟩ *eine Dauertropfinfusion bekommen* [< spätmhd. *tropf(e),* mnddt. *troppe;* → *Tropfen*]

**tröpfeln** ⟨V. i.; hat⟩ *in einzelnen, wenigen Tropfen fallen* ◆ Wasser tröpfelt aus dem Hahn; es tröpfelt *es regnet in Tropfen*

**tropfen I** ⟨V. i.; hat⟩ *Flüssigkeit tropfenweise abgeben, durchlassen* (Gefäß, Sieb, Wasserhahn) ◆ ihm tropft die Nase **II** ⟨V. i.; ist⟩ *in Tropfen fallen* ◆ das Blut tropfte auf den Boden; das Wasser tropfte ihm vom Hut **III** ⟨V. t.; hat⟩ *in Tropfen gießen, träufeln* ◆ Medizin auf einen Löffel, auf ein Stück Zucker tropfen

**Tropfen** ⟨m. 4⟩ **1** *kleine Menge Flüssigkeit in charakterist. Form, etwa der eines Eies od. einer Kugel* (Regentropfen, Schweißtropfen, Wassertropfen) **2** ⟨fig.⟩ *kleine Menge oder kleiner Rest Flüssigkeit, Schluck* **3** Tropfen ⟨Pl.⟩ *Medizin, die in Tropfen genommen wird* (Hustentropfen, Magentropfen) ◆ es ist seit Wochen kein Tropfen **Regen** gefallen ◆ Tropfen **einnehmen,** verschreiben; **herabrinnen:** die Tropfen rannen an der Fensterscheibe herab ◆ **steter** Tropfen höhlt den Stein ⟨Sprichw.⟩ *wenn man eine Sache ständig wiederholt, wirkt sie schließlich* ◆ das ist nur ein Tropfen **auf** den heißen Stein ⟨fig.⟩ *so wenig, dass es kaum eine Wirkung hat;* der Schweiß stand ihm **in** dicken Tropfen auf der Stirn [< mhd. *tropfe, troffe* < ahd. *tropfo*]

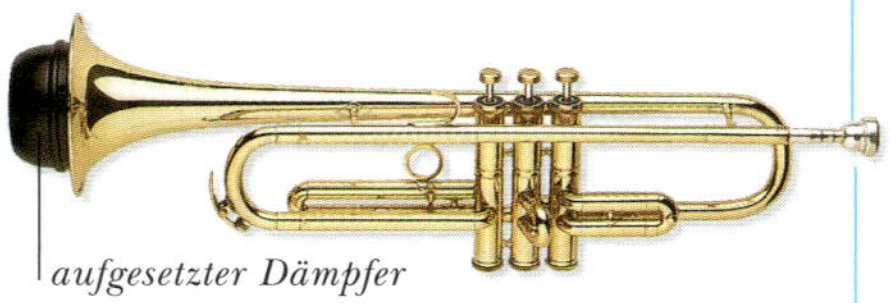


TROMPETE MIT DÄMPFER

**Tropfstein** ⟨m. 1⟩ *Kalkabsonderung aus tropfendem Wasser, Stalaktit bzw. Stalagmit*

**...troph** ⟨in Zus.⟩ **1** *sich ernährend von* **2** *ernährt, gewachsen* **3** *Nährstoffe enthaltend* [< grch. *trophe* „Nahrung“; zu *trephein* „ernähren, aufziehen“]

**Trophäe** ⟨f. 19⟩ **1** *Siegeszeichen* **2** *Teil der Jagdbeute, z. B. Geweih, Fell* (Jagdtrophäe) [zu grch. *tropaion* „Siegeszeichen“]

**Troposphäre** ⟨f. 19; unz.⟩ **1** *untere Luftschicht der Erdatmosphäre, in der sich das Wetter abspielt, bis zur Höhe von 9 bis 12 km* **2** *Meerestiefe von 200 bis 600 m* [< grch. *tropos* „Drehung, Wendung“ + *Sphäre*]

**Tross** ⟨m. 1⟩ **1** *die das Gepäck, Verpflegung u. Ausrüstung der Truppe mitführenden Fahrzeuge* **2** ⟨fig.⟩ *Gefolge, Gesamtheit der Anhänger* [< spätmhd., mnddt. *trosse* „Heeresgepäck“ < frz. *trousse* „Bündel“ < afrz. *torse, tourse* „aufgebundener Gegenstand, Bündel“; zu vulgärlat. **torca* „Bündel“; zu lat. *torquis* „Gedrehtes, Gekrümmtes“; → *Trosse*]

**Trosse** ⟨f. 19⟩ *starkes Tau aus Hanf od. Draht* [< mnddt. *trosse,* ndrl. *tros* „Tau“ < frz. *trousse* „Bündel“; zu *trousser* „aufkrempeln, packen“ < vulgärlat. **torsare* „drehen, winden“ < lat. *torquere* „drehen“]

**Trost** ⟨m. 1; unz.⟩ *etwas, das im Leid aufrichtet, das Leid vermindert, erleichtert, Aufmunterung, Aufheiterung, Erleichterung* ◆ ein Trost, dass er wenigstens Nachricht gegeben hat ◆ jmdm. Trost **bringen,** zusprechen; (bei jmdm., in etwas) Trost **finden** ◆ das ist nur ein **schwacher** Trost ◆ du bist wohl nicht (recht) **bei** Trost(e)! ⟨fig.; umg.⟩ *ein bisschen verrückt, nicht (recht) bei Verstand* [< mhd., ahd. *trost* „Zuversicht“]

**trösten** ⟨V. t.; hat⟩ ◆ jmdn. trösten *jmdm. Trost bringen, zusprechen, im Kummer gut zureden* ◆ das tröstet mich ⟨umg.⟩ *das beruhigt mich;* jmdn. in seinem Schmerz trösten; sich **mit** etwas trösten *sich Ersatz für Verlorenes durch etwas (anderes) schaffen* ◆ jmdm. tröstend zureden; getröstet sprang das Kind davon [< mhd. *trœsten* < ahd. *trosten* „getrost machen“; → *Trost*]

**tröstlich** ⟨Adj.⟩ *tröstend, Trost bringend* ◆ es ist tröstlich, zu wissen, dass ...

**trostlos** ⟨Adj.; -er, am -esten⟩ **1** *keinem Trost zugänglich, verzweifelt* (Person) **2** *ohne Aussicht auf Besserung* (Zustand) **3** ⟨fig.⟩ *öde, völlig reizlos* (Gegend) ◆ trostlose Verhältnisse; er ist über seinen Verlust ganz trostlos

**Trott** ⟨m.; -s; unz.⟩ **1** *langsamer, schwerfälliger Trab* (vom Pferd) **2** *langsamer, schwerfälliger Gang* **3** ⟨fig.⟩ *altgewohnte, immer gleiche, etwas lässige Arbeits-, Lebensweise* [< engl. *trot,* frz. *trot,* ital. *trotto* „Trab“; → *trotten*]

**trotten** ⟨V. i.; ist⟩ **1** *langsam, schwerfällig traben* (vom Pferd) **2** *langsam, lustlos, unaufmerksam gehen* [< mhd. *trotten* „laufen“ < ahd. *trotton* „treten“; dazu engl. *trot* „traben“, frz. *trotter* „laufen“; → *Trottoir*]

**Trottoir** ⟨[-twa:r] n. 11 od. n. 15⟩ = *Gehsteig* [frz.; zu *trotter* „traben, trippeln“]

**trotz** ⟨Präp., urspr. m. Dat., heute meist m. Gen.⟩ *ungeachtet* ◆ trotz allem; trotz des Regens machten wir eine Wanderung; trotz aller Vorsicht stürzte er *obwohl er vorsichtig war* [→ *Trotz*]

**Trotz** ⟨m.; -es; unz.⟩ *Widersetzlichkeit, Unfügsamkeit, Dickköpfigkeit, Eigensinn* ◆ jmdm. od. einer Gefahr Trotz bieten *Widerstand entgegensetzen;* aus Trotz (heraus) handeln; etwas aus Trotz (nicht) tun [< mhd. *tratz, trutz,* mnddt. *trot* „Widersetzlichkeit“; zu mhd. *tratzen, tretzen* „trotzen“, *tratz* „trotzig“]

**trotzdem** ⟨Konj.⟩ **1** *dennoch* **2** *obgleich* ◆ trotzdem darf man nicht glauben, dass ...; es regnete zwar heftig, trotzdem gingen wir spazieren; sie hatte es dem Jungen verboten, aber er tat es trotzdem

**trotzen** ⟨V. i.; hat⟩ **1** jmdm. od. einer Sache trotzen *Trotz bieten, Widerstand entgegensetzen* **2** *widersetzlich, dickköpfig sein* (von Kindern) ◆ einer Gefahr trotzen [→ *Trotz*]

**trotzig** ⟨Adj.⟩ **1** *kämpferisch, kriegerisch* **2** *aufbegehrend, zornig, eigensinnig* **3** *voller Trotz, widerspenstig, widersetzlich, dickköpfig* (Kind) ◆ etwas trotzig sagen

**trüb** ⟨Adj.⟩ = *trübe*

**trübe** ⟨Adj.; -r, am trübsten⟩ oV *trüb* **1** *undurchsichtig, unklar, milchig* (Flüssigkeit, Glas) **2** *mit bedenklich, ungünstig* (Zeiten) **3** *glanzlos, matt* (Augen, Metall) **4** *wolkenbedecktem Himmel, regnerisch, dunstig* (Tag, Wetter) **5** *bedrückt, niedergeschlagen, lust- u. schwunglos, unfroh* (Person) ◆ der Spiegel hat trübe **Stellen** ◆ **aussehen:** die Zukunft sieht trübe aus ◆ **im** Trüben fischen ⟨fig.; umg.⟩ *aus einer unklaren Lage Vorteil ziehen;* trübe in die Zukunft schauen [< mhd. *trüebe* < ahd. *truobi* „düster"]

**Trubel** ⟨m. 5; unz.⟩ *lebhaftes, lärmendes Durcheinander, geschäftiges od. lustiges Treiben vieler Personen* [< frz. *trouble,* Rückbildung zu *troubler* „verwirren" < mlat. **turbulare,* lat. *turbare* „verwirren"; zu *turba* „Verwirrung"; → *turbulent*]

**trüben** ⟨V.; hat⟩ **I** ⟨V. t.⟩ **1** *trübe, unklar, glanzlos machen* (Flüssigkeit, Glas, Metall) **2** ⟨fig.⟩ *beeinträchtigen, vermindern, dämpfen* (Freude, Fröhlichkeit) ◆ kein Missklang trübte den frohen Abend, das Wiedersehen ⟨fig.⟩; die Stimmung war etwas getrübt ⟨fig.⟩; durch nichts getrübte Eintracht, Freundschaft ⟨fig.⟩ **II** ⟨V. refl.⟩ sich trüben **1** *sich verdunkeln, unklar werden (Flüssigkeit,* ⟨fig.⟩ *Gemüt, Verstand)* **2** ⟨fig.⟩ *unfreundlich werden* (Beziehungen)

**Trübsal** ⟨f. 7; unz.⟩ *Trauer, seel. Schmerz, Bedrückung, Elend* ◆ Trübsal blasen ⟨fig.; umg.⟩ *trüben Gedanken nachhängen, lustlos, missgestimmt sein* [→ *trübe*]

**trübselig** ⟨Adj.⟩ **1** *bedrückt, niedergeschlagen, hoffnungslos* (Person) **2** *trostlos, öde, langweilig* (Gegend) **3** *anhaltend schlecht, regnerisch* (Wetter) **4** ⟨fig.; umg.⟩ *armselig, kümmerlich* (Rest, kleine Menge)

**Trübsinn** ⟨m. 1; unz.⟩ *Schwermut, tiefe, anhaltende Niedergeschlagenheit* ◆ in Trübsinn verfallen

**Truck** ⟨[trʌk] m. 6⟩ *großer Lastkraftwagen* [engl.-amerik.]

**trudeln** ⟨V. i.; ist⟩ *sich um eine außerhalb der eigenen Längsachse liegende Achse steil nach unten drehen* (von Flugzeugen) [< nddt. *tründeln* „rollen, kugeln"]

## TSUNAMI

Ein Tsunami ist eine Riesenwelle, die durch ein Erdbeben oder eine unterseeische Vulkaneruption ausgelöst wird. Auf hoher See erreicht diese Welle nur einen halben Meter, in Küstennähe türmt sie sich jedoch bis zu 60 m auf und bewirkt beim Aufprall auf die Küste katastrophale Verwüstungen.

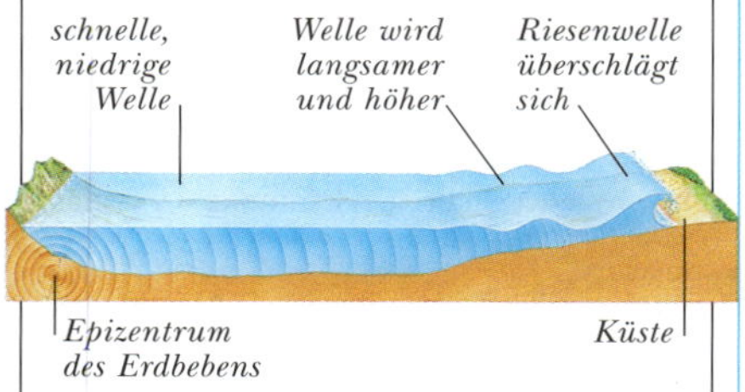


ENTSTEHUNG EINES TSUNAMI

**Trüffel** ⟨f. 21 od. (umg.) m. 3⟩ **1** ◄ *Angehörige einer Familie unterirdisch lebender, rundl., knolliger od. kartoffelähnl. Pilze (als Zusatz für Fleischspeisen, Pasteten, feine Leberwurst u. Soßen verwendet): Tuberaceae* **2** *Praline, die mit einer festen, aber geschmeidigen Masse gefüllt ist* [< ndrl. *truffel,* frz. *truffle,* engl. *truffle* < lat. *tubera,* Pl. von *tuber* „Knollen, Beule, Geschwulst"; → *Kartoffel, Tuberkel*]

**Trug** ⟨m.; -(e)s; unz.⟩ **1** *Betrug, Täuschung* **2** *Sinnestäuschung* ◆ es ist alles Lug und Trug [spätmhd. Rückbildung zu *trügen*]

**trügen** ⟨V. t. u. V. i. 266; hat⟩ *betrügen, täuschen, irreführen* ◆ wenn mich meine Erinnerung nicht trügt, war es so und so; der Schein trügt [< mhd. *triegen* < ahd. *triogan*]

**trügerisch** ⟨Adj.⟩ *trügend, täuschend, irreführend, falsch* ◆ sich trügerischen Hoffnungen hingeben; das Eis ist trügerisch *bricht ein, trägt nicht, obwohl es fest scheint;* das Gedächtnis ist trügerisch

**Trugschluss** ⟨m. 1u⟩ **1** *unrichtiger Schluss, der von einer vieldeutigen, meist negativen Prämisse ausgeht* **2** ⟨allg.⟩ *falsche Schlussfolgerung, die auf einem Denkfehler beruht*

**Truhe** ⟨f. 19⟩ *Kastenmöbel mit Klappdeckel* (Wäschetruhe) [< mhd. *truhe* < ahd. *truha* „hölzernes Gerät"]

**Trümmer** ⟨Pl.; Sg. nur noch oberdt.⟩ *Bruchstücke, Teile, Stücke, Reste (eines zerschlagenen Gegenstandes)* ◆ etwas in Trümmer schlagen; unter den Trümmern des einstürzenden Hauses begraben werden

**Trümmerfrau** ⟨f. 18; nach dem 2. Weltkrieg⟩ *Frau, die maßgebl. bei der Beseitigung der Trümmerfelder mitarbeitete*

**Trumpf** ⟨m. 1u⟩ **1** ⟨Kart.⟩ *Farbe, die die anderen sticht* **2** ⟨fig.⟩ *Vorteil* ◆ einen Trumpf ausspielen ⟨fig.⟩ *einen Vorteil geltend machen, etwas Entscheidendes zum Einsatz bringen;* Trumpf bekennen; was ist Trumpf? ⟨Kart.⟩; einen Trumpf in der Hand haben ⟨fig.⟩ [< frühnhd. *triumph* „siegende, stechende Farbe im Kartenspiel"; → *Triumph*]

TUBA

**trumpfen** ⟨V. t.; hat; Kart.⟩ *mit Trumpf stechen*

**Trunk** ⟨m. 1u⟩ **1** *das Trinken* **2** *Trank, Getränk* **3** *übermäßiges Trinken von Alkohol, Trunksucht* ◆ sich dem Trunk ergeben [< mhd. < ahd. *trunk;* → *trinken*]

**trunken** ⟨Adj.⟩ **1** *betrunken* **2** ⟨fig.⟩ *ganz erfüllt* ◆ trunken sein; trunken vor Begeisterung [→ *trinken*]

**Trunkenheit** ⟨f. 20; unz.⟩ *Betrunkenheit* ◆ wegen Trunkenheit am Steuer bestraft werden

**Trupp** ⟨m. 6⟩ **1** *zusammengehörige Gruppe, kleine Schar* **2** *kleinere militär. Einheit, die für Sonderaufgaben herangezogen wird* (Stoßtrupp) ◆ Trupp von Arbeitern, Reitern, Soldaten [→ *Truppe*]

**Truppe** ⟨f. 19⟩ **1** ⟨Mil.⟩ **1.1** *alle Soldaten der Streitkräfte (im Unterschied zu denen der Verwaltung u. der Kommandobehörden u. Stäbe)* **1.2** Truppen ⟨Pl.⟩ *größere Anzahl von militär. Einheiten, Heeresteil* **2** ⟨Theat.; Zirkus⟩ *Gruppe von Schauspielern (aller Rollenfächer) od. Artisten* (Wandertruppe) ◆ Truppen zusammenziehen; wieder bei der Truppe sein [< frz. *troupe* < afrz. *trope* < gallorom. *troppus* „Herde"]

**Trust** ⟨[trʌst] m. 6⟩ *Zusammenschluss mehrerer Unternehmungen od. Firmen zu einem Großunternehmen unter Verlust ihrer Selbständigkeit* [engl. < mengl. *trust, trost* < anord. *traust* „Vertrauen, Zuversicht"; → *Trost*]

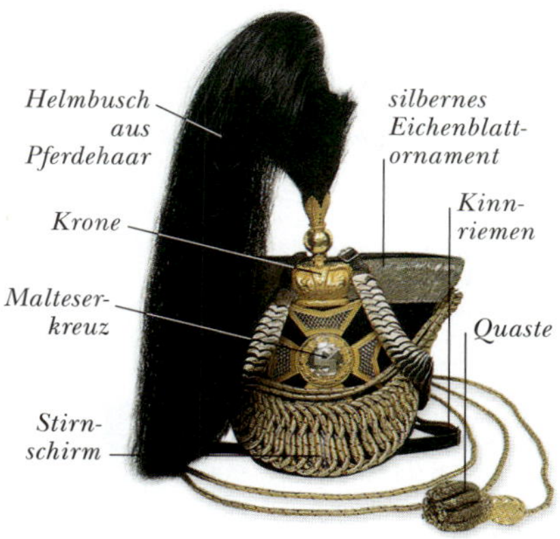


TSCHAKO DER ENGLISCHEN KAVALLERIE, 19. JH.

**Truthahn** ⟨m. 1u; Zool.⟩ *männliches Truthuhn* [zu mnddt. *droten* „drohen", ags. *drutian* „vor Zorn oder Stolz schwellen", anord. *þrutna* „anschwellen"; → *strotzen*]

**Truthenne** ⟨f. 19; Zool.⟩ *weibliches Truthuhn;* Sy ⟨nddt.⟩ *Kurre*

**Truthuhn** ⟨n. 12u; Zool.⟩ *Angehöriges einer Familie großer, kräftiger Hühnervögel: Meleagridae*

**Tsatsiki** ⟨m. 6 od. n. 15; grch. Kochk.⟩ *(meist als Vorspeise gereichte) Speise aus Joghurt, geriebener Gurke u. Knoblauch;* oV *Zaziki*

**Tschako** ⟨m. 6⟩ ▲ *militär. Kopfbedeckung des 19. Jh. in Form eines stumpfen Kegels mit schmalem Schild in Frankreich, England, Österreich u. Deutschland (nach 1918 deutsche Schutzpolizei)* [< ung. *csákr* „Husarenhelm"]

**Tschapka** ⟨f. 10⟩ *Kopfbedeckung der Ulanen mit viereckigem Oberteil* [< poln. *czapka* „Mütze, Kappe"]

**Tschardasch** ⟨m. 1; eindeutschende Schreibung von⟩ = *Csárdás*

**Tscheche** ⟨m. 17⟩ *Angehöriger eines westslaw. Volkes in Böhmen*

**tschechisch** ⟨Adj.⟩ *Böhmen betreffend, dazu gehörend, daraus stammend* ◆ tschechische Sprache *zu den westslaw. Sprachen gehörende, in Böhmen gesprochene Sprache*

**Tsd.** ⟨Abk. für⟩ *Tausend*

**T-Shirt** ⟨['ti:ʃɔ:(r)t] n. 15⟩ *kurzärmeliges, meist kragenloses Baumwollhemd* [verkürzt < engl. *tricot* „Trikot" + *shirt* „Oberhemd"]

**Tsunami** ⟨m.; -, -s⟩ ◄ *von einem Seebeben erzeugte Flutwelle im Pazifik, die sich mit hoher Geschwindigkeit auf die Küste zubewegt, sich im Flachwasser hoch auftürmt u. große Zerstörungen anrichtet* [< jap. *tsu* „Hafen" + *nami* „lange Welle"]

**TU** ⟨Abk. für⟩ *Technische Universität*

**Tuareg** **I** ⟨Pl.; Sg.: Targi⟩ *die Angehörigen eines berber. Volkes in der westl. Sahara* **II** ⟨n.; -; unz.⟩ *zu den hamit. Sprachen gehörende Sprache der Tuareg*

**Tub** ⟨[tʌb] n. 15; nach Zahlenangaben Pl.: -⟩ *engl. Gewichtseinheit für Tee (27,216 kg) u. Butter (38,102 kg)* [engl., „Faß, Bütte"]

**Tuba** ⟨f.; -, Tuben⟩ **1** ⟨Anat.⟩ **1.1** *gewundener Gang im Inneren des Ohrs* **1.2** = *Eileiter* **2** ⟨Mus.⟩ ▲ *tiefstes Blechblasinstrument mit weitem, oval gewundenem Rohr, nach oben gerichtetem Trichter u. seitlichem Mundstück;* ► *Blechblasinstrumente* [lat., „Röhre"]

T

**Tube** ⟨f. 19⟩ *röhrenförmiger, biegsamer, an einem Ende flach auslaufender Behälter aus Aluminium, Zinn od. Kunststoff mit Schraubverschluss für teigige Stoffe, z. B. Farbe, Zahnpasta, Salbe* ◆ auf die Tube drücken ⟨fig.; umg.⟩ *Gas geben, eine Sache in Schwung bringen* [< engl., frz. *tube* < lat. *tubus* „Röhre"]

**Tuberkel** ⟨m. 5; österr. a.: f. 21⟩, **Tuberkelbakterium** ⟨n.; -s, -rien⟩ *Erreger der Tuberkulose: Mycobacterium tuberculosis* [< lat. *tuberculum* „Knötchen, kleiner Höcker", Verkleinerungsform von *tuber* „Höcker, Beule"]

TUKAN: WEISSBRUSTTUKAN *(Ramphastos tucanus)*

**Tuberkulose** ⟨f. 19; Med.; Abk.: Tb, Tbc⟩ *mit Knötchenbildung verbundene, von Tuberkelbakterien hervorgerufene Krankheit, Schwindsucht* [→ *Tuberkel*]

**Tubifex** ⟨m.; -, -fices; Zool.⟩ ► = *Brunnenwurm* [< lat. *tubus* „Röhre" + *facere* „machen"]

**Tubus** ⟨m.; -, Tuben od. -se⟩ **1** ⟨i. w. S.⟩ *Röhre* **2** ⟨i. e. S.⟩ *die innen geschwärzte Röhre optischer Instrumente* **3** *Zwischenrohr, Zwischenring* [lat., „Röhre"]

**Tuch I** ⟨n. 11⟩ *Streichgarngewebe in Leinwand-, Köper- od. Atlasbindung* **II** ⟨n. 12u⟩ *(gesäumtes) Stück Stoff* (Halstuch, Handtuch, Kopftuch, Taschentuch, Umschlagtuch, Wischtuch) ◆ sich ein Tuch um den Hals, den Kopf binden [< mhd. *tuoch* < ahd. *tuoh*, ndrl. *dock;* Ursprung ungewiss]

**tüchtig** ⟨Adj.⟩ **1** *geschickt, erfahren u. fleißig, tauglich, gut, fähig, viel könnend (im Beruf)* **2** ⟨umg.⟩ *gehörig, ordentlich, kräftig* ◆ ein tüchtiger Arbeiter ◆ tüchtig arbeiten, lernen ⟨umg.⟩; er, sie ist sehr tüchtig [< mhd. *tühtec* „brauchbar, wacker"; zu *tuht* „Tauglichkeit"; → *taugen, Tugend*]

**Tücke** ⟨f. 19⟩ **1** *Heimtücke, Hinterlist, Arglist* **2** *Treulosigkeit, böswilliger Vertrauensbruch* **3** *Verschlagenheit, Bosheit, Bösartigkeit* ◆ die Tücke des Objekts *der scheinbare Widerstand eines leblosen Dinges* [< mhd. *tücke, tucke,* Fem. od. Pl. von *tuc(k)* „schnelle Bewegung, Benehmen, Kunstgriff, Arglist"]

**tückisch** ⟨Adj.⟩ *voller Tücke, hinterlistig, arglistig*

**Tudorrose** ⟨[tju:də(r)-] f. 19; Arch.⟩ ► *im Tudorstil verwendetes Blumenornament*

TUDORROSE

**Tudorstil** ⟨[tju:də(r)-] m. 1; unz.⟩ *aus Elementen der Spätgotik, der deutschen u. italienischen Renaissance gemischter Baustil in England von 1530 bis zum Anfang des 17. Jh.* [nach dem Königsgeschlecht *Tudor,* 1485-1603]

**Tuff** ⟨m. 1⟩, **Tuffstein** ⟨m. 1⟩ ▼ *Sediment aus vulkan. Auswürfen;* Sy *Duckstein* [< ahd. *tuf-, tubstein,* südital. *tufo* < lat. *tophus, tofus,* vermutlich < osk.]

**tüfteln** ⟨V. i.; hat⟩ **1** *grübeln, etwas Schwieriges herauszubringen suchen* **2** *im Kleinen sorgfältig u. genau arbeiten* ◆ er tüftelt gerne [Herkunft ungeklärt, wahrscheinlich vom Rotw. beeinflusst; zu *diftelen* „geschickt stehlen"]

**Tüftler** ⟨m. 3⟩ *jmd., der viel, gern tüftelt*

TUFF

**Tugend** ⟨f. 20⟩ **1** ⟨i. e. S.⟩ *sittlich hervorragende Eigenschaft* **2** ⟨i. w. S.⟩ *sittlich einwandfreie, vorbildl. Haltung* **3** ⟨veraltet⟩ *Jungfräulichkeit* ◆ ein Ausbund an Tugend ⟨iron.⟩; ein Mann mit vielen Tugenden [< mhd. *tugend(e)* < ahd. *tugund* „Tüchtigkeit, Kraft, Brauchbarkeit"; → *taugen, tüchtig*]

**tugendhaft** ⟨Adj.; -er, am -esten⟩ *voller Tugend(en)*

**Tukan** ⟨m. 1; Zool.⟩ ◄ *zu den Spechten gehörender, häher- bis rabengroßer Vogel in Mittel- u. Südamerika, der sich hauptsächlich von saftigen Früchten ernährt: Rhamphastidae;* Sy *Pfefferfresser;* ► *Vögel* [< Tupispr.]

**Tüll** ⟨m. 1⟩ *feines, netzartiges Gewebe (für Gardinen, Kleider u. Ä.)* [nach der frz. Stadt *Tulle*]

**Tulipan** ⟨m. 1; Bot.; veraltet⟩ = *Tulpe (1.1)*

**Tülle** ⟨f. 19⟩ *Schnauze, Ausguss (an Kannen u. Krügen)* [< mhd. *tülle* < ahd. *tulli* „Röhre der Pfeil- od. Speerspitze"]

**Tulpe** ⟨f. 19⟩ **1** ⟨Bot.⟩ **1.1** ⟨i. w. S.⟩ *Liliengewächs der gemäßigten Zone der Alten Welt mit aufrechten, endständigen Einzelblüten: Tulipa;* Sy ⟨veraltet⟩ *Tulipan* **1.2** ⟨i. e. S.⟩ Gartentulpe: *Tulipa gesneriana* **2** ⟨fig.⟩ *Bierglas mit Stiel* (Biertulpe) [< frühnhd. *tulipan* < *tulipant, tulipane, tulipe(n)* < frz. *tulipe,* ital. *tulipano* < türk. *tülbant, dülbent* „Turban"; → *Turban*]

**Tulpenbaum** ⟨m. 1u⟩ ► *zu den Magnoliengewächsen gehörender Parkbaum mit tulpenähnl. Blüten: Liriodendron tulipifera*

TULPENBAUM *(Liriodendron tulipifera)*

**...tum** ⟨Nachsilbe; zur Bez. von⟩ **1** *Würde, Amt* (Kaisertum) **2** *Stand* (Rittertum) **3** *Wesen* (Heldentum) **4** *Gesamtheit* (Judentum) [< nhd. < ahd. *tuom* „Urteil"]

**tummeln** ⟨V. refl.⟩ sich tummeln (bes. von Kindern) *umherlaufen u. spielen, sich lebhaft bewegen* [Nebenform von *taumeln*]

**Tumba** ⟨f.; -, Tumben⟩ *sarkophagartiges, verziertes Grabdenkmal, meist mit der liegenden, halb plastisch od. als Relief gestalteten Figur des Toten auf der Oberseite* [< lat. *tumba,* grch. *tymbos* „Grabhügel"]

**Tummelplatz** ⟨m. 1u⟩ *Ort, an dem sich Menschen zusammenfinden u. aufhalten,* z. B. Kinderspielplatz, Spielwiese ◆ am Wochenende ist das Rheinufer ein Tummelplatz für Inlineskater

**Tummler** ⟨m. 3; nddt.⟩ *Trinkgefäß ohne Fuß u. Henkel, das sich wie ein Stehauf immer wieder von selbst aufrichtet* [→ *taumeln*]

**Tümmler** ⟨m. 3; Zool.⟩ **1** Kleiner Tümmler *bis zu 2 m langer Zahnwal in den Küstengewässern von Nordatlantik u. Nordpazifik, steigt oft bis in die Flussmündungen: Phocaena phocaena;* Sy *Braunfisch, Meerschwein* **2** Großer Tümmler *zu den Delphinen gehörender, 4 m langer Zahnwal: Tursiops truncatus* **3** *Rasse der Haustauben* [< ndrl. *tuimelaar,* engl. *dumbler,* dän. *tumler* „Taumler"]

**Tumor** ⟨m. 23; Med.⟩ *Geschwulst* [lat., „Geschwulst, Anschwellung"]

**Tumormarker** ⟨m. 3⟩ *Substanz, die sich an Krebszellen heftet, um sie besser erkennbar zu machen* [< *Tumor* + *Marker*]

**Tümpel** ⟨m. 5⟩ *kleiner, sumpfiger, meist von Wasserpflanzen bedeckter Teich* [< mhd. *tümpfel* „tiefe Stelle im Wasser, Lache" < ahd. *tumphilo* „Strudel", engl. *dump* „tiefes, mit Wasser gefülltes Loch"]

**Tumuli** ⟨Pl. von⟩ *Tumulus*

**Tumult** ⟨m. 1⟩ *Aufruhr, lärmendes Durcheinander erregter Menschen, Getümmel* ◆ in dem allgemeinen Tumult hatten wir uns schließlich verloren [< lat. *tumultus* „Lärm, Aufruhr"]

**Tumulus** ⟨m.; -, -muli⟩ *vorgeschichtl. Hügelgrab* [lat., „Erdhügel, Grabhügel"]

**tun** ⟨V. 267; hat⟩ **I** ⟨V. t.⟩ *machen, ausführen, bewirken, unternehmen, verrichten* ◆ tu, was du nicht lassen kannst!; tu, was du willst!; ich habe getan, was ich konnte; ein Fußschemel tut's auch *ein Fußschemel ist auch dafür brauchbar;* seine **Arbeit,** Pflicht tun; er kann niemandem etwas **Böses** tun; **Gutes** tun; **Wunder** tun *Wunder bewirken* ◆ es gibt noch viel zu tun; *ich habe noch zu arbeiten;* hast du noch etwas für mich zu tun?; ich habe auf dem Finanzamt immer mit Herrn X zu tun *ich spreche, verhandle immer mit Herrn X;* damit habe ich nichts zu tun *das geht mich nichts an; daran bin ich nicht beteiligt;* nichts zu tun haben *keine Arbeit od. Beschäftigung haben;* wir wollen sehen, was sich tun **lässt** ◆ **freundlich** tun *sich freundlich stellen;* du tätest **gut,** klug daran, sofort zu ihm zu gehen *es wäre gut, klug, wenn du sofort zu ihm gingest* ◆ Salz **an** die Suppe tun; etwas **auf** etwas anderes tun *setzen, stellen, legen;* kann ich noch etwas **für** Sie tun?; etwas **in** ein Paket, in den Schrank tun ◆ der Hund tut dir **nichts** *der Hund beißt nicht;* das würde ich **nie** tun!; **so** tun, als ob ... *sich so benehmen, als ob ...* ◆ **was** tun?; was tut's? *was schadet es?;* was tust du gerade? ◆ damit ist es noch nicht getan *das genügt nicht* **II** ⟨V. refl.; umg.⟩ ◆ sich tun ⟨in Wendungen wie⟩ du tust dich leichter, wenn du es anders machst ⟨umg.⟩ *es geht leichter, fällt dir leichter;* es tut sich was ⟨umg.⟩ *irgendetwas geschieht, ist im Gange* [< mhd., ahd. *tuon,* engl. *do*]

**Tun** ⟨n.; -s; unz.⟩ **1** *das Handeln, Wirken, Machen* **2** *Tat, Taten* ◆ sein Tun und Lassen *seine Lebensweise*

**Tünche** ⟨f. 19⟩ **1** *dünnflüssige Kalkbrühe od. Leimfarbe als Wandanstrich* **2** ⟨fig.⟩ *äußerer Schein, der das wahre Wesen, die wahren Gedanken verbirgt* [< mhd. *tuniche* < ahd. *tunicha* „Gewand" < lat. *tunica;* → *Tunika*]

**tünchen** ⟨V. t.; hat⟩ *mit Tünche bestreichen*

**Tundra** ⟨f.; -, -dren⟩ ► *jenseits der polaren Baumgrenze liegende Steppe;* Sy *Kältesteppe* [< russ. *tundra* < finn. *tuntur(i)*]

**Tuner** ⟨[tju:-] m. 3⟩ **1** *Teil von Rundfunk- u. Fernsehempfängern zum Einstellen der Wellenlänge (Frequenz)* **2** *Teil einer Stereoanlage, die den Rundfunkempfänger enthält* [engl., „Abstimmgerät"]

**Tunfisch** ⟨m. 1⟩ = *Thunfisch*

**Tunika** ⟨f.; -, -niken; im antiken Rom⟩ *langes Gewand aus weißer Wolle für Männer u. Frauen, das im Hause ungegürtet, auf der Straße gegürtet getragen wird* [< lat. *tunica*]

**tunken** ⟨V. t.; hat⟩ *eintauchen* ◆ Brot in Kaffee tunken; etwas ins Wasser tunken [< mhd. *tunken, dunken* < ahd. *tunkon, thunkon* „eintauschen"]

**Tunnel** ⟨m. 5 od. m. 6⟩ *unterird. Bauwerk zur Führung von Straßen, Bahnen od. Kanälen* [< engl. *tunnel* „unterird. Gang, Stollen", afrz. *tonnel* (frz. *tonnelle*) „Tonnengewölbe, Fass" < *tonneau* „Fass, Tonne"; → *Tonne*]

T

**Tüpfel** ⟨m. 5 od. n. 13⟩ **1** *kleiner Tupfen* **2** *Aussparung in der Wandverdichtung pflanzl. Zellen*

**Tüpfelfarn** ⟨m. 1; unz.; Bot.⟩ *Angehöriger einer Gattung der Tüpfelfarngewächse (Polypodiaceae): Polypodium*

**Tüpfelhyäne** ⟨f. 19; Zool.⟩ *große, aggressive, gefleckte Hyäne in Süd- u. Ostafrika: Crocuta crocuta*

**tüpfeln** ⟨V. t.; hat⟩ **1** *mit Tupfen, Tüpfeln versehen* **2** *getüpfeltes Fell* **3** *getüpfelter Stoff*

**tupfen** ⟨V. t.; hat⟩ *mit Tupfen versehen* ◆ sich mit dem Taschentuch das Gesicht tupfen *mehrmals rasch u. leicht berühren;* ein Heilmittel auf eine Wunde tupfen *durch mehrmaliges rasches Berühren auf eine Wunde bringen* [< ahd. *tupfan* „eintauchen"]

**Tupfen** ⟨m. 4⟩ *Punkt, runder Fleck* (Farbtupfen) [< mhd. *topfe* < ahd. *topho* „Punkt"; zu *tupfen*]

**Tupfer** ⟨m. 3⟩ *Wattebausch zum Abwischen von Blut-, Eitertropfen u. a.*

**Tür** ⟨f. 20⟩ *Vorrichtung zum Verschließen einer Öffnung, eines Ein- od. Durchgangs* (Gartentür, Haustür, Ofentür, Schranktür, Wagentür, Zimmertür); oV *Türe* ◆ die Tür **anlehnen,** öffnen, schließen, zuwerfen; jmdm. die Tür **aufhalten,** öffnen ◆ überall **offene** Türen finden ⟨fig.⟩ *überall willkommen sein* ◆ Tür **an** Tür mit jmdm. wohnen *neben jmdm. wohnen;* an die Tür gehen (um zu öffnen); an die Tür klopfen; **von** Tür zu Tür gehen *von Haus zu Haus, Wohnung zu Wohnung;* jmdn. **vor** die Tür setzen *jmdn. hinauswerfen* [< mhd. *tür* < ahd. *turi* → *Tor*]

**Türangel** ⟨f. 21⟩ *drehbare Vorrichtung, mit der die Tür am Türpfosten befestigt ist*

**Türanschlag** ⟨m. 1u⟩ *im Boden eingelassener Zapfen, der die Tür am Anschlagen an der Wand beim Öffnen hindert*

**Turban** ⟨m. 1⟩ **1** ⟨urspr.⟩ *Kopfbedeckung der Mohammedaner (nicht mehr in der Türkei) aus einem kappenartigen Mittelteil u. (od.) aus einem breiten, langen, um den Kopf geschlungenen Stoffstreifen* **2** ⟨danach⟩ ▲ *um den Kopf geschlungener Schal als modische Kopfbedeckung für Frauen* [< rumän. *turban* < türk. *tülbend, dülbend* < pers. *dulband;* zu *dil* „Herz" (wegen der roten Farbe des kappenartigen Teils) + *bästän* „binden"]

TURBAN: ZEREMONIELLER WESTAFRIKANISCHER TURBAN

**Turbine** ⟨f. 19⟩ *Kraftmaschine mit einem in drehender Bewegung befindlichen, mit gekrümmten Schaufeln besetzten Laufrad, angetrieben durch Dampf, Verbrennungsgas, Wasser oder Wind* (Dampfturbine, Gasturbine, Wasserturbine, Windturbine) [< lat. *turbo,* Gen. *turbinis* „Wirbel (-wind), Windung, Kreisel"]

**turbo..., Turbo...** ⟨in Zus.⟩ *durch Turbinen angetrieben* [< lat. *turbo;* → *Turbine*]

**Turbolader** ⟨m. 3; Tech.⟩ ▲ *Einrichtung zur Vorverdichtung des Benzin-Luft-Gemisches vor dem Eintritt in den Verbrennungsraum unter Verwendung des Drucks der Abgase*

## TURBOLADER

Der Turbolader ist ein Zusatzaggregat, das die Leistungsdichte des Motors bei gleichzeitig verbesserter Kraftstoffausnutzung steigert. Ein Luftverdichter, der seine Energie von einer Abgasturbine bezieht, komprimiert die angesaugte Luft, bevor diese mit Treibstoff vermengt wird und in den Brennraum gelangt. Da das Luft-Treibstoff-Gemisch höher verdichtet ist als bei herkömmlichen Saugmotoren, erhöht sich der Wirkungsgrad der Explosion.

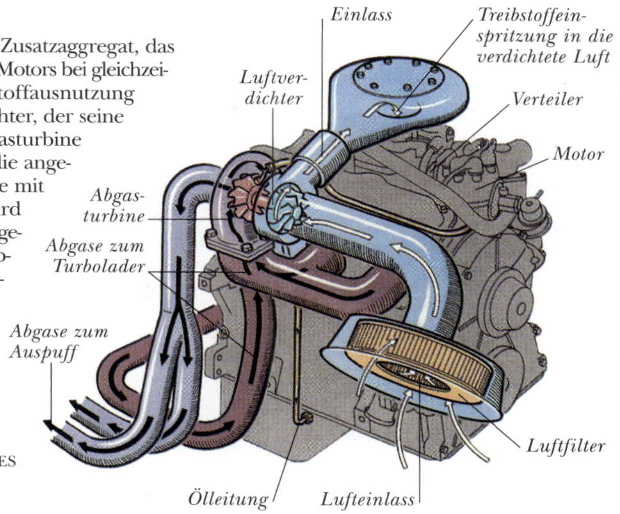


TURBOLADER EINES V6-MOTORS

**Turbomotor** ⟨m. 23⟩ *mit einem Turbolader ausgerüsteter Verbrennungsmotor*

**turbulent** ⟨Adj.; -er, am -esten⟩ **1** *wirbelnd* **2** *durcheinanderwirbelnd, stürmisch, sehr unruhig* ◆ turbulentes Treiben [< lat. *turbulentus* „unruhig, aufgeregt, stürmisch"]

**Turbulenz** ⟨f. 20⟩ **1** *Wirbelbildung in Strömungen von Gasen und Flüssigkeiten* **2** ⟨fig.⟩ *Unruhe, Durcheinander* [< mlat. *turbulentia* „Verwirrung"]

**Türe** ⟨f. 19⟩ = *Tür*

**Türflügel** ⟨m. 5⟩ **1** *Tür (bei bes. breiten Türen)* **2** ⟨bei zweiflügeliger Tür⟩ *eine Hälfte der Tür*

**Türfüllung** ⟨f. 20⟩ *in den Türflügel eingelassene Glasscheibe od. Platte aus dünnerem Holz*

**Türke** ⟨m. 17⟩ **1** ⟨i. e. S.⟩ *Bewohner der Türkei* **2** ⟨i. w. S.⟩ *Angehöriger einer großen, in Asien verbreiteten Völkergruppe*

TÜRKIS: PERSISCHES ORNAMENT AUF EINEM TÜRKIS

**Türkentaube** ⟨f. 19; Zool.⟩ *einheim. Taube, die sich erst um 1945, aus dem Südosten kommend, in Deutschland eingebürgert hat: Streptopelia decaocto*

**türkis** ⟨Adj.⟩ *von der Farbe des Türkises, hellgrünblau;* Sy *türkisfarben, türkisfarbig*

**Türkis I** ⟨m. 1⟩ ▲ *hellgrünblauer, undurchsichtiger Edelstein, chem. wasserhaltiges Kupfer-Aluminium-Phosphat;* ► *Schmucksteine* **II** ⟨n.; -; unz.⟩ *Farbton, der der Farbe des Türkises entspricht* [< mhd. *turkis, turkoys* < frz. *turquoise* „türkischer (Edelstein)"; zu *turquois* „türkisch"]

**türkisch** ⟨Adj.⟩ *die Türken betreffend, zu ihnen gehörend, von ihnen stammend* ◆ türkisches Bad = *irisch-römisches Bad;* Türkischer Honig *Süßigkeit aus Honig, Zucker, Stärke, Eierschnee, Gelatine, Mandeln u. Nüssen, die im Ofen gebacken wird;* türkische Sprache *zu den altaischen Sprachen gehörende, in der Türkei gesprochene Sprache, osmanische Sprache;* Türkischer Weizen = *Mais*

**Türkischrot** ⟨n.; -s; unz.⟩ *Rotfärbung mit Krapp od. Alizarin*

**Türkischrotöl** ⟨n. 11; unz.⟩ *bräunl. Öl, Gemisch verschiedener Reaktionsprodukte des Rizinusöls mit Schwefelsäure, für moderne Waschmittel, in der Färberei, für Appreturen usw. verwendet*

**türkisfarben, türkisfarbig** ⟨Adj.⟩ = *türkis*

**Turkmene** ⟨m. 17⟩ **1** *Angehöriger eines Turkvolkes in Mittelasien* **2** *ein Orientteppich*

## TUNDRA

Die Tundra ist eine kalte, baumlose Steppe nördlich des Nordpolarkreises, die durch eiszeitliche Gletscher geformt wurde und aus seichten Seen, Sümpfen sowie nacktem Fels besteht. Ihr Permafrostboden, dessen Pflanzendecke Moose, Flechten, Seggen, Binsen und teils auch niedrige Büsche bilden, ist ständig gefroren und taut im Sommer nur an der Oberfläche auf.

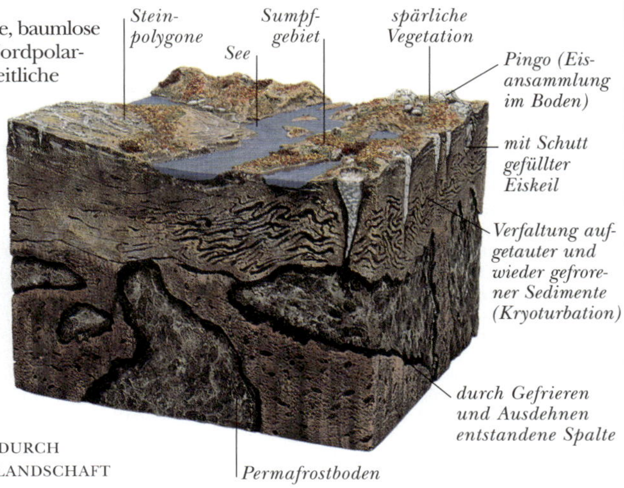


SCHNITT DURCH EINE TUNDRENLANDSCHAFT

T

**turkmenisch** ⟨Adj.⟩ *die Turkmenen betreffend, zu ihnen gehörend, von ihnen stammend* ◆ turkmenische Sprache *zu den altaischen Sprachen gehörende Sprache der Turkmenen*
**Turkologie** ⟨f. 19; unz.⟩ *Wissenschaft von den Turksprachen u. türk. Kulturen* [< mlat. *Turcus* „Türke" + grch. *logos* „Lehre"]
**Turksprache** ⟨f. 19; Sprachw.⟩ *jede der zur altaischen Sprachgruppe gehörenden Sprachen der Turkvölker (Turkmenisch, Kirgisisch, Tatarisch, Türkisch, Mongolisch u. a.)*
**Turkvolk** ⟨n. 12u⟩ *Volk in Südost- u. Osteuropa, Mittel-, Nord- u. Kleinasien, z. B. Baschkiren, Kasachen, Kirgisen, Turkmenen, Usbeken*
**Turm** ⟨m. 1u⟩ **1** ► *oberer, schmaler, emporragender Teil von Gebäuden, z. B. an Kirchen, Rathäusern, Festungen, Burgen* (Kirchturm) **2** *alleinstehendes, hohes, schmales Bauwerk* (Aussichtsturm) **3** ⟨Schwimmsp.⟩ *Gerüst für das Kunstspringen* **4** ► *Figur des Schachspiels in Form eines Turmes* ◆ in der Ferne kann man schon die Türme der Stadt sehen; vom Turm springen ⟨Schwimmsp.⟩ [< mhd., mnddt. *torn, turn* < spätahd. *torn* < lat. *turrem*, Akk. zu *turris* „Turm"]

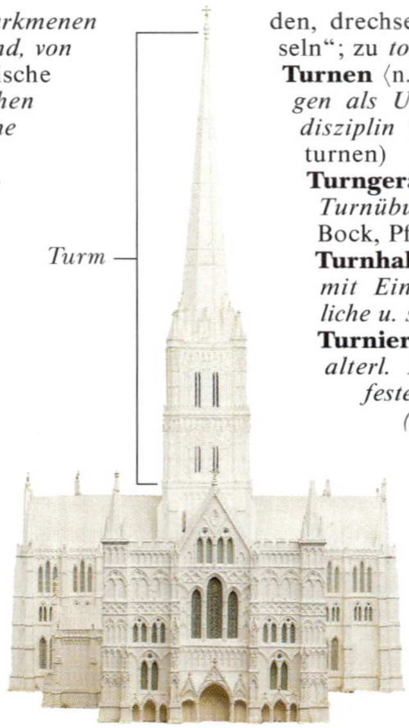

TURM DER KATHEDRALE VON SALISBURY, ENGLAND

TURMALIN

**Turmalin** ⟨m. 1; Min.⟩ ◄ *gesteinsbildendes Mineral, Edelstein, chemisch ein borhaltiges Silicat* [< frz., engl. *tourmaline* < singales. *turmale, turamali*]
**türmen**[1] ⟨V. t.; hat⟩ *häufen, schichten* ◆ Wolken türmen sich am Himmel *ballen sich zu großen Gebilden;* Bücher auf den Boden, den Tisch türmen; im Keller türmen sich die Kisten [→ *Turm*]
**türmen**[2] ⟨V. i.; ist⟩ *davonlaufen, ausreißen* [Gaunerspr. < hebr. *tharam* „entfernen"]
**Turmfalke** ⟨m. 17; Zool.⟩ ► *Greifvogel, der durch häufiges Rütteln (Flattern auf einer Stelle) zum Erspähen der Beute auffällt: Falco tinnunculus*
**turmhoch** ⟨Adj.⟩ *so hoch wie ein Turm, sehr hoch* ◆ jmdm. turmhoch überlegen sein ⟨fig.⟩ *sehr, weit überlegen*
**...türmig** ⟨Adj.; in Zus.⟩ *mit einer bestimmten od. unbestimmten Anzahl von Türmen versehen,* z. B. zweitürmig, vieltürmig
**Turmspringen** ⟨n.; -s; unz.; Sp.⟩ *sportl. Springen von einer 5 od. 10 m hohen Plattform ins Wasser*
**Turnanzug** ⟨m. 1u⟩ *Anzug zum Turnen, entweder aus einem Stück, ärmellos u. mit sehr kurzen Beinen, od. aus Turnhose u. Turnhemd*
**Turnaround** ⟨[tə:rnə'raund] m. 6⟩ **1** ⟨Wirtsch.⟩ **1.1** *Regenerierung eines Unternehmens, das der Existenzbedrohung ausgesetzt war u. nun wieder überlebensfähig ist* **1.2** *Ende einer wirtschaftlichen Verlustperiode* **2** ⟨allg.⟩ *Umlaufzeit, Umschaltzeit* [zu engl. *turn around* „umdrehen, wenden"]
**turnen** ⟨V. i.; hat; Sp.⟩ *Leibesübungen ausführen* ◆ am Barren, Reck usw. turnen [seit F.L. Jahn (1811; Bau des ersten Turnplatzes) < ahd. *turnen* „wenden" < lat. *tornare* „runden, drechseln" < grch. *torneuein* „drechseln"; zu *tornos* „Dreheisen"]
**Turnen** ⟨n.; -s; unz.; Sp.⟩ ► *Leibesübungen als Unterrichtsfach od. Sportdisziplin* (Bodenturnen, Geräteturnen)
**Turngerät** ⟨n. 11; Sp.⟩ *Gerät für Turnübungen,* z. B. Barren, Bock, Pferd, Reck, Ringe
**Turnhalle** ⟨f. 19; Sp.⟩ *Gebäude mit Einrichtungen für sportliche u. spielerische Übungen*
**Turnier** ⟨n. 11⟩ **1** ⟨MA⟩ *mittelalterl. Ritterkampfspiel nach festen Regeln mit stumpfen (selten auch scharfen) Waffen zum Erproben der Kampftüchtigkeit* **2** ⟨Sp.⟩ *neuzeitlicher Sportwettkampf mit großer Teilnehmerzahl* (Fahr- und Reitturnier, Schachturnier, Tanzturnier, Tennisturnier) [zu mhd. *turnieren* < afrz. *torn(e)ier* „Drehung machen, Rosse tummeln, am Kampfspiel teilnehmen"]
**Turnschuh** ⟨m. 1⟩ *absatzloser Schuh zum Turnen*
**Turnus** ⟨m.; -, -se⟩ **1** *festgelegte Wiederkehr, Reihenfolge* **2** *regelmäßiger Wechsel, regelmäßig sich wiederholender Ablauf einer Tätigkeit* [< mlat. *turnus* „Wechsel, Reihenfolge" < lat. *tornus* < grch. *tornos;* → *turnen*]

TURMFALKE
(*Falco tinnunculus*)

**Turnvater** ⟨m. 3u; unz.; Sp.⟩ *Beiname F.L. Jahns (1778-1852), der die Entwicklung des volkstüml. Turnunterrichts außerhalb der Schulen vorantrieb*
**Türöffner** ⟨m. 3⟩ *Vorrichtung zum selbsttätigen Öffnen der Haustür von der Wohnung aus*
**Türrahmen** ⟨m. 4⟩ *die Türfüllung umgebender Teil des Türflügels (bei sog. Füllungstüren, z. B. Glastüren)*
**Türschließer** ⟨m. 3⟩ **1** *Vorrichtung an der Tür zu deren selbsttätigem Schließen* **2** *Angestellter des Theaters, der die Türen zum Zuschauerraum öffnet u. schließt, Logenschließer*
**Türsturz** ⟨m. 1 od. 1u⟩ *obere Mauerbegrenzung der Türöffnung*
**turteln** ⟨V. i.; hat⟩ **1** *girren, Laut geben* (von Tauben) **2** ⟨fig.; umg.; scherzh.⟩ *sich verliebt benehmen, miteinander verliebt reden* [nach den *Turteltauben*]
**Turteltaube** ⟨f. 19; Zool.⟩ *einheimische, zierliche Taube: Streptopelis turtur* ◆ verliebt, zärtlich wie die Turteltauben ⟨umg.; scherzh.⟩ [< mhd. *türteltube* < ahd. *turtilatuba, turtulatuba,* engl. *turtledove* < lat. *turtur(ella);* lautmalend nach dem Ruf *turr-turr*]
**Tusch** ⟨m. 1⟩ *kurzer, rauschend nacheinander erklingender Dreiklangstoß der Musikkapelle, oft zur Begleitung eines „Hoch"* [Rückbildung zu *tuschen* „dröhnen, stoßen", nach frz. *touche* „Anschlag auf einem Instrument"]
**Tusche** ⟨f. 19⟩ *farbige, schwarze od. weiße Flüssigkeit mit Bindemitteln (z. B. Gummiarabikum) u. feinverteiltem Farbstoff* [Rückbildung zu *tuschieren*]
**tuschen** ⟨V. t.; hat⟩ *mit Tusche zeichnen, malen*

TURM

**Tuschmalerei** ⟨f. 18; unz.⟩ *in Ostasien heimische Malerei mit schwarzer Tusche auf Papier*
**Tussis** ⟨f.; -; unz.⟩ *Husten* [lat.]
**Tüte** ⟨f. 19⟩ **1** *trichterförmiger od. rechteckiger Papierbeutel, trichterförmiges Behältnis, z. B. Waffel* (Eistüte) **2** ⟨umg.; scherzh.⟩ *etwas begriffsstutziger Mensch* ◆ eine Tüte Eis; Tüten kleben *(früher als Arbeit Strafgefangener)* [< mnddt., mndrl. *tute* „Trichterförmiges"; Nebenform zu *Tute*]
**tuten** ⟨V. i.; hat⟩ **1** *in ein Signalhorn blasen* **2** *Signal geben, dunkel pfeifen* (von Lokomotiven) ◆ von Tuten u. Blasen keine Ahnung haben ⟨fig.; umg.⟩ *von der Sache nichts verstehen*
**Tutor** ⟨m. 23⟩ **1** ⟨röm. Recht⟩ *Vormund, Erzieher* **2** ⟨allg.⟩ *Lehrer, Ratgeber* (von Schülern, Studierenden) [lat., „Vormund"]
**TÜV** ⟨[tyf] m. 6; Abk. für⟩ *Technischer Überwachungsverein*
**Tweed** ⟨[twi:d] m. 6⟩ **1** ⟨urspr.⟩ *Gewebe aus handgesponnener schottischer Cheviotwolle* **2** ⟨heute⟩ *klein gemusterter, locker gewebter Stoff aus Streichgarn* [nach dem schottisch-nordengl. Fluss *Tweed*]
**Twist I** ⟨m. 1⟩ *mehrfädiger, weich gedrehter Zwirn* **II** ⟨m. 6⟩ **1** *Modetanz im $^4/_4$-Takt* **2** ⟨Sp.; Tennis⟩ *mit Seiten- u. Vorwärtsdrall geschlagener (Aufschlag-)Ball* [engl., „Doppelfaden; drehen, flechten, winden"]
**Tympanum** ⟨n.; -s, -pana⟩ **1** ⟨Anat.⟩ = *Trommelfell* **2** ⟨Mus.⟩ = *Pauke* [< lat. *tympanum,* grch. *tympanon* „Trommelfell, Pauke"]
**Typ** ⟨m. 23⟩ **1** *Urbild, Grundform* **2** *Bauart, Modell* **3** *Gattung, Schlag* **4** *Gepräge, das eine Person mit anderen gemeinsam hat* **5** *die Person selbst, die in ihrem Gepräge, in einer Reihe von Eigenarten od. Merkmalen mit anderen Personen übereinstimmt* **6** ⟨umg.⟩ *Mann, Kerl* ◆ **sein:** sie ist (nicht) mein Typ ⟨umg.⟩ *sie gefällt mir (nicht), passt (nicht) zu mir* ◆ **blonder,** dunkler, brünetter Typ; **kräftiger,** zarter Typ; ein **merkwürdiger** Typ [< grch. *typos* „Schlag; Gestalt; Muster, Vorbild"]
**Type** ⟨f. 19⟩ **1** *gegossener Druckbuchstabe* **2** *Buchstabe od. Zeichen auf Büromaschinen* **3** *Grad der Ausmahlung des Mehls* **4** ⟨umg.⟩ *komischer, ulkiger Mensch* [→ *Typ*]
**Typhlitis** ⟨f.; -, -tiden; Med.⟩ = *Blinddarmentzündung (1)* [→ *Typhlon*]
**Typhlon** ⟨n. 11; Anat.⟩ = *Blinddarm (1)* [grch., „Blinddarm"; zu *typhlos* „dunkel, geheim, unsichtbar"]

TYRANNOSAURUS REX

T

## TURNEN

Als Turnen wurden früher alle Arten von Leibesübungen bezeichnet, während man heute vor allem Kunstturnen und rhythmische Sportgymnastik darunter fasst. Die sechs Wettkampfdisziplinen der Kunstturner, in denen Pflicht- und Kürübungen dargeboten werden, sind Reck, Ringe, Barren, Seitpferd, Pferdsprung und Bodenturnen, zu den vier Damendisziplinen zählen neben den beiden letzteren auch Schwebebalken und Stufenbarren. Rhythmische Sportgymnastik hingegen wird nur von Frauen ausgeübt und beinhaltet Übungen mit den Geräten Reifen, Band, Seil, Ball und Keulen. Auch das seit kurzem olympische Trampolinturnen und die Sportakrobatik gelten als Turnsportarten.

ARABESQUESTAND IN DER RHYTHMISCHEN SPORTGYMNASTIK

### VERSCHIEDENE TURN- UND GYMNASTIKELEMENTE

**Typhus** ⟨m.; -; unz.; Med.⟩ **1** *vom Typhusbakterium (Salmonella typhi) hervorgerufene Infektionskrankheit mit Verdauungs- u. Bewusstseinsstörungen, Fieber u. Entwicklung roter Flecken* **2** *schwere, sehr ansteckende Infektionskrankheit mit Zuständen der Verwirrung, Fieber u. fleckigem Hautausschlag;* Sy *Fleckfieber* [< grch. *typhos* „Nebel, Rauch"]

**typisch** ⟨Adj.⟩ **1** *einen Typus darstellend, mustergültig, vorbildlich, zu einem bestimmten Typ gehörig, kennzeichnend, bezeichnend, eigentümlich* **2** *unverkennbar*

**Typografie** ⟨f. 19; unz.⟩ oV *Typographie* **1** *Gestaltung von Druckprodukten* **2** ⟨früher⟩ *Buchdruckerkunst* [< grch. *typos* „Gestalt, Muster" + *graphein* „schreiben"]

**typografisch** ⟨Adj.⟩ *die Typografie betreffend, zu ihr gehörend, auf ihr beruhend;* oV *typographisch* ◆ typografische Gestaltung eines Buches *Gestaltung in der Art, dass Schriftart u. -größe, Satzspiegel, Anordnung von Text u. Illustrationen ein ästhetisch befriedigendes Ganzes ergeben;* typografisches Maßsystem *auf dem typograf. Punkt beruhendes Maßsystem;* typografischer Punkt *kleinste Maßeinheit in der Typografie, 0,3759 mm*

**Typographie** ⟨f. 19; unz.⟩ = *Typografie*

**typographisch** ⟨Adj.⟩ = *typografisch*

**Typologie** ⟨f. 19⟩ *Lehre von den menschl. Typen hinsichtlich ihrer Lebensform, Konstitution, Weltanschauung u. a.* [< *Typ* + grch. *logos* „Lehre, Kunde"]

**Tyrann** ⟨m. 16⟩ **1** *Gewaltherrscher* **2** ⟨fig.⟩ *strenger, herrschsüchtiger Mensch* **3** *Angehöriger einer sehr artenreichen amerik. Familie vielgestaltiger Sperlingsvögel: Tyrannidae* [< grch. *tyrannos* „Alleinherrscher, Gewaltherrscher"]

**tyrannisieren** ⟨V. t.; hat⟩ jmdn. tyrannisieren *jmdm. den eigenen Willen aufzwingen, jmdn. beherrschen, unterdrücken* ◆ seine Angestellten, Familie, Umgebung tyrannisieren

**Tyrannosaurus Rex** ⟨m.; - -; unz.⟩ ◄ *bis zu 10 m langer u. 5 m hoher Angehöriger einer räuberischen Gattung der Dinosaurier aus der Oberkreide;* ► *Dinosaurier* [< *Tyrann* + grch. *sauros* „Eidechse" + lat. *Rex* „König" (als Titel)]

# U

**U** ⟨Chem.; Zeichen für⟩ *Uran*
**u.** ⟨Zeichen: & (bes. in Firmennamen); Abk. für⟩ *und*
**u. a.** ⟨Abk. für⟩ *und andere, und anderes, unter ander(e)m, unter ander(e)n*
**u. Ä.** ⟨Abk. für⟩ *und Ähnliche(s)*
**u. A. w. g.** ⟨Abk. für⟩ *um Antwort wird gebeten (bes. bei schriftl. Einladungen)*
**U-Bahn** ⟨f. 20; kurz für⟩ *Untergrundbahn, unter der Erdoberfläche in Tunneln fahrende Bahn in Großstädten*
**U-Bahnhof** ⟨m. 1u⟩ ▼ *Bahnhof einer Untergrundbahn*

U-BAHNHOF: METRO-STATION RICHELIEU-DROUOT IN PARIS, FRANKREICH, 1936

**übel** ⟨Adj.⟩ **1** *schlecht, misslich, sehr unangenehm* (Sache, Zustand) **2** *unwohl, schlecht* (Befinden) **3** *böse, gemein* (Streich, Tat) **4** *widerlich, abscheulich* (Geschmack, Geruch) ◆ die Sache hat ein übles **Ende** genommen; das ist eine üble **Geschichte** *Angelegenheit, Vorfall;* man hat ihn in der übelsten **Weise** hintergangen ◆ etwas übel **aufnehmen,** vermerken; sie hat ihm seine Hilfe übel **gelohnt;** jmdm. etwas übel **nehmen** *sich durch jmds. Äußerung od. Verhalten beleidigt fühlen, jmdm. wegen etwas böse sein* ◆ er muss es **wohl** oder übel tun *gern oder ungern, auf jeden Fall, es bleibt ihm nichts anderes übrig* ◆ er ist übel **dran** ⟨umg.⟩ *es geht ihm schlecht;* das klingt, schmeckt, riecht **nicht** übel ⟨umg.⟩ *ganz gut;* seine Arbeit, sein Aufsatz ist gar nicht übel ⟨umg.⟩ [ < mhd. *ubel* < ahd. *ubil*]
**Übel** ⟨n. 13⟩ **1** *etwas Schlimmes, Böses, Schlechtes* **2** *Missstand* **3** *Krankheit, Leiden* **4** *Missgeschick, Unglück* ◆ die **Wurzel,** der Grund alles (allen) Übels ist, dass ... ◆ ein Übel **kommt** selten allein ⟨Sprichw.⟩ ◆ ein **altes,** chronisches Übel; von zwei Übeln das **kleinere** wählen ◆ man muss das Übel **an** der Wurzel packen; das ist **vom** Übel *das ist schädlich, nicht gut;* **zu** allem Übel fing es auch noch an zu regnen
**Übelkeit** ⟨f. 20⟩ **1** *Brechreiz* **2** *mit Brechreiz, Schwindel od. Schwäche verbundenes Krankheitsgefühl* **3** ⟨fig.⟩ *Ekel, Gefühl des Abgestoßenseins* ◆ dieser Geruch erregt mir Übelkeit; gegen eine plötzliche Übelkeit ankämpfen
**Übelstand** ⟨m. 1u⟩ *Missstand, Misere, Übel* ◆ einem Übelstand abhelfen; einen Übelstand beheben
**Übeltäter** ⟨m. 3⟩ *jmd., der etwas Böses, ein Verbrechen begangen hat, Missetäter*
**üben** ⟨V. t. u. V. i.; hat⟩ **1** *Übungen machen, etwas immer wieder versuchen, um es zu lernen, durch Übungen Geschicklichkeit zu erwerben suchen* **2** *Musikstücke od. Teile davon immer wieder spielen* **3** *Fingerübungen machen* **4** ⟨fig.⟩ *(in bestimmter Weise) handeln, vorgehen* ◆ sich (in etwas) üben; ich muss heute noch üben ⟨bes. Mus.⟩; **Barmherzigkeit** üben ⟨fig.⟩ *barmherzig sein, barmherzige Werke vollbringen;* **Geduld** üben ⟨fig.⟩ *geduldig sein, sich gedulden;* **Gerechtigkeit** üben ⟨fig.⟩ *gerecht sein;* **Gewalt** üben ⟨fig.⟩ *gewalttätig handeln;* **Handstand,** Kopfstand üben; **Klavier** üben; **Kritik** (an jmdm. od. etwas) üben ⟨fig.⟩ *(jmdn. od. etwas) kritisieren;* die **Muskeln** üben *bewegen, anstrengen;* **Nachsicht** üben (mit jmdm.) ⟨fig.⟩ *nachsichtig sein;* **Rache** üben (an jmdm.) ⟨fig.⟩ *sich rächen;* täglich eine halbe **Stunde** üben ⟨Mus.⟩; **Verrat** üben ⟨fig.⟩ *Verrat begehen, etwas od. jmdn. verraten* ◆ **am** Barren, Reck üben; **auf** der Geige, auf dem Klavier üben; sich **im** Lesen, Schreiben, Schwimmen usw. üben ◆ geübt *durch Übung geschickt;* ein geübter Reiter, Schwimmer, Turner [ < mhd. *üeben, uoben* < ahd. *uoben* „bebauen, hegen, ausüben"]
**über** ⟨Präp.⟩ **I** ⟨m. Dat.⟩ **1** ⟨örtlich⟩ *oberhalb von, höher als* **2** ⟨fig.⟩ *während* **3** *bei* ◆ über jmdm. stehen ⟨fig.⟩ *in einer höheren berufl. Stellung stehen;* über einer **Arbeit** sitzen *gerade an etwas arbeiten;* der Mond steht über den **Bäumen;** über dem **Bett,** Tisch; über den **Büchern** hocken ⟨umg.⟩ *viel lesen u. lernen;* über dem **Lesen** ist er eingeschlafen; über dem **Spielen** vergisst er alles andere **II** ⟨m. Akk.⟩ **1** ⟨örtlich⟩ **1.1** *bis jenseits von, weiter als* **1.2** *oben darauf* **2** ⟨zeitlich⟩ **2.1** *mehr als* **2.2** *länger als* **2.3** *während* **3** *mehr als* **4** ⟨fig.⟩ **4.1** *betreffend* **4.2** *wegen* **5** ⟨verstärkend⟩ *sehr, sehr viel od. viele* ◆ ich kann es nicht über mich bringen ⟨fig.⟩ *ich bringe es nicht fertig, kann meinen inneren Widerstand nicht überwinden;* pfui über dich! *pfui, dass du das getan hast!;* Fluch über ihn!; die Musik geht ihm über **alles** *er liebt die Musik mehr als alles andere;* über **Berg** und Tal; einen Pullover über die **Bluse,** das Hemd ziehen; in seiner Arbeit sind Fehler über **Fehler;** es geht nichts über die **Gesundheit** *die Gesundheit ist das Wichtigste von allem;* über einen **Graben** springen; jmdm. mit der Hand übers **Haar** streichen; es dauerte über ein **Jahr,** bis ...; übers Jahr *wenn ein Jahr vergangen ist, nach einem Jahr;* er ist über 90 Jahre alt; das geht über meine **Kräfte;** über **Land** fahren *durch offenes Land, an einen von der Stadt entfernten Ort;* über ein Land herrschen *Herrscher eines Landes sein;* es kostet über 100 **Mark;** über die, über alle **Maßen** schön; eine Reise übers **Meer;** über **Mittag** bleiben *bis nach Mittag,* ⟨od.⟩ *zum Mittagessen;* über **München** nach Frankfurt fahren *durch München;* über **Nacht;** über **Ostern,** Weihnachten; das geht über den **Spaß** *das kann man nicht mehr als Spaß bezeichnen;* über eine **Straße,** Brücke, einen Platz gehen; heute über acht, vierzehn **Tage** *heute in acht, vierzehn Tage;* es ist schon über acht Tage her, dass ...; Wunder über **Wunder!** *(Ausruf des Erstaunens);* über einen **Zaun** klettern; die ganze **Zeit,** den ganzen Tag, den Nachmittag über ◆ über die Literatur der Romantik **arbeiten** *die Literatur der Romantik studieren u. die Ergebnisse veröffentlichen;* sich über etwas **ärgern,** freuen; über etwas **klagen;** über etwas od. jmdn. **lachen;** glücklich, unglücklich über etwas **sein;** über ein Thema **sprechen,** schreiben ⟨fig.⟩ *ein Thema mündlich, schriftlich behandeln* ◆ über ein **kleines,** über ein Weilchen *nach kurzer Zeit;* über **kurz** oder lang werde ich es doch tun müssen *bald oder später* ◆ über etwas **hinaus;** über etwas **hinweg,** hinüber, hin ◆ ein Mal über das **andere** ⟨fig.⟩ *immer wieder* ◆ über **und** über *völlig, ganz u. gar;* über und über mit Schmutz bespritzt; sie wurde über und über rot **III** ⟨Adv.; umg.; in den Wendungen⟩ ich **habe** noch fünf Mark über *übrig;* jmdm. in etwas über **sein** *überlegen sein* [ < mhd. *über* < ahd. *uber, ubar, ubiri,* engl. *over*]
**über..., Über...** ⟨in Zus.⟩ **1** *über etwas od. jmdn. hinweg, sich darüber bewegen, befinden,* z. B. überfliegen, überklettern, überschauen, Überbau, Überdach **2** *sich in eine andere Richtung bewegen, gegensätzlich verlaufen,* z. B. überlaufen, überkreuzen, Überfahrt **3** *etwas od. jmdn. bedecken,* z. B. überpudern, überhäufen, überdachen, überziehen, überfluten **4** *eine Zeit lang andauern,* z. B. übernachten, überschlafen, überwintern **5** *überdrüssig, zuviel vorhanden, etwas im Übermaß betreibend,* z. B. überarbeiten, überfressen, überhitzen, überbeanspruchen, Überangebot, Überzahl **6** *etwas od. jmdn. übertreffend, stärker, besser sein,* z. B. übertönen, übertrumpfen, übervorteilen, Übereifer, Übermacht **7** ⟨verstärkend⟩ *überaus, sehr,* z. B. überdeutlich, überglücklich, übermenschlich
**Über...** ⟨in Zus. mit Subst.; umg.⟩ *überragend, über allem stehend,* z. B. Übervater, Überereignis, Überfilm
**überall** ⟨Adv.⟩ **1** *an allen Orten, allenthalben* **2** ⟨fig.⟩ *auf allen Gebieten* ◆ er weiß überall Bescheid ⟨a. fig.⟩; ich habe dich überall gesucht; es ist überall so; von überall *von allen Orten her*
**überaltert** ⟨Adj.⟩ **1** *zu alt* **2** *mit zu vielen alten od. älteren Menschen, Angestellten versehen* **3** ⟨fig.⟩ *altmodisch, nicht mehr brauchbar, nicht mehr aktuell* ◆ überalterte Bevölkerung; der Betrieb ist überaltert
**Überangebot** ⟨n. 11; unz.⟩ *Angebot, das größer ist als die Nachfrage* ◆ Überangebot an Arbeitskräften; Überangebot an bestimmten Waren
**überanstrengen** ⟨V. t.; hat⟩ sich überanstrengen *sich zu sehr anstrengen, sich bis zur Erschöpfung anstrengen*
**überantworten** ⟨V. t.; hat⟩ jmdm. etwas od. eine Person überantworten *ausliefern, jmds. Verantwortung übergeben* ◆ ein Kind den Großeltern (zur Erziehung) überantworten
**überarbeiten I** ⟨V. t.; hat⟩ etwas überarbeiten *ergänzend, verbessernd bearbeiten, neu fassen* ◆ ein Manuskript, einen Roman überarbeiten **II** ⟨V. refl.⟩ sich überarbeiten *zu viel arbeiten, bis zur Erschöpfung arbeiten*
**überaus** ⟨Partikel⟩ *sehr, ganz besonders, äußerst* ◆ überaus attraktiv, überaus klug
**Überbau** ⟨m.; -(e)s, -ten⟩ **I** ⟨zählb.⟩ **1** *die auf Pfeilern u. Fundamenten ruhenden Teile (einer Brücke)* **2** *über die Außenmauer vorspringender Teil (eines Gebäudes, z. B. Balkon)* **II** ⟨unz.⟩ **1** ⟨Rechtsw.⟩ *Bau über die Grenze des Nachbargrundstücks (ohne Vorsatz od. Fahrlässigkeit)* **2** ⟨Marxismus⟩ *Gesamtheit der wissenschaftlichen, moralischen u. künstlerischen Anschauungen und der ihnen entsprechenden politischen, juristischen und kulturellen Institutionen einer bestimmten Gesellschaftsform*

**Überbein** ⟨n. 11; Anat.⟩ *prall-elastischer Knoten an Hand- od. Fußrücken;* Sy *Ganglion (2)* [< ahd. *bein* „Knochen“]

**überbelegen** ⟨V. t.; hat⟩ ein Hotel, ein Krankenhaus überbelegen *mit zu vielen Personen belegen, zu viele Personen in einem Hotel, Krankenhaus unterbringen*

**überbelichten** ⟨V. t.; hat; Fot.⟩ *zu stark belichten;* Ggs *unterbelichten*

**überbieten** ⟨V. t. 110; hat⟩ **1** jmdn. überbieten (bes. bei Auktionen) *ein höheres Angebot machen, mehr bieten als jmd. anders;* Ggs *unterbieten* **2** eine Leistung überbieten *mehr leisten, als bisher von einem anderen geleistet wurde*

**Überbiss** ⟨m. 1; unz.⟩ *Überstehen der oberen Schneidezähne über die unteren um etwa 1 mm (bei normaler Stellung des Kiefers)*

**überblenden** ⟨V. i.; hat⟩ **1** ⟨Film, Tontechn.⟩ *zwei Szenen derart ineinander übergehen lassen, dass die eine Szene langsam verschwindet und gleichzeitig die nächste allmählich sichtbar od. hörbar wird* **2** ⟨Theat.⟩ *einen Lichtschein durch einen anderen ablösen, indem man den ersten allmählich dunkler u. den zweiten allmählich heller werden lässt*

**Überblick** ⟨m. 1⟩ **1** ► *weite, umfassende Aussicht (auf eine Landschaft, ein Gelände)* **2** *Kenntnisse in großen Zügen (von einer Sache, einem Gebiet)* **3** *Abriss, übersichtl. Zusammenfassung (eines Wissensgebietes)* **4** *Fähigkeit, eine Sache, Entwicklung, ein Gebiet u. a. zu überblicken* ◆ er hat einen guten, keinen Überblick über dieses Gebiet; einen Überblick (über etwas) gewinnen; sich einen Überblick verschaffen; Überblick über die deutsche Literatur

**überblicken** ⟨V. t.; hat⟩ **1** *mit einem Blick umfassen* **2** *einen weiten Blick, weite Sicht haben über* ◆ so weit man die Gegend (von hier) überblicken kann; die Lage überblicken *erkennen;* eine Landschaft, ein Gelände überblicken; von hier kann man den Platz überblicken

**überbringen** ⟨V. t. 118; hat⟩ jmdm. etwas überbringen *etwas zu jmdm. bringen* ◆ jmdm. einen Brief, eine gute (schlechte) Nachricht überbringen; jmdm. Glückwünsche (von jmdm.) überbringen *ausrichten*

**überbrücken** ⟨V. t.; hat⟩ **1** einen Fluss, eine Schlucht überbrücken *eine Brücke über einen Fluss, eine Schlucht bauen* **2** etwas überbrücken ⟨fig.⟩ *ausfüllen, ausgleichen, überwinden* ◆ Gegensätze überbrücken ⟨fig.⟩; eine Kluft überbrücken ⟨fig.⟩; eine Zeitspanne mit Besorgungen überbrücken *ausfüllen*

**überdauern** ⟨V. t.; hat⟩ etwas überdauern *länger halten, leben als etwas* ◆ der Bau hat mehrere Jahrhunderte, Kriege, Naturkatastrophen überdauert; sein Werk hat sein Leben überdauert

**überdenken** ⟨V. t. 119; hat⟩ etwas überdenken *über etwas nachdenken, etwas überlegen*

**überdies** ⟨Partikel⟩ *außerdem, obendrein*

**überdosieren** ⟨V. t.; hat⟩ *zu viel dosieren, zu viel verordnen, zumessen* ◆ eine Arznei überdosieren

**Überdosis** ⟨f.; -, -dosen⟩ *zu hohe Dosis* ◆ an einer Überdosis Heroin sterben

**Überdruss** ⟨m.; -es; unz.⟩ **1** *Übersättigung, Sättigung bis zum Widerwillen* **2** *Ekel, Widerwille infolge Übersättigung* ◆ etwas bis zum Überdruss hören, sehen [zu mhd. *driezen* „drängen, treiben“; → *verdrießen*]

**überdurchschnittlich** ⟨Adj.⟩ *über den Durchschnitt hinausgehend* ◆ überdurchschnittliche Intelligenz, Leistungen

**übereignen** ⟨V. t.; hat⟩ jmdm. etwas übereignen *in das Eigentum eines anderen überführen, jmdm. etwas als Eigentum geben* ◆ jmdm. ein Vermögen, ein Grundstück, Geschäft übereignen

**übereilen** ⟨V. t.; hat⟩ **1** *zu schnell tun, unbedacht tun* **2** sich übereilen **2.1** *etwas zu schnell tun, zu schnell arbeiten* **2.2** *vorschnell, unüberlegt handeln* ◆ ein Vorhaben übereilen; übereil dich damit nicht!; übereilt *überstürzt, unbedacht, verfrüht;* übereilte Handlung; übereilt handeln

**übereinander** ⟨Adv.⟩ *einer oder eins über dem anderen* ◆ zwei Betten übereinander; Bücher übereinander legen; die Beine übereinander schlagen; übereinander sprechen *über sich u. die anderen sprechen; voneinander (jeweils der eine über den anderen) sprechen*

**übereinkommen** ⟨V. i. 170; ist⟩ mit jmdm. übereinkommen *sich mit jmdm. einigen* ◆ wir sind übereingekommen, es so zu machen

**Übereinkommen** ⟨n. 14⟩ *Vertrag, Verabredung, Vereinbarung;* Sy *Übereinkunft* ◆ ein Übereinkommen treffen *etwas vereinbaren*

**Übereinkunft** ⟨f. 7u⟩ = *Übereinkommen*

**übereinstimmen** ⟨V. i.; hat⟩ *zueinander passen, gleich sein* (Sachen, Meinungen) ◆ die Aussagen der beiden Zeugen stimmen überein; alle stimmen darin überein, dass ...

ÜBERBLICK:
STADTANSICHT ISTANBULS, TÜRKEI

**überfahren** ⟨['----] V. t. 130; hat⟩ jmdn. überfahren *jmdn. über einen Fluss oder einen See fahren, ihn in Boot od. Fähre hinüberbringen* ◆ der Fährmann fährt uns über, hat uns übergefahren

**überfahren** ⟨[--'--] V. t. 130; hat⟩ jmdn. od. ein Tier überfahren *mit einem Fahrzeug über jmdn. od. ein Tier hinwegfahren (u. ihn bzw. es dadurch verletzen od. töten)*

**Überfahrt** ⟨f. 20⟩ *Fahrt über ein Gewässer* ◆ ruhige, stürmische Überfahrt

**Überfall** ⟨m. 1u⟩ **1** *Angriff, bes. auf den unvorbereiteten Gegner* **2** ⟨Wasserbau⟩ *Stelle, an der das Wasser über ein Wehr fließt* ◆ heimtückischer Überfall

**überfallen** ⟨V. t. 131; hat⟩ *plötzlich, überraschend angreifen* ◆ jmdn., Freunde überfallen ⟨umg.; scherzh.⟩ *ohne Ankündigung besuchen*

**Überfallhose** ⟨f. 19⟩ *bis zu den Knöcheln od. über die Knie reichende Hose, deren Beine so lang u. weit sind, dass sie noch etwas über den fest anliegenden Bund fallen;* → a. *Knickerbockers*

**überfällig** ⟨Adj.⟩ **1** *zur fahrplanmäßigen od. vereinbarten Ankunftszeit noch nicht eingetroffen* (Flugzeug, Schiff, Zug, Person) **2** *zur Zeit der Fälligkeit noch nicht eingelöst, verfallen* (Wechsel)

**überflügeln** ⟨V. t.; hat⟩ jmdn. überflügeln *jmdn. übertreffen, mehr leisten als jmd.* [urspr. „mit den Flügeln (des Heeres) umfassen“]

**Überfluss** ⟨m. 1u; unz.⟩ *zu reichliches Vorhandensein, weit größere Menge als notwendig, zu reichlicher Besitz* ◆ an etwas Überfluss haben; etwas im Überfluss haben, besitzen; im Überfluss leben; zum Überfluss war auch noch das Telefon kaputt *obendrein, zu allem Übel* [< mhd. *übervluz* „große Fülle“, Lehnübersetzung < lat. *abundantia* „reicher Ertrag“ < *ab...* „weg...“ + *undare* „wogen, fließen“]

**überflüssig** ⟨Adj.⟩ **1** *unnötig, zwecklos, entbehrlich* **2** ⟨fig.⟩ *nicht wünschenswert, nicht angebracht* ◆ das macht mir überflüssige Arbeit; deine überflüssigen Bemerkungen kannst du dir sparen [→ *Überfluss*]

**überfluten** ⟨['----] V. i.; ist⟩ *über den Rand, die Ufer fließen* ◆ der Strom flutet über

**überfluten** ⟨[--'--] V. t.; hat⟩ **1** etwas überfluten *über etwas hinwegfließen, darüber strömen u. es bedecken, überschwemmen* **2** *unter Wasser setzen* ◆ der Strom hat die Felder, das Land überflutet; die Beratungsstelle wurde von besorgten Anfragen überflutet ⟨fig.⟩

**überfordern** ⟨V. t.; hat⟩ jmdn. überfordern *von jmdm. mehr fordern, als er geben kann* ◆ du darfst das Kind nicht überfordern; diese Aufgabe überfordert meine Kräfte

**überfragen** ⟨V. t.; hat⟩ jmdn. überfragen *jmdm. Fragen stellen, auf die er nicht antworten kann* ⟨meist im Pass.⟩ ◆ da bin ich überfragt *das weiß ich nicht*

**überführen** ⟨['----] V. t.; hat⟩ *an einen anderen Ort bringen* (Kranken, Leiche, Kraftwagen) ◆ der Tote wurde in seine Heimatstadt übergeführt, ⟨umg. a.⟩ überführt [--'-]; er wurde in das Krankenhaus übergeführt, ⟨umg. a.⟩ überführt [--'-]

**überführen** ⟨[--'--] V. t.; hat⟩ jmdn. (einer Schuld, eines Verbrechens) überführen *jmdm. eine Schuld, ein Verbrechen nachweisen* ◆ überführter Verbrecher *Verbrecher, dem sein Verbrechen nachgewiesen worden ist*

**Überführung** ⟨f. 20⟩ **I** ⟨unz.⟩ **1** *das Überführen, das Überführtwerden an einen anderen Ort* **2** *das Nachweisen einer Tat* **II** ⟨zählb.⟩ *Brücke, Verkehrsweg über eine Eisenbahn-, Straßenbahnlinie od. Straße*

**Überfülle** ⟨f.; -; unz.⟩ *sehr große, zu große Fülle, übergroße Menge* ◆ eine Überfülle von Blumen, Geschenken

**Überfunktion** ⟨f. 20; unz.; Med.⟩ *zu starke Funktion (eines Organs);* Ggs *Unterfunktion* ◆ Überfunktion der Schilddrüse

**Übergabe** ⟨f. 19; unz.⟩ **1** *das Übergeben* (Amtsübergabe, Geschäftsübergabe) **2** *Aushändigung* **3** *Auslieferung* ◆ Übergabe einer Festung; Übergabe des Lösegelds

**Übergang** ⟨m. 1u⟩ **1** *das Hinübergehen, Überschreiten* (Grenzübergang) **2** *das Übergehen (in etwas anderes)* **3** *Wechsel, Wandlung* **4** ⟨Mal.⟩ *Schattierung, Abstufung* **5** ⟨Mus.; Lit.⟩ *Überleitung* **6** *verbindende Tonfolge, verbindender Satz, verbindende Worte* **7** *Weg, Brücke (über Fluss od. Bahngleis)* **8** *durch Ampel, Schranke od. Zebrastreifen gesicherter Weg über eine Straße oder ein Bahngleis* (Bahnübergang, Fußgängerübergang) ◆ **gibt** es hier einen Übergang? (über den Bach, Fluss); zwischen zwei Sätzen, Themen einen Übergang **schaffen** ⟨Lit.; Mus.⟩ ◆ **feine,** zarte Übergänge ⟨Mal.⟩ ◆ wir stehen noch **am,** im Übergang (von einer Entwicklungsstufe zur anderen); hier kein Übergang **für** Fußgänger!

**übergeben** ⟨V. 143; hat⟩ **I** ⟨V. t.⟩ jmdm. etwas übergeben **1** *etwas in jmds. Hände geben, ihm etwas bringen, aushändigen, ausliefern* **2** *jmdm. etwas als Eigentum geben* **3** *jmdm. etwas zur weiteren Bearbeitung geben, überlassen* ◆ seinem Nachfolger das Amt (feierlich) übergeben; jmdm. einen Brief, ein Ge-

U

schenk übergeben; das Gebäude wurde heute der Öffentlichkeit übergeben *zugänglich gemacht* **II** ⟨V. refl.⟩ sich übergeben *sich erbrechen*

**übergehen** ⟨['----] V. i. 145; ist⟩ **1** *überlaufen* **2** *überfließen* ♦ die **Augen** gingen ihm über *er musste weinen* ♦ **auf** etwas übergehen ⟨fig.⟩ *auf etwas übertragen werden;* im Lauf der Jahre war etwas vom Wesen der alten Frau auf ihren Hund übergegangen; auf ein anderes Thema übergehen *das Thema wechseln;* **in** etwas übergehen *sich in etwas verwandeln, die Form von etwas annehmen, so werden wie etwas (anderes);* ⟨Mus.⟩ von einer Tonart in eine andere übergehen; ein Gegenstand geht in jmds. Besitz, in jmds. Hände über *wird in jmds. Besitz gegeben;* **zu** etwas übergehen *von jetzt an etwas anderes tun,* ⟨fig.⟩ *von etwas anderem sprechen;* zu einer anderen Partei übergehen *wechseln*

**übergehen** ⟨[--'--] V. t. 145; hat⟩ **1** *unbeachtet lassen, nicht berücksichtigen, vernachlässigen* **2** *beiseite lassen, weglassen* (Wort, Kapitel) ♦ jmdn. bei der Beförderung übergehen; einen peinlichen Vorfall mit Stillschweigen übergehen *nicht davon sprechen*

**Übergewicht** ⟨n. 11; unz.⟩ **1** *zu viel Gewicht;* Ggs *Untergewicht* **2** ⟨fig.⟩ *Vorteil gegenüber einem anderen* ♦ Übergewicht bekommen *kippen, umkippen, das Gleichgewicht verlieren;* der Brief hat Übergewicht; das Übergewicht über jmdn. bekommen (in der Diskussion usw.)

**übergießen** ⟨['----] V. t. 152; hat⟩ *(versehentlich) verschütten*

**übergießen** ⟨[--'--] V. t. 152; hat⟩ etwas übergießen *mit Flüssigkeit begießen, Flüssigkeit über etwas gießen* ♦ er übergoss den Braten mit Fleischbrühe; mit Soße übergießen

**überglücklich** ⟨Adj.⟩ *sehr glücklich*

**übergreifen** ⟨V. i. 158; hat⟩ **1** *mit einer Hand über die andere greifen (beim Klavierspiel, beim Geräteturnen)* **2** auf etwas übergreifen ⟨fig.⟩ *sich über etwas ausbreiten* ♦ das Feuer griff auf die anderen Häuser über; die Seuche hat auf das Nachbarland übergegriffen

**Übergriff** ⟨m. 1⟩ **1** *unberechtigte Einmischung* **2** *Missbrauch* ♦ sich Übergriffe erlauben

**überhand** ⟨Adv.; nur in der Wendung⟩ überhand nehmen **1** *sich zu sehr vermehren, sich zu sehr ausbreiten* **2** *sich zu oft wiederholen* ♦ die Raubüberfälle haben in den letzten Wochen überhand genommen [zu *Hand* im Sinne von „Gewalt, Macht“]

**Überhang** ⟨m. 1u⟩ **1** ⟨Arch.⟩ *Abweichung vom Lot* **2** *etwas, das über einem anderen Gegenstand hängt od. über ihn hinausragt* **3** *überhängendes Felsstück* **4** *Übergreifen der Zweige (von Bäumen, Sträuchern) auf das Nachbargrundstück* **5** *überhängende Gardine, Querbehang* **6** *überschüssiger Vorrat, Warenmenge, die man (im Augenblick) nicht verkaufen kann*

**überhängen** ⟨V.; hat⟩ **I** ⟨V. i.; 161⟩ etwas hängt über *hängt über den Rand, ist nicht lotgerecht gebaut, ragt über etwas schräg nach unten hinaus* ♦ der Felsbrocken hängt über; überhängendes Dach **II** ⟨V. t.; schwach konjugiert⟩ jmdm. od. sich etwas überhängen *über die Schultern hängen, umhängen* ♦ sich das Gewehr überhängen; sich einen Mantel, eine Jacke überhängen

**überhäufen** ⟨V. t.; hat⟩ etwas mit etwas anderem überhäufen *überschütten, zu viel darauf legen, zu dicht mit etwas bedecken* ♦ der Schreibtisch ist mit Akten, Büchern überhäuft

**überhaupt** ⟨Partikel⟩ **1** *aufs Ganze gesehen, im Großen und Ganzen, darüber (über das Gesagte) hinaus* **2** *eigentlich* **3** *im Übrigen, außerdem, überdies* ♦ ich habe alle Filme mit Al Pacino gesehen – ich gehe überhaupt sehr gern ins Kino; hast du heute überhaupt schon etwas gegessen?; er besucht mich überhaupt nicht *niemals;* ich weiß ja überhaupt nicht, worum es sich handelt *nicht einmal* [< mhd. *über houbet;* zu *houbet* „Stück Vieh“; 17. Jh.: *überhaupt kaufen* „kaufen, ohne die einzelnen Stücke zu zählen, alle zusammen kaufen“]

**überheblich** ⟨Adj.⟩ *anmaßend, dünkelhaft, stolz*

**überholen** ⟨['----] V.; hat⟩ **I** ⟨V. t.⟩ *mit dem Boot vom anderen Ufer herüberholen* ♦ hol über! ⟨früher⟩ *(Ruf an den Fährmann);* die Segel überholen *aufziehen* **II** ⟨V. i.⟩ das Schiff holt über *neigt sich*

**überholen** ⟨[--'--] V. t.; hat⟩ **1** jmdn. od. ein Fahrzeug überholen *einholen, ihm zuvorkommen, an jmdm. vorbeilaufen oder -fahren* **2** ⟨Tech.⟩ *auf Fehler prüfen, erneuern, seine Mängel beseitigen* **3** überholt sein ⟨fig.⟩ *nicht mehr interessant, nicht mehr gebräuchlich, veraltet sein* ♦ ein langsameres Fahrzeug überholen; überholte Fakten

**überhören** ⟨V. t.; hat⟩ **1** etwas überhören *nicht hören* **2** *nicht hören wollen* **3** *hören, aber nicht darauf antworten, nicht darauf reagieren* ♦ er hat das Klingeln überhört *nicht gehört;* diese Bemerkung möchte ich überhört haben! *diese Bemerkung war sehr unangebracht, aber ich will nichts dazu sagen*

**überirdisch** ⟨Adj.⟩ **1** = *oberirdisch* **2** *übernatürlich, nicht der Erde zugehörig, göttlich* ♦ ein überirdisches Wesen; ein Mädchen von überirdischer Schönheit *von engelhafter Schönheit*

**überkochen** ⟨V. i.; ist⟩ *durch zu starkes Kochen über den Rand des Topfes laufen*

**überkommen** ⟨V. 170⟩ **I** ⟨V. i.; ist; nur im Part. Perf.⟩ überkommen sein *vererbt, überliefert sein* ♦ der Brauch ist uns (seit alters her, von unseren Vorfahren) überkommen; überkommene Bräuche, Sitten, Traditionen **II** ⟨V. t.; hat⟩ eine Empfindung überkommt jmdn. *überfällt, ergreift, erfasst jmdn.* ♦ ihn überkam die Furcht

**überladen** ⟨V. t. 173; hat⟩ **1** etwas überladen *zu sehr, zu stark, zu schwer beladen* **2** ⟨fig.⟩ *zu viel in od. auf etwas anhäufen, zu viel an etwas anbringen, etwas zu stark verzieren* ♦ sich den Magen überladen; der Wagen ist völlig überladen

**überlagern** ⟨V. t.; hat⟩ etwas überlagern *sich darüber lagern, etwas verdecken, zudecken* ♦ eine Gesteinsschicht überlagert mehrere andere

**überlappen** ⟨V. t.; hat⟩ etwas überlappen *über etwas übergreifen* ♦ die beiden Werkstücke überlappen einander

**überlassen** ⟨V. t. 174; hat⟩ **1** jmdm. etwas überlassen **1.1** *zugunsten eines anderen auf etwas verzichten* **1.2** *jmdm. etwas anvertrauen, zu treuen Händen geben od. zum Gebrauch geben* **2** es jmdm. überlassen, etwas zu tun *es ihm freistellen, etwas zu tun* ♦ sich seinem Schmerz, seinen trüben Gedanken überlassen *hingeben, ihm bzw. ihnen nachgeben;* er überlässt die unangenehmen Entscheidungen gern anderen

**überlaufen** ⟨['----] V. i. 175; ist⟩ **1** *über den Rand laufen, fließen* (Flüssigkeit) **2** *so voll sein, dass die Flüssigkeit herausfließt* (Gefäß) **3** zum Feinde überlaufen ⟨Mil.⟩ *fahnenflüchtig werden u. zum Gegner übergehen*

**überlaufen** ⟨[--'--] V. t. 175; hat⟩ jmdn. überlaufen **1** ⟨bes. Sp.⟩ *beim Laufen, während eines Laufwettbewerbs überholen* **2** *belästigen, zu stark in Anspruch nehmen* ⟨meist im Pass.⟩ ♦ der Kurort ist sehr überlaufen *es herrscht dort zu viel Betrieb;* es überlief mich (siedend) heiß *ich erschrak tief*

**Überläufer** ⟨m. 3⟩ **1** *Fahnenflüchtiger, der zum Gegner übergegangen ist* **2** *jmd., der zur Gegenpartei übergelaufen ist*

**überleben** ⟨V.; hat⟩ **I** ⟨V. i.⟩ *weiterleben (nach dem Tod eines anderen od. anderer)* ♦ der überlebende Teil ⟨Rechtsw.⟩ *der nach dem Tod des Ehepartners noch lebende Partner* **II** ⟨V. t.⟩ **1** etwas überleben *lebend aus etwas (Gefahr) hervorgehen, etwas lebend überstehen* **2** jmdn. überleben *länger leben als jmd.* ♦ er hat den Krieg überlebt **III** ⟨V. refl.⟩ sich überleben *veralten, außer Gebrauch kommen (weil nicht mehr zweckmäßig)* ♦ diese Anschauung, Mode hat sich überlebt

**Überlebende(r)** ⟨f. 30 (m. 29)⟩ *jmd., der nach einem Unglück, einer Naturkatastrophe o. Ä. noch lebt*

**überlegen** ⟨['----] V. t.; hat; umg.⟩ jmdm. etwas überlegen *etwas über jmdn. legen* ♦ jmdm. eine Decke, einen Mantel überlegen

**überlegen**[1] ⟨[--'--] V.; hat⟩ **I** ⟨V. t.⟩ **1** etwas überlegen *durchdenken, erwägen, sich ein Urteil über etwas zu bilden suchen* **2** sich etwas überlegen *sich über etwas Gedanken machen, über etwas nachdenken* ♦ ich werde es mir (noch) überlegen ♦ das **muss** ich mir erst (noch) überlegen ♦ sich etwas **gründlich,** reiflich überlegen ♦ ich habe es mir (inzwischen) **anders** überlegt **II** ⟨V. i.⟩ *nachdenken, nachsinnen* ♦ er überlegte eine Weile, dann sagte er ...; **ohne** zu überlegen ♦ überlegt *vorbedacht, geplant, beabsichtigt* (Entschluss, Plan); überlegen handeln *besonnen, nach reifl. Überlegung* [< frühnhd. *überliegen* „überwinden“ < mhd. *überligen* (beim Ringen) „oben zu liegen kommen“]

**überlegen**[2] ⟨[--'--] Adj.⟩ **1** *jede Situation beherrschend, klug, gelassen, kaltblütig* (Person); Ggs *unterlegen (II)* **2** *etwas überheblich, herablassend* (Lächeln, Miene) ♦ jmdm. überlegen sein *mehr können, wissen als jmd.*

**Überlegenheit** ⟨f. 20; unz.⟩ *das Überlegensein, Beherrschung einer Sache od. Situation;* Ggs *Unterlegenheit* ♦ jmds. Überlegenheit anerkennen; geistige Überlegenheit

**Überlegung** ⟨f. 20⟩ **1** *das Überlegen, Nachdenken* **2** Überlegungen ⟨Pl.⟩ *Gedanken* ♦ Überlegungen über etwas anstellen *etwas überlegen;* nach reiflicher Überlegung

**überleiten** ⟨V. i.; hat⟩ zu etwas überleiten *zu etwas anderem führen, leiten, eine Verbindung zu etwas anderem herstellen* ♦ zum nächsten Abschnitt, Thema überleiten

**überlesen** ⟨V. t. 178; hat⟩ etwas überlesen **1** *flüchtig lesen* **2** *(prüfend) durchlesen* **3** *(bei flüchtigem Lesen) übersehen, nicht beachten*

**überliefern** ⟨V. t.; hat⟩ **1** *ausliefern, übergeben* **2** *erzählen, berichten (u. dadurch bewahren)* ♦ jmdn. der Justiz, dem Gericht überliefern; ein Werk der Nachwelt überliefern

**überlisten** ⟨V. t.; hat⟩ jmdn. überlisten *durch List einen Vorteil über jmdn. gewinnen, jmdn. durch List täuschen*

**überm** ⟨Verschmelzungsform aus Präp. u. Art.⟩ *über dem*

**Übermacht** ⟨f. 7u; unz.; bes. Mil.⟩ *Überlegenheit an Zahl, an Stärke*

**übermalen** ⟨V. t.; hat⟩ *durch Malen verdecken, nochmals bemalen* ♦ ein Bild übermalen

**Übermaß** ⟨n. 11; unz.⟩ *größeres Maß, größere Menge als normal, als erträglich od. zuträglich* ♦ ein Übermaß an Leiden

**übermäßig** **I** ⟨Adj.⟩ *ohne Maß, zu stark, zu viel, zu sehr usw., übertrieben* ♦ übermäßige Anstrengung, Besorgnis; übermäßiges Intervall ⟨Mus.⟩ *durch einen Halbton chromatisch erweitertes Intervall, z. B. c-gis;* Ggs *vermindertes Intervall (I, 3);* übermäßige Quinte, Quarte **II** ⟨Partikel⟩ *im Übermaß, zu, allzu (viel, stark, sehr usw.)* ♦ sich übermäßig anstrengen, aufregen

**übermenschlich** ⟨Adj.⟩ **1** *über des Menschen Grenzen hinausgehend, übernatürlich* **2** ⟨fig.⟩ *sehr stark, sehr groß, gewaltig* ◆ übermenschlichen Anstrengungen standhalten

**übermitteln** ⟨V. t.; hat⟩ **1** *mitteilen, ausrichten* **2** *überbringen, überreichen, schicken* (Botschaft, Grüße, Nachricht) ◆ ein Telegramm übermitteln

**übermorgen** ⟨Adv.⟩ *am Tag nach morgen* ◆ übermorgen Abend *am Abend des übernächsten Tages;* ich komme übermorgen

**Übermut** ⟨m.; -(e)s; unz.⟩ *Ausgelassenheit, große u. ein wenig kecke Fröhlichkeit* ◆ er weiß vor lauter Übermut nicht, was er tun soll [< mhd. *übermuot* „stolzer, hochfahrender Sinn"; zu *muot* „Geist, Sinn, Stimmung"]

**übermütig** ⟨Adj.⟩ **1** *voller Übermut* **2** *glücklich od. stolz (über bzw. auf eine Leistung) u. daher etwas leichtsinnig, fröhlich u. ein wenig eingebildet* **3** *ausgelassen, fröhlich u. ein wenig keck* ◆ in übermütiger Laune

**übern** ⟨Verschmelzungsform aus Präp. u. Art.⟩ *über den*

**übernachten** ⟨V. i.; hat⟩ *die Nacht zubringen* ◆ bei Freunden übernachten

**Übernahme** ⟨f. 19⟩ *das Übernehmen* (Amtsübernahme, Geschäftsübernahme)

**übernatürlich** ⟨Adj.⟩ *nicht mit dem Verstand fassbar, außerhalb der natürl. Gesetze stehend* ◆ eine übernatürliche Erscheinung

**übernehmen** ⟨['----] V. t. 187; hat; umg.⟩ (sich) etwas übernehmen *sich mit etwas bedecken, sich etwas umhängen* ◆ einen Mantel, einen Schal übernehmen

**übernehmen** ⟨[--'--] V. 187; hat⟩ **I** ⟨V. t.⟩ **1** *annehmen, zu sich, an sich nehmen, in Empfang nehmen* **2** *(vorläufig) annehmen* (Sendung) **3** *in eigene Verwaltung nehmen* (Amt, Geschäft) **4** *zur eigenen Sache machen* (Pflicht, Verantwortung) **5** *annehmen u. ausführen* (Arbeit, Auftrag) **6** ⟨Mar.⟩ *laden* (Kohlen, Öl) ◆ Angestellte (von einem anderen Betrieb) übernehmen *von nun an im eigenen Betrieb beschäftigen;* die Kosten übernehmen *bezahlen;* eine Meinung übernehmen *sich zu Eigen machen;* eine Textstelle wörtlich (in die eigene Arbeit) übernehmen *wiedergeben* **II** ⟨V. refl.; umg.⟩ sich übernehmen *sich zu sehr anstrengen* ◆ übernimm dich nur nicht! ⟨fig.; iron.⟩; er hat sich beim Wandern übernommen

**überordnen** ⟨V. t.; hat⟩ etwas od. jmdn. einem anderen überordnen *(in der Funktion) über etwas od. jmdn. stellen*

**überprüfen** ⟨V. t.; hat⟩ *(nochmals) prüfen, nachprüfen* ◆ ein Ergebnis überprüfen; eine Maschine überprüfen

**überqueren** ⟨V. t.; hat⟩ *überschreiten, kreuzen* (Straße, Fluss)

**überragen** ⟨V. t.; hat⟩ **1** etwas überragen *über etwas herausstehen, hinausragen* **2** jmdn. überragen **2.1** *größer sein als jmd.* **2.2** ⟨fig.⟩ *übertreffen, besser, stärker sein als jmd.* ◆ jmdn. an Verdiensten, Leistungen weit überragen ⟨fig.⟩; jmdn. um Haupteslänge überragen; überragend *hervorragend, bedeutend, ausgezeichnet;* überragende Begabung, Fähigkeiten

**überraschen** ⟨V. t.; hat⟩ **1** *unerwartet treffen, antreffen* **2** *in Erstaunen versetzen* ◆ es überrascht, dass ... *es ist erstaunlich, dass ...;* **lassen** wir uns überraschen! ⟨umg.⟩ *warten wir's ab!* ◆ jmdn. **beim** Naschen, Stehlen überraschen; er überraschte uns **mit** seinem Besuch, mit der (guten) Nachricht, dass ...; **von** einem Gewitter überrascht werden ◆ überraschend *unerwartet, plötzlich, erstaunlich;* ein überraschender Besuch, Erfolg; es ging überraschend schnell; überrascht *erstaunt, verwundert (über etwas Unerwartetes)* [→ *rasch;* urspr. „plötzlich über jmdn. herfallen, (den Feind) überfallen"]

**Überraschung** ⟨f. 20⟩ **I** ⟨unz.⟩ *das Überraschtsein, Erstaunen, Verwunderung (über Unerwartetes)* ◆ zu meiner größten Überraschung **II** ⟨zählb.⟩ **1** *plötzliches, unerwartetes Ereignis* **2** *unerwartete Freude, etwas Schönes, das man nicht erwartet hat* ◆ angenehme, unangenehme Überraschung

**überreden** ⟨V. t.; hat⟩ jmdn. überreden *jmdn. durch Worte zu etwas veranlassen, jmdm. so lange zureden, bis er etwas tut;* → a. *überzeugen* ◆ ich habe mich letztendlich überreden lassen; jmdn. zum Mitkommen, Mitmachen überreden [urspr. „durch Reden überwinden"]

**überreichen** ⟨V. t.; hat⟩ *geben (meistens feierlich)* ◆ jmdm. Blumen, ein Geschenk, eine Urkunde überreichen

**überrollen** ⟨V. t.; hat⟩ *gewaltsam überfahren, mit Kampffahrzeugen angreifen u. vernichten* ◆ eine Entwicklung überrollt eine andere *setzt sich mit Macht durch*

**überrumpeln** ⟨V. t.; hat⟩ **1** *überraschen u. verblüffen* **2** *unerwartet angreifen* ◆ jmdn. mit einer Frage überrumpeln [→ *rumpeln;* urspr. „lärmend überfallen"]

**überrunden** ⟨V. t.; hat⟩ jmdn. überrunden **1** ⟨Sp.⟩ **1.1** *nach einem Überholmanöver mindestens eine Runde Vorsprung vor jmdm. besitzen* **1.2** *jmdn. bei einem Wettlauf od. einer Wettfahrt überholen* **2** ⟨fig.⟩ *(Wissens-)Vorsprung vor jmdm. gewinnen, erlangen*

**übers** ⟨Verschmelzungsform aus Präp. u. Art.⟩ *über das* ◆ übers Jahr *nach einem Jahr*

**übersät** ⟨Adj.⟩ *in großer Zahl mit etwas bedeckt* ◆ sein Körper ist mit Narben, Pusteln, Flecken übersät

**Überschall** ⟨m.; -(e)s; unz.⟩ ► = *Ultraschall*

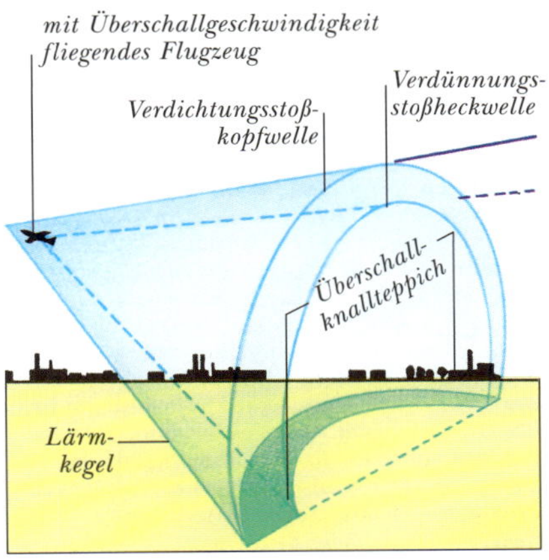


ÜBERSCHALLGESCHWINDIGKEIT: BEIM FLUG MIT ÜBERSCHALLGESCHWINDIGKEIT ENTSTEHENDER LÄRMKEGEL

**Überschallgeschwindigkeit** ⟨f. 20; unz.⟩ ▲ *Geschwindigkeit, die größer ist als die des Schalles* ◆ mit Überschallgeschwindigkeit fliegen

**überschatten** ⟨V. t.; hat⟩ etwas überschatten **1** *Schatten auf etwas werfen* ⟨bes. fig.⟩ **2** *beschatten* ◆ seine dichten Augenbrauen überschatten seine Augen; der Ruhm des Vaters überschattet die Begabung, die Werke des Sohnes ⟨fig.⟩; unsere Freude war von der traurigen Nachricht überschattet

**überschätzen** ⟨V. t.; hat⟩ etwas od. jmdn. überschätzen *ein besseres Urteil über etwas od. jmdn. fällen, höher schätzen, als er, sie, es verdient;* Ggs *unterschätzen* ◆ seine Kräfte, Fähigkeiten überschätzen

**überschäumen** ⟨V. i.; ist⟩ *über den Rand des Gefäßes schäumen* ◆ die Milch schäumt über *kocht über;* der Sekt schäumt über; sie schäumte über von Geist und Witz ⟨fig.⟩; überschäumende Kraft ⟨fig.⟩

**überschlafen** ⟨V. t. 215; hat⟩ eine Sache eine Nacht überschlafen *eine Sache nicht sofort entscheiden, sondern eine Nacht darüber vergehen lassen*

**Überschlag** ⟨m. 1u⟩ **1** *ungefähre Berechnung* **2** ⟨Sp.; Turnen⟩ *Drehung des Körpers vor- od. rückwärts um die sich auf Boden od. Gerät stützenden Hände od. aus dem Stand wieder in den Stand (Salto)* **3** ⟨El.⟩ *Funkenentladung zwischen zwei spannungsführenden Teilen einer elektrischen Anlage* ◆ einen Überschlag machen *die Kosten einer Sache ungefähr berechnen*

**überschlagen** ⟨['----] V. t. 216; hat⟩ *übereinander legen* (Beine) ◆ seine Stimme schlägt über *geht unbeabsichtigt od. fehlerhaft in die Kopfstimme über;* mit übergeschlagenen Beinen im Sessel sitzen

**überschlagen** ⟨[--'--] V. 216; hat⟩ **I** ⟨V. t.⟩ **1** *weglassen, nicht (vor)lesen, nicht sprechen* (Textstelle, Buchseite) **2** *ungefähr berechnen* (Kosten) **II** ⟨V. refl.⟩ sich überschlagen *sich im Fallen um sich selbst drehen, bes. vor- od. rückwärts* ◆ er überschlug sich mehrmals, als er die Treppe hinunterstürzte; seine Stimme überschlug sich vor Zorn *kippte um, schlug in Kopfstimme um;* er überschlägt sich fast vor Diensteifer ⟨fig.; umg.⟩ *er ist übertrieben diensteifrig*

**überschneiden** ⟨V. t. 224; hat⟩ sich überschneiden **1** *sich kreuzen* (Linien) **2** *sich teilweise bedecken* (Flächen) **3** ⟨fig.⟩ *zeitlich zusammenfallen* (Unterrichtstunden) **4** *zusammentreffen* (Probleme, Arbeitsgebiete)

**überschreiben** ⟨V. t. 226; hat⟩ **1** *mit einem Titel, einer Überschrift versehen* **2** jmdm. etwas überschreiben *jmdm. etwas schriftlich u. gesetzlich übergeben, vertraglich zukommen lassen* ◆ jmdm. ein Grundstück überschreiben, ⟨od.⟩ ein Grundstück an jmdn. überschreiben

**überschreiten** ⟨V. t. 228; hat⟩ etwas überschreiten *kreuzen, über etwas hinübergehen, hinüberfahren, über etwas hinausgehen* ◆ eine Straße, Grenze, einen Fluss überschreiten; diese Forderung überschreitet meine Kräfte; er hat die 40 bereits überschritten *er ist älter als 40 Jahre*

**Überschrift** ⟨f. 20⟩ *Titel, Name* ◆ die Überschrift eines Kapitels, Aufsatzes, Gedichts

**Überschuss** ⟨m. 1u⟩ **1** *Gewinn ohne Abzug* **2** *das, was über ein bestimmtes Maß hinausgeht* (Geburtenüberschuss) ◆ einen Überschuss erzielen [urspr. „das über etwas Hinausragende"; zu mhd. *überschiezen* „über etwas hinwegschießen, hinausragen"]

**überschüssig** ⟨Adj.⟩ *übrig bleibend, überflüssig, unverwendet, zur Verfügung stehend* ◆ überschüssige Energie

**überschütten** ⟨V. t.; hat⟩ **1** etwas mit etwas überschütten *etwas über etwas ausgießen, schütten* **2** jmdn. mit etwas überschütten ⟨fig.⟩ *überhäufen, jmdm. etwas überreichlich geben* ◆ jmdn. mit Geschenken, Vorwürfen überschütten ⟨fig.⟩

**überschwänglich** ⟨Adj.⟩ **1** *übertrieben gefühlvoll, übertrieben* **2** *begeistert* ◆ jmdm. überschwänglich danken; jmdn. in überschwänglichen Ausdrücken, mit überschwänglichen Worten loben

**überschwemmen** ⟨V. t.; hat⟩ *überfluten, unter Wasser setzen* ◆ der Fluss trat über die Ufer und überschwemmte die Wiesen, Äcker

**Übersee** ⟨ohne Art.⟩ *die Länder jenseits des Atlantischen Ozeans (bes. Amerika)* ◆ Briefmarken aus Übersee sammeln

**übersehen** ⟨['----] V. refl. 235; hat; umg.⟩ sich etwas übersehen *etwas so oft sehen, dass man seiner überdrüssig wird* ◆ ich habe mir diese Farben, dieses Muster übergesehen

**übersehen** ⟨[--'--] V. t. 235; hat⟩ **1** *absichtlich nicht beachten* (Person, Verstoß) **2** *nicht sehen, unabsichtlich nicht beachten* (Fehler) **3** *schätzen, erkennen* (Lage, Schaden) **4** *überblicken, überschauen* (Gelände) ◆ ich kann es noch nicht übersehen, ob wir alle Arbeitskräfte brauchen werden; kein einzelner kann heute noch das gesamte **Gebiet** der Naturwissenschaft übersehen; jmds. **Taktlosigkeit** (stillschweigend) übersehen ◆ ich kann den Platz von hier aus **gut,** leicht übersehen ◆ jmdn. **bei** der Begrüßung übersehen

**übersetzen I** ⟨V. i.; ist⟩ *von einem Ufer zum anderen fahren* **II** ⟨V.i.; hat; Mus.⟩ **1** ⟨auf Tasteninstrumenten⟩ *einen Finger über den anderen setzen* **2** ⟨auf Saiteninstrumenten⟩ *mit dem ersten Finger anstatt mit dem zweiten oder dritten Finger greifen* **III** ⟨V. t.; hat⟩ *mit dem Boot, der Fähre ans andere Ufer bringen* ◆ sich vom Fährmann übersetzen lassen

**übersetzen** ⟨V. t.; hat⟩ *in eine andere Sprache übertragen* ◆ einen Satz, Text wörtlich, sinngemäß übersetzen; ein Buch aus dem spanischen übersetzen

**Übersetzung** ⟨f. 20⟩ **1** *Übertragung (eines Textes, Buches) von einer Sprache in eine andere* **2** ⟨Tech.⟩ *Vorrichtung zum Umwandeln einer Drehbewegung in eine Drehbewegung mit anderer Drehzahl* **3** *Verhältnis zwischen Eingangs- u. Ausgangsdrehzahl (eines Getriebes)* ◆ gute, schlechte, gewandte, holprige Übersetzung; das Getriebe hat eine Übersetzung von 1 : 4

**Übersicht** ⟨f. 20⟩ **1** *Überblick, Fähigkeit, etwas (Gebiet) zu übersehen, die Zusammenhänge zu erkennen* **2** *Verzeichnis* (Inhaltsübersicht) **3** *Tabelle* **4** *übersichtl. Auszug, kurze, klare Darstellung* ◆ Übersicht gewinnen; Übersicht über die englische Literatur

**übersichtlich** ⟨Adj.⟩ **1** *so beschaffen, dass man es leicht, gut übersehen, überblicken kann* **2** *frei, offen* (Gelände) **3** *in den Zusammenhängen leicht erfassbar* **4** *klar gegliedert, eine Übersicht gebend* (Darstellung)

**übersiedeln** ⟨V. i.; ist⟩ in einen Ort, nach einem Ort übersiedeln *umziehen, an einen anderen Wohnort ziehen, seinen Wohnsitz in einen, nach einem Ort verlegen*

**übersinnlich** ⟨Adj.⟩ *mit den Sinnen nicht wahrnehmbar, übernatürlich*

**überspielen** ⟨V. t.; hat⟩ etwas überspielen **1** *durch Abspielen (u. gleichzeitige Aufnahme) übertragen* **2** ⟨fig.⟩ *geschickt über etwas hinweggehen, durch gewandtes Verhalten verbergen, nicht merken lassen* ◆ seine Befangenheit, Schüchternheit überspielen; der Stürmer hat den Verteidiger überspielt ⟨Sp.; Fußb.⟩ *er ist durch seine Geschicklichkeit, Kraft, Schnelligkeit im Spiel am Verteidiger vorbeigekommen*

**überspringen** ⟨['----] V. i. 248; ist⟩ *vom einen aufs andere springen* ◆ ein Funke springt über; auf etwas überspringen ⟨fig.⟩ *ohne Übergang zu etwas anderem übergehen;* auf ein anderes Thema überspringen

**überspringen** ⟨[--'--] V. t. 248; hat⟩ etwas überspringen **1** *über etwas hinwegspringen* **2** *weglassen, überschlagen, übergehen* ◆ ein Hindernis, einen Zaun überspringen; eine Textstelle (beim Lesen) überspringen

**überstehen** ⟨['----] V. i. 251; hat; süddt., österr., schweiz.: ist⟩ *hervor-, herausstehen, herausragen, vorspringen*

**überstehen** ⟨[--'--] V. t. 251; hat⟩ *überleben, aushalten, überwinden* (Anstrengung, Gefahr, Krankheit) ◆ ich hab's überstanden ⟨umg.⟩ *die Sache ist endlich vorüber;* er hat es überstanden ⟨fig.⟩ *er ist von seinen Leiden erlöst, ist gestorben;* der Kranke hat die Krise, die Nacht überstanden [< mhd. „eine bestimmte Zeit hindurch stehen", später „überwinden"]

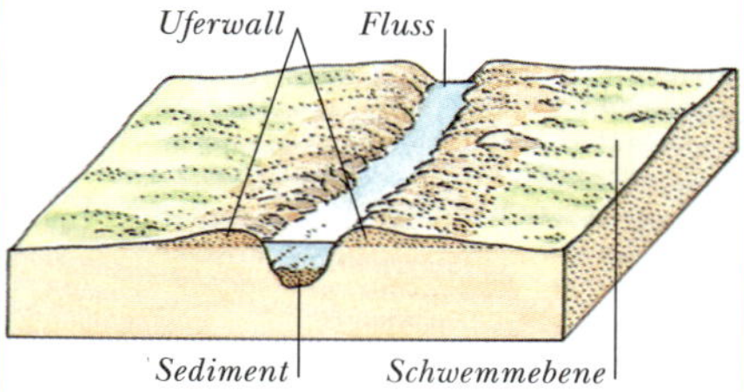


UFERWALL

**übersteigen** ⟨V. t. 253; hat⟩ etwas übersteigen **1** *über etwas hinübersteigen* **2** ⟨fig.⟩ *größer als etwas sein* ◆ einen Berg übersteigen; diese Aufgabe übersteigt meine Kräfte

**überstimmen** ⟨V. t.; hat⟩ *durch Stimmenmehrheit zum Schweigen bringen, besiegen* ◆ die andern haben mich überstimmt

**überstreifen** ⟨V. t.; hat⟩ *leicht od. achtlos überziehen, anziehen* ◆ sich ein Kleid, die Handschuhe überstreifen

**überströmen** ⟨V. i.; ist⟩ **1** *über die Ufer treten* (Fluss) **2** *über den Rand strömen* (Flüssigkeit)

**Überstunde** ⟨f. 19⟩ *über die festgesetzte Arbeitszeit geleistete Arbeitsstunde*

**überstürzen** ⟨V.; hat⟩ **I** ⟨V. t.⟩ **1** etwas überstürzen *zu schnell, ohne Überlegung tun* **2** sich, ⟨eigtl.⟩ einander überstürzen *zu schnell aufeinander folgen* (Ereignisse) ◆ wir wollen nichts überstürzen *wir wollen besonnen handeln;* überstürzt handeln, abreisen **II** ⟨V. refl.⟩ sich überstürzen *zu hastig handeln*

UGLI

**Übertopf** ⟨m. 1u⟩ *dekorativer Blumentopf, in den man einen einfachen Blumentopf stellt*

**übertragen** ⟨V. t. 260; hat⟩ **1** *von einer Stelle zur anderen bringen, von einer Stelle auf eine andere schreiben* **2** ⟨Rundfunk⟩ *senden* ◆ jmdm. etwas übertragen *übergeben, auftragen, jmdm. den Auftrag geben, etwas zu tun;* jmdm. ein **Amt** übertragen; **Korrekturen** (in ein anderes Exemplar) übertragen; **Kraft** übertragen *von einer Maschine auf die andere führen* ◆ eine Krankheit **auf** jmdn. übertragen *jmdn. anstecken;* eine Summe auf ein anderes Konto übertragen; einen Text, ein Buch **ins** Deutsche übertragen *übersetzen* ◆ übertragene Bedeutung *bildliche, nicht wörtliche Bedeutung*

**Übertragung** ⟨f. 20⟩ **1** *das Übertragen* **2** *das Übertragenwerden* **3** *Übersetzung* **4** ⟨Med.⟩ *Ansteckung* **5** ⟨Funk; TV⟩ *Sendung* ◆ Übertragung eines Konzertes

**Übertragungswagen** ⟨m. 4; kurz: Ü-Wagen⟩ *fahrbares techn. Gerät, mit dem Funk- u. Fernsehsendungen aufgezeichnet od. übertragen werden können*

**übertreffen** ⟨V. t. 261; hat⟩ jmdn. od. etwas übertreffen *besser sein als jmd. od. etwas, mehr leisten als jmd. od. etwas*

**übertreiben** ⟨V. t. 262; hat⟩ **1** *zu oft od. zu nachdrücklich tun* **2** *besser od. schlechter darstellen, als es ist;* Ggs *untertreiben* ◆ ich übertreibe nicht, wenn ich behaupte ...

**Übertreibung** ⟨f. 20⟩ *das Übertreiben, übertriebene, überzogene unwahrhaftige Schilderung;* Ggs *Untertreibung*

**übertreten** ⟨['----] V. i. 263; ist⟩ **1** *über die Ufer treten* **2** ⟨Sp.; Weitsprung, Kugelstoßen usw.⟩ *über die vorgeschriebene Stelle zum Absprung bzw. Wurf hinaustreten* ◆ der Wettkämpfer ist übergetreten; zum Katholizismus übertreten *katholisch werden*

**übertreten** ⟨[--'--] V. t. 263; hat⟩ *verletzen, nicht einhalten* (Gesetz, Gebot) ◆ sich den Fuß übertreten *vertreten, verstauchen*

**übertrieben I** ⟨Adj.⟩ **1** *zu groß, zu hoch, übermäßig* **2** *durch Übertreibung entstellt* (Schilderung, Darstellung) ◆ übertriebene Sparsamkeit, Strenge **II** ⟨adv.⟩ *zu, allzu* ◆ übertrieben genau

**übervölkert** ⟨Adj.⟩ *zu dicht bevölkert* ◆ das Land ist übervölkert

**übervorteilen** ⟨V. t.; hat⟩ jmdn. übervorteilen *sich auf jmds. Kosten bereichern, einen Vorteil verschaffen, jmdn. benachteiligen, betrügen, überlisten*

**überwachen** ⟨V. t.; hat⟩ *beaufsichtigen, beobachten, kontrollieren* ◆ eine Arbeit überwachen; jmdn. durch Detektive, durch den Geheimdienst überwachen lassen

**überwältigen** ⟨V. t.; hat⟩ **1** *besiegen, bezwingen, wehrlos machen* **2** ⟨fig.⟩ *mit unwiderstehl. Kraft erfassen, tief beeindrucken, sprachlos machen* ◆ die Schönheit der Landschaft überwältigte mich; ich bin von seiner Güte ganz, völlig überwältigt; von Müdigkeit überwältigt, schlief er ein; überwältigend *außerordentlich (schön, groß, stark), herrlich, großartig*

**überwechseln** ⟨[-ks-] V. i.; ist⟩ *hinübergehen* ◆ in eine andere Abteilung, eine andere Konfession überwechseln

**überweisen** ⟨V. t. 277; hat⟩ **1** jmdm. Geld überweisen *durch Bank od. Postscheck senden* **2** einen Kranken an einen, zu einem Facharzt überweisen *einen Kranken mit einer schriftlichen Benachrichtigung einem Facharzt zur weiteren Behandlung übergeben*

**überwerfen** ⟨['----] V. t. 281; hat⟩ *schnell anziehen* (Mantel), *schnell umhängen* (Tuch, Schal)

**überwerfen** ⟨[--'--] V. refl. 281; hat⟩ sich (mit jmdm.) überwerfen *sich zanken, sich mit jmdm. entzweien* ◆ wir haben uns überworfen; ich habe mich mit ihm überworfen

**überwinden** ⟨V. t. 283; hat⟩ **1** etwas überwinden *mit etwas fertig werden, über etwas hinwegkommen* **2** jmdn. überwinden *besiegen, überwältigen* **3** sich (selbst) überwinden *etwas tun, obwohl es einem schwer fällt od. obwohl man es nicht gern tut* ◆ er überwand seine **Bedenken** ◆ ich **kann** mich nicht überwinden, das zu tun [< mhd. *überwinden;* zu *winnen* „sich anstrengen, toben, streiten" < ahd. *winnan* „sich anstrengen, kämpfen"]

**überwintern** ⟨V. i.; hat⟩ *den Winter überdauern* (Pflanzen) ◆ an einem Ort überwintern *den Winter an einem Ort verbringen* (bes. Tiere)

**Überwurf** ⟨m. 1u⟩ **1** *loses Überkleid, loser Mantel, Umhang* **2** *Schließband am Vorhängeschloss* **3** ⟨Sp.; Ringen⟩ *Griff, bei dem man den Gegner fasst u. über den Kopf hinter sich wirft*

**Überzahl** ⟨f. 20; unz.⟩ *sehr große Zahl, Mehrzahl* ◆ die Männer waren in der Überzahl *es waren mehr Männer da als Frauen*

**überzeichnen** ⟨V. t.; hat⟩ **1** eine Anleihe überzeichnen *mehr Geld für eine A. zur Verfügung stellen, als erforderlich ist* **2** etwas überzeichnen ⟨fig.⟩ *zu scharf zeichnen, übertrieben darstellen, fast als Karikatur darstellen*

**überzeugen** ⟨V. t.; hat⟩ **1** jmdn. überzeugen *jmdn. zu einer anderen Ansicht bekehren* **2** sich überzeugen *sich vergewissern, durch Nachsehen, Nachprüfen erkennen* ◆ deine Einwände haben mich (nicht) überzeugt; Sie **können** sich selbst (davon) überzeugen, dass ... ◆ sich **von** etwas überzeugen; von etwas überzeugt sein *fest an etwas glauben, sicher sein, dass etwas so ist;* ich bin (davon) überzeugt, dass du Recht hast, aber ... ◆ überzeugend *glaubhaft, einleuchtend;* ein überzeugendes Argument; er ist überzeugter Marxist *er ist Marxismus aus Überzeugung, er glaubt an den Marxismus* [< mhd. *überziugen, überzugen* „durch Zeugen überführen"]

**Überzeugung** ⟨f. 20⟩ **1** *das Überzeugen* **2** *das Überzeugtsein, fester Glaube, feste Meinung* **3** *Gewissheit, Wissen* ◆ ich habe die Überzeugung gewonnen, dass ...; politische, religiöse Überzeugung

**überziehen** ⟨['----] V. t. 287; hat⟩ *anziehen* (Kleidungsstück) ◆ zieh doch den Mantel einmal über, damit du siehst, ob er auch passt

**überziehen** ⟨[--'--] V. t. 287; hat⟩ *mit einem Überzug versehen* ◆ ein **Bett** (frisch) überziehen *frische Bettwäsche darüber ziehen;* ein **Flugzeug** überziehen *den Ausfallwinkel eines Flugzeugs so weit vergrößern, dass die Strömung an den Flügeln abreißt u. das Flugzeug durchsackt;* ein **Konto** überziehen *mehr abheben, als auf dem Konto steht;* die **Zeit** überziehen *eine vorgegebene Zeit überschreiten* ◆ die Sessel müssen **neu** überzogen werden ◆ ein Land **mit** Krieg überziehen *durch Krieg verwüsten, zum Kriegsschauplatz machen;* einen Kasten mit Stoff, Papier überziehen; mit Mehltau überzogene Blätter

**überzüchten** ⟨V. t.; hat⟩ Pflanzen u. Tiere überzüchten *bei Pflanzen, Tieren durch züchterische Maßnahmen auf Kosten von Gesundheit u. Widerstandsfähigkeit den natürlichen Entwicklungsgang verändern* ◆ der Hund ist überzüchtet

**üblich** ⟨Adj.⟩ *gebräuchlich, gewohnt, hergebracht, herkömmlich* ◆ er kam mit der üblichen Verspätung ⟨umg.⟩; um die übliche Zeit; das ist hier nicht üblich [nhd. Bildung zu *üben* „wie es geübt wird, wie es Brauch ist"]

**U-Boot** ⟨n. 11; kurz für⟩ ► *Unterseeboot*

**übrig** ⟨Adj.⟩ *übrig geblieben, überschüssig, restlich, als Rest (vorhanden)* ◆ das Übrige, alles Übrige; wenn du noch ein Übriges tun willst, dann kannst du ... *wenn du außerdem noch etwas tun willst (was eigentlich nicht mehr nötig wäre);* die übrigen **Sachen** räumen wir in den Keller ◆ ich **habe** etwas für ihn übrig ⟨fig.⟩ *ich kann ihn gut leiden;* **sein:** es ist leider nichts (mehr) übrig ◆ **im** Übrigen *darüber hinaus, außerdem, zudem* [< mhd. *überec, überic* „überschüssig, überflüssig"; Ableitung von *über*]

**übrigens** ⟨Partikel⟩ *was ich noch sagen wollte, nebenbei bemerkt* ◆ übrigens, weißt du schon, dass ...

**Übung** ⟨f. 20⟩ **1** *das Üben, regelmäßige Wiederholung zum Zweck des Lernens u. zum Steigern der Leistung* **2** *regelmäßig zu wiederholender Versuch* **3** *erworbene Geschicklichkeit, Gewandtheit* **4** *Bewegung od. Folge von Bewegungen, die man zum Erwerben von Geschicklichkeit in einer bestimmten Sache wiederholt* (Fingerübung, Gehübung, Schießübung, Turnübung) **5** *Übungsstück, Unterrichtsstunde an einer Hochschule, Seminar* **6** *militär. Kampfprobe, Manöver* **7** *turnerische Leistung, Turnfigur* **8** ⟨veraltet⟩ *Brauch* ◆ das ist nicht der **Zweck** der Übung ⟨umg.⟩ *das ist nicht der Zweck, der Sinn der Sache* ◆ eine Übung **ansetzen,** abhalten ⟨an der Hochschule; a. Mil.⟩; Übungen **machen;** eine Übung **vorführen,** nachmachen ◆ **körperliche,** geistige, sprachliche Übung ◆ es fehlt ihm **an** der nötigen Übung

**u. dgl. m.** ⟨Abk. für⟩ *und dergleichen mehr*

**u. d. M.** ⟨Abk. für⟩ *unter dem Meeresspiegel*

**ü. d. M.** ⟨Abk. für⟩ *über dem Meeresspiegel*

**UdSSR** ⟨f.; -; unz.; Abk. für⟩ *Union der Sozialistischen Sowjetrepubliken (1922-1991)*

**UEFA** ⟨Sp.; Abk. für frz.⟩ *Union Européenne de Football Association,* ⟨a. engl.⟩ *Union of European Football Association (Europäische Fußballunion)*

**Ufer** ⟨n. 13⟩ *Rand eines Gewässers, Küste, Strand* (Flussufer, Meeresufer, Seeufer) ◆ rechtes, linkes Ufer eines Flusses; das Schiff legt am Ufer an; der Fluss trat über die Ufer [< mhd. *ouver,* mnddt. *over,* aengl. *ofer* „Ufer" < grch. *epeiros* „Küste"]

**Uferläufer** ⟨m. 3⟩ *einheim. kleiner, schnepfenartiger Watvogel der Flussufer, der von Kleintieren lebt: Actitis hypoleucos*

**uferlos** ⟨Adj.; fig.⟩ *maßlos, ohne Ende, endlos, grenzenlos* ◆ das ging ins Uferlose ⟨umg.⟩ *das führt zu weit, führt zu keinem Ergebnis*

**Uferwall** ⟨m. 1u; Geol⟩ ◄ *das Flussbett begleitender Wall von angeschwemmtem Material, bes. bei Flüssen in Niederungen*

**Uffz.** ⟨Mil.; Abk. für⟩ *Unteroffizier*

**UFO, Ufo** ⟨n. 15; Kurzw. für⟩ *unbekanntes Flugobjekt* [urspr. engl. Kurzw. < *unidentified flying object*]

**U-förmig,** ⟨auch⟩ **u-förmig** ⟨Adj.⟩ *wie ein U geformt* ◆ ein u-förmiger Ausschnitt

**Ugli** ⟨f. 10⟩ ◄ *aus einer Kreuzung zwischen Grapefruit, Orange u. Tangerine entstandene Zitrusfrucht, die in vielen südamerikanischen Ländern angebaut wird*

**U-Haft** ⟨f.; -; unz.; Kurzw. für⟩ *Untersuchungshaft*

**Uhr** ⟨f. 20⟩ **1** ▼ *Gerät zum Messen von Zeit- u. Bewegungsabläufen* (Armbanduhr, Küchenuhr, Taschenuhr) **2** *Wasser-, Gaszähler* (Gasuhr, Wasseruhr) **3** *Uhrzeit, Zeitangabe* ◆ 9 Uhr (und) 30 (Minuten); seine Uhr ist **abgelaufen** ⟨fig.⟩ *sein Leben geht zu Ende;* die Uhr **aufziehen,** stellen; die Uhr **geht** (nicht); die Uhr geht richtig, falsch, vor, nach; die Uhr **schlägt,** tickt ◆ **chemische** Uhr *eine in Stufen verlaufende chem. Reaktion, deren Eintritt nach bestimmten Zeitabständen erfolgt* ◆ **auf** die Uhr, nach der Uhr sehen *feststellen, wie spät es ist;* dieses Postamt hat rund **um** die Uhr geöffnet ◆ **wie** viel Uhr ist es? [< ital. *ora,* frz. *heure* < afrz. *(h)ore, eure* < lat. *hora* „Stunde, Zeit"]

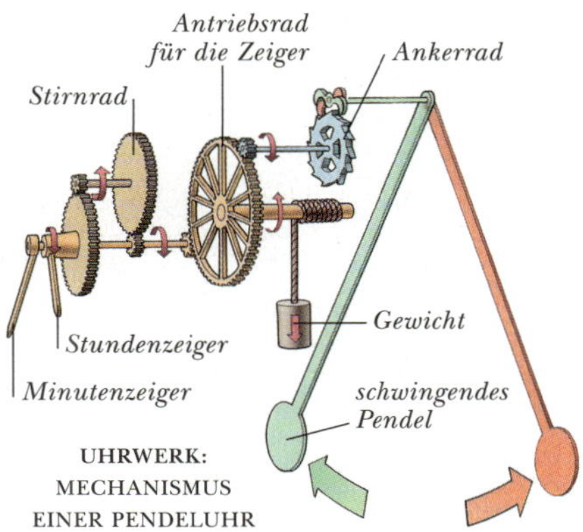


UHRWERK: MECHANISMUS EINER PENDELUHR

**Uhrarmband** ⟨n. 12u⟩ *Band zum Befestigen der Uhr am Handgelenk*

**Uhrfeder** ⟨f. 21⟩ *Feder im Werk der Uhr*

**Uhrgewicht** ⟨n. 11⟩ *Gewicht einer Pendeluhr*

**Uhrglas** ⟨n. 12u⟩ **1** *Glas über dem Zifferblatt einer Uhr* **2** *flaches Schälchen aus Glas zum Bedecken von Gefäßen*

**Uhrkette** ⟨f. 19⟩ *Kette, an der eine Taschenuhr getragen wird*

**Uhrmacher** ⟨m. 3⟩ *Handwerker, der Uhren repariert*

**Uhrschlüssel** ⟨m. 5⟩ *Schlüssel zum Aufziehen von Wand- od. Stutzuhren*

**Uhrwerk** ⟨n. 11; Tech.⟩ ▲ *Vorrichtung zum Antrieb der Zeiger einer Uhr*

## UHREN

Mechanische Uhren wurden erstmals im 13. Jh. entwickelt und mussten in dieser Zeit noch ständig nach einer Sonnenuhr korrigiert werden. Für größere Genauigkeit sorgten ab dem 17. Jh. das Pendel und die Unruh sowie die Verbesserung der Ankerhemmung, während in modernen Uhren elektrisch und atomar gesteuerte Mechanismen eine noch präzisere Zeitmessung gewährleisten.

### VERSCHIEDENE UHREN

WASSERUHR

WAGENUHR

KUCKUCKSUHR

DIGITALWECKER

MECHANISCHER WECKER

STANDUHR

U

**Uhrzeiger** ⟨m. 3⟩ *die Stunde bzw. Minute anzeigender Zeiger der Uhr*

**Uhrzeigerrichtung** ⟨f. 20; unz.⟩ *Richtung im Kreis von links nach rechts, wie der Uhrzeiger sich bewegt* ◆ eine Bewegung in Uhrzeigerrichtung, entgegen der Uhrzeigerrichtung ausführen

**Uhrzeigersinn** ⟨m. 1; unz.⟩ im Uhrzeigersinn *in der Uhrzeigerrichtung*

**Uhrzeit** ⟨f. 20; unz.⟩ *von der Uhr angezeigte Zeit* ◆ nach der Uhrzeit fragen

**Uhu** ⟨m. 6; Zool.⟩ *größte europ. Eule mit auffälligen Federohren, lebt u. nistet in waldigen Vorgebirgen: Bubo bubo* [lautmalend nach dem Ruf des Vogels]

**Ukas** ⟨m.; -ses, -se⟩ **1** ⟨früher⟩ *Erlass des Zaren* **2** ⟨allg.⟩ *Verordnung, Befehl* [< russ. *ukasatj* „befehlen"]

**Ukrainer** ⟨a. [ukra'i:nər] m. 3⟩ *Einwohner der Ukraine* [< russ. *ukraina* „Grenzland"]

**ukrainisch** ⟨a. [-krai:-] Adj.⟩ *die Ukraine betreffend, zu ihr gehörend, aus ihr stammend* ◆ ukrainische Sprache *zu den ostslaw. Sprachen gehörende Sprache der Ukrainer*

**Ukulele** ⟨f. 10; Mus.⟩ ► *kleine Gitarre portug. Ursprungs mit vier Saiten* [< hawaiisch *ukulele* < *uku* „Floh, kleine Person" + *lele* „springend"; vermutl. nach einem Spitznamen des britischen Offiziers Edward Purvis, der das Instrument im 19. Jh. in Hawaii populär machte]

UKULELE

**UKW** ⟨Abk. für⟩ *Ultrakurzwelle*

**UKW-Empfänger** ⟨m. 3; Rundfunk⟩ *Radioempfänger für Ultrakurzwellen*

**UKW-Sender** ⟨m. 3; Rundfunk⟩ *Radiosender für Ultrakurzwellen*

**Ulanka** ⟨f. 10⟩ *kurzer, zweireihiger Waffenrock des Ulanen*

**Ulcus** ⟨n.; -, Ulcera; Med.⟩ = *Ulkus*

**Ulema** ⟨m. 6; Rel.⟩ *islamischer Rechts- od. Gottesgelehrter* [Pl. von arab. *alim* „Gelehrter, Wissender"]

**Ulenflucht** ⟨f. 20; nddt.⟩ **I** ⟨zählb.⟩ *Dachluke* **II** ⟨unz.; poet.⟩ *Dämmerung* [< mnddt. *ule* „Eule" + *Flucht²*]

**Ulitis** ⟨f.; -, -tiden; Med.⟩ *Zahnfleischentzündung* [< grch. *oulon* „Zahnfleisch"]

**Ulk** ⟨m. 1⟩ *Spaß, lustiger Unfug, Witzelei* ◆ Ulk machen; etwas (nur) aus Ulk sagen, tun [< mnddt. *ulk* „Lärm, Unruhe"]

**ulken** ⟨V. i.; hat; umg.⟩ *Ulk machen, spaßen* [nddt., urspr. „sich auffallend zurechtmachen", ostfries., „schreien, spotten"]

**ulkig** ⟨Adj.⟩ **1** *komisch, spaßig, drollig* **2** ⟨umg.⟩ *seltsam, merkwürdig*

**Ulkus** ⟨n.; -, Ulzera; Med.⟩ *Geschwür;* oV *Ulcus* [< lat. *ulcus*]

**Ulme** ⟨f. 19; Bot.⟩ ► *Baum aus der Gruppe der Edellaubhölzer mit geflügelten, einsamigen Früchten u. gesägten Blättern: Ulmus;* Sy *Fliegenbaum;* ► *Bäume* [< mhd., ahd. *elm (boum), ilm (boum)* < lat. *ulmus*]

**Ulna** ⟨f.; -, -nae [-nɛ:]; Anat.⟩ *Elle, den Ellenbogen bildender Vorderarmknochen* [lat.]

**ulnar** ⟨Adj.; Anat.⟩ *zur Elle gehörend* [< lat. *ulna* „Elle, Ellenbogen"]

**Ulose** ⟨f. 19; Med.⟩ *Narbenbildung* [< grch. *oule* „Narbe"]

**Ulster** ⟨m. 3⟩ **1** *zweireihiger Herrenmantel* **2** *(oft doppelt gewebter) schwerer Mantelstoff* [nach dem alten Namen Nordirlands]

**ult.** ⟨Abk. für⟩ *ultimo*

**Ultima** ⟨f.; -, -mæ [-mɛ:]⟩ *letzte Silbe (eines Wortes)* [Fem. zu lat. *ultimus* „der letzte"]

**Ultima Ratio** ⟨[-tsjo] f.; - -; unz.⟩ *letztes Mittel, letzter Ausweg* [< lat. *ultima* „die letzte" + *ratio* „Berechnung; Erwägung; Denken, Vernunft"]

**ultimativ¹** ⟨Adj.⟩ **1** *in Form eines Ultimatums* **2** ⟨fig.⟩ *nachdrücklich, eindringlich, als Ultimatum ausgesprochen*

**ultimativ²** ⟨Adj.; umg.⟩ *unerlässlich, perfekt* ◆ der ultimative Film [< engl. *ultimate* „vollendet, perfekt"]

**Ultimatum** ⟨n.; -s, -s od. -ten⟩ *mit der Androhung von repressiven Maßnahmen verbundene, befristete Forderung* ◆ jmdm. ein Ultimatum stellen; das Ultimatum läuft heute um 24 Uhr ab [zu lat. *ultimus* „der letzte"]

**ultimo** ⟨Adv.; Abk.: ult.⟩ *am Letzten (des Monats)* ◆ ultimo Dezember [ital., „der letzte, letzt"; zu lat. *ultimus*]

**Ultimo** ⟨m. 6⟩ *der Letzte (des Monats)* ◆ bis Ultimo Dezember *bis zum 31. Dezember;* per Ultimo *zum Monatsletzten*

**Ultra** ⟨m. 6⟩ *Anhänger, Vertreter einer extremen politischen Richtung* [zu lat. *ultra* „jenseits, über ... hinaus"]

**ultra..., Ultra...** ⟨in Zus.⟩ *jenseits (von), über ... hinaus* [lat., „jenseits, über ... hinaus"]

**Ultrafilter** ⟨m. 3⟩ *Membran, die Stoffe mit einem Durchmesser von 1 nm bis 10 µm zurückhält*

**Ultrafiltration** ⟨f. 20⟩ *Verfahren zur Trennung kleinster gelöster Teilchen bis hin zur molekularen Größe aus Lösungen*

**ultrahart** ⟨Adj.⟩ *sehr energiereich, mit großem Durchdringungsvermögen*

**ultrakonservativ** ⟨Adj.⟩ *äußerst konservativ* [< *ultra...* + *konservativ*]

**ultrakurz** ⟨Adj.⟩ *im Wellenbereich kürzer als elektromagnetische Kurzwellen*

**Ultrakurzwelle** ⟨f. 19; Abk.: UKW⟩ *elektromagnetische Welle mit einer Wellenlänge unter 10 m*

**Ultraleichtflugzeug** ⟨n. 11⟩ ► *sehr leichtes, ein- od. zweisitziges Flugzeug mit offenem Rahmen;* ► *Luftfahrzeuge*

**ultramarin** ⟨Adj.⟩ *kornblumenblau, lasurblau*

**Ultramarin** ⟨n. 11; unz.⟩ **1** *kornblumenblaue Farbe* **2** ⟨Chem.⟩ ► *ein schwefelhaltiges Natriumaluminiumsilikat, natürlich vorkommend als Lapislazuli, künstlich durch Erhitzen von Kaolin mit Natriumkarbonat u. Schwefel hergestellt* ◆ ein Bild in Ultramarin halten [< lat. *ultra* „jenseits, über ... hinaus" + *mare* „Meer"; also „übers Meer (eingeführt)"]

ULTRAMARIN

**Ultramikroskop** ⟨n. 11⟩ *Mikroskop zum Erkennen von Teilchen, die das gewöhnliche Mikroskop nicht auflösen kann* [< *Ultra...* + *Mikroskop*]

**Ultramikroskopie** ⟨f. 19; unz.⟩ *Betrachtung, Untersuchung mit dem Ultramikroskop*

**ultramontan** ⟨Adj.; Rel.⟩ *streng katholisch, streng päpstlich gesinnt* [< lat. *ultra* „jenseits, über ... hinaus" + *mons,* Pl. *montes* „Berg" (gemeint sind die Alpen)]

**Ultramontanismus** ⟨m.; -; unz.; Rel.⟩ *streng katholische, streng päpstliche Einstellung* [→ *ultramontan*]

**ultra posse nemo obligatur** ⟨röm. Recht⟩ *Unmögliches (zu leisten), kann niemand verpflichtet werden*

**ultrarot** ⟨Adj.⟩ = *infrarot* [< *ultra...* + *rot*]

**Ultrarot** ⟨n. 15; unz.⟩ ► = *Infrarot*

**Ultraschall** ⟨m.; -(e)s; unz.; Phys.⟩ ► *Schallschwingungen, die oberhalb der Hörbarkeitsgrenze im Bereich von 20 kHz bis $10^{10}$ Hz liegen;* Sy *Überschall*

**Ultraschallchemie** ⟨[-çe-] f.; -; unz.⟩ *Teilgebiet der Chemie, das sich mit den chem. Wirkungen des Ultraschalls befasst;* Sy *Akustochemie, Audiochemie, Sonochemie*

**Ultraschalldetektor** ⟨m. 23⟩ *Detektor für Ultraschallwellen zum Messen der Funktion von Organen im Körper*

**Ultraschallwelle** ⟨f. 19⟩ *Schallwelle mit einer Frequenz über 20 kHz*

**Ultrasonografie** ⟨f. 19⟩ = *Ultrasonographie*

**Ultrasonographie** ⟨f. 19; Tech.⟩ *Einsatz von Ultraschallwellen in der Werkstoffprüfung u. Medizin;* oV *Ultrasonografie* [< *Ultra...* + lat. *sonus* „Ton, Klang" + *...graphie*]

**Ultrasonoskop** ⟨n. 11⟩ *Gerät, das Ultraschallwellen erzeugt* [< *Ultra...* + lat. *sonus* „Ton, Klang" + grch. *skopein* „schauen"]

**ultraviolett** ⟨[-vio-] Adj.; Abk.: UV⟩ *im Spektrum jenseits des sichtbaren Violetts liegend* ◆ ultraviolette Strahlen ⟨Abk.: UV-Strahlen⟩; sich vor den ultravioletten Strahlen schützen [< *ultra...* + *violett*]

**Ultrazentrifuge** ⟨f. 19⟩ *im Labor verwendete Zentrifuge mit sehr hohen Drehzahlen*

**Ulzera** ⟨Pl. von⟩ *Ulkus*

**Ulzeration** ⟨f. 20⟩ *Geschwürbildung* [→ *Ulkus*]

**ulzerieren** ⟨V. i.; hat⟩ *geschwürig werden, ein Geschwür bilden* [→ *Ulkus*]

**ulzerös** ⟨Adj.; Med.⟩ *in der Art eines Ulkus, geschwürig*

**um I** ⟨Präp. m. Akk.⟩ **I.i** ⟨zur Bez. der Bewegung od. des Vorhandenseins um einen Mittelpunkt⟩ *im Kreise, etwas od. jmdn. umgebend,* ◆ ⟨oft in der Fügung⟩ um herum; sie saßen, standen (im Kreis, Halbkreis) um ihn (herum); sich ein Tuch um den Kopf binden **I.ii** ⟨zur Bez. des Grundes⟩ *wegen* ◆ ich habe ihn um Bücher gebeten **I.iii** ⟨zur Bez. der Folge, des Ablaufs⟩ einer um den anderen **1** *jeweils einen (in der Reihe) überspringend, jeder Zweite* **2** ⟨umg.⟩ *einer nach dem anderen* **I.iv** ⟨zur Bez. des Unterschieds bei Maß-, Mengenangaben⟩ um ein Haar ⟨fig.⟩ *fast, beinahe,* ⟨eigtl.⟩ der Unterschied war so gering wie ein Haar **I.v** ⟨in sonstigen Wendungen⟩ es geht um alles *es steht alles auf dem Spiel;* um etwas kommen *etwas verlieren;* um etwas wissen *etwas wissen, über etwas Bescheid wissen* **II** ⟨Präp. m. Gen.; in der Fügung⟩ um ... willen *wegen* ◆ um meinetwillen *meinetwegen, mir zuliebe* **III** ⟨Adv.; beim Inf. mit „zu" zur Bez. der Absicht⟩ sie ging in die Stadt, um etwas einzukaufen **IV** ⟨Adv.; bei allg. Zeit- od. Preisangaben⟩ *etwa, ungefähr, gegen, annähernd* ◆ es kostet um die 50 Mark (herum); um Mittag (herum); ⟨nur bei Uhrzeitangaben⟩ *genau, pünktlich;* um 12 Uhr 25 [< mhd. *umbe* < ahd. *umbi*]

**um..., Um...** ⟨in Zus.⟩ **1** *rundherum, im Kreise um einen Mittelpunkt, von allen Seiten,* z. B. umbinden, umgehen **2** *nach einer Seite hin, durcheinander,* z. B. umstürzen

**umackern** ⟨V. t.; hat⟩ *umpflügen, umbrechen* (Feld)

**umarmen** ⟨V. t.; hat⟩ jmdn. umarmen *die Arme um jmdn. legen* ◆ umarmender Reim

ULME: HOLLÄNDISCHE ULME (*Ulmus* x *hollandica*)

## ULTRASCHALL

Ultraschall dient in der Medizin u. a. der Untersuchung eines heranwachsenden Kindes im Mutterleib. Ein Schallkopf sendet dabei alle Tausendstelsekunden einen Impuls aus, den das Gewebe reflektiert. Diese Echos nimmt ein Detektor wahr und erzeugt mit ihrer Hilfe ein Bild des Embryos auf einem Bildschirm.

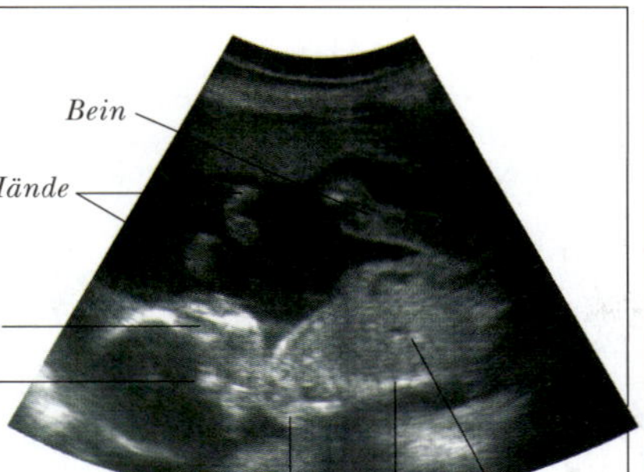


ULTRASCHALLBILD EINES MENSCHLICHEN FÖTUS

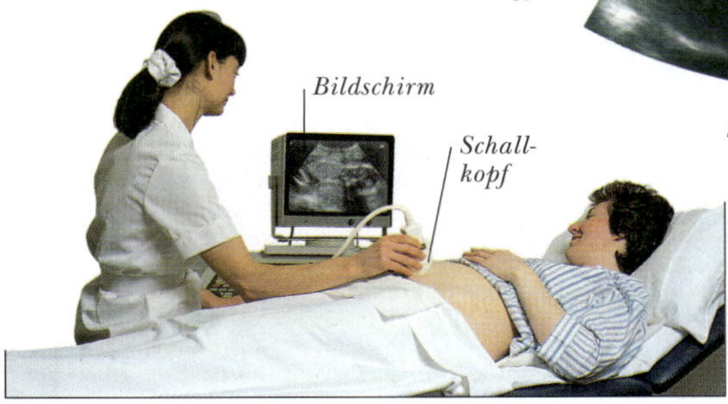


ULTRASCHALLUNTERSUCHUNG EINER SCHWANGEREN FRAU

*Reim, bei dem ein Reimpaar ein anderes umschließt;* Sy *umschließender Reim*

**umadressieren** ⟨V. t.; hat⟩ *mit einer anderen Adresse versehen* ◆ Anja musste den Brief umadressieren

**umändern** ⟨V. t.; hat⟩ *ändern, verändern* ◆ ein Kleid umändern

**umarbeiten** ⟨V. t.; hat⟩ *gründlich verändern* ◆ ein Drama, Buch umarbeiten; einen Hut, ein Kleid umarbeiten (lassen)

**Umarmung** ⟨f. 20⟩ **1** *das Umarmen, das Umarmtwerden* **2** ⟨fig.⟩ *geschlechtliche Vereinigung, Liebesakt*

**Umbau I** ⟨m. 1⟩ *das Umbauen, Änderung eines Baues* **II** ⟨m.; -(e)s, -ten⟩ *Umkleidung, das um etwas Herumgebaute,* z. B. Bettumbau

ULTRALEICHTFLUGZEUG

**umbauen** ⟨['---] V. t.; hat⟩ **1** *durch Bauen verändern* **2** *durch Verrücken, Verstellen der Einzelteile verändern*

**umbauen** ⟨[-'--] V. t.; hat⟩ *durch Bauen, durch Gebäude umgeben, einschließen* ◆ der See, der freie Platz ist heute völlig umbaut

**umbehalten** ⟨V. t. 160; hat; umg.⟩ *anbehalten* (Halskette, Schal) ◆ bei diesem eisigen Wind wollte sie ihren Schal umbehalten

**Umbellifere** ⟨f. 19; Bot.⟩ *Doldengewächs* [< lat. *umbella* „Sonnenschirm" (Verkleinerungsform zu *umbra* „Schatten") + *ferre* „tragen"]

**Umber**[1] ⟨m. 3; unz.⟩ ► = *Umbra (2)*

**Umber**[2] ⟨m. 25⟩ ► = *Äsche*[2]

**Umberfisch** ⟨m. 1⟩ *barschartig aussehender Fisch aus der Unterordnung der Stachelflosser, der bes. in den Küsten- u. Flussgewässern wärmerer Gebiete lebt u. dumpfe Töne ausstößt: Sciaenidae*

**umbesetzen** ⟨V. t.; hat⟩ *anders besetzen als vorher, austauschen* ◆ eine Rolle umbesetzen *eine Rolle von jmd. anderem spielen lassen;* eine Stelle umbesetzen *eine Stelle einem anderen geben*

**umbetten** ⟨V. t.; hat⟩ *in ein anderes Bett legen* ◆ einen Kranken umbetten *einen Kranken aus dem Bett nehmen, dieses neu machen u. ihn wieder hineinlegen;* eine Leiche umbetten *in ein anderes Grab legen*

**Umbettung** ⟨f. 20⟩ *das Umbetten, das Umgebettetwerden*

**umbiegen** ⟨V. 109⟩ **I** ⟨V. t.; hat⟩ *nach einer Seite biegen* (Draht) **II** ⟨V. i.; ist⟩ *eine Biegung machen, von der geraden Richtung in die (fast) entgegengesetzte Richtung abweichen* ◆ vielleicht lässt sich die Sache noch umbiegen ⟨umg.⟩ *kann man sie noch verändern*

**umbilden** ⟨V. t.; hat⟩ *umformen, umwandeln, anders gestalten, neu bilden* ◆ das Kabinett umbilden

**Umbildung** ⟨f. 20⟩ *das Umbilden, das Umgebildetwerden*

**umblasen** ⟨V. t. 113; hat⟩ *durch Blasen zum Umfallen bringen* ◆ der Wind hat den Zaun umgeblasen; sie ist zum Umblasen dünn ⟨fig.⟩ *sehr, außerordentlich dünn*

**umblättern** ⟨V. t. u. V. i.; hat⟩ *(die Seite) umwenden*

**umblicken** ⟨V. refl.; hat⟩ sich umblicken *sich umsehen, sich umschauen*

**Umbra** ⟨f.; -; unz.⟩ **1** ⟨Astron.⟩ *Zentrum der Sonnenflecke* **2** ► *dunkelbraune Farbe, entstanden durch Verwitterung manganhaltiger Eisenerze;* Sy *Umber*[1], *Umbrabraun* [lat., „Schatten"]

**Umbrabraun** ⟨n.; -s; unz.⟩ ► = *Umbra (2)*

**Umbraerde** ⟨f. 19; unz.⟩ *eisen- od. manganhaltiger Ton*

**umbrechen**[1] ⟨['---] V. 116⟩ **I** ⟨V. t.; hat⟩ **1** *umgraben* (Acker, Erde) **2** *umbiegen* (Papier) **3** *nach einer Seite brechen* (Stock, Zaun) **II** ⟨V. i.; ist⟩ **1** *einen Bruch bekommen* (Pappe, Strohhalm) **2** *durch Brechen umstürzen* (Baum, Zaun)

**umbrechen**[2] ⟨[-'--] V. t. od. (selten) V. i. 116; hat; Typ.⟩ einen Schriftsatz umbrechen *zu Seiten, im richtigen Seitenformat zusammenstellen*

**Umbrer** ⟨m. 3⟩ *Angehöriger eines Volksstammes am Tiber*

**umbringen** ⟨V. t. 118; hat⟩ *töten, ermorden* ◆ sich umbringen *sich töten, Selbstmord begehen*

**umbrisch** ⟨Adj.⟩ *zu Umbrien, zu den Umbrern gehörend, von dort, von ihnen stammend* ◆ umbrische Sprache *zu den italischen Sprachen gehörende, ausgestorbene Sprache der Umbrer*

**Umbruch** ⟨m. 1u⟩ **1** *grundlegende Änderung, Umwandlung (bes. politisch)* **2** ⟨Typ.⟩ **2.1** *das Umbrechen, die Seiteneinrichtung* **2.2** *umbrochener Satz*

**umbuchen** ⟨V. t.; hat⟩ **1** *durch Buchen ändern, anders buchen als vorher* (Flug) **2** *auf ein anderes Konto buchen* (Betrag, Summe)

**umdrehen I** ⟨V. t.; hat⟩ **1** *nach der anderen Seite, auf die andere Seite drehen* **2** sich umdrehen *eine halbe Wendung (um 180°) machen* ◆ dreh dich bitte mal um!; er dreht jeden Pfennig (zweimal) um, ehe er ihn ausgibt ⟨fig.⟩ *er spart sehr, er ist geizig;* den Schlüssel (im Schloss) umdrehen **II** ⟨V. i.; hat/ist⟩ *umkehren, umwenden (bes. mit dem Fahrzeug), kehrtmachen*

**Umdrehung** ⟨f. 20⟩ *einmalige Drehung um eine Achse* ◆ halbe, ganze Umdrehung; 500 Umdrehungen in der Sekunde

**umerziehen** ⟨V. t. 287; hat⟩ *anders erziehen als bisher, auf andere Ziele hin erziehen*

**umfahren** ⟨['---] V. 130⟩ **I** ⟨V. i.; ist; umg.⟩ *einen Umweg fahren* ◆ wir sind umgefahren **II** ⟨V. t.; hat⟩ *durch Fahren, beim Fahren umwerfen* ◆ jmdn. umfahren; einen Pfahl umfahren

**umfahren** ⟨[-'--] V. t. 130; hat⟩ etwas umfahren *um etwas herumfahren* ◆ eine Insel, einen See umfahren

**umfallen** ⟨V. i. 131; ist⟩ **1** *aus dem Stehen od. Sitzen hinfallen* (Person) **2** *umkippen, auf die Seite fallen* (Stuhl, Tisch, Vase, Wagen usw.) **3** ⟨umg.⟩ *ohnmächtig werden* **4** ⟨fig.; umg.⟩ *(sich beeinflussen lassen u.) die Gesinnung plötzlich wechseln*

**Umfang** ⟨m. 1u; Pl. selten⟩ **1** *zum Ausgangspunkt zurücklaufende Begrenzungslinie od. Fläche* **2** *Länge dieser Linie, Inhalt dieser Fläche* (Kreisumfang, Kugelumfang) **3** ⟨fig.⟩ *Ausdehnung, Ausmaß* (Stimmumfang) ◆ der Umfang der Verluste lässt sich noch nicht überblicken ⟨fig.⟩; die Sache, Arbeit nimmt allmählich größeren Umfang an [Rückbildung aus *umfangen*]

**umfangen** ⟨V. t. 132; hat⟩ **1** *umfassen* **2** *umarmen* ◆ er umfing sie mit seinen Blicken *er ließ seine Blicke auf ihr ruhen* [< mhd. *umbevahen, umbevan* „umschließen, umfassen"; zu *vahen, van* „fassen, fangen"; → *fangen*]

UMBRA

**umfangreich** ⟨Adj.⟩ **1** *großen Umfang besitzend, ausgedehnt, groß* (Land) **2** ⟨fig.; umg.⟩ *dick* (Personen)

**umfassen** ⟨['---] V. t.; hat⟩ *anders fassen als vorher, mit einer anderen Fassung versehen* (Edelstein)

**umfassen** ⟨[-'--] V. t.; hat⟩ **1** *einschließen, umzingeln* **2** *umarmen* **3** jmdn. umfassen *den Arm, die Arme um jmdn. legen* **4** etwas umfassen **4.1** *mit der Faust festhalten* (Waffe) **4.2** *in sich schließen, enthalten* ◆ jmds. Hände, Schultern umfassen

**umfassend** ⟨Adj.⟩ *vollständig, alles einschließend, vielseitig* ◆ eine umfassende Bildung besitzen; ein umfassendes Geständnis ablegen

U

**Umfeld** ⟨n. 12; unz.⟩ *Gesamtheit der gesellschaftl. und/oder Umwelteinflüsse, die auf jmdn. einwirken* ◆ das soziale Umfeld des Angeklagten

**Umfrage** ⟨f. 19⟩ *Frage, die an viele Personen gerichtet wird, Rundfrage* ◆ (bei jmdm.) Umfrage halten *viele Personen fragen*

**umfrieden** ⟨V. t.; hat⟩ *einfassen, umzäunen, mit Gitter, Mauer, Zaun od. Hecke umgeben;* oV *umfriedigen*

**umfriedigen** ⟨V. t.; hat⟩ = *umfrieden*

**Umfriedigung** ⟨f. 20⟩ = *Umfriedung*

**Umfriedung** ⟨f. 20⟩ oV *Umfriedigung* **1** *das Umfriedigen, Umfrieden* **2** *Einzäunung, Zaun, Hecke, Mauer o. Ä.* ◆ innerhalb, außerhalb der Umfriedung

**Umgang** ⟨m. 1u⟩ **I** ⟨unz.⟩ *Verkehr, Geselligkeit, Zusammensein* ◆ freundschaftlicher, vertraulicher Umgang; schlechten Umgang haben **II** ⟨zählb.⟩ **1** *kirchl. Umzug, Rundgang, Prozession um den Altar* **2** *ein Stück Land o. Ä.* (Flurumgang) **3** *überdachter Gang um ein Gebäude* (Säulenumgang)

**umgänglich** ⟨Adj.⟩ *verträglich, freundlich, entgegenkommend* ◆ er ist ein sehr umgänglicher Mensch

**Umgangsform** ⟨f. 20⟩ **1** ⟨i. w. S.⟩ *Art des Umgangs mit anderen Menschen* **2** Umgangsformen ⟨i. e. S.; Pl.⟩ *liebenswürdige Gewandtheit im Umgang mit anderen, höfl. Entgegenkommen* ◆ angenehme, gute, höfliche Umgangsformen haben; schlechte, keine Umgangsformen haben

**Umgangssprache** ⟨f. 19; unz.⟩ *(gesprochene) Sprache des tägl. Lebens;* Sy *Alltagssprache*

**umgeben** ⟨V. t. 143; hat⟩ *einschließen, in die Mitte nehmen* ◆ jmdn. mit liebevoller Fürsorge umgeben ⟨fig.⟩; der Wald umgibt das Grundstück von allen Seiten

**Umgebung** ⟨f. 20; unz.⟩ **1** *einen Ort umgebende Landschaft, umgebender Bezirk, Nachbarschaft* **2** ⟨fig.⟩ *eine Person im täglichen Leben umgebende Dinge u. Menschen, Gefolge, Begleitung* ◆ die Umgebung Berlins; einen Ausflug in die Umgebung Hamburgs machen

**umgehen** ⟨['---] V. i. 145; ist⟩ **1** *in Bewegung sein, im Umlauf sein* (Gerücht) **2** *regelmäßig erscheinen, spuken* (Geister) **3** ⟨umg.⟩ *versehentlich einen Umweg machen* **4** mit etwas umgehen **4.1** *etwas im Sinn haben, sich (geistig) mit etwas beschäftigen* **4.2** *etwas behandeln, handhaben, gebrauchen, benutzen, anwenden* ◆ ich gehe mit dem Gedanken, Plan um, mir ein Auto zu kaufen; er kann gut, schlecht mit Menschen umgehen; ich kann damit nicht umgehen, verstehe damit nicht umzugehen

**umgehen** ⟨[-'--] V. i. 145; hat⟩ **1** etwas (bes. einen Ort) umgehen *im Halbkreis um etwas herumgehen* **2** *herumfahren, einen Bogen, Umweg um etwas machen* ◆ eine Pfütze, eine Baustelle umgehen

**umgehend** **I** ⟨Adj.⟩ *sofortig, unverzüglich* ◆ umgehende Erledigung, Antwort **II** ⟨adv.⟩ *sogleich, sofort* ◆ umgehend antworten; eine Sache umgehend erledigen, zurückschicken [zu *umgehen* „umkehren, zurückkehren", also „mit zurückkehrender Post"]

**Umgehung** ⟨f. 20⟩ **I** ⟨unz.⟩ *das Meiden, Umgehen* ◆ unter Umgehung der Vorschrift **II** ⟨zählb.; kurz für⟩ *Umgehungsstraße*

**Umgehungsstraße** ⟨f. 19⟩ *Straße, die einen Ort umgeht, z. B. eine verkehrsreiche Innenstadt;* Sy ⟨kurz⟩ *Umgehung (II)*

**Umhang** ⟨m. 1u⟩ *mantelartiges Kleidungsstück ohne Ärmel, das man sich nur umhängt*

**umhängen** ⟨V. t.; hat⟩ **1** *an einen anderen Platz hängen* (Bild) **2** jmdm. od. sich etwas umhängen *über die Schultern hängen* ◆ jmdm. od. sich einen Mantel umhängen

U

## UMLAUFBAHN

Mit seiner Anziehungskraft hält ein größerer Himmelskörper kleinere Körper auf einer Umlaufbahn. Daher umkreisen künstliche Satelliten und der relativ kleine Mond die größere Erde, die sich selbst auf einer Umlaufbahn um die noch größere Sonne befindet.

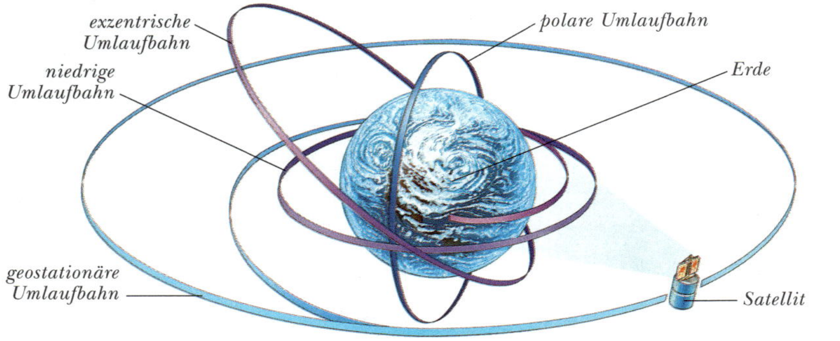


UMLAUFBAHNEN VON SATELLITEN

**umher...** ⟨in Zus. mit Verben; oft gleich bedeutend mit umg.⟩ **1** *herum...* **2** *nach allen Seiten, hierhin u. dahin*

**umherziehen** ⟨V. 287⟩ **I** ⟨V. i.; ist⟩ *hierhin u. dorthin ziehen, wandern* ◆ der Zirkus zieht im Lande umher; umherziehender Händler, Hausierer; → a. *herumziehen* **II** ⟨V. t.; hat⟩ *hin u. her ziehen, hierhin u. dahin (mit sich) ziehen* ◆ das Kind zieht einen Wagen, seine Spielsachen im Zimmer umher

**umhin** ⟨Adv.; nur in der Wendung⟩ nicht umhin können (etwas zu tun) *nicht anders können (als etwas zu tun), etwas tun müssen* ◆ ich kann nicht umhin, es ihm mitzuteilen

**umhören** ⟨V. refl.; hat⟩ sich umhören *durch Fragen vieler Leute etwas zu erfahren suchen* ◆ ich werde mich einmal umhören, ob es so etwas gibt, ob man so etwas bekommen kann

**umkämpfen** ⟨V. t.; hat⟩ etwas umkämpfen *um etwas kämpfen* ◆ eine heiß umkämpfte Stadt

**Umkehr** ⟨f. 20; unz.⟩ **1** *das Umkehren, Wendung zurück, Beginn des Rückweges* **2** ⟨fig.⟩ *Hinwendung zu einer besseren Lebensweise, zur Religion* ◆ sich zur Umkehr entschließen; jmdn. zur Umkehr zwingen

**umkehren** **I** ⟨V. i.; ist⟩ **1** *die entgegengesetzte Richtung einschlagen* **2** *wieder zurückgehen, zurückfahren od. -fliegen* **3** ⟨fig.⟩ *sich von seinem bisherigen Leben abkehren u. ein besseres beginnen* ◆ es fängt an zu regnen, wir müssen umkehren **II** ⟨V. t.; hat⟩ *umdrehen, umwenden, auf die andere Seite kehren, drehen, wenden* ◆ die Reihenfolge umkehren; umgekehrt *andersherum, entgegengesetzt;* umgekehrt ist es genau richtig!; umgekehrt proportional

**umkippen** **I** ⟨V. i.; ist⟩ **1** *aus der senkrechten Stellung geraten, Übergewicht bekommen u. umstürzen* **2** *umfallen, auf die Seite fallen* **3** ⟨fig.; umg.⟩ *ohnmächtig werden* **4** *plötzlich die Gesinnung wechseln* ◆ der Wagen ist umgekippt; die Ostsee kippt um ⟨umg.⟩ *die Ostsee ist so stark verschmutzt, dass sie biologisch abstirbt* **II** ⟨V. t.; hat⟩ *zum Kippen u. Stürzen bringen* ◆ einen Stuhl, Schrank umkippen

**umkleiden** ⟨['---] V. t.; hat⟩ *die Kleider wechseln* ◆ sich zweimal am Tag umkleiden; jmdm. beim Umkleiden helfen

**umkleiden** ⟨[--'-] V. t.; hat⟩ einen Gegenstand mit etwas umkleiden *ringsherum bedecken, bekleben, bespannen, umhüllen* ◆ einen Kasten mit Stoff umkleiden; eine unangenehme Wahrheit mit schönen Worten umkleiden ⟨fig.⟩ *verhüllen*

**Umkleidung** ⟨f. 20⟩ **I** ⟨unz.⟩ *das Umkleiden, Bedeckung, Umhüllung* **II** ⟨zählb.⟩ *die Hülle selbst*

**umkommen** ⟨V. i. 170; ist⟩ **1** *sterben, ums Leben kommen (bei einem Unfall od. Unglück)* **2** *verderben* (Lebensmittel) ◆ bei dem Erdbeben sind viele Menschen umgekommen; es ist eine Schande, Lebensmittel umkommen zu lassen

**Umkreis** ⟨m. 1; unz.⟩ **1** *Umgebung, Gebiet, das man von seinem Standpunkt aus überblicken kann* **2** ⟨Math.⟩ *Kreis, der durch die Ecken eines Vielecks geht* ◆ 3 km im Umkreis sind nur Felder und Wiesen zu sehen; im Umkreis von 50 m waren durch die Explosion alle Fensterscheiben entzweigegangen

**umkrempeln** ⟨V. t.; hat⟩ **1** *mehrmals nach oben, in die Höhe schlagen* (Ärmel, Hosenbein) **2** ⟨fig.⟩ *vollständig ändern* **3** *suchend in Unordnung bringen* ◆ ich kann mich nicht umkrempeln ⟨fig.; umg.⟩ *ich kann mich nicht ändern, ich muss (eben) so bleiben, wie ich bin*

**Umlage** ⟨f. 19⟩ *zu zahlender Betrag, der auf mehrere Personen umgelegt (verteilt) wird* ◆ die Umlage beträgt pro Person und Tag 50 DM

**Umland** ⟨n. 12u; unz.⟩ *umliegendes, umgebendes Land* ◆ Umland einer Stadt

**Umlauf** ⟨m. 1u⟩ **1** *Kreislauf, Bewegung im Kreis um etwas herum* (Mondumlauf) *od. von Hand zu Hand* (Geldumlauf) **2** *Rundschreiben innerhalb eines Betriebes, das von jedem Angestellten abgezeichnet wird* ◆ Geld außer Umlauf setzen; Geld in Umlauf bringen, setzen; das Gerücht wurde in Umlauf gesetzt, dass ...

**Umlaufbahn** ⟨f. 20; Astron.⟩ ▲ *Bahn eines Gestirns beim Umlauf um die Sonne bzw. eines Satelliten beim Umlauf um die Erde*

**Umlaut** ⟨m. 1; Sprachw.⟩ **I** ⟨unz.⟩ *Veränderung eines Vokals durch den urspr. Einfluss des folgenden, helleren Vokals, im Nhd. a zu ä, o zu ö, u zu ü, au zu äu* **II** ⟨zählb.⟩ *der so entstehende Laut selbst (ä, ö, ü, äu)*

**umlegen** ⟨V. t.; hat⟩ **1** *hinlegen, was vorher gestanden hat* **2** *auf mehrere Personen verteilen* (Land, Kosten) **3** *anders legen, an eine andere Stelle legen* **4** jmdn. umlegen ⟨umg.⟩ **4.1** *zu Boden werfen (beim Ringen, Boxen)* **4.2** *töten, ermorden* **5** jmdm. etwas umlegen *umbinden, umhängen* ◆ jmdm. eine Decke, einen Schal, eine Halskette umlegen; einen Kragen umlegen *umschlagen, falten;* einen Termin umlegen *ändern*

**umleiten** ⟨V. t.; hat⟩ *einen anderen Weg leiten, anders leiten* ◆ den Verkehr umleiten

**Umleitung** ⟨f. 20⟩ **1** *das Umleiten, Führung des Verkehrs auf einem anderen als dem direkten od. gewohnten Weg* **2** *der Weg selbst*
**umliegend** ⟨Adj.⟩ *in der näheren Umgebung, in der Nachbarschaft befindlich* ◆ die umliegenden Häuser, Dörfer
**umnachtet** ⟨Adj.⟩ *verwirrt, nicht klar* ◆ sein Geist ist umnachtet; er ist geistig umnachtet *geisteskrank*
**umpolen** ⟨V. t.; hat⟩ eine elektrische Anlage umpolen *den Plus- u. Minuspol vertauschen*
**umrahmen** ⟨V. t.; hat⟩ *mit einem Rahmen versehen* ◆ ein Bild umrahmen; ihr Gesicht war von blonden Locken umrahmt; der Vortrag wurde von Musik umrahmt ⟨fig.⟩ *davor u. danach gab es musikal. Darbietungen*
**umrechnen** ⟨V. t.; hat⟩ eine Summe, einen Betrag umrechnen *rechnen, wie viel eine Summe, ein Betrag in einem anderen Kurs, in einer anderen Währung od. Rechnungseinheit ergibt* ◆ Mark in Lire, Francs, Euro umrechnen; Mark in Pfennige umrechnen
**umreißen** ⟨['---] V. t. 195; hat⟩ **1** *niederreißen, zerstören* (Mauer, Zaun) **2** *heftig umwerfen, zum Umfallen bringen* (Gegenstand, Person) ◆ Vorsicht, reiß mich bloß nicht noch um!; im Fallen riss er die Lampe mit um
**umreißen** ⟨[-'--] V. t. 195; hat⟩ **1** etwas umreißen *skizzieren, die Form von etwas mit wenigen Linien angeben* **2** *mit wenigen Worten, in großen Zügen schildern* ◆ er umriss die Lage in wenigen Sätzen
**umringen** ⟨V. t.; hat⟩ *von allen Seiten umgeben* ◆ die Kinder umringten den Vater
**Umriss** ⟨m. 1⟩ *äußere Grenzlinie, Kontur* ◆ etwas in Umrissen schildern *in großen Zügen, mit knappen, wenigen Worten;* etwas in Umrissen zeichnen
**ums** ⟨Verschmelzungsform aus Präp. u. Art.⟩ *um das*
**umsatteln** ⟨V.; hat⟩ **I** ⟨V. t.⟩ ein Pferd umsatteln *mit einem anderen Sattel versehen* **II** ⟨V. i.; fig.⟩ *ein anderes Studium, einen anderen Beruf ergreifen*
**Umsatz** ⟨m. 1u⟩ *alle Verkäufe eines Betriebes in einer bestimmten Zeit* (Tagesumsatz, Jahresumsatz) ◆ den Umsatz erhöhen
**umschalten** ⟨V.; hat⟩ **I** ⟨V. i.; fig.; umg.⟩ *sich auf etwas anderes einstellen, umstellen* **II** ⟨V. t.⟩ *durch Schalten verändern*
**umschichten** ⟨V. t.; hat⟩ etwas umschichten **1** *die Schichtung von etwas verändern, anders schichten* **2** *die Verteilung, den Aufbau von etwas ändern* ◆ die Bevölkerung hat sich im Lauf der Jahre umgeschichtet
**Umschlag** ⟨m. 1u⟩ **1** *das Umschlagen (ins Gegenteil), plötzl. Veränderung, Umschwung* (Stimmungsumschlag, Witterungsumschlag) **2** ► *Papierhülle um ein Buch od. Heft* (Schutzumschlag) **3** *Hülle für einen Brief zum Versenden* (Briefumschlag) **4** *das Umwickeln eines Körperteils mit feuchtem Tuch u. Heilmittel, Packung, Wickel* (Breiumschlag) **5** *Umladung (bes. vom Schiff auf Landfahrzeuge)* **6** *umgeschlagenes Stoffstück* ◆ den Umschlag adressieren, zukleben; einen Brief in einen Umschlag stecken
**umschlagen** ⟨V. 216⟩ **I** ⟨V. t.; hat⟩ **1** *auf die andere Seite wenden* (Ärmel, Kragen, Saum) **2** *durch Schlag umwerfen, zum Stürzen bringen* (Baum) **3** *umladen* (Güter, Waren) ◆ eine Seite im Buch umschlagen **II** ⟨V. i.; ist⟩ **1** *umkippen, kentern* (Boot) **2** *sich plötzlich ändern, ins Gegenteil umschlagen* (Stimmung, Wetter) **3** *sauer werden* (Wein, Bier)
**umschließen** ⟨V. t. 220; hat⟩ **1** *einschließen, umzingeln* **2** *umfassen* ◆ er umschloss sie mit beiden Armen; der Fluss umschließt die Burg von drei Seiten; umschließender Reim ⟨Lit.⟩ = *umarmender Reim*
**umschlingen** ⟨V. t. 221; hat⟩ etwas umschlingen *sich um etwas legen, schlingen, wickeln* ◆ das Kind umschlang den Hals der Mutter, ein von Efeu umschlungenes Haus
**umschreiben** ⟨['---] V. t. 226; hat⟩ *in anderer Weise schreiben, durch Schreiben (Ergänzen, Streichen) umarbeiten, umgestalten* ◆ ein Manuskript, einen Text, Aufsatz umschreiben; ein Grundstückes auf jmdn., auf jmds. Namen umschreiben lassen *jmdn. als Eigentümer eines Grundstücks im Grundbuch eintragen lassen*
**umschreiben** ⟨[-'--] V. t. 226; hat⟩ **1** *in Umrissen beschreiben, bezeichnen, schildern* **2** *mit anderen, verhüllenden Worten ausdrücken, durch einen anderen Ausdruck bezeichnen* ◆ ein unanständiges Wort, einen peinlichen Sachverhalt (durch andere Ausdrücke) umschreiben; ein (genau) umschriebenes Ekzem ⟨Med.⟩ *Ekzem mit genau erkennbaren Umrissen*
**Umschreibung** ⟨['---] f. 20⟩ **1** *das Umschreiben, schriftl. Veränderung* **2** *Änderung der Eintragung*
**Umschreibung** ⟨[-'--] f. 20⟩ **1** *das Umschreiben* **2** *umschreibender Ausdruck, umschreibende Wörter;* → a. *Periphrase*
**umschulden** ⟨V. t.; hat⟩ einen Kredit umschulden *einen kurzfristigen Kredit in einen langfristigen umwandeln*
**umschulen** ⟨V. t.; hat⟩ **1** *in eine andere Schule schicken* **2** *für einen anderen Beruf als den bisherigen ausbilden*
**Umschwung** ⟨m. 1u⟩ **1** *Drehung, Schwung um 360° am Reck* **2** *grundlegende Veränderung, Wendung* **3** ⟨unz.; schweiz.⟩ *Umgebung des Hauses* ◆ völliger Umschwung der politischen Lage, der Stimmung
**umsehen** ⟨V. refl. 235; hat⟩ sich umsehen **1** *im Kreis herum blicken, nach allen Seiten schauen* **2** *nach rückwärts sehen, hinter sich schauen* ◆ du darfst dich bei mir nicht umsehen, ich habe noch keine Ordnung gemacht; im Umsehen war die Zeit vorbei *im Nu, sehr schnell;* sich nach jmdm. umsehen *sich umwenden, um jmdn. zu sehen;* sich nach Arbeit umsehen *Arbeit suchen*

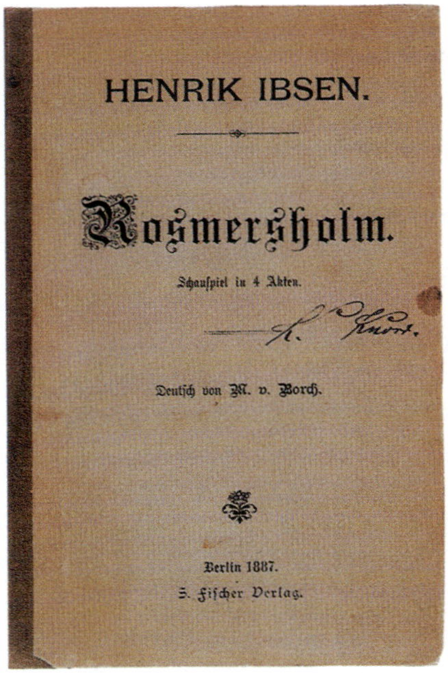


UMSCHLAG VON HENRIK IBSENS SCHAUSPIEL *Rosmersholm* (1887)

**umsetzen** ⟨V. t.; hat⟩ **1** *an eine andere Stelle setzen* **2** ⟨Mus.⟩ *in eine andere Tonart setzen, transponieren* **3** *verkaufen* (Ware) **4** *verwandeln* (Nährstoffe) **5** sich umsetzen ⟨umg.⟩ *sich auf einen anderen Platz setzen* ◆ Bäume, Pflanzen umsetzen; sein Geld in Bücher usw. umsetzen *für Bücher usw. ausgeben;* Waren im Wert von 10 000 DM umsetzen; einen Plan, ein Vorhaben in die Tat umsetzen *ausführen, verwirklichen;* Kohlenhydrate in Fett umsetzen *umwandeln*
**umsichtig** ⟨Adj.⟩ *bedacht, überlegt, alle Umstände bedenkend* ◆ umsichtig handeln, vorgehen [Lehnübersetzung von lat. *circumspectus,* Part. Perf. zu *circumspicere* „sich (überall) umschauen, ringsum betrachten"]
**umsiedeln** **I** ⟨V. i.; ist⟩ *umziehen, sich anderswo niederlassen* ◆ in eine andere Wohnung umsiedeln **II** ⟨V. t.; hat⟩ jmdn. umsiedeln *jmdm. eine andere Wohnung, einen anderen Wohnort zuteilen*
**umso** ⟨Konj.; in den Fügungen⟩ **1** umso ..., als ... *vor allem, weil ...* **2** je..., umso... *je..., desto...* ◆ das Geschenk freut mich umso mehr, als ich so etwas noch nie gehabt habe; je schneller, umso besser
**umsonst** ⟨Adv.⟩ **1** *unentgeltlich, ohne Vergütung* **2** *vergeblich, vergebens, erfolglos* ◆ umsonst arbeiten; du hast dich umsonst bemüht [< mhd. *umbe sus* „um ein So" (= Gebärde des Nichtsbedeutens), also „um ein Nichts, ohne Erfolg"]
**umsorgen** ⟨V. t.; hat⟩ jmdn. umsorgen *mit liebevoller Sorge umgeben, liebevoll für jmdn. sorgen*
**Umspanner** ⟨m. 3; El.⟩ ► = *Transformator*
**umspringen** ⟨V. i. 248; ist⟩ **1** *aus dem Stand springend eine Viertel- od. halbe Drehung (auf der gleichen Stelle) machen* **2** mit jmdm. umspringen *jmdn. schlecht behandeln* ◆ der Wind springt um *weht plötzlich aus einer anderen Richtung*
**Umstand** ⟨m. 1u⟩ *bes. Verhältnis, bes. Lage, bemerkenswerte Einzelheit, Tatsache, Sachverhalt* ◆ **mach** keine Umstände! *mach dir nicht (so) viel Mühe!;* wenn es Ihnen keine Umstände macht, dann komme ich gern *keine Mühe, Arbeit* ◆ ich bin durch die **äußeren** Umstände gezwungen, es zu tun; einem Angeklagten **mildernde** Umstände zubilligen *die bes. Lage des Straffalles berücksichtigen u. ihn deshalb milder beurteilen* ◆ sie ist **in** anderen Umständen *schwanger;* das ist je **nach** den Umständen verschieden; **ohne** Umstände *ohne Förmlichkeiten, ohne Redensarten;* **unter** Umständen *eventuell, vielleicht, wenn es möglich ist* [< mhd. *umbestant* „das Herumstehen", dann „Gesamtheit der Herumstehenden"; zu *umbestân* „herumstehen"]
**umständlich** ⟨Adj.⟩ **1** *viele Umstände verursachend, mit vielen Umständen (Mühen) verbunden* (Arbeit, Reise) **2** *weitschweifig* (Schilderung) **3** *zu förmlich, zu genau, zu pedantisch* (Person, Handlung) ◆ du machst das aber umständlich *allzu genau od. nicht zweckmäßig u. daher langsam;* er ist bei allem, was er tut, ein wenig umständlich
**Umstandskleid** ⟨n. 12⟩ *Kleid für eine Frau in anderen Umständen, für eine schwangere Frau*
**Umstandswort** ⟨n. 12u; Gramm.⟩ = *Adverb*
**umstehen** ⟨V. t. 251; hat; Perf. selten⟩ etwas od. jmdn. umstehen *um etwas od. jmdn. herumstehen, im Kreis um etwas od. jmdn. stehen*
**umstehend** ⟨Adj.⟩ **1** *um jmdn. od. etwas herumstehend* **2** *auf der Rückseite befindlich* ◆ die Umstehenden *die in der Nähe stehenden Person;* der Paragraph wird umstehend erläutert

U

**umsteigen** ⟨V. i. 253; ist⟩ **1** *den Zug, die Straßenbahn, das Schiff wechseln, aus einem Fahrzeug in ein anderes steigen* **2** auf etwas anderes umsteigen **2.1** ⟨umg.⟩ *ein anderes als das bisher verwendete Gerät benutzen, einer anderen Beschäftigung als der bisherigen nachgehen* **2.2** ⟨Drogenszene⟩ *zur Einnahme von harten anstelle von weichen Drogen übergehen*

**umstellen** ⟨['---] V. t.; hat⟩ **1** *an einen anderen Platz stellen, anders stellen als vorher, umräumen* **2** *umschalten* **3** *umwandeln (in)* **4** sich umstellen *eine andere Haltung einnehmen, sich den neuen Umständen, einer neuen Lage anpassen* ◆ er ist zu alt, er kann sich nicht mehr (auf die heutige Zeit) umstellen; sich auf etwas umstellen *sich nach etwas richten, sich auf etwas einstellen, sich einer Sache anpassen*

**umstellen** ⟨[-'--] V. t.; hat⟩ *umzingeln* ◆ das Wild umstellen; ein Haus umstellen

**umstimmen** ⟨V. t.; hat⟩ **1** ein Instrument umstimmen *die Stimmung eines Instrumentes ändern* **2** den Organismus umstimmen *Veränderung in der Funktion des Organismus bewirken* **3** jmdn. umstimmen *jmdn. veranlassen, seine Meinung zu ändern*

**umstritten** ⟨Adj.⟩ *nicht sicher, nicht einwandfrei geklärt, nicht verbürgt, nicht überliefert* ◆ die Herkunft dieses Wortes ist umstritten; seine Fähigkeiten sind umstritten

**Umsturz** ⟨m. 1u; Pl. selten⟩ *grundlegende Veränderung, Umwälzung (bes. der Staatsform)*

**umstürzen I** ⟨V. t.; hat⟩ **1** *umwerfen* (Wagen, Gefäß, Tisch) **2** *niederreißen* (Mauer) **3** ⟨fig.⟩ *grundlegend verändern* ◆ die Regierung umstürzen *beseitigen, putschen;* wir haben den ganzen Plan umstürzen müssen ⟨fig.⟩ **II** ⟨V. t.; ist⟩ *umfallen, zur Seite fallen*

**Umtausch** ⟨m. 1; Pl. selten⟩ *Rückgabe einer Sache gegen eine andere, bes. einer gekauften Ware gegen eine gleichen Wertes* ◆ diese Waren sind vom Umtausch ausgeschlossen

**umtauschen** ⟨V. t.; hat⟩ *zurückgeben u. dafür etwas anderes, Gleichwertiges bekommen, gegen etwas Gleichwertiges auswechseln*

**UMTS** ⟨Abk. für engl.⟩ *Universal Mobile Telecommunications System, neue Mobilfunktechnologie, die neben den klassischen Mobilfunkdiensten auch Multimediadienste und einen schnellen Internetzugang ermöglicht*

**U-Musik** ⟨f. 20; unz.; umg.; kurz für⟩ *Unterhaltungsmusik;* Ggs *E-Musik*

**umwälzen** ⟨V. t.; hat⟩ *auf die andere Seite wälzen* ◆ umwälzend ⟨fig.⟩ *gewaltsam, gründlich, vollkommen verändernd;* umwälzende Ereignisse; von umwälzender Wirkung; Wasser mit einer Pumpe umwälzen

**umwandeln** ⟨V. t.; hat⟩ *in eine andere Form bringen, umgestalten, verwandeln* ◆ Todesstrafe in lebenslängliche Zuchthausstrafe umwandeln; er ist wie umgewandelt *er hat sich sehr verändert, er benimmt sich plötzlich ganz anders*

**umwechseln** ⟨[-ks-] V. t.; hat⟩ *umtauschen* ◆ D-Mark in Euro umwechseln; Papiergeld in Münzen umwechseln

**Umweg** ⟨m. 1⟩ *Weg, der länger ist als der gerade Weg* ⟨a. fig.⟩ ◆ einen Umweg machen; einen Ort auf Umwegen erreichen; eine Sache auf Umwegen erreichen ⟨fig.⟩

**Umwelt** ⟨f. 20; unz.⟩ *Gesamtheit der ein Lebewesen umgebenden anderen Lebewesen, Dinge u. Vorgänge, mit denen es in Wechselwirkung steht* ◆ sich seiner Umwelt anpassen; fremde, gewohnte, ungewohnte Umwelt; die Umwelt schützen

**Umweltschutz** ⟨m.; -es; unz.⟩ *das Aufrechterhalten erträglicher Lebensbedingungen durch Verhindern od. Beseitigen von Umweltschäden* ◆ sie ist im Umweltschutz aktiv

**Umweltverschmutzung** ⟨f. 20⟩ ▼ *die natürlichen Lebensbedingungen gefährdende Verschmutzung der Umwelt des Menschen durch Abgase, Abfallstoffe aus Industrie u. Haushalt usw.*

UMWELTVERSCHMUTZUNG: WALDSTERBEN AUFGRUND HOHER UMWELTGIFTBELASTUNG

**umwenden** ⟨V. 278; hat⟩ **I** ⟨V. t.⟩ **1** *auf die andere Seite wenden, umdrehen* **2** sich umwenden *sich umdrehen, sich nach rückwärts wenden* ◆ jmdm. die Notenblätter umwenden; eine Seite (im Buch) umwenden; sich nach jmdm. umwenden *den Kopf wenden, um nach jmdm. zu sehen* **II** ⟨V. i.⟩ *mit dem Fahrzeug umkehren, die entgegengesetzte Richtung einschlagen* ◆ die Straße ist zu schmal, wir können hier nicht umwenden

**umwerfen** ⟨V. 281; hat⟩ **I** ⟨V. t.⟩ **1** *zum Umfallen bringen, zu Boden werfen* **2** sich etwas umwerfen *sich rasch über die Schultern hängen, rasch umhängen* (Mantel, Tuch) ◆ einen Plan umwerfen ⟨fig.⟩ *umstoßen, grundlegend ändern;* das hat ihn umgeworfen ⟨fig.; umg.⟩ *das hat ihn sehr betroffen gemacht, ihn aus der Fassung gebracht;* umwerfend komisch ⟨fig.; umg.⟩ *ganz bes. komisch;* pass auf, dass du nichts umwirfst! **II** ⟨V. i.; umg.; veraltet⟩ *mit etwas, bes. einem Wagen, Pferdewagen, umfallen*

**umwittert** ⟨Adj.⟩ von etwas umwittert sein *in geheimnisvoller Weise von etwas umgeben sein* ◆ seine Herkunft ist von Geheimnissen umwittert

**umziehen** ⟨['---] V. 287⟩ **I** ⟨V. i.; ist⟩ *die Wohnung, den Wohnsitz wechseln* **II** ⟨V. t.; hat⟩ jmdn. od. sich umziehen *jmds. od. seine (eigene) Kleidung wechseln*

**umziehen** ⟨[-'--] V. refl. 287; hat⟩ sich umziehen *sich mit Wolken bedecken* ◆ der Himmel umzieht sich, hat sich umzogen

**umzingeln** ⟨V. t.; hat⟩ jmdn. umzingeln *sich jmdm. von allen Seiten nähern u. im Kreis einschließen, einkreisen* ◆ einen Flüchtling, den Feind umzingeln [zu mhd. *zingeln* „eine Schanzmauer anbringen"; zu *zingel* „Sattelgurt; Schanzmauer" < lat. *cingulus, cingula*]

**Umzug** ⟨m. 1u⟩ **1** *das Umziehen, Wohnungswechsel* **2** *Fahrt, Marsch eines Festzuges* ◆ sich den Umzug ansehen

**UN** ⟨Abk. für engl.⟩ *United Nations (Vereinte Nationen)*

**un...** ⟨Vors. zur Bez. der Verneinung od. des Gegenteils⟩ *nicht,* z. B. unerwünscht, unhöflich, unübersehbar, undiskutabel [< mhd., ahd. *un,* engl. *un,* (verneinende Vorsilbe)]

**Un...** ⟨Vors.⟩ **1** ⟨zur Bez. des großen Maßes⟩ *sehr groß,* z. B. Unmenge, Unzahl **2** ⟨Vors. zur Bez. der Verneinung od. des Gegenteils⟩ *Miss...,* z. B. Unbehagen

**unabhängig** ⟨Adj.⟩ *nicht abhängig, selbständig, frei* ◆ ein unabhängiges Leben führen; unabhängiger Staat

**Unabhängigkeit** ⟨f. 20; unz.⟩ *Selbständigkeit, Freiheit, Ungebundenheit*

**unangefochten** ⟨Adj.⟩ **1** *nicht angefochten, unbestritten* (Recht) **2** *unversehrt, unbehindert* ◆ jmdn. unangefochten lassen *ihn nicht behindern, nicht belästigen;* eine Sache unangefochten lassen *eine Sache nicht anfechten, nicht angreifen;* er kam unangefochten über die Grenze

**unangenehm** ⟨Adj.⟩ *nicht angenehm, peinlich, Verlegenheit bereitend, Unbehagen bereitend* ◆ in eine unangenehme Lage, Situation geraten; ein unangenehmer Mensch; eine unangenehme Überraschung

**Unannehmlichkeit** ⟨f. 20⟩ *unangenehme, lästige Sache, lästige Mühe* ◆ Unannehmlichkeiten auf sich nehmen; ich möchte Ihnen keine Unannehmlichkeiten bereiten

**unanständig** ⟨Adj.⟩ **1** *nicht anständig, nicht ehrenhaft, verwerflich* (Handlungsweise, Gesinnung) **2** *Anstoß erregend, die gute Sitte, das Schamgefühl der anderen verletzend, anstößig* (Witz, Bemerkung)

**unantastbar** ⟨Adj.⟩ **1** *so beschaffen, dass man es nicht antasten, angreifen, nicht verletzen kann* (Rechte, Person) **2** *so beschaffen, dass dagegen nichts einzuwenden ist, über Zweifel u. Misstrauen erhaben* ◆ seine Gesinnung, (Geistes-)Haltung ist unantastbar

**Unau** ⟨m. 6; Zool.⟩ ► *olivgraues bis olivbraunes Faultier mit zweizehigen Vordergliedmaßen: Choloepus didactylus* [frz. < Tupi *unáu*]

**unauffällig** ⟨Adj.⟩ **1** *nicht auffällig, nicht bemerkbar für andere, verstohlen* **2** *nicht auffallend, bescheiden, nicht den Blick auf sich ziehend* ◆ sie kleidet sich mit unauffälliger Eleganz

**unaufhaltsam** ⟨Adj.⟩ **1** *unaufhaltbar* **2** *ohne Halt zu machen, stetig* ◆ unaufhaltsam fortschreiten; der Zeiger der Uhr rückte unaufhaltsam weiter

**unausstehlich** ⟨Adj.⟩ *so geartet, dass man es, ihn, sie nicht ausstehen kann, unerträglich, sehr lästig* (fast nur von Personen) ◆ ein unausstehlicher Kerl; du bist heute unausstehlich

**unbändig I** ⟨Adj.⟩ *sehr groß, riesig* ◆ es herrschte unbändige Freude, unbändiger Jubel (darüber); ein unbändiger Zorn, eine unbändige Wut erfasste ihn **II** ⟨adv.⟩ *sehr, ungemein* ◆ ich habe mich unbändig gefreut [< mhd. *unbendec* „gut am Leitseil *(bant)* zu führen" (Jagdhund); → *bändigen*]

**unbarmherzig** ⟨Adj.⟩ *nicht barmherzig, ohne Mitleid, hart, grausam* ◆ eine unbarmherzige Kälte ⟨fig.⟩ *sehr große, anhaltende Kälte;* unbarmherzig auf jmdn. od. ein Tier einschlagen

**unbedacht** ⟨Adj.⟩ *ohne Nachdenken, gedankenlos, unbesonnen, vorschnell* ◆ eine unbedachte Antwort, Handlung

**unbedenklich** ⟨Adj.⟩ **1** *keine Bedenken od. Zweifel erregend* **2** *ohne zu überlegen, ohne sich zu bedenken* ◆ das würde ich unbedenklich tun; ich halte diesen Plan für unbedenklich

**unbedingt I** ⟨Adj.⟩ *ohne Einschränkung, uneingeschränkt, bedingungslos* ◆ unbedingten Gehorsam verlangen **II** ⟨adv.⟩ *auf jeden Fall* ◆ unbedingt! *ganz gewiss! (als Antwort);* man muss ihm unbedingt helfen

**unbefangen** ⟨Adj.⟩ **1** *vorurteilslos, unparteiisch, unbeeinflusst* **2** *ohne Befangenheit, ohne Hemmungen, nicht schüchtern*

**unbefriedigt** ⟨Adj.⟩ *nicht befriedigt, enttäuscht* ◆ sie ist vom Leben unbefriedigt

**unbegreiflich** ⟨Adj.⟩ *so beschaffen, dass man es nicht begreifen kann, unverständlich, unerklärlich, rätselhaft* ◆ das ist ein unbegreiflicher Leichtsinn, eine unbegreifliche Torheit; das ist mir unbegreiflich

**unbegrenzt** ⟨Adj.⟩ **1** *ohne Grenzen, nicht begrenzt, grenzenlos* **2** *unbeschränkt* ◆ das Land

U

der unbegrenzten Möglichkeiten ⟨früher scherzh. für⟩ *Amerika;* unbegrenztes Vertrauen zu jmdm. haben

**unbeholfen** ⟨Adj.⟩ *ungeschickt in den Bewegungen, im Benehmen ungewandt, schwerfällig* [→ *behelfen*]

**unbeirrt** ⟨Adj.⟩ *ohne sich beeinflussen, stören zu lassen, ohne sich beirren zu lassen* ◆ unbeirrt seinen Weg gehen, seine Pflicht tun

**unbekannt** ⟨Adj.⟩ *nicht bekannt, fremd* ◆ unbekannte Größe ⟨fig.; umg.; scherzh.⟩ *jmd., der keinen bedeutenden Ruf hat*

**unbekümmert** ⟨Adj.⟩ **1** *ohne sich um etwas zu kümmern, sorglos* **2** *gleichgültig* ◆ unbekümmert um die Mahnungen, Vorwürfe der anderen; unbekümmert darum, ob ...

**unbelastet** ⟨Adj.⟩ **1** *nicht belastet, ohne Last od. Belastung* **2** *nicht bedrückt* ⟨fig.⟩ **3** *ohne schwere Gedanken, ohne Sorge*

**unbemerkt** ⟨Adj.⟩ *nicht bemerkt, ohne dass es bemerkt wird, ohne Aufmerksamkeit zu erregen* ◆ sein Verschwinden blieb unbemerkt *wurde nicht bemerkt*

**unbequem** ⟨Adj.⟩ **1** *nicht bequem* **2** ⟨fig.⟩ *lästig* ◆ einen unbequemen Aufpasser, Mahner loswerden wollen ⟨fig.⟩; unbequeme Fragen *peinliche Fragen;* die Schuhe sind mir unbequem; der Sessel ist unbequem

**unberechenbar** ⟨Adj.⟩ **1** *so beschaffen, dass man es nicht berechnen kann* **2** *so geartet, dass man sein, ihr Verhalten nicht voraussehen kann, wankelmütig, launenhaft* ◆ er ist unberechenbar; die Schmerzanfälle sind unberechenbar

**unberührt** ⟨Adj.⟩ **1** *(noch) nicht berührt, ungebraucht, unbenutzt, unbeschädigt* **2** *im Naturzustand* (Natur, Landschaft) ◆ das unberührte Weiß der Schneedecke

**unbeschadet** ⟨Präp. m. Gen.⟩ *ohne zu gefährden, ohne zu schmälern* ◆ unbeschadet seiner großen Verdienste um das Werk, müssen wir aber doch sagen, dass ... [Part. Perf. zu dem veralteten Verb *beschaden* „(be)schädigen"]

**unbescholten** ⟨Adj.⟩ *rechtschaffen, ehrenhaft, von einwandfreiem Ruf* ◆ der Angeklagte ist ein bisher unbescholtener junger Mensch [→ *schelten*]

**unbeschränkt** ⟨Adj.⟩ *ohne Einschränkung, ohne Begrenzung od. Einengung, unbegrenzt* ◆ du hast bei mir unbeschränkten Kredit

**unbeschreiblich** ⟨Adj.⟩ *so beschaffen, dass man es nicht beschreiben kann, unglaublich* ◆ es herrschte in dem Haus eine unbeschreibliche Unordnung

**unbeschwert** ⟨Adj.⟩ **1** *nicht beschwert, unbelastet* **2** *sorglos* ◆ mit unbeschwertem Gewissen; nachdem ich das erledigt hatte, konnte ich unbeschwert auf die Reise gehen

**unbeständig** ⟨Adj.⟩ **1** *nicht beständig, nicht dauernd, schwankend, veränderlich, wechselnd, wechselhaft* (Wetter, Stoff, Material) **2** *wankelmütig, Stimmungen nachgebend* (Mensch)

**unbestimmt** ⟨Adj.⟩ **1** *nicht bestimmt, nicht genau festgesetzt* **2** *nicht deutlich, unklar, ungenau, zweifelhaft* ◆ ich habe davon nur einen unbestimmten Eindruck zurückbehalten; unbestimmtes Fürwort ⟨Gramm.⟩ = *Indefinitpronomen;* unbestimmtes Zahlwort *Zahlwort, das eine Menge od. Anzahl (von Personen usw.) nur ungenau angibt,* z. B. „alle", „viele"; → a. *Numerale*

**unbestreitbar** ⟨Adj.⟩ *so beschaffen, dass es nicht bestritten werden kann, unwiderleglich* ◆ es ist doch eine unbestreitbare Tatsache, dass ...; es ist doch unbestreitbar, dass ...

**unbestritten** ⟨Adj.⟩ *nicht bestritten, (allgemein) anerkannt* ◆ unbestrittene Rechte; es ist eine unbestrittene Tatsache, dass ...

**unbeugsam** ⟨Adj.⟩ **1** *unerbittlich, hart* (Mensch) **2** *unabänderlich* (Wille)

**unbeweglich** ⟨Adj.⟩ **1** *so beschaffen, dass es nicht bewegt werden kann, fest, starr, steif* (Gelenk, Maschinenteil, Verbindungsstück) **2** *bewegungslos, still* ◆ unbewegliche Feste *unveränderliche Feste, die in jedem Jahr am gleichen Tag gefeiert werden, z. B. Weihnachten;* unbeweglicher Besitz *Immobilien;* unbewegliche Habe; unbeweglich stehen

**unbewohnt** ⟨Adj.⟩ **1** *nicht bewohnt, ohne menschliche Wohnungen* (Gegend) **2** *leer stehend* (Haus, Zimmer) **3** *ohne Menschen* (Insel, Planet)

**unbewusst** ⟨Adj.⟩ *nicht bewusst, unwillkürlich, ohne es zu wissen, instinktiv* ◆ ich habe es ganz unbewusst getan

**Unbewusste(s)** ⟨n. 31; Psych.⟩ *Bereich nicht bewusster psychischer Inhalte u. Vorgänge*

**unbezahlbar** ⟨Adj.⟩ *so beschaffen, dass man es nicht bezahlen kann, viel zu teuer* ◆ du bist unbezahlbar! ⟨fig.; umg.⟩ *du bist großartig, sehr komisch;* die Wohnungen in diesem Viertel sind (für uns) unbezahlbar

UNAU *(Choloepus didactylus)*

**unbotmäßig** ⟨Adj.⟩ *unverschämt, widersetzlich, frech,* ⟨eigtl.⟩ *dem Gebot der guten Sitte od. des Augenblicks nicht entsprechend*

**UNCTAD** ⟨Wirtsch.; Abk. für engl.⟩ *United Nations Conference on Trade and Development (Konferenz der Vereinten Nationen über Handel und Entwicklung)*

**und** ⟨Konj.; Abk.: u., (bei Firmennamen a.) &⟩ **I** ⟨beiordnend, aufzählend⟩ *zusammen mit, zugleich, außerdem, dazu* ◆ du und ich; Bruder und Schwester; Tag und Nacht; er erzählte, und sie hörte aufmerksam zu; 3 und 5 ist 8; je zwei und zwei; und Ähnliches ⟨Abk.: u. Ä.⟩; und andere(s), andre(s) ⟨Abk.: u. a.⟩; und viele(s) andere ⟨Abk.: u. v. a.⟩ **II** ⟨anknüpfend, einen zweiten Hauptsatz od. ein Satzgefüge einleitend⟩ ich warte hier, und du gehst rasch zum Briefkasten **III** ⟨verstärkend⟩ durch und durch *vollständig durch* ◆ nach und nach *allmählich;* immer größer und größer; na und? ⟨umg.⟩ *was noch?, ist das alles?, weiter nichts?;* und ob!, und wie! ⟨umg.⟩ *ja, sehr!* **IV** ⟨auf Folgendes, Kommendes weisend⟩ und so weiter *in diesem Sinne, in dieser Art so weiter* **V** ⟨einleitend, als Füllwort⟩ und so kam es, dass ...; und was soll ich jetzt tun? **VI** ⟨entgegenstellend⟩ der und singen können? ⟨umg.⟩ *der kann doch überhaupt nicht singen!* [< mhd. *un, unde* < ahd. *unta, unti;* wahrscheinl. < aind. *atha* „darauf, dann"]

**Undank** ⟨m.; -(e)s; unz.⟩ *Mangel an Dank, Undankbarkeit, unfreundl. Gegenleistung* ◆ er hat für alle seine Hilfe nur Undank geerntet

**undankbar** ⟨Adj.⟩ **1** *nicht dankbar, gleichgültig gegen erwiesene Freundlichkeit od. Güte, Gutes mit Bösem vergeltend* **2** ⟨fig.⟩ *viel Mühe bereitend u. unerfreulich, nicht lohnend* (Arbeit, Aufgabe)

**Undercover...** ⟨['ʌndə(r)kʌvə(r)] in Zus.⟩ *Geheim..., Verdeckt...* ◆ Undercoveraktion *geheime, verdeckte Aktion* [< engl. *under* „unter" + *cover* „Decke, Hülle"]

**Underdog** ⟨[ʌn-] m. 6; umg.⟩ *Unterprivilegierter, z. B. Obdachloser* [engl.-amerik., eigtl. „Benachteiligter, Zukurzgekommener"]

**Underground** ⟨['ʌndə(r)graund] m.; -s; unz.⟩ **1** *Unterwelt, Verbrecherwelt* **2** *Bereich außerhalb der Legalität u. Konvention* **3** ⟨Lit.⟩ *literar. Richtung in den USA, die sich mit aktuellen sozialen sowie als tabu geltenden Themen (Problem der Schwarzen, Sex) befasst* [engl., „Untergrund"]

**Understatement** ⟨[ʌndə(r)'stɛitmənt] n. 15⟩ = *Untertreibung*

**undeutlich** ⟨Adj.⟩ *nicht deutlich, nicht klar erkennbar* ◆ ich habe nur noch eine undeutliche Erinnerung daran; ich kann es nur undeutlich sehen *verschwommen, unklar;* undeutlich sprechen *schwer verständlich*

**Unding** ⟨n. 11; unz.⟩ *etwas Widersinniges, Torheit* ◆ es ist ein Unding, von einem Kind zu verlangen, dass es ... [< mhd. *undinc* „eine dem Ding (= der Sache) nicht gemäße Handlung, böse Handlung"]

**undurchdringlich** ⟨Adj.⟩ **1** *so beschaffen, dass man nicht hindurchdringen kann* (Gestrüpp, Urwald) **2** ⟨fig.⟩ *sehr verschlossen, keine Gemütsbewegung verratend, sehr distanziert* ◆ mit undurchdringlicher Miene etwas sagen, anhören

**unecht** ⟨Adj.⟩ *nicht echt, falsch, gefälscht, nachgemacht, imitiert* (Edelstein, Zahn, Haar) ◆ unechter Bruch ⟨Math.⟩ *Bruch, der größer ist als ein Ganzes,* so z. B. $^5/_4$

**unehelich** ⟨Adj.⟩ *von einer unverheirateten Frau geboren* (Kind) ◆ uneheliche Mutter, unehelicher Vater *Mutter bzw. Vater eines unehelichen Kindes*

**uneinig** ⟨Adj.⟩ *nicht einig, nicht übereinstimmend, gegensätzlicher, verschiedener Meinung, uneins;* Ggs *einig (2)* ◆ miteinander uneinig sein; über etwas uneinig sein

**uneins** ⟨Adv.⟩ *uneinig;* Ggs *eins (II, 2)*

**unendlich** **I** ⟨Adj.⟩ **1** *nicht endlich, endlos, ewig;* Ggs *endlich (2)* **2** *unbegrenzt, grenzenlos* ◆ (eine) unendliche Geduld haben; eine Arbeit mit unendlicher Mühe vollbringen; zwei parallele Linien schneiden sich im Unendlichen; bis ins Unendliche ⟨fig.⟩ *und so weiter ohne Ende* **II** ⟨adv.⟩ *sehr, ungemein, außerordentlich* ◆ unendlich groß, hoch, weit; unendlich klein; unendlich müde

**unentgeltlich** ⟨Adj.⟩ *ohne Entgelt, ohne Bezahlung, umsonst*

**unentschieden** ⟨Adj.⟩ **1** *nicht entschieden* **2** *zweifelhaft, nicht genau bestimmt* ◆ es ist noch unentschieden, ob ...; das Spiel endete unentschieden *mit gleicher Punktzahl für beide Mannschaften bzw. Spieler, ohne Gewinner u. Verlierer*

**Unentschieden** ⟨n. 14; Sp.⟩ *ausgeglichenes Ende eines Spiels od. Wettkampfes* ◆ das torlose Unentschieden war ein gerechtes Ergebnis

**unentschlossen** ⟨Adj.⟩ *(noch) nicht entschlossen* ◆ ich bin unentschlossen *ich habe noch keinen Entschluss gefasst*

**unentwegt** ⟨Adv.⟩ **1** *ohne sich ablenken zu lassen, unverdrossen, unermüdlich* **2** *unaufhörlich* ◆ nur ein paar Unentwegte standen noch im leeren Saal und klatschten; unentwegt hart arbeiten [urspr. „unerschütterlich"; zu mhd. *entwegen* „auseinander bewegen, trennen"]

U

**unerbittlich** ⟨Adj.⟩ *sich so verhaltend, dass man durch Bitten nicht gerührt, nicht umgestimmt werden kann, unnachgiebig, hart, unbeugsam* ◆ sie baten und flehten, aber er blieb unerbittlich

**unerfindlich** ⟨Adj.⟩ *unverständlich, unerklärlich* ◆ es ist mir unerfindlich, wieso ...; aus einem unerfindlichen Grunde

**unergründlich** ⟨Adj.⟩ *nicht ergründlich, so beschaffen, dass man es nicht ergründen kann* ◆ in unergründlicher Tiefe ⟨meist fig.⟩

**unerheblich** ⟨Adj.⟩ *nicht erheblich, unwesentlich, unbedeutend;* Ggs *erheblich*

**unerhört I** ⟨Adj.⟩ **1** *nicht erhört, nicht beachtet* (Bitte) **2** ⟨meist fig.⟩ *unglaublich, empörend* **3** *außerordentlich* ◆ (das ist ja) unerhört!; die Geigerin verfügt über eine unerhört gute Technik **II** ⟨adv.; umg.⟩ *sehr* ◆ unerhört billig; die Preise sind unerhört hoch

**unerlässlich** ⟨Adj.⟩ *so beschaffen, dass man es jmdm. nicht erlassen kann, unbedingt nötig*

**unermesslich I** ⟨Adj.⟩ *so beschaffen, dass man es nicht ermessen, nicht messen kann, ungeheuer in der Ausdehnung, im Ausmaß* ◆ seine Forderungen gingen ins Unermessliche **II** ⟨adv.⟩ *ungeheuer, außerordentlich* ◆ er ist unermesslich reich

**unermüdlich** ⟨Adj.⟩ *ohne zu ermüden, ausdauernd* ◆ mit unermüdlichem Fleiß; unermüdlich arbeiten; er ist unermüdlich in seiner Hilfsbereitschaft, in seinem Eifer

**unerreicht** ⟨Adj.⟩ *(noch) nicht erreicht* ◆ seine Kenntnisse, Erfahrungen auf diesem Gebiet sind (bisher) unerreicht

**unersättlich** ⟨Adj.⟩ **1** *nicht zu sättigen, nicht zu stillen* (Gier, Verlangen) **2** *gierig, nicht zufrieden zu stellen* (Person)

**unerschöpflich** ⟨Adj.⟩ *so beschaffen, dass man es nicht erschöpfen, nicht ausschöpfen kann*

**unerschrocken** ⟨Adj.⟩ *nicht zu erschrecken, kühn, mutig, furchtlos*

**unerschütterlich** ⟨Adj.⟩ *so beschaffen, dass es nicht zu erschüttern ist* ◆ mit unerschütterlicher Ruhe, unerschütterlichem Gleichmut

**unerwartet** ⟨Adj.⟩ *nicht erwartet, plötzlich, unvorhergesehen* ◆ eine unerwartete Nachricht; wir haben unerwartet Besuch bekommen; es geschah (für uns alle) völlig unerwartet

**unerwidert** ⟨Adj.⟩ *nicht erwidert, unbeantwortet* ◆ seine Grüße blieben unerwidert

**UNESCO** ⟨f.; -; unz.; Kurzw. für⟩ *United Nations Educational Scientific and Cultural Organization (Organisation der Vereinten Nationen für Erziehung, Wissenschaft und Kultur)*

UNGEBLEICHTES BAUMWOLL-T-SHIRT

**unfähig** ⟨Adj.⟩ *nicht fähig, nicht imstande (etwas zu tun), ohne die Fähigkeit (etwas zu tun)* ◆ unfähiger Arbeiter, Mitarbeiter; er ist unfähig, Rot und Grün zu unterscheiden; er ist unfähig zu weiterer Arbeit, zur Arbeit

**unfair** ⟨[-fɛːr] Adj.⟩ *nicht fair, nicht anständig, nicht ehrlich (bes. im Sport), bewusst gegen die sportl. Regeln u. Sitten (verstoßend)* ◆ unfaires Spiel; unfair handeln; unfair spielen

**Unfall** ⟨m. 1u⟩ *Missgeschick od. Unglück, das meistens Sach- od. körperl. Schaden zur Folge hat* (Arbeitsunfall, Autounfall, Verkehrsunfall) ◆ einen Unfall erleiden, haben; leichter, schwerer, tödlicher Unfall; gegen Unfall versichert sein [< mhd. *unval, ungeval* „Missgeschick", eigtl. „übler Fall"; zu nddt., niederrhein., ndrl. *geval* „(zufälliges) Glück"; → *Fall*]

**Unfallflucht** ⟨f. 20; unz.⟩ *Flucht dessen, der einen Unfall verursacht hat*

**unfassbar, unfasslich** ⟨Adj.⟩ *so beschaffen, dass man es nicht fassen, nicht begreifen kann, erschütternd* (Ereignis, Unglück) ◆ eine unfassbare Grausamkeit, Rohheit

**unfehlbar I** ⟨Adj.⟩ **1** *untrüglich* (Instinkt, Sicherheit) **2** *niemals irrend* (Person) **3** *unanfechtbar* (Entscheidung, Erklärung) ◆ kein Mensch ist unfehlbar **II** ⟨adv.⟩ *sicher, gewiss, unweigerlich*

**Unfehlbarkeit** ⟨f. 20; unz.⟩ *unfehlbare Beschaffenheit* ◆ Unfehlbarkeit des Papstes *Unanfechtbarkeit einer Entscheidung des Papstes hinsichtlich eines Dogmas, das künftig als verbindlich betrachtet werden soll*

**unförmig** ⟨Adj.⟩ **1** *sehr groß u. doch ohne richtige od. schöne Form* **2** *missgestaltet* ◆ unförmige Gestalt; unförmiger Klumpen; das verletzte Bein war unförmig angeschwollen

**unförmlich** ⟨Adj.⟩ *nicht förmlich, ungezwungen* ◆ es ging recht unförmlich zu

**unfrei** ⟨Adj.⟩ **1** *nicht frei* **2** ⟨früher⟩ *leibeigen* **3** *abhängig* **4** *ohne Bewegungsfreiheit, behindert* **5** *befangen, bedrückt* **6** *nicht frankiert, nicht bezahlt* (Postsendung, die der Empfänger bezahlt) ◆ ich fühle mich in dem Kleid, dem Mantel unfrei; ich bin, fühle mich in seiner Gegenwart unfrei

**Unfrieden** ⟨m. 4; unz.⟩ *Streit, Zwist, dauernde Spannung* ◆ Unfrieden stiften; mit jmdm. in Unfrieden leben

**Unfug** ⟨m.; -s; unz.⟩ **1** ⟨Rechtsw.⟩ *öffentl. Ärgernis erregendes, die Allgemeinheit belästigendes Benehmen, bewusste Störung der öffentl. Ordnung* **2** ⟨umg.⟩ *Schabernack, Dummheiten, Unsinn* ◆ Unfug treiben; grober Unfug ⟨Rechtsw.⟩ [< mhd. *unvuoc, unvuoge* „etwas, was nicht recht ist, sich nicht schickt"; → *Fug*]

**Ungar** ⟨m. 16⟩ **1** *Einwohner von Ungarn* **2** *jmd., der aus Ungarn stammt;* Sy *Magyar* [< *Ugrer, Unger,* nach *Jugorien,* auch *Ogorland,* am Fluss *Jugra* im nördl. Ural, der Urheimat der Magyaren]

**ungarisch** ⟨Adj.⟩ *Ungarn betreffend, dazu gehörend, von dort stammend;* Sy *magyarisch* ◆ ungarische Sprache *zur ungarischen Gruppe der finnisch-ugrischen Sprachen gehörende Sprache*

**ungeachtet** ⟨Präp. m. Gen.⟩ *ohne zu berücksichtigen, ohne zu beachten* ◆ ungeachtet dessen *ohne Rücksicht darauf;* ungeachtet seiner großen Fähigkeiten hat man ihn doch entlassen müssen

**ungeahnt** ⟨Adj.⟩ *so beschaffen, dass man es nicht ahnen kann, nicht hat ahnen können, nicht vorauszusehen, nicht vorher zu erkennen* ◆ er entwickelt ungeahnte Fähigkeiten, Talente; hier bieten sich ungeahnte Möglichkeiten

**ungebeten** ⟨Adj.⟩ *ohne gebeten zu sein, ohne Aufforderung* ◆ ungebetener Gast *G., den man nicht eingeladen hat u. den man auch nicht gern bei sich sieht*

**ungebleicht** ⟨Adj.⟩ ◄ *in der Naturfarbe, nicht gebleicht* (Leinwand, Wolle)

**ungebührlich** ⟨Adj.⟩ *so, wie es sich nicht gebührt, nicht geziemt, über das geziemende, normale Maß hinausgehend* ◆ ungebührliches Benehmen; der Preis für das Kleid ist ungebührlich hoch; jmdn. ungebührlich lange warten lassen

**ungebunden** ⟨Adj.⟩ **1** *ohne zusammenhaltendes Band* (Blumen, Blumenstrauß) **2** *nicht gebunden, ohne Einband* (Buch) **3** *nicht Teil einer chem. Verbindung* (Element) **4** ⟨fig.⟩ *zwanglos, frei, ohne ständige Pflichten* **5** *unverheiratet, ledig*

**ungedeckt** ⟨Adj.⟩ *(noch) nicht gedeckt* ◆ ungedecktes Haus *Haus ohne Dach;* ungedeckte Kosten *unbezahlte Kosten;* ungedeckter Scheck *Scheck ohne Deckung, ohne Guthaben auf dem Konto zur Bezahlung;* ungedeckter Tisch *nicht zum Essen hergerichteter Tisch*

**Ungeduld** ⟨f.; -; unz.⟩ *Mangel an Geduld, Unfähigkeit zu warten*

**ungeduldig** ⟨Adj.⟩ *voller Ungeduld, nicht warten könnend, unruhig (beim Warten)* ◆ „...!", sagte er ungeduldig *ärgerlich, etwas erregt;* ungeduldig jmdn. erwarten; ungeduldig auf etwas od. jmdn. warten

UNGEHEUER „GORGO"
AUS DEM GLEICHNAMIGEN ENGLISCHEN SCIENCE-FICTION-FILM (1961)

**ungefähr** ⟨Partikel⟩ *annähernd, etwa, rund gerechnet, nicht genau gerechnet* ◆ ungefähr das Doppelte; ungefähre Schätzung; ungefähr um 3 Uhr; das ist doch nicht von ungefähr *nicht zufällig so* [< mhd. *ane gevære* „ohne böse Absicht" (da man bei verbindl. Maß- u. Zahlenangaben eine versehentl. Ungenauigkeit damit entschuldigte); → *Gefahr*]

**ungefährlich** ⟨Adj.⟩ **1** *nicht gefährlich, keine Gefahr mit sich bringend* **2** *ohne Gefahr, ohne Bedrohung* ◆ dieses Mittel ist ungefährlich; die Sache ist nicht ungefährlich *ist etwas gefährlich;* es ist völlig ungefährlich

**ungehalten** ⟨Adj.⟩ *unwillig, ärgerlich* ◆ etwas in ungehaltenem Ton sagen; über etwas ungehalten sein [zu *gehalten* im Sinne von „zurückhaltend, beherrscht, gemessen"]

**ungeheuer I** ⟨Adj.⟩ *ans Wunderbare grenzend, riesig, gewaltig, außerordentlich* ◆ eine ungeheure Anstrengung, Leistung; von ungeheuren Ausmaßen; ungeheure Mengen; die Verantwortung, die er trägt, ist ungeheuer **II** ⟨adv.⟩ *sehr, ungemein, riesig, außerordentlich* ◆ ungeheuer groß, stark, schwer [< mhd. *ungehiure* < ahd. *ungihiuri* „unheimlich, schrecklich"]

**Ungeheuer** ⟨n. 13⟩ **1** ▲ *riesenhaftes, hässliches Fabeltier* **2** *Furcht erregendes, großes Tier* **3** ⟨fig.⟩ *grausamer, roher verbrecherischer Mensch* [urspr. „das Ungeheure, Schreckliche, Unheimliche"]

**ungeheuerlich** ⟨Adj.; umg.⟩ *empörend, skandalös* ◆ ein ungeheuerliches Verbrechen; das ist ja ungeheuerlich!

**ungehörig** ⟨Adj.⟩ *so, wie es sich nicht gehört, nicht der guten Sitte entsprechend, unehrerbietig* (Antwort, Benehmen)

**ungelegen** ⟨Adj.⟩ *unpassend* ◆ zu ungelegener Stunde kommen; jmdm. ungelegen kommen *jmdn. stören;* komme ich ungelegen?; Ihr

Vorschlag kommt mir leider sehr ungelegen *ist mir im Augenblick nicht willkommen, passt nicht in meine Pläne*
**ungelenk** ⟨Adj.⟩ *unbeholfen, ungeschickt in den Bewegungen* [→ *lenken*]
**ungelernt** ⟨Adj.; umg.; nur in der Fügung⟩ ungelernter Arbeiter *Arbeiter, der keine Lehre durchlaufen hat, Hilfsarbeiter;* Ggs *gelernter Arbeiter* (→ *lernen*)
**ungelöscht** ⟨Adj.⟩ ungelöschter Kalk *gebrannter Kalk, dem noch kein Wasser zugesetzt wurde*
**ungelöst** ⟨Adj.⟩ *nicht gelöst, ungeklärt* ◆ ein ungelöstes Problem; ungelöster Stoff ⟨Chem.⟩ *nicht in Lösung gegangener Stoff*
**ungemein** I ⟨Adj.⟩ *sehr groß, viel, außerordentlich, beträchtlich* ◆ eine ungemeine Anstrengung; es macht mir ungemeines Vergnügen **II** ⟨adv.⟩ *sehr, äußerst* ◆ er ist ungemein liebenswürdig [urspr. „nicht gemein, nicht gewöhnlich, ungewöhnlich", dann „außerordentlich, vortrefflich"]
**ungeniert** ⟨[-ʒə-] Adj.⟩ **1** *ohne sich zu genieren, ungehemmt* **2** *zwanglos, frei* (Benehmen) ◆ sagen Sie es ungeniert!; langen Sie bitte ungeniert zu!
**ungenießbar** ⟨Adj.⟩ **1** *nicht genießbar, verdorben* (Speise) **2** *nicht zum Essen geeignet, giftig* (Frucht, bes. Pilz) **3** ⟨fig.; umg.; scherzh.⟩ *unerträglich, übellaunig* ◆ du bist heute ungenießbar ⟨fig.; umg.; scherzh.⟩; dieser Film ist ungenießbar ⟨fig.; umg.⟩ *sehr schlecht*
**ungenügend** ⟨Adj.⟩ *nicht genügend, nicht ausreichend, nicht zufrieden stellend, sehr mangelhaft* ◆ das ist eine ungenügende Erklärung; in zwei Fächern „ungenügend" bekommen (als Schulnote); ungenügend vorbereitet
**ungerade** ⟨Adj.⟩ *nicht gerade, nicht durch die Zahl 2 teilbar;* oV *ungrade* ◆ ungerade Zahl, Hausnummer
**ungereimt** ⟨Adj.⟩ **1** *ohne Reime* (Gedicht, Vers) **2** ⟨fig.⟩ *unvernünftig, unsinnig, töricht* ◆ ungereimtes Gerede; ungereimtes Zeug (daher)reden
**Ungereimtheit** ⟨f. 20; fig.⟩ **I** ⟨unz.⟩ *ungereimte Beschaffenheit, Unsinnigkeit* **II** ⟨Pl.⟩ Ungereimtheiten *unsinniges Gerede, törichtes Geschwätz* ◆ das und andere Ungereimtheiten
**ungerührt** ⟨Adj.⟩ *nicht gerührt (von), nicht bewegt (von), gleichgültig, kalt* ◆ ungerührt von ihren Bitten
**ungesättigt** ⟨Adj.⟩ **1** ⟨geh.⟩ *nicht satt, noch hungrig* **2** ⟨Chem.⟩ **2.1** ⟨von Lösungen⟩ *nicht gesättigt* **2.2** ⟨von Kohlenwasserstoffen⟩ ► *Mehrfachbindungen enthaltend*
**ungesäuert** ⟨Adj.⟩ *ohne Sauerteig* (Brot) ◆ Fest der ungesäuerten Brote *das Märzenfest der Juden zum Beginn der Gerstenernte (mit dem Passahfest verschmolzen)* [da der erste Fladen aus dem frischen Gerstenmehl der Gottheit möglichst schnell geopfert wurde, nahm man sich nicht die Zeit, ihn zu säuern]
**Ungeschicklichkeit** ⟨f. 20⟩ **I** ⟨unz.⟩ *Mangel an Geschicklichkeit, ungeschicktes Verhalten* ◆ es ist durch meine Ungeschicklichkeit passiert **II** ⟨zählb.⟩ *ungeschicktes Benehmen* ◆ diese kleinen Ungeschicklichkeiten nehme ich ihm nicht übel
**ungeschickt** ⟨Adj.; -er, am -esten⟩ **1** *nicht geschickt, schwerfällig* **2** ⟨fig.⟩ *ungewandt* **3** *unklug* ◆ sich ungeschickt anstellen; etwas ungeschickt machen
**ungeschlacht** ⟨Adj.; abwertend⟩ *groß u. unförmig, von grobem Körperbau* ◆ ein ungeschlachter Kerl [< mhd. *ungeslaht* „entartet"; Verneinung zu *geslaht* „wohlgeartet" (frühnhd. geschlacht); zu *slahte* „Art, Geschlecht"]
**ungeschliffen** ⟨Adj.⟩ **1** ► *nicht geschliffen, roh* (Werkstoff, Edelstein) **2** ⟨fig.⟩ *ohne gute Manieren* (Person)
**ungestört** ⟨Adj.; -er, am -esten⟩ *nicht gestört, ohne Störung* ◆ für einen ungestörten Ablauf (der Sache, Veranstaltung) sorgen
**ungestüm** ⟨Adj.⟩ **1** *heftig u. schnell* **2** *ungeduldig vorwärts drängend* ◆ er sprang ungestüm auf die Tanzfläche [< mhd. *ungestüeme* „wild, heftig, stürmisch"; zu *gestüeme* „sanft, ruhig"; zu *gestemen* „Einhalt tun"]
**Ungestüm** ⟨n.; -s; unz.⟩ *ungestümes Wesen, leidenschaftl. Ungeduld* ◆ mit jugendlichem Ungestüm
**Ungetüm** ⟨n. 11⟩ **1** *riesiger, schwerer Gegenstand* **2** *riesiges Tier* ◆ der Omnibus, ein blaues Ungetüm, brauste heran; wohin soll dieses Ungetüm von Schrank? [< frühnhd. *ungedüm, ungede(h)m,* wahrscheinl. durch mdt. Mundarten erhalten < anord. *udœmi, odœmi* „Unerhörtes, Greuel"]
**ungewiss** ⟨Adj.⟩ *nicht gewiss, unsicher, unbestimmt* ◆ es ist ungewiss, ob er heute noch kommt; der Ausgang, Erfolg der Sache ist ungewiss; jmdn. im Ungewissen lassen *ihm nichts Genaues mitteilen*
**ungewöhnlich** I ⟨Adj.⟩ **1** *nicht gewöhnlich, außergewöhnlich, nicht üblich* **2** *ungebräuchlich* (Ausdruck, Redewendung) **3** *erstaunlich, verblüffend* ◆ eine ungewöhnliche Kälte, Hitze **II** ⟨Partikel⟩ *ganz besonders, wie man es selten sieht, hört, liest, erlebt* ◆ das Bild ist ungewöhnlich gut erhalten
**ungewohnt** ⟨Adj.⟩ **1** *nicht gewohnt* **2** *nicht üblich* ◆ mit ungewohnter Schärfe sagte er ...; es ist mir ungewohnt, solch einen Wagen zu fahren *ich bin es nicht gewohnt (gewöhnt), ich bin darin ungeübt*
**ungezählt** I ⟨Adj.⟩ *so viele, dass man sie nicht zählen kann, sehr viel, unzählig* **II** ⟨adv.⟩ *ohne sie, es gezählt zu haben* ◆ er steckte die Scheine ungezählt in die Tasche
**Ungeziefer** ⟨n. 13; unz.⟩ *vom Menschen als schädlich betrachtete, für das Gleichgewicht der Natur jedoch wichtige Tiere (bes. Insekten), die Pflanzen, Stoffe u. Vorräte angreifen* [< mhd. *ungezibere;* zu ahd. *zebar, zepar* „Opfertier", aengl. *tiber* „Opfer"; also urspr. „alles, was sich nicht als Opfertier eignet"]

AZETYLEN

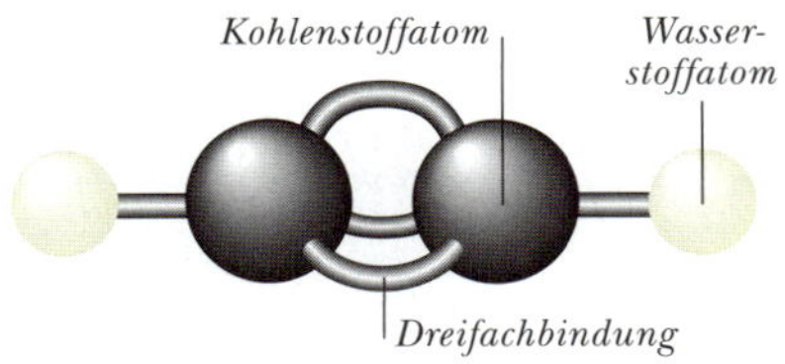


ÄTHEN

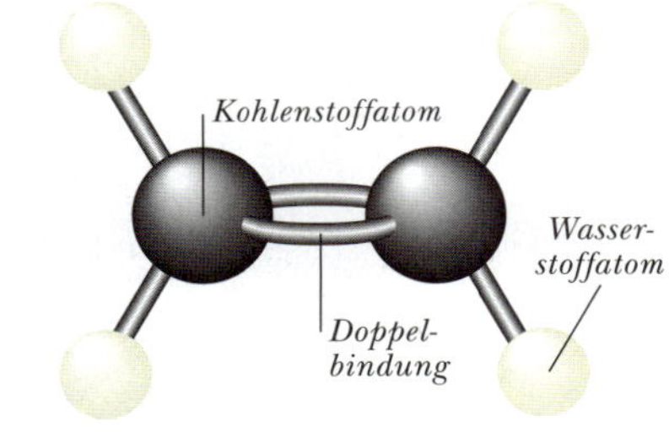


UNGESÄTTIGT: MOLEKÜLSTRUKTUR ZWEIER UNGESÄTTIGTER VERBINDUNGEN

UNGESCHLIFFENER DIAMANT

**ungezogen** ⟨Adj.⟩ *unartig, ungehorsam, frech, widersetzlich* ◆ eine ungezogene Antwort geben; ungezogenes Kind
**ungezwungen** ⟨Adj.; fig.⟩ *natürlich, nicht steif, nicht förmlich* ◆ in ungezwungener Haltung; sie bewegt sich hier ganz frei und ungezwungen; sich ungezwungen unterhalten
**ungläubig** ⟨Adj.⟩ **1** *nicht gläubig* **2** ⟨Rel.⟩ **2.1** *nicht an Gott glaubend* **2.2** ⟨Islam⟩ *nicht an Allah glaubend*
**unglaublich** ⟨Adj.⟩ **1** *so beschaffen, dass man es kaum glauben kann, unwahrscheinlich* **2** ⟨fig.⟩ *unerhört* ◆ eine unglaubliche Frechheit, eine unglaubliche Geschichte
**unglaubwürdig** ⟨Adj.⟩ **1** *so beschaffen, dass man es nicht glauben kann* (Aussage, bes. vor Gericht) **2** *so geartet, dass man ihm, ihr nicht glauben kann* (Person) ◆ seine Darstellung des Sachverhalts, der Tat ist unglaubwürdig; der Zeuge ist unglaubwürdig
**ungleich** I ⟨Adj.⟩ *nicht gleich im Aussehen, in den Maßen, Ausmaßen, in der Art, unterschiedlich, verschieden, nicht übereinstimmend* ◆ ungleiche Augen, Hände, Füße haben; ungleiche Größe, Tiefe, Breite; ungleich verteilt **II** ⟨adv.; umg.⟩ *sehr viel* ◆ ungleich besser, schöner
**Unglück** ⟨n. 11⟩ **1** *Geschehnis, Ereignis, das Schaden u. Trauer hervorruft, schweres Missgeschick, schwerer Unfall* (Lawinenunglück, Verkehrsunglück) **2** *Schicksalsschlag* **3** ⟨fig.⟩ *Pech* ◆ es ist ein Unglück **geschehen** ◆ dabei hat er noch Glück **im** Unglück gehabt; **vom** Unglück verfolgt werden; **zu** allem Unglück hat er auch noch seine Brieftasche verloren
**unglücklich** ⟨Adj.⟩ **1** *traurig, niedergeschlagen* (Person) **2** *Unglück bringend* (Sache, Ereignis) ◆ der Unglückliche! *der Arme!;* unglücklicher **Ausgang** einer Sache; er macht eine unglückliche **Figur** *er bewegt sich unbeholfen; er sieht etwas komisch aus;* unglückliche **Liebe** *Liebe, die nicht erwidert wird* ◆ die Sache **endete,** verlief unglücklich; sich unglücklich **fühlen**
**Ungnade** ⟨f. 19; unz.⟩ *Übelwollen, Ungunst, Unwillen (einem Untergebenen gegenüber)* ◆ sich jmds. Ungnade zuziehen; in Ungnade fallen *sich jmds. Unwillen zuziehen, jmds. Gunst verlieren;* jmdn. in Ungnade fallen lassen *jmdm. die Gunst, das Wohlwollen entziehen, ihm nicht mehr wohlgesinnt sein*
**ungnädig** ⟨Adj.⟩ **1** *verdrießlich, ungeduldig u. unfreundlich, übellaunig* **2** *ungünstig gesinnt* ◆ etwas ungnädig aufnehmen; er ist heute sehr ungnädig
**ungrade** ⟨Adj.; umg.⟩ = *ungerade*
**Ungunst** ⟨f.; -; unz.⟩ **1** *Mangel an Gunst* **2** *das Ungünstigsein* ◆ die Ungunst der Verhältnisse; die Ungunst der Witterung brachte es mit sich; das Urteil ist zu seinen Ungunsten ausgefallen *zu seinem Nachteil*
**ungünstig** ⟨Adj.⟩ *nicht günstig, nachteilig* ◆ ungünstiges Wetter (für einen Ausflug); bei ungünstiger Witterung findet das Fest im Saal statt; das Urteil ist für ihn ungünstig ausgefallen
**unhaltbar** ⟨Adj.⟩ *so beschaffen, dass man es nicht länger halten, verteidigen kann* (Stellung, militär. Stellung), *dass man es nicht aufrechterhalten kann* (Behauptung), *dass es nicht fortdauern kann* (Zustand)
**Unheil** ⟨n. 11; unz.⟩ **1** *schlimmes Geschehen, Schlimmes, Böses* **2** *Unglück* ◆ Unheil anrichten, stiften; ich habe das Unheil kommen sehen
**unheilbar** ⟨Adj.⟩ *nicht heilbar, so beschaffen, dass es nicht geheilt werden kann* (Krankheit) ◆ unheilbar krank sein

## UNIFORMEN

Uniformen machen die Zugehörigkeit zu einer bestimmten Institution sofort kenntlich, was z. B. für Mitglieder von Rettungsdiensten und Armeen äußerst wichtig ist. Das Tragen einer Uniform verpflichtet zur Einhaltung festgelegter Verhaltensnormen, bringt aber neben dem oftmals formellen Charakter meist auch praktische Vorteile mit sich.

### VERSCHIEDENE UNIFORMEN (20. JH.)

**unheimlich I** ⟨Adj.⟩ **1** *leichte Furcht, leichtes Grauen erregend, sehr unbehaglich* **2** ⟨fig.; umg.⟩ *sehr groß, sehr viel* ◆ es herrschte ein unheimliches Durcheinander ⟨fig.; umg.⟩; er sah unheimlich aus **II** ⟨adv.; umg.⟩ *sehr* ◆ das finde ich unheimlich gut!; das ist unheimlich schnell gegangen; unheimlich viel [urspr. *unheimelig* „nicht anheimelnd", dann „fremd" (von Personen), „Unbehagen erweckend" (von Sachen, Zuständen)]

**unhöflich** ⟨Adj.⟩ *nicht höflich, nicht hilfsbereit, sehr unfreundlich* ◆ eine unhöfliche Antwort; er ist sehr unhöflich

**Unhold** ⟨m. 1⟩ **1** *böser Geist, Teufel, Ungeheuer, Menschenfresser (im Märchen)* **2** *bösartiger, grausamer Mensch* **3** ⟨nur noch selten⟩ *Sittlichkeitsverbrecher*

**uni** ⟨[ˈyni] od. [yˈniː] Adj.; undekl.⟩ = *einfarbig* ◆ der Stoff ist uni [frz., „einig, gleich"]

**Uni** ⟨f. 10; Studentenspr.; kurz für⟩ *Universität (1)*

**UNICEF** ⟨f.; -; unz.; Kurzw. für engl.⟩ *United Nations International Children's Emergency Fund (Internationales Kinderhilfswerk der Vereinten Nationen)*

**uniform** ⟨Adj.⟩ *einheitlich, einförmig* [< frz. *uniforme* < lat. *uniformis* < *unus* „ein" + *forma* „Gestalt"]

**Uniform** ⟨f. 20⟩ ▲ *einheitl. Dienstkleidung der Soldaten, Eisenbahn- u. Postbeamten, Polizisten usw.;* Ggs *Zivil, Zivilkleidung* ◆ eine Uniform tragen; in der Uniform stecken ⟨umg.⟩ *Soldat sein* [→ *uniform*]

**uniformieren** ⟨V. t.; hat⟩ **1** *in Uniform kleiden, einheitlich kleiden* **2** ⟨fig.⟩ *einheitlich, gleichförmig machen*

**Unikat** ⟨n. 11⟩ *Urschrift, einzige Ausfertigung (eines Schriftstückes)* [analog zu *Duplikat;* zu lat. *unicus* „einzig"]

**Unikum** ⟨n.; -s, Unika; fig.: n. 15⟩ **1** *etwas in seiner Art Einmaliges, Seltenes, etwas Einzigartiges* **2** *nur einmal hergestelltes Buch* **3** ⟨fig.; umg.⟩ *sonderbarer Mensch, Kauz* [zu lat. *unicus* „einzig, allein"; zu *unus* „ein"]

**unilateral** ⟨Adj.⟩ *einseitig, nur auf einer Seite befindlich;* Ggs *bilateral* [< lat. *unus* „ein" + *latus,* Gen. *lateris* „Seite"]

**Union** ⟨f. 20⟩ **1** *Vereinigung, Verbindung, Zusammenschluss* **2** *Vereinigung von Kirchen, z. B. der lutherischen u. der reformierten Kirche in Preußen* [< spätlat. *unio;* zu lat. *unire* „vereinigen"; zu *unus* „ein"]

**Union Jack** ⟨[ˈjuːnjən ˈdʒæk] m.; - -s, - -s; volkstüml. Bez. für⟩ ► *die britische Nationalflagge* [engl.]

**Unisex** ⟨m.; - od. -es; unz.⟩ *Aufhebung der Unterschiede zwischen dem männlichen u. dem weiblichen Erscheinungsbild (z. B. Hosen bei Frauen od. Röcke bei Männern)* [engl.]

**unisono** ⟨Adv.⟩ *im Einklang, einstimmig od. in Oktaven singend, tönend* [ital., „einstimmig" < lat. *unus* „ein" + *sonus* „Ton"]

**Unitarier** ⟨[-riər] m. 3; Rel.⟩ *Anhänger einer protestant. Gruppe, die die Trinitätslehre ablehnt u. die Einheit Gottes betont*

**United Nations** ⟨[juˈnaitid ˈnɛiʃənz] Pl.; Abk.: UN; kurz für⟩ *United Nations Organization (Vereinte Nationen)* [engl.]

**United Nations Organization** ⟨[juˈnaitid ˈnɛiʃənz ɔː(r)gənaiˈzɛiʃən] f.; - - -; unz.; Pol.; Kurzw.: UNO⟩ *Organisation der Vereinten Nationen, 1945 gegründete, internationale Organisation zur Erhaltung des Weltfriedens, mit kollektiven Maßnahmen bei Friedensbruch od. Friedensbedrohung;* Sy ⟨kurz⟩ *United Nations*

**universal** ⟨[-vɛr-] Adj.⟩ *gesamt, umfassend, allgemein;* oV *universell* ◆ eine universale Bildung; ein universales Wissen besitzen [< lat. *universalis* „allgemein"]

**Universalerbe** ⟨[-vɛr-] m. 17⟩ = *Alleinerbe*

**Universalgelenk** ⟨[-vɛr-] n. 11; Tech.; Anat.⟩ *Gelenk, das eine Bewegung in den verschiedensten Richtungen erlaubt*

**universell** ⟨[-vɛr-] Adj.⟩ = *universal*

**Universität** ⟨[-vɛr-] f. 20⟩ **1** *Lehr- u. Forschungsstätte für alle Wissensgebiete, Hochschule;* Sy ⟨kurz⟩ *Uni* **2** *Gesamtheit der Lehrer, Angestellten u. Studenten einer Universität* ◆ die Universität besuchen *studieren;* an der Universität immatrikuliert sein; an der Münchener Universität studieren [< mlat. *universitas* „Gesamtheit (der Lehrenden u. Lernenden)"]

UNION JACK

**Universitätsbibliothek** ⟨[-vɛr-] f. 20⟩ *wissenschaftliche Bibliothek als Anstalt einer Universität*

**Universum** ⟨[-vɛr-] n.; -s; unz.; Astron.⟩ = *Weltraum* [lat.; zu *universus* „sämtlich"]

**univok** ⟨[-voːk] Adj.; geh.⟩ **1** ⟨Mus.⟩ *einstimmig* **2** ⟨allg.⟩ *eindeutig* [lat.]

**UNIX** ⟨[ˈjuːnix] EDV⟩ *Betriebssystem für Computer, das zum großen Teil in der Programmiersprache C geschrieben ist* [engl.]

**Unke** ⟨f. 19⟩ **1** ⟨Zool.⟩ *Angehörige einer zu den Scheibenzünglern gehörigen Gattung der Froschlurche: Bombina;* Sy *Feuerkröte* **2** ⟨umg.; scherzh.⟩ *jmd., der oft (u. verfrüht) Unglück prophezeit, eine pessimistische Haltung kundtut Pessimist, Schwarzseher* [< ahd. *unc* (m.) „Schlange"]

**unken** ⟨V. i.; hat; umg.⟩ *Unglück prophezeien, (ggüb. neuen Herausforderungen) eine pessimistische Einstellung kundtun* [→ *Unke*]

**Unkenntnis** ⟨f. 9; unz.⟩ *das Nichtwissen, Nichtkennen* ◆ in Unkenntnis der Sache etwas falsch machen

**unklar** ⟨Adj.⟩ **1** *undeutlich, verschwommen* (Bild) **2** *nicht verständlich, nicht genau* (Text, Vortrag) **3** *trübe, unrein* (Flüssigkeit) **4** *dunkel, verwickelt* (Angelegenheit) ◆ ein unklarer Bericht, Vortrag; sich unklar ausdrücken; du solltest ihn nicht länger darüber im Unklaren lassen *es ist an der Zeit, dass du ihm die Sache mitteilst*

**unklug** ⟨Adj.⟩ *psychologisch nicht geschickt, unvorsichtig, unbesonnen* ◆ eine unkluge Maßnahme; ein unkluges Verhalten

**Unkosten** ⟨nur Pl.⟩ **1** *Kosten, die außer dem Anschaffungspreis entstehen u. sich dem Einzelerzeugnis nicht zurechnen lassen, sondern auf alle Erzeugnisse umgelegt werden* **2** ⟨umg. oft⟩ *Kosten, Ausgaben* ◆ die Unkosten bestreitet, trägt die Firma [< mnddt. *unkost,* urspr. „schlimme Kosten"]

**Unkraut** ⟨n. 12u⟩ *vom Mensch als schädlich betrachtete, für die Natur jedoch wichtige Pflanze, die zwischen Nutz- u. Zierpflanzen wächst* (Ackerunkraut, Wiesenunkraut) ◆ Unkraut ausreißen, jäten, zupfen

**unkultiviert** ⟨[-viːrt] Adj.; -er, am -esten; Steig. nur fig.⟩ **1** *nicht kultiviert, nicht bebaut* (Boden) **2** ⟨fig.⟩ *roh, ungeschliffen* (Benehmen)

**unlängst** ⟨Adv.⟩ *kürzlich, vor kurzem, neulich* ◆ er ist unlängst angekommen, zurückgekehrt [< mhd. *unlanges;* → *längst*]

**unlauter** ⟨Adj.⟩ *nicht lauter, nicht ehrlich, nicht anständig* ◆ sich unlauterer Mittel bedienen

**unleserlich** ⟨Adj.⟩ *nicht leserlich, nicht lesbar* ◆ eine unleserliche Handschrift, Inschrift, Unterschrift; unleserlich schreiben

**Unlust** ⟨f. 7u; unz.⟩ **1** *Mangel an Lust* **2** *Unbehagen, Abneigung;* Ggs *Lust (1)* ◆ seine Unlust überwinden; etwas mit Unlust essen; mit Unlust an eine Arbeit usw. herangehen

**Unlustgefühl** ⟨n. 11⟩ *Gefühl der Abneigung, des Widerwillens, Unbehagen;* Ggs *Lustgefühl (1)*

**unmäßig** ⟨Adj.⟩ *kein Maß kennend, maßlos, nicht Maß haltend* ◆ unmäßig im Essen und Trinken sein

**Unmenge** ⟨f. 19⟩ *sehr große, nicht zählbare Menge* ◆ eine Unmenge von Menschen, Büchern

**Unmensch** ⟨m. 16⟩ *grausamer Mensch, Rohling* ◆ ich bin ja kein Unmensch ⟨umg.⟩ *ich lasse mit mir reden, gebe nach*

**unmenschlich** ⟨Adj.⟩ **1** *nicht menschlich (denkend, handelnd), grausam, roh* **2** ⟨fig.; umg.⟩ *sehr (groß), ungeheuer* ◆ mit unmenschlicher Härte; jmdn. unmenschlich quälen

**unmissverständlich** ⟨Adj.⟩ *so beschaffen, dass es nicht misszuverstehen ist, sehr deutlich u. energisch* ◆ sich unmissverständlich ausdrücken

U

**unmittelbar** ⟨Adj.⟩ **1** *ohne örtl. od. zeitl. Zwischenraum, sofort, gleich* **2** *ohne Erklärung, ohne Umweg über das Denken* ◆ in unmittelbarer Nähe; unmittelbar hinter dem Haus; unmittelbar vor dem Zusammenstoß

**unmöglich** **I** ⟨Adj.⟩ **1** *nicht möglich, nicht durchführbar, nicht denkbar* **2** *ausgeschlossen* **3** ⟨umg.⟩ *völlig aus dem Rahmen fallend, nahezu komisch, Anstoß erregend* ◆ bei Gott ist kein **Ding** unmöglich (Lukas 1,37); sie hatte ein unmögliches **Kleid** an ⟨umg.⟩ ◆ **aussehen:** du siehst (in dem Hut, dem Kleid) unmöglich aus! ⟨umg.⟩; scheinbar Unmögliches **leisten;** er hat sich **unmöglich** gemacht *sich schlecht benommen;* **sein:** es ist unmöglich, wie du dich benimmst; du **verlangst** Unmögliches von mir ◆ das ist **ganz,** völlig unmöglich; das ist **räumlich,** technisch, zeitlich unmöglich ◆ ich halte es **für** unmöglich **II** ⟨adv.⟩ *keinesfalls, unter keinen Umständen*

**unmoralisch** ⟨Adj.⟩ *nicht moralisch, unsittlich* ◆ eine unmoralische Forderung, Gesinnung; ein unmoralischer Mensch, Lebenswandel

**unmündig** ⟨Adj.⟩ *noch nicht mündig, minderjährig, noch nicht 18,* ⟨schweiz.⟩ *20 Jahre alt* ◆ er hinterlässt zwei unmündige Kinder

**Unmut** ⟨m.; -(e)s; unz.⟩ *Missmut, Missgestimmtsein, Ärger*

**unnahbar** ⟨Adj.⟩ *sehr zurückhaltend, verschlossen, unzugänglich* ◆ unnahbare Haltung, Würde; sie hat ein unnahbares Wesen; sie wirkt so unnahbar

**unnatürlich** ⟨Adj.⟩ **1** *nicht natürlich, nicht der Natur entsprechend* **2** *geziert, gespreizt, gekünstelt* (Benehmen, Stil) ◆ unnatürliches Verhalten; ein unnatürlich kalter Winter

**unnötig** ⟨Adj.⟩ *nicht nötig, nicht notwendig, überflüssig* ◆ das sind ganz unnötige Ausgaben, Sorgen; diese Aufregung ist unnötig

**unnütz** ⟨Adj.⟩ **1** *nutzlos, ohne Nutzen* **2** *unartig, nichtsnutzig, stets zu Dummheiten aufgelegt* (Kind) ◆ sein Geld unnütz ausgeben [→ *nützen*]

**UNO** ⟨f.; -; unz.; Kurzw. für⟩ *United Nations Organization;* → a. *UN, VN*

**unordentlich** ⟨Adj.⟩ **1** *nicht ordentlich, nicht ordnungsliebend* (Person) **2** *nicht aufgeräumt* (Zimmer) **3** *nachlässig* (Kleidung) **4** *nicht sorgfältig, nicht gewissenhaft* (Arbeit) **5** *durcheinander, wirr* (Sachen) **6** *moralisch nicht einwandfrei* (Lebenswandel)

**Unordnung** ⟨f.; -; unz.⟩ *Mangel an Ordnung, Durcheinander* ◆ eine heillose Unordnung hinterlassen; etwas in Unordnung bringen

**unpaar** ⟨Adj.⟩ *nicht in Paaren (vorhanden);* Ggs *paar (I)* ◆ unpaare Blätter, Flossen

**Unpaarhufer** ⟨m. 3; Zool.⟩ ► *Angehöriger einer Ordnung großer, Pflanzen fressender Säugetiere mit einer ungeraden Zahl von Zehen: Perissodactyla;* Sy *Unpaarzeher;* ► *Säugetiere*

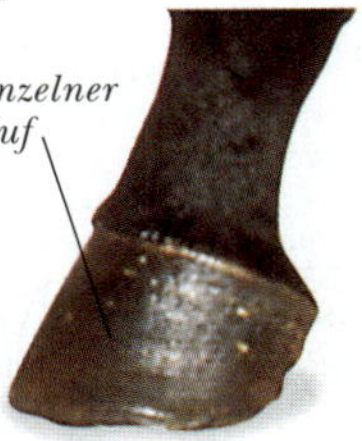


UNPAARHUFER: PFERDEHUF

**unpaarig** ⟨Adj.⟩ *nicht paarig, in ungerader Zahl vorhanden;* Ggs *paarig*

**Unpaarzeher** ⟨m. 3; Zool.⟩ ► = *Unpaarhufer*

**unparteiisch** ⟨Adj.⟩ *nicht parteiisch, zwischen den (streitenden) Parteien stehend, an keiner der (streitenden) Parteien interessiert, neutral* ◆ eine unparteiische Haltung einnehmen; unparteiisch richten, urteilen

**Unparteiische(r)** ⟨f. 30 (m. 29)⟩ *jmd., der zwischen den Parteien steht, Schiedsrichter*

**unpässlich** ⟨Adj.⟩ *unwohl, (vorübergehend) nicht ganz gesund, leicht erkrankt* ◆ unpässlich sein; sich unpässlich fühlen [zu *passen* „angemessen, gelegen sein"]

**Unperson** ⟨f. 20; bes. in totalitären Staaten⟩ *bedeutende Person des öffentlichen Lebens, deren Name nicht mehr genannt werden darf* [< engl. *unperson,* eigtl. „Nichtperson", von George Orwell in seinem Roman „1984" geprägt]

**unpersönlich** ⟨Adj.⟩ **1** *nicht auf eine bestimmte Person zu beziehen, nicht mit einer bestimmten Person verbunden* **2** *sachlich, kühl, zurückhaltend, persönliche Dinge nicht berührend* (Mensch, Gespräch) **3** *ohne Eigenart* (Stil) **4** ⟨Gramm.⟩ unpersönliches Verb *Verb, von dem keine persönl. Formen gebildet werden können, sondern nur Formen mit „es",* z. B. regnen, schneien

**unpraktisch** ⟨Adj.⟩ **1** *nicht praktisch (denkend, handelnd), umständlich* (Person) **2** *nicht praktisch (eingerichtet, hergestellt, angeordnet), schwer benutzbar, kaum verwendbar* (Gegenstand, Gerät) ◆ ein unpraktisches Geschenk; er ist völlig unpraktisch

**Unrast** **I** ⟨f. 20; unz.⟩ *Unruhe, Ruhelosigkeit* **II** ⟨m. 1; umg.; veraltet⟩ *ruheloses Kind*

**Unrat** ⟨m. 1; unz.⟩ *Schmutz, Abfall, Kehricht* ◆ Unrat wittern ⟨fig.; umg.⟩ *Verdacht schöpfen* [< ahd. *unrat* „Hilflosigkeit, unnützes Zeug"; → *Rat*]

**unrecht** ⟨Adj.⟩ **1** *nicht recht* **2** *nicht richtig, falsch* **3** *ungelegen* ◆ auf unrechte **Gedanken** kommen; zur unrechten **Zeit** kommen ◆ er hat Unrecht **bekommen;** ich musste ihm Unrecht **geben; sein:** es ist unrecht, das zu sagen, zu tun; etwas Unrechtes **tun** ◆ damit ist er bei mir **an** den Unrechten gekommen *ich habe ihn zurückgewiesen*

**Unrecht** ⟨n. 11; unz.⟩ **1** *unrechte Tat* **2** *Schuld* **3** *Ungerechtigkeit* ◆ jmdm. ein Unrecht **antun,** zufügen; ein Unrecht **begehen;** Unrecht **bekämpfen,** meiden, scheuen; Unrecht **erdulden,** erleiden, leiden ◆ das ist ein **bitteres,** großes, himmelschreiendes Unrecht ◆ er befindet sich, ist **im** Unrecht; jmdn. ins Unrecht setzen

**unrechtmäßig** ⟨Adj.⟩ *zu Unrecht (bestehend), ohne Recht (geschehend)* ◆ unrechtmäßiger Besitz; sich etwas unrechtmäßig aneignen

**unregelmäßig** ⟨Adj.⟩ **1** *nicht regelmäßig, in ungleichen Abständen* **2** *nicht geregelt, nicht nach einer bestimmten Regel* ◆ unregelmäßiger Puls; unregelmäßige Verben

**Unregelmäßigkeit** ⟨f. 20⟩ **I** ⟨unz.⟩ *unregelmäßige Beschaffenheit* **II** ⟨zählb.⟩ *kleiner Verstoß, leichter Betrug* ◆ bei der Überprüfung der Kasse wurden Unregelmäßigkeiten aufgedeckt, festgestellt

**unreif** ⟨Adj.⟩ **1** *noch nicht reif, nicht ausgereift* (Obst, Denkweise, Gedanke) **2** *jung, unfertig, noch nicht erwachsen* (Mensch)

**unrein** ⟨Adj.⟩ **1** *nicht rein, nicht sauber* **2** *krank, aussätzig* ◆ unrein! ⟨früher⟩ *(Ruf der Aussätzigen, um die Gesunden von sich fernzuhalten);* unreiner Atem, unreine Haut

**unrettbar** ⟨Adj.⟩ *nicht rettbar* ◆ er ist unrettbar verloren

**Unruh** ⟨f. 20⟩ *Schwungrädchen mit Spiralfeder, Gangregler der Uhr*

**Unruhe** ⟨f. 19⟩ **1** *anhaltende, leichte innere Erregung, Besorgnis* **2** *Angstgefühl* **3** *Ruhelosigkeit* **4** *störende Bewegung, Störung, Aufregung* **5** *(unblutiger) Aufruhr, laute Unzufriedenheit, Murren* ◆ Unruhen **beilegen,** (im Keime) ersticken, niederschlagen, schlichten, unterdrücken; unter der Menge **entstand** eine Unruhe; Unruhe **erfasste,** überfiel mich; in der Klasse **herrscht** Unruhe; Unruhe **stiften** ◆ eine **innere** Unruhe lässt mich heute nicht los ◆ **in** Unruhe geraten, sein; **von** Unruhe erfasst werden [→ *Ruhe*]

**unruhig** ⟨Adj.⟩ **1** *nicht ruhig, rastlos, ungeduldig* **2** *leicht aufgeregt, angstvoll besorgt* **3** *erregt* **4** *bewegt* (Meer, See) **5** *geräuschvoll* (Wohnung, Wohngegend) ◆ er führt ein unruhiges Leben; unruhig schlafen

**uns** ⟨Personalpron. der 1. Person Pl., Dat. u. Akk. von⟩ *wir* ◆ das Haus **gehört** uns ◆ hier sind wir ganz **für** uns *allein, ungestört;* er saß **hinter,** neben, vor uns; wir sind doch **unter** uns ⟨umg.⟩ *im kleinen, vertrauten Kreis;* **vor** uns brauchst du keine Angst zu haben [< ahd. *uns*]

**unschädlich** ⟨Adj.⟩ *nicht schädlich, harmlos, nicht gefährlich* ◆ unschädliche Insekten; unschädliche Mittel anwenden; jmdn. unschädlich machen ⟨fig.⟩ *ihm die Möglichkeit nehmen, zu schaden*

**unscharf** ⟨Adj.⟩ *nicht scharf, undeutlich* ◆ unscharfe Einstellung eines Fernrohrs; unscharfe Konturen; unscharfe (Sender-)Trennung im Radio

**unschätzbar** ⟨Adj.⟩ **1** *nicht schätzbar, bes. kostbar* **2** ⟨fig.⟩ *unermesslich, außerordentlich groß* ◆ das Bild hat für mich (einen) unschätzbaren Wert

**unscheinbar** ⟨Adj.⟩ **1** *so beschaffen, dass man es leicht übersehen kann, nicht auffallend, unbedeutend* **2** *einfach, bescheiden* ◆ diese Pflanze hat nur ganz unscheinbare Blüten [zu *scheinen* in der Bedeutung „glänzen"]

**unschlüssig** ⟨Adj.⟩ *nicht entschlossen, schwankend* ◆ ich bin (mir noch) unschlüssig, was ich tun soll

**Unschuld** ⟨f.; -; unz.⟩ **1** *Schuldlosigkeit, Freiheit von Schuld* **2** *sittliche Reinheit, Tugend, Unverdorbenheit* **3** *Ahnungslosigkeit* ◆ seine Unschuld **beteuern,** beweisen; meine Unschuld wird sich **herausstellen** ◆ **an** jmds. Unschuld glauben; seine Hände **in** Unschuld waschen ⟨fig.; umg.⟩ *sich für nicht schuldig, nicht verantwortlich erklären*

**unschuldig** ⟨Adj.⟩ **1** *nicht schuldig, ohne Schuld, schuldlos* **2** *sittlich rein, tugendhaft* **3** ⟨veraltet⟩ *jungfräulich* **4** *unverdorben* (Kind) ◆ jmdn. unschuldig verurteilen

**unselig** ⟨Adj.⟩ *unglücklich, verhängnisvoll* ◆ eine unselige Tat

**unser** **I** ⟨Personalpron. der 1. Person Pl., Gen. von⟩ *wir* ◆ gedenke unser!; wir waren unser drei **II** ⟨Possesivpron. der 1. Person Pl.; adjektiv. Gebrauch⟩ unser Sohn, unsere Tochter, unser Haus; unseres Wissens ⟨Abk.: u. W.⟩; ein Brief unserer Kinder; das Haus ist unser *gehört uns;* Vater unser, der du bist im Himmel,...; ⟨substantiv. Gebrauch⟩ → *unsere* [→ *uns*]

**unsere** ⟨Possessivpron. der 1. Person Pl.; substantiv. Gebrauch⟩ der, die, das unsere, unsre, unsrige; die Unseren/unseren, Unsern/unsern, Unsren/unsren, Unsrigen/ unsrigen *unsere Angehörigen;* das Unsere/unsere, Unsre/unsre, Unsrige/unsrige *unsere Habe, das, was uns zukommt;* wir haben das Unsere/unsere, Unsre/unsre, Unsrige/unsrige getan *das, was uns zukam, wozu wir verpflichtet waren, was wir tun konnten;* oV *unsre;* Sy *unsrige;* ⟨adjektiv. Gebrauch⟩ → *unser (II)* [→ *uns*]

**unsererseits** ⟨Adv.⟩ *von uns aus, von unserer Seite aus;* oV *unserseits, unsrerseits* ◆ unsererseits ist nichts dagegen einzuwenden

**unserseits** ⟨Adv.⟩ = *unsererseits*

**unsicher** ⟨Adj.⟩ **1** *nicht sicher, nicht gefestigt, nicht fest, schwankend* **2** *zweifelhaft, unentschieden* **3** *gefährlich, riskant* ◆ eine unsichere **Angelegenheit,** Sache; er hat eine unsichere **Hand** ◆ unsicher **gehen;** Taschendiebe **machen** hier die Gegend unsicher; **sein:** dieser Gebirgspfad, Steg ist unsicher ◆ die Kranke ist noch unsicher **auf** den Füßen; er ist **im** Rechnen, in der neuen Rechtschreibung noch unsicher

**Unsicherheit** ⟨f. 20⟩ **I** ⟨unz.⟩ *unsicheres Wesen od. Verhalten, unsichere Beschaffenheit* **II** ⟨zählb.⟩ *unsichere Sache, unsicherer Anteil*

**Unsinn** ⟨m. 1; unz.⟩ **1** *etwas Unlogisches, Torheit, törichtes Geschwätz od. Tun* **2** *dummes Zeug, Dummheiten* ◆ Unsinn machen ⟨umg.⟩ *Unfug treiben;* Unsinn treiben

**unsinnig I** ⟨Adj.⟩ *keinen Sinn habend, voller Unsinn, töricht* ◆ unsinniges Gerede, Geschwätz; das Urteil ist unsinnig **II** ⟨adv.; umg.⟩ *sehr, allzu* ◆ das ist unsinnig teuer

**Unsitte** ⟨f. 19⟩ *schlechte Angewohnheit, übler Brauch*

**unsittlich** ⟨Adj.⟩ **1** *nicht sittlich* **2** *unanständig, anstößig* ◆ unsittliche Forderungen stellen

**unsozial** ⟨Adj.⟩ *nicht sozial, dem sozialen Empfinden nicht gemäß;* Ggs *sozial (1)*

**unsre** ⟨Possessivpron.⟩ = *unsere*

**unsrerseits** ⟨Adv.⟩ = *unsererseits*

**unsrige** ⟨Possessivpron.⟩ = *unsere*

**unsterblich** ⟨Adj.⟩ *nicht sterblich, ewig (lebend, dauernd)* ◆ die unsterblichen Götter; das unsterbliche Werk eines Künstlers er hat sich unsterblich verliebt ⟨umg.; scherzh.⟩ *sehr, außerordentlich*

**unstillbar** ⟨Adj.⟩ **1** *nicht stillbar* (Blutstrom) **2** ⟨fig.⟩ *nicht zu befriedigen, mächtig, übermächtig* (Drang, Ehrgeiz, Sehnsucht) ◆ ein unstillbares Verlangen empfinden, fühlen

**Unstimmigkeit** ⟨f. 20; meist Pl.⟩ **1** *Unterschied, Verschiedenheit, Fehler (z. B. in einer Rechnung)* **2** *Widerspruch (zwischen Gesetzen, Zahlen)* **3** *Meinungsverschiedenheit* ◆ es gab häufig Unstimmigkeiten zwischen ihnen; Unstimmigkeiten bereinigen, beseitigen

**unsympathisch** ⟨Adj.⟩ *nicht sympathisch, (gefühlsmäßig) unangenehm;* Ggs *sympathisch* ◆ eine unsympathische Stimme

**untadelig, untadlig** ⟨Adj.⟩ *so beschaffen, dass es nichts zu tadeln gibt, tadellos, einwandfrei* (Benehmen, Charakter, Leben, Qualität, Ware) ◆ er hat sich untadlig geführt

**Untat** ⟨f. 20⟩ *böse Tat, Missetat, Verbrechen* ◆ eine Untat begehen; seine Untaten büßen

**untätig** ⟨Adj.⟩ *nicht tätig, nichts tuend, beschäftigungslos, müßig* ◆ untätig herumsitzen, herumstehen, zuschauen

**unteilbar** ⟨Adj.⟩ *nicht teilbar, un(zer)trennbar* ◆ ein unteilbares Ganzes bilden

**unten** ⟨Adv.⟩ *tief, tiefer gelegen, am unteren Ende, an der unteren Seite* ◆ unten (an der Treppe, am Fuß des Berges) **ankommen;** unten **bleiben,** sein; ich **warte** unten auf dich *(vor dem Haus)* ◆ unten **an** der Tafel; **dort,** hier unten (z. B. im Tal); von **hier** unten (aus) kann ich es nicht sehen; im Fahrstuhl **nach** unten fahren; **weiter** unten (im Tal, im Text eines Buches) [< mhd. *unden* < ahd. *untanan;* → *unter*]

**unter** ⟨Präp. m. Dat. auf die Frage „wo?", mit Akk. auf die Frage „wohin?"⟩ **1** *niedriger, tiefer als* **2** *verdeckt, versteckt von* **3** *weniger als* **4** *während, unterdessen* **5** *zwischen, inmitten, bei* **6** *mit, bei bestimmten Begleitumständen* **7** *niedrigeren Ranges, untergeben, unterstellt, untergeordnet, im Dienste von* ◆ er sah das Tal unter sich liegen; das Eis brach unter ihm, seinem Gewicht ein; unter einem ⟨österr.⟩ *zugleich;* unter jmdm., unter etwas (Kälte, Strenge usw.) leiden; unter jmdm. dienen ⟨Mil.⟩; er hat es unter großer **Anstrengung** gerade noch geschafft; unter ärztlicher **Aufsicht,** Kontrolle, Quarantäne; unter der **Bedingung,** Voraussetzung, dass ...; unter dem **Durchschnitt** liegen, sein; unter großen **Entbehrungen,** Opfern; nicht unter 20 **Mark;** sich unter die **Menge** mischen; unter **Mittag** *mittags, während der Mittagszeit;* 10 Grad unter **Null;** etwas unter (dem) **Preis** kaufen, verkaufen; er kroch unter der **Schranke** hindurch; er steht unter meinem

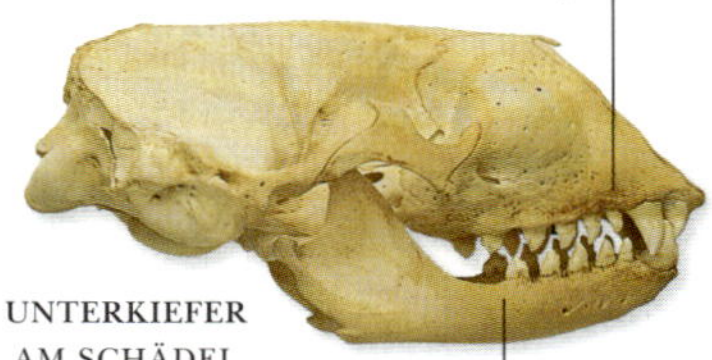


UNTERKIEFER AM SCHÄDEL EINER KEGELROBBE

**Schutz;** etwas unter **Tränen** gestehen, sagen, tun ⟨fig.⟩ *weinend;* unter **Umständen** ⟨Abk.: u. U.⟩ *gegebenenfalls, wie die Umstände es erlauben;* unter **Verzicht** auf ...; unter dem **Vorwand;** das Haus, die Wiese steht unter **Wasser** *ist überschwemmt;* unter einem **Zwang** handeln, stehen ◆ unter **ander(e)m,** unter ander(e)n ⟨Abk.: u. a⟩; unter anderem sah ich ...; ist einer unter **euch,** der ... [< mhd. *under* < ahd. *untar*]

**unter..., Unter...** ⟨in Zus.⟩ **I** ⟨mit Verben⟩ **1** ⟨mit der Betonung auf „unter"⟩ *etwas darunter, tiefer legen, stellen usw.,* z. B. 'unterlegen, 'unterschieben **2** ⟨mit der Betonung auf dem Grundwort⟩ **2.1** *Bewegung nach unten od. von unten her,* z. B. unter'drücken, unter'graben, unter'malen **2.2** *nicht mehr tun od. geschehen,* z. B. unter'bleiben, unter'brechen, unter'lassen **II** ⟨mit Adjektiven⟩ *darunter od. unten befindlich,* z. B. 'unterirdisch, 'unterentwickelt **III** ⟨mit Substantiven⟩ *etwas unten, darunter, tiefer Befindliches, z. B. in geograph. Bezeichnungen* ('Unteritalien) *od. in Titeln u. Rangbezeichnungen* ('Unteroffizier, 'Unterstaatssekretär)

**Unterarm** ⟨m. 1; Anat.⟩ *Teil des Armes zwischen Hand u. Ellenbogen;* Ggs *Oberarm*

**Unterbau** ⟨m.; -(e)s, -ten⟩ **I** ⟨zählb.⟩ **1** *unter der Erde befindlicher Bauteil, Fundament, stützender Bau, Sockel (von Gebäuden, Brücken usw.)* **2** *unter der Decke (von Straßen) od. dem Oberbau liegende Schicht von Steinen, Sand usw.* **II** ⟨unz.; Forstw.⟩ *künstlich eingebrachte, Schatten vertragende Holzarten unter licht stehendem Wald*

**Unterbauch** ⟨m. 1u; unz.; Anat.⟩ *unterer Teil des Bauches*

**unterbelichten** ⟨V. t.:hat; Fot.⟩ *zu wenig belichten;* Ggs *überbelichten*

**Unterbewusstsein** ⟨n.; -s; unz.⟩ *die seelisch-geistigen Vorgänge unter der Schwelle des Bewusstseins*

**unterbieten** ⟨V. t. 110; hat⟩ jmdn. unterbieten, etwas unterbieten *weniger fordern als der andere fordert od. als etwas anderes kostet;* Ggs *überbieten* ◆ einen Mitbewerber unterbieten; dieser Preis ist nicht zu unterbieten

**unterbinden** ⟨V. t. 111; hat⟩ **1** ein Blutgefäß unterbinden *abschnüren (u. dadurch die Blutung stillen)* **2** eine Handlung unterbinden ⟨fig.⟩ *verhindern, verbieten* **3** den Verkehr unterbinden *unterbrechen, unmöglich machen*

**Unterboden** ⟨m. 4u⟩ **1** *Fußboden aus Holzbrettern, Tafeln od. Estrich zum Belegen od. Bekleben mit lauffähigem Bodenbelag* **2** ⟨bei Kfz⟩ *untere Seite des Bodens*

**unterbrechen** ⟨V. t. 116; hat⟩ **1** etwas unterbrechen *vorübergehend mit etwas aufhören; vorübergehend aufhören lassen, aufhalten, stören* **2** jmdn. unterbrechen *anfangen zu reden, dazwischenreden, während jmd. spricht* ◆ unterbrich mich nicht!; wir waren unterbrochen worden (beim Telefongespräch); seine **Arbeit,** ein Gespräch unterbrechen

**Unterbrechung** ⟨f. 20⟩ *das Unterbrechen*

**unterbreiten** ⟨['----] V. t.; hat⟩ *unter etwas ausbreiten* ◆ wir haben eine Decke untergebreitet

**unterbreiten** ⟨[--'--] V. t.; hat⟩ jmdm. etwas unterbreiten *vorlegen, darlegen* ◆ jmdm. einen Vorschlag, ein Gesuch, einen Entwurf unterbreiten

**unterbringen** ⟨V. t. 118; hat⟩ jmdn. od. etwas unterbringen *für jmdn. od. etwas Platz finden* ◆ eine Ware unterbringen *Käufer, Abnehmer für eine Ware finden;* in diesem Koffer kann ich nicht alles unterbringen

**Unterdeck** ⟨n. 15 od. n. 11⟩ *Schiffsraum unter dem Zwischendeck;* Ggs *Oberdeck (1)*

**unterdes, unterdessen** ⟨Adv.⟩ *inzwischen, seitdem, mittlerweile*

**unterdrücken** ⟨V. t.; hat⟩ **1** *nicht aufkommen lassen, zurückhalten, bezwingen, niederhalten* (Gefühle, Revolte) **2** *gewaltsam beherrschen, unterjochen, knechten* (Volk, Untertanen) ◆ seine Angst, ein Lächeln unterdrücken; ein unterdrücktes Gähnen

**Unterdrückung** ⟨f. 20; unz.⟩ *das Unterdrücken, Knechten, Zwang*

**untere(r, -s)** ⟨Adj.⟩ *unten befindlich* ◆ der untere Rand; am unteren Teil

**untereinander** ⟨Adv.⟩ **1** *unter uns, unter euch, unter sich* **2** *miteinander, gegenseitig* ◆ untereinander legen, untereinander setzen, untereinander stehen, untereinander stellen

**unterentwickelt** ⟨Adj.⟩ *(zu) gering entwickelt, in der Entwicklung zurückgeblieben*

**Unterernährung** ⟨f. 20; unz.⟩ *ungenügende Ernährung* ◆ an Unterernährung leiden

**Unterfangen** ⟨n. 14⟩ *Wagnis, Unternehmen* ◆ ein kühnes, gefährliches Unterfangen

**unterfassen** ⟨V. t.; hat⟩ **1** *unter den Arm fassen u. dadurch stützen* **2** *den Arm in den eines anderen schlingen, sich einhaken;* Sy *unterhaken* ◆ untergefasst gehen *Arm in Arm*

**Unterführung** ⟨f. 20⟩ *Verkehrsweg, der unter einem anderen Verkehrsweg liegt* (Straßenunterführung, Eisenbahnunterführung)

**Unterfunktion** ⟨f. 20⟩ *ungenügende Funktion (z. B. der Schilddrüse);* Ggs *Überfunktion*

**Untergang** ⟨m. 1u⟩ **1** *das Untergehen, Verschwinden unter dem Horizont* (Gestirn) **2** *das Zugrundegehen, Scheitern, Zerstört-, Vernichtetwerden* (Volk, Truppe, Stadt) **3** *Sinken* (Schiff) **4** *Tod*

**untergärig** ⟨Adj.⟩ *mit Untergärung gegoren* (Bier); Ggs *obergärig*

**Untergärung** ⟨f. 20; unz.⟩ *Gärung des Biers bei niedriger Temperatur mit am Boden des Bottichs sitzender Hefe;* Ggs *Obergärung*

**untergeben** ⟨Adj.⟩ jmdm. untergeben sein *in jmds. Dienst stehend, ihm unterstellt*

**Untergebene(r)** ⟨f. 30 (m. 29)⟩ *jmd., der einem andern untergeben ist, der unter einem Vorgesetzten arbeitet*

**untergehen** ⟨V. i. 145; ist⟩ **1** *unter dem Horizont verschwinden* (Sonne, Gestirn) **2** *sinken, versinken* (Schiff, Ertrinkender) **3** *zerstört, vernichtet werden* (Volk, Heer, Stadt) **4** *umkommen*

**Untergeschoss** ⟨n. 11⟩ *Geschoss zu ebener od. halb unter der Erde liegend, Kellergeschoss;* Ggs *Obergeschoss;* → a. *Geschoss*[2]

**Untergewicht** ⟨n. 11; unz.⟩ *ungenügendes, zu geringes Gewicht;* Ggs *Übergewicht* ◆ der Kranke hatte starkes Untergewicht

**untergraben** ⟨['----] V. t. 157; hat⟩ *beim Graben darunterbringen, vermengen* ◆ er gräbt Dung, Torfmull unter

**untergraben** ⟨[--'--] V. t. 157; hat⟩ **1** *unter der Oberfläche aushöhlen, unterhöhlen* **2** ⟨fig.⟩ *langsam, unmerklich zerstören* ◆ der Fluss untergräbt das Ufer; jmds. Ansehen, Stellung untergraben

**Untergrund** ⟨m. 1u; unz.⟩ **1** *unter der Ackerkrume liegende Bodenschicht* **2** ⟨Mal.; bei Öl- od. Temperagemälde⟩ *unterste Farbschicht* **3** *Bereich der Illegalität* **4** ⟨kurz für⟩ *Untergrundbewegung* ◆ in den Untergrund gehen

**Untergrundbahn** ⟨f. 20; kurz für⟩ *U-Bahn*

**Untergrundbewegung** ⟨f. 20; Pol.⟩ *geheime Widerstandsbewegung gegen eine Regierung od. eine Besatzungsmacht;* Sy ⟨kurz⟩ *Untergrund (4)*

**untergründig** ⟨Adj.⟩ **1** *unterirdisch* **2** *unter der Oberfläche befindlich, verborgen*

**unterhaken** ⟨V. t.; hat⟩ = *unterfassen* ◆ er hakte sie unter

**unterhalb** ⟨Präp. m. Gen.⟩ *unter etwas gelegen, tiefer befindlich (als)* ◆ unterhalb des Hauses am Berg

**Unterhalt** ⟨m. 1; unz.⟩ **1** *alle Aufwendungen für die Lebensführung (Ernährung, Wohnung, Kleidung, Ausbildung)* **2** *Instandhaltung (von Anlagen, Gebäuden)* **3** *Sorge für das Inganghalten (von Institutionen)* ◆ für jmds. Unterhalt aufkommen, sorgen; jmdm. Unterhalt geben, gewähren [Rückbildung zu *unterhalten* in der Bedeutung „unterstützen"]

**unterhalten** ⟨['----] V. t. 160; hat⟩ *unter etwas halten* (Hand, Teller, Tuch)

**unterhalten** ⟨[--'--] V. t. 160; hat⟩ **1** jmdn. unterhalten *für jmds. Lebensunterhalt sorgen* **2** *in Gang halten* (Institution) **3** *instand halten* (Gebäude) **4** *aufrechterhalten, pflegen* (Beziehungen) **5** sich, jmdn. mit etwas unterhalten *die Zeit vertreiben, Vergnügen bereiten, belustigen* **6** sich mit jmd. unterhalten *sprechen, plaudern* ◆ wir haben uns angeregt, gut, heiter, prächtig unterhalten; wir haben uns mit Gesellschaftsspielen unterhalten; unterhaltende Lektüre, Spiele; es war recht unterhaltend

**unterhaltsam** ⟨Adj.⟩ *Unterhaltung bietend, der Unterhaltung dienend, unterhaltend, belustigend* ◆ er ist sehr unterhaltsam *kann jmdn. gut unterhalten;* ein unterhaltsames Theaterstück

**Unterhaltung** ⟨f. 20⟩ **1** *Unterhalt, Instandhaltung* **2** *Gespräch, Zeitvertreib* ◆ die Unterhaltung wieder aufnehmen, zu Ende führen; es war eine anregende, interessante, lebhafte Unterhaltung; es müsste mehr für die Unterhaltung der Schulen getan werden

**Unterhaltungs...** ⟨in Zus.⟩ **1** *der Unterhaltung dienend* **2** *anspruchslos, ohne tiefgründige Gedanken unterhaltend,* z. B. Unterhaltungsfilm, Unterhaltungsgenre, Unterhaltungskünstler, Unterhaltungsliteratur, Unterhaltungsmusik, Unterhaltungsserie

**Unterhaltungsmusik** ⟨f. 20; unz.; kurz: U-Musik⟩ *leichte, heitere Musik zur Unterhaltung, z. B. Tanz-, Operettenmusik*

**unterhandeln** ⟨V. i.; hat⟩ *verhandeln, sich besprechen* ◆ über den Abschluss eines Friedensvertrages unterhandeln

**Unterhaus** ⟨n. 12u; unz.; Pol.; bes. in Großbritannien⟩ *zweite, gesetzgebende Kammer des Parlaments;* Ggs *Oberhaus*

**Unterhaut** ⟨f. 7u; unz.; Anat.⟩ *unter der Oberhaut liegendes, fächerförmiges Bindegewebe, in das Fettzellen eingelagert sind: Subkutis;* Sy *Hypoderm;* Ggs *Oberhaut*

**Unterhemd** ⟨n. 27⟩ *unter der Oberbekleidung getragenes Hemd*

**unterhöhlen** ⟨V. t.; hat⟩ *unter der Oberfläche aushöhlen*

**Unterholz** ⟨n. 12u; unz.⟩ *niedriges Gehölz, Gebüsch im Wald, Buschwerk, Niederholz*

**Unterhose** ⟨f. 19⟩ *unter der Hose zu tragende Hose;* → a. *Schlüpfer, Slip*

**unterirdisch** ⟨Adj.⟩ **1** *unter der Erde befindlich, sich abspielend* (Gewölbe, Arbeiten); Ggs *oberirdisch* **2** ⟨fig.⟩ *verborgen, heimlich* (Machenschaften) **3** ⟨Myth.⟩ *der Unterwelt angehörig*

**unterjochen** ⟨V. t.; hat⟩ *unterdrücken, gewaltsam beherrschen, abhängig machen u. erhalten, knechten* ◆ Menschen, ein Land, eine Minderheit unterjochen [→ *Joch*]

**Unterkiefer** ⟨m. 3⟩ **1** ⟨bei Krebsen u. Insekten⟩ *die aus den ersten u. zweiten Maxillen gebildeten Mundwerkzeuge* **2** ⟨bei Wirbeltieren u. beim Menschen⟩ ◄ *jeder der beiden unteren, durch das Kiefergelenk mit dem übrigen Schädel verbundenen Knochen der Mundhöhle;* Ggs *Oberkiefer*

**unterkommen** ⟨V. i. 170; ist⟩ **1** *Aufnahme, Zuflucht, Obdach, Anstellung finden* **2** ⟨umg. a.⟩ *vorkommen* ◆ er hofft, bei unserer Firma unterzukommen

**Unterkommen** ⟨n. 14; unz.⟩ **1** *Zuflucht, Obdach, Wohnung* **2** *Stelle, Anstellung* ◆ jmdm. ein Unterkommen bieten, geben, gewähren; ein Unterkommen (für die Nacht) suchen

**Unterkörper** ⟨m. 3; Anat.⟩ *der menschliche Körper unterhalb der Gürtellinie;* Sy *Unterleib (1);* Ggs *Oberkörper*

**unterkühlen** ⟨V. t.; hat⟩ **1** eine Flüssigkeit, ein Gas, Dampf unterkühlen *auskühlen, bis unter den Erstarrungs- od. Kondensationspunkt abkühlen, ohne dass Erstarrung od. Verflüssigung eintritt* **2** den (menschl.) Körper unterkühlen *seine Temperatur unter 36,3° C senken*

**Unterkunft** ⟨f. 7u⟩ **1** *Obdach, (vorübergehende) Wohnung* **2** ⟨Mil.⟩ *Quartier* ◆ Unterkunft und Verpflegung (im Urlaubsort) [→ *unterkommen*]

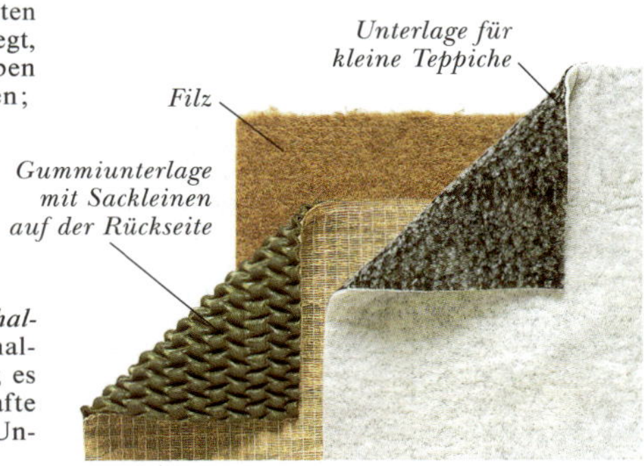


UNTERLAGE: TEPPICHUNTERLAGEN

**Unterlage** ⟨f. 19⟩ **1** *Grundlage, Unterbau, Sockel, Stütze* **2** ▲ *etwas, das untergelegt wird, z. B. Tuch, Decke, Platte, Polster, Blatt* **3** *der untere Teil einer durch Pfropfen veredelten Pflanze* **4** *Beweisstück, Nachweis, Beleg, z. B. Urkunde* ◆ Unterlagen beschaffen, prüfen, verlangen, vernichten; eine harte, warme, wasserdichte, weiche Unterlage

**unterlassen** ⟨V. t. 174; hat⟩ *sein lassen, bleiben lassen, nicht tun, versäumen zu tun, sich enthalten* ◆ er hat es unterlassen, rechtzeitig Bescheid zu geben

**unterlaufen** ⟨V. 175⟩ **I** ⟨V. t.; hat⟩ jmdn. unterlaufen *geduckt unterhalb der Waffe, der Deckung angreifen* ◆ den Gegner (beim Ringen od. allg. Zweikampf) unterlaufen **II** ⟨V. i.; ist⟩ ein Fehler unterläuft jmdm. *geschieht unbemerkt* ◆ mir ist dabei, in meiner Arbeit ein Fehler unterlaufen; das Auge ist mit Blut unterlaufen

**unterlegen** ⟨['----] V. t.; hat⟩ *unter etwas legen* ◆ er legt einen Stein, ein Tuch unter

**unterlegen** ⟨[--'--]⟩ **I** ⟨V. t.; hat⟩ *mit einer Unterlage versehen* ◆ die Platte ist mit Kork unterlegt; einen Text mit einer Melodie unterlegen *den Text vertonen* **II** ⟨Adj.; meist präd.⟩ *nicht ebenbürtig;* Ggs *überlegen² (1)* ◆ jmdm. unterlegen sein *jmdm. nicht gleichkommen*

**Unterlegenheit** ⟨f. 20; unz.⟩ *Schwäche, geringere Kraft, geringere Klugheit*

**Unterleib** ⟨m. 2; Anat.⟩ **1** ⟨i. w. S.⟩ = *Unterkörper;* Ggs *Oberkörper* **2** ⟨i. e. S.⟩ *die Geschlechtsorgane*

**Unterlid** ⟨n. 12; Anat.⟩ *das untere Augenlid;* Ggs *Oberlid*

**unterliegen** ⟨V. i. 179; ist⟩ **1** *besiegt, bezwungen werden* **2** *betroffen sein, werden* ◆ vermutlich wird unsere Mannschaft unterliegen; es unterliegt keinem Zweifel, dass ... *es besteht kein Zweifel, dass ...;* die bei der Wahl unterlegene Partei

**Unterlippe** ⟨f. 19; Anat.⟩ *untere der beiden Lippen;* Ggs *Oberlippe*

**unterm** ⟨Verschmelzungsform aus Präp. u. Art.⟩ *unter dem*

**untermalen** ⟨V. t.; hat⟩ **1** ein Bild untermalen *die erste Farbschicht für ein Bild auftragen, grundieren* **2** ⟨fig.⟩ *begleiten* ◆ ein Gespräch, einen Vortrag mit Musik untermalen

**untermauern** ⟨V. t.; hat⟩ **1** *mit Mauern von unten her stützen, mit Grundmauern anlegen, versehen* **2** ⟨fig.⟩ *mit fester Grundlage versehen, mit stichhaltigen Argumenten stützen*

**Untermiete** ⟨f. 19; unz.⟩ **1** *Weitervermietung einer gemieteten Sache (Zimmer) an einen Dritten* **2** *das Mieten einer bereits von einem andern gemieteten Sache* ◆ jmdn. in, zur Untermiete nehmen

**untern** ⟨Verschmelzungsform aus Präp. u. Art.⟩ *unter den*

**unternehmen** ⟨V. t. 187; hat⟩ *beginnen, machen, tun, in die Wege leiten, Maßnahmen ergreifen* ◆ man muss doch etwas (dagegen) unternehmen!; eine Reise, einen Spaziergang unternehmen

**Unternehmen** ⟨n. 14⟩ **1** *Tat, Handlung* **2** *Vorhaben* **3** *ein od. mehrere Betriebe, eine od. mehrere Fabriken als wirtschaftliche (nicht räuml.) Einheit* ◆ ein Unternehmen finanzieren, gründen, liquidieren; das ist ein sehr gewagtes, kühnes Unternehmen; ein gewerbliches, kaufmännisches Unternehmen

**Unternehmensberater** ⟨m. 3; Wirtsch.⟩ *berufsmäßiger Berater von Unternehmern hinsichtlich der betriebl. Planung;* Sy *Consultant*

**Unternehmer** ⟨m. 3⟩ *jmd., der ein Unternehmen auf eigene Kosten führt*

**Unteroffizier** ⟨m. 1; Mil.; Abk.: Uffz.⟩ *militärischer Dienstgrad zwischen Mannschaften u. Offizieren*

**unterordnen** ⟨V. t.; hat⟩ **1** jmdn. jmdm. unterordnen *jmdn. in jmds. Dienst stellen, abhängig machen* **2** sich (jmdm.) unterordnen *sich (jmdm.) fügen, sich einfügen* **3** jmdm. untergeordnet sein *ihm untergeben, unterstellt sein* ◆ er kann sich nicht unterordnen; unterordnendes Bindewort ⟨Gramm.⟩ = *subordinierende Konjunktion*

**unterpflügen** ⟨V. t.; hat⟩ *beim Pflügen in die Erde bringen*

**Unterredung** ⟨f. 20⟩ *Besprechung, Verhandlung* ◆ eine Unterredung unter vier Augen; mit jmdm. eine Unterredung haben

**unterrepräsentiert** ⟨Adj.⟩ *unverhältnismäßig schwach vertreten, zu wenig repräsentiert* ◆ Frauen sind in Führungspositionen unterrepräsentiert

**Unterricht** ⟨m. 1; Pl. selten⟩ **1** *planmäßiges, regelmäßiges Lehren* **2** *planmäßiges, regelmäßiges Lernen bei einem Lehrer* **3** *Unterrichtsstunde* ◆ Unterricht **erteilen,** geben, haben, nehmen ◆ **am** Unterricht teilnehmen; Unterricht **in** Musik, in Kunst, in einer Fremdsprache [Rückbildung zu *unterrichten*]

**unterrichten** ⟨V. t. u. V. i.; hat⟩ **1** (jmdn.) unterrichten **1.1** *jmdm. Unterricht geben, erteilen* **1.2** *jmdn. lehren, unterweisen* **2** sich über etwas unterrichten *sich über etwas Auskunft verschaffen, Kenntnis aneignen* ◆ jmdn. in Musik, Französisch unterrichten [< mhd. *underrihten* „einrichten, im Gespräch zurechtweisen"]

**unters** ⟨Verschmelzungsform aus Präp. u. Art.⟩ *unter das*

U

**untersagen** ⟨V. t.; hat⟩ jmdm. etwas untersagen *nicht erlauben, verbieten* ◆ das Betreten des Grundstücks ist allen untersagt [Lehnübersetzung aus lat. *interdicere,* eigtl. „dazwischensprechen"]

**Untersatz** ⟨m. 1u⟩ *Gestell, Platte, Teller, Sockel, worauf man etwas stellt, Stütze* ◆ fahrbarer Untersatz ⟨umg.; scherzh.⟩ *Auto, Fahrrad, Motorrad*

**unterschätzen** ⟨V. t.; hat⟩ *zu gering schätzen, für geringer halten, als es ist;* Ggs *überschätzen* ◆ du hast ihn unterschätzt

**unterscheiden** ⟨V. 207; hat⟩ **I** ⟨V. t.⟩ **1** etwas unterscheiden *genau, in allen Einzelheiten erkennen, die Verschiedenheit von anderem, den Unterschied zu anderem erkennen* **2** *trennende Merkmale hervorheben, den Unterschied hervorheben* **3** *auseinander halten, eine Trennung, Einteilung machen* **4** sich von etwas od. jmdm. unterscheiden *anders sein als etwas od. jmd., von etwas od. jmdm. abweichen* ◆ er kann das **Wesentliche** nicht vom Unwesentlichen unterscheiden ◆ diese Pflanzen sind **leicht,** schwer zu unterscheiden ◆ das unterscheidende Merkmal ist ... ◆ sie werden nach ihrer Größe, Farbe unterschieden **II** ⟨V. i.⟩ *einen Unterschied machen*

**Unterschenkel** ⟨m. 5; Anat.⟩ *Teil des Beines zwischen Fuß und Knie;* Ggs *Oberschenkel*

**Unterschicht** ⟨f. 20⟩ *untere Gesellschaftsschicht;* Ggs *Oberschicht*

**unterschieben** ⟨['----] V. t. 212; hat⟩ *unter etwas schieben* ◆ jmdm. ein Kissen, einen Stuhl unterschieben

**unterschieben** ⟨[--'--] V. t. 212; hat⟩ **1** *heimlich zuschieben, an die falsche Stelle bringen, vertauschen* **2** ⟨fig.⟩ *(meist böswillig) behaupten, zuschreiben* ◆ jmdm. eigennützige Beweggründe unterschieben ⟨fig.⟩

**Unterschied** ⟨m. 1⟩ **1** *Anderssein, Verschiedenheit, Ungleichheit, Gegensatz* **2** *Unterscheidung, Trennung, Einteilung* ◆ einen Unterschied **ausgleichen,** feststellen, übersehen; der Unterschied **fällt** sofort ins Auge, kaum ins Gewicht ◆ ein **beträchtlicher,** feiner, geringer, großer, himmelweiter Unterschied ◆ Unterschiede **im** Preis, in der Qualität; der Unterschied **zwischen** ihnen ist, dass ... [→ *unterscheiden*]

**unterschiedlich** ⟨Adj.⟩ *verschieden, ungleich(artig)* ◆ unterschiedliche Behandlung

**unterschlächtig** ⟨Adj.; fachsprachl.⟩ *durch waagerecht fließendes Wasser von unten betrieben* (Wasserrad, Mühlrad); → a. *oberschlächtig* [zu *schlagen* in der Bedeutung „treiben"]

**unterschlagen** ⟨['----] V. t. 216; hat⟩ *kreuzen, eins unter das andere legen* (Unterarme, Unterschenkel) ◆ die Beine beim Sitzen unterschlagen

**unterschlagen** ⟨[--'--] V. t. 216; hat⟩ **1** *unrechtmäßig zurückbehalten, veruntreuen* (Geld, Brief) **2** *verheimlichen* (Neuigkeit, Nachricht) ◆ eine Stelle im Text unterschlagen *nicht vorlesen, nicht sprechen, überspringen*

**Unterschlupf** ⟨m. 1⟩ *etwas, wo man unterschlüpfen kann, Zuflucht, Obdach, Schutz* ◆ Unterschlupf finden, suchen (für die Nacht, vor dem Gewitter); bei jmdm. Unterschlupf finden

**unterschreiben** ⟨V. t. 226; hat⟩ etwas unterschreiben **1** *seinen Namen unter etwas schreiben* (Brief, Urkunde, Urteil) **2** ⟨fig.⟩ *gutheißen* ◆ das unterschreibe ich nicht ⟨a. fig.⟩; der Brief ist unterschrieben mit ..., von ...

**unterschreiten** ⟨V. t. 228; hat⟩ einen Betrag, eine Summe unterschreiten *weniger als einen bestimmten B., eine vorgesehene S. brauchen*

**Unterschrift** ⟨f. 20⟩ *Namenszug unter einem Schriftstück, einer Zeichnung usw.* ◆ er hat seine Unterschrift daruntergesetzt

**unterschwellig** ⟨Adj.⟩ *unterhalb der Reiz-, Bewusstseinsschwelle (vorhanden)* ◆ unterschwellige Aggressionen gegen jmdn. haben; etwas nur unterschwellig wahrnehmen

**Unterseeboot** ⟨n. 11; kurz: U-Boot⟩ ▼ *Kriegs- od. Forschungsschiff, das unter Wasser fahren kann;* Sy *Tauchboot (1)*

**Unterseite** ⟨f. 19⟩ *untere Seite, (nicht sichtbare) Rückseite;* Ggs *Oberseite* ◆ an der Unterseite ist das Auto bereits rostig

**Untersetzer** ⟨m. 3⟩ *Teller, Platte, Bastdeckchen usw., worauf man einen Gegenstand stellt* (Blumenuntersetzer)

**untersetzt** ⟨Adj.⟩ *klein, aber kräftig, stämmig, gedrungen*

**unterst** ⟨Adj.; Superl. von⟩ *unter* ◆ der unterste Abschnitt, die unterste Zeile

**Unterstand** ⟨m. 1u⟩ **1** *meist unter- od. halb unterirdischer, schuss-, splittersicherer Raum im Stellungskrieg* **2** *Schutzraum gegen Unwetter, Zufluchtsort* [→ *unterstehen*]

**unterste(r, -s)** ⟨Adj.⟩ *am weitesten unten befindlich* ◆ die unterste Schublade; auf der untersten Stufe

**unterstehen** ⟨V. 251; hat⟩ **I** ⟨V. i.⟩ jmdm. unterstehen *unter einem Vorgesetzten stehen, arbeiten, ihm untergeordnet sein* ◆ er untersteht dem Abteilungsleiter; er hat dieser Behörde unterstanden **II** ⟨V. refl.⟩ sich unterstehen *(etwas zu tun) wagen* ◆ untersteh dich! *wehe dir!, wehe, wenn du das tust!*

**unterstellen** ⟨['----] V. t.; hat⟩ *unter etwas stellen, unter ein schützendes Dach stellen, unterbringen* ◆ der Wagen ist in der Garage untergestellt

**unterstellen** ⟨[--'--] V. t.; hat⟩ **1** etwas unterstellen *als wahr annehmen* **2** jmdm. etwas unterstellen **2.1** *zur Beaufsichtigung, zur Leitung übergeben* (Abteilung, Sachgebiet) **2.2** ⟨fig.⟩ *zur Last legen, von ihm behaupten* ◆ er wurde meiner Aufsicht unterstellt; du hast mir ganz falsche Beweggründe unterstellt

**unterstreichen** ⟨V. t. 258; hat⟩ etwas unterstreichen **1** *einen Strich unter etwas ziehen (um es hervorzuheben)* **2** ⟨fig.⟩ *betonen (durch Worte, Gesten)* **3** *ebenfalls betonen, gutheißen* ◆ der Redner unterstrich besonders die Tatsache, dass ...; Wörter in einem Text durch Unterstreichen hervorheben

**Unterströmung** ⟨f. 20⟩ ► *Strömung unter der Wasseroberfläche*

**Unterstufe** ⟨f. 19; unz.⟩ *die untere(n) Stufe(n) od. Klasse(n) einer mehrklassigen Unterrichtsanstalt;* Ggs *Oberstufe*

**unterstützen** ⟨V. t.; hat⟩ **1** jmdn. unterstützen *jmdm. beistehen, zur Seite stehen, helfen, jmdn. fördern* **2** *etwas unterstützen* fördern, befürworten ◆ ein Gesuch unterstützen

**Unterstützung** ⟨f. 20⟩ **1** *das Unterstützen, Hilfe, Beistand* **2** *geldliche Hilfe, Zuschuss, Rente* ◆ Unterstützung der Armen, Bedürftigen, Hinterbliebenen, Kranken, Kriegsbeschädigten, Vertriebenen; eine Unterstützung annehmen, erbitten, erhalten

**untersuchen** ⟨V. t.; hat⟩ **1** *genau prüfend betrachten* **2** *durch Tasten, Horchen, Vergleichen, chem. Mittel, Fragen usw. festzustellen suchen* **3** *erforschen, erörtern* ◆ einen Fall, eine Maschine, einen Tatbestand untersuchen; einen Kranken untersuchen; etwas eingehend, genau, gründlich, oberflächlich untersuchen

## UNTERSEEBOOT

Für längere Tauchgänge benötigt ein Unterseeboot einen Stahlrumpf, der dem enorm hohen hydrostatischen Druck in der Tiefe standhält. Betrieben werden Unterseeboote, die von so genannten Schotten in einzelne, im Falle eines Lecks voneinander isolierbare Bereiche unterteilt werden, entweder mit kombinierten Diesel- und Elektromotoren oder mithilfe von Kernenergie. Zum Abtauchen müssen die Ventile zu den Ballasttanks geöffnet werden, worauf eindringendes Wasser das Sinken des Schiffs bewirkt. Um wieder aufzutauchen, wird dieses Ballastwasser aus den Tanks gepumpt und durch Luft ersetzt. Die beiden Klassen moderner Unterseeboote werden einerseits für Kampfzwecke und andererseits für den Transport von Langstreckenraketen eingesetzt.

SCHNITT DURCH EIN ATOMGETRIEBENES UNTERSEEBOOT, UM 1975

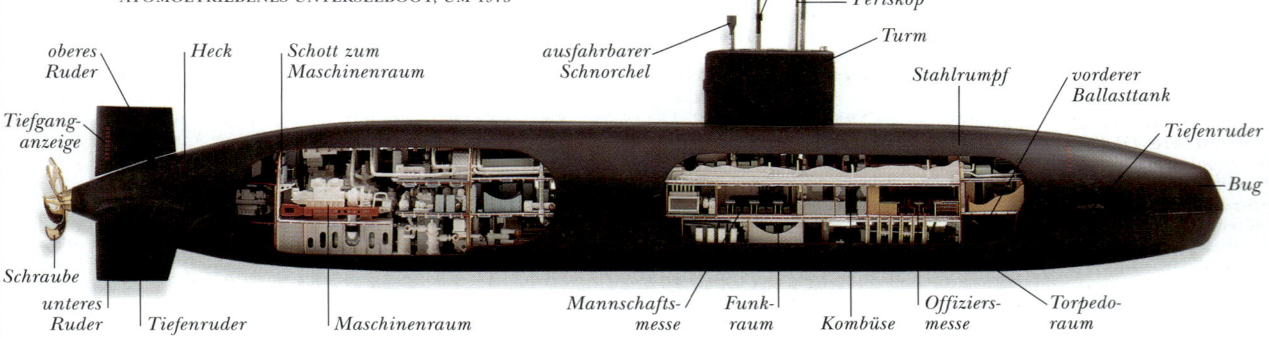


U

**Untersuchung** ⟨f. 20⟩ *das Untersuchen* ◆ die Untersuchung des **Falles** ist abgeschlossen, läuft noch ⟨Rechtsw.⟩; die Untersuchung des **Patienten** ergab keinen Befund ◆ eine strenge Untersuchung **anordnen;** eine Untersuchung **einleiten,** durchführen, führen, vornehmen; die Untersuchung hat **ergeben,** dass ... ◆ die **ärztliche,** chemische, gerichtliche, gerichtsmedizinische Untersuchung ◆ er ist **mit** der Untersuchung des Falles beauftragt ⟨Rechtsw.⟩

**Untersuchungshaft** ⟨f.; -; unz.; kurz: U-Haft⟩ *Haft eines Angeschuldigten od. eines Tatverdächtigen vor Beginn des Prozesses* ◆ sich in Untersuchungshaft befinden; jmdn. in Untersuchungshaft nehmen

**untertan** ⟨Adj.⟩ *als Untertan zugehörig, untergeben* **1** *dienstbar, hörig, gefügig*

**Untertan** ⟨m. 23 od. veraltet: m. 16⟩ **1** *Bürger einer Monarchie od. eines Fürstentums* **2** *Höriger, Leibeigener* [→ *untertan*]

**untertänig** ⟨Adj.⟩ *übertrieben gehorsam, ergeben, demütig* ◆ Ihr untertänigster Diener *(früher als Unterschriftsformel in Briefen);* darf ich untertänigst bitten ⟨veraltet⟩ [→ *untertan*]

**Untertasse** ⟨f. 19⟩ *passendes Tellerchen als Untersatz der Tasse* ◆ fliegende Untertasse *angeblich gesichtetes, vielfach als außerirdisch angenommenes, bemanntes Flugzeug, dessen Herkunft noch nicht geklärt ist*

**Untertaste** ⟨f. 19; Mus.⟩ *weiße Taste (des Klaviers)*

**untertauchen** **I** ⟨V. i.; ist⟩ *im Wasser (zeitweise) versinken, im Wasser tauchen* (Schwimmer, Schwimmvogel, Taucher) ◆ in der Menge untertauchen ⟨fig.⟩ *verschwinden, nicht mehr gesehen werden* **II** ⟨V. t.; hat⟩ *ganz in eine Flüssigkeit eintauchen, unter die Oberfläche einer Flüssigkeit halten* ◆ einen Stoff in der Farbbrühe untertauchen

**unterteilen** ⟨V. t.; hat⟩ *einteilen (in Gruppen), gliedern*

**Unterton** ⟨m. 1u; Mus.⟩ **1** *jeweils zu einem Ton gehöriger, nicht hörbarer, spiegelbildlich dem Oberton entsprechender, mitschwingender Ton* **2** ⟨fig.⟩ *leiser, versteckter Ton od. Tonfall* ◆ in seiner Stimme schwang ein drohender Unterton

**Untertemperatur** ⟨f. 20; unz.⟩ *weniger als normale Körpertemperatur*

**Untertitel** ⟨m. 5⟩ **1** *zweiter Titel unter dem Titel (eines Zeitungsartikels usw.), meist erläuternder Art* **2** ⟨Film⟩ *am unteren Bildschirm- bzw. Leinwandrand mitlaufende Übersetzung eines fremdsprachigen Films*

**untertreiben** ⟨V. t. 262; hat⟩ *etwas als kleiner, bedeutungsloser darstellen, als es tatsächlich ist;* Ggs *übertreiben (2)* [Lehnübersetzung von engl. *understate* als Gegensatz zu übertreiben]

**Untertreibung** ⟨f. 20⟩ *das Untertreiben, untertriebene Darstellung;* Sy *Understatement;* Ggs *Übertreibung*

**untertreten** ⟨V. i. 263; ist⟩ *unter ein schützendes Dach treten* ◆ vor dem Regen irgendwo untertreten

**untervermieten** ⟨V. t.; hat⟩ eine gemietete Sache untervermieten *weitervermieten* ◆ ein Zimmer untervermieten

**unterwandern** ⟨V. t.; hat⟩ *durch langsames Eindringen aufspalten, schwächen* ◆ Doppelagenten unterwandern den Geheimdienst

**Unterwäsche** ⟨f. 19; unz.⟩ *unter der Oberbekleidung getragene Kleidungsstücke, z. B. Unterhemd, Slip, Büstenhalter*

**Unterwasserbehandlung** ⟨f. 20; Med.⟩ = *Unterwassermassage*

**Unterwasserkraftwerk** ⟨n. 11⟩ *Wasserkraftwerk, das unter dem Wasserspiegel eines Flusses liegt*

**Unterwassermassage** ⟨[-ʒə] f. 19; Med.⟩ *Massage mit Hand od. Wasserstrahl unter Wasser;* Sy *Unterwasserbehandlung*

**unterwegs** ⟨Adv.⟩ *auf dem Wege, auf der Reise* ◆ ich war schon unterwegs, als er kam; bei ihr ist ein Kind unterwegs ⟨fig.; umg.⟩ *sie erwartet ein Kind;* die Waren sind (bereits) unterwegs *abgeschickt* [< ahd. *unterweg(en)* < *unter* + *Weg*]

**unterweisen** ⟨V. t. 277; hat⟩ jmdn. unterweisen *lehren, unterrichten, jmdm. Kenntnisse vermitteln* ◆ Schüler unterweisen

**Unterwelt** ⟨f. 20; unz.⟩ **1** ⟨Myth.⟩ *Totenreich, Aufenthaltsort der Gestorbenen* **2** ⟨fig.⟩ *Verbrecherwelt*

**unterwerfen** **I** ⟨V. t. 281; hat⟩ **1** *besiegen, bezwingen, erobern* **2** *unterjochen, untertan machen* ◆ fremder Herrschaft unterworfen sein **II** ⟨V. refl.⟩ sich unterwerfen *sich ergeben, sich fügen* ◆ sich jmds. Anordnungen, Willen unterwerfen

**unterwertig** ⟨Adj.⟩ *unter dem normalen Wert liegend, wenig Wert besitzend*

**unterwürfig** ⟨Adj.⟩ *übertrieben gehorsam, übertrieben ehrerbietig, sehr ergeben, kriecherisch* ◆ eine unterwürfige Haltung einnehmen, zeigen [< *unter* + *werfen*]

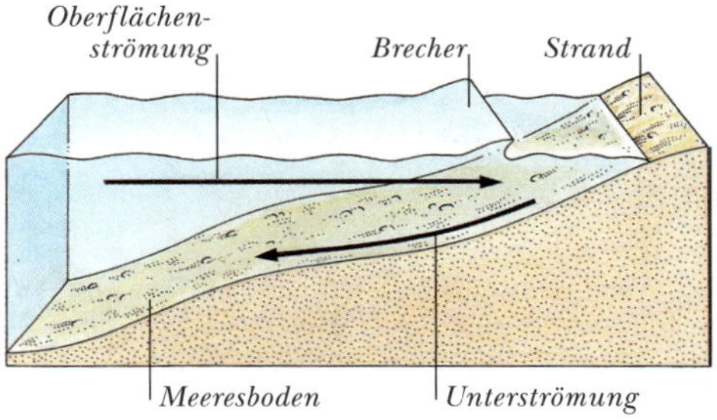


UNTERSTRÖMUNG

**unterzeichnen** ⟨V. t.; hat⟩ *unterschreiben, durch Unterschrift bestätigen* ◆ einen Brief, einen Vertrag, ein Zeugnis unterzeichnen

**Unterzeichnete(r)** ⟨f. 30 (m. 29)⟩ *jmd., der ein Schriftstück unterzeichnet hat* ◆ ⟨mit Bezug auf die Unterschrift⟩ der links, rechts Unterzeichnete, ⟨od.⟩ der Links-, Rechtsunterzeichnete

**unterziehen** ⟨V. t. 287; hat⟩ jmdn. einer Prüfung, einem Verhör unterziehen *ihn prüfen, verhören* ◆ er hat sich einer schweren Operation unterzogen

**Untiefe** ⟨f. 19⟩ **1** *Mangel an nötiger Tiefe, seichte Stelle (im Meer, See, Fluss), Sandbank* **2** ⟨umg. a.⟩ *sehr große Tiefe*

**untrennbar** ⟨a. ['---] Adj.⟩ *nicht trennbar* ◆ untrennbar mit etwas verbunden sein; das eine ist vom andern untrennbar; untrennbarer Verbteil ⟨Gramm.⟩ = *Vorsilbe*

**untreu** ⟨Adj.⟩ *nicht treu, treulos* ◆ ein untreuer Ehemann, Liebhaber; einer (gemeinsamen) Sache, einem Ideal untreu werden; jmdm., sich selbst untreu werden

**Untreue** ⟨f.; -; unz.⟩ *das Untreusein, Untreuwerden, untreues Verhalten*

**untrüglich** ⟨Adj.⟩ *nicht trügend, ganz sicher* ◆ das ist ein untrügliches Zeichen für einen Wetterumschlag

**untröstlich** ⟨Adj.⟩ *so betrübt, dass er bzw. sie sich nicht trösten lässt, keinem Trost zugänglich, sehr traurig*

**Untugend** ⟨f. 20⟩ *schlechte Angewohnheit, (leichtes) Laster*

**unüberbrückbar** ⟨Adj.⟩ *nicht überbrückbar, nicht zu beseitigen, nicht zusammenzubringen* ◆ eine unüberbrückbare Kluft zwischen Anschauungen, Menschen

**unüberlegt** ⟨Adj.⟩ *nicht überlegt, unbesonnen, voreilig* ◆ das war unüberlegt gehandelt, gesagt; eine unüberlegte Aktion, Handlung

**unübersichtlich** ⟨Adj.⟩ **1** *nicht übersichtlich, teilweise verdeckt, versteckt* (Gelände) **2** *verworren* (Angelegenheit)

**unübertrefflich** ⟨Adj.⟩ *nicht übertreffbar, ausgezeichnet, hervorragend, alle(s) andere(n) überragend*

**unüblich** ⟨Adj.⟩ *nicht üblich, nicht gebräuchlich* ◆ unübliche Methoden, Maßnahmen

**unumgänglich** ⟨Adj.⟩ *nicht zu umgehen, nicht zu vermeiden, unbedingt notwendig, erforderlich* ◆ es ist unumgänglich (notwendig), dass du kommst

**unumstößlich** ⟨Adj.⟩ *nicht umzustoßen, nicht zu ändern* (Beschluss, Gesetz, Tatsache)

**unumstritten** ⟨Adj.⟩ *nicht umstritten, unbestritten*

**ununterbrochen** ⟨Adj.⟩ *nicht unterbrochen, fortwährend, dauernd* ◆ in ununterbrochener Folge; sie redet ununterbrochen

**unverändert** ⟨Adj.⟩ *nicht verändert, gleich (geblieben)* ◆ er ist unverändert; etwas unverändert lassen

**unverantwortlich** ⟨Adj.⟩ *nicht zu verantworten, so geartet, dass man es nicht verantworten kann* ◆ unverantwortlicher Leichtsinn

**unverarbeitet** ⟨Adj.⟩ **1** *nicht verarbeitet, nicht bearbeitet, roh* (Rohstoffe) **2** *unverdaut* **3** ⟨fig.⟩ *nicht richtig verstanden* ◆ unverarbeitete Eindrücke ⟨fig.⟩

**unverbesserlich** ⟨Adj.⟩ *nicht zu bessern, nicht zu ändern* (meist von Personen, Charaktereigenschaften) ◆ er ist ein unverbesserlicher Optimist

**unverbindlich** ⟨Adj.⟩ **1** *nicht verbindlich, nicht bindend* **2** *nicht sehr freundlich, gerade noch höflich, aber nicht liebenswürdig, kurz angebunden* ◆ unverbindliches Angebot *Angebot ohne Kaufzwang;* jmdn. unverbindlich behandeln *wenig liebenswürdig*

**unverbrüchlich** ⟨Adj.⟩ *ganz fest* ◆ unverbrüchliches Schweigen bewahren; jmdm. unverbrüchlich die Treue halten

**unverdächtig** ⟨Adj.⟩ *nicht verdächtig* ◆ er ist unverdächtig

**unverderblich** ⟨Adj.⟩ *nicht verderblich, nicht schlecht werdend* (Ware)

**unverdient** ⟨Adj.⟩ *nicht verdient, unberechtigt* ◆ ein unverdientes Glück; unverdiente Strafe, Vorwürfe

**unverdrossen** ⟨Adj.⟩ *unermüdlich u. fröhlich, emsig* ◆ unverdrossen arbeiten

**unvereinbar** ⟨Adj.⟩ *nicht vereinbar, so geartet, dass man es nicht in Einklang bringen kann* ◆ unvereinbare Anschauungen, Gegensätze, Vorschläge; unvereinbare Ämter *Ämter, die man nicht in einer Person ausüben kann*

**unverfänglich** ⟨Adj.⟩ *nicht verfänglich, keinen Verdacht erregend, nicht gefährlich, nicht bedenklich* ◆ eine möglichst unverfängliche Antwort geben

**unverfroren** ⟨Adj.⟩ *dreist, frech, ziemlich unverschämt*

**unvergesslich** ⟨Adj.⟩ *so beschaffen, dass man es nicht vergessen kann* ◆ unvergessliche Eindrücke; es waren unvergessliche Stunden

**unvergleichlich** ⟨Adj.⟩ *so vorzüglich, dass man es nicht mit anderem vergleichen kann, unübertrefflich, einzigartig* ◆ eine unvergleichliche Tat

**unverhältnismäßig** ⟨Adj.⟩ *über die normalen Verhältnisse hinausgehend, übermäßig, allzu* ◆ er ist unverhältnismäßig groß; dieses Produkt ist unverhältnismäßig teuer

**unverhofft** ⟨Adj.⟩ *unerwartet, unvorhergesehen, plötzlich* ◆ ein unverhofftes Wiedersehen

## UNZIALE

Die gerundeten und mit einfachen Serifen versehenen Buchstaben der Unziale entwickelten sich im 3. Jh. aus den Lettern der römischen Kapitalschrift. Im 5. Jh. entstand die von einem schärferen Gegensatz zwischen breiten Strichen und dünnen Haarlinien geprägte Halbunziale mit den ersten Unter- und Oberlängen.

SCHREIBWEISE VON UNZIALBUCHSTABEN

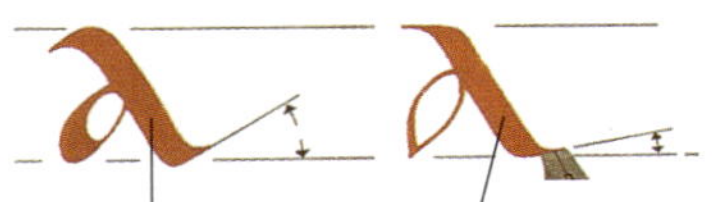


IN HALBUNZIALE GESCHRIEBENER ENGLISCHER PSALTER DES 8. JH.

**unverhohlen** ⟨Adj.⟩ *nicht verborgen, unverhüllt* ◆ mit unverhohlener Schadenfreude
**unverkennbar** ⟨Adj.⟩ *nicht zu verkennen, deutlich zu erkennen* ◆ es ist unverkennbar, dass ...
**unverletzlich** ⟨Adj.⟩ *nicht verletzlich, so beschaffen, dass es nicht verletzt, übertreten werden kann od. darf* (Rechte) ◆ die unverletzlichen Menschenrechte
**unverletzt** ⟨Adj.⟩ **1** *nicht verletzt* (Lebewesen) **2** *nicht aufgebrochen* (Schloss, Siegel) ◆ er ist bei dem Unfall unverletzt geblieben
**unvermeidlich** ⟨Adj.⟩ *nicht zu vermeiden, nicht zu umgehen* ◆ es ist leider unvermeidlich, dass ...; du musst dich ins Unvermeidliche fügen
**unvermindert** ⟨Adj.⟩ *nicht vermindert, nicht geringer geworden, gleich geblieben* ◆ der Sturm tobte noch immer mit unverminderter Heftigkeit
**unvermittelt** ⟨Adj.⟩ *ohne Übergang, plötzlich* ◆ unvermittelt fragte er mich ...
**Unvermögen** ⟨n.; -s; unz.⟩ *Unfähigkeit, Mangel an Fähigkeit, an Können od. Kraft*
**unvernünftig** ⟨Adj.⟩ *nicht vernünftig, vernunftwidrig, töricht* ◆ das war eine unvernünftige Entscheidung
**unverrichtet** ⟨Adj.⟩ *nicht verrichtet, nicht getan, nicht erledigt* ◆ unverrichteter Dinge, unverrichteter Sache abziehen, zurückkommen *ohne etwas erreicht zu haben*
**unverschämt** ⟨Adj.; -er, am -esten⟩ *schamlos, frech, dreist* ◆ eine unverschämte Antwort
**unversehens** ⟨Adv.⟩ *plötzlich, überraschend* ◆ unversehens war der Winter da
**unversöhnlich** ⟨Adj.⟩ *nicht zu versöhnen, nicht zur Versöhnung bereit*
**Unverstand** ⟨m.; -(e)s; unz.⟩ **1** *Mangel an Verstand* **2** *Einfalt* **3** *Unüberlegtheit*
**unverständlich** ⟨Adj.⟩ **1** *nicht verständlich, nicht zu verstehen* **2** *nicht zu begreifen, unbegreiflich* ◆ die Aufgabe ist (mir) unverständlich; seine Handlungsweise, sein Verhalten ist mir unverständlich

U

**Unverständnis** ⟨n.; -ses; unz.⟩ *Mangel an Verständnis* ◆ auf Unverständnis stoßen
**unverträglich** ⟨Adj.⟩ **1** *nicht verträglich, zänkisch, streitsüchtig* (Mensch) **2** *unvereinbar* (Gegensätze, Meinungen) **3** *so beschaffen, dass man es nicht vertragen kann* (Medikament, Speise) ◆ unverträgliche Blutgruppen ⟨Med.⟩ *Blutgruppe, die, wenn sie miteinander vermischt werden, zu Komplikationen führen*
**unverwechselbar** ⟨[-ks-] Adj.⟩ *nicht zu verwechseln, nur ihm bzw. ihr eigentümlich* ◆ ihr unverwechselbarer Akzent; ihre Stimme klingt unverwechselbar; diese Musik, dieser Stil ist unverwechselbar
**unverwüstlich** ⟨Adj.⟩ **1** *nicht zu verwüsten, nicht zerstörbar, sehr haltbar, strapazierfähig* **2** ⟨fig.⟩ *nicht zu besiegen, durch nichts aus dem Gleichgewicht zu bringen* ◆ sein unverwüstlicher Frohsinn; er hat eine unverwüstliche Gesundheit
**unverzüglich** ⟨Adj.⟩ *ohne Verzug, sofort, sogleich* ◆ unverzügliche Abreise; sich unverzüglich auf den Weg machen
**unvollendet** ⟨Adj.⟩ *nicht vollendet* (Bauwerk, Kunstwerk) ◆ er hinterließ einen unvollendeten Roman
**unvollkommen** ⟨Adj.⟩ *nicht vollkommen, mangelhaft* ◆ eine Sprache nur unvollkommen beherrschen
**unvorbereitet** ⟨Adj.⟩ *nicht vorbereitet, ohne sich vorbereitet zu haben* ◆ unvorbereitet eine Rede halten; unvorbereitet sprechen
**unvoreingenommen** ⟨Adj.⟩ *nicht voreingenommen, ohne Vorurteil, sachlich, objektiv* ◆ einen Fall unvoreingenommen prüfen
**unvorhergesehen** ⟨Adj.⟩ *nicht vorhergesehen, unerwartet, plötzlich* ◆ unvorhergesehene Ausgaben, Schwierigkeiten, Zwischenfälle
**unvorsichtig** ⟨Adj.⟩ *nicht vorsichtig, leichtsinnig, unbesonnen*
**unvorstellbar** ⟨Adj.⟩ *nicht vorstellbar* ◆ Schäden von unvorstellbarem Ausmaß; unvorstellbar groß

**Unwahrheit** ⟨f. 20⟩ **I** ⟨unz.⟩ *Mangel an Wahrheit* **II** ⟨zählb.⟩ *unwahre Aussage, Lüge* ◆ die Unwahrheit sagen; das ist eine Unwahrheit!; jmdn. bei Unwahrheiten ertappen
**unwahrscheinlich** ⟨Adj.⟩ **1** *nicht wahrscheinlich, kaum anzunehmen* **2** *unglaubhaft, nicht recht zu glauben* **3** ⟨umg.⟩ *außerordentlich, sehr* ◆ das ist eine unwahrscheinliche Geschichte; ich halte es für sehr unwahrscheinlich, dass ...; unwahrscheinlich groß, unwahrscheinlich viel
**unwegsam** ⟨Adj.⟩ *schwer zu begehen, schwer gangbar* (Gelände)
**unweigerlich** ⟨Adj.⟩ *unbedingt, auf jeden Fall, ganz bestimmt* ◆ die unweigerliche Folge dieser Sache wird sein, dass ...
**Unwesen** ⟨n.; -s; unz.⟩ *schlimmes Treiben* (Bandenunwesen) ◆ ein Betrüger trieb in dem Ort lange sein Unwesen
**Unwetter** ⟨n. 13⟩ *Sturm u. Regen, Gewitter* ◆ ein Unwetter brach los, ging nieder
**unwiderruflich** ⟨Adj.⟩ *nicht zu widerrufen, endgültig* ◆ heute unwiderruflich letzter Tag, letzte Vorstellung (Anschlag am Theater, am Kino); es steht unwiderruflich fest, dass sie von hier fortzieht
**unwidersprochen** ⟨Adj.⟩ diese Behauptung darf nicht unwidersprochen bleiben *ihr muss widersprochen werden*
**unwiderstehlich** ⟨Adj.⟩ **1** *so geartet, dass man nicht widerstehen kann* **2** ⟨fig.⟩ *bezwingend, bestrickend, sehr anziehend* ◆ ein unwiderstehlicher Drang, Trieb; von unwiderstehlicher Komik
**unwiederbringlich** ⟨Adj.⟩ *endgültig, ein für allemal* ◆ ein unwiederbringlicher Verlust; es ist unwiederbringlich dahin, verloren
**Unwille** ⟨m. 26; unz.⟩, **Unwillen** ⟨m. 4; unz.⟩ *Ärger, Verdruss, leichter Zorn* ◆ seinem Unwillen Luft machen ⟨fig.; umg.⟩ *deutlich sagen, worüber man sich ärgert;* jmds. Unwillen erregen, hervorrufen; etwas mit Unwillen bemerken, wahrnehmen
**unwillkürlich** ⟨Adj.⟩ *ohne Willen, ohne Absicht, unbewusst, wie von selbst* ◆ eine unwillkürliche Bewegung; unwillkürlicher Harnabfluss; unwillkürliches Nervensystem ⟨Biol.⟩ ► = *autonomes Nervensystem;* sich unwillkürlich umdrehen; ich tat es ganz unwillkürlich
**unwirklich** ⟨Adj.⟩ *nicht wirklich, der Wirklichkeit nicht entsprechend, jenseits der Wirklichkeit liegend*
**unwirtlich** ⟨Adj.⟩ Ggs *wirtlich* **1** *ungastlich, unfreundlich* (Haus) **2** *einsam, unfruchtbar* (Gegend) **3** *regnerisch u. kalt* (Wetter)
**Unwissenheit** ⟨f. 20; unz.⟩ *Mangel an Wissen, an Kenntnissen, Ahnungslosigkeit* ◆ darüber besteht, herrscht noch allgemeine, weit verbreitete Unwissenheit
**unwissenschaftlich** ⟨Adj.⟩ *nicht wissenschaftlich (fundiert), ohne wissenschaftl. Methode* ◆ unwissenschaftlich arbeiten, vorgehen
**unwissentlich** ⟨Adj.⟩ *ohne Wissen, ohne Kenntnis (einer Sache)* ◆ unwissentlich etwas Falsches tun
**unwohl** ⟨Adj.⟩ *nicht wohl, nicht ganz gesund, unpässlich* ◆ ich bin etwas unwohl, mir ist unwohl *ich fühle mich nicht ganz wohl, mir ist schlecht*
**Unwucht** ⟨f. 20⟩ *ungleich verteilte Masse (eines umlaufenden Körpers)*
**unwürdig** ⟨Adj.⟩ *nicht würdig, nicht wert, nicht gemäß* ◆ das ist meiner unwürdig *das entspricht nicht meiner sittlichen, moralischen Einstellung*
**unzählbar** ⟨Adj.⟩ *nicht zählbar, sehr groß* ◆ eine unzählbare Menge
**unzählig** ⟨Adj.⟩ *sehr viele* ◆ unzählige Menschen, Dinge; unzählige Male; Unzählige kamen

**Unze**[1] ⟨f. 19; früher⟩ *Gewicht von 28 bis 100 g,* ⟨in englischsprachigen Ländern⟩ *28,35 g, auch als Zahlungsmittel* ◆ 10 Unzen Gold (bezahlen) [< frz. *once,* engl. *ounce* < mhd. *unz(e)* < ahd. *unza, unze* < lat. *unica* „zwölfter Teil eines Pfundes von 273 g; Zoll (Maßeinheit)"]

**Unze**[2] ⟨f. 19; Zool.⟩ ► = *Jaguar* [< frz. *once* < ital. *lonza* < lat. *lyncea* „Luchs"]

**unzertrennlich** ⟨Adj.⟩ *sehr eng verbunden, stets beisammen* ◆ unzertrennliche Freunde; die beiden sind unzertrennlich

**Unzertrennliche(n)** ⟨Pl.; Zool.⟩ ▼ *Angehörige einer Gattung kleiner, sperlingsgroßer Papageien aus Afrika u. Madagaskar mit starker Bindung der einzelnen Pärchen: Agapornis*

**Unziale** ⟨f. 19; Typ.⟩, **Unzialschrift** ⟨f. 20⟩ ◄ *abgerundete römische Schrift aus großen Buchstaben (seit dem 3. Jh. n. Chr.)* [< lat. *uncialis* „ein Zoll hoch"; → *Unze*[1]]

**Unzucht** ⟨f. 20; unz.; jurist. heute nicht mehr verwendeter Begriff für⟩ *das allgemeine Sittlichkeitsgefühl verletzende sexuelle Handlung* ◆ Unzucht treiben; jmdn. zur Unzucht verführen

**unzufrieden** ⟨Adj.⟩ **1** *nicht zufrieden* **2** *nie zufrieden* **3** *missmutig* ◆ sie ist ein sehr unzufriedener Mensch; mit jmdm. od. etwas unzufrieden sein

**Unzufriedenheit** ⟨f. 20; unz.⟩ **1** *unzufriedenes Wesen, Mangel an Zufriedenheit* **2** *Missmut*

**unzugänglich** ⟨Adj.⟩ **1** *nicht zugänglich* (Haus, Grundstück) **2** ⟨fig.⟩ *herb, verschlossen* (Charakter, Mensch) ◆ einer Sache unzugänglich sein *nicht auf eine Sache eingehen, sich ihr verschließen*

**unzulänglich** ⟨Adj.⟩ *nicht zulänglich, nicht ausreichend, mangelhaft, ungenügend* ◆ unzulängliche Ausbildung, Ausrüstung, Entlohnung, Leistung

**unzurechnungsfähig** ⟨Adj.⟩ *nicht zurechnungsfähig, nicht verantwortlich für seine Handlungen* ◆ der Angeklagte wurde für unzurechnungsfähig erklärt

**Upload** ⟨['ʌploud] n. 15 od. m. 6; EDV⟩ Ggs *Download* **1** *das Heraufladen, Kopieren von Dateien vom eigenen Computer auf einen anderen Computer, z. B. auf einen Server im Internet* **2** ⟨umg.⟩ *die heraufgeladenen, kopierten Dateien selbst* [< engl. *up* „auf, herauf, hinauf" + *load* „laden"]

**uploaden** ⟨['ʌploudən] V. t.; hat; EDV⟩ = *heraufladen;* Ggs *downloaden* [→ *Upload*]

**üppig** ⟨Adj.⟩ **1** *in Fülle vorhanden, reichlich, überreich* (Haarwuchs, Mahl, Pflanzenwuchs) **2** *schwellend, rundlich* (Körperformen) **3** *wollüstig, schwelgerisch, genießerisch* **4** *reich, lebendig, blühend* (Fantasie) **5** ⟨umg.; scherzh.⟩ *übermütig, dreist* ◆ Frau mit üppigen Körperformen; üppig wuchernde, erblühende Pflanzen [< ahd. *uppig;* zu *uber* od. *übel*]

UNZERTRENNLICHER: SCHWARZKÖPFCHEN (*Agapornis personata*)

**ur..., Ur...** ⟨in Zus.⟩ **1** *den Anfang, das Erste bezeichnend,* z. B. urgermanisch, Urmensch, Urtext, Urzustand **2** *einen hohen Grad bezeichnend, sehr* z. B. uralt, urkomisch **3** *Echtheit, Unverbrauchtheit bezeichnend,* z. B. Urkraft **4** *die vorhergehende od. nachfolgende Generation bezeichnend,* z. B. Urgroßvater, Urenkel

**Urabstimmung** ⟨f. 20⟩ **1** *unmittelbare, geheime, nicht über Wahlmänner gehende Abstimmung von gewerkschaftsangehörigen Arbeitnehmern* **2** ⟨schweiz.⟩ *schriftl. Umfrage in einem Verein*

**Urahn** ⟨m. 23 od. 16⟩ = *Urahne (I)*

## URANUS

Mit seinen ca. 51000 km Durchmesser ist der um 97,9° geneigte Uranus der drittgrößte Planet unseres Sonnensystems, der um einen festen Gesteinskern herum aus Gas und Eis besteht. Er hat 11 Ringe, darunter einen breiten Staubring und 10 Ringe aus Gesteinsteilen, sowie 15 nach Figuren aus Shakespeare-Dramen benannte Monde.

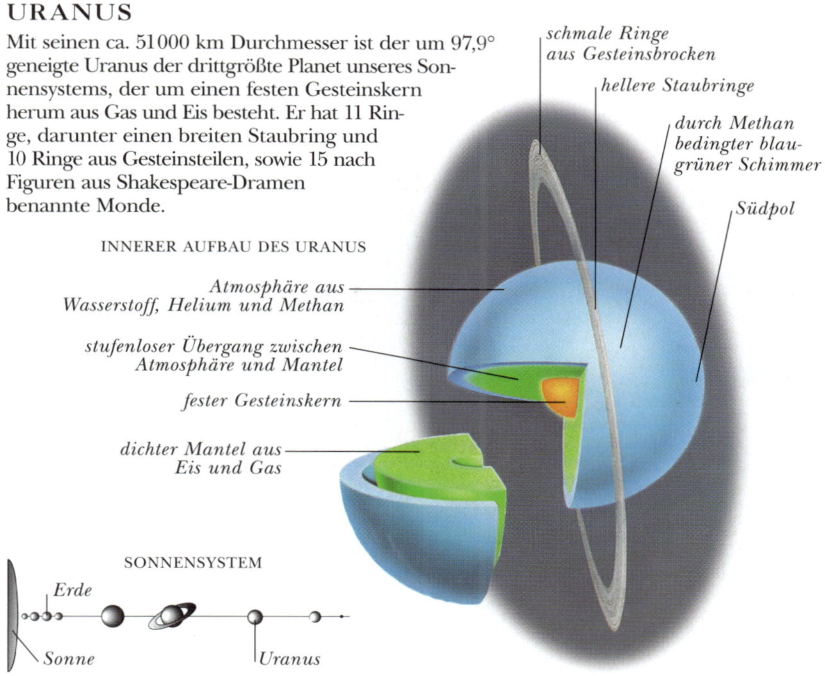


**Urahne I** ⟨m. 17⟩ oV *Urahn* **1** *ältester männl. Vorfahr* **2** *Urgroßvater* **II** ⟨f. 19⟩ **1** *ältester weibl. Vorfahr* **2** *Urgroßmutter*

**Urahnen** ⟨Pl.⟩ *die ältesten Vorfahren*

**uralt** ⟨Adj.⟩ **1** *sehr alt* (Mensch, Gegenstand) **2** *längst vergangen* ◆ aus uralten Zeiten

**Uran** ⟨n. 11; unz.; Chem.; Zeichen: U⟩ *chem. Element, radioaktives, silberweißes Metall, Ordnungszahl 92* [im 18. Jh. als *Uranium* gebildet; zu dem Namen des gleichzeitig entdeckten Planeten *Uranus;* zu grch. *ouranos* „Himmel"]

**Uraninit** ⟨n. 11; unz.⟩ *pechschwarzes Mineral, chemisch Urandioxid,* $UO_2$*;* Sy *Pechblende, Uranpecherz*

**Uranpecherz** ⟨n. 11; unz.⟩ = *Uraninit*

**Uranus** ⟨m.; -; unz.; Astron.⟩ ▲ *von der Sonne aus der siebte Planet des Sonnensystems* [nach *Uranos,* dem grch. Gott des Himmels]

**Uraufführung** ⟨f. 20⟩ *erste Aufführung eines Theater-, Musikstücks od. Films (im Unterschied zu den nachfolgenden Erstaufführungen in anderen Ländern od. Städten)*

**Uräusschlange** ⟨[-rɛː-us-] f. 19; Zool.⟩ *zu den Kobras gehörende afrikanische Giftschlange, Sonnensymbol der altägyptischen Kultur* [< grch. *Ouraios* < *oura* „Schwanz"]

**urban** ⟨Adj.⟩ **1** ⟨urspr.⟩ *höflich, weltmännisch, gebildet, fein* **2** ⟨heute nur noch⟩ *städtisch* [< lat. *urbanus* „städtisch"; zu *urbs* „Stadt"]

**urbar** ⟨Adj.⟩ *anbaufähig, nutzbar, pflügbar* ◆ Boden, Land, Wald urbar machen

**Urbevölkerung** ⟨f. 20⟩ *ursprüngliche, erste Bevölkerung einer Region*

**Urea** ⟨f.; -; unz.⟩ = *Harnstoff* [< grch. *ouron* „Harn"]

**ureigen** ⟨Adj.⟩ *ursprünglich eigen, ganz eigen* ◆ es liegt in Ihrem ureigensten Interesse ⟨umg.⟩

**Ureinwohner** ⟨m. 3⟩ *Angehöriger der Urbevölkerung*

**Ureltern** ⟨Pl.⟩ **1** ⟨i. e. S.⟩ *Eltern des Menschengeschlechts: Adam u. Eva* **2** ⟨i. w. S.⟩ *Urahnen, Urgroßeltern*

**Urenkel** ⟨m. 5⟩ *Sohn des Enkels oder der Enkelin*

**Urgeschichte** ⟨f. 19; unz.⟩ = *Vorgeschichte*

**Urgestalt** ⟨f. 20⟩ *ursprüngliche, erste Gestalt*

**Urgewalt** ⟨f. 20⟩ *ungebrochene, ungebändigte Naturgewalt*

**Urgroßeltern** ⟨Pl.⟩ *Eltern der Großeltern*

**Urheber** ⟨m. 3⟩ **1** *Veranlasser, für eine Tat Verantwortlicher* **2** *Schöpfer, Verfasser (eines Schrift-, Musikstückes od. sonstigen Kunstwerkes)*

**Urheberrecht** ⟨n. 11⟩ *Verfügungsrecht des Urhebers über sein Werk*

**Urheberschaft** ⟨f. 20; unz.⟩ *das Urhebersein* ◆ jmds. Urheberschaft anzweifeln

**urig** ⟨Adj.⟩ *urwüchsig-knorrig, urwüchsig-humorvoll* ◆ ein uriger Typ

**Urin** ⟨m. 1⟩ = *Harn* [< lat. *urina* < grch. *ouron* „Urin, Harn"]

**urinieren** ⟨V. i.; hat⟩ = *harnen*

**Urinsekt** ⟨n. 27; Zool.⟩ *Mitglied einer Unterklasse der Insekten mit den Ordnungen der Beintaster, Doppelschwänze, Springschwänze und Borstenschwänze, bei denen die Flügellosigkeit kein Rückbildungsmerkmal, sondern ursprünglich vorhanden ist: Apterygota*

**Urkirche** ⟨f. 19; unz.⟩ *die christl. Kirche bis ins 2. Jh. n. Chr.*

**Urknall** ⟨m. 1; unz.; Kosmologie⟩ ►► *allgemein angenommener Anfang unseres Universums, nach dem sich vor etwa 20-10 Milliarden Jahren extrem dicht zusammengedrängte Materie explosionsartig ausbreitete, erklärt die beobachtbare Expansion des Weltalls*

**Urkunde** ⟨f. 19⟩ **1** ⟨i. w. S.⟩ *jeder Gegenstand, der einen menschl. Gedanken verkörpert, z. B. Grenzstein, Fahrzeugnummer usw.* **2** ⟨i. e. S.⟩ *Schriftstück, auf dem ein Gedanke, Wille usw. festgehalten ist, Beweisstück, Zeugnis* ◆ eine historische, mittelalterliche Urkunde

**urkundlich** ⟨Adj.⟩ *auf einer Urkunde beruhend, mit ihrer Hilfe* ◆ etwas urkundlich beweisen

## URKNALL

In der Kosmologie des 20. Jh. wird als Urknall eine Explosion vor ca. 15 Mrd. Jahren bezeichnet, die bewirkt haben soll, dass das ursprünglich extrem heiße, dichte und konzentrierte Universum sich jäh ausdehnte. Dieser recht umstrittenen Theorie zufolge dauert die Ausdehnung stetig an, wobei die einzelnen Galaxien auseinander streben.

AUSDEHNUNG DES WELTALLS NACH DEM URKNALL

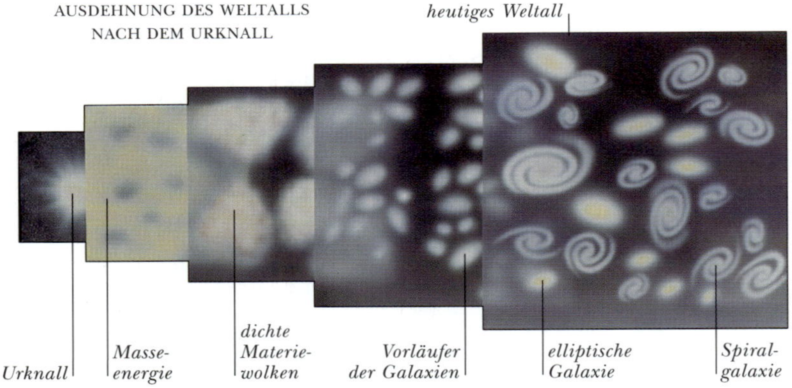


**Urlaub** ⟨m. 1⟩ *Erlaubnis, vom Dienst fernzubleiben, die Zeit des Fernbleibens, Ferien* ◆ drei **Tage,** zwei Wochen Urlaub ◆ seinen Urlaub **antreten,** abbrechen; Urlaub **beantragen,** einreichen, nehmen; Urlaub **bewilligen,** genehmigen ◆ ein **erholsamer,** langer, kurzer Urlaub ◆ **auf,** in Urlaub fahren

**Urlaubsgeld** ⟨n. 12⟩ **I** ⟨zählb.; i. e. S.⟩ *Geldzuwendung seitens des Betriebes od. der Behörde zur Urlaubszeit* **II** ⟨unz.; i. w. S.⟩ *finanzielle Mittel für den Urlaub*

**Urmeter** ⟨n. 13 od. m. 3⟩ *Normmaß für das Meter (in Sèvres bei Paris)*

**Urmutter** ⟨f. 8u; unz.; Myth.⟩ *Mutter des Menschengeschlechts, Stammmutter, Vorfahrin* ◆ die Urmutter Eva

**Urne** ⟨f. 19⟩ **1** *krugartiges, henkelloses Gefäß mit Deckel, bes. zur Aufnahme der Asche nach der Verbrennung des Toten* **2** *Holzkasten mit Schiebedeckel zum Einwerfen des Stimmzettels bei Wahlen* (Wahlurne) [< lat. *urna* „Krug, Topf, Gefäß"]

**Urnengrab** ⟨n. 12u⟩ *kleines, nur für eine Urne bestimmtes Grab*

**Urologie** ⟨f. 19; unz.; Med.⟩ *Lehre von den Erkrankungen der Harnorgane* [< *Urin* + grch. *logos* „Wort, Lehre"]

**urplötzlich** ⟨Adj.⟩ *sehr, ganz plötzlich* ◆ urplötzlich tauchte er vor mir auf

**Ursache** ⟨f. 19⟩ *Grund für ein Geschehen, Ursprung* ◆ die Ursache einer **Krankheit,** eines Streites, Unfalls; Ursache und **Wirkung** ◆ die Ursache von etwas **erkennen,** feststellen; ich **habe** (alle) Ursache, anzunehmen, dass ... ◆ **keine** Ursache! ⟨umg.⟩ *bitte, gern geschehen (Höflichkeitsformel auf den Dank eines andern hin);* ein Unfall aus bisher **ungeklärter** Ursache

**ursächlich** ⟨Adj.⟩ *die Ursache betreffend, auf ihr beruhend, durch gemeinsame Ursache od. durch Ursache u. Wirkung verbunden* ◆ ihre Krankheit steht in ursächlichem Zusammenhang mit zu großem Stress

**Urschrift** ⟨f. 20⟩ *ursprüngliche, erste Niederschrift, Handschrift, Original, Konzept*

**urspr.** ⟨Abk. für⟩ *ursprünglich*

**Ursprung** ⟨m. 1u⟩ **1** *Beginn, Anfang, Ausgangspunkt, Quelle* ⟨fig.⟩ **2** *Keim, Wurzel* ⟨fig.⟩ **3** *Entstehung* **4** *Herkunft* ◆ seinen Ursprung in etwas haben *aus etwas entsprungen, entstanden sein;* der Ursprung der Menschheit, der Sprache; dieses Wort ist gotischen Ursprungs

**ursprünglich** ⟨Adj.; Abk.: urspr.⟩ **1** *am Anfang, zu Beginn befindlich* **2** *anfangs, zuerst* **3** *erst(e, -s), zuerst vorhanden* **4** *einfach, naturhaft, natürlich* **5** *urwüchsig, unverbildet, echt* ◆ ursprünglich hatte ich die Absicht, ...; der ursprüngliche Text lautete ganz anders

**Urteil** ⟨n. 11⟩ **1** ⟨Rechtsw.⟩ *Entscheidung des Richters im Prozess, Richterspruch* (Todesurteil) **2** *Gutachten* (Sachverständigenurteil) **3** *feste Meinung* (Werturteil) **4** *Urteilskraft, Urteilsfähigkeit* ◆ das Urteil der **Nachwelt,** der öffentlichen Meinung ◆ ein Urteil **abgeben,** fällen; das Urteil **anfechten,** anerkennen, aufheben, bestätigen, sprechen, vollstrecken, vollziehen; sich über jmdn. od. etwas ein Urteil **bilden;** ein Urteil **revidieren;** jmdm. od. sich selbst sein Urteil **sprechen** ◆ ein **abfälliges,** vernichtendes Urteil; ein **fachmännisches,** nüchternes Urteil; ein **gerechtes,** hartes, mildes, ungerechtes Urteil ◆ etwas, nichts **auf** jmds. Urteil geben; auf sein Urteil kann man sich verlassen; **gegen** ein Urteil Berufung einlegen ⟨Rechtsw.⟩; ich bin schließlich **zu** dem Urteil gekommen, dass ... [< mhd., ahd. *urteil* „was man erteilt"; → *Teil*]

USAMBARAVEILCHEN (*Saintpaulia* 'Bright Eyes')

**urteilen** ⟨V. i.; hat⟩ *ein Urteil abgeben, fällen* ◆ abfällig, gerecht, hart, milde, vorschnell urteilen; dem Erfolg nach zu urteilen, hat er ...

**Urtext** ⟨m. 1⟩ **1** *ursprünglich erster Text* **2** *Text, der einer Übersetzung zugrunde liegt*

**Urtierchen** ⟨n. 14; Biol.⟩ *Einzeller*

**Urtrieb** ⟨m. 1⟩ *tief verwurzelter menschl. Trieb* ◆ Neugier ist einer unserer Urtriebe

**urtümlich** ⟨Adj.⟩ **1** *ursprünglich, urwüchsig* **2** *unverbildet, unberührt, natürlich-einfach*

**Urtyp** ⟨m. 23⟩, **Urtypus** ⟨m.; -, -typen⟩ *ursprünglicher Typus, Urform, Urbild*

**Urenkel** ⟨m. 5⟩ *Sohn des Urenkels od. der Urenkelin*

**Urgroßeltern** ⟨Pl.⟩ *Eltern der Urgroßeltern*

**Urvater** ⟨m. 3u; unz.; Myth.; Rel.⟩ *Vater des Menschengeschlechts, Stammvater, Vorfahr* ◆ Urvater Adam

**Urvertrauen** ⟨n.; -s; unz.; Psych.⟩ *im Säuglingsalter entwickeltes natürliches Vertrauen des Menschen zur Umwelt*

**Urwald** ⟨m. 2u⟩ *unberührter, nicht bewirtschafteter, nicht kultivierter Wald, bes. in den Tropen*

**urwüchsig** ⟨[-ks-] Adj.⟩ **1** *natürlich-einfach, naturhaft, unverbildet* **2** *bodenständig*

**Urzeit** ⟨f. 20⟩ *älteste Zeit der Erdgeschichte, Vorzeit* ◆ seit Urzeiten *seit langem, solange man denken kann*

**US(A)** ⟨[u:ɛs('a:)] od. engl. [ ju:ɛs('ɛi)] Abk. für engl.⟩ *United States (of America), Vereinigte Staaten (von Amerika)* [engl.]

**Usambaraveilchen** ⟨n. 14; Bot.⟩ ▼ *Angehöriges einer in Ostafrika heimischen Gattung der Gesneriengewächse: Saintpaulia* [nach der Landschaft *Usambara* im Nordosen von Tanganjika]

**US-Amerikaner** ⟨[uɛs-] m. 3⟩ *Einwohner der USA*

**US-amerikanisch** ⟨[uɛs-] Adj.⟩ *die Vereinigten Staaten von Amerika betreffend, von dort stammend, dazu gehörig*

**Usbeke** ⟨m. 17⟩ *Einwohner Usbekistans*

**usbekisch** ⟨Adj.⟩ *die Usbeken betreffend, zu ihnen gehörend, von ihnen stammend* ◆ usbekische Sprache *zur zentraltürk. Gruppe der altaischen Sprachen gehörende Sprache der Usbeken*

**User** ⟨['ju:zə(r)] m. 3⟩ **1** ⟨umg.⟩ *jmd., der regelmäßig Rauschgift nimmt* **2** ⟨EDV⟩ *Benutzer, Bediener (eines Computers)* [engl., „Benutzer", zu *use* „benutzen, gebrauchen"]

**usf.** ⟨Abk. für⟩ *und so fort*

**Usus** ⟨m.; -; unz.⟩ *Brauch, Sitte, Gewohnheit, Herkommen* ◆ es ist so Usus; es ist Usus, dass ... [< lat. *usus,* Part. Perf. von *uti* „brauchen, gebrauchen"]

**usw.** ⟨Abk. für⟩ *und so weiter*

**Utah** **I** ⟨m.; -, -, od. m. 6⟩ *Angehöriger eines nordamerikan. Indianervolkes* **II** ⟨n.; - od. -s; unz.⟩ *dessen Sprache*

**Utensilien** ⟨[-liən] Pl.⟩ *(kleine, notwendige) Geräte, Gegenstände, Werkzeuge* (Schreibutensilien, Waschutensilien) [< lat. *utensilia* „Werkzeuge"]

**Uterus** ⟨m.; -, Uteri; Anat.⟩ = *Gebärmutter* [lat., „Bau, Unterleib"]

**Utilitarismus** ⟨m.; -; unz.; Philos.⟩ *Lehre, dass der Zweck des menschl. Handelns der Nutzen des Einzelnen u. der Gemeinschaft sei* [< frz. *utiliser;* zu *utile* „nützlich" < lat. *utilis*]

**Utopia** ⟨[-'---] n.; - od. -s; unz.⟩ *Wunschland, Traumland;* oV *Utopien*[1] [nach dem gleichnamigen Roman des Engländers Th. Morus, 1516]

**Utopie** ⟨f. 19⟩ **1** *Schilderung eines (meist erhofften, selten befürchteten) künftigen gesellschaftl. Zustandes* **2** ⟨allg.⟩ *Wunschtraum, Hirngespinst, Schwärmerei*

**Utopien**[1] ⟨[-'---] n.; -s; unz.⟩ = *Utopia*

**Utopien**[2] ⟨[--'--] Pl. von⟩ *Utopie*

**utopisch** ⟨Adj.⟩ **1** *nur in der Vorstellung befindlich od. möglich, erträumt, erhofft* **2** *nach Unmöglichem strebend*

**Utopist** ⟨m. 16⟩ **1** *Verkünder, Anhänger einer Utopie* **2** *Schwärmer*

**u. U.** ⟨Abk. für⟩ *unter Umständen*

**u. ü. V.** ⟨Abk. für⟩ *unter üblichem Vorbehalt*

**UV** ⟨Abk. für⟩ *ultraviolett*

**u. v. a.** ⟨Abk. für⟩ *und viele(s) andere*

**UV-Strahlen** ⟨Pl.; Abk. für⟩ *ultraviolette Strahlen*

**Uvular** ⟨[-vu-] m. 1; Phon.⟩ *mithilfe des Gaumenzäpfchens gebildeter Konsonant, z. B. Zäpfchen-R* [< lat. *uva* „Traube"]

**u. W.** ⟨Abk. für⟩ *unseres Wissens*

**Ü-Wagen** ⟨m. 4; kurz für⟩ *Übertragungswagen*

# V

**V** **1** ⟨röm. Zahlzeichen für⟩ *5* **2** ⟨Zeichen für⟩ **2.1** ⟨El.; Phys.⟩ *Volt* **2.2** ⟨Phys.; Math.⟩ *Volumen (1)* **2.3** ⟨Chem.⟩ *Vanadium*

**v.** **1** ⟨Abk. für⟩ *von* **2** ⟨Abk. für lat.⟩ *verte!*

**V.** ⟨Lit.; Abk. für⟩ *Vers*

**VA** ⟨El.; Phys.; Zeichen für⟩ *Voltampere*

**v. a.** ⟨Abk. für⟩ *vor allem*

**Vabanquespiel** ⟨[va'bãk-] n. 11; fig.⟩ *gefährliches Spiel, Wagnis, bei dem alles aufs Spiel gesetzt wird* [< frz. *banque à tout va* „es gilt die Bank" (beim Glücksspiel)]

**Vademekum** ⟨[va-] n. 15⟩ *kleines Lehrbuch, Taschenbuch, Leitfaden* [lat., „geh mit mir"]

**vag** ⟨[va:g] Adj.⟩ = *vage*

**Vagabund** ⟨[va-] m. 16⟩ **1** ⟨veraltet⟩ = *Landstreicher* **2** ⟨fig.⟩ *rastloser, ruheloser, umhergetriebener Mensch* [< frz. *vagabond;* → *vage*]

**vagabundieren** ⟨[va-] V. i.; hat⟩ **1** *als Vagabund leben, umherziehen* **2** ⟨fig.⟩ *ruhelos, rastlos leben*

**Vagant** ⟨[va-] m. 16; im MA⟩ *fahrender Spielmann, fahrender Schüler* [< frz.; → *vage*]

**Vagantendichtung** ⟨[va-] f. 20; MA; Lit.⟩ *Lyrik u. Spruchdichtung der Vaganten im 12./13. Jahrhundert*

**vage** ⟨['va:gə] Adj.⟩ *unbestimmt, ungenau, verschwommen;* oV *vag* ◆ ich habe nur eine vage Vorstellung davon [< frz. *vague* < lat. *vagus;* zu *vagari* „umherschweifen"]

**Vagina** ⟨[va-] f.; -, -ginen; Anat.⟩ = *Scheide (3)* [lat.]

**vaginal** ⟨[va-] Adj.; Anat.⟩ *die Vagina betreffend, zu ihr gehörig*

**vakant** ⟨[va-] Adj.⟩ *offen, unbesetzt* (Stelle) [< lat. *vacans;* zu *vacare* „leer sein"]

**Vakanz** ⟨[va-] f. 20⟩ **1** *offene, unbesetzte Stelle* **2** ⟨veraltet; noch mundartl.⟩ *Ferien*

**Vakuum** ⟨[va:-] n.; -s, -kua; Phys.⟩ *Zustand in einem luft- od. gasgefüllten Raum mit einem Druck unterhalb des Atmosphärendruckes, fast luftleerer Raum* [lat., Neutr. von *vacuus* „leer"]

**Vakuumbremse** ⟨[va:-] f. 19⟩ *Bremsanlage, deren Wirkung auf der Erzeugung eines Unterdruckes im Bremszylinder beruht*

**valent** ⟨[va-] Adj.⟩ *mit einer od. mehreren Valenzen ausgestattet* [zu lat. *valere* „stark, wert sein"]

**Valentinstag** ⟨[va-] od. [fa-] m. 1⟩ ► *am 14. Februar gefeierter Festtag der Liebenden, an dem man einander kleine Geschenke macht (besonders in Form von Blumen)*

VALENTINSTAG: VALENTINSKARTE AUS VIKTORIANISCHER ZEIT

**Valenz** ⟨[va-] f. 20⟩ **1** ⟨Immunologie⟩ *Zahl der Haftstellen eines Antigens für Antikörper* **2** ⟨Chem.⟩ ► = *Wertigkeit (1)* **3** ⟨Biol.⟩ *Stärke* **4** ⟨Gramm.⟩ = *Wertigkeit (4)* [< lat. *valentia* „Kraft, Fähigkeit"]

**Valium** ⟨[va:-] n.; -s; unz.; Warenzeichen⟩ *diazepamhaltiges Arzneimittel gegen Erregungszustände*

**Valpolicella** ⟨[valpoli'tʃɛla] m.; - od. -s; unz.⟩ *ital. Rotwein, der besonders aus dem gleichnamigen Tal nördlich von Verona stammt*

**Valuta** ⟨[va-] f.; -, -luten⟩ **1** *Wert einer Währung, einer Ware (an einem bestimmten Tag)* **2** *(ausländ.) Währung* **3** *Termin, an dem eine Verzinsung od. Zahlungsfrist beginnt* [ital.; zu *valere* „gelten, wert sein" < lat. *valere* „stark sein"]

**Vamp** ⟨[væmp] m. 6; umg.⟩ *erotisch stark anziehende, kalt berechnende Frau* [engl.; → *Vampir*]

**Vampir** ⟨[vam-] m. 1⟩ **1** ⟨Zool.⟩ ► *Angehöriger einer Familie der Fledermäuse, die das Blut von Wirbeltieren saugen: Desmodontidae;* Sy *Blutsauger (2)* **2** ⟨Volksglaube⟩ *Blut saugendes Nachtgespenst;* **3** ⟨danach; fig.⟩ *Blutsauger, Wucherer* [< slaw.]

VAMPIR: GEMEINER VAMPIR (*Desmodus rotundus*)

**Vanadium** ⟨[va-] n.; -s; unz.; Chem.; Zeichen: V⟩ *graues, sprödes, korrosionsfestes Metall, Ordnungszahl 23* [nach *Vanadis,* einem Beinamen der german. Göttin Freia]

**Van-Allen-Gürtel** ⟨[væn'ælən-] Pl.⟩ *zwei von den ersten amerikanischen Erdsatelliten entdeckte Strahlungsgürtel um die Erde in Höhen zwischen 2000 u. 4000 bzw. 10 000 u. 20 000 km* [nach dem amerik. Physiker J.A. *van Allen* (*1914)]

**Vandale** ⟨[van-] m. 17⟩ = *Wandale*

**vandalisch** ⟨Adj.⟩ = *wandalisch*

**Vandalismus** ⟨[van-] m.; -; unz.⟩ = *Wandalismus*

**Vanille** ⟨[va'nilə] od. [-niljə] f. 19; unz.; Bot.⟩ *Angehörige einer Gattung der Orchideen: Vanilla* ◆ echte Vanille *Pflanze mit zylindrischen Früchten, die nach Fermentierung ein charakterist. Aroma erhalten, das für Süßspeisen beliebt ist: Vanille planifolia* [< frz. *vanille* < span. *vainilla* „kleine Schote" < lat. *vagina* „Scheide; Schote"]

**var.** ⟨Biol.; Abk. für⟩ *Varietät (2)*

**variabel** ⟨[va-] Adj.⟩ *wandelbar, veränderlich;* Ggs *invariabel, konstant* ◆ variable Größe [< frz. *variable* < lat. *variabilis;* zu *variare* „sich verändern"]

**Variable** ⟨[va-] f. 30⟩ **1** ⟨Math.; Phys.⟩ *veränderl. Größe* **2** ⟨Logik⟩ *Symbol, das stellvertretend für Zahlen, Quantitäten, Aussagen u. Werte eines Objektbereichs steht, der diesem zugeordnet werden kann*

**variant** ⟨[va-] Adj.⟩ *bei bestimmten Vorgängen veränderlich;* Ggs *invariant*

**Variante** ⟨[va-] f. 19⟩ *veränderte Form, Abart, Spielart* [< lat. *varians;* zu *variare* „sich verändern"]

**Variation** ⟨[va-] f. 20⟩ **1** *Veränderung, Abwandlung* **2** ⟨Biol.⟩ *Abweichung von der Art (z. B. in verschiedenen Verbreitungsgebieten)* **3** ⟨Mus.⟩ *melodische, harmonische od. rhythmische Veränderung, Abwandlung eines Themas* [→ *variieren*]

**Varietät** ⟨[variə-] f. 20⟩ **1** ⟨allg.⟩ *Verschiedenheit, Andersartigkeit* **2** ⟨Biol.; Abk.: var.⟩ *in einem od. mehreren Merkmalen von einem Standardtyp abweichende Form eines Lebewesens* **3** ⟨Sprachw.⟩ *(vom Standard) abweichende sprachliche Form, sprachl. Variante* [zu lat. *varietas* „Verschiedenheit"]

**Varieté** ⟨[variə'te:]⟩ = *Varietee*

**Varietee** ⟨[variə'te:] n. 15⟩ *Bühne für akrobatische, tänzerische, musikalische u. a. Vorführungen;* oV *Varieté*

**variieren** ⟨[va-] V.; hat⟩ **I** ⟨V. i.⟩ *verschieden, anders sein, abweichen* ◆ etwas variiert von etwas **II** ⟨V. t.⟩ **1** *verändern, abwandeln, abwechslungsreich gestalten* **2** ⟨Mus.⟩ *melodisch, harmonisch od. rhythmisch abwandeln* (Thema) [< frz. *varier* < lat. *variare* „sich verändern"]

**Vasall** ⟨[va-] m. 16⟩ **1** *Lehnsmann, Gefolgsmann* **2** *Abhängiger* [< mlat. *vasallus* < kelt.]

**Vase** ⟨[va-] f. 19⟩ *kunstvoll gearbeitetes Ton-, Porzellan- od. Glasgefäß für Schnittblumen* (Blumenvase) [< frz. *vase* < lat. *vas* „Gefäß"]

**Vasektomie** ⟨[vas-] f. 19; Med.⟩ **1** ⟨i. w. S.⟩ *operative Entfernung von Teilen der Gefäße* **2** ⟨i. e. S.⟩ *operative Entfernung eines Teiles des Samenleiters zur Unfruchtbarmachung des Mannes* [< lat. *vas* „Gefäß" + *ex-* „heraus" + grch. *tome* „Schnitt"]

**Vaselin** ⟨[va-] n.; -s; unz.; österr.⟩, **Vaseline** ⟨[va-] f.; -; unz.⟩ *halbfestes, salbenartiges Gemisch gesättigter aliphatischer Kohlenwasserstoffe großer Kettenlänge von gelber od. (gebleicht) weißer Farbe* [Kunstw. < dt. *Wasser* + grch. *elaion* „Öl"]

**Vasoplegie** ⟨[va-] f. 19⟩ *Gefäßlähmung* [< lat. *vas* „Gefäß" + grch. *plege* „Schlag"]

**Vater** ⟨m. 3u⟩ **1** *Erzeuger eines Kindes* **2** *Familienoberhaupt, Ernährer* (Familienvater, Hausvater) **3** *Beschützer* **4** *Leiter, Vorsteher* (Herbergsvater, die Stadtväter) **5** *Urheber, Schöpfer* **6** *Ordenspriester, Pater* **7** *(Anrede für ältere Männer, bes. Geistliche)* **8** ⟨Bgb.⟩ *Fundort* **9** ⟨bei Prägewerkzeugen⟩ *der obere Stempel* ◆ Vater **Staat** ⟨scherzh.⟩ *der Staat, bes. als Steuereinnehmer;* Holberg als Vater des dänischen **Theaters** ◆ Vater **sein,** werden; den Vater **verlieren** ◆ **geistlicher** Vater *Seelsorger, seelsorglicher Führer, Lehrer;* ein **guter,** liebevoller, nachsichtiger, strenger, treu sorgender Vater; der **Heilige** Vater *der Papst* ◆ Vater **von** drei Kindern ◆ **wer** ist der Vater dieses Kindes? [< mhd. *vater* < ahd. *fater* < lat., grch. *pater*]

**Vaterherrschaft** ⟨f. 20; unz.⟩ *Gesellschaftsform, in der der Vater die beherrschende Stelle innehat;* Sy *Patriarchat (1);* Ggs *Mutterherrschaft*

**Vaterland** ⟨n. 12u⟩ *Land, in dem man geboren od. aufgewachsen ist, Heimat(land)* ◆ er kehrt in sein Vaterland zurück

**väterlich** ⟨Adj.⟩ *den Vater betreffend, zu ihm gehörig, ihm gemäß, wie ein Vater* ◆ jmdm. ein väterlicher **Freund** sein; väterliche **Liebe;** von väterlicher **Linie,** Seite her; väterliches **Wohlwollen** ◆ jmdm. väterlich **helfen,** zureden ◆ väterlich **an** jmdm. handeln

**Vaterrecht** ⟨n. 11; unz.⟩ *rechtl. Einordnung des Einzelnen innerhalb der Familie nach seiner Abstammung in der väterl. Linie*

**Vaterschaft** ⟨f. 20⟩ **1** *das Vatersein* **2** *Rechtsverhältnis des Vaters zum Kind* ◆ Bestimmung, Feststellung der Vaterschaft; eheliche, uneheliche, natürliche Vaterschaft; die Vaterschaft anerkennen, feststellen

**Vaterunser** ⟨n. 13; Rel.⟩ *das mit diesen Worten beginnende, von Jesus als Anleitung zum rechten Beten gegebene Gebet* ◆ das, ein Vaterunser beten, sprechen

**Vatikan** ⟨[va-] m. 1; unz.; kath. Kirche⟩ **1** *Palast, Residenz des Papstes in Rom* **2** *die päpstl. Regierung*

## VATIKANSTADT

In der Vatikanstadt befindet sich die offizielle Residenz des Papstes und damit der Hauptsitz der römisch-katholischen Kirche. Die erste Residenz an dieser Stelle wurde 1198 erbaut, doch erst nach Ende des Avignoner Exils im 14. Jh. wurde sie zur päpstlichen Hauptresidenz. Die Vatikanstadt ist der kleinste Staat der Welt mit ca. 850 Einwohnern auf einer Fläche von knapp 0,5 km² und zugleich ein weitläufiges Museum, das einige der bedeutendsten Kunstsammlungen der Welt und eine umfangreiche Bibliothek beherbergt.

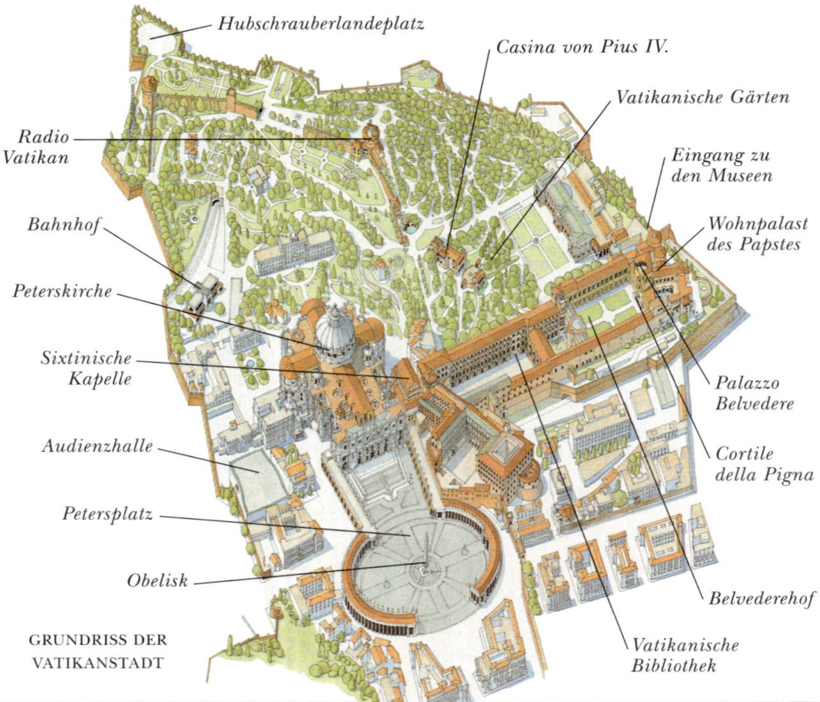


GRUNDRISS DER VATIKANSTADT

**Vatikanstadt** ⟨[va-] f. 7u; unz.; kath. Kirche⟩ ▲ *Stadtteil Roms mit den päpstlichen Regierungsgebäuden, der Bibliothek u. der Peterskirche, seit 1929 souveräner Staat*

**v. Chr.** ⟨Abk. für⟩ *vor Christo, vor Christus, vor Christi (Geburt)*

**Vedute** ⟨[və-] f. 19⟩ **1** ⟨Mal.⟩ *sachgetreue Ansicht einer Stadt od. Landschaft (im Unterschied zum Prospekt mit geringer perspektiv. Wirkung)* **2** ⟨im Festungsbau des 15. bis 18. Jh.⟩ *hoch gelegener od. vorgeschobener befestigter Beobachtungspunkt* [< ital. *veduta*]

**Veganer** ⟨[ve-] m. 3⟩ *Vegetarier, der vollständig auf tierische Produkte (also auch Eier u. Milch) verzichtet u. sich ausschließlich von pflanzl. Kost ernährt*



**Vegetarier** ⟨[ve-] m. 3⟩ *jmd., der sich ohne tierische Produkte (mit Ausnahme von Eiern, Milch u. Ä.) u. hauptsächlich von pflanzl. Kost ernährt*

**vegetarisch** ⟨[ve-] Adj.⟩ *auf dem Vegetarismus beruhend* ◆ vegetarisch leben *nur od. hauptsächlich von pflanzl. Kost leben*

**Vegetarismus** ⟨[ve-] m.; -; unz.⟩ *Ernährung ohne tierische Produkte (außer Erzeugnissen lebender Tiere wie Eier u. Milch) u. hauptsächlich durch pflanzliche Kost*

**Vegetation** ⟨[ve-] f. 20⟩ **1** *Pflanzenwuchs, Wachstum der Pflanzen* **2** *Gesamtheit der in einem Gebiet vorkommenden Pflanzen* ◆ eine üppige Vegetation [< mlat. *vegetatio*]

**vegetativ** ⟨[ve-] Adj.⟩ **1** *pflanzlich* **2** ⟨Med.⟩ *unbewusst, nicht dem Willen unterliegend* (von Nerven) ◆ vegetatives Nervensystem ⟨Biol.⟩ ► = *autonomes Nervensystem;* vegetative Vermehrung *ungeschlechtliche Vermehrung von vielzelligen Organismen* [< mlat. *vegetativus*]

**vegetieren** ⟨[ve-] V. i.; hat⟩ *kümmerlich dahinleben* ◆ er vegetiert seit Wochen vor sich hin [zu lat. *vegetari* „wachsen, gedeihen"]

**vehement** ⟨[ve-] Adj.; -er, am -esten⟩ *heftig, ungestüm* ◆ sie tritt vehement für andere ein [< lat. *vemens, vehemens* „stürmisch, leidenschaftlich", eigtl. „nicht besonnen" < *ve-* „zu wenig" + *mens* „Verstand"]

**Vehikel** ⟨[ve-] n. 13⟩ **1** *(altes, altmodisches, schlechtes) Fahrzeug* **2** ⟨fig.⟩ *Mittel zum Zweck* [< lat. *vehiculum* „Fahrzeug" zu *vehere* „tragen"]

**Veilchen** ⟨n. 14; Bot.⟩ *zu einer über die ganze Erde verbreiteten Gattung der Veilchengewächse gehörende, früh blühende Blume mit meist blauen Blüten: Viola;* Sy *Viola, Viole* [< mhd. *viel* < ahd. *viola* < lat. *viola* + *...chen* (als Verkleinerungsform)]

**Veitstanz** ⟨m. 1u; unz.; Med.⟩ *Nervenerkrankung mit Muskelzuckungen u. unwillkürlichen, fahrigen Bewegungen;* Sy *Chorea* [nach St. *Veit,* der dem Sohn Diokletians den Teufel austrieb]

VELOCIRAPTOR

**Vektor** ⟨[vεk-] m. 23⟩ **1** ⟨Math.; Phys.⟩ *Größe, die als Strecke bestimmter Lage u. Richtung definiert ist* **2** ⟨Gentech.⟩ *Plasmid, Virus od. ein anderes Partikel, das genetisches Material in eine Zelle einschleusen kann* [< lat. *vector* „Träger"; zu *vehere* „tragen"]

**Vektorrechnung** ⟨[vεk-] f. 20; Math.⟩ *Rechnung mit Vektoren*

**Vela** ⟨[ve:-] Pl. von⟩ *Velum*

**Velociraptor** ⟨[ve:-] m. 3 od. m. 23; Zool.⟩ ▼ *Angehöriger einer kleinen, Fleisch fressenden Gattung der Dinosaurier mit großen Krallen an den Hinterfüßen* [< lat. *velox,* Gen. *velocis* „schnell" + *raptor* „Räuber"]

**Velours** ⟨[və'lu:r] m.; - [-lu:rs]; unz.⟩ *samtartiges Streichgarngewebe* [frz. < lat. *villosus* „behaart"]

**Veloursleder** ⟨[vəlu:r-] n. 13; unz.⟩ *aus chromgegerbten Kalb-, Ziegen- od. Schaffellen hergestelltes Leder, dessen Schauseite die samtartig geschliffene Fleischseite ist*

**Velourssteppich** ⟨[vəlu:r-] m. 1⟩ *gewebter Teppich mit samtartigem Flor*

**Veltliner** ⟨[vεlt-] m. 3⟩ **1** *eine Rebsorte (Sammelbez. für die Rebsorten roter, grüner u. frühroter Veltiner)* **2** *Weinsorte von meist nur mittlerer Qualität* [nach der ital. Landschaft *Veltlin*]

**Velum** ⟨[ve:-] n.; -s, Vela⟩ **1** ⟨kath. Kirche⟩ **1.1** *rechteckiges Schultertuch des Priesters beim Tragen des Allerheiligsten* **1.2** *Tuch zum Verhüllen der Abendmahlsgeräte od. des Allerheiligsten* **2** ⟨Anat.⟩ **2.1** *weicher Gaumen, Gaumensegel* **2.2** *Herzklappensegel* **3** ⟨Zool.⟩ *Randsaum des Schirmes mancher Medusen* [lat., „Tuch, Segel"]

**Vene** ⟨[ve:-] f. 19⟩ ► *Ader, die Blut zum Herzen zurückführt;* Sy *Blutader* [< lat. *vena*]

**venös** ⟨[ve-] Adj.; Med.⟩ *giftig* [< lat. *venenum* „Gift"]

**Venezianer** ⟨[venetsja-] m. 3⟩ *Einwohner von Venedig*

**Venezolaner** ⟨[ve-] m. 3⟩ *Einwohner von Venezuela*

**Venia Legendi** ⟨[ve:-] f.; - -; unz.⟩ *Berechtigung, an Hochschulen Vorlesungen zu halten* [< lat. *venia* „Erlaubnis" + *legendi,* Gerundium zu *legere* „lesen"]

**Venndiagramm,** ⟨auch⟩ **Venn-Diagramm** ⟨[vεn-] n. 11; EDV⟩ *Diagramm, das Mengen u. ihre Überschneidungen bildlich darstellt* [nach dem brit. Logiker J. *Venn,* 1834-1923]

**venös** ⟨[ve-] Adj.⟩ *zu den Venen gehörend, von ihnen getragen*

**Ventil** ⟨[vεn-] n. 11⟩ **1** *Absperr-, Regelvorrichtung für Flüssigkeiten u. Gase, als Kugel, Kegel, Nadel usw.* **2** ⟨Mus.⟩ **2.1** ⟨bei Blechblasinstrumenten⟩ *Mechanismus, der die Grundstimmung verändert* **2.2** ⟨bei der Orgel⟩ *die Windzufuhr regelnde Klappe* **3** ⟨El.⟩ *Gleichrichter* ◆ ein Ventil öffnen, schließen [< mlat. *ventile* „Kanalschleuse"; zu lat. *ventus* „Wind"]

**Ventilation** ⟨[vεn-] f. 20⟩ **1** *Bewegung von Luft od. von Gasen* **2** *Lüftung, Luftwechsel*

**Ventilator** ⟨[vεn-] m. 23⟩ *Vorrichtung zur Lüftung von Räumen, Bewetterung von Bergwerken, zur Kühlung von Motoren usw.*

**ventilieren** ⟨[vεn-] V. t.; hat⟩ **1** einen Raum ventilieren *lüften* **2** etwas ventilieren ⟨fig.⟩ *überlegen, überdenken, sorgfältig erwägen* [< frz. *ventiler* < lat. *ventilare;* zu *ventus* „Wind"]

**Ventrikel** ⟨[vεn-] m. 5⟩ **1** *Herzkammer* **2** *Gehirnkammer* **3** *Hohlraum, Kammer* **4** *Magen* [< lat. *ventriculus;* zu *venter* „Bauch, Unterleib"]

**Venus** ⟨[ve:-] f.; -; unz.; Astron.⟩ ► *zweiter Planet des Sonnensystems* [nach der röm. Liebesgöttin]

**Venusberg** ⟨[ve:-] m. 1; Anat.⟩ = *Schamberg*

VENUSFLIEGENFALLE *(Dionaea muscipula)*

**Venusfliegenfalle** ⟨[ve:-] f. 19; Bot.⟩ ◄ *Fleisch fressende Sumpfpflanze aus der Familie der Sonnentaugewächse: Dionaea muscipula;* Sy *Fliegenfalle*

**Venusmuschel** ⟨[ve:-] f. 21⟩ *Muschel mit lebhaft gefärbten Schalen: Veneridae*

**ver...** ⟨in Zus.; zur Bezeichnung⟩ **1** *des Abweichens von der Richtung, des Falschen, des Verkehrens ins Gegenteil,* z. B. verbauen (Gebäude), verschneiden (Stoff), verbilden (Charakter), sich verrechnen, sich verhören, verbieten, sich etwas verbitten **2** *des Vollendens einer Handlung,* z. B. verbrauchen, verdursten, verwelken **3** *des Steigerns, Verstärkens,* z. B. verdichten, veredeln, vergrößern, verschließen **4** *des Verwandelns,* z. B. verfinstern, verflüssigen, verkohlen **5** *des Zusammenbringens,* z. B. verflechten, verknüpfen, vermischen **6** *des Auseinanderbringens, Weggebens,* z. B. verjagen, verlieren, verschütten **7** *mundartlicher Ausdrücke in verschiedenen Bedeutungen,* z. B. sich verkühlen *erkälten,* verzählen *erzählen*

**verabreden** ⟨V. t.; hat⟩ **1** etwas verabreden *vereinbaren* **2** sich (mit jmdm.) verabreden *ein Treffen vereinbaren, festlegen*

**Verabredung** ⟨f. 20⟩ **1** *das Verabreden* **2** *Treffen* **3** *Vorhaben*

**verabreichen** ⟨V. t.; hat⟩ *geben* ◆ jmdm. Arznei verabreichen

**verabscheuen** ⟨V. t.; hat⟩ etwas verabscheuen *Abscheu, Ekel vor etwas empfinden, abscheulich finden* ◆ jmds. Handlungsweise verabscheuen; bestimmte Getränke, Speisen verabscheuen

**verabschieden** ⟨V.; hat⟩ **I** ⟨V. t.⟩ **1** *zum Weggehen veranlassen* **2** *entlassen, in den Ruhestand versetzen* (Beamte) **3** *aus dem Dienst entlassen* (Truppen) **4** *rechtskräftig machen* (Gesetz) **II** ⟨V. refl.⟩ sich verabschieden *Abschied nehmen, sich trennen* ◆ gestern hat er sich von uns allen verabschiedet

**Verabschiedung** ⟨f. 20⟩ **1** *das Verabschieden* **2** *das Sichverabschieden, Abschied*

**verachten** ⟨V. t.; hat⟩ **1** jmdn. verachten *für schlecht, nichts wert halten* **2** etwas verachten **2.1** *verschmähen, nicht nehmen, unbeachtet lassen* (Speisen) **2.2** *für gering, nicht für wichtig ansehen* (Gefahr, Tod) ◆ dieser Wein ist nicht zu verachten ⟨umg.⟩ *ist recht gut*

**verächtlich** ⟨Adj.⟩ **1** *Verachtung verdienend* (Haltung, Handlungsweise) **2** *Verachtung ausdrückend, voller Verachtung* (Blick, Wort) ◆ jmdn. verächtlich ansehen, behandeln; etwas verächtlich sagen

**Verachtung** ⟨f. 20; unz.⟩ **1** *Mangel an Wertschätzung, an Achtung* **2** *Nichtbeachtung*

**verallgemeinern** ⟨V. t.; hat⟩ *für allgemein gültig erklären, auf alle Fälle anwenden* ◆ diese Behauptung, Aussage kann man nicht verallgemeinern

**veralten** ⟨V. i.; ist⟩ **1** *nicht mehr zeitgemäß sein, altmodisch werden* (Anschauungen, Ansichten, Kleider, Mode) **2** *außer Gebrauch kommen, nicht mehr üblich sein* (Wort, Brauch) **3** *sich abnutzen* (Maschine)

**Veranda** ⟨[ve-] f.; -, -randen⟩ *vor- od. eingebauter, überdachter, meist mit Glaswänden* (Glasveranda) *versehener Raum an einem Haus* [ < engl. < port. *varanda*]

**veränderlich** ⟨Adj.⟩ *so beschaffen, dass es sich verändern kann, schwankend, wechselnd, nicht beständig* ◆ Veränderliche ⟨Math.⟩ *mathematische Größe, deren Wert sich verändern kann;* veränderliche Sterne *Sterne, deren Helligkeit, Temperatur, Durchmesser usw. schwanken;* das Barometer steht auf Veränderlich

**verändern** ⟨V.; hat⟩ **I** ⟨V. t.⟩ *anders machen, umgestalten, ab-, verwandeln, umarbeiten;* Sy *wandeln (I, 2)* **II** ⟨V. refl.⟩ **1** sich verändern **2** *anders werden* **3** ⟨umg.⟩ *Stellung, Beruf od. Wohnung wechseln* ◆ du hast dich in den letzten Jahren gar nicht verändert

**Veränderung** ⟨f. 20⟩ **1** *das Verändern* **2** *das Verändertwerden* **3** *das Verändertsein* **4** *Schwankung, Wechsel*

**verängstigen** ⟨V. t.; hat; selten⟩ *Angst einjagen, einschüchtern* ◆ ⟨meist im Part. Perf.⟩ verängstigt *eingeschüchtert, angstvoll;* sie wirkt ganz verängstigt

**verankern** ⟨V. t.; hat⟩ **1** *durch Anker befestigen* **2** ⟨fig.⟩ *festlegen* ◆ ein Schiff verankern; ein im Gesetz verankertes Recht ⟨fig.⟩

**Veranlagung** ⟨f. 20⟩ **1** *Festsetzung (der Steuern)* **2** *Charakteranlage, angeborene Fähigkeit od. Unfähigkeit, Begabung* **3** *Eigenschaft* ◆ das ist Veranlagung; eine einseitige, künstlerische, krankhafte Veranlagung

**veranlassen** ⟨V. t.; hat⟩ **1** etwas veranlassen *dafür sorgen, dass etwas geschieht, etwas bewirken, hervorrufen, anordnen* **2** jmdn. veranlassen, etwas zu tun *ihn dazu bringen, etwas zu tun, ihn dazu bewegen, anregen* ◆ Maßnahmen veranlassen

**veranschaulichen** ⟨V. t.; hat⟩ *anschaulich machen, durch Bilder, Beispiele usw. deutlich machen* ◆ sich etwas veranschaulichen

**veranschlagen** ⟨V. t.; hat⟩ *schätzen, im Voraus berechnen* ◆ die Kosten veranschlagen; sein Einfluss kann nicht hoch genug veranschlagt werden ⟨fig.⟩ *bewertet werden*

**veranstalten** ⟨V. t.; hat⟩ *ins Werk setzen, stattfinden lassen, abhalten, durchführen*

**Veranstalter** ⟨m. 3⟩ *jmd., der etwas veranstaltet* ◆ Veranstalter des Festes ist ...

**Veranstaltung** ⟨f. 20⟩ **1** *das Veranstalten* **2** *das, was veranstaltet wird: Ausstellung, Fest, Kundgebung, Rundfunk-, Fernsehsendung, Tagung usw.* ◆ eine feierliche Veranstaltung zum Gedenken an ...

**verantworten** ⟨V.; hat⟩ **I** ⟨V. t.⟩ etwas verantworten **1** *die Verantwortung für etwas übernehmen, die Folgen von etwas tragen* **2** *rechtfertigen* ◆ eine Maßnahme, Tat verantworten; ich kann es nicht verantworten, dass ... **II** ⟨V. refl.⟩ sich verantworten *sich rechtfertigen, sich verteidigen* ◆ er muss sich für seine Tat verantworten

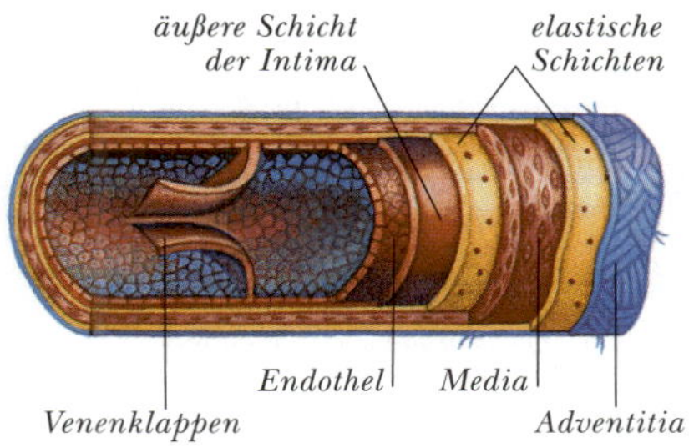


VENE: SCHNITT DURCH EINE MENSCHLICHE VENE

**verantwortlich** ⟨Adj.⟩ **1** *die Verantwortung tragend* **2** *Verantwortung erfordernd* ◆ es ist ein verantwortliches **Amt;** er hat einen verantwortlichen **Posten** ◆ die Verantwortlichen **bestrafen,** zur Rechenschaft ziehen; jmdn. für etwas verantwortlich **machen** *ihm die Schuld daran geben;* **sein:** dafür bist du verantwortlich

## VENUS

Der der Sonne zweitnächste und mit einer Oberflächentemperatur von 480 °C heißeste Planet Venus verfügt vermutlich wie die nur unwesentlich größere Erde über einen teilweise geschmolzenen und von einem Gesteinsmantel sowie einer harten Kruste umgebenen Metallkern. Sonnenlicht, das von ihrer wolkenreichen Kohlendioxidatmosphäre besonders stark reflektiert wird, macht die auch als Abend- oder Morgenstern bezeichnete Venus zum hellsten Himmelskörper nach der Sonne und dem Mond.

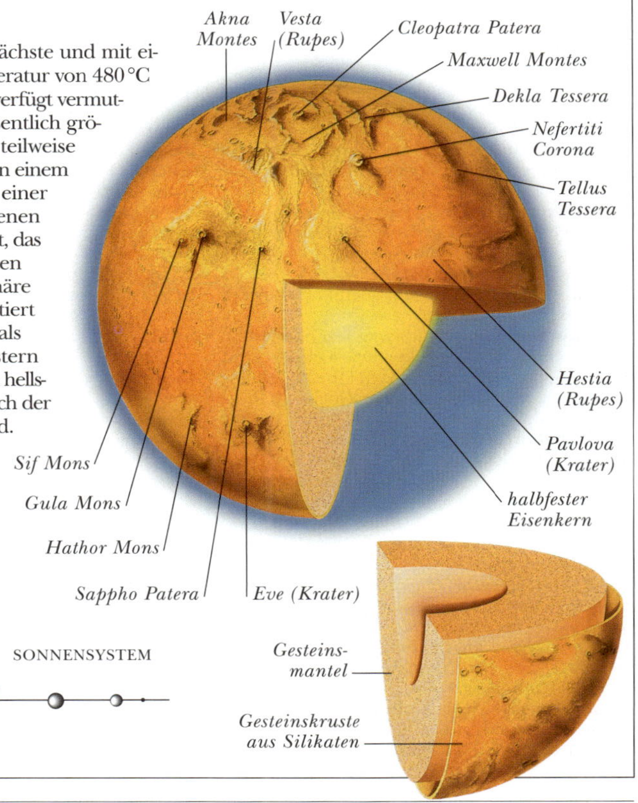


INNERER AUFBAU DER VENUS

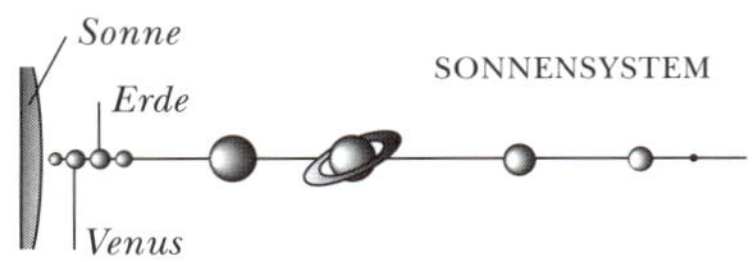


SONNENSYSTEM

**Verantwortung** ⟨f. 20; unz.⟩ **1** *Pflicht, Bereitschaft, für seine Handlungen einzustehen, ihre Folgen zu tragen* **2** *Rechtfertigung, Verteidigung* **3** *Rechenschaft* ◆ die Verantwortung **ablehnen,** haben, tragen, übernehmen; er wollte mir die Verantwortung **aufbürden,** zuschieben; **sein:** die Verantwortung ist mir zu groß ◆ eine schwere Verantwortung **auf** sich nehmen; die Verantwortung **für** diese Maßnahme

**verantwortungsbewusst** ⟨Adj.; -er, am -esten⟩ *der (übernommenen) Verantwortung bewusst, verantwortungsvoll*

**verantwortungslos** ⟨Adj.; -er, am -esten⟩ *nicht an die Verantwortung denkend, sich ihrer nicht bewusst* ◆ verantwortungslos handeln

**verantwortungsvoll** ⟨Adj.⟩ **1** *Verantwortung(sbewusstsein) verlangend* (Aufgabe) **2** *Verantwortungsgefühl besitzend, verantwortungsbewusst*

**verarbeiten** ⟨V. t.; hat⟩ **1** *aus Rohstoffen herstellen* **2** *bearbeiten* **3** ⟨fig.⟩ *wirken lassen, durchdenken, geistig bewältigen* (Eindrücke, Erlebnisse) **4** *sich eine eigene Meinung bilden über* (Erlebtes, Gehörtes, Gelesenes, Gesehenes) ◆ Stoffe zu Kleidung verarbeiten

**verargen** ⟨V. t.; hat; geh.⟩ jmdm. etwas verargen *es ihm übel nehmen, ihm deswegen böse sein*

**verärgern** ⟨V. t.; hat⟩ *nachhaltig ärgern* ◆ er ist verärgert durch deine wiederholte Absage *anhaltend ärgerlich darüber*

**verarmen** ⟨V. i.; ist⟩ *arm werden* ◆ verarmter Adel; die Familie verarmte durch die Spielleidenschaft des Mannes

**verausgaben** ⟨V. t.; hat⟩ **1** *ausgeben* (Geld) **2** sich verausgaben **2.1** *sein Geld völlig ausgeben* **2.2** ⟨fig.⟩ *sich bis zur Erschöpfung anstrengen* **2.3** *sein Bestes, alles hergeben, so dass man nichts Neues mehr schaffen kann*

**veräußern** ⟨V. t.; hat⟩ **1** *verkaufen* **2** *übertragen* (Recht)

**Verb** ⟨[vɛrb] n. 27; Gramm.⟩ *Wort, das eine Tätigkeit, einen Vorgang od. Zustand ausdrückt,* z. B. „gehen", „regnen", „dauern"; Sy *Tätigkeitswort, Zeitwort* [< lat. *verbum* „Wort"]

**verbal** ⟨[vɛr-] Adj.⟩ **1** ⟨Gramm.⟩ *auf einem Verb beruhend, in der Art, mithilfe eines Verbs* **2** *mündlich, durch Worte mitgeteilt* ◆ verbaler Gebrauch eines Wortes; etwas verbal ausdrücken, verständlich machen [< lat. *verbalis;* zu *verbum* „Wort"]

**verbalisieren** ⟨[vɛr-] V. t.; hat⟩ **1** ⟨Gramm.⟩ *zu einem Verb umbilden* **2** *in Worte fassen, mit Worten ausdrücken* ◆ ein Substantiv, Adjektiv verbalisieren, z. B. „Luft" zu „lüften", „schön" zu „schönen"; ein Gefühlszustand verbalisieren

**verballhornen** ⟨V. t.; hat; umg.⟩ *durch vermeintl. Verbessern verschlimmern* ◆ ein Wort, einen Begriff verballhornen [nach dem Buchdrucker Johann *Balhorn* (nicht: Ballhorn), †1573]

**Verbalsubstantiv** ⟨[vɛr-] n. 11; Gramm.⟩ *aus einem Verb gebildetes Substantiv,* z. B. das Gehen, Hilfe

**Verband** ⟨m. 1u⟩ **1** *Binde um eine Wunde od. erkrankte Körperstelle* **2** *Bund, Zusammenschluss, z. B. von Vereinen, Körperschaften, Angehörigen eines Berufes* (Schriftstellerverband, Ärzteverband) **3** *organisatorische od. zeitlich begrenzte Zusammenfassung mehrerer militärischer Einheiten* (Truppenverband) **4** *regelmäßige, gruppenweise Anpflanzung (von Pflanzen, Obstbäumen usw.)* **5** *Verbindung, Ineinandergreifen (von Hölzern od. Mauersteinen)* ◆ einen Verband anlegen, abnehmen, erneuern, wechseln

**Verband(s)zeug** ⟨n. 11; unz.⟩ *Utensilien zum Anlegen von Verbänden*

**verbannen** ⟨V. t.; hat⟩ jmdn. verbannen **1** *aus einem bestimmten Gebiet, meist dem Land, weisen* **2** *jmdm. strafweise einen Aufenthaltsort zuweisen* ◆ jmdn. auf eine einsame Insel verbannen

**Verbannung** ⟨f. 20⟩ **1** *das Verbannen* **2** *das Verbanntsein* **3** *Ort, an den jmd. verbannt ist od. wird* ◆ lebenslängliche Verbannung

**verbarrikadieren** ⟨V.; hat⟩ **I** ⟨V. t.⟩ *mit Barrikaden sperren, verrammeln* ◆ die Straße, die Tür verbarrikadieren **II** ⟨V. refl.⟩ sich verbarrikadieren *sich durch eine Barrikade schützen* ◆ sich hinter Tischen verbarrikadieren

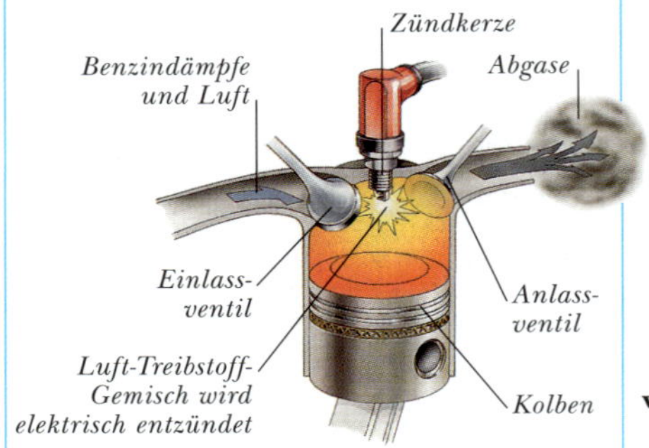


VERBRENNUNGSKAMMER EINES VERBRENNUNGSMOTORS

**verbauen** ⟨V.; hat⟩ **I** ⟨V. t.⟩ **1** *durch Bau versperren, zubauen* (Aussicht) **2** *zum Bauen verwenden, beim Bauen verbrauchen* (Holz) **3** *beim Bauen ausgeben* (Geld) **4** ⟨fig.⟩ *versperren* ◆ das Haus ist völlig verbaut; jmdm. od. sich alle Möglichkeiten (zum Weiterkommen) verbauen **II** ⟨V. refl.; umg.⟩ sich verbauen *ein od. sein Haus falsch od. unzweckmäßig bauen*

**verbeißen** ⟨V. t. 105; hat⟩ **1** (sich) etwas verbeißen *etwas zurückhalten, nicht zeigen, unterdrücken, sich nicht anmerken lassen* (Schmerz, Zorn) **2** sich in etwas verbeißen **2.1** *so fest in etwas beißen, dass man nur schwer wieder loslassen kann* **2.2** ⟨fig.⟩ *hartnäckig an etwas festhalten, nicht los-, nicht lockerlassen* ◆ er hat sich in die Arbeit, in dieses Problem verbissen ⟨fig.⟩

**Verbene** ⟨[vɛr-] f. 19; Bot.⟩ = *Eisenkraut (2)* [< lat. *verbena* „heiliger Oliven-, Lorbeer- od. Myrtenzweig"]

**verbergen** ⟨V. t. 106; hat⟩ **1** *den Blicken od. dem Zugriff anderer entziehen, verstecken* **2** ⟨fig.⟩ *verheimlichen, nicht sagen* ◆ du verbirgst mir doch etwas!; das Gesicht in den Händen, an jmds. Schulter verbergen

**verbessern** ⟨V. t.; hat⟩ **1** *besser machen, vervollkommnen* **2** *richtig machen, richtig stellen* (Aussage, Fehler) **3** *steigern* (Leistungen, Rekord) ◆ ich muss mich verbessern *ich muss berichtigen, was ich eben gesagt habe;* einen Aufsatz, Fehler verbessern; mit der neuen Wohnung haben wir uns sehr verbessert

**verbeugen** ⟨V. refl.; hat⟩ sich verbeugen *Kopf u. Oberkörper nach vorn neigen (als Gruß, Zeichen der Ehrerbietung od. Zustimmung)* ◆ er verbeugte sich höflich nach allen Seiten

**verbiegen** ⟨V. t. 109; hat⟩ **1** *in die falsche Richtung biegen, durch falsches Biegen entstellen, gebrauchsunfähig machen* **2** ⟨fig.⟩ *durch schlechten Einfluss, falsche Erziehung verbilden, schlecht machen* (Charakter) ◆ ein verbogenes Rückgrat haben *verkrümmtes Rückgrat*

**verbieten** ⟨V. t. 110; hat⟩ *nicht erlauben, untersagen* ◆ das verbietet sich von selbst *es ist ganz selbstverständlich, dass das nicht geschehen darf;* eine solche Reise verbietet mir mein **Geldbeutel** *ich habe dazu nicht genug Geld;* jmdm. das **Haus** verbieten *ihm das Betreten des Hauses untersagen;* die **Zeitung** ist verboten worden *die weitere Herausgabe der Zeitung* ◆ Betreten, Eintritt, Zutritt verboten; die Verbotene Stadt *der Kaiserpalast in Peking*

**verbinden** ⟨V. 111; hat⟩ **I** ⟨V. t.⟩ **1** etwas verbinden *mit einer Binde bedecken, schützen, einen Verband um etwas legen* **2** jmdn. verbinden **2.1** *jmdm. einen Verband anlegen* **2.2** ⟨Tel.⟩ *eine Fernsprechverbindung zwischen zwei Teilnehmern herstellen* **3** *verknüpfen* (zwei Enden, Fäden) **4** ⟨a. fig.⟩ *zusammenfügen, ineinander passen* (zwei Holzteile) **5** *koppeln, aneinander hängen* (Maschinenteile, Wagen) **6** *vereinigen, zusammenstellen* (Zahlen, Sätze, Gedanken) ◆ einen **Verletzten** verbinden ◆ die Straßenbahnlinie verbindet den Vorort **mit** der (Innen-)Stadt; bitte verbinden sie mich mit dem Abteilungsleiter ◆ er hat den Arm verbunden; die Sache ist mit Schwierigkeiten verbunden **II** ⟨V. refl.⟩ sich verbinden **1** *sich vermischen* **2** ⟨fig.⟩ *sich verbünden, sich zusammentun, heiraten* ◆ sich ehelich verbinden ⟨fig.⟩

**verbindlich** ⟨Adj.⟩ **1** *höflich, liebenswürdig, gefällig, zuvorkommend* (Benehmen, Worte) **2** *verpflichtend* (Zusage) ◆ verbindliche Verpflichtungen eingehen; er ist ein sehr verbindlicher Mensch

**Verbindlichkeit** ⟨f. 20⟩ **I** ⟨unz.⟩ *Höflichkeit, Liebenswürdigkeit, verbindliches Wesen* **II** ⟨zählb.; meist Pl.⟩ (keine) Verbindlichkeiten eingehen, haben *Verpflichtungen*

**Verbindung** ⟨f. 20⟩ **1** *das Verbinden* **2** *das, was verbindet* **3** *Zustand des Verbundenseins, Zusammenhang* **4** *Vereinigung* **5** *Mischung* **6** *Stoff, der aus gleich- od. verschiedenartigen Atomen besteht, die durch eine chem. Bindung miteinander verknüpft sind* **7** *freier Zugang, Zufahrt* **8** *Eisenbahn-, Straßenbahn-, Autobuslinie, Möglichkeit zur Beförderung* (Verkehrsverbindung) **9** *Bündnis* **10** *Ehe* **11** *Beziehung, Umgang, Bekanntschaft* **12** *Fernsprechanschluss mit einem anderen Teilnehmer* **13** *Studentenverbindung, Korps* ◆ ich habe die Verbindung zu ihm schon lange **abgebrochen;** (keine) Verbindung **bekommen** (am Telefon); gute, keine Verbindungen **haben** (zu einflussreichen Persönlichkeiten) ◆ **briefliche,** mündliche, schriftliche Verbindung; eine **chemische** Verbindung; eine **eheliche,** freundschaftliche, gesellschaftliche Verbindung; eine **enge,** feste, innige Verbindung ◆ Verbindung **durch** Bahn, Brücken, Bus, Fähre, Flugzeuge; **mit** jmdm. in Verbindung bleiben; jmdn. mit einem Ereignis in Verbindung bringen *einen Zusammenhang sehen*

**Verbiss** ⟨m. 1⟩ *durch Tiere abgebissene Knospen u. Triebe junger Bäume*

**verbissen** ⟨Adj.; fig.⟩ **1** *hartnäckig u. zäh* **2** *mühsam unterdrückt* (Zorn) **3** *verhalten zornig, grimmig* ◆ mit verbissenem Fleiß arbeiten; mit verbissener Wut

**verbitten** ⟨V. t. 112⟩ sich etwas verbitten *verlangen, dass etwas unterbleibt* ◆ das verbitte ich mir!; ich verbitte mir jede Einmischung in meine Angelegenheiten!

**verbittern** **I** ⟨V. t.; hat⟩ jmdn. verbittern **1** *unzufrieden, griesgrämig machen* **2** *zu einer menschenfeindlichen Haltung bringen* ◆ jmdm. das Leben verbittern *erschweren, bitter machen;* die schweren Schicksalsschläge haben ihn verbittert **II** ⟨V. i.; ist; fig.⟩ **1** *unzufrieden, griesgrämig werden* **2** *allmählich eine menschenfeindl. Haltung einnehmen* ◆ verbittert *unzufrieden, griesgrämig, menschenfeindlich* [→ *bitter*]

**verblassen** ⟨V. i.; ist⟩ **1** *blass werden, verbleichen* **2** ⟨fig.⟩ *nachlassen, allmählich verschwinden* (Erinnerung, Eindruck) ♦ die Farbe ist schon etwas verblasst

**Verbleib** ⟨m. 1; unz.⟩ *Aufenthaltsort (einer vermissten Person od. Sache)* ♦ wissen Sie etwas über seinen Verbleib?

**verbleiben** ⟨V. i. 114; ist⟩ **1** *verharren, an einem Ort, in einer Stellung bleiben* **2** *übrig bleiben* **3** ⟨am Briefschluss⟩ *bleiben* ♦ es sind mir noch fünf Mark verblieben; er wird noch so lange in seiner Stellung verbleiben, bis die Sache entschieden ist; wir sind so verblieben, dass er mich anruft, wenn er etwas Neues erfährt *wir haben vereinbart ...*

**verblenden** ⟨V. t.; hat⟩ **1** ⟨Bauw.⟩ *mit anderem, besserem Baustoff (Blendsteinen) verkleiden* (Mauerwerk) **2** ⟨Zahntech.⟩ *mit weißem Kunststoff od. Keramik umhüllen* (Krone) **3** ⟨fig.⟩ *der Einsicht, der vernünftigen Überlegung berauben* ♦ sein Erfolg hat ihn verblendet

**verblüffen** ⟨V. t.; hat⟩ *in sprachloses Erstaunen setzen, sehr überraschen* ♦ jmdn. durch eine schlagfertige Antwort verblüffen [< mnddt. *vorblüffen* „überraschen, überrumpeln", ndrl. *verbluffen* „einschüchtern"; zu nddt., ndrl. *bluffen* „einschüchtern"; → *bluffen*]

**verblühen** ⟨V. i.; ist⟩ **1** *zu blühen aufhören, verwelken* (Blumen) **2** ⟨fig.⟩ *altern* **3** ⟨fig.; umg.⟩ *weggehen, verschwinden* ♦ sie sieht verblüht aus ⟨veraltet⟩ *gealtert, nicht mehr jung*

**verbluten** ⟨V. i.; ist⟩ *durch Blutverlust, anhaltendes Bluten sterben* ♦ der Verletzte ist verblutet

**verbocken** ⟨V. t.; hat; umg.⟩ *falsch machen, verpfuschen* ♦ diese Situation hast du verbockt [zu *Bock* im Sinne von „Fehler"]

**verborgen**[1] ⟨V. t.; hat⟩ *verleihen*

**verborgen**[2] ⟨Adj.⟩ *versteckt, unbemerkt, heimlich* ♦ etwas oder sich verborgen halten; etwas im Verborgenen tun; im Verborgenen leben [→ *verbergen*]

**Verbot** ⟨n. 11⟩ *Untersagung, Befehl, etwas nicht zu tun* (Ausgehverbot, Parkverbot); ♦ ein Verbot erlassen, übertreten [< mhd. *verbot;* → *verbieten*]

**verbrämen** ⟨V. t.; hat⟩ **1** *am Rand verzieren, bes. mit Pelz* **2** ⟨fig.⟩ *verhüllend, verblümt sagen, umschreiben* ♦ einen Vorwurf, eine Ablehnung, Kritik mit schönen Worten verbrämen ⟨fig.⟩; mit Pelz verbrämter Mantel [zu *Bräme* „kostbarer Besatz, bes. Pelzbesatz", Kürschnerspr.]

**Verbrauch** ⟨m. 1; unz.⟩ **1** *das Verbrauchen, das Verbrauchtwerden, Konsum, Verzehr* (Brennstoffverbrauch, Kräfteverbrauch) **2** *Abnutzung, Verschleiß*

**verbrauchen** ⟨V. t.; hat⟩ **1** *immer wieder von einem Vorrat wegnehmen u. verwenden* **2** *völlig für einen Zweck verwenden* **3** *abnutzen, verschleißen* ♦ Gas, Strom verbrauchen; Geld, Kohlen, Lebensmittel, Papier, Seife, Stoff verbrauchen; verbraucht *abgenutzt;* verbrauchte Luft *schlechte Luft;* er, sie ist (alt und) verbraucht ⟨fig.⟩ *nicht mehr leistungsfähig*

**Verbraucher** ⟨m. 3⟩ **1** *jmd., der etwas verbraucht* **2** *jmd., der Waren erwirbt;* Sy *Konsument (1)*

**verbrechen** ⟨V. t. 116; hat⟩ etwas verbrechen *ein Verbrechen, eine Missetat begehen* [Verstärkung von *brechen*]

**Verbrechen** ⟨n. 14⟩ **1** *schwere Rechtsverletzung, Straftat, die mit Gefängnis bestraft wird* **2** ⟨fig.⟩ *verantwortungslose Handlung* ♦ ein Verbrechen begehen

**Verbrecher** ⟨m. 3⟩ *jmd., der ein Verbrechen begangen hat*

**verbreiten** ⟨V. t.; hat⟩ *ausbreiten* ♦ sich verbreiten *immer mehr spürbar od. bekannt werden;* **Entsetzen,** Schrecken verbreiten *überall erregen;* ein **Geruch** verbreitet sich; ein **Gerücht** verbreiten *weitererzählen, ausstreuen;* eine **Krankheit** verbreitet sich ♦ sich **über** ein Thema verbreiten ⟨fig.⟩ *sich ausführlich zu einem Thema äußern* ♦ der feste Glaube, dass ..., ist sehr verbreitet

**verbreitern** ⟨V.; hat⟩ **I** ⟨V. t.⟩ *breiter machen* ♦ eine Straße verbreitern **II** ⟨V. refl.⟩ sich verbreitern *breiter werden*

**verbrennen** ⟨V. 117⟩ **I** ⟨V. i.; ist⟩ *durch Feuer zerstört werden* ♦ unsere Bücher, Möbel sind beim Bombenangriff verbrannt; den Braten verbrennen lassen *durch zu große Hitze schwarz werden lassen;* zu Asche verbrennen **II** ⟨V. t.; hat⟩ **1** *durch Feuer zerstören, ins Feuer werfen* **2** *durch zu große Hitze od. Feuer verletzen* ♦ ich habe mir die Hand verbrannt; Briefe, Holz, Papier verbrennen; jmdn. als Ketzer verbrennen ⟨MA⟩; Leichen verbrennen

**Verbrennung** ⟨f. 20⟩ **I** ⟨unz.⟩ **1** *das Verbrennen, Zerstörung durch Feuer* **2** ⟨Chem.⟩ *Oxidation* **II** ⟨zählb.⟩ *Brandwunde* ♦ sich Verbrennungen zuziehen

**Verbrennungskammer** ⟨f. 21; Tech.⟩ **1** ◄ *Druckbehälter, in dem Treibstoffe zu Arbeitsgas verbrannt werden* **2** *Raum in Feuerungsanlagen, in dem Wärmeenergie durch Verbrennung bestimmter Stoffe erzeugt wird*

**Verbrennungskraftmaschine** ⟨f. 19⟩ ► = *Verbrennungsmotor*

**Verbrennungsmotor** ⟨m. 23⟩ ▼ *Motor, bei dem Energie durch Verbrennung eines Kraftstoff-Luft-Gemisches in einem Zylinder erzeugt wird;* Sy *Verbrennungskraftmaschine*

**verbriefen** ⟨V. t.; hat⟩ *urkundlich zusichern* ♦ jmdn. ein Recht verbriefen

**verbringen** ⟨V. t. 118; hat⟩ *verleben, zubringen* (Urlaub, Zeit) ♦ jmdn. od. eine Sache an einen Ort verbringen *an einen Ort bringen*

**verbrüdern** ⟨V. refl.; hat⟩ sich (mit jmdm.) verbrüdern *(mit jmdm.) Brüderschaft schließen, sehr vertraut werden, sich eng (mit jmdm.) verbinden*

**verbrühen** ⟨V. t.; hat⟩ *durch Berührung mit kochendem Wasser verletzen*

**verbuchen** ⟨V. t.; hat⟩ *in ein Geschäftsbuch eintragen, buchen*

**Verbund** ⟨m. 1⟩ **1** ⟨i. w. S.⟩ *Verbindung, Zusammenschluss* **2** ⟨i. e. S.⟩ *Haftung zwischen Beton und Stahl*

**verbünden** ⟨V. refl.; hat⟩ sich (mit jmdm.) verbünden *ein Bündnis mit jmdm. schließen, sich zusammenschließen* ♦ verbündete Staaten

**Verbündete(r)** ⟨f. 30 (m. 29)⟩ **1** *jmd., der mit einem anderen ein Bündnis geschlossen hat, Bundesgenosse* **2** *jeder der an einem Bündnis beteiligten Staaten*

**Verbundglas** ⟨n. 12u; unz.⟩ *aus mehreren Schichten bestehendes, splitterfreies Glas;* Sy *Sicherheitsglas*

**verbürgen** ⟨V. t.; hat⟩ etwas verbürgen *Gewähr für etwas leisten, Sicherheit für etwas geben, garantieren* ♦ guter Wille allein verbürgt noch nicht das Gelingen der Sache; sich für etwas od. jmdn. verbürgen *für etwas od. jmdn. Bürgschaft leisten, einstehen*

**verbüßen** ⟨V. t.; hat⟩ eine Gefängnisstrafe verbüßen *eine Gefängnisstrafe erleiden*

**Verdacht** ⟨m.; -(e)s; unz.⟩ *Argwohn, Vermutung einer Schuld* ♦ einen Verdacht auf jmd. anderen **abwälzen;** einen Verdacht **äußern;** sich dem Verdacht **aussetzen,** gestohlen zu haben; Verdacht **erregen;** der Verdacht ist auf ihn **gefallen;** ich **habe** den Verdacht, dass ...; Verdacht **schöpfen** ♦ **begründeter,** unbegründeter Verdacht ♦ etwas **auf** Ver-

## VERBRENNUNGSMOTOR

Verbrennungsmotoren nutzen die Energie, die bei der explosionsartigen Verbrennung von Treibstoffen frei wird. Im hier dargestellten Viertaktmotor wird derselbe Arbeitstakt von den vier Zylinderkolben reihum wiederholt, um einen gleichmäßigen Kraftfluss zu gewährleisten. Bei der Abwärtsbewegung der Kolben wird ein Luft-Treibstoff-Gemisch in den Zylinder angesaugt, das bei ihrem erneuten Aufsteigen verdichtet und anschließend durch einen Funken entzündet wird. Die nächste Aufwärtsbewegung der Kolben führt zum Ausstoß der Verbrennungsabgase.

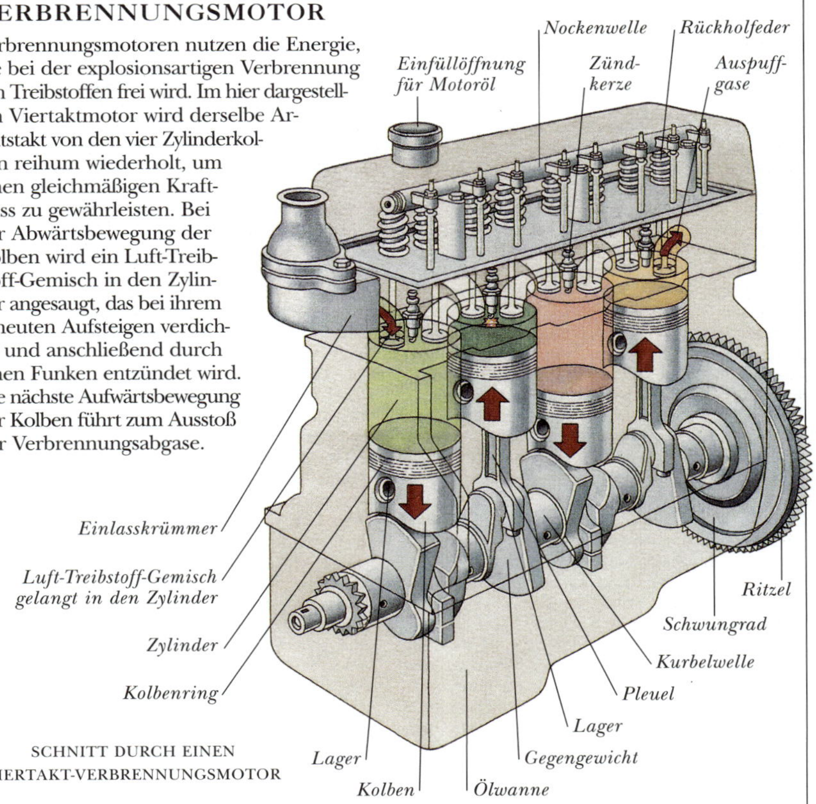


SCHNITT DURCH EINEN VIERTAKT-VERBRENNUNGSMOTOR

V

dacht tun ⟨umg.⟩ *aufs Geratewohl, ohne genau zu wissen, ob es richtig ist, etwas probieren;* jmdn. **in** Verdacht haben, dass er ... *vermuten, dass er ...* [< mnddt. *vordacht* „Argwohn"; → *verdenken*]

**verdächtig** ⟨Adj.⟩ **1** *in einem Verdacht stehend, mutmaßlich schuldig* (Person) **2** *zweifelhaft, nicht glaubwürdig, bedenklich* (Person od. Sache) ◆ sich verdächtig machen *Verdacht erregen;* der Unterschlagung verdächtig sein [< mhd. *verdæhtic* „überlegt, vorbedacht, argwöhnisch, Verdacht hegend", später erst „mit Verdacht behaftet"; → *verdenken*]

**verdächtigen** ⟨V. t.; hat⟩ *einer Schuld bezichtigen, für mutmaßlich schuldig halten, beschuldigen* ◆ jmdn. des Diebstahls verdächtigen; ich will niemanden verdächtigen, aber ...

**verdampfen I** ⟨V. t.; hat⟩ *vom flüssigen in den gasförmigen Zustand überführen, in Dampf verwandeln* (Flüssigkeit) **II** ⟨V. i.; ist⟩ *vom flüssigen in den gasförmigen Zustand übergehen, sich in Dampf verwandeln*

**verdanken** ⟨V. t.; hat⟩ jmdm. etwas verdanken *jmdm. für etwas Dank schuldig sein*

**verdauen** ⟨V.; hat⟩ **I** ⟨V. t.⟩ **1** *im Körper verarbeiten* (Nahrung) **2** ⟨fig.⟩ *geistig od. emotional verarbeiten* ◆ ich muss die vielen Eindrücke, Erlebnisse erst verdauen ⟨fig.⟩; diese Speise ist gut, leicht, schwer zu verdauen **II** ⟨V. i.⟩ *Nahrung im Körper verarbeiten* [< mhd. *verdöu(we)n* < ahd. *firdouwen* „genossene Speisen im Körper verarbeiten", eigtl. „verflüssigen"; verwandt mit *Tau*[2]]

**Verdauung** ⟨f. 20; unz.⟩ **1** ► *Vorgang des Verdauens, Umwandlung der Nahrung im Körper;* ► *Körper* **2** *Stuhlgang* ◆ die Verdauung förderndes Mittel; gute, schlechte Verdauung haben; wie ist Ihre Verdauung?

**Verdauungsapparat** ⟨m. 1⟩, **Verdauungskanal** ⟨m. 1u; Anat.⟩ *die Verdauungsorgane*

**Verdauungsorgane** ⟨Pl.; Anat.; Sammelbez. für⟩ *Mund, Speiseröhre, Magen, Galle, Leber, Darm u. Bauchspeicheldrüse*

**Verdeck** ⟨n. 11⟩ **1** *oberstes Schiffsdeck* **2** *Wagendach* ◆ das Verdeck herunterklappen

**verdecken** ⟨V. t.; hat⟩ **1** *zudecken, bedecken* **2** *verbergen* ◆ die Bäume verdecken die Aussicht auf die Straße

**verdenken** ⟨V. t. 119; hat⟩ jmdm. etwas verdenken *verargen, verübeln, übel nehmen* ◆ ⟨meist in verneinenden Wendungen wie⟩ ich kann es ihm nicht verdenken, dass er das getan hat [< mhd. *verdenken* „(zu Ende) denken, erwägen, sich erinnern; Übles von jmdm. denken, jmdn. in Verdacht haben"]

**verderben** ⟨V. 268⟩ **I** ⟨V. i.; ist⟩ **1** *schlecht werden, unbrauchbar od. ungenießbar werden, faulen* (Waren, Speisen) **2** ⟨fig.; poet.⟩ *(elend) zugrunde gehen* (Person) **II** ⟨V. t.; hat⟩ **1** etwas verderben *unbrauchbar machen, zerstören, vernichten, missraten, misslingen lassen* **2** jmdn. verderben ⟨fig.⟩ *zugrunde richten, moralisch schlecht beeinflussen* ◆ sich mit Schokolade den **Appetit** verderben; sich den **Magen** verderben *durch ungeeignete od. zu viel Speise eine Magenstörung, Übelkeit hervorrufen;* die **Preise** verderben *durch Unterbieten herunterdrücken;* jmdm. das **Spiel** verderben *jmdm. die Freude am Spiel nehmen, ihm das Spiel stören* ◆ Speisen, Nahrungsmittel verderben lassen; es **mit** jmdm. verderben *sich jmds. anhaltenden Unwillen zuziehen, jmds. Gunst verlieren* ◆ verdorben ⟨fig.⟩ *moralisch verkommen;* verdorbene Luft *verbrauchte, stickige Luft;* einen verdorbenen Magen haben [< mhd. *verderben* „zunichte werden, umkommen, sterben, zu Schaden bringen, zugrunde richten, töten"; verwandt mit aengl. *deorfan* „sich anstrengen; umkommen", asächs. *derfti* „kräftig; böse"]

## VERDAUUNG

Das Verdauungssystem besteht aus einer Reihe von Organen, die den Nahrungsabbau, die Aufnahme von Nährstoffen und die Ausscheidung von Abfallstoffen bewerkstelligen. Der Nahrungskanal beginnt im Mund und umfasst Speiseröhre, Magen, Dünn-, Dick- und Mastdarm sowie After. In den Verdauungskanal münden die Speicheldrüsen, die Gallenblase und die Bauchspeicheldrüse, die alle Enzyme abgeben, welche die Verdauung unterstützen. Dabei werden die zugeführten Nahrungsmoleküle nach und nach in kleinere Bestandteile gespalten (z. B. wird Eiweiß in Aminosäuren zerlegt). Unverdaulichen Nahrungsbestandteilen, den Ballaststoffen, wird im Dickdarm das Wasser entzogen, bevor die Ausscheidung in fester Form durch den After erfolgt.

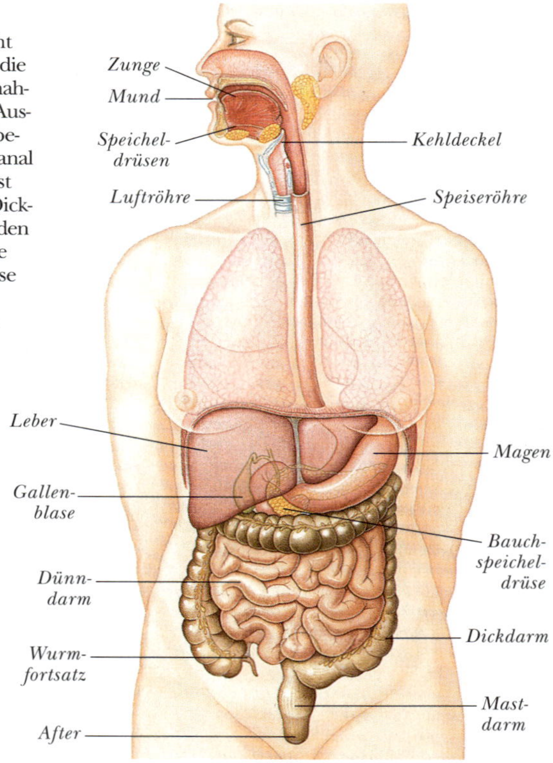


VERDAUUNGSSYSTEM DES MENSCHEN

**Verderben** ⟨n.; -s; unz.⟩ **1** *Untergang, Zerstörung, Vernichtung* **2** ⟨fig.⟩ *moralischer Verfall* ◆ der Alkohol war sein Verderben; in sein Verderben rennen; jmdn. ins Verderben stürzen

**verdeutlichen** ⟨V. t.; hat⟩ *deutlicher machen, klarer machen* ◆ etwas durch ein Beispiel, Bild verdeutlichen

**Verdichter** ⟨m. 3⟩ *Vorrichtung, Maschine zum Zusammendrücken von Gasen, Gemischen;* Sy *Kompressor*

**verdienen** ⟨V. t.; hat⟩ etwas verdienen **1** *durch Arbeit, Leistung erwerben, erhalten* **2** *ein Anrecht auf etwas erwerben, Anspruch auf etwas haben* ◆ er hat es verdient ⟨positiv⟩ *es steht ihm zu, er hat sich ein Anrecht darauf erworben;* ⟨negativ⟩ *es geschieht ihm recht;* **Geld** verdienen; er verdient dreißig **Mark** in der Stunde; er hat **Strafe** verdient; er hat sich sein **Studium** selbst verdient; er verdient **Vertrauen** ◆ er verdient es nicht **besser,** nicht anders *es geschieht ihm recht*

**Verdienst I** ⟨m. 1⟩ *Gewinn, Erwerb, Lohn, Einkommen, Gehalt* ◆ einen auskömmlichen, guten, geringen Verdienst haben **II** ⟨n. 11⟩ *verdienstliche Tat, Tat zum Wohle anderer* ◆ er hat sich um unsere Stadt große Verdienste erworben *Anspruch auf Anerkennung, auf Dank;* sich etwas zum Verdienst anrechnen *eine eigene Leistung für anerkennenswert halten*

**Verdienstorden** ⟨m. 4⟩ Verdienstorden der Bundesrepublik Deutschland *1951 durch den Bundespräsidenten gestifteter Orden für bes. Leistungen beim Wiederaufbau: Großkreuz, Großes Verdienstkreuz, Verdienstkreuz 1. Klasse, Verdienstmedaille*

**verdient** ⟨Adj.⟩ *Anerkennung durch Verdienste beanspruchend, sich durch Verdienste auszeichnend, verdienstlich* ◆ eine verdiente Persönlichkeit

**Verdikt** ⟨[vɛr-] n. 11⟩ *Entscheidung, Urteil* [< lat. *vere dictum* „Wahrspruch" < *vere* „in Wahrheit" + *dictum* „Wort, Spruch, Befehl, Versprechen"]

**verdingen** ⟨V.; hat⟩ **I** ⟨V. t.⟩ eine Arbeit verdingen *eine Arbeit ausgeben, vergeben, einen Vertrag mit jmdm. über eine Arbeit schließen* **II** ⟨V. refl.⟩ sich verdingen *eine Arbeit annehmen, Dienst nehmen* ◆ er hat sich als Knecht bei einem Bauern verdungen [< mhd. *dingen* „vertraglich gegen Lohn in Dienst nehmen" < ahd. *dingon* „vor Gericht verhandeln", ndrl. *dingen* „dingen, markten, abhandeln"]

**verdoppeln** ⟨V. t.; hat⟩ **1** *doppelt machen, um die gleiche Größe, Zahl, das gleiche Maß vermehren* **2** ⟨fig.⟩ *sehr beschleunigen, verstärken* ◆ seinen Eifer, seine Anstrengungen, seine Bemühungen verdoppeln; einen Konsonanten verdoppeln

**verdorren** ⟨V. i.; ist⟩ *trocken, dürr werden, austrocknen* (Pflanzen)

**verdrängen** ⟨V. t.; hat⟩ *beiseite drängen, zur Seite schieben* ◆ eine Vorstellung verdrängte die andere; das Schiff verdrängt 1500 t (Wasser); jmdn. aus einer Stellung verdrängen; verdrängte Komplexe ⟨Psych.⟩ *unterdrückte, aus dem Bewusstsein ausgeschiedene, im Unterbewusstsein aber weiterwirkende u. sich in so genannten Ersatzhandlungen ausdrückende Komplexe (Vorstellungen, Wünsche, Triebe)*

**Verdrängung** ⟨f. 20⟩ **1** *das Verdrängen, das Verdrängtwerden* **2** ⟨Psych.⟩ *das Verdrängen von Wünschen, Trieben usw.*

**verdrehen** ⟨V. t.; hat⟩ **1** *falsch drehen, zu weit drehen* **2** ⟨fig.⟩ *(bewusst) falsch deuten, unrichtig darstellen od. wiedergeben* ◆ die Augen verdrehen; den Hals verdrehen *(vor Neugierde) weit drehen u. recken, um etwas sehen zu können;* er hat den Sinn meiner Worte (völlig) verdreht

V

**verdrießen** ⟨V. t. 269; hat⟩ *Verdruss, Ärger bereiten, missmutig machen* ◆ es verdrießt mich, dass ...; seine Antwort verdross mich [< mhd. *verdriezen, erdriezen* < ahd. *irdriozan* „Überdruss, Langeweile bereiten"]

**Verdruss** ⟨m. 1; unz.⟩ *Ärger* ◆ jmdm. Verdruss bereiten; wir wollen es sein lassen, es bringt, gibt nur Verdruss [→ *verdrießen*]

**verdunkeln** ⟨V.; hat⟩ **I** ⟨V. t.⟩ *dunkel, dunkler machen* ◆ Tränen verdunkelten ihren Blick *trübten, verschleierten ihren Blick;* den Glanz verdunkeln *den Glanz beeinträchtigen, matter machen;* einen Raum verdunkeln *dunkel machen; die Fenster eines Raum verhängen, so dass kein Licht nach außen dringen kann;* Tatbestände verdunkeln ⟨Rechtsw.⟩ *verschleiern* **II** ⟨V. refl.⟩ sich verdunkeln *dunkel werden* ◆ der Himmel verdunkelt sich *bedeckt sich mit Wolken*

**verdünnen** ⟨V.; hat⟩ **I** ⟨V. t.⟩ *Konzentration gelöster od. suspendierter Stoffe in Lösungen od. Suspensionen durch Zugabe von Lösungs- od. Verdünnungsmitteln herabsetzen, z. B. Wein mit Wasser verdünnen* **II** ⟨V. refl.⟩ sich verdünnen *dünner werden* ◆ der Mast, der Pfeiler, der Obelisk verdünnt sich nach oben

**verdunsten** ⟨V. i.; ist⟩ *(langsam) in Gasform übergehen* (Flüssigkeit)

**verdursten** ⟨V. i.; ist⟩ **1** *vor Durst, aus Mangel an Flüssigkeit sterben* **2** ⟨umg.⟩ *sehr großen, unerträgl. Durst haben*

**verdutzt** ⟨Adj.⟩ *überrascht, verblüfft, verwirrt* ◆ ein verdutztes Gesicht machen [Part. Perf. zu dem nicht mehr übl. Verb *verdutzen* < mnddt. *vordutten* „verwirren"]

**verebben** ⟨V. i.; ist⟩ *langsam abklingen, verklingen, nachlassen, allmählich still werden* ◆ der Beifall, der Lärm, das Stimmengewirr verebbte (allmählich)

**veredeln** ⟨V. t.; hat⟩ *edler, besser, vollkommener machen* ◆ eine Pflanze veredeln *Teile einer edlen od. ertragreichen, aber empfindlichen Zier- od. Nutzpflanze mit einer widerstandsfähigen Unterlage verbinden*

**verehren** ⟨V. t.; hat⟩ **1** einen Heiligen verehren *einem Heiligen kult. Ehren erweisen* **2** jmdn. verehren *sehr hoch schätzen, bewundernd, ehrfurchtsvoll lieben* **3** jmdm. etwas verehren *schenken, als Geschenk überreichen* ◆ einen Lehrer, Schauspieler verehren; verehrte Anwesende!; verehrte Gäste! *(Anrede vor einer Ansprache)*

**Verehrung** ⟨f. 20⟩ **1** ⟨Rel.⟩ *das Verehren, Erweisen kultischer Ehren* **2** ⟨allg.⟩ *Hochschätzung, bewundernde, ehrfurchtsvolle Liebe*

**vereidigen** ⟨V. t.; hat⟩ *durch Eid verpflichten* ◆ Beamte, Rekruten vereidigen

**Verein** ⟨m. 1⟩ *Verbindung von Personen zu gemeinsamer Beschäftigung auf geselligem, sportl., künstler., wirtschaftl. o. ä. Gebiet* (Gesangsverein, Sportverein) ◆ einem Verein beitreten; einen Verein gründen [Rückbildung zu *(sich) vereinen*]

**vereinbaren** ⟨V. t.; hat⟩ *verabreden, abmachen, miteinander festlegen* ◆ wir haben vereinbart, dass ... [< mhd. *vereinbæren*, verstärkend für *einbæren* „einträchtig machen, vereinigen, übereinkommen"; zu *einbære* „einträchtig; gleich"]

**vereinen** ⟨V. t.; hat⟩ *zusammenbringen, vereinigen* ◆ mit vereinten Kräften *durch gemeinsame Anstrengung;* (wieder) vereint sein *(wieder) zusammen, beisammen sein*

**vereinfachen** ⟨V. t.; hat⟩ *einfacher machen* ◆ ein vereinfachtes Verfahren

**vereinheitlichen** ⟨V. t.; hat⟩ *einheitlich, übereinstimmend machen*

**vereinigen** ⟨V. t.; hat⟩ *verbinden, zusammenschließen, zusammenbringen, in Einklang, in Übereinstimmung bringen* ◆ mehrere Ämter, Funktionen in einer Hand vereinigen

**Vereinigung** ⟨f. 20⟩ **I** ⟨unz.⟩ *das Vereinigen, Verbindung, Zusammenschluss* **II** ⟨zählb.⟩ *Verein* ◆ Vereinigung für alte Musik

**vereinnahmen** ⟨V. t.; hat⟩ Geld, Beträge, Gewinn vereinnahmen *einnehmen;* jmdn. vereinnahmen ⟨fig.; umg.⟩ *ganz für sich beanspruchen, für eigene Zwecke einsetzen*

**Vereinte Nationen** ⟨Pl.; Pol.; Abk.: VN⟩ *Vereinigung von Staaten zur internationalen Zusammenarbeit, United Nations*

**vereinzelt** ⟨Adj.⟩ *nur einzeln (vorhanden), hier u. da, nur selten (vorhanden), gelegentlich* ◆ solche Fälle treten nur vereinzelt auf

**vereisen** **I** ⟨V. t.; hat; Med.⟩ eine Körperstelle vereisen *zur örtl. Betäubung Chloräthyl in eine Körperstelle einspritzen* ◆ Gewebe, Zahnfleisch vereisen **II** ⟨V. i.; ist⟩ **1** *zu Eis werden* **2** *sich mit einer Eiskruste überziehen* ◆ die Straße ist vereist

**vereiteln** ⟨V. t.; hat⟩ *zum Scheitern bringen, zunichte machen, verhindern* ◆ jmds. Pläne, eine Unternehmung vereiteln [zu *eitel* „leer, nichtig"]

**vereitern** ⟨V. i.; ist⟩ *sich eitrig entzünden, sich mit Eiter füllen* ◆ vereiterter Zahn

**verelenden** ⟨V. i.; ist⟩ *in Elend geraten, völlig verarmen* ◆ durch die Flucht ist die Familie schuldlos verelendet

**verenden** ⟨V. i.; ist⟩ *sterben* (von Tieren)

**vererben** ⟨V.; hat⟩ **I** ⟨V. t.⟩ jmdm. etwas vererben **1** *jmdm. etwas als Erbe hinterlassen* **2** *etwas als Erbanlage auf jmdn. übertragen* **3** ⟨fig.; umg.; scherzh.⟩ *schenken, überlassen* ◆ jmdm. ein Grundstück, Vermögen vererben; eine Eigenschaft, Krankheit auf ein Kind vererben **II** ⟨V. refl.⟩ sich vererben *als Erbanlage übertragen werden*

**Vererbung** ⟨f. 20; unz.⟩ *Weitergabe der Eigenschaften u. Merkmale von Organismen von den Vorfahren auf die Nachkommen*

**verewigen** ⟨V. t.; hat⟩ **1** *unvergesslich machen* **2** ⟨fig.⟩ *lang dauernd machen* ◆ sich verewigen ⟨umg.⟩ *seinen Namen in ein Buch einschreiben, in die Wand eines Aussichtsturms od. in einen Baumstamm einritzen;* durch große Werke seinen Namen verewigen

**verfahren** ⟨V. 130⟩ **I** ⟨V. i.; ist⟩ *handeln, vorgehen, eine Sache auf bestimmte Weise erledigen* ◆ eigenmächtig, grausam verfahren **II** ⟨V. t.; hat; umg.⟩ **1** Geld, Zeit verfahren *durch Fahren verbrauchen* **2** eine Sache verfahren ⟨fig.⟩ *falsch anpacken, in eine falsche Richtung lenken* ◆ die Sache ist völlig verfahren **III** ⟨V. refl.; hat⟩ sich verfahren *in die Irre fahren, beim Fahren auf einen falschen Weg geraten* ◆ wir haben uns verfahren

Sello segundo, seis reales, años de mil setecientos ochenta y seis y ochenta y siete.
Estatuto
De la Real Universidad de Santo Thomas de la Ciudad de Quito.

VERFASSUNG DER KÖNIGLICHEN UNIVERSITÄT ST. THOMAS IN QUITO, ECUADOR, 17. JH.

**Verfahren** ⟨n. 14⟩ **1** *Art und Weise einer Ausführung, eines Vorgehens, Handlungsweise* **2** ⟨Rechtsw.⟩ *Reihenfolge notwendiger Rechtshandlungen zur Erledigung einer Rechtssache* ◆ ein Verfahren **anwenden;** ein Verfahren gegen jmdn. **einleiten** ⟨Rechtsw.⟩; das Verfahren **einstellen** ⟨Rechtsw.⟩; das Verfahren **eröffnen** ⟨Rechtsw.⟩ ◆ **gerichtliches** Verfahren ⟨Rechtsw.⟩; **geschicktes,** ungeschicktes, rücksichtsloses Verfahren ◆ **mit** diesem Verfahren kommen wir nicht weiter

**Verfahrenstechnik** ⟨f. 20; unz.; Sammelbegriff für die⟩ *technische Durchführung chemischer Synthesen in großem Umfang*

**Verfall** ⟨m.; -(e)s; unz.⟩ **1** *das Verfallen, allmähl. Baufälligwerden* (von Gebäuden) **2** *Abnahme, Schwinden* (Kräfteverfall) **3** *Verlust der Lebenskraft u. Wirksamkeit* (von Epochen, Strömungen) **4** *Ende der Geltungsdauer* **5** *das Fälligwerden* (von Wechseln) **6** *Verbindung von zwei Dachfirsten ungleicher Höhe* ◆ ein Gebäude dem Verfall preisgeben; geistiger, körperlicher Verfall

**verfallen** ⟨V. i. 131; ist⟩ **1** *baufällig werden, allmählich kaputtgehen* (Gebäude) **2** *körperlich schwach werden* **3** *die geistige Kraft, Frische verlieren* **4** *die Gültigkeit verlieren, ungültig werden* **5** *allmählich die Lebenskraft u. Wirksamkeit verlieren* (Epoche) ◆ jmdm. od. einer Sache verfallen *hörig werden, von jmdm. od. einer Sache abhängig werden;* der **Wechsel** verfällt am 1. April ◆ **auf** einen Gedanken verfallen *auf einen (den anderen meist etwas wunderlich erscheinenden) Gedanken kommen;* **in** einen Fehler verfallen *sich unversehens einen Fehler aneignen;* in tiefes Nachdenken verfallen

**Verfallsdatum** ⟨n.; -s, -daten⟩ *Datum, bis zu dem Lebensmittel od. Arzneien haltbar sind*

**verfälschen** ⟨V. t.; hat⟩ **1** *in einen schlechteren, minderwertigen Zustand versetzen, nachteilig verändern* **2** *bewusst falsch, irreführend darstellen* ◆ Lebensmittel verfälschen *mit Zutaten versehen, so dass ihr Aussehen auf Kosten der Qualität gewinnt*

**verfangen** ⟨V. 132; hat⟩ **I** ⟨V. i.⟩ *wirken, helfen, nützen* ◆ hier verfängt nichts mehr; alle Bitten, Mahnungen verfingen bei ihm nicht **II** ⟨V. refl.⟩ sich in etwas verfangen *sich in etwas verwickeln, verwirren*

**verfänglich** ⟨Adj.⟩ **1** *verdächtig* **2** *peinlich, bloßstellend* ◆ verfängliche Frage *Frage, deren Beantwortung Nachteile für den Antwortenden mit sich bringen kann;* in eine verfängliche Situation geraten

**verfärben** ⟨V.; hat⟩ **I** ⟨V. t.⟩ *falsch färben, durch Färben unansehnlich machen* **II** ⟨V. refl.⟩ sich verfärben **1** *die Farbe wechseln* (Stoff) **2** *blass werden* (Person) **III** ⟨V. i.⟩ *das Haarkleid wechseln* (vom Schalenwild)

**verfassen** ⟨V. t.; hat⟩ *schreiben, schriftlich herstellen* (Abhandlung, Artikel, Beschwerde, Eingabe, Brief, Buch, Rede) [< mhd. *vervazzen* „in sich aufnehmen; etwas vereinbaren; schriftlich niederlegen", später „gestaltend niederschreiben"]

**Verfasser** ⟨m. 3⟩ *jmd., der etwas verfasst hat, Autor, Urheber*

**Verfassung** ⟨f. 20⟩ **1** ⟨Rechtsw.⟩ *die schriftlich fixierten Grundsätze über Form u. Aufbau eines Staates sowie seine Rechte u. Pflichten gegenüber seinen Bürgern u. umgekehrt, Grundgesetz, Verfassungsurkunde* **2** ⟨allg.⟩ ◄ *die schriftlich fixierten Grundsätze einer Institution, Gemeinschaft, eines Vereins usw.*

V

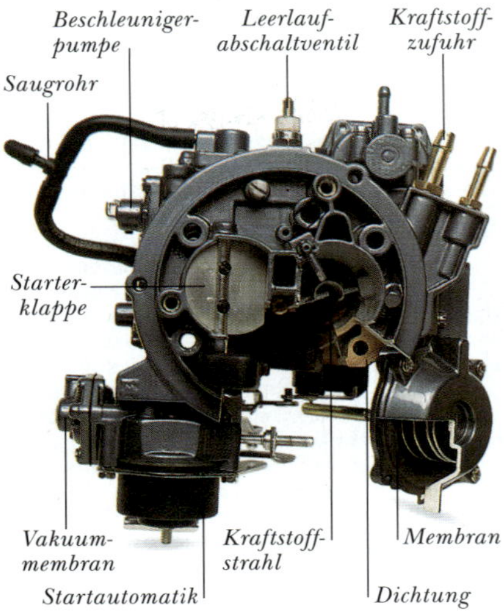


VERGASER EINES BENZINMOTORS

3 *körperl. od. seel. Zustand* **4** *Stimmung, seel. Lage* (Gemütsverfassung) ◆ die Verfassung **ändern;** die Verfassung **brechen** ◆ in **ausgezeichneter,** guter, schlechter Verfassung sein; **geistige,** körperliche, seelische Verfassung ◆ **aufgrund** der Verfassung haben wir das Recht dazu

**verfassunggebend** ⟨Adj.⟩ verfassunggebende Versammlung *Versammlung der gewählten Vertreter des Volkes, die die Verfassung schafft (in der konstitutionellen Monarchie zusammen mit dem Fürsten)*

**Verfassungsschutz** ⟨m.; -es; unz.; Rechtsw.; BRD⟩ **1** *Schutz der verfassungsmäßigen Grundordnung des Bundes u. der Länder* **2** ⟨kurz für⟩ *Bundesamt für Verfassungsschutz*

**verfaulen** ⟨V. i.; ist⟩ *faul werden, in Fäulnis übergehen* (Fleisch, Obst, Knochen, Zähne)

**verfechten** ⟨V.t. 133; hat⟩ eine Sache verfechten *für eine Sache eintreten, eine Sache verteidigen* ◆ eine Meinung, einen Standpunkt verfechten; sein od. jmds. Recht verfechten

**verfehlen** ⟨V. t.; hat⟩ **1** *nicht erreichen, nicht treffen, nicht finden* **2** einander, ⟨umg.⟩ sich verfehlen *einander,* ⟨umg.⟩ *sich trotz Verabredung nicht treffen* ◆ er hat das **Thema** verfehlt *nicht genau über das gegebene Thema geschrieben od. gesprochen;* wir haben den **Weg,** die richtige Abzweigung verfehlt ◆ verfehlt *verkehrt, falsch, unangebracht, fehl am Platze;* ich halte es für völlig verfehlt, das jetzt zu tun

**Verfehlung** ⟨f. 20⟩ **1** *Vergehen, Verstoß* **2** *Sünde* ◆ sich eine Verfehlung, sich Verfehlungen zuschulden kommen lassen

**verfeinern** ⟨V. t.; hat⟩ *feiner machen, verbessern* ◆ den Geschmack einer Speise z. B. durch Gewürze verfeinern

**verfetten** ⟨V. i.; ist⟩ *übermäßig Fett ansetzen, sehr dick werden*

**verfilmen** ⟨V. t.; hat⟩ *zu einem Film verarbeiten, als Film gestalten* ◆ ein Drama, eine Oper, einen Roman verfilmen

**verflachen I** ⟨V. t.; hat⟩ *flach machen* **II** ⟨V. i.; ist⟩ **1** *flach werden* (Gelände) **2** *seicht werden* (Wasser) **3** ⟨fig.⟩ *oberflächlich werden* (Gespräch, Kunst einer Zeit)

**verflechten** ⟨V. t. 135; hat⟩ etwas in od. mit etwas verflechten **1** *in etwas einflechten, durch Flechten mit etwas innig verbinden* **2** ⟨fig.⟩ *in einen engen Zusammenhang bringen* ◆ zwei Angelegenheiten, Unternehmen miteinander verflechten ⟨fig.⟩

**verfliegen** ⟨V. 136⟩ **I** ⟨V. i.; ist⟩ **1** *verschwinden* (Duft, Geruch) **2** ⟨fig.⟩ *schnell vorübergehen* ◆ sein Ärger war rasch wieder verflogen; den Kaffee verschlossen aufbewahren, damit das Aroma nicht verfliegt; die Stunden verflogen im Nu **II** ⟨V. refl.; hat⟩ sich verfliegen *falsch fliegen, sich beim Fliegen verirren*

**verfließen** ⟨V. i. 138; ist⟩ **1** *dahingehen, vergehen, ablaufen* (Frist, Zeit) **2** *ineinander übergehen, undeutlich werden* (Begriffe, Grenzen) ◆ es sind schon drei Monate, Wochen verflossen

**verfluchen** ⟨V. t.; hat⟩ **1** jmdn. verfluchen *verdammen, verwünschen, durch Fluch verstoßen, Gottes Strafe auf jmdn. herabwünschen* **2** etwas verfluchen ⟨fig.⟩ *heftig über etwas schimpfen, etwas sehr bereuen, wünschen, dass etwas nicht so sei*

**verflüchtigen** ⟨V.; hat⟩ **I** ⟨V. t.⟩ *in gasförmigen Zustand überführen* **II** ⟨V. refl.⟩ **1** sich verflüchtigen *in gasförmigen Zustand übergehen* **2** ⟨fig.; umg.; scherzh.⟩ *unauffällig weggehen, verschwinden*

**verfolgen** ⟨V. t.; hat⟩ **1** jmdn. od. ein Tier verfolgen *jmds. od. eines Tieres Spur folgen, ihm nacheilen, jmdn. od. ein Tier einzufangen suchen* **2** etwas verfolgen ⟨fig.⟩ *beobachten* (Vorgang, Handlung) **3** *zu erreichen, zu verwirklichen suchen* (Ziel, Zweck) ◆ der Gedanke verfolgt mich seit Tagen ⟨fig.⟩ *begleitet mich, peinigt od. ängstigt mich;* jmds. **Spur** verfolgen *jmds. Spur nachgehen* ◆ eine Entwicklung **aufmerksam** verfolgen ⟨fig.⟩; jmdn. **gerichtlich,** steckbrieflich verfolgen ◆ jmdn. **mit** seinem Hass verfolgen ⟨fig.⟩ *ihn überall seinen Hass spüren lassen* ◆ vom Unglück verfolgt *oft vom Unglück betroffen*

**Verfolgungswahn(sinn)** ⟨m.; -s; unz.⟩ *krankhafte Zwangsvorstellung, dauernd verfolgt zu werden* ◆ an Verfolgungswahn(sinn) leiden

VERGISSMEINNICHT: WALDVERGISSMEINNICHT (*Myosotis sylvatica*)

**verformen** ⟨V. t.; hat⟩ etwas verformen *die Form, Gestalt von etwas ändern, besonders von Metall*

**verfrachten** ⟨V. t.; hat⟩ **1** *als Fracht auf den Weg bringen, verladen* (Ware) **2** ⟨fig.; umg.⟩ *bringen* ◆ ein Kind, einen Kranken ins Bett verfrachten ⟨fig.; umg.⟩

**verfremden** ⟨V. t.; hat⟩ einen bekannten, vertrauten Sachverhalt od. Gegenstand verfremden *durch Veränderung od. andere als die herkömml. Gestaltung fremd, unvertraut machen, um ihn hervorzuheben u. Aufmerksamkeit für ihn zu wecken*

**verfügen** ⟨V.; hat⟩ **I** ⟨V. t.⟩ etwas verfügen *anordnen, bestimmen* ◆ den Bau einer neuen Schule verfügen **II** ⟨V. i.⟩ über etwas verfügen *zur Verfügung haben, jederzeit beliebig verwenden können,* ⟨fig.⟩ *etwas besitzen* ◆ er verfügt über genügend gute Beziehungen, so dass er ...; er kann über sein Taschengeld frei verfügen **III** ⟨V.refl.⟩ sich an einen Ort verfügen ⟨geh.; selten⟩ *sich begeben, gehen* [frühnhd. „schicken; sich an einen Ort begeben“ < mhd. *vervüegen* „passen, anstehen“, eigtl. „veranlassen“]

**Verfügung** ⟨f. 20⟩ **I** ⟨unz.⟩ *Erlaubnis, Möglichkeit, über etwas bestimmen, etwas benutzen zu können* ◆ wir haben nicht genügend Arbeitskräfte zur Verfügung; sich jmdm. zur Verfügung stellen *sich jmdm. zur Hilfe anbieten* **II** ⟨zählb.⟩ *Anordnung, Bestimmung, Vorschrift* ◆ weitere Verfügungen abwarten; eine Verfügung erlassen; weitere Verfügungen treffen *Weiteres anordnen*

**verführen** ⟨V. t.; hat⟩ *verleiten, verlocken* ◆ der niedrige Preis hat mich verführt, den Mantel zu kaufen; ein Mädchen verführen *zum Geschlechtsverkehr verleiten*

**Vergabe** ⟨f. 19; unz.⟩ *das Vergeben, Übertragung (von Arbeiten usw.)* ◆ Vergabe von Studienplätzen

**Vergangenheit** ⟨f. 20; Pl. selten⟩ **1** *gewesene, frühere Zeit* **2** ⟨Gramm.⟩ *grammat. Form des Verbs, die ein vergangenes Geschehen ausdrückt (Präteritum, Perfekt, Plusquamperfekt)* **3** *das Leben (eines Menschen) bis zum gegenwärtigen Zeitpunkt* ◆ diese Erscheinung gehört der Vergangenheit an; sie hat eine bewegte, dunkle Vergangenheit; ein Verb in die Vergangenheit setzen [Lehnübersetzung von lat. *tempus perfectum* „vergangene Zeit“]

**vergänglich** ⟨Adj.⟩ *nicht von Bestand, nicht ewig während, sterblich* [→ *vergehen*]

**vergasen** ⟨V. t.; hat⟩ **1** *in Gas umwandeln* **2** *mit Giftgas töten*

**Vergaser** ⟨m. 3; Tech.⟩ ◄ *Teil eines Verbrennungsmotors, in dem flüssiger Kraftstoff in Gas umgewandelt wird*

**vergeben** ⟨V. 143; hat⟩ **I** ⟨V. t.⟩ **1** *weggeben* **2** *verteilen, austeilen, verkaufen* (Eintrittskarten) **3** *übertragen* (Amt, Auftrag) **4** *verschenken, überlassen, abgeben, abtreten* (Besitz) **5** jmdm. (etwas) vergeben *verzeihen* ◆ jmdm. ein **Unrecht** vergeben ◆ ich **habe** noch einige Eintrittskarten zu vergeben; **sein:** eine Stelle ist noch zu vergeben ◆ die Stelle ist schon vergeben *schon besetzt* **II** ⟨V. refl.⟩ sich etwas vergeben *seiner Würde, seinem Ansehen schaden* ◆ du vergibst dir nichts, wenn du ihr hilfst

**vergebens** ⟨Adv.⟩ *vergeblich, erfolglos, umsonst, nutzlos* ◆ sich vergebens bemühen

**vergeblich** ⟨Adj.⟩ *erfolglos, nutzlos* ◆ vergebliche Anstrengungen, Bemühungen, Entbehrungen, Versuche

**Vergebung** ⟨f. 20; unz.⟩ *das Vergeben, Verzeihung* ◆ Vergebung! *verzeihen Sie!;* die Vergebung der Sünden *Absolution;* jmdn. um Vergebung bitten

**vergehen** ⟨V. 145⟩ **I** ⟨V. i.; ist⟩ **1** *vorbei-, vorübergehen, ablaufen, verstreichen* (Zeit, Zeitpunkt), *sich verflüchtigen* (Duft) **2** *dahinschwinden* (Zeit) **3** *aufhören* (Geräusch, Schmerz) ◆ da vergeht einem ja der **Appetit,** wenn man das sieht! ⟨fig.; umg.⟩; das **Werden** und Vergehen (in der Natur) ◆ das Jahr ist **schnell** vergangen ◆ vergehen **vor** *umkommen vor, sehr leiden an* ◆ am vergangenen Montag; längst vergangene Zeiten **II** ⟨V. refl.; hat⟩ sich an jmdm. vergehen *eine böse Tat,* ⟨bes.⟩ *ein Sittlichkeitsverbrechen an jmdm. verüben* [< mhd. *vergan, vergen* < ahd. *firgan,* urspr. „übergehen, vernachlässigen“]

**Vergehen** ⟨n. 14⟩ *Gesetzesübertretung, kleinere Straftat*

**vergelten** ⟨V. t. 147; hat⟩ jmdm. etwas vergelten **1** *vergüten, entgelten, lohnen, einen Gegendienst für etwas erweisen, etwas wieder gutmachen* **2** *sich für etwas an jmdm. rächen, jmdm. etwas heimzahlen* ◆ vergelt's Gott! ⟨eigtl.⟩ *Gott vergelte es Ihnen, vielen Dank;* etwas für ein „Vergelt's Gott“ tun *umsonst, ohne Bezahlung;* wie **kann** ich Ihnen das jemals vergelten? ◆ jmdm. seine Dienste, Hilfe **böse,** übel, schlecht vergelten ◆ Gleiches **mit** Gleichem vergelten

**vergessen** ⟨V. 270; hat⟩ **I** ⟨V. t.; oberdt. a.: V. i.⟩ **1** etwas od. jmdn. vergessen *aus dem Gedächtnis verlieren, sich nicht mehr an etwas od. jmdn. erinnern* **2** etwas vergessen *versehentlich liegen od. stehen lassen* ◆ ich habe vergessen, Geld mitzunehmen; ich habe seinen **Namen,** seine Adresse vergessen ◆ ich vergesse **leicht,** schnell ◆ das werde ich dir **nie** vergessen! *ich werde immer daran*



V

*denken, dass du das getan hast* ◆ manche Werke dieses Dichters sind heute vergessen *kennt man heute nicht mehr* **II** ⟨V. refl.⟩ sich vergessen *unüberlegt sein, einer Gefühlsaufwallung nachgeben* ◆ wie konnte er sich so weit vergessen, so etwas zu tun! [< mhd. *vergezzen* < ahd. *firgezzan* < Vorsilbe *ver-*, die das Umkehren ins Gegenteil anzeigt + engl. *get* „bekommen, erhalten"]

**Vergessenheit** ⟨f. 20; unz.⟩ *Zustand des Vergessenseins* ◆ in Vergessenheit geraten *allmählich vergessen werden*

**vergesslich** ⟨Adj.⟩ vergesslich sein *oft etwas vergessen, ein schlechtes Gedächtnis haben*

**vergeuden** ⟨V. t.; hat⟩ **1** *verschwenden, leichtsinnig weggeben* (Energie, Geld) **2** *nutzlos, sinnlos verschwenden* (Kräfte, Zeit) [< mhd. *vergiuden* < mhd. *giuden* „prahlen, großtun, verschwenderisch leben"; verwandt mit *gähnen*]

**vergewaltigen** ⟨V. t.; hat⟩ **1** ⟨i. e. S.⟩ *mit Gewalt zum Geschlechtsverkehr zwingen* (Frau, Mädchen) **2** ⟨i.w.S.⟩ *unterdrücken, unter eine Gewalt zwingen*

**vergewissern** ⟨V. refl.; hat⟩ sich vergewissern, dass ... *sich durch Augenschein Gewissheit darüber verschaffen, dass ..., sich überzeugen, dass ...*

**vergießen** ⟨V. t. 152; hat⟩ **1** *verschütten, danebengießen* **2** *fließen lassen* ◆ Blut vergießen *jmdn. töten*

**vergiften** ⟨V. t.; hat⟩ **1** *durch Gift schädigen od. töten* **2** ⟨fig.⟩ *durch schlechten Einfluss schädigen, moralisch zerstören* ◆ jmdn. vergiften; sich vergiften *Selbstmord durch Gift begehen;* vergiftete Pfeile

**Vergiftung** ⟨f. 20⟩ *Erkrankung durch Vergiften, durch verdorbene Lebensmittel* (Fischvergiftung, Fleischvergiftung, Pilzvergiftung), *durch Einatmen von Gas* (Gasvergiftung), *durch Fremdkörper im Blut* (Blutvergiftung)

**Vergissmeinnicht** ⟨n. 11; Bot.⟩ ◄ *Angehöriges einer ca. 80 Arten umfassenden Gattung der Borretschgewächse mit kleinen Blüten: Myosotis* [nach dem Wunsch beim Abschied, zu dem Liebende früher gern einander diese Blume schenkten]

**verglasen I** ⟨V. t.; hat⟩ **1** *mit Glasscheiben, Glasfenstern versehen* **2** *radioaktive Abfälle zwecks Lagerung in Borosilikat- od. Phosphatgläsern verfestigen* **II** ⟨V. i.; fig.⟩ *glasig werden* ◆ verglaster Blick ⟨fig.⟩ *starrer, nicht klarer Blick*

**Vergleich** ⟨m. 1⟩ **1** *Betrachtung mehrerer Gegenstände od. Personen, indem man ihre Vorzüge u. Nachteile nebeneinander hält* **2** *bildhafte, das Verständnis erleichternde Redewendung,* z. B. „schwarz wie die Nacht" **3** ⟨Rechtsw.⟩ *durch beiderseitiges Nachgeben gütliche Beilegung eines Streits* ◆ einen Vergleich **anstellen,** ziehen; **aushalten:** er hält den Vergleich mit jedem anderen Schüler aus *er ist genauso begabt, gescheit wie alle anderen Sch.;* einen Vergleich **schließen** ⟨Rechtsw.⟩ ◆ **guter,** schlechter, treffender Vergleich ◆ sich **durch** einen Vergleich einigen ⟨Rechtsw.⟩; **im** Vergleich zu seiner Frau ist Herr X sehr ruhig

**vergleichbar** ⟨Adj.⟩ *so beschaffen, dass man es miteinander vergleichen kann* ◆ das sind zwei nicht vergleichbare Kategorien

**vergleichen** ⟨V. t. 153; hat⟩ *betrachtend gegenüberstellen, prüfend nebeneinander stellen, prüfend gegeneinander abwägen* (Gegenstände, Personen, Schriftstücke) ◆ vergleiche **Seite** 12 ⟨Abk.: vgl.⟩ *schlage hierzu auf Seite 12 nach;* mit ihm **kannst** du dich nicht vergleichen *nicht messen;* **sein:** es ist nicht zu vergleichen mit ... *es ist viel weniger gut, schön usw. als ...;* jmdn. mit einem anderen, mit einem Tier, einer Pflanze vergleichen

**verglühen** ⟨V. i.; ist⟩ **1** *sich durch Reibung bis zur Weißglut erhitzen u. auflösen* (Meteore, Satelliten) **2** *zu glühen aufhören* (Feuerwerkskörper)

**vergnügen** ⟨V. t.; hat⟩ jmdn. od. sich vergnügen *jmdn. od. sich heiter unterhalten, jmdm. od. sich die Zeit kurzweilig vertreiben* [< mhd. *vergenüegen;* zu *genuoc* „hinreichend"; also urspr. „zufrieden stellen, befriedigen, eine Freude machen"]

**Vergnügen** ⟨n. 14⟩ **1** *Freude, Kurzweil, Erheiterung* **2** *unterhaltsame Veranstaltung* (Tanzvergnügen) ◆ es **bereitet,** macht ihm Vergnügen, dem Jungen Unterricht zu geben; ich **gönne** ihm natürlich das Vergnügen; **sein:** es ist (mir) ein Vergnügen, zu sehen, wie es den Kindern schmeckt ◆ es war ein sehr **zweifelhaftes** Vergnügen *es war durchaus nicht so angenehm, wie ich dachte* ◆ **an** etwas Vergnügen finden; etwas (nur) **aus** Vergnügen tun [< mhd. *vergenüegen* „Bezahlung, Zufriedenstellung"; → *vergnügen*]

**Vergnügung** ⟨f. 20⟩ **1** *heitere Abwechslung, Zeitvertreib, Kurzweil* **2** *unterhaltsame Veranstaltung, geselliges Beisammensein*

**vergolden** ⟨V. t.; hat⟩ **1** ▼ *mit Blattgold überziehen* (Holz, Metall) **2** *in einen goldenen Schein tauchen* **3** ⟨fig.⟩ *schön, glücklich, strahlend, froh machen* ◆ das Kind vergoldet ihr mit seiner großen Fröhlichkeit den Lebensabend ⟨fig.⟩

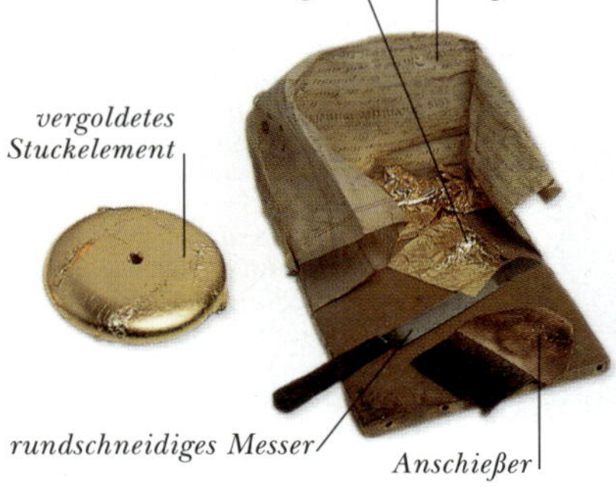


VERGOLDEN: AUSRÜSTUNG ZUM VERGOLDEN

**vergönnen** ⟨V. t.; hat⟩ *erlauben, zugestehen* ◆ es war ihm nicht vergönnt, die Geburt seines Urenkels zu erleben

**vergöttern** ⟨V. t.; hat; fig.⟩ jmdn. vergöttern **1** *jmdn. überschwänglich lieben u. ihm alles zuliebe tun* **2** *schwärmerisch verehren* ◆ eine Frau, ein Kind vergöttern

**vergraben** ⟨V. t. 157; hat⟩ *eingraben, unter der Erde verstecken*

**vergreifen** ⟨V. refl. 158; hat⟩ **1** sich vergreifen **1.1** *falsch greifen, danebengreifen* ⟨a. fig.⟩ **1.2** ⟨Mus.⟩ *falsch spielen* **2** sich an jmdm. vergreifen *jmdn. misshandeln, gegen jmdn. tätlich werden*

**vergreisen** ⟨V. i.; ist⟩ **1** *stark od. vorzeitig altern* **2** *zu alt werden* (Bevölkerung)

**vergriffen** ⟨Adj.⟩ *nicht mehr lieferbar* (Buch, Ware)

**vergrößern** ⟨V.; hat⟩ **I** ⟨V. t.⟩ **1** *größer machen* **2** *erweitern* (Gesichtskreis, Wissen) **3** *vermehren* (Kapital) ◆ einen Betrieb, ein Haus, einen Garten vergrößern; eine Fotografie vergrößern **II** ⟨V. refl.⟩ sich vergrößern **1** *größer werden* (Kapital, Körper) **2** ⟨umg.⟩ *eine größere Wohnung, ein größeres Geschäft u. Ä. nehmen*

VERGRÖSSERUNGSGLAS

**Vergrößerungsglas** ⟨n. 12u⟩ ◄ *Sammellinse für meist 8–25fache Vergrößerung;* Sy *Lupe* ◆ etwas unter dem Vergrößerungsglas betrachten, untersuchen

**vergüten** ⟨V. t.; hat⟩ **1** *durch Härten verbessern* (Stahl) **2** ⟨Opt.⟩ *durch bestimmte Oberflächenbehandlung verbessern* (Linse) **3** jmdm. etwas vergüten **3.1** *zurückerstatten* (Auslagen, Unkosten) **3.2** *ersetzen* (Schaden) **3.3** *bezahlen, belohnen* (Leistung) [< spätmhd. *vergüeten* „ersetzen; auf Zinsen anlegen"; → *gut*]

**verh.** ⟨Abk. für⟩ *verheiratet*

**verhaften** ⟨V. t.; hat⟩ **1** *in Haft, in polizeil. Gewahrsam nehmen, festnehmen* **2** (mit) einer Sache verhaftet sein *mit einer Sache eng zusammenhängen, verbunden sein* [< mhd. *verheften* (Prät. *verhaft*) „festmachen, unbeweglich machen, verbinden, verpflichten; mit Beschlag belegen; in Haft nehmen"]

**verhallen** ⟨V. i.; ist⟩ *verklingen* (Ton, Musik) ◆ sein Ruf verhallte ungehört

**verhalten** ⟨V. 160; hat⟩ **I** ⟨V. t.⟩ **1** *zurückhalten* (Atem, Harn) **2** *unterdrücken* (Lachen, Zorn) **3** *dämpfen* (Stimme) ◆ er verhielt den **Schritt** und lauschte *er blieb stehen, ging langsamer* ◆ **mit** verhaltenem Atem; mit verhaltener Stimme sprechen; mit verhaltenem Zorn sagte er ... **II** ⟨V. refl.⟩ sich verhalten **1** *sich benehmen* **2** *handeln* (Person) **3** *sich in einem bestimmten Zustand befinden* (Sache, Angelegenheit, Sachverhalt) ◆ sich **abwartend,** passiv, vorsichtig verhalten; sich **anständig,** ehrenhaft, unehrenhaft verhalten; sich **falsch,** richtig verhalten; ◆ die Sache verhält sich **anders,** gerade umgekehrt; 3 verhält sich **zu** 5 wie 6 zu 10 *3 u. 5 stehen im gleichen Verhältnis zueinander wie 6 u. 10*

**Verhalten** ⟨n.; -s, -sweisen⟩ *Benehmen, Vorgehen, Handeln* ◆ sein Verhalten gibt (keinen) Anlass zum Tadel; anständiges, einwandfreies Verhalten; sein bisheriges Verhalten war einwandfrei

**Verhaltensforschung** ⟨f. 20; unz.⟩ *Erforschung des objektiv feststellbaren Verhaltens von Tieren*

**Verhältnis** ⟨n. 11⟩ **1** *messbare od. vergleichbare Beziehung, Proportion* (Größenverhältnis) **2** *Art der Beziehungen zweier od. mehrerer Menschen od. Staaten zueinander* **3** ⟨umg. kurz für⟩ *Liebesverhältnis* **4** ⟨umg. a.⟩ *Geliebte* ◆ sich den (gegebenen, augenblicklichen) Verhältnissen **anpassen** ◆ **ärmliche,** gute, schlechte Verhältnisse; seine **familiären,** finanziellen Verhältnisse ◆ **in** geordneten, guten usw. Verhältnissen leben; im Verhältnis zu ... ⟨umg.⟩ *im Vergleich zu ..., verglichen mit ...;* **über** seine Verhältnisse leben *mehr Geld verbrauchen, als dem Einkommen angemessen ist*

**verhältnismäßig I** ⟨Adj.⟩ *einem bestimmten Verhältnis entsprechend, gemäß* ◆ die verhältnismäßige Aufteilung des Gewinns **II** ⟨meist adv.⟩ **1** *vergleichsweise, an anderem gemessen* **2** ⟨umg.⟩ *ziemlich* ◆ verhältnismäßig viel, wenig, gut, schlecht

**Verhältniswahl** ⟨f. 20; Pol.⟩ *Wahl nach dem Verhältniswahlrecht;* Sy *Proportionalwahl,* ⟨schweiz.⟩ *Proporz (2);* Ggs *Mehrheitswahl*

**Verhältniswahlrecht** ⟨n. 11; unz.; Pol.⟩ *Wahlrecht, bei dem die Sitze auf die Listen der Parteien im Verhältnis der abgegebenen Stimmen verteilt werden, Proportionalwahlrecht;* Ggs *Mehrheitswahlrecht*

**Verhältniszahl** ⟨f. 20⟩ = *Messzahl, Messziffer*

**verhandeln** ⟨V. t. u. V. i.; hat⟩ etwas od. über etwas verhandeln **1** *(über) etwas beraten, etwas erörtern, besprechen* **2** *sich beraten, mit-*

V

*einander beraten* **3** *in einem Gerichtsverfahren erörtern* **4** *verkaufen, verschachern* (Ware) ◆ über ein Geschäft verhandeln

**Verhandlung** ⟨f. 20⟩ **1** *das Verhandeln, Beratung, Erörterung, Besprechung* **2** *Gerichtssitzung* ◆ die Verhandlung eröffnen, abbrechen, schließen

**verhängen** ⟨V. i.; hat⟩ **1** *durch Vorhang verdecken* (Fenster) **2** ⟨fig.⟩ *veranlassen, verfügen* ◆ den Ausnahme-, Belagerungszustand verhängen; eine Strafe über jmdn. verhängen

**Verhängnis** ⟨n. 11⟩ *schlimmer, verheerender Schicksalsschlag, unglückliche Fügung, großes Unglück* ◆ seine Unehrlichkeit wurde ihm zum Verhängnis

**verhängnisvoll** ⟨Adj.⟩ *folgenschwer, Unglück nach sich ziehend* ◆ eine verhängnisvolle Entscheidung, Tat

**verharmlosen** ⟨V. t.; hat⟩ *als harmlos hinstellen* ◆ er verharmloste die Situation

**verharren** ⟨V. i.; hat⟩ *ausharren, bleiben* ◆ auf, bei seiner Meinung verharren

**verhärten** ⟨V.; hat⟩ **I** ⟨V. t.⟩ *hart machen* ⟨bes. fig.⟩ ◆ sein Herz verhärten **II** ⟨V. refl.⟩ sich verhärten **1** *hart werden* (Gewebe, Geschwür) **2** ⟨fig.⟩ *verbittert werden, hartherzig werden*

**verhasst** ⟨Adj.; -er, am -esten⟩ *gehasst, verabscheut* ◆ eine verhasste Arbeit; verhasst sein *gehasst werden*

**Verhau** ⟨m. 1⟩ *künstlich, aus vielen Teilen zusammengefügtes oder geflochtenes Hindernis* (Drahtverhau)

**verhauen** ⟨V.; hat⟩ **I** ⟨V. t.⟩ **1** jmdn. verhauen *prügeln, verprügeln* **2** etwas verhauen ⟨fig.; umg.; bes. Schülerspr.⟩ *völlig falsch machen, sehr schlecht machen* ◆ den Aufsatz, die Mathearbeit habe ich verhauen **II** ⟨V. refl.; fig.; umg.⟩ sich verhauen *sich sehr irren, fehlgreifen, sich täuschen*

**verheeren** ⟨V. t.; hat⟩ *verwüsten, stark zerstören* ◆ der Krieg, der Hagel, der Sturm hat das Land verheert; verheerend *furchtbar, vernichtend, katastrophal* (Epidemie, Feuersbrunst) [< mhd. *verhern* < ahd. *farherion* „mit einer Heeresmacht überziehen, verwüsten, verderben"; verstärkende Bildung zu mhd. *her(e)n, herjen* < ahd. *herion* „verwüsten, raufen, plündern"]

**verhehlen** ⟨V. t.; hat⟩ *verbergen, verheimlichen* ◆ ich kann es (ihm, dir) nicht verhehlen, dass ...

**verheimlichen** ⟨V. t.; hat⟩ *verbergen, verschweigen, nicht merken lassen* ◆ ich kann es nicht länger verheimlichen, dass ich es war

**verheiraten** ⟨V.; hat⟩ **I** ⟨V. t.; veraltet⟩ jmdn. verheiraten *jmdn. jmdm. zur Ehe geben* **II** ⟨V. refl.⟩ sich verheiraten *heiraten, eine Ehe eingehen* ◆ sich wieder, sich zum zweiten Mal verheiraten; verheiratet ⟨Abk.: verh.; Zeichen: ⚭⟩ *ehelich gebunden*

**verheißen** ⟨V. t. 164; hat⟩ *versprechen, voraussagen, an-, verkündigen, prophezeien* ◆ jmdm. Glück, Gutes verheißen [< mhd. *verheizen* „versprechen, verloben"; → *heißen* [1]]

**verhelfen** ⟨V. i. 165; hat⟩ jmdm. zu etwas verhelfen *jmdm. etwas verschaffen, behilflich sein, etwas zu erreichen, zu erhalten* ◆ jmdm. zu seinem Glück verhelfen

**verhindern** ⟨V. t.; hat⟩ *unmöglich machen, unterbinden, abwehren, abwenden* ◆ einen Plan, ein Vorhaben verhindern; ich konnte das Unglück noch rechtzeitig verhindern; ich bin dienstlich verhindert (zu kommen) *ich kann aus dienstlichen Gründen nicht kommen*

**verhöhnen** ⟨V. t.; hat⟩ *grob verspotten, lächerlich machen;* Sy ⟨selten⟩ *höhnen (II)* ◆ sie verhöhnte ihn bei jeder Gelegenheit

**Verhör** ⟨n. 11⟩ **1** *polizeiliche od. richterliche Befragung, Vernehmung* **2** ⟨fig.⟩ *strenge u. genaue Befragung* ◆ ein Verhör mit jmdm. anstellen ⟨fig.⟩ *jmdn. streng, genau befragen*

**verhören** ⟨V.; hat⟩ **I** ⟨V. t.⟩ **1** *polizeilich od. richterlich vernehmen, befragen* **2** ⟨fig.⟩ *streng u. genau befragen* ◆ er wurde stundenlang verhört **II** ⟨V. refl.⟩ sich verhören *etwas falsch hören*

**verhüllen** ⟨V. t.; hat⟩ **1** *(unter einer Hülle) verbergen, (mit einer Hülle) bedecken* **2** ⟨fig.⟩ *freundlicher, höflicher darstellen, als es in Wirklichkeit ist, beschönigen* ◆ sich verhüllen *sich (das Gesicht) bedecken;* sich den Kopf mit einem Tuch verhüllen; verhüllender Ausdruck *sprachl. Beschönigung, Euphemismus;* mit kaum verhülltem Hass

**verhungern** ⟨V. i.; ist⟩ **1** *vor Hunger, aus Mangel an Nahrung sterben* **2** ⟨fig.; umg.; scherzh.⟩ *sehr großen Hunger haben* ◆ verhungert aussehen *völlig abgemagert*

**verhüten** ⟨V. t.; hat⟩ *verhindern, vermeiden* (Empfängnis, Gefahr, Krankheit, Schaden) ◆ das verhüte Gott!; ein Unheil (rechtzeitig) verhüten

**verhütten** ⟨V. t.; hat⟩ *in Hütten zu Metall verarbeiten* (Erze)

**verinnerlichen** ⟨V. t.; hat⟩ *seelisch durchdringen, sich innerlich zu Eigen machen*

**verirren** ⟨V. refl.; hat⟩ **1** *in die Irre gehen, vom richtigen, rechten Weg abkommen* ⟨a. fig.⟩, *sich verlaufen* **2** ⟨fig.⟩ *falschen Gedankengängen nachgehen* ◆ sich im Wald verirren

**verjagen** ⟨V. t.; hat⟩ *wegjagen, verscheuchen* ◆ einen Einbrecher verjagen; Fliegen, Mücken, Vögel verjagen

**verjähren** ⟨V. i.; ist; Rechtsw.⟩ *nach einer gesetzl. Frist seine Gültigkeit verlieren* (Anspruch, Schuld)

VERJÜNGEN: NACH OBEN VERJÜNGTE KRONE EINES NADELBAUMS

**verjüngen** ⟨V. t.; hat⟩ **1** jmdn. verjüngen *jünger machen, jmds. Altern verzögern* **2** etwas verjüngen *in kleinerem Maßstab darstellen* **3** sich verjüngen **3.1** *wieder frischer, leistungsfähiger werden, sich jünger fühlen* (Person) **3.2** ◄ *(nach oben) schmaler, dünner, enger werden* (Baum, Säule) ◆ der Urlaub, die Vitaminkur hat sie verjüngt; den Baumbestand verjüngen *aufforsten;* den Personalbestand verjüngen *mit jungen Kräften auffüllen*

**verkalken** ⟨V. i.; ist⟩ **1** *durch Einlagern, Anhäufen von Kalk hart werden* (Körpergewebe) **2** ⟨umg.⟩ *an zunehmender Arterienverkalkung leiden* **3** ⟨fig.; umg.⟩ *alt werden u. geistige Kraft, Fähigkeiten einbüßen* ◆ er ist schon recht, völlig, ziemlich verkalkt ⟨fig.; umg.⟩

**verkanten** ⟨V. t.; hat⟩ *kanten, auf die Kante stellen, legen, drehen* ◆ das Gewehr verkanten *schräg halten (beim Zielen);* den Ski verkanten *auf die Außen- od. Innenkante drehen*

**Verkauf** ⟨m. 1u⟩ **1** *das Verkaufen, das Verkauftwerden* **2** ⟨unz.⟩ *Verkaufsabteilung (eines Unternehmens)* ◆ Einkauf und Verkauf; vorteilhafter, unvorteilhafter Verkauf

**verkaufen** ⟨V.; hat⟩ **I** ⟨V. t.⟩ *für Geld als Eigentum weggeben* (Waren, Liegenschaften, Rechte) ◆ jmdm. etwas verkaufen; die **Ware** ist verkauft ◆ etwas **billig,** teuer, preiswert verkaufen ◆ etwas **an** jmdn. verkaufen; etwas **für** 100 Franken verkaufen; etwas **über,** unter dem Wert verkaufen **II** ⟨V. refl.⟩ sich verkaufen **1** *Käufer finden* **2** *für Geld od. einen Vorteil etwas tun, was man eigentlich nicht tun will* **3** *die eigenen Vorzüge od. die Vorteile einer Sache geschickt zur Geltung bringen* **4** ⟨umg.⟩ *etwas Falsches kaufen* ◆ bei dieser Heirat hat sie sich verkauft ⟨abwertend⟩; die Ware verkauft sich gut, schlecht *findet viele, wenige Käufer;* er kann sich gut, schlecht verkaufen *es gelingt ihm (nicht), seine positiven Seiten herauszustellen*

**Verkäufer** ⟨m. 3⟩ **1** ⟨i. w. S.⟩ *jmd., der (einmal od. gelegentlich) etwas verkauft* **2** ⟨i. e. S.⟩ *jmd., der als Unternehmer od. Angestellter bzw. Beauftragter eines Unternehmens etwas verkauft* ◆ der Verkäufer des Grundstückes

**Verkehr** ⟨m. 1; unz.⟩ **1** *das Befördern von Personen, Gütern, Zahlungsmitteln, Nachrichten* (Eisenbahnverkehr, Fremdenverkehr, Handelsverkehr, Postverkehr, Reiseverkehr, Zahlungsverkehr) **2** *Bewegung von Personen u. Fahrzeugen* (Autoverkehr, Personenverkehr, Straßenverkehr) **3** *Umgang (mit jmdm.), menschl. Beziehungen (mit anderen)* (Briefverkehr) **4** ⟨kurz für⟩ *Geschlechtsverkehr* **5** *Umlauf (von Münzen, Banknoten)* ◆ den Verkehr mit jmdm. **abbrechen;** eine Straße für den Verkehr **freigeben;** es **herrscht** viel, wenig Verkehr; den Verkehr **regeln** ◆ **brieflicher,** schriftlicher Verkehr; **freundschaftlicher,** geschäftlicher, **lebhafter,** reger, schwacher, starker, stockender Verkehr (auf den Straßen, in den Geschäften); **ruhender** Verkehr *das Parken u. Halten von Fahrzeugen auf öffentl. Straßen u. Plätzen* ◆ Banknoten **aus** dem Verkehr ziehen [Rückbildung zu *verkehren,* urspr. „Handel, Warenumsatz"]

**verkehren** ⟨V.; hat⟩ **I** ⟨V. t.⟩ etwas verkehren *verdrehen, wenden, falsch darstellen od. wiedergeben* ◆ Tatsachen, Worte, einer Sache ins Gegenteil verkehren; sich in sein Gegenteil verkehren *sich in sein Gegenteil verwandeln* **II** ⟨V. i.⟩ *(als öffentliches Verkehrsmittel) regelmäßig fahren* ◆ bei jmdm. verkehren *häufig bei jmdm. zu Gast sein;* mit jmdm. verkehren *häufig mit jmdm. zusammenkommen, zusammen sein;* mit jmdm. brieflich verkehren *Briefe wechseln;* mit jmdm. geschlechtlich verkehren *Geschlechtsverkehr, Sex mit jmdm. haben* [zu *kehren,* später „austauschen, Handel treiben"]

**Verkehrsmittel** ⟨n. 13⟩ *Fahrzeug zur Beförderung von Personen, z. B. Eisen-, Straßenbahn, Auto, Schiff* ◆ öffentliches Verkehrsmittel *dem allgemeinen Verkehr dienendes Fahrzeug*

**Verkehrswert** ⟨m. 1⟩ *zu einem bestimmten Zeitpunkt erzielbarer Verkaufspreis*

**verkehrt** ⟨Adj.; -er, am -esten; Steig. nur umg.⟩ **1** *verdreht* **2** *auf dem Kopf (stehend), auf der falschen Seite (stehend, liegend)* **3** *falsch, nicht richtig* ◆ mit etwas an die verkehrte **Adresse** geraten ⟨fig.; umg.⟩ *an den Unrechten geraten, abgewiesen werden;* du hast die verkehrte **Seite** aufgeschlagen ◆ verkehrt **antworten;** etwas verkehrt **machen**

**verkennen** ⟨V. t. 166; hat⟩ *nicht richtig erkennen, falsch beurteilen, missdeuten* ◆ den Ernst der Sache verkennen; es ist nicht zu verkennen, dass ... *man muss erkennen, zugeben, sagen, dass ...*

**verketten** ⟨V. t.; hat⟩ **1** *mit einer Kette zusammenbinden, befestigen* **2** ⟨fig.⟩ *fest zusammenfügen, verbinden* ◆ es haben sich mehrere unglückliche Zufälle verkettet, so dass ...

**verklagen** ⟨V. t.; hat; Rechtsw.⟩ jmdn. verklagen *Klage gegen jmdn. erheben, jmdn. vor Gericht bringen*

**verklappen** ⟨V. t.; hat⟩ *vom Schiff ins offene Meer ablassen* ◆ Abfälle, z. B. Dünnsäure verklappen [nach der heute nicht mehr gebräuchl. *Klappschute,* einem Schiff mit nach unten aufklappbarem Boden]

**verklären** ⟨V. t.; hat⟩ **1** *ins Überirdische erhöhen* **2** ⟨fig.⟩ *schöner, leuchtender, besser erscheinen lassen*

V

**verkleben** **I** ⟨V. t.; hat⟩ *mit Klebstoff od. einem anderen Material zukleben, schließen, bedecken* ◆ einen Riss im Papier verkleben; eine Wunde verkleben *mit Heftpflaster zukleben* **II** ⟨V. i.; ist⟩ **1** *sich durch klebrige Absonderung schließen* **2** *durch klebrige Beschaffenheit aneinander haften* ◆ von Eiter verklebte Augen

**verkleiden** ⟨V.; hat⟩ **I** ⟨V. t.⟩ *mit einer Hülle, einer Schicht, einem Überzug verdecken, verhüllen* ◆ Heizkörper mit einem Gitter verkleiden **II** ⟨V. refl.⟩ **1** sich verkleiden *sein Äußeres durch andere Kleidung, durch Schminke (u. Perücke) verändern u. dadurch unkenntlich machen* **2** *sich kostümieren* ◆ sich (im Fasching) als Harlekin verkleiden

**verkleinern** ⟨V.; hat⟩ **I** ⟨V. t.⟩ **1** *kleiner machen, vermindern, verringern* **2** *in einem kleineren Maßstab darstellen* **3** ⟨fig.⟩ *herabsetzen, schmälern* ◆ ein Wort durch die Silbe „-chen" od. „-lein" verkleinern **II** ⟨V. refl.⟩ sich verkleinern **1** *kleiner werden* **2** ⟨fig.⟩ *eine kleinere Wohnung, ein kleineres Geschäft nehmen, den Umfang des Betriebes, Geschäftes verringern*

**Verkleinerungsform** ⟨f. 20; Gramm.⟩ *eine Ableitung vom Substantiv, die dessen Verkleinerung ausdrückt,* z. B. Blümchen od. Blümlein; Sy *Diminutiv(form)*

**verklemmen** ⟨V. refl.; hat⟩ sich verklemmen *durch Verbiegung eines Teils od. ein Hindernis unbeweglich werden, nicht mehr zu öffnen od. zu schließen sein* ◆ die Tür hat sich verklemmt

**verklemmt** ⟨Adj.; fig.⟩ *(bes. sexuell) gehemmt, innerlich verkrampft, psychisch unfrei* ◆ er war schon immer verklemmt

**verknöchern** ⟨V. i.; ist⟩ **1** *zu Knochen werden* **2** ⟨fig.⟩ *durch Alter od. Mangel an Bewegung steif, unbeweglich werden* (Glieder, Körper)

**verknöchert** ⟨Adj.; umg.; abwertend⟩ *alt u. in den Ansichten u. Gewohnheiten starr geworden, nicht mehr anpassungsfähig* ◆ er ist leider ein verknöcherter Junggeselle

**verknüpfen** ⟨V. t.; hat⟩ **1** *durch Knoten verbinden, verknoten* **2** ⟨fig.⟩ *verbinden, in Zusammenhang bringen* ◆ die Sache ist mit großen Ausgaben, Veränderungen verknüpft

**verkommen** ⟨V. i. 170; ist⟩ **1** *den inneren Halt verlieren u. meist auch sein Äußeres vernachlässigen, verwahrlosen, moralisch sinken, zum Verbrecher werden* **2** *schlecht werden* (Sachen, Lebensmittel) **3** *nicht mehr gepflegt werden, baufällig werden, verwahrlosen* (Gebäude, Grundstück) [< mhd. *verkomen* „vorübergehen, zu Ende gehen, vergehen"]

**verkörpern** ⟨V. t.; hat⟩ *durch seine Person anschaulich darstellen, sichtbare, greifbare Erscheinung werden lassen* ◆ eine Rolle, eine Gestalt (auf der Bühne) verkörpern

**verkraften** ⟨V. t.; hat⟩ etwas verkraften *etwas bewältigen, mit etwas fertig werden* ◆ ich kann die viele Arbeit nicht, gerade noch, gut verkraften

**verkrampfen** ⟨V. refl.; hat⟩ sich verkrampfen **1** *sich im Krampf zusammenziehen* **2** ⟨fig.⟩ *starke innere Hemmungen bekommen, sehr befangen, im Benehmen unfrei werden* ◆ seine Hände hatten sich in die Wolldecke verkrampft

**verkriechen** ⟨V. refl. 172; hat⟩ sich verkriechen **1** *in ein Versteck, in seinen Bau kriechen* (Tier) **2** ⟨fig.⟩ *sich (bes. aus Angst od. Scheu) verstecken* ◆ ich hätte mich vor Verlegenheit am liebsten irgendwo verkrochen; der Hund hat sich unters Bett verkrochen

**verkrüppeln** ⟨V. i.; ist; meist als Part. Perf.⟩ **1** *zum Krüppel werden* (Person) **2** *missgestaltig wachsen, sich verbiegen* (Glied, Baum) ◆ verkrüppelt *missgestaltet, verbogen, schief gewachsen;* verkrüppelter Arm, Fuß, Baum

**verkümmern** ⟨V. i.; ist⟩ **1** *allmählich die Lebensfähigkeit verlieren, allmählich eingehen* (Pflanze) **2** *sich zurückbilden, schrumpfen* (Organ) **3** ⟨fig.; umg.⟩ *die Lebensfreude, Arbeitslust, Energie verlieren*

**verkünden** ⟨V. t.; hat⟩ **1** *bekannt geben, öffentlich kundtun* **2** ⟨fig; umg.⟩ *ausdrücklich sagen, erklären, ausrufen* ◆ ein Gesetz, eine Nachricht, Neuigkeit verkünden

**verkündigen** ⟨V. t.; hat⟩ *als glückl. Botschaft bringen, feierlich mitteilen, kundtun, bekannt geben* ◆ ich verkündige euch große Freude (Lukas 2,10)

**verkuppeln** ⟨V. t.⟩ **1** *beweglich od. lösbar verbinden* **2** ⟨fig.⟩ jmdn. an jmdn. verkuppeln *mit einem Mann bzw. einem Mädchen gegen Bezahlung od. sonstigen Vorteil zwecks Geschlechtsverkehrs zusammenbringen* ◆ seine Tochter verkuppeln *um bestimmter Vorteile willen mit einem Mann verheiraten* [< mhd. *kuppeln, koppeln* „an die Koppel legen, binden, fesseln"]

**verkürzen** **I** ⟨V. t.; hat⟩ **1** *kürzer machen* (Brett, Stock, Strick, Zeitspanne) **2** *abkürzen* (Weg) ◆ die Arbeitszeit verkürzen; sich die Zeit mit Lesen, Briefeschreiben verkürzen; den Rückstand verkürzen ⟨Sp.⟩ *den Punktabstand im Verlauf des Spiels verringern;* verkürzt arbeiten *nicht die volle tägl. Stundenzahl arbeiten* **II** ⟨V. refl.⟩ sich verkürzen *kürzer werden*

**Verkürzung** ⟨f. 20⟩ **1** ⟨allg.⟩ *das Verkürzen, Abkürzung* **2** ⟨Mal.⟩ ► = *perspektivische Verkürzung*

**Verkürzungsstek** ⟨m. 6; Seemannsspr.⟩ ▼ *Knoten, der es ermöglicht, ein Ende zu kürzen, ohne es zu zerschneiden;* ► *Knoten*

VERKÜRZUNGS-STEK

**verladen** ⟨V. t. 173; hat⟩ **1** *zur Beförderung in ein Fahrzeug bringen* (Güter, Truppen) **2** jmdn. verladen ⟨umg.⟩ *hinters Licht führen, betrügen* ◆ Güter auf Lastwagen, Schiffe, in Güterwagen verladen

**Verlag** ⟨m. 1⟩ **1** *Unternehmen zur Vervielfältigung u. Verbreitung von Werken der Literatur, Kunst u. Musik* (Buchverlag, Kunstverlag, Musikverlag, Zeitschriftenverlag, Zeitungsverlag) **2** *Unternehmen des Zwischenhandels* (Bierverlag) ◆ einen Verlag gründen; belletristischer, medizinischer, wissenschaftlicher Verlag; für einen Verlag arbeiten [→ *verlegen*[1]]

**verlagern** ⟨V. t.; hat⟩ *anders lagern* ◆ sich verlagern *den Standort, die Lage verändern;* das Gewicht (von einem Bein aufs andere) verlagern

**verlangen** ⟨V.; hat⟩ **I** ⟨V. t.⟩ *fordern, beanspruchen, energisch, streng wünschen* ◆ ich verlange, dass meine Anweisungen sofort befolgt werden; diese Arbeit verlangt starke **Konzentration,** viel Fingerspitzengefühl; er hat 5000 **Mark** (dafür) verlangt ◆ etwas Rücksicht **kann** ich doch wohl verlangen! ◆ ich verlange **von** dir, dass du ... ◆ **was** verlangt er dafür? *was, wie viel Geld will er dafür haben?* ◆ Herr X, Sie werden am Telefon verlangt ◆ verlangend *sehnsüchtig, begehrlich;* verlangende Blicke auf etwas werfen **II** ⟨V. i.⟩ nach jmdm. verlangen *jmdn. zu sehen wünschen, sich nach jmdm. sehnen* ◆ er verlangt nach dir [< mhd. *verlangen* „sehnlichst begehren"; zu mhd. *langen* < ahd. *langen* „verlangen, gelüsten"; → *lang*]

**Verlangen** ⟨n.; -s; unz.⟩ **1** *Wunsch, Forderung* **2** *Sehnsucht* ◆ ich **habe** kein Verlangen danach; jmds. Verlangen **nachkommen** ◆ **dringendes,** schmerzliches, sehnsüchtiges Verlangen ◆ **auf** mein Verlangen wurde mir die Liste gebracht; das Verlangen **nach** Speise, Nahrung

**verlängern** ⟨V. t.; hat⟩ *länger machen, ausdehnen* ◆ ein Abkommen, einen Vertrag verlängern *die Dauer der Gültigkeit ausdehnen;* einen Rock, die Ärmel eines Pullovers verlängern; eine Soße verlängern ⟨fig.⟩ *durch Hinzufügen von Flüssigkeit verdünnen, ergiebiger machen;* seinen Pass verlängern lassen

**Verlass** ⟨m.; nur in den Wendungen⟩ es ist (kein) Verlass auf ihn *er ist (nicht) zuverlässig, man kann sich (nicht) auf ihn verlassen* [< nddt. „Vertrauen, Sicherheit, Zuverlässigkeit" < mhd. *verlaz* „Hinterlassenschaft; Untätigkeit; Verabredung"]

**verlassen**[1] ⟨V. 174; hat⟩ **I** ⟨V. t.⟩ **1** *fortgehen von* (Platz, Wohnung, Land, Person) **2** *im Stich lassen* (Person) ◆ aller Mut, alle Zuversicht verließ ihn *er verlor allen Mut, alle Zuversicht* **II** ⟨V. refl.⟩ sich auf jmdn. verlassen *jmdm. vertrauen, mit jmdm. rechnen, sicher sein, dass jmd. etwas tut* ◆ sie verlässt sich ganz auf ihn

**verlassen**[2] ⟨Adj.⟩ **1** *unbewohnt, einsam, leer* (Gegend, Platz, Wohnung) **2** *allein u. hilflos* ◆ verlassen dasitzen, daliegen; von Gott verlassen

**Verlauf** ⟨m. 1u⟩ *Ablauf, Entwicklung* ◆ der Verlauf einer Krankheit; den Verlauf einer Reise erzählen; die Krankheit nimmt ihren normalen Verlauf; im Verlauf von drei Stunden

**verlaufen** ⟨V. 175⟩ **I** ⟨V. i.; ist⟩ **1** *ablaufen, vergehen* (Zeit) **2** *sich entwickeln, geschehen* (Angelegenheit, Reise, Unternehmen) **3** *sich erstrecken, führen, weiterführen* (Fluss, Gelände, Weg) ◆ es ist alles gut, glücklich verlaufen; die Linien verlaufen parallel; die Sache ist im Sand verlaufen *ist ohne Folgen geblieben, man hat nichts mehr davon gehört* **II** ⟨V. refl.; hat⟩ sich verlaufen **1** *sich verirren* **2** *sich allmählich entfernen, auseinander gehen* (Menschenmenge) **3** *versickern, auseinander laufen* (Wasser)

**verlautbaren** ⟨V. t.; hat⟩ *bekannt machen* ◆ es wurde amtlich verlautbart, dass ... [< veraltetem *lautbar* „bekannt" < mhd. *verlutbæren* „bekannt werden od. machen"]

**verlauten** ⟨V. i.; ist⟩ *gesagt werden, bekannt werden* ◆ etwas verlauten lassen *etwas sagen, mitteilen*

**verlegen**[1] ⟨V.; hat⟩ **I** ⟨V. t.⟩ etwas verlegen **1** *den Platz von etwas ändern* (Mobiliar) **2** *den Ort von etwas wechseln* (Geschäft, Wohnsitz) **3** *im Verlag herausbringen, veröffentlichen* (Buch, Zeitschrift) **4** *zeitlich verschieben, vertagen* (Termin) **5** *weglegen, ohne sich danach an die Stelle erinnern zu können* (Gegenstand) **6** *legen, anbringen* (Leistung) ◆ ich habe meine **Brille** verlegt; **Leitungen,** Kabel, Rohre verlegen; eine **Unterrichtsstunde** verlegen ◆ den Fußboden **mit** Mosaik, Parkett verlegen *belegen, mit einem Belag von Mosaik, Parkett versehen* ◆ **in** diesem Verlag werden Kinder- u. Wörterbücher verlegt **II** ⟨V. refl.⟩ sich auf etwas verlegen *etwas beginnen, neuerdings mit bes. Interesse betreiben, sich einer Sache von nun an widmen*

**verlegen**[2] ⟨Adj.⟩ **1** *befangen, peinlich berührt, beschämt* **2** *verwirrt, unsicher* **3** *durch Liegen zerknittert* (Kleidung, Bettzeug) ◆ verlegen lächeln, schauen; jmdn. verlegen machen; um etwas verlegen sein *etwas benötigen, brauchen* [< mhd. *verligen* „durch Liegen Schaden nehmen, durch zu langes Liegen träge werden"]

**Verlegenheit** ⟨f. 20⟩ **I** ⟨unz.⟩ *Befangenheit, Verwirrung, Unsicherheit, Beschämung* ◆ jmdn. in Verlegenheit bringen, setzen **II** ⟨zählb.⟩ *unangenehme Lage, Geldnot* ◆ ich

## VERMEHRUNG

Die Vermehrung des HI-Virus beginnt damit, dass der Virusinhalt über einen CD4-Rezeptor in eine T4-Zelle der Immunabwehr gelangt. Um sich vermehren zu können, überführt das Virus seine Erbinformation, die HIV-RNA, mittels der reversen Transkriptase in die DNA. Die viruseigene Integrase baut das HIV-Provirus in die DNA der Wirtszelle ein und sorgt für die Produktion von viraler RNA und Proteinen. Diese zerteilt die Protease in Viruspartikel, die ausknospen und sich ihrerseits weiter vermehren, während die T4-Abwehrzelle abstirbt.

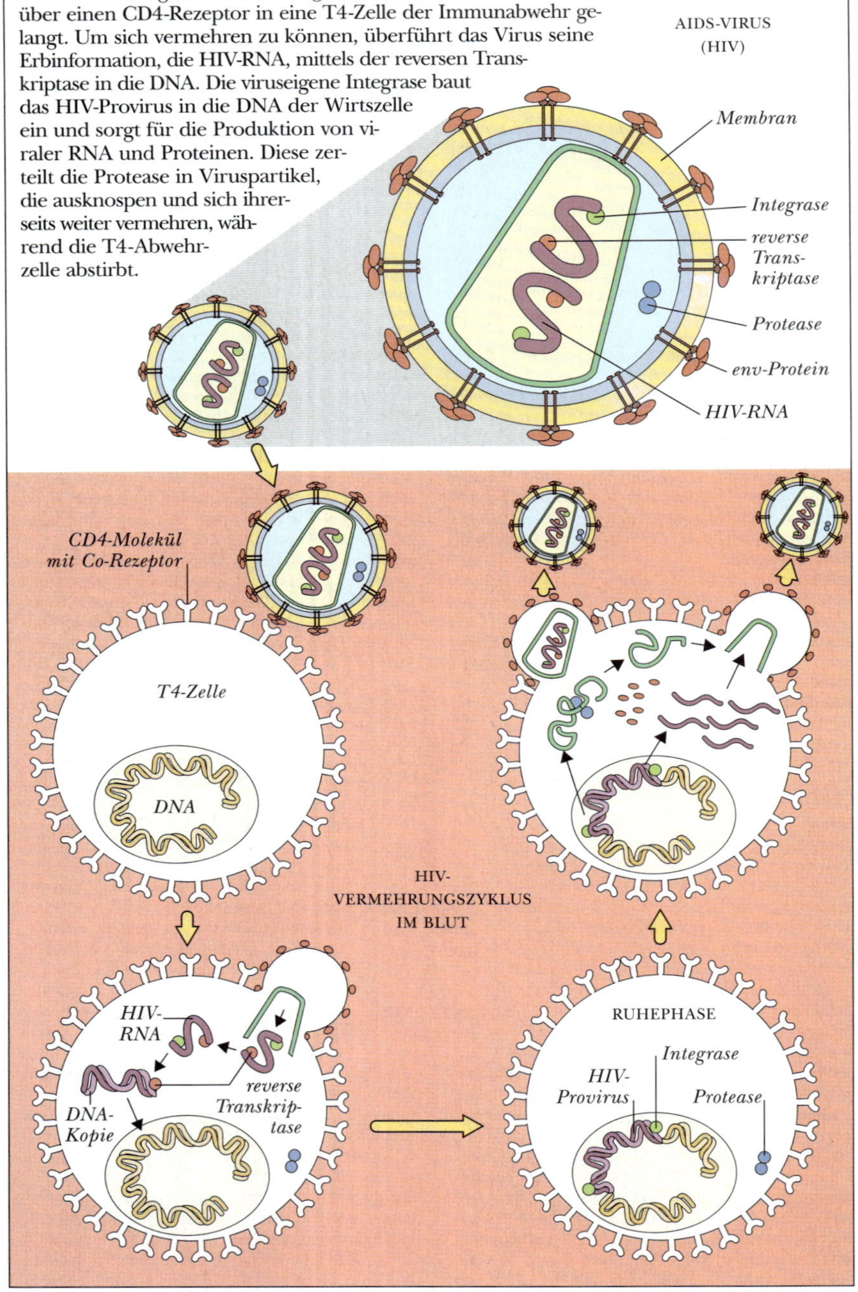


bin augenblicklich etwas in Verlegenheit *in Geldnot* [< mhd. *verlegenheit* „schimpfl. Untätigkeit"; → *verlegen*]

**Verleger** ⟨m. 3⟩ **1** *jmd., der Bücher od. Zeitungen verlegt, Verlagsbuchhändler* **2** *Leiter eines Verlagssystems* ◆ als Verleger hat er sich um einige vergessene Autoren bemüht

**verleihen** ⟨V. t. 177; hat⟩ **1** *(bes. gegen Entgelt) ausleihen, borgen* **2** *(feierlich) zusprechen, übertragen* (Preis, Orden, Titel, Rechte) ◆ Autos, Fahrräder, Kostüme verleihen; jmdm. den Titel „Dr. h. c." verleihen

**verleiten** ⟨V. t.; hat⟩ *(zum Bösen) verführen* ◆ jmdn. zum Diebstahl verleiten

**verlernen** ⟨V. t.; hat⟩ *wieder vergessen* ◆ etwas verlernt haben *etwas, das man gelernt hat, nicht mehr können;* er hat sein Englisch verlernt

**verlesen** ⟨V. 178; hat⟩ **I** ⟨V. t.⟩ **1** *vorlesen, lesend vortragen* (Bekanntmachung, Namen) **2** *auslesen, Schlechtes aussondern aus* (Gemüse, Körner, Salat) ◆ ein Protokoll verlesen **II** ⟨V. refl.⟩ sich verlesen *falsch lesen*

**verletzen** ⟨V. t.; hat⟩ **1** *verwunden, beschädigen* **2** ⟨fig.⟩ *kränken* ◆ ich möchte Sie nicht verletzen, aber ich muss Ihnen sagen, dass ... ⟨fig.⟩; jmds. Gefühle verletzen *jmds. Gefühle nicht achten, nicht schonen, jmdn. kränken;* seine Pflicht verletzen *seine Pflicht nicht tun;* jmds. Rechte verletzen *in jmds. Rechte eingreifen;* er schwieg verletzt *gekränkt* [< mhd. *verletzen* „schädigen, verwunden"]

**Verletzung** ⟨f. 20⟩ **1** *das Verletzen* **2** *Vernachlässigung* (Pflichtverletzung) **3** *verletzte Stelle, Wunde, körperl. Beschädigung*

**verleugnen** ⟨V. t.; hat⟩ *leugnen, nicht zugeben* ◆ sich verleugnen *so tun, als ob man nicht zu Hause sei, die Tür (auf Klingeln od. Klopfen hin) nicht öffnen;* er kann seinen Geiz nicht verleugnen *nicht verbergen*

**verleumden** ⟨V. t.; hat⟩ *in schlechten Ruf bringen, böswillig, falsch verdächtigen, Übles nachreden, verunglimpfen* ◆ jmdn. als Betrüger verleumden [< mhd. *verliumden* „in schlechten Ruf bringen"]

**verlieben** ⟨V. refl.; hat⟩ sich in jmdn. verlieben *Liebe zu jmdm. fassen, jmdn. lieb gewinnen* ◆ verliebt *von Liebe erfüllt*

**verlieren** ⟨V. 271; hat⟩ **I** ⟨V. t.⟩ **1** *unbeabsichtigt fallen, liegen od. stehen lassen u. nicht wiederfinden* (Gegenstand) **2** *einbüßen* ◆ jmdn. verlieren *jmdn. (durch dessen Tod od. durch Verfeindung) nicht mehr haben, mit jmdm. nicht mehr verkehren* ◆ im Herbst verlieren die Bäume ihre **Blätter;** die **Fassung** verlieren *die F. nicht länger bewahren können;* die **Geduld** verlieren *ungeduldig werden;* seine **Geldbörse,** seinen Schirm verlieren; er hat zwei **Söhne** im Krieg verloren; seine **Stellung** verlieren; den **Überblick** verlieren *keinen Überblick mehr (über etwas) haben* ◆ jmdn. **aus** den Augen verlieren *von jmdm. lange nichts gehört u. gesehen haben;* **im** Spiel verlieren *besiegt werden, nicht gewinnen* ◆ **was** hast du hier verloren? ⟨fig.; umg.⟩ *was hast du hier zu suchen?* ◆ noch ist nicht alles verloren ⟨fig.⟩ *noch besteht eine geringe Hoffnung, dass die Sache doch gut endet* **II** ⟨V. refl.⟩ sich verlieren *verschwinden, vergehen* ◆ seine Schüchternheit verlor sich allmählich **III** ⟨V. i.; fig.; umg.⟩ *weniger schön werden* ◆ sie hat sehr verloren *sie sieht nicht mehr so hübsch aus wie früher* [< mhd. *verliesen* < ahd. *farliosan*]

**Verlies** ⟨n. 11⟩ *unterird. Gefängnis, Kerker* (Burg) [< ndrl. *verlies* „Verlust, das Sichverlieren; unterird. Raum, in dem man sich verliert"]

**verloben** ⟨V.; hat⟩ **I** ⟨V. t.; veraltet⟩ jmdn. (mit) jmdm. verloben *jmdn. jmdm. zur Ehe versprechen* **II** ⟨V. refl.⟩ sich verloben *eine Verlobung eingehen, schließen* ◆ sie ist seit einem halben Jahr verlobt; sie ist mit Willi verlobt [< mhd. *verloben* „feierlich zur Ehe versprechen" = *geloben*]

**verlocken** ⟨V. t. u. V. i.; hat⟩ jmdn. zu etwas verlocken *jmdn. locken, etwas zu tun, jmdn. zu etwas verführen* ◆ verlockend *verführerisch, anreizend*

**verlogen** ⟨Adj.⟩ **1** *lügenhaft, oft lügend* (Person) **2** *lügnerisch, unwahr* ◆ verlogene Moral [Part. Perf. von veraltetem *verlügen* „durch Lügen falsch darstellen"]

**Verlust** ⟨m. 1⟩ **1** *das Verlorengehen, Abhandenkommen* **2** *erlittener Schaden* **3** *Verlieren durch Tod* (von Personen) ◆ den Verlust des Vaters **beklagen;** der Verlust **geht** in die Millionen ◆ die Truppe hatte **geringe** Verluste; **geschäftliche,** finanzielle Verluste; ein **schmerzlicher,** schwerer, unersetzlicher Verlust [< mhd. *verlust;* → *verlieren*]

**vermachen** ⟨V. t.; hat⟩ jmdm. etwas vermachen *testamentarisch zuwenden, als Erbe hinterlassen* ◆ sie vermachte ihm ein Haus

**Vermächtnis** ⟨n. 11⟩ **1** *Zuwendung durch Testament* **2** *etwas, das jmdm. vermacht wird* **3** ⟨fig.⟩ *letzter Wille, Auftrag (des Verstorbenen) an die Zurückgebliebenen* ◆ jmdm. ein Haus als Vermächtnis hinterlassen

**vermählen** ⟨V. t.; hat; geh.⟩ *verheiraten* ◆ seine Tochter mit jmdm. vermählen ⟨veraltet⟩ [< spätmhd. *vermehelen* „vermählen" < mhd. *mehelen* „versprechen, verloben, vermählen" < ahd. *mahelen* „vermählen"; zu mhd. *mahel* < ahd. *mahal* „Vertrag, Ehevertrag"]

**vermarkten** ⟨V. t.; hat⟩ *(als Verkaufsobjekt) auf den Markt bringen* ◆ Vieh vermarkten; einen Schlager vermarkten; jmdn. vermarkten ⟨fig.; umg.⟩ *in der Öffentlichkeit bekannt machen u. Geld mit ihm verdienen*

**vermehren** ⟨V.; hat⟩ **I** ⟨V. t.⟩ etwas vermehren *mehr aus etwas machen, die Anzahl von etwas erhöhen, vergrößern* ◆ seinen Besitz, sein Vermögen vermehren **II** ⟨V. refl.⟩ sich vermehren **1** *sich fortpflanzen, Nachwuchs bekommen* **2** *an Zahl zunehmen*

**Vermehrung** ⟨f. 20⟩ ◄ *das Vermehren, das Sichvermehren, mengenmäßiger Zuwachs*

**vermeiden** ⟨V. t. 181; hat⟩ etwas vermeiden *vor etwas ausweichen, einer Sache aus dem Wege gehen, es nicht dazu kommen lassen* ◆ er vermied es, sie direkt anzusehen; einen Fehler vermeiden

**vermeintlich** ⟨Adj.⟩ *irrtümlich vermutet, fälschlich angenommen* ◆ die vermeintliche Gestalt erwies sich beim Näherkommen als ein Baumstumpf

**vermengen** ⟨V. t.; hat⟩ *vermischen, durcheinander bringen*

**vermerken** ⟨V. t.; hat⟩ **1** *kurz aufzeichnen, notieren* **2** *zur Kenntnis nehmen* ◆ etwas übel vermerken *mit Missfallen bemerken, übel nehmen*

**vermessen**[1] ⟨V. 183; hat⟩ **I** ⟨V. t.⟩ *genau ausmessen* (Land) ◆ der Ingenieur vermisst den neuen Bauabschnitt **II** ⟨V. refl.⟩ sich vermessen ⟨geh.⟩ *sich erkühnen, erdreisten* ◆ wie kannst du dich vermessen, zu sagen, dass ...

**vermessen**[2] ⟨Adj.⟩ **1** *anmaßend, überheblich* **2** *tollkühn* ◆ es ist (sehr) vermessen, zu behaupten, man könne ... [< mhd. *vermezzen* < ahd. *firmezzan* „falsch messen; das Maß einer Kraft zu hoch anschlagen, sich überschätzen"]

**vermieten** ⟨V. t.; hat⟩ *gegen Entgelt zeitweilig zur Benutzung geben* ◆ zu vermieten *(Aufschrift an freien Zimmern bzw. Wohnungen)*

**Vermikulit** ⟨[vɛr-] m. 1; Min.⟩ ▼ *bräunliches Mineral aus der Gruppe der Hydroglimmer* [< lat. *vermiculus* „Würmchen" (das Mineral krümmt sich wie ein Wurm beim Erhitzen)]

**vermindern** ⟨V.; hat⟩ **I** ⟨V. t.⟩ **1** *geringer machen, verringern* (Stress) **2** *ermäßigen, herabsetzen* (Preise) **3** ⟨Mus.⟩ vermindertes Intervall *durch einen Halbton chromatisch verringertes Intervall, z. B. c - ges;* Ggs *übermäßiges Intervall (I)* ◆ verminderte Quinte **II** ⟨V. refl.⟩ sich vermindern *abnehmen, schwächer werden* (Schmerzen)

**vermischen** ⟨V.; hat⟩ **I** ⟨V. t.⟩ *untereinander mischen, durcheinander bringen, vermengen* ◆ Saft, Wein mit Wasser vermischen; Vermischtes ⟨in Zeitungen, Zeitschriften⟩ *Anzeigen verschiedenen Inhalts* **II** ⟨V. refl.⟩ sich vermischen *sich vermengen, ineinander aufgehen, sich verbinden, vereinigen*

VERMIKULIT

**vermissen** ⟨V. t.; hat⟩ **1** etwas vermissen *das Fehlen von etwas bemerken* **2** jmdn. vermissen *jmds. Abwesenheit bemerken od. schmerzlich spüren* ◆ ich vermisse meine Brille; wir haben dich sehr vermisst

**vermitteln** ⟨V.; hat⟩ **I** ⟨V. i.⟩ *eine Einigung (zwischen Streitenden) zustande bringen* **II** ⟨V. t.⟩ jmdm. etwas vermitteln *jmdm. zu etwas verhelfen, jmdm. etwas verschaffen* (Arbeit, Anstellung)

## VERNETZUNG

Mit der für militärische Zwecke vorgesehenen Vernetzung von Computern wurde in den späten 1960er Jahren in den USA begonnen. Seit Mitte der 80er Jahre jedoch rücken die zivile und die kommerzielle Nutzung immer weiter in den Vordergrund. Dank der Vernetzung ist es möglich, Computerdaten lokal oder über größere Entfernungen (z. B. über das Internet) auszutauschen, Nachrichten zu übermitteln oder interaktiv auf andere Rechner zuzugreifen.

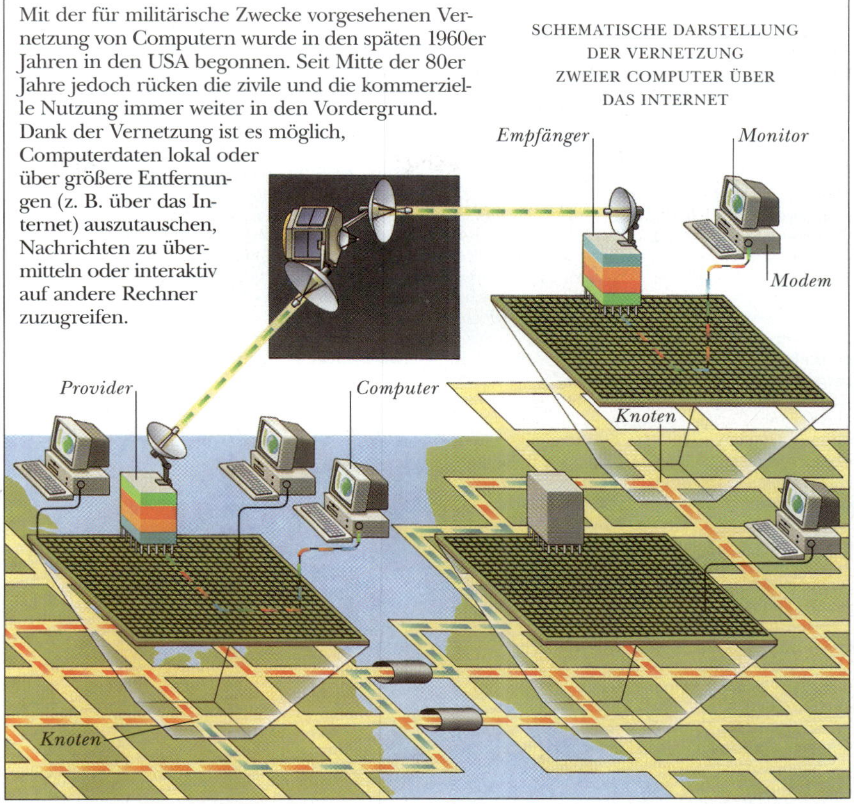


SCHEMATISCHE DARSTELLUNG DER VERNETZUNG ZWEIER COMPUTER ÜBER DAS INTERNET

**Vermittler** ⟨m. 3⟩ **1** *jmd., der bei einem Streit vermittelt* **2** *jmd., der einem anderen etwas vermittelt* **3** *Makler*

**vermögen** ⟨V. t. 185; hat⟩ etwas vermögen *können, zu etwas imstande sein* ◆ ich vermag es nicht

**Vermögen** ⟨n. 14⟩ **I** ⟨unz.⟩ *Kraft, Leistungsfähigkeit, Können* ◆ das geht über sein Vermögen *das kann er nicht* **II** ⟨zählb.⟩ *Geld u. in Geld schätzbarer Besitz* ◆ das kostet mich ein Vermögen ⟨umg.⟩ *sehr viel Geld* [< mhd. *vermügen* < ahd. *furimugan* „imstande sein, Kraft haben"]

**vermummen** ⟨V. t.; hat⟩ *umhüllen, verkleiden* ◆ sich vermummen *sich verkleiden;* vermummte Gestalten; mit vermummtem Gesicht [< veraltetem Substantiv *Mumme* „Maske, verkleidete Gestalt" + *mummen* „einhüllen (in eine Maske)"]

**vermuten** ⟨V. t.; hat⟩ *annehmen, für möglich halten, mutmaßen* ◆ ich vermute es nur; ich habe dich in Hannover vermutet *ich glaubte, du seist in Hannover*

**vermutlich** ⟨Adj.; meist adv.⟩ *wahrscheinlich, vielleicht, es ist anzunehmen, dass ...* ◆ er kommt vermutlich nicht mehr

**vernachlässigen** ⟨V. t.; hat⟩ etwas od. jmdn. vernachlässigen **1** *sich weniger um etwas od. jmdn. kümmern, als es nötig wäre* **2** *nicht genügend berücksichtigen od. beachten* ◆ sie fühlt sich von ihm vernachlässigt [→ *lassen, lässig*]

**vernehmen** ⟨V. t. 187; hat⟩ **1** etwas vernehmen **1.1** *hören, durch das Gehör bemerken* **1.2** *erfahren* **2** jmdn. vernehmen **2.1** *ausfragen* **2.2** *verhören* ◆ ich habe vernommen, dass ...; der Täter, der Zeuge wurde vernommen

**verneigen** ⟨V. refl.; hat⟩ sich verneigen *sich verbeugen*

**verneinen** ⟨V. t.; hat⟩ Ggs *bejahen* **1** *mit Nein beantworten* (Frage) **2** eine Sache verneinen *ablehnen, nicht gut finden* ◆ verneinender Satz, verneinende Aussage ⟨Gramm.⟩; einer Angelegenheit verneinend gegenüberstehen *ablehnend*

**Verneinung** ⟨f. 20; Gramm.⟩ = *Negation (2)*

**vernetzen** ⟨V. t.; hat⟩ **1** ⟨allg.⟩ *einzelne Elemente zu einer festen Struktur, Einheit zusammenführen* **2** ⟨El.; EDV⟩ *durch elektronische Datenleitungen verbinden, in das elektronische Übertragungsnetz einbinden* ◆ er ist jetzt auch zu Hause vernetzt und kann im Internet surfen

**Vernetzung** ⟨f. 20⟩ **1** ⟨allg.⟩ *das Vernetzen, Zusammenführen (von Einzelelementen)* **2** ⟨El.; EDV⟩ ▲ *das Vernetzen, Verknüpfen (von Datenleitungen)*

**vernichten** ⟨V. t.; hat⟩ *völlig zerstören* ◆ Briefe, Papiere vernichten; der Hagel hat die Ernte vernichtet [< mhd. *vernihten* „zunichte machen"; zu *niht* „nichts"]

**Vernichtungslager** ⟨n. 13; während des Nationalsozialismus⟩ *Konzentrationslager, dessen Insassen ermordet werden sollten, z. B. durch Vergasung*

**Vernissage** ⟨[vɛrniˈsaːʒə] f. 19⟩ **1** *Eröffnung einer Ausstellung neuer Bilder eines lebenden Malers* **2** ⟨allg.⟩ *das Vorstellen (eines Künstlers) vor einem Publikum* [zu frz. *vernis* „Firnis", also die „frisch gefirnissten Bilder"]

**Vernunft** ⟨f.; -; unz.⟩ **1** *der bewusst gebrauchte Verstand* **2** *Einsicht* **3** *Besonnenheit* ◆ jmdn. zur Vernunft bringen *zur Einsicht bringen* [< mhd. *vernunft* < ahd. *firnunft* „Erfassung, das Vernehmen, sinnliche Wahrnehmung, Verständnis, Einsicht"; → *vernehmen*]

V

**vernünftig** ⟨Adj.⟩ **1** *voller Vernunft, überlegt, einsichtig, besonnen* (Person) **2** *auf Vernunft begründet, einleuchtend* (Argument, Grund) ◆ das muss doch jeder vernünftige Mensch einsehen

**veröffentlichen** ⟨V. t.; hat⟩ **1** *öffentlich bekannt machen* **2** *gedruckt erscheinen lassen, publizieren* ◆ eine wissenschaftliche Arbeit veröffentlichen

**Veronika** ⟨[ve-] f.; -, -niken; Bot.⟩ ► = *Ehrenpreis (II)* [< grch. *berenekion* < *Berenike, Bherenike* (weibl. Vorname)]

**verordnen** ⟨V. t.; hat⟩ jmdm. etwas verordnen **1** *bestimmen, dass jmd. etwas einnimmt od. tut* **2** *verfügen, anordnen, (behördlich) festsetzen* ◆ jmdm. Pillen, Tropfen, Umschläge verordnen; wenn vom Arzt nicht anders verordnet, täglich drei Tabletten *(Aufschrift auf Arzneimittelpackungen)*

**verpachten** ⟨V. t.; hat⟩ jmdm. etwas verpachten *gegen regelmäßig zu zahlendes Entgelt (Pacht) zur Benutzung überlassen* ◆ (jmdm.) ein Grundstück verpachten

**verpacken** ⟨V. t.; hat⟩ **1** *einpacken, einhüllen* **2** *versandfertig machen* ◆ Flaschen in Kisten verpacken; Ware in Papier verpacken

**Verpackung** ⟨f. 20⟩ **1** *das Verpacken* **2** *Material zum Verpacken, Hülle* ►

**verpassen** ⟨V. t.; hat⟩ **1** *versäumen* (Gelegenheit, Zug) **2** jmdn. verpassen *jmdn. (leider) nicht treffen (den man treffen wollte)* ◆ ich habe den Bus knapp verpasst; wir haben uns leider in München verpasst

**verpfänden** ⟨V. t.; hat⟩ jmdm. etwas verpfänden *jmdm. etwas als Pfand geben (für etwas anderes)* ◆ jmdm. seinen Besitz verpfänden

**verpflanzen** ⟨V. t.; hat⟩ **1** *an eine andere Stelle pflanzen, umsetzen* **2** ⟨fig.⟩ *umsiedeln, an einen anderen Wohnort bringen* ◆ Bäume verpflanzen

**Verpflegung** ⟨f. 20; unz.⟩ *Beköstigung, Kost* ◆ die Verpflegung im Hotel war ausgezeichnet, gut, reichhaltig, schlecht, ungenügend

**verpflichten** ⟨V. t.; hat⟩ **1** jmdn. verpflichten *jmdm. eine Pflicht auferlegen* **2** sich verpflichten, etwas zu tun *versprechen, etwas zu tun* ◆ **Beamte** auf die Verfassung verpflichten *Beamte darauf vereidigen, ihre Pflicht der Verfassung gemäß zu erfüllen;* verpflichtende **Zusage** *bindende Zusage* ◆ sich jmdm. verpflichtet **fühlen** *das Gefühl haben, jmdm. Dank, eine Gegenleistung zu schulden*

**verpuppen** ⟨V. refl.; hat; Zool.⟩ sich verpuppen *(von der Larve) zur Puppe werden* (Insekten)

**verputzen** ⟨V. t.; hat⟩ **1** *mit Putz versehen, mit Mörtel bewerfen* (Wand, Mauer) **2** ⟨fig.; umg.⟩ *essen, aufessen* **3** *verschwenden, ausgeben* (Geld) ◆ er hat fünf Stück Kuchen verputzt

**Verrat** ⟨m.; -(e)s; unz.⟩ **1** *Preisgabe, unberechtigte od. böswillige Mitteilung (eines Geheimnisses)* **2** *Treuebruch* ◆ an jmdm., an einer Sache Verrat begehen, üben *jmdn., eine Sache verraten*

**verraten** ⟨V. 193; hat⟩ **I** ⟨V. t.⟩ **1** jmdn. verraten *jmdm. die Treue brechen* **2** etwas verraten **2.1** *preisgeben, unberechtigt mitteilen* (Geheimnis, Versteck) **2.2** ⟨fig.⟩ *erkennen lassen* (Begabung, Wissen) ◆ einen Freund verraten; seine Erklärungen verrieten hervorragende Kenntnisse ⟨fig.⟩ **II** ⟨V. refl.⟩ sich verraten *sich od. seine Absichten unbeabsichtigt zu erkennen geben*

**Verräter** ⟨m. 3⟩ *jmd., der Verrat begeht od. begangen hat*

**verrechnen** ⟨V.; hat⟩ **I** ⟨V. t.⟩ *berechnen, durch Rechnen ausgleichen* ◆ diesen Betrag verrechnen wir später mit der anderen Summe **II** ⟨V. refl.⟩ sich verrechnen **1** *falsch rechnen* **2** ⟨fig.⟩ *Erwartungen hegen, die sich nicht erfüllen werden*

**verreisen** ⟨V. i.; ist⟩ *auf Reisen gehen, für einige Zeit wegfahren* ◆ er ist verreist; ich muss morgen verreisen

**verrenken** ⟨V. t.; hat; Med.⟩ = *luxieren* ◆ jmdm. od. sich ein Glied verrenken *jmdm. od. sich ein Glied aus dem Gelenk drehen*

**Verrenkung** ⟨f. 20; Med.⟩ = *Luxation* ◆ eine Verrenkung (wieder) (ein-)richten

**verrichten** ⟨V. t.; hat⟩ *ausführen, tun, erledigen* (Arbeit) ◆ sein Gebet verrichten *beten;* seine Notdurft verrichten *Darm od. Harnblase entleeren*

**verringern** ⟨V. t.; hat⟩ **1** *geringer machen, kleiner machen* (Anzahl, Kosten, Menge) **2** *herabsetzen* (Preis, Qualität)

**verrinnen** ⟨V. i. 200; ist⟩ **1** *aufhören zu rinnen* **2** ⟨fig.⟩ *vergehen* (Zeit) ◆ Stunde um Stunde verrann

**Verriss** ⟨m. 1⟩ *sehr schlechte Kritik* ◆ Verriss eines Buches, Theaterstücks, Films

VERPACKUNG FÜR CORNFLAKES

**verrotten** ⟨V. i.; ist⟩ **1** *verfaulen, vermodern* (Pflanzenreste) **2** *zerbröckeln* (Mauerwerk) **3** ⟨fig.; umg.⟩ *verkommen (äußerlich u. moralisch)* ◆ verrottete Gesellschaft [zu *rotten* „faulen" < ahd. *rozen* „faulen", engl. *rot* „faulen"]

**verrucht** ⟨Adj.; -er, am -esten⟩ *ruchlos, schändlich, verworfen* (Mensch, Tat) [< mhd. *verruochet* „achtlos, sorglos, ruchlos"; zu *verruochen* „sich nicht kümmern, vergessen"; zu *ruochen* „sich kümmern, Sorge tragen"]

**verrücken** ⟨V. t.; hat⟩ *wegrücken, an einen anderen Platz rücken* ◆ einen Schrank, Tisch verrücken

**verrückt** ⟨Adj.; -er, am -esten; umg.⟩ **1** *geisteskrank* **2** *überspannt, nicht recht bei Verstand* (Person) **3** *unsinnig, sehr merkwürdig, vom Normalen stark abweichend* (Einfall, Gedanke, Tat) ◆ er ist ein verrückter **Kerl** ◆ jmdn. verrückt **machen** *ihn aufregen, nervös machen;* **sein:** ich bin vor Angst, Ungeduld fast verrückt geworden ◆ verrückt **auf** etwas sein *etwas unbedingt haben wollen, eine heftige Vorliebe für etwas haben*

**Verruf** ⟨m. 1; unz.⟩ *schlechter Ruf* ◆ jmdn. in Verruf bringen; in Verruf geraten, kommen

**Vers** ⟨[fɛrs] m. 1; Lit.; Abk.: V.⟩ *durch das Metrum gegliederte, oft mit Reim versehene Einheit einer Dichtung in gebundener Rede, Zeile einer Strophe* ◆ Verse machen ⟨umg.⟩ *Gedichte machen, dichten;* darauf kann ich mir keinen Vers machen ⟨fig.; umg.⟩ *das begreife ich nicht, das kann ich mir nicht erklären;* einen Gedanken in Verse bringen [< mhd., ahd. *vers, fers* „Vers" < lat. *versus* „das Umwenden; gepflügte Furche; Reihe, Linie, Zeile, Vers"; zu *vertere* „kehren, wenden, drehen"]

**versagen** ⟨V.; hat⟩ **I** ⟨V. t.⟩ **1** jmdm. etwas versagen *jmdm. etwas verweigern, abschlagen, nicht gewähren* (Erlaubnis) **2** sich etwas versagen *auf etwas verzichten* ◆ sich ein Vergnügen versagen **II** ⟨V. i.⟩ *nicht das Erwartete leisten od. bewirken* ◆ die Beine versagten ihm (den Dienst) *er konnte nicht aufstehen, sich nicht mehr auf den Beinen halten, er brach zusammen;* der Motor versagt *springt nicht an,* ⟨od.⟩ *setzt aus*

**Versager** ⟨m. 3⟩ **1** *jmd., der versagt, der die in ihn gesetzten Erwartungen enttäuscht* **2** *etwas, das die erwartete Leistung nicht vollbringt* ◆ er ist ein jämmerlicher Versager

**versalzen** ⟨V. t. 202; hat⟩ *zu stark salzen* ◆ jmdm. die Freude versalzen ⟨fig.; umg.⟩ *verderben*

**versammeln** ⟨V.; hat⟩ **I** ⟨V. t.⟩ *an einen Ort zusammenbringen, zusammenkommen lassen, zusammenrufen* ◆ er versammelte seine Kinder, seine Schüler um sich **II** ⟨V. refl.⟩ sich versammeln *zusammenkommen, sich treffen* (von mehreren Personen)

**Versammlung** ⟨f. 20⟩ **I** ⟨unz.⟩ **1** *das Versammeln, das Sichversammeln* **2** *das Versammeltsein* **3** *versammelte Haltung und Gangart (des Pferdes)* **II** ⟨zählb.⟩ *mehrere zu einem bestimmten Zweck zusammengekommene Personen* (Parteiversammlung, Volksversammlung) ◆ auf einer Versammlung sprechen

**Versammlungsort** ⟨m. 1⟩ *Ort, Stelle, Platz einer Versammlung*

**Versatz** ⟨m.; -es; unz.⟩ **1** *das Versetzen (eines Pfandes), das Verpfänden* **2** ⟨Theat.⟩ *mehrere od. Gesamtheit der Versatzstücke*

**versäumen** ⟨V. t.; hat⟩ **1** *außer Acht lassen, nicht tun, nicht erfüllen* (Pflicht) **2** *verpassen, nicht erreichen* (Zeitpunkt, Zug) **3** *vorübergehen lassen* (Gelegenheit, Zeit) ◆ ich habe den Anfang der Aufführung leider versäumt

**verschachtelt** ⟨Adj.⟩ *wie Schachteln ineinander geschoben* ◆ die verschachtelten Dächer und Türme einer Kirche

**verschaffen** ⟨V. t.; hat⟩ **1** jmdm. etwas verschaffen *jmdm. etwas besorgen, jmdm. zu etwas verhelfen* **2** sich etwas verschaffen *etwas in seinen Besitz bringen, etwas erwerben* ◆ jmdm. eine Arbeit, Stellung, Wohnung verschaffen

**verschämt** ⟨Adj.; -er, am -esten⟩ *sich ein wenig schämend, verlegen, schüchtern* ◆ verschämt tun *Verlegenheit, Schüchternheit vortäuschen*

**verschanzen** ⟨V.; hat⟩ **I** ⟨V. t.⟩ *durch Schanze(n) befestigen* **II** ⟨V. refl.⟩ sich hinter etwas verschanzen *ein Hindernis als Deckung vor sich aufbauen* ◆ sich hinter einer Ausrede, Ausflucht verschanzen ⟨fig.⟩ *eine Ausrede, Ausflucht benutzen, zum Vorwand nehmen*

**verschärfen** ⟨V. t.; hat⟩ **1** *schärfer machen, vergrößern, vermehren* (Strafe, Tempo) **2** *verschlimmern* (Lage) ◆ die Gegensätze zwischen ihnen haben sich verschärft

**verschenken** ⟨V. t.; hat⟩ *als Geschenk weggeben*

**verscheuchen** ⟨V. t.; hat⟩ *verjagen, wegjagen* (Fliegen, Vögel, Wild) ◆ jmds. Bedenken, trübe Gedanken verscheuchen ⟨fig.⟩

**verschicken** ⟨V. t.; hat⟩ *fortschicken, versenden* (Anzeigen, Prospekte, Waren)

**verschieben** ⟨V. t. 212; hat⟩ **1** *an einen anderen Platz, an eine andere Stelle schieben* **2** *zeitlich verlegen, aufschieben, auf einen späteren Zeitpunkt festsetzen* (Termin, Ver-

V

abredung) ◆ die Besitzverhältnisse haben sich verschoben; Waren verschieben ⟨fig.; umg.⟩ *Waren auf unsaubere Weise kaufen u. (zu Wucherpreisen) verkaufen*

**verschieden** ⟨Adj.⟩ **1** *unterschiedlich, ungleich, andersartig* **2** verschiedene ⟨Pl.⟩ *mehrere* ◆ Verschiedenes *mancherlei;* Verschiedenes *(als Zeitungsrubrik) Beiträge aus mancherlei Gebieten* ◆ er hat zwei verschiedene **Augen;** verschiedene **Bilder,** Bücher *mehrere Bilder, Bücher;* verschiedener **Meinung** sein ◆ **sein:** das ist verschieden *das ist in jedem Fall anders, das wird unterschiedlich gehandhabt* ◆ verschieden **groß,** lang, tief ◆ **in** der Farbe, Größe verschieden [urspr. „sich getrennt habend", Part. Perf. zu *verscheiden* „weggehen, sich entfernen, sterben"]

**verschießen** ⟨V. 213⟩ **I** ⟨V. t.; hat⟩ *durch Schießen verbrauchen* (Pfeile, Munition) ◆ er verschoss einen Elfmeter ⟨Fußb.⟩ *schoss neben das Tor bzw. so, dass der Torwart den Ball halten konnte;* er hat all sein Pulver verschossen ⟨fig.; umg.⟩ *alle seine Argumente vorgebracht* **II** ⟨V. refl.; hat; fig.; umg.⟩ sich verschießen *sich verlieben* **III** ⟨V. i.; ist⟩ *verbleichen, an Farbe verlieren* (Stoffe) ◆ das Kleid ist verschossen

**verschlafen**[1] ⟨V. 215; hat⟩ **I** ⟨V. i.⟩ *zu lange schlafen, über einen bestimmten Zeitpunkt hinaus schlafen* ◆ ich habe heute Morgen verschlafen **II** ⟨V. t.⟩ *durch Schlaf versäumen, mit Schlaf überwinden* (Sorgen, Kummer) ◆ ich habe schon wieder den ganzen Nachmittag verschlafen

**verschlafen**[2] ⟨Adj.⟩ **1** *schlaftrunken, schläfrig* **2** ⟨fig.⟩ *langweilig, träge* ◆ ich bin noch ganz verschlafen

**Verschlag** ⟨m. 1u⟩ *einfacher Schuppen, mit Brettern abgetrennter Raum* (Lattenverschlag)

**verschlagen**[1] ⟨V. t.; 216; hat⟩ **1** *mit Brettern abteilen od. schließen, mit Brettern zunageln* (Kiste) **2** *zuschlagen, zunageln* (Fass) ◆ den Ball beim Tennis verschlagen *ins Aus spielen;* an einen Ort verschlagen **werden** *durch Zufall, ungewollt an einen Ort kommen, gelangen* [< mhd. *verslahen* „schlagend beseitigen; verstecken"]

**verschlagen**[2] ⟨Adj.⟩ *arglistig, hinterlistig, heimtückisch* (Person) ◆ er hat einen verschlagenen Blick

**verschlechtern** ⟨V.; hat⟩ **I** ⟨V. t.⟩ **1** *schlechter machen, verschlimmern* (Lage, Zustand) **2** *mindern* (Ergebnis, Qualität) **II** ⟨V. refl.⟩ sich verschlechtern **1** *schlechter werden, schlimmer werden (Lage, Zustand)* **2** *sich vermindern* (Leistung, Qualität)

**verschleiern** ⟨V. t.; hat⟩ **1** ▲ *mit einem Schleier bedecken* (Gesicht) **2** ⟨fig.⟩ *der genauen Feststellung entziehen* (Tatsachen, Bilanz) ◆ sich (das Gesicht) verschleiern; der Himmel verschleiert sich *bedeckt sich mit Dunst, mit dünnen Wolken*

**Verschleiß** ⟨m. 1; unz.⟩ **1** *Abnutzung* **2** *Verbrauch* **3** ⟨österr.⟩ *Kleinverkauf* ◆ einen großen Verschleiß an Autos, Schuhen, Kleidern haben

**verschleißen** ⟨V. 219⟩ **I** ⟨V. t.; hat⟩ **1** *abnutzen* **2** *durch vieles Tragen, Benutzen verbrauchen* (Kleidung, Schuhe) **3** ⟨österr.⟩ *im Kleinen verkaufen* **II** ⟨V. i.; ist⟩ *sich abnutzen, durch Abnutzung zerreißen* [< mhd. *verslizen* „abnutzen" < ahd. *farslizan* „abfasern, abnutzen, aufbrauchen"; zu *slizan* „spalten, reißen, abschälen"]

**verschleppen** ⟨V. t.; hat⟩ **1** *widerrechtlich od. mit Gewalt wegbringen* **2** *verzögern, hinauszögern, in die Länge ziehen* (Prozess, Verhandlungen) ◆ im Kriege Einwohner, Kunstwerke verschleppen

**verschließen** ⟨V. t. 220; hat⟩ *mit Schloss versperren, zuschließen* (Schubfach, Tür) ◆ Geld, Papiere, Vorräte verschließen *einschließen, unter Verschluss aufbewahren*

**verschlingen** ⟨V. t. 221; hat⟩ **1** *ineinander, umeinander schlingen* (Fäden, Finger) **2** *gierig essen, rasch hinunterschlucken* **3** ⟨fig.⟩ *verbrauchen, kosten* ◆ er verschlang das Brot im Nu; ein Buch verschlingen *rasch u. mit Spannung lesen*

**verschlucken** ⟨V.; hat⟩ **I** ⟨V. t.⟩ **1** *hinunterschlucken* **2** ⟨fig.⟩ *undeutlich aussprechen, weglassen* (Wörter, Silben) **3** ⟨fig.⟩ *verbrauchen, kosten* ◆ der Bau hat viel Geld verschluckt ⟨fig.; umg.⟩ **II** ⟨V. refl.⟩ sich verschlucken *ein Krümchen o. Ä. in die falsche Kehle (Luftröhre) bekommen*

**Verschluss** ⟨m. 1u⟩ **1** *das Sichverschließen* (Darmverschluss) **2** *Vorrichtung zum Zumachen, zum Verschließen* ◆ etwas unter Verschluss halten *etwas sicher verwahren, nicht herausgeben*

**verschlüsseln** ⟨V. t.; hat⟩ *in Geheimschrift übertragen, chiffrieren*

**verschmerzen** ⟨V. t.; hat⟩ etwas verschmerzen *etwas überwinden, über etwas hinwegkommen, sich über etwas trösten*

**verschmutzen I** ⟨V. t.; hat⟩ *schmutzig machen, verunreinigen* **II** ⟨V. i.; ist⟩ *schmutzig werden, verunreinigt werden*

**verschneiden** ⟨V. t. 224; hat⟩ **1** *beschneiden, stutzen* (Hecke, Bäume) **2** *falsch zuschneiden* (Stoff) **3** *kastrieren* (Menschen, Tiere) **4** *zweckmäßig vermischen* (Branntwein, Rum)

**Verschnitt** ⟨m. 1⟩ **1** *Ergebnis des Verschneidens, Rum, Wein mit Beimischung* (Rumverschnitt, Weinbrandverschnitt) **2** *Strecken von Rauschmitteln durch Beimischung zusätzlicher Stoffe* **3** *Abfall beim Zuschneiden* ◆ viel Verschnitt haben

**verschollen** ⟨Adj.⟩ *seit langer Zeit abwesend mit unbekanntem Aufenthaltsort* ◆ das Schiff ist in der Antarktis verschollen [Part. Perf. des ungebräuchl. Verbs *verschallen* „aufhören zu schallen, verklingen"]

**verschonen** ⟨V. t.; hat⟩ jmdn. verschonen **1** *jmdn. schonen, jmdm. nichts antun* **2** *jmdn. nicht behelligen*

VERSCHLEIERN: NACH DEN REGELN DES ISLAMS VERSCHLEIERTE IRANISCHE FRAU

**verschränken** ⟨V. t.; hat⟩ *kreuzweise legen od. stellen* ◆ die Arme vor der Brust verschränken; Hölzer verschränken *kreuzweise miteinander verbinden;* verschränkter Reim *Reim in der Stellung abc-abc od. abc-bac*

**verschreiben** ⟨V. 226; hat⟩ **I** ⟨V. t.⟩ **1** etwas verschreiben *beim Schreiben verbrauchen* (Papier) **2** jmdm. etwas verschreiben **2.1** *ein Rezept über etwas für jmdn. ausstellen* **2.2** *jmdm. etwas urkundlich zu Eigen geben* ◆ einem Kranken ein schmerzlinderndes Mittel verschreiben **II** ⟨V. refl.⟩ sich verschreiben *etwas falsch schreiben, einen Schreibfehler machen*

**verschroben** ⟨Adj.⟩ *wunderlich, seltsam, überspannt* (Person, Ansicht) [Part. Perf. von nddt., mdt. *verschrauben* „falsch schrauben"]

**verschrotten** ⟨V. t.; hat⟩ *zu Schrott machen, als Altmetall verwerten*

**verschulden I** ⟨V. i.; ist⟩ *in Schulden geraten* ◆ (über u. über) verschuldet sein *stark mit Schulden belastet sein* **II** ⟨V. t.; hat⟩ etwas verschulden *ein Übel verursachen, daran schuld sein*

**verschütten** ⟨V. t.; hat⟩ **1** *versehentlich vergießen* (Flüssigkeit) **2** *zuschütten, mit Erde bedecken* (Brunnen, Graben, Teich) ◆ verschüttet werden *durch einstürzendes Gebäude, Erdmassen usw. von der Außenwelt abgeschnitten werden*

**verschweigen** ⟨V. t. 229; hat⟩ etwas verschweigen *verheimlichen, nichts davon sagen* ◆ eine Nachricht, die Wahrheit verschweigen; ich habe nichts zu verschweigen

**verschwenden** ⟨V. t.; hat⟩ *unnötig verbrauchen, leichtsinnig ausgeben, vergeuden* ◆ viel Geld, Zeit für etwas verschwenden [< mhd., ahd. *verswenden* „verschwinden machen, vernichten, vertilgen, aufbrauchen"]

**verschwenderisch** ⟨Adj.⟩ **1** *wie ein Verschwender* **2** *überreich* ◆ in verschwenderischer Fülle; ein verschwenderisches Leben führen; verschwenderisch leben

**verschwiegen** ⟨Adj.⟩ **1** *schweigen könnend, ein Geheimnis für sich behalten könnend* (Person) **2** *verborgen, ruhig, nicht leicht zu finden* (Platz, Stelle) ◆ einen verschwiegenen Ort aufsuchen ⟨umg.; verhüllend⟩ *die Toilette aufsuchen*

**verschwinden** ⟨V. i. 232; ist⟩ **1** *(sich entfernen u.) unsichtbar werden, weggehen, -fahren, -fliegen usw.* **2** *vergehen, dahinschwinden* **3** *abhanden kommen, nicht mehr auffindbar sein* **4** ⟨umg.⟩ *sich unauffällig entfernen* ◆ verschwinde! ⟨umg.⟩ *mach, dass du wegkommst!, ich will dich hier nicht mehr sehen!;* der **Fleck** ist mit der Zeit verschwunden ◆ sein Verschwinden wurde erst nach einigen Stunden **bemerkt** ◆ **langsam,** schnell, rasch verschwinden ◆ er verschwand **auf** Nimmerwiedersehen ◆ eine verschwindend kleine Zahl *sehr kleine Zahl;* verschwindend wenig *sehr wenig* [< mhd. *verswinden* < ahd. *farsuindan* „verzehrt, vernichtet werden"]

**verschwommen** ⟨Adj.⟩ *unklar, undeutlich, unscharf* ◆ ich habe nur noch eine verschwommene Erinnerung daran; ich kann die Buchstaben nur verschwommen sehen

**verschwören** ⟨V. 234; hat⟩ sich mit jmdm. (gegen jmdn.) verschwören *sich heimlich mit jmdm. (gegen jmdn.) verbünden* ◆ sie verschworen sich gegen den Feind

**versehen** ⟨V. 235; hat⟩ **I** ⟨V. t.⟩ **1** etwas versehen *verwalten, besorgen, sich um etwas kümmern, für etwas sorgen, erfüllen* (Amt, Dienst) **2** *falsch machen, einen Fehler machen* **3** jmdn. mit etwas versehen *jmdn. mit etwas versorgen, ausstatten, ausrüsten* ◆ ein Schriftstück mit einem Stempel versehen **II** ⟨V. refl.⟩ sich versehen *sich irren, einen Fehler machen* [< mhd. *versehen* „ausstatten, versorgen" < ahd. *farsehan, firsehan* „hoffend erwarten, vertrauen"]

**Versehen** ⟨n. 14⟩ **1** *Irrtum, leichter Fehler* **2** *unbeabsichtigter, leichter Missgriff* ◆ entschuldigen Sie, das war ein Versehen

**versehentlich** ⟨Adv.⟩ *aus Versehen, unbeabsichtigt, irrtümlich* ◆ versehentlich etwas einstecken, mitnehmen

**Versehrte(r)** ⟨f. 30 (m. 29)⟩ *Körperbeschädigte(r)* (Kriegsversehrte(r)) [< mnhd. *(ver)seren* „Schmerz verursachen, verletzen, beschädigen"; zu *seren* „verwunden"; zu mhd., ahd. *ser* „Schmerz"]

**verselbständigen** oV *verselbstständigen* ⟨V. refl.; hat⟩ sich verselbstständigen **1** *sich selbständig machen* **2** ⟨umg.; scherzh.⟩ *unauffindbar verschwinden* ◆ unser Geld hat sich anscheinend wieder mal verselbständigt ⟨umg.; scherzh.⟩

V

**verselbstständigen** ⟨V. refl.; hat⟩ = *verselbständigen*
**versenken** ⟨V.; hat⟩ **I** ⟨V. t.⟩ **1** *zum Sinken (unter Wasser) bringen, untergehen lassen* (Schiff) **2** *(unter der Bühne) verschwinden lassen* (Bühnendekoration) ♦ etwas in der Erde versenken *vergraben* **II** ⟨V. refl.⟩ sich in etwas versenken ⟨fig.⟩ *seine Gedanken eingehend auf etwas richten, sich in etwas vertiefen*
**Verseschmied** ⟨m. 1; umg.; Scherzh.⟩ *jmd., der sich im Dichten versucht*
**versetzen** ⟨V. t.; hat⟩ **1** etwas versetzen **1.1** *an eine andere Stelle setzen* **1.2** *aufs Leihhaus bringen, verpfänden* **2** ⟨poet.; bei der direkten Rede⟩ *antworten, erwidern* **3** jmdn. versetzen **3.1** *an eine andere Dienststelle beordern* (Beamten) **3.2** *in die nächsthöhere Klasse überführen* (Schulkind) **3.3** ⟨umg.⟩ *jmdn. vergeblich warten lassen, eine Verabredung mit jmdm. nicht einhalten* ♦ einen **Ofen,** eine Wand versetzen ♦ jmdn. **in** Aufregung, Erstaunen, Schrecken, Trauer, Zorn versetzen *in jmdm. Aufregung usw. hervorrufen;* sich in jmdn., in jmds. Lage versetzen *sich in jmds. Lage einfühlen, seine Gefühle nachempfinden;* jmdn. in die Lage versetzen, etwas zu tun *jmdn. befähigen, es jmdm. ermöglichen, etwas zu tun* ♦ der Junge ist nicht versetzt worden *er ist sitzen geblieben*
**Versetzungszeichen** ⟨n. 14; Mus.; Zeichen: #, ♭⟩ *Zeichen für die chromat. Erhöhung od. Erniedrigung eines Tones;* Sy *Vorzeichen (2)*
**verseuchen** ⟨V. t.; hat⟩ *mit Krankheitskeimen, radioaktiven od. chem. Stoffen durchsetzen, infizieren*
**Versfuß** ⟨m. 1u; Lit.⟩ *aus mindestens je einer Hebung u. Senkung bestehende, kleinste rhythm. Einheit eines Verses*
**versichern** ⟨V. t.; hat⟩ **1** etwas versichern *etwas als wahr beteuern* **2** etwas od. jmdn. versichern *mit jmdm. eine Versicherung (über etwas) abschließen* ♦ ich versichere Ihnen, ⟨od. veraltet⟩ Sie, dass keine Gefahr besteht; sich versichern, dass ... *sich überzeugen, dass ...;* ein **Haus,** Grundstück versichern *bei einer Versicherungsgesellschaft über ein Haus, Grundstück eine Versicherung abschließen* ♦ etwas **ehrenwörtlich** versichern ♦ ich versichere **an** Eides statt, dass ... ♦ seien Sie versichert, dass ... *bitte glauben Sie, dass ...*
**Versicherung** ⟨f. 20⟩ **1** *das Versichern, Beteuerung* **2** *Vertrag darüber, dass jmd. gegen einen regelmäßig zu zahlenden Betrag in einem bestimmten Fall den Schaden trägt* **3** *Unternehmen, das Personen u. Sachen gegen Schäden usw. versichert* (Feuerversicherung, Lebensversicherung) ♦ eine Versicherung abschließen
**versiegen** ⟨V. i.; ist⟩ *zu fließen aufhören* (Quelle) ♦ seine Schaffenskraft ist versiegt ⟨fig.⟩ [< frühnhd. *verseigen, verseihen* „aufhören hervorzuquellen, vertrocknen" < mhd. *versihen* „vertrocknen", Part. Perf. *versigen;* → *seihen*]
**versiert** ⟨[vɛr-] Adj.⟩ *in einer Sache bewandert, erfahren, gut unterrichtet* ♦ ein versierter Fachmann [Part. Perf. vom veralteten Verb *versieren* „sich aufhalten, verkehren, sich mit etwas beschäftigen" < frz. *versé* „versiert" < lat. *versatus* „versiert, vertraut" < *versari* „verweilen, sich mit etwas befassen", eigtl. „sich herumdrehen" + *vertere* „wenden, drehen, kehren"]
**versilbern** ⟨V. t.; hat⟩ **1** *mit einer Silberschicht überziehen* (Metall) **2** ⟨fig.; umg.; scherzh.⟩ *veräußern, verkaufen, zu Geld* (eigtl.: *Silbergeld*) *machen*
**versinken** ⟨V. i. 240; ist⟩ **1** *(im Wasser) untergehen* (Schiff) **2** in etwas versinken **2.1** *(völlig od. zum Teil) einsinken* **2.2** ⟨fig.⟩ *ganz in etwas aufgehen, sich völlig an etwas hingeben* ♦ wenn er Musik hört, versinkt alles um ihn her ⟨fig.⟩ *hört u. sieht er nichts anderes mehr* ♦ in **Schlaf** versinken *einschlafen* ♦ versunkene Erinnerungen, Bilder stiegen vor mir auf ⟨fig.⟩
**Version** ⟨[vɛr-] f. 20⟩ *Fassung, Lesart* [< frz. *version* „Übersetzung, Lesart, Darstellung" < lat. *vertere* „wenden, drehen"; → *Vers, versiert*]
**versklaven** ⟨V. t.; hat⟩ **1** *zum Sklaven machen* **2** ⟨fig.⟩ *jmdn. unterdrücken, ihn zu absolutem Gehorsam zwingen* **3** *jmdm. untertan sein, ihm gehorchen*
**Versmaß** ⟨n. 11⟩ *Einheit zum Aufbau eines Verses, Metrum*
**Verso** ⟨[vɛr-] n. 15⟩ **1** *Blattrückseite;* Ggs *Rekto* **2** *auf der Rückseite Stehendes (bei Handschriften, Papyri)* [< lat. (Ablativ) *verso folio* „auf der Rückseite des Blattes" < *folium* „Blatt" + *vertere* „wenden"]
**versöhnen** ⟨V.; hat⟩ **I** ⟨V. t.⟩ Feinde, Streitende versöhnen *zwischen Feinden, Streitenden Frieden stiften, ihren Streit beilegen* ♦ er ist schnell versöhnt *er ist leicht zum Friedenschließen bereit* **II** ⟨V. refl.⟩ sich (mit jmdm.) versöhnen *(mit jmdm.) Frieden schließen, einen Streit (mit jmdm.) beilegen* [< mhd. *versüenen, versuonen* „sühnen, gutmachen; aussöhnen, versöhnen"; → *Sühne*]
**versorgen** ⟨V. t.; hat⟩ **1** jmdn. versorgen *jmdn. mit allem Notwendigen versehen, für jmds. Essen und Kleidung sorgen* **2** sich selbst versorgen *für sich selbst sorgen,* ⟨bes.⟩ *sich seine Mahlzeiten selbst bereiten* ♦ seine **Kinder** versorgen; **Kranke** versorgen ♦ sich od. jmdn. **mit** etwas versorgen *sich od. jmdm. etwas beschaffen, verschaffen* ♦ versorgt *von Sorgen gezeichnet, abgehärmt*
**verspäten** ⟨V. refl.; hat⟩ sich verspäten *später als erwartet, als vorgesehen kommen, zu spät kommen* ♦ der Zug hat sich verspätet; der Zug ist verspätet angekommen
**Verspätung** ⟨f. 20⟩ *das Sichverspäten, späteres Eintreffen als vorgesehen* ♦ der Zug ist schon mit einer Stunde Verspätung abgefahren
**versperren** ⟨V. t.; hat⟩ **1** *zuschließen, verschließen* (Kasten, Tür) **2** *durch Hindernisse sperren, unzugänglich machen* ♦ ein Gebäude versperrt die Aussicht *nimmt, verhindert die Aussicht;* er versperrte uns den Weg
**verspielen** ⟨V.; hat⟩ **I** ⟨V. t.⟩ *beim Spiel verlieren* (Geld) **II** ⟨V. i.⟩ bei jmdm. verspielen *sich jmds. Gunst, Wohlwollen verscherzen*
**verspielt** ⟨Adj.; -er, am -esten⟩ **1** *nur an das Spielen denkend* (Kind) **2** *heiter u. verziert* ♦ eine verspielte Melodie
**verspotten** ⟨V. t.; hat⟩ jmdn. od. etwas verspotten *boshaft über jmdn. od. etwas lachen*
**versprechen** ⟨V. 246; hat⟩ **I** ⟨V. t.⟩ **1** *geloben, zusichern, ausdrücklich erklären, etwas bestimmt zu tun* **2** *verheißen, hoffen lassen, erwarten lassen* ♦ die Ernte verspricht gut zu werden; das Wetter verspricht schön zu werden; er hat es mir **fest** versprochen; jmdm. etwas **hoch** und heilig versprechen ⟨verstärkend⟩ ♦ jmdm. etwas **in** die Hand versprechen *durch Handschlag die Erklärung bekräftigen, etwas bestimmt (nicht) zu tun* ♦ hier bringe ich dir das versprochene Buch **II** ⟨V. refl.⟩ sich versprechen *etwas versehentlich anders sagen, ein Wort anders aussprechen, als man beabsichtigt hat* ♦ der Schauspieler verspricht sich andauernd
**Versprechen** ⟨n. 14⟩ *feste Zusage, Zusicherung, Gelöbnis* ♦ sein Versprechen **einlösen,** erfüllen; jmdm. das Versprechen **geben,** etwas zu tun
**Versprecher** ⟨m. 3⟩ *versehentlich falsches Aussprechen eines Wortes (u. seine Berichtigung)* ♦ abgesehen von einigen Versprechern spielte er seine Rolle gut

VERSTEINERN: VERSTEINERTES VOGELNEST

**versprengen** ⟨V. t.; hat⟩ Soldaten, Truppen versprengen *Soldaten, Truppen von ihrer Einheit abschneiden, trennen u. in die Flucht schlagen, zerstreuen* ♦ ⟨meist als Part. Perf.⟩ ein paar versprengte Soldaten; Wasser versprengen *verspritzen*
**verspritzen** ⟨V. t.; hat⟩ *versprühen, in Tropfen verstreuen* ♦ Farbe, Gift, Tinte, Wasser verspritzen
**versprochenermaßen** ⟨Adv.⟩ *wie versprochen, wie zugesagt* ♦ er holte seine Tochter, versprochenermaßen, am Samstagmorgen zum Ausflug ab
**versprühen** ⟨V. t.; hat⟩ *in feine Tropfen verteilen, zerstäuben* ♦ ein Mittel gegen Motten im Zimmer versprühen; Charme, Witz versprühen ⟨fig.⟩ *eine charmante, witzige Atmosphäre erzeugen*
**verstaatlichen** ⟨V. t.; hat⟩ *in Staatseigentum überführen* ♦ Privatbetriebe verstaatlichen
**Verstand** ⟨m.; -(e)s; unz.⟩ *zum Auffassen, Erkennen u. Beurteilen notwendige Fähigkeit, Denkkraft* ♦ Verstand **haben;** den Verstand **verlieren** ⟨umg.⟩ *geisteskrank werden* ♦ einen **klaren,** scharfen Verstand haben ♦ etwas **mit** Verstand essen od. trinken ⟨fig.; umg.⟩ *bewusst genießen;* etwas mit Verstand tun *mit Überlegung tun* [→ *verstehen*]
**Verstandesmensch** ⟨m. 16⟩ *jmd., der sich mehr vom Verstand als vom Gefühl leiten lässt*
**verständigen** ⟨V.; hat⟩ **I** ⟨V. t.⟩ *benachrichtigen* ♦ die Polizei verständigen; jmdn. von etwas verständigen *jmdm. etwas mitteilen, was er unbedingt wissen muss* **II** ⟨V. refl.⟩ sich mit jmdm. verständigen **1** *mit jmdm. so sprechen, dass jeder den anderen versteht* **2** ⟨fig.⟩ *sich mit jmdm. einigen* ♦ wir haben uns am Telefon kaum miteinander verständigen können
**Verständigung** ⟨f. 20; unz.⟩ **1** *das Verständigen, Benachrichtigung* **2** *das Sichverständigen (mit jmdm.)* **3** ⟨fig.⟩ *friedlicher Ausgleich (von Meinungsverschiedenheiten), Einigung* ♦ die Verständigung am Telefon war aufgrund von Störungen sehr schlecht
**verständlich** ⟨Adj.⟩ **1** *so beschaffen, dass man es verstehen kann* **2** *hörbar* **3** *begreiflich, dem Sinn nach erfassbar, klar* ♦ jmdm. etwas verständlich machen *jmdm. etwas erklären;* sich verständlich machen *so sprechen, dass es gehört u. begriffen wird*
**Verständnis** ⟨n. 11; unz.⟩ *das Verstehenkönnen, Einfühlungsvermögen* ♦ für jmdn. od. etwas Verständnis haben *sich gut in jmdn. od. etwas einfühlen können*
**verstärken** ⟨V.; hat⟩ **I** ⟨V. t.⟩ **1** *stärker machen* (Befestigung, Mauer) **2** *vermehren, vergrößern* (Truppen, Zweifel) **3** *erhöhen* (Anstrengung, Spannung) **4** *intensiver machen* ♦ die Farbe verstärken; eine chemische Lösung verstärken *konzentrieren;* seinen Widerstand verstärken **II** ⟨V. refl.⟩ sich verstärken *stärker werden, kräftiger werden, zunehmen, wachsen* ♦ der Sturm hat sich verstärkt

**Verstärker** ⟨m. 3⟩ **1** ⟨Fot.⟩ *Lösung zur Hebung der Bildkontraste eines schwach belichteten Negativs* **2** ⟨El.⟩ *Schaltung zum Verstärken von Strömen, Spannungen u. elektromagnet. Wellen*

**Verstauchung** ⟨f. 20⟩ *Zerrung u. Zerreißung von Gelenkbändern durch übermäßige Bewegung od. durch Fall* [→ *stauchen*]

**verstauen** ⟨V. t.; hat⟩ *gut verteilt unterbringen* ◆ Koffer, Gepäck im Auto verstauen

**Versteck** ⟨n. 11⟩ *Ort, an dem etwas versteckt ist od. versteckt werden kann, an dem man sich versteckt hat od. verstecken kann, Schlupfwinkel, verborgener Ort* ◆ Versteck spielen, Verstecken spielen

**verstecken** ⟨V. t.; hat⟩ *verbergen, wegbringen, so dass es niemand findet od. sieht* ◆ sich verstecken *sich verbergen, verschwinden* ◆ mit jmdm. Verstecken **spielen** ⟨fig.⟩ *ihn irreführen, ihm nicht die ganze Wahrheit sagen, ihn im Ungewissen lassen* ◆ sich **hinter** jmdm. od. etwas verstecken ⟨fig.⟩ *jmdn. od. etwas als Vorwand benutzen* ◆ versteckt *verbogen, ungesehen, schwer erkennbar;* ⟨fig.⟩ *heimlich, nicht offen ausgesprochen, angedeutet*

**verstehen** ⟨V. 251; hat⟩ **I** ⟨V. t.⟩ **1** etwas verstehen *begreifen, den Sinn von etwas erfassen können, beherrschen, gelernt haben* **2** jmdn. verstehen **2.1** *den Sinn dessen, was jmd. sagt, erfassen, begreifen, sich klar machen können* **2.2** *sich in jmdn. hineinversetzen können, sich in jmds. Lage versetzen können* ◆ **Englisch,** Französisch verstehen; **Spaß** verstehen *einen Spaß nicht gleich übel nehmen* ◆ jmdm. etwas zu verstehen **geben** *jmdm. etwas andeutend sagen* ◆ das muss man **bildlich** (nicht wörtlich) verstehen; etwas **falsch,** richtig verstehen; etwas falsch verstehen ⟨fig.⟩ *etwas falsch auslegen, falsch deuten (u. sich dann verletzt fühlen od. es übel nehmen);* das Buch ist **leicht,** schwer zu verstehen; ich habe ihn am Telefon nur **schwer,** schlecht, kaum verstehen können ◆ wir verstehen **unter** „Freiheit" Folgendes *wir meinen mit „Freiheit" Folgendes;* unter „Esprit" versteht man nicht nur „Geist", sondern auch „Witz"; er versteht etwas, viel von alter Malerei ◆ **wie** verstehst du diesen Ausdruck? ◆ er nickte verstehend **II** ⟨V. refl.⟩ **II.i** ⟨umg.⟩ sich verstehen *klar sein, selbstverständlich sein* ◆ ich möchte mir ein Zimmer mieten, möbliert, versteht sich!; die beiden verstehen sich, ⟨eigtl.⟩ einander gut, schlecht, nicht **II.ii** ⟨mit Präp. in bestimmten Wendungen⟩ sich auf etwas verstehen *etwas ausüben können, gelernt haben, mit etwas umgehen können* ◆ er versteht sich auf Pferde; ich verstehe mich (nicht) darauf; sich dazu verstehen, etwas zu tun *sich entschließen, sich bereitfinden, etwas zu tun;* sich mit jmdm. verstehen *gut mit jmdm. auskommen, die gleichen Interessen haben, ähnlich empfinden* [< mhd. *versten, verstan* „eine klare Vorstellung von etwas haben, etwas können" < ahd. *fistan* „wahrnehmen, geistig auffassen, erkennen"; → *stehen*]

**versteifen** ⟨V.; hat⟩ **I** ⟨V. t.⟩ **1** *steif machen* **2** *verstärken, stützen, abstützen* ◆ einen Kragen mit Steifleinen versteifen; eine Brücke, Decke, Mauer mit Hölzern versteifen **II** ⟨V. refl.⟩ sich versteifen *steif werden* (Glied, Gelenk)

**Versteifung** ⟨f. 20⟩ *das Versteifen, das Sichversteifen*

**versteigern** ⟨V. t.; hat⟩ *durch Ausbieten zum bestmöglichen Preis verkaufen;* Sy *auktionieren* ◆ Bilder, Möbel, Teppiche (meistbietend) versteigern

**Versteigerung** ⟨f. 20⟩ *das Versteigern, Verkauf durch Anbieten zum bestmöglichen Preis;* Sy *Auktion*

**versteinern** ⟨V. i.; ist⟩ ◄ *zu Stein werden* ◆ wie versteinert dastehen *starr vor Erstaunen dastehen*

**Versteinerung** ⟨f. 20⟩ **I** ⟨unz.⟩ *das Versteinern* **II** ⟨zählb.⟩ *versteinertes Lebewesen*

**verstellen** ⟨V.; hat⟩ **I** ⟨V. t.⟩ **1** *anders stellen, an einen anderen Platz stellen, umstellen* (Gegenstand, Maschinenteil) **2** *in eine andere Stellung bringen* (Signal, Weiche) **3** *versperren, unzugänglich machen* **4** ⟨fig.⟩ *so verändern, dass es ein anderer nicht erkennt* (Handschrift, Stimme) ◆ jmdm. den Weg verstellen **II** ⟨V. refl.⟩ sich verstellen *sich anders geben, als man ist, heucheln, etwas vortäuschen*

**versterben** ⟨V. i. 254; ist; nur im Prät. u. Part. Perf.⟩ *sterben* ◆ gestern verstarb ... *(in Todesanzeigen);* unser Vater ist vor einem Jahr verstorben; der Verstorbene *der Tote*

**versteuern** ⟨V. t.; hat⟩ etwas versteuern *Steuern für etwas zahlen*

**verstimmen** ⟨V. t.; hat; fig.⟩ **1** jmdn. verstimmen *jmdm. die gute Stimmung verderben, jmdn. verärgern, in schlechte Laune versetzen* **2** verstimmt sein ⟨fig.⟩ *schlecht gelaunt, ärgerlich sein* ◆ das Klavier ist verstimmt *hat keinen reinen Klang mehr*

**verstockt** ⟨Adj.; -er, am -esten⟩ *halsstarrig, uneinsichtig, trotzig* ◆ ein verstockter Sünder *nicht zur Reue bereiter Sünder*

**verstohlen** ⟨Adj.⟩ *heimlich, unauffällig* ◆ sich verstohlen umschauen; etwas verstohlen in die Tasche stecken [< mhd. *verstoln* „heimlich, unbemerkt", Part. Perf. von *versteln* „heimlich wegnehmen"; → *stehlen*]

**verstopfen** ⟨V. t.; hat⟩ *zustopfen, verschließen* (Loch, Öffnung)

**Verstopfung** ⟨f. 20⟩ **1** *das Verstopfen* **2** *das Verstopftsein, Mangel an regelmäßigem Stuhlgang*

**verstören** ⟨V. t.; hat⟩ *aus dem seelischen Gleichgewicht bringen, zutiefst erschrecken, erschüttern, verwirren* ◆ ⟨meist Part. Perf. Pass.⟩ verstört sein [< mhd. *verstœren* „beunruhigen, verwirren, vernichten"; → *stören*]

**Verstoß** ⟨m. 1u⟩ *Verletzung (einer Regel, eines Gesetzes), Verfehlung, Zuwiderhandlung* ◆ Verstoß gegen die guten Sitten

VERSUCHUNG: *DIE VERSUCHUNG DES HEILIGEN ANTONIUS* (UM 1500), HIERONYMUS BOSCH

**verstoßen** ⟨V. t. 257; hat⟩ **1** jmdn. verstoßen *von sich stoßen, fortjagen, hinauswerfen* (Familienangehörige) **2** gegen eine Vorschrift verstoßen *eine Vorschrift verletzen, einer Vorschrift zuwiderhandeln*

**verstreichen** ⟨V. 258⟩ **I** ⟨V. t.; hat⟩ **1** *breit streichen, verreiben* (Farbe, Salbe) **2** *füllen u. glatt streichen* (Mauerriss) **3** *mit Bestreichen verbrauchen* ◆ viel Butter verstreichen **II** ⟨V. i.; ist⟩ *ablaufen, vorübergehen* (Frist)

**verstreuen** ⟨V. t.; hat⟩ *streuend ausbreiten, verteilen* (Körner) ◆ (versehentlich) Salz, Zucker verstreuen; die Häuser liegen sehr verstreut *weit auseinander*

**verstricken** ⟨V. t.; hat⟩ *mit Stricken verbrauchen* (Garn, Wolle) ◆ jmdn. in eine Angelegenheit verstricken ⟨fig.⟩ *in eine Angelegenheit verwickeln, hineinziehen;* sich in Widersprüche verstricken ⟨fig.⟩ *einander widersprechende Aussagen machen, sich in Widersprüche verwickeln*

**verstümmeln** ⟨V. t.; hat⟩ **1** *durch Abtrennung eines od. mehrerer Glieder schwer verletzen* (Person) **2** *durch Unachtsamkeit od. Missverständnis entstellen, verkürzen* (Nachricht, Telegramm) ◆ sich selbst verstümmeln *sich selbst ein Glied abtrennen;* einen Text verstümmeln [< mhd. *verstumeln* „beschneiden, (ein Körperglied) abschneiden"; zu *stumbel* „Reststück, Stumpf" < ahd. *stumbal* „verstümmelt"; → *Stumpf*]

**verstummen** ⟨V. i.; ist⟩ *stumm werden, aufhören zu sprechen bzw. zu tönen* ◆ der Beifall, der Lärm verstummte, als ...

**Versuch** ⟨m. 1⟩ *Handlung, durch die man etwas erkunden, prüfen od. erreichen will, Probe, Experiment* (Fluchtversuch, Kernwaffenversuch, Überredungsversuch) ◆ einen Versuch **machen** (in der Chemie, Physik); ich will einen Versuch machen *ich will es einmal versuchen* ◆ **chemischer,** physikalischer, psychologischer Versuch ◆ es kommt **auf** den Versuch an *es muss erprobt werden*

**versuchen** ⟨V. t.; hat⟩ etwas versuchen **1** *etwas tun, um etwas zu erproben, zu prüfen, zu erreichen* **2** *etwas tun, um zu sehen, ob man es kann* **3** *kosten, schmeckend prüfen (Speisen)* **4** *sich bemühen (etwas zu tun)* ◆ jmdn. versuchen *auf die Probe stellen, in Versuchung führen, zum Bösen verlocken;* sein **Heil,** sein Glück versuchen *etwas wagen, einen Vorstoß machen* ◆ er versuchte, es ihr zu **erklären** ◆ sich **an** einem Thema versuchen *ein Thema zu gestalten, zu bearbeiten suchen;* sich **in** einem Handwerk versuchen *ein Handwerk zu erlernen suchen* ◆ jmdn. wegen versuchten Diebstahls anzeigen [→ *suchen*]

**Versuchung** ⟨f. 20⟩ ◄ *das Versuchen, das Versuchtwerden* (nur von Personen), *Verlockung zum Bösen, zur Sünde* ◆ jmdn. in Versuchung führen; in Versuchung geraten, ⟨od.⟩ kommen, etwas zu tun *etwas sehr gern tun wollen (aber dagegen ankämpfen)*

**versus** ⟨[vɛr-] Präp. m. Akk.; geh.; Abk.: vs.⟩ *gegen, gegenüber* [lat., „gegen ... hin"]

**vertagen** ⟨V. t.; hat⟩ **1** *verschieben, aufschieben* **2** ⟨schweiz.⟩ *anberaumen* ◆ die Feier wird auf den Ostermontag vertagt ⟨schweiz.⟩ *angesetzt;* eine Sitzung vertagen *auf einen späteren Zeitpunkt verschieben* [Lehnübersetzung von frz. *ajourner* „vertagen" < mhd. *vertagen* „einen Gerichtstag ansetzen, vor Gericht fordern; auf einen gewissen Tag bestimmen"]

**vertauschen** ⟨V. t.; hat⟩ **1** *austauschen, auswechseln* **2** *versehentlich tauschen, verwechseln* ◆ die Jacken vertauschen

**verte!** ⟨[vɛr-] Abk.: v.⟩ *wende (um)!, (bitte) wenden!* [Imperativ zu lat. *vertere* „wenden, drehen"]

## VERTEBRATEN

Säugetiere, Vögel, Reptilien, Amphibien und Fische bilden die fünf Klassen der Vertebraten, welchen neben ihrer Wirbelsäule ein Innenskelett, ein vom Schädel umschlossenes Gehirn, ein Blutkreislaufsystem sowie ein Herz mit bis zu vier Kammern gemeinsam ist.

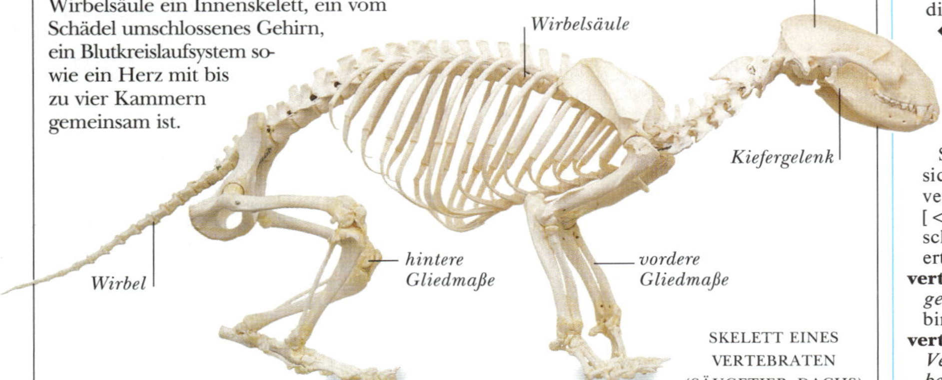


SKELETT EINES VERTEBRATEN (SÄUGETIER, DACHS)

### KLASSEN DER VERTEBRATEN

FISCHE
► *Fische*

AMPHIBIEN
► *Amphibien*

SÄUGETIERE
► *Säugetiere*

VÖGEL
► *Vögel*

REPTILIEN
► *Reptilien*

**Vertebrat** ⟨[vɛr-] m. 16; Zool.⟩ ▲ *Angehöriger eines Unterstammes der Chordatiere, zu denen u.a. die Säugetiere u. der Mensch gehören: Vertebrata;* Sy *Schädeltier, Wirbeltier;* Ggs *Invertebrat, wirbelloses Tier* [zu lat. *vertere* „drehen, wenden"]

**verteidigen** ⟨V. t.; hat⟩ **1** etwas od. jmdn. verteidigen **1.1** *Angriffe von etwas od. jmdm. abwehren, gegen Angriffe schützen* **1.2** *in Schutz nehmen, sich zum Fürsprecher für etwas od. jmdn. machen* **1.3** *vor Gericht vertreten* **2** sich verteidigen *sich rechtfertigen, Angriffe von sich abwehren* ♦ sein **Leben** verteidigen ♦ sich **hartnäckig,** standhaft, tapfer, bis zum Äußersten verteidigen ♦ jmdn. od. sich **gegen** einen Vorwurf verteidigen ♦ der Angeklagte wird von Rechtsanwalt XY verteidigt [< mhd. *vertagedingen, verteidingen* „vor Gericht vertreten"; zu *tagedinc, teidinc* „Verhandlung, an einem bestimmten Tag"; zu *tagedingen, teidingen* „tagen, gerichtlich verhandeln"; → *Ding, Thing*]

V

**Verteidiger** ⟨m. 3⟩ **1** ⟨Rechtsw.⟩ *Jurist, der einen Angeklagten vor Gericht verteidigt* **2** ⟨in Mannschaftsballspielen⟩ *Spieler, der das eigene Tor zu verteidigen hat;* Sy *Abwehrspieler* **3** ⟨allg.⟩ *Fürsprecher, Beschützer* **4** *Angriffe abwehrender Soldat* ♦ sich einen Verteidiger nehmen

**verteilen** ⟨V. t.; hat⟩ etwas verteilen **1** *austeilen, jedem einen Teil von etwas geben* **2** *hierhin u. dorthin stellen od. legen* ♦ **Notenbücher,** Programme verteilen; **Preise** verteilen; die **Rollen** verteilen ⟨Theat.; a. fig.⟩ *jedem seine Aufgabe zuweisen* ♦ Zucker gleichmäßig **auf** dem, über den Kuchen verteilen ♦ ein Theaterstück mit verteilten Rollen lesen *ein Theaterstück gemeinsam laut lesen, wobei jeder eine bestimmte Rolle liest*

**Verteiler** ⟨m. 3⟩ **1** *jmd., der etwas verteilt* **2** ⟨an Verbrennungsmotoren⟩ *Kontaktscheibe zur Auslösung des Zündfunkens in den Zündkerzen* **3** ⟨auf Schriftstücken⟩ *Angabe der Personen oder Dienststellen, die eine Kopie eines Schriftstückes erhalten*

**verteuern** ⟨V.; hat⟩ **I** ⟨V. t.⟩ *teuer machen* **II** ⟨V. refl.⟩ sich verteuern *teuer werden*

**vertiefen** ⟨V.; hat⟩ **I** ⟨V. t.⟩ **1** *tiefer machen* (Graben, Loch) **2** *tiefgründiger gestalten, (gedanklich) tiefer ausschöpfen* (Gespräch, Problem, Gedanken) ♦ sein Wissen über eine Sache vertiefen *tiefer in eine Sache eindringen u. dadurch sein Wissen vergrößern* **II** ⟨V. refl.⟩ sich vertiefen **1** *tiefer werden* **2** ⟨fig.⟩ *sich verstärken* (Eindruck) ♦ sich in eine Arbeit vertiefen

**Vertiefung** ⟨f. 20⟩ **I** ⟨unz.⟩ *das Vertiefen* **II** ⟨zählb.⟩ *tiefer gelegene Stelle, Höhlung, Mulde, Senke* ♦ Vertiefung im Boden

**vertikal** ⟨[vɛr-] Adj.⟩ *senkrecht, lotrecht;* Ggs *horizontal* [< ital. *verticale* „senkrecht" < lat. *vertex* „Wirbel, Drehpunkt"]

**Vertikale** ⟨[vɛr-] f. 30⟩ *Senkrechte;* Ggs *Horizontale*

**vertilgen** ⟨V. t.; hat⟩ **1** *vernichten, ausrotten* (Ungeziefer, Unkraut) **2** ⟨fig.; umg.⟩ *verzehren, (auf)essen*

**Vertrag** ⟨m. 1u⟩ *Rechtsgeschäft, Abkommen, Kontrakt* (Friedensvertrag, Kaufvertrag, Staatsvertrag) ♦ einen Vertrag (mit jmdm.) abschließen, schließen [< spätmhd. *vertrac* = Ersatzwort für „Kontrakt"]

**vertragen** ⟨V. 260; hat⟩ **I** ⟨V. t.⟩ **1** *ertragen, aushalten, sich zumuten können, tun od. essen können, ohne dass es einem schadet* **2** ⟨schweiz.⟩ *austragen* (Zeitungen) ♦ ich kann **Hitze,** Kälte (nicht, gut) vertragen; diese Pflanzen vertragen viel, keine **Sonne** ♦ bestimmte Speisen **gut,** schlecht, nicht vertragen (können) **II** ⟨V. refl.⟩ **1** sich (mit jmdm.) vertragen *sich (mit jmdm.) gut verstehen, mit jmdm. gut auskommen* **2** sich (mit etwas) vertragen ⟨fig.⟩ *gut zu etwas passen, mit etwas vereinbar sein* (Farben, Speisen) ♦ die beiden Kinder vertragen sich **gut,** schlecht, nicht (miteinander) ♦ sie vertragen sich **wieder** *sie haben sich versöhnt* [< mhd. *vertragen* < ahd. *fartragan* „in falscher Richtung, an einen andern Ort tragen; ertragen, geschehen lassen"]

**vertraglich** ⟨Adj.⟩ *durch einen Vertrag (festgelegt)* ♦ vertragliche Verpflichtungen; ich bin vertraglich gebunden

**vertrauen** ⟨V. i.; hat⟩ **1** jmdm. vertrauen *das Vertrauen zu jmdm. haben, dass er sich in bestimmter Weise verhält, sich auf jmdn. verlassen, jmdn. für zuverlässig halten* **2** sich selbst vertrauen *sicher sein, fest glauben, dass man etwas kann* ♦ jmdm. blind vertrauen; auf etwas vertrauen *auf etwas hoffen, etwas bestimmt erwarten;* auf jmdn. vertrauen = *jmdm. vertrauen;* (auf) Gott vertrauen

**Vertrauen** ⟨n.; -s; unz.⟩ *Zuversicht, fester Glaube an jmds. Zuverlässigkeit, fester Glaube daran, dass jmd. sich in bestimmter Weise verhält* ♦ jmds. Vertrauen **genießen** ♦ **blindes,** unbedingtes Vertrauen ♦ **im** Vertrauen (gesagt) *unter uns;* jmdn. ins Vertrauen ziehen *jmdn. in ein Geheimnis einweihen*

**Vertrauensfrage** ⟨f. 19⟩ **1** *Frage, Sache, in der nur das Vertrauen zu jmdm. entscheidend ist (nicht das Können o. Ä.)* **2** *Frage der Regierung od. des Regierungschefs an das Parlament, ob sie noch das Vertrauen des Parlaments genießen* ♦ die Vertrauensfrage stellen; über die Vertrauensfrage abstimmen

**vertraulich** ⟨Adj.⟩ **1** *nicht für die Allgemeinheit bestimmt* **2** *allzu freundschaftlich, allzu persönlich* **3** *vertraut* ♦ vertrauliche Mitteilung; was ich Ihnen jetzt sagen werde, ist streng vertraulich

**vertraut** ⟨Adj.; -er, am -esten⟩ *freundschaftlich-herzlich verbunden, innig* (Freund) ♦ vertraut mit etwas sein *etwas gut kennen od. können, erfahren in etwas sein;* wir sind sehr vertraut miteinander

**vertreiben** ⟨V. t. 262; hat⟩ *wegjagen, verdrängen, verscheuchen* (Insekten, Vögel, ⟨fig.⟩ Langeweile, Sorgen) ♦ Waren vertreiben *verkaufen;* der Wind hat die Wolken vertrieben; jmdm. od. sich die Zeit (mit einer Beschäftigung, mit Spielen) vertreiben *verkürzen, kurzweilig gestalten*

**Vertreibung** ⟨f. 20⟩ *das Vertreiben* ♦ die Vertreibung aus dem Paradies, aus einem Land, aus einem Haus

**vertreten** ⟨V. t. 263; hat⟩ **1** etwas vertreten *für etwas eintreten, etwas verteidigen, rechtfertigen* **2** jmdn. vertreten **2.1** *vorübergehend jmds. Stelle einnehmen* **2.2** *für jmdn. eintreten, seine Rechte wahren* ♦ er vertritt den **Abteilungsleiter** während dessen Urlaub; eine **Behauptung** vertreten; jmds. **Interessen** vertreten; er vertritt die **Meinung,** dass ... ♦ jmdn. **dienstlich** vertreten ♦ wie willst du eine solche Handlungsweise **vor** deinen Eltern, deinen Vorgesetzten vertreten? ♦ vertreten sein *anwesend, vorhanden sein*

**Vertreter** ⟨m. 3⟩ **1** *jmd., der einen anderen od. eine Firma vertritt* (Stellvertreter; Handelsvertreter) **2** *jmd., der für etwas od. jmdn. eintritt, spricht, verhandelt*

**Vertrieb** ⟨m. 1; unz.⟩ **1** *das Vertreiben, Verkaufen (von Waren)* **2** *Abteilung einer Firma, die die Bestellung der Waren bucht u. sie ausliefert*

**vertrocknen** ⟨V. i.; ist⟩ *trocken werden, austrocknen, durch Trockenheit absterben* ◆ die Blumen sind vertrocknet

**vertrösten** ⟨V. t.; hat⟩ jmdn. vertrösten *jmdn. hinhalten, auf später hoffen lassen* ◆ hinsichtlich der Beförderung wurde er auf nächstes Jahr vertröstet

**vertuschen** ⟨V. t.; hat⟩ *verheimlichen, unterdrücken* ◆ eine peinliche Angelegenheit vertuschen, einen unangenehmen Vorfall vertuschen [Herkunft unbekannt]

**verüben** ⟨V. t.; hat⟩ *ausführen, begehen, tun* ◆ einen Anschlag, ein Attentat verüben

**verunfallen** ⟨V. i.; ist; schweiz.⟩ *einen Unfall erleiden*

**verunglimpfen** ⟨V. t.; hat⟩ **1** *schmähen* **2** *beleidigen, verleumden, abfällig reden* [< mhd. *ungelimpf* „Mangel an Nachsicht, Strenge, Schimpf"; → *glimpflich*]

**verunglücken** ⟨V. i.; ist⟩ **1** *einen Unfall erleiden* (Person, Fahrzeug) **2** ⟨umg.⟩ *misslingen, missraten* ◆ tödlich verunglücken

**verunreinigen** ⟨V. t.; hat⟩ *beschmutzen, schmutzig machen* ◆ Wasser verunreinigen; der Hund hat den Teppich verunreinigt

**verunsichern** ⟨V. t.; hat⟩ *(bewusst) unsicher machen* ◆ jmdn. verunsichern

**verunstalten** ⟨V. t.; hat⟩ *entstellen, hässlich, unansehnlich machen* ◆ eine Landschaft durch Industriebauten verunstalten; durch eine Narbe verunstaltetes Gesicht [< mhd. *ungestalt* „übel beschaffen, hässlich" < ahd. *ungistalt;* als Gegensatz zu mhd. *gestalt* < ahd. *gistalt* „beschaffen, eingerichtet"]

**veruntreuen** ⟨V. t.; hat⟩ *unterschlagen* (Geld)

**verursachen** ⟨V. t.; hat⟩ etwas verursachen *die Ursache, der Grund für etwas sein, etwas bewirken* ◆ das verursacht viel Arbeit

**verurteilen** ⟨V. t.; hat⟩ *ablehnend beurteilen, ablehnen* ◆ jmds. Benehmen, Verhalten, Handlungsweise verurteilen; jmdn. zu einer Strafe verurteilen *durch Gerichtsbeschluss eine Strafe über jmdn. verhängen*

**vervielfältigen** ⟨V. t.; hat⟩ *auf mechanischem Wege mehrfach herstellen* ◆ einen Text, ein Schriftstück vervielfältigen

**vervollständigen** ⟨V. t.; hat⟩ *vollständig machen, ergänzen* ◆ seine Kenntnisse vervollständigen; einen Text durch Nachträge vervollständigen

**verwachsen** ⟨[-ks-] V. 272⟩ **I** ⟨V. t.; hat⟩ Kleidungsstücke verwachsen *zu groß dafür werden, aus ihnen herauswachsen* **II** ⟨V. i.; ist⟩ **1** *zusammenwachsen* (Glieder, Pflanzen-, Körperteile) **2** *zuwachsen, sich schließen* (Narbe, Riss, Wunde) ◆ er ist verwachsen *er hat eine Rückgratverkrümmung*

**verwahren** ⟨V. t.; hat⟩ **1** *in sichere Obhut nehmen, sicher aufbewahren* **2** ⟨umg.; bes. norddt.⟩ sich gegen etwas verwahren *gegen etwas protestieren, Widerspruch erheben* ◆ Geld, Papiere im Tresor verwahren; sich gegen einen Vorwurf verwahren

**verwahrlosen** ⟨V. i.; ist⟩ *schmutzig, ungepflegt werden, verkommen* ◆ einen Garten, ein Gebäude, die Wohnung verwahrlosen lassen; verwahrloste Kinder, Jugendliche [< mhd. *verwarlosen* „unachtsam behandeln od. betreiben"; zu *warlos* „unbewusst" u. *warlœse* „Achtlosigkeit" < ahd. *waralos* „achtlos"]

**verwalten** ⟨V. t.; hat⟩ eine Sache verwalten *alle mit einer Sache zusammenhängenden Angelegenheiten erledigen* ◆ ein Amt verwalten; Gelder verwalten; ein Gut verwalten

**Verwaltung** ⟨f. 20⟩ **1** *das Verwalten* **2** *Person, Unternehmen od. Behörde, die bzw. das etwas verwaltet* (Hausverwaltung)

**verwandeln** ⟨V. t.; hat⟩ *ändern, umgestalten, umformen;* Sy *wandeln (I, 1)* ◆ die Szene, den Schauplatz verwandeln ⟨Theat.⟩; sich in etwas anderes verwandeln *die Gestalt von etwas anderem annehmen*

**verwandt** ⟨Adj.; -er, am -esten; Steig. nur fig.⟩ **1** *von gleicher Abstammung, zur selben Familie gehörend* **2** *auf den gleichen Ursprung zurückgehend* (Sprachen) **3** ⟨fig.⟩ *in der Art, Denkart, Empfindungsart ähnlich* ◆ Mut und Tapferkeit sind verwandte Eigenschaften [< spätmhd. *verwant* „zugehörig, zugewandt, verwandt"; zu *verwenden* „hinwenden"]

**Verwandte(r)** ⟨f. 30 (m. 29)⟩ **1** *Pflanze, Tier, Person der gleichen Abstammung od. derselben Familie* **2** *Familienangehörige(r)* ◆ Verwandte(r) ersten, zweiten, dritten Grades; naher, entfernter, weitläufiger Verwandter; ich habe viele Verwandte

**Verwandtschaft** ⟨f. 20⟩ **1** *das Verwandtsein* **2** *Gesamtheit aller Verwandten* **3** ⟨i. e. S.⟩ *die Familienangehörigen außerhalb der engsten Familie* **4** ⟨fig.⟩ *Ähnlichkeit in der Art, verbindende Ähnlichkeit auf geistigem od. seel. Gebiet* (Geistesverwandtschaft, Seelenverwandtschaft)

**verwarnen** ⟨V. t.; hat⟩ jmdn. verwarnen *jmdm. eine Verwarnung erteilen, jmdn. warnend zurechtweisen*

**Verwarnung** ⟨f. 20⟩ *warnende Zurechtweisung (als polizeil. Maßnahme bei Übertretungen von Verkehrsvorschriften)*

**verwässern** ⟨V. t.; hat⟩ **1** *zu sehr mit Wasser verdünnen* (Suppe, Wein) **2** ⟨fig.⟩ *des Gehaltes, der Durchschlagskraft berauben, unanschaulich, nicht überzeugend gestalten*

**verweben** ⟨V. t. 275; hat⟩ **1** *zum Weben verbrauchen* (Garn) **2** etwas in etwas, mit etwas verweben **2.1** *etwas in etwas hineinweben, mit etwas zusammenweben* **2.2** ⟨fig.; immer stark konjugiert⟩ *eng verbinden, ineinander aufgehen lassen, verflechten* ◆ Goldfäden in einen Stoff verweben

**verwechseln** ⟨[-ks-] V. t.; hat⟩ *irrtümlich vertauschen* ◆ er verwechselt manchmal Mein und Dein ⟨fig.; umg.⟩ *er ist nicht ehrlich, er stiehlt ab und zu;* zwei Begriffe, Wörter (miteinander) verwechseln

**verwegen** ⟨Adj.⟩ **1** *kühn, draufgängerisch* **2** *forsch, keck* ◆ ein verwegener Bursche [< mhd. *verwegen* „frisch entschlossen"; zu *sich verwegen* „sich frisch zu etwas entschließen"; zu *(sich) wegen* „sich in einer Richtung, an einem Ort bewegen"]

**verwehen** **I** ⟨V. t.; hat⟩ Wind verweht etwas *beseitigt etwas od. treibt etwas auseinander* ◆ der Wind, Schneesturm hat die Spur verweht **II** ⟨V. i.; ist⟩ etwas verweht *wird vom Wind weggetragen, verschwindet durch Wind*

**verweigern** ⟨V. t.; hat⟩ *ablehnen, nichts geben* ◆ die Annahme eines Briefes verweigern; jmdm. eine Auskunft verweigern; die Aussage verweigern (vor Gericht); den Kriegsdienst, Wehrdienst verweigern

**verweilen** ⟨V. i. u. V. refl.; hat⟩ *bleiben, sich aufhalten* ◆ lass uns hier noch ein wenig verweilen; bei einer Sache verweilen *bei einer Sache bleiben, sich länger mit einer Sache beschäftigen*

**Verweis**[1] ⟨m. 1⟩ *Verwarnung, Rüge, Tadel (auch als Dienststrafe)* ◆ einen Verweis bekommen; jmdm. einen Verweis erteilen [→ *verweisen*[1]]

**Verweis**[2] ⟨m. 1⟩ *Hinweis (auf eine bestimmte Stelle od. ein Bild eines Textes)* ◆ in einem (wissenschaftlichen) Text einen Verweis anbringen [→ *verweisen*[2]]

**verweisen**[1] ⟨V. t. 277; hat⟩ jmdn. verweisen *jmdn. rügen, tadeln, jmdm. einen Verweis erteilen* [< mhd. *verwizen* < ahd. *forwizan* „strafend oder tadelnd vorwerfen"; verwandt mit *wissen*]

**verweisen**[2] ⟨V. 277; hat⟩ **I** ⟨V. t.⟩ jmdn. an jmd. anderen verweisen *jmdn. bitten, sich an jmd. anderen zu wenden* **II** ⟨V. i.⟩ auf etwas verweisen *auf etwas hinweisen* ◆ auf ein Bild, ein Buch, eine Seite verweisen (in einem Text) [→ *weisen*]

**verwelken** ⟨V. i.; ist⟩ *welk werden* (Blumen) ◆ ein verwelktes Gesicht ⟨fig.; abwertend⟩

**verwenden** ⟨V. t. 278; hat⟩ *benutzen, gebrauchen, anwenden* ◆ meine Kenntnisse kann ich hier gut, kaum verwenden

**verwerfen** ⟨V. 281; hat⟩ **I** ⟨V. t.⟩ **1** *so werfen, so weglegen, dass man es nicht wiederfindet* (Ball, Gegenstand) **2** *zurückweisen, ablehnen, für nicht gut, für unbrauchbar erklären* (Methode, Plan, Vorschlag, Idee) **3** *für unannehmbar erklären* (Urteil) **4** *für unsittlich erklären* (Handlungsweise) **II** ⟨V. i.⟩ *eine Fehlgeburt haben* (von Tieren)

**verwerflich** ⟨Adj.⟩ *verdammenswert, verächtlich, unsittlich* ◆ verwerfliche Handlungsweise, Tat; es ist verwerflich, so etwas zu tun

**Verwerfung** ⟨f. 20⟩ **1** *das Verwerfen, entschiedene Ablehnung* **2** ⟨Geol.⟩ ▼ *Verschiebung von Gesteinsschollen längs einer Bruchfläche;* Sy *Bruch*[1] *(15), Sprung (5)*

## VERWERFUNGEN

Verwerfungen entstehen durch Brüche in der Erdkruste. Dabei wirken zwei entgegengesetzte Kräfte auf einen Gesteinsverband, bis dieser in Schollen zerbricht. Längs der Bruchfläche verschieben sich die beiden Schollenteile in vertikaler oder horizontaler Richtung, wie bei den hier abgebildeten wichtigsten Verwerfungstypen.

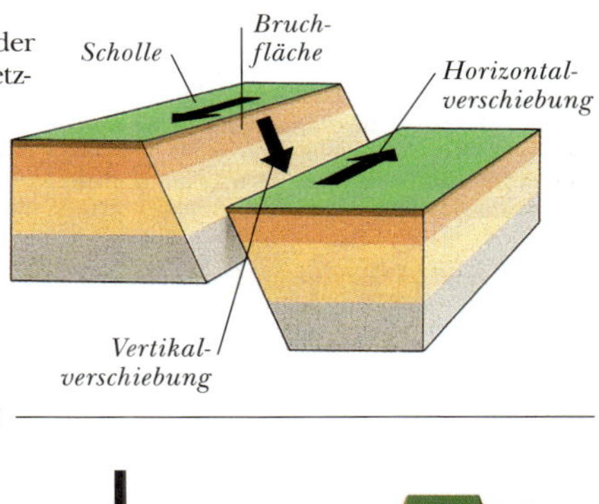


BEWEGUNGEN BEI EINER DIAGONALVERSCHIEBUNG

### WEITERE VERWERFUNGSTYPEN

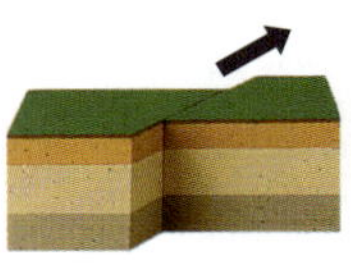

BLATTVERSCHIEBUNG

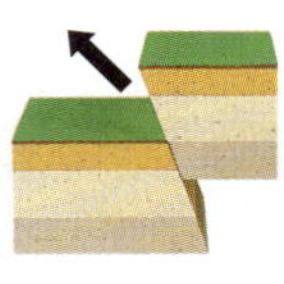

GEGENSINNIGE VERWERFUNG

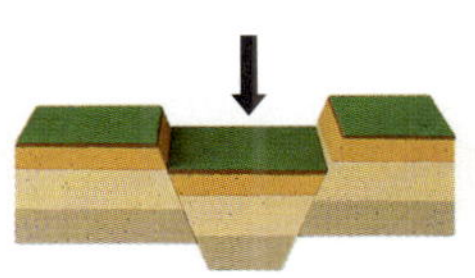

GRABEN

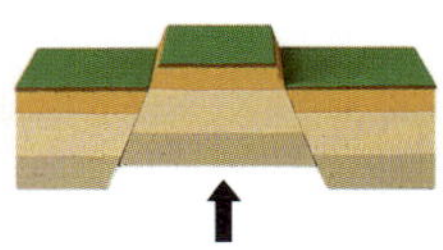

HORST

V

**verwerten** ⟨V. t.; hat⟩ *(noch für etwas) verwenden, ausnützen, benutzen, gebrauchen* ♦ Altmetall, Papierabfälle (noch zu etwas) verwerten

**verwesen** ⟨V. i.; ist⟩ *sich zersetzen, verfaulen* [< mhd. *verwesen* < ahd. *firwesenen* „verfallen, vergehen" + *firwesan* „aufbrauchen, verzehren"]

**verwickeln** ⟨V. t.; hat⟩ **1** *verwirren, ineinander schlingen* (Garn, Fäden) **2** sich in etwas verwickeln **2.1** *etwas versehentlich um sich wickeln* **2.2** ⟨fig.⟩ *in eine Angelegenheit hineingeraten, hineingezogen werden* ♦ sich in Widersprüche verwickeln *einander widersprechende Aussagen machen;* verwickelt *wirr, unklar, undurchsichtig, schwierig*

**verwildern** ⟨V. i.; ist; eigtl.⟩ **1** *zur Wildnis werden, ungepflegt bleiben, von Unkraut, Gras, Gebüsch überwuchert werden* (Garten, Park) **2** *sich äußerlich vernachlässigen* (Person) **3** *ungebärdig, wild werden*

**verwinden** ⟨V. t. 283; hat⟩ etwas verwinden *überwinden, verschmerzen, über etwas hinwegkommen* ♦ einen Schicksalsschlag verwinden

**verwirken** ⟨V. t.; hat⟩ *(durch eigene Schuld) sich verscherzen, den Anspruch auf etwas verlieren* ♦ sich jmds. Gunst verwirken

**verwirklichen** ⟨V.; hat⟩ **I** ⟨V. t.⟩ *in die Tat umsetzen, realisieren* ♦ einen Plan, eine Idee, einen Traum verwirklichen **II** ⟨V. refl.⟩ sich verwirklichen *Wirklichkeit werden*

**verwirren** ⟨V.; hat⟩ **I** ⟨V. t.⟩ **1** etwas verwirren *in Unordnung bringen, durcheinander bringen* **2** jmdn. verwirren *jmdn. aus der Fassung bringen, jmds. Gedanken in Unordnung bringen* ♦ jmdn. durch eine Frage verwirren; sein Haar war verwirrt **II** ⟨V. refl.⟩ sich verwirren *in Unordnung geraten* ♦ sein Geist hat sich verwirrt

**verwischen** ⟨V.; hat⟩ **I** ⟨V. t.⟩ **1** *durch Wischen undeutlich machen* (Schrift, Tinte) **2** ⟨fig.⟩ *unkenntlich machen* (Spuren) ♦ verwischt *undeutlich, unklar, verschwommen;* ich habe nur noch eine verwischte Erinnerung daran **II** ⟨V. refl.⟩ sich verwischen *undeutlich werden, verschwimmen, sich ausgleichen* ♦ im Lauf der Zeit verwischen sich die Eindrücke

**verwittern** ⟨V. i.; ist⟩ *durch Witterungseinfluss angegriffen werden, sich zersetzen* (Gestein, Mauer)

**verwöhnen** ⟨V. t.; hat⟩ **1** *nicht streng genug erziehen, zu nachgiebig behandeln, verziehen* (Kind) **2** *verweichlichen* (Körper) ♦ jmdn. verwöhnen *jmdm. jeden Wunsch erfüllen;* sich verwöhnen *sich verweichlichen, nicht streng genug gegen sich selbst sein* [< mhd. *verwenen* „in übler Weise an etwas gewöhnen; verwöhnen"; zu *wenen* „gewöhnen, zu schlechten Gewohnheiten veranlassen, verzärteln, verweichlichen"; dazu Adj. *verwend* „verwöhnt; bevorzugt, köstlich"]



**verworren** ⟨Adj.⟩ *unklar, verwickelt* ♦ eine verworrene Angelegenheit, Rede

**verwunden** ⟨V. t.; hat⟩ jmdn. verwunden **1** *jmdm. eine Wunde zufügen, jmdn. verletzen* **2** ⟨fig.⟩ *kränken* ♦ er hat mich tief verwundet; die Verwundeten versorgen (im Krieg)

**Verwundung** ⟨f. 20⟩ **1** *das Verwundetwerden, Verletzung (bes. im Krieg)* **2** ⟨fig.⟩ *Kränkung*

**verwünschen** ⟨V. t.; hat⟩ **1** *verfluchen* **2** ⟨im Märchen⟩ *verzaubern*

**verwüsten** ⟨V. t.; hat; eigtl.⟩ **1** *zur Wüste machen, in Wüste verwandeln* **2** ⟨umg.⟩ *vernichten, verheeren, zerstören*

**verzagen** ⟨V. i.; ist/hat; meist im Perf. Pass.⟩ *mutlos werden, die Zuversicht verlieren* ♦ verzagt sein

**verzählen** ⟨V. refl.; hat⟩ sich verzählen *falsch zählen, sich beim Zählen irren* ♦ ich muss mich verzählt haben

**verzahnen** ⟨V. t.; hat⟩ ineinander, miteinander verzahnen *ineinander greifen lassen, durch Zapfen verbinden* (Bretter) ♦ die Kapitel, Abschnitte eines Textes miteinander verzahnen ⟨fig.⟩ *durch Verweise miteinander verbinden*

**verzaubern** ⟨V. t.; hat⟩ **1** *durch Zauber verwandeln* **2** ⟨fig.⟩ *stark, tief beeindrucken u. beglücken* ♦ ihre Schönheit hat ihn verzaubert ⟨fig.⟩; ein verzauberter Prinz

**Verzehr** ⟨m. 1; unz.⟩ *Verbrauch (durch Essen u. Trinken)* ♦ die Früchte sind nicht zum Verzehr geeignet (sondern nur zur Verzierung angebracht)

VIADUKT PUENTE NUEVO (ERBAUT 1793), RONDA, SPANIEN

**verzehren** ⟨V.; hat⟩ **I** ⟨V. t.⟩ **1** *essen u. (od.) trinken* **2** *für den Lebensunterhalt verbrauchen* ♦ sein **Frühstück** verzehren; die Arbeit, Krankheit hat alle seine **Kräfte** verzehrt ⟨fig.⟩; den mitgebrachten **Proviant** verzehren ♦ verzehrende Leidenschaft ⟨fig.⟩ *heftige, verwirrende, Kraft raubende Leidenschaft* **II** ⟨V. refl.⟩ sich verzehren *sich grämen, (vor Kummer od. Liebe) vergehen*

**verzeichnen** ⟨V. t.; hat⟩ **1** *falsch zeichnen, aufzeichnen, aufschreiben, notieren* **2** ⟨fig.⟩ *falsch od. übertrieben darstellen, verzerren, entstellen* **3** *zur Kenntnis nehmen* ♦ ich habe einen Erfolg zu verzeichnen ⟨fig.; verstärkend⟩ *einen Erfolg gehabt;* die Nase auf dem Porträt ist etwas verzeichnet

**Verzeichnis** ⟨n. 11⟩ *Liste, Aufstellung, Register, Übersicht* (Abbildungsverzeichnis, Inhaltsverzeichnis, Warenverzeichnis)

**verzeihen** ⟨V. t. 286; hat⟩ etwas verzeihen *vergeben, entschuldigen* ♦ jmdm. etwas verzeihen *jmdm. etwas vergeben, nicht länger nachtragen;* verzeihen Sie! *ich bitte um Entschuldigung*

**Verzeihung** ⟨f. 20; unz.⟩ *das Verzeihen, Vergebung* ♦ ich bitte Sie (herzlichst, tausendmal, vielmals) um Verzeihung *(Höflichkeitsformel zur Entschuldigung)*

**verzerren** ⟨V. t.; hat⟩ etwas verzerren *verziehen, auseinander- od. zusammenziehen* ♦ die körperlichen Linien, Umrisse, Verhältnisse von etwas falsch darstellen, falsch zeigen; vor Schmerz verzerrter Mund

**verzetteln** ⟨V. t.; hat⟩ **1** *ohne wirklichen Nutzen in kleinen Mengen ausgeben* (Geld) **2** *mit vielen kleinen Beschäftigungen, Arbeiten zubringen, vergeuden, vertun* (Zeit) **3** *auf einzelne Zettel schreiben* (Namen, Wörter) ♦ Titel von Büchern, bestimmte Wörter eines Textes, Namen einer Liste verzetteln und dann alphabetisch ordnen [< mhd. *verzetten* „aus-, verstreuen, vereinzelt fallen lassen, verlieren" < ahd. *zetten* „ausbreiten"; → *Zettel*]

**Verzicht** ⟨m. 1⟩ *das Aufgeben eines Anspruchs, Rechtes od. Vorhabens, Entsagung, Rücktritt* ♦ schmerzlicher, schwerer Verzicht; unter Verzicht auf *verzichtend auf* [< mhd. *verziht* „Verzichtleistung, Entsagung"]

**verzichten** ⟨V. i.; hat⟩ auf eine Sache verzichten *einer Sache entsagen, nicht länger auf einer Sache bestehen, sie nicht mehr beanspruchen* ♦ danke, ich verzichte (darauf)!

**verziehen** ⟨V. 287⟩ **I** ⟨V. t.; hat⟩ **1** *auseinander ziehen od. zusammenziehen, in eine andere Form ziehen* (Gesicht, Mund) **2** *schlecht erziehen, verwöhnen* (Kind) ♦ er verzog den Mund zu einer Grimasse; Rüben verziehen *die schwachen und zu dicht stehenden Pflanzen unter den Rüben herausziehen;* das Kind ist verzogen **II** ⟨V. refl.; hat⟩ sich verziehen **1** *die Form ändern, schrumpfen, schief werden, sich krümmen* (bes. von Holz) **2** *wegziehen, verschwinden* (Gewitter) **3** ⟨umg.⟩ *(unauffällig) weggehen, verschwinden* (Person) **4** *schwinden, vergehen* (Schmerz) **III** ⟨V. i.; ist⟩ *umziehen, wegziehen, die Wohnung, den Wohnort verlegen* ♦ verzogen, unbekannt, wohin *(Vermerk auf unzustellbaren Briefen);* falls verzogen, bitte zurück an den Absender *(Vermerk auf Briefen)*

**verzieren** ⟨V. t.; hat⟩ *mit Zierrat, mit einer Zierde versehen, schmücken, ausschmücken* ♦ ein Kleid mit Stickerei verzieren

**Verzierung** ⟨f. 20⟩ **1** *das Verzieren, Ausschmückung* **2** *Zierrat, Schmuck, Ornament* ♦ reiche Verzierungen an der Hausfassade anbringen

**verzinsen** ⟨V.; hat⟩ **I** ⟨V. t.⟩ jmdm. etwas verzinsen *jmdm. Zinsen für etwas zahlen* ♦ jmdm. ein Kapital, eine Spareinlage mit 3% verzinsen **II** ⟨V. refl.⟩ sich verzinsen *Zinsen abwerfen, Zinsen einbringen;* die Pfandbriefe verzinsen sich mit 5%

**verzögern** ⟨V. t.; hat⟩ *verlangsamen, hinausschieben, hinausziehen* ♦ sich verzögern *später als vorgesehen eintreten;* seine Ankunft, Abreise hat sich verzögert

**verzollen** ⟨V. t.; hat⟩ Waren verzollen *Zoll für Waren bezahlen* ♦ haben Sie etwas zu verzollen?

**Verzug** ⟨m.; -(e)s; unz.⟩ **1** *Verzögerung, Rückstand* **2** ⟨Bgb.⟩ *Verkleidung* [→ *verzögern*]

**verzweifeln** ⟨V. i.; ist⟩ **1** *die Hoffnung völlig aufgeben, verzagen* **2** ⟨umg.⟩ *die Geduld verlieren* ♦ am Leben, an den Menschen verzweifeln

**verzweigen** ⟨V. refl.; hat⟩ sich verzweigen *sich gabeln, in Zweige, in Teile aufspalten* ♦ der Baum, Weg verzweigt sich; eine verzweigte Verwandtschaft

**Vesper** ⟨[fɛs-] f. 21; urspr.⟩ **1** *die vorletzte der katholischen Gebetsstunden am späten Nachmittag od. frühen Abend* **2** ⟨danach⟩ **2.1** *Gottesdienst am frühen Abend* (Christvesper) **2.2** *Vesperbrot, Nachmittagsmahlzeit* **2.3** *nachmittägliche Arbeitspause, Feierabend* [< mhd. *vesper* < ahd., kirchenlat. *vespera* „die vorletzte kanonische Stunde (6 Uhr abends)" < lat. *vesper* „Abend, Abendstern, Westen", entspricht grch. *hesperos* „Abendstern, Abend, Westen"]

**Vestalin** ⟨[vɛs-] f. 22; Rel.⟩ ◄ *Priesterin der Vesta, der altröm. Göttin des Herdfeuers* [< lat. *vestalis* „der Vesta geweiht; Vestapriesterin" < lat. *vesta* „Göttin Vesta, heiliger Herd, heiliges Herdfeuer"]

VESTALIN: ALTRÖMISCHE STATUE EINER VESTALIN

**Veteran** ⟨[ve-] m. 16; Mil.⟩ *alter Soldat, Altgedienter, Teilnehmer an einem früheren Feldzug* [< frz. *vétéran* „Veteran, ausgedienter Soldat od. Beamter, Altschüler" < lat. *veteranus* „altgedient; ausgedienter Soldat, Veteran"; zu *vetus* „bejahrt, alterprobt"]
**Veterinär** ⟨[ve-] m. 1⟩ = *Tierarzt*
**Veterinärmedizin** ⟨[ve-] f.; -; unz.⟩ = *Tiermedizin;* Ggs *Humanmedizin*
**Veto** ⟨[ve:-] n. 15⟩ **1** *Einspruch* **2** *Einspruchsrecht* ◆ sein Veto einlegen *Einspruch erheben, von seinem Einspruchsrecht Gebrauch machen*
**Vetter** ⟨m. 25⟩ *Sohn des Onkels od. der Tante;* Sy *Cousin* [< mhd. *veter* < ahd. *fetiro* „Vatersbruder", später a. „Bruder der Mutter", dann „männl. Verwandter"]
**vgl.** ⟨Abk. für⟩ *vergleiche*
**v., g., u.** ⟨Rechtsw.; Abk. für⟩ *vorgelesen, genehmigt, unterschrieben*
**v. H.** ⟨Abk. für⟩ *vom Hundert*
**VHS** ⟨Abk. für⟩ *Volkshochschule*
**via** ⟨['vi:a] Präp.⟩ *(auf dem Wege) über* ◆ nach Hamburg via Hannover fahren [zu lat. *via* „Weg, Straße; Gang, Reise"]
**Viadukt** ⟨[via-] m. 1 od. n. 11; Bauw.⟩ ◄ *Talbrücke, Überführung* [< frz. *viaduc* „Landbrücke, Viadukt, Bahnbrücke" < lat. *via* „Weg, Straße" + *ductum,* Part. Perf. Pass. von *ducere* „führen, leiten"]
**Vibrafon** ⟨[vi-] n. 11⟩ ► = *Vibraphon*
**Vibraphon** ⟨[vi-] n. 11; Mus.⟩ ▼ *Musikinstrument aus Metallstäbchen, die mit Hämmerchen geschlagen werden u. unter denen sich Schallbecher befinden, die elektromotorisch geöffnet u. geschlossen werden, wodurch ein Vibrato entsteht;* oV *Vibrafon;* ► *Schlaginstrumente* [< lat. *vibrare* „schwingen, zittern" + grch. *phone* „Stimme, Klang, Laut"]
**Vibration** ⟨[vi-] f. 20⟩ *das Vibrieren, Schwingung, Zittern, feine Erschütterung* [< frz. *vibration* „Schwingung, Zittern, Klang" < lat. *vibrare* „schwingen, zittern, zucken"]
**Vibrato** ⟨[vi-] n. 15; Mus.⟩ *leichtes Beben des Tons der Singstimme sowie bei Streich- u. Holzblasinstrumenten* [< ital. *vibrato,* Part. Perf. von *vibrare* < lat. *vibrare* „schwingen, zittern"]
**vibrieren** ⟨[vi-] V. i.; hat⟩ *beben, schwingen* (Saite, Stimme, Ton) [zu lat. *vibrare* „schwingen, zittern, beben"]
**Viburnum** ⟨[vi-] n.; -s; unz.; Bot.⟩ ► = *Schneeball (2)* [lat.]
**vice versa** ⟨['vi:tsə 'vɛrsa] Abk.: v. v.⟩ *umgekehrt* [< lat. *vicis,* Gen. von *vices* „Wechsel" + *versus,* Part. Perf. von *vertere* „wenden, umkehren"]
**Video** ⟨[vi-]⟩ **I** ⟨n. 15; kurz für⟩ *Videotechnik* **II** ⟨m. 6; kurz für⟩ *Videoclip*
**video..., Video...** ⟨[vi:-] in Zus.⟩ *fernseh..., Fernseh..., bild..., Bild...* [< engl. *video...* < lat. *videre* „sehen"]

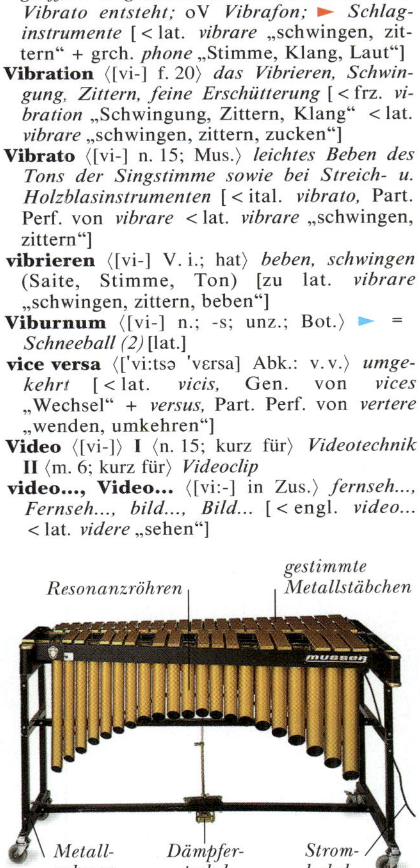

VIBRAPHON

## VIDEOREKORDER

Mit einem Videorekorder lassen sich Bild und Ton von Filmen und Fernsehsendungen aufzeichnen und wiedergeben. Während die Kopftrommel die Bildspuren schräg auf das Videoband aufzeichnet, nimmt der Tonkopf die Schallsignale auf. Beim Abspielen werden die aufgezeichneten Informationen in Bild- und Tonsignale zurückverwandelt.

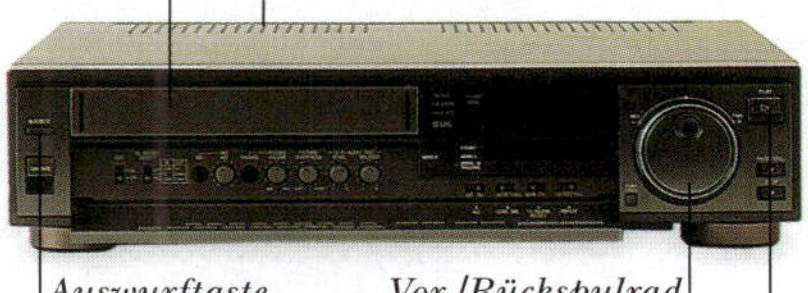

VORDERANSICHT EINES VIDEOREKORDERS

DAS INNERE EINES VIDEOREKORDERS

**Videoclip** ⟨[vi-] m. 6⟩ *als visuelle Untermalung eines (Pop- od. Rock-)Liedes hergestellter, kurzer Film;* Sy ⟨kurz⟩ *Clip (2), Video (II)* ◆ der neue Videoclip von PJ Harvey [< *Video* + engl. *clip* „beschneiden, stutzen"]
**Videokassette** ⟨[vi-] f. 19⟩ *auf eine Spule gewickeltes Magnetband zur Aufzeichnung u. Wiedergabe von Bild u. Ton*
**Videorecorder** ⟨[vi-] m. 3⟩ ► = *Videorekorder*
**Videorekorder** ⟨[vi-] m. 3⟩ ▲ *Gerät zum Speichern u. Wiedergeben von Fernsehsendungen, Filmen usw.;* oV *Videorecorder* [< lat. *videre* „sehen" + engl. *recorder* „Tonbandgerät, Plattenspieler"; zu *record* „Aufzeichnung"]
**Videotechnik** ⟨[vi-] f. 20; unz.; Sammelbez. für⟩ Sy ⟨kurz⟩ *Video (I)* **1** *alle Verfahren zur Aufzeichnung von Bild u. Ton u. deren Wiedergabe* **2** *Gesamtheit aller zur (magnet.) Bildaufzeichnung u. Wiedergabe dienenden Geräte u. Vorrichtungen*
**Vieh I** ⟨n.; -(e)s; unz.⟩ **1** *Nutztiere der Hauswirtschaft, Rinder, Schweine, Schafe, Ziegen, Federvieh, auch Pferde u. Esel* **2** ⟨fig.⟩ *roher, brutaler Mensch* **II** ⟨n.; -s, Viecher; umg.⟩ *Tier* [< mhd. *vihe* < ahd. *fihu* „Vieh"]
**viel I** ⟨Adj.; mehr, am meisten⟩ *eine große Menge, eine große Anzahl, eine Fülle, zahlreich* ◆ viele/⟨bei qualifizierendem Gebrauch auch⟩ Viele können das nicht verstehen *eine große Zahl von Leuten;* vieles fällt ihm noch schwer; und viele andere; mit vielem **Dank** ◆ viele **hundert** Menschen ◆ es waren viele **unter** ihnen, die ich kannte **II** ⟨Adv.⟩ **1** *häufig, oft* ◆ viel **arbeiten,** essen, lesen, schlafen ◆ eine viel **befahrene** Straße ◆ viel **sagend** = *vielsagend;* viel **versprechend** = *vielversprechend* **2** ⟨vor dem Komparativ⟩ *ein großes Stück, bedeutend* ◆ er ist viel **größer** als du; sie arbeitet jetzt viel **schneller 3** *in großem Maße* ◆ hier ist es viel zu kalt **III** ⟨Partikel⟩ *besonders* ◆ was konnte er da noch viel fragen? [< mhd. *vil* < ahd. *filu*]
**Vieleck** ⟨n. 11; unz.⟩ = *Polygon*
**Vielehe** ⟨f. 19; unz.⟩ *Ehe mit mehreren Männern bzw. Frauen, Polyandrie bzw. Polygamie*
**vielerlei** ⟨Adj.; undekl.⟩ **1** *mannigfaltig* **2** *viele verschiedene Dinge*
**vielfach** ⟨Adj.⟩ **1** *viele Male auf-, nebeneinander* **2** *viele Male* **3** ⟨umg.⟩ *häufig, oft* ◆ vielfacher Millionär *jmd., der viele Millionen besitzt;* kleinstes gemeinsames Vielfaches ⟨Math.; Abk.: k. g. V.⟩ *kleinstes Produkt, das aus mehreren Zahlen gebildet werden kann;* ich habe schon vielfach gehört, dass ... ⟨umg.⟩
**Vielfalt** ⟨f.; -; unz.⟩ *Vorhandensein in vielen verschiedenen Arten, Mannigfaltigkeit* ◆ die Vielfalt der Blumen, Farben
**vielfältig** ⟨Adj.⟩ *in vielen verschiedenen Arten vorhanden, mannigfaltig*
**Vielgötterei** ⟨f. 18; unz.; Rel.⟩ = *Polytheismus*
**vielleicht** ⟨Partikel⟩ **1** *möglicherweise, wenn es geht* **2** ⟨umg.; bei Zahlenangaben⟩ *etwa, ungefähr* [< mhd. *vil lihte* „sehr leicht, vermutlich, möglicherweise"]
**vielmals** ⟨Adv.⟩ *viele Male, oft, oftmals, häufig* ◆ ⟨heute fast nur noch in festen Wendungen wie⟩ ich bitte vielmals um Entschuldigung!
**Vielmännerei** ⟨f. 18; unz.; bei Naturvölkern⟩ = *Polyandrie*
**vielmehr** ⟨Konj.; korrigierend⟩ *richtiger, besser, eher*
**vielsagend** ⟨Adj.⟩ *vieles ausdrückend, bedeutungsvoll;* oV *viel sagend* ◆ ein vielsagender Blick; jmdn. vielsagend ansehen; ⟨bei Steigerung und mit Attribut nur Zusammenschreibung⟩ dieser Entwurf ist vielsagender als der erste
**vielschichtig** ⟨Adj.⟩ *aus vielen Schichten bestehend* ⟨a. fig.⟩
**vielseitig** ⟨Adj.⟩ **1** *in vielen Dingen bewandert, an vielen Dingen interessiert* (Person) **2** *viele Gebiete einschließend, umfassend* (Interessen) ◆ eine vielseitige Bildung haben
**Vielstaaterei** ⟨f. 18; unz.; Pol.⟩ *Aufspaltung in viele kleine, politisch selbständige Staaten, z. B. in Deutschland im 19. Jh.;* Sy *Partikularismus (2)*

V

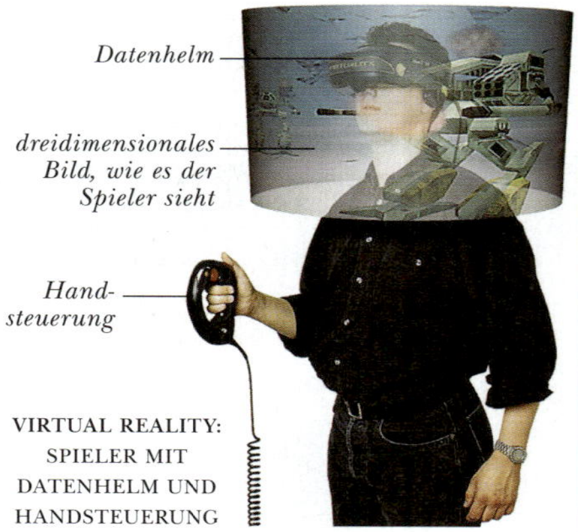


VIRTUAL REALITY: SPIELER MIT DATENHELM UND HANDSTEUERUNG

**vielversprechend** ⟨Adj.⟩ oV *viel versprechend* **1** *vieles versprechend, vieles erhoffen lassend* (Personen, Blick, Lächeln) **2** *viel Erfolg versprechend, aussichtsreich* (Unternehmen) ◆ ein vielversprechender Anfang; ⟨bei Steigerung und mit Attribut nur Zusammenschreibung⟩ er ist ein vielversprechenderer Schriftsteller als die meisten anderen seiner Generation

**Vielweiberei** ⟨f. 18; unz.⟩ **1** = *Polygamie* **2** = *Polygynie*

**Vielzeller** ⟨m. 3⟩ *vielzelliges Tier, vielzellige Pflanze;* Ggs *Einzeller*

**vier** ⟨Num.⟩ *4* ◆ alle viere von sich strecken ⟨umg.⟩ *sich bequem lang ausstrecken;* die vier Jahreszeiten, Himmelsrichtungen [< mhd. *vier* < ahd. *fior* < lat. *quattuor*]

**Vier** ⟨f. 20⟩ **1** *die Zahl, Ziffer 4* **2** ⟨als Schulnote⟩ *ausreichend* ◆ eine Vier bekommen

**Viereck** ⟨n. 11; Geom.⟩ *geometr. Figur aus vier geraden Linien*

**Vierflach** ⟨n. 11⟩, **Vierflächner** ⟨m. 3; Geom.⟩ ► = *Tetraeder*

**Vierling** ⟨m. 1⟩ **1** *vierläufiges Jagdgewehr* **2** Vierlinge ⟨Pl.⟩ *vier gleichzeitig im Mutterleib entwickelte u. kurz nacheinander geborene Kinder* **3** ⟨selten⟩ *jedes einzelne Kind einer Vierlingsgeburt*

**Vierpass** ⟨m. 1u; Arch.⟩ *aus vier konzentrischen Dreiviertelkreisen gebildete Figur des gotischen Maßwerks*

**vierschrötig** ⟨Adj.⟩ *breit gebaut u. kräftig, untersetzt u. derb* (Person, bes. Mann) [< mhd. *vierschrœtec* < älterem *vierschrœte;* zu *schrot* „Schnitt, abgeschnittenes Stück, Saum, Ecke des Gewandes", also eigtl. „viereckig"]

**Viertaktmotor** ⟨m. 23; bei Kfz⟩ *Verbrennungsmotor mit vier Arbeitsgängen: Ansaugen, Verdichten, Zünden u. Ausdehnen der verbrannten Gase, Auspuffen*

**Viertel** ⟨n. 13 od. schweiz. a.: m. 5⟩ **1** *vierter Teil* **2** *Stadtteil* (Geschäftsviertel, Stadtviertel) ◆ ein Viertel Kaffee, Wein ⟨umg.⟩; es ist viertel drei ⟨bes. mdt.⟩ *(eine) Viertelstunde nach zwei Uhr,* $2^{15}$ *bzw.* $14^{15}$ *Uhr;* drei viertel drei *(eine) Viertelstunde vor drei Uhr,* $2^{45}$ [< *vier* + *Teil*]

**viertel..., Viertel...** ⟨in Zus.⟩ *der vierte Teil vom Ganzen,* z. B. Viertelstunde, Viertelpfund

**Viertelfinale** ⟨n. 13 od. n. 15; Sp.⟩ *Ausscheidungswettkampf, in dem in vier parallelen Kämpfen die Teilnehmer am Halbfinale ermittelt werden*

**Viertelstunde** ⟨f. 19⟩ *vierter Teil einer Stunde, 15 Minuten*

**viertens** ⟨Adv.⟩ *an vierter Stelle*

**Viervierteltakt** ⟨m. 1; Mus.⟩ *Takt mit Notenwerten von vier Viertelnoten,* $^4/_4$*-Takt*

**vierzehn** ⟨Num.⟩ *14* ◆ die Vierzehn Nothelfer ⟨Rel.⟩ *14 kath. Heilige, von denen man sich in bestimmten Notfällen Hilfe erbittet;* vierzehn Tage *zwei Wochen;* heute in vierzehn Tagen

**vierzig** ⟨Num.⟩ *40*

**Vierzylindermotor** ⟨m. 23⟩ *Verbrennungsmotor mit vier Zylindern*

**Vignette** ⟨[vi'njɛtə] f. 19⟩ **1** *kleine Verzierung auf dem Titelblatt, am Ende des Kapitels u. a.* **2** ⟨Fot.⟩ *Schablone als Vorsatz vor ein Kameraobjektiv od. vor ein Negativ* **3** ⟨schweiz.⟩ *Bescheinigung über eine pauschal abgegoltene jährliche Gebühr für die Benutzung der Autobahnen (als selbstklebende Plakette an der Windschutzscheibe)* [< frz. *vignette* „Verzierungsbildchen; Buchdruckerleiste; Waldrebe", Verkleinerungsform von *vigne* „Rebe, Weinranke, Weingarten, Weinstock" < lat. *vinea, vinetum* „Weinstock"; zu *vinum* „Wein"]

**Vikar** ⟨[vi-] m. 1⟩ **1** ⟨Rel.⟩ *Stellvertreter im weltlichen od. kirchlichen Amt,* ⟨bes.⟩ *junger Geistlicher als Gehilfe des Pfarrers* (Pfarrvikar) **2** ⟨schweiz. a.⟩ *stellvertretender Lehrer* [< mhd. *vikar(i)* „Stellvertreter"; < lat. *vicarius* „stellvertretend, Statthalter, Stellvertreter"; zu *vicis* „Wechsel, Wechselseitigkeit, Platz, Stelle"; → *Vize...*]

**Vikarin** ⟨[vi-] f. 22⟩ *weibl. Vikar*

**viktorianisch** ⟨[vik-] Adj.⟩ *zur Regierungszeit der englischen Königin Viktoria (1837-1901) gehörend* ◆ die viktorianische Mode, Literatur; ⟨aber⟩ das Viktorianische Zeitalter

**Villa** ⟨[vil-] f.; -, Villen⟩ ▼ *Landhaus, größeres Einfamilienhaus* [< ital. *villa* „Landhaus, vornehmes Einfamilienhaus" < lat. *villa* „Landhaus, Landgut, Meierei" < *vicus* „Gehöft, Häusergruppe, Dorf, Flecken" + *villaris* „zum Landgut gehörig"; → *Weiler*]

**Villen** ⟨[vil-] Pl. von⟩ *Villa*

**Vinaigrette** ⟨[vinɛgrɛtə] f. 19; Kochk.⟩ *mit Essig u. Kräutern bereitete, würzige Tunke* [< frz. *vinaigre* „Essig, Säure" < *vin* „Wein" (< lat. *vinum* „Wein") + *aigre* „sauer, herb, scharf" (< lat. *acidus* „sauer, scharf")]

**Vinyl** ⟨[vi-] n. 11; unz.; Mus.; umg.⟩ *Schallplatte* ◆ das Lied habe ich nur auf Vinyl [verkürzt < Poly*vinyl*chlorid (PVC), dem Kunststoff, aus dem Schallplatten hergestellt werden]

**Viola I** ⟨['vi:ola] f.; -, Violen; Bot.⟩ = *Veilchen;* oV *Viole* **II** ⟨[vi'o:la] f.; -, Violen; Mus.⟩ **1** ⟨i. e. S.⟩ = *Bratsche* **2** ⟨i. w. S.⟩ *aus der Fidel entwickelte Familie von Streichinstrumenten* ◆ Viola d'Amore *Geige mit 6-7 Darmsaiten, die gestrichen werden, u. je einer Messingsaite, die nur mitklingt;* Viola da Braccio ⟨[- bratʃo]⟩ *Armgeige, Bratsche;* Viola da Gamba *Kniegeige, Gambe* [< ital. *viola* „Viole, Veilchen, Levkoje" (wohl der Form wegen auf das Musikinstrument übertragen), frz. *viole,* span. *viola* < altprovenzal. *viola, viula;* weitere Herkunft unbekannt; < ital. *amore* „Liebe" (eigtl. also „Liebesgeige", wohl wegen des lieblichen Tones); < ital. *da* „für, zu" + *braccio* „Arm"; < ital. *gamba* „Bein"]

**Viole** ⟨[vi:-] f. 19; Bot.⟩ = *Veilchen;* oV *Viola (I)*

**violett** ⟨[vi-] Adj.⟩ *veilchenfarbig* [< mhd. *fiolet* „veilchenblau" < frz. *violet,* Fem. *violette* „veilchenblau, violett"; zu *violette* „Veilchen, Viole", Verkleinerungsform von frz. *viole* „Veilchen" < lat. *viola* „Veilchen, Levkoje"]

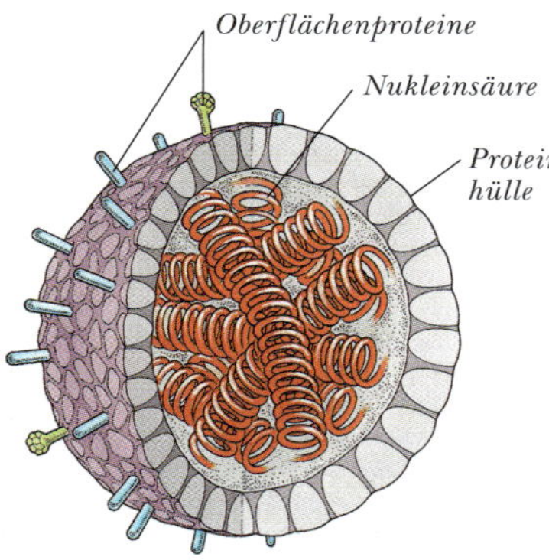


VIRUS: TYPISCHER AUFBAU EINES VIRUS

**Violine** ⟨[vi-] f. 19; Mus.⟩ = *Geige* [< ital. *violino* „Geige, Violine", Verkleinerungsform von ital. *viola* „Bratsche"]

**Violinist** ⟨[vi-] m. 16; Mus.⟩ *Geiger, Geigenspieler*

**Violinschlüssel** ⟨[vi-] m. 5; unz.; Mus.⟩ *Notenschlüssel auf der zweiten Linie, der anzeigt, dass dort der Ton g liegt;* Sy *G-Schlüssel*

**Violoncello** ⟨[violɔn'tʃɛlo] n.; -, -celli; Mus.⟩ ► = *Cello* [< ital. *violoncello,* Verkleinerungsform von *Violone*]

**Violone** ⟨[vi-] m.; -s, Violoni; Mus.⟩ ► = *Kontrabass* [ital., „große Viola", Vergrößerungsform von *viola*]

## VILLA

Antike römische Villen lagen meist inmitten eines ausgedehnten autarken Landguts und bestanden aus etlichen, oft reich geschmückten Räumen, die bevorzugt um Gartenanlagen angelegt wurden. Ein typisches Merkmal dieser Villen war das Atrium, das sich von einem großen Mittelraum zu einem Innenhof entwickelte.

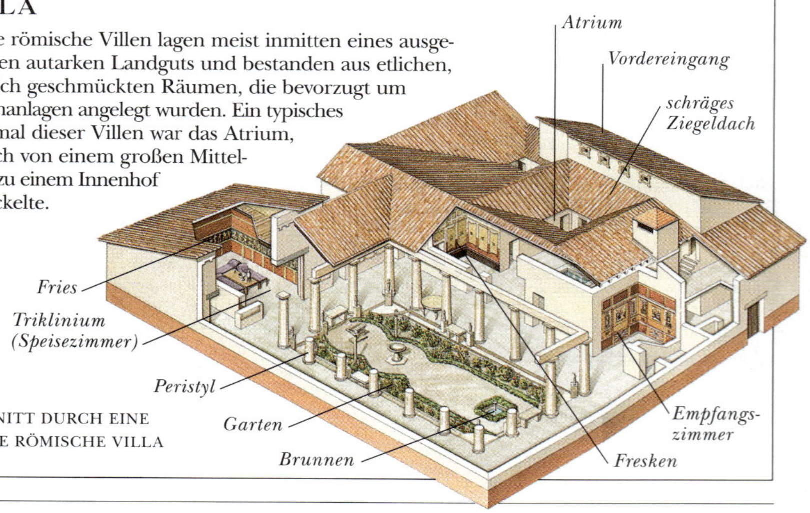


SCHNITT DURCH EINE ANTIKE RÖMISCHE VILLA

**Viper** ⟨[vi:-] f. 21⟩ **1** ⟨Zool.⟩ *Angehörige einer Schlangenfamilie mit Giftzähnen: Viperidae;* Sy *Otter*[2]; ► *Schlangen* **2** ⟨Drogenszene⟩ *Rauschgiftsüchtiger im fortgeschrittenen Stadium der Abhängigkeit* [< lat. *vipera* „Schlange, Natter" < *vivipara* „lebendige Junge gebärend" < *vivus* „lebend" + *parere* „gebären, hervorbringen"]

**viril** ⟨[vi-] Adj.⟩ *männlich* [< frz. *viril* „männlich, mannhaft" < lat. *virilis* „männlich, mannhaft; standhaft, mutig"; zu *vir* „Mann"]

**Virtual Reality** ⟨['vəːtʃuəl ri'æləti] f.; - -; unz.; EDV⟩ ◄ *durch Computertechnik simulierte Realität, in die jmd. mithilfe von techn. Geräten (z. B. Brille, Datenhandschuh) interaktiv eingebunden werden kann;* → a. *Cyberspace* [engl., „virtuelle Wirklichkeit"]

**virtuell** ⟨[vir-] Adj.⟩ *der Kraft od. Möglichkeit nach (vorhanden)* ◆ virtuelles Bild ⟨Opt.⟩ *scheinbares Bild* [< frz. *virtuel* „wirkungsfähig, unerforscht wirkend"; zu lat. *virtus* „Tugend, Tapferkeit, Mannhaftigkeit"; zu *vir* „Mann"]

**Virtuose** ⟨[vir-] m. 17⟩ *Meister (in einer Kunst),* ⟨bes.⟩ *Musiker mit glänzender Technik* (Klaviervirtuose) [< ital. *virtuoso* „Künstler (bes. Musiker), der seine Kunst mit vollendeter Meisterschaft beherrscht; tüchtig"; zu *virtu* „Tüchtigkeit, Tugend" < lat. *virtus* „Mannhaftigkeit, Tüchtigkeit, Tugend"; zu *vir* „Mann"]

**virulent** ⟨[vi-] Adj.⟩ **1** ⟨Med.⟩ *krankheitserregend, ansteckend* **2** *giftig* [< lat. *virulentus* „giftig"; zu *virus* „Schleim, Gift, Geifer"]

**Virus** ⟨[vi:-] n. od. umg. a.: m.; -, Viren; Biol.; Med.⟩ ◄ *kleinster, nichtzelliger Erreger einer übertragbaren Krankheit, dessen Vermehrung nur in lebenden Wirtszellen erfolgt* [< lat. *virus* „Schleim, Gift"]

**Virusgrippe** ⟨[vi-] f. 19; Med.⟩ = *echte* → *Grippe (1)*

**Visier** ⟨[vi-] n. 11⟩ **1** ⟨am mittelalterl. Helm⟩ *bewegl. Gesichtsschutz* **2** ⟨an Feuerwaffen⟩ *Zielvorrichtung am hinteren Ende des Laufs od. Rohrs mit der Kimme od. einem Fadenkreuz* ◆ mit offenem Visier kämpfen ⟨fig.⟩ *seine Absichten ehrlich bekennen* [< frz. *visière* „Visier, Augenschirm; Zielvorrichtung an Handfeuerwaffen"; zu *viser* „zielen, aufmerksam hinblicken; ins Auge fassen" < afrz. *vis* „Antlitz, Gesicht" < lat. *videre* „sehen"]

**Vision** ⟨[vi-] f. 20⟩ **1** *Traumgesicht, Erscheinung* **2** *Trugbild* **3** *eine (schwärmerisch entworfene) Idee od. Vorstellung für die Zukunft, Zukunftsperspektive* ◆ eine Vision für das nächste Jahrzehnt entwerfen [< mhd. *vision* „Traumgesicht" < lat. *visio,* Gen. *visionis* „das Sehen, Anblick, Erscheinung, Vorstellung"; zu *videre* „sehen"]

**Visionär** ⟨[vi-] m. 1⟩ **1** *jmd., der visionäre Fähigkeiten besitzt* **2** *jmd., der zukunftsweisende, groß angelegte Pläne u. Ideen hat*

**Visite** ⟨[vi-] f. 19⟩ *Besuch zwecks Untersuchung* (Krankenvisite) ◆ der Arzt macht Visite auf der Station (im Krankenhaus) [< frz. *visite* „Besuch, Krankenbesuch des Arztes"; zu *visiter* „besuchen, besichtigen, durchsuchen" < lat. *visitare* „oft sehen, besichtigen"; zu *videre* „sehen"]

**Visitenkarte** ⟨[vi-] f. 19⟩ *Karte mit Aufdruck des Namens (sowie der Adresse, der Firma usw.), die man bei einem offiziellen Besuch abgibt, Besuchskarte* ◆ seine Visitenkarte hinterlassen ⟨fig.; umg.; scherzh.⟩ *Unordnung, Unsauberkeit hinterlassen*

**Viskose** ⟨[vis-] f. 19; unz.⟩, **Viskosefaser** ⟨[vis-] f. 21⟩ *Faser aus Zellstoff* [< frz. *viscosité* „Klebrigkeit, Zähigkeit" < at. *viscum* „Mistel, Vogelleim"]

## VITAMINE

Vitamine sind lebensnotwendige Stoffe, die der Körper nicht selbst herstellen kann und fast ausschließlich mit der Nahrung aufnehmen muss. Sie sind entweder fettlöslich und im Körperfett speicherbar (Vitamine A, D, E und K) oder aber wasserlöslich wie Vitamin C und die B-Vitamine (z. B. Niacin, Folsäure, Pantothensäure und Riboflavin), die rasch mit dem Urin ausgeschieden werden. Vitamin A ist wichtig für Augen, Haare, Haut und Knochen, während die B-Vitamine die Tätigkeit der Enzyme unterstützen und Vitamin C zur Bildung von Bindegewebe und Knorpel sowie zur Wundheilung beiträgt. Vitamin D hilft bei der Kalziumaufnahme, E hingegen verhindert Zellschäden und K verbessert die Blutgerinnung.

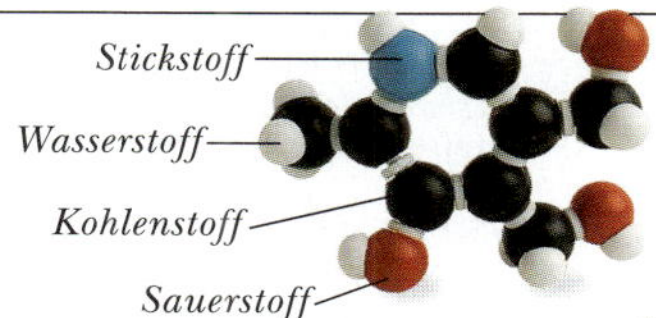


MOLEKÜLMODELL EINES WASSERLÖSLICHEN VITAMINS ($B_6$)

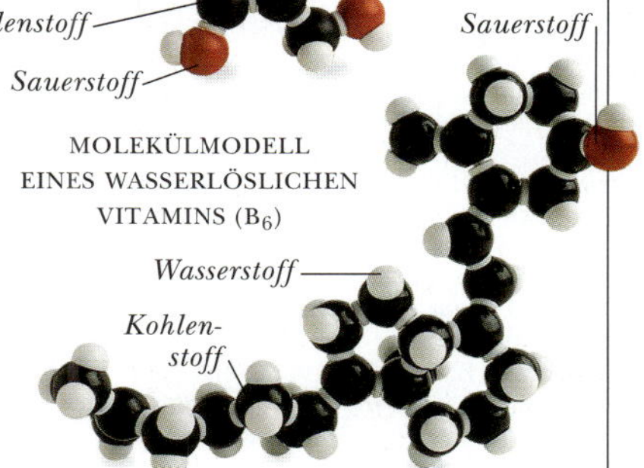


MOLEKÜLMODELL EINES FETTLÖSLICHEN VITAMINS (D)

### QUELLEN DER WICHTIGSTEN VITAMINE

VITAMIN A (RETINOL)
Karotten, Kalbsleber, Milchprodukte, Melonen

VITAMIN $B_1$ (THIAMIN)
Nüsse, Schweinefleisch, Erbsen, Vollkornprodukte

VITAMIN $B_2$ (RIBOFLAVIN)
Fleisch, Eier, Käse

VITAMIN $B_6$ (PYRIDOXIN)
Fisch, Gemüse, Vollkornprodukte, Früchte

VITAMIN $B_{12}$ (KOBALAMIN)
Rindfleisch, Milch, Geflügel, Fisch

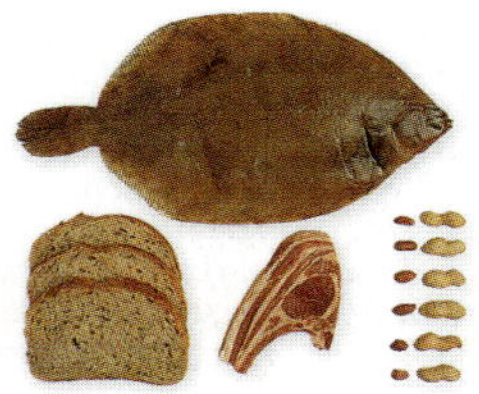

NIACIN (NIKOTINSÄURE)
Fisch, Vollkornprodukte, Fleisch und Geflügel, Erdnüsse

VITAMIN $B_9$, $B_c$ ODER M (FOLSÄURE)
Innereien, Blattgemüse, Nüsse

VITAMIN C (ASKORBINSÄURE)
Zitrusfrüchte, Brokkoli, Erdbeeren, grüne Paprika

VITAMIN D (KALZIFEROL)
fetter Fisch, Lebertran, Milchprodukte, Eier

VITAMIN E (TOKOPHEROL)
pflanzliche Öle, Blattgemüse, Meeresfrüchte, Eidotter

VITAMIN K (PHYLLOCHINON)
Blattgemüse, Schweineleber, Früchte, Getreideprodukte, Blumenkohl

V

## VOLIERE

In gemäßigtem Klima kann man viele Vögel zumindest zeitweise in Freiluftvolieren halten. Eine Voliere teilt sich in einen Innen- und einen Außenbereich, in dem die Vögel sich relativ frei bewegen und umherfliegen können, wobei sie jedoch dem Wetter direkt ausgesetzt sind. Im geschützten Innenbereich, in den der Vogelhalter über eine Schleuse gelangt, finden die Vögel Futter und Schlafplätze.

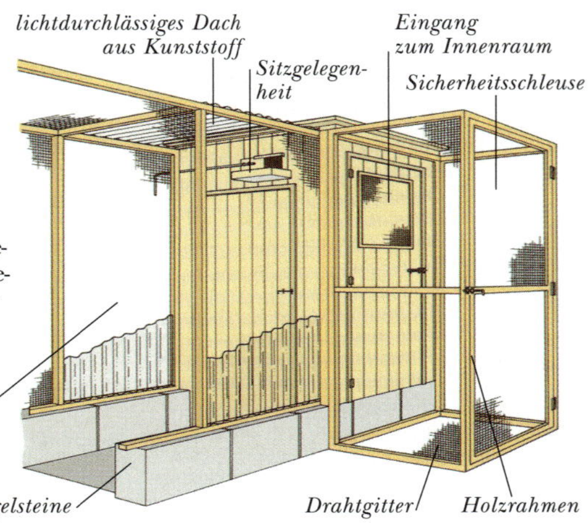


TYPISCHER AUFBAU EINER VOLIERE

**visualisieren** ⟨[vi-] V. t.; hat⟩ **1** *in Bildform, in Anschauung umsetzen* **2** *mit den Mitteln der Werbung so sichtbar machen, dass es Aufmerksamkeit erregt* [< engl. *visualize* „sichtbar machen"]
**visuell** ⟨[vi-] Adj.⟩ *das Sehen od. den Gesichtssinn betreffend, durch Sehen hervorgerufen* ◆ visueller Eindruck [< frz. *visuel,* Fem. *visuelle* „auf das Sehen bezüglich, Gesichts..., Seh..." < lat. *videre* „sehen"]
**Visum** ⟨[vi:-] n.; -s, Visa od. Visen⟩ **1** *Erlaubnis zur Ein- u. Ausreise in einen bzw. aus einem fremden Staat* **2** *Sichtvermerk auf dem Pass für den Aufenthalt in einem fremden Staat* [< lat. *visum* „gesehen", Part. Perf. von *videre* „sehen"]
**Vita** ⟨[vi-] f.; -, Viten; Pl. selten; geh.⟩ *Leben, Lebensbeschreibung (von bekannten Persönlichkeiten, Heiligen)* [lat., „Leben"]
**vital** ⟨[vi-] Adj.⟩ **1** *das Leben betreffend, Lebens...* **2** *lebenswichtig* **3** *lebenskräftig* [< frz. *vital* „lebenskräftig; lebenswichtig" < lat. *vitalis* „zum Leben gehörig, Leben enthaltend, Lebenskraft habend"; zu *vita* „Leben"]
**Vitalität** ⟨[vi-] f. 20; unz.⟩ *Lebenskraft, Lebensfähigkeit* [< frz. *vitalité* „Lebenskraft, Lebensfülle, Lebendigkeit" < lat. *vitalitas* „Lebenskraft"; zu *vita* „Leben"]
**Vitamin** ⟨[vita-] n. 11; Biochem.⟩ **1** ◄◄ *meist von Pflanzen gebildeter Wirkstoff, der für Tiere u. Menschen zur Steuerung bestimmter organ. Prozesse benötigt wird* **2** Vitamin B ⟨fig.; umg.; scherzh.⟩ *einflussreiche Beziehungen* ◆ um diese Stelle zu bekommen, brauchst du Vitamin B [< lat. *vita* „Leben" + *Amin; B* steht scherzhaft als Abk. für *Beziehungen*]
**Vitrine** ⟨[vi-] f. 19⟩ **1** *Glasschrank* **2** *Schauschrank, Schaukasten* [< frz. *vitrine;* zu *vitre* „Glas-, Fensterscheibe" < spätlat. *vitrinus* „gläsern, aus Glas"; zu *vitrum* „Glas"]
**Vivarium** ⟨[viva:-] n.; -s, -varien⟩ *Behälter zur Haltung kleiner Tiere* (Aquarium, Terrarium) [< lat. *vivarium* „Tierpark, Pferch (in dem Schwarzwild gemästet wurde)"; zu *vivus* „lebend, lebendig"]
**vivipar** ⟨[vivi-] Adj.; Biol.⟩ *lebende Jungen zur Welt bringend, lebendgebärend;* Ggs *ovipar*
**Vize...** ⟨in Zus.⟩ *stellvertretende(r) ...,* z. B. Vizekanzler [< lat. *vicis* „Wechsel, Wechselseitigkeit, Platz, Stelle"]
**v. J.** ⟨Abk. für⟩ *vorigen Jahres*
**Vlame** ⟨m. 17⟩ = *Flame*[1]
**vlämisch** ⟨Adj.⟩ = *flämisch*
**Vlies,** ⟨österr. a.⟩ **Vließ** ⟨n. 11⟩ **1** ▼ *Schaffell, Rohwolle vom Schaf* **2** ⟨Spinnerei⟩ *breite Faserschicht* ◆ das Goldene Vließ [< mhd. *vlius, vlus,* ndrl. *vlies* „Schaffell"]

VOGELKNÖTERICH
*(Polygonum aviculare)*

VLIES: BEI DER SCHAFSCHUR ABGETRENNTES VLIES

**VN** ⟨Abk. für⟩ *Vereinte Nationen;* → a. *UN*
**Vogel** ⟨m. 5u⟩ **1** ⟨Zool.⟩ ► *Angehöriger einer Klasse der Wirbeltiere mit Flügeln, die aus den Vordergliedmaßen gebildet sind: Aves* (Raubvogel, Singvogel) **2** ⟨fig.; umg.⟩ *Verrücktheit, Klang* ◆ den Vogel **abschießen** ⟨fig.⟩ *als Bester abschneiden, die beste Leistung erreichen* ◆ **lockerer,** loser Vogel ⟨fig.⟩ *leichtsinniger Mensch* ◆ der Vogel ist **auf** den Leim gegangen ⟨fig.⟩ *er (sie) hat sich überlisten lassen* [< mhd. *vogel* < ahd. *fogal*]
**Vogelbeerbaum** ⟨m. 1u⟩ ► = *Gemeine* → *Eberesche*
**Vogelbeere** ⟨f. 19⟩ *Frucht der Eberesche*
**vogelfrei** ⟨Adj.; im alten dt. Recht⟩ *ohne Rechtsschutz, geächtet* ◆ jmdn. für vogelfrei erklären
**Vogelhaus** ⟨n. 12u⟩ *sehr großer Vogelkäfig*
**Vogelkirsche** ⟨f. 19; Zool.⟩ **1** *Frucht der Eberesche* **2** *Süßkirschensorte: Prunus avium ssp. silvestris*
**Vogelknöterich** ⟨m. 1; unz.; Bot.⟩ ◄ *Knöterichgewächs mit rötlichen Blüten, das gern von Vögeln gefressen wird: Polygonum aviculare*
**Vogelkunde** ⟨f. 19; unz.; Zool.⟩ *Lehre von der Systematik u. dem Leben der Vögel;* Sy *Ornithologie*
**Vogelperspektive** ⟨f. 19; unz.⟩ aus der Vogelperspektive *aus größerer Höhe, von oben* ◆ ein Bild aus der Vogelperspektive aufnehmen [Übersetzung von frz. *à vue d'oiseau* „aus der Sicht des Vogels"]
**Vogelscheuche** ⟨f. 19⟩ **1** *auf Feldern, in Gärten ausgestellte Gestalt aus einem mit alten Kleidern behängten Holzkreuz zum Verscheuchen der Vögel* **2** ⟨fig.; umg.; abwertend⟩ *lange, dürre, hässliche od. geschmacklos gekleidete Person* ◆ obwohl er wie eine Vogelscheuche herumlief, mochte sie ihn sehr
**Vogelspinne** ⟨f. 19; Zool.⟩ ► *Angehörige einer tropischen Familie der Spinnen, die große Insekten, aber auch vereinzelt junge Vögel u. Schlangen u. Ä. jagt: Aviculariidae*
**Vogt** ⟨m. 1u; früher⟩ **1** *Verwaltungsbeamter* (Landvogt) **2** *Schirmherr* (Kirchenvogt) **3** *Richter* (Gerichtsvogt) **4** *Burg-, Schlossverwalter* (Burgvogt, Schlossvogt) [< mhd. *vog(e)t* < ahd. *fogat* „Vogt" < lat. *vocatus* = *advocatus* „Beistand, Rechtsanwalt, Rechtsbeistand"]

**Vokabel** ⟨[vo-] f. 21⟩ *einzelnes Wort (besonders aus einer fremden Sprache)* ◆ Vokabeln lernen; jmdn. Vokabeln abfragen [< lat. *vocabulum* „Bezeichnung, Name, Wort"; zu *vocare* „nennen, rufen"; → *Vokal*]
**Vokabular** ⟨[vo-] n. 11⟩ **1** *Verzeichnis von Vokabeln, Wörterverzeichnis* **2** *alle Wörter einer Sprache, Wortschatz*
**Vokal** ⟨[vo-] m. 1; Phon.⟩ *Laut, bei dem der Atemstrom ungehindert aus dem Mundkanal entweicht (a, e, i, o, u);* Sy *Selbstlaut;* Ggs *Konsonant* [< lat. *vocalis* „Selbstlaut; tönend, klangreich"; zu *vox,* Gen. *vocis* „Laut, Ton, Stimme"]
**Vokalmusik** ⟨[vo-] f. 20; unz.; Mus.⟩ *Musik für Singstimme(n) mit od. ohne Instrumentalbegleitung*
**Vokativ** ⟨[vo-] m. 1; Gramm.⟩ *fünfter Fall der Deklination, Anredefall, z. B. im Lateinischen* [< lat. *(casus) vocativus* „Anrufungs-, Anredefall"; zu *vocare* „rufen, anreden"]
**vol.** ⟨Buchw.; Abk. für⟩ *Volumen (2)*
**volar** ⟨[vo-] Adj.⟩ *auf der Seite der hohlen Hand liegend* [< lat. *volaris* „zur Hand gehörig"]
**Vol-au-vent** ⟨[vɔlo'vã] m. 6; Kochk.⟩ *Blätterteigpastete mit einer Füllung aus Ragout von Fleisch, Fisch u. a.* [< frz. *vol* „Flug, Fliegen, Schwung" + *au* „im" + *vent* „Wind"]

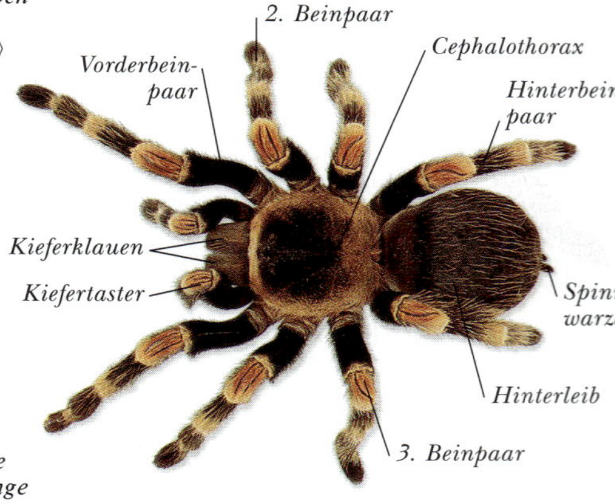


VOGELSPINNE: ROTKNIEVOGELSPINNE
*(Brachypelma smithi)*

**Voliere** ⟨[vɔ'ljɛ:rə] f. 19⟩ ▲ *ein weitgehend unbehindertes Fliegen ermöglichendes großes Vogelhaus* [< frz. *volière* „Vogelhaus, Taubenschlag"; zu *voler* „fliegen" < lat. *volare* „fliegen"]

V

# VÖGEL

Auf der ganzen Welt leben über 9000 Vogelarten, die von der Wüste bis zum offenen Meer in fast allen Lebensräumen vorkommen. Ihr kennzeichnendes Merkmal sind die Federn, die ihnen das Fliegen ermöglichen und der Isolierung, Tarnung und Partnererkennung dienen. Flugfähige Vögel haben ein sehr leichtes Skelett mit luftgefüllten Knochen und legen wie alle ihre Artgenossen mit einer Kalkschale umhüllte Eier, die sie selbst ausbrüten. Anstelle von Zähnen verfügen Vögel über einen Hornschnabel und zerkleinern die Nahrung erst im Muskelmagen.

ANATOMIE EINES VOGELS

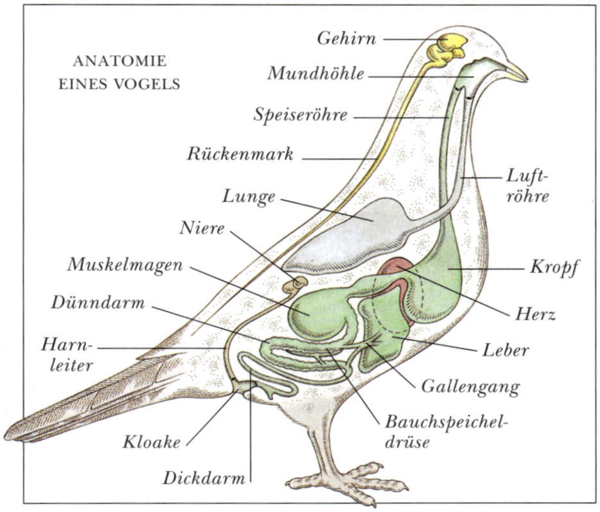

ÄUSSERE MERKMALE EINES PAGODENSTARS
*(Sturnus pagodarum)*

## WICHTIGE VOGELORDNUNGEN

STRUTHIONIFORMES
(Strauße)

SPHENISCIFORMES
(Pinguine)
► *Pinguine*

CICONIIFORMES
(Reiher, Ibisse, Störche)

FALCONIFORMES
(Greifvögel)
► *Greifvögel*

ANSERIFORMES
(Gänse, Enten)
► *Enten, Gänsevögel*

CHARADRIIFORMES
(Alke, Möwen, Seeschwalben, Watvögel)
► *Seevögel, Watvögel*

GALLIFORMES
(Hühnervögel)

PSITTACIFORMES
(Papageien)
► *Papageien*

CUCULIFORMES
(Kuckucke, Turakos)

COLUMBIFORMES
(Tauben)

STRIGIFORMES (Eulen)
► *Eulen*

APODIFORMES
(Kolibris, Segler)

PICIFORMES
(Bartvögel, Tukane, Spechte)

CORACIIFORMES
(Bienenfresser, Hopfe, Racken, Eisvögel)

PASSERIFORMES
(Sperlingsvögel)
► *Sperlingsvögel*

**Volk** ⟨n. 12u⟩ **I** ⟨zählb.⟩ **1** ⟨urspr.⟩ *Kriegsschar* (Kriegsvolk) **2** ⟨heute⟩ *durch gemeinsame Sprache u. Kultur verbundene, größere Gemeinschaft von Menschen* **3** *zusammengehörige Gruppe gleichartiger Tiere* (Bienenvolk) ◆ die Völker **Asiens,** Europas; drei Völker **Bienen** ◆ das **deutsche,** englische Volk **II** ⟨unz.⟩ **1** *Menschengruppe, Menge, Leute* **2** *die unteren Bevölkerungsschichten* ◆ das **junge** Volk *die jungen Leute, die Jugend* ◆ der Mann **aus** dem Volk; etwas **unters** Volk bringen *etwas verbreiten, bekannt machen, publik machen* [< mhd. *volc* < ahd. *folc* „Haufe, Kriegsschar, Volk"; Herkunft unklar; vielleicht verwandt mit *Pulk* < poln. *polk* „Regiment"]

**Völkerkunde** ⟨f. 19; unz.⟩ *Erforschung der Kultur der Völker, besonders der Naturvölker;* Sy *Ethnologie*

**Völkermord** ⟨m. 1⟩ *Vernichtung od. schwere Schädigung eines Volkes od. einer großen sozialen Gruppe;* Sy *Genozid*

**Völkerrecht** ⟨n. 11; unz.⟩ *alle rechtl. Vorschriften, die das Zusammenleben verschiedener Völker regeln*

**Völkerverständigung** ⟨f. 20; unz.⟩ *Verständigung über eine friedliche Koexistenz zwischen den Völkern*

**Völkerwanderung** ⟨f. 20⟩ **1** *seit dem 2. Jh. n. Chr. u. bes. seit dem Einbruch der Hunnen in Europa Ende des 4. Jh. bis ins 8. Jh. Wanderung germanischer, später auch slawischer Völker nach Süd- u. Westeuropa* **2** ⟨danach allg.⟩ *Auszug, Umsiedlung eines ganzen Volkes* **3** ⟨fig.; umg.; scherzh.⟩ *Menschenstrom, Bewegung vieler Menschen in einer Richtung*

**Volksabstimmung** ⟨f. 20⟩ *Abstimmung der wahlberechtigten Bürger eines Staates über eine politisch-sachl. Frage*

**Volksbefragung** ⟨f. 20⟩ *Feststellung des Volkswillens durch Abstimmung über bestimmte Einzelfragen;* Sy *Plebiszit (2)*

**Volksbegehren** ⟨n. 14⟩ *Antrag auf Abstimmung der Wähler über einen Gesetzentwurf*

**Volksbrauch** ⟨m. 1u⟩ *im Volk üblicher, oft auf eine Landschaft begrenzter Brauch*

**Volksbuch** ⟨n. 12u; Lit.; im späten MA u. in der Frühen Neuzeit⟩ *auf einer epischen (höfischen od. bürgerlichen) Dichtung beruhende, dem Geschmack u. Verständnis des Volkes angeglichene Prosaerzählung (Ritter-, Abenteuerroman, Märchen, Legende, Sage, Schwank u. a.)* ◆ das Volksbuch vom Dr. Faust, von Griseldis

**Volkseinkommen** ⟨n. 14; unz.⟩ = *Sozialprodukt*

**Volksentscheid** ⟨m. 1⟩ *Volksabstimmung aufgrund eines Volksbegehrens;* Sy *Plebiszit (1)*

**Volksherrschaft** ⟨f. 20⟩ = *Demokratie*

**Volkshochschule** ⟨f. 19; Abk.: VHS⟩ *Bildungsstätte für Erwachsene außerhalb der Berufsarbeit*

V

**Volkskunde** ⟨f. 19; unz.⟩ *Lehre von den Lebensformen eines Volkes u. den von ihm geschaffenen Kulturleistungen*

**Volkslied** ⟨n. 12⟩ *im Volk entstandenes u. überliefertes, schlichtes, weit verbreitetes Lied in Strophenform*

**Volksmärchen** ⟨n. 14; Lit.⟩ *im Volk entstandenes u. mündlich überliefertes Märchen;* Ggs *Kunstmärchen*

**Volksmund** ⟨m. 2u; unz.⟩ **1** *im Volk verbreitete sprachl. Überlieferung* **2** *im Volk übl. Gebrauch von Wörtern u. Redensarten* ◆ im Volksmund *im Sprachgebrauch des Volkes*

**Volksmusik** ⟨f. 20; unz.⟩ *im Volk entstandene u. überlieferte, landschaftlich unterschiedliche Musik: Volkslied, Volkstanz u. Musik mit alten, volkstümlichen Instrumenten (Alphorn, Schalmei, Hackbrett usw.)*

## VOLLEYBALL

Volleyball wird in der Halle mit je sechs Spielern und beim im Freien ausgeübten Beachvolleyball mit je zwei Spielern gespielt. Der Ball darf mit den Händen gepritscht, gebaggert, geschmettert oder geblockt werden und ist mit maximal drei Schlägen so zu platzieren, dass der Gegner ihn nicht zurückspielen kann.

BAGGERN

SPIELFELD

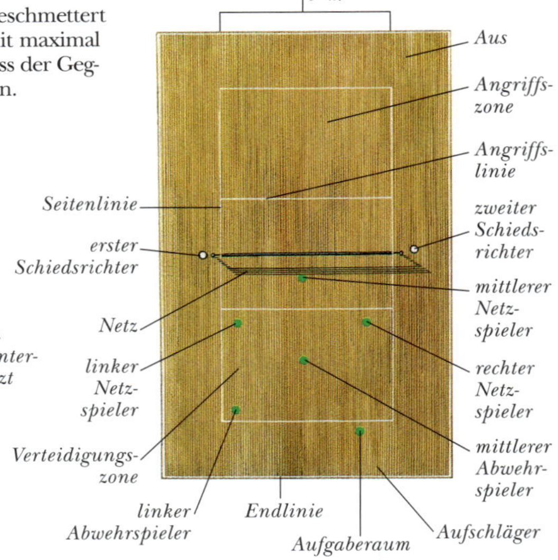


**Volkspartei** ⟨f. 18; allg.; Pol.⟩ *große, verschiedene soziale Bevölkerungsschichten vereinende politische Partei*

**Volkssprache** ⟨f. 19⟩ *Umgangssprache (im Unterschied zur Literatur-, Schriftsprache)*

**Volkstanz** ⟨m. 1u; Sammelbez. für⟩ *alle von der bäuerl. Bevölkerung u. den Handwerkern hervorgebrachten u. entwickelten, nach Landschaften u. Berufsgruppen unterschiedl. Tanzformen, z. B. Bauern-, Schäfflertanz, Schweinetango*

**Volkstracht** ⟨f. 20⟩ *landschaftsgebundene traditionelle Kleidung der bäuerl. Bevölkerung u. Handwerker*

**Volkstrauertag** ⟨m. 1⟩ *nationaler Trauertag für die Opfer des Nationalsozialismus und die Gefallenen*

**volkstümlich** ⟨Adj.⟩ **1** *dem Volk eigen, dem Volk, der Art des Volkes entsprechend* **2** *den Wünschen der breiten Masse des Volkes entgegenkommend, allgemein verständlich, bekannt od. beliebt*

**Volksverführer** ⟨m. 3⟩ *jmd., der durch lügnerische Reden, falsche Versprechungen usw. andere für seine politischen Absichten einnimmt;* Sy *Demagoge (2)*

**Volksvertretung** ⟨f. 20⟩ *Gesamtheit der Volksvertreter, Parlament bzw. eine der beiden Kammern des Parlaments*

**Volkswagen** ⟨m. 4; Abk.: VW⟩ *1938 von F. Porsche konstruierter, kleiner, viersitziger Kraftwagen*

**Volkswirtschaft** ⟨f. 20⟩ *Gesamtheit der Wirtschaft eines Staates od. Landes*

**Volkswirtschaftslehre** ⟨f. 19; unz.⟩ *Lehre von der Volkswirtschaft;* Sy *Politische Ökonomie, Nationalökonomie*

**voll** ⟨Adj.⟩ **1** *ganz gefüllt* **2** *besetzt* (Straßenbahn, Wagen) **3** *bedeckt* (Tisch) **4** *ganz* **5** *erfüllt von* **6** ⟨fig.⟩ *rundlich, etwas dick, dicklich* (Person, Gesicht, Arme) **7** ⟨fig.; umg.⟩ *betrunken* ◆ voller ⟨erstarrte flektierte Form, nur beim Gebrauch ohne best. od. unbest. Art.⟩ *gefüllt mit, voll von, erfüllt von;* voll(er) **Angst,** Begeisterung, Freude, Hass; mit vollen **Backen** kauen *kräftig, gierig, genussreich kauen;* er ist (nicht) bei vollem **Bewusstsein;** ein volles **Glas;** der Zug war in voller **Fahrt,** als ... *in schneller Fahrt;* das Bild zeigt ihn in voller **Größe** ⟨fig.⟩; in vollem **Maße** *völlig, ganz, vorbehaltslos;* zum vollen **Preis** *ohne Preisermäßigung;* mit vollem **Recht** ⟨verstärkend⟩ *mit Recht;* der Garten liegt, ist voll(er) **Schnee;** der Topf ist voll **Wasser;** etwas in vollen **Zügen** genießen *bewusst genießen* ◆ **anerkennen:** ich erkenne es voll an; ich kann dir nicht helfen, ich **habe** die Hände voll ⟨umg.⟩ *ich habe gerade etwas in den Händen, das ich nicht absetzen kann;* voll **laufen** *sich ganz mit Flüssigkeit füllen;* sich voll laufen lassen ⟨fig.; umg.⟩ *sich (ohne wirklichen Genuss) betrinken* ◆ voll und **ganz** ⟨verstärkend; besser⟩ *völlig;* der Koffer, Sack ist **gestopft** voll ⟨umg.⟩; **halb** voll, dreiviertel voll ◆ er kann **aus** dem Vollen schöpfen *er braucht nicht zu sparen* [< mhd. *vol* < ahd. *fol*]

**voll..., Voll...** ⟨in Verbindungen u. Zus.⟩ **1** *ganz umfassend, ganz u. gar, vollständig,* z. B. voll füllen, voll gießen, vollautomatisch, Vollkasko, Vollpension **2** ⟨nur in Zus. mit Verben⟩ *jmdn. durch eine (anhaltende) Tätigkeit belästigen,* z. B. voll quatschen **3** ⟨umg.⟩ *etwas durch ein Tun verunstalten, bedecken,* z. B. voll kritzeln

**vollautomatisch** ⟨Adj.⟩ *im gesamten Ablauf, in der gesamten Funktion automatisch*

**Vollbart** ⟨m. 1u⟩ *Backen- u. Schnurrbart* ◆ sich einen Vollbart stehen lassen

**Vollbeschäftigung** ⟨f. 20; unz.⟩ *Zustand auf dem Arbeitsmarkt, bei dem weniger als 3% aller Arbeitnehmer arbeitslos sind*

**Vollbesitz** ⟨m. 1; unz.⟩ *Besitz ohne Einschränkung* ◆ er ist noch im Vollbesitz seiner Kräfte

**Vollblut** ⟨n.; -(e)s; unz.; Zool.⟩ *rein gezüchtete Tierrasse,* ⟨bes.⟩ *reinrassiges, aus arab. od. engl. Zucht stammendes Pferd;* Sy *Vollblüter;* ► *Pferde*

**Vollblüter** ⟨m. 3; Zool.⟩ = *Vollblut*

**Vollbremsung** ⟨f. 20⟩ *Bremsung mit ganz niedergetretenem Bremspedal bis zum Stillstand des Fahrzeugs*

**vollbringen** ⟨V. t. 118; hat⟩ *zustande bringen, leisten, tun, ausführen* ◆ sein Tageswerk vollbringen; eine Tat vollbringen

**vollenden** ⟨V. t.; hat⟩ *zu Ende bringen, fertig machen* ◆ er hat (sein Leben) vollendet ⟨poet.⟩ *er ist gestorben;* er hat das Konzert, das Stück vollendet gespielt *ausgezeichnet, hervorragend, unübertrefflich*

**vollends** ⟨Adv.⟩ **1** *völlig, gänzlich, ganz* **2** ⟨umg.⟩ *nun auch noch, zu allem Überfluss* ◆ inzwischen war es vollends Tag geworden

**Vollendung** ⟨f. 20⟩ **1** *das Vollenden* **2** *das Vollendetsein, Vollkommenheit* ◆ die Vollendung dieses Meisterwerks wird noch Jahre dauern

**Völlerei** ⟨f. 18; unz.⟩ *Unmäßigkeit im Essen u. Trinken* ◆ sich der Völlerei ergeben

**Volley** ⟨['vɔle:] od. engl. ['vɔli] m. 6; Sp.; bes. Tennis⟩ *aus dem Flug zurückgeschlagener Ball, der vorher nicht den Boden berührt hat, Flugball* [< engl. *volley* „Flugschlag; im Fluge schlagen"]

**Volleyball** ⟨[vɔle:-], od. engl. [vɔli-] m. 1u; unz.; Sp.⟩ ◄ *Ballspiel zwischen zwei Mannschaften zu je sechs Spielern, die den Ball über ein in etwa 2,40 m Höhe gespanntes, 1 m breites Netz schlagen, so dass er den Boden möglichst nicht berührt, Flugball* [→ *Volley*]

**vollführen** ⟨V. t.; hat⟩ *vollbringen, ausführen*

**Vollgas** ⟨n. 11; unz.⟩ *volle Geschwindigkeit* ◆ Vollgas geben *den Gashebel ganz niedertreten, die Geschwindigkeit bis zum Äußersten beschleunigen*

**Vollgenuss** ⟨m. 1u; unz.⟩ im Vollgenuss seiner Rechte *alle Rechte uneingeschränkt besitzend*

**Volljährigkeit** ⟨f. 20; unz.⟩ = *Mündigkeit;* Ggs *Minderjährigkeit*

**völlig** **I** ⟨Adj.⟩ *vollständig, gänzlich, ganz, grenzenlos* ◆ jmdm. völlige Freiheit lassen **II** ⟨Partikel⟩ *absolut, äußerst, total* ◆ du hast völlig **Recht** ◆ er ist mit seinen Kräften völlig **am** Ende

**volljährig** ⟨Adj.⟩ = *mündig;* Ggs *minderjährig*

**Vollkasko** ⟨f. 10⟩ *Kaskoversicherung gegen sämtl. Schäden*

**vollkommen** **I** ⟨Adj.⟩ *mustergültig, unübertrefflich, meisterhaft, ohne Makel* ◆ ein vollkommenes Kunstwerk; vollkommene Zahl ⟨Math.⟩ *natürliche Zahl, die gleich der Summe ihrer echten Teiler ist* **II** ⟨Partikel⟩ *völlig, äußerst* ◆ er hat sich vollkommen verausgabt

**Vollkorn** ⟨n. 12u; unz.⟩ *genaues Ineinanderpassen von Kimme u. Korn beim Zielen*

**Vollmacht** ⟨f. 20⟩ *Ermächtigung, Erlaubnis, bestimmte Handlungen vorzunehmen, Handlungsvollmacht* ◆ jmdm. die Vollmacht erteilen, ein Geschäft abzuschließen; in Vollmacht ⟨Abk.: i. V., I. V.; Kleinschreibung, wenn die Abk. der Bez. für eine Behörde, Firma u. Ä. folgt; Großschreibung, wenn sie nach einem abgeschlossenen Text od. allein vor einer Unterschrift steht⟩ *mit Handlungsvollmacht ausgestattet* [Lehnübersetzung von lat. *plenipotentia* < *plenus* „voll" + *potentia* „Macht"]

**vollmast** ⟨Adv.⟩ *bis zur Spitze des Mastes hochgezogen* (Fahne); Ggs *halbmast* ◆ vollmast flaggen; die Flagge auf vollmast setzen

**Vollmilch** ⟨f. 20; unz.⟩ *nicht entrahmte Milch, die mindestens 3 % Fett enthält*

**Vollmond** ⟨m. 1⟩ *voll beleuchteter Mond, eine der Mondphasen* ◆ wir haben heute Vollmond; es ist Vollmond

**Vollrausch** ⟨m. 1u⟩ *Rausch infolge Alkoholgenusses mit mangelnder Zurechnungsfähigkeit* ◆ einen Vollrausch haben

**vollschlank** ⟨Adj.⟩ *nicht ganz schlank, dicklich*

**vollständig** **I** ⟨Adj.⟩ **1** *aus allen dazugehörenden Teilen bestehend, ohne Abzug* **2** *bis zu Ende (durchgeführt)* ◆ eine vollständige Arbeit abliefern **II** ⟨Partikel⟩ *ganz, völlig, äußerst* ◆ er ist vollständig übermüdet [< mhd. *volstan* „bis zu Ende stehen, ausharren; vollen Stand, alle nötigen Teile habend"]

**vollstrecken** ⟨V. t.; hat⟩ *ausführen, vollziehen* (Urteil) ◆ ein Todesurteil an jmdm. vollstrecken; das Urteil wurde bereits vollstreckt

**Volltreffer** ⟨m. 3⟩ **1** *Treffer mitten ins Ziel* **2** ⟨fig.⟩ *Sache von großer Wirkung*

**volltrunken** ⟨Adj.⟩ *völlig betrunken u. nicht mehr zurechnungsfähig*

**Vollverb** ⟨[-vɛrb] n. 27; Gramm.⟩ *Verb, das in einem Satz die Funktion des Prädikats allein übernehmen kann,* z. B. „gehen", „laufen"; → a. *Hilfsverb*

**Vollversammlung** ⟨f. 20⟩ *Versammlung aller Mitglieder;* Sy *Plenum* ◆ Vollversammlung der UN

**Vollwaise** ⟨f. 19⟩ *Kind, dessen Vater u. Mutter gestorben sind;* → a. *Halbwaise*

**vollwertig** ⟨Adj.⟩ **1** *ohne Einschränkung gleichwertig* **2** *den vollen, ganzen Wert besitzend* ◆ vollwertiger Ersatz

**Vollwertkost** ⟨f.; -; unz.⟩ *Nahrung, die den vollen Wert, Gehalt an wichtigen Bestandteilen u. Inhaltsstoffen bewahrt hat (bes. Getreide-, Milch-, Gemüse- u. Obstprodukte)*

**vollzählig** ⟨Adj.⟩ *die vorgeschriebene od. gewünschte od. übl. Anzahl aufweisend, ausnahmslos alle* ◆ vollzählige Liste der Mitglieder des Vereins

**vollziehen** ⟨V. t. 287; hat⟩ **1** *vollstrecken, durchführen, leisten, in die Tat umsetzen* **2** vollziehende Gewalt *ausübende Gewalt, Exekutive;* → a. *gesetzgebend* ◆ eine Strafe, ein Urteil vollziehen

**Vollzug** ⟨m. 1u⟩ **1** *das Vollziehen* **2** ⟨kurz für⟩ *Strafvollzug*

**Volontär** ⟨[vɔlɔn-] od. [-lɔ̃-] m. 1⟩ *jmd., der unentgeltlich od. gegen geringes Gehalt zur Aus- od. Weiterbildung in einem Betrieb arbeitet, ohne im Lehrlingsverhältnis zu stehen* [< frz. *volontaire* „freiwillig, Freiwilliger, Volontär" < lat. *voluntarius* „freiwillig"; zu *voluntas* „(freier) Wille"]

**Volt** ⟨[vɔlt] n.; - od. -s, -; El.; Phys.; Zeichen: V⟩ *SI-Einheit der elektr. Spannung, diejenige Spannung zwischen zwei Punkten eines Leiters, in der bei einer Stromstärke von 1 Ampere (A) die Leistung von 1 Watt (W) umgesetzt wird, 1 V = 1 W/1 A* [nach dem italien. Physiker A. Graf *Volta,* 1745-1827]

VOODOO: VOODOOSTATUE ZUM VERHEXEN EINES FEINDES

**Voltameter** ⟨[vɔl-] n. 13; El.; Phys.⟩ *Gerät, Instrument zur Bestimmung der Ladungsmenge;* → a. *...meter*

**Voltampere** ⟨[vɔltam'pɛ:r] n. 13; El.; Phys.; Zeichen: VA⟩ *Produkt aus Spannung u. Stromstärke, Einheit der elektr. Arbeit*

**voltigieren** ⟨[vɔltiʒi:-] v. i.; hat; Sp.⟩ *auf dem (galoppierenden) Pferd turnen*

**Voltmeter** ⟨[vɔlt-] n. 13⟩ = *Spannungsmesser;* → a. *Voltameter*

**Voltsekunde** ⟨[vɔlt-] f. 19; Abk.: Vs⟩ *Maßeinheit des magnetischen Flusses*

**Volumen** ⟨[vo-] n. 14⟩ **1** ⟨Phys.; Math.; Abk.: V⟩ *Rauminhalt* **2** ⟨Buchw.; Abk.: vol.⟩ *Band (eines mehrbändigen Schriftwerkes)* [< lat. *volumen* „Krümmung, Windung, Schriftrolle, Buch"; zu *volvere* „rollen, wälzen, drehen, wirbeln"]

**voluminös** ⟨[vo-] Adj.; -er, am -esten⟩ *umfangreich* [→ *Volumen*]

**Voluntarismus** ⟨[vo-] m.; -; unz.⟩ *Lehre, dass der Wille das Grundprinzip des Seins u. des seel. Lebens sei* [zu lat. *voluntas* „Wille, Wunsch, Absicht"; zu *volere* „wollen, wünschen, beabsichtigen"]

**Volute** ⟨[vo-] f. 19; Arch.⟩ *Bauornament in Form einer Spirale;* Sy *Konvolute* [< lat. *volutare* „herumwälzen, rollen lassen, verbreitern"; zu *volvere* „wälzen, im Wirbel drehen, sich winden, rollen"]

**Volutenkapitell** ⟨[vo-] n. 11; Arch.⟩ *Kapitell mit Voluten, ionisches Kapitell*

**vom** ⟨Verschmelzungsform aus Präp. u. Art.⟩ *von dem* ◆ vom Baum (herab); vom Hundert ⟨Abk.: v. H., vH.; Zeichen: %⟩ *Prozent,* z. B. 20 vom Hundert; vom 1. Januar an; vom 10. bis (zum) 15. Juni

**von** ⟨Präp. m. Dat.⟩ **I** ⟨räumlich⟩ *aus einer Richtung, von einem Ort, einer Person (her), an einem Ort beginnend* ◆ ich habe einen Brief von ihm bekommen; ich komme gerade vom **Arzt;** von **Osten** nach Westen; von einem **Ufer** zum anderen ◆ von **hier** bis dort; von **weitem** **II** ⟨zur Bez. der Zugehörigkeit⟩ *jmdm. gehörig, von jmdm. stammend od. ausgehend, von jmdm. od. etwas herrührend* ◆ das ist sehr liebenswürdig von Ihnen; die „Iphigenie" von Goethe; die Königin von Großbritannien **III** ⟨zeitlich⟩ *zu einem bestimmten Zeitpunkt beginnend* ◆ von Kind(heit) an, auf *seit der Kindheit* **IV** *bestehend aus* ◆ eine Stadt von 100 000 Einwohnern; ein Ring von Gold **V** ⟨zur Bez. des partitiven Gen.⟩ ein Freund von mir *einer meiner Freunde;* von meinen Bekannten habe ich nur wenige gesehen ⟨umg.⟩; Tausende von Menschen **VI** ⟨zur Bez. von Eigenschaften⟩ schön von Gestalt; ein Tisch von dieser Länge **VII** ⟨vor Namen, zur Bez. des Adelstitels; Abk.: v.; früher a. zur Bez. der Herkunft⟩ Wolfram von Eschenbach; Walther von der Vogelweide; Graf von Hoppenstedt [< mhd. *von* < ahd. *fon,* ndrl. *van;* Herkunft unsicher]

**voneinander** ⟨Adv.⟩ *einer vom anderen* ◆ wir haben lange nichts (mehr) voneinander gehört

**vonstatten** ⟨Adv.; nur in der Wendung⟩ vonstatten gehen **1** *stattfinden* **2** *(zügig) vorwärts gehen, weitergehen*

**Voodoo** ⟨['vudu:] m.; -s; unz.⟩ ◄ *westafrikan. religiöser Kult, für den u. a. der Opferritus u. das Erlangen eines Trancezustandes kennzeichnend sind;* oV *Wodu* [< westafrikan. *vodu* „schützende Gottheit, Dämon"]

**vor** **I** ⟨Präp. m. Dat. u. Akk.⟩ **I.i** ⟨örtl.⟩ **1** *an od. gegenüber der Vorder- od. Außenseite* **2** ⟨fig.⟩ *gegenüber* ◆ Achtung, Furcht vor jmdm. haben *jmdm. gegenüber empfinden;* er stand, saß vor mir; etwas vor sich hin brummen, murmeln; vor dem **Fenster;** vor dem **Haus,** der Tür; ich warte vor dem **Kino** auf dich; er log aus Furcht vor **Strafe;** etwas vor **Zeugen** erklären, versichern *in Gegenwart von Zeugen* ◆ vor **allem** ⟨Abk.: v. a.⟩, vor allen Dingen *in erster Linie, besonders* **I.ii** ⟨zeitl.⟩ *früher als, eher als* ◆ er wird nicht vor Abend kommen; 2000 Jahre vor Christi Geburt ⟨Abk.: v. Chr.⟩; einen Tag vor seiner Prüfung wurde er krank; vor der Zeit *früher als vorgesehen* **I.iii** ⟨zur Bez. des Beweggrundes, der Ursache⟩ *aus* ◆ er zitterte vor Angst, Kälte; er machte vor Freude einen Luftsprung; er weinte vor Wut, Zorn **I.iv** ⟨veraltet⟩ *für* ◆ Gnade vor Recht ergehen lassen **II** ⟨Adv.⟩ *zuvor, vorher* ◆ ⟨nur in der Wendung⟩ nach wie vor *jetzt ebenso wie vorher, wie bisher* [< mhd. *vor* < ahd. *fora*]

**vorab** ⟨Adv.⟩ *zuvor, zuerst, im Voraus, zunächst* ◆ ich schicke Ihnen vorab einen Teil der Unterlagen, die weiteren folgen nächste Woche

**Vorabend** ⟨m. 1⟩ *Abend vor einem Ereignis* ◆ am Vorabend des Festes, der Prüfung

**voran** ⟨Adv.⟩ **1** *voraus, vorn, als Erster* **2** ⟨umg.⟩ *vorwärts* ◆ der Lehrer voran, die Kinder hintendrein

**vorangehen** ⟨V. i. 145; ist⟩ **1** *vorausgehen, vorn gehen, als Erster gehen* **2** *zuerst geschehen* **3** ⟨fig.⟩ *gut vonstatten gehen, sich entwickeln, ablaufen* ◆ die Sache geht voran; jmdn. vorangehen lassen

**vorankommen** ⟨V. i. 170; ist⟩ *vorwärts kommen, Erfolg haben* ◆ mit einer Arbeit (gut) vorankommen *eine Arbeit (zügig) erledigen*

**vorantreiben** ⟨V. t. 262; hat⟩ *beschleunigen* ◆ eine Entwicklung, einen Ablauf, einen Vorgang vorantreiben

**vorarbeiten** ⟨V. i.; hat⟩ **1** *vorbereitend arbeiten* **2** *im Voraus arbeiten;* Ggs *nacharbeiten* ◆ wir arbeiten jetzt vor, um dafür in den Tagen zwischen Weihnachten und Neujahr frei zu haben

**Vorarbeiter** ⟨m. 3⟩ *Führer, Leiter einer Arbeitergruppe*

**voraus** ⟨Adv.⟩ **1** *voran, noch vor den Folgenden* **2** *besser, weiter (als andere), im Vorteil (gegenüber anderen)* ◆ vielen Dank im Voraus! *vielen Dank schon jetzt (für das, was Sie tun, was Sie mir geben wollen);* Miete im Voraus zahlen

**Voraus** ⟨m.; -; unz.⟩ *einem Erben im Voraus zufallendes Erbteil*

**vorausgehen** ⟨V. i. 145; ist⟩ *vorangehen, vor jmdm. od. etwas hergehen, schon vor jmdm. (an einen bestimmten Ort) gehen* ◆ ich gehe einstweilen, schon voraus

**Voraussage** ⟨f. 19⟩ *das Sagen, Angeben, was kommen bzw. wie etwas Kommendes verlaufen wird, Prophezeiung, Vorhersage* (Wettervoraussage)

**voraussagen** ⟨V. t.; hat⟩ etwas voraussagen *sagen, was kommen wird bzw. wie etwas Kommendes verlaufen wird, prophezeien* ◆ das Wetter voraussagen

**vorausschicken** ⟨V. t.; hat⟩ *vorher sagen, vorher mitteilen, als Erstes mitteilen* ◆ ich muss vorausschicken, dass ...

**voraussehen** ⟨V. t. 235; hat⟩ *ahnen, als sicher erwarten* ◆ niemand hat voraussehen können, dass das geschehen würde

**voraussetzen** ⟨V. t.; hat⟩ **1** *als gegeben annehmen* **2** *erfordern* ◆ wir müssen dabei voraussetzen, dass ...; diese Tat setzt großen Mut voraus

**Voraussetzung** ⟨f. 20⟩ **1** *Annahme, auf die man sich bei einer Handlung stützt* **2** *das, was gegeben, festgesetzt sein muss* ◆ die notwendige Voraussetzung dafür ist, dass ...

**Voraussicht** ⟨f. 20; unz.⟩ **1** *Vermutung, Ahnung* **2** *Wahrscheinlichkeit* ◆ in der Voraussicht, dass dies eintreten würde, habe ich das und das getan; aller Voraussicht nach *wahrscheinlich*

**voraussichtlich** ⟨Adj.⟩ *wahrscheinlich, vermutlich* ◆ voraussichtlich wird er heute noch kommen

**Vorbackenzahn** ⟨m. 1u; Anat.⟩ ► = *Vorderbackenzahn*

**vorbauen** ⟨V.; hat⟩ **I** ⟨V. t.⟩ etwas vorbauen *vorn anbauen* **II** ⟨V. i.⟩ einer Sache vorbauen ⟨fig.⟩ *Maßnahmen treffen, dass eine Sache nicht geschieht*

**Vorbedingung** ⟨f. 20; umg.; verstärkend⟩ *Bedingung* ◆ eine Vorbedingung stellen

**Vorbehalt** ⟨m. 1⟩ *Einschränkung, die unter Umständen geltend gemacht werden muss* ◆ stiller Vorbehalt *Hintergedanke;* ich bin damit einverstanden, doch mit dem Vorbehalt; unter üblichem Vorbehalt ⟨Abk.: u. ü. V.⟩ *(Erklärung auf quittierten Rechnungen, dass Schecks, Wechsel usw. unter der Voraussetzung angenommen worden sind, dass sie eingelöst werden)*

**vorbehalten** ⟨V. refl. 160; hat⟩ sich etwas vorbehalten *als Bedingung stellen, zur Bedingung machen, beanspruchen, gegebenenfalls etwas zu dürfen* ◆ ich behalte mir das Recht vor, ...

**vorbehaltlich** ⟨Adj.; mit Gen.; Amtsdt.⟩ *mit dem Vorbehalt, dass* ◆ vorbehaltlich der Genehmigung des Chefs können wir Ihnen mitteilen, dass ...

**vorbei** ⟨Adv.; örtl.⟩ **1** *neben (jmdm. od. etwas) u. dann weiter vorwärts, vorüber* **2** ⟨zeitl.⟩ *vergangen, vorüber* ◆ vorbei können *vorbeigehen bzw. -fahren können;* sein: der Schmerz, die Übelkeit ist vorbei

**vorbeigehen** ⟨V. i. 145; ist⟩ **1** *einen Augenblick, nebenher u. dann weitergehen, vorübergehen* **2** *nicht treffen, das Ziel verfehlen* (Schlag, Schuss) **3** ⟨fig.; umg.⟩ *zu Ende gehen, aufhören* ◆ der **Schmerz** wird bald vorbeigehen ◆ eine Gelegenheit (ungenutzt) vorbeigehen **lassen** ⟨fig.⟩ ◆ **an** jmdm., an einem Gebäude vorbeigehen; **bei** jmdm. vorbeigehen ⟨umg.⟩ *jmdn. kurz besuchen, jmdn. kurz aufsuchen*

**vorbeikommen** ⟨V. i. 170; ist⟩ **1** *(im Kommen) vorbeigehen, vorüberkommen* **2** ⟨umg.⟩ *vorbeigehen od. -fahren können* ◆ wir kommen hier mit dem Wagen nicht vorbei ⟨umg.⟩; wenn du an einer Buchhandlung vorbeikommst, frag doch bitte nach dem Buch

**vorbeireden** ⟨V. i.; hat⟩ an etwas vorbeireden *über etwas reden, ohne den Kern der Sache zu treffen;* aneinander vorbeireden *miteinander reden, ohne zu verstehen, was der andere meint*

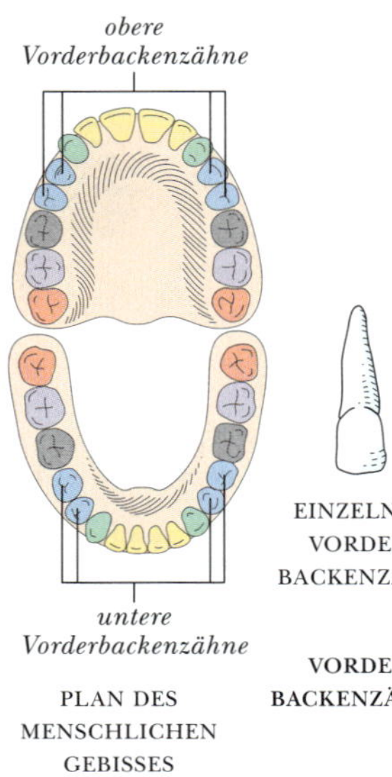


EINZELNER VORDERBACKENZAHN

VORDERBACKENZÄHNE

PLAN DES MENSCHLICHEN GEBISSES

**vorbelastet** ⟨Adj.⟩ *bereits durch etwas belastet (z. B. durch Strafe, Erbanlage o. Ä.)* ◆ er ist durch seine Vergangenheit stark vorbelastet

**Vorbemerkung** ⟨f. 20⟩ **1** *vorausgeschickte Bemerkung* **2** *kurzes Vorwort* ◆ bevor ich beginne, möchte ich eine kurze Vorbemerkung machen

**vorbereiten** ⟨V. t.; hat⟩ **1** *vorher zurechtmachen* **2** *im Voraus bearbeiten* ◆ eine **Arbeit,** ein Fest vorbereiten; eine **Unterrichtsstunde** vorbereiten ◆ sich **auf** etwas vorbereiten *seine Gedanken auf etwas richten, seine Gedanken sammeln; für etwas arbeiten;* jmdn. (schonend) auf eine schlimme Botschaft vorbereiten *jmdm. eine schlimme Botschaft nach u. nach erklären*

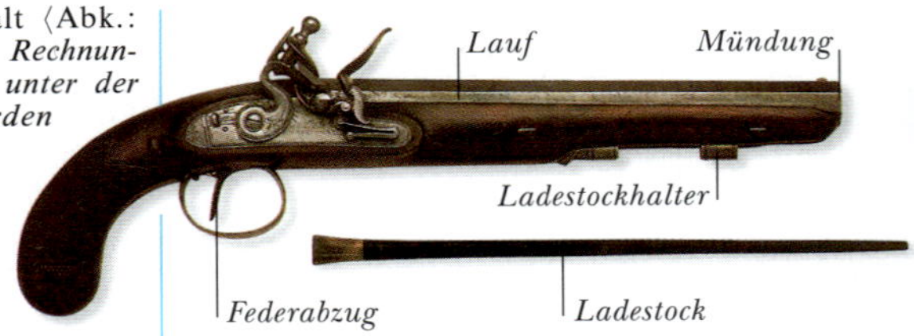


VORDERLADER: ENGLISCHE DUELLPISTOLE DES FRÜHEN 19. JH.

**Vorbestellung** ⟨f. 20⟩ *vorherige Bestellung, Vormerkung, Reservierung*

**vorbestimmt** ⟨Adj.; Rel.⟩ *durch göttlichen Beschluss, durch das Schicksal vorher (vor der Geburt, vor dem Eintritt) bestimmt* ◆ vorbestimmtes Ereignis, Ziel; es ist mir vorbestimmt

**vorbestraft** ⟨Adj.⟩ *bereits früher gerichtl. bestraft* ◆ der Angeklagte ist zweimal vorbestraft

**vorbeugen** ⟨V.; hat⟩ **I** ⟨V. refl.⟩ sich vorbeugen *sich nach vorn beugen* **II** ⟨V. i.⟩ einer Sache vorbeugen *eine Sache vorsorglich verhüten* ◆ einer Krankheit vorbeugen; vorbeugende Maßnahme

**Vorbild** ⟨n. 12⟩ *Muster, mustergültiges Beispiel, Beispiel, dem man nachstreben sollte, Idealgestalt* ◆ sich jmdn. zum Vorbild nehmen

**vorbildlich** ⟨Adj.⟩ *als Vorbild dienend od. dienen könnend, mustergültig, beispielhaft* ◆ ein vorbildlicher Mensch, Schüler; vorbildlich arbeiten; sich vorbildlich benehmen

**Vorbildung** ⟨f. 20; unz.⟩ **1** *vorbereitende Ausbildung* **2** *Verformung*

**Vorbote** ⟨m. 17⟩ **1** *erster Bote, Vorläufer* **2** ⟨fig.⟩ *Vorzeichen, Anzeichen* ◆ Schneeglöckchen als Vorboten des Frühlings; ein Schnupfen als Vorbote einer Grippe

**vorbringen** ⟨V. t. 118; hat⟩ *sagen, zur Sprache bringen, zum Ausdruck bringen* (Protest, Klagen, Wunsch); ⟨umg.⟩ *nach vorn bringen*

**vorchristlich** ⟨[-krist-] Adj.⟩ *in der Zeit vor Christi Geburt liegend, geschehen;* Ggs *nachchristlich* ◆ das zweite vorchristliche Jahrhundert; in vorchristlicher Zeit

**vordatieren** ⟨V. t.; hat⟩ *mit einem künftigen Datum versehen, vorausdatieren;* Ggs *rückdatieren* ◆ einen Brief, ein Formular, eine Rechnung vordatieren

**Vordeck** ⟨n. 15 od. n. 11; Mar.⟩ *Teil des Oberdecks vor der Kommandobrücke;* Sy *Vorderdeck;* Ggs *Achterdeck*

**Vorderachse** ⟨[-ks-] f. 19⟩ *die vordere von zwei hintereinander liegenden Achsen;* Ggs *Hinterachse*

**Vorderansicht** ⟨f. 20⟩ *Ansicht von vorn*

**Vorderbackenzahn** ⟨m. 1u; Anat.⟩ ◄ *jeder der zwei Backenzähne, die direkt hinter den (insgesamt vier) Eckzähnen folgen;* Sy *Prämolar, Vorbackenzahn*

**Vorderdeck** ⟨n. 15 od. n. 11; Mar.⟩ = *Vordeck*

**vordere(r, -s)** ⟨Adj.⟩ *vorn befindlich* ◆ der vorderste Platz *der am weitesten vorn befindl. Platz;* die vorderen Reihen [< mhd. *vorder* < ahd. *fordaro* „vorn befindlich, früher, (örtlich) voranstehend"; nur räumlich gebrauchte Komparativbildung zu „vor"]

**Vordergrund** ⟨m. 1u; unz.⟩ **1** *dem Betrachter zunächst liegender Teil des Raumes* **2** ⟨bei einem perspektivisch gemalten Bild⟩ *vorderer Teil des Bildraumes* ◆ sich in den Vordergrund drängen ⟨fig.⟩ *die allgemeine Aufmerksamkeit (mehr od. minder rücksichtslos)* *auf sich ziehen;* jmdn. od. etwas in den Vordergrund stellen ⟨fig.⟩ *hervorheben, die Aufmerksamkeit auf jmdn. od. etwas lenken*

**vordergründig** ⟨Adj.⟩ *die tiefer liegenden, eigentl. Gründe od. Probleme nicht beachtend od. erkennend*

**Vorderhirn** ⟨n. 11; Anat.⟩ *vordere der drei Hirnblasen des Embryos, aus der Groß- u. Zwischenhirn entstehen, Prosencephalon*

**Vorderlader** ⟨m. 3; Waffenk.⟩ ◄ *alte Feuerwaffe, bei der Pulver u. Blei von vorn in den Lauf geschoben werden;* Ggs *Hinterlader*

**Vorderlauf** ⟨m. 1u; Jägerspr.⟩ *Vorderbein (von Wild u. Hund);* Ggs *Hinterlauf*

**Vordermann** ⟨m. 2u⟩ *jmd., der in einer Reihe vor jmdm. steht* ◆ Vordermann halten *sich nach dem vor einem Stehenden genau ausrichten;* mein Vordermann

**Vorderpfote** ⟨f. 19; bei Vierfüßern⟩ *vordere Pfote;* Ggs *Hinterpfote*

**Vorderradantrieb** ⟨m. 1; unz.; bei Kfz⟩ *Antrieb der Vorderräder, Frontantrieb;* Ggs *Hinterradantrieb*

**Vorderschiff** ⟨n. 11; unz.⟩ *vorderer Schiffsteil, Bug;* Ggs *Achterschiff*

**Vorderschinken** ⟨m. 4⟩ *Schinken vom Vorderbein des Schweins*

**Vorderseite** ⟨f. 19⟩ *nach vorn bzw. oben gelegene Seite (eines Buches, Hauses, einer Münze);* Ggs *Rückseite*

**Vordertür** ⟨f. 20⟩ *vordere Tür (eines Hauses, einer Wohnung usw.);* Ggs *Hintertür (1)*

**vordrängen** ⟨V. t.; hat⟩ *rücksichtslos nach vorn drängen* ◆ sich vordrängen ⟨fig.⟩ *die Aufmerksamkeit auf sich lenken*

**vordringen** ⟨V. i. 122; ist⟩ *nach vorn, vorwärts dringen* ◆ in ein Wissensgebiet vordringen ⟨fig.⟩ *in ein Wissensgebiet eindringen, sich immer mehr davon geistig aneignen;* in unbekanntes, unerforschtes Gebiet vordringen *eindringen*

**vordringlich** ⟨Adj.⟩ *bes. dringlich, bes. wichtig, vor anderen (zu berücksichtigen)*

**voreilig** ⟨Adj.⟩ *überstürzt, unüberlegt* ◆ voreilig handeln; voreilig urteilen

**voreinander** ⟨Adv.⟩ *einer vor dem anderen* ◆ sie haben keine Geheimnisse voreinander

**voreingenommen** ⟨Adj.⟩ *voller Vorurteile, von vornherein für,* ⟨meist jedoch⟩ *gegen etwas od. jmdn. eingenommen*

**vorenthalten** ⟨V. t. 160; hat⟩ jmdm. etwas vorenthalten *jmdm. etwas (widerrechtlich) nicht geben* ◆ jmdm. sein Erbe vorenthalten

**Vorentscheidung** ⟨f. 20⟩ **1** *vorläufige Entscheidung* **2** ⟨Sp.⟩ *Zwischenergebnis, das die Entscheidung eines Wettkampfes bereits vorwegzunehmen scheint* ◆ dieses Ergebnis ist eine Vorentscheidung

**vorerst** ⟨Adv.⟩ *vorläufig, zunächst, fürs Erste* ◆ bitte erzähle vorerst nichts davon

**Vorfahr** ⟨m. 16⟩ *Verwandter in aufsteigender gerader Linie, z. B. Vater, Mutter, Großvater, Großmutter;* Ggs *Nachkomme, Nachfahr* ⟨veraltet⟩ [< mhd. *vorvar* „Vorgänger"]

**vorfahren** ⟨V. i. 130; ist; umg.⟩ **1** *weiter nach vorn fahren* **2** *vorausfahren, vors Haus fahren (um jmdn. abzuholen)*

**Vorfahrt** ⟨f. 20; unz.; bei Straßenkreuzungen⟩ **1** *Vorrang einer Fahrtrichtung* **2** ⟨kurz für⟩ *Vorfahrtsrecht* ◆ die Vorfahrt beachten, verletzen

**Vorfahrtsrecht** ⟨f. 20; unz.; bei Straßenkreuzungen⟩ *das Recht, mit dem Fahrzeug vor den anderen, von rechts od. links kommenden Fahrzeugen über die Kreuzung zu fahren;* Sy ⟨kurz⟩ *Vorfahrt (2)* ◆ die Vorfahrt beachten, verletzen

**Vorfall** ⟨m. 1u⟩ **1** *Ereignis, Begebenheit, Geschehnis, Vorkommnis* **2** ⟨Med.⟩ *Hervortreten eines im Körperinnern gelegenen Organs* (Gebärmuttervorfall)

VORHALLE DER ABTEIKIRCHE VON VÉZELAY, FRANKREICH (ERBAUT UM 1130)

**vorfallen** ⟨V. i. 131; ist⟩ **1** *geschehen, sich ereignen* **2** ⟨umg.⟩ *nach vorn fallen* **3** ⟨Med.⟩ *hervortreten* (von inneren Organen) ◆ er tat, als ob nichts vorgefallen wäre

**vorfinden** ⟨V. t. 134; hat⟩ *(an einem Ort) finden (wenn man hinkommt), antreffen* ◆ als ich kam, fand ich ihn schon vor; ich fand eine große Unordnung vor

**vorfühlen** ⟨V. i.; hat; umg.⟩ bei jmdm. vorfühlen *jmds. Meinung zu erkunden suchen*

**vorführen** ⟨V. t.; hat⟩ *nach vorn führen, vor jmdn. führen, (öffentlich) zeigen* ◆ jmdn. dem Arzt, dem Richter vorführen

**Vorgabe** ⟨f. 19; Sp.⟩ **1** *regelnde Anweisung, Bestimmung* **2** *Vergünstigung für einen schwächeren Gegner* **3** ⟨Gesteinssprengtech.⟩ **3.1** *die Menge Gestein, die ein Sprengschuss lösen soll* **3.2** *Entfernung eines Sprengschusses von der nächsten freien Fläche*

**Vorgang** ⟨m. 1u⟩ **1** *Geschehen, Ablauf, Hergang* (Naturvorgang) **2** *in den Akten festgehaltener Fall*

**Vorgänger** ⟨m. 3⟩ *jmd., der einem in etwas (z. B. im Amt) vorangegangen ist, der früher dasselbe getan hat*

**vorgeben** ⟨V. t. 143; hat⟩ **1** etwas vorgeben *bewusst fälschlich behaupten* **2** *anweisen, bestimmen* ◆ er gab vor, an dem Tag krank gewesen zu sein

**Vorgebirge** ⟨n. 13⟩ **1** *die niedrigeren Berge vor einem Gebirge* **2** = *Kap* ◆ das Vorgebirge der Alpen; um ein Vorgebirge herumfahren

**vorgefasst** ⟨Adj.⟩ *von vornherein gefasst, gebildet, ohne die Tatsachen geprüft zu haben* ◆ vorgefasste Meinung; vorgefasstes Urteil

**vorgehen** ⟨V. i. 145; ist⟩ **1** *(in einem bestimmten Fall) handeln* **2** ⟨Mil.⟩ *vorrücken, vorstoßen, angreifen* **3** ⟨umg.⟩ *vorangehen* ◆ etwas geht vor *geschieht; hat den Vorrang, ist wichtiger;* bitte geh schon vor, ich komme gleich nach ⟨umg.⟩; hier geht irgend etwas vor *hier stimmt etwas nicht, hier ist etwas anders als sonst;* die Gesundheit, Arbeit geht vor ⟨umg.⟩

**Vorgeschichte** ⟨f. 19⟩ **I** ⟨zählb.⟩ *für einen Fall wichtige vorherige Begebenheit(en)* **II** ⟨unz.⟩ *die Zeit vor Beginn der geschichtlichen Überlieferung;* Sy *Urgeschichte, Prähistorie*

VORHAND BEIM TENNIS

**Vorgesetzte(r)** ⟨f. 30 (m. 29)⟩ *im Amt, im Dienst Höhergestellte(r), jmd., dessen dienstl. Anordnungen man befolgen muss*

**vorgestern** ⟨Adv.⟩ **1** *am Tage vor gestern* **2** ⟨fig.; umg.⟩ *veraltet, altmodisch* ◆ vorgestern abend; Anschauungen von vorgestern ⟨fig.; umg.⟩

**vorgreifen** ⟨V. i. 158; hat⟩ einer Sache vorgreifen *zuvorkommen, die Wirkung einer Sache nicht abwarten*

**vorhaben** ⟨V. t. 159; hat⟩ **1** *planen, beabsichtigen, tun wollen* **2** ⟨umg.⟩ *vorgebunden haben, als Schutz vor sich haben* (Schürze) ◆ ich habe heute Abend nichts vor

**Vorhaben** ⟨n. 14⟩ *Plan, Unternehmen, Absicht* ◆ sein Vorhaben ändern; sein Vorhaben durchführen

**Vorhalle** ⟨f. 19⟩ **1** ⟨im grch. Tempel⟩ *durch die nach vorn verlängerten Seitenmauern u. zwei Säulen begrenzter Raum vor der Halle* **2** ⟨allg.⟩ ◄ *dem Haus vorgebaute Eingangshalle, meist aus Säulen* (Säulenvorhalle) **3** *Diele, Flur*

**vorhalten** ⟨V. 160; hat⟩ **I** ⟨V. t.⟩ **1** jmdm. od. sich etwas vorhalten *etwas vor jmdn. od. vor sich halten* **2** jmdm. etwas vorhalten ⟨fig.⟩ *zum Vorwurf machen, vorwerfen* **II** ⟨V. i.⟩ **1** ⟨umg.⟩ *reichen, ausreichen* **2** ⟨Mil.⟩ *den Lauf, das Rohr der Feuerwaffe vor das bewegte Ziel richten*

**Vorhaltung** ⟨f. 20⟩ *Vorwurf, Ermahnung* ◆ jmdm. Vorhaltungen machen

**Vorhand** ⟨f. 7u; unz.⟩ **1** ⟨Sp.⟩ **1.1** ⟨Sp.; Badminton, (Tisch-)Tennis⟩ ▼ *(bei Rechtshändern) Schlag des Balles rechts vom Körper bzw. (bei Linkshändern) links vom Körper, bei dem die Handinnenfläche zum Netz zeigt;* Ggs *Rückhand* **1.2** ⟨Reiten⟩ *der vor dem Reiter liegende, vordere Körperabschnitt des Pferdes, Vorderhand;* Ggs *Hinterhand (1)* **2** ⟨Kart.⟩ *der vor dem Gebenden sitzende Kartenspieler;* Ggs *Hinterhand (2)* **3** ⟨Rechtsw.⟩ *Vorkaufsrecht* ◆ die Vorhand haben *das Recht zum Ausspielen der ersten Karte haben*

**vorhanden** ⟨Adj.⟩ *verfügbar, vorrätig* ◆ vorhanden sein; von den Waren, Vorräten ist nichts mehr vorhanden [< *vor Handen* (alter Dat. Pl.) „vor den Händen"]

**Vorhang** ⟨m. 1u⟩ *vor Fenster, Tür, Bühnenöffnung gehängter Stoff* (Fenstervorhang, Türvorhang) ◆ der Vorhang geht auf, fällt, schließt sich, öffnet sich ⟨Theat.⟩; es gab viele Vorhänge ⟨umg.⟩ *die Künstler mussten sich am Schluss der Vorstellung oft dem Beifall spendenden Publikum zeigen;* vor den Vorhang treten ⟨Theat.⟩

**Vorhaut** ⟨f. 7u⟩ *die Eichel des männl. Gliedes überziehende Haut*

**vorher** ⟨Adv.⟩ **1** *früher, davor, zuvor, bevor etwas geschieht od. geschehen ist* **2** *im Voraus* ◆ einen Urlaub drei Monate vorher buchen

**vorhergehen** ⟨V. i. 145; ist⟩ *vorangehen, früher geschehen* ◆ am vorhergehenden Tag; im Vorhergehenden wurde erwähnt, dass ...

**Vorherrschaft** ⟨f. 20; unz.⟩ *Vorrangstellung, Übergewicht, polit. führende Rolle*

**vorherrschen** ⟨V. i.; hat⟩ *die Vorherrschaft innehaben, überwiegen* ◆ in dieser Landschaft herrscht Laubwald, Nadelwald vor; die vorherrschende Meinung ist die, dass ...

**Vorhersage** ⟨f. 19⟩ *Voraussage, Bestimmung im Voraus, was bzw. wie etwas kommen wird* (Wettervorhersage)

V

**vorhersagen** ⟨V. t.; hat⟩ *sagen, ankündigen, mitteilen, was bzw. wie etwas kommen wird, prophezeien*
**vorhin** ⟨Adv.⟩ *kürzlich, eben erst* ◆ ich habe ihn vorhin gesehen
**Vorhof** ⟨m. 1u⟩ **1** *vorderer Hof* **2** ⟨Anat.⟩ *Teil des Herzens, in den das Blut einfließt;* Sy *Atrium, Vorkammer (1)*
**Vorhut** ⟨f. 20; Mil.⟩ *vorausgeschickte Sicherungstruppe* [Lehnübersetzung < frz. *avantgarde* „Vorhut" < *avant* „vor" + *garde* „Wache, Schutz, Obhut"]
**vorig** ⟨Adj.⟩ **1** *vorhergehend, früher, vergangen* **2** ⟨schweiz.; umg.⟩ *übrig* ◆ voriges Jahr; vorigen Jahres ⟨Abk.: v. J.⟩ *des letzten Jahres*
**Vorkammer** ⟨f. 21⟩ **1** ⟨Anat.⟩ = *Vorhof (2)* **2** ⟨bei Kfz⟩ *vor dem Hauptverbrennungsraum eines Dieselmotors liegender Verbrennungsraum, in dem der Kraftstoff teilweise verbrennt*
**Vorkaufsrecht** ⟨n. 11; unz.⟩ *das Recht, eine feste od. bewegl. Sache od. ein Recht als erster zum Kauf angeboten zu bekommen*
**vorkehren** ⟨V. t.; hat⟩ *deutlich zeigen, sehen lassen,* ⟨meist⟩ *hervorkehren*
**Vorkehrung** ⟨f. 20⟩ *vorsorgl. Anordnung, Maßnahme* ◆ Vorkehrungen treffen
**vorkommen** ⟨V. i. 170; ist⟩ **1** *nach vorn kommen* **2** *zum Vorschein kommen, hervorkommen, sich ereignen, geschehen* **3** *sich finden, vorhanden sein* (Pflanze, Krankheit) **4** *scheinen, erscheinen, verzeichnet sein* ◆ komm vor und schreib es an die Tafel! ⟨Schule⟩; in diesem Satz kommen mehrere **Adjektive** vor ◆ es **kann** durchaus vorkommen, dass ...; so etwas kann vorkommen *so etwas erlebt man öfter;* das **soll** nicht wieder vorkommen *ich werde es nicht wieder tun* ◆ diese Frau, dieses Bild, diese Melodie kommt mir **bekannt** vor; das kommt mir **komisch,** seltsam, merkwürdig, verdächtig vor ◆ dieser Ausdruck kommt **im** Englischen oft vor ◆ **wo** kommen diese Mineralien sonst noch vor?
**Vorkommen** ⟨n. 14⟩ *Vorhandensein (bes. von Mineralien),* z. B. Erzvorkommen ◆ reiches, schwaches Vorkommen von Kohle, Silber
**vorladen** ⟨V. t. 173; hat; Rechtsw.⟩ *zum Erscheinen vor Gericht auffordern*
**Vorlage** ⟨f. 19⟩ **1** *Entwurf* (Gesetzesvorlage) **2** *Muster zur Vervielfältigung, Grundmodell* (Zeichenvorlage) **3** *Gefäß zur Aufnahme eines destillierten Stoffes* **4** ⟨Sp.; bes. Fußb.⟩ *nach vorn genau zum Torschuss gespielter Ball* **5** ⟨Skisp.⟩ *vorgebeugte Haltung, Vorbeugen des Oberkörpers* **6** ⟨schweiz.⟩ = *Vorleger* (Bettvorlage, Türvorlage)
**vorlassen** ⟨V. t. 174; hat⟩ jmdn. vorlassen **1** *jmdm. Zutritt gewähren, jmdn. empfangen* **2** *vorangehen, voranfahren lassen*
**Vorlauf** ⟨m. 1u⟩ **1** ⟨Sp.; bes. Leichtathletik, Radsp.⟩ *Lauf bzw. Laufserie zur Ermittlung der Teilnehmer an den Zwischenläufen* **2** ⟨Tech.⟩ *Anordnung des (gelenkten) Rades, bei der die Radmitte in Fahrtrichtung vor dem Schnittpunkt des Achsschenkelbolzens mit der Fahrbahnebene liegt* **3** ⟨Chem.⟩ *der bei einer Destillation alkoholhaltiger Flüssigkeiten zuerst übergehende Teil des Destillats, Flüssigkeit, die beim Keltern zuerst abläuft*
**Vorläufer** ⟨m. 3⟩ **1** *Person, Sache od. Erscheinung, die einer später auftretenden bereits ähnlich ist* **2** ⟨Färberei⟩ *Stoffstreifen am Anfang und am Ende einer Gewebebahn* **3** ⟨schweiz.; Eisenb.⟩ = *Vorzug (3)* ◆ die Camera obscura ist die Vorläuferin des modernen Fotoapparates
**vorläufig I** ⟨Adj.⟩ *einstweilig, vorübergehend, provisorisch* (Anordnung, Entscheidung) **II** ⟨Adv.⟩ *einstweilen, zunächst, fürs Erste, bis auf weiteres* ◆ das können wir vorläufig so lassen, so machen

**vorlaut** ⟨Adj.⟩ **1** ⟨urspr. nur Jägerspr.⟩ *zu früh anschlagend, zu früh Laut gebend* (von Hunden) **2** ⟨danach fig.⟩ *dreist redend, ohne gefragt zu sein, naseweis* (bes. von Kindern)
**Vorleben** ⟨n. 14⟩ *früheres Leben, bisheriges Leben* ◆ das Vorleben des Angeklagten
**vorlegen** ⟨V. t.; hat⟩ jmdm. etwas vorlegen **1** *etwas vor jmdn. zum Ansehen, Auswählen, Unterschreiben u. a. hinlegen* **2** *vorzeigen, zeigen, vorweisen* (Pass, Ausweis, Zeugnisse) **3** *zum Essen auf den Teller legen* ◆ jmdm. eine Arbeit zur Prüfung vorlegen; er legte ein scharfes Tempo vor ⟨fig.; umg.⟩
**Vorleger** ⟨m. 3⟩ *kleiner Teppich, Matte (im Bad od. vor dem Bett),* z. B. Badvorleger, Bettvorleger; Sy ⟨schweiz.⟩ *Vorlage (6)*
**vorlesen** ⟨V. t. 178; hat⟩ jmdm. etwas vorlesen *vor od. für jmdn. laut lesen* ◆ jmdm. einen Brief, einen Zeitungsartikel vorlesen; vorgelesen, genehmigt, unterschrieben ⟨Abk.: v., g., u.⟩ *(Formel unter gerichtl. Protokollen)*
**Vorlesung** ⟨f. 20⟩ *wissenschaftl. Vortrag, Form des Unterrichts an Hochschulen u. Universitäten ohne Unterrichtsgespräch u. Diskussion;* Sy *Kolleg (1)* ◆ eine Vorlesung belegen; Vorlesungen halten; Vorlesungen hören
**vorletzte(r, -s)** ⟨Adj.⟩ *zweitletzt, vor dem Letzten befindlich*
**Vorliebe** ⟨f. 19⟩ *besondere Neigung* ◆ er hat eine Vorliebe für alte Musik, für gutes Essen und Trinken
**vorliegen** ⟨V. i. 179; hat⟩ **1** *bereit daliegen* **2** ⟨im Geschäfts-, Büroverkehr⟩ *zu bearbeiten sein, vorhanden sein* ◆ liegt irgend etwas Besonderes vor?
**vorm** ⟨Verschmelzungsform aus Präp. u. Art.⟩ *vor dem*
**vorm.** ⟨Abk. für⟩ *vormittags*
**Vormacht** ⟨f.; -; unz.⟩ *Vorherrschaft, führende polit. Stellung*
**Vormagen** ⟨m. 4u; Anat.⟩ **1** *Pansen u. Netzmagen der Wiederkäuer* **2** *vorderer Magenabschnitt der Vögel* **3** *häufig mit Chitinleisten u. -zähnen ausgerüsteter Abschnitt des Vorderdarms der Insekten*
**Vormarsch** ⟨m. 1u⟩ *das Vorwärtsmarschieren, Vordringen* ◆ auf dem Vormarsch sein; die Truppen sind schon im Vormarsch
**Vormärz** ⟨m.; -; unz.; Gesch.⟩ *Zeit von 1815 bis zur dt. Märzrevolution 1848*
**vormerken** ⟨V. t.; hat⟩ *in ein Vormerkbuch eintragen, als Bestellung aufnehmen, notieren*
**Vormittag** ⟨m. 1⟩ *Zeitraum vom Morgen bis zum Mittag* ◆ im Laufe des Vormittags
**vormittags** ⟨Adv.; Abk.: vorm.⟩ *am Vormittag*
**Vormund** ⟨m. 1 od. m. 2u⟩ *amtlich bestellter Vertreter von Minderjährigen (besonders Waisen), Entmündigten, geistig Behinderten usw.* [< mhd. *vormunde* „Beschützer, Fürsprecher, Vormund" < ahd. *foramundo* „Beschützer, Fürsprecher"]
**vorn** ⟨Adv.⟩ oV *vorne* **1** *an der Vorderseite, an der Spitze, obenan* **2** *führend, vor den anderen* ◆ die Mütze **liegt** gleich vorn (links, rechts) im Schrank; vorn **marschieren,** sitzen, stehen; **von** vorn *von Anfang an;* von vorn bis hinten ⟨fig.; umg.⟩ *ganz gründlich* [< mhd. *vorn(e)* „vorn, vorher" < ahd. *forna* „vorn"; → *vor*]
**Vorname** ⟨m. 26⟩ *persönlicher Name, Taufname* ◆ bitte alle Vornamen angeben *(auf Formularen);* sein Vorname ist Julian Kendrick; ihre Vornamen lauten Christiane, Matthias, Meike und Melanie
**vorne** ⟨Adv.; umg.⟩ = *vorn*
**vornehm** ⟨Adj.⟩ **1** *von edler Abstammung, von höherem Stand* **2** *edel, anständig, großzügig, hochherzig* (Gesinnung, Person) **3** *elegant u. geschmackvoll, kostbar u. geschmackvoll* (Äußeres) ◆ meine vornehmste Aufgabe, Pflicht *hauptsächliche, wichtigste Aufgabe, Pflicht;* vornehm gekleidet [< mhd. *vürnæme* „wichtig, hauptsächlich, vorzüglich, ausgezeichnet"; zu *nehmen,* Grundbedeutung „aus einer weniger wichtigen od. wertvollen Menge hervor-, herauszunehmen"]
**vornehmen** ⟨V. t. 187; hat⟩ **1** (sich) etwas vornehmen *vorbinden, umbinden* (Schürze, Serviette) **2** etwas vornehmen *etwas ausführen, tun* **3** sich etwas vornehmen *den Entschluss zu etwas fassen, etwas tun wollen, die Absicht haben, etwas zu tun* **4** sich jmdn. vornehmen ⟨fig.; umg.⟩ *jmdn. zu sich rufen u. ihn ermahnen* ◆ (sich) eine Arbeit vornehmen *eine Arbeit beginnen*
**vornehmlich** ⟨Partikel⟩ *besonders, vor allem* ◆ alle Kinder, vornehmlich die großen
**vornherein** ⟨Adv.⟩ von vornherein *von Anfang an, sofort*
**vornüber** ⟨Adv.⟩ *nach vorn* ◆ vornüber fallen, kippen
**vornweg** ⟨Adv.⟩ *vorn, als Erste(r), als Erstes, zuerst, voran* ◆ vornweg laufen; mit dem Kopf vornweg ins Wasser springen
**Vorort** ⟨m. 1⟩ **1** *Vorstadt, äußerer Stadtteil* **2** *leitender, geschäftsführender Ort in einem Verband, z. B. Lübeck in der Hanse*
**vorpreschen** ⟨V. i.; ist⟩ **1** *nach vorn preschen* **2** ⟨fig.⟩ *eilig, als Erster handeln, sich in eine riskante Lage begeben* ◆ in einer Angelegenheit vorpreschen

VORSCHIFF EINES SCHIFFS AUS DEM FRÜHEN 19. JH.

**vorprogrammiert** ⟨Adj.⟩ **1** *gezielt vorbereitet* **2** *voraussehbar* ◆ vorprogrammierter Erfolg; vorprogrammierte Verhaltensweisen *Verhaltensweisen, die sich im Lauf der Stammesgeschichte entwickelt haben u. gesetzmäßig ablaufen*
**Vorprüfung** ⟨f. 20⟩ *Prüfung zur Auswahl der Besten für die eigentliche Prüfung, Ausscheidungsprüfung*
**Vorrang** ⟨m. 1u; unz.⟩ **1** *die höhere, wichtigere, bevorzugte Stellung* **2** *Vortritt, Vorrecht* ◆ einer Sache den Vorrang geben *eine Sache für wichtiger halten u. entsprechend behandeln;* ihm gebührt der Vorrang
**Vorrat** ⟨m. 1u⟩ *etwas für späteren Bedarf Aufgespeichertes, Aufgehobenes* (Geldvorrat, Warenvorrat) ◆ der Vorrat ist erschöpft; Vorrat an Lebensmitteln, Kohlen [< mhd. *vorrat* „Vorrat, Vorbedacht, Überlegung"; → *Rat*]

V

**vorrätig** ⟨Adj.⟩ *als Vorrat vorhanden, aufgespeichert, verfügbar, (reichlich) vorhanden* ◆ eine Ware vorrätig haben

**vorrechnen** ⟨V. t.; hat⟩ jmdm. etwas vorrechnen **1** *eine Rechnung vor jmdm. rechnen, damit dieser sie versteht od. nachprüfen kann* **2** *jmdm. etwas durch eine Rechnung erklären*

**Vorrecht** ⟨n. 11⟩ *Sonderrecht, Vergünstigung, Privileg*

**Vorreiter** ⟨m. 3; fig.⟩ *jmd., der etwas Neues als Erster durchführt* ◆ ein Vorreiter der neuen Unternehmensführung

**Vorrichtung** ⟨f. 20⟩ **1** *Einrichtung, Gerät, Apparat* **2** *ein dem zu bearbeitenden Werkstück in der Form angepasstes Hilfsmittel der Fertigungstechnik* ◆ eine Vorrichtung zum Schälen von Spargel

**vorrücken I** ⟨V. t.; hat⟩ *nach vorn rücken, nach vorn schieben* ◆ einen Schrank, Tisch vorrücken; einen Stein (im Brettspiel) vorrücken *in Richtung zum Spielgegner od. zum Ende des Spiels setzen* **II** ⟨V. i.; ist⟩ *vordringen, auf dem Vormarsch sein* (Truppe) ◆ der Zeiger der Uhr rückt vor *rückt weiter;* in vorgerücktem Alter *in vorgeschrittenem Alter, in mittlerem Alter;* zu vorgerückter Stunde *zu später Stunde, um od. kurz vor Mitternacht*

**vors** ⟨Verschmelzungsform aus Präp. u. Art.⟩ *vor das*

**Vors.** ⟨Abk. für⟩ *Vorsitzende(r)*

**vorsagen** ⟨V.; hat⟩ **I** ⟨V. t.⟩ jmdm. etwas vorsagen *zum Nachsagen vorsprechen* **II** ⟨V. t. u. V. i.; Schülerspr.⟩ jmdm. (etwas) vorsagen *durch Zuflüstern der richtigen Antwort unerlaubt helfen*

**Vorsatz** ⟨m. 1u⟩ **1** *feste Absicht* **2** ⟨Rechtsw.⟩ *bewusstes Wollen einer Straftat* **3** ⟨Phys.; Tech.⟩ *Silbenkombination zur Bildung Vielfacher od. Teile von Einheiten,* wie z. B. Kilo..., Zenti... ◆ gute Vorsätze fassen

**vorsätzlich** ⟨Adj.⟩ *mit Vorsatz, absichtlich* ◆ vorsätzlicher Mord; jmdn. vorsätzlich belügen

**Vorschau** ⟨f. 20⟩ **1** *vorausschauender Überblick* **2** ⟨Film; TV⟩ *zusammenfassender Überblick über kommende Sendungen od. Programme*

**vorschicken** ⟨V. t.; hat⟩ **1** *nach vorn schicken* **2** *vorausschicken* ◆ Freiwillige zur Erkundung des Geländes vorschicken

**vorschieben** ⟨V. t. 212; hat⟩ **1** *nach vorn, vorwärts schieben* **2** *vor etwas schieben* **3** ⟨fig.⟩ *vorschützen, als angeblichen Grund nennen* ◆ den Riegel vorschieben

**Vorschiff** ⟨n. 11; unz.; Mar.⟩ ◄ *vorderer Schiffsteil*

**Vorschlag** ⟨m. 1u⟩ **1** *Anerbieten, Angebot, Rat* **2** *erster Schlag (beim Hämmern, Schmieden usw.)* **3** *leerer Raum oben auf der ersten Seite eines Buches od. eines Kapitels* **4** ⟨Mus.⟩ *einem Melodieton zur Verzierung, vorausgeschickter kurzer Nebenton* **5** ⟨schweiz.⟩ *(rechner.) Gewinn* ◆ einen Vorschlag **annehmen,** ablehnen, zurückweisen ◆ hast du einen **besseren** Vorschlag?; kannst du einen besseren Vorschlag machen?; **guter,** praktischer, vernünftiger Vorschlag ◆ **auf** Vorschlag unseres Praktikanten

**vorschlagen** ⟨V. t. 216; hat⟩ *empfehlen, raten, anbieten* ◆ ich schlage vor, wir machen es folgendermaßen: ...

**vorschreiben** ⟨V. t. 226; hat⟩ (jmdm.) etwas vorschreiben **1** *als Muster für jmdn. schreiben* **2** ⟨fig.⟩ *befehlen, sagen, dass od. wie etwas getan werden muss* ◆ Preise vorschreiben ⟨fig.⟩ *amtlich festsetzen;* ich lasse mir von dir nichts vorschreiben ⟨fig.⟩

**Vorschrift** ⟨f. 20⟩ **1** *Anweisung* **2** *Richtlinie, Verordnung* ◆ die Vorschrift(en) beachten, befolgen, einhalten, übertreten, verletzen; ärztliche, gesetzliche, polizeiliche Vorschrift

**Vorschub** ⟨m.; -(e)s, unz.⟩ **1** *Maß der Vorwärtsbewegung eines Werkzeugs* **2** ⟨allg.⟩ *Hilfe, Begünstigung* ◆ einer Sache Vorschub leisten *eine Sache begünstigen*

**Vorschuss** ⟨m. 1u⟩ *im Voraus geleisteter Teil einer Zahlung, bes. des Gehalts, Lohns* ◆ einen Vorschuss erhalten

**vorschützen** ⟨V. t.; hat⟩ *vorgeben, zum Vorwand nehmen* ◆ dringende Arbeiten vorschützen; eine Erkältung vorschützen

**vorschwindeln** ⟨V. t.; hat⟩ jmdm. etwas vorschwindeln *jmdm. Unwahrheiten erzählen, jmdm. gegenüber lügen*

**vorsehen** ⟨V. 235; hat⟩ **I** ⟨V. t.⟩ *in Aussicht nehmen* ◆ jmdn. für einen Posten, für ein Amt vorsehen; die Feier ist für den 20.12. vorgesehen **II** ⟨V. refl.⟩ sich vorsehen *sich in Acht nehmen* ◆ sich vor jmdm. vorsehen

**Vorsehung** ⟨f. 20; unz.⟩ *göttl. Leitung der Geschicke, Schicksal*

**vorsetzen** ⟨V. t.; hat⟩ **1** *nach vorn setzen, vorwärts setzen* **2** *vor etwas setzen* ◆ jmdm. etwas (zu essen, zu trinken) vorsetzen *etwas vor jmdn. hinstellen, jmdm. etwas anbieten;* wir bekamen nichts weiter als ein belegtes Brot vorgesetzt

**Vorsicht** ⟨f.; -; unz.⟩ **1** *Klugheit gegenüber einer Gefahr, Besonnenheit* **2** *das Achtgeben, Behutsamkeit* ◆ Vorsicht! *(Warnruf) Achtung!, Obacht geben!;* Vorsicht, Glas! *(Aufschrift auf Kisten);* Vorsicht, zerbrechlich! *(Aufschrift auf Kisten);* hier ist (äußerste, größte) Vorsicht geboten [< mhd. *vürsihtec, vorsihtec* < ahd. *foresiht* „(fürsorgende) Voraussicht“, Lehnübersetzung < lat. *providentia* „Vorsicht, Voraussicht“ < *pro* „vor, für“ + *videre* „sehen, schauen“]

**vorsichtig** ⟨Adj.⟩ **1** *mit Vorsicht, besonnen* **2** *behutsam* ◆ etwas vorsichtig anfassen; etwas vorsichtig behandeln

**Vorsilbe** ⟨f. 19; Gramm.⟩ *einem Wort vorangestellte Ableitungssilbe,* z. B. be..., ge..., ver...; Sy *Präfix, untrennbarer Verbteil;* Ggs *trennbarer Verbteil*

**vorsingen** ⟨V. t. u. V. i. 239; hat⟩ (jmdm.) etwas vorsingen *etwas singen, um es andern zu zeigen* ◆ ich singe es (euch) erst einmal vor; jmdm. (etwas) vorsingen *vor jmdm. singen;* die Mutter singt den Kindern abends etwas vor

**vorsintflutlich** ⟨Adj.⟩ **1** *aus der Zeit vor der Sintflut stammend* **2** ⟨fig.; umg.⟩ *völlig veraltet, sehr altmodisch* ◆ vorsintflutliche Anschauungen

**Vorsitz** ⟨m. 1⟩ *Leitung (eines Vereins, einer Sitzung)* ◆ den Vorsitz haben

**Vorsitzende(r)** ⟨f. 30 (m. 29); Abk.: Vors.⟩ *jmd., der den Vorsitz hat, Präsident*

**Vorsorge** ⟨f. 19; unz.⟩ *vorausschauende Fürsorge, vorsorgliche (medizinische) Maßnahme* (Vorsorgeuntersuchung); Ggs *Nachsorge* ◆ Vorsorge für etwas tragen

**vorsorgen** ⟨V. i.; hat⟩ für etwas vorsorgen *vorausschauend für etwas sorgen, sich vorausschauend auf etwas vorbereiten* ◆ für sein Alter, für Krankheitsfälle vorsorgen

**vorsorglich** ⟨Adj.⟩ *vorsichtshalber, fürsorglich vorbedacht* ◆ ich habe ihm vorsorglich noch etwas Geld gegeben

**Vorspeise** ⟨f. 19⟩ *kleine Speise vor dem Hauptgericht;* Ggs *Nachspeise*

**vorspiegeln** ⟨V. t.; hat⟩ jmdm. etwas vorspiegeln *jmdm. etwas vortäuschen, jmdn. etwas glauben machen wollen* ◆ jmdm. eine Krankheit vorspiegeln

**Vorspiel** ⟨n. 11⟩ **1** ⟨Mus.⟩ *musikal. Einleitung, Präludium, Ouvertüre* **2** ⟨Theat.⟩ *einleitende Szenen vor dem eigtl. Schauspiel* **3** ⟨fig.⟩ *der Anfang* **4** ⟨umg.⟩ *der Austausch von Zärtlichkeiten vor dem Geschlechtsverkehr* ◆ das war erst das Vorspiel! ⟨fig.⟩

**vorspielen** ⟨V. t. u. V. i.; hat⟩ **1** ⟨allg.⟩ (jmdm.) etwas vorspielen *etwas spielen, um es anderen zu zeigen* **2** ⟨Mus.⟩ jmdm. (etwas) vorspielen *vor jmdm. auf einem Instrument spielen, vor Zuhörern musizieren od. Theater spielen* **3** = *vortäuschen* ◆ ich spiele es erst einmal vor; jmdm. etwas auf dem Klavier vorspielen; seine Trauer war nur vorgespielt

**vorsprechen** ⟨V. t. u. V. i. 246; hat⟩ **1** (jmdm.) etwas vorsprechen *etwas sprechen, um es jmdm. zu zeigen, es ihm zum Nachsprechen vorsagen* **2** bei jmdm. vorsprechen *jmdn. aufsuchen, um etwas mit ihm zu besprechen, um ein Anliegen vorzubringen* **3** *seine Rede- bzw. Schauspielkunst vorstellen, unter Beweis stellen* ◆ einem Kind ein Wort, einen Satz vorsprechen; beim Theater vorsprechen (um eine Rolle zu erhalten)

**vorspringen** ⟨V. t. 248; ist⟩ **1** *nach vorn springen, vorwärts springen* **2** *herausragen, hervorstehen* ◆ ein Bauteil springt vor; vorspringendes Dach; weit vorspringende Nase

**Vorsprung** ⟨m. 1u⟩ **1** *vorspringender, herausragender Bauteil* **2** *heraus-, hervorragender Felsen, Küstenstrich o. Ä.* (Felsvorsprung) **3** *Abstand vor dem Verfolger, vor dem Gegner od. Mitbewerber* ◆ den Vorsprung eines anderen aufholen, einholen; die Küste bildet hier einen Vorsprung

**Vorstand** ⟨m. 1u⟩ **1** *leitendes Organ einer Aktiengesellschaft* **2** *Vorsteher, Leiter* **3** *Vereinsleitung*

**vorstehen** ⟨V. i. 251; hat⟩ *hervorragen, vorspringen* ◆ ein Bauteil steht vor; der Jagdhund steht vor ⟨Jägerspr.⟩ *wittert das Wild u. bleibt in gespannter Haltung stehen;* das Haus steht etwas vor; einer Anstalt, Gemeinde, Schule, Organisation vorstehen *an ihrer Spitze stehen, sie leiten;* dem Haushalt vorstehen *den Haushalt führen;* vorstehende Zähne, Backenknochen

**Vorsteherdrüse** ⟨f. 19; Anat.⟩ *beim männl. Säugetier u. beim Mann am Anfang der Harnröhre gelegene Drüse;* Sy *Prostata*

**Vorstehhund** ⟨m. 1⟩ *Jagdhund, der gewittertes Wild durch Stehenbleiben in gespannter Haltung dem Jäger anzeigt;* Sy *Hühnerhund*

**vorstellen** ⟨V. t.; hat⟩ **1** *nach vorn stellen, vorrücken* **2** *vor etwas stellen* **3** ⟨fig.⟩ *bedeuten, sein* **4** sich etwas vorstellen ⟨fig.⟩ *etwas in seiner Vorstellung sehen, sich etwas denken, ausdenken* **5** sich (jmdm.) vorstellen *sich (mit jmdm.) bekannt machen, (jmdm.) seinen Namen nennen* ◆ gestatten Sie, dass ich mich vorstelle: Bernhard X; er stellt etwas vor ⟨fig.⟩ *er hat eine bedeutende Stellung inne, er ist eine Persönlichkeit;* was soll das **Bild** vorstellen? ⟨fig.⟩; darf ich Ihnen **Herrn** X vorstellen?; die **Uhr** vorstellen *den Zeiger nach vorn verrücken* ◆ das **kann** ich mir nicht vorstellen ⟨fig.⟩ *das glaube ich nicht recht* ◆ das kann ich mir **gut,** lebhaft vorstellen ◆ sich **bei** jmdm., in einem Betrieb vorstellen (um sich wegen einer Anstellung zu erkundigen)

**vorstellig** ⟨Adj.; nur in der Wendung⟩ vorstellig werden *mündlich vorsprechen (um sich zu beschweren)* ◆ bei einer Behörde, bei jmdm. vorstellig werden

**Vorstellung** ⟨f. 20⟩ **1** *das Vorstellen, das Sichvorstellen* **2** *Begriff, Gedanke, Bild im Bewusstsein* **3** *das Bewusstsein selbst* **4** ⟨Theat., Film⟩ *Aufführung, Darbietung* **5** ⟨fig.⟩ *Einwand, Einspruch, Protest, Ermahnung, Vorhaltung* ◆ die Vorstellung **beginnt,** endet um 20 Uhr; eine Vorstellung **geben** ⟨Theat.⟩ ◆ **erste,** zweite, letzte Vorstellung ◆ **am** Nachmittag, am Abend; **in** meiner Vorstellung sieht das völlig anders aus

**Vorstoß** ⟨m. 1u⟩ **1** *das Vorstoßen, Vordringen, Angriff* **2** ⟨an Rädern⟩ *vorspringender Rand* **3** ⟨an Kleidungsstücken⟩ *Tuchstreifen als Be-*

V

## VORTIZISMUS

Der Vortizismus war eine kurzlebige künstlerische Strömung, die vom Engländer Wyndham Lewis angeführt wurde und ihren Höhepunkt in den Jahren 1914 und 1915 erreichte. Sie war im Wesentlichen vom Kubismus und dem italienischen Futurismus geprägt und thematisierte die moderne Industriegesellschaft, wobei die verwendeten Formen stark geometrisch oder mechanisch waren und die Werke äußerst bewegt und energisch erscheinen ließen. Der Name Vortizismus beruht auf einer Aussage des Futuristen Boccioni, der meinte, alle künstlerische Kreativität müsse aus einem emotionalen „Strudel" (ital. *vortice*) hervorgehen.

*The Vorticist* (1912), WYNDHAM LEWIS

ZEITLEISTE

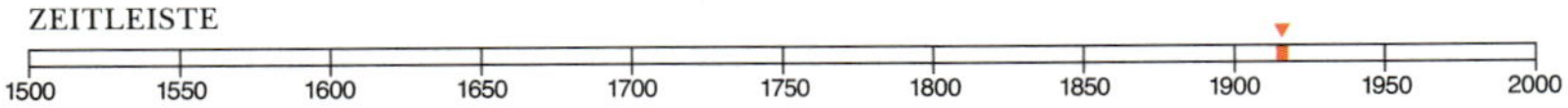


*satz von Kanten* ◆ einen Vorstoß machen ⟨Mil.⟩ *angreifen;* ⟨fig.⟩ *ein Anliegen vorzubringen suchen*

**Vorstrafe** ⟨f. 19⟩ *frühere Strafe, die im Strafregister noch nicht gelöscht ist*

**vorstrecken** ⟨V. t.; hat⟩ *nach vorn strecken* ◆ die Arme, Hände vorstrecken; jmdm. Geld vorstrecken *(eine größere Summe) Geld leihen*

**Vorstufe** ⟨f. 19⟩ *vorbereitender Zustand, Zeit vor dem eigtl. Beginn* ◆ Vorstufe einer Entwicklung

**vorstülpen** ⟨V. t.; hat⟩ *nach vorn stülpen* ◆ die Unterlippe vorstülpen

**vortäuschen** ⟨V. t.; hat⟩ *zur Irreführung anderer heucheln, fälschlich darstellen, vorspiegeln;* Sy *vorspielen (3)* ◆ Armut, Krankheit, Wissen vortäuschen

**Vorteil** ⟨m. 1⟩ **1** *Gewinn, Nutzen* **2** *Vorzug, Überlegenheit;* Ggs *Nachteil* **3** ⟨Sp.; Tennis⟩ *erster Punkt nach dem Einstand, bei dem noch ein Punkt zum Spielgewinn fehlt* ◆ die Vor- u. **Nachteile** einer Sache gegeneinander abwägen ◆ die Sache **hat** den Vorteil, dass ... ◆ er ist sehr **auf** seinen Vorteil bedacht; das ist für dich **von** (großem) Vorteil [< mhd. *vorteil* „was jemand vor anderen im voraus bekommt"; → *Teil*]

V

**vorteilhaft** ⟨Adj.; -er, am -esten⟩ **1** *Vorteil(e) bringend, günstig* (Angebot, Kauf) **2** *alle Vorzüge od. einen bestimmten Vorzug zur Geltung bringend, günstig* (Kleidung, Farbe) ◆ sie kleidet sich sehr vorteilhaft; die helle Tapete wirkt in dem dunklen Zimmer sehr vorteilhaft

**Vortizismus** ⟨[vɔr-] m.; -; unz.; Mal.; Lit.⟩ ▲ *nur kurz andauernde künstlerische u. literarische Bewegung in England (ca. 1912-15), die an den ital. Futurismus anknüpfte u. sich als Gegenbewegung gegen die Neuromantik verstand* [< engl. *vorticism* < lat. *vortex* „Wirbel, Strudel"]

**Vortrag** ⟨m. 1u⟩ **1** *sprachl. od. musikal. Darbietung* **2** *Art des Vortragens, ausführl. Rede, bes. über ein wissenschaftl. Thema* **3** *mündl. Berichterstattung* **4** *Restbetrag eines Kontos, der bei Abschluss eines Rechnungsabschnittes in den neuen Abschnitt eingetragen wird* ◆ Vortrag halten *Bericht erstatten;* ausdrucksvoller, beseelter Vortrag; in einen, zu einem Vortrag gehen

**vortragen** ⟨V. t. 260; hat⟩ **1** *nach vorn tragen* **2** *künstlerisch darbieten, vorsprechen, vorsingen, (auf einem Instrument) vorspielen* ◆ (jmdm.) etwas vortragen *förmlich mitteilen, über etwas Bericht erstatten;* ein Gedicht, Lied, Musikstück vortragen

**Vortragsreihe** ⟨f. 19⟩ *Reihe mehrerer zusammenhängender Vorträge*

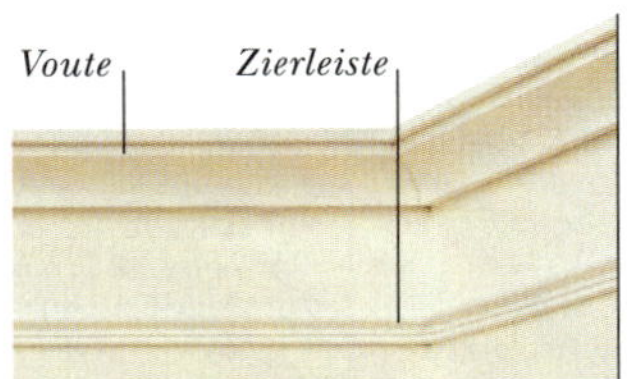


VOUTE

**vortrefflich** ⟨Adj.⟩ *ausgezeichnet, hervorragend, glänzend, vorzüglich* ◆ ein vortreffliches Mahl; er ist ein vortrefflicher Reiter, Schwimmer; das Werk ist ihm vortrefflich gelungen [< veraltetem *fürtrefflich* < mhd. *vürtreffen* „vorzüglicher, mächtiger sein" < ahd. *furitreffan* „sich auszeichnen, übertreffen, hervorragen"; → *treffen*]

**Vortritt** ⟨m. 1; unz.⟩ *Recht zum Vorausgehen* ◆ den Vortritt haben; jmdm. den Vortritt lassen *jmdn. vorangehen, beginnen lassen*

**vorüber** ⟨Adv.⟩ **1** ⟨räuml.⟩ = *vorbei* **2** ⟨zeitl.⟩ = *vergangen (→ vergehen)*

**vorübergehend** ⟨Adj.⟩ *nur kurze Zeit dauernd, zeitweilig, kurzlebig* ◆ eine vorübergehende Erscheinung; er hält sich hier nur vorübergehend auf

**Vorurteil** ⟨n. 11⟩ *vorgefasste Meinung, Urteil ohne Prüfung der Tatsachen* ◆ ein Vorurteil gegen jmdn. od. etwas haben

**vorverlegen** ⟨V. t.; hat⟩ *zu einem früheren Zeitpunkt ansetzen, auf einen früheren Zeitpunkt festlegen* ◆ einen Termin, eine Prüfung, Veranstaltung vorverlegen

**vorverurteilen** ⟨V. t.; hat⟩ *jmdn. od. etwas von vornherein, vorschnell verurteilen*

**vorwagen** ⟨V. refl.; hat⟩ sich vorwagen *wagen vorzugehen, einzudringen wagen*

**Vorwand** ⟨m. 1u⟩ *vorgeschützter, nicht wirkl. Grund, Scheingrund, Ausflucht* ◆ ich habe keinen Vorwand, um heute zu Hause zu bleiben; eine dringende Arbeit als Vorwand benutzen; eine Einladung unter einem Vorwand absagen [< frühnhd. *fürwand* als Lehnübersetzung von lat. *praetextus* „Vorwand"; zu lat. *praetexere* „als Vorwand gebrauchen", eigentlich „vorne anweben" < *prae* „vor" + *texere* „weben"]

**Vorwarnung** ⟨f. 20⟩ **1** ⟨umg.; verstärkend⟩ *Warnung* **2** ⟨umg.; scherzh.⟩ *vorherige Benachrichtigung* ◆ sie kam ohne Vorwarnung vorbei

**vorwärts** ⟨Adv.⟩ *nach vorn* ◆ vorwärts! *geh weiter!, geh!; schnell!, beeil dich!;* einen Schritt vorwärts machen, tun; einen Wagen (nicht) vorwärts bringen; vorwärts gehen ⟨fig.⟩ *besser werden* [< mhd. *vorwert* „vorwärts" < *vor* + mhd., ahd. *-wert* „auf etwas hin gewendet oder gerichtet"]

**vorweg** ⟨Adv.⟩ *von vornherein, im Voraus, vorher* [< *vor* + *weg*]

**vorwegnehmen** ⟨V.t. 187; hat⟩ **1** *vor dem dafür vorgesehenen Zeitpunkt erledigen* **2** *vorher sagen, gleich sagen* ◆ um gleich das Wichtigste vorwegzunehmen, möchte ich Ihnen mitteilen, dass ...

**vorweisen** ⟨V. t. 277; hat⟩ *hervorholen u. zeigen, zur Prüfung zeigen* ◆ den Personalausweis vorweisen

**vorwerfen** ⟨V. t. 281; hat⟩ **1** einem Tier etwas (zum Fraß) vorwerfen *etwas vor das Tier hinwerfen* **2** jmdm. etwas vorwerfen ⟨fig.⟩ *zum Vorwurf machen, tadelnd vorhalten* ◆ er wirft mir Unpünktlichkeit, Unhöflichkeit vor ⟨fig.⟩

**vorwiegen** ⟨V. i. 282; hat; fast nur als Part. Präs.⟩ *vorherrschen, überwiegen* ◆ vorwiegend *überwiegend, in erster Linie, besonders;* bei der Veranstaltung waren vorwiegend Kinder da [Vermischung von *vorherrschen* + *überwiegen*]

**Vorwort** ⟨n. 11⟩ *Vorrede, Einleitung (zu einem Buch)*

**Vorwurf** ⟨m. 1u⟩ **1** *Tadel, Rüge, Vorhaltung, Beschuldigung* **2** *Gegenstand wissenschaftl. od. künstlerische Bearbeitung, Vorlage* ◆ Vorwürfe gegen jmdn. erheben; jmdm. einen Vorwurf, jmdm. Vorwürfe machen

**vorwurfsvoll** ⟨Adj.⟩ *anklagend, tadelnd, rügend u. etwas traurig* ◆ vorwurfsvoller Blick; in vorwurfsvollem Ton

**Vorzeichen** ⟨n. 14⟩ **1** ⟨Math.; Zeichen: + bzw. –⟩ *plus bzw. minus, Zeichen, dass eine Zahl hinzugezählt od. abgezogen werden soll* **2** ⟨Mus.; Zeichen: #, ♭⟩ = *Versetzungszeichen* **3** ⟨allg.⟩ *Anzeichen künftigen Geschehens;* Sy *Omen (2)* ◆ günstiges, untrügliches Vorzeichen

**vorzeigen** ⟨V. t.; hat⟩ *zur Prüfung zeigen, vorweisen* ◆ den Ausweis, die Fahrkarte, den Pass vorzeigen

**Vorzeit** ⟨f. 20⟩ *vorgeschichtl. Zeit* ◆ in grauer Vorzeit ⟨fig.⟩ *vor langen Zeiten, einst*

**vorzeitig** ⟨Adj.⟩ **1** *verfrüht, früher als vorgesehen, als erwartet* **2** *zu früh (eintretend, geschehend)* ◆ vorzeitige Abreise, Rückkehr; den Urlaub vorzeitig abbrechen

**vorziehen** ⟨V. t. 287; hat⟩ **1** *nach vorn ziehen, hervorziehen* **2** jmdn. vorziehen ⟨fig.⟩ *bevorzugen, mit Vorzug behandeln* **3** etwas vorziehen *lieber tun* ◆ ich ziehe es vor, zu Fuß zu gehen; die Gardine(n) vorziehen ⟨umg.⟩ *vor das Fenster ziehen, zuziehen*

**Vorzimmer** ⟨n. 13⟩ **1** *Büroraum zum Anmelden, Wartezimmer* **2** ⟨österr. a.⟩ *Diele, Korridor (einer Wohnung)* ◆ im Vorzimmer warten

**Vorzug** ⟨m. 1u⟩ **1** *Vorteil, Überlegenheit;* Ggs *Nachteil* **2** *gute Eigenschaft;* Ggs *Nachteil* **3** ⟨Eisenb.⟩ *vor dem fahrplanmäßigen Zug eingesetzter Entlastungszug;* Sy ⟨schweiz.⟩ *Vorläufer (3);* Ggs *Nachzug* ◆ Vorzüge und Nachteile einer Sache od. Person gegeneinander abwägen; einer Sache den Vorzug geben *eine Sache vorziehen*

**vorzüglich** ⟨Adj.⟩ *ausgezeichnet, ganz bes. gut* ◆ er ist ein vorzüglicher Redner [→ *Vorzug*]

**votieren** ⟨[vo-] V. t.; hat⟩ **1** *abstimmen, etwas beschließen* **2** ⟨österr.⟩ *eine Meinung äußern* ◆ der Abgeordnete votierte für die Vorlage ⟨österr.⟩ [< spätlat. *votare;* → *Votum*]

**Votivbild** ⟨[vo-] n. 12; Rel.⟩ *einem Heiligen aufgrund eines Gelübdes geweihtes Bild* [< lat. *votivus* „versprochen, geweiht“; → *Votum*]

**Votum** ⟨[vo:-] n.; -, Voten od. Vota⟩ **1** *Gelübde, Stimmabgabe* **2** *Meinungsäußerung* **3** *Gutachten, Urteil* ◆ sein Votum abgeben [lat., urspr. „das Versprochene“, a. „feierlich abgegebene Stimme“, zu *vovere* (Part. Perf. *votum*) „versprechen, wünschen“]

**Voucher** ⟨['vautʃə(r)] m. 3 od. n. 13; Touristik⟩ *Buchungsbestätigung* [engl., „Quittung“; zu *vouch* „bestätigen“]

**Voute** ⟨['vu:t(ə)] f. 19⟩ **1** ⟨veraltet⟩ *Gewölbe* **2** ◄ *Hohlkehle am Übergang zwischen Decke u. Wand* [< frz. *voûte;* zu lat. *volutus* „eingerollt“; → *Volute*]

**Voyeur** ⟨[voa'joe:r] od. umg. [voi'jø:r] m. 1⟩ *jmd., der verborgen andere bei geschlechtl. Betätigungen beobachtet u. dabei Befriedigung empfindet;* Sy ⟨umg.⟩ *Spanner (3)* [frz., urspr. „Augenzeuge“; zu *voir* „sehen“ < lat. *videre*]

**Voyeurismus** ⟨[voajø-] od. umg. [vɔijø-] m.; -; unz.⟩ *Verhalten, Empfindungsweise eines Voyeurs*

**Vs** ⟨Abk. für⟩ *Voltsekunde*

**vs.** ⟨Abk. für lat.⟩ *versus*

**VTOL-Flugzeug** ⟨n. 11; Flugw.⟩ ► = *Senkrechtstarter (1)* [verkürzt < engl. *vertical take-off and landing* „senkrechtes Starten und Landen“]

**vulgär** ⟨[vul-] Adj.⟩ *gemein, gewöhnlich, ordinär* ◆ vulgäre Sprache [< lat. *vulgaris* „allgemein“; zu *vulgus* „Menge“]

**Vulgata** ⟨[vul-] f.; -; unz.; kath. Kirche⟩ *in der kath. Kirche maßgebliche Bibelübersetzung des Kirchenvaters Hieronymus (um 400) aus dem Hebräischen u. Griechischen ins Lateinische* [< mlat. *versio vulgata* „allg. gebräuchl. Ausgabe“, zu lat. *vulgare* „unters Volk bringen“; zu *vulgus* „Volk“]

## VULKANE

Die meisten Vulkane liegen am Rande tektonischer Platten, wo Magma an die Erdoberfläche aufsteigen kann. Ihre äußere Form hängt von der Viskosität der Lava, ihrer Austrittsstelle, der Aschemenge sowie der Frequenz und Stärke der Eruptionen ab, wobei gilt, dass die Böschung eines Vulkankegels um so steiler ist, je zähflüssiger die Lava sich ergießt. In Spaltenvulkanen steigt die Lava langsam hoch und bildet flache Ebenen. Stürzt das Dach einer Magmakammer ein oder wird der Gipfel weggesprengt, so entsteht eine Caldera.

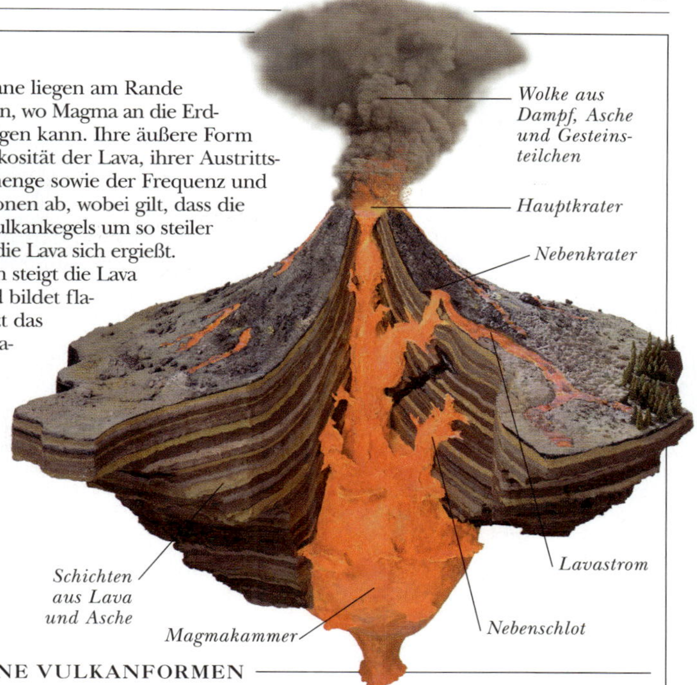


AUFBAU EINES STRATOVULKANS

### VERSCHIEDENE VULKANFORMEN

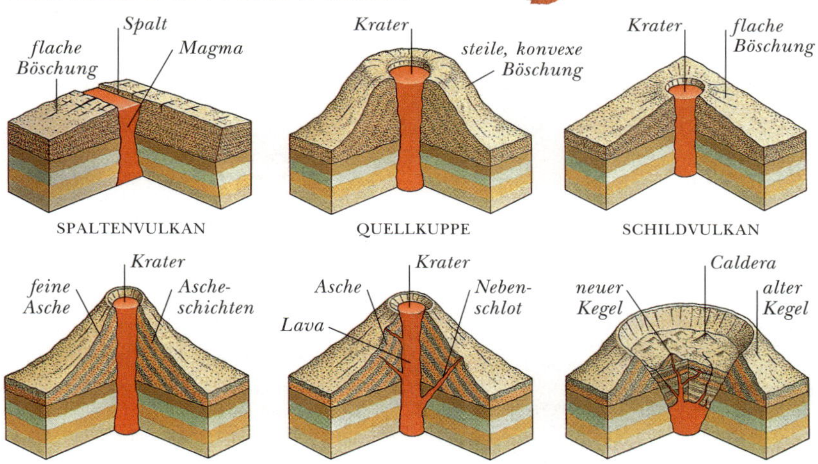


**Vulkan** ⟨[vul-] m. 1⟩ **1** ▲ *durch Vulkanismus entstandener Berg, aus dessen Gipfel Dämpfe u. glühende Lava dringen* **2** *„Feuer speiender“ Berg* (tätiger Vulkan) ◆ erloschener Vulkan *Vulkan, der nicht mehr tätig ist;* auf einem Vulkan tanzen ⟨fig.⟩ *mutwillig Gefahren trotzen, ein gefährl. Spiel treiben* [nach dem italischen Feuergott *vulcanus (Volcanus)*]

**Vulkanfiber** ⟨[vul-] f. 21; unz.⟩ *hornartiger Werkstoff aus Zellulose;* Sy ⟨kurz⟩ *Fiber (2)*

**vulkanisieren** ⟨[vul-] V. t.; hat⟩ Naturkautschuk vulkanisieren *zur Herstellung elastischen Kautschuks mit Schwefel o. Ä. chem. Verbindungen behandeln* [→ *Vulkan*]

**v. v.** ⟨Abk. für lat.⟩ *vice versa*

**VW** ⟨Abk. für⟩ *Volkswagen*

# W

**W** **1** ⟨Chem.; Zeichen für⟩ *Wolfram* **2** ⟨El.; Zeichen für⟩ *Watt*[1] **3** ⟨Abk. für⟩ *West, Westen (1)*

**Waage** ⟨f. 19⟩ **1** ► *Gerät zur Gewichtsbestimmung* **2** *Gerät zur Bestimmung der Waagerechten* (Wasserwaage) **3** ⟨Astron.⟩ ▼ *Sternbild des Tierkreises: Libra* **4** ⟨fig.⟩ *Gleichgewicht* ◆ beides hält sich die Waage ⟨fig.⟩ *beides gleicht sich aus, beides ist gleich oft vorhanden, ist gleich viel wert* [< mhd. *wage* < ahd. *waga*]

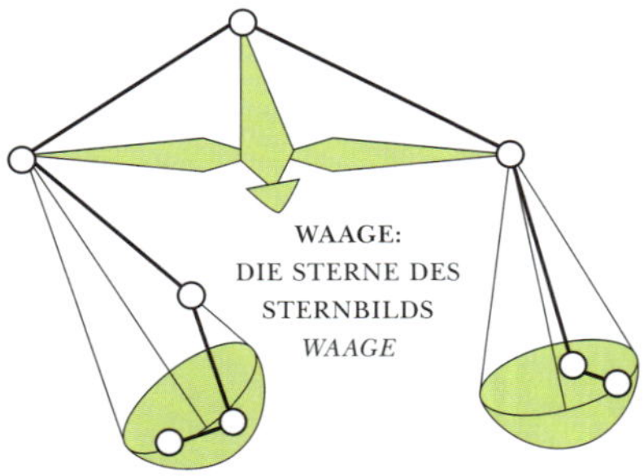

WAAGE: DIE STERNE DES STERNBILDS *WAAGE*

**waagerecht** ⟨Adj.⟩ *so wie die beiden in gleicher Höhe schwebenden Waagschalen ausgerichtet, eben, horizontal;* oV *waagrecht;* Ggs *senkrecht* [< *Waage* + *recht*]

**waagrecht** ⟨Adj.⟩ = *waagerecht*

**Waagschale** ⟨f. 19⟩ *Schale an der Waage zum Auflegen der zu wiegenden Last bzw. der Gewichte* ◆ das fällt schwer in die Waagschale ⟨fig.⟩ *das ist wichtig, schwer wiegend, bedeutungsvoll;* etwas in die Waagschale werfen ⟨fig.⟩ *bei einer Besprechung, Entscheidung geltend machen*

**Wabe** ⟨f. 19⟩ *aus Wachszellen bestehende Wand des Bienenstocks* [< ahd. *waba, wabo;* → *weben*]

**wabern** ⟨V. i.; hat⟩ *flackern, zucken* [eigtl. „sich hin und her bewegen"; Iterativbildung mit Ablaut zu *weben;* seit R. Wagner (wieder) auf die Flamme angewandt]

**wach** ⟨Adj.⟩ **1** *nicht schlafend, munter* **2** ⟨fig.⟩ *aufgeweckt, geistig rege* ◆ ein wacher **Geist** ⟨fig.⟩ ◆ die Nacht über wach **bleiben;** wach **halten** = *wachhalten;* wach **werden** *aufwachen* [Rückbildung zu *Wache*]

W

**Wache** ⟨f. 19⟩ **1** *jmd., der etwas bewacht, Gruppe von Personen, die etwas bewachen, Wächter, Posten* (Schildwache) **2** ⟨kurz für⟩ *Polizeiwache* **3** *Wachlokal, Wachstube* **4** *Mannschaft im Wachlokal* **5** *Wachdienst* ◆ die Wache ablösen; die Wache zieht auf *die Wachtposten kommen;* (die) Wache beziehen *den Wachtposten einnehmen;* Wache haben, stehen; jmdm. die Wache übergeben; die Wache übernehmen

**wachen** ⟨V. i.; hat⟩ **1** *wach sein, nicht schlafen* **2** *Posten stehen, Wache halten* ◆ die (ganze) Nacht (hindurch) wachen; bei einem Kranken wachen; im Wachen und im Schlafen; über etwas od. jmdn. (jmdm.) wachen *auf etwas od. jmdn. aufpassen, etwas od. jmdn.*

WAAGE: TRADITIONELLE BALKENWAAGE

*beschützen;* (streng) darüber wachen, dass die Vorschriften befolgt werden [< ahd. *wahhen* „wach sein, wach werden"; verwandt mit *wacker, wecken*]

**wachhalten** ⟨V. t. 160; hat⟩ oV *wach halten* **1** *am Einschlafen hindern* **2** ⟨fig.⟩ *lebendig, rege erhalten* ◆ jmds. Andenken wachhalten; eine Erinnerung wach halten

**Wacholder** ⟨m. 3; Bot.⟩ ► *Angehöriger einer Gattung meist strauchiger Nadelhölzer mit schwarzblauen Beeren: Juniperus;* Sy *Machandelbaum, Wacholderbaum* [< ahd. *wecholter, wachalter*]

**Wacholderbaum** ⟨m. 1u; Bot.⟩ ► = *Wacholder*

**Wacholderdrossel** ⟨f. 21; Zool.⟩ *Art der Drosseln: Turdus pilaris*

**Wachposten** ⟨m. 4⟩ = *Wachtposten*

**wachrufen** ⟨V. t. 201; hat; fig.⟩ *(wieder) hervorrufen, ins Bewusstsein, in Erinnerung bringen* ◆ Erinnerungen wachrufen; seine Bemerkung hat ein Erlebnis (in mir, in meiner Erinnerung) wachgerufen

**Wachs** ⟨[-ks] n. 11⟩ *Bienenwachs o. ä. chem. Stoff mit dessen Eigenschaften* ◆ Wachs formen, gießen, kneten; echtes Wachs ⟨umg.⟩ *Bienenwachs* [< ahd. *wahs*]

WACHOLDER: GEWÖHNLICHER WACHOLDER *(Juniperus communis)*

**wachsam** ⟨Adj.⟩ *auf Gefahren od. Feinde achtend, aufmerksam, scharf beobachtend, vorsichtig prüfend* ◆ ein wachsames Auge auf jmdn. od. etwas haben ⟨umg.⟩ *auf jmdn. oder etwas gut Acht geben, jmdn. oder etwas scharf beobachten;* bei Nacht ist sie immer besonders wachsam [→ *wach*]

**Wachsausschmelzverfahren** ⟨[-ks-] n. 14⟩ ▼ *bereits seit der Antike angewendetes Verfahren der Gussformenherstellung, bei dem ein Wachsmodell aus einer ungeteilten Form ausgeschmolzen wird*

**wachsen**[1] ⟨[-ks-] V. t.; hat⟩ *mit Wachs einreiben* ◆ den Fußboden wachsen; die Skier wachsen

**wachsen**[2] ⟨[-ks-] V. i. 272; ist⟩ *größer werden, zunehmen, steigen, sich ausdehnen* ◆ die **Anforderungen** sind (stark) gewachsen; die **Einwohnerzahl,** der Viehbestand ist gewachsen; seine **Energie** wächst mit seinen Aufgaben; hier wächst viel **Mais,** Raps ◆ sich einen Bart, das Haar wachsen **lassen** ◆ **gut** gewachsen sein *einen schlanken, gut gebauten Körper haben* ◆ sie ist ihm **ans** Herz gewachsen *er hat sie sehr gern, sehr lieb gewonnen;* **in** die Höhe, in die Breite wachsen (von Pflanzen) ◆ mit wachsender Erregung zuhören; jmdm. gewachsen sein *jmdm. an geistigen Fähigkeiten, Schlagfertigkeit, Körperkraft usw. gleichkommen;* einer Sache (nicht) gewachsen sein *mit einer Sache (nicht) fertig werden (können)* [< mhd. *wahsen* < ahd. *wahsan* „größer werden"; verwandt mit *wachen, Wucher*]

**wächsern** ⟨[-ks-] Adj.⟩ **1** *aus Wachs* **2** *wie Wachs* ◆ das wächserne Gesicht des Toten wirkte gespenstisch

**Wachsfigurenkabinett** ⟨[-ks-] n. 11⟩ *Ausstellung mit lebensgroßen, aus Wachs nachgebildeten Figuren berühmter Persönlichkeiten*

## WACHSAUSSCHMELZVERFAHREN

Zur Herstellung einer Bronzeplastik wird zunächst ein tönerner Formkern mit einer künstlerisch modellierten Wachsschicht sowie einem Kanalsystem umgeben, mit Gips überzogen und erhitzt. Dabei schmilzt das Wachs aus und läuft durch die Kanäle ab, wodurch ein Hohlraum entsteht, in den die flüssige Bronze eingefüllt werden kann. Da die Gipsform nach dem Erkalten der Bronze zerschlagen werden muss, wird sie auch „verlorene Form" genannt. Ziselieren und Patinieren runden das Verfahren ab.

### PHASEN DES WACHSAUSSCHMELZVERFAHRENS

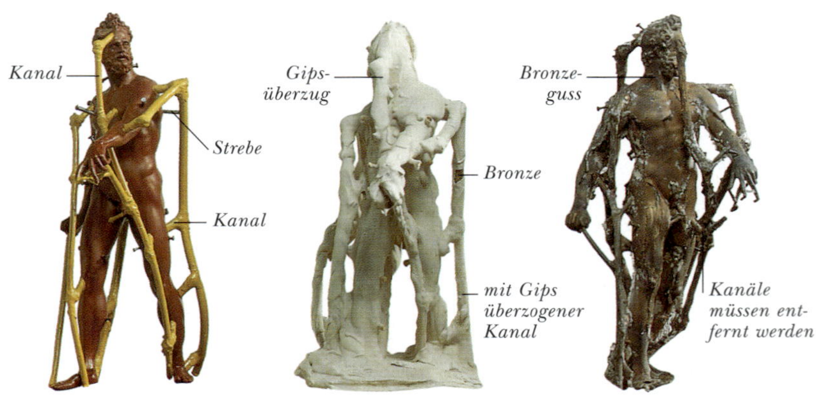


MIT WACHS BEDECKTER KERN

MIT GIPS ÜBERZOGENE FIGUR

VOM GIPS BEFREITER GUSS

**Wachsmotte** ⟨[-ks-] f. 19; Zool.⟩ *Zünsler, dessen Raupen in Bienenstöcken von Wachs leben: Galleria mellonella;* Sy *Bienenmotte*

**Wachstum** ⟨[-ks-] n.; -s; unz.⟩ **1** *das Wachsen, Größerwerden* **2** *Entwicklung* **3** *Weingut (auf dem ein Wein gewachsen ist)* ◆ das Wachstum beschleunigen, fördern, hindern

**Wachstumshormon** ⟨[-ks-] n. 11; unz.⟩ *das Wachstum beeinflussendes Hormon*

**Wachtel** ⟨f. 21; Zool.⟩ ► *Angehörige einer in Europa, Asien u. Afrika beheimaten Gattung kleiner Hühnervogel: Coturnix* [< ahd. *wahtala, quahtila;* vermutl. lautmalend nach dem Gesang des Vogels]

**Wächter** ⟨m. 3⟩ *jmd., der jmdn. od. etwas bewacht, Aufpasser* (Museumswächter, Nachtwächter, Parkwächter) ◆ der Hund ist ein guter Wächter des Hauses [→ *wachen*]

**Wachtposten** ⟨m. 4⟩ *Wache stehende Person (bes. Soldat);* oV *Wachposten;* Sy ⟨kurz⟩ *Posten (1)* ◆ das Haus des Politikers war von Wachtposten umgeben

**wackelig** ⟨Adj.⟩ oV *wacklig* **1** *bei Berührung wackelnd, nicht fest (stehend), zitterig* **2** ⟨fig.⟩ *unsicher, gefährdet* ◆ wackeliger Stuhl; wackeliges Unternehmen ⟨fig.⟩ *vom Bankrott bedrohtes Unternehmen;* wackeliger Zahn; die Tür ist wackelig

**Wackelkontakt** ⟨m. 1; El.⟩ *schadhafte Verbindung im elektr. Stromkreis, die sich störend auf die Funktion der Geräte auswirkt*

**wackeln** ⟨V. i.; hat⟩ **1** *(bei Berührung) hin u. her schwanken, nicht fest stehen* (Tisch, Schrank) **2** *locker sein* (Zahn) **3** *zittern* **4** ⟨fig.; umg.⟩ *schwankend, unsicher gehen* ◆ er lachte (so laut), dass die Wände wackelten ⟨umg.; scherzh.⟩ [Iterativbildung < mhd. *wacken* „schwanken" < ahd. *wagon* „sich bewegen"]

**wacker I** ⟨Adj.⟩ **1** ⟨veraltet⟩ *bieder, rechtschaffen, ehrlich* **2** ⟨heute noch⟩ *tapfer, tüchtig* ◆ wacker! *(als Lob);* er hat wacker ausgehalten, standgehalten; er hat sich wacker verteidigt **II** ⟨adv.; fig.⟩ *kräftig, tüchtig, sehr* ◆ jmdn. wacker verprügeln [< ahd. *wackar, wachar, wachal,* eigtl. „lebenskräftig, frisch"; verwandt mit *wachen, wecken*]

**wacklig** ⟨Adj.⟩ = *wackelig*

**Wade** ⟨f. 19⟩ **1** ⟨Anat.⟩ *hinterer Teil des Unterschenkels, der durch den dreiköpfigen Wadenmuskel gewölbt wird: Sura* **2** ► *Fanggerät der Küsten- u. Binnenfischerei, das aus einer langen Netzwand besteht, die entweder vom Ufer halbkreisförmig ausgefahren od. ringförmig um einen Fischschwarm ausgelegt wird* [< ahd. *wado,* urspr. „dickes Fleisch"; vielleicht verwandt mit lat. *vatius* „krumm, gebogen"]

**Wadenbein** ⟨n. 11; Anat.⟩ ► *einer der beiden Unterschenkelknochen der Wirbeltiere u. des Menschen: Fibula*

**Wadi** ⟨n. 15⟩ *nur bei heftigem Regen Wasser führendes, sonst trockenes Flussbett der Wüste, Trockental* [arab.]

**Waffe** ⟨f. 19⟩ **1** *Gerät zum Kämpfen* (Hiebwaffe, Stichwaffe, Stoßwaffe, Feuerwaffe) **2** *Waffengattung, Truppengattung* **3** ⟨fig.⟩ *Kampfmittel im Wortkampf* ◆ (keine) Waffen bei sich **führen,** haben; die Waffen **strecken** *sich ergeben, kapitulieren;* ⟨fig.⟩ *aufgeben, nachgeben, nicht mehr können* ◆ mit **geistigen** Waffen kämpfen *mit Überzeugungskraft, Argumenten* ◆ **mit** der Waffe in der Hand kämpfen; jmdn. **nach** Waffen untersuchen [< mhd. *wafen* < ahd. *wafan* (Neutr.)]

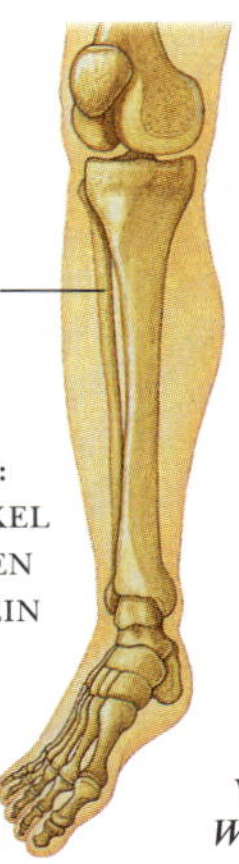


WADENBEIN: UNTERSCHENKEL DES MENSCHEN MIT WADENBEIN

**Waffel** ⟨f. 21⟩ *feines, süßes, flaches Gebäck mit wabenförmiger Musterung* [< andrl. **wafla*-]

**Waffengattung** ⟨f. 20; Mil.⟩ *eine Anzahl von Truppenteilen (Bataillone, Regimenter) des Heeres mit gleichartiger Aufgabe u. Ausstattung*

**Waffenruhe** ⟨f.; -; unz.; Mil.⟩ *vorübergehende Unterbrechung des Krieges* ◆ eine vereinbarte Waffenruhe (nicht) einhalten

**Waffenschein** ⟨m. 1⟩ *behördl. Erlaubnis zum Tragen von Waffen*

**Waffenstillstand** ⟨m. 1u; unz.; Mil.⟩ *von den Regierungen od. Oberbefehlshabern vertraglich vereinbarte Einstellung der Feindseligkeiten, meist bis zum Abschluss des Friedensvertrages* ◆ die Staaten einigten sich auf einen Waffenstillstand

WACHTEL: JAPANISCHE WACHTEL *(Coturnix japonica)*

**wagen** ⟨V. t.; hat⟩ *sich getrauen, den Mut haben (etwas zu tun)* ◆ wer wagt, gewinnt; ich wage mich nicht aus dem Haus ⟨umg.⟩; **alles** wagen, um alles zu gewinnen; sein **Leben** wagen *sein Leben einsetzen, aufs Spiel setzen, riskieren;* keinen **Widerspruch** wagen ◆ er wagte kein Wort zu **sagen** ◆ **frisch** gewagt ist halb gewonnen ⟨Sprichw.⟩ ◆ gewagtes Unternehmen *gefährl. Unternehmen* [eigtl. „in die Waagschale werfen"; zu *Waage* in der fig. Bedeutung „ungewisser Ausgang"]

**Wagen** ⟨m. 4⟩ **1** *zwei-, auch dreispuriges Fahrzeug mit Rädern* (Eisenbahnwagen, Kraftwagen, Pferdewagen) **2** *Kraftwagen, Auto* **3** ⟨an Maschinen⟩ *Teil zum Führen eines Gegenstandes* ◆ ein Wagen der **Linie** 8 *Straßenbahnwagen, Omnibus* ◆ den Wagen **überholen,** waschen lassen ◆ einen **eigenen** Wagen fahren; **geschlossener,** offener Wagen; **Kleiner** bzw. Großer Wagen ⟨Astron.⟩ *die Sternbilder Großer bzw. Kleiner Bär;* **zweirädriger,** drei-, vierrädriger Wagen ◆ **aus** dem, in den Wagen steigen; wir sind **mit** dem Wagen gekommen [< ahd. *wagan;* zu mhd. *wegen* < ahd. *wegan* „bewegen"]

**Wagenheber** ⟨m. 3⟩ *Gerät zum Anheben eines Kraftwagens*

**Wagenpark** ⟨m. 6⟩ *alle zur Verfügung stehenden Wagen (eines Unternehmens), Fuhrpark*

**Waggon** ⟨[va'gɔ̃] od. [va'gɔŋ] m. 6⟩ *Eisenbahnwagen, (bes.) Güterwagen;* oV *Wagon* [engl., entspricht dt. *Wagen;* in der Aussprache an frz. *Salon, Balkon* u. Ä. angelehnt]

**waghalsig** ⟨Adj.⟩ **1** *wagemutig, sehr mutig, tollkühn (Person)* **2** *äußerst gefährlich* (Sache, Unternehmen)

**Wagner** ⟨m. 3⟩ = *Stellmacher (1)* [< ahd. *waganari;* → *Wagen*]

**Wagnis** ⟨n. 11⟩ *kühnes Unternehmen, Tat, die Mut erfordert* [→ *wagen*]

**Wagon** ⟨[va'gɔ̃] od. [va'gɔŋ] m. 6⟩ = *Waggon*

**Wahl** ⟨f. 20⟩ **1** *das Wählen, Abstimmung* **2** *Berufung zu einem Amt durch Abstimmung* **3** *Auswahl, Entscheidung zwischen mehreren Möglichkeiten* **4** *Wertklasse, Güte, Güteklasse* ◆ er ist sehr unbekümmert in der Wahl seiner **Mittel** *er macht sich nicht viele Gedanken darüber, ob seine Mittel, seine Handlungen immer ganz einwandfrei sind* ◆ **ausfallen:** die Wahl fiel für ihn günstig, ungünstig aus; **freistehen:** die Wahl steht dir frei; ich **habe** keine andere Wahl; eine Wahl **treffen** ◆ Strümpfe **erster,** zweiter, dritter Wahl; **direkte** Wahl *Wahl, bei der die Wähler den Abgeordneten direkt wählen;* **geheime** Wahl *Wahl durch Abgabe verdeckter u. anonymer Stimmzettel;* **indirekte** Wahl *Wahl, bei der die Wähler Wahlmänner wählen, die ihrerseits die Abgeordneten wählen* ◆ Wahl **durch** Handaufheben, durch Abgabe von Stimmzetteln; ich stehe **vor** der Wahl, dies oder das zu nehmen, zu tun; **zur** Wahl gehen [< mhd. *wal(e)* < ahd. *wala;* → *wählen*]

**wählen** ⟨V. t.; hat⟩ **1** jmdn. wählen **1.1** *seine Stimme für jmdn. abgeben* **1.2** *durch Abstimmung berufen* **2** jmdn. od. etwas wählen *sich für jmdn. od. etwas entscheiden, auswählen, aussuchen* ◆ den richtigen **Augenblick,** Zeitpunkt wählen; einen **Beruf** wählen; ein **Gericht** (auf der Speisekarte) wählen; eine **Nummer** wählen ⟨Tel.⟩ *die gewünschte Nummer tippen;* seine **Worte** (mit Bedacht) wählen *seine Worte genau überlegen (ehe man sie ausspricht)* ◆ wählen **gehen** ⟨umg.⟩ *zur Stimmabgabe zum Wahllokal gehen* ◆ jmdn. **ins** Parlament wählen; jmdn. **zum** Präsidenten, zum König, Kaiser wählen ◆ ins Parlament, zum König gewählt werden ◆ sich gewählt ausdrücken *einwandfrei, gut, überlegt* [< ahd. *wellen;* → *Wahl*]

**Wähler** ⟨m. 3⟩ **1** *wahlberechtigte Person* **2** *jmd., der wählt od. gewählt hat od. wählen wird*

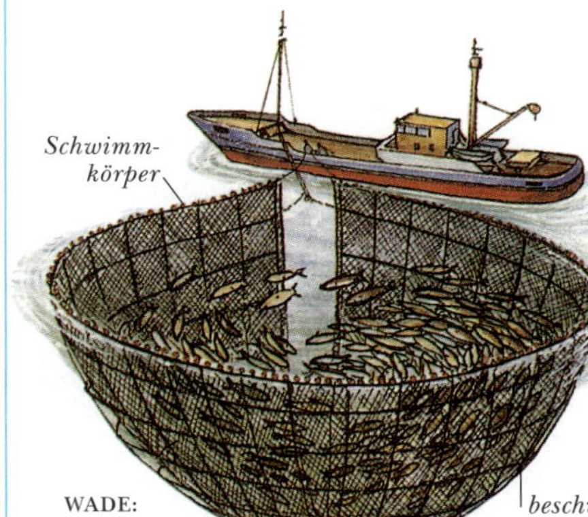


WADE: RINGWADE

**wählerisch** ⟨Adj.⟩ wählerisch sein *stets lange auswählen, anspruchsvoll, schwer zufrieden zu stellen sein*

**Wahlfach** ⟨n. 12u⟩ *Unterrichtsfach, an dem man nicht teilzunehmen braucht, wahlfreies Fach, fakultatives Fach;* Ggs *Pflichtfach* ◆ wir haben in der Oberstufe Latein als Wahlfach

**Wahlheimat** ⟨f.; -; unz.⟩ *Gegend, die man sich als Wohnsitz erwählt hat*

**Wahlkampf** ⟨m. 1u; Pol.⟩ *Kampf der einzelnen Parteien, in dem sie sich durch Wahlpropaganda durchzusetzen suchen*

**Wahlkreis** ⟨m. 1; Pol.⟩ *für die Bundestagswahl festgelegter geograph. Bezirk*

**wahllos** ⟨Adj.⟩ *ohne zu wählen, auf gut Glück* ◆ wahllos ein Stück herausgreifen

**Wahlrecht** ⟨n. 11; Pol.⟩ **1** *das Recht, zu wählen bzw. sich wählen zu lassen* **2** *Gesamtheit aller rechtl. Vorschriften über Art und Durchführung von Wahlen* ◆ aktives Wahlrecht *das Recht, Abgeordnete zu wählen;* allgemeines Wahlrecht *Wahlrecht, bei dem alle volljährigen u. voll handlungsfähigen Staatsbürger wahlberechtigt sind;* geheimes Wahlrecht *Wahlrecht, bei dem die Stimmzettel verdeckt und anonym abgegeben werden;* gleiches

W

## WALE

Rund 90 Walarten leben in den Meeren und Flüssen der Erde. Ihre perfekte Anpassung an das Leben im Wasser lässt ihre Abstammung von landlebenden Säugetieren kaum erahnen, denn die Vordergliedmaßen sind zu Flossen umgebildet und die Hintergliedmaßen völlig verschwunden, während ihre auch Fluke genannte Schwanzflosse eine knochenlose Neubildung ist. Die durch eine dicke Fettschicht vor Kälte geschützten Wale atmen durch Spritzlöcher. Über ein einziges Spritzloch verfügen die zu den Zahnwalen zählenden Delphine und Tümmler, die Fische, Tintenfische und Robben jagen. Bartenwale hingegen besitzen zwei Spritzlöcher und filtern Kleinfische sowie Garnelen mithilfe ihrer Barten aus dem Wasser.

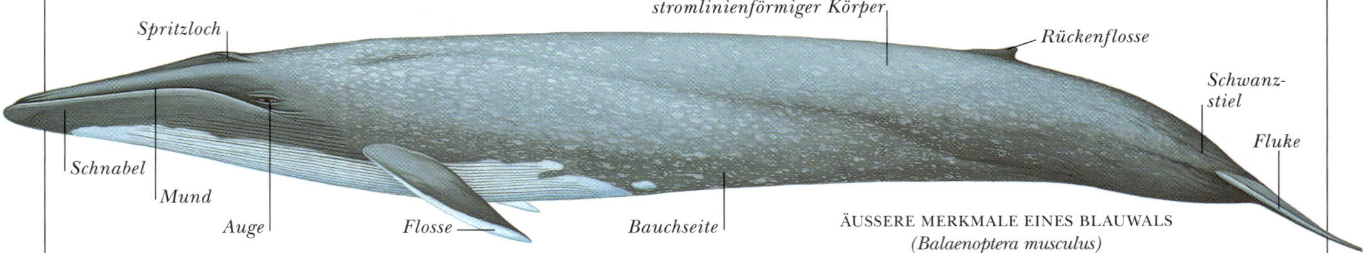


ÄUSSERE MERKMALE EINES BLAUWALS
*(Balaenoptera musculus)*

### WEITERE WALARTEN

ZAHNWALE

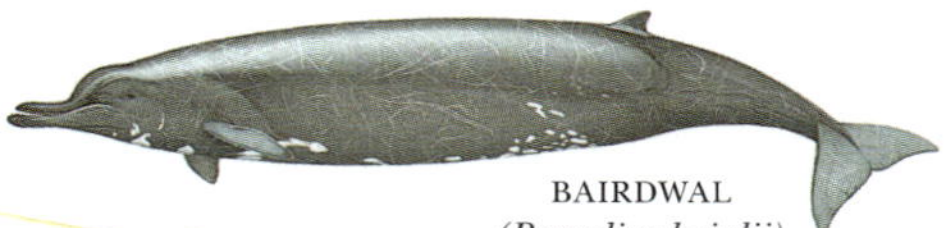

BAIRDWAL
*(Berardius bairdii)*

WEISSWAL
*(Delphinapterus leucas)*

POTTWAL
*(Physeter macrocephalus)*

BARTENWALE

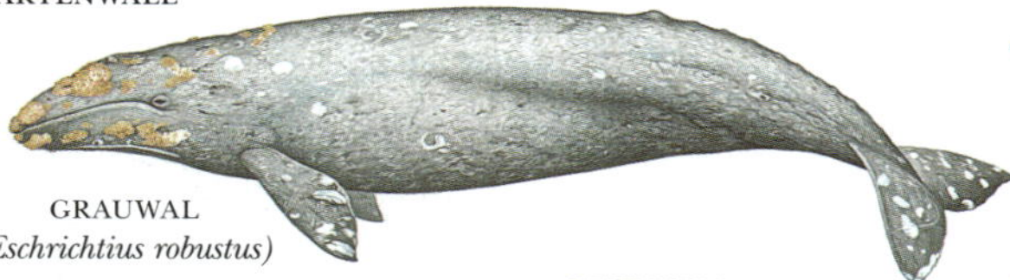

GRAUWAL
*(Eschrichtius robustus)*

ZWERGGLATTWAL
*(Caperea marginata)*

BRYDEWAL
*(Balaenoptera edeni)*

SÜDLICHER GLATTWAL
*(Eubalaena australis)*

Wahlrecht *Wahlrecht, bei dem alle abgegebenen Stimmen gleich bewertet werden;* passives Wahlrecht *das Recht, sich als Abgeordneten wählen zu lassen;* ungleiches Wahlrecht *Wahlrecht, bei dem die abgegebenen Stimmen unterschiedlich je nach Stand, Vermögen usw. bewertet werden*

**Wahlspruch** ⟨m. 1u⟩ *als Richtlinie dienender Sinnspruch, Devise*

**Wahlurne** ⟨f. 19⟩ *Behälter für die Stimmzettel bei einer Wahl*

**Wahlverwandtschaft** ⟨f. 20⟩ *Verbundenheit aufgrund ähnlichen Wesens, seelisch-geistige Übereinstimmung* [Übersetzung von lat. *affinitas* u. *attractio* (als chem. Fachwörter)]

W

**wahlweise** ⟨Adj.; meist adv.⟩ *entweder ... oder, nach Wahl, wie man wünscht* ◆ wir können wahlweise Kurse in Englisch oder Französisch belegen

**Wahn** ⟨m. 1; unz.⟩ **1** *grundlose Hoffnung, Selbsttäuschung, Einbildung, Irrglaube, Verblendung* **2** = *Wahnsinn (1)* ◆ eitler, leerer Wahn ⟨verstärkend⟩ [< ahd. *wan* verwandt mit *Wonne, Wunsch, gewinnen;* die heutige Bedeutung hat sich vermutl. unter dem Einfluss von *Wahnwitz* entwickelt]

**wähnen** ⟨V. i.; hat; geh.⟩ *vermuten, fälschlich annehmen, sich einbilden, glauben* ◆ ich wähnte, er habe ...; ich wähnte dich noch in Berlin *ich glaubte, du seist noch in Berlin* [→ *Wahn*]

**Wahnsinn** ⟨m. 1; unz.⟩ **1** ⟨volkstüml. Bez. für⟩ *Geisteskrankheit, geistige Umnachtung;* Sy *Wahn (2)* **2** ⟨fig.; umg.⟩ *Torheit, Unsinn, unvernünftiges Denken u. Handeln, abwegiger u. meist auch gefährlicher Einfall* ◆ in Wahnsinn verfallen [Neubildung statt *Wahnwitz*]

**wahnsinnig** **I** ⟨Adj.⟩ **1** *geistesgestört* **2** ⟨fig.; umg.⟩ *töricht, abwegig* **3** *verrückt* **4** *außerordentlich* ◆ ich habe wahnsinnige Schmerzen; wahnsinnig werden *geisteskrank werden* **II** ⟨adv.; fig.; umg.⟩ *sehr, außerordentlich* ◆ ich habe mich wahnsinnig gefreut

**wahr** ⟨Adj.⟩ **1** *der Wahrheit, der Wirklichkeit, den Tatsachen entsprechend, wirklich, tatsächlich (geschehen)* **2** *nicht gelogen, richtig* **3** *zutreffend* **4** ⟨fig.⟩ *aufrichtig, echt* ◆ wahre **Begebenheit,** Geschichte; er ist ein wahrer **Freund** ⟨fig.⟩; es ist ein wahres **Glück,** eine wahre Schande ⟨fig.; umg.; verstärkend⟩ *es ist wirklich ein Glück, eine Schande;* das ist ein wahres **Wort** *damit hast du wirklich Recht* ◆ eine Absicht, Behauptung, Drohung wahr **machen** *in die Tat umsetzen;* **sein:** das ist (ja gar) nicht wahr!; es ist etwas Wahres daran *es ist zum Teil richtig, es ist nicht ganz falsch;* wahr **werden** *Tatsache werden, wirklich geschehen* ◆ das **einzige** Wahre an der Geschichte ist, dass ... ◆ etwas **für** wahr halten; **nicht** wahr? *ist es nicht so?, verstehst du?;* **so** wahr mir Gott helfe! *(Schwurformel)* [< ahd. *war, wari;* vermutl. verwandt mit *wahren*]

WALDMEISTER
*(Galium odoratum)*

**wahren** ⟨V. t.; hat⟩ **1** *schützen, sichern, verteidigen* (Rechte, Interessen) **2** *erhalten, aufrechterhalten* ◆ den Schein, die Würde wahren [< ahd. *(bi)waron;* zu ahd. *wara* „Aufmerksamkeit"; verwandt mit *warnen, warten*[2]]

**währen** ⟨V. i.; hat; geh.⟩ **1** *dauern, Zeit in Anspruch nehmen* **2** *bestehen (bleiben)* ◆ das Fest währte drei Tage; es währte nicht lange [< ahd. *weren;* Durativbildung zu ahd. *wesan* „sein" ( → *Wesen*)]

**während** ⟨Präp. mit Gen.; heute a. mit Dat.⟩ **1** *zurzeit (als ..., des ..., der ...), im Verlauf (von)* **2** *wohingegen* ◆ während des Essens [urspr. Part. zu *währen*]

**währenddessen** ⟨Konj.⟩ *während dieser Zeit, während dieses geschah* ◆ ich war zwei Stunden in der Stadt gewesen, und währenddessen hatte er mehrmals angerufen

**wahrhaben** ⟨V. t.; nur im Inf. in der Fügung⟩ wahrhaben wollen *zur Kenntnis nehmen wollen, glauben wollen* ◆ er will es nicht wahrhaben, dass es so ist

**wahrhaft I** ⟨Adj.⟩ *wirklich, echt* ◆ ein wahrhafter Mensch **II** ⟨adv.⟩ *wirklich, tatsächlich* ◆ ein wahrhaft fürstliches Mahl [→ *wahr*]

**wahrhaftig I** ⟨Adj.⟩ *wahrheitsliebend, aufrichtig* **II** ⟨adv.⟩ *wirklich, tatsächlich, fürwahr, wahrlich* ◆ wahrhaftig! *wirklich!, es ist wahr!;* ich weiß es wahrhaftig nicht

**Wahrheit** ⟨f. 20⟩ **1** *das Wahre, wahrer, richtiger Sachverhalt, Übereinstimmung mit den Tatsachen* **2** *Tatsache* ◆ die Wahrheit, die ganze Wahrheit und nichts als die Wahrheit *(alte Schwur-, Beteuerungsformel);* die Wahrheit einer Behauptung **anzweifeln;** das **entspricht** (nicht) der Wahrheit; die Wahrheit **sagen;** jmdm. die Wahrheit sagen ⟨fig.; umg.⟩ *jmdm. deutlich seine Meinung sagen* ◆ es ist eine **alte** Wahrheit, dass ...; eine **bittere,** traurige Wahrheit ◆ ich zweifle **an** der Wahrheit seiner Worte; **bei** der Wahrheit bleiben *nicht lügen*

WALDREBE: WEISSE WALDREBE *(Clematis vitalba)*

**wahrheitsgemäß, wahrheitsgetreu** ⟨Adj.⟩ *der Wahrheit entsprechend*

**wahrnehmen** ⟨V. t. 187; hat⟩ **1** *durch Sinnesorgan aufnehmen* **2** *hören, sehen, fühlen* **3** *bemerken* ◆ eine Frist wahrnehmen *benutzen, einhalten;* die Gelegenheit wahrnehmen, etwas zu tun ⟨fig.⟩ *die Gelegenheit benutzen, ausnutzen;* jmds. Interessen wahrnehmen ⟨fig.⟩ *jmds. Interesse vertreten, so handeln, wie es in jmds. Interesse liegt;* in der Ferne einen Lichtschein wahrnehmen [< mhd. *war nemen* < ahd. *wara neman* < ahd. *wara* „Aufmerksamkeit" (→ *wahren*) + *nehmen*]

**Wahrnehmung** ⟨f. 20⟩ **1** *Sinneseindruck* (Sinneswahrnehmung) **2** ⟨fig.⟩ *das Wahrnehmen* ◆ eine gestörte Wahrnehmung haben

**wahrsagen** ⟨V. t.; hat; im Volksglauben⟩ *Zukünftiges vorhersagen, voraussagen* ◆ sich wahrsagen lassen; aus dem Flug der Vögel, aus der Hand, aus den Karten wahrsagen

**wahrscheinlich** ⟨Adj.; meist adv.⟩ **1** *vermutlich* **2** *es ist anzunehmen, dass ...* ◆ der wahrscheinliche Täter; wahrscheinlich kommt er heute noch zurück [Lehnübersetzung < lat. *verisimilis,* frz. *vraisemblable* < *wahr* + *ähnlich scheinend*]

**Wahrscheinlichkeit** ⟨f.; -; unz.⟩ *das Wahrscheinlichsein, vermutete Richtigkeit, annähernde Gewissheit* ◆ die Wahrscheinlichkeit, dass die Verschütteten tot sind, ist leider groß; aller Wahrscheinlichkeit nach *wahrscheinlich*

**Wahrung** ⟨f.; -; unz.⟩ *das Wahren, Erhaltung, Aufrechterhaltung* ◆ zur Wahrung seiner Interessen *um seine Interessen zu wahren*

**Währung** ⟨f. 20⟩ **1** *gesetzl. Geldordnung eines Landes* **2** *dieser Ordnung zugrunde liegende Geldeinheit* (Dollarwährung) **3** *Art u. Weise, wie das umlaufende Geld gedeckt ist* (Goldwährung, Silberwährung, Papierwährung) ◆ in deutscher, ausländischer Währung *in deutschem, ausländ. Geld* [eigtl. „Gewährleistung" (für den Wert einer Münze); → *gewähren*]

**Währungseinheit** ⟨f. 20⟩ *geldl. Einheit, mit der innerhalb eines Währungssystems gerechnet wird, z. B. Dollar, Euro, Franc, Mark, Pfund*

**Wahrzeichen** ⟨n. 14⟩ *charakterist. Merkmal, Erkennungszeichen* ◆ Wahrzeichen einer Stadt; der Petersdom ist das Wahrzeichen Roms [< mhd. *warzeichen,* eigtl. „Zeichen zur Aufmerksamkeit"; zu ahd. *wara* „Aufmerksamkeit"; → *wahren*]

**waid..., Waid...** ⟨in jägersprachl. Zus.⟩ = *weid..., Weid...*

**Waise** ⟨f. 19⟩ **1** *elternloses Kind* **2** *reimlose Zeile in einem gereimten Gedicht* [< mhd. *weise* < ahd. *weiso;* zur Unterscheidung von *Weise* mit *ai* geschrieben; verwandt mit *Witwe*]

**Wal** ⟨m. 1; Zool.⟩ ◄ *Angehöriger einer Ordnung völlig an das Wasserleben angepasster Säugetiere: Cetacea;* Sy *Zetazee;* ► *Säugetiere* [< ahd. *wal*]

**Wald** ⟨m. 2u⟩ **1** *größere Fläche mit dichtem Baumwuchs* **2** ⟨fig.⟩ *große, dichte Menge (bes. von aufrecht stehenden Gegenständen)* ◆ durch Wald und **Feld** streifen; die **Tiere** des Waldes; **Wiesen** und Wälder ◆ er **sieht** den Wald vor lauter Bäumen nicht ⟨fig.; umg.⟩ *er bemerkt nicht, was doch vor ihm steht, was offensichtlich ist* ◆ **dichter,** dunkler, finsterer, herbstlicher Wald ◆ tief **im** Wald; ein Wald **von** Fahnen, Masten, Antennen ⟨fig.⟩ [< mhd. *walt* < ahd. *wald;* verwandt mit *wild, Wolle*]

**Waldameise** ⟨f. 19; Zool.⟩ Rote Waldameise *Larven u. Insekten vertilgende Ameise in den Wäldern Mitteleuropas: Formica rufa*

**Waldgärtner** ⟨m. 3; Zool.⟩ *Angehöriger einer Gattung der Borstenkäfer, die in Kiefernwäldern große Verwüstungen anrichtet: Myelophilus* ◆ Großer Waldgärtner: *Myelophilus piniperda;* Kleiner Waldgärtner: *Myelophilus minor*

**Waldhorn** ⟨n. 12u; Mus.⟩ = *Horn (4)*

**Waldhuhn** ⟨n. 12u; Zool.⟩ ► = *Raufußhuhn*

**Waldhyazinthe** ⟨f. 19; Bot.⟩ *Angehörige einer Gattung der Orchideen: Platanthera* ◆ Grünliche Waldhyazinthe *mit gelblichweißen Blüten: Platanthera chlorantha;* Zweiblättrige Waldhyazinthe *mit weißen, nach Vanille duftenden Blüten: Platanthera bifolia*

**Waldkauz** ⟨m. 1u; Zool.⟩ *kräftige, einheim. Eule, die durch ihre gellenden Balzrufe auffällt: Strix aluco*

**Waldmaus** ⟨f. 7u; Zool.⟩ ▼ *Maus, die in europ. u. asiat. Waldgebieten in Erdhöhlen lebt: Apodemus sylvaticus*

**Waldmeister** ⟨m. 3; unz.; Bot.⟩ ◄ *in schattigen Wäldern vorkommendes Rötegewächs, das wegen seines Gehaltes an Kumarin zum Würzen von Bowle verwendet wird: Galium odoratum;* Sy *Maikraut*

**Waldmeisterbowle** ⟨[-boːlə] f. 19⟩ *mit den Blättern des Waldmeisters angesetzte Weinbowle;* Sy *Maibowle*

WALDMÄUSE *(Apodemus sylvaticus)*

WALDSCHNEPFE *(Scolopax rusticola)*

**Waldohreule** ⟨f. 19; Zool.⟩ *mittelgroße Eule der einheim. Nadelwälder mit Federohren: Asio otus*

**Waldorfschule** ⟨f. 19⟩ *auf der Erziehungslehre des Anthroposophen R. Steiner beruhende Privatschule (Grundschule u. Gymnasium) ohne Klasseneinteilung mit bes. Betonung der künstlerischen u. handwerklichen Fächer*

**Waldpförtner** ⟨m. 3; Zool.⟩, **Waldportier** ⟨[-tjeː] m. 6; Zool.⟩ *dunkelbraun gefärbter u. mit helleren Flügelrändern versehener Augenfalter, der bes. Waldränder bewohnt: Hipparchia fagi*

**Waldrebe** ⟨f. 19; Bot.⟩ ◄ *Angehörige einer Gattung der Hahnenfußgewächse, Kletterpflanze mit duftenden Blüten: Clematis;* Sy *Clematis, Klematis* ◆ Italienische Waldrebe *mit großen, farbigen Blüten: Clematis alpina;* Weiße Waldrebe *auf Felsen, mit weißen Blüten: Clematis vitalba*

**Waldschnepfe** ⟨f. 19; Zool.⟩ ▲ *Art der Schnepfen: Scolopax rusticola*

**Waldsterben** ⟨n.; -s; unz.⟩ *Absterben von Bäumen im Wald aufgrund von Abgasen u. a. Umweltgiften*

**Waldvögelein** ⟨n. 14; Bot.⟩ *Mitglied einer im Laubwald vorkommenden Gattung der Orchideen, dessen Lippe einem Vogelschnabel gleicht: Cephalanthera*

**Waldwirtschaft** ⟨f. 20⟩ = *Forstwirtschaft* ◆ natürliche Waldwirtschaft *Anpflanzung von Mischwald unterschiedlichen Alters*

**Walfänger** ⟨m. 3⟩ **1** *Schiff zum Walfang* **2** *jmd., der Wale fängt*

**Walfisch** ⟨m. 1; fälschl. für⟩ *Wal*

**Walgvogel** ⟨m. 5u; Zool.⟩ ► = *Dronte* [zu regional *walgen* in der Bedeutung „Ekel erregen"; so genannt nach dem Fleisch]

**Walhall, Walhalla** ⟨f.; -; unz.; germ. Myth.⟩ *Aufenthaltsort der im Kampf Gefallenen* [nach anord. *valholl*]

**Waliser** ⟨m. 3⟩ *Einwohner von Wales*

**walisisch** ⟨Adj.⟩ *Wales betreffend, dazu gehörend, daraus, daher, von dort stammend*

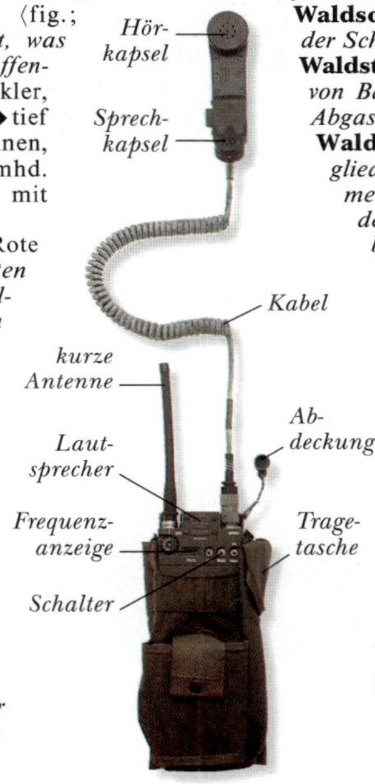


WALKIE-TALKIE: AMERIKANISCHES FUNKSPRECHGERÄT

**walken** ⟨V. t.; hat⟩ *schlagen, kneten, stoßen* ◆ Haare, Fasern zur Tuchherstellung walken *miteinander verfilzen;* Blech walken *durch hintereinanderliegende, versetzt angeordnete Walzenpaare führen u. dabei hin u. her biegen* [< ahd. *walchan* „kneten, hin u. her bewegen"]

**Walkerde** ⟨f. 19; unz.⟩ *Sorte von Ton, die das Walken bei der Tuchfabrikation günstig beeinflusst*

**Walkie-Talkie** ⟨['wɔːki 'tɔːki] n. 15⟩ ▲ *sehr kleines Funksprechgerät, das man bequem mit sich tragen u.beim Gehen benutzen kann* [Verkleinerungsform < engl. *walk* „gehen" + *talk* „sprechen"]

**Walkman** ⟨['wɔːkmæn] m.; -s, -men [-mən]⟩ *kleiner Kassettenrekorder mit Kopfhörern, mit dem man auch beim Spazieren u. Joggen usw. Musik hören kann* [< engl. *walk* „gehen, spazieren gehen" + *man* „Mann"]

W

**Walküre** ⟨f. 19; germ. Myth.⟩ *Jungfrau, die in der Schlacht diejenigen auswählt, die sterben und nach Walhall eingehen sollen* [nach anord. *Valkyrja*]

**Wall**[1] ⟨m. 1u⟩ **1** *lang gestreckte Erdaufschüttung zur Befestigung u. Einfriedigung* **2** ⟨fig.⟩ *Bollwerk* [< lat. *vallum* „Lagerwall, -zaun"; zu *vallus* „Pfahl"]

**Wall**[2] ⟨m. 1; nach Zahlen Pl.: -⟩ *Zählmaß, 80 Stück (bes. bei Fischen)* ◆ 1 Wall Heringe [< nddt. *wal(l)*]

**Wallaby** ⟨['wɔləbi] n. 15; Zool.⟩ **1** ▼ *Angehöriges der Gattung der Riesenkängurus von mittelgroßem Wuchs: Macropus* **2** *dessen Fell* [engl. < austral. Eingeborenenspr. in Neusüdwales]

**Wallach** ⟨m. 1⟩ *verschnittener Hengst* [< *Walachei* (dem Herkunftsland)]

**wallen** ⟨V. i.; hat⟩ **1** *sieden, kochen, sprudeln* **2** ⟨poet.⟩ *in langen Wellen, Locken, weichen Falten fallen* ◆ wallendes Gewand; wallendes Haar [< ahd. *wallan*]

**Wallfahrt** ⟨f. 20⟩ *Pilger- bzw. Betfahrt, (meist) Fußreise zu einem religiös bedeutsamen Ort*

**Wallone** ⟨m. 17⟩ *Nachkomme romanisierter Kelten u. Germanen (Südbelgier)*

**wallonisch** ⟨Adj.⟩ *die Wallonen betreffend, zu ihnen gehörend, von ihnen stammend* ◆ wallonische Mundart *von den Wallonen gesprochene französische Mundart*

**Wall Street** ⟨['wɔ:lstri:t] f.; - -; unz.⟩ *Banken- u. Finanzzentrum der USA* [nach der gleichnamigen Straße in New York]

**Wallung** ⟨f. 20⟩ **1** *das Wallen, sprudelndes Kochen, Brodeln, Sieden* **2** ⟨Med.⟩ *Blutandrang* **3** ⟨fig.⟩ *Aufregung, Erregung* ◆ jmdn. in Wallung bringen ⟨fig.⟩; in Wallung geraten ⟨fig.⟩

**Walm** ⟨m. 1⟩ *dreieckige Dachfläche über dem Giebel* [< mhd. *walbe* < ahd. *walbo* „Gewölbe, gewölbtes Dach"; → *wölben*]

**Walmdach** ⟨n. 12u⟩ ► *Satteldach mit Abschrägung über dem Giebel*

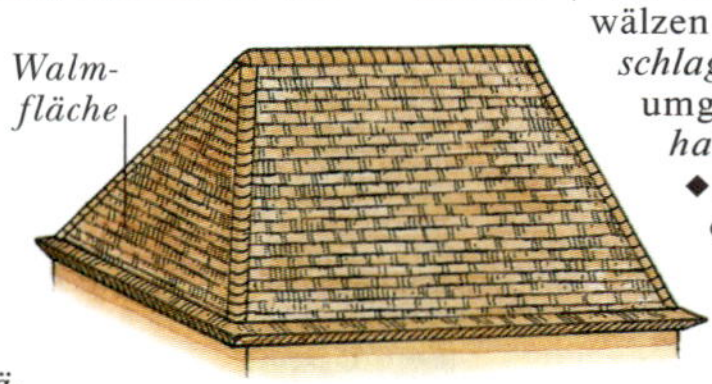

WALMDACH

**Walnuss** ⟨f. 7u⟩ *Frucht des Walnussbaums;* Sy *welsche Nuss* [< mhd. *wälhisch nuz* „welsche Nuss"; → *welsch*]

**Walnussbaum** ⟨m. 1u; Bot.⟩ **1** ⟨i. w. S.⟩ *Angehöriger einer Gattung von Bäumen der nördlichen gemäßigten Zone mit Steinfrüchten, die in zwei Klappen eingeschlossen sind: Juglans* **2** ⟨i. e. S.⟩ ▼ *als Obstbaum angepflanzte Art mit wohlschmeckenden, ölhaltigen Früchten (Walnüssen) u. hartem Holz (Nussbaum), das für Möbelfurniere verwendet wird: Juglans regia* ◆ Schwarzer Walnussbaum *als Zier- u. Forstpflanze angebaute nordamerikan. Art: Juglans nigra*

WALNUSSBAUM (*Juglans regia*)

**Walone** ⟨f. 19⟩ *Gerbstoff enthaltender Fruchtbecher der Eiche* [< grch. *balanos* „Eichel"]

**Walpurgisnacht** ⟨f. 7u⟩ *Nacht vor dem 1. Mai, in der nach altem Volksglauben die Hexen auf dem Blocksberg tanzen* [< *Walpurgis, Walburga,* kath. Heilige († 799)]

**Walross** ⟨n. 11; Zool.⟩ ► *Robbe mit zu Hauern umgebildeten oberen Eckzähnen: Odobenus rosmarus;* ► *Säugetiere* [< *Wal* + *Ross*]

**walten** ⟨V.; hat⟩ **I** ⟨V. i.⟩ **1** *wirken* **2** *herrschen, dasein* **3** *gebieten* ◆ seines Amtes walten *sein Amt versehen;* hier walten gute, hilfreiche, rohe Kräfte; das Walten der Natur, der Naturgesetze; Gnade walten lassen *Nachsicht üben;* Vorsicht walten lassen *vorsichtig sein* **II** ⟨V. t.; veraltet; nur noch in der Wendung⟩ das walte Gott! *das möge Gott geben!* [< ahd. *waltan*]

**Walze** ⟨f. 19⟩ **1** *zylindrischer Körper mit kreisförmigem Querschnitt* **2** *aus Stahl, Holz u. a. Werkstoffen gefertigtes Maschinenteil in dieser Form zum Transport od. Glätten* (Ackerwalze, Dampfwalze, Straßenwalze) **3** ⟨früher⟩ *Wanderschaft der Handwerksburschen* ◆ immer wieder dieselbe Walze! ⟨fig.; umg.⟩ *immer wieder dasselbe Thema!* [→ *walzen*]

WALLABY: ROTNACKENWALLABY (*Macropus rufogriseus*)

**walzen I** ⟨V. t.; hat⟩ *mit Walze bearbeiten, pressen, glätten* **II** ⟨V. i.; ist; früher scherzh.⟩ *(Walzer) tanzen* [< ahd. *walzan* „sich wälzen"; verwandt mit *wallen, Welle*]

**wälzen** ⟨V. t.; hat⟩ *rollend bewegen* ◆ **Bücher** wälzen ⟨fig.; umg.⟩ *in Büchern nachschlagen;* **Probleme** wälzen ⟨fig.; umg.⟩ *sich über Probleme unterhalten, ernsthaft diskutieren* ◆ sich **auf** dem Boden wälzen; die Schuld auf einen anderen wälzen ⟨fig.⟩; einen Stein **vor** eine Öffnung wälzen [< ahd. *welzen*]

**Walzenspinne** ⟨f. 19; Zool.⟩ *Angehörige einer Ordnung der Spinnentiere mit walzenförmigem, gegliedertem Hinterleib: Solifugae*

**Walzer** ⟨m. 3⟩ *Gesellschaftstanz im ¾-Takt, urspr. Rundtanz* ◆ Wiener Walzer; langsamer Walzer [zu *walzen* „sich drehen"]

**Wälzer** ⟨m. 3; fig.; umg.⟩ *dickes Buch* ◆ er liest gerne dicke Wälzer [→ *wälzen*]

**Wälzverfahren** ⟨n. 14; unz.⟩ *Verfahren zur Verflüchtigung von Erzen in Dachrohröfen*

**Walzwerk** ⟨n. 11⟩ *Anlage zum Umformen von Metallen, die durch Walzen geführt werden* (Kaltwalzwerk, Warmwalzwerk)

**Wamme** ⟨f. 19⟩ **1** ► *Hängefalte zwischen Kehle u. Brust bei manchen Tieren, z. B. bei Rindern u. Hunden* **2** ⟨Kürschnerei⟩ *Bauchteil von Fellen* **3** ⟨mdt., oberdt.⟩ *Bauch, Bauchfleisch* **4** *fetter Bauch* [< ahd. *wamba, womba* „Bauch, Mutterleib"]

**Wampum** ⟨m. 1⟩ ► *Gürtel od. Kette aus Muschelschalen u. Schneckenhäusern als Zahlungsmittel u. Schmuck der nordamerikanischen Indianer* [< algonkin-indianisch *wanpanpiag* < *wab* „weiß" + *umpe* „Schnur"]

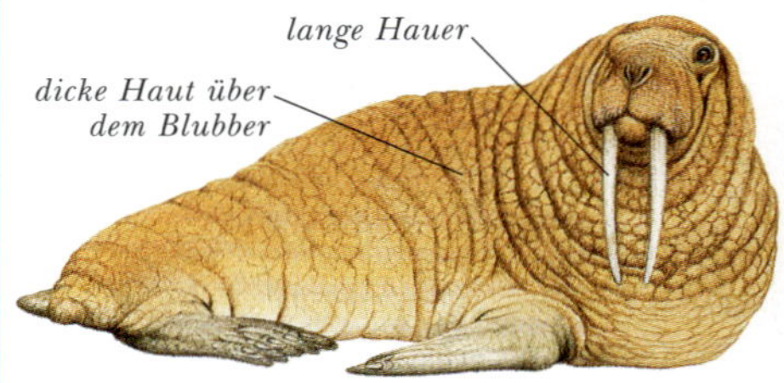

WALROSS (*Odobenus rosmarus*)

**Wams** ⟨n. 12u⟩ **1** ⟨13./14. Jh.⟩ ▼ *unter der Rüstung getragener Männerrock* **2** ⟨15./17. Jh.⟩ *eng anliegende Jacke mit Schoß für Männer* [< mhd. *wambels* „Kleidungsstück unter dem Panzer" < mlat. *wambasium;* zu grch. *bambax* „Baumwolle"]

**Wand** ⟨f. 7u⟩ **1** *seitl. Begrenzung eines Raumes* (Gefäßwand, Zimmerwand, Holzwand) **2** *Trennungsfläche zwischen Räumen* (Zwischenwand) **3** *steiler Bergabhang* (Bergwand, Felswand) **4** ⟨Bgb.⟩ *größeres Gesteinsstück* **5** ⟨fig.⟩ *steil aufragende, große Fläche* (Wolkenwand) ◆ eine Wand **bezwingen,** erklettern (beim Bergsteigen); die Wände **tünchen,** tapezieren, weißen ◆ in seinen **vier** Wänden ⟨fig.⟩ *daheim, zu Hause;* **spanische** Wand *zusammenklappbare Wand* ◆ Wand **an** Wand wohnen *unmittelbar nebeneinander, benachbart;* mit dem Kopf **durch** die Wand wollen ⟨fig.⟩ *alles od. das Unmögliche durchsetzen wollen;* mit dem Rücken **zur** Wand kämpfen, stehen ⟨fig.⟩ *sich in einer nahezu ausweglosen Situation zu behaupten suchen* ◆ sie wurde weiß **wie** eine Wand, wie die Wand *sehr blass, ganz weiß* [< ahd. *want* urspr. „Geflecht" (das mit Lehm bestrichen wird); zu *winden* „flechten"]

WAMS: MANN IM ITALIENISCHEN WAMS DES 14. JH.

**Wandale** ⟨m. 17⟩ oV *Vandale* **1** *Angehöriger eines ostgerm. Volkes in Schlesien u. Westpolen* **2** ⟨fig.; fälschlich nach dem Volksnamen benannt⟩ *zerstörungswütiger Mensch*

**wandalisch** ⟨Adj.⟩ *die Wandalen betreffend, zu ihnen gehörend, von ihnen stammend;* oV *vandalisch* ◆ wandalische Sprache *ausgestorbene, zu den ostgermanischen Sprachen gehörende Sprache der Wandalen*

**Wandalismus** ⟨m.; -; unz.⟩ *rohe Zerstörungswut, die sich bes. gegen Kunstwerke richtet;* oV *Vandalismus* [nach der Plünderung Roms durch die *Wandalen* im Jahre 454 n. Chr., bei der aber kaum Kunstwerke zerstört wurden]

**Wandel** ⟨m. 5; unz.⟩ **1** *Wandlung, das Sichwandeln, Wechsel* (Bedeutungswandel, Gesinnungswandel, Gestaltwandel, Lautwandel) **2** *Lebensführung, Lebenswandel* [Rückbildung zu *wandeln*]

WAMME EINES HEREFORDBULLEN

W

**wandeln I** ⟨V. t.; hat⟩ **1** = *verwandeln* **2** = *verändern (I)* ◆ alles wandelt sich *nichts ist beständig* **II** ⟨V. i.; ist⟩ *langsam, geruhsam gehen, lustwandeln* ◆ auf und ab wandeln; Wandelndes Blatt ⟨Zool.⟩ ▼ *Angehöriges der Familie der Gespenstheuschrecken, das sich durch farbliche sowie körperliche Nachahmung von Gegenständen aus ihrer Umwelt schützt: Phyllidae;* ► *Insekten;* er sieht aus wie eine wandelnde Leiche ⟨umg.⟩ *er sieht erschreckend blass aus;* sie ist ein wandelndes Lexikon ⟨fig.⟩ *sie hat ein umfangreiches Wissen* [< ahd. *wantalon,* eigtl. „verändern“; Iterativbildung zu *wanton* „wenden“; → *wandern, winden*]

**Wandelstern** ⟨m. 1; Astron.⟩ = *Planet*

**Wanderameise** ⟨f. 19; Zool.⟩ *hauptsächlich den Gattungen Eciton u. Dorylinae angehörende Ameise Afrikas, Indiens und Amerikas, die sich in period. Zeitabständen in großen Scharen auf die Wanderung begibt;* Sy *Treiberameise*

WANDELNDES BLATT
*(Phyllium* species*)*

**Wanderdüne** ⟨f. 19⟩ *von Wind od. Wasser bewegte Düne*

**Wanderer** ⟨m. 3⟩ **1** *jmd., der wandert* **2** *jmd., der oft, viel wandert*

**Wanderfalke** ⟨m. 17; Zool.⟩ ► *einheimischer, besonders kräftiger Falke: Falco peregrinus*

**Wanderheuschrecke** ⟨f. 19; Zool.⟩ *Heuschreckenart aus der Familie der Feldheuschrecken, die in oft riesigen Schwärmen die Felder verwüstet, indem sie in kürzester Frist alles Grüne vernichtet*

**wandern** ⟨V. i.; ist⟩ **1** *zu Fuß reisen, zu Fuß weit umhergehen* **2** *sich regelmäßig einen anderen Wohnplatz, Laichplatz suchen* (von manchen Tieren) **3** ⟨fig.⟩ *umherschweifen* (Gedanken) **4** etwas wandert ⟨fig.⟩ *wechselt (häufig) den Standort, wird weitergegeben, verbreitet* ◆ wir sind heute fünf Stunden gewandert; **Lachse** wandern zum Laichen die Flüsse hinauf ◆ sie **ließ** ihre Blicke über die Möbel, die Bilder wandern ◆ **durch** den Wald wandern ◆ wandernde Dünen *Wanderdünen;* wandernder Händler *Hausierer;* wandernde Völker *Nomaden* [eigtl. „(seinen Ort) verändern“; wie *wandeln* Iterativbildung zu ahd. *wanton* „wenden“]

WAMPUM DER IROKESEN, 17. JH.

**Wanderratte** ⟨f. 19⟩ **1** ⟨Zool.⟩ *große, aus Asien stammende Ratte: Rattus norvegicus* **2** ⟨fig.; umg.; scherzh.⟩ *jmd., der sehr gerne u. sehr oft wandert* ◆ sie ist eine Wanderratte

**Wanderung** ⟨f. 20⟩ **1** *das Wandern* **2** *Strecke, die man gewandert ist, Ausflug zu Fuß* **3** *Wechsel des Wohnsitzes* (von Völkern, Tieren) ◆ eine weite Wanderung machen, unternehmen

**Wandleuchter** ⟨m. 3⟩ *an der Wand befestigter od. zu befestigender Leuchter*

**Wandlung** ⟨f. 20⟩ **1** *Wandel, Wechsel, Änderung, Veränderung* (Sinneswandlung) **2** ⟨Rel.⟩ *zweiter Hauptteil der kath. Messe, in dem Brot u. Wein durch Sprechen der Konsekrationsworte in Leib u. Blut Christi verwandelt werden* **3** ⟨Rechtsw.⟩ *Rückgängigmachen eines Kaufod. Werkvertrages bei Mängeln in der Ware od. in der Dienstleistung* ◆ mit ihm ist eine Wandlung vor sich gegangen; äußere, innere Wandlung

**Wandmalerei** ⟨f. 18⟩ *Malerei unmittelbar auf die Wand, Decke, od. das Gewölbe, entweder auf den noch feuchten (al fresco) od. auf den trockenen Putz (al secco)*

**Wandzeitung** ⟨f. 20⟩ *an die Wand geheftete, oft bebilderte Mitteilungen, Glossen in Betrieben, Schulen u. Ä.*

**Wange** ⟨f. 19⟩ **1** ⟨Anat.⟩ *Teil des Gesichts zwischen Jochbein u. Unterkiefer;* Sy *Backe*[1] **2** ⟨bei Insekten u. Trilobiten⟩ *seitliche Region des Kopfes* **3** *Seitenwand, Seitenteil, z. B. des Chorgestühls, einer Treppe* **4** ⟨Bgb.⟩ *seitliche Begrenzungsfläche einer Strecke* ◆ bleiche, eingefallene, frische, rote, runde Wangen; jmdn. auf die Wangen küssen [< ahd. *wanga,* urspr. „Krümmung“]

**...wangig** ⟨Adj.; in Zus.⟩ *mit einer bestimmten Art von Wangen versehen,* z. B. rotwangig, hohlwangig

**wankelmütig** ⟨Adj.⟩ *wechselnd in der Gesinnung, in den Ansichten, unbeständig* [< *wanke(l)n* + *Mut*]

**wanken** ⟨V. i.; ist; hat; bei Bewegung in einer Richtung: ist⟩ **1** *unsicher stehen oder gehen* **2** *unbeständigen Sinnes sein, in seiner Meinung unsicher werden, schwanken* **3** *sich neigen und umzufallen, einzustürzen drohen* ◆ die Knie wankten ihm vor Nervosität; jmds. Entschluss ins Wanken bringen *jmdn. in seinem gefassten Entschluss unsicher machen*

**wann** ⟨Interrogativadv.⟩ *zu welcher Zeit, um welche Zeit* ◆ wann ist Oscar Wilde geboren?; wann kommst du nach Hause?; wann treffen wir uns?; wann (auch) immer *gleichgültig, zu welcher Zeit;* seit wann bist du schon da?; wann wirst du fertig? [< mhd. *wanne* < ahd. *hwan ne*]

**Wanne** ⟨f. 19⟩ **1** *größeres, ovales Gefäß aus Metall, Holz od. Kunststoff* (Badewanne, Waschwanne) **2** ⟨kurz für⟩ *Badewanne* **3** *Getreideschwinge* ◆ in die Wanne steigen ⟨umg.⟩ *ein Bad nehmen* [< lat. *vannus* „Getreideschwinge“; verwandt mit *ventus* „Wind“ u. *ventilare* „Getreide hochwerfen“ (um Spreu und Korn zu trennen)]

WAPITI
*(Cervus elaphus canadensis)*

WANDERFALKE
*(Falco peregrinus)*

**Wanst I** ⟨m. 1u⟩ *dicker Bauch* **II** ⟨n. 12u; abfällig od. grob scherzh.⟩ *kleines Kind* [< ahd. *wanast, wenist* „Magen“]

**Want** ⟨f. 20; Mar.⟩ *Tauwerk zum seitl. Festhalten des Mastes* [< nddt. *want, wand* „Gewundenes, Flechtwerk“; → *Wand*]

**Wanze** ⟨f. 19; Zool.⟩ **1** ⟨i. w. S.⟩ *Angehörige einer Unterordnung der Schnabelkerfe mit vollkommener Verwandlung: Heteroptera;* Sy *Halbflügler;* ► *Insekten* **2** ⟨i. e. S.⟩ *Hauswanze* [Kurzform < ahd., mhd. *wantlus* „Wandlaus“]

**Wapiti** ⟨m. 6; Zool.⟩ ◄ *nordamerikan. Unterart des Rothirsches mit mächtigem Geweih: Cervus elaphus canadensis* [algonkin-indianisch; zu *wapitiu, wapiti* „blass, weiß“]

**Wappen** ⟨n. 14; Her.⟩ **1** ⟨urspr.⟩ *Abzeichen eines Ritters an Helm u. Schild als Erkennungszeichen* **2** ⟨später⟩ *nach heraldischen Regeln bildlich gestaltetes Abzeichen von Personen oder Gemeinwesen* (Amtswappen, Familienwappen) ◆ er führt einen Löwen im Wappen [ndrl. Form von *Waffe;* urspr. gleichbedeutend, seit dem 16. Jh. auf die Bedeutung „Waffenzeichen“ eingeschränkt]

**Wappenkunde** ⟨f. 19; unz.; Her.⟩ ► = *Heraldik (2)*

**Wappenmantel** ⟨m. 5u; Her.⟩ *Umrahmung des Wappens in Form eines mantelartigen Umhangs od. Zeltes, urspr. Umhang um den Schild;* Sy *Wappenzelt*

**Wappenrock** ⟨m. 1u; Her.⟩ *kurzes Obergewand mit Wappenemblemen, das über der Ritterrüstung getragen wurde*

**Wappenzelt** ⟨n. 11; Her.⟩ = *Wappenmantel*

**wappnen** ⟨V. t.; hat⟩ *bewaffnen* ◆ sich gegen etwas wappnen ⟨fig.⟩ *sich auf etwas gefasst machen* [zu *Wappen* in der urspr. Bedeutung „Waffe“]

**Waran** ⟨m. 1; Zool.⟩ *Angehöriger einer Familie von Echsen, ein großes Raubtier mit langer Schnauze, starken Krallen u. kräftigem Schwanz: Varanidae;* ► *Echsen* [< arab. *uaran*]

**Ware** ⟨f. 19⟩ *Handelsgut, käufliche od. verkäufliche Sache od. Menge von Sachen* ◆ seine Waren anpreisen, auslegen, feilbieten; die Waren (mit dem Preisschild) auszeichnen; gute Ware lobt sich selbst ⟨fig.⟩ [vermutl. < mnddt. *ware* „Gewahrsam, was man in Gewahrsam hat“]

**Warenzeichen** ⟨n. 14; Zeichen: ®⟩ *gesetzlich geschütztes Zeichen für eine Ware;* Sy *Handelsmarke, Handelszeichen*

**warm** ⟨Adj.; wärmer, am wärmsten⟩ **1** *eine angenehme Temperatur zwischen kalt u. heiß aufweisend* **2** ⟨Tech.⟩ *heiß, glühend* **3** *Wärme speichernd, wärmend, vor Kälte schützend* (Kleidung) **4** ⟨fig.⟩ *herzlich, freundlich, gefühlsbetont* (Charakter, Empfang) ◆ warme **Anteilnahme,** Begrüßung ⟨fig.⟩; ein warmes **Braun,** Rot; warmes **Essen;** warme **Farben** *Farben mit Rot od. Gelb als vorherrschendem Bestandteil;* ein warmes **Gefühl** der Dankbarkeit, Zuneigung ⟨fig.⟩; warme **Miete** ⟨umg.⟩ *Miete einschließlich*

W

*Heizung;* warme **Quellen;** warmer **Regen,** Wind; ein warmes **Zimmer** haben ◆ sich warm **anziehen;** warm **baden** *in warmem Wasser;* warm **halten** *wärmen, vor Kälte schützen* (Essen); (sich jmdn.) warm halten ⟨fig.⟩ = *warmhalten;* warm **laufen** = *warmlaufen;* **sein:** es ist warm draußen; hier ist es warm; mir ist warm; das Essen warm **stellen;** ich kann mit ihm, ⟨od.⟩ ihr nicht warm werden ⟨fig.⟩ *ich bekomme keinen inneren, herzlichen Kontakt mit ihm, ihr* ◆ hier ist es **schön,** herrlich, mollig warm ⟨umg.⟩ ◆ die Heizung **auf** Warm stellen; es wurde ihr warm **ums** Herz, als sie das sah, hörte, las [< ahd. *war(a)m*]

**Warmblut** ⟨n.; -(e)s; unz.; Zool.⟩ *Rasse mittelschwerer, leistungsfähiger Pferde (bes. als Reitpferde eingesetzt);* → a. *Kaltblut, Warmblüter*

**Warmblüter** ⟨m. 3; Zool.⟩ *Tier, das seine Körperwärme dauernd weit gehend konstant hält;* Ggs *Wechselwarmblüter;* → a. *Warmblut*

**Wärme** ⟨f.; -; unz.⟩ **1** *warmer Zustand, angenehme Temperatur zwischen kalt u. heiß* **2** *Temperatur über 10 °C* **3** ⟨Phys.⟩ *durch die Eigenbewegung von Molekülen verursachte Form der Energie* **4** ⟨fig.⟩ *Herzlichkeit, aufrichtige Freundlichkeit* ◆ zehn Grad Wärme *eine Temperatur von 10 °C*

**Wärmeausdehnung** ⟨f. 20⟩ *Änderung der Länge od. des Volumens von Stoffen od. Körpern bei Erwärmung*

**Wärmedämmung** ⟨f. 20; unz.⟩ *(Einrichtung zum) Schutz vor Wärmeverlust*

**Wärmekraftwerk** ⟨n. 11⟩ *mit Wärmekraftmaschinen ausgerüstete Anlage zum Erzeugen elektr. Energie*

**wärmen** ⟨V. t. u. V. i.; hat⟩ *warm machen, erwärmen, Wärme speichern* ◆ Kaffee, Alkohol wärmt; Wolle wärmt; komm herein und wärme dich; sich die Hände, Füße wärmen

**Wärmeregler** ⟨m. 3⟩ ► = *Thermostat*

**Wärmespeicher** ⟨m. 3⟩ *Anlage zum Speichern von Wärme mittels Wasser od. Steinen*

**Wärmflasche** ⟨f. 19⟩ *Flasche od. anderer Behälter aus Metall, Steingut od. Gummi, die bzw. der mit warmem Wasser gefüllt u. ins Bett gelegt wird, Bettflasche*

**Warmfront** ⟨f. 20; Meteor.⟩ *diejenige Front eines Tiefdruckgebietes, die warme Luft heranführt*

**warmhalten** ⟨V. t. 160; hat; fig.; umg.⟩ sich jmdn. warmhalten *sich jmds. Wohlwollen erhalten;* oV *warm halten*

**warmherzig** ⟨Adj.⟩ *ein warmes Herz für andere habend, mitfühlend, hilfsbereit u. herzlich* ◆ eine warmherzige Person

**warmlaufen** ⟨V. i. 175; ist; a. refl.; hat⟩ *im Leerlauf laufen, um warm zu werden* (Verbrennungsmotor); oV *warm laufen* ◆ den Motor warmlaufen lassen; der Motor ist, ⟨od.⟩ hat sich warmgelaufen

**Warmwasserspeicher** ⟨m. 3⟩ *Warmwasserbereiter mit isoliertem Wasserkessel;* Sy *Boiler, Heißwasserspeicher*

**Warmzeit** ⟨f. 20; Geol.⟩ *zwischen den quartären Eiszeiten liegender, warmer Zeitabschnitt;* Sy *Interglazial(zeit);* Ggs *Eiszeit, Kaltzeit*

**Warnblinkanlage** ⟨f. 19; bei Kfz⟩ *Anlage, die ein gleichzeitiges Aufleuchten aller Fahrtrichtungsanzeiger (als Warnung) ermöglicht* ◆ die Warnblinkanlage einschalten

**Warndreieck** ⟨n. 11⟩ *zusammenklappbares Verkehrszeichen „Gefahrenstelle" zum Mitführen in Kraftfahrzeugen, das bei Pannen an der Straße aufgestellt wird, um Auffahrunfälle zu vermeiden*

**warnen** ⟨V. t.; hat⟩ **1** *von drohendem Unheil benachrichtigen, auf eine Gefahr hinweisen* **2** *drohend auffordern, von etwas abzulassen, etwas zu tun od. nicht zu tun* ◆ vor Taschendieben wird gewarnt *(Aufschrift auf Warnschildern in Kaufhäusern usw.)* [< mhd. *warnen* „aufmerksam machen (bes. auf etwas Schädliches)" < ahd. *warnon* „sich vorsehen, hüten"; verwandt mit *wahren*]

**Warnstreik** ⟨m. 6 od. m. 1⟩ *kurzfristiger Streik als Hinweis auf die Bereitschaft der Beteiligten, ihre Interessen in einem langen Streik durchzusetzen*

**Warnung** ⟨f. 20⟩ *Hinweis auf drohendes od. mögliches Unheil, auf Gefahr* ◆ das soll dir eine Warnung sein; ohne Warnung schießen; Warnung vor dem Hund *(Aufschrift auf Warnschildern)*

**Warte** ⟨f. 19⟩ **1** *Beobachtungs-, Wachtturm* (Wetterwarte) **2** *Aussichtspunkt* ◆ etwas von der hohen Warte aus betrachten ⟨fig.⟩ *vom überlegenen Standpunkt aus* [< mhd. *warte* „Ort der Ausschau" < ahd. *warta* „das Ausschauen, Lauern; Ausguck, Wachtturm"; → *wahren*]

**warten**[1] ⟨V. i.; hat⟩ **1** *verweilen, bis jmd. kommt od. etwas eintritt, verweilen u. Kommendes od. jmdn., der kommen soll, herbeiwünschen, für Kommendes od. einen Kommenden bereit sein* **2** *sich gedulden* **3** *zögern, verharren* ◆ na, warte! (wenn ich dich erwische!) *(leichte Drohung);* warte einen Augenblick!; das **kann** warten *das hat Zeit;* er **lässt** lange auf sich warten *es dauert lange, bis er kommt* ◆ **schmerzlich,** sehnsüchtig, ungeduldig, vergeblich warten; **stundenlang,** tagelang warten ◆ **auf** jmdn. od. etwas warten; daheim wartete eine Überraschung auf ihn; auf ein Zeichen, eine Gelegenheit warten; ich habe lange (auf dich) gewartet [< mhd., ahd. *warten* „ausschauen, aufpassen; erwarten" < aengl. *weardian* „warten, hüten; bewohnen"; → *Warte*]

**warten**[2] ⟨V.t.; hat⟩ etwas od. jmdn. warten *pflegen, betreuen, für etwas od. jmdn. sorgen* ◆ Blumen, Kinder, Kranke warten; eine Maschine warten [< mhd. *warten* „auf etwas Acht geben"; → *Wärter*]

**Wärter** ⟨m. 3⟩ *jmd., der jmdn. od. etwas wartet, Hüter, Pfleger, Betreuer* (Bahnwärter, Krankenwärter, Leuchtturmwärter, Tierwärter) [< mhd. *werter* „Wärter"; zu mhd. *warten* „auf etwas Acht haben" < ahd. *wartari* „Wärter"]

**Wartezimmer** ⟨n. 13⟩ *Raum, in dem man warten kann (bes. beim Arzt)*

**...wärts** ⟨Nachsilbe zur Bez. der Richtung⟩ z.B. abwärts, aufwärts, himmelwärts, rückwärts, seitwärts, vorwärts [< ahd. *...wertes,* engl. *...wards;* zu lat. *vertere* „wenden, drehen"]

**Wartung** ⟨f. 20; unz.⟩ *das Warten, Pflegen, Betreuen*

**warum** ⟨Pronominaladv.⟩ *aus welchem Grund, weshalb, wieso* ◆ warum hast du das bloß getan, gesagt? [< mhd., spätahd. *warumbe* < älterem *hwanta* „warum" < *wa(r)* „wo" + *um* „herum"]

**Warze** ⟨f. 19; Med.⟩ ► *kleinere od. größere hornige Wucherung der Haut, besonders an Gesicht u. Händen* [< mhd. *warze* < ahd. *warza,* engl. *wart* „Warze"]

**Warzenschwein** ⟨n. 11; Zool.⟩ *Wildschwein mit warzenförmigen Auswüchsen am Kopf: Phacochoerus aethiopicus*

**was I** ⟨Interrogativpron.⟩ **1** *welche Sache, welcher Vorgang* **2** ⟨umg.⟩ *warum, wie, wie viel* ◆ was! *(Ausruf der Überraschung, des Erstaunens);* was? ⟨unhöflich⟩ *wie bitte?;* ⟨ablehnend⟩ *das ist doch nicht dein Ernst!;* was, das weißt du nicht? ◆ das Was und das **Wie;** was **Wunder,** dass ... *ist es ein Wunder, dass ...?;* was **findest** du daran so schön?; was **führt** dich zu mir?; was **gibt** es Neues?; was **hast** du, was fehlt dir?; was **kostet** das Buch?; was **machst** du da?; **sein:** was ist?; was ist ihr Vater von Beruf?; was ist aus ihm geworden?; was ist schon dabei, wenn ...; was es auch (immer) sei; was **soll** ich (nur) tun?; was **tun?;** was **willst** du? ◆ **ach** was! *(Ausruf der geringschätzigen Ablehnung);* ach was? *(Ausdruck des Erstaunens) wirklich?, ist das möglich?;* **an** was denkst du? ⟨umg.⟩ *woran;* **auf** was wartest du noch? ⟨umg.⟩ *worauf;* was **denn?;** was **für** (ein) ...? *von welcher Art;* was für (ein) ...! *(als Ausruf, Ausdruck des Erstaunens, der Bewunderung, des Entsetzens) welch (ein) ...;* was sind das für Blumen?; was für ein Tier ist das?; **mit** was beschäftigst du dich gerade? ⟨umg.⟩ *womit* **II** ⟨Relativpron.⟩ *(als Zusammenfassung einer unbestimmten Sache, einzelner Dinge od. eines ganzen Satzes)* ◆ was mich **betrifft** (erg.: das, was ...); zeig, was du **kannst!;** ich weiß nicht, was ich **sagen** soll; das Beste, was du **tun** kannst, ist ...; du kannst machen, sagen, was du willst, er tut es doch nicht ◆ **alles,** einiges, manches, vieles, was ich hier gesehen, gehört habe **III** ⟨Indefinitpron.; umg.; kurz für⟩ *etwas* ◆ das ist doch was (ganz) **anderes!;** er hat was **Böses** getan; ich habe was **Schönes** für dich ◆ ich **sehe** was, was du nicht siehst [< mhd. *waz* < ahd. *waz, hwaz,* engl. *what;* Neutr. von → *wer*]

**Waschbär** ⟨m. 16; Zool.⟩ *Kleinbär mit langem, buschigem Schwanz, der Nahrungsbrocken vor dem Fressen in Wasser taucht: Procyon lotor*

**Waschbecken** ⟨n. 14⟩ *an der Wand befestigtes oder in den Waschtisch eingelassenes kleines Becken, meist mit fließendem Wasser, zum Waschen der Hände, des Körpers*

**Waschbrett** ⟨n. 12; früher⟩ *Brett mit Riefen zum Waschen (Reiben, „Rumpeln") von grober Wäsche*

**Wäsche** ⟨f. 19⟩ **1** *das Waschen* (Körperwäsche) **2** *das, was gewaschen wird* (Leibwäsche, Unterwäsche, Bettwäsche, Küchenwäsche, Tischwäsche, Buntwäsche, Feinwäsche, Grobwäsche, Weißwäsche) **3** *der Tag, an dem Wäsche gewaschen wird, Waschtag* ◆ die Wäsche **abnehmen,** aufhängen, auswringen, einweichen, kochen, schleudern, spülen, trocknen; Wäsche **ausbessern,** bügeln; die Wäsche **wechseln** ◆ **bunte,** weiße Wäsche; **frische,** neue, reine, saubere Wäsche anziehen; **große** Wäsche *das Waschen der Bett-, Tisch-, Küchenwäsche u. der Handtücher;* **schmutzige** Wäsche; **seidene, wollene** Wäsche; **warme** Wäsche ◆ die Farbe ist **bei,** in der Wäsche ausgegangen [< mhd. *wesche* < ahd. *wesca* „Wäsche"; → *waschen*]

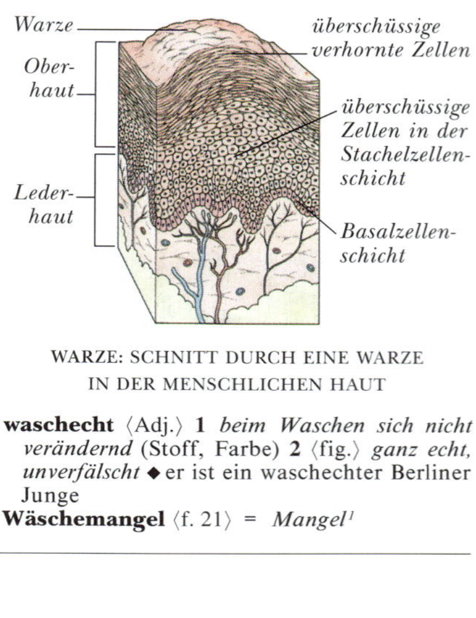


WARZE: SCHNITT DURCH EINE WARZE IN DER MENSCHLICHEN HAUT

**waschecht** ⟨Adj.⟩ **1** *beim Waschen sich nicht verändernd* (Stoff, Farbe) **2** ⟨fig.⟩ *ganz echt, unverfälscht* ◆ er ist ein waschechter Berliner Junge

**Wäschemangel** ⟨f. 21⟩ = *Mangel*[1]

**waschen** ⟨V. 274; hat⟩ **I** ⟨V. t.⟩ sich, jmdn. od. etwas waschen *mit Wasser (u. Seife) reinigen, säubern* ◆ **Gas** waschen *durch Flüssigkeiten führen u. dadurch reinigen;* **Gold** waschen *aus dem Flusssand aussondern, ausschwemmen;* sich das **Haar,** den Kopf waschen (lassen); sich die **Hände** waschen; ein **Kleid,** einen Pullover waschen; **Wäsche** waschen ◆ sich **gründlich** waschen; sich **kalt,** warm waschen ◆ die Farbe ist **beim** Waschen ausgegangen, ausgelaufen ◆ eine Prüfung, die sich gewaschen hat *eine sehr schwierige Prüfung* **II** ⟨V. i.; umg.⟩ *Wäsche haben* ◆ ich wasche einmal in der Woche, jeden Montag; wir waschen heute [< mhd. *waschen, weschen* < ahd. *wascan;* → *Wasser*]

**Waschlappen** ⟨m. 4⟩ **1** *Lappen aus Frotteestoff zum Waschen des Körpers* **2** ⟨fig.; umg.; abwertend⟩ *Schwächling, Feigling*

**Waschmaschine** ⟨f. 19⟩ *Maschine zum Wäschewaschen*

**Waschmittel** ⟨n. 13⟩ *Hilfsmittel zum Waschen von Textilien, das flüssig, pulverförmig, pastös od. fest sein kann u. z. B. Tenside, Bleichmittel, Schauminhibitoren, Enzyme enthält*

**Waschsalon** ⟨[-lɔ̃] od. [-lɔŋ] m. 6⟩ *gewerblicher Betrieb, in dem Wasch-, Trockenmaschinen u. Heißmangeln durch Münzeinwurf benutzt werden können*

**Wasen** ⟨m. 4⟩ **1** *Rasen* **2** ⟨norddt.⟩ *Reisigbündel, Faschinenholz* **3** *Dampf, Dunst* [< mhd. *wase* „Rasenfläche, (feuchter) Boden" < ahd. *waso* „Rasen", mnddt. *wasem* „Dunst"]

**Wasser** ⟨n. 13 od. bei Mineralwasser u. Ä. a.: n. 13u⟩ **1** *farblose, bei 0 °C gefrierende Flüssigkeit, chem. Formel $H_2O$* **2** *Inhalt von Meer, See, Fluss* (Flusswasser, Meerwasser, Quellwasser, Leitungswasser, Regenwasser, Seewasser, Trinkwasser) **3** *Flüssigkeit zu Heil- od. kosmet. Zwecken* (Gesichtswasser, Haarwasser, Mineralwasser) **4** *mehr od. minder klare, vom Körper gebildete Flüssigkeit* **5** *Tränen, Schweiß, Speichel, Lymphe, Harn* ◆ ein **Becher,** Eimer, Glas, Topf (voll) Wasser ◆ das Wasser **fließt,** rauscht, schwillt, spritzt, strömt; ihm floss das Wasser von der Stirn *der Schweiß;* das Wasser, sein Wasser nicht **halten** können, Wasser **holen,** kochen, schöpfen, trinken; Wasser **lassen** *Harn abgehen lassen, harnen, urinieren;* das Wasser **steht** ihm bis zum Halse ⟨fig.⟩ *er befindet sich in bedrängter (finanzieller) Lage;* **zusammenlaufen:** das Wasser läuft einem im Munde zusammen *Speichel bildet sich vor Appetit, Gier auf den Genuss* ◆ **fließendes** Wasser *Fluss, Bach;* Zimmer mit fließendem Wasser *mit Wasserleitung;* **gebrannte** Wasser ⟨schweiz.⟩ *Schnäpse;* **hartes,** weiches Wasser; **flaches,** seichtes, tiefes Wasser; **kaltes,** warmes, heißes, kochendes Wasser; **klares,** trübes, frisches, reines, kaltes, warmes Wasser; **wohlriechende** Wässer ◆ nahe **ans** Wasser gebaut haben ⟨fig.; umg.⟩ *leicht weinen;* das ist Wasser **auf** seine Mühlen ⟨fig.⟩ *das unterstützt seine Meinung;* das war ein Schlag **ins** Wasser ⟨fig.⟩ *ein nutzloses Unternehmen;* ins Wasser fallen, gleiten, springen, stürzen; Wasser in den Beinen, im Leib haben *krankhafte Wasseransammlung in den Geweben der Beine, des Leibes;* es wird überall nur **mit** Wasser gekocht ⟨fig.⟩ *es wird überall genauso gearbeitet, es wird woanders nichts anders, besser gemacht;* **unter** Wasser schwimmen; die Wiesen stehen unter Wasser *sind überschwemmt;* sich **zu** Wasser und zu Lande fortbewegen können (Tier, Fahrzeug); einen Ort zu Lande und zu Wasser erreichen können *auf dem Land- u. auf dem Wasserweg* [< mhd. *wazzer* < ahd. *wazzar;* → *waschen*]

WASSERFALL: MODELL EINES WASSERFALLS

**Wasseramsel** ⟨f. 21; Zool.⟩ *ein Fliegenschnäpper, der sich seine Nahrung durch Tauchen vom Grund schnell fließender Gewässer holt: Cinclus cinclus*

**Wasserblau** ⟨n.; -s; unz.⟩ *künstlicher organischer Farbstoff, Abart des Anilinblaus;* Sy *Chinablau*

**Wasserbrotwurzel** ⟨f. 21; Bot.⟩ = *Taro*

**Wasserbüffel** ⟨m. 5; Zool.⟩ *Büffel mit weit ausladendem Gehörn: Bubalus bubalus*

**wasserdicht** ⟨Adj.⟩ **1** *Wasser nicht durchlassend, wasserundurchlässig* **2** ⟨fig.⟩ *unanfechtbar, unangreifbar* ◆ ein wasserdichtes Alibi

**Wasserfall** ⟨m. 1u⟩ ▲ *Wasserlauf mit (fast) senkrechtem Gefälle, oft in mehreren Stufen* ◆ reden wie ein Wasserfall ⟨umg.⟩ *ununterbrochen reden*

**Wasserfarbe** ⟨f. 19⟩ *mit leimartigen Bindemitteln versetzte, mit Wasser angeriebene, wasserlösl. u. durchscheinende Farbe;* Sy *Aquarellfarbe* ◆ Gemälde in Wasserfarben; mit Wasserfarben malen

**Wasserfloh** ⟨m. 1u; Zool.⟩ *Angehöriger einer Gattung der Blattfußkrebse des Süßwassers: Daphnia*

**Wasserflugzeug** ⟨n. 11⟩ *Flugzeug mit bootartigen Schwimmern anstelle der Räder, das auf dem Wasser niedergehen kann*

**Wasserfrosch** ⟨m. 1u; Zool.⟩ *häufig vorkommender Frosch mittel- u. nordeuropäischer Gewässer: Rana esculenta;* Sy *Teichfrosch*

**Wasserglas** ⟨n. 12u⟩ **I** ⟨zählb.⟩ *gläsernes Trinkgefäß ohne Fuß für Wasser* **II** ⟨unz.⟩ *wässrige, zähe, farblose Flüssigkeit, kolloidale Lösung von Natrium- u. Kaliumsilikat*

**Wasserhahn** ⟨m. 1u⟩ *drehbarer Hebel an der Wasserleitung*

**Wasserhahnenfuß** ⟨m. 1u; unz.; Bot.⟩ *im Wasser wachsender, gelbblühender Hahnenfuß: Ranunculus aquatilis*

**Wasserhaushalt** ⟨m. 1; unz.⟩ *das Gleichgewicht von Wasserzufuhr u. Wasserabgabe in einem Organismus, das zu dessen Leben notwendig ist*

**Wasserhose** ⟨f. 19⟩ *Wasser mitführende Trombe* [< *Hose* in der mhd. u. seemannssprachl. Bedeutung „Hose, Strumpf"]

**Wasserhuhn** ⟨n. 12u⟩ ► = *Blässhuhn*

**wässerig** ⟨Adj.⟩ oV *wässrig* **1** *viel Wasser enthaltend* **2** *wasserähnlich, wie Wasser* **3** ⟨fig.⟩ *fade, nicht schmackhaft, nicht gehaltvoll* ◆ eine wässerige Brühe, Suppe; das macht mir den Mund wässerig ⟨fig.⟩ *das macht mir Appetit,* ⟨eigtl.⟩ *das lässt mir das Wasser (den Speichel) im Mund zusammenlaufen*

**Wasserjungfer** ⟨f. 21; Zool.⟩ ► = *Libelle (1)*

**Wasserjungfrau** ⟨f. 18; Myth.⟩ *junger weibl. Wassergeist in Menschengestalt, aber mit Fischschwanz statt der Beine;* Sy *Nixe*

**Wasserklee** ⟨m.; -s; unz.; Bot.⟩ = *Fieberklee*

**Wasserklosett** ⟨n. 15; Abk.: WC⟩ *Abort mit Wasserspülung u. Geruchverschluss*

**Wasserkopf** ⟨m. 1u; Med.⟩ *Erweiterung der Gehirnkammern infolge krankhafter Vermehrung der Gehirnflüssigkeit;* Sy *Hydrozephalus*

**Wasserkraft** ⟨f. 7u; unz.⟩ *durch den Druck strömenden Wassers erzeugte Kraft*

**Wasserkraftwerk** ⟨n. 11⟩ ▼ *Anlage, die Wasserkraft in elektr. Energie umwandelt*

## WASSERKRAFTWERK

In einem Wasserkraftwerk versetzt fließendes Wasser eine Turbine in schnelle Drehung. Diese Turbine ist über eine Welle mit einem Generator verbunden, der die mechanische in elektrische Energie umwandelt.

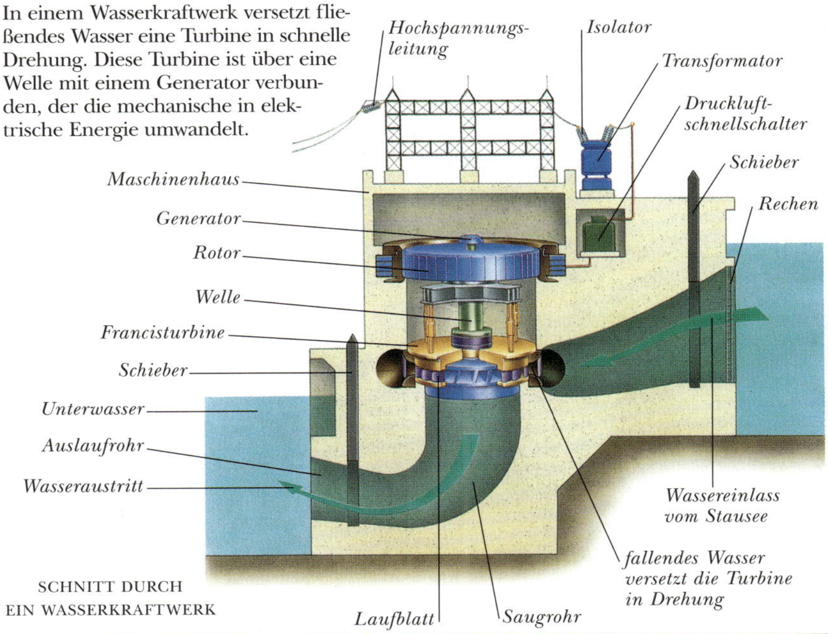


SCHNITT DURCH EIN WASSERKRAFTWERK

W

## WASSERKREISLAUF

Alles Wasser der Erde befindet sich in einem ständigen Kreislauf zwischen Erdoberfläche und Atmosphäre. Wasser verdunstet an der Oberfläche von Meeren, Seen, Flüssen und auch Pflanzen, steigt als Wasserdampf auf, kühlt sich in der Höhe ab und kondensiert in der Folge zu kleinen Wassertröpfchen, die Wolken bilden. Bei weiterer Abkühlung vergrößern sich die Tröpfchen stetig und fallen schließlich als Niederschlag auf den Boden. Über die Flüsse gelangt nicht im Boden versickertes Wasser zurück ins Meer.

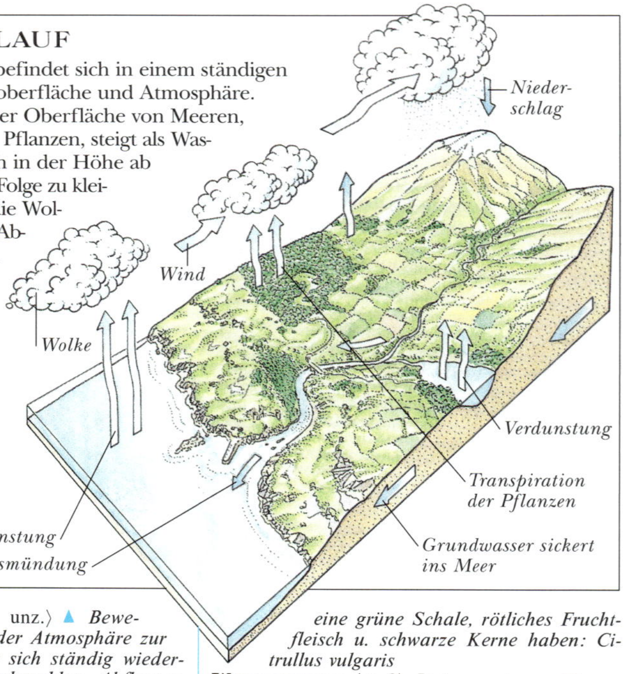


SCHEMATISCHE DARSTELLUNG DES WASSERKREISLAUFS

**Wasserkreislauf** ⟨m. 1u; unz.⟩ ▲ *Bewegung des Wassers von der Atmosphäre zur Erde u. zurück mit der sich ständig wiederholenden Folge von Niederschlag, Abfluss u. Verdunstung*

**Wasserkühlung** ⟨f. 20; unz.⟩ *Abführung der Wärme von Verbrennungsmotoren durch Wasser*

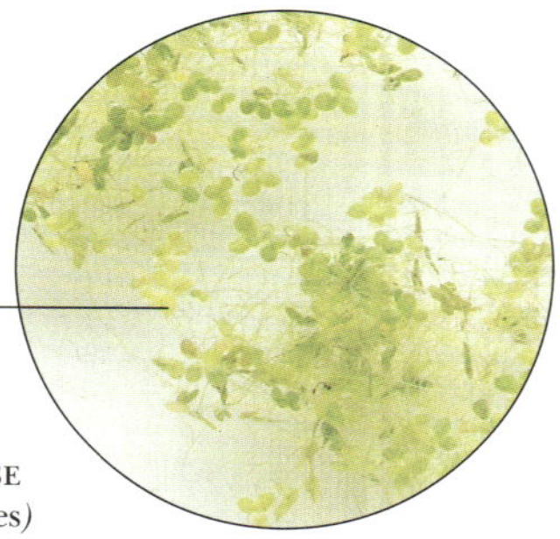


WASSERLINSE (*Lemna* species)

**Wasserläufer** ⟨m. 3; Zool.⟩ **1** *Angehöriger einer Gattung Watvögel, der an Ufern lebt u. sich von Kleintieren ernährt: Tringa* **2** *Angehörige einer mit verlängerten Beinen ausgestatteten Gruppe der Wanzen, die auf dem od. am Wasser lebt: Amphibiocorisae;* Sy *Wasserschneider*

**Wasserlinie** ⟨[-niə] f. 19⟩ *Linie, bis zu der ein Schiff mit Ladung ins Wasser eintaucht*

**Wasserlinse** ⟨f. 19; Bot.⟩ ▲ *Angehörige einer Gattung der Wasserlinsengewächse (Lemnaceae), Schwimmpflanze mit zurückgebildeten Blüten: Lemna;* Sy *Entenflott, Entengrieß, Entengrün, Entengrütze*

**wasserlöslich** ⟨Adj.⟩ *in Wasser löslich, lösbar*

**Wassermann** ⟨m. 2u⟩ **1** ⟨Myth.⟩ *männlicher Wassergeist, der Menschen ins Wasser lockt;* Sy *Nix* **2** ⟨Astron.⟩ ► *Sternbild des Tierkreises am südlichen Himmel: Aquarius*

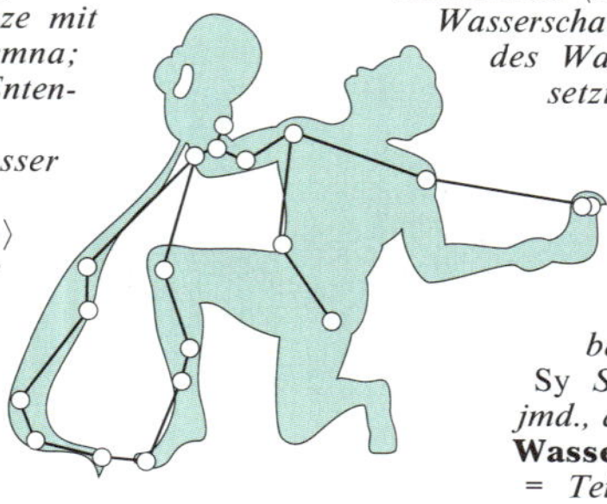

WASSERMANN: DIE STERNE DES STERNBILDS *WASSERMANN*

**Wassermelone** ⟨f. 19⟩ *einjähriges Kürbisgewächs, dessen essbare Früchte eine grüne Schale, rötliches Fruchtfleisch u. schwarze Kerne haben: Citrullus vulgaris*

**Wassermesser** ⟨m. 3⟩ *Instrument zum Messen der durch eine Rohrleitung fließenden Wassermenge;* Sy *Hydrometer*

**wassern** ⟨V. i.; ist od. hat⟩ ein Flugzeug wassert *geht aufs Wasser nieder*

**wässern** ⟨V.; hat⟩ **I** ⟨V. t.⟩ **1** *in Wasser legen u. dadurch Salz herauslösen* (Salzfleisch, Heringe) *od. weich machen* (getrocknete Erbsen usw.) **2** ⟨Fot.⟩ *eine Zeit lang in fließendes Wasser legen u. dadurch das Fixiernatron herauslösen* (Abzug, Film) **3** *stark begießen* (bes. Pflanzen) **II** ⟨V. i.⟩ *sich mit Wasser (Speichel, Tränenflüssigkeit) füllen, Wasser abgeben;* → a. *verwässern* ◆ mir wässert der Mund nach ... *ich habe großen Appetit auf ...*

**Wassernase** ⟨f. 19⟩ *Vorsprung am Gesims als Abfluss für Regenwasser*

**Wassernatter** ⟨f. 21; Zool.⟩ *Angehörige einer im Wasser lebenden Gattung der Nattern: Natricinae*

**Wasserpest** ⟨f.; -; unz.; Bot.⟩ **1** ⟨i. w. S.⟩ *Angehörige einer Gattung der Froschbissgewächse: Helodea* **2** ⟨i. e. S.⟩ *aus Kanada eingeschleppte Art, die in europäischen Gewässern wuchert: Helodea canadensis*

**Wasserpfeife** ⟨f. 19⟩ *im Nahen u. Fernen Osten verbreitete Tabakspfeife, bei der der Rauch durch Wasser geleitet u. so gekühlt u. gereinigt wird*

**Wasserpolizei** ⟨f. 18; unz.⟩ *die für die schiffbaren Wasserflächen u. Wasserstraßen zuständige Polizei*

**Wasserrad** ⟨n. 12u; Tech.⟩ ► *Rad mit Wasserschaufeln, das durch strömendes Wasser in Umdrehung versetzt wird u. als Antrieb dient od. in Wasserkraftmaschinen eingesetzt wird*

**Wasserratte** ⟨f. 19⟩ **1** ⟨Zool.⟩ *Wühlmaus, die meist in der Nähe von Gewässern Gänge baut: Arvicola terrestris;* Sy *Schermaus* **2** ⟨fig.; umg.⟩ *jmd., der gern u. gut schwimmt*

**Wasserrose** ⟨f. 19; Bot.⟩ ► = *Teichrose*

**Wassersäge** ⟨f. 19; Bot.⟩ = *Krebsschere*

**Wasserscheide** ⟨f. 19⟩ *Linie, die zwei benachbarte Flussgebiete voneinander trennt*

**Wasserschere** ⟨f. 19; Bot.⟩ = *Krebsschere*

**wasserscheu** ⟨Adj.⟩ *Angst vor Wasser habend, nicht geneigt, ins Wasser zu steigen*

**Wasserschi** ⟨m. 2⟩ = *Wasserski*

**Wasserschierling** ⟨m. 1; unz.; Bot.⟩ *in Gräben u. Sümpfen wachsendes, giftiges Doldengewächs: Cicuta*

**Wasserschloss** ⟨n. 12u⟩ **1** *in einem See od. Teich liegendes Schloss* **2** *am Anfang einer Druckleitung für Wasserkraftanlagen liegender, offener Behälter, der Druckunterschiede ausgleicht*

**Wasserschneider** ⟨m. 3; Zool.⟩ = *Wasserläufer (2)*

**Wasserschwein** ⟨n. 11; Zool.⟩ ► *mit dem Meerschweinchen verwandtes Nagetier: Hydrochoerus hydrochaeris*

**Wasserski** ⟨[-ʃi] m. 2; Sp.⟩ *breiter, kurzer Ski (entweder für jeden Fuß einer od. für beide hintereinandergestellte Füße einer), auf dem man sich von einem Motorboot übers Wasser ziehen lässt;* oV *Wasserschi*

**Wasserspeier** ⟨m. 3; Arch.⟩ ► *künstlerisch gestalteter (meist in Form eines Kopfes, einer Fratze) Mauer- od. Dachvorsprung als Abfluss für Regenwasser*

**Wasserstand** ⟨m. 1u⟩ *Höhe, Stand des Wasserspiegels;* Sy *Pegel (1)*

**Wasserstandmesser** ⟨m. 3⟩ *Gerät zum Messen des Wasserstandes;* Sy *Pegel (2)*

**Wasserstiefel** ⟨Pl.⟩ *bis an die Hüften reichende, wasserdichte Stiefel*

**Wasserstoff** ⟨m. 1; unz.; Chem.; Zeichen: H⟩ *chem. Element, ein geruch- u. geschmackloses Gas, Ordnungszahl 1;* Sy *Hydrogenium* [Lehnübersetzung < frz. *hydrogène* „Wassererzeuger, Wasserstoff" < grch. *hydro* „Wasser" + *gignesthai* „werden, entstehen"]

## WASSERRÄDER

Bereits in der Antike diente Wasserkraft zum Antrieb von Mühlen und später auch von Sägewerken. Bei geringer Fließgeschwindigkeit wird Wasser aus großer Höhe auf die Schaufeln eines oberschlächtigen Wasserrades geleitet. Unterschlächtige Wasserräder, deren Schaufeln von unten angetrieben werden, kommen hingegen bei schnell vorbeifließendem Wasser zum Einsatz.

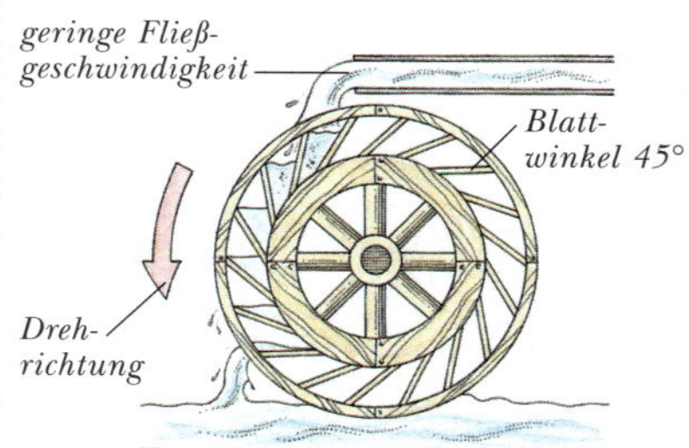


OBERSCHLÄCHTIGES WASSERRAD

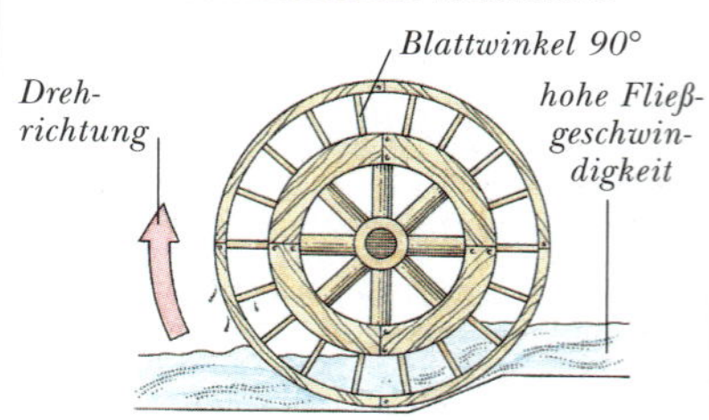


UNTERSCHLÄCHTIGES WASSERRAD

W

**Wasserstoffbombe** ⟨f. 19; Mil.⟩ *Atombombe, deren Wirkung auf der Verschmelzung von Wasserstoffatomkernen beruht;* Sy *H-Bombe*
**Wasserstoffexponent** ⟨m. 16⟩ ► = *pH-Wert*
**Wasserstoffperoxid, Wasserstoffsuperoxid** ⟨n. 11; unz.; Chem.⟩ *farblose, stark oxidierende, bes. zum Bleichen verwendete Flüssigkeit, chemische Formel* $H_2O_2$
**Wasserstraße** ⟨f. 19⟩ *schiffbarer Wasserlauf als Verkehrsweg, Fluss, Kanal, auch See*
**Wassersucht** ⟨f. 7u; unz.; Med.⟩ *krankhafte Ansammlung von wasserähnlicher, aus dem Blut stammender Flüssigkeit in Körperhöhlen, Gewebsspalten od. Zellen;* Sy *Hydrops, Hydropsie*

WASSERSCHWEIN
*(Hydrochoerus hydrochaeris)*

**Wasserverdrängung** ⟨f. 20; unz.⟩ **1** *die Verdrängung von Wasser durch einen festen Körper* **2** *die verdrängte Wassermenge selbst*
**Wasservogel** ⟨m. 5u; Zool.⟩ *auf dem Wasser od. am Ufer lebender Vogel*
**Wasserwaage** ⟨f. 19⟩ *Gerät zum Bestimmen der senkrechten od. waagerechten Lage von Flächen oder Kanten;* Sy *Richtwaage*
**Wasserwanze** ⟨f. 19; Zool.⟩ *wasserbewohnende Wanze mit Schwimmbeinen: Hydrocorisae*
**Wasserweg** ⟨m. 1⟩ *Weg zu Wasser, Weg, der mit dem Schiff zurückgelegt wird* ◆ einen Ort auf dem Wasserweg erreichen; etwas auf dem Wasserweg schicken
**Wasserwegerich** ⟨m. 1; Bot.⟩ ► = *Gemeiner → Froschlöffel*

WASSERSPEIER: REPLIK EINES GOTISCHEN WASSERSPEIERS

**Wasserzeichen** ⟨n. 14⟩ *Muster im Papier, das hell erscheint, wenn man den Bogen gegen das Licht hält, als Kennzeichen der Herkunft u. Qualität sowie zur Verhinderung von Fälschungen, z. B. bei Banknoten*
**wässrig** ⟨Adj.⟩ = *wässerig*
**waten** ⟨V. i.; ist⟩ *einsinkend gehen* ◆ durch einen Bach, durchs Wasser waten; im Sand, Schmutz, Wasser, Müll waten [< mhd. *waten* < ahd. *watan* „gehen"; verwandt mit *Watt*[2]]
**Waterkant** ⟨f.; -; unz.; nddt.⟩ *Wasserkante, Meeresküste, (bes.) Nordseeküste* ◆ an der Waterkant wohnen; er stammt von der Waterkant
**Waterloo** ⟨[-loː] od. engl. [ˈwɔːtə(r)luː] n. 15; unz.; umg.⟩ *vernichtende Niederlage, Fiasko, Debakel* ◆ der Verein erlebte ein sportliches Waterloo [nach der Schlacht bei *Waterloo,* wo die Armee Napoleons am 18.6.1815 vernichtend geschlagen wurde]
**Watfähigkeit** ⟨f. 20; unz.⟩ *Fähigkeit nicht schwimmfähiger Kraftfahrzeuge, ohne bes. Vorbereitung seichte Gewässer durchqueren zu können*
**watscheln** ⟨V. i.; ist⟩ *sich mit schleppenden Füßen u. mit leicht hin u. her schwankendem Gang bewegen* ◆ sie watschelt wie eine Ente [< spätmhd. *wacksen* „wackeln, hin u. her bewegen" < mhd. *wacken,* „wackeln"]
**Watt**[1] ⟨n.; -s; -; El.; Zeichen: W⟩ *Maßeinheit der elektr. Leistung, 1 W = 1 V x 1 A* [nach dem engl. Ingenieur James *Watt,* 1736-1819]
**Watt**[2] ⟨n. 27; kurz für⟩ *Wattenmeer* [< mnddt. *wat* „der bei Ebbe trockenlaufende Teil des Meeresbodens" < ahd. *wat* „Furt"; → *waten*]
**Watte** ⟨f. 19⟩ **1** *gereinigte, entfettete Baumwolle für Verbände* **2** *Schicht von Baumwollfasern zum Füttern u. Auspolstern von Kleidungsstücken* ◆ jmdn. in Watte packen ⟨fig.; umg.⟩ *jmdn. mit übertriebener Vorsicht behandeln od. schützen* [< ndrl. *watte* „Watte", frz. *ouate,* ital. *ovatta* < mlat. *wadda* „Watte"]
**Wattenmeer** ⟨n. 11; unz.⟩ *flacher Streifen der Nordsee zwischen dem Festland u. den vorgelagerten Inseln;* Sy ⟨kurz⟩ *Watt*[2]
**Wattstunde** ⟨f. 19; El.; Zeichen: Wh⟩ *Maßeinheit der Energie, 1 Wh = 3600 Wattsekunden (Ws), wird meist in der Größe von Kilowattstunden (kWh) angegeben, 1 kWh = 1000 Wh* [nach dem engl. Ingenieur James *Watt,* 1736-1819]
**Watvogel** ⟨m. 5u; Zool.⟩ ▼ *in feuchtem od. sumpfigem Gelände lebender Vogel;* ► *Vögel*
**WC** ⟨Abk. für⟩ *Wasserklosett* [< engl. *watercloset*]
**WDR** ⟨Abk. für⟩ *Westdeutscher Rundfunk*
**Webeleine** ⟨f. 19; Mar.⟩ *zum Hinaufklettern in die Takelage dienende, dünne Leine, die zwischen Wanten gebunden wird;* oV *Webleine*
**Webeleinenstek, Webeleinstek** ⟨m. 6; Seemansspr.⟩ *Knoten, mit dem ein Seil waagerecht an einem Sparren od. an einem anderen Seil befestigt wird;* oV *Webleinenstek, Webleinstek;* ► *Knoten*
**weben** ⟨V.; hat⟩ **I** ⟨V. t.; schwach konjugiert; Textilw.; starke Konjugation nur noch poet.⟩ ► *durch Kreuzen u. Verflechten von Fäden herstellen* (Gewebe, Stoff) ◆ Leinen, Tücher, Teppiche weben; die Spinne webt ihr Netz **II** ⟨V. i.; schwach konjugiert⟩ *den Kopf hin u. her schwingen u. dabei von einem Vorderfuß auf den andern treten (Angewohnheit des Pferdes)* **III** ⟨V. t. 275; fig.; poet.⟩ *erzeugen, sichtbar werden lassen* ◆ das Mondlicht wob einen silbernen Schleier zwischen die Bäume [< mhd. *weben* < ahd. *weban* „weben, sich vor dem Webstuhl hin und her bewegen"; verwandt mit *Wespe, Wabe, Waffel*]
**Weber** ⟨m. 3; Textilw.⟩ *Handwerker, der Gewebe herstellt*
**Weberknecht** ⟨m. 1; Zool.⟩ *Spinnentier mit langen Beinen, die bei Gefahr abgeworfen werden können: Opiliones;* Sy *Schneider (3), Schuster (2)*
**Weberschiffchen** ⟨n. 14; Textilw.⟩ *mit Spule versehenes Gerät, mit dem der Schussfaden durch die Kettfäden gezogen wird;* Sy *Schütze (5), Schützen*
**Webervogel** ⟨m. 5u; Zool.⟩ *Angehöriger einer den Finken ähnelnden Familie der Singvögel, der geschlossene Nester baut: Ploceidae*
**Webleine** ⟨f. 19; Mar.⟩ = *Webeleine*
**Webleinenstek, Webleinstek** ⟨m. 6; Seemansspr.⟩ = *Webelein(en)stek*

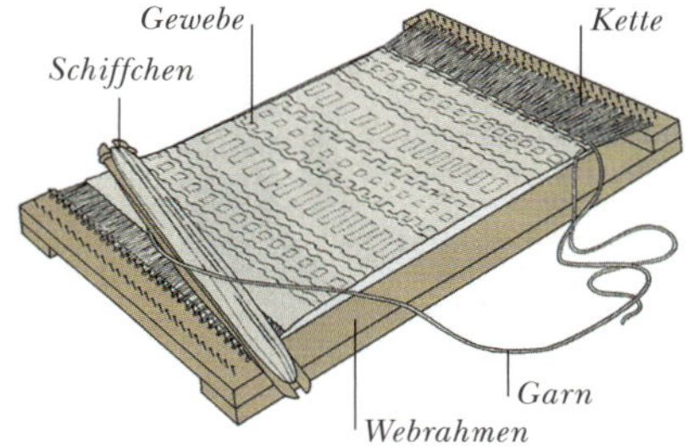


WEBEN AUF EINEM EINFACHEN WEBRAHMEN

**Webseite** ⟨[wɛb-] f. 19; EDV⟩ *einzelne im Internet durch eine Suchmaschine od. einen Link anwählbare Seite mit Informationen zu einem bestimmten Thema;* → a. *Homepage, Website, World Wide Web* ◆ eine Webseite ins Internet stellen [< engl. *web* „Netz"]
**Website** ⟨[ˈwɛbsait] f. 19; EDV⟩ *Gesamtheit der Seiten u. Informationen, die unter einer In-*

## WATVÖGEL

Die rund 200 Watvogelarten, die auch als Limikolen oder Regenpfeiferartige bezeichnet werden, bilden eine Unterordnung der Regenpfeifervögel und leben vorwiegend in Feuchtgebieten. Mit ihren langen, empfindlichen und z. T. je nach Nahrung veränderlichen Schnäbeln stochern sie geschickt im Schlamm nach Weichtieren, Krabben und Würmern, während die langen Beine an das Gehen in seichtem Wasser angepasst sind und die seitlich gelagerten Augen eine gute Rundumsicht zum Schutz vor Raubtieren ermöglichen.

ÄUSSERE MERKMALE EINES AUSTERNFISCHERS
*(Haematopus ostralegus)*

### WEITERE WATVOGELARTEN

GROSSER BRACHVOGEL
*(Numenius arquata)*

BLATTHÜHNCHEN
*(Jacana species)*

LANGSPORN-KIEBITZ
*(Vanellus albiceps)*

SÄBELSCHNÄBLER
*(Recurvirostra avosetta)*

*ternetadresse anwählbar sind;* → a. *Homepage, Webseite, World Wide Web* [< engl. *web* „Netz" + *site* „Stelle, Platz"]

**Webstuhl** ⟨m. 1u; Textilw.⟩ *Maschine zum Weben, urspr. von Hand u. Fuß angetrieben* (Handwebstuhl, Maschinenwebstuhl)

**Wechsel** ⟨[-ks-] m. 5⟩ **1** *das Wechseln, Änderung, Veränderung* (Mondwechsel, Stellungswechsel, Stimmwechsel) **2** *Tausch, Umtausch, Austausch* (Geldwechsel, Personalwechsel, Pferdewechsel, Wohnungswechsel) **3** ⟨Wirtsch.⟩ *schriftl. Verpflichtung zur Zahlung einer Summe an den Inhaber der Urkunde* **4** ⟨Jägerspr.⟩ *regelmäßig begangener Pfad des Hochwildes;* Sy *Wildwechsel* ◆ Wechsel der **Jahreszeiten;** Wechsel (in) der **Regierung** ◆ einen Wechsel **akzeptieren,** ausstellen, diskontieren, girieren ⟨Wirtsch.⟩; einen Wechsel **einlösen,** fälschen ⟨Wirtsch.⟩ ◆ **gezogener** Wechsel *Zahlungsauftrag des Ausstellers an einen andern für einen Dritten* ◆ einen Wechsel **auf** jmdn. ausstellen, ziehen; **in** buntem Wechsel [< mhd. *wehsel* < ahd. *wehsal* „Tausch, Handel, Geld", (eigtl. „das Weichen, Platzmachen")]

WEDEL EINES WURMFARNS (*Dryopteris filix-mas*)

**Wechselgeld** ⟨[-ks-] n. 12; unz.⟩ **1** *Betrag, der auf die zu viel bezahlte Summe beim Kauf einer Ware herausgegeben wird* **2** *Kleingeld*

**wechselhaft** ⟨[-ks-] Adj.; -er, am -esten⟩ *rasch wechselnd, wechselvoll*

**Wechseljahre** ⟨[-ks-] Pl.⟩ *bei Frauen der Zeitraum, in dem die Tätigkeit der Keimdrüsen u. die Menstruation allmählich aufhören, meist zwischen dem 45. u. 55. Jahr;* Sy *Klimakterium*

**Wechselkurs** ⟨[-ks-] m. 1; Bankw.⟩ *Kurs, zu dem inländ. in ausländ. Geld u. umgekehrt gewechselt wird*

**wechseln** ⟨[-ks-]⟩ **I** ⟨V. t.; hat⟩ **1** *eins an die Stelle eines anderen setzen, tauschen, vertauschen, umtauschen* **2** *ändern, verändern* ◆ den **Beruf,** den Platz, die Stellung, die Wohnung wechseln; die **Farbe** wechseln ⟨fig.⟩ *bleich bzw. rot werden;* **Geld** wechseln *eine größere Münze in kleinere od. eine bestimmte Geldsorte in eine andere umtauschen;* die **Kleider,** Schuhe, Wäsche wechseln; **Reifen,** Öl wechseln (beim Auto) ◆ Briefe **mit** jmdm. wechseln; ein paar Worte mit jmdm. wechseln; Schuhe, Strümpfe, Wäsche **zum** Wechseln **II** ⟨V. i.; hat; beim Wild: ist⟩ **1** *sich abwechseln* **2** *den Platz tauschen* **3** *sich ändern, sich verändern* ◆ wollen wir wechseln? (z. B. beim Tragen, Spielen); seine Stimmungen wechseln **rasch;** das Wetter wechselt **häufig,** rasch ◆ hier wechselt Wild **über** die Straße ◆ wechselnd *sich verändernd; einmal gut, einmal weniger gut; einmal mehr, einmal weniger;* wie geht es dir? wechselnd!

**Wechselrahmen** ⟨[-ks-] m. 4⟩ *Bilderrahmen, der ein leichtes Wechseln der Bilder zulässt*

**wechselseitig** ⟨[-ks-] Adj.⟩ **1** *gegenseitig* **2** *im Wechsel, einander abwechselnd* ◆ in wechselseitigem Einverständnis

**Wechselstrom** ⟨[-ks-] m. 1u; unz.⟩ ► *elektrischer Strom, dessen Stärke u. Richtung sich periodisch ändern*

**Wechseltierchen** ⟨[-ks-] n. 14⟩ ► = *Amöbe*

**wechselvoll** ⟨[-ks-] Adj.⟩ *abwechslungsreich, häufig wechselnd* ◆ wechselvolle Landschaft

**Wechselwarmblüter** ⟨[-ks-] m. 3; Biol.⟩ *Tier, dessen Körpertemperatur von der Umgebungstemperatur abhängig ist, wechselwarmes Tier;* Ggs *Warmblüter*

**wechselweise** ⟨[-ks-] Adv.⟩ *im Wechsel, abwechselnd*

**Wechselwirkung** ⟨[-ks-] f. 20; unz.⟩ *wechselseitige, gegenseitige Wirkung* ◆ in Wechselwirkung mit etwas, zu etwas stehen; schwache Wechselwirkung ⟨Phys.⟩ *eine der vier fundamentalen Wechselwirkungen mit geringer Stärke und Reichweite, der alle Teilchen außer dem Photon unterliegen*

**Wechselwirtschaft** ⟨[-ks-] f. 20; unz.; Landw.⟩ *Wechsel in der Fruchtfolge bei der Nutzung des Ackerlandes*

**Wechsler** ⟨[-ks-] m. 3⟩ *jmd., der gewerbsmäßig Geld wechselt, Geldwechsler*

**Wechte** ⟨f. 19⟩ *überhängende Schnee- od. Firnismasse* [< schweiz. *wächti;* → *wehen*]

**Weckamin** ⟨n. 11; Pharm.⟩ *den Kreislauf anregendes Arzneimittel* [Kunstw. < *wecken + Amin*]

**wecken** ⟨V. t.; hat⟩ **1** *aus dem Schlaf reißen, wach machen* **2** ⟨fig.⟩ *hervorrufen, wachrufen* (Erinnerungen) ◆ bitte, weck mich um acht Uhr; jmds. Neugier, Misstrauen wecken ⟨fig.⟩; um 7 Uhr ist Wecken angesagt ⟨umg.⟩ [< mhd. *wecken* < ahd. *wecchen;* → *wachen, wacker*]

**Wecker** ⟨m. 3⟩ *Uhr, die zu einer bestimmten Zeit, die man vorher einstellt, klingelt od. rasselt* ◆ jmdm. auf den Wecker fallen, gehen ⟨umg.⟩ *jmdn. nervös machen, anhaltend belästigen*

**Wedel** ⟨m. 5⟩ **1** *Bündel, Büschel von Federn, Haaren, Stroh, Laub o. Ä. zum Fächeln od. Staubwischen* (Fliegenwedel, Staubwedel) **2** ▲ *großes, gefiedertes Blatt* **3** ⟨Jägerspr.⟩ *Schwanz* (vom Schalenwild, außer Schwarzwild) [< mhd. *wadel, wedel* < ahd. *wadal, wadol, wadil, wedil* „Büschelartiges zum Hinundherbewegen, Fächer, Haarbüschel"]

**wedeln** ⟨V. i.; hat⟩ **1** *den Schwanz rasch hin u. her bewegen* (vom Hund) **2** ⟨Skisp.⟩ *(beim Abwärtsfahren) die Skier locker aus der Hüfte heraus parallel nach links u. rechts schwingen* ◆ der Hund wedelte freudig; mit dem Taschentuch wedeln; der Hund wedelte mit dem Schwanz

**weder** ⟨Konj.⟩ weder ... noch ... *nicht ... und auch nicht ..., nicht das eine u. auch nicht das andere, nicht so u. auch nicht anders* ◆ weder er noch sie gab nach; das ist weder Fisch noch Fleisch ⟨fig.⟩ *nichts Ordentliches, Ganzes, nichts von hoher Qualität;* sie wusste weder aus noch ein [< mhd. *weder* < ahd. *wedar* „welches von beiden" (bei Doppelfragen) sowie „jeder von beiden"]

**weg** ⟨Adv.⟩ **1** *fort, aus dem Gesichtskreis, an einen anderen Ort* **2** *entfernt, abseits* ◆ weg! *lass das!, geh!;* er war schon weg, als ich kam; meine Uhr ist weg *ich habe meine Uhr verloren, ich vermisse sie;* das Schiff ist noch weit weg [< mhd. *enwec* „weg" < ahd. *in weg* „auf den Weg"]

**Weg** ⟨m. 1⟩ **1** *festgetretene od. leicht befestigte Bahn zum Gehen* (Feldweg, Gartenweg, Waldweg, Spazierweg) **2** *Verkehrsbahn, Verkehrsstrecke* (Landweg, Reiseweg, Seeweg) **3** *Strecke, auf der man geht, zurückzulegende od. zurückgelegte Strecke* (Heimweg, Rückweg) **4** *Entfernung* **5** *Zugang* ⟨a. fig.; umg.⟩ *Gang, um etwas zu erledigen, Besorgungsgang, Besorgung* **6** ⟨fig.⟩ *Laufbahn, Bahn zum Ziel* (Instanzenweg, Lebensweg) **7** *Mittel, Verfahren, Möglichkeit* ◆ den Weg alles **Irdischen** gehen ⟨fig.⟩ *vergänglich sein; sterben;* jmdn. ein **Stück** Weg(es) begleiten ◆ wir können den Weg **abkürzen;** sich einen Weg durchs Gestrüpp **bahnen;** einer Entwicklung, Neuerung, jmdm. den Weg **bereiten** ⟨fig.⟩; wir müssen einen Weg **finden,** ihm zu helfen ⟨fig.⟩; seiner Wege **gehen** *gleichgültig, ärgerlich weggehen;* den Weg **verfehlen,** verlieren *sich verlaufen;* jmdm. den Weg **versperren** ⟨a. fig.⟩; jmdm. den Weg **zeigen** ◆ ein **abschüssiger,** breiter, ebener, holpriger, schattiger, schmaler, sonniger, steiler, steiniger, stiller Weg; einen **anderen** Weg gehen ⟨fig.⟩ *nicht beim Altgewohnten bleiben, neue Möglichkeiten aufzeigen;* auf **chemischem** Wege *mithilfe von Chemikalien;* wir haben **denselben** Weg; auf dem **falschen** Wege sein ⟨fig.⟩ *etwas falsch angefangen haben;* auf **gesetzlichem,** ungesetzlichem Wege; auf **gütlichem** Wege *gütlich;* auf **halbem** Wege stehen bleiben, ste-

## WECHSELSTROM

Wechselstrom wird von Generatoren erzeugt, die im Prinzip aus einer rotierenden Spule bestehen, welche sich zwischen den beiden entgegengesetzten Polen eines Magneten dreht. Wird die Spule durch eine mechanische Kraft in Rotation versetzt, so induziert der Magnet in der Wicklung einen Strom, der bei jeder Halbdrehung seine Fließrichtung ändert und daher Wechselstrom genannt wird.

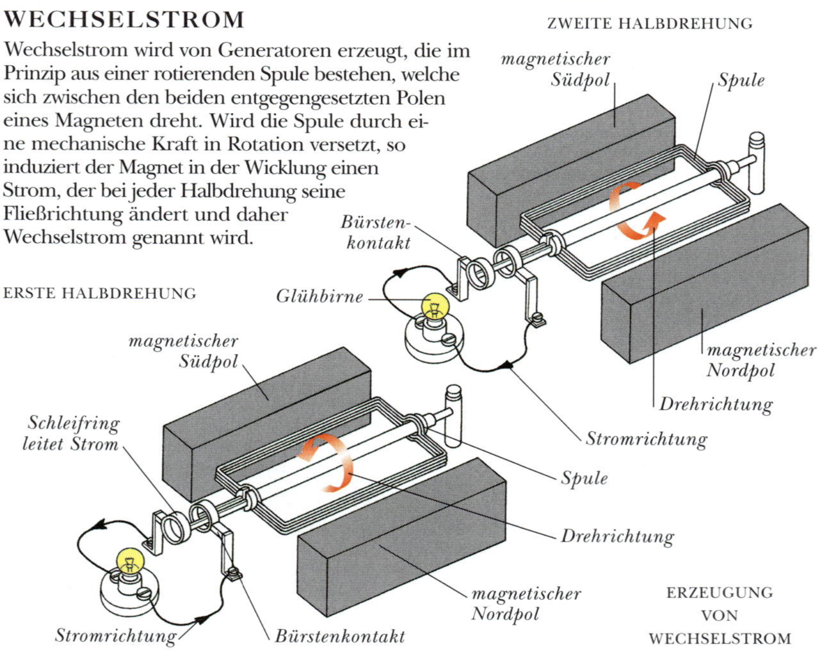


ERZEUGUNG VON WECHSELSTROM

W

cken bleiben, umkehren; **krumme** Wege gehen ⟨fig.⟩ *unehrlich handeln;* gibt es einen **kürzeren** Weg nach ...?; auf **schriftlichem** Wege *schriftlich* ◆ jmdn. **auf** den Weg bringen *jmdm. den Weg zeigen,* ⟨fig.⟩ *ihn anleiten, anregen (zu einer Arbeit usw.);* jmdm. ein Wort, einen Ratschlag mit auf den Weg geben ⟨fig.⟩; sich auf den Weg machen *aufbrechen, fortgehen;* jmdm. **aus** dem Wege gehen *ihm Platz machen, ihn vorbeilassen;* ⟨fig.⟩ *ihn meiden, ihm nicht begegnen wollen;* Hindernisse aus dem Weg räumen, schaffen; etwas **in** die Wege leiten ⟨fig.⟩ *etwas vorbereiten, veranlassen;* jmdm. im Wege stehen; jmdn. **nach** dem Weg fragen; jmdm. nicht **über** den Weg trauen ⟨fig.⟩ *jmdm. nicht trauen;* bis dorthin ist es ein Weg **von** einer halben Stunde; **zu** Wege = *zuwege;* den Weg **zum** Dorf, zur Stadt, zum Wald einschlagen ◆ **woher** des Weges? *woher kommst du?;* **wohin** des Weges? *wohin gehst du?* [< mhd., ahd. *wec* „Weg"]

**weg...** → a. *fort..., hinweg...*

**Wegbereiter** ⟨m. 3⟩ *jmd., der anderen den Weg öffnet, als erster etwas Neues tut* ◆ Eugene O'Neill gilt als Wegbereiter des modernen amerikanischen Dramas

**wegbleiben** ⟨V. i. 114; ist⟩ **1** *nicht erscheinen, obwohl erwartet, nicht (mehr) kommen* **2** *plötzlich versagen* (Motor, Sprache) **3** *nicht verwendet werden*

**Wegelagerer** ⟨m. 3⟩ *jmd., der anderen am Wege auflauert, um sie zu berauben, Straßenräuber*

**wegen** ⟨Präp. mit Gen.; heute a. mit Dat.⟩ **1** *aufgrund (von)* **2** *um ... willen* ◆ wegen der Krankheit des Vaters blieb er zu Hause; des Vaters, der Mutter wegen; wegen schlechten Wetters muss die Vorstellung ausfallen [Dat. Pl. von *weg* < mhd. *von ... wegen* „vonseiten"]

**...wegen** ⟨in Zus.⟩ *um ... willen,* z. B. meinetwegen, ihretwegen

**Wegerecht** ⟨n. 11; unz.⟩ *das Recht der Anlegung, Benutzung u. Unterhaltung von öffentl. Wegen, Straßen u. Plätzen*

**Wegerich** ⟨m. 1; Bot.⟩ ► *Angehöriger einer Gattung der Wegerichgewächse (Plantaginaceae), an Wegen u. auf Wiesen verbreitet: Plantago*

**wegfallen** ⟨V. i. 131; ist⟩ *aufhören, nicht mehr getan, nicht mehr verwendet werden* ◆ die beiden letzten Sätze können wegfallen *sind nicht nötig;* wegfallen lassen *streichen, beseitigen*

**weggehen** ⟨V. i. 145; ist⟩ **1** *an einen anderen Ort gehen, sich entfernen* **2** ⟨umg.⟩ *sich entfernen lassen, sich beseitigen lassen* ◆ der Fleck geht nicht weg

**wegkommen** ⟨V. i. 170; ist⟩ **1** *abhanden kommen, verloren gehen* **2** ⟨umg.⟩ *sich entfernen* ◆ mach, dass du wegkommst!; sehen wir zu, dass wir hier (rasch) wegkommen!; meine Uhr ist (mir) weggekommen; gut, schlecht (bei etwas) wegkommen ⟨fig.⟩ *viel, wenig (von etwas) erhalten*

**weglassen** ⟨V. t. 174; hat⟩ **1** etwas weglassen *nicht verwenden, streichen* **2** jmdn. weglassen *fortlassen, gehen lassen* ◆ die Kinder wollten ihn nicht weglassen; lass diese Szene weg

**weglaufen** ⟨V. i. 175; ist⟩ **1** *sich rasch entfernen, davonlaufen, fortlaufen* **2** *ausreißen* **3** *wegfließen* (Flüssigkeit) ◆ das läuft mir nicht weg ⟨fig.; umg.⟩ *das kann ich später noch erledigen;* ihm ist seine Frau weggelaufen; das Kind, der Hund ist weggelaufen

**wegnehmen** ⟨V. t. 187; hat⟩ **1** *nehmen u. behalten* **2** *nehmen u. (fest)halten, nehmen u. an eine andere Stelle setzen* ◆ jmdm. etwas wegnehmen; jmdm. sein Eigentum wegnehmen; heimlich Geld wegnehmen *stehlen;* nimm doch bitte deine Sachen hier weg; kannst du eben mal die Vase wegnehmen?

**Wegrand** ⟨m. 2u⟩ *Rand des Weges* ◆ am Wegrand blühen viele Blumen

**wegschicken** ⟨V. t.; hat⟩ **1** etwas wegschicken *an einen anderen Ort schicken, ab-, fortschicken* **2** jmdn. wegschicken *zum Gehen veranlassen* ◆ du kannst mich doch nicht wegschicken, ohne mich anzuhören!

**Wegschnecke** ⟨f. 19; Zool.⟩ *Angehörige einer Gattung der Egelschnecken: Arion*

**wegsehen** ⟨V. i. 235; hat⟩ *den Blick abwenden* ◆ der Anblick war so scheußlich, dass ich wegsehen musste; über etwas wegsehen *hinwegsehen*

**wegstehlen** ⟨V. refl. 252⟩ sich wegstehlen *(sich) wegschleichen*

**Wegstrecke** ⟨f. 19⟩ *Stück eines Weges*

**wegtreten** ⟨V. t. 263; ist⟩ **1** *an eine andere Stelle treten, zurücktreten* **2** ⟨Mil.⟩ *abtreten, sich entfernen* ◆ geistig weggetreten ⟨umg.⟩ *geistig abwesend, verwirrt*

**Wegwarte** ⟨f. 19; Bot.⟩ Gemeine Wegwarte *Sommerblume auf Wiesen u. Brachland mit großen blauen Blüten, Salatpflanze: Cichorium intybus;* → a. *Zichorie* [< mhd. *weg(e)wart(e),* mlat. *sponsa solis* „Braut der Sonne" (da sie ihre Blüten erst bei Sonnenaufgang öffnet), eigtl. „die nach dem Weg der Sonne am Himmel Ausschauende"]

WEGERICH:
GROSSER WEGERICH
*(Plantago major)*

**wegweisend** ⟨Adj.⟩ *den richtigen Weg weisend, die weitere Entwicklung bestimmend* ◆ wegweisend wirken; von wegweisender Bedeutung

**Wegweiser** ⟨m. 3⟩ **1** *den Weg zu einem Ort weisendes Schild* **2** ⟨fig.⟩ *Buch mit kurzen Angaben über ein Wissensgebiet, Leitfaden* **3** *Reiseführer* ◆ Wegweiser durch die Stadt Wien

**wegwerfen** ⟨V. t. 281; hat⟩ **1** *zu den Abfällen werfen* **2** *von sich werfen, auf die Erde werfen* ◆ alte Briefe wegwerfen; wegwerfend *verächtlich, geringschätzig*

**Wegzehrung** ⟨f. 20⟩ *kleiner Essensvorrat für den Weg, Mundvorrat* ◆ jmdm. die letzte Wegzehrung geben ⟨kath. Kirche; fig.⟩ *ihm die Sterbesakramente reichen*

**wegziehen** ⟨V. 287⟩ **I** ⟨V. t.; hat⟩ **1** *durch Ziehen aus dem Weg räumen, entfernen* **2** *beiseite ziehen* (Vorhang) ◆ jmdm. den Boden unter den Füßen wegziehen ⟨fig.⟩ *ihm die Existenzgrundlage nehmen* **II** ⟨V. i.; ist⟩ **1** *den Wohnsitz an einen andern Ort verlegen* **2** *nach dem Süden fliegen* (Zugvögel) ◆ er ist aus Bielefeld weggezogen

**weh I** ⟨Adj.⟩ *wund, verletzt, schmerzhaft, schmerzend* ◆ einen wehen Finger haben **II** ⟨adv.; in den Wendungen⟩ **1** wehtun *schmerzen, Schmerz bereiten* **2** jmdm. wehtun *jmdm. körperlichen od. seelischen Schmerz zufügen* ◆ ich wollte dir nicht wehtun [< mhd. *we, wei* < ahd. *we;* → *weinen*]

**Weh** ⟨n.; -(e)s; unz.⟩ **1** *Schmerz* (Bauchweh, Halsweh, Kopfweh) **2** *Leid, Kummer, Pein* ◆ mit Weh und Ach ⟨fig.⟩ *mit vielem Klagen, Stöhnen*

**Wehe[1]** ⟨f. 19⟩ *vom Wind zusammengewehter kleiner Berg von Schnee* (Schneewehe)

**Wehe[2]** ⟨f. 19; meist Pl.; Med.⟩ *schmerzhafte Zusammenziehung der Gebärmutter zur Ausstoßung des Kindes* ◆ die Frau liegt in den Wehen

**wehen I** ⟨V. i.; hat; bei Bewegung in bestimmter Richtung: ist⟩ **1** *sich wie ein Hauch bewegen, hauchen, blasen* (Wind) **2** *sich im Wind bewegen, flattern* (Fahne) **3** *von der Luft, vom Wind getragen werden* (Duft, Ton) **4** ⟨fig.⟩ *leise, schwach, zart tönen* ◆ mit wehenden Fahnen, Haaren, Rockschößen **II** ⟨V. t.; hat⟩ der Wind weht etwas *treibt, lässt etwas sich bewegen* ◆ der Wind hat die Blätter von den Bäumen geweht [< mhd. *wæjen* < ahd. *wahen;* verwandt mit *Wedel, Wetter, Wind*]

**Wehgeschrei** ⟨n.; -s; unz.⟩ **1** *Jammergeschrei, Geschrei aus Schmerz* **2** *laute Klage* ◆ da erhob sich ein lautes Wehgeschrei

**Wehmut** ⟨f.; -; unz.⟩ *leichte Trauer, leichter Schmerz um Vergangenes, Verlorenes, Unwiederbringliches, Sehnsucht nach Vergangenem* ◆ mich erfasst Wehmut, wenn ich daran zurückdenke [< *Weh* + *Mut* < spätmhd. *wemuot* „innerer Schmerz, Trauer, Zorn"]

**Wehr[1]** ⟨f. 20⟩ **I** ⟨zählb.⟩ **1** ⟨veraltet⟩ *Waffe, Waffenausrüstung, Rüstung* **2** *Verteidigungsanlage, Bollwerk* (Brustwehr) **3** *Schutzvorrichtung* (Schneewehr) **4** ⟨in Zus.⟩ *Schutztruppe* (Feuerwehr, Landwehr) **II** ⟨unz.⟩ *Widerstand, Verteidigung* (Abwehr, Notwehr) ◆ sich zur Wehr setzen *sich wehren, Widerstand leisten* [< mhd. *were* < ahd. *weri, wari* „Befestigung, Verteidigung, Schutzwaffe"; → *Gewehr, wehren*]

**Wehr[2]** ⟨n. 11⟩ *quer durch ein fließendes Gewässer gebaute Anlage zur Erhöhung des Wasserstandes, Verringerung der Wassergeschwindigkeit usw.* [< mhd. *wer,* ags. *wer* „Stauwerk, Wehr, Fischfang; Zug", eigtl. wohl „Befestigung gegen das Wasser"]

**Wehrdienst** ⟨m. 1; unz.⟩ *Militärdienst* ◆ zum Wehrdienst einberufen werden; seinen Wehrdienst leisten, ableisten

**Wehrdienstverweigerer** ⟨m. 3⟩ = *Kriegsdienstverweigerer*

**Wehrdienstverweigerung** ⟨f. 20; unz.⟩ = *Kriegsdienstverweigerung*

**wehren** ⟨V.; hat⟩ **I** ⟨V. t.; veraltet⟩ jmdm. etwas wehren *jmdm. etwas verbieten, verweigern, jmdn. von etwas zurückhalten* **II** ⟨V. refl.⟩ sich wehren *sich schützen (gegen), sich verteidigen, ankämpfen (gegen)* ◆ sich seiner Haut wehren ⟨verstärkend⟩ [< mhd. *wern* < ahd. *werian;* verwandt mit *wahren*]

**wehrlos** ⟨Adj.⟩ *unfähig, sich zu wehren, sich zu verteidigen* ◆ sie stand seinen Drohungen, Angriffen wehrlos gegenüber

**Wehrmacht** ⟨f.; -; unz.; Mil.; 1935-1945⟩ *Gesamtheit der deutschen Streitkräfte*

**Wehrpflicht** ⟨f. 20; unz.; Mil.⟩ *Verpflichtung aller männl. Staatsangehörigen zum Wehrdienst* ◆ allgemeine Wehrpflicht

**Weib** ⟨n. 12; veraltet; nur noch poet. u. umg.⟩ **1** *Frau* **2** *Ehefrau* ◆ Weib und Kind haben; Mann und Weib; ein tolles Weib ⟨umg.; scherzh.⟩ *eine interessante Frau* [< mhd. *wip* < ahd. *wib* „Weib", vielleicht]

**Weibchen** ⟨n. 14; Pl. a.: Weiberchen⟩ **1** *weibl. Tier* (Vogelweibchen) **2** ⟨fig.; abwertend⟩ *geistig anspruchslose, vorwiegend auf hausfrauliche Tätigkeiten ausgerichtete Frau*

**weiblich** ⟨Adj.⟩ **1** *die Frau betreffend, ihr zugehörig, ihr entsprechend* **2** *weiblichen Geschlechts* ◆ weibliches Hauptwort, Geschlechtswort; das weibliche Geschlecht; weiblicher Vorname; weiblicher Reim ⟨Lit.⟩ = *klingender* → *Reim;* ein weibliches Tier; weibliche Eigenschaften

**weich** ⟨Adj.⟩ **1** *formbar, knetbar* (Ton, Wachs, Butter) **2** *dickflüssig, breiig* (Masse, Teig) **3** *nachgebend* (Bett, Kissen, Sessel) **4** *gar gekocht, gar gebraten* (Gemüse, Fleisch) **5** *glatt, geschmeidig, seidig, wollig* (Haut, Fell) **6** ⟨fig.⟩ *weichherzig, nachgiebig, mitleidig* (Mensch) **7** *empfindsam, gefühlvoll, mit-*

W

## WEICHTIERE

Die Weichtiere, von denen die Mehrzahl einer der unten abgebildeten vier Hauptklassen (Schnecken, Muscheln, Kopffüßer und Käferschnecken) angehört, bilden mit über 80 000 Arten den zweitgrößten Tierstamm. Sie werden meist durch eine vom Mantel gebildete Kalkschale geschützt und leben außer einigen Schneckenarten, die das Festland besiedeln, im Wasser. Die Weichtiere umfassen getrenntgeschlechtige und zwittrige Spezies von millimeterkleinen Schnecken bis hin zu riesenhaften Tintenfischen.

ANATOMIE EINER GROSSEN ACHATSCHNECKE
*(Achatina fulica)*

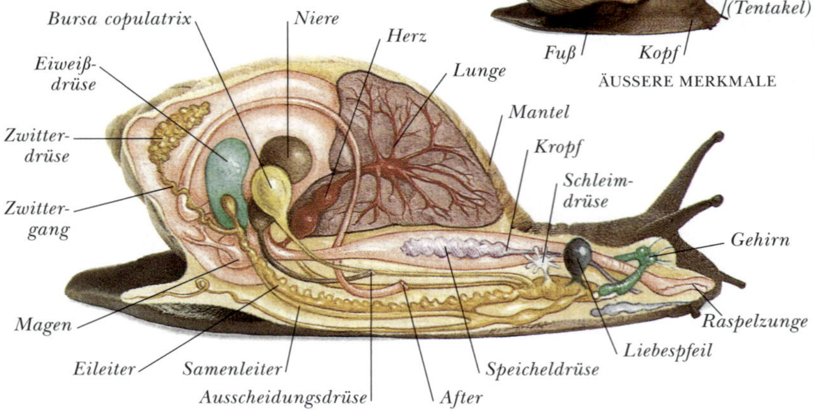

ÄUSSERE MERKMALE

### WICHTIGE WEICHTIERKLASSEN

SCHNECKEN
(Schnecken, Nacktschnecken)
► *Schnecken, Schneckengehäuse und Muschelschalen*

MUSCHELN
(Klaffmuscheln, Austern, Miesmuscheln, Pilgermuscheln)
► *Muscheln, Schneckengehäuse und Muschelschalen*

KÄFERSCHNECKEN
(Käferschnecken)
► *Schneckengehäuse und Muschelschalen*

KOPFFÜSSER
(Kraken, Sepien, Kalmare)
► *Kopffüßer, Kraken, Schneckengehäuse und Muschelschalen*

*leidig, gutmütig* (Herz, Gemüt) **8** *gerührt, mild, sanft, zart* (Stimme, Wind) ◆ weiche **Droge** *physisch nicht süchtig machendes Rauschgift, z. B. Haschisch, Marihuana;* ein weiches **Herz** haben ⟨fig.⟩; ein weicher **Klang,** Ton ⟨fig.⟩ (von Instrumenten); weiche **Währung** *nicht stabile Währung;* weiches **Wasser** *wenig Kalk enthaltendes Wasser* ◆ sich weich **anfühlen;** „...", **sagte** sie weich ⟨fig.⟩; weich **sitzen,** liegen *auf weicher Unterlage* [< mhd. *weich* < ahd. *weih* „weich, nachgebend"; zu mhd., ahd. *weichen* „weich werden oder machen"]

**Weiche**[1] ⟨f. 19⟩ **I** ⟨unz.⟩ *Weichheit* **II** ⟨zählb., meist Pl.⟩ *knochenfreie Körpergegend zwischen unterster Rippe u. Hüftknochen, Seite, Flanke* ◆ dem Pferd die Sporen in die Weichen drücken [< mhd. *weiche* < ahd. *weihhi* „Weiche, Weichheit, weiche Stelle (des Bodens, des Körpers)", dann „die Körpermitte zwischen Brustkorb u. Becken"]

**Weiche**[2] ⟨f. 19; an Eisen- u. Straßenbahngleisen⟩ *Vorrichtung zum Abzweigen eines Schienenstrangs* ◆ die Weichen (richtig, falsch) stellen ⟨a. fig.⟩ *den richtigen, falschen Lebensweg einschlagen* [entweder < mnddt. *wik* „Beutel" od. zu *weichen,* urspr. Ausweichstelle in der Flussschifffahrt, später Bez. für die Umstellvorrichtung an Eisenbahngleisen]

WEIDE: SILBERWEIDE
*(Salix alba)*

**weichen**[1] **I** ⟨V. i.; ist⟩ *weich werden* ◆ die Brötchen müssen (in der Milch, im Wasser) noch etwas weichen **II** ⟨V.t.; hat⟩ *weich machen, einweichen, aufweichen*

**weichen**[2] ⟨V. i. 276; ist⟩ **1** *nachgeben, sich zurückziehen, weggehen* **2** *sich besiegt, geschlagen geben* ◆ wir mussten der Übermacht weichen; alles Blut war aus ihrem Gesicht gewichen *sie war sehr blass geworden* [< mhd. *wichen* < ahd. *wihhan;* verwandt mit *Wechsel, Weiche, Weide, Woche*]

**Weichensteller** ⟨m. 3⟩ *Angestellter der Eisenbahn, dem die richtige Einstellung u. Pflege der Weichen obliegt*

**Weichholz** ⟨n. 12u; unz.; Sammelbez. für⟩ *Nadelhölzer, Erle, Espe, Linde, Pappel, Weide u. deren Holz;* Ggs *Hartholz*

**Weichteile** ⟨Pl.; Anat.⟩ **1** *die weichen, knochenlosen Körperteile, bes. die Weichen* **2** *Eingeweide* **3** ⟨ugs.⟩ *männl. Genitalien*

**Weichtier** ⟨n. 11; Zool.⟩ ◄ *Vertreter einer artenreichen Tierstammes mit weicher, drüsenreicher Haut, bewegt sich kriechend fort: Mollusca;* Sy *Molluske (1)*

**weid..., Weid...** ⟨in Zus.⟩ *jagd..., Jagd...;* oV *waid..., Waid...* [→ *Weide*[2]]

**Weide**[1] ⟨f. 19; Bot.⟩ ▼ *Angehörige einer Gattung der Weidengewächse (Salicaceae), Holzpflanze mit zweihäusigen, in Kätzchen zusammenstehenden Blüten: Salix* (Korbweide, Salweide, Trauerweide); Sy *Weidenbaum;* ► *Bäume* [< mhd. *wide* < ahd. *wida* „Weide, Weidenbaum", lat. *vitis* „Ranke, Rebe", grch. *itea* „Weide"]

**Weide**[2] ⟨f. 19⟩ **1** *grasbewachsene Fläche, Wiese, auf der Vieh weiden kann* (Viehweide) **2** *Ort, wo Tiere Nahrung finden* (Fischweide, Vogelweide) [< mhd. *weide* < ahd. *weida* „Futter, Speise; Ort zum Weiden; das Futter-, Speisesuchen (= Jagd, Fischfang)"]

**weiden** ⟨V.; hat⟩ **I** ⟨V. i.⟩ *auf der Weide Nahrung suchen, Gras fressen* ◆ weidendes Vieh **II** ⟨V. t.⟩ Vieh weiden *auf die Weide führen* **III** ⟨V. refl.⟩ sich an etwas weiden *sich an etwas freuen, erfreuen, etwas genießen* ◆ sich an einem Anblick weiden [< mhd. *weiden, weidenen* < ahd. *weidon, weidanon* „jagen, Futter suchen; weiden"; → *Weide*[2]]

**Weidenbaum** ⟨m. 1u; Bot.⟩ ► = *Weide*[1]

**Weidenkorb** ⟨m. 1u⟩ ► *aus Weidenruten geflochtener Korb*

**Weidenröschen** ⟨n. 14; Bot.⟩ ▼ *Angehöriges einer Gattung der Nachtkerzengewächse mit meist rosa Blüten u. länglichen Blättern, die denen der Weide ähneln: Epilobium*

**Weiderich** ⟨m. 1; Bot.⟩ *Angehöriger einer Gattung der Weiderichgewächse (Lythraceae) mit krautigem Wuchs u. roten Blüten*

**Weidwerk** ⟨n. 11; unz.⟩ *die Jagd u. alles, was damit zusammenhängt* ◆ das edle Weidwerk [< mhd. *weidewerc* „Jägerei; die zur Jagd gehörigen Tiere"; → *Weide*[2], *weiden*]

**weigern** ⟨V. refl.; hat⟩ **1** sich weigern **2** *zum Ausdruck bringen od. erklären, etwas nicht tun zu wollen* **3** *es ablehnen, etwas zu tun* ◆ er weigert sich, das Geld anzunehmen; du wirst dich vergeblich weigern [< mhd. *weigeren* < ahd. *weigaron;* zu mhd. *weiger* < ahd. *weigar* „widerstrebend, tollkühn"]

**Weih** ⟨m. 1; Zool.⟩ = *Weihe*[1] [< mhd. *wie* < ahd. *wio* „Weih"]

**Weihbischof** ⟨m. 1u; ev. u. kath. Kirche⟩ *den residierenden Bischof unterstützender Geistlicher mit Bischofsweihe, aber ohne Verwaltungs- u. a. Rechte*

**Weihe**[1] ⟨f. 19; Zool.; österr.⟩ *Angehöriger einer Gattung mittelgroßer Raubvögel: Circus;* Sy *Weih*

**Weihe**[2] ⟨f. 19⟩ **1** *Segen, Einsegnung, gottesdienstliche Handlung, mit der eine Person od. Sache für den Kult bestimmt wird, wobei ersterer bestimmte Rechte übertragen werden* (Priesterweihe, Altarweihe, Glockenweihe, Jugendweihe) **2** *Heiligung* **3** ⟨allg.⟩ *Einweihung, feierliches Ingebrauchnehmen (z. B. von Brücken)* **4** ⟨fig.⟩ *Feierlichkeit, feierliche Stimmung* ◆ die höheren Weihen *die Weihen für die höheren Ränge der Geistlichen, z. B. Priester*

WEIDENRÖSCHEN: SCHMALBLÄTTRIGES WEIDENRÖSCHEN
*(Epilobium angustifolium)*

W

**weihen** ⟨V. t.; hat⟩ **1** jmdn. weihen *jmdm. die Weihen erteilen, geben* (Priester) **2** etwas weihen **2.1** *durch gottesdienstl. Handlungen segnen* (Hostie, Wasser) **2.2** *feierlich in kirchl. Gebrauch nehmen* (Altar, Glocke) ◆ sein Leben einem Werk, einer Idee weihen; jmdn. zum Bischof weihen [< mhd., ahd. *wihen* „heiligen"; zu mhd. *wich* < ahd. *wih*]

**Weiher** ⟨m. 3⟩ *kleiner Teich, Tümpel, kleiner künstlicher Teich für bestimmten Zweck* (Fischweiher) [< mhd. *wi(w)ære* < ahd. *wi(w)ari* „Fischteich; Behälter od. Gehege für lebende Tiere" < lat. *vivere* „leben"]

WEIDENKORB

**Weihnacht** ⟨f.; -; unz.; geh.⟩ *Weihnachten* ◆ jmdm. etwas zur Weihnacht schenken

**Weihnachten** ⟨n. 14; oft ohne Art.⟩ *Fest der Geburt Jesu, urspr. am 6. Januar, im 4. Jh. auf den 25. Dezember verlegt;* Sy *Christfest* ◆ Weihnachten feiern; diese(s), nächste(s), vorige(s) Weihnachten; (ich wünsche dir) fröhliche Weihnachten! [< mhd. *wihe(n)naht(en)* < *ze wihen nahten* „in den heiligen Nächten" (= in den Raunächten, Mittwinternächten) < *weihen + Nacht*]

**Weihnachts...** ⟨in Zus.⟩ = *Christ...*

**Weihnachtsbaum** ⟨m. 1u⟩ *Tannenbaum, der zu Weihnachten ins Zimmer gestellt u. mit Kerzen, Äpfeln, Nüssen, Glaskugeln, Zuckerwerk o. Ä. geschmückt wird*

**Weihnachtskaktus** ⟨m.; -, -kakteen⟩ = *Gliederkaktus* [wegen seines Blühens um die Weihnachtszeit so benannt]

**Weihnachtsmann** ⟨m. 2u⟩ *Gestalt des hl. Nikolaus od. Knecht Ruprecht, der nach altem Volksbrauch am Nikolaustag od. am Weihnachtsabend den Kindern Äpfel, Nüsse, Süßigkeiten od. kleine Geschenke bringt*

**Weihnachtsstern** ⟨m. 1; Bot.⟩ ► *in Mittelamerika beheimatetes, in den Wintermonaten blühendes Wolfsmilchgewächs mit auffallend roten Hochblättern, Zierpflanze: Euphorbia pulcherrima*

**Weihnachtstag** ⟨m. 1⟩ erster Weihnachtstag *25. Dezember,* zweiter Weihnachtstag *26. Dezember* ◆ verschneite Weihnachtstage

**Weihrauch** ⟨m.; -s; unz.⟩ **1** *als Räuchermittel verwendeter Milchsaft aus den Rinden des Weihrauchbaumes (Boswellia carteri);* Sy *Olibanum* **2** *durch Verbrennung wohlriechender Stoffe erzeugter Rauch, in verschiedenen Religionen zu kult. Zwecken verwendet* ◆ Weihrauch abbrennen [< mhd. *wi(h)rouch* < ahd. *wihrouch* „heiliger Rauch"; zu mhd., ahd. *wih* „heilig"; → *weihen*]

**weil** ⟨Konj.⟩ *aus dem Grunde, dass ...* ◆ ich konnte nicht kommen, weil ich krank war [< spätmhd. *wile* „weil" < mhd. *die wile* „alldieweil, dieweil, weil" < ahd. *dia wila so (do)* (Einleitung eines Temporalsatzes)]

**Weile** ⟨f.; -; unz.⟩ *kurze Zeit, kleine Zeitspanne* ◆ kannst du eine Weile **warten?** ◆ es ist schon eine **ganze** Weile her ⟨umg.⟩; damit hat es **gute** Weile *das wird noch nicht so bald geschehen;* eine **kleine,** kurze, lange Weile [< mhd. *wil(e)* < ahd. *(h)wila* „Weile, Ruhe, Rast, Pause, Zeit(raum)"]

**weilen** ⟨V. i.; hat; veraltet; noch poet.⟩ *sich aufhalten, (an einem Ort) sein* ◆ in Gedanken weilte er schon daheim [< mhd. *wilen* < ahd. *wilon;* → *Weile*]

**Weiler** ⟨m. 3⟩ *keine eigene Gemeinde bildendes, nur aus einigen Gehöften bestehendes Dorf* [< mhd. *wiler* < ahd. *-wilari* (nur zweiter Teil von Ortsnamen) „Weiler" < mlat. *villare* „Gehöft" < lat. *villa* „Landhaus, Landgut"]

**Wein** ⟨m. 1⟩ **I** ⟨zählb.⟩ **1** *gegorener Saft aus Weintrauben* **2** *Weinrebe, Rebe, Rebstock, Weinstock* **3** *gegorener Saft aus anderem Obst, z. B. Äpfeln, Beeren* (Obstwein, Apfelwein, Johannisbeerwein) ◆ eine **Flasche,** ein Glas Wein; ein **Schoppen** Wein ◆ Wein **anbauen;** Wein kalt **stellen** *eine Flasche Wein kühlen;* Wein **panschen** ◆ **alter,** junger, leichter, schwerer, saurer, herber, süßer Wein; **roter,** weißer Wein ◆ **im** Wein ist Wahrheit ⟨fig.⟩ *wer ein wenig berauscht ist, plaudert manches aus* **II** ⟨unz.⟩ *Weintrauben* ◆ ein halbes **Pfund** Wein ◆ Wein **keltern;** Wein **lesen** [< mhd., ahd. *win* < lat. *vinum* „Wein"]

**Weinbereitung** ⟨f. 20⟩ ▼ *Gesamtheit der Arbeitsgänge zur Herstellung von Wein (nach der Traubenlese)*

**Weinbergschnecke** ⟨f. 19; Zool.⟩ *essbare Landlungenschnecke mit gewundenem Gehäuse, die an der Weinrebe schädlich wird: Helix pomatia*

**Weinbrand** ⟨m. 1u⟩ *aus Wein (in Deutschland) hergestelltes Branntweindestillat mit mindestens 38 % Alkohol*

**weinen** ⟨V. i.; a. V. t.; hat⟩ *Tränen vergießen, heulen, schluchzen* ◆ sich die **Augen** aus dem Kopf weinen; bittere **Tränen** weinen; **bitterlich,** herzzerreißend, jämmerlich, laut weinen ◆ **in** lautes Weinen ausbrechen; **um** etwas, um jmdn. weinen; **vor** Freude, vor Schmerz, vor Zorn weinen ◆ mit einem lachenden und einem weinenden Auge ⟨fig.⟩ *halb erfreut, halb betrübt;* sich leise weinend davonschleichen, zurückziehen ⟨umg.; scherzh.⟩ *beschämt, kummervoll* [< mhd. *weinen* < ahd. *weinon,* eigtl. „weh rufen"; → *weh*]

**Weinessig** ⟨m. 1; unz.⟩ *aus Weintrauben hergestellter Essig*

**Weingott** ⟨m. 2u; antike Myth.⟩ *Schutzgott des Weinbaus (Bacchus, Dionysos)*

**Weinlese** ⟨f. 19⟩ *Ernte der Weintrauben*

**Weinpresse** ⟨f. 19⟩ ► = *Kelter*

**Weinprobe** ⟨f. 19⟩ **1** *Probe des Weins vom Fass, um den Reifegrad zu prüfen, auch öffentlich als gesellige Veranstaltung* **2** *das Probieren, Kosten verschiedener Weinsorten zur Auswahl einer Sorte vor dem Kauf einer größeren Menge* ◆ eine Weinprobe machen

WEIHNACHTSSTERN
*(Euphorbia pulcherrima)*

**Weinranke** ⟨f. 19⟩ *Ranke des Wilden Weins*

**Weinrebe** ⟨f. 19; Bot.⟩ **1** ⟨i. w. S.⟩ *Angehörige einer Gattung der Weinrebengewächse (Vitaceae): Vitis;* Sy ⟨kurz⟩ *Rebe (2)* **2** ⟨i. e. S.⟩ *Art dieser Gattung, die zur Gewinnung von Weintrauben gezüchtet wird: Vitis vinifera;* Sy *Rebstock*

**Weintraube** ⟨f. 19⟩ = *Traube (2)*

**weise** ⟨Adj.⟩ *klug u. einsichtig, lebenserfahren, gereift* ◆ ein weiser **Mensch;** ein weiser **Ratschlag** ◆ etwas Weises **sagen,** tun [< mhd. *wis(e)* < ahd. *wis(i)* „verständig, erfahren, kundig, gelehrt"; → *wissen*]

**...weise** ⟨Adv.; in Zus.⟩ **1** *in einer bestimmten Art, mit einem bestimmten Umstand verbunden* **2** ⟨zur Bez. des Maßes⟩ *jeweils eine bestimmte Mengeneinheit* ◆ probeweise *zur Probe;* zwangsweise *mit Zwang;* glücklicherweise *zum Glück;* zufälligerweise *durch Zufall;* dutzendweise *jeweils ein Dutzend;* tropfenweise *in einzelnen Tropfen;* löffelweise *Löffel für Löffel* [→ *Weise*]

**Weise** ⟨f. 19⟩ **1** *(bestimmte) Art* **2** *Verfahren, Vorgehen* **3** ⟨Mus.⟩ *Tonfolge, Melodie* **4** *Lied* (Volksweise) ◆ das ist keine **Art** und Weise ⟨umg.⟩ *das ist kein anständiges Benehmen, so geht es nicht* ◆ eine **einfache,** schlichte, volkstümliche Weise ◆ **auf** besondere Weise; auf diese Weise *so* [< mhd. *wis(e)* < ahd. *wisa* „Art", anord. *visa* „Strophe, Vers"; → *wissen*]

**Weisel** ⟨m. 5⟩ = *Bienenkönigin* [< mhd. *wisel* „Anführer, Oberhaupt; Bienenkönigin" < mhd. *wise* < ahd. *wiso,* anord. *visi* „Führer (der Bienen)"; nach *weisen* im Sinne von „führen, leiten"; die Bienenkönigin galt früher als Anführer der Bienen, ihr Geschlecht entdeckte man erst später]

**weisen** ⟨V. 277; hat⟩ **I** ⟨V. t.⟩ **1** jmdn. weisen *führen, lenken; schicken* **2** jmdm. etwas weisen *jmdm. etwas zeigen* (Weg, Richtung), *jmdn. etwas lehren* ◆ jmdm. die Tür weisen ⟨fig.⟩ *jmdn. hinauswerfen;* einen Schüler von der Schule weisen **II** ⟨V. i.⟩ *zeigen, deuten, eine Richtung angeben* ◆ der Zeiger weist auf 10; auf einen Stern, eine Zahl weisen; mit dem Finger in eine bestimmte Richtung weisen; zum Himmel weisen [< mhd., ahd. *wisen* „weise machen"; → *weise*]

## WEINBEREITUNG

Nach der Lese erfolgt das Abbeeren, worauf bei Weißwein der Saft sofort abgepresst und vergoren wird, während bei Rotwein die roten Traubenschalen zunächst in der Maische verbleiben. Farb-, Gerb- und Aromastoffe können so beim Gären in den Wein übergehen, bevor gepresst wird. Der Jungwein wird in Tanks geklärt und schließlich in Fässern gelagert.

STADIEN DER ROTWEINBEREITUNG

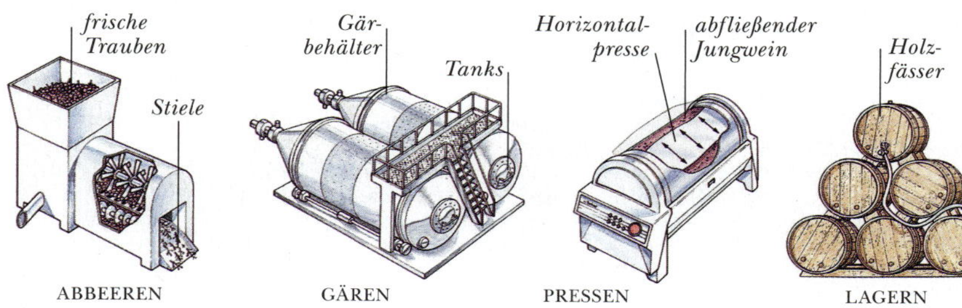

**Weisheit** ⟨f. 20⟩ **I** ⟨unz.⟩ **1** *einsichtige Klugheit, Lebenserfahrung, geistige, innere Reife* **2** *überlegenes Wissen, Gelehrsamkeit* **II** ⟨zählb.⟩ *weiser Spruch* (Volksweisheit), *weise Aussage, kluge Lehre* ◆ das ist eine alte Weisheit [→ *weise*]

**Weisheitszahn** ⟨m. 1u⟩ *hinterster Backenzahn* [Lehnübersetzung < lat. *dentes sapientiae* „Zähne der Weisheit" < grch. *sophronister* (so genannt von Hippokrates) „Zuchtmeister, Züchtiger", der kommt, wenn der Mensch weise, verständig geworden ist; zu grch. *sophron* „vernünftig, besonnen, weise"]

**weiß** ⟨Adj.; -er, am -esten⟩ **1** *alle sichtbaren Farben reflektierend* (Körper) **2** *ohne Farbe* **3** *von der hellsten Farbe* **4** *bleich, blass* (Gesicht, Hintergrund) ◆ Weiße **Ameisen** ⟨fälschlich für⟩ *Termiten;* weiße **Bohnen;** weißes **Fell;** die weiße **Frau** ⟨im Volksglauben⟩ *Gespenstererscheinung;* das Weiße **Haus** *Regierungsgebäude u. Wohnsitz des Präsidenten der USA in Washington;* weiße **Haut(farbe);** Weißer **Sonntag** *erster Sonntag nach Ostern;* weiße **Substanz** ⟨Anat.⟩ *die wegen ihres Reichtums an markhaltigen Nervenfasern weißen Teile des Gehirns u. des Rückenmarks;* weiße **Weihnachten** *Weihnachtsfest mit od. im Schnee;* weißer **Zwerg** ⟨Astron.⟩ *sehr kleiner, massereicher Stern, Endzustand eines normalen Sterns* ◆ etwas weiß **anstreichen;** weißes Haar **bekommen;** weiß **werden** *blass werden* ◆ **blendend** weiß; weiß **gekleidet;** weiß **geschminkt** ◆ etwas schwarz **auf** weiß besitzen *schriftlich besitzen* [< mhd. *wiz* < ahd. *(h)wiz;* → *Weizen*]

WEISSBIRKE: RINDE (*Betula pendula*)

**Weiß** ⟨n.; - od. -es, -⟩ *weiße Farbe* ◆ sie erschien ganz in Weiß *gekleidet*

**weissagen** ⟨V. t.; hat geweissagt⟩ *voraussagen, prophezeien* ◆ jmdm. eine rosige Zukunft weissagen [< mhd. *wissagen* „prophezeien" < ahd. *wissagen, wizagon* „weissagen"; zu *wizago* „Prophet", entweder < ahd. *wis* „weise" + *sago* „Sprecher" od. < ahd. *forasago* „Prophet"]

**Weißbier** ⟨n. 11⟩ *obergäriges, kohlensäurereiches Bier;* Sy *Weizenbier*

**Weißbirke** ⟨f. 19; Bot.⟩ ▲ *besonders auf feuchtem, moorigem Boden wachsende u. bis zu 60 m hohe Birkenart: Betula pendula*

**Weißbrot** ⟨n. 11⟩ *Brot aus Weizenmehl*

**Weißbuche** ⟨f. 19; Bot.⟩ = *Hainbuche*

**Weißdorn** ⟨m. 1; Bot.⟩ *Angehöriger einer Gattung der Rosengewächse: Crataegus*

**Weißfisch** ⟨m. 1; Zool.⟩ ► = *Karpfenfisch*

**weißglühen** ⟨V. t.; nur im Inf. u. Part. Perf.; fachsprachl.⟩ *so stark erhitzen, dass ein weißes Leuchten entsteht*

**Weißglut** ⟨f.; -; unz.⟩ ► *beim Weißglühen entstehende Glut* ◆ jmdn. (bis) zur Weißglut bringen, erzürnen ⟨fig.⟩ *jmdn. in äußerste Wut, äußersten Zorn bringen*

**Weißherbst** ⟨m. 1; süddt.⟩ *sehr heller Rotwein, bei dem die farbstoffreichen Schalen rasch ausgekeltert wurden;* Sy *Rosé, Roséwein*

**Weißkäse** ⟨m. 3; unz.⟩ = *Quark*[1] *(2)*

**Weißkohl** ⟨m. 1⟩, **Weißkraut** ⟨n. 12u; unz.; Bot.⟩ *als Gemüse beliebte Nutzpflanze: Brassica oleracea var. capitata*

**Weißling** ⟨m. 1⟩ **1** ⟨Anat.⟩ *Angehöriger einer Familie der Tagfalter mit weißen od. gelbl. Flügeln: Pieridae;* ► *Tagfalter* **2** ⟨Zool.⟩ = *Karpfenfisch* **3** ► = *Albino*

**Weißrusse** ⟨m. 17⟩, **Weißruthene** ⟨m. 17⟩ *Angehöriger eines ostslaw. Volkes, Belorusse*

**weißrussisch** ⟨Adj.⟩ *die Weißrussen betreffend, zu ihnen gehörig, von ihnen stammend*

**Weißwal** ⟨m. 1; Zool.⟩ ► = *Beluga*

**Weißwein** ⟨m. 1⟩ *heller, gelblicher Wein*

**Weißwurz** ⟨f. 20; Bot.⟩ *Angehörige einer Gattung der Liliengewächse mit dicken, fleischigen Wurzelstöcken: Polygonatum*

**Weisung** ⟨f. 20⟩ **1** *Gebot, Befehl, Anweisung* **2** ⟨schweiz.⟩ *Bericht der Behörde an die Stimmberechtigten vor einer Abstimmung über eine Sachfrage* ◆ jmdm. (die) Weisung geben, dass ...

**weit I** ⟨Adj.; -er, am -esten⟩ **I.i** ⟨attr. u. präd.⟩ **1** *ausgedehnt, geräumig* (Öffnung, Fläche, Raum) **2** *lose sitzend, groß* (Kleidungsstück) **3** *sich über große Entfernung erstreckend, lang* (Weg) **4** *groß* (Entfernung) ◆ weite **Ärmel;** von hier hat man einen weiten **Blick** übers Land; aus weiter **Entfernung;** im weiteren **Sinne** ⟨Abk.: i. w. S.⟩ *im umfassenderen Sinne;* Ggs *im engeren Sinne* ◆ das Weite **suchen** ⟨fig.⟩ *ausreißen, davonlaufen, fliehen* ◆ mit Höflichkeit kommt man **am** weitesten; er ist **bei** weitem der Beste *mit großem Abstand von den andern der Beste;* weiter **hinten,** vorn, rechts, links, oben, unten **I.ii** ⟨adv.⟩ **1** *fern, entfernt* **2** *in großem Umkreis* **3** *in großer Entfernung* **4** *(über) eine große Strecke* **5** *sehr, viel* **6** ⟨vor Komp.⟩ *viel, um vieles* ◆ die Krankheit ist schon weit **fortgeschritten;** es würde zu weit **führen,** wenn ich es genau erklären wollte *zu viel Zeit erfordern;* ich musste weit **gehen,** fahren; er ist weit (in der Welt) **herumgekommen; sein:** das Kleid ist mir zu weit *zu groß;* der Weg ist mir zu weit *zu lang;* wir wollen es nicht zu weit **treiben** ⟨fig.⟩ *nicht übertreiben* ◆ mit weit **aufgerissenen** Augen; das Dorf liegt 5 km weit **entfernt** von hier; ein paar Häuser weiter (erg.: entfernt) wohnen; weit **gehend** = *weitgehend;* er ist weit **größer** als du; weit **reichend** = *weitreichend* ◆ **wie** weit ist es von hier bis ...?; wie weit bist du mit deiner Arbeit? **II** ⟨Partikel⟩ *viel, sehr, wesentlich* ◆ dieses Bild gefällt mir weit besser als das andere [< mhd., ahd. *wit* „weit"]

**weitaus** ⟨Partikel⟩ *bei weitem* ◆ weitaus besser, schlechter, kleiner, größer

**Weitblick** ⟨m. 1; unz.⟩ *Fähigkeit, Dinge im voraus zu beurteilen, künftige Notwendigkeiten zu erkennen*

**Weite** ⟨f. 19⟩ **1** *das Weitsein, weite Beschaffenheit* **2** *Ferne, Entfernung, Abstand* (Schussweite, Sichtweite, Spannweite) **3** *Ausdehnung, Umfang* (Kopfweite, Kragenweite) **4** *Durchmesser, Öffnung (eines Gefäßes)* ◆ die Weite einer Landschaft

**weiten** ⟨V.; hat⟩ **I** ⟨V. t.⟩ *weiter machen, dehnen* (Kleid, Schuhe, Öffnung) **II** ⟨V. refl.⟩ sich weiten *weiter werden*

**weiter I** ⟨Adj.; Komp. von⟩ *weit* **II** ⟨attr. u. präd.⟩ *andere(r, -s) hinzukommend, hinzutretend* ◆ eine weitere Arbeit, Sorge **III** ⟨adv.⟩ **1** *außerdem, weiterhin, sonst, noch darüber hinaus(gehend)* **2** *fort(fahrend), ohne Unterbrechung* **3** *in gleicher Weise* ◆ weiter! ⟨kurz für⟩ *weitergehen!; sprich weiter!;* bitte, weiter! *(beim Vorführen von Lichtbildern);* **des,** im Weiteren (waren noch zu sehen ...) *außerdem* ◆ es war weiter **niemand** da; kein **Wort** weiter (darüber)! ◆ das Weitere werde ich dir noch **erklären;** weiter **sage** ich nichts; **sein:** alles Weitere ist klar ◆ bis **auf** weiteres *vorläufig, bis auf Widerruf, bis etwas anderes bekannt gegeben wird;* **und** so weiter ⟨Abk.: usw.⟩ ◆ und **was** weiter?

**weiter...** ⟨in Zus.⟩ **1** *fortfahren zu, nicht aufhören zu ...,* z. B. weiterarbeiten, weiterklingen **2** *an einen Dritten, an andere,* z. B. weitergeben, weiterverkaufen **3** *einem anderen, anderen,* z. B. weitersagen, weitererzählen

**Weiter...** ⟨in Zus.⟩ *Fort..., zur Fortsetzung, ohne Unterbrechung,* z. B. Weiterbildung, Weiterfahrt

**weiterentwickeln** ⟨V.; hat⟩ **I** ⟨V. t.⟩ eine Sache weiterentwickeln *die Entwicklung einer Sache vorantreiben, fördern* ◆ eine technische Erfindung weiterentwickeln **II** ⟨V. refl.⟩ sich weiterentwickeln *in der Entwicklung fortschreiten, Fortschritte machen* ◆ er hat sich durch seinen Aufenthalt im Ausland geistig und charakterlich weiterentwickelt

**weitererzählen** ⟨V. t.; hat⟩ *anderen, einem anderen erzählen* ◆ bitte erzähle es nicht weiter!; du darfst es niemandem weitererzählen

**weiterführen** ⟨V. t.; hat⟩ *über das Erreichte hinaus führen* ◆ weiterführende Literatur *Literatur, die zu speziellen Fragen eines Themas od. zu mit diesen verwandten Themen führt;* weiterführende Schule *allgemein bildende Schule, die über das vierte Grundschuljahr hinaus führt, z. B. Hauptschule, Realschule, Gesamtschule, Gymnasium*

**weitergeben** ⟨V. t. 143; hat⟩ **1** *einem anderen geben, von Hand zu Hand reihum geben* **2** *einem anderen mitteilen, übermitteln* ◆ eine Nachricht, ein Signal weitergeben

**weiterhelfen** ⟨V. i. 165; hat⟩ **1** jmdm. weiterhelfen *jmdm. über Hindernisse hinweghelfen* **2** sich weiterhelfen *aus eigener Kraft vorwärts kommen*

**weiterhin** ⟨Adv.⟩ **1** *in Zukunft, künftig* **2** *außerdem* ◆ weiterhin ist zu bedenken, dass ...; lass es dir auch weiterhin gut gehen

**Weiterung** ⟨f. 20; Amtsdt.⟩ *Schwierigkeit, Unannehmlichkeit* ◆ sollten sich daraus irgendwelche Weiterungen ergeben ...

**weitgehend** oV *weit gehend* **I** ⟨Adj.⟩ *umfangreich, großzügig* ◆ weitgehende Unterstützung finden; man brachte ihm weitgehendes Verständnis entgegen; weitgehende Vollmachten besitzen **II** ⟨Adv.⟩ *nach Möglichkeit, soweit wie möglich* ◆ wir werden Ihre Wünsche weitgehend berücksichtigen; jmdn. weitgehend unterstützen

## WEISSGLUT

Beginnt ein Metall zu glühen, erzeugt es je nach Hitzegrad rotes, gelbes oder weißes Licht. Dies gilt auch für Glühbirnen, deren Metallfäden von elektrischem Strom zur Weißglut gebracht werden, wobei jedoch der Grad der Lichtintensität im Vergleich zur erzeugten Wärme unverhältnismäßig gering ist.

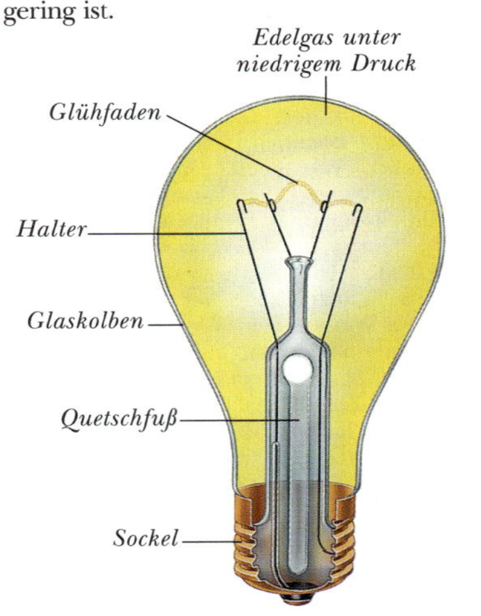


GLÜHBIRNE IN WEISSGLUT

**weithin** ⟨Adv.⟩ *bis in weite Ferne, bis in große Entfernung* ◆ sein Geschrei war weithin zu hören

**weitläufig** ⟨Adj.⟩ **1** *großräumig, großzügig angelegt* (Gebäude, Garten) **2** *entfernt* (Verwandter) **3** *ausführlich* (Erzählung) ◆ etwas weitläufig erzählen; wir sind weitläufig verwandt miteinander

**weitreichend** ⟨Adj.⟩ *umfangreich;* oV *weit reichend* ◆ mit weitreichenden Vollmachten versehen

**Weitsicht** ⟨f. 20; unz.⟩ **1** = *Fernsicht* **2** ⟨fig.⟩ *Fähigkeit, die Zukunft beurteilen zu können*

**weitsichtig** ⟨Adj.⟩ Ggs *kurzsichtig* **1** *an Weitsichtigkeit leidend* **2** ⟨fig.⟩ *die Zukunft sehr weise beurteilend, vorausschauend*

**Weitsichtigkeit** ⟨f.; -; unz.⟩ *Störung des Sehvermögens, die verhindert, nahe gelegene Gegenstände (bes. Geschriebenes) scharf zu erkennen, meist im Alter auftretend;* Ggs *Kurzsichtigkeit*

**Weitsprung** ⟨m. 1u; Sp.⟩ *sportl. Sprungübung nach Anlauf von gekennzeichneter Absprungstelle in eine Sandgrube*

**Weizen** ⟨m. 4; unz.; Bot.⟩ *Angehöriger einer Gattung der Süßgräser mit wichtigen Getreidearten: Triticum* ◆ sein Weizen blüht ⟨fig.; umg.⟩ *er hat Erfolg;* die Spreu vom Weizen sondern ⟨fig.⟩ *Gutes u. Böses, Nützliches u. Unnützes unterscheiden, voneinander trennen* [< mhd. *weize* < ahd. *(h)weizi* „Weizen"; → *weiß* (nach der hellen Frucht u. dem weißen Mehl, das diese Getreideart liefert)]

**Weizenbier** ⟨n. 11⟩ = *Weißbier*

**Weizenkleie** ⟨f. 19; unz.⟩ *beim Mahlen des Weizens anfallender Rückstand, der u. a. als Tierfutter sowie zur Gewinnung von Weizenkeimöl verwendet wird*

**welch** ⟨Interrogativpron.; kurz für⟩ *welcher, welche, welches, welch ein, eine, was für ein, eine (meist in Ausrufen)* ◆ welch schönes Bild! [< mhd. *wel(i)ch* < ahd. *(h)welich* „welch"]

**welche(r, -s)** **I** ⟨Interrogativpron.⟩ **I.i** ⟨adjektivisch in Fragen nach einem od. mehreren Dingen, Vorgängen od. Personen aus einer Menge⟩ *was für ein, eine* ◆ an welchem Tag bist du geboren?; aus welchem Grunde hast du das getan? **I.ii** ⟨adjektivisch, in indirekten Fragen⟩ man sieht, welchen Eindruck seine Rede hinterlassen hat **I.iii** ⟨substantivisch⟩ *wer, was* ◆ hier sind mehrere Bücher, welches willst du haben?; welchen von deinen vielen Freunden schätzt du am höchsten? **II** ⟨Relativpron.⟩ *der, die, das* ◆ ⟨veraltet, heute nur noch, um Häufung gleichlautender Pronomen zu vermeiden⟩ derjenige, welcher; das Kind, welches das schönste Bild gemalt hat **III** ⟨Indefinitpron.; umg.⟩ **1** *einige, manche* **2** *etwas* ◆ da gibt es welche, die nicht einsehen können, dass ...

**welken** ⟨V. i.; ist⟩ **1** *welk werden, verblühen* (Blume) **2** *erschlaffen* (Haut)

**Wellblech** ⟨n. 11; unz.⟩ *verzinktes Eisenblech, das wellenförmig gebogen und dadurch sehr tragfähig ist (besonders für Dächer, Autogaragen, Baracken)*

**Welle** ⟨f. 19⟩ **1** ⟨i. w. S.⟩ *räumliche Ausbreitung eines sich zeitlich ändernden Prozesses, z. B. einer Schwingung, bei der Energie übertragen wird* (Lichtwelle, Radiowelle, Schallwelle) **2** ⟨i. e. S.⟩ ▼ *berg-und-talförmige Bewegung der Wasseroberfläche* (Meereswelle) **3** *wellenartige Form des Kopfhaars, auch künstlich erzeugt* (Dauerwelle, Naturwelle, Wasserwelle) **4** *kleine Erhebung, flacher Hügel* (Bodenwelle) **5** *zylinderförmige Stahlstange zur Übertragung von Drehbewegungen* **6** ⟨fig.⟩ *Turnübung, Umschwung, Schwung des ganzen Körpers um die Querachse* (Kniewelle, Riesenwelle) **7** *Bewegung, Strömung, Aufschwung* **8** *plötzl. Ansturm* (Angriffswelle, Kältewelle, Hitzewelle) **9** ⟨alem., fränk.⟩ *Bündel (Holz, Reisig)* ◆ die Stimmung, der Jubel **schlug** hohe Wellen ⟨fig.⟩ *war groß, stürmisch* ◆ **hohe,** schäumende Wellen; **kurze,** lange, ultrakurze Wellen ◆ das Boot trieb hilflos, steuerlos **auf** den Wellen; auf welcher Welle liegt der Bremer Sender? [< mhd. *welle* „Reisigbündel; zylindr. Körper; Wasserwoge" < ahd. *wella* „Wasserwoge"]

WELSH CORGI

**wellen** ⟨V.; hat⟩ **I** ⟨V. t.⟩ **1** *wellenartig formen, in Wellen legen* (Haar) **2** *kochen* (Fleisch) ◆ künstlich, natürlich gewelltes Haar **II** ⟨V. i.⟩ *kochen, sieden* (Wasser) **III** ⟨V. refl.⟩ sich wellen **1** *sich in Wellen legen, in Wellen wachsen, in Wellen herabfallen* (Haar) **2** *Wellen bilden* (Folie, Papier) [< mhd. *wellen* < ahd. *wellan* „wälzen, rollen"; verwandt mit *Walze*]

**Wellenkamm** ⟨m. 1u⟩ *oberster Teil der Welle, der beim Sichüberstürzen im freien Wasser weißen Gischt bildet*

**Wellenlänge** ⟨f. 19⟩ **1** *Abstand zweier aufeinander folgender Punkte gleicher Phase, z. B. zweier Wellenberge od. -täler* **2** ⟨fig.; umg.⟩ *Art zu denken u. zu empfinden* ◆ wir liegen auf der gleichen Wellenlänge; das ist nicht meine Wellenlänge

WELS: BLAUER KATZENWELS
*(Ictalurus furcatus)*

**Wellensalat** ⟨m. 1; unz.; umg.; scherzh.⟩ *sich zum Teil überlappende Sendefrequenzen im Mittelwellenbereich, die den ungestörten Empfang eines Senders oft erschweren*

**Wellensittich** ⟨m. 1: Zool.⟩ *kleiner austral. Papagei, beliebter Käfigvogel: Melopsittacus undulatus* [< *Welle* (wegen der wellenförmigen Zeichnung auf Kopf und Flügeln des Vogels) + *Sittich*]

**Wellpappe** ⟨f. 19; unz.⟩ *gewellte, ein- od. zweiseitig mit glattem Papier beklebte Papierbahn*

**Welp** ⟨m. 16⟩, **Welpe** ⟨m. 17; Zool.⟩ *Junges (vom Wolf, Fuchs od. Hund)* [< mhd. *welf* < ahd. *(h)welf* „Junges von Säugetieren, besonders Hunden" < ahd. *(h)wel* „lärmend"]

**Wels** ⟨m. 1; Zool.⟩ **1** ⟨i. e. S.⟩ *am Boden von Gewässern lebender Nutzfisch mit Bartfäden am Maul: Silurus glanis* **2** ⟨i. w. S.⟩ ▲ *Angehöriger einer Familie der Süßwasserfische: Siluridae* [< spätmhd. *wels* < ahd. **hwalis* „Wels"; → *Wal*]

**welsch** ⟨Adj.⟩ *aus Welschland (Italien, Spanien od. Frankreich) stammend* ◆ welsche Haube *doppelt glockenförmig geschweifte Turmhaube;* welsche Nuss = *Walnuss* [< mhd. *wälhisch, wel(hi)sch* „romanisch, französisch, italienisch" < ahd. *wal(a)hisc* „romanisch" < lat. *Volcae*]

**Welsh Corgi** ⟨[wɛlʃ kɔːgi] m.; - - od. - -s, - -s⟩ ◄ *Angehöriger einer aus Wales stammenden Rasse von Zwergschäferhunden* [< engl. *welsh* „walisisch" + walis. *cor* „Zwerg" + *ci* „Hund"]

**Welt** ⟨f. 20⟩ **1** *Gesamtheit alles Seienden, aller Erscheinungen* (Außenwelt) *u. Erlebnisse, Empfindungen, Gedanken* (Innenwelt) **2** ⟨Astron.⟩ **2.1** ⟨i. w. S.⟩ *Gesamtheit der Himmelskörper, Weltall* **2.2** ⟨i. e. S.⟩ *die Erde* **3** *Gesamtheit der Menschen* **4** ⟨fig.⟩ *Lebenskreis, Lebensbereich, Bereich* (Kinderwelt, Pflanzenwelt) ◆ die Welt des **Films,** des Theaters, der Technik ⟨fig.⟩; die Welt des **Kindes;** das **Licht** der Welt erblicken *geboren werden* ◆ der Welt **entsagen** *sich in die Einsamkeit zurückziehen;* die Welt **kennen** *viel gereist sein; Welt-, Lebenserfahrung haben* ◆ **alle** Welt ⟨umg.⟩ *jeder, alle;* alle Welt spricht davon, alle Welt weiß es; die **Alte** Welt *Europa;* die **Dritte** Welt *Gesamtheit der Entwicklungsländer;* die **ganze** Welt ⟨umg.⟩ *alle Menschen der Erde, alle Länder der Erde;* die **irdische** Welt; die Bücher sind **meine** Welt ⟨fig.⟩ ◆ auf die Welt kommen *geboren werden;* er ist viel **in** der Welt herumgekommen; in aller Welt *überall, in allen Ländern;* **vor** aller Welt ⟨fig.; umg.⟩ *vor allen, öffentlich;* ein Kind **zur** Welt bringen *gebären* [< mhd. *welt, werlt, werelt* < ahd. *weralt, worolt* „Zeitalter, Welt, Menschengeschlecht"]

## WELLEN

Wellen entstehen in der Regel, wenn ein kräftiger Wind über eine Wasseroberfläche weht. Dabei werden die Wasserteilchen in eine kreisförmige Bewegung versetzt, verbleiben aber, ähnlich den Rollen eines Förderbandes, an ihrem Ort, unabhängig davon, welchen Weg die Welle zurücklegt. In seichten Gewässern wird aus der kreisförmigen eine elliptische Bewegung, die bewirkt, dass die Welle größer wird und schließlich am Strand bricht.

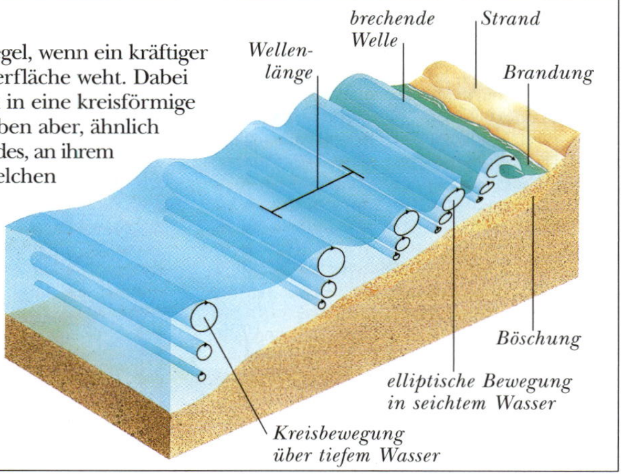


SCHNITT DURCH
EINEN WELLENZUG

**Weltall** ⟨n.; -s; unz.; Astron.⟩ = *Weltraum*
**Weltanschauung** ⟨f. 20⟩ *Art u. Weise, wie jmd. die Welt u. ihren Sinn sowie sein Dasein betrachtet u. beurteilt*
**Weltbank** ⟨f. 20; Bankw.⟩ *1945 gegründete internationale Bank in Washington*
**weltberühmt** ⟨Adj.⟩ *in der ganzen Welt berühmt*
**Weltbild** ⟨n. 12⟩ *die Gesamtheit des menschl. Wissens von der Welt u. das menschl. Urteil darüber in einer bestimmten Epoche* ◆ das Weltbild der Antike; das mittelalterliche Weltbild; unser heutiges Weltbild
**Weltbürger** ⟨m. 3⟩ *der Mensch als allen anderen Menschen gleichwertiger u. gleichberechtigter Bürger der Welt;* Sy *Kosmopolit (1)*
**weltfremd** ⟨Adj.; -er, am -esten⟩ *das Getriebe der Welt nicht kennend, nicht durchschauend, unbeholfen* ◆ ein weltfremder Träumer, Gelehrter
**Weltgerichtshof** ⟨m. 1u; unz.; Rechtsw.⟩ *1946 gegründeter Internationaler Gerichtshof in Den Haag*
**Weltgeschichte** ⟨f. 19; unz.⟩ **1** *Geschichte der Menschheit u. der Beziehungen der Völker untereinander sowie ihre Darstellung* **2** ⟨fig.; umg.; scherzh.⟩ *Welt, fremde Länder* ◆ in der Weltgeschichte umherfahren ⟨fig.; umg.; scherzh.⟩ *viel, weit reisen*
**Weltkrieg** ⟨m. 1; Mil.⟩ **1** ⟨i. w. S.⟩ *Krieg, an dem viele Länder beteiligt sind, bes. einschließlich der USA* **2** ⟨i. e. S.⟩ *der Krieg von 1914-1918* (Erster Weltkrieg) *sowie der von 1939-1945* (Zweiter Weltkrieg)
**weltlich** ⟨Adj.⟩ **1** *zur Welt gehörend, irdisch* **2** *nicht kirchlich, nicht geistlich, nicht zum geistl. Stand od. Besitz gehörend, nicht zur Kirche gehörend* **3** *aufs Diesseits gerichtet, dem Diesseits verbunden* ◆ weltliche und geistliche Fürsten; weltlicher Sinn
**Weltliteratur** ⟨f. 20; unz.⟩ **1** *Gesamtheit der Literaturen aller Länder* **2** *die bedeutendsten u. in vielen Sprachen verbreiteten Werke aller Länder u. Zeiten*
**Weltmarkt** ⟨m. 1u; Wirtsch.⟩ *Markt der internationalen Handelsgüter, auf dem Angebot u. Nachfrage aller Länder zusammentreffen*
**Weltmeer** ⟨n. 11⟩ **1** *zusammenhängende, einen großen Teil der Erdoberfläche bedeckende Wassermasse* **2** *jeder der drei Ozeane*
**Weltmeister** ⟨m. 3; Sp.⟩ *Sportler, der die Weltmeisterschaft errungen hat*
**Weltmeisterschaft** ⟨f. 20; Sp.⟩ **1** *beste Leistung der Welt in einer Sportart* **2** *Wettkampf zur Ermittlung der besten Sportler der Welt*
**weltoffen** ⟨Adj.⟩ *voller Interesse für alles, was in der Welt geschieht*
**Weltraum** ⟨m.; -(e)s; unz.; Astron.⟩ *der unendliche Raum, in dem sich die gesamten Himmelskörper befinden;* Sy *Kosmos, Universum, Weltall*
**Weltrekord** ⟨m. 1; Sp.⟩ *beste Leistung der Welt in einer Sportart*
**Weltreligion** ⟨f. 20; Rel.⟩ *über einzelne Länder u. Völker hinausreichende Religion, z. B. Christentum, Buddhismus, Islam*
**Weltsicherheitsrat** ⟨m. 1u; unz.; Pol.⟩ *wichtigstes, ständig tagendes Organ der UNO*
**weltweit** ⟨Adj.⟩ *die ganze Welt umfassend, in der ganzen Welt bekannt*
**Weltwirtschaft** ⟨f. 20; unz.; Wirtsch.⟩ *die wirtschaftl. Beziehungen u. Vorgänge zwischen allen od. vielen Ländern*
**Weltwunder** ⟨n. 13; Arch.⟩ die sieben Weltwunder ⟨in der Antike⟩ *sieben außergewöhnl. Bau- u. Kunstwerke, meist werden genannt: die Zeusstatue in Olympia, die Hängenden Gärten der Semiramis, der Leuchtturm von Alexandria, das Mausoleum von Halikarnassos, die ägypt. Pyramiden, der Koloss von Rhodos, der Artemistempel in Ephesos*
**Weltzeit** ⟨f. 20; unz.; Abk.: WZ⟩ *Zeit, die am nullten Längengrad gilt*
**wem I** ⟨Interrogativpron.; Dat. von wer⟩ wem hast du das Buch gegeben?; wem gehört dieses Haus? **II** ⟨Relativpron.; Dat. von wer⟩ ich habe vergessen, wem ich das Buch gegeben habe
**Wemfall** ⟨m. 1u; Gramm.⟩ = *Dativ*
**wen I** ⟨Interrogativpron., Akk. von wer⟩ wen hast du getroffen? **II** ⟨Relativpron.; Akk. von wer⟩ ich weiß nicht, wen du meinst
**Wende**[1] ⟨m. 17⟩ = *Sorbe*
**Wende**[2] ⟨f. 19⟩ **1** *Wendung, Umkehr* (Sonnenwende) **2** ⟨Schwimmen, Segeln⟩ *Drehung um 180°* **3** *Drehung des ganzen Körpers um die Längsachse (besonders als Absprung vom Turngerät)* **4** *Anfang, Beginn von etwas Neuem* (Jahrhundertwende, Jahreswende) **5** *Umschwung (in einer Entwicklung)* **6** *Wendepunkt* [→ *wenden*]
**Wendehals** ⟨m. 1u⟩ **1** ⟨Zool.⟩ *Specht, der seinen Hals drehend verrenken kann: Jynx torquilla* **2** ⟨fig.⟩ *jmd., der sich nach einer polit. Wende den neuen Verhältnissen sehr schnell anpasst u. seine früheren, entgegengesetzten Überzeugungen verleugnet*
**Wendehammer** ⟨m. 3u⟩ *Wendeplatz für Fahrzeuge am Ende einer Sackgasse* [nach dem Grundriss, der die Form eines *Hammers* hat]
**Wendekreis** ⟨m. 1⟩ **1** *Kreis, der beim Wenden eines Fahrzeugs auf kleinstmöglichem Raum durch seine äußeren Räder beschrieben wird* **2** ⟨Geogr.⟩ ▼ *Breitenkreis zwischen trop. und gemäßigter Zone der Erde, auf dem die Sonne zur Zeit der Sommer- bzw. Wintersonnenwende im Zenit steht* ◆ Wendekreis des Krebses *nördlicher Wendekreis;* Wendekreis des Steinbocks *südlicher Wendekreis*

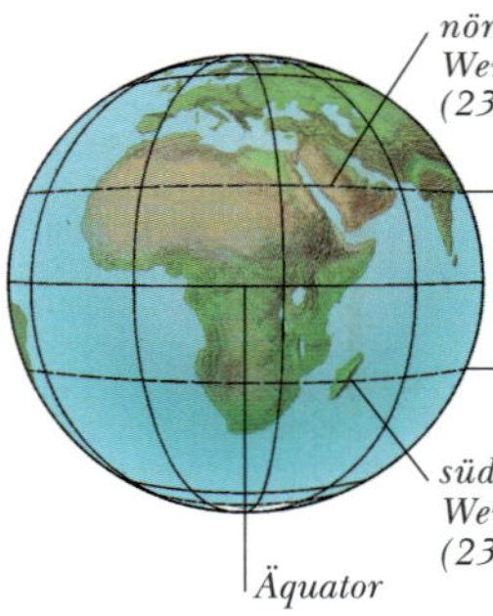


WENDEKREISE DER ERDKUGEL

**Wendeltreppe** ⟨f. 19⟩ *Treppe, die schraubenförmig um eine Achse nach oben führt, Spindeltreppe* [→ *wenden*]
**Wendemarke** ⟨f. 19⟩ *bezeichnete Stelle, an der gewendet werden muss*
**wenden** ⟨V. 278; hat⟩ **I** ⟨V. t.⟩ **1** *umdrehen, auf die andere Seite drehen, drehen* **2** *in die entgegengesetzte Richtung stellen* ◆ bitte wenden! ⟨Abk.: b. w.⟩ *(Aufforderung zum Umblättern, Umdrehen eines Formulars usw.);* das Wetter hat sich gewendet *ist anders geworden;* **Heu** wenden (zum schnelleren Trocknen); jmdm. den **Rücken** wenden *jmdm. den Rücken zudrehen, sich von jmdm. abkehren* ◆ ich kann die Sache **drehen** und wenden, so viel ich will, sie wird doch nicht anders ⟨fig.⟩ *von allen Seiten beleuchten, betrachten* ◆ sich **an** jmdn. wenden *jmdn. fragen, um Auskunft, Hilfe bitten; ansprechen;* seine Aufmerksamkeit **auf** etwas wenden; sich nach links, rechts wenden; sich **zu** jmdm. wenden; sich zur Flucht wenden **II** ⟨V. i.⟩ *umkehren, kehrtmachen, die entgegengesetzte Richtung einschlagen, z. B. beim Wettlaufen, Schwimmen* ◆ ich **kann** in der engen Straße (mit dem Wagen) nicht wenden ◆ der Schwimmer stößt sich **beim** Wenden mit den Beinen ab [< mhd. *wenden* < ahd. *wenten;* Faktitivum zu *winden*]
**Wendepunkt** ⟨m. 1⟩ **1** *Punkt, an dem sich etwas wendet* **2** ⟨Math.⟩ *Punkt einer Kurve, in dem diese die Richtung wechselt* **3** ⟨fig.⟩ *Zeitpunkt, an dem ein Umschwung, eine Änderung eintritt* ◆ der Wendepunkt einer Entwicklung
**wendig** ⟨Adj.⟩ **1** *beweglich, leicht lenkbar* (Fahrzeug) **2** *geschmeidig, flink, Situationen schnell erkennend u. ausnutzend* (Person) [→ *wenden*]
**wendisch** ⟨Adj.⟩ = *sorbisch*
**Wendung** ⟨f. 20⟩ **1** *das Wenden, Richtungsänderung, Biegung, Drehung, Umkehr* (Kehrtwendung) **2** *Veränderung, Umschwung* **3** ⟨fig.⟩ *sprachliche Formel, Redensart* (Redewendung) ◆ eine Wendung machen; dem Gespräch eine andere Wendung geben *von etwas anderem zu sprechen beginnen;* eine glückliche, günstige Wendung
**Wenfall** ⟨m. 1u; Gramm.⟩ = *Akkusativ*
**wenig I** ⟨Adj.⟩ **I.i** ⟨attributiv⟩ **1** *in kleiner Zahl, Menge (vorhanden), nicht viel, nicht viele* **2** *spärlich* ◆ ich kann nur wenig **Englisch;** es ist nur in wenigen **Fällen,** ⟨umg.⟩ in den wenigsten Fällen gut gegangen; wenig **Leute,** wenige Leute; dort, wo die wenigsten **Menschen** sind; es sind nur wenige **Schritte** bis dorthin; etwas mit wenigen **Worten** erklären; er hat wenig **Zeit;** das hat wenig **Zweck** ⟨umg.⟩ ◆ sechs weniger zwei ist vier; das Stück wird oft gespielt, mit **mehr** oder weniger Erfolg ◆ weniger **als** 100 Personen; das hätte ich **am** wenigsten erwartet **I.ii** ⟨substantivisch⟩ **1** *nicht viel, eine kleine Menge, kleine Anzahl* **2** wenige *eine kleine Zahl von Menschen* ◆ das wenige/Wenige, was ich dir sagen kann; die wenigen/Wenigen, die dabei waren; **sein:** das ist das wenigste! ⟨umg.⟩ *das ist nicht von Bedeutung* ◆ ich kann Ihnen das Stück, die Ware nicht **für** weniger geben *nicht für weniger Geld, nicht für einen niedrigeren Preis;* er ist **um** (ein) weniges älter als ich **I.iii** ⟨adv.⟩ **1** *nicht viel, nicht oft, selten* **2** *nicht sehr* ◆ **ankommen:** es kommt weniger auf die Menge als auf die Güte an; er hat mir (nur) wenig **geholfen;** ich **kenne** ihn wenig ⟨umg.⟩ *nicht sehr gut;* er hat während des ganzen Abends nur wenig **gesprochen,** wenig gesagt ◆ ein (klein) wenig *ein bisschen;* ein wenig Zucker **II** ⟨Partikel⟩ *unwesentlich, nicht viel* ◆ sie ist nur wenig **kleiner** als ich ◆ er war **nicht** wenig erstaunt *er war recht erstaunt;* nicht weniger als 5000 Zuschauer ⟨betonend⟩ [< mhd. *weinic, wenec* „klein, gering, schwach; beklagenswert" < ahd. *wenag* „bejammernswert"]
**wenigstens** ⟨Adv.⟩ *mindestens, als wenigstes* ◆ komm doch wenigstens einen Tag
**wenn** ⟨Konj.⟩ **1** *für den Fall, dass, im Falle, dass, falls* **2** *unter der Bedingung, dass ...* **3** *sooft* **4** *sobald* ◆ wenn man auf den Knopf **drückt,** öffnet sich die Tür von selbst; wenn ich Nachricht von ihm **habe,** lasse ich es dich sofort wissen; es würde, ⟨od.⟩ sollte mich freuen, wenn du kämst; wenn ich die Wahrheit **sagen** soll; **sein:** wenn dem so ist, dann ... ◆ **als** wenn ⟨umg.⟩ *als ob;* er tut immer, als wenn er ...; wenn **auch** *obwohl, zwar;* wenn er **nicht** gestohlen hätte, säße er heute nicht im Gefängnis; ⟨in Wunschsätzen⟩ wenn doch ..., wenn nur ... *ich wollte ...;* ach, wenn er doch käme! *ich wollte, er käme* [< mhd. *wenne;* → *wann*]
**Wenn** ⟨n.; -, - od. -s⟩ das Wenn und Aber *Zweifel, Einwände* ◆ hier gibt es kein Wenn und Aber

**wenngleich** ⟨Adv.⟩ *obgleich* ◆ wenngleich mir das Bild nicht gefällt, muss ich doch sagen, dass es gut gemalt ist

**wer** I ⟨Interrogativpron.⟩ *welcher Mensch, was für ein Mensch, was für eine Person* ◆ wer ist **gekommen?; sein:** wer ist das?; wer **will** noch etwas? ◆ wer **anders** als er kann es gewesen sein? *welcher andere als er;* wer **da?** *(Ruf des Postens, wenn sich jemand nähert);* wer **von** euch hat das getan? **II** ⟨Indefinitpron.⟩ **1** *derjenige, der* **2** *jeder, der* **3** ⟨umg.⟩ *jemand* ◆ wer sein ⟨umg.⟩ *anerkannt, angesehen sein;* dort war er wer; wer dagegen ist, soll die Hand heben **III** ⟨Relativpron.⟩ ich weiß nicht, wer gekommen ist; er treibt sich wieder wer weiß wo herum *irgendwo* [< mhd. *wer* < ahd. *(h)wer*]

**Werbeagentur** ⟨f. 20⟩ *Unternehmen, das für andere, bes. Firmen, die Werbung durchführt*

**werben** ⟨V. 279; hat⟩ **I** ⟨V. t.⟩ *zu gewinnen suchen* (Anhänger, Käufer, Mitglieder, Rekruten, Soldaten) **II** ⟨V. i.⟩ *Werbung betreiben, Käufer, Anhänger suchen* ◆ für einen Handelsartikel werben; um jmdn. od. etwas werben *sich um jmdn. od. etwas bemühen, jmdn. od. etwas für sich zu gewinnen suchen* [< mhd. *werben, werven* < ahd. *werban, werван* < (älterem) *hwerfan* „sich drehen, bewegen, sich bemühen; hin u. her gehen; etwas betreiben, ausrichten"; verwandt mit *Wirbel, Werft, Gewebe*]

**Werbespot** ⟨[-spɔt] m. 6⟩ *durchschnittlich 10-30 Sekunden langer Werbebeitrag in einem speziell dafür vorgesehenen Teil des Fernseh- od. Rundfunkprogramms* [→ *Spot*]

**Werbung** ⟨f. 20⟩ **1** *das Werben, planmäßiges Vorgehen, jmdn. od. bestimmte Personengruppen für sich od. für etwas zu gewinnen* **2** *Werbeabteilung* ◆ auf dem Gebiet der Werbung Erfahrung haben

**Werbungskosten** ⟨nur Pl.⟩ *die zur Erwerbung, Sicherung u. Erhaltung der Einnahmen notwendigen u. daher vom steuerpflichtigen Einkommen absetzbaren Aufwendungen*

**Werdegang** ⟨m. 1u; unz.⟩ **1** *Vorgang des Werdens, Reifens, Lauf der Entwicklung* **2** *Berufsausbildung, Laufbahn* **3** *Ablauf der Herstellung (z. B. eines Industrieerzeugnisses)*

**werden** ⟨V. 280; ist⟩ **I** ⟨Hilfsverb zur Bildung der Formen des Passivs, des Futurums, des Konjunktivs u. von Wunschsätzen u. Sätzen der Ungewissheit⟩ **I.i** ⟨Passiv⟩ er ist befördert worden; er wurde zum Direktor ernannt; der Baum wird gefällt **I.ii** ⟨Futurum⟩ ich werde kommen **I.iii** ⟨in Sätzen der Ungewissheit, des Wunsches usw.⟩ er wird es wohl nicht gelesen haben *er hat es sicher nicht gelesen;* es wird schon richtig sein; jetzt werden wohl alle da sein **I.iv** ⟨Konjunktiv⟩ ich würde gern kommen, wenn ich Zeit hätte; würdest du es ihm wohl sagen? ⟨höfl. Form für⟩ *bitte sag es ihm!* **II** ⟨als selbständiges V. i.⟩ **1** *entstehen, sich entwickeln, wandeln (zu)* **2** *geschehen* ◆ ich bin **wieder** geworden ⟨umg.⟩ *ich bin wieder gesund geworden, zu mir gekommen, habe mich wieder erholt* ◆ er ist **Erster,** Letzter geworden; es wird **Zeit** (zu gehen usw.) ◆ was nicht ist, **kann** noch werden ◆ **alt** werden; mir wird **ängstlich** zumute; **arm,** reich werden; **böse,** zornig werden; es wird **dunkel,** hell; **gesund,** krank werden; **größer** werden; es wird schon alles noch **gut** werden; es wird **kalt;** mir wird kalt *ich beginne zu frieren* ◆ das muss **anders** werden ◆ es wird schon noch ein anständiger Mensch **aus** ihm werden; die saure Milch ist **zu** Quark geworden ◆ und **was** wurde dann?; und **wie** ist es dann noch geworden? ◆ eine werdende Mutter *eine Frau, die ein Kind erwartet;* der werdende Arzt *der angehende Arzt* [< mhd. *werden* < ahd. *werdan*]

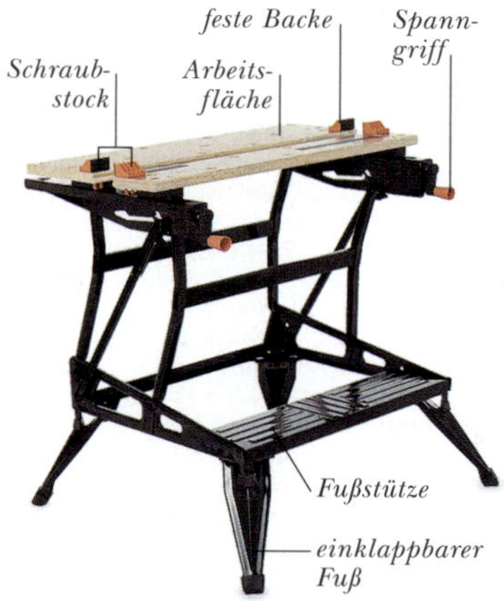


WERKBANK:
ZUSAMMENKLAPPBARE WERKBANK

**Werden** ⟨n.; -s; unz.⟩ **1** *Entstehen, Anfang, Entwicklung* **2** ⟨fig.⟩ *Bildung, Ausbildung, Heranwachsen* ◆ die Sache ist noch im Werden (begriffen)

**Werfall** ⟨m. 1u; Gramm.⟩ = *Nominativ*

**werfen** ⟨V. 281; hat⟩ **I** ⟨V. t.⟩ etwas od. jmdn. werfen **1** *einer Sache od. jmdm. einen Schwung, Stoß geben, dass sie oder er wegfliegt, schleudern* **2** *hervorbringen, bilden* (Falten, Schatten) ◆ das Wasser wirft beim Kochen **Blasen;** das Gewand wirft schwere, reiche **Falten;** die Kuh hat ein **Kalb** geworfen; die Bäume warfen lange **Schatten** ◆ jmdm. eine Grobheit **an** den Kopf werfen ⟨fig.⟩ *eine Grobheit sagen;* ein Auge **auf** jmdn. werfen ⟨fig.⟩ *sich für jmdn. interessieren;* Ware auf den Markt werfen ⟨fig.⟩ *in großen Mengen zum Verkauf anbieten;* etwas **aus** dem Fenster werfen; jmdn. aus dem Haus werfen ⟨fig.⟩ *jmdn. fortjagen;* die Tür **ins** Schloss werfen *zuschlagen;* jmdn. **zu** Boden werfen **II** ⟨V. refl.⟩ **1** *sich rasch, stoßweise auf etwas zu-, von etwas wegbewegen* **2** *sich krümmen, sich verziehen* (Holz) ◆ sich **auf** jmdn. werfen *sich auf jmdn. stürzen, jmdn. angreifen;* sich im Schlaf unruhig **hin und her** werfen ◆ das Holz wirft sich **III** ⟨V. i.⟩ **1** *einen Ball (od. Stein) von sich schleudern (bes. als sportl. Übung)* **2** ⟨Zool.⟩ *Junge bekommen* (von Tieren) ◆ die Hündin, die Kuh hat geworfen [< mhd. *werfen* < ahd. *wer(p)fan*]

**Werft** ⟨f. 20⟩ *Anlage am Wasser zum Bau u. Ausbessern von Schiffen* [< ndrl. *Werf* „Schiffszimmerplatz", urspr. „Platz, an dem man sich hin und her wendet"]

**Werk** ⟨n. 11⟩ **1** *Handlung, Tat* **2** *Tätigkeit, Arbeit, Aufgabe* **3** *etwas Geschaffenes, Hervorgebrachtes, Schöpfung, Erzeugnis* (Bauwerk, Kunstwerk, Literaturwerk, ⟨fig.⟩ Blendwerk) **4** *Schrift, Buch* (Nachschlagewerk) **5** *künstl. Gefüge, ineinander greifendes Getriebe* (Räderwerk, Uhrwerk) **6** *große, komplizierte techn. Anlage* (Elektrizitätswerk, Kraftwerk, Wasserwerk) **7** *Fabrik, Betrieb* **8** *Stoff, Rohstoff* (Pelzwerk) **9** ⟨Sammelbez. für⟩ *mehrere zusammengehörige od. gleichartige Gegenstände* (Schuhwerk, Zuckerwerk) ◆ es war das Werk eines **Augenblicks** *es geschah in einem Augenblicks;* der **Leiter** eines Werkes ◆ ein Werk **beginnen,** fördern; ein Werk **besichtigen** ◆ das ist **dein,** mein Werk *das hast du, das habe ich getan;* ein **gutes** Werk tun; Goethes **sämtliche** Werke in 20 Bänden ◆ (frisch) **ans** Werk gehen *beginnen;* eine Sache **ins** Werk setzen *beginnen* [< mhd. *werc(h)* < ahd. *werc, werah*]

**Werkbank** ⟨f. 7u⟩ ◄ *Arbeitstisch in einer Fabrik od. zum Heimwerken*

**Werkstatt** ⟨f.; -, -stätten⟩ **1** *Arbeitsstätte für die gewerbl. Herstellung von Waren, in der im allg. sämtl. Arbeitsgänge durchgeführt werden* **2** *Arbeitsraum eines Künstlers*

**Werkstoff** ⟨m. 1⟩ *fester Rohstoff, z. B. Holz, Metall, Leder, Stein, aus dem sich Gegenstände aller Art formen lassen*

**Werktag** ⟨m. 1⟩ *Tag, an dem gearbeitet wird;* Ggs *Sonntag, Feiertag*

**werktags** ⟨Adv.⟩ *an Werktagen* ◆ das Museum ist werktags geöffnet; der Zug verkehrt nur werktags

**Werkzeug** ⟨n. 11; unz.⟩ **1** *Gerät zur Bearbeitung von Werkstoffen* **2** ⟨fig.⟩ *jmd., der von einem andern als Mittel zum Zweck benutzt wird* **3** Werkzeuge ⟨Pl.; Zool.⟩ *bestimmte Gliedmaßen* (Kau-, Fresswerkzeuge) ◆ ein willenloses Werkzeug in der Hand eines anderen sein ⟨fig.⟩

**Werkzeugmaschine** ⟨f. 19⟩ *Maschine zur Bearbeitung von Werkstücken mithilfe eines Werkzeuges, z. B. Bohrmaschine, Drehbank*

**Wermut** ⟨m. 1; unz.⟩ **1** ⟨Bot.⟩ *magenanregende Bittermittel enthaltender, gelb blühender Korbblütler: Artemisia absinthium;* ► *Kräuter* **2** ⟨fig.⟩ *Bitternis, Schmerzliches* ◆ ein Tropfen Wermut in einer großen Freude ⟨fig.⟩ [< mhd. *wermout(e), wermüete* < ahd. *wer(i)muota,* aengl. *vermod;* Herkunft unbekannt]

**wert** ⟨Adj.; -er, am -esten⟩ **1** *bedeutungsvoll, wichtig* **2** *einen bestimmten Preis kostend, einen bestimmten Wert habend* **3** *lieb, teuer* **4** *würdig* **5** *geehrt (als Höflichkeitsformel, bes. in Briefen)* ◆ werter **Herr!;** wie ist Ihr werter **Name?** ⟨veraltet⟩; wir haben Ihr wertes **Schreiben** erhalten ◆ etwas wert **sein** *einen bestimmten Wert, Preis haben;* diese Frau ist aller Ehren wert *ist ehrbar;* das ist ja Gold wert! *das ist (für einen bestimmten Zweck) sehr wertvoll;* der Ring ist 1000 Mark wert; er ist unseres Vertrauens wert *er verdient unser Vertrauen;* was, wie viel ist der Schmuck wert? ◆ er ist mir **lieb** und wert

## WERTIGKEIT

Die Wertigkeit gibt an, wie viele chemische Bindungen ein Atom eingehen kann, z. B. ist Wasserstoff immer ein-, Sauerstoff hingegen zweiwertig. Um ein Molekül bilden zu können, müssen sich die Wertigkeiten der beteiligten Atome entsprechen.

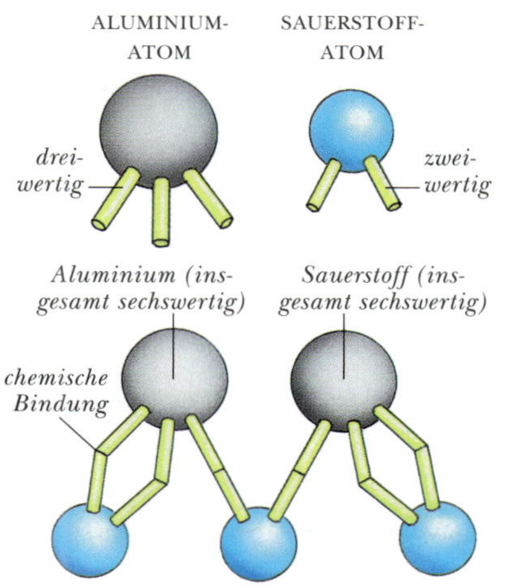


ALUMINIUMOXIDMOLEKÜL

W

⟨verstärkend⟩; der Ring ist (nicht) **viel** wert ◆ etwas (nicht) **für** wert erachten, finden *(nicht) für wichtig erachten, (nicht) wichtig finden* [< mhd. *wert* < ahd. *werd* „einen gewissen Preis kostend, käuflich; von hohem Wert; herrlich, vornehm"; → *Würde*]

**Wert** ⟨m. 1⟩ **1** *Preis, Kauf-, Marktpreis, Preis, den man beim Verkauf bekommen würde* **2** *Messgröße, Ergebnis einer Untersuchung* **3** *Geltung, Bedeutung, Wichtigkeit* **4** ⟨Philos.⟩ *die positive Bedeutung eines Subjekts od. Objekts im Verhältnis zu anderen* ◆ einer Sache keinen Wert **beilegen,** beimessen; den Wert eines Gegenstandes **schätzen,** festsetzen ◆ sich seines (eigenen) Wertes **bewusst** sein; **ethischer,** moralischer Wert; der **geistige,** ideelle Wert einer Sache; der **künstlerische** Wert eines Werkes; **materieller** Wert ◆ **an** Wert gewinnen, verlieren; Wert **auf** etwas legen *etwas für sehr wichtig halten;* ein Bild **über,** unter seinem (wirklichen) Wert verkaufen [→ *wert*]

**werten** ⟨V. t.; hat⟩ **1** eine Sache werten *einer Sache einen bestimmten Wert beimessen* **2** *den Wert einer Sache bestimmen, eine Sache schätzen, beurteilen*

**...wertig** ⟨Adj.; in Zus.⟩ **1** *einen bestimmten Wert habend,* z. B. geringwertig, hochwertig, neuwertig **2** *eine bestimmte Wertigkeit habend,* z. B. einwertig, zweiwertig

**Wertigkeit** ⟨f. 20; unz.⟩ **1** ⟨Chem.⟩ Sy *Valenz (2)* **1.1** ◄◄ *Eigenschaft eines Atoms, Ions od. Radikals, sich mit anderen Atomen, Ionen od. Radikalen in definierten Verhältnissen zu vereinigen* **1.2** ⟨früher⟩ *Verhältniszahl, die angibt, wie viele Wasserstoffatome ein Atom binden od. ersetzen kann* **2** ⟨Sprachw.⟩ *die Eigenschaft eines Wortes, bes. eines Verbs, eine od. mehrere Ergänzungen zu verlangen;* Sy *Valenz (4)*

**wertlos** ⟨Adj.⟩ *ohne Wert, nichts wert*

**Wertpapier** ⟨n. 11⟩ **1** ⟨i. w. S.⟩ *einen Wert verkörperndes Papier, z. B. Banknote* **2** ⟨i. e. S.⟩ *Urkunde, die ein bestimmtes Recht (des Inhabers) verbrieft*

**wertschätzen** ⟨V. t.; hat; nur im Inf. u. Perf.⟩ *für wertvoll halten, hoch schätzen* ◆ er weiß, dass sie ihn wertschätzen; sie wissen ihn wertzuschätzen, haben ihn immer wertgeschätzt

**Werturteil** ⟨n. 11⟩ *Urteil über den Wert (einer Person, Sache od. Handlung)*

**wertvoll** ⟨Adj.⟩ **1** *von hohem Wert, kostbar* (Sache) **2** *mit moralisch guten Charakteranlagen ausgestattet* (Mensch) ◆ deine Hilfe, Nachricht usw. ist mir sehr wertvoll

WETTERHAHN

**Werwolf** ⟨m. 1u; Volksglauben⟩ *ein Mensch, der sich zeitweise in einen Wolf verwandeln kann u. dann Menschen tötet* [< mhd. *werwolf* „Wolf, in dem die Seele eines Menschen steckt" < ahd. *wer* „Mann, Mensch" + *Wolf*]

**Wesen** ⟨n. 14⟩ **I** ⟨unz.⟩ **1** ⟨Philos.⟩ *Sosein der Dinge, im Unterschied zum bloßen Dasein* **2** ⟨allg.⟩ *Grundeigenschaft, innerer Kern, das Wesentliche* **3** *Art u. Weise, sich zu äußern, zu benehmen, Eigenart, Wesensart, Natur, Charakter* ◆ dieses Verhalten **entspricht** eigentlich nicht seinem Wesen ◆ **anmaßendes,** freundliches, heiteres, kindliches, ungezwungenes Wesen ◆ es liegt **im** Wesen dieser Sache, der Dinge, dass ... **II** ⟨zählb.⟩ **1** *etwas Lebendes, Lebewesen, Geschöpf* **2** ⟨umg.⟩ *Mensch* ◆ alle lebenden Wesen; → a. *Unwesen* [< mhd. *wesen* < ahd. *wesan* „Sein; Aufenthalt; Hauswesen; Wesenheit, Ding", Substantivierung von *wesen*]

**...wesen** ⟨n.; -s; unz.; in Zus. Sammelbegriff für⟩ *alle Dinge u. Vorgänge, die zu einer Sache gehören,* z. B. Bankwesen, Buchwesen, Gesundheitswesen, Schulwesen

**Wesenszug** ⟨m. 1u⟩ *Charaktereigenschaft, Charakterzug*

**wesentlich** **I** ⟨Adj.⟩ **1** *bedeutsam, wichtig, den Kern der Sache treffend, grundlegend* **2** *sehr merklich, sehr spürbar, bedeutend* ◆ keine wesentlichen **Änderungen;** ein wesentlicher **Bestandteil;** zwischen beidem besteht ein wesentlicher **Unterschied** ◆ das Wesentliche **erkennen** **II** ⟨Partikel⟩ *viel, weit, weitaus* ◆ es geht mir heute wesentlich **besser;** wesentlich **größer,** kleiner ◆ **im** Wesentlichen *im Kern, im Grunde; kurz gefasst, mit kurzen Worten;* der Inhalt des Buches ist im Wesentlichen der ...; es ist **nichts** Wesentliches vorgefallen

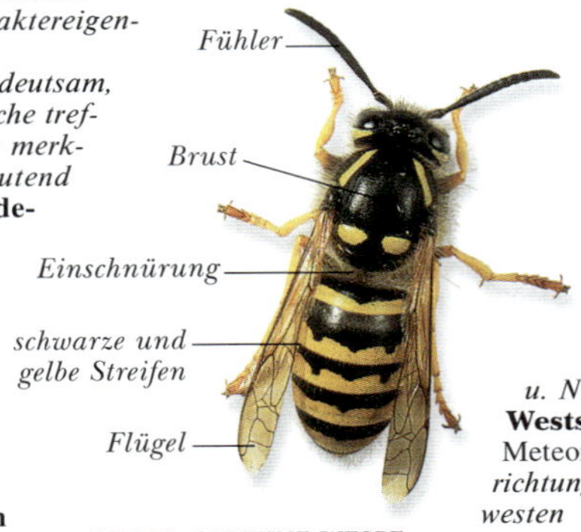


WESPE: GEMEINE WESPE
*(Vespula vulgaris)*

**Wesfall** ⟨m. 1u; Gramm.⟩ = *Genitiv*

**weshalb** ⟨Interrogativadv.⟩ *warum, aus welchem Grunde;* Sy *weswegen* ◆ weshalb lachst du?; sag mir, weshalb du gelacht hast

**Wesir** ⟨m. 1; in islam. Staaten⟩ *Minister* [< türk. *wezir* < arab. *wazir* „Träger, Stütze" < arab. *wazara* „tragen, überwinden"]

**Wespe** ⟨f. 19; Zool.⟩ ▲ *Angehörige einer Überfamilie der Stechimmen mit Vorderflügeln, die der Länge nach zusammengefaltet werden können: Vespidae;* ► *Insekten* [< mhd. *wespe, wefse* < ahd. *wefsa, wafsi* „Wespe" < lat. *vespa* „Wespe"; → *weben*]

**wessen** ⟨Interrogativpron.; Genitiv von wer, was⟩ wessen Buch ist dies?

**West** ⟨ohne Art.; Abk.: W⟩ = *Westen (1)* ◆ Stuttgart West

**Weste** ⟨f. 19; Textilw.⟩ *ärmelloses, bis zur Taille reichendes Kleidungsstück, das bei Männern unter der Jacke, bei Frauen über einer Bluse getragen wird* ◆ eine weiße Weste haben ⟨fig.⟩ *unbescholten sein, nichts auf dem Gewissen haben* [< frz. *veste* „ärmelloses Wams" < ital. *veste* „Kleid, Gewand" < lat. *vestis* „Kleid, Gewand"; zu *vestire* „bekleiden"]

**Westen** ⟨m.; -s; unz.⟩ **1** ⟨Abk.: W⟩ *Himmelsrichtung, in der die Sonne untergeht;* oV *West* **2** *westlich gelegenes Gebiet* **3** ⟨umg.; bes. vor 1989⟩ *Westdeutschland (einschl. Nord- u. Süddeutschlands)* **4** *Westeuropa* ◆ der Wilde Westen *der früher noch wenig besiedelte westliche Teil Nordamerikas* [< mhd. *westen* < ahd. *westan* „Westen, Abendseite" < lat. *vesper* „Abend, Abendstern", grch. *hespera* „Abend"]

**Western** ⟨m. 4; Film⟩ = *Wildwestfilm* [amerikan., engl. „Westlicher"]

**westeuropäisch** ⟨Adj.⟩ *Westeuropa betreffend, dorthin gehörend, von da stammend* ◆ westeuropäische Zeit ⟨Abk.: WEZ⟩ *in Westeuropa geltende Zonenzeit*

WHIPPET

**Westgote** ⟨m. 17; eigtl.⟩ *Wisigote, Angehöriger eines der beiden großen Stämme der Goten* [vielleicht < got. *wisu* „gut"]

**westgotisch** ⟨Adj.⟩ *die Westgoten betreffend, zu ihnen gehörend, von ihnen stammend*

**westlich** ⟨Adj.⟩ *im Westen liegend, nach Westen zu* ◆ westliche(r) Länge ⟨Abk.: w. L.⟩ *Längengrad westlich des Nullmeridians (von Greenwich);* der Ort liegt weiter westlich; in westlicher Richtung

**Westnordwest(en)** ⟨m.; -s; unz.; Meteor.; Abk.: WNW⟩ *Himmelsrichtung zwischen Westen u. Nordwesten*

**Westsüdwest(en)** ⟨m.; -s; unz.; Meteor.; Abk.: WSW⟩ *Himmelsrichtung zwischen Westen u. Südwesten*

**weswegen** ⟨Interrogativadv.⟩ = *weshalb*

**Wettbewerb** ⟨m. 1⟩ **1** *Kampf um die beste Arbeit, um die beste Leistung* **2** ⟨Sp.⟩ = *Wettkampf* **3** *Konkurrenz* ◆ einen Wettbewerb ausschreiben, veranstalten

**Wette** ⟨f. 19⟩ *Abmachung zwischen zweien, dass der, dessen Behauptung sich als unrichtig erweist, etwas zahlen od. leisten muss* ◆ eine Wette abschließen; ich gehe jede Wette ein, dass es stimmt, was ich sage; eine Wette gewinnen, verlieren [< mhd. *wet(t)e, wet* „Pfand(vertrag), Rechtsverbindlichkeit, Einsatz, Ersatz" < ahd. *wet(t)i*]

**wetteifern** ⟨V. i.; hat⟩ mit jmdm. wetteifern *mit jmdm. etwas um die Wette tun, versuchen, etwas vor jmdm. zu erreichen* ◆ sie wetteiferten miteinander um den besten, ersten Platz

**wetten** ⟨V. i.; hat⟩ *eine Wette eingehen, abschließen, sich verpflichten, etwas zu zahlen od. zu geben, wenn man nicht Recht behält* ◆ wetten, dass? ⟨kurz für⟩ *wollen wir wetten, dass es so ist, wie ich sage?;* ich wette, dass ab heute 2 Wochen die Sonne scheint; auf etwas wetten *sich verpflichten, etwas zu zahlen, wenn etwas nicht stimmt od. eintritt, was man behauptet hat;* ich wette darauf, dass es so ist! [→ *Wette*]

**Wetter** ⟨n. 13⟩ **I** ⟨unz.⟩ **1** *Zustand der Lufthülle der Erde, Ablauf der meteorolog. Erscheinungen (in einem begrenzten Gebiet)* **2** *Gewitter, starker Regen, Unwetter* ◆ es **kommt** ein Wetter; **sein:** was ist für Wetter?; wie ist das Wetter?; **zusammenziehen:** ein Wetter zieht sich, braut sich zusammen ◆ **gutes,** herrliches, kühles, regnerisches, schlechtes, schönes, stürmisches, warmes Wetter ◆ **bei** günstigem Wetter machen wir einen Ausflug **II** ⟨nur Pl.; Bgb.⟩ *Luft u. andere Gasgemische in einem Grubenbau* [< mhd. *weter* < ahd. *wetar* „Wetter"; eigtl. „Wehen, Wind, Luft"]

**Wetteramt** ⟨n. 12u⟩ *staatl. Dienststelle, die aufgrund der Meldungen von den Wetterwarten den Wetterdienst versieht*

**Wetterbericht** ⟨m. 1⟩ *von der Wetterwarte, vom Wetterdienst ausgegebener Bericht über das Wetter u. seine wahrscheinliche Entwicklung für die nächsten 24 Stunden*

**wetterbeständig** ⟨Adj.⟩ *beständig, unempfindlich gegen Einwirkungen des Wetters* ◆ wetterbeständiges Material; wetterbeständiger Stoff

## WETTERKARTE

Über die ganze Erde verteilte Wetterstationen messen ständig Luftdruck, Windrichtung, Windgeschwindigkeit und Temperatur. Die zu bestimmten Zeitpunkten gleichzeitig erhobenen Daten werden von Computern zu synoptischen Wetterkarten verarbeitet, welche die genaue Lage der Wetterfronten und Isobaren aufzeigen. Neben dem in Hektopascal angegebenen Luftdruck verweisen zahlreiche weitere Spezialzeichen auf Art und Umfang von Bewölkung, Niederschlag und anderen atmosphärischen Phänomenen.

SYNOPTISCHE WETTERKARTE DES NORDATLANTIKS

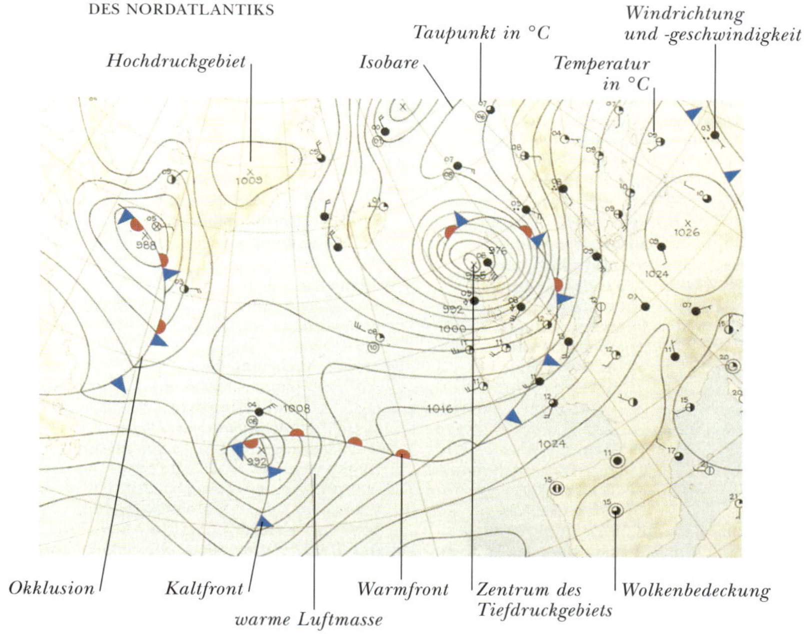


**Wetterdienst** ⟨m. 1⟩ *regelmäßige Berichterstattung über das Wetter u. seine voraussichtl. Entwicklung durch die Wetterämter*
**Wetterfahne** ⟨f. 19⟩ **1** *metallene Fahne auf dem Dach zum Anzeigen der Windrichtung* **2** ⟨fig.⟩ *launischer Mensch, jmd., der seine Meinung rasch ändert*
**wetterfest** ⟨Adj.⟩ *unempfindlich od. gesichert gegen Einwirkungen des Wetters* ♦ eine Hütte wetterfest machen
**Wetterfront** ⟨f. 20; Meteor.⟩ ► = *Front (6)*
**Wetterhahn** ⟨m. 1u⟩ ◄ *Wetterfahne in Form eines Hahnes*
**Wetterkarte** ⟨f. 19; Meteor.⟩ ▲ *Landkarte, auf der alle Faktoren des Wetters eingezeichnet sind*
**Wetterlage** ⟨f. 19⟩ **1** ⟨Meteor.⟩ *Zustand des Wetters* **2** ⟨fig.; umg.⟩ *allgemeine Gemütslage, Stimmung*
**wetterleuchten** ⟨V. i.; hat gewetterleuchtet; unpersönl.⟩ es wetterleuchtet *es blitzt in so weiter Entfernung, dass der nachfolgende Donner nicht zu hören ist* [frühnhd. volksetym. Angleichung an *leuchten* < mhd. *weterleichen* „blitzen ohne Donner", eigtl. „Tanzen, Spielen des Wetters" < *weter* „Wetter" + *leichen* „tanzen, hüpfen"]
**Wetterleuchten** ⟨n.; -s; unz.⟩ *Aufleuchten entfernter Blitze*
**wettern** ⟨V.; hat⟩ **I** ⟨V. i.; unpersönl.⟩ es wettert *es ist ein Gewitter* **II** ⟨persönl.; fig.; umg.⟩ *schimpfen, laut schelten* ♦ gegen etwas od. jmdn. wettern *auf etwas od. jmdn. schimpfen* [< mhd. *wetern* „an der Luft trocknen; donnern, blitzen; fluchen, schimpfen"; → *Wetter*]

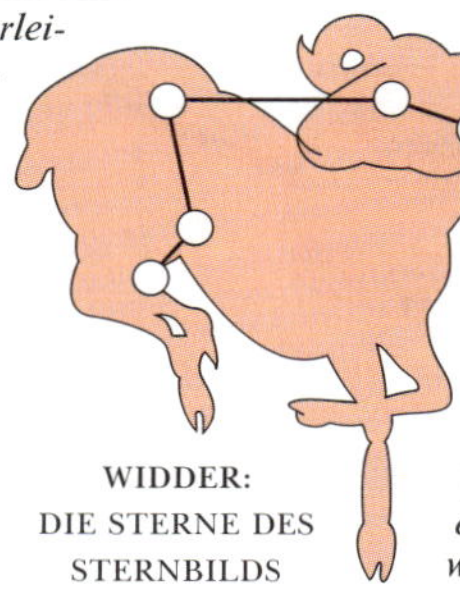

WIDDER: DIE STERNE DES STERNBILDS *WIDDER*

**Wettersatellit** ⟨m. 16; Meteor.⟩ *mit verschiedenen Messinstrumenten ausgestatteter Satellit, der zur Wettervorhersage dient*
**Wettervorhersage** ⟨f. 19; Meteor.⟩ *Vorhersage der wahrscheinl. Entwicklung des Wetters*
**Wetterwarte** ⟨f. 19; Meteor.⟩ *kleine Dienststelle zur Beobachtung des augenblicklichen u. voraussichtlichen Wetters, die regelmäßig Berichte an die Wetterämter gibt;* Sy *meteorologische Station*
**Wettkampf** ⟨m. 1u; Sp.⟩ *friedl. Kampf um die beste sportl. Leistung, Kampf um die Meisterschaft;* Sy *Wettbewerb (2)*
**wettmachen** ⟨V. t.; hat⟩ *wieder gutmachen, ausgleichen* ♦ einen Fehler, einen Verlust (wieder) wettmachen [< spätmhd. *wette* „quitt" + *machen*]
**Wettrennen** ⟨n. 14; bes. Sp.⟩ *Rennen um die Wette, Wettlauf* ♦ ein Wettrennen veranstalten; ein Wettrennen um die besten Plätze ⟨fig.; umg.⟩ *eifrige, rücksichtslose Bemühung*
**Wettrüsten** ⟨n.; -s; unz.; Mil.⟩ *verstärktes Rüsten mehrerer Staaten, um einander nicht unterlegen zu sein*
**WEZ** ⟨Abk. für⟩ *westeuropäische Zeit*
**WG** ⟨f. 10; umg.; Abk. für⟩ *Wohngemeinschaft*
**Wh** ⟨Zeichen für⟩ *Wattstunde*
**Whippet** ⟨['wipət] m. 6⟩ ◄ *wahrscheinlich durch eine Kreuzung von Greyhound, Windhund u. Terrier entstandene engl. Windhunderasse* [< engl. *whip* „eilen, rasen, flitzen" + Verkleinerungsendung *-et*]

**Whirlpool** ⟨['wəːlpuːl] m. 6⟩ *kleines Wasserbecken mit sprudelndem Wasser (für Massage)* [< engl. *whirl* „Strudel" + *pool* „Bassin"]
**Whisker** ⟨m. 3⟩ *aus Schmelzen gezogener, dünner Kristall mit einem völlig geordneten Kristallgitter, dient zur Herstellung von Werkstoffen höchster Festigkeit* [< engl. *whiskers* „Backenbart, Schnurrhaare"]
**Whiskey** ⟨['wiski] m. 6⟩ *irischer od. amerikan. Whisky;* → a. *Whisky*
**Whisky** ⟨['wiski] m. 6⟩ *engl. od. schott. Kornbranntwein;* → a. *Whiskey* [< engl. *whisky*, Kurzform von *whiskybae* < gälisch *uisge-beatha* „Lebenswasser"]
**Whiskysoda** ⟨[wiski-] m.; -s, - od. -s⟩ *mit Mineralwasser gemischter Whisky*
**Whistler** ⟨['wislə(r)] m. 3⟩ *durch Blitze verursachte elektromag. Wellen, die sich durch Pfeifgeräusche in Rundfunkgeräten bemerkbar machen* [< engl. *whistle* „pfeifen"]
**WHO** ⟨Abk. für engl.⟩ *World Health Organization (Weltgesundheitsorganisation)*
**Wicht** ⟨m. 1⟩ **1** *Kobold, Zwerg* **2** *kleiner Kerl* (von Kindern) **3** *Schurke, Schuft, Bösewicht* ♦ armer Wicht; elender Wicht; kleiner Wicht [< mhd., ahd. *wiht* „Kobold, Kerl; Etwas, Ding, Wesen"]
**wichtig** ⟨Adj.⟩ **1** *wesentlich, bedeutend, schwerwiegend, Aufmerksamkeit erfordernd* **2** *einflussreich* **3** ⟨fig.⟩ *bedeutend erscheinend, bedeutend tuend* ♦ eine wichtige **Arbeit,** Aufgabe, Nachricht, Neuigkeit; mit wichtiger **Miene** sagte sie ... ⟨fig.⟩ ♦ sich wichtig **machen,** tun ♦ etwas **für** wichtig halten [< mhd. *wihtec* „volles Gewicht habend, abgewogen"; → *Gewicht*]
**Wichtigtuer** ⟨m. 3; abwertend⟩ *jmd., der sich wichtig tut* ♦ er ist nur ein langweiliger Wichtigtuer!
**Wickel** ⟨m. 5⟩ **1** *Zusammengerolltes, Bündel, Knäuel* **2** *Spule, Rolle* (Garnwickel, Lockenwickel) **3** ⟨Med.⟩ *Packung, Umschlag* (Halswickel, Wadenwickel) ♦ feuchter, heißer, kalter Wickel ⟨Med.⟩ [< mhd. *wickel(in)* < ahd. *wickilin, wicchili* „Wickel, Flachs- od. Wollmenge zum Abspinnen, Faserbündel"]
**Wickelbär** ⟨m. 16; Zool.⟩ ► *sich vor allem von Bienenhonig u. süßen Früchten ernährender u. in Mittel- sowie Südamerika beheimateter Kleinbär mit überkörperlangem Greifschwanz: Potos flavus*

WICKELBÄR
*(Potos flavus)*

**Wickelgamasche** ⟨f. 19⟩ *spiralförmig um die Unterschenkel zu wickelnde Gamasche*
**Wickelkind** ⟨n. 12⟩ *Kind, das noch gewickelt wird*
**wickeln** ⟨V. t.⟩ *rollen, um etwas schlingen od. umeinander schlingen, umeinander legen* ♦ **Garn,** Wolle wickeln; ein **Kind** wickeln *einem Kind Windeln umlegen* ♦ einen Faden, ein Band **auf,** um eine Rolle wickeln; sich eine Mullbinde, ein Tuch um die Hand wickeln ♦ das Kind ist gerade frisch gewickelt [< mhd. *wickeln* „in die Form eines Wickels bringen"; zu mhd., ahd. *wickel* „Faserbündel"]
**Widder** ⟨m. 3⟩ **1** ⟨Zool.⟩ *männliches Schaf, Schafbock* **2** ⟨Astron.⟩ ◄ *Sternbild des nördlichen Himmels: Aries* [< mhd. *wider* < ahd. *widar* „Schafbock", eigtl. „einjähriges Tier, Jährling"]

W

**Widderchen** ⟨n. 14; Zool.⟩ = *Blutströpfchen (2)*

**wider** ⟨Präp. m. Akk.; veraltet, noch poet. u. in bestimmten Wendungen⟩ *gegen* ◆ wider alle Gepflogenheiten [< mhd. *wider* < ahd. *widar* „wider, gegen; entgegen"]

**wider..., Wider...** ⟨in Zus.⟩ *gegen..., Gegen..., zurück..., Zurück...*

**widerfahren** ⟨V. i. 130; ist⟩ *geschehen, zustoßen* ◆ jmdm. Gerechtigkeit widerfahren lassen *jmdn. gerecht beurteilen u. behandeln*

**Widerhaken** ⟨m. 4⟩ ► *Haken, bei dem die zurückgebogene Spitze eingestoßen wird, so dass ein Zurückziehen od. -drehen nicht möglich ist*

**Widerhall** ⟨m. 1; unz.⟩ = *Echo (1)* ◆ sein Vorschlag, seine Idee, Rede fand (keinen) Widerhall ⟨fig.⟩ *(keine) gute Aufnahme*

**widerlegen** ⟨V. t.; hat⟩ eine Behauptung widerlegen *den Beweis erbringen, dass eine Behauptung falsch ist*

WIDERRIST BEI EINEM MORGAN HORSE

**widerlich** ⟨Adj.⟩ **1** *Widerwillen, Abscheu erregend, abstoßend, ekelhaft* (Geruch, Geschmack, Anblick) **2** ⟨fig.⟩ *hässlich, gemein, sehr unangenehm*

**widerrechtlich** ⟨Adj.⟩ *zu Unrecht, ungesetzlich* ◆ widerrechtlicher Gebrauch wird bestraft; sich etwas widerrechtlich aneignen

**Widerrist** ⟨m. 1; bei Horn- u. Huftieren⟩ ▲ *vorderer, höchster Teil des Rückens, Übergang vom Hals zum Rücken (beim Pferd Messpunkt für die Größe: Widerristhöhe);* Sy *Rist (2)* ◆ das Pferd hat einen Widerrist von 1,65 m

**Widerruf** ⟨m. 1⟩ *das Zurücknehmen (einer Anordnung), Ungültigkeitserklärung* ◆ das Betreten des Geländes ist (bis) auf Widerruf gestattet, verboten

**widerrufen** ⟨V. t. 201; hat⟩ **1** *für ungültig erklären, zurücknehmen* (Anordnung, Befehl, Erlaubnis) **2** *für falsch erklären, dementieren* (Aussage, Nachricht)

**Widersacher** ⟨m. 3⟩ *Gegner, Feind* ◆ er war sein ärgster Widersacher [< mhd. *widersache* < ahd. *widarsahho* „Gegner (im Rechtshandel)"; zu mhd. *widersachen* „widerstreben" < ahd. *widarsachan* „rückgängig machen" < *wider* „gegen" + mhd. *sachen* < ahd. *sahhan* „streiten, anklagen"; → *Sache*]

**widersetzen** ⟨V. refl.; hat⟩ sich widersetzen *Widerstand leisten* ◆ sich einer Anordnung widersetzen *eine Anordnung nicht ausführen wollen, Einspruch gegen eine Anordnung erheben*

**widersinnig** ⟨Adj.⟩ *dem vernünftigen, logischen Denken zuwiderlaufend, unsinnig, unlogisch* ◆ sein widersinniges Verhalten konnte sich niemand erklären

W

**widerspiegeln** ⟨V. t.; hat⟩ etwas widerspiegeln **1** *als Spiegelbild zeigen, zurückwerfen* **2** ⟨fig.⟩ *sich (als Wirkung) zeigen*

**widersprechen** ⟨V. i. 246; hat⟩ *Einspruch erheben, das Gegenteil behaupten, das Gegenteil aussagen, zeigen, sehen lassen* ◆ jmdm. widersprechen; sich widersprechen *eine einer früheren Aussage entgegengesetzte Äußerung tun;* die Tatsachen widersprechen seiner Behauptung

**Widerspruch** ⟨m. 1u⟩ **1** *Behauptung des Gegenteils, das Gegenteil aussagende Entgegnung, Einwand, Einspruch* **2** *mit einer anderen Tatsache unvereinbare Tatsache* ◆ keinen Widerspruch **dulden;** Widerspruch gegen ein Rechtsurteil **einlegen**; (jeden) Widerspruch **zurückweisen** ◆ **empörter,** entrüsteter, heftiger, schwacher Widerspruch ◆ **auf** Widerspruch stoßen; **in** Widerspruch zu etwas geraten; sich in Widersprüche verwickeln *einander widersprechende Aussagen machen*

**widersprüchlich** ⟨Adj.⟩ *einander widersprechend, einen Widerspruch od. Widersprüche in sich schließend, enthaltend* ◆ widersprüchliche Aussagen, Nachrichten

WIDERHAKEN AN EINER PFEILSPITZE

**Widerstand** ⟨m. 1u⟩ **1** *das Widerstehen, das Sichwidersetzen, das Sichentgegenstellen, Gegenwehr, Abwehr* **2** *Kraft, die einer Bewegung entgegenwirkt* **3** ⟨El.⟩ **3.1** *Materialeigenschaft, die angibt, inwieweit das Material den Stromfluss behindert* **3.2** ▼ *elektr. Bauelement, das den Stromfluss herabsetzt* ◆ den Widerstand **aufgeben;** jmds. Widerstand **brechen,** überwinden; (jmdm.) Widerstand **leisten** ◆ **aktiver** Widerstand *Widerstand mit Gewaltanwendung;* **bewaffneter** Widerstand; **erbitterter,** heftiger, verbissener, vergeblicher Widerstand; **passiver** Widerstand *Nichtbefolgung von Befehlen ohne Gewaltanwendung* ◆ **auf** Widerstand stoßen

**widerstehen** ⟨V. i. 251; hat⟩ einer Sache widerstehen *eine Sache nicht tun, obwohl man es gern möchte, einer Sache nicht nachgeben* ◆ einer Versuchung widerstehen

**widerstreben** ⟨V. i.; hat⟩ *sich widersetzen, etwas nicht tun wollen, einer Sache nicht nachgeben wollen* ◆ es widerstrebt mir, ohne sein Einverständnis zu handeln

**Widerstreit** ⟨m. 1; unz.⟩ **1** *Gegeneinanderwirken, Kampf* **2** *Widersprüche* ◆ im Widerstreit der Gefühle

**widerwärtig** ⟨Adj.⟩ **1** *abstoßend, ekelhaft* **2** *sehr unangenehm,* ⟨umg.⟩ *sehr unsympathisch* ◆ eine widerwärtige Arbeit, Angelegenheit [< mhd. *widerwert, widerwart* „entgegengesetzt, widersetzlich" < ahd. *widerwart(ic)* „entgegengesetzt, feindlich"]

**Widerwille** ⟨m. 26⟩ *Ekel, Abscheu, starke Abneigung* ◆ seine schmeichlerische Art und Weise erregt meinen Widerwillen [< frühnhd., spätmhd. *widerwille* „Auflehnung, Ungemach, Widersetzlichkeit, Abscheu"; zu mhd. *willen* „Brechreiz empfinden"]

**widerwillig I** ⟨Adj.⟩ *Widerwillen spüren lassend* ◆ widerwillige Antwort; seine widerwillige Art zu reden **II** ⟨Adv.⟩ *mit Widerwillen, höchst ungern* ◆ widerwillig antworten; etwas widerwillig essen, tun

**widmen** ⟨V. t.; hat⟩ **1** *zueignen, darbringen, schenken* **2** sich jmdm. widmen *sich eingehend mit jmdm. beschäftigen* ◆ sie widmet sich ganz der Pflege des Kranken; jmdm. ein Buch widmen *als Zeichen der Freundschaft od. Verehrung zueignen* [< mhd. *widemen* < ahd. *widimen* „(mit einer Schenkung) ausstatten"; zu *widamo* „Aussteuer, Brautgabe, Kirchengut"]

**Widmung** ⟨f. 20⟩ *persönliche Zueignung, (handschriftliche od. gedruckte) Inschrift in einem Buch, mit der dieses jmdm. gewidmet wird*

**widrig** ⟨Adj.⟩ *entgegenstehend, sich entgegenstellend, hemmend, behindernd* ◆ ein widriges Geschick; widrige Winde *die Fahrt, den Flug hemmende, hindernde Winde*

**wie I** ⟨Interrogativadv.⟩ **I.i** ⟨in direkten u. indirekten Fragen⟩ wie?, wie bitte? *was hast du, was haben Sie gesagt?;* das war doch sehr schön, wie? ⟨umg.⟩ *nicht wahr?* **I.ii** ⟨mit Verben⟩ *auf welche Weise?* ◆ wie **gefällt** Ihnen das Buch?; wie **geht's,** wie geht es dir?; wie **macht** man das?; wie **meinen** Sie das?; **sein:** wie wäre es, wenn wir ins Kino gingen? *was halten Sie von dem Vorschlag, dem Gedanken, dass ...?* **I.iii** ⟨mit Adj.⟩ *in welchem Maß, in welchem Grade?* ◆ wie alt ist er? *welches ist sein Alter?;* wie viel *welche Anzahl?, welche Menge?;* wie viel(e) Einwohner hat Hamburg? wie viel ist, macht drei mal vier?; wie weit ist es bis zum Museum? *was für eine Entfernung* **I.iv** ⟨mit Partikeln⟩ wie lange willst du noch bleiben? *wie viel Zeit?* **II** ⟨Interrogativadv.; in Ausrufen⟩ **II.i** ⟨allein stehend⟩ *wirklich?* ◆ wie! *(Ausruf des Erstaunens, der Überraschung);* wie, hat er das wirklich gesagt? **II.ii** ⟨vor Verben⟩ *sehr, so* ◆ wie haben wir gelacht, als ... *wir haben*

## WIDERSTÄNDE

Widerstände sind das elektrische Äquivalent der Reibung. Wenn Wechselstrom durch einen Widerstand fließt, nimmt dieser einen Teil der Spannung auf und begrenzt so den Stromdurchfluss. Veränderliche Widerstände (z. B. bei Lautstärkereglern) werden Potenziometer genannt.

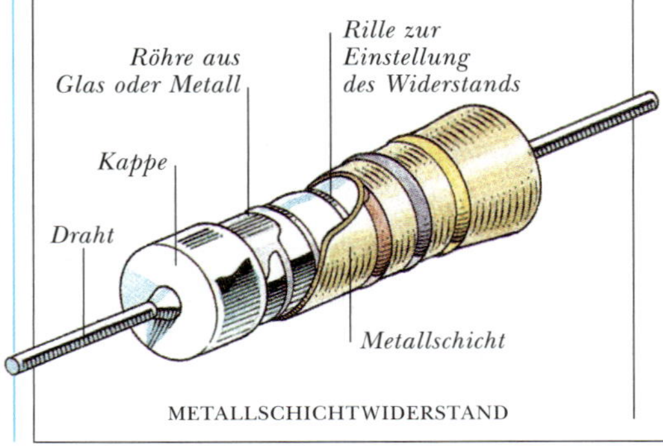

METALLSCHICHTWIDERSTAND

### WEITERE WIDERSTÄNDE

FOTOWIDERSTAND

HEISSLEITER

EINSTELL-WIDERSTAND

8-WATT-WIDERSTAND

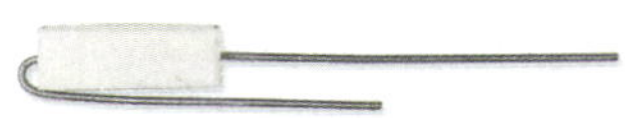
0,5-WATT-KOHLEWIDERSTAND

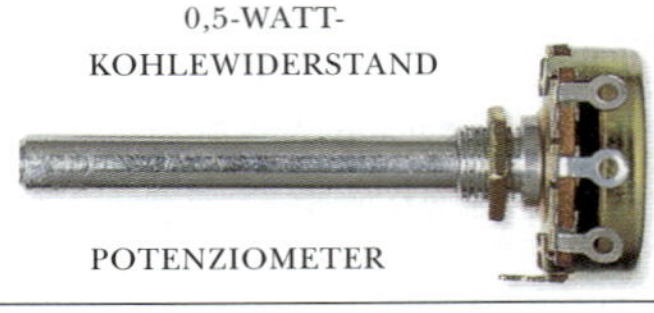
POTENZIOMETER

*sehr gelacht* **II.iii** ⟨vor Adj.⟩ wie dumm! *das ist sehr dumm!;* wie viel *sehr viel, so viel;* und wie viel das gekostet hat! *das hat sehr viel gekostet* **II.iv** ⟨vor Partikeln⟩ wie oft habe ich dir das schon gesagt! *ich habe es dir schon so oft gesagt!* **III** ⟨Konj.; vergleichend⟩ **III.i** ⟨vor Pronomen⟩ *im gleichen Maße, in der Art eines, einer ..., gleich einem, einer ...* ◆ das kannst du so gut wie ich; es ist einer wie der andere **III.ii** ⟨vor Substantiven⟩ *im gleichen Maße, in der Art eines, einer ..., gleich einem, einer ...* ◆ stark wie ein Bär; ein großer Dichter wie Heine **III.iii** ⟨mit Verben⟩ *im gleichen Maße, in der Art eines, einer ..., gleich einem, einer ...* ◆ wie sich's gehört *in der Art guter Manieren;* ich weiß, wie es ist, wenn ... **III.iv** ⟨vor Adj.⟩ *im gleichen Maße, in der Art eines, einer ..., gleich einem, einer ...* ◆ der Schrank ist so breit wie hoch; der Schrank sieht wieder aus wie neu *als ob er neu wäre;* er ist so gut wie taub *er ist fast ganz taub* **III.v** ⟨vor Partikeln⟩ *im gleichen Maße, in der Art eines, einer ..., gleich einem, einer ...* ◆ es war so schön wie noch nie **IV** ⟨Konj.; temporal⟩ **1** ⟨im Präs.⟩ und wie ich aus dem Fenster schaue, sehe ich ... **2** ⟨im Prät. nur⟩ → *als* [< mhd. *wie* < ahd. *(h)wio*]

WIEDEHOPF *(Upupa epops)*

**Wie** ⟨n.; -; unz.⟩ das Wie *die Art u. Weise, die Form* ◆ es kommt nicht nur auf das Was, sondern auch auf das Wie an

**Wiedehopf** ⟨m. 1; Zool.⟩ ▲ *mit den Racken verwandter Höhlenbrüter mit dünnem, leicht gebogenem Schnabel: Upupa epops* [< mhd. *witehopf(e)* < ahd. *witihopfa* „Waldhüpfer", vielleicht < ahd. *witu, widu* „Holz, Wald" + *hüpfen,* jedoch wahrscheinlich lautmalend]

**wieder** ⟨Adv.⟩ *aufs Neue, nochmals, noch einmal* ◆ er hat wieder Fieber; ein Theaterstück wieder aufnehmen *erneut in den Spielplan aufnehmen, wieder aufführen lassen;* etwas wieder gutmachen *ersetzen, erstatten* (Schaden, Böses); er machte den Schaden (z.B. einen zerbrochenen, wertvollen Korken) wieder gut; sie hat ihr Vergehen wieder gutgemacht; ich möchte es und möchte es auch wieder nicht *doch auch nicht* [ursprünglich *zu wider*]

**Wiederaufbau** ⟨m.; -(e)s; unz.⟩ *neuer Aufbau* ◆ der Wiederaufbau einer im Krieg zerstörten Stadt

**Wiederaufbereitungsanlage** ⟨f. 19⟩ **1** *Anlage zur Rückgewinnung verwertbarer Stoffe;* → a. *Recycling* **2** *Anlage, in der abgebrannte Kernbrennstoffe behandelt u. in wieder verwendbare Anteile u. nicht wieder nutzbare radioaktive Abfälle zerlegt werden*

**wiederbeleben** ⟨V. t.; hat⟩ **1** *wieder zum Leben erwecken* (Ertrunkenen, Unfallopfer) **2** ⟨fig.⟩ *zu neuem Leben erwecken* (Sitten)

**wiedererkennen** ⟨V. t. 166; hat⟩ *nach langer Abwesenheit erkennen, aufs Neue erkennen* ◆ er hatte sich so verändert, dass ich ihn fast nicht wiedererkannt hätte

**wiederfinden** ⟨V. t. 134; hat⟩ *von Neuem finden* ◆ ich habe meinen Schlüssel wiedergefunden

**Wiedergabe** ⟨f. 19⟩ **I** ⟨unz.⟩ **1** *das Wiedergeben, Rückgabe, Erstattung* **2** *Darbietung, Darstellung* (eines Musikstücks, einer Geschichte) **II** ⟨zählb.⟩ *Reproduktion* (eines Bildes, Textes) ◆ falsche, genaue, richtige, wörtliche Wiedergabe eines Textes, einer Aussage

**wiedergeben** ⟨V. t. 143; hat⟩ etwas wiedergeben *nachbilden, darstellen, darbieten, berichten, erzählen, schildern* (Vorgang, Anblick) ◆ einem Gefangenen seine **Freiheit** wiedergeben; können Sie mir 2 **Mark** (Wechselgeld) wiedergeben?; bitte leg die 10 Mark aus, ich gebe sie dir später wieder ◆ einen Vorgang **falsch,** richtig, entstellt, ungenau, verzerrt wiedergeben; einen Text **sinngemäß** wiedergeben ◆ bitte geben Sie den Inhalt des Textes **in** Ihren eigenen Worten wieder!

**Wiedergeburt** ⟨f. 20⟩ **1** ⟨in manchen Religionen⟩ *das Wiedergeborenwerden zu einer neuen irdischen Existenz* **2** ⟨fig.⟩ *(bes. geistige) Erneuerung*

**wiederholen**[1] ⟨['----] V. t.; hat⟩ *zurückholen* ◆ mein Ball ist in den Keller gerollt, aber ich hole ihn mir wieder

**wiederholen**[2] ⟨[--'--] V. t.; hat⟩ *noch einmal sagen od. tun* ◆ jmds. Befehl, Anweisung, Worte wiederholen; eine Klasse wiederholen *eine Klasse nochmals durchlaufen, sitzen bleiben;* eine Lektion wiederholen *noch einmal lernen*

**wiederkäuen** ⟨V. t. u. V. i.; hat⟩ **1** ⟨Zool.⟩ *(Futter) aus dem Magen ins Maul zurückbringen u. noch einmal kauen* (bei Wiederkäuern) **2** ⟨fig.; umg.⟩ *immer wieder sagen, noch einmal in monotoner Form wiederholen* ◆ die Kühe liegen im Gras und käuen wieder

**Wiederkäuer** ⟨m. 3; Zool.⟩ ▼ *Angehöriger einer Unterordnung der Paarhufer mit mehreren Magenabschnitten, die Nahrung gelangt bei der Verdauung oft mehrmals in die Mundhöhle zurück: Ruminantia;* ► *Säugetiere*

**wiederkehren** ⟨V. i.; ist⟩ **1** *zurückkehren, zurückkommen* **2** *sich jähren, wieder eintreten* (Gedenktag, Festtag) **3** *sich wiederholen* ◆ diese Gelegenheit kehrt nie wieder

**wiederkommen** ⟨V. i. 170; ist⟩ *zurückkommen, noch einmal kommen* ◆ Herr X ist nicht da, können sie noch einmal wiederkommen?; komm bald wieder!

**wiedersehen** ⟨V. t. 235; hat⟩ jmdn. wiedersehen *nochmals mit jmdm. zusammentreffen, jmdm. nochmals begegnen* ◆ ich habe ihn nach 15 Jahren wiedergesehen

**Wiedersehen** ⟨n. 14; Pl. selten⟩ *nochmaliges Zusammentreffen (zweier od. mehrerer Personen)* ◆ Wiedersehen macht Freude! ⟨umg.; scherzh. beim Verleihen eines Gegenstandes⟩ *bitte vergiss nicht, es (das Buch o.Ä.) mir wiederzugeben;* ein Wiedersehen vereinbaren; es war ein fröhliches, trauriges, überraschendes Wiedersehen; auf/Auf Wiedersehen! *(Abschiedsgruß)*

**Wiedertäufer** ⟨m. 3; Rel.⟩ *in der Reformationszeit gegründete Sekte, die eine Erneuerung der Kirche erstrebte u. in der die Erwachsenentaufe üblich ist, Anabaptist*

**Wiedervereinigung** ⟨f. 20; unz.⟩ **1** *erneute Vereinigung* **2** deutsche Wiedervereinigung *Vereinigung der BRD u. der DDR*

## WIEDERKÄUER

Bei den insgesamt 145 Arten der Wiederkäuer handelt es sich um Paarhufer, deren Mägen aus drei bis vier Kammern bestehen. Bei Rindern wird die gekaute Nahrung zunächst im Pansen einer Milchsäuregärung unterzogen und später im Netzmagen zu Portionen geformt. Diese gelangen zurück in den Mundraum, werden dort durch nochmaliges Kauen weiter zerkleinert und schließlich im Blätter- und Labmagen vollständig verdaut.

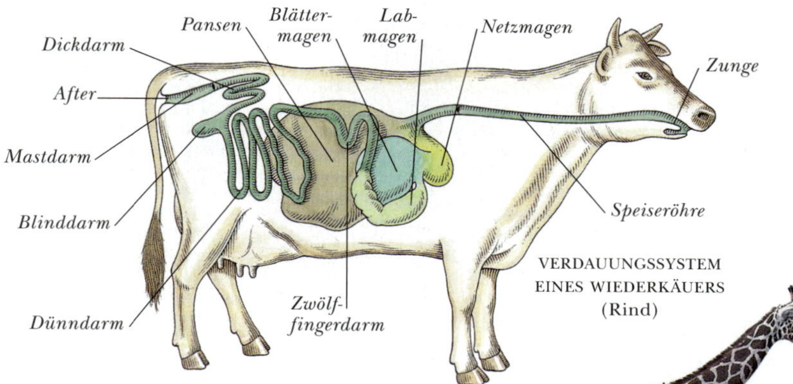


VERDAUUNGSSYSTEM EINES WIEDERKÄUERS (Rind)

WICHTIGE FAMILIEN DER WIEDERKÄUER

CERVIDAE (Hirsche) ► *Hirsche*

BOVIDAE (Antilopen, Rinder, Ziegen, Schafe)

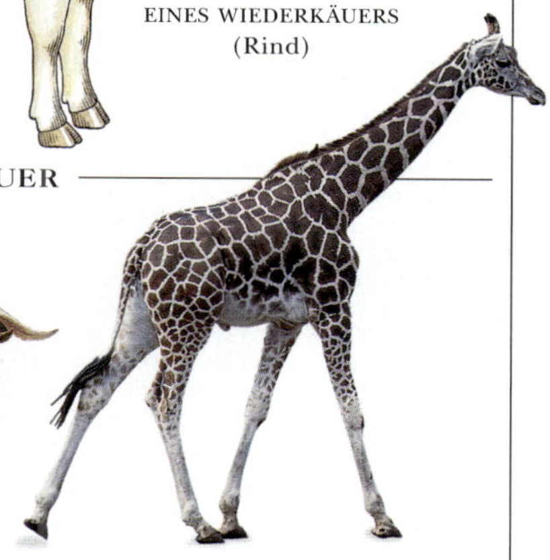

GIRAFFIDAE (Giraffen) ► *Giraffen*

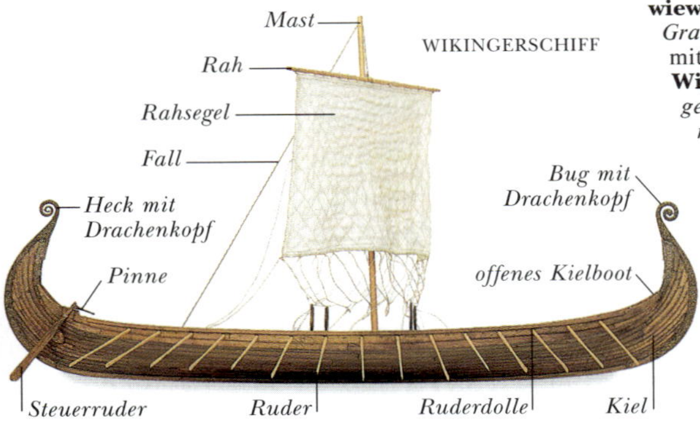


WIKINGERSCHIFF

**Wiege** ⟨f. 19⟩ *Kinderbett auf gerundeten Brettern, so dass es seitwärts geschaukelt werden kann* ◆ von der Wiege an ⟨fig.⟩ *von Geburt an, von klein auf* [< mhd. *wige, wiege* < ahd. *wiga* „Wiege“, eigtl. „das sich Bewegende, Schwingende“]

**wiegen¹** ⟨V. 282; hat⟩ **I** ⟨V. t.⟩ etwas wiegen *auf der Waage das Gewicht von etwas feststellen* ◆ einen **Koffer,** ein Paket wiegen ◆ sie hat die Wurst **knapp,** reichlich, gut schlecht gewogen ◆ etwas **in** der Hand wiegen *das Gewicht von etwas, das man in der Hand hat, schätzen* **II** ⟨V. i.⟩ *schwer sein, Gewicht haben* ◆ der **Schrank** wiegt mindestens zwei Zentner ◆ seine Argumente wiegen **schwer** ⟨fig.⟩ *sind ernst zu nehmen, wichtig* ◆ **wie viel** wiegst du? **III** ⟨V. refl.⟩ sich wiegen *sich auf die Waage stellen u. sein Gewicht prüfen* [Neubildung zu *wägen*]

**wiegen²** ⟨V. t. u. V. refl.; hat⟩ **1** *sanft, leicht schaukeln* **2** *in der Wiege od. in den Armen schaukeln* (Kind) **3** *mit dem Wiegemesser zerkleinern* ◆ bedenklich, nachdenklich den **Kopf** wiegen; **Petersilie** wiegen ◆ sich **in** der (trügerischen) Hoffnung wiegen, dass ... ⟨fig.⟩ *sich der (trügerischen) Hoffnung hingeben, dass ...* ◆ einen wiegenden Gang haben *einen federnden, leicht schaukelnden Gang* [→ *Wiege*]

**Wiegendruck** ⟨m. 1; Typ.⟩ ► = *Inkunabel* [Lehnübersetzung < nlat. *incunabula* „Wiegendrucke“ < *cunabula* „Wiege“]

**wiehern** ⟨V. i.; hat⟩ **1** *Laut geben* (vom Pferd) **2** ⟨fig.; umg.⟩ *in unangenehmer Art laut lachen* ◆ er wieherte vor Lachen *er schrie vor Lachen;* er lachte wiehernd; ein wieherndes Gelächter [< mhd. *wiheren;* Iterativbildung zu *wihen, weien* < ahd. *(h)weion* „wiehern“, urspr. lautmalend]

WILDKATZE
*(Felis silvestris)*

**Wiese** ⟨f. 19⟩ *Grasland, das regelmäßig geschnitten wird* [< mhd. *wise* < ahd. *wisa* „Wiese, Weide“ < anord. *veisa* „Schlamm“]

**Wiesel** ⟨n. 13; Zool.⟩ **1** *Angehöriges einer Gattung kleiner, flinker Marder: Mustela* **2** Großes Wiesel *Art mit weißem Winterhaar u. schwarzer Schwanzspitze: Mustela exmina;* Sy *Hermelin (1)* ◆ er kann laufen wie ein Wiesel; flink wie ein Wiesel [< mhd. *wisele* < ahd. *wisula* „Wiesel“]

**Wiesenschaumkraut** ⟨n. 12u; unz.; Bot.⟩ *Kreuzblütler, der im Frühling auf feuchten Wiesen blüht, Wirtspflanze von Schaumzikaden: Cardamine pratensis*

**wieso** ⟨Interrogativadv.; umg.⟩ **1** *warum?* **2** *wie kommt das?* **3** *wie kommt es, dass ...*

**wieweit** ⟨Konj.⟩ *inwieweit, bis zu welchem Grade* ◆ ich weiß nicht, wieweit er damit Recht hat

**Wigwam** ⟨m. 6⟩ **1** ⟨urspr.⟩ *kuppelförmiges Hauszelt der nordamerikan. Indianer;* → a. *Tipi* **2** ⟨dann allg.⟩ *zeltartige Wohnung der nordamerikan. Indianer* [< engl. *wigwam* „Indianerhütte“ < Algonkinspr. *wikiwam* „Haus, Hütte“]

**Wiking** ⟨m. 2⟩, **Wikinger** ⟨m. 3⟩ ► = *Normanne* [vermutl. zu *Wiek* „kleine Bucht“]

**Wikingerschiff** ⟨n. 11⟩ ◄ *bis zu 25 m langer, schlanker Schiffstyp der Wikinger für die Fluss- u. Hochseefahrt*

**wild** ⟨Adj.; -er, am -esten⟩ **1** *im Naturzustand ungezähmt* (Tier), *nicht angebaut* (Pflanze), *unbearbeitet* (Land), *unzivilisiert, auf niedriger Kulturstufe stehend* (Volk) **2** ⟨fig.⟩ *ungezügelt, unbeherrscht* **3** *sehr lebhaft u. furchtlos* (Kind) **4** *sehr zornig, wütend* **5** *ungestüm, heftig* **6** *ungesetzlich* ◆ wilder **Apfel** = *Holzapfel;* ein wilder **Bart** ⟨fig.⟩ *ungepflegter, unordentl. Bart;* wilde **Blicke** ⟨fig.⟩; wildes **Fleisch** *an Wunden wucherndes Fleisch;* wilde **See** ⟨fig.⟩ *vom Sturm aufgewühltes Meer;* wilder **Streik** ⟨fig.⟩ *nicht organisierter, von der Gewerkschaft nicht genehmigter Streik;* wilde **Tiere;** Wilder **Wein** ◆ er **schlug** wild um sich ⟨fig.⟩; diese Pflanzen **wachsen** hier wild ◆ die Sachen lagen wild **durcheinander** ⟨fig.⟩ [< mhd. *wilde* < ahd. *wildi* „wild, verirrt“; Herkunft unsicher, vielleicht verwandt mit *Wald*]

**Wild** ⟨n.; -es; unz.⟩ **1** ⟨Zool.; Sammelbez. für⟩ *jagdbare Tiere* (Hochwild, Niederwild, Rehwild, Rotwild, Schwarzwild) **2** ⟨kurz für⟩ *Wildbret* ◆ ein Stück Wild *ein einzelnes jagdbares Tier* [< mhd. *wilt* < ahd. *wild;* → *wild*]

**Wildbahn** ⟨f. 20⟩ *Jagdgebiet, Jagdrevier* ◆ freie Wildbahn *nicht umzäuntes Jagdgebiet*

**Wildbret** ⟨n.; -s; unz.⟩ *Fleisch vom Wild;* Sy ⟨kurz⟩ *Wild (2)* [< mhd. *wiltpræte* „Wildfleisch“ < *Wild* + *præte* „Fleisch ohne Speck u. Knochen, schieres Fleisch“ < ahd. *wiltbrat;* → *Braten*]

**wildern** ⟨V. i.; hat⟩ *unberechtigt Wild erlegen*

**Wildgans** ⟨f. 7u; Zool.⟩ *wilde Stammform der Hausgans: Anser anser;* Sy *Graugans*

**Wildkatze** ⟨f. 19; Zool.⟩ **1** ⟨i. w. S.⟩ *Angehörige einer Gattung von Kleinkatzen, die in Steppen- u. Wüstengebieten Afrikas u. Asiens beheimatet ist: Felis* **2** ⟨i. e. S.⟩ ▲ *Angehörige eines Rassenkreises einer Kleinkatze, die mit verschiedenen Unterarten in Asien, Afrika u. Europa verbreitet ist: Felis silvestris*

**Wildleder** ⟨n. 13⟩ *Leder mit samtartiger Oberfläche, urspr. nur von Rehen, Gämsen, Antilopen*

**Wildnis** ⟨f. 9⟩ *wilde Gegend, Land im Naturzustand*

**Wildschwein** ⟨n. 11⟩ *Mitglied einer Gattung der Schweine, wilder Vorfahr des Hausschweines: Sus*

**Wildwechsel** ⟨[-ks-] m. 5; Jägerspr.⟩ = *Wechsel (4)*

**Wildwest** ⟨ohne Art.⟩ *urwüchsiger, unerschlossener Bereich im Westen Nordamerikas*

WINDE: ACKERWINDE
*(Convolvulus arvensis)*

**Wildwestfilm** ⟨m. 1; Film⟩ *in Wildwest spielender Film;* Sy *Western*

**Wille** ⟨m. 26⟩ oV *Willen* **1** *feste Absicht, Vorsatz* **2** *Entschlossenheit, Wollen* **3** *Einwilligung* ◆ jmds. Willen **brechen** *jmdn. unterdrücken, ihn zwingen, sich unterzuordnen;* den Willen **haben,** etwas zu tun; **sein:** wo ein Wille ist, ist auch ein Weg ◆ es war nicht **böser** Wille *es ist unbeabsichtigt geschehen;* einen **eigenen** Willen haben *wissen, was man will;* **freier** Wille ⟨Philos.⟩ *die Entscheidungsfreiheit des Menschen;* **letzter** Wille *Bestimmung für den Todesfall, Testament;* **schwacher,** starker Wille ◆ **auf** seinem Willen bestehen; etwas **mit** Wille tun *absichtlich;* jeder **nach** seinem Willen [< mhd. *wille* < ahd. *willjo* < got. *wilja;* → *wollen*]

**willen** ⟨Präp. m. Gen.⟩ um jmds. willen *jmds. wegen, weil es für jmdn. gut ist, um jmdm. einen Gefallen zu tun;* um einer Sache willen *weil es für eine Sache gut ist* ◆ um unserer Freundschaft willen

**Willen** ⟨m. 4⟩ = *Wille*

**willens** ⟨Adv.⟩ willens sein *gewillt sein, bereit sein, etwas zu tun*

**willentlich** ⟨Adj.⟩ *absichtlich, mit Willen*

**willig** ⟨Adj.⟩ *stets bereit, etwas zu tun, bereitwillig, guten Willens* ◆ ein williger Arbeiter; ein williges Kind, Pferd [< mhd. *willec* < ahd. *willig;* → *willigen*]

**...willig** ⟨in Zus.⟩ *bereit, etwas zu tun od. etwas mit sich geschehen zu lassen,* z. B. arbeitswillig, impfwillig, reisewillig

**willigen** ⟨V. i.; hat; geh.⟩ in etwas willigen *einer Sache zustimmen, etwas erlauben, sich mit etwas einverstanden erklären* [< mhd. *willigen* „willig machen, be-, einwilligen“]

**willkommen** ⟨Adj.⟩ *gern gesehen, gern angenommen, erwünscht, angenehm* ◆ willkommen! *(als Gruß);* ein willkommener **Anlass,** eine willkommene Gelegenheit *ein Anlass, eine Gelegenheit, den bzw. die man gern benutzt (um etwas zu tun, zu sagen)* ◆ jmdn. (herzlich) willkommen **heißen** *jmdn. freundlich (u. herzlich) begrüßen;* **sein:** er ist mir willkommen *ich werde ihn freundlich empfangen* ◆ (sei) **herzlich** willkommen! ◆ willkommen **in** der Heimat! *(Empfangsgruß für jmdn., der in die Heimat zurückgekehrt ist)* [< mhd. *willekomen* < *Wille* + Part. Perf. von *kommen,* also „nach Willen (= nach Wunsch) gekommen“]

**Willkommen** ⟨n. od. m.; -s; unz.⟩ *freundl. Empfang, freundl. Begrüßung* ◆ jmdm. ein Willkommen bieten *jmdn. freundlich begrüßen* [< mhd. *willekome, willekume* < ahd. *willicomo* „gern gesehener Ankömmling“; → *willkommen*]

**Willkür** ⟨f.; -; unz.⟩ **1** *Handeln nach eigenem Gutdünken ohne Rücksicht auf Gesetze od. auf die anderen, bes. die Untergebenen* **2** *Selbstherrlichkeit, Laune* ◆ jmds. Willkür preisgegeben sein [< mhd. *wil(le)kür* „Willenswahl, freier Wille“; → *Wille, Kür*]

**willkürlich** ⟨Adj.⟩ **1** *vom Willen gelenkt* (Bewegung) **2** *selbstherrlich, je nach Laune, ohne Rücksicht auf bes. Gegebenheiten* ◆ etwas willkürlich anordnen, festlegen, festsetzen

**wimmeln** ⟨V. i.; hat⟩ *sich in großer Anzahl durcheinander bewegen* ◆ Menschen wimmeln auf dem Platz; ⟨unpersönl.⟩ es wimmelt von etwas *große Mengen bewegen sich darin, darauf usw., sind darin enthalten* [< mhd. *wimelen,* Iterativbildung < mhd. *wimmen* „sich schnell hin und her bewegen“ < ahd. *wimidon* „sprudeln, zittern“]

W

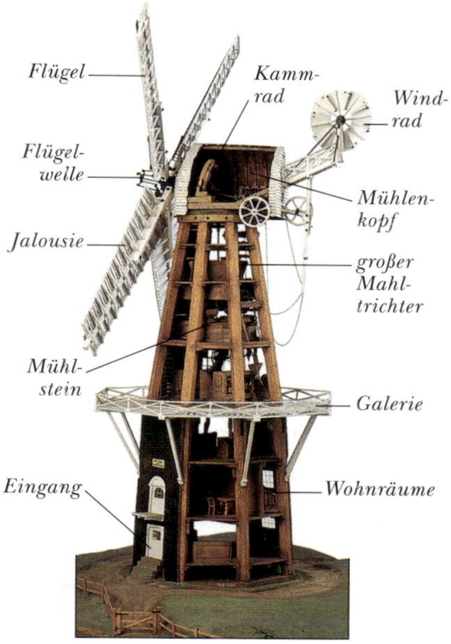


WINDMÜHLE: MODELL EINER BRITISCHEN WINDMÜHLE AUS DEM FRÜHEN 19. JH.

**wimmern** ⟨V. i.; hat⟩ *leise jammern, leise klagen, kläglich weinen* [< mhd. *wimmer* „Gewinsel" (lautmalend)]

**Wimpel** ⟨m. 5⟩ **1** *kleine, schmale, dreieckige Fahne* **2** ⟨Mar.⟩ *Signalflagge* [< mhd. *wimpel* „Binde zum Zusammenhalten des Haares, Kopfschutz" < ahd. *wimpal* „Frauengewand, Schleier"]

**Wimper** ⟨f. 21⟩ *kurzes Haar am Rand des Augenlids* [< mhd. *wintbra(we)* < ahd. *wintbrava* „Haarbraue"; zu mhd. *bra* < ahd. *bra(wa)* „Braue" + mhd., ahd. *wint;* vielleicht < altir. *find, finn* „einzelnes Haar" od. *winen* „gewundene, gekrümmte Braue"]

**Wimperntusche** ⟨f. 19⟩ *mit einem Bürstchen aufzutragende (schwarze) Paste zum Färben der Wimpern, Mascara*

**Wind** ⟨m. 1⟩ **1** *(stärkere) Luftbewegung, Luftzug* **2** ⟨geh.⟩ *Darmwind, Blähung, Darmgas* **3** ⟨Mus.; bei der Orgel⟩ *die durch den Blasebalg den Pfeifen zugeführte Luft* ◆ das Spiel von **Wasser** und Wind, Wolken und Wind ◆ er hat Wind davon **bekommen** ⟨fig.; umg.⟩ *er hat etwas darüber gehört, davon erfahren;* der Wind **dreht** sich, nimmt zu, lässt nach, nimmt ab, springt um; der Wind hat sich gedreht ⟨fig.⟩ *eine Sache hat eine Wendung genommen, sich geändert* ◆ **eisiger,** frischer, kalter, kühler, lauer, scharfer, warmer Wind ◆ **gegen** den Wind fahren, gehen, laufen; **in** den Wind reden ⟨fig.⟩ *reden, ohne beachtet zu werden, ohne dass Rede od. Rat befolgt werden* [< mhd. *wint* < ahd. *wind;* → *wehen*]

**Windbeutel** ⟨m. 5⟩ *leichtes Gebäck (aus Brandteig) aufeinander gestülpter Schalen, das mit Sahne gefüllt ist*

**Windbruch** ⟨m. 1u⟩ *Schaden im Wald, der durch starken Wind verursacht worden ist*

**Winde** ⟨f. 19⟩ **1** ⟨Tech.⟩ *von einer Kurbel angetriebenes Gerät zum Heben von Lasten mithilfe eines Seiles* (Seilwinde), *einer Zahnstange* (Zahnstangenwinde) *od. einer Schraubenspindel* (Schraubenwinde) **2** ⟨Bot.⟩ ◄ *Angehörige einer Gattung der Windengewächse (Convolvulaceae) mit rund 250 Arten, windendes Kraut od. windender Strauch: Convolvulus* [→ *winden*]

**Windel** ⟨f. 21⟩ *Tuch od.* ⟨heute meist⟩ *mit Kunststofffolie umhülltes Zellstoffhöschen, das um den Unterkörper des Säuglings gewickelt wird, um die Ausscheidungen aufzunehmen* [< mhd. *windel* < ahd. *windila* „Binde zum Winden, Wickeln"]

**windeln** ⟨V. t.; hat⟩ *in Windeln legen* (Baby)

**winden**[1] ⟨V. 283; hat⟩ **I** ⟨V. t.⟩ **1** *mit einer Winde auf- od. abwärts bewegen, drehen, drehend bewegen* **2** *wickeln, schlingen* **3** *drehend zusammenfügen, flechten* (Blumen, Girlanden, Kranz) ◆ einen Eimer (Wasser) aus dem Brunnen, in die Höhe winden; Garn um eine Spule winden; Blumen zum Kranz winden **II** ⟨V. refl.⟩ sich winden **1** *ranken, um etwas herum- od. an etwas hinaufwachsen* (Pflanzen) **2** *sich krümmen* (Wurm, Schlange) **3** *in Windungen verlaufen, sich schlängeln* (Fluss, Weg) ◆ eine **Schlange** wand sich um seinen Arm, sein Bein ◆ gewunden *gedreht, gewickelt; in Windungen verlaufend;* ein vielfach gewundener Bachlauf, Weg; sich gewunden ausdrücken ⟨fig.⟩ *nicht geradeheraus, nicht offen, nicht genau; geziert* [< mhd. *winden* < ahd. *wintan;* → *Gewinde, Wand, Wendeltreppe, Windel*]

**winden**[2] ⟨V. i.; hat; unpersönl.⟩ es windet *es geht, es weht ein Wind*

**Windenergie** ⟨f. 19⟩ *die in Windkraftanlagen gewonnene elektr. od. mechanische Energie*

**Windhose** ⟨f. 19⟩ = *Trombe*

**Windhund** ⟨m. 1⟩ *Angehöriger einer kurzhaarigen, hochbeinigen Hunderasse mit schmalem Kopf u. Körper* [wahrscheinl. „wendischer Hund"]

**windig** ⟨Adj.⟩ **1** *voller Luftbewegung* **2** ⟨fig.; umg.⟩ *unsicher, nicht glaubhaft, nicht überzeugend* ◆ eine windige Sache ⟨fig.; umg.⟩

**Windjammer** ⟨m. 3; Mar.⟩ *großes Segelschiff* [< *Wind* + engl. *jam* „pressen"]

**Windkanal** ⟨m. 1u⟩ *Vorrichtung zum Erzeugen eines Luftstromes, zur Durchführung aerodynamischer Messungen, z. B. an Fahrzeugen*

**Windkraftanlage** ⟨f. 19⟩ *Anlage, die Windenergie in elektr. od. mechan. Energie umwandelt (z. B. Windmühlen, Windräder)*

**Windkraftwerk** ⟨n. 11⟩ *Anlage, die Windströmungen mit Hilfe von Propellern in elektr. Energie umwandelt*

**Windmesser** ⟨m. 3⟩ ▼ *Gerät zum Messen der Windstärke;* Sy *Windstärkemesser*

**Windmühle** ⟨f. 19; Tech.⟩ ◄ *älteste Form des Windrades mit vier Flügeln*

**Windpark** ⟨m. 6⟩ *mehrere zu einem Kraftwerk zusammengeschlossene Windkraftwerke*

**Windpocken** ⟨Pl.; Med.⟩ *gutartige, hauptsächlich im Kindesalter auftretende, pockenartige Krankheit;* Sy *Blattern (3)*

**Windrad** ⟨n. 12u⟩ *mit Flügeln der Propeller versehene Windkraftanlage, die die Energie des Windes in technisch nutzbare Energie umsetzt;* Sy *Windturbine*

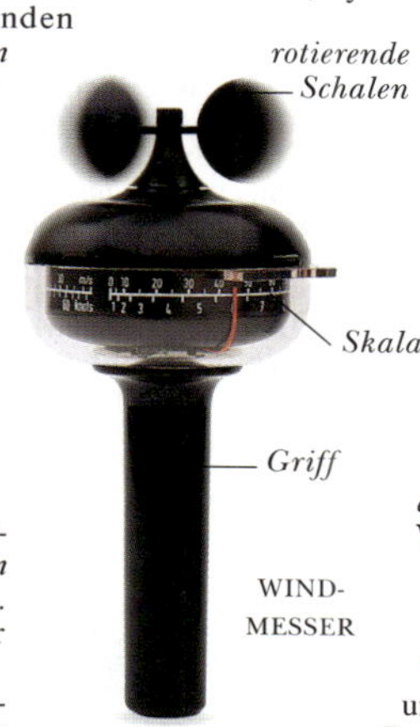


WINDMESSER

**Windrose** ⟨f. 19; am Kompass⟩ *Scheibe, auf der die Himmelsrichtungen eingezeichnet sind*

**Windschatten** ⟨m. 4; unz.⟩ *windgeschützte Seite* ◆ im Windschatten des Führenden fahren, laufen

**Windschutzscheibe** ⟨f. 19; bei Kfz⟩ *Glasscheibe vor den beiden (vorderen) Sitzen des Kraftwagens;* Sy *Frontscheibe*

**Windstärke** ⟨f. 19⟩ *in 17 (früher 12) Stufen eingeteilte Stärke des Windes*

**Windstärkemesser** ⟨m. 3⟩ ► = *Windmesser*

**windstill** ⟨Adj.⟩ *ohne Luftbewegung*

**Windsurfing** ⟨[-səː-] n.; -s; unz.; Sp.⟩ ▼ *Wassersport für eine Person mit einem Kunststoffbrett als Schwimmkörper u. einem Segel;* → a. *Surfing*

**Windturbine** ⟨f. 19⟩ = *Windrad*

**Windung** ⟨f. 20⟩ *Abweichung von der Geraden, Krümmung, Biegung* (Darmwindung, Flusswindung, Schraubenwindung) ◆ sich in Windungen fortbewegen

## WINDSURFING

Beim Windsurfing steht man auf einem Board, dessen Fahrt auf dem Wasser unter Ausnutzung der Windkraft durch Bewegungen des Mastes gesteuert wird. Anfänger beginnen mit einem Funboard, während fortgeschrittene Surfer individuell angefertigte Customboards verwenden.

VERSCHIEDENE SURFBOARDS

FUNBOARD — MITTELLANGES BOARD — SLALOMBOARD — CUSTOMBOARD

WOK

*wenn* ◆ wo nicht, werde ich ... **IV** ⟨in umg. Wendungen⟩ ach wo!, i wo! *durchaus nicht!, keineswegs!, Unsinn!; das ist ja nicht wahr!* [< spätmhd. *wo* < mhd. *wa* < spätahd. *wa,* ahd. *(h)war*]

**woanders** ⟨Adv.⟩ *an einem anderen Ort, in einer anderen Gegend;* Sy *anderswo*

**wobei I** ⟨Interrogativadv.⟩ *bei welcher Sache?, bei welcher Arbeit?, bei welcher Gelegenheit?* ◆ wobei bist du gerade? *womit beschäftigst du dich gerade?* **II** ⟨Relativadv.⟩ *bei welcher Sache*

**Woche** ⟨f. 19⟩ **1** *Folge der Tage vom Montag bis zum Sonntag* **2** *Zeitraum von sieben Tagen* **3** *Gesamtheit der Wochentage, Arbeitswoche* ◆ im **Lauf** der Woche hat sich das Wetter gebessert ◆ alle drei, vier Wochen; **jede** Woche einmal, zweimal; **kommende,** nächste Woche; **vorige,** letzte Woche ◆ dreimal in der Woche [< mhd. *woche* < ahd. *wohha, wehha* „Woche"]

**Wochenende** ⟨n. 28⟩ *Samstag u. Sonntag*

**wochenlang** ⟨Adj.⟩ **1** *mehrere od. viele Wochen dauernd* **2** *während mehrerer od. vieler Wochen* ◆ wochenlanges Krankenlager; es gab wochenlang immer wieder Regen

**Wochentag** ⟨m. 1⟩ *jeder der sechs Tage der Woche außerhalb des Sonntags*

**wochentags** ⟨Adv.⟩ *an Wochentagen, an einem Wochentag*

**wöchentlich** ⟨Adj.⟩ *jede Woche (stattfindend)* ◆ zwei Stunden wöchentlich; zweimal wöchentlich

**...wöchentlich** ⟨Adj.; in Zus.⟩ *nach einer bestimmten Anzahl von Wochen wiederkehrend,* z. B. dreiwöchentlich; → a. *...wöchig*

**...wöchig** ⟨Adj.; in Zus.⟩ *eine bestimmte Anzahl von Wochen dauernd* ◆ vierwöchiger Lehrgang; → a. *...wöchentlich*

**Wodka** ⟨m. 6⟩ *wasserheller russischer Branntwein* [< russ. *wodka* „Wässerchen"; zu *woda* „Wasser"]

**Wodu** ⟨m.; -s; unz.⟩ ► = *Voodoo*

**wodurch I** ⟨Interrogativadv.⟩ *durch welche Sache?* ◆ wodurch ist er eigentlich so misstrauisch geworden? **II** ⟨Relativadv.⟩ *durch das (Vorhergehende, eben Erwähnte)* ◆ er ist trotz des Verbotes aufgestanden, wodurch sich seine Krankheit natürlich wieder verschlimmert hat

**wofür I** ⟨Interrogativadv.⟩ **1** *für welche Sache, zu welchem Zweck?* **2** *für welchen Menschen, für was für eine Art von Mensch?* ◆ wofür halten Sie mich?; wofür willst du das haben? **II** ⟨Relativadv.⟩ *für das (Vorhergehende, eben Erwähnte)* ◆ er ist nicht das, wofür er sich ausgibt

**Woge** ⟨f. 19⟩ *große Welle* ◆ die Wogen der Begeisterung, Empörung ⟨fig.⟩; die Wogen gingen mannshoch; die Wogen schlugen über das Boot [< mnddt. *wage;* verwandt mit mhd. *wac* < ahd. *wag* „(bewegtes) Wasser, Fluss, See"]

**wogegen I** ⟨Interrogativadv.⟩ *gegen welche Sache?* ◆ wogegen hilft dieses Medikament? **II** ⟨Relativadv.⟩ *gegen das (Vorhergehende, eben Erwähnte)* ◆ er schlug vor, mit dem Wagen zu fahren, wogegen ich nichts einzuwenden hatte

**woher I** ⟨Interrogativadv.⟩ **1** *von wo?, von welchem Ort?* **2** *aus welcher Quelle?* ◆ woher kommst du? **II** ⟨Relativadv.⟩ **1** *von wo, von welchem Ort* **2** *aus welcher Quelle* ◆ ich weiß genau, woher er kommt; ich möchte wissen, woher er das weiß

**wohin I** ⟨Interrogativadv.⟩ *nach welchem Ort?, an welchen Ort?, an welche Stelle, an welchen Platz?* ◆ wohin des Wegs?; wohin gehst du?; wohin willst du? **II** ⟨Relativadv.⟩ *an, zu welchem Ort* ◆ ich weiß nicht, wohin damit *wo ich es hintun soll*

WOLF *(Canis lupus)*

**wohl I** ⟨Adj.; nicht attr.⟩ *gut, angenehm, gesund* ◆ wohl dem, der ... *ein Glück für den, der ...;* wohl ihm! *gut für ihn!;* wohl **aussehen** *frisch u. gesund;* sich wohl **fühlen** *sich gut fühlen, ein angenehmes Grundgefühl haben, sich gesund fühlen;* ich fühle mich heute nicht ganz wohl *mir geht es heute gesundheitlich nicht ganz gut* ◆ wohl oder **übel** muss er es tun *ob er will od. nicht, gern od. ungern, er muss es tun;* wohl **überlegt** *gut überlegt, gut durchdacht;* nach einem wohl überlegten Plan handeln ◆ **nun** wohl, wir wollen es versuchen *nun gut, also gut* **II** ⟨Partikel⟩ **1** *etwa, ungefähr* **2** *wahrscheinlich, sicher, vermutlich* ◆ wohl! ⟨oberdt.⟩ *gewiss!, ja!;* es ist wohl **anzunehmen,** dass ...; dazu wirst du wohl keine Lust **haben,** oder doch? ◆ das ist wohl nicht **möglich;** es ist wohl **wahr,** dass ... ◆ ich werde ihn wohl **am** Mittwoch besuchen **III** ⟨Konj.⟩ *zwar* [< mhd. *wol(e)* < ahd. *wola, wela, wala*]

**Wohl** ⟨n. 11; unz.⟩ **1** *Heil, Glück, Förderung* **2** *Nutzen* **3** *Gesundheit, Gedeihen* ◆ das Wohl meiner Familie, meiner Kinder

**Wohlbefinden** ⟨n.; -s; unz.⟩ *gutes Befinden, Gesundheit u. Wohlfühlen* ◆ für jmds. Wohlbefinden sorgen

**wohlbehalten** ⟨Adj.; nur adv.⟩ **1** *gesund, unverletzt* (Person) **2** *in gutem Zustand, unbeschädigt* (Sache) ◆ wir sind wohlbehalten zu Hause angekommen, eingetroffen

**Wohlergehen** ⟨n.; -s; unz.⟩ *Gesundheit und Wohlbefinden* ◆ um jmds. Wohlergehen besorgt sein

**Wohlfahrt** ⟨f.; -; unz.⟩ **1** *Wohlergehen (eines Volkes)* **2** *öffentliche Fürsorge* [< frühnhd. *wolvart* „gutes Ergehen" < spätmhd. *wolvarn* „Wohlergehen" < mhd. *wol varn* „glücklich leben" < *Wohl + fahren*]

**wohlgefällig I** ⟨Adj.⟩ *einen angenehmen Eindruck machen, zufrieden machend, angenehm* **II** ⟨adv.⟩ *mit Wohlgefallen, erfreut u. zufrieden* ◆ jmdn. od. etwas wohlgefällig ansehen, betrachten

**wohlhabend** ⟨Adj.⟩ *in guten Vermögensverhältnissen (lebend)* ◆ eine wohlhabende Familie; er ist sehr wohlhabend

**wohlig** ⟨Adj.⟩ *behaglich, angenehm* ◆ ein wohliges Gefühl von Wärme breitete sich in ihr aus; sich wohlig dehnen, strecken

**Wohlstand** ⟨m.; -(e)s; unz.⟩ *Begütertsein, gute Vermögenslage, hoher Lebensstandard* ◆ im Wohlstand leben; zu Wohlstand kommen

**Wohltat** ⟨f. 20⟩ **1** *freiwillige, unentgeltl. Hilfe, gute Tat* **2** *Erleichterung, Annehmlichkeit* ◆ jmdm. Wohltaten erweisen [< mhd. *woltat* < ahd. *wolatat,* Lehnübersetzung von lat. *beneficium* „Wohltat" < *bene* (Adverb zu *bonus*) „gut, wohl" + *facere* „tun, machen"]

**wohltuend** ⟨Adj.⟩ *angenehm, lindernd, erleichternd* ◆ wohltuende Kühle, Wärme; wohltuende Wirkung

**Wohlverhalten** ⟨n.; -s; unz.⟩ *den gegebenen Bedingungen u. Anforderungen entsprechendes Verhalten*

**wohlweislich** ⟨Adv.⟩ *nach sorgfältiger Überlegung, aus guten Gründen* ◆ ich habe ihm wohlweislich nichts davon gesagt

**Wohlwollen** ⟨n.; -s; unz.⟩ *freundl. Gesinnung, Geneigtheit, Gunst, freundl. Zuneigung* ◆ sich jmds. Wohlwollen erwerben, erhalten, verscherzen; jmdn. mit Wohlwollen behandeln, betrachten [Lehnübersetzung < lat. *benevolentia* „Wohlwollen" < *bene* (Adv. zu *bonus*) „gut" + *volere* „wollen"]

**wohnen** ⟨V. i.; hat⟩ **1** *sein Heim, seine Wohnung, seinen ständigen Aufenthalt haben* **2** *Unterkunft haben* **3** ⟨poet.⟩ *leben* ◆ auf dem Lande, in der Stadt wohnen; im dritten Stock wohnen [< mhd. *wonen* < ahd. *wonen* „sich aufhalten, bleiben, gewohnt sein", Grundbedeutung „zufrieden sein"]

**Wohngemeinschaft** ⟨f. 20; Abk.: WG⟩ *Gemeinschaft mehrerer Personen od. Paare in einer Wohnung mit gemeinsamer Benutzung von Küche u. Bad, Haushaltsgeräten, z. T. auch mit gemeinsamer Haushaltsführung*

WOLFSHUND

**wohnhaft** ⟨Adv.; bes. auf Formularen⟩ *ständig wohnend, mit ständigem Aufenthalt* ◆ wohnhaft in Hamburg-Altona

**wohnlich** ⟨Adj.⟩ *so beschaffen, dass man gern darin wohnt, sich gern darin länger aufhält, behaglich* ◆ ein wohnlicher Raum; ein Zimmer wohnlich einrichten

**Wohnmobil** ⟨n. 11⟩ = *Camper (2)*

**Wohnsitz** ⟨m. 1⟩ **1** *Ort, an dem man ständig wohnt;* Sy *Domizil (1)* **2** *Gemeinde, in der jmd. polizeilich gemeldet ist* ◆ seinen Wohnsitz in Berlin aufschlagen; seinen Wohnsitz auf dem Lande haben

**Wohnung** ⟨f. 20⟩ **1** *Räume (auch einzelner Raum), in denen man wohnt, Räume für ständigen Aufenthalt* (Etagenwohnung, Mietwohnung, Zweizimmerwohnung) **2** *Unterkunft* ◆ eine Wohnung **beziehen;** sich eine (neue, andere) Wohnung **suchen;** die Wohnung **wechseln** *umziehen* ◆ **behagliche,** gemütliche, hübsche Wohnung; **große,** kleine, moderne Wohnung ◆ Wohnung **mit** drei Zimmern, Bad, Küche, Diele und Balkon

**Wohnwagen** ⟨m. 4⟩ **1** *Autoanhänger, der zum vorübergehenden Wohnen und Schlafen (im Urlaub) eingerichtet ist* **2** *von Pferden od. Kraftwagen gezogener Wagen mit Wohn-, Schlaf-, Kücheneinrichtung, in dem die Zirkusleute wohnen*

**Wohnzimmer** ⟨n. 13⟩ *Zimmer zum Aufenthalt während des Tages*

**Wok** ⟨m. 6; chin. Kochkunst⟩ ◄ *schalenförmiger Kochtopf zum Anbraten u. Garen von Gerichten* ◆ Kerstin kocht am liebsten im Wok

**wölben** ⟨V. t.; hat⟩ *in der Art eines Gewölbes, in einem Bogen spannen* ◆ sich wölben *sich in einem Bogen spannen, sich gerundet erheben, sich krümmen;* die Decke des Raumes soll leicht gewölbt werden; sich nach vorn, nach oben wölben; gewölbt *sich wölbend, erhaben, gerundet; mit einem Gewölbe ausgestattet, versehen* [< mhd. *welben* < ahd. *welben* „wölben"]

**Wölbung** ⟨f. 20⟩ *gewölbte Fläche, Ausbuchtung (nach vorn, oben)*

**Wolf** ⟨m. 1u⟩ **1** ⟨Zool.⟩ ◄ *Raubtier, Urahn des Haushundes mit einem, dem deutschen Schäferhund ähnelnden Erscheinungsbild: Canis lupus* **2** *mit Zähnen versehene Maschine, die Faserbündel auflockert* (Krempelwolf, Reißwolf) **3** ⟨kurz für⟩ *Fleischwolf* ◆ sich einen Wolf laufen, reiten *eine Hautentzündung mit Rötung u. brennenden Schmerzen bekommen;* Fleisch durch den Wolf drehen [< mhd., ahd. *wolf*]

**Wolfram** ⟨n.; -s; unz.; Chem.; Zeichen: W⟩ *weiß glänzendes, sehr hitzebeständiges Metall, Ordnungszahl 74* [eigtl. „Wolfsschmutz"; eine Beimischung von Wolframerz verringerte (= fraß auf) das Zinn in der Schmelze; < *Rahm* „Ruß, Schmutz" < mhd. *ram* „Schmutz, Ruß"]

**Wolfsbarsch** ⟨m. 1; Zool.⟩ ▼ *an steinigen Küsten u. Mündungen großer Flüsse von Norwegen bis zum Mittelmeer verbreiteter Zackenbarsch mit einer Länge bis zu 1 m: Dicentrarchus labrax*

**Wolfshund** ⟨m. 1; Zool.⟩ ◄ *Angehöriger einer Hunderasse, die ursprünglich zur Jagd auf Wölfe eingesetzt wurde*

**Wolfsmilch** ⟨f. 20; unz.; Bot.⟩ *Angehörige einer Gattung der Wolfsmilchgewächse (Euphorbiaceae), die reichlich Milchsaft führt: Euphorbia;* ► *Bedecktsamer*

**Wolfsrachen** ⟨m. 4; Anat.⟩ *stark erweiterte Gaumenspalte*

**Wolke** ⟨f. 19⟩ **1** ⟨Meteor.⟩ ► *Gebilde aus verdichtetem Wasserdampf* (Gewitterwolke, Regenwolke) **2** *geballte Masse winziger Teilchen* (Dampfwolke, Nebelwolke, Rauchwolke, Staubwolke) **3** *Fleck in Edelsteinen* ◆ eine Wolke des **Unmuts** lag auf seiner Stirn ⟨fig.; poet.⟩ *ein Ausdruck des Unmutes lag auf seiner (gerunzelten) Stirn* ◆ die Wolken **ziehen,** jagen über den Himmel; dunkle Wolken ziehen am Horizont auf ◆ der Rauch lag in einer **dichten** Wolke über der Stadt ◆ ich bin **aus** allen Wolken gefallen ⟨fig.; umg.⟩ *war außerordentlich erstaunt, ernüchtert, ein wenig unangenehm überrascht;* eine Wolke **von** Mücken, Heuschrecken ⟨fig.⟩ [< mhd. *wolke(n)* < ahd. *wolka(n)* „Wolke, die Feuchte"]

**Wolkenbruch** ⟨m. 1u⟩ *kurzer, aber sehr starker Regen*

**Wolkenkratzer** ⟨m. 3; fig.; umg.⟩ *Hochhaus* [Lehnübersetzung des scherzhaften engl., amerikan. *skyscraper* „Himmelskratzer" < *sky* „Himmel" + *scraper* „Schabeisen, Kratzer"]

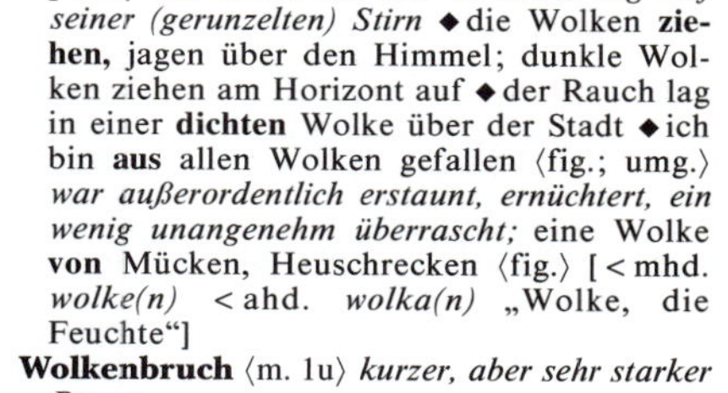

WOLFSBARSCH
*(Dicentrarchus labrax)*

## WOLKEN

Mit dem Aufkommen des Flugverkehrs im frühen 20. Jh. wurden die Wolken je nach Form und Höhe in vier Familien (Schicht-, Haufen-, Feder- und Regenwolken), zehn Gattungen und drei Stockwerke eingeteilt. Hohe Wolken, die aus winzigen Eiskristallen bestehen und in mittleren Breiten in 7–13 km Höhe vorkommen, sind dünn und schleierartig. Mittelhohe, schicht- oder schollenartige Wolken in 2–7 km Höhe kündigen Niederschläge an, während tiefe Wolken unter 2 km Höhe haufen- oder schichtförmig sind.

VERSCHIEDENE WOLKENGATTUNGEN

**wolkig** ⟨Adj.⟩ **1** *voller Wolken, bewölkt* (Himmel) **2** *wie Wolken* **3** ⟨Fot.⟩ *fleckig*

**Wolle** ⟨f. 19⟩ *Tierhaare, die zum Spinnen geeignet sind* (Schafwolle, Ziegenwolle) ◆ **gebleichte,** *ungebleichte, gefärbte, ungefärbte, raue, weiche Wolle* ◆ eine Jacke **aus** reiner Wolle; **in** der Wolle färben *unversponnen färben;* in der Wolle gefärbt ⟨fig.; umg.⟩ *ganz echt, durch und durch (eigtl. nicht erst als fertiges Produkt, sondern schon im Rohstoff gefärbt, also nachhaltiger);* wir sind uns in die Wolle geraten ⟨fig.; umg.⟩ *wir haben uns gestritten;* → a. *Geschrei* [< mhd. *wolle* < ahd. *wolla*]

**wollen**[1] ⟨Adj.⟩ *aus Wolle*

**wollen**[2] ⟨V. t. u. V. i. 285; hat⟩ **I** ⟨als Äußerung des Willens od. eines Wunsches⟩ **1** *die feste Absicht haben, den Plan haben (etwas zu tun), fest wünschen (zu tun)* **2** *den (festen, guten) Willen haben (etwas zu tun)* **3** *mögen, gern tun mögen* ◆ ich will nicht! (eigtl.: ich will es nicht tun); er will, dass ich mitgehe; ich will morgen **abreisen;** er will Geld von mir haben; das will etwas **heißen!** *das bedeutet viel;* er **mag** wollen oder nicht, er muss es tun; **sein:** hier ist nichts zu wollen *hier nützt alles nichts, hier kann man nichts machen;* ich will es **tun;** ich will mich rasch noch **umziehen** *ich möchte* ◆ es will mir nicht **aus** dem Kopf ⟨umg.⟩ *ich muss immer daran denken;* **zwischen** Wollen und Können ist bei ihm ein großer Unterschied ◆ **was** wollen Sie, es ist doch ganz gut gegangen! *warum regen Sie sich auf?;* was man will, das kann man auch; komme was da wolle *was auch immer kommt;* (ganz) **wie** du willst! **II** ⟨Höflichkeitsform in der Anrede mit Inf.⟩ wollen Sie bitte so freundlich **sein** **III** ⟨in Wunschsätzen⟩ ich wollte, er wäre schon da **IV** ⟨mit Passiv⟩ *müssen* ◆ die Pflanze will täglich gegossen werden; das will gelernt sein *das muss man gelernt haben;* das will genau überlegt sein **V** ⟨zur Bez. einer Behauptung, eines angebl. Sachverhalts⟩ er will dich gestern gesehen haben *er hat dich angeblich gesehen, er behauptet, dich gesehen zu haben* ◆ gewollt *gezwungen, unnatürlich;* mit etwas gewollter Heiterkeit [< mhd. *wollen, wellen* < ahd. *wellan, wellen*]

**Wollgras** ⟨n. 12u; unz.; Bot.⟩ *Angehöriges einer Gattung der Riedgräser, bei dem nach der Blüte lange, wollähnliche Haare wachsen: Eriophorum*

**Wollhaarelefant** ⟨m. 16; Zool.⟩ ► = *Mammut*

**wollig** ⟨Adj.⟩ **1** *Wolle tragend* **2** *voller Wolle, mit Wolle bedeckt* **3** *wie Wolle* **4** *eng gekräuselt u. dicht* ◆ wollige Schafe

**Wollkraut** ⟨n. 12u; unz.; Bot.⟩ ► = *Königskerze*

**Wolllaus** ⟨f. 7u; Zool.⟩ *Pflanzenlaus, die eine wollig aussehende Wachsmasse ausscheiden kann: Pemphiginae*

**Wollust** ⟨f. 7u; unz.⟩ **1** *Lustgefühl bei der Befriedigung des Geschlechtstriebes* **2** ⟨fig.⟩ *Wonne, triebhafte Freude* ◆ etwas mit wahrer Wollust tun ⟨fig.⟩ [< *Wohl* + *Lust* < mhd., spätahd. *wollust* „Wohlgefallen, Freude, Genuss"]

**Wombat** ⟨m. 6; Zool.⟩ *Angehöriger einer in Australien u. Tasmanien verbreiteten Familie der Beuteltiere, der mit seinen starken Krallen unterirdische Baue anlegt, plump gebaut, bis zu 1 m groß, mit rückgebildetem Schwanz: Phascolomys;* ► *Säugetiere* [< engl. < austral. Eingeborenenspr.]

**womit** **I** ⟨Interrogativadv.⟩ *mit was?, mit welcher Sache?* ◆ womit hast du den Flecken entfernt? **II** ⟨Relativadv.⟩ *mit dem (Vorangegangenen, eben Erwähnten)* ◆ er hat ihm gründlich die Meinung gesagt, womit er völlig Recht hatte

**womöglich** ⟨Adv.⟩ **1** *falls möglich, wenn möglich* **2** ⟨umg.⟩ *wahrscheinlich noch, am Ende, vielleicht sogar*

W

**wonach I** 〈Interrogativadv.〉 *nach welcher Sache?* ◆ wonach hat er dich gefragt?; wonach soll man sich richten? **II** 〈Relativadv.〉 *nach dem (Vorangegangenen, eben Erwähnten)*

**Wonne** 〈f. 19〉 **1** *beglückter Genuss* **2** *tiefe Freude, Glück, Beglückung* **3** *inniges Vergnügen* **4** *Schadenfreude* ◆ die Wonnen der Liebe; das Kind ist ihre ganze Wonne [< mhd. *wunne, wünne* „Lust; Weideplatz" < ahd. *wunja, wunna, wunni* „Freude, Lust, das Schönste und Beste", *winne, wunnja* „Weideplatz"]

WORFELN: SPREU UND WEIZEN WERDEN VON HAND GETRENNT

**woran I** 〈Interrogativadv.〉 *an was?, an welche Sache?* ◆ woran denkst du? **II** 〈Relativadv.〉 *an dem (Vorangegangenen, eben Erwähnten)* ◆ er hat mich zum Abendessen eingeladen, woran mir gar nichts liegt

**worauf I** 〈Interrogativadv.〉 *auf was?, auf welche Sache?* ◆ worauf freust du dich am meisten? **II** 〈Relativadv.〉 *auf das (Vorangegangene, eben Erwähnte)* ◆ er fragte mich in der Prüfung etwas, worauf ich nicht gefasst war

**woraufhin** 〈Relativadv.〉 *worauf, auf das hin, infolgedessen* ◆ er wurde frech, woraufhin ich ihm die Tür vor der Nase zuschlug

**woraus I** 〈Interrogativadv.〉 **1** *aus was?, aus welchem Material?* **2** *aus welcher Sache?* ◆ woraus besteht Wasser, Milch?; woraus schließt du das? **II** 〈Relativadv.〉 *aus dem (Vorangegangenen, eben Erwähnten)* ◆ er sagte, er könne nicht kommen, woraus ich schloss, dass er ...

**worfeln** 〈V. t.; hat; Landw.〉 Getreide worfeln ▲ *die Getreidekörner von der Spreu trennen* [→ *werfen*]

W

**worin I** 〈Interrogativadv.〉 *in was?, in welcher Sache?* ◆ worin besteht der Unterschied zwischen einem Wörterbuch und einem Lexikon? **II** 〈Relativadv.〉 *in dem (Vorhergegangenen, eben Erwähnten)* ◆ er vertritt die Auffassung, dass ..., worin ich jedoch nicht mit ihm übereinstimme

**Workshop** 〈[ˈwəːkʃɔp] m. 6〉 *Diskussionsveranstaltung, in der bestimmte Themen od. Werke vorgestellt u. erörtert werden* [< engl. *work* „Arbeit" + *shop* „Laden"]

**World Wide Web** 〈[wəː(r)ld waid wɛb] Abk.: WWW〉 *weltweit verbreitetes Computernetz(werk), Informations- u. Nachrichtenübermittlungssystem im Internet* [<engl. *world wide* „weltweit" + *web* „Netz"]

**Wort I** 〈n. 12u; Sprachw.〉 *sprachl. Äußerung des Menschen mit bestimmtem Bedeutungsgehalt, kleinster selbständiger Redeteil* ◆ die **Bedeutung** eines Wortes; die **Betonung** eines Wortes ◆ Wörter **auslassen**, vergessen (beim Sprechen od. Schreiben); ein Wort richtig, falsch **betonen**; Wörter **lernen**, wiederholen ◆ der Satz besteht aus fünf Wörtern; **anschauliches**, treffendes, veraltetes Wort; **kurzes**, langes, schwieriges Wort ◆ ich habe den Brief Wort **für** Wort gelesen *ganz genau* **II** 〈n. 11〉 **1** *Ausdruck, Ausspruch* **2** *Bemerkung* **3** *Rede* ◆ jmdm. das Wort **abschneiden** *jmdn. nicht weitersprechen lassen, jmdn. unhöflich unterbrechen;* jmdm. das Wort **entziehen** *jmdn. nicht weitersprechen lassen (in einer Diskussion, Versammlung);* das Wort **ergreifen** *anfangen zu sprechen (in einer Versammlung, Gesellschaft);* jmdm. das Wort **erteilen** *jmdm. die Erlaubnis geben zu sprechen (in einer Versammlung);* mir **fehlen** die Worte *ich bin so überrascht, erstaunt, entsetzt, dass ich nichts dazu sagen kann;* das Wort **führen** *der Hauptsprecher sein (in einer Diskussion);* einer Sache das Wort **reden** *eine Sache verteidigen, unterstützen;* das Wort an jmdn. **richten** *jmdn. anreden;* ohne ein Wort zu **sagen**; ich **verstehe** kein Wort *ich verstehe nichts;* ein paar Worte mit jmdm. **wechseln** *kurz u. oberflächlich mit jmdm. sprechen* ◆ das ist das **erste** Wort, das ich davon höre; ein **ernstes** Wort mit jmdm. sprechen *jmdm. die Meinung sagen, ihn ernst ermahnen;* Ihre **freundlichen** Worte haben mir sehr wohl getan; **große** Worte machen *übertreibend, feierlich sprechen;* darüber ist (noch) **kein** Wort gefallen *darüber ist (noch) nicht gesprochen worden;* kein Wort zu sprechen wagen; das sind **leere** Worte *das ist leeres Gerede;* er hat das **letzte** Wort *er hat die letzte Entscheidung zu treffen;* ein **paar** Worte mit jmdm. sprechen; **viele** Worte machen *sehr viel sprechen* ◆ **aufs** Wort gehorchen *sofort gehorchen;* du nimmst mir das Wort **aus** dem Mund *du sagst, was ich gerade sagen wollte;* **in** Wort und Bild über, von etwas berichten; jmdm. ins Wort fallen *jmdn. unterbrechen;* seine Gedanken, Gefühle in Worte kleiden; **mit** einem Wort *kurz gesagt;* das heißt mit anderen Worten *das heißt anders ausgedrückt;* **nach** Worten ringen *(nach einer Überraschung, einem Schrecken) mühsam zu sprechen versuchen* **III** 〈unz.〉 **1** *Versprechen, Ehrenwort* **2** *Lehre* ◆ das Wort **Gottes** ◆ sein Wort **brechen;** jmdm. sein Wort **geben,** etwas (nicht) zu tun ◆ jmdn. **beim** Wort nehmen *von jmdm. fordern, das auszuführen, was er versprochen hat* [< mhd., ahd. *wort* „Wort"]

**Wortart** 〈f. 20; Gramm.〉 *Art des Wortes, Gruppe, in die ein Wort nach sprachl. Gesichtspunkten eingeordnet wird, z. B. Substantiv, Verb, Adjektiv, Pronomen*

**Wortbildungslehre** 〈f. 19; Gramm.〉 = *Morphologie (3)*

**Wortbruch** 〈m. 1u〉 *Bruch des Ehrenwortes, des Versprechens*

**Wörterbuch** 〈n. 12u〉 **1** *nach dem Alphabet geordnetes Verzeichnis der Wörter einer Sprache u. ihrer Erklärung bzw. ihrer Übersetzung in eine andere Sprache* (Fremdsprachenwörterbuch) **2** ► *alphabetisches Verzeichnis der Wörter eines Fachgebietes od. eines bes. Teils einer Sprache*

**Wortfamilie** 〈[-liə] f. 19; Sprachw.〉 *Gruppe von Wörtern, die etymologisch zusammengehören*

**Wortfeld** 〈n. 12; Sprachw.〉 *Gruppe von Wörtern, die einen ähnlichen Inhalt haben*

**Wortforschung** 〈f. 20; unz.; Sammelbez. für〉 *Lexikologie, Etymologie, Semantik*

**Wortführer** 〈m. 3〉 *Sprecher* ◆ sich zum Wortführer einer Sache machen

**wortgetreu** 〈Adj.〉 *wörtlich genau* ◆ wortgetreue Übersetzung; einen Ausspruch wortgetreu wiedergeben

**Wortherkunft** 〈f.; -; unz.; Sprachw.〉 = *Etymologie (II)*

**wortkarg** 〈Adj.〉 *schweigsam, wenig redend, wenig Worte machend*

**Wortlaut** 〈m. 1; unz.〉 *wörtlicher Inhalt, wörtlicher Text* ◆ die Verordnung hat folgenden Wortlaut

**wörtlich** 〈Adj.〉 *wortgetreu, dem Text genau entsprechend, Wort für Wort* ◆ wörtliche Rede 〈Gramm.〉 *genau wiedergegebene u. in Anführungszeichen gesetzte Rede;* Sy *direkte Rede;* wörtliche Übersetzung

**Wortmeldung** 〈f. 20〉 *Meldung zum Wort, zum Sprechen (in Diskussionen, Versammlungen)* ◆ es liegen keine weiteren Wortmeldungen vor *es will niemand weiter sprechen*

**Wortschatz** 〈m. 1u; Sprachw.〉 **1** *Gesamtheit der Wörter (einer Sprache)* **2** *Gesamtheit der Wörter, die jmd. anwenden kann* ◆ dieser Schriftsteller hat einen bescheidenen, kleinen, großen, reichen Wortschatz

**Wortspiel** 〈n. 11; bes. Lit.〉 **1** 〈i. e. S.〉 *Spiel mit gleich od. ähnlich klingenden, aber in der Bedeutung unterschiedlichen Wörtern,* z. B. „Eifersucht ist eine Leidenschaft, die mit Eifer sucht, was Leiden schafft" (Schleiermacher) **2** 〈i. w. S.〉 *geistreich-witzige Verwendung von Wörtern, z. B. der Chiasmus:* „Es ist viel Gutes und viel Neues in diesem Buch. Aber das Gute ist nicht neu, und das Neue ist nicht gut" (Lessing)

**Wortstamm** 〈m. 1u; Gramm.〉 = *Stammsilbe*

**Wortwechsel** 〈[-ks-] m. 5〉 *Streit mit Worten* ◆ heftiger, lauter Wortwechsel; in einen Wortwechsel geraten

**worüber I** 〈Interrogativadv.〉 *über was?, über welche Sache?* ◆ worüber habt ihr gesprochen? **II** 〈Relativadv.〉 *über das (Vorangegangene, eben Erwähnte)* ◆ er ist einfach weggeblieben, ohne sich zu entschuldigen, worüber ich recht erstaunt war

**worum I** 〈Interrogativadv.〉 *um was?, um welche Sache?* ◆ worum handelt es sich dabei? **II** 〈Relativadv.〉 *um das (Vorangegangene, eben Erwähnte bzw. Folgende)* ◆ da ist noch etwas, worum ich dich sehr bitten möchte

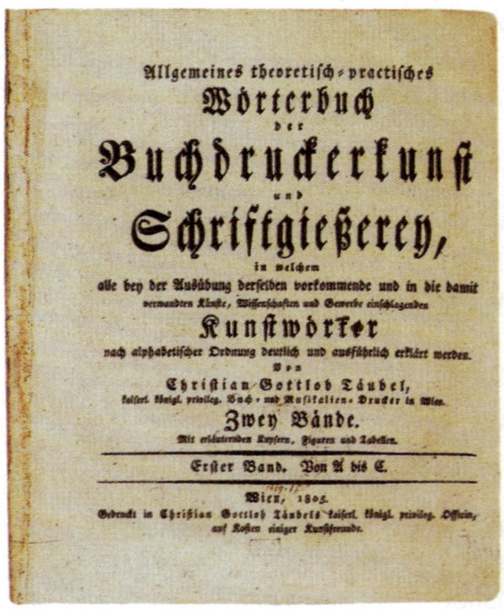

Allgemeines theoretisch-practisches
Wörterbuch
der
Buchdruckerkunst
und
Schriftgießerey,
in welchem
alle bey der Ausübung derselben vorkommende und in die damit
verwandten Künste, Wissenschaften und Gewerbe einschlagenden
Kunstwörter
nach alphabetischer Ordnung deutlich und ausführlich erklärt werden.
Von
Christian Gottlob Täubel,
kaiserl. königl. privileg. Buch- und Musikalien-Drucker in Wien.
Zwey Bände.
Mit erläuternden Kupfern, Figuren und Tabellen.

Erster Band. Von A bis E.

Wien, 1805.
Gedruckt in Christian Gottlob Täubels kaiserl. königl. privileg. Officin,
auf Kosten einiger Kunstfreunde.

WÖRTERBUCH: TITELBLATT VON CHRISTIAN GOTTLOB TÄUBELS *Wörterbuch der Druckkunst und Schriftgießerey,* Wien, 1805

**worunter I** ⟨Interrogativadv.⟩ *unter welcher Sache?* ◆ worunter hast du im Kriege am meisten gelitten? **II** ⟨Relativadv.⟩ *unter dem (Vorangegangenen, eben Erwähnten)* ◆ er redete viel von Input und Output, worunter ich mir aber nichts vorstellen kann

**wovon I** ⟨Interrogativadv.⟩ *von was?, von welcher Sache?* ◆ wovon redet ihr?; wovon ist die Rede? **II** ⟨Relativadv.⟩ *von dem (Vorhergegangenen, eben Erwähnten)* ◆ er fragte mich nach etwas, wovon ich jedoch leider überhaupt keine Ahnung hatte

WÜHLMAUS: RÖTELMAUS
*(Clethrionomys glareolus)*

**wovor I** ⟨Interrogativadv.⟩ *vor was?, vor welcher Sache?* **II** ⟨Relativadv.⟩ *vor dem (Vorangegangenen, eben Erwähnten)* ◆ die Dunkelheit ist das, wovor sich das Kind am meisten fürchtet

**wozu I** ⟨Interrogativadv.⟩ **1** *zu welchem Zweck?* **2** *zu welcher Sache?* ◆ wozu brauchst du das Geld? **II** ⟨Relativadv.⟩ *zu dem (Vorangegangenen, eben Erwähnten)* ◆ wir wollten erst noch einen Umweg über die Alm machen, wozu es aber zu spät war

**Wrack** ⟨n. 15⟩ **1** *durch Beschädigung unbrauchbar gewordenes, zerschelltes Schiff* **2** ⟨fig.; umg.⟩ *körperlich od. seelisch verbrauchter Mensch, Mensch mit zerrütteter Gesundheit* ◆ er ist (nur noch) ein Wrack [< mnddt. *wrack*, ndrl. *wrak* „Wrack; unbrauchbar, schadhaft"]

**wringen** ⟨V. t. 285a; hat⟩ Wäsche wringen *durch Zusammendrehen u. -drücken Feuchtigkeit herauspressen, auswringen* [< mnddt. *wringen* „zusammendrehen, winden"; verwandt mit *würgen*]

**WSN** ⟨Meteor.; Abk. für⟩ *Westsüdwest(en)*

**Wucher** ⟨m. 3; unz.⟩ **1** *Erzielung eines im Verhältnis zur Leistung zu hohen Gewinns, indem die Notlage, Unerfahrenheit od. der Leichtsinn des anderen ausgenützt wird* **2** *unangemessene Preisforderung* [< mhd. *wuocher* < ahd. *wuohhar* „Ertrag, Gewinn; Nachkommenschaft"]

**Wucherblume** ⟨f. 19; Bot.⟩ *Angehörige einer Gattung der Korbblütler: Chrysanthemum;* Sy *Chrysantheme*

**wuchern** ⟨V. i.; hat/ist; bei Bewegung in best. Richtung: ist⟩ **1** *üppig wachsen* (von Pflanzen) **2** *zu stark wachsen* (Körpergewebe) **3** *Wucher treiben* ◆ wildes Fleisch wuchert; das Unkraut wuchert (über den Weg, den Zaun) [< mhd. *wuochern* < ahd. *wuocheron* „Gewinn erstreben; Frucht bringen, sich vermehren"]

**Wucherung** ⟨f. 20⟩ **1** *das Wuchern, etwas durch Wuchern Entstandenes* **2** ⟨Med.⟩ *Bildung nicht erwünschten Gewebes*

**Wuchs** ⟨[-ks] m.; -es; unz.⟩ **1** *Wachstum* (Pflanzenwuchs) **2** *Gestalt, Körperbau* **3** *Nachwuchs, Anzucht* (von Pflanzen) ◆ ein Wuchs junger Tannen; von kleinem, hohem, schlankem Wuchs [→ *wachsen*]

**Wucht** ⟨f. 20; unz.⟩ **1** *Gewicht, Kraft, Druck, Schwung, Heftigkeit* **2** ⟨Tech.; veraltet⟩ *kinetische Energie* ◆ er fiel mit voller Wucht auf den Rücken [< nddt. *wicht* „Gewicht"]

**wuchten** ⟨V.; hat⟩ **I** ⟨V. i.⟩ *mit Anstrengung, mit aller Kraft arbeiten* **II** ⟨V. t.⟩ *mit Kraft, Anstrengung heben* ◆ einen Schrank auf den Speicher, einen Wagen wuchten

**wuchtig** ⟨Adj.⟩ **1** *massig u. schwer* (Gegenstand, Gebäude) **2** *heftig, kraftvoll* (Schlag) ◆ der Schrank ist für dieses Zimmer zu wuchtig; mit einem wuchtigen Schlag zwang er seinen Gegner zu Boden

**wühlen** ⟨V. i.; hat⟩ **1** *mit beiden Händen od. Vorderpfoten od. der Schnauze graben, die Erde aufreißen* **2** ⟨fig.⟩ *andere aufwiegeln, im Geheimen hetzen* **3** ⟨fig.; umg.⟩ *heftig, angestrengt arbeiten (besonders geistig)* ◆ in etwas wühlen *etwas (suchend) durcheinander bringen;* in seinen Unterlagen wühlen [< mhd. *wüelen* < ahd. *wuolen;* zu mhd., ahd. *wuol* „Niederlage, Verderben"]

**Wühlmaus** ⟨f. 7u; Zool.⟩ ◄ *Nagetier aus der Familie der Mäuse mit walzenförmigem Körper, kurzen Ohren u. kurzem Schwanz, das unterird. Gänge anlegt u. dadurch oft schädlich wird, häufig auch Vorratsschädling: Microtinae*

**Wulst** ⟨m. 1u od. f. 7u od. fachsprachl.: m. 1⟩ **1** *längl. Verdickung, längl., dicklicher Auswuchs* **2** ⟨Baukunst⟩ *Viertelstab* [→ *wölben*]

**wulstig** ⟨Adj.⟩ *länglich dick, angeschwollen* ◆ wulstige Lippen *dicke Lippen*

**wund** ⟨Adj.⟩ **1** *verletzt* **2** ⟨poet.⟩ *verwundet* **3** *infolge Bettlägerigkeit aufgescheuert* ◆ wunder Punkt ⟨fig.⟩ *Sache, von der man lieber nicht spricht, schwache Stelle;* sich wund liegen *sich aufliegen, sich durch langes Liegen die Haut aufreiben;* der Kranke hat sich wundgelegen; sich wund reiben, reiten *sich durch anhaltendes Reiben, Reiten die Haut verletzen* [< mhd. *wunt(d)* < ahd. *wun(t)t*]

**Wunde** ⟨f. 19⟩ *gewaltsame Zerstörung, Durchtrennung von Gewebe, Verletzung* (Bisswunde, Brandwunde, Hiebwunde, Quetschwunde, Platzwunde, Risswunde, Schnittwunde, Stichwunde) ◆ eine Wunde **auswaschen,** reinigen, verbinden; die Wunde muss **geklammert,** genäht werden ◆ **gefährliche,** tödliche Wunde; **klaffende,** leichte, offene, schwere, tiefe, vernarbte Wunde ◆ den Finger **auf** eine Wunde legen ⟨fig.⟩ *von einer schmerzl., peinlichen Sache zu sprechen beginnen* [< mhd. *wunde* < ahd. *wunta* „Wunde, Schlag, Verletzung"; → *wund*]

**Wunder** ⟨n. 13⟩ **1** *Vorgang, der den gewöhnl. Erfahrungen u. den Naturgesetzen widerspricht* **2** ⟨fig.⟩ *Ereignis od. Erzeugnis, welches das übliche Maß weit übertrifft, ungewöhnl. Erscheinung* ◆ ein Wunder der **Technik** ◆ diese Arznei **wirkt** Wunder ⟨fig.⟩ *wirkt erstaunlich gut, hilft sofort* ◆ du wirst noch dein **blaues** Wunder erleben ⟨fig.; umg.⟩ *du wirst dich noch wundern (weil alles ganz anders werden wird, als du es denkst)* ◆ das grenzt **an** ein Wunder; er ist wie **durch** ein Wunder dem Tod entgangen, gerettet worden; er denkt, er sei Wunder **wer** ⟨umg.⟩ *eine bedeutende Persönlichkeit* [< mhd. *wunder* < ahd. *wuntar* „(Gegenstand der) Verwunderung, Außerordentliches"; Herkunft unsicher]

**wunderbar** ⟨Adj.⟩ **1** *übernatürlich* **2** *erstaunlich, wie ein Wunder (erscheinend)* **3** *herrlich, sehr schön, großartig, köstlich* ◆ wie war es im Theater? wunderbar!; eine wunderbare **Künstlerin** ◆ das hast du wunderbar **gemacht** ◆ das grenzt **ans** Wunderbare

**Wunderkerze** ⟨f. 19⟩ *unter Funkensprühen verbrennendes Gemisch aus Bariumnitrat, Kohle, Aluminiumpulver u. Eisenfeilspänen, das, mit Leim vermischt, auf einen Draht gestrichen wurde*

**wunderlich** ⟨Adj.⟩ **1** *seltsam, merkwürdig, sonderbar, eigentümlich* **2** *launisch, grillenhaft* ◆ ein wunderlicher Heiliger, Kauz ⟨fig.; umg.⟩ *sonderbarer, schrulliger Mensch*

**wundern** ⟨V.; hat⟩ **I** ⟨V. t.⟩ *überraschen, erstaunen, in Erstaunen setzen* ◆ das wundert mich; es wundert mich, dass ... **II** ⟨V. refl.⟩ sich wundern *erstaunt sein, staunen*

**wunderschön** ⟨Adj.⟩ *sehr schön u. reizvoll*

**Wunderwerk** ⟨n. 11⟩ **1** *erstaunliche Leistung (bes. eines Gerätes)* **2** *das Gerät, das die Leistung erbringt, selbst* ◆ dieser Apparat ist ein Wunderwerk der Technik

**Wundklee** ⟨m.; -s; unz.; Bot.⟩ *Angehöriger einer früher als Wunderheilmittel beliebten Gattung der Schmetterlingsblütler: Anthyllis*

**Wundstarrkrampf** ⟨m. 1u; unz.; Med.⟩ *mit Krämpfen einhergehende, lebensgefährliche Infektion durch den Tetanusbazillus;* Sy *Tetanus*

**Wunsch** ⟨m. 1u⟩ *etwas, das man gern haben, verwirklicht sehen möchte, Begehren, Verlangen* ◆ jmdm. jeden Wunsch von den Augen **ablesen;** jmdm. einen Wunsch **erfüllen;** ich **hege** den (stillen) Wunsch, dass ... ◆ es ist sein **größter** Wunsch, einmal nach Amerika zu reisen ◆ Prospekte werden **auf** Wunsch zugesandt; er ist seit langem **von** dem Wunsch beseelt, Maler zu werden; beste Wünsche **zum** neuen Jahr [< mhd. *wunsch* „Wunsch, Begehren, Außerordentliches zu schaffen" < ahd. *wunsc* „Begehren"]

**Wunschdenken** ⟨n.; -s; unz.⟩ *Denken, das auf unrealistischen, gewünschten Vorstellungen beruht* ◆ das ist reines Wunschdenken

**Wünschelrute** ⟨f. 19⟩ *gegabelter Zweig, der von „Rutengängern" mit beiden Händen waagerecht gehalten wird u. Bodenschätze, Wasservorkommen, Kraftfelder o. Ä. anzeigen soll (stark umstrittenes Verfahren)*

**wünschen** ⟨V. t.; hat⟩ etwas wünschen **1** *den Wunsch haben, etwas verwirklicht zu sehen, wollen, mögen* **2** *verlangen, fordern* ◆ ich wünschte, ich könnte bei euch sein; ich wünsche, dass meine Anordnungen sofort befolgt werden; ich wünsche Ihnen gute **Besserung** ◆ du **darfst** dir (von mir) etwas wünschen; wünsche wohl zu **ruhen,** zu speisen (eigtl.: ich wünsche Ihnen, dass ...); **sein:** es ist (sehr) zu wünschen, dass ... *es ist wünschenswert* ◆ sich etwas **brennend,** sehnlich(st) wünschen; ich wünsche dir **herzlich** baldige Gesundheit ◆ **was** wünschen Sie? *(Frage des Verkäufers);* was wünschst du dir zum Geburtstag, zu Weihnachten?; ganz **wie** Sie wünschen ◆ das Medikament hatte (nicht) die gewünschte Wirkung [→ *Wunsch*]

**Wunschkonzert** ⟨n. 11; Radio; TV⟩ *Konzert, in dem von Hörern od. Zuschauern gewünschte Stücke gespielt werden*

**wunschlos** ⟨Adj.⟩ *ohne etwas zu wünschen, ohne Wünsche* ⟨meist scherzh.⟩ ◆ brauchen Sie noch irgend etwas? Nein, danke, im Augenblick bin ich wunschlos glücklich

**Wunschsatz** ⟨m. 1u; Gramm.⟩ *Satz, in dem ein Wunsch ausgesprochen wird,* z. B. „ach, wenn er doch bliebe!"

**Wunschtraum** ⟨m. 1u⟩ **1** *Traum, der von Wunsch od. Sehnsucht eingegeben ist* **2** *sehnlicher Wunsch, seit langem ersehntes Ziel* ◆ es war schon seit frühester Kindheit sein Wunschtraum, das Fliegen zu erlernen

**Würde** ⟨f. 19⟩ **I** ⟨unz.⟩ *Achtung gebietendes, ruhiges, überlegenes Verhalten, Wesen eines Menschen aufgrund seiner starken Persönlichkeit, seiner geistig-seelischen Kraft* ◆ er verbeugte sich mit Würde; das ist unter aller Würde *sehr schlecht* **II** ⟨zählb.⟩ *mit Titel u. äußeren Ehren verbundene Stellung, verbundenes Amt* (Doktorwürde, Königswürde, Präsidentenwürde) ◆ jmdm. die Würde eines Doktors, Kardinals verleihen; akademische Würde; kaiserliche, königliche Würde [< mhd. *wirde* < ahd. *wirdi* „Ehre, Ansehen"; → *wert*]

W

**Würdenträger** ⟨m. 3⟩ ► *Inhaber eines hohen Amts od. hoher Auszeichnungen* ◆ geistlicher Würdenträger

**würdevoll** ⟨Adj.⟩ **1** *voll Würde* **2** *mit Würde* ◆ sich würdevoll bewegen; eine Auszeichnung würdevoll entgegennehmen; jmdm. würdevoll die Hand zum Kuss reichen

**würdig** ⟨Adj.⟩ **1** *Achtung, Ehrfurcht gebietend, ehrwürdig* **2** *Ehre od. eine Auszeichnung verdienend, wert* ◆ ein würdiger alter **Herr;** er ist ein würdiger **Nachfolger** des Direktors ◆ sich einer Ehre würdig **erweisen** ◆ jmdn. **für** würdig befinden, erachten, eine Auszeichnung, ein Amt zu erhalten [→ *Würde*]

**würdigen** ⟨V. t.; hat⟩ *hoch einschätzen, anerkennen* ◆ jmdn. (einer Sache) würdigen *jmdn. (einer Sache) für würdig, wert halten*

**Würdigkeit** ⟨f.; -; unz.⟩ *das Würdigsein (einer Sache)* ◆ jmdn. nach Verdienst und Würdigkeit belohnen

**Würdigung** ⟨f. 20⟩ *das Würdigen, Beurteilung, Charakteristik* ◆ zum Geburtstag des Dichters brachte die Zeitung eine ausführliche Würdigung (seines Werkes)

**Wurf** ⟨m. 1u⟩ **1** *das Werfen, Schleudern* (Speerwurf, Steinwurf) **2** *Ergebnis des Werfens* **3** ⟨bei manchen Säugetieren⟩ *die jungen Tiere, die unmittelbar nacheinander von einem Tierweibchen geworfen (geboren) worden sind* **4** ⟨fig.⟩ *Erfolg, erfolgreiche Tat* ◆ ein Wurf junger **Hunde,** Katzen, Wölfe ◆ ein **glücklicher** Wurf ⟨fig.⟩; der Roman war sein **großer** Wurf ⟨fig.⟩ ◆ **auf** einen Wurf *auf einmal*

**Würfel** ⟨m. 5⟩ **1** ⟨Geom.⟩ ▼ *von sechs gleichen quadratischen Flächen begrenzter Körper;* → a. *Hexaeder* **2** *Spielstein mit sechs quadratischen gleichen Flächen, die 1-6 Punkte (Augen) tragen* **3** *klein geschnittenes Stück, würfelförmiges Stückchen* (Käsewürfel, Schinkenwürfel, Speckwürfel) **4** ⟨umg.⟩ *gleichseitiges Viereck, Karo (als Stoffmuster)* ◆ Würfel spielen *würfeln;* Speck, Käse, Wurst in Würfel schneiden [< mhd. *würfel* < ahd. *wurfil* „Mittel zum Werfen", hauptsächl. „sechsflächiger Spielwürfel"; → *werfen, Wurf*]

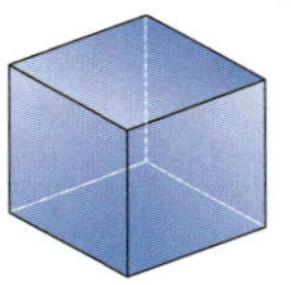

WÜRFEL

**Würfelkapitell** ⟨n. 11; bes. in der frühroman. Baukunst⟩ *Kapitell in Form eines Würfels, oft an den unteren Ecken abgerundet*

**würfeln** ⟨V. i.; hat⟩ **1** *das Würfelspiel spielen* **2** *den Würfel od. die Würfel werfen (im Spiel)* ◆ du bist mit Würfeln an der Reihe

WURMFARN *(Dryopteris filix-mas)*

**Würfelnatter** ⟨f. 21; Zool.⟩ *ungiftige Wassernatter: Natrix tesselata*

**Würfelzucker** ⟨m. 3; unz.⟩ *in würfelähnliche Stücke gepresster Zucker;* Ggs *Streuzucker*

**Wurfpfeil** ⟨m. 1⟩ ► = *Dart*

**würgen** ⟨V.; hat⟩ **I** ⟨V. t.⟩ jmdn. würgen **1** *jmdn. an der Kehle fassen, jmdm. die Kehle zudrücken* **2** ⟨früher⟩ *mit der Würgschraube foltern* ◆ der Kragen würgt mich (am Hals) *drückt mich* **II** ⟨V. i.⟩ **1** *einen Bissen, an dem man sich verschluckt hat, wieder herauszubringen suchen* **2** ⟨fig.; umg.⟩ *mit Anstrengung arbeiten, sich abmühen* ◆ ich habe lange, sehr daran gewürgt, bis ich es endlich zustande gebracht habe ⟨fig.; umg.⟩ [< mhd. *würgen* < ahd. *wurgen* „erwürgen, drehend zusammenpressen, schnüren"; verwandt mit *Wurm*]

WÜRDENTRÄGER: SITZUNG DER KIRCHLICHEN WÜRDENTRÄGER WÄHREND DES KONSTANZER KONZILS (1414–1418), MINIATUR, 15. JH.

**Würger** ⟨m. 3⟩ **1** ⟨Zool.⟩ *Angehöriger einer Familie der Singvögel, die ihre Beute (Insekten, Jungvögel, Kleinsäuger) auf Vorrat schlagen: Laniidae* **2** ⟨Bot.⟩ = *Sommerwurz* **3** ⟨poet.⟩ *der Tod*

**Wurm I** ⟨m. 2u⟩ **1** ⟨Zool.⟩ *Angehöriger einer Gruppe wirbelloser Tiere verschiedener Gestalt, meist gestreckt, ohne Glieder: Vermes, Helminthes* **2** ⟨umg.⟩ *Made* **3** ⟨Myth.⟩ *Drache, Lindwurm* ◆ der nagende Wurm des Gewissens ⟨fig.⟩ *das schlechte Gewissen;* von Würmern zerfressenes Holz **II** ⟨n. 12u; fig.; umg.⟩ *Geschöpf, kleines Kind* ◆ armes Wurm!; das arme Wurm kann einem Leid tun [< mhd., ahd. *wurm* „Wurm, Insekt, Schlange, Drache" < lat. *vermis* „Wurm"]

**wurmen** ⟨V. t.; hat; umg.⟩ *ständig od. nachhaltig ärgern* (nur von Sachen) ◆ es wurmt mich, dass ich gegen diese Ungerechtigkeit nichts ausrichten kann; seine Ausdrucksweise, Unzuverlässigkeit wurmt mich [eigtl. „wie ein Wurm nagen an"]

**Wurmfarn** ⟨m. 1; unz.; Bot.⟩ ◄ *Tüpfelfarn, dessen Wurzel als bandwurmtreibendes Mittel verwendet wird: Dryopteris filix-mas*

**Wurmfortsatz** ⟨m. 1u; Anat.⟩ ► *wurmartiger Fortsatz des Blinddarms;* Sy *Appendix* [Lehnübersetzung < lat. *processus vermiformis* < *processus* „Fortsatz, Fortsetzung", < *procedere* „fortschreiten, weitergehen" + *vermiformis* „wurmförmig" < *vermis* „Wurm" + *formis* „-förmig, -gestaltig"]

**wurmig** ⟨Adj.⟩ *von einem Wurm, einer Made befallen, wurmstichig* (Frucht)

**Wurmstich** ⟨m. 1⟩ **1** *Befall von Würmern (in Früchten, auch im Holz)* **2** *Bohrgänge von Bohrwürmern*

**wurmstichig** ⟨Adj.⟩ *von einem Wurm, von Würmern befallen* ◆ wurmstichige Frucht; wurmstichiges Holz

**Wurst** ⟨f. 7u⟩ *zerhacktes u. gewürztes Fleisch in Darm-, Magen-, Pergament- od. Kunststoffschläuchen als Nahrungsmittel* (Blutwurst, Bratwurst, Leberwurst, Mettwurst, Dauerwurst, Hartwurst, Streichwurst) ◆ eine Wurst **braten,** räuchern ◆ **frische,** gebratene, geräucherte Wurst ◆ ein Brot **mit** Wurst belegen, bestreichen; es geht **um** die Wurst ⟨fig.; umg.⟩ *um die Entscheidung* [< mhd., ahd. *wurst* „Gemengsel; Drehung"]

**Wurstbrühe** ⟨f. 19⟩ *Brühe, in der Wurst gekocht worden ist*

**Würstchen** ⟨n. 14⟩ **1** *kleine Wurst* **2** ⟨fig.; umg.⟩ *unbedeutender Mensch* ◆ Frankfurter, Regensburger, Wiener Würstchen; er ist ein (armes) Würstchen ⟨fig.; umg.⟩; heiße, warme Würstchen

**wursteln** ⟨V. i.; hat; umg.⟩ *langsam u. ungeschickt od. unordentlich arbeiten* ◆ er wurstelt schon lange allein vor sich hin [→ *wursten*]

**wursten** ⟨V. i.; hat⟩ *Wurst herstellen*

**Wurstfleisch** ⟨n.; -(e)s; unz.⟩ *Fleisch zum Füllen von Würsten*

**Wurstsalat** ⟨m. 1⟩ *Salat aus klein geschnittener Fleischwurst mit Zwiebeln, Paprika u./od. Gurken in Essig u. Öl*

**Wurstsuppe** ⟨f. 19⟩ *Brühe, in der die frischen Blut- u. Leberwürste gekocht wurden*

**Wurstvergiftung** ⟨f. 20⟩ *eine Fleischvergiftung, Vergiftung durch nicht einwandfreie Wurst*

**Wurstwaren** ⟨Pl.⟩ *alle Arten von Wurst u. Würsten*

**Wurstzipfel** ⟨m. 5⟩ *Anfangs- od. Endstückchen einer Wurst*

**Wurz** ⟨f. 20; veraltet; nur noch in zusammengesetzten Pflanzennamen⟩ *Pflanze, Kraut* (Nieswurz) [< mhd., ahd. *wurz* „Kraut, Pflanze"]

**Würze** ⟨f. 19⟩ **1** *den Geschmack einer Speise od. eines Getränkes verfeinerndes od. verstärkendes Mittel, Gewürz* (Speisewürze) **2** *Zustand des Biers, bevor Wasser aufgefüllt wird* **3** ⟨fig.⟩ *Reiz, das Besondere (einer Sache)* ◆ Pfeffer, Paprika, Majoran als Würze verwenden [→ *würzen*]

**Wurzel** ⟨f. 21⟩ **1** *der Befestigung u. der Ernährung dienendes Pflanzenorgan* **2** *Stelle, an der ein Glied, Organ u. Ä. ansetzt, angewachsen ist* (Handwurzel, Zahnwurzel, Zungenwurzel) **3** *nicht mehr zerlegbarer, die Bedeutung tragender Kern eines Wortes* **4** ⟨fig.⟩ *Ursache* **5** ⟨Math.; Zeichen: $\sqrt{}$⟩ *die einer Potenz zugrunde liegende Zahl* ◆ die Wurzel allen **Übels** ist ... ⟨fig.⟩ ◆ bei dem Zahn muss die Wurzel **behandelt** werden ◆ die n-te Wurzel **aus** einer Zahl a ⟨Math.⟩ *diejenige Zahl, deren n-te Potenz die Zahl a ist* [< mhd. *wurzel* < ahd. *wurzala* „Wurzel, Stock" < **wurz-walu* „Krautstock"]

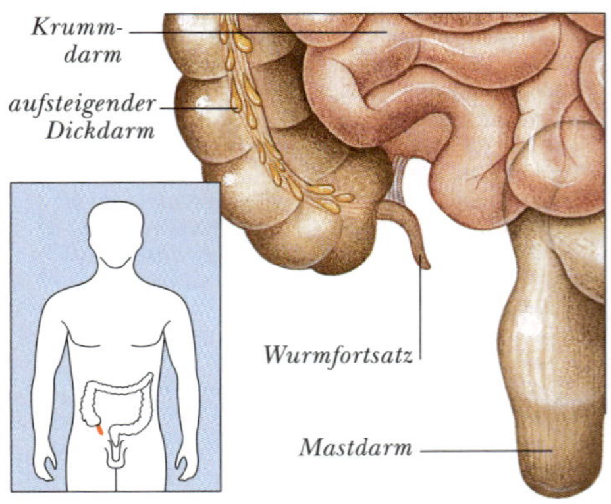


WURMFORTSATZ BEIM MENSCHEN

W

**Wurzelbehandlung** ⟨f. 20; Med.⟩ *(durch einen Zahnarzt vorgenommene) Behandlung der Zahnwurzel*
**Wurzelbohrer** ⟨m. 3; Zool.⟩ *Angehöriger einer Schmetterlingsfamilie mit verkümmerten Mundwerkzeugen: Hepialidae*
**Wurzelbrand** ⟨m. 1u; unz.⟩ *durch Pilze verursachte Krankheit der Keimlinge von Kulturpflanzen*
**Wurzelfaser** ⟨f. 21⟩ *jedes der faserförmigen Endstücke einer Wurzel*
**Wurzelfäule** ⟨f.; -; unz.; Bot.⟩ *durch den Pilz Polyporus annosus verursachte Krankheit der Baumwurzeln*
**wurzellos** ⟨Adj.⟩ **1** *ohne Wurzel* (von Pflanzen) **2** ⟨fig.⟩ *nirgends recht heimisch* ◆ sich wurzellos fühlen, vorkommen ⟨fig.⟩; durch die häufigen Ortswechsel in den letzten Jahren fühlte sie sich wurzellos ⟨fig.⟩; er entschloss sich, sein wurzelloses Dasein zu beenden
**wurzeln** ⟨V. i.; hat⟩ **1** *Wurzeln schlagen* **2** *mit Wurzeln festgewachsen sein, verwurzelt sein* **3** ⟨fig.⟩ *heimisch sein* **4** *fest verbunden sein* ◆ der Abscheu, das Misstrauen wurzelt fest, tief in ihm ⟨fig.⟩
**Wurzelschössling** ⟨m. 1; Bot.⟩ *aus einer Wurzel getriebene Pflanze*
**Wurzelstock** ⟨m. 1u; Bot.⟩ ▼ *unterirdischer Spross, mit dessen Hilfe die damit versehenen Pflanzen zu überwintern vermögen: Rhizoma;* Sy *Rhizom*
**Wurzelwerk** ⟨n. 11; unz.⟩ **1** ⟨Bot.⟩ *Gesamtheit der Wurzeln einer Pflanze* **2** *etwas Sellerie, Gelbe Rübe, Petersilie u. Lauch zum Kochen von Suppenfleisch*
**Wurzelzeichen** ⟨n. 14; Math.; Zeichen: √⟩ *mathematisches Zeichen, das angibt, dass aus dem darunter stehenden Ausdruck eine Wurzel gezogen werden soll*
**würzen** ⟨V. t.; hat⟩ **1** eine Speise würzen *einer Speise durch Hinzufügen von Gewürzen einen feineren od. stärkeren Geschmack verleihen* **2** ⟨fig.⟩ *interessant, witzig, kurzweilig machen* ◆ er würzte seine Rede mit humorvollen, ironischen Anspielungen ⟨fig.⟩ [< mhd. *wurzen* „mit wohlschmeckenden oder wohlriechenden Kräutern versehen"; → *Wurz, Wurzel*]

WURZELSTOCK EINER SCHWERTLILIE

**Würzfleisch** ⟨n.; -(e)s; unz.⟩ *in Scheiben od. Würfel geschnittenes, stark gewürztes u. geschmortes Rindfleisch*
**würzig** ⟨Adj.⟩ **1** *gut gewürzt, kräftig im Geschmack* (von Speisen od. Getränken) **2** *von kräftigem Wohlgeruch erfüllt* (Luft)
**Würzigkeit** ⟨f.; -; unz.⟩ *das Würzigsein, würziger Geschmack*
**Würzkraut** ⟨n. 12u⟩ = *Gewürzkraut*
**Wuschelhaar** ⟨n. 11; unz.; umg.⟩ *lockiges u. leicht unordentliches Haar*
**wuschelig** ⟨Adj.; umg.⟩ *lockig u. ungeordnet*
**Wuschelkopf** ⟨m. 1u; umg.⟩ **1** *Kopf mit wuscheligem Haar* **2** *jmd., der wuscheliges Haar hat*
**wuselig** ⟨Adj.; süddt., mdt.⟩ *sich lebhaft, rasch (z. T. auch hektisch) bewegend*
**wuseln** ⟨V. i.; ist; süddt., mdt.⟩ *sich eilig bewegen, geschäftig hin u. her eilen* ◆ die Putzfrau wuselt im gesamten Verlagsgebäude hin und her

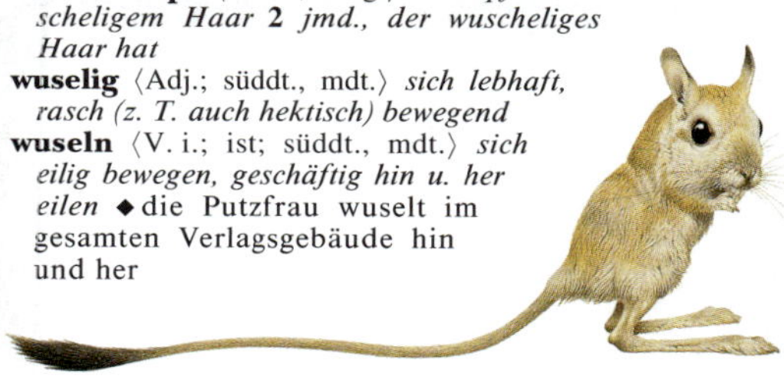
WÜSTENSPRINGMAUS (*Jaculus jaculus*)

## WÜSTEN

Wüsten entstehen meist in warmen Gebieten mit weniger als 250 mm Niederschlag pro Jahr, in denen zudem die Verdunstung sehr hoch ist. Sie sind vegetationsarm und oft starken Temperaturschwankungen (tags bis zu 60 °C, nachts bis –10 °C) ausgesetzt.

DIE GRÖSSTEN WÜSTEN DER ERDE

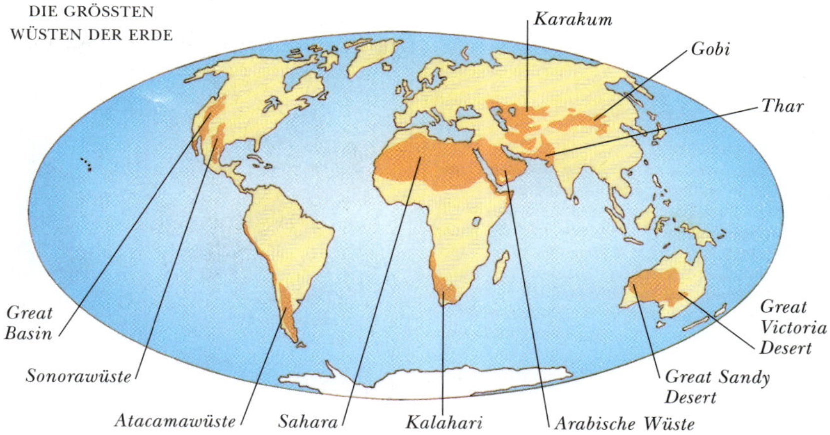


**Wust** ⟨m.; -es; unz.⟩ *wüstes Durcheinander, ungeordneter Haufen, Gewirr* ◆ ich fand den Brief in einem Wust von anderen Papieren; ein Wust von Kleidern, Papieren u. Büchern [< mhd. *wuost* „Verwüstung, Schutt"; → *wüst*]
**wüst** ⟨Adj.; -er, am -esten⟩ **1** *öde, unbebaut* (Gegend); *sehr unordentlich, wirr* **2** *widerwärtig, roh* (Person, Benehmen) **3** ⟨oberdt.⟩ *hässlich, unschön* ◆ ein wüster Kerl; das Haar hing, stand ihm wüst um den Kopf [< mhd. *wüeste*, ahd. *wuosti* „öde, unbebaut]
**Wüste** ⟨f. 19⟩ **1** ⟨i. w. S.⟩ *Gebiet der Erde ohne Pflanzenwuchs* (Sandwüste, Eiswüste) **2** ⟨i. e. S.⟩ ▲ *trockenes, pflanzenloses Sandgebiet* **3** ⟨fig.⟩ *Einöde, unbebautes Land* [→ *wüst*]
**wüsten** ⟨V. i.; hat⟩ *ausschweifend leben* ◆ mit dem Geld wüsten *Geld leichtsinnig in großer Menge ausgeben;* mit seiner Gesundheit wüsten *keine Rücksicht auf seine Gesundheit nehmen* [→ *wüst*]
**Wüstenlack** ⟨m. 1; unz.; Geol.⟩ ► *meist braunschwarze, matt glänzende lackartige Mineralkruste auf Gesteinen in Trockenklimaten*
**Wüstenluchs** ⟨[-ks] m. 1; Zool.⟩ *Raubkatze in Wüsten u. Steppen mit langen Ohrenhaarbüscheln: Lynx caracal;* Sy *Karakal*
**Wüstenspringmaus** ⟨f. 7u; Zool.⟩ ▼ *Angehörige der Familie der Springmäuse mit ca. 17 cm Körperlänge u. ca. 23 cm langem Schwanz: Jaculus jaculus*
**Wüstling** ⟨m. 1; abwertend⟩ **1** *ausschweifend lebender Mensch* **2** *jmd., der oft zweideutige Äußerungen od. Andeutungen macht*
**Wüstung** ⟨f. 20; Bgb.⟩ *verlassene Lagerstätte*
**Wut** ⟨f.; -; unz.⟩ **1** *heftiger Zorn* **2** *übertriebene Neigung zu etwas, übersteigerte Begeisterung* (Lesewut, Tanzwut) ◆ ihn packte die Wut *er wurde wütend;* Wut auf jmdn. haben ⟨umg.⟩ [< mhd., ahd. *wuot* „Raserei" < ahd. *wuot* „rasend, unsinnig"]
**Wutanfall** ⟨m. 1u⟩, **Wutausbruch** ⟨m. 1u⟩ *sich plötzlich laut u. heftig äußernde Wut*
**wüten** ⟨V. i.; hat⟩ **1** *toben, rasen vor Wut* **2** *äußerst erregt sein* **3** ⟨fig.⟩ *heftig, wild wirksam sein (u. Verwüstungen anrichten)*
**wütend** ⟨Adj.⟩ *voller Wut, äußerst zornig* ◆ der Hund sprang mit wütendem Gebell auf ihn zu; wütende Schmerzen ⟨fig.⟩ *furchtbare Schmerzen;* jmdn. wütend machen
**wutentbrannt** ⟨Adj.⟩ *voller Wut* ◆ wutentbrannt stürmte er aus dem Haus und kehrte erst am Abend zurück
**Wüterich** ⟨m. 1⟩ **1** *zu Wutausbrüchen neigender, unberechenbarer Mensch* **2** *grausamer, gewalttätiger Mensch* [< mhd. *wüeterich* < ahd. *wuoterich;* aus der Ableitung von *Wut* nach dem Muster der Männernamen auf *...rich* gebildet]
**...wütig** ⟨Adj.; fig.⟩ *übersteigert begeistert, etwas übertrieben ausübend,* z. B. lesewütig, schreibwütig, tanzwütig

WÜSTENLACK: FELSZEICHNUNGEN AN EINEM VON WÜSTENLACK ÜBERZOGENEN FELSEN IN ARIZONA, USA

**wutschäumend** ⟨Adj.⟩ *äußerst wütend, in heftiger Wut* ◆ wutschäumend kam er die Treppe hochgestürmt
**wutschnaubend** ⟨Adj.⟩ *äußerst wütend*
**WWW** ⟨Abk. für engl.⟩ *World Wide Web*
**Wyandotte** ⟨[vaiən'dɔt] n. 15 od. f. 19; Zool.⟩ *Angehöriges einer Rasse der Haushühner*
**WZ** ⟨Abk. für⟩ *Weltzeit*

W

# X

**x 1** ⟨Math.⟩ *unbekannte Größe* **2** ⟨umg.⟩ *unendlich viele* ◆ davon gibt es x Sorten

**X 1** ⟨umg. Bez. für⟩ *jmd., dessen Namen ich nicht kenne od. nicht nennen will* **2** ⟨röm. Zahlzeichen für⟩ *zehn* ◆ Herr X; jmdm. ein X für ein U vormachen ⟨fig.; umg.⟩ *jmdn. täuschen, jmdm. etwas weismachen*

**x-Achse** ⟨[-ks-] f. 19; Math.⟩ = *Abszissenachse*

**xanth..., Xanth...** ⟨in Zus.; vor Vokalen⟩ = *xantho..., Xantho...*

**Xanthan** ⟨n.; -s; unz.⟩ *ein aus Glukoseeinheiten aufgebautes Polysaccharid, das u. a. als Verdickungsmittel in Nahrungsmitteln u. Kosmetik verwendet wird*

**Xanthelasma** ⟨n.; -s, -ta od. -lasmen; Med.⟩ *Bildung gelber Knötchen an den Augenlidern infolge von Cholesterinablagerungen* [< grch. *xanthos* „gelb" + grch. *elasma* „Platte"]

**Xanthen** ⟨n.; -s; unz.⟩ *Grundgerüst für die Xanthenfarbstoffe (Rhodamine)* [→ *Xanthin*]

**Xanthin** ⟨n.; -s; unz.⟩ *pflanzliches u. tierisches Alkaloid* [zu grch. *xanthos* „gelb, gelbrot"]

**Xanthippe** ⟨f. 19; fig.; umg.; abwertend⟩ *zanksüchtige Frau* [wohl fälschlich nach der Frau des Sokrates]

**xantho..., Xantho...** ⟨vor Vokalen⟩ xanth..., Xanth... ⟨in Zus.⟩ *gelb..., Gelb...* [< grch. *xanthos* „gelb, gelblich"]

**xanthoderm** ⟨Adj.; Med.⟩ *gelbhäutig* [< grch. *xanthos* „gelb" + *derma* „Haut"]

**Xanthodermie** ⟨f. 19; Med.⟩ *Gelbfärbung der Haut* [→ *xanthoderm*]

**Xanthogensäure** ⟨f. 19; unz.; Chem.⟩ *organische Verbindung, chemisch ein Ester der Dithiokohlensäure, zeigt schwache Säureeigenschaften, technisch wichtig als Ausgangsstoff für viele Synthesen* [< grch. *xanthos* „gelb, gelbrot" + *gennan* „erzeugen"]

**Xanthom** ⟨n. 11; Med.⟩ *infolge von Cholesterin- u. Lipoidspeicherung gelbgefärbte Hautgeschwulst* [zu grch. *xanthos* „gelb"]

**Xanthomatose** ⟨f. 19; Med.⟩ *ausgedehnte Bildung von Xanthomen*

**Xanthophyll** ⟨n.; -s; unz.; Biol.⟩ *gelber Pflanzenfarbstoff* [< grch. *xanthos* „gelb, gelbrot" + *phyllon* „Blatt, Kraut"]

**X-Beine** ⟨Pl.; Anat.⟩ *Beine mit von den Knien an leicht nach außen gerichteten Unterschenkeln*

**X-beinig,** ⟨auch⟩ **x-beinig** ⟨Adj.⟩ *X-Beine aufweisend*

**x-beliebig** ⟨Adj.⟩ *irgendein, gleichgültig, was bzw. wer* ◆ jeder x-Beliebige *irgendeiner;* jeder x-beliebige Ort ist schöner als hier

**X-Chromosom** ⟨[-kro-] n. 11; Genetik⟩ *eines der beiden geschlechtsbestimmenden Chromosome;* Ggs *Y-Chromosom*

**Xe** ⟨Chem.; Zeichen für⟩ *Xenon*

**XE** ⟨Zeichen für⟩ *X-Einheit*

**X-Einheit** ⟨f. 20; Zeichen: XE⟩ *nicht mehr zulässige Längeneinheit für Röntgenstrahlen, 1 XE entspricht* $1{,}002 \cdot 10^{-13}$ *cm*

## XEROPHYTEN

Xerophyten sind Trockenpflanzen, die auf vielfältige Weise an das Leben in trockenen Klimaten angepasst sind. So speichern z. B. die zu den Sukkulenten gehörenden Fetthennen und Kakteen Wasser in ihren Blättern und Sprossen. Die Sprosse von Kakteen, deren Blätter z. T. bis zum Nichtvorhandensein reduziert sind, tragen Dornen und wehren damit Pflanzenfresser ab. Andere Xerophyten wie die Agaven haben ledrige Blätter und sind vor Tieren und Wasserverlust durch eine wachsartige Kutikula geschützt.

### VERSCHIEDENE XEROPHYTENARTEN

FETTHENNE
*(Sedum species)*
► *Sukkulenten*

PITALLITA
*(Echinocereus triglochidiatus)*

AGAVE
*(Agave pumila)*

**Xenie** ⟨[-niə] f. 19⟩ **1** ⟨urspr.⟩ *Gastgeschenk* **2** ⟨dann⟩ *Sinnspruch;* Sy *Xenion* **3** ⟨Lit.⟩ *Spottgedicht* [< grch. *xenion, xenia* „Gastgeschenke, Gastfreundschaft"]

**Xenion** ⟨n.; -s, -nien⟩ = *Xenie (2)*

**Xenogamie** ⟨f. 19; Bot.⟩ *Fremd- od. Kreuzbestäubung* (von Blüten) [< grch. *xenos* „Fremder" + *gamein* „heiraten"]

**Xenolith** ⟨m. 1; Min.⟩ ▼ *in (vulkanisches od. magmatisches) Gestein eingeschlossenes Gesteinsfragment* [< grch. *xenon* „Fremdes" + *lithos* „Stein"]

XENOLITH: VON GRANIT UMGEBENE LAVA

**Xenon** ⟨n.; -s; unz.; Chem.; Zeichen: Xe⟩ *chemischer Grundstoff, Edelgas, Ordnungszahl 54* [< grch. *xenon* „das Fremde"]

**Xenonlampe** ⟨f. 19⟩ *mit dem Edelgas Xenon gefüllte Gasentladungslampe mit einer dem Tageslicht sehr ähnlichen Leuchtfarbe*

**xenophil** ⟨Adj.⟩ *allem Fremden gegenüber sehr aufgeschlossen, freundlich gesonnen* [< grch. *xenon* „Fremdes" + *philein* „lieben"]

**Xenophilie** ⟨f. 19; unz.⟩ *Vorliebe für Fremdes, Fremdartiges*

**xenophob** ⟨Adj.⟩ *alles Fremde ablehnend, es fürchtend* [< grch. *xenon* „Fremdes" + *phobos* „Furcht"]

**Xenophobie** ⟨f. 19; unz.⟩ *Angst, Furcht vor allem Fremden, Ablehnung von Fremdem*

**xer..., Xer...** ⟨in Zus.; vor Vokalen⟩ = *xero..., Xero...*

**Xeres** ⟨['xeːrɛθ] od. umg. ['çeːrɛθ] m.; -; unz.⟩ = *Sherry*

**xero..., Xero...** ⟨vor Vokalen⟩ xer..., Xer... ⟨in Zus.⟩ *trocken..., Trocken...* [< grch. *xeros* „trocken"]

**Xerodermie** ⟨f. 19; unz.; Med.⟩ *Trockenheit der Haut* [< grch. *xeros* „trocken" + *derma* „Haut"]

**Xerografie** ⟨f. 19; unz.⟩ = *Xerographie*

**Xerographie** ⟨f. 19; unz.⟩ *elektrost. Vervielfältigungs- sowie Druckverfahren;* oV *Xerografie* [< grch. *xeros* „trocken, ausgetrocknet" + *graphein* „schreiben"]

**Xerokopie** ⟨f. 19⟩ *durch Xerographie hergestellte Kopie*

**xeromorph** ⟨Adj.⟩ *Schutzvorrichtungen gegen Ausstrahlung besitzend* (von Pflanzen) [< *xero...* + grch. *morphe* „Gestalt"]

**xerophil** ⟨Adj.; Bot.⟩ *Trockenheit liebend* (Pflanze) [< grch. *xeros* „trocken" + *philein* „lieben"]

**Xerophyt** ⟨m. 16; Bot.⟩ ▲ *Trockenheit liebende Pflanze;* Ggs *Hygrophyt* [< grch. *xeros* „trocken" + *phyton* „Pflanze"]

**x-fach** ⟨Adj.; umg.⟩ *vielfach, mehrfach*

**X-förmig,** ⟨auch⟩ **x-förmig** ⟨Adj.⟩ *wie ein X geformt*

**Xi** ⟨n. 15; Zeichen: ξ, Ξ⟩ *14. Buchstabe des grch. Alphabets*

**XL** ⟨Abk. für engl.⟩ *extra large, sehr groß (als Konfektionsgröße)*

**XS** ⟨Abk. für engl.⟩ *extra small, sehr klein (als Konfektionsgröße)*

**X-Strahlen** ⟨Pl.⟩ ► = *Röntgenstrahlen* [die ihrem Wesen nach zunächst unbekannten Strahlen wurden von Röntgen X-Strahlen (→ *x-beliebig*) genannt]

**XXL** ⟨Abk. für engl.⟩ *extra extra large, übermäßig groß (als Konfektionsgröße)*

**Xylit** ⟨m. 1⟩ *fünfwertiger, aliphat., kristalliner Alkohol, der als Feuchthaltungsmittel u. Süßungsmittel für Bonbons u. Kaugummis verwendet wird, mit dem Vorteil, keine Karies zu erzeugen* [< grch. *xylon* „Holz"]

**Xylofon** ⟨n. 11; Mus.⟩ ► = *Xylophon*

**Xylografie** ⟨f. 19⟩ = *Xylographie*

**Xylographie** ⟨f. 19⟩ = *Holzschnitt (I, II);* oV *Xylografie* [< grch. *xylon* „Holz" + *graphein* „einritzen, einschneiden; schreiben"]

**Xylolith** ⟨n.; -s; unz.⟩ *Fußbodenplatten aus einem Gemisch von Sägemehl u. Sorelzement, Steinholz* [< grch. *xylon* „Holz" + *lithos* „Stein"]

**Xylophon** ⟨n. 11; Mus.⟩ ▼ *Musikinstrument, bei dem kleine, nach Tonleitern geordnete, in einen Rahmen gespannte Holz- od. Metallstäbe mit Holzklöppeln angeschlagen werden;* oV *Xylofon;* ► *Schlaginstrumente* [< grch. *xylon* „Holz" + *phone* „Stimme, Ton"]

**Xylose** ⟨f. 19; unz.⟩ *Zucker mit fünf Kohlenstoffatomen;* Sy *Holzzucker (2)* [< grch. *xylon* „Holz"]

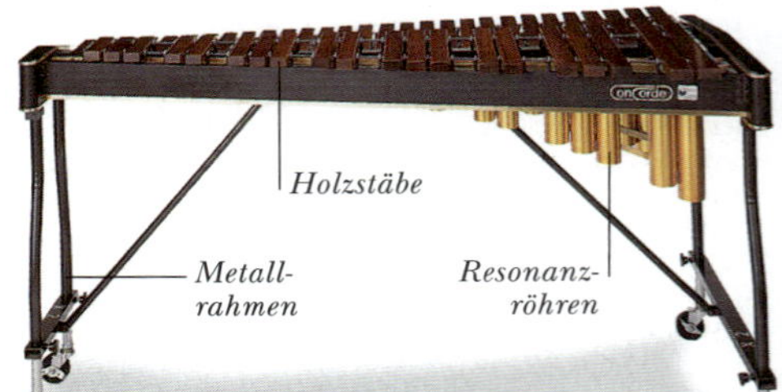


XYLOPHON

# Y

**Y 1** ⟨umg. Bez. für⟩ *jmd., dessen Namen man nicht kennt od. nicht nennen will* **2** ⟨Chem.; Zeichen für⟩ *Yttrium* **3** ⟨Zeichen für⟩ *Hyperladung*

**y-Achse** ⟨[-ks-] f. 19; Math.⟩ = *Ordinatenachse*

**Yacht** ⟨f. 20⟩ ► = *Jacht*

**Yagiantenne,** ⟨auch⟩ **Yagi-Antenne** ⟨f. 19⟩ *für UKW- u. Kurzwellenempfang besonders geeignete Antenne mit speziellen Dipolen* [nach dem japan. Erfinder *Yagi*]

**Yak** ⟨m. 6; Zool.⟩ ► = *Jak*

**Yakimono** ⟨n. 15⟩ *keramische Produkte* [jap., „Gebranntes"]

**Yakuza** ⟨[-za] f.; -, -⟩ *Gruppe, die der organisierten Kriminalität in Japan angehört* [jap.]

**Yamswurzel** ⟨f. 21; Bot.⟩ ► = *Jamswurzel*

**Yankee** ⟨[ˈjæŋki] m. 6⟩ **1** ⟨Mil.⟩ ► *im amerikan. Sezessionskrieg von den Südstaatlern verwendete Bezeichnung für die gegnerischen Nordstaatler* **2** ⟨Spottname für⟩ *Nordamerikaner* [Verkleinerungsform des niederländ. Vornamens *Jan,* urspr. Spitzname der holländ. Siedler]

YANKEE: SERGEANT

**Yankeedoodle** ⟨[ˈjæŋkiˈduːdl] m.; -; unz.; Mus.⟩ *volkstümliches Nationallied der USA aus dem 18. Jh.* [< *Yankee* + engl. *doodle* „Dudelsack spielen"]

**Yantra** ⟨n. 15⟩ *Sammlung mystischer Diagramme im Tantrismus, im indischen u. südostasiatischen Volksglauben auch Amulette, denen magische Wirkung zugesprochen wird* [Sanskrit, „Werkzeug"]

**Yapok** ⟨m. 6; Zool.⟩ *im Wasser lebendes, zu den Beutelratten gehörendes Säugetier: Chironectes panamensis;* Sy *Schwimmbeutler* [nach dem Rio *Oiapoque* zwischen Brasilien u. Französisch-Guayana]

**Yard** ⟨n.; -s, -s od. -; Zeichen: yd.⟩ *engl. u. nordamerikan. Längenmaß, 0,91 m* [engl., „Gerte, Messrute"; verwandt mit *Gerte*]

**Yardsstrecke** ⟨f. 19; Sp.⟩ *in Yard gemessene Wettkampfstrecke, z. B. in der Leichtathletik od. beim Schwimmen* [→ *Yard*]

**Yawl** ⟨[jɔːl] f. 7 od. f. 10; Mar.⟩ *(Sport-)Segelboot mit einem großen Mast u. einem kleinen Mast hinter dem Ruder* [< engl. *yawl* „Jolle, kleines Segelschiff"]

YORKSHIRE-PUDDING

**Yb** ⟨Chem.; Zeichen für⟩ *Ytterbium*

**Y-Chromosom** ⟨[-kro-] n. 11; Genetik⟩ *eines der beiden geschlechtsbestimmenden Chromosomen;* Ggs *X-Chromosom*

**yd.** ⟨Zeichen für⟩ *Yard*

**Yedozeit,** ⟨auch⟩ **Yedo-Zeit** ⟨f. 20; Gesch.⟩ *Periode innerhalb der japanischen Geschichte, in der die Shogune Tokugawa aus Yedo die Regierung innehatten* [nach *Yedo,* dem früheren Namen von Tokio]

**Yellowpress,** ⟨auch⟩ **Yellow Press** ⟨[jɛlou-] f.; (-) -; unz.⟩ = *Boulevardpresse* [engl., eigtl. „gelbe Presse"]

**Yen** ⟨m.; -s, - od. -s⟩ *japanische Währungseinheit, 100 Sen;* oV *Jen* [jap. < chin. *yuan;* → *Yuan*]

**Yeoman** ⟨[ˈjoumæn] m.; -s, -men [-mən]; in England⟩ **1** ⟨früher⟩ *freier, nicht adeliger Bauer od. Landeigner* **2** ⟨danach⟩ *Leibgardist, dem u. a. die Bewachung der britischen Kronjuwelen obliegt* ◆ Yeoman of the Guard [engl.]

**Yerba** ⟨f.; -; unz.⟩ = *Mate* [span.]

**Yerma** ⟨f. 10; Geogr.⟩ *extrem humusarmer, staubreicher, lockerer (Roh-)Boden in Wüsten* [span., „Wüste"]

**Yeti** ⟨m. 6⟩ *angeblich im Himalaya lebendes, urtümliches menschenähnliches Wesen* [nepales.]

**Yggdrasil** ⟨[yk-] m.; -s; unz.; nord. Myth.⟩ *Weltesche, ein immergrüner Baum im Mittelpunkt der Welt, unter dessen Wurzeln die Welten der Menschen liegen* [anord., eigtl. „Pferd des Schrecklichen" < *yggr* „schrecklich" + *drasill* „Pferd"]

**Yin und Yang** ⟨n.; - - -; unz.⟩ ► = *Jin und Jang*

**...yl** ⟨in Zus.; zur Bildung von Substantiven; Chem.⟩ *(bestimmte chemische Verbindungen anzeigend),* z. B. Methyl, Vinyl... [< grch. *hyle* „Holz, Stoff"]

**Ylang-Ylang** ⟨n. 15; Bot.⟩ ► *zur Familie der Annonengewächse gehörender Baum, aus dessen Blüten ein aromatisches Öl gewonnen wird: Cananga odorata;* oV *Ilang-Ilang* [mal.]

YLANG-YLANG (*Cananga odorata*)

**Ylid** ⟨n. 11; Chem.⟩ *organische Verbindung, bei der sich eine Atombindung (...yl) u. eine Ionenbindung (...id) überlagern* [< *...yl* < grch. *hyle* „Holz, Stoff" + *...id* < grch. *eidos* „Aussehen"]

**YMCA** ⟨Abk. für engl.⟩ *Young Men's Christian Association (Christlicher Verein Junger Männer)* [engl.]

**Yoga** ⟨n.; -s; unz.⟩ ► = *Joga*

**Yoghurt** ⟨m. 6 od. n. 15⟩ = *Joghurt*

**Yogi** ⟨m. 6⟩ = *Jogi*

**Yohimbin** ⟨n.; -s; unz.; Med.⟩ *gefäßerweiterndes Alkaloid, Arzneimittel gegen Durchblutungsstörungen* [Bantuspr.]

**Yoldia** ⟨[jɔl-] f. 10⟩ *urtümliche Muschel des Atlantischen Ozeans im Gebiet der nordamerikan. Küste sowie der nördl. kalten Meere, wie z. B. der Ostsee: Yoldia arctica* [nach dem spanischen Naturforscher Graf *Yoldi,* †1852]

**Yorkshirepudding** ⟨[jɔːkʃə(r)-] m. 6⟩ ◄ *(meist mit Rinderbratenfett zubereitete) gebackene Mehlspeise, die üblicherweise zu Roastbeef gegessen wird* [nach der nordostenglischen Grafschaft *Yorkshire*]

**Yorkshireterrier** ⟨[ˈjɔːkʃə(r)tɛriə(r)] m. 3⟩ ► *englische langhaarige Zwergterrierrasse* [nach der nordostenglischen Grafschaft *Yorkshire*]

**Yoruba** ⟨m. 6; Völkerk.⟩ *Angehöriger eines westafrikanischen Volkes, das zur größten Volksgruppe der Westregion Nigerias gehört u. z. Zt. des europäischen MA eine Konföderation von straff organisierten Stadtstaaten bildete*

**Youngster** ⟨[ˈjʌŋstə(r)] m. 3⟩ **1** *Jugendlicher* **2** ⟨Sp.⟩ *junger Nachwuchsspieler, Nachwuchssportler* **3** ⟨Reitsp.⟩ *zweijähriges Pferd* ◆ er war der Youngster in seiner Fußballmannschaft *der jüngste Mitspieler* [engl., „Junge, Kind"; zu *young* „jung"]

**Yo-Yo** ⟨n. 15⟩ ► = *Jo-Jo*

**Ypern** ⟨n.; -s; unz.; Geol.⟩ *unterste Stufe des Eozäns* [nach der flämischen Stadt *Ypern*]

**Ypsilon** ⟨n. 15⟩ **1** *Buchstabe, y, Y* **2** *20. Buchstabe des griechischen Alphabets (υ, Υ)* [< grch. *ü psilon* „einfaches ü" < *psilos (psile, psilon)* „kahl, nackt, bloß, schlicht, einfach"]

**Ypsiloneule** ⟨f. 19; Zool.⟩ *Eulenschmetterling mit einem Fleck in Form eines Y auf den Vorderflügeln: Agrotis ipsilon*

**Ysop** ⟨m. 1; Bot.⟩ *in Südeuropa heimischer Lippenblütler mit dunkelblauen, rosenroten od. seltener weißen Blüten, in Deutschland als Zierpflanze gehalten: Hyssopus officinalis;* ► *Kräuter* [< grch. *hyssopos* < hebr. *ezob*]

**Ytong** ⟨m. 6; Warenzeichen⟩ *durch Zusatz von Blähmitteln zu Beton gewonnener Leichtbeton, der unter Druck u. bei 180° C in Formen ausgehärtet wird, verwendet als Mauerstein, für Dachdeckungen u. als Wärmeschutz*

**Ytterbium** ⟨n.; -s; unz.; Chem.; Zeichen: Yb⟩ *zu den seltenen Erdmetallen gehörendes chemisches Element, Ordnungszahl 70* [nach dem schwedischen Fundort *Ytterby*]

**Yttererde** ⟨f. 19; unz.⟩ *natürlich vorkommendes Gemisch aus Oxiden der Metalle der Seltenen Erden, dient als Ausgangsstoff für die Isolierung der einzelnen Elemente* [< *Ytterbium* + *Erde*]

**Yttrium** ⟨n.; -s; unz.; Chem.; Zeichen: Y⟩ *zu den seltenen Erdmetallen gehörendes chem. Element, Ordnungszahl 39* [→ *Ytterbium*]

**Yuan** ⟨m.; -s, - od. -s⟩ *Währungseinheit der Volksrepublik China* [chin., „rund; Kreis"]

**Yucca** ⟨f. 10; Bot.⟩ ► = *Palmlilie* [span. < indian.]

**Yuccafaser** ⟨f. 21; Bot.⟩ *spröde, stark verholzte Blattfaser der Liliengewächse Yucca gloriosa u. Yucca filamentosa, die als Ersatzstoff für Sisal u. Jute zur Produktion von Matten, Seilen, Teppichen, Verpackungsmaterial usw. verwendet wird* [→ *Yucca*]

**Yuppie** ⟨m. 6⟩ *junger, gewandter, sportlicher, gepflegter Mensch (Mann od. Frau), der im Management Karriere macht bzw. gemacht hat* ◆ als er nach dem Studium ins Berufsleben einstieg, wurde er zum Yuppie [Verkleinerungsform zu *yup,* Abk. für amerikan. *young urban professional* „junger weltgewandter Fachmann"]

**YWCA** ⟨Abk. für engl.⟩ *Young Women's Christian Association (Christlicher Verein Junger Frauen)* [engl.]

YORKSHIRETERRIER

Y

# Z

**Z.** **1** ⟨Math.; Abk. für⟩ *Zahl (1)* **2** ⟨Abk. für⟩ *Zeile (2)*
**Zabaglione** ⟨[-baijo:-] f. 10⟩ = *Zabaione*
**Zabaione** ⟨[-jo:-] f. 10⟩ *Weincreme (bes. mit Marsala od. Eierlikör);* oV *Zabaglione* [Herkunft nicht bekannt]
**zach** ⟨Adj.⟩ **1** ⟨oberdt.⟩ **1.1** *zäh* **1.2** *ausdauernd* **2** ⟨mdt.⟩ *knauserig*
**Zack** ⟨ohne Art.; nur in den Wendungen⟩ auf Zack sein *wach, aufmerksam, umsichtig sein, schnell u. gut arbeiten;* jmdn. auf Zack bringen *jmdn. dazu bringen, etwas (in möglichst kurzer Zeit) zu tun;* etwas auf Zack bringen *etwas in Ordnung, in Schwung bringen*
**Zacke** ⟨f. 19⟩ **1** *hervorragende, in der Form oft auffallende Spitze* (Bergzacke) **2** *Zinke, Zahn (einer Reihe, z. B. an der Egge, der Gabel, am Kamm)* **3** *Zinne* ◆ eine Krone mit fünf, sieben Zacken [urspr. nddt. < mhd. *zacke* „vorragende Spitze, Zinke“, engl. *tack* „Pflock, Stift, Nagel“]
**Zackenbarsch** ⟨m. 1; Zool.⟩ ► *an den Küsten wärmerer Meere lebender Angehöriger einer artenreichen Familie der Barschartigen: Serranidae*
**Zackenfalter** ⟨m. 3; Zool.⟩ *Tagfalter (der Familie Nymphalidae) mit ausgebuchteten Flügelrändern*
**Zackenlitze** ⟨f. 19; Textilw.⟩ ▼ *gezackte Litze zum Verzieren von Kleidung*
**zackig** ⟨Adj.⟩ **1** *mit Zacken versehen, gezackt* **2** ⟨fig.; umg.⟩ *militärisch straff, schneidig, forsch* ◆ zackig grüßen
**zaghaft** ⟨Adj.; -er, am -esten⟩ *schüchtern, furchtsam, zögernd* ◆ zaghaft nach etwas greifen; sei nicht so zaghaft!
**zäh** ⟨Adj.; -er, am -(e)sten⟩ **1** *weich, aber fest* (Leder) **2** *dickflüssig u. fest, schwer zu gießen od. zu schöpfen* (Masse, Teig) **3** *schwer zu zerkleinern* (Fleisch) **4** ⟨fig.⟩ *widerstandsfähig, ausdauernd, beharrlich* (Person) **5** *nicht nachlassend, nicht erlahmend, ausdauernd, hartnäckig* (Person, Eifer, Fleiß) ◆ sich etwas mit zähem Fleiß erarbeiten; der Braten ist zäh wie Leder [< mhd. *zæhe, zach* < ahd. *zahi, zach* „zäh“]

ZACKEN-
LITZE

**zähflüssig** ⟨Adj.⟩ *zäh, nur langsam fließend, schwerflüssig* ◆ zähflüssig wie Honig
**Zahl** ⟨f. 20⟩ **1** ⟨Math.; Abk.: Z.⟩ *der Mengenbestimmung dienende, durch Zählen gewonnene Größe* **2** *Menge, Gruppe, Anzahl* ◆ die Zahl Neun; die Zahl der **Mitglieder,** Zuschauer ◆ eine Zahl **abrunden,** aufrunden; Zahlen **addieren,** subtrahieren ◆ **arabische,** römische Zahlen *Ziffern;* **ganze** Zahl *Zahl ohne Bruch, z. B. 1, 2, 3, 4;* Ggs *Bruchzahl;* **gebrochene** Zahl *Bruch, z. B.* $^{3}/_{4}$*;* **gemischte** Zahl *ganze Zahl mit Bruch, z. B. 2* $^{3}/_{4}$*;* **gerade** Zahl *durch 2 teilbare Zahl, z. B. 4, 6, 8;* **große,** kleine, hohe, niedrige Zahl; eine große Zahl (von) Menschen; **runde** Zahl *durch 10 od. 100,* ⟨od.⟩ *durch 5 teilbare Zahl;* **ungerade** Zahl *durch 2 nicht teilbare Zahl, z. B. 5, 7, 9* ◆ hundert **an** der Zahl ⟨verstärkend⟩ *hundert;* eine Zahl **mit** einer Zahl malnehmen, multiplizieren [< mhd. *zal* „Zahl, Menge, Schar; Erzählung, Rede“ < ahd. *zala* „Zahl, Menge; Aufzählung, Rede“]
**Zahlbrett, Zählbrett** ⟨n. 12⟩ *mit Mulden versehenes Brett zum Aufreihen und Zählen von Münzen*
**Zahlbuchstabe** ⟨m. 26⟩ *Buchstabe in Form einer röm. Zahl, der jedoch keine Zahl, sondern einen Buchstaben bezeichnet,* z. B. V (5), X (10), *in Chronogrammen verwendet*
**zahlen** ⟨V.; hat⟩ **I** ⟨V. i.⟩ *etwas bezahlen, einer finanziellen Forderung nachkommen, eine Schuld tilgen* ◆ der Kunde zahlt immer gut, pünktlich, schlecht, unpünktlich **II** ⟨V. t.; umg.⟩ *bezahlen, vergüten* ◆ jmds. Schulden zahlen [< mhd. *zaln* < ahd. *zalon* „zählen, berechnen“; → *zählen*]
**zählen** ⟨V.; hat⟩ **I** ⟨V. t.⟩ etwas zählen *die Anzahl von etwas feststellen* ◆ die **Anwesenden,** Gegenstände zählen; der Ort zählt 200 **Einwohner** *der Ort hat 200 Einwohner;* sein **Geld** zählen; er zählt 30 **Jahre** *er ist 30 Jahre alt* ◆ ich zähle mich **zu** seinen Freunden *ich rechne mich zu seinen Freunden, betrachte mich als seinen Freund* **II** ⟨V. i.⟩ **1** *die Zahlenreihe kennen, aufsagen können* **2** ⟨fig.⟩ *gelten* ◆ das zählt nicht *das gilt nicht, das hat keine Bedeutung;* auf jmdn. zählen *mit jmdm. rechnen, sich auf jmdn. verlassen* [< mhd. *zeln* < ahd. *zellan* „zählen, rechnen, erzählen, berichten“]

ZACKENBARSCH: GESTREIFTER ZACKENBARSCH
*(Epinephelus striatus)*

**Zahlengedächtnis** ⟨n.; -ses; unz.⟩ *Fähigkeit, sich Zahlen zu merken* ◆ ich habe ein gutes, ein schlechtes, kein Zahlengedächtnis
**Zahlenkarte** ⟨f. 19; Kart.⟩ *Spielkarte mit Zahl;* Ggs *Figurenkarte*
**Zahlenschloss** ⟨n. 12u⟩ *Kombinationsschloss, das mit Zahlen arbeitet*
**Zähler** ⟨m. 3⟩ **1** *Zahl über dem Bruchstrich* **2** *Gerät mit Zählwerk* (Elektrizitätszähler, Gaszähler) [Lehnübersetzung < mlat. *numerator* „Zähler“ < *numerus* „Zahl“; zu *numerare* „zählen“]
**zahllos** ⟨Adj.⟩ *ungezählt, unendlich viele* ◆ zahllose Blumen, Sterne, Vögel; zu der Veranstaltung waren Zahllose gekommen *Unzählige*
**zahlreich** ⟨Adj.⟩ *in großer Zahl (vorhanden, auftretend), viel* ◆ zahlreiche Fabriken, Mitglieder, Personen, Teilnehmer, Zuschauer; eine zahlreiche Familie
**Zahlung** ⟨f. 20⟩ *das Zahlen, Bezahlen (von Geld, einer Schuld)* ◆ die Zahlungen einstellen *nicht mehr zahlen*
**Zahlungsbilanz** ⟨f. 20⟩ *Gegenüberstellung sämtlicher Zahlungsforderungen u. -verpflichtungen zwischen In- u. Ausland*
**zahlungsfähig** ⟨Adj.⟩ *imstande, fällige Zahlungen zu leisten;* Sy *solvent*
**Zahlungsfähigkeit** ⟨f. 20; unz.⟩ *Fähigkeit, fällige Zahlungen zu leisten;* Sy *Solvenz*
**zahlungsunfähig** ⟨Adj.⟩ *nicht imstande, fällige Zahlungen zu leisten;* Sy *insolvent* ◆ er war schon seit Wochen zahlungsunfähig

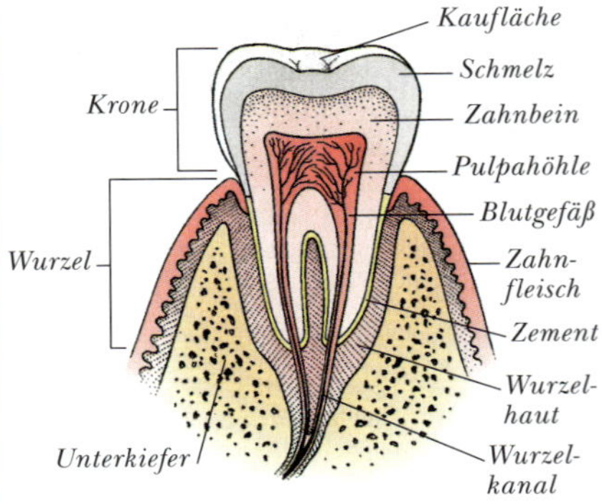


ZAHN: SCHNITT DURCH
EINEN MENSCHLICHEN ZAHN

**Zahlungsunfähigkeit** ⟨f. 20; unz.⟩ *Unfähigkeit, fällige Zahlungen (fristgerecht) zu leisten;* Sy *Insolvenz*
**Zahlwort** ⟨n. 12u; Gramm.⟩ *Wort, das eine Zahl bezeichnet,* z. B. „eins“, „drei“, „vierter“; Sy *Numerale*
**zahm** ⟨Adj.⟩ **1** *an Menschen gewöhnt* (Tier) **2** ⟨fig.; umg.; iron.⟩ *fügsam, friedlich* (Person) ◆ ein zahmes Reh; eine zahme Kritik ⟨fig.; umg.⟩ *eine milde Kritik* [→ *zähmen*]
**zähmen** ⟨V. t.; hat⟩ **1** *zahm machen, an den Menschen gewöhnen, bändigen, abrichten* (Tier) **2** ⟨fig.⟩ *gefügig, gehorsam machen* (Person) ◆ sich zähmen ⟨fig.⟩ *sich beherrschen;* Löwen, Vögel zähmen [< mhd. *zem(m)en, zamen* < ahd. *zemmen, zamon*]
**Zahn** ⟨m. 1u⟩ **1** ▲ *Teil des Gebisses des Menschen u. der Wirbeltiere: Dens* (Backenzahn, Eckzahn, Schneidezahn, Weisheitszahn) **2** *Zacke, Spitze (in einer Reihe, z. B. von Kamm, Säge, Zahnrad)* **3** ⟨fig.; umg.⟩ *Geschwindigkeit* ◆ der Zahn der **Zeit** ⟨fig.⟩ *der Lauf der Zeit (in dem sich die Dinge allmählich abnutzen)* ◆ einen Zahn **füllen,** plombieren; sich die Zähne **putzen;** jmdm. die Zähne **zeigen** ⟨fig.⟩ *sich gegen jmdn. zur Wehr setzen, zeigen, dass man böse werden kann* ◆ die **dritten** Zähne ⟨umg.; scherzh.⟩ *Zahnersatz, falsche Zähne (nachdem die natürl. Zähne im Alter ausgefallen od. gezogen sind);* **falsche,** künstliche Zähne; **gute,** gesunde, kranke, schlechte Zähne haben ◆ jmdm. **auf** den Zahn fühlen ⟨fig.; umg.⟩ *jmds. Fähigkeiten od. Gesinnung zu ergründen suchen* [< mhd. *zant, zan* < ahd. *zand, zan* < lat. *dens,* Gen. *dentis* „Zahn“, grch. *odon,* Gen. *odontos* „Zahn“]
**Zahnarzt** ⟨m. 1u; Med.⟩ *Arzt für Zahnheilkunde*
**Zahnbein** ⟨n. 11; unz.; Anat.⟩ *unter dem Zahnschmelz liegendes Hartgewebe des Zahns*
**Zahnbelag** ⟨m. 1u⟩ *Belag auf den Zähnen, bestehend aus Speichel, Schleim u. Speiseresten mit Bakterien*

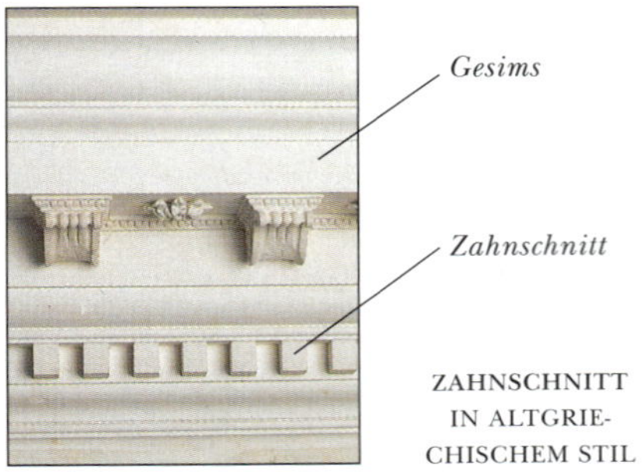


ZAHNSCHNITT
IN ALTGRIE-
CHISCHEM STIL

Z

ZAHNKARPFEN:
GARDNERS PRACHTKÄRPFLING
*(Aphyosemion gardneri)*

**Zahnbrasse** ⟨f. 19; Zool.⟩ *zur Familie der Brassen gehörender Speisefisch des Mittelmeeres: Dentex vulgaris*

**Zahnbürste** ⟨f. 19⟩ *kleine Bürste zum Säubern der Zähne*

**Zahncreme** ⟨[-kre:m] f. 10⟩ = *Zahnpasta;* oV *Zahnkrem, Zahnkreme*

**zahnen** ⟨V. i.; hat⟩ *Zähne bekommen* ◆ das Kind zahnt

**Zahnersatz** ⟨m. 1u; Med.⟩ = *Prothese (1.2)*

**Zahnfäule** ⟨f.; -; unz.; Med.⟩ = *Karies (2)*

**Zahnfleisch** ⟨n.; -(e)s; unz.; Anat.⟩ *Schleimhaut über den die Zähne tragenden Kieferteilen* ◆ ich bin nur noch auf dem Zahnfleisch gekrochen ⟨fig.; umg.⟩ *ich war so erschöpft, dass ich kaum noch gehen konnte*

**Zahnheilkunde** ⟨f. 19; unz.; Med.⟩ *Teilgebiet der Medizin, das sich mit Zahn- u. Mundkrankheiten befasst;* Sy *Odontologie, Zahnmedizin*

**Zahnkarpfen** ⟨m. 4; Zool.⟩ ▲ *Angehöriger einer Ordnung der Knochenfische ohne stachelige erste Rückenflosse mit sieben Familien, von denen zwei als Aquarienfische beliebt sind: Cyprinodontiformes;* Sy *Kärpfling*

**Zahnkeim** ⟨m. 1⟩ *der Zahn in seinen verschiedenen Entwicklungsstufen vor dem Durchbruch durch das Zahnfleisch*

**Zahnklinik** ⟨f. 20; Med.⟩ *Klinik für Zahn-, Mund- od. Kieferkrankheiten*

**Zahnkrem,** ⟨auch⟩ **Zahnkreme** ⟨f. 10⟩ = *Zahncreme*

**Zahnkrone** ⟨f. 19; Anat.⟩ *über das Zahnfleisch herausragender Teil des Zahns*

**Zahnlaut** ⟨m. 19; Phon.⟩ = *Dental*

**zahnlos** ⟨Adj.⟩ *ohne Zähne* ◆ zahnloser Mund

**Zahnlücke** ⟨f. 19⟩ *durch den Verlust eines Zahnes entstandene Lücke*

**Zahnmedizin** ⟨f. 20; unz.⟩ = *Zahnheilkunde*

**Zahnpasta** ⟨f.; -, -pasten⟩, **Zahnpaste** ⟨f. 19⟩ *Paste zur Zahnpflege;* Sy *Zahncreme*

**Zahnpflege** ⟨f. 19; unz.⟩ *regelmäßige Mundpflege, Reinigung der Zähne u. des Mundes*

**Zahnrad** ⟨n. 12u; Tech.⟩ *radförmiger Teil einer Maschine mit gezacktem Rand zur Übertragung von Drehbewegungen*

**Zahnradbahn** ⟨f. 20; Tech.⟩ ► *mit einem Zahnrad auf einer Zahnstange fortbewegte Bergbahn*

**Zahnradgetriebe** ⟨n. 13⟩ *Getriebe mit Zahnrädern*

**Zahnschmelz** ⟨m. 1; unz.; Anat.⟩ *die Zahnkrone bedeckende Hartsubstanz*

**Zahnschnitt** ⟨m. 1; Arch.⟩ ◄ *aus kleinen rechteckigen Blöcken bestehender Fries in der Baukunst der grch. Klassik*

**Zahnseide** ⟨f. 19; unz.; Med.⟩ *(meist gewachster) Faden, mit dem Speisereste aus den Zahnzwischenräumen entfernt werden können*

**Zahnspange** ⟨f. 19; Med.⟩ *Vorrichtung aus Draht (mit Gaumenplatte), um die Stellung der Zähne zu korrigieren*

**Zahnspiegel** ⟨m. 5; Med.⟩ *Instrument (des Zahnarztes) zum Betrachten der Zähne*

**Zahnstange** ⟨f. 19; Tech.⟩ ▼ *eingekerbte Stange, in die ein Zahnrad eingreift*

**Zahnstein** ⟨m. 1; unz.⟩ *Ablagerung von Kalzium-, Kalium- u. Natriumsalzen sowie abgestoßenen Bestandteilen der Mundschleimhaut an den Zahnhälsen*

**Zahnstocher** ⟨m. 3⟩ *Stäbchen zum Reinigen der Zwischenräume zwischen den Zähnen nach dem Essen*

**Zahntechniker** ⟨m. 3⟩ *Handwerker, der Zahnersatz, künstl. Zahnkronen, Gussfüllungen, Schienen, Spangen u. Ä. herstellt*

**Zahntrost** ⟨m.; -es; unz.; Bot.⟩ *Angehöriger einer Gattung der Rachenblütler, grüner Halbschmarotzer, der früher gegen Zahnschmerzen gekaut wurde: Odontites*

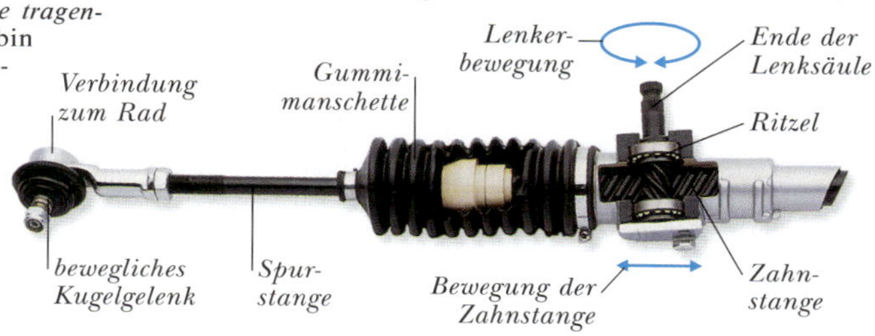


ZAHNSTANGE IN EINEM
ZAHNSTANGENLENKGETRIEBE (SCHNITT)

**Zahnung** ⟨f. 20⟩ **1** ⟨Anat.⟩ **1.1** *das Zähnen* **1.2** *das Gezahnt-, Gezähntsein* **2** *Gesamtheit der Zähne an einem Maschinenteil*

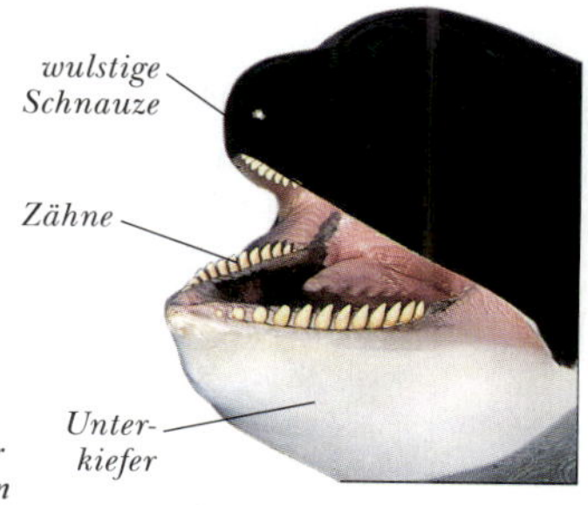


ZAHNWAL: SCHWERTWAL
*(Orcinus orca)*

**Zahnwal** ⟨m. 1; Zool.⟩ ◄ *Angehöriger einer Gattung der Wale, dessen Kiefer zahlreiche Zähne tragen: Odontoceti*

**Zahnwechsel** ⟨[-ks-] m. 5⟩ *Ausfallen der Milchzähne u. Nachwachsen der bleibenden, zweiten Zähne*

**Zahnweh** ⟨n.; -s; unz.⟩ *Zahnschmerz(en)*

**Zahnwurzel** ⟨f. 21⟩ **1** *im Kieferknochen verankerter unterer Teil des Zahns* **2** ⟨Bot.⟩ = *Angelika*

**Zähre** ⟨f. 19; poet.⟩ *Träne* [Pl. zu mhd. *zaher;* zu *zachern, zechern* „weinen"; zu ahd. *zah(h)ar* < got. *tagr* „Träne" < lat. *lacrima* „Träne"]

**Zäkum** ⟨n.; -s, Zäka; Anat.⟩ *Blinddarm;* oV *Zökum* [< lat. *caecus* „blind"]

**Zamak** ⟨n.; -s; unz.; Warenzeichen⟩ *eine Zinklegierung mit Aluminium, Magnesium u. Kupfer für Haushaltsgegenstände, optische Geräte u. a.* [verkürzt < *Z*ink, *A*luminium, *Ma*gnesium u. *K*upfer]

**Zamba** ⟨a. [θam-] f. 10; Völkerk.⟩ *weibl. Zambo*

**Zambo** ⟨a. [θam-] m. 6; Völkerk.⟩ *männl. Nachkomme eines Schwarzen u. einer Indianerin in Brasilien* [span.]

**Zampano** ⟨m. 6⟩ *Anführer (einer Gruppe), jmd., der sich wichtig tut, Erfolg hat* [nach der gleichnamigen Figur in Fellinis Film „La Strada"]

**Zander** ⟨m. 3; Zool.⟩ *in Süßwasser lebender Barsch, wertvoller Speisefisch: Lucioperca sandra;* oV *Sander*[1]*;* Sy *Hechtbarsch* [< mnddt. *sandar*]

**Zanella** ⟨m. 6; unz.; Textilw.⟩ *haltbares Gewebe in Atlasbindung mit glänzender Oberfläche, Futtersatin* [ital.]

## ZAHNRADBAHN

Steilere Gebirgspassagen können Züge teils nur mithilfe eines unter dem Triebfahrzeug befindlichen Zahnrads bewältigen, das in die Vertiefungen einer Zahnstange greift. Zahnradbahnen überwinden Steigungen von 25 bis 48 % und erreichen Geschwindigkeiten bis zu 12 km/h.

EXPLOSIONSGRAFIK
EINER DAMPFBETRIEBENEN
ZAHNRADBAHN

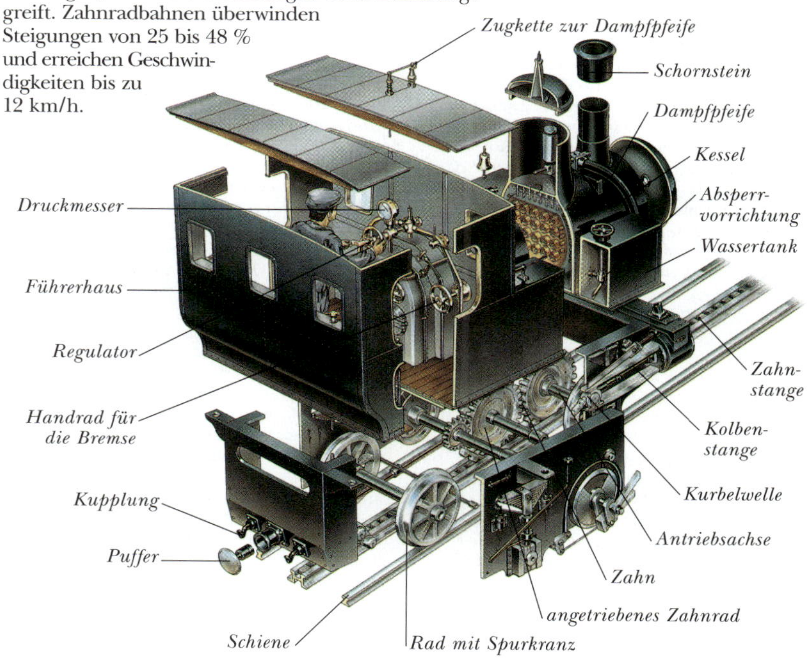


Z

**Zange** ⟨f. 19⟩ **1** ► *Werkzeug zum Greifen u. Kneifen* (Kneifzange, Kohlenzange, Zuckerzange) **2** ⟨Zool.⟩ *Greifwerkzeug von Tieren* ◆ jmdn. in die Zange nehmen *jmdn. heftig bedrängen, jmdm. keine Möglichkeit zu Ausflüchten lassen;* das Kind musste mit der Zange geholt werden [< mhd. *zange* < ahd. *zanga* „Zange", urspr. „Beißerin"]

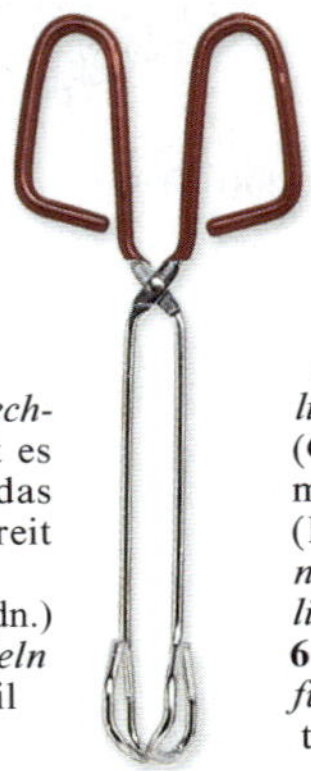

ZANGE: KÜCHENZANGE

**Zangengriff** ⟨m. 1; Sp.; Ringen⟩ *von beiden Seiten umfassender Griff ähnlich einer Zange*

**Zank** ⟨m.; -(e)s; unz.⟩ *heftiger Wortwechsel, Streit* ◆ sowie sie sich sehen, gibt es nur Zank über (um) irgendetwas; tu das nicht, sonst gibt es nur Zank und Streit ⟨verstärkend⟩

**zanken** ⟨V.; hat⟩ **I** ⟨V. t. u. V. i.⟩ (jmdn.) zanken *(jmdn.) schelten, heftig tadeln* ◆ ich muss schon wieder zanken (weil ihr wieder nicht gehorcht); mit jmdm. zanken *jmdn. heftig tadeln, schelten;* ich muss mit dir zanken, weil du wieder verschlafen hast **II** ⟨V. refl.⟩ sich (mit jmdm.) zanken *sich mit jmdm. streiten* [< spätmhd. *zanken* „zanken"; Herkunft unsicher: entweder zu *Zahn,* dann eigtl. „mit den Zähnen reißen" od. < mhd. *zanke* „Spitze"; → *Zacke*]

**Zankerei** ⟨f. 18⟩ *anhaltendes, lästiges Zanken*

**Zäpfchen** ⟨n. 14⟩ **1** *kleiner Zapfen* **2** ⟨Anat.; kurz für⟩ ► *Gaumenzäpfchen* **3** ⟨Med.⟩ *Heilmittel in Form eines kleinen Zapfens, das in die Scheide od. durch den After in den Darm eingeführt wird* (Stuhlzäpfchen, Vaginalzäpfchen)

**Zäpfchen-R,** ⟨auch⟩ **Zäpfchen-r** ⟨n. 15⟩ *am Gaumenzäpfchen gebildetes, artikuliertes R;* Ggs *Zungen-R*

**Zapfen** ⟨m. 4⟩ **1** *kleines Gerät in Form eines Kegelstumpfes zum Verschließen von Fässern, Flaschen od. Rohren od. als Sperre* **2** ⟨Bauw.⟩ *Ende eines Kantholzes, das in ein anderes Kantholz eingreift* **3** ⟨Tech.⟩ *abgesetztes Ende von Wellen u. Achsen* **4** ⟨Anat.⟩ *lichtempfindl. Element der Netzhaut des Auges* **5** ⟨Bot.⟩ *an einer langen Achse angeordnete Staub- od. Fruchtblätter der nacktsamigen Pflanzen* (Tannenzapfen); → a. *Eiszapfen* [< mhd. *zapfe, zepfe* < ahd. *zapho, zepfo* „spitzer Holzpflock, der ein Loch verschließt u. herausgezogen werden kann"]

**Zapfenstreich** ⟨m. 1; Mil.⟩ *Signal am Abend, bei dem die Soldaten in den Unterkünften, bes. in der Kaserne, sein müssen* ◆ um 12 Uhr ist Zapfenstreich [urspr. Schlag auf den Zapfen, durch den das Fass geschlossen wurde, womit man gleichzeitig den Soldaten das Ende des Trinkgelages anzeigte]

**Zapfsäule** ⟨f. 19⟩ *Anlage zum Zapfen von Benzin od. Dieselöl, die die angegebene Menge (u. den Preis) anzeigt;* Sy *Zapfstelle*

**Zapfstelle** ⟨f. 19⟩ = *Zapfsäule*

**zappeln** ⟨V. i.; hat⟩ *sich rasch u. unruhig hin u. her bewegen* ◆ mit Armen und Beinen zappeln; das Kind zappelte vor Ungeduld [< mhd. *zappeln, zabeln* < ahd. *zabalon* „sich unruhig bewegen"; weitere Herkunft unbekannt]

ZAUNKÖNIG (*Troglodytes troglodytes*)

**zappen** ⟨[zæp-] V. i.; hat; TV⟩ *zwischen verschiedenen Fernsehprogrammen schnell u. häufig hin u. her schalten* [< engl. *zap,* eigtl. „schnellen; schnell, zackig erledigen"]

**Zar** ⟨m. 16; in Russland bis 1917⟩ *Herrscher* [< russ. *tsar* < aruss. *tsisari, tsesari* < grch., lat. *Caesar*]

**Zarge** ⟨f. 19⟩ **1** ⟨Tech.⟩ *Einfassung (einer Tür, eines Fensters)* **2** *Seitenwand (einer Schachtel, eines Saiteninstruments mit flachem Schallkörper)* **3** ⟨Tech.⟩ *genormter Holz- od. Metallrahmen mit Tafel u. Leisten od. Balken als Bauteil von Brücken, Stegen usw.* [< mhd. *zarge* < ahd. *zarga* „Seiteneinfassung" < anord. *targa* „kleines Schild" (urspr. „Schildrand")]

**Zarin** ⟨f. 22⟩ **1** *weibl. Zar* **2** *Gemahlin des Zaren*

**zart** ⟨Adj.⟩ **1** *schwach, dünn, empfindlich* (Pflanze) **2** *zerbrechlich, fein, dünn* (Gegenstand) **3** *weich, jung* (Fleisch, Gemüse, Obst) **4** *glatt, weich, dünn, fein* (Haut) **5** *zu Krankheiten neigend, körperlich empfindlich, dünn u. klein* (Person) **6** *empfindungsfähig, einfühlend* (Gemüt) ◆ im zarten **Alter** von fünf Jahren ⟨fig.⟩; eine zarte **Berührung,** Liebkosung *liebevolle u. leichte, feine, kaum spürbare Berührung, Liebkosung;* zarte **Musik** *leise u. wohlklingende Musik* ◆ zart **fühlend** = *zartfühlend* [< mhd. *zart* „lieb, geliebt, teuer, vertraut, fein, schön" < ahd. *zarton* „schwächlich"]

ZAUBERNUSS (*Hamamelis* x *intermedia*)

**zartfühlend** ⟨Adj.⟩ *sich in den andern einfühlend, rücksichtsvoll;* oV *zart fühlend*

**zärtlich** ⟨Adj.⟩ **1** *liebkosend, liebevoll* **2** *lieb u. anschmiegsam, Liebkosungen suchend u. gern gebend* (Person) ◆ zärtlicher Blick; er ist seinen Kindern ein sehr zärtlicher Vater

**Zärtlichkeit** ⟨f. 20⟩ **I** ⟨unz.⟩ *das Zärtlichsein, zärtl. Wesen, zärtl. Beschaffenheit* **II** ⟨zählb.⟩ *Liebkosung, liebevolle Berührung* ◆ Zärtlichkeiten austauschen

**Zäsium** ⟨n.; -s; unz.; Chem.; Zeichen: Cs⟩ *chem. Element, silberweißes, sehr weiches Alkalimetall;* oV ⟨fachsprachl.⟩ *Caesium, Cäsium* [< lat. *caesius,* Neutr. *caesium* „blaugrau"]

**Zäsiumuhr** ⟨f. 20⟩ *Atomuhr, die zur Zeitmessung eine best. Eigenschwingung des Zäsiumatoms verwendet;* oV ⟨fachsprachl.⟩ *Caesiumuhr, Cäsiumuhr*

**Zäsur** ⟨f. 20⟩ *Einschnitt, Ruhepunkt (im Vers, in der musikal. Tonfolge, im histor. Ablauf)* [< lat. *caesura* „Einschnitt (als Terminus der Metrik)", eigtl. „das Hauen, Hieb, Schnitt"; zu *caedere* „hauen, schneiden"]

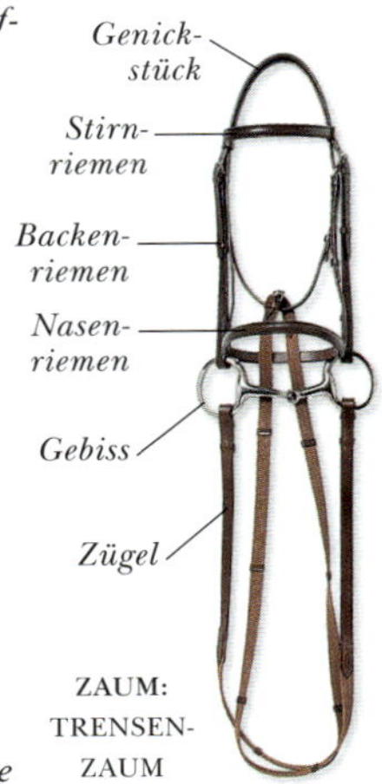


ZAUM: TRENSENZAUM

**Zauber** ⟨m. 3⟩ **1** ⟨im Volksglauben u. in den Religionen der Naturvölker⟩ *übernatürliches, magisches Mittel od. Reihe magischer Handlungen zur Beeinflussung eines Geschehens* (Fruchtbarkeitszauber, Jagdzauber) **2** ⟨fig.⟩ *unwidersteh. Reiz, fesselnder Liebreiz, anziehendes Wesen* ◆ alle waren von dem Zauber ihrer **Persönlichkeit** gefangen, entzückt ⟨fig.⟩ ◆ einen Zauber **anwenden; mach** keinen Zauber! ⟨fig.; umg.⟩ *zier dich nicht so!; mach keine Ausflüchte!* ◆ **fauler** Zauber ⟨fig.; umg.⟩ *Schwindel* [< mhd. *zouber* < ahd. *zaubar, zauvar* „Zauberspruch, Zauberhandlung, Zaubermittel"]

**Zauberei** ⟨f. 18⟩ **I** ⟨unz.⟩ **1** *das Zaubern* **2** *Zauberkunst* **II** ⟨zählb.⟩ *Zauberkunststück*

**Zauberer** ⟨m. 3⟩ **1** ⟨im Volksglauben u. Märchen⟩ *jmd., der zaubern kann, Magier* **2** ⟨umg.⟩ *Zauberkünstler*

**zauberhaft** ⟨Adj.⟩ *bezaubernd, wunderschön, entzückend* ◆ diese bergige Landschaft ist zauberhaft; sie machte ihm ein zauberhaftes Geschenk

**Zauberlehrling** ⟨m. 1⟩ *Lehrling, Schüler eines Zauberers*

**zaubern** ⟨V. t. u. V. i.; hat⟩ **1** ⟨im Volksglauben u. Märchen⟩ *einen Zauber anwenden, etwas durch Zauber bewirken* **2** ⟨fig.⟩ *die Zauberkunst beherrschen, Zauberkunststücke vorführen* ◆ zaubern können

**Zaubernuss** ⟨f. 7u; Bot.⟩ ◄ *Angehörige einer Gattung der Zaubernussgewächse, Zierstrauch, dessen Blätter eine medizinisch u. kosmetisch genützte zusammenziehende Wirkung haben: Hamamelidaceae;* Sy *Hamamelis*

**Zauberspruch** ⟨m. 1u⟩ *Formel, Spruch, der einen Zauber bewirkt*

**zaudern** ⟨V. i.; hat⟩ *(unschlüssig sein u.) zögern* ◆ nach langem Zaudern entschloss er sich endlich ... [< mhd. *zuwen* „(weg) ziehen, sich hinwegbegeben" < mhd. *zouwen* < ahd. *zawen* „vonstatten gehen, eilen"; → *zögern*]

**Zauderer** ⟨m. 3; umg.⟩ *jmd., der (selbst bei einfachen Entscheidungen) oft unschlüssig ist, zögert u. Spontaneität vermissen lässt*

**Zaum** ⟨m. 1u⟩ ▼ *Riemenzeug am Kopf u. im Maul von Zug- u. Reitpferden zum Führen u. Lenken;* Sy *Zaumzeug* ◆ einem Pferd den Zaum anlegen; die Zunge im Zaum halten ⟨fig.⟩ *sich hüten, etwas auszuplaudern, nichts verraten, nicht vorlaut sein, etwas unter Kontrolle halten* [< mhd. *zoum, zom, zam* „Zügel, Zaum, Wurfriemen" < ahd. *zoum* „Seil, Riemen, Zügel"; → *ziehen*]

**zäumen** ⟨V. t.; hat⟩ ein Pferd zäumen *einem Pferd den Zaum anlegen*

**Zaumzeug** ⟨n. 11; unz.⟩ ► = *Zaum*

**Zaun** ⟨m. 1u⟩ *Einfriedigung aus Holz od. Draht* (Drahtzaun, Lattenzaun) ◆ lebender Zaun *Hecke;* einen Streit vom Zaun brechen ⟨fig.⟩ *vorsätzlich einen Streit herbeiführen* [< mhd., ahd. *zun* „Umzäunung, Hecke, Gehege", engl. *town* „Stadt" < aengl. *tun* „Zaun, Garten, Hof, Dorf"]

**Zauneidechse** ⟨[-ks-] f. 19; Zool.⟩ *häufigste deutsche Eidechse: Lacerta agilis*

**Zaungast** ⟨m. 1u⟩ *außerhalb des Zauns stehender u. somit nichts zahlender Zuschauer*

**Zaunkönig** ⟨m. 1; Zool.⟩ ◄ *kleiner einheimischer Singvogel mit aufrecht stehendem Schwänzchen: Troglodytes troglodytes* [< mdt. *zunekünnyck* „Zaunkönig"]

**Zaunlilie** ⟨[-liə] f. 19, Bot.⟩ = *Graslilie*

**Zaunrübe** ⟨f. 19⟩ *Angehörige einer vor allem in Vorderasien u. im Mittelmeergebiet heimischen Gattung der Kürbisgewächse mit fünfeckigen od. gelappten Blättern, kleinen Blüten u. Früchten: Bryonia*

**zausen** ⟨V. t.; hat⟩ etwas zausen *an etwas zupfen, leicht reißen* ◆ der Sturm zaust die (Zweige der) Bäume; jmdm. das Haar zausen *zerzausen, jmdn. am Haar packen u. ihn*

Z

*leicht schütteln;* einen Geflügelknochen zausen *einen Geflügelknochen mit den Fingern festhalten u. das Fleisch abknabbern;* jmdn. bei den Haaren zausen *jmdn. leicht an den Haaren ziehen* [< mhd., ahd. *erzusen,* ahd. *zirzuson* „zerzausen"]

ZEBU *(Bos indicus)*

**Zaziki** ⟨n. 15 od. m. 6; grch. Kochk.⟩ = *Tsatsiki* [grch.]

**z. B.** ⟨Abk. für⟩ *zum Beispiel*

**ZDF** ⟨Abk. für⟩ *Zweites Deutsches Fernsehen*

**Zebra** ⟨n. 15; Zool.⟩ *mehreren Arten der Gattung Equus angehörendes Huftier Afrikas mit schwarz-weiß gestreiftem Fell* [< südafrikanische Eingeborenenspr.]

**Zebrastreifen** ⟨m. 4⟩ *durch breite weiße od. gelbe Streifen auf der Fahrbahn markierter Weg über die Straße, auf dem die Fußgänger den Vortritt vor Fahrzeugen haben*

**Zebu** ⟨n. 15; Zool.⟩ ▲ *indisches u. ostafrikan. Hausrind mit Fettbuckel: Bos indicus;* Sy *Buckelrind* [< frz. *zébu,* vermutl. < tibet. *zeu, zeba* „Höcker von Zebu od. Kamel"]

**Zeche** ⟨f. 19⟩ **1** *genossene Speisen u. Getränke im Gasthaus* **2** ⟨Bgb.⟩ *Bergwerk* ◆ die Zeche bezahlen ⟨fig.; umg.⟩ *für entstandenen Schaden aufkommen;* er kann seine Zeche nicht bezahlen; eine große Zeche machen *im Gasthaus viel verzehren* [zu 1: < mhd. *zeche* „reihum gehende Verrichtung; gemeinsamer Schmaus; Reihenfolge; Anordnung; Gesellschaft, Genossenschaft; an den Wirt zu zahlende Rechnung"; zu *zechen* „anordnen, veranstalten" < ahd. *(gi)zehon* „in Ordnung bringen, wiederherstellen"; zu 2: mhd. *zeche* „Bergwerk, Grube", urspr. „bergmänn. Genossenschaft"]

**zechen** ⟨V. i.; hat⟩ *viel Alkohol trinken, ein Gelage halten* [< spätmhd. *zechen* „(in Gesellschaft) trinken"; → *Zeche*]

**Zecher** ⟨m. 3⟩ **1** *jmd., der zecht, Teilnehmer an einem Trinkgelage* **2** *jmd., der oft u. gern zecht, Trinker* ◆ ein fröhlicher, melancholischer, wackerer Zecher

**Zechgelage** ⟨n. 13⟩ *ausgedehntes Trinkgelage in großer Runde*

**Zechgenosse** ⟨m. 17⟩ *jmd., der mit einem (anderen) zecht;* Sy *Zechkumpan*

**Zechine** ⟨f. 19⟩ *alte venezianische Goldmünze, in Europa (= Dukaten, etwa 9 Mark) u. dem Vorderen u. Mittleren Orient verbreitet* [< mhd. *zesin* < ital. *zecchino* „Zechine" < *zecca* „Münzstätte (von Venedig)" < arab. *dar assikka* „Münzstätte"; zu *sikka* „Münze, Prägestock"]

**Zechkumpan** ⟨m. 1⟩ = *Zechgenosse*

**Zechpreller** ⟨m. 3⟩ *jmd., der den Wirt um die Zeche prellt, der seine Zeche nicht bezahlt*

**Zechstein** ⟨m. 1; unz.; Geol.⟩ *jüngere Abteilung des Perms*

**Zecke** ⟨f. 19; Zool.⟩ ► *Angehörige einer Familie kleiner, schmarotzender Milben: Ixodei* [< mhd. *zecke, zeche* < ahd. *zecho* „Zecke"]

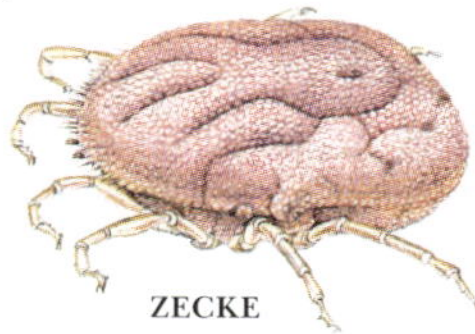

ZECKE

**zecken** ⟨V. t.; hat; umg.⟩ *necken, reizen, ärgern* ◆ sich zecken, ⟨umg.; eigtl.⟩ einander zecken [< mhd. *zicken* „anstoßen" < ahd. *zechon* „necken, plänkeln"]

**Zedent** ⟨m. 16⟩ *Gläubiger, der eine Forderung an jmdn. abtritt* [< lat. *cedens* „der Abtretende, Weichende"; zu *cedere* „abtreten"]

**Zeder** ⟨f. 21; Bot.⟩ ► *Angehörige einer Gattung von Nadelhölzern des Mittelmeergebietes: Cedrus* [< mhd. *zeder, ceder* < ahd. *cedarboum* < lat. *cedrus* < grch. *kedros* „Zeder; Wacholder" < hebr. *katar* „räuchern"]

**Zedernholz** ⟨n. 12u; Bot.⟩ *Holz der Zeder*

**Zedernholzöl** ⟨n. 11; unz.⟩ *ätherisches Öl aus dem Holz der Zeder, zu Seifen u. Parfüm verarbeitet*

**Zedrelaholz** ⟨n. 12u; unz.⟩ *rotes, aromatisches, für Zigarren- u. Zuckerkisten verwendetes Holz der Zedrele*

**Zedrele** ⟨f. 19⟩ *zu einer Gattung der Zedrachgewächse gehörender Baum im tropischen Amerika: Cedrela* [zu grch. *kedros* „Zeder"]

**Zeh** ⟨m. 23; Anat.⟩ = *Zehe (1)*

**Zehe** ⟨f. 19⟩ **1** ⟨Anat.⟩ *Endglied des Fußes;* oV *Zeh* **2** *Teilzwiebel des Koblauchs* ◆ die große, kleine Zehe; sich auf die Zehen stellen (um mehr zu sehen) [< mhd. *zehe* < ahd. *ze(c)ha*]

**Zehengänger** ⟨m. 3; Biol.⟩ *nur mit den Zehen den Boden berührendes Säugetier*

**Zehennagel** ⟨m. 5u⟩ *Hornplättchen am Ende der (menschl.) Zehe;* Sy *Fußnagel*

**Zehenring** ⟨m. 1⟩ *an einer Zehe getragener Ring (als Schmuck)*

**Zehensandale** ⟨f. 19⟩ ► *Sandale mit einem Riemen zwischen dem großen u. dem zweiten Zeh*

**Zehenspitze** ⟨f. 19⟩ *Spitze der Zehe, äußerste Spitze des Fußes* ◆ auf Zehenspitzen gehen (um nicht gehört zu werden); sich auf die Zehenspitzen stellen (um besser zu sehen)

**zehn** ⟨Num.⟩ *10, Grundzahl des Dezimalsystems* ◆ zehn Stück; es ist halb zehn (Uhr); ich wette zehn gegen eins, dass ... [< mhd. *zehen, zen* < ahd. *zehan*]

ZEHENSANDALEN AUS KUNSTSTOFF

**Zehn** ⟨f. 20⟩ *die Zahl, Ziffer 10*

**Zehner** ⟨m. 3⟩ **1** *vorletzte Ziffer einer mehrstelligen Zahl* **2** ⟨bei Dezimalbrüchen⟩ *vorletzte Zahl vor dem Komma* **3** ⟨umg. für⟩ **3.1** *Zehnmarkschein* **3.2** *Zehnpfennigstück*

**Zehnerbruch** ⟨m. 1u; Math.⟩ *Dezimalbruch, durch Komma gekennzeichneter Bruch, dessen Nenner eine Potenz von 10 ist*

**Zehnersystem** ⟨n. 11⟩ = *Dezimalsystem*

**Zehnflach** ⟨n. 11⟩, **Zehnflächner** ⟨m. 3; Geom.⟩ ► = *Dekaeder*

**Zehnfüßer** ⟨m. 3⟩, **Zehnfußkrebs** ⟨m. 1; Zool.⟩ ► *Angehöriger einer Ordnung der höheren Krebse: Decapoda;* Sy *Dekapode*

**Zehnkampf** ⟨m. 1u; Sp.⟩ *eine Form des Wettkampfes für Männer in der Leichtathletik mit zehn Einzelkämpfen: 100-m-, 400-m- u. 1500-m-Lauf, 110-m-Hürdenlauf, Weit-, Hoch- u. Stabhochsprung, Kugelstoßen, Diskus- u. Speerwerfen*

**zehnte** **1** ⟨Ordinalzahl zu⟩ *zehn* **2** die zehnte Muse ⟨umg.; scherzh.⟩ *die Muse der Kleinkunst*

**zehren** ⟨V. i.; hat⟩ *mager machen* ◆ Essig, Meeresluft zehrt; an etwas zehren ⟨fig.⟩ *an etwas nagen, etwas zerstörend beanspruchen, zerstören, vernichten;* von seinen Erinnerungen zehren; von seinem Ruhme zehren [< mhd. *(ver)zern* „verbrauchen" < ahd. *zeren* „vernichten, verzehren"; verwandt mit *zerren*]

**Zehrgeld** ⟨n. 12; unz.; veraltet⟩ *Geld zur Beköstigung auf Reisen* ◆ jmdm. etwas Zehrgeld mitgeben

**Zehrung** ⟨f. 20; unz.; veraltet⟩ *das, was man verzehrt od. zum Unterhalt braucht*

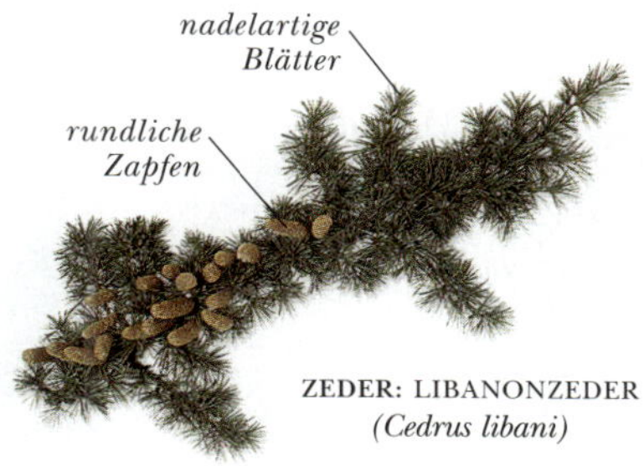


ZEDER: LIBANONZEDER *(Cedrus libani)*

**Zehrwespe** ⟨f. 19; Zool.⟩ *Wespe, deren Larven in Eiern, Puppen od. Larven anderer Insekten schmarotzen, Erzwespe: Chalcidodea*

**Zeichen** ⟨n. 13⟩ **1** *sinnlich wahrnehmbarer Hinweis, Signal* (Krankheitszeichen, Verkehrszeichen) **2** *etwas sichtbar, hörbar, schriftlich Dargestelltes, das von etwas Kunde gibt od. für etwas anderes steht, Sinnbild, Symbol* (Fragezeichen, Kreuzzeichen, Kreuzeszeichen, Merkzeichen, Schriftzeichen, Tierkreiszeichen) **3** *bildl. Darstellung od. Figur, Merkmal, körperl. Bildung o. Ä., die bzw. das etwas aus anderen heraushebt, etwas kennzeichnet, Kennzeichen, Abzeichen* (Handwerkszeichen, Warenzeichen) **4** ⟨Gramm.; kurz für⟩ *Satzzeichen* **5** ⟨allg.⟩ *Beweis, Probe* **6** ⟨veraltet⟩ *Wunder* **7** ⟨Naturwissenschaften; Math.⟩ *(international) vereinbartes Symbol zur vereinfachten Darstellung von wissenschaftl. Begriffen, chem. Stoffen, Maßen u. Gewichten* ◆ das ist ein Zeichen der **Zeit** ◆ wenn man mit dem Fahrzeug links oder rechts abbiegt, muss man Zeichen **geben;** Zeichen **setzen** *die Satzzeichen setzen;* wenn nicht alle Zeichen **trügen,** dann gibt es heute noch ein Gewitter ◆ er ist **seines** Zeichens Uhrmacher *er ist von Beruf Uhrmacher (nach der früheren Sitte der Handwerker, ihr Berufszeichen über ihrer Tür anzubringen);* **mathematisches** Zeichen, z. B.: +, √; **musikalisches** Zeichen *Vorzeichen, Versetzungszeichen* ◆ ein Kreuz, ein Strich **als** Zeichen, dass ...; Fieber, Schmerzen, Schüttelfrost als Zeichen einer Krankheit; das ist ein (untrügliches) Zeichen **für** ...; das Fest, die Reise stand **unter** einem glücklichen Zeichen [< mhd. *zeichen* < ahd. *zeihhan* „Wunderzeichen"]

ZEHNFÜSSER: ECHTE KRABBE *(Xantho* species)

Z

**Zeichenblock** ⟨m. 1u; Mal.⟩ *Block zum Zeichnen mit an zwei Seiten befestigten Blättern* ◆ ein DIN-A3-Zeichenblock

**Zeichenbrett** ⟨n. 12; Mal.⟩ *hölzerne Unterlage zum Zeichnen*

**Zeichendreieck** ⟨n. 11; Geom.⟩ ▼ *Lineal zur Winkelmessung in Form eines Dreiecks*

**Zeichenkohle** ⟨f. 19; unz.⟩ *Kohlestift zum Zeichnen*

**Zeichenmaschine** ⟨f. 19⟩ **1** ⟨allg.⟩ *Vorrichtung zum technischen Zeichnen* **2** ⟨Geom.⟩ = *Storchschnabel (2)*

**Zeichensetzung** ⟨f. 20; Gramm.⟩ = *Interpunktion*

**Zeichensprache** ⟨f. 19⟩ *bei gehörlosen Menschen Verständigung durch Zeichen, Gebärdensprache*

**Zeichentrickfilm** ⟨m. 1; TV⟩ *Film aus einer Folge gezeichneter Einzelbilder*

**zeichnen** ⟨V. t. od. (selten) V. i.; hat⟩ **1** *in Strichen, Linien darstellen* **2** *mit einem Zeichen versehen, kennzeichnen, kenntlich machen* (Wäsche, Kisten) **3** *unterzeichnen, unterschreiben* (Brief) **4** ⟨fig.⟩ *darstellen (im Roman, Film, Theater usw.)* ◆ jmdn., einen Gegenstand zeichnen; eine **Aktie** zeichnen *sich durch Unterschrift zur Übernahme einer Aktie verpflichten* ◆ **kannst** du (gut) zeichnen?; zeichnen **lernen** ◆ etwas **in** Umrissen zeichnen; **mit** Bleistift, Farbstiften, Kohle, Rötel, Tusche zeichnen ◆ die Figuren des Romans sind realistisch, übertrieben gezeichnet [→ *Zeichen*]

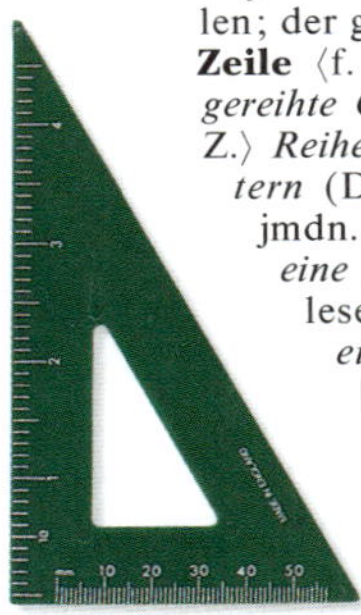
ZEICHENDREIECK

**Zeichner** ⟨m. 3⟩ **1** *jmd., der (künstlerisch od. technisch) zeichnet* **2** *Grafiker* **3** *jmd., der Anleihen, Aktien zeichnet* ◆ technischer Zeichner

**Zeichnung** ⟨f. 20⟩ **1** ► *bildliche Darstellung in Linien* (Bleistiftzeichnung, Federzeichnung, Kohlezeichnung, Rötelzeichnung, Tuschzeichnung) **2** *unterschriftliche Verpflichtung zur Abnahme od. Beisteuerung* (Anleihezeichnung, Beitragszeichnung) **3** *natürliche Musterung (z. B. eines Tierfells)* **4** ⟨fig.⟩ *Darstellung, Schilderung, Charakterisierung* ◆ einen Sachverhalt durch eine Zeichnung veranschaulichen

**Zeigefinger** ⟨m. 3⟩ *Finger neben dem Daumen*

**zeigen** ⟨V.; hat⟩ **I** ⟨V. t.⟩ **1** *zur Schau stellen* **2** *erkennen, spüren, merken lassen* **3** *deutlich werden lassen, offenbar werden lassen* **4** *einen Wert angeben* (vom Thermometer, von der Uhr) ◆ jmdm. etwas zeigen *jmdm. etwas deutlich, verständlich machen, jmdm. etwas vormachen; jmdm. etwas vorführen, jmdn. etwas kennen lernen lassen;* der Versuch zeigt, dass ...; seinen **Ärger,** seine Freude, Ungeduld, Unruhe zeigen; sie zeigte nicht viel **Lust,** Neigung; jmdm. den **Weg** zeigen ◆ hier **kann** er zeigen, was er gelernt hat; er kann seine Gefühle nicht zeigen ◆ sein Schreck zeigte **deutlich,** dass er ein schlechtes Gewissen hatte ◆ er zeigte kein Interesse **daran** **II** ⟨V. i.⟩ *weisen, deuten, (auf etwas) hinweisen* ◆ die Magnetnadel zeigt nach Norden **III** ⟨V. refl.⟩ sich zeigen **1** *zum Vorschein kommen, sichtbar werden, sich offenbaren, offenkundig werden* **2** *sich sehen lassen* **3** *sich (auf bestimmte Weise) verhalten* ◆ es zeigte sich, dass er alles falsch gemacht hatte; am Horizont zeigte sich zuerst ein roter **Schein** ◆ wie kann ich mich Ihnen **erkenntlich** zeigen? *wie kann ich Ihnen (als Dank) einen Gegengefallen tun?* ◆ sich **am** Fenster zeigen; sich **auf** einem Fest zeigen *ein Fest besuchen (von bekannten Persönlichkeiten)* [< mhd. *zeigen* < ahd. *zeigon;* zu mhd. *zeige* < ahd. *zeiga* „Weisung"]

**Zeiger** ⟨m. 3⟩ **1** *Teil von Messgeräten, der etwas (meist auf einer Skala) anzeigt, auf etwas hinweist* **2** *Teil der Uhr, der die Stunden bzw. Minuten bzw. Sekunden anzeigt* (Stundenzeiger, Minutenzeiger, Sekundenzeiger, Uhrzeiger) **3** ⟨EDV⟩ *Variable, deren Wert ein anderes Objekt bezeichnet, identifiziert, z. B. die Speicheradresse, an der dieses Objekt steht* ◆ den Zeiger vor-, zurückstellen; der große, kleine Zeiger (der Uhr)

**Zeile** ⟨f. 19⟩ **1** *Reihe, mehrere aneinander gereihte Gegenstände* (Häuserzeile) **2** ⟨Abk.: Z.⟩ *Reihe von nebeneinander stehenden Wörtern* (Druckzeile) ◆ ein paar Zeilen an jmdn. schreiben ⟨fig.⟩ *einen kurzen Brief, eine Karte;* etwas zwischen den Zeilen lesen ⟨fig.⟩ *aus den Andeutungen in einem Brief, Artikel o. Ä. erraten* [< spätmhd. *zile* „Gasse" < mhd. *zile* < ahd. *zila* „Reihe, Linie"]

**Zeilensprung** ⟨m. 1u; Metrik⟩ = *Enjambement*

**Zeisig** ⟨m. 1; Zool.⟩ *Finkenvogel der Gattung Carduelis* [< spätmhd. *zisic* < tschech. *čížeck* „kleiner Zeisig"; zu *číž* „Zeisig"; urspr. lautmalend]

**zeit** ⟨Präp. m. Gen.⟩ *während* ◆ ⟨nur in den Wendungen⟩ zeit meines, seines, ihres, eures Lebens

**Zeit** ⟨f. 20⟩ **1** *Ablauf des Geschehens, Nacheinander des Erlebens* **2** *Aufeinanderfolge der Ereignisse* **3** *bestimmter Abschnitt dieses Ablaufs, Zeitraum, Zeitalter, Epoche* (Barockzeit, Goethezeit, Neuzeit) **4** *Jahreszeit, Tageszeit* (Mittagszeit, Sommerzeit, Winterzeit, Weihnachtszeit) **5** *bestimmter Augenblick dieses Ablaufs, Zeitpunkt* (Essenszeit, Schlafenszeit) **6** *Minuten, Stunden, Wochen usw., in denen nichts Wichtiges zu geschehen braucht, zur Verfügung stehende Minuten, Stunden, Wochen usw.* **7** ⟨kurz für⟩ *Uhrzeit* ◆ das ist nur eine **Frage** der Zeit *es geschieht auf jeden Fall, es ist nur nicht klar, wann* ◆ das **braucht** viel Zeit; Zeit **gewinnen** *Aufschub erlangen* ◆ **böse,** gute, schlechte, schwere Zeiten; die **ganze** Zeit (über) ⟨umg.⟩ *währenddessen, während dieses Zeitraums;* **kommende,** künftige, spätere Zeiten; **kurze,** lange Zeit; **mitteleuropäische,** osteuropäische, westeuropäische Zeit; **unsere** Zeit *die Gegenwart;* im Jahr 500 nach, vor unserer Zeit *nach, vor der Zeitrechnung, Christi Geburt* ◆ **für** alle Zeiten *für die Zukunft, für immer;* **in** der Zeit vor, nach dem Krieg; **mit** der Zeit *allmählich, nach u. nach;* **seit** einiger, kurzer Zeit; wir haben uns seit ewigen Zeiten nicht gesehen ⟨umg.⟩ *schon lange nicht mehr;* **von** Zeit zu Zeit *ab u. zu, gelegentlich;* von dieser Zeit an; **während** dieser Zeit; **zur** Zeit ⟨Abk.: z. Z., z. Zt.⟩ *während einer Epoche;* → a. *zurzeit;* zur Zeit der Minnesänger, des Sturm und Drang, Goethes; zu keiner Zeit *niemals* ◆ **welche** Zeit ist es? *wie spät ist es?;* **wie** viel Zeit ist seitdem vergangen? [< mhd., ahd. *zit, zid;* → *Zeile*]

ZEICHNUNG DER KÖNIGIN JANE SEYMOUR (1536) VON HANS HOLBEIN DEM JÜNGEREN

**Zeitalter** ⟨n. 13⟩ **1** *größerer histor. Zeitraum, Epoche* **2** *Ära* ◆ das Zeitalter Friedrichs des Großen, Kants; das Goldene Zeitalter ⟨Myth.⟩ *längst vergangene, glückliche Zeit;* in unserem Zeitalter *in der Gegenwart*

**Zeitarbeit** ⟨f. 20⟩ *befristete Arbeit, die durch eine Vermittlungsfirma (die auch die Bezahlung regelt) od. das Arbeitsamt vermittelt wird*

**Zeitbombe** ⟨f. 19⟩ **1** *Bombe mit Zeitzünder* **2** ⟨fig.; umg.⟩ *etwas, das mit der Zeit zunehmend bedrohlich wird* ◆ die Zeitbombe tickt ⟨fig.; umg.⟩ *Gefahr droht;* die Umweltverschmutzung ist zu einer Zeitbombe geworden ⟨fig.; umg.⟩

**Zeiteinheit** ⟨f. 20⟩ *Einheit des Zeitablaufs, Sekunde, Minute, Stunde, Woche, Monat, Jahr, Jahrhundert usw.*

**Zeitgeist** ⟨m. 2; unz.⟩ *die ein Zeitalter charakterisierende geistige Haltung*

**zeitgemäß** ⟨Adj.⟩ *dem Zeitgeist entsprechend, der Gegenwart angepasst* ◆ das ist nicht (mehr) zeitgemäß

**Zeitgenosse** ⟨m. 17⟩ *jmd., der zur gleichen Zeit lebt (wie jmd.)* ◆ er war ein Zeitgenosse Hegels; ein seltsamer Zeitgenosse ⟨umg.; iron.⟩ *ein seltsamer Mensch* [Lehnübersetzung < lat. *synchronus* < grch. *synchronos* < grch. *syn* „mit, zusammen mit" + *chronos* „Zeit"]

**Zeitgeschichte** ⟨f. 19; unz.; Pol.⟩ *Erforschung u. Beschreibung des gegenwärtigen u. jüngstvergangenen polit. Geschehens*

**zeitig** ⟨Adj.⟩ **1** *frühzeitig, früh* **2** *früh reifend* (Obst) ◆ ein zeitiger Apfel; morgens zeitig aufstehen; zeitig genug am Bahnhof sein

**zeitigen** ⟨V. t.; hat; geh.⟩ *hervorbringen, nach sich ziehen* ◆ dieser Vorfall hat eine unerwartete Wirkung gezeitigt, hat weitreichende Folgen gezeitigt

**zeitlich** ⟨Adj.⟩ **1** *die Zeit betreffend, darin geschehend* **2** *vergänglich, irdisch* ◆ ich weiß nicht, wie ich unsere Verabredung zeitlich einrichten soll; das Zeitliche segnen ⟨fig.; verhüllend⟩ *sterben*

**zeitlos** ⟨Adj.⟩ *von der Mode nicht abhängig* ◆ zeitloser Schnitt eines Kleidungsstückes

**Zeitlupe** ⟨f. 19; unz.⟩ *Verfahren, bei dem die Einzelbilder eines Films in verringerter Frequenz wiedergegeben werden u. so langsamer ablaufen;* Ggs *Zeitraffer* ◆ eine wichtige Szene in Zeitlupe zeigen

**Zeitpunkt** ⟨m. 1⟩ *bestimmter Augenblick* ◆ den günstigen Zeitpunkt verpassen; du bist genau zum richtigen Zeitpunkt gekommen

**Zeitraffer** ⟨m. 3; unz.; Film⟩ *Verfahren, bei dem die Einzelbilder eines Films in höherer Frequenz wiedergegeben werden u. dadurch schneller ablaufen;* Ggs *Zeitlupe* ◆ das Aufblühen einer Blume im Zeitraffer zeigen

**Zeitraum** ⟨m. 1u⟩ *eine begrenzte, bestimmte Zeit;* Sy *Zeitspanne* ◆ ein großer, kleiner Zeitraum; in einem Zeitraum von mehreren Monaten

**Zeitschrift** ⟨f. 20⟩ *regelmäßig (wöchentlich, monatlich) erscheinende, meist bebilderte Druckschrift;* → a. *Zeitung*

**Zeitspanne** ⟨f. 19⟩ = *Zeitraum*

**Zeitung** ⟨f. 20⟩ **1** *regelmäßig (täglich, wöchentlich) erscheinende Druckschrift mit Nachrichten über die Tagesereignisse* (Tageszeitung, Wochenzeitung); → a. *Zeitschrift* **2** ⟨veraltet⟩ *Nachricht, Botschaft* ◆ eine Zeitung **abonnieren,** abonniert haben; die Zeitung hat ihr Erscheinen **einstellen** müssen; eine Zeitung **gründen,** herausgeben; die Zeitung **lesen** ◆ er arbeitet, ⟨umg.⟩ ist **bei** der Zei-

Z

## ZELLEN

Die meist aus Kern, Zytoplasma und Membranen bestehende Zelle ist die basale Struktureinheit aller Lebewesen. Pflanzen und Tiere bestehen in der Regel aus Millionen von Zellen, die die Lebensfunktionen aufrechterhalten und sich äußerlich je nach Aufgabe stark unterscheiden (z. B. sind rote Blutkörperchen diskus- und Nervenzellen fadenförmig). Die Zellen grüner Pflanzen produzieren bei der Fotosynthese Nährstoffe.

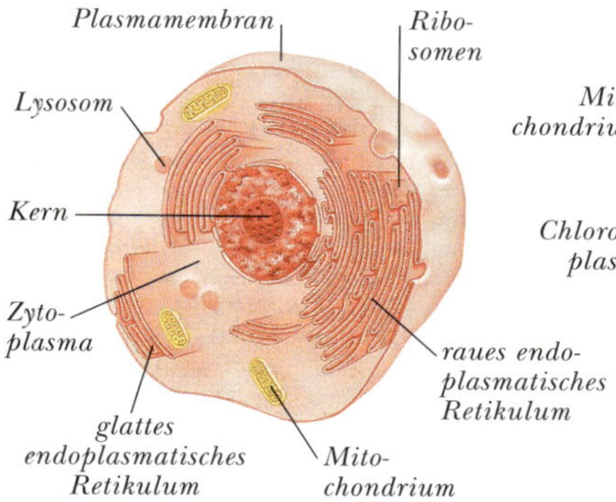


SCHNITT DURCH EINE TIERZELLE

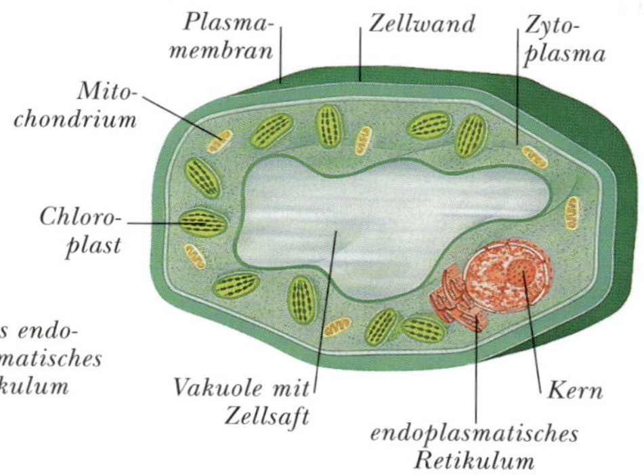


SCHNITT DURCH EINE PFLANZENZELLE

tung; **in** der Zeitung steht, dass ... [< frühnhd. *zidunge* „Kunde, Botschaft" < mnddt. *tidinge* „Botschaft, Nachricht"; zu *tiden* „vor sich gehen, sich ereignen"]

**Zeitungsente** ⟨f. 19; fig.; umg.⟩ *falsche Meldung in einer Zeitung*

**Zeitungswissenschaft** ⟨f. 20; unz.⟩ *Wissenschaft vom Zeitungswesen;* Sy *Journalistik, Publizistik*

**zeitweilig** **I** ⟨Adj.⟩ *eine Zeit lang dauernd* **II** ⟨adv.⟩ *zeitweise, eine Zeit lang* ◆ sein Herzschlag schien zeitweilig auszusetzen

**zeitweise** ⟨Adv.⟩ *nur eine Zeit lang, zuweilen, ab und zu*

**Zeitwort** ⟨n. 12u; Gramm.⟩ = *Verb*

**Zeitzeuge** ⟨m. 17⟩ *jmd., der ein vergangenes Zeitalter u. damit bestimmte Vorgänge miterlebt hat u. davon Zeugnis geben kann*

**Zeitzone** ⟨f. 19; Geogr.⟩ *Gebiet zwischen zwei geograph. Längenkreisen der Erdkugel, in dem die gleiche Zeit gilt*

**Zeitzünder** ⟨m. 3⟩ *Zünder, der eine Sprengladung nach einer bestimmten Zeit zur Detonation bringt*

**zelebrieren** ⟨V. t.; hat⟩ *feiern* ◆ die Messe zelebrieren *die Messe lesen* [< lat. *celebrare* „heiligen, feierlich begehen, feiern"]

**Zelle** ⟨f. 19⟩ **1** *kleiner, schmuckloser Raum, dessen Einrichtung auf das Notwendigste beschränkt ist* (Gefängniszelle, Mönchszelle, Badezelle, Telefonzelle) **2** *Teil der Bienenwabe, in dem der Honig gesammelt wird* **3** ⟨Biol.⟩ ▲ *kleinste lebendige Einheit u. Grundbaustein aller Lebewesen* **4** *Element einer Akkumulatorenbatterie* **5** *Rumpf eines Flugzeuges* **6** *Gruppe von Mitgliedern als kleinste Einheit von polit. Organisationen* [< mhd. *zelle* „Kammer, kleines Kloster" < lat. *cella* „Vorratskammer"]

**Zellkern** ⟨m. 1; Biol.⟩ *Kern einer Zelle;* Sy *Zytoblast*

**Zellmembran** ⟨f. 20; Biol.⟩ *das Zytoplasma umgebende, dünne Grenzschicht der Zelle*

**Zellophan** ⟨n. 11; unz.⟩ *durchsichtige, glasklare Folie aus Viskose;* oV ⟨fachsprachl.; Warenzeichen⟩ *Cellophan*

**Zellplasma** ⟨n.; -s; unz.; Biol.⟩ = *Zytoplasma*

**Zellstoff** ⟨m. 1⟩ *feinfaserige, aus Zellulose bestehende, weiße, weiche Masse*

**Zellulitis** ⟨f.; -, -litiden⟩ *Entzündung des Zellgewebes;* oV *Cellulitis*

**Zelluloid** ⟨n. 11; unz.⟩ **1** *durchsichtiger, elastischer Kunststoff aus Kampfer u. Zellulosedinitraten;* oV ⟨fachsprachl.⟩ *Celluloid* **2** ⟨Film; umg.⟩ *Filmstreifen aus diesem Material*

**Zellulose** ⟨f. 19; unz.; Biochem.⟩ *Hauptbestandteil pflanzlicher Zellwände, chemisch ein aus Glukosemolekülen aufgebautes Polysaccharid;* oV ⟨fachsprachl.⟩ *Cellulose*

**Zelotismus** ⟨m.; -; unz.⟩ *übersteigerter Glaubenseifer*

**Zelt** ⟨n. 11⟩ **1** ▼ *aus Stoffbahnen od. Fellen u. Stangen hergestellte leichte Behausung* (Indianerzelt) **2** *leicht gebautes u. schnell wieder abreißbares Gebäude auf Jahrmärkten u. a.* (Bierzelt) **3** ⟨fig.⟩ *hohes, weites Gewölbe* (Himmelszelt, Sternenzelt) ◆ seine Zelte abbrechen *von seinem Wohnort wegziehen;* ein Zelt aufschlagen [< mhd., ahd. *zelt* „Decke, Hülle" < anord. *tjald* „Vorhang, Decke, Zelt"]

**zelten** ⟨V. i.; hat⟩ *im Zelt übernachten* ◆ die Kinder zelten in den Ferien

**Zeltlager** ⟨n. 13⟩ *aus Zelten bestehendes Ferienlager,* ⟨früher a.⟩ *Kriegslager*

**Zeltsack** ⟨m. 1u⟩ *sackartige Hülle für Bergsteiger u. a. zum Übernachten im Freien*

**Zeltstange** ⟨f. 19⟩ *Stange zum Spannen u. Aufrechtstellen des Innen- u. Außenzelts*

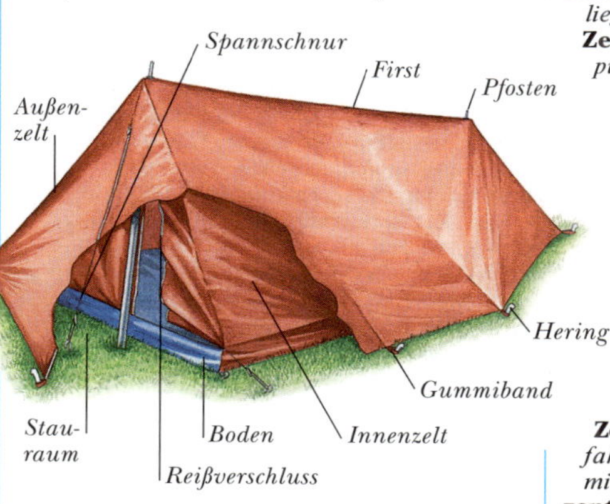


ZELT: SCHNITT DURCH EIN FIRSTZELT

**Zement** ⟨m. 1; unz.⟩ **1** *an der Luft od. im Wasser erhärtendes, nach dem Erhärten wasserfestes Bindemittel für die Herstellung von Mörtel u. Beton* **2** *die Zahnwurzel umgebende Hartsubstanz* **3** *Masse für Zahnfüllungen* [< mhd. *zimente* „besondere Art Mörtel" < lat. *caementum* „Bruchstein, Mörtel"; zu *caedere* „schlagen"]

**Zen** ⟨n.; -s; unz.; Rel.⟩ *auf Meditation beruhende japanische Form des Buddhismus* [< Sanskrit *dhyana* „Meditation"]

**Zenit** ⟨m. 1⟩ **1** = *Scheitelpunkt (1)* **2** ⟨fig.⟩ *Höhepunkt* ◆ im Zenit des Lebens stehen ⟨fig.⟩ [< arab. *(as-)samt* „Richtung der Köpfe"; durch Schreibfehler im Ital.: *zenit* statt *zemt*]

**zensieren** ⟨V. t.; hat⟩ **1** *mit einer Zensur versehen* (Schularbeit, Aufsatz) **2** *der Zensur unterwerfen* ◆ einen Brief zensieren; eine Arbeit mit „gut", mit einer Zwei zensieren [< lat. *censere* „zählen, schätzen"]

**Zensur** ⟨f. 20⟩ **I** ⟨unz.⟩ **1** ⟨im antiken Rom⟩ *Amt des Zensors* **2** ⟨heute⟩ *staatl. Prüfung von Kunstwerken u. Schriftstücken* ◆ die Briefe gehen durch die Zensur; das Buch, der Film ist von der Zensur verboten worden **II** ⟨zählb.⟩ *Note, mit der eine Leistung beurteilt wird (im Schul- u. Examenszeugnis)* ◆ gute, schlechte Zensuren [< lat. *censura;* zu *censere* „zählen, schätzen"]

**Zentaur** ⟨m. 16; Myth.⟩ ▼ *Fabelwesen der grch. Sage mit Menschenkopf u. -brust u. Pferdeleib;* oV *Kentaur* [< grch. *kentauros,* vielleicht in Anlehnung an *tauros* „Stier" < *kentor* „Reiter"; zu *kentein* „spornen"]

**zenti..., Zenti...** ⟨in Zus.; Zeichen: c; vor Maßeinheiten⟩ *100. Teil der betreffenden Grundeinheit,* z. B. 1 Zentimeter (cm) = $^{1}/_{100}$ Meter (m) [zu lat. *centum* „hundert"]

ZENTAUR

**Zentigramm** ⟨n.; -s, -; Zeichen: cg⟩ *hundertstel Gramm,* $^{1}/_{100}$ *g*

**Zentiliter** ⟨m. 3 od. n. 13; Abk.: cl⟩ *hundertstel Liter,* $^{1}/_{100}$ *l* ◆ ein Zentiliter Essig

**Zentimeter** ⟨m. 3 od. n. 13; Abk.: cm⟩ *hundertstel Meter,* $^{1}/_{100}$ *m* ◆ ein Zentimeter zu kurz

**Zentner** ⟨m. 3; Abk.: Ztr.⟩ **1** *Gewichtseinheit, 50 kg, 100 Pfund* **2** ⟨österr., schweiz.: Zeichen: q⟩ *100 kg* [< mhd. *zentenære* < ahd. *centenari;* zu mlat. *centenarius* „Hundert..."; zu lat. *centum* „hundert"]

**zentral** ⟨Adj.⟩ **1** *im Mittelpunkt (liegend);* Ggs *dezentral* **2** ⟨fig.⟩ *im Mittelpunkt stehend, wichtigst* ◆ das zentrale Problem ist ... ⟨fig.⟩; das Haus ist zentral gelegen, liegt zentral *in der Mitte der Stadt* [< lat. *centralis;* zu *centrum* „Mittelpunkt"; → *Zentrum*]

**zentral..., Zentral...** ⟨in Zus.⟩ *in der Mitte liegend, mittel..., Mittel..., haupt..., Haupt...*

**Zentrale** ⟨f. 19⟩ **1** *Mittelpunkt, Ausgangspunkt* **2** *Hauptgeschäftsstelle* **3** *Teil eines Unternehmens, in dem bestimmte Arbeitsgänge zusammenlaufen* **4** *Fernsprechvermittlung* (Telefonzentrale) [→ *zentral*]

**zentralisieren** ⟨V. t.; hat⟩ **1** *zusammenziehen, in einem Punkt (bes. im Mittelpunkt) vereinigen* **2** *planmäßig zusammenfassen u. von einer Stelle aus leiten lassen;* Ggs *dezentralisieren* ◆ die Verwaltungsprozesse zentralisieren [→ *zentral*]

**Zentralnervensystem** ⟨n. 11; unz.; Anat.; Abk.: ZNS⟩ *aus Gehirn u. Rückenmark bestehender Teil des Nervensystems*

**Zentralperspektive** ⟨[-və] f. 19; unz.⟩ *Verfahren zur Darstellung räumlicher Gebilde mittels Zentralprojektion*

**zentrieren** ⟨V. t.; hat⟩ *auf die Mitte einstellen* [→ *Zentrum*]

Z

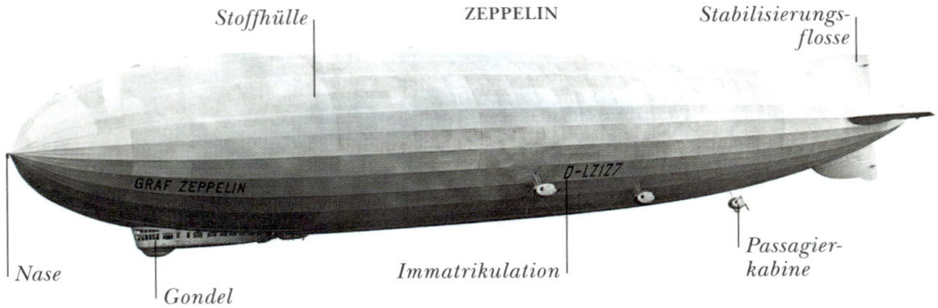


ZEPPELIN

**zentrifugal** ⟨Adj.⟩ *auf der Zentrifugalkraft beruhend, vom Mittelpunkt wegstrebend;* Ggs *zentripetal* [< lat. *centrum* „Mittelpunkt" + *fugere* „fliehen"]

**Zentrifugalkraft** ⟨f. 7u; unz.; Phys.⟩ *auf einen sich drehenden Körper wirkende Trägheitskraft, die senkrecht zur Drehachse nach außen gerichtet ist;* Sy *Fliehkraft, Schwungkraft;* Ggs *Zentripetalkraft*

**Zentrifuge** ⟨f. 19⟩ ► *zylindrisches Gerät, das um seine Mittelachse in Bewegung gesetzt wird, um Stoffe verschiedener Dichte durch die Zentrifugalkraft voneinander zu trennen* (Milchzentrifuge) [→ *zentrifugal*]

**zentripetal** ⟨Adj.⟩ Ggs *zentrifugal* **1** *auf der Wirkung der Zentripetalkraft beruhend* **2** *zum Mittelpunkt hinstrebend* ◆ zentripetaler Bildaufbau [< lat. *centrum* „Mittelpunkt" + *petere* „nach etwas streben"]

**Zentripetalkraft** ⟨f. 7u; unz.; Phys.⟩ *bei drehender Bewegung nach dem Mittelpunkt hin wirkende Kraft;* Ggs *Zentrifugalkraft* [→ *zentripetal*]

**Zentrum** ⟨n.; -s, Zentren⟩ **1** *Mitte, Mittelpunkt* ⟨a. fig.⟩ **2** *Innenstadt* ◆ im Zentrum der Besprechung, des Interesses ⟨fig.⟩; das neue Kino liegt im Stadtzentrum [< lat. *centrum* < grch. *kentron* „Stachel; Einstich des Zirkels, Kreismittelpunkt"]

**Zenturie** ⟨[-riə] f. 19; im antiken Rom⟩ *Heeresabteilung, Hundertschaft* [< lat. *centuria;* zu *centum* „hundert"]

**Zenturio** ⟨m.; -s, -nen; im antiken Rom⟩ *Befehlshaber einer Zenturie*

**zephalo..., Zephalo...** ⟨in Zus.⟩ = *kephalo..., Kephalo...*

**Zephalopode** ⟨m. 17; Zool.⟩ ► = *Kopffüßer;* oV *Kephalopode* [→ *Kephalopode*]

**Zeppelin** ⟨m. 1; Flugw.⟩ ▲ *starres, lenkbares, mit Gas gefülltes Luftschiff;* ► *Luftfahrzeuge* [nach dem Erfinder, Ferdinand Graf von *Zeppelin,* 1838-1917]

**Zepter** ⟨n. 13⟩ **1** ► *verzierter Stab als Zeichen der kaiserl. od. königl. Macht u. Würde* **2** ⟨fig.⟩ *höchste Gewalt, Herrschaft* ◆ das Zepter führen, schwingen ⟨fig.⟩ *bestimmen, zu bestimmen haben* [< lat. *sceptrum* < grch. *skeptron* „Stab"; zu *skeptein* „stützen"]

**zer...** ⟨Vorsilbe zur Bez. der Zerstörung, Auflösung, Trennung⟩ *auseinander...,* z. B. zerfließen, zerreißen, zertrennen, zerteilen [< ahd. *zi(r)..., za(r)..., zu(r)...* „auseinander"; verwandt mit lat. *dis...,* grch. *dia...*]

**Zer** ⟨n.; -s; unz.; Chem.; Zeichen: Ce⟩ = *Cer*

**Zerberus** ⟨m.; -, -se; fig.; a. scherzh.⟩ *strenger, grimmiger Wächter;* oV *Cerberus* [nach dem Höllenhund *Kerberos* am Eingang der Unterwelt in der grch. Sage]

Z

**zerbrechen** ⟨V. 116; V. t.: hat; V. i.: ist⟩ **1** *in Stücke brechen, entzweibrechen* **2** ⟨poet.⟩ *zerreißen* (Ketten) ◆ an etwas zerbrechen ⟨fig.⟩ *infolge eines Kummers seelisch zugrunde gehen*

**zerdrücken** ⟨V. t.; hat⟩ **1** *entzweidrücken, durch Drücken zerkleinern od. zerstören od. töten* **2** *durch langes Drücken mit Fältchen verunstalten, zerknittern* (Kleid, Bluse)

**zerebral** ⟨Adj.⟩ *zum Zerebrum gehörend, von ihm ausgehend*

**Zerebrallaut** ⟨m. 1; Phon.⟩ *mit der Zungenspitze am Gaumen gebildeter Laut;* Sy *Kakuminallaut* [< nlat. *cerebralis* < lat. *cerebrum* „Gehirn"]

**Zerebrum** ⟨n.; -s, -rebra; Anat.⟩ *Großhirn;* oV *Cerebrum* [< lat. *cerebrum* „Gehirn"]

**Zeremonie** ⟨f. 19⟩ *feierl., an bestimmte Regeln od. Vorschriften gebundene Handlung* (Begrüßungszeremonie) [< lat. *caerimonia, caeremonia* „Verehrung, Ehrfurcht; Heiligkeit; Religionsbrauch"]

**zeremoniell** ⟨[-niɛl] Adj.⟩ **1** *in der Art einer Zeremonie, nach einer bestimmten Zeremonie (verlaufend)* **2** *förmlich, feierlich*

**Zeremoniell** ⟨[-niɛl] n. 11⟩ *Gesamtheit der Zeremonien bei feierl. Anlässen, Förmlichkeiten, die eingehalten werden müssen* (Hofzeremoniell) ◆ diplomatisches Zeremoniell; höfisches Zeremoniell

**Zerfall** ⟨m.; -s; unz.⟩ *das Zerfallen, Zersetzung, Auflösung* ⟨a. Chem.⟩ ◆ Zerfall des Römischen Reiches

**zerfallen** ⟨V. i. 131; ist⟩ *auseinander fallen, sich in viele kleine Teilchen auflösen* ◆ etwas zerfällt in drei Teile *ist in drei Teile gegliedert, besteht aus drei Teilen*

**zerfasern** **I** ⟨V. t.; hat⟩ *in einzelne Fasern zerlegen* **II** ⟨V. i.; ist⟩ *sich in einzelne Fasern auflösen*

**zerfetzen** ⟨V. t.; hat⟩ *auseinander reißen, in Fetzen reißen* ◆ der Hund hat die Zeitung völlig zerfetzt

**zerfleischen** ⟨V. t.; hat⟩ *mit den Zähnen auseinander reißen, zerfetzen* ◆ der Wolf hat das Schaf zerfleischt; sich selbst zerfleischen ⟨fig.; umg.⟩ *sich starke Vorwürfe machen, harte Selbstkritik üben*

**zerfließen** ⟨V. i. 138; ist⟩ **1** *auseinander fließen* (Flüssigkeit) **2** *flüssig werden* (Butter, Schokolade) ◆ in Tränen zerfließen ⟨fig.; scherzh.⟩ *untröstlich, heftig weinen*

**zerfressen** ⟨V. t. 139; hat⟩ **1** *durch Fraß stark beschädigen od. zerstören* **2** *durch chem. Vorgänge beschädigen od. zerstören* ◆ die Motten haben den Pelz, den Stoff zerfressen

**zergehen** ⟨V. i. 145; ist⟩ *sich auflösen, schmelzen, zerfallen* ◆ eine Tablette in etwas Flüssigkeit zergehen lassen

**zerkleinern** ⟨V. t.; hat⟩ *in kleine Stücke teilen* ◆ er zerkleinerte Holzstämme für das Kaminfeuer

**zerknirscht** ⟨Adj.; -er, am -esten⟩ *reuig, schuldbewusst* ◆ zerknirschter Sünder; über eine Verfehlung zerknirscht sein

**zerknittern** ⟨V. t.; hat⟩ *zerdrücken, in ungleichmäßige Falten drücken* (Kleid, Papier, Stoff)

**zerlegen** ⟨V. t.; hat⟩ **1** *auseinander nehmen, in seine Bestandteile trennen* **2** *sachgemäß in Stücke zerteilen* ◆ einen Satz zerlegen ⟨Gramm.⟩ *die Satzteile grammatisch bestimmen*

ZEPTER: PREUSSISCHES ZEPTER

**zerlumpt** ⟨Adj.⟩ **1** *abgetragen, unansehnlich* (Kleidung) **2** *in Lumpen gekleidet* ◆ eine zerlumpte Gestalt schleicht durch die Straße

**zermalmen** ⟨V. t.; hat⟩ **1** *heftig zerdrücken, zerquetschen, in kleinste Teile drücken od. zerbrechen* **2** ⟨fig.⟩ *völlig vernichten* ◆ sein Zorn wird sie alle zermalmen ⟨fig.⟩

**zermürben** ⟨V. t.; hat⟩ jmdn. zermürben *jmdn. mürbe machen, jmds. Widerstandskraft brechen* ◆ die Sorgen haben ihn allmählich zermürbt; den Feind durch Aushungern, durch eine lange Belagerung zermürben; das lange Warten ist zermürbend

**Zero** ⟨[ze:-] f. 10 od. n. 15⟩ **1** *Null* **2** ⟨Roulett⟩ *Gewinnfeld des Bankhalters* [< frz. *zéro* < ital. *zero* < arab. *sifr* „leer"; → *Ziffer*]

**Zeroplastik** ⟨f. 20⟩ **I** ⟨unz.⟩ *Herstellung von Bildwerken od. Modellen aus Wachs, Wachsbildnerei* **II** ⟨zählb.⟩ *die dabei entstandene (Wachs-)Figur;* oV *Keroplastik* [< grch. *keros* (lat. *cera*) „Wachs" + *Plastik*]

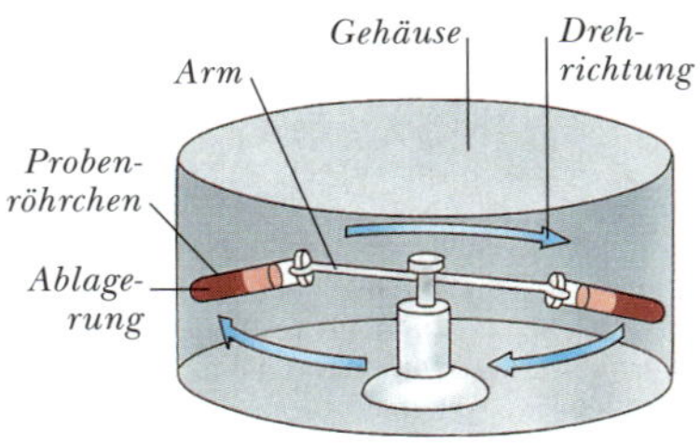


ZENTRIFUGE

**zerreißen** ⟨V. 195⟩ **I** ⟨V. t.; hat⟩ **1** etwas zerreißen *auseinander reißen, durch Reißen gewaltsam trennen* **2** sich etwas zerreißen *ein Loch in etwas reißen* ◆ ich habe so viel zu tun, dass ich mich zerreißen könnte ⟨umg.⟩ *dass ich nicht weiß, wo ich anfangen soll;* einen **Brief** zerreißen ◆ sich **für** jmdn. zerreißen ⟨fig.; umg.⟩ *für jmdn. so viel tun, dass es fast die eigenen Kräfte übersteigt;* Papier **in** Stücke zerreißen ◆ er wurde von einem Tiger, Wolf zerrissen ◆ sie tat einen Blick in sein vom Kummer zerrissenes Herz ⟨fig.; poet.⟩ **II** ⟨V. i.; ist⟩ **1** *ein Loch od. Löcher bekommen* **2** *durch Abnutzung od. Gewalteinwirkung entzweigehen* (Stoff) ◆ der Faden, das Seil zerreißt; der Stoff zerreißt leicht; mein Kleid, Rock ist zerrissen; zerrissene Hosen, Strümpfe, Schuhe; (innerlich) zerrissen ⟨fig.⟩ *zwiespältig, uneins mit sich selbst*

**zerren** ⟨V. t.; hat⟩ **1** *gewaltsam ziehen* **2** *heftig dehnen* ◆ an seinen **Fesseln** zerren; sich eine **Sehne** zerren ◆ der Hund zerrt **an** der Leine, Kette; jmdn. **aus** dem Bett zerren; jmdn. **in** den Schmutz zerren ⟨fig.⟩ *jmdm. Übles nachreden;* jmdn. in den Wagen, aus dem Wagen zerren [< ahd. *zeren*]

**zerrinnen** ⟨V. i. 200; ist; bes. poet.⟩ **1** *auseinander rinnen, langsam zerfließen, schmelzen* **2** ⟨fig.⟩ *sich in nichts auflösen* ◆ der Schnee zerrinnt; das Geld zerrinnt ihm in, unter den Händen ⟨fig.⟩ *er kann nicht sparen, er gibt Geld zu schnell aus;* wie gewonnen, so zerronnen ⟨Sprichw.⟩ *so schnell, wie man es gewinnt, geht es auch wieder verloren*

**Zerrspiegel** ⟨m. 5⟩ *Spiegel, der das Gespiegelte verzerrt wiedergibt*

**Zerrung** ⟨f. 20⟩ **1** *durch auseinander strebende Kräfte bewirkte Formänderung* **2** ⟨Med.⟩ *Sehnenzerrung*

**zerrütten** ⟨V. t.; hat⟩ **1** *durch anhaltenden Kummer, viele Aufregungen verwirren, in Unordnung bringen*

(Geist) **2** *durch Überanstrengung schädigen* (Nerven, Gesundheit) **3** *durch anhaltenden Ärger, Streit schädigen, vernichten* (Ehe) [< *zer...* + mhd. *rütten;* → *rütteln*]

**zerschellen** ⟨V. i.; ist⟩ *in Stücke brechen* ◆ das Schiff ist an den Klippen zerschellt [< mhd. *schellen* „schallen machen, schallen lassen, schallend auseinander brechen"; → *Schall*]

**zerschlagen** ⟨V. 216; hat⟩ **I** ⟨V. t.⟩ *entzweischlagen, durch Schlag zerbrechen, zerstören* (Gegenstand) ◆ eine Fensterscheibe, einen Teller, eine Vase zerschlagen **II** ⟨V. refl.⟩ sich zerschlagen *nicht zustande kommen, scheitern, nicht verwirklicht werden* ◆ unser Vorhaben, Plan, die Verabredung hat sich zerschlagen

**zerschmettern** ⟨V. t.; hat⟩ *heftig, mit Wucht zerschlagen* ◆ die Nachricht hat ihn zerschmettert ⟨fig.; umg.⟩ *hat ihn tief getroffen;* der herabstürzende Baum hat ihm ein Bein zerschmettert

**zersetzen** ⟨V.; hat⟩ **I** ⟨V. t.⟩ **1** *lösen, auflösen, spalten* (chem. Verbindung) **2** ⟨fig.⟩ *untergraben, unterhöhlen* ◆ eine Gemeinschaft (moralisch) zersetzen ⟨fig.⟩; die Moral zersetzen ⟨fig.⟩; die politische Ordnung zersetzen ⟨fig.⟩ **II** ⟨V. refl.⟩ sich zersetzen **1** *sich chemisch spalten* **2** *verwittern* **3** ⟨fig.⟩ *sich auflösen, sich lockern* ◆ eine Gemeinschaft, Ordnung zersetzt sich ⟨fig.⟩

**zersingen** ⟨V. t. 239; hat; Mus.⟩ *durch häufiges ungenaues Singen verändern* ◆ dieses Volkslied ist im Laufe der Zeit zersungen worden

**zersplittern** **I** ⟨V. t.; hat⟩ **1** *in Splitter spalten* **2** ⟨fig.⟩ *in zu viele einzelne kleine Teile aufteilen* ◆ seine Kraft zersplittern ⟨fig.⟩ *seine Kraft für zu viele Dinge verbrauchen;* der Blitz hat den Baum zersplittert **II** ⟨V. i.; ist⟩ *in Splitter zerbrechen, zerbrochen werden, sich in Splitter spalten*

**zerspringen** ⟨V. i. 248; ist⟩ **1** *zerbrechen* (Glas, Tasse) **2** ⟨poet.⟩ *reißen, zerreißen* (Saite) **3** ⟨poet.⟩ *auseinander springen, bersten* ◆ das Glas ist in tausend Stücke zersprungen

**zerstäuben** ⟨V. t.; hat⟩ *in winzigen Tröpfchen verteilen, versprühen* ◆ Parfüm zerstäuben; ein Mittel gegen Motten im Zimmer zerstäuben [→ *Staub*]

**Zerstäuber** ⟨m. 3⟩ **1** *Gerät zum Zerstäuben von Flüssigkeiten durch eine Düse* (Parfümzerstäuber) **2** *die Düse selbst* ◆ Dose, Flasche mit Zerstäuber

**zerstören** ⟨V. t.; hat⟩ **1** *vernichten, kaputt-, unbrauchbar machen, verderben* **2** *verheeren, verwüsten* (Land) **3** *zertrümmern* (Häuser) ◆ jmds. Freude, Glück, Träume zerstören [< *stören* in der alten Bedeutung „zerstreuen, vernichten"]

**Zerstörer** ⟨m. 3⟩ **1** *jmd., der etwas zerstört, Vernichter* **2** ⟨Mil.⟩ *leichtes, schnelles Kriegsschiff, bes. zur Aufklärung u. U-Boot-Abwehr*

**zerstoßen** ⟨V. t. 257; hat⟩ *mit dem Mörser zerkleinern*

**zerstreuen** ⟨V. t.; hat⟩ **1** *umherstreuen, streuend verteilen* **2** jmdn. zerstreuen ⟨fig.⟩ *jmdn. erheitern, unterhalten, jmdm. die Zeit vertreiben* **3** sich zerstreuen **3.1** *auseinander gehen, sich verlaufen* (Menge) **3.2** ⟨fig.⟩ *sich die Zeit vertreiben, sich Unterhaltung schaffen* ◆ jmds. Argwohn, Verdacht zerstreuen ⟨fig.⟩ *jmds. Argwohn, Verdacht beseitigen*

**zerstreut** ⟨Adj.; -er, am -esten; fig.⟩ *unaufmerksam, in Gedanken mit anderen Dingen als den im Augenblick notwendigen beschäftigt, häufig irgendetwas vergessend*

**Zerstreuung** ⟨f. 20⟩ **I** ⟨unz.⟩ **1** *das Zerstreutwerden* **2** ⟨veraltet⟩ = *Diaspora* **II** ⟨zählb.; fig.⟩ *Kurzweil, Unterhaltung* ◆ seinen Gästen etwas Zerstreuung bieten

**Zerstreuungslinse** ⟨f. 19⟩ = *Konkavlinse;* Ggs *Sammellinse*

**zerteilen** ⟨V. t.; hat⟩ *in Teile zerlegen, in Stücke teilen* ◆ sich zerteilen *in Teile auseinander fallen, sich in Teile auflösen*

**Zertifikat** ⟨n. 11⟩ **1** *amtl. Bescheinigung, Bestätigung, Auszeichnung* **2** *Anteilschein an Investmenttrusts* [< lat. *certus* „sicher" + *facere (-ficare)* „machen"]

**zertreten** ⟨V. t. 263; hat⟩ **1** *mit den Füßen zerdrücken, niederdrücken u. zerstören od. beschädigen* **2** *tottreten* ◆ Blumen zertreten; eine Ameise, einen Wurm zertreten

**zertrümmern** ⟨V. t.; hat⟩ *in Trümmer schlagen, heftig zerschlagen* ⟨a. fig.⟩ ◆ bei einer Schlägerei Bierflaschen, Stühle zertrümmern

**Zervelatwurst** ⟨f. 7u⟩ *Dauerwurst aus Speck, Rind- u. Schweinefleisch, Hartwurst;* oV *Servelatwurst;* Sy ⟨schweiz.⟩ *Cervelat* [< ital. *cervellata* „Hirnwurst"; zu *cervello* „Gehirn" < lat. *cerebellum* „kleines Hirn"]

**Zerwürfnis** ⟨n. 11⟩ *Entzweiung, Verfeindung* [→ *werfen*]

**Zeta** ⟨ngrch. ['zi:ta] n. 15; Zeichen: ζ, Z⟩ *6. Buchstabe des grch. Alphabets*

**Zetazee** ⟨[-tse:ə] f. 19; Zool.⟩ ► = *Wal* [zu lat. *cetus* < grch. *ketos* „Seeungeheuer, Wal"]

**zetern** ⟨V. i.; hat⟩ *laut jammern u. um Hilfe schreien* [entweder zu ahd. *ze (zi) jot hera!* „zum Kampf hierher!" od. zu mhd. *ze æhte her!* „zur Verfolgung hierher!" (Kluge, Etymologisches Wörterbuch)]

**Zettel**[1] ⟨m. 5⟩ **1** *loses Blatt Papier* (Merkzettel) **2** *Formular, Schein* (Bestellzettel) ◆ die Zettel einer Kartei sortieren; sich Notizen auf einen Zettel schreiben [< mhd. *zedel* < mlat. *cedula* < lat. *schedula* „Papierblättchen"; Verkleinerungsform zu *scheda* < grch. *schide* „Splitter"; zu *schizein* „spalten"]

**Zettel**[2] ⟨m. 5⟩ *Gesamtheit der Längsfäden eines Gewebes, Reihenfolge der Kettfäden* [< mhd. *zettel* „Längsfäden"]

**Zeug** ⟨n. 11⟩ **I** ⟨zählb.⟩ *Gewebe* **II** ⟨unz.⟩ **1** *Textilien, Kleidung* (Ölzeug), *Wäsche* (Leinzeug, Bettzeug) **2** *Material, Rohstoff zur Verarbeitung* **3** *Arbeitsgeräte* (Handwerkszeug) **4** *allerlei Dinge, Kram, Siebensachen* **5** ⟨umg.⟩ *schlechte Speise, schlechtes Getränk* ◆ du könntest endlich dein Zeug **aufräumen** ◆ **dummes** Zeug reden *Unsinn reden;* **unnützes** Zeug ◆ sich (ordentlich) **ins** Zeug legen ⟨eigtl.⟩ *ins Geschirr (zum Ziehen),* ⟨fig.⟩ *sich sehr anstrengen* [< mhd. *ziuc* < ahd. *(gi)ziug* „Stoff, Gerät, Aufwand"]

ZICKZACKSCHERE

**Zeuge** ⟨m. 17⟩ **1** *jmd., der über einen beobachteten Vorgang vor Gericht aussagen soll* **2** *jmd., der aufgefordert od. unaufgefordert einem Vorgang beiwohnt, um später gegebenenfalls darüber berichten zu können* (Augenzeuge, Ohrenzeuge) **3** *Zuschauer, Teilnehmer* ◆ ich **habe** leider keinen Zeugen für den Vorfall ◆ **als** Zeuge aussagen; als Zeuge vorgeladen werden [< mhd. *(ge)ziuge,* Rückbildung < *zeugen*[1]]

**zeugen**[1] ⟨V. i.; hat⟩ *als Zeuge aussagen* ◆ von etwas zeugen ⟨fig.⟩ *auf etwas schließen lassen;* sein Verhalten zeugt von Ehrlichkeit, Großzügigkeit ⟨fig.⟩ [< mhd. *(ge)ziugen* < ahd. *giziugon* „durch Zeugnis beweisen"; → *ziehen*]

**zeugen**[2] ⟨V. t.; hat⟩ **1** *erzeugen* (Kind) **2** *geistig hervorbringen* ◆ kühne, neue Gedanken zeugen [< mhd. *ziugen,* urspr. „Zeug machen, herstellen"; → *Zeug*]

**Zeugenbeeinflussung** ⟨f. 20; Rechtsw.⟩ *(rechtswidrige) Beeinflussung eines Zeugen, um eine für sich günstige Aussage zu erzielen*

**Zeugenstand** ⟨m. 1u; unz.; Rechtsw.⟩ *Platz, von dem aus Zeugen aussagen* ◆ jmdn. in den Zeugenstand rufen; in den Zeugenstand treten

**Zeugin** ⟨f. 22⟩ *weibl. Zeuge*

**Zeugma** ⟨n.; -s, -s od. -ta; Rhet.⟩ *Redefigur, Verbindung zweier Sätze, in der ein Satzteil (meist das Prädikat) nur einmal gesetzt wird,* z. B. „Der See kann sich, der Landvogt nicht erbarmen" (Schiller, „Wilhelm Tell") [grch., „Joch"; zu *zeugnynai* „verbinden"]

**Zeugnis** ⟨n. 11⟩ **1** *Zeugenaussage* **2** *urkundl. Bescheinigung, amtl. Bestätigung, Beglaubigung* **3** *Urkunde mit Bewertung einer Leistung* (Schulzeugnis, Examenszeugnis, Reifezeugnis) **4** ⟨fig.⟩ *Gegenstand aus vergangener Zeit, der Aufschluss über diese Zeit gibt* ◆ von etwas Zeugnis **ablegen** *von etwas berichten, etwas bekunden;* Zeugnisse **vorweisen,** vorlegen ◆ **ärztliches** Zeugnis; **ausgezeichnete,** hervorragende Zeugnisse haben; **falsches** Zeugnis ablegen *eine falsche Aussage machen* [→ *zeugen*[2]]

**z. H.** ⟨Abk. für⟩ *zu Händen (→ Hand (4))*

**Zibetkatze** ⟨f. 19; Zool.⟩ *Schleichkatze mit wertvollem Fell* ◆ Afrikanische Zibetkatze: *Viverra civetta;* Asiatische Zibetkatze: *Viverra zibetha*

**Zibetratte** ⟨f. 19; Zool.⟩ = *Bisamratte*

**Zichorie** ⟨[tsi'ço:riə] f. 19; Bot.⟩ *Gemeine Wegwarte, als Kaffeeersatz verwendet* [< mlat. *cichorea* < grch. *kichorion,* dessen Herkunft ungeklärt]

**Zickzack** ⟨m. 1⟩ *in Zacken verlaufende Linie, Zickzacklinie* ◆ der Zickzack eines Blitzes; im Zickzack laufen, fliegen [lautmalende Bez. des 18. Jh. für die Laufgräben in der Belagerungstechnik; vermutl. unter Anlehnung an *Zacke*]

**Zickzackkurs** ⟨m. 1⟩ **1** *von einer geraden Linie abwechselnd nach rechts u. links ständig abweichender Kurs* **2** ⟨fig.⟩ *uneinheitlicher, ständig schwankender, z. B. politischer Kurs*

**Zickzacklinie** ⟨[-niə] f. 19⟩ *in Zacken verlaufende Linie*

**Zickzackschere** ⟨f. 19⟩ ◄ *Schere mit zwei gezackten Klingen (für Näh- od. Bastelarbeiten)*

**...zid** ⟨in Zus.⟩ *(ab)tötend,* z. B. spermizid, bakterizid [zu lat. *caedere* „fällen, töten"]

**Zider** ⟨m. 3; unz.⟩ **1** ⟨i. w. S.⟩ *Obstwein* **2** ⟨i. e. S.⟩ *Apfelwein* [< ital. *cidro,* frz. *cidre* < lat. *sicera* < grch. *sikera* < hebr. *schekar* „berauschendes Getränk"; zu *schachar* „sich berauschen"]

**Ziechling** ⟨m. 1⟩ ► = *Ziehklinge* [zu *ziehen* in der Bedeutung „Späne abheben"]

**Ziege** ⟨f. 19⟩ **1** ⟨Zool.⟩ **1.1** *Angehörige einer Gattung der Horntiere mit kräftigen Hörnern u. rauhem Fell: Capra* **1.2** *ein Karpfenfisch in Küstengewässern, der zur Laichzeit in Flüsse zieht: Pelecus cultratus* **2** ⟨fig.; umg.⟩ *dumme od. unangenehme weibl. Person* [< mhd. *zige* < ahd. *ziga*]

Z

## ZIEGEL

Seit ältesten Zeiten werden widerstandsfähige und dauerhafte Ziegel in Standardformaten gebrannt und für den Mauerbau verwendet. Die Art des Mauerverbandes ist oft typisch für bestimmte Regionen und Epochen. Mit dem Blockverband arbeitete man vor allem im Spätmittelalter, während der Holländische Verband im frühen 17. Jh. verbreitet war und der Läuferverband bei modernen Gebäuden bevorzugt wird.

### MAUERVERBÄNDE

LÄUFERVERBAND

HOLLÄNDISCHER VERBAND

BLOCKVERBAND

**Ziegel** ⟨m. 5; Bauw.⟩ **1** ▲ *gebrannter Stein aus Lehm, Ton u. Ä. zum Bauen;* Sy *Backstein, Ziegelstein* **2** *flacher, leicht gewölbter, gebrannter Stein aus Ton zum Decken von Dächern* (Dachziegel) ◆ Ziegel brennen [< ahd. *ziagal(a)* < lat. *tegula* „Dachziegel"; zu *tegere* „bedecken"]

**Ziegelbrennerei** ⟨f. 18⟩ = *Ziegelei*

**Ziegeldach** ⟨n. 12u⟩ *mit Ziegeln gedecktes Dach*

**Ziegelei** ⟨f. 18⟩ *Fabrik zur Herstellung von Ziegeln;* Sy *Ziegelbrennerei*

**ziegelrot** ⟨Adj.⟩ *gelblich rot*

**Ziegelstein** ⟨m. 1; Bauw.⟩ ► = *Ziegel (1)*

**Ziegenbart** ⟨m. 1u⟩ **1** ⟨Zool.⟩ *Bart der Ziege* **2** ⟨Bot.⟩ *Angehöriger einer Gattung der Ständerpilze: Clavaria*

**Ziegenbock** ⟨m. 1u; Zool.⟩ ▼ *männl. Ziege*

**Ziegenkäse** ⟨m. 3⟩ *Käse aus Ziegenmilch*

**Ziegenleder** ⟨n. 13; unz.⟩ *Leder aus dem Fell der Ziege*

**Ziegenmelker** ⟨m. 3; Zool.⟩ *Nachtschwalbe, die nachts schnurrend singt: Caprimulgius europaeus* [nach altem Volksglauben soll der Vogel aus dem Ziegeneuter trinken]

**ziehen** ⟨V. 287⟩ **I** ⟨V. t.; hat⟩ **1** *zu sich her od. hinter sich her bewegen, befördern* (Bremse, Wagen) **2** *zeichnen, malen* (Linie) **3** *dehnen, strecken* (Stoff, Garn) **4** ⟨Tech.⟩ *durch einen sich konisch verengenden Ring hindurchführen u. so strecken od. verfestigen* (Metallstangen, Draht) **5** ⟨unpersönl.; z. B. in der Wendung⟩ es zieht ihn immer wieder dorthin *er muss immer wieder dorthin gehen, fahren, reisen* ◆ es zieht mich heimwärts *ich möchte gern heimgehen;* **Blasen** ziehen *bilden;* **Blumen,** Obstbäume ziehen *pflegen u. wachsen lassen, zum Blühen bzw. Fruchttragen bringen;* **Folgerungen** (aus einer Beobachtung) ziehen *Folgerungen ableiten;* ich werde eine **Lehre** daraus ziehen *ich werde es mir zur Lehre dienen lassen;* **Nutzen** aus etwas ziehen *etwas nützlich verwenden* ◆ Gummi **lässt** sich ziehen; sich auf dem Schlitten ziehen lassen ◆ jmdn. (zärtlich) **an** sich ziehen; die Blicke **auf** sich ziehen *auf sich lenken, die anderen auf sich aufmerksam machen;* jmds. Unwillen, Hass auf sich ziehen ⟨fig.⟩; Saiten auf ein Instrument ziehen *spannen;* jmdn. **ins** Gespräch ziehen *am Gespräch beteiligen, etwas fragen, zum Sprechen ermuntern;* in die Länge ziehen *strecken, dehnen;* ⟨fig.⟩ *langsam ablaufen lassen, absichtlich verlängern;* einen Ring **vom** Finger ziehen; die Gardine **vors** Fenster ziehen; jmdn. **zur** Verantwortung ziehen *verlangen, dass jmd. sich verantwortet, sich rechtfertigt* ◆ nach der Operation müssen die Fäden gezogen werden **II** ⟨V. refl.; hat⟩ sich ziehen **1** *dehnbar sein, sich dehnen, strecken lassen* **2** *länger sein als erwartet* ◆ der Weg zieht sich; sich in die Länge ziehen ⟨fig.⟩ *länger dauern als erwartet* **III** ⟨V. i.; ist⟩ **1** *wandern, marschieren* **2** *sich stetig fortbewegen* **3** ⟨Brettspiel⟩ *einen Stein auf ein anderes Feld rücken* **4** *Durchzug haben, Luftbewegung haben* (Ofen, Zigarre) **5** *Aroma u. Farbe an das heiße Wasser abgeben* (Tee, Kaffee) **6** ⟨fig.; umg.⟩ *Anziehungskraft besitzen, gefallen* **7** *Wirkung haben, wirken* **8** ⟨unpersönl.⟩ *Durchzug sein* ◆ hier zieht es *hier ist Durchzug;* **Wolken** ziehen über den Himmel ◆ jmdn. ziehen **lassen** *weggehen lassen (für lange Zeit);* der Tee **muss** fünf Minuten ziehen ◆ **an** etwas ziehen *etwas zu sich her bewegen;* er zog an seiner Pfeife, Zigarre *er zog den Rauch der Pfeife, Zigarette ein;* **in** die Fremde ziehen; in einen Ort, nach einem Ort ziehen *den Wohnsitz in einen Ort, nach einem Ort verlegen* [< ahd. *ziohan*]

ZIEGENBOCK

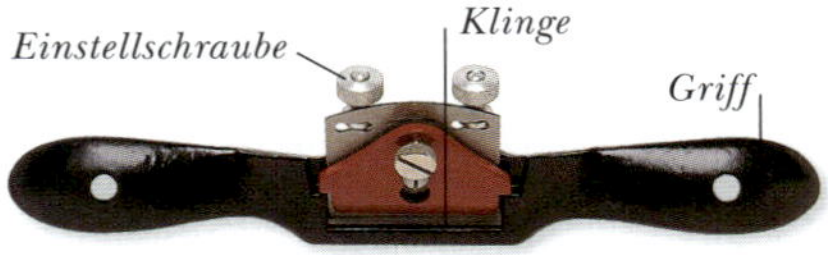


ZIEHKLINGE

**Ziehharmonika** ⟨f. 20; Mus.⟩ = *Handharmonika*

**Ziehklinge** ⟨f. 19⟩, **Ziehmesser** ⟨n. 13⟩ ▲ *Gerät zur Holzbearbeitung mit einer zwischen zwei Handgriffen angebrachten Klinge;* Sy *Ziechling*

**Ziehung** ⟨f. 20⟩ *Bestimmung der Gewinner in einer Lotterie durch Herausziehen von einzelnen Losen aus der Gesamtmenge der Lose*

**Ziel** ⟨n. 11⟩ **1** *erstrebter Punkt, erstrebtes Ende* **2** *Bestimmungsort* **3** *Endpunkt eines Wettlaufs od. einer Wettfahrt* **4** *erstrebter Zustand* **5** *Frist, Zahlungsfrist, für eine Zahlung festgesetzter Zeitpunkt* **6** *Absicht* ◆ ohne **Maß** und Ziel ⟨fig.⟩; eine Rechnung mit drei **Monaten** Ziel stellen; Ziel einer **Wanderung** ◆ sein Ziel **erreichen;** ein (bestimmtes) Ziel **verfolgen** ◆ ein **hohes,** lohnendes Ziel ◆ **ans** Ziel gelangen, kommen; wir sind am Ziel; er studiert Sprachen **mit** dem Ziel des Staatsexamens, mit dem Ziel, Lehrer, Dozent zu werden [< ahd. *zil;* dazu ahd. *zilen, zilon* „sich beeilen"]

**zielbewusst** ⟨Adj.; -er, am -esten⟩ *entschlossen, ein gesetztes Ziel zu erreichen, unbeirrbar im Verfolgen seines Zieles*

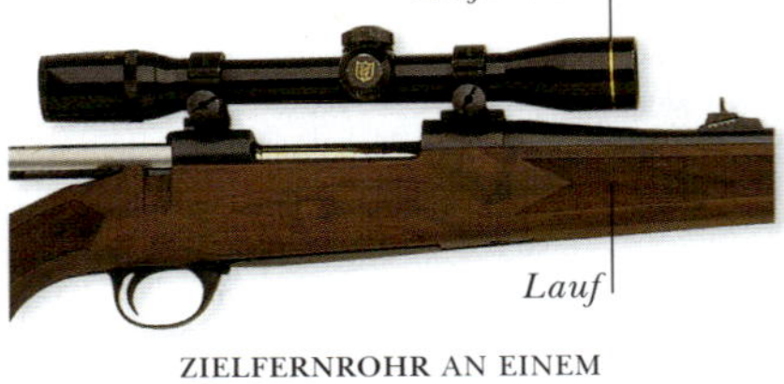


ZIELFERNROHR AN EINEM GROSSKALIBRIGEN JAGDGEWEHR

**zielen** ⟨V. i.; hat⟩ **1** *ein Ziel ins Auge fassen (zum Werfen)* **2** *die Waffe auf ein Ziel richten* ◆ **gut,** genau, sorgfältig zielen ◆ **auf** etwas od. jmdn. zielen *etwas od. jmdn. als Ziel ins Auge fassen, die Waffe auf etwas od. jmdn. richten;* ⟨fig.⟩ *auf etwas od. jmdn. anspielen, etwas od. jmdn. meinen* ◆ zielendes Zeitwort ⟨Gramm.⟩ *transitives Verb*

**Zielfernrohr** ⟨n. 11⟩ ▲ *kleines Fernrohr zum Aufsetzen auf den Gewehrlauf*

**Zielgruppe** ⟨f. 19⟩ *Gruppe von Personen, die bei einer bestimmten Unternehmung (Werbung, Meinungsumfrage, Verkauf) erreicht werden soll*

**ziellos** ⟨Adj.⟩ *ohne festes Ziel, planlos* ◆ ziellos umherwandern; ziellos durch die Straßen laufen

**Zielscheibe** ⟨f. 19⟩ **1** ▼ *Scheibe (meist mit konzentrischen schwarzen u. weißen Ringen) als Ziel für Schießübungen* **2** ⟨fig.⟩ *Ziel, Angriffspunkt* ◆ er dient ihnen nur als Zielscheibe des, ihres Spottes ⟨fig.⟩

**Zielsetzung** ⟨f. 20⟩ *das Setzen, Bestimmen eines Ziels, Absicht, Plan* ◆ ein Plan mit einer klaren, sozialen Zielsetzung

**zielstrebig** ⟨Adj.⟩ *eifrig nach einem Ziel strebend* ◆ zielstrebig ging sie ihren Weg

**ziemen** ⟨V.; hat⟩ **I** ⟨V. i.; veraltet⟩ etwas ziemt jmdm. *ist richtig, passend für jmdn., kommt jmdm. zu* ◆ ihm ziemt ein höflicheres Verhalten *er sollte höflicher sein* **II** ⟨V. refl.⟩ sich ziemen *richtig, passend sein, sich geziemen, sich schicken* [< mhd. *zimen, zemen* < ahd. *zeman,* eigtl. „(zusammen)fügen"]

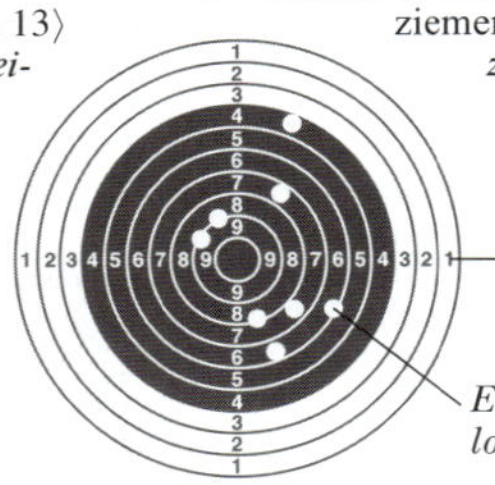


ZIELSCHEIBE BEIM PISTOLENSCHIESSEN

**ziemlich** **I** ⟨Adj.⟩ **1** ⟨veraltet⟩ *geziemend* **2** ⟨heute umg.⟩ *recht groß, lang, weit usw.* ◆ es war eine ziemliche Anstrengung, Arbeit ⟨umg.⟩ **II** ⟨Partikel⟩ *in nicht geringem, aber auch nicht zu hohem Maße, recht, einigermaßen* ◆ ziemlich breit, groß, gut, klein, schlecht [→ *ziemen*]

**Zier** ⟨f.; -; unz.; poet.⟩ *Schmückendes, Schmuck, Zierde, Zierrat* [< mhd. *ziere* < ahd. *ziari* „Pracht"; zu *ziari* (< *zeri*) „kostbar, schön]

**Zierde** ⟨f. 19⟩ **1** *Zierrat, Ausschmückung, Verschönerung, Schmuck* **2** ⟨fig.⟩ *jmd. od. etwas, der bzw. das einer Sache zur Ehre gereicht, das Ansehen einer Sache hebt* [→ *Zier*]

**zieren** ⟨V.; hat⟩ **I** ⟨V. t.⟩ *verschönern, schmücken* ◆ eine Feder zierte seinen Hut; einen Tisch mit Blumen zieren; die Torte war mit einem großen Schokoladenherz geziert **II** ⟨V. refl.⟩ sich zieren **1** *zimperlich tun, sich bescheiden stellen, bescheiden abwehren* **2** *Umstände machen* ◆ geziertes Benehmen; gezierter Stil; geziert sprechen, gehen [Ableitung von *Zier*]

**Zierfisch** ⟨m. 1; Zool.⟩ *in Aquarium od. Teich zur Zierde gehaltener kleiner Fisch, z. B. Goldfisch*

**Zierkürbis** ⟨m.; -ses, -se⟩ *durch Trocknen harter, zur Zierde verwendeter Kürbis*

**Zierleiste** ⟨f. 19⟩ **1** *Leiste zur Zierde, z. B. aus Chrom an Kraftwagen od. als Abschluss der Tapete ein Stück unterhalb der Decke* **2** *verzierende, zierlich geformte u. ornamentierte waagerechte Linie (als Schmuck der Buchseite oben u. unten)*

**zierlich** ⟨Adj.⟩ **1** *zart u. anmutig* **2** *klein u. fein* ◆ eine zierliche Figur haben; zierliche Hände, Füße; ein zierliches Mädchen; eine zierliche Schrift

ZIMBELN

**Zierrat** ⟨m. 1⟩ *Ausschmückung, schmückendes Beiwerk, Zierde, Schmuck* ◆ der Vorhang erfüllt keinen praktischen Zweck, sondern ist nur Zierrat [< mhd. *zierot* < ahd. *ziari* „Pracht"; volksetymolog. an *Rat* angeschlossen (daher mit „rr" geschrieben)]

**Ziff.** ⟨Rechtsw.; Abk. für⟩ *Ziffer (2)*

**Ziffer** ⟨f. 21⟩ **1** *schriftliches Zahlzeichen* **2** ⟨Rechtsw.; Abk.: Ziff.⟩ *mit einer Ziffer versehener Teil eines Paragraphen, Absatz* ◆ arabische, römische Ziffer [< mlat. *cifra* „Null"; zu arab. *sifr* „leer"; seit etwa 1400 a. „Zahlzeichen"; → *Chiffre, Zero*]

**Zifferblatt** ⟨n. 12u⟩ *das Uhrwerk bedeckende Scheibe mit den Ziffern*

**Zigarette** ⟨f. 19⟩ *fein geschnittener, in eine Papierhülse gepresster Tabak* ◆ jmdm. eine Zigarette anbieten; sich eine Zigarette anzünden, anbrennen, anstecken [< frz. *cigarette;* Verkleinerungsform von *Zigarre*]

**Zigarillo** ⟨a. [-riljo] n. 15 od. m. 6⟩ *kleine Zigarre* [< span. *cigarillo;* Verkleinerungsform zu *Zigarre* (span. *cigarro*)]

**Zigarre** ⟨f. 19⟩ *stabförmig gewickelte Tabakblätter* ◆ eine Zigarre bekommen, einstecken müssen ⟨fig.; umg.⟩ [< span. *cigarro;* zu Maya-Indianisch *siqar* „gerollte Tabakblätter rauchen"]

**Zigarrenspitze** ⟨f. 19⟩ *spitz zulaufendes Röhrchen, in das man das Mundstück der Zigarre zum Rauchen steckt*

**Zigeuner** ⟨m. 3⟩ **1** ⟨abwertend⟩ *Angehöriger eines nicht sesshaften Volkes,* ⟨Selbstbenennung⟩ *Rom, Sinto* **2** ⟨fig.; umg.⟩ *unruhig lebender, unordentlicher Mensch*

**Zikade** ⟨f. 19; Zool.⟩ *pflanzensaugende Angehörige einer Gruppe der Schnabelkerfe, deren Männchen mit einem Trommelorgan ausgerüstet sind: Cicadina* [< lat. *cicada*]

**Zikkurat, Zikkurrat** ⟨f. 10⟩ ▼ *stufenförmiger Tempel der sumerischen, babylonischen u. assyrischen Baukunst* [< akkad. *ziqqurratu* „Spitze, Tempelturm"; zu *zaqara* „erhöhen"; das Bauwerk stammt urspr. von den Sumerern, die es *e-kur* „Berghaus" nannten]

ZIKKURAT: REKONSTRUKTION EINER ZIKKURAT AUS DER ZEIT UM 2100 v. CHR.

**Zille**[1] ⟨f. 19⟩ **1** *flacher Frachtkahn für die Flussschifffahrt* **2** ⟨österr. a.⟩ *Fahrzeug der Wasserpolizei* [< mhd. *zülle* < ahd. *zulla,* entlehnt aus aslaw. *čilnu* „Boot"]

**Zille**[2] ⟨f. 19, Bot.⟩ ► = *Szilla*

**Zimbal** ⟨n. 11 od. 15⟩ **1** ⟨Mus.; im MA⟩ *Glockenspiel* **2** ⟨dann⟩ *dem Glockenspiel ähnliches Register der Orgel* [< lat. *cymbalum* < grch. *kymbalon* „Becken" < *kymbe* „Gefäß" + *ballein* „werfen, schlagen"]

**Zimbel** ⟨f. 21; Mus.⟩ ◄ *Schlaginstrument, kleines Becken;* ► *Schlaginstrumente* [→ *Zimbal*]

**Zimber** ⟨m. 25⟩ = *Kimber*

**Zimmer** ⟨n. 13⟩ **1** *Wohn-, Arbeits- od. Schlafraum* (Arbeitszimmer, Hotelzimmer, Konferenzzimmer, Schlafzimmer, Wohnzimmer) **2** *Belegschaft, alle Bewohner eines Zimmers (in Heimen, Krankenhäusern)* ◆ ein Zimmer **aufräumen,** heizen, lüften; **haben** sie ein Zimmer (frei)? (im Hotel) ◆ **großes,** kleines, luftiges, schmales, sonniges Zimmer ◆ er ist noch **in** seinem, ⟨bei Hotelzimmern⟩ **auf** seinem Zimmer [< mhd. *zimber* < ahd. *zimbar,* urspr. „Bauholz" (engl. *timber*), dann auch „Holzbau, Wohnraum"]

**Zimmerei** ⟨f. 18; unz.⟩ *Handwerk des Zimmermanns*

**Zimmerer** ⟨m. 3⟩ = *Zimmermann*

**Zimmerflucht** ⟨f. 20⟩ *Reihe nebeneinander liegender u. miteinander verbundener Zimmer*

**Zimmergeselle** ⟨m. 17⟩ *Gehilfe des Zimmermanns nach Abschluss der Lehrzeit u. abgelegter Gesellenprüfung*

**Zimmergenosse** ⟨m. 17⟩ *Gefährte, Kamerad, mit dem man (bes. auf einer Reise) ein Zimmer teilt*

**Zimmerhandwerk** ⟨n. 11; unz.⟩ *Handwerk des Zimmermanns*

**Zimmerlinde** ⟨f. 19; Bot.⟩ *aus Kapland stammendes Lindengewächs mit haarigen, großen, hellgrünen Blättern u. weißen Blüten, beliebte Zimmerpflanze: Sparmannia africana*

ZINNE: TURM EINER SPANISCHEN BURG MIT ZINNEN

**Zimmermann** ⟨m.; -(e)s, -leute⟩ *Handwerker zur Herstellung von Holzbauteilen für den Bau von Gebäuden;* Sy *Zimmerer*

**zimmern** ⟨V. t.; hat⟩ **1** *aus Holz herstellen* (Bauteil) **2** ⟨fig.⟩ *bauen, aufbauen* ◆ sich sein Leben zimmern ⟨fig.⟩ [< mhd. *zimberen* < ahd. *zimbaron* „aus Holz erbauen"; < *Zimmer* in der urspr. Bedeutung „Bauholz"]

**zimperlich** ⟨Adj.; abwertend⟩ *übertrieben empfindlich (gegen Kälte, Unsauberkeit, Derbheit), verzärtelt, weichlich, übertrieben sittsam* [< mndrl. *zimperlijc,* eigtl. *simperlijc;* verwandt mit nord. *semper* „geziert"]

**Zimt** ⟨m. 1; unz.⟩ **1** *aus der Rinde des Zimtbaumes gewonnenes Gewürz* **2** ⟨fig.; umg.⟩ *Kram, wertloses Zeug, lästige Angelegenheit* [< mhd. *zimmet, zinmen(t), zinemin* < ahd. *sinamin* < lat. *cinnamum* < grch. *kinnamon* < hebr. *qinnamon*]

ZINNIE (*Zinnia elegans* 'Dreamland Scarlet')

**Zimtalkohol** ⟨m. 1⟩ *farblose, nach Hyazinthen riechende Kristalle, die in der Parfümerie als Fixateur sowie zu organischen Synthesen verwendet werden*

**Zimtbaum** ⟨m. 1u⟩ **1** ⟨i. w. S.⟩ *Angehöriger einer Gattung der Lorbeergewächse mit mehreren als Kulturpflanzen wichtigen Arten: Cinnamomum* **2** ⟨i. e. S.⟩ *auf Sri Lanka heimischer Baum, aus dessen Rinde ein Gewürz gewonnen wird: Cinnamomum zeylanicum*

**zimtfarben, zimtfarbig** ⟨Adj.⟩ *rötlich hellbraun* ◆ eine zimtfarbene, zimtfarbige Polstergarnitur

**Zimtöl** ⟨n. 11; unz.⟩ *aus der Rinde des Zimtbaumes* ⟨i. e. S.⟩ *gewonnenes ätherisches Öl*

**Zink**[1] ⟨n. 11; unz.; Chem.; Zeichen: Zn⟩ *bläulich weißes Metall, chem. Element mit der Ordnungszahl 30* [< neulat. *zinkum;* von Paracelsus so benannt]

ZINN

**Zink**[2] ⟨m. 23; Mus.⟩ *trompetenähnliches Holzblasinstrument der Renaissance und des Barocks* [→ *Zinke*]

**Zinke** ⟨f. 19⟩ **1** *Zacke, Spitze (z. B. der Gabel, der Forke, des Kamms, des Rechens)* **2** *schwalbenschwanzartiger Zapfen am Ende eines Brettes, der in eine entsprechende Ausarbeitung passt* [< ahd. *zinko* „vorspringender Teil"]

**zinken**[1] ⟨V. t.; hat⟩ *mit Zinken versehen* (bes. Spielkarten) ◆ mit gezinkten Karten spielen (in betrüger. Absicht)

**zinken**[2] ⟨V. t.; hat⟩ *mit Zinken versehen* (Holz)

**Zinken**[1] ⟨m. 4⟩ *Zeichen, bildl. Schriftzeichen* (Gaunerzinken) [< *Zinke* unter Einfluss von lat. *signum* „Zeichen" u. vermutlich sorb. *zynk* „Klang, Laut, Ton"]

**Zinken**[2] ⟨m. 4; umg.; scherzh.⟩ *große dicke Nase* [→ *Zinke*]

**Zinn** ⟨n. 11; unz.⟩ **1** ⟨Chem.; Zeichen: Sn⟩ ▲ *silberweißes, glänzendes, weiches Metall, chem. Element, Ordnungszahl 50;* Sy *Stannum* **2** *Geschirr aus Zinn* [< ahd. *zin*]

**Zinnblech** ⟨n. 11; unz.⟩ *zu Blech ausgewalztes Zinn, verzinntes Stahlblech*

**Zinnchlorid** ⟨[-klo-] n. 11; unz.; Chem.⟩ *chem. Verbindung aus Zinn u. Chlor, chem. Formel* $SnCl_4$

**Zinne** ⟨f. 19⟩ **1** ▲ *rechteckige, zahnförmige Zacke (auf einer Mauer, meist in einer Reihe)* **2** ⟨schweiz.⟩ *umfriedetes Flachdach* [< ahd. *zinna*]

**zinnen, zinnern** ⟨Adj.⟩ *aus Zinn*

**Zinnerz** ⟨n. 11; unz.; Min.⟩ **1** ⟨i. w. S.⟩ *Zinn enthaltendes Erz* **2** ⟨i. e. S.⟩ *Zinnstein, ein diamanten glänzendes Mineral, chem. Zinnoxid*

**Zinngeschirr** ⟨n. 11; unz.⟩ *Geschirr (Teller, Krüge) aus Zinn*

**Zinngießer** ⟨m. 3⟩ *im Zinnguss ausgebildeter Handwerker*

**Zinnguss** ⟨m. 1u⟩ *das Gießen von Zinn*

**Zinnie** ⟨[-niə] f. 19; Bot.⟩ ◄ *Angehörige einer aus Mexiko stammenden Gattung der Korbblütler mit 17 Arten: Zinnia* [nach dem Botaniker J.G. *Zinn,* 1727-1759]

Z

**Zinnkies** ⟨m.; -es; unz.⟩ *metallisch glänzendes Mineral, ein Zinn-Kupfer-Erz, Stannin*

**Zinnkraut** ⟨n. 12u; unz.; Bot.⟩ = *Ackerschachtelhalm*

**Zinnober** ⟨m. 3; unz.⟩ **1** ⟨Chem.⟩ ► *diamanten glänzendes Erz, chem. Quecksilbersulfid* **2** ⟨fig.; umg.⟩ *Kram, (wertloses) Zeug* ◆ was kostet der ganze Zinnober?; mach bloß keinen, mach nicht einen solchen Zinnober! ⟨fig.; umg.⟩ [< lat. *cinnabaris* < grch. *kinnabari* < pers. *schängärf* „Mennig"]

ZINNOBER

**zinnoberrot** ⟨Adj.⟩ *leuchtend rot wie Zinnober* ◆ zinnoberrote Blüten

**Zinnoberrot** ⟨n.; -s; unz.⟩ ▼ *zinnoberrote Farbe*

**Zinnsoldat** ⟨m. 16⟩ *flaches Soldatenfigürchen aus Zinn, Kinderspielzeug* ◆ sie marschierten wie die Zinnsoldaten *straff, kerzengerade*

**Zins** ⟨m. 23⟩ **1** *Abgabe, Steuer* **2** *Miete, Pacht* (Mietzins) **3** Zinsen ⟨Pl.⟩ *prozentual berechnete Entschädigung für leihweise Überlassung von Kapital* ◆ das Kapital **bringt,** trägt Zinsen; Zinsen **zahlen** ◆ **hohe,** geringe Zinsen ◆ ein Kapital **auf** Zinsen legen *so anlegen, dass es Zinsen bringt* [< ahd. *zins* „Abgabe" < lat. *census* „Schätzung, Steuer"; zu *censere* „schätzen"]

ZINNOBERROT

**Zinsen** ⟨Pl. von⟩ *Zins*

**Zinseszins** ⟨m. 23; meist Pl.⟩ *Zinsen von Zinsen, die zum Kapital geschlagen worden sind;* → a. *Zins*

**Zinsfuß** ⟨m. 1u; Math.⟩ = *Zinssatz*

**zinslos** ⟨Adj.⟩ *ohne Zins* ◆ zinsloses Darlehen

**Zinssatz** ⟨m. 1u; Math.⟩ *der Berechnung von Zinsen zugrunde liegender Prozentsatz;* Sy *Zinsfuß*

**Zionismus** ⟨m.; -; unz.⟩ **1** ⟨urspr.⟩ *jüd. Bewegung zur Herstellung eines selbständigen jüd. Staates Israel* **2** ⟨heute⟩ *polit. Bewegung in Israel, die die Heimatrechte der benachbarten arab. Völker nicht akzeptiert* [nach *Zion*, dem Tempelberg in Jerusalem, auch Bez. für Jerusalem selbst]

**zionistisch** ⟨Adj.⟩ *den Zionismus betreffend, zu ihm gehörend, auf ihm beruhend*

**Zipfel** ⟨m. 5⟩ *Ecke, Ende, Eckstück (von Stoffen, Kleidungsstücken),* z.B. Rockzipfel, Schürzenzipfel ◆ ich bekam gerade noch einen Zipfel seiner Jacke zu fassen [< mhd. *zipf(el)* „spitzes Ende"; → *Zapfen*]

**Zipfelmütze** ⟨f. 19⟩ *spitze Mütze, deren Ende umgeknickt ist od. herunterhängt*

**Zipolle** ⟨f. 19; nddt., mdt.; Bot.⟩ = *Zwiebel (1.2)*

**zirka** ⟨Adv.; Abk.: ca.⟩ *ungefähr, etwa;* oV *circa* ◆ zirka 100 Meter; bei dem Konzert waren zirka 200 Personen; in zirka fünf Minuten [< lat. *circa* „um ... herum"]

**Zirkel** ⟨m. 5⟩ **1** *Gerät aus zwei beweglich an einem Ende verbundenen Schenkeln, deren einer in eine scharfe Spitze (zum Einstechen ins Papier) ausläuft u. deren anderer eine Bleistiftmine trägt, zum Zeichnen von Kreisen* (Bleistiftzirkel) **2** *ähnl. Gerät mit zwei Spitzen zum genauen Messen von Entfernungen in geometr. Figuren, auf Landkarten usw.* (Stechzirkel) **3** *Kreis, Kreislinie* **4** ⟨fig.⟩ *mehrere Personen, die zu einem bestimmten Zweck regelmäßig zusammenkommen* (Lesezirkel) **5** *monogrammartig verschlungener Schriftzug (als Abzeichen einer student. Verbindung)* **6** ⟨Reitsp.⟩ *kreisförmige Reitfigur (mit einem Durchmesser von ca. 20 m)* ◆ literarischer Zirkel; auf dem Zirkel reiten [< ahd. *zirkil* < lat. *circulus;* Verkleinerungsform zu *circus* „Kreis", grch. *kirkos;* die Bedeutung „Gerät zum Kreiszeichnen" < lat. *circinus,* grch. *kirkinos* „Zirkel"]

ZITRONENMINZE *(Mentha citrata)*

**Zirkelschluss** ⟨m. 1u⟩ = *Circulus vitiosus*

**Zirkon** ⟨m. 1; Min.⟩ ▼ *Zirkonium enthaltendes, diamanten glänzendes Mineral;* → a. *Hyazinth* [zu pers. *zargun* „goldfarben"]

**Zirkonium** ⟨n.; -s; unz.; Chem.; Zeichen: Zr⟩ *stahlgraues bis silberweißes Metall, chem. Element, Ordnungszahl 40* [nlat.; → *Zirkon*]

**zirkulieren** ⟨V. i.; ist/hat⟩ *sich ständig im Kreis bewegen, umlaufen* ◆ Blut zirkuliert im Körper; Geld zirkuliert in einem Land

**Zirkumflex** ⟨m. 1; Zeichen: ˆ⟩ *Dehnungszeichen über einem Vokal,* z.B. in frz. „fenêtre"; Sy *Accent circonflexe* [< lat. *circumflexus* „Wölbung"; zu *circumflectere* „umbiegen"]

**Zirkumzision** ⟨f. 20⟩ = *Beschneidung (2)* [< spätlat. *circumcisio;* zu lat. *circumcidere* „rundherum abschneiden"; zu *caedere* „abschlagen"]

**Zirkus** ⟨m.; -, -se⟩ **1** ⟨im antiken Rom⟩ *längliche Rennbahn (für Wagen- u. Pferderennen)* **2** ⟨heute⟩ **2.1** *Unternehmen, das Tierdressuren, Artistik u. a. gegen Entgelt darbietet* (Wanderzirkus); oV *Circus* **2.2** *Zelt od. Halle für diese Darbietungen* **3** ⟨fig.; umg.⟩ *lärmendes Durcheinander, Aufregung, Aufhebens, große Umstände* ◆ mach doch nicht solchen Zirkus! ⟨fig.; umg.⟩; in den Zirkus gehen [< lat. *circus* < grch. *kirkos* „Kreis", dann auch „Arena"]

**Zirrhose** ⟨f. 19; Med.⟩ *auf Entzündung beruhende Bindegewebswucherung, die drüsiges Gewebe angreift* (Leberzirrhose) [< nlat. *cirrhosis;* zu grch. *kirrhos* „orangefarben"]

ZIRKON

**Zirrokumulus** ⟨m.; -, -muli; Meteor.⟩ *Schäfchenwolke, kleine Haufenwolke in großer Höhe* [< lat. *cirrus* „Haarlocke" + 0*cumulus* „Haufen"]

**Zirrostratus** ⟨m.; -, -; Meteor.⟩ *Schleierwolke in großer Höhe* [< lat. *cirrus* „Haarlocke" + *stratum* „Decke, Polster; Lager"]

**Zirruswolke** ⟨f. 19; Meteor.⟩ *Faserwolke in großer Höhe;* Sy *Federwolke*

**zischen** ⟨V.; hat⟩ **I** ⟨V. i.⟩ **1** *einen scharfen Ton von sich geben, wie wenn Feuer od. etwas Heißes u. Wasser zusammentreffen* **2** *Laut geben* (von Gänsen, Schlangen) **3** *den S-Laut bilden* **4** ⟨im Theater, bei Vorträgen u. Ä.⟩ *sein Missfallen durch lautes „Sss!" od. „Sch!" äußern* ◆ bei der Premiere wurde heftig gezischt **II** ⟨V. t.; fig.; umg.⟩ einen zischen ⟨umg.⟩ *ein Glas Schnaps od. Bier trinken* [lautmalend]

**Zischlaut** ⟨m. 1; Phon.⟩ *stimmloser, am Gaumen erzeugter Reibelaut*

**ziselieren** ⟨V. t.; hat⟩ Metall ziselieren *mit Meißel, Stichel, Punze verzieren, Ornamente in Metall stechen* ◆ ziseliertes Silber [< frz. *ciseler* „ausmeißeln, ziselieren"; zu *ciselet* „kleiner Meißel"; zu *ciseau* „Meißel"]

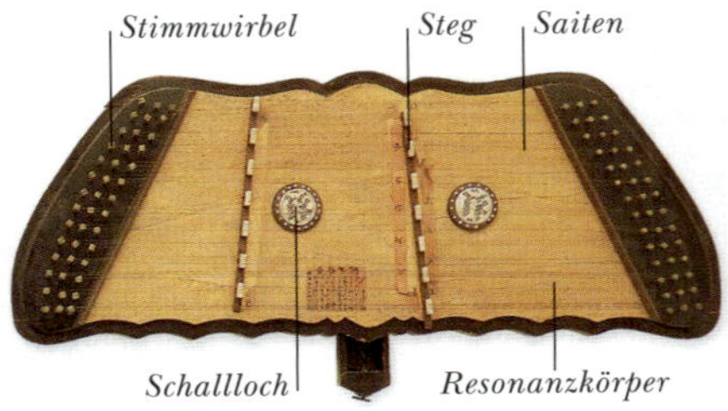



ZITHER: CHINESISCHE ZITHER DES 17. JH.

**Zisterne** ⟨f. 19⟩ *unterirdischer, gemauerter Behälter zum Speichern von Regenwasser* [< lat. *cisterna*]

**Zisterzienserorden** ⟨[-tsiɛn-] m. 4; unz.⟩ *1098 gegründeter benediktin. Mönchsorden, heute bes. für Seelsorge* [nach dem Gründungskloster in *Citeaux* < mlat. *Cistercium*]

**Zitadelle** ⟨f. 19⟩ *Kernstück einer Festung od. befestigten Stadt* [< ital. *cittadella* „Stadtfestung"; Verkleinerungsform zu *città* „Stadt" < lat. *civitas* „Bürgerschaft, Stadt"; zu *civis* „Bürger"]

**Zitat** ⟨n. 11⟩ **1** *wörtlich angeführte Stelle aus einem Buch* **2** *oft zitierter Ausspruch* [< lat. *citatus* „herbeigerufen"; → *zitieren*]

**Zither** ⟨f. 21; Mus.⟩ ▲ *Saiteninstrument mit flachem, seitlich bauchigem Schallkörper u. fünf Melodiesaiten, die mit dem rechten Daumen, sowie daneben 24–42 unveränderl. Begleitsaiten, die mit dem rechten Zeige-, Mittel- u. Ringfinger gezupft werden;* ► *Saiteninstrumente* [< lat. *cithara* < grch. *kithara* < pers. *sihtar* „Instrument mit drei Saiten"; verwandt mit *Gitarre*]

**zitieren** ⟨V. t.; hat⟩ **1** *wörtlich wiedergeben, anführen* **2** *herbeirufen, zum Erscheinen auffordern, vorladen* ◆ einen Ausspruch, eine Stelle aus einem Buch zitieren [< lat. *citare* „in Bewegung setzen, herbeirufen"]

**Zitrat** ⟨n. 11⟩ *Salz der Zitronensäure;* oV ⟨fachsprachl.⟩ *Citrat*

**Zitrin** ⟨m. 1⟩ *ein gelber Halbedelstein, Quarzmineral;* oV ⟨fachsprachl.⟩ *Citrin;* ► *Schmucksteine* [< frz. *citrin* „zitronenfarben"; → *Zitrone*]

**Zitronat** ⟨n. 11; unz.⟩ *kandierte Schale der Zitronatzitrone (Citrus medica var. cedro)*

**Zitrone** ⟨f. 19⟩ *Frucht des Zitronenbaumes;* ► *Früchte* [< ital. *citrone* < lat. *citrus* „Zitronenbaum"]

**Zitronenbaum** ⟨m. 1u; Bot.⟩ *zu den Zitrusgewächsen gehörender, mittelgroßer Baum mit weißen Blüten u. gelben, sauren Früchten: Citrus medica*

**Zitronenfalter** ⟨m. 3; Zool.⟩ *Tagfalter aus der Gruppe der Weißlinge mit gelben Flügeln: Gonepteryx rhamni;* ► *Tagfalter*

**Zitronenkraut** ⟨n. 12u; unz.⟩ ► = *Melisse*

**Zitronenminze** ⟨f. 19; Bot.⟩ ◄ *eine Minzeart, deren Blätter nach Zitrone duften: Mentha citrata*

**Zitronenöl** ⟨n. 11⟩ *ein nach Zitronen riechendes ätherisches Öl, das in der Parfümerie u. in der Lebensmittelindustrie verwendet wird;* oV ⟨fachsprachl.⟩ *Citronenöl;* Sy *Citrusöl*

**Zitronensäure** ⟨f. 19; unz.; Biochem.⟩ *in zahlreichen Früchten vorkommende organische Säure, chemisch eine dreibasische Oxytrikarbonsäure: Acedium citricum;* oV ⟨fachsprachl.⟩ *Citronensäure*

**Zitronensäurezyklus** ⟨m.; -; unz.; Chem.⟩ *(von H.A. Krebs 1943 aufgestellter) chemischer*

## ZITRUSFRÜCHTE

Die ca. 60 an immergrünen Sträuchern und Bäumen mit ledrigen Blättern wachsenden Zitrusfruchtarten werden in subtropischen Gebieten z. T. bereits seit über 2000 Jahren kultiviert und wegen ihrer aromatischen Bestandteile sowie wegen ihres Gehalts an Vitamin C geschätzt. In ihren Schalen, Trieben und Blättern enthaltene Öltröpfchen finden auch als Duftstoffe in kosmetischen Produkten und in der Aromatherapie Verwendung.

### VERSCHIEDENE ZITRUSFRÜCHTE

*Prozess von zentraler Bedeutung im Stoffwechsel;* oV ⟨fachsprachl.⟩ *Citronensäurezyklus*
**Zitrusfrucht** ⟨f. 7u⟩ ▲ *Frucht der Pflanzengattung Citrus, zu der Zitrone, Apfelsine, Mandarine, Pampelmuse u. a. gehören: Citrus* [→ *Zitrone*]
**Zitteraal** ⟨m. 1; Zool.⟩ *aalartiger Süßwasserfisch mit mehreren elektr. Organen: Gymnotus electricus*
**zitterig** ⟨Adj.⟩ *zum Zittern neigend (vor Alter, Schwäche, Nervosität), zitternd;* oV *zittrig* ◆ ein zitteriger alter Mann; zitterige Schrift *ungleichmäßige, mit zitternder Hand geschriebene Schrift*
**Zitterlähmung** ⟨f. 20; unz.; Med.⟩ = *Schüttellähmung*
**zittern** ⟨V. i.; hat⟩ **1** *sich anhaltend, sehr rasch u. leicht unwillkürlich bewegen* (Person, Gliedmaßen) **2** *durch leichte, rasche Erdstöße od. Luftdruck erschüttert werden* (Boden, Fenster, Haus) **3** *schwingen* (Ton) ◆ die **Blätter** zittern im leichten Wind; mir zittern die **Knie** (vor Schreck, vor Nervosität) ◆ er zitterte **an** allen Gliedern, am ganzen Körper; **vor** Angst, Furcht, vor Kälte zittern ◆ mit zitternder Stimme sprechen [< ahd. *zittaron*]
**Zitterpappel** ⟨f. 21; Bot.⟩ *Pappel mit fast runden Blättern, die beim leisesten Luftzug zittern: Populus tremula;* Sy *Espe*
**Zitterrochen** ⟨m. 4; Zool.⟩ *Zitterfisch aus der Familie der Rochen mit rundem, scheibenförmigem Körper: Torpedidinae;* Sy *Torpedofisch*
**zittrig** ⟨Adj.⟩ = *zitterig*
**Zitze** ⟨f. 19; Zool.⟩ *Saugwarze weibl. Säugetiere* [< mhd. *zitze,* nddt. *titte;* Näheres unbekannt]
**zivil** ⟨[-viːl] Adj.⟩ **1** *bürgerlich, nicht militärisch* **2** ⟨fig.⟩ *angemessen, mäßig* (Preis) ◆ ziviler Bevölkerungsschutz *(Maßnahmen zum) Schutz der Bevölkerung im Kriegsfall* [< lat. *civilis* „bürgerlich"; zu *civis* „Bürger"]
**Zivil** ⟨[-viːl] n.; -s; unz.; kurz für⟩ *Zivilkleidung* ◆ einen Soldaten in Zivil antreffen; in Zivil sein; Zivil tragen

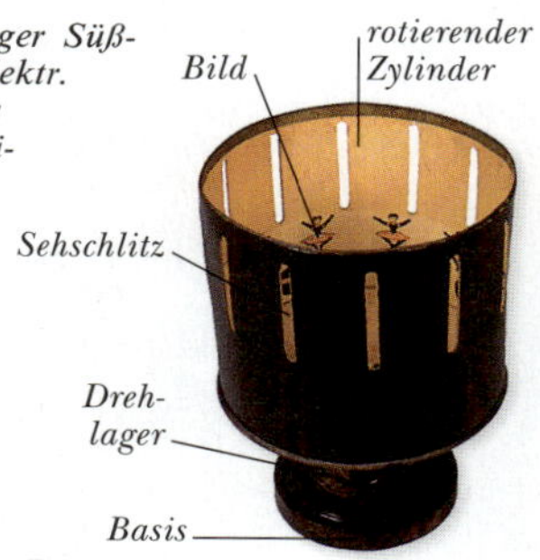

ZOETROP

**Zivilberuf** ⟨[-viːl-] m. 1; unz.⟩ *Beruf eines Soldaten, den er ausübt, wenn er keinen Wehrdienst leistet* ◆ was ist er im Zivilberuf?
**Zivilbevölkerung** ⟨[-viːl-] f. 20; unz.⟩ *nicht zur Armee gehörende Bevölkerung*
**Zivilcourage** ⟨[-viːlkuraːʒə] f. 19⟩ *Mut, die eigene Überzeugung zu vertreten* ◆ bei einer Diskussion Zivilcourage beweisen
**Zivildienst** ⟨[-viːl-] m. 1; unz.⟩ *waffenloser, meist sozialer Dienst für Kriegsdienstverweigerer, Wehrersatzdienst*
**Zivildienstleistende(r)** ⟨[-viːl-] m. 29⟩ *jmd., der Zivildienst leistet*
**Zivilisation** ⟨[-vi-] f. 20; unz.⟩ *die technisch fortgeschrittenen, verfeinerten äußeren Formen des Lebens u. der Lebensweise eines Volkes, im Unterschied zur Kultur* [→ *zivil*]
**zivilisiert** ⟨[-vi-] Adj.; -er, am -esten⟩ *die Errungenschaften der Zivilisation besitzend, technisch u. in den äußeren Lebensformen fortgeschritten, entwickelt* [→ *zivil*]
**Zivilist** ⟨[-vi-] m. 16⟩ *Bürgerlicher, Nichtsoldat* [→ *zivil*]
**Zivilkleidung** ⟨[-vil-] f. 20; unz.⟩ *bürgerliche Kleidung;* Sy ⟨kurz⟩ *Zivil;* Ggs *Uniform* [→ *zivil*]
**Zivilprozess** ⟨[-viːl-] m. 1⟩ *Prozess zur Entscheidung über Fragen des Privatrechts;* Ggs *Strafprozess*
**Zivilrecht** ⟨[-viːl-] n. 11; unz.⟩ *das allgemeine, jeden Bürger betreffende Privatrecht, bürgerliches Recht;* Ggs *Strafrecht (3)*
**Zł** ⟨Abk. für⟩ *Złoty*
**Złoty** ⟨[ˈzwɔti] m. 6; nach Zahlen Pl.: -; Abk.: Zł⟩ *polnische Währungseinheit, 100 Groczy* [poln., „golden"]
**Zn** ⟨Chem.; Zeichen für⟩ *Zink*
**ZNS** ⟨Anat.; Abk. für⟩ *Zentralnervensystem*
**Zobel** ⟨m. 5⟩ **1** ⟨Zool.⟩ ▼ *Marder mit wertvollem Fell: Martes zibellina* **2** *dessen Pelz* **3** ⟨Zool.⟩ *mit dem Blei verwandter Knochenfisch: Abramis sapa* [< russ. *sobol*]
**zocken** ⟨V. i.; hat; umg.⟩ **1** *um Geld spielen, Glücksspiele (oft Kartenspiele) machen* **2** *(gerne) auf Risiko spielen* ◆ er hat wieder die ganze Nacht gezockt [jidd.]
**Zocker** ⟨m. 3; umg.⟩ **1** *jmd., der (viel u. gerne) zockt* **2** *jmd., der (gerne) auf Risiko spielt* [jidd.]
**Zodiakus** ⟨m.; -; unz.⟩ = *Tierkreis* [< lat. *zodiacus* < grch. *zodiakos kyklos* „Kreis von Lebewesen"; zu *zoon* „Lebewesen, Tier"]

ZOBEL
*(Martes zibellina)*

**Zoetrop** ⟨n. 11⟩ ◄ *zylindrisch geformter Guckkasten des frühen 19. Jh. mit an der Innenwand angebrachten gezeichneten Bildserien, die dem Betrachter, durch die stete Drehbewegung des Kastens, wie ein laufender Film erscheinen* [< grch. *zoe* „Leben" + *trepein* „wenden"]
**Zofe** ⟨f. 19⟩ *Kammerzofe, Dienerin bei einer Angehörigen des höheren Adels* [statt *Zoffmagd;* zu obersächs. *zofflen* „hinterdrein zotteln"]
**zögerlich** ⟨Adj.⟩ *zögernd, schleppend* ◆ ein zögerliches Vorankommen der Verhandlungen
**zögern** ⟨V. i.; hat⟩ **1** *sich nicht entschließen können, abwarten* **2** *schwanken, zaudern* ◆ zu lange zögern [Iterativbildung zu mhd. *zogen* < ahd. *zogon* „ziehen, hinhalten"; → *ziehen*]

Z

**Zögling** ⟨m. 1⟩ *jmdm. od. einem Institut zur Erziehung anvertraute(r) Jugendliche(r), Pflegebefohlene(r)* [zu *ziehen* in der Bedeutung „erziehen"; seit dem 18. Jh. als Ersatz für frz. *élève*]

**Zökum** ⟨n.; -s, Zöka; Anat.⟩ = *Zäkum*

**Zölibat** ⟨m. od. n.; -s; unz.⟩ *Ehelosigkeit (der kath. Geistlichen)* ◆ im Zölibat leben [< lat. *caelibatus;* zu *caelebs* „ehelos"]

**Zoll**[1] ⟨m.; -s; -; Zeichen: ″⟩ **1** *früheres deutsches Längenmaß, $^1/_{10}$ od. $^1/_{12}$ Fuß* **2** *engl. Längenmaß, Inch, 2,54 cm* **3** ⟨Astron.⟩ *zwölfter Teil des Sonnen- od. Monddurchmessers* ◆ 3 Zoll breit [< mhd. *zol* „zylinderförmiges Stück, Baumstamm", vermutl. a. „Knöchel"; daraus die Maßeinheit „Daumenbreite"]

**Zoll**[2] ⟨m. 1u⟩ **1** ⟨Antike und MA⟩ *Abgabe an bestimmten Plätzen im Innern des Landes* (Wegezoll, Brückenzoll) **2** ⟨heute⟩ *Abgabe für Waren, die in einem anderen Staat befördert werden, an diesen Staat* **3** ⟨umg.⟩ *Dienststelle für die Zollabfertigung* ◆ für eine Ware Zoll bezahlen [< mhd. *zol* < grch. *telos* „Ziel, Ende", auch „endgültige Zahlung"]

**zollen** ⟨V. t.; hat⟩ jmdm. etwas zollen *nach Verdienst u. Schuldigkeit erweisen* ◆ jmdm. Achtung, Anerkennung, Bewunderung zollen; jmdm. Beifall zollen [→ *Zoll*[2]]

**...zollig, ...zöllig** ⟨Adj.; in Zus.⟩ *eine bestimmte Zahl von Zoll groß,* z. B. vierzollig, vierzöllig

**Zöllner** ⟨m. 3⟩ **1** ⟨im Röm. Reich⟩ *Einnehmer von Zoll (verachteter Stand)* **2** ⟨umg.⟩ *Zollbeamter* [< mhd. *zolnære* < ahd. *zolanari* < vulgärlat. *tolon(e)arius;* zu *toloneum* < lat. *teloneum* „Zollhaus" < grch. *telos;* → *Zoll*[2]]

**Zollstock** ⟨m. 1u⟩ *(zusammenklappbarer) Messstab mit Zoll- u. (od.) Zentimetereinteilung*

**Zombie** ⟨m. 6⟩ **1** ⟨im Voodookult; urspr.⟩ **1.1** *Gottheit* **1.2** *wiederbelebter Toter Untoter* **2** ⟨in Horrorfilmen⟩ *willenloses Individuum* **3** ⟨Jugendspr.⟩ *(durch Drogen zerstörter) willenloser Mensch* [< westafrikan. *zumbi* „schönes Götzenbild"; zu *nzambi* „Gott"]

**Zone** ⟨f. 19⟩ **1** *Landstrich, Gebiet, Gebietsstreifen* (Gefahrenzone) **2** *Erdgürtel* **3** ⟨Geol.⟩ *kleinste Unterabteilung einer Formation* **4** ⟨öffentl. Nahverkehr; Tel.⟩ *der Berechnung von Fahrpeisen u. Gebühren zugrunde liegende, gestaffelte Entfernung* ◆ Zone des Schweigens *Gebiet, in dem eine Detonation nicht hörbar ist* [< grch. *zone* „Gürtel; Querstreifen auf der Erd- oder Himmelskugel", daraus allg. „Gebiet"]

**Zoo** ⟨[tso:] m. 6; Kurzw. für⟩ *zoologischer Garten* ◆ in den Zoo gehen

**zoo..., Zoo...** ⟨[tso:o-] in Zus.⟩ *tier..., Tier...* [< grch. *zoon* „Lebewesen,Tier"]

**Zoologie** ⟨[tso:o-] f. 19; unz.⟩ = *Tierkunde* [< *Zoo...* + grch. *logos* „Wort, Lehre"]

**zoologisch** ⟨[tso:o-] Adj.⟩ *die Zoologie betreffend, dazu gehörend, darauf beruhend, tierkundlich* ◆ zoologischer Garten ⟨Kurzw.: Zoo⟩ *Anlage zur Haltung u. Schaustellung von einheim. u. exot. Tieren;* Sy *Tiergarten, Tierpark*

**Zoomobjektiv** ⟨[zu:m-] n. 11⟩ *Objektiv mit stufenlos verstellbarer Brennweite* [< engl. *zoom* „schnell ansteigen" (vom Flugzeug), „sich mit der Kamera zum Objekt bewegen od. sich davon entfernen" + *Objektiv*]

Z

**Zopf** ⟨m. 1u⟩ **1** *aus drei Strängen geflochtenes, langes Haupthaar* **2** *aus drei Teigstreifen geflochtenes Gebäck* **3** ⟨fig.⟩ *überholte Einrichtung od. Anordnung, rückständige Ansicht* [< ahd. *zopf* „Ende, Zipfel, Spitze"; zu *Zipf(el)* u. *Zapf(en),* die Bedeutung „überholte Einrichtung" ist seit Ende des 18. Jh. gebräuchlich, als die Männerzöpfe unmodern wurden]

**Zorn** ⟨m.; -(e)s; unz.⟩ *heftiger Unwille, aufwallender Ärger* ◆ jmds. Zorn **fürchten;** der Zorn **packte** ihn; sein Zorn war **verraucht** ◆ mich packte ein **heiliger** Zorn ⟨scherzh.⟩ ◆ einen Zorn **auf** jmdn. haben [< ahd. *zorn,* eigtl. „Gemütsverfassung, in der man etwas herunterreißt"]

**zornig** ⟨Adj.⟩ *voller Zorn* ◆ zornig werden

**Zote** ⟨f. 19⟩ *grob unanständiger Witz, unanständige Redensart* ◆ Zoten erzählen, reißen [vielleicht < frz. *sotie* „(unflätiges) Narrenspiel" od. zu *Zotte* in der Bedeutung „Schamhaare"]

**Zr** ⟨Chem.; Zeichen für⟩ *Zirkonium*

**z. T.** ⟨Abk. für⟩ *zum Teil*

**Ztr.** ⟨Abk. für⟩ *Zentner*

**zu I** ⟨Präp. mit Dat.⟩ **I.i** ⟨örtl.⟩ **1** *in Richtung auf etwas od. jmdn. (hin)* **2** *in (einem Ort), an (einem Ort)* **3** ⟨fig.⟩ *(jmdm.) gegenüber, gegen (jmdn.)* ◆ zu jmdm. gehen, kommen; setz dich zu mir *neben mich;* aus Liebe zu ihm; zum **Arzt,** zum Bäcker gehen; zu **Bett** gehen *ins Bett;* das Geld, der Vorrat geht zu **Ende;** jmdm. zu **Füßen** sitzen; zu **Hause**/⟨österr., schweiz. a.⟩ zuhause sein *daheim sein, sich in seiner Wohnung befinden;* sich etwas zu **Herzen** nehmen; dem **Meer,** der Straße zu gelegen *nach dem Meer, der Straße hin;* zur **Schule** gehen *(regelmäßig) in die Schule gehen;* zur **See** fahren *Matrose, Seeoffizier sein;* der Weg zur **Stadt** **I.ii** ⟨zeitl.⟩ *an einem Zeitpunkt, in, im* ◆ zu Anfang; zu Mittag essen; von Zeit zu Zeit *ab u. zu, gelegentlich* **I.iii** ⟨einen Übergang, eine Verwandlung in einen bestimmten Zustand bezeichnend⟩ *in* ◆ zu Asche verbrennen; er ist zum Dieb geworden *er ist ein Dieb geworden* **I.iv** ⟨einen Zweck, ein Ziel bezeichnend⟩ zum Beispiel; dir zu Ehren; zu meiner Freude kann ich sagen ...; etwas Warmes zum Anziehen; ein Platz zum Spielen **I.v** ⟨einen Anlass bezeichnend⟩ *an* ◆ zu seinem Geburtstag, Namenstag, Jubiläum; zu Weihnachten **I.vi** ⟨ein Mittel, eine Art u. Weise bezeichnend⟩ *mit, auf* ◆ zu Fuß gehen **I.vii** ⟨eine Folge bezeichnend⟩ zum Glück *glücklicherweise* **I.viii** ⟨bei Zahlen- u. Verhältnisangaben⟩ *gegenüber* ◆ der Verein hat 3 zu 2 gewonnen (3:2) *mit 3 Toren (gegenüber 2 Toren des Gegners);* 2 verhält sich zu 4 wie 3 zu 6 (2:4 = 3:6); etwas zur Hälfte aufessen *die Hälfte von etwas essen;* zum Teil *teilweise, nicht ganz* **I.ix** ⟨das Hinzufügen bezeichnend⟩ *noch, außerdem, dazu, mit* ◆ Brot zum Fleisch essen; nimmst du Milch, Zucker zum Kaffee? **I.x** ⟨vor Namen (urspr. Ortsbez.)⟩ Freiherr vom und zum Stein **II** ⟨Konj.⟩ **II.i** ⟨vor dem Inf.; allg.⟩ statt zu gehorchen, schrie er ... *statt dass er gehorchte* ◆ ohne etwas zu sagen **II.ii** ⟨vor dem Inf.; in Verbindung mit „sein"⟩ es ist gut zu erkennen *man kann es gut erkennen;* dieser Wein ist nicht zu trinken *er ist sehr schlecht* **II.iii** ⟨vor dem Inf.; in Verbindung mit „haben"⟩ **1** *müssen* **2** ⟨verneinend⟩ *nicht dürfen* ◆ du hast zu gehorchen; er hat nur noch kurze Zeit zu leben *er wird nur noch kurze Zeit leben* **II.iv** ⟨vor dem Inf.; in Verbindung mit „um"⟩ *weil* **II.v** ⟨vor dem Part. Präs.⟩ die zu lösende Aufgabe *die Aufgabe, die gelöst werden muss* **III** ⟨Adv.⟩ **III.i** ⟨mit Verben⟩ *geschlossen* ◆ Tür zu! ⟨eigtl.⟩ *zumachen, Tür schließen!;* Tür zu, es zieht!; zu lassen ⟨umg.⟩; lass das Fenster, die Tür zu! zu sein *geschlossen sein;* ⟨fig.; umg.⟩ *nicht ansprechbar sein* **III.ii** ⟨in festen Wendungen⟩ mach zu! ⟨umg.⟩ *mach schnell!, beeil dich!* ◆ ab und zu *gelegentlich, hin u. wieder, bisweilen, manchmal* **IV** ⟨Partikel⟩ *mehr als (nötig), übermäßig* ◆ das ist zu dumm, zu schade; zu groß, hoch, klein, tief, viel [< mhd. *zuo* < ahd. *zuo, zua, zo*]

ZUCKERAHORN
*(Acer saccharum)*

**zu...** ⟨Vors. zur Bezeichnung⟩ **1** *des Verschließens, Bedeckens,* z. B. zuschließen, zumachen **2** *der Richtung auf ein Ziel hin,* z. B. auf jmdn. zugehen, zukommen **3** *des Hinzufügens, der zusätzl. Gabe,* z. B. zugeben, zusetzen, zuzahlen [< mhd., ahd. *zuo*]

**zuarbeiten** ⟨V. i.; hat⟩ jmdm. zuarbeiten *Vorbereitungen zu einer Arbeit für jmdn. erledigen* ◆ zwei Angestellte arbeiten ihm zu

**Zubehör** ⟨n. 11; unz.⟩ **1** *bewegl. Sachen, die zu etwas (Haus, Betrieb, Gerät u. a.) gehören* **2** ⟨Tech.⟩ *ein Gerät ergänzende Teile* ◆ Wohnung mit allem Zubehör

**Zuber** ⟨m. 3⟩ *großer hölzerner Behälter mit zwei Handgriffen* (Waschzuber) [< ahd. *zubar, zuibar,* urspr. wohl „Gefäß mit zwei Traggriffen" < *zwei* + ahd. *beran* „tragen"]

**zubereiten** ⟨V. t.; hat⟩ **1** *kochen, zum Essen vorbereiten, fertig machen* (Speisen) **2** *mit der Hand herstellen* (Arznei) **3** *einem bestimmten chemischen Prozess unterwerfen, appretieren* (Stoff)

**zubilligen** ⟨V. t.; hat⟩ jmdm. etwas zubilligen *gestatten, zugestehen, gewähren, einräumen* ◆ wir können unseren alten Kunden einen Preisnachlass zubilligen; dieses Recht kann keinem zugebilligt werden; dem Angeklagten wurden mildernde Umstände zugebilligt

**zubinden** ⟨V. t. 111; hat⟩ *durch Binden (mit Bindfaden, Band, Schnur) verschließen* ◆ einem Kind die Schuhe zubinden; einen Sack zubinden

**zubringen** ⟨V. t. 118; hat⟩ **1** Zeit zubringen *(bes. zwangsweise od. ungern) verbringen, verleben* **2** jmdm. etwas zubringen *etwas zu jmdm. hinbringen, hinschaffen* **3** *in die Ehe einbringen* **4** ⟨fig.⟩ *zutragen, heimlich mitteilen* **5** etwas zubringen ⟨umg.⟩ *schließen können* ◆ ich bringe das Fenster nicht zu ⟨umg.⟩; in die Ehe zugebrachtes Vermögen

**Zubringer** ⟨m. 3⟩ **1** *jmd., der jmdm. etwas zubringt* **2** *Maschinenteil, das etwas (Arbeitsmaterial) zubringt, z. B. Förderband* **3** *Verkehrsmittel (Kraftfahrzeug, Flugzeug) zur Beförderung an einen wichtigen Verkehrspunkt, vor allem Flugplatz* **4** ⟨kurz für⟩ *Zubringerstraße* **5** ⟨fig.⟩ *Zuträger, Zwischenträger*

**Zubringerstraße** ⟨f. 19⟩ *Straße, die den Verkehr zur Anschlussstelle einer Autobahn führt;* Sy ⟨kurz⟩ *Zubringer (4)*

**Zucchini** ⟨[tsuki:-] Pl.⟩ *gurkenähnliche Früchte, die als Gemüse verwendet werden* [ital.]

**Zucht** ⟨f. 20⟩ **I** ⟨unz.⟩ **1** *das Aufziehen, Züchten, Züchtung* (Pflanzenzucht, Tierzucht) **2** ⟨veraltet⟩ *strenge Erziehung, Gehorsam* **3** ⟨veraltet⟩ *Straffheit, Disziplin, Ordnung* (Mannszucht, Schulzucht) ◆ hier herrscht (keine) Zucht und Ordnung **II** ⟨zählb.⟩ **1** *Ergebnis des Züchtens, Rasse* **2** Zuchten ⟨Pl.; Landw.⟩ *Zuchtergebnisse* ◆ die Zuchten dieses Jahres waren enttäuschend;

beide Tiere stammen aus einer Zucht, aus verschiedenen Zuchten [< ahd. *zuht;* zu *ziehen,* urspr. „das Ziehen" (bes. bei der Geburt von Haustieren), daraus „Aufzucht, Erziehung"]

**züchten** ⟨V. t.; hat⟩ **1** *aufziehen u. durch Kreuzen möglichst die Rasse od. Art verbessern* (Pflanzen, Tiere) **2** *nach bes. Verfahren heranziehen* (Bakterien) **3** ⟨fig.⟩ *wachrufen u. zur Entfaltung bringen* [< ahd. *zuhten, zuhton;* → *Zucht*]

**Zuchthaus** ⟨n. 12u; umg.⟩ **1** *Strafanstalt für die zu einer schweren Freiheitsstrafe verurteilten Verbrecher* **2** *die Strafe selbst* ◆ acht Jahre Zuchthaus bekommen; im Zuchthaus sitzen; → a. *Strafvollzugsanstalt*

**Zuchthengst** ⟨m. 1⟩ *zur Zucht verwendeter Hengst;* Sy *Deckhengst*

**züchtig** ⟨Adj.; veraltet⟩ *tugendhaft, sittsam, verschämt* ◆ züchtiges Mädchen; züchtig die Augen niederschlagen [→ *Zucht;* urspr. „einer guten Zucht angemessen"]

**züchtigen** ⟨V. t.; hat⟩ jmdn. züchtigen *durch Schlagen bestrafen* [< mhd. *zühtegen;* → *züchtig*]

**Züchtigung** ⟨f. 20⟩ *das Züchtigen* ◆ körperliche Züchtigung war in seinem Elternhaus leider keine Ausnahme

**Züchtigungsrecht** ⟨n. 11; unz.; Rechtsw.⟩ *(juristisch u. gesellschaftlich umstrittenes) Recht (der Eltern, Vormünder) zum Züchtigen*

**Zuchtkristall** ⟨m. 1⟩ *fehlerfreier Kristall, der unter den für die Kristallisation günstigsten Bedingungen erzeugt worden ist*

**Zuchtperle** ⟨f. 19⟩ *durch Zucht entstandene Perle*

**zucken** **I** ⟨V. i.; hat; bei Bewegung in einer Richtung: ist⟩ *unwillkürlich eine plötzl. Bewegung machen* ◆ ein **Blitz** zuckte (am, über den Himmel); die **Flammen** zuckten *flackerten, loderten* ◆ sie leidet an einem **nervösen** Zucken des Gesichts, der Augenlider ◆ der Schmerz zuckte ihm **durch** den ganzen Körper; **mit** den Achseln zucken *die Schultern rasch heben u. fallen lassen (zum Zeichen des Nichtwissens od. der Gleichgültigkeit)* ◆ mit zuckenden Mundwinkeln, mit zuckenden Lippen *dem Weinen nahe* **II** ⟨V. t.; hat; nur in der Wendung⟩ die Achseln zucken, mit den Achseln zucken *wortlos die Schulter heben u. senken (als Zeichen der Ratlosigkeit)* [< mhd. *zucken, zücken* < ahd. *zucchen*]

**zücken** ⟨V. t.; hat⟩ *nehmen, hervorziehen, ergreifen* ◆ den Bleistift zücken ⟨umg.⟩; den Degen, das Schwert zücken; das Portmonee zücken ⟨umg.⟩ [→ *zucken*]

**Zucker** ⟨m. 3⟩ **1** ⟨i.w.S.⟩ *niedrigmolekulares Kohlenhydrat* **2** ⟨i.e.S.⟩ *aus bestimmten Pflanzen (Zuckerrohr, Zuckerrübe) u. Früchten gewonnenes Kohlenhydrat von süßem Geschmack* ◆ ein **Löffel** (voll) Zucker; ein **Stück** Zucker ◆ seinem Affen Zucker **geben** ⟨fig.⟩ *einer schlechten Gewohnheit, einer Schwäche nachgeben;* **sein:** das ist Zucker! ⟨fig.; umg.⟩ *das ist gut, fein, brillant* ◆ **gebrannter,** brauner Zucker; **gestoßener,** klarer Zucker ◆ die Ostereier waren **aus** Zucker; nehmen Sie Zucker **zum** Kaffee? [< ahd. *zuccer* < mlat. *zuccarum, zuccara,* ital. *zucchero* < arab. *sukkar* < pers. *schäkär* < aind. *sarkara* „Sand, Kies"]

**Zuckerahorn** ⟨m. 1; Bot.⟩ ◄ *nordamerikanischer Ahornbaum (bis zu 15 m hoch), aus dessen Saft Ahornzucker u. -sirup gewonnen wird: Acer saccharum*

**Zuckererbse** ⟨f. 19⟩ *süß schmeckende Sorte der Gartenerbse*

ZUCKERROHR
*(Saccharum officinarum)*

**zuckerig** ⟨Adj.⟩ oV *zuckrig* **1** *voller Zucker* **2** *wie Zucker, süß* ◆ meine Finger sind ganz zuckerig

**Zuckerkrankheit** ⟨f. 20; Med.⟩ = *Diabetes mellitus*

**zuckern** ⟨V. t.; hat⟩ **1** *mit Zucker bestreuen* **2** *mit Zucker süßen*

**Zuckerrohr** ⟨n. 11; unz.⟩ **1** ⟨i.w.S.⟩ *Mitglied einer Gattung der Süßgräser: Saccharum* **2** ⟨i.e.S.⟩ ◄ *zur Zuckergewinnung angebaute Art: Saccharum officinarum*

**Zuckerrübe** ⟨f. 19⟩ *zur Zuckergewinnung gezüchtete Rübe: Beta vulgaris ssp. exulenta f. altissima*

**zuckersüß** ⟨Adj.⟩ **1** *süß wie Zucker* **2** *sehr süß* **3** ⟨fig.⟩ *übertrieben freundlich, scheinheilig-liebenswürdig*

**zuckrig** ⟨Adj.⟩ = *zuckerig*

**Zuckung** ⟨f. 20⟩ **1** *einmaliges Zucken* **2** Zuckungen *wiederholtes Zucken*

**zudecken** ⟨V. t.; hat⟩ **1** etwas zudecken *bedecken, schließen, indem man etwas darüber legt* **2** jmdn. zudecken *mit einer Decke bedecken* **3** sich zudecken *eine Decke über sich legen, sich mit einer Decke bedecken* ◆ ein Loch, sich mit seinem Mantel zudecken; vor dem ersten Frost die Pflanzen mit Stroh, Tannenzweigen zudecken

**zudem** ⟨Adv.; geh.⟩ *überdies, außerdem*

**zudrehen** ⟨V. t.; hat⟩ *durch Drehen schließen* ◆ den Wasserhahn zudrehen; jmdm. das Profil, den Rücken zudrehen *sich so stellen od. setzen bzw. so stehen od. sitzen, dass man jmdm. das Profil, den Rücken zeigt*

**zudringlich** ⟨Adj.⟩ **1** *aufdringlich, lästig* **2** *einen anderen belästigend (bes. mit Vertraulichkeiten)* ◆ ein zudringlicher Mensch; zudringlich werden [→ *dringen*]

**zueinander** ⟨Adv.⟩ **1** *eines, einer zum anderen* **2** *einer mit dem anderen* ◆ sie passen gut, schlecht zueinander; sie sind sehr nett, lieb, böse zueinander

**zuerkennen** ⟨V. t. 166; hat⟩ *(gerichtlich) zusprechen* ◆ etwas dem Meistbietenden zuerkennen (bei Versteigerungen)

**zuerst** ⟨Adv.⟩ **1** *als Erster, als Erste, als Erstes* **2** *an erster Stelle* **3** *zu Anfang, anfänglich, in der ersten Zeit* ◆ zuerst bemerkte ich noch gar nichts [< ahd. *zi erist* „zum ersten (Mal)"]

**Zufahrt** ⟨f. 20⟩ *Möglichkeit des Fahrens bis zu etwas hin* ◆ gibt es zu dem Grundstück keine andere Zufahrt?

**Zufall** ⟨m. 1u⟩ *das Eintreten od. Zusammentreffen von Ereignissen, das nach menschl. Voraussicht nicht zu erwarten war* ◆ ein **Spiel** des Zufalls ◆ und wie es der Zufall manchmal mit sich **bringt** ...; das wollen wir dem Zufall **überlassen** ◆ es war ein **glücklicher,** unglücklicher Zufall, dass ... ◆ **durch** Zufall erfuhr ich davon ◆ **was** für ein, welch ein Zufall (dass ich dich gerade hier treffe)! [< mhd. *zuoval,* Lehnübersetzung von lat. *accidens* < *ad* „zu" + *cadere* „fallen"]

**zufallen** ⟨V. i. 131; ist⟩ **1** *sich von selbst schließen* (Fenster, Tür) **2** ⟨fig.⟩ *als Anteil, z. B. durch Erbschaft, Eigentum werden* ◆ die Augen fielen ihm vor Müdigkeit fast zu; das gesamte Erbe fiel einem Neffen zu ⟨fig.⟩

**zufällig** ⟨Adj.⟩ **1** *durch Zufall (geschehend)* **2** *ohne dass es vorauszusehen war, unerwartet* ◆ eine zufällige Beobachtung

**zufassen** ⟨V. i.; hat⟩ **1** *greifen, anfassen* **2** ⟨fig.⟩ *helfend einspringen* ◆ er fasste gerade noch rechtzeitig zu; fass doch beim Tischdecken ein wenig mit zu!

**zufliegen** ⟨V. i. 136; ist; fig.; umg.⟩ **1** *sich krachend schließen* (Tür, Fenster) **2** jmdm. zufliegen *zu jmdm. fliegen* ◆ alle Herzen fliegen ihr zu ⟨fig.⟩ *alle haben sie sofort gern;* auf etwas zufliegen *in Richtung auf etwas fliegen;* auf einen Wald, eine Stadt zufliegen

**zufließen** ⟨V. i. 138; ist⟩ **1** *in eine bestimmte Richtung fließen, hinfließen zu* **2** ⟨fig.⟩ *zuteil werden* ◆ der Fluss fließt dem Meer zu; der Reinerlös der Veranstaltung floss dem Müttergenesungswerk zu

**Zuflucht** ⟨f. 20⟩ **1** *Hilfe, Rettung, Schutz* **2** ⟨fig.⟩ *Ausweg* ◆ jmdm. Zuflucht vor dem Unwetter bieten [→ *Flucht*]

**zufolge** ⟨Präp. m. Dat. u. Gen.⟩ *als Folge des ..., der ..., gemäß, nach, folgend* [< *zu* + *Folge*]

**zufrieden** ⟨Adj.⟩ *befriedigt, mit seinen Lebensumständen einverstanden, keine großen Wünsche habend* ◆ jmdn. zufrieden stellen *jmds. Zufriedenheit erreichen, jmdn. od. jmds. Wünsche befriedigen;* er ist leicht, schwer zufrieden zu stellen; sie ist ein zufriedener Mensch [verkürzt < *zu Frieden kommen*]

**zufügen** ⟨V. t.; hat⟩ *hinzufügen, hinzutun* ◆ jmdm. etwas zufügen *jmdm. etwas (Böses) antun* [→ *fügen*]

**zuführen** ⟨V.; hat⟩ **I** ⟨V. t.⟩ jmdm. jmdn. zuführen, einer Sache etwas zuführen *jmdn. zu jmdm., etwas zu einer Sache hinführen, hinleiten, etwas in etwas hineinführen* ◆ einem Geschäft neue Kunden zuführen **II** ⟨V. i.⟩ auf etwas zuführen *in Richtung auf etwas führen* ◆ die Straße führt (genau, gerade) auf das Dorf zu

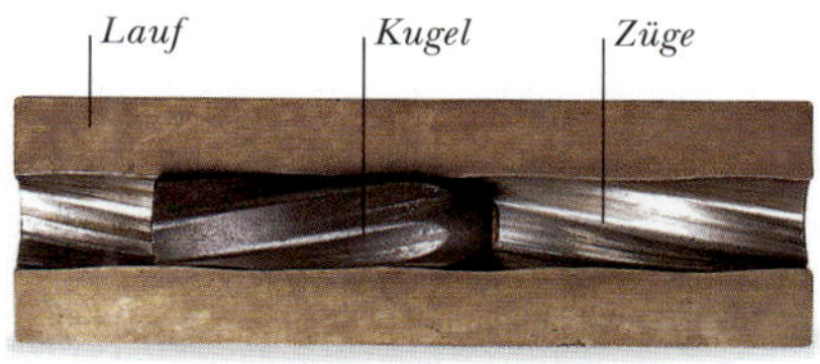


ZUG: SCHNITT DURCH EINEN GEWEHRLAUF MIT ZÜGEN

**Zug** ⟨m. 1u⟩ **I** ⟨zählb.⟩ **1** *das Ziehen* (Wolkenzug, Vogelzug) **2** ⟨Brettspiel⟩ *das Ziehen, Rücken eines Steins* **3** *das Einsaugen (beim Atmen, Rauchen, Trinken)* (Atemzug) **4** *Forschungsreise, Fahrt* **5** *kriegerische oder räuberische Unternehmung* (Kriegszug, Raubzug) **6** *Griff, Schnur u. a. zum Ziehen* (Klingelzug) **7** *Vorrichtung zum Spannen, Zusammenhalten* (Gummizug) **8** ⟨bei Feuerungsanlagen⟩ *Kanal zum Abziehen der Rauchgase* **9** ▲ *spiralig vertiefter Teil eines Gewindes, z. B. in einem Gewehrlauf* **10** *Lokomotive mit angehängten Wagen* (Eisenbahnzug) **11** *Lastwagen mit Anhänger* (Lastzug) **12** *Gespann* (Sechserzug) **13** *Gruppe, Reihe, Schar* (Demonstrationszug, Festzug, Geleitzug, Trauerzug, Wagenzug) **14** ⟨Schule u. Mil.⟩ *Abteilung* **15** ⟨fig.⟩ *Linie* (Gesichtszug, Schriftzug) **16** *Bestandteil, Eigenart* (Charakterzug, Wesenszug) ◆ daran kannst du nichts ändern, das ist der Zug der **Zeit** ◆ der Lokomotivführer **brachte** den Zug noch rechtzeitig zum Halten, zum Stehen; den Zug **verpassen,** versäumen ◆ den **ersten** Zug tun ⟨Brettspiel⟩; einen **anderen** Zug nehmen; das ist ein **anständiger,** schöner Zug von ihm ⟨fig.⟩; einen **kräftigen,** tüchtigen Zug (aus dem Glas) tun; **milde,** scharfe, strenge Züge haben ◆ du bist **am** Zug ⟨Brettspiel⟩ ⟨fig.⟩ *du bist an der Reihe zu handeln;* einen Zug **aus** einem Glas, aus der Pfeife tun; etwas **in** großen Zügen erklären, schildern *zusammenfassend, ohne Einzelheiten;* darin liegt ein Zug **von** Größe ⟨fig.⟩ *eine gewisse Größe;* ich werde dich **zum** Zug bringen **II** ⟨unz.⟩ **1** *Zugkraft* **2** *Luftbewegung in Räumen, Luftzug* (Durchzug) **3** *Beanspruchung*

Z

*eines Werkstoffes durch zwei in Richtung der Achse angreifende, einander entgegengesetzt gerichtete Kräfte* **4** ⟨fig.⟩ *Spannung, Bewegung, Schwung* ◆ einen starken Zug **ausüben** (von Maschinenteilen); ich **vertrage** keinen Zug ◆ **im** Zuge der Reformen in der Sozialgesetzgebung *im Zusammenhang mit den Reformen;* **zum** Zuge kommen ⟨fig.⟩ *so handeln oder sprechen können, wie man es will* [→ *ziehen;* eigtl. „Vorgang des Ziehens; (a. fig.) lange Reihe"]

**Zugabe** ⟨f. 19⟩ *etwas, das zusätzlich gegeben wird, das über die pflichtgemäße Leistung od. Menge hinausgeht* ◆ die Sängerin gab nach ihrem regulären Konzert noch drei Zugaben

**Zugang** ⟨m. 1u⟩ **1** *Eingang (Tür od. Weg)* **2** *Zutritt* **3** *Neuerwerb, Zuwachs (an Büchern, Waren)* ◆ zur modernen Kunst kann ich keinen Zugang finden ⟨fig.⟩ *ich verstehe die moderne Kunst nicht* [< ahd. *zuogang,* Lehnübersetzung < lat. *aditus;* zu *adire* „hinzukommen"]

**zugänglich** ⟨Adj.⟩ **1** *Zugang gewährend, erreichbar* (Ort, Platz) **2** *verfügbar* (Gegenstände, bes. Bücher) **3** ⟨fig.⟩ *gegenüber anderen Menschen aufgeschlossen, umgänglich* (Mensch) **4** *verständlich* (Kunstwerk, Literatur) ◆ jmdm. ein schwieriges Werk zugänglich machen ⟨fig.⟩ [< *zu* + *gehen*]

**Zugbalken** ⟨m. 4⟩, **Zugband** ⟨n. 12u; Tech.; Bauw.⟩ *Balken, Band, der bzw. das auf Zug beansprucht wird*

**Zugbrücke** ⟨f. 19⟩ *Brücke, die um eine waagerechte Achse am Ende des Tragwerks bewegt u. so an Ketten hochgezogen werden kann;* Sy *Fallbrücke (1)*

**zugeben** ⟨V. t. 143; hat⟩ **1** *dazugeben, zusätzlich geben* (Ware) **2** *als Zugabe singen od. spielen* (Musikstück) **3** *hinzufügen* (Gewürze) **4** ⟨fig.⟩ *für richtig erklären (obwohl man zuerst anderer Meinung war od. etwas anderes behauptet hat)* **5** *dulden, erlauben, gestatten, zugestehen* ◆ nun gib doch endlich zu, dass du dabei warst! ⟨fig.⟩

**zugegen** ⟨Adv.⟩ *anwesend* ◆ ich war zufällig zugegen, als ...; bei etwas zugegen sein [zu *gegen* in der Bedeutung „gegenwärtig"]

**zugehen** ⟨V. 145; ist⟩ **I** ⟨persönl.⟩ **1** etwas geht zu *schließt sich, lässt sich schließen* **2** etwas geht jmdm. zu *wird jmdm. geschickt* **3** ⟨m. Dat.⟩ einer Sache zugehen *sich einer Sache nähern* **4** geh zu! ⟨umg.; bes. oberdt.; zuredend⟩ *komm!, sei doch nicht so!, tu es doch!* ◆ die **Antwort** wird Ihnen morgen zugehen; das **Fenster,** die Tür geht schwer, geht nicht zu; das Konzert, Fest ging bereits dem **Ende** zu, als ... ◆ ich **lasse** Ihnen in den nächsten Tagen die Unterlagen zugehen *ich lasse Ihnen die Unterlagen schicken* ◆ der Pfahl geht oben **spitz** zu ⟨umg.⟩ *endet in einer Spitze* ◆ **auf** jmdn. od. etwas zugehen *an jmdn. od. etwas näher herangehen, sich jmdm. od. einem Ort, einer Sache nähern* **II** ⟨unpersönl.⟩ es geht zu *es geschieht etwas (auf bestimmte Weise), es ist etwas los* ◆ gestern Abend ging es recht **lebhaft** bei euch zu ⟨umg.⟩ *war lebhafte Stimmung, war viel Leben* ◆ das kann doch nicht **mit** rechten Dingen zugehen! ◆ ich weiß auch nicht mehr, **wie** es eigentlich zugegangen ist

Z

**zugehörig** ⟨Adj.; m. Dat.⟩ einer Sache zugehörig *zu einer Sache gehörend* ◆ dem Kloster zugehörige Grundstücke; sich jmdm. zugehörig fühlen

**Zügel** ⟨m. 5⟩ **1** *am Gebiss befestigter Riemen zum Lenken u. Führen von Reittieren* **2** ⟨bei Vögeln⟩ *Partie zwischen Auge u. Oberschnabel* **3** ⟨Sinnbild für⟩ *Herrschaft, Leitung, Aufsicht* ◆ dem Pferd die Zügel **anlegen;** die Zügel **lockern** ⟨fig.⟩ *jmdn. nicht mehr so streng beaufsichtigen;* seinem Zorn die Zügel **schießen** lassen ⟨fig.⟩ *seinem Zorn freien Lauf lassen, ihn nicht beherrschen* ◆ ein Pferd **am** Zügel führen [< ahd. *zugil, zuhil;* → *ziehen*]

ZUGMASCHINE: DAMPFBETRIEBENE ZUGMASCHINE MIT DRESCHANTRIEB AUS DEM 19. JH.

**zügellos** ⟨Adj.⟩ **1** *ohne Zügel* (Pferd) **2** ⟨meist fig.⟩ *unbeherrscht, kein Maß u. keine Zucht einhaltend, ungebändigt* ◆ zügellose Leidenschaften ⟨fig.⟩; ein zügelloser Mensch ⟨fig.⟩

**zügeln** ⟨V. t.⟩ **1** ein Pferd zügeln *die Zügel des Pferdes anziehen* **2** seine Leidenschaft, seinen Zorn zügeln ⟨fig.⟩ *in Zucht halten, beherrschen* ◆ sie zügelte ihre Emotionen

**Zugeständnis** ⟨n. 11⟩ *Verzicht auf einen Teil des eigenen Vorteils od. Rechtes (um eine Einigung zu erzielen)*

**zugestehen** ⟨V. t. 251; hat⟩ jmdm. etwas zugestehen *zubilligen, erlauben, dass jmd. etwas bekommt oder tun darf*

**Zugewinn** ⟨m. 1⟩ *zusätzlicher Wert, Gewinn (bes. während der Dauer einer Ehe)*

**zugig** ⟨Adj.⟩ *dem Zug, der Zugluft ausgesetzt* ◆ ein zugiger Platz; es ist zugig hier

**zügig** ⟨Adj.⟩ **1** *schwungvoll, flott (vorankommend, vorangehend)* **2** *in einem Zuge* **3** ⟨schweiz.⟩ *zugkräftig* ◆ eine zügige Schrift haben; zügig arbeiten; die Arbeit geht zügig vorwärts [→ *Zug*]

**Zugkraft** ⟨f. 7u; unz.⟩ **1** *Kraft, mit der ein Zug ausgeübt wird* **2** ⟨fig.⟩ *Anziehungskraft, Reiz* ◆ das Theaterstück, der Titel des Buches hat nicht genügend Zugkraft ⟨fig.⟩

**zugleich** ⟨Adv.⟩ **1** *im gleichen Augenblick, gleichzeitig* **2** *(alle) auf einmal, miteinander, zusammen* [verkürzt < *zu gleicher Zeit*]

**Zugluft** ⟨f. 7u; unz.⟩ *Zug, einseitige Luftströmung* ◆ sich der Zugluft aussetzen; Zugluft bekommen

**Zugmaschine** ⟨f. 19⟩ ▲ *Kraftfahrzeug zum Ziehen von Anhängern, Schlepper*

**Zugmittel** ⟨n. 13; fig.⟩ *zugkräftiges, reizvolles Mittel*

**Zugnetz** ⟨n. 11⟩ ► = *Schleppnetz*

**Zugnummer** ⟨f. 21⟩ **1** ⟨Eisenb.⟩ *(Kenn-)Nummer eines Zuges* **2** ⟨Zirkus, Varietee⟩ *besonders erfolgreiche Nummer des Programms* ◆ die Seilartistin ist die Zugnummer des Varietees

**Zugpersonal** ⟨n.; -s; unz.⟩ *Personal, Bedienstete eines Eisenbahnzuges*

**Zugpferd** ⟨n. 11⟩ **1** ► *Pferd als Zugtier* **2** ⟨fig.; umg.⟩ *jmd., der einen Betrieb od. eine Unternehmung voranbringt, ein Vorhaben in Schwung bringt*

**zugreifen** ⟨V. i. 158; hat⟩ **1** *greifen u. nehmen, packen, anfassen* **2** *rasch entschlossen helfen* **3** *sich rasch zum Kauf entschließen* **4** *nehmen u. essen (bei Tisch);* Sy *zulangen (1)* ◆ bitte greifen Sie zu! *(bei Tisch)*

**Zugriff** ⟨m. 1; unz.⟩ **1** *das Zugreifen, Griff nach etwas, das Ergreifen* **2** *das Einschreiten, Vorgehen (gegen etwas)* **3** ⟨EDV⟩ *das Auffinden von Daten, die auf Datenträgern gespeichert sind* ◆ sich etwas durch raschen Zugriff sichern

**Zugriffszeit** ⟨f. 20; EDV⟩ *Zeit, die vergeht, bis aus einem Speicher angeforderte Daten zur Verfügung stehen*

**Zugrolle** ⟨f. 19; am Flaschenzug u. Ä.⟩ *Rolle, über die das Seil zum Ziehen läuft*

**zugrunde** ⟨Adv.⟩ oV *zu* → *Grunde* **1** ⟨eigtl.⟩ *bis auf den Grund* **2** ⟨heute nur in den Wendungen⟩ **2.1** zugrunde gehen *vernichtet werden, ins Verderben geraten u. sterben* **2.2** zugrunde legen *als Grundlage benutzen*

**Zugseil** ⟨n. 11⟩ *starke Zugleine*

**Zugtier** ⟨n. 11⟩ *Tier zum Ziehen von Lasten, z. B. Pferd, Rind, Esel*

**zugucken** ⟨V. i.; hat; umg.⟩ *zuschauen*

**zugunsten** ⟨Präp. m. Gen.⟩ *für jmdn. od. etwas, zu seinen, ihren Gunsten;* oV *zu* → *Gunsten* ◆ er hat sich enorm zugunsten des Kunden verrechnet

**zugute** ⟨Adv.; in den Wendungen⟩ **1** jmdm. etwas zugute **halten** *jmdm. etwas anrechnen, als Milderungsgrund, als Entschuldigung gelten lassen* **2** jmdm. zugute **kommen** *helfen, nützen* ◆ sein Aufenthalt im Ausland ist seiner Arbeit sehr zugute gekommen; du kannst nicht immer nur arbeiten, du musst dir auch einmal etwas zugute tun

**Zugvogel** ⟨m. 5u⟩ **1** ⟨Biol.⟩ *Vogel, der regelmäßig bei Herannahen der kalten Jahreszeit wärmere Gegenden aufsucht* **2** ⟨fig.⟩ *jmd., der ein unstetes Leben führt*

**zuhalten** ⟨V. t. 160; hat⟩ *(mit der Hand) bedecken, verschließen, geschlossen halten* ◆ jmdm. den Mund zuhalten (damit er nichts mehr sagt, nicht mehr schreit); sich die Nase zuhalten (damit man nichts riecht)

**Zuhälter** ⟨m. 3⟩ *jmd., der ganz od. teilweise von Zuhälterei lebt* [zu *zuhalten* in der veralteten Bedeutung „ein außereheliches Verhältnis zu jemandem unterhalten"]

**Zuhälterei** ⟨f. 18; unz.⟩ *das illegale Beziehen von Lebensunterhalt aus den Einkünften einer Prostituierten* [→ *Zuhälter*]

**zuhängen** ⟨V. t.; hat⟩ *durch Davorhängen von etwas bedecken, verhängen* (Fenster)

**zuhauf** ⟨Adv.; poet.⟩ *in Haufen, in großen Mengen, in Scharen* ◆ sie kamen zuhauf

**zuhause** ⟨Adv.; bes. österr., schweiz.⟩ = *zu Hause*

**Zuhause** ⟨n.; -s; unz.⟩ *Heim, Häuslichkeit* ◆ er hat kein Zuhause mehr; ein schönes Zuhause haben

**zuhören** ⟨V. i.; hat⟩ jmdm. od. einer Sache zuhören *auf jmdn. od. eine Sache hören, lauschen* ◆ hör mal zu! ⟨umg.⟩ *pass auf, sei aufmerksam (denn ich will dir etwas sagen)*

ZUGPFERD: SHIRE-HORSES ZIEHEN EINEN PFLUG

**Zuhörer** ⟨m. 3⟩ Ggs *Zuschauer (2)* **1** *jmd., der zuhört, jmd., der etwas mithört, bes. beim Gespräch* **2** *Besucher einer Veranstaltung, bei der es hauptsächlich etwas zu hören gibt, z. B. in Oper u. Konzert*
**zuknöpfen** ⟨V. t.; hat⟩ *mit Knöpfen schließen*
**zukommen** ⟨V. i. 170; ist⟩ jmdm. zukommen *jmdm. zustehen, passend für jmdn. sein* ◆ eine solche Frage kommt dir nicht zu; jmdm. Geld zukommen lassen
**Zukunft** ⟨f.; -; unz.⟩ **1** *die noch bevorstehende Zeit* **2** ⟨Gramm.⟩ = *Futurum* ◆ wir müssen abwarten, was die Zukunft **bringt;** der Zukunft zuversichtlich **entgegengehen;** die Zukunft wird es **lehren; vorstellen:** wie stellst du dir deine Zukunft vor? ◆ jmdm. eine **glänzende** Zukunft voraussagen; einer **ungewissen** Zukunft entgegengehen ◆ du musst auch **an** die Zukunft denken! [→ *zukommen;* urspr. „das Dazukommen"]
**zukünftig** ⟨Adj.⟩ *die Zukunft betreffend, in der Zukunft stattfindend, erscheinend, bevorstehend, später* ◆ meine Zukünftige ⟨umg.⟩ *meine Verlobte;* die zukünftige Weltlage kann noch niemand überblicken
**Zukunftsmusik** ⟨f. 20; unz.; fig.; umg.⟩ *wenig aussichtsreiche Hoffnung auf die Zukunft* ◆ das ist Zukunftsmusik! *ob sich das wirklich erfüllen wird, ist noch ungewiss* [nach R. Wagners Schrift „Das Kunstwerk der Zukunft" (1850) gebildeter Begriff für die von Wagner angenommene Auf- u. Vorwärtsentwicklung der Musik in eine Musik der Zukunft]
**Zukunftspläne** ⟨Pl.⟩ *Pläne für die Zukunft* ◆ Zukunftspläne machen, schmieden
**zulächeln** ⟨V. i.; hat⟩ jmdm. zulächeln *jmdn. anblicken und lächeln* ◆ jmdm. anerkennend, freundlich, verständnisvoll zulächeln; sie lächelte ihm aufmunternd zu

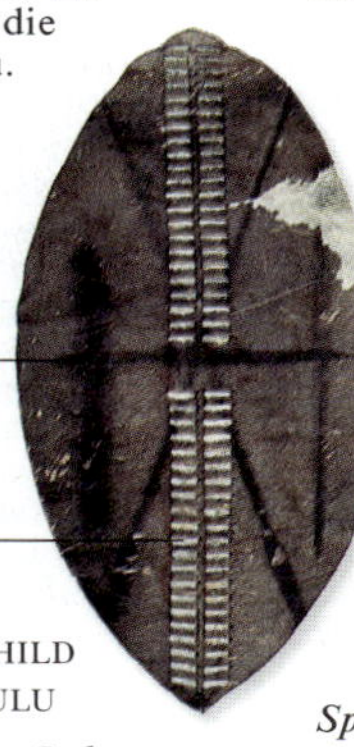

ZULU: SCHILD EINES ZULU

**Zulage** ⟨f. 19⟩ **1** *Gewährung von etwas Zusätzlichem, Zugabe* **2** *erhöhte Zahlung, Lohn-, Gehalts-, Besoldungserhöhung* (Gehaltszulage) ◆ eine Zulage von monatlich 150 DM bekommen; seine Bitte um (eine) Zulage wurde abgelehnt [→ *zulegen*]
**zulangen** ⟨V. i.; hat⟩ **1** = *zugreifen (4)* **2** ⟨umg.⟩ *genügen, reichen, langen* ◆ bitte langen Sie noch einmal zu! *(Aufforderung beim Essen)*
**zulänglich** ⟨Adj.⟩ *ausreichend, genügend, hinreichend* ◆ die Verpflegung ist (einigermaßen) zulänglich [zu *zulangen* in der Bedeutung „ausreichen"]
**zulassen** ⟨V. t. 174; hat⟩ **1** etwas zulassen *dulden, erlauben, gestatten, nicht verhindern* **2** ⟨umg.⟩ *geschlossen lassen* ◆ ich kann leider keine **Ausnahme** zulassen; bitte lass die **Tür,** das Fenster zu ⟨umg.⟩; der Sachverhalt ist eindeutig, er lässt keine **Zweifel** zu ◆ er ist **als** Mitglied zugelassen ◆ alle für das Wintersemester zugelassenen Studenten
**zulässig** ⟨Adj.⟩ *erlaubt, gestattet* ◆ zulässige Beanspruchung *rechnerischer Grenzwert bei Werkstoffen, der für Bauteile bei der Festigkeitsrechnung zugrunde gelegt wird;* wir dürfen keine anderen als die zulässigen Hilfsmittel benutzen
**Zulassungsprüfung** ⟨f. 20⟩ *Prüfung für eine Zulassung (z. B. zur Universität)*
**Zulassungsstelle** ⟨f. 19⟩ *die für eine Zulassung zuständige Stelle (z. B. Verkehrsamt für Kraftfahrzeuge, Börsenausschuss für Wertpapiere)*
**zulasten** ⟨Präp. m. Gen.⟩ die Rechnung geht zulasten der Firma X *die Firma X hat die Rechnung zu bezahlen;* oV zu → *Lasten*
**Zulauf** ⟨m. 1u⟩ **I** ⟨unz.⟩ *Andrang* ◆ großen Zulauf (an Kunden od. Publikum) haben *beliebt, viel besucht, gesucht sein* **II** ⟨zählb.⟩ **1** *zulaufende Flüssigkeitsmenge* **2** *Vorrichtung, Stelle, an der Flüssigkeit zulaufen kann*
**zulaufen** ⟨V. i. 175; ist⟩ **1** *hineinlaufen, hineinfließen* **2** ⟨umg.⟩ *weiterlaufen, zu laufen beginnen* ◆ lauf zu!; der Hund ist uns zugelaufen *der Hund ist uns eines Tages nachgelaufen u. mit uns gekommen (u. wir haben ihn behalten, weil wir nicht wissen, wem er gehört);* der Pfahl läuft oben spitz zu ⟨fig.⟩ *endet oben in einer Spitze*
**zulegen** ⟨V. t.; hat⟩ *dazulegen, hinzutun* ◆ sich etwas zulegen ⟨umg.⟩ *sich etwas kaufen, erwerben, anschaffen*
**zuleide** ⟨Adv.; nur in den Wendungen⟩ jmdm. etwas zu Leide tun *jmdm. eine Verletzung zufügen, Schaden zufügen, jmdn. kränken;* oV *zu* → *Leide* ◆ hat er dir etwas zuleide getan? [< *zu* + *Leid*]
**zuleiten** ⟨V. t.; hat⟩ **1** *hinleiten, zuführen* **2** *übermitteln* ◆ jmdm. ein Schreiben zuleiten; einem Fischteich Wasser zuleiten
**Zuleitung** ⟨f. 20⟩ **1** ⟨unz.⟩ *das Zuleiten* **2** ⟨zählb.⟩ *Leitung, die zu etwas hinführt*
**zuletzt** ⟨Adv.⟩ **1** *als Letzter, als Letzte, als Letztes, an letzter Stelle, ganz hinten, zum Schluss* **2** ⟨fig.⟩ *schließlich, endlich, am Ende* **3** ⟨umg.⟩ *zum letzten Mal* ◆ er kam zuletzt; ich habe ihn zuletzt im Konzert getroffen ⟨umg.⟩ [eigtl. „zum letzten (Mal)"]
**zuliebe** ⟨Adv.⟩ jmdm. zuliebe *jmdm. zu Gefallen, weil es jmd. gern möchte* ◆ tu es mir zuliebe! [zu *(das) Liebe* in der alten Bedeutung „das Angenehme"]
**Zulu** **I** ⟨m. 6 od. m.; -, -⟩ ◄ *Angehöriger eines zu den Bantustämmen gehörenden Volkes in Südostafrika* **II** ⟨n.; - od. -s; unz.⟩ *zu den Bantusprachen gehörende Sprache der Zulu*
**zum** ⟨Verschmelzungsform aus Präp. u. Art.⟩ *zu dem* ◆ Gasthaus, Hotel „Zum Löwen"; zum Ersten *erstens;* zum ersten, letzten Male
**zumachen** ⟨V. t.; hat; umg.⟩ *schließen* ◆ das Fenster, den Koffer, die Tür zumachen
**zumal** **I** ⟨Konj.⟩ **1** *vor allem da, besonders weil, um so mehr, als* **2** *vor allem, besonders* ◆ er hat immer eine etwas belegte Stimme, zumal wenn er lange geredet hat **II** ⟨Partikel⟩ *besonders, vornehmlich, vor allem* ◆ sie muss sich heute zumal um die Kinder kümmern [< mhd. *ze male* „in dem Zeitpunkt", „in demselben Zeitpunkt, zugleich"; → *Mal*]
**zumeist** ⟨Adv.⟩ **1** *meistens, meist* **2** ⟨umg.⟩ *zum größten Teil* ◆ die Gäste waren zumeist älter ⟨umg.⟩
**zumessen** ⟨V. t. 183; hat⟩ *abmessen u. zuteilen* ◆ sie misst ihm immer seinen Teil zu *(z. B. beim Essen)*
**zumindest** ⟨Partikel⟩ *zum Mindesten, wenigstens* ◆ er hätte sich zumindest mal bei mir melden können

ZÜNDKERZE

**zumute** ⟨Adv.⟩ jmdm. ist in bestimmter Weise zumute *jmd. ist in einer (bestimmten) Stimmung, fühlt sich in bestimmter Weise;* oV *zu* → *Mute* [zu *Mut* in der allg. Bedeutung „Gemütsverfassung"]

ZUNDERBÜCHSE: METALLENE ZUNDERBÜCHSE DES 19. JH. MIT INHALT

**zumuten** ⟨V. t.; hat⟩ jmdm. etwas zumuten *unbilligerweise von jmdm. etwas fordern, verlangen* ◆ du kannst niemandem zumuten, Tag und Nacht für dich da zu sein [zu *Mut* in der Bedeutung „Absicht"]
**Zumutung** ⟨f. 20⟩ **1** *unbillige Forderung, unbescheidenes Verlangen* **2** *rücksichtsloses Benehmen* ◆ ihr Verhalten ist eine unglaubliche Zumutung!
**zunächst** **I** ⟨Adv.⟩ *zuerst, fürs Erste, vorerst* ◆ das beabsichtigte ich zunächst noch nicht; zunächst werde ich einmal gar nichts unternehmen **II** ⟨Präp. m. Dat.⟩ *in der Nähe des, der, von, ganz nahe von, bei*
**Zunahme** ⟨f. 19⟩ **1** *das Zunehmen* **2** *Vermehrung* (Gewichtszunahme) **3** *Wachstum* ◆ Zunahme des Reiseverkehrs
**Zuname** ⟨m. 26⟩ *Familienname, Nachname, Beiname*
**Zündanlage** ⟨f. 19; bei Kfz⟩ *Einrichtung zur Erzeugung u. Verteilung der Zündspannung*
**Zündblättchen** ⟨n. 14⟩ *Blättchen mit Zündstoff (für Kinderpistolen)*
**zündeln** ⟨V. i.; hat; bes. bair.⟩ **1** *mit Feuer spielen* **2** *kleine Tannenzweige anbrennen (in der Adventszeit)* [Iterativbildung zu *zünden*]
**zünden** ⟨V. i.; hat⟩ **1** *in Brand geraten, sich zur Flamme entwickeln, Feuer fangen* (Streichholz) **2** ⟨fig.⟩ *Begeisterung erwecken* **3** ⟨schweiz. a.⟩ *leuchten, heimleuchten* ◆ der Blitz hat gezündet *eingeschlagen u. einen Brand verursacht* [< ahd. *zunten*]
**Zunder** ⟨m. 3; unz.⟩ **1** *Oxidschicht, die beim Glühen von Eisen entsteht u. beim Schmieden od. Walzen abspringt* **2** *Zündstoff aus Feuerschwamm* ◆ das brennt wie Zunder; trocken wie Zunder
**Zünder** ⟨m. 3⟩ *Vorrichtung zum Entzünden von Sprengstoffen*
**Zunderbüchse** ⟨[-ks-] f. 19⟩ ▲ *bis ins 20. Jh. gebräuchlicher metallener Behälter zur Aufbewahrung von Materialien für die Feuererzeugung, Vorläufer des Feuerzeugs*
**Zunderpilz** ⟨m. 1; Bot.⟩ = *Feuerschwamm*
**Zündholz** ⟨n. 12u⟩ *Holzstäbchen mit Kuppe aus leicht entzündl. Masse, die beim Reiben Feuer gibt;* Sy *Streichholz*
**Zündholzschachtel** ⟨f. 21⟩ *Schachtel mit Reibfläche an beiden Seiten für Zündhölzer*
**Zündkerze** ⟨f. 19; bei Kfz⟩ ◄ *Vorrichtung an Verbrennungsmotoren zum Entzünden des im Verbrennungsraum befindlichen Kraftstoff-Luft-Gemischs mittels eines elektrischen Funkens*

Z

**Zündung** ⟨f. 20⟩ **1** *das Zünden, Entzünden, Sichentzünden* **2** *Vorrichtung zum Entzünden von Spreng- u. Treibladungen* **3** *Zündkerze u. Vorrichtung zum Steuern ihrer elektr. Entladung* ◆ die Zündung ausschalten, einschalten; die Zündung bedienen

**Zündverteiler** ⟨m. 3; bei Kfz⟩ ► *Einrichtung in der Zündanlage, von der aus die Zündspannung auf die einzelnen Zylinder geleitet wird*

**zunehmen** ⟨V. t. u. V. i. 187; hat⟩ **1** *größer, stärker werden, wachsen, sich (ver)mehren, sich vergrößern* **2** *dicker werden* **3** *die Maschenzahl auf der Nadel vergrößern (beim Stricken)* ◆ die **Dunkelheit,** Helligkeit nimmt zu; ich habe wieder (ein **Kilo**) zugenommen; die **Tage,** Nächte nehmen zu *werden länger* ◆ er nimmt **an** Jahren, aber auch an Weisheit zu ◆ wir haben zunehmenden Mond; in zunehmendem Maße

**zuneigen** ⟨V.; hat⟩ **I** ⟨V. i.⟩ einer Sache zuneigen *Gefallen an einer Sache finden, eine Sache gut finden* ◆ er neigt der Ansicht zu, dass ...; jmdm. zugeneigt sein *Zuneigung für jmdn. empfinden, jmdn. gern haben, mögen* **II** ⟨V. refl.⟩ sich jmdm. zuneigen *sich zu jmdm. neigen, hinneigen*

**Zuneigung** ⟨f. 20; unz.⟩ *freundschaftliche Liebe, herzliches Wohlwollen;* Ggs *Abneigung* ◆ für jmdn. Zuneigung empfinden; tiefe Zuneigung verspüren

**Zunft** ⟨f. 7u; 11.-19. Jh.⟩ *berufl. Vereinigung der Handwerker zur gegenseitigen Hilfe, zur Regelung der Ausbildung, Arbeitszeit u. a.* [< ahd. *zumft;* zu *ziemen* (ahd. *zeman*) in der alten Bedeutung „sich zusammenfügen", urspr. „Gesetzmäßigkeit, nach der eine Genossenschaft besteht"]

**zünftig** ⟨Adj.⟩ **1** *fachmännisch, fachgemäß, sachgemäß* (Arbeit) **2** ⟨umg.⟩ *tüchtig, ordentlich* ◆ eine zünftige Skiausrüstung bekommen; ein zünftiger Schluck ⟨umg.⟩; zünftig reiten [→ *Zunft*]

**Zunge** ⟨f. 19⟩ **1** ► *aus quer gestreifter Muskulatur bestehendes, bewegliches Organ der Mundhöhle, Organ zum Schmecken u. Sprechen* **2** ⟨Kochk.⟩ *Speise aus Kalbs- od. Rindszunge* **3** ⟨an Waagen⟩ *Zeiger* **4** ⟨Mus.; an Orgelpfeifen u. manchen Blasinstrumenten⟩ *von der einströmenden Luft in Schwingungen versetztes Plättchen zum Erzeugen des Tones* **5** *zungenförmiges Lederstück im Ausschnitt von Schnürschuhen* **6** ⟨poet.⟩ *Sprache* ◆ lieber würde ich mir die Zunge **abbeißen,** als dass ich das verriete; **hüte** deine Zunge! ⟨fig.⟩ *sei nicht so vorlaut, nicht so unverschämt!;* sich die Zunge **verbrennen** ⟨fig.⟩ *etwas sagen, was einem schadet od. was man hinterher bereut* ◆ eine **belegte** Zunge haben (als Krankheitszeichen); **böse** Zungen behaupten, dass ... ⟨fig.⟩ *boshafte Menschen* ◆ sowie ich das Wort gesagt hatte, hätte ich mir **auf** die Zunge beißen mögen ⟨fig.⟩ *bereute ich es* [< ahd. *zunga*]

**züngeln** ⟨V. i.; hat⟩ **1** *die Zunge rasch herausstrecken, mehrmals blitzschnell hin u. her bewegen u. wieder zurückziehen* (von Schlangen) **2** ⟨fig.⟩ *sich rasch u. zuckend hin u. her bewegen* (Flamme)

**Zungen-R,** ⟨auch⟩ **Zungen-r** ⟨n. 15; Phon.⟩ *mit der Zunge hinter den oberen Schneidezähnen gebildetes R, rollendes R;* Ggs *Zäpfchen-R*

Z

**zunichte** ⟨Adv.; nur in den Wendungen⟩ **1** etwas zunichte machen *zerstören, vereiteln* **2** zunichte werden *zerstört, vereitelt werden* ◆ meine Hoffnungen sind zunichte geworden [< mhd. *ze nihte* (Dat.) „zu nichts"]

**zuoberst** ⟨Adv.⟩ *ganz oben* ◆ das Unterste zuoberst kehren *alles durcheinander bringen, große Unordnung anrichten*

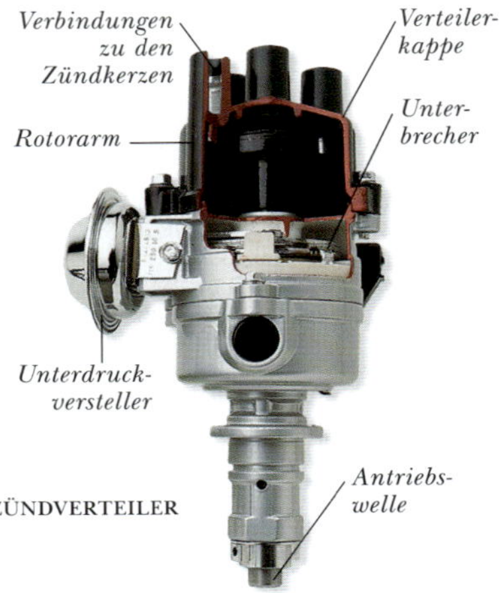


ZÜNDVERTEILER

**zupacken** ⟨V. i.; hat; umg.⟩ **1** *kräftig zugreifen, derb anfassen* **2** *tatkräftig helfen, energisch (körperlich) arbeiten* ◆ er ist es gewohnt, tüchtig zuzupacken

**zupfen** ⟨V. t.; hat⟩ **1** *kurz u. vorsichtig ziehen, lockern u. auseinander ziehen* (Fasern, Wolle) **2** *anreißen* (Saiten der Zupfinstrumente) ◆ die Gitarre, Zither wird gezupft (nicht gestrichen) [< *Zopf* in der Bedeutung „Büschel"; seit dem 15. Jh. Bez. für das Flachs- u. Hanfrupfen]

**zur** ⟨Verschmelzungsform aus Präp. u. Art.⟩ *zu der* ◆ Gasthaus, Hotel „Zur Krone"; jmdm. zur Linken, Rechten sitzen; zur Schule, Universität gehen

**zuraten** ⟨V. i. 193⟩ jmdm. zuraten *jmdm. zu etwas raten* ◆ ich kann dir weder zu- noch abraten

**zurechnen** ⟨V. t.; hat⟩ **1** *zuordnen* **2** jmdm. etwas zurechnen **2.1** *jmdm. etwas zutrauen u. das offen aussprechen* **2.2** *jmdn. als Urheber von etwas ansehen, jmdm. etwas zuschreiben*

**zurechnungsfähig** ⟨Adj.⟩ *fähig, seine Handlungen zu erkennen, bewusst auszuführen u. zu verantworten*

**zurecht...** ⟨in Zus.⟩ *wie es gewünscht, gebraucht wird,* z. B. zurechtbiegen, zurechtmachen [< ahd. *zi rehte* „dem Recht entsprechend"]

**zurechtfinden** ⟨V. refl. 134; hat⟩ sich zurechtfinden *den Weg zu einem Ort finden, von selbst dorthin gelangen, wo man hin will* ◆ danke, ich finde mich schon allein zurecht!

**zurechtlegen** ⟨V. t.; hat⟩ *so hinlegen, wie es gebraucht wird, bereitlegen* ◆ sich etwas zurechtlegen ⟨fig.⟩ *ausdenken, im Geist vorher formulieren*

**zurechtmachen** ⟨V. t.; hat; umg.⟩ *zum Gebrauch fertig machen, vorbereiten* ◆ sich zurechtmachen *sich gut anziehen, kämmen, schminken usw. (besonders für festliche Gelegenheiten)*

**zurechtweisen** ⟨V. t. 277; hat⟩ *tadeln, rügen* ◆ jmdn. scharf zurechtweisen

**zureden** ⟨V. i.; hat⟩ jmdm. zureden *jmdn. durch Reden beeinflussen*

**zurichten** ⟨V. t.; hat⟩ **1** *zum Gebrauch herrichten, zubereiten* **2** *zum Druck bereitmachen u. dabei Höhenunterschiede im Satz od. Unebenheiten von Druckstöcken ausgleichen* (Druckform) **3** *appretieren* (Gewebe) **4** *veredeln* (Rauchwaren), *gerben* (Leder) **5** *verarbeiten* (Stück Holz, Stein) ◆ man hat ihn bei der Schlägerei ganz übel zugerichtet ⟨fig.; umg.⟩

**zürnen** ⟨V. i.; hat⟩ jmdm. zürnen *über jmdn. zornig sein, sehr ärgerlich auf jmdn. sein*

**zurren** ⟨V. t.; hat⟩ **1** ⟨Seemannsspr.⟩ *auf Deck festbinden* (Anker, Boot) **2** ⟨allg.⟩ *binden, festbinden* [statt *sorren* < ndrl. *sjorren,* dieses vermutl. lautmalend]

**zurück** ⟨Adv.⟩ *an den Ausgangspunkt* ◆ zurück! *halt!, nicht weitergehen!* ⟨eigtl.⟩ *geh zurück!;* es gibt kein Zurück mehr ⟨fig.⟩ *keine Umkehr, es ist unabänderlich;* zurück sein *wieder da sein, wieder am gleichen Ort sein, zurückgekommen sein;* ⟨fig.⟩ *(geistig od. körperlich) zurückgeblieben sein, noch nicht sehr weit entwickelt sein;* er ist in seiner Entwicklung etwas zurück [< ahd. *ze rucke* „auf den Rücken, hinter sich"]

**zurück...** ⟨in Zus.⟩ **1** *(wieder) zum Ausgangspunkt hin,* z. B. zurückgehen, zurückstellen, zurückwinken **2** *(wieder) zum Ursprünglichen,* z. B. zurückbilden, zurückgeben **3** *am Ausgangspunkt, hinter sich,* z. B. zurückbleiben, zurücklassen; → a. *rück...*

**zurückbilden** ⟨V. refl.; hat⟩ **1** sich zurückbilden *in der Entwicklung allmählich wieder zu einem früheren (meist schlechteren) Stadium zurückkehren* **2** *schrumpfen, kleiner werden, allmählich vergehen* ◆ die Geschwulst hat sich zurückgebildet

**zurückbleiben** ⟨V. i. 114; ist⟩ **1** *nicht Schritt halten, nicht mitkommen, nicht hinterherkommen* **2** *dableiben, verweilen (an einem Ort)* **3** ⟨fig.⟩ *ein Leistungsziel nicht erreichen (in der Schule)*

**zurückblicken** ⟨V. i.; hat⟩ **1** *nach hinten blicken, sich umsehen* **2** ⟨fig.⟩ *sich erinnern, Vergangenes vom augenblickl. Standpunkt aus überschauen* ◆ als der Zug abfuhr, blickte er sehnsüchtig, traurig zurück

**zurückbringen** ⟨V. t. 118; hat⟩ *wieder an den Ausgangsort od. zum ursprünglichen Besitzer bringen*

**zurückdrängen** ⟨V. t.; hat⟩ **1** *nach hinten, an den Ausgangspunkt drängen* **2** ⟨fig.⟩ *unterdrücken, zurückhalten, nicht zeigen*

**zurückfahren** ⟨V. 130⟩ **I** ⟨V. i.; ist⟩ **1** *wieder zum Ausgangspunkt fahren* **2** ⟨fig.⟩ *rasch u. erschrocken zurückweichen* ◆ wir können den gleichen Weg zurückfahren **II** ⟨V. t.; hat⟩ jmdn. zurückfahren *wieder zum Ausgangspunkt fahren, mit einem Fahrzeug zurückbringen* ◆ wir werden euch heute Abend nach Hause zurückfahren

**zurückfallen** ⟨V. i. 131; ist⟩ *nach hinten fallen* ◆ sein Kopf fiel zurück; der Kranke fiel in die Kissen zurück; der Junge ist im letzten halben Jahr (in der Schule) sehr zurückgefallen *in seinen Leistungen schlechter geworden*

**zurückfinden** ⟨V. 134; hat⟩ **I** ⟨V. i. u. V. refl.⟩ (sich) zurückfinden *den Weg zum Ausgangspunkt finden* ◆ ich finde (mich) auch allein zurück **II** ⟨V. i.; poet.⟩ *zurückkehren* ◆ er hat zu seiner Jugendliebe zurückgefunden; zu sich selbst zurückfinden ⟨fig.⟩ *eine innere Krise überwinden*

**zurückgeben** ⟨V. t. 143; hat⟩ **1** jmdm. etwas zurückgeben *etwas wiedergeben, was er schon einmal hatte* **2** etwas zurückgeben *antworten, erwidern, entgegnen* ◆ unser Lehrer will uns morgen die Aufsätze zurückgeben; „lass mich doch in Ruhe!", gab er zurück

**zurückgehen** ⟨V. i. 145; a. V. t.; ist⟩ **1** *wieder an den Ausgangspunkt gehen, nach hinten gehen* **2** ⟨fig.⟩ *geringer werden, nachlassen, sinken* ◆ die Börsenkurse sind in letzter Zeit etwas zurückgegangen ⟨fig.⟩; bitte einen Schritt zurückgehen; wir wollen denselben Weg, ⟨od.⟩ auf demselben Weg zurückgehen

**zurückgreifen** ⟨V. i. 158; hat⟩ *in der Vergangenheit beginnen* ◆ wenn ich das erzählen will, muss ich weit zurückgreifen; auf etwas zurückgreifen *etwas (Gesammeltes, Aufbewahrtes) hervorholen*

**zurückhalten** ⟨V. 160; hat⟩ **I** ⟨V. t.⟩ **1** jmdn. zurückhalten *festhalten, aufhalten, am Weggehen, am Tun hindern* **2** etwas zurückhalten *in Besitz behalten, nicht herausgeben* ◆ du solltest deine **Gefühle** mehr zurückhalten ⟨fig.⟩; es gelang ihr nicht, die **Tränen** zurückzuhalten; er konnte seinen **Zorn** nicht länger zurückhalten ⟨fig.⟩ ◆ ich konnte ihn gerade noch **davon,** davor zurückhalten, eine Dummheit zu begehen **II** ⟨V. refl.⟩ sich zurückhalten ⟨fig.⟩ *sich beherrschen, sein Gefühl od. seine Meinung verbergen* **III** ⟨V. i.⟩ mit etwas zurückhalten *etwas noch nicht sagen, es verbergen, sich in dieser Beziehung beherrschen*

**zurückhaltend** ⟨Adj.⟩ *unaufdringlich, nicht zu gesprächig, sich abwartend verhaltend, seine Gefühle verbergend* ◆ du solltest ihm gegenüber zurückhaltender sein!

**zurückkehren** ⟨V. i.; ist⟩ **1** *zurückkommen* **2** *heimkehren* ◆ er verließ das Elternhaus schon in jungen Jahren und kehrte nie wieder zurück

**zurückkommen** ⟨V. i. 170; ist⟩ *wieder zum Ausgangsort kommen* ◆ ich komme bald zurück; er wird morgen aus dem Urlaub zurückkommen; auf etwas zurückkommen ⟨fig.⟩ *etwas wieder aufgreifen, erneut behandeln, besprechen, erwähnen usw.*

**zurücklassen** ⟨V. t. 174; hat⟩ *an einem Ort, einem Platz lassen (u. sich entfernen)* ◆ einen Koffer zurücklassen; hat er keine Nachricht zurückgelassen?

**zurücklegen** ⟨V. t.; hat⟩ **1** *beiseite legen, aufbewahren* **2** *nach hinten legen* **3** *sparen* (Geld) **4** *hinter sich bringen* (Wegstrecke) ◆ 50 Kilometer in der Stunde zurücklegen; können Sie mir die Konzertkarten bis morgen zurücklegen?; den Kopf zurücklegen

**zurückliegen** ⟨V. i. 179; hat⟩ *in der Vergangenheit liegen* ◆ es liegt jetzt fünf Jahre zurück, dass ...

**zurücknehmen** ⟨V. t. 187; hat⟩ **1** *etwas, das zurückgegeben wird, annehmen, wieder in Empfang nehmen* **2** *nach hinten verlegen* (Truppen, Front) **3** ⟨fig.⟩ *widerrufen, rückgängig machen* ◆ er hat sein Angebot zurückgenommen ⟨fig.⟩; eine Äußerung, Beschuldigung, Behauptung, Beleidigung, seinen Verdacht zurücknehmen ⟨fig.⟩

**zurückschlagen** ⟨V. 216⟩ **I** ⟨V. t.; hat⟩ **1** *in die Gegenrichtung schlagen* (Ball) **2** *zur Seite, beiseite schieben* (Vorhang) **3** *umklappen, aufklappen* (Decke) **4** ⟨fig.⟩ *abwehren* (Angriff) **II** ⟨V. i.; hat⟩ *als Vergeltungsmaßnahme schlagen* ◆ er wehrte den Schlag ab und schlug zurück **III** ⟨V. i.; ist⟩ *sich heftig an den Ausgangspunkt zurückbewegen* ◆ das Pendel ist zurückgeschlagen

**zurücksetzen** ⟨V.; hat⟩ **1** ⟨V. t.⟩ *jeder an den alten Platz setzen* **2** *nach hinten setzen* (Stuhl, Tisch) **3** jmdn. zurücksetzen *benachteiligen, auf kränkende Weise weniger beachten als andere*

**zurückspringen** ⟨V. i. 248; ist⟩ *nach hinten springen* ◆ er konnte vor dem herankommenden Wagen gerade noch zurückspringen

**zurückstecken** ⟨V. t.; hat⟩ **1** *weiter nach hinten stecken* **2** *wieder an die alte Stelle stecken* ◆ seine Ansprüche (etwas) zurückstecken ⟨fig.⟩ *mäßigen*

**zurückstehen** ⟨V. i. 251; hat⟩ **1** *weiter hinten stehen* **2** ⟨fig.⟩ *hintangesetzt, benachteiligt werden*

**zurückstellen** ⟨V. t.; hat⟩ **1** *wieder an den alten Platz stellen* **2** *nach hinten stellen* **3** ⟨fig.⟩ *hintansetzen* **4** *zeitlich verschieben* ◆ Bedenken, persönliche Interessen zurückstellen ⟨fig.⟩

**zurücktreten** ⟨V. i. 263; ist⟩ **1** *nach hinten treten* **2** ⟨fig.⟩ *weniger werden, sich verringern* **3** ⟨fig.⟩ *in den Hintergrund treten, einen Posten aufgeben, sich davon zurückziehen* **4** *den Rücktritt erklären* ◆ der Fluss ist nach der Überschwemmung in sein altes Bett zurückgetreten; von einem Amt zurücktreten

**zurückversetzen** ⟨V.; hat⟩ **I** ⟨V. t.⟩ **1** *in seinen früheren Zustand versetzen* **2** *auf einen niedrigeren Posten versetzen* **II** ⟨V. refl.⟩ sich in eine Zeit, eine Lage zurückversetzen *sich daran erinnern, sie sich vorstellen*

**zurückweichen** ⟨V. i. 276; ist⟩ **1** *nach hinten weichen* **2** *sich zurückziehen, fliehen* ◆ die Menge wich ehrfürchtig zurück, um dem Bischof Platz zu machen

**zurückweisen** ⟨V. t. 277; hat⟩ *abweisen, ablehnen* ◆ ich kann sein Angebot nicht zurückweisen; er wies dieses Ansinnen, die Einmischung, Forderung, Zumutung empört, energisch zurück

**zurückwerfen** ⟨V. t. 281; hat⟩ **1** *nach hinten werfen* **2** *wieder an den Ausgangspunkt werfen* **3** *widerspiegeln, reflektieren* ◆ das Ergebnis dieser Untersuchung wirft mich in meiner Arbeit um Wochen zurück ⟨fig.⟩; wirf doch den Ball zu mir zurück!; feindliche Truppen zurückwerfen *zurückdrängen*

**zurückziehen** ⟨V. 287⟩ **I** ⟨V. t.; hat⟩ **1** *nach hinten ziehen, beiseite ziehen* (Vorhang) **2** *wegziehen* (Fuß) **3** ⟨fig.⟩ *widerrufen* (Auftrag, Versprechen) ◆ Truppen zurückziehen **II** ⟨V. refl.; hat⟩ **1** sich zurückziehen *sich rückwärts bewegen, zum Ausgangsort begeben* **2** *sich absondern* **3** *das Leben in der Öffentlichkeit, im Beruf aufgeben* ◆ der Feind hat sich zurückgezogen; die Abgeordneten zogen sich zur Beratung zurück **III** ⟨V. i.⟩ *wieder zum Ausgangsort ziehen* ◆ Sven wird schon bald nach Bremen zurückziehen

**zurufen** ⟨V. t. 201; hat⟩ jmdm. etwas zurufen *ihm laut auf einige Entfernung etwas kurz mitteilen* ◆ jmdm. einen Befehl, einen Gruß, eine Warnung zurufen

**zurzeit** ⟨Adv.⟩ *derzeit, jetzt, augenblicklich, gegenwärtig;* → a. *Zeit* ◆ zurzeit geht es ihm etwas besser; Herr K. ist zurzeit verreist

**zusagen** ⟨V.; hat⟩ **I** ⟨V. t.⟩ *versprechen* ◆ er hat sein Kommen, seine Mitwirkung, seine Teilnahme fest zugesagt; ich habe eine zusagende Antwort, einen zusagenden Bescheid erhalten *eine Zusage* **II** ⟨V. i.⟩ **1** *eine Einladung annehmen* **2** ⟨fig.⟩ *gefallen, angenehm sein* ◆ seine neue Tätigkeit sagt ihm gar nicht zu ⟨fig.⟩

**zusammen** ⟨Adv.⟩ **1** *gemeinsam, miteinander* **2** *gleichzeitig* **3** *insgesamt, im Ganzen* ◆ **Eltern** und Kinder zusammen ◆ wir sind zusammen **angekommen,** eingetroffen; unsere Ausgaben **betrugen** zusammen nicht mehr als 200 Mark; zwei Frankfurter Würstchen, zwei Bier – **macht** zusammen 15,20 Mark; zusammen **musizieren** ◆ zusammen **mit** unseren Freunden [< *zu* + *sammeln, samt*]

**zusammen...** ⟨in Zus.⟩ **1** *beieinander,* z. B. zusammenbleiben, zusammensitzen **2** *zueinander, in eins,* z. B. zusammenfegen, zusammenkommen **3** *aneinander,* z. B. zusammenbinden, zusammenschweißen **4** *übereinstimmend,* z. B. zusammenpassen **5** ⟨umg.⟩ *entzwei, kaputt,* z. B. zusammenschlagen **6** ⟨fig.; umg.; zur Betonung⟩ sich etwas zusammenlügen [< mhd. *zesamene* < ahd. *zi-, zasamane;* verdeutlichte Form zu *saman;* verwandt mit *sammeln, samt*]

**Zusammenarbeit** ⟨f. 20; unz.⟩ *gemeinsame Arbeit* ◆ die enge wirtschaftliche Zusammenarbeit der europäischen Staaten

**zusammenballen** **I** ⟨V. t.⟩ *zu einem Knäuel, Klumpen zusammendrücken* **II** ⟨V. refl.⟩ sich zusammenballen *in gedrängter Fülle auftreten, sich dicht zusammendrängen*

**zusammenbrechen** ⟨V. i. 116; ist⟩ **1** *in Trümmer gehen, einstürzen* (Gebäude) **2** ⟨fig.⟩ *schweren Schaden erleiden, unwirksam werden, zum Stillstand kommen* (Angriff, Unternehmung) **3** *vor Entkräftung erkranken, ohnmächtig werden* ◆ die Brücke brach infolge zu starker Belastung zusammen

**zusammenbringen** ⟨V. t. 118; hat⟩ **1** *miteinander bekannt machen* (Personen) **2** *ansammeln lassen, anhäufen* (Geld) **3** ⟨fig.⟩ *in einen Zusammenhang bringen*

**Zusammenbruch** ⟨m. 1u⟩ **1** *Vernichtung, Ende* **2** *geschäftl. Ruin* **3** *schwere gesundheitl. Schädigung* (Nervenzusammenbruch)

**zusammenfallen** ⟨V. i. 131; ist⟩ **1** *einstürzen* (Gebäude) **2** ⟨fig.⟩ *abmagern, hager u. faltig werden, zeitlich übereinstimmen, gleichzeitig stattfinden* **3** ⟨Math.⟩ *sich decken* ◆ das Zusammenfallen zweier Flächen ⟨Math.⟩; das altersschwache Haus ist zusammengefallen

## ZUNGE

Die Zunge des Menschen ist einzigartig, da sie die Bildung von bedeutungsdifferenzierenden sprachlichen Lauten ermöglicht. Ihre vorrangige Funktion besteht aber darin, aus zerkauter Nahrung Bissen zu formen und deren Geschmack zu prüfen. Die meisten Geschmacksknospen, mit denen die vier Qualitäten bitter, sauer, süß und salzig wahrgenommen werden können, liegen in Papillen an der Zungenoberfläche, während andere sich im Gaumen, am Schlund und auf dem Kehldeckel befinden.

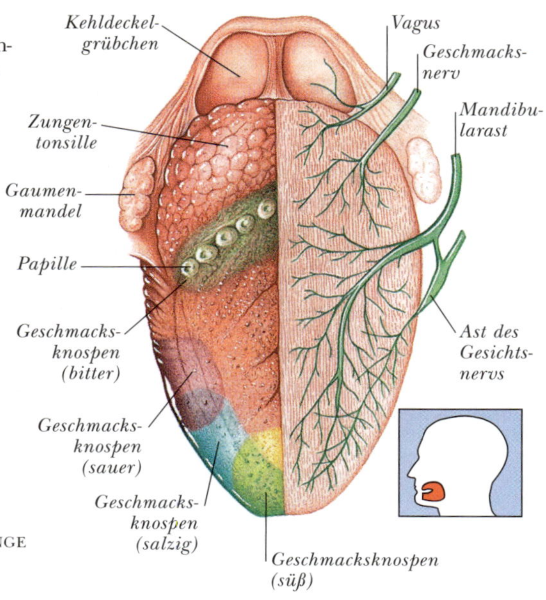


ANATOMIE DER MENSCHLICHEN ZUNGE

Z

**zusammenfassen** ⟨V. t.; hat⟩ etwas zusammenfassen *kurz das Wichtigste von etwas angeben* ◆ zusammenfassend lässt sich sagen, dass ...

**Zusammenhalt** ⟨m. 1; unz.⟩ *das Aneinanderhaften, Verbundenheit* ⟨a. fig.⟩ ◆ der Zusammenhalt der Klasse ist ziemlich gut

**zusammenhalten** ⟨V. 160; hat⟩ **I** ⟨V. t.⟩ **1** *(geordnet) beieinander halten* **2** *vergleichend nebeneinander betrachten* ◆ seinen Besitz, sein Vermögen zusammenhalten *nicht verkaufen, nicht verteilen* **II** ⟨V. i.⟩ **1** *aneinander haften bleiben, sich nicht loslösen* **2** ⟨fig.⟩ *einander beistehen, in Treue u. gegenseitiger Hilfsbereitschaft verbunden sein* ◆ die beiden Freunde halten fest, gut zusammen ⟨fig.⟩

**Zusammenhang** ⟨m. 1u⟩ *Verbindung einzelner Teile, sinngemäße Beziehung, bes. in der Rede* ◆ einen Zusammenhang **ahnen,** erkennen, feststellen, vermuten; er hat die Zusammenhänge nicht **durchschaut** ◆ die **historischen** Zusammenhänge; ein **innerer,** ursächlicher Zusammenhang ◆ bei dieser Inhaltsangabe ist einiges **aus** dem Zusammenhang geraten; sein Name wurde **im** Zusammenhang mit dem Unfall genannt

**zusammenhängen** ⟨V.; hat⟩ **I** ⟨V. i. 161⟩ *miteinander verbunden sein, in Beziehung stehen* ◆ die beiden Teile, Früchte hängen zusammen; die Insel hing einmal mit dem Festland zusammen **II** ⟨V. t.; schwach konjugiert⟩ *durch Hängen vereinen, in eins hängen* ◆ die Wintersachen habe ich alle in diesen Schrank zusammengehängt

**zusammenklappen** **I** ⟨V. t.; hat⟩ *falten, zusammenlegen* ◆ ein Taschenmesser, den Balkontisch, den Liegestuhl, den Schirm zusammenklappen **II** ⟨V. i.; ist; fig.; umg.⟩ *am Ende seiner Kräfte sein, gesundheitl. zusammenbrechen*

**zusammenkommen** ⟨V. i. 170; ist⟩ **1** *sich begegnen, sich treffen, sich versammeln* **2** *sich gemeinsam einfinden, sich gleichzeitig ereignen* **3** *sich ansammeln* ◆ wir werden morgen beim Tennisspiel zusammenkommen

**Zusammenkunft** ⟨f. 7u⟩ **1** *Treffen, Begegnung* **2** *Versammlung, Sitzung* ◆ wir haben heute Abend eine Zusammenkunft der Vorstandsmitglieder; jmdm. eine Zusammenkunft gewähren [→ *Ankunft, Zukunft*]

**zusammenlaufen** ⟨V. i. 175; ist⟩ **1** *herbeiströmen, Gruppen bilden* (Menschenmenge) **2** *sich vereinigen* (Flüsse, ⟨Math.⟩ Linien) **3** *gerinnen* (Milch) **4** *kleiner werden, eingehen* (Stoffe) **5** *ineinander laufen, sich vermischen* (Farben) ◆ im Betrieb laufen alle Fäden in seiner Hand zusammen ⟨fig.⟩ *er hat eine Schlüsselposition im Betrieb inne*

**zusammenleben** ⟨V.; hat⟩ **I** ⟨V. i.⟩ *in einem gemeinsamen Haushalt leben* **II** ⟨V. refl.⟩ sich zusammenleben *sich im Leben aufeinander einstellen, sich anpassen*

**zusammenlegen** ⟨V. t.; hat⟩ **1** *zusammen auf einen Platz legen* **2** *durch Falten kleiner machen* **3** *miteinander verbinden, vereinigen lassen* ◆ ich habe alles, was ich mit auf die Reise nehme, bereits zusammengelegt

**zusammennehmen** ⟨V. 187; hat⟩ **I** ⟨V. t.⟩ *sammeln* ◆ seine Gedanken, seine Kräfte zusammennehmen; ich musste allen Mut zusammennehmen, um ... **II** ⟨V. refl.; fig.⟩ sich zusammennehmen *sich beherrschen, Acht geben, aufpassen* ◆ nimm dich zusammen!

**zusammenraffen** ⟨V.; hat⟩ **I** ⟨V. t.⟩ **1** *hochheben u. in Falten legen* (Kleid, Vorhang) **2** *gierig an sich reißen* **3** *sich aneignen* (Besitz, Geld) **II** ⟨V. refl.; fig.; umg.⟩ sich zusammenraffen *sich aufraffen*

**zusammenrücken** **I** ⟨V. t.; hat⟩ *nahe aneinander rücken, nebeneinander stellen* (Möbel, Stühle) **II** ⟨V. i.; ist⟩ *einander näher rücken* ◆ bitte rücken Sie noch etwas zusammen!

## ZUSCHAUERRAUM

Die vielen verschiedenen Sitzanordnungen in Theater- oder Konzertsälen sind Ausdruck des Bestrebens, die Aufführung zu einem Genuss für alle Zuschauer zu machen. Meist liegen die Sitze in versetzt angebrachten Reihen, die die Bühne aus jedem Blickwinkel möglichst gut einsehen lassen. Balkone und Sitzreihen am Bühnenrand erhöhen das Fassungsvermögen des hier im Modell abgebildeten Zuschauerraums beträchtlich.

MODELL DES ZUSCHAUERRAUMS EINES MODERNEN THEATERS

**zusammenschlagen** ⟨V. 216⟩ **I** ⟨V. t.; hat⟩ **1** *aneinander, gegeneinander schlagen, hauen* **2** ⟨umg.⟩ *zerschlagen, zertrümmern* ◆ sie haben mich zusammengeschlagen ⟨fig.⟩ *brutal niedergeschlagen;* die Becken zusammenschlagen ⟨Mus.⟩; die Hände über dem Kopf zusammenschlagen (vor Erstaunen, Überraschung) ⟨fig.; umg.⟩ **II** ⟨V. i.; ist⟩ etwas schlägt über etwas od. jmdm. zusammen *schließt sich über etwas od. jmdm., begräbt etwas od. jmdn. unter sich* ◆ das Verhängnis schlug über ihm zusammen ⟨fig.⟩

**zusammenschließen** ⟨V. t. 220; hat⟩ **1** *schließend vereinigen* **2** ⟨fig.⟩ sich zusammenschließen *sich vereinigen*

**zusammenschrumpfen** ⟨V. i.; ist⟩ **1** *sich durch Schrumpfen verkleinern* (Früchte) **2** *faltig, runzlig werden* (Haut, bes. Gesichtshaut) **3** ⟨fig.⟩ *sich vermindern, weniger werden, geringer werden* (Geld, Vorräte)

**zusammensetzen** ⟨V.; hat⟩ **I** ⟨V. t.⟩ **1** *zu einem Ganzen, in eins fügen* **2** *nebeneinander setzen* ◆ wir müssen uns bald einmal zusammensetzen und alles besprechen ⟨umg.⟩ *zusammenkommen, uns treffen;* eine Maschine, ein Mosaik zusammensetzen; zwei Schüler zusammensetzen; zusammengesetztes Wort ⟨Gramm.⟩ = *Kompositum* **II** ⟨V. refl.⟩ sich zusammensetzen aus *bestehen aus, sich aufbauen aus* ◆ der Vorstand setzt sich aus folgenden Mitgliedern zusammen

**Zusammensetzung** ⟨f. 20⟩ **1** *das Zusammensetzen, das Zusammengesetztsein, Art, wie etwas zusammengesetzt ist* **2** ⟨Gramm.⟩ = *Kompositum* ◆ die Zusammensetzung der Arznei, der chemischen Lösung, des Parfüms ist mir nicht bekannt

**zusammensitzen** ⟨V. i. 242; hat; süddt., österr., schweiz.: ist⟩ *nebeneinander sitzen, gesellig beieinander sein* ◆ wir werden im Konzert zusammensitzen

**Zusammenspiel** ⟨n. 11; unz.⟩ *Übereinstimmung aller Beteiligten bei einer gemeinsamen Beschäftigung* ◆ das vorzügliche Zusammenspiel der Darsteller ⟨Theat.⟩; das geschickte Zusammenspiel der Mannschaft ⟨Sp.⟩

**zusammenstecken** ⟨V.; hat⟩ **I** ⟨V. t.⟩ *mit Nadeln, Klammern u. Ä. lose miteinander verbinden* ◆ die zugeschnittenen Stoffteile mit Stecknadeln zusammenstecken; die Köpfe zusammenstecken ⟨fig.; umg.⟩ *miteinander tuscheln* **II** ⟨V. i.; fig., umg.⟩ *oft, bes. heimlich, zusammen sein* ◆ die beiden stecken dauernd zusammen

**zusammenstellen** ⟨V. t.; hat⟩ **1** *nebeneinander stellen, an eine gemeinsame Stelle setzen, platzieren* **2** *Teile auswählen u. zu etwas vereinigen, zusammensetzen* ◆ die Farben in diesem Raum sind gut zusammengestellt

**Zusammenstoß** ⟨m. 1u⟩ **1** *das Zusammenstoßen, Gegeneinanderprallen* **2** ⟨fig.⟩ *Auseinandersetzung, Streit, Zank* ◆ Zusammenstoß zweier Flugzeuge, Personenzüge

**zusammenstoßen** ⟨V. i. 257; ist⟩ **1** *aufeinander, gegeneinander prallen* **2** *sich berühren* (Linien) **3** *eine gemeinsame Grenze haben* (Grundstücke) **4** ⟨fig.⟩ *eine Auseinandersetzung, einen Wortwechsel haben* ◆ die beiden Wagen, Züge sind zusammengestoßen; die beiden Straßen stoßen hier zusammen

**zusammentragen** ⟨V. t. 260; hat⟩ *herbeischaffen u. sammeln* ◆ Zitate aus verschiedenen Büchern zusammentragen

**zusammentreffen** ⟨V. i. 261; ist⟩ **1** *sich treffen, begegnen* (Personen) **2** *zur gleichen Zeit geschehen*

**Zusammentreffen** ⟨n. 14⟩ **1** *Begegnung* **2** *gleichzeitiges Geschehen* ◆ es war ein unglückliches Zusammentreffen verschiedener Umstände; bei unserem nächsten Zusammentreffen werden wir ...

**zusammentreten** ⟨V. 263⟩ **I** ⟨V. t.; hat⟩ **1** *durch Treten flach machen* **2** ⟨umg.⟩ *durch Tritte schwer verletzen, zerstören* ◆ eine Kiste, einen Karton zusammentreten; ein Beet zusammentreten ⟨umg.⟩ **II** ⟨V. i.; ist⟩ *sich versammeln, zusammenkommen* ◆ der Vorstand, Ausschuss, die Kommission ist gestern zusammengetreten

**zusammenwachsen** ⟨[-ks-] V. i. 272; ist⟩ **1** *in eins wachsen, sich durch Wachstum (wieder) vereinigen* **2** ⟨fig.⟩ *sich seelisch eng verbinden, sich eng befreunden* ◆ der gebrochene Knochen ist wieder zusammengewachsen

**zusammenzählen** ⟨V. t.; hat⟩ *eins zum andern zählen* ◆ Zahlen zusammenzählen; alles zusammengezählt ergibt 12,50 Mark

**zusammenziehen** ⟨V. 287⟩ **I** ⟨V. t.; hat⟩ **1** *durch Ziehen verengen, verkürzen* **2** *miteinander verbinden, vereinigen* **3** *addieren* (Zahlen) ◆ ein Loch mit einem Faden zusammenziehen **II** ⟨V. refl.; hat⟩ sich zusammenziehen **1** *sich verkleinern, verengen, schließen* **2** *entstehen, sich bilden* ◆ der Stoff zieht sich beim Waschen zusammen **III** ⟨V. i.; ist⟩ *in eine gemeinsame Wohnung ziehen, sich eine gemeinsame Wohnung nehmen*

**Zusatz** ⟨m. 1u⟩ **1** *etwas, das zusätzlich angefügt, hinzugefügt wird* **2** *hinzugefügte Bemerkung, Ergänzung, Erweiterung, Einschuss, Nachtrag* ◆ ein Zusatz zu einem Brief; Zusatz zu einer chemischen Lösung [→ *Satz*]

Z

**zusätzlich** ⟨Adj.⟩ *ergänzend hinzukommend, hinzugefügt*
**zuschauen** ⟨V. i.; hat⟩ *ein Ereignis, einen Vorgang mit den Augen verfolgen;* Sy *zusehen (1)*
**Zuschauer** ⟨m. 3⟩ **1** *Betrachter, Augenzeuge* **2** *Besucher einer Veranstaltung, bei der es hauptsächlich etwas zu sehen gibt (z. B. im Kino, Varietee, bei Schauspielen od. bei sportlichen Wettkämpfen);* Ggs *Zuhörer*
**Zuschauerraum** ⟨m. 1u⟩ ◄ *Saal für die Besucher öffentlicher Veranstaltungen, z. B. im Theater*
**zuschicken** ⟨V. t.; hat⟩ jmdm. etwas zuschicken *etwas zu jmdm. schicken*
**zuschieben** ⟨V. t. 212; hat⟩ **1** *durch Schieben schließen* (Schublade, Schiebetür) **2** jmdm. etwas zuschieben **2.1** *etwas zu jmdm. hinschieben* **2.2** ⟨fig.⟩ *jmdn. für etwas verantwortlich machen, etwas auf ihn abwälzen*
**Zuschlag** ⟨m. 1u⟩ **1** *zusätzlich zu zahlender Betrag, zusätzl. Gebühr, Aufschlag, Nachzahlung, Erhöhung* **2** *Vermehrung, Zusatz* **3** ⟨bei Auktionen⟩ *Annahme des höchsten Angebots (durch Hammerschlag)* **4** ⟨Kaufmannsspr.⟩ *Erteilung des Auftrags* **5** ⟨Bauw.⟩ *Füllstoffe, z. B. Sand od. Kies, die zusammen mit einem Bindemittel zu Mörtel od. Beton verarbeitet werden* ◆ sie bot am meisten und erhielt den Zuschlag
**zuschlagen** ⟨V. 216⟩ **I** ⟨V. t.; hat⟩ **1** *mit einer heftigen Bewegung, geräuschvoll schließen* (Tür) **2** *mit Nägeln, Nieten u. Ä. schließen* (Fässer, Kisten) **3** ⟨Sp.; Tennis⟩ *mit dem Schläger zuspielen* (Ball) **4** ⟨auf Auktionen⟩ *(durch Hammerschlag) dem Meistbietenden zuerteilen, als Eigentum zusprechen* ◆ man hörte ihn die Wagentür zuschlagen; 10% werden dem Preis noch zugeschlagen *der Preis erhöht sich um 10%* **II** ⟨V. i.; hat⟩ *heftig u. plötzlich einmal schlagen* ◆ er holte aus und schlug zu **III** ⟨V. i.; ist⟩ *sich mit heftigem Schlag schließen* ◆ die Tür ist zugeschlagen
**zuschließen** ⟨V. t. 220; hat⟩ *mit dem Schlüssel verschließen* ◆ einen Koffer, eine Tür, eine Schublade zuschließen
**zuschnappen** **I** ⟨V. i.; hat⟩ *mit dem Maul rasch nach etwas greifen, plötzlich beißen* ◆ der Hund schnappte zu, als der Postbote ihn passieren wollte **II** ⟨V. i.; ist⟩ *sich mit einem klappenden Geräusch schließen*
**zuschneiden** ⟨V. t. 224; hat⟩ *nach bestimmten Maßen in bestimmte Form(en) schneiden* ◆ ein Kleid, den Stoff zuschneiden
**zuschnüren** ⟨V. t.; hat⟩ **1** *mit Schnur umwickeln* (Paket) **2** *mit Schnur schließen, fest zubinden* (Schuh) **3** *zusammenziehen, zusammendrücken* ⟨a. fig.⟩ ◆ er hat ihm die Kehle zugeschnürt *ihn erdrosselt,* ⟨fig.⟩ *ihn beruflich ruiniert, seine wirtschaftl. Existenz vernichtet*
**zuschreiben** ⟨V. t. 226; hat⟩ **1** ⟨kurz für⟩ *hinzuschreiben* **2** *zum Konto hinzufügen, damit verrechnen* (Guthaben, Schulden) **3** *auf jmds. Besitz übertragen* (Wertobjekte)
**Zuschrift** ⟨f. 20⟩ *Brief, schriftl. Mitteilung* ◆ ich habe auf meine Anzeige viele Zuschriften bekommen
**zuschulden** ⟨Adv.⟩ sich etwas zuschulden kommen lassen *etwas Unrechtes tun;* oV *zu* → *Schulden (I)*
**Zuschuss** ⟨m. 1u⟩ **1** *finanzieller Beitrag, zusätzliche Zahlung* (Unterhaltszuschuss) **2** ⟨Typ.⟩ *vom Drucker über die Auflage hinaus vorbereitete Papierbogen, um Ausschuss auszugleichen* ◆ einen Zuschuss beantragen, bewilligen
**zusehen** ⟨V. i. 235; hat⟩ **1** = *zuschauen* **2** zusehen dass ... ⟨fig.⟩ *sich bemühen, versuchen* ◆ bei näherem Zusehen stellte es sich als etwas anderes heraus; schon vom Zusehen wird mir schwindlig; soll er selbst zusehen, wie er damit fertig wird! ⟨fig.⟩
**zusehends** ⟨Adv.; eigtl.⟩ **1** *beim Zusehen* **2** *merklich, rasch, sichtlich, schnell* **3** *offenkundig* ◆ dem Kranken geht es zusehends besser; er wächst zusehends
**zusetzen** ⟨V.; hat⟩ **I** ⟨V. t.⟩ **1** einer Sache etwas zusetzen *hinzufügen, dazutun* **2** Geld zusetzen ⟨umg.⟩ *zusätzlich, über das Erwartete hinaus zahlen müssen* **II** ⟨V. i.⟩ jmdm. zusetzen *ihn bedrängen, in ihn dringen (damit er etwas Bestimmtes tut)*
**zusichern** ⟨V. t.; hat⟩ jmdm. etwas zusichern *versprechen, fest zusagen*
**zuspielen** ⟨V. t.; hat⟩ **1** jmdm. den Ball zuspielen *den Ball zu jmdm. werfen, stoßen* **2** jmdm. etwas zuspielen ⟨fig.⟩ *dafür sorgen, dass er es wie zufällig bekommt*
**zuspitzen** ⟨V.; hat⟩ **I** ⟨V. t.⟩ *mit einer scharfen Spitze versehen, spitz machen* ◆ einen Pfosten zuspitzen; einen Sachverhalt zugespitzt formulieren ⟨fig.⟩ *leicht übertreibend (um ihn deutlich zu machen)* **II** ⟨V. refl.⟩ sich zuspitzen *sich verschärfen, sich drohend verändern, an Konfliktstoffen zunehmen*
**zusprechen** ⟨V. 246; hat⟩ **I** ⟨V. t.⟩ **1** jmdm. etwas zusprechen *durch Urteil zuerkennen* **2** *sprechend mitteilen* ◆ er sprach mir Mut, Trost zu *gab mir mit Worten Mut, Trost* **II** ⟨V. i.⟩ **1** jmdm. zusprechen *auf jmdn. einreden, jmdm. in Worten Trost, Unterstützung spenden* **2** dem Essen zusprechen ⟨fig.⟩ *Essen (mit Appetit) zu sich nehmen* ◆ er spricht dem Essen eifrig, kräftig, tüchtig zu
**Zuspruch** ⟨m. 1u; unz.⟩ **1** *guter Rat, Trost, freundl. Zureden* **2** *Anklang, Beliebtheit* **3** *Besuch, Zulauf, Andrang* ◆ das neue Musical erfreut sich allgemeinen Zuspruchs
**Zustand** ⟨m. 1u⟩ **1** ⟨Phys.⟩ *Beschaffenheit (eines Stoffes od. eines physikalischen Systems)* **2** ⟨allg.⟩ *Beschaffenheit, augenblickliche Lage (einer Sache od. Person), Verfassung* ◆ Zustände **bekommen,** haben *Anfälle;* den Zustand eines Stoffes durch äußere Einflüsse **verändern** ⟨Phys.⟩ ◆ der **augenblickliche,** heutige, jetzige Zustand; sein Zustand ist **bedenklich,** beklagenswert, hoffnungslos, Mitleid erregend; es herrschen dort **unhaltbare,** unerträgliche Zustände ◆ **in** diesem Zustand kann ich dich unmöglich allein lassen
**zustande** ⟨Adv.⟩ oV *zu* → *Stande (I)* **1** zustande bringen *leisten, schaffen, fertig machen* **2** zustande kommen *entstehen, verwirklicht werden*
**zuständig** ⟨Adj.⟩ **1** *zur Sache gehörig, dafür vorgeschrieben* **2** *zur Bearbeitung einer Sache berechtigt bzw. verpflichtet* ◆ die zuständige Behörde; der für diesen Fall zuständige Richter [< *zustehen* in der Bedeutung „zu etwas bestimmt sein"]
**zustecken** ⟨V. t.; hat⟩ *mit Nadeln schließen* ◆ einen Riss, Vorhänge zustecken
**zustehen** ⟨V. i. 251; hat⟩ es steht mir zu *es gebührt mir, ist mein Recht, mein Anteil* ◆ 30 Urlaubstage im Jahr stehen uns zu; eine solche Frage steht dir nicht zu
**zustellen** ⟨V. t.; hat⟩ **1** *verdecken, schließen, indem man etwas davorstellt* **2** *durch die Post zuschicken* **3** *ins Haus bringen* ◆ wir haben die Verbindungstür mit einem Schrank zugestellt
**zustimmen** ⟨V. i.; hat⟩ **1** jmdm. zustimmen *jmdm. Recht geben, mit seiner Ansicht übereinstimmen;* Sy *beistimmen* **2** einer Sache zustimmen *sie billigen, damit einverstanden sein*
**Zustimmung** ⟨f. 20⟩ *Übereinstimmung mit einer Ansicht, Billigung, Einwilligung, Erlaubnis, Beifall* ◆ als Zeichen der Zustimmung nicken; seine Zustimmung (zu etwas) geben, verweigern
**zustoßen** ⟨V. 257⟩ **I** ⟨V. t.; hat⟩ *durch einen Stoß schließen* ◆ die Tür mit dem Fuß zustoßen **II** ⟨V. i.; hat⟩ *einen Stoß führen* ◆ stoß zu! **III** ⟨V. i.; ist⟩ etwas stößt jmdm. zu *geschieht, widerfährt ihm* ◆ ich habe Angst, dass ihm etwas zustößt; ihm muss etwas zugestoßen sein, sonst wäre er längst da
**Zustrom** ⟨m. 1u; unz.⟩ *Andrang, Herbeikommen in Scharen*
**Zutat** ⟨f. 20; meist Pl.⟩ *Kleinigkeit, die zu einer Sache nötig od. wünschenswert ist* (Backzutaten) ◆ zu diesem Gericht, diesem Kuchen brauchen Sie folgende Zutaten ...
**zuteil** ⟨Adv.; nur in den Wendungen⟩ zuteil werden *gewährt werden* ◆ ihm wurde ein großes Glück zuteil [→ *Teil*]
**zutiefst** ⟨Adv.⟩ *aufs Tiefste, völlig, sehr, im Innersten, im Kern* ◆ er war zutiefst beleidigt, gekränkt, verletzt, enttäuscht
**zutragen** ⟨V. 260; hat⟩ **I** ⟨V. t.⟩ jmdm. etwas zutragen ⟨fig.⟩ *(heimlich) erzählen* ◆ das ist mir von jmdm. zugetragen worden ⟨fig.⟩ **II** ⟨V. refl.⟩ sich zutragen *sich ereignen, geschehen* ◆ der Vorfall trug sich folgendermaßen zu
**zuträglich** ⟨Adj.⟩ **1** *vorteilhaft, günstig, nützlich, förderlich* **2** *bekömmlich, heilsam* ◆ das Klima hier ist ihm nicht zuträglich
**zutrauen** ⟨V. t.; hat⟩ jmdm. etwas zutrauen *von ihm glauben od. fürchten, dass er etwas tun kann* ◆ das ist ihm zuzutrauen! *er ist dazu imstande, fähig*
**Zutrauen** ⟨n.; -s; unz.⟩ *Vertrauen, Glaube an jmds. Redlichkeit* ◆ sein Verhalten erweckt Zutrauen; ich habe (kein) Zutrauen zu ihm
**zutraulich** ⟨Adj.⟩ *voll Vertrauen, anschmiegsam* (Kind), *zahm* (Tier)
**zutreffen** ⟨V. i. 261; hat⟩ *richtig sein, in einer bestimmten Situation wirksam, angemessen sein* ◆ das, was du sagst, trifft genau zu; auf wen könnte diese Beschreibung zutreffen?; eine zutreffende Bemerkung
**Zutritt** ⟨m. 1; unz.⟩ **1** *das Hereinkommen, Eintreten u. das Recht dafür* **2** *das Eindringen, Hinzukommen* (von Flüssigkeiten, Luft) ◆ Zutritt bekommen, erhalten, erlangen; Unbefugte haben keinen Zutritt
**Zutun** ⟨n.; -s; unz.⟩ *Mitwirkung, Hilfe, Unterstützung* ◆ ⟨meist in der Wendung⟩ ohne mein Zutun *ohne dass ich etwas dazu tat, ohne meine Mitwirkung*
**zuverlässig** ⟨Adj.⟩ **1** *Vertrauen verdienend, vertrauenswürdig, seine Versprechungen haltend, treu* (Person) **2** *die Wahrheit enthaltend, verbürgt, glaubwürdig* (Aussage, Nachricht) **3** *genau* (Uhr) **4** *nie versagend* (Arznei) ◆ ein zuverlässiger Freund, Mensch, Mitarbeiter [→ *verlassen* [1]]
**Zuversicht** ⟨f. 20; unz.⟩ **1** *Vertrauen in die Zukunft, Optimismus* **2** *feste, tiefe Hoffnung* **3** *Überzeugung* ◆ ich bin der festen Zuversicht, dass ... [Abstraktbildung zu der untergegangenen Wendung *sich zu jmdm. versehen* „auf jmdn. vertrauen"]
**zuversichtlich** ⟨Adj.⟩ *voller Zuversicht, in festem Vertrauen hoffend* ◆ zuversichtlich hoffen, dass ...
**zuvor** ⟨Adv.⟩ *vorher, als Erstes* ◆ zuvor meinen besten Dank, meine herzlichsten Glückwünsche; ich habe ihn nie zuvor gesehen [verstärkende Form von *vor(her)*]
**zuvorkommen** ⟨V. i. 170; ist⟩ **1** jmdm. zuvorkommen *schneller sein als jmd.* **2** einer Sache zuvorkommen *handeln, bevor eine Sache eintritt* ◆ Sie sind meiner Frage zuvorgekommen *Sie haben mir eben schon gesagt, was ich Sie gerade fragen wollte* [Lehnübersetzung von lat. *praevenire*]
**zuvorkommend** ⟨Adj.⟩ *höflich u. hilfsbereit* ◆ ein zuvorkommend es Wesen haben
**Zuwachs** ⟨[-ks] m. 1; unz.⟩ **1** *Vergrößerung, Wachstum (bes. des Baumbestandes)* **2** *Vermehrung* (Familienzuwachs) ◆ wir haben Zuwachs bekommen *ein Baby*

Z

**zuwandern** ⟨V. i.; ist⟩ *hinzukommen, einwandern, von auswärts zuziehen*
**zuwege** ⟨Adv.⟩ *fertig, zustande;* oV *zu → Wege* ◆ etwas zuwege bringen, mit etwas zuwege kommen *etwas fertig bringen, zu etwas imstande sein* [< mhd. *ze wege* < ahd. *zi wege* „auf dem (rechten) Weg"]
**zuweisen** ⟨V. t. 277; hat⟩ *zuteilen, als Anteil geben, als Arbeit anweisen* ◆ jmdm. Arbeit, eine Aufgabe zuweisen
**zuwenden** ⟨V. t. 278; hat⟩ **1** jmdm. etwas zuwenden *etwas in Richtung auf jmdn. wenden* **2** sich jmdm. zuwenden *sich zu jmdm. wenden, umdrehen* **3** sich einer Sache zuwenden *Interesse für eine Sache zeigen, damit beginnen* ◆ er wandte seine ganze Aufmerksamkeit dem Sprecher, dem Spiel zu
**zuwider** **I** ⟨Adv.⟩ *widerwärtig, unangenehm* ◆ dieses Essen ist mir zuwider; diese Art Musik ist meinem Ohr zuwider **II** ⟨Präp. mit vorangestelltem Dat.⟩ *entgegen, widersprechend* ◆ er betrat dem Verbot zuwider die Baustelle
**zuwiderhandeln** ⟨V. i.; hat⟩ einer Sache zuwiderhandeln *gegen eine Sache handeln*
**zuwiderlaufen** ⟨V. i. 175; ist⟩ einer Sache zuwiderlaufen *gegen eine Sache wirken, stehen* ◆ das läuft seinen Absichten zuwider
**zuwinken** ⟨V. i.; hat⟩ jmdm. zuwinken *jmdn. winkend grüßen* ◆ jmdm. mit der Hand zuwinken; jmdm. zum Abschied zuwinken
**zuzeiten** ⟨Adv.⟩ *zu gewissen, zu manchen Zeiten, ab und zu, manchmal* ◆ zuzeiten spürte er Fernweh; ⟨aber⟩ zu Zeiten Luthers
**zuziehen** ⟨V. 287⟩ **I** ⟨V. t.; hat⟩ **1** *durch Ziehen schließen* (Vorhang) **2** *zusammenziehen, festziehen* (Knoten) ◆ jmdn. zuziehen ⟨fig.⟩ *hinzuziehen, jmdn. um eine sachkundige Auskunft, einen Rat, Behandlung bitten;* einen Arzt, Sachverständigen zuziehen **II** ⟨V. refl.; hat⟩ sich etwas zuziehen *(durch eigene Schuld) etwas bekommen, auf sich ziehen* ◆ sich eine Erkältung zuziehen **III** ⟨V. i.; ist⟩ *seine Wohnung am Ort nehmen, den Wohnsitz von außerhalb hierherverlegen* ◆ die Familie ist erst vor kurzem zugezogen
**zuzüglich** ⟨Präp. m. Gen.⟩ *mit (Hinzurechnung), mitsamt* ◆ zuzüglich der Kosten, (der) Zinsen *mit den Kosten, den Zinsen*
**ZVS** ⟨Abk. für⟩ *Zentralstelle für die Vergabe von Studienplätzen*
**Zwang** ⟨m. 1u⟩ **1** *Notwendigkeit, dringende Forderung, gebieter. Verlangen, Gebot, Druck* **2** *Hemmung* **3** ⟨Rechtsw.⟩ *Anwendung körperlicher od. seelischer Gewalt* ◆ der Zwang der **Ereignisse** brachte das so mit sich; der Zwang des **Gesetzes** ◆ allen Zwang **ablegen** *sich frei, natürlich, ungehemmt bewegen;* auf jmdn. Zwang **ausüben;** es **besteht** kein Zwang, das zu tun *man braucht es nicht zu tun* ◆ ein **äußerer,** eiserner, lästiger Zwang; **unmittelbarer** Zwang ⟨Rechtsw.⟩ *von der Obrigkeit angewendete phys. Gewalt, einschließlich des Waffengebrauchs gegen Personen od. rechtswidrig eingerichtete Gegenstände* ◆ er tut es nur **aus** Zwang *gezwungenermaßen, nicht freiwillig;* **unter** Zwang stehen *zum Handeln gezwungen sein*
**zwängen** ⟨V. t.; hat⟩ *pressen, drücken, quetschen, klemmen* [< mhd. *twengen* < ahd. *dwengen* „Zwang anwenden"; Faktitivum zu *zwingen*]
**zwanghaft** ⟨Adj.⟩ *durch Zwang geschehen, erzwungen*
**zwanglos** ⟨Adj.; -er, am -esten⟩ *ungezwungen, ohne Förmlichkeit, frei, unverbindlich* ◆ ein zwangloses Beisammensein
**Zwangsarbeit** ⟨f. 20; unz.; in verschiedenen Ländern⟩ *unter Zwang zu leistende Arbeit (als schwere Freiheitsstrafe)* ◆ er wurde zu zehn Jahren Zwangsarbeit verurteilt
**Zwangshandlung** ⟨f. 20; Psych.⟩ *unsinnige, ungewollte Handlung (bei jmdm., der an Zwangserscheinungen leidet)*
**Zwangsjacke** ⟨f. 19⟩ *Jacke aus Segeltuch mit bes. langen Ärmeln ohne Öffnung, deren Enden auf dem Rücken zusammengebunden werden (bei Tobsüchtigen verwendet)* ◆ jmdn. in die Zwangsjacke stecken
**Zwangslage** ⟨f. 19⟩ *Bedrängnis, Notlage, die jmdm. bestimmtes Handeln aufzwingt, Dilemma*
**zwangsläufig** ⟨Adj.; allg.⟩ *unabsichtlich, unabwendbar, nicht willentlich, aus einer Zwangslage heraus* ◆ eine zwangsläufige Entwicklung
**zwanzig** ⟨Num.⟩ *20* [< mhd. *zweinzec, zwenzic* „zwei Zehner" < *zwei + ...zig*]
**zwanziger** ⟨Adj.; undekl.⟩ **1** *das Jahr 20 betreffend* **2** *zwischen dem Jahre 20 u. 30 eines Jh. geschehen* ◆ zwanziger Jahre = *Zwanzigerjahre;* → a. *achtziger*
**Zwanziger** **I** ⟨m. 3⟩ *Mann zwischen 20 u. 30 Jahren* **II** ⟨Pl.⟩ **1** *die Lebensjahre zwischen 20 u. 30* **2** *die Jahre zwischen 1920 u. 1930* ◆ er ist in den Zwanzigern
**Zwanzigerjahre** ⟨Pl.⟩ oV *zwanziger Jahre* **1** *die Lebensjahre zwischen 20 u. 30* **2** ⟨des 20. Jh.⟩ *die Jahre zwischen 1920 u. 1930*
**Zwanzigflach** ⟨n. 11⟩, **Zwanzigflächner** ⟨m. 3; Geom.⟩ ► = *Ikosaeder*
**zwar** **I** ⟨Konj.⟩ zwar, ... aber (doch, jedoch) *wohl ... aber, dennoch* ◆ diese Möbel sind zwar sehr schön, aber (sie sind) auch sehr teuer **II** ⟨Konj.; in Verbindung mit „und"⟩ *um es genauer zu sagen* ◆ ich habe mir den Arm gebrochen, und zwar den rechten; ich möchte gehen, und zwar sofort [< mhd. *zware, ze ware* < ahd. *ziware* „in Wahrheit"; zu mhd. *war(e),* ahd. *wara* „Wahrheit"]
**Zweck** ⟨m. 1⟩ *Sinn, Ziel einer Handlung* ◆ was ist der Zweck Ihres **Besuchs?**; der Zweck der **Sache** ist folgender ... ◆ welchem Zweck soll das **dienen?**; seinen Zweck (nicht) **erreichen;** das **hat** keinen Zweck! ◆ Geld für einen **guten** Zweck spenden; diese Pflanze wird für **medizinische** Zwecke gebraucht ◆ ich brauche das Buch **für** einen bestimmten Zweck [< ahd. *zwec* „Holznagel, bes. der im Mittelpunkt einer Zielscheibe befindliche", daraus seit dem 15. Jh. „Ziel des Scheibenschießens; Ziel einer Bemühung"; urspr. identisch mit *Zwecke*]
**Zwecke** ⟨f. 19⟩ *kurzer Nagel mit breitem Kopf, Reißzwecke* [< ahd. *zwec* „Holznagel", urspr. „Ast"; verwandt mit *Zweig, zwicken;* urspr. identisch mit *Zweck*]

## ZWEITAKTMOTOR

Beim Zweitaktmotor ist jeder zweite Takt ein Arbeitstakt. Bei der Bewegung des Kolbens nach oben wird ein Luft-Treibstoff-Gemisch in das Kurbelgehäuse nachgesogen und dort mit einem Funken entzündet. Durch diese Explosion wird der Kolben nach unten getrieben, worauf durch den Überströmkanal frisches Gemisch in den Zylinder gelangt. Die Auspuffgase werden dabei durch den Auslassschlitz abgegeben.

DIE ZWEI TAKTE DES ZWEITAKTMOTORS

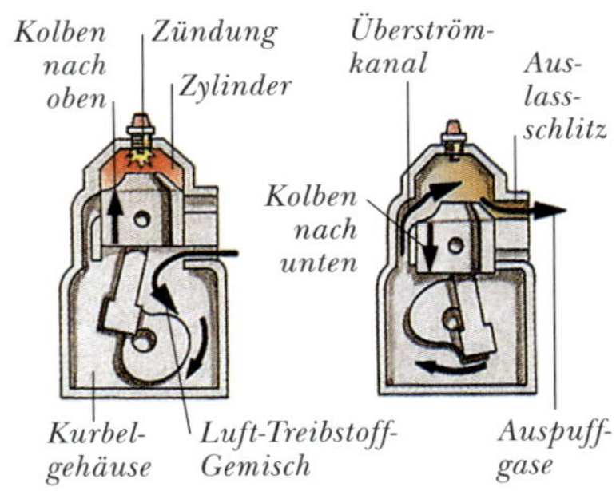


ERSTER TAKT    ZWEITER TAKT

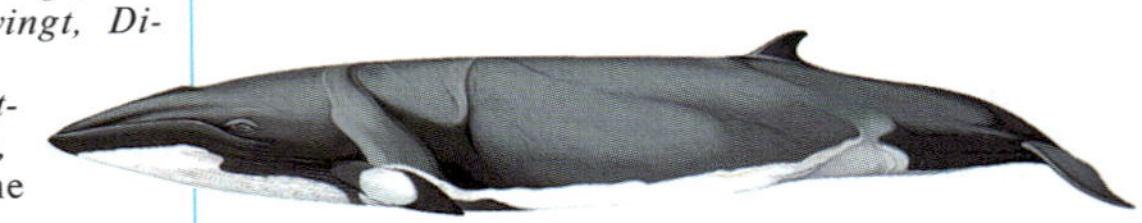

ZWERGWAL
*(Balaenoptera acutorostrata)*

**zwecklos** ⟨Adj.⟩ **1** *ohne Zweck, keinen Zweck habend* **2** *nutzlos, vergeblich* ◆ eine zwecklose Bemühung, ein zweckloser Versuch; es ist zwecklos, länger zu warten
**zweckmäßig** ⟨Adj.⟩ **1** *für einen Zweck gut geeignet* **2** *einen Zweck erfüllend* ◆ eine zweckmäßige Anordnung
**zwecks** ⟨Präp. m. Gen.⟩ *zum Zwecke der, des ...* ◆ zwecks besserer Verteilung, Ausnutzung *um es besser zu verteilen, auszunützen* [erstarrter Gen. in *Zweck*]
**zwei** ⟨Num.⟩ **1** *2* **2** *eine(r) u. noch eine(r), eins u. noch eins* ◆ wir zwei ⟨umg.⟩ *wir beide;* einer von euch zweien muss mitkommen ⟨umg.⟩ *von euch beiden;* alle zwei ⟨umg.⟩ *alle beide;* er hat zwei **Gesichter** ⟨fig.⟩ *er ist nicht aufrichtig, er verstellt sich oft;* er ist Vater zweier **Kinder;** zwei **Mal** = *zweimal* ◆ dazu **gehören** zwei! ⟨umg.⟩ *das ist nur möglich, wenn beide (nicht nur einer) mitmachen, einverstanden sind* ◆ sie gingen zwei **und** zwei nebeneinander her; **zu** zweien, zu zweit [< mhd., ahd. *zwene* (m.), *zwo, zwuo, zwa* (f.), *zwei* (n.)]
**Zwei** ⟨f. 18⟩ **1** *die Zahl 2* **2** ⟨als Prüfungsnote⟩ *gut* ◆ eine Zwei bekommen, schreiben; einem Prüfling, Schüler eine Zwei geben
**zweiachsig** ⟨[-ks-] Adj.⟩ *mit zwei Achsen versehen*
**zweideutig** ⟨Adj.⟩ **1** *zwei od. mehrere Deutungen zulassend, unklar* **2** *schlüpfrig, etwas unanständig* ◆ zweideutige Antwort; zweideutiger Ausdruck, Begriff
**Zweidrittelmehrheit** ⟨f. 20; unz.⟩ *aus mindestens zwei Dritteln aller Stimmen gebildete Mehrheit*
**zweieiig** ⟨Adj.; Biol.⟩ *aus zwei befruchteten Eizellen entstanden;* Ggs *eineiig* ◆ zweieiige Zwillinge
**Zweierbeziehung** ⟨f. 20⟩ *partnerschaftliche Beziehung zwischen zwei Personen*
**zweierlei** ⟨Adj.; undekl.⟩ *zwei verschiedene Arten (von), zwei verschiedene Dinge* ◆ zwei Dinge mit zweierlei Maß messen ⟨fig.⟩ *ungerecht beurteilen* [< mhd. *zweier lei(g)e* „zweifacher Art" < *zwei* + mhd. *lei(g)e* < frz. *ley* „Art" < lat. *lex* „Gesetz"]
**zweifach** ⟨Adj.⟩ **1** *zweimal (geschehend), zweimalig* **2** *doppelt* ◆ zweifaches Verbrechen (z. B. Mord u. Raub); ein Tuch zweifach legen
**Zweifel** ⟨m. 5⟩ *Unsicherheit, nicht festes Wissen, nicht fester Glaube, inneres Schwanken* ◆ jmds. Zweifel **beheben,** beseitigen; es **besteht** kein Zweifel, dass ...; darüber **herrscht** kein Zweifel ◆ das ist **außer** Zweifel *es ist ganz sicher, ganz gewiss;* es steht außer Zweifel, dass er Recht hat [< mhd. *zwivel* < ahd. *zwival*]
**zweifelhaft** ⟨Adj.; -er, am -esten⟩ **1** *Zweifel zulassend, verdächtig* **2** *fraglich, unsicher* ◆ ein zweifelhaftes Unternehmen; es ist zweifelhaft, ob er kommt

Z

**zweifellos** ⟨Adj.; meist adv.⟩ *ohne Zweifel, sicher, bestimmt* ◆ er hat zweifellos Recht

**zweifeln** ⟨V. i.; hat⟩ *Zweifel haben, nicht sicher sein, nicht genau wissen, nicht fest glauben* ◆ ich zweifle, ob das wirklich richtig ist; ich zweifle an seiner Zuverlässigkeit

**Zweig** ⟨m. 1⟩ **1** *dünner Ast* **2** ⟨fig.⟩ *abzweigende Linie, Teil einer Gabelung, Neben-, Seitenlinie* **3** *Gebiet innerhalb eines größeren* (Wissenszweig, Industriezweig) **4** *Untergruppe, Unterabteilung* ◆ der Zweig einer **Eisenbahnlinie** ⟨fig.⟩; Zweig einer **Familie** ⟨fig.⟩; die Satzlehre ist ein Zweig der **Grammatik** ◆ einen Zweig (vom Baum) **abbrechen;** Zweige **bilden** ◆ **abgestorbener,** belaubter, dürrer, grüner, kahler Zweig ◆ sich **in** Zweige teilen; der Vogel hüpft **von** Zweig zu Zweig [< mhd. *zwic* < ahd. *zwig,* urspr. „zweiteiliger Ast, Gabelung"; → *zwei*]

**zweigeschlechtig** ⟨Adj.⟩ *sowohl männliche als auch weibliche Geschlechtsmerkmale zeigend, bisexuell*

**Zweigstelle** ⟨f. 19⟩ *kleinere Niederlassung (einer Bank, Behörde, eines Konzerns) in einem anderen Stadtteil*

**Zweihänder** ⟨m. 3⟩ = *Beidhänder (1)*

**Zweihufer** ⟨m. 3; Zool.⟩ ► = *Paarhufer*

**zweijährig** ⟨Adj.⟩ **1** *zwei Jahre alt* (Kind, Tier) **2** *zwei Jahre dauernd, anhaltend* ◆ zweijährige Ausbildung; zweijähriger Kurs; zweijährige Pflanzen ⟨Bot.⟩ *Pflanzen, die ihren Entwicklungszyklus erst im zweiten Jahr mit Blüte u. Fruchtbildung abschließen, bienne Pflanzen*

**Zweikampf** ⟨m. 1u⟩ *Kampf zwischen zwei Personen, Duell* ◆ jmdn. zum Zweikampf herausfordern [Lehnübersetzung < lat. *duellum;* → *Duell*]

**zweimal** ⟨Adv.⟩ *mit zwei malgenommen, mit zwei multipliziert;* oV *zwei Mal* ◆ er ließ es sich nicht zweimal sagen *er tat es sofort*

ZWERGMAUS
(*Micromys minutus*)

**Zweipfünder** ⟨m. 3; in Ziffern: 2-Pfünder⟩ *Gegenstand od. Tier, das zwei Pfund wiegt*

**zweipolig** ⟨Adj.⟩ *mit zwei Polen versehen;* Sy *bipolar*

**Zweipoligkeit** ⟨f.; -; unz.⟩ *zweipolige Beschaffenheit;* Sy *Bipolarität*

**Zweirad** ⟨n. 12u⟩ *Fahrrad mit zwei Rädern*

**zweireihig** ⟨Adj.⟩ *mit zwei Reihen versehen* ◆ zweireihiger Anzug *Anzug mit zwei Knopfreihen, mit je zwei Knöpfen untereinander auf jeder Seite der Jacke*

**zweischneidig** ⟨Adj.⟩ *auf beiden Seiten schneidend, auf beiden Seiten geschliffen* ◆ zweischneidiges Messer

**zweisprachig** ⟨Adj.⟩ Sy *bilingual* **1** *in zwei Sprachen abgefasst* **2** *mit zwei Sprachen, zwei Sprachen zugleich lernend* ◆ zweisprachiges Wörterbuch; zweisprachiger Text; er ist zweisprachig aufgewachsen

**Zweisprachigkeit** ⟨f.; -; unz.⟩ *zweisprachige Beschaffenheit;* Sy *Bilingualismus*

**zweit** ⟨nur in der Fügung⟩ zu zweit *in einer Gruppe von zwei Personen* ◆ sie kamen zu zweit; wir waren nur zu zweit

**Zweitakter** ⟨m. 3; kurz für⟩ **1** ► *Zweitaktmotor* **2** *Kraftwagen mit Zweitaktmotor*

**Zweitaktmotor** ⟨m. 23; Tech.⟩ ◄ *Verbrennungsmotor, bei dem mit jedem zweiten Takt eine Entzündung u. Verbrennung des Kraftstoff-Luft-Gemisches erfolgt;* Sy ⟨kurz⟩ *Zweitakter (1)*

**Zweitausfertigung** ⟨f. 20⟩ = *Duplikat (2)*

**zweite(r, -s)** ⟨Ordinalzahl⟩ *nach dem Ersten (stehend)* ◆ er kann arbeiten wie kein Zweiter ⟨fig.⟩ *wie niemand sonst, sehr viel;* der zweite Bildungsweg *Schulausbildung nach Berufsausbildung bzw. -tätigkeit mit Abschluss, der zum Besuch einer Fachhochschule od. Hochschule berechtigt;* etwas aus zweiter Hand kaufen *durch einen Zwischenhändler, gebraucht;* die zweite Stimme singen; jeden zweiten Tag [seitdem 15. Jh. statt *ander*]

**zweitens** ⟨Adv.⟩ *an zweiter Stelle*

**zweithöchste(r, -s)** ⟨Adj.⟩ *nach dem Höchsten (stehend)* ◆ der zweithöchste Berg Europas; der zweithöchste je bezahlte Betrag für ein Gemälde

**zweitklassig** ⟨Adj.⟩ **1** *unter der ersten Klasse (befindend)* **2** ⟨fig.⟩ *nicht sehr gut* ◆ nach dem Abstieg aus der höchsten Klasse war die Mannschaft nur noch zweitklassig; ein zweitklassiges Unternehmen

**zweitletzte(r, -s)** ⟨Adj.⟩ *vor dem Letzten (stehend)*

**zweitrangig** ⟨Adj.⟩ *weniger wichtig, weniger bedeutend* ◆ ein zweitrangiges Problem, Thema; ein zweitrangiges Hotel

**Zweitstimme** ⟨f. 19; bei manchen Wahlen⟩ *die zweite der einem Wähler zur Verfügung stehenden zwei Stimmen*

**Zweitwohnung** ⟨f. 20⟩ *zweite, kleinere Wohnung (am Ort des Arbeitsplatzes od. für Wochenenden, Ferien usw.) eines Wohnungsinhabers*

ZWERGMISPEL
(*Cotoneaster* species)

**Zweivierteltakt** ⟨m. 1; Mus.⟩ *in Einheiten von je zwei Viertelnoten gegliederter Takt, $^2/_4$-Takt*

**zweiwertig** ⟨Adj.⟩ *zwei Wertigkeiten habend;* Sy *bivalent* ◆ zweiwertiges Atom, Element; zweiwertiges Verb

**Zweiwertigkeit** ⟨f. 20; unz.⟩ *zweiwertige Beschaffenheit;* Sy *Bivalenz*

**Zweizeiler** ⟨m. 3; Lit.⟩ *Strophe od. Gedicht aus zwei Zeilen, z. B. Distichon*

**Zwerchfell** ⟨n. 11; Anat.⟩ *Scheidewand zwischen Brust- u. Bauchhöhle der Säugetiere u. des Menschen;* Sy *Diaphragma (1.1)* [< *zwerch* „quer" + *Fell* in der Bedeutung „Haut"]

**Zwerg** ⟨m. 1⟩ **1** ⟨Myth.⟩ *sehr kleines, im Wald, meist unter der Erde lebendes Männchen, meist alt u. mit Bart;* Sy *Erdmännchen (2)* **2** ⟨abwertend⟩ *sehr kleiner Mensch* [< mhd. *zwerc, twerc* < ahd. *(gi)twerc*]

**Zwerg...** ⟨in Zus.⟩ *sehr kleine Art, sehr kleine Rasse (eines Tieres od. einer Pflanze),* z. B. Zwerghuhn

**Zwergammer** ⟨f. 21; Zool.⟩ *die nordeurasiat. Tundren bewohnender Singvogel: Emberiza pusilla*

**Zwerghirsch** ⟨m. 1; Zool.⟩ *kleiner Virginiahirsch mit winzigem Geweih: Pudu pudu*

**Zwergkirsche** ⟨f. 19⟩ *verwilderte Kirsche: Prunus fructicosa*

**Zwergmaki** ⟨m. 6; Zool.⟩ *Angehöriger einer Gattung der Familie der Lemuren mit den zwei Unterfamilien Mausmaki: Microcebus murinus und Echter Katzenmaki: Cheirogaleus*

**Zwergmännchen** ⟨n. 14; Zool.⟩ *bei einigen Tierarten auftretende, (sehr) kleine Form des männlichen Partners*

**Zwergmaus** ⟨f. 7u; Zool.⟩ ▲ *kleine Maus mit braunem Rücken: Micromys minutus*

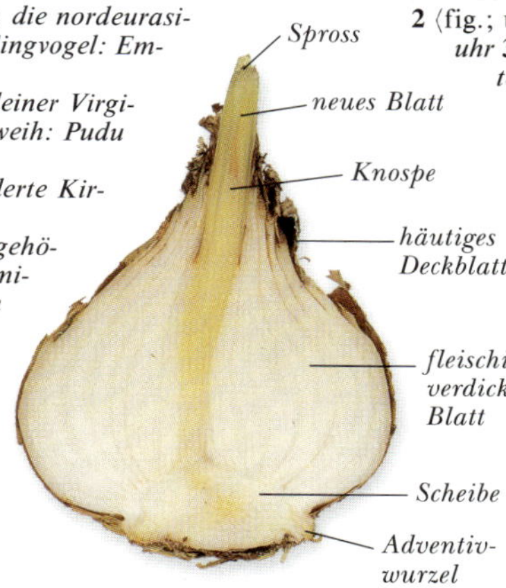


ZWIEBEL: SCHNITT DURCH
DIE ZWIEBEL EINES RITTERSTERNS
(*Hippeastrum* species)

**Zwergmispel** ⟨f. 21; Bot.⟩ ▼ *Angehörige einer Gattung der Rosengewächse: Cotoneaster*

**Zwergorange** ⟨[-orãʒə] f. 19; Bot.⟩ ► = *Kumquat*

**Zwergrohrdommel** ⟨f. 21; Zool.⟩ *einheim. kleine Verwandte der Rohrdommel mit ähnlichem Verhalten: Ixobrychus minutus*

**Zwergwal** ⟨m. 1; Zool.⟩ ◄ *kleiner Finnwal: Balaenoptera acutorostrata*

**Zwergwuchs** ⟨[-ks] m.; -es; unz.⟩ *Körpergröße, die weit unter dem Durchschnitt liegt, z. B. bei Liliputanern*

**Zwetsche** ⟨f. 19⟩ = *Pflaume*[1] [< ital. *davascena* < mgrch. *damaskenon;* Adj. zu *Damaskus* (der Herkunft der Früchte)]

**Zwetschge** ⟨f. 19; süddt., schweiz.⟩ = *Pflaume*[1]

**Zwetschke** ⟨f. 19; österr.⟩ = *Pflaume*[1]

**Zwickel** ⟨m. 5⟩ **1** *dreieckiger Einsatz in Kleidungsstücken* (Fersenzwickel, Hosenzwickel) **2** *dreieckiges Flächenstück, z. B. zwischen einem Bogenu. seiner viereckigen Umrahmung* (Bogenzwickel) [mhd., „Keil"]

**zwicken** ⟨V. t.; hat⟩ **1** *mit zwei Fingern od. den zwei bewegl. Teilen eines Werkzeugs kurz drücken, kneifen* **2** ⟨österr.⟩ *lochen* (Fahrschein) **3** ⟨fig.; umg.⟩ *leicht schmerzen* ◆ es zwickt mich hier ⟨fig.; umg.⟩ [< ahd. *(gi)zwickan* „mit Zwecken befestigen, einklemmen"; → *Zwecke*]

**Zwickmühle** ⟨f. 19⟩ **1** *Stellung im Mühlespiel, doppelte Mühle, bei der man den Gegner, wie er auch zieht, in einer Mühle fangen kann* **2** ⟨fig.⟩ *ausweglose Situation, Lage, in der man, wie man sich auch verhält, Unannehmlichkeiten bekommt* ◆ sich in einer Zwickmühle befinden

**zwie..., Zwie...** ⟨in Zus.⟩ *zwei..., Zwei...*

**Zwieback** ⟨m. 1u⟩ *auf beiden Seiten geröstetes Weizengebäck* [Lehnübersetzung < ital. *biscotto* (→ *Biskuit*) < *zwie...* + *(ge)backen*]

**Zwiebel** ⟨f. 21⟩ **1** ⟨Bot.⟩ **1.1** ⟨i. w. S.⟩ ▼ *meist unterirdischer u. stark verdickter pflanzl. Spross, an dem fleischig verdickte Schuppenblätter sitzen, die der Speicherung dienen* (Küchenzwiebel, Schneeglöckchenzwiebel) **1.2** ⟨i. e. S.⟩ *zweijährige Kulturpflanze (Liliengewächs) mit röhrigen Blättern u. Zwiebeln als Überwinterungsorganen, die als Gewürz od. Gemüse dienen: Allium cepa;* Sy *Bolle, Gartenzwiebel,* ⟨nddt., mdt.⟩ *Zipolle* **2** ⟨fig.; umg.; scherzh.⟩ *Armbanduhr* **3** *kleiner, sehr fest gedrehter Haarknoten* [< mhd. *zwibolle* < ahd. *zwibolla* < mlat. *cipolla;* Verkleinerungsform zu lat. *cepa* „Zwiebel"; die hochdt. Formen sind an *zwie(häutig)* + *Bolle* angelehnt]

**Zwiebelkuchen** ⟨m. 4⟩ *schwäbischer Kuchen aus Hefeteig mit einer Auflage aus Speckwürfeln, klein gehackten Zwiebeln, Rahm, Eiern, Kümmel u. a. Gewürzen, der warm gegessen wird*

**Zwiebelmuster** ⟨n. 13; unz.⟩ *Muster auf Porzellan in Form von stilisierten Zwiebeln*

Z

**zwiebeln** ⟨V. t.; hat; fig.; umg.⟩ *peinigen, bewusst ärgern* [eigtl. „jmdn. zum Weinen bringen, als ob er Zwiebeln schnitte"]

**Zwiebelturm** ⟨m. 1u; Arch.⟩ *Kirchturm in Form einer Zwiebel*

**Zwiegespräch** ⟨n. 11⟩ *Gespräch zu zweien* ◆ ein Zwiegespräch führen

**Zwielaut** ⟨m. 1; Sprachw.⟩ = *Diphthong*

**Zwielicht** ⟨n. 12; unz.⟩ **1** *Licht aus verschiedenen Lichtquellen zugleich, bes. aus Tages- u. künstl. Licht* **2** *Dämmerlicht*

**Zwiespalt** ⟨m. 1⟩ **1** *innere Zerrissenheit, starkes inneres Schwanken, schmerzl. Unfähigkeit, sich zwischen zwei Dingen zu entscheiden od. zwei Dinge zu vereinigen* **2** *Uneinigkeit* [Rückbildung zu *zwiespältig*]

**Zwiesprache** ⟨f. 19⟩ *Zwiegespräch, Aussprache zu zweien* ◆ mit jmdm. Zwiesprache halten

**Zwietracht** ⟨f.; -; unz.⟩ *Uneinigkeit, Streit, böse Gesinnung gegen einen anderen od. andere* ◆ Zwietracht säen, stiften [< spätmhd. *zwitraht;* zu mhd. *enzwei tragen* „uneins sein"; → *Eintracht*]

**Zwillich** ⟨m. 1⟩ *grober Leinenstoff, Drell* [Subst. zu mhd. *zwil(i)ch)* < ahd. *zwilih* „zweifädig" < lat. *bilix* < *bi...* „zwie" + *licium* „Faden"]

**Zwilling** ⟨m. 1⟩ **1** *eines von zwei zur gleichen Zeit im Mutterleib entwickelten u. kurz nacheinander geborenen Kindern od. Tieren* **2** ⟨Pl.; Astron.⟩ ► *Sternbild des Tierkreises am nördl. Himmel mit den Hauptsternen Castor u. Pollux:* **3** *Doppelkristall* **4** *Gewehr mit doppeltem Lauf* [< mhd. *zwillinc* < ahd. *zwiniling;* Subst. zu *zwinal* „doppelt"]

**Zwillingsarten** ⟨Pl.; Biol.⟩ *sehr nahe verwandte, durch morphologische Merkmale nicht od. nur wenig unterschiedene Arten*

**Zwillingsbruder** ⟨m. 3u⟩ *männlicher Zwilling*

**Zwillingsforschung** ⟨f. 20; unz.; Biol.; Psychol.⟩ *Untersuchung der biologischen u. psychischen Merkmale von Zwillingen*

**Zwillingsreifen** ⟨m. 4; an LKWs⟩ *Doppelreifen*

**Zwillingsschwester** ⟨f. 21⟩ *weiblicher Zwilling*

**Zwinge** ⟨f. 19⟩ *Werkzeug, das mittels zweier, durch Schrauben verstellbarer Backen das Ein- od. Zusammenspannen von Werkzeugen ermöglicht* (Schraubzwinge) [< mhd. *twinc;* Rückbildung zu *zwingen*]

**zwingen** ⟨V. t. 288; hat⟩ **1** jmdn. zwingen *jmdn. mit Gewalt od. Drohung dazu bringen, etwas zu tun* **2** etwas zwingen ⟨umg.⟩ *leisten können, fertig bringen, bewältigen, essen können* ◆ ich muss mich zwingen, freundlich zu ihr zu sein; jmdn. **auf** die Knie, in die Knie zwingen; sein Mut zwingt (mich) **zur** Bewunderung; jmdn. zum Nachgeben, zum Gehorsam, zum Sprechen zwingen ◆ es bestehen zwingende Gründe zu dieser Maßnahme; etwas nur gezwungen tun *nicht freiwillig* [< mhd. *twingen* < ahd. *dwingan*]

**Zwinger** ⟨m. 3⟩ **1** ⟨urspr.⟩ *Gang zwischen innerer u. äußerer Burgmauer od. freier Platz in der Vorburg für Kampfspiele od. als Gehege für wilde Tiere* (Bärenzwinger, Löwenzwinger) **2** ⟨dann⟩ *Käfig, eingezäunter Platz für Tiere, bes. Wach- od. Jagdhunde* (Hundezwinger) [urspr. der Raum unmittelbar vor der Stadtmauer, in dem der Angreifer bezwungen werden sollte]

**zwinkern** ⟨V. i.; hat⟩ *die Augen zusammenkneifen u. die Lider schnell abwechselnd öffnen u. schließen* ◆ mit den Augen zwinkern [Iterativbildung zu mhd. *zwinken* „blinzeln"]

**zwirbeln** ⟨V. t.; hat⟩ *schnell zwischen zwei od. drei Fingern drehen* ◆ den Bart, Schnurrbart zwirbeln; einen Faden zwirbeln [zu mhd. *zwirbel* „kreisförmige Bewegung"]

**Zwirn** ⟨m. 1; Textilw.⟩ *aus mehreren Fäden zusammengedrehtes, bes. reißfestes Garn* (Baumwoll-, Seidenzwirn) [< mhd. *zwirn*]

**Zwirnsfaden** ⟨m. 4u⟩ **1** *Faden aus Zwirn* **2** ⟨Sinnbild für⟩ *Kleinigkeit, etwas Dünnes, Geringfügiges* ◆ sein Leben hing an einem Zwirnsfaden ⟨fig.; umg.⟩ *sein Leben war in großer Gefahr;* die Sache hing an einem Zwirnsfaden ⟨fig.; umg.⟩ *die Sache wäre fast misslungen, schief gegangen;* über einen Zwirnsfaden stolpern ⟨fig.; umg.⟩ *sich durch eine Kleinigkeit, etwas Unwichtiges aus der Fassung bringen lassen;* er ist dünn wie ein Zwirnsfaden

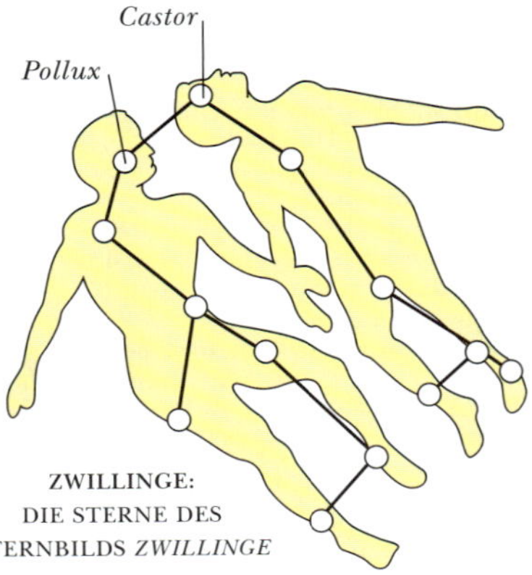


ZWILLINGE:
DIE STERNE DES
STERNBILDS *ZWILLINGE*

**zwischen** **I** ⟨Präp. m. Dat.⟩ *etwa in der Mitte von, mitten unter, in der Hälfte (eines Zeitraums)* ◆ er muss sich zwischen dir und mir entscheiden *entweder für dich od. für mich;* ich saß zwischen ihm und seiner Frau; es hat Streit zwischen ihnen gegeben; Verhandlungen zwischen Frankreich und Deutschland; ich komme zwischen zwei und drei Uhr **II** ⟨Präp. m. Akk.⟩ *mitten hinein, mitten in* ◆ ich habe die Krokusse zwischen die Sträucher gepflanzt; er sprang zwischen die Streitenden [verkürzt < mhd. *in (und er) zwischen* < ahd. *in (untar) zwisken* „inmitten von beiden"; zu ahd. *zwiski* „beide"]

**Zwischenbemerkung** ⟨f. 20⟩ *eingeworfene Bemerkung, ohne dass gefragt worden ist* ◆ behalte deine Zwischenbemerkungen für dich!; darf ich mir eine Zwischenbemerkung erlauben?

**Zwischenboden** ⟨m. 4u⟩ **1** *unter der Decke eines Raumes zusätzlich eingebauter Boden* **2** *zwischen zwei Regalbrettern od. -böden zusätzlich eingesetzter Boden*

**Zwischendeck** ⟨n. 15 od. n. 11⟩ *Deck zwischen dem Hauptdeck und den darunter liegenden Decks*

**zwischendurch** ⟨Adv.⟩ *zwischen der einen und der nächsten Handlung, während einer Handlung* ◆ er hat den ganzen Abend gearbeitet und nur zwischendurch bei mir angerufen; etwas zwischendurch essen

**Zwischenergebnis** ⟨n. 11⟩ *Ergebnis über den augenblicklichen Stand einer Sache vor dem endgültigen Ergebnis* ◆ als Zwischenergebnis wollen wir festhalten ...; ein Zwischenergebnis erfahren

**Zwischenfall** ⟨m. 1u⟩ *unerwarteter Vorfall, unbeabsichtigter Vorgang, den Ablauf einer Sache hemmendes Ereignis* ◆ ärgerlicher, lustiger, peinlicher Zwischenfall; die Reise verlief ohne Zwischenfall

**Zwischenfrage** ⟨f. 19⟩ *ein Gespräch, einen Vortrag o. Ä. unterbrechende Frage* ◆ seine Zwischenfragen waren sehr störend

**Zwischengröße** ⟨f. 19⟩ *Größe zwischen zwei genormten Größen*

**Zwischenhandel** ⟨m.; -s; unz.⟩ *zwischen Erzeuger u. Verkäufer vermittelnder Handel, Großhandel*

**Zwischenhändler** ⟨m. 3⟩ **1** *Händler, der Waren vom Erzeuger kauft u. an einen Verkäufer weiterverkauft* **2** *Großhändler*

**Zwischenhirn** ⟨n. 11; Anat.⟩ *zweiter Abschnitt des Gehirns der Wirbeltiere u. des Menschen: Diencephalon*

**Zwischenlandung** ⟨f. 20⟩ *Landung auf einem Flughafen vor der Landung am Zielort* ◆ Flug von Düsseldorf nach New York mit einer Zwischenlandung in Amsterdam

**Zwischenmahlzeit** ⟨f. 20⟩ *Mahlzeit zwischen den Hauptmahlzeiten, z. B. zweites Frühstück, Nachmittagskaffee*

**zwischenmenschlich** ⟨Adj.⟩ *zwischen den Menschen (vorhanden, sich abspielend)* ◆ zwischenmenschliche Beziehungen

**Zwischenraum** ⟨m. 1u⟩ *freier Raum zwischen zwei Dingen, Abstand* ◆ 2 m Zwischenraum; Zwischenraum zwischen zwei Abschnitten, Buchstaben

**Zwischenring** ⟨m. 1; Fot.⟩ *Ring, der zwischen Kamera u. Objektiv geschraubt wird (für Nahaufnahmen od. zur Anpassung des Objektivs an die Kamera)*

**Zwischenruf** ⟨m. 1⟩ *Ruf in ein Gespräch, eine Rede, einen Vortrag hinein* ◆ ablehnende, empörte, zustimmende Zwischenrufe; einen Zwischenruf tätigen

**Zwischenspiel** ⟨n. 11⟩ **1** ⟨Lit.⟩ **1.1** *kleines, meist heiteres, in ein Theaterstück od. zwischen größere Stücke eingeschobenes Theaterstück* **1.2** *zwischen zwei Akte eingeschobenes Musikstück* **2** ⟨Mus.⟩ **2.1** *Instrumentalspiel zwischen den Strophen eines Gesangstücks* **2.2** *zwischen zwei Szenen einer Oper einge-*

## ZWITTER

Obwohl zwittrige Pflanzen und Tiere männliche und weibliche Geschlechtsorgane aufweisen, befruchten sich doch meist zwei Individuen gegenseitig. Dabei können doppelt so viele Nachkommen entstehen wie bei der Fortpflanzung eingeschlechtiger Lebewesen.

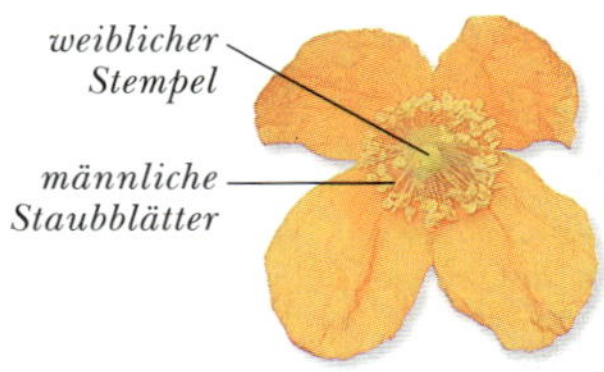


FORTPFLANZUNGSORGANE EINER ZWITTRIGEN BLÜTE (MOHN)

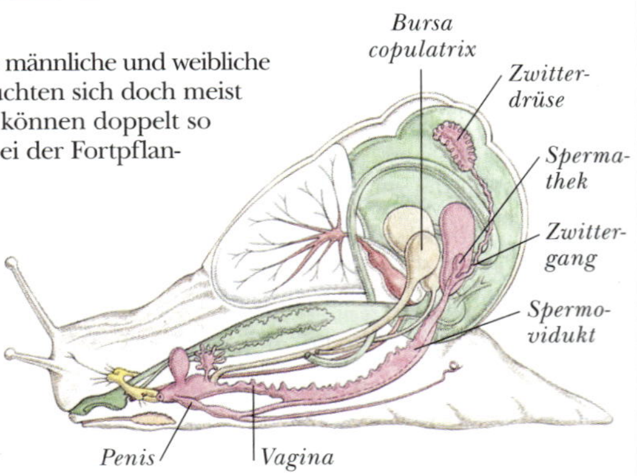


FORTPFLANZUNGSORGANE EINES ZWITTRIGEN TIERES (SCHNECKE)

Z

## ZWÖLFFINGERDARM

Der Zwölffingerdarm, der zusammen mit Leer- und Krummdarm den Dünndarm bildet, liegt direkt hinter dem Magen. Sein Zugang wird vom Schließmuskel des Magenpförtners geregelt. An der vaterschen Papille münden die Ausführungsgänge von Bauchspeicheldrüse und Leber, deren Fermente im Zwölffingerdarm wichtige Aufgaben erfüllen: Bauchspeichel neutralisiert die Magensäure und unterstützt mit Enzymen die Verdauung, während Lebergalle die Fette emulgiert.

SCHNITT DURCH DEN ZWÖLFFINGERDARM

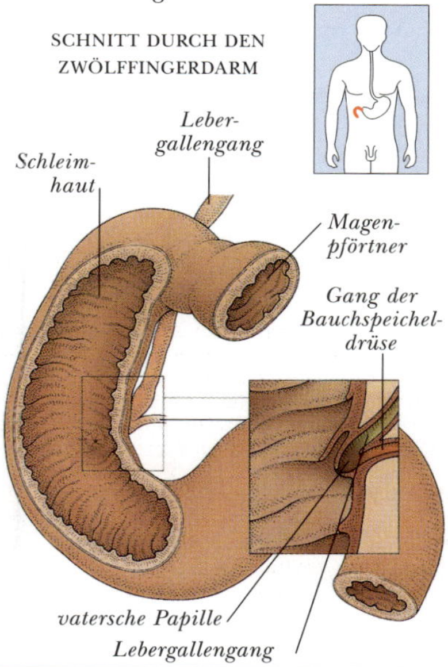


*schobenes Musikstück* **3** ⟨fig.⟩ *in eine Handlung eingeschobener od. zwischen zwei Handlungen ablaufender Vorgang*

**Zwischentext** ⟨m. 1; Film⟩ **1** *zwischen zwei Szenen auf der Leinwand erscheinender, erläuternder, besonders größere Zeiträume in der Handlung überbrückender Text* **2** *Text zwischen zwei Szenen im Stummfilm*

**Zwischenton** ⟨m. 1u⟩ **1** ⟨Mal.⟩ *abgestufter Farbton* **2** ⟨fig.⟩ *indirekte, hintergründige Aussage od. Bemerkung* ◆ aufschlussreiche, unüberhörbare Zwischentöne (in einem Vortrag o. Ä.) ⟨fig.⟩

**Zwischenwirbelscheibe** ⟨f. 19; Anat.⟩ ► = *Bandscheibe*

**Zwischenzeit** ⟨f. 20⟩ *Zeitraum zwischen zwei Handlungen od. Vorgängen* ◆ die Zwischenzeit kann ich mit Besorgungen ausfüllen

**Zwist** ⟨m. 1; geh.⟩ *Streit, Hader, Uneinigkeit, Feindschaft* ◆ mit jmdm. in Zwist leben [< mnddt. *twist* „Streit"]

**zwitschern** ⟨V.; hat⟩ **I** ⟨V. i.⟩ *Laut geben* (von kleinen Vögeln) ◆ wie die Alten sungen, so zwitschern auch die Jungen ⟨fig.⟩ *Kinder reden oft das nach, was die Eltern sagen* **II** ⟨V. t.; fig.; umg.⟩ einen zwitschern *einen Schnaps trinken* [< mhd. *zwitzern* < ahd. *zwizziron*]

**Zwitter** ⟨m. 3; Biol.⟩ ◄ *fortpflanzungsfähiges Lebewesen mit männl. u. weibl. Geschlechtsmerkmalen;* Sy *Hermaphrodit* [< mhd. *zwitarn, zwitorn* < ahd. *zwitaran;* zu *zwie...* (ahd. *zwi...*) „doppelt"]

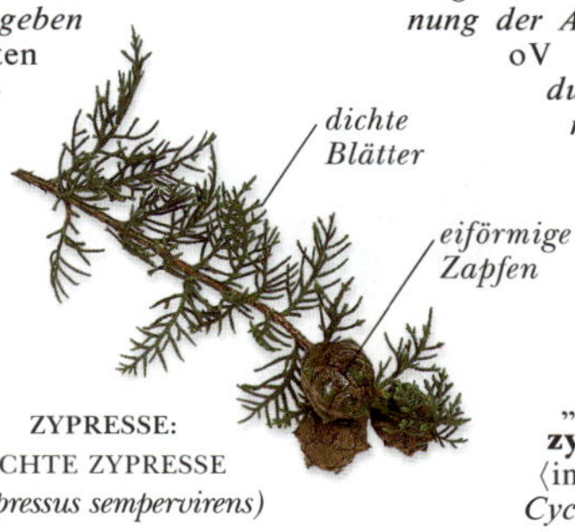


ZYPRESSE: ECHTE ZYPRESSE
*(Cupressus sempervirens)*

**Zwitterion** ⟨n. 27; Chem.⟩ *chem. Verbindung, die im gleichen Molekül eine Gruppe mit positiver u. eine mit negativer Ladung trägt*

**Zwitterstellung** ⟨f. 20⟩ *Stellung zwischen zwei Dingen od. Personen, wobei die Zugehörigkeit nicht genau festliegt*

**Zwitterwesen** ⟨n. 14; Biol.⟩ *Wesen, das zu keinem von zwei Lebewesen gehört, aber Eigenschaften von beiden aufweist*

**zwölf** ⟨Num.⟩ *12* ◆ die zwölf Apostel; die Zwölf Nächte *die Nächte zwischen dem ersten Weihnachtstag u. Dreikönige;* zwölf Stück *ein Dutzend;* (um) zwölf Uhr mittags [< mhd. *zwel(e)f* < ahd. *zwelif;* → *elf*]

**Zwölf** ⟨f. 20⟩ *die Zahl 12*

**Zwölfeck** ⟨n. 11; Geom.⟩ *ebene geometr. Figur mit zwölf Ecken*

**Zwölfender** ⟨m. 3; Zool.⟩ *Hirsch, dessen Geweih zwölf Enden hat*

**Zwölfersystem** ⟨n. 11⟩ = *Duodezimalsystem*

**Zwölffingerdarm** ⟨m. 1u; Anat.⟩ ◄ *bei den Säugetieren u. dem Menschen der an den Magenausgang sich anschließende, hufeisenförmig gebogene Anfangsteil des Dünndarms: Duodenum;* Sy *Duodenum* [Lehnübersetzung von grch. *dodekadaktylon:* so genannt, weil er so lang ist wie zwölf Finger breit sind]

**Zwölfflach** ⟨n. 11⟩, **Zwölfflächner** ⟨m. 3; Geom.⟩ ► = *Dodekaeder*

**Zwölftonmusik** ⟨f. 20; unz.; Mus.⟩ = *atonale Musik*

**Zyan** ⟨n. 11; unz.; Chem.⟩ = *Dicyan;* oV ⟨fachsprachl.⟩ *Cyan* [zu lat. *cyanus* < grch. *kyaneos* „dunkelblau"]

**Zyanit** ⟨m. 1; unz.; Chem.⟩ = *Disthen;* oV ⟨fachsprachl.⟩ *Cyanit* [→ *Zyan*]

**Zyankali** ⟨n. 15; unz.; Chem.⟩ *überaus giftiges Kaliumsalz der Blausäure;* oV ⟨fachsprachl.⟩ *Cyankali*

**Zyansäure** ⟨f. 19; unz.; Chem.⟩ *farblose Säure, Gemisch aus den Isomeren mit den chemischen Formeln HOCN u. OCNH;* oV ⟨fachsprachl.⟩ *Cyansäure*

ZYKADEE
*(Cycas revoluta)*

**Zygäne** ⟨f. 19; Zool.⟩ = *Blutströpfchen (2)*

**Zykadee** ⟨[-de:ə] f. 19; Bot.⟩ ▲ *Angehörige der ältesten Klasse der nacktsamigen Pflanzen: Cycadinae;* Sy *Palmfarn* [< lat. *cyca*]

**Zykas** ⟨f.; -, -; Bot.⟩ *Sagobaum* [< lat. *cyca*]

**zyklam** ⟨Adj.; undekl.⟩ *von kräftiger, leuchtend rosavioletter Farbe* [→ *Zyklamen*]

**Zyklamate** ⟨Pl.⟩ = *Cyklamate*

**Zyklamen** ⟨n. 14; Bot.⟩ ► = *Alpenveilchen* [< nlat. *cyclamen* < grch. *kyklaminos*]

**zyklisch** ⟨Adj.⟩ *in der Art eines Zyklus, im Kreislauf regelmäßig wiederkehrend;* oV *cyclisch* ◆ zyklische Verbindung ⟨Chem.⟩ *chemische Verbindung mit ringförmiger Anordnung der Atome im Molekül;* oV *cyclische Verbindung;* Sy *Ring (6), ringförmige Verbindung;* in zyklischer Reihenfolge *regelmäßig wiederkehrend* [< lat. *cyclicus* < grch. *kyklikos;* zu *kyklos* „Kreis, Zyklus"]

**zyklo..., Zyklo...** ⟨in Zus.⟩ = *cyclo..., Cyclo...*

**zykloid** ⟨Adj.⟩ *kreisähnlich, kreisförmig* [< grch. *kykloeides* „kreisförmig" < *kyklos* „Kreis" + *eidos* „Form"]

**Zykloide** ⟨f. 19⟩ *Kurve, die ein Punkt eines Kreises beschreibt, der auf einer Geraden abrollt, Radkurve* [→ *zykloid*]

**Zyklolyse** ⟨f. 19; Meteor.⟩ *Auflösung einer Zyklone, eines Tiefdruckgebiets*

**Zyklon** ⟨m. 1⟩ **1** ⟨Meteor.⟩ *Wirbelsturm in tropischen Gebieten* **2** *Gerät zum Trennen feinkörniger Mineralgemische nach der Korngröße* **3** ⟨Techn.⟩ *nach unten spitz zulaufender, kegelförmiger Hohlkörper, an dessen oberem Ende das zu trennende Material mit hoher Geschwindigkeit tangential eingebracht wird* [zu spätlat. *cyclus* < grch. *kyklos* „Kreis"]

ZYLINDER

**Zyklone** ⟨f. 19; Meteor.⟩ *Tiefdruckgebiet*

**Zyklop** ⟨m. 16; grch. Myth.⟩ *einäugiger Riese* [< lat. *Cyclops,* grch. *Kyklops* < *kyklos* „Kreis" + *ops* „Auge"]

**Zyklus** ⟨m.; -, Zyklen⟩ **1** *Kreis, Kreislauf, regelmäßige Wiederkehr* **2** *Folge, Reihe, Zusammenfassung mehrerer gleichartiger Schrift- od. Musikwerke* (Konzertzyklus, Opernzyklus, Menstruationszyklus, Sexualzyklus) [< spätlat. *cyclus* < grch. *kyklos* „Kreis"]

**Zylinder** ⟨m. 3⟩ **1** ⟨Geom.⟩ ▲ *walzenförmiger Körper mit kreisförmigem Querschnitt* **2** ⟨in Dampfmaschinen u. Verbrennungsmotoren⟩ *Raum, in dem Dampf od. verbrannte Gase einen Kolben hin- u. herbewegen* **3** *beiderseits offener, walzenförmiger Körper aus Glas, der über eine brennende Flamme gestülpt wird* (Lampenzylinder) **4** *hoher, röhrenförmiger, meist schwarzer Herrenhut aus Seidensamt* [< lat. *cylindrus* < grch. *kylindros* „Walze"; zu *kylindein* „wälzen"; urspr. als mathemat. Fachbegriff entlehnt, seit Ende des 18. Jh. auf die Hutform übertragen]

**Zyniker** ⟨m. 3⟩ **1** ⟨Philos.⟩ = *Kyniker* **2** ⟨fig.⟩ *zynischer Mensch* [→ *zynisch*]

**zynisch** ⟨Adj.⟩ *bissig-pietätlos, spöttisch* [< lat. *cynicus* < grch. *kynikos* „hündisch, bissig, schamlos"; zu *kyon* „Hund"]

**Zypergras** ⟨n. 12u; unz.; Bot.⟩ *Angehöriges einer Gattung der Riedgräser, Ufer-, Sumpf- u. Wasserpflanze in trop. u. subtrop. Gegenden: Cyperus* [zu grch. *kypeiros* „Schilfgras"]

**Zypresse** ⟨f. 19; Bot.⟩ ◄ *Angehörige einer Gattung der Nadelbäume aus der Familie der Zypressengewächse (Cupressaceae) mit kleinen, sehr dichten Blättern: Cupressus;* ► *Bäume* [< mhd. *cipres(se)* < lat. *cupressus;* aus einer kleinasiat. Sprache entlehnt]

**Zyste** ⟨f. 19⟩ **1** ⟨Med.⟩ *durch eine Membran abgeschlossener Hohlraum im Gewebe mit flüssigem Inhalt* **2** ⟨Zool.⟩ *meist mit derber Haut umgebene Hülle niederer Tiere* [< nlat. *cystis* < grch. *kystis* „Blase"]

**Zytoblast** ⟨m. 16; Biol.⟩ = *Zellkern* [< nlat. *cytus* „Zelle" < grch. *kytos* „Höhlung" + *blastos* „Spross, Keim"]

**Zytologie** ⟨f. 19; unz.; Biol.⟩ *Lehre von den Zellen* [< nlat. *cytus* „Zelle" < grch. *kytos* „Höhlung, Urne" + *logos* „Wort, Lehre"]

**Zytoplasma** ⟨n.; -s, -men; Biol.⟩ *das in der Zelle enthaltene Plasma ohne den Zellkern;* Sy *Zellplasma* [< lat. *cytus* „Zelle" < grch. *kytos* „Höhlung, Urne" + *Plasma*]

**z. Z., z. Zt.** ⟨Abk. für⟩ *zur Zeit*

Z

# Länder der Erde

Über den Stichwortteil A-Z hinaus versammeln die folgenden Seiten die Flaggen aller 193 Staaten der Erde. Neben der Abbildung der offiziellen Staatsflagge werden in tabellarischer Übersicht ausgewählte Basisdaten zum jeweiligen Land präsentiert, das mit seinem deutschsprachigen Namen verzeichnet ist. Ferner werden das Kfz-Kennzeichen, der Name der Hauptstadt sowie statistische Daten über Staatsfläche, Einwohnerzahl und durchschnittliche Lebenserwartung aufgeführt. Zum Schluss folgt die Angabe zur jeweiligen Landeswährung. Zwölf Staaten der EU haben seit dem 1. Januar 2002 den Euro (1 Euro = 100 Cent) als gemeinsame Währung. Es sind dies: Belgien, Deutschland, Finnland, Frankreich, Griechenland, Irland, Italien, Luxemburg, die Niederlande, Österreich, Portugal und Spanien. Dazu kommen die vier mittelbaren Teilnehmerländer Monaco, San Marino und die Vatikanstadt sowie Andorra, das aber keine eigene Euro-Münze geprägt hat. Die Angaben befinden sich auf dem Stand des Jahres 2004. Die Reihenfolge der Darstellung folgt dem Alphabet.

AFGHANISTAN

**Hauptstadt:** Kabul
**Sprachen:** Paschtu; Dari
**Fläche:** 647 500 km²
**Einwohner:** 23,3 Mio.
**Lebenserwartung:** 43 Jahre
**Währung:** 1 Afghani = 100 Puls

AFG

ÄGYPTEN

**Hauptstadt:** Kairo
**Sprache:** Arabisch
**Fläche:** 1 001 450 km²
**Einwohner:** 70,3 Mio.
**Lebenserwartung:** 67 Jahre
**Währung:** 1 Ägyptisches Pfund = 100 Piaster

ET

ALBANIEN

**Hauptstadt:** Tirana
**Sprache:** Albanisch
**Fläche:** 28 748 km²
**Einwohner:** 3,2 Mio.
**Lebenserwartung:** 71 Jahre
**Währung:** 1 Lek = 100 Qindarka

AL

ALGERIEN

**Hauptstadt:** Algier
**Sprache:** Arabisch
**Fläche:** 2 381 740 km²
**Einwohner:** 31,4 Mio.
**Lebenserwartung:** 69 Jahre
**Währung:** 1 Algerischer Dinar = 100 Centimes

DZ

ANDORRA

**Hauptstadt:** Andorra la Vella
**Sprache:** Katalanisch
**Fläche:** 468 km²
**Einwohner:** 68 200
**Lebenserwartung:** 80 Jahre
**Währung:** 1 Euro = 100 Cent

AND

ANGOLA

**Hauptstadt:** Luanda
**Sprache:** Portugiesisch
**Fläche:** 1 246 700 km²
**Einwohner:** 13,9 Mio.
**Lebenserwartung:** 40 Jahre
**Währung:** 1 Kwanza = 100 Lwei

ANG

ANTIGUA UND BARBUDA

**Hauptstadt:** St. John's
**Sprache:** Englisch
**Fläche:** 442 km²
**Einwohner:** 67 400
**Lebenserwartung:** 71 Jahre
**Währung:** 1 Ostkaribischer Dollar = 100 Cents

AG

ÄQUATORIALGUINEA

**Hauptstadt:** Malabo
**Sprache:** Spanisch
**Fläche:** 28 051 km²
**Einwohner:** 483 000
**Lebenserwartung:** 53 Jahre
**Währung:** 1 CFA-Franc = 100 Centimes

GQ

ARGENTINIEN

**Hauptstadt:** Buenos Aires
**Sprache:** Spanisch
**Fläche:** 2 766 890 km²
**Einwohner:** 37,9 Mio.
**Lebenserwartung:** 75 Jahre
**Währung:** 1 Argentinischer Peso = 100 Centavos

RA

ARMENIEN

**Hauptstadt:** Eriwan
**Sprache:** Armenisch
**Fläche:** 29 800 km²
**Einwohner:** 3,8 Mio.
**Lebenserwartung:** 70 Jahre
**Währung:** 1 Dram = 100 Luma

ARM

ASERBAIDSCHAN

**Hauptstadt:** Baku
**Sprache:** Aserbaidschanisch
**Fläche:** 86 600 km²
**Einwohner:** 8,1 Mio.
**Lebenserwartung:** 66 Jahre
**Währung:** 1 Aserbaidschan-Manat = 100 Gepik

AZ

ÄTHIOPIEN

**Hauptstadt:** Addis Abeba
**Sprache:** Amharisch
**Fläche:** 1 127 127 km²
**Einwohner:** 66 Mio.
**Lebenserwartung:** 48 Jahre
**Währung:** 1 Birr = 100 Cents

ETH

AUSTRALIEN

**Hauptstadt:** Canberra
**Sprache:** Englisch
**Fläche:** 7 686 850 km²
**Einwohner:** 19,5 Mio.
**Lebenserwartung:** 80 Jahre
**Währung:** 1 Australischer Dollar = 100 Cents

AUS

BAHAMAS

**Hauptstadt:** Nassau
**Sprache:** Englisch
**Fläche:** 13 940 km²
**Einwohner:** 312 000
**Lebenserwartung:** 72 Jahre
**Währung:** 1 Bahama-Dollar = 100 Cents

BS

BAHRAIN

**Hauptstadt:** Manama
**Sprache:** Arabisch
**Fläche:** 620 km²
**Einwohner:** 663 000
**Lebenserwartung:** 73 Jahre
**Währung:** 1 Bahrain-Dinar = 1000 Fils

BRN

**BANGLADESCH**

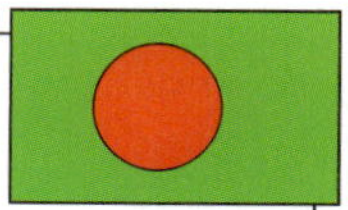

**Hauptstadt:** Dhaka
**Sprache:** Bengali
**Fläche:** 144 000 $km^2$
**Einwohner:** 143 Mio.
**Lebenserwartung:** 63 Jahre
**Währung:** 1 Taka = 100 Poisha

BD

**BARBADOS**

**Hauptstadt:** Bridgetown
**Sprache:** Englisch
**Fläche:** 430 $km^2$
**Einwohner:** 269 000
**Lebenserwartung:** 74 Jahre
**Währung:** 1 Barbados-Dollar = 100 Cents

BDS

**BELGIEN**

**Hauptstadt:** Brüssel
**Sprachen:** Französisch; Niederländisch; Deutsch
**Fläche:** 30 510 $km^2$
**Einwohner:** 10,2 Mio.
**Lebenserwartung:** 78 Jahre
**Währung:** 1 Euro = 100 Cent

B

**BELIZE**

**Hauptstadt:** Belmopan
**Sprache:** Englisch
**Fläche:** 22 966 $km^2$
**Einwohner:** 236 000
**Lebenserwartung:** 70 Jahre
**Währung:** 1 Belize-Dollar = 100 Cents

BZ

**BENIN**

**Hauptstadt:** Porto Novo
**Sprache:** Französisch
**Fläche:** 112 620 $km^2$
**Einwohner:** 6,6 Mio.
**Lebenserwartung:** 51 Jahre
**Währung:** 1 CFA-Franc = 100 Centimes

DY

**BHUTAN**

**Hauptstadt:** Thimphu
**Sprache:** Dsongha
**Fläche:** 47 000 $km^2$
**Einwohner:** 2,2 Mio.
**Lebenserwartung:** 61 Jahre
**Währung:** 1 Ngultrum = 100 Chhetrum

BT

**BOLIVIEN**

**Hauptstädte:** Sucre; La Paz
**Sprachen:** Spanisch; Ketschua; Aimará
**Fläche:** 1 098 580 $km^2$
**Einwohner:** 8,7 Mio.
**Lebenserwartung:** 63 Jahre
**Währung:** 1 Boliviano = 100 Centavos

BOL

**BOSNIEN UND HERZEGOWINA**

**Hauptstadt:** Sarajevo
**Sprachen:** Bosnisch; Kroatisch; Serbisch
**Fläche:** 51 129 $km^2$
**Einwohner:** 4,1 Mio.
**Lebenserwartung:** 73 Jahre
**Währung:** 1 Konvertible Mark = 100 Fening

BIH

**BOTSUANA**

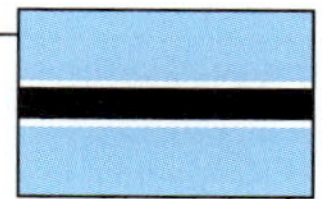

**Hauptstadt:** Gaborone
**Sprache:** Englisch
**Fläche:** 600 370 $km^2$
**Einwohner:** 1,6 Mio.
**Lebenserwartung:** 40 Jahre
**Währung:** 1 Pula = 100 Thebe

RB

**BRASILIEN**

**Hauptstadt:** Brasilia
**Sprache:** Portugiesisch
**Fläche:** 8 511 965 $km^2$
**Einwohner:** 175 Mio.
**Lebenserwartung:** 69 Jahre
**Währung:** 1 Real = 100 Centavos

BR

**BRUNEI**

**Hauptstadt:** Bandar Seri Begawan
**Sprache:** Malaiisch
**Fläche:** 5770 $km^2$
**Einwohner:** 341 000
**Lebenserwartung:** 76 Jahre
**Währung:** 1 Brunei-Dollar = 100 Cents

BRU

**BULGARIEN**

**Hauptstadt:** Sofia
**Sprache:** Bulgarisch
**Fläche:** 110 910 $km^2$
**Einwohner:** 7,8 Mio.
**Lebenserwartung:** 72 Jahre
**Währung:** 1 Lew = 100 Stótinki

BG

**BURKINA FASO**

**Hauptstadt:** Ouagadougou
**Sprache:** Französisch
**Fläche:** 274 200 $km^2$
**Einwohner:** 12,2 Mio.
**Lebenserwartung:** 42 Jahre
**Währung:** 1 CFA-Franc = 100 Centimes

BF

**BURUNDI**

**Hauptstadt:** Bujumbura
**Sprachen:** Kirundi; Französisch
**Fläche:** 27 830 $km^2$
**Einwohner:** 6,7 Mio.
**Lebenserwartung:** 41 Jahre
**Währung:** 1 Burundi-Franc = 100 Centimes

RU

**CHILE**

**Hauptstadt:** Santiago de Chile
**Sprache:** Spanisch
**Fläche:** 756 950 $km^2$
**Einwohner:** 15,6 Mio.
**Lebenserwartung:** 77 Jahre
**Währung:** 1 Chilenischer Peso = 100 Centavos

RCH

**(REPUBLIK) CHINA**

**Hauptstadt:** Taipeh
**Sprache:** Chinesisch
**Fläche:** 35 980 $km^2$
**Einwohner:** 22,5 Mio.
**Lebenserwartung:** 71 Jahre
**Währung:** 1 Neuer Taiwan-Dollar = 100 Cents

RC

**(VOLKSREPUBLIK) CHINA**

**Hauptstadt:** Peking
**Sprache:** Chinesisch
**Fläche:** 9 596 960 $km^2$
**Einwohner:** 1,29 Mrd.
**Lebenserwartung:** 71 Jahre
**Währung:** 1 Renminbi Yuan = 100 Fen

VRC

**COSTA RICA**

**Hauptstadt:** San José
**Sprache:** Spanisch
**Fläche:** 51 100 $km^2$
**Einwohner:** 4,2 Mio.
**Lebenserwartung:** 77 Jahre
**Währung:** 1 Costa-Rica-Colón = 100 Céntimos

CR

**DÄNEMARK**

**Hauptstadt:** Kopenhagen
**Sprache:** Dänisch
**Fläche:** 43 094 $km^2$
**Einwohner:** 5,3 Mio.
**Lebenserwartung:** 77 Jahre
**Währung:** 1 Dänische Krone = 100 Öre

DK

**DEUTSCHLAND**

**Hauptstadt:** Berlin
**Sprache:** Deutsch
**Fläche:** 357 021 $km^2$
**Einwohner:** 82,5 Mio.
**Lebenserwartung:** 79 Jahre
**Währung:** 1 Euro = 100 Cent

D

**DOMINICA**

**Hauptstadt:** Roseau
**Sprache:** Englisch
**Fläche:** 754 $km^2$
**Einwohner:** 70 200
**Lebenserwartung:** 73 Jahre
**Währung:** 1 Ostkaribischer Dollar = 100 Cents

WD

### DOMINIKANISCHE REPUBLIK

**Hauptstadt:** Santo Domingo
**Sprache:** Spanisch
**Fläche:** 48 730 km²
**Einwohner:** 8,6 Mio.
**Lebenserwartung:** 68 Jahre
**Währung:** 1 Dominikanischer Peso = 100 Centavos

DOM

### DSCHIBUTI
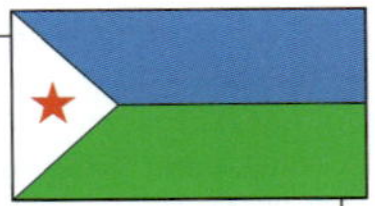

**Hauptstadt:** Dschibuti
**Sprachen:** Französisch; Arabisch
**Fläche:** 22 000 km²
**Einwohner:** 652 000
**Lebenserwartung:** 50 Jahre
**Währung:** 1 Dschibuti-Franc = 100 Centimes

DJI

### ECUADOR

**Hauptstadt:** Quito
**Sprache:** Spanisch
**Fläche:** 283 560 km²
**Einwohner:** 13,1 Mio.
**Lebenserwartung:** 71 Jahre
**Währung:** 1 US-Dollar = 100 Cents

EC

### ELFENBEINKÜSTE

**Hauptstädte:** Yamoussoukro; Abidjan
**Sprache:** Französisch
**Fläche:** 322 460 km²
**Einwohner:** 16,7 Mio.
**Lebenserwartung:** 46 Jahre
**Währung:** 1 CFA-Franc = 100 Centimes

CI

### EL SALVADOR

**Hauptstadt:** San Salvador
**Sprache:** Spanisch
**Fläche:** 21 040 km²
**Einwohner:** 6,5 Mio.
**Lebenserwartung:** 70 Jahre
**Währung:** 1 El-Salvador-Colón = 100 Centavos

ES

### ERITREA

**Hauptstadt:** Asmara
**Sprachen:** Arabisch; Tigrinya; Englisch
**Fläche:** 121 320 km²
**Einwohner:** 4 Mio.
**Lebenserwartung:** 58 Jahre
**Währung:** 1 Nakfa = 100 Cents

ER

### ESTLAND

**Hauptstadt:** Tallinn
**Sprache:** Estnisch
**Fläche:** 45 226 km²
**Einwohner:** 1,4 Mio.
**Lebenserwartung:** 71 Jahre
**Währung:** 1 Estnische Krone = 100 Senti

EST

### FIDSCHI

**Hauptstadt:** Suva
**Sprachen:** Englisch; Fidschi
**Fläche:** 18 270 km²
**Einwohner:** 832 000
**Lebenserwartung:** 67 Jahre
**Währung:** 1 Fidschi-Dollar = 100 Cents

FJI

### FINNLAND

**Hauptstadt:** Helsinki
**Sprachen:** Finnisch; Schwedisch
**Fläche:** 337 030 km²
**Einwohner:** 5,1 Mio.
**Lebenserwartung:** 78 Jahre
**Währung:** 1 Euro = 100 Cent

FIN

### FRANKREICH

**Hauptstadt:** Paris
**Sprache:** Französisch
**Fläche:** 547 030 km²
**Einwohner:** 58,5 Mio.
**Lebenserwartung:** 80 Jahre
**Währung:** 1 Euro = 100 Cent

F

### GABUN

**Hauptstadt:** Libreville
**Sprache:** Französisch
**Fläche:** 267 667 km²
**Einwohner:** 1,3 Mio.
**Lebenserwartung:** 59 Jahre
**Währung:** 1 CFA-Franc = 100 Centimes

G

### GAMBIA

**Hauptstadt:** Banjul
**Sprache:** Englisch
**Fläche:** 11 300 km²
**Einwohner:** 1,4 Mio.
**Lebenserwartung:** 57 Jahre
**Währung:** 1 Dalasi = 100 Butut

WAG

### GEORGIEN

**Hauptstadt:** Tiflis
**Sprache:** Georgisch
**Fläche:** 69 700 km²
**Einwohner:** 4,6 Mio.
**Lebenserwartung:** 72 Jahre
**Währung:** 1 Lari = 100 Tetri

GE

### GHANA

**Hauptstadt:** Accra
**Sprache:** Englisch
**Fläche:** 238 540 km²
**Einwohner:** 20,2 Mio.
**Lebenserwartung:** 58 Jahre
**Währung:** 1 Cedi = 100 Pesewas

GH

### GRENADA

**Hauptstadt:** Saint George's
**Sprache:** Englisch
**Fläche:** 340 km²
**Einwohner:** 89 200
**Lebenserwartung:** 67 Jahre
**Währung:** 1 Ostkaribischer Dollar = 100 Cents

WG

### GRIECHENLAND

**Hauptstadt:** Athen
**Sprache:** Griechisch
**Fläche:** 131 940 km²
**Einwohner:** 10,5 Mio.
**Lebenserwartung:** 78 Jahre
**Währung:** 1 Euro = 100 Cent

GR

### GROSSBRITANNIEN

**Hauptstadt:** London
**Sprache:** Englisch
**Fläche:** 244 820 km²
**Einwohner:** 59,7 Mio.
**Lebenserwartung:** 78 Jahre
**Währung:** 1 Pfund Sterling = 100 Pence

GB

### GUATEMALA

**Hauptstadt:** Guatemala
**Sprache:** Spanisch
**Fläche:** 108 890 km²
**Einwohner:** 12 Mio.
**Lebenserwartung:** 66 Jahre
**Währung:** 1 Quetzal = 100 Centavos

GCA

### GUINEA

**Hauptstadt:** Conakry
**Sprache:** Französisch
**Fläche:** 245 857 km²
**Einwohner:** 8,4 Mio.
**Lebenserwartung:** 52 Jahre
**Währung:** 1 Guinea-Franc = 100 Centimes

RG

### GUINEA-BISSAU

**Hauptstadt:** Bissau
**Sprache:** Portugiesisch
**Fläche:** 36 120 km²
**Einwohner:** 1,3 Mio.
**Lebenserwartung:** 47 Jahre
**Währung:** 1 CFA-Franc = 100 Centimes

GNB

### GUYANA

**Hauptstadt:** Georgetown
**Sprache:** Englisch
**Fläche:** 214 970 km²
**Einwohner:** 765 000
**Lebenserwartung:** 64 Jahre
**Währung:** 1 Guyana-Dollar = 100 Cents

GUY

**HAITI**
**Hauptstadt:** Port-au-Prince
**Sprachen:** Französisch; Kreolisch
**Fläche:** 27 750 km²
**Einwohner:** 8,4 Mio.
**Lebenserwartung:** 50 Jahre
**Währung:** 1 Gourde = 100 Centimes
RH

**HONDURAS**
**Hauptstadt:** Tegucigalpa
**Sprache:** Spanisch
**Fläche:** 112 090 km²
**Einwohner:** 6,7 Mio.
**Lebenserwartung:** 67 Jahre
**Währung:** 1 Lempira = 100 Centavos
HN

**INDIEN**
**Hauptstadt:** Neu-Delhi
**Sprachen:** Hindi; Englisch
**Fläche:** 3 287 263 km²
**Einwohner:** 1,04 Mrd.
**Lebenserwartung:** 61 Jahre
**Währung:** 1 Indische Rupie = 100 Paise
IND

**INDONESIEN**
**Hauptstadt:** Jakarta
**Sprache:** Bahasa Indonesia
**Fläche:** 1 919 440 km²
**Einwohner:** 218 Mio.
**Lebenserwartung:** 66 Jahre
**Währung:** 1 Rupiah = 100 Sen
RI

**IRAK**
**Hauptstadt:** Bagdad
**Sprache:** Arabisch
**Fläche:** 437 072 km²
**Einwohner:** 24,2 Mio.
**Lebenserwartung:** 61 Jahre
**Währung:** 1 Neuer Irak-Dinar = 1000 Fils
IRQ

**IRAN**
**Hauptstadt:** Teheran
**Sprache:** Neu-Persisch
**Fläche:** 1 648 000 km²
**Einwohner:** 72,4 Mio.
**Lebenserwartung:** 69 Jahre
**Währung:** 1 Rial = 100 Dinar
IR

**IRLAND**
**Hauptstadt:** Dublin
**Sprachen:** Irisch; Englisch
**Fläche:** 70 280 km²
**Einwohner:** 3,8 Mio.
**Lebenserwartung:** 77 Jahre
**Währung:** 1 Euro = 100 Cent
IRL

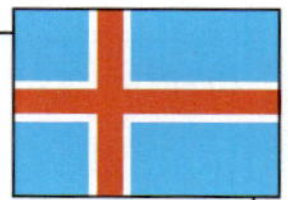

**ISLAND**
**Hauptstadt:** Reykjavík
**Sprache:** Isländisch
**Fläche:** 103 000 km²
**Einwohner:** 283 000
**Lebenserwartung:** 80 Jahre
**Währung:** 1 Isländische Krone = 100 Aurar
IS

**ISRAEL**
**Hauptstadt:** Jerusalem
**Sprachen:** Hebräisch; Arabisch
**Fläche:** 20 770 km²
**Einwohner:** 6,6 Mio.
**Lebenserwartung:** 79 Jahre
**Währung:** 1 Neuer Schekel = 100 Agorot
IL

**ITALIEN**
**Hauptstadt:** Rom
**Sprache:** Italienisch
**Fläche:** 301 230 km²
**Einwohner:** 57,8 Mio.
**Lebenserwartung:** 80 Jahre
**Währung:** 1 Euro = 100 Cent
I

**JAMAIKA**
**Hauptstadt:** Kingston
**Sprache:** Englisch
**Fläche:** 10 990 km²
**Einwohner:** 2,6 Mio.
**Lebenserwartung:** 73 Jahre
**Währung:** 1 Jamaika-Dollar = 100 Cents
JA

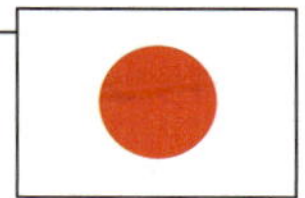

**JAPAN**
**Hauptstadt:** Tokio
**Sprache:** Japanisch
**Fläche:** 377 835 km²
**Einwohner:** 128 Mio.
**Lebenserwartung:** 82 Jahre
**Währung:** 1 Yen = 100 Sen
J

**JEMEN**
**Hauptstadt:** Sanaa
**Sprache:** Arabisch
**Fläche:** 527 970 km²
**Einwohner:** 19,9 Mio.
**Lebenserwartung:** 60 Jahre
**Währung:** 1 Jemen-Rial = 100 Fils
ADN

**JORDANIEN**
**Hauptstadt:** Amman
**Sprache:** Arabisch
**Fläche:** 92 300 km²
**Einwohner:** 5,2 Mio.
**Lebenserwartung:** 71 Jahre
**Währung:** 1 Jordan-Dinar = 1000 Fils
HKJ

**KAMBODSCHA**
**Hauptstadt:** Phnom Penh
**Sprache:** Khmer
**Fläche:** 181 040 km²
**Einwohner:** 13,8 Mio.
**Lebenserwartung:** 55 Jahre
**Währung:** 1 Riel = 100 Sen
K

**KAMERUN**
**Hauptstadt:** Yaoundé
**Sprachen:** Französisch; Englisch
**Fläche:** 475 440 km²
**Einwohner:** 15,5 Mio.
**Lebenserwartung:** 48 Jahre
**Währung:** 1 CFA-Franc = 100 Centimes
CAM

**KANADA**
**Hauptstadt:** Ottawa
**Sprachen:** Englisch; Französisch
**Fläche:** 9 976 140 km²
**Einwohner:** 31,3 Mio.
**Lebenserwartung:**80 Jahre
**Währung:** 1 Kanadischer Dollar = 100 Cents
CDN

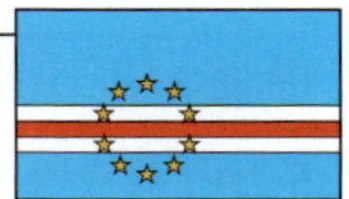

**KAP VERDE**
**Hauptstadt:** Praia
**Sprache:** Portugiesisch
**Fläche:** 4033 km²
**Einwohner:** 446 000
**Lebenserwartung:** 70 Jahre
**Währung:** 1 Kap-Verde-Escudo = 100 Centavos
CV

**KASACHSTAN**
**Hauptstadt:** Astana
**Sprachen:** Kasachisch
**Fläche:** 2 717 300 km²
**Einwohner:** 16 Mio.
**Lebenserwartung:** 64 Jahre
**Währung:** 1 Tenge = 100 Tiin
KZ

**KATAR**
**Hauptstadt:** Doha
**Sprache:** Arabisch
**Fläche:** 11 437 km²
**Einwohner:** 584 000
**Lebenserwartung:** 74 Jahre
**Währung:** 1 Katar-Riyal = 100 Dirham
Q

**KENIA**
**Hauptstadt:** Nairobi
**Sprachen:** Kisuaheli; Englisch
**Fläche:** 582 650 km²
**Einwohner:** 31,9 Mio.
**Lebenserwartung:** 51 Jahre
**Währung:** 1 Kenia-Schilling = 100 Cents
EAK

**KIRGISISTAN**
**Hauptstadt:** Bischkek
**Sprachen:** Kirgisisch; Russisch
**Fläche:** 198 500 km²
**Einwohner:** 5 Mio.
**Lebenserwartung:** 65 Jahre
**Währung:** 1 Kirgisistan-Som = 100 Tyin

KS

**KIRIBATI**
**Hauptstadt:** Bairiki
**Sprachen:** I-Kiribati; Englisch
**Fläche:** 717 km²
**Einwohner:** 96 300
**Lebenserwartung:** 64 Jahre
**Währung:** 1 Australischer Dollar/Kiribati = 100 Cents

KIR

**KOLUMBIEN**
**Hauptstadt:** Bogotá
**Sprache:** Spanisch
**Fläche:** 1 138 910 km²
**Einwohner:** 43,5 Mio.
**Lebenserwartung:** 72 Jahre
**Währung:** 1 Kolumbianischer Peso = 100 Centavos

CO

**KOMOREN**
**Hauptstadt:** Moroni
**Sprachen:** Französisch; Komorisch; Arabisch
**Fläche:** 2 170 km²
**Einwohner:** 749 000
**Lebenserwartung:** 63 Jahre
**Währung:** 1 Komoren-Franc = 100 Centimes

COM

**(DEMOKRATISCHE REPUBLIK) KONGO**
**Hauptstadt:** Kinshasa
**Sprache:** Französisch
**Fläche:** 2 344 885 km²
**Einwohner:** 54,3 Mio.
**Lebenserwartung:** 53 Jahre
**Währung:** 1 Kongo-Franc = 100 Centimes

CGO

**(REPUBLIK) KONGO**
**Hauptstadt:** Brazzaville
**Sprache:** Französisch
**Fläche:** 342 000 km²
**Einwohner:** 3,2 Mio.
**Lebenserwartung:** 53 Jahre
**Währung:** 1 CFA-Franc = 100 Centimes

RCB

**(DEM. VOLKSREPUBLIK) KOREA**
**Hauptstadt:** Pjöngjang
**Sprache:** Koreanisch
**Fläche:** 120 540 km²
**Einwohner:** 22,6 Mio.
**Lebenserwartung:** 66 Jahre
**Währung:** 1 Won = 100 Chon

DRK

**(REPUBLIK) KOREA**
**Hauptstadt:** Seoul
**Sprache:** Koreanisch
**Fläche:** 98 480 km²
**Einwohner:** 47,4 Mio.
**Lebenserwartung:** 76 Jahre
**Währung:** 1 Won = 100 Chon

ROK

**KROATIEN**
**Hauptstadt:** Zagreb
**Sprache:** Kroatisch
**Fläche:** 56 542 km²
**Einwohner:** 4,7 Mio.
**Lebenserwartung:** 75 Jahre
**Währung:** 1 Kuna = 100 Lipa

HR

**KUBA**
**Hauptstadt:** Havanna
**Sprache:** Spanisch
**Fläche:** 110 860 km²
**Einwohner:** 11,3 Mio.
**Lebenserwartung:** 77 Jahre
**Währung:** 1 Kubanischer Peso = 100 Centavos

C

**KUWAIT**
**Hauptstadt:** Kuwait
**Sprache:** Arabisch
**Fläche:** 17 820 km²
**Einwohner:** 2 Mio.
**Lebenserwartung:** 76 Jahre
**Währung:** 1 Kuwait-Dinar = 1000 Fils

KWT

**LAOS**
**Hauptstadt:** Vientiane
**Sprache:** Lao
**Fläche:** 236 800 km²
**Einwohner:** 5,5 Mio.
**Lebenserwartung:** 55 Jahre
**Währung:** 1 Kip = 100 At

LAO

**LESOTHO**
**Hauptstadt:** Maseru
**Sprachen:** Sesotho; Englisch
**Fläche:** 30 355 km²
**Einwohner:** 2,1 Mio.
**Lebenserwartung:** 36 Jahre
**Währung:** 1 Loti (Pl. Maloti) = 100 Lisente

LS

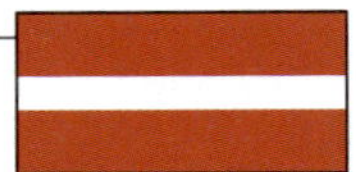

**LETTLAND**
**Hauptstadt:** Riga
**Sprache:** Lettisch
**Fläche:** 64 589 km²
**Einwohner:** 2,4 Mio.
**Lebenserwartung:** 70 Jahre
**Währung:** 1 Lats = 100 Santims

LV

**LIBANON**
**Hauptstadt:** Beirut
**Sprache:** Arabisch
**Fläche:** 10 400 km²
**Einwohner:** 3,6 Mio.
**Lebenserwartung:** 70 Jahre
**Währung:** 1 Libanesisches Pfund = 100 Piaster

RL

**LIBERIA**
**Hauptstadt:** Monrovia
**Sprache:** Englisch
**Fläche:** 111 370 km²
**Einwohner:** 3,3 Mio.
**Lebenserwartung:** 42 Jahre
**Währung:** 1 Liberianischer Dollar = 100 Cents

LB

**LIBYEN**
**Hauptstadt:** Tripolis
**Sprache:** Arabisch
**Fläche:** 1 759 540 km²
**Einwohner:** 5,5 Mio.
**Lebenserwartung:** 73 Jahre
**Währung:** 1 Libyscher Dinar = 1000 Dirham

LAR

**LIECHTENSTEIN**
**Hauptstadt:** Vaduz
**Sprache:** Deutsch
**Fläche:** 160 km²
**Einwohner:** 32 800
**Lebenserwartung:** 80 Jahre
**Währung:** 1 Schweizer Franken = 100 Rappen

FL

**LITAUEN**
**Hauptstadt:** Vilnius
**Sprache:** Litauisch
**Fläche:** 65 200 km²
**Einwohner:** 3,7 Mio.
**Lebenserwartung:** 72 Jahre
**Währung:** 1 Litas = 100 Centas

LT

**LUXEMBURG**
**Hauptstadt:** Luxemburg
**Sprachen:** Luxemburgisch; Französisch; Deutsch
**Fläche:** 2586 km²
**Einwohner:** 431 300
**Lebenserwartung:** 79 Jahre
**Währung:** 1 Euro = 100 Cent

L

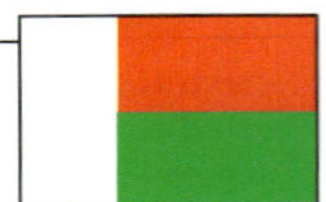

**MADAGASKAR**
**Hauptstadt:** Antananarivo
**Sprachen:** Französisch; Malagassi
**Fläche:** 587 040 km²
**Einwohner:** 16,9 Mio.
**Lebenserwartung:** 56 Jahre
**Währung:** 1 Madagaskar-Franc = 100 Centimes

RM

MALAWI

**Hauptstadt:** Lilongwe
**Sprachen:** Englisch; Chichewa
**Fläche:** 118 480 km²
**Einwohner:** 11,8 Mio.
**Lebenserwartung:** 40 Jahre
**Währung:** 1 Malawi-Kwacha = 100 Tambala

MW

MALAYSIA

**Hauptstadt:** Kuala Lumpur
**Sprache:** Malaiisch
**Fläche:** 329 750 km²
**Einwohner:** 23 Mio.
**Lebenserwartung:** 72 Jahre
**Währung:** 1 Malaysischer Ringgit = 100 Sen

MAL

MALEDIVEN

**Hauptstadt:** Male
**Sprache:** Dhivehi
**Fläche:** 300 km²
**Einwohner:** 309 000
**Lebenserwartung:** 66 Jahre
**Währung:** 1 Rufiyaa = 100 Laari

MV

MALI

**Hauptstadt:** Bamako
**Sprache:** Französisch
**Fläche:** 1 240 000 km²
**Einwohner:** 12 Mio.
**Lebenserwartung:** 45 Jahre
**Währung:** 1 CFA-Franc = 100 Centimes

RMM

MALTA

**Hauptstadt:** Valletta
**Sprachen:** Maltesisch; Englisch
**Fläche:** 320 km²
**Einwohner:** 393 000
**Lebenserwartung:** 78 Jahre
**Währung:** 1 Maltesische Lira = 100 Cents

M

MAROKKO

**Hauptstadt:** Rabat
**Sprache:** Arabisch
**Fläche:** 446 550 km²
**Einwohner:** 31 Mio.
**Lebenserwartung:** 71 Jahre
**Währung:** 1 Dirham = 100 Centimes

MA

MARSHALLINSELN

**Hauptstadt:** Dalap-Uliga-Darrit
**Sprache:** Englisch
**Fläche:** 181 km²
**Einwohner:** 73 600
**Lebenserwartung:** 63 Jahre
**Währung:** 1 US-Dollar = 100 Cents

MH

MAURETANIEN

**Hauptstadt:** Nouakchott
**Sprache:** Arabisch; Französisch
**Fläche:** 1 030 700 km²
**Einwohner:** 2,8 Mio.
**Lebenserwartung:** 52 Jahre
**Währung:** 1 Ouguiya = 5 Khoums

RIM

MAURITIUS

**Hauptstadt:** Port Louis
**Sprache:** Englisch
**Fläche:** 2040 km²
**Einwohner:** 1,2 Mio.
**Lebenserwartung:** 72 Jahre
**Währung:** 1 Mauritius-Rupie = 100 Cents

MS

MAZEDONIEN

**Hauptstadt:** Skopje
**Sprache:** Mazedonisch; Albanisch
**Fläche:** 25 333 km²
**Einwohner:** 2,1 Mio.
**Lebenserwartung:** 72 Jahre
**Währung:** 1 Denar = 100 Deni

MK

MEXIKO

**Hauptstadt:** Mexiko-Stadt
**Sprache:** Spanisch
**Fläche:** 1 972 550 km²
**Einwohner:** 102 Mio.
**Lebenserwartung:** 74 Jahre
**Währung:** 1 Mexikanischer Peso = 100 Centavos

MEX

MIKRONESIEN

**Hauptstadt:** Palikir
**Sprache:** Englisch
**Fläche:** 702 km²
**Einwohner:** 135 900
**Lebenserwartung:** 67 Jahre
**Währung:** 1 US-Dollar = 100 Cents

FSM

MOLDAWIEN

**Hauptstadt:** Chişinău
**Sprache:** Moldawisch
**Fläche:** 33 843 km²
**Einwohner:** 4,3 Mio.
**Lebenserwartung:** 68 Jahre
**Währung:** 1 Moldau-Leu = 100 Bani

MD

MONACO

**Hauptstadt:** Monaco
**Sprache:** Französisch
**Fläche:** 1,95 km²
**Einwohner:** 32 000
**Lebenserwartung:** 81 Jahre
**Währung:** 1 Euro = 100 Cent

MC

MONGOLEI

**Hauptstadt:** Ulan Bator
**Sprache:** Mongolisch
**Fläche:** 1 565 000 km²
**Einwohner:** 2,6 Mio.
**Lebenserwartung:** 63 Jahre
**Währung:** 1 Tugrik = 100 Mongo

MGL

MOSAMBIK

**Hauptstadt:** Maputo
**Sprache:** Portugiesisch
**Fläche:** 801 590 km²
**Einwohner:** 19 Mio.
**Lebenserwartung:** 43 Jahre
**Währung:** 1 Metical = 100 Centavos

MOC

MYANMAR

**Hauptstadt:** Rangon (Yangon)
**Sprache:** Birmanisch
**Fläche:** 678 500 km²
**Einwohner:** 49 Mio.
**Lebenserwartung:** 59 Jahre
**Währung:** 1 Kyat = 100 Pyas

MYA

NAMIBIA

**Hauptstadt:** Windhuk
**Sprache:** Englisch
**Fläche:** 825 418 km²
**Einwohner:** 1,8 Mio.
**Lebenserwartung:** 49 Jahre
**Währung:** 1 Namibia-Dollar = 100 Cents

NAM

NAURU

**Hauptstadt:** Yaren
**Sprachen:** Englisch; Nauruisch
**Fläche:** 21 km²
**Einwohner:** 12 300
**Lebenserwartung:** 63 Jahre
**Währung:** 1 Australischer Dollar = 100 Cents

NAU

NEPAL

**Hauptstadt:** Kathmandu
**Sprache:** Nepali
**Fläche:** 140 800 km²
**Einwohner:** 24,2 Mio.
**Lebenserwartung:** 60 Jahre
**Währung:** 1 Nepalesische Rupie = 100 Paisa

NEP

NEUSEELAND

**Hauptstadt:** Wellington
**Sprache:** Englisch; Maori
**Fläche:** 268 680 km²
**Einwohner:** 4 Mio.
**Lebenserwartung:** 79 Jahre
**Währung:** 1 Neuseeland-Dollar = 100 Cents

NZ

### NICARAGUA

**Hauptstadt:** Managua
**Sprache:** Spanisch
**Fläche:** 129 494 $km^2$
**Einwohner:** 5,3 Mio.
**Lebenserwartung:** 70 Jahre
**Währung:** 1 Córdoba = 100 Centavos

NIC

### NIEDERLANDE

**Hauptstädte:** Amsterdam; Den Haag
**Sprache:** Niederländisch
**Fläche:** 41 526 $km^2$
**Einwohner:** 15,9 Mio.
**Lebenserwartung:** 79 Jahre
**Währung:** 1 Euro = 100 Cent

NL

### NIGER

**Hauptstadt:** Niamey
**Sprache:** Französisch
**Fläche:** 1 267 000 $km^2$
**Einwohner:** 11,6 Mio.
**Lebenserwartung:** 43 Jahre
**Währung:** 1 CFA-Franc = 100 Centimes

RN

### NIGERIA

**Hauptstadt:** Abuja
**Sprache:** Englisch
**Fläche:** 923 768 $km^2$
**Einwohner:** 120 Mio.
**Lebenserwartung:** 49 Jahre
**Währung:** 1 Naira = 100 Kobo

NGR

### NORWEGEN

**Hauptstadt:** Oslo
**Sprache:** Norwegisch
**Fläche:** 324 220 $km^2$
**Einwohner:** 4,5 Mio.
**Lebenserwartung:** 79 Jahre
**Währung:** 1 Norwegische Krone = 100 Öre

N

### OMAN

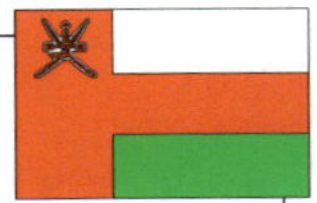

**Hauptstadt:** Maskat
**Sprache:** Arabisch
**Fläche:** 212 460 $km^2$
**Einwohner:** 2,7 Mio.
**Lebenserwartung:** 74 Jahre
**Währung:** 1 Rial Omani = 1000 Baiza

OM

### ÖSTERREICH

**Hauptstadt:** Wien
**Sprache:** Deutsch
**Fläche:** 83 858 $km^2$
**Einwohner:** 8 Mio.
**Lebenserwartung:** 79 Jahre
**Währung:** 1 Euro = 100 Cent

A

### OSTTIMOR

**Hauptstadt:** Dili
**Sprachen:** Tetum; Portugiesisch
**Fläche:** 14 874 $km^2$
**Einwohner:** 779 000
**Lebenserwartung:** 58 Jahre
**Währung:** 1 US-Dollar = 100 Cent

TL

### PAKISTAN

**Hauptstadt:** Islamabad
**Sprache:** Urdu
**Fläche:** 803 940 $km^2$
**Einwohner:** 149 Mio.
**Lebenserwartung:** 61 Jahre
**Währung:** 1 Pakistanische Rupie = 100 Paisa

PK

### PALAU

**Hauptstadt:** Koror
**Sprachen:** Englisch; Palauisch
**Fläche:** 458 $km^2$
**Einwohner:** 19 400
**Lebenserwartung:** 69 Jahre
**Währung:** 1 US-Dollar = 100 Cents

PAL

### PANAMA

**Hauptstadt:** Panamá-Stadt
**Sprache:** Spanisch
**Fläche:** 78 200 $km^2$
**Einwohner:** 2,9 Mio.
**Lebenserwartung:** 76 Jahre
**Währung:** 1 Balboa = 100 Centésimos

PA

### PAPUA-NEUGUINEA

**Hauptstadt:** Port Moresby
**Sprachen:** Englisch; Tok Pisin; Motu
**Fläche:** 462 840 $km^2$
**Einwohner:** 5 Mio.
**Lebenserwartung:** 60 Jahre
**Währung:** 1 Kina = 100 Toea

PNG

### PARAGUAY

**Hauptstadt:** Asunción
**Sprachen:** Spanisch; Guaraní
**Fläche:** 406 750 $km^2$
**Einwohner:** 5,8 Mio.
**Lebenserwartung:** 72 Jahre
**Währung:** 1 Guaraní = 100 Céntimos

PY

### PERU

**Hauptstadt:** Lima
**Sprachen:** Spanisch; Ketschua; Aimará
**Fläche:** 1 285 220 $km^2$
**Einwohner:** 26,5 Mio.
**Lebenserwartung:** 70 Jahre
**Währung:** 1 Neuer Sol = 100 Céntimos

PE

### PHILIPPINEN

**Hauptstadt:** Manila
**Sprachen:** Filipino; Englisch
**Fläche:** 300 000 $km^2$
**Einwohner:** 78,6 Mio.
**Lebenserwartung:** 68 Jahre
**Währung:** 1 Philippinischer Peso = 100 Centavos

RP

### POLEN

**Hauptstadt:** Warschau
**Sprache:** Polnisch
**Fläche:** 312 685 $km^2$
**Einwohner:** 38,3 Mio.
**Lebenserwartung:** 75 Jahre
**Währung:** 1 Zloty = 100 Groszy

PL

### PORTUGAL

**Hauptstadt:** Lissabon
**Sprache:** Portugiesisch
**Fläche:** 92 391 $km^2$
**Einwohner:** 9,9 Mio.
**Lebenserwartung:** 77 Jahre
**Währung:** 1 Euro = 100 Cent

P

### RUANDA

**Hauptstadt:** Kigali
**Sprachen:** Französisch; Englisch; Kinyarwanda
**Fläche:** 26 338 $km^2$
**Einwohner:** 8,16 Mio.
**Lebenserwartung:** 44 Jahre
**Währung:** 1 Rwanda-Franc = 100 Centimes

RWA

### RUMÄNIEN

**Hauptstadt:** Bukarest
**Sprache:** Rumänisch
**Fläche:** 230 340 $km^2$
**Einwohner:** 22,3 Mio.
**Lebenserwartung:** 72 Jahre
**Währung:** 1 Leu = 100 Bani

RO

### RUSSLAND

**Hauptstadt:** Moskau
**Sprache:** Russisch
**Fläche:** 17 075 400 $km^2$
**Einwohner:** 143 Mio.
**Lebenserwartung:** 65 Jahre
**Währung:** 1 Rubel = 100 Kopeken

RUS

### SAINT KITTS UND NEVIS

**Hauptstadt:** Basseterre
**Sprache:** Englisch
**Fläche:** 261 $km^2$
**Einwohner:** 38 700
**Lebenserwartung:** 70 Jahre
**Währung:** 1 Ostkaribischer Dollar = 100 Cents

KN

### SAINT LUCIA

**Hauptstadt:** Castries
**Sprache:** Englisch
**Fläche:** 620 km²
**Einwohner:** 160 100
**Lebenserwartung:** 72 Jahre
**Währung:** 1 Ostkaribischer Dollar = 100 Cents

WL

### SAINT VINCENT UND DIE GRENADINEN

**Hauptstadt:** Kingstown
**Sprache:** Englisch
**Fläche:** 389 km²
**Einwohner:** 116 400
**Lebenserwartung:** 70 Jahre
**Währung:** 1 Ostkaribischer Dollar = 100 Cents

WV

### SALOMONEN

**Hauptstadt:** Honiara
**Sprache:** Englisch
**Fläche:** 28 450 km²
**Einwohner:** 479 000
**Lebenserwartung:** 66 Jahre
**Währung:** 1 Salomonen-Dollar = 100 Cents

SLB

### SAMBIA

**Hauptstadt:** Lusaka
**Sprache:** Englisch
**Fläche:** 752 614 km²
**Einwohner:** 10,9 Mio.
**Lebenserwartung:** 40 Jahre
**Währung:** 1 Kwacha = 100 Ngwee

Z

### SAMOA

**Hauptstadt:** Apia
**Sprachen:** Samoanisch; Englisch
**Fläche:** 2860 km²
**Einwohner:** 176 800
**Lebenserwartung:** 68 Jahre
**Währung:** 1 Tala = 100 Sene

WS

### SAN MARINO

**Hauptstadt:** San Marino
**Sprache:** Italienisch
**Fläche:** 61 km²
**Einwohner:** 27 700
**Lebenserwartung:** 81 Jahre
**Währung:** 1 Euro = 100 Cent

RSM

### SÃO TOMÉ UND PRÍNCIPE

**Hauptstadt:** São Tomé
**Sprache:** Portugiesisch
**Fläche:** 1001 km²
**Einwohner:** 170 400
**Lebenserwartung:** 63 Jahre
**Währung:** 1 Dobra = 100 Céntimos

STP

### SAUDI-ARABIEN

**Hauptstadt:** Riad
**Sprache:** Arabisch
**Fläche:** 1 960 582 km²
**Einwohner:** 21,7 Mio.
**Lebenserwartung:** 71 Jahre
**Währung:** 1 Saudi-Riyal = 20 Qirshes = 100 Hallalas

SA

### SCHWEDEN

**Hauptstadt:** Stockholm
**Sprache:** Schwedisch
**Fläche:** 449 964 km²
**Einwohner:** 8,8 Mio.
**Lebenserwartung:** 80 Jahre
**Währung:** 1 Schwedische Krone = 100 Öre

S

### SCHWEIZ

**Hauptstadt:** Bern
**Sprachen:** Deutsch; Französisch; Italienisch; Rätoromanisch
**Fläche:** 41 290 km²
**Einwohner:** 7,2 Mio.
**Lebenserwartung:** 80 Jahre
**Währung:** 1 Schweizer Franken = 100 Rappen

CH

### SENEGAL

**Hauptstadt:** Dakar
**Sprachen:** Französisch
**Fläche:** 196 190 km²
**Einwohner:** 9,9 Mio.
**Lebenserwartung:** 56 Jahre
**Währung:** 1 CFA-Franc = 100 Centimes

SN

### SERBIEN U. MONTENEGRO

**Hauptstadt:** Belgrad
**Sprache:** Serbokroatisch
**Fläche:** 102 350 km²
**Einwohner:** 10,5 Mio.
**Lebenserwartung:** 72 Jahre
**Währung:** 1 Dinar = 100 Para (Serbien)
1 Euro = 100 Cent (Montenegro)

SCG

### SEYCHELLEN

**Hauptstadt:** Victoria
**Sprachen:** Kreolisch; Englisch; Französisch
**Fläche:** 455 km²
**Einwohner:** 80 000
**Lebenserwartung:** 72 Jahre
**Währung:** 1 Seychellen-Rupie = 100 Cents

SY

### SIERRA LEONE

**Hauptstadt:** Freetown
**Sprache:** Englisch
**Fläche:** 71 740 km²
**Einwohner:** 4,8 Mio.
**Lebenserwartung:** 34 Jahre
**Währung:** 1 Leone = 100 Cents

WAL

### SIMBABWE

**Hauptstadt:** Harare
**Sprache:** Englisch
**Fläche:** 390 580 km²
**Einwohner:** 13,1 Mio.
**Lebenserwartung:** 38 Jahre
**Währung:** 1 Simbabwe-Dollar = 100 Cents

ZW

### SINGAPUR

**Hauptstadt:** Singapur
**Sprachen:** Malaiisch; Chinesisch; Tamilisch; Englisch
**Fläche:** 647,5 km²
**Einwohner:** 4,2 Mio.
**Lebenserwartung:** 80 Jahre
**Währung:** 1 Singapur-Dollar = 100 Cents

SGP

### SLOWAKEI

**Hauptstadt:** Bratislava (Pressburg)
**Sprache:** Slowakisch
**Fläche:** 48 845 km²
**Einwohner:** 5,4 Mio.
**Lebenserwartung:** 74 Jahre
**Währung:** 1 Slowakische Krone = 100 Heller

SK

### SLOWENIEN

**Hauptstadt:** Ljubljana (Laibach)
**Sprache:** Slowenisch
**Fläche:** 20 253 km²
**Einwohner:** 1,96 Mio.
**Lebenserwartung:** 77 Jahre
**Währung:** 1 Tolar = 100 Stotin

SLO

### SOMALIA

**Hauptstadt:** Mogadischu
**Sprache:** Somali; Arabisch
**Fläche:** 637 657 km²
**Einwohner:** 9,6 Mio.
**Lebenserwartung:** 44 Jahre
**Währung:** 1 Somalia-Shilling = 100 Cents

SO

### SPANIEN

**Hauptstadt:** Madrid
**Sprachen:** Spanisch; Katalanisch; Galizisch; Baskisch
**Fläche:** 504 762 km²
**Einwohner:** 40,1 Mio.
**Lebenserwartung:** 80 Jahre
**Währung:** 1 Euro = 100 Cent

E

### SRI LANKA

**Hauptstadt:** Colombo
**Sprachen:** Singhalesisch; Tamil; Englisch
**Fläche:** 65 610 km²
**Einwohner:** 19,3 Mio.
**Lebenserwartung:** 71 Jahre
**Währung:** 1 Sri-Lanka-Rupie = 100 Cents

CL

**SÜDAFRIKA**
**Hauptstadt:** Pretoria; Kapstadt
**Sprachen:** Afrikaans; Englisch; 9 Bantusprachen
**Fläche:** 1 219 912 km²
**Einwohner:** 44,2 Mio.
**Lebenserwartung:** 51 Jahre
**Währung:** 1 Rand = 100 Cents

ZA

**SUDAN**
**Hauptstadt:** Khartum
**Sprache:** Arabisch
**Fläche:** 2 505 810 km²
**Einwohner:** 32,6 Mio.
**Lebenserwartung:** 57 Jahre
**Währung:** 1 Sudanesischer Dinar = 100 Piaster

SUD

**SURINAME**
**Hauptstadt:** Paramaribo
**Sprache:** Niederländisch
**Fläche:** 163 270 km²
**Einwohner:** 421 000
**Lebenserwartung:** 68 Jahre
**Währung:** 1 Suriname-Gulden = 100 Cent

SME

**SWASILAND**
**Hauptstadt:** Mbabane
**Sprachen:** Siswati; Englisch
**Fläche:** 17 363 km²
**Einwohner:** 948 000 Mio.
**Lebenserwartung:** 39 Jahre
**Währung:** 1 Lilangeni = 100 Cents

SD

**SYRIEN**
**Hauptstadt:** Damaskus
**Sprache:** Arabisch
**Fläche:** 185 180 km²
**Einwohner:** 17 Mio.
**Lebenserwartung:** 71 Jahre
**Währung:** 1 Syrisches Pfund = 100 Piaster

SYR

**TADSCHIKISTAN**
**Hauptstadt:** Duschanbe
**Sprache:** Tadschikisch
**Fläche:** 143 100 km²
**Einwohner:** 6,2 Mio.
**Lebenserwartung:** 64 Jahre
**Währung:** 1 Somoni = 100 Diram

TJ

**TANSANIA**
**Hauptstädte:** Dodoma
**Sprachen:** Kisuaheli; Englisch
**Fläche:** 945 087 km²
**Einwohner:** 36,8 Mio.
**Lebenserwartung:** 47 Jahre
**Währung:** 1 Tansania-Schilling = 100 Cents

EAT

**THAILAND**
**Hauptstadt:** Bangkok
**Sprache:** Thai
**Fläche:** 514 000 km²
**Einwohner:** 64,3 Mio.
**Lebenserwartung:** 69 Jahre
**Währung:** 1 Baht = 100 Satang

T

**TOGO**
**Hauptstadt:** Lomé
**Sprachen:** Französisch; Kabyé; Ewe
**Fläche:** 56 785 km²
**Einwohner:** 4,8 Mio.
**Lebenserwartung:** 52 Jahre
**Währung:** 1 CFA-Franc = 100 Centimes

TG

**TONGA**
**Hauptstadt:** Nuku'alofa
**Sprachen:** Tongaisch; Englisch
**Fläche:** 748 km²
**Einwohner:** 106 100
**Lebenserwartung:** 71 Jahre
**Währung:** 1 Pa'anga = 100 Seniti

TO

**TRINIDAD UND TOBAGO**
**Hauptstadt:** Port of Spain
**Sprache:** Englisch
**Fläche:** 5128 km²
**Einwohner:** 1,3 Mio.
**Lebenserwartung:** 70 Jahre
**Währung:** 1 Trinidad-und-Tobago-Dollar = 100 Cents

TT

**TSCHAD**
**Hauptstadt:** N'Djamena
**Sprachen:** Französisch; Arabisch
**Fläche:** 1 284 000 km²
**Einwohner:** 8,4 Mio.
**Lebenserwartung:** 48 Jahre
**Währung:** 1 CFA-Franc = 100 Centimes

TCH

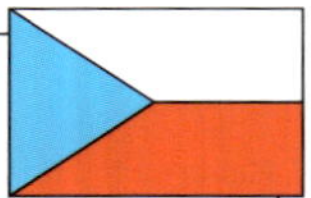

**TSCHECHISCHE REPUBLIK**
**Hauptstadt:** Prag
**Sprache:** Tschechisch
**Fläche:** 78 864 km²
**Einwohner:** 10,3 Mio.
**Lebenserwartung:** 76 Jahre
**Währung:** 1 Tschechische Krone = 100 Heller

CZ

**TUNESIEN**
**Hauptstadt:** Tunis
**Sprache:** Arabisch
**Fläche:** 163 610 km²
**Einwohner:** 9,7 Mio.
**Lebenserwartung:** 72 Jahre
**Währung:** 1 Tunesischer Dinar = 1000 Millimes

TN

**TÜRKEI**
**Hauptstadt:** Ankara
**Sprache:** Türkisch
**Fläche:** 780 580 km²
**Einwohner:** 68,6 Mio.
**Lebenserwartung:** 70 Jahre
**Währung:** 1 Türkisches Pfund/ Türkische Lira = 100 Kurus

TR

**TURKMENISTAN**
**Hauptstadt:** Aschgabad
**Sprache:** Turkmenisch
**Fläche:** 488 100 km²
**Einwohner:** 4,9 Mio.
**Lebenserwartung:** 63 Jahre
**Währung:** 1 Turkmenistan-Manat = 100 Tenge

TM

**TUVALU**
**Hauptstadt:** Funafuti
**Sprachen:** Tuvalu (polynes. Dialekt); Englisch
**Fläche:** 26 km²
**Einwohner:** 11 100
**Lebenserwartung:** 61 Jahre
**Währung:** 1 Australischer und tuvaluischer Dollar = 100 Cents

TUV

**UGANDA**
**Hauptstadt:** Kampala
**Sprachen:** Englisch; Kisuaheli
**Fläche:** 236 040 km²
**Einwohner:** 24,8 Mio.
**Lebenserwartung:** 49 Jahre
**Währung:** 1 Uganda-Schilling = 100 Cents

EAU

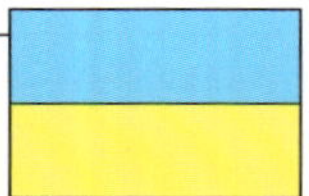

**UKRAINE**
**Hauptstadt:** Kiew
**Sprache:** Ukrainisch
**Fläche:** 603 700 km²
**Einwohner:** 48,7 Mio.
**Lebenserwartung:** 67 Jahre
**Währung:** 1 Griwna = 100 Kopeken

UA

**UNGARN**
**Hauptstadt:** Budapest
**Sprache:** Ungarisch
**Fläche:** 93 030 km²
**Einwohner:** 10,2 Mio.
**Lebenserwartung:** 73 Jahre
**Währung:** 1 Forint = 100 Filler

H

**URUGUAY**
**Hauptstadt:** Montevideo
**Sprache:** Spanisch
**Fläche:** 176 220 km²
**Einwohner:** 3,4 Mio.
**Lebenserwartung:** 75 Jahre
**Währung:** 1 Uruguayische Peso = 100 Centésimos

ROU

USBEKISTAN

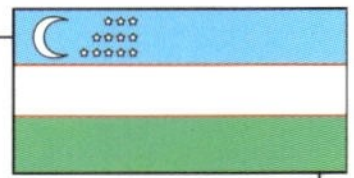

**Hauptstadt:** Taschkent
**Sprache:** Usbekisch
**Fläche:** 447 400 km²
**Einwohner:** 25,6 Mio.
**Lebenserwartung:** 68 Jahre
**Währung:** 1 Usbekistan-Sum = 100 Tijin

UZ

VANUATU

**Hauptstadt:** Port Vila
**Sprachen:** Bislama; Englisch; Französisch
**Fläche:** 12 200 km²
**Einwohner:** 207 000
**Lebenserwartung:** 68 Jahre
**Währung:** 1 Vatu = 100 Centimes

VU

VATIKANSTADT

**Hauptstadt:** Vatikanstadt
**Sprachen:** Latein; Italienisch
**Fläche:** 0,44 km²
**Einwohner:** 880
**Lebenserwartung:** 80
**Währung:** 1 Euro = 100 Cent

V

VENEZUELA

**Hauptstadt:** Caracas
**Sprache:** Spanisch
**Fläche:** 912 050 km²
**Einwohner:** 25,1 Mio.
**Lebenserwartung:** 74 Jahre
**Währung:** 1 Bolívar = 100 Céntimos

YV

VEREINIGTE ARABISCHE EMIRATE

**Hauptstadt:** Abu Dhabi
**Sprache:** Arabisch
**Fläche:** 82 880 km²
**Einwohner:** 2,7 Mio.
**Lebenserwartung:** 73 Jahre
**Währung:** 1 Dirham = 100 Fils

UAE

VEREINIGTE STAATEN VON AMERIKA

Hauptstadt: Washington, D.C.
**Sprache:** Englisch
**Fläche:** 9 629 091 km²
**Einwohner:** 289 Mio.
**Lebenserwartung:** 77 Jahre
**Währung:** 1 US-Dollar = 100 Cents

USA

VIETNAM

**Hauptstadt:** Hanoi
**Sprache:** Vietnamesisch
**Fläche:** 329 560 km²
**Einwohner:** 80,2 Mio.
**Lebenserwartung:** 70 Jahre
**Währung:** 1 Dong = 10 Hao = 100 Xu

VN

WEISSRUSSLAND

**Hauptstadt:** Minsk
**Sprachen:** Weißrussisch; Russisch
**Fläche:** 207 600 km²
**Einwohner:** 10,1 Mio.
**Lebenserwartung:** 68 Jahre
**Währung:** 1 Belarus-Rubel = 100 Kopeken

BY

ZENTRALAFRIKANISCHE REPUBLIK

**Hauptstadt:** Bangui
**Sprachen:** Französisch; Sangho
**Fläche:** 622 984 km²
**Einwohner:** 3,8 Mio.
**Lebenserwartung:** 43 Jahre
**Währung:** 1 CFA-Franc = 100 Centimes

RCA

ZYPERN

**Hauptstadt:** Nikosia
**Sprachen:** Griechisch; Türkisch
**Fläche:** 9251 km²
**Einwohner:** 797 000
**Lebenserwartung:** 77 Jahre
**Währung:** 1 Zypern-Pfund = 100 Cents

CY